U0897715

2013—2025年国家辞书编纂出版规划项目
英汉信息技术系列辞书

AN ENGLISH-CHINESE INFORMATION TECHNOLOGY DICTIONARY

英汉信息技术大辞典

主　编　白英彩 章仁龙
副主编　赵时旻等
主　审　李家滨 燕存正

上海交通大学出版社
SHANGHAI JIAO TONG UNIVERSITY PRESS

内容提要

本辞典收集了信息技术及产业的研究、开发、应用和管理等方面的词汇6万多条。这些词汇均按英文字母顺序排列，并进行了规范和审定。每一英文词汇先给出其译名，再在详解中阐明其基本定义及在相关应用场合的特定含义，力求详解的正确性和实用性。本辞典是目前国内收集信息技术词汇最丰富、涉及面最广、内容最新的辞典。本书可供信息技术及其相关专业的研究、教学、开发应用和科技书刊编辑及文献译摘人员使用，也适合于非信息技术专业人员及广大业余爱好者作为工具书及学习参考书之用。

图书在版编目(CIP)数据

英汉信息技术大辞典 / 白英彩，章仁龙主编. — 上海 ：上海交通大学出版社，2014
ISBN 978-7-313-10604-9

Ⅰ. 英...　Ⅱ. ①白...　②章　Ⅲ. 信息技术—对照词典—英、汉　Ⅳ. G202-61

中国版本图书馆CIP数据核字(2013)第275125号

英汉信息技术大辞典

主　　编：白英彩　章仁龙
出版发行：上海交通大学出版社　　地　　址：上海市番禺路951号
邮政编码：200030　　电　　话：021-64071208
出 版 人：韩建民
印　　制：上海万卷印刷有限公司　　经　　销：全国新华书店
开　　本：880mm×1230mm　1/32　　印　　张：78.5
字　　数：5366千字
版　　次：2014年1月第1版　　印　　次：2014年1月第1次印刷
书　　号：ISBN 978-7-313-10604-9/G
定　　价：780.00元

英汉信息技术系列辞书编纂委员会

顾问(按姓氏笔画排序)

何积丰　　何新贵　　沈昌祥　　张　鳌　　邵志清

欧阳钟灿　周兴铭　　倪光南　　梅　宏　　韩英铎

编审委员会

名誉主任： 吴启迪

名誉副主任：赵建军

主任：胡铉亮

执行主任：白英彩　　**副主任：**王珏明　王思伟　章玉宇　赵时旻

秘书长：赵时旻(兼)　**副秘书长：**汪　镭　齐开悦　胡松凌

委员（按姓氏笔画排序）：

王珏明　王绍银　王思伟　白英彩　朱宗尧　齐开悦　李光亚

李明禄　李家滨　陈卫东　邱卫东　沈忠明　张世永　张　轮

谷大武　汪　镭　严晓华　林福宗　赵时旻　胡松凌　胡铉亮

顾君忠　敖青云　章仁龙　章玉宇　蒋思杰　蔡国钧　管海兵

缪　军　燕存正　薛　质

编审委的话

信息技术(IT)这个词如今已广为人们知晓,它通常涵盖计算机技术、通信(含移动通信)技术、广播电视技术、以集成电路(IC)为核心的微电子技术和自动化领域中的人工智能(AI)、神经网络、模糊控制和智能机器人,以及信息论和信息安全等技术。

近20多年来,信息技术及其产业的发展十分迅猛。上世纪90年代初,由信息高速公路掀起的IT浪潮以来,信息技术及其产业的发展一浪高过一浪,互联网(因特网)得到了广泛的应用。如今,移动互联网的发展势头已经超过前者。这期间还涌现出了电子商务、商务智能(BI)、对等网络(P2P)、无线传感网(WSN)、社交网络、网格计算、云计算、物联网和语义网等新技术。与此同时,开源软件、开放数据、普适计算、数字地球和智慧地球等新概念又一个接踵一个而至,令人应接不暇。正是由于信息技术如此高速的发展,我们的社会开始迈入“新信息时代”,迎接“大数据”的曙光和严峻挑战。

如今信息技术已经渗透到国民经济的各个部门,也贯穿到我们日常生活之中,可以说信息技术无处不在。不管是发达国家还是发展中国家,人们之间都要互相交流,互相促进,缩小数字鸿沟。

上述情形映射到信息技术领域是:每年都涌现出数千个新名词、术语,且多源于英语。编审委认为对这些新的英文名词、术语及时地给出恰当的译名并加以确切、精准的理解和诠释是很有意义的。这项工作关系到IT界的国际交流和两岸三地之间的沟通。这种交流不限于学术界,更广泛地涉及IT产业界及其相关的商贸活动。更重要的是,这项工作还是IT技术及其产业标准化的基础。

编审委正是基于这种认识,特组织众多专家、学者编写《英汉信息技术大辞典》、《英汉计算机网络辞典》、《英汉计算机通信辞典》、《英汉信息安全技术辞典》、《英汉三网融合技术辞典》,以及这些《辞典》(每个词汇均带有释文)相对应的《词典》(每个词汇仅有中译名而不带有释文)共十册,陆续付梓。尔后还将组织专业人士编写IT细分学科(如人工智能、多媒体、智能机器人和建筑智能化技术等)的辞典和词典。我们希望这些书的出版对促进IT的发展有所裨益。

这里应当说明的是编写这套书籍的队伍从2004年着手,历时10年,与时俱进的辛勤耕耘,终得硕果。他们早在上世纪80年代中期就关注这方面的工作并先后出版了《英汉计算机技术大辞典》(获得第十一届中国图书奖)及其类似的书籍,参编人数在鼎盛时期过百人。虽然参编人数众多,又有些经验积累,但面对IT技术及其产业化如此高速发展,相应出现的新名词、术语之多,尤令人感到来不及收集、斟酌、理解和编纂之虞。如今推出的这套辞书不免有疏漏和欠妥之处,请读者不吝指正。

编审委真诚希望对这项工作有兴趣的专业人士给予支持、帮助并欢迎加盟,共同推动该工程早日竣工,更臻完善。

英汉信息技术系列辞书编审委员会

名誉主任:吴启迪

2013年5月18日

《英汉信息技术大辞典》编委会

参编人员名单

（按姓氏笔划排序）

于宏霞　王小清　王　平　王立明　王志恒　王　宏
王　奕　王凌寒　王　超　王　樱　石延华　石明洪
石继明　龙清扬　田小鹏　田　江　史旭东　白英彩
冯德闓　匡　全　曲永雷　曲　波　朱义军　朱　彦
乔桂华　任小江　华　军　刘　军　刘海涛　齐开悦
闫光星　闫　钧　许亚玲　孙　恺　孙益辉　苏　珉
杨志珍　杨　锐　李文明　李　存　李保存　李振武
李家滨　连　峰　吴　勇　邱时杰　何海峰　汪　镭
沙俐敏　张文良　张连华　张　俊　张冠华　张　宾
张　骏　张雪昕　张耀疆　陆海宁　陈文华　陈正明
陈　齐　陈金明　陈学峰　陈　骁　陈凌寒　陈锐浩
陈道兴　武　俊　范　里　罗勇军　罗　斌　金崇英
周乃恒　周　宇　周　异　赵　扬　赵时旻　胡象堃
侯严吾　施一萍　姚晓祺　晋　磊　夏川江　顾水林
顾俊峰　钱　波　徐国栋　徐晓林　郭继军　郭鹏飞
唐冶文　唐忠平　黄彦宏　黄燕燕　康　磊　章仁龙
章　晟　董静翔　韩子杰　焦圣品　曾洪涛　谢志艳
谢　峰　缪一民　潘国良　燕存正　薛旦旦　薛　质
衡　晶　戴劲松　魏　崴

前　言

人类文明史上继蒸汽技术革命和电力技术革命之后，信息革命是科技领域里的又一次重大飞跃，驱使信息技术及产业迅猛发展。信息技术通常涵盖计算机、网络、广播与通信、电子与微电子、电子商务、安全控制、多媒体，人工智能、模糊控制、智能机器人、先进制造、嵌入式系统等广泛领域。信息技术的日新月异，每年新涌现的新术语、新词汇多达数以千计，特别是同一术语的中文翻译和释义往往差异很大，造成理解和交流的困难。全国从事信息技术的人员数以百万计，但迄今没有一本较完整的英汉信息技术辞典供查阅。鉴于此，我们团队在完成《英汉计算机技术大辞典》的基础上，经过 10 年多的努力，编写了这部大辞典，供广大读者参考。

由于篇幅所限，本辞典只收录了信息技术中一些使用频率较高的词汇。为此我们正针对各分支领域编写相应的专业辞典，以弥补这部大辞典之不足。

信息技术的发展十分迅猛，加之我们学识有限，有疏漏或欠妥之处，欢迎广大读者不吝赐教。

感谢深圳市普联技术有限公司董事长赵建军先生对《英汉计算机技术大辞典》的鼎力资助。

编　者

2013 年 10 月 1 日

使 用 说 明

1. 本辞典按英文字母顺序排列，不考虑字母的大小写，数字及希腊文字母另列，专用符号（空格、圆点、连字符、斜杠等）不参加排序。
2. 词汇的英文和中文译名用粗体，一个词汇有多个译名的用逗号隔开，释文用宋体，若同一词汇有几个独立的释文时，则用（1）、（2）、（3）等分开；在一项独立的释文中若有细分的小段，则用①、②、③等分开。
3. 在中文译名或释文中，出现（××××）时，表示圆括号内的内容可取可舍；出现[××××]时，表示可用方括号中的内容替换紧挨方括号前面的字词。
4. 当某一词汇释文中涉及到其他词汇时，采用参见×××、比较×××，或同×××等字样。
5. 双页码上的书眉为本页第一个词汇的第一个单词，单页码上的书眉为本页最后一个词汇的第一个单词。
6. 对于名词术语的译名以“全国科学技术名词审定委员会”发布的为主要依据，对于已经习惯的名词也做了适当反映，如“**disc**”采用“光碟”为第一译名，“光盘”为第二译名等。
7. 本辞典中出现的计量大部分采用我国法定计量单位。但考虑到读者查阅英文技术资料的方便，保留了少量英制单位。

目　　录

A

a 阿托 微微微词头 atto 的缩写,等于 10^{-18}。

A (1)安(培)ampere 的缩写。(2)阳极 anode 的缩写。

Å 埃 angstrom 的缩写。长度单位,等于 10^{-10}m。

A: A 盘,第一个软盘驱动器的标识符 在 DOS(磁盘操作系统)和某些操作系统中,用于表示系统中第一个软磁盘驱动器的符号,是系统启动时首先检查的磁盘驱动器。

AA (1)自动应答 auto answer 的缩写。(2)自适应天线 adaptive antenna 的缩写。

A&A 建议和评价 advice and assessment 的缩写。

AAA 认证,授权,计费 authentication, authorization, accounting 的缩写。

AAAI 美国人工智能协会 American Association for Artificial Intelligence 的缩写。

AAA server AAA 服务器 提供认证(authentication)、授权(authorization)和计费(accounting)功能的服务器。一般采用 RADIUS(远程用户拨号认证服务)协议。

AAC 高级音频编码 advanced audio coding 的缩写。

AADIS 自动防空信息系统 automatic air defense information system 的缩写。

AAL ATM 适配层,异步传输模式适配层 ATM adaptation layer 的缩写。

A algorithm A 算法 一种静态网络中求解最短路径的方法。对待扩展节点,按评估函数值不减的顺序排序的搜索算法。

AAL services ATM 适配层业务 ATM(异步传输模式)适配层提供的功能和业务。基本功能和业务是在 ATM 层之上实现话音、图像和数据等不同性质信息的传输。因为传输不同信息有不同要求,因而其有不同业务类型。1990 年规定了 4 类 AAL 规程,分别属于 1 类、2 类、3 类、4 类,称为 AAL-1、AAL-2、AAL-3、AAL-4。后来研究表明,适当扩展 AAL-3,便可以认为 AAL-4 是 AAL-3 的一个子集,于是把 AAL-3 和 AAL-4 合并 AAL-3/4 类。到 1992 年,在 AAL-3/4 基础上省去复用等功能开发出一种新规程称为 AAL-5,提供"帧中继"服务,传输速率在 2 Mbps 以上。参见 asynchronous transfer mode (ATM)。

AAL-1 ATM 1 类适配层 ATM adaptation layer type 1 的缩写。

AAL-2 ATM 2 类适配层 ATM adaptation layer type 2 的缩写。

AAL-3/4 ATM 3/4 类适配层 ATM adaptation layer type 3/4 的缩写。

AAL-5 ATM 5 类适配层 ATM adaptation layer type 5 的缩写。

.aam Authorware 网络播放映射文件名后缀 多媒体编辑软件 Authorware 用于控制网络播放的映射文件扩展名。它是一个用来说明流式传输片段文件(aas)的文本文件,可以被 Navigator 和 Explorer 等浏览器识别。在网络传输分组过程中,它可以根据实际网络的带宽要求,自行指定分组(即 aas 片段文件)的大小以适应不同的网络环境。参见 .aas。

AAM 地址可寻记忆 address addressable memory 的缩写。

AAMOF 事实上 as a matter of fact 的缩略语。广泛使用在网络的聊天室,电子邮件,以及 Usenet (网络新闻组) 等场合。

A and not B gate A 与非 B"与"门 完成 A 与非 B "与"运算的双输入、二进制逻辑组合电路或器件,即:设 A 是一个命题,B 是另一个命题,则只有当 A 为"真"、B 为"假"时其结果才为"真",对于 A 和 B 的其他组合,结果均为"假"。参见 gate, AND gate。

AAP 相联阵列处理机 associative array processor 的缩写。

AARP AppleTalk 地址转换[解析]协议 AppleTalk address resolution protocol 的缩写。

AARP probe packets AARP 探测报文分组 在非扩展 AppleTalk 网络中,询问一个随机选择的节点 ID 是否正被另一个节点所使用的报文分组,如果没使用,则发送询问的节点就使用这个节点 ID;如果正在使用,这个发送询问的节点就选择一个不同的 ID,并且再次发送 AARP(AppleTalk 地址转换[解析]协议)探测报文分组。

.aas Authorware 网络传输片段文件名后缀 多媒体编辑软件 Authorware 用于在网络上播放的文件扩展名。参见 .aam。

AAS 原子吸收光谱 atomic absorption spectroscopy 的缩写。

AASB 自适应加速节省带宽 adaptive acceleration saves bandwidth 的缩写。

AB 地址总线 address bus 的缩写。

abacus 算盘 一种简单的手动计算器,由中国人首先发明使用。目前仍在许多国家广泛使用。有人把它视为计算机的原始鼻祖。

abandoned call 放弃的呼叫 (1)为了监视从开始

A

发送呼叫信息到接收应答的时间是否超过预定的时限,配置了一种自动呼叫接口电路。当此电路接通时,表示已超过预定的监视时间,因而放弃呼叫。当此电路断开时,表示在预定的监视时间内已有应答,可以继续发送信息。(2)呼叫中心系统已经接通,但是在座席应答之前被来电者终止的电话呼叫。通常情况下,来电者放弃是由于等待时间过长。因此,呼叫中心所设定的服务水平应使绝大部分电话在来电者挂断电话前的平均等待时长内被接听。当来电被接通后,进入队列播放公告信息时,公告信息的长度应基于来电者在挂断电话前等待时长的数据,一般而言,应长于平均等待时长,这样由于来电者有公告信息可听,就可以减少放弃电话呼叫的数量。参见 call center。

abandoned call cost 放弃的呼叫成本 呼叫中心由于来电者放弃的呼叫而造成收入的损失。理论上说,计算这一成本应基于以下数据:来电数量、放弃率、预估的单呼价值。参见 call center, abandon rate。

abandonment prototyping method 抛弃式原型化方法 软件工程中经常使用的一种方法。其目标将放在原理证明上。主要着眼于快速建立一个演示系统(即原型程序),以便与用户更好地交流,使软件人员明确用户需求,并以此为依据检验系统规划的可靠性。实际应用软件的研制过程并不是在这个原型程序的基础上改进,而是另外规划一个框架。软件研制完成之后,这个原型程序即被抛弃。

abandon rate 放弃率 呼叫中心系统已经接通,但在座席应答之前就挂机或下线的电话呼叫占全部接通电话呼叫的比率。参见 call center, abandoned call。

abandonware 被弃软件 软件不再被出售或被它的发展商支持。大部分被弃软件仍受软件版权保护,除非发展商已经重新发行这个软件作为免费软件。

A&B bit signaling A&B 位信令 大多数 T1 传输设施使用的规程,T1 信道的 24 个子信道中每个子信道上每第 6 帧中的 1 位用来传递管理信令信息。又被称为第 24 个通道信令。

abbreviated address calling 缩址呼叫 一种使用户能够用较短的地址进行调用的方法,应用于网络中。在网络上可允许用户指定一系列缩写的地址码,分配在一个或一组目标中的缩写地址码可通过适当的过程进行改变。

abbreviated addressing 缩短编[寻]址 (1)采用部分地址码来缩短指令长度的编址方法。它可以减少访存时间,提高数据处理速度;对地址线受到封装引线数量限制的微型计算机而言,采用缩短编址技术更为重要。(2)一种直接寻址方式,能够访问一部分存储器并因代码的缩短而能提供一个较快的处理数据的方法。

abbreviated answer 缩位应答 在无线电报通信中,对省略了呼叫台呼号的预呼的响应。

abbreviated calling 简化呼叫 同 abbreviated dialling。

abbreviated combined relation condition 简略组合关系条件 在关系条件的相继序列中,一种明显地省略了公用主体,或者省略了公用主体及其公用关系运算符结果的组合条件。

abbreviated dialling 缩位拨号(法) 一种简便的拨号方法。用户通过拨 1 ~ 3 个数字就能选择所存储的电话号码中的一个。其中每个电话号码可以有 14 位数字。缩位拨号也称"缩位呼叫"。

abbreviated dialling prefix 缩位拨号前缀 指示其随后信息为一个缩位号码的非数字代码。

abbreviated title 缩写标题[名称] (1)一个专有名字的缩写形式,如 AAAI 是美国人工智能协会(American Association for Artificial Intelligence)的缩写。(2)为简短而分配给通信保密材料的字母和数字的组合。同 short title。

abbreviation 简略[写] 一种有序的和简化的数据表示,它保持数据元素表示的原意。缩写是指一种数据编码的方法,而不是一种数据压缩方法。比较 compression。

abbreviation name 简名 在 TCP/IP(传输控制协议/网际协议)网络环境中,为网络节点所起的不完全的只有机器名或机器名加部分域名但没有顶层域名的层次名字。

ABC (1)ABC 计算机 Atanasoff-Berry computer 的缩写。(2)自动亮度控制 automatic brightness control 的缩写。(3)基于活动的成本核算 activity-based costing 的缩写。(4)抽象基类 abstract base class 的缩写。

ABC classification ABC 分类法 对于库存的所有物料,按照全年货币价值从大到小排序,然后划分为三大类,分别称为 A 类、B 类和 C 类。A 类物料价值最高,受到高度重视,处于中间的 B 类物料受重视程度稍差,而 C 类物料价值低,仅进行例行控制管理。ABC 分类的原则是通过放松对低值物料的控制管理而节省精力,从而可以把高值物料的库存管理做得更好。

ABCS 自动广播控制系统 automatic broadcasting control system 的缩写。

ABC theory ABC 理论 将人工智能(Artificial intelligence)、脑模型(Brain model)和认知科学(Cognitive sciences)取英文首字母,称之为"ABC 理论"。该名的另外一种含义指它们对智能机的研制是十分基础的理论。

abductive inference 反绎推理 以某种演绎推理为存在条件的归纳推理。反绎推理已成为许多决策系统、故障诊断系统的基本推理方法。参见 induction reasoning。

ABEL 高级布尔方程语言 advanced Boolean equation language 的缩写。

abend 异常结束 abnormal end 的缩写。

abend code 非正常终止码 一个识别系统消息号和导致非正常终止的出错条件类型的代码。

abend dump 异常结束转储(文件) 由于程序中存在错误而不能正常执行下去,这时可将内存中执行该程序的区域的状态以十六进制的数据形式作为一个文件存放在库(即磁盘空间中一个区域)中。本术语既可表示这样的一种文件,也可指产生这种文件的过程。

ABI 应用二进制接口 application binary interface 的缩写。

ABIC 自适应双层图像压缩 adaptive bilevel image compression 的缩写。

ABIOS 高级基本输入输出系统 advanced basic input/output system 的缩写。

. abk 自动备份文件名后缀 CorelDRAW 绘图软件自动备份文件的扩展名。

ablation 烧蚀 一种在光学介质上写入数据的技术,是用激光在金属模上烧一个洞或者斑痕。

ABM 异步平衡模式 asynchronous balanced mode 的缩写。

ABME 异步平衡扩展模式 asynchronous balanced mode extended 的缩写。

ABNF 增强型巴科斯范式 augmented Backus normal form 的缩写。

abnormal end (abend) 异常结束 因某种程序或系统错误而造成的提前结束。程序检测到不可校正的错误或故障(如机器硬件故障)时就中止程序在计算机里的执行。此时,计算机操作系统在终端显示某些诊断信息供系统人员、硬件维护人员分析使用。参见 abort,crash。

abnormal end of task 任务的异常结束[终止] 在任务执行过程中发生了不能通过使用系统恢复设施而排除错误的情况,因而造成任务未完成就终止的现象。

abnormal flow cleaning 异常流量清洗 基于已形成的安全基线对采用带宽占用、服务处理能力消耗等方式的分布式拒绝服务攻击进行探测分析,发现有异常流量存在时,过滤异常流量和用户正常数据,从而保证带宽和正常业务的连续性。

abnormal glow discharge 异常辉光放电 辉光放电的特点是压降随电流的增加而增大。当电流增加到超过使充气管的阴极完全被辉光覆盖的大小时,便发生异常辉光放电。

abnormal propagation 异常传播 在干扰通信的不稳定大气条件和电离层条件下的无线电波传播。

abnormal reflection 异常反射 频率高于已电离层面的临界或穿透频率的无线电波在电离层的已电离层面处发生的明显可分辨反射。

abnormal return 异常返回 子例程在执行时出现异常状态而返回到调用它的程序。

abnormal return address 异常返回地址 子例程异常返回在主程序中指定的地址。

abnormal termination 异常终结 (1)发生在预先安排的终结之前的终结。(2)一个导致作业非正常终止的系统错误或者操作行为。参见 normal termination, system termination, abnormal end of task。

A-Bone 亚太主干网 指亚洲—太平洋地区因特网的骨干网,可以按 T1 的速率(或更高一些)连接东南亚各国的用户,还包括连接到欧洲和美国的各种链路,无需通过北美的电信设施来传送数据。亚太主干网是由亚洲因特网支撑有限公司于 1996 年提出的。参见 backbone。

abort (异常)中止 (1)在受控方式中,计算机系统的处理活动因其不可能继续进行或不符合需要而中止。(2)在数据通信中,一个由发送操作方调用的函数,使得接收方放弃或者忽略由发送方送出的从上一个标记起或者从上一个检查点起的所有信息。

aborted connection 中止后的连接 在计算机安全系统中,指在网络操作之后没有立即取消连接操作,这可能会使得其他用户获得未经许可的访问。

aborted transaction 中止事务 在进行过程中异常中断的事务。

abort key 终止键 由操作系统或应用软件规定的键盘上的一个特殊键。当任务(如搜索或打印作业)执行过程中按下此键时,可终止任务的执行,如当 DOS(磁盘操作系统)之下出现提示信息 Abort, Retry, Ignore 时,如果按下“A”键,则终止任务的执行,因而此时的“A”即为 DOS 规定的终止键。在许多情况下,应用软件规定以 Esc 作为终止键。

abort remirror 中止重镜像 包含在 Novell NetWare 服务器中的一个实用软件工具,用于使原有的磁盘镜像中止,以便对磁盘加以改变和整理,如重新分区。改变完成之后,还可以重新开始镜像操作,并且使改变后的分区上的数据保持同步。

abort sequence 中止[放弃]序列 一个指定的位模式,出现在位串中的任意位置,用于永久地终止一个传送帧的传送。

abort statement 中止语句 在程序需要无条件终结的严重情况下,它能引起任务的异常终结。

abort timer 中止计时器 一种用来监视数据通信连接装置接收端的设备。在建立了通信联系后的预置时间内,如果没有接收到任何数据,那么中止计时器将切断通信联系。这样便使得其他等待注册的用户能使用此输入终端。

ABP 实际(数据)块处理程序 actual block processor 的缩写。

ABR (1)可用位速[比特]率 available bit rate 的缩写。(2)区域边界路由器 area border router 的缩写。

Abramsoncode 阿布拉门逊码 一种检错能力很高的循环码。

ABRD 自动波特率检测 automatic baud rate detection 的缩写。

AB roll AB 滚动 在多媒体应用中,两个记录的视频图像同步播放以产生某些效果,如淡入淡出、插入等。

abrupt junction 突变结 在单晶半导体中,从 P 型材料到 N 型材料的过渡呈有效不连续状态的结。

abrupt release 鲁莽拆除 网络传输层使用 T-DISCONNECT. request 原语断开连接的过程。这种断开连接方式可能导致数据丢失。与此不同的有顺序拆除。参见 orderly release。

ABS (1)分配(存储)块大小 allocation block size 的缩写。(2)自动平衡系统 auto-balance system 的缩写。(3)防抱死制动系统 antiskid braking system 的缩写。

.abs 摘要文件名后缀 ABS 取自 abstract(摘要)一词,是摘要文件的扩展名。该类文件有时用于指示一个摘要或概要。

absent extension advice 无人分机通报器 专用自动交换分机(PABX)的一种服务设施。当分机用户不在场时,它将入站呼叫转接到交换机的回答装置或录音通报器,向被呼叫用户报告此时的电话号码等信息。

absent subscriber service 用户不在服务 是一个用户因为不在而不能应答其呼叫时,把这些呼叫向如下方向转移的能力:一种人工应答业务,其他用户号码或一个广播通知。

absent user service 用户缺席服务 一种向用户提供的服务,被叫者自动地通知所有呼叫者:被叫终端不能使用。

absolute address 绝对地址 也称"显式地址"或"机器地址"。设计计算机时为存储单元所指定的永久性编号,它不用作任何改动就可直接标识存储单元在存储装置中的实际位置。参见 base address, relative address。

absolute addressing 绝对寻址 计算机中的一种寻址方式。其指令中的地址部分就是操作数的实际地址。

absolute assembler 绝对地址汇编程序 对于所有源程序指令的地址段都生成其相应的绝对地址汇编程序。它是一种早期的汇编程序。

absolute branch 绝对分支 程序中由分支指令直接指出转移的绝对目标地址,从而改变程序执行顺序的分支。

absolute cell address 绝对单元地址 在电脑的电子表格中用行编号和列编号来标识的表格单元地址,以便在公式中引用该单元的值。

absolute cell reference 绝对单元格引用 在电子数据表格公式中,对数据单元格或范围的一种引用方式。在表格公式被拷贝的情况下,被引用单元格的地址或范围不会自动进行调节。

absolute code 绝对代码 也称"基本代码"。使用机器地址码(即绝对地址码)和机器操作码的指令代码。所有的指令都用机器语言描述,不需要加工就能被计算机接收,并可运行。

absolute command 绝对命令 (1)在计算机图形中的一个图形命令,使得显示设备将以后的命令参数解释为绝对坐标值。参见 absolute instruction。(2)使用绝对地址的命令。比较 relative command。

absolute complement 绝对补 令 U 是全集,A 是 U 的子集,U 中所有不属于 A 的元素组成的集合称为 A 的绝对补,记为 $\overline{A}$。即

$$\overline{A}=U-A=\{a\mid a\in U\}$$

绝对补也称"绝对差集"。同 absolute difference set。

absolute coordinate 绝对坐标 在计算机制图中的一种坐标。它根据给定坐标系统的原点来确定可访问点的位置。比较 relative coordinate。

absolute coordinate data 绝对坐标数据 在显示系统中(如计算机交互式显示终端),确定在显示器件的显示面上的显示空间或在图像显示空间的实际坐标的值,如绝对坐标数据可包含在计算机的程序中、存储在显示器件内的存储单元中、记录在硬拷贝文件上。

absolute coordinates 绝对坐标(系) 用到原点(各轴相交的点)的距离来定义的一种坐标。在图形和计算机图形学中,常使用绝对坐标对图表或网格上的点进行定位,如用相对于 x 与 y 轴上的点来描述一幅图或用相对于 x、y 和 z 轴上的点来描述屏幕上的一个三维图形对象。参见 Cartesian coordinates。

absolute data 绝对数据 (1)阴极射线管显示程序中所规定的显示区或图像区中的实际坐标的数据。(2)在计算机图形中,程序指定的在显示器或者存储器中的实际坐标值,对应于 relative data。

absolute delay 绝对延迟 信号从发送到接收的时间间隔,它可以用任何适当的单位表示,如时间单位或相位单位。参见 delay distortion, delay equalizer, delay line, phase delay。

absolute device 绝对设备 一个定位设备,如数字化仪,以坐标的形式向操作系统传递其位置信息而不是位移信息。

absolute difference function 绝对差函数 一个二元函数,其函数值等于两个自变量差的绝对值,表示为 $|x-y|$。

absolute difference set 绝对差集 一集合相对于全集E的差集。集合A的绝对差集记作～A，也称"绝对补"。参见 absolute complement。

absolute dimension 绝对尺度 从一点到一个给定点（这个给定点不一定是机器的零点）之间的距离。

absolute disk read (INT 25H) 直接地址磁盘读出 DOS（磁盘操作系统）提供的一种基本磁盘操作功能。此项功能被设计为DOS中的一个中断服务例程，中断序号为INT 25H。

absolute disk write (INT 26H) 直接地址磁盘写入 DOS（磁盘操作系统）提供的一种基本磁盘操作功能，此功能被设计为DOS中的一个中断服务例程，中断序号为INT 26H。

absolute element 绝对元素 一种可执行的计算机程序，用源程序编写，经编译使其地址赋为执行时使用的值。这种程序元素称为绝对元素，因为程序只能在指定的存储空间中运行。相对应的为可重定位的程序。参见 relocatable element。

absolute encoder 编码器 一种轴角编码器。在每个轴角位置上只能产生一个唯一的数字编码。其分辨率取决于编码器的位数。

absolute encoder 绝对式编码器 一种光电编码器，也称"绝对式旋转编码器"。绝对式编码器光栅盘上有许多道刻线，每道刻线依次以2线、4线、8线、16线、……编排，这样，在编码器的每一个位置，通过读取每道刻线的通、暗，获得一组从2的零次方到2的$n-1$次方的唯一的2进制编码（格雷码）。绝对编码器使每个轴角位置上只能产生一个唯一的数字编码，它无需记忆，无需找参考点，在定位方面明显地优于增量式编码器。参见 photoelectric encoder，incremental encoder。

absolute error 绝对误差 （1）某一真实的、理论上正确的或计算上得到的值与其通常用同一单位表示的观察或测量所得的值相减而得的代数差或绝对差。（2）不考虑代数符号或方向的误差大小。参见 normalized error，relative error。

absolute expression 绝对表达式 汇编语言程序中的一种表达式。汇编时该表达式的值不受程序再定位的影响。一个绝对表达式表示一个绝对地址。

absolute format 绝对格式 指令码中包含操作数绝对地址的格式。

absolute gain 绝对增益 （1）在天线里，对于给定方向，在理想等向性辐射体输入端所需功率与为了在给定方向上的远场有相同的辐射强度而实际供给给定天线的功率之比，如无给定方向则假定相应于最大辐射的方向。同 isotropic gain。（2）在规定的工作条件下，某器件的输出端信号电平与其输入端信号电平之比。增益通常用分贝表示。参见 antenna，gain，level，loss。

absolute instruction 绝对指令 （1）使用绝对地址的指令。（2）计算机中的一种最终可执行的指令形式。

absolute language 绝对语言 计算机可直接运行的编程语言或指令代码。同 machine language。

absolute level 绝对电平 以1 mW作为基础准功率来计算某点电平时，所得的电平称为绝对电平。

absolute link 绝对链接 一种指向某个文件的精确位置的超级链接，该文件可存储在某个文件服务器、万维网或某家公司的内联网上。绝对链接使用精确的路径，如果移动包含该超级链接或超级链接目标的文件，该链接就无效。

absolute loader 绝对地址装入程序 将程序和数据按绝对地址装入到存储器中的装入程序。它通常还具有错误检测能力。

absolute load module 绝对装入模块 计算机系统中的一种目标模块的组合，它已经解决了各种交叉引用关系，并装入内存，以便从指定地址执行。

absolute location 绝对定位 屏幕上的一个点，其X坐标值和Y坐标值根据到达原始起点的距离而确定，由其离开屏幕原点（0，0）的距离来量度。

absolute luminance threshold 绝对亮度阈值 具有正常视觉或平均视觉的人能进行可视化感知所需要的亮度的下限。

absolute machine code 绝对机器代码 在每次使用时必须装入固定存储单元，且不得将其重定位的机器语言代码。参见 relocatable machine code，machine code。

absolute magnetic permeability 绝对磁导率 在材料介质的某点上，磁通密度B与磁场强度H的比值，即绝对磁导率$\mu_{abs}=B/H$。各向同性媒质的磁导率是一个标量，而各向异性媒质的磁导率是一个矩阵（或张量）。参见 incremental magnetic permeability，magnetic permeability，relative magnetic permeability。

absolute magnification 绝对放大率 透镜放置在正常眼睛前所产生的放大，其间的距离使透镜的后焦点正好与眼睛的旋转中心重合，或眼睛的前焦点与透镜的第二主焦点正好重合。

absolute maximum rating 绝对最大额定值 为电子设备的运行条件和环境条件所规定的极限值。为了保持该设备预期的可靠性，设备运行时不得超过这个绝对最大额定值。绝对最大额定值不是连续的额定值，且与正常运用无关。

absolute module 绝对模块 程序中的地址只能设置为绝对地址的软件模块。

absolute object program 绝对目标程序 目标程序除了可以是中间语言的形式外，还可按其地址形式分为浮动目标程序和绝对地址目标程序两种，后一种就称为绝对目标程序。绝对目标程序通常指计算机可直接执行的代码。

absolute operation code 绝对操作码 在绝对指令

A

码中，表示一项作业所需的操作码的数值。

absolute order 绝对命令 (1)在计算机图形学中，计算机程序中的一条显示命令。使得显示装置将该命令后面的数据字节解释为绝对数据而不是相对数据。(2)计算机最终可以直接执行的指令，即翻译成机器码的指令。参见 absolute command。

absolute path 绝对路径 以磁盘驱动器标识符和根目录或某个网络共享的位置开始的完整名称，并以完整的文件名结束来指明某文件位置的一种路径(说明)。例如，C:/docs/work/contract.txt，或者//netshare/docs/work/contract.txt。也称"full path"。比较 relative path。

absolute path name 绝对路径名 在文件系统中，相对于根目录的路径名。

absolute permeability 绝对磁导率 同 absolute magnetic permeability。

absolute phase 绝对相位 在绝大多数话筒上，振膜所受到的正向压力都会在输出时生成正极电压，然后再通过扬声器在监听的位置上转化成正压波。这种音源的原始极性可以由扬声器在相位上得到重现的现象，就是所谓的绝对相位。

absolute phase shift keying (APSK) 绝对相移键控 利用载波相位的绝对变化(相对于一个固定参考相位)传输数字信息的相移键控。

absolute plotter control 绝对绘图仪控制 绘图仪的一种控制方式。按此方式，绘图仪在绘图过程中，对应着每次绘图动作将发出一组绝对坐标值，并以伺服机构操纵绘图笔朝这一组坐标值规定的方向移动，同时控制绘图笔的落下与否，确定是否绘出笔移动轨迹。虽然从理论上讲，仅使用绝对控制方式就可以绘成任何所需的图形，但绘图效率将会很低。实际绘图时，往往将绝对控制方式与增量控制方式(即相对绘图仪控制方式)配合使用。

absolute pointing device 绝对定位器[设备] 一种定位位置总是与屏幕光标的某一特定位置相对应的定位设备。定位器的移动相对基板的边缘与屏幕或屏幕窗口相对屏幕边缘对应。例如，如果使用者把图形板输入笔放在板的右上角，则屏幕上的光标移至与笔相对应的屏幕或屏幕窗口的右上角。如果使用者把笔移至板的左下角，那么屏幕上的光标也移到左下角。比较 relative pointing device。参见 absolute coordinates graphics tablet。

absolute polarity 绝对极性 在用绝对极性正确的音响系统播放绝对极性正确的录音制品时，音箱所产生的正向声压便会和原始声音的正向声压一致。绝对极性不对时，便会有180°的相位差。

absolute positioning 绝对定位(法) 根据起始地址对数据项进行定位操作的技术。

absolute potential 绝对电位 由指定点到地(即零电位参考点)之间的电位差(即电压)，其数值是从地电位点到指定点间的电场梯度的线积分。

absolute power 绝对功率 电路中产生、消耗、传递和使用的有功功率。参见 reactive power，real power，volt-amperes。

absolute pressure 绝对压力 相对于真空的压力。

absolute priority 绝对优先级 操作系统中进程的不可改变的优先级，与 dynamic priority 对应。

absolute program 绝对程序 程序的一种形式，所用地址都为绝对地址的程序。它是由连接编辑器将可重定位的目标模块和库程序结合而生成的。绝对程序中包含了所有目标代码的描述，在执行之前它通常会由绝对装配器翻译转换成一种新的形式。

absolute program loader 绝对程序的装入程序 把绝对程序装入主存储器的程序。

absolute programming 绝对程序设计 用绝对地址确定各指令操作数的地址和本身的存放地址的程序设计。按此方法编写的程序，只能在特殊规定的计算机系统中运行，并且只能在该系统中的特定内存地址范围内执行。

absolute refractive index 绝对折射率 某一介质相对于真空介质的折射率。参见 refractive index。

absolute RF channel number (ARFCN) 绝对射频信道号 以整数表示的绝对射频信道号。

absolute rotary encoder 绝对式旋转编码器 简称绝对式编码器。同 absolute encoder。

absolute rule 绝对规则 用于估价某一种情况的纯演绎和断言性的规则。

absolute section 绝对段 程序员用来描述数据项的物理内存地址的程序段。绝对段必须驻留在特定的内存位置上，不能重定位。

absolute sector 绝对扇区 由磁盘的物理结构顺序确定的扇区，即从逻辑0扇区开始计算，而不是以当前操作扇区为参考点计算的扇区。

absolute segment 绝对程序段 在内存空间中，从可用范围内起始点存放的程序段。

absolute shaft-angle optical encoder 绝对轴角光编码器 一种其数据输出可以唯一确定每个轴角的机电编码器。它包含一个发光二极管(LED)和一系列由安装在轴上的绝对编码圆盘隔开的光电检测器。当轴旋转时，随着圆盘上的多个径向透明环和不透明环遮挡通向光敏元件阵列的光通道，便产生唯一的数据。输出代码在径向线上读出。若编码器轴因电源中断而停止下来，则径向线将维持编码器轴的最后角位置。

absolute shared region 绝对共享区域 在所有进程中均以相同虚拟地址引用的共享区域。

absolute signal delay 绝对信号时延 在传输媒体(如波导)起点，信号波形的前沿(或其他点)与在传输媒体末端相同信号的对应点(或相同边)到达(或接收)时所产生的时间差，即对于在信号波形上确

A

定的点，从一个位置传送到另一个位置时的传送时间。

absolute stability 绝对稳定性 线性多步法的一种稳定类型。给定步长后，若方程的初始误差及计算过程中引入的误差在以后的计算中不会放大，则称该数值方法是绝对稳定的。对常微初值问题的线性多步法，若其特征多项式根的模都小于1则该方法是绝对稳定的。在带时间变量的偏微分方程数值方法中，若对于任意的时间步长 τ 和空间步长 h，差分格式稳定，则称此方法为绝对稳定的。

absolute system of units 绝对单位制 一种单位制，选择其中少量的单位作为基础，如质量、长度、时间和电荷，这些单位称为绝对单位。根据所表示的物理量之间相互关系的基本定律，用这些绝对单位可按一定方法推导出许多其他单位。

absolute task set 绝对任务集 一种任务集，它在指定的分区中执行，并根据该分区的起始存储器地址来调整其地址常数。它是应用构造程序的输出结果。

absolute temperature scale 绝对温标 一种将－273.16 ℃或－459.67 ℉作为温度的绝对零度的温标。最常用的温标是以摄氏(Celsius)度为依据的开氏(Kelvin)温标。绝对零度是0 °K。水在273.16 °K上凝固；而在373.16 °K上沸腾。兰氏(Rankine)温标以华氏(Fahrenheit)度为依据。水在491.67 °R上凝固；而在671.67 °R上沸腾。参见 Kelvin temperature scale, Fahrenheit temperature scale, Celsius scale。

absolute term 绝对项 其值不受地址浮动影响的项。

absolute time in pre-groove (ATIP) 预刻槽绝对时间 光碟刻录机工作时，把时间码调制到摆动中，称为预刻槽绝对时间。参见 pre-groove, wobble。

absolute unit 绝对单位 利用质量、长度、时间和电荷的基本单位确定的单位，如科学上常用的厘米克秒制(CGS)就是由基本单位厘米、克、秒及其导出单位如达因、尔格等所组成；米千克秒制(MKS)就是由基本单位米、千克、秒及其导出单位如牛顿、达因等所组成。

absolute URL 绝对统一资源定位符[地址] 一个页面的完整因特网地址或其他万维网资源。绝对URL包括一个网络协议(如“http”)、网络位置，以及选择通路和文件名，如 http://example.microsoft.com/是一个绝对URL。参见 uniform resource locator (URL)。

absolute vacuum gauge 绝对真空计 通过测定物理量本身来确定压力的一种真空计。比较 relative vacuum gauge。

absolute value 绝对值 一种量的值。这种值与其量的符号(正或负)无关。大多数计算机高级语言都有绝对值函数 ABS(x)。如果 $x=-5$，则执行ABS(－5)后得到其绝对值5，也就是说，绝对值总是大于或等于零。

absolute value computer 全[绝对]值计算机 所处理的数据变量为全值即绝对值而不是增量的计算机。

absolute vector 绝对向量 在计算机制图中，其起点和终点以绝对坐标确定的向量。比较 incremental vector。

absolute virtual address 绝对虚地址 用户虚地址空间中的一个固定位置，不能被软件重定位，但可以通过硬件将其转换成物理地址。

absolute zero 绝对零度 可能存在的最低温度，在此温度下完全不存在分子运动。绝对零度大约为－273.16 ℃或－459.67 ℉。

absolute zero point 绝对零点 坐标系的原点。

absorbed dose 吸收剂量 单位质量物质受辐射后吸收辐射的能量。单位为戈(Gy)。曾用单位为拉德(rd)。

absorbed dose rate 吸收剂量率 单位时间内的吸收剂量。单位为戈/时(Gy/H)。曾用单位为拉德/时(rd/H)。

absorber 吸收体[器] 吸收和耗散辐射能的材料或器件。它可以用来使物体免受辐射能的作用，防止能量辐射、确定辐射的属性或有选择地传输辐射的一个或多个分量。

absorptance 吸收系数 材料主体吸收的辐射能与入射辐射能之比。

absorption 吸收 能量通过媒质时由辐射产生的耗散。在传输电、电磁或声学信号时，指发送的能量到其他形式的能量(如热能)之间的转换。吸收会引起信号的衰减。参见 absorption modulation, attenuation, ionospheric absorption, optical fiber absorption, phonon absorption, precipitation attenuation。

absorption band 吸收带 材料的吸收谱区。在此区吸收量要经过一个最大值。

absorption circuit 吸收电路 对不需要的频率处的功率加以吸收的串联谐振电路。在该频率上，电路对地呈低阻抗。

absorption coefficient 吸收系数 能量由于穿过介质而被吸收的一种度量。吸收系数和散射系数合起来构成衰减系数。参见 absorption index。

absorption costing 吸收式成本核算 产品成本同时包括或吸收制造该产品所需的变动制造成本和固定制造成本。参见 activity-based costing (ABC)。

absorption current 吸收电流 与电介质内部电荷的累积速率成正比的电介质电流分量。

absorption curve 吸收曲线 表明吸光物质对不同波长的光的吸收能力不同的曲线。同一物质在一

A

定温度下的吸收光谱是一定的，因此物质的吸收曲线可以作为定性依据。参见 electronic spectrum，absorption spectrum。

absorption discontinuity 吸收不连续性 对于特定辐射类型，物质吸收系数的不连续性。参见 absorptance。

absorption edge 吸收限 与吸收不连续性相对应的波长。

absorption electronic countermeasure 吸收式电子对抗(措施) 在电子战中应用了减少目标电子反射的材料和设备的电子对抗措施。

absorption factor 吸收因数 物体的一种属性，它是入射到某物体的辐射波被该物体吸收的量和该波的入射量之比。

absorption fading 吸收衰落 被接收无线电信号强度的逐渐变化，它主要是由大气层吸收沿信号路径的缓慢变化所引起。

absorption index (AI) 吸收指数 对给定波长的电磁波在给定折射率的材料介质中传播产生的每单位距离的因能量吸收而引起的衰落的测度。吸收指数由关系式 $K=b\lambda/(4\pi n)$ 确定，式中，K 是吸收指数，b 是吸收系数，λ 是真空中的波长，n 是吸收材料介质的折射率。参见 refractive index。

absorption loss 吸收损耗 (1)辐射能传输或被材料反射时转化成热量的那部分传输损耗。(2)传输电路中因与相邻电路耦合引起的功率损耗。参见 absorption coefficient。

absorption modulation 吸收调制 也称“损耗调制”。无线电发射机输出端的幅度调制，它使用可变阻抗电路按照调制信号幅度大小吸收载波功率，即调制信号控制可变电阻。在一个系统中，调制管或晶体管直接借助短截线连接来控制传输线的吸收以达到相同的结果。参见 absorption，amplitude modulation，modulation。

absorption of light 光吸收 光的吸收是光在介质中传播时部分能量被介质吸收的现象。

absorption peak 吸收峰值 在一个特定频率上由于吸收损耗而出现异常大的衰落。例如，在光通信介质中的特定波长，在该波长上特定的杂质吸收最多的功率，即引起传播光波的最大衰落。在其他波长上，这些杂质所吸收的功率少于吸收峰值时的吸收。用于光纤、条形介质波导、光集成电路(OIC)以及类似介质中的玻璃、石英、硅以及用于光纤中的塑料通常显示吸收峰值。引起吸收峰值的杂质包括铜、铁、镍、铬、镁和氢氧根离子等。

absorption spectroscopy 吸收波谱学 研究在各种条件下对由物质的原子和分子吸收的辐射能量和波长进行测量的波谱学。

absorption spectrum 吸收光谱 又名吸收曲线，物质吸收电磁辐射后，以吸收波长或波长的其他函数所描绘出来的曲线即吸收光谱。是物质分子对不同波长的光选择吸收的结果，是对物质进行分光光度研究的主要依据。参见 electronic spectrum，absorption curve。

absorption trap circuit 吸收陷波电路 吸收和衰落干扰信号的并联调谐电路。

absorptive attenuator 吸收式衰减器 包含提供所需传输损耗的耗散材料的波导段。

absorptive law 吸收律 一个带有两个二元运算的代数系统 $\langle A,*,\oplus\rangle$，如果对于任意元素 $a,b\in A$，有 $a*(a\oplus b)=a$ 和 $a\oplus(a*b)=a$，则称二元运算 $*$ 和 $\oplus$ 满足吸收律。集合代数中的并运算 $\cup$ 和交运算 $\cap$，命题代数中的析取 $\vee$ 和合取 $\wedge$ 都满足吸收律。

absorptivity 吸收率[系数] 当波通过传输介质材料时，其每单位路径吸收的能量与入射的能量之比。

abstract 摘要[录]，简介，抽象 (1)摘要是以提供文献内容梗概为目的，不加评论和补充解释，简明、确切地记述文献重要内容的短文。摘要应具有独立性和自明性，并且拥有与文献同等量的主要信息，即不阅读全文，就能获得必要的信息。(2)对问题空间实体的认识。事实上，人们对任一事物的认识都是抽象的。

abstract algebra 抽象代数学 20世纪才形成的并发展很快的一个数学分支，其研究的中心问题是数字、文字和一般的代数运算的规律及由这些运算适合的公理而定义的各种代数结构(如群、环、域、模、格、布尔代数等)的性质。抽象代数学对于全部现代数学的发展有着显著的相互影响，对于一些其他的学科，如物理学、结晶学等，也有重要影响。由于电子技术的发展和计算机的广泛使用，抽象代数学的一些成果和方法直接应用到某些工程技术和计算机理论中去，如代数编码学、语言代数学和代数语义学、代数自动机理论等新的应用代数学的领域。抽象代数又是离散数学的重要组成部分，并对组合数学的蓬勃发展起着重要的作用。在离散数学中，抽象代数学常被称作代数结构，以突出这种结构的重要性。参见 approach to specification。

abstract algorithm 抽象算法 由抽象数据及在其上的一系列抽象操作组成的算法。这些数据和操作反映了问题的本质属性，从而将所用细节抽象掉，然后再考虑抽象数据和操作的具体实现。在抽象级，只知道“做什么”，在实现级，考虑“如何做”。

abstract automaton theory 抽象自动机理论 (1)用输入、内部状态、输出三组信号及输入、输出两种功能来描述自动机特征的数字理论。(2)将自动机作为一种数学系统，研究它的一般数学性质的学科。一个重要的研究方向是自动机的半群理论(有限自动机和半群建立起一种对应关系，利用半群理论可以研究有限自动机)，它为有限自动机的分解问题提供了工具。另一个方向是研究范畴上的自动机，目标是建立一个关于有限自动机、线性控制系统、树自动机、概率自动机等的统一理论。

abstract class 抽象类 一个特殊类型的类。抽象类是没有直接实例的类，但它的子孙可以有直接实例。在这个类的方法中可以含有未被实现的消息，这引起消息所引用的操作方法应该在它的子类中实现。而抽象类，因为本身未完全实现，所以不能有实例。在进行程序设计时，如果几个类(如 A、B)具有某些共同的成分，就可以把共同的成分抽出来，建立一个抽象类，被抽掉共同成分后的 A，B，就可以安排成此抽象类的子类，使程序更简洁。

abstract base class (ABC) 抽象基类 只需要继承某个特定类，但不需要实例化该类的对象，这样的类称为抽象基类。在抽象基类中，可以指定一个方法而不指定其代码主体。这意味着抽象基类保存着方法定义，而方法的实际实现(定义方法行为的代码)则写在派生类中。这种没有实现的方法称为操作。

abstract based on natural language understanding 基于自然语言理解的文摘 一种使用自然语言理解技术自动提取文摘的技术，其思想是特定领域的文章中必然存在特定的信息焦点，利用语言学手段将文章中代表这些信息焦点的文字挖掘出来，加以组织润色即可形成语意连贯的文摘，这种文摘的质量通常优于基于文本信息统计方法生成的文摘。参见 abstract text-based information statistics。

abstract data type (ADT) 抽象数据类型 抽象数据类型是与表示无关的数据类型，是一个数据模型及定义在该模型上的一组运算。对一个抽象数据类型进行定义时，必须给出它的名字及各运算的运算符名，即函数名，并且规定这些函数的参数性质。一旦定义了一个抽象数据类型及具体实现，程序设计中就可以像使用基本数据类型那样，十分方便地使用抽象数据类型。

abstract family of language (AFL) 抽象语言类 在集合的并、并置和正闭包操作下封闭的三元闭合语言类。在集合的并、并置和克林闭包操作下封闭的完全三元闭合语言类称为完全抽象语言类。已证：正则集类、上下文无关语言类、递归可枚举集类是完全 AFL；上下文有关语言类是 AFL。若一个 AFL 中存在语言 L，使得该 AFL 是包含 L 的最小抽象语言类，则称其为主抽象语言类。

abstract individual 抽象单体 在人工智能的对象结构化表示法中，常用抽象单体来描述，其目的是为了增加对象的集合或增加描述集合中每个成员的特性。

abstracting service 文摘服务 在给定的主题范围内，为用户提供有关信息或文档资料摘要的服务或服务的机构。

abstraction 抽象，提取 (1)为了强调所注意的方面而忽略与当前目标无关方面的原理。这种原理的应用对理解各种形式的计算机系统和进行系统开发是十分重要的。(2)通过对某一问题的观察，抽取与某一待定目的相关的本质部分而忽略非本质的部分。(3)忽略模块内部构造的细节，而将模块视为一个黑盒子。(4)建立软件环境依据的原则之一。环境应对用户隐藏尽可能多的细节，但是需要时应给富有经验的用户提供了解和操纵这些细节的能力。环境应使细节能以一种层次方式提供使用，用户在此可以根据需要按树形延续下去，但总能达到树的较高层次。

abstraction procedure statements 抽象的过程陈述 在信息系统的用户作业处理设计中，在设计好自然过程框图之后，需要对它进行结构上的抽象。即由抽象的过程陈述来取代流程图中框图描述语言的控制结构。抽象的过程陈述乃是在流程图中的命名框，这些框都是表示单输入和输出的框图描述语言的控制结构。

abstract language theory 抽象语言理论 根据数理逻辑建立起来的机器翻译语言或现代辅助语言的理论。

abstract machine 抽象机(器) (1)即抽象有限自动机。一个可以被认为由一组资源以及相互影响的方法所组成的机器。对于一个真实的机器，这些资源是确实存在的。例如，在现实机器上可寻址存储器可由一定数量的存储器以及相关的地址译码及访问机制组成；通过列举所有的资源及相互关系，不建造真正的机器而定义一个抽象机器是可能的。因为合适定义的抽象机可以忽略不重要的细节，故可利用这样的机器证明程序的性质等。参见 virtual machine。(2)对计算机系统的一种抽象。其形式定义为二元组：$M=(d,F)$，式中，d 是 M 的状态，F 是影响状态变化的一组变换。变换 $f_i \in F$ 作用于数据对象集 $\{O_1,\cdots,O_n\}$ 上，状态 d 由数据对象 O_j 的状态给出。数据对象 O 其形式定义为三元组 $O=(n,v,t)$，式中 n 是数据对象的名字，v 是它的值，t 是它的类型。

abstract model specification 抽象模型规范 程序设计方法学中的一种规范方法，抽象方法和代数方法和状态机方法在语法及语义上都不相同。语法上它使用 Hoare 提出的前置条件/后置条件模式，它用规范描述者选择的基础抽象定义函数。规范描述者可使用任意可形式论证的抽象(集合、多重集、表、数组等)。因此，抽象模型规范依赖于选择的基础抽象，给定抽象模型规范的适用性主要取决于选择的基础抽象是否适宜于所描述的函数。参见 approach to specification。

abstract module 抽象模块 软件开发环境中的非派生模块，它必须由用户建立和维护。而派生模块则由一个或几个工具建立和维护的。

abstract operation 抽象操作 (1)定义操作的形式或协议，但没有定义实现的一种操作。(2)对象定义的一种不能用抽象类来实现的操作，这种操作应由所有具体后代类来实现。

abstract program **抽象程序** 程序规范导致的过程设计，过程设计把程序规范转换成算法，而算法只说明"什么"是"如何"实现的，还没组成具体的实现程序，这种过程设计的结果就是抽象程序。

abstract service primitive (ASP) **抽象服务原语** 一种与实现无关的关于用户和服务提供方在特定服务范围中相互关系的描述，就像在 OSI(开放系统互连)中定义的那样。

A

abstract symbol **抽象符号** (1)在一般约定中未确定其意义和用法而需在每次应用时作定义的一种符号。(2)光学字符识别中的一种符号，其形状不能提示它的含义和用法，而必须由特定的各组应用程序来定义。

abstract syntax **抽象语法** 首先由麦卡锡(McCarthy)提出，其用意是从具体语法中抽象出语言结构最本质的东西，而不考虑语言的具体符号表示，从而可大大简化语义的形式描述。该语法的设计应尽可能与具体语法相对应，既便于阅读和理解，也便于进行机械变换。语法中的符号名由设计者自选，语法中略去语言中比较低级的、与机器有关的、与静态语义无关的以及比较烦琐的成分。

abstract syntax notation (ASN) **抽象语法表示法** 用以定义复杂类型以及确定这些类型的值的表示法。这一技术已在 CCITT(国际电报电话咨询委员会) X.409 建议和美国 NBS(国家标准局)的 FIPS(联邦信息处理标准)98 中得到发展。制定出的 ASN.1 标准用于记述在文件传送、作业传送和托付控制的应用层协议中的抽象语法。

abstract syntax notation one (ASN.1) **抽象语法表示法 1** 一种与特定计算机结构和表示技术无关的，在表示、编码、传输和译码诸方面描述数据结构的一种方法。广泛用于信息传输，并且作为 OSI(开放系统互连)参考模型中表示层协议的抽象语法。国际标准组织(ISO)于 1987 年 12 月制定了国际标准 8824，给出了对数据结构编码形成传输位流的规则，位流的格式叫传送语法。这种表示法主要通过基准 ASN.1 原语类型来实现。

abstract syntax tree **抽象语法树** 一种程序结构的树状表示法。抽象语法树的结构不依赖于源语言的文法，也就是语法分析阶段所采用的上下文无关文法，因此在程序分析等诸多领域有广泛的应用。

abstract test suite (ATS) **抽象测试套件** 直接从某一个协议标准，根据静态和动态一致性要求制定的测试套件。它适用于任何关于该协议标准实现的测试。从这种抽象测试套件中可派生出可执行的测试工具。

abstract text-based information statistics **基于文本信息统计的文摘** 一种使用文本信息的统计数据自动生成文摘的技术，它是使用检索词匹配的统计信息来评测句子的重要性。其中统计信息包括检索词出现的频率，检索词在句子中的位置，句子在文本中的位置和检索词之间的距离等表层文本信息。这种摘要通常能够抓住文章的主旨，但是摘要的质量不高，存在句子缺乏连贯性和语义存在冗余等缺点。参见 abstract based on natural language understanding。

abstract thinking **抽象思维** 人们在认识活动中运用概念、判断、推理等思维形式，对客观现实进行间接的、概括的反映的过程。抽象思维是以语言概念和符号为媒介进行的。是抽象思维凭借科学的抽象概念对事物的本质和客观世界发展的深远过程进行反映，使人们通过认识活动获得远远超出靠感觉器官直接感知的知识。参见 imaginal thinking, perception thinking。

abstract window toolkit (AWT) **抽象视窗工具包** 由 Sun 公司为 Java 程序提供的类库，它包括应用程序设计框架和图形用户界面(GUI)例程。AWT 是 Java 本身图形库的基础，利用用户计算机的 GUI 元素，可以建立标准的图形用户界面，如窗口、按钮、滚动条等。AWT 与 AFC 兼容。AWT 包含在 Java 基础类库中。参见 application foundation classes (AFC), Java foundation classes (JFC)。

A/B switch box **A/B 开关盒** 一种包含两个位置选择的开关盒。

A-buffer **累积缓存** accumulate-buffer 的缩写。

abuse **滥用** 在数据处理中，未经授权而凭借其职务和工作之便，非法使用他人私有数据的行为。

AC (1)交流电 alternating current 的缩写。(2)模拟计算机 analog computer 的缩写。(3)自适应控制 adaptive control 的缩写。(4)吸收系数 absorption coefficient 的缩写。(5)声[音]耦合器 acoustic coupler 的缩写。(6)音频信号编码译码器 audio codec 的缩写。(7)访问控制器 access controller 的缩写。(8)直连电路 attachment circuit 的缩写。

-AC **自动计算机** 一个后缀，表示 automatic computer，如 ENIAC、SWAC、UNIVAC 中。

.aca **角色文件名后缀** Microsoft 的代理使用的角色文档的扩展名。

AC adapter **交流电适配器** 一种可将标准 110 V 或 220 V 交流电转换为低压直流电的电源设备。

ACAP **应用配置访问协议** application configuration access protocol 的缩写。

ACB (1)适配[转接]器控制块 adapter control block 的缩写。(2)存取方法控制块 access method control block 的缩写。

ACB address space **存取方法控制块地址空间** 在通信系统软件中，打开存取方法控制块的地址空间。参见 associated address space, session address space。

ACBGEN **应用控制块生成** application control

block generation 的缩写。

ac-bias recording 交流偏置记录 把记录信号(模拟信息或经过编码的数字信息)叠加在频率比记录信号高得多的交流偏置信号上,然后再将此合成信号(调制波)记录在媒体上的一种磁记录方法。它可以消除记录媒体磁化曲线在原点附近的非线性引起的读出信号失真,并可提高信号噪声比。

ACC (1)累加 accumulate 的缩写。(2)累加器 accumulator 的缩写。(3)应用控制码 application control code 的缩写。(4)限制式自适应控制 adaptive control of constraint 的缩写。

accelerated aging 加速老化 一种人为地加速产品老化的方法,通常用于估计产品的长期保存效果和使用特性。

accelerated graphics port (AGP) 图形加速端口 一种能提高图形处理速度的显示端口,通过这种端口,图形卡可直接访问计算机系统的内存空间,从而加速了需要 Z 缓冲之类的三维图形处理软件的运行速度。AGP 由 Intel 公司于 1996 年开发,端口总线宽 32 位,它将显示卡同主板芯片组直接相连,进行点对点传输,大幅度提高了计算机对三维图形处理和动画的再生处理的显示能力,也将原先占用的大量 PCI(外围部件互连)带宽资源留给了其他 PCI 插卡。1998 年 5 月份,AGP 2.0 规范正式发布,工作频率是 66 MHz,但工作电压降低到了 1.5 V,并且增加了 4X 模式,这样它的数据传输带宽达到了 1 066 MBps。2000 年 8 月,Intel 推出 AGP3.0 规范,工作电压降到 0.8 V,并增加了 8X 模式,数据传输带宽达到了 2 133 MBps。AGP 的实现依赖两个方面:一是支持 AGP 的芯片组/主板、;二是 AGP 显示卡。参见 AGP Pro。

accelerated life test 加速寿命试验 确定器件或系统可靠性的一种试验方法。这种方法是在超过最大额定值的条件下进行试验,并根据其试验结果,推断出试验对象在常态下的工作寿命。

accelerating electrode 加速电极 在阴极射线管和其他电子管中,用来提高构成空间电荷或形成电子束的电子速度的电极。这个电极工作在相对于阴极的高正电位上。

acceleration space 加速空间 电子管中超出电子枪输出孔径的区域,电子在此区域内被加速到所需的高速度。

acceleration time 加速[启动]时间 磁带等辅助存储器从启动到能在其上面读写数据所需要的时间。也可以是磁带或机械装置从启动到正常工作速度所需要的时间。

accelerator board 加速板 一种计算机上用的电路板,包括微处理器和相应的器件和电路,通常组装在一块板上,使其能有效地加速计算机的某些操作,或使计算机能并行地完成某些操作。同 accelerator card。

accelerator card 加速卡 以较快的处理器代替或增强计算机的主微处理器的一种印制线路板。将加速卡插入计算机的扩展槽内即可使其承担某些原来由计算机执行的工作,提高运行效率或增强功能。

accentuated contrast 加重对比度 传输图像时,如在传真或光纤系统中,对图像或文本的对比度加以控制,即对具有小于特定亮度值的像素按标称黑传送,对具有大于特定亮度值的像素按标称白传送,对其间所有其他亮度值的像素按各自的电平传送。

accentuator 加重器 提供某个音频预增强的电路,能从多种频率的输入信号中,选取所需的一种频率信号加以放大,也称"预加重电路"。参见 pre-emphasis。

accept 接收 程序中常用的一个交互式操作指令或语句。在通信系统中,服务节点对发出请求的工作站响应时的回答。

acceptable filename 可接受文件名 在操作系统中允许使用,并在任务处理过程中能正确识别的文件名。

acceptable interference 可允许干扰 正常情况下有害,但根据使用无线电业务双方的协议规定允许存在有一定强度的干扰。这种情况一般只能在性能改善前的一段有限时间内允许。

acceptable level of risk 可接受的风险级别 通过审慎的、仔细的和详尽的评估确定 IT 的活动或网络满足最小的现行安全指标的需求。评估应该考虑到 IT 资产的价值、威胁和漏洞、防范手段及其在补偿漏洞时的功效和操作需求。

acceptable quality level (AQL) 合格质量标准[水平] 在抽样计划中得出的质量标准,符合合格品的最大可能性,通常已在计划中预先确定,由抽样方案预定的时限内容许的缺陷百分比表示。

acceptable reliability level (ARL) 合格可靠性质量标准 对于生产元件或设备的验收,每 1 000 工作小时所容许的失效百分比。它是在由可靠性抽样方案预定的时限内容许的可靠性量度。

acceptable use policy (AUP) 可接受[允许]使用政策 一种服务提供商的政策声明,指出哪一种使用是可允许的。可接受使用策略定义了公共服务的应用意图、不接受的使用和不服从规则的结果。AUP 的目的旨在概略的说明一般的使用和所有权、被禁止的行为以及所应承担的风险等问题。

accept action 接受动作[响应] 处理机接受服务请求之后作出的响应动作。

acceptance 可接受(性)、合格、验收 功能单元(如设备或系统)满足规定要求(如技术性能、使用性能和安全要求)的状况。

acceptance angle 接收角、截获角、到达角 (1)这是一个立体角。在该立体角内,所有接收到的光都

A

到达光电管、光电二极管、光纤或其他光敏器件的光敏区域。(2)在光纤中,光锥顶角的一半,在这范围内的光功率可耦合成光纤的束缚模式,超过这范围光功率将耦合成光纤的非束缚模式。光锥的轴线与光纤的轴线处于同一条直线上,锥的顶角在光纤端面,锥底面对光功率源。

acceptance by empty stack 栈空接受 定义下推自动机M接受字符串α的一种方式。如果M从初始状态q_0和栈初始符Z_0开始,自左端开始读α,当读完α时若在转换函数δ的一步步作用下栈为空,则称M接受α。此种方式接受的语言类与终态接受方式相同。

A

acceptance cone 接收锥角 光纤一端的一个想象的锥角,它的一半等于芯和包皮界面的入射角。在此锥角内的任何光线都能得到反射并传输到光纤的另一端。

acceptance criteria 验收准则 软件产品满足交货要求的准则,或是软件产品圆满地完成某一测试阶段必须满足的准则。

acceptance data package 验收数据块 用于测试一个软件是否达到设计要求的数据块,其内容是专为测试而制定的,对测试同类软件的性能有一定代表性。

acceptance gauging 验收测量 在一个零件完成所有加工工序后进行的测量。将根据测量结果决定对这个零件是接收、报废还是返修。

acceptance input 认可输入 用以使系统输出一个通报型的高优先级输出的一种输入,用报文等待标志来表示。

acceptance inspection package 验收检查软件包 用于验收一种计算机产品是否达到要求的性能指标的专用软件包。将这个软件包安装在计算机上,使之运行,可以全面地测试出计算机各部分的性能。

acceptance output 认可输出 表示系统的某个输入的句法正确而且完整,而该系统可以开始进行或已经执行其相应的动作的一种输出报文。在后一种情况下,这种表示可以采取实际结果的形式。

acceptance pattern 接受图 对于一根光纤或光纤束,表示总的传输功率对发射角的关系曲线。总的传输功率或辐射强度与入射强度发射角(输入或入射角),光纤界面的传输系数以及照射面积有关。

acceptance problem 接受问题 给定一类自动机A,问其是否存在一个确定的算法,使得对A中的每一台具体的自动机,该算法都能在有限步骤内指出此自动机接受的输入是否为空集,这就称为A类自动机的接受问题。

acceptance rate 接受率 用户认为与其相关而加以接受的文献数与系统提供的文献数之比。

acceptance review 验收性评定 软件开发工作中的一个的重要步骤。包括“检查点/冻节点”评审和介绍性评审,由用户参与进行。参见 check point review,freeze-point,introduction review。

acceptance sampling plan 验收抽样方案 一种规定进货检验的抽样规模以及合格、拒收或获取其他样本的试验数据的方案。

acceptance testing 验收测试 系统开发生命周期方法论的一个阶段,这时相关的用户或独立测试人员根据测试计划和结果对系统进行测试和接收。它让系统用户决定是否接收系统。它是一项确定产品是否能够满足合同或用户所规定需求的测试。验收测试可以在工厂或用户场地由用户、卖方或第三方实施。

acceptance trial 验收试验 由设备的最终用户的代表所进行的试验,以确认其是否满足了指定性能的要求。

accepted interference 可接受干扰 干扰电平虽高于规定的允许干扰标准,但已由两个或更多的管理部门协商同意而又不使其他管理部门受到损害的干扰。参见 harmful interference,permissible interference。

accepted language 接受的语言 在机器计算中,指被抽象机器接受的语言。其中包括存在完整的终止计算的所有输入。

accepted signal 可接受信号 一种呼叫控制信号。参见 call not accepted signal。

accepted word 可接受字 对于字母表A上的有限自动机M,如果A上字ω的后继状态中有M的终态,则将ω称为M的可接受字。

accept for update 更新接收 在交互式作业过程中,计算机接收新的数据项,用以替代原存储的相应数据项。

accepting computation 接受计算 在机器计算中,指终态是可接受状态的计算。

accepting station 接收站 数据通信中接收信息的一个终点站。

acceptor 受主 在本征半导体材料中(如硅或锗)掺入的一种杂质(如镓)。它的电子键结构与本征材料的电子键结构接近相同,但其价电子数比完成本征键结构模式所需电子数少,因此对每个杂质原子而言在结构模式中形成一个“空位”,即“空穴”。杂质原子相对较少,相距较远,因此不会干扰本征材料的导电性,因而来自附近本征材料中的电子能填充杂质处的空穴而形成新的空穴,这样空穴似乎能移动或漂移,尽管移动性不如自由电子或已经存在于施主原子中的过剩电子。参见 donor,dopant,hole。

acceptor circuit 迎谐电路 一种在所调谐的频率上呈低阻抗而在其他所有频率上呈较高阻抗的串联谐振电路。与信号通路相串联时,能让所需要的频率通过。

acceptor level 受主能级 在非本征半导体的能级

图中，与正常能带接近的中间能级。在绝对零度下，该中间能级为空带。在其他温度下，与正常能带相对应的某些电子能获得与这个中间能级相对应的能量。

accept with error　有错误仍予接受　在计算机网络通信中，发现接收数据流中的错误存在，但仍然将其接收下来的一种工作方式。同 accept with warning。

accept with warning　有警告仍予接受　在数据通信过程中，接收终端发现数据流中存在错误，向终端使用者发出"错误"警告，但仍将数据接收下来。若错误不是太严重，接收下来的数据绝大部分还是可用的。有的通信系统还提供了记录出错位置的功能，便于接收者在接收结束之后对这些出错位置逐个地进行核查。

access　存取，访问，入口，接入　(1)计算机引用、获取文件或数据集的方式。(2)从存储器取出数据或把数据存放存储器的过程。(3)一线路的入口点。参见 direct access，direct access storage，immediate access storage，remote access，serial access。

ACCESS　(1)ACCESS 数据库软件，通常包含在微软公司推出的 Office 软件中，是一个关系式数据库，具有图形功能，能生成数据管理程序。利用各种指南可获得专家级的帮助，能方便地构造列表、报告及标签。还可读写其他数据库软件的数据文件，如 dBASE IV、Paradox 3.5、FoxPro、Oracle、Microsoft SQL Server 等。(2)计算机控制的自动电子扫描系统 automated computer controlled electronic scanning system 的缩写。

access arm　存取臂　在磁盘驱动器中安装一个或多个读/写头，使之能在磁盘表面移动的机械臂。

access arrangement　访问编排　用于由用户提供的数据调制解调器或自动呼叫器互连的访问。在上述设备中，数据访问编排服务包括利用符合数据要求的适当回路调节的数据访问编排准备。

access attempt　存取[访问]尝试，接入试呼　(1)在远程通信网络中，一个节点向另一目标节点发出请求建立联络的信号，即存取请求并等待回答的过程。若收到认可信号，即可开始数据传输。(2)电信系统中的一种试呼，该试呼可使一个或多个用户通过电信系统传输用户信息得以启动。一次接入试呼由接入发起者发起的接入请求开始，而以接入成功或接入失败而结束。

access authority　存取权限　与"请求对数据进行某类存取"有关的一种权限。存取权限可分为无存取、读存取、更新存取、控制存取和替换存取。

access authorization　访问授权　允许主体访问客体并完成某些操作的权限。权限通常用访问特权矩阵(APM)来表示。访问特权矩阵是详细表示访问的主体及类型的行列式。

access barred　存取[访问]堵塞　(1)在数据通信中，数据终端设备(DTE)不能呼叫由选择信号标识的某一台数据终端设备的一种状态。(2)一种允许终端发送或接收呼叫，但不允许同时发送和接收呼叫的数据设施。

access barred signal　禁止接入[访问]信号　在通信系统中，反方向发送的一种信号，它指示出因主叫或被叫设备要求而使该呼叫不能完成。许多原因会引起禁止接入信号，如闭合用户群有效性检验失败。参见 backward direction。

access bus　存取[访问]总线　由 Philips 公司与 DEC 公司共同研制的一种低速、有限距离的开放式串行连接系统。它可将多达 125 个外围设备同时连到主机上，数据传输速率达 80 ～ 100 kbps，采用+5 V 单电源，电流驱动能力 500 mA，传输距离 8 m。可满足键盘、鼠标器、便携式扫描仪、条码阅读器、图形输入板、打印机、调制解调器等低中速外围设备与主机之间的通信，并允许外围设备以热插接的方式接入系统。

access capability　存取[访问]能力　计算机保密系统中的一张表示存取权力的"票证"，它允许持有者可以对指定目标进行指定类型的访问，如擦除一个指定的文件。

access category　访问类　在计算机安全系统中的一个类。用户、程序或进程被授权使用资源或资源组时，这些用户、程序或进程被允许的访问权利。

access channel control　存取[访问]信道控制(器)　在令牌环网络中，对链路站与介质访问控制(MAC)之间的数据传输进行管理的逻辑电路和规程。

access charge　访问费用　通信服务公司或电话公司根据用户访问通信网或电话网的次数、时间长短以及服务质量等方面的度量值，向用户收取的服务费用。

access code　访问[存取](代)码　(1)一组字符，通常由字母或数字组成，在通信中用作访问远端计算机的识别码。对于网络或联机服务来说，访问代码一般指用户名或用户识别码和口令密码。(2)由字母、数字及其组合所组成的代码，也称"口令"，用于在使用计算机或系统资源时验证使用者的合法性。

access constraint　存取约束　数据库概念模式的一部分，主要是为了保证数据的安全和正确。不同的数据库系统规定了不同的存取约束，只有满足存取约束条件的用户才能存取相应的数据。存取约束是由最初生成或涉及有关数据的人员所制定的，并将其保存在数据词典中。

access contention　接入[访问]争用　在综合数字业务网(ISDN)应用中与 contention 同义。

access control　存取控制　(1)也称"安全性约束"，指在数据库技术和多用户操作系统中，对用户存取数据的控制或管理。它限定某用户只能存取或修改，或者同时存取和修改数据库中某一部分的数据

A

或某一部分系统资源。这一方面是为了保证数据的安全性,防止人为地泄露数据库;另一方面是为了提高数据的独立性,防止由于程序的错误而使数据库其他部分的数据发生错误。(2)约束对计算机资源的获取,识别要求提供服务的用户,以及限定仅供特定用户使用的访问控制的方法。(3)在网络中,通过要求用户提供注册姓名和口令来保证系统安全性的一种手段。

access control byte **存取[访问]控制字节** 在令牌环网络中,位于令牌或帧起始定界符之后的字节,用于控制对环的存取或访问。

access control entry (ACE) **存取[访问]控制项** Windows NT 及 LAN Manager 网络软件中存取控制表(ACL)中的一项,可以包含访问权和安全标识符(SID),存取控制项用于允许或否定对用户或者用户组的访问以及对这些访问进行监听。参见 access control list (ACL)。

access controller (AC) **访问控制器** (1)在具有实体级安全性的信息资源目录系统中的一对锁,一个用于读访问,另一个用于写访问,还可以用于其他控制,如允许执行。(2)一种网络设备,也称"接入控制器",作为一个无线局域网的核心,管理无线局域网中的瘦 AP(接入点),即只做收发信号的无线接入点,包括下发 AP 配置、修改相关配置参数、射频信号智能管理等。并支持无线流量统计和用户认证、访问统计管理。

access control list (ACL) **访问控制表** (1)被允许访问客体的主体及每个主体的访问权力的列表。它通过将所有的主体及许可的操作信息组合到一个列表中的方法对客体的访问进行规格说明,并且把这个列表直接附加在该客体上。这是一种防御性和技术性控制,如与文件关联的一个表,它标识了可访问该文件的所有用户及他们访问该文件的各种权限。参见 access control triple。(2) Windows NT 及 LAN Manager 网络软件中枚举对象各种保护措施的安全描述体的一部分,由一系列对于对象(如文件、进程、事件等)访问的控制项(ACE)构成,对象的拥有者对该对象有自行选定的存取控制项(ACE)组成。参见 access control, discretionary access control, security descriptor。

access control-logging and reporting **访问控制-登录和报告程序** 在操作系统中的一种特许程序,用于登录对受保护数据的存取,并打印成选定的格式化报告。

access control matrix (ACM) **访问控制矩阵** 描述主体、客体和访问类型相互关系的一个二维数组模型。矩阵的行表示主体,列表示客体,行列交叉处表示某主体对相应客体的访问类型。访问类型是主体对客体授权访问的种类,可以是读写、执行、附加、修改、删除、建立、查找等。

access control measures **访问控制措施** 设计用于探测或防止对信息技术系统进行未授权访问和执行访问控制的硬件和软件特性、物理控制、操作性控制和管理性控制及其组合的措施。

access control mechanism **访问控制机制** 为了数据的安全,对用户访问数据加以控制管理或限制,以使能发现非法行为,并允许授权的合法访问。访问控制机制指的是实现这种控制的硬件或软件特性、操作规程、管理规程及其组合形式。

access control message **接入控制信息** 一种用户请求、资源控制器响应、资源控制器相互之间的请求/响应的信息。

access control policy **访问控制规则** (1)作为安全总规则中的一组规则,该规则对用户进行认证,并据此决定是赋予其访问那些应用、服务和保密的对象的权力或拒绝其访问。(2)规定一组允许访问发生的规则。(3)作为安全总规则中的一组规则,该规则对主体对象的访问决定授权或拒绝。

access control register (ACR) **存取控制寄存器** 一种控制给定通道上逐字传输的存储器件。

access control strategy **访问控制策略** 信息安全中的访问控制是一种保证信息资源不被非授权使用的管理方法,而访问控制策略中定义了如何对访问信息的行为进行认证、授权和记录。①认证可以有效地保证信息访问管理的质量。最常见的认证方法是用户名和密码的组合。但该认证方式的强度不高,通过组合多种认证要素可以简单而有效地提高认证强度。一个基本的原则是这两种认证要素必须具有不相关性,如除了分配给用户一个访问标识(类似于用户名),另外通过分配给每个用户的私钥生成一个额外的标识,在认证的时候要求用户同时提供这两个标识。由于分配的标识和用户在访问时生成的标识没有直接的联系,所以这种组合相对于具有相关性的用户名密码要更加强壮。②授权是通过了认证的用户被赋予规定的权限。其基本内容是决定谁在什么时候可以访问什么。进行授权的时候通常会利用组的形式来管理具有同样权限的用户集合,在组的基础上结合组成员能够执行的活动进行管理,可以实施基于角色的访问控制。这种访问控制非常适用于被广泛使用的大型数据源,但是基于用户的访问控制通常可以提供更严格的保护。这两种方式并不冲突,为了获得两者的优点我们可以将其结合起来使用。③记录是对认证和授权过程中产生的各种事件进行记录,并成为安全审计活动的基础。所以如何记录信息以及如何对这些信息进行管理也是访问控制策略中的一个不可或缺的组成部分。

access control system (ACS) **门禁系统,出入口控制系统** 管制非特定人员进出某通道所使用的软硬件系统,它集微机自动识别技术和现代安全管理措施为一体。门禁系统涉及电子,机械,光学,计算机技术,通信技术,生物技术等诸多新技术。

access control triple **访问控制三元组** 一种访问控制的规格说明类型，其中列出了用户、程序和数据项的每一种允许进行的操作。参见 access control list (ACL)。

access control word **存取控制字** 将发送的字送入保留存储单元的一种机器指令。

access counter **访问计数器** 一种插入到网页中的小程序，用于记录该网页被访问过的次数。

access coupler **通路耦合器** 在光传输系统中，该器件位于两根光纤之间，允许信号从一根光纤输出再注入另一根光纤。参见 directional coupler。

access cycle **存取周期** 对存储器进行一次完整的存取操作所需要的时间。它包括读出信息时间和把读出信息重新再写入原来的存储单元(在破坏读出情况下)所需的时间。存取周期也就是对存储器进行连续存取操作所允许的最短时间间隔。

access date **存取日期** 对文件执行存取操作的日期。文件每次被修改后，都会记下当时的日期和时间。如果文件被创建之后一直不曾被读或写过，它的创建日期即为存取日期。

access delay **访问延迟** 在网络接口能访问共享网络前的等待时间。

access denial **存取[访问]拒绝** 由于通道发生堵塞而使网络存取不能进行的状态。在资源共享系统中，当一个执行过程企图存取某项资源，但此项资源正被其他执行过程所占用时，系统回馈给此过程的将是一个“存取拒绝”信息。

access denial probability **存取拒绝概率** 在管理人员或用户观测的一段时间内，因通道发生堵塞而失败的存取请求与总请求次数之比。

access denial ratio **拒绝访问率** 同 access denial probability。

access denial time **存取拒绝时间** 在通信网络中，从一个终端节点发出存取请求信号至接收到网络回馈的“拒绝”信号为止的延迟时间。这种拒绝是由于通道被堵塞所造成的。

access deterrence **访问遏制** 一种安全机制的设计原则，它基于用户害怕违反安全策略的行为被发现的心理，而不是对违反安全策略的行为的绝对防止。

access digit **拨号位** 在自动电话上用来直接拨外线的一个数字，一般是 1 或 9，使之能接入外部的用户交换机、当地交换机或本地中心局，在长途号码前拨出。

access environment **存取[访问]环境** 在创建文件时规定的一个文件属性和使用权限所构成的对于用户的环境。这些环境包括当前连接组及其权限、用户标志和用户属性。

access expanded memory **访问扩充内存** 对计算机系统扩充内存的存取，是在扩展内存管理器(EMM)软件支持下进行的。在程序中启动 EMM 与调用 DOS(磁盘操作系统)类似，为此建立了一个软件中断，定义了多种算法，用来控制扩充内存。当有一个程序装入扩充内存中，EMM 就将一个标志送入一个需求程序。当再次调用 EMM 时，此标志用于区分逻辑页中哪些块被用过。参见 expanded memory manager (EMM)。

access failure **呼叫[接入]失败** 在通信系统中，一次不成功试呼总会导致接入的终结，而不是在特定的最大访问时间内，在预定的信源和信宿间启动一次用户信息的传送。

access fairness **访问公平性** 指可以保证光纤通道(FC)上的所有节点能不受其他节点活动的影响。进而实现访问 FC 仲裁循环的过程。参见 fiber channel (FC)。

access function **访问函数** 网络中的一组进程，用于用户和网络之间的交互。

access gap **存取间隙** 指计算机的内存和外围存储器(如磁盘)在存取一个数据单元时的速度差。由于计算机对以半导体芯片构成的内存可直接存取，读写延迟时间短；而对外围存储器则要经过通道等装置进行格式转换，对媒体本身的读写延迟时间也较长，所以存在着存取间隙。此间隙通常在几微秒到一毫秒之间。

access group **接入组群** 接入组群指的是一组站点，它们具有等同的权力来接入可供使用的电话系统、计算机主机系统或网络。

access hole **存取孔** 软磁盘套上的一个长圆孔，其长轴与磁头移动方向一致。当软磁盘机执行读写操作时，磁头通过这个孔和封装在盘套内的软磁盘片接触，以存取信息。

accessibility **可存取[达]性** (1)获得计算机系统或资源使用的可能性、存储数据、提取数据或和系统通信的可能性及所需的方法。采用标准协议和接口技术设计的系统能方便地与现有的网络相连接。(2)由硬件或软件构成的一种系统质量，标明便于用户选择使用或维护的程度。有时特指带有一种或多种残疾的人(如活动不便者、盲人或聋哑人)可使用的系统。

accessibility aids **可接近性辅助程序** 也称“无障碍辅助程序”，为残疾人能更方便使用计算机而设计的一些程序，如屏幕阅读程序、语音识别程序和软键盘。

accessibility browser **无障碍浏览器** 也称“盲人浏览器”，是为方便视障者(包括盲人和低视力者)浏览和使用网络资源而开发的一类浏览器。

accessibility of system **系统可存取[访问]性** 信息系统中的共享信息内容可以被用户存取的程度。一般智能系统都应具有可存取性。以便用户能对系统中的某些内容进行存取，从而给出推理过程和解释结论的由来。

A

accessible state **可达状态** 有限自动机 M 的一个状态 S。如果存在字 ω,使 ω 的后继状态中有 S,则称 S 是可达状态。在状态图中,从初态到可达状态存在一条有向路。

accessing method **访问方法** (1)一种用于访问对象的状态数据的方法,访问可以是对状态的改变和读取,通常访问方法的名称按其访问的状态命名。(2)在主存储器和输入输出设备之间传送数据的技术和程序设计方法。

accession level **访问级别** 根据每个用户、程序、进程被授权使用的资源或资源组的不同,对用户、程序、进程分类的一种方法。

accession number **入藏号,登录号** 给所搜集的文献指定的号码,用于指明该文献款目进入馆藏的顺序。

accession number index **登记号索引** 英国德温特公司编制的世界专利索引的一种,通过登记号索引可以查找同族专利。

access key **访问键** (1)在一个具有实体级安全性的信息资源目录系统中的一个认证操作,通过认证者可对被保护的实体进行操作。(2)在网页设计中为浏览者提供的快速访问给定页面的组合键。也可写成 accesskey。

access latency **访问等待时间** 在 PCI(外围部件互连)总线中,指从主设备请求使用 PCI 总线开始到完成相应事务的第一个数据传送为止所花去的时间。参见 peripheral component interconnect (PCI)。

access level **访问(等)级** (1)在计算机安全系统中,用于鉴别数据敏感性和许可证或用户授权的安全等级的分级体系。访问等级和非分级类别结合在一起形成了客体的敏感性标记。(2)在 LinkWay 产品中一个文件夹的特征,决定用户可改变这个文件夹的程度,这种访问级由创建这个文件夹的用户决定。

access line **访问线路** 一种远程通信线路,可以连续地把一个远程站和一个数据交换中心(DSE)连接起来。每条访问线路都与一个电话号码相对应。

access list **存取[访问]表** (1)用于记录用户对文件或目录的存取权限的表。它记录了系统中每一类用户或用户组及个别用户对相应文件或目录的存取权限,如读、写、可读可写等。同 access control list。(2)Cisco(思科)路由器中存放的用来控制对路由器多种服务的访问进行控制的列表,如把具有某个 IP(网际协议)地址的报文分组限制为必须经过网络中指定接口才能发送便是这种控制功能之一。

access macro **存取宏指令** 在模块化系统程序中,在请求执行 MSP/7 系统例行程序的程序和被请求的系统例行程序之间建立起连接的一种宏指令。该宏指令由起始字符 a 来标识。

access management **存取管理** 操作系统中用于控制存取系统的一种技术。其目的是要对系统信息进行保护,以防失窃。存取管理的一种操作就是对系统口令进行保护。

access manager **存取[访问]管理程序[器]** 数据库系统中提供对物理数据库进行存取的管理系统成分。

access mask **访问屏蔽位** Windows NT 中的一个 32 位值,设置指定的访问权,用于系统中控制对象的访问请求。

access matrix **存取[访问]矩阵** (1)操作系统中用于存取控制的矩阵。其行表示操作者,列表示操作对象,矩阵中单元的值为相应操作者对操作对象的操作权限。(2)在计算机安全系统中的一个二维数组,其一维代表对象,另一维代表主体,相交项表示允许的访问操作类型。

access mechanism **存取[访问]装置[机制]** 在磁盘(或光碟)的磁道上定位读/写头的磁盘驱动器部件。更广义地说,访问装置可指允许计算机系统中的一个部分传送信号到另一部分的任何电路板或集成电路,如中央处理器(CPU)不能直接存取硬盘驱动器,CPU 就传送信号到磁盘控制器,即该驱动器的访问装置。参见 disk controller。在软件或编程中,是"访问手段"的同义词,指一个应用程序用来读取或写入一种资源的方法,如操作系统提供某些手段,供应用程序用来在硬盘上存取数据。

access method **存取[访问]方法** (1)对计算机系统所保存的信息进行定位处理的各种技术,如顺序(串行)存取方法、随机(或直接)存取方法、加下标顺序存取方法(ISAM)等。(2)使数据在主存与输入输出设备间移动的技术。(3)使用计算机系统资源或通信网络中各种资源所要遵循的规程或协议以及一些具体规定。(4)网络设备访问网络介质的方式方法,访问方法还规定了一个站检测到网络中信息冲突时必须进行的动作。

access method routine **存取方法例程** 在主存和输出设备之间传送数据的例程。

access mode **存取[访问]模[方]式** (1)被保护机制认可为在客体上可以进行的独特操作。读、写和添加是对文件访问的可能的模式,执行是对程序的另外一种模式。(2)计算机引用文件的方式。访问可以是顺序的,也可是随机的;或者,访问可以是动态的(根据输入/输出请求的形式,可以按照顺序或随机的方式访问各记录)。参见 file access mode。(3)在 STARAN 相联阵列处理机的多维存取存储器中,允许以不同的方式存取存储器,如可以按字、位片或字节方式进行存取。因此,处理机既能进行标量运算,也能有效地处理向量运算和并行检索操作,还能在一个存取周期内访问一个记录的几个连续的字节,或对几个记录的同一个字节实现关键字段的检索操作。

access modifier 存取修饰符 也称“存取权限”，对类、方法或属性进行访问控制的关键字。

access name 存取[访问]名(字) (1)在数据库中，一种标识某个实体的名字。(2)在信息资源目录中的一个名字，它是赋予的访问名和版本标识的结合，作为每个实体的基本标识符。

access network (AN) 接入网 接入网是指由用户网络接口(UNI)到业务节点接口(SNI)之间的一系列传送实体所组成的全部设施。接入网处于传送网的边缘，是传送网的一部分。接入网的功能包括接口功能、核心功能和传输功能。接口功能实现用户终端与接入网的物理电气接口适配以及实现接入网与业务节点物理电气接口适配；核心功能实现用户终端和业务网的互连互通；传输功能实现用户网络接口与业务节点接口之间的信息传送。接入网可经标准化的网络管理接口进行配置和管理。参照开放系统互连(OSI)基本参考模型的概念，接入网具有第一、二层功能，有时还有第三层的部分功能。

access network authentication, authorization, accounting (AH-AAA) 接入网认证，授权，计费 通信网络中以服务器方式实现的功能。AN-AAA 对用户进行鉴权认证，完成用户终端身分合法性的鉴权；完成用户终端的开户管理以及计费功能。

access network system management function (AN-SMF) 接入网系统管理功能 AN-SMF 协调该接入网内用户端口功能、业务端口功能、核心功能和传送功能的操作和维护。协调业务节点(通过业务节点接口)与分配的用户端口所要求的即时管理和操作。可以通过 Q3 接口与电信管理网(TMN)通信以达到被监控的目的。

access node 接入节点 智能网(IN)中的一种逻辑网元设施，通常设置于干线网与配线网的分界点，提供公用传送承载通路，在接入节点与用户终端(TE)之间提供个别用户传送承载通路。参见 intelligent network (IN)。

access number 访问号码 客户用于访问联机服务的电话号码。

access object 存取[访问]对象 Ada 语言中的对象可以通过执行分配子例程而动态地产生。由于这些对象不在显式的对象说明中出现，所以它们不能由其名字来指明。存取这样的对象要通过分配子例程送回的存取值来实现。这种对象称为存取对象，它的类型为存取类型。

accessor 存取者[器] (1)在计算机安全技术中，存取受保护资源的任一用户。(2)在海量存储系统中，海量存储设备的一种部件，它负责在盒式磁带单元、数据记录设备和盒带存取站之间运送数据盒。

accessor control 存取器控制器 在海量存储系统中，海量存储设备的一种部件，它负责把海量存储器的信息进行解码和排序，并控制和指挥存取器的运行。

accessor environment element (ACEE) 访问者环境元素 在资源访问控制设施(RACF)中的一个当前用户的描述，包括用户标识符和组访问权。一个 ACEE 在用户识别和验证时建立。

accessor function 访问者函数 在面向对象的程序设计中，使程序员能够从数据项被封装的模块或对象类定义之外的代码访问私用数据项的函数，访问方法由访问函数规定。创建类定义的程序设计者往往不希望使用户拥有不受限制的能力，去检查或改变该类对象的内部数据项的值。对于每个内部数据项，程序设计者可以设置下列选项之一：①不允许外部访问；②提供只读访问；③提供读写访问。通过提供适当的访问函数，程序设计者便可以控制用户引用内部数据项的方法。

access-oriented programming 面向访问的程序设计 把对程序事件的控制与引起那些事件的过程分离开来的一种程序设计，所关心的事件是指对象状态的访问，可以简单地通过改变访问过程达到修改和访问的目的。

accessories 附件程序组 Windows 操作系统中程序管理器下面的一个程序组。在附件程序组中有字处理、绘图、台历、计算器、时钟、多媒体播放器等 windows 应用程序。利用这些程序可使用户更方便地使用计算机以满足各种办公自动化的需要。

access originator 接入始发者 电信系统中，发起某一接入试呼的功能单元。接入试呼可以由源用户、目的用户或电信系统发起。

accessor method 存取器方法 由对象提供的、用于访问该对象实例内变量的方法。又可以再区分为两种存取器方法，用来返回实例变量值的存取器方法被称为获取方法；用来为实例变量指定值的存取器方法被称为设置方法。

accessory 附件，附属程序 (1)一种基本部件，可以和其他组件、单元和装置一起作为部分装配件或整体配件使用。(2)计算机的外围设备或附加部件，如鼠标或调制解调器等。附件提供原机所没有的功能，但对原机器的运行并非必需。(3)在 Windows 中应用程序的一个集合，包括画笔、记事本、计算器、日历、时钟和对象包装程序等。

access password 访问口令 用于授权访问数据并被分配到所有对此数据进行类似访问的被授权人的口令。这是防御性和技术性控制。

access path 存取[访问]路径 (1)在文件存储中，操作系统搜寻存放文件位置的路线。一个完整的存取路径始于驱动器符或卷符(磁盘号)，后接目录和子目录(如果有的话)链，最后是文件名。存取路径在 IBM 和其兼容微机以及 Macintosh 计算机的操作系统中使用。(2)同类型或不同类型记录之间的一个物理序列。它确定了存取一组记录的先后

A

次序。数据库中常常用存取路径来表示数据之间的逻辑联系。存取路径可以通过链接、指示字或索引等多种方法来实现。

access path independence **访问路径独立性** 对逻辑数据访问路径描述的独立性，使用具有访问路径独立性的逻辑数据描述的程序在访问路径改变时不需要改变。

access path journaling **访问路径日志** 一种在数据库中的数据改变时记录访问路径的改变的方法，使得系统能够自动地恢复访问路径。

access pattern **访问模式** 一系列存储器操作的统计特点。

access period **访问期限** 在计算机安全系统中某个访问权利有效的时间段。

access permission **访问许可** (1)用户访问一个目标的所具有的权利。(2)在AIX操作系统中的一组决定谁可以访问一个文件以及他可以怎样访问这个文件的表述。参见 base permission，extended permission，permission code。

access phase **访问阶段** 在一次信息传输的整个过程中，进行接入试呼的阶段。参见 abandoned call，access attempt，access request。

access plan **访问计划** 在SQL(结构化查询语言)中在编译时生成的控制结构，用于处理程序运行时遇到的SQL语句。

access point (AP) **存取[访问]点，接入点** (1)用作某一数据文件或文件记录的入口单元。(2)在信息检索中，对数据库中的信息进行检索所依据的关键字。(3)接入点是可供连接的一个点，它有接入的设施以便有关设备能连接到网络或通信线路上。参见 adapted information (AI)。(4)无线网络的一种设备，AP相当于一个连接有线网和无线网的桥梁，其主要作用是通过无线信道将各个无线网络客户端连接到一起，然后将无线网络接入有线以太网网络。

access port **访问端口** 计算机用来区分不同终端输入/输出数据流的逻辑或物理标识。

access priority **存取优先级** 在令牌环网络中，令牌通过令牌环适配器进行传输到达某站时，它根据其优先级决定是处理，或是直接传给下一级。

access privilege **存取权限** 在一个网络上，用户使用和修改位于网络中其他计算机上的目录、文件和程序的能力的程度。

access privilege matrix (APM) **访问特权矩阵** 用于表示主体访问客体并完成某些操作的权限的矩阵。

access procedure **存取规程** 在局域网(LAN)中，用于获取存取传输媒体的过程或规程。IEEE 802标准指定的媒体存取规程有：CSMA/CD(载波监听多路访问/冲突检测)、Token(令牌)、Bus(总线)和 ring(环)。

access protocol **接入协议** 在控制用户网络接口(UNI)与业务节点接口(SNI)之间，实现传送承载功能的协议。

access provider **接入提供商** 一个提供因特网接入服务的机构，一般分为两种类型：ISP(因特网服务提供商)和OSP(在线服务提供商)。ISP主要是为用户提供一条高速访问因特网的链接，接入的网络可以是它自己的，也可以是别的公司的网络。OSP有它自己的网络，但还提供附加的信息服务，非订阅用户是不能使用的，如美国在线(American Online)就是一个OSP。

access rate (AR) **接入速率** 最终用户与实际接入网络电路之间的传送速度，单位是每秒传送的位数。

access record **访问记录** 使用访问位对所有的存储器存取访问都做记录，以提供在选择替换页面时所需要的信息。访问记录随时都在进行，包括任何一个CPU、通道或操作员装置所进行的存储器存取访问，对机器进行的隐式访问，都可做访问记录。

access request (AR) **存取[访问]请求** 由访问发起者发给被访问者的一个控制信息。用来通知被访问者，将要存取数据。

access restriction **存取限制** (1)对程序在执行过程中可以存取的代码或数据所加的限制。(2)对使用计算机设备所加的限制。(3)对卷或其他存储单位进行存取的类型所加的限制。

access right **存取[访问]权限** (1)在对存储区的某些区域进行保护时，只有那些指定的用户才有权可以对保护区内的文件或记录进行读或写，这种用户对操作对象能进行的不同类型操作的权限称为存取权。(2)Windows NT中授予一个进程对象以某种特定方式进行操作的许可权，不同的对象类型支持不同的存取权限，这些存取权限保存在对象的存取控制表(ACL)中。参见 access control entry，access control list。

access scan **取数扫描** 为从文件中取出特定数据而对文件中的数据逐项查找的过程。这种过程在所要的数据找到之后方可结束。

access sequence **访问序列** 程序执行期间产生的存储器地址顺序。

access server **访问服务器** 在广域网络环境中，向其他节点提供访问服务的节点计算机。位于工作站节点上的远程用户可以通过拨号方式入网，像访问本地网上服务器一样访问网络资源。有时也被称为网络接入服务器。

access service area **接入服务区** 一个提供和管理电信服务的地理区域。接入服务区通常包括一个或多个组合在一起的交换中心，它们为共同的社会、经济和其他目的提供服务。

access site **访问站点** 网络上的位置，用户可从那里找到数据或程序。每个站点都有一个唯一的名称。

access speed 访问速度 访问速度以每秒位(bps)、每秒千位(kbps)、每秒字节(B/s)、每秒兆位(Mbps)或每秒兆字节(MB/s)单位来表示。参见 access time。

access stack node (ASN) 访问堆叠式节点 由原 Bay Networks 公司(1998 年 6 月被 Nortel 公司收购)推出的一个路由器产品,采用堆叠式结构。它能将不同装置综合成为单一路由器管理,其结构有助于简化互联网络管理。使用此项产品,当用户需要增加路由器端口以扩大装置容量时,不需要在网络拓扑上额外添加路由器。

access stencil 存取模板 在多维存取存储器中,可以按字、按位片或按字节的方式存取数据。存取模板就是将这些存取方式设想成一种模板的形式,并将此模板放在存储器的适当位置上,以表示可以对它覆盖下的数据进行存取。例如,字存取模板包含一个字的所有位,位片存取模板包含一个位片上所有字的某一位,可以将它们分别放在任何一个存储字和任何一个位片的位置上。字节存取模板则由一些字的字节组成,但它包含的存储位数是与前述两种模板一样的,同样可将它放在不同的位置上。因此,就可以对不同形状的模板在不同位置上所覆盖的各存储位进行存取,以实现按字、按位片和按字对存储器进行访问。

access success 接入成功,接通 在通信系统中,接入试呼在可以进行信息传送处理时终止,即在特定最大访问时间内用户信息在呼叫始发者和呼叫接收者之间传送,或在信息始发者和信息接收者之间传送。

access success ratio 接通率 接入成功的次数与总的接入试呼次数之比,两者是在同一特定性能测试时间段内测得的。接通率可以认为是接入成功的概率。

access switch 接通开关 自动交换技术中由寄存器一类的中央单元接通继电器一类的非中央单元的选择器件。

access system 访问系统 在通信、计算机和数据处理系统中的一种程序。它允许操作员调用程序包的不同部分,通常允许从菜单中选取功能,如同使用其他命令一样。

access termination unit remote (ATU-R) 远端接入端接单元 ADSL(非对称数字用户线路)调制解调器也称"接入端接单元(ATU)",ADSL 线路上必须成对使用 ADSL 调制解调器,在用户家中使用的 ADSL 调制解调器称为 ATU-R。

access time 存取时间 一般是指从某些远程资源获取信息,如从计算机存储器获取数据或从硬盘读取数据所需的时间。以存储器的操作为例,存取时间是指从给出地址到存储器将信息交给微处理器所花费的时间。就磁盘存储而言,是指磁盘驱动器响应数据读或写操作请求所需的时间。存取时间通常以毫秒(ms)计。磁盘驱动器的访问时间决定于以下部分:搜寻时间(磁盘磁头移动到正确轨道的时间)、调整时间(在达到正确轨道后磁头安放所花费的时间)和等待时间(正确的扇区滑转到磁头下方所需要的时间)。存取时间常作为反映硬盘工作速度的指标。给出的存取时间可以是可能的最慢存取时间,或是平均存取时间。比较 cycle time。参见 seek time, settling time, wait state。

access time gap 存取时间间隙 快速存储器和慢速存储器之间存取时间差异造成的时间间隙。通常为亚微秒级到毫秒级之间。使用超大规模集成电路制成固态盘和电荷耦合器件存储器等有可能缩短这一间隙。

access time minimization 访问时间最小化 一种风险消减原则,即在完成所需功能性的前提下,尽量减少对特定数据或系统的访问时间。

access token 访问令牌 (1)访问令牌是用来描述进程或线程的安全上下文的对象。令牌的信息包括用户账户的身份和权力。当用户登录时,系统比较用户的密码和安全数据库中存储的信息。如果密码经过验证,系统提供一个访问令牌。(2) Windows NT 中唯一标识一个已登录用户的对象的安全属性,当一个用户在操作系统中登录时建立,访问令牌中包括用户或者用户组的优先级和安全指示符,优先级指示符控制对某些系统资源或服务的使用,安全指示符控制对保护对象的访问,访问令牌对进程具有继承性。参见 security ID。

access transparency 存取[访问]透明性 在分布式处理系统中,存取透明性就是指存取资源与资源的位置无关的特性,即用户在访问某个节点或某项资源时不必考虑它所处的物理位置。对文件操作而言,存取透明性与设备进程和进程通信实体有关。不仅保证一个进程可以从一台机器迁移到另一台机器上运行,而且可以将一个任务分解后,使用各个子任务在不同的机器上并行运行。

access type 存取[访问]类型 (1)处理机访问指令操作数的方法。访问类型有:读、写、修改、寻址和转移。(2)在计算机安全系统中,对于特定设备、程序或文件访问权利的种类(如读、写、执行、添加、修改、删除和创建)。

access unit (AU) 存取部件,访问单元 (1)用于连接自动检测设备系统与印制电路板边缘插脚的器件。(2)访问单元在报文处理系统(MHS)的意义上,是 MHS 的一个构成体,作为功能客体,它将另一个通信系统(如物理传送系统或用户电报网)链接到报文传送系统(MTS),这另一个通信系统的用户,作为间接用户通过它进行报文处理。在报文处理业务的意义上,该单元能使一种业务的用户与报文处理业务互通,如与人际消息传递(IPM)业务

互通。

access unit interface (AUI) **访问单元接口** 在局域网(LAN)中,一个数据站中的媒体访问单元(MAU)与数据终端设备(DTE)间的接口。同 attachment unit interface (AUI)。

access value **存取[访问]值** Ada 语言中通过分配子例程送回的存取类型的值。参见 access object。

access violation **访问违例** 在访问时违反存储管理的有关规定,如要访问的地址没有映射到虚拟存储器中,或者所使用的存取法不能访问要访问的地址。

access zero **零存取** 指计算机内的高速存储设备具有的数据转移能力,无论是将数据存入一个位置还是自一个位置取出,都没有发生不适当的额外延迟,使处理机能以"零等待"(不需要插入能降低处理速率的等待周期)方式存取数据项。此种转移是以并行或同时方式而不是串接方式进行的。同 immediate access。

accidental data **故障数据,非本质数据** 在信息系统中,有些表中的数据并不要求具有特定的值,因而用问号代替。设置这类数据的目的在于使数据结构简化。而有些数据必须有具体数值,则称此类数据为实质性数据。

accidental destruction **偶然破坏** 非故意的数据篡改或数据删除。保护和恢复偶然破坏的数据,最好的方法是数据备份。

accidental threat **偶然威胁** 由于系统的非正确使用,或由地震、洪水、火灾等自然灾害引起的,对系统构成潜在危害的过程或事件。

AC coefficient **AC 系数** 在一维或二维离散余弦变换中的非零频率的系数。

accommodation **调节,适应** 为了看清不同距离的物体,人眼具有的折射率调节适应的功能。

accommodation limit **调节极限** 物体图像可以清晰地聚焦在观察者的眼睛视网膜的条件下,物体离观察者最远和最近的距离,该距离之间的范围。

AC conversion **交流变流** 由交流到交流的变流。比较 DC conversion。

AC conversion factor **交流变流因数** 交流变流器的基波有功输出功率与基波有功输入功率之比。

AC convertor **交流变流器** 用于交流变流的电力变流器。

accordion seek **往复寻道** 诊断磁盘机磁头定位系统工作可靠性的一种特定寻道方式。它使磁头定位驱动机构依次从最大跨距(从最外磁道柱面到最内柱面)到最小跨距(中间磁道柱面处的相邻磁道柱面)反复循环寻道,以出错概率来判断磁头定位系统工作可靠性。

account **账户** (1)在通信中,指联机服务的经办商出于计费需要而用于识别客户和保持客户使用记录而设立的记录保管系统。在局域网和诸如 UNIX 或 XENIX 等多用户操作系统中,为每一授权用户开有一个同样类型的账户。使用这样的系统并不收费,这样的账户只是出于识别、管理和安全等目的。(2)在操作系统中,定义用户的所有信息,其中包括用户名、用户注册时要求的密码、账户具有成员关系的用户组、用户使用的系统、访问资源时应具有的权限和授权。

accountability **职能,责任明确性** (1)在计算机安全系统中,使系统中的活动可以被追踪到且应该对此活动负责的个人的特征。这是管理性和防御性控制。(2)为了保证系统的安全可靠性,系统各组成部分和操作者所应负的明确责任。

accountability information **可记账性信息** 为安全目的而记录的监听跟踪信息。

accountability principle **职能原则** 要求个人为其行为承担责任的原则。在计算机系统中,这是通过鉴别和认证、被授权活动的规范说明以及对用户活动的审计来实现的。

account file **记账文件** 一种由假脱机系统维护的直接存取文件,该文件存有该假脱机系统产生的记账信息及其控制下的程序的有关信息。

accounting check **会计校验(法)** 依据诸如控制总计、交叉总计这样的会计原理,对输入数据进行校验的一种控制方法。

accounting code **记账码** 在计算机系统中,当一个作业进入系统时,分配给该作业的一种字段,在作业记账程序运行时,用该字段记录该作业对系统资源的使用情况。

accounting entry **记账表目** 计算机系统中的一种日志表目,含有供记账作业使用的作业资源或打印机资源的使用统计信息。

accounting exit routine **记账出口例行程序** 在通信系统软件中,一种可任选的系统出口例行程序,它负责收集有关通话初启和终止的统计数据。

accounting file **记账文件** (1)用于记录各个作业对系统资源使用情况的文件。参见 accounting function。(2)由打印机控制器生成的文件,用于记录所打印作业的用户名及所打印的纸张数。

accounting function **记账操作程序、会计功能** 对计算机进行管理的一种操作程序(或其实现的功能),通常包含在大型计算机系统的系统软件中,对于小型系统则由用户选购使用。有了这种功能,计算机可以为每个用户使用计算机时间和存储空间的情况进行精确地记录。这样,用户可根据实际使用计算机资源的情况来缴费付款。同时,也可以为每一用户分配专门的账号来帮助切断未授权的用户对其资源的使用。

accounting legend **结算代号** 在通信安全性中的一种分配给统计报表项目的编号,通常用于确定项目计费控制。

accounting level **记账级** 计算机系统中的一种系统值,在作业记账程序运行时,该值指出记入日志的数据的类型。

accounting management **账目[审计]管理** 负责系统资源使用情况的管理功能。国际标准化组织(ISO)为开放系统互连(OSI)参考模型网络管理定义的五类网络管理之一。它能对使用网络服务的情况进行测试和确定对这些使用所需的费用,包括所有资源消耗和用于收集会计数据的设备、为该用户使用服务设立记账参数而使用的设备、为记账目的对数据库的维护以及资源使用情况和账单报告的准备。参见 configuration management, fault management, performance management, security management。

accounting system **记账系统** (1)操作系统中的一个组成部分,监控系统各方面的操作,收集有关各个事务详细数据并提供处理这些数据的工具以生成各类报告。(2)使用户能够进行记账、解释、分析和传送财务信息的系统。

account lockout **账号锁定(程序)** 微软公司的 XP 版 Windows 操作系统中的一种安全程序(即安全性方面的功能部件),如果出现多次企图进入系统失败,超过给定的次数后该程序就会锁定用户账号,这取决于安全策略锁定设置,锁定的账号不能再进入系统。

account name **账户名** 标识一个特定账户的一串字符。它用于累计该账户关于作业的资源使用情况的数据。除盘资源量外,所有用户资源记于用户账户的名下,而盘资源量记入用户标识码的名下。

account policy **账号权限政策** (1)在网络或多用户操作系统中,用于决定是否允许一个新用户进入系统以及是否可以将现存用户的权限扩大到其他系统资源的一组规则。(2)在 Windows NT 中,根据域中或单机上的用户账号来控制使用密码的一套规则。

AC coupling **交流耦合** 一种不让直流电流或信号的直流分量通过的耦合电路配置。

accreditation **身份验证,认可** (1)在多用户的信息系统中,每个已登记注册的用户可以调用由系统规定的计算机资源。为了合法地进入系统,用户把由系统规定的密码口令提交给系统。系统对密码口令加以鉴别。(2)根据对系统硬件、固件、软件的安全设计以及配置、实现方法、管理过程、人员、通信控制等的安全评价,授与系统处理敏感信息合法权限的过程,称为认可。

ACCU **C 与 C++用户协会** Association of C and C++ Users 的缩写。

accumulate (ACC) **累积,累加** (1)收集和积累,如将多个值累加到一个字段中。(2)将运算结果送入累加器中。

accumulate-buffer (A-Buffer) **累积缓存** A-Buffer 技术是 1990 年发布的图像技术。它不仅具有即时生成效果,还保留了分布式射线跟踪技术的所有效果。当所有图像渲染完毕后,累积缓存将之连成一个完整的图像,并送入帧缓存,最后在显示器显示出来。

accumulated error **积累误差** 在进行多个步骤所组成的计算中,初始计算步骤的输入误差和舍入误差带进下一个计算步骤,因而又产生新的误差,而这个误差又成为再下一个计算步骤的输入误差。如此下去,误差将不断地积累。由多个计算步骤的误差积累起来的误差,称为积累误差。

accumulating **累计** 当处理记录时,将若干特定字段中的值进行总计的过程。

accumulation key **累加键** 计算器上的一种功能键。用来自动累加结果,并连续计算总和。

accumulative reception **累积接收** 把信号经过多次累积后再予以接收。这是利用信号周期重复的某些特性,以提高接收机的检测性能。

accumulator **累加器** 在运算器中,形成并存放算术、逻辑等运算结果的寄存器。它可以作为输入输出寄存器,具有一般通用寄存器的功能。

accumulator jump instruction **累加器转移指令** 根据累加器的状态,决定程序是否顺序执行的指令。例如,若累加器的内容不为 0,继续执行下一条指令;若为 0,则按转移地址取出下一条指令执行。这种指令也称"零转移指令"。参见 branch-on-zero instruction。

accumulator register **累加寄存器** 运算器中一种存放运算结果的专用寄存器。在程序执行期间,算术运算的结果被加到该寄存器中,其中的结果可以作为中间或最终结果保存起来供以后使用。

accumulator shift instruction **累加器移位指令** 使累加器中的内容向左、向右或循环移动指定位数的指令。

accuracy **精[准]确度** (1)对于正确性的定性评估。(2)对误差的相对评价。误差小,精确度就高。(3)误差大小的定量度量。最好用相对误差函数表示,该量值高,误差相应就小。参见 precision。

accuracy constraint **精度约束** Ada 语言中用来表示实数的近似程度。浮点型实数用相对误差界限;定点型实数则用绝对误差界限。

accuracy control character **准确度控制字符** 一种用来指出与其相关的数据是否有错误,是否可以忽略或者是否能在某一特定设备上表示出来的控制字符。

accuracy-control system **准确度控制系统** 一种检测及控制误差的系统。

accuracy of equalization **均衡精度** 说明均衡器的均衡能力的术语。当系统的传输特性不理想时,通常用均衡器来加以校正。系统加接均衡器后,总的传输特性与预期值的符合程度就是所谓的均衡精度。总的传输特性越是和预期值相符合，则意味着均衡精度高，否则就是均衡精度低。

accuracy rating **精度级** 指一种限度，通常表示为全值的百分比，当设备工作于参照条件下时误差不超过这个限度。

ACD (1)自动呼叫分配器 automatic call distributor 的缩写。(2)自动呼叫分配 automatic call distribution 的缩写。

ACD group **自动呼叫分配组** 在电话系统中的一系列负责处理输入的电话呼叫的装置。

ACDI **异步通信设备接口** asynchronous communications device interface 的缩写。

AC distribution equipment **交流配电设备** 用于连接电源、变压器、换流设备和其他负载，并对供电系统进行监控和保护，具有在电源和各种负载之间进行接通、断开、转换、实现规定的运行方式等控制功能的设备。

ACDSee **ACDSee 软件** 总部设在加拿大的 ACD Systems 公司开发的数字图像处理软件，它能广泛应用于图片的获取、管理、浏览、优化和共享，支持的音频、视频和图像包括 BMP、GIF、IFF、JPG、PCX、PNG、PSD、RAS、RSB、SGI、TGA 和 TIFF 等 100 多种文件格式，支持对 ZIP 和 LZH 压缩文档的解读。

.ace **Ace 压缩文件名后缀** 使用 Ace 压缩软件所生成压缩档案格式文件的扩展名。

ACE (1)存取[访问]控制项 access control entry 的缩写。(2)高级计算环境组织，ACE 联盟 advanced computing environment 的缩写。(3)辅助控制单元 auxiliary control element 的缩写。(4)自动呼叫装置 automatic calling equipment 的缩写。

ACEE **访问者环境元素** accessor environment element 的缩写。

AC electroluminescence **交流电致发光** 由交流电场引起的发光现象称为交流电致发光。它靠交变电场激发，即使通过的传导电流很小，仍可得到发光。参见 electroluminescence, DC electroluminescence。

ACELP **代数码本激励线性预测(编码)** algebraic code excited linear prediction 的缩写。

AC erasing **交流擦除** 通过使用一个由交流供电的装置，清除磁记录媒体上所有信息的技术。

Acer-Frame bus **宏基框架总线** 由中国台湾省宏基公司为其超级服务器设计的一条 64 位总线。

acetate base **醋酸盐带基** 用醋酸盐薄膜做的一种磁带基体。

ACF **高级通信功能** advanced communications function 的缩写。

AC fan out **交流扇出** 逻辑电路在高速条件下的扇出极限。寄生电容可能将允许的扇出数减小到几乎直流条件下扇出数的一半。

AC filter **交流滤波器** 接在交流侧，以降低组合系统谐波电流的滤波器。比较 DC filter。

ACF/NCP **网络控制程序的高级通信功能** advanced communications function for the network control program 的缩写。

ACF/SSP **系统支持程序的高级通信功能** advanced communications function for the system support programs 的缩写。

ACF/TAP **高级通信功能跟踪分析程序** advanced communications function for the trace analysis program 的缩写。参见 trace analysis program (TAP)。

ACF/TCAM **高级通信功能/远程通信访问法** advanced communications function for the telecommunication access method 的缩写。

ACF/VTAM **虚拟远程通信访问法的高级通信功能** advanced communications function for the virtual telecommunications access method 的缩写。

ACF/VTAME **虚拟远程通信访问法入口的高级通信功能** advanced communications function for the virtual telecommunications access method entry 的缩写。

AC generator **交流发电机** 将机械能转换成交流电能的旋转发电设备。

achieved reliability **实际可靠性** 在等价于标准环境条件下进行操作所确定的可靠性，或由实际性能所确定的可靠性。

achromatic **消色差的** (1)一种特性，它能消除颜色或色彩影响。(2)能传输光而不能将光分解成各种构成色。

achromatic antenna **消色差天线** 在规定频带内呈均匀特性的天线。

achromatic color **非彩色，消色** (1)一种仅有灰度级表征的色调，其范围从黑至白。(2)在没有其他颜色时所感觉到的颜色，如黑、灰和白等颜色。

achromatic lens **消色差透镜** 由两个或多个元件或部件组成的能修正色差的透镜组。通常它由一个无铅玻璃的凸透镜和氧化铅玻璃的凹透镜组成，当两种不同波长的光通过该透镜时，这些光波能聚焦在光轴的同一点上。

achromatic locus **消色差轨迹** 包含代表可接受的参考白色标准的所有点的色度图上的区域，也称“消色差区域”。

achromatic number **消色数** 图论中的一个 NP-完全问题。给定图 $G=\langle V,E\rangle$ 及正整数 $K\leqslant|V|$，G 是否有一个消色数 K 或更大的数 t；也就是说，是否存在节点集 V 的划分 $V_1, V_2, \cdots, V_t$，使得每一 V_i 是对于 G 的独立集(即 V_i 中不存在关联于

E 中同一条边的两个节点)，而对于每一对不同的集V_i 和 V_j，$V_i \cup V_j$ 不是对于G 的独立集。

achromatic point **消色差点** 代表可接受的参考白色标准的色度图上的点。

achromatic region **消色差区域** 同 achromatic locus。

achromatic stimulus **消色差刺激** 产生白光感觉因而没有颜色或色彩的视觉刺激。

ACI (1)先进计算架构 advanced computational infrastructure 的缩写。(2)相邻信道干扰 adjacent channel interference 的缩写。

ACIA **异步通信接口适配器** asynchronous communications interface adapter 的缩写。

ACID **原子性、一致性、隔离性、耐久性** atomicity, consistency, isolation, durability 的缩写。

AC indicator **接收命令键[AC]指示符** accept-command-key indicator 的缩写。

ACK **确认** ASCII(美国信息交换标准代码)中的一个字符，acknowledge 的缩写。参见 acknowledge (ACK)。

Ackermann's function **阿克曼函数** 阿克曼函数 $A(x,y)$ 是以递归形式定义的二元函数：

$$A(0,y)=y+1$$
$$A(x+1,0)=A(x,1)$$
$$A(x+1,y+1)=A(x,A(x+1,y))$$

阿克曼函数的增长速度非常快。阿克曼函数是一个 μ 递归函数(图灵可计算函数)，而不是原始递归函数的最简单例子。

ACK/NAK **确认/否认** acknowledge/negative acknowledge 的缩写。

acknowledge character **确认字符** 一个传输控制字符，接收站作为肯定回答传送给发送站，也可用作精度控制字符。参见 negative acknowledge character。

acknowledged mail **应答邮件** 使用户请求发送和接收收到邮件项的应答信号的一个函数。

acknowledged service **应答的服务** 在通信系统中，建立数据链路级连接的服务程序，这个服务提供的功能包括顺序化、流控制和错误恢复，SNA(系统网络体系结构)需要使用这种服务。

acknowledge interrupt **肯定中断** 接收中断时来自中央处理机的响应信号。

acknowledgement (ACK) **确认，应答(信号)确认** 由接收器发往发送站或发送计算机的一个控制信号，表示接收器已准备好接收传送信号，或表示传送的信号已正确无误地收到。发送和接收应答信号的功能由软件完成，用户不接触该信号本身。同 acknowledge character (ACK)。比较 negative acknowledgement (NAK)。

acknowledgement character **确认字符** 建议使用 acknowledge character (ACK)。

acknowledgement frames **应答帧** 在数据传送过程中，接收方对收到的数据确认为正确的数据后，发送给发送方的表示对上述数据予以确认的帧。

acknowledgement signal **应答信号** 收到一信号后接收设备发回的确认信号。

acknowledgement signal unit **应答[证实]信号单元** 表示正确地或错误地接收到一个或几个信号单元或信号消息的信号单元。

acknowledgement window **确认窗口** 在数据通信网络中，指发送端在需要得到接收端回送的"收妥证实信号"之前所能发出的最大信息包数量。确认窗口的大小受接收端接收缓冲区容量的限制。

acknowledge number **应答号** 在网络传输中，指希望到达的下一个包的编号。

acknowledge signal **确认信号** 由通信系统接收端产生的，送回到发送设备的，用来确认从发送设备来的信号已经接收的信号。

acknowledge timeout **应答超时** 通信系统中一个站在发送了数据之后能够等待来自远方站的应答的最大秒数。

ACK timer **确认定时器** 流控协议中使用的定时器，确定在无送出帧的情况下何时发送一个单独的确认消息。

ACK0 **偶确认符** (1)一种用于偶数次肯定确认的传输控制字符。(2)用来表明已正确接收一个数据块，并已作好接收下一块的准备。ACK0 和 ACK1 在差错恢复中有不同的用途，ACK1 用于对第一次传输和以后奇数次传输的应答。ACK0 则用于第二次传输和以后偶数次传输的应答。参见 ACK1。

ACK0/ACK1 **肯定回答** 一种应答方式。这些应答(在二进制同步通信中为 DLE 序列)指明，接收端已收到前一个传送块，并且准备接收下一个传送块。交替地使用 ACK0 和 ACK1，可对一系列应答序列的顺序提供检验控制。在多点线路中，ACK0 也是对站选择序列的肯定(准备接收)回答；在点-点线路中，ACK0 也是对初始化序列(线路请求)的肯定(准备接收)回答。

ACK1 **奇确认符** 一种用于奇数次确认的传输控制字符。参见 ACK0。

.acl **键盘快捷键文件名后缀** CorelDRAW 绘图软件的键盘快捷键文件的扩展名。

ACL (1)访问控制表 access control list 的缩写。(2)审查命令语言 audit command language 的缩写。(3)代理通信语言 agent communication language 的缩写。

AC line-conditioner **电源净化器** 指专门用来滤去交流供电电源中的噪声和防止电器装置受到电压峰值和浪涌损害的一种辅助器材或装置。有些电源净化器甚至还可用来防止闪电的损伤。其实,电源净化器便是一种特别设计和制作的滤波器。

ACL/DCI corpus　ACL/DCI 语料库　ACL/DCI 是由美国计算语言学会 ACL)倡议发起的语料库项目,收集语料范围相当广泛,包括华尔街日报、Collins 英语词典、Brown 语料库以及一些双语和多语文本等。既有标注的语料,也有未标注的生语料。ACL/DCI 最初构建语料库时,制定了语料文件的格式标准,所有收集的语料文本都用 SGML(标准通用标记语言)进行描述,语料标注则依照 TEI(文本编码主动权)标准进行,为语料库在不同计算机环境下进行数据交换奠定了基础。参见 standard generalized markup language (SGML)。

AC_Link protocol　AC_Link 协议　是专为声音处理和调制解调器开发的非常简单而且有效的协议,它可以允许声音处理部分和调制解调器的数字信号直接从计算机传送到编码译码器(CODEC),再由编码译码器将数字信号转换为模拟信号并输出。参见 coder-decoder (CODEC)。

.acm　音频压缩管理驱动程序名后缀　acm 是 audio compress management 的缩写,是为 Windows 系统提供各种声音格式的编码和解码功能驱动程序文件的扩展名。

ACM　(1)(美国)计算机协会 Association for Computing Machinery 的缩写。(2)区域拼图机 area composition machine 的缩写。(3)地址完成[全]消息 address complete message 的缩写。(4)访问控制矩阵 access control matrix 的缩写。

ACM Computing Surveys　**《ACM 计算机概观》**　美国计算机协会编辑出版的刊物。1969 年创刊,季刊,系一种综述性刊物。主要刊载计算机技术的综述性文章和计算机技术的发展趋势,内容包括计算机程序编制、计算机系统结构、数据库管理、并行处理、软件可靠性、网络以及系统模型、性能、图形学及标准等。文章撰稿人多系权威人士。

ACM Transactions on Computer System　**《ACM 计算机系统汇刊》**　美国计算机协会编辑出版的刊物。1983 年创刊,季刊。主要刊载计算机软件与硬件系统的设计、实现与应用方面的原始性研究论文。内容包括计算机体系结构、分布系统、计算机网络、显示系统、通信系统、人机对话、系统控制参数与计算机应用、可靠性等。

ACM Transactions on Database Systems　**《ACM 数据库系统汇刊》**　美国计算机协会编辑出版的《ACM 计算方法学》丛刊之一。1976 年创刊,季刊。刊载计算机与信息科学研究成果,侧重于数据结构与数学模型、存取控制技术、数据安全与保护、程序与非程序语言设计、分布式数据库等。

ACM Transactions on Graphics　**《ACM 图形汇刊》**　美国 ACM 出版的刊物。1982 年创刊,季刊。刊载计算机图形学的发展与利用,包括图形演算的设计与分析、图形程序、语言和设备的设计、人机通信、计算机图形设备、使用计算机图形进行应用系统的设计等方面的研究论文。

ACM Transactions on Mathematical Software　**《ACM 数学软件汇刊》**　美国计算机协会出版的刊物。1975 年创刊,季刊。主要刊载有关数学软件与计算机程序方面的研究论文。涉及用计算机解算各种问题的数学模型与方法,如实时浮点计算模型、最小二乘法、线性方程、优选法、最佳估算、FORTRAN、CPSC、PDETWO/PSETM/GEARB 等的程序设计。

ACM Transactions on Office Information Systems　**《ACM 办公室信息系统汇刊》**　美国计算机协会出版的刊物。1983 年创刊,季刊。刊载办公室信息系统的理论与应用方面的研究论文。内容包括办公室模拟与组织、数据管理、分布处理、通信系统、用户接口设计等。

ACM Transactions on Programming Languages & Systems　**《ACM 程序设计语言与系统汇刊》**　美国计算机协会编辑出版的刊物。1979 年创刊,季刊。主要刊载计算机程序设计语言说明、计算机程序效率、计算机程序编制方法、语言学、软件的研制技术与工具、经验和使用等。

ACO　(1)蚁群优化 ant colony optimization 的缩写。(2)自动控制台操作 automated console operations 的缩写。

ACOM　天线合路器　antenna combiner 的缩写。

A-conversion　A 转换　一条 FORTRAN 指令。该指令在存储器内把字母数字转换为变量,或把变量转换为字母数字。

ACOPS　自动 CPU 过热保护　automatic CPU overheat prevention system 的缩写。

acoustic absorbed　吸声材料　指任何一种能够吸收声波的材料。参见 acoustic panel absorber。

acoustic absorption loss　声吸收损耗　声音通过媒质或被媒质反射时变换成热或其他形式所损失的能量。

acoustic alarm　声报警　同 audio alarm。

acoustical hologram　声全息图　在声全息中,物波与参考波的干涉图样在媒质上的记录。如在全息图的照相底片记录中,每一点的透明度就含有形成全息图的物波在该点的振幅与相位的信息。

acoustical attenuation constant　声衰减常数　声传播常数的实部,常用单位是每段距离或每单位距离的奈培数。参见 acoustical propagation constant, neper (Np)。

acoustical holography　声全息照相术　将全息原理引进声学领域后所产生的一种新的声成像技术和信息处理手段。声全息的特点是通过以高频声波代替光波记录被观察物体的全部信息(振幅分布和相位分布)达到成像的目的。

acoustical imaging 声成像 用声波照射物体以得到物体图像的一种成像方法。由于声波能够在许多不透光的材料中传播,因此声成像能显示物体的内部结构,甚至能显示出人体的软组织。声成像技术在医学诊断和工业材料非破坏探伤方面,正在得到日益广泛地应用。在水声技术中,声成像用于水下显示。

acoustical ohm 声欧[姆] 声阻、声抗或声阻抗的强度单位。当 1dyne/cm^2(达因/厘米^2)的声压产生 1 cm^3/s(厘米^3/秒)的体积速度时声阻的大小为 1 声欧姆。

acoustical phase constant 声相[位]常数 声传播常数的虚部,常用单位是每段距离或每单位距离的弧度数。参见 acoustical propagation constant。

acoustical propagation constant 声传播常数 声媒质的一个参数。它是声波路径上两点处的粒子速度、体积速度或压力的复数比的自然对数。该比值由接近声源的点处的值除以较远的点处的值确定。这个常数的实部是声衰减常数,而虚部则是声相位常数。

acoustical reciprocity theorem 声互易定理 一个适用于声系统的定理。该定理阐明,处于某个区域点 A 的简单声源在另一点 B 产生的声压与将声源放在 B 点时,在 A 点产生的声压相同。

acoustical speech power 语音功率 说话人发出声音的功率。

acoustic amplifier 声放大器 也称"声电放大器"。一种通过与在压电半导体内部或在压电半导体上声波产生的行进电场进行互作用能量转换,提高体声波或表面声波强度的放大器。

acoustic compensator 声补偿器 一种使双声道或立体声音频设备中的声路径长度相匹配的装置。

acoustic compliance 声顺 也称"声波顺从性",声劲的倒数。参见 acoustic stiffness。

acoustic conduction 声传导 声传导是在弹性材料介质中的纵向压缩波的传播。

acoustic couple 声耦合 数据终端设备与电话线路之间的一种耦合方式。它把来自数据终端的数字信号变换成声信号送出,或将声信号变换成数字信号送出。

acoustic coupler 声耦合器 一种用在计算机终端的调制解调器与标准电话线之间的器件,允许不进行直接连接便能在两个方向中的任何一个方向上传输数据。将电话听筒放在耦合器内时,扬声器便将调制解调器的输出脉冲变换成供给电话听筒的声音。类似地,耦合器中的扩音器将数据终端设备的返回音频数据变换成音频信号,供放大到适用于调制解调器的正确电平。

acoustic delay line 声延迟线 一种能使声脉冲在液体或固体媒质内进行循环来实现传输和延迟的器件。

acoustic diffuser 声扩散器 指任何能够扩散声波的材料或器件。

acoustic dispersion 声频散 将复合的声波分离成它的各个频率分量。声频散通常是由媒质中的波速随频率而变化所引起。速度随频率改变的速率是声频散大小的测度。

acoustic emission 声发射 从信息处理设备中无意发出的声音,可能会允许对信息的非法访问。

acoustic feedback 声反馈 声波从扬声器反馈到音频系统的前面部分,如反馈到扩音器,以帮助或增强输入。在这种反馈过程中,声音会使话筒等拾音设备产生振动,此振动又被变换为电信号,使反馈越来越加强。会场中的扩音设备因音量过大而发出的啸叫,便是这种声反馈。

acoustic imaging 声成像 也称"超声成像"。产生不透光的金属或非金属物体内部结构的实时图像。在布拉格(Bragg)衍射成像中,物体被浸入水中并由超声平面波辐照,所形成的散射波产生能给出光学图像的布拉格衍射激光束。

acoustic impedance 声阻抗 单位表面积上的声压除以经过该表面的声通量,并用声欧姆表示。声阻抗的实分量为声阻,而虚分量为声抗。声抗的两种类型是声顺和声惯量。参见 acoustic inertance。

acoustic impulse 声音脉冲 声压电平的一种短暂的冲量。参见 impulsive noise。

acoustic inertance 声惯量 一个乘以 2π 倍便能得出与媒质动能相关的声抗的量。单位为 g/cm^4(克/厘米^4)。

acoustic input device 声输入设备 将声信号直接输入计算机的一种设备。

acoustic lens 声透镜 一种以光透镜折射光波的相同方式来折射声波的一系列障碍物。这些障碍物的尺寸小于被聚焦声波的波长。

acoustic memory 声存储器 也称"声延迟线存储器"。为声延迟线的计算机存储器,延迟线中,脉冲串行经诸如水银或石英之类的媒质。同 acoustic storage。

acoustic modem 声调制解调器 一种调制解调器。它既能把电信号转换为语音,又能把语音转换为电信号。

acoustic noise 声频噪声 通常是不需要的,在声频范围的噪声(干扰)。

acoustic ohm 声欧[姆] 同 acoustical ohm。

acoustic panel absorber 吸声板 指利用隔板作用来吸收从低频到中频的一种吸声器材。当有声波射到吸声板上时,吸声板便会振动,从而将声能转换为板中小部分的热能。

acoustic programming 语音编程 利用语音识别系

A

统进行编程的过程。编程时,编程人员用一些简单的常用英语单词来口述编程所需的指令。

acoustic radiation pressure 声辐射压 声波施加到某个表面上的稳态单向压力。

acoustic radiator 声辐射器 产生声波的振动表面,如扬声器纸盆和耳机膜片。

acoustic reactance 声抗 声阻抗的虚分量。单位为声欧姆。参见 acoustic impedance。

acoustic refraction 声折射 当声波倾斜从一种媒质行进到另一种媒质时发生的弯曲。声波弯曲时(如从热水到冷水或从热空气到冷空气)的声速是不相同的。

acoustic resistance 声阻 声阻抗的实分量。单位为声欧姆。参见 acoustic impedance。

acoustic resonator 共鸣器 在声能的特定频率上呈现共振的闭合形式的共振器。

acoustics 声学 指专门研究声音的一门科学。也用于指听音场所对声音的吸收与反射特性。

acoustic scattering 声散射 声音在许多方向上的不规则漫射反射、折射或衍射。

acoustic stiffness 声劲 一个除以频率的 2π 倍便可以得到与声媒质的位能相关的声抗的量。单位为 dyn/cm^5(达因/厘米^5)。声劲的倒数是声顺。

acoustic storage 声存储器 用声音延迟线制作成的数据存储器。

acoustic wave 声波 一种纵波。①它在气体、液体或固体中传播时,产生一系列纵向压力脉冲,或材料的弹性物质位移从而形成纵波;②经过气体传播时,由一系列的压缩(高密度气体)和稀疏(低密度气体)组成;③经过液体传播时,包括一系列复合弹性变形和压缩波;④经过固体传播时,包括一系列弹性压缩和扩张波。声波的速度与材料介质的温度、压力和介质的弹性有关。空气中海平面上,0°C时声波的传播速度是 332 m/s。人耳能听到的声波称为声音波。参见 sound wave。

acoustic wave amplifier 声波放大器 一种包含有如下半导体器件的放大器:该半导体器件的载流子与在压电材料中传播的声波相耦合,以产生放大作用。

acoustic wave filter 声波滤波器 对不同频率的声波进行分离的滤波器。

acoustoelectric effect 声电效应 也称"电声效应"。由平行穿行于材料表面的声波在半导体或金属中形成直流电压的现象。

acoustooptic (AO) 声光仪 利用声波与光波之间的交互作用的一种装置。

acoustooptic deflector 声光偏转器 利用声光效应来改变光在声光介质中传输方向的现象称声光偏转,根据这个原理制作的器件称为声光偏转器。常将声光偏转器用作激光扫描或制作光存储器。

acoustooptic effect 声光效应 当介质受到声波作用时,由于发生光弹性变化,使得在传导光波的传输介质中产生衍射光栅或相位图形的变化。声波可以是连续波或脉冲波。声光效应常用于调制或偏转光束。

acoustooptic filter 声光滤波器 声光滤波器是基于光的折射与施加于介质中的声波频率有关的原理。有一种光滤波器,它利用 40 ~ 68 MHz 频率范围内的声波对可见光进行调谐。

acoustooptic modulation 声光调制 利用声光波效应进行光波载波调制的方法叫声光调制。声光调制是一种外调制技术,它比光源的直接调制技术有高得多的调制频率;与电光调制技术相比,它有更高的消光比、更低的驱动功率、更优良的温度稳定性和更好的光点质量以及低的价格;与机械调制方式相比,它有更小的体积、重量和更好的输出波形。参见 acoustooptic effect, electro-optic modulation。

acoustooptic modulator 声光调制器 利用声光效应的光调制器。声光调制器由声光介质和压电换能器构成。当驱动源的某种特定载波频率驱动换能器时,换能器即产生同一频率的超声波并传入声光介质,在介质内形成折射率变化,光束通过介质时即发生相互作用而改变光的传播方向即产生衍射。参见 electro-optic modulator (EOM)。

acoustooptics 声光学 主要研究材料介质中声波和光波的相互作用的学科。

acoustooptic transducer 声光换能器 把声音转换到音频调制的光波上的器件。参见 optoacoustic transducer。

.acp 助手预览文件名后缀 Microsoft office 助手预览文件的扩展名。

ACPA 计算机程序员和分析员协会 Association of Computer Programmers and Analysis 的缩写。

ACPI 高级电源配置接口 advanced configuration power interface 的缩写。

AC power supply 交流电源 电源输出端极性随时间变化的供电电源。

ACPR 邻信道功率比 adjacent channel power ratio 的缩写。

acquaintance 相关体 相关的实体,一个实体 A 的相关体是那些 A 能对其发送信息的实体。在程序设计中,实体的相关体就是它的事例变量和类变量。

acquire program device operation 获控程序设备操作 在计算机系统中,使某程序设备可以进行输入/输出操作的一种操作。比较 release program device operation。

acquisition 捕获,探测 (1)在通信系统中,捕捉信号并实现锁定的过程。(2)在伺服系统中,进入边界条件的过程,在这种状态下可在回路中捕获到信号以实现锁定。

acquisition expert 知识采集专家 善于从知识源获取、提炼和捕捉到某领域信息的专业人员。

acquisition of explicit knowledge 显式知识获取 获取知识库级的知识。

acquisition radar 捕获雷达 对逼近的目标进行探测并将近似的位置数据送入跟踪雷达的雷达设备。

acquisition time 采集时间 采样保持电路采集输入信号至规定的准确度所需要的时间。由于有时在输出稳定之前，信号就能被完全采集，而这种输出是没有意义的，因此在某些比较保守的规范中，采集时间还应包括输出放大器的稳定时间。

ACR (1)衰减/串扰率 attenuation to crosstalk ratio 的缩写。(2)允许的信元率 allowed cell rate 的缩写。(3)替换 CPU 恢复(程序)alternate CPU recovery 的缩写。(4)存取控制寄存器 access control register 的缩写。(5)高级通信插卡 advanced communication riser 的缩写。

ACR decrease time factor 允许的信元率缩时因素 在 ATM(异步传输模式)中，指在速率降低到初始速率之前的允许发送资源管理信元的间隔时间。其范围是 0.01 ～ 10.23 s，分辨率为 10 ms。

Acrobat Acrobat 格式，Acrobat 软件 (1)一种表示多媒体文档的格式。基于 PostScript，由提出 PostScript 的 Adobe 系统公司提出。参见 hypermedia，PostScript，standard generalized markup language (SGML)，open document architecture (ODA)，presentation environment for multimedia object (PREMO)。(2)Adobe 系统公司开发的用于处理可移植文档格式(PDF)文件的软件产品。它提供一种与平台无关的技术，用于生成、查看和打印文档，可把多种操作系统(Windows、Macintosh、UNIX 等)平台上的文件转换成 PDF 文件。2009 年发布的 Acrobat 9 Pro Extended 能将文档、绘图、电子邮件、电子表格和多媒体(包括音频、视频、三维图形)组合到一个压缩 PDF 包中。参见 Acrobat Reader。

Acrobat Reader (Acroread) Acrobat 阅读器 Adobe 系统公司开发的用于阅读 Acrobat 格式文档的免费软件。该软件可从 www. adobe. com 站点上免费下载。

Acron RISC machine (ARM) Acron RISC 芯片 由英国 Acron 公司研制的采用 RISC(精简指令集计算)技术的微处理器芯片。

acronym 字首组合词 用名词、术语或短词的各个单词的第一个字母或前几个字母组合成的词。如 ALGOL 是 ALGOrithmic Language 的字首组合词。

Acroread Acrobat 阅读器 Acrobat Reader 的缩写。

ACS (1)高级通信系统 advanced communication system 的缩写。(2)先进连接系统，先进布线系统 advanced connectivity system 的缩写。(3)高级呼叫服务 advanced calling service 的缩写。(4)高级通信服务网 advanced communication service 的缩写。(5)高级芯片组设置 advanced chipset setup 的缩写。(6)自动类选择 automatic class selection 的缩写。(7)自免疫计算机系统 autoimmune computer systems 的缩写。(8)蚁群系统 ant colony system 的缩写。(9)门禁系统，出入口控制系统 access control system 的缩写。(10)邻信道选择性 adjacent channel selectivity 的缩写。

ACSE 联系控制服务元素 association control service element 的缩写。

AC signaling 交流传信(法) 使用交流发送信息或控制信号。

AC signaling system 交流信号传信系统 使用一种频率或一组频率，联机路上按某种代码形式发送的信号系统。

ACSL language 高级连续仿真[ACSL]语言 advanced continuous simulation language 的缩写。

AC synchronous motor 交流同步电机 指转速由所加交流电的频率确定的一类电动机。

ACT 动作类游戏 action game 的缩写。

act fork 决策点分支 在决策树方法中，作为决策的始点，总有若干个可供选择的决策，这种由决策点出发的分支就称为决策点分支。参见 decision tree。

actinic light 光化光 一种能使光敏物质发生光化变化的光。

actinometry 光能测量学，感光测定 测量电磁辐射能，特别是太阳光辐射能强度的科学。

action 动作 (1)可以在数据对象上执行的操作，如创建、删除、更新或读取。(2)在概念模式语言中，一个或多个基本动作，作为一个单位，改变一系列语句的形式或者了解信息库或概念模式中的语句。(3)对构成计算过程抽象的可执行语句的规范。动作通常会导致系统状态发生变化，这是通过向一个对象发送消息或是更改链接或属性值来实现。(4)完成某种操作的实体，在具有前向链接结构的产生式系统中，规则的右部包含一系列活动。当规则被激活时，利用规则开始时创建的约束，规则右部指定的活动将逐一完成。

action assertion 动作断言 对组织动作进行约束或控制的语句。

action cycle 动作周期 对数据进行处理的全过程。包括数据的产生、输入、操作、输出或存储等基本步骤。

action description 动作描述 在概念模式语言中的一个语言对象，描述一个允许的动作。

action entity world 动作实体世界 在概念模式语

A

言中，一系列在实际信息库中及其概念模式中描述的实体构成的集合。

action evolution (AE) 行为进化 行为进化是用在人工智能领域和增强发现新的知识的一种技术。它建立在人类智力发展的创新思想上通过一个模拟进化程序的过程。

action game (ACT) 动作类游戏 这类游戏提供给游戏者一个训练手眼协调及反应能力的环境及功能，通常要求游戏者所控制的主角（人或物）根据周围情况变化，利用键盘或者手柄、鼠标的按键做出一定的动作，如移动、跳跃、攻击、躲避、防守等来达到游戏所要求的目标。此类游戏讲究逼真的形体动作、火爆的打斗效果、良好的操作手感及复杂的攻击组合等。

A

action group 指令群[组] 为控制或设置一个智能组件的动作模式而发出的一组相关指令。

action line 作用线 当阴极射线存储管按串引方式工作时使用的光栅线。

action office 收报局 执行信息中规定的动作的局或动作的收信者。

action panel 作用面板，指令画面 在窗口管理软件运行时，屏幕上以图标的形式显示各种操作指令的一种画面。用户可通过键盘操作或鼠标选择需要操作的图标，即发出相应的动作命令。

action period 作用期 读取已存储数据或将数据写入存储单元所需要的时间。

action per minute (APM) 每分钟的动作数量 对战斗类游戏专用词语。由第三方软件制定的标准，用来衡量一个玩家在游戏对战中点击鼠标及点击对象的频率，通常用来粗略地衡量一个玩家的微观操作水平。

action prompt 动作提示 暂停操作程序的一种计算机提示。只有在操作员采取某种适当的指定动作之后，操作程序才会恢复运行。

action query 操作查询 在微软的 Access 数据库软件中，一种拷贝或改变数据的查询。操作查询有添加、删除、创建表和更新查询。在数据库窗口中，这些查询操作通过在操作名后加惊叹号(!)来标识。

action schedule 动作表 在人工智能的图解搜索中，用操作的条件和执行的结果列成的表格。

ActionScript 动作脚本 是 Macromedia 公司（已被 Adobe 公司收购）为其 Flash 产品开发的一种面向对象编程的脚本语言。它在 Flash 内容和应用程序中实现交互性、数据处理以及其他功能。ActionScript 是由 Flash Player 中的 ActionScript 虚拟机(AVM)来执行的。ActionScript 代码通常被编译器编译成“字节码”格式。ActionScript 利用各种新特性和功能强大的命令、函数可以制作各种高级的实时交互系统，特别能使网站更具特色和活力。参见 byte code。

action sequence 动作序列 解析为一系列先后发生的动作的表达式。

action spot 作用点 计算机制图中在屏幕上的一种点，用来存储数位或符号。

action state 动作状态 表示不可分动作的执行状态，通常指的是调用一个操作。

action statement 动作语句 定义语法分析器如何处理正规表达式的 C 语言程序段。

action table 动作表 在 AIXwindows 工具箱中的一个表，指定外部可见的过程串的映射表。

action token 动作信标[令牌] 在一个顺序处理的系统中，由主控制系统掌握的一个控制命令信息组。此信息组交给哪个处理阶段或节点是由主控制系统决定的。每个处理阶段或节点仅在得到动作信标时才能动作。

action with alarm 报警联动 报警事件发生时，引发报警设备以外的其他设备进行动作（如报警图像复核，照明控制等）。

activate 激活，启动 (1)令设备或系统从休眠状态进入运行状态的操作或过程。(2)将控制权传递给某程序、过程或例行程序。从而使一进程或作业在系统中处于活动状态。(3)在网络环境中，把提供服务或自身运行所需要的任何一个元素置成就绪状态，以便执行规定功能的命令和过程。与之相反，禁止是将服务中的任何一个元素变成不可操作的或将其置成不能执行为其设计的功能的状态。

activate button 启动[激活]按钮 同 activate key。

activate channel 激活通道 执行激活通道指令时，发送激活信号给指令中规定的设备，使设备进入准备传输数据的工作状态。

activated carbon 活性碳 对碳材料的不完全燃烧形成的材料，通过蒸发处理可增强其吸收能力，并使其表面积增大。这种材料通常用来吸收有机材料，既可以作为控制空气或水污染的技术，也可以用作空气抽样设备。

activate key 启动[激活]键 在有关控制面板上的一种最基本的键，按下该键后可以使程序或过程从其第一步开始运转。

activate primitive 激活原语 用于激活一个处于休眠状态的进程的原语。

activating 激活，接通 (1)使程序、系统或设备可以投入使用。参见 initialization，initial program load(IPL)。(2)在发光材料的基质中加入某种杂质或使基质材料出现偏离化学剂量比的部分（即生成结构缺陷），使原来不发光或发光很弱的材料产生发光，这种作用称为激活。加入的杂质称为激活剂。(3)通过某种手段（如加一启动脉冲等）使一计算机设备或器件进入正常工作状态的过程。比较 deactivation。

activation accommodation 激活调节 在机器人工

作过程中的一种传感、控制机器人动作的综合性调节。它根据所感知的力来完成预先编程的机器人动作，当达到设定级要求时，用来停止机器人动作或执行强制性反馈任务。

activation cycle　激活周期　在激活网络中，激活周期是指激活作用在相临接的目标中扩散的时间周期。一般在一个激活周期中，激活是从激活源沿弧线扩散的。在单一的识别动作周期内将出现一个或多个激活周期。

activation energy　激活能　启动特定分子过程所需的多余能量。使电子到达半导体的导带所需的能量就是一个实例。

activation mechanism　激活机制　启动某过程所需要的形态。通常是执行某一产生式规则前系统状态的匹配，用以满足该产生式规则的前提。

activation network　激活网　一种图，其中每个节点代表一个目标，每条弧线代表两个目标之间的关系。如果弧线已有了标记，那么该标记是一个象征关系程度的数。当一个节点处理过后，其激活级将改变，其作用将沿弧线扩散到相关点。

activation processor　激活处理机　在一个多处理器系统中，已从备用状态转到激活状态，可以执行操作的处理器。

activation record　活动记录　一种数据结构，是程序模块的变量部分，用于表示运行程序的某些构件(如函数、过程、表达式或数据块等)的状态。这些记录在不同的执行中都会变化，它们可由数据和控制信息组成。

activation stack　激活栈　在操作系统中的一种入口表目链接表，它指明已经调用了哪些进程并根据某一特定线索执行这些进程。每个激活栈入口表目都保存着一个程序状态记录。而每个线索至少应有一个激活栈入口表目。

activation technology　激活技术　激活技术是一种对某些特定硬件配置锁住的措施。微软公司在其Windows XP和Office XP中将激活技术作为标准配置，用户必须通过电话或因特网访问微软来获取解锁密码，否则软件在使用50次后就无法解锁。微软公司研发激活技术的本意是阻止盗版行为和提高软件的销售数量。

active　激活的，主动的，现用的　用以描述程序、文件、设备或屏幕的一部分之当前可操作状态的一个形容词；例如，激活的文件是已经打开可用以输入或编辑的文件，激活的程序可接收命令，激活的通信线可用于传输，而在电子表格激活的单元可接收打入的下一个数据、公式或命令。通常，屏幕上的光标或高亮显示指明一个激活元素。

active accessibility　有效可及性(倡议)　一种由微软公司于1997年提出的倡议，包括程序文件和约定。它们可以使软件开发人员将那些可用的辅助工具，如屏幕放大镜或文本至声音转换器等整合到他们的应用程序的用户接口中，以使那些身体能力有缺陷的用户更容易使用这些软件。

active address　现用地址　在OS/2 Office配置程序中配置的机器所使用的适配卡的地址。

active analog filter　有源模拟滤波器　包含运算放大器以及外接电阻器和电容器的滤波器。这种配置允许滤波器不需要任何电感器便能工作。有源模拟滤波器能放大输入信号或提供增益，但与无源滤波器不同，它需要供电电源。

active antenna　有源天线　带有源器件的天线。

active area　活动[现用]区　指在内存的各个分区中，当前正在使用的一个分区。

active band pass filter (BPF)　有源带通滤波器　包含运放等要接外部电源才能工作的带通滤波器。通常滤波的效果较无源滤波器好。参见 band pass filter (BPF)。

active button　活动按钮　在鼠标器上，按下后能启动某项操作的按钮。通常定义左边按钮为活动按钮。但为了适应某些特殊要求，如习惯左手操作的用户，也可以通过软件方法改变定义。

active caching　活动缓存　计算机网络中自动更新缓存中的对象。通过使用活动缓存，在网络流量不大时，那些经常被访问的对象在有效期满之前会被自动更新。活动缓存是一种在对象实际过期和被客户机访问之前，会同起始Web服务器进行校验，以保证缓存中的对象永远处于“新鲜”状态的机制。一般情况下，客户端要更新数据的时候需要重新连接服务器，而活动缓存的目的就是要提高这些客户端的访问速度。因为重新连接是要花费一定代价(代理服务器处理和网络带宽使用)，活动缓存仅仅刷新那些在将来可能会被客户访问的对象。

active cell　激活[当前]单元(格)　也称“选中单元”。在电子表格程序中，指发生当前操作的单元(某一特定行和列的交汇处)。激活的单元在屏幕上的电子表格中高亮显示，而在屏幕上的显示单元内容的部分则会标注出其行列坐标。激活的单元是用户指定诸如数据输入、编辑和格式化等任何操作的对象。

active channel　现用频道　一种由频道定义格式(CDF)文件描述的万维网网站。开发人员可以用各种现用频道来为用户下载内容，按照规定计划将内容发送到用户，将个性化内容交给各个用户。各种现用频道是在微软第4版因特网浏览器(IE)中引入的，可通过因特网或内联网来传递信息。

active circuit element　有源电路元件　其等效电路中含有电源的电路元件。比较 passive electric circuit element。

active class　主动类　表示系统中控制线程的类。参见 active object。

active client　现用客户(系统)　在微软公司面向Web的现用平台、跨平台的分布式计算中使用的若干技术的集合,供客户端使用。现用客户的主要特征包括对 HTML(超文本标记语言)和动态 HTMl,与语言无关的脚本,Java 小应用程序和 ActiveX 对象的支持。现用客户是与操作系统无关的,因此它可运行在包括微软公司的 Windows 系统、UNIX 系统和 Apple 公司的 Macintosh 系统在内的多个平台上。参见 active platform, active server。

active code page 活跃码页 一个设备在某一时刻逻辑上连接的码页。

active color technology 活跃色彩技术 在视频显示器中采用的色彩技术,基于红绿蓝三种基本颜色,其他颜色都由这三种颜色混合而成。

active component 有源元件 一种能控制电压或电流,具有增益或开关电流的(非机械)电路元件,如二极管、晶体管等。有源元件也指能够对所通过的电信号或数据产生影响的元件,如有源接续器可再生衰减的信号。参见 active element。

active computer 现用计算机 一套设备所属的两台或多台计算机中正在联机运行和处理数据的那台计算机。

active content 活动内容 网页上可随时间或响应用户动作发生变化的内容。活动内容是嵌入在网页内容中的程序代码。当这个页面被浏览器访问时,这个嵌入代码被自动下载和执行。活动内容或是交互式的、或是动态的。活动内容的产生使用 ActiveX 技术。参见 ActiveX, ActiveX controls。

active copper 有源铜缆 一种光纤通道(FC)物理连接类型。该类型的光纤通道物理连接可以支持与远达 30 米外的相邻设备铜缆连接。参见 fibre channel (FC)。

active corrective maintenance time 有效修复性维护时间 以自动的或人工的方式对某个设备进行修复维护工作的那部分主动维护时间。它包括检修工作的固有延迟时间。有效修复性维护时间不包括那些作为修复性维护工作而被更换下来的设备的修理时间。

active crossover 有源分频网络 指可将声频信号的频率组成分量(低音、中音及高音)在放大之前便进行分组,然后分别加到各自的扬声器系统去的一种有源电子网络。虽然有源分频网络多半均内装于超低音音箱之类的音箱之中,用以推动低音喇叭,但在多路系统中,也可单独使用有源分频网络。

active current 有功电流 与电动势或电压同相的交流电压分量。此定义仅适用于正弦电流。参见 electromotive force (e. m. f)。

active database 主动数据库 指除完成一切传统的被动服务功能之外,还能进行主动服务的数据库。传统数据库本身都是被动的,它不会主动根据数据库的状态提出做些什么,而必须由用户或应用程序来驱动 DBMS(数据库管理系统)做这样或那样的动作。主动数据库主要是通过将一些规则预先嵌入数据库系统来实现,系统通过"自动监视"机构自动检查这些规则中所包含的事件是否发生,来判断相应的"IF-THEN 规则(或规则组)",从而确定是否主动执行预先由用户设定的动作。这样,可把诸如完整性约束、存取控制、例外处理、触发警告、主动服务、类似框架中的"精灵"设施,乃至复杂的演绎推理功能等以一种统一的机制得以实现。主动数据库将为实现实时数据库、合作数据库、动态数据库和演绎数据库等提供方便。

active data dictionary 有效数据辞典 一种可动态存储,与中规模系统数据定义和说明有关的、可存取与可修改信息的工具。

active data object (ADO) 活动数据对象 微软公司开发的一种应用程序编程接口(API),各种应用程序通过这个接口访问数据库。ADO 是访问对象连接与嵌入数据库(OLE DB)的易用接口,也称"ActiveX data object"。

active data warehouse 主动数据仓库 一种企业数据仓库,可以接近实时地从记录系统中接收事务数据的输入,并立即将合适的数据转换并载入数据仓库,为事务处理系统提供对企业数据仓库接近实时的访问。

active decoder 主动译码机 一种译码设备。它与地面站一起自动指示所接收的雷达信标回答码,并将其用数字或字母来表示。

active defensive programming 主动防错性程序设计 一个防错性程序设计方法。定时地或者在寻找异常条件的低峰期间搜索整个程序或数据库。

active desktop 活动桌面(软件) 从微软第 4 版因特网浏览器引出的一种功能部件(软件),使最终用户可以在 Windows 系统的桌面上显示活动的(即可更新、可客户化的)HTML(超文本标记语言)内容,这些活动的内容包括诸如以下的项目:频道、万维网页面、ActiveX 控件和 Java 小应用程序。参见 active channel, ActiveX, HTMl, Internet Explorer, Java。

active detection system 有源检测系统 一种系统,它发射电磁辐射以确定源或自然现象的存在和位置,以及接收到的辐射的类型。通常包括早期告警雷达设备、测高计、探测雷达和跟踪雷达等。

active device 有源装置,活跃设备 (1)一种在工作中既需要驱动能源,又需要激励信号的电子装置,如用晶体管构成的放大器、振荡器等单元电路。(2)活跃设备是指在 ESCON(企业系统连接)环境中,一个能够传输和接受光学数据并对数据进行顺序化、非顺序化和重定时处理的物理节点,对应于 passive component。参见 enterprise system connection (ESCON)。

active directory 当前[活动]目录 操作系统当前正在其中执行文件操作,引用文件时不必明确限定路径的目录。在DOS或Windows之下,用户可任意选择根目录或一个子目录作为当前目录。在对当前目录之外的目录执行文件操作时,必须明确指出文件的访问路径。

active directory services interface (ADSI) 活动目录服务接口 基于组件对象模型(COM)的客户端软件。ADSI定义了一个目录服务模型和一组COM接口,通过这些接口可以使客户端应用程序访问一些网络目录服务,包括活动目录服务。ADSI允许应用程序与活动目录进行通信。ADSI提供目录服务客户端通过使用一组接口与任何提供ADSI实现的名字空间进行交流的方法。ADSI遵守并且支持标准的COM特征。ADSI也定义了可以从自动兼容语言(如Java、Visual BASIC、VBScript)来访问的接口和对象,这同样可以应用到非自动兼容语言,如C和C++。

active document 活动文档 一个基于Windows的、嵌入到浏览器中的非HTML(超文本标记语言)应用程序,提供了从浏览器界面访问这些应用程序的功能,下载一个活动文档后,测览器在用户计算机上运行该程序。活动文档能连续地改变显示。参见dynamic document,static document。

active DO-Loop 现用DO循环 在FORTRAN 77中引进的概念。DO循环可以分为现用的和非现用的两种。初始化是非现用的一个DO循环,仅当执行其DO语句时才成为现用的。一个现用DO循环,仅当在下列情况下才成为非现用的:①通过检查确定它的重复次数是零;②执行其范围中的RETURN语句;③控制转移到同一程序单位中的范围外的语句;④执行可执行程序的任何STOP语句,或者由于任何其他原因使执行结束。除非借助于CALL语句中的交错返回说明符使控制返回到DO循环范围外的语句,否则DO循环范围由于执行函数引用或CALL语句,而不会导致DO循环成为非现用的。当DO循环成为非现用时,该DO循环的DO变量保持其最后定义的值。

active double star (ADS) 有源双星 一根光纤向多用户传输信息的技术。这种技术以电信局为中心放射状铺设光纤,由设在光纤终端的有源元件组成光网络单元,再放射状地将铜线辐射出去的方式。

active drive 活动[当前]驱动器 在装有多个磁盘或光碟驱动器的计算机系统中,操作系统不必明确规定驱动器名称,便可执行读写操作的驱动器。

active electronic countermeasure 有源电子干扰 电子战中产生的电磁辐射,通常包括人为的电子干扰和电子欺骗。

active element 活动元件,现用元素,有源元件 (1)正被激活的状态或正被使用的状态的元件称为活动元件。(2)正被使用、存取、引用的文件、记录或程序称为现用元素。(3)从两个以上的能源获取能量,其中一个能源对其他能源起控制作用的元件。一般指电子的或化学的元件,如三极管放大器。参见active component。

active file 现用[活动]文件 (1)将会受到当前发出的任何命令影响的文件,最常见的是数据文件。(2)在当前选择的工作区中,当前打开的数据库文件。

active filter 有源滤波器 除了滤除某些频率的功能外,一般还带有由有源元件构成的放大器。

active framework for data warehousing (AFDW) 数据仓库活动框架 由微软公司和德州仪器(TI)公司开发的一种数据仓库解决方案,提出了对元数据管理的标准。

active gateway 活跃网关 能交换路由信息的网关,在一定时间内不进行这种操作时,网关中的路由将被删除,与passive gateway对应。参见exterior gateway,interior gateway,neighbor gateway。

active grab 活跃抓具 在增强的X-Windows中由客户拥有的抓具。参见button grabbing,keygrabbing,pointer grabbing,server grabbing。

active high 高电平有效 输入为高电平时能起触发作用,如电源开关的智能输入电压,必须超过组件所定义的临界电压(一般为1.5 V),来激活组件。反之,智能输入电压必须低于临界电压之下,才能关闭组件。比较active low。

active hub 有源集线器 也称"主动集线器",一个使用外部电源,用于放大某种网络拓扑中的传输信号,使之比无源集线器传得更远的一种装置。可用于网络中增加工作站或者延长工作站与文件服务器之间的距离。有源集线器还能在转发之前检查数据,纠正损坏的分组并调整时序。比较passive hub。

active illumination 主动[自动]照明 可以自动调节变化的照明,以从景物中取到更多视觉信息。

active indexed files 当前[活跃]索引文件 指当前活跃的、打开的并且有索引的文件。

active infrared device 有源红外设备 一种设备,它含有能产生红外辐射的源,易受其他红外源干扰,相对来说不易受电子欺骗干扰。

active interrupt 活跃中断 指一种中断状态,是CPU启动一个中断处理的结果。

active intruder 主动入侵者 能记录传输中的电文以备侦听以及能把自己的电文发送到指定信道,并在原电文接收前对其进行修改的入侵者。

active jamming 有源干扰 借助宽带无线电噪声发送,故意干扰雷达或电台频率的传输和接收,以防止被干扰方发送和接收信号。

active job 活动作业 已经装入计算机系统并且获得处理机使用权,正被处理的作业。

active key state 活动密钥状态 密钥的一种状态,表明它已处于准备好的状态,可以用于处理加密的文件。

active laser medium　有源激光介质　在激光器中，由于受激电子或分子从较高能级状态跃迁到低能级而产生相干辐射或表现出增益的材料。有源激光介质的例子包括某些晶体、气体、玻璃、液体和半导体。同 laser medium。

active line　活动[现用]线路　随时可以使用的线路。指线路处于良好通信状态。比较 inactive line。

active line-tap　主动线路窃听　对通信系统进行窃听的同时还对其进行干扰，使接收端收到的信息为受到破坏后的信息。

active link　有效链路，活动[有源]链　(1)一种当前可用于传输数据的链路。(2)在 Web 浏览器中，一个当前已被选择的保存在内存 cache 中的链。这样，若要从当前页返回到某些页中，浏览器首先检查 cache 目录，如果有这一页，则直接从内存中进行装载，这就比从该页所在的原始资料中下载要快得多。指示这样的页面的链，即活动链。(3)有源链是指在构成数据传送线路连接的同时，还为信号提供有源驱动的方式。

active loading　活跃装入　一种将记录存储在文件中并使最常用的记录放在读取速度最快的位置上的方法。

active logic　有源逻辑　结合了能提供诸如电平恢复、脉冲成形、脉冲倒相和功率增益这类功能的有源元件的逻辑电路。

active low　低电平有效　当输入为低电平时，对部件工作起有效作用，如电源开关的智能输入电压，必须低过该组件所定义的临界电压（一般为 1.5 V)，来激活组件。反之，智能输入电压必须超过临界电压之上，才能关闭组件。比较 active high。

active master file　活动[现用]主文件　一种由使用的数据决定的相关活动计算机主文件。其所包含的数据项处于活动状态即经常被补充和修改，而不是一些处于静态或仅供参考的项目。

active master file item　常用主文件项　由数据使用决定的计算机文件中常用的数据项。

active master item　活动主项　在主文件中使用频率最高的项。

active material　活性材料　(1)用来加速电子管阴极电子发射的荧光物质。(2)涂覆于蓄电池板面的氧化铅或氧化镍材料。

active matrix　有源阵列[矩阵]　屏幕上显示的每个像素都在显示缓冲区中建有映像的图像阵列。对显示缓冲区中任何内容的修改，都会在屏幕上相应地表现出来。与无源阵列相比，能更精确地控制屏幕显示内容，图像的稳定度和色彩更好。

active matrix display　有源阵列[矩阵]显示屏　使用有源阵列技术，由大量液晶显示元阵列制成的一种液晶显示屏。有源阵列显示屏每个像素对应一个液晶元，每个液晶元有一个薄膜晶体管(TFT)。电压有选择地供应给这些液晶元以产生可视图像。由于该显示器薄而宽并且具有高质量的彩色显示效果等明显的特点，与无源阵列显示器相比具有全角度可视的优点，因此主要用于膝上型或笔记本型电脑中，也称 TFT, TFT display, TFT LCD。参见 liquid crystal display, thin film transistor (TFT)。比较 passive matrix display。

active matrix liquid crystal display (AMLCD)　有源矩阵液晶显示器　一种提供全彩色图像的液晶显示器，它以液晶为基本素材，并在每个像素点加入一开关，使得每个像素都是由直接制作在玻璃基底上的一个非晶硅晶体管来驱动，因此可以产生高分辨率，并提供快速的响应时间。

active matrix thin film transistor (AMTFT)　有源矩阵薄膜晶体管　一种包含有用于点亮和熄灭显示器像素的薄膜(通常为非晶硅)晶体管的显示矩阵。

active message　主动消息　在集群系统中采用的一种高效通信机制。在这种方式下，消息的数据结构与传统的消息传递机制不同，除包含通常的数据项之外，还增加了消息处理程序指针和参数。由于消息中包含消息处理程序指针，当消息到达目的节点时，系统立即产生中断调用，并由中断处理机制启动消息处理程序。

active microwave network　有源微波网络　采用有源微波器件的微波网络。典型的二端口有源微波网络是微波晶体管放大器，采用双极型晶体管或场效应晶体管可构成低噪声放大器、功率放大器、宽带放大器和窄频带放大器；典型的三端口有源微波网络是微波混频器，常用肖特基势垒二极管作混频管，为了降低混频器噪声还可用两只混频管组成平衡混频器；用于低噪声放大的参量放大器也是一种三端口有源微波网络，其典型结构由一个三端口 Y 形环行器和一个二端口反射式放大器组成。参见 microwave network, passive microwave network。

active monitor　活动监督程序，在用监视器　(1)在令牌环型网络中，在单个适配器中的一种初启令牌传输并提供令牌错误恢复设施的操作程序。如果当前的活动监督程序出现故障，则环中的任一运行着的适配器都具有提供活动监督程序功能的能力。同 token monitor。(2)在用监视器是负责管理令牌环的一种设备，保证令牌环网正常工作，如保证令牌不丢失，保证帧不出现无限循环。网络中具有最高 MAC(介质访问控制)地址的节点可以选作在用监视器。

ActiveMovie　活动数字影视技术　由微软公司开发的一种跨平台流媒体技术。能为 Windows 提供图像显示接口，ActiveMovie 提供了非常完善的音频和视频媒体文件的回放功能，能支持多种文件格式，从最常见的 WAV(波形声音)文件和 AVI(音频/视频交替格式)文件到使用 MPEG(活动图像专家组)压缩格式的 VCD(影碟)视频文件,都可以正常的进行播放。ActiveMovie 能根据文件名后缀进行自动判别设备类型,并完成相应的控制。

active network 有源网络 (1)包含一个或多个有源节点和部件的网络。(2)一种其输出功率来自于功率源而非来自输入信号的网络。

active networking 主动[动态]网络 主动网络在网络节点中提供一个可编程接口,通过这个接口,此节点将其有关资源、机制和策略等优化以支持网络的主动性。它通过机制并利用上述资源来构建或细化新的服务。传统网络中的服务代码是独立于传输网,主动网使服务代码可以在网络的交换节点中任意移动,通过服务代码的移动,可以分布式地自动、灵活的定制网络服务。总之,主动网络支持用户可见的网络行为的动态修改,它能够智能化地指导数据流向,达到更好的网络服务性能和对网络传输能力的优化控制和管理。这一点完全不同于传统的被动网络。另外,主动网络还向用户提供了一种一致的、严格定义的方法。

active node 主动[活动]节点 一种节点,可把它连接到另一节点上,或可用于与其他节点进行连接。比较 inactive node。

active object 主动对象 主动类的实例。拥有线程并可发起控制活动的对象,也称"实体"。比较 passive object。

active open 活跃打开 在 TCP/IP(传输控制协议/网际协议)中连接器的一个状态,能提供服务,与 passive open 对应。

active optical countermeasure 有源光干扰 利用信号或物质的发射,通常是光的方法,阻碍视觉、形成错觉或产生心理反应,如单向悬浮微粒,即微米尺寸粒子云,高密度闪光等。

active optical device 有源光器件 一种器件,由光谱波长电磁波(即电磁波谱光区内电磁波)工作,或对该电磁波进行特定的操作,除了电磁波本身所含能量外,该器件还要依靠输入的能量。有源光器件的例子有光纤发射器、接收器、中继器、开关、有源复用器和有源分路器等。

active optical fiber 有源光纤 一种光纤,其中有源激光介质即是光纤本身,即光纤激光器用作光纤放大器。

active optical network (AON) 有源光网络 采用有源光器件(如光复用器)组成网络的称为有源光网络。有源光网络属于一点对多点的光通信系统,由光网络单元(ONU)、光线路终端(OLT)和光纤传输线路组成。比较 passive optical network (PON)。

active optics 能动光学,活动光学 (1)研究和利用具有受控特性的光器件,所谓受控是指操作使用中控制光器件以改变器件中传播的光波的特性。受控光波特性包含波阵面的方向、波的极化、模态能量分布、电磁场强度和波路径。(2)由电脑控制,用改变光学元件的位置和形状来补偿大气挠动所产生的散焦效应之光学系统。

active page 活动页(面),当前页面 (1)在内存中可被修改或显示的一种页面。(2)在操作系统中,当前驻留在内存中的一种可寻址页面。(3)在装有彩色图形监示器适配器的个人计算机中,屏幕缓冲区中的一种页面,当在显示可视页面时,用户可写信息到该页面中。参见 screen buffer, visual page。

active page queue 活动页面队列 在操作系统中,内存中当前分配给任务的页面队列。该队列中的页面符合加入可用页面队列的条件。参见 available page queue, hold page queue。

active panel 活跃面板 在某些窗口式软件中,文本光标指向的窗口区域。

active partition 现用[活动]分区 在采用内存分区管理方式的操作系统中,当前正在被执行的进程或作业使用的分区。

active pixel region 活跃像素区域 屏幕上显示像素信息的一个区域。

active platform 活动平台(软件) 微软公司的一种开发平台,用客户机/服务器应用程序的方式使因特网和分布式计算机技术一体化的标准化方法。微软公司的 Windows 9x、Windows NT 和 Internet Explorer 4. x(及其后继版本)为这种活动平台提供了基础。在客户机端,为用户提供统一的界面,使他们可以轻松地访问本地和远程信息。在服务器端,开发人员可以充分利用跨越客户机和服务器的工具和技术。活动平台支持模块化的面向对象程序(称之为构件软件)开发,并可以创建能运行在多种芯片和操作系统上的跨平台的应用程序。参见 active desktop, active server, ActiveX。

active position 当前[主动]位置 在信息处理过程中,标志目前指向的数据单元或记录位置,该位置的数据将被处理。在文字编排中,通常指屏幕上光标所在位置。

active power 有功功率 也称"平均功率"。交流电的瞬时功率在一个周期内的平均值称为有功功率,它是指在电路中电阻部分所消耗的功率,以字母 P 表示,单位瓦特。对于正弦电压及电流,复功率的实部就是有功功率。对于周期性的非正弦电压及电流,有功功率是直流分量功率及基波和谐波有功功率之总和。参见 reactive power, complex power。

active process 活动[激活]进程 在单 CPU 多进程并发执行系统中,虽然宏观上可以有多个进程在并发执行,但实际上任何时刻只有一个进程得到处理机资源在执行。那些具备运行条件,但正在等待处理机资源的进程则称为活动进程。

active profile 活动轮廓 指一台设备工作状态的当前设置。对于一台调制解调器,活动轮廓就是它的所有S寄存器和AT命令集的当前值。活动轮廓可以由调制解调器软件变更,也可以通过发送AT命令到调制解调器而人工直接改变。一旦活动轮廓设置成满足用户特定需要的形式,便可以将其永久性地存放到非易失性RAM(随机存取存储器)中。

active program 激活的程序 (1)当前控制微处理器的程序。(2)任何装入内存的可启动执行的程序。

active ratio 活动比率 在数据库文件中所使用的记录数与记录总数之比值。参见 database, record。

active redundancy 主动[活动]冗余 为了提高信息处理系统或控制系统的可靠性和故障响应速度,在系统工作时使所有用于处理此事务的设备(无论主用还是备用)均同时处于工作状态,但只采用其中的主用设备所产生的处理结果。其余正在工作的设备则称为主动冗余。

active region 激活区 半导体器件中发生放大、整流、发光或其他动态作用的区域。

active repairtime 有效检修时间 同 active corrective maintenance time。

active repeater 有源中继器 通过中继器的信号如果已经减弱,则可被重新放大到所需强度。

active satellite 有源卫星 一种传输信号的卫星。接收信号在再传输以前一般都经放大和整形。而无源卫星则仅反射信号。

active screen 当前屏幕画面 在多窗口管理系统中,操作人员目前可以观察到的屏幕画面。

active sensing 启动[激活]检测 在多媒体系统中,由一个乐器数字接口(MIDI)消息控制某一设备的启动,使之在一个预先规定的时间段内持续地监视自己的通道,以观察是否有消息自通道传来。

active sensor 有源传感器 (1)一种检测设备,它除了传感的能量外还需要另外的能源输入,有源传感器的一个例子是光电导管。比较 passive sensor。(2)在地球探测卫星业务或太空研究业务中的一种测量仪器,它通过发射电磁波和接收它们被反射的或朝向仪器再辐射回来的波来获得所需信息。

active server 活动服务器 微软公司活动平台中的一种基于服务器的构件。由分布式组件对象模型(DCOM)、活动服务系统页面(ASP)、微软交易服务系统(MTS)以及报文队列(MQ)等一系列的技术组成。活动服务器支持在 Windows NT 服务器上开发基于构件的、可扩展的和高性能的万维网应用程序。设计这种活动服务器的目的在于使开发人员将注意力集中在使用各种不同的编程语言去创建因特网和企业内部网软件上,而不是放在网络本身的复杂性上。参见 active desktop, active platform, active server pages (ASP), ActiveX。

active server pages (ASP) 活动服务器页面 ASP 是微软公司推出的用来取代 CGI(公共网关接口)的新技术。通过它用户可以使用几乎所有的开发工具来创建和运行交互式的动态网页,如反馈表单的信息收集处理、文件上传与下载、聊天室、论坛等,实现了 CGI 程序的功能但是又比 CGI 简单,而且容易学习。由于 ASP 使用基于开放设计环境的 ActiveX 技术,用户可以自己定义和制作组件加入其中,使自已的动态网具有几乎无限的扩充能力。ASP 还可利用微软的一种新的数据访问模型 ActiveX 数据对象(ADO)方便地访问数据库,能很好地对数据进行处理。支持 ASP 的 Web 服务器主要是微软的因特网信息服务器(IIS)。ASP 的主要特点是:①无需编译或链接即可执行;②使用常规文本编辑器即可设计;③用户端只要使用常规的可执行 HTML(超文本标记语言)代码的浏览器,即可浏览 ASP 所设计的主页内容,服务器端才需要执行 Script 语言;④可通过 ActiveX 服务器组件来扩充功能,可使用 Java、COBOL、Visual C++、Visual BASIC 等语言来实现;⑤ASP 与任何 ActiveX Scripting 语言兼容;⑥ASP 的源程序代码不会外泄。传到用户浏览器的是 ASP 执行结果的常规 HTML 码;⑦使用服务器端 Script 产生客户机端 Script。可以在站点服务器执行 Script 语言(VBScript 或 JScript)来产生或更改在客户机端执行的 Script 语言。参见 ActiveX data object (ADO), common gateway interface (CGI)。

active session 活跃会话 当用户正在与计算机进行交互操作时的状态。

active set 激活集 与某个移动台建立连接的小区的集合。用户信息从这些小区发送。

active sheet 当前表格 表格处理软件通常具有同时打开多个表格文件的能力,在同一屏幕上也可以同时显示多个表格。操作人员可以对其进行操作的表格称为当前表格。

active signaling link 主动信令链路 指完成初始校正程序后发送或准备发送信号的一种信号传输链路。

active simulation 主动模拟 CAI 的一种工作方式,在计算机模拟某种过程的时候,可允许学生参加控制和操作。参见 computer aided instruction (CAI)。

active sonar 有源[主动]声纳 对着目标发射声波,依靠接收被物体(目标)反射的声波导航和测距。

active star 有源星形 一种网络拓扑结构,其集线器为有源设备,即对输入信号有整形、放大的功能。

active state 活动[活跃]状态 (1)多道程序设计中把每一个要执行的程序称作一个任务,这些任务按优先级的不同等待分配计算机时间。管理使用顺序称为任务调度。任务处在调度管理之下的状态称为活动状态。活动状态包括正在进行计算的运行状态、就绪状态和等待状态。(2)SNA(系统网络体系结构)中的一种状态,在该状态中,网络节点的成分的可完成指定功能的状态,与 inactive state 对应。

active station 主动[活动]站 在电信网络中,当前可以输入或接受信息的工作站。比较 inactive station。

ActiveStore ActiveStore 倡议 一种由微软公司于 1998 年提出的倡议,用于支持对用于零售环境的各种应用程序的整合,而不管这些应用程序的开发商是谁。它提供了一种用户公用接口、基本系统服务程序(如安全性和应急修复)、共同访问跨应用程序的数据以及各应用程序之间的通信。

active streaming format (ASF) 活动流(式)格式 微软公司在 NetShow 软件中使用的流式媒体格式,用于在网络上播放多媒体信息。

active structure network (ASN) 活动结构网络 用来表示自然语言的语义网络之一。其设计原则是:须能表示各种知识包括非语言知识;能将新信息加入到网络中;词句的释义不随外在形式的改变而有异;词或更大的语义单位的表示应反映同义、语义交叉和无语义交叉情况;意义相似的词应有相似的表示结构。

active subwoofer 有源超低音音箱 指专门用于重放低频、并由内置功率放大器来驱动的一类音箱,也称"低音炮"。

active-switch modulator 有源开关调制器 使能在高压电源中存储的能量极限范围内,提供可变脉宽的雷达磁控管阴极进行脉冲工作的调制器。若调制器包含能通过大电流并使高压截止的非气体放电真空管,则这样的调制器称为硬管调制器。

active template library (ATL) 活动模板库 ATL 是微软的一个函数库,在开发 ASP(活动服务器页面)代码或其他 ActiveX 控件的一组 C++类模板的集合,利用 ATL 编写的 ActiveX 控件比使用 MFC(微软基础类库)编写的 ActiveX 控件要更小更紧凑一些,因此更适合于在 Web 上发布,但它使用起来要比 MFC 复杂得多。参见 ActiveX, active server pages (ASP)。

active terminal 有源终端 在 SCSI(小型计算机系统接口)设备上,作为链的终端,并且需要外加电源,并且能进行信号处理的终端。

active threat 主动威胁 将引起硬件、软件或数据实际破坏的、违背系统安全的潜在过程或事件。

active time 激活时间 在用户业务信息传送处理的时间间隔内,花在信息传送上的时间。即除去花费在接入阶段、切断期间、空闲状态、退出状态的服务时间。

active transducer 有源传感器 除信号源以外另具有功率源的传感器。将非电能量转化为电能量,只转化能量本身,并不转化能量信号。

active user 当前用户 正在使用或操作数据库中数据的用户。在分布式数据库系统或数据通信中,指正在接受服务的用户。

active virtual terminal 活跃虚拟终端 在 AIX 操作系统中,当前在显示设备上可见的虚拟终端,它能够接受键盘或其他交互式输入设备的输入,交互式的输入只能每次针对一个虚拟终端进行。

active vision 主动视觉 一种研究计算机视觉的分支,认为解决机器人(拟人机)的视觉问题,可以通过允许计算机从变化的观点动态地去收集并分析图像的序列,不会与人类或动物的视觉不同。主动视觉使用来自多种观点的信息以获得更深的体会(或感觉),解决模拟的问题,从而建立对某一个行动的视觉感受和该行动本身之间的联系。可以用主动视觉系统来表征简单的图像处理算法和快速实时硬件。参见 artificial intelligence, computer vision, robotics。

active volume 活动卷 (1)一种可随时读写数据的卷。(2)在海量存储系统中,驻留在海量存储设备中可用作系统安装使用的一种海量存储卷。(3)在虚拟存储系统的大容量存储系统中,可由操作系统管理并分配给用户任务的那部分内存容量。

active wait 活动等待 在操作系统中,在附加处理机(AP)或多处理机(MP)系统中的一台空载处理机为寻求工作而扫描调度请求队列和调度表时的一种等待过程。

active Web GIS 主动的 Web 地理信息系统 主动的 Web GIS 方式不是由服务器包办处理用户的一切请求,而是通过服务器向客户端发送一段运行在本地机上的客户程序。这个程序可以与用户相交互,处理用户的一些简单请求,如地图的开窗、放大等,所需的矢量地形数据直接向服务器申请。当客户发出一些较复杂、高级的操作要求而客户程序不能处理时,才请求 Web GIS 服务器处理,其处理结果也以矢量数据的形式发还给客户端。目前有许多种方法可以建立主动的 Web GIS,而 Java 是开发主动的 Web GIS 的主流技术。采用主动的 Web GIS 的优点在于:①这种方法传送给用户的是矢量的地理元素实体,而不只是一幅由服务器处理好的静态图像,给予了用户更大的操作自由度,可以自由地处理每个元素,不但可以查询地图数据,还可以分析和更新数据;②嵌入浏览器中运行的 Java 程序直接在用户机器上执行,无需安装,也不会产生复杂的软硬件兼容性问题,简便可靠;③在网上传输的是各类矢量图形数据和属性数据,较之图像数据流量大大降低,同时由于程序是在用户端执行的,许多简单操作无需通过网络传交服务器处理,也减少了用户和服务器之间的数据流量,从而提高了整个网络的运行效率,加快了响应速度;④服务器的处理负载降低,使之可以响应更多的请求;⑤需要开发 Java 客户端程序,制定一套完整的 C/S 信息交换扩展协议并修改原有的 GIS 服务器软件，使之接受信息交换协议，在软件上需投入的工作量较大，周期较长。参见 geographic information system (GIS)，dynamic Web GIS。

active window 当前[激活的]窗口 (1)在能显示多幅屏幕窗口的环境中，指任何光标移动、命令和键入文字都会使之受到影响的窗口。这种影响在选择了一个新的窗口后转向新的窗口。(2)在窗口式软件中当前与用户进行交互操作的窗口，它接受键盘输入，与 inactive window 对应。

A

active wire tapping 主动搭线窃听，有源搭线 将未授权设备如计算机终端连接到通信电路上，通过生成错误消息或控制信号或通过更改合法用户通信方式的方法，达到获取对数据进行访问的目的。比较 passive wire tapping。

ActiveX ActiveX 框架 微软提出的 Internet/Intranet(因特网/内联网)应用框架，其中包含着一些用于扩展客户机与服务器功能的标准以及用于建立网络应用的开发工具，还包含了对 Java 和 JavaScript 的支持，向用户和软件开发者提供了一个内容丰富的平台。ActiveX 是一种标准，它提供了一种机制，使控件能嵌入到 Web 网页中，并对事件作出响应。它可使用不同语言开发的软件构件在网络环境中相互操作，使得因特网能超越静态文件，利用多媒体效果和可交互的对象，向用户提供更加生动有趣的和更加实用的服务。采用 ActiveX 技术，使台式计算机接口与因特网接口合二为一，消除了如文件之类的本地资源和网络资源之间的差别，对应用程序和最终用户做到网络透明。

ActiveX controls ActiveX 控件 包括在 ActiveX 标准中的一个主要组成部分，是由 OLE(对象连接与嵌入)控件发展而来的，它是一种自身无法独立存在的软件模块，是一种程序重用单元，它必须在一个 ActiveX 容器的框架中运行。ActiveX 控件也可嵌入 Web 页面，下载到客户端执行，所以 ActiveX 控件可以看成 Java 小应用程序的等价物。它提供了一些可交互的用户控制功能，能使用户在不打开其他应用程序的情况下，在 Web 浏览器中看到动画、视频图像，并听到音乐。这些控件也能在一些流行的编程语言编写的应用程序中重用。ActiveX 控件的主要技术基础是组件对象模型(COM)。ActiveX 控件可为 ActiveX 控件的开发者提供他们所想要的任何功能，包括数据库访问、文件访问、时间检索和用户界面显示等。一个 ActiveX 控件可以同其他 ActiveX 控件、ActiveX 载体容器或操作系统进行通信。

ActiveX data object (ADO) ActiveX 数据对象 ADO 是活动服务器页面(ASP)访问数据库的技术。用户通过 ADO 技术与 ASP 结合，以建立提供数据库信息的主页内容，在主页画面执行结构化查询语言(SQL)命令，让用户在浏览器画面中输入、更新和删除站点服务器的数据库信息。ADO 使用 RecordSets 对象，作为数据的主要接口。ADO 是与编程语言无关的，所以可以从 VBScript、JScript、Visual BASIC、Java 和其他任何能处理对象的语言中访问它。ADO 提供了许多对象，可连接多种数据库，包括 SQL Server，Oracle，Informix 等支持 ODBC(开放数据库互连)的数据库。ADO 在服务器端所需要的执行环境为 Windows NT 和因特网信息服务器(IIS)，在用户端所需要的执行环境只是一般的浏览器即可。参见 active server pages (ASP)。

activition over potential 活化过电势 因电化学极化而造成的电极电势与平衡电极电势之差的绝对值。

activition polarization 活化极化 由于电极电化学反应迟延而引起其电位偏离平衡电位的现象，也称“电化学极化”或“化学极化”，是电极极化的一种基本形式。在低电流密度下容易出现活化极化。阳极活化极化意味着在阳极上进行的电氧化反应难以释放电子，为促使其释放电子，就必须使阳极电位更正于平衡电位。阴极活化极化则是在阴极上进行的电还原反应难以吸收电子，为促使其吸收电子，就必须使阴极电位更负于平衡电位。有关活化极化方面的理论尚不够成熟，一般认为，活化极化与一串连续步骤组成的电极过程中的某个最缓慢步骤的活化能有关。这步骤需要有较高的活化能用以激活参加电极反应的粒子，完成电子的转移。这额外部分能量，就靠电极的活化极化提供。参见 electrochemical polarization。

activity 活动 (1)在操作系统中，活动是调度的单位，它可以包括由硬件来完成的某些任务，因此其含意比进程或任务更广一些。(2)系统中可在低级调度控制下运行的进程或作业称为处于活动状态。(3)对于资源来说，当前正在被使用的资源的状态称为处于活动状态。(4)在开放系统互连体系结构中，会话服务用户在数据传输阶段可以区分的一个逻辑通信过程。一个活动由一个或多个对话单元组成。在每一时刻，一个会话连接上只允许有一个活动存在，但在一个会话连接上可以有几个连续的活动。一个活动可以跨越会话连接进行，它可以被中断并且可以在同一个会话连接上或后续的会话连接上恢复。这可以被看成是同步的一种形式。(5)在生产过程控制系统中，指由组态表、设备单元描述表和外部输入数据所引发的实际运行活动。参见 formulas，recipe，unit descriptors。(6)工序。在计划评审技术中，把一项科研试制或复杂的设计任务划分为若干个在工艺技术和组织管理上相对独立的活动，称为工序。而把一个工序的开始或者结束的时间称为事件。参见 program evaluation and review technique。

activity-based costing (ABC) 基于活动的成本核算 进行成本核算时，对已完成的活动所发生的成本先进行累计，再把总成本按照产品种类、客户群、目标市场或者项目课题进行分摊。这一核算系统所应用的成本核算基础，较之把总成本分摊到直接人工和机器工时的方法，更加贴近实际情况，也称“吸收式成本核算”。

activity diagram 活动图 面向对象系统设计的一个图形表示。活动图是状态图的一种特殊形式，其中所有或多数状态都是活动状态，而且所有或多数转移都在源状态中的活动完成时立即触发。活动图描述需要做的活动、执行这些活动的顺序（多为并行的）以及工作流（完成工作所需要的步骤）。它对于系统的功能建模特别重要，强调对象间的控制流程。高层活动图用于表示需要完成的一些任务，即用于分析用例，理解涉及多个用例的工作流、多线程及并行，显示相互联系的行为整体，还可用于对企业过程建模，对系统的功能建模。低层活动图用于表示类的方法。但活动图不适用于描述动作与对象间的关系、显示对象间的合作以及显示对象在生命周期内的运转情况。一个活动状态可能要引用另一个活动图而构成嵌套关系，嵌套活动图可以显示活动状态中的子图或是让活动状态引用另一个图。参见 interaction diagram，collaboration diagram，sequence diagram，stage diagram。

activity factor 活动因子 对一个信道，在某一特定时间段，如忙碌时间段，信号占用该时间段（不计方向）的比率。

activity graph 活动图 一个代表一系列活动或任务的顺序关系和可并行性的图，通常节点代表活动，边代表顺序关系。

activity inventory 活动清单 在信息处理系统中，所有功能、过程及它们之间相互依赖关系的总目录。

activity level 活动级 （1）在程序编制问题的求解过程中，结构变量所取的值。（2）文件中信息的使用或修改次数的变量。（3）发生事件的动态实体与总的动态实体的比值，它是模型并行性的度量。

activity list 活动表 网络中记载服务器为各工作站提供服务情况的列表。

activity loading 有效装入法 将记录存入文件中的一种方法，这种方法使最频繁处理的记录可用最少次数的读操作找到。

activity logging 活动日志 当数据库由于软、硬件故障或误操作而遭到破坏时，要尽快恢复数据库的正确状态，使其免受故障影响。活动日志是数据库恢复的措施之一。活动日志一般包括三方面的内容：①来自终端的消息或报文。通常是对数据库的各种更新请求或查询信息；②文件修改情况，通常以块为单位保留文件更新前后的内容；③报文处理情况，包括发往终端的报文。活动日志往往按序记录在磁带上，以免受故障的破坏，确保其安全性。

activity management 活动管理 通信网络中的会话层与同步密切相关的功能和机制。活动管理的思想是让用户把报文流分割成一个个逻辑单元，即所谓“活动”，各个活动前后没有连带关系，彼此完全独立。用什么组成活动是由用户而不是会话层决定的。会话层要做的事情就是一个用户发出活动请求，使得另一个用户得到相应消息。会话层只关心原语的执行，不关心原语的语义和使用，不关心请求何时发出以及接收者对相应消息如何反应。一个活动覆盖了两个方向上发送的全部数据流。活动管理是构成会话的主要方式。对会话双方的基本要求是以什么活动结构为基础达成一致。如果会话双方试图同时开始一个活动就会出现冲突。为避免这种情况发生，用令牌加以控制。用户请求活动服务，必须拥有令牌。

activity queue 活动队列 计算机系统中，用于登录信息和批作业表目的一种表，这些信息和作业将在指定日期和时间发送或递交。

activity ratio 活动率 所用文件中经访问或更改的记录数与记录总数之比。

activity scanning 活动扫描法 一种下一事件法的实现，这种方法要用一条语句对所有的活动给出它们被启动的一些条件，其中包括那些实体和资源必须具备的规定，每个活动实体有一个和它有联系的时钟，由此时钟来结束实体处于忙中的活动。这些时钟还通过扫描来确定将哪一个事件作为下一个要发生的事件，以察看哪一个活动要被启动。

activity trail 活动（收）尾记录 一种运行记录，用于标识：已进行了什么活动，这些活动的出现次序，谁执行了这些活动。

ACTLU （1）激活的逻辑元 active logic unit 的缩写。（2）在 SNA（系统网络体系结构）中的一个用于启动逻辑单元会话的命令。

actor 操作子，动作者，主角 （1）操作系统中的一个概念，类似于进程，它代表一组资源，负责对这些资源实施管理，是进行分布处理的基本单位，它还定义了一个受保护的地址空间，可以支持一个或多个线程的运行，这些线程共享由操作子所定义的地址空间，在紧耦合多处理机中一个操作子所支持的线程可同时运行在多个处理机上。（2）动作者是用来表示面向对象系统中对象的术语，这个对象包括数据和对数据内容进行处理的操作。（3）在系统之外与系统交互的某人或某事物称为主角。

actor class 主角类 定义一组主角实例，其中每个主角实例相对于系统而言都担任着同样的角色。

actor generalization 主角泛化关系 从一个主角类（后代）到另一个主角类（祖先）的主角泛化关系，表示后代将继承祖先在用例中所能担任的角色。

actor language 角色语言 一种独具特色的面向对象语言，该语言由于具有角色、持久、授权等概念及实现机制，而且由于选择器不是根据关键词，而是通过筛选（模式匹配）识别等特点，因而使这种语言更不同于过程程序设计思想,而适合于多任务或多处理机的程序设计。迄今,麻省理工学院 C. Hewitt 等人已先后研制了 PLASMA、DIRECTOR、OMEGA、ACT 1、ACT 2 等多种具有面向对象设计特点的角色语言。与 Smalltalk 语言中的对象相比,在角色语言中例示、类、元类等都被唯一一种概念——角色所代替。角色语言预示着一种未来人工智能语言的新体系结构的出现。

ACTPU　活跃物理单元　active physical unit 的缩写。

ACTSU　(美国)计算机分时用户联合会　Association of Computer Time Sharing User 的缩写。

ACTT　(英国)电影、电视及其技术工作者协会　Association of Cinematograph, Television and allied Technicians 的缩写。

actual argument　实际变元[变量]　在函数的引用中,在函数名字后面括弧中的变元。当有两个以上的并列变元时,用逗号分隔开,如 sin(x) 中 x ,min (x,y,z) 中的 x,y,z 。参见 actual parameter。

actual coding　实际编码　同 absolute coding。

actual data transfer rate　实际数据传送率　在数据通信中,单位时间内从数据源发出并由数据接收器接收到的二进制位、字符或码组的平均数。

actual information base　实际信息库　一个信息库,其内容在一定的时间段中有效。

actual maximum indexed files　实际最大索引文件数　在 NetWare 中,指服务器启动之后同时活跃的索引文件的数量。

actual maximum open files　实际最大打开文件数　在 NetWare 中,指服务器启动之后同时打开文件的数量。

actual maximum simultaneous transactions　实际最大同时事务量　在 NetWare 中,指服务器启动之后同时发生的事务的最大数量。

actual maximum used directory　实际最多使用目录数　在 NetWare 中,指卷中同时使用得最多的目录项。

actual maximum used routing buffers　实际最多使用的路由缓存数　在 NetWare 中,指服务器启动之后同时使用的路由缓存的最大数量。

actual parameter　实在参数,实参　在程序设计语言中,一个作为过程或函数调用部分提供的变量或表达式,从而取代作为过程或函数说明部分出现的形式参数。参见 formal parameter。

actual parameter association　实在参数结合　在程序设计语言中,指每次对子例程调用时建立的实在参数同相应的形式参数的结合。

actual parameter list　实在参数表　多个实在参数用“,”隔开的形式,单个的实在参数也可构成实在参数表。

actual parameter part　实在参数部分　由实在参数表两头加上圆括弧构成的部分,实在参数部分可为空。

actual relative level　实际相对电平　一条电路上的某点的实际相对电平由表达式 $10\log_{10}(P/P_0)$ 用分贝给出,式中 P 为所考虑的这一点上某个正弦波测试信号的功率,P_0 为该信号在传输参考点上的功率。

actual start　实际起点　程序实际开始执行的位置。

actual time　实时　(1)在有关的处理、问题、通信或事件发生的特定时间内予以及时地响应。(2)计算机的数据处理满足外界过程处理时间的要求,如计算机用于过程控制系统。

actual transfer rate　实际传输速率　不管接收端有效接收与否,单位时间内收发两端间传送的二进制数、字符、码组或帧的平均数。

actual view　实际观察　图像处理过程中,观察图像的一种方式。若选择实际观察方式时,图像中的一个像素在屏幕上显示为一个像素,即 1∶1 的方式。既未放大,也未缩小。

actual work time (AWT)　实际工作时间　操作员处理一次访问所需的平均时间。

actuating element　执行元件　根据来自控制器的控制信息完成对受控对象的控制作用的元件。它将电能或流体能量转换成机械能或其他能量形式,按照控制要求改变受控对象的机械运动状态或其他状态(如温度、压力等)。它直接作用于受控对象。在机械自动化系统中,执行元件根据输入能量的不同可分为电动、气动和液压三类。电动执行元件安装灵活,使用方便,在自动控制系统中应用最广。气动执行元件结构简单,重量轻,工作可靠并具有防爆特点,在中、小功率的化工石油设备和机械工业生产自动线上应用较多。液压执行元件功率大,快速性好,运行平稳,广泛用于大功率的控制系统。参见 electric actuator, pneumatic actuator, hydraulic actuator。

actuating signal　启动信号,作用信号　(1)计算机控制电路中的一种输入脉冲。它使该电路开始工作。(2)控制系统中由参考输入减去反馈所得到的信号。

actuating transfer function　执行传递函数　使反馈控制环执行信号与对应的环路输入信号相联系的传递函数。

actuator　执行器　将电能、液压能或气动能变换成引起运动或启动某种需要的相应的电动机、螺旋线管及其他有源器件或电路。

actuator sensor interface (AS-I)　传感器执行器接口　由成立于 199 年的 AS-I 联合会开发的直接连接现场传感器和执行器的总线系统。AS-I 通过高柔性和高可靠性的单根电缆把现场具有通信能力的传感器和执行器连接起来,它可以在简单应用中自成系统，也可以通过连接模块与各种高层总线连接，实现了现场设备信号的数字化和故障诊断的现场化、智能化，大大提高了整个系统的可靠性，节约安装、调试和维护成本。

ACTV **高级兼容电视** advanced compatible television 的缩写。

ACU (1)自动呼叫装置 automatic calling unit 的缩写。(2)地址控制单元 address control unit 的缩写。

,acuity **敏锐度** 感觉到的敏锐程度，如眼睛分辨细节的能力。

acutance **锐度** 为了表明曝光程度不同的相邻区域之间的锐度界线，而对材料感光能力的一种客观量度。这种量度与照片锐度的主观判断密切相关。

. acv **音频压缩文件名后缀** 操作系统 OS/2 的驱动程序文件的扩展名，用于压缩或解压缩音频数据。

ACV **地址控制向量** address control vector 的缩写。

AC voltage convertor **交流电压变流器** 用于电压变换的交流变流器。

acyclic database **无回路数据库** 无回路数据库是一大类具有很多良好性质的数据库的总称，最初是为了研究泛关系查询没有二义性而被提出的，但研究发现它们还有许多其他的良好性质。由于这一大类数据库的数据库模式用超图表示时，超图没有回路，因此特称为无回路数据库。

acyclic feeding **非周期性馈送** (1)在某些符号识别系统中，符号阅读器用以馈送不同长度文件的一种方式。它能测出一个文件的结尾，并自动馈送下一文件，这种方式可以提高馈送效率，并允许系统处理不同长度的文件。(2)在字符识别中阅读器所用的一种系统。该系统能识别出前一个文件的结尾，并自动地馈送下一个文件，这样可以提高馈送效率，并允许系统处理不同长度的文件。

acyclic graph **无环图** 一个没有环的图。

acyclic machine **单极电机** 即直流同极电机。

AC-3 **AC-3 音频编码系统** AC-3 是美国 Dolby 公司开发的高保真立体声音频编码系统。1993 年 11 月，美国高级电视咨询委员会(ATSC)正式批准了大联盟高清晰度电视(GA-HDTV)系统采用 AC-3 音频编码标准。参见 Dolby surround audio coding-3 (Dolby AC-3)，audio codec (AC)。

AC'97 **AC'97 标准** Audio Codec'97 的缩写。Intel 推荐的音频系统标准，它描述的是在可以承受价格的前提下，提供高质量 PC 音频的双芯片分离结构，支持 Windows 驱动程序和总线扩展，它可以用在主板上，也可以用在声卡上。AC'97 适用于多重模拟输出、多声道输出、USB(通用串行总线)端口、耳机插口等。

AD **管辖距离** administrative distance 的缩写。

A/D **模拟到数字转换** analog-to-digital 的缩写。

. ada **Ada 源文件名后缀** 结构化程序设计语言 Ada 源文件名的扩展名。

ADA (1)模拟微分分析机 analogue differential analyzer 的缩写。(2)自动数据获取 automatic data acquisition 的缩写。

Ada language **Ada 语言** 美国国防部于 1979 年提出的一种结构化程序设计语言，1983 年推出了 Ada 语言美国国家标准版。Ada 是一种表现能力很强的通用程序设计语言，它是美国国防部为克服软件开发危机，耗费巨资，历时近 20 年研制成功的。它被誉为第四代计算机语言的成功代表。Ada 可用于大型的实时军事防御系统。它具有如 Pascal 等通用语言和某些专用语言的长处，既具有运用控制结构，又具有定义数据类型和分程序的能力。Ada 的数据有内部类型和结构类型两种。Ada 中可用 EXIT 语句中止循环，也可使用 GOTO 语句，Ada 中还包括了过程与函数调用、并行处理等结构。Ada 改进了软件的可靠性、可移植性和可维护性，同时降低了系统成本。现在 Ada 已广泛用于数值计算、系统程序、实时应用及并行处理等方面。被称为大型计算机上最有希望的核心语言。Ada 语言以 Augusta Ada Byron 女士的名字命名，她是英国诗人拜伦(Byron)的女儿。她曾与 Charles Babbage 一起在其"分析机"上工作过，被公认为世界上第一位程序员。

Ada programming support environment (APSE) **Ada 程序设计支持环境** 在 Ada 程序设计语言中支持软件发展的一组程序。

ADAM **自动文件摘录法** automatic document abstracting method 的缩写。

Ada-Plus **Ada+软件工具** 一种 Ada 软件工具，由美国系统设计者软件公司开发。用一种综合性软件开发工具集，利用主目标技术用于 Ada 嵌入式系统的交叉开发。包括 SD-Ada 编译程序、Ada 编译程序工具、SD 汇编程序、构造工具系统、排错系统、目标运行时间系统和 Prom 格式化程序。

adaptability **适应性** 系统能监测自己的某些指标，并能通过修改参数，使自身适应于改变了的环境的那种特性。微处理机具有构造自适应性系统的能力。因为微处理机是一个用程序控制的部件，所以它能够通过运算来改变原先要用人工调节的系统参数。

adaptability of software **软件适应性** 软件的适应性是指软件对不同计算机的适应程度，把软件从一台计算机上移植到另一台计算机上所费代价越小，其适应性就越强。用宏语言或高级语言编写的软件就是增强软件适应性的一条途径。

adaptable process **适应性过程** 一个设计用于在需求改变时保持其有效性和效率的程序。

adaptable software 自适应软件 自适应软件能够在运行过程中，实时收集系统的各种变化信息，并根据预先设定好的策略，在必要时对自身进行自动调整。

adapted information (AI) 适配信息 通过接入点(AP)的信息。参见 access point (AP)。

adapter 适配器，转接器 (1)任何能使原本不在一起使用的产品之间实现电气或机械连接的装置。(2)一种可插入到计算机的总线扩充槽上提供附加功能的印制电路板。适配器经常用于升级成新的或不同的硬件。该名称常常与视频显示器相联系，如单色显示适配器(MDA)，彩色图形适配器(CGA)以及增强型图形适配器(EGA)等。其他常用的适配器还包括用于游戏操纵杆的游戏控制硬件的适配器，与像调制解调器那样的设备作串行通信的适配器，与像打印机那样的设备连接作并行接口的适配器以及用于像 CD-ROM(只读碟)那样的设备等其他类型的外围设备的适配器。往往单块适配器卡上面可以有多个适配器。参见 port。

adapter address 适配器地址 用于标识适配器的一组十六进制数字。

adapter blank 适配器空插件 网络控制器中的一种机器元件，安放在一个空的适配器位置上维持适当的空气流量。

adapter card 适配器卡 被做成印制电路板式的适配器。

adapter check 适配器检验 (1)在计算机加电自检时，对系统内安装的适配器种类及功能状态所作的检查。此时适配器并不真正工作，处理器只是对其做初始处理，用一组模拟的命令和数据来验证适配器是否存在和是否正常。(2)在网络通信控制程序中，对通信扫描器或通信适配器进行的误差检查，并经第一级中断把错误状态转给通信控制器。

adapter plug 转接插座 一种带有不同插口的插座，使得不同标准的插头能够连接到插座上。

adapter port 适配器端口 处理器对适配器进行访问时的操作地址。一个适配器可能要求占用多个端口地址，包括状态端口、数据端口、命令端口等。大部分处理器对适配器端口采用输入/输出端口地址，有些处理器则采用将适配器端口与内存地址统一编址的方法。在采用"即插即用"方式的体系结构中，适配器端口地址并不是固定的，而是可以由操作系统软件视端口当前占用情况在一定范围内为之选择分配的。

adaptive 自适应 在给定时间按照特定要求调整自身的功能。

adaptive acceleration saves bandwidth (AASB) 自适应加速节省带宽 自适应加速是扩大现有带宽和改进效率的一种技术，它给予 ISP(因特网服务供应商)、ASP(应用服务供应商)和其他企业用户一种全面的、自动学习的技术，改善多种不同应用程序和协议中的数据处理，其结果是提高了网络性能和克服了带宽瓶颈。独立的测试表明，自适应加速可以把带宽可用性提高 400%。AASB 基于多种算法，其中包括选择性缓存，垂直数据分析(VDA)，自适应包压缩等。选择性缓存是一种先进的算法，能识别哪些数据值得放在缓存中，把它们存储起来供以后检索，而且它不局限于某种特定的协议，数据可以是全对象。垂直数据分析(VDA)动态识别一个包中不同的协议段。VDA 以"半动态"的方式把段分开，用基本规则和对某些协议的理解对 VDA 编程，利用这种预先编好程的理解，它把包解析成不同的段。每个包中报头信息(如序号和协议识别码)被利用动态算法压缩了。自适应包压缩与 VDA 和选择性缓存一起使用，以减少未被放在缓存中或者未被 VDA 处理的数据。自适应加速的特点是一个综合的机制，给予对时间敏感的流量(如 IP 电话)比其他类型流量更高的优先权，把它移到加速缓冲器的前沿立即传输。

adaptive algorithm 自适应算法 网络中各个网关和路由器根据当前网络拓扑结构和当前信息流量情况决定路由选择的算法。这类算法又分为全局算法、局部算法和混合算法。

adaptive answering 自适应应答 调制解调器的一种功能，能自动分辨接收到的呼叫是传真还是数据，并作出相应的响应。

adaptive antenna (AA) 自适应天线 能够自动将天线最大辐射方向对准所需电台，并将天线方向图的波瓣零位对准干扰电台的一种自动抗干扰天线。在结构上它由天线阵列与自适应处理系统构成，故也称"自适应阵列"。参见 smart antenna。

adaptive array 自适应阵列 一种机械式磁盘阵列，当磁盘阵列运行时，它能动态地改变将虚拟地址映射到数据所在的物理地址的算法。现在已逐渐采用固态盘构成自适应阵列磁盘。

adaptive bilevel image compression (ABIC) 适应性双层图像压缩 一个能够显示 16 种灰度的 4 位图像形式。

adaptive bridge 自适应网桥 一种具有记忆目的地址功能的网桥，该网桥可加快数据传输速度。

adaptive channel allocation 自适应通道分配 一种多路转接方法。按这种方法，各通道信息的处理容量不是预先确定，而是按需要分配。

adaptive communication 自适应通信 一种在通信系统中能动态自动调节某些有关参数，以适应通信要求的通信方法。它允许有变化的输入，器件特性的变化或控制方式的变化。

adaptive communication system 自适应通信系统 能够自动利用来自系统本身的或系统运行时携带的信号的反馈信息，动态地调节一个或多个系统运行参数，改进系统性能和阻止系统性能降低的通信系统或系统的一部分。

adaptive compression 自适应压缩 一种可根据被压缩数据的内容动态调整压缩算法的压缩技术。

adaptive control (AC) 自适应控制 不论外界发生巨大变化或系统产生不确定性，控制系统能自行调整参数或产生控制作用，使系统仍能按某一性能指标运行在最佳状态的一种控制方法。

adaptive control for optimization 优化适应性控制 一种按照预定的目标，使加工过程优化的过程。优化目标有两个：加工成本优化和加工时间优化。

adaptive control of constraint (ACC) 限制式自适应控制 一种自适应控制方式。指当外部或内部参数发生变化时，控制系统在它的参数受到某些具体条件限制的情况下，不断地对自身作业进行监视与调整，以适应环境条件的变化。

adaptive control system 自适应控制系统 一种能连续测量输入信号和系统特性的变化，自动地改变系统的结构与参数，使系统具有适应环境的变化并始终保持优良品质的自动控制系统。按适应功能与系统结构特点的不同，自适应系统可分为很多种，如输入信号的适应系统，参数与特性的适应系统，被动适应系统，自整定、自学习、自组织系统等。

adaptive cut-through switching 自适应直通交换 交换机的一种操作方式，在该方式下，交换机将根据用户可配置的每个端口的出错率阈值在直通交换和存储转发交换之间自动切换。

adaptive degradation 自适应降级 图像软件 3D Studio MAX 中的选项。在处理复杂的场景时，由于需要计算的物体过多，不能很流畅地完成整个动态显示过程，影响了显示速度。为了避免这种现象的出现，当打开该选项时，系统自动把场景中的物体以简化方式显示，以加快运算速度。

adaptive delta modulation (ADM) 自适应增量调制 一种能改进性能的增量调制。其特点是增量的大小能自动地和信号对时间的变化率相适应。即当信号的斜率增加时，增量 Δ 随之而加大；当信号的斜率减小时，增量 Δ 也跟着下降。这种调制方法的优点是：编码动态范围有所扩大；量化信噪比有所改善。而且，设备比较简单。但是，若要恢复质量较高的话音，则需较高的数码率。

adaptive differential pulse code modulation (ADPCM) 自适应差分脉冲编码调制 (1)一种在编码电信语音信号的标准脉冲编码调制中计算两个连续话音取样之间差异的一种话音编码方法，其中预测律和/或量化律按照该信号或所涉及通路的某些特性自动地加以调整。这种计算采用自适应滤波器进行编码，从而以低于标准 64 kbps 技术的速率进行传输。一般而言，ADPCM 使模拟语音对话能在 32 kbps 的数字信道内传输；用三或四位描述每个取样，这代表了两个相邻取样间的差异。每秒进行 8 000 次取样。总之，许多语音处理者使用的 ADPCM 允许语音信号编码所用的空间是 PCM 的一半。(2)多媒体中数字波形的一种压缩方式，其中是对相连样值的差而不是它们的实际值进行编码，即是把先前各采样值的线性组合与实际采样值之间的差值存储起来作为本次采样值，从而有效地减小音频波形的动态范围的一种数字音频压缩算法，是供 CD-ROM/XA(只读碟扩展存储结构)和只读光碟交互系统使用的一种存储技术。采用 ADPCM 可使存储在一张(CD-ROM)中的声频信息量从 1 小时增加到 16 个小时。参见 pulse code modulation (PCM)。

adaptive directory 自适应目录 能够随网络结构变化而自动变化的路由目录。路由目录即路由选择表。

adaptive equalization 自适应均衡 在发送信号时能自动完成均衡。自适应均衡动态地调整均衡器参数以补偿传输信道特性的变化。它能在不影响信号正常传输的情况下进行调节，调节速度快、效果好。

adaptive equalizer (AE) 自适应均衡器 对数字信号或数字调制信号的传输畸变进行自动补偿的一种装置。可在数字调制解调器中用于把因幅频特性非线性相移和回波等引起的符号间的干扰减到最少。

adaptive filter 自适应滤波器 一种能根据所处理信号的主要成分动态改变自身参数的滤波器。自适应滤波器也称“自适应波形识别”。它是一种能自动对本身进行调节，以对随机方式出现并完全淹没在噪声中的固定波形起响应的滤波电路。该滤波器无需事先知道波形的存在或波形形状便能做到这一点。

adaptive frequency hopping (AFH) 自适应跳频 自适应跳频技术是建立在自动信道质量分析基础上的一种频率自适应和功率自适应控制相结合的技术。他能使跳频通信过程自动避开被干扰的跳频频点，并以最小的发射功率、最低的被截获概率，达到在无干扰的跳频信道上长时间保持优质通信的目的。参见 frequency hopping communication。

adaptive histogram adjustment 自适应直方图调整 一种图像增强处理方法。根据某种特定形态的直方图要求，修改原图像的直方图，使它接近(或者匹配)于指定的直方图，达到改善视觉效果的目的。

adaptive Huffman coding for compression technique 压缩技术的自适应霍夫曼编码 一类编码算法，在估计源信文概率的基础上确定源到码字的映射，代码是自适应的，即一直变化着的，以保证相对当前的概率估计是最佳的。用这种方法，编码器必须知道源信文特性，而且译码器必须不断修改霍夫曼树以保持与编码同步。属于这种编码的算法有两种，一种是 FGK 算法，另一种是 V 算法，后者是前者的改进。

adaptive hybrid method 自适应混合方法 用差分

法求解数学物理问题的一种技巧。其特点是:随时对解函数的变化加以判别,从而在那些变化急剧的地方网络自动加密,或者由显式方法改为隐式方法,这样的计算方法称作自适应方法。求解波动方程常用的混合方法是在解的光滑段用高精度格式以保证精度,在解的间断点用一阶精度格式以保证所得到的解不出现振荡。公式之间的转换可以用开关系数进行处理。

adaptive interface 自适应界面 一种界面的自适应系统,能推断出用户的局限性和能力,并应用这些信息以及从人机交互作用过程中所得出的猜测,从而使界面的风格和用户与系统对话的内容能够适应用户。

adaptive learning 适应性学习 使在一定环境下工作的系统,利用所获得的信息,不断地自动修改其组织,以达到最优效果的一种学习技术。在工程应用方面的适应性学习技术有:统计学习技术、参数学习技术、学习自动机及结构学习技术。

adaptive learning system 适应性学习系统 应用了适应性学习技术的计算机系统。

adaptive load balancing (ALB) 自适应负载均衡 ALB是提高服务器传输吞吐量的一种技术。ALB可将多块百兆或千兆智能服务器适配器指定为一组,每一组使用同一个网络地址。ALB软件不断计算和调节每个适配器的传送负载,使发送数据量由组内所有适配器平均负担,但接收数据量仍由主适配器单独负担。使用ALB可使服务器具有较高的发送带宽。参见 load balancing。

adaptive maintenance 适应性维护 为使一软件产品在环境发生变化的情况下仍能使用而进行的维护。

adaptive multiplexer 自适应多路复用器 一种时分多路复用器,能在终端有传输要求时才给其分配时间,能有效地利用公共信道容量。如果所有时间源都被占用,则希望传输的终端在得到分配时间前将收到忙音。

adaptive organization 自适应结构 数据库系统中采用的一种软件结构。例如渗透、倒排程序可变的结构等,其目的是要缩短平均响应时间。

adaptive path index (APEX) 自适应的路径索引 自适应的路径索引考虑了查询负载对频繁使用的路径表达式的影响,引入了依赖于XML(可扩展标记语言)数据查询负载分布的信息,将经常出现的XML查询语句对应的标签节点预先保存在一个哈希结构中。它的作用类似于cache(高速缓存)的功能,即当有新的查询要求处理时,首先在哈希表中搜索是否有满足的节点集合。

adaptive pattern substitution 自适应模式代换 一种数据压缩方法。它通过扫描整个报文去发现两个以上位组构成的而且出现频繁的公共模式,并用一个较短而未用过的位模式去代替;同时,修改代换词典以记录有关的代换。

adaptive power controller (APC) 自适应功率控制器 一种用于自适应电压调整或动态电压调整的数字部件。APC包括硬件性能监控器,它可以准确地监控处理器的功耗,跟踪温度以及不同器件工艺的变化,自适应地调整供电电压,以覆盖内核工艺和当时的运行条件,满足特定的性能要求。

adaptive predictive coding (APC) 自适应预测编码 指一种采用一级或多级抽样的窄带模拟数字转换编码技术。它能根据已抽样信号量化序列的特性,自适应地预测出信号在下一个或后续的若干个抽样点上的情况,建立与之相关的编码函数。与线性预测编码(LPC)相比,自适应预测编码使用的预测系数更少,故要求更高的信息位速率。参见 linear predictive coding (LPC)。

adaptive predictive coding with adaptive bit allocation (APC-AB) 具有自适应比特分配的自适应预测编码 APC-AB基本上是将SBC和APC两者组合起来,语音信号先被划分成子带,子带频宽窄、取样频率可以降低,每个子带输出一路基带数据,再由各个对应的后续APC编码器进行P阶线性预测编码。每个子带的数据率(比特率)按照能量分布作分配,另外每个音节周期又被分为L个子时段,根据每个子时段的能量再完成自适应动态比特分配。APC-AB语音编码压缩的倍数相当大。参见 subband coding (SBC), adaptive predictive coding (APC)。

adaptive predictive image coding 自适应预测图像编码 为适应图像内容的变化而采用的一种编码方法。它是将不随时间变化的预测编码系统改为随时间而变化的预测编码系统,使预测器的参数能根据图像的局部具体特点进行自动调节,使预测编码系统能与图像局部内容更好地匹配。

adaptive production system 适应性产生式系统 应用了适应性学习技术的、基于产生式规则的人工智能系统。其特点是能自动地修改其规则库。

adaptive quantization 自适应量化 量化器的步长随输入信号的改变而调整的一种方法。

adaptive quantizer 自适应量化器 将每个新的信号段与存储器中存储的前一次步长作比较,使步长与信号变化相匹配的量化器。

adaptive quantizing 自适应量化 使某些参量随已量化的信号的短期统计特征而变化的量化方式。

adaptive radio 自适应无线电 一种无线电,它①监视自己的性能,②通过探测和轮询监视通路的性能,③改变其自身运行特性,如频率、功率和数据速率,④利用闭环功能自动选择频率和通道来优化其性能。

adaptive remote control 自适应遥控 一种采用自适应指令接收技术的遥控方式。此种接收技术是指接收端能按给定的准则对系统性能进行识别、测量、处理与决策，对可调的参数自动地进行自适应调整，使接收系统的性能达到最佳要求。此种遥控技术在单向通道上实施时，称为单向自适应遥控；在有反馈的通道上实施时，称为双向自适应遥控。

adaptive resonance theory (ART)　自适应共振理论　美国东北大学的 Gail Carpenter、波士顿大学的 Stephen Grossberg 于 1978 ～ 1986 年共同开发的神经网络。主要用于模式识别，特别是复杂模式或对人本来不熟悉的模式(如雷达、声纳信号、声控打印等)，其缺点是受平移、歪斜和规模的影响大。自适应共振模型是一种无监督学习模型，它不需要告诉机器每个样本属于何类，它能把类似的样本归为一类。自适应共振理论认为只有当新的输入向量与已存入记忆中的某个旧向量足够相似时，两者才能融合，即对有关的权值系数进行调整，从而使长期记忆得以改变。这种模型对任何输入观察向量可以进行实时学习，且可以适应非平稳的环境。通过注意子系统对已学习过的对象具有稳定的快速识别能力，通过定位子系统能迅速适应未学习的对象。

adaptive retransmission　适应性重传　适应性重发传输协议的一种能力，为适应各种不同的互联网延迟不断地改变重发计时器。TCP(传输控制协议)是众所周知的使用适应性重发的协议。

adaptive retransmission algorithm　自适应重传算法　能够自动适应网络随机变换情况，在信息出错或丢失时进行重传的算法。在使用 TCP(传输控制协议)进行数据传输中，因为互连网络信道情况千差万别，分组传输时间差别非常大。为此 TCP 协议采用不断监视并确定每个连接上延迟情况的方法，并相应调整自己的超时参数。这种算法的基本思想是不断根据监视得到的采样往返传输时间求出新的计权平均值，并由此得出新超时时间，确定没收到的数据片是否要立即重传。

adaptive robot　自适应机器人　自动调节其任务以适应变化的环境条件的智能机器人。自适应机器人在确定动作方面依赖于传感器技术和人工智能技术。

adaptive routing　自适应路由　网络中可动态选择路由传输信息的一种算法或机制，其特点是网络中每个节点对线路差错、拥挤程度等都能自动做出反应，动态地决定报文分组从节点的哪一个出口发送，一般是将使延迟最小或通信带宽最大作为选优的判据。自适应式路由选择方法已提出多种，如动态规划法、理想法、统计推断法等。

adaptive routing protocol　自适应路由协议　一种数据通信路由算法，能够在路由阻塞时寻找另一条路由。

adaptive search approach　适应性搜索法　一种通过大量的迭代运算来求得最优解或更精确的优选解的方法。

adaptive session-level pacing　适应性会话级[层]定步　一种会话级间距定步，其中会话成分交换间距窗口，这间距窗口可能改变尺寸，这种定步形式允许在网络中传输以动态地适应可访问性的改变和对缓存的需求。同 adaptive pacing，adaptive session pacing。参见 pacing，session-level pacing，virtual route pacing。

adaptive system　自适应系统　一种能自学习、改变内部状态和响应外界输入激励的计算机系统。亦可指那些具有对外界环境变化自动适应的计算机系统或非计算机系统。

adaptive system theory　自适应系统理论　自动机理论的一个分支，研究自适应系统或自组织系统。

adaptive telemetry　自适应遥测技术　遥测技术中的一种。它能选择某些关键信息，或选择某些给定信号的任何变化。

adaptive testing　自适应测试　对数字电路进行故障定位测试的一种方法。在每次测试中，所选用的测试码取决于上一次测试的输出响应结果。利用适应测试方法可以减少平均测试次数。

adaptive threshold control　自适应阈值控制　在数字磁记录读出信道中，根据磁头读出信号的幅度，自动调节读出门槛电平的方法或过程。它能使每个磁头的读出信号幅度和门槛电平的比值保持不变，从而提高信息检测可靠性。

adaptive thresholding　自适应阈(值)　信号输入设备根据信号的强弱自动调整阈值的能力。在图像输入和模式识别的前级装置中常使用这种技术。

adaptive time sharing　自适应分时　分时调度程序从高阶到低阶扫描就绪队列，以找到第一个已准备要执行的作业。当作业的时间片用完，或作业要求输入输出时，扫描再度重复执行。当每一作业要求改变处理时间时，分时调度程序也可响应。当一作业需要更多的输入输出或等待中央处理器时，该作业就会被移到较高阶或较低阶的队列中。

adaptive transform acoustic coding (ATRAC)　自适应声学转换编码　日本索尼公司在其推出的 MD 磁光碟机中采用的一种低比特率数据压缩编码技术。ATRAC 是一项基于听觉心理学领域的不损伤可听声质量的数码音频编码压缩技术，将 16 比特 44.1 kHz 的数字信号以频率响应轴分成 52 个区段(在低频时分割较细而在高频时分割较粗)，根据声音心理学的原理，将声音信号中人耳听不到和对人的听力影响不大的信息给剔除出去而达到缩小声音文件的目的。利用这种原理，ATRAC 可以将录音压缩为原来的五分之一。2000 年索尼公司正式推出了 ATRAC3 数据压缩编码，新的 ATRAC3 压缩编码是在 ATRAC 压缩编码的基础上发展而来的，ATRAC3 采样率分别采用 132 kbps、66 kbps 两种，可以比原先的 ATRAC 压缩编码提供 2 倍甚至 4 倍的存储容量，虽然高频部分与 AT-

RAC 略有差别，但音质基本能保持 ATRAC 的水准。

adaptive transform coding (ATC) 自适应变换编码 一种工作在 9.6 kbps 至 32 kbps 带宽条件下的语音编码技术。

adaptive transversal equalizer 自适应遍历均衡器 一种能自动地调节本身特性以补偿线性失真的遍历滤波器。当数据调制解调用于将声频数据速率增加约 3 000 ～ 10 000 bps 时，自适应均衡器就特别重要。

adaptive tree walk protocol 自适应树步进协议 也称"自适应走树协议"或"自适应遍历树协议"。网络通信有限竞争协议所使用的方法之一。假设系统中有 N 个站，把它们组织成二叉树的形式，每个站为树中一个节点，节点 A 为 0 级(根节点)，节点 B 和 C 为 1 级，以此类推。在第 0 时隙，所有站都可以获取信道。如果只有一个站争用信道，则发送成功。如果发生冲突，则在第 1 时隙只有 B 节点之下的站可以争用信道。如果还是只有一个站要发送信息，则发送成功。如果又发生冲突，则在第 2 时隙只有 C 节点之下的站可以争用信道。以此类推，直到最低级，即只有 1 个站可以争用信道，没有冲突。参见 collision free protocol, limited contention protocol, urn protocol。

adaptive user interface 自适应用户界面 为了能够适应用户，自适应界面必须能够推断出用户的确切个性，并利用这些信息来改善用户界面。可以利用原有知识或系统管理员定义的经验或者某些猜测，或者根据用户在使用该系统的过程信息，而推断出用户当时的有关特性。可将用户与信息处理系统之间的界面加以分析，构成描述层次。从而根据当时信息，自动进入某一层次。

ADB Apple 桌面总线 Apple desktop bus 的缩写。

ADB port ADB 端口 在苹果机中一种连接输入设备的端口，可连接键盘、鼠标器和图形输入板等。参见 Apple desktop bus (ADB)。

ADC (1)模数转换器 analog-to-digital converter 的缩写。(2)高级数据连接器 advanced data connector 的缩写。

ADCCP 高级数据通信控制规程 advanced data communication control procedures 的缩写。

ADCON 地址常数 address constant 的缩写。

ADCS 高级数据存储通信 advanced data communications for stores 的缩写。

ADD 《美国博士学位论文》 *American Doctoral Dissertation* 的缩写。

ADD mode ADD 方式 指 CD 唱片按模拟方式录音(A)，而编辑和制片则均采用数字(D)方式。ADD 是 analog-digital-digital 的缩写。

.add 驱动程序文件名后缀 OS/2 操作系统中用于引导过程的适配器驱动程序文件名的扩展名。

add authority 增加权 在 AS/400 中，一个允许用户对一个对象进行增加操作的权利，如在作业队列中增加作业、在文件中增加记录等。参见 read authority, update authority。比较 delete authority。

add-drop multiplexor (ADM) 加入/引出多路复用器，分插复用器 一种网络单元，它把同步复用和数字交叉连接功能综合于一体，具有灵活地加入/引出任意支路信号的功能。它也是一种用来从 SONET(同步光纤网)环外提取流量并将其并入该环上已有流量的设备。参见 synchronous optical network (SONET)。

added bit 附加位 在数据通信过程中，表示用户有效信息以外所传送到接收者终端的其他位。主要用于传输过程中的同步和校验。

added block 附加数据块 除了拟发送给目标用户信息和附加的开销信息以外的任何发送给目标用户的数据块或二进位数据组。

added block ratio 附加块[码组]率 在同一测量时间内，附加码组的个数与特定目的用户接收到的码组之比。附加块率可以用作附加数据块概率。同 added block probability。

added data unit 附加数据单元 除了预期的用户信息比特和传送的开销外传送给用户的一个数据单元，如比特、字节、字符、数据组或其他的定界比特组。

added entry 增添项目 指编目时的第二个项目，即主项目以外的任一个项目。

addend 加数 在加法运算中所用的一种操作数。这个操作数是加到被加数上去的，以获得所需之和。参见 addition。

adder 加法器 在中央处理器(CPU)内把由处理器指令送入的两个数据相加的装置；或指任何把二进制数值相加的电路；也可指把两个输入信号的幅值相加的电路或集成电路。参见 full adder, half adder。

adder subtracter 加减器 根据所接收的控制信号，既可以作为加法器，也可以作为减法器的一种逻辑装置。它也可以构造成能同时产生和与差。

add-in board 附加板 一种印制电路板，插入计算机、通信或数据处理系统的备用插槽中，可以扩充容量或提高性能。加速板、通信板、仿真板、扩充内存板、多功能板和视频图像板等均为附加板的实例。

adding alternative rule 添加可选项规则 在机器学习中选择性概括规则之一。假设有某种概念描述：如果某条件成立的话，则可得出某种结论。而添加了某个可选项，其余部分不变，从而得出新的概念描述。

adding operator 加法运算符 一般程序设计语言中包括“+”和“-”,在 Ada 语言中还包括连接“&”。当连接用于一维数组类型的两个运算元时,结果是同一类型的一个数组。对于字符串而言,连接运算导致通常的字符串连接。

adding tracks 增加轨道 在计算机上进行多媒体信息编辑时,根据编辑的需要,选择增加视频或音频信号通道的操作。

add-in memories 附加内存 一种以单个芯片或单列插件板(SIMM)的形式来扩充计算机系统内存容量的模块。

add-in program 附加程序 用于配合应用程序工作并扩展应用程序功能的一种附加或公用程序,可以作为一个模块嵌入其中。附加程序可由其他软件开发商开发,或包括在诸如审计程序、文件浏览器程序等一类应用程序中,以及包括在许多电子数据表程序内的“假设”程序中。

addition 加法 (1)产生两个或多个数和的运算过程。(2)在数据处理中,根据线路设计和数值变化规则的不同以及进位操作类型的不同,求几个量和的操作。

additional character 附加符号 也称“特殊符号”。用来表示特殊信息的符号。它不同于一般的数字或字母,而往往是一些被赋予特定含义的符号,如%、#等。参见 special character。

additional header information 附加报头信息 提供给实际输出报头的补充信息诸如流水号、处理机号、输出装置或星期几之类的信息。

addition item 补充项 一种被补充到已建立文件中指定位置的项。如果该文件是主文件,则该项也称“主补充项”。

addition principle 加法原理 基本计数原理之一,也称“和的规则”。如果事件 A 有 p 种产生方式,事件 B 有 q 种产生方式,并且这两种产生方式不发生重叠,则事件“A 或 B”有 $p+q$ 种产生方式。

addition record 补充[添加]记录 为数据库描述新的记录项(如一个新的客户、雇员或产品),使之能在以后被操作和列表的一种文件。也可指更改文件中指定新录入的一个记录。参见 change file。

addition speed 加法速度 计算机执行一次基本加法运算所需要的时间,或在规定的单位时间内可执行的加法运算次数。

addition without carry 无进位加法 建议使用 nonequivalence operation。

additive 附加的 加到一个码上的一个数、一串数或按字母顺序的间隔,使字符串的长度符合密码算法的要求而可用其组成密码。

additive attribute 附加属性 (1)在 PL/1 中,一个必须显式说明或者在另一个说明的特征中隐含的文件描述特征,见 alternative attribute。(2)在数据通信中的一系列多点地址,每个地址能够与一个单个的通信过程相关联,与 alternative attribute 对应。

additive circuit 加法电路 一种数字信号输出端所表示的数字等于各数字信号输入端所表示的数据之和的逻辑电路,即构成加法器的电路。一位加法电路有两个输出端,一个称为和数输出端,一个称为进位(向更高一位的进位)输出端。如果一位加法电路的输入端只有两个,则它就构成半加器或二输入端加法器。如果一位加法电路的输入端有三个,则它就构成全加器或三输入端加法器,全加器的第三个输入端一般是用于接收低位传送来的进位。一个多位加法电路如果能对所有各位数字同时进行相加,则它就构成并行加法器,这种加法叫并行加法;反之,如果它只能从低位开始逐位按顺序进行相加,则它就构成串行加法器,这种加法则叫串行加法。

additive color 叠加(式)彩色 通过不同亮度的红色、绿色和蓝色成分的叠加而产生的各种颜色。

additive color mixing 添加色彩混合 在原有彩色图像基础上再加入红、绿、蓝色的过程。这在视频和计算机作图显示操作中常常用到。

additive color process 加色法 用原色按不同比例相加而取得其他色彩的一种方法。

additive color system 加色系统 将两种彩色相混以形成第三种彩色的系统。

additive increase rate (AIR) 加法增加率 在 ATM (异步传输模式)中,指一种可用位速率(ABR)服务参数。它控制信元传输率增加的速率。

additive smoothing 相加平滑 在图像处理中,使不同的图像信息相加并求均值,以获得视觉上平缓变化的显示效果。

additive white Gaussian noise 加性白高斯噪声 具有恒定频谱密度的宽带高斯噪声相加的结果。

add knowledge 增加知识 为保证知识库中知识的正确性、有效性和扩充知识库的知识量而将更新中的人类知识加入知识库中。首先对人类知识分析抽取,形成知识增加所需的知识表示形式,然后利用知识库管理系统增加知识表示形式,存入知识库中,同时进行知识库的一致性和完整性维护,保证知识库正确完整。增加知识是知识库更新的重要方面。

ADD mode ADD 方式 指 CD 唱片按模拟方式录音(A),而编辑和制片则均采用数字(D)方式。ADD 是 analog-digital-digital 的缩写。

add-on 增加,附件,扩充装置 (1)为增加存储容量或提高性能而附加到计算机上去的电路或系统,也称“add-in”。(2)计算机除了基本配置外,往往需要增加设备,如内存扩充板、外设及其控制器等附件,才能完成某项具体任务。附件须通过接口,通常是 IEEE-488 或 RS-232C 等与计算机系统相连。

(3)加在一台计算机上,用以增强或增加其功能的装置,如扩展卡或外部硬盘。参见 open architecture。

add-on board 插件板 一个可选的电路板,修改或增强 PC 机的功能。

add-on memory 附加存储器 同 add-on storage。

add-on security 追加安全措施 在计算机系统投入运行后,通过硬件或软件实现对保护机制的更新和改进。

add-on storage 附加存储器 能插入到某些大规模集成电路微处理机中,以便扩展存储容量的附加微电路存储板。参见 LSI chip。

add operation 添加操作,加法运算 (1)将记录加到现存文件中的一种磁盘或软盘操作。(2)由加法指令引起的一种操作。

address 地址,寻址 (1)由一个或多个字符表示的一种值,用于标识某一对象的精确位置。地址有如下几类:内存地址,内存中被访问字节或字的位置;磁盘地址,磁盘中被访问信息所在的磁道和扇区编号;端口地址,外部设备接口的位置编号;网络中节点的地址,节点的物理地址可由网络接口卡中的开关或跳线确定,节点的逻辑地址由网络操作系统建立;主机地址,在因特网中识别主机的唯一的IP(网际协议)地址,也可以通过域名系统规则键入此地址;电子邮件地址,在电子邮件系统中标识每个用户的邮件信箱的地址。(2)这既是一个动词也是一个名词。作为动词,寻址指用来寻找或操纵数据的存储地址。它指的是在随机存取存储器(如磁盘机)上存取记录的过程,传统的方法是通过柱面号/磁头号/扇区号(相当于地址)找出其存储扇区。作为名词,它指的是指令的一部分,由它确定操作数所在的内存储器中的存储单元。编制计算机源程序时,程序员给数据元(操作数)赋予名字或标号,称之为符号地址,它确定了要处理的操作数。当源程序转换成机器码目标程序时,每一符号地址都对应于一个绝对地址。参见 absolute address, zero-level address。

addressability 可寻[编]址能力 (1)在计算机图示技术中,图形输出设备的坐标空间在每个坐标轴方向上可以按地址进行访问的点的数目,也就是所有可寻址点的范围。(2)在联机存储器中定位一个项目的能力。(3)将信息放在一区域内的某一特定位置的能力。

addressability measure 可寻址能力量度,可访问量 (1)在显示屏幕的显示空间中可寻址点的数目。(2)在计算机制图中,在规定的显示空间或图形输入板内可访问点的数量。

addressability problem 可寻址问题 在分布式数据库的并行搜索中的一个与逻辑结构数据的分布有关的问题,是对数据定位能力的问题。

addressable 可寻址的 一个电路卡设置为某个指定地址的能力。

addressable cursor 可寻址光标 与限制在显示器同一行或下一行的后继位置的光标不同,可寻址光标是可移到屏幕的任何位置的光标。许多应用程序都使用可寻址光标。软件例程规定光标移动的自由度;而使用者利用键盘、鼠标或另一些输入装置指定光标移到哪里。

addressable horizontal positions 可寻址水平位置数 (1)在缩微照相技术中,在指定的胶卷帧中,能放置垂直线的位置的数目。(2)在计算机制图学中,在指定的显示表面内能放置全长度垂直线的位置的数目。

addressable horizontal/vertical positions 可寻址水平或垂直位置数 在计算机显示屏面上,可放置全长度垂直或水平线的位置数目。

addressable point 可寻址点 计算机图形输出设备上可按地址访问的点,也就是使用设备所能指出的位置。

addressable register 可寻址寄存器 利用指令中的地址段可直接访问的寄存器。例如,有一个由 16 个寄存器组成的寄存器组,指令中有一个 4 位的地址段与它相对应,利用这个 4 位的地址就可访问寄存器组的任何一个,这样的寄存器组就属可寻址的寄存器。

address addressable memory (AAM) 地址可寻记忆 存储在数字计算机中的一组信息称为一个记忆,存储后只需记住其地址而不需要记忆其内容。当需要这组信息时,只要按地址找到它,就可恢复记忆。

address assignment 地址分配 指定存储数据的单元(存储器或非存储器)地址的过程。

address base 地址基址[点] 在信息处理系统中,地址控制向量的字段,它指明在处理机地址空间中某个逻辑地址空间的起点。在作动态地址再定位时,将该值与某个逻辑地址链接从而形成一个实际地址。

address book 地址簿 网络中的主地址列表或在电子邮件系统中能够接收报文的主地址列表。

address buffer 地址缓冲器 有些处理器芯片,为了减少处理器芯片的外部引脚数目,在设计时将地址线与数据线分时共用。这样,在计算机系统的硬件设计时,就需要在处理器芯片之外设置一个专用缓冲器,当处理器输出地址信息后,将其锁存在这个缓冲器中。然后,可以将地址线转用作数据存取线。此缓冲器即为地址缓冲器。此外,此缓冲器还起增强驱动负载能力的作用。

address bus (AB) 地址总线 (1)一种物理总线。在总线结构计算机中用来将中央处理器送出的地址字送到存储器和所有 I/O 外部设备,以寻址存储器单元和 I/O 端口。这种总线是单向的。地址总线的宽度与处理器可寻址的存储单元数有关。

(2)计算机系统总线的一部分，用于从 CPU 向系统的其他部件传送地址信号。参见 bus。

address bus driver 地址总线驱动器 为增加地址总线驱动负载的能力，有时也为了分段控制地址总线的便利而增设的一种单向三态驱动器。

address chaining 地址链[连]接 数据结构的一种。当数据项存放在物理上不连续的区域中时，每个存储单元中专设一个地址字段，用来存放下一个单元的存取地址。

address character 地址字符 单独标志用户或工作站地址的字母数字字符块。

address classes 地址(分)类 因特网地址的预定分组，每个类规定一定大小的网络。对于 IP(网际协议)地址中开头 8 位位组所指定的编号范围是基于该地址的分类。A 类网络(其值从 1 至 126)是最大的，每个网络中超过 1 600 万台主机。B 类网络(128 至 191)中每个网络的主机数高达 65 534 台，而 C 类网络(192 至 223)中每个网络的主机数最高可达 254 台。

address code 地址码 计算机指令中用于指明操作数或计算结果所存放地址的代码。

address comparator 地址比较器 把读入的地址与指定地址加以比较，用以验证所读入地址的正确性的一种装置。

address compare control 地址比较控制 一种用来控制主机停机的方法。当要访问的主存地址与预先设定的地址经比较后相符时，主机就停机。所访问的主存地址可以是数据地址、指令地址或通道命令等。

address complete message (ACM) 地址完成[全]消息 来自接收方的一种宽带 ISDN(综合业务数字网)用户部件的调用控制消息，以表示地址信息的完成。

address component 地址码部分 计算机指令中用来指明操作数或运算结果存放地址的部分。指令一般由操作码部分和地址码部分组成。由于各种计算机的结构不同，故其地址码部分可分为零地址、一地址、二地址或多地址等。

address computation 地址计算 为产生或修改计算机指令中的地址部分而进行的计算。

address computing sort 地址计算排序 使用足够的存储空间的最快的一个排序方法。通过把关键字变换为表中代表该关键字的地址实现排序。例如，若关键字长为四个字符，则计算相应的表地址的方法是把此关键字除以表长，再乘以表项的长度并加上表的起始地址。若表长是 2 的幂次，则除法简化为移位。

address constant (ADCON) 地址常数 在计算存储器地址时使用的一个值或表示一个值的表达式。

address control vector (ACV) 地址控制向量 在信息处理系统中，用于控制动态地址再定位和激活动态地址转换的格式化信息。

address conversion 地址转换 (1)用计算机和汇编程序(或用手工方法)把一项数据或一条指令的符号地址(或相对地址)变换成它要装入的(或者再定位的)主存储器绝对地址的过程。(2)在虚拟存储器系统中，将一项数据或一条指令从它的虚拟存储器地址变换成实存储器地址的过程。

address decoder 地址译码器 把数值地址转换成在一片或几片 RAM(随机存取存储器)芯片上的某一存储器单元选择信号的一种电子器件。

A

address demultiplexer 地址多路分配器 选通不同方向的地址信号的分配器电路。

address depletion 地址消耗 在因特网上，每台主机都应和一个唯一的 IP(网际协议)地址对应，在有限的地址被用完后，因特网就不可能再扩展。因特网的前身 ARPAnet(阿帕网)只有 256 个地址，显然是十分少的。为此因特网使用了 32 位地址。为了减轻路由器的负担又将 32 位地址分成了几个等级，A 类地址 126 个，每个地址可以连接 16 777 214 台主机；B 类地址，每个 A 类地址下有 256 个 B 类地址，而每个 B 类地址可以连接 65 534 台主机；C 类地址，每个 B 类地址可以有 256 个 C 类地址，而每个 C 类地址可以有 254 台编址主机。随着因特网的发展，IP 地址总有一天会匮乏，因此，下一代因特网协议(IPv6)把地址扩充到 128 位。参见 Internet protocol next generation (IPng)。

address direct access 编址直接存取 虚拟存储器系统中的一种存取方式。其特点是，按字节相对地址对虚拟存储器中的数据记录进行存取，且所存取记录的地址与前一次存取记录的地址无关。

address disable 地址失效[禁止] 在地址缓冲器三态控制端上施加一个控制信号。当此信号有效时，地址缓冲器呈高阻状态，使受控制方向的地址信号无法送出。这种操作一般用于多个处理单元争用地址总线的情况。

addressed sequential access 编址顺序存取 虚拟存储器系统中的一种存取方式。其特点是：按项目顺序对虚拟存储器中的数据记录进行存取，且所存取记录的地址与前一次存取记录的地址有关。

addressee 被寻址者 (1)一个项目指向的个体。参见 receiver。(2)一个消息的接收方。(3)一个在分发文挡或信件的时候表示个体的名字。

address effective 有效地址 一个修改过的地址，在一条计算机指令的具体操作中实际使用的地址。

address extension 地址扩展 在 X.25 通信规程中，调用和被调用方的地址扩展是可选的国际电报电话咨询委员会(CCITT)指定的可选的机制，同 extended address。

address field 地址字段 (1)计算机指令的某些部分。包括操作数地址及形成该地址所需的其他信息。(2)在通信网络中包含在信息头部的有关源用户地址和目的地址用户的那部分信息。

address field extension **地址字段扩充** 在数据传输中,包含更多地址信息的扩充了的地址字段。

address format **地址[寻址]格式** (1)计算机指令中地址部分的格式。地址格式还指出一条指令包含地址的数量。随计算机结构的不同,一般有一地址、二地址或多地址等格式,微型计算机中常用一地址格式。(2)地址部分的安排,用于指示一个通道、一个设备、一个柱面、一个读写头或者磁盘存储设备中的一个记录。(3)标识通道、模块或磁盘上磁道所要求的地址的编排方式。

A

address-free program **无地址程序** 一种计算机程序,其所有地址都用与基地址寄存器中指定的位移量来表示。

address function **地址函数** 取出存放变量的地址的函数。

address function unit **地址功能部件** 专门用于地址计算的运算部件。如地址加法器,其位数一般与地址的位数相等。

address generate unit (AGU) **地址生成部件** 在Intel微处理器的超标量结构中,有两条分别称为U和V的流水线,它们各自都有自己的算、逻部件及地址生成部件(AGU),所以能使其在一个T周期内执行两条简化指令。

address generation (AG) **地址生成** 一种寻址技术,有助于大容量存储器的寻址和动态程序浮动的实现。将基址寄存器、变址寄存器和位移字段的内容相加便可得到主存的有效地址。

address group **地址组** (1)在无线电话通信系统中,表明紧跟的组是一个地址指示组的字。(2)站或地址指示符,通常包括四个字母的组,代表实体,如组织、管理机构、单位、团体和地理位置,主要用作信息前向和后向的地址。

address head **地址标题** 信息块传输中,用于指示目标地址的标题。

address-incomplete signal **地址不全信号** 一种反向发送的信号,表示接收的地址信号号码不全而不能为该呼叫进行接续。这种情况可在国际电话局(或国内终点网络)中确定:或紧跟在收到一个拨号完毕信号之后,或在收到最后一位数字后的时候。

address indicating group (AIG) **地址指示组** 一个站或地址指示符,用于代表一组特定的且经常出现的动作或信息地址。

address indicating group allocation **地址指示组分配** 地址指示组对于特定的实体单元组,如一个组织、机构、单位或地理位置的分配。

addressing **编[寻]址,定位** (1)把有效地址分配给程序中的各条指令的过程。(2)在数据通信中,源站或控制站选择报文接收站的过程。在数据通信中,指一个站指定数据接收方的方法。(3)一种识别存储位置的方式。(4)在文件中指定数据位置的方法。

addressing abnormal **寻址异常** CPU企图访问配置中一个不可用的主存单元产生的异常。如果一个主存单元没安装,或者其存储部件不在配置中,或者其存储部件停电,则该主存单元在配置中为不可用。如果存储单元在配置中是不可用的,则存储器中的数据及其存储键都保持不变。当操作数单元的一部分是配置中可用的,而另一部分是不可用的,则可以对可用部分进行存取操作。指定配置中一个不可用存储单元的地址,称为无效地址。

addressing capability **寻址能力** 计算机的一种性能指标。在微型计算机中,字长一般都比较短,又受封装引脚数目的限制,因此寻址能力更显得重要。微型计算机一般具有多种多样的寻址方式,如直接寻址、间接寻址、变址寻址、寄存器寻址、16位字寻址、8位字节寻址和堆栈寻址等。微型计算机功能的提高,往往是依赖于寻址能力的加强。微型计算机一般都采用可变字长的指令格式,这样可以使用最少的字节数来描述给定的寻址方式,从而能最有效地使用程序的存储空间。

addressing capacity **寻址容量** 即最大可寻址范围。若此范围太小,则须增加硬件来扩充;若太大,则每条指令反而要多加位数。

addressing character **寻址字符** 一种由计算机发出的标识字符,用于指定通过线路与计算机连接的一个特定工作站或设备。

addressing ID **寻址标识符** 在进行写操作时,与某个站相联系的唯一的标识字符或字符串。

addressing level **寻址级** 寻址的级数,亦即在特定程序中所用的间接地址确定的步数。采用零级寻址时,指令字的地址部分就是操作数(如移位指令的移位数)。一级寻址是直接寻址,指令中的地址部分就是操作数在存储器中的地址。多级寻址是间接寻址,指令中的地址部分是操作数的地址的地址(二级寻址为例)。多级寻址需要多次访问存储器才能取到需要的操作数。

addressing mode **寻址方式** 当计算机指令的地址部分不能直接指出操作数在存储器中的位置时,需对机器指令地址码进行计算或变换,以便生成操作数有效地址或实际地址。这种地址计算或变换的方式称为寻址方式。

addressing operation **寻址操作** 按指令给出的地址形式及特征码,找出存放在主存储器中需要进行处理的信息真实地址的过程。

addressing system **编址系统** 将计算机的存储单元编号,使之成为一个有统一地址空间的存储系统。如某个半导体存储器包含四个模块,每个模块的容量为2 048字节,第一模块的地址为0000～2 047,第二模块的地址为2 048～4 095,……。

addressing technique 寻址技术 在文件系统中，根据一个已知的主关键字去确定具有该主关键字的记录在外存储器中的位置的技术。常用的寻址技术有：顺序查找、折半查找、编制索引、算法寻址和散列寻址等。

address in pre-groove（ADIP） 预刻槽地址 光碟刻录机工作时，把地址信息以相位调制的方式加载在沟槽的相位调制上，称为预刻槽地址。参见 pre-groove，wobble。

address interleaving 地址交错 多存储体模块的存储器系统中的一种地址编排方式。在这种存储器系统中，为了交错地对多个存储体模块进行存取，这些存储体模块单元的地址不是采用通常的连续编排方式，而是采用依次交错编排方式。

address key 地址键标 表示被存储单元地址的关键字。

address label 地址标号 程序中用于标识转移入口地址的符号。在源程序翻译成目标程序后，地址标号通常变成可浮动相对地址。

address latch enable 地址锁存选通 单总线微型计算机中锁存地址的选通信号。

address learning 地址学习 局域网网桥或交换机动态修改其端口地址表、ARP（地址解析协议）表和路由表的能力。参见 address resolution protocol（ARP）。

addressless computer 无地址计算机 采用无地址指令的计算机。它通常有一个操作数栈，指令对栈顶元素操作并把结果送回栈顶。

addressless instruction 无地址指令 也称"零地址指令"。机器用 CPU 寄存器中的操作数操作时，在它的指令中不需要存储器地址。无地址指令有两大优点：①堆栈提供适用于高级语言表达式计算的技巧；②由于没有地址部分，故指令编码短，并使经常要用的操作对应于短的编码，从而提高了代码密度，即每条指令占用较少的位数。

addressless instruction format 无地址指令格式 一种特殊的指令格式。由于不需要地址或者以某种隐含方式给出地址，因而指令中没有明显的地址部分。

address limit 地址界限 在信息处理系统中，地址控制向量（ACV）中的一个字段，它指明在某个逻辑地址空间中最大的逻辑地址。在动态地址再定位期间，用它来检验逻辑地址的有效性。

address list 地址列表[清单] （1）汇编语言程序在经过第一遍扫描后，将程序中引用的所有地址变量和标号所对应的实际地址列出的一个清单。（2）在 AIX 操作系统中，将用户名与网络用户地址和其他信息相联系的表，使得在发出 X. 25 调用时调用方不需要知道接收方的地址，系统中有一个地址表，系统中的每个用户也有一个地址表。参见 system address list，user address list。

address mapper 地址映像器 将一个虚拟地址转换成实际地址的装置。参见 virtual memory，mapping。

address mapping 地址变换[映像，映射] （1）通过把地址从一种格式转换为另一种格式而使得不同的协议能够协同工作的技术。例如，在 X. 25 网上为 IP（网际协议）选择路由，IP 地址必须被映像成 X. 25 地址以便 IP 数据包能被 X. 25 网络传送。参见 address resolution。（2）把逻辑地址转换成对应的物理地址的一种方法。参见 address resolution protocol（ARP）。

address mark 地址标记 磁盘或软盘上的数据字节，常常用来标识记录中的数据字段和标识符字符。

address mask 地址掩码[标记，屏蔽字] （1）在 IP（网际协议）中的一个位屏蔽字，每一位对应一网络和子网络相应的 IP 地址，用于从因特网地址中进行子网寻址。这个屏蔽字为 32 位，提取的内容包括不使用子网编址技术时的原来网络地址和使用子网编址技术时的 1 位或多位子网地址，或称为本地部分的网络地址。地址掩码有时候也称"子网掩码"。（2）在磁盘上的一个字节的数据，用于识别数据域和记录中的标识域。

address message 地址消息 正向发送的一种消息，它包括取路由和将呼叫接至被呼叫用户所要求的信令信息。这种消息可能包括地址信息、业务类别信息等，还可能包括主叫线路识别等信息。

address message sequencing 地址报文排序 在公共信道信令中的一个过程，它保证当接收到的地址信息出错时也能让其按正确的顺序处理。

address mode 寻址方式[模式] 一条指令中用于定义地址的特定方法。有许多种寻址方法，常见的有立即、相对、变址、间接和页面寻址等。在各种情况下，当指令执行时，绝对地址或是直接给出或是可被计算出。参见 absolute address，indexed address，paged address，relative address。

address modification 地址修改 在计算机指令或命令的地址部分施行算术、逻辑运算或者语法操作，使地址部分发生变化。当再次执行到该指令或命令时，计算机就从新的地址获取另外的数据。

address operation 寻址操作 根据指令给出的地址形式及特征码，找出主存储器中需要进行处理的信息的实地址的操作。

address out file 地址输出文件 由相对记录文件的内部分类所产生的文件。文件由按新的顺序构成的相对记录号（磁盘地址）组成，以便于更新或修改。

address out of range 地址越界 数据存取地址超越正常操作范围的现象。

address over error 地址引起的错误 硬件错误之一。由于指定主存储器中没有设置的地址而引起的错误。

address part 地址部分 计算机指令的两个组成部分之一,往往只包含地址或地址的一部分。指令的另一组成部分是操作部分。参见 operation part。

address pattern 地址模式 一种预先规定的用来表示数据块、信息、分组或其他形式的数据结构的目的地址。

address phase 地址阶段 在 PCI(外围部件互连)总线中,指事务处理的第一个时钟期间,在这个期间始发者输出起始地址和 PCI 命令。

A

address pool 地址池 在计算机系统的数据通信中,多点地址的集合。

address predecessor 先行地址 表格中进行记录链接的,能方便向前查找的一个地址字段。若该记录是表头,则该字段为空白,否则就存放在它之前的一个记录的地址。

address prefix 地址前缀 在 ATM(异步传输模式)中,指一个 0 串,最多 152 位,是 ATM 地址信息的前导。参见 asynchronous transfer mode (ATM)。

address priority 地址优先权 在系统硬件设计时确定,根据地址不同而安排的优先权。对于多个要求中断服务的装置,按其端口地址不同而自动地赋予不同优先权。

address recognized indicator/frame copied indicator (ARI/FCI) 地址已识别指示符/帧复制指示符 令牌环信息包中的指示符,用于向发送方表示已收到信息包。

address reference 地址引用 在参数传递时采用地址引用,则传递的是原来参数的地址。如果对传递后的新参数做修改,那么原来的参数也会跟着变化。

address register (AR) 地址寄存器 在微处理器中的一小部分高速存储器,专门用于临时保存一个存储器地址的全部或部分,使信息能准确地在某一存储器单元中写入或读出。

address relocation 地址重定位 作业按浮动方式载入主内存后,在工作过程中由于"废料收集"等原因而再次浮动定位。

address resolution 地址转换[解析] (1)在因特网中,指地址格式之间的映射,包括从因特网地址到物理地址的映射和从物理地址到因特网地址的映射。对这两种地址的映射,在 TCP/IP(传输控制协议/网际协议)中分别制定了协议 ARP(地址解析协议)和 RARP(反向地址解析协议)。(2)地址转换通常指把 OSI(开放系统互连)参考模型第三层(网络层)地址变换成第二层(链路层或与介质有关的某个子层)地址的方法。在使用以太网技术和 TCP/IP 协议的网络中,地址转换就是把 IP 地址转换成以太网地址。IP 地址是网络管理员分配的,以太网地址是网卡上固化的物理地址。(3)在 ATM(异步传输模式)中,指一个客户将一个 LAN (局域网)目标地址与另一个客户的 ATM 地址相关联的过程。参见 address resolution protocol (ARP)。

address resolution cache 地址转换高速缓存 在 TCP/IP(传输控制协议/网际协议)或 Apple Talk 网络中,指网卡上设置的一个高速缓存区,用于存储网上所有节点的逻辑地址与物理地址的映射表。

address resolution protocol (ARP) 地址转换[解析]协议 (1)在因特网网络中的一个网络层协议,用于动态地把一个主机的 IP(网际协议)地址转换成物理网络地址。(2)一个在因特网地址、基带适配器地址、X. 25 地址和令牌网适配器之间进行动态映射的地址协议。

address resolution protocol request (ARP request) 地址解析协议请求(报文) 一种包含某个主机的因特网地址的 ARP(地址解析协议)数据包,接收计算机回答或传回相应的以太网(物理)地址给该主机。参见 address resolution protocol (ARP), Ethernet, IP address, packet。

address separator 地址分隔符 分隔选择信息中不同地址的字符。

address sequencing 地址排序法 在公共信号传输技术中,用来确保按地址顺序正确接收报文而进行顺序处理的一种技术。

address signal 地址信号 用来传送呼叫目的地址的信息的信号,如电话站码、中心站码和区域码等。某些地址选择信号也可以脉冲形式表示,如拨号脉冲、多频脉冲等。

address signal complete 地址信号完整 一种反向发送的信号,用来表示把某呼叫传送到被叫用户所需的选择路由信号均已收妥,并不再发送有关被叫用户线路情况的信号。

address size 地址长度 用于直接寻址存储器的指令中的二进制数字的最大位数。

address skew method 地址斜移法 将一个字内的多位错误分散到多个单元中,使每个单元中最多只有一位错误,再用一位纠正的方法分别对其纠正,从而使多位错误得到纠正的方法。

address sort 地址排序 一种数据排序。按照已知的符号顺序形成数据的地址串,而不改变数据本身的排列。

address sort routine 地址分类例程 一种调试程序,它对正在检查某一地址的程序的所有指令进行扫描。

address space 地址空间 (1)一个计算机可寻址的内存的数量。地址空间的大小取决于处理器的寻址能力和表示存储器中某一地址或位置的信号的地址总线的宽度。一个计算机可具有比实际内存更多的地址空间。(2)一系列用于唯一地识别网络可访问单元、会话、链路站和节点内链路的地址,一个 APPN(高级对等联网)节点有一个节点间路由的地址空间和一个传输组可发送消息的地址空间。参见 advanced peer-to-peer networking (APPN)。

address space control mode 地址空间控制模式 由程序状态字决定的模式,表示数据寻找的方式,三种地址空间控制模式是:主存、辅存和访问寄存器。

address space identifier (ASID) 地址空间标识符 一种由系统分配的用于标识某个地址空间的唯一标识符。

address space layout randomization (ASLR) 地址空间布局随机化 随机地在虚拟地址空间详细安排主要数据区域的位置的过程。这包括栈、堆、动态库和可执行映像的地址空间。地址空间随机化是一种针对缓冲区溢出攻击的有效防护技术。

address space manager (ASM) 地址空间管理器 一个在 APPN(高级对等联网)节点中的成分,对会话地址进行赋值、释放操作。

address spoofing 地址欺诈 发送一个带有非法源地址的因特网分组。

address stop 地址符合停机 (1)设置一指定的地址,程序在执行到该地址时,能自动地停机。停机现场可供调机人员分析使用。(2)一种系统控制台在系统终止处理时指定其断点地址的能力。参见 breakpoint, instruction address stop。

address stream 地址流 计算机在运行时依次存取的地址所形成的一个序列。

address strobe 地址选通 在地址寄存器上的一个输入控制信号,当输入的地址信号有效时,将输入的地址信号锁存在地址寄存器中。

address switches 地址开关 用户设置设备地址的一个开关。

address table sorting 地址表排序 当记录或键相当长时,可以构造一个指向记录的链接地址表,排序时不必移动庞大的记录或键而只对链接地址表加以处理,这种方法称为地址表排序。

address template protection 地址模板保护 在因特网上对服务器及服务器上信息提供保护的一种方法。服务器在接受一个客户的访问请求之前,先将请求者地址(IP 地址或主机名)与内储的有效地址表进行比较,如果请求者地址在有效地址表中出现,则提供服务,否则予以拒绝。另一种保护方式则相反,它是在服务器上建立一个非法请求者地址表(也称“黑名单”),如果请求者地址在“黑名单”中,则拒绝访问。

address trace 地址跟踪[踪迹](程序) (1)一种辅助服务程序,借助它可在每次相继中断发生时将通信控制存储器的选定区域及选定的外部寄存器中的内容记录下来。(2)程序执行期间有记录的已访问过的存储器地址序列。

address track 地址(磁)道 一种含有地址的磁道,该地址被用来定位同一数据媒体的其他磁道上的数据。

address translation 地址转[变]换 将数据或指令的地址从它的虚存地址转换成实存地址的过程。

address translation gateway (ATG) 地址转换网关 一种路由选择软件功能,它允许一个路由器对多个相互独立的网络进行路由选择,并为网络中所选节点建立一个特定用户地址转换表。

address translator 地址转换器[程序] (1)虚拟存储系统中的一种功能部件。用来将数据或指令的虚拟地址转换成内存实际地址。(2)用来转换数据或指令的地址的程序。

add-subtract time 加减时间 两个数相加或相减所需的时间。它不包括从存储器取数和把结果存入存储器所需的时间。

add time 加法时间 执行一次加法运算所需要的时间,其中不包括从存储器取数和把结果存回存储器所需的时间。

add-to-memory technique 加存储器技术 在直接存储器存取系统中,将数据字加入存储单元所用的一种技术。它允许线性操作,如对过程数据求均值。

add-to-storage 加往存储器 某些计算机根据二地址指令进行操作,因此称为二地址计算机。这种类型的指令由两个地址组成——“被操作数”数据因子地址和“操作数”数据因子地址,简称 A 地址和 B 地址。若所要求的操作是将两个存储在 A 和 B 地址中的两个因子相加,那么其和就取代先前存储在 B 中的内容而存储在 B 地址中。这个过程发生在主存储器中,在单地址计算机的累加器中不发生这个过程,因此引出这条“加往存储器”术语。

add water 灌水 指在网络电子公告牌系统(BBS)上发表长篇大论。参见 bulletin board system (BBS)。

add without carry gate 异或门 完成不带进位的二进制加法的逻辑组合电路或器件,即:设 A 是一个命题,B 是另一个命题,只有当 A 为“真”,B 为“假”,或 B 为“真”,A 为“假”时其结果才为真,对于 A 和 B 的其他组合,结果均为“假”。参见 gate。

ADE 应用开发环境 application development environment 的缩写。

.adf Amiga 磁盘文件名后缀 Commodore 公司 Amiga 操作系统磁盘文件的扩展名。

ADFE 自适应判决反馈均衡器 automatic decree feedback equalizer 的缩写。

ADFGVX product cipher ADFGVX 乘积加密(法) 一种同时采用代替和换位方法对明文进行加密的密码系统。其中代替时使用一个 6 行乘 6 列的表,各行列分别标以 A、D、F、G、V、X 标号,表中随机地填入 26 个字母 A ~ Z 和 10 个数字 0 ~ 9。

A

加密分两步进行：①将明文字母用其所在的行和列的标号对来代替，并将中间结果按行的顺序写成一个换位长方式；②根据密钥（如用 computer）所示的顺序，按列换位写出字母，就可得到最后的密文。解密是加密的逆过程。替换表为：

	A	D	F	G	V	X
A	K	Z	W	R	1	F
D	9	B	6	C	L	5
F	Q	7	J	P	G	X
G	E	V	Y	3	A	N
V	8	O	D	H	0	2
X	U	4	I	S	T	M

例：明文为：chapter 5

中间结果为：

DG VG GV FG

XV GA AG DX

密钥次序为：

C O M P U T E R→密钥

1 4 3 5 8 7 2 6→顺序

D	G	V	G	G	V	F	G
X	V	G	A	A	G	D	X

最终的密文：

DX FD VG GV GA GX VG GA

AD-HDTV 高级数字式高清晰度电视［HDTV］ advanced digital HDTV 的缩写。

ADHOC 联机控制用先进数据处理程序 advanced data handler for online control 的缩写。

ad hoc method 特定方式 通过划分逻辑电路进行测试操作，并增加外部测试端以提高易测性的方式。这种测试方法开销较小，但用途有限。

ad hoc network 暂时专用网络 也称"自组织网络"，它可以是一个局域网或其他小型网络，尤其是具有动态自组织能力的短距离无线通信联网。其中一些网络设备作为网络的一部分只用于某一次通信会话过程，或者是在移动设备和便携设备情况下保持与网络其他部分的亲密连接。在拉丁文中，ad hoc 的含义是"为此"更确切一点说是"只为这个目的"，从中意味着这是暂时的。这个术语已用于描述在未来办公室或家庭网络中可方便、迅捷地增加和使用设备，如采用蓝牙技术就可实现这种暂时专用网络，其中设备与设备之间、设备与计算机之间的连接采用无线传输。使用暂时专用网络技术，可通过红外线或广播频率无线信号将不同会议室中会员的笔记本电脑共同连接到一个带有共享数据和打印资源的局域网上，每个会员的笔记本电脑都有一个唯一的能迅速被局域网识别为本网内部的网址。这项技术也允许包括远程用户和无线/有线混合连接方式。参见 wireless LAN。

ad hoc on-demand distance vector routing（AODV） 特设按需距离向量路由协议 也称"无线自组网按需平面距离矢量路由协议"，是应用于无线网状网络中进行路由选择。它是反应式路由协议，也就是说当向目的节点发送包时，源节点才在网络中发起路由查找过程，找到相应的路由。AODV 是在 DSR（动态源路由协议）和 DSDV（目的序列距离矢量路由协议）的基础上发展而来的，继承了 DSR 的路由发现策略，以及 DSDV 协议中的逐跳路由、序列号、定期广播机制。运行该协议节点不需要维持一致的及时更新的路由信息，在需要发送数据时才查找路由。各节点只保持需要的路由，而不需要维持通信过程中未激活的目的节点的路由。路由开销小，支持单播、多播和广播通信。

ad hoc query 即席查询 在数据库环境下，利用数据仓库技术，无需外部干预就可以让用户随时可以面对数据库，获取所希望的数据，是数据库应用最普遍的一种查询。

ad hoc queue 特设队列 没有预先定义好访问路径的队列。

. adi 绘图仪格式文件名后缀 AutoCAD 软件中设备无关二进制绘图仪格式文件的扩展名。

ADI （1）美国文献资料协会 American Documentation Institute 的缩写。（2）Apple 桌面接口 Apple desktop interface 的缩写。

ADIS 自动数据交换系统 automatic data interchange system 的缩写。

A-disk A 盘 在 CMS（会话监督系统）中，分配给 CMS 用户的主用户盘。该读写盘用于存放在 CMS 系统中建立的文件；这种文件一直保留到被用户删除时为止。参见 B-disk，D-disk，CMS system disk，virtualdisk，Y-disk，Z-disk。同 primary user disk。

ADJ （1）相邻 adjacent 的缩写。（2）对［校］准，调整 adjust 的缩写。

adjacency 相邻，邻接（的），相邻度 （1）为了交换路由选择信息在最终节点和选定的附近路由器之间所形成的关系。相邻节点是共用的一段传输介质的节点。（2）在一个网络中，指设备、节点、程序或区域等被数据链路直接连接着，或者指它们共享（系统中的）公用控制。（3）图中顶点之间或边之间的一种关系。被同一条边所关联的两顶点或有共同端点的两条边称为是邻接的，或称为相邻的。（4）情报检索中，使用自由词进行文献原文检索时，为了提高查准率，往往规定两个或两个以上的检索词在文献原文内相邻的程度，用以表明词间关系，称为情报检索提问逻辑的邻接规定。

adjacency list 邻接表 图结构的一种链式存储方式。在邻接表中，对图中每个顶点建立一个单链表，第 i 个单链表是一个与顶点 i 邻接的所有顶点以某种次序组成的一个表。这种存储方式所需要的存储空间正比于顶点个数与弧的个数之和。当弧的个数远比图中顶点个数的平方小时,这种存储方式经常被采用。

adjacency matrix 邻接矩阵 (1)设 $G=\langle V,E\rangle$ 是一个图或有向图,我们能用一个 $n\times n$ 矩阵 $A=(a_{ij})$ 来表示 G,称 A 为 G 的邻接矩阵。A 的定义为

$$a_{ij}=\begin{cases}1 & \bar{v}_{ij}\in E\\0 & \text{其他}\end{cases}$$

其中 $1\leqslant i,j\leqslant n$。(2)用顶点与顶点的关系描述图 G 或有向图 D 的矩阵。设 G 或 D 的顶点集合为 $V=\{v_1,v_2,\cdots,v_n\}$,边集合为 $E=\{e_1,e_2,\cdots,e_m\}$,相邻接矩阵 $A(G)$ 是一个 $n\times n$ 矩阵。对于图 G 来说,$A(G)$ 中元素 a_{ij} 是把 v_i 与 v_j 连接起来的边的条数。对于有向图 D 来说,$A(D)$ 中元素 a_{ij} 是 E 中有序对 $\langle v_i,v_j\rangle$ 的个数。

adjacency multilist 邻接多重表 无向图的一种链式存储结构。是邻接表的一个改进。把邻接表中每条边的两个节点合并成一个新节点,此时链表中每个节点由如下5个域组成:M——标志域,标志该条边是否已被访问过;V_i,V_j——表示该边的两个顶点;与 V_i 链接的指针域——指出与 V_i 相关联的另一条边;与 V_j 链接的指针域——指出与 V_j 相关联的另一条边。

adjacency relation 邻接关系 从图或有向图 $G=\langle V,E\rangle$ 的边诱导出一个在顶点集合上的关系 A,称 A 为邻接关系。

adjacent (ADJ) 相邻 在网络中,由数据链路连接或共享公用控制的设备、程序或区域。

adjacent and alternate-channel selectivity 相邻和间隔的信道选择性 接收机区别所需信号与其他信号的能力。此处所指的其他信号是,频率上与所需信号分别相差1～2个信道宽度的信号。

adjacent arcs 相邻弧 同一回路中有且仅有一个共用节点的两个弧称为相邻弧。

adjacent-bit-dependent code 邻位相关编码 一种信道编码。采用按位编码方法表示二进制信息。其特点是,本位的编码结果不仅与本位信息有关,也与相邻的信息位或编码位有关。

adjacent channel 相邻信道 在时间、频率或空间域上和另一信道相邻的信道。相邻信道的例子如:①在时分复用中,占据紧邻给定信道的时间帧的前面和后面的信道;②在频分复用中,占据给定信道的与已占据频带最靠近的高频带和低频带的信道;③在波分复用时,波谱中相邻的波长;④在光缆中,最靠近另一使用信道的光纤信道。

adjacent channel interference (ACI) 相邻信道干扰 由邻信道中信号引起的干扰,也称"边带干扰"或"交叉失真"。相邻信道干扰是由相邻信道产生的多余的功率引起的。相邻信道干扰可能是由于滤波不完善引起的,如在调频系统中未完全滤除的不需要的调制成分、在参考信道或干扰信道中的不恰当的调谐或者不良的频率控制等。相邻信道干扰与串音不同,后者是由于不需要的电容性、电感性或电导性的耦合产生的。

adjacent channel power ratio (ACPR) 邻信道功率比 衡量邻频率信道中的干扰量或功率量的标准。发射机在规定的调制状态下工作时,它发射输出落入邻信道频带内的功率。

adjacent channel selectivity (ACS) 邻信道选择性 对与基准信道频率相邻的信道上信号进行抑制的能力。使高出参考灵敏度3 dB的有用信号产生的信噪比降回原标准信噪比的无用信号电平与参考灵敏度之比称为邻信号选择性。在无线移动业中务中采用离散信道间隔条件下,用等于1个离散信道间隔频率值作为无用信号频率偏离值,所测得的相邻信道信号选择性。参见 reference sensibility。

adjacent control point 邻近控制点 一个直接与APPN(高级对等联网)、LEN(低入口连网)或者邻近邻近节点连接的控制点(CP)。

adjacent domains 相邻区域 (1)由直接数字链路连接的区域。(2)共享一个公用子区节点(如一个通信控制器)的区域,或者由无插入节点的交叉区域子区链路连接的两个区域。

adjacent frequency interference 邻频干扰 干扰台邻频道功率落入接收邻频道接收机通带内造成的干扰。参见 adjacent channel interference。

adjacent link station 邻接链路站 在SNA(系统网络体系结构)中,通过链路连接可以直接连接到一个给定节点上的一种链路站。在这种链路连接上可以进行网络通信。

adjacent link station image 邻接链路站映像 在一个节点内的关于某个邻接链路站的信息。

adjacent link storage image 相邻链路存储映像 在计算机网络中,一个节点内存储的关于邻近连接节点的信息备份。

adjacent method 邻接法 存储结构中表示记录型之间联系的方法之一。它按自顶向下、自左向右的顺序——即树的前序穿越顺序排列各记录,并将它们以彼此相邻接的位置表示出来。这种方法能保持逻辑顺序和物理顺序的一致。因此,邻接法也称"空间位置邻接法"。

adjacent node 相邻节点 (1)网络中,由一条或多条数据链路所连接且不经过任何中间节点的两个节点。(2)在SNA(系统网络体系结构)中,相邻节点定义为中间不经过其他节点而连通的两个节点。(3)在DECnet和OSI(开放系统互连)中,相邻节点定义为共用一段公共介质的节点。

adjacent sound carrier 相邻信道伴音载波 携载有紧邻接收机所调谐的信道下方的电视信道伴音调制的射频信道。

adjacent subarea 相邻子区 由一个或多个链路连接的中间无插入子区的两个子区。

A

adjacent vertices 相邻顶点 由无向图中一条边连接的两个顶点，称为相邻顶点。

adjacent video carrier 相邻信道图像载波 携载有紧邻接收机所调谐的信道上方的电视信道图像调制的射频信道。

adjunct service point (ASP) 附加业务点 在智能外部设备中的一种智能网络特性，它对服务逻辑处理服务器对服务发出的请求作出响应。

adjust (ADJ) 对[校]准，调整 (1)在字处理中，自动对准文本的行结束的特性。(2)一种正文编辑功能。使用该功能，当在副本中插入或删除一些内容后，系统会自动地对准其左边缘。当有必要时，系统将自动地完成换页。(3)为使设备、部件、线路等正常工作而进行的检查与调整工作，使之符合预先设计的各项技术指标和要求。

adjustable extent 可调范围 在 PL/1 语言中，数组边界、行长度或区域大小可因关联变量的不同形成而不同，把可调边界、长度或区域大小规定为表示式或星号，对每种形成分别求值。可调边界、长度或区域大小不能用于静态变量。

adjustable short 可调短路器 内置有用作可变短路电路的移动滑臂的一个波导管段。其中，可变短路电路会因调谐或其他目的而改变电抗。

adjustable-size aggregate 可调范围集合，可调节聚合 在程序设计语言中，其某些或全部下标变量范围可动态变化的一种集合形式参数。参见 assumed-size aggregate。

adjustable voltage divider 可调分压器 有一个或多个外沿暴露的电阻丝，滑动块可在其上滑动直到获得所需电压值的可变电阻器。

adjusted ring length 调节的环长度 在多线闭合环中，主环通路中所有连接电缆的总和，除去这些电缆中最短电缆的长度。

adjusted text mode 调节的文本模式 一种文本可以重新格式化的模式，使得文本能够调节到指定的行宽和页长。参见 adjust text mode。

adjustment 整定 选择和确定自动调节系统参数的操作。调节系统的整定是根据被控对象的动态特性来确定调节器的整定参数(比例度、积分时间和微分时间)的。整定方法一般是现场实验调试，对复杂回路，有的是首先经过分析计算或在模拟机上选择最优参数，然后再现场细调。

adjustment handle 调整柄 在绘图软件中，当处于图形目标修改方式时，出现在图形目标上的一种空心或实心小方块。拖动这些小方块，可以调整图形目标的特征。

adjust skew 调整扭斜 磁带机运行状况主要调整内容之一。扭斜过大，轻则使各磁带机兼容性变差，重则造成严重读出错。磁带扭斜分静态与动态两种。静态扭斜主要由磁头块上各磁头缝隙的不一致性和磁头块安装位置不适当造成。前者是磁头质量问题，用户没办法改变，但可以通过调节静态扭斜线路的调整来减少或消除影响。后者因素可通过重新仔细安装磁头块来解决。动态扭斜主要是由磁带扭动及电子线路频率特性不一致性引起的。前者往往由驱动机构机械部分引起，通过机械调整办法解决，后者则通过相应调节动态扭斜线路的调整加以解决。静态扭斜调整与动态扭斜调整往往要反复多次才能得到较满意的运行状况。

adjust text mode 调整文本格式 在字处理中重新安排文本格式，以适应指定的行长和页大小，并帮助操作员用字处理控制功能来调整行结束。

ADL 体系结构描述语言 architecture description language 的缩写。

ADLC 高级数据链路控制(协议) advanced data link control 的缩写。

ADM (1)行政管理 administrative management 的缩写。(2)异步断路模式 asynchronous disconnected mode 的缩写。(3)自适应增量调制 adaptive delta modulation 的缩写。(4)加入/引出多路复用器，分插复用器 add-drop multiplexor 的缩写。

ADMD 监管域 administration management domain 的缩写。

ADMIN 系统管理员 administrator 的缩写。

administration host 管理主机 管理一个或多个存储子系统(如文件管理器、磁盘阵列子系统、磁带子系统等)的计算机。

administration management domain (ADMD) 监管域 一个 X.400 报文处理系统公共服务载体。如美国的 MCImail 和 ATTmail，英国的 Telecom Gold400mail。参见 private management domain (PRMD)。

administrative alerts 管理报警信号 当服务器或其他资源发生较严重的问题时向用户和管理人员发出的信号。例如电源掉电而引起服务器关机，或影响服务器访问、用户对话、信息传递和打印以及违反安全规定等因素都会使计算机产生管理报警信号。

administrative control 管理控制 对计算机系统和网络使用的安全措施。设置用于网络和数据库访问权的自治策略，用于输出路径、用户训练和支持、数据备份、密码安全管理、程序开发、适当的计算机应用、代码和输出的检查以及其他操作规则等的有效常规控制。

administrative data processing 管理性数据处理 (1)通常指商务数据处理，如对商务事件进行记录、分类、做摘要等。(2)用于会计或管理方面的自动数据处理。通常也指事务性的数据处理，如对商业性事务、活动、事件的记录、分类、摘要及查找、检索、控制等。

administrative distance (AD) 管辖距离 路由选

择信息源的可信任程度。每一种路由协议按可靠性从高到低,依次分配一个信任等级,这个信任等级就叫管辖距离。一个管辖距离是一个从 0 ~ 255 的整数值,0 是最可信赖的,数值越大可信任程度越低。对于两种不同的路由协议到一个目的地的路由信息,路由器首先根据管辖距离决定相信哪一个协议。

administrative domain 管理域 在因特网中,指一系列主机、路由器和互连网络由多个机构或公司分别拥有并管理。电子邮件系统往往包含多个这样的管理域。

administrative management complex (AMC) 行政管理综合体 在网络管理中的一种综合体,它由网络供应商控制,负责并执行网络管理,如网络维护等方面的功能。

administrative security 管理安全 建立管理约束、操作规程、职能规程和补充控制,为敏感信息、程序、设备和物理设施提供可以接受的保护级别。

administrative terminal system (ATS) 管理终端系统 一种办公室用的信息处理系统。办公室内的终端通过局部网络或双向通信线和计算机相连。在程序控制下,办公人员可把文稿输入计算机,并进行修改和校正。最后由计算机打印出经修改过的稿件。

administrative time for corrective maintenance 修复性维护的管理时间 在此期间某设备已发生故障,并且正待修复性维护或已作准备,但尚未开始这些工作。

administrator (ADMIN) 系统管理员 (1)网络的主要操作员,负责管理网络的某种功能,如打印管理员。参见 system administrator。(2)在 LAN Manager 网络软件中,一个负责管理局域网络的用户,通常进行网络配置、维护网络共享资源和安全性、赋予口令和特权以及帮助用户操作。参见 operator privilege。

admissibility 可采纳性 对任意一个图,当 S 到目标节点至少有一条路径存在时,若搜索算法总是结束在一条从 S 到目标节点的最佳路径上,则该算法有可采纳性。

admissibility of algorithm 算法的可采纳性 启发式搜索算法的一个评价标准。在使用者能接收的开销(时间、空间等)条件下,算法完成预定问题求解的性质。若对于有解的搜索图,总能找到最佳路径,则认为是可采纳算法。

admissible function 允许函数 变分法所讨论的泛函数中属于其定义域的函数。通常对这类函数在光滑性、边界条件等方面加上一定的限制。

admissible mark 允许符号 一个特定的系统可以允许的符号,如 7、8、9 对于十进制是允许符号,而对于二进制则不是允许符号。

admissible partial function 允许部分函数 一种取值仅为 0 和 1,定义域为所有有限二进制序列的函数。

admission delay 允许延迟 指信息包为取得进入计算机通信网络的"许可证"所经历的时间延迟。网络在采用均匀算法控制网络拥挤时,网络中只有一定数量的"许可证"在循环游动,每个信息包都必须取得一个"许可证"方能进入网络,为此往往需要等待一段时间。此时间延迟应尽量小。

admittance 导纳 交流电流在电路中流动的难易程度的量度。导纳是阻抗的倒数并用西门子(siemens)表示。导纳的实部是电导,而虚部则是电纳。参见 impedance。

ADMSC 自动数字报文交换中心 automatic digital message switching center 的缩写。

ADN (1)高级数字网络 advanced digital network 的缩写。(2)应用驱动联网 application driven networking 的缩写。

ADO (1)ActiveX 数据对象 ActiveX data object 的缩写。(2)AMPEX 数字光学 AMPEX digital optics 的缩写,一种建立数字视频效果(DVE)的设备。(3)活动数据对象 active data object 的缩写。

Adobe Acrobat Adobe 文档处理软件 美国 Adobe 系统公司推出的一个文档处理软件,能建立可移植文档格式(PDF)文档,用于万维网(WWW)上的信息交流。读取 Acrobat 文档需要一个可在用户的计算机上运行的 Adobe Acrobat Reader 拷贝。这个 Reader 可从因特网上免费获得。一旦装入了 Reader,就可以显示任何 Adobe Acrobat 文档,并能看到原始作者所选择的字体、图形和其他文档设计元素。参见 portable document format (PDF)。

Adobe Premiere Adobe 视频图像编辑软件 由 Adobe 系统公司推出的一种视频图像编辑软件,支持多种图像处理硬件,可实现视频信号的捕获、编辑和片段拼接,也能用于动画和静止图像的编辑工作。利用此软件进行视频图像编辑,其优点是不会产生任何图像信号的衰减,即使经过多次编辑,也不会降低图像质量。

Adobe type library Adobe 打印库 一套打印字符,各有其特征,用于传递不同的信息。包括不同点阵数的字体。

Adobe type manager (ATM) Adobe 打印管理器 美国 Adobe 公司于 1989 年公开发表的一种在个人计算机上使用的轮廓字形解释软件。它将 Post Script 的 1 型字体转换成适合于屏幕显示和非 Post Script 点阵打印机及 HP 激光打印机的字体。当向打印机输出时,它会将整页文稿的位图码送到打印机。

ADO. NET ADO. NET 技术 一组数据存取技术,包括在. NET 框架类库中,用于提供相关数据和 XML(可扩展标记语言)的存取。ADO. NET 由以下内容组成:构成 DataSet(如各种表、行、列、关系等)的类、.NET 框架数据提供者以及定制类型定义的类。

ADP (1)高级数据处理 advanced data processing 的缩写。(2)自动数据处理 automatic data processing 的缩写。

ADPCM 自适应差分脉冲编码调制 adaptive differential pulse code modulation 的缩写。

ADPE 自动数据处理设备 automatic data processing equipment 的缩写。

ADPS 自动数据处理系统 automatic data processing system 的缩写。

ADR (1)地址 address 的缩写。(2)应用定义记录 application definition record 的缩写。

AD report AD 报告 也称为《武装部队技术情报局文献》,美国四大报告之一。AD 报告原为美国武装部队技术情报局(ASTIA)收集、出版的科技报告,始于 1951 年。由 ASTIA 统一编号,称为 ASTIA Documents,简称 AD 报告。报告号的编号方法起初采取混排,后在 AD 后再加一个字母,以区分不同密级,如:AD-A 表示公开报告、AD-B 表示内部限制发行报告、AD-C 表示秘密、机密报告等。AD 报告是世界上目前最多的科技报告,每年公布 5 万余件。内容涉及基础理论和应用技术各个方面,重点是军事工程技术。

.ads Ada 源文件说明书文件名后缀 结构化程序设计语言 Ada 源文件说明书文件名的扩展名。

ADS (1)自动化绘图系统 automated drafting system 的缩写。(2)有源双星 active double star 的缩写。

ADSI 活动目录服务接口 active directory services interface 的缩写。

ADSL (1)异步数字用户环路 asynchronous digital subscriber loop 的缩写。(2)非对称数字用户线路 asymmetric digital subscriber line 的缩写。

ADSL transceiver unit (ATU) ADSL 收发单元 用于 ADSL(非对称数字用户线路)的一种装置。在电话公司一端是 ADSL 局端收发单元(ATU-C),它插入数字用户线路存取多路转接器(DSLAM)里;在客户端是 ADSL 远端收发单元(ATU-T),它是一个外接的调制解调器。参见 asymmetric digital subscriber line (ADSL), digital subscriber line access multiplexer (DSLAM)。

ADSL transceiver unit, central office end (ATU-C) ADSL 局端收发单元 位于本地交换局一侧的 ADSL(非对称数字用户环路)设备。

ADSL transceiver unit, remote terminal end (ATU-T) ADSL 远端收发单元 位于用户一侧的 ADSL(非对称数字用户环路)设备。

ADSP (1)自动数据集保护 automatic data set protection 的缩写。(2)AppleTalk 数据流协议 AppleTalk data stream protocol 的缩写。

ADSS 全介质自承式光缆 all dielectric self-support 的缩写。

ADSU ATM 数据服务单元 ATM data service unit的缩写。

ADT (1)异步数据传输 asynchronous data transmission 的缩写。(2)抽象数据类型 abstract data type 的缩写。

ADU 自动拨号机 automatic dialing unit 的缩写。

advanced assistant and analyst 高级助理和分析员 既具有所涉及问题方面的专门知识,又精通决策支持系统技术的助理和分析人员。

advanced audio coding (AAC) 高级音频编码 AAC 将是 AC-3 音频编码的替代者。在 AC-3 基础上,AAC 从多方面对其进行了改进。

advanced BASIC 高级 BASIC 语言 IBM 个人计算机的 DOS(磁盘操作系统)软盘中提供的三种早期 BASIC 版本之一,它带有在标准 BASIC 中所没有的一些控制功能和运算符,如字母标号、WHILE 循环、过程参数、具有扩展的彩色设置和绘图指令、支持树状目录结构、通信适配器的设定及遥控操作、特殊功能键定义、光笔和音乐等功能。是对 ROM BASIC 的扩充,通常称为 BASIC A。由于这些特点目前在大部分市售 BASIC 版本中都已提供,所以这一名称基本上已不使用。参见 BASIC。

advanced Boolean equation language (ABEL) 高级布尔方程语言 美国 DATA I/O 公司开发的一种高级编译型可编程逻辑设计语言,这是一种早期的硬件描述语言(HDL),支持几乎所有的可编程逻辑器件(PLD)的开发,可方便准确地描述所设计的电路逻辑功能。它支持逻辑电路的多种表达形式,其中包括逻辑方程、真值表、状态图或者它们的组合。它还提供逻辑优化、仿真、器件选择、输出标准格式数据文件等设计辅助功能。参见 hardware description language (HDL), very-high-speed integrated circuit hardware description language (VHDL)。

advanced cable tester 高级电缆测试器 这种电缆测试器能监视整个网络的流量信号,它能显示电缆的物理状态信息、有关计算机的出入信号流量、电缆或网络适配卡是否出现故障等,其工作范围超越 OSI(开放系统互连)物理层,往往可至第二、第三甚至第四层,还能显示报文帧的数目、过多的冲突、最近的冲突、错误的帧数目、拥塞错误和信标。

advanced calling service (ACS) 高级呼叫服务 在一台中央计算机上,在指定时间将记录发送给另一个或多个预约者的一种服务。

advanced chipset setup (ACS) 高级芯片组设置 个人计算机 ROM BIOS(只读存储器基本输入输出系统)初始化设置的一个选项。其中包含许多有关计算机工作特性的参数描述,而这些参数都是有关主机板上芯片组的，如如何规定板上 IDE(集成驱动器电路)接口、SCSI(小型计算机系统接口)、串行通信端口和软盘驱动器端口工作特性等。

advanced communication riser (ACR) 高级通信插卡 ACR 是 VIA(威盛)公司为了与英特尔的 AMR 相抗衡而联合 AMD、3Com、Lucent(朗讯)、Motorola(摩托罗拉)、NVIDIA 等世界著名厂商于 2001 年 6 月推出的一项开放性行业技术标准，其目的是为了拓展 AMR 在网络通信方面的功能。ACR 不但能够与 AMR 规范完全兼容，而且定义了一个非常完善的网络与通信的标准接口。ACR 插卡可以提供诸如调制解调器、LAN(局域网)、宽带网、无线网络和多声道音效处理等功能。ACR 插槽大多都设计在原来 ISA(工业标准体系结构)插槽的地方。ACR 插槽采用 120 针脚设计，兼容普通的 PCI(外围部件互连)插槽，但方向正好与之相反，这样可以保证两种类型的插卡不会混淆。ACR 向后兼容，也就是说现有的 MR 插卡可以继续在 ACR 插槽上使用。参见 audio and modem riser (AMR), communication networking riser (CNR)。

advanced communications service (ACS) 高级通信业务(网) 美国电报电话公司(AT&T)的一种数据通信网络。最初设计时用来供两个终端间或一台终端与计算机间进行交互通信。现在，ACS 可支持大量计算机通信方式，如电子邮件、大数据量报文的转换、报文的编辑和验证等。ACS 使用 X.25 通信协议。

advanced communications system (ACS) 高级通信系统 由 AT&T 公司开发的一种允许不相容终端互相通信的数据通信网络系统，它提供代码规程转换、翻译、速度匹配，以允许其他不相容的终端和计算机互相通信。使用户不再局限于用相似设备进行电子信号交换。这种网络能适用于所有具备电话和数字信息转换能力的用户。

advanced computational infrastructure (ACI) 先进计算架构 也称“先进计算基础设施”，它是把地域不同的高性能计算机和其他资源，用高速网络连接在一起，并用中间件使用户把其看成是统一映象的虚拟系统。它是促进高性能计算的应用、推动跨地区、跨学科的科研合作的重要基础设施。

Advanced Computing Environment (ACE) 高级计算环境组织，ACE 联盟 ACE 是由采用或计划采用 MIPS 公司精简指令集计算(RISC)处理器体系结构或 Intel 80×86 微处理器的 21 个有影响的计算机厂家(包括 DEC、Compaq、Microsoft、Silicon Graphics、SCO 等公司)于 1991 年 4 月达成协议，要建立的一种计算环境的尝试。在这个环境中，实现软件二进制兼容，从而形成软硬件综合的新国际标准，简称 ACE。为此目标，ACE 倡议要遵循两方面标准：软件方面，①SCO 的 UNIX 操作系统，②微软的操作系统 Windows NT；硬件方面，①全面支持 386、486 和今后 X86 工业标准 PC 系统，②基于 MIPS 公司 RISC 微处理器的计算平台。这 4 条标准是 ACE 的实际原则与宗旨。ACE 在开始时曾希望能与 Intel 竞争，后在 Compaq 收回对其支持后即告解体。

advanced configuration power interface (ACPI) 高级电源配置接口 由 Intel、MS、Toshiba 联合推出的电源管理规范。它将电源管理集成到硬件、操作系统和应用程序中，实现真正不关机的计算机。这种计算机在不使用时处于功耗极低的挂起状态，此时系统中大多数部件都不工作，包括机箱风扇、电源风扇和 CPU 风扇、硬盘等，因此无噪音。处于挂起状态的 PC 可以接收到远程信号时自动开机，这种开机比冷启动所花的时间要少得多。即 ACPI 可以由操作系统而不是通过 BIOS(基本输入输出系统)来全面控制电源管理，使系统更省电。参见 suspend to disk (STD), suspend to RAM (STR)。

advanced connectivity system (ACS) 先进连接[布线]系统 适应于建筑内设计与建设现代化通信系统的布线技术。采用 ACS 建设的布线系统可以用于传输数据、话音、图像等多媒体信息，是建设智能大厦的基础。ACS 分为 6 个子系统：①工作区子系统，由线缆、跳线和适配器等组成，直接连接计算机、电话、传感器等设备；②水平子系统，连接工作区线缆和干线的线缆部分。这部分线缆因在建筑各个层中水平走线而得名；③管理子系统，指各个层的配线间及其中的配线架。这些配线架连接垂直主干线和水平主干线；④干线子系统，连接楼内设备间和配线间的线缆。在单层楼内也可以用来连接一些计算机及其他设备；⑤设备子系统，系统中集中放置设备和连接公用设备的地方，如网络中的程控交换机、主机、楼宇控制设备等；⑥园区子系统，由连接园区中各个建筑的线缆所组成。整个系统中的线缆主要使用光缆和双绞线，个别地方也可以使用同轴电缆。

advanced control 先行控制 为了补偿存储部件和运算部件之间的速度不匹配而采用的一种体系设计技术。先行控制用来提高主机运算速度。它将计算机系统中的某些操作从时间上互相错开，轮流重叠地使用一套硬设备的各个部分，以缩短硬件的周期而赢得速度。

advanced database 新一代数据库 除面向事务处理的数据库以外的其他非传统数据库。这是指当前办公自动化，CAD/CAM(计算机辅助设计/计算机辅助制造)，专家系统等方面的需求与关于复杂对象、时态逻辑、扩充数据类型、逻辑描述语言、知识表达等相结合而产生的新一代数据库。如面向 CAD/CAM 的工程数据库，用于科学研究和统计的统计/科学数据库，适应扩充数据类型和多存储介质的扩充数据库及多媒体数据库，允许用户按需

A

要增加数据类型、扩充功能的开放式数据库，具备版本管理的历史数据库和工程数据库，具有自适应能力的动态数据库和主动数据库以及多领域的分布式数据库等。

advanced data communication control procedure (ADCCP) 高级数据通信控制规程 美国国家标准协会(ANSI)制定的一个面向比特的数据链路控制规程。对于不同通信结构，能适应于点对点和点对多点；对于不同传输线路能适应于交换式与非交换式；对于交换式，能适应于半双工和全双工两种情况，还要适应于地面连接与卫星连接、通信双方在逻辑上是对等的实体和不对等的实体的情况。

advanced data connector (ADC) 高级数据连接器 ADC是一种Web数据库访问技术，与其他Web数据库处理技术不同，ADC的数据查询动作在用户端的浏览器上执行的。ADC将数据库可高达数千笔的记录，先下载到用户端，在用户端的浏览器直接做频繁的数据查询动作，大部分时间无需再与服务器连接。

advanced data handler for online control (ADHOC) 联机控制用先进数据处理程序 控制用的数据库管理系统，适用于需要处理大容量和复杂文件的应用系统上。

advanced data link control (ADLC) 高级数据链路控制(协议) 在高级数据链路控制系统和同步数据链路控制系统中所使用的一种链路协议。

advanced digital HDTV (AD-HDTV) 高级数字式高清晰度电视 一种电视标准，特点是：①采用MPEG(活动图像专家组)的改进算法——MPEG-2，可与多媒体计算机兼容，并与其互相连接；②采用打包数据结构，把图像、声音信息以及用于多媒体的附加信息加以打包，以包方式传送；③双层传送技术，以保证可靠性和抗干扰性。参见 Moving Picture Experts Group (MPEG)。

advanced digital network (ADN) 高级数字网络 互联网早期宽带方案之一，是由网络通信提供商直接提供给用户的数字通信专线网络。

advanced encryption standards (AES) 高级加密标准 基于 Rijndael 算法的美国国家标准局标准。它属于对称加密算法，美国国家标准局现已采用这种算法取代 DES(数据加密标准)的加密标准，高级加密标准支持128至256位的密钥长度。参见 data encryption standards (DES)。

Advanced Engineering Informatics **《高级工程信息学》** 英国 Elsevier Science 出版社出版，1985年创刊，全年4期。SCI(科学引文索引)、EI(工程索引)收录期刊。报道最新研究成果与进展，涉及专家系统的构造和应用、工程设计模型、计算机用于培训、智能导师、机器人、数据库接口、人机接口等。

advanced fetch 先行取指令 有效地缩短运算时间的方法之一。在执行一条指令时，从主存储器中取出下一条指令作好准备的方式。

advanced forward link trilateration (AFLT) 高级前向链路三边测量 移动台的定位方法。AFLT在进行定位操作时，手机同时监听多个基站(至少三个基站)的导频信息，利用码片时延来确定手机到附近基站的距离，最后用三角定位法算出用户的位置。

advanced function printing (AFP) 高级功能打印 在某些系统中，程序输出的数据(文本或图像)可定位到页面的任何可寻址的点上。这种能力称为全点可寻址。参见 all points addressable (APA)。

advanced intelligent network (AIN) 高级智能网络 AIN是一种电话网络结构体系，它把逻辑服务同交换设备分开，在使用新的服务时就不必重新设计交换机。AIN由贝尔通信研究中心开发，在北美已成为一个工业标准。

advanced interactive executive (AIX) 高级交互执行操作系统 IBM公司开发的交互式UNIX操作系统版本。

advanced linear programming system (ALPS) 高级线性规划系统 美国 Honeywell 公司采用的一种高级研究技术，它能很有效地把某些现实世界中的问题用线性方程组表示，如ALPS可以应用于某个制造工厂，通过对人员、机器、材料的最佳调度来充分利用这些资源，以创造最大的利润。ALPS还可应用于售销预测、材料配方、运输调度和其他方面。

advanced low-power Schottky TTL (ALSTTL) 先进低功率肖特基晶体管-晶体管逻辑 一种功耗只有LSTTL(低功率肖特基晶体管-晶体管逻辑)一半的高速双极逻辑系列产品。

advanced macro processor 宏指令处理程序 在软件生产语言(SPL)支持下的通用处理程序。具有定义宏指令、扩展宏指令及编制数据表的功能。

advanced manufacturing technology (AMT) 先进制造技术 按人们所需的目的，运用掌握的知识和技能，操纵可以利用客观物质工具和用有效的方法使原材料转化为物质产品的过程中所实施的手段的总和。包括①主体技术群，即面向制造的设计技术群和制造工艺技术群；②支撑技术群；③制造基础设施环境。制造的设计技术群中包括产品、工艺过程和工厂设计、计算机辅助设计、加工和装配设计、工艺过程建模和仿真、工艺规模设计、系统工程集成、工作环境设计快速成型技术、并行工程技术等。制造工艺技术包括有：材料加工工艺、连接和装配、测试和检验、环保技术、维修技术等。支撑技术群包括有信息技术、标准和框架、机床和工具技术、传感器和控制技术。所谓制造技术基础设施是指：质量管理、用户/供应商交互作用、培训与教育；全局监督和基准评测、技术获取和利用。

advanced memory allocation 存储器预定分配 执行程序前为变量分配的存储器空间。

advanced metering infrastructure (AMI) 先进计量架构 由智能仪表、计量通信架构(MCI)和仪表数据管理系统(MDMS)组成的先进计量架构，是智能电网的关键组成部分。参见 smart power grid。

advanced mobile phone service (AMPS) 高级移动电话服务 一种模拟量的蜂窝通信技术，由 AT&T 贝尔实验室开发，基于频分复用(FDM)，首先在北美采用的一种 800 MHz 频段模拟蜂窝移动电话系统。AMPS 采用模拟话音，数字信令。与大区制相反，基地台功率较小，一般在 100 W 以下，覆盖区半径为 2～20 km。参见 frequency division multiplexing (FDM), narrow-band analog mobile phone service (NAMPS)。

advanced mobile phone system (AMPS) standards 高级移动电话服务系统标准 该标准意在为北美的蜂窝无线电话系统提供兼容性，特别是频率范围，信道识别，时分多址(TDMA)和码分多址(CDMA)等。参见 advanced mobile phone service (AMPS)。

advanced net 先进网络 美国 HP 公司根据 OSI (开放系统互连)参考模型标准和 IBM 公司的 SNA(系统网络体系结构)开发的网络体系结构和相应的网络产品，可以支持 SNA、以太网、X. 25、TCP/IP(传输控制协议/网际协议)等网络体系结构和协议。

advanced NetWare 高级 NetWare 软件 一种局域网操作系统，用于 PC 机连网。

advanced network system architecture (ANSA) 先进网络系统结构 为了实现联机系统体系的格式化和标准化，日本东芝公司于 1976 年以它和日电公司联合研制的 ACOS 计算机系统为核心，提出的一种网络系统结构，其目标是构造通用、分散型、同机种的远程计算机网。ANSA 采用国际电报电话咨询委员会(CCITT)推荐的 X. 25 建议，国际标准化组织(ISO)推荐的高级数据链路控制(HDLC)规程，分组交换技术和分层式协议。ANSA 的节点功能为三层：①业务处理层；②报文处理层；③通信处理层。对应层间协议依序为进程间协议、报文处理层间协议和通信处理层间协议。

advanced office system (AOS) 高级办公室系统 以电子设备和以计算机为基础的装置相结合的技术设施。提供整个办公室和行政管理服务。

advanced operation environment (AOE) 高级操作环境 建立在高级操作系统之上的一套完整工作环境。其中不仅包括操作系统，还包括用户接口、网络和分布计算软件、软件开发环境、系统和网络管理软件等。

advanced operation system 高级操作系统 在 20 世纪 90 年代技术条件下，指 32 位以上计算机上运行的多任务操作系统。可移植到各种硬件结构，而且大多数支持核心多线程和对称多处理等功能。例如 Windows NT、OS/2、NetWare 3. x/4. x、Solaris AIX、Nextstep 等。

advanced peer-to-peer communications (APPC) 高级对等通信 一种能够使得 SNA(系统网络体系结构)应用程序直接与对等 SNA 应用程序通信的 IBM SNA 对等通信方式。

advanced peer-to-peer networking (APPN) 高级对等联网 也称“高级点对点网络”。IBM 公司提出的系统网络体系结构(SNA)中，用于中间节点路径选择、动态网络服务及改进管理的扩展软件，可在多种网络环境中运行，如以太网、令牌环网、FDDI (光纤分布数据接口)、ISDN(综合业务数字网)和 ATM(异步传输模式)等，可以使网络节点在没有大型主机参与的情况下交互作用。它具有的特征包括：①更强的分布式网络控制以防止层间依赖性，从而隔离单个点出错对网络的影响，能动态交换；②网络拓扑结构信息以便于系统的连接、重构和适应性路由算法的选择；③动态定义网络资源；④自动资源登记和目录浏览。

advanced peer-to-peer networking (APPN) end node 高级对等联网终结节点 也称“端节点”，这种节点包含 APPN(高级对等联网)的部分功能，具有路由能力，能够通过网络节点与其他端节点建立会话。

advanced peer-to-peer networking (APPN) interchange node 高级对等联网交换节点 这种类型的节点能由其功能来描述，其功能包括控制网络资源，在子域网络执行 CDRM(跨域资源管理器)功能和拥有 NCP(网络控制程序)等。这种类型的节点对 APPN(高级对等联网)网络来说就像是 APPN 网络类型的节点，对子域网络来说就像是子域网络类型的节点。它位于 APPN 网络和子域网络之间，因此它可把两者集成起来。

advanced peer-to-peer networking (APPN) low entry node 高级对等联网低级入口节点 这种类型的节点只能利用与其相连的网络节点提供的服务进行会话。

advanced peer-to-peer networking (APPN) network node 高级对等联网网络节点 一个包含 APPN (高级对等联网)全部功能的节点，其中的控制点(CP)功能管理着网络节点的全部资源。它具有以下功能：①分布式目录服务，包括将其领域资源向中央目录服务器进行登录；②与其他 APPN 网络节点进行拓扑数据库交换，使整个网络上的节点能够选择最佳的路由算法，进行 LU-LU(逻辑单元之间)会话；③为局部 LU 和客户终结节点进行会话服务；④在 APPN 网络内进行中间路由服务。

advanced programmable interrupt controller (APIC) 高级可编程中断控制器 美国 Intel 公司为奔腾系统提供对称多处理功能的一种芯片，能支持 60 个处理器。

advanced program-to-program communication (APPC) 高级程序间通信(协议) IBM公司为其系统网络体系结构(SNA)开发的一个协议,使运行于不同计算机上的应用程序直接进行通信和交换数据,是PC机连接到基于SNA(系统网络体系结构)主机的典型方式。它为应用程序提供了一组规则和一种通用性语言,可用来实现彼此转换。在此规范及软件支持下,参加通信的计算机即使不具有智能,只要以主机作为中间环节,也不必关心低层网络功能,不必关心其主从关系。APPC与另两个SNA标准密切相关,即LU 6.2和PU 2.1,LU 6.2处理的计算机之间会话管理的方法,PU 2.1处理计算机之间的连接,这两者提供了计算机之间建立对等通信的基础,而APPC建立了在这些计算机上运行的程序通信和传输数据的公共语言。

advanced project for information exchange (APIE) 高级信息交换计划 由欧洲研究合作组织提出的一个系统,用于处理文件、通信、设计、图画、相片、图形和图像的电子传送。

advanced query 高级查询 高级查询一般是通过倒置结构来实现的,即不是针对记录的主关键字而是针对记录中的属性(也称子关键字)来建立索引,从而有可能高速地从多个属性出发对数据库进行查询。在传统的文件系统中要完成查询比较困难,而数据库由于采用特殊的数据结构,因而对于各种非预期的高级查询具有良好的应答能力。

Advanced Research Projects Agency (ARPA) 高级研究计划局 美国国防部下辖的一个局,现称国防高级研究计划局(DARPA),它为美国的一些重大计算机技术开发提供主要的资助。ARPA资助开发了ARPAnet网(因特网的前身)。另外,它还资助开发了为在全世界普及广域网(WAN)奠基基础的TCP/IP(传输控制协议/网际协议)。

Advanced Research Project Agency network (ARPAnet) 阿帕网,高级研究计划局网 美国国防部高级研究计划局(DARPA)支持开发的一种研究型计算机网络,在1969年实现了只有四个节点的广域网(WAN),1976年发展到50多个节点。主机通过通信子网互连,通信子网上有接口消息处理机(IMP)、终端接口处理机(TIP)和网络控制中心(NCC),通信协议有五类:IMP-IMP协议、源IMP-目的IMP协议、主机-IMP协议、主机-主机协议、进程-进程协议。ARPA网最初仅用于政府研究机构和持有国防部研究合同的大学。1983年ARPA网被分成高安全性的军事网(MILNET)和作为一个研究和开发网络而重建的ARPA网。尽管ARPA网构成了因特网的基础,但它最终于1990年退役。ARPA网的主要特点是:①资源共享;②分散控制;③分组交换方式;④采用单独的通信控制处理机;⑤网络协议分层化。这些特点往往也被认为是计算机网的一般特征。参见ARPA Internet, research networks, military network (MILNET), interface message processor (IMP)。

advanced RISC computing specification (ARCS) 高级精简指令集计算机计算规范 一套基于RISC(精简指令集计算)系统达到高级计算环境所需要的最低硬件要求。参见reduced instruction set computer (RISC)。

advanced run-length limited encoding (ARLL) 高级游程长度限制编码 用于在硬盘上存储信息的技术,可获得的存储密度比利用游程长度受限码(RLLC)高出25%,数据传送速率可达9 Mbps。

advanced script 高级脚本 利用智能设备提供的脚本语言编写的一种脚本,可以根据使用者的需要,实现自行设计的复杂的服务方式。

advanced SCSI programming interface (ASPI) 高级SCSI程序设计接口 阐明小型计算机系统接口(SCSI)设备如何彼此协调以及如何配合计算机系统的其他设备工作的一种标准。

advanced setup 高级设置 在个人计算机ROM BIOS(只读存储器基本输入输出系统)设置中,指除了系统基本硬件配置选项设置以外的设置。例如是否允许在系统RAM(随机存取存储器)中建立BIOS(基本输入输出系统)映像、自举盘的顺序、口令等。执行这些设置时,必须对所用系统的特性有足够的了解,否则有可能导致一些错误,使本来无故障的计算机不能正常运行。

advanced signal-processing system 高级信号处理系统 一种便携式军用数据处理系统。系统由分析装置、后处理器和先进信号处理显示器组成。

advanced streaming format (ASF) 高级流格式 微软公司开发的网上流式数字音频压缩技术,是包含音频、视频、图像以及控制命令脚本的数据格式。ASF独立于用来组织数据流的操作系统、通信协议或技术。ASF由文件头(包含文件本身的信息)、数据(包含媒体流)和可选索引(用于随机存取文件数据)三种对象组成。ASF支持任意的压缩/解压缩编码方式,并可以使用任何一种底层网络传输协议,具有很大的灵活性。

advanced tactical optical fiber (ATOF) 高级战术光纤 一种用于高性能航空电子系统的光纤,它提供①互连航空电子系统的高速总线;②将传感器数据传送到信号处理器,视频数据传送到座舱控制器和显示器的点到点链路;③网络接口单元,使飞机处理器的点对点通信成为可能。

advanced technology attachment (ATA) 先进技术附加接口 简称"ATA接口",是PC机与硬盘、CD-ROM(只读碟)等设备连接的接口形式。ATA是美国国家标准协会(ANSI)为该类设备起的正式名称。ATA接口的规格摘要:①ATA是一个硬接口,它以一个40插针的连接器与主机连接,其接口排线长度为18英寸,采用无终端器设计;②采用

28 位寻址系统，其理论存储容量最高为 136.9 GB;③最大瞬间数据传输速率为 8.33 Mbps;④ATA 的数据总线只有 16 位，以并列传输方式来传输资料数据;⑤其规定一台系统设备最多只能串接 2 台 ATA 设备。ATA 最早是定位在低档存储设备上的，后来随着用户对数据传送速度和容量不断提出更高的要求，使 ATA 得到了不断发展创新。后来所提出的 ATA-2 标准数据传输速率增加到了 16.6 Mbps，同时它将除硬盘以外的所有外围设备都纳入到 ATA 标准中。后来 ATA-3 标准又支持新的 SMART(自动检测分析及报告技术)和安全模式，使得 ATA 设备能以更安全、更可靠的方式为用户的数据服务。于 1996 年 10 月创立的 ATA-4 标准增加了 Ultra DMA(超速直接存储器存取)规格，使速度提高到 33.3 Mbps，另外还采用循环冗余检验(CRC)，以增加数据传输过程的完整性。参见 integrated drive electronics (IDE), self-monitoring analysis and reporting technology (SMART)。

advanced technology attachment packet interface (ATAPI) 先进技术附加包接口 ATAPI 是计算机与 CD-ROM(只读碟)或磁带机之间的接口规范，ATAPI 提供了比 IDE(集成驱动器电路)接口多的命令，用以控制 CD-ROM(只读碟)和磁带机，ATAPI 是增强型 IDE(集成驱动器电路)接口规范(称为 ATA-2)的一部分。参见 integrated drive electronics (IDE)。

advanced television (ATV) 高级电视 电视系统的一个家族产品，它意在改进当前的商品电视的质量。高级电视家族包括改良清晰度电视(IDTV)、增强清晰度电视(EDTV)、高清晰度电视(HDTV)。参见 enhanced definition television (EDTV), improved definition television (IDTV), high definition television (HDTV)。

advanced television system 高级电视系统 一种电视系统，它改进了已有电视系统的性能，使之成为高级电视。改进后的系统可能与原系统或已有的系统兼容，也可能不兼容。

Advanced Television Systems Committee (ATSC) 高级电视系统委员会 (美国)联邦通信委员会(FCC)设立的调查和协调高级电视系统文档编写工作的分委员会，是为数字电视制定一系列标准的协会。ATSC 数字电视标准包括高清晰数字电视、标准数字电视、数据广播、多声道环绕音频以及卫星数字广播标准。参见 federal communications commission (FCC)。

***Advances in Engineering Software* 《工程软件进展》** 英国 Elsevier Science 出版社出版，1978 年创刊，全年 12 期，SCI(科学引文索引)、EI(工程索引)收录期刊。刊载计算机软件应用于工程领域的理论与实践方面的研究论文，侧重于计算机环境、工程设计的智力集成以及模拟与制作功能。

adventure game (AVG) 冒险类游戏 这类游戏在一个固定的剧情或故事下，提供给游戏者一个可解谜的环境及场景，游戏者必须随着故事的安排进行解谜。游戏的目的是借游戏主角在故事中所冒险积累的经验来解开制作者所设定的谜题或疑点。通常这类游戏常被用来设计成侦探类型的解谜游戏。游戏者在侦探(如寻找宝藏)的过程中要克服一些潜在的危险。

adverse state 不利[逆向]状态 任何影响甚至破坏正常工作的状态，如在先期发送的位中出现任何重复的码型即称为不利状态。

advertise 广告发布 将路由可到达性信息从一个路由器传送到另一个路由器。参见 advertising。

advertising 广告，发布 (1)向网络上的其他节点发送信息，通知它们已开始某些服务类型的过程。NetWare 操作系统使用服务广告协议(SAP)来实现这个过程。(2)每隔一段时间发送路由选择或服务更新，以便网络上的其他路由器能维护一张有用路由表的路由器工作过程。

advice and assessment (A&A) 建议和评价 在计算机安全中，对某一特定系统的计算机安全进行技术分析，将发现的薄弱环节通知用户。

advice language 引导语言 用来与计算机进行通信的一种语言。在配备引导语言的计算机系统中，能为用户提供高级指导，以帮助用户查找数据库中的有关项目。参见 conceptual language。

advice of change of extension accessibility 分机改号访问通知 一种 PABX(专用自动交换分机)的设施，当某分机改变号码或暂时故障时，它能使监视器将对该分机的呼叫转换到开关板或录音通知器。

advice of charge for charging (AoCc) 计费通知 一种补充业务，向需要付费的移动用户提供所使用通信业务的计费信息。当移动用户的预留金额无法支付通信费用时，中断正在进行中的业务。

advice of charge for information (AoCi) 计费信息通知 一种补充业务，向移动用户提供所使用通信业务的计费信息。仅供移动用户作为参考信息。

advice-taking Turing machine 接受建议型图灵机 一种具有“建议提示”带的图灵机。建议提示为一个函数 $A: Z^{+} \rightarrow \{0,1\}^{*}$，对于输入 x 机器自动从建议带中装入 $A(|x|)$，以后的计算按两个输入 x 和 $A(|x|)$ 进行。

AdvTHANKSance 预先感谢 因特网访问中的礼貌用语。

AE (1)应用实体 application entity 的缩写。(2)行为进化 action evolution 的缩写。(3)自适应均衡器 adaptive equalizer 的缩写。

AEC 自动错误纠正 automatic error correction 的缩写。

AED **自动工程设计** automated engineering design 的缩写。

AEDS (1)自动化工程设计系统 automated engineering design system 的缩写。(2)美国教育数据系统协会 Association for Educational Data System,US 的缩写。

AE indicator **接收序列出错指示符** accept-sequence error indicator 的缩写。

AEP (1)异步事件包 asynchronous event packet 的缩写。(2)听觉诱发电位 auditory evoked potential (AEP)。

aerial cable **架空电缆** 连接到高出地面的电线杆上或类似的高空结构上的一种通信电缆。

aerial fiber optic cable **架空光缆** 用架空的方法铺设的光缆。

aerial insert **架空接入** 通过某些地方时,如深坑、隧道、河流或地铁线等,电缆继续从地下敷设有困难。此时就可以用架空接入,即电缆升出地面,架空敷设在电杆上,在空中走过一段距离后,再入地,继续通过地下敷设。

.aero **aero 域名** 因特网域名与地址管理机构(ICANN)2000 年新批准的七个顶级域名中的一个。.aero 域名表示与航空交通运输业有关的万维网站点。

aeronautical communications system abbreviation **航空通信系统缩写** 对使用频度较高的字或符号的缩写,这使用户在航空业务中可方便地利用它们代替语音传送。

aeronautical earth station **航空地球站** 在卫星航空移动业务中,设在陆地上某固定点为卫星航空移动业务提供馈线链路的地球站。

aeronautical fixed service (AFS) **航空固定业务** 在特定的固定点之间提供无线电通信,主要为空中导航的安全性,为空中运输提供有序的、高效的和经济的运行服务。

aeronautical fixed station (AFS) **航空固定电台** 提供航空固定业务的电台。

aeronautical marker beacon station **航标信标台** 在航空无线电导航业务中,一种地面的导航服务站,它使用标志信标。

aeronautical mobile communication system **航空移动通信系统** 地面基站与近地空间的航空器(飞机、飞艇、汽球等)之间的通信系统。其特点是电波传播一般没有反射和阻挡,近似自由空间。但因移动台移动的速度快,在一次通信中,距离变化可能很大,且当超出一定距离后,如远航飞机就只能靠卫星通信系统了。

aeronautical mobile satellite service **卫星航空移动业务** 移动地球站位于航空器上的卫星移动业务。营救器电台与应急示位无线电信标电台也可参与此种业务。

aeronautical mobile (route) service **航空移动卫星(航线)业务** 一种保留给航空移动通信的服务,该服务主要用于与处于国内和国际民航路线的飞机进行通信。

aeronautical mobile service **航空移动通信业务** 一种在航空电台和飞机电台间,或者在飞机电台间的移动通信服务。在指定的求救和应急频率上救生飞机电台和紧急地点指示无线电信标站也可能加入。

aeronautical mobile (off-route) service **航空移动卫星(非航线)业务** 一种航空移动通信服务,该服务主要用于与处于国内和国际民航路线以外的飞机进行通信。

aeronautical radio beacon station **航空无线电信标台** 一种无线电导航地面电台,用于无线电导航业务,为移动目标(如飞机、轮船或地面移动物体)提供信号,使它们能确定自身航向或相对于航空无线电信标台的方向。在某些场合航空无线电信标台也可以装在飞机上或轮船上。

aeronautical station **航空电台** 在航空移动通信业务中的地面电台。在某些情况下该电台可安装在轮船或海上的平台上。

aeronautical station master log **航空电台主日志** 在一个无线电日志中,航空电台发生的主要或重要事件的简单记录,包括电台识别、电台开放和关闭的时间、日期、相关的活动、干扰、系统故障、服务中断和台长签名等,但也不必局限于上述内容。

aeronautical telecommunications **航空电信** 航空电信业务中用的各种电报或电话通信业务。包括文字、图像或声音的交换等。

aeronautical telemetering land station **航空遥测地面台** 一种遥测地面台,主要用于有人驾驶和无人驾驶飞机或导弹的飞行测试,或它们的主要部件的飞行测试。

aeronautical telemetering mobile station **航空遥测移动电台** 一种安装在飞行器上的遥测移动电台,主要用来发送与飞行器或其主要部件直接相关的测试数据。

aeronautical utility mobile station **航空公用移动电台** 一种移动电台。①它受场站或机场控制员控制;②同地面车辆、飞机以及在机场控制塔中的航空公用地面电台等进行通信;③当机场或机场控制台允许时发送信号;④当场站或机场控制员要求中断时,立刻中断传输。

aeronomy **高层大气物理学** 对由于太阳辐射而发生物理和化学反应的上层大气进行研究的学科。

aerospace **宇宙空间** 地球大气层以外的空间。

aerospace computer **航天计算机** 用于航天飞行器(如弹道导弹、运载火箭)中的计算机。它对测量得到的飞行轨道参数进行计算、控制制导和自动驾驶。它也可监控飞行器上的设备并对其故障和失效作出处理。

AES (1)高级加密标准 advanced encryption standards 的缩写。(2)(美国)音频工程学会 Audio Engineering Society 的缩写。(3)原子发射光谱 atomic emission spectroscopy 的缩写。

AES/EBU interface **AES/EBU 接口** 一种传送数字音频信号的专业接口,AES/EBU 信号线为使用 XLR 插头的平衡传输线。此外,也在某些消费电子产品中使用。是根据美国 AES(声频工程协会)和 EBU(欧洲广播联盟)来命名的。

AES/EBU standards **(美国)音频工程协会/欧洲广播联盟标准** Audio Engineering Society/ European Broadcast Union (AES/EBU) standards 的缩写。

AF (1)音频,声频 audio frequency 的缩写。(2)可用系数 availability factor 的缩写。

AFAIK **据我所知** 网上用语 as far as I know 的缩写。

AFAM **模糊联想记忆** adaptive fussy associative memories 的缩写。

AFC (1)自动频率控制 automatic frequency control 的缩写。(2)应用基础类库 application foundation classes 的缩写。(3)模拟-频率转换器 analog-to-frequency converter 的缩写。

AFCEA **(美国)武装部队通信与电子协会** Armed Forces Communications and Electronics Association 的缩写。

AFDW **数据仓库活动框架** active framework for data warehousing 的缩写。

affective computing **情感计算** 情感计算是关于情感、情感产生以及影响情感方面的计算。情感计算研究的重点就在于通过各种传感器获取由人的情感所引起的生理及行为特征信号,建立"情感模型",从而创建感知、识别和理解人类情感的能力,并能针对用户的情感做出智能、灵敏、友好反应的个人计算系统,缩短人机之间的距离,营造真正和谐的人机环境。主要研究内容包括:①情感机理的研究,主要是情感状态判定及与生理和行为之间的关系,涉及到心理学、生理学、认知科学等,为情感计算提供理论基础;②情感信号的获取,主要是指各类有效传感器的研制,如脉压传感器、皮肤电流传感器、汗液传感器及肌电流传感器等;③情感信号的分析、建模与识别,由于情感状态是一个隐含在多个生理和行为特征之中的不可直接观测的量,不易建模,部分可采用诸如隐马尔可夫模型、贝叶斯网络模式等数学模型;④情感理解,主要研究如何根据情感信息的识别结果,对用户的情感变化作出最适宜的反应;⑤情感表达,即给定某一情感状态,研究如何使这一情感状态在一种或几种生理或行为特征中体现出来,如如何在语音合成和面部表情合成中得以体现,使机器具有情感,能够与用户进行情感交流;⑥情感生成,研究如何在计算机或机器人中,模拟或生成情感模式,开发虚拟或实体的情感机器人或具有人工情感的计算机及其应用系统的机器情感生成理论、方法和技术。

afferent module **传入模块** 一种由它的下级系统获得的输入并向上传递它的上级系统的模块。

afferent stream **传入流** 一种在结构图上传入模块的分层结构,或一个在数据流图上的进程串,该进程串的作用是从它的信息源收集并传送数据,或对信息源提供的数据形式进行数据加工,使之适合于系统主要功能的数据形式。

affine coordinate system **仿射坐标系** 由空间中一个点 O 和三个不共面的有序的向量 e_1, e_2, e_3 构成,一般记作 $[O; e_1, e_2, e_3]$。

affinity analysis **结合性分析** 一种识别两个对象间相关程度的技术。如果两个对象都不被另一个对象使用,它们的结合性为零;如果这两个对象都同时被另一个对象使用,它们的结合性为 1。参见 cluster analysis。

affinity-based routing **亲缘路由选择** 在通信系统软件中,在一个发信方和一个收信方之间建立的临时关系或路由相亲的报文路由;在该关系成立期间,来自源站的所有报文都发送到上述收信方站中。参见 invariant routing, routing by destination, routing by key, transaction-based routing。

affinity diagramming **结合性图** 一种收集大量主体数据和将其根据自然关系组织成组技术的方法。同 Jiro Kawakita (JK) method。

affirmation acknowledgement (ACK) **确认收到** 用于成组传输。确认收到表示接收端已接收到上一组传输,并准备接收下一组数。

affix grammar **缀词文法** 一种经结合语义处理的二级文法。它是把某种语义处理方法与上下文无关文法的语法公式相结合而得到的。其处理方法是,将语法公式直接看成为一种程序设计语言,语法符号代表的过程起语法分析的作用。为进行语义处理,可插入一些附加语义处理过程。无论是哪种过程,均可带参数和局部量。这些参数和局部量统称缀词。这种文法已成功地运用于设计某些编译程序。

AFH **自适应跳频** adaptive frequency hopping 的缩写。

AFI **授权及格式标识** authority and format identifier 的缩写。

AFIPS **美国信息处理学会联合会** American Federation of Information Processing Societies 的缩写。

AFK **离开键盘** 网上用语 away from keyboard 的缩写。

AFL **抽象语言类** abstract family of language 的缩写。

AFLT **高级前向链路三边测量** advanced forward link trilateration 的缩写。

AF noise **音频噪声** 从与信号无关的某个源引入的音频范围内的任何电气干扰。

AFNOR **法国标准化组织协会** Association Francaise de Normalisation 的缩写。

AFP (1)高级功能打印 advanced function printing 的缩写。(2)AppleTalk 文件协议 AppleTalk filing protocol 的缩写。

A

AFPDS **高级功能打印数据流** advanced function printing data stream 的缩写。

AFS (1)安德鲁文件系统 Andrew file system 的缩写。(2)航空固定业务 aeronautical fixed service 的缩写。(3)航空固定电台 aeronautical fixed station 的缩写。

after change by item **依项目变更后** 按指定项对数据库中现有数据内容进行局部修改后的处理。

after image **后映像** 一个修改之后的数据块的记录副本。对应于 before-image。

after image file **后映像文件** 执行一次数据操作之后,对当时数据库内容的一个完整备份。比较 before image file。

after-look journal **后像日志** 一种后备文件。为了在当前主文件遭到损坏时能用这种文件进行重构,需将文件修改的内容写入后像日志。比较 before-look journal。

aftermarket **配件市场** 通过销售大量特定品牌的计算机或软件而建立起来的软件和外部设备的市场。

afterpulse **余脉冲** 光电倍增管中由前面的脉冲感生的寄生脉冲。

AG (1)天线增益 antenna gain 的缩写。(2)地址生成 address generation 的缩写。(3)应用网关 application gateway 的缩写。

AGAS **抗强光、防静电** anti-glare anti-static 的缩写。

AGC (1)自动增益控制 automatic gain control 的缩写。(2)防眩光涂层 anti-glare coating 的缩写。

ageing of insulator **绝缘子老化** 绝缘子在正常使用中,它的性能发生不可逆地变劣的现象。

Agenda method **爱金德法** 在产生式系统中,将等待执行的执行动作按其优先级存放于列表中。它是产生式系统中较高级的推理控制手段之一。

agent case **主动者角色** 在英语的自然语言理解系统的角色文件中,以句中的名词词组作为描述动作的主角时,该名词词组则称为主动者角色。一般情况下,句子的主语是动作执行者。但在被动语态句中,出现在带有标识介词"by"介词组中的名词也是动作的执行者。

agent communication language (ACL) **代理通信语言** ACL 是典型的通信语言,具有严格语法和语义,是 FIPA 规范的主要组成部分。这种语言的功能是描述 agent(代理)之间的通信内容本身。使用这种语言的 Agent 可能由不同的设计者设计,并且本身具有很强的行为能力,使用与应用无关的通信设施进行沟通,以完成一些复杂的任务。参见 foundation for intelligent physical agent (FIPA)。

agent management system (AMS) **代理管理系统** 遵照 FIPA 标准,AMS 应负责整个系统中代理的创建、删除、暂停、恢复、认证和移动等事务,并提供代理的目录服务,名字和地址的映射服务。参见 foundation for intelligent physical agent (FIPA)。

agent-oriented (AO) **面向代理** 继面向数据流(DFO)、面向数据结构(DSO)、面向对象(OO)之后新一代的软件开发方法学。随着软件系统服务能力要求的不断提高,在系统中引入代理因素已经成为必然,AO 已成为开发智能计算机研究的重要分支,并已形成了如面向代理分析(AOA)、面向代理设计(AOD)、面向代理界面(AOI)、移动代理(MA)、多代理系统(MAS)和面向代理软件工程(AOSE)等新技术。

agent software **代理软件** 在计算机软件的上下文中,代理是执行一个服务的软件程序,如收集设备或用户信息,发信号给用户某事需要去做或监控到来的数据,以及当信息已经到来时发出警报等。

agent transfer protocol (ATP) **代理传输协议** 是 IBM 公司专门为基于代理的分布式环境研制的应用层协议。该协议用于在网络中传输移动代理。

aggregate **聚合(载波)** (1)在数据通信中,在传输线上作为整体传输的含有 12 个单边带的一种载波信号。(2)在程序设计语言中,一个结构化的数据对象的集合称聚合。一个记录聚合表示一个记录的值,使用按位或指名结合可以列举聚合的成分。参见 data aggregate。

aggregate bandwidth **聚合带宽** 多路比特流聚合后的信号总带宽。

aggregate class **聚合类** 在聚合关系中表示"整体"的类。参见 aggregation。

aggregate class website **聚合类网站** 指的是那些通过人为的、技术的方式收集其他网站热点内容,进而将相关链接内容分类聚合,成为自己内容的网站。

aggregate expression **聚集表达式** 在程序设计语言中的一种数组表达式或构件表达式。

aggregate function **聚集函数** 一个聚集函数从多个输入行中计算出一个结果,如数据库中,对表中一个列的值的一个函数操作,产生一个值作为结果。求总和或平均值函数就是聚集函数。

aggregate line speed **总体线路速度** 使用通信控制

器时数据能够传输的最大速度，这个速度由与该通信控制器连接的线路的速度之和决定。

aggregate operation 聚集运算 在数据库系统中，从一组数据项中推出一个值的运算，通过某种计算或者按照某种测试对一组数据项的计算获得。

aggregate port (AP) 聚集端口 通过将一组端口链接在一起形成单个链路聚合组来优化端口的使用。聚集端口可以使设备之间的带宽成倍增加、增强端口灵活性并提供链路冗余。参见 port trunking, port aggregation protocol (PAP)。

aggregate route-based IP switching (ARIS) 基于聚集路由 IP 交换方式 ARIS 是运行在集成交换/路由器(ISR)设备上的一个控制协议，允许在 IP(网际协议)路由协议信息基础上建立两级交换路径，将许多 IP 目标映射到一个标识交换交换机(如帧中继或异步传输模式)中的少数标识上，这种交换方式可以满足可伸缩的集成交换和路由。ARIS 中的目标点由一个出口 ISR 代表，并与一个或多个 IP 目标前缀相连。一个 ARIS 网络能够仅用 O(N)个交换路径就将所有通信量交换到 N 个 ISR 出口，这独特的扩展功能允许 ARIS 网络容纳更多的路由器并释放交换资源来支持其他的服务，如基于 QoS(服务质量)的连接。ARIS 定义了一个简单的称为出口标识(Egress ID)的机制，用于标识哪个 IP 通信将从一个多点到点的树流到一个出口 ISR。在出口 ISR 上，使用路由协议信息或手工修改出口 ID 可使网络管理者为所有绑定于任何级别的网络通信量分配交换资源，而不论它是聚合的或非聚合的 ID 目标，它可以从一个单一的 IP 主机地址一直变化到一系列 CIDR(无类域间路由)前缀。并且 ARIS 协议提供了一个循环防止机制来建立无循环的交换路径。参见 integrated switch/router (ISR), classless inter-domain router (CIDR)。

aggregation 聚集，聚合，聚合关系 (1)聚集是一种实现组件对象的组合技巧，就是使用一个或多个支持部分或全部新对象所需接口的现有对象生成一个新的对象。(2)在计算机安全中，指通过收集敏感性较小的信息采集敏感信息。聚合是处理敏感信息时对不同的数据单元进行汇集和组合的结果。在某一敏感级别对数据的聚合有可能导致整体数据被设定到更高的安全级别。(3)聚合关系是整体与部分关联的一种特殊形式，它确定了介于聚合(整体)和组成部分之间的整体与部分关系。

aggregator operation 聚合器 聚合器以其自己的能力服务于多个其他的设备或用户，或者以更集中和更经济的方法转发传输。远程访问集线器有时就被当成聚合器。典型的聚合器是为因特网(或其他网络)入节点处理进入的拨号电话呼叫和执行其他服务的设备。一台聚合器能处理多达 100 个拨号调制解调器呼叫，支持一定数量 ISDN(综合业务数字网)连接和支持租用专线和帧中继流量，同时起到路由器的作用。参见 concentrator。

aggressive 逼人感 用于表示像要把音乐抛投到聆听者面前的那种前推型演出的声学术语。

aggro radius 暴力区域 电脑游戏术语，怪物周围的区域，进入它意味着怪物会“苏醒”并攻击游戏者。

aging 老化 将一个电路或器件在受控条件下工作某个预置时间，以筛选出各种失效因素。

AGP (1)图形加速端口 accelerated graphics port 的缩写。(2)应用网关代理 application gateway proxy 的缩写。

AGP Pro 改进的图形加速端口 英特尔公司 AGP Pro 是对 AGP(图形加速端口)的技术改造，目的就是为显卡提供充足的电能和散热空间。AGP Pro 技术主要包括加长的 AGP 插槽，改进的输入、输出托架、末端固定托架、散热空间、对显卡接口和主板布局新的设计要求等。AGP Pro 在原有 AGP 插槽的两侧进行扩展，它要求邻近 AGP 插槽的两条 PCI(外围部件互连)插槽归其使用，并且这两条 PCI 插槽至少能进行 33 MHz/32 位的操作，更理想的是提供 66 MHz/64 位的能力。根据所能提供的电能的不同，AGP Pro 被分为 AGP Pro50 和 AGP Pro110。能耗在 25 ～ 50 W 范围内的 AGP 显示卡就称为 AGP Pro50 显卡，它要求留有足够的散热空间，由于其能耗较小，发热量自然也较小，所以邻近的一个 PCI 槽就能满足要求，它的输入、输出托架也只有两个插槽的宽度。AGP Pro110 则是能耗在 50 ～ 100 W 之间的显示卡，它要求在其正面有足够的自身冷却空间，因此必须空出邻近的两个 PCI 插槽，这两个空置的 PCI 槽能提供 55 mm 的空间。并且 AGP Pro110 高能耗显卡的一端安装有一个特殊的有三个插槽宽的输入、输出托架来保证其专用空间。AGP Pro 的插槽可以插入普通的 AGP 显卡，但 AGP Pro 显卡就不能插入一般的 AGP 插槽。参见 accelerated graphics port (AGP)。

agricultural condition monitoring using remote sensing 遥感农情监测 应用遥感信息和遥感方法监测农作物生长的过程。

agricultural resource information 农业资源信息 表征农业资源学科研究对象、理论、方法、数量、质量以及开发、利用、保护等的信号和消息。

AGRS 空对地无线电话业务 air-ground radiotelephone service 的缩写。

AGU 地址生成部件 address generate unit 的缩写。

AGWCS 空对地全球通信系统 air-ground worldwide communications system 的缩写。

AH 鉴别报头 authentication header 的缩写。

AHDL Altera 硬件描述语言，AHDL 语言 Altera hardware description language 的缩写。

AHF　自适应高频无线电　adaptive high frequency radio 的缩写。

AHFDR　自动硬件故障检测与重构　automatic hardware failure detection and reconfiguration 的缩写。

AHFG　ATM 连接的宿主功能组　ATM-attached host functional group 的缩写。

Aho-Corasick (AC) algorithm　阿霍-克若思克算法,AC 算法　一种多键字符串匹配算法。它是 KMP 算法在多键匹配问题中的推广:首先利用键在 $O(m)$ 时间内构造一个模式匹配自动机,m 为模式长度之和;然后利用自动机同时读入并寻找所有的键。模式匹配时对于长度为 n 的输入串采用无回溯匹配,共需作 n 次前向转移和至多 n-1 次失败转移。该算法在键数 k 很大时非常有效,它在文献目录查询系统中比直接进行多关键字查询快 4 ～ 12 倍。参见 Knuth-Morris-Pratt (KMP) algorithm。

AHP　层次分析法　analytic hierarchy process 的缩写。

AHY algorithm　AHY 算法　一种分布式数据库中采用的算法,1979 年由 A. R. Herner 和姚诗斌首先提出,后经改进形成半连接程序的算法。算法的基础是把查询分解成多个简单的容易优化解决的子查询。然后单独地处理这些子查询,最后将结果合并为一个完整的查询策略。这个算法既适合于要求代价最小的优化,又适合于要求延迟最小的优化。算法首先对关系进行局部处理,随后采用半连接简化关系,最后在单个节点上进行查询计算。以这种方法确定的查询处理策略就是在连接图上对每个关系都制定一个调度表。

. ai　矢量图文件名后缀　使用 Adobe Illustrator 绘图软件创建的矢量图文件的扩展名。

AI　(1)人工智能 artificial intelligence 的缩写。(2)信令标识 signaling ID 的缩写。(3)适配信息 adapted information 的缩写。(4)吸收指数 absorption index 的缩写。

AIC　自动截止中心　automatic interrupt center 的缩写。

AID　引起注意标识符　attention identifier 的缩写。

aided tracking　辅助跟踪　对目标的方位、距离和高度这些参数的任意组合的同时跟踪,跟踪设备保持固定的运动速率。

AID key　引起注意标识键　attention identifier key 的缩写。

AIDC　自动识别和数据获取　automatic identification and data capture 的缩写。

aids for knowledge acquisition　知识获取辅助工具　协助知识工程师编辑知识、解释推理过程、修改知识库的工具软件。

AIEC　人工智能纠错系统　artificial intelligence error checking 的缩写。

. aif　音频文件名后缀　一种支持压缩的声音文件的扩展名,被 Macintosh 平台和应用程序所支持。. aif 可以使用 Windows Media Player 和 Quick Time Player 播放。

AIF　地址信息　address information 的缩写。

. aifc　压缩音频文件名后缀　经压缩后的音频交换文件的扩展名。

. aiff　音频文件名后缀　最初在 Apple 公司和 Silicon Graphics(SGI)公司的计算机中,用于指明使用 AIFF(音频交换文件格式)的声音文件的扩展名。参见 audio interchange file format (AIFF)。

AIFF　音频交换文件格式　audio interchange file format 的缩写。

AIG　地址指示组　address indicating group 的缩写。

AIM　(1)先进信息管理 advanced information management 的缩写。(2)幅度强度调制 amplitude intensity modulation 的缩写。

aiming circle　目标[瞄准]圆　在计算机图形终端荧光屏上的一个圆形(或其他形状)区域。代表光笔的可见区,用于精确定位指示。参见 aiming symbol。

aiming symbol　目标[瞄准]符号　显示在计算机屏幕上的一个光标,用于使光笔准确定位,或当光笔处于某个特定位置时,指示能被检测的一个称为引导域的区域。同 aiming circle。参见 icon。

AIN　高级智能网络　advanced intelligent network 的缩写。

A-interface　A 接口　在 CDPD(蜂窝数字分组数据)中,移动站(MS)和 CDPD 业务网之间的无线空中接口。

AIOD　向外拨号自动标识　automatic identification on outward dialing 的缩写。

AIP　人工智能程序设计　artificial intelligence programming 的缩写。

AIPL　辅助[替换]初始程序装入　alternative initial program load 的缩写。

AIPS　(1)每秒平均指令数 average instructions per second 的缩写。(2)高级线性规划系统 advanced linear programming system 的缩写。

air　空气感　用于表示高音的开阔或是声场中在乐器之间有空间间隔的声学术语。此时,高频响应可延伸到 15 ～ 20 kHz。反义词有"灰暗"和"厚重"。

AIR　加法增加率　additive increase rate 的缩写。

air-air communications　空对空通信　用于信息传输的通信方法、系统和设备,包括:①飞机电台对飞机电台的操作或设备;②来自或到达飞行中的空中物体的信息;③用作使用、指挥或协调空中物体的目的。

airborne command post 机载指挥站 一架带有装备的供指挥员使用的飞机,用来对参与一个行动的各部分进行控制。这种行动的例子如军事、救援、消防或紧急医疗行动等。

airborne direction finding recorder 机载测向记录仪 一种测量方向并记录的仪器。能记录所有截听以便由处理单元进行分析并确定相关参数。典型的人工机载测向记录包括飞行员日志、声频和视频磁记录和照片。

airborne electromagnetic method 航空电磁法 一种用来快速普查良导电金属矿的航空物探方法。它是通过由人工或天然形成的电磁场对地质体感应激发产生的异常场特征和规律(即应用交变电磁场的感应原理),来寻找矿体或解决某些地质问题的。主要是用来快速普查良导性金属矿体(富铜、富铁),对大面积地质填图、圈定近地表的基岩起伏,研究地下水和冰冻层等方面也有一定效果。自1950年应用航空电磁法以来,目前已发展了20多种不同的航空电磁法。常用的有感应脉冲瞬变法(也称"过渡场法"、"因普特法")、旋转磁场法、天然音频电磁法、长波电台法(也称"甚低频法")等。近来有人根据场源特点把航空电磁法划分为三个系统:感应场音频连续波系统、感应场音频脉冲波系统和辐射场系统。

airborne electromagnetic systems 航空电磁系统 航空电磁系统是按场源特点和一定设计方案组成的一整套航空电磁法设备(飞机、航空物探仪器、发射和接收线圈以及它们之间的安装关系等)的通称。航空电磁法大致可分为三类,即感应场音频连续波系统、感应场音频脉冲波系统和辐射场系统。感应场音频连续波系统包括硬架系统(如直升飞机的吊式硬架系统),吊舱系统或非硬架系统(如固定翼飞机吊舱系统、旋转场双机系统);半航空系统(如航空双框法)。感应场音频脉冲波系统包括感应脉冲瞬变系统(吊舱式)和相关对比法感应脉冲瞬变系统(机身硬架式)。辐射场系统包括长波(甚低频)电台辐射场观测系统和天然音频磁场观测系统。感应场音频连续波系统和感应场音频脉冲波系统需要自备发射源,故也称"有源系统"或"主动系统"。辐射场系统一般不需要自备发射源,故也称"无源系统"或"被动系统"。

airborne intercept radar 机载拦截雷达 拦截雷达装在执行拦截任务的飞机上,同地面雷达相联系,由地面雷达指引火力攻击方向并跟踪这个方向,完成搜索和跟踪功能,这两种功能可组合在一部跟踪与扫描机载拦截雷达设备中。

airborne radar warning system 机载雷达预警系统 安装在飞机上一种宽带系统,它在多个频带检测无线电探测和雷达信号,完成危险情况分析,通常可向机组人员提供视频信息。

airborne radio relay (ARR) 机载无线中继 (1)用于对选定的某发射机进行无线电信号的中继传输。(2)为了增加传输距离、灵活性、通信系统的物理安全等而采用的一种在飞机上安装无线中继站的技术。

airborne warning and control system computer 预警飞机,空中预警控制系统计算机 这是一种复杂的机载计算机系统,是空中预警控制系统(AWACS)的核心。其主要任务是用来监测来自各种信息源(如机载雷达等)的输入信号,管理数据库并计算导航参数、判导数据、武器系统各种相关参数和数据,掌握敌我双方态势,指挥己方的空中力量完成截击、格斗、对地/海支援、空中加油和空中救援等各种空中作战任务。它要求很高的运算速度,并采用双工处理机和冗余技术来提高可靠性。

airbrush 喷枪工具 Windows绘图窗口中的一个绘图工具。

air capacitor 空气电容器 只用空气作为电容器极片之间的介质材料的电容器。

air cell 空气电池 化学电池的一种。构造原理与干电池相同,所不同的只是它的去极剂取自空气中的氧。例如有一种空气电池,以锌为阳极,以氢氧化钠为电解液,而阴极是多孔的活性炭,因此能吸附空气中的氧以代替一般干电池中的去极剂(二氧化锰)。

air core inductance 空芯电感 如果磁芯的导磁率是1,磁通量分布维持不变,这时测量到的电感就是空芯电感。这是没有磁芯的线圈的电感。

air core transformer 空芯变压器 有两个或多个绕在纤维、塑料或其他非磁性线圈架上的线圈,且在其组件中无铁或铁氧体的变压器。它是射频和中频变压器以及振荡线圈的典型结构。

aircraft earth station (AES) 飞机地球站 一种位于飞机上的用于航空移动卫星业务的移动地球站。

aircraft emergency frequency (AEF) 飞机应急频率 是一种用在飞机上的国际航空应急频率,121.5 MHz(民用)和243.0 MHz(军用),它用于国内国际民航航线的飞机电台上,主要关心的是安全和飞行规则,也用于经授权的为了安全目的进行通信的海军移动电台。

air defense communications system 防空通信系统 在地面、空中和海上部队之间建立的通信系统,它通过各种手段,如视觉、无线电、光和雷达,识别飞机并将所获得的信息传输给相应的部队。

air dielectric coaxial cable 空气介质同轴电缆 一种同轴电缆,在其内外层导体间是空气,每隔一段距离有一绝缘垫圈来保持内外层间的间距,可用作发射机到天线的传输线。

air-earth current 地空电流 在晴天大气电场作用下,大气中的正离子向下运动、负离子向上运动,如此形成的微弱电流称地空电流。

air gap 气隙 磁路中磁性材料部分间的短的空气间隙。如果这空间中充满铜、木材或者其他的非磁性材料,仍然把它称作气隙。在软磁磁芯中常常引入气隙,目的是防止直流偏置电流过大而造成磁路饱和,或者用这个方法实现要求容差很小的电感。

air gap crystal unit 空气隙晶体单元 其电极为呈刚性分开的金属片的晶体单元,分隔距离略大于石英片的厚度。

air-ground communication emergency frequency 空对地通信应急频率 在紧急情况时主要用于联络目的而不是工作频率的频率,用于处理紧急状况。国际航空通信系统采用的应急频率为 121.5 MHz 和 243.0 MHz。

air-ground worldwide communications system (AGWCS) 空对地全球通信系统 一个地面机构和电台间的全球军事网络,它可为飞机和地面电台间提供双向通信链路,用于导航和控制,包括航线流量控制,也可提供特殊功能支持,如为民用飞机完成军事任务提供帮助以及满足飞机乘客的通信要求。

air ionizer 空气电离器 一种能产生正、负空气离子以中和在非导电表面,如纸、塑料或玻璃上形成静电荷的装置。离子通常由使空气经离子源循环的风扇进行散布。

air interface 空中接口 移动终端与基站之间的接口。空中接口是基站和移动电话之间的无线传输规范。它定义每个无线信道的使用频率、带宽和采用的编码方法。

airmail 移动邮件 这是可以用移动电话来收发电子邮件的服务。只要有移动电话就可以随时随地收发电子邮件。

air pollution 空气污染 空气污染主要来源于工业。污染物可以改变空气的质量,尤其是降低能见度。尘埃可增强阳光的反射性,从而使空气温度下降,其他化学物质可以增加空气的保温性,从而使空气温度上升。

AirPort 空港方案[标准] Apple 公司于 1999 年推出的一种无线连接方案。空港方案可以为装有 AirPort 卡的 Macintosh 计算机在距 AirPort 基站 150 英尺的范围内提供无线网络连接和因特网通信。本方案是基于 IEEE 802.11 标准直接序列扩频(DSSS)产业标准开发的,兼容其他基于 802.11 标准的设备。

airport land mobile radio base station (ALMRBS) 机场地面移动无线基站 一种安装在机场或机场附近,供机场控制塔使用的无线基站,用于控制机场地面支持车辆,如用于跑道和地面维护、飞机维护、飞机供应业务和紧急业务的车辆。

airport land mobile radio station (ALMRS) 机场地面移动无线电台 机场地面支持车辆,如用于跑道和地面维护、飞机维护、飞机供应业务和紧急业务的车辆,通过地面移动无线中继系统,实现彼此之间或与控制塔之间通信的移动无线电台。

AIRS 自动图像检索系统 automatic image retrieval system 的缩写。

AirSnort AirSnort 工具 一种黑客使用的工具,用来收集和破译无线网络上传输的数据的密码(即口令)。AirSnort 监视无线网络传输并收集数据包。当收集的数据足够多时,AirSnort 就能够计算出传输所用的加密的密钥。AirSnort 利用了有线等效协议(WEP)标准的一个安全漏洞。参见 password sniffing。

air-spaced coaxial cable 空隙同轴电缆 在内外同轴导体之间充有气体介质的一种同轴电缆。这种电缆在传输中的能量损耗比固体介质电缆要小些。

air-supported fiber 空气间隙光纤 为了保证光波在纤芯中的内全反射,依靠纤芯和包层之间填充的空气空间以提供小于纤芯的折射率的一种光纤。

airtime 空中通话时长 一个用户使用移动终端进行通信的时长。

AIS (1)自动信息系统 automated information system 的缩写。(2)报警指示信号 alarm indication signal 的缩写。

AISS 自动信息系统安全 automated information systems security 的缩写。

AIX 高级交互执行操作系统 advanced interactive executive 的缩写。

AJAX 异步 JavaScript 和 XML asynchronous JavaScript And XML 的缩写。

AKA 也称为 网上用语 also known as 的缩写。

AKWIC 上下文内作者和关键词(索引) author and key word in context 的缩写。

AL 汇编语言 assembly language 的缩写。

ALA/ISAD 美国图书馆协会信息科学和自动化分会 ALA's Information Science and Automation Division 的缩写。

ALAP AppleTalk 链路层访问协议 AppleTalk link access protocol 的缩写。

alarm (ALM) 警报,报警 在计算机操作中,指遇到出错或有重要事件发生时由计算机产生的警告信号。报警可以是声音的或视觉的,或者是两者兼而有之。在计算机化记事本之类的日程安排程序中,可用蜂鸣声或视觉提示,在预先设置的时刻提醒使用者有约会或其他事情要做。

alarm circuit 警报电路 能监测一个系统内某些关键点的工作状态,并在发现不正常时产生音频警报信号或驱动告警显示信号的电路。

alarm command 预警命令 在发出指令前,有时需要先发一个要求作准备动作的指令,这个准备指令称为预警命令。

alarm for voltage 电压报警器 当电位低于或高于

A

额定值时,给出有声或可见信号的装置。

alarm free 无报警 设备正常运行,无异常事件发生,因而不产生报警。

alarm indication signal (AIS) 报警指示信号 (1)当触发某个维护告警指示时,用来代替正常业务信号的信号。当可能时,把AIS向受影响的方向(下游方向)传送,以代替正常信号,向其他无缺陷的实体指示已确认了的失效,并对该失效引起的其他维护告警予以禁止。(2)在ATM(异步传输模式)中,指一种全"1"信号,由设备在检测到错误或接收到错误条件或者从其他传输路径中的单元接收到错误指示信号时发出。参见 asynchronous transfer mode (ATM)。

alarm indicator 告警指示器 响应从告警传感器传来的信号的装置。告警指示器的例子有:铃、灯、喇叭、钟和蜂鸣器等。

alarm-repeated transmission 重复报警发送 在连续三次出现发送或接收故障后,所发出的报警信号。

alarm reporting 报警报告 有关信息通信中探测到的可能错误的报告语。此信息通常包括被探测到错误的网络设备或网络资源的标识、错误种类、严重程度和可能的原因。

alarm sensor 告警传感器 (1)在通信系统中的任何设备,它能检测出系统中非正常情况发生,并能在本地或远处的告警指示器上给出信号来指示非正常情况的存在或其性质,可检测到的事件包括许多种,从简单的接触开关的开启或关闭到按时序的自动关机和再启动的循环。(2)在物理安全系统中的一个经过检验合格的设备,用于指示一个设施或它的一部分发生了变化。告警传感器可以有冗余或串级,如一个告警传感器用于保护电缆或电源,而另一个告警传感器用于保护这个传感器。

alarm status 告警状态 把被管对象的状态描述为一个或多个告警事件结果的属性。

alarm surveillance 告警监视 接近实时地提供失效的检测和指示的一组电信管理网络的管理功能。告警监视功能能够:①通过监控通信网络来探测错误和与错误相关的事件或条件;②记录此信息用于以后对错误的探测和其他网络管理活动;③对警报、提醒及其他与错误相关的信息进行分析和控制以确保网络管理资源被直接应用于影响通信网络运行的错误的处理中。警告的分析包括警告的过滤、警告的相关性分析和错误的预测。

alarm system 报警系统 当正常输入输出偏移达到临界值时,向显示器发送报警指示的系统。

ALAS 自动化文献提示系统 automated literature alerting system 的缩写。

. alaw 音频文件名后缀 欧洲电话音频格式文件的扩展名。

A-law A 律 一种数字和模拟信号之间进行转换的压缩扩展编码标准,用于脉冲编码调制的声音系统中。A 律主要用于欧洲电话网,与北美电话网中的 μ 律相似。参见 pulse code modulation (PCM), mu-law。

A-law algorithm A 律算法 一种用于欧洲数字通信系统的系列的标准压缩算法,用来修饰或优化模拟信号数字化的动态范围。A 律算法能有效地减少信号的动态范围,从而提高编码效率,同时对给定二进位数,其信号失真比要优于线性编码所得的信号失真比。宽的话音信号的动态范围不可能进行高效率线性数字编码。

ALB 自适应负载均衡 adaptive load balancing 的缩写。

albedo 反射率 物体表面反射能力的测度。它是物体反射的光辐射量或其他辐射量与投射到该物体上的总辐射量之比,是 0 到 1 之间的一个数。地球的反射率为 0.39,月球为 0.15,火星为 0.15,而金星为 0.59。反射率相当于应用于整个物体的反射系数。对于地球卫星,反射率通常是对红外线和光波而讲的。卫星上入射的光和热包括直接从太阳和间接从地球和月亮接收到的能量。卫星的反射率越大,它被阳光加热造成的升温就越低。

ALC 自动电平控制 automatic level control 的缩写。

ALD (1)模拟线路驱动器 analog line driver 的缩写。(2)自动生成逻辑框图 automated logic diagram 的缩写。

ALE (1)自动链路建立 automatic link establishment 的缩写。(2)年损失期望值 annualized loss expectancy 的缩写。

Aleph null 阿列夫零 符号 $\aleph_0$ 是可数无限集的基数,也是最小的无穷基数。自然数集合、整数集合、有理数集合的基数都是 $\aleph_0$。

alert 警报[报警](信息) (1)当计算机出现错误操作或者发生某种情况时发出的报警信息。(2)在容灾系统中,通告已经发生的灾难或当前环境中发生灾难可能性,对预防情况恶化或针对现况实施相应计划进行指导。(3)在 Windows NT 中,则指线程之间的一种异步通知信息。在接收线程执行过程中,警报在预定义的点上使接收线程中断,并使它执行一个异步过程调用(APC)。参见 alertable thread, asynchronous procedure call。

alertable thread 可报警线程 Windows NT 中一个说明准备执行异步过程调用的线程。一个线程要成为可报警线程有两种方式:其一是等待一个对象句柄并指明其等待是可报警的;其二是检查它是否有一个挂起的异步过程调用。参见 alert, asynchronous procedure call (APC)。

alertable wait 可警告等待 Windows NT 中的一种等待操作,由线程调用同步函数引起。

alert box 报警信息框 在诸如 Macintosh 等图形

用户界面中以及在如 Windows 和 OS/2 等其他窗口环境中，指屏幕上的用于显示信息或警告的一个信息框。信息框内通常出现一个带圆圈的感叹号，伴随有几行提示性文字信息，通知用户目前出现了某种系统无法自行纠正的错误，或者提示用户确认某项有可能出错的操作（如删除文件或图标）。报警信息框与对话框不同，一般不需要用户输入信息，但需要利用“Enter”键或鼠标点击来确认，并关闭此框。比较 dialog box。

alertor 报警器 当设备或系统发生严重错误或故障等紧急情况时，能自动发出警报信号的装置。它们可以分为：①由烟雾敏感探头组成的报警器称烟雾报警器；②由温度敏感探头组成的报警器称温感报警器。

ALF 应用级组帧 application level framing 的缩写。

Alford loop antenna 阿尔弗德环形天线 一种适于发送和接收高频信号的多元天线。沿天线的每个外部元均匀分布近似相等的同相电流，天线辐射方向图在极化面中十分接近于圆形。

Alford slotted tubular antenna 阿尔弗德开槽管状天线 由具有全长槽的金属柱体组成的水平极化天线。电流在水平圆内流动，模拟垂直重叠的同相环形天线的工作。

Alfven wave 阿尔文波 瑞典学者阿尔文发现的一种磁流体力学波。在磁场冻结的条件下，导电流体中可以出现这种波动。处在磁场中的导电流体，在垂直于磁场方向受到一种局部扰动时，便会激发起阿尔文波。阿尔文波是振动方向与传播方向垂直的横波，有时也称“剪切阿尔文波”。

ALG 应用级网关 application level gateways 的缩写。

algebraic adder 代数加法器 能构成代数和的一种逻辑部件。

algebraic approach restoration 代数方法复原 在一个统一的线性代数范畴内用公式表示成为一种类型的图像复原问题。设退化模型为 $G=HF$，即寻求一个估计 F，它满足与理想像场 F 之间的某种误差测度为最小。代数复原优点在于能通过一种主要途径推导出若干熟知的复原方法，如以最小二乘方为准则函数，则可推出最小二乘非约束复原、最小二乘约束复原一类的各种复原方法。

algebraic cipher 代数密码 采用复杂的代数式运算进行加密，将明语中的信息码变换成密码。参见 algebraic enciphering。

algebraic code excited linear prediction (ACELP) 代数码本激励线性预测（编码） ACELP 是 CELP（码激励线性预测）编码的一种简化形式，采用＋1 或－1 作为激励矢量中的激励样值。极低速率可视电话标准 H.324 中语音编码标准是 G.723.1，采用 5.27 kbps 和 6.3 kbps 两种速率，其中 5.27 kbps 速率就是以 ACELP 算法为基础。参见 code excited linear prediction (CELP)。

algebraic data type 代数数据类型 一个代数数据类型包括一个或多个值集，如自然数集、布尔值集、字符集或串集，再加上一组在这些集合上的函数。对代数数据类型的一个基本限制是其函数不能有函数变元，这就是“代数的”的含义。参见 algebraic element，algebraic expression。

algebraic enciphering 代数加密 信息加密的常用方法。以数学的方法对数字化的语言、图像或文字信息进行加密和解密，其内容涉及明语表示法和相关的变换。

algebraic expression 代数表达式 按照有关的语法规定和数学规则，以各种符号、标号与缩写来指示各变量、常数、函数及定则的一种符号表示的语句。

algebraic geometry 代数几何 用代数的方法研究几何的思想，在继出现解析几何之后，又发展为几何学的另一个分支，这就是代数几何。代数几何学研究的对象是平面的代数曲线、空间的代数曲线和代数曲面。

algebraic language 代数语言 使用数学符号、英文及希腊字母来表示变量、常数、参数、算子、操作数以及数学的或逻辑的关系的一种计算机语言，其中的很多语句与代数表达式结构极为相似。每种代数语言都有自己的语法规则来描述数或量的情况、关系、运算及相等或不等。这些规则独立于语言，但又用语言表示。可被认为是代数语言的高级语言如 FORTRAN、ALGOL 等。

algebraic linguistics 代数语言学 数理语言学创立、发展过程中的一个阶段性产物。目前，已成为数理语言学的主要内容之一，也称“形式语言学”。旨在用一般的符号系统建立语言模型，对客观的语言现实进行抽象的数学描述和理论上的精确分析，从而把语言学改造成为现代科学的演绎系统。语言现象经“数学语言”刻画之后，比较适合于计算机处理，为程序设计语言的设计、编译系统及机器翻译等语言信息的自动处理和加工提供了有效的手段。参见 mathematical linguistics。

algebraic manipulation 代数操作 用计算机进行代数操作包括建立、合并和简化数学公式。可向用户提供某些功能，如一个变量所取的“值”可以是一个表达式（如 $4x^2+2x+1$），而不是一个数。式中除通常的算术运算符外，还有解析微分法、用值替代表达式中的某些变量以及把复杂的表达式分解为它们的组成部分等功能。

algebraic manipulation language 代数操作语言 允许应用数学分析的符号来解决代数公式推导问题的计算机语言，也称“符号操作语言”或“公式操作语言”。

algebraic operation 代数运算 也称“二元运算”，

从非空集合 M 与自己的笛卡儿积 $M\times M$ 到非空集合 S 的一个映射。若 $S=M$，则称此代数运算是封闭的。常见的代数运算有数的加、减、乘、除(除数不为零)。

algebraic optimization 代数优化 一种关系数据库查询优化。代数优化的主要任务是根据关系代数的等价变换规则及一套启发式规则，通过对查询做等价变换，达到优化查询执行的目的。代数优化仅仅是通过改变查询语句中操作的次序和组合来优化查询，它不涉及底层的存取路径，因此，仅仅进行代数优化是不够的，还需进行物理优化才能达到查询优化的目标。参见 query optimization，physical optimize，heuristic rule。

algebraic optimization rule 代数优化规则 基于关系代数的等价变换规则，代数优化规则有：尽量推迟选择和投影，以减少元组数和关系大小；把某些选择运算和笛卡儿积相结合，即将选择运算附加在连接运算上；同时执行同一关系上的多个选择和投影以避免重复扫描同一关系；把投影操作和邻接运算结合起来执行。参见 heuristic rule of algebraic optimization。

algebraic semantics 代数语义(学) 形式语义学的一个分支，始于对抽象数据类型的研究，用代数方法研究计算机语言的语义。它把计算机语言形式地定义为满足某种公理体系的抽象代数结构，然后利用这种代数结构的性质来证明该语言编写的程序的正确性。

algebraic sign conventions 代数符号约定[规则] 当对数字进行加、减、乘、除运算时，用于确定运算结果为正或是负的若干代数规则。

algebraic simulation 代数模拟 一种程序验证方法，对给定程序 P，代数模拟方法包括构造与 P 有相同语义的程序 P'，并证明 P' 是正确的，然后证明原程序 P 模拟程序 P'。

algebraic specification 代数规范 程序设计方法学中的一种规范方法，代数规范最初的理论由 Guttag 完成，其规范语言有 AFFIRM 和 OBJ，AFFIRM 用于验证，OBJ 用于实验确证规范，在实验中先规定函数，然后在引用程序或抽象程序中引用这些函数。代数规范的基础抽象是整数集合。代数规范语言也假定有内部构造函数，典型的是 if-then-else 和布尔运算。在代数规范技术中，函数由它们之间的相互关系定义，在数学意义上，这些函数无副作用而只把定义域中的值映射到值域中的值。参见 approach to specification。

algebraic stability criterion 代数稳定判据 根据系统特征多项式的系数直接判断系统稳定性的判据。代数稳定判据只适用于线性定常系统，并且其特征多项式能给出的情况。代数稳定判据的优点是可以避免求根的复杂过程，直接根据多项式的系数的一些代数运算，来判定系统是否满足上述稳定条件。参见 linear time-invariant systems。

algebraic system 代数系统 也称“代数结构”。一个非空集合 S 及定义在 S 上的一组封闭的代数运算 $f_1,f_2,\cdots,f_m$ 构成的系统，记作 $\langle S,f_1,f_2,\cdots,f_m\rangle$，如有理数集合及数的加、乘法运算构成一代数系统，可用符号 $\langle Q,+,*\rangle$ 表示。

algebra-oriented language 面向代数的语言 设计时主要用以解决代数运算问题，或对解决此类问题比较有效的计算机语言，如 ALGOL 语言。同 algebraic language。

ALGOL language ALGOL 语言 algorithmic language 的字首缩写。是第一个面向过程的结构化程序设计语言。于 1957 ～ 1960 年在由来自丹麦、英国、法国、德国、荷兰、瑞士和美国的计算机科学家参加的会议期间开发形成。尽管它并没有获得广泛的商品化使用，但 ALGOL 对计算机科学和计算机语言的设计产生了重要影响。它首先引入了程序设计中的一些重要概念，其中包括块结构、作用域、动态存储定位、变量的显式类型说明以及递归子例程等。ALGOL 的早期版本常称为 ALGOL 60，以便与 1968 年开发成功的 ALGOL 68 相区别。Pascal，C 和 Ada 语言大量取自 ALGOL 语言而常被称为类 ALGOL 语言。

ALGOL 60 language ALGOL 60 语言 1960 年，图灵奖获得者艾伦·佩利(Alan J. Perlis)在巴黎举行的讨论会上发表了“算法语言 ALGOL 60 报告”，它规定的程序设计语言就称 ALGOL 60。ALGOL 60 引进了许多新的重要概念如：局部性概念、动态、递归、巴科斯-诺尔范式(Backus-Naur Form)等，它特别适合于描述数值计算过程。参见 ALGOL。

ALGOL 68 language ALGOL 68 语言 是国际信息处理联合会(IFIP)设计的一种通用程序设计语言，它适用于算法交换和计算机教学，并能在不同的计算机上有效地执行。尽管 ALOGL 68 是在 ALGOL 60 基础上形成的一种新的程序设计语言，但它在许多方面与 ALGOL 60 不同。ALGOL 68 有很强的表达能力和很好的基本结构。它有五种基本数据类型 bool(布尔型)、char(字符型)、int(整型)、real(实型)和 format(格式型)，并有根据上述五种类型构造新的数据类型的规则。

algorithm 算法 解题方法的精确描述。它是在有限步骤内求解某一特定问题的一组无二义性的规则。它具有以下性质：①解题算法是一个有穷动作序列；②动作序列仅有一个初始动作；③序列中每一动作只有一个后继动作；④序列终止表示问题得到解答或问题没有解答。算法通常通过一组例程来具体体现一种定义明确的规则或处理过程，不一定输出具体的求解过程。在程序设计中，一个算法包含处理目的、输入/输出数据的格式说明、变量的意义及设定、程序的进程等。算法不仅包括求解问题的程序指令，还兼有文字说明的功能及程序演绎过程，它运用公式或代数/逻辑步骤计算或解决一个已知的作业。同一算法可以用多种不同的计算机语言或自然语言描述其处理过程。

algorithm analysis 算法分析 对于为解决某一类问题而选用的算法的复杂性、系统开销(存储空间和运算时间等)、具体实现的困难程度等因素进行的综合分析，其目的是选择效率最高的算法，如在数据检索中，分析检索算法所需要的平均查找次数和最大查找次数。

algorithm chart 算法图 用于描述问题求解算法的方框图形。与流程图相比，算法图更侧重于求解方法的论述，而不是那么注重求解过程细节的描述。算法图中的一个求解步骤往往用一段文字概括地加以说明，而这段文字本身又往往需要一个更具体的算法的支持。比较 flow chart。

algorithm comparison 算法比较 几种算法或几类算法的比较。重点是比较算法的复杂性，对于数值算法还要比较算法的收敛性和稳定性，其次是比较简单性。

algorithm complexity 算法复杂性 当问题的规模以某种单位由 1 增至 n 时，解决该问题的算法实现所占用的空间也以某种单位由 1 增到 $Csf(n)$ (其中 Cs 为常数，$f(n)$ 是 n 的函数) 以及运行算法所耗费的时间也以某种单位由 1 增至 $Ctg(n)$ (其中 Ct 为常数，$g(n)$ 是 n 的函数) 时，则称 $O(f(n))$ 和 $O(g(n))$ 是算法的复杂性。前者为算法的空间复杂性，后者为算法的时间复杂性。显然，一个算法的 $O(f(n))$ 和 $O(g(n))$ 描述了它的重要性能，可用来在宏观上评价该算法的质量。

algorithm convergence 算法收敛 一种算法能以其有限步数得到结果的性质。它的要求比数学收敛强一些。

algorithm decomposition 算法分解 将具有无限并行性的算法转换成有限并行性算法的一种方法。其基本思想是将原算法的每一步分解成若干个子步使得每个子步可使用较少的处理器进行求解。

algorithmic approach 算法逼近 在求一个问题的近似解时，可按公式一步一步地进行计算，直至最后得到在规定误差范围内的结果，该过程称为算法逼近。

algorithmic function 算法函数 一个函数能被算法族 φ 中的一个算法计算，称该函数为 φ 中的算法函数，或称为 φ 中的可计算函数。可以证明，对于任何算法族 φ 及正整数 n，必存在一个 n 元函数 ψ，它不能被 φ 中任意算法计算。

algorithmic language 算法语言 (1)一种接近数学描述的程序设计语言，是高级语言的另一名称。从本质上说，算法语言是按一定规则排列的符号的集合，编译程序是把这些符号集合变成机器指令的转换器。(2)任何用算法解决问题的程序语言，即指定指令顺序的语言，如 Ada、BASIC、C、FORTRAN、Pascal 等。

algorithmic language program conversion 算法语言程序转换 把算法语言程序转换为机器语言程序。包括语法结构分解、存储分配、产生目标程序、编辑、优化和诊断等功能。

algorithmic logic 算法逻辑 基于公式的逻辑，可用数字项表示其含义，操作顺序可以事先确定，大多数常规计算机程序均采用算法逻辑。

algorithmic problem solving 算法问题求解 有条理的精确的问题求解方法。参见 heuristic problem solving。

algorithm-structured pipeline 算法结构流水线 一种专用的多机流水线处理系统。按算法的结构构成，不同的处理机对应于算法中的不同部分。

alias 别名 正式的或规范的名称以外的名称。别名使得同一个对象根据不同的场合可以分别使用多个不同的名字，如一个或多个别名可用于程序中的相同数据元素或者指针。

alias bug 别名错误 在使用动态内存分配的程序中，当几个指针指向同一块内存区，再用其中一个指针释放内存后，又试图用其他指针(别名)对该内存区进行访问的错误。

alias description entry 别名描述体 子模式的别名节中的一个描述体，亦即对模式中已定义的一个名字再定义一个别名。别名和名字所代表的对象是相同的。

alias frequency 混叠频率 对周期信号，当以小于二倍周期的速率取样时所得到的不正确的低频信号。

aliasing 混叠 所谓混叠是当以很低的频率对连续信号进行采样时所造成的失真。如果采样信号中含有大于采样频率½的频率信号，以致高频分量有可能假冒低频分量，就会发生这种失真现象。通过提高采样频率，或给信号加滤波以滤掉大于½采样频率的信号部分便可消除或减少这种现象。混叠在图像中产生一个锯齿现象或者阶梯效果，在音频中则产生蜂鸣声。

aliasing distortion 混叠失真 由采样时产生的边带重叠所引起的失真。

aliasing error 混叠误差 也称"交叠效应"。指对欠采样的离散图像重建时，在重建图像中引进了虚假的空间频率成分的现象。在光学中称之为莫尔效应。效应的产生源于采样图像的频谱是无限大连续像场的频谱的无限重复，且各个频谱相互混叠。

aliasing noise 混叠噪声 当被取样信号的频率大于取样速率的一半时所形成的失真分量。

alias mail box 中转信箱 这是一种使用别名的电子信箱地址，电子邮件从这里转到真正的信箱中，这样能使得更换电子信箱时，就不必一一告诉所有联系人，可直接在中转信箱中把旧址换成新址即可，或是当地址太长很难记住时，通过中转信箱申请一个好记的。

alias name translation facility 别名转换装置 一个转换某个网络中使用的逻辑单元名、登录模式表名和服务类型名到另一个网络中的别名的程序功能，如在 NetView 或者 CNNF 程序中。

alias network address 别名网络地址 一个在网关 NCP(网络控制程序)和网关系统服务控制点(SSCP)中使用的地址，以代表在另一个网络中的逻辑单元或 SSCP 中使用的地址。

alias problem 别名问题 相同的存储数据被多个不同名字所引用的问题。由于出现别名问题，将产生不易发现的副作用，从而导致错误。不仅在变量形参的使用中出现，而且在变量形参与全局变量同名时也出现别名问题。为了发现别名问题，常对两个变量名字引用相同对象时建立别名变量表，并输出别名变量以提示检查可能潜在的错误。

alien 外来存取 非本地站或数据的存取。

alien tones 外来音调 由于传输通路某些部件的非线性而在声音再生过程中引入的频率、谐音和其他结果。

align 对准，调整 (1)使一个或多个参考点对准或排列成行，如将数字按十进制小数点对齐。(2)在打印中，指按给定参考点，如页面边界或底边排齐。许多应用程序允许用户选用不同类型的对齐方式，这类程序有字处理程序、报告生成程序、图形程序以及电子表格程序。最普通的类型是向左对齐、中心对齐、向右对齐以及小数点对齐(用于数字)等。在数据操作中，指在存储器中存放多字节数据单位时的一种要求，即使任何这样的数据单位的各个部分总是放在存储器的同一类型单元中，如在存储双字节时总是把左边的字节放在偶数地址存储单元中。

aligned bundle 定位光纤束 在光缆的两端，光纤束中的每一根光纤都具有相同的相对空间位置的坐标。即是在光纤束两端存在固定的联系，以至于每一根光纤的两端相对于其他光纤具有相同的相对位置。定位光纤束可用于传输图像，因为在光纤束一端的图像将会在它的另一端出现，仅有有限的失真。同 coherent bundle。

alignment network 对准网络 阵列计算机内的一种存储网络，它从存储器网络中同时读出一组子项，使多处理器能进行并行处理。

alignment rule 对齐规则 数据对齐所遵循的一套规则。在 COBOL 语言中当数据由发送项传送到接收项，而该接收项的数据描述体又没有对齐子句时，就需引用对齐规则。如果接收项是数值项，则对齐小数点(如果没有明确指定小数点位置，则认为小数点在最后数值位的右边)就进行传送。当发送项和接收项的长度不同时，将作截断或补零处理。如果接收项是数值编辑项，则对齐小数点，两端可能发生截断或补零。如果接收项是字符的、字母的或字符编辑项，则按最左位置对齐，右边可能发生截断或补空白。

align text 调整文本 在文字处理中，对文卷中非规则行的长度作平衡处理，并在光标位置指示的点处开始。参见 justify。

ALIS 自动化图书馆信息系统 automated library information system 的缩写。

alkaline battery 碱性电池 以二氧化锰为正极，锌为负极，氢氧化钾为电解液。其特性上较碳性电池优异，电容量大。参见 carbon battery。

alkaline zinc-manganese battery 碱性锌锰电池 简称碱锰电池，俗称碱性电池。同 alkaline battery。

ALL 应用(程序)装入表 application load list 的缩写。

all channel antenna 全频道天线 可以接收甚高频(VHF)、特高频(UHF)和调频(FM)频段全部 82 个频道的天线系统。

all channel tuning 全频道调谐 电视机既能接收 14 ～ 83 超高频频道，又能接收 2 ～ 13 甚高频频道的能力。

all controlling device 全控型器件 通过控制信号既可以控制其导通，又可以控制其关断的电力电子器件，也称自关断器件。

all dielectric self-support (ADSS) 全介质自承式光缆 ADSS 主要应用在强电场合，其中抗张力的加强元不是金属而是芳纶纱和玻璃纤维增强塑料。

all-glass optical fiber 全玻璃光纤 光纤的纤芯和包层均由玻璃制成的一种光纤。绝大部分光纤是硅玻璃纤芯和硅玻璃包层。

alligator clip 鳄鱼夹 带有齿形爪的细长弹簧金属夹，当用来接在测试引线的端头上时，能进行暂时但可靠的连接，且能迅速断开来放置到其他测试点上。

all-in-one microcomputer 单体式微型计算机 将中央处理器、存储器、输入输出接口、电路、磁盘驱动器、显示屏和键盘等主要部件全部装在一个机箱内的微型计算机系统。

all-insulation working 全绝缘作业 带电作业时，作业人员处在全绝缘情况下，直接接触高压带电体进行的作业。

all IP universal mobile telecommunication system (IP-UMTS) 全 IP 通用移动通信系统 通用移动通信系统的改进版本，比原有版本(R99)最主要的改变是引入了 IP 多媒体，把 IP 多媒体业务作为分组交换业务的扩展，所以称为“全 IP UMTS”。参见 universal mobile telecommunication system (UMTS)。

all-number calling (ANC)　全数字呼叫(方法)　电话号码编码系统中,采用全数字编码的一种编码呼叫法,如采用7位数字而不采用两位字母加上5位数字作为电话号码。

allocate　分配　(1)为程序运行保留足够的存储区。在 Windows 95 中,采用 PIF 编辑程序建立一个最小、适中或最大的存储区,以确保在 Windows 中运行的 DOS(磁盘操作系统)应用程序具有最佳性能。Macintosh 用户可以使用 Finder 察看为每个程序假定的存储区大小和当前的存储区分配。(2)在存储器中,为主程序和子例程分配存储空间。(3)在网络计算环境中,指建立一个识别一个对象的远程过程调用(RPC)句柄。(4)为程序保留存储器,程序通常需要某种系统资源如存储器空间和磁盘空间,在需要时向操作系统提出请求,对这种请求的响应称为分配,分配有静态分配和动态分配两种,静态分配在程序启动时进行,到程序结束时释放,动态分配在程序运行期间进行分配和释放,动态分配可以是显式的也可以是隐含的。参见 deallocate, dynamic allocation, pointer。

A

allocated baseline　指派基线　在软件工程中,指派基线是指在软件需求分析阶段结束时,经过正式评审和批准的软件需求的规格说明。指派基线是最初批准的指派配置标识。

allocated circuit　分配式线路　为一个或多个用户的专门用途而设计的电信线路。

allocated logical storage　已分配逻辑存储器　计算机系统中,由分段寄存器所映射的逻辑存储器。

allocated variable　已分配变量　一个已经分配了存储空间的程序变量。

allocate storage　分配存储区,存储区分配　(1)为特定的用途分配专门的存储空间,如为保存输入/输出数据、专用程序、程序常数或临时数据而分配工作区。(2)把存储区或存储单元分配给程序、程序的某些部分、常数、工作存储器和数据等。

allocation algorithm　(存储)分配算法　(1)在分段虚拟存储系统中,用来将主存储器空间分配给存储段的一种算法。典型的存储分配算法有首次满足法、最佳满足法和半满足算法。(2)在磁盘存储器中,将文件存入磁道柱面的算法。

allocation bit map　分配位图[表]　一种磁盘空间使用情况的索引表,操作系统借助它可以快速地决定盘空间中的既定区域的使用。

allocation block size (ABS)　分配(存储)块大小　存储媒体上一个单独的数据存储块的大小。

allocation of data set　数据集地址分配　给数据集分配辅助存储器的存储空间的过程。

allocation of frequency　频率分配　对各种不同通信规定使用的频率范围。这些通信通常包括,普通电视与无线电广播、地面移动通信、国防通信、微波链路通信、业余无线电通信等。这样将可以利用的频谱分给相互不兼容的业务,可以减小它们之间的相互干扰。由于同样的理由,宽带计算机网络的管理者也会利用电缆可以提供的带宽,在网络要提供的各种不同业务之间进行频率分配。

allocation schema　分配模式　在分布式数据库中的一种划分模式,片段是全局关系的逻辑划分,片段到节点的映射称为分配模式,它规定了一个片段如何物理地分配在计算机网络的一个或几个节点上,分配模式所表示的映射有两类:一是一对多的映射,即一个片段分配到多个节点,它表明分布式数据库的冗余性;二是一对一的映射,不是冗余的,一个片段只分配到一个字节点上。参见 local concept schema (LCS), global concept schema (GCS), fragment schema。

allochromatic　掺杂色的　某些晶体由于存在内部微粒而引起的荧光性质,它可以自然产生或由于晶体暴露在某种形式的辐射所引起。

allochromy　荧光效应　发射光的被长与吸收光的波长不相同的荧光。

all optical network (AON)　全光网络　指信号只是在进出网络时才进行电/光和光/电的变换,而在网络中传输和交换的过程中始终以光的形式存在,中间没有光电转换器。由于在整个传输过程中没光电转换的障碍,所以 PDH(准同步数字系列)、SDH(同步数字系列)、ATM(异步传输模式)等各种传送方式均可使用,提高了网络资源的利用率。参见 asynchronous transfer mode (ATM)。

all optical wave converter (AOWC)　全光波长转换器　指不经过电域处理,直接把信息从一个光波长转换到另一个波长的器件。

"all or no"　"全或无"原则　在其他条件稳定的情况下,当有足够数量的输入作用超过某一阈值时,神经元就会处于兴奋状态,产生冲动电位;如果低于这个阈值,就处于抑制状态。

allowed band　允许能带　包含有电子可能占据的某一级的某些材料中的能带,如导带或价带。

allowed cell rate (ACR)　允许的信元率　在 ATM(异步传输模式)传输中,指一种可用位速率(ABR)服务参数,是源端允许发送的信元/秒的速率。ACR 在最小信元速率(MCR)和峰值信元速率(PCR)之间变化,通过拥塞控制机制对其进行动态控制。参见 asynchronous transfer mode (ATM), minimum cell rate (MCR)。

allowed transition　允许跃迁　量子力学系统的两种状态之间最可能的跃迁。粒子在它的两个定态之间发生跃迁需要满足一定的条件。这些条件通常用两个定态之间的两组量子数之差值来表示,称为选择定则。满足选择定则的跃迁过程称为允许跃迁,不满足选择定则的跃迁过程称为禁戒跃迁。允许跃迁和禁戒跃迁只有相对的意义,即只有跃迁几率的大小之别。参见 transition。

alloy film 合金薄膜 诸如用于形成薄膜电路中电阻器的镍铬合金之类的合金薄膜。

alloying 熔合 通过在半导体表面上熔化受主或施主，然后再使之重新结晶来制作半导体结的过程。

alloy junction 合金结 将一种或多种掺杂金属熔合到半导体中形成的结。将少许掺杂金属放在半导体上某个需要的位置上并加热到它的熔点，再迅速冷却。根据所使用的杂质，带有半导体材料的杂质金属合金可以形成 P 区或 N 区。

all-pass network 全通网络 在任何频率上只引入相移或延迟而不引入明显衰减的网络。

all-plastic optical fiber 全塑光纤 纤芯和包层均由塑料制成的一种光纤。

all points addressable (APA) 全点可寻址 计算机图形学中的一种显示模式，该模式使程序能对屏幕上的像素逐点进行寻址、显示和着色。参见 graphics mode。

all points addressable display 全点可寻址显示器 一种显示器，其屏幕上的所有各点(由显示器分辨率所确定)都可寻址，从而能独立地为任何点指定亮度和颜色。通常的光栅扫描图形显示器都有这种性质。

all-purpose computer 通用计算机 为解决科学计算、数据处理等多方面的问题，把早先的各种专用计算机的功能结合起来而设计的计算机。

all-relay automatic system 全继电器自动控制系统 一种仅使用继电器来实现自动控制的开关系统。

all resume 全部再开始 过程监督系统的宏指令之一，其作用是解除所有任务的中止状态。

all-routes broadcast frame 全路由广播帧 向各网络节点广播发送的数据帧。该帧在路由信息字段中设置的位信息表示要将该帧发送到网络中所有的局域网段(跨所有网桥，即使多个路径允许该帧的多个副本到达某些局域网段)。不检查目标地址，且该地址在网桥路由中不起作用。比较 all-station broadcast frame。

all-routes explorer packet 全路由数据探测包 贯穿整个 SRB(源路由桥接)网络的探测包，它跟踪到达特定信宿的所有路径。有时也称"全环探测数据分组"。参见 source route bridging (SRB)。

all routes explorer frame 全路由探测帧 在 ATM(异步传输模式)中，指由源端发出的一种专门的帧，用来确定到另一个网络设备的最佳路由。参见 asynchronous transfer mode (ATM)。

all-silica optical fiber 全硅光纤 一种由基于硅的纤芯和一个或多个基于硅的包层组成的光纤，它可有保护性聚合物外套或紧包缓冲层。

all-station broadcast frame 全站广播帧 一种目标地址位都置 1 的数据帧。该帧在其所在的任何局域网段中的所有工作站都将接收该帧。路由信息(而不是目标地址)确定帧在哪些局域网段上出现。全站广播独立于全路由广播，两者可以同时执行，或者一次执行一个。参见 all-routes broadcast frame。

all-stations address 所有站地址 用全"1"地址来表示网络上所有站的地址，也称"广播地址"。同 broadcast address。

all suspend 全部中止 过程监督系统的宏指令之一，使所有任务处于中止状态。

all trunks busy (ATB) 所有中继线忙 一组中继线中的所有中继线都正在使用时出现的情况。

all-wave antenna 全波段天线 能对包括短波频段和广播频段在内的宽广频率范围起良好响应的无线电接收天线。

all wave fiber 全波光纤 一种光损耗很小的光纤。全波光纤从 1 335 纳米一直到 1 625 纳米的整个波段都可以使用。

all-wave receiver 全波段接收机 能对所有通信频段(包括调频台)调谐的无线电接收机。

all 1's broadcast address 全 1 广播地址 在使用 TCP/IP(传输控制协议/网际协议)的网络中，用于广播的 32 位全是 1 的 IP 地址。这种广播地址只限于无盘工作站启动时向自己所在局域网内服务器查询自己的 IP 地址而进行广播使用。因为这种广播只限于无盘工作站所在局域网，因此这种地址也称"受限广播地址"和"局域网广播地址"。真正广播信息时要使用定向广播地址。

ALM 警报，报警 alarm 的缩写。

almost-complete binary tree 准完全二叉树 一个二叉树，具有 $K(K \geqslant 2)$ 级，其中第 0 级到第 $K-2$ 级是满的，而第 $K-1$ 级从左到右填满。

almost full scan 准全扫描 一种集成电路可测试性设计方法，采用部分扫描的方法简化扫描电路的设计。它尽量采用全扫描，以达到尽可能高的故障覆盖率，同时有针对性地将关键路径上的触发器排除在扫描减之外以保证芯片的工作速度。参见 scan path, partition-driven partial scan, area-optimized partial scan。

ALMRBS 机场地面移动无线基站 airport land mobile radio base station 的缩写。

ALMRS 机场地面移动无线电台 airport land mobile radio station 的缩写。

Aloha Aloha(协议) 也称 Aloha 技术、Aloha 网，是世界上最早的无线电计算机通信网。是 20 世纪 70 年代初研制成功的一种使用无线广播技术的分组交换计算机网络，也是最早最基本的无线数据通信协议。它是 1968 年美国夏威夷大学的一项研究计划的名字。取名 Aloha，是夏威夷人表示致意的问候语。

A

Aloha procedure Aloha 规程 多路访问传输介质使用的一种简单的访问控制技术。它规定一个站只要有数据要求就可发送,未被确认的传送则要进行重传。

along insulator working 沿绝缘子串作业 作业人员身穿屏蔽服沿绝缘子串进入强电场区的作业。

ALP (1)自动化语言处理 automated language processing 的缩写。(2)平均发射光功率 average launch power 的缩写。

A

alpha 希腊字母 α (1)希腊字母表中的第一个字母 α。(2)在基极接地电路中,表示晶体管电流放大系数的符号。它是当集电极电压维持恒定不变时,集电极电流的增量变化与发射极电流的增量变化之比。

Alpha AXP Alpha AXP 系统结构 DEC 公司的微处理器系统结构,其中的第一个产品为 DECchip 21064 微处理器,该处理器是一个超标量、超流水的处理器结构,采用双指令发动,时钟频率为 200 MHz,芯片中集成了 8 KB 指令高速缓存和 8 KB 数据高速缓存,有一个 64 位的整形数运算部件和一个流水浮点处理部件,芯片中还有一个处理数据访问的总线接口单元,芯片采用的 CMOS(互补金属氧化物半导体)工艺为三层金属布线的 0.75 μm 的技术,1.4×1.7 cm 的 CMOS 硅片,集成了 168 万个晶体管。

alphabet 字母表 (1)在语言中所使用的按序排列的一组符号,如 Morse 码字母表和 128 个 ASCII(美国信息交换标准代码)字符等。(2)形式语言和自动机理论中的最基本概念。任意个符号组成的集合称为字母表,字母表中的元素称为字母。它们是自然语言的字母表和字母的抽象。

alphabetic addressing 字母编址 程序所用的存储单元用字母或字母数字来标识的过程。用字母编址的程序不能由机器直接执行,因此要先把这种地址换成绝对地址后,程序才能执行。

alphabetical index 字顺索引 按字母顺序编排索引词的索引。

alphabetical subject classification 字顺主题分类法 用于检索某一科学技术领域的文献、主题或事实(知识)的分类体系。其特点是,每一类目对应于一个主题或事实(知识),而分类法中的类目按类目名的字母顺序排列。

alphabetic character 字母字符 计算机语言中使用的字母或符号,不包括数字。例如,将英文 26 个字母称为字母字符,有些计算机语言将 #、$ 和@也包括在内。

alphabetic character set 字母字符集 由字母组成的字符集。可以包含控制字符、特殊字符和空格字符等,但不包含数字。

alphabetic character subset 字母字符子集 包含字母的字符子集。它可以包含控制字符、特殊字符和空格字符,但不包含数字。

alphabetic code 字母代码 (1)其应用将产生一个代码元素集的一种代码,代码元素集中的诸元素由字母字符集中的元素构成。(2)用于将信息表示成易于输入的形式的缩写字母的集合。例如,y 表示 yes,CA 表示 California 等。

alphabetic coded character set 字母编码字符集 由字母表中所有字母组成的一种编码字符集。

alphabetic coding 字母编码 用字母来表示信息的过程和方法。

alphabetic command 字母命令 由控制键加上字母数字键在系统中实现的一种附加命令。

alphabetic data code 字母数据码 由字母和某些特殊符号构成的数据所采用的代码。

alphabetic data item 字母数据项 只能包含字母字符和空白符的数据项。

alphabetic flag 字母标记 在视觉通信系统中,按国际标准用于代表字母表中的字母的标记。字母标记的一个例子是用具有一种色彩图案的正方形标记来表示字母表中的一个字母。对于传递消息的轮船的字母标记通常依此串接在挂旗、绳索和桅杆上。

alphabetic string 字母串 完全由同一字母表中的字母和有关专用符号所组成的字符串。

alphabetic telegraphy 字母电报 适用于文本的电报,利用编码使每一个编码信号或信号组对应于一个字符,如字母、符号或标点符号。

alphabetic tree 字母树 自左往右扫描树的叶节点,叶节点所对应的字母的顺序是按字典排列的一种树。对应于树叶 $v_1,v_2,\cdots,v_n$,各有相应的权 $W_1,W_2,\cdots,W_n$ 其长度分别为 $m_1,m_2,\cdots,m_n$,使 $\sum_{i=1}^{n} m_i W_i$ 为最小的树称为最优字母树。

alphabetic word 字母字 完全由同一字母表中的字母所组成的字。

alphabetizing convention 字母顺序约定 计算机情报检索中对编码字母顺序进行的约定。这种约定的目的是要使计算机的处理以及输出结果与人们平时的习惯相一致。这种约定规定,字母顺序按字母编码值的大小排列。

alphabet length 字母宽度 按点计算的小写字母的宽度,用于比较各种印刷字体的设计。

alphabet order 字母表序 也称"字典序"或"辞典序"。定义在一个字母表上字符串集合上的一种序。直观地讲,就是一般拼音文字语言的词典中单字(词)的排列方式。形式地定义为:α 先于 β,如果①α 是空串而 β 不空;或②如果 $\alpha = x_1\alpha_1$,$\beta = x_2\alpha_2$,且 x_1 在字母表上先于 x_2,或 $x_1 = x_2$ 而 α_1 先于 α_2。

alphabet translation 字母变换 两个不同字母表中

的字符一一对应的转换，也称“字母直译”。同 alphabet transliteration。

alphabet transliteration 字母直译 一个字母表中的字符转换为另一个字母表中的字符。通常，字符的转换是在字符的一一对应的基础上完成的。一个字母变换的例子是字母 a、b 和 p 分别用希腊字母 α、β 和 π 代替。字母直译也可以反方向进行。由于世界上各地采用不同的字母和编码，故在电信系统中常常必须使用字母直译。字母直译不考虑单个字母或字母组合的含义。

Alpha blending α混合 一种让三维物体产生透明感的技术。当屏幕上显示三维物体时，每个像素中通常都会有红、绿、蓝三组数值。若三维环境中允许像素能拥有一组 α 值，我们就称它拥有一个 Alpha 通道。α 值用来表示像素的透明度。这样一来使得每一个物体都可以拥有不同的透明程度。α 混合是一种将透明的信息加到半透明物体上的技术。其功能就是在混合中将被混合对象作透视计算处理，以创造出有如同透过水看物体时的透明感觉。每像素最终结果的颜色实际就是前景与背景颜色的组合。参见 Alpha channel。

Alpha buffer α-缓冲器 一种额外的通道，保持透明信息；像素便成为四组值(RGBA)。当听到有关 32 位帧缓冲器时，这实际意味着有 24 位颜色，红、绿、蓝各占 8 位，还有一个 8 位的 α 通道。

Alpha channel 阿尔法通道 在 24 位真彩色的基础上，外加了 8 位的 Alpha 数值来描述物体的透明程度。在某些图形适配器中，这个通道被某些软件用来管理其余的 24 位信息，如改变颜色和屏蔽颜色，这 24 位信息分别表示像素的颜色成分，8 位表示红色强度、8 位表示绿色强度、8 位表示蓝色强度。

Alpha chip Alpha 芯片 DEC 公司开发的一种 64 位基于 RISC(精简指令集计算)体系结构的微处理器。参见 reduced instruction set computer (RISC)。

Alpha cutoff α截止 双极晶体管的 α 值从它的低频值下降 3 dB 处对应的高频值。在 α 截止处的电流放大为晶体管的 α 额定值的 70%。

Alpha edition Alpha 版本 Alpha 是希腊字母中的第一个字母，用于表示一个软件或硬件的先期版本，改进后的版本称 Beta 版本。Alpha 版本的产品仍然需要完整的功能测试，而其功能亦未完善，但是可以满足一般需求。

Alpha expression 阿尔法表达式 表示关系式数据库中元组算子查询的一个术语。

alphageometric 几何法字图显示 (1)一种依据发送的几何图形指令来显示字符与图形的方法。(2)在计算机图形学中，尤其是在图文电视和可视文字系统中的一种显示方式。这种显示方式包括用于字母数字字符和能用于画屏幕图形的几何元图(各种形状，如水平线、垂直线和转角等)的代码。参见 alphamosaic。

alphageometric graphics 字母几何图形 通过使用计算机高级语言及有关图像描述指令(PDI)，在可见屏幕上显示的图像。参见 alphamosaic。

Alpha laser α激光器 一种工作在 2.7 μm 波长上的化学激光器。其激光作用由氢和氟的燃烧形成。激光器能产生 2.2 MW 的功率，可用来熔化空间中远距离处的金属。α 激光器基本上由铝制成，包含一个称之为 LAMP(大型高级镜面计划)的平面镜系统。

alphameric display 字母数字显示器 一种能显示字符、数字和专用字符，但不能显示图形的显示器。同 alphanumeric display。

alphameric-graphic display 字母数字图像显示器 使计算机产生的信息变成可直接观看的显示装置。

Alpha microprocessor Alpha 微处理器 DEC 公司开发 64 位 RISC(精简指令集计算)型微处理器产品的内部代号，1992 年推出了型号为 DECchip 21064 的产品，最初的代号为 EVAX(扩展的 VAX)，在商标注册时，这个名称变为 Alpha AXP。

alphamosaic 字母颗粒图像，镶嵌法字图显示 (1)在屏幕上生成视频图像的方法。显示的图像由颗粒点组成。(2)在计算机图形学中，尤其是在图文电视和可视文字系统中的一种显示方式。这种显示方式包括字母数字字符的代码，在屏幕上以图形元素的矩形排列产生图形，每个图形元素是一块镶拼片。参见 alphageometric。

alphamosaic graphics 字母镶嵌图形 视频信息的图形产生方式之一，它是把整个屏幕划分为 24 列，每列再分 40 块区域，每个区域内不是点阵式的字符就是特殊图形符号。此方式显示的图形有如小方块堆砌而成。

alphanumeric 字母数字的 由字母和数字组成的，有时也包括控制字符、空格键以及其他特殊字符。参见 American Standard Code for Information Interchange (ASCII), character, extended binary coded decimal interchange code (EBCDIC)。

alphanumeric character 字母数字字符 通常是指一种计算机系统识别的字符。这种字符可以是字母(A ~ Z)，也可以是数字(0 ~ 9)，同样也可指各种特殊字符(如空格)等。

alphanumeric character set 字母数字字符集 一种字符集，其中既包含字母也包含数字，还可能包含控制字符和专用字符。

alphanumeric character subset 字母数字字符子集 既包含字母又包含数字的字符子集。它可以包含控制字符、特殊字符和空格字符。

alphanumeric code 字母数字代码 用字母数字字符集来表示信息的代码。

A

alphanumeric code character set 字母数字编码的字符集 其字符集是由字母数字字符集构成的一种编码字符集。

alphanumeric data 字母数字数据 用字母、数字、特殊符号和空格等表示的数据。

alphanumeric data item 字母数字数据项 字形子句仅限于 A、X、9 三个字形字符组合的数据项。组合形式遵守下述规则之一:①至少包含一个 A 和一个 9;②至少包含一个 X,在这种情况下,A 或 9 的出现是任选的。字符数字数据项能包括计算机字符集(或 COBOL 字符集)中的任何字符。一个全部由 A(A 表示字母)组成的数据项称为字母数据项。一个全部由 9(9 表示数字)组成的数据项称为数字数据项。

alphanumeric display 字母数字显示器 一种可以显示文本的显示器。字母数字显示器能够显示一组固定的字符、数字和专用字符,但不能显示图形。

alphanumeric display terminal 字母数字显示终端 能显示字符(字母、数字和符号)但不能显示图形的终端。

alphanumeric field 字母数字字段 能包含任何字母、数字或特殊字符的字段。

alphanumeric instruction 字母数字指令 用于处理字母或数字类型数据的指令。

alphanumeric keyboard 字母数字键盘 用来输入字母、数字和特殊字符到显示缓冲器的键盘。它还可用来执行如返回等特殊功能并产生特殊的控制信号。

alphanumeric keys 字母数字键 类似于数字设备上所使用的标准键盘的字键。通常它们用于显示系统,作人工输入或编辑文件之用,但也可用作功能键。

alphanumeric sort 字母数字分类 一种与字母分类相似的分类方法,但它还把数字、标点符号、特殊字符都考虑在内。典型的顺序如下:标点符号,数字,字母(大写在前,小写在后)以及任何被分类集中的其他字符。不同的实际应用和不同的国家有各自不同的分类顺序。

Alpha particle α粒子 相当于氦原子原子核的一种粒子,具有两个质子、两个中子,它是一种高能粒子,带有两个质子携带的正电荷。α粒子从某个放射性元素或同位素逸出时,其电离功率高到足以使分子电离。

Alpha radiation α辐射 从放射性原子逸出的α粒子。

Alpha radiation error α辐射错误 系统的存储器器件受α射线照射时可能出现的数据错误,通常采用纠错码解决这种问题。

Alpha release α发行 软件产品的早期试发行,用于测试的目的,其分发限制在很小的范围,通常面向专业测试人员。参见 Alpha version, Beta release。

Alpha testing α测试 在软件开发商内部在软件编码完成后寻找程序错误、验证程序与需求规格或用户手册相符合的测试,也称"验证测试"。参见 Beta testing。

Alpha version α测试版 也称"内测版"。软件在正式上市前的内部测试版本,用于征求意见,修订版本。一般而言,该版本软件的问题较多,普通用户最好不要安装。参见 Beta version。

Alpha wrap α环绕 螺旋扫描录像磁带系统中的磁带轨道。它在圆轴上与圆轴整整接触 360°。

ALS (1)亚洲语言服务 Asian language services 的缩写。(2)自动激光关闭 automatic laser shutdown 的缩写。

also known as (AKA) 也称为 用于电子邮件或 BBS(电子公告牌系统)等网上常用缩略语。

ALSTTL 先进低功率肖特基晶体管-晶体管逻辑 advanced low-power Schottky TTL 的缩写。

ALT 平均潜伏时间 average latency time 的缩写。

alt. config alt. config 专题组 在可选新闻组等级结构中,专为讨论建立新的新闻组而设的一个新闻专题组。虽然 alt. 等级的建立部分地回避了 Usenet(网络新闻组)的常规规则,但仍然存在一些关于应该创建哪些 alt. 专题组、它们如何命名,以及在整个网络中的系统管理员是否接收和传播它们等方面的约定。

Altera hardware description language (AHDL) AHDL 语言 AHDL 是 Altera 公司发明的硬件描述语言(HDL),特点是非常易学易用,学过高级语言的人可以在很短的时间(如几周)内掌握 AHDL。它的缺点是移植性不好,通常只用于 Altera 自己的开发系统。参见 hardware description language (HDL), very-high-speed integrated circuit hardware description language (VHDL)。

alteration switch 变换开关 计算机控制台上的一种手动开关,或是一种程序模拟开关,可将该开关置为开或关状态以控制编码机器指令。

alternate billing service (ABS) 它方付费服务 不由主叫方直接付费的电话服务方式。有两种它方付费方式:由被叫方付费和第三方付费。参见 reverse charge cal。

alternate buffering 交替缓冲技术 一种存有输入/输出指令控制字的双缓冲器系统,用适当的控制字可使数据避开正在使用的缓冲器而存入另一缓冲器。

alternate-channel selectivity 隔台选择性 指接收调谐器能够抑止与所欲接收的电台相隔为两个台的其他电台的干扰的能力。参见 adjacent-channel selectivity。

alternate character set 替换字符集 一个包括一些特殊字符如数学符号和希腊字母的字符集，为某些打印机而定义。

alternate circuit-switched voice/circuit-switched data (CSV/CSD) 候选电路交换话音与电路交换数据 一种供 ISDN(综合业务数字网) B 信道使用的配置选项，使得呼叫期间在两个用户之间进行的数字传输不是话音(信息)就是数据通信。参见 B channel, circuits-witched data, circuit-switched voice。

alternate code 备用[替换]代码 在 SNA(系统网络体系结构)中，在会话激活时选用的一种代码，通常是 ASCII(美国信息交换标准代码)，用该代码系统代替扩充的二进制编码的十进制交换代码(EBCDIC)对请求/应答单元(RU)中的最终用户数据进行编码。

alternate communications net 备用通信网 当主网由于某些原因(如恶劣天气、超载、破坏、饱和、缺少操作员等)，停止运行时，所使用的通信网。

alternate CPU recovery (ACR) 替换 CPU 恢复(程序) 多 CPU 或多处理机中的一种可用的恢复程序，当一 CPU 出故障时，该程序设法将任务移交给另一 CPU 来恢复并运行。

alternate cursor 替换光标 在计算机制图学中的一种光标，该光标不同于设备加电时出现在显示平面上的那个光标。

alternate device 备份设备 被指定为另一台设备的后援设备的一种设备。从一台设备转入其指定备份设备的请求可用手动转换完成。

alternate extended route 替代扩充路由 在通信系统软件中，被定义为两个主机节点间附加扩充路由的一种扩充路由。当没有可用的虚拟路由通往目的地时，将自动采用替代路由。

alternate function key 辅助功能键 在正常情况下，能产生一个字符的一种键，但该键与另一个键同时按下时则实现一种特定功能。参见 command key, function key, program attention key, program function key。

alternate gate "或"门 完成逻辑加法运算的一种电路，故也称"逻辑和电路"。只要有一个输入端处于"1"电平，其输出端就为"1"电平。只有当所有输入端都为"0"电平时，其输出端才为"0"电平。同 OR gate。

alternate hot-spare disk 备用热备份磁盘 一种物理磁盘，当无合适的热备用磁盘可用时，自动将该磁盘映射至该逻辑驱动器。

alternate index 辅助索引 (1)索引层次结构中的一种辅助索引或从属索引。(2)在配有 VSAM(虚拟存储存取法)的系统中的一种索引表目的集合。它与某个给定的基簇相关联，并通过一个替代键标来组织，而不是通过相关基簇数据记录的主键标来组织。辅助索引提供一个辅助目录，用于寻找基簇数据成分中的各记录。参见 path。

alternate index cluster 辅助索引簇 在 VSAM(虚拟存储存取法)中，一个辅助索引的数据和索引成分。

alternate-index entry 辅助索引表目 在 VSAM(虚拟存储存取法)中，含有关于某个辅助索引信息的一种目录表。一个辅助索引表目指向一个数据表目和一个索引表目以描述辅助索引的成分，也指向一个簇表目以识别辅助索引的基簇。参见 cluster entry。

alternate-index record 辅助索引记录 在 VSAM(虚拟存储存取法)中，用于对基簇中的一个或多个数据记录作定序和定位的数据项的汇集。每个辅助索引记录含有一个辅助键标的值和一个或多个指针，当该辅助索引记录支持某个键顺序数据集时，每个数据记录的主键标的值就是该指针。当该辅助索引记录支持某个进入顺序数据集时，数据记录的相对字节地址(RBA)值就是该指针。参见 alternate index, alternate key, base cluster key。

alternate index upgrade 辅助索引升级 在装有 VSAM(虚拟存储存取法)的系统中，反映对与辅助索引的基簇所作修改的过程。

alternate key 辅助键标，备用关键字 (1)在装有 VSAM(虚拟存储存取法)的系统中，主键之外的取自于基簇中每个数据记录中一个或多个连续的字符，并以此为这个基簇建立一个替代索引。参见 key, key field, prime key。(2)在数据库中不作为主关键字的任意候选关键字。参见 candidate key, primary key。

alternate mark inversion (AMI) 传号交替反转 一种基带信号的编码规则。传号交替反转编码规则是将二进制消息代码"1"(传号)交替地变换为传输码的"+1"和"−1"，而"0"(空号)保持不变。由于信号交替反转，故由它决定的基带信号将出现正负脉冲交替，而 0 电位保持不变的规律。由此看出，这种基带信号无直流成分，且只有很小的低频成分，因而它特别适宜在不允许这些成分通过的信道中传输。

alternate mark inversion code (AMIC) 传号交替反转码 一种双极性三电平码。对于"0"，编码器无输出；对于"1"，则交替地输出幅度相等的正、负脉冲。该码的优点是信号无直流成分，编译码电路简单及便于观察误码情况等，主要缺点是，由于它可能出现长的连续 0 串，因而会造成提取定时信号的困难。为了保持 AMI 码的优点而克服其缺点，人们提出了许多种类的改进 AMI 码，HDB3 码就是其中有代表性的码。参见 high density bipolar of order 3 code (HDB3)。

alternate mark inversion (AMI) signal 传号交替反

A

转信号 一种表示二进制数字的伪三元信号，其中连续“传号”的正负极性相互交替，它们的幅度的绝对值通常相等，“空号”的幅度为0。参见 alternate mark inversion code (AMIC)。

alternate mode 交替方式 两个相互作用的系统或用户依次使用虚拟终端存取数据结构的方式。相应协议允许一个用户向另一个用户顺序传送控制信息。这和自由运行方式不同。

alternate name 替换名称 (1)一个替换标志，如一个标志和若干个替换名可用于指程序中的同一个数据元素或者指针。(2)在信息资源词典中，指任何一个实体已知并与多个实体联系的名字。

alternate offset track 交替偏移磁道 在数字诊断软磁盘上的特定磁道，其上的识别区在磁道中心，而数据区则以某一固定偏移量交替地向磁道中心两旁偏移，一般是奇数号数据区为正偏移(向内偏移)，偶数号数据区为负偏移(向外偏移)。通常，一张数字诊断磁盘上记录有几条偏移量不同的交替偏移磁道，用以检测磁盘机主轴的径向跳动量。

alternate party 替换用户 在多级优先和抢先系统中，优先呼叫要转移到的呼叫接收机(即目标用户)。当呼叫接收机正在忙于和同级的或更高级的发送端通信时，或者当接收机忙于访问一些不可被抢占的资源时，并因而引起响应超时，这种转移将发生。替换用户的转移是一种由呼叫接收机预订的可选的终端特性。因此，替换用户是在预订这项服务时由呼叫接收机确定的。

alternate path 替换路径 操作失败后的另一个通路。参见 alternate path retry (APR)。

alternate path retry (APR) 替换通路重试[复执] 允许一个已失败的输入/输出操作在已分配执行输入/输出操作的设备的另一个通道上重复执行(前面失败的操作)的一种功能。它还具有为联机或脱机设备建立其他多条通路的能力。

alternate recipient 替换接收者 在报文处理中，只有在报文或探查不能被传送到优先接收者的情况下，始发者可以(但并非必需)请求将该报文或探查传送给某个用户或分发表。该用户或分发表就是替换接收者。

alternate record key 次记录键 主记录键以外的键。它的内容用来标识索引文件中的一个记录。

alternate recovery (AR) 替换恢复 当某处理部件失效时，通过把工作转换到另一处理部件的方法试图使系统恢复运行的一种设施。

alternate route 替换[备用]路由 当正常路由不能工作时使用的一种辅助路由或备用路由。

alternate running mode 交替运行方式 相互传送信息的两个系统或两个用户使用虚拟终端方式轮流传送信息的传输方式。所使用的协议保证一方传送信息完毕之后给另一方发送信息权，另一方才能开始传送信息。这在相互通信的双方看来很像半双工通信方式。与此不同的运行方式是“自由运行方式”。

alternate sector 替换[备用]扇区 在计算机系统中，由系统指定的磁盘扇区，用它来替换不能使用的扇区。

alternate tape 替换磁带机 在 VSE(虚拟存储扩展)操作系统中的一种磁带驱动器，在磁带读或写操作中，如果原先使用的磁带机上的磁带已到卷尾，操作系统将自动地把读或写操作切换到另一台磁带机上。

alternate track 替换磁道 直接存取设备上的一种磁道，用于保存存放在已损坏的原磁道上的数据。

alternate triples 替换三组路由 当使用分支路由时，可用作远程呼叫自动替换路由的三组替换中继路由。

alternating chain 交错链 给定偶图(X,Δ,Y)，M是匹配。连接分别在X和Y中的两个节点u和v的一条链，如果它的第一，第三，第五，…… 条边不在M中，它的第二，第四，第六，…… 条边在M中，且u和v都不与M中的边关联，此链就称为关于M的交错链。交错链是否存在可用来判断M是否为最大匹配。

alternating component 交流分量 从脉动电压或电流的脉动量中除去直流分量后所得到的量。参见 pulsating voltage，pulsating current。

alternating current (AC) 交流电 以规定的时间间隔且通常以正弦方式连续改变数值和颠倒其流动方向的电流。在一个方向上从零到最大，然后在另一个方向上从零到最大并返回到零。每一次重复称为一个周期。在每秒内出现的周期数称为频率，每个周期中包含两个极性的部分，交流电的平均值为零。比较 direct current。

alternating current circuit 交流电路 电源的电动势随时间作周期性变化，使得电路中的电压、电流也随时间作周期性变化，这种电路称为交流电路。比较 direct current circuit。

alternating current commutator machine 交流换向器电机 异步电机的一种，其电枢绕组与换向器相连接。

alternating current contactor 交流接触器 用作电力的开断和控制电路，主要由电磁系统、触点系统、灭弧系统及其他部分组成。交流接触器利用主接点来开闭电路，用辅助接点来执行控制指令。主接点一般只有常开接点，而辅助接点常有两对具有常开和常闭功能的接点，小型的接触器也经常作为中间继电器配合主电路使用。交流接触器又可分为电磁式，永磁式和真空式三种。

alternating current induced polarization method 交流激发极化法 根据岩石、矿石的激发极化效应来寻找金属和解决水文地质、工程地质等问题的一组电法勘探方法。交流激发极化法的激励场源是发送不同频率的交变电流,测量参数为复电阻率的幅值和相位以及频率特性。它也称“频率域激发极化法”,包括变频法、感应激发极化法等。参见 variation-frequency method, inductive induced polarization method。

alternating current system (AC system) **交流系统** 由交流提供电力的系统。

alternating field **交变场** 具有一定方向且强度是一交变量的场。参见 uniform field, vector field, rotating field。

alternating gradient **交变梯度** 磁场中,相继磁铁具有相反符号的梯度。因此,在一个磁铁中磁场随半径的增大而增加。在下一个磁铁中,则磁场随半径的增大而减小。交变梯度被用于同步加速器和回旋加速器中。

alternating logic **交替逻辑** 一种逻辑设计方法:其中两个逻辑值 0 和 1 用时间上相继出现的二元组(0,1)和(1,0)来表示,即这些二元组中的分量值是交替变化的。交替逻辑是在时域上的双重冗余电路。所有逻辑变量都是二元组交替变量。电路在时间上相继实现给定的逻辑函数以及它的对偶逻辑函数。电路输出也是二元组交替信号。通过利用二元组(0,0)和(1,1)的冗余性,交替逻辑可用于联机故障自检测,以设计易测试的数字电路。其优点是硬件数量增加极少,缺点是速度要降低一半。

alternating quantity **交变量** 在一个周期内的平均值等于零的周期量。比较 pulsating quantity, periodic quantity, alternating quantity, oscillating quantity。

alternating run **交变路段** 在按其关键字对一组记录排序时,关键字的单调变化区域和这些区域的个数就称为交变路段。例如,若关键字分别为 9, 6,5,1,3,7,4,2,8;则有四个单调路段组成交变路段如下:

9,6,5,1;1,3,7;7,4,2;2,8。

alternating voltage **交流电压** 交流发电机产生的电压或在交变电流流过的电阻或阻抗两端建立的电压。此电压以规定的时间间隔不断改变数值和颠倒其方向。交流电压的平均值为零。交流电压也称“交变电压”。

alternation **半周期** 电压或电流在一个方向上的完整上升和下降组成的交流周期的一半。对于 60 Hz 交流电源,每秒钟有 120 个半周期。

alternation switch **交变[改变]开关** 在计算机控制台上用程序模拟的一种开关,可以将其置为 ON 或 OFF 来控制编码指令。

alternative access device **可替换接入设备** 除标准键盘、鼠标以外所有其他可以控制计算机的输入设备。

alternative attribute **择一属性** 从一组的两个或多个可供选择的属性中选择其中的一个属性。如果没有指定,则假定其中的一个。

alternative box **交替框** 程序框图中的一个元素,表明在这一框中要求作出选择的决定,它有一个入口,两个或多个出口。交替框有时也称“决定框”或“比较框”。

alternative collating sequence **替换整理序列** 一种用户定义的整理序列,用于取代正常使用的整理序列。同 alternate collating sequence。

alternative console **替换控制台** 由操作系统指定的在原控制台故障时作为控制台的显示设备。

alternative cylinder **替换[备用]柱面** 可被计算机使用的一种磁盘柱面,用于替换不能使用的磁盘柱面。

alternative frequency **替换[备用]频率** 一个频率或频率组,可指定用于任何信道或特定的信道,用于在某一段时间,用于为某一目的替换或增补那个信道上通常使用的频率。

alternative line **替换线路** 网络中在第一条通信线路故障时远程控制器能够连接的第二个转接线路。

alternative newsgroup hierarchy **可选新闻组等级结构** Usenet(网络新闻组)模型中的任何一种新闻组等级结构。严格地说,它不属于 Usenet 部分。

alternative routine **迂回路由选择** 当工作路径上出现电路故障,或出现报文积压时,用替代路由传输信息的过程。

alternative routing indicator **选用路由选择指示符** 正向发送的表示呼叫按选用的路由进行选择的一种信息。这种信息可用以防止在选择的路由中重复建立呼叫。

alternative sector **备份[替换]扇区** 可被系统使用的一种磁盘扇区,用于替换磁盘中不能使用的扇区。参见 sector。

alternative testing method (ATM) **替代测试法** 在光纤通信中测定光纤参数的一种方法。对某一种类光纤或光缆的某一给定特性是以与这个特性的定义在某种意义上一致的方法来测量的,能给出可重复的并与基准测试法的测量结果和实际使用相符合的测试方法。

alternative version **选择版本** 由创建一个新的对象去表示相同功能的对象而产生的版本,两个选择版本之间可能不具有任何共同的值。

alternator **交流发电机** 一种当其电枢或磁场由马达、发动机或其他装置使之旋转时产生交变电压的机器。输出频率正比于发电机被驱动的速度。交流发电机也称“同步发电机”。

altimeter **测高计,高度表** 一种指示地面测量地点高出海平面或高出已用高度表进行校准的地面上其他参考点的高度的仪器。普通的高度表是测量大气压随高度变化的无液气压计。绝对高度表是通过测量无线电波垂直传送并返回所经过的时间来确定高出地面或水面的高度，也称"无线电测高计"。

altitude of the apogee　远地点高度　地球轨道的远地点相对于一个用以代表地球表面的特定参考面的高度。

altitude of the perigee　近地点高度　地球轨道的近地点相对于一个用以代表地球表面的特定参考面的高度。

Alt key　Alt 键　在计算机和类似机器键盘上的一个键，当这个键与另一个键同时按下时，就给予这另一个键以不同的含义。在任何应用程序中，按下 Alt 键再加另一个键，就使使用者可调用一个特殊的功能：例如，按下 Alt＋H(Alt 键另加 H 键)可使应用程序显示帮助信息。又如，按下 Alt 键和在数字键盘上打入键的 ASCII(美国信息交换标准代码)就能产生有加重符号的字母和其他在键盘上没有的特殊字符。

ALTRAN language　ALTRAN 语言　类似于 FORTRAN 的一种高级程序设计语言。适用于符号代数操作。

alt. sources　alt. sources 专题组　因特网上交流源程序的新闻组。

Alt text　Alt 文本　指在图像还未装载到 Web 页面上时，出现该图像位置上的文本信息。Web 站点的制作者在建立页面时可制作一个 Alt 标识，通常用来作为该图像的说明。

ALU　算(术)逻(辑)部件[单元]，运算器　arithmetic and logic unit 的缩写。

aluminum electrolytic capacitor　铝电解质电容器　由氧化铝的电化学作用形成其电介质的电解质电容器。这类电容器由用化学方式刻蚀出的高纯度铝制成，以增加表面积。

always on　永远连网(状态)　无论计算机用户是否在线，因特网连接都一直保持连通的一种状态。永远连网状态给不需要通过拨号或登录方式访问因特网的用户提供了方便，但同时也给黑客访问系统和使用计算机传播恶意程序提供更多的机会。

AM　幅值调制，调幅　amplitude modulation 的缩写。

AMA　自动报文记账(系统)　automatic message accounting 的缩写。

amateur band　业余波段　特别为业余无线电爱好者指定的频段。

amateur radio service　业余无线电业务　由得到许可的、合格的、对无线电技术和操作感兴趣的人参与，他们是业余的而不是专业的，并且不希望从操作业余无线电台获得利益的人。他们进行这样的无线电通信业务的目的是为了学习训练、相互联络和技术研究等。参见 HAM。

amateur radio station　业余无线电台　经过国家主管部门正式批准，业余无线电爱好者为了试验收发信设备、进行技术交流和探讨、通信训练和比赛而设立的电台，只设收信设备者为业余收信台。参见 short wave listener。

amateur satellite service (ASS)　业余卫星业务　一种无线电通信业务，利用地球卫星上的空间站实现与业余无线电业务相类似的目的。

amateur station　业余电台　用于业余无线电业务的电台。

ambience　环绕感　在音频领域，通常指一种空间环境所具有的声学特征或品质。也称"包围感"，指由环绕音箱来营造的有一定规模和空间的包围感。

ambient light　环境光，漫射光　室内或其他地方常见的照明光。环境光是通用的背景光，它是分散的且没有方向和光源，它充满整个场景。也称漫射光。

ambient noise (AN)　环境噪声　与给定环境相关。由来自近或远处源的或多或少连续声音构成的噪声。参见 background noise, burst noise, impulsive noise。

ambient noise level　环境噪音水平，环境噪声电平　(1)由于设备的噪声、谈话等在室内引起的噪音水平。(2)线路上出现的随机且不可制约的噪声电平。

ambient stray magnetic field　环境杂散磁场　指某种设备、元器件、介质材料等所处位置的周围环境磁场强度。它是自身以外的设备、元器件介质材料等产生的磁场与大地磁场的综合结果。

ambient temperature　环境温度　在一系统中，电子元件周围环境的温度。

ambiguity　歧义性，歧义　(1)也称"二义性"，指语言或文法的歧义性。文法 G 称为歧义性文法，若 G 产生的语言 L 中存在句子 α，并且 α 可以由 G 用不同的方法产生出来。若任何一个产生语言 L 的文法都是歧义的，则语言 L 称为固有歧义性语言。(2)一个短语或句子有多种语义解释。由于其中所包含的词的多义引起的歧义称作词汇歧义；由于对短语或句子的层次、结构关系的不同理解而引起的歧义称作语法歧义。参见 ambiguous grammar。

ambiguity delay　模糊延迟　一种信号延迟。由于传输延迟的离散性，故这种信号在通过电路时的传输延迟只能在一段范围内确定。

ambiguity error　多义性误差，二义性错误，模糊错误　(1)由于语言的语法分解不唯一而存在两种语法分解树时所造成的错误。(2)在读入多个数据时，由于同步不精确而使数据的位置发生变化所造成的瞬时性错误，如在模拟数字转换过程中，由于同步不精确所造成的错误。利用保护信号能避免这样的错误。

ambiguity of knowledge　知识的不明确性　也称"知识的含糊性"，由于对事物的认识不全面彻底或知识表示方式本身不明确，引起知识的意义不明确。

ambiguity problem　二义性问题　给定一个文法类 G，问题为是否存在一个确定的算法，使得对 G 中的任一具体文法，该算法都能在有限的步数之内确定此文法是否为二义性文法。这就是文法类 G 的二义性问题。上下文无关文法类的二义性问题是不可解的。

ambiguous grammar　二义文法　如果一个文法对语言中的某个句子存在两棵不同的语法树，则称这个文法是二义文法。也就是说，若一个文法中的某个句子有两个不同的最左(或最右)推导，则这个文法是二义文法。

ambiguous model　不明确模型　模型在某种特殊情况下给出多种可能性，但不清楚哪个是建模者所要求的。

ambipolar diffusion　双极扩散　由于空间电荷存在引起正负电荷以相同的速率扩散。空间电荷的电场阻止一种荷电粒子(一般情况下是电子)更快的扩散，这种空间电荷产生的电场存在于任何等离子体中而且使不同种类电荷以相同的速率扩散。

ambipolar photoconductivity　双极光电导性　在这种电导特性中，对于 N 型或 P 型材料，捕获半导体中的光电离载流子的概率大致相同。

AMC　行政管理综合体　administrative management complex 的缩写。

AMCA　苹果媒体控制系统结构　Apple media control architecture 的缩写。

Amdahl's law　埃姆德尔定律　(1)少量的串行操作能大大限制并行算法的加速。其定量形式是：设 f 为某一计算中必须串行执行的操作部分($0\leqslant f\leqslant 1$)，那么一台具有 p 个处理器的并行计算机最大可能的加速 S_p 满足

$$S_p \leqslant \frac{1}{f+\dfrac{1-f}{p}}$$

埃姆德尔定律对未来发展并行计算是一个很好的借鉴。另外，也可根据此定律来确定一个算法是否值得并行化。(2)关于向量机中向量处理速度和标量处理速度对总体性能关系的一个定率。设向量单元的速度是标量单元的 V 倍，运行的代码中有 a 部分是向量操作，其余($1-a$)部分是标量操作，那么向量机的运行速度是：$T=(1-a)+a/V$。

AMD-K6　AMD-K6 处理器　由 AMD 公司于 1997 年推出的与 x86 兼容的处理器系列。AMD-K6 处理器系列在性能上相当于 Intel 公司的奔腾 II 微处理器，由与微软公司的 Windows 系统兼容的微处理器组成，支持 MMX(多媒体扩充)技术，可运行 32 位程序。AMD-K6 处理器由 880 万个晶体管组成，包含一个 64 KBL1 高速缓冲存储器，以便更快地执行指令。AMD-K6 处理器系列的主频速率从 166 ~ 500 MHz 以上。参见 multimedia extensions (MMX)，Pentium。

AMDS　自动信息分配系统　automatic message distribution system 的缩写。

AME　等效幅度调制　amplitude modulation equivalent 的缩写。

amendment file　改正文件　在以当前的事务数据修改文件之前，为某项具体任务修改主文件的一批修改记录。

amend reduced gradient method　修正既约梯度法　求解正项几何规划对偶问题的一种数值方法。正项几何规划可通过对偶问题化为一个具有线性等式约束的非线性规划问题求解。使用既约梯度法时，在最优化解附近常会出现目标函数的病态求导问题，造成拉锯现象而不收敛。为了克服计算过程中的拉锯现象，在每步迭代过程中，探索方向在既约梯度的基础上进行了修正。

American Association for Artificial Intelligence (AAAI)　美国人工智能协会　美国最有权威的人工智能学者的学术团体之一。另一权威的美国人工智能方面的学术团体称为"美国认知科学学会"。AAAI 侧重于人工智能原理应用科技，创有会刊《AI Magazine》，每年召开一次学术会议。

***American Doctoral Dissertation* (ADD)　《美国博士学位论文》**　ADD 是年度目录，以题录形式报道美国和加拿大各大学一年中发表的博士论文。该目录是根据各大学发行的学位授予计划汇编的，著录项目则按题目分类和学位授予单位排列。

American Documentation Institute (ADI)　美国文献资料协会　ADI 成立于 1937 年 3 月，1968 年 1 月改为美国信息科学学会(ASIS)。参见 American Society for Information Science (ASIS)。

American Federation of Information Processing Societies (AFIPS)　美国信息处理学会联合会　成立于 1961 年，原称全美计算机联合委员会(National Joint Computer Committee)，1970 年改为现名。它由以下 11 个学会组成：美国信息科学学会(ASIS)、美国统计协会(ASA)、计算机语音协会(ACL)、计算机协会(ACM)、教育数据系统协会(AEDS)、数据处理管理协会(DPMA)、电气与电子工程师协会计算机学会(IEEE computer society)、美国仪表学会(ISA)、计算机模拟学会(SCS)、工业与应用数学学会(SIAM)和信息显示学会(SID)。其主要目的是促进对信息处理的了解和理解，它积极促进美国国内和国际上与信息处理有关的组织的合作。

American Morse code　美国莫尔斯电码　有线电报中的一种点划信号的代码系统。由莫尔斯(F. B. Morse)首创。它与无线电传输用的国际莫

尔斯电码不同。

American National Standards Institute (ANSI) 美国国家标准协会 成立于1918年，其目的是制定和颁布各个领域的工业标准。当时，美国电气工程师协会(AIEE)等多个组织，共同成立了美国工程标准委员会(AESC)。1928年，美国工程标准委员会改组为美国标准协会(ASA)，1966年8月，又改组为美利坚合众国标准协会(USASI)，1969年10月6日改成现名：美国国家标准协会。美国国家标准协会是非赢利性质的民间标准化组织，是美国国家标准化活动的中心，ANSI批准的标准成为美国国家标准，但它本身不制定标准，标准是由相应的标准化团体、技术团体及行业协会制定和自愿将标准送交给ANSI批准。同时ANSI起到了联邦政府和民间的标准系统之间的协调作用，指导全国标准化活动，ANSI遵循自愿性、公开性、透明性、协商一致性的原则。经由ANSI认可的标准通常称为ANSI标准，如ANSI C就是ANSI认可的C语言版本。

American National Standards Institute / Standard Planning And Requirements Committee (ANSI/SPARC) 美国国家标准协会/标准计划和需求委员会 计算机和信息处理委员会(ANSI/X3)的一个下属委员会。在20世纪70年代，ANSI/X3/SPARC为数据库管理系统和其界面提出了一个通用结构。该ANSI/SPARC(或三层结构)的模式被用作某些数据库管理系统的基础。

American Online (AOL) 美国在线，美国联机服务 美国最大的一个在线信息服务系统，总部设在弗吉尼亚的维也纳市，它提供各种新闻、体育、电子邮件、因特网访问和其他一些有偿服务。Macintosh和Windows 95用户可利用免费分发的AOL图形用户界面(GUI)，它采用点击技术使用户接入AOL服务。2000年1月AOL宣布以近1 600亿美元的价格换股并购时代华纳，此次合并旨在取得华纳的高速缆线网络、庞大用户资料库、电视、报纸等资产的使用权。参见AOL Time Warner。

American Registry for Internet Numbers (ARIN) 美国因特网号注册机构 主要负责北美地区国家的IP地址和AS号码的分配。参见autonomous system (AS)。

American Society for Information Science (ASIS) 美国信息科学学会 美国一个非赢利性的专业协会，从事科学、文学和教育领域的关于信息知识方面的创建、组织、传播和应用等学术活动，重点是现代技术在这些领域的应用。它还为其会员提供各种通信渠道、举办各种专业会议、提供有关出版物，并借助一个服务机构帮助会员在专业上不断发展和进步。ASIS成立于1937年3月，原名为美国文献资料协会(American Documentation Institute 简称ADI)，1968年1月改用现名。

American Standard Code for Information Interchange (ASCII) 美国信息交换标准代码 美国标准协会向国际标准化组织建议的一种控制字符和图形字符的8位标准代码。其中7位表示数据，1位为奇偶校验位。它是目前计算机中用得最广泛的字符集及其编码，它已被国际标准化组织(ISO)定为国际标准，称为ISO 646标准。适用于所有拉丁文字字母。

American Standards Association (ASA) 美国标准协会 美国国家标准学会的前身。该会负责建立美国标准，在计算机和信息处理的标准方面包括光符识别、编码字符系统、数据传输、程序设计语言、计算机及信息处理定义、磁墨水符号识别等。

American Standards Committee for Information Interchange (ASCII) 美国信息交换标准委员会 它通常表示由该委员会定义的用于两个通信设备之间信息互换的字符代码。参见American Standard Code for Information Interchange (ASCII)。

American Statistics Index (ASI) 美国统计索引 美国社会、经济和人口统计的数据库，可由Lockheed或SDC检索。

American Telephone and Telegraph Company (AT&T) 美国电话电报公司 它是美国最大的公共电信公司。它还经营贝尔系统和西部电子公司，并参加贝尔电话实验室的管理。在计算机领域里发明UNIX操作系统。

American Wire Gauge (AWG) 美国线规 它是美国单根、实心、圆形铜导线的一个标准，线号与尺寸成反比，大号的导线直径较小。尺寸范围从对最大0000(0.46英寸或1.17 cm)到0(0.325英寸或0.8255 cm)和从1(0.289英寸或0.654 cm)到50(0.001英寸或0.00254 cm)。

AMFIS 自动缩微胶片信息系统 automatic microfilm information system 的缩写。

AMH 应用报文处理程序 application message handler 的缩写。

AMI (1)存取方法接口 access method interface 的缩写。(2)传号交替反转 alternate mark inversion 的缩写。(3)先进计量架构 advanced metering infrastructure 的缩写。

AMIC 传号交替反转码 alternate mark inversion code 的缩写。

Amiga OS Amiga操作系统 Amiga公司版权所有的一种操作系统。装有Amiga操作系统的Amiga型的桌面计算机是由Commodore公司于1985年推出的。由于其在声频和视频技术方面的功能强大，因此曾在广播和多媒体制造商中十分流行。

AML 天文数据标记语言 astronomical markup language 的缩写。

AMLCD 有源矩阵液晶显示器 active matrix liquid crystal display 的缩写。

ammeter **电流表** 测量电流的仪表。表的刻度可以采用安培(A)或更小的单位。指示毫安数值的电流表称为毫安表。指示微安数值的电流表称为微安表。

ammonium dihydrogen phosphate crystal (ADP crystal) **磷酸二氢铵晶体** 声呐传感器和晶体传感器中使用的压电晶体。

AMODE **寻址[编址]方式** addressing mode 的缩写。

amoeba server **变形虫服务器** 面向数据块多线程文件服务的一种改进型服务器。面向数据块的服务器把文件变成多个数据块,服务器磁盘空间也划分成许多块。变形虫服务器是面向连续数据的,把每个文件连续存放在磁盘中。高速缓冲存储器(cache)也这样安排,它和磁盘之间的传输只用一条命令就可完成。在局域网中这种服务器几乎以全频带运行,这是一般面向数据块服务器所作不到的。

amorphism **非晶,不结晶性** 一种与晶体不同的物质。非晶体原子排列是短程有序、长程无序,固体的性能是各向同性的。比较 crystal。

amorphous **无定形** 一种原子结构,没有明确的或易识别的形状。

amorphous film **非晶薄膜** 能淀积到半导体晶片或其他材料上的磁定序金属薄膜。

amorphous silicon **非晶硅** 也称"无定形硅"。单质硅的一种形态。棕黑色或灰黑色的微晶体。不具有完整的金刚石晶胞,纯度不高。熔点、密度和硬度也明显低于晶体硅。化学性质比晶体硅活泼。非晶硅在太阳辐射峰附近的光吸收系数比晶体硅大一个数量级。禁带宽度 1.7 ～ 1.8 eV(电子伏特),而迁移率和少子寿命远比晶体硅低。非晶硅主要用于提炼纯硅,制造太阳电池、薄膜晶体管、复印鼓、光电传感器等。

amorphous silicon cell **非晶硅电池** 由具有作为不规则原子结构被淀积在基片上的氢原子的非晶硅制成的光伏电池。

AMP (1)自动制订加工计划 automated manufacturing planning 的缩写。(2)放大器 amplifier 的缩写。

ampacity **安培容量** 用安培表示的载流容量,用作电力电缆的额定值。

amperage **安培数** 用安培表示的电流量。

ampere (A) **安(培)** (1)电流大小的基本度量单位,用 A 表示。一安培等于在一秒钟内导体截面流过一库仑的电量。(2)国际单位制(SI)定义:若在截面积可忽略不计、且在真空中相距 1 m 的两根无限长平行导体中维持 1 A 的恒定电流,在两根导体之间将产生等于 2×10^{-7}N/m 的力。

ampere-hour (Ah) **安(培小)时** 电量单位。将电流(A)乘以流动时间(*h*)便给出安培小时。常作为电池的容量单位。

ampere-hour efficiency **安时效率** 电池的效率,它等于安培小时输出与充电所需的安培小时输入之比。

ampere-hour meter **电表,安时表** 一种用来测量每单位时间支取的电流的仪表。

ampere per meter (A/m) **每米安培数** 磁场强度的国际单位制单位。A/m 的物理意义是:在和磁感应线垂直的方向,单位长度的导线受到单位力所需要的电流值。

ampere rule **安培定则** 也称右手螺旋定则,是表示电流和电流激发磁场的磁感线方向间关系的定则。通电直导线中的安培定则:用右手握住通电直导线,让大拇指指向电流的方向,那么四指的指向就是磁感线的环绕方向;通电螺线管中的安培定则:用右手握住通电螺线管,使四指弯曲与电流方向一致,那么大拇指所指的那一端是通电螺线管的 N 极。

ampere turns (At) **安匝数** 磁动势的国际单位制,等于绕组中流过的电流乘以匝数。

ampere turns amplification **安匝放大** 磁放大器的输出安匝变化与控制安匝变化之比。

ampere turns per meter (At/m, A/m) **每米安匝数** 这是在安培定律中用米-千克-秒(MKS)单位制表示的磁场强度 H。

ampere's law **安培定律** 载流导线附近任意点处的磁场强度可以依据下列假定进行计算:每一无限短的导线对所形成磁场强度的贡献与导线长度和携载的电流成正比,而与距离成反比,并且与角度的正弦成正比。

ampere's rule **安培规则** 导线周围的磁场在电子流远离观察者时总是呈现反时针方向。

ampere-turn **安培匝数** 简称安匝。电工中磁通势的国际单位,等于线圈匝数乘以线圈电流(A)。但在国际单位制(SI)中,磁通势的单位是安培(A)。

ampere-turn amplification **安匝放大** 磁放大器的输出安匝变化与控制安匝变化之比。

amphibolous **意义含糊,不明确** 与二义性、不确定性、可疑性有关的含义。

amplification **放大(比)** (1)使一弱信号加强的过程。(2)输出信号与输入信号的功率比。

amplification factor **放大系数** 输出变化量与输入变化量之比,如当电子管的其他电压和电流维持恒定不变时,电子管的阳极电压变化与引起阳极电流相同变化的控制极电压变化之比。

amplifier (AMP) **放大器** 输出信号功率大于输入信号功率的器件。

amplifier noise 放大器噪声 没有输入信号时在完全隔离的放大器中存在的不希望的信号。

amplifying message 扩大的消息 还包括前一消息中的信息以外新的信息的消息。

amplifying prefix 扩大前缀 通信网操作中的前缀或一个字，可用来限定基本功能的字，该功能字是用来描述或命名通信网的类型的。扩大前缀的例子有导航、搜索、安全、警察、广播、医疗抢救、业余和救护等字。

amplifying suffix 扩大后缀 通信网操作中的后缀或一个字，可用来限定基本功能的字，该功能字是用来描述或命名通信网的类型的。扩大后缀的例子有字母组“UHF”，其在一个无线电台的呼号之后表明是超高频通信。

amplifying switch message 扩大的交换消息 除了以前发送的交换信息中所包含的消息外，含有详细信息的消息。

amplitude 振幅，幅度 (1)交变电流在一个周期内出现的最大值叫振幅。(2)振动量极值之间的范围或振动量的瞬时值。

amplitude discriminator 鉴幅器 仅当输入信号的瞬时值介于两规定门限之间时才输出信号的器件。

amplitude distortion 幅度失真[畸变] 在规定的条件下，在一个系统、子系统或设备中，当其输出幅度不是输入幅度的线性函数关系时，称之为发生了失真(畸变)。幅度畸变是系统工作在稳态下，对一个正弦输入信号测量的，当存在其他频率时，“幅度”这个术语仅指基频。

amplitude equalizer 幅度均衡器 用于在所需频率范围内，调整一个电路或系统的幅度特性的网络。幅度均衡器可以是固定的、可以人工操作的或自动操作的。

amplitude factor of a restriking voltage 恢复电压的幅值因数 恢复电压峰值与工频恢复电压幅值(有效值乘 2)之比。

amplitude fading 幅度衰落 指已调载波信号的所有频率分量的幅度呈均匀衰落。

amplitude-frequency distortion 幅度-频率[幅频]失真 幅频特性偏离中频值的现象。因放大电路对不同频率成分信号的增益不同，从而使输出波形产生失真，称为幅度-频率失真，简称幅频失真。参见 amplitude versus frequency distortion，frequency distortion。

amplitude-frequency response 幅度-频率[幅频]响应 也称“频率特性”、“频率响应”。说明某个电路或系统的增益或损耗如何随频率变化的曲线图。

amplitude hit 幅度瞬间波动 在数据传输信道中，由信号幅度的突然变化引起的瞬间干扰。

amplitude intensity modulation (AIM) 幅度强度调制 指正弦型载波的幅度强度随调制信号作线性变化的过程。此术语已不常用。参见 amplitude modulation (AM)，intensity modulation。

amplitude keying 幅度键控 使信号幅度的值在一系列离散值间变化的键控。

amplitude modulation (AM) 幅值调制，调幅 (1)通过变化载波信号的幅值而把信号(经常是音频信号)载入电载波信号中的一种方法。载波信号的频率保持不变，但载波信号的幅值受加载信号的调制。幅值调制的方法用于调幅收音机波段中传播音频信号。(2)一种允许数据通过模拟网络进行传输的调制技术，如电话交换网。单一载波频率的振幅被调制成两个电平：一个为二进制的 0，另一个为二进制的 1。

amplitude modulation characteristics 调幅特性 使用输出信号幅度与调制信号瞬时的关系曲线来表示。理想的调幅特性应是直线，否则便会产生失真。

amplitude modulator 调幅器 使受调波的幅度随调制信号而变化的电路。

amplitude modulation equivalent (AME) 等效幅度调制 调幅方式之一，采用这种调制方式时，它将被削弱了的载波与边带一起发送。AME 系统可用结构较简单的接收机来检测信号。同 compatible sideband transmission (CST)。

amplitude- modulation noise level 调幅噪声电平 不存在任何预定调制时，由射频信号不希望的幅度变化产生的噪声电平。

amplitude- modulation rejection 调幅抑制 调频无线电接收机抑制来自人工干扰源或雷电风暴的调幅射频干扰的能力。

amplitude modulation screening (AMS) 调幅式加网 以点的大小来表现图像的层次、点间距固定、点大小改变。调幅式加网技术是以网格中心元素为基础，相邻两网点的中心距离不变，网点的排列遵循一定的规律，网点形状是人为设计的点型。像素值的大小，控制着网点面积的大小，它在加网网点数目不变的情况下，以改变网点的大小来表达图像层次的深和浅。比较 frequency modulation screening (AMS)。

amplitude modulation wave 调幅波 包络包含有与被发射信号波形相似的分量的正弦波。

amplitude permeability 振幅磁导率 当磁场强度随时间周期性地变化，其平均值为零且材料在起始时处于一定的中性状态时，在规定的磁通密度或外磁场强度的振幅下，由磁通密度峰值和外加磁场强度峰值得到的相对磁导率。用下列两种取峰值的方法算得的振幅磁导率可以通用：①取实际波形中的峰值；②取实际波形中基波分量的峰值。在这种情况下要区分哪一种波形为正弦波。在极限情况，如果材料处于磁循环状态，磁通密度和磁场强度峰值可以是静态值。

amplitude phase keying (APK)　幅相键控　对载波同时进行振幅和移相键控的一种复合数字调制技术。APK可提高单位频带内的信息传输速率，适用于高比特速率的传输系统。

amplitude pulse code modulation (APCM)　幅度脉码调制　在数字信道上传输模拟信号而对模拟信号进行量化编码的一种方式。使用这种方式时，以一定的数码宽度，如用7位二进制数据对模拟信号每个采样幅度进行量化编码。与此不同的调制方式有差分脉码调制、预测编码等方式。参见 differential pulse code modulation (DPCM), predictive coding。

amplitude quantize control　幅度量化控制　控制数字网络同步的一种方法，它把时钟信号间相位误差的工作范围划分成若干较小的子范围，任一个落入某子范围的误差都会使控制信号获得一个与误差范围相对的幅度值。

amplitude shift keying (ASK)　幅移键控　也称"振幅键控"，是调制技术的一种常用方式。幅移键控相当于模拟信号中的调幅，只不过与载频信号相乘的是二进制数码而已。幅移就是把频率、相位作为常量，而把振幅作为变量，信息是通过载波的幅度来传递的。二进制幅移键控由于调制信号只有0或1两个电平，相乘的结果相当于将载频或者关断，或者接通，它的实际意义是当调制的数字信号为"1"时，传输载波；当调制的数字信号为"0"时，不传输载波。

amplitude shift modulation　幅移调制　数字调制信号的每一特征状态都以正弦振荡幅度的一个特定值来表示。

AMPS　(1)高级移动电话服务 advanced mobile phone service 的缩写。(2)自动信息处理系统 automatic message processing system 的缩写。

AMR　(1)声音和调制解调器插卡 audio and modem riser 的缩写。(2)自动报文寻径 automatic message routing 的缩写。

AM radio station　调幅电台　发送和接收无线电调幅信号的电台。参见 amplitude modulation (AM)。

AMS　(1)代理管理系统 agent management system 的缩写。(2)调幅式加网 amplitude modulation screening 的缩写。

AMT　(1)先进制造技术 advanced manufacturing technology 的缩写。(2)地址变换[映射]表 address mapping table 的缩写。

AMTFT　有源矩阵薄膜晶体管　active matrix thin film transistor 的缩写。

AMTRAN　自动数学翻译(程序)　automatic mathematic translations 的缩写。

AMTS　自动海上电信系统　automated maritime telecommunications system 的缩写。

AN　(1)接入网 access network 的缩写。(2)环境噪声 ambient noise 的缩写。

AH-AAA　接入网认证，授权，计费　access network authentication, authorization, accounting 的缩写。

Anaglyph　Anaglyph技术，浮雕效果　一种按如下方法获得的三维效果：将两幅图片重叠起来，通过特殊的透镜看起来好像是一张单独的三维图像。浮雕效果技术可用于制作三维图像。

analog　模拟(量、装置、设备、系统等)　用于表征通过连续变化的物理量(如电路中的电压)来表示值的大小的任何装置(通常是电子装置)的一个名称。analog 出自希腊文 analogos(意为比例)，其意思为变化和比例。一个模拟装置在其所能处理的范围内能表示无穷多个值。与其相反，数字表示则把量值归入离散的数值，使量值的允许范围受到数字装置的分辨率的限制。比较 digital。参见 analog computer, analog-to-digital converter, digital-to-analog converter。

analog adder　模拟加法器　在模拟计算机中的一种专用放大器，其输出电压是各输入电压的加权和。同 summer。

analog alignment diskette (AAD)　模拟调校软磁盘　软磁盘机日常维护所使用的一种标准软磁盘，其上记录了包括索引脉冲串、磁头位置、磁头方位、1F和2F等一系列非格式化模拟信号，用以检查校准索引传感器位置、00磁道开关位置、磁头径向位置、磁头方位角、磁头读出分辨率等影响磁盘机性能的关键技术参数，以确保工作可靠性和信息兼容性。

analog assignment of variable　模拟变量指定　选择模拟计算机上的某些量去表示实际问题中的变量的过程。用户必须首先了解在实际问题中表示变量的数学规则及在计算机中如何控制电流、电压和阻抗的规则，然后把那些服从同样数学规则的、可以互相模拟的变量匹配起来，如水的流量可用电流模拟，而水压可用电压模拟。

analog back-up　模拟备份　在过程控制系统中，当计算机系统万一出现故障时，用模拟装置代替故障部件或子系统的过程。

analog camera　模拟摄像机　以连续红、绿、蓝信号波形记录图像的传统摄像机。比较 digital camera。

analog cellular mobile telephone system　模拟蜂窝移动电话系统　以模拟调制方式传递信息的蜂窝移动电话系统。系统由移动台、基站、移动业务交换中心以及与市话网相连的中继线等组成。基站和移动台设有收发信机和天线等。每个基站都提供一个可靠的通信服务范围。移动业务交换中心用来处理信息的交换和集中控制管理。模拟蜂窝移动电话系统的容量有限，不便于加密，且制式太多，

A

互不兼容，影响国际漫游，限制了服务覆盖区域。

analog channel 模拟通[信]道 (1)传送模拟数据的通道，有模拟输入通道和模拟输出通道之分。(2)一种通信通道，如在电话线路中的传输信号可以在定义的上下界之间连续地变化，在模拟通道上的一个信号可具有任意的幅度值，而不像数字信号那样只有代表1和0的两个值。话音通道便是模拟通道。比较 digital channel。

analog communication 模拟通信 采用连续信号传递信息的一种通信方式。其中通信量是频率与幅值连续变化的电信号，且与换能器的非电量(如声、光等)直接成比例。

analog comparator 模拟比较器 对输入的两个模拟信号进行比较，并根据它们的大小关系确定传送逻辑值是"1"还是"0"的电路。

analog compiler system 模拟编译系统 能将用程序设计语言编写的源程序转换成模拟计算机可执行的目的程序的程序系统。所使用的源语言可以是现存的通用语言或特殊的模拟语言，所得到的目的程序包括：比例尺方程、模拟运算与逻辑部件连线表、静态检查表和系数设置表、驱动自动排题设备和自动检测设备的联机程序等。

analog computer 模拟计算机 对模拟变量进行操作并产生模拟输出的计算机。输入信号可以由传感器获得或可以直接馈入电位器。当与有源和无源反馈元件以及适当的输入阻抗相组合时，如加、减、乘、除、积分和微分之类的数学运算可以由运算放大器完成。问题的解是模拟值，它们可以显示在示波器上或以适当方式驱动绘图仪。模拟计算机已被数字计算机取代。

analog control 模拟控制 (1)用由物理变量(如压力、温度、流量、频率、电压、电流、功率和音频电平)得到的模拟信号对产品或系统进行的控制。(2)控制数字网络同步的一种方法，其控制信号随时钟信号间的相位误差连续变化，如果控制信号与相位误差直接成正比，则称为线性模拟控制。

analog cordless telephone system 模拟无绳电话系统 一种市话网延伸的双工系统。它由两部分组成，一个是与市话网相连的基站(或主机)，另一个是手持式的无线电话机(或副机)。发射功率一般都不大(约几十毫瓦)，基站覆盖半径仅50 m左右，是为方便家庭使用而设计的。早期是一部主机带一个手持机，称为单信道系统，后来为提高信道利用率，出现一部主机带多个手持机的多信道系统，在无线信道中传送的是模拟调频信号。

analog data 模拟数据 用连续的物理量(如电流、电压、电阻等)来表示的数据。这些物理量的大小往往与所表示的数据(或者这些数据的某个适当的函数)成比例。

analog data channel 模拟数据信道 包括音频信道和调制解调器在内的单向数据信号的通路。

analog data transmission 模拟数据传输 使用模拟信号传输数据的技术和过程。模拟信号作为载体，使数据对模拟信号进行调制。模拟信号可以用调相、调幅、调频等形式加以调制。

analog decoding 模拟解码 一种将代表原始模拟信号的数字信号恢复为模拟信号的解码的过程。

analog device 模拟器件 用由连续测得的电压或其他量表示的变量进行工作的控制器件。

analog-digital adapter 模拟数字适配器 当音频线路用于数字通信时，必须进行适当的转换，数字终端和音频线路之间的适配器即可提供调制和解调的功能。

analog-digital converter 模数转换器 同 analog to digital converter。

analog-digital-analog converter system 模(拟)-数(字)-模(拟)转换系统 一种由模(拟)-数(字)转换器和数(字)-模(拟)转换器组成的系统。其功能是完成数字计算机与模拟计算机之间的快速实时的数据转换和再转换。它能实现通常要由计算机来完成的多种接口转换功能。

analog display 模拟显示(器) 能够表现连续的色彩或灰度级(无限多个等级)的一种视频显示器。数字显示则只能表现有限多个色彩。模拟显示的例子有IBM的MCGA(多色图形阵列)和VGA(视频图形阵列)显示。比较 digital display。参见 analog。

analog divider 模拟除法器 一种功能部件，其输出模拟变量正比于两个输入模拟变量的商。比较 analog multiplier。

analog encoding 模拟编码 模数转换过程的编码部分，它对模拟信号采样，然后产生代表该采样值的数字信号。对一个波形而言，必须在所需时间间隔里进行多次采样以得到相应的数字信号。

analog facsimile equipment 模拟传真设备 对扫描器检测得到的图像用模拟技术进行编码，输出是模拟信号的传真机。模拟传真设备的例子有国际电报电话咨询委员会(CCITT)的CCITT 1类和CCITT 2类传真设备。

analog front end 模拟前端 计算机网络中，一个负责在向电缆传输信号之前转换数字信号到模拟信号的模拟电路。该电路还从局域网络电缆接收模拟信号并将其转换成数字信号。

analog functional board testing 电路板模拟功能测试 通过提供各种模拟测试信号的激励，对产品的电路板环境进行模拟，在系统加载条件下，测量电路板的输出结果，并将此结果与存储值比较，以决定产品合格与否。

analog function generator 模拟函数发生器 一种偏压二极管网络，它能使网络的输入输出电压间产生一种非线性的关系。用电位器和电阻元件的组合也可以产生这种非线性的函数。另一类函数发生器用的是机电装置,伺服电机使指针根据变量(即X坐标值)的前、后移动,就可画出任意曲线图。

analog/hybrid computer programming 模拟与混合计算机程序设计 一种将选题化成适合机器特点,便于在机器上实现并能在机器上解出正确答案的系列操作。主要应完成的操作有:选择解题方法、决定实现方案(包括将题目分配为用模拟或数字机实现的部分等)、化原始方程为机器方程、选取适当比例尺、绘制流程图、编制必要的数字计算机程序、决定检验方法、计算静态的动态检验数据、对计算结果进行分析等。

analogical inference 类比[模拟]推理 根据两个或两类对象有部分属性相同,从而推出它们的其他属性也相同的推理。简称类推、类比。

analog integrated circuit 模拟集成电路 对电压或电流等模拟量进行放大、转换、调制的集成电路。可分为线性和非线性集成电路两种。

analogical learning 类比学习 以类比推理为基础,通过识别两个情况的相似性,并使用一个情况中的知识去分析或理解另一个情况的机器学习方法。在这两个情况中,一个是已经理解的熟悉情况,称为基或源,另一个是待理解的新情况,称为靶。这里"情况"可以是概念、任务、事件等。类比学习的基本步骤:①抽取特征:当输入靶后,需要对其分析,以抽取一组用于寻找相似情况的特征,在类比学习中把这些特征称作索引;②检索相似情况:应用索引从记忆中检索靶的相似情况,即基。基与靶的相似程度越高,越有助于靶的处理;③建立对应关系:建立基和靶的组成元素间的对应关系,通常要求相对应的元素在基和靶的共享因果关系网中有相似作用;④转换知识:以建立的对应关系为依据,选择基中未被对应的知识并转换到靶,从而生成类比结论。通常要求被转换的知识与已对应知识间有因果联系,而且类比结论既不能与靶中已有知识矛盾,也应当对靶有用;⑤验证类比结论:由于类比推理是似然推理,因此需要验证类比结论的正确性;⑥修改记忆:从两个方面修改记忆,首先,推广基和靶这对相似情况,得到适合同类情况的一般知识。这是因为许多认知实验都表明经过类比推理后,人们提高了处理类似情况的能力,这说明在类比比较两个相似情况时人们自然地总结出了适合同类情况的一般知识。其次,在记忆中存储靶及其处理,即对它建立索引,以便将来用于其他相似情况的处理。类比学习已经成为人工智能,特别是机器学习研究的重要组成部分。参见 analogical problem solving。

analogical means-end analysis 模拟的方法-结果分析 一种问题求解技术。通过转换类似的旧问题的解来推导新问题的解,在两个对应解的描述之间采用归约差分运算符。参见 analogical problem space, means-end analysis。

analogical problem solving 类比问题求解 一种问题求解的方法。在求解现行问题时,查找有解的类似问题,并且加以改编使之成为现行问题的解。

analogical problem space 类比问题空间 一种空间,其状态是问题的描述。它的运算符把整个特殊问题的解转换为紧密相关的问题解。参见 analogical means-end analysis。

analogical reasoning 类比推理 以某个对象的已知事实为基础,对目标对象提出新的猜想的过程。类比推理具有猜想性,利用它可以学习到许多未知的知识。

analogical representation of knowledge 知识的模拟表示 利用特定的自然方式,直接对事物某些确定方面的知识进行表达的技术。要求在表达结构中的各个关系与被表达情况中所对应的关系相一致,如用街道图直接表达一城市,那么地图上两地之间的关系要和实际情况相对应。参见 direction representation of knowledge, object-oriented knowledge representation。

analogical simulation 相似仿真 对数学模型相似的两个系统,可用一个系统模拟另一个系统的仿真,以达到研制和开发该系统的目的。

analog in-circuit testing 模拟联机测试 在未接电源的组装电路板上分别测试个别元件的过程。通过对被测元件加以保护,使其与周围电路形成电隔离,然后将测量值和容量加上或减去存储值进行比较,以决定产品合格与否。

analog input 模拟输入 将连续变化的物理量作为系统的输入,如电流、电压、图像传真信号、会话声音信号等都可以作为模拟信号输入。

analog input channel 模拟量输入通道 计算机与模拟量信号相连的输入接口设备。它的任务是把一系列已转换成电量的模拟信号(电压或电流)转换成数字量并送入计算机。通常衡量模拟量输入通道的指标有输入信号电平、输入容量(模拟信号的路数)、采样速度、精度、共模电压抑制比等。

analog input channel amplifier 模拟输入通道放大器 连接一个或多个模拟输入通道的一种放大器,它使模拟信号电平与其后连接的模拟-数字转换器的输入范围相适应。

analog input expander 模拟输入扩展器 用以扩展数据适配器的模拟输入端口的一种装置。它可按需要选配,以建立一套完整的模拟输入系统。

analog input interface 模拟输入接口 一种输入电路,采用模数转换器转换模拟信号量为数字信号值。

analog input module 模拟输入模件 一种处理模拟输入信号的部件。它把从测量仪器送来的模拟输入信号经采样-保持器、数据放大器和模拟转换器

A

等转换成数字代码，以便送入计算机中进行处理。

analog input operation 模拟输入操作 模拟信号被转换成数字信号后输入到计算机中去的操作。有三种基本的操作方式：程序控制输入、链式输入和随机输入。在程序控制输入时，每输入一个数至少要执行一次输入输出指令。在链式输入时，只执行一条输入输出指令就可以将一组顺序编址的数据通过一条高速数据通道送入。

analog integrated circuit 模拟集成电路 对电压或电流等模拟量进行放大、转换、调制的集成电路。模拟集成电路可分为线性集成电路和非线性集成电路。

analog integrated circuit neural network 模拟集成电路神经网络 利用模拟集成电路来实现的神经网络。其模拟电压电流连续变化、速度快、集成度高、可自动实现异步操作及神经元的非线性。但其精度低，免疫力差，对噪声、温度的变化较敏感，电路功耗大，可变电阻的制造工艺困难。

Analog Integrated Circuits and Signal Processing **《模拟集成电路和信号处理》** 荷兰 Kluwer Acdemic 出版社出版，1991 年创刊，全年 12 期，SCI（科学引文索引）、EI（工程索引）收录期刊。刊载模拟集成电路和信号处理电路与系统的设计和应用研究论文及评论，内容涉及模拟连接电路与系统、数据转换、模拟神经网络、人工智能、CAD（计算机辅助设计）工具、模拟设计自动化、试验的模拟设计、集成传感器等。

analog integration 模拟积分 模拟计算机的一种功能部件，其输出的模拟变量是输入的模拟变量相对于时间或其他变量的积分。由一个在反馈环路中带有电容器的计算放大器实现。

analog intensity modulation 模拟强度调制 在光纤调制器中，光源强度随着运载信息的信号的连续波的变化而变化，其包络在光纤传输介质的另一端可检测到。

analog line 模拟线路 能够以模拟（连续变化）的方式携带信号的一种通信线路，如电话线等。为了减小畸变和噪声干扰，模拟线路在信号传输过程中经常用放大器增强信号。比较 digital line。

analog line driver 模拟线路驱动器 模拟计算机中采用的一种功率放大器。

analog loopback 模拟回送 一种测试调制解调器的方法，先把电话线断开，然后把传输信号返回到本地接收器。

analog monitor 模拟监视器 一种可以接收视频信号的计算机显示设备。它不但可以接收红、绿、蓝分开的高品质颜色信号，而且还能接收三种彩色混合在一起的电视信号。比较 digital monitor。

analog multiplexer 模拟多路复用器 一种多路复用器，它能切换多个模拟的输入信号，以便使用一个共同的模数转换器。

analog multiplier 模拟乘法器 一种功能部件，其输出模拟变量正比于两个输入模拟变量的乘积。某些模拟乘法器做成二象限电路。利用晶体管跨导的集成电路还能完成相除和取平方运算，并在外部连接中发生规定的变化时能确定模拟输入的平方根。比较 analog divider。

analog network 模拟网络 一个用连续的物理量器件为基础来模拟一个系统的电路，该电路可视为它所模拟的系统的数学模型。

analog optical terminal 模拟光端机 模拟光端机上光头发射的光信号是模拟光调制信号，它随输入的模拟载波信号的幅度、频率、相位变化引起引起光信号幅度、频率、相位变化。目前，模拟光端机已逐渐被性能更优的数字光端机取代。参见 video optical transceiver，digital optical terminal。

analog output 模拟输出 系统输出为诸如电流、电压等连续变化的物理量。

analog output channel 模拟量输出通道 计算机与模拟式执行机构相连的输出接口设备。在工业控制过程中，计算机输出的数字信号要控制许多模拟式执行机构，如控制记录仪、调节阀等。模拟量输出通道的主要任务是实现输出的多路分配和数字量到模拟量的转换。

analog output channel amplifier 模拟输出通道放大器 连接一个或多个模拟输出通道的一种放大器，它使数字-模拟转换器的输出信号范围与控制过程所需的信号电平相适应。

analog output interface 模拟输出接口 一个输出电路，采用数模转换器转换数字值，将数字电路的输出转换为模拟信号量。

analog panel meter 模拟面板表 模拟面板表是由已校准的刻度盘上移动的指针来指示正被测量的值的常规仪表。

analog phone 模拟电话 把声音对空气的震动转换成模拟电信号在电话线上传输的原始电话技术。

analog port 模拟端口 在综合业务数字网（ISDN）终端适配器上的一个端口，可用于连接普通模拟电话。

analog reasoning 类比推理 一种问题求解机制。在领域知识不完备时，能将相似问题中的知识和求解方法引入新问题中以填补缺少的知识，从而解决新问题。在求解新问题时，能避免搜索大空间，提高求解效率。

analog recording 模拟记录 一种记录方法，其中记录信号的某种特性（如幅度或频率）的连续变化类似于原始信号随时间的变化方式。

analog representation 模拟表示法 用电流、电压、转角、流量等连续变化的物理量来表示变量的一种方法。这些物理量的大小往往和所表示的变量或这些变量的函数成比例。

analog scaling 定模拟比例因子 把模拟计算机中的所有变量都限制在预定的范围之内。例如,电压的允许范围为－100 ～ ＋100 V,高于＋100 V或低于－100 V的电压都将使放大器饱和,引起输出波形的畸变,使仪表和伺服装置偏离刻度。往往设有警告灯或警告信息,以指示超载。各种电路和装置都要避免超载,不然的话,计算机就无法得到正确的结果。

analog signal 模拟信号 (1)以幅度的连续变化来表示信息的信号,如声音、音乐、传真照片信号等。(2)具有连续平滑变化特点的电路信号,而不是像离散信号那样在电平之间突然变化。

analog signal generator 模拟信号发生器 产生模拟(连续变化的)信号,有时用于激励位置器(移动读/写头到磁盘上的适当位置以进行读写操作的超高密度盘驱动器的一部分)的装置。

analog signaling 模拟信号传输技术 在模拟传输信道上传送信号的一种技术,这些信号可以是数字的,即脉冲信号。它与使用数据链路的真正的数字信号传输技术是完全不同的。

analog signal of speech 语音的模拟信号 用物理方法直接记录下来的语音信号。这种信号是由人说话的声音(还有背景噪声)引起的空气振动,经过话筒或其他传感装置变换成电压强度。电压强度随着语音的变化而变化,从而得到代表语音的信号,即一个以时间为自变量的连续函数。

analog simulation 模拟式模拟 用连续量或模拟式计算装置进行的模拟。可以是实体模拟也可以是数学模拟,模拟式模拟适合于非线性连续变量的系统。

analog simulation method 模拟仿真方法 在相似数学模型基础上,以模拟计算机为主或用电气系统代表其他物理系统的仿真试验手段。

analog simultaneous voice and data (ASVD) 模拟语音数据同传 ASVD是调制解调器支持的一项功能。它把线路分为传输数据和传输语音两部分,而且不可以互用,即使在线路中没有语音传输的情况下,线路中传输语音的部分也空闲着,不会用来传输数据。所以,ASVD的特点是制造简单、价格便宜,但是数据传输率不高,语音效果也不好。其替换功能是DSVD(数字语音数据同传)。参见 digital simultaneous voice and data (DSVD)。

analog sound 模拟声 模拟信号形式的声音信号,是一个随时间连续变化的信号,在用计算机进行存储或处理之前需要先将其转换成数字信号形式。

analog speech interpolation 模拟语音内插 在电话交谈的两个传输方向上总是存在的短暂待用周期的利用。内插的使用是为了提高效率和降低长途通话费用。静止周期或长元音的模拟信号被压缩,如采用时间分配话音内插(TASI),经传输并通过解压缩对其扩张,即在接收端进行扩张。模拟语音内插的原理已用于数字化语音,当采用脉冲编码调制(PCM)时这一过程称为数字语音内插(DSI)。同 analog compression, analog interpolation。参见 digital speech interpolation。

analog standard cell 模拟标准单元 一种半定制模拟LSI(大规模集成电路)设计方式。由模拟元件按单元高度、网格布局等要求构成各种类型模拟功能的积木式单元,如运算放大器、比较器、调制器、A-D转换器、压控振荡器等。不同的模拟功能类型,还可按不同用途预先设计不同的标准单元,如不同用途的各种运算放大器。用户可根据模拟标准单元库,用计算机设计和实现特定应用的模拟LSI电路。

analog switch 模拟开关 一种用来在用户之间控制模拟信号实时传输的开关设备。在控制信号的作用下,可以接通或断开模拟信号的电路。

analog switching 模拟交换技术 输入与输出均为模拟传输信道的一种交换技术。

analog system 模拟系统 用电子或射流方式对主要参数进行仿真模拟的系统。

analog telegraphy 模拟电报 使用模拟信号传输技术的传真电报之类的旧称。

analog-to-digital conversion (ADC) 模数转换 精确地用数字信号表示一个变化的电压或电流值的过程。用于将模拟量的信息转换成数字量的形式,以便于计算机处理。这种转换电路一般包括模拟电路部分和数字电路部分。

analog-to-digital conversion accuracy 模-数转换准确度 在模-数转换中无误差程度的度量,即在最坏情况下的实际输出值与理论值之差。

analog-to-digital converter (ADC) 模数转换器,模拟-数字转换器 把模拟信号转换成数字信号的器件。模拟信号由在取值范围内连续变化的电流或电压所组成,而数字信号由用0和1这样的二进制值所表示的离散数值所组成。模-数转换器周期性地检测(采样)模拟信号,并把每一个测量值转换为相应的数字值。模-数转换器通常用于使计算机(它使用数字信号)能够"读"模拟信号。例如,模-数转换器能用于把以模拟电信号表示的声音转换成能存储于存储器、硬盘或高密盘上的一串数字采样。数字-模拟转换器(DAC)能够把这样的采样串转换回模拟信号,这就能送到放大/扩音系统。ADC的基本特性是该器件每秒钟能够转换的采样点数和以位所表示的每个采样点的精确度。例如,存储于高密盘上的高质量声音通常以每秒48 000个采样和每个采样16位作数字化,每个采样分成65 536个电平值。比较 digital-to-analog converter。

analog-to-digital encoder 模拟-数字编码器 把模拟信号样本置入编码格式的设备。

analog-to-digital sensing 模(拟)-数(字)传感 把

A

物理量通过传感器(如热电偶,应变仪等)变换为模拟信号,经放大后再变换为数字信号的过程。

analog-to-frequency converter (AFC) **模拟-频率转换器** 接受非频率形式的某种模拟输入并将其转换成频率的电路。

analog transmission **模拟传输** 通过导线或空间传输模拟信号的技术和过程。信息是通过信号的幅度、频率、相位及它们的组合变量传递的。普通电话系统是典型的模拟传输实例。调制解调器是利用模拟信道传输数据的典型设备,而RS-232-C和RS-449是利用模拟信道传输数据的典型接口。参见 modem,RS-232-C。

A

analog trunked communication service **模拟集群通信业务** 利用模拟集群通信系统向集团用户提供的指挥调度等通信业务。模拟集群通信业务经营者必须自己组建模拟集群通信业务网络。参见 digital trunked communication service。

analog trunking communication system **模拟集群通信系统** 在无线接口采用模拟调制方式进行通信的集群通信系统。参见 digital trunked communication service。

analogue differential analyzer **模拟微分分析机** 用来求解微分方程的一种模拟计算机。模拟技术的优点是速度高以及变数的连续表示,模拟微分分析机特别适合那些用微分方程来描述的动态简题,但它受到精确度及动态范围的限制。

analogue model **类比模型** 借用类似形象或过程但不是对建立在分析现象与机理认识基础上的模型。参见 symbolic model,computable model。

analog value **模拟值** 一种连续变化的值,如电流或电压等。

analog variable **模拟变量** 它可以是数学函数中的连续变量,或表示物理量的连续变化的连续变量。模拟变量的例子有:代表语音的连续变化的电流、代表非发光体温度的颜色或光强、随动系统中机构的位置、数字化或模数转换前的基带电视视频或声频信号等。

analog vector generator **模拟式向量发生器** 一种用来把向量两端点的坐标数据转换成电子枪偏转信号的功能部件。

analog video **模拟视频** 模拟信号形式的视频信号,是一个随时间连续变化的信号,对应于 digital video。

analogy **模拟** (1)用连续的物理变量来表示数据。(2)在规定的范围之内,若一个事物(或过程)与另一事物(或过程)之间存在某种函数关系,则可用一个事物(或过程)去表示另一事物(或过程),这种表示过程称为模拟。模拟变量和被模拟变量可能是同类型的,如用电路模拟电力网。也可以是不同类型的,如用电信号模拟声音信号。

analogy driven **类比驱动** 以模型之间的类比为目标进行问题求解的策略。

analogy driven inference **类比驱动推理** 在目标域和源域类似的前提下,检查目标域中性质的因果关系是否与源域类似,来确定目标域是否具有该性质的推理方法。

analogy induction knowledge acquisition **类比归纳知识获取** 根据某种对象间的类似性来获取及创立新知识的方法。实际上,这是归纳与演绎相结合的一种知识获取方法。

analogy relation representation of fuzzy data **模糊数据的相似关系表示** 用两个模糊数据的相似程度来表示它们之间模糊数据的模糊关系。其一般形式为:$R=(a_1,a_2,p)$。其中 a_1,a_2 相似的程度为 p。利用这种相似关系即可进行模糊检索与模糊匹配。

analysis **分析** 在软件开发过程中,主要任务在于确立问题领域的模型的流程部分。分析侧重于做什么,而设计则侧重于怎样做。

analysis block **分析块** 在存储器的可再定位部分中的一组用来分析系统性能的测试和统计数据。在程序测试期间,对于系统中的每一个事务处理,都有一个分析块。当事务处理完成时,该数据块就转储到文件或磁带上去。

analysis class **分析类** 由设计元素在系统中所担任角色的抽象,通常处于用例实现的环境之下。分析类可以提供若干个角色的抽象,表示这些角色的共有行为。分析类通常会演变为一个或多个设计元素,如设计类或封装体,或者是设计子系统。

analysis mechanism **分析机制** 在软件设计过程初期,即在发现和确定关键类和子系统期间所使用的一种结构机制。通常,分析机制记录了解决方案的主要方面,其中并未考虑实施的影响。分析机制一般与问题领域无关,它是一个"计算机科学"的概念。它们为与领域相关的类或构件提供特定的行为,或者对应于类或构件之间协作的实施。它们也可作为框架实施,如处理永久性、进程间通信、错误或故障处理、通知和消息传递等的机制。

analysis of algorithm **算法分析** 算法复杂性的分析,它包括时间和空间两种复杂性,即该算法执行时所需的时间和存储空间。算法分析的研究领域,分为对某个具体算法的分析和对某类问题的算法分析两大类。算法分析的中心问题是研究当问题的大小(以 n 表示)趋于无穷时,时间和空间的复杂性(以 $T(n)$ 和 $S(n)$ 表示),以何种速度增长。分析具体算法时,有两个常用的指标:一个是算法的平均行为;一个是算法的最坏行为。这些分析往往是在假定输入数据满足某种概率分布的前提下进行的,也有人根据输入数据的概率分布来求整个复杂性的分布。一类问题的算法分析主要是求复杂性的下界,因为这类问题找到的任何一个新的有效算法都可能提供一个新上界,而下界意味着任何算法都不会比它更好。这是困难之处和关键所在。

analysis of alternatives 选择分析 确定如何满足机构信息需要的过程。这种分析对满足需求的各种选项的成本和效益进行比较和评估，以达到拣选出对机构最有利选项的目的。

analysis of variance 不一致性分析 评估各种方法之间的差异的计算方法。

analysis-oriented decision 分析型决策 基于对给定数据的分析，选择假说中的一条作为结论所进行的决策。如诊断就属于这种决策问题。

analysis pattern 分析模式 表示业务建模中的共有构架的一组概念。它可能只与一个领域有关，也可能跨越多个领域。

analysis phase 分析阶段 (1)为了设计出满意的软件系统，在软件生命周期中，认真分析用户对系统要求的阶段。此阶段的两大任务是："理解"和"表达"，也称"分析"和"说明"。"分析"是理解问题的来龙去脉，"说明"是精确地把问题表达出来。(2)为设计出满意的软件系统，对用户的需求进行分析的一段时间。用户和软件人员一起充分地理解用户的要求，并把共同的理解明确地表达成系统说明书。

analysis relationship 解析关系 根据它们的定义和原有的含义范围，存在于概念和相应条款之间的关系。

analysis routine 分析例程 一种例行程序，它分析由出错处理程序提供的出错记录，以便将故障定位到一个或多个现场可替换部件上。

analyst 分析员 能描述、分析和建立计算机问题及其算法的人员。他们应具备将问题转变为算法的能力，而程序员则应具备将算法转变为程序的能力。

analytical 解析 指音响器材能巨细无遗地再现录音制品中的每一细节，但却用的是错误的方式，此种解析方式极缺乏音乐味。

analytical documentation 分析文档编制 由项目初始阶段产生的所有记录和报告组成的一组文件，如用户要求、可行性报告、项目计划以及为开发和实现一个系统所需时间和资源的粗略估计。参见 documentation。

analytical engine 分析机 英国数学家巴贝奇(C. Babbage)于 19 世纪 30 年代和 40 年代期间发明的一种装置。这种机械式分析机虽然未全部完成，但它代表了那个时代的重大进步，并且包括了现代数字计算机大部分基本部件。它还采用了寄存器，其指令曾计划用穿孔卡片输入。它还能处理称之为条件转移的过程。

analytical function generator 解析函数发生器 一类特定的模拟装置或程序控制的数字计算机，作为根据某些物理规则或数学恒等式进行操作的函数发生器。例如，利用二极管的伏安特性产生对数函数，解一个微分方程可以产生正弦函数或指数函数。

analytical modeling 解析模型[建模] (1)建立在显函数基础上的半导体器件的数学模型，能在相对较短的计算机运行时间内给出近似结果。(2)用数字方式表示物理量(如长度、宽度、密度、重量、曲率等)的过程。在计算机辅助设计中广泛地使用这一技术来制订新产品规划。比较 simulation。

analytic geometry 解析几何 数学的一个分支。通过坐标系建立点与数的对应关系，并进一步建立图形和方程之间的对应关系。进而通过研究方程的一些性质来讨论图形的几何性质，也即用解析的方法研究几何问题。

analytic hierarchy process (AHP) 层次分析法 将决策中有关的元素分解成目标、准则、方案等层次，在此基础之上进行定性和定量分析的层次权重决策分析方法。这种方法的特点是在对复杂的决策问题的本质、影响因素及其内在关系等进行深入分析的基础上，利用较少的定量信息使决策的思维过程数学化，从而为多目标、多准则或无结构特性的复杂决策问题提供简便的决策方法。尤其适合于对决策结果难于直接准确计量的场合。该方法使用比较、判断、评价、决策，由定性到定量的选择，吸收利用行为科学的特点，尽量避免人为的主观因素，将决策者的经验判断给予量化，是一种系统科学中常用的一种系统分析方法，因而成为系统分析的数学工具之一。参见 fuzzy analytic hierarchy process (FAHP)。

analytic learning 分析学习 利用现有知识对问题进行分析求解来获取知识和经验的一种学习方法。它是基于演绎的、知识密集型的、利用领域知识进行分析学习的方法来进行学习的方法，它使用过去的问题求解经验指导新问题的求解或产生启发式控制策略，它包括解释学习、类比学习、实例学习等学习方法。参见 analogical learning, inductive learning。

analytic relationship 分析性关系 观念和术语之间由其本质意义及定义所牵连的关系。

analyze cases 分情形分析 Pascal 语言程序设计中对数据的一种分层改进方法。这种方法对数据分类，且对每一类分别使用不同的过程。分情形分析可用 CASE 语句模仿，或当这些情形最便于用布尔表达式区分层，用一条 IF 语句或一条复合 IF 语句来模仿。

analyzer 分析机 (1)微分分析机或网络分析器的简称。(2)用来分析另一个程序的计算机程序，一般是指分析程序转移和指令访问存储器的情况。

anamorphic 图像变形 (1)指视频的宽屏幕图像在水平方向上用数字处理的方法加以"压窄"，以便能适应于标准的 4∶3 的幅形比。重放时，则通过"反压窄"将图像原有的幅形比予以恢复。图像变形的格式可在不牺牲分辨率的情况下,提供正确的幅形比。参见 aspect ratio。(2)在光纤系统中,也称"单向倍率改变"。指一种光元件的结构,如透镜、平面镜或棱镜,它对图像在不同方向产生不同的效果,或对图像不同部分产生不同的效果。单向倍率改变的例子有:①在不同的方向上产生不同的放大,②将物体上的一点转换成其图像上的一条线。

Ananova 安娜诺娃 第一位计算机制作的网上虚拟播音员,属英国报业联合会。

A

ANC 全数字呼叫 all-number calling 的缩写。

ancestor class 祖先类 对象的一种类,它是给定类的直接或间接超类(父类)。

ancestor of a node (节点的)先辈 在根树中,如果从节点 a 到节点 b 有一条有向路,则称 a 是 b 的先辈。

ancestor widget 原始窗口部件 在 AIX 增强 X-Windows 中,一个具有下属部件的窗口部件。

ancestral task 先辈任务 在 PL/1 语言中,附加的任务或从给定的任务到主任务并包括主任务的连接直线上的任何一项任务。

ancestry filter 先辈过滤器 在谓词演算的反演图中,如果其图中每个节点都具备如下条件之一,则称该图是先辈过滤型的:①节点是基本子句;②节点是基本子句的直接后裔;③节点是两个非基本子句 A 和 B 的直接后裔,而 B 又是 A 的先辈,因而取名为先辈过滤器。

ancestry filtered form strategy 先辈过滤型策略 每一归结式或者至少有一个父节点来自基本集,或者一个父节点是另一个父节点的祖先的归结策略。

anchor 锚点 超文本标记语言(HTML)中的一种标志,指定另一个文档、另一个文档中的位置或当前文档中的一个位置,或者是由另一个锚点指向的一个指定文档中特点位置的标志。当文档在浏览器中显示时,锚点可能是文档中的一个单词或短语,在屏幕上用高亮光显示,或用下划线标记,当鼠标指针移到锚点时通常指针转变为手形符号,用鼠标器点击锚点就使得浏览器显示该锚点指向的文档。参见 element。

anchored layout 锚点式布局 一种网页页面布局方式。锚点式布局是一种可以在水平和垂直方向上按照父容器的尺寸变换的布局方式。在锚点式布局中,子对象按照百分比或绝对像素数值在水平和垂直两个方向上指定它针对父容器的相对尺寸。当父容器的尺寸发生变化后,子对象会按照已经指定的相对尺寸改变自己的大小。

anchored graphic 锚定图形 网页上固定在页面上的绝对位置内而不是附加在特定文本上的图形或图像。

anchored object 锚点对象 (1)网页中的锚点,通过锚点对象能指向页面里的特定段落。(2)关于限制某些动作的业务规则(事实)。

anchor point 定位点 在用物理邻接或链接方法实现某种顺序的文件记录中,可以根据需要选择一些记录,在查找时,这些记录是前一步查找的终结,又是进一步顺序查找的入口点。这个点就称为锚点。例如,我们可以选择每块的最后一个记录、链上的头一个记录或长链上每隔一定长度选出的一个记录等。

ancillary control process 辅助控制进程 用于用户软件和 I/O 驱动程序之间的接口的进程。它补充了驱动程序执行的功能。如文件和目录管理辅助控制进程、磁带辅助控制进程和网络辅助控制进程等。

AN code AN 码 也称"线性剩余码"。设剩余数的基(模)数为 A,未编码的数 N 乘以 A,得到编码后的数 AN,称为 AN 码。这种代码有如下性质:两个数之和对应的 AN 码等于每个数对应的 AN 码之和。可以利用同余式检测和校正算术错误。

AND "与" 一种逻辑算符,若所有输入均为逻辑"1",则其输出为逻辑"1"。

AND circuit "与"电路 多个输入的门电路,只有当每个输入同时以规定方式激励时,其输出才被激励。同 AND gate。

ANDEC 非顺序动态执行调度系统结构 architecture with non-sequential dynamic execution scheduling 的缩写。

Anderson bridge 安德森电桥 一种电感电桥,能用来以适当的固定电容值测量各种各样的电感。它还能采用替代法测量残留电阻,以消除电桥元件残留量的影响。这类电桥可以独立于频率进行平衡。

ANDF 体系结构中立分发格式 architecture neutral distribution format 的缩写。

AND gate "与"门 一种常用的逻辑门。与门有多个输入端和一个输出端,只有所有的输入端的状态为"1",则输出端的状态才为"1",反之,只要有一个输入端的状态为"0",则输出就为"0"。符合与门逻辑关系的电子线路称为与电路。

AND node "与"节点 在人工智能的问题归约方法中,把问题 A 归约为若干个子问题 B,C,D。如果只有在子问题 B,C,D 全部都能求解时,才能使问题 A 获得求解,则称子问题 B,C,D 具有"与"关系。这可用图论中的图表来表示。图中具有"与"关系的节点称为"与"节点,可以用圆弧连接法表示。

AND NOT "与非" 一种布尔代数运算符,设 A 和 B 是"与非"运算的两个条件,那么仅当第一个条件 A 为真,第二个条件 B 为假,或 A 和 B 相反时,"与非"才为真。

AND NOT gate "与非"门 由"与"门和"非"门组成的复合门。"与非"门能组合成"与"门、"或"门、

"非"门。例如,"与非"门的所有输入端并接为一个输入端,或者只用它的一个输入端(其余的悬空或接高电势),就成了"非"门;两个"与非"门串联就成了"与"门。同 A AND NOT B gate。

AND operation "与"运算 一种二元布尔运算,运算符号记为"∧"或"·",相当于逻辑联结词合取。两布尔变元 p、q,经"与"运算得到"p·q","p·q"的布尔值为"1",当且仅当 p、q 的布尔值均为"1"。

AND OR gate "与或"门 对若干个可能输入组合之一产生输出的门电路,它兼有"与"门和"或"门的特性。

AND/OR graph "与/或"图 由一组节点和一组 k-连接符所组成的有向图。可表示问题的归约过程。具体生成与/或图的方法如下:初始节点加入与/或图,对与/或图中任何一个非终叶节点,如果它有 $m(m \geqslant 1)$ 种不同的归约,每一种分别归约为 $k_i(1 \leqslant i \leqslant m)$ 个节点,则用 m 个 k_i 连接符,将它与它的 k_i 个子节点连接起来($1 \leqslant i \leqslant m$),若它已经是终叶节点,则归约结束。

AND/OR tree "与/或"树 "与/或"图的一个特例。在"与/或"图中,除了一个节点没有前代节点外,其余所有的节点都有且仅有一个前代节点,则称该图为"与/或"树。这个没有前代节点的节点称为该树的根。

AND/OR tree search "与/或"树搜索 在问题求解时,各节点的关系网已在机器内展开成与/或树,搜索技术保证对这种树找出问题求解的最优途径,以便迅速达到解的终结条件。与/或树搜索采用一定策略而不是遍历性搜索,所以效率较高。

AND relationship "与"关系 条件指示符的一种说明,仅当所有条件都满足时,操作[运算]才能执行。

Andrew file system (AFS) 安德鲁文件系统 由美国卡内基-梅隆(Carnegie-Mellon)大学开发的一种分布式文件系统,广泛用于 UNIX 网络上。其主要用途是向组织机构提供一个可扩展的、全局的、与站点无关的文件系统。AFS 可根据需要,让文件以透明高速缓存方式留存在该网络内部的任何一台服务器上。

Android 安卓操作系统 一种主要使用于移动设备,如智能手机和平板电脑上的操作系统。Android 是基于 Linux 的自由及开放源代码的操作系统的名称,该平台由操作系统、中间件、用户界面和应用软件组成。Android 的系统采用了分层的架构。共分为四个层,从高层到低层分别是应用程序层、应用程序框架层、系统运行库层和 Linux 内核层。Android 的应用程序包包括客户端、SMS 短消息程序、日历、地图、浏览器、联系人管理程序等。所有的应用程序都是使用 JAVA 语言编写。第一部 Android 智能手机发布于 2008 年 10 月。Android 逐渐扩展到平板电脑及其他领域上,如电视、数码相机、游戏机等。2012 年 11 月数据显示,Android 占据全球智能手机操作系统市场 76%的份额。

AND tree "与"树 在问题求解技术中自底到顶推理的技术网。节点反向以"与"算子集中向后推进直到顶部最后一个节点,从而构成一个各代节点自底到顶诸分支用"与"关系逐次集中的关系网络树。

AND unit "与"单元 同 AND gate。

anechoic 消声 从字面上讲是"无回波"的意思,即不存在任何音频反射现象。从严格意义上讲,真正的消声环境是不可能实现的,因为人们无法找到绝对完美的吸声材料。对于声音中的高频部分,可以通过吸声材料的使用来勉强接近消声效果,但对于低频部分的消声处理就几乎无能为力了,因为吸声材料对声音的吸收能力是和音频信号的波长直接相关的。举个例子,如要想对震动频率为 100 Hz 波长为 10 英尺的声波进行完全吸收的话,吸声材料的厚度至少要达到波长的一半,即 5 英尺厚。按照这种方式测算,要想建立一个容积足够大并且填充有足够多吸声材料、能够对低频进行完全吸收的声学空间几乎是没有任何现实可能性的。

anechoic chamber 消声室 指一间没有反射的房间。在消声室的墙壁上均铺设吸声性能良好的吸声材料。因此,室内便不会有声波的反射。消声室是专门用来测试音箱、喇叭单元等。

angle break lock 角度失锁 在雷达系统中,跟踪雷达在方位角或仰角(但不一定在距离上)丧失继续跟踪一个物体的能力。

angle inductosyn 角度感应同步器 利用电磁感应原理将两个平面型绕组之间的相对位移转换成电信号的测量元件。角度感应同步器由定子和转子组成,用于角位移测量。参见 inductosyn。

angle modulation 角调制 正弦载波的角度围绕着正常值变化的调制。相位调制和频率调制是角调制的另外两种形式。

angle of incidence 入射角 到达某个表面的波或波束与在到达点处表面的垂直线之间的夹角。同 incidence angle。

angle of reflection 反射角 离开表面的波或波束与表面的垂直线之间的夹角。

angle of refraction 折射角 折射波或折射波束与折射表面的垂直线之间的夹角。

angle overlap 重叠角 变流器中,两相继臂同时通过电流的时间间隔,以电角度表示之。

anglicize 英语化 把程序设计语言译成短语的过程,即用准确、易懂的英语把系统中的各种编码语句的确切意义表示出来。

angstrom (Å) 埃 1 米的百亿分之一(10^{-10}米)。通常用于光波的波长单位。

angular deviation loss 角偏向损失 传声器或扬声器在其主轴上的响应与偏离主轴规定角度上的响

A

应之比，并以分贝(dB)表示。

angular displacement 角位移 同步地旋转的两个系统的同类部分间所形成的角度。

angular displacement transducer 角位移传感器 一种位移传感器，通常采用特殊形状的转子和线绕线圈，使用非接触式电磁耦合，把转子轴的旋转运动转换为电信号输出。旋转可变差动变压器就是一种电感式角位移传感器。此外还有光栅角位移传感器、磁栅角位移传感器、激光角位移传感器等。参见 rotary variable differential transformer (RVDT)。

angular frequency 角频率 在正弦电磁波中，为 2π 乘以单位时间内电磁波的完整周期数。

angular magnification 角放大 通过光学系统、元件或器件看到的图像的表观尺寸与肉眼看到的物体的表观尺寸之比。当物体和图像被认为在无限远处时是望远镜的情况，当物体和图像被认为是在明晰视觉距离处时是显微镜的情况。

angular misalignment loss 角失准损耗 在光纤系统中，由于接头或连接器偏移最佳光纤轴向角度所造成的功率损耗，接头或连接器用于光源到光纤的连接、光纤到光纤的连接和光纤到光信号接收器的连接。角失准损耗不是光纤所固有的。角失准损耗不包括横向偏移损耗和纵向偏移损耗。

angular resolution 角分辨力 在光学和显示系统中，一个装置对给定距离内的两个独立点的辨别能力，即对一个给定点两个发散方向的辨别能力的度量。使两点能够区分开来的最小角度就是极限分辨角。参见 limiting resolution angle。

angular velocity 角速度 旋转物体在单位时间内转过的角度，$\omega = 2\pi f$，式中 ω 为角速度，π 的近似值为 3.1416，f 是单位时间内的旋转次数。角速度是个矢量，其方向是沿旋转轴向的右手螺旋方向，它通常表示为弧度每秒。

anhysteresis 无磁滞磁化 单向场的磁化上叠加有幅度逐渐减小的交变场。

anhysteretic curve 无磁滞曲线 曲线上每一点均表示无磁滞状态的磁化曲线。

anhysteretic state 无磁滞状态 在静磁场上叠加一个其幅值开始可使材料达到饱和然后减弱至零的交变场所得到的一种状态。

. ani 动画光标文件名后缀 Windows 系统中的动画光标文件的扩展名，如动画沙漏的文件名是 hourglas. ani。

ANI 自动号码[数字]识别 automatic number identification 的缩写。

animated cursors 动画光标 Windows 操作系统提供的一种功能，允许在鼠标指针处顺序显示一系列图像，从而产生一段动画。

animated GIF 动画图形交换格式 一种包含一系列 GIF(图形交换格式)图形的文件，这些图形在 Web 浏览器中以快速顺序显示，从外观上给出一种活动图像的感觉。

animated screen capture 活动屏幕捕捉 在多媒体应用中，指为在同类计算机上重演而记录的一个计算过程。

animation 动画 通过在屏幕上显示一连串图像的方法来模仿运动。在计算机图像中，根据编程员选择的编程语言所提供的工具以及根据工作环境的不同，动画效果可以用几种办法来达到。实现动画的一种方法是在屏幕上先画一个图像，然后把它擦去并在稍微不同的地方把它重新画上。另一种方法采用写整幅屏幕(页)的办法，把画幅存储在存储器中，然后逐幅显示在屏幕上。还有一种方法是使用机内屏幕管理工具，它使程序员仅需指定某一物体、物体的起始点以及终点，而把运动过程让软件来完成。产生的动画可以是实时的(这时每幅图像就像观察者所看到的那样)也可以是仿真时间的。在后一种情况下，计算机产生出一幅幅静止图像，但在回放这些图像时每幅图像显示不到几分之一秒。广播质量的动画通常在每秒 14 ～ 30 幅。参见 3-D graphic, surface modeling, wire-frame modeling。

animation language 动画制作语言 在动画制作系统中所使用的一种语言。动画制作者可使用该语言书写控制对象活动的“剧本”，并以某种方式(依赖于具体的系统)控制视面算法。

animation system 动画制作系统 一个动画制作系统大致包括以下三项功能：①数据的生成：构造表示三维对象的计算机模型的处理过程，或构造动画的某些关键位置的处理过程。所生成的数据类型是由所采用的视见面算法决定的；②动画生成过程：三维对象生成后，使这些对象按照规定的动作运动；③显示和记录动画系列。

anion 阴离子 指原子由于外界作用得到一个或几个电子，使其最外层电子数达到稳定结构。阴离子所带负电荷数等于原子得到的电子数。参见 ion。

anion coordination polyhedron 负离子配位多面体 负离子配位多面体指的是离子晶体结构中，与某一个正离子成配位关系而且相邻的各个负离子中心线所构成的多面体。

anisochronous signal 准同步信号 任意两个信号变化之间的时间间隔相对应的一种数字信号。

anisochronous transmission 准同步传输，非等时同步传输 一种传输过程，其中在同一组中任意两个有效瞬间总有整数个单位间隔；而在不同组中的两个有效瞬间，则不是总有整数个单位间隔。参见 asynchronous transmission。

anisotropy 各向异性 指在不同方向具有不同特性的性质，也就是其特性与方向有关。各向异性是指在不同方向具有不同性质的特性。但在各个研究领域对各向异性的定义是有区别的。如光传输速度、热导率及压缩性等在不同方向有不同的性能。也指在电磁波传播时随着极化特性的不同而变化的电气特性。

anisotropic conductive film (ACF) 各向异性导电膜 一种同时具有导电、绝缘、粘结三个功能的高分子膜。各向异性导电膜经热压接后，在膜厚方向具有导电性、在膜面方向具有绝缘性，能同时使对置电极部分的永久粘接、电极之间的导电、电极图形之间的绝缘。使用时，将欲连接电极基板对正，热压后，电极间导电粒子被压，与上下电极接触，实现了电极连接。而无电极部位因未被压缩，导电粒子四周仍被绝缘胶包围，不起导电作用。

anisotropic filtering 各向异性过滤 各向异性过滤是一种图像处理技术，它需要对映射点周围 8 个或更多的方形像素进行取样，获得平均值后映射到像素点上，可以使画面更加逼真。参见 bilinear filtering, trilinear filtering。

anisotropic propagation media 各向异性传播介质 指一类介质，其性质和特性相对于不同的方向是不相同的。各向异性传播介质的一种例子是介质的电磁特性(如折射率)对于波在其中以不同方向传播时或在其中以不同极化传播时有不同的特性。

ANM 回答消息 answer message 的缩写。

ANN 人工神经网络 artificial neural network 的缩写。

***Annals of Software Engineering* 《软件工程纪事》** 荷兰 Kluwer Acdemic 出版社出版，1995 年创刊，全年 2 期，SCI(科学引文索引)收录期刊。刊载软件工程各个领域的论文，涉及计算机辅助、多媒体、面向对象、实时软件工程；软件工程中人的因素；软件配置管理、成本估算、设计技术、开发环境、文件编制；软件工程与人工智能；软件工程经济学、环境学、评估学等。

anneal 退火 高温加热材料，重新排列晶体结构并去除应力。后序冷却过程影响其最终的应力水平。

annotate 注释，标注 对信息或数据的特定部分附加的注解或说明，如对程序中的某一语句或程序框图、流程图中的某一点加以说明。参见 comment, remark。

annotated predicate calculus 带注释的谓词演算 在传统的谓词演算中增加了一些附加条件和新概念。每个谓词、变量和函数都被指派一个含有确切的面向问题的信息的注释。除了谓词以外，它还含有复合谓词。除了全称量词和存在量词以外，还有一些数值量词，它表达了有关满足某表达式的客体的数量信息。

annotation entities 注释实体 初始图形数据交换规范(IGES)中划分的三类实体之一。注释实体包括了尺寸、中心线、注释、标识等，其作用有助于物体描述的形象化、文档化。参见 initial graphics exchange specification (IGES)。

annotation symbol 注释符号 (1)用来标识程序或流程图上的注释的标准字符或图形符号，以增加描述性说明或解释性注释。(2)插入到一个文档中的说明性注释或说明。有某些应用程序，可以插入一个注释并作做成一个图标，当阅读该文档的人点击该图标时就打开了包含该注释的一个独立窗口。配有声卡和话筒的个人计算机用户可对其文档加话音注释。

announced retransmission random access (ARRA) 预约重传随机访问 网络传输协议。ARRA 协议的预约时隙不是为发送帧预约发送时间，而是为发生冲突时预约重传时间。如果发生冲突，则重传将用预约的那个时隙，其他站不用那个预约时隙。在信道负荷轻时，这种方法平均延迟比传输前预约发送时间的方法延迟少。

annualized loss expectance (ALE) 年损失期望值 计算机安全方面的术语，指由于没有安全措施而导致的年平均损失。

annual transmission variation 年传输变动量 某特定的传输装置在一年里能期望的总的传输量的改变，只考虑由于天气或温度引起的变化。

annular transistor 环形晶体管 其特征半导体沟道处在发射极周围的同心圆中的晶体管。

annunciator 报警器，信号器 (1)用继电器、显示器、发光二极管、数码管、音响器、敏感器等电子器件构成的故障报警装置。它把电子线路的故障情况及时地以可见或可听的形式报给控制台和监控者。(2)一种电信号指示器，用以指示呼叫源或呼叫之后线路所处的条件或状态。如专用交换分机(PBX)上的信号器。

anode 阳[正]极 在电子学中，指正向充电端或电子要流向的那个电极。比较 cathode。

anode breakdown voltage 阳极击穿电压 引起充气管的主间隙两端导通所需的阳极电压。此时，启动器间隙不导通，而管子的所有其他电极处于阴极电位。

anode characteristic 阳极特性曲线 用以表明电子管的阳极电流是如何受阳极电压变化的影响的曲线图。

anode circuit 阳极电路 也称“板极电路”。包括阳极电压源和接在电子管阴极及阳极与其他相关极之间的所有元件组成的电路。

anode detection 阳极检波 在电子管的阳极电路中对射频信号进行整流的检波。当栅极偏压足够负时，使得阳极电流在没有信号时几乎截止。也称“板极检波”。

anode dissipation 阳极功耗 由于电子和离子的轰击，在电子管的阳极作为热量被耗散的功率。

A

A

anode efficiency **阳极效率** 电子管的交流负载电路功率与直流阳极输入功率之比。也称“板极效率”。

anode follower **阳极跟随器** 阳极与栅极有强反馈,使输出电压与输入电压几乎相等且反相的电子管电路,其输入阻抗非常高。

anode glow **阳极辉光** 充气管阳极区靠阳极一侧的窄发亮区。

anode input power **阳极输入功率** 也称“板极输入功率”。在发射机的末级上,加到电子管上的直流阳极电压与在无调制时测得的流向电子管的总直流电流之乘积。

anode load impedance **阳极负载阻抗** 也称“板极负载阻抗”。在不考虑电子流的情况下,电子管的阳极与阴极之间的总阻抗。

anode modulation **阳极调制** 也称“板极调制”。在存在载波的任何电子管中,将调制信号引入阳极电路所形成的调制。

anode neutralization **阳极中和** 也称“板极中和”。一部分阳极-阴极交流电压被移相 180°,再经中和电容器加到栅极-阴极电路的中和。

anode oxidation **阳极氧化** 在电解质溶液中,具有导电表面的制件置于阳极,在外电流的作用下,在制作表面形成氧化膜的过程。所产生的膜为阳极氧化膜或电化学转化膜。

anode power input **阳极功率输入** 也称“板极功率输入”。电源向电子管阳极提供的直流功率。它是平均阳极电压与平均阳极电流的乘积。

anode pulsing **阳极脉冲(控制)** 一种射频振荡器电路,其阳极电压通常被减小到无阳极电流流过、因而不产生振荡的低数值。然后,将等于全额阳极电压的脉冲与阳极相串联加入,振荡开始产生并维持到脉冲持续时间。这个电路需要一个能提供全部阳极功率的调制器。

anode ray **阳极射线** 电子管阳极发出的正离子。通常正离子是由于阳极金属中的杂质所引起。

anode region **阳极区域** 泛指充气管中的阳极区、阳极辉光和阳极暗区。

anode resistance **阳极电阻** 电子管阳极电压的微小变化除以所形成的阳极电流微小变化得到的电阻值。

anode saturation **阳极饱和** 电子管的阳极电流不能靠提高阳极电压来进一步增大的状态。此时,电子以与从阴极发射的相同速率流向阳极。也称“电流饱和”。

anode sheath **阳极鞘** 充气管阳极电流很大时,在阳极周围的电子层。

anode shield **阳极屏蔽** 汞弧整流器中局部围绕阳极的屏蔽。它保护阳极不致过分电离或辐射。

anode sputtering **阳极溅射** 由于电子轰击的结果而从电子管阳极发射的细小微粒。

anode supply **阳极电源** 也称“板极电源”。电子管电路中使阳极相对于阴极处于高正电位所使用的直流电压源。

anode terminal **阳极接线端** 当半导体二极管加正偏压时,相对于其他接线端为正的半导体二极管接线端。

anode voltage **阳极电压** 也称“板极电压”。阳极电子管中阳极与阴极之间存在的直流电压。

anode voltage drop **阳极电压降** 冷阴极充气管的主间隙形成导电之后,阳极与阴极之间存在的电压。

anodic oxidation **阳极氧化** 金属或合金的电化学氧化。将金属或合金的制件作为阳极,采用电解的方法使其表面形成氧化物薄膜。金属氧化物薄膜改变了表面状态和性能,如表面着色,提高耐腐蚀性,增强耐磨性及硬度,保护金属表面等。

anomalous diffusion **异常扩散** 比经典扩散快得多的等离子体横越磁场的扩散,它使粒子更快的损失和使等离子体约束性能变坏。异常扩散的起因不是碰撞,可能是由于等离子体中发生的各种不稳定性,特别是微观不稳定性和湍流过程。

anomalous propagation (AP) **异常传播** 异常传播是由于传播介质性质(如密度和折射率)的非连续性造成的。有许多例子表明,异常传播导致在通常期望的距离以外也能接收到信号。

anomaly **异常** 任何与预期不同的条件。这种预期可以源于文档(如需求规格说明、设计文档、用户文档)或源于理解和经验。异常不必是软件问题,但却是对预期的背离,所有错误、过时、缺点和故障都被认为是异常。

anomaly detection **异常检测** 一种入侵检测技术。也称“基于行为的检测”。它的原理是建立一个正常的特征库,根据使用者的行为或资源使用状况来判断是否入侵。它的优点在于与系统关联不大,通用性较强,有可能检测到以前从未出现过的攻击方法。但由于产生的正常行为概述不可能对整个系统内的所有用户行为进行全面的描述,况且每个用户的行为是经常改变的,所以它的误检率很高,尤其在用户数目众多、工作目的地经常改变的环境中。参见 intrusion detection, misuse detection。

anonymity **匿名** 在 Usenet(网络新闻组)中,隐瞒向新闻组发送文章的人的身份。匿名不能仅通过省略一个人的签名或键入假名而得到保证;由 Usenet 软件自动构成的文章标题信息表明了该信息的来源。匿名只能靠通过一个匿名服务器(如 anon. petit. fi)发送消息而得到保证。尽管如此,也不能绝对保证匿名,因为匿名服务器必须保留它所接收的每条消息的 E-mail 地址的记录(这是服务器对匿名消息进行答复所必需的)。

anonymizer **匿名服务** 为保护用户的隐私而允许

用户匿名登录网络的一种服务。

anonymous E-mail 匿名电子邮件 匿名电子邮件通过第三方服务器发给收件人而不显示发件人信息。

anonymous file transfer protocol 匿名文件传送协议 因特网中的一种协议，允许用户获取文档、文件、程序和其他网络中的信息，而不需要建立用户账户和口令。在向一个匿名 FTP(文件传输协议)服务器注册时，通过使用特殊的用户标识"anonymous"或"guest"，网络用户将绕过本地的安全检查并可有限制地访问远程主机上公开的文件。参见 archieve site，file transfer protocol (FTP)。

anonymous FTP 匿名文件传输协议 anonymous file transfer protocol 的缩写。

anonymous function 匿名函数 在程序的动态执行中生成的函数，它没有自己的名字，而是将函数文本存储在变量中。

anonymous logon 匿名注册 允许用户远程访问因特网上的计算机的一种特性。该用户不需提供用户名或密码，只要拥有分配给该账户的客人权限即可。通常用于 HTTP(超文本传输协议)和 FTP(文件传输协议)请求。

anonymous pipe 无名[匿名]管道 一种无名的单向管道，在父子进程间或者在子进程间传递数据，由父进程通过函数调用建立。参见 named pipe。

anonymous post 匿名发送 在 Usenet(网络新闻组)中，一篇文章通过匿名服务器发送，因此发送该文章的人的身份不能确定。

anonymous processor pool 均一处理机群 一种多处理机系统的体系结构。在这种结构中，所有的处理机都是平等的，系统中的任一台处理机都可以是主处理机。这种结构的优点是：系统的负荷比较平衡；可以达到真正冗余，当某台处理机发生故障时，系统性能下降较少；系统的可供使用性较好；系统资源的利用率很高。由于若干台处理机有可能执行同一服务程序，因此程序代码必须是再入式的。多台处理机还可能同时处于管理程序状态，因此，可能出现争用系统资源的情况。这种均一式多处理机系统的操作系统是比较复杂的。

anonymous remailer 匿名邮件转送 这项转送邮件的服务可把电子邮件中发信人的资料去掉，然后发给收信人，收信人虽不知道发信人是谁，但也可以利用这项服务回复发信人。同 anonymous server。

anonymous server 匿名服务器 一台与因特网连接的计算机，提供匿名服务功能。经过对其程序进行设计，使其起到 Usenet(网络新闻组)邮件的中继站作用。为实现向 Usenet 匿名发送，可向匿名服务器发送一条电子邮件消息，该服务器除去了可能泄露其来源的任何标题数据的信息，然后该服务器将消息发送到 Usenet 新闻组。

anonymous variable 匿名变量 在程序的动态执行中生成的变量，它没有自己的名字，但可以保有一定类型的值。这种变量通常通过指向它的指针访问，如在 Pascal 和 Ada 语言中用 new 生成的变量。

ANP 地区编号方案 area numbering plan 的缩写。

ANSA 先进网络系统结构 advanced network system architecture 的缩写。

ANSI 美国国家标准协会 American National Standards Institute 的缩写。

ANSI C language ANSI C 语言 由美国国家标准协会(ANSI)公布的一种 C 编程语言版本。1987 年，ANSI 为 C 语言制定了一套 ANSI 标准，1990 年，国际化标准组织(ISO)接受了 87 ANSI C 为 ISO C 的标准(ISO 9899-1990)。1994 年，ISO 修订了 C 语言的标准。目前流行的 C 语言编译系统大多是以 ANSI C 为基础进行开发的，但不同版本的 C 编译系统所实现的语言功能和语法规则略有差别。参见 C language。

ANSI/EIA/TIA-568 cabling standards ANSI/EIA/TIA-568 电缆敷设标准 美国的工业标准，它从一般的角度规定了电信电缆敷设系统，它支持商业建筑的多种产品、多供应商的环境。本标准规定了非屏蔽双绞线通信电缆的性能特点，包括通信速率允许达到 100 Mbps 的各个类别的电缆。这些类别包括 3、4、5 类电缆，1、2 类未定义。2001 年后补充了 6 类电缆等相关标准。本标准已被采纳为 FIPS(联邦信息处理标准)PUB174。

ANSI graphics ANSI 图形 由美国国家标准协会(ANSI)开发的一组光标控制代码，它能使电子公告板系统(BBS)在远程计算机的监视器上显示图形和色彩。使用 ANSI 图形，需把 DEVICE＝ANSI. SYS 命令输入计算机的 CONFIG. SYS 文件中，并建立用户的通信程序以模拟一台 ANSI 终端。

ANSI/SPARC 美国国家标准协会/标准计划和需求委员会 American National Standards Institute/Standards Planning And Requirements Committee 的缩写。

ANSI. SYS 标准系统设置文件 一种可装载的设备驱动程序，使 DOS(磁盘操作系统)计算机的使用者能够使用 ANSI 命令(ESC 序列)以控制控制台(屏幕和键盘)。这些 ESC 序列命令经过了美国国家标准协会的标准化，比 DOS 提供更多的对控制台的控制。参见 driver，escape sequence。

ANSI/X3/SPARC report ANSI/X3/SPARC 报告 SPARC 是 ANSI/X3 下设的"标准计划和需求委员会"(Standards Planning And Requirements Committee)的英文缩写。该委员会由用户协会、计算机制造公司和一些大学的代表组成，它下属有一个数据库管理系统研究组，专门负责研究和制定数据库管理系统的标准。1975 年该组公布了一个临

A

时报告，这个报告构划了数据库管理系统的三个模式（外模式、概念模式和内模式）的体系，称之为ANSI模型，是数据库标准化方面的一个重要文献。1978年又提出ANSI模型的最终报告，这两个报告统称为ANSI/X3/SPARC报告。

ANSL **美国国家标准号** American National Standard Label的缩写。

AN-SMF **接入网系统管理功能** access network system management function的缩写。

A

answer **回[应]答** (1)响应一次呼叫，以完成数据站间的连接。(2)计算机网络中，指对于数据站间完成连接操作的响应信号。

answer-back code **响应代码，应答码** 作为对"who-are-you signal"("你是谁"询问信息)的响应并显示在电报机或数据终端上的一串字符。

answer back unit **应答单元** 电报站或数据终端设备(DTE)的一部分，它在接收到"你是谁(WRU)"信号后，自动地发送一个应答码。

answer delay **应答延迟** (1)从呼叫至接收到应答信号之间的时间。(2)终端接收到信号至发出应答信号之间的时间。

answer extraction **解答抽取** 从谓词演算中，需要根据已知条件来回答所提出的问题。解答抽取就是把根节点为空子句的反驳树变换成一棵证明树，其树根的一些陈述恰恰是所提问题模式的特例，因而可将它们用作问题的解答。

answering frequency **应答频率** 用来响应接收信息的频率。参见calling frequency。

answering time **应答时间** 自站点发出请求或指示直至收到对方应答所经历的时间间隔。

answer message (ANM) **回答消息** 在ATM(异步传输模式)中，指一个宽带ISDN(综合业务数字网)用户部件中的调用控制消息，从接收交换端向发送交换端发送，表示回答以及双向完整的连接应已建立完成。参见asynchronous transfer mode (ATM)。

answer mode **应答模式** 一种使调制解调器自动应答到来的呼叫信号的设置。当调制解调器处于应答模式时，它与到来的呼叫接通，并通过给呼叫者送一个信号作为回答。如果该信号没有在预定时间内得到响应，由调制解调器切断通路。在Hayes及与Hayes兼容的调制解调器上，应答模式由命令ATS0＝n给出，其中n是指在应答前调制解调器允许电话机振铃的次数。

answer only modem **只应答调制解调器** 只能应答其他设备呼叫，不能呼叫其他设备的调制解调器。

answer/originate modem **收/发式调制解调器** 一种既能收又能发的调制解调器，是最常见的形式，也是常与计算机相连的调制解调器类型。

answer seizure ratio (ASR) **应答占用率** 应答占用率给出得到应答信号的占用次数与占用总次数之间的关系。这是所提供的业务效率的一种直接测量，一般用下列百分比表示：应答占用率＝得到应答信号的占用次数/占用总次数×100%。

answer signal **应答信号** 向相反方向发送的信号，用于指示呼叫信号已经得到响应。

answer tone **应答音** 一种表示应答的声音，欧洲标准为2 100 Hz，美国标准为2 025 Hz。

ANT **天线噪声温度** antenna noise temperature的缩写。

ant colony optimization (ACO) **蚁群优化** 社会性动物的群集活动往往能产生惊人的自组织行为，如个体行为显得盲目的蚂蚁在组成蚁群后能够发现从蚁巢到食物源的最短路径。通过对蚂蚁复杂的社会行为的研究，发现基于其行为模式的模型可以用来求解复杂的组合优化问题。为了解决计算机科学中的最短路径问题，基于蚂蚁行为特征所发展起来的蚁群优化算法已演变成一个新的研究领域。蚁群优化算法是一种仿生型的智能优化算法，具有较强的鲁棒性、分布计算和启发性搜索、易于与其他方法结合等优点。作为计算智能和群体智能的重要分支之一，蚁群优化算法已经成功地应用于许多组合优化问题的求解。参见swarm intelligence。

ant colony system (ACS) algorithm **蚁群算法** 蚁群算法是意大利学者Dorigo等人于1991年创立的，是继神经网络、遗传算法、免疫算法之后的又一种新兴的启发式搜索算法。蚂蚁群体是一种社会性昆虫，它们有组织、有分工，还有通信机制系统，它们相互协作，能完成从蚁穴到食物源寻找最短路径的复杂任务。模拟蚂蚁群体智能的人工蚁群算法具有分布计算、信息正反馈和启发式搜索的特点，不仅在求解组合优化问题中获得广泛应用，而且也用于连续时间系统的优化。

antecedent **前提** 为推断结论所需条件的陈述。在产生式系统中，规则的左边编码为引发规则的前提条件，右边编码为后继条件。

antenna **天线** 无线电设备中辐射或接收无线电波的装置。天线通常由金属导线(杆)或金属面制成，前者称为线天线，后者称为面天线。用于辐射无线电波的天线称发射天线，它把发信机送来的交变电流能量转换为空间电磁波能量。用于接收无线电波的天线称接收天线，它把从空间获取的电磁波能量转换为交变电流能量送给收信机。一般天线都具有可逆性，即同一副天线既可用作发射天线，也可用作接收天线。同一天线作为发射或接收的基本特性参数是相同的。这就是天线的互易定理。描述天线的特性参量有方向图、方向性系数、增益、输入阻抗、辐射效率、极化和频带宽度等。

antenna aperture **天线孔径** 天线主反射器的物理面积，即发射的电磁波束(如光束或无线电波束)的源的辐射面积。有效天线孔径可能小于物理面积，因为介入部件,如副反射器、天线支架、波导馈线支架会引起阻挡。在前反馈系统中,该面积在波束轴垂直的平面上测量。同 antenna capture area。

antenna array 天线阵 也称"阵列天线"或"定向天线"。一组按方位连接和排列并具有方向性的天线。天线阵由两个至几千个单独辐射元构成,各辐射元有适当间隔并加以激励,以给出所需要的方向特性。

antenna bandwidth 天线频宽 天线整个工作频带范围内的最高操作频率 f_U与最低操作频率 f_L间的差值即为天线的操作频宽。通常,天线的频宽大小都以百分比来表示:$BW=(f_U-f_L)/f_C\times 100\%$。式中,$f_C$是中心操作频率。一般说来,在天线频宽内的各个频率点上,天线性能是有差异的,但这种差异造成的性能下降是可以接受的,如天线增益下降 3 分贝是可以接受的。

antenna beam rotation 天线波束旋转 天线波束以不同方式进行的运动,如通过天线的机械运动,阵列中不同单元的相位调整、反射、调谐、波束转换、保持、波瓣摆动和照射搜索等。

antenna beam width 天线波束宽度 天线波束的两个对置半功率点之间的夹角。

antenna blind cone 天线盲锥 通常指以天线为顶点一个近似锥形的空间区域,该区域因为受到天线安装和天线辐射图的限制,使得该区域天线扫描不到。

antenna blockage 天线阻塞 天线孔径的一部分被阻塞,即屏蔽。这是由于安装在天线前面的设备或结构,如副反射器或副反射器支架的阻挡。

antenna capture area 天线捕获区 同 antenna aperture。

antenna coil 天线线圈 接收机中流过天线电流的第一个线圈。当这个线圈与第二个线圈呈电感耦合时,两个线圈的组合便变成天线变换器或射频变换器。

antenna combiner (ACOM) 天线合路器 允许两台发射机共享一部天线而无相互不良影响的电路或器件。

antenna coupler 天线耦合器 将能量有效地从发射机传送至天线或从天线传送至接收机的射频变换器、调谐线或其他电路。

antenna cross section 天线截面 微波接收天线的参数,表示为与入射辐射相垂直,截获等于天线向接收机提供的能量大小的面积。

antenna crosstalk 天线串扰 天线经空间从一个天线向另一个天线的无用功率转移的量度。它是一个天线接收的功率与另一个天线发射的功率之比,通常用分贝(dB)表示。

antenna current 天线电流 在发射天线中流动的射频电流。它通常是在没有调制时加以测量的。

antenna design 天线设计 从该天线的概念到实际模型建立的开发过程,它包括天线的物理的、电的、磁的特性,它的几何形状和空间方位等的确定。

antenna dissipative loss 天线耗散损耗 (1)天线吸收的和热耗散损失的信号功率,天线耗散损耗通常包括电感欧姆损耗和绝缘体介质损耗。(2)一种功率损耗,它是由实际天线实测阻抗算得的损耗和按照理论上的理想天线计算的功率损耗之差。

antenna diversity 天线分集 是通信中使用较多的分集形式,它是采用多付接收天线来接收信号,然后进行合并。为保证接收信号的不相关性,这就要求天线之间的距离足够大,这样做的目的是保证了接收到的多径信号的衰落特性不同。同 space diversity。

antenna duplexer 天线双工器 能使两部发射机同时从同一天线发射而没有相互影响的电路。

antenna dynamics 天线动态特性 在工作条件下,天线的电、磁或结构特性,如电流、电压、功率、阻抗、截面积、效率、平均功率、瞬间功率、峰值功率、辐照度、发光强度、定向增益、辐射图、形状、尺寸和方位等特性。

antenna effect 天线效应 IC(集成电路)芯片中金属线或者多晶硅等导体,就象是一根根天线,当有游离的电荷时,这些"天线"便会将它们收集起来,天线越长,收集的电荷也就越多,当电荷足够多时,就会产生放电称之为天线效应。

antenna effective area 天线有效面积 天线指向待接收的信号源,收集或者吸收入射电磁波能量的面积。天线有效面积通常用平方米来表示。对于抛物面和喇叭抛物面天线,天线有效面积大约为天线孔径几何面积的 0.35 ～ 0.55 倍。

antenna efficiency 天线效率 总辐射功率与总输入功率之比。总辐射功率等于天线总输入功率减去天线耗散损耗。

antenna feeder 天线馈线 (1)连接天线与发射机或接收机的射频传输线。(2)对包括多个受激单元的天线,连接天线输入端与一受激单元的射频传输线。

antenna feed system 天线馈线系统 将信号从发射机的输出端传送到天线或天线辐射器的系统,这通常包括:发射机-天线馈线连接器、天线馈线、天线机械结构(如塔、杆、支架),不包括天线、辐射器或反射器。天线、辐射器或天线反射器是被馈送部分,不是天线馈线系统的组成部分。

antenna gain (AG) 天线增益 在给定的方向和相同的距离上,产生相同的场强或相同的辐照度的条件下,向一个无损耗的参考天线所需的输入功率与向某给定天线所要提供的输入功率之比。天线增益通常用分贝表示。除特别说明外,天线增益是指在最大辐射方向。天线的方向性越强,其增益越高。天线增益可以认为是特定的极化。同 antenna

A

power gain。

antenna gain to noise temperature (G/T) 天线增益与噪声温度之比 它是作为天线性能特性的一个由 G/T 描述的品质因素，G 是在接收频率下天线增益的分贝数，T 是接收系统的等效噪声温度，单位是开尔文。系统噪声温度主要由天线噪声温度和接收系统前置级放大器的噪声温度所构成。G/T 值越高，天线和转发器组成的接收性能越好。

antenna height above average terrain 平均地面上的天线高度 美国联邦通信委员会(FCC)用于发射天线的参数。平均地面是在距离天线 3.2 ～ 16 km，即 2 ～ 10 英里的距离，并且从正北开始，相隔 45°的方位角，在八个方向上均匀分布时求得的平均高度。平均地面上的天线高度是指在这个平均地面上的天线再升高的高度。一般地说，不同方向上的平均地面上的天线高度也不同。在某些特殊情况下，如海岸边，可以少于八个方向。

antenna input impedance 天线输入阻抗 天线的输入阻抗是天线馈电端输入电压与输入电流的比值。天线与馈线的连接，最佳情形是天线输入阻抗是纯电阻且等于馈线的特性阻抗，这时馈线终端没有功率反射、馈线上没有驻波、天线的输入阻抗随频率的变化比较平缓。天线的匹配工作就是消除天线输入阻抗中的电抗分量，使电阻分量尽可能地接近馈线的特性阻抗。

antenna interference 天线干扰 当两个或多个天线安装比较近时，出现电磁耦合所造成的互相干扰。

antenna lobe 天线波瓣 定向天线的辐射图的三维剖面，该图被一个或多个空锥分割，即被一个或多个场强和辐照度减弱的区域所分割。

antenna matching 天线匹配 调整天线的阻抗，以使特定频率范围内的输入阻抗等于或近似于传输线的特性阻抗。传输线阻抗或天线的阻抗均可调整以实现匹配。

antenna multiplier 天线倍增器 一个与天线连接的装置，它允许若干设备与天线相连。虽然使用天线倍增器可减少天线的数目，但信道间的频率间隔必须大于一部分独立天线，以避免过大的干扰。

antenna noise temperature (ANT) 天线噪声温度 一个理想的无噪声接收机输入端的无源电阻的温度，该电阻在每单位带宽中产生的噪声输出功率与特定频率下天线的输出噪声功率相等。天线的噪声温度取决于天线对周围环境中所有噪声源的耦合情况和天线中产生的噪声情况。

antenna operating frequency 天线操作频率 天线的操作频率需涵盖整个系统所可能使用到的频带，用天线频宽表示。参见 antenna bandwidth。

antenna-oriented channel 面向天线的信道 通过天线发射或接收信号的信道，如无线电广播、电视、无线扩频网络以及卫星网络传输信号的信道。

antenna pattern 天线方向图 在无线电通信中，以天线为中心，表示场强对方位角变化的极性图形。

antenna polarization 天线极化 通常以天线电磁波场矢量的空间指向作为极化方向的极化。天线极化是描述天线辐射电磁波矢量空间指向的参数。由于电场与磁场有恒定的关系，故一般都以电场矢量的空间指向作为天线辐射电磁波的极化方向。

antenna power gain 天线功率增益 在输入功率相等的条件下，实际天线与理想的辐射单元在空间同一点处所产生的信号的功率密度之比。同 antenna gain。

antenna radiation pattern 天线辐射场型图 天线辐射场型图是用来描述由天线所辐射出的能量与空间中任意位置的相互关系，藉由辐射场型图可以得知由天线所辐射出来的电磁波在空间中每一个位置的相对强度或绝对强度。

antenna reflector 天线反射器 定向天线阵列的一部分，使阵列后方的场强减弱，前方的场强增强。

antenna resistance 天线电阻 发射天线参数，表示天线系统在工作频率上的总电阻。天线电阻(Ω)等于向整个天线电路提供的功率(W)除以向天线提供功率处测得的有效天线电流(A)的平方。影响天线电阻的因素包括辐射电阻、接地电阻、天线电路中导体的射频电阻，以及由于电晕、涡流、绝缘子漏电和介质功率损耗引起的等效电阻。

antenna resonant frequency 天线谐振频率 天线表现为纯电阻所在的一个频率或多个频率。

antenna rotation 天线旋转 天线的运动可以用多种不同的方式完成，如天线的机械运动、不同阵元的相位控制。可以采取不同的形式，如不规则运动、调谐、波束转换、保持、波瓣摆动、照射搜索或相位控制。

antenna rotation period 天线旋转周期 天线一次完整的旋转，或旋转一周所需要的时间。天线旋转周期通常用秒表示。扫描速度通常用每分钟旋转次数表示。

antenna system 天线系统 由发射天线和接收天线组成的系统。前者是将导行波模式的射频电流或电磁波变换成扩散波模式的空间电磁波的传输模式转换器；后者是其逆变换的传输模式转换器。

antenna sweep 天线扫描 相对于天线底座或其他固定或移动的参考物突变或摆动天线使之扫过一个空间的角度。除了突变和摆动运动外，天线也可以在垂直方向或水平方向扫描。天线扫描可划分为固定的、连续的或扇形的。

antenna tuner 天线调谐器 连接发射机与天线的阻抗匹配网络装置。能自动地对天线先进行调谐，然后将天线阻抗调整为发射机额定的天线负载阻抗值。

anthropomorphic 人格化 也称“拟人化”，指机

器设计中采用人类的某些特征。

antialiasing 边缘平滑,反混叠 (1)也称"边缘柔化"或"抗锯齿"。用于平滑由于低分辨率显示器造成曲线或斜线出现的锯齿效应。抗锯齿就是指对图像边缘进行柔化处理,包括在相邻像素间采用过渡阴影以及控制各像素点的大小和水平方向的对齐。参见 full-scene anti-aliasing (FSAA)。(2)在多媒体图像或者音响中,通过去除采样频率一半以上的频率的方法去除混叠信号。

antialiasing filter 抗混叠滤波器 采样之前从输入信号中除去高频分量,以防出现低频混叠噪声的低通滤波器。

antibugging 防错法 一种在编程序时为了防止错误的出现,或一旦出错而能引起程序员注意的方法。换言之,在证明程序无误之前,应多建立一些错误检查点,以便尽快地发现程序中的错误。防错的方法有:①用大量的变量值来检查科学计算的数学子例程;②检查数据的范围和类型;③仔细地考虑输入输出错误;④按照框图来编写程序和加上注释,不要在编写了程序之后再写注释和框图;⑤设法避免使用带标号的程序;⑥条件转换应检查所有可能的情形;⑦检查数组下标。

anticapacitance switch 防电容开关 开路时,开关的各触点之间具有小电容的开关。

antichain 反链 偏序集$(A,\leqslant)$中A的一个子集B,如果B中任意两个元素都没有偏序关系,则称B是一个反链。例如,A是某工厂的所有人员,偏序关系是指上下级关系,那么一个车间的所有生产工人就组成一个反链B。

anticlutter circuit 抗干扰电路 能衰减不希望的反射,使能检测目标而不被不希望的反射干扰的雷达电路。

anticipated carry adder 先行进位加法器 进位数产生在加以前的一种快速并行加法器。根据加数和被加数的所有的低位数,可以直接产生传送至高位的进位数。

anticipatory buffering 先行[预测]缓存 为使系统中不同部件达到同步或使不同设备在速度上得以匹配,在对某些数据进行处理之前,先把它们存放在缓冲器中的一种技术措施。对应于 demand buffering。

anticipatory paging 先行调页 在使用特定的页面之前,把该页面从硬盘等辅助存储器调到主存储器的操作。

anticipatory retrieval 先行读取 一种对慢存储设备上的数据读出过程进行优化的技术,读取比需要更多的数据,将其保留在较快的存储媒体中。同 input buffering。

anticipatory staging 先行登台 成组数据传送(从一存储器传送到另一存储器)中采用的一种技术,即在传送之前先发送一计算机控制传送程序所要求的数据。

anti-clockwise polarized wave 逆时针极化波 沿着传播方向,在垂直于该方向的任意固定平面内观察到的电场强度矢量随时间逆时针旋转的椭圆或圆极化波。同 left-hand polarized wave。

anticoincidence 抗重合 在规定的检测器中出现一次计数而没有伴随、同时发生或在可指定的时间间隔内,在一个或多个其他规定的检测器中出现一次计数的现象。

anticoincidence circuit 反符合电路 在指定时间间隔内,当两个输入端之一接收脉冲,而另一个输入端不接收脉冲时将产生规定的输出脉冲的电路。

anticoincidence counting 反符合计数 除重合之外,由重合电路的一个或多个计数器记录所有计数。

antielectronic jamming 反电子干扰 为克服电子干扰的影响而采取的技术措施。

antifading antenna 抗衰减天线 将大部分辐射限定在很小的仰角内,使引起衰减的天空波辐射减小到最低程度的天线。

antiferro electricity 反铁电 相邻的一系列自发极化离子在逆平行方向上被整齐排列的一种介质现象。

antiferromagnetic substance 反铁磁性物质 主要磁现象是反铁磁性的物质。其磁化率是较小的正值,并随温度升高而增大。参见 antiferromagnetism。

antiferromagnetism 反铁磁性 在没有外施磁场的情况下,完全相同的相邻原子或离子的磁矩由于它们的相互作用而处于相互抵消的排列状态,致使合成磁矩为零的现象,磁矩的定向排列随外施磁场强度而增强。反铁磁性物质磁性特征是磁化率几乎为零。这种现象的存在与温度有关,只在某个温度以下存在,这个温度称为尼尔点。反铁磁性物质大都是非金属化合物。比较 ferromagnetic。

anti-fuse 熔通 熔通与熔丝的作用相反。熔丝在开始时是低电阻状态,而通常在过流时会熔断使电路处于开路(高阻)状态。熔通则是在开始时是高电阻状态,而通常在一定的高电压下它就永远处于导电的状态。熔通广泛应用于对集成电路"编程"。使用熔通技术的集成电路会在两电极之间使用一层不导电的非晶硅,当在电极间加上足够的电压后非晶硅会转化为一种具有低电阻的导电物质,从而形成永久的导通状态,如某些通用的标准化的可编程逻辑器件(PLD)使用熔通技术就能够使用户根据他们的需要构造其特定的逻辑电路。参见 fuse。

antiglare 防眩光 用于修饰减少外部光源在显示器上反光的任何方法。通过涂上一种化学涂层(可能会降低其亮度)、装上一层偏振过滤板或者仅作简单的角度调节,可使外部光线不会反射到使用者的眼睛。

anti-glare anti-static (AGAS) coating 抗强光、防静电涂层 显像管采用的一种含有导电微粒的硅涂层。它可扩散反射光，减低强光干扰。

anti-glare coating (AGC) 防眩光涂层 显示器表面的涂层，能够减少屏幕发出的眩光。

antihunt circuit 防振荡电路 闭环反馈系统中用来防止自激振荡的稳定电路。也称"阻尼电路"。

antihunt transformer 防振荡变压器 在直流反馈系统中用作稳定网络的变压器。变压器的初级绕组与负载相串联，而次级绕组则提供与初级电流的导数成正比的电压。该电压被反馈到环路的某个其他部分，以防发生自激振荡。

anti-interference 抗干扰的 用来降低在无线电通信中的自然的或人为的噪声而采用的设备、方法或技术。

antijamming 反干扰 同 anti-interference。

antijamming margin 抗干扰余量 在保证设备仍然继续完成其预定功能的条件下，最大干扰与信号功率、电流或电压之比。

antijamming measure 抗干扰措施 为使干扰的影响最小或减小干扰的影响而采取的措施。

antimony 锑 原子序数为 51，相对原子质量为 121.75 的金属元素。半导体生产中的 N 型掺杂剂，通常在双极结构中形成埋层。

antinode 波腹，腹点 驻波上的一点，这点上的幅度最大，即波峰。波可以是不同种类的波，如电压波，电流波。传输线的波腹是电流或电压处于最大值的点。对于振动着的弦，波腹是指振动幅度最大的那些点。参见 node，standing wave ratio。

antinoise microphone 抗噪声麦克风 具有能鉴别不希望的噪音特性的麦克风。由动圈或铝带式心形指向性元件组成，其低频响应衰减较大。使用时将麦克风靠近嘴唇。这种麦克风设计还包括了防呼吸声口罩，能使说话者始终与麦克风保持正确距离，又能减轻口腔和鼻腔发出的呼吸声影响。远距离声音主要由低频构成。因麦克风对低频衰减较大，使得远距离声音和近处讲话声音之间有显著的差别。所以这种麦克风可供环境噪声较大的室外场合适用。

antinomy 谬论 如果一个命题及其否定均可用逻辑上等效的推理加以证明，而对其推导又无法明确指出错误时，这种矛盾便称为谬论。比较 paradox。

anti-phishing 反网络钓鱼 网络钓鱼是一种网络欺诈行为。网络钓鱼者为达到盗窃的目的，对真正的网站(如某银行的网站)伪造模仿，吸引网络用户访问该伪造网站，从而骗取网络用户的身份、银行账号、信用卡号和密码等敏感数据。反网络钓鱼是指采用适当的理念、知识、方法、技术、有关的软硬件设施和组织手段等来打击网络钓鱼和防止网络用户上当受骗。参见 phishing，pharming。

anti-phishing working group (APWG) 反网络钓鱼工作组 2003 年创立于美国的反网络钓鱼国际组织。APWG 的成员包括来自执法机构和工商企业(包括主要因特网服务提供商、银行、信用卡商和技术厂商等)的代表，其目标是消除通过网络钓鱼、网址嫁接和邮件欺骗等手段来窃取用户身份和进行网络欺诈。2008 年，中国也组建了"中国反钓鱼网站联盟"，该联盟将借助停止钓鱼网站 CN 域名解析等手段，及时终止其危害，构建可信网络环境。中国互联网络信息中心(CNNIC)承担联盟秘书处的职责。联盟成员包括中国工商银行、中国农业银行、中国银行等银行和证券机构、电子商务网站、域名注册管理、域名注册服务机构等。参见 phishing，pharming。

antipollution-type insulator 耐污绝缘子 其外形按污秽大气地区使用要求而设计的绝缘子。参见 insulator。

antique software 过时软件 指应用程序、开发工具和系统软件不再被广泛使用，但仍然有影响的软件。

anti-reflect coating (ARC) 防反射涂层 显示器表面上的涂层，可以降低屏幕对周围环境的反射光、避免图像受到干扰、保护人的眼睛。为了使反射最小，涂层的理想厚度是入射光波的 1/4。涂层的准确厚度将消除由光干扰所造成的来自分界面的反射。为了使多种波长的波反射最小，可以使用多种不同涂层。

anti-reflection anti-static (ARAS) coating 防反射防静电涂层 显像管采用的一种多层结构的透明电介质涂层，可有效抑制外界光线的反射现象且不会扩散反射光，故画面清晰度较好。此外，ARAS 涂层可经得起普通清洁剂进行清洗。

anti-replay 反重放 IP(网际协议)数据包的一种安全功能部件，防止被截取(然后被重放)和被改变的数据包重新进入数据流。反重放功能部件在源计算机和目标计算机之间建立起一种安全联系，双方认可所传输的数据包有一个编号序列。反重放机制可以侦测到标有不在认可序列范围内的号码的数据包，把它们扔掉，发送一个出错消息并将该事件记入日志。反重放协议包括在 IPSec(因特网协议安全性)标准中。参见 IPSec。

anti-resonance 反谐振 当处于谐振状态时，电容和电感之间进行周期性的能量交换，以至流经电源层的电流非常小，电源层表现为高阻抗状态，称这种现象为反谐振。

antisinging device 振鸣抑制器 在电路中防止振铃，即防止谐振的装置。谐振经常出现在电路中，如在有正反馈出现时的声频电路。参见 singing suppression circuit。

antiskid braking system (ABS) 防抱死制动系统 用于车辆和航天器的一种电子机械系统，在制动时避免轮子锁死。

anti-spoof 反电子欺骗 防止非授权人员或组织伪装成授权人员或组织来访问数据系统的措施和方法。

anti-static coating (ASC) 防静电涂层 显示器表面上的涂层，以减小或防止静电的形成，可以降低静电吸引的灰尘，无需经常清洗屏幕。

antistatic device 抗静电物品[设备] 一种用于减少静电冲击效应的设备，静电可能使计算机等电子设备受到破坏或数据丢失。防静电物品有各种形式，如抗静电地毯、与工作台有导线相连的抗静电腕套、抗静电喷雾液、抗静电洗液或其他专用物品。

antisymmetric cryptology 非对称型密码 一种密码编码方式，其加密和解密的密钥是不同的，而且即使得到加密算法，也不能由一个密钥推算出另一个。在公开密钥系统中，加密密钥是公开的，解密密钥是保密的。

antisymmetric relation 反对称关系 集合 S 上二元关系 R，对于 $a,b \in S$，如 aRb 及 bRa，必有 $a=b$，称 R 是反对称关系。在关系矩阵中，关于主对角线对称的一对元素不能同为 1。在关系图中，任意两节点之间不能有一对来回的有向弧，如实数集上"小于等于"关系是反对称关系。

antivirus 防病毒 根据系统特性，为抵御和防范病毒侵入而采取的系统安全措施。

antivirus product 抗病毒产品 计算机系统中，检测、消除、预防病毒，保证系统安全的软件或硬件的产品。

antivirus program 反病毒程序 各种用于检查和排除内存和磁盘中的计算机病毒的实用程序。反病毒程序通过搜索已知的成千上万种病毒之一的代码来检测病毒，反病毒程序也可为磁盘上的易损文件生成一种校验和，在专用文件中保存这些校验和，以后用这些校验和来确定文件是否被更改。程序还可随时检查出磁盘区中系统文件的异常访问企图，并且检查用户拷贝到内存中的文件是否被感染。

anycall 任意呼叫 在自适应高频(HF)无线自动链路建立(ALE)中的一种广播方式，它没有特定的被呼叫电台，电台被呼叫后停止扫描，然后在一伪随机时隙内自动响应。参见 allcall。

anycast 任播 允许一个发送者访问一组接收者中最近的一个的一种网络服务。在因特网协议中，任播指单一发送者与一组中最近一个接收者之间的通信。任播是设计来让一台主机为一组主机高效地更新路由表的。IPv6 能确定哪台网关主机最靠近，并像单播通信那样，将包发送给那台主机。接下来，那台主机能任播给该组中另一台主机，直至所有主机的路由表得到更新。参见 unicast, multicast。

any key 任意键 指计算机键盘上的任意一个按键。

any question answered (AQA) 你问我答 AQA 是一种基于短信的付费服务。移动通信公司通过结合计算机自动搜索和人工搜索技术为用户提供问题的答案，AQA 传送给用户的咨询结果不能超过短信 160 字符长度的限制，AQA 雇用了专门的人员对基于计算机的搜索结果进行整理，之后再发送给用户。

any sequence queue 任意次序排列 系统中正在等待程序处理的项目集。项目从集中移去的次序与进入的次序无关。

A

any source multicast (ASM) 任意源组播 这是 RFC 1112 所定义的组播模型，支持点到多点和多点到多点两种组播业务模式。一个 IP 报文被传送到一个"主机组"，这组零个或多个终端主机(或路由器)被一个 IP 目的地址所指定。终端主机可以在任何时间加入或离开该组。这个模型支持任意多个发送者的组播组。参见 source specific multicast (SSM)。

any to any (A2A) 任何到任何 电子商务的一种形式，指网络商业用户或个人用户，即商家或客户任意两者之间的交易。A2A 包括了 B2B(企业与企业)、B2C(企业与消费者)和 C2C(消费者与消费者)等任何方面的电子商务的概念。

any-to-any connectivity 全通性 计算机集成网络环境的一种特性。指在多种协议、主机类型及网络拓扑结构的环境下可以共享数据。

AO (1)自动化办公室 automated office 的缩写。(2)面向代理 agent-oriented 的缩写。(3)自动操作程序 automated operator 的缩写。

AoCc 计费通知 advice of charge for charging 的缩写。

AoCi 计费信息通知 advice of charge for information 的缩写。

AOCR 先进光学字符阅读机 advanced optical character reader 的缩写。

AODV 特设按需距离向量路由协议 ad hoc on-demand distance vector routing 的缩写。

AOE 高级操作环境 advanced operation environment 的缩写。

AOI 自动操作程序接口 automated operator interface 的缩写。

AOL (1)美国在线 America online 的缩写。(2)面向应用(的)语言 application-oriented language 的缩写。

AOL Time Warner 美国在线-时代华纳公司 2000 年 1 月 10 日，美国在线公司和时代华纳公司合并组建第一个全球性的媒体和通信公司——美国在线-时代华纳公司。全球最大的因特网服务提供商(ISP)和最主要的传媒集团合作，涉足影视、音乐节目、因特网接入服务和电子商务业务，拥有数以千万计的用户。

AON (1)全光网络 all optical network 的缩写。(2)有源光网络 active optical network 的缩写。

AOP **面向方面程序设计** aspect-oriented programming 的缩写。

AOQ **平均抽检质量** average outgoing quality 的缩写。

AOS **高级办公室系统** advanced office system 的缩写。

AOSP **自动操作和调度程序** automatic operating and scheduling program 的缩写。

AOWC **全光波长转换器** all optical wave converter 的缩写。

AP (1)附加处理机 attached processor 的缩写。(2)替换打印机 alternate printer 的缩写。(3)应用进程 application process 的缩写。(4)应用程序 application program 的缩写。(5)模拟乘客 artificial passenger 的缩写。(6)存取[访问]点，接入点 access point 的缩写。(7)行动点数 action point 的缩写。(8)异常传播 anomalous propagation 的缩写。(9)聚集端口 aggregate port 的缩写。

APA **全点可寻址** all points addressable 的缩写。

Apache server **Apache 服务器** 由 Apache 集团于 1995 年推出的一种免费开放源代码 HTTP(超文本传输协议)服务系统，作为对美国国家超级计算机应用中心早期的 HTTPd(第 1.3 版)的扩充和改进。Apache 流行在基于 UNIX 系统上，包括 Linux，并且也可以运行在 Windows NT 和其他操作系统上，如 BeOS。这个命名是根据北美当地的一支印第安部落而来，这支部落以高超的军事素养和超人的忍耐力著称，还因为这个服务器是在 HTTPd 服务器的基础之上，通过众人努力，不断地修正、打补丁(Patchy)的产物，被戏称为“A Patchy Server”(一个补丁服务器)，因为“Patchy”与“Apache”是谐音，故最后正式命名为“Apache”。Apache 经过多次修改，已成为世界上最流行的 Web 服务器软件之一。它可以运行在几乎所有广泛使用的计算机平台上。它的成功之处主要在于它的源代码开放、有一支开放的开发队伍、支持跨平台的应用以及它的可移植性等方面。

Apache group **Apache 集团** 一个致力于 Apache HTTP(超文本传输协议)服务系统项目的由世界各地志愿者组织起来的非赢利性组织。这是一个志愿性的组织，数百家成员公司遍布世界各地。他们希望通过这个组织宣传、制定及开发 Apache 服务器软件及相关的文件资料。

Apache Software Foundation (ASF) **Apache 软件基金会** 专门为运作一个开源软件项目 Apache 的团体提供支持的非盈利性组织。这个组织把自己作为有着相同目标的开发者与用户的团体，而不是简单的共享在一个服务器上的一组项目的组织团体。在它所支持的 Apache 项目与子项目中，所发行的软件产品都遵循 Apache 许可证。Apache 软件基金会正式创建于 1999 年，它的创建者是一个自称为“Apache 集团”的群体。

apaction point (AP) **行动点数** 游戏里角色的行动因为有了 AP 值就会受到限制。特别在那些战棋类的战略游戏中，玩家必须考虑清楚部队的每一步行动。

APA graphics **所有点可寻址图像** all points addressable graphics 的缩写。

APAR **特许[授权]程序分析报告** authorized program analysis report 的缩写。

APC (1)异步过程调用 asynchronous procedure call 的缩写。(2)雪崩光电二极管耦合器 avalanche photodiode coupler 的缩写。(3)自适应预测编码 adaptive predictive coding 的缩写。(4)应用程序性能特性测试(程序) application performance characterization 的缩写。

APC-AB **具有自适应比特分配的自适应预测编码** adaptive predictive coding with adaptive bit allocation 的缩写。

APCERT **亚太地区计算机应急响应组** Asian Pacific Computer Emergency Response Team 的缩写。

APCHE **自动编程结账设备** automatic programmed checkout equipment 的缩写。

APCM **幅度脉码调制** amplitude pulse code modulation 的缩写。

APC object **异步过程调用对象** Windows NT 中，指异步过程调用(APC)的内核表示，是一个控制对象，其中包括一个 APC 的地址及一个将执行 APC 的线程对象的指针。参见 asynchronous procedure call, APC queue。

APC queue **异步过程调用队列** 在 Windows NT 中，被某特定线程执行的异步过程调用(APC)对象的一张表，一个线程的 APC 队列中出现一个 APC 对象就会联机成下次执行一个 APC 中断请求级的软中断。参见 asynchronous procedure call, APC object。

APD **雪崩光电二极管** avalanche photodiode 的缩写。

APDA **苹果机用户协会** Apple Programmers and Developer Association 的缩写。

aperiodic antenna **非周期天线** 一种天线，它被设计成在较大的频率范围内其输入阻抗近似为常数。实例有终端菱形天线和终端波天线。同 nonresonant antenna。

aperiodic circuit **非周期电路** 不产生自由振荡的电路。参见 free oscillation。

aperiodic damping 非周期阻尼 也称"过阻尼"。阶跃响应不出现过冲的阻尼。此时阻尼是如此之大,以致受干扰的系统或仪器仅到达静止位置而不通过该位置。非周期阻尼与周期阻尼之间的变更点称为临界阻尼。参见 periodic damping, underdamping, critical damping。

aperiodic phenomenon 非周期现象 接近于没有振荡的稳态现象。

aperture 孔径 电子、光、无线电波或其他辐射可能通过的开放孔。

aperture antenna 孔径天线 波束宽度由喇叭、透镜或反射器尺寸决定的天线。

aperture distortion 孔径畸变 由于发送和接收扫描点的有限尺寸而产生的效应,即轮廓模糊并且小于扫描点的细节被抑制。

aperture grille CRT 条栅 CRT 也称"直条状隐蔽罩式 CRT"。利用垂直带状荧光线和垂直的长条金属丝做隐蔽罩来产生彩色图像,条状间隔小于 0.25 mm。条栅 CRT(阴极射线管)比点栅显像管的亮度和对比度改善了许多,色彩比较丰富、饱和,而且不会有聚焦偏差。适合于做图像编辑或其他与图形有关的工作,如桌面出版、广告设计等,但显示文字要稍差一些。参见 dot-trio shadow-mask。

aperture illumination 孔径照射 电磁波在孔径上的强度分布。

aperture slot 光圈缝隙,光阑 (1)旋转式摄像机的光学系统中的一狭长的矩形开孔,光线能从连续移动的文件同步地经过该孔到达连续移动的胶片上。(2)光学系统中能限制光量的物理光阑。

aperture time 孔径时间 采样电路在收到控制命令之后改变到它的保持工作方式所需的时间。为了防止保持电平出现差错,孔径时间一般应小于 50 ns。

aperture to medium coupling loss 孔径对媒介耦合损耗 超大型天线(如用于超视距微波链路的天线)理论上的增益与工作中可实现的增益之差。孔径对媒介耦合损耗与散射角和天线波束宽度之比有关。超大型天线是相对于波长而言。孔径对媒介耦合损耗也适用于视距系统。

APEX (1)高级信息交换计划 advanced project for information exchange 的缩写。(2)装配过程展示和会议 assembly process exhibition and conference 的缩写。

APF 应用处理函数 application processing function 的缩写。

APG 自动优先级组 automatic priority group 的缩写。

.api 应用程序接口文件名后缀 Adobe Acrobat 使用的应用程序接口文件的扩展名。

API (1)应用程序接口 application program interface 的缩写。(2)应用程序设计接口 application programming interface 的缩写。

APIC 高级可编程中断控制器 advanced programmable interrupt controller 的缩写。

APIPA 专用 IP 自动寻址 automatic private IP addressing 的缩写。

.apk Android 安装包文件名后缀 Android Package 的缩写,即安卓安装包。它是 zip 压缩格式文件,将文件直接传到 Android 模拟器或 Android 手机中执行即可安装。参见 Android。

APK 幅相键控 amplitude phase keying 的缩写。

APL (1)平均图像电平 average picture level 的缩写。(2)APL 语言 A programming language 的缩写。

aplanatic lens 消球差[齐明]透镜 已经修正了球面像差、慧差、颜色和正弦条件偏差的透镜。

APM (1)访问特权矩阵 access privilege matrix 的缩写。(2)数组处理机 array processing machine 的缩写。(3)每分钟的动作数量 action per minute 的缩写。

APNIC 亚太网络信息中心 Asian Pacific Network Information Center 的缩写。

apocalypse of the two elephants 双象启示 美国麻省理工学院提出的关于建立标准时机问题的一种理论。一件新事物出现时,首先要进行大量研究活动,即研究高潮。在此之后便是一个平静时期。再以后很多公司发现这个新事物有发展前途,开发产品有利可图,于是便出现大量投资高潮。这两个高潮像两头象,中间是一段时间的低谷。双象启示理论认为,在这个低谷时间制订标准最为合适,因为时间太早,事物没弄清楚,制订的标准一定是很坏的标准;太晚了很多公司已经投资开发产品,生产的产品不符合标准要求,互不兼容,失去了标准制订的意义。如果这两个象之间低谷时间非常短,就没有合适的制订标准的时机。

apogee 远地点 在围绕地球的卫星轨道上,离地球引力中心最远的点。参见 apogee altitude, geostationary orbit, perigee。

apogee altitude 远地点高度 从远地点到代表地球表面的特定参考平面的垂直距离。参见 apogee, perigee, perigee altitude。

APON ATM 无源光网络 ATM PON 或 ATM passive optical network 的缩写。

App 应用程序 应用程序 application 的缩写。由于 iPhone 等智能手机的流行,App 特指智能手机的第三方应用程序。参见 App Store, App Store mode。

apparent power 视在功率 在交流功率的产生、传输和分配中,电压均方根值与电流均方根值的乘积。视在功率等于有功功率的平方与无功功率的平方之和的平方根。仅当电压和电流同相时，视在功率才等于有功功率，这时无功功率为零。当它们的相位差为90°时，视在功率等于无功功率，有功功率为零。视在功率单位表示为伏安(VA)，而不是瓦特(W)。视在功率乘以电压和电流间的相位角的余弦是有功功率，视在功率乘以电压和电流间的相位角的正弦则是无功功率。参见 reactive power。

apparent resistivity 视电阻率 电阻率法用来反映岩石和矿石导电性变化的参数。在地下存在多种岩石的情况下用电阻率法测得的电阻率，不是某一种岩石的真电阻率。它除受各种岩石电阻率的综合影响外，还与岩、矿石的分布状态(包括一些构造因素)、电极排列等具体情况有关，所以称它为视电阻率。

APPC (1)高级程序间通信(协议) advanced program-to-program communications 的缩写。(2)高级对等通信 advanced peer-to-peer communications 的缩写。

AppDrvN 应用驱动网络 application driven networking 的缩写。

appearance 外部连接，外貌 (1)线路与终端或开关中的接点进行的连接。(2)在计算机制图中，对输出图像基元的一些非几何方面的属性的描述。如亮度、颜色、线条的类型、标记的大小、文字的形体和精度等。

append 追加，添加，拼接，附加 (1)在某一结构的末尾增加内容。如把一个字符添加到一个字符串或把一个项目添加到一个表中或在数据库的末尾添加新的记录。(2)将一个文件的内容附加到另一个文件的尾部，与 link 对应。(3)DOS(磁盘操作系统)中的一个外部命令，告诉计算机到哪儿去寻找文件。这个命令同 PATH 命令比较类似，不过 PATH 仅用于可执行文件，而 APPEND 则可用于非可执行文件。

appendage 附加程序 一种应用程序的例(行)程(序)，用于协助对特定事件的处理。参见 I/O appendage。

appendage task 附加任务 由网络控制程序分配的具有最高调度优先级的任务。参见 immediate task，nonproductive task 和 productive task。

APPI 高级对等网络互连 advance peer-to-peer Internetworking 的缩写。

APPL 应用程序 application program 的缩写。

Apple desktop bus (ADB) 苹果桌面总线，ADB 总线 在苹果 Macintosh 和 IIGS 机中使用的一种串行通信总线，使低速设备如键盘和鼠标器能与计算机进行通信，插入 ADB 总线的设备通过一个圆形的4针插头插到计算机的背部，从功能上 ADB 像一个简单的局部网络，能连接最多16个设备，包括光笔、轨迹球和数字化仪等，多个设备可串行连接，构成菊花链状。参见 bus，device driver，port，serial communications。

Apple desktop interface (ADI) Apple 桌面接口 由 Apple 公司研制发表的一组用户接口规则，其目的是保证所有 Macintosh 机应用的外观及操作都相类似。

Apple extended keyboard 苹果扩展键盘 苹果 Macintosh SE、Macintosh II 和 Apple IIGS 上使用的一种105键的键盘，在苹果机系列中首次采用了功能键(F 键)，在布局上类似于 IBM 增强型的键盘。

Apple file exchange (AFE) Apple 文件交换 苹果公司 Macintosh 机上的一个实用程序，用于将一个 PC 文件转换成苹果机的 MAC 文件，也可执行逆向转换。

Apple key 苹果键 在苹果机上的一个键，标有一个苹果符号，在苹果机的通用 ADB 键盘和扩展键盘中，苹果键和命令键是同一个键，其功能类似于 IBM 及其兼容机键盘上的 Control 键，通常与一个字母键组合使用作为一个菜单命令的快捷键或者启动一个宏(一个存储的命令序列)。

AppleLink Apple 连接 一种基于电子邮件的信息服务，服务对象是苹果机的用户、开发人员、大学、用户协会等，提供产品的发布、升级和各类技术信息。

Apple media control architecture (AMCA) 苹果媒体控制系统结构 苹果公司公布的一个多媒体协议和驱动程序标准集，是系统级的结构，用来访问视频光碟、音频光碟以及录像带的信息，软件人员不用为多媒体外部设备写专门的驱动程序。参见 Hypercard。

Apple Microcomputer Co. 苹果计算机公司 美国一个生产销售个人微型计算机的厂家。生产苹果系列和 MAC 系列的微型计算机。1976年4月由 Steven Wozniak 和 Steve Jobs 两人密切合作在汽车库里创造了个人计算机。

Apple Programmers and Developer Association (APDA) 苹果机用户协会 由使用苹果机的程序员和开发人员组成的协会，向会员提供苹果机的资料和技术产品。

AppleScript AppleScript 语言 苹果公司为 Macintosh 计算机开发的一种脚本语言。参见 Script。

Applet 小应用程序 一种不能独立运行的小型应用程序。Java Applet 就是用 Java 语言编写的这样的一些小应用程序，它们可以直接嵌入到网页或者其他特定的容器中，并能够产生特殊的效果。Applet 必须运行于某个特定的“容器”，这个容器可以是浏览器本身，也可以是通过各种插件，或者包括支持 Applet 的移动设备在内的其他各种程序来运行。与一般的 Java 应用程序不同，Applet 不是通过 main 方法来运行的。在运行时 Applet 通常会与用户进行互动，显示动态的画面，并且还会遵循严格的安全检查，阻止潜在的不安全因素（如根据安全策略，限制 Applet 对客户端文件系统的访问）。在 Java Applet 中，可以实现图形绘制、字体和颜色控制、动画和声音的插入、人机交互及网络交流等功能。

AppleTalk　AppleTalk 网，苹果计算机网络协议　(1)苹果计算机公司开发出的局域网络。其中主要设备有苹果公司的 Macintosh 计算机和激光打印机。它采用总线拓扑结构，可以在 1 000 英尺的距离内连接 32 台设备。另外，AppleTalk 板也可以插在 IBM PC 兼容机中进行网络操作。(2)美国苹果计算机公司开发并维护的有关通信协议。这个协议有两个发展阶段：阶段 1 和阶段 2。阶段 1 主要支持规模较小的工作组网络；阶段 2 支持因特网互连，与 NetWare 通信协议兼容。使用这种协议的网络连接苹果公司的计算机 Macintosh 和激光打印机，属于总线式网络。在用户看来，苹果计算机的网络功能只是在友好的 Macintosh 用户界面中增加了一个网络窗口，使用十分方便。Novell 公司和微软公司都开发出基于 AppleTalk 协议的网络产品。

AppleTalk address resolution protocol (AARP)　AppleTalk 地址转换[解析]协议　苹果公司开发的用于 Apple 计算机的网络地址转换协议。在 AppleTalk 网络中两个站点进行通信实际是依靠物理地址进行的，因而网络中两个站点进行通信之前，信源站点必须知道信宿站点的物理地址。信源站点首先检查自己的缓冲存储器内是否有信宿站点协议地址与其物理地址的对应条目。如果有则从这里取得信宿物理地址进行通信；如果没有，则发出一个广播分组，询问哪个站点是协议地址所指的站点，对应站点给出回答，告知自己的物理地址。于是信源得知与所希望信宿地址对应的物理地址，开始进行通信，并把这个对应关系存入自己的缓冲存储器中，供以后使用。该协议属于 AppleTalk 网络层中的一个协议。参见 address resolution protocol (ARP)。

AppleTalk datagram deliver protocol (DDP)　AppleTalk 数据报递交协议　AppleTalk 网络中网络层最重要的协议，为网络槽隙之间传递信息提供无连接服务。槽隙标识特定进程。槽隙号分配可以是静态的，也可以是动态的。AppleTalk 协议地址由 DDP 协议管理。节点地址通常分为两部分：16 位二进制网络号和 8 位二进制节点号，并用点分十进制数表示，如“25.33”表示 25 号网络中 33 号节点。槽隙用 8 位二进制数表示。如果加上槽隙号，就可以表示节点上的一个特定进程，如“25.33.2”。AppleTalk 可以区分扩展网络和非扩展网络。扩展网络（如 EtherTalk 和 TokenTalk）可以包括多个网络，因而表示一个节点必须用“网络号．节点号”表示。在非扩展网络（如 LocalTalk）中仅有一个网络，因而一个节点可以只用“节点号”表示。

AppleTalk data stream protocol (ADSP)　AppleTalk 数据流协议　AppleTalk 网络的会话层中在两个网络槽隙之间维持双向连接完成全双工数据流传输的协议。这是一种高可靠性传输协议，保证传输的数据字节不会丢失或重复。传输双方对传输的数据以字节为单位进行计数。两端借助于改变传输缓冲区的大小实现一定程度的流量控制。

AppleTalk echo protocol (AEP)　AppleTalk 回声协议　用来测试和反映网络站点连通性的协议。AEP 用于测试两个 AppleTalk 节点间的连通性，一个节点向另一个节点发送一数据分组，然后检测收到的数据分组（或回声）和所发出的数据分组是否相同。

AppleTalk filing protocol (AFP)　AppleTalk 文件协议　基于 OSI（开放系统互连）模型的 Apple Macintosh 网络协议。能够以 230.4 kbps 的速率在屏蔽双绞线电缆上利用 CSMA/CD(载波监听多路访问/冲突检测)传输数据，能够连接 32 台设备。

AppleTalk high layer protocol)　AppleTalk 高层协议　AppleTalk 参考模型中会话层、表示层和应用层的各个协议。这里主要有会话层的 AppleTalk 数据流协议（ADSP）、网络群信息协议（ZIP）、AppleTalk 会话协议（ASP）、打印机访问协议（PAP）和 AppleTalk 文件协议（AFP）等。

AppleTalk link access protocol (ALAP)　AppleTalk 链路层访问协议　苹果公司开发的用于 AppleTalk 网络上的信息包传输协议，对应于开放系统互连（OSI）模型的数据链路层。

AppleTalk network layer　AppleTalk 网络层　AppleTalk 网络中网络层所包含的各种功能和协议。这层的功能和协议主要包括协议地址分配、地址转换协议、网络虚拟设备和数据报传送协议等。

AppleTalk session protocol (ASP)　AppleTalk 会话协议　AppleTalk 参考模型的会话层的协议，是一个用来在客户机和服务器之间建立、维护和关闭会话以及顺序请求的协议。

AppleTalk transaction protocol (ATP)　AppleTalk 交易协议　AppleTalk 参考模型传输层用于完成交易性信息传输及其它数据传输的协议。交易性信息传输，如银行、交易所和股票市场等行业的信息传输。交易传输过程由客户机请求和服务器应答构成。每个交易对都占用一个交易 ID 号。交易分为一次性和多次性两种。该交易协议可以完成大部分数据传输功能，如数据确认和重发、分组排序、分组再分与重组。该协议限制报文最大长度为 8 个分组，每个分组最大长度为 578 个字节。

AppleTalk transport layer protocols　AppleTalk 传输层协议　AppleTalk 网络参考模型中传输层各个协议。该层主要有如下各协议：路由表维护协议

A

(RTMP)、AppleTalk 基于更新的路由选择协议(AURP)、AppleTalk 回送协议(AEP)、Appletalk 交易协议(ATP)和名字绑定协议(NBP)等。

AppleTalk update-based routing protocol (AURP) **AppleTalk 基于更新的路由选择协议** 在外部协议的报头中封装 AppleTalk 通信量的一种传输层协议,它使两个或更多的 AppleTalk 网络可以通过一个外部网络(如 TCP/IP)连接起来,该连接被称为 AURP 隧道。故也称为 AppleTalk 隧道路由选择协议。一个 AURP 实现包含外部路由器和 AURP 信道两个组成部分。

A

Apple tube **"苹果"管** 一种具有红、绿、蓝相间垂直荧光条的彩色显像管。

Apple Ⅱ computer system **Apple Ⅱ 计算机系统** 美国 Apple 公司 1977 年生产的一种微型计算机系统。其结构简单,配有标准接口,可以连接各种外部设备,具有较强的图形处理功能,软件配备较多,整体设计合理、灵活、扩展性好。主机采用 6502 微处理器作为中央处理器,基本指令为 56 条,有 13 种寻址方式,系统时钟频率为 1 MHz,指令时间为 2 ~ 7 μs,定点加法速度可达每秒 50 万次。随机存取存储器容量为 48 KB(可扩至 128 KB),只读存储器容量可达 12 KB。系统支持 BASIC、FORTH、COBOL、Pascal、FORTRAN 等高级语言,配备有 DOS 3.3 磁盘操作系统。CP/M2.2 操作系统和 ULSD-P 系统。主要应用于商业管理、企业管理、科学计算、数据处理、辅助教学、工程学、家庭学。

appliance computing **器具计算** 器具计算是一种基于因特网的计算架构,其应用软件驻留在 Web 服务器上,而不是最终用户的工作站。此工作站,即器具,是瘦客户机,它没有光驱或软驱。通常器具只有操作系统和连接程序,如 Web 浏览器,它允许器具与服务器相连以便访问最终用户需要的应用程序。器具计算的目的在于让远程管理更有效、更容易。参见 Web server, thin client, Web browser。

appliance server **器具服务器** 一种便宜的有特定用途的计算机设备,可用于因特网连接、文件归档和打印服务等。这种服务器通常操作简便,但没有办公室通用的典型服务器的功能或软件。

application **应用(程序)** 一种为用户执行专用功能而不是解决一般问题的计算机程序,一方面与文档(由应用程序建立的文件)大不相同,另一方面也与外壳、环境或操作系统(它们处理用户与计算机本身之间的通信)大不相同。该词也常用来代替 application software 或 application program。

application analysis **应用分析** 在企业管理中进行的一项工作。应用分析有两个目的:①从技术上确定在一个特定的信息处理领域内应用计算机的可行性;②从经济上预测采用这种计算机辅助设施对提高工作效率和提高企业效益的可行性。在实践中,通常由用户和数据处理专家共同从事应用分析。

application association **应用关联** OSI(开放系统互连)参考模型中应用实体互相联系的一种概念,通过使用表示层的服务,进行应用层协议控制信息的交流来建立这种关联,从而使完成共同处理任务的两个系统中的应用实体连接起来。对应用连接的控制是指对不同系统应用层应用实体之间建立连接、维持连接、释放连接以及强制终止等有关功能的控制。

application aware storage **应用感知存储** 基于性能、可用性、可恢复性、法规要求及其价值来调整存储的智能存储系统。应用感知存储可以优化数据布局、数据行为和服务质量(QoS)水平,以确保存储系统的最佳性能。它是按照关键任务次序及数据的重要性等级来识别并存储数据。例如,公司日常销售库存系统应用数据都存储在磁盘外部边缘,以确保快速访问,而电子邮件归档可以存储在磁盘的中心部分。

application binary interface (ABI) **应用二进制接口** 一种规范说明,定义了应用程序和操作系统之间,一个应用和它的库之间,或者应用的组成部分之间的低层接口。ABI 不同于应用程序接口(API),API 定义了源代码和库之间的接口,因此同样的代码可以在支持这个 API 的任何系统中编译,而 ABI 掩盖了各种细节,如调用约定(控制着函数的参数如何传送以及如何接受返回值);系统调用的编码和一个应用如何向操作系统进行系统调用;以及在一个完整的操作系统 ABI 中,目标文件的二进制格式、程序库等。因此,ABI 允许编译好的目标代码在使用兼容 ABI 的系统中无需改动就能运行。参见 application program interface (API)。

application-centric **以应用(程序)为中心** 用于修饰或说明操作系统的特征,在这种操作系统中用户可以调用一种应用程序来打开或建立文档(诸如字处理文件、电子表格文件)。命令行界面或某些图形用户界面(如 Windows 3.x 中的程序管理器)就是以应用程序为中心的。比较 document-centric。

application class **应用类** 一个代表应用问题领域中对象的类。

application configuration access protocol (ACAP) **应用配置访问协议** 在服务器中存储配置信息的一种协议,用于加强电子邮件程序的功能,为远程用户提供查找个人地址簿和客户程序的参数选择。

application context **应用上下文** 在 OSI(开放系统互连)参考模型中,应用层应用实体使用应用关联进行通信的一种概念,什么服务要使用公共应用服务元素(CASE),在什么范围内使用特殊应用服务元素(SASE)的服务功能,都要作为应用上下文,在应用实体实例之间决定。

application context control 应用上下文控制 在使用应用上下文过程中,定义并选择应用上下文功能的控制称为应用上下文控制。

application control 应用控制 被设计用来协助确保事务处理、授权的完全性和准确性以及数据有效性的防御性、探测性和矫正性控制。

application control menu 应用控制菜单 在微软Windows应用程序中,通过选择在标题栏左侧的控制按钮而显示的菜单。可通过键盘使用这个菜单来进行最小化、最大化和恢复应用程序窗口;移动和调整应用程序窗口的大小;转换到其他现行Windows应用程序;并在该窗口内终止此应用程序。

application developer 应用开发员[者] 主要通过应用程序的设计和执行,使信息系统的基本功能适合于终端用户要求的人。

application development environment (ADE) 应用开发环境 供软件开发者使用的一套集成程序。典型的应用开发环境包括创建程序的文本编辑器、生成程序的编译器、调试器等。参见 software development environment (SDE)。

application development system 应用开发系统 专门用于开发某一类实际应用的目标系统(即用户系统)硬件或软件的一种设计和调试工具。一般包括:全屏编辑程序,带有编译程序、链接程序和调试程序的编程语言以及一个随时可用的程序模块的扩充库。应用开发系统的使用让有经验的用户开发一种独立应用程序,这比用诸如C++或COBOL语言写程序更容易。参见 microprocessor development system。

application driven networking (ADN) 应用驱动联网 IBM公司提出的基于开放标准的解决途径,目的主要是用于减少网络基础结构管理的复杂性,消除存在的安全漏洞,并且提供企业网络可预测的性能。应用驱动网络的前提是在商业需要的基础上分配和管理IT资源,并且应该把这些需要作为一个企业的共同策略。使用AppDrvN方案,网络系统就成为建立在应用需求(或者说是被应用所驱动)上的策略决定的执行者。只有当策略的设置是基于终端用户所访问的应用程序类型时,IT基础结构的管理才有可能得到简化。即:终端用户的愿望是不可能决定简化对IT资源的管理。

application entity (AE) 应用实体 在开放系统互联(OSI)中应用进程之间的交互,总是一部分在OSI环境之外,一部分在OSI环境之内。在OSI标准中,把应用进程中与OSI有关(即与进程之间的交互有关)的那部分称为应用实体,并放入应用层内,用以代表应用进程参与和其他应用进程的交互(执行OSI通信),即应用进程之间的通信是通过应用实体执行应用层协议来实现的。而把与OSI无关的那部分应用进程仍称为应用进程(AP),放在应用层之外。虽然应用实体是对应用进程的抽象,但应用实体和应用进程之间并不是一一对应关系,一个完成多功能的应用进程往往包含多个不同类型的应用实体。通常,一个应用实体由若干元素组成,这些元素包括一个用户元素(UE)和若干个应用服务元素(ASE)。参见 open system interconnection (OSI), application service element (ASE), user element (UE), application process (AP)。

application foundation classes (AFC) 应用基础类库 AFC是微软公司为Java程序提供的类库,它包括应用程序设计框架和图形、图形用户界面和多媒体例程。AFC与AWT兼容。参见 abstract windowing toolkit (AWT), Microsoft foundation classes (MFC)。

application framework 应用程序框架 用于执行针对特定操作系统的一个应用程序的标准结构。通过集束大量的可再用代码到一个构架中,为开发者节省了很多时间。应用程序框架是对象的类的集合,包括文本、视窗和命令。提供一个一般应用程序所需要的全部面向对象软件组件的集成集合,这种集合提供了建立一个完整视窗应用程序所需要的结构或框架,通常包括源码。

application gateway (AG) 应用网关 一种防火墙技术,其目的是保护防火墙后面的用户免受侵扰。应用网关是建立在网络应用层上的协议过滤、转发功能,它针对特别的网络应用服务协议指定数据过滤逻辑,并可在进行过滤的同时将对数据包分析的结果及采取的措施登记下来并作出统计,形成报告。

application gateway proxy (AGP) 应用网关代理 在局域网网络应用层设置的权限检查及代理服务,用户需要通过该服务验证后才能进、出网络。

application generating system 应用生成系统 利用计算机进行应用软件开发和维护的系统。起源于早期的报表生成系统。一个完整的应用软件开发系统,其输入是应用问题规范描述,输出为应用软件,使得应用软件系统直接从其技术规范说明中产生,而无需从冗长的编码和测试中获得。该系统有机地集成了一系列软件开发工具,提供用户友善的环境,使用户在描述问题后,就能直接得到软件产品。因而缩短了传统软件开发和维护周期,提高了应用软件生产率。

application generator 应用程序生成器 一种软件开发系统,使用户能够说明一个应用程序所需解决的问题并定义其功能,然后应用程序生成器产生必要的源代码或者机器码,但生成的程序可能比较冗长,也比较慢。参见 application。

application group name 应用组名 在信息管理系统中。表示一组已被定义的资源的名字(如程序说明块、事项名、逻辑终端名等)。

application heap 应用程序堆 应用程序用来存放其程序代码、文档信息、资源以及记录等信息的一块内存区域。

application host 应用程序宿主 一个应用程序能够驻留的数据处理系统。

application icon 应用(程序)图标 窗口式软件中表示应用程序进程的图标,在应用程序窗口缩小时出现。

application layer 应用层 国际标准化组织(ISO)关于计算机网络的开放系统互连七层参考模式的最高层,即第七层。通常被认为是向网络用户提供的一个界面,并且大部分由网络用户定义,它为开放系统中的应用进程提供支持。其中包括电子邮件、文件传输和终端仿真等。该层也提供应用管理,进而为系统管理提供分布信息服务。开放系统互连管理包括以下功能:为应用进程传送数据而建立连接、维持及结束连接以及记录有关数据。下面各个层级仅仅是为了支持这一层级而设置的。一个应用由几个应用进程组成,这些应用进程按照应用层协议互相通信。应用进程是数据交换的发源者和最终接收者。有一部分应用进程属于应用协议执行进程(即应用实体)。总的说来,应用层为用户应用程序提供接口服务,也为应用管理提供服务。除了对一般性应用程序提供称为用户元素的窗口实现服务外,还提供两种基本应用功能:一是为公共使用的公共应用服务,二是为满足特殊应用需要的特殊应用服务。它们是分别由公共应用服务元素和特殊应用服务元素实现的。此外,电子邮件、远程作业录入、目录查询及其他许多通用和专用工具软件都属于应用层的范围。参见 open system interconnection (OSI), application service element (ASE), application process (AP)。

application level framing (ALF) 应用级组帧 美国麻省理工学院(MIT)提出的一种在高速网环境下协议设计的新结构。在 ALF 中,数据流被截断成应用数据单元(ADU),ADU 作为校验和、加密、重发以及表示层格式化的单位。仅当数据移到网络时,ADU 才分解成网络数据单元(NDU)。根据网络技术要求,NDU 可以是分组的,也可以是异步传输模式(ATM)。这样,ALF 可以适用于 ATM 等不同类型的传输网,并且可以在这些传输网之间转换。

application level gateways (ALG) 应用级网关 VoIP(网络电话)业务流穿越 NAT/FIREWALL(网络地址转换/防火墙)的方法之一,利用一些驻留在 NAT/FIREWALL 设备中的应用模块来支持对 IP(网际协议)语音和视频协议(H.323、SIP(会话初始化协议)、MGCP(媒体网关控制协议)的识别和对 NAT/FIREWALL 的控制,自动记录控制流报文中协商好的地址和端口,并应用到 NAT/FIREWALL 中。目前,绝大部分的 NGN(下一代网络)产品对 NAT/FIREWALL 的穿越采用的就是这种方式。优点是简单易实现;缺点是不支持加密后的报文识别,而且扩展性非常差。

application macro 应用程序宏 一类允许用户把一系列重复的行为写成或记录为一个新的程序代码串,这个程序代码串就称之为宏。

application metering 应用程序度量 用于监视网络上的软件使用情况,帮助网络管理员收集软件的使用信息,或者实际控制这些软件的使用,以确保没有违法使用的一种工具。在发现违法使用时,能发出通知,并能将等待的用户进行排队,显示应用程序的利用率。它对于确定软件购置计划也是十分有益的。

application middleware 应用中间件 在应用与数据库之外,使应用能共享跨网的功能与数据的软件。

application network 应用网络 相互连接的数据处理设备,如计算机、处理器、控制器和终端组成的网络,用于处理和交换用户数据。应用网络可包含公用或专用通信设备,这些设备由民间组织、电信公司或认可的公用或专用的运营管理部门和机构提供。同 computer network。

application note 应用注释 由产品厂商或设备厂商公开提供的比较短的书面材料。它给出了按特定方式或者为了特定的目的来使用厂商的产品或设备应注意的事项,也给出了一些建议和产品使用的指导原则等。通常还给出具体的应用例子。

application notification 应用程序通知 在特定的时间或某一系统事件发生时启动一种应用程序的通知。当通知出现,应用程序启动时,系统就会给出一个命令行参数表明所发生的事件。

application object 应用对象 整个应用程序运行时的入口点,它包含了被开发的应用程序的总体信息和程序中用到的其他对象的有关信息。

application of remote sensing to cartography 遥感制图 地图制图学的一种新方法。它以遥感提供的图像数据为依据,利用遥感数据分析处理技术和现代地图制图学方法,按照地图的规定和用图的需要,完成遥感数据的制图表示和制作地图。卫星遥感制图是这一领域当前发展的最重要方向。其主要内容是利用卫星图像数据,以遥感图像处理系统为主要工具,进行地图修编、地图更新、制作影像地图、编制专题地图和专用地图、混合成图、立体测图、军事制图、星体制图以及建立与更新地图数据库等。

application-oriented language (AOL) 面向应用(的)语言 即面向问题的语言。它的语句中包含了类似于用户的业务或专业的术语,如报表程序生成程序语言。另外,还有面向过程的语言,如 FORTRAN、ALGOL 等;仿真语言,如 GPSS、SIM-

SCRIPT 等;表处理语言,如 LISP、IPL-V 等。参见 problem-oriented language。

application package 应用程序包 适用于某些应用项目的程序集,包括软件程序和这个特定软件的相关文档和指令。由于使用对象是仅熟悉应用知识的一些用户,因此这类程序包大多数有面向用户的友好接口,用户往往能很快地掌握使用方法。

application partitioning 应用分割 在应用程序编写完毕后,将各部分的应用程序代码分派给不同的客户端或服务器分区的过程,以获得更好的性能和互操作性(即一个组件在不同平台上执行的能力)。

application performance characterization (APC) 应用程序性能特性测试(程序) 一种用于测试实际应用程序性能的图形基准程序。

application platform suite (APS) 应用平台套件 应用平台套件能向企业提供信息系统的基础架构。APS 一般包括门户服务器、应用服务器、应用集成套件。应用集成套件可能是企业应用集成(EAI),或者消息中间件,或者交易中间件,或者全部都有。一般认为,完整的商业应用大都需要这些产品来支撑。应用平台套件把这些产品打包在一起提供给客户,会方便各个组成产品之间的集成,并因此降低客户选择的难度,给客户一个"一站式采购"的便利。参见 enterprise application integration (EAI)。

application process (AP) 应用进程 (1)执行中的一个进程。它实际上就是执行该过程所定义的一组协作应用活动。应用进程可分为三类:①系统管理应用进程,它负责执行有关开放系统的系统管理功能;②应用管理应用进程,它负责执行与应用进程的控制和管理有关的应用管理功能;③用户应用进程,它执行信息加工所要求的功能。(2)在 OSI(开放系统互连)参考模型应用层的一个逻辑单元。它使用 OSI 定义的通信功能,一边和其他系统的应用进程通信,一边执行预定的业务处理。应用进程间这些通信功能,由 OSI 基本参考模型中各层的实体来实现。参见 open system interconnection (OSI), application service element (ASE), application layer, application entity (AE)。

application processing function (APF) 应用处理函数 在 GML(通用标记语言)处理中,在识别一个文献元素或属性时所执行的处理。参见 generalized markup language (GML)。

application profile 应用程序轮廓文件 在操作系统中的一种控制块,存放一个或多个应用程序的特性,以便系统调度时使用。

application program (AP) 应用程序 一个为用户而写或者由用户编写的解决某一个应用问题的程序。最常用于应用程序设计的程序设计语言有:FORTRAN、COBOL、C、Java、Delphi 等。

application program interface (API) 应用程序接口 一个由操作系统或者其他有许可证的程序提供的功能接口,使得用高级语言编写的应用程序能够使用操作系统或者有许可证的程序的某些数据或者函数。API 之主要目的是向应用程序与开发人员提供访问一组例程的能力,而又无需访问源码,或理解内部工作机制的细节。例如,图形库中的一组 API 定义调用绘制图标函数的方式,以在屏幕上显示图标。程序中调用,编译时连接到这组 API,执行时便调用 API 的实现来显示图标。操作系统的 API 可用来分配内存或访问文件。在网络系统中,API 提供请求低层网络操作功能的统一的方法。许多系统与应用程序提供 API 接口与实现,如图形系统、数据库、网络、Web 服务、甚至于某些游戏。API 有诸多不同设计。用于快速执行的接口通常包括函数、常量、变量与数据结构。也有其他方式,如通过解释器,或是提供抽象层以遮蔽同 API 实现相关的信息,确保使用 API 的代码无需更改而适应实现变化。良好的 API 设计可以降低系统各部分的相互依赖,提高组成单元的内聚性,降低组成单元间的耦合程度,从而提高系统的维护性和扩展性。

application program windows 应用程序窗口 含有一个打开的应用程序的窗口。窗口的标题栏显示该应用程序的名称。在一个应用程序窗口中可能有一个或多个文档窗口。

application programmer 应用程序员 泛指专门编制应用程序的人员。与系统编程员的工作不同之处是,他们专门编制解决特定问题的程序。

application programmer user 应用程序员用户 数据库系统的一类用户。这些用户熟悉本职业务和程序设计方法,他们能使用数据库管理系统所提供的主语言和数据操纵语言(DML)去同数据库打交道。其任务是与数据库管理员一起创建他们的应用程序所对应的子模式,编制他们的业务处理程序或供终端用户使用的应用程序。

application programming 应用程序编程 以用户提供的信息作为输入,把用户信息与文件中的信息结合,以产生用户所需的输出而编写的程序。

application protocol 应用协议 实现网络应用的协议。其内容包括定义消息的内容、消息类型的语法结构、域所包含的信息的含义,确定通信程序何时发送消息和接收消息的规则。

application protocol 应用协议 实现网络应用的协议。其内容包括定义消息的内容、消息类型的语法结构、域所包含的信息的含义,确定通信程序何时发送消息和接收消息的规则。

application response measurement (ARM) 应用程序响应度量 定义事务处理监控方面的功能调用的 Open Group(开放群组)技术标准。

application root 应用程序根目录 应用程序根目录包含的所有目录和文件被认为是应用程序的一部分。也称"应用程序启动点目录"。

A

applications access service 应用软件访问服务 DEC公司的网络应用支持(NAS)中的一些服务，使用户能透明地在本地跨网络访问应用软件。NAS的应用软件访问服务通过公共窗口、表格、图形或基于终端的接口按用户的意图进入应用软件。

applications scope 应用程序作用域 使Web应用程序的所有用户都可以访问该应用程序所有页中数据的一种方法。通过将它存储在ASP(活动服务器页面)应用程序对象中，一个变量或对象实例被放在应用程序作用域中。应用程序作用域对于全局数据非常有用，如全局计数器。

A

application server 应用服务器 (1)一种网络服务器，通常运行UNIX或Windows NT操作系统，在绝大多数的情况下，应用服务器需要配合数据库使用。通常使用档次较高的对称多处理器(SMP)服务器来运行信息管理系统(MIS)和数据库系统。(2)应用服务器是一种软件，通常是用Java编程语言编写的、用在基于Windows NT系统上的软件包。它提供的服务支持把最终用户与公司数据库联系起来的基于Web网站的应用程序。它起到了Web浏览器和数据库服务器之间中间人的作用，因此公司不需要在用户端安装高性能的Windows应用程序。应用服务器管理连接用户与其所需数据的过程。它们为每个用户建立应用会话、检查(用户)身份、从相应的数据库中提取所要的信息并把该数据放进Web页面，以直接为用户服务。这些软件还提供应用管理服务功能，如监视系统性能，以找到瓶颈所在。它们还能连在一起，以构造需要多个服务器满足用户多数据需求的大规模应用系统。

application service element (ASE) 应用服务元素 (1)OSI(开放系统互连)参考模型应用层由多个协议实体组成，每一个称作应用服务元素。应用服务元素可分为两类，公共应用服务元素(CASE)和特定应用服务元素(SASE)。特定应用服务元素能提供满足特定应用的特殊需要所要求的服务；而公共应用服务元素则是特定应用服务元素公共使用的那部分。参见open system interconnection (OSI)。(2)在OSI(开放系统互连)模型中，ASE是应用实体(AE)的组成元素，ASE是一些可重用的程序模块，这种模块可提供某种应用OSI的能力。两个对等应用实体中同类ASE之间通过执行某种应用层协议，向其服务用户提供某种服务。为了执行协议，ASE可以调用其他ASE模块。这样，同一应用实体中各ASE模块之间可以互相调用，而呈网状依赖关系。OSI最主要的应用服务元素有四种：即联系控制服务元素(ACSE)、可靠传送服务元素(RTSE)、远程操作服务元素(ROSE)、提交、并发和恢复(CCR)。由于这些元素是应用实体的一部分，不能独立寻址，所以它们和服务用户之间没有服务访问点，因而应用层和用户进程之间也就没有服务访问点。参见association control service element (ACSE), reliable transfer service element (RTSE), remote operation service element (ROSE), commitment, concurrency and recovery (CCR), application entity (AE)。

application service provider (ASP) 应用服务提供商 ASP是一种面向商业用户、以在线方式和租赁形式提供包括硬件、软件和信息服务在内的系统解决方案的网络增值服务类型。ASP服务模式已有多种，如IDC(因特网数据中心)、OSV(在线服务供应商)、ISV(独立软件提供商)和VAR(增值销售商)等。ASP主要是利用集中管理的设施通过租赁方式按客户要求为客户提供应用全面、系统的功能性服务。ASP主要提供的服务有：①平台租用；②规划、咨询与管理培训等；③监控与维护。参见Internet data central (IDC), online service provider (OSP), independent software vendor (ISV), value-added reseller (VAR)。

application services 应用程序服务 在操作系统中，程序服务层的一部分，它为诸如下述一类的操作提供协助：数据传送、数据转换和系统定义数据集内的结构化记录的管理。

application shortcut key 应用程序快捷键 某个键或一组组合(使用的)键，当它(们)被按下时，本来应用程序中按正常操作需要使用者几个步骤才能达到的某个动作，就能被迅速执行。例如，选单或选项屏的选择过程。也称"keyboard shortcut"。

application software (ASW) 应用软件 针对某一特殊应用问题设计的软件。如用于财务、导航、军事、管理、售票等的软件，与系统软件对应。参见system software。

application software engineering 应用软件工程 大型应用软件的研制过程中，由于计算机逐步深入到社会各方面，应用软件工程将成为包括数学各工程学科和计算机科学在内的一门边缘性工程科学。研制大型数值应用软件的一般过程是：功能要求定义分析、算法设计、结构设计、文件编制、程序编制、调试、试算验收、运行与维护等。

application software generation system 应用软件生成系统 指应用软件自动化开发集成系统，是开发信息系统的自动生成器。它不需要编程、不需要考虑程序接口、提供系统快速原型。

application software prototyping 应用软件原型开发 由于软件技术的进步，有可能通过软件手段对用户的需要进行去伪存真，并加以改进提高，从而确定用户所需要的应用软件的原型。在原型开发工作中，把分析步骤压缩在最短时间里完成，完成后要考虑所有限制条件，对原型进行改进，使它变成实际应用系统。

application software tools 应用软件工具 帮助开发其他软件的程序。实用软件工具可帮助程序员为开发各种实用程序进行设计、编码、编译、连接编辑或调试工作。

application-specific integrated circuit (ASIC) **专用[特定用途]集成电路** ASIC是按照用户的应用设计要求，在一个芯片上实现特定设备的一部分或全部功能，能够以低成本、短交货期完成的适于少量生产的大规模集成电路或超大规模集成电路。ASIC按不同的开发方法分为全定制大规模集成电路和半定制大规模集成电路。半定制大规模集成电路主要有门阵、标准单元和可编程逻辑器件三类。目前，门阵较为普及和流行，今后将趋向标准单元发展。参见 gate array。

application-specific language **特定应用语言** 适于特定应用领域的语言，如FORTRAN语言适用于“科学计算”领域、COBOL语言适用于“商业数据处理”领域等。

application specific memory **特定用途存储器** 图像处理等特殊用途专用的存储器，如多口视频随机存取存储器(VRAM)。

application specific standard product (ASSP) **特定用途标准产品** 市售的不针对特定用户的一种专用集成电路(ASIC)。一般是不同领域的工业标准LSI(大规模集成电路)，如通信用、打印机用及软盘控制器等专用集成电路，都属于特定用途标准产品。

application stack **应用程序栈** 在功能性上密切有关的一组应用程序，如一个典型的应用程序栈将包括程序例(如文字处理、电子表格、数据库等)，也包括网络浏览器，邮件系统和即时通信程序。

application study **应用研究** 对计算机应用方法、步骤、过程等诸多方面展开的面向计算机系统应用的调查研究。为代替旧方法步骤和解决问题，在发展新方法时，必须对课题展开必要性、可行性等研究，以确保应用效果。

application support package **应用支撑程序包** 用来支持用户对系统进行评价的软件包。其主要功能包括：①提供用户系统工作模式；②评价某种微处理机在实际应用中的情况；③比较用户系统软件与硬件结构间的关系。

application to application (A2A) **应用程序到应用程序** 指将不同的应用程序连接在一起。参见 application to application (A2A) integration。

application to application (A2A) integration **应用程序到应用程序集成** 独立软件系统的集成。通常指在同一企业内，在网络环境中的跨平台应用程序之间的应用到应用(A2A)的集成。实现技术涵盖了普通的程序代码撰写、应用程序接口(API)、远端过程调用(RPC)、分布式中间件、分布式对象、公共对象请求代理体系结构(CORBA)、Java远端方法调用(RMI)、面向消息的中间件以及Web服务等各种软件技术。参见 enterprise application integration (EAI)。

application transaction program **应用事务程序** 为了处理某特定分布式应用，由应用程序员实现的一种事务程序。比较 service transaction program。

application transparency **应用透明性** 从网络的任何一个接入点都能获取一组公用应用的能力。

application vulnerability description language (AVDL) **应用脆弱性描述语言** AVDL是结构化信息标准推进组织(OASIS)在1994年发布的，一种基于可扩展标记语言(XML)的安全互通标准。AVDL标准使信息安全设备相互通信的方式产生巨大变革，极大提高对基于Web应用的保护能力。AVDL定义一种共享有关环境变化和网络攻击信息的模式，即编制一种标准的XML描述语言，以应用安全的整个生命周期内各种安全工具能够使用和识别的方式、定义、分类和界定应用脆弱性。例如，评估工具能够为特定应用编制一种能被攻击预防工具读出的AVDL文件，从而给那种特定应用推荐预防攻击的最佳对策；补救工具能够使用AVDL文件推荐解决问题的最佳行动过程；而报告工具能够用AVDL报告脆弱性范围。

application window **应用窗口** 在窗口式软件中，指应用程序启动时打开的窗口，显示菜单或应用程序的工作信息。

applicative language **应用式语言** 迄今为止，多数程序设计语言都明确指明运算的执行顺序，属于顺序语言。如果执行顺序改变，则其产生的结果也随之改变。应用式语言则不然，其特点是：结构简洁、无需存储、与历史无关、无需状态、程序清晰。例如，lambda演算、纯LISP以及巴科斯(Backus)提出的函数式程序设计语言等都是应用式语言。

Applied Ergonomics **《应用人机工程学》** 英国，Elsevier Science出版社出版，1970年创刊，全年6期，SCI(科学引文索引)、SSCI(社会科学引文索引)收录期刊。刊载有关人机系统的研究设计在实际应用方面的论文、札记、书评与消息报道，涉及工业生产、信息技术、办公室工作以及军事设计等。

Applied Mathematics and Computation **《应用数学和计算》** 美国Elsevier Science出版社出版，1975年创刊，全年33期，SCI(科学引文索引)收录期刊。侧重于系统科学理论与应用研究。刊载利用计算机技术解决应用问题的研究论文和评论。

applique **镶嵌，附加元件** (1)一个包含与网络相连的连接器硬件在内的安装平台。它将一个网络接口上的通信信号翻译成所选通信标准需要的信号。(2)为了提供额外的、代替的或改进的功能而附加到原系统中的电路元件。附加元件的一个例子是用于改进载波电话设备的一个电路，它设计用来在具有拨号设备的点与点之间采用人工呼叫。

App marketing **App营销** 指的是应用程序营销，是通过智能手机、社区、SNS等平台上运行的应用

A

程序来开展营销活动。

APPN　高级对等联网　advanced peer-to-peer networking 的缩写。

APPN intermediate routing　高级对等联网中间路由　APPN(高级对等联网)网络节点从相邻节点接收信息并向其他节点转发的能力。

appointment mode　预约方式　管理报告系统的一种典型使用方式,即管理者和决策制定者定期接收自动生成的报表,但这并非决策支持系统的典型使用方式。

approach to specification　规范方法　在程序设计方法学中,规范方法基本分为三类:代数规范方法、状态机规范方法和抽象模型规范方法。这些方法以函数为单元定义其行为,采用面向结果的方式,压缩掉了大多数的实现细节。它们都以基础抽象定义结果,基础抽象通常涉及一些可以对其进行严格论证的已知数学实体。在代数规范方法和状态机规范方法中,基础抽象是该方法的一部分;而在抽象模型规范方法中,它由规范描述者选择。参见 algebraic specification, state-machine specification。

appropriate forget of neuron　神经元适当遗忘　由神经元结构的可塑性,突触所传递的信息特性会减弱的现象。

approver　(协议)验证程序　验证协议的程序。它规范地产生所有从给定初始状态到可达的状态,验证每个状态下用户定义条件的合法性。

approximate match　近似匹配　一种匹配方式,只要求产生式规则左侧被当前状态部分地或近似地满足就可激发该产生式规则作为可应用规则。一般的产生式系统要求当前数据库状态完全匹配产生式规则左侧所有的条件才能激发该产生式规则。

approximate reasoning (AR)　近似推理　由 L. A. Zadeh 提出的处理知识的不确定性和模糊性的一种推理机制。它首先将命题语言转化为可能性分布,然后运用一系列的推理规则对这些可能性分布进行操作,最后推出结论。

approximation combinatorial algorithm　近似组合算法　对于某一特定的组合最优化问题的任意实例,都可用来求得可行解(不一定是最优解)的组合算法,简称近似算法。设计快速的近似算法是对付难解问题的一个常用的方法,如求解旅行商问题的最邻近法、装箱问题的首次适合法。对近似算法除分析复杂性外,还要分析它求得的可行解与最优解之间的误差。

App Store　应用商店　App Store 是由苹果公司为 iPhone 和 iPod Touch、iPad 以及 Mac 创建的服务,允许用户从 iTunes Store 或 Mac App Store 浏览和下载一些为了 iPhone 或 Mac 开发的应用程序。用户可以购买收费项目和免费项目,让该应用程序直接下载到 iPhone 或 iPod touch、iPad、Mac。其中包含:游戏、日历、地图、图库以及许多实用的软件。

App Store mode　应用商店模式　2008 年 3 月 6 日,苹果公司对外发布了针对 iPhone 的应用开发包(SDK)供免费下载,以便第三方应用开发人员开发针对 iPhone 及 Touch 的应用软件。同年 7 月 11 日,苹果 APP Store(应用商店)正式上线,开创了用户、开发者、苹果公司三方共赢的商业模式。App Store 模式共涉及三个主体,即苹果公司、开发者、用户,此外还包括第三方支付公司,但只是作为收费渠道。各主体的职责如下:①苹果公司掌握 App Store 的开发与管理权,是平台的主要掌控者。其主要职责包括四点:一是提供平台和开发工具包;二是负责应用的营销工作;三是负责进行收费,再按月结算给开发者。②开发者是第三方应用软件的提供者。其主要的职责包括:一是负责应用程序的开发;二是自主运营平台上自有产品或应用等。③用户是应用程序的体验者。用户只需要注册登陆 App Store 并捆绑信用卡即可下载付费或免费应用程序。

APR　(1)替换通路再试[复执],重试替换路径 alternate path retry 的缩写。(2)自动布局布线程序 automatic placement and routing program 的缩写。

apriori estimation　事前[先验]估计　数值方法所得解的误差估计式的一种类型。若一个数值方法所得解的误差估计式只依赖于原方程所提供的一些量,则称这个估计式为事前估计。事前估计可以在求解之前判断一个数值方法的收敛性。若误差估计式除方程本身的数据外还依据尚未求出的解,则称这个估计式为事后估计。一般说来,事后估计比事前估计更接近真实情况,因而在实际计算问题中具有更重要的意义。

A programming language (APL)　APL 语言　APL 是由加拿大学者肯尼思·艾弗森(Kenneth Iverson)在 1957 ~ 1967 年开发的交互式程序设计语言。APL 语言与大多数其他编程语言的不同之处在于,它使用一个很大的特殊符号集和非常简洁的语法,在交互式环境中对数值数组进行矢量和矩阵操作。APL 语言是一种支持使用子例程的解释性语言。然而,它不支持主程序体这样的概念;由程序员调用执行一个子例程时开始执行程序。APL 语言主要被数学家使用,以便求解复杂题目时不需要大量编程。这是一个功能很强的算法,常常只需几行语句就可以描述出来。APL 的所有运算符都具有同样的优先级,一律从右到左顺序计算。艾弗森因为开发 APL,为程序设计语言的理论和实践做出卓越贡献而被授予 1979 年度的图灵奖。参见 interpreted language。

APS　应用平台套件　application platform suite 的缩写。

APSC　自动图像清晰度控制　automatic picture sharpness control 的缩写。

APSE　Ada 程序设计支持环境　Ada programming

support environment 的缩写。

APSK 绝对相移键控 absolute phase shift keying 的缩写。

APT (1)自动图像传送 automatic picture transmission 的缩写。(2)自动程序设计工具,数控程序语言 automatically programmed tools 的缩写。

APTO 亚太技术运作 Asia Pacific Technical Operations 的缩写。

APU 自动编程单元 automatic program unit 的缩写。

APWG 反网络钓鱼工作组 anti-phishing working group 的缩写。

AQA 你问我答 any question answered 的缩写。

AQL 合格品质量水平 acceptable quality level 的缩写。

AQL test AQL 测试,合格质量标准测试 acceptable quality level test 的缩写。

AR (1)接入速率 access rate 的缩写。(2)近似推理 approximate reasoning 的缩写。(3)存取要求,访问要求 access request 的缩写。(4)地址寄存器 address register 的缩写。(5)替换恢复 alternate recovery 的缩写。

ARAS 防反射、防静电 anti-reflection anti-static 的缩写。

ARB 仲裁,裁决 arbitration 的缩写。

arbiter 仲裁器,判优程序 (1)解决多个用户或设备争用同一资源时的裁决逻辑线路。(2)数据库管理系统中的一个存取控制程序,它检验用户存取数据的请求,并决定是否允许执行该存取请求。

arbitrary access 随机存取 在数据存取操作中,一种存取时间与数据存储的位置无关的存取方式,即对于存储器中所有位置的数据,其存取时间都是几乎相等的。

arbitrary control 任意控制 由条件 goto 语句或非条件 goto 语句完成的控制功能。

arbitrary selection 任意选择 Ada 语言中的一种选择语句,它根据条件是否为真来决定选择对象。当相应条件为真时,该选择对象就称为是“被打开的”。如果几个条件都为真,那么语言并未规定选哪一个选择对象,这时选择就可以任意地执行,这就称为任意选择。

arbitrary sequence computer 任意顺序计算机 在其程序中的每条指令都明确规定下一条要执行的指令的位置,专门执行这种程序的计算机称为任意顺序计算机。比较 sequential computer。

arbitrated loop 仲裁环 一种光纤通道互联拓扑结构,其中每个端口都与其相邻接口连接,从而形成一条环路。在光纤通道仲裁环结构中,任何时刻只能有一个端口可以传输数据。仲裁环中某个端口在开始传输数据之前,必须与环路中的其他所有端口竞争,以获得传输数据的能力。环路中的所有端口都要遵循仲裁逻辑。仲裁环物理拓扑结构遵循光纤通信协议。

arbitrated signature 仲裁签名 一种由担负仲裁责任的第三方当事者签名的数字签名。信息发送方把信息送往仲裁者进行仲裁签名,而后仲裁者为信息接收者验证其签名。

arbitration (ARB) 仲裁,裁决 (1)在发生冲突时决定哪一个设备或者子系统获得系统资源(如总线)的控制权的过程。(2)监控和管理对系统资源的竞争的需求的过程,包括多个系统设备或者用户发出的请求。参见 contention。

. arc 压缩文件名后缀 标明是采用高级 RISC(精简指令集计算)技术规范(ARC)格式进行压缩的档案文件的文件扩展名。可以使用 WinZip、WinRAR、PKARC 等软件打开。

ARC (1)防反射涂层 anti-reflect coating 的缩写。(2)自动请求校正 automatic request for correction 的缩写。(3)扩大研究中心 Augmentation Research Center 的缩写。

arcade 街机 一种放在公共娱乐场所的经营性的专用游戏机,起源于美国的酒吧。一般常见的街机,基本的形式由两个部分组成:框体与机版。在街机上运行的游戏叫街机游戏。参见 arcade game。

arcade game 街机游戏,拱廊游戏 一种投币计算机游戏,提供由一个或多个游戏者操纵的高质量的屏幕图形显示、声音和由一个或者多个操作者控制的快速运动。参见 computer game。

arcback 逆弧 汞汽整流管中由于阳极上形成阴极斑点而在反方向流动的主电子流。这将导致不产生整流作用。

arc cathode 电弧阴极 在大致等于气体电离电位的低压降上自保持电子发射的阴极。

arc-control device 灭弧装置 围绕着机械式开关的弧触头,用以限制电弧并帮助电弧熄灭的装置。

arc-discharge tube 电弧放电管 大电流电弧通过电极之间的气体放电的放电管,通常用于产生强闪光。

arc drop 电弧压降 充气整流管在导通期间阳极与阴极之间的压降。

arc drop loss 电弧压降损失 管压降的瞬时值与充气管在一个完整工作循环期间的平均电流之乘积。

Archie Archie 搜索引擎,阿奇 因特网上的一个信息检索工具软件。由加拿大的 McGill 大学一群学生开发的一种寻找所需文件标题的有力工具。它实际上是一个大型的数据库以及与这个数据库相关的一套检索方法。因特网上并不存在中心资料库,Archie 采集因特网上大量计算机中用户数据库的有关信息并存储起来。用户要检索这些数据

A

时,先在 Archie 库中查阅文件名清单,包括文件名和网络地址。用户借助于这个清单查到相应文件位置。Archie 使得用户不需要知道所需文件在哪台计算机上就可以完成文件检索。Archie 数据库每天自动更新一次,提供全球查询服务。用户不能通过 Archie 获得文件,只能得知文件所在位置。要想获得文件,用户要使用诸如 FTP(文件传输协议)之类的程序。

Archie client　Archie 客户程序　一种客户端使用的文件查找程序,用户通过运行它可从 Archie 服务器中获取信息。

Archie server　Archie 服务器(程序)　一种 Archie 搜索引擎服务程序。它装有一个列举匿名 FTP(文件传输协议)现场内容的数据库,可被 Archie 客户程序访问。

Archie user interfaces　Archie 用户接口　用户访问 Archie 服务时可以使用的接口和使用方法。有四种接口和使用方法:①命令行方式,把一条命令发送给 Archie 服务器,令其执行而得到答案;②电子邮件方式,通过电子邮件把请求发送给 Archie 服务器,得到答案;③telnet 方式,通过 telnet 登录到某个 Archie 服务器上,然后交互输入请求,得到答案并显示在屏幕上;④图形方式,在图形窗口界面上,对用户输入的搜索字符串进行搜索,获得答案。

architectural design　体系结构设计　在开发一个计算机系统时,为建立其主体结构而定义一组硬件和软件及其接口的过程。

architectural mechanism　构架机制　构架机制表示对于常见问题的通用具体解决方案。它们可以指结构模式、行为模式,也可以指这两者。软件工程中构架机制是一个涵盖分析机制、设计机制和实施机制的术语。

architectural pattern　构架模式　构架模式表示软件系统的基本结构组织方案。它提供了一组预定义的子系统,指定它们的职责,并且包括用于组织其间关系的规则和指导。可以进一步解释如下:构架模式是一个特定范围的模式(即解决方案模板),并且也是具体软件构架的模板。它涉及整个系统范围内的特征,并且通常涉及子系统范围内(而非类级别)的关系。尽管从原则上说不是不可能以此方式使构架模式更为细化,构架模式就其本质来说与应用程序领域无关。软件构架文档将提供在系统中使用的构架模式。

architectural view　构架视图　从某一特定角度看到的系统构架,注重于表示结构、模块度、核心构件和主要控制流。

architecture　体系结构,架构　组成计算机系统各部分之间相互关系的详细说明。计算机体系结构是硬件、软件、算法和语言的综合性概念。简单地说,是从程序员角度所看到的计算机属性,即其概念性结构与功能特性。确切说,它研究的是软件、硬件功能分配以及机器界面的确定。此界面指的是由机器语言设计者或编译程序设计者所看到的机器物理系统的抽象或定义,它是程序设计者(或是编译程序生成系统)为使其所设计(或生成)的程序能在机器上正确运行,所需看到的和遵循的计算机属性。这些属性包括数据是如何表示(即数据表示)、如何被访问的(即寻址方式)、能对这些数据进行什么样的运算和如何控制这些运算的执行等(即指令系统)。它不包括机器内部的数据流和控制流、逻辑设计和器件设计等具体的逻辑线路及工程设计。具有相同体系结构而由不同硬件实现的计算机可以使用相同的软件。目前绝大多数机器的计算机体系结构仍然没有摆脱冯·诺依曼结构的范畴。

architecture description language (ADL)　体系结构描述语言　用于描述软件和/或系统体系结构的一种计算机语言。体系结构描述语言是一种用于形式化的描述和验证体系结构的模板语言,支持自动生成软硬件协同设计时所需要的软件工具。体系结构描述语言也是体系结构开发商和其他关注这个体系结构的利益相关者进行交流的工具。

architecture neutral distribution format (ANDF)　体系结构中立分发格式　一个由开放软件基金会(OSF)为发展 UNIX 软件的应用创建的一种中间语言。ANDF 通过构造一种标准的方法把源码级的程序编译成机器可执行码而把软件可移植性带到异种机环境。它要求各软件开发者将源码转换成一种称为“P”码的标准的中间表示方法。各硬件供应者提供与机器有关的翻译程序,把“P”码转换成具体的硬件系统结构能执行的程序。利用这样的方法,任何源码,不管是用什么语言写的,都可很容易地进行再编译,使其能在任何硬件上运行。参见 open software foundation (OSF)。

architecture of DSS　决策支持系统的体系结构　研究决策支持系统(DSS)的系统组成及各部分的相互联系。一个决策支持系统是由对话管理、数据管理和模块管理三个部分组成,按这些部分的相互关系,可构成不同的决策支持系统结构:三角式结构(对话管理、数据管理和模型管理呈三足鼎立式)、串联结构(对话管理、模型管理和数据管理呈串联式)、融合结构(数据管理融合在模型管理之中)及以数据库为中心的结构(在融合结构中增加了一个“模型管理接口部分”)。

architecture with non-sequential dynamic execution scheduling (ANDEC)　非顺序动态执行调度系统结构　一种处理器结构,允许指令不按顺序执行,但可以按原来次序重新返回,不分块的高速缓存可使处理器在等待的同时进行快速处理。

archival backup　归档备份　备份实用程序通过将硬盘上的全部文件拷贝到软盘、磁带或某些其他备份介质上来进行备份的一种过程。

archival database **存档数据库** 数据库的一种备份拷贝或历史性拷贝。在做存档保存后,如需要则可重新恢复数据库。

archival science **档案学** 探索档案、档案工作和档案事业的发展规律,研究档案信息资源的管理、开发的理论、原则与方法的学科。它的应用有助于提高档案事业管理和档案管理的科学水平,更有效地开发利用档案信息资源,为人类社会的进步服务。

archival storage **档案存储器** 储备信息资料的存储器。档案存储器里的信息只作后备信息,一般不会频繁地使用它。目前主要使用磁带做档案存储器。为安全原因,常考虑远离处理中心建立档案库(磁带库)。光碟技术的开发与应用,将广泛地用于档案库。

archive **归档** 将备份文件和任何关联日志存储起来(通常保存一给定的时期)。

archive bit **档案位,文件备份位** 与文件有关的一个位,被备份和恢复软件使用于判断文件是否已经作过备份,备份程序通常在对文件作备份之后修改这个位。参见 backup bit。

archived file **存档文件** 一种已存档的文件,与其相应的有一个现用的档案文件存在。存档文件可以是现用文件的原件,也可以是现用文件的备份。

archive file **档案文件** 从一个文件集中产生的一种文件,它是为今后的研究、检验或安全目的存放在别处的。

archive polling services **文档查询服务** 因特网提供的主要服务项目之一。这种服务利用文档服务器为用户找到所要的文件在哪个 FTP(文件传输协议)服务器中。因特网上有成千上万个 FTP 服务器。这种服务器软件已经在因特网上很多计算机中运行,可提供几百万条文件索引。参见 archive server。

archive server **文档服务器** 由加拿大麦吉尔大学(McGill)研制的在因特网上运行的一种服务器。这种服务器专门为用户提供查询所需要的文件在因特网上哪个 FTP(文件传输协议)服务器中之类的服务。用户只要给出所希望的文件名字中或文件描述说明中出现的一串字符,这种服务器就能查出这个或这类文件在哪个或哪些服务器中。这样的服务器在因特网上有多个,都提供完全相同的服务。服务器上的服务程序定期自动搜集一遍它所知道的全部 FTP(文件传输协议)服务器中的文件并取得全部文件目录,再对这些目录进行汇编,成为自己的检索目录。文档服务器支持远程登录、电子邮件和使用文档查询客户程序三种查询服务。参见 archive polling services。

archive site **备份方,存档现场[站点]** 一个 FTP(文件传输协议)现场,一个提供在因特网上对一系列文件访问的机器,如一个匿名 FTP 备份方通过 FTP 协议提供对 RFC(请求注解)文件的访问。参见 anonymous FTP, Archie, Gopher, Prospero, request for comments (RFC)。

archiving **归[存]档,备份** (1)备份文件及其所有有关的日志文件的存放,通常按指定的时间周期存放。(2)将不再经常使用的电子文件移动到存取性能较差且成本较低的介质中保存。将较少使用的数据或程序从活动的数据库移动到第二存储介质如磁带等的措施。

ARCnet **ARCnet 网,附加资源计算机网络** attached resource computer network 的缩写。

ARCS **高级精简指令集计算机计算规范** advanced RISC computing specification 的缩写。

arc spectrum **弧光谱** 用电弧使某个元素汽化所形成的光谱。

arc splines **圆弧样条** 用逐段相连的圆弧所做的二次样条插值。过每个插值数据点做一圆弧,使每两个相邻的圆弧在相应的插值点的垂直平分线上相交且在交点上具有共同的切线。按这种方法连接成的曲线称为圆弧曲线样条。圆弧样条在整个插值区间上具有一阶连续导数。在逼近圆弧曲线时,使用圆弧样条可以避免用三次样条逼近二次曲线所产生的误差。

arc through **电弧穿过** 在多电极充气管中,由于在预定非导电周期内,在正常方向流过主电子流所造成的失控。

Arden's rule **阿登规则** 形式语言理论中的一条规则。它说明 AB 是方程 $X = AX \cup B$ 的最小解,这里 X、A、B 是字符串集合,AB 表示集合 A、B 连接所得的集。更进一步 AB 还是唯一解。该规则虽然简单,但它是计算机科学中最早的不动点理论。若与消除变量的一般过程相结合,它可用于以解任意字符串联立线性方程组。

ARE **全路由探测帧** all routes explorer 的缩写。

area **区域** (1)程序设计语言中,由区域变量标识的相连存储器的一部分。(2)一个数据库的全部存储空间可分为若干个命名的部分,每一个部分称为一个区域。由于每个记录型,在模式中要说明存储其值的区域。区域是逻辑单位,但它和物理设备之间有一定的对应关系,由设备介质控制语言(DMCL)来描述区域和物理设备之间的映像。(3)在程序设计语言中,与一种机制一起出现的一种空间。该机制用于:将数据目标插入该空间中,并从该空间存取或删除数据目标。参见 clear area, control area, image area, input area, output area, save area。

area border router (ABR) **区域边界路由器** 一种用于连接不同区域的路由器。区域边界路由器可以同时属于两个以上的区域,但其中一个必须是骨干区域。所以其既有骨干拓扑路由表也有其他区域的拓扑路由表。ABR 用来连接骨干区域和非骨干区域,它与骨干区域之间既可以是物理连接,也可以是逻辑上的连接。

area resource management (ARM) 区域资源管理 实现所负责的自治域内的资源管理与调度功能集，同时ARM提供稳定可靠的P2P(对等)网络基础服务能力。ARM之间通过CRM(中心资源管理)或者协同工作的方式实现整个P2P网络的管理与服务。参见center resource management (CRM)。

area code 地区编码，区号 在电信中使用的一种统一的多位地区编号，用于在电话系统中进行长途直接拨号。

area composition machine (ACM) 区域拼图机 由主计算机驱动的一种电子绘图设备。

area coordinate 面积坐标 确定点的位置的一种坐标。用于三角形剖分的线性插值函数具有表示一个图形面积的明显的几何意义，故称为面积坐标。在三角形内任取一点，作它与3个顶点的连线，把原三角形分割为3个三角形。利用它们的面积与原三角形面积的3个比值可以唯一确定该点的位置。面积坐标和直角坐标可以很容易地转换。由于面积坐标的力学意义，也称"重心坐标"。

area data 区域数据 用来标识存储区的一个名字。这种存储区可用以收集和访问基本数据项。

area exchange 区域交换 (1)为便于管理而实行单一收费标准的电话业务服务区域，这些区域通常是单个城市、大的地区、城镇或乡村。该区内的电话交换为区域交换。(2)通信公司或电信局在一个确定的地区提供的服务。在此地区中按照公司收费标准计算收费，并提供条例规定传输率的交换服务。

area fill 区域填充 在一个封闭多边形所确定的区域内，将其填满指定的颜色，或画上一定类型的阴影线，或覆盖某种指定的图案，这个操作过程称为区域填充。其结果是得到一个填充实心区。

area infill 区域填充 同area fill。

area in storage 存储器中的区域 在计算机存储器中，对字符、字段或字分配的专用区域，用以完成输出、编辑、打印、读入等任务。

areal density 面密度 外存储器表面每平方英寸可存储的二进制数据位数。对数字磁记录设备，它等于位密度与磁道密度的乘积。

areal recording density 面记录密度 同areal density。

area navigation computer 区域导航计算机 一种机载计算机导航系统。它预先存入有关飞行航线的地面参数(如航线各点及地面台的地理位置)，然后在飞行过程中顺序计算通过航线各点的航迹。计算所得参数既能显示在控制面板上，也可供自动驾驶仪用，以控制飞机按预定的航线飞行。

area numbering plan (ANP) 地区编号方案 在电话网络业务范围内给各地理区域统一进行编号(构成电话号码中的地区码部分)的唯一方案。

area-optimized partial scan 面积优化部分扫描 一种集成电路可测试性设计方法，采用部分扫描以简化扫描电路。以减少扫描所引入的附加芯片面积为目标。在决定是否将某些触发器纳入扫描链时，根据它们对增加具体电路可测试性的贡献来考虑。在达到预定故障覆盖率指标的前提下，尽量少用扫描器。

area search 区域检索 对于情报检索中的大批文件或数据库中的数据项和文件，按照一定范围和种类进行检索，其检索的范围按某种标准来划分。

area-specific help 区域性帮助 在窗口式软件中的一种帮助信息显示功能，显示的帮助信息与光标相对与窗口的位置有关。

area transfer 区域转移 把一组客户分配到一个新的电信中心的过程。

area variable 域变量 在数据库系统中，谓词变元的一种，同元组变元一样，也是一个变量，所不同的是域变量的变化范围是某个域而不是某个关系，如QBE(范例查询)语言中的示例元素就是一个域变量，其变化范围是某个域。

ARFCN 绝对射频信道号 absolute RF channel number的缩写。

arg 参数 argument的缩写。

argon 氩 一种惰性气体，常用作硅晶体生长工艺中的环境气体。

argon laser 氩激光器 含有已电离的氩的气体激光器，可产生0.488 μm的强烈辐射和红外辐射。

argument 自变量，变元，参数 (1)一种独立的变量。(2)一个独立变量的任一值，如一个搜索键标、标识表中某一项目位置的一个数字。(3)传递于调用和被调用程序间的一种参数。(4)函数或列表函数所依据的变量。如在 $y = f(x)$ 中，x 为自变量。

argument address 变元地址 决定若干变元地址的单指令，它存储供所需子例程用的堆栈的结果。

argument keyword 参数口令 在FORTRAN语言中的一个哑参数名，可用于在等号前的过程访问，只要该过程具有显式过程接口。

argument list 自变量[变元，参数]表 一串自变量。在程序设计语言中，用括号括起来的一个或多个自变量，各自变量之间用逗号分开。

argument pointer 自变量指针 在过程调用技术中，指定该过程使用的自变量表的起始地址的指针，或存储自变量表基地址的寄存器。

ARI/FCI 地址已识别指示符/帧复制指示符 address recognized indicator/frame copied indicator的缩写。

ARIN 美国因特网号注册机构 American Registry for Internet Numbers的缩写。

ARIP 近似相对性能指数 approximate relative

index of performance 的缩写。

ARIS (1)基于聚集路由 IP 交换方式 aggregate route-based IP switching 的缩写。(2)攻击事件注册及智能服务 attack registry & intelligence service 的缩写。

arithmetic address **运算地址** 用来存放运算结果的专用存储单元的地址。

arithmetic algorithm for compression technique **压缩技术的算术算法** 一种编码算法,把一个源集合表示为实数轴上的 0 ~ 1 的一个区间,这个集合中的每个元素都要被缩短,这个区间的源集合的元素越多,所得到的区间就越小,当区间变小时,就需要一些更多的数位表示这个区间,这便是把区间作为代码的原理,算法首先假设有一个源信文的概率模型,然后用这些概率来缩小表示源文集的区间。

arithmetic and logic unit (ALU) **运算器,算术及逻辑运算部件** 中央处理器对运算数执行算术及逻辑运算的那个部分。这个部分由运算器及寄存器等电子线路组成。操作数传输到运算器中,计算结果也存储于其中。

arithmetic assignment statement **算术赋值语句** 一类 $V=e$ 的语句,其含义是将 e 的计算值赋给 V。其中 V 是非逻辑型的变量名或数组元素名,e 是算术表达式。

arithmetic average **算术平均数** 同 arithmetic mean。

arithmetic check **算术校验** 一种用数学关系式进行校验的技术,如可根据 $A\times B=B\times A$ 来进行乘法校验。算术校验也称“数学校验”。

arithmetic circuitry **运算电路** 泛指能实现算术或逻辑运算的电子电路。通常指的是微型计算机中央处理器中实现算术和逻辑运算的运算电路。

arithmetic coding **算术编码** 一种较新的数据压缩的软件方法。用在 0 ~ 1 的一段实数区间表示信息,信息越多,代表信息的区间就越小,指明这个区间所需的位数就越多,信息中的连续符号将会使区间减小。

arithmetic comparison **算术比较** 在 PL/1 语言中,指数值的无符号比较。参见 bit comparison, character comparison。

arithmetic compression **算术压缩** 基于将一个字符串表示为单个实数而生成频率相关编码的压缩方法。

arithmetic constant **算术常数** 在程序设计语言中,一个整型、实型、双精度或者复数常数。虽然大多数算术常数可以有符号,但符号不是该常数的组成部分。

arithmetic conversion **算术转换** 将某个值从一种算术表示法转换为另一种算术表示法的过程。

arithmetic data **算术数据** 在 PL/1 语言中,在基数、比例、方式和精度特性的数据。它包括编码算术数据、图示数字符号数据和图示数字位数据。

arithmetic delimiter **算术定义符** 一种用于表示算术表达式中进行算术运算的符号。允许使用的定义符为:+(加号)、-(减号)、/(除号)、*(乘号)、( )(左右括号)。

arithmetic element **算术元素** 算术元素一般包括无符号数、变量、函数和加括号的算术表达式等。

arithmetic error code **算术误差码** 在进行算术运算时具有误差检测或校正功能的一种代码。

arithmetic exception **运算异常** 机器运行时,指溢出、下溢或除法校验异常。

arithmetic expression **算术表达式** 由数字和算术运算(包括加、减、乘、除、乘方、开方等)符号组成的一个具有确定意义并能产生一个单个数值的式子。

arithmetic logic register stack **算逻寄存器堆** 微处理器芯片中的一种基本构成模块。这种处理器通常包括一个四位算逻单元、八个字的存储器和一个指令译码电路等。

arithmetic logic unit (ALU) **算逻单元** 计算机中用于完成算术、比较、逻辑功能的部件。

arithmetic mean **算术平均数** 全部数据的算术平均,也称“均值”,符号为 M。算术平均数是反映集中趋势的测度值,是进行统计分析和统计推断的基础。算术平均数主要适用于数值型数据。比较 weighted arithmetic mean。

arithmetic object **算术对象** 在 AIX 操作系统中,指一个或多个具有浮点、双精度或者长双精度的集成对象。

arithmetic operation **算术运算** 进行加、减、乘、除算术范围内的计算。

arithmetic overflow **算术溢出[上溢]** 表示算术运算结果的字长超过了用来存放该结果的寄存器或存储单元的容量,或者超过了特定机器的数字表示范围。比较 arithmetic underflow。

arithmetic picture data **算术图像数据** 十进制图像数据或二进制图像数据。

arithmetic pipeline **运算流水线** 在计算机中用来提高算术运算速度的一种技术措施。例如,流水线浮点加法器可把浮点加法过程分为三段:第一段实现对阶;第二段实现尾数相加;第三段实现结果规格化及溢出处理。每一段都有专门的功能部件进行处理,各段以流水线方式重叠工作。同样,乘法器、除法器、快速傅里叶变换器等也可以采用流水线技术。在计算机中,除算术运算外,其他运算或操作也可以采用流水线技术。

arithmetic point **小数点** 按位记数法中的一个符号。可以用十进制小数点或二进制小数点把一个数的整数部分和小数部分分开。在计算机中,小数点可以是隐含的,也可以显式地表示出来。参见

base point，radix point。

arithmetic register　运算寄存器　运算器中的一种寄存器。它存放要参加运算的操作数。例如，它可以存放算术运算的加数、乘数等，或者存放逻辑运算中需要比较、移位的数等。

arithmetic scan　算术扫描　在把用高级语言写的源程序编译成机器代码的过程中，常把检验算术表达式和确定运算执行次序的过程称为算术扫描。

arithmetic shift　算术移位　只对表示数的绝对值进行移位，亦即不改变数的代数符号的移位。在定基数制或定点表示系统中，将一个数左移或右移相当于此数乘以带正或负幂的基数，如十进制数 18，左移二位为 1800，相当于 18×10^2。

arithmetic underflow　算术下溢(出)　算术运算的结果小于机器所能表示的范围，称为下溢。同 underflow。比较 arithmetic overflow。

arithmetic unit　运算器[部件]　计算机硬件中能执行基本数据操作的部件，即能完成算术运算和逻辑运算的装置。通常由下列部分组成：累加器，存放操作数和结果的寄存器，为实现乘法、除法及其他操作而加的移位线路等。

arithmetization　算术化　可计算理论中的一种有效方法。它将每一步计算对应为一个多元组，然后对多元组进行 Godel 编号或 Cantor 编号，将多元组与一个自然数对应，这样一步计算对应于相邻自然数的变化，整个计算过程就对应于一个自然数序列。用算术化方法可证明阿克曼函数是 μ-递归函数，也可用算术化方法证明图灵可计算函数及一般递归函数是相互等价的。

arithmetization of formal system　形式系统算术化　形式系统的一种数字表示方法。把系统中的各成分，包括公理、公式等映入自然数集，且成分不同，映入的自然数也不同。形式系统中原有的公理、推导规则等都能用相应的算术函数来表示。

. arj　压缩文件名后缀　一种用 ARJ 压缩程序生成的存档文件的扩展名，其用分卷压缩功能分出来的文件扩展名分别用 a01、a02 依次标识，可以使用 WinZip、WinRAR、PKARC 等软件打开压缩文件。

ARJ compression　ARJ 压缩　由美国 ARJ 软件公司开发的文件压缩与解压工具，其主要功能包括：给每个被压缩的文件加注释、支持多国语言不同的文件名及文件扩展名、32 位的循环冗余检验(CRC)、子目录的压缩及复原、将压缩文件分存到多张软盘上、压缩文档中各文件重新排序、字符串搜索和显示、从被破坏的文档中恢复文件、使压缩文件成为自解的可执行文件、给压缩文件加口令、显示压缩文件中包含的文件等，用户可设置压缩率优先还是速度优先。

ARL　合格可靠性质量标准　acceptable reliability level 的缩写。

ARLL　高级游程长度限制编码　advanced run-length limited encoding 的缩写。

ARM　(1)异步响应方式 asynchronous response mode 的缩写。(2)应用程序响应度量 application response measurement 的缩写。(3)先进 RISC 机器公司 advanced RISC machines 的缩写。(4)区域资源管理 area resource management 的缩写。

arm　臂　变流电路中的两个主端子之间的部分，包括连接在一起的一个或多个向同一方向同时导电阀及其他辅助组件。

armature reaction　电枢反应　电枢电流产生的磁通与电动机或发电机的主磁场磁通之间的互作用。所形成的主磁场畸变影响电动机的速度和发电机的电压调节。

armed forces radio service (AFRS)　武装部队无线业务　在广播所覆盖的频段范围内，由武装部队人员管理并为他们服务的无线电广播业务。

armed interrupt　待命中断　在计算机中，中断请求被接收后，保存起来等待处理的一种中断。中断可以是待命中断或者是拒绝中断。待命中断能接收并保存中断输入信号，而拒绝中断则不理睬中断输入信号。待命中断可以处于“允许”状态或“禁止”状态。当处于“禁止”状态时，中断信号保持等待；当处于“允许”状态时，计算机进行中断处理。

armed standby redundancy system　待命储备冗余系统　具有 s+1 份简单子系统或模块，其中只有一块处于运行状态，其余都处于待命接替状态，这样构成的系统称为待命储备冗余系统。待命的 s 份称为储备模块。储备冗余系统必须具有模块故障检测功能和切换功能。实现这种功能的检错和切换装置可以集中在一起，或者分散在各模块上，各个模块的输出信息必须具有错误显示装置。

armed state　待命状态　中断级的一种状态，在这种状态下可接收和保存中断输入信号。

armor　装甲，盔甲　在电脑游戏中，这个系数表示游戏中的人物穿上盔甲后的防护力。优良的盔甲能够使角色在围攻下安然无恙。

Armstrong axiomatic system　Armstrong 公理系统　关系数据理论中研究函数依赖的一个有效而完备的公理系统。Armstrong 公理系统是模式分解算法的理论基础。最初由 W. W. Armstrong 按函数依赖来定义和归纳。设 U 为属性集总体，F 是 U 上的一组函数依赖，对满足 F 的关系模式 $R(U,F)$ 中任何一个关系 R，若函数依赖 $X\rightarrow Y$ 都成立，则称 F 逻辑蕴含 $X\rightarrow Y$。按照 Armstrong 公理的定义，可有如下推理规则：①自反律若 $Y\subseteq X\subseteq U$，则 $X\rightarrow Y$ 为 F 所蕴含；②增广律若 $X\rightarrow Y$ 为 F 所蕴含，而且 $Z\subseteq U$，则 $X\cup Z\rightarrow Y\cup Z$ 为 F 所蕴含；③传递律，若 $X\rightarrow Y$ 及 $Y\rightarrow Z$ 为 F 所蕴含的，则 $X\rightarrow Z$ 为 F 所蕴含。除 Armstrong 以外，Beeri、Fagin、Howard 等人又导出了更多的新的数据依赖公理体系，其优点是既能分开考虑又能合起来研究函数依赖和多值依赖。

ARNS 航空无线导航业务 aeronautical radionavigation service 的缩写。

ARNSS 航空无线导航卫星业务 aeronautical radionavigation satellite service 的缩写。

ARP (1)地址转换[解析]协议 address resolution protocol 的缩写。(2)自动恢复程序 automatic recovery program 的缩写。

ARPA (美国国防部的)高级研究计划局 Advanced Research Projects Agency 的缩写。

ARPAnet 阿帕网,(美国国防部的)高级研究计划局网 Advanced Research Projects Agency network 的缩写。

ARPA network elements and operation ARPA 网络元素和运行 所有连网计算机都连在 IMP(接口信息处理机)上,主机之间一般没有直接通信线路,主机之间的通信通过 IMP 实现。为了对电文进行路由选择,各 IMP 之间交换通信用量信息,IMP 向 NCC(网络控制中心)报告网络性能参数和故障情况,从而实现电文跟踪及对网络运行情况进行仔细研究。在网络重新配置时不用为所有 IMP 重写程序。TIP(终端接口处理机)由一个 IMP 和一台 MLC(复用线路控制器)构成,终端可以不经过主机直接连入网络,每台 TIP 最多可连接 63 台终端。

ARPA network protocol level ARPA 网络协议级 ARPA(阿帕网)的协议是根据分层的方法设计的。最低级的协议是在两个接口信息处理机(IMP)之间管理通信交换的同步通信协议,它进行多种错误校验,如果需要的话,数据将被重新传送。第一级协议用于管理主机和 IMP 之间的信息和数据的交换;第二级协议用于管理正在通信的主机中的两个网络控制程序间的信息和逻辑变化;第三级协议用于管理主机的两个过程间进行的通信。所有高层的协议都能利用低层协议的功能。

ARP request 地址解析协议请求(报文) address resolution protocol request 的缩写。

ARPU 每用户平均收入 average revenue per user 的缩写。

ARQ 自动重发请求 automatic repeat request 的缩写。

ARQ code 自动重发请求码 用于同步电传打字系统的一种七单位差错控制码,系统对此码提供了自动奇偶校验功能。一旦发现差错时,便发送 ARQ 字符码请求重发。

ARQ equipment 自动重发请求设备 能自动检查出电报在传输过程中产生的差错,并自动通知发送端进行重发,直至收到正确的电码后,再继续进行正常通报的设备。

ARR 机载无线中继 airborne radio relay 的缩写。

ARRA 预约重传随机访问 announced retransmission random access 的缩写。

array 数组 具有相同属性的多个数据目标组成的一种集合,每个数据目标都能由下标唯一地引用。

array antenna 阵列天线 由两个以上同类辐射元适当组合后构成的天线。即是一类由不少于两个天线单元规则或随机排列并通过适当激励获得预定辐射特性的天线。按照功能可分为同相水平天线、频率扫描天线、相控阵天线、多波束天线、信号处理天线、自适应天线等。参见 cophased horizontal antenna, phased array antenna, adaptive antenna。

array assignment 数组赋值 将某一数值赋给数组或数组变量的过程。进行数组赋值时,表达式必须代表具有相同数目成分的值,表达式先求值,然后再执行赋值。

array component 数组成分[分量] 属于指定离散类型的一个或多个下标值确定的数组元素。

array computer 阵列[向量]计算机 对数组而不是对单个操作数进行处理的计算机。这种计算机采用将多个处理机排成阵列的形式,并通过并行操作实现高速运算。由几个独立的处理机同时解决不同的问题,或解决一问题的不同部分,每个处理机在同一时间内执行同一条指令,并可与其四邻的处理机变换数据,因而可达到非常高的速度(如每秒 1～2 亿次)。这种计算机的主要应用是科学运算。

array declaration 数组说明 (1)用于说明一个或几个标识符,以表示下标变量的多维数组,它给出数组的维数、下标界和变量的类型。(2)在 PL/1 语言中,使一组属性同标识符相联系的过程。数组说明有显式说明、隐式说明和上下有关说明。

array declarator 数组说明符 在 FORTRAN 语言中,描述用于程序单位的数组的部分语句,它指示数组名、所含的维数以及每维的量值。数组说明符还可出现在 DIMENSION、COMMON 或显式说明中。

arrayed waveguide grating (AWG) 阵列波导光栅 一组特定长度排列的光波导形成的光栅。它具有分波的能力,主要用在 DWDM(密集波分复用)器件的制作上。AWG 原理为先将含多种波长之光的光源信号经由分波元件分成数个至数十个振幅大致相等的子光源,再将这些子光源依序导入事先设计好长度的阵列波导中使其各自拥有特定的输出相位,再经由多重输出耦合元件后,这些特定波长的光源将会在特定的位置形成干涉而输出。

array element 数组元素 数组中的一个数据项,它由数组名后紧跟的下标来标识,可被引用或定义。下标指明了该元素在数组中的位置。

array expression 数组(阵列、向量)表达式 表示数

组的值的一种表达式。表达式可以是数字的、字符的或者其他特殊格式的。

array file 数组文件 含有数组元素的一种输入文件。

array formal parameter 数组形式参数 在Ada语言中,指明一个无约束的数组类型从实在参数得到界限的参数。在对应的子例程或所属单位的体中,形式参数受这些界限值的约束。

array identifier 数组标识符 存储数组元素的连续存储单元块的指定名字。

A

array index 数组下标 高级语言中用来标识数组元素的符号,如一维数组元素 $A(10)$中的10,二维数组元素 $B(20,30)$中的20、30。

array information vector table 数组信息向量表 语法分析程序的中间数据之一。程序中所有数组的信息向量集中存放在一起,组成的表型数据。数组信息向量描述了数组标识符的属性。数组的属性,被分成两部分来描述:一部分在属性字中,另一部分在信息向量中。

array logic 阵列逻辑 一种逻辑网络。其输入线和输出线形成矩形的交叉阵列,在某些交叉点上有元件,可以作编码器或译码器。

array multiplier 阵列乘法器 由许多相同的基本单元组成的一种高速乘法器,由于它消除了常规的"加法移位"顺序操作过程,从而提高了乘法的速度。它的输入是乘数和被乘数,输出就是两数的乘积。阵列乘法器中的每一单元完成两个一位二进位数的加法,再通过特定的单元连接起来直接形成乘积。

array name 数组名字 用来标识数组的名字。

array of structures 结构数组(阵列) 在PL/1语言中,通过给结构名以维属性确定相同结构的有序集。

array pipeline 数组流水线 为做矩阵乘法及其他运算而设计出的具有多路数据流动的二维流水线。数组运算的每个细胞单元 M 有三个操作数输入端 a、b 和 c 及三个结果数输出端 $a'=a$、$b'=b$ 和 $d=a\times b+c$,每个单元M执行加-内积操作。

array processing 阵列处理,数组处理 对阵列(数组)的处理可以用软件(程序)实现,也可以用硬件实现,如用阵列处理机或普通计算机添加一个阵列处理部件来进行阵列处理。

array processing machine (APM) 数组处理机 一种向量机器模型。在随机访问机器中引入了向量累加寄存器及相关操作而形成。

array processor 阵列处理器,数组处理器 (1)一类高速计算机。它采用多个处理单元同时处理向量的各个分量,可以获得很高的运算速度。由于多个处理单元排列成为方阵,故称为阵列处理机。第一代巨型机ILLIAC-IV为典型的阵列处理机,它的每一个处理单元与其在方阵中的四个近邻相连接。每个处理单元都带有自己的存储器。用一个总的阵列控制器控制各处理单元的工作。阵列处理机特别适合图像处理、医学研究、科学计算、地震勘测等领域的应用。(2)对数组进行高速计算的处理机,称数组处理机。它需要和一台主机相连,与主机共享主存和外部设备。它可以作为中央处理机的一部分直接接到主存上,也可以作为主机的外部设备接到外部处理机上或外部通道上。它若与中、小型机结合起来,在处理某些问题时,可以达到大型机的运算速度,而价格却远远低于大型机。

array section 向量段 在FORTRAN语言中,指一个数组子对象,由带有段下标表的数组符号名指定,可带有一个子串范围。

array segment 数组段 在ALGOL 60中,数组段由数组名和下标的上、下界构成。同一数组段中的各个数组大小相同,类型一致。

array sequence 数组序列 一个数据序列,其中记录根据其在物理文件中存储的顺序进行访问。参见 keyed sequence。

array sort 数组排序 也称"内部分类"。其整个排序过程都在内存中进行。

array structure 数组结构 在软件生产语言(SPL)中,由数组数据类型和结构数据类型组合形成的结构。

array type 数组类型 一类用户定义类型。这种类型的值由一些同样类型的分量组成,每个分量称为数组元素,通过这些分量在数组中的位置用给出指标的方式访问。数组是程序语言中最早出现的一种定义复合形式的值的方法,FORTRAN语言中就引进了数组,但那里数组不能定义成类型。在Pascal中可以定义数组的类型,它指一个由一系列相同元素组成的结构化的数据类型,可按下标访问其元素。

array type definition 数组类型定义 Ada语言中的八种类型定义之一。它用来定义数组。一个数组对象是通过下标的个数、每一个下标的类型、上下界和成分的类型以及可能有的约束来表征的。

array variable 数组变量 在PL/1等高级语言中,指一个代表一系列具有相同特性的数据项变量,对应于 structure variable。

arrival pattern 到达模式 到达模式是用来描述到达的统计性质。例如,当到达的统计性质和时间无关时,则称到达模式是静态的;反之,则要用到达时间间隔的概率函数加以描述。

arrival sequence access path 到达顺序访问[存取]路径 一个基于记录在物理文件中存储顺序的访问路径。参见 access path, keyed sequence access path。

arrow key 方向键 四个光标移动键之一,分别标有向上、向下、向右、向左的箭头,用于水平地或者垂直地移动光标在屏幕上的位置。

ARS (1)自动远程开关 automatic remote switch 的缩写。(2)先进记录系统 advanced record system 的缩写。

.arsc 编译后的二进制资源文件名后缀 安卓操作系统(Android)中安卓安装包里资源文件的扩展名。它是 zip 压缩格式文件,将文件直接传到 Android 模拟器或 Android 手机中执行即可安装。参见 Android。

arsenic (As) 砷 一种 N 型掺杂剂,常用于在双极结构中形成埋层。还用于双极和 MOS(金属氧化物半导体)工艺中的注入源。这种元素具有金属和非金属双重特性,因此被认为是类金属。砷化合物既可以是阴离子,也可以是阳离子。砷是剧毒物质。

ART (1)自适应共振理论 adaptive resonance theory 的缩写。(2)自动推理工具 automated reasoning tools 的缩写。

articulate 清晰 指表示音响器材能够清晰地分辨音调的声学术语。

articulated computing hierarchy system 分级计算机系统 为满足可靠性和可扩充性的需要而研制的层次计算结构系统。分级概念不仅在计算机系统上采用,而且也被用于其他系统结构中。分级计算机系统比单独计算机具有更大的优越性,可适应大规模复杂系统的要求。

articulated index 挂接索引 20 世纪 60 年代随自然语言索引系统的发展而出现的一种索引。编制这种索引,要求对原文献的题目进行预处理,排成由虚词(介词、连词等)与名词组成的名词性短语形式,其中名词可作为索引的标目。将作标目的名词按顺序排为第一关键词、第二关键词等,然后由计算机自动挂接排列,编成索引。挂接索引也称"题外关键词相关索引"。

articulation 清晰度 电子合成器的一系列调节指数,用来调整乐器声音的音高、音量和其他参数使它听起来更逼真。

articulation tests of speech 语言清晰度试验 为评定语言传递系统的工作质量而进行的专门试验。其常规方法是,由一定数量的能正确发音的人在发送端朗读清晰度试验材料,经一定的传递条件,在接收端由测听人员收听,并以一定形式作出响应。根据响应所占百分比数来定清晰度得分。

artifact 人工痕迹,人工制品,工件,假像 (1)在图形目标物中的一种不希望有的效果,阶梯效应就是人工痕迹的表现。(2)一个由人类活动而生成的产物,在计算机活动中,指一个进程的副产品,通常是不需要的。(3)工件是指软件开发过程所生成或使用的文档、模型、说明或软件。(4)在视频系统中,某些非自然或意外的图像。例如,由于一种错误、删除或图形软硬件中的局限性而使图像失真以后留存在屏幕上的一种不想要的图形,假像可能会造成像素丢失或组合到一起。当图形文件解压缩出现故障时,就会出现此假像。

artifact guidelines 工件指南 有关如何使用特定工件的说明,包括如何创建和修订工件的说明在内。

artifact set 工件集 体现系统一个方面的一组有关工件。在若干核心工作流程中都要用到一些工件,如风险列表、软件构架文档和迭代计划。

artificial cognition 人工识别 指计算机对字符的识别。可以阅读字符并从字符集中选出与该字符的形状最接近的字符。如果阅读字符与选出的字符之间的差别超过一定限度,则将该阅读作为一个新字符送到字符集中。同 machine cognition。

artificial ear 仿真耳 对耳机呈现的声阻抗等效于普通人耳所呈现阻抗的装置。它配备了微音器,以测量耳机建立的声压。

artificial echo 仿真回波 由用于测试的仿真器具(如回波箱)产生的回波信号。

artificial emotion 人工情感 用人工的方法和技术,模仿、延伸和扩展人的情感,使机器具有识别、理解和表达情感的能力。研究人工情感的目的是为了使电脑或机器人具有像人一样的情感表达能力、情感识别能力、情感思维能力和情感实施能力。人工情感研究对象有"机器情感"与"情感机器"两方面。参见 machine emotion, emotional machine。

artificial evolution 仿真进化 人工智能探索者所采用的一种方法。他们认为人类的智能是通过变异与自然选择而进化来的,因而试图使计算机仿真系统能够由变异与选择而进化。仿真进化有两个难题:一是对自然的进化不完全了解;二是仿真进化要比自然进化的速度快得多,才会有实用价值。

artificial intelligence (AI) 人工智能 计算机科学的一个分支,研究使计算机能够模仿智能的某些方面,如语音识别、推理、演绎、创造性响应、从经验中学习的能力,以及从不完全的信息中进行推理的能力。该领域的研究包括:知识表示、自动推理和搜索方法、机器学习和知识获取、知识处理系统、自然语言理解、计算机视觉、智能机器人、自动程序设计等方面。人工智能是一门计算机、生物学、心理学和思维科学之间的边缘学科。参见 expert system, inference engine, knowledge base, knowledge engineering, machine learning, fuzzy logic, neural network。

Artificial Intelligence **《人工智能》** 由英国计算机学会主办,荷兰 North-Holland 出版公司出版的刊物。1970 年创刊,每年 8 期,SCI(科学引文索引)收录期刊。主要刊载有关人工智能,包括计算逻辑、计算机语言、人机理论等方面的研究论文。稿件来自各国,用英文出版。

Artificial Intelligence and Law **《人工智能与法**

A

律》 荷兰 Kluwer Acdemic 出版社出版，1992 年创刊，全年 4 期，EI(工程索引)收录期刊。刊载与开发法律知识、推理与决策的形式模型或计算模型相关的人工智能、认知心理学、法理学、语言学、哲学，应用法律领域的人工智能系统，以及人工智能与法律对伦理道德和社会的影响等方面理论与经验研究论文、评论及产品与技术介绍。

artificial intelligence decision support system (AIDSS) 人工智能型决策支持系统 将人工智能与决策运行融为一体的非传统决策支持系统。人工智能型决策支持系统以最聪明的决策者的大脑思维过程为模型，即依据他们的经验和知识构成模型，并利用启发式问题求解，以提供更加接近客观实际的决策。这是决策支持系统与专家系统技术结合的产物。原则上，在建模、求解、评价、选优等阶段都采用专家系统技术。预先把决策者们的知识经整理和组织收集到知识库中，在交互式决策中知识库不断完善丰富。DSS 能把分析技术与常规的数据存取和对半结构或非结构化问题的检索功能结合起来；ES(专家系统)则处理非结构化环境中的战略决策，能吸取 DSS 在扩展问题结构灵活性时的许多优点。但由于决策问题的非结构性和知识的不确定性，AIDSS 并不能完全代替人决策，它仍然是一个辅助决策工具。

artificial intelligence error checking (AIEC) 人工智能纠错系统 AIEC 技术是 1999 年下半年研制成形并开始应用到光驱的新技术。AIEC 的原理是，预先对很多数量的有各种制造缺陷的盘片进行分析、归纳和计算，记录下偏心、密度不均、划痕、反射层薄、沟槽不整等状态，研究开发出相应的先进算法程序存储在芯片中。在实际读盘中，遇到相似情况便调用事先制订的方案进行纠错。

artificial intelligence language 人工智能语言 适合于人工智能研究的计算机语言。第一种人工智能语言是 LISP，由 McCarthy 于 1960 年提出。目前正在研制的人工智能语言的特点是：数据类型包括数据对、向量、集合，具有控制各处理单元之间复杂关系的控制结构以及演绎功能和归纳功能。另一种人工智能语言是 Prolog，它具有许多用于智能程序执行的有效技术，因而在解决智能模拟问题时有其独特的优越性。

artificial intelligence programming (AIP) 人工智能程序设计 在计算机系统上，完成人工智能系统设计的活动。包括知识的获取、选择合理的知识结构表达有关知识、设计问题求解过程等。

artificial ionization 人造电离层 对上层大气引入人为反射层或散射层，以改善超视距无线电通信性能。

artificial language 人工语言 在某个特定领域中，为了易于表达和易于通信而设计的语言，如各种程序设计语言。在使用人工语言前，先要严格确定必要的规则。人工语言与人们长期习用的自然语言不同。

artificial life (AL) 人工生命 致力于建立和研究生命系统的计算机模拟的一个科研领域。这个领域需要运用很多计算机程序与计算机模拟，包括进化算法(EA)、遗传算法(GA)、遗传编程(GP)、集体智能(SI)、蚁群优化(ACO)、智能体(Agent)、细胞自动机(CA)等。通常认为人工生命所模拟的生物系统具有的特征包括：①繁殖，可以通过数据结构在可判定条件下的翻倍实现；个体的死亡，可以通过数据结构在可判定条件下的删除实现；有性繁殖，可通过组合两个个体的数据结构特性的数据结构生成的方式实现。②进化，可通过模拟突变以及通过设定对其繁殖能力与存活能力的自然选择的选择压力实现。③信息交换与处理能力，模拟的个体与模拟的外界环境之间的信息交换以及模拟的个体之间的信息交换可通过模拟社会系统实现。④决策能力，通过人工模拟脑、人工神经网络或其他人工智能结构实现。参见 evolutionary algorithms (EA)，collective intelligence (CI)，ant colony optimization (ACO)，cellular automata (CA)。

artificial line 仿真线 由电阻或电感以及变压器、电容器组成的电子网络，具有某线路的一个或多个传输特性。

artificial load 仿真负载 具有天线、传输线或其他实际负载阻抗特性的耗散性、但几乎无辐射的器件。

artificial mouth 仿真嘴 模拟制造人嘴唇围音场的声源，用于诸如测试微音器和电话受话器之类的应用场合。

artificial network 仿真网络 人工智能探索者采用的方法之一。仿真网络由大量的神经元及其相互的联系组成。它可以在计算机上用软件模拟，也可以用硬件实现。探索者认为人的自然智能的基础是自然的神经网络，所以就企图让仿真网络模仿人的智能行为，“学习”认识一些简单的视听模式。然而，人脑有 10^{10} 个神经元，神经生理学家还没有完全了解神经的活动与联系方式，因此，用仿真网络探索人工智能还有很大困难。

artificial neural nets (ANN) 人工神经网络 (1)简称“神经网络”，也称“并行分布式处理”。它可看作是一种具有学习和自我组织能力的智能机器或系统。ANN 为模拟人的智能和形象思维能力的一条重要途径和方法，对人工智能研究者产生了极大的吸引力。神经网络是由大量处理单元(神经元、处理元件、电子元件、光电子元件等)在内部广泛互连而成的可训练网络。它是在现代神经科学研究成果的基础上提出的，试图通过模拟大脑神经网络处理、记忆信息的方式进行信息处理。信息存储于处理单元之间的紧密联系之中，网络的信息处理由神经元之间的相互作用来实现，知识与信息的存储表现为网络元件互连的分布式物理连接,网络的学习和识别决定于各神经元连接权系数的动态演化过程。神经网络是一个具有高度非线性的超大规模连续时间动力系统。其主要特征为连续时间非线性动力学、网络的全局作用、大规模并行分布式处理及高度鲁棒性和学习联想能力,同时又具有不可预测性、吸引性、耗散性、非平衡性、不可逆性、高维性、广泛连接性和自适应性等。(2)一种计算机系统结构模式,由大量模拟神经元功能行为的部件连接而组成,模拟人脑神经系统的结构和功能,具有容错性、分布式信息存储、自适应性、自组织和自学习的特点,是一个非线性的自适应动态系统,根据神经元之间的连接方式可分为以下几种类型:不含反馈的阶层型网络、带反馈的阶层型网络、层内有相互结合的阶层型网络以及相互结合型网络。

artificial neuron　人工神经元　根据神经元的生物特性抽象产生的神经元数理模型。神经元是神经网络的基本信息处理单元,可形式化为一个多输入、输出的非线性处理单元。在生物体内,神经元是神经系统的基本单位,大量的各种类型的神经元采用不同的结合方式构成复杂的神经网络。由细胞体及若干突起组成。突起分树突和轴突。轴突(又称神经纤维)是神经冲动的传出部位,树突是神经冲动的传入部位。轴突和树突的接触部位称为突触。神经元不是一个简单的双稳态逻辑元件,而是一个复杂的超小型生物信息处理器,它具有时空整体性、兴奋性与抑制性、突触延时及学习、适当遗忘等特性、M-P 模型给出了神经元的第一个数学描述,之后提出了许多"多输入单输出"的神经元模型。根据输入值与神经元内部状态的关系。主要有阈值模型、概率统计模型及微分/差分方程三种神经网络模型。

artificial psychology　人工心理　利用信息科学的手段,对人的心理活动(尤其是人的情感、意志、性格、创造)的更全面内容的再一次人工机器(计算机、模型算法等)模拟,其目的在于从心理学广义层次上研究人工情感、情绪与认知、动机与情绪的人工机器实现的问题。

artificial viscosity　人工粘性　用差分法求解气体动力学方程组时,在运动方程中人为引入的阻尼项,也称"伪粘性",它能将间断磨光(使间断具有光滑的过渡即存在激波),使数值计算继续进行。在微分方程或方程组中加入的人工粘性称为显式人工粘性。在对微分方程进行离散化时所产生出来的类似于粘性的项称为隐式人工粘性。人工粘性的引进具有一定的技巧性。

artificial vision　人工视觉　人工智能学科的一个分支,它所开发的软件主要是让装置来识别字符、图像、图形、物体的形状和轮廓,并根据各种形状作出不同的反应。目前,机器人和某些军事武器常用人工视觉技术来检测各种实体。

artwork　布线图,工艺图　(1)用来形成印制电路或集成电路的母版而对图案进行精确缩放和仔细绘制的图形。(2)根据技术上先进、经济上合理的原则绘制的原材料、半成品及成品的加工图。

ARU　声音应答装置　audio response unit 的缩写。

AS　(1)自主[治]系统 autonomous system 的缩写。(2)应用系统 application system 的缩写。(3)抗流器 anti-streamer 的缩写。(4)鉴别服务器 authentication server 的缩写。

ASA　美国标准协会　American Standards Association 的缩写。

ASA code　ASA 码　美国国家标准协会规定的一种标准七单位代码。

ASAP　尽快　网上用语 as soon as possible 的缩写。

asbestos　石棉　一种多相硅酸盐矿物质,包含温石棉、铁石棉、青石棉、透闪石、直闪石及阳起石。石棉是纤维状、化学性质不活跃的物质,不导热和电,不能溶解,无味。这些特性使石棉大量用作绝缘材料(仪表板、屋顶、涂层等)、密封材料(橡胶添加剂和其他密封材料)、耐磨材料(离合器和制动闸等)。如果断裂,石棉含有窄长的纤维,如果被人体吸入,可能引起肺癌(石棉沉滞症和间皮瘤)。大多数工业国家已颁布法律禁止再使用石棉,现有的应用也在逐步消除。

ASBR　自治系统边界路由器　autonomous system boundary router 的缩写。

ASC　(1)自动灵敏度控制 automatic sensitivity control 的缩写。(2)防静电涂层 anti-static coating 的缩写。

.asc　ASCII 字符文件名后缀　一种文件的扩展名,通常用来表示该文件是由 ASCII(美国信息交换标准代码)字符构成的文本文件,能被各种字处理软件处理,如 MS-DOS 系统的 Edit 编辑程序、Windows 系统的记事本软件、Windows 95 和 Windows NT 操作系统的写字板软件和微软公司的字处理软件。有些系统也可能使用此扩展名来表示文件中包含图像信息。参见 American Standard Code for Information Interchange (ASCII)。

ascending key　升键　用于对数据排序的一个键字段。根据数据项的比较规则,将数据按照该键字段最小值到该键字段最大值的顺序排序。

ascending key sequence　正向键序　将数据按键字段从小到大的排列方式,对应于 descending key sequence。

ascending sort　升序排序　按照关键字编码的大小,以由低到高的次序进行排序。例如,对一组记录的升序排列得到这样一个最终的序列,序列中的每个后继记录的关键字编码都大于或等于其前一个记录的关键字编码,如 0 ～ 9,A ～ Z。

ASCII (1)美国信息交换标准代码 American Standard Code for Information Interchange 的缩写。(2)美国信息交换标准委员会 American Standards Committee for Information Interchange 的缩写。

ASCII art **ASCII 艺术** 这是运用标准 ASCII(美国信息交换标准代码)字符创作绘画的作品,是一种藉由计算机键盘上的符号所组成的一种图案艺术,如:? _? (瞪着充满疑惑的眼睛,表示茫然)、:—0("哇!"—表示吃惊或恍然大悟)、:—9(舌头舔着嘴唇地笑)等,就是典型的 ASCII 艺术,在电子邮件和网上聊天中常可以发现这样的作品。ASCII 艺术作品不像 GIF 或者 BMP 等格式图形文件,需要特定应用程序读取。ASCII 艺术发展至今衍生相当多类别与形式,不再只是简单的几个符号组成,发展成有写实、卡通、动画,甚至抽象的 ASCII 艺术创作,变成网络文学的一种派别。参见 emotion。

A

ASCII/Baudot converter **ASCII/博多码转换器** 一种在异步数据终端和博多设备之间可提供双向通信链路的单元。这个单元可在两个端口上进行全双工或半双工。端口可设置成不同的字结构和数据率。

ASCII character set **ASCII 字符集** 美国信息交换标准代码(ASCII)采用标准的 7 位代码,用于表示字母、数字、标点符号和控制命令等代码,代码值从 0 ～ 127,是国际上最通用的字符编码系统。参见 American Standard Code for Information Interchange (ASCII), extended binary coded decimal interchange code (EBCDIC), extended ASCII。

ASCII control characters **ASCII 控制字符** 在 ASCII(美国信息交换标准代码)表中列出的控制字符。

ASCII EOL value **ASCII 行结束符(取)值** 指明文本中一行结束的字节序列。对于 Windows 系统和 MS-DOS 操作系统来讲,这个序列是 0D 0A(十六进制)或 13 10(十进制)。如果使用软件不能识别这些差别并作调整,那么从异种计算机系统输入的数据文件可能会无法正确地显示出来。参见 American Standard Code for Information Interchange (ASCII), end of line (EOL)。

ASCII file **ASCII[文本]文件** 一种文档文件,用于通用的 ASCII(美国信息交换标准代码)文本格式编码,文件中包含字母、数字、空格、标点符号、回车,有时还包含制表符和文件结束符,但不包括格式控制信息。参见 American Standard Code for Information Interchange (ASCII), binary file, text file。

ASCII protocol **ASCII 协议** 一种用于传输 ASCII(美国信息交换标准代码)数据信息的简单通信协议。它对每个字符只提供奇偶校验之类的差错校验,但对主要的数据和文件可提供灵活的传输服务。

ASCII text **ASCII 文本** 文本文件,只包含 ASCII(美国信息交换标准代码)字符。多数字处理工具存储的文本文件包含特殊的格式码。当这些文件用电子邮件传给对方时,如果对方没有相同或兼容的程序,文本可能出现乱码。传送电子邮件最安全的方式是传送 ASCII 文本。同 ASCII file。

ASCII transfer **ASCII 传送** 一种文件传送协议,它采用无纠错协议和信息流控制。

ASCII value **ASCII 值** ASCII(美国信息交换标准代码)字符的数值,标准 ASCII 字符的数值是 0 ～ 127,扩展 ASCII 字符的数值是 128 ～ 255,数值用 10 进制或 16 进制数表示。

ASDI **信息自动选择传输** automated selective dissemination of information 的缩写。参见 selective dissemination of information。

ASE **应用服务元素** application service element 的缩写。

ASF (1) Apache 软件基金会 Apache Software Foundation 的缩写。(2)高级流格式 advanced streaming format 的缩写。(3)活动流(式)格式 active streaming format 的缩写。

as far as I know (AFAIK) **据我所知** 用于电子邮件或 BBS(电子公告牌系统)等网上常用缩略语。

Ashcroft-Manna technique **阿什克拉夫特-马纳技术** 能够将非结构化的程序转换成结构化的程序的一种算法。在软件工程中,所强调的是结构化的程序设计,目的在于减少软件的复杂性和修改软件时所引起的波及效应。

ASI (1)自动的系统初始化 automated system initialization 的缩写。(2)异步串行接口 asynchronous serial interface 的缩写。(3)传感器执行器接口 actuator sensor interface 的缩写。

asian pacific computer emergency response team (APCERT) **亚太地区计算机应急响应组** APCERT 是在 2002 年由澳大利亚、中国、日本、韩国等国家的计算机网络安全事件应急小组(CERT)发起成立的。到 2009 年,该组织已经吸引了亚太地区 12 个经济体的 15 个应急组织作为正式成员。APCERT 成员组织之间建立了稳定高效的信息交流、安全事件通报和事件处理配合机制,在处理大规模网络安全事件时互通信息互相配合,初步形成了亚太地区计算机网络安全事件应急处理体系。此外,APCERT 每年还定期举办全体会议,研究网络安全应急处理领域的体系发展、技术热点等问题,对各成员组织的应急处理工作的开展具有重要的指导意义。参见 computer emergency response team (CERT)。

asian pacific network information center (APNIC) **亚太网络信息中心** 地区级的因特网注册机构。主要负责亚太地区国家的 IP(网际协议)地址和

AS 号码的分配。

ASIC 专用集成电路,特定用途集成电路 application-specific integrated circuit 的缩写。

ASID 地址空间标识符 address space identifier 的缩写。

A signal A 信号 在双信号区或在无线电航向信标的 A 象限中收到的信号。

ASIP 可感信息处理量 amount of sensible information processing 的缩写。

ASIS 美国信息科学协会 American Society for Information Science 的缩写。

ASK 幅移键控 amplitude shift keying 的缩写。

ASLR 地址空间布局随机化 address space layout randomization 的缩写。

ASM (1)系统管理协会 Association for System Management 的缩写。(2)辅助存储(器)管理 auxiliary storage management 的缩写。(3)地址空间管理器 address space manager 的缩写。(4)代理管理系统 agent management system 的缩写。(5)任意源组播 any source multicast 的缩写。

ASMP 非对称多处理 asymmetric multiprocessing 的缩写。

ASN (1)平均样本数 average sample number 的缩写。(2)抽象语法表示法 abstract syntax notation 的缩写。(3)访问堆叠式节点路由器 access stack node 的缩写。(4)自治系统号 autonomous system number 的缩写。

ASN. 1 ASN. 1 语言 abstract syntax notation one 的缩写。

ASON 自动交换光网络 automatic switched optical network 的缩写。

ASP (1)活动服务器页面 active server pages 的缩写。(2)应用服务提供商 application service provider 的缩写。(3)抽象服务原语 abstract service primitive 的缩写。(4)辅助存储池 auxiliary storage pool 的缩写。(5)附加支持处理机 attached support processor 的缩写。(6)附加业务点 adjunct service point 的缩写。(7) AppleTalk 会话协议 AppleTalk session protocol 的缩写。

. asp 活动服务器页面文件名后缀 用于标识活动服务器页面(ASP)文件的文件扩展名。一个 asp 文件是一个文本文件,包括 HTML(超文本标记语言)标记、VBScript 或 JScript 语言的程序码和 ASP 语法,它提供一个可以集成 Script 语言到 HTML 主页的环境。参见 active server pages (ASP)。

aspect 索引 指在信息检索系统中对文件内容的索引。索引通常采用索引词、描述符等进行。

aspect indexing 特征索引法 通过两个或多个术语来查阅一个文献或其他信息的方法,以便能找到与该术语有关的所有信息。

aspect of primitives 图元的外貌 可以改变图元外观的方法。一些图元的外貌可由图元属性直接控制。

aspect-oriented programming (AOP) 面向方面程序设计 一种新的程序设计模式,是对面向对象程序设计(OOP)的补充。面向对象程序设计主要用于为同一对象层次的公用行为建模,它的弱点是将公共行为应用于多个无关对象模型之间。而这恰恰是面向方面程序设计适合的地方。AOP 允许定义交叉的关系,这些关系应用于分开的、非常不同的对象模型。AOP 允许层次化功能性而不是嵌入功能性,使得代码有更好的可靠性和易于维护性。比较 object-oriented programming (OOP)。

aspect ratio 幅形比,高宽比,纵横比 在计算机图形显示中,一帧或一幅图像的横向尺寸与纵向尺寸之比。例如,宽高比为 2∶1,这表明图像的宽度是高度的二倍。当图像在打印、重新规定大小或与其他文档合并时,为了保持图像的正确比例,高宽比是一个重要的因素。

ASPI 高级 SCSI 程序设计接口 advanced SCSI programming interface 的缩写。

Aspirin language Aspirin 语言 一种人工神经网络模拟环境以及相应的语言,由 MITRE 公司开发,模拟环境中有一个交叉编译程序将用 Aspirin 语言建立的神经网络模拟模型的描述转换成 C 语言程序,用户接口称为 MIGRAINES,将神经网络的输出以图形方式显示。

ASP . NET ASP . NET 技术 微软公司. NET 架构中创建万维网应用软件和所必需的各种服务程序的一套工具(也指一组技术)。ASP . NET 页面在服务器上执行、生成标记语言文本(如 HTML(超文本标记语言)、WML(无线标记语言)或 XML(可扩展标记语言),发送到桌面或者移动浏览器上。ASP . NET 页面使用一个已编译的事件驱动的编程模型,它能够提高软件性能并能够实现应用软件程序跟用户界面的分离。使用 ASP . NET 生成的 ASP . NET 页面和 XML。万维网服务文件包含服务器端(而不是客户机端)程序,这些程序用 Visual BASIC . NET、C# . NET 或其他与 . NET 兼容的语言写成。万维网应用软件和 XML 万维网服务程序吸收了通用语言运行期的优点,如数据类型安全性、继承性、语言互用性、版本机制和集成安全性等。

ASP . NET server control ASP . NET 服务器控件 一种封装了用户界面和相关功能的服务器端构件。ASP . NET 服务器控件的父集(也称超集)包括万维网服务器控件、HTML(超文本标记语言)服务器控件和可移动控件。

ASP . NET Web application ASP . NET 万维网应用程序 一种处理 HTTP(超文本传输协议)请求、在 ASP . NET 运行其首部执行的应用程序。它包括ASP.NET页面、XML(可扩展标记语言)万维网服务程序、HTTP处理程序和HTTP模块等。

ASR (1)自动收发 automatic send/receive 的缩写。(2)自动语音识别 automatic speech recognition 的缩写。(3)应答占用率 answer seizure ratio 的缩写。(4)自动系统配置[重构] automatic system reconfiguration 的缩写。

AS/RS 自动存取系统 automatic storage retrieval system 的缩写。

ASR set 自动发送接收机 automatic send/receive set 的缩写。

ASR teleprinter 自动发送接收电传打印机 提供辅助存储设备,并且无需用户干预便能支持电传打印操作的一种电传打印机。参见 teleprinter。

assemble 汇编 把符号语言程序或汇编语言程序翻译成目标语言程序的过程。它执行下述全部或部分功能:①在宏指令中插入具体参数以产生符号指令序列;②把符号操作码转换成机器操作码;③存储分配,至少为相继的指令分配存储单元;④把符号地址转换为绝对地址或可再定位的地址;⑤插入库程序。参见 cross assembler。

assembled representation 集中表示 把设备或成套装置中一个项目各组成部分的图形符号,在简图上绘制在一起的方法。比较 semi-assembled representation。

assemble origin 汇编起点 (1)由汇编程序、编译程序或连接编辑程序分配的计算机程序地址的原点。(2)分配给一计算机程序的存储器起始地址。

assembler 汇编器[程序] 把用汇编语句书写的符号程序翻译成机器语言代码程序的系统软件。参见 cross assembler。

assembler directive commands 汇编命令 用汇编程序对源程序进行汇编时,给汇编程序以必要的控制或指示的命令。这些命令用助忆符形式表示。

assembler error message 汇编程序出错信息 汇编程序能检测并指出源程序的种种语法错误,但查不出源程序的逻辑错误、含义的错误和其他细微的问题。汇编程序能检测的错误包括:重复的地址标号、未定义的标号、非法标号、不能识别的指令助忆符号(很可能是操作码的拼写有错)、未定义的操作数段名、操作数的个数有错或者对于所选用的数制有无效数字等。现在的微处理机汇编程序并不能检测出所有的语法错误。例如,当转移指令或调用指令的带标号地址并不是可执行指令的起始地址时,这种语法错误一般检测不出来。

assembler instruction 汇编指令 用汇编语言编写程序时所使用的一种符号指令。这种指令分为两类:一类是可执行的指令;另一类是不可执行的指令,即定义型指令和汇编控制指令。前一类指令与机器语言的指令相对应,经汇编程序翻译成机器语言指令。后一类指令对符号名字或地址的分配给汇编程序以必要的指示。

assembler macro-call 汇编程序宏调用 通过宏指令调用宏定义,并把宏定义中相应的形式参数替换成宏指令中的实在参数。

assembler microprogramming language 汇编微程序设计语言 一种用符号表示微指令的汇编微程序设计语言。这相当于计算机的汇编语言。汇编微程序设计语言仍保留微指令级和微操作级的一一对应关系,只不过把二进制位串用助忆符来表示,然后用翻译程序翻译成微程序指令代码。

assembler pseudo-operation 汇编程序伪操作 汇编程序提供的伪操作,其中比较重要的有:初始化、注解、相等比较等。

assemble type residual current operated protective devices 组合式漏电保护器 用检测互感器、漏电继电器、断路器或声光报警装置等独立元件分别安装,通过电气连接组合成的漏电保护器。

assembling 汇编 将源程序转换成机器代码的过程。汇编程序将符号语句或助记语句以及函数翻译成与其相当的机器代码。该过程也将符号地址翻译成实际内存储器地址。

assembling phase 汇编阶段 同 assembly phase。

assembling time 汇编时间 执行汇编程序所花费的全部时间。同 assemble duration。

assembly 组件,汇编 (1)由零件或部件或两者任意结合组装而成的,具有某种相对独立的特定功能的机电组件。它既能组合又能拆散(如接插件、组件插座、装置底板等)。(2)用汇编程序产生机器语言程序的过程。

assembly automation 装配自动化 装配工序的自动化,包括供料、传送和装配三个环节全部实现自动化。即由供料开始,将零部件由料斗或仓库运到装配线上,通过自动传送装配将零部件传送到装配工位上,最后由自动装配机械装置进行零部件的组装工作。

assembly cache 组件缓存 一种机器适用(独立于过程的)代码的高速缓冲存储器,用于并列式存储组件。这种缓存有两个部分:全局组件缓存,包括计算机上安装的指明为多个应用程序都可共享的组件;下载缓存,存储从因特网或内联网站点上下载的代码,这些代码独立于激活下载动作的程序,因此这些代表一个应用程序或页面的代码不会影响其他的应用程序。参见 global assembly cache。

assembly code 汇编代码 应用符号代码来编写计算机程序,即汇编语言。它经常称为伪代码,表示它是一种非机器代码的语言。参见 pseudo-code。

assembly control statement 汇编控制语句 指示、控制汇编程序完成各种与产生目标程序有关功能的语句。

assembly language (AL) 汇编语言 一种用助忆符

表示的低级程序设计语言,与机器语言比较接近。用汇编语言写的程序需经汇编程序翻译成机器可理解的目标代码。汇编语言的指令、数据和翻译成机器语言的指令与数据之间的关系,基本上是一一对应的关系。但有的汇编语言可以有宏指令,它与一串特定的机器指令相对应(对应方式由用户按一定规则自行定义),这样的汇编语言有时也称“宏汇编语言”。汇编语言是面向机器的语言,与机器关系密切,要求程序设计人员熟悉计算机。通常,每一个计算机系列都有其专门设计的汇编语言。

assembly language fields 汇编语言场 一种语言处理程序。能够接受语句说明和短语,以产生机器指令。它不仅是个汇编程序,而且还具有编译程序的某些功能。这种宏汇编程序能将大程序分段,而每一段可以分别测试。它提供广泛的程序分析,以协助查错。

assembly language output 汇编语言输出 汇编程序对源程序进行加工后所输出的一个对照表,表中列出二进制目标程序和对应的汇编语言程序。这种汇编语言输出对照表可用作调试工具。把该汇编语言的某些伪操作码也包括进去就可由汇编程序对汇编语言输出进行汇编,实现在汇编语言一级修改程序。

assembly language processor 汇编语言加工程序 一种语言加工程序,能接收字、语句和短语后产生机器指令。它不仅是一种汇编程序,而且有编译程序的功能。宏汇编程序可以将大程序分段,使每段可以分开进行测试。它还提供多种程序分析手段,帮助程序调试。

assembly language program 汇编语言程序 也称“汇编语言源程序”,一种用汇编语言编制而成的程序。通常需经汇编程序汇编后才转换成计算机可执行的机器语言程序。

assembly line balancing 组装线平衡程序 一种专门用于生产控制管理的程序。用于规划装配流水线上人-机最佳配合关系。

assembly listing 汇编列表[清单] 汇编过程中产生的打印文件,其中包含有汇编语言程序的源语句、汇编程序生成的机器语言和该程序中所用符号的清单。参见 assemble, assembly language (AL)。

assembly output language 汇编输出语言 在某些系统中,一种可供选择的符号汇编语言。它可以列出由一高级语言汇编程序输出的目标码。对用户来说,该语言是一个非常有用的工具,因为它能以一种可读的格式表示真实的机器码。

assembly phase 汇编阶段 程序运行中包括执行汇编程序的一个阶段。同 assembling phase。

assembly process exhibition and conference (APEX) 装配过程展示和会议 为电子技术制造行业各成员举办的展览和会议。APEX 就影响本行业的问题开展各种活动:产品展示、演讲、技术交流会和论坛等。

assembly standard subroutine 汇编标准子例程 供用户在设计汇编语言程序时调用的子例程。这些子例程不必由用户编制,而是系统向程序员提供的现成子例程。汇编标准子例程通常分为两类:第一类是由操作系统提供的系统调用子例程(也称广义指令),包括阴极射线管显示、键盘输入、打印机输出、磁盘读写等外部设备操作子例程和文件操作、常用算术运算子例程等。第二类是汇编子例程库,通常作为库文件存在磁盘上。用户在汇编语言程序中直接通过标准子例程名调用它们,并按约定的方式传递标准子例程所需的参数。

assembly system 汇编系统 汇编程序的扩展和系统化。一个汇编系统通常除了包含一个汇编程序外,还包括一些为支持汇编语言程序开发而提供的工具,如编辑、跟踪、查错工具等。

assembly testing 汇编测试 为确定一组相关程序是否按设计规定操作而进行的功能测试。这些相关的程序可能存取公用数据,同时占用高速存储器,在共同的程序控制下运行或执行一个综合的任务等。

assembly time 汇编时间 (1)汇编程序在进行程序翻译的任何时刻。(2)汇编程序把符号机器语言语句翻译成其目标代码(机器指令)形式的时间。参见 preassembly time。

assembly unit 汇编程序单位,组合单元 (1)程序合并成为使用汇编程序的大程序中的一部分,如库存子例程。(2)计算机机柜、机箱、插件箱中的基本组装单元。它一般由装置底板、插件框架、插件等组成功能模块。计算机组装设计中常用的组合单元有 6、12、15、20 槽位几种规格,可供设计和用户任意选择。

assertion 断言 (1)具有真、假值的公式或语句,如 4+5=9 即为一个断言。断言在程序正确性证明中得到广泛的使用。(2)一种逻辑表达式,它规定必须存在的一个程序状态,或规定在程序执行过程中某一特定点上程序变量必须满足的条件集合。如果程序操作正确,总是取真值;否则程序通常会终止并给出相应的错误信息。通常使用断言去调试程序并使用文档以说明如何操作某个程序。

assertion statement 断言语句 (1)在程序正确性证明中用到的一种谓词,如可以在程序中引进 $0 \leqslant r \leqslant d$ 且 $a \equiv r \bmod(d)$ 等。只要能证明在程序执行过程中断言恒真,就证明了程序的正确性。(2)数据库系统中用来对数据进行校验的一种语句,如可规定:月薪<10 000,雇员年龄<100 等。如果对数据库的更新要求违反了某些断言语句,则数据库系统可以拒不执行,以防止由于某些操作错误而导致数据库的破坏。

asset of information service system 信息服务业务系统资产 信息服务业务系统中具有价值的资源,是

A

安全防护体系保护的对象。信息服务业务系统中的资产可能以多种形式存在,无形的、有形的、硬件、软件,包括物理布局、通信设备、物理线路、数据、软件、文档、规程、业务、人员、管理等各种类型的资源。

asset of instant messaging system 即时消息业务系统资产 即时消息业务系统中具有价值的资源,是信息服务业务系统资产的组成部分。

asset of the domain name registration system 域名注册系统资产 域名注册系统中具有价值的资源,是信息服务业务系统资产的组成部分。

A

asset value of information service system 信息服务业务系统资产价值 信息服务业务系统中资产的重要程度或敏感程度。资产价值是资产的属性,也是进行资产识别的主要内容。

asset value of instant messaging system 即时消息业务系统资产价值 即时消息业务系统中资产的重要程度或敏感程度,是资产的属性和资产识别的主要内容。

asset value of the domain name registration system 域名注册系统资产价值 域名注册系统中资产的重要程度或敏感程度,是资产的属性,也是资产识别的主要内容。

assign 指派,分配,指定 (1)在进行多道程序设计时,根据优先级将外围设备分配给某一个特定程序。(2)一个菜单选择项,指定一个代表网络目录的驱动器号或者指定一个代表网络打印机的端口。

assign a channel 分配通道 为使用户过程可与一个设备通信,必须在用户过程和设备之间建立必要的软件链接通路。为此,由用户过程请求系统分配一通道,而系统则返回一个通道号的过程。

assigned access name 赋值的访问名 在信息资源词典中的一个名字,由用户或系统赋值,在第一次加入信息资源词典中后提供对于实体的唯一的访问。

assigned cell 赋值的信元 在ATM(异步传输模式)中,指向上层实体或ATM层管理实体提供一种服务的信元。参见 asynchronous transfer mode (ATM)。

assigned descriptive name 赋值的描述名 信息资源词典中的一个实体名字,比赋值的访问名更具有表达能力。参见 assigned access name。

assigned documents 赋值的文档 ImagePlus 系统中,当前在文档处理系统中进行处理的文档称为赋值的文档。参见 document processing session。

assigned frequency 指配频率 指配给一个电台的频带的中心频率。

assigned frequency band 指配频带 批准给某个电台进行发射的频带;其带宽等于必要带宽加上频率容限绝对值的两倍。如果涉及空间电台,则指配频带还包括对于地球表面任何一点上可能发生的最大多普勒频移的两倍。参见 reference frequency, assigned frequency。

assign/free area 分配/释放区 计算机系统主存中的一种区域,该区域中含有关于所有系统活动和每个活动作业的控制信息,有活动产生时,从该区分配得到空间,活动结束时,被占用空间释放回该区。

assignment 赋值,指派 将某一数值赋给某个变量的过程。

assignment by name 按名赋值 在程序设计语言中,将一个记录的值赋予一个记录变量中具有相同标识符的部分成分。

assignment compatible 赋值兼容 在 Pascal 中,指一个值的类型是否允许赋予一个变量。参见 compatible types。

assignment conversion 赋值转换 在C语言和FORTRAN语言中,变量数据类型转换成接受赋值的变量的类型。

assignment expression 赋值表达式 一个将右操作数表达式的值赋予左操作数并具有右操作数的值的表达式。

assignment indexing 赋词标引 文献数据库系统中的一种标引方式。对文献进行主题分析,根据分析结果和主题词表由人工或计算机赋予该文献合适的主题词。赋词标引是已有了主题词表,然后将主题词赋予文献。参见 automatic indexing, derivative indexing。

assignment name 赋值名 在COBOL语言中,一个将文件名与一个设备相关联的字。

assignment operator 赋值操作符 一个用于将一个数值赋予一个变量或者数据结构的操作符,在C语言中没有赋值函数,一般采用赋值操作符进行赋值操作。参见 assignment statement。

assignment problem 分配问题 解决最优分配的问题。可举例说明如下:假定用 n 台机床加工 n 个工件,已知用第 i 台机床加工第 j 个工件所需的费用 C_{ij} $(i,j=1,2,\cdots,n)$ 。如何将这 n 个工件分配给 n 台机床,使总加工费达到最小,就是最优分配问题。如果令 p 表示整数 $1,\cdots,n$ 的一个置换,则分配问题变成:对所有的 p ,求

$$\sum_i C_{ip(i)}$$

的最小值,这里 $j=p(i)$ 是分配给第 i 台机床加工的工件。解这一问题的有效方法有著名的匈牙利算法。

assignment statement 赋值语句 (1)高级语言中的一个将表达式的值赋予一个变量的语句。(2)高级语言中用来给变量赋值的语句,用于把操作数赋给指定的变量或符号。赋值语句的形式是用一个特定字符号(称为赋值号)连接起来的左右两部分,

右部是要求值的表达式,左部是作为赋值目标的变量。有些语言中采用 FORTRAN 的传统,用"="(等号)作为赋值号;有些语言中采用 ALGOL 的传统,用":="作为赋值号。参见 assignment operator, expression, variable。

associate 相伴,关联 (1)整环中两个元素间的一种关系。设 a、b 是整环 G 中的两个元素,若 a、b 互相能整除,则称 a、b 为相伴,记作 a ～ b。(2)告诉操作系统一个特定的文件扩展名与某个特定的应用程序相关联,当用户打开具有这种扩展名的文件时,操作系统自动启动相关的应用程序并装入该文件,如视窗中将一个数据文件和建立这个文件的应用程序相联系,打开这个数据文件时启动相应的程序。参见 extension。

associated address space 相联[关联]地址空间 在通信系统软件中的一种地址空间,在该地址空间中发出基于请求参数表(RPL)的请求。该请求指定在另一地址空间中打开的 ACB(存取方法控制块)。

associated document 关联文档 在系统级与建立它的应用软件相关联的一个文件。可通过选择其关联文档之一来启动一项应用程序。

associated number 连带数 网络中一个节点的连带数就是从这个节点到离它最远的节点的边数。

associated word 关联词 情报检索中的一个术语。它指同时出现在同一类文献中,或者趋向于出现在同一篇文献中,有的甚至出现频率都在某一阈值以上的一些词汇。有的词联合出现在文献中的同一段、同一句子或同一短语中,或者出现在文献的标题中。这些彼此相关联的词都可认为是关联词。

associating inputting 联想输入 汉字编码(键盘)输入方法的一类功能。从字和词语的同音、同形、同义以及前后缀构词等的相关关系中,选择(屏幕提示)所需的字和词语,实现输入。例:加后缀构词联想、字形联想、中间语同义词联想、以词定字联想等。

association 关联,相联,联想 (1)在数据库中,诸实体之间的一种关系,这种关系不用诸实体的属性来表示。(2)在开放系统互连参考模型中两个平等实体的一个合作关系,由下层服务的协议控制信息的交换提供支持。(3)原是心理学中一种不同过程间,基于内涵相似机制,由处理某一个过程时可以触发另一过程的有关信息的功能。

association class 关联类 (1)自身具有属性或操作的关联,或者参与其他类的关系的关联。(2)同时具有关联关系和类特征的模型元素。关联类可被视作一种具有类特征的关联关系,或是一个具有关联关系特征的类。

association control channel (ACCH) 随路控制信道 该信道能与独立专用控制信道(SDCCH)或者业务信道公用在一个物理信道上传送信令消息。随路控制信道又分为慢速随路控制信道(SACCH)和快速随路控制信道(FACCH)。参见 fast association control channel (FACCH), slow association control channel (SACCH)。

association control service element (ACSE) 联系控制服务元素 ACSE 主要用于建立和释放两个应用实体(AE)间的应用联系。当应用实体的其他部分需要和对等应用实体建立应用联系时,只要调用 ACSE 就能建立应用联系。当然,ACSE 的用户必须提供与被呼叫应用实体相连接的表示层服务访问点地址,同时在联系建立阶段需要对应用上、下文(应用实体所应包含的应用服务元素(ASE)的数量和种类,其中包括 ACSE 自身)、表示上下文和将要使用的表示层功能单元进行协商。一旦建立联系,应用实体中的其他服务元素进行操作时,可绕过 ACSE,直接使用表示层所提供的服务。ACSE 还提供释放应用联系的功能,应用实体在工作完成后,使用 ACSE 的这个功能释放应用联系。参见 application service element (ASE), application entity (AE)。

association diagram 关联图 表示文献之间关联程度的图。在文献自动处理中,通过文献之间的相似性计算,求得每对文献相似性的数值,这个数值表示文献之间的关联程度。

Association for Computing Machinery (ACM) 美国计算机协会 美国一个专业技术学会。1947 年成立,是一个国际科学教育计算机组织,它致力于发展在科学计算、工程技术和应用领域中的信息技术。它强调在专业领域或在社会感兴趣的领域中培养、发展开放式的信息交换,推动高级的专业技术和通用标准的发展。ACM 主办会议和其他学术活动,发行出版物并发起有关的活动。ACM 的大部分活动都由一些专业学组(SIG)承办。ACM 组织成员大部分是专业人员、发明家、研究员、教育家、工程师和管理人员,2/3 以上的 ACM 成员,又是属于一个或多个专业组织学组。每个专业学组均有自己的刊物。该协会致力于提高计算机技术的设计、开发和应用水平以及沟通计算机专家与用户之间的相互联系。它是美国信息处理学会联合会(AFIPS)的重要成员组织。参见 special interest group (SIG)。

Association for Educational Data System (AEDS) (美国)教育数据系统协会 致力于信息共享(主要是教育方面的数据处理信息共享)的一种专业组织。

Association for Systems Management (ASM) 系统管理协会 系统分析员和其他计算机专业人员的一个专业协会。ASM 在多数城市都有分会,提供许多有关系统分析和其他信息系统课题的短期课程。ASM 以前被称为系统与过程协会(SPA)。

Association of C and C＋＋ Users (ACCU) C 与

C++用户协会　由关心 C 语言及其变种的人们组成的一个组织，该协会成员包括专业程序设计员、编译程序的制造商和销售商、热心的非专业编程人员。

Association of Computer Programmers and Analysis (ACPA)　计算机程序员和分析员协会　它是计算机程序员和系统分析员的专业组织。

Association of Data Processing Service Organizations (ADPSO)　数据处理服务组织协会　美国和加拿大于 1960 年成立的主要由兼职服务团体组成的一个会员团体。其任务是改进计算机服务的管理方法，确定计算机服务的实施标准。它还关心影响计算机服务领域的政府条例。

associative array processor (AAP)　相联阵列处理机　一种采用阵列结构的相联处理机，具有模块化、结构灵活、容易扩充等特点。相联阵列处理机通常由一个控制部件、N 个处理器单元、M 个存储模块以及一个互连网络部件组成。简称"阵列机"。根据存储器模块是以分布式方式存取还是集中方式存取，阵列机可分为两种基本结构：分布式存储器的阵列机和共享存储器的阵列机。

associative array register　相联阵列寄存器　一种专用寄存器。用于补偿段落或页表翻译中固有的延时。

associative dedicated circuit　相关专用通路　为解决相关问题使指令能重叠执行而增加的通路。对指令进行解释时，当第 $k+1$ 条指令中的操作数是第 k 条指令的运算结果，即出现了数相关时，可以经专用通路把第 k 条指令运算的结果直接送回到参加运算的寄存器中，从而在相关时不必推后分析第 $k+1$ 条指令。相关专用通路方法是维持原有重叠时间关系，用增加设备来解决相关问题。相关专用通路也称"旁路"。

associative dimensioning　相联尺寸标准　CAD(计算机辅助设计)系统中一种对几何实体自动标注尺寸的能力。这个功能使得当几何实体改变之后与其相关的尺寸标准也自动更新。

associative entity　关联实体　一种实体类型，关联一个或多个实体类型实例，并拥有专属于这些实体类型之间的联系自身的属性。

associative indexing　相关索引　一种信息字索引方法。包括两方面的内容：(1)自动生成以来自文本中的字列表为基础的相关字；(2)自动生成以文本中字出现频率大小按序的相关字。

associative induction knowledge acquisition　联想归纳知识获取　类比归纳知识获取的另一种形式，它指当已知两个对象 O_1 和 O_2 有 n 个属性相似，而 O_1 还有第 $n+1$ 个属性，则可以类比归纳出 O_2 也有第 $n+1$ 个属性。

associative key　相联关键字　用在相联存储器中的寻找相应信息的一组代码，类似于一般存储器的地址。

associative language　相联语言　一种与具有大型复杂相联存储结构的计算机相适配的高级程序设计语言，如 LEAP 语言，它是以 ALGOL 语言为基础设计而成的。

associative law　结合律　在代数系统中，是一个二元运算。对于任意 $a、b、c \in A$，如有 $(ab)c=a(bc)$，也就是说运算结果与次序无关，则称二元运算满足结合律，此时可将运算式中的括弧省去，简记为 abc。对于 n 个元素，$a_1,a_2,\cdots,a_n$ 的运算结果也可以简记为 $a_1a_2\cdots a_n$，如数的乘法、加法都满足结合律，集合的并和交也满足结合律。

associative lookup　相联查找　在具有相联存储器的计算机中的一种查表方式。在这种存储器中，由于表记录的地址与它的关键字相同，故查表可以是直接检索，查找由硬件控制。

associative memory　联想存储器，联想记忆　(1)一种存储器装置。其存储单元是根据它们的内容或部分内容(或者键值)来识别，而不是根据它们的地址来识别。联想存储器的优点是能执行并行检索和并行比较操作，能尽快地找到信息所在的位置。联想存储器广泛地用于数据库、雷达信号跟踪、图像处理和人工智能等方面。它与内容编址存储器和检索存储器同义。参见 associative processor。(2)分布记忆系统的一种主要形式。在这种系统中，一个输入能特定地唤起所联想的响应。联想记忆是把信息分布存储在连接权矩阵中，可以直接由信息的内容去回忆它，因而是一种按内容存储方式。按回忆方式不同可把联想记忆网络分为静态记忆和动态记忆网络。前者执行的是一种对输入的前向映射。动态网络的记忆过程是输入和输出的交互反馈作用。网络经演变收敛于一个平衡点(一般是网络的不动点吸引子)，就是回忆的结果。由于动态网络有较好的容错性，所以是目前最常用的一种。

associative process　联想处理　使用计算机仿效人类的行为模式进行信息处理的一种先进技术。它在数据库计算机的研制中得到广泛应用。在计算机中实现联想功能的主要方法有软件联想法和硬件联想法。

associative processor　联想处理机　用联想存储器来实现存储器操作并行的并行处理机。它具有一般单指令流、多数据流并行处理机的固有特点，即指令部件按一条指令的要求同时给处理机中重复设置的各处理单元分配数据，使其并行地完成同一种操作，从而获得很高的处理速度。另一方面，它采用不按地址而按给定信息内容的特征进行存取的联想存储器，既能显著提高查找速度，又可节省存储空间，降低系统成本。这种集并行和联想存储技术于一体的联想处理机，很适用于文献检索、雷达数字信号处理、数据库管理等并行处理场合。

associative relation 相关关系,类缘关系 概念(叙词)或类目之间存在的不属于等同关系和等级关系的某种比较密切的关系。在叙词表中显示这种关系对索引人员和检索人员都有重要参考价值。具有相关关系的叙词,彼此在概念上处于相互关联、交错、矛盾、对立的地位。

associative storage 相联[关]存储器 (1)一种存储器,其存储地址根据其内容或部分内容来标识,而不是根据它们的名字或位置来标识的。同 content-addressable storage。(2)根据信息内容而不是根据信息的名称地址等来进行存取的计算机存储器。它也称"按内容访问存储器"或"并行检索存储器"。访问时要将关键词与存储器中的信息进行比较,寻找相匹配的信息。相关存储器比普通存储器需要更多的逻辑硬件。(3)补充另一个存储器的一种存储器。

associative storage register 联想[相联]存储寄存器 一种根据内容进行寻址的寄存器。它用于虚拟存储器中,可加速逻辑地址到物理地址的变换。在其中存放了最近用到的逻辑地址页、段号及其对应的物理页面号。在作变换时,将要变换的逻辑页、段号与所有相联存储寄存器中的逻辑页及段号比较,若其中有一个与之相等,则将此相联存储寄存器所存的物理页面号取出来,再与逻辑地址中的位移量合并,即得到所要变换的物理地址。若比较结果不等,说明所需的页面不在相联存储寄存器中,则需重新置表,以确定所对应的物理地址页面号,并将其存入某一相联存储寄存器中,再进行比较。由于联想查找很快,因此地址变换的速度提高幅度很大。

associativity 相联性,结合性 (1)CAD/CAM(计算机辅助设计/计算机辅助制造)数据库中几何实体(如部件、器件或元素等)与它们的非图形属性(如尺寸标准或注解)或与其他几何实体之间的任何逻辑联系。由此,设计人员可以用一条命令检取指定的实体及所有相关的数据。当物理设计被修改之后,所有相关数据亦可被自动更新。(2)在将运算符与操作数结合形成表达式时,使用运算符的顺序并不很明显。究竟如何解释一个表达式的求值规则,取决于程序语言对运算符优先级的规定和对结合性的规定。优先级高的运算符先加以考虑。结合性规定优先级相同的运算符是先考虑左边的(左结合),还是先考虑右边的(右结合)。

as soon as possible (ASAP) 尽快 用于电子邮件或BBS(电子公告牌系统)等网上常用缩略语。

assumed decimal point 虚小数点 一种只有逻辑含义而没有物理表示的小数点。它通常是一个十进小数点的位置,但并不在数据项中出现实在的字符。比较 actual decimal point。

assumed-size aggregate 假定范围聚合 程序设计语言中的一种集合形式参数,它从对应的实在参数中获取其某些或全部下标范围。参见 adjustable-size aggregate。

assurance testing 质量保证测试 确定系统实施的安全特性和设计相符并且适合目标环境的过程。这个过程可以包括实际操作的功能性测试、入侵测试和验证。

AST (1)异步系统自陷 asynchronous system trap 的缩写。(2)平均搜寻时间 average seek time 的缩写。(3)抽象语法树 abstract syntax tree 的缩写。

astable circuit 无稳态电路 与电路常数有关的频率自动、连续在两个非稳定状态之间进行更换的电路。它可以与任何重复输入信号频率实现同步。实例有间歇振荡器和某些多谐振荡器。

astable multivibrator 无稳态多谐振荡器 也称"自激多谐振荡器"。每个电子管或晶体管在不使用外部触发器的情况下,以由电路常数决定的时间间隔交替导通和截止的多谐振荡器。

ASTAP 高级统计分析程序语言,ASTAP 语言 advanced statistical analysis program 的缩写。

astatic 非稳定的,非定向的 说明不朝某一特定位置偏移或没有变化趋向的机械系统的特性。

astatic galvanometer 无定向电流计 由相互平行安装的电流计线圈内部的两个小磁化指针组成的灵敏电流计。指针降低了由地球磁场引起的误差。

astatic wattmeter 全向功率计 对均匀外磁场不敏感的电动式功率计。

asterisk 星号字符 (1)在程序设计语言中广泛用于表示乘法操作的字符。(2)在 DOS、OS/2 等操作系统中,一个通配字符,可用于代替一个或者多个其他字符,如表示所有字符组合的文件名和扩展名。参见 question mark,wildcard character。

asterisk fill 星号填充 一种数字编辑方法,将星号填入数字的左面以填满未用的位置。

asterisk protection 星号保护 在最高有效数字的左边插入一串星号以引起注意,并防止添加其他数字。这种格式通常用在保护系统中,因而被称为星号保护。

asterisk wildcard 星号通配符 在 DOS(磁盘操作系统)中用于匹配文件名字符串。

ASTIA 美国军事技术情报局 armed service technical information agency 的缩写,曾是美国《AD 报告》的出版单位之一。

astigmatism 散像现象,散光 导致光线不能良好聚焦因而引起影像模糊的一类缺陷。

ASTN 自动交换传送网 automatic switched transport network 的缩写。

Aston dark space 阿斯顿暗区 紧邻辉光放电管阴极的暗区,其中,被发射出的电子没有足够高的速度去激励气体。

Aston mass spectrograph 阿斯顿质谱仪 依靠相继

电场和磁场使恒定荷质比的射线聚焦到聚焦线上的质谱仪。

A-string A串,属性串 一种阐述数据库的逻辑结构的串结构,用来定义实体集的成员。它由属性串名、属性定义域名、属性作用域名或属性值组成。

astrionics 宇航电子学 应用于宇宙飞行的电子学学科。

astronomical calculation 天文计算 在天文学研究中用计算机进行的科学计算。主要包括:编制天文年历、测定地球高层大气密度的分布、对天体照片进行自动处理以及计算人造卫星或行星的轨道等。计算机应用于天文研究大大推动了天文学的发展。

astronomical markup language (AML) 天文数据标记语言 与天文学有关对元数据交换的一个标准化的格式。这个语言用可扩展标记语言(XML)技术封装天文数据,是天文学家获得科学数据的有力工具。

astronomical unit 天文单位 从地球到太阳的平均距离,大约为9 300万英里或14 900万公里。

ASVD 模拟语音数据同传 analog simultaneous voice and data 的缩写。

ASW 应用软件 application software 的缩写。

asymmetrical channel 不对称信道 正向传送与反向传送具有不同传送速率的信道。

asymmetrical compression 不对称压缩 在压缩影像时所需的处理能力较还原时多,这种压缩模式通常用于大量分布程序的CD-ROM(只读碟)上,利用这种方法,制作及压缩数据的时间大于解压缩的时间。JPEG(联合图像专家小组)和MPEG(活动图像专家组)都属于不对称压缩。

asymmetrical conductivity 非对称导电性 某些物质所具有的、在某一方向比另一方向更易传导电流的性质。

asymmetrical distortion 非对称失真 影响双态调制的失真,其中,对应于两个特征状态之一的时间间隔具有比原始信号更长或更短的持续时间。

asymmetrical element 非对称元件 其参数中至少有一个与电压极性或电流方向有关的二端元件。

asymmetrical modem 非对称调制解调器 在两个传输方向上具有不同特性的全双工调制解调器,如在某一方向上以某一速度传输数据,而在另一方向上以另一速度传输数据。参见 asymmetrical modulation。

asymmetrical modulation 非对称调制 调制解调器的一种全双工传输技术。在拨号呼叫传输的一个方向上使用大部分带宽传输信息,而在相反方向上使用小部分带宽传输信息。

asymmetrical phase control 非对称相位控制 在变流器中,可控主臂具有不同延迟角的相位控制。比较 symmetrical phase control。

asymmetrical transmission 不对称传输,异步传输 一种用于高速调制解调器的传输方式,通常工作于9 600 bps以上,异步传输将电话线的频宽分成两个通道:一个低速通道,速率在300 ~ 450 bps之间;另一个高速通道,速率在9 600 bps以上。分离的通道使得输入和输出传输能够同时进行,调制解调器监控传输的方向并能适当控制通道的开关,将高速通道赋予数据流量大的方向,用低速通道传输控制信息。

asymmetric architecture 非对称系统结构 多机系统的一种系统结构,每个处理机的作用不完全相同,如访问存储器的时间不相等、对外部设备的控制方式不同等。

asymmetric characteristic circuit element 非对称特性电路元件 其参数中至少有一个与电压极性或电流方向有关的二端元件。

asymmetric compression encoding 不对称压缩编码 不对称意味着压缩时需要花费大量的处理能力和时间,而解压缩时则能较好地实时回放,也即以不同的速度进行压缩和解压缩。一般地说,压缩一段视频的时间比回放(解压缩)该视频的时间要多得多。例如,压缩一段3分钟的视频片段可能需要10多分钟的时间,而该片段实时回放时间只有3分钟。比较 symmetric compression encoding。

asymmetric cryptography 非对称密码 非对称密码是建立在数学函数基础上的,而不是建立在位方式的操作上的。它在加/解密时,分别使用了两个不同的密钥:一个可对外界公开,称为"公钥";一个只有所有者知道,称为"私钥"。公钥和私钥之间具有紧密联系,用公钥加密的信息只能用相应的私钥解密,反之亦然。同 public key cryptography (PKC)。

asymmetric crypto system 非对称密码系统 密码学中的一种加密方法。既不能从加密密钥推演出解密密钥,也不能从解密密钥推演出加密密钥。

asymmetric devices 不对称设备 在多重处理中,仅有一条来往于多处理机的通路的设备。这些设备实际上仅仅连接到一台处理机上。

asymmetric digital subscriber line (ADSL) 非对称数字用户线路 同 asymmetric digital subscriber loop (ADSL)。

asymmetric digital subscriber loop (ADSL) 异步数字用户环路 ADSL是数字用户线(DSL)的一种,所谓不对称,是指上下行数据传输速率不一致,下行数据速率可达9 Mbps,上行数据速率达640 kbps。它能在不增加铜线和不影响原有电话业务的条件下,提高现有环路的接入速率。它将用户频谱分为三个频段:0 kHz至4 kHz频段继续用来传送话音基带信号,完成电话业务;20 kHz至120 kHz频段用来传送上行或下行的低速数据或控制信息;120 kHz至1 MHz频段用来传送下行的高速数据。为充分利用频谱，ADSL 采用复杂的 DMT（离散多音）调制技术。DMT 将 1 MHz 的频谱划分为 256 个带宽为 4.3125 kHz 的子信道，按实际测得的信道质量来确定每个信道的承载比特数，以避开那些噪声太大或损耗太大的子信道从而实现可靠的通信。ADSL 速率完全取决于线路的距离，线路越长，速率越低，在 2 700 m 距离时能达到 8.4 Mbps，在 5 500 m 距离时就会降到 1.5 Mbps，这种特点说明，ADSL 比较适合视频点播类的分布式服务，而不适合点对点之间的连接。参见 discrete multi-tone（DMT）。

asymmetric encryption 非对称加密 也称“公用密钥加密”。非对称加密的思想是使用两把密钥。第一把密钥（公用密钥）是公开的，并由全部想要得到密钥以安全地发送数据的人使用。第二把密钥（私人密钥）只有密钥的拥有者知道。使用私人密钥加密的数据只能使用公用密钥将密码还原成明文，反之，使用公用密钥加密的数据只能使用私人密钥将密码还原成明文。

asymmetric I/O 不对称输入/输出（设备） 物理上仅连接在一台处理机上的诸输入/输出设备，但可由在另一处理机上执行的作业使用。

asymmetric multiprocessing（ASMP） 非对称多处理技术 一种多处理机系统中多道处理方案，该处理技术总是选择同一处理器执行操作系统代码而其他处理器只运行用户作业。参见 symmetric multiprocessor，multiprocessing。

asymmetric multiprocessor 非对称[式]多处理机 也称“异构型多处理机”或“异质多功能处理机”。构成此系统的各处理机类型可能不同，但在主控计算机的统一管理下，它们共享主内存，且在一个统一的操作系统控制下，运行并完成各自被赋予的任务。参见 asymmetric multiprocessing。

asymmetric system 非对称系统 多处理机系统的一种结构形式。在这种系统中，各个处理机可以不是同一个机种，有的可以是通用处理机，有的可以是专用处理机。就系统中的各个处理机的功能而言，可以各自完成不同的职能。但是，它们共享主存储器，而且在一个统一的操作系统的控制下运行。在统一运行模式下，硬件和软件在程序和任务这一级具有交互作用。

asymmetric video compression 非对称视频压缩 在多媒体应用中，使用高性能计算机压缩视频信号，以便在还原的时候可使用性能较低但较便宜的计算机，对应于 symmetric video compression。

asymmetry of positive/negative peak modulation 正负调幅不对称度 使用单一频率的音频信号对载波进行调幅，当发射机的正调幅度达到 95%时，其正负调幅度之差的绝对值，为发射机的正负调幅不对称度。

asymptotically dominate 渐近控制 给定从自然数集 N 到实数集 R 的函数 f 和 g，如果对于充分大的 n，有 $|f(n)| \leqslant k|g(n)|$，k 为一正常数，则称 g 渐近控制 f，或 f 被 g 渐近控制。

ASYNC 异步（的） asynchronous 的缩写。

asynchronous（ASYNC） 异步的 （1）指没有固定的时间关系，对程序指令的执行是突然的或是不可预测的。（2）相连的比特、字符或事件的持续时间不相等的现象。在数据通信中字符间的时间间隔是变化的，这种通信方式通常称异步方式，也称“启停式传输”。（3）一组重复事件（如执行某种运算、操作或指令等）的出现没有时间上的规律性，如数据在异步传输过程中，所传送的字符之间的时间间隔是不固定的。比较 synchronous。

asynchronous algorithm 异步算法 也称“异步并行算法”，诸进程的执行一般不必相互等待的一类并行算法。在此情况下，进程的通信是通过动态地读取（修改）共享存储器的全局变量。由异步算法所完成的计算称为异步计算。

asynchronous attack 异步攻击 利用防御行动和攻击行动之间的间隔使防御行动失去作用的企图。例如，操作任务可能在被中断后立即对所存储的参数进行检查，用户重新获得控制并恶意更改该参数，操作系统在重新获得控制后继续使用被恶意更改的参数进行处理。

asynchronous balanced mode（ABM） 异步平衡模式 数据链路控制规程的一种应用方式。在这种方式中，通信方式是异步的，通信结构是平衡的，即通信的两个站是平等的，每一个站都可以启动传输。异步通信方式即异步应答方式，从站不必等待收到主站允许发送的命令就可以向主站发送数据。而平衡结构或称平衡模式是由通信链路连接起来的通信双方都是综合站，或者都是由主站从站组成的通信站，双方都有权建立链路和拆除链路，双方都可以控制对方也可以接受对方控制。与此相对的是非平衡模式。在这种模式中，如果是点对点结构，链路所连接的通信站，一方为主站，另一方为从站，主站控制和支配从站；如果是多点结构，其中一个是主站，其他都是从站，主站控制和支配着其他从站。参见 asynchronous response mode，normal response mode。

asynchronous balanced mode extended（ABME） 异步平衡模式扩展 在通信中的一个操作模式，采用模 128 序列数。参见 asynchronous balanced mode（ABM）。

asynchronous communication 异步通信 一种数据位的传输和时钟信号不同步而是通过使用起始位和终止位来标识数据单元的开始和结束的一位接一位的发送方式完成的数据通信。两个参与通信的设备必须设定在同一个速率上。这个速率被称为波特率。还使用校验位检查所传输的每一个字节的准确性。普通电话线可以被用于异步通信。

两个调制解调器进行异步通信有赖于每一方向对方发送的起始和终止信号以便调整信息交换的步调。

asynchronous communication adapter 异步通信适配器 指用于提供在微机和其他设备之间的异步串行通信电路或电路板，插在微机的扩展槽中。

asynchronous communication device interface (ACDI) 异步通信设备接口 异步通信设备设备接口是允许异步传输的一种传输数据的方式，在其中一次被发送一个字符，而且在字符之间可能有不均匀数量的时间。一个开始位和一个结束位通报接收计算机何时传输开始和结束。

asynchronous communication interface adapter (ACIA) 异步通信接口适配器 (1)一种与微处理机配套的、实现串并行转换的可编程序输入输出接口。它常与调制解调器相连接。其功能有选择启动端、读/写、中断、数据格式变换等。(2)Motorola公司生产的 MC 6800 系列微处理机的一种外围芯片。

asynchronous computer 异步计算机 在采用异步控制器的计算机中，每一个操作用其前面的操作完成所产生的结果信号来启动，一个操作完成后，后一个操作立即开始，这种计算机称为异步计算机。在异步计算机中，不需要标志单位时间的时钟脉冲。

asynchronous control 异步控制 (1)完成某项操作所分配的时间取决于操作所需时间，而不是取决于固定机器周期预定时间的控制方法。(2)在计算机指令系统中，每条指令所对应的微操作序列长短一般不一样，因此执行时间有长有短，分别安排不同数量的机器节拍进行控制。每一步操作何时进行要由前一操作发出的"结束"回答信号来启动，这种应答式的、没有统一周期时间的控制方式称为异步控制。

asynchronous controller description 异步控制器描述 在同步通信线路上使用异步传输方法时或者在 X. 25 通信线路上采用非 SNA(系统网络体系结构)协议时的一个代表远程系统或设备的控制器描述。参见 generic controller description。

asynchronous data transmission (ADT) 异步数据传输 在进行数据传送的主设备和从设备之间没有统一的时钟控制脉冲信号的数据传送方式。主从设备都以自己的时钟频率进行工作。在数据传输过程中，采用问答方式，主设备每发送一次询问或请求信号，从设备就给出一次回答信号。以此保证数据传输次序的正确性。传送的每个字节都在前边加起始位，在后边加结束位。与此传送方式相对的是同步数据传送。比较 synchronous data transfer。参见 asynchronous transmission。

asynchronous device 异步设备 (1)一种无需考虑操作速度，其操作由前一操作完成后发出的信号去初启下一操作的一种装置，如键盘输入设备就与操作员的操作速度无关。(2)一种进行数据传输的设备，其中一个字符或者字符块的传输可在任何时刻启动，但代表字符或块的位具有相同的时间间隔。参见 asynchronous machine。

asynchronous disconnected mode (ADM) 异步断路模式 平衡数据链路或非平衡数据链路的一个非操作模式，在该模式下，次站或组合站逻辑上已从数据链路上脱开，并因此不再能发送或接收信息。参见 initialization mode (IM), normal disconnected mode (NDM)。

asynchronous distributed database 异步分布式数据库 分布式数据库技术的一种形式，其中复制数据的拷贝保存在另外的节点上，这样，本地服务器不通过网络就能够访问数据。

asynchronous event 异步事件 没有规则的时间关系的一种事件，即它的出现相对于执行功能而言是不可预测的。

asynchronous event packet (AEP) 异步事件包 在 Windows 95 中，指一种数据结构，常用于系统文件系统中以通报更低层系统中发生的某一事件，如数据传送的完成。

asynchronous event routine 异步事件例程 当一系列指定事件发生时，操作系统内核能调用的一种功能。

asynchronous exit routine 异步退出例行程序 一种退出例行程序，可在程序主线代码的不可预计点处执行。比较 inline exit routine。

asynchronous gateway 异步网关 在以太网中，一个使计算机终端、打印机、调制解调器或其他异步设备与其他设备在异步网络上进行通信的单元。连接的设备数量只受限于以太网 trunk 可支持的 6 端口异步网关的数量。

asynchronous input 异步输入 (1)不需按固定的时间关系向计算机系统输入数据的一种数据输入方式。(2)数据输入到计算机时，其输入操作与计算机本身的操作无固定的时间关系。

asynchronous interface 异步接口 数字传输网中，不能、也不需要提供同步的接口。

asynchronous I/O 异步 I/O，异步输入输出 一种 I/O 模式，应用程序发出一个 I/O 请求后，在设备传输数据的同时，仍然继续执行，应用程序通过等待一个文件处理或者一个事件处理与数据传输的结束相同步，比较 synchronous I/O。

asynchronous JavaScript And XML (AJAX) 异步 JavaScript 和 XML 一种用于创建更好更快以及交互性更强的 Web 应用程序的技术。AJAX 主要包含的技术：基于 web 标准 XHTML 的表示；使用 DOM(文档对象模型)进行动态显示及交互；使用 XML 和 XSLT 进行数据交换及相关操作；使用 XMLHttpRequest 进行异步数据查询、检索；使用

JavaScript 将所有的文档绑定在一起等。

asynchronous line driver 异步线路驱动器 通过四路传输线将计算机或多路复用器与远程数据终端连接的一种线路驱动器。有一种线路驱动器可以支持全双工的 9 600 波特，最远可达 3 km 的四线路传输线，也可以低波特率连接较近的距离。这种装置联机线路的一端通过内线驱动电路产生平衡差分收发信号，联机线路的另一端与 RS-232-C 接口相连。

asynchronous link 异步连接 电力系统中，以直流输电或其他变频设备进行交流系统之间的连接。互联后允许非同步运行。

asynchronous machine 异步机 机器的运算速度和与其相连的系统频率不成比例。一个机器的操作由前一操作完成后发出的信号去启动，而不管前一个操作用多长时间，这种机器称为异步机。

asynchronous mode 异步方式 一次发送一个字符，每个字符前有一个起始位，字符后有一个停止位的一种通信传输方式。常用 FSK（频移键控）调制方法，这时 bps（每秒位）与波特数相等。

asynchronous multiplexer 异步复用器 按需动态给用户分配时隙的一种复用设备。

asynchronous operation 异步操作 (1)与指定事件无特定时间关系或无规则发生的操作，如调用了一个错误诊断程序，在计算机程序执行的任何时间都可能接收控制信息。(2)在一个操作的序列中，被执行的操作和其他事件没有特定的时间关系。(3)操作的速度或频率和与其相连的系统的频率无关，一个操作完成后去启动下一个操作的一种操作方式。这种操作方式不需要时间脉冲。(4)软件或者硬件的同时操作，在软件中，指一个操作，如请求建立数据传输关系，应用程序允许在发出请求之后继续运行，请求的操作分离进行，在完成之后通知发出请求的应用程序。比较 synchronous operation。

asynchronous parallel computation 异步并行计算 如果把一个较大的计算任务分割成若干子任务，这些子任务可以并行计算，在计算中它们之间虽然可能有信息传送，但不需要互相等待，则称这种并行计算为异步并行计算。

asynchronous pipeline 异步流水线 流水线输出端的任务（指令）流出顺序可以和输入端的流水顺序不一样的流动。当出现指令相关时，如发现第 j 条指令与其前面的某指令如第 i 条指令相关，则推后第 j 条指令的解释，而在第 j 条指令之后的指令，若与其前的指令都没有相关，可以使它们越过第 j 条指令继续往前流动，从而使流水线的效率和吞吐率比顺序流动的高，但指令的流出顺序与流入的不同，会增加控制的复杂性。

asynchronous procedure 异步过程 在程序设计语言中，可与程序的调用部分并行执行的一种过程。

asynchronous procedure call (APC) 异步过程调用 (1)一种函数调用，分别在各自的一个程序上执行，当有关的条件满足时，操作系统核心发出一个软件中断，使得执行程序执行异步过程调用。参见 function call。(2)在 Windows NT 中，指在某特定线程的范围内异步执行的一个函数，当该线程执行时内核发出一个软中断并指示该线程执行 APC。参见 APC object，APC queue。

asynchronous processing 异步处理 应作业的请求，从作业中分离出来执行的一系列操作，如从工作站上运行的交互作业中递交一个批作业。比较 synchronous processing。

asynchronous record operation 异步记录操作 一种记录处理方式。依此方式，用户程序在发出记录检索或记录存储的请求后能够继续执行而无需等待请求的完成。

asynchronous response mode (ARM) 异步响应模式 高级数据链路控制（HDLC）规程的一种应答方式。在这种模式下，从站随意发送，不必等待主站查询。点对点的平衡结构或非平衡结构都可以使用这种模式进行工作。多点结构有时候工作在所谓争用模式下。在这种模式下，各站可以自由发送。两个站同时发送会造成发送的数据破坏。因而争用模式只有在同时发送的可能性很小时，才能成功运行。因此只在少数情况下才在多点结构中使用 ARM 模式。HDLC 可以在半双工或全双工线路上实现，但是在半双工方式下，用硬件安排交替发送。与此相对的是正常响应模式。比较 normal response mode (NRM)。

asynchronous sequential circuit 异步时序电路 可在异步信号作用下进行工作的时序电路。

asynchronous serial interface (ASI) 异步串行接口 ASI 被用来传输 MPEG（活动图像专家组）数据流，它的线缆速度为 270 Mbps，并且多个视频流可以复用在一个 270 Mbps 的端口上。

asynchronous serial transmission 异步串行传输 异步串行数据传输是电传打字机等机电设备经常采用的一种数据传输技术。采用这种技术时，每一个字符由三部分组成：起始位、数据位和停止位。数据的发送与接收没有严格的时序要求。

asynchronous signaling 异步信号发送 发送代码的一种方式。所发送的代码有自己的开始标志和结束标志。

asynchronous sound 异步声 当计算机系统在进行其他事件处理时，在后台播放的一种声音。

asynchronous system 异步系统 其操作的速度或频率和与其相连的系统的频率无关。任何一个操作都以其前面的操作已经完成的信号作为启动信号。它是自同步的，其事件的时间是基于较早事件的经过时间间隔，而不是基于独立的时钟信号。

asynchronous system trap (AST) 异步系统自陷

一种软件模拟中断。对应的服务例行程序是由用户定义的。在一个特定事件发生时，它使得用户进程相对它的执行能异步地获得通知。如果用户进程对一个事件定义了一个异步系统自陷，当对应事件发生时，系统中断该进程并执行指定的异步系统自陷例行程序。当异步系统自陷例行程序执行完毕时，系统可以在断点处继续执行该进程。

asynchronous system trap level (ASTLVL) **异步系统陷阱级** 保存在内部处理机寄存器中的一个数值，它因一异步系统陷阱正在挂起而处于最高级访问状态。在现行访问状态的优先级的值大于或等于 ASTLVL 的某一值(通过增加数值实现)之前，异步系统陷阱并不发生。因此，当处理机正以一更高的优先级访问方式执行时，处于较低访问方式的异步系统陷阱将不被保留。

asynchronous terminal **异步终端** 使用启停信号进行数据传送的终端设备。

asynchronous time-division multiplexer (ATDM) **异步时分多路复用器** 完成异步时分多路复用功能的电子设备，也称“统计多路复用器”。ATDM 是一种动态分配方式。这时，信道不再划分为子信道，用户想通信也不必先申请信道，而是将要发送的数据报文划分为一定长度的数据单元，每个数据单元包括用户数据的源地址与目的地址信息，然后送到网络节点的缓冲区中去排队。每个节点相当于一个单服务员队列，通常按照到达节点的先后顺序发送数据单元。典型的异步时分多路复用器是终端控制器。终端控制器把多个终端的输入统一送到计算机中或网络的一条线路中，为了区分哪些数据是哪个终端发出的，要在每个数据前边加上终端识别号。

asynchronous time-division multiplexing (ATDM) **异步时分多路方式，异步时分复用** (1)计算机网络中的一种发送信息的方法。ATDM 是一种动态分配方式，信道不再划分为子信道，用户想通信也不必先申请信道，而是将要发送的数据报文划分为一定长度的数据单元(不一定是分组)，每个数据单元要包括一些用来标识收发两端用户的地址信息，然后送到网络节点的缓冲区中去排队。每个节点相当于一个单服务队列，通常按照到达节点的先后顺序发送，因此 ATDM 也称“按排队方式分配信道”。(2)利用时分多路转换的一种异步信号传输方式，它是通道的一种使用方式。一个通道按时分方式连接多个终端时，可以有同步、异步或其他工作方式。异步时分方式只将通道时间分给活动的终端，这比同步时分方式(不管终端是否活动)要节省一些时间，从而提高了数据传输速度。

asynchronous timer **异步计时器** 计算机系统中的一种逻辑计时器，它与建立该计时器的任务并行运行。异步计时器通常用于超时控制。

asynchronous transfer **异步传输** 传输数据的一种方法。它使用起始位和停止位调节数据流，在个别字符之间的时间间隔不需要相等。也可以使用奇偶校验来检查接收到的数据。

asynchronous transfer mode (ATM) **异步传输模式** 为了在宽带 ISDN(综合业务数字网)内解决数据、文字、话音、图像等信号的高速传输和综合交换，而提出的一种快速分组交换技术。其基本思想是在高速传输信道上传送一种称之为信元的小分组，每个信元只有 48 个字节的信息和 5 个字节信头。信头中包含地址等内容。加之简化网内差错处理和流量控制，增加信息传送的灵活性，从而得到高速度、高质量的综合信息传输与交换。信元路由基于两级寻址结构：虚拟路径指示符和虚拟通道指示符，通过使用小的消息单元使得网络能够支持灵活的多路复用，用于速度为 45 Mbps 以上的数据，适合于多媒体信息的传送。国际电报电话咨询委员会(CCITT)已正式采用异步传送模式作为宽带 ISDN 的标准。参见 asynchronous transfer mode (ATM) network。

asynchronous transfer mode (ATM) network **异步传输模式网** ATM 是通过带标号的信元来传送信息的一种转移模式。包含各用户信息的信元并非周期性出现，从这一意义上讲，该转移模式是异步的。ATM 是面向连接的快速信元交换技术，采用该技术组成的网络是 ATM 网。ATM 网具有严格的流量控制和服务质量(QoS)管理的功能，能提供各种业务的服务要求，包括实时业务。ATM 网提供数据、语音、图像等各种业务。ATM 网提供的基本业务包括永久虚拟线路(PVC)和交换虚拟线路(SVC)。ATM 网除可以组建独立的业务网外，还可以为其他业务网提供建立高速中继传输通道，如为因特网路由器之间的连接提供中继传输通道等。用户可以利用 ATM 网进行局域网互连、因特网接入、会议电视、可视电话、交互式多媒体信息检索等。参见 asynchronous transfer mode (ATM)。

asynchronous transmission **异步传输** 数据通信中的一种传输方式。这种传输不要求严格定时。由于每一个传输的字符被冠以一起始位，末尾又加上一位或多位的停止位，以致正确地接收信息并不依靠固定传输节拍的同步，因此，传输字符之间的间隔将是可变的，开始标志的出现是无规则的，而字符中的各个位则是同步的。

asynchronous working **异步工作** 同 asynchronous operation。

asyndetic **省略** (1)省略连词或连接成分。(2)指没有提供交叉检索的目录。

AT **先进技术** (1) advanced technology 的缩写。(2)AT 架构，它是一种主板工业标准。参见 AT main board。

ATA **先进技术附加接口** advanced technology attachment 的缩写。

ATAE 高级电信应用环境 advanced telecom application environment 的缩写。

ATA flash card ATA 闪存卡 它采用传统的 ATA（先进技术附加接口）标准，具备四种电源模式：休眠、待命、运行和闲置，从而大大降低了整体功耗，并且还具有 I/O、内存和 ATA 三种接口方式，并具有嵌入式和纠错功能，传输速率在 20 Mbps 左右，现有的容量达 60 GB。参见 flash card, compact flash card。

ATA hard disk drive card ATA 硬盘驱动（器）卡 一种用于与 ATA（先进技术附加接口）硬盘驱动器相连接并对之进行控制的扩充卡。这些卡通常是 ISA（工业标准体系结构）卡。参见 advanced technology attachment (ATA), industry standard architecture (ISA)。

ATA/IDE hard disk drive ATA/IDE 硬盘驱动器 ATA 和 IDE 两者的实际含义相同，都是指把控制器集成到驱动器本身的一种磁盘驱动器设备。参见 advanced technology attachment (ATA), integrated drive electronics (IDE)。

Atanasoff-Berry Computer (ABC) ABC 计算机 第一台使用真空管的数字计算机，由美国人约翰·阿塔纳索夫（John Atanasoff）和他的助手克里夫·贝利（Clifford Berry）建造。工程于 1939 年开始，1942 年完成。这台计算机虽然是专门用于解微分方程的，但它体现了后来计算机的存储器、运算器和输入设施。该机的一些设计思想为莫克利和埃克特吸收，用于 ENIAC 计算机上。

ATAPI 先进技术附加包接口，ATAPI 接口 advanced technology attachment packet interface 的缩写。

ATA version 6 ATA 接口版本 6（技术标准） 别名 "Big Drive"，2001 年 6 月硬盘制造商 Maxtor 提出的 ATA（先进技术附加接口）标准草案，采用 48 位的寻址系统，可支持的硬盘最大容量为 144 PB。参见 Big Drive, advanced technology attachment (ATA)。

ATB 所有中继线忙 all trunks busy 的缩写。

AT bus AT 总线 也称"扩展总线"，在 IBM AT 机及其兼容机中使用的电子通道，用于连接主机板和外设，可插入的印制电路板如存储器卡、视频适配器卡、联机调制解调器、总线鼠标器卡、磁盘控制器卡和串行输入输出卡，AT 总线不同于原来的 IBM PC 的总线，它支持 16 位数据传输，而 PC 总线只支持 8 位数据传输。参见 extended industry standard architecture (EISA), industry standard architecture (ISA), micro channel architecture (MCA)。

ATC 自适应变换编码 adaptive transform coding 的缩写。

AT commands AT 命令 调制解调器所具有和使用的命令集合，用于计算机控制调制解调器。这些命令由 Hayes 公司开发，成为调制解调器的标准。AT 命令分为两类，第一类完成立即操作，如拨号（ATD）、应答（ATA）、解除连接（ATH）等。第二类用来改变调制解调器设置，如 ATS7＝90，把 S7 寄存器的码值设置为 90，此值告诉调制解调器在拨号后等待对方应答时间最长为 90 秒钟。AT 是数字代码，是激活每个命令的前缀。

ATCVT 虚拟远程通信访问法（VTAM）通信向量表 VTAM communication vector table 的缩写。

aTdHvAaNnKcSe 预先感谢 因特网访问中的礼貌用语。thanks in advance 的缩写，即把 advance 插入 THANKS 构成的词。

ATDM （1）异步时分复用 asynchronous time-division multiplexing 的缩写。（2）异步时分多路复用器 asynchronous time-division multiplexer 的缩写。

ATDP 启动[注意]拨号脉冲 attention dial pulse 的缩写。

ATDT 启动[注意]拨号音频 attention dial tone 的缩写。

ATE 自动测试设备 automatic test equipment 的缩写。

at end condition 末端条件 在 COBOL 语言中，末端条件是在下列情形下产生的一个条件：①对顺序文件而言，在执行 READ 语句时；②对相应的排序文件或合并文件而言，在执行 RETURN 语句，但并不存在下一个逻辑记录时；③在执行 SEARCH 语句中，当查找操作已终止，但并未满足有关 WHEN 短语的任何一个指明的条件时。

ATG 地址转换网关 address translation gateway 的缩写。

Athlon Athlon 微处理器 美国 AMD 公司开发的 86 系列互换微处理器。它采用 Slot A 结构；九工位超流水线；超标量体系；具有三条乱序执行的超标量浮点运算单元；三条乱序执行的整数运算单元和三条乱序执行的寻址操作单元；72 条动态分支预测指令的执行单元。AMD 通过将 Athlon 芯片和美国 KryoTech 公司开发的"Super G"冷却技术相结合实现了 1 GHz 的工作频率。到 2001 年 7 月，AMD 共推出了四代 Athlon：①第一代 K7 Slot A 使用 0.25 μm 工艺；②第二代 K75 Slot A 使用 0.18 μm 工艺；③第三代 Thunderbird Socket A，仍然使用 0.18 μm 的 CMOS（互补金属氧化物半导体）制造工艺和铜质导线互连技术；④第四代于 2001 年 5 月 14 日推出，以 palomino 为内核，取名为 Athlon 4 的笔记本处理器。Athlon 4 仍使用 0.18 μm 工艺，采用六层铜金属工艺处理；芯片内部集成了测温二极管；拥有一个两路互连式 64 KB 一级指令缓存和 64 KB 一级数据缓存，而 256 KB 二级缓存则是 16 路互连式独占缓存，因此一级缓存中的数据不会复制到二级缓存中；内核电压 1.4

V;实际运行频率已经超过 1.33 GHz;最大能耗在 22 ~ 24 W 之间。

Athlon MP　Athlon 多处理器　美国 AMD 公司 2001 年 6 月发布的支持双处理器结构的微处理器。采用 0.18 μm 的制造工艺,配有 384 KB 的二级缓存,工作频率为 1.0 GHz 和 1.2 GHz。针对 Athlon MP, AMD 还同时发布了支持 DDR SDRAM 内存的芯片组"AMD-760MP 芯片组"。通过使用 Smart MP 的多进程技术,每个处理器都具有 266 MHz 的前端总线(FSB)。Athlon MP 采用 Palomino 核心,内建 52 条 Intel SSE(单指令多数据流扩展)多媒体指令集,由于在处理器内部设定了"SSE 处理器"标记,所以应用软件可以将 Athlon MP 判别成兼容 SSE 的处理器,支持 3DNow!,具有硬件自动数据预读取功能,可以预测可能被处理器运算核心调用的数据并预先从系统主内存中将其调入处理器 L1 缓存中,这样就可以显著提高内存带宽的利用率。L1 数据 TLB(转换表缓冲区)入口增加到 40 个。数据与指令的 L1 与 L2 TLB 可独立工作,而且 TLB 入口能够进行分支预测运算。当 CPU 存取内存数据时,并不是引用数据存储的物理地址,而是要通过指向物理地址映射的虚拟地址,而从虚拟地址到物理地址的映射结果就存放在 TLB 中。虽然 CPU 在 TLB 中找到所需映射地址的命中率非常高(99%以上),如果在 TLB 中找不到相应映射地址,CPU 就必须逐个地址的搜索(需要耗费 3 个时钟周期),而如果是直接存取 TLB 中地址只需要 1 个时钟周期。其内建的温度探测器可以更准确更即时地监测处理器核心的温度,使过热保护功能(在处理器过热时自动降低运行频率)的应用成为可能。参见 translation look-aside buffer (TLB)。

ATI　自动发射机识别　automatic transmitter identification 的缩写。

ATIS　自动终端信息服务　automatic terminal information service 的缩写。

AT keyboard　AT 键盘　一种 84 键的键盘,由 IBM PC/AT 首次采用,是 IBM PC 系列键盘的三种键盘之一,AT 键盘类似于原始的 PC 键盘,只增加了一个键 Sys Req,在右上角,并增大了回车键,在布局上也稍作改动,后来被增强键盘(101/102 键)代替。

ATL　活动模板库　active template library 的缩写。

ATLAS　(1)自动列表、编目和分类系统 automatic tabulating listing and sorting system 的缩写。也指用于此目的的计算机软件包。(2)ATLAS 计算机,ATLAS 系统。英国曼彻斯特大学于 1958 年开始设计,1962 年建造并安装的一台计算机。ATLAS 成功地引入了许多新概念,如多道程序设计、一级存储和分页。在 ATLAS 计算机上还最先采用了假脱机工作方式。虽然由于技术上和经济上的原因,ATLAS 未能获得商业上的成功,但它在先进计算机系统发展上是一个重要的里程碑。

ATM　(1)异步传输模式 asynchronous transfer mode 的缩写。(2)自动出纳机,自动柜员机 automated teller machine 的缩写。(3)交错图灵机 alternating Turing machine 的缩写。(4)Adobe 打印管理器 Adobe type manager 的缩写。(5)替代测试法 alternative testing method 的缩写。

ATM adaptation layer (AAL)　异步传输模式[ATM]适配层　ATM 协议参考模型的一个层次,位于 ATM 层与用户层之间。用来完成将 ATM 网络较高层信息(如数据报文分组),转换成 ATM 信元以便通过 ATM 网络进行传输的一个层,是完全独立于物理层的一个层。AAL 是业务相关的,不同类型的业务需要不同的适配。AAL 从不同的高层应用接收数据,适配后以 48 字节 ATM 净负荷分段的形式下传给 ATM 层。在接收端,AAL 把信元信息再恢复成较高层的信息。AAL 按所完成的功能分成多种类型:AAL-1 用于时间敏感型(恒定位速率)信息流,如音频和视频信息流。AAL-2 用于可变位信息流,目前尚未真正使用。AAL-3/4 用于处理局域网上出现的突发式和可变位速率信息流。AAL-5 与 AAL-3/4 相类似,但更加有效,可用的信息字节数更多。AAL 由两个子层组成:汇集子层(CS)根据需要的服务类型决定用户数据划分成信元的方法,分段和重组子层(SAR)完成实际将用户数据划分为信元以及将信元重组为用户数据的工作。参见 asynchronous transfer mode (ATM), cell。

ATM adaptation layer type 1 (AAL-1)　ATM 1 类适配层　国际电信联盟-电信标准化部门(ITU-T)建议的四种 AAL 之一,用于面向连接的、支持恒定位速率的时间敏感的业务,如同步通信和未压缩的视频。

ATM adaptation layer type 2 (AAL-2)　ATM 2 类适配层　国际电信联盟-电信标准化部门(ITU-T)建议的四种 AAL 之一,支持可变位速率的面向连接的业务,并同时传送业务时钟信息,如某些同步视频和语音业务。

ATM adaptation layer type 3/4 (AAL-3/4)　ATM 3/4 类适配层　国际电信联盟-电信标准化部门(ITU-T)建议的四种 AAL 之一,支持可变位速率的允许延迟的数据传输,要求具有某些顺序和检错支持。主要用于在 ATM 网络上传输 SMDS(交换式多兆位数据服务)数据包。最初是两个 AAL 类(AAL-3 和 AAL-4),即面向连接的和不面向连接的,在后来的实现中发现它们有许多共通之处,于是将它们合并成一个类。参见 switched multi-megabit data service (SMDS)。

ATM adaptation layer type 5 (AAL-5)　ATM 5 类适配层　国际电信联盟-电信标准化部门(ITU-T)建

议的四种 AAL 之一,支持可变位速率的允许延迟的面向连接的数据传输,要求最少的顺序或检错支持。主要用于 ATM 网及 LANE(局域网仿真)上传输标准的 IP 业务。AAL-5 在当前各 AAL 中复杂性最小。AAL-5 提供低带宽开销和更为简单的处理需求以获得简化的带宽性能和错误恢复能力。参见 LAN emulation。

ATM address ATM 地址 定义于 ATM(异步传输模式)用户-网络接口中的地址代码,有三种格式,各采用 20 字节,包括国家、地区和最终系统标识。参见 asynchronous transfer mode (ATM)。

AT main board AT 主板 AT 是一种主板的尺寸和结构的工业标准。AT 主板尺寸为 13 英寸×12 英寸,键盘插座所处边为上沿,左上方有 8 个 I/O 扩充插槽。随着元件集成化程度日益提高,使得主板尺寸不再需要原来那么大,于是改良的 AT 主板规范出现了,这就是 Baby AT 主板。参见 Baby AT main board。

ATM-attached host functional group (AHFG) ATM 连接的宿主功能组 在 ATM(异步传输模式)中,指由一台 ATM 连接的宿主机完成的一组功能,参与 ATM 多协议服务。参见 asynchronous transfer mode (ATM)。

ATM cell ATM 信元 异步传输模式(ATM)技术所使用的基本信息单元。它具有 53 个字节的固定长度,前 5 个字节为信元头,其余 48 个字节是称为"净荷"的有用信息。参见 asynchronous transfer mode (ATM)。

ATM connection ATM 连接 ATM(异步传输模式)会话的第一步是建立运载数据和支持所需指标的参与者之间的连接,用户使用信令过程来请求 ATM 网络建立连接并且交涉连接属性。在 ATM 网络中两个节点进行信息传输之前先要按照信令协议建立一条虚拟电路(VC)。要传输的信元根据自己信元头中的路由选择信息沿着虚拟电路进行传输。信元头中路由选择信息包括虚拟路径标识符(VPI)和虚拟通道标识符(VCI)。虚通道又分为永久虚拟线路(PVC)和交换虚拟线路(SVC)两种类型的连接。前者是网络管理员实现建立的,在一段时间内保持连通;后者是根据请求临时建立的。参见 asynchronous transfer mode (ATM)。

ATM data service unit (ADSU) ATM 数据服务单元 ATM(异步传输模式)网络上通过高速串行接口存取的数据单元。参见 asynchronous transfer mode (ATM)。

ATM forum ATM 论坛 成立于 1991 年 10 月,包括 750 个以上的公司和研究团体,致力于开发和定义 ATM(异步传输模式)标准的一个非盈利性的民间标准组织。ATM 论坛的主要机构组织包括:全球技术委员会(Technical Committee),北美、欧洲和亚太地区的三个市场意识委员会(Market Awareness Committee)和用户-企业网圆桌委员会(User-Enterprise Network Roundtable)。各委员会下又包括若干个工作组,每个工作组负责某一方面的工作。参见 asynchronous transfer mode (ATM)。

ATM LAN emulation ATM 局域网仿真 在 ATM(异步传输模式)网上实现仿真的局域网(LAN),即 ATM 网模拟现有的局域网传输,为高层提供数据链路层 MAC(介质访问控制)子层的服务,使仿真局域网上的 ATM 用户之间的数据通信类似于传统局域网。

ATM layer ATM(协议)层 是异步传输模式(ATM)参考模型的一个分层。该层在物理层之上,ATM 适配层(AAL)之下,为各种业务提供信元传输功能、信元复用/解复用、流量控制和拥塞控制。这一层同 OSI(开放系统互连)参考模型中的网络层相当,提供端到端的数据传输。ATM 层从 AAL 层接受 48 字节的净负荷分段,在其上加上 5 字节的信元头,产生标准的 53 字节长的 ATM 信元,信元向下传送到物理层,通过物理介质进行传输。

ATM layer link ATM 层链路 连接两个相邻的 ATM(异步传输模式)层实体的 ATM 层连接段。参见 asynchronous transfer mode (ATM)。

ATM link ATM 链路 在 ATM(异步传输模式)中,指一个虚拟路径链路(VPL)或者虚拟通道链路(VCL)。参见 virtual path link (VPL), virtual channel link (VCL)。

ATM management interface ATM 管理接口 在异步传输模式(ATM)中,用户与交换控制软件(SCS)的接口。

ATM management object ATM 管理对象(规范) 由因特网工程任务组(IETF)中的网络管理信息数据库工作组提出的一个规范,用于定义 ATM(异步传输模式)设备、网络和服务的对象。该规范允许网络管理器将交换机组、虚拟连接、接口和服务定义为离散的实体。参见 Internet Engineering Task Force (IETF)。

ATM network integrated processing (ATM NIP) ATM 网络综合处理(结构) 为消除处理机和网络之间的差异而设计的一种计算体系结构。NIP 使用 ATM(异步传输模式)建立分布式的计算环境,使单个计算部件能利用此环境于分布在不同地理位置的数百个处理器共享数据,完成大规模的计算任务。参见 asynchronous transfer mode (ATM)。

ATM network interface ATM 网络接口 使用 ATM 技术建立网络设备互相连接的接口。共有三种接口:用户网络接口(UNI)、交换机系统内部接口(SSI)和网络到网络接口(NNI)。

ATM network interface card (ATM NIC) ATM 网络接口卡 一种收发 ATM(异步传输模式)通信

A

的网络接口卡。

ATM NIC **ATM 网络接口卡** ATM network interface card 的缩写。

ATM NIP **ATM 网络综合处理(结构)** ATM network integrated processing 的缩写。

atmosphere **大气** 覆盖地球表面的大气层。主要由氮(78.1%)和氧(20.9%)组成。剩下的1%由多种气体组成,主要有氩(0.9%)、臭氧、二氧化碳、甲烷、二氧化硫、水蒸气等。大气覆盖区域有对流层、同温层、中间层、光化层、热层、水气层和外大气层。大气与岩石圈、水圈、生物圈组成地球生态系统的四个部分。

atmospheres **环境声音** 为增加环境真实感而用低电平生成的背景声音,如风声或交通噪声。

atmospheric attenuation **大气衰减** 电磁波在大气中传播时,由于大气各组成成分的散射和吸收而减弱的现象。

atmospheric electric conductivity **大气电导率** 衡量大气导电能力的物理量,正比于大气离子浓度和离子迁移率的乘积。由于小离子的迁移率远大于大离子,故大气电导率主要取决于小离子。

atmospheric electric field **大气电场** 存在于大气中而与带电物质产生电力相互作用的物理场。大气电场的方向指向地面,强度随时间、地点、天气状况和离地面的高度而变。按天气状况可分为晴天电场和扰动天气电场。参见 fair-weather electric field, disturbance-weather electric field。

atmospheric electricity **大气电学** 研究电离层以下大气中发生的各种电学现象及其生成和相互作用的物理过程的学科。参见 fair-weather electric field, disturbance-weather electric field。

atmospheric interference **天电干扰** 由大气中发生的各种自然现象所产生的天线电噪声引起的电磁干扰。

atmospheric ion **大气离子** 指大气中荷电的分子和气溶胶粒子。大气离子主要分小离子和大离子两种:通常的小离子为几个中性分子聚集在一个离子周围而成的粒子;小离子附着到大得多的中性气溶胶粒子上就形成大离子。这些离子的存在,使低层大气具有微弱的导电性,这种导电性主要取决于小离子。

atmospheric window **大气窗口** 指天体辐射中能穿透大气的一些波段。在地球表面有一层浓厚的大气,由于地球大气中各种粒子与天体辐射的相互作用(主要是吸收和反射),使得大部分波段范围内的天体辐射无法到达地面。人们把能到达地面的波段形象地称为大气窗口,这种窗口有三个:光学窗口、红外窗口和射电窗口。参见 optical window, infrared window, radio window。

ATM passive optical network (APON, ATM-PON) **ATM 无源光网络** 以 ATM(异步传输模式)技术为基础的无源光网,是一种结合 ATM 多业务多比特率支持能力和无源光网透明宽带传送能力的理想解决方案,国际电信联盟-电信标准化部门(ITU-T)为此在 1998 年 10 月通过了 APON 国际标准 ITU-T G.983.1;2000 年 4 月批准其控制通道规范的标准 ITU-T G.983.2;2001 年又发布了关于波长分配的标准 ITU-T G.983.3。典型的 APON 系统的网络拓扑结构为星型结构,作为点到多点的典型应用来说,更适合于面对将来进行系统的升级和扩容,同时加上光分配网的灵活性,使得系统支持更多的拓扑结构,如树型、总线型等。APON 的工作原理如下:OLT(光线路终端)将到达各个 ONU(光网络单元)的下行业务组装成帧,以广播的方式发送到下行信道上,各个 ONU 收到所有的下行信元后,根据信元头信息从中取出属于自己的信元;在上行方向上,由 OLT 轮询各个 ONU,得到 ONU 的上行带宽要求,OLT 合理分配带宽后,以上行授权的形式允许 ONU 发送上行信元,即只有收到有效上行授权的 ONU 才有权利在上行帧中占有指定的时隙。实现 APON 的关键技术有多址和接入控制技术、突发信号的发送和接收技术、快速比特同步技术以及安全保密等方面的技术。参见 passive optical network (PON), time division multiple access (TDMA), gigabit passive optical network (GPON)。

ATM peer-to-peer connection **ATM 对等连接** ATM(异步传输模式)中,指一种虚拟通道连接(VCC)或者虚拟路径连接(VPC)。

ATM physical layer **ATM 物理层** ATM(异步传输模式)网络中最低层,该层的作用:一是控制数据位流在物理介质中发送、转发与接收;二是查找信元边界,并根据传输介质的不同性质把信元封装成合适大小的数据帧。物理层又细分为传输会聚(TC)子层和物理介质子层。传输会聚子层将信元流变换成能在物理载体上传输的比特流的全部功能如下:维护信元边界;信元头差错控制;信元排列,插入或压缩空信元,使得信元数目正好满足传输系统对信元的负载能力;数据组帧,把信元合并成一定大小的数据帧,使其正好满足物理层的要求;数据帧的生成与维护,对应不同物理介质对帧的不同要求,生成并维护相应的数据帧。物理介质子层提供二进制位传输与定时能力,包括线路编码和光电转换等。参见 asynchronous transfer mode (ATM)。

ATM-PON **ATM 无源光网(络)** ATM passive optical network 的缩写。

ATM primitives **ATM 基本程序单元** 在 ATM(异步传输模式)协议组相邻层次中可供调用的各种基本程序和相关参数。参见 asynchronous transfer mode (ATM)。

ATM protocol layers **ATM 协议层次** 异步传输模式(ATM)技术所遵从协议的层次划分关系。因为

ATM 技术属于宽带综合数据网，它所遵从的协议也体现在 B-ISDN(宽带综合业务数字网)模型中。协议分为四层：ATM 物理层、ATM 层、ATM 适配层和 ATM 高层。物理层是二进制信息流层；ATM 层负责信元传输所需要的最低功能，包括交换、路由选择和信元复用；ATM 适配层(AAL)，针对各种业务把相应信息装配成 ATM 信元流、完成信元差错处理、流量控制等；ATM 高层功能根据不同业务特点完成相应功能。参见 asynchronous transfer mode (ATM)。

ATMS　高级文本管理系统　advanced text management system 的缩写。

ATM switch-to-switch interface (SSI)　ATM 交换机到交换机接口　在同一个 ATM(异步传输模式)网络中交换机到交换机之间的接口。参见 ATM network interface。

ATM user network interface (UNI)　ATM 用户网络接口　ATM(异步传输模式)网络用户设备到 ATM 交换机之间的接口。参见 ATM network interface。

ATM user-user connection　ATM 用户-用户连接　一种 ATM(异步传输模式)层建立的关系，用于支持两个或多个用户之间的通信。这种通信关系可以是单向的也可以是双向的，两个方向上采用同一个虚拟通道标识符(VCI)。

ATN　扩充转移网络　augmented transition network 的缩写。

ATNG　扩充转移网络文法　augmented transition network grammar 的缩写。

ATOF　高级战术光纤　advanced tactical optical fiber 的缩写。

atom　原子　(1)在谓词演算中，有时将原子公式简称原子。在自动定理证明中，海尔勃朗基的成员称为原子。参见 Herbrand base。(2)LISP 语言中最基本的语义单位，如符号、数、串都是原子。不同 LISP 方言对原子的定义不尽相同。(3)在 AIX 操作系统中的一个代表串名的唯一标识符，原子用于识别特性、类型和选择。(4)在原子表中存储的一个数值，代表原子表中的一个字符串。

atom action　原子活动　由分布应用进行的一系列操作，表示在保持同步的条件下实现一系列业务的处理单位，有以下特性：①原子活动直接或间接地由一个应用实体控制；②原子活动的进行不受外部活动干扰；③原子活动的各部分可由不同应用实体进行，它可能全部正常结束，也可能不对约束数据发生影响而中止，同时输出诊断信息。

atomic　原子的　在 SQL(结构化查询语言)中数据定义函数的一个特性，它允许函数在掉电中断时以及异常终止时完成或返回原状态。

atomic absorption spectroscopy (AAS)　原子吸收光谱　(1)如果将一定外界能量如光能提供给基态原子，当外界光能量 E 恰好等于该基态原子中基态和某一较高能级之间的能级差 E 时，该原子将吸收这一特征波长的光，外层电子由基态跃迁到相应的激发态，而产生原子吸收光谱。原子吸收光谱过程吸收辐射能量。(2)即原子吸收光谱法，是基于气态的基态原子外层电子对紫外光和可见光范围的相对应原子共振辐射线的吸收强度来定量被测元素含量为基础的分析方法，是一种测量特定气态原子对光辐射的吸收的方法。比较 atomic emission spectroscopy (AES)。

atomic commitment protocol　原子性确认协议　分布式数据库系统的事务确认协议。分布式数据库系统要求在出现部分故障时也能保证处理同一分布事务的各个节点对该事务的确认或夭折做相同的决定，目标是减少故障对仍可继续工作的节点的影响。原子性确认协议要求处理同一分布式事务的各个进程做决定时满足以下性质：①所有要做决定的相关进程做相同的决定；②一个进程做出决定后，该决定不能再决定；③仅当所有相关进程都赞同时才能做出确认的决定；④在没有故障而且所有相关进程都赞同时，所做的决定为确认；⑤故障修复并且充分长时间内没有新故障时，所有进程都能做出决定。参见 two-phase commit protocol。

atomic emission spectroscopy (AES)　原子发射光谱　(1)电子跃迁到较高能级以后处于激发态，但激发态电子是不稳定的，激发态电子将返回基态或其他较低能级，并将电子跃迁时所吸收的能量以光的形式释放出去，这个过程称原子发射光谱。原子发射光谱过程释放辐射能量。(2)即原子发射光谱法，是利用物质在热激发或电激发下，每种元素的原子或离子发射特征光谱来判断物质的组成，而进行元素的定性与定量分析的方法。比较 atomic absorption spectroscopy (AAS)。

atomicity, consistency, isolation, durability (ACID)　原子性、一致性、隔离性、耐久性　ACID 是用于验证在数据处理环境中商业交易完整性的四种测试项目。

atomicity　原子性　考虑或确保事务不可分割的一种特性。如果事务失败或者不能中断，则提供一种能够确保系统返回事务开始之前状态的机制。原子性是 ACID(原子性、一致性、隔离性、耐久性)中的一种属性。

atomic literal　原子文字　不能再进一步分解为其他组件的常数。

atomic number　原子数　为确定原子核中质子的数量为每种元素指定的值。

atomic operation　原子操作　不可分割的操作。此操作不能被分成几部分处理。因此原子操作要么必须全部做完，要么一点也不做。

atomic proposition　原子命题　不是由别的命题和真值联结词所组成的命题(复合命题)称为原子命

题。原子命题是不能进一步分解成更简单的命题。它包括简单直陈句(如"雪是白的")和不含真值联结词的复合直陈句(如"铁和氧可能不化合")。在符号逻辑中,原子命题常用字母 P,Q,R 等来表示。参见 propositional。

atomic transaction **原子事务** 遵循"要么全部执行,要么什么都不做"原则的一组操作。事务中如果有一个操作未执行成功,则所有的操作都不执行。原子事务适用于定货和转账处理,以确保信息的完全更新,如在两个数据库上的账户之间进行转账,如果未完成对一个账户的取款操作,则不能完成相对应账户的取款操作。原子事务就是在一个数据库中记录存款并在相应的其他数据库中的账号下记录取款信息。如果事务中的任一操作失败,则事务终止并且对信息不作任何更改。

atom name **原子名** 一个由原子指定的字符串。

atom table **原子表** 一个操作系统定义的存储字符串以及相应原子的表。

ATP (1) AppleTalk 交易协议 AppleTalk transaction protocol 的缩写。(2)代理传输协议 agent transfer protocol 的缩写。

ATPC **自动发信功率控制** automatic transfer power control 的缩写。

ATPG **自动测试模式生成** automatic test pattern generation 的缩写。

ATR **复位应答** answer to reset 的缩写。

ATRAC **自适应声学转换编码** adaptive transform acoustic coding 的缩写。

ATS (1)美国电视学会 American Television Society 的缩写。(2)管理终端系统 administrative terminal system 的缩写。

ATSC **高级电视系统委员会** Advanced Television Systems Committee 的缩写。

AT serial modem cable **AT 串行调制解调器电缆** 一种连接 AT-DB9S 到调制解调器 DB25P 的电缆。

AT serial printer cable **AT 串行打印机电缆** 一种连接 AT 类 PC 机到一个标准 RS-232 串行打印机或其他数字设备的电缆。这种接口是 DB9S 到 DB25P 的接口。

ATT **自动电话收费** automatic toll ticketing 的缩写。

AT&T **美国电话电报公司** American Telephone and Telegraph Company 的缩写。

attach **附上,加上,挂接** (1)产生一个任务并提交给管理程序。该任务的执行是和主干线代码的执行异步地进行的。(2)一条宏指令。它引起控制程序产生一个新任务并指出在新任务活动时要给以控制的程序入口点。(3)使工作站与网络文件服务器相连。通常,当用户在工作站上注册时,网络操作系统可自动地将此工作站挂接至最近的文件服务器。用户还可用挂接命令使自己的工作站与其他文件服务器相连。

attached document **附加文档** 在电子邮件中,一个附加到某电子邮件消息上的二进制文件(如一个程序或一个压缩的字处理文档)。该文件的内容不包含在电子邮件消息本身,而是在因特网上遵循多用途因特网多媒体扩展(MIME)规范加以编码。要包含一个带电子邮件消息的附加文档,发送方和接收方都必须拥有可处理 MIME 的电子邮件程序。

attached file **附加文件** 指伴随电子邮件消息一起发送的文件。参见 attachment。

attached message **附属消息** 一个可以与一个对象一起发送的消息,用于给接收方提供指令或者附加信息。

attached processing **附属处理** 一种数据处理方式。在一些数据处理系统中,由若干廉价的计算机连成一个大规模的计算系统,其中一些计算机管理和存取数据文件,而其他的则执行应用程序。由于分工的关系,每个单独的计算机就不再有同时必须执行许多不同任务的负担。

attached processor **附属处理机[器]** (1)在计算机系统内用作附属处理,从属于某大型主计算机的小型或微型计算机。计算机系统将某些附属任务(如文件管理、通信控制)交给附属处理机完成就可保证大型主机集中用于高速度数据处理,从而提高整个系统的效率。(2)附属于计算机内辅助处理器,如键盘或视频子系统处理器。

attached resource computer network (ARCnet) **ARCnet 网,附加资源计算机网络** 1980 年前后由 Datapoint 公司为 IBM 兼容机开发的局域网,ARCnet 网采用一种星型拓扑结构、令牌传递协议和同轴或双绞线电缆。该网络可以以 2.5 Mbps 的速度传送数据。ARCnet 接口卡价格低廉且易于安装,可执行数据存储、检索、计算、文字处理和电子邮件等功能。其信道由同轴电缆组成,最多可挂 255 个设备,无需专用的文件服务器,可为任意拓扑结构,电缆总长为 7.5km,节点间可直接传递。它是 Eagle 网的物理基础。

attached support processor (ASP) **附加支持处理机** 为了提高处理短作业的效率,由通道到通道适配器连接起来的一台或多台处理机。

attached vector processor **附加式向量处理机** 向量处理机的一种,由附加到宿主系统上的硬件构成,也常称为数列处理机或阵列处理机。这种向量处理机通常有自己的内存和指令集,但也要访问常驻于宿主机内存中的数据。典型情况是通过标准 I/O 总线附加到宿主机上,并作为 I/O 设备受宿主机的控制,借助于专门寄存器与宿主机进行异步操作。数据以标准 I/O 操作在向量处理机与宿主机之间传送。宿主机使用附加式向量处理机不需要专门硬件。附加式向量处理机与宿主处理机之间不是成对的，一个系统中可有多个标量处理机和一个向量处理机，任何宿主处理机都可以使用这个附加式向量处理机。反之，一个系统中也可以有一个宿主处理机和几个向量处理机，并且所有向量处理机都由宿主机上的一个程序所驱动。因为向量处理机与宿主机标量 CPU 并行，对某些应用场合能提供高性能，但编程困难，并且因为用 I/O 操作传输数据而大大增加系统开销。这种向量处理机的数据格式可能与宿主系统不同，因而需要输入输出数据文件转换。

attaching device **连网设备** 物理上连在网络中并能通过网络进行通信的任何设备。参见 ring attaching device。

attachment **附(属)件，附加文件** (1)一个附加在处理单元上的设备或者特性，包括所需的适配器，与 adaptor 对应。(2)随电子邮件送出的文件。当附加文件被传送时，它是发送方计算机上原始文件的真实拷贝。文件可以是一个文档、一个执行程序或是在其他类型文件中含有多个项目的压缩文件。附件不是电子邮件内容的一部分，通常是采用 uu、MIME 或 BinHex 进行编码。大多数电子邮件程序对附件自动编码以便与正文一起传送。邮件的接收方必须有一个能够对附件进行译码的电子邮件程序，或使用另外的实用程序进行译码以便读出文档。某些网关禁止传输超出一定长度的文件。大多数电子邮件系统一次允许多个文档附加到电子邮件上。

attachment circuit (AC) **直连电路** 连接用户边缘设备和提供商边缘设备的电路，直连电路可以是物理链路，也可以是逻辑链路。

attachment feature **附加功能部件** 用来将某些主机处理器或控制器连接至访问部件或连接点的电路。它的添加可以提高访问能力、存储容量或产品性能，但它并非是基本工作所必需的。

attachment unit interface (AUI) **连接单元接口** 在局域网中，一个数据站中的传播介质连接单元与数据终端设备(DTE)间的接口。在粗缆以太网中，该连接单元接口是一个 15 针 D 型连接器。同 access unit interface (AUI)。

attack **攻击** 试图绕过系统安全控制的行动或突破密码完整性的方法。攻击可以是主动式的，结果是对数据的更改；或被动式的，结果是对数据的泄漏。攻击成功的程度取决于系统或活动的漏洞以及所存在的防范措施的有效性。参见 denial of service (DoS), distributed denial of service (DDoS)。

attack registry & intelligence service (ARIS) **攻击事件注册及智能服务** ARIS 是 Security Focus 公司提供的一个附加服务，它允许用户以网络匿名方式连接到因特网上向 Security Focus 报送网络安全事件，随后 Security Focus 会将这些数据与许多其他参与者的数据结合起来，最终形成详细的网络安全统计分析及趋势预测，发布在网络上。

attendant access loop **话务员接入回路** 为呼叫的完成和控制提供给话务员的一种人工手段。话务员接入回路可以是一个给定的电话号码。同 access loop。

attendant exclusion **操作禁止** 某些专用自动小交换机链路的一种特性，用于防止操作人员对正在工作的中继线施行操作。

attended operation **值班操作** 数字通信设备的一种运转方式。在这种方式中，为建立、连接实现声音方式和数字方式的调制解调，通信的两个端站都需要有人值班。与 unattended operation 对应。

attended time **值班时间** (1)计算机正在运行，需要对它进行照看的这段时间。值班时间也称"运行时间"。(2)计算机并未处于运行状态，但正对它进行维护和检修调整的这段时间。

attention device **引起注意装置** 用来表示荧光屏上新的显示内容的一种程序控制装置。荧光屏上本来还显示着许多旧的内容，为了引起系统操作员注意，使新的显示内容亮一些、大一些或闪烁，而其他显示内容则暗一些或小一些。

attention dial pulse (ATDP) **启动[注意]拨号脉冲** 在 Hayes(贺氏)及 Hayes 兼容调制解调器中，ATDT 命令用于启动脉冲拨号。

attention dial tone (ATDT) **启动[注意]拨号音频** 在 Hayes 及 Hayes 兼容调制解调器中，ATDP 命令用于启动按键式音频拨号。

attention identifier (AID) **引起注意标识符** 数据流中的一种字符，它指出用户曾按下的键，如送入(ENTER)键，该字符要求系统做某种活动。

attention identifier (AID) key **引起注意标识符识别键** 一个在按下时导致引起注意标识符发送到宿主机的键，如功能键或者 Enter、Page Up、Page Down、Help、Print 和 Home 键。

attention interruption **引起注意中断** 终端用户按下引起注意键或其等效键后引起的一种输入/输出中断。

attention key **引起注意键** 终端上的一种功能键，按下该键时会在处理装置中引起一次输入/输出中断。同 attention identifier (AID) key。

attention-key-handling program **注意事件键处理程序** 一个用户定义的程序，在工作站用户按下引起注意键时调用。

attention line (ATN) **监视线** 一类并行的外总线(如 IEEE 488)上用于握手联络功能的接口管理控制线。ATN 由控制器驱动，用它的不同状态对数据总线上的信息作出解释。当 ATN="1"时，表示数据总线上传送的是地址或命令，这时只有控制器能发送信息，其他设备都只能接收信息；当 ATN=

A

"0"时,表示数据总线上传送的是数据。参见 end or identify (EOI)。

attention symbol 引起注意符号 在操作系统控制程序控制下的打印终端上出现的一个惊叹号(!)字符,用于指示每次按下的引起注意键。

attenuation 衰减 (1)通信信号的能量损失。信号在传输过程中电流、电压和功率的减弱。衰减通常用分贝(dB)表示。(2)用以描述传输系统中网络性能特性的一个参量。它定义为当网络插入一无反射的传输系统时,负载上所得到的信号功率的降低程度。对于多端网络,如要测其任意两端口间的衰减,则应在其他各端口接以匹配负载的情况下进行。

A

attenuation band 衰减频带 能让信号的能量产生很大衰减的频带。参见 stop band。

attenuation coefficient 衰减系数 (1)传输线或波导轴线上两点之间的衰减除以该两点之间的距离的商,当距离趋于零时的极限。(2)由衰减作用引起的功率损失和入射波功率通量密度之比。同 attenuation rate。

attenuation constant 衰减常数 单位长度传输线的传输衰减称为衰减常数。传输线的衰减常数是频率的函数,基本上和频率成比例。衰减常数的数据值与传输线的结构和使用的材料有关。同 attenuation term。

attenuation distortion 衰减畸变 在所传输的频率范围内,因衰减量随频率变化而造成的信号畸变。

attenuation rate 衰减率 (1)传输过程中,平均功率随着距离增加而减少的速度,衰减率通常用每千米分贝(dB/km)表示,典型光纤的衰减率为 0.1 dB/km。(2)波导中传播的电磁波,如光纤中传播的光波,衰减率是其信号、功率沿长度方向每单位距离的衰减。同 attenuation coefficient。参见 attenuation, attenuation constant, axial propagation constant, transient attenuation rate。

attenuation to crosstalk ratio (ACR) 衰减/串扰率 限制信号在给定媒体中传输率的一个因素。它是在给定媒体中衰减的接收信号功率与局部收发器近端串扰(NEXT)信号功率的比率,通常用分贝表示。为达到所需的位出错率,接收信号功率通常必须比 NEXT 串扰信号功率大几倍。

attenuator 衰减器 为使输出端口提供的功率小于输入端口的入射功率而设计的双端口器件。衰减器是在指定的频率范围内,一种用以引入一预定衰减的电路。衰减器有无源衰减器和有源衰减器两种。有源衰减器与其他热敏元件相配合组成可变衰减器,装置在放大器内用于自动增益或斜率控制电路中。无源衰减器有固定衰减器和可调衰减器。参见 power attenuator。

attitude sensor 姿态传感器 可以测量运动载体的姿态参数(前后仰俯角、左右摇摆角)、角速度和加速度等信息。

ATTN 引起注意 attention 的缩写。

atto 阿托,微微微 一个前缀,用来和其他字组成复合字,表示 10^{-18}。

attract mode 招引模式 在商业的拱廊游戏中,当投币式游戏没有运行时,屏幕就会转到招引模式,目的是既可以招引新的玩家,又可以演示游戏过程和规则。另外,通过不断变换屏幕图像,招引模式可以避免屏幕老化。参见 arcade game, burn in。

ATTRIB ATTRIB 命令 DOS(磁盘操作系统)中的一个外部命令,用于查看或改变文件属性,像只读、系统、归档、隐藏等。

attribute 属性 (1)描述实体的特性和特征,如记录长度、记录格式、数据组名称、有关装置的类型、存储媒体的标识及数据产生日期等都属于数据的属性。(2)图形基元或图段的一些附加特性,如图元的颜色、亮度、类型,图段的可见与否、可测与否等。(3)在 HTML(超文本标记语言)中,一个与某元素相关的数值,但不是该元素的成分,如锚点的 URL(统一资源定位器)部分就是一个属性;可使用属性指定图片的对齐方式。在 HTML 文件中,属性实际上位于元素的起始标记中。(4)在 NetWare 中,文件的属性包括读、写、建立、删除、只执行,目录的属性包括读、写、建立和隐藏。(5)在 DOS(磁盘操作系统)系统中,文件属性包括档案、只读、系统、隐藏等。

attribute-based conjunctive conceptual clustering (AC) 基于属性的合取概念聚类 一般概念聚类的特例。它仅适用于对可以用包括对象属性间关系在内的一个合取概念来描述的对象类的学习。参见 conceptual clustering。

attribute byte 属性字节 (1)某些操作系统中的一种不可显示字符,它定义后继字段的位置和特性。(2)在基本公共用户访问系统结构中,一个未显示的字符,定义后继字段的特性,在某些终端上,有些属性字节占据屏幕空间。

attribute caching 属性高速缓存 Windows NT 在 Win 32 子系统中应用程序调用绘图函数时为提高性能而使用的一种技术,客户方的动态连接库(DDL)记住何时应用程序改变了屏幕显示的某一属性,并且仅当应用程序要在屏幕上画图时将这些数据传给 Win 32 服务器。参见 batching。

attribute character 属性字符 与显示文件中某个字段相关的一种字符,它定义该字段怎样进行显示,如加下划线、闪烁或增加亮度。

attribute class 属性类 在某一实体类的各个实体出现中,对应于同一性质的所有可能属性值的一种集合。

attribute code 属性代码 某些微机中使用的一个控制字节,用于控制视频特征,如字符强度、前景和背景的亮度。

attribute database for resource information 资源信息属性数据库 以一定的数据结构存储和管理资源信息属性数据的数据库，内容有定性数据、定量数据和文本数据。

attribute data element 属性数据元素 在数据库中，对另一个数据元素进行描述的一种数据元素。

attribute domain 属性领域 一个属性可能具有的值的集合。

attribute file 属性文件 在AIX系统配置中，一个以stanzas方式组织的文本文件，其中每个都有一个stanza名和一系列以“属性＝值”形式的属性定义，配置文件具有属性文件格式。

attribute function 属性函数 描述图形原语外观的GKS（图形核心系统）和CGI（计算机图形接口）函数。

attribute grammar 属性文法 一种上下文无关文法的扩充文法，对每一个终结或非终结节点加上一些属性和一些对于这些属性进行估值的语义规则所组成的文法。属性是由〈属性名字，属性值〉有序对所组成。属性可以是继承属性，表示其属性是其父节点属性的函数，或为综合属性，表示其属性是其后代属性的函数。这种方法的基础是语法的巴科斯范式。参见Backus-Naur form (BNF)。

attribute inheritance 属性继承 子类型实体继承超类型所有属性值的一种性质。

attribute label 属性标号 在GML（通用标记语言）的生成过程中，当规定某一属性值时，可以将其输入到源文件中的一种属性名字。参见generalized markup language (GML)。

attribute list 属性表 为句法分析程序设计的一种数据结构，用来寄存附加在句法树每个节点上的各种信息。

attribute metadata 属性元数据 在数据库组织中，当元数据库被用来描述数据元、数据项、字段或变量时，就称它们为属性元数据。

attribute migration 属性迁移 在关系数据库中，有一种概念模式改变的类型，即用一个关系的若干个投影来代替该关系。这类由于概念模式的变化而引起的、原属于一个关系的属性改属于另一个关系的现象称为属性迁移。这种改变会影响应用程序。

attribute of Chinese characters 汉字属性 汉字本身所具有的音、形、义三方面的特性及附加的有关特征。

attribute of entry 入口属性 PL/1语言中，用于在过程内说明该过程中所访问的入口名字的属性。

attribute of image entry 图像实体属性 在图像数据库中，把图像实体的几何特征及其相互关系用属性数据库文件形式表示。这样，图像数据就对应着图像数据库中图像实体属性，对它可象对图像属性数据一样操作处理。

attribute relationship 属性关系 指一个事物的各属性之间的内在联系。

attribute simulation 属性模拟 在IMS/VS（虚存信息管理系统）中，MPS（信息格式服务程序）的一种可选件，它可以使应用程序在打印设备上模拟某些显示（视频）属性，如高亮度属性。

attribute translation grammar 属性翻译文法 一种带有语义的翻译文法。为每个语法记号附加一些“属性”，把语义也引入语法公式。这些附加的属性类似于变量，可以赋值。在推导语法树的过程中，诸属性的值也层层传递，语法推导树最后完成时，即得到出发符号的属性值。这也就是整个程序的最终语义。

attribute type 属性类型 在关系式数据库中，一个所有可能的属性值的集合，对应于实体类型的实体实例的相同的特性，关系表中列的名字可看作属性类型的名字。

attribute value 属性值 在关系式数据库中，属性类型的一个特殊实例。

attribute weighted 属性加权 在搜索中计算相关性时，某些属性比其他属性更重要，这称为属性加权。可通过修改每个属性的权重的方法，以使它们在相关性计算中占据更大的权重。

attribute word 属性字 单词的一种计算机内表示。具有两个特点：一是长度统一；二是刻画了单词的属性。词法分析的任务之一就是要解决单词长度的不统一，使之成为统一的形式。单词的“名字”是任何单词均具有的最基本的属性，不同的单词应具有不同的名字。

attribution line 归属［属性］行 在新闻组、电子邮件和其他基于因特网的通信中，一种加到所引用的已发布内容上的身份标识行。一些邮件和消息软件会自动加上归属行，大致的形式如“King所写的新闻是：”，通常紧挨着出现在所引用文本之前。

ATU ADSL收发单元 ADSL transceiver unit的缩写。

ATU-C ADSL局端收发单元 ADSL transceiver unit, central office end的缩写。

ATU-R ADSL远端收发单元 ADSL transceiver unit, remote terminal end的缩写。

ATUR 远端接入端接单元 access termination unit remote的缩写。

ATW 自动追踪白平衡 automatic tracking white balance的缩写。

ATV 高级电视 advanced television的缩写。

ATX 高级扩展技术 advanced technology extended的缩写。

ATX main board ATX主板 ATX是由美国英特尔公司提出的一种主板的尺寸和结构工业标准。

ATX 是在 Baby AT 的基础上逆时针旋转了 90°，直接提供 COM、LPT、PS/2 鼠标、PS/2 键盘接口。ATX 主板标准尺寸为宽 12 英寸(305 mm)、高为 9.6 英寸(244 mm)，这样使得主板的长边紧贴机箱后部，更多的外设接口可以集成在主板上，直接从机箱开孔处伸出，取消了连接线缆，也就消除了电磁辐射、争用空间等弊端，使可靠性与可维护性得以增加。ATX 电源的最大特点是软电源控制，电源插座第 14 针 PS-ON 可以控制电源供应器的开关机。当此脚为低电压时，电源控制器就可以开机，为高电压时，就可以关机。这样就为许多新型技术的出现奠定了基础，在此功能的支持下，ATX 主板支持网络唤醒、调制解调器开机、键盘开机、定时开关机等先进功能。ATX 提供许多 I/O 槽。由于横向宽度增加，内存槽可以紧挨最右边的 I/O 槽设计，CPU 插槽也安放在内存插槽的右侧或下部，使 I/O 槽上插全长板卡不再受限。电源位于 CPU 插槽的右侧，利用电源单边托架风扇，可以直接给 CPU 及机箱内元件散热。ATX 主板上还提供了 USB(通用串行总线)接口。参见 Baby AT main board，AT main board。

. au　声音文件名后缀　一种采用 Sun 公司的 AU 格式声音文件的扩展名。参见 AU format。

AU　存取部件，访问单元　access unit 的缩写。

AUC　验证中心，鉴权中心　authentication center 的缩写。

auctioneering device　观测设备　一种专门的设备，设计用于自动地从若干个信号中选择最高或最低输入信号。

audible alarm　声音报警　当指定事件出现时发出响声的一种报警信号，它引起操作员的注意，或要求操作员在继续系统运行之前进行干预。

audible cue　可听见的信号　计算机发出的一个声音信号，使用户注意或者反馈一个事件或者状态，是对可见信号的增强和强调。参见 visible cue。

audible feedback　声音响应　键盘使用的一种保证字符输入的措施。按下一个键时，产生一个“卡塔”或其他声音，表示字母输入完成。这样就可以保证字符已进入或打入速度比屏幕显示速度快时表示输入正确。

audio　声频，音频　人耳能听到的频率范围。虽然人的声音限制在一个较小的范围内，但人耳能感觉到的频率范围是 15 ～ 20 000 Hz。在数字计算机里处理音频信号是采用脉冲代码调制等技术把模拟信号转换成数字代码。

audio alarm　声报警　发生声音的报警设备或装置。同 acoustic alarm。

audio amplifier　声频[音频]放大器　用来增强声频信号的电子设备。只对声音范围内的频率(70 ～ 1 500 Hz)进行放大，而对这个范围之外的频率不加放大。

audio and modem riser (AMR)　声音和调制解调器插卡　AMR 是英特尔公司于 1998 年 9 月发布的用于台式计算机的声音和调制解调器插卡标准。该标准旨在充分利用越来越快的 CPU，把一些原来由数字信号处理器(DSP)等硬件实现的功能通过软件实现，并首先应用到调制解调器和声卡上。相对于传统的声卡和调制解调器的 PCI(外围部件互连)插卡，AMR 成本更低，不需要 PCI 控制器，而且节省空间、高度集成缩短了 CPU 和编码译码器(CODEC)之间的数字信号路径、可使信号更少受干扰。参见 communication networking riser (CNR)。

audio card　声(音)卡　计算机中的一种扩展卡，带由数字化声音处理功能。同 sound card。参见 sound blaster (SB)。

audio cassette　盒式录音机　使用盒式磁带记录媒体的小型盒式录音机。它的尺寸已标准化，可供各种设备的交换使用。

audio cassette recorder interface　盒式录音机接口　用于存储数据或软件的磁带存储器的接口装置。它通过调制音频信号进行记录，在读出时对记录的数据进行解调。

audio CD support　音频 CD 支持　指读取和播放一个 CD-ROM(只读碟)驱动器的能力。

audio clip　声音片段　在多媒体应用程序中，一段记录的声音信息材料。

audio codec (AC)　音频(信号)编码译码器　一种能把模拟声音转换成数字代码和把数字声音转换成模拟声音的硬件电路。

audio coding 3 (AC-3)　音频编码 3　杜比数码的同义词，杜比数码是一种高级音频压缩技术，它最多可以对 6 个比特率最高为 448 kbps 的单独声道进行编码。AC-3 发展当初是为了应用在电影胶卷上的，AC-3 音效的数据是存放在胶卷齿孔与齿孔的中间，由于空间限制，将认为人耳听不到的地方加以删除以节省空间。AC-3 采用六只喇叭模式，除了超重低音部分外，其余皆是全频段立体声道，且现场拍摄时每个声道皆是独立麦克风来录制，所以 AC-3 的后环绕声道拥有完整的定位能力。AC-3 数据的流量：两声道是 192 kbps，大约是未压缩数据的八分之一大小；5.1 声道的流量是 384 ～ 448 kbps，最高可提升到 640 kbps，越大的数据流量代表越小的压缩比例，音质相对的会更好。

audio communication line　音频通信线路　与声音应答装置相连的通信线路，它是一种交换式线路。

audio compression　音频压缩　通过消除信号中的冗余数据，减少音频信号总量的一种方法。

audio conferencing　电话会议　由三人以上同时通话的电话通信会话。由专用的小型交换机和多线路电话提供，或者由电话公司提供。

audio device　声音设备　输入、处理、分析、识别、合成、输出声音的装置。主要包括话筒、扬声器、语音识别和合成部件等。

audio dubbing 灌音 在多媒体中,指在录像带上记录声音而不擦除视频信号。

audio-editing software 声音编辑软件 作为多媒体生成器的声音编辑程序。

Audio Engineering Society (AES) (美国)声音[音频]工程协会 该协会成立于1948年,致力于声音技术的研究和开发、标准的制定和市场的开拓。

Audio Engineering Society/ European Broadcast Union (AES/EBU) standard (美国)声音工程协会/欧洲广播联盟标准 由AES/EBU这两个组织联合制定的数字音频信号传输专业级标准。

audio file 声音文件 一个用于在声波设备上产生声音的文件。

audio frequency (AF) 音频,声频 人耳能听到的声音的频率范围,大约在15～20 000 Hz之间。常见的音频设备有收音机、录放音设备、声像设备等。它们大都以模拟方式处理各种声波。计算机所处理的音频信号一般都要通过各种调制技术将模拟信号转换成数字信号,或者反之。

audio frequency pulse system of inductive field 感应场音频脉冲波系统 航空电磁系统之一。其特点是发射的一次磁场是一系列间歇的脉冲波形。如目前常用的感应脉冲瞬变系统是在一次磁场断掉的间歇期间内观测二次磁场随时间、随空间的衰变规律。参见 airborne electromagnetic systems, induced pulse transient method。

audiogram 听力图 按每一频率上的分贝数来绘制、用以显示人耳听力损失的一种图形。

audiographic teleconferencing 视听远程会议 使用多媒体召开实时远程会议,多个站点共享计算机屏幕。

audio input device 声音输入装置 把人的声音转变为计算机能识别、处理的信息,并把此信息送入计算机系统中的装置。

audio inquiry 声音查询 通过按键或拨号使数据进入一台附加有声音响应装置并能提供声音响应的计算机中。

audio interchange file format (AIFF) 音频交换文件格式 Apple公司提出的一种8位单声道声音文件格式,也应用于SGI工作站。文件扩展名是.aif。AIFC和AIFF-C是其带数据压缩的文件格式,在因特网上传输声音信息文件时,经常使用这种格式。

audio mixer 混音器,声音合成器 一个用于同时结合和混合若干声音输入到一个或两个输出的设备。

audio mixing 混音,声音合成 从多个源通过使用一个混声设备(如话筒混音器)建立一个声道。

audio modulation 声音(信号)调制 用声音信号调制载波信号,使其可以和电视信号混合并传输。

audio output port 音频输出端口 计算机发出音频信号的一个电路,这种电路是一个数模转换器,如果电路中包括放大器就可直接连接扬声器。

audiophile 音响爱好者 俗称"音响迷"或"发烧友",指对重放音乐的音质极为看重的一些人。

audiophile nervosa 音响狂 指那些总在不停地捣鼓音响器材而不去尽情欣赏音乐,一味只对音响痴迷的人。

audio processing 声音处理 在多媒体应用程序中处理数字声音信号,如通过编辑使声音产生特殊效果。

audio response 声音应答 一种用话音回答询问的输出形式。被编程的计算机对在分时联机系统上产生的询问寻找回答,然后用一个专用的答话器,对询问发出预先记录的合适回答。也可以采用语音合成技术将符号信息转化为声音方式播放。

audio response message 声音回答消息 一个由声音回答部件产生的计算机接收的可听见的回答信号。

audio response unit (ARU) 声音应答装置 把计算机系统连到电话网上,以声音响应电话终端或其他设备提出的询问的输出装置。声音响应根据以数字编码形式预先记录在磁盘上的词汇表汇编而成。声音响应可以经通信线路传送到发出询问的设备。终端询问可由普通的电话机拨号或按键送入的声音应答装置经过缓冲,送入处理机的内存储器汇编成完整的消息,经计算机处理后,将其结果汇编成数字编码的声音响应,再送到声音应答装置。声音应答装置又将它转换成实际的声信号,以回答询问设备。

audio segment 声音段 在多媒体应用程序中,一个在声道上记录的数据的一个段,一个声音段可以与一个视频段相联系。

audio stream 声音流 压缩的声音帧。

audio subcarrier 声音(信号)副载波 在和电视信号混合之前,调制声音信号的特定频率。

audio system 声频系统 与存储、处理从声音源得到的数据有关的各种专用设备,而声音应答装置系统则是一种声频输出系统。

audio systhesis 声音合成 存储在计算机中的数字数据转化成象乐器和人声的模拟量声音信号输出。

audio tape storage unit 录音磁带存储装置 能在普通的声频盒式磁带上存储计算机程序和数据的设备。它用音调来表示二进制数据。

audio taping 磁带录音 把音乐或其他声音记录在磁带上。

audio telecommunication line 声音远程通信线 连到声音应答设备上的一种通信线。这种线总是工作在双向传输方式中。

A

audio terminal 声音终端 与声音应答装置相连的一种终端设备。利用声音终端,可以通过键盘或拨号盘把数据输入计算机,而由声音应答装置作出相应的回答。

audiotex 声文通信系统,语音传信 在无人帮助下,允许电话呼叫者访问信息或留言的语音响应系统。这种业务常被称为语音邮件。

audio track 声音踪迹 在多媒体应用程序中,在图像记录信号边上的记录声音的轨迹,一个有两个声音轨迹的系统可以是一个立体声的、也可以是两个独立的声音轨迹。同 sound track。

audio typing 录音打字 指根据录音的声音打字的一种打印机的功能。

audio/video (A/V) 音频/视频,视听(设备) 多媒体中所使用的声音和图像设备。

audio video coding standard (AVS) 数字音视频编解码标准 中国具备自主知识产权的第二代信源编码标准,此编码技术主要解决数字音视频海量数据的编码压缩问题,面向高清视频编码应用。AVS 包括系统、视频、音频、数字版权管理等四个主要技术标准和一致性测试等支撑标准。

audio-video interactive services (AVIS) 音频/视频交互服务 国际电报电话咨询委员会(CCITT)的一个超媒体服务标准。定义了可通过电话线/ISDN(综合业务数字网)网提供的交互式多媒体服务。

audio-video interleaved (AVI) 音频/视频交替格式 美国微软公司在 20 世纪 90 年代早期推出的一种音视频容器格式,可以非常灵活地处理当时的各种音视频编码,文件扩展名为 .avi,用于存放使用微软 RIFF(资源交换文件格式)规范的多媒体信息。在这种格式中,图像数据和声音数据以块的形式交叉存放在文件中。AVI 文件使用的压缩方法有多种,主要采用了 Intel 公司的 Indeo 视频有损压缩技术将视频信息与音频信息混合交错地存储在同一文件中,较好地解决了音频信息与视频信息同步的问题,压缩比较高,但画面质量不太好。

audio-video kernel (AVK) 音频/视频核心软件,音像核 一种多媒体支持软件,在视窗环境下加上 RTX(实时执行部件)、视频驱动器、音响驱动器、多功能驱动器以及驱动器接口模块,运行音响视频的系统,其主要功能是支持随时移动或扫描窗口条件下的运动和静止图像的处理和显示,为相关的语音和视频数据的同步问题提供需要的实时任务调度,实时地进行压缩和解压缩,实时地进行复制和改变比例尺,建立位映射、管理显示缓存、支持标准的桌上型计算机环境。

audio-video library (AVL) 音像库 在多媒体软件系统中建立在音像核(AVK)和音像支持系统(AVSS)之上的开发工具。参见 multimedia computer software system。

audio-video support system (AVSS) 音频视频[音像]支持系统 在数字视频交互(DVI)应用中,播放运动的视频和声音的软件。

audiovisual 视听的,视听教材 指将音频和视频信号用于通信的设备和材料。加后缀 s 后,指制作的视听教材。

audio visual connection (AVC) AVC 软件 IBM PS/2 中用于使作者能够开发和显示声频视频作品的桌面系统。

audio visual (AV) drive AV 驱动器 一种专门对视听应用进行优化的硬件驱动器。在把模拟高保真视听信号转换到数字盘以及从数字盘重放视听信号的应用中所使用的一种驱动器,该驱动器在读写期间不进行信号校正,以便能够维持连续读出或写入视听数据时不中断,从而保证不丢帧。

audio/visual objects (AVO) 视听对象 AVO 是 MPEG(活动图像专家组)-4 为交互操作引入的概念。AVO 的基本单位是原始“AVO”,它们可能是一个没有背景的说话的人,也可能是这个人的语音或一段背景音乐等。它具有高效编码、高效存储与传播及可交互操作的特性。在 MPEG-4 中,AVO 有着重要的地位。MPEG-4 对 AVO 的操作主要有:①采用 AV 对象来表示听觉、视觉或者视听组合内容;②允许组合已有的 AVO 来生成复合的 AVO,并由此生成视听场景;③允许对 AVO 的数据灵活地多路合成与同步,以便选择合适的网络来传输这些 AV 对象数据;④允许接收端的用户在视听场景中对 AVO 进行交互操作。参见 Moving Picture Experts Group (MPEG)。

audit 审计,监察,检查 (1)对账目的准确性、完整性或可靠性进行例行或突击检查。(2)对系统记录和活动进行独立的审查和检查,以测试系统控制的适合性,确保相关策略和操作规程的执行以及所有的更改都遵循控制、策略和规程的要求。(3)对计算机中设备、程序、动作和过程的检查,以确定整个系统的工作效率,特别是有关系统中数据的一致性和安全性。参见 computer-system audit, audit review file, audit review file trail。

auditability 可审计性 允许对人工和自动化系统规程和控制的适合性,以及处理事务结果的准确性进行验证的特征和特点。

audit area 监听[审计]区域 在 OfficeVission 软件产品中,在 Writing Pad 功能的文档窗口中状态线的一部分,在用光标选中它时提供有关控制码字符的信息。

audit command language (ACL) 审查命令语言 一种高级程序设计语言。

audit entry 监察项 监控操作形成的二进制格式数据,包括用户名、资源名、日期和时间。参见 audit, audit log。

audit events 审计事件 在计算机安全中,一个系统中可能违反安全性的事件,这些事件将在系统中进行记录备案。

auditing 核查,检查 操作系统中用于检测和记录与安全相关的事件的一个过程,特别是建立、访问或者删除对象(如文件和目录)的企图,与这些安全相关的事件的记录存储在一个文件中,称为安全日志,其内容只能被适当许可的人员读取,核查的级别通常可以调节以便在安全性和操作系统资源的经济性方面进行权衡。Windows NT 安全系统使用安全标识符(SID)来记录哪个进程执行了这个动作。参见 security,security ID。

audit log 监察日志 操作系统中记录用户对各种资料所做的所有操作的机制。其中包括用户名、存取时间等信息。它可用于系统恢复时的参考。参见 audit,audit entry,log。

audit of computer security 计算机安全审计 对以下三个方面所进行的评价:①用于保护组织机构的信息资产(包括硬件、软件、固件和数据)免遭各种潜在威胁或危害的方法的有效性;②自动数据处理系统产生或维护的数据所具有的准确性和可靠性;③自动数据处理系统的各组成部件在准确和适时方面所具有的操作可靠性和性能保障性。

audit of internal controls 内部控制审计 对被审计领域的内部控制所进行的评价。评价应对内部控制在减小风险方面所起的作用作出测定和判断。如果发现薄弱点,则拒绝接受其内部控制。内部控制审计包括了计算机安全审计。

auditory masking 听觉屏蔽 当一个具有类似频率的较强声音存在而使某些声音听不到的现象。

auditory evoked potential (AEP) 听觉诱发电位 由声刺激诱发听觉系统所产生的电位活动。参见 evoked potential (EP)。

auditory nerve action potential 听神经动作电位 是耳蜗对声音刺激后,听觉神经系统的各级结构发生的电反应。参见 auditory evoked potential (AEP)。

audit policy 审计策略 一种决定涉及安全事件是否向网络管理员报告的策略。

audit program 审查[检查]程序 一种用来使得计算机成为审查数据工具的程序,它具有下述检查功能:①通过硬件对工作程序的适当执行来检验硬件的性能;②检验数据的完整性;③检验一个监督程序所需信息的准确性和程序系统所分配的队列、任务、系统目录等。

audit programming 审计程序设计 能使计算机用作审查工具的程序设计。

audit review file 审计复核文件 审计复核文件是一个通过执行包括在程序中的语句建立的文件,用于显式地提供审计数据。

audit software 审计软件 执行各种审查功能的专门化的程序,如采样数据库和产生对用户邮件确认的信件。它强调对数据分类的一些例外并向检查程序发出可能出现的错误的警告。可以提供高级非过程语言,该语言允许审查程序描述计算机和数据环境而不必详细编程。

audit trail 审计[检查]跟踪 (1)原是会计业务中审计人员的用语,是按时间顺序排列的系统活动记录,这些记录足以对事务从开始到最终结果整个过程中的一系列事件和活动进行重建、检查和检验。被用于协助对系统活动的跟踪,这是技术性和探测性控制。建立审计追踪必须具备:①数据处理的文件编制;②一个会计控制系统;③文档编制。(2)为了计算机安全的目的,记录一个事件从产生到结束所经历的及与时序相关的路径、处部环境、状态变化等,从而能充分重构、观察、分析系统状态的数据集合。

A

audit trail file 审核跟踪文件 含有全部数据库修改、变动的文件。审核跟踪文件用于数据库故障恢复。

AU format AU 格式 由 Sun 公司开发的一种数字声音文件格式。是一种 8 位单声道声音文件格式,广泛应用于 UNIX 工作站和因特网。该格式采用一种先进的存储技术,可把 14 位声音存储在 8 位数据中,且损失很小。

augend 被加数 用在加法算术运算中的一种操作数。加数加到被加数上就求得所要求的和。

Auger electron 俄歇电子 在原子结构中,当外层电子向空位跃迁时,可以不发射 X 射线,而是将能量传递给同层的其他电子或更外层的某个电子,这个电子获得能量而脱离原子,这个脱离原子的电子就称为俄歇电子。此现象被俄歇(Auger,MP)在 1925 年发现。

Auger electron emission 俄歇电子发射 原子受 X 射线照射(光电效应)或受高能电子撞击,原子内壳层中电子会激发出去,产生空穴。外层电子会跃迁到内层的空穴上,外层电子的能量以 X 射线的形式放出,或者可传递给其他外层电子使其激发出去,成为自由电子,这就是所谓俄歇电子发射。俄歇电子所具有的动能与原子能级直接相关,因此对俄歇电子的测量可用作分析元素的手段。

Auger electron spectroscopy (AES) 俄歇电子谱 俄歇电子谱是一种表面分析技术,利用俄歇电子来测量表面元素的成分。入射高能电子的能量一般为 3 ~ 25 千电子伏。出射俄歇电子的能量即对应于特定的元素,特定能量俄歇电子的数目即对应该元素在表面中的比例。

Auger map 俄歇图像 试样表面的二维图像,它显示某一元素的俄歇电子的发射位置。图像的产生是将细聚焦的入射电子束在试样表面沿指定直线或区域扫描,同步探测俄歇电子信号,就能获得俄歇线扫描图或俄歇图像。

Augmentation Research Center (ARC) 扩大研究中

心 ARC创立于1960年，该实验室位于斯坦福研究中心，为发展图形用户接口工具(鼠标、图标、超文本系统)做出了巨大贡献，20年后，成为Macintosh计算机及其操作系统的基础。ARC还提出了发展电话会议、电子邮件、工作组处理工具的思想。

augmented arrays 增强阵列 一种并行计算机阵列，为了增强同步SIMD(单指令流多数据流)系统功能，增加了控制器，改变了处理机的连接方法。

augmented Backus normal form (ABNF) 增强型巴科斯范式 对巴科斯范式(BNF)的扩展，是用于描述上下文无关文法的内嵌语法，一种描述由它自己的语法和引出规则组成的形式语言的正式方式。这种元语言的发起原则是描述作为通信协议(双向规范)的语言的形式系统，它是因特网工程任务组(IETF)通信协议的定义语言。ABNF排除了BNF的一些缺陷，还提供了定义重复次数、排除法选择(如除了引号的所有字符)和注释等的增强机制。ABNF已经被国际标准化组织(ISO)在ISO/IEC 14977:1996中标准化了。参见Backus normal form (BNF)。

augmented operation code 扩充操作码 一种特殊的代码，它用操作码以外的信息部分来进一步定义或限定操作码，以扩充原操作码的功能。

augmented reality 增强现实 一种虚拟现实技术，使用计算机生成的图形以提高人对他的物理环境的感觉，如使用可透视的头盔式显示器。

augmented transition network (ATN) 扩充转移网络 转移网络是一种用图来表达语法规则的形式化体系。如果对这种转移网络进一步加以扩充，即增加可用于存储中间结果的寄存器以及每条弧上可附加任意的测试和动作，那么就得到所谓的扩充转移网络。参见recursive transition network (RTN)。

augmented transition network grammar (ATNG) 扩充转移网络文法，ATN文法 一种在自然语言系统中分析输入的语言表达方式。是表达话语部分符合语法顺序的成组字符串。输入文本与这些字符串进行比较，若输入的词所表达的话语部分与扩充转移网络字符串相匹配，则自然语言系统就认可该输入是符合语法的。输入文体所要执行的操作可以与扩充转移网络相连接在一起。参见augmented transition network (ATN)。

augmented tree system 增强树型系统 一种树型系统，将本树型系统的一些叶节点连接起来，以缩短最远节点间的距离并由此组成的树型系统。可以用来实现相关语义网络或问题求解等。

augmenter 增量 一种加到另一量上而使其获得全值的量。增量通常为正，但也可为负，即为负增量。

AUI (1)连接单元接口attachment unit interface的缩写。(2)访问单元接口access unit interface的缩写。(3)语音用户界面aural user interface的缩写。

AUP 可接受[允许]使用政策 acceptable use policy的缩写。

aural user interface (AUI) 语音用户界面 允许用户向电子设备发送话音命令的一种由话音激活的界面。语音用户界面可用于面向计算机的语音识别和无线电话的话音激活拨号方法等方面。

Aureal 3-Dimensional (A3D) A3D音效环绕技术 A3D是Aureal Semiconductor公司开发的一套互动三维定位音效技术，它可以在两个扬声器上提供三维效果的声音。大部分的声卡和PC机都支持这一技术。与环绕立体声不同，它需要的扬声器个数比较少，只要两个，而环绕立体声通常需要4至5个。最初的A3D技术只需一对音箱输出，但在新的版本中也加入了对4只以上音箱的支持。

aurora 极光 由于太阳粒子流轰击高层大气气体使其激发或电离的彩色发光现象。极光常在高纬地区高空出现。在南极称为南极光，在北极称为北极光。同polar light。

AURP AppleTalk基于更新的路由选择协议 AppleTalk update-based routing protocol的缩写。

authenticate 认证 验证计算机系统中用户、设备或其他实体的身份，通常是系统允许对资源进行访问的前提条件。计算机通过与用户的交互获得身份信息，然后提交给认证服务器；后者对身份信息与存储在数据库里的用户信息进行核对处理，然后根据处理结果确认用户身份是否正确。

authentication 验证，确认，鉴别 (1)对欲访问特定信息的发起者身份、场所等条件进行的合法性审查行为。它为主体或客体的身份提供认可保证，如确定某个用户就是它声称的那个人。(2)在计算机通信中，通过数据加密使对方确认所收消息为非伪造的方法。(3)在多用户或者网络操作系统中，系统鉴别用户的登录信息的过程，这个过程包括比较用户名和口令，如果找到了一个匹配，用户就允许进入系统，但其访问权限受到其账户中规定的限制。参见identity validation, message authentication code, password, permission, user account。

authentication algorithm 验证算法 用于从相邻接的位字符或数据单元串中生成某个唯一值的一种算法。

authentication and authorization 鉴别与授权 在分布式计算环境中，除了附属于本地服务器的资源以外，用户通常还能访问其他资源。UNIX、NetWare 4. x以及其他操作系统使用"可靠主机"的概念，即一个系统相信另一个系统已经正确地检查了用户身份合法性。用户一旦被验证，他就可以访问所授权的任何资源。用于检验用户对远距离资源访问的信息随着用户登录时间的不同而不同，所以即使信息被截取了，一旦用户注销后它将不能被再次使用。鉴别技术必须判断请求是否来自正确的用户或应用以及请求没有被某种方法修改。一旦请求被检验后,授权过程就决定用户对资源的访问类型。参见 NetWare 4. x validate。

authentication and digital signatures 验证与数字签名 在传输中为确保传输的信息没有被篡改、假冒或泄密,使用数字技术实现加密文件签字与确认功能的方法和过程。

authentication, authorization, accounting (AAA, 3A) 认证,授权,计费 网络中各类资源的使用,需要由认证、授权和计费进行管理。对于一个商业系统来说,认证是至关重要的,只有确认了用户的身份,才能知道所提供的服务应该向谁收费,同时也能防止非法用户(黑客)对网络进行破坏。在确认用户身份后,根据用户开户时所申请的服务类别,系统可以授予客户相应的权限。最后,在用户使用系统资源时,需要有相应的设备来统计用户对资源的占用情况,据此向客户收取相应的费用。

authentication center (AUC) 验证中心,鉴权中心 在移动通信中,是一个含有用户验证密钥并能产生相应验证参数(如随机数号码 RAND、应答码 SRES 等)。用以对接入的移动用户身份进行验证的功能实体。

authentication exchange 验证交换 通过交换信息的方式,确认实体身份的机制或方法。

authentication header (AH) 鉴别报头 一种符合 IPsec(因特网协议安全性)安全标准的 IP(网际协议)信息包身份鉴别形式。这种方法把一个含有身份鉴别信息的标头附在信息包上,但不对信息包数据进行加密,用于信息包数据无需加密的情况。鉴别报头对 IP 报文提供鉴别信息和完整性保护。如果鉴别算法以及密钥采用非对称密码体制,则还可提供无否认的数字签名。鉴别报头通过对 IP 报文增加鉴别信息来提供完整性保护,此鉴别信息是通过计算整个 IP 报文,包括 IP 报头、其他报头和用户数据中的所有信息而得到的。参见 IPSec。

authentication information 鉴别信息 用来确立某一实体所声称的某种身份的有效信息。

authentication key 验证密钥 用来区分合法用户的密码密钥。当一个验证算法应用于验证密钥和信息正文时,将产生信息验证码。

authentication of message 报文鉴别 在传输数据块上附加一个校验域来检查数据有无变化的过程。在该鉴别过程中,利用接收方已知的码与报文相互作用,如果报文在传输过程中没有变化,则该报文就通过了鉴别。

authentication of users 用户鉴别 对终端用户所规定内容的验证过程。当鉴别时,利用用户给出的一个码,与终端具有的码相互作用,从而形成通信过程中使用的码,根据这种作用所得到的码来完成用户鉴别的任务。

authentication package 身份验证软件包 在 Windows NT 中,一个可以插进安全系统中的软件模块,用以验证各种输入设备上登录的用户。参见 authentication。

authentication period 验证周期 从最初验证进程开始至重新验证为止,可承受的最大时间。

authentication process 验证过程 由以下三个过程构成的行为:①从自动数据处理系统用户处获取标识符或个人口令;②用输入的口令和存储的口令进行比较,确认口令的有效性;③输入口令和存储口令相一致,则用户通过验证。如果存储的口令是加密的,则输入的口令必须被加密,然后和存储的口令密文相比较,或者对密文解密,再和输入口令比较。

authentication server (AS) 鉴别[验证]服务器 (1)在通信网络中,集中管理密钥分配的一种设备。每个用户都有自己的私人密钥并在 AS 服务器中登记,若 A 要和 B 进行保密通信,A 向 AS 提出申请,AS 随机产生一个会话密钥 K 送给 A,并由 A 转给 B,通信便可开始。(2)网络通信中,为了检验申请者的凭证,身份验证者使用了一个验证服务器。验证服务器代表身份验证者检查申请者的凭证,然后向身份验证者作出响应,指出申请者是否被授权访问身份验证者的服务。验证服务器可以是有线访问点(AP)的一个组件,AP 使用一组对应于正在尝试连接的客户端的用户凭证集来配置;对于无线访问点,AP 把用于连接尝试的凭证转发到一台单独的使用远程用户拨号认证服务(RADIUS)协议的验证服务器。参见 supplicant, authenticator。

authenticator 身份验证者 一个局域网端口,用以在允许访问那些可通过该端口进行访问的服务之前强制身份验证。对于无线连接,身份验证者是无线访问点(AP)上的逻辑局域网端口,操作在基础结构模式下的客户端就通过该端口访问有线网络。参见 port access entity (PAE), supplicant, authentication server (AS)。

authentification 确认 判断用户是否具有访问某个资源或执行某个操作的权限。

author 创作员,作者 (1)考虑用户的需求与限制条件等对系统进行分析,把分析结果用结构分析设计方法图式语言描述出来的人员。(2)为建立一个计算机应用程序,使用一个创作语言或者创作系统的人员。(3)一个建立交互式视频或多媒体控制程序的人员。

author and key word in context (AKWIC) 上下文内作者和关键词(索引) 一种计算机化的索引。参见 keyword-in-context (KWIC)。

authoring platform 创作平台 装备有创建多媒体材料的软件和硬件的计算机系统。

authoring system 写作[创作]系统 也称"著作系统"。用于帮助课件开发者编制和实现计算机辅助

A

教学软件的支持系统。一般包括教学单元编制、结构设计、教学管理支持等部分。课件开发者只要根据系统的提示描述和输入自己的设想和考虑，就可生成和运行设计的课件。

authoring tool 创作工具 多媒体的著作系统或编辑软件，是建立在多媒体操作系统之上的组织编排多媒体信息的工具软件。应用于影视创作、教育培训、娱乐等。

authority 权限、特权 访问某些目标、资源或功能的权利。参见 access authority，group authority。

A

authority and format identifier 授权及格式标识 在 ATM(异步传输模式)中，指网络层地址头部的一部分。

authority checking 授权验证 一个系统的功能，检查并验证用户对一个对象的授权。

authority credentials 权限凭证 在操作系统中，为建立一控制表而赋给诸用户的各种命令、数据集和装入模块的一种数值。目的在于：①限制某些用户访问某些命令、数据集和装入模块；②限制某些装入模块对其他装入模块的请求执行。

authority file 规范文件 在情报检索和图书馆自动化系统中，用来为计算机提供标准索引项清单的文件。根据规范文件，可将非标准的名称和主题词等索引项规范成标准的名称和主题词，主题词表就是一种规范文件。规范文件中还可包括已确定的交互引用词。

authority holder 授权拥有者 在某些系统中，一个在程序指定的数据库文件建立之前，指定和保留该文件的授权对象。在这个文件建立之前，授权拥有者指定的权利与该文件连接。

authorization 授权 (1)授予或拒绝授予客户端访问权限的过程。(2)根据个人的许可证和需知原则由管理方授予个人访问信息的权力。授予用户、程序或进程访问权。确定主体是否对于一个给定的目的值得信任。这是管理性和防御性控制。常用办法有：用户鉴别和用户证实。前者指用户用机账号核对；后者需检验是否为真正的用户。其方法有口令检验、随机数口令、暗号提问和符号标记等。最新方法有用户指纹图像识别和声音识别等。

authorization checking 特许检验 在一些系统中，决定是否允许一个用户访问某个受 RACF(资源访问控制设施)所保护的资源的行动。

authorization code 授权码 通常由用户标识码和口令组成，用于防止非授权访问数据和系统设备的编码。

authorization credentials 特许[授权]凭证 用户可以访问操作系统资源权限的证明。在用户开工文件中为用户定义特许凭证。

authorization ID 授权标识符 在 SQL(结构化查询语言)中，一个用户轮廓[开工]文件，指明一个可以赋予特权的用户的名字。

authorization list 授权表 在某些系统中，一个用户标识符及其系统资源使用授权的表。

authorization message 授权信息 在 NCCF(网络通信控制机制)中的一种指导特许操作员操作的信息。其例子是有关使用 NCCF 的信息，如一次成功的签到、一次反复进行而未获成功的签到、一次由无效口令而被拒绝的签到、一条数据处理管理程序的出错信息以及签退等。参见 network communication control facility (NCCF)。

authorization principle 授权原则 将被许可和不被许可的活动区分开来的原则。

authorization process 授权过程 由以下三个过程构成的行为：①从自动数据处理系统用户处获取访问口令(此用户身份已验证通过)；②用访问口令和被保护数据的相应口令比较；③输入的口令和存储的口令相一致，则授权访问数据。

authorization rule 授权规则 在数据库管理系统中，限制对数据的访问，并限制人们在访问数据时所能采取的动作的各种控制法则。

authorized APPN end node 授权的高级对等联网终端节点 在高级对等联网(APPN)中，一个被其网络节点服务器信任的，并向其提供影响网络目录数据库的资源目录和路由信息的终端节点，如果一个节点是授权的，它发送的所有有关它本身的信息都被接收，终端节点的授权状态是在其网络节点服务器中由系统定义的，对应于 unauthorized APPN end node。

authorized entry 授权登录 在多用户的计算机网络系统中，每一已经由系统管理员所登录的用户就是合法用户。每一合法用户都被授权可以使用系统的某些功能和数据。合法用户通过给定的密码口令，建立起自己可以调用的资源的环境。

authorized environment 授权环境 操作系统中的一种活动着的环境，其相关的用户开工文件中含有一个非零的功能授权凭证。

authorized program 授权程序 允许使用某些限制使用的内部功能的系统程序或用户程序。

authorized program analysis report (APAR) 特许程序分析报告 对问题进行改正的一种请求报告，这些问题起因于当前未修改过的程序版本的缺陷。

authorized program facility (APF) 特许程序手段 识别可以使用内部特许功能的程序的手段。

authorized software 特许软件 也称"许可软件"，它是一种被授权允许在一定范围内(如一个学校范围内)使用的软件。

authorized state 特许状态 一种特殊的工作状态。在此状态下，解题程序可以调用那些在其他状态下不能使用的资源。

author language 写作语言 也称"创作语言"或"编辑语言"，一种专为编写计算机辅助教学的课程软件而设计的专用语言。其特点是易于理解和掌握，提供课文呈现、图文并茂、提问及等待学生回答、判断及分支反馈、教学顺序控制等表达课件设计思想，使非计算机专业的普通教师经很短时间的学习即能胜任课程软件的编写，因而有利于计算机辅助教学的普及推广。

author tool language 作者工具语言 一种多媒体软件工具。它能对文本、图形、图像和声音等各种形式的信息进行综合管理，以方便用户编辑、生成和查询所需形式的信息，并可在各种电子媒体，如磁盘、CD-ROM(只读碟)、录像带上存储和再现信息。该工具功能齐全、使用方便，故以作者工具语言而得名。

Authorware Authorware 多媒体编辑软件 由 author(作家)和 ware(商品)两个英语单词组成，意思为“作家用来创造商品的工具”，它是美国 Macromedia 公司(2005 年与 Adobe 合并)开发的一种多媒体制作软件，以视窗为操作环境，能编排各种类型的多媒体数据，支持现有的多媒体标准，如 MME、IVD、CD-ROM(只读碟)等。它采用直观的程序流程图来表示程序的结构，籍助图标实现多媒体编籍能力，给用户提供一个完整的和易学易用的编辑环境。不同的面向对象的图形被看成是不同的对象，可任意穿插或叠合，提供多种叠合效果。绘图工具中的 Group 功能可将许多独立的图形划为一组，然后可将该组视为一个独立的对象，进行移动、放大、缩小等操作。Authorware 的创作过程可以概括为：通过功能图标实现基本制作编辑；利用菜单选项进行控制；在流程设计窗口中搭建程序结构；最后在展示窗口显示程序运行效果。

auto-abstract 自动摘要 由计算机从文档资料中摘要出来的有关材料，如把文件中的关键字选择出来。

auto-answer 自动应答 电子邮件、传真或其他通信软件的一个功能，它允许被呼叫方自动响应呼叫信号。

auto-associative 自动关联 在数据简化和聚类过程中，自动关联模型使用同一组变量作为预测值和目标值。在自动关联神经网络中，自动关联的意思是所描述的每一个模式既充当输入又充当输出。自动关联网络典型的应用场合是模式完备之类的任务。参见 artificial intelligence，cluster analysis。

auto-attendant 自动值守 一种用于描述存储转发计算机系统的术语，这种计算机系统代替了传统交换台的操作员，将电话呼叫直接传送到相应的分机上或语音邮件。自动值守系统向目的地发送呼叫时可以使用语音提示、按键式菜单或语音识别等功能。比较 interactive voice response systems。

auto-authentication 自动验证 在客户机/服务器环境中的一个实用程序，使用户访问不加限制的网络资源而不需要口令验证。只有当用户试图访问一个加限制的资源时，这个程序才提示输入口令。

auto-balance system (ABS) 自动平衡系统 高倍速光驱所配带的一种技术，是在光驱托盘下安上一具钢珠轴承，光驱震动时，钢珠在离心力的作用下滚到质量轻的部分，起到平衡作用，增强读盘能力。

auto-baud 自动波特率 指与通信系统相关的一个特性，它能自动检测出进来的通信信号的传输速率并自动设定自己的传输速率为与之相应的速率。

auto-boot ROM 自动启动 ROM 一种 ROM(只读存储器)芯片，使无盘工作站能够自动地从文件服务器启动。

auto-bypass 自动旁路 (1)链路中的某一终端停电时，能使后续终端继续正常运行的技术。(2)与计算机相连接的一串设备中有一台或几台断电时，不影响后续设备正常工作的技术。(3)一种终端设备功能。当其他的按顺序链方式连接的终端不能使用时，仍允许下一级的终端能够继续操作。

AutoCAD AutoCAD 软件 美国 Autodesk 公司于 1982 年开发的一种通用计算机辅助制图和设计软件，运行在各种微型机和工作站上。软件本身经历了多次重大升级。2010 年推出其新版本：AutoCAD 2011。AutoCAD 由于其卓越的性能，被广泛应用于建筑、电子、机械、广告、装饰、服装等平面及立体设计领域，以至于其图形格式已成了一种公认的标准。

auto-call sequencer 自动呼叫定序器 一种可以支持 2 ~ 64 条输入电话线并为之定序的装置。它能用录好的话音回答电话，让通话机占线以及接通下一优先级的电话。这种微处理机系统可以很好地与专用自动交换分机(PABX)配合，有效地处理电话。

auto-call unit 自动呼叫器 允许系统自动呼叫某个远地系统的一种设备。

auto-chart 自动流程图程序 一类产生文档的程序。它能读出程序并按其逻辑关系自动地产生和维护程序的流程图。

autocode 自动编码 计算机系统通过使用一种程序设计语言将符号代码转换为机器代码，即操作指令和地址。每一种指令都有与其相应的机器代码，但有些指令允许使用宏指令和子例程。

auto correct 自动更正(程序) 微软公司 Windows 环境下 Word 字处理软件中的一种操作程序，在用户输入文本的同时它会自动更正单词拼写错误并且会提示用户替换别的单词。参见 smart quotes。

autodecrement addressing 自动减量寻址 在某些计算机中，某个存储区中的被访问存储单元的内容在访问后将自动减“1”，这种寻址特性称为自动减量寻址。自动减量寻址存储单元可以用作循环控制计数器。

autodecrement mode 自动减量方式 在一些计算

机系统中按地址反方向变化处理数据的方式。其方法是，对选定的通用寄存器减量，并作为操作数的地址。通常在硬件/软件堆栈操作中使用。

Autodesk Volo View Autodesk Volo View 软件 一款由 Autodesk 开发，针对广泛流通绘图格式(如 DWG、DWF、DXF 等)以及一般的图片格式(如 JPG、TI 等)进行查看的工具软件。主要应用于几何图形浏览观看以及打印等方面。

auto-dial 自动拨号 (1)调制解调器的一种功能，使调制解调器可接通电话线路并通过发送已存的电话号码作为一系列脉冲或话音信号来启动一次呼叫。(2)在无人工直接干预的情况下，能将预先登录的电话号码按信息的内容或特定的指示自动拨发出去的能力。具有自动拨号功能的设备或设置称为自动拨号装置。

A

auto-dialler 自动拨号机 允许通过电话网络自动拨号的设备。

AUTODIN 自动数字网络 automatic digital network 的缩写。

auto-draft 自动制图 在程序的控制下，绘图仪自动进行图表的绘制。

AUTOEXEC. BAT 自动执行批处理文件 DOS(磁盘操作系统)中的一个专门的批处理文件，在操作系统启动时自动执行其中的命令，这个批处理文件可由用户建立，新版本的 DOS 在安装时能够自动建立这个文件。

autoimmune computer systems (ACS) 自免疫计算机系统 自免疫计算机系统具有模仿生物免疫系统的入侵检测系统。ACS 开发人员通过编制能识别和中断特别事件的规则来保护其系统，它不但能通过编辑规则寻找已被破坏了的数据并且恢复数据，通过病毒定义防止已知的病毒感染，还能检测由系统管理员事先认定好的可疑行为，当发现威胁时对威胁自适应，并提前一步采取措施，即系统自己成为安全专家。ACS 通过操作系统内核察看进程调用，检查是否正常，如由特洛伊木马程序或缓存溢出攻击造成的异常。当发现可疑行为时，系统能采取规避行为或发出警报。ACS 入侵检测系统是直接以免疫系统为模型。就象身体连续不断产生能随机变异的免疫细胞，当细胞成熟时，那些与体内已有蛋白质相匹配的免疫细胞被消灭了，只留下那些有变异的细胞，指导它们去针对那些应防御的病毒。同样，ACS 的软件随机地产生“探测元”，摒弃那些与正常行为匹配的探测元，保留那些代表异常行为的探测元，用于对付可疑行为。

autoincrement addressing 自动增量寻址 地址指针在寻址某一存储单元后自动加“1”的寻址过程。这种过程在小型计算机或微型计算机中十分普遍，如在 Z80 计算机中，每从内存取一字节(操作码或操作数)程序计数器 PC 就自动增量，为下一次寻址操作做好准备。

autoincrement mode 自动递增方式 在某些系统中，用来正向处理一连串数据的一种方式。在这种方式中，选定的通用寄存器的内容依次递增，以用做操作数的地址，方便该类问题的数据处理。

auto-indent 自动缩进 通常指一个程序编辑器中自动缩进的功能，如用于结构化程序设计中的编辑器。

auto-indexed addressing 自动变址寻址 一种寻址方式，当执行这样一条指令时，将使变址寄存器的值增加或减少一个常量。

auto-interactive design 自动-交互设计 自动设计与人机交互设计的组合。在自动设计时，由计算机执行应用程序而不需操作者进行干预；在人机交互设计时，设计人员必须与计算机通过对话来进行设计。

AutoIP 自动 IP 寻址技术 automatic Internet protocol addressing 的缩写。

autokey 自动关键字，自动键 字处理操作中控制连续打印输出或扫视选定的记录文本的一种关键字。

Autolayout 自动布图程序 (1)一种能将设计草图转换为最终工程图纸的软件。设计人员通过数字化方式将设计草图输入计算机，然后自动布图程序根据工程图纸的标准对设计草图进行修改，如把设计符号排列整齐，把连接线变成水平或垂直线等。(2)Computervision 公司研制的一种工程绘图软件。当设计者将其工作草图数字化送入系统后，该软件能自动对其加工处理成一份正式的工程图。该软件还可自动校准图中的符号和方框，避免它们相互交叉重叠。

auto-line ending 自动行结束 一种由机器完成合理判断一排字行结束的排字技术。

autoload 自动加载[装入] 在无需特殊请求情况下使某些类型的资源可用，如某个程序可以自动加载它们所需的字体或文件。类似地，光驱可以自动加载光碟或自动启动位于软件光碟上的安装程序。参见 AutoPlay。

auto-logon 自动注册 一种让用户自动完成登录到电子公告牌系统(BBS)或在线服务的过程的通信程序的功能。然而要小心在自动注册脚本中包括用户的口令，因为这样一种脚本能使凡是进入用户的计算机的人都能以用户的名字登录。同 automatic logon。

auto-logout 自动退出登录 在指定的时间内不活跃或者在某个时间发生之后的一定时间之后，将用户自动地从网络中移去或退出的功能。

automagic 自身不可思议 描述计算机以某种不可理解(但不是莫明其妙)的方式来实现某种过程或执行某种处理的俚语，一种不可思议的过程也许是太复杂以致无法理解(如复杂的电子数据表计算)或是用户看来简单，但实际比较复杂的过程(如点击某个标题就会使列表中的项目按字母或年代的次序进行排列)。

automata logic 自动机逻辑 应用数理逻辑、统计数学、信息论等数学工具研究自动机的逻辑结构及功能的学科。它是自动机设计及应用的理论基础和有用工具。其内容主要包括逻辑网络理论、误差控制和自补偿理论等。

automata theory 自动机理论 研究离散系统的功能、结构及两者关系的数学理论。自动机理论又可细分为有限自动机论、无限自动机论、概率自动机论、细胞自动机论、抽象自动机论等。自动机是最简单的、理想的、抽象的数学模型,与近代计算机一样能接受输入,作出判断或给出输出。自动机理论主要研究各类自动化的结构、计算过程、性质及相互关系。自动机的研究常与形式语言的研究交融相合。参见 finite automata theory, infinite automata theory, probabilistic automata theory, cellular automata theory。

automated assembly 自动装配 即装配线的自动化。它采用流水线装配的原理,但装配线需要采用步进方式,使得由取放操作进行装配操作时,产品能在一个确定位置上静止不动,另外,还有自动测试站对不同的装配阶段进行质量控制,装配线的全部工作均由计算机监控。装配领域的自动化进程主要取决于产品设计能否满足机械装配的要求和装配设备能否模仿人的装配技能和传感系统。

automated audit 自动审计 一程序或过程中自动对以前执行过的步骤或结论进行检查的过程。

automated bibliography 自动文献目录 存储在计算机文件中的文献目录。

automated composition 自动排版[排字] 利用与自动化或计算机有关技术的排字方法。

automated console operation (ACO) 自动控制台操作 使用自动的过程替代或者简化操作员在控制台上回答系统或者网络事件的动作。

automated design engineering 自动设计技术 利用计算机预先把产品设计所必需的数据存储起来,然后按需要用这些数据进行推导和设计的技术。

automated design tool 自动设计工具 一种软件工具。在软件设计中,帮助进行设计的综合、分析、模拟或文档编制。常用的自动设计工具有:仿真器、分析工具、设计表示处理器和文件生成器等。

automated design tool for database 数据库自动设计工具 能协助进行数据库设计的自动化工具。与数据库辅助设计工具相比,数据库自动设计工具应具有以下特点:①向综合性、支持数据库设计的全过程发展;②采用表达能力更强的语义模型;③支持新型数据库(如多媒体数据库、历史数据库、面向对象数据库、知识库等)的设计;④发展更类似于CAD(计算机辅助设计)系统的数据库设计辅助工具系统。

automated dictionary 自动词典 用于计算机辅助翻译系统的自动词典,通常收入各种词根和词缀。参见 automated glossary。

automated documentation 自动文档编制 用计算机自动完成文档的收集、存储、分类、整理、检索等的过程。计算机能迅速而准确地完成大量的文档编制工作,并能按照人的意图,将编制好的文档,以所要求的形式打印出来,如计算机能自动地编制出各种报表及打印出各种图形、图表、文档资料等。

automated drafting 自动绘图 使用计算机自动制图的过程。事先要编制好绘图程序,使用时则给出图形参数,并通过计算机去执行绘图程序,控制绘图仪自动绘制图形。

automated drafting system (ADS) 自动化绘图系统 一种用计算机完成作图工作的系统。这种系统不包括设计功能。

automated engineering design (AED) 自动工程设计语言,AED 语言 美国麻省理工学院研制的一种高级语言,是 ALGOL 语言的扩充。

automated factory 自动化工厂 自动化工厂是一个很广泛的相对的概念。理想的自动化工厂,应做到以下几点:①有一个内部联网的现代化的信息管理系统,即通过网络实现全厂生产、信息采集与处理、财务、人事、技术与设备等的计算机自动化管理;②生产设备实现自动化,即单个设备由计算机控制,生产过程中实现自动传输等;③建成一个"柔性生产系统",即具备一种新型的多品种、少批量生产的加工设备。这种系统比较容易适应设计的改变和加工物形状、数量的变化。这种系统可大可小,大的由若干个工业机器人、数控机床及控制装置、监控电脑及无人运输车组成,可以构成整条生产线;小的则可以独立完成各种各样的加工生产任务;④产品设计与生产工艺设计实现自动化,并采用了计算机辅助设计的方法;⑤建立了自动化仓库,这是实现工厂自动化的一个必备的条件。对一个工厂的原材料、半成品和成品实现自动化管理,不仅能提高场地的利用效率,减少管理费用,还能使物品的存取变得井然有序,一旦某种生产原料告缺,采购部门将立即从中获得信息,及时进货。自动化工厂中的"无人化自动工厂",是一个自动化程度很高的自动化工厂,除少数的维修人员外,生产线上的整个生产过程不需人员参与,可以一天 24 小时连续不停地生产,产品的质量稳定可靠,生产效率很高。

automated fingerprint recognition system 自动指纹识别系统 自动识别人物的指纹图像,以识别人物的计算机系统,一般包括:一台通用计算机(一般是微型机)、指纹图像扫描器及指纹自动识别分析软件包。其功能包括:现场指纹处理、特征提取和匹配;数据库、图像库及其管理系统;图像数据压缩编码和解码;友好的用户界面;识别结果的显示和输出。

automated graphics 自动图形 用计算机建立或者绘制的线、圆、矩形等几何形状的方法。

automated information system (AIS) 自动信息系统 (1)计算机硬件、软件、固件或它们之间任意组合的组合体,目的是使之能完成特定的信息处理运算,如通信计算、传播、处理和信息存储等。(2)任何系统或相互连接的系统或设备的子系统,它们包括计算机软件、硬件和固件,它们主要用于数据自动获取、存储、移动、控制、显示、数据交换、传输或数据接收等。这样的系统包括:计算机、字处理系统、网络或其他的电子信息处理系统和相关的设备。

automated information systems security (AISS) 自动信息系统安全 用于保护自动信息系统的方法和控制手段,保证其具有保密性、完整性和可用性,防止拒绝服务或未经许可的泄露、修改,防止系统或系统中数据被破坏,这种破坏可能是无意的或有意的。自动信息系统安全包括以下的考虑:所有硬件和软件和特性,中央计算机设施、远程计算机和终端设施的访问控制,管理约束措施,物理结构和设备(如计算机,传输线,电源等),使系统和在其中处理的数据处于低风险所需的人员和通信控制等。自动信息系统安全还包括为了给系统和在其中处理的数据提供可接受的保护水平而采取的全面的安全措施。

automated inventory control system 库存自动控制系统 一种利用自动化技术对库存量进行控制的系统,库存自动控制系统在适当的安全(满足需要)前提下将库存保持在最低水平。对于"上架生命周期"有严格要求的货品管理(如放射性同位素、血库等应用)具有特殊价值,也被广泛应用于需求-供应、需求与订货等综合处理的场合。

automated literature alerting system (ALAS) 自动化文献提示系统 在信息检索系统的上下文中自动提示信息以引起用户注意。参见 current awareness service。

automated logic diagram (ALD) 自动生成的逻辑框图 由计算机产生的框图。它描述在逻辑单元、互连线路和输入输出终端等方面的功能电路图。

automated management 自动管理 依靠数据处理设备的帮助而完成的管理。

automated manufacturing planning (AMP) 自动制订加工计划 最早出现的自动工艺过程设计的计算机程序之一,它是一种基本的、简单的系统,可以自动地把技术要求和设计数据转变成由加工顺序、制造方法和工序时间定额组成的制造规程并估算出成本。

automated material handling 自动物料储运 指对一个生产工厂的物料流动与存储活动进行自动控制的技术。这些活动从物料的接收存储、生产加工、直至产品完成入库。自动物料储运技术主要要解决三方面问题:①物料识别;②物料运输;③物料存储。

automated material handling system 自动物料储运系统 是实现自动控制物料流动和存储活动的系统,其复杂程序和自动化程度不仅与所用技术有关,而且还取决于被加工产品的类型、大小、生产率等各种因素。常用的硬件有传送带、运输车辆、托盘、仓库设备、控制设备和计算机、传感器等。常用的软件功能有存储位置选择、物料流、存储和检索控制、库存量分析、再次订货点分析、库存文件管理、发料控制、设备控制等。

automated office (AO) 自动化办公室 一种办公室,其中对信息的操作(如文字处理和文件管理等),是与数据处理的系统共同来实现的,包括计算机、远程通信设施和其他电子设备。

automated operator interface (AOI) 自动操作程序接口 在信息管理系统中的一种接口,它允许某些装置对活动进行监视和控制。

automated process planning 自动工艺设计 利用已有的相似零件的工艺规划通过计算机程序来生成新零件工艺规划的过程。是计算机辅助工艺设计(CAPP)的同义词,但更强调提高 CAPP 的智能化水平,在工艺设计的全过程中尽量减少人工干预。

automated process planning system 自动工艺规程设计系统 用来实现工厂级管理的信息处理通用程序系统。该系统是在工艺设计的实践经验基础上发展起来的,其核心是用微处理机对全厂生产和管理的有关信息进行处理。例如,在机械工业中,微处理机可按照操作者根据图纸给出的零件形状和技术特点编制的工艺代码,确定该零件的加工工序、工时、所需机床类型和工夹具以及计算加工费用和产品成本等。

automated production management 自动生产管理 采用数据处理设备或在其控制下进行的生产管理,包括制定生产计划、调度、设计和修改以及控制产量。

automated reasoning 自动推理 从一个或几个已知的判断(前提),利用由公理和推理规则构成的推理系统。人解决问题就是利用以往的知识,通过推理得出结论。自动推理的理论和技术是程序推导、程序正确性证明、专家系统、智能机器人等研究领域的重要基础。从推理过程中的计算方式来看,自动推理又可分为计算推理、逻辑推理和智能搜索等。参见 computational reasoning, logical reasoning, smart search。

automated retrieval 自动检索 使用计算机系统进行的检索,计算机可根据用户键入的命令和信息在检索文件中找出用户所需的数据。

automated security monitoring 自动化安全监控

使用自动化的方式确保安全控制未被绕过。这是技术性和探测性控制。

Automated Software Engineering **《自动软件工程》** 荷兰 Kluwer Academic 出版社出版，1994 年创刊，全年 4 期，EI(工程索引)收录期刊。论述自动推理、知识表示及人工智能技术在软件工程中的应用，包括软件人工因素和过程的构成、理解、适配及模拟技术的研究。

automated spelling check 自动拼写检查 由计算机对使用拼写文字的文献中的词进行拼写错误自动校验。计算机使用专门的自动拼写校验规则和工具进行校验，可根据校验的对象不同而增加专用的词典。

automated support environment 自动支撑环境 由整个系统生存期提供的通用自动化工具和面向专门管理实践、方法论或应用的自动化工具。

automated system initialization (ASI) 自动的系统初始化 操作系统的一种功能，它允许将系统初启的控制信息编目入库，以备在系统初启期间自动检索使用。

automated system security 自动化系统安全 为保护硬件、软件、机密数据、敏感数据、设备以及系统内部进程而需要全部安全属性。它包括：①所有硬件和软件的功能、性质或属性；②操作过程；③责任过程；④对计算机系统的访问控制(包括主机、小型机、微机和终端的访问控制)；⑤管理约束；⑥物理保护；⑦泄漏辐射控制；⑧人员和通信安全。

automated teller machine (ATM) 自动出纳机 一种由银行客户自己操作以得到银行业务服务的一种无人管理设备。用塑料磁卡、揿压按钮和各客户独有的密码来操作。有的只能付现金，有的能存款和在客户账号之间转账。它可以安装在银行中，也可以单独安装；可以与银行的控制计算机相连，也可不与之相连。

automated test generator 自动测试生成程序 一种软件工具，它以计算机程序或判据作为输入，产生满足这些判据要求的测试输入数据，有时还会确定预期的结果。

automated test system 自动测试系统 在测量中，整个过程的进行、数据的获得、分析和处理、结果的显示与记录都由一定的设备自动完成。

automated verification system 自动验证系统 一种软件工具，它接受某计算机程序及其规范的表示作为输入，自动(或借助人的帮助)产生该计算机程序的正确性证明或反驳。参见 automated verification tools。

automated verification tools 自动验证工具 一类用于评估软件开发过程中的产品性能的软件工具。这些工具可以用来帮助验证软件的正确性、完全性、一致性、可跟踪性、可测试性以及检查是否符合标准。验证工具包括设计分析器、自动验收系统、静态分析器、动态分析器和标准实施器等。

automated warehouse 自动仓库 是由计算机和控制器进行控制的仓库系统。一般都有一个有很多货格的高层仓库，所以也称“立体仓库”。该仓库与自动存取系统一起组成了自动化物料存储系统。在该系统中，零件(或部件、产品)的分类、流动、入库、检索、取货、装货均可借助于计算机和物料运输装置自动进行。

automatic abstraction 自动[机编]文摘 利用计算机自动地给指定的文章做摘要的过程。常见的是机械文摘，即根据文章的外在特征(词和短语的频率、文章的结构信息等)抽取能够表达该文中心意思的部分原文句子，并把它们组织起来形成连贯的摘要。

automatic activation 自动激活 在 ACF/VTAM(虚拟远程通信访问法的高级通信功能)系统软件中，相邻子区节点的链路和链路站的激活，它是作为一个与指定子区节点的激活命令有关的通道设备名或 RNAME 说明的结果而自动激活的。

automatically executing batch file 自动执行的批处理文件 一种磁盘文件，在微机启动时能够自动运行。如 DOS(磁盘操作系统)中的 AUTOEXEC.BAT 文件。

automatically switched optical network (ASON) 自动交换光网络 ASON 是由用户动态发起业务请求、自动选路、并由信令控制实现连接的建立/拆除、融交换和传送为一体的新一代光网络。ASON 其最突出的特征是在传送网中引入了独立的智能控制平面，利用控制平面来完成路由自动发现、呼叫连接管理、保护恢复等，从而对网络实施动态呼叫连接管理。ASON 分为传送平面、控制平面和管理平面三个部分。传送平面由包括交换实体的传送网网元组成，是实现连接的建立/拆除、交换和传送的物理平面。控制平面的引入是 ASON 不同于传统传送网的一个根本点，它包括了一系列实时的信令及协议系统，实现对连接的建立、释放进行控制以及监控、维护等功能，控制平面由信令网络支持。管理平面是对控制平面和传送平面进行管理。

automatic alternate routing 自动转接[替换]路由选择 长途电话转接的一种方法，当主要路由上的所有中继线都在繁忙工作时，它将自动选择一个替换路由。

automatic answer 自动应答[回答] (1)在接收端，无需人工干预便能自动地对发送端的信号、请求或指示做出应答的能力。(2)在数据通信中，一个不需要操作员动作而接收开关线路上呼叫的连线类型，对应于 manual answer。(3)一种机器特性。它允许传输控制器或传输控制站自动响应在交换线路上接收的呼叫。比较 manual answering，automatic calling。

automatic answering device 自动应答设备 响应电

A

话呼叫并提供某预存消息的一种机器。该机在提供完该消息后，通常转接到记录方式，以便把呼叫者的消息记录下来。

automatic backup 自动备份 (1)按用户规定的周期，如每5分钟或10分钟，自动保存文档的一种应用程序功能。(2)在数据软件分层存储管理程序中，在规定的备份周期内，把主盘卷或迁移盘上合格的数据集自动拷贝到备份卷上的过程。

automatic baud rate detection (ABRD) 自动波特率检测 接收设备自动地检测到达消息的波特率并相应地自动设置自身波特率的特性。

automatic branch exchange 自动交换分机 为一个公司、机关或部门提供专用电话服务的拨号交换机。它可将呼叫自动传送到公用电话网，或从公用电话网接收呼叫。

automatic brightness control (ABC) 自动亮度控制 监视器中能根据环境亮度自动调节亮度的一种电路。

automatic built-in check 内部自动校验 用来检验计算机中的部件或设备在信息存储、传送和处理中的正确性的一种硬件结构。

automatic callback 自动回叫 电话系统中的一种特性，当用户遇到线路繁忙时，启用自动回叫功能后可挂断电话，直到呼叫方和被呼叫方都空闲时系统自动连接并通知呼叫双方。

automatic call device 自动呼叫装置 可灵敏检测一组预定信号的继电器系统。连接于无人看管的接收机上，在动作时鸣响报警器。

automatic call distribution 自动呼叫分配 一种工作方式，它对进入的呼叫自动分配给特定的端口。如所有端口都忙碌，则按先进先出排队等待。

automatic call distributor (ACD) 自动呼叫分配器 无需通过专用交换分机(PBX)的接线员，就能将进入的呼叫自动地分配给一组应答站的转接系统。ACD执行下述功能：识别和应答来话呼叫；从数据库中查找处理该呼叫的指令。根据这些指令，它将该通话送至录音或话音响应装置。ACD也编辑有关电话量、高峰负载、平均呼叫时间及其他有关每一应答站的有效性和生产率等管理信息方面的统计资料。

automatic calling and answering equipment 自动呼叫应答装置 在载波数据通信网中，能进行自动呼叫和自动应答过程的设备。

automatic calling equipment (ACE) 自动呼叫装置 载波通信网中的拨号装置。在通信网内的机器通过它能自动地拨号呼叫。

automatic calling unit (ACU) 自动呼叫器[装置] 任何一种允许商用机器和计算机在通信网络上进行自动呼叫的拨号装置，也称“自动呼叫设备”。参见 automatic dialing unit。

automatic call reconnect 自动请求重连 在计算机网络中，指当一主干线寻径失败后，允许自动请求重连。

automatic camp-on 自动保留呼叫 一个站点用户通过保留挂接状态可以自动保留与占线站点的连接，当被呼叫方空闲时就接通这个呼叫。

automatic catalog search 自动目录搜索 在某些操作系统中，连接编辑程序为各控制段探索目录，以解决由初始输入处理未能解决的外部引用的过程。

automatic centering 自动对准中心 某些文字处理系统具备的一种能力，即能将指定的文本行或字放置到两边缘或两个边缘标记的中心位置的能力。

automatic character recognition 自动字符识别 使用专用机器识别出人工可读的符号，然后用作数据的技术。

automatic check 自动检验[校验] (1)由专为检验目的而装在设备内的，对设备运行状况执行的一种检验。(2)利用硬件验证计算机的部件在信息传送、操作和存储时的正确性，如奇偶校验的检查等。

automatic classifying 自动分类 利用计算机根据某种特征对元素进行划分和聚类的过程。

automatic closed-loop system 自动闭环系统 一种带有内部控制功能的计算机化系统，这种控制功能能将系统的实际状态同某一控制参数进行比较，目的是在必要时能激发起一恰当的修正动作。这是通过一个能测量该系统实际状态并产生一个输出信号的传感器完成的。然后，该输出信号反馈到控制系统。由比较器将输出信号(该系统的实际状态)同所要求的状态(参考输入)进行比较。两状态之间的差别大小就是变化、偏差或误差程度的量度。误差信号传输到控制器，根据误差信号来调整受控变量或者修改参考输入来调整输出。

automatic collision detection 自动碰撞检测 (1)总线型网络中执行的一种操作。每个节点准备发送信息之前，必须先检查总线上是否有其他节点发送的载波。如果有载波，说明发生了碰撞，需要停留一段时间之后再检查。(2)机器人的一种检测方式。机械手控制系统根据手臂以及周围环境的状态，检测手臂的下一步动作是否会与周围其他物体发生碰撞。若会发生碰撞，系统自动发出警告。

automatic connection 自动连接 无需人工干预，电子交换设备就能连接各个用户设备的能力。

automatic constant 自动常数 在计算器上，为反复使用而自动地保存在机器内的一种数。

automatic constant function 自动常数功能 在计算器中，允许一个数字自动保持反复使用的功能。

automatic control 自动控制 一种无需人工干预的控制，这种控制常和伺服机构或类似的装置相配合，从系统输出反馈信号以调节控制并维持最佳的操作状态。例如，一个装置能自动接收过程中测得的物理变量、自动进行计算、对过程自动地进行适当的调节，以控制和维持系统的最佳运行。

automatic control alarm 自动控制报警 在自动控制系统中,用来指示异常条件或越界条件的一种特定的可听或可视信号。

automatic control engineering 自动控制工程学 关于自动控制设备和系统的设计与应用的一门科学技术。

automatic controller 自动控制器 一种具有自动控制或自动调节功能的装置。

automatic control stability 自动控制稳定性 由于状态调整而引起一系列变化时,自动控制系统是否能够达到稳定状态的一种特性。如果状态调整引起的暂态振荡的幅度随时间增加而减小,则自动控制系统是稳定的。

automatic control system 自动控制系统 由被控对象和控制装置构成的,能对被控对象的工作状态进行自动控制的系统。按系统结构分类有:①连续控制系统与断续控制系统;②线性控制系统与非线性控制系统;③定常控制系统与时变控制系统。按被控量的变化规律分类有:①恒值控制系统;②程序控制系统;③随动系统。要使一自动控制系统正常工作必须使系统满足一定的要求,如满足静态精度、过渡品质等要求。

automatic control theory 自动控制理论 关于自动控制系统的构成、分析和设计的理论。自动控制理论的任务是研究自动控制系统中变量的运动规律和改变这种运动规律的可能性和途径,为建造高性能的自动控制系统提供必要的理论手段。按照发展的过程,通常把自动控制理论区分为经典控制理论和现代控制理论两个部分。参见 modern control theory,classical control theory。

automatic CPU overheat prevention system (ACOPS) 自动 CPU 过热保护 特指某一类计算机主板的一种功能。此类主板在 CPU 插槽的中央有一个温度传感器,当 CPU 散热不佳或散热风扇不转导致 CPU 温度超出安全范围时,系统会通过喇叭发出警告并自动执行降温程序。ACOPS 有自己独立的电路和软件,无需任何驱动程序来启动。

automatic data migration 自动数据迁移 数据库管理系统的一项功能。它能根据数据使用的频率,自动地调整数据的存储位置,使应用最频繁的数据处于访问最方便的地方。

automatic data processing (ADP) 自动数据处理 (1)由计算机系统以数据形式自动存储、操作或处理信息,要求最小或没有人工干预。(2)与基本上由自动手段进行的数据处理有关的方法和技术相关的科学技术分支。

automatic data processing auxiliary equipment 自动数据处理辅助设备 用来辅助和增强信息系统数据自动处理能力的一些支援设备。

automatic data processing equipment (ADPE) 自动数据处理设备 用于自动处理数据的设备。它包括数据处理机、有关输入/输出设备及一些完成数学与逻辑操作的辅助设备等。

automatic data processing system (ADPS) 自动数据处理系统 由自动数据处理装置、人员、方法、过程等组成的执行一系列数据处理操作的系统。

automatic data processing system security 自动数据处理系统安全 为保护组织机构的资产和个人数据而建立,并应用于计算机硬件、软件和数据的防护措施、管理过程以及所有其他相关的技术。

automatic data recovery restart operation 自动数据恢复再启动操作 当目前操作中使用的数据集合被破坏,能自动调用备份数据予以恢复,并且使系统重新运行的功能。

automatic data reduction 自动数据精简 在信息处理过程中,自动将与当前任务无关的多余数据删除。

automatic data reduction equipment 自动数据精简设备 能校验存储的数据,并删除对任务求解无用的多余数据的设备。

automatic data switching centre 自动数据交换中心 通信系统中的自动数据交换站。它能自动接收信息,并按信息内容或特定的指令将其转送到有关的终端。在这个中心里,转接设备用作通信线路的互连。

automatic decimal alignment 自动十进制对位 (1)数字处理中的自动调整小数点两边数值的一种特性。(2)十进制数在计算机中采用 BCD(二进制编码的十进制)码表示时,每当执行加法和减法运算之后,均需作十进制调整。这种调整是在执行相应的调整指令后由十进制调整电路自动完成。

automatic decimal tab 自动小数点标记 能让各列数字按小数点自动对齐的一种特性。这个特性能节省输入时间。因为当输入者键入多个数时,不必关心跳格和空格。

automatic decision-making 自动进行判定 一台编有程序且在某些特定条件存在时,能有条件地转移到某一给定的计算机指令的功能。对于能以标准算法来处理的日常业务来说,自动进行判定是可能的。

automatic decision system 自动决策系统 一种以计算机为基础的决策系统。其原理是存在某种特殊条件时,计算机内事先编好的程序可以根据情况确定相应的指令,从而自动作出决策。

automatic decree feedback equalizer (ADFE) 自适应判决反馈均衡器 一种利用判决后的信号作为后向抽头的输入信号,可以消除噪声对后向抽头信号的影响的均衡器。

automatic deduction 自动演绎 也称“机器定理证明”,是从一定规则及事实出发自动推出结论的推理。J. A. Robinson 提出的归结法使计算机利用逻辑完成自动演绎推理成为现实。

A

automatic deductive method 自动演绎法 自动定理证明的一种主要方法，其基本思想是依据推理规则，从前提和公理中推出许多定理，如果待证明的定理恰在其中，则定理得证。它又分为向前推理（从前提到结论）、向后推理（从结论找前提）和双向推理等方法。

automatic dialing unit (ADU) 自动拨号装置 能够自动产生拨号数字信号的装置。

automatic dialup 自动拨号连网 对网络节点或工作站的一种设置，使得用户每次需使用网络时，如收发电子邮件时，不用执行显式连接命令就发出连网的呼叫。

A

automatic dictionary 自动字典 一种翻译装置，它是语言翻译机的一部分，其内容可被翻译机阅读。它能使翻译机进行从一种语言到另一种语言的逐字翻译。自动字典用在自动检索或自动编码系统中，进行编码或译码时，它用代码来代替字或短语。

automatic digital message switching center (ADMSC) 自动数字报文交换中心 AUTODIN 自动数字网络的一部分。它由自动数字报文转接、完成 ADMSC 和传输设备之间进行信号转换的调制解调器、通信保密设备和技术控制设施组成。

automatic digital network (AUTODIN) AUTODIN 网，自动数字网络 美国军事通信系统的一种数据传输网络。它是美国西联电报公司早期为美国政府提供的一种星型网络，系统中仅有一个存储转发中心。

automatic dimensioning 自动尺寸标注 计算机辅助设计(CAD)通常具有的一项功能。若此功能设置为有效，当绘制一个图形块时，则根据它在整个图形中的相对位置及应用经验，自动确定其几何尺寸，并立即在图形块旁边标注出来，作为加工的依据。

automatic directory listing 自动目录列表 当收到一个无文件名的 URL(统一资源定位器)时，默认情况下将提供一个目录列表。也称"目录浏览"。

automatic discover of attribute 属性的自动发现 由学习系统按知识目标的属性自动对其实现分类的过程，称为属性的自动发现。在研制按属性对目标进行分类的软件时，重要的一点是在给定一组目标的属性后，建立分类模型，寻找出足以有效地划分目标的一组属性，并据此实现目标的分类。

automatic document classification 自动文献分类 在计算机自动文献处理中，根据已有的分类法，对文献内容加以分析，与分类法的类目内容加以比较，以自动赋予文献目标类号的过程和结果。其主要的方法有：语义分析法、语法分析法和统计法。其中以统计法使用较多。

automatic document clustering 自动文献归类 使用计算机采用某些算法自动地实现文献归类。其主要方法有：关联词法、文献-文献相似性矩阵法、聚从法和因子分解法。自动文献归类与自动文献分类不同。它不是根据已有的分类法，而是通过被分类文献的互相比较，自动对其归类。

automatic document retrieval system 自动资料检索系统 一种由计算机控制的资料检索系统。它能根据客户提出的要求，自动地对已按某种顺序组织好的文献数据进行检索，并输出选中文献的摘要或全文。

automatic drafting 自动绘图 在绘图软件支持下，根据设计者给出的图形参数，自动生成图形文件，并在绘图设备上输出完整图形的全过程。同 automated drafting。

automatic dynamic incremental nonlinear analysis (ADINA) 自动动态增量非线性分析程序 一种广泛应用的大型非线性结构分析通用程序，它能对固体结构与流体相互作用下的静动力位移及应力进行分析，既适用于线性分析，也适用于非线性分析、包括几何和物理非线性。该程序采用牛顿法等求解非线性方程组，对于动力学问题还配有子空间迭代、行列式搜索、分部积分等方法，求解效率较高。

automatic electronic switching centre 自动电子交换中心 以自动电子方法来转接数字数据的通信中心。它能使任意组合的中继线、用户线或专用线相连接，可以在无人操纵的情况下自动接收、选择、存储数字信息并予以转发。

automatic emulation switching 自动仿真转换 在打印机中，不用人工干预就能改变打印机控制语言的能力。采用自动仿真转换的打印机读出由输入文档使用的诸如 PostScript 或 PCL 这样的语言，并自动进行调节。

automatic equalization 自动均衡 对线性失真的自动补偿过程，一般由自适应横向均衡器控制。

automatic error correction (AEC) 自动错误纠正 在数据存储或传输时，运用错误检测码和错误校正码进行自动检测和纠正错误的方法。可以利用专门校验码来完成(如冗余码)，也可以使用数据重取(对计算机系统)或数据重传(对通信系统)的方法来实现，而其校正错误的程度视编码及设备的配置而定。

automatic error detection 自动错误检测 计算机系统或传输系统中对数据出错能自动发现并且能够给出有关信息的技术和过程。这种技术可以发现差错但不能纠正差错。与此有关的技术是自动错误纠正。参见 automatic error correction。

automatic exchange 自动交换(机) (1)无需人工干预的信息交换方式。(2)使用户可以自动通话的电话交换装置。它由呼叫用户的电话装置启动，不需要操作员干预，就可实现用户间的通信。

automatic file sort 自动文件分类 按照某个预定的标准，系统自动地对文件进行分类，如按名字的字母顺序分类。

automatic flowcharting 自动绘制流程框图 一种程序的功能,将某程序的源语句作为输入,根据这些源语句以及预先约定的适当符号,将该程序所表达的程序流程图在打印机或绘图机上自动地绘制出来。

automatic forwarding 自动转发 电子邮件系统的一项设置,使系统能将所有收到的邮件重新传送到另一个地址。

automatic frequency control (AFC) 自动频率控制 在确定的限度内,能使振荡器的频率自动调整的功能。实现这种功能的电路简称 AFC 环。AFC 环主要由鉴频器和受控本地振荡器等部件构成。后者大多采用压控振荡器。鉴频器的作用是检测频偏,并输出误差电压。闭环时,输出误差电压使受控振荡器的振荡频率偏离减小,从而把频率拉向额定值。这种频率负反馈作用经过 AFC 环反复循环调节,最后达到平衡状态,从而使系统的工作频率保持稳定且偏差很小。参见 phase detector, voltage-controlled oscillator (VCO)。

automatic gain control (AGC) 自动增益控制 对放大器的增益进行自动调节的过程。通常是为了使随输入信号电平变化而引起的输出信号电平变化少,即用来保持输出信号电平接近恒定。实现这种功能的电路简称 AGC 环。AGC 环是闭环电子电路,是一个负反馈系统,它可以分成增益受控放大电路和控制电压形成电路两部分。增益受控放大电路位于正向放大通路,其增益随控制电压而改变。控制电压形成电路的基本部件是 AGC 检波器和低通平滑滤波器,有时也包含门电路和直流放大器等部件。放大电路的输出信号 U_o 经检波并经滤波器滤除低频调制分量和噪声后,产生用以控制增益受控放大器的电压 U_c。当输入信号 U_i 增大时,U_o 和 U_c 亦随之增大。U_c 增大使放大电路的增益下降,从而使输出信号的变化量显著小于输入信号的变化量,达到自动增益控制的目的。

automatic guided vehicle 自动导引小车 物流系统中工件输送系统所用的一种自动化运输工具。工作时小车在平坦的地面上运行,其运行是由天线探测埋设在地下的导线制导的,其位置由定位传感器进行控制。输送车的前后端都装有挡板自动刹车装置以防止发生事故。这种小车虽具有占地面积小和使用灵活等优点,但控制线路复杂、定位精度难于确保、车间的抗干扰设计要求和投资也较高。

automatic hardware failure detection and reconfiguration (AHFDR) 自动硬件故障检测与重构 AHFDR 可进行故障检测与隔离,并重构该系统,动态调用冗余部件而无需使系统停机。

automatic headers/footers 自动化标题和脚注 某些软件系统的一种特性,它允许操作员指定一次标题或脚注,然后自动地放置这些标题及脚注到每页的顶部或底部,并使页号自动增加。参见 footer, header。

automatic hold 自动保留呼叫 允许呼叫方通过按一个按钮将当前通话挂起而回复第三方呼叫的一种特性。

automatic identification and data capture (AIDC) 自动识别和数据获取 通过自动的方式来获取或收集数据的过程,如使用条形码扫描或智能卡收集数据,然后把数据存储到电脑或带有微处理器和存储器的设备中。

automatic indexing 自动标引 也称"自动索引"。使用计算机对数据库中的文献自动进行标引。自动标引与计算机情报检索、应用语言学和人工智能的研究密切相关。自动标引过程与人工标引过程相似,也要经过主题分析、查词表和将自然语言转换为情报检索语言的若干阶段。其主要方法有:语义分析法和统计法。其中以统计法最为流行。自动标引分为赋词标引和派生标引。参见 assignment indexing, derivative indexing, extraction indexing。

automatic indexing system 自动标引系统 一种自动编制文献标引的计算机系统。例如,在编制题内关键词轮排标引时,从题目中自动抽取关键词,并从题目的中央开始,按一定顺序分检后排列收录,每行收录的题目,如在左边部分超出就排在右边,右边部分超出就排在左边,在超过一行规定字数的部分置上"+"号,在题目的最后置以"="号。查找题内关键词标引时,从每行中间,自上而下地查找所列的关键词。当找到所需的关键词时,再向关键词左右方查找题目。

automatic information retrieval 自动情报检索 利用电子计算机自动进行的情报检索。

automatic intercept center (AIC) 自动截取中心 自动截取中心是位于自动截取系统中的一组设备。它是自动截取系统的一部分。它有内置的程序控制,这样,通过预先录制的或电子合成的提示把与被呼叫号码未能接通的情况自动告知给呼叫人。

automatic intercept system 自动截取系统 一种通信信息服务系统。由一个或多个自动截取中心站以及一个中央办公机构组成,专门处理截取的呼叫。

automatic Internet protocol addressing (AutoIP) 自动 IP 寻址技术 在没有动态主机配置协议(DHCP)服务器或其他 IP(网际协议)地址分配机构的参与下,一种由设备自动获取合法(即有效)IP 地址的技术。采用这项技术,设备可以从预留的 IP 地址集中随机选取一个 IP 地址,向本地的网络发出询问,确定该地址是否正在被其他客户机使用。设备不断重复选址和校验的步骤,直到发现一个没被占用的地址。自动 IP 寻址技术基于因特网工程任务组(IETF)制定的因特网草案,用于通用即插

A

即用的联网。

automatic interrupt 自动中断 一种在程序执行过程中产生的中断，它使控制转移到一特定的存储单元。中断可由程序错误、设备故障、输入/输出功能或外部控制(如来自另一处理机的调用或计时器等)引起。

automatic justification 自动对齐 某些文字处理系统上的一种可用功能，它能将外加的空格插入到两个单词或两个字符之间，使得各页的左、右边都对齐。

A

automatic laser shutdown (ALS) 自动激光关闭 技术遵循国际电信联盟-电信标准化部门(ITU-T) G. 664 标准，在发生光缆断裂时，这项技术能自动关闭激光发射器的功率输出。这是一种安全措施，它能阻止过强的激光泄漏伤及人眼。

automatic level control (ALC) 自动电平控制 针对由于器件本身变化、环境引起工作点变化等，在电路中加入的稳定电平的电路。在一定范围内，ALC 电路自动纠正偏移的电平回到要求的数值。

automatic learning 自动学习 某一功能单元通过获取新的知识或技能，或通过重新组织已有的知识或者技能，以改善其性能的过程。

automatic library call 自动库调用 由连接编辑程序或装配程序自动调用数据集的特定成员(包括标准数学程序库等)。

automatic line adjust 自动行调整 当插入或删除字符或当左右边沿及临时性左边沿改变时，自动地使文本居于指定的左右边沿之间的一种功能。

automatic link establishment (ALE) 自动链路建立 在高频(HF)无线电中，无线电台的一种能力，它无需人工干预，通常在处理器的控制下，在其本身和另一特定无线电台间建立起联系或建立起一条电路。自动链路建立技术包括自动信号发送、选择呼叫和自动信号交换。与其相关的其他自动技术有信道扫描和选择、链路质量分析(LQA)、轮询、探测、信息的存储和转发、地址保护和反电子欺骗。

automatic link transfer 自动链路转移 用以描述当前正在进行的移动台与基站之间的通信链路，从当前基站转移到另一基站发生的链路转移的过程。

automatic loader diagnostic 自动装入程序的诊断程序 一种辅助程序，用来读出和自动验证只读存储器中的内容(其中含装入程序)。当启动自动装入程序时，该程序就按既定顺序进行检查。

automatic logging 自动运行记录 某些系统中的一种特性，它自动地记录系统中所有文件的标题及日志编号，以供将来查考之用。同 automatic directory。

automatic maintenance 自动维护 不用人的直接干预就可实现的维护。

automatic margin adjust 自动边缘调整 不必人工干预就能自动确定边缘的能力。

automatic measurement technology 自动检测技术 综合利用自动检测仪与数据处理系统，对被测参数进行自动读取、显示、存储、判断和分析处理的技术。它是自动化系统必不可少的重要环节。

automatic member 自动型成分[成员] 网络型数据库中的一种记录类型。当该记录初次存放到数据库中时，由数据库管理系统自动地使该记录成为某个已知系统的一个成分。

automatic memory 自动记忆 特指汉字编码(键盘)输入方法中，操作员键入的、而词库中所没有的词语按规定自动地增加到用户暂存词库或系统记忆词库中。

automatic message 自动报文 根据内容，可将其自动地引导到一个或多个传输线路上去的报文。

automatic message accounting (AMA) 自动报文记账(系统) 一种可以自动地收集、记录通话情况并计算电话费的系统，此术语也适用于执行以上工作的办公室，也称“CAMA(中央自动报文记账)”或“LAMA(地区自动报文记账)”。

automatic message exchanging 自动报文交换 通信系统中使用的一种信息交换技术。根据报文本身所含有的信息，自动地对报文进行接收、存储、选择路由、转发等处理。这种方式也常简称“自动交换”。

automatic message routing (AMR) 自动报文寻径 根据报文内容，使输入报文自动流向一个或几个输出电路。

automatic message switching 自动报文交换 同 automatic message exchanging。

automatic message switching center 自动报文交换中心 一个根据报文包含的信息自动转发该报文的地方。

automatic migration 自动迁移 在数据软件分层存储管理程序中，把入选的数据集从主盘卷传送到第一级迁移卷，或从第一级迁移卷传送到第二级迁移卷的自动化过程，对每个入选数据集均无需特别请求。参见 general migration，interval migration。

automatic mode switching 自动模式切换 在视频适配器中，对 IBM PC 兼容机上的视频输出自动检验和调节视频适配器内部电路，使之适应相应的显示系统的模式。

automatic network switching 自动网络转接 是部门激光打印机和工作组打印机的一种功能，该功能允许这些打印机为几种不同的计算机和几种不同的网络提供服务，配备有自动网络转接的打印机可接收来自 Ethernet(以太网)、AppleTalk 或 TCP/IP(传输控制协议/网际协议)网络的数据，并且不用人工值守就可打印。

automatic noise suppression 自动噪声抑制 口授

机中的一种功能部件，它可在记录媒体的记录期间、回放期间或上述两者同时进行期间，自动降低电气噪声。

automatic number identification (ANI) 自动号码[数字]识别 (1) ANI 能自动识别发话站的电话号码或设备号码。ANI 是以模拟或数字形式存在的一串数字，告诉用户和相关系统呼入电话的始发号码，它也用于自动记账系统。(2)手机浏览器的一项附加功能，ANI 会自动对看起来像是电话号码的数字串(包括已经加入连字符或括号格式化过的)添加电话链接，点击之后会询问用户是否想要拨打该号码。如果不希望开启自动号码识别，可以将它关闭。

automatic operation and scheduling program (AOSP) 自动操作和调度程序 一种管理程序。它能为指令和数据自动地分配存储单元而不需要程序员去安排。某些 AOSP 能组织和调度各种程序系统、管理系统、调试系统、校验系统和诊断程序等。

automatic page adjust 自动页面调节 某些系统上的一种可用特性，它防止标题或一段的第一行出现在一页的最后一行，或防止一段的最后一行出现在一页的第一行。该特性在具有自动加页码的系统中尤为有用。

automatic page numbering 自动编页号 文本编辑程序自动生成页号的能力，这个功能使得用户在输入文本时不需要关心页号的问题，系统将建立所需长度的页面并加以合适的编号。参见 automatic pagination。

automatic pagination 自动标页码 在文书编辑系统中，一种能自动地建立所要求长度的页面并赋给页号，而不需要操作员判断页结束或人工加页号的特性。页号在输出正文中的显示位置也可以由程序或操作员规定。

automatic paging 自动分页[调页] (1)字处理操作中自动在每页的上方、下方或左方打印页码的操作。也包括隐形分页，即页码并不打印在纸上，而是留在文件内。(2)操作系统自动将一个作业划分成指定大小的页面，并且在作业执行过程中根据需要自动从外部存储器中将指定页面载入执行区域中。

automatic paragraph numbering 自动编段号 文本编辑程序自动生成文档中段落号的能力。

automatic parallelization 自动并行技术 一种计算机编译程序最优化技术。它把顺序程序的编码转换为多线程或矢量(或两者)码，其目的是为了能同时利用多个处理器，这些处理器是在一个共享内存多处理器(SMP)机器中。自动并行技术的目标是减轻程序员单调乏味和易错的人工并行化的处理。

automatic partition of letters 信函自动分选 邮局实现自动化的一个方面。由计算机自动分选系统识别信函和邮件上的邮政编码，实现按地址自动分类、自动盖戳、自动检错和处理错误信件，并自动把信函分送到各分类信箱。

automatic patching system 自动编排系统 在模拟计算机系统中，对各部分之间的连接工作，以程序控制代替人工操作的一种电子开关矩阵。

automatic path planning 自动路径规划 (1)根据网络拓扑和传输任务，自动安排从源节点到目标节点之间的传输路径。(2)根据机器人手臂的当前位置、预期的目标位置和周围环境的模型，由机械手控制系统自动规划出机械手到达目标的无碰撞路径。

automatic pattern recognition 自动模式识别 由计算机实现对输入的文字或图像的识别或特征分析。

automatic phase control (APC) 自动相位控制 (1)指在数据传输中，从所接收数据信号中提取出原载波而自动进行的相位控制过程。(2)在自动频率控制闭合环路中，将接收到的信号频率与本机的压控振荡器(VCO)频率均送至鉴相器，利用两个频率信号的相位差产生控制信号在闭环中多次循环，达到两者频率及相位基本一致的目的。(3)彩色电视接收机中，确保图像信号相位与频率精确的一种电路。

automatic picture transmission (APT) 自动图像传输 图像生成之后，不需要人工控制就可自动进行的一种传送。它是 20 世纪 60 年代为气象卫星开发的一种模拟图像传输系统。

automatic placement 自动布局 利用计算机，在二维有限空间内对组成 LSI(大规模集成电路)设计的各单元电路分配特定的位置。

automatic plotting 自动绘图 由计算机将大量相关数据或统计结果自动以图形形式表示出来。在很多工业及科学领域里，常用于对数据的解说和分析。

automatic poll 自动探询[轮询] 具有多个站的数据传输系统中的一种通信方式。采用多站通信网络是为了节约电路投资。各站之间的通信由控制站在程序控制下，按一定时间自动发送探询序列(包括接收站地址、设备地址、探询标志符)。如果该接收站要求传送数据，则用肯定回答，控制站收到肯定回答后，即转入数据传送处理；如果该站不要求数据传送，则用否定回答，控制站将探询序列中的下一个接收站，并重复上述过程，一直到将所有站都探询和处理完毕为止。

automatic power off 自动断电 节能计算机的一项基本功能，笔记本计算机通常都具有此功能。若无操作持续时间超过了规定的时间间隔(可以由使用者自己设定)，则按预先规定的程序，自动切断计算机中某些设备的电源。例如，若 3 分钟无键盘操作，就自动切断监视器电源；若 5 分钟无硬盘读写，就自动断开硬盘驱动电机的电源。计算机系统主要部分自动断电后，能有效地维持非易失性存储器中的信息，也仍然维持监视部件的电源，以便在有操作时能自动恢复供电。

automatic priority group (APG) 自动优先级组 (1)优先权管理系统中所管理的一组设备优先权信号，它们的优先权顺序是按特定算法分配的，以期提供 CPU 与 I/O 资源的最佳应用。(2)在某些操作系统中，处于同一优先级水平的一组任务，根据一种试图提供对处理机和输入/输出资源最优化使用的算法，对其进行调度。参见 dynamic dispatching。

automatic private IP addressing (APIPA) 专用 IP 自动寻址 Windows 操作系统中的一种功能，它能自动为装有该系统的机器指派 IP(网际协议)地址。如果 TCP/IP(传输控制协议/网际协议)配置为动态寻址并且动态主机配置协议(DHCP)的主机不可用，系统就从 169.254.0.1 ～ 169.254.255.254 的范围内自动配置一个唯一的 IP 地址，子网掩码是 255.255.0.0。参见 dynamic host configuration protocol (DHCP), IP address, transmission control protocol/Internet protocol (TCP/IP)。

automatic program control unit 自动程序控制单元 自动测试系统中的核心部分。它的作用是根据事先拟定好的程序对整个测试过程实现自动控制。控制方式是向组成系统的各功能单元发出指令，而各功能单元则应具有接受这种指令的输入装置。自动程序控制单元可以是程序控制器，也可以是微型计算机。

automatic program interrupt 自动程序中断 系统的一种特性，它允许计算机停止处理低优先级程序，转而处理高优先级程序，然后返回到低优先级程序的中断点，恢复低优先级程序的运行。

automatic programming 自动程序设计 人工智能研究的一项重要课题。它的目标是，当设计一个功能系统时，只需告诉计算机对任务的简单描述，然后由计算机自动生成工作程序。它的特点是程序描述的自然性与程序生产的高效率。自动程序设计技术可彻底摆脱目前的软件设计方式，用“做什么”型程序代表“如何做”型程序。

automatic program reusability technique 自动程序重用技术 (1)使一个程序模块得以在不同场合下重用的技术。这就要求此程序模块在一次应用之后，本身形态未作任何改变。(2)将程序重用技术与程序自动化技术相结合在一起的技术。即在开发一个新的大程序时，尽量利用已经用过的程序，加以拼凑连接；在软件开发工作中能够机械化的部分尽量机械化。

automatic program verification system 自动程序验证系统 在不执行代码的情况下对源码进行分析和检查，验证计算机程序与规定任务之间一致性的系统。这种系统由若干程序工具构成，每个工具负责一种检查职能。主要工具有：代码分析、程序结构复查、模块接口检查、事件序列检查等。

automatic purge/copy/redirect 自动清除、复制与改向 通信系统软件中的一种报文处理程序和扩充的操作程序控制功能的集合，它可以有条件或无条件地使报文改向到另一目的地、复制到另一目的地，或使之清除，即不进行发送。

automatic quality control 自动质量控制 对产品进行质量测试和质量控制的一种方法，在测试过程中，将产品与预定标准相比较，当产品质量水平低于标准值时，系统自动对生产过程作适当调整以提高产品质量水平使之接近或达到所规定的标准。

automatic question modification 自动提问修改 在情报检索中，为获得最佳检索效果，根据检索中遇到的困难，计算机依据检索者与计算机之间的交互操作，按照检索词连接矩阵以及其他方式，不断自动修改用户提问，以达到最佳检索效果的一种功能。

automatic queue 自动队列 在不需要程序介入的情况下，由一系列彼此连接的寄存器自动完成的后进先出(LIFO)队列或先进先出(FIFO)队列。

automatic ragged-right justification 自动向右对齐 数据文件在存储器中自动地向右对齐的功能，它使字的最后一个字符可能正好在右面的边缘上而又不超过右边缘。

automatic reactivation 自动重新激活 在 NetView 程序中，不需要网络操作员干涉的对节点从非活跃状态的激活。

automatic reading 自动阅读 利用专门自动化技术设备实现的书面正文的读出过程和正文符号的识别过程。正文的自动阅读只能达到很快将正文输入计算机的目的，而不同于一般的阅读，它不能领会文意。

automatic recalculation 自动重新计算 电子数据表格的一项功能。当此功能被设置为有效时，任何一个单元格中的内容被改变，所有与此单元格内容相关的单元格都将按引用公式重新计算，以保持整个表格内容的正确性。当表格较大时，为了避免频繁修改时的自动重算影响处理速度，可以暂时将其关闭，待表格内容修改结束后再重算。

automatic recall 自动再呼叫 占线终端装置在空闲时自动向主叫用户发出的回叫。

automatic recognition of speech 语言自动识别 利用计算机对语言信号进行分析，并根据语言单位的物理特性及统计关系对其加以识别的过程。所选用的语言单位是音位、音节或单词。所要研究的规律包括词法规律、句法规律等。

automatic reconfiguration and retry 自动再配置与复执 在紧耦合的多重处理系统和 MVS(多重虚拟存储系统)中，准许应用程序在不中断地继续运行的同时，将多重处理系统改为单一处理系统所进行的系统重新配置。

automatic record locking 记录自动加锁 在多用户数据库的数据共享中,为避免出现数据不一致问题而采取的一项措施。当一个用户执行某个修改库记录的命令时,自动地将被修改记录锁定,使别的用户无法同时对其进行修改。修改作业完毕,开始对下一条记录访问时,就会自动解除对记录的锁定状态。

automatic recovery 自动恢复 当系统出现严重故障时,能在故障排除后自动恢复运行的功能。恢复过程的启动,是由系统重装入时操作员的响应信号所激发的。

automatic recovery program (ARP) 自动恢复程序 当某部分设备发生故障时,使整个计算机系统仍能正常运行的程序。自动恢复程序一般是启动双工线路、备用计算机或使计算机转入降级工作方式。

automatic regulation 自动调节 使一个系统自动地跟踪一个给定信号称为自动调节。

automatic regulatory system 自动调节系统 在运行过程中使输出量与期望值保持一致的反馈控制系统。参见 feedback control system。

automatic remote switch (ARS) 自动远程开关 一种连网部件,使三个 RS-232 设备或三个 Telco RJ-45 设备之间能够进行切换。用于切换联机的调制解调器。

automatic repeat key 自动重复键 键盘上的一种功能键,只要按下它就可以连续地产生字符(常用于下划线及空格字符)。

automatic repeat request (ARQ) 自动重发请求 一种由接收方检测错误,如接收端发现错误则要求发送端自动重发的通信技术。发送端发送能被检错的码,接收端收到后,译码器根据编码规则,判别这些码在传输中是否发生错误,并通过反馈信道把确认(ACK)或否认(NAK)的判定结果告诉发送端,发送端收到 NAK 后,自动把接收端认为有错的信息再次传送,直到接收端认为正确为止。

automatic request for correction (ARC) 自动请求校正 一种自动校正传输错误的系统。根据请求,重发残缺不全的出错的字符。参见 automatic repeat request (ARQ)。

automatic restart"warm"recovery 自动再启动"热"恢复 是一种当系统故障后的重新启动操作,能使工作或进程损失降到最低。与重新冷启动不同,它要求系统彻底重新装入)。

automatic return 自动回车 某些文字处理程序的一种特性,在处理一个单词时,如果该单词太长,不适于放到当前行,则自动回车,并把该单词放置到下一行。

automatic reusability technique 自动程序可重用技术 将程序重用技术与程序自动化技术相结合而形成的技术。程序重用技术是在开发一个新的大程序时,尽量利用已经用过的程序,加以拼凑连接。程序自动化技术是将软件开发工作中能够机械化的部分尽量机械化。

automatic rollback 自动卷回 事务跟踪系统(TTS)的一个特征,将数据库恢复到原来的状态,放弃当前的事务。通常在网络事务处理期间发生故障时,将数据库恢复到最近的完整状态,以防止不完整事务对数据库的破坏。

automatic routine 自动例程 当满足某些特定条件时,自动地执行原来由人工执行的某些操作的例程,如当一盘磁带已用完时,自动选择另一个磁带槽位或另一台磁带机。

A

automatic scrolling 自动滚动 在 AIX 操作系统中,在光标移动到面板边界时自动发生的滚动操作。

automatic search catalog 自动搜索目录 在某些操作系统中的一种目录。它可被连接编辑程序搜索以解决那些已经搜索过输入目录后仍未获解决的引用。

automatic search service 自动搜索服务 对因特网信息资源查询可以自动完成的一类服务。这类服务不需要人和系统的一步步交互搜索,而是自动完成对远程计算机信息的查询。属于这类服务的有自动标题搜索和自动内容搜索。与此不同的有需要人和系统交互作用,一步步通过菜单完成的信息查询方式称为浏览服务。参见 automatic title search, wide area information service (WAIS)。

automatic segmentation 自动隔断 网络适配器所具有的特性之一。当发现网络上有大量冲突时便自动暂时关闭网络通信口,在冲突消失之后,通信口自动打开,继续通信。自动隔断能在网络通信状况较差的情况下,也能保证所在的计算机运行与数据传输正常进行。

automatic segmentation and control 自动分段和控制 计算机自动地对程序进行分段的方法。它能有效地处理超过特定计算机系统的内存储器容量的程序。采用这种方法,对于较长的程序计算机能够处理而不必重新编制程序。因此,用户不必安装容量很大的内存,而只需把当前要同时执行的所有程序段装入内存的可用空间即可。

automatic segmentation of Chinese word 汉语自动分词 (1)把输入计算机的汉语语句自动切分为词的序列的过程。特定情况下分词结果中也包括一些词组或词素。汉语自动分词方法有最大匹配法、逆向最大匹配法、切分标志法、逐词匹配法、最佳匹配法、邻接表法、有穷多层次列举法等。(2)特指汉字编码(键盘)输入方法中,将输入的码元串,自动地变换为对应的字及词的序列的过程。一般是要对尚未确定的同音字词逐个地采用高频(字词)先见、最近使用(字词)先见或上下文有关语法等的自动搭配和人工选择的辅助手段来实现这种变换。

automatic segmentation of words 词的自动切分 由计算机根据规定的程序对词与词之间的无明显界线的语句分离出相应的各个词来。通常采用顺向和逆向的最大匹配法来进行切分。参见 segmentation of words。

automatic selection 自动选择 按照给定的标志自动地从文件中选出所需项目而无需人工直接参与的过程。

automatic send/receive set (ASR) 自动发送接收机 带有键盘、打印机、纸带机、纸带穿孔机、接收机和发送机的电传打字机装置。它可以联机或脱机工作。

automatic sensitivity control (ASC) 自动灵敏度控制 能将接收机的灵敏度保持在预定水平的一种自动控制电路。

automatic sequencing 自动定序 设备在无人干预的情况下将信息按序排列的能力。

automatic sequential connection 自动按序连接 由公用数据业务提供的一种设施,它能按照预定的顺序,将一组特殊地址的数据电路终端设备接至另一特殊地址的数据电路终端设备。

automatic sequential operation 自动顺序操作 为了从一组例程导出一系列的解答,要用其他参数把多种不同的初始条件加以重新计算。这种计算称为自动顺序操作。

automatic sorting 自动排序 利用计算机自动而无需人工直接参与排列某一对象的过程。

automatic sounding 自动探通术 自动探通术是通过使用非常简短的识别信息广播来对选定的通道或路径进行的检测。该识别广播可以被其他的发送站用来评估连通性、传播性和有用性,为将来使用通信或呼叫识别已知的正常工作的通道。自动探通术主要被用来提高自动连接建立(ALE)功能功效,进而提高系统的总体效率。

automatic speech processing 自动语音处理 这一术语包括不同的语音处理,如数字传输、信息的存储以及语音识别方面的语音处理。

automatic speech recognition (ASR) 自动语音识别 指人机对话中自动识别人发出的语音并作出适当响应的过程。通常是用计算机把口语的语音形式自动转换成文本形式。参见 voiceprint recognition (VPR)。

automatic speed sensing 自动速率感应 调制解调器的一种特征,它可使调制解调器在建立连接时自动确定最大速率。

automatic storage 自动存储区 一种特定的存储区域。即在程序执行状态时进行分配,而在程序执行结束时释放的存储区。

automatic storage allocation 自动存储器分配 在程序设计语言中,仅当数据对象在其作用域内执行期间,才为数据对象分配空间的一种技术。自动存储器分配是一种动态存储器分配,而程序控制的存储器分配则是另一种存储器分配形式。

automatic storage retrieval system (AS/RS) 自动存取系统 它是广泛用于仓库和现代物流中心的仓储管理系统。它一般由巷道堆垛机械、高层货架、入出库输送系统、自动控制系统、周边设备和计算机仓库管理系统等组成。它能充分利用仓库空间,降低人力成本,提高安全性。对于像冷库这样的不适合人工作的环境,它就具有更明显的优势。

automatic switch centre 自动交换中心 一种交换中心。其中任何用户端发出的信息都会通过一个或多个交换中心自动地转接到它们的目的地。

automatic switched transport network (ASTN) 自动交换传送网 具有自动交换功能的传送网。

automatic switched optical network (ASON) 自动交换光网络 ASON 是一个智能化的光网络,它采用客户机/服务器的体系结构,具有定义明确的接口,让客户端从光网络(服务器)请求服务。

automatic switching of telegraph 电报自动交换 电报交换中心所使用的一种电报交换方式。利用计算机自动识别电报的种类、优先等级、发往地点,按优先等级自动地接通目的地线路。电报局线路忙时,计算机就自动将报文存储起来,线路一有空则立即发出。

automatic system reconfiguration (ASR) 自动系统再配置[重构] 系统为适应软件或硬件的某些变动而进行的自动再配置。

automatic teaching 自动教学 用计算机进行的教学。计算机教学程序不仅可用来提供信息,而且在交互式终端上通过学生和计算机之间的相互对话能测试学生的能力。并对不正确的答案给以指导性解答,因而可以辅助教学并允许每个学生按其学习能力循序渐进。

automatic telegraph transmitter 自动发报机 能自动把编好的莫尔斯电码变成电流脉冲发送到信道上去的发报机。

automatic telephone distributor 自动电话分配机 一种能将用户打来的电话自动分配给各接线员或分机的语音设备。

automatic telephone switchboard 自动电话交换机 能根据用户拨号或按键信号自动接续用户电话的电话交换机。

automatic teletypewriter switching center 自动电传打字电报机交换中心 一种报文转发中心,这里对报文首部进行译码,以确定其目的地、保密类及优先级,并自动地在适当的线路上将其转发到目的地。

automatic test equipment (ATE) 自动测试设备 ATE 能自动快速对器件进行测量并对测试结果进行评价。ATE 可以是一台简单的计算机控制的多用途数字仪表。也可以是一套复杂的系统,包含许多测试仪器。它可以对复杂的电子封装零件、芯片、集成电路等,进行自动测试和进行差错分析诊断。

automatic test generation 自动测试生成 用计算机程序分析复杂电路板软件模型的一种先进技术。它推测设计中容易出错的各种条件,随后生成测试这些故障的程序,再在自动测试设备上执行,以评价产品的设计性能指标。

automatic test pattern generation (ATPG) 自动测试模式生成 一种自动测试软件系统。它利用计算机对被测数字电路产生测试码,通过故障模拟产生诊断辞典,并将这些测试数据编辑成测试设备进行测试时所执行的测试程序。

automatic theorem proving 自动定理证明 使计算机具有证明定理的能力。实际上,许多非数学领域的任务,如诊断、信息检索、规划制定和数学难题求解等,都可转化成一个定理证明问题。因此自动定理证明的研究具有普遍的意义。自动定理证明通常采用自动演绎法、判定性、定理证明器和机器定理证明等方法。

automatic title search 自动标题搜索 按照用户提供的标题进行信息搜索的因特网一类自动搜索服务。这种搜索机制又可以进一步分为两种:按名字进行搜索和按描述进行搜索。按名字进行搜索,是用户给出确切的标题名称然后进行搜索,这种搜索的典型服务是 Archie 目录服务。另一种是用户不能给出确切的标题名称,而是给出标题名称某些概念描述所进行的标题搜索,这种搜索的典型服务是 Veronica 所进行的搜索。

automatic tracking 自动跟踪 使一个系统的输出自动地跟踪一个可变信号称为自动跟踪。比较 automatic regulation。

automatic tracking white balance (ATW) 自动追踪白平衡 白平衡会依据被照体的色温变化追踪和侦测,并自动调整白平衡。参见 automatic white balance (AWB)。

automatic transaction recorder 自动事务记录程序[器] (1)利用最少的人工输入数据来记录有关事务的一系列信息的程序或系统。(2)在计算机工资管理系统中,用标记阅读器和数字钟来自动记录职工工作时间的一种设备。

automatic transfer power control (ATPC) 自动发信功率控制 ATPC 技术的要点是微波发信机的输出功率在 ATPC 控制范围内自动跟踪接收段接收电平的变化。它的优点是减少对相邻系统的干扰、减少衰减问题、降低直流功率消耗、改善剩余误码特性、在衰减条件下使输出功率额外增加 2 dB。

automatic transferred charge call 自动转账呼叫 根据双方原先的意图和达成的协议,把接到被叫用户电话号码的相关资费自动记录到被叫用户账上。

automatic transferred speed 自动传送速度 (1)在随机存取存储装置内,拷贝一块分区的速度。(2)在双重存储媒体系统中,将正文从一存储媒体拷贝到另一存储媒体上的速度。

automatic translation 自动翻译 自动翻译即机器翻译。利用计算机模拟人的翻译功能,通过对输入语言的分析和输出语言的综合,实现人工翻译的自动化。

automatic transmitter identification (ATI) 自动发射机识别 在建立通话时自动发送电台呼号(一台一号,在一国范围内不可相同),便于无线电管理部门监测识别,以便发现未经注册或非法使用的电台的一种功能。呼号编码一般用两个字符加上四位数字,或一个字符再加上五位数字等编号方案。

automatic typesetting 自动排版 采用电子计算机控制的排版系统。它由文字发生器和照相机构及专用软件等组成。

automatic variable 自动变量 在某些程序设计语言中,在子程序或函数调用时分配的变量,它在子程序或函数终结时解除。比较 controlled variable。

automatic vehicle location system (AVLS) 自动车辆定位系统 车队的某一车辆在规定区域内活动时,可以自动确定其位置并显示其活动路线的系统。它通常由定位分系统、数据传输分系统、控制和数据处理分系统等组成。

automatic voltage regulator 自动调压器 一种能在输入电压及负载变化的情况下维持衡定输出电压的设备。

automatic volume recognition 自动文件卷名识别 操作系统自动识别文件卷名的一种功能。这些文件都带有卷名,在一个作业步之前,操作员把它们放置在可用的输入输出装置上,操作系统即可自动识别。

automatic volume switching 自动文卷转换 提供利用贯穿两个或多个文卷的顺序数据集的能力,以及利用存储在不同文卷中的并置数据集的能力。

automatic warehouse control 自动仓库控制 计算机自动管理仓库中所有物品的全部库存量及其存放位置。根据从终端输入的请求,由计算机控制的设备自动检索所要的物品。

automatic white balance (AWB) 自动白平衡 自动白平衡调整功能是根据通过其镜头和白平衡感测器的光线情况,自动探测出被摄物体的色温值,以此判断摄像条件,并选择最接近的色调设置,由色温校正电路加以校正,白平衡自动控制电路将白平衡调到合适的位置。

automatic word wraparound 自动字转行 使某个不宜放入当前行的太长的单词自动放置到下一行的过程。这一过程使得行的末尾总以最适宜的形式出现。

automatic working set trimming 工作集自动修整

在 Windows NT 中，为了增加系统中可用内存的数量，虚拟内存管理程序中使用的一种技术，当可用内存变少时，虚拟内存管理程序会减少每一进程工作集的大小。参见 working set。

automation　自动化　(1)使工艺或机器自动执行或自动移动的技术。也指制作器件、机器、工艺或程序完全自动化的相关技术。(2)有关过程自动化的理论和技术，如自动控制的研究、开发和应用等。

automation equipment　自动化设备　实现自动化所必要的各种物质手段，它是自动化仪表和装置的总称。其内容包括：①获取信息的工具——各种传感器及检测仪器；②传递信息的工具——运动装置及数据传输设备；③变换与加工信息的工具——各种信号变换及转换器、调节器与控制装置、计算机；④执行信息的工具——各种执行机构。

A

automation simulation　自动模拟　用计算机来模仿生物生长过程，或让计算机对程序、活动或信号自动地作出响应，并能根据事先计划的条件、规则而构成逻辑决策的自适应系统。有的自动机可以模仿生命器官对环境条件作出的反应。

automaton　自动机　(1)用来模拟高级生物属性而设计的一种类似机器人的自动装置。(2)离散数字动态系统的数学模型。按照存储量是否有限分为有限自动机和无限自动机两类。有限自动机常用作数字电路的数学模型，也用来描述神经系统和算法。无限自动机主要用来描述算法(如图灵机)，也用来描述繁殖过程(如细胞型或网络型自动机)。(3)凡是能够自动地按预先安排好的操作步骤动作的设备，或自动地响应预先设计的程序和信号的设备，以及模拟人类活动而不必让人们逐步进行操作指导的装置(如机器人)，均称为自动机。

AUTOMEX　自动报文交换　automatic message exchange 的缩写。

automonitor　自动监督(程序)　微型计算机系统记录自己的运行情况，并在程序执行期间进行监督和验证的一种程序。

automorphism　自同构　一个代数系统到其自身的同构映射。设 S 是一个群(环、模、域，……)，S 到 S 的同构映射称为一个自同构。若 $a \in S$，定义映射 σ_a，对于任意的 $x \in S$，有

$$Z\sigma_a(x) = a^{-1}xa$$

这样的自同构称为内自同构。

automount　自动安装　在 NetWare 中，指一个图形实用程序，提供图标式的树形结构，以简化用户的定位和使用服务器、文件系统或者卷的工作。

autonomous agent　自主代理(程序)　自主代理是在开放的、不可预知的环境中可以独立运行的一种软件或机器人实体。自主代理程序常被称为智能代理或代理，它能够与其他的代理进行通信，完成一些自动处理过程。自主代理目前应用于各种领域，如计算机游戏、交互式影院、信息提取和筛选、用户界面设计、电子商务、交通工具和航天器的自动导航以及工业过程控制等。参见 agent。

autonomous automaton　自主自动机　没有输入或输入内容不变的自动机。该自动机的状态集合分为数个彼此不连通，而各自内部皆连通的部分。每个部分都是一个圈形循环：$q_{i1} \to q_{i2} \to \cdots \to q_{in} \to q_{i1}$。在这个圈形循环上的某些点可能长出树。这些树以循环的点为根，树的每一个节点都是一个状态。树的节点间的连接方向是从树梢指向树根方向。

autonomous channel operation　自主通道操作　与中央处理机的通道无关的传输操作。

autonomous computer system　自治计算机系统　一个自治的计算机系统由一个或多个 CPU、一个存储器、一个或多个输入输出处理设备、外部设备组成，运行一个单独的操作系统。

autonomous computing　自治计算　这是一个由 IBM 创造的术语，用于描述它们对未来计算发展方向的看法。它是以人体中央神经系统发生的自治功能类推而来的，自治计算由“能自我管理、自我诊断和对用户透明的”网络组成。IBM 把它看作思想上对未来计算的范式变迁，因为计算机用计算速度来定义的越来越少，而用对信息存取能力来定义的越来越多。

autonomous confederation　自治联盟　由多个分开的自治系统(AS)构成的一个集合。联盟内各自治系统互相获取的网络可达性和路由选择信息都是可信赖的。从其他自治系统获取的这些信息则是不可信的。参见 autonomous system (AS)。

autonomous device　自治装置　在系统中独立工作的设备，该设备在时间上不依赖于其他设备。

autonomous finite automaton　自治有限自动机　一种特殊的自动机器，其状态转换函数和输出函数都与输入符号无关。这种机器不需要输入，是一种序列发生器。自治的线性自动机在编码、保密通信等方面有重要应用。

autonomous guidance technology　自主式制导技术　一种不需要提供目标的直接信息，也不需要飞行器以外的设备配合，而仅靠飞行器自身装载的测量仪器测量地球的某些物理特征，从而确定飞行器的飞行轨道，控制引导到达目标。自主式制导的特点是飞行器的飞行完全自主，因而不易受干扰。自主式制导又分为相关制导和惯性制导两种。参见 related guidance，inertial guidance。

autonomous model　自治的模型　一种假设实际系统不受周围环境影响的模型。

autonomous packet switching　自治信息包交换　信息包交换的一种方式，网络中每一个信息包都按照自身的路由信息独立自主地发送。

***Autonomous Robots*　《自主式机器人》**　荷兰 Kluwer Academic 出版社出版，1994 年创刊，全年 6

期,SCI(科学引文索引)、EI(工程索引)收录期刊。论述具有一定自由度的机器人系统的理论与应用,涉及自主式机器人的控制,实时视觉,自主型轮式与履带式车辆,腿式车辆,自主系统计算体系结构,学习、控制及适应方面的分布式体系结构应用,地形映象与识别,机器人自校准与自修复,智能结构自再生等。

autonomous switching **自主交换** Cisco(思科)路由器的一种特性,提供更快的包处理。这是由于允许 Cisco 总线独立地进行包交换而不需要中断系统处理器。

autonomous system (AS) **自治系统** (1)由一套单独管理规则负责管理的一组网络和网关。(2)共享一种公共寻径策略的公共管理下的网络采集系统。自主系统必须被赋予一个唯一的 16 位数码,这一数码由网络信息中心(NIC)分配。把一个复杂网络分成很多 AS 的目的是降低路由总开销,并减轻网络管理的负担。(3)在互联网中,由一个管理实体管辖下的一组网关和网络构成的集合。这个集合中的各个成员紧密合作,通过使用一个公共的内部网关协议(IGP)进行协作工作。如果成员单位的网络路由器准备采用 EGP(外部网关协议)、BGP(边界网关协议)或 IDRP(域间路由协议),可以申请自治系统号码。参见 exterior gateway protocol (EGP), border gateway protocol (BGP), inter domain routing protocol (IDRP)。

autonomous system boundary router (ASBR) **自治系统边界路由器** ASBR 位于 OSPF(开放最短路径优先)自主系统和非 OSPF 网络之间。ASBR 可以运行 OSPF 和另一路由选择协议。参见 open shortest path first (OSPF)。

autonomous system number (ASN) **自治系统号** 网络上标识一个自治系统的标识符。自治系统号在路由仲裁数据库中维护。

autonomous working **自主工作** (1)并行工作或同步工作的一种类型,如同时独立地执行多条指令。(2)设备的一种工作方式,即系统中的一部分设备可以独立进行工作,而与系统中的其他设备无关。例如,一个系统的配置可以包括若干台共享存储器的不同类型的处理机,若干个速度不同的存储器以及若干台标准的或非标准的输入输出设备。这些设备都可以独立工作。

auto-partitioning **自动分隔** 3Com 公司和 Grand Junction 公司的交换式集线器共有的一个特性,它可以让交换式集线器在检测到某一端口出现大量包错误时自动停止该端口。

autoplacement **自动布局(程序)** 一种在印制电路板上自动确定 IC 和分立器件位置的 CAD(计算机辅助设计)程序。自动布局程序可根据设计规则对器件的位置进行优化,以满足在总连线长度及局部连线密度等方面的要求。

AutoPlay **自动播放** 微软 Windows 系统中可自动操作 CD-ROM(只读碟)的特性。当一张光碟插入 CD-ROM 驱动器时,系统自动寻找光碟上名为 AUTORUN. INF 文件,如找到了就打开该文件并执行其中的指令,实现自动播放。

autoplotter **自动绘图仪** 允许用户以最少的控制自动地产生多种绘图数据的系统。它具有多种格式的输入和输出,它能绘制段落、直方图、总线图等。

auto-poll **自动轮询** 系统主动地检测各设备的状况,周期性地确定每个设备的状态的过程,以便执行中的程序可以处理由每个设备所发生的事件,如鼠标键是否按下、串行口是否有数据等。与事件驱动处理相比,后者是操作系统通过中断或发出信息的方法通知系统。

autoreconfiguration **自动重构** 令牌环网的出错区域中由节点执行的过程。节点自动执行诊断测试,试图重构出错区域周围的网络。

auto redial **自动重拨** 电话机、传真机或调制解调器的一种特性,在放弃与繁忙线路建立连接之前自动重拨预先设定的次数。

auto-refresh **自动更新** 指实时的数据库记录和字段更新而不需要用户作任何操作。

autoregressive process **自回归过程** 一种研究自相关的数学方法。它能帮助一个随时间取值的变量去估计该变量过去或将来可能的取值。进行上述分析的过程称为自回归过程。

auto removal **自动拆除** 在令牌环网中,在没有人工干预时将一台设备(如一台联网 IBM 个人计算机)从数据传递活动中撤出。自动拆除是由令牌环网适配器实现的。

autoresponder **自动响应程序** 自动响应程序是运行于计算机服务器上的一种软件程序,该服务器不间断地与因特网相连接。自动响应程序有一个电子邮件地址。如果某人向自动响应程序发送一个电子邮件,则自动响应程序立即自动向此人发送一个标准应答的电子邮件(如:谢谢您给我发送的消息,我将很快回复),与此同时,它还向拥有自动响应程序的人转发进来的消息(因此,该自动响应程序拥有者可以稍后回复这一电子邮件消息)。这样,如果向某人发送电子邮件,并且立即得到回复,用户便知道将消息发送到了自动响应程序。

autorestart **自动再启动** 在设备或电源出现的故障消除后,计算机系统自动地执行各种初始化的特定功能,亦即自动启动的能力。

autorestart mechanism **自动再初启机构** 计算机等电子系统的一种特定功能。当它们出现错误而停止时,就在停止以后又可以自动初启。

autorouting **自动布线** (1)在印制电路板上,按预先给定的一套设计规则,自动完成相应信号管脚的连线。(2)在集成电路计算机辅助设计中,自动完成布线。

autosave **自动存储[保存]** 一种程序自动地保存打开的文件信息到磁盘或者其他存储媒体的特征，存储以预置的时间或者在指定的键盘操作之后进行，自动存储是一种保证文档的改变不断被保存的方法。

autoscore **自动划线** 在显示的文本下自动划线的操作。

auto scroll **自动滚动** 显示窗口的一个特性，当把鼠标器的指针移到当前窗口外时，会自动滚动窗口中显示的内容。

autosizing **自动缩放** 显示器按某种分辨率接收信号而按另一种分辨率显示图像的能力。该项功能使得显示器可以在保持图像高宽比例的前提下放大或缩小图像，以适应可用的显示空间。

autostart job **自启动作业** 一个进行重复工作或者对某个子系统进行一次性启动的作业，与一个子系统有关的自启动作业每次在子系统启动时自动地启动。

autostart routine **自动启动例程** 计算机通电后激活的一组指令。例程中的指令执行诊断检测，检测计算机的存储区，然后装配操作系统，最后把控制交给操作系统。

autostereogram **自身立体图** 一种由计算机生成的图像，广泛用于书籍和海报中，看上去像一个抽象设计，但用户在图像的远处观察时，若不试图集中观察隐藏图片本身，图像会以三维图片的形式显现。自身立体图也被称为单图像立体图(SIS)，其中的重叠设计由重复图案组成。其中的设计看起来像是彩色点随机模式的那些画面称为单图像随机点立体图(SIRDS)。也简称立体图。

auto-tonal adjustment **自动色调调节** 自动将图像的色调调整到预定义的一组值。

auto transformer **自耦变换器** 电流、电压或阻抗的变换装置。其中部分初级和次级绕组是共同的。

A/UX **A/UX 操作系统** 运行于 Apple 公司的 Macintosh Ⅱ上的 UNIX 操作系统版本。A/UX 是基于 UNIX System V 发布的标准，包含了大量的 Apple 功能，如支持 Macintosh Toolbox，这样应用程序可使用 Macintosh 的用户接口。运行 A/UX 需要 Macintosh 具有 Motorola 68020 或更高的微处理器及至少 4 MB 的内存。

AUX **辅助设备** DOS(磁盘操作系统)操作系统中的辅助设备名，通常为默认的第一个串行通信口，也就是 COM1。AUX 是 auxiliary 的缩写。

auxiliary access storage **辅助存取存储器** 比普通内存的容量大而存取速度较慢的存储装置。

auxiliary carry bit **辅助进位位** 某些微处理器为了实现十进制加法而设置的一个进位标志。它指出从第 4 位产生的进位数。为十进制调整累加器指令提供进位信息。

auxiliary circuit **辅助电路** 完成辅助功能的电路。

auxiliary computing system **辅助计算系统** 对其他计算机系统起辅助作用的计算机系统。

auxiliary console **辅助控制台** 主控制台以外的控制台。

auxiliary control element (ACE) **辅助控制单元** 电信网络中的一类没有终端电路的硬件模块。ACE 模块主要为交换系统提供支持辅助功能，与终端模块不同，这些支持辅助功能可以用更灵活的方式分配给 ACE，不同功能的 ACE 模块的硬件完全相同，只是装载的软件不同，并且一旦出现故障，还可由别的 ACE 接替工作。这些辅助功能包括计费分析、中继资源分配、统计等。

auxiliary data **辅助数据** 与主要数据相关而与计算本身无关的数据。它不属于主要数据的一部分，如备份数据。

auxiliary directory **辅助目录** 在 CMS(会话监督系统)中，CMS 文件目录的扩充部分。它包括了不在 CMS 文件目录中的某些 CMS 模块的名称和位置。

auxiliary equipment **辅助[外部]设备** 计算机的外围设备，它可以和中央处理机直接连接也可以不直接连接。

auxiliary executable statement **辅助执行语句** 在过程控制语言中，指把格式语句传送给传送区的发送格式语句，以及强制地把主存的内容传送给辅存的语句。

auxiliary memory **辅助存储器** 不能被计算机中处理器直接访问的任意存储媒体，也称“二级存储器”或“外存储器”，是为了扩充主存储器容量而使用的一种存储器(如磁带、磁盘、磁鼓等)。辅助存储器往往比主存储器能存储更多的信息。在计算机控制下，它可以与主存储器成批地自动交换数据和指令。

auxiliary network address **辅助网络地址** 在某些通信系统软件中，除主网络地址外，分配给一具有并行通话能力的逻辑单元的任一网络地址。比较 main network address。

auxiliary operation **辅助操作** 不直接在中央处理机控制下的设备所进行的操作，如接收中央处理机指令和数据的打印机通常依靠自身线路和存储能力实现打印输出。

auxiliary processor **辅助处理机** (1)计算机中执行辅助操作的任何设备。(2)一种专业化处理机，如阵列处理机、快速傅里叶变换处理机，或输入输出处理机。通常用来通过并行操作以提高处理速度。

auxiliary pushdown automation (APDA) **辅助下推自动机** 双向下推自动机的一种扩充。它带有一

个通用的存储器，其形式为有界空间的图灵带。

auxiliary relay 辅助继电器 也称"中间继电器"，用于增加控制电路中的信号数量或信号强度的一种继电器。中间继电器用于继电保护与自动控制系统中，以增加触点的数量及容量，用于在控制电路中传递中间信号。

auxiliary route 辅助路由 与基本路由不同但可替代基本路由的路由。

auxiliary routine 辅助例程 帮助计算机工作和调试其他程序时使用的一种例行程序。通常为系统软件的一部分。

auxiliary-second general processor 辅助二级通用处理器 通过与主处理器并行操作来加速运算速度的专用处理器，如数据处理器、FFT(快速傅里叶变换)处理器或IOP(输入/输出处理器)。

auxiliary storage 辅助存储器 (1)为扩大主存容量而设置的存储器。它是主存以外的数据存储器，采用快速的半导体器件做成的辅存容量是主存的几倍到几十倍，但速度慢，用户把辅存视作磁盘机使用，但它与主存的传输速率是磁盘的几十倍，利用辅存可存放大量的文件，大大地减少系统访问外存的次数，提高系统的效率。(2)在一数据处理机系统中，指不由计算机直接存取的任何存储器介质，如磁盘或磁带。同 external storage，secondary storage。比较 main storage。

auxiliary storage management (ASM) 辅助存储(器)管理 (1)在操作系统中，调页管理程序中的一组例行程序。它对页面在内存和外部页面存储器中的传送进行控制。(2)某些虚拟存储系统中的一种管理程序，它控制外部页面存储器中页面的分配和释放，并控制页面数据集上的输入/输出操作。

auxiliary storage pool (ASP) 辅助存储池 在某些系统中，一组在磁盘单元中定义的构成替换存储器的单元，提供一种在指定磁盘单元中分隔某些对象以防止其他磁盘上因磁盘媒体故障而数据丢失的方法。

A/V 音频/视频，视听(设备) audio/video 的缩写。

availability 可用性，有效性，可访问性，可及性 (1)指确保计算机资源可被用户使用的性能，或指系统或资源准备好的执行其功能的程度。(2)在某一时间内，网络处理设备正确工作的时间百分比。(3)软件在投入使用时能实现指定功能的概率。(4)一个功能单元能够被使用的总时间与该功能单元需要使用的总时间的比率。(5)在计算机安全中，在授权主体的请求下可访问和可使用的特性。(6)功能单元在一种状态下，在给定条件下和在指定时间内进行所需功能的能力，假定所需的外部条件都满足。参见 instantaneous availability。

availability control 可用性控制 为了提高系统或资源的利用率，利用检错和纠错功能及系统重新配置能力的一种控制操作。

availability factor (AF) 可用系数 元件或系统在给定时间内的可用小时数与该给定时间小时数比值的百分数。

availability model 可用性模型 用于预测、估计、判定软件、系统或某个项目的可用性的模型。

availability performance 可用性性能 设备在其可靠性性能、可维护性性能和维护保持性能相结合的情况下，在指定的时间条件下去完成或准备完成其必要功能的能力。

availability ratio (可)利用率 总服务时间与有效服务时间(总服务时间减去故障时间、维护时间、辅助时间等停机时间)之比。

available bit rate (ABR) 可用位速[比特]率 一种ATM(异步传输模式)层服务类型，建立有限的ATM层传输。ABR是由ATM论坛为ATM网络的服务按照位速率的特点定义QoS(服务质量)的四个类别(可用位速率、恒位速率、未指定位速率、可变位速率)之一。这类服务是对UBR(未指定位速率)的改进。ABR的设计目的是使数据业务(非实时业务)能够充分利用其他高优先级业务(恒位速率和可变位速率)剩下的可用带宽，它采用一个流控制机制支持若干类型的反馈以控制数据源的速率，并试图在所有的ABR用户之间以公平合理的方式动态地共享网络的可用带宽。进入因特网的用户一般都是与其他用户共享带宽，他们中的大多数用户都不预定带宽，而是随时分享可用的位速率。随着其他用户的离开或新入网，总的可用位速率也在不断变化。这样可减少信元的丢失概率，它不要求有可靠保证的带宽或严格的操作原则，相反，它可以根据网络特有的分配策略合理利用可用带宽资源。参见 constant bit rate (CBR)，unspecified bit rate (UBR)，variable bit rate (VBR)。

available file space 可用文件空间 在选项单或目录表中的一种描述，指出在达到文件容限之前可以送入的字符数。

available frame count 可用页帧数 在操作系统中，已准备就绪可由虚存页面占据的页帧数。

available machine time 可用机器时间 计算机系统可供实际操作使用的时间。在这时间内机器是完全正常的，但在这可用时间内机器可能没有真正的全部使用。它与计算机时间及运行时间同义。

available memory 可用存储器 在计算机中，在建立现用文件后，可被使用的存储器的字节数。

available mode 可用状态 在数据库系统中，记录所处的一种状态。在这种状态下，记录可供数据库控制系统访问，并且不在另一个运行单位的特有控制之下。

available of data 数据可用性 当用户需要数据时，数据就以用户需要的形式放在用户需要的地方的一种状态。

A

available page queue **可用页队列** 当前可用来分配给任何任务的实际存储页的队列。

available point **可用点** 在计算机制图中的一个可编址点。该点的特征(如颜色、灰度或开/关条件)是可以改变的。

available rate **可利用率** 机器可用时间与可用时间加故障时间的比率。

available space **可用空间** 堆式存储分配方案中的一种存储空间。其中包括尚未用过的存储空间以及虽用过但又释放了的存储空间。

A

available state **可用状态** 在要求的外部资源得到保证的条件下,元件或系统能够执行规定功能的状态。

available state **可达到的状态** 设备在配置后所处的状态,在用户可调设备对象类(CDOC)中的设备状态域反映出一个设备是否在该状态中。

available time **可用时间** 从用户的观点看,可使用某一功能设备的那段时间。比较 maintenance time。

available to promise **可签约量** 公司库存量或计划生产量中尚未签约的部分。这种数字通常可由生产计划计算出来作为签订销货合同的依据而不断调整。

available unit queue **可用单元队列** 在通信系统软件中,主存中的一种队列,在给要求缓冲区的ACF/TCAM(高级通信功能/远程通信访问法)线路和应用程序分配内存单元之前,该队列由初始分配的所有缓冲单元所构成。

avalanche effect **雪崩效应** (1)由于强电场,使气体分子电离引起电子和其他带电粒子加速运动和碰撞,因而释放更多的电子,再发生更多的碰撞而形成自维持放电,这种积累效应称为雪崩效应。(2)在半导体中,由于施加外电场而使载流子急剧积累增加的现象。

avalanche photodiode (APD) **雪崩光电二极管** 一种半导体光器件。在加偏压作用下,初始光电流通过电荷载流子累积倍增而得到放大。加大的偏压到接近击穿电压时会产生"雪崩"(即光电流成倍地激增)的现象,因此这种二极管被称为"雪崩光电二极管"。

avalanche photodiode coupler (APC) **雪崩光电二极管耦合器** 将光纤传送来的光能耦合至光纤数据通信线路接收端作光电检波器用的 APD(雪崩光电二极管)光敏面上的一种耦合器件。这种耦合器可能仅仅是用环氧树脂固定在 APD 上的一截尾光纤。

avatar **化身** 在虚拟现实环境中(如某些类型的因特网聊天室),一个用户的图形表示方法。化身通常是指男人或女人的普通图片或动画、用户的照片或漫画、动物的图片或动画或是由用户选择的对象,以描绘其在虚拟现实环境中的"身份"。

AVC (1)自动音量控制 automatic volume control 的缩写。(2)音频视频连接 audio visual connection 的缩写。

AVDL **应用脆弱性描述语言** application vulnerability description language 的缩写。

AV drive **AV 驱动器** audio visual drive 的缩写。

average (AVG) **平均** 指平均值,即求得一组数值的一个代表值。有几种类型的平均值,如算术平均值、几何平均值等。但是,最常用的是算术值。实际上当我们提到平均值时,多指算术平均值,或简称"平均数"。

average access time **平均存取时间** 指在存储设备上找到指定数据的平均时间,单位为毫秒。通常是平均寻道时间(AST)和平均潜伏时间(ALT)之和。在磁带、磁盘、磁鼓等一类磁表面存储设备中,存取时间包括寻找某个记录而移动磁头所需的时间和存储体转动所需的时间。每次存取一个记录的时间长短不一,平均存取时间就是对它们求得的平均值,是用来衡量磁存储设备工作速度的重要指标。参见 average seek time (AST), average latency time (ALT)。

average-behavior analysis **平均性态分析** 一种算法复杂性分析。在对算法的时间复杂度进行分析时不是着眼于该算法在一定输入规模时在最坏情况下(或在最好情况下)所需的运算次数,而是考虑平均所需的运算次数。

average block length **平均块长度** (1)通过用户界面传输的各个块的比特数的平均值。(2)在性能测试期间传输的总比特数对同期传输的总块数的比值。

average calculating operation **平均计算操作** 数字计算机中的一种典型计算操作。它可以作为计算机计算速度的一种指标。平均计算操作的时间一般比加法操作时间长,而比乘法操作时间短,通常用九个加法和一个乘法的平均时间来表示。

average cost **平均代价** 作算法分析时,对特定的问题要研究其最好情况或最坏情况。若问题的某种参数具有随机性,则可能研究实现算法或运行算法时的平均行为所付出的空间或时间的代价称为平均代价。例如,有几个大小不同的数字随机出现,按其出现的先后次序排队;然后任意提出一个数,问此数是否已在队中。要判定此数已在队中的平均代价是,在有 n 个数的队中寻找次数为 $\frac{n}{2}$。

average data transfer rate **平均数据传送(速)率** 在一段时间间隔内由一个设备到另一个设备传送数据的速率。这段时间包括数据块、字或记录之间的间隔时间,但不包括程序启动、查找、停止等项目所用的时间,它与有效数据传送速率同义。

average-edge line **平均边缘线** 在光符识别中的一

条假想线。它跟踪并修饰印出来的手写字符的形状，以利于传送真正所要的形状。

average gradient 平均梯度 由连接感光曲线上两个点的直线的坡度（上升率）来表示图像的对比度。

average head positioning time 平均磁头定位时间 磁盘设备磁头定位到最小半径与最大半径磁道时间的平均值。该参数是影响磁盘机存取速度的参数之一。

average increment speed 平均增长速度 反映现象在一定时期内逐期增长的程度，用倍数或百分数表示。它等于平均发展速度减 1（或 100%）。计算平均增长速度通常采用几何平均法。参见 geometric method，average speed of development。

average information content 平均信息量 信息源中每个信号码元所包含的平均信息量。有时用熵来表示。

average information rate 平均信息(速)率 在信息论中，单位时间内每个字符的平均熵，用数学符号 H^* 表示，再用 H' 表示每个字符的平均熵，用 z 表示字符集 $X_i \cdots X_n$ 中任一字符 X_i 的持续时间 Z_i 的数学期望值，则 H^* 等于 H' 除以 z，即：

$$H^* = H'/z, \quad 式中\ z = \sum_{i=1}^{n} Z_i P(x_i)\ 。$$

average interconnection length 平均互连长度 LSI（大规模集成电路）芯片内，互连各单元的电路出入端子的布线总长度除以互连的出入端子数。LSI 设计时，估算平均互连长度是为了设计单元或列之间的布线通道及线道数，以确定 LSI 芯片面积。

average latency time (ALT) 平均潜伏时间 在磁表面存储设备中，指当磁头移动到数据所在的磁道后，然后等待所要的数据块继续转动到磁头下的时间，单位为毫秒(ms)。平均潜伏时间越小越好，其值小代表硬盘的读取数据等待时间短，这就等于具有更高的数据传输率。参见 average access time。

average launch power (ALP) 平均发射光功率 光发射模块在光发射侧参考点上耦合进光纤的伪随机数字系列的平均光功率。

average of multiple image 多图像平均 一种图像处理技术。利用统计平均原理，通过对多幅拷贝的原始图像中每点的信息进行平均，以减少随机噪声，增加图像中的有效信息。

average operation time 平均运算[操作]时间 计算机执行一组特定操作所需的时间除以操作的次数所得的平均值，如执行一次加、减、乘、除的平均时间是将这四个操作数的总时间除以操作的总数（即 4）。

average picture level (APL) 平均图像电平 行有效期间图像信号幅度的平均分量在整个帧周期（不包括行、场消隐期间）内的平均值，并以亮度信号幅度标称值的百分数来表示。当 APL 低时，图像就暗，当 APL 高时，图像就亮。

average path length 平均路径长度 (1)在数据库查询中，二叉查找算法（或二叉查找树）的平均路径长度为查找不同的键值所必需的比较操作数目的平均数或其加权平均数。(2)通信网络中的概念，它指网络各节点对间的最短路径的平均值。它是网络信息传输的一种度量。

average power 平均功率 也称“有功功率”。交流电的瞬时功率在一个周期内的平均值称为有功功率，它是指在电路中电阻部分所消耗的功率，以字母 P 表示，单位瓦特。对于正弦电压及电流，复功率的实部就是有功功率。对于周期性的非正弦电压及电流，有功功率是直流分量功率及基波和谐波有功功率之总和。同 active power。

average random access time 平均随机存取时间 计算机中有关部件从任选的一个地址出发到达另一个任选的地址存取数据所需的平均时间。对于一般外存设备来讲，平均随机存取时间大致等于最坏情况的输入输出时间的一半。

average response time 平均响应时间 计算机系统响应请求所需的平均时间。它常用于终端操作员与机器直接对话的交互联机系统。平均响应时间是各次响应时间相加除以计算机与操作员的业务处理次数。

average revenue per user (ARPU) 每用户平均收入 ARPU 是一个时间段内运营商从每个用户所获得的利润。很明显，高端的用户越多，ARPU 越高。

average search length 平均检索长度 检索过程中对关键码需要执行的平均比较次数。

average seek time (AST) 平均搜寻时间 也称“平均寻道时间”，它是衡量磁盘或光碟驱动器性能的一个重要指标。它指的是从检测磁头或光头定位到开始读盘这个过程所需要的时间，单位是 ms。这是衡量驱动器机械能力的重要指标，硬盘的平均寻道时间一般在 5 ～ 10 ms 之间，8 倍速光碟驱动器的平均寻道时间约为 200 ms。该参数当然是越小越好。

average speed of development 平均发展速度 反映现象在一定时期内逐期发展变化的程度，用倍数或百分数表示。计算平均发展速度通常采用几何平均法。参见 geometric method，average increment speed。

average stability 平均稳定性 差分格式的一种稳定方式。考虑一维热传导方程的两层格式。将 (x,t) 平面按时间步长 Δ_t 和空间步长划分为网格。如果对于任何给定的 ε 都存在与网格间距无关的正数 Δ，只要初始值误差模平方和的 Δ_x 倍小于 Δ，则由初始值误差传播引起的第 n 层网格点上函数值误差模平方和的 Δ_x 倍小于 ε，那么就说该差分格式是平均稳定的。对于偏微分方程的混合问

A

题,平均稳定性比一致稳定性更容易处理,且有比较系统的处理方法。

AVG (1)平均 average 的缩写。(2)冒险类游戏 adventure game 的缩写。

AVI **音频/视频交替格式** audio-video interleaved 的缩写。

.avi **多媒体文件名后缀** 美国微软公司的一种多媒体文件扩展名,用于存放使用微软 RIFF(资源交换文件格式)规范的多媒体信息。参见 audio-video interleaved (AVI)。

A

A/V input **音频/视频输入** 指既设置有音频又设置有视频插座的 A/V 功放接收机或 A/V 前置放大器的输入端。

AVIs **音频/视频交互服务** audio-video interactive services 的缩写。

AVL **音像库** audio-video library 的缩写。

AVLINE **音频视频联机数据库** audio-video line 的缩写。

A/V loop **音频/视频回路** 指所用 A/V(音频/视频)功放接收机和 A/V 前置放大器上安装的那些 A/V 输入与 A/V 输出对,用于与既能录音又能播放音频和视频信号的 A/V 器材连接,如一台录像机便能与 A/V 功放接收机或 A/V 前置放大器的 A/V 回路连接。

AVLS **自动车辆定位系统** automatic vehicle location system 的缩写。

AVO **视听对象** audio/visual objects 的缩写。

avoidance deadlock **避免死锁** 解决死锁问题的一种策略,当资源分配器决定是否一个资源请求需要满足,要保证有可行的执行序列使所有的资源请求得到满足。参见 deadlock。

A/V preamplifier **音频/视频前置放大器** 也称"A/V 控制器",是用来控制音量,选择节目源和完成环绕声解码功放的一种音响器材。

A/V preamplifier/tuner **音频/视频前置放大器/调谐器** 指在同一机箱内装有 AM(调幅)或 FM(调频)接收调谐器的 A/V 前置放大器。

AVR **自动盘卷识别** automatic volume recognition 的缩写。

A/V receiver **音频/视频功放接收机** 为家庭影院系统的"心脏"部分。负责接收由节目源送来的信号、选择需要观看和聆听的信号、控制重放的音量、完成环绕声解码、收听电台节目并将选定的信号予以放大,以便能推动家庭影院的成套音箱。也称"环绕声接收机"。

AVS **数字音视频编解码标准** audio video coding standard 的缩写。

AVSS **音频视频支持系统** audio-video support system 的缩写。

AVT **地址向量表** address vector table 的缩写。

awaiting repair time **等待修复时间** 从操作员报告可能存在故障到维护人员开始检修设备的这段时间。如果检查计算机没有故障,则这段时间称为操作延迟时间。

awaken **唤醒** 自动移去在文档夹中挂起的文档的保持状态并将其放入例程队列中,当一个文档放入包含挂起的文档的文档夹中时,文档就启动唤醒函数,文档的格式类型决定了一个活跃文档是否唤醒文档夹中的挂起的文档。参见 form type, hold-status, suspended。同 wakeup。

awareness network **知晓网络** 一种网络状态可由网络中央处理机知晓的网络。

away from keyboard (AFK) **离开键盘** 网络上用语,表示他离开了电脑。

AWB **自动白平衡** automatic white balance 的缩写。

AWC **集线器** active wire concentrator 的缩写。

A-weighted impulse sound pressure level **A 权脉冲声压电平** 在声学中,用声音电平表为动态特性脉冲测定的 A 权声压电平。

A-weighted level **A 权电平** 在声学中,用配合 A 权技术的标准仪表系统获得的电平,如 A 权声音功率电平或 A 权声压电平。

A-weighted peak sound pressure level **A 权峰值声压电平** 在声学中,在预定时间间隔中发生的最大瞬时 A 权声压电平。

A-weighting **A 权技术** 在声学中,声音电平表中一种规定的频率响应,使用 A 权技术的测量表对频率低于 1 000 Hz 的声音的灵敏度与人耳相比呈逐渐下降趋势。

AWG (1)阵列波导光栅 arrayed waveguide grating 的缩写。(2)美国线规 American Wire Gauge 的缩写。

awk language **awk 语言** 一种基于 UNIX 的语言,为文件处理应用软件而设计,awk 语言是 POSIX(可移植操作系统接口)命令语言和公用程序标准的一部分。通常被认为是 Perl 语言的子集。

AWT **抽象视窗工具库** abstract window toolkit 的缩写。

axes **轴线** 在二维坐标系统中,用于对图示的水平和垂直量度提供参考的线。

axial lead **轴心引线** 沿电阻、电容或其他元件的轴心末端引出的引线。

axial propagation constant **轴向传播常数** 在光纤中,传播常数用于评价光线沿光纤轴向的传播。传播常数 λ 是一个复数,其公式为 $\lambda=\alpha+i\beta$,式中实部 α 是衰减常数,虚部 β 是相位常数。参见 attenuation, attenuation coefficient, attenuation term, phase term, propagation constant。

axiom **公理** (1)客观的或公认的事实、定律的形式描述(符号表达式)。在逻辑系统中它们被表示为特定的合式公式,反映逻辑思维的最基本的规律。例如公理(¬α→¬β)→(β→α)表达了逆否命题与原命题等价这一事实。(2)数学中的各种理论都是以某些命题作为前提,只用它们不用其他假设而展开的。这些命题便称为该理论的公理。

axiomatic approach 公理方法 程序设计语言结构成分的语义形式定义方法之一。该方法将程序设计语言结构成分的语义与两种类型的逻辑断言联系起来。第一种是输入断言,假定执行某一程序设计语言结构成分之前它为真;第二种是输出断言,即从输入断言和语言结构成分(程序)的性质推导执行这个结构成分之后为真的断言。于是,这一对断言刻画了合法结构成分的输入输出状态和这结构成分的结果(语义),断言是从结构成分的状态空间和结构成分中推导出来的。该方法刻画语义的程序验证与特定的执行方法。

axiomatic semantic model 公理语义模型 数学语义模型的一种。它利用公理定义原始程序结构的含义,然后通过从原始程序结构的公理导出的定理,按程序构成的推理规则定义构成程序的含义。参见 mathematical semantic model。

axiomatic semantics 公理语义 (1)形式语义学的一个分支。不同的人在了解程序的含义时有不同的要求。公理语义学方法就是研究如何将这些不同的要求形式化,并根据这些要求严格给出程序设计语言的有关语义。(2)语义形式化的一种方法。用来证明程序的正确性。该方法是在一阶谓词演算的基础上进行如下扩充:①一组公理,其形式为:$P\{S\}Q$,这里 P 和 Q 是谓词公式,S 是一组动作(如某个程序设计语言中的一组语句)。其意为:如果在执行 S 前 P 成立,则执行 S 后 Q 成立;②一组推导规则,其形式为:

$$\frac{P_1\{S_1\}Q_1, P_2\{S_2\}Q_2, \cdots, P_n\{S_n\}Q_n}{P\{S\}Q}$$

其意为:如果横线以上的都是公理或定理,则横线以下的也是公理或定理。这种公理系统已用来描述 Pascal 和 EUCLID 等语言的语义,但它是不完备的。

axiomatic set theory 公理集合论 数理逻辑的主要分支之一。数学研究对象的概念、定义、定理与证明等均可用集合论形式表示,而有关集合论的公理系统称为公理集合论。康托尔(G. Contor)于 19 世纪 70 年代创立了集合论,罗素(B. Rusell)发现了集合论中的悖论从而引发了对公理集合论的研究,塞乐莫洛(E. Zermolo)与法兰克尔(A. Fraenkel)建立了第一个集合论公理系统 ZF 系统,此后尚有柏尔耐斯(P. Bernays)和哥特尔(K. Godel)所提出的著名的 GB 系统,这些公理系统都为排除集合论中悖论作出了贡献。参见 mathematical logic。

axis 轴 在图表或其他使用坐标的二维系统中,相交的水平和垂直基准线中的一条线,数据值是相对于这两条相交线的并标绘在图表上。通常将这两条轴称为 x 轴和 y 轴。在三维系统中,表示深度的另一条基准线称为 z 轴。

axonometric projection 轴测投影 将物体和确定物体位置的直角坐标系,按不平行于物体上任一坐标面的投影方向,用平行投影法投影到某一选定的投影面的投影方法。不等角投影有些像透视投影,能显示出物体的几个面,但投影时并不按远近比例缩小。

AZERTY keyboard AZERTY 键盘 在标准的欧洲打字机中的一种键盘。该术语是根据第一行字母键的前 6 个字母的键位布局顺序形成的。比较 QWERTY keyboard, Dvorak keyboard。

azimuth 方位角 某直线与一南北线所夹的水平角。从北按顺时针方向来测量,如指向西北的天线的方位角为 315°。

azimuth magnetic recording 方位磁记录 相邻两条磁道采用不同方位角记录信息的一种磁记录方法。它能使磁道之间的空白区做得更窄,甚至为零,因此,它可以获得更高的磁道密度。

azimuth rotation track 方位偏转磁道 在数字诊断软磁盘上的特定磁道,其记录的标识区方位角为 0(垂直于磁道中心),而数据区的方位角则以某一固定增量随扇区顺序递增。它用于检查校准磁头的方位角。

A1 algorithm A1 算法 一种网络通信路由算法,具有部分自适应的特点,试图建立最佳路径,在多维超立方体网络中如果最佳路径处于忙的状态则选择另一条链路并记录有关信息,使得路径的改变在每一维上只发生一次。

A2A (1)应用程序到应用程序 application to application 的缩写。(2)任何到任何 any to any 的缩写。

a2b a2b 音频压缩(格式) a2b 是美国电话电报公司(AT&T)推出的数字音乐压缩新格式。它是在人类听觉分析模型的基础上,以"知觉编码"为突破点,推出了比 MP3 压缩率更高、可有效防止盗版的 a2b 音频压缩格式。这种新技术消除了人耳事实上听不见的冗余信号,其音质更纯、文件更小,仅相当于 MP3 的 3/4,十分有利于在网络上发布。第一次运行 a2b 音乐播放器时,程序会要求建立个人数字识别号(ID),播放器将利用生成的数字 ID 值,对下载的音乐进行加密,使这些乐曲只能在下载的播放器上放送,从而达到版权保护的目的。参见 advanced audio coding, MP3。

A3D A3D 音效环绕技术 Aureal 3-Dimensional 的缩写。

. a7e Authorware 7x 库文件打包后文件名后缀 多媒体编辑软件 Authorware 库文件打包后生成的

A

文件的扩展名。

. a7l Authorware 7x 库文件名后缀 多媒体编辑软件 Authorware 在保存库文件时默认的文件名后缀是 a7l。当创建了库之后，这个文件也就和库建立了链接，在每次打开该文件的同时，也会打开库文件。

. a7p Authorware 7x 源文件名后缀 多媒体编辑软件 Authorware 未打包的文件的扩展名。

. a7r Authorware 7x 打包文件名后缀 多媒体编辑软件 Authorware 源文件打包后文件的扩展名。

A

B

B (1)字节 byte 的缩写。(2)波特 baud 的缩写。(3)贝尔 Bel 的缩写。

b (1)位 bit 的缩写。(2)二进制 binary 的缩写。

B: B 盘,第二个软盘驱动器的标识符 在某些操作系统(如 Windows)中,用于标识第二个软盘驱动器的标识符。参见 A:。

BA (1)基地址 base address 的缩写。(2)光功率放大器 booster amplifier 的缩写。

Babbage. Charles (1792～1871) **巴贝奇·查尔斯** 现代计算机的先驱,英国差分机和分析机的发明者,差分机是第一个自动计算器。

babble 串扰,串音 系统具有多路通道时产生的干扰,亦指这些串扰对系统操作引起的干扰噪声。

Baby AT main board Baby AT 主板 一种改良型 AT 主板。1990 年推出时尺寸为 13.5 英寸×8.5 英寸,比 AT 主板略长,而宽度大大窄于 AT 主板。Baby AT 沿袭了 AT 主板的 I/O 扩展插槽、键盘插座、鼠标等外设接口及元件的摆放位置,而对内存插槽等内部元件结构进行紧缩,使其比 AT 主板布局紧凑而功能不减。随着电子元件和控制芯片组集成度的大幅提高,Baby AT 主板规格也几经变动,当然这些主板对基本 I/0 插槽、外围设备接口及主板固定孔的位置不加改动,使得即使是最小的 Baby AT 主板也能在标准机箱上使用。Baby AT 主板曾广泛用于 Intel 80386、80486 和奔腾 PC 机上,后被 ATX 主板取代。参见 AT main board, ATX main board。

BAC 二进制异步通道 binary asymmetric channel 的缩写。

back acknowledge 逆向确认,返回肯定 计算机通信协议中包括的一种应答方式。接收端收到数据信息包后对其进行检查,然后根据结果而向发送端回送不同的确认信号。当发现出错时,便通知其重发;若检查无错误,便要求发送后续信息包。

back annotation 反向注解 在 CAD(计算机辅助设计)系统中,根据后续设计阶段获得的设计数据来更新或注释以前设计图的过程,如在印刷电路板(PCB)设计过程中,画逻辑图时仅画出逻辑门及其引出端之间的连线,经过划分和布局过程才把逻辑门组合为器件并确定引出端所对应的引出脚号。根据这些数据,CAD 系统可以对逻辑图进行反向注解,即把器件标识号和引出脚号加入到逻辑图中。CAD 系统亦可以对管道图及三维造型图等进行反向注解。

backbone 主干 在层次化系统中主要的连接机制称主干。它保证在主干上所有与一个中间系统有连接性的系统都具有相互间的连接性。参见 backbone network。

backbone cabling 主干电缆 (1)提供配线室之间以及同一局域网之间的相互连接的电缆。(2)主干电缆是与电源直接连接的电缆,而 分支电缆就是从分接箱出来到各用户的电缆。

backbone circuit 主干电路 在数据通信中,一种连接计算机和若干远程设备的电路,每个远程设备有一个分支电路。

backbone network 主干网(络) 主干网是网络中管理大容量通信的那一部分高速网。主干网可将若干不同地方或大楼的网连在一起。小网络可挂接到主干网。主干网通常使用比局域网要快得多的高速传输技术,采用城域网或广域网技术设计。

backbone ring 中枢环 一种连接多个环形网络的环。

backbone router 主干路由器 设计用于构建骨干网,一般不具有内置的数字拨入的广域网(WAN)接口的路由器。该类路由器至少有一个接口属于骨干区域。

backbone site 主干节点 广域网中用作信息的主要中继站的主要计算机设备。当主干节点收到消息时,马上将信息转发到另一个主干节点,这样信息就能很快传遍整个网络。主干节点也可作为馈送站为主要的地理子区域服务。

back chained inference 后向连接推理 (1)在问题求解中,把求解问题化为相"与"的子问题集合,子问题解决进程的"与",即自顶到底(自上而下)反向推理求得原问题的解。(2)在产生式系统中,第一条产生式规则 IF (P) THEN (Q),自 Q 目的可以后向推知前提必须为 P。再引用第二条产生式规则 IF (R) THEN (P),…,以此类推,通过产生式从果到因后向链接规则形成问题求解途径。

back clipping plane 后剪取面 在计算机制图中,平行于投影平面,并位于沿投影平面法向距视角参考点的某给定距离处的剪取面。

back compatibility 向后兼容 又称为向下兼容。在计算机中指在一个程序或者类库更新到较新的版本后,用旧的版本程序创建的文档或系统仍能被正常操作或使用,或在旧版本的类库的基础上开发的程序仍能正常编译运行的情况。同 downward compatibility。比较 forward compatibility。

back coupling 反向耦合 一种耦合形式,使能量能够在输出电路传输到输入电路中。参见 coupler。

back door 后门 通过绕过其安全控制系统而访问程序或系统的一种手段。程序员常常在开发中将"后门"设计到系统中,以便进行程序调试和故障排除。例如,在登录程序中的"后门"能使设计者在没有合法账号的情况下将数据登录到系统中。合理地使用“后门”，为系统的维护提供了方便。但是，如果后门被其他人知道，或是在发布软件之前没有删除后门，那么它就成了安全隐患。

backdoor route 后门路由 边界路由器使用 IGP（内部网关协议）指定的到某个非本地网络的路由。

backdoors program 后门程序 指那些绕过安全性控制而获取对程序或系统访问权的程序方法。微软的 Windows Update 就是个后门程序，开机时自动连上微软的网站，将电脑的现况报告给网站以进行处理，网站通过 Windows Update 程序通知使用者是否有必须更新的文件，以及如何更新。

B

back edge 回边 在深度优先搜索树中，从一个节点到它的一个祖先节点的有向边称为回边。

back electromotive force 反电动势 有反抗电流通过趋势的电动势。通常情况下，只要存在电能与磁能转化的电气设备中，在断电的瞬间，均会有反电动势。以直流电磁继电器为例，电磁继电器的驱动机构为电磁铁，由铁芯及缠绕在铁芯上的线圈组成，其电气特性与电感完全一样，能够抑制线圈中电流的变化。通电时，电能转化为磁能，电磁铁产生恒定的磁场，继电器动作。断电时，电能不再供应，电磁铁线圈失电，电流迅速下降，磁场失去能量来源，磁场逐渐消失，此时磁场由恒定状态变为变化状态。根据电磁定律，当磁场变化时，附近的导体会产生感应电动势，其方向符合法拉弟定律和愣次定律，与原先加在线圈两端的电压正好相反。这个电压就是反电动势。参见 electromotive force (e. m. f)。

back-end 后端(设备、工艺) (1)为前端提供附加处理能力或附加控制功能的设备或软件，如专用数据库或数值处理机可以作为大型机的后端设备。后端与具备良好用户界面的前端相对应，后者通常用于用户与计算机系统的交互。有时，后端计算机用于运行一些不需要用户控制的任务。参见 front-end processor (FEP)。(2)在半导体工业中，后端工艺相当于硅芯片制造的第二阶段，这时把硅片安装在封装设计(组件)中，不仅便于保护，还可通过一串极细的引线进行外部连接，然后进行测试、组装、涂敷和包装。

back-end network 后端网 一种局域网，它把计算机和输入输出子系统连接到共享存储器设备。

back-end processor (BEP) 后端处理机 用于高效地执行某些专门任务的辅助处理机。在多处理机系统中，指不直接与用户交互，但承担了系统分配的某项专门运算处理任务的一种处理机。前端处理机从用户那里接收任务，加以调度，传送到相应的后端处理机上进行专项处理。例如，前端处理机接收到图像处理任务时，可交给图像处理后端机，由它在不影响用户响应速度的情况下进行处理。

back-end system 后端机系统 使用经前端机或别的计算机系统处理过的数据的计算机系统。同 background processor。

back face 背面 在图形学的几何图形显示中，背面是着重考查的内容。对于多面体而言，由于观察者的角度不同，物体的某一个面因为被档住而未能观察到，称这个面为背面。当物体转动时，其背面可能被观察到，而原先可观察到的面可能隐藏起来而成为背面。

backfacing polygon 背面多边形 在 AIX 图形中，一个屏幕空间中的多边形，因其顶点以顺时针方向出现，故而未画出。

back file 后备[援]文件 (1)为防止由于错误操作、媒体损坏等意外事故而造成信息损失，在不同的媒体或同一媒体的不同记录区域上产生的复制文件。万一事故发生，能迅速从后备文件中恢复原文件，以使损失程度降至最低。(2)对文件进行修改后，操作系统自动将原文件改名并留在记录媒体上，但正常操作方式下无法使用。如果用户发现自己的修改破坏了原来正确的内容，还有机会利用后备文件恢复正确数据。在 DOS(磁盘操作系统)之下，后备文件的扩展名自动定为 .bak。

backfilling 回填 扩展存储器用于填充常规存储器中的间隙的过程，使其达到 640 KB。

backflush 倒冲法 根据已生产的装配件产量，通过展开物料清单将用于该装配件或子装配件的零配件或原材料数量从库存中冲掉的方法。

back focal length (BFL) 后焦距 从透镜中心到它的后焦点的距离。

background 后台 (1)在分时和多道程序设计中的一种工作环境，如果没有实时的、对话式的、优先级高的或快速响应的程序在运行，则计算机执行优先级低的程序。(2)操作系统中运行于后台的进程，其优先级通常比前台的进程低，并且不能接收用户的输入。只有多道任务操作系统才支持真正的后台处理，但有些应用程序也可以模仿前后台，如许多文字处理程序在打印时可接收键盘输入。参见 multitasking。

background assembler 后台汇编程序 一种分时服务程序，用于正确地输入和识别前台源程序，供以后在远程计算机上以后台方式进行汇编。输入源程序的程序称为驱动程序。

background authentication 后台认证 当网络工作站用户访问服务器时，以后台方式认证用户身份及合法性的过程，认证过程对用户是透明或接近透明的。当用户口令在网上传输时，为了防止泄密，需要采用公开密钥技术对其进行加密，而加密与解密的操作也是在后台完成的。

background block error ratio (BBER) 背景误块比 对于一个确定的测试时间而言，在可用时间出现的背景误块数与扣除不可用时间和 SES(严重误块秒)期间所有块数的总块数之比。参见 severely errored second (SES)。

background color 背景(颜)色 赋予一个背景图像的颜色,如显示屏幕背景的颜色。背景色对应于前景色。比较 foreground color。

background communication 后台通信 当用户正在执行应用程序的时候,以后台方式执行的数据传输。例如,当用户从万维网上下载一个较大的多媒体数据文件时,因为需时较长,可以使用后台通信方式完成,同时还可执行其他应用程序。

background control 后台[背景]控制 (1)在多道程序系统中,对优先级较低的作业运行时给予的控制。(2)在彩色显示器系统中,控制彩色显示三基色的各自电子枪的偏压,以调整显示画面底色或背景色。

background data 背景数据 在图形处理中,屏幕上输出的图像画面通常由背景和目标两部分构成,显示缓冲区中存在相应的画面数据。背景往往比较复杂,因而背景数据(如地图等)的信息容量一般较大,更新或改变一次需要的时间较长,因而常设置成静态的。需要快速变动或移位的部分,则设置成动态目标(如汽车、飞机等)。将动态目标叠加在静态背景上,即构成屏幕上显示的完整画面。

background display image 背景显示图像 也称"静态显示图像"。在计算机图形处理时,作为图形主要活动信息的背景,变化相对较少,可以被多幅画面重复运用的图像。例如,在气象态势图中,气象图作为前景图像,而地图通常作为背景显示图像。同 static display image。

background image 背景图像 (1)泛指在视觉图像中与人所看到的视觉前景相对应的起到衬托前景、协调色调等作用的独立图像,一般用在视觉深远效果的平面或实物前景之后。比如在页面文字之后的图像,它是一张独立的图像不与前景图像相连。参见 display background, static display image, static image。(2)在一系列操作中不改变的静态图案。比较 foreground image。

background job 后台作业 (1)一种优先级低的作业,通常是批处理或非交互型的作业。(2)在分时方式下,通过提交命令或通过系统输入命令进入的一种作业。

background knowledge 背景知识 在机器学习中,用于引导归纳学习的一类知识,包括分类目标、分类估价标准、演绎与归纳推理规则等。

background monitor 后台监控程序 带有后台操作的监控程序。

background motion 背景运动 动画技术中的一种。当背景比较简单时,可以利用背景的移动或更换来反衬前景的运动。

background music 背景音乐,伴音 在多媒体节目播放或应用软件运行过程中,用于烘托气氛的音乐,通常强度较低,不至于冲淡或淹没主题音乐或语音。

background noise 背景噪声 当通信设备接收无调制的载波信号时,在输出端出现的噪声,或者在未加任何输入信号的情况下,由于系统内部的热骚动而产生的有可能干扰系统或设备正常操作的信号。

background partition 后台区 在主存储器中存储后台程序的部分。后台程序的优先级较低,有些则是可插空运行的程序,如编译程序等。同 background region。

background picture 背景图画 在 NetView 图形监控器装置软件中,一个作为背景的图元文件。

background printing 后台打印 当操作员输入或编辑某个文件时,系统同时可以打印其他文件的功能,或指实现这种功能的一种技术。后台打印也称"脱机打印"。

background print spooler 后台打印假脱机程序 一种软件实用程序。当前台(优先级较高的)程序或用户不需要行式打印机时,则可将此假脱机程序送至行式打印机。该程序工作于后台成批方式,使打印机作业排队,直到打印机等资源可用,随后启动打印机,完成全部打印作业。

background process 后台进程 (1)一个不需要操作者干预但能够在计算机上运行的进程。(2)在一些操作系统中,一个程序运行模式,在这个模式下系统不等程序运行完成就提示用户输入另一个命令。比较 foreground process。

background processing (BGP) 后台处理 在优先级较高的程序不占用机器时,计算机自动执行优先级较低的程序。比较 foreground processing。

background processor 后台处理机 完成后端处理任务的处理机。

background program (BGP) 后台程序 在分时和多道程序系统中,对响应时间要求不高的程序,其优先级比前台程序低,前台程序运行时它退居等待状态。比较 foreground program。

background programming 后台程序设计 一种从时间上讲并不紧迫的程序的设计。参见 background program (BGP)。

background region 后台区 同 background partition。

background sound 背景声音 网上的背景声音是指与 Web 页面相关的声音剪辑。当在网络浏览器中显示该页面时,声音或者能连续播放或者是按页面规定的次数播放。

background task 后台任务 不需要以实时交互方式完成,因而可交给后端处理机执行的任务。例如,以电子邮件方式传送信息的任务。当计算机执行后台任务时,用户仍可执行其他任务。

background tile 背景瓦片 当窗口的内容已经失

去或已成为无效时,用于填充窗口中各个区域的一种瓦片。

backing memory 后备存储器 容量相对于工作存储器具有更大的存储容量,但访问时间较长,它与工作存储器之间的数据传输通常以块为单位。也称"辅助存储器"。

backing out 放弃 指对因系统故障发生而尚未完成事务的放弃。

backing storage 后备存储器 同 backing memory。

back light 背景光 (1)在多媒体中,在被摄图像后面呈现的光线。(2)液晶显示器等设备发出的荧光。

backlink 返回链接 在网页或类似的超链接系统中,由目的网页回溯到前一网页的链接。通常浏览器保存着浏览过的路径,所以很容易实现返回链接。

backlog 积压 当系统或流程失效时造成的大量工作的累积。一旦系统或流程恢复后,为降低积压情况将占用大量时间对这些工作进行处理。在极端环境下,积压可能过于严重而不能得到彻底的清理解决。

back off 退避,补偿 在网络传输发生冲突后,一个节点企图向物理介质再次发送载波之前,介质访问冲突控制协议强行加上的重传延迟时间。

backoff algorithm 退避算法 退避算法就是网络上的节点在发送数据冲突后,等待一定时间后再发,等待时间是随指数增长。主要用于 CSMA 的冲突分解。参见 carrier sense multiple access (CSMA)。

backoff time 退避时间 以太网的某个网段发生信号冲突时,所有发送节点会暂停发送数据,经过一段随机延迟后再重新发送数据。这段随机延迟时间称为退避时间。

back orifice (BO) BO 黑客 BO 是一种流行广、危害大的黑客程序。它由两部分组成:客户端程序和服务器端程序。服务器端程序用来攻击对方的计算机,一旦服务器端程序在被攻击的计算机上运行一次,客户端程序就可以把对方的计算机完全控制。客户端程序可对被控制的计算机执行很多可怕的操作,如锁住计算机、重新启动等。

back orifice 2000 (BO2K) BO2K 黑客工具 BO2K 黑客程序是 1998 年 8 月 1 日在美国拉斯维加斯,一个名为 Cult of the Dead Cow (CDC)的黑客组织发布了 back orifice (BO)黑客工具,相隔一年以后,还是在拉斯维加斯举行的黑客大会上,CDC 又发布了该程序的新版 BO2K。主要特点有:①支持 Windows NT;②公开源码和提供插件功能;③增强的密码和安全保护系统,使它更难识别;④更加友善和方便的界面;⑤用户额外增强的功能,能够隐藏文件或激活计算机的麦克风进行实时的音频监视、可以实时地记录按键、能够实时地观察目标计算机的桌面等。BO2K 是一个客户机/服务器应用程序,服务器部分是实际驻留在用户计算机上的特洛伊木马程序,它往往在用户下载文件后不知不觉地被安装。其客户机程序可以监视、管理和使用其他网络中运行服务器程序所在的网络资源。它能控制被感染的计算机的注册表、因特网连接、文件和文件夹等。其攻击手段包括:①对装有 BO2K 服务器的远程微机进行搜索并重新启动或锁定该机;②窃取这台微机中的密码及系统信息;③将被攻击机的击键记录在一个文本文件中,然后查看这个文件;④在被攻击机上创建一个对话框,显示所给出的文本和一个"OK"按钮,与对方对话;⑤将被攻击机重定向端口,连接到一个特定的 IP(网际协议)地址和端口,进行文件传输;⑥查看、创建、中止一个进程;⑦修改所有的注册表的值;⑧可以捕捉视频和音频信号到 .avi 文件中,可以捕捉屏幕影像到一个位图文件中;⑨完全的文件和目录操作(如 copy、delete、rename、transfer)及压缩和解压缩文件等。

backout 逆序恢复 将一个被多次修改的文件恢复到原状态。恢复的过程是按与修改过程相反的顺序,依次把各次修改的内容清除掉。参见 dynamic backout, resynchronization。

back panel 背板 计算机机箱后部的一块面板,电源和外围设备的大部分都通过这块板连接。

back plane 底板,印制背板 组合单元中的互连底板。一般由单面或双面或多层互连印制底板和互连器件及加固框架等组成,它是装置中的核心部件和内外互连中枢。

backplane interconnect (BI) 底板互连(总线) DEC 公司生产的一种内部处理机总线,用于与中央处理机和内存进行通信。

back porch 后肩 在电视信号波形上的一个区域,位于水平同步信号的上升沿和有效行开始之间。

back pressure 后向压力,反压 网络拥挤信息通过互联网进行逆向广播的动作。

back pressure sensor 反压力传感器 用于测量机械电动机所产生的瞬时转矩。传感器通过一系列变化的电压信号,反映出转矩所产生的线性变化。机械电动机产生的可测量的反压力来源于转矩。转矩越大,反压力越大,反压力传感器的输出信号也就越大。这种输出信号称之为回原信号或者回应电压。在反馈回路中,回原信号可减小电动机所产生的转矩。

back propagation (BP) 反向传播(算法) 一种人工神经网络模型,是一种示教式学习算法,适合于多层神经网络,在一个具有 m 层的神经网络中,如果第一层是输入层,第 m 层是输出层,则当信息输入时,由输入层逐渐向输出层传送,输出值如果与期望值之间具有误差,则由输出层逐渐向输入层反向传播,使系统改变连接权值以使误差最小。在这

种网络中,学习过程由正向传播和反向传播组成。在正向传播过程中,输入信号从输入层开始逐层处理并传向输出层,每一层神经元的状态只影响下一层神经元的状态。如果在输出层不能得到期望的输出,则转入反向传播,将输出信号的误差沿原来的连接通路返回以修改神经元的权值。

back propagation model (BP model) 反向传播模型,BP 模型 一种神经网络算法和模型。这种网络模型不仅有输入节点和输出节点,而且有一层或多层隐节点。对于输入值,要先向前传播到隐节点,经作用函数运算后,再把隐节点的输出信息传播到输出节点,最后给出输出值。

back recovery 反向恢复 通过倒转已采用的操作程序,反向修复系统故障,从而将文件重新恢复到原来的状态。同 backout。

backscattering 反向[后向]散射 (1)无线电波传播时其入射波的方向和散射波的方向沿着某参考方向分解时为相反的方向。(2)在光学中,反向散射指光的散射的方向一般地与入射方向大致相反。

backscrolling 后向滚动 在显示窗口中,显示上一幅窗口的文本或图形内容。

backside bus 后部总线 CPU 和第二级高速缓存之间的专用通道。运行速度达到 CPU 的速度,而前部总线运行速度比较慢。

backside cache 后部高速缓存 第二级高速缓存存储器,它有通向 CPU 的专用通道,能够使它以与 CPU 相匹配的速度运行。

back slash 反斜杠 (1)字符/,在一些程序设计语言中作为转义符。(2)在 DOS 和 Windows 操作系统中,表示目录路径中的目录分隔字符。

backslip 附签 一种随同文件一起发送给接收者的一些指示性短文。

backspace (BS) 回退,卷回,退格 (1)根据预先规定的格式退回到读出或显示的位置。(2)反向移动数据媒体一定的距离,如磁带倒带一个数据块的位置。(3)在文字处理中,在书写的行中以与写的方向相反的方向移动写的位置。(4)键盘上的一个专用键,用户用这个键移动光标返回一个字符位置。

backspace character (BSC) 回退[退格]字符 一个格式控制符,它使打印或显示的位置回退一格而不打印或显示任何字符。参见 numberic backspace character,unit backspace character。

back stepping design 逐步反向设计 20 世纪 90 年代提出的一种设计方法,利用输出误差来逐步调整状态误差的一种技术。

back surface mirror 后表面反射镜 一种光学反射镜,其中高反射涂层或反射面处于形成反射镜的基片的后面,即不是光的第一个入射面,反射光必须通过基片两次,一次是入射,另一次是反射。

backtab 退回一个制表符位置 在某些窗口软件中,指光标的移动动作,如果事先没有作过选择,移动光标到上一个制表站、输入域或者选择域的起始位置,如果上一个选择域中已经作过选择,光标移动到所作的选择上。

back-to-back connection (BBC) 背对背连接 将发射设备的输出直接连接到相关的接收设备的输入。当用于设备的测量或试验的目的时,这样的背对背连接排除了通道或传输媒介的影响。

back-to-back devices 背对背设备 指两个并行连接但方向相反的器件,可用于控制信号的传输。

back-to-back gateways 背对背网关 两个不包含网关系统服务控制点(SSCP)功能的干预网络分开的网关。

backtracking 回溯法 (1)一种搜索过程。在此过程中根据推测选择了某一节点,当这一选择导致不能接受的结果时,搜索则回到原始节点以作出另一选择。回溯的情况可表示成一个从根到叶的树结构,在有多分叉的节点中,开始先走一个分支,如果这个分支走不通,再走另外一个分支,反复进行这个过程。回溯过程是递归的,一般用栈来实现。一般来说,回溯法效率较低,但是描述比较简明。(2)一种组合优化算法。这种算法以系统方法隐含地产生所有的可行解,并从中选出最优解。算法的特点是:对表示所有可行解的决策树进行搜索,以求得 $(x_1, x_2, \cdots, x_n)$ 时,如果搜索到的部分解 $(x_1, x_2, \cdots, x_{k+1})(k+1<n$,由一个分支顶点表示)已不满足约束条件,就不再对该顶点的后代进行搜索而回溯到表示部分解 $(x_1, x_2, \cdots, x_k)$ 的顶点,再继续进行搜索。

backtracking control strategy 回溯式控制策略 一种试探式控制策略。当已应用了一条或几条规则之后,若求解失败,可以退回到一条或几条已应用的规则之前的状态,从那个返回点重新试探应用其他规则。为实现回溯,一般要用一个栈记住应用一条规则前的状态。回溯式控制策略是人工智能问题求解广泛使用的一种策略。

backtracking point 回溯点 当采用回溯控制策略时,满足回溯条件的某个状态称为回溯点。

backup 备份,后援 (1)指一个过程、技术或者硬件,用于恢复丢失或者损坏的数据或者保持系统的运行。(2)为安全目的,对硬件系统、软件、数据、文档进行复制,作为在故障和灾难事件中的替代。这是操作性和防御性控制,用以确保可用性目标。

backup and recovery 备份和恢复 许多数据库管理系统的一种策略,使得在发生软件或者硬件故障时数据能够恢复到最后一个工作(事务)时的状况,处理机从数据库最近的备份开始,读入数据库的事务日志,恢复其中从最近的检查点开始的每一个登记的事务的操作。参见 backup,checkpoint。

backup and restore 备份和再生 一个备份文件以及再生数据的过程。

backup computer (BUC)　后备计算机　在有些对可靠性要求较高的信息处理系统中，在一个节点上提供多于正常工作需要的计算机以作为备份。在工作计算机发生故障或由于工作量特别大而不能承担所有任务时，可及时启动后备计算机参与工作。

backup computer facilities　备份计算机设施　具有和主计算机设施相兼容的硬件和软件系统。备份计算机只在主计算机设施发生特定中断和灾难时使用。

backup control data set　备份控制数据集　一种VSAM(虚拟存储存取法)键标顺序数据集，它含有有关数据集的备份版本、备份卷以及在层次存储管理程序控制下的各个卷的信息。

backup copy　副本　为了防止重要的程序或数据在被破坏时造成系统瘫痪，而对重要程序或数据所制作的备份。在原始文件被破坏时，可用来进行恢复工作。

backup cycle　备份周期　DFHSM(数据设施层级存储管理程序)中的一种日历周期，使用一个计划图表规定该周期内自动安排备份的天数。

backup data set　备份数据集　用来在系统损坏或数据丢失时恢复原态的数据集合体。此集合内数据单元之间可能并无紧密的关系，但在备份时往往以紧凑压缩的格式将它们连续存放。

backup date　备份日期　指某个文件或目录最后一次备份的时间。

backup designated router (BDR)　备份指定路由器　一个OSPF(开放最短路径优先)网络中用来作为备份的指定路由器。有最高优先级值的路由器成为指定路由器(DR)，有第二高优先值的路由器被称为BDR。在DR运行时，BDR不执行任何DR功能。但它会接收所有信息，只是不做处理而已。只有当DR失效时BDR才承担DR的工作。参见open shortest path first (OSPF)，designated router (DR)。

backup diskette　备份软盘　一种软盘，用以保存从另一张软盘上复制下来的信息。在原始软盘上的信息被无意改动或破坏时，可使用该软盘进行恢复。

backup domain controller (BDC)　备份域控制器　在局域网络管理软件中，域中的一个服务器程序，共享和使用域用户账户数据库的一个复制。例如，安装有Windows NT操作系统的服务器可以配置成主域控制器(PDC)或备份域控制器(BDC)。Windows NT引入域的概念来管理网络中各种资源(如应用程序、打印机等)的使用。用户只需登录域，便可以使用网络中不同服务器上的资源。一台服务器作为主域控制器，管理用户的数据库。另外一台或多台服务器作为备份域控制器。主域控制器定期复制数据库到备份域控制器。当主域控制器发生故障时，备份域控制器就会代替主域控制器工作，并缓解网络压力。参见member server，net logon server，primary domain controller (PDC)。

backup equipment　备用设备　正常使用的设备发生故障时可以立即替换工作设备的设备。

backup file　备份文件　供以后重建文件时使用的部分或整个文件的副本。

backup for disaster of information service system　信息服务业务系统灾难备份　为了信息服务业务系统灾难恢复而对相关要素进行备份的过程。

backup frequency　备份频度　在数据设施层级存储管理程序中，指从建立最近一次数据集备份版本以后，再备份必须经过的时间或天数满足被改变的数据集备份及适于进行备份处理的时间要求。

backup of resource information data　资源信息数据备份　在系统遭受破坏或其他自然的和人为的灾难发生的时候，不至于造成更大损失而对现有资源信息数据和系统进行拷贝和异地存放的复制品。

backup operation　备份操作　在基本运行环境发生故障的情况下，提供预先设计好的替代(即备用)运行环境和方法的过程。

backup path　后备路径[通路]　令牌环型网络中的一种备用路径，使信号流可以流经各个存取单元及其主环通路电缆。当网络发生故障后进行问题确定的过程中，就要用后备路径来恢复网络中可运转部分的工作。

backup plan　备份计划　意外事故计划的同义词。一个好的备份计划应该包括灾难避免计划、程序和用于从灾难或停电中恢复的工具，以及执行恢复的详细程序和标准。同contingency plan。

backup power　备用电源　能够在主电源出现故障时使用的一种电源。

backup procedure　备份规程　为恢复数据文件和程序库、为在系统故障或灾难发生之后重新启动或更换计算机设备所制订的规程。

backup procedures　备份过程　(1)为在系统故障排除后，恢复被损坏的数据文件和程序库所做的预防措施。(2)在计算机安全中，在偶然事件发生时恢复数据以及重新启动或者替换计算机设备而制订的预防措施，如复制文件等。

backup programmer　后备程序员　在成组协同工作方式中，在详细任务级上能全面支撑主程序员工作的高级程序员和分析员。后备程序员协助主程序员检查组中其他人员的工作，需要时接替主程序员的工作。

backup protection equipment　后备保护装置　当保护范围内的主保护装置或相邻设备保护装置(或断路器)未能动作时，能启动并以一定时限切除故障的继电保护装置。

backup register (BUR)　后备寄存器　在有的CPU中，安排了一组在正常操作时不使用的通用寄存器。它们与当前使用的通用寄存器具有一一对应关系,可以用一条简单的指令实现备份寄存器与主用寄存器的互换。

backup reverse address resolution protocol (RARP) server 备份反向地址转换[解析]协议服务器,备份 RARP 服务器 在使用 TCP/IP(传输控制协议/网际协议)的网络环境中,对无盘工作站发出的反向地址转换请求作出响应,协助基本服务器完成地址转换并给出响应的服务器。为了提高可靠性,网络中往往设置多个反向 RARP(反向地址解析协议)服务器,其中一个是基本 RARP 服务器,其他是反向 RARP 服务器。基本服务器对上述请求首先作出响应。如果基本服务器有故障或因为其他原因不能完成协议转换任务时,由备份服务器接替完成这种任务。

backup server 备份服务器 用于备份文件的硬件或软件,保证每份文件在任何时间都有两份拷贝可供使用。备份服务器也称"镜像服务器"。参见 mirror server。

backup storage 备份存储器 一种存储设备,用于保存从某种存储媒体上复制下来的信息。在原始信息被意外丢失或破坏的情况下,可使用该设备上保存的信息进行恢复。备份存储设备可以是大容量软盘、磁带或磁盘存储区。

backup system 后备系统 一种备用的计算机系统,在主计算机系统发生故障时能够立即代替主系统进行工作,用于提高计算机系统的可靠性。

backup time 备份时间 (1)完成一次完整的备份操作所需要的时间。(2)某个文件或目录最后一次进行备份的日期和时刻。

backup utility 后备实用程序 在文件系统或其他信息系统中,一种可使用户避免因硬件或软件错误造成数据丢失的处理程序。当该程序被调用时,将在存储介质上建立文件的副本。当某文件遭到破坏时,副本可使其得到恢复。

backup utility file system 后备实用程序文件系统 这种系统可以使用户在硬件发生故障或软件出现错误时,不致遭到数据的损失。当调用此系统时,能够在某种存储介质上产生一个文件或一组文件的后备副本。因此,当原始文件丢失或受损时,这些副本可用来把文件恢复到原来的状态。

back-up value 倒推值 基于静态评估函数,逐级地倒推上去,最后得到结果的方法。具体计算如下:对于 MAX 的一个节点 m,若 MIN 有 n 种走法,即 m 有 n 个后裔节点:$m_1, m_2, \cdots, m_n$,对于每一个 MIN 节点 m_i,若 MAX 有 k_i 种走法,即每个 m_i($1 \leqslant i \leqslant n$)有 k_i 个后裔 $m_{i1}, m_{i2}, \cdots, m_{ik_i}$,则 m 的倒推值计算为:

$$F(m) = \max_{1 \leqslant i \leqslant n} \{ \min_{1 \leqslant j \leqslant k_i} \{ F(m_{ij}) \} \}$$

而最初的倒推值是由静态评估函数计算的。

backup volume 备份卷 数据设施层级存储管理程序占用的一种盘卷,各个数据集的备份副本都写在这个磁盘卷上。

backup volume cleanup process 备份卷清除处理 数据设施层级存储管理程序的一种处理过程,即抹掉备份卷上不再需要的数据集的备份副本。

Backus Naur form (BNF) 巴科斯-诺尔范式 同 Backus normal form。

Backus normal form (BNF) 巴科斯范式 以美国人巴科斯(Backus)和丹麦人诺尔(Naur)的名字命名的一种形式化的语法表示方法,用来描述语法的一种形式体系,是一种典型的元语言。也称"巴科斯-诺尔形式"。它不仅能严格地表示语法规则,而且所描述的语法是与上下文无关的。它具有语法简单、表示明确、便于语法分析和编译的特点。BNF 表示语法规则的方式为:非终结符用尖括号括起。每条规则的左部是一个非终结符,右部是由非终结符和终结符组成的一个符号串,中间一般以"::="分开。具有相同左部的规则可以共用一个左部,各右部之间以直竖"|"隔开。参见 augmented Backus normal form (ABNF)。

backward chained reasoning 反向链接推理 其基本原理是从表示目标的谓词或命题出发,使用一组规则证明事实谓词或命题成立,即提出一批假设(目标),然后逐一验证这些假设。同 backward reasoning。

backward chaining 反向链接 (1)在人工智能问题求解的搜索中,从目标状态向着初始状态工作称为反向链接。(2)一个解决问题的递归过程,通过将问题转化为一个公理或者一个已证明命题的应用于结论的例示和另一个需要解决的问题,直到找到结论为真或者这个问题不可解。(3)在专家系统中,一个问题解决形式,从一个语句和一系列规则开始,导致一个语句并反向操作,使规则与事实数据库中的信息匹配,直到语句能够被证明是正确的或者错误的。(4)在网站中,网页 A 上有一个链接指向网页 B,则网页 A 上的链接是网页 B 的反向链接。比较 forward chaining。

backward channel 反向信道 用来在主信道相反方向发送数据的信道。反向信道常常用来传送确认信号或差错控制信号。

backward channel carrier detector 反向通道载波检测器 调制解调器上的一种接口电路,主要用于检测反向通道接收载波是否存在以及载波电平是否在调制解调器所允许的范围之内。若状态为"ON",表明反向通道载波电平符合规范要求;反之,若状态为"OFF",说明载波电平不符合要求,或者无载波存在(意味着反向通道未建立)。

backward channel ready 反向通道就绪 由调制解调器接口电路所发出的一个状态信号,它是通过检测反向通道载波而提供的。若此信号状态为

"ON",则表示调制解调器已完成在反向通道上传递数据的准备。

backward channel received data (BRD) 反向通道接收数据 由调制解调器发出并表示调制解调器接口电路准备接收来自反向通道数据的一种控制信号。参见 received data。

backward channel received line signal detector 反向通道接收线路信号检测器 数据通信系统中,检测反向通道载波是否存在的接口装置,安装在调制解调器上。

B

backward compatible 向后[反向]兼容 指计算机硬件或软件产品与原先已有的同一产品型号或版本具有兼容性。若称一个软件版本是向后兼容的,通常就是指它能够使用旧版本软件中的数据文件,有时也指能够使用旧版本下建立的应用程序。

backward current 反向电流 在一个电子器件中,如真空管、晶体管或二极管,当它被施加反向的电压时所产生的电流。

backward differentiation method (BDF) 后向差分法 一种基于后向差分的隐式变阶变步长的数值积分方法。在电路分析中,后向差分法可用来求刚性常微分方程组的数值解,其数值稳定性好、精度高,因而应用较广。

backward direction 反方向 在通信系统中,从信宿到信源的方向,从收信者到发信者的方向,从呼叫接收者到呼叫发出者的方向。

backward error analysis 向后型误差分析 估计算法舍入误差累积结果的一种方法。设计算问题的初始数据没有误差,按某种算法进行计算时,由于舍入误差的影响,计算解只能是近似解。向后型误差分析法是把计算解看作是原计算问题经过摄动后按该算法进行计算的正确解,然后通过估计摄动量(被称为算法的相对或等效摄动)来估计算法的舍入误差。

backward error recovery 反向错误恢复 计算机系统运行过程中系统发生错误后的一种恢复方法。这种方法首先要求能不断地在适当的时候保留无故障时系统进程的状态。一旦系统检测出错误,则允许程序返回,将系统恢复到最近保留的状态后系统继续运行。

backward explicit congestion notification (BECN) 后[反]向显式冲突通知 在 ATM(异步传输模式)网络中,由网络或目标节点生成的一种资源管理信元类型,表示冲突现象或冲突趋势。收到带有 BECN 帧的 DTE(数据终端设备)可以要求高级协议采取必要的流控措施。比较 forward explicit congestion notification (FECN)。

backward file recovery 反向文件恢复 文件的某个较早版本的重新建立过程,方法是使用该文件的一个较新版本以及日志文件中记录的有关数据进行恢复。

backward indicator bit (BIB) 逆向指示位 在数据块搜索、比较或搬移指令执行之前,由方向指令建立的一个指示位。当其为 1 时,指示当前正在执行逆向操作,即按地址编号从大到小的方向操作。

backward ionospheric scatter 反向电离层散射 由于电离层电离度的不规则性或不连续性而在反方向上引起的散射的无线电波传播。同 backward propagation ionospheric scatter。

backward learning 反向学习 网络中获取网络信息,进行路由选择时使用的方法。当报文分组经过网络节点时,节点通过观察所经过的分组,及它们所使用的资源和所通过的距离,来学习了解网络拓扑、收集网上信息传输的重要参数,用作自适应路由算法的依据。例如,假设节点 A 通过中间节点 C 收到节点 B 的一个分组,A 节点的反向学习路由选择算法便认为 A 通过节点 C 到达 B 可能是最佳路由。

backward prediction (BP) 后向预测 图像预测编码中,根据某时刻的图像及反映位移信息的运动矢量,预测出某时刻以前的图像,以便预测出前一帧中没有显露而现在出现的信息,称为后向预测。比较 forward prediction (FP)。

backward processing 反向处理(法) 在具有 VSAM(虚拟存储存取法)系统中的一种文件顺序处理方法,即每次按输入顺序、键字顺序或相对记录顺序的相反方向检索当前位置的前一个记录,而不是后一条记录。

backward production systems 逆向产生式系统 (1)在人工智能中,如一个产生式系统是以倒推的方式,即从目标状态出发,应用反相走步朝初始状态反推的方式工作的,则把它称为逆向产生式系统。(2)从所要求解的问题的目标状态出发,不断地选择并应用规则于综合数据库,将目标状态变成一些子目标状态,最后达到已知的初始状态为止的产生式系统。逆向产生式系统使用的规则称为 B-规则。比较 forward production systems, bidirectional production systems。

backward propagation ionospheric scatter 反向传播电离层散射 由于电离层电离度的不规则性或不连续性而引起的在反方向上的电离层散射。参见 backward direction。同 backward ionospheric scatter。

backward power control 反向功率控制 反向功率控制在没有基站参与的时候为开环功率控制。用户终端根据它接收到的基站发射功率,用其内置的数据信号处理器(DSP)估算出下行链路的损耗以调整自己的发射功率。反向功率控制在有基站参与的时候为闭环功率控制。闭环功率控制再细分为外环功率控制和内环功率控制。这两种都通过闭环控制,可以间接影响系统容量和通信质量。参见 power control, forward power control。

backward read 反读 在磁带倒转时，将其上的信息读出并送到计算机的存储器去，以便节省磁带重绕的时间。

backward reasoning 逆向推理 以逆向链方式进行的推理。逆向推理是从目标出发向后推理，用目标匹配规则的结论部分，将该规则的前提作为新的子目标，然后试图证明一系列子目标，直至找到支持结论的证据，则停止推理。参见 back chaining。比较 forward reasoning。

backward reasoning algorithm 逆向推理算法 设知识库包含事实和规则，给出目标 G，逆向推理算法描述如下：① 扫描事实库，找出与目标 G 匹配的事实 F，如果 F 存在，则成功返回；② 扫描规则库，找出结论与目标 G 匹配的规则集 S；③ 如果 S 为空，则失败返回；④ 如果 S 非空且 G 未知，则重复执行以下操作：(1) 调用解决冲突算法，从 S 中选出规则 R；(2) 将规则 R 的前提部分作为子目标 G'，证明之；(3) 若 G' 未知，递归调用本算法；(4) 若 G' 为真，执行 R 的结论部分，并且从 S 中删除规则 R。比较 forward reasoning algorithm。

backward recovery 反向恢复 退出或者撤销不想要的数据库变更，即把被变更的记录的前映像应用于数据库，并使数据库回归到原先的状态。常用于逆转由中止或异常中断的事务所作出的变更。参见 backward file recovery。

backward reference 向后引用 作业控制语言的一种功能。它允许使用者复制或引用本作业中以前出现过的信息或数据定义语句。

backward scheduling 逆向调度 一种调度技术，从最终日期开始进行安排工作的顺序，以确定这个工作需要开始的时间。

backward search 反向搜索 在文件中从当前文件位置向文件起始位置搜索寻找指定记录的过程。

backward search algorithm 反向搜索算法 一个节点从其邻居节点获取到达另一节点的最便宜的路由的路由算法，也称"反向学习算法"。参见 backward learning。

backward setup 反向建立 从被呼叫方到呼叫方，逐个建立链路连接的一种多链路连接操作方式。

backward signal 反向信号 从被叫站发向主叫站的信号，即从原始信宿到原始信源的信号。反向信号通常在反向信道中发送，通常包含监控、确认和差错控制信号。参见 backward channel，forward channel，forward signal。

backward supervision 反向监控 数据通信中的一种监控方式。它使用由从站向主站发送的控制信息序列，用以监视和控制数据传输。

backward version management 向后版本管理 只是完整地存储最终的版本数据，对前继版本只存储与其后续版本的差。

BACP 带宽分配控制协议 bandwidth allocation control protocol 的缩写。

bacterium 细菌 在计算机应用中，指一种运行后能将自身拷贝到其他用户终端或系统上去的程序。由于它能感染别的程序，所以也被认为是计算机病毒。与病毒相比，细菌的破坏力较弱，并且容易清除。参见 virus。

BAD 低劣产品 broken as designed 的缩写。

bad block table 坏块表 磁盘上的一个损坏的存储位置的表，它通常会在外部保存一个拷贝。参见 hot fix，read-after-write verification。

bad contact test 不良接触试验 按照连接处的工作电流和导线截面积，在连接端子处用一特殊变压器施加一定的电功率，观察金属端子周围有无因发热而导致点燃的可能的试验。

bad incoming packets 到达的坏包 在 NetWare 中，诊断服务的一部分，显示 SPX(顺序包交换)接收并丢弃错误包的次数。参见 sequenced packet exchange (SPX)。

b-adjacent code b 邻接码 一种二进制奇偶校验码。b 邻接码中的每个符号不是二进制位，而是采用有限域 GF(2^b)中的元素，其中 b>1。这种码可用于按 b 位组装的系统中进行误差检测和校正。这时相邻 b 位中任何组合的错误在有限域 GF(2^b)上都是单错误。

bad logical connection number 错误逻辑连接数 在 NetWare 中，文件服务器环境服务的一部分，显示各种带有无效逻辑连接号的请求包的计数值，所谓无效逻辑连接号就是文件服务器不支持的号。

bad page break 不良分页 在一个文档或电子数据表中，在一个不适当的位置将文本断开的一种软分页命令。标题被悬吊在页面顶部(跨页行)、数据表被分开、文本的单行(孤立行)被留在页面顶部，是计算机产生的文档中常见的缺陷。

bad sector 坏扇区 磁盘存储介质上不能读写的区域。通常是物理疵点，但是软件可以标记它并不再使用其存储信息。

bad sectoring 设坏扇区法 将若干坏扇区故意写在盘上的一种拷贝保护技术。

bad track 坏磁道 含有坏扇区的硬盘或软盘磁道。在文件分配表(FAT)中表明不能使用，坏磁道是无害的。除非磁道 0 是坏的，在这种情况下，该磁盘必须更换。

bad track table 坏磁道表 一个附加到硬盘上或放入硬盘包装中的文件，该文件列出了该盘的坏扇区。几乎每个硬盘从组装线上下来都带有某些缺点。在低级格式化过程中，磁盘的这些缺陷区都被锁定，因此系统软件不能使用它们。

BAEP 脑干听觉诱发电位 brainstem auditory evoked potential 的缩写。

B

B

baffled stereo 隔音障板立体声 各种专门通过隔音障板来加强立体声信号通道分离效果的立体声话筒录音技巧的统称。当把隔音挡板放置在立体声制式中两支带有一定间隔距离的话筒之间时，障板所带来的阴影效应就会对音源的衰减过程产生正面影响，并由此带来对立体声信号通道分离效果的加强作用。

. bak 备份文件名后缀 bak 取自 backup 一词，一种辅助文件的扩展名，是自动或者人工建立的备份文件，包含文件上一次备份的内容，具有相同的文件名，带有 . bak 后缀。参见 backup。

BAL 转移并连接指令 branch and link 的缩写。

balance 平衡 (1)指计算机系统的一种构成状况，处理机的数据宽度与存储器的数据宽度以及互联网络和输入输出系统的数据宽度完全匹配，没有一个部件明显限制系统的性能而成为瓶颈。(2)声学上，指在音频频谱的高段和低段之间在相对响度上所存在的客观关系；也指双声道立体声左声道和右声道之间的信号响度的相同(平衡)。

balance check 平衡检验 模拟计算机的一种状态。在这种状态下所有放大器的求和点都连到计算机的零参考电平上(通常是信号地)，从而允许运算放大器达到零平衡。

balanced algorithm 平衡算法 一种常用的搜索算法。如果对于某数 $k(0<k<1)$，一个算法能将大小为 n(n 足够大) 的问题分解为一簇子问题。每个子问题的大小不超过 kn，则称这个算法是平衡的。反之，一个算法可将大小为 n 的问题简化为大小为 n-p 的问题，其中 p 是固定的整数，该算法就不是平衡的。二分搜索法是平衡算法。顺序搜索法和冒泡排序法不是平衡算法。

balanced amplifier 平衡放大器 一种具有两个相同的信号支路的放大器电路，它们以相位相反的工作方式连接，其输入和输出连接分别对地平衡。

balanced amplitude modulation 平衡幅度调制 一种抑制载波的调制技术，其中调制器通过平衡电路来抑制载波，所得信号可以是单边带或双边带调幅信号，所有信息都包含在其中一个边带中而不在载波中，传送的信号中没有直流分量。

balanced binary system 平衡二进制系统 一种特定的二进制数字系统，其中每个二进制数位有三种可能的值(即 1,0,−1)。在书写时，−1 用 $\bar{1}$ 表示。例如

$$10\bar{1}\bar{1}=2^3-2^1-2^0=5$$
$$\bar{1}101=-2^3+2^2+2^0=-3$$

balanced binary tree 平衡二叉树 任何节点的左子树和右子树的高度最多相差 1 的二叉树。平衡二叉树的查找、插入和删除在平均和最坏情况下都是 $O(\log n)$。增加和删除可能需要通过一次或多次树旋转来重新平衡这个树。由于平衡树的概念是由 Adelson、Velskii 和 Landis 提出，因此这种树也常称为 AVL 树(以创造者名命名)。

balanced capacitor 平衡电容 一种电容器，隔断直流电流但不影响交流电流。

balanced circuit 平衡电路 对一个公共参考点(通常是接地点)，两边保持电平衡的电路。电路的平衡特性越好，信号的散射就越小，它的噪声抑制特性也越好。

balanced code 平衡码 在脉冲编码调制(PCM)系统中，为使得发送任何码字时不存在直流分量而构造的码型。平衡码中“1”的个数同“0”的个数相等。参见 code, pulse code modulation (PCM)。

balanced configuration 平衡配置 在使用高级数据链路控制(HDLC)协议的网络条件下，两个复合站实现的点到点配置。

balanced connection 平衡连接 指音响器材间的一种连接方式，在单根电缆中有 3 根导线，一根用来传送音频信号，另一根用于传送极性相反的音频信号，而第三根则为地线。

balanced cube 平衡立方体 并发的有序集合数据结构，将有序集合的元素映像成二进制 n 维立方体的真子立方体。

balanced data link 平衡数据链路 在数据通信系统中，两个参与的组合站之间的一条数据链路，为能使用此链路进行传输，每个组合站都可以发送命令帧和应答帧，组织它的数据流并且在数据链路层执行错误恢复操作。比较 unbalanced data link。

balanced elliptical filter 平衡椭圆滤波器 在前端电路中使用的一种滤波器，如 10BASE-T 滤波器是一个 7 极平衡椭圆过滤器。参见 front end circuit。

balanced error 平衡误差 在一定范围内，最大误差和最小误差的符号相反、绝对值相同的一组误差。

balanced factor of node 节点的平衡因子 平衡二叉树节点的右子树高度减去其左子树高度的差称为节点的平衡因子。参见 balanced binary tree。

balanced line 平衡线路 具有相同的电气特性的两线路，如从触发器的两个输出端引出的再经同样功率放大器驱动的两条信号线。这样的线路通常是双绞线，如包含两条能够承载大小相同方向相反的电压和电流的导线。比较 unbalanced line。

balanced load 平衡负载 在具有几条导线或几相的系统中，平均分配各导线间或各相导线间的负载。

balanced merge sort 对称[平衡]合并排序 一种合并排序操作，是一个外部排序，由内部排序建立的排序子集平衡地分布在外存设备的一半中，子集合并到外存的另一半中，这一过程一直重复到所有的项都在排序的集合中。比较 unbalanced merge sort。

balanced modulation 平衡调制 在调幅波中抑制

载波,使只有边带信号出现在波形中,其中每个边带(即上边带和下边带)的功率几乎相等。

balanced modulator 平衡调制器 为抑制载波及平衡任何与之关联的载波噪声而构造的调制器,它应用在调幅(AM)系统,其输出仅包含两个单边带。参见 amplitude modulation。

balanced network 平衡网络 用于端接混合电路端口的可调阻抗。在用来提供二、四线转换时,其混合特性接近理想特性。

balanced polyphase source 平衡多相电源 在正弦运行情况下,其电源各相位的量按相序依次相加时,形成一个 m 边正多边形的多相电源。

balanced polyphase system 平衡多相系统 由平衡多相电源和对称多相电路所组成的系统。

balanced routing 平衡路由 一种网络路由技术,使各条路由都均衡地使用。

balanced signal pair 平衡信号线对 一种抗干扰的方法。是用两条信号线传送一对平衡的信号的连接方法,由于两条信号线受的干扰大小相同,相位相反,最后将使干扰被抵消。同 balanced line。

balanced sorting 对称排序 分类程序中使用的一种技术,用来归并排序数据串。

balanced station 平衡站 能执行主功能和次功能的一种数据站。同 combined station。

balanced system 平衡系统 一种多系统环境的信息管理系统,它可控制一些终端,传送部分报文到其他系统处理,同时也可接收其他系统送来的报文进行处理。

balanced technology extended (BTX) 扩展平衡技术 BTX 是一个接口规范,为建立创新桌面系统提供了一个公共的标准。BTX 规范为开发者设计桌面系统(不论是小型、紧凑的系统、还是非常大的、可扩展的系统),提供了新的工具和设计空间。BTX 也针对桌面技术(如 PCI Express 和串行 ATA)进行了优化。它也设计成允许更好的散热,包含了气流更佳的新型热量模块设计。

balanced transmission 平衡传输 一种基带数据的传输方法,其中每个信号电路由一对导体构成,信号由两条导线间的电压差形成。

balanced tree 平衡树 基于二叉搜索树的有序集合数据结构,该搜索树的高度不超过常值系数 $\text{Log}_2 N$,其中 N 是树中数据的个数。

balanced unbalanced (balun) 平衡非平衡适配器,平衡转换器 用于连接平衡线路和非平衡线路的器件。例如,可用这种器件连接双绞线与同轴电缆线路,用来匹配两种介质之间的阻抗。所谓平衡线路,如双绞线路,是指两条线路电气性能相同;而非平衡线路,如同轴电缆线路,是指两条线路具有不同的物理电气特性。

balanced voltages 平衡电压 在平衡线路的两条导线上,平衡电压是相对于地的电压。

balanced-wire circuit 平衡线电路 一种线路,其两边的电气特性相同,对于地电平和其他导体对称。

balance factor 均衡[平衡]因子 衡量一棵树是否均衡的重要因素。树上的某节点的均衡因子定义为该节点的左和右子树的高度(或深度)的差值。当树上的各节点的均衡因子为 0 时,则该树完全均衡。

balance return loss (BRL) 平衡回损 (1)连接到混合线圈、网络或节点的两个共轭边的两个阻抗之间的平衡度的度量。(2)一个平衡网络在混合线圈处模拟两线电路阻抗的有效性的度量。

B

balance set 平衡集 当前驻留在主存中的所有进程工作集的集合。其工作集位于平衡集中的进程对主存的要求和系统中可利用的主存资源达到了平衡。平衡集是由系统的交换程序进程维护的。

balance winding 平衡绕组 串级式互感器中按规定方法连接的一种绕组。分别套在同一铁芯体的两铁芯柱上,作用是平衡两柱间的磁通,使每柱一次线圈电压均匀。

balancing 平衡(技术) (1)调整传输网络中的每一通路的增益和衰耗,以使在所有的用户插座上都达到尽量相近的信号电平(通常规定相差不大于 3 dB)。(2)一个平衡的宽带网络也要能从连接到网络任一地点的发射机向头端提供接近相等的输入电平。

balancing error 均衡误差 能有效地抵消另一误差的误差,即一误差与另一误差相等、效果相反。

balancing network 平衡网络 为了在一个频率范围内模拟均匀电缆或明线电路的阻抗而连接起来的多个集中电路元件(电感、电容和电阻)。

ball bonding 球形键合 使用金引线的热压焊技术。引线端部熔化,呈球形,比其他焊接技术的接触面积大些。

ball grid array (BGA) 球栅阵列封装 也称"焊球阵列",一种芯片封装技术。BGA 特点是在印刷基板的背面按阵列方式制作出球形凸点用以代替引脚,在印刷基板的正面装配芯片,然后用模压树脂或灌封方法进行密封。BGA 封装的球形凸点是由芯片中心方向引出的,有效地缩短了信号的传导距离,因此信号的衰减减少,抗干扰性能得到大幅提升。用 BGA 封装的芯片体积小,同时也更薄,其封装面积为芯片表面积的 1.5 倍左右。BGA 的封装类型多种多样,其外形结构为方形或矩形。根据其焊料球的排布方式可分为周边型、交错型和全阵列型 BGA,根据其基板的不同,主要分为三类:PBGA(塑封球栅阵列)、CBGA(陶瓷球栅阵列)和 TBGA(载带球栅阵列)。参见 plastic ball grid array (PBGA), ceramic ball grid array (CBGA), tape ball grid array (TBGA)。

ballistic gain 轨迹增益 跟踪球或鼠标器的一种特性,它可改变光标相对于手的移动速度。球的速度越快,光标移动的速度也越快。

balloon help 气球式帮助 在 Apple 公司 Mac OS 系统中,以卡通式对话框的形式出现的一种屏幕帮助。通过点击工具栏上的气球图标激活这种特性之后,用户就可把光标定位在一个图标上或其他选项上,然后就会出现描述这个被选项的功能的对话框。

balloons 标记(气球) 在打印页面布局查看或网页布局查看中,标记气球位于文档的页边空白处,显示作了标记的成分,如注释和修改的历史记录。使用这些气球后,就容易发现和回复评论者的修改和注释。

ball printer 球形打字机 一种使用打印球的打字机,在一个球形的打印头的表面带有各种字符,打印机旋转这个球对准需打印的字符,然后用球击打色带。

balun 平衡非平衡适配器,平衡转换器 balanced unbalanced 的缩写。

BAM 基本存取方法 basic access method 的缩写。

BAN 体域网 body area network 的缩写。

banana jack 香蕉插座 与香蕉插头连接的一种小型圆状插座,如装于音箱和功率放大器上用于和音箱线的连接。参见 banana plug。

banana plug 香蕉插头 一种供插入香蕉插座的插头。香蕉插头普遍用于连接线的两端。参见 banana jack。

band 频带,波段 (1)在通信中,一个用于某种用途的连续的频率范围。(2)在指定的最低波长与最高波长之间的波长范围。波段通常是按一定性质划分成的。按波长分为超长波、长波、中波、短波、超短波、微波、红外线等。

band compaction 频带压缩 数字信号是在模拟信号的基础上进行抽样、编码、调制而成的,在这个过程中同时完成了频带压缩,正是由于数字信号的这个可以压缩频带的特点,使得数字信号占用的带宽要小于模拟信号。参见 variable tolerance band compaction。

banded attributes 属性束 在图形核心系统(GKS)中,图形基元的外貌可以用编号来指出,每一种外貌的表示都与一组外貌属性的设定值相对应,这些外貌属性是成组地进行设定和修改的,且与工作站有关,因而称为属性束。参见 graphics kernel system (GKS)。

band elimination filter (BEF) 带阻滤波器 阻止某一频率范围的信号,低于或高于此范围的信号均能通过的滤波器。同 band stop filter。

band gap 带隙 原子中禁止自由电子的能量间隙。

band gap energy 带隙能量 原子中任何一对允许能级间的能量。吸收一个光子的电子所吸收的能量相当于一个或多个带隙能量,当一个电子失去能量时,射出一个光子,其能量相当于一个或多个带隙能量。

band level 频带声压级 声学中,指在规定频带中的声压级或声功率电平。上述频带可用低截止频率和高截止频率来定义,也可通过它的图形中心频率和带宽来定义。

bandlimited signal 限带信号 能量包含在有限的频率范围内的信号。

bandlimiting filtering 限带滤波 模拟信号在抽样前,去除不必要传输的频率分量的过程。

band pass 带通,通频带 一个频带上下界频率差的度量,上下界频率是指与中心频率相比,其衰减不小于某给定值(如功率下降½)。

band pass filter (BPF) 带通滤波器 具有低限和高限的滤波器,它只允许两个具体频率间的信号通过,过滤其他频率的信号。常用的有多反馈网络、双二次谐振器和转换开关式三种带通滤波器。有些带通滤波器有外部信源,使用晶体管、集成电路等有源元件,即通常所说的有源带通滤波器。另一些带通滤波器没有外部信源,只由电容、电感一类的无源元件构成,称为无源带通滤波器。参见 active band pass filter, passive band pass filter。

band printer 带式打印机 一种行式打印机,其印刷字符蚀刻在一条称为"活字带"的环形金属带上,通常在活字下面还刻有同步定时标志,以供选择活字之用。打印时,首先使活字带相对于各位锤头作水平运动,使锤头能击打在需要的活字上。其打印速度比链式和鼓式打印机都慢。

band rejection filter 带阻滤波器 阻止某一特定频带的滤波器。同 band stop filter。

band splitter 带宽切分器 一种多路选择器,用于将可用的传输带宽分割成若干独立的带宽较窄的传输子通道。

band splitting 带分离,分频 指能提供几条多路通道的多路复用。例如,对每条通道为 9 600 比特的调制解调器系统,可以通过时分多路复用,把一个通道分成低速二条、三条或四条通道。

band stop 阻频带 一只电感器或者电容器呈现高阻抗的频率范围。参见 band pass。

band stop filter 带阻滤波器 抑制某一阻带的频率分量,并允许阻带外频率分量通过的滤波器。一个带阻滤波器通常设计成阻止某一特定的频率范围,但通常只衰减到某确定电平之下。同 band elimination filter, band rejection filter, band suppression filter。

band suppression filter 频带抑制滤波器 阻止某一特定频带的滤波器。同 band stop filter。

bandwidth (BW) **(频)带宽(度)** (1)带宽是一个度量频率范围或频谱宽度的参数,它用单一数值来表示,该数值等于两个界限频率之差。带宽用于信道,可称信道带宽,表征通信信道容量参数之一,信道带宽影响信道传输信息的速率。带宽还可以与其他限定词连用,派生出许多相关词,如放大器带宽、存储器带宽、音响带宽等表示更多的不同含义。(2)在模拟通信系统中,带宽用赫兹(Hz)作单位来表示,如典型的模拟电话信道的有效带宽为 3 100 Hz。在数字通信系统中,带宽除了用赫兹(Hz)作单位来表示外,还用相应的传输速率比特/秒(bps)作单位来表示,如称 Ethernet(以太网)的带宽为 10 Mbps,称 FDDI(光纤分布数据接口)的带宽为 100 Mbps 等。(3)指设备能按规定的性能指标进行有效工作的频率范围。在此频率范围之外,设备的性能将显著下降。(4)中央处理机的带宽是指 CPU 的最大计算速度,向量计算机带宽是指峰值速度,一般机器的带宽是指每秒能执行多少个操作。

bandwidth allocation control protocol (BACP) **带宽分配控制协议** 因特网工程特别工作组开发的用于在 ISDN(综合业务数字网)会话期间增加和删除第二个 B 通道的一个标准。在与多链路点对点通信协议(MAPP)一起工作时,能够使收发设备协调所需要的带宽。

bandwidth balancing **带宽平衡** 计算机各部件之间数据传输率的平衡匹配。例如,整个存储器的带宽应匹配于(等于)处理器和 I/O 设备带宽之和,即 $B_p + B_d = B_m$,B_p为处理机存入或取出存储器数据速率,B_d为外部设备对主存的传输率,B_m为存储器带宽。

bandwidth balancing mechanism **带宽平衡机制** 在分布队列双总线(DQDB)网络中,一个节点偶尔跳过使用空的队列促进时隙,以便更有效地共享所占带宽的一种处理过程。

bandwidth compression **带宽压缩** (1)在给定的时间内发送一定量的数据所占带宽的缩减。(2)在给定的带宽内发送一定量的数据所占时间的缩短。带宽压缩意味着携带信息信号的正常带宽的缩减不影响信息的内容,通常也不增大误码率(BER)。

bandwidth distance factor (BWDF) **带宽距离因数** 在光通信中,表示一条光缆在不同规定距离承载信号的一个品质因数。带宽距离因数是带宽和距离的乘积,常用兆赫·千米(MHz· km)表示。带宽距离因数意味着带宽和距离可以互换,可是互换不一定是线性的。因此,光缆特性,如带宽、长度和允许误码比特率(BER)要分别说明。

bandwidth-distance product **带宽距离积** 传输带宽与距离值的乘积,用于表示一种传输媒介的限度,是衡量传输性能的重要指标。

bandwidth limited **带宽受限制的** (1)在发送电路中,指在一定界限之内的通过信号频率分量的能力。一个仅能通过很窄频带的滤光镜,如仅通过蓝光或红光频率是限带的,这是由构造它所用的材料的特性决定的。(2)在通信系统中,指由于分配可用带宽或指配的频带宽度,使业务容量受限的情况。

bandwidth-limited operation **带宽限制工作** 这是一种情况,它表明限制性能的主要是系统带宽限制造成,而不是诸如信号幅度、功率、相移、频移等信号参数造成的。当系统使信号波形畸变超过一定的限制时就进入到了带宽限制工作状态。在线性系统中带宽限制工作等同于失真限制工作。

bandwidth management **带宽管理** 在广域网和因特网的链路上,为了区分不同应用使用带宽的优先次序和改善服务质量(QoS),对通信量进行的分析和调节。参见 quality of service (QoS)。

bandwidth on demand (BOD) **按需带宽** 广域网(WAN)中的一种功能,允许用户根据应用要求申请带宽。这样用户只需为实际使用的带宽支付即可。

bandwidth range **带宽范围** 传输特定类型的信号时,在确保信号不丢失、不畸变的条件下,通信通道所能承载的信号频率的变化范围。其最高频率与最低频率之差称为带宽。例如,人能发出语音的频率范围为 300 ～ 3 300 Hz,带宽为 3 000 Hz。带宽范围并不表明实际传输的频率,而只是指明频率分布的范围。频带通常与带宽没有太大的差别。有时,频带指某种信号所需要的带宽;在无特指的情况下,带宽是指频率宽度。

bandwidth reservation **带宽预留** 交换网络的一种特性,可以为高频带呼叫或高优先级呼叫预留呼叫带宽。这种处理给用户和网络应用赋予带宽,根据紧急程度和对延迟的敏感程度,对不同的数据流赋予不同的优先级,可达到对可用带宽的最佳利用,如果网络发生拥塞,低优先级的流将被丢弃。

bandwidth testing **带宽测试** 一种测定网络连接速度的基准测试。带宽测试通过在网络上发送一系列信息包并测定在一定时间内接收到的信息包数目来评估下载和上传的速度。

bandwidth throttling **带宽限制** 设置允许服务使用的网络容量的最大部分。管理员可以有意识地限制服务器的载荷,方法是禁止服务器以满负荷方式接收请求,以便能为其他程序保留一些资源。

bandwidth trading **带宽贸易** 虽然带宽贸易被认为是潜在的商品市场,但目前还缺少标准化的合同和简化交易过程所需的即时供应。也称“bandwidth brokerage 或 bandwidth exchange”。

bang **砰** 惊叹号的发音,特别是当惊叹号用于 UNIX 系统的文件名或路径时。参见 bang path。

bang-bang control **开-开式控制** 通过向传送装置发送命令来达到以下控制:即随时可以通知设备在

B

最大功率情况下按某一方向或另一方向工作。参见 bang-bang-off control。

bang-bang-off control **开-开-关式控制** 通过向传动装置发送命令来达到以下控制：即随时可以让设备在最大功率情况下按某一方向或另一方向工作或不工作。参见 bang-bang control。

bang path **砰路径，撞击路径** 一系列机器名，用于指引电子邮件从一个用户到另一个用户，这个地址用感叹号标识。与因特网的域名系统地址方式相反，它将假定可到达的节点列在前面，接着是每一个必须将信息送达用户的跳跃点。参见 mail path，UNIX-to-UNIX Copy。

B

bank **存储体** 在计算机中，扩充的内存容量超过可访地址空间时，可把扩充的内存划分为若干大区（每区的容量与可访地址空间相对应），并由程序确定使用哪一大区，此时存储大区称为 bank。

bank card **银行卡** 由银行发行、供客户办理存取款业务的磁卡总称。常见的银行卡一般分两种：借记卡和贷记卡。前者是储蓄卡，后者是信用卡。借记卡可以消费、转账和提款，不能透支，卡内的金额按活期存款计付利息。贷记卡是指发卡银行给予持卡人一定的信用额度，持卡人可在信用额度内先消费，后还款的信用卡。

banker's algorithm **银行家算法** 一种防止死锁的算法。其思想源于银行为防止所有客户都取不到现金而采取的措施。该算法基于以下约定：当一个进程进入系统时，必须声明它所需各种资源的最大数目，该数不能超过系统实际拥有相应资源的总数。当用户请求占用一组资源时，系统首先确定对该组资源的分配能否使系统处于安全状态。若是则分配资源，否则等待，直到其他进程释放足够的资源。

bank interleave **存储块交错** 计算机主板 BIOS（基本输入输出系统）中的一项内存参数，可选项为 Disabled、2-Bank、4-Bank。存储块交错使内存各个块的刷新时钟信号与读写时钟信号能够交错出现，这样可以实现 CPU 在刷新一个内存块的同时对另一个内存块进行读写，也就不必花费专门的时间来对各个内存块进行刷新。而且在 CPU 即将访问的一串内存地址分别位于不同存储块的情况下，存储块交错使 CPU 能够实现在向后一个存储块发送地址的同时从前一个存储块接收数据，从而产生一种流水线操作的效果，提高了内存的带宽。

bank online teller system **银行联机出纳系统** 也称"电子信用卡系统"，一种以对话方式与银行中心计算机联系的自动出纳系统。银行储户凭银行发给的电子信用卡，可在该银行所属各分行或储蓄所的电子出纳机上提取现款，并以实时方式处理记账。

bank switching **体[内存区]切换** 一种扩展计算机可用随机存取存储器（RAM）技术，将存储器扩展到操作系统或微处理器地址限制之外的一种方法。通过在 RAM 体之间进行切换，在某个时刻只有一个体可以被访问，每个存储体轮流使用同一个存储空间，在存储体不活跃时，它保持所存储的内容，在使用另一个存储体之前，操作系统、驱动程序或者应用程序必须明显地发出一个硬件命令进行切换，这种存储器通常用于在主机板上的扩充卡。

banner **标志，广告** （1）打印输出中的第一页，包括有关打印的文件的信息，标志页上通常表示打印的用户名。（2）Web 页面中含有广告的部分，是互联网广告中最基本的广告形式，一般是使用 GIF（图形交换格式）的图像文件，可以使用静态图形，也可用动画图像，宽度常横跨 Web 页面，有时广告还分布在 Web 页面的其他部分。广告中通常含有一个连接广告厂家 Web 站点的链路。

banner blindness **广告盲区** 指人们忽视 Web 站点上各种广告的倾向。研究发现：Web 页面中的广告越大，给人们的视觉冲击力就越强，越能吸引人们的注意。但因为网页浏览者通常处于一种搜索模式中，广告对他们的搜索显得无关紧要，故对其熟视无睹。这种现象称为广告盲区。

banner page **标题页** （1）可被大多数后台打印程序添加到打印输出上的标题页。这样的页面通常包含账户信息、作业长度以及后台打印程序信息，主要用来将打印作业相互分开。（2）在软件中，是用于标识产品和给出其生产厂家的初始屏幕。

BAR **基地址寄存器** base address register 的缩写。

barber paradox **理发师悖论** 在 1918 年由罗素提出的一个悖论。某小镇有一位理发师，他说他只为那些不给自己刮胡子的人刮胡子，那么这位理发师由谁为他刮胡子？如果他由别人刮胡子，他就不给自己刮胡子；根据这位理发师的言论，应由他自己刮胡子。如果他为自己刮胡子，根据这位理发师的言论，他不能为自己刮胡子，两者均产生矛盾。

bar chart **条形图，直方图** 使用条形图案来反映一组或几组数据的变化趋势及相互关系，在事务处理及数据分析中经常被使用。

bar code **条（形）码** 一种通常由两种颜色（黑白、红白、绿白）宽窄相同，粗细不一的直线条纹组成的编码。这种编码通常印在商品包装物上，图书馆藏书上或各种证件上，用以表示商品号、藏书号或证件号，使用条形码扫描器识别并读入计算机，然后根据计算机内存储的有关信息进行处理。条形码有多种类型，如通用产品码（UPC）、标准 39 码、欧洲商品码（EAN）、标准 25 码等。除标准 39 码外，其他三种编码均为 10 个码，标准 39 码则有 0 ～ 9，A ～ Z 和 8 个符号共有 44 个码。条形码广泛用于各种商店、仓库和图书馆等现代化管理之中。

bar code labelmaker **条码标记软件** 一种软件产品，使用户能够为其产品建立条形码标记等。

bar code library **条码库** 一种 C 语言编写的软件

程序库,生成并打印条形码。可打印十几种条形码,支持多种语言,支持大多数打印机。

bar code reader (BCR) **条形码读入器** 一种基于输入条形码的装置。它连接着键盘和计算机,并且从键盘线上直接获得电能。它装有 RS-232-C 输入口,允许附加数据进入设备,通过键盘线与计算机接口。这种设备读入所有流行格式的条形码。

bar code recognition **条形码识别** 由条形码识别器读取各种条形码,并通过计算机对其进行处理。在超级市场、销售点 POS 等处购物,采用条形码识别可以快速准确地结账。此外,它还广泛用于图书管理、工业产品检测、办公室自动化等领域。参见 bar code scanner。

bar code scanner **条形码扫描器** 用于对商品包装上印刷的条形码进行扫描读入的设备。它有手持式(设备的读入窗口在条形码上扫过)和台式(货物在设备窗口上扫过)。设备内装有激光源,激光射向条形码,然后在设备内接收反射的信号光,经光电接收器转换为电信号,从而得到条形码上的信息。

bare board **空板,裸板** 一个没有安装芯片的线路板,常指一个未插入存储器芯片的存储器卡。

bare machine **裸机** 未配置任何软件的计算机。

Barker code **巴克码** 一种二进制码,它适用于脉冲编码调制及同步,有最佳的相关性。和纯二进制记数编码等其他编码相比,它受由于最接近码型的随机脉冲引起的相位移的影响较小,它受发射机引起的相位移误差的影响较小。

bar printer **字条[杆]式打印机** 一种击打式打印机,在打印杆上带有打印字条,当选定一个字符后,打印杆沿纵向移动,使打印字条上的相应字符对准打印装置以进行打印。同 print bar。

barrage jammer **阻塞干扰机** 一种干扰机,其辐射电磁波能量散布在很宽的频带上,可以同时干扰数个发射机,可防止通过简单的改变受干扰的发射机的频率进行逃避,通常可在很宽的频谱上调整,缺点是由于要在很宽的频带上散布能量导致在需要大功率干扰的特定频率上只有很小功率。

barrage jamming **阻塞干扰** 阻塞干扰发射的频带宽度大于一个单个发射机的频带宽度,能够同时干扰不同频率的发射机,减少了对操作者进行操作的要求或对复杂控制设备的要求。具体它可由在相邻频率上预置多个干扰机或使用单个宽带发射机来实现。

barrel connector **桶形连接器** 一种双面的接插件,连接同轴线。

barrel distortion **桶形畸变** 在光学系统和电视系统中,矩形光栅呈现四边凸出和四角压缩的图像失真。

barrier effect **势垒效应** 属于一种光生伏特效应,势垒效应的机理是在金属和半导体的接触区(或在 PN 结)中,电子受光子的激发脱离势垒(或禁带)的束缚而产生电子空穴对,在阻挡层内电场的作用下电子移向 N 区外侧,空穴移向 P 区外侧,形成光生电动势。参见 photovoltaic effect, lateral photoelectric effect。

barrier frequency **截止频率** 同 cutoff frequency。

barrier layer **阻挡层** 在光纤生产中用来阻止氢氧离子扩散到纤芯中的隔层。

barrier layer cell **阻挡层电池** 这种电池是由砷化硅层和硼化硅层交叠而成。由于砷化硅层带有多余电子,太阳能使这些多余电子移动到硼化硅层,并填补上面的空洞。这样,电子形成了不断流动的电流。也称"光伏电池"。同 photovoltaic cell。

barrier synchronization **障碍同步** 一种使多处理机系统中的一组进程同步的方法,使这组处理机执行到程序设置的特定障碍点上暂停,直到这一组进程中的每个进程都执行到该障碍点时为止。

barring of incoming calls when roaming outside the home PLMN country (BIC-Roam) **闭锁入呼叫-漫游** 电信的一种补充业务,仅当移动用户漫游出归属 PLMN(公共陆地移动电话网)国家时,移动用户用以防止所有入呼叫(或仅与特定的基本业务相关)。服务移动用户发起呼叫的能力不受影响。参见 public land mobile network (PLMN)。

barring of outgoing international calls (BOIC) **闭锁国际出呼叫** 电信的一种补充业务,移动用户用以防止所有国际出呼叫(或仅与特定的基本业务相关)。移动用户仅能够建立与所在国的 PLMN(公共陆地移动电话网)和固定网络间的出呼叫能力。移动用户所处的 PLMN 可以是归属 PLMN 或拜访 PLMN。服务移动用户接收呼叫的能力不受影响。用户发起紧急呼叫的能力不受影响。

BARSA **记账,应收账款,销售分析** billing, accounts receivable, sales analysis 的缩写。

BAS **宽带接入服务器** broadband access server 的缩写。

. bas **BASIC 文件名后缀** bas 取自 BASIC 一词,一种文件扩展名,用于标识 BASIC 源程序文件。参见 BASIC。

base **基区** 基区是双极晶体管的控制部分。在 NPN 晶体管中,P 型材料形成基区。

base address (BA) **基地址** (1)程序执行中,在作地址计算时,用作起始点的一个地址。(2)与相对地址组合而得到绝对地址的一个给定的地址。基址伴随着一个加到基上的偏移值来确定信息准确的位置(绝对地址)。(3)用来修改一特定程序中与此基地址有关的相对地址,使其变为绝对地址的一个数。采用基地址方式寻址的计算机容易实现程序的浮动,特别适合于多道程序的环境。

base addressing **基址寻址** 计算机的一种寻址方式。它利用基址寄存器的内容加上相对地址以形成绝对地址(即存储器中的真实地址)。不同的计算机对基址寻址有不同的规定,有的把它与变址寻址等同,有的则把它与变址寻址区分开。区分主要有两点:第一,基址寄存器的内容不仅用来修改操作数地址而且用来修改指令地址;第二,基址寄存器的内容只能由操作系统利用特权指令来赋值,它往往作为用户程序的起始地址。基址寄存器保存的地址叫基址地址或基准地址。参见 base address (BA), reference address。

base address register (BAR)　基地址寄存器　在基数位移寻址系统中,用来存放基地址的寄存器。它的内容可用专用指令进行修改。

base address relocation　基地址再定位　在指令执行时,用基地址寄存器中的内容与相对地址相加,以确定绝对地址。基地址寄存器中的内容在计算机处于管理状态时才能加以改变。

base alignment　基线对齐　使字符的基点沿着一公共水平线对准,便于在同一行或正文中混合各种打印体。

base and displacement　基地址和位移量　一种常用的寻址方式。它把位移量(可能是相对地址)直接加在基地址上,产生操作数地址。

baseband　基带　(1)也称"基本频带",基本信号所固有的频带,传输数据的一种网络技术。数字信号(即 0 信号和 1 信号)在基带范围传输时,可作为电压脉冲直接在电缆上进行传输,而不需调制解调过程。使用这种技术的网络要求网络上的所有工作站和服务器都参与每次传输,但是参与并不等于接收每次传输的数据,是否接收数据取决于自己的地址是否是数据的目标地址,如以太网就使用这种技术。基带也称"窄带"。(2)在网络的数据链路层上,一种不使用复用技术而传输信号的方法,这样传输时只使用一条通道。大多数局域网(LAN)使用基带传输技术。

baseband chip　基带芯片　手机中最核心的部分,主要组件为 DSP(数字信号处理)、微控制器、内存等单元。基带芯片是用来合成发射的基带信号,或对接收到的基带信号进行解码。具体地说,发射时,把音频信号编译成用来发射的基带码;接收时,把收到的基带码解译为音频信号。同时,也负责地址信息(手机号、网站地址)、文字信息、图片信息的编译。参见 digital signal processor (DSP)。

baseband coaxial cable　基带同轴电缆　特性阻抗为 50 Ω 用于传输数字信号的同轴电缆。所传输的信号通常都是使用"曼彻斯特编码"或"差分曼彻斯特编码"编码的二进制信息信号。这种电缆又分为粗同轴电缆和细同轴电缆。前者使用专用的收发器连接计算机或其他设备,后者使用 T 型接头连接计算机或其他设备。与此不同的是宽带同轴电缆。

baseband data　基带数据　由数据电路生成的通常是经调制的数据信号形式。

baseband frequency hopping (BFH)　基带跳频　在帧单元和载频单元之间加入了一个以时隙为基础的交换单元,通过把某个时隙的信号切换到相应无线频率上来实现跳频。基带跳频的特点是比较简单,而且费用也低。采用基带跳频的小区的载频数与该小区使用的频点数是一样的。

baseband LAN　基带局[域]网　一种局部网络,其中信息不经载波调制就被编码或传输。参见 broadband LAN。

baseband local network　基带局部网　一种使用基带同轴电缆作为通信介质的局部网。其数字信号("1"和"0")不经调制,而是以电脉冲形式直接送入通道,所有用户共享同一通道,并且不允许频分复用。通常使用 CSMA/CD(载波监听多路访问/冲突检测)协议。例如,以太网即是这样的基带局部网,以 10 Mbps 的速率在 50 Ω 同轴电缆上运行。

baseband mode　基带模式　一种将一条电缆的带宽都分配给单个数据流的模式。

baseband network　基带网络　一种网络,它在一根电缆上只具有一条通信通道。基带网络信号不经调制而直接以电脉冲形式传输,传输时由于传输介质的整个带宽都被单一信号占用,因此在基带网中,计算机只能在通道不忙时才能传输。不过基带网络可以使用时分多路技术来共享信道。每个基带网上的消息以一个包含数据和站点地址信息的包的形式进行传输,基带网工作于短距离的场合,工作速度为 50 kbps ~ 16 Mbps,在进行数据接收、验证和消息转换时需要大量额外时间,最长通信距离大约是 2 英里,在网络通信繁忙时这个距离还将显著缩短。Ethernet(以太网)、AppleTalk 网和大多数 PC 局域网(LAN)都使用基带传输技术。比较 broadband network。

baseband processing　基带处理　基带信号的变换过程。

baseband signal　基带信号　信源发出的没有经过调制的原始电信号。基带信号特点是频率较低,信号频谱从零频附近开始,具有低通形式。根据原始电信号的特征,基带信号可分为数字基带信号和模拟基带信号。

baseband signaling　基带信号传输　(1)信号不加调制而按其原来所固有的频率进行的传输。在这种传输工作方式下,不允许对通道进行频分多路复用,数字信号以电压脉冲形式直接在电缆上传输。(2)在网络中,编码的信号以电压传递的连续流的方式,在传输媒体上的传输。一次仅有一个节点可以发送,从多个节点来的信号经过多路组合后可在上面传输。比较 broadband signaling。

baseband system　基带系统　一种数据传输系统,在传输媒体上直接对信息进行编码、调制和传输,信息的频率不需要偏置或改变。

baseband transmission 基带传输 在短距离局部网络中,数字信号(1或0)直接以送入电压脉冲形成,信号占据了电缆整个频谱,因此不允许频分多路复用。

baseband transmission of digital signal 数字信号基带传输 在某些有线信道中,特别是传输距离不太远的情况下,可以不经过调制和解调过程而让数字基带信号直接进行传输,称之为数字信号的基带传输。

baseband twisted-pair system 基带双绞线系统 使用双绞线媒体的一种基带系统。

base bandwidth 基本带宽 未调制信号传输所需要的带宽,通常要求信号的传输质量越高,需要的基本带宽也越高。

base class 基(本)类 C++语言中的一个类,其他类都从这个类中直接或间接地派生而出。参见 class, derived class, inheritance。

base cluster 基簇 在带有 VSAM(虚拟存储存取法)数据存取方法的系统中,一种键标顺序文件或输入顺序文件,在其上可建立一个或多个辅助索引。参见 cluster。

basecom 基地通信 base communications 的缩写。

base communications (basecom) 基地通信 为军事设施如哨所、营房、兵站的军事行动提供的通信服务。通常包括通信网络、系统、仪器、设备的安装运行、维护、扩展、更改和修复,以提供本地与基地间的通信。同 communications base section。

base diffusion 基区扩散 通过扩散形成的晶体管基区。

based on block nested loop join 基于块的嵌套循环连接 数据库表的一种连接方法。对于 $R(X,Y)$ 和 $S(Y,Z)$ 的基于块的嵌套循环连接方法,假设连接属性为 Y 并且有 M 块内存缓冲区,其连接过程可分三步。第一步:首先把外层循环表(R)尽可能多地读入内存(如读入 $M-1$ 块),读入一块内层循环表(S)。① 对于 R 在内存中的第一条元组,从头开始扫描内层循环表(S)在内存中的每一条元组,逐一查找满足连接条件的元组,找到后就将外层循环表中的第一条元组与该元组连接起来,形成结果表中一条元组;② 内层循环表(S)在内存中的部分全部查找完后,再找外层循环表(R)在内存中第二条元组,然后再从头开始扫描内层循环表(S),逐一查找满足连接条件的元组,找到后就将外层循环表(R)中的第二条元组与该元组连接起来,形成结果表中一条元组;③ 重复上述操作,直到外层循环表(R)在内存部分的全部元组都处理完毕为止。第二步:内层表 S 的在内存中的数据块淘汰,读入 S 的下一块数据,重复操作第一步,直到内层循环表(S)全部处理完毕为止。第三步:外层表 R 的 $M-1$ 块数据全部淘汰,再读入 $M-1$ 块数据进来,重复操作第一步和第二步,直到外层循环表(R)的全部元组都处理完毕为止。参见 based on tuple nested loop join。

based on keywords search 基于关键字的搜索 基于关键字的搜索是通过在互联网上提取各个网站的信息来建立自己的数据库,并向用户提供关键字查询服务。当用户以关键词查找信息时,搜索引擎会在数据库中进行搜寻,如果找到与用户要求内容相符的内容,便将结果的链接返回给用户。但是基于关键字的搜索存在致命的弱点,就是搜索的内容中必须包含有查找时输入的关键字。

based on node XML index 基于节点的 XML 索引 基于节点的索引是将 XML(可扩展标记语言)数据分解为数据单元的记录集合,同时在记录中保存该单元在 XML 数据中的位置信息。与基于路径的索引不同,基于节点的索引打破了必须通过标签路径查找节点这一限制,将 XML 数据分解成规范形式的节点记录。由于保存了节点的位置信息,而且能够很好地结合到成熟的关系数据库管理系统中,因此它是目前应用广泛的一种索引。

based on path XML index 基于路径的 XML 索引 基于路径的索引是以 XML(可扩展标记语言)树结构中节点的路径信息为基础,采取某种约简方式,使得约简后的树结构只维护不同的路径信息,而不会存在具有相同路径的两个节点。

based on prefix index 基于前缀的索引 基于前缀的索引的基本思想是直接将一个节点的双亲节点的编码作为该节点编码的前缀,要判断一个节点 v 是否另一个节点 u 的后裔,只要判断 u 的编码是否为 v 的编码的前缀。前缀编码索引的一个重要性质是编码的词典有序:以节点 r 为根的子树中的任意一个节点 u,它的前缀编码 $c(u)$ 大于(小于)它的左兄弟子树(右兄弟子树)中所有节点的前缀编码。因此,基于前缀的索引不仅能够有效地支持包含关系的运算,而且能够有效地支持文档位置关系的计算。

based on tuple nested loop join 基于元组的嵌套循环连接 数据库表的一种连接方法。对于 $R(X,Y)$ 和 $S(Y,Z)$ 的基于元组的嵌套循环连接方法(假设连接属性为 Y),其连接过程为:① 首先在外层循环表(R)中找到第一条元组,然后从头开始扫描内层循环表(S)中的每一条元组,逐一查找满足连接条件的元组,找到后就将外层循环表中的第一条元组与该元组连接起来,形成在结果表中的一条元组。② 内层循环表(S)全部查找完后,再找外层循环表(R)中第二条元组,然后再从头开始扫描内层循环表(S),逐一查找满足连接条件的元组,找到后就将外层循环表(R)中的第二条元组与该元组连接起来,形成结果表中一条元组。③ 重复上述操作,直到外层循环表(R)中的全部元组都处理完毕为止。参见 based on block nested loop join。

base earth station (BES) 地球基站 一种地球站,

用于卫星固定业务或卫星移动业务,在特定的固定点或在地面的特定区域内,为地面移动卫星业务提供馈送链路。

base I/O address 基本 I/O 地址 输入输出端口的起始地址,基本 I/O 地址允许微处理器发现指定设备正确的通信端口。

base I/O port 基本输入/输出端口 为计算机硬件(如网卡)和 CPU 之间传递信息所定义的通道。

base key 基本密钥 由用户选定或由系统分配的,可在较长时间(相对于会话密钥)内由一对用户所专用的密钥,故也称"用户密钥"。

base language 基本语言 可扩充语言的组成,它提供完整而又基本的功能,如基本数据类型、简单操作和控制结构。

baseline 基线,基准 (1)用于比较或控制的一系列观察资料或数据。基线在配置项的设计和开发中指示出一个取舍点,这个配置除非在严格的控制管理策略和规程的控制下否则不会变化。配置管理有三种基线:功能基线、分配基线和产品基线。(2)一种用作基准软件版本,用以提供软件开发组对软件产品理解的基础。

baseline architecture 基准线体系 被用于或可以被用于今后体系起始点或对进展进行测量的初始体系。

base location 基地址 存储器中用作相对寻址的参考单元的存储单元地址。将偏移地址或相对地址与基地址相加或相减便可决定最终的操作数地址。

base-minus-one's complement 反码 数的一种编码形式。其编码方法是:从基数中先减去 1,再减去该位数。例如,十进制数 3580,其反码为 6419;若二进制数是 101001,其反码为 010110。

base notation 基数记数法 一种记数法,它是用括号括起来的一个十进制数作为某数的下标,其十进制值表示该数的基数。

base number 基数 说明一个数字系统的量。例如,在十进制系统中,基数为 10;在二进制系统中,基数为 2。

base page 基(本)页 分页存储器中的第一页,一般从存储单元零开始。

base plate 底板,基板 这是电路中安装组件的板。

base priority 基本优先级 (1)进程建立时,系统为进程指定的进程优先级。基本优先级通常来自授权文件。调度程序决不调度优先级低于基本优先级的进程。基本优先级只能由系统管理员或进程本身修改。正在运行的进程的基本优先级能由具有用户特权的任何用户所变更。(2)操作系统(如 Windows NT)中线程建立时设置的优先级,作为计算线程动态优先级的基础,在 Windows NT 中这个值设置为线程 5 个优先类中的一个,调度程序可增加或降低一个线程的动态优先级,但不能降低到基本优先级以下。

base register (BR) 基址寄存器 用来存放一个基地址的寄存器。其内容在变址寻址时用来计算即将执行的指令地址。

base station (BS) 基站 在移动通信系统中,连接固定部分与无线部分,并通过空中的无线传输与移动台相连的设备。基站是在移动通信系统中按照通信覆盖面积要求而设置的,通过无线接口提供与终端之间的无线信道。参见 base station controller (BSC)。

base station controller (BSC) 基站控制器 基站控制器可由多个实体构成,其功能是提供与基站、网络侧和运行维护系统的接口,及无线信道控制、基站监测以及与业务节点的转接。基站控制器是蜂窝系统的功能组件,是基站和移动业务交换中心之间的中介。

base station identity code (BSIC) 基站识别码 包括 PLMN(公共陆地移动电话网)色码和基站色码。用于区分不同运营者或同一运营者广播控制信道频率相同的不同小区。

base station transceiver (BST) 基站收发信机 由基站控制器(BSC)控制的无线接入设备。

base station sub-system (BSS) 基站子系统 由基站控制器(BSC)以及相应的基站收发信台(BTS)组成的系统。BSS 是在一定的无线覆盖区中,由移动交换中心(MSC)控制,与 MS 进行通信的系统设备。

base station sub-system application part (BSSAP) 基站子系统应用部分 使用信令连接来传送 A 接口处理有关的第三层信令信息,BSSAP 又进一步分为两部分:直接传输应用部分(DTAP)和基站子系统管理应用部分(BSSMAP)。参见 base station sub-system management application part (BSSMAP)。

base station sub-system management application part (BSSMAP) 基站子系统管理应用部分 支持 MSC(移动交换中心)与 BSS 间有关 MS 的其他规程(如资源管理、切换控制),这些规程可以是针对 BSS 的一个小区或对整个 BSS。参见 base station controller (BSC), base station sub-system (BSS)。

base style 基本风格 文档中其他风格所依赖的底层或者原始风格。一旦改变了文档中基本风格里的一个格式化成分,所有源于此基本风格的其他风格都会发生相应的变化。

base system 基本系统 核心计算机系统。典型硬件基本配置一般包括中央处理机、电源系统、相应的自带控制器的外围设备、接口部件和最小的存储器配置;基本软件包括基本系统软件、编程语言和能执行基本功能的程序模块,如在 Windows 95 的操作系统组件中,它由操作系统的内存管理、任务管理和中断管理功能组成。

base table 基(本)表 关系数据模型中的一种表，包含有插入的原始数据，基表对应于数据库概念模式中确定的关系。

base transceiver station (BTS) 基站收发信台 移动通信网络中直接与用户发生关系的部分。基站收发信台主要分为基带单元、载频单元和控制单元三部分，BTS受控于基站控制器，服务于某小区的无线收发信设备，实现BTS与移动台(MS)的空中接口功能。

base transceiver station management (BTSM) 基站管理 基站控制器(BSC)对整个基站系统进行的管理。参见 base station controller (BSC)。

base 64 64 基编码 一种文件格式，采用 64 个 ASCII(美国信息交换标准代码)字符来编码 6 位的二进制数据(0 ～ 63)。64 基编码用于在仅能传输文本的媒体中传输二进制数据(如电子邮件)，尽管 uuencode(在电子邮件中用于对二进制数据进行文本化编码的工具)更为常用。参见 uuencode。

basic access method (BAM) 基本存取法 一种存取方法，它的每条输入/输出语句都引起一次相应的机器输入/输出操作。比较 queued access method。

basic arithmetic module 基本运算模块 执行基本运算的模块，它与扩充运行模块不同。

basic bit-map method 基本位图方法 无冲突协议使用的方法之一。假设通信系统中有 N 个站，编码为0到$N-1$。开始一个帧为争夺帧，含有N个时隙。在这个帧到来之前，哪个站准备好发送就在这个帧到来时把相应的位置成 1。这个帧发送完毕便确认哪些站获得发送权，并在以后的非争夺帧中给各个站按顺序发送出一个帧信息。接着又是一个争夺帧，情形同前。这样便在发送过程中没有冲突发生。在高负荷情况下，当所有站在所有时间都有信息要发送时，N 位争夺帧按比例分配到 N 个帧上，所以效率为 $d/(d+1)$。其中 d 为信息帧长。帧的平均等待时间为在站等待排入队列的时间，再加上从排入队列到排到排头的时间 $N(d+1)/2$ 。这种方法解决了传输期间的冲突问题，但是对各个站存在不公平性，编号较小的站比编号较大的站得到服务的可能性要大。参见 collision-free protocols。

basic block 基本块 在结构程序设计中，只有一个入口点和一个出口点的程序段。其定界符为 BEGIN-END 对。

basic cell 基本单元 构成门阵内部主体的最小配置单位。一般由规则排列的晶体管，或晶体管、二极管、电阻等组成。基本单元自身没有逻辑意义，经互连线连接后，才可完成基本的二输入或三输入逻辑门电路。

basic characteristic of expert system 专家系统的基本特征 一个专家系统(ES)区别于其他非智能计算机软件系统的主要性能及特征。ES 的基本特征有：①具有特定领域内专家水平的专门知识；②具有(对知识及数据的)符号处理能力；③具有对一般问题的求解能力。且所能解决的问题应有一定的复杂性和难度；④具有解释功能，能人/机交互地回答“为什么?”、“有什么?”以及“如何”等问题；⑤具有获取知识的能力等。此外，一个 ES 应遵循以下的构造原则：①(存入知识库中的)知识与知识处理机构(程序的控制及推理机)应彼此分开、相互独立；②按系统功能实现模块化构造；③ES 与领域专家及用户能交互，提供友好的用户接口；④能确保知识库中的知识不断充实和丰富等。参见 expert system (ES)。

basic character set 基本字符集 各种程序设计语言都有类似的基本字符集，语言中的各语法成分都由规定字符集里的字符组成。下面列出 FORTRAN 语言的基本字符集：

大写字母 ABCDEFGHIJKLMNOPQRSTUVWXYZ

小写字母 abcdefghijklmnopqrstuvwxyz

数字 0123456789

专用字符'()+－*/,=.:$](表示空白符)。

basic code 基本代码 使用机器操作码和机器地址码(即绝对地址码)所编写的指令代码。这种代码不需编译加工，计算机就能直接执行。

basic coding 基本[绝对]编码 直接使用机器语言进行编程，即采用机器操作码和机器地址码编写程序。

basic combined programming language (BCPL) 基本汇编程序设计语言，BCPL 语言 1967 年由美国的理查德(Richard)提出的 Basic CPL，它是由 CPL 精简而来，仿 ALGOL60 而设计的。CPL 过于庞大和复杂，影响了它的实现和广泛使用。精简后得到的 BCPL 保持了它的基本特点，为以后汤普逊(Thompson)将其改进为 B 语言，进而为 C 语言奠定了较好的基础。参见 B language，CPL。

basic communication access method 基本通信存取法 在某种操作系统中支持通信线路的数据输入输出系统。

basic controller 基本控制器 通信控制器中执行算术和逻辑运算的部分。

basic conversation 基本会话 (1)由分配事物程序指定的 LU 6.2 会话类型，事物程序使用基本会话可使用更广泛的 LU 6.2 函数，但它们负责更多的自身错误恢复工作并必须管理用于会话的数据流的细节(2)在 AIX 操作系统中，两个事物程序之间的连接，使它们能够交换包含一个指定记录长度的两个字节前缀的逻辑记录。参见 conversation。比较 mapped conversation。

basic current 基本电流 继电器不动作时规定的相应的电流极限值。

basic data exchange 基本数据交换 一种数据文件

B

格式，用于在系统或设备之间交换软盘或磁带上的数据。

basic data management 基本数据管理(程序) 过程监督系统中的输入输出管理程序。这是基本的控制程序，用来编制符合硬件控制机构使用较少的程序文件，并能处理文件。

basic data type 基本数据类型 在软件生产语言(SPL)中，由类型指定和初值指定构成的数据类型。参见 software production language (SPL)。

basic device unit (BDU) 基本设备单元 在通信系统软件中，主机存取方法和网络控制程序之间进行交换的基本传输单位的一部分。它指定了网络中的某个设备要进行动作的请求。基本设备单元由命令和它的修改量、功能标志和数据计数字段组成。

basic direct access method (BDAM) 基本直接存取法 直接存取设备中用于直接存取或更新特定数据块的一种存取方法。

basic disk operating system (BDOS) 基本磁盘操作系统 CP/M 操作系统的一部分。

basic encoding rules (BER) 基本编码规则 BER 是由国际标准组织(ISO)制订的一套用于编码数据的规则，使其他网络用户能容易地访问这些数据。BER 使用抽象语法表示法 ASN. 1，它是一种用 BER 说明编码数据类型的兼容标准。除了由简单网络管理协议(SNMP)维护的数据库外，BER 没能在因特网数据库格式说明得到广泛应用，但它在遵守开放式系统互连(OSI)协议集的系统上得到了普遍使用。参见 abstract syntax notation one (ASN. 1)。

basic exchange telecommunications radio service (BETRS) 基本交换电信无线业务 通过无线通信代替本地环路把电话业务延伸到乡村、远郊和边远地区的业务。

basic external function 基本外部函数 (1) FORTRAN 语言中由编译程序提供的外部函数，如指数、平方根、自然对数、常用对数、三角函数、双曲函数等。它们是独立的存储块，用户在使用时可直接调用。(2) 软件生产语言(SPL)、过程控制语言(PCL)和编译程序等中的外部函数，如 ALOG, SIN, SQRT 等。参见 software production language (SPL), process control language (PCL)。

basic function 基本函数 以递归形式定义的函数类必须首先给出一些简单的函数，然后从这些函数出发按照一定的组成规则构造出该函数类中的其他函数，这些函数称为基本函数，如原始递归函数的基本函数是零函数、投影函数和后继函数。

basic function model 基本功能模型 在计算机网络管理系统中，通常由管理应用程序、管理代理和监视代理构成的实体，旨在完成网络管理的监视功能。

basic function of a finite element space 有限元空间的基函数 有限元空间中一组特殊的线性无关的函数。通常指一些分段多项式，使得该有限元空间中的每一个函数都可以用它们的线性组合表示。

basic group 基础基群 在宽带系统频分复用中的一个话音信道群，一个超群中的一个独立群或一个群，通常最多容纳 12 个信道，可以被分成 4 个 3 信道的前群，占用一组 60 ～ 108 kHz 的频带，这是 ITU-T(国际电信联盟-电信标准化部门)基群 B。而 ITU-T 基群 A，用于载波电话系统，由 12 个信道占据上边带，频带为 12 ～ 60 kHz。

basic ideographic character set 基本表意字符集 由 IBM 公司定义的一套字符集，包括 3 226 个日语汉字字符和 481 个附加字符，附加字符包括日文片假名、平假名、英语字母(A ～ Z, a ～ z)、阿拉伯数字(0 ～ 9)、罗马数字(Ⅰ ～ Ⅹ)、希腊字符、斯拉夫语字符以及特殊符号。比较 extended ideographic characterset。参见 ideographic character set。

basic indexed sequential access method (BISAM) 基本索引顺序存取法 使用索引来确定数据集在直接存储设备上位置的一种存取方法。它能直接恢复或更新直接存取设备中特定的数据集块。使用索引来定位数据集，并将索引和数据集一起存放在直接存取的存储器上。在一个通信系列中，这种方法能用来存储或恢复相同数据集块。初建时一般用两个区，其中一个区存储索引，另一个区存储数据块。还可以有索引的索引。对于大的数据库，这种方法较好，容易重新组织，分布较均匀。

basic induction variable 基本归纳变量 如果 I 是循环变量，且在循环中只有一条对 I 的赋值语句 $I = I \pm C$，式中 C 为循环常量，则称 I 为循环中的基本归纳变量。

basic information unit (BIU) 基本信息单元 在 SNA(系统网络体系结构)网络中，在对话体之间传送数据和控制信息的单元，它由请求/应答首部(RH)后面跟请求/应答单元(RU)来组成。

basic input/output system (BIOS) 基本输入输出系统 在 PC 机中，负责与计算机的硬件进行通信的系统，包含启动时需要的信息。BIOS 程序包含在 CPU 插板所安装的 ROM(只读存储器)中，它包括了初级硬件驱动程序和上电时所执行的程序代码，包括日期和时间。当机器被启动时，操作系统日期根据基本输入/输出系统或实时时钟日期进行初始化。许多老式 PC，特别是那些 1997 年以前的 PC，都有仅存储两位数字年并因此可能受 2000 年问题困扰的基本输入/输出系统。

basic insulation 基本绝缘 带电零部件上对防电击起基本保护作用的绝缘。

basic language for implementation of system software (BLISS) 实现系统软件的基本语言，BLISS 语言

一种面向具体机器的用于设计编译程序和操作系统等系统软件的一种语言。其基础是 ALGOL-68 语言。用来编写编译程序和操作系统的语言。由于它允许用户自己定义访问数据结构的算法,因而能描写较复杂的软件,程序设计效率较高。

basic link unit (BLU) 基本链路单元 在 SNA(系统网络体系结构)中,由数据链路控制层在链路上传送的数据和控制信息单位。同 frame。

basic local alignment search tool (BLAST) 基本局部相似性比对搜索 BLAST 程序是目前最常用的基于局部相似性的数据库搜索程序,是十分方便及强大的查询工具。BLAST 算法的基本思路是首先找出检测序列和目标序列之间相似性程度最高的片段,并作为内核向两端延伸,以找出尽可能长的相似序列片段。

basic loop 基本循环 Ada 语言中把循环语句中要重复 0 次或多次的语句串括在 loop 和 end loop 之间,称为基本循环。循环有 for 型和 while 型两种。

basic mapping support (BMS) 基本映像支持 在客户信息控制系统(CICS)和应用程序之间的一种接口,它格式化输入和输出显示数据,并且可向不同的终端发送多页输出报文而且不必考虑各设备所使用的控制字符。参见 customer information control system (CICS)。

basic mode control procedures (BMCP) 基本型控制规程 国际标准化组织颁布的一种数据通信规程。它使用"信息处理交换用的七单位编码字符集"中所定义的 10 个传输控制字符,而传输的信息则常用国际电报电话咨询委员会(CCITT) 7 单位编码字符。其传输方式可以是串行的,也可以是并行的;可以是起停式的,也可以是同步式的。

basic mode link control (BMLC) 基本型链路控制 一种数据链路的控制规程,它使用国际电报电话咨询委员会(CCITT)用于信息交换的 7 单位字符集的控制字符,控制链路的传输。

basic network utilities (BNU) 基本网络实用程序 一组提供基本网络实用程序的程序和文件,这些实用程序包括一系列允许用户通过专用线路或者电话线路与远程 AIX 或 UNIX 系统进行通信的目录、文件、程序和命令。

basic object 基本对象 其值能够加以运算的抽象实体。如果某个值是一种语言的原语,那么就称为基本对象。

basic object adapter (BOA) 基本对象适配器 在 CORBA(公共对象请求代理体系结构)系统中,BOA 被设计为最基本和最普遍使用的对象适配器,并通过服务器框架或其他机制把对象请求代理(ORB)和服务器相连。

basic operation 基本运算 在算法分析中,常将一种对于所研究的问题(或者对于所考虑的算法类型)来说是基本的运算分离出来,计算其基本运算次数。例如,在一个名字表中寻找 X,则其基本运算是 X 和表中一个项目的比较。

basic partitioned access method (BPAM) 基本分区存取法 一种能用于建立程序库的存取方法。在直接存取存储器中,这种存取方法对程序的存储和恢复极为方便。

basic peripherals 基本外部设备 小型成批处理系统所必备的那些外部设备,通常包括读卡机、读带机、穿孔机、行式打印机及磁带机。

basic plan generating system 基本规则生成系统 一种能使机器人在所处的环境中规划自己的行动,从而达到目标的生成系统。STRIPS 系统就是一例。参见 STRIPS system。

basic platform 基本平台 以操作系统为主体,以计算机硬件为依托,形成的一种保障计算机软件、硬件能正常运行的工作环境。不同的应用软件,要求的基本平台也不同。例如,VCD(影碟)解压缩软件 XingMPEG 要求的基本平台是:CPU 为 486 以上的 PC 计算机系统,系统软件必须有 Windows 3.X 以上版本的支持。

basic probability assignment function 基本概率赋值函数 证据理论引入的一个函数,代表命题 G 恰好在集合 A 中的测度。参见 evidence theory。

basic rate 基本速率 ISDN(综合业务数字网)中的基本速率指在一条双绞线上提供两个 64 kbps 的信息通道(B 通道)和一个 16 kbps 的信令通道(D 通道),简称 2B+D 速率。参见 basic rate interface (BRI)。

basic rate access (BRA) 基本速率接入 ISDN(综合业务数字网)中的一种用户网络接入配置,对应包含两个 B 通路和一个 D 通路的接口结构。这种接入类型的 D 通路速率为 16 kbps。

basic rate interface (BRI) 基本速率接口 通常指 2B+D,即综合业务数字网(ISDN)向用户提供的最基本服务。它由两个荷载通道(B Channel)和一个数据通道(D Channel)组成。一根 BRI 线路通常可支持 8 个数字设备和 64 个电话号码。参见 bearer channel, data channel, integrated services digital network (ISDN)。

basic real constant 基本实常数 在 FORTRAN 语言中,含有小数点的一串十进制数字。

basic resolution unit (BRU) 基本分辨单元 反馈部件可以感知的最小增量变化。在机器人任务程序设计中,通常等于最小可允许的位置增量。

basic sequential access method (BSAM) 基本顺序存取法 在顺序存取或直接存取的存储器中顺序存放和查找连续数据块序列的方法。

basic service element (BSE) 基本业务要素 一种网络所提供的可选的非捆绑的业务,是一种与基本服务配置(BSA)相关的可选的网络业务功能,基本业务要素是用户可选用也可拒绝选用的网络功能。

basic services 基本业务 在通信路径上提供的，对用户信息本质上是透明的传输业务。或在两点或多点间提供适合用户传输需要的和具有足够传输能力的传输业务。基本业务必须满足可接收的性能标准，如保真度、失真和有效性。参见 enhanced service。

basic serving arrangement (BSA) 基本服务配置 (1)一个电信运营公司必须提供给增强业务提供商(ESP)的基本的、有确定费率的交换和传输及其他的通信服务，以使他们的客户可以通过网络实现连接。(2)在开放网络体系结构中，增强业务提供者(ESP)连接到电信公司网络且通过电信公司网络的基本底层连接。基本服务配置(BSA)包括：增强业务提供者(ESP)的接入链路以及服务于 ESP 的中心局与/或其他局与该链路相关的功能部件以及在电信公司网络中的专用或交换方式的传输设施，电信公司网络最后完成从 ESP 到中心局的连接，以便其为自己客户提供服务，或为客户的补充网络业务提供相关的功能。每一基本服务配置(BSA)的组成部分，如增强业务提供者(ESP)接入链路、传送和用途都可能有多种网络特性的类型，这些网络特性的类型是用户需从中选用的。

B

basic software 基本软件 设计数据处理硬件时所考虑的软件要求。它通常由原始设备制造厂提供。

basic software library 基本软件库 可供许多微型计算机使用的综合软件库。典型的基本软件库应包括装入与调试程序、文本编辑程序、常驻汇编程序、浮点程序包、交叉汇编程序、可编程序只读存储器编辑软件、带转换程序及乘除法程序包等。

basic statement 基本语句 程序设计语言中的无条件语句。例如，FORTRAN 语言中的基本语句有：赋值语句、转向语句、继续语句、调用语句等；ALGOL 语言中的基本语句有：赋值语句、转向语句、过程语句、空语句等。这些语句可以带语句标号，也可以不带。

basic synchronized subset 基本同步子集 可支持校验点的一种会话功能的子集，文件传送、访问和管理使用该子集。

basic table 基表 在关系数据库中，指本身独立存在，而不是由其他表导出的。每个基表在存储中用一个文件来表示。

basic telecommunications access method (BTAM) 基本远程通信存取方法 为系统网络体系结构(SNA)网络环境制订的计算机系统中用以控制主存与本地或远程终端之间进行数据交换的方法。它为应用程序提供与打印机、终端和其他设备打交道所需的命令。用于双同步的、非 SNA 主机网络的 IBM 公司通信程序必须直接用 BTAM 存取方式编程。

basic timing cycle 基本计时周期 计算机系统中作为一种基础使用的时间周期，用于控制周期性例行程序的执行以及控制实时时钟增量。

basic transmission header (BTH) 基本传输标题 某些网络资源进行交换时，需要使用的信息。它由标志位(用于识别分析“要求”)和一个用来表示“要求”已完成的间隔组成。是在主计算机存取和网络控制程序之间交换信息的过程中，使用的基本传输单元的一个组成部分。

basic transmission unit (BTU) 基本传输单位 在 SNA(系统网络体系结构)网络环境中，在通路控制部件和数据链路控制部件间传送的一种信息单元。它用到报头(TH)内的一部分信息，如顺序号、远端通路控制部件标识等。BTU 是由一个或多个路径信息单元(PIU)所组成，每个 PIU 可能有不同的传输报头。参见 path information unit (PIU)。

bass 低音 指在音频低段的声音，通常低于 500 Hz。

bass extension 低频延伸 指音响器材所能重放的最低频率。系用于测定在重放低音时音响系统或音箱所能延伸到什么程度的尺度。例如，小型超低音音箱的低频延伸可以到 40 Hz，而大型超低音音箱则可延伸到 16 Hz。

bass management 低频管理 低频管理是一种通过电子分频器来改变所有通道中低频内容传输路径的音频处理技术。

bass reflex 倒相式音箱 也称“倒相式开孔箱”，在音箱面板上开有倒相孔(槽)的一类音箱。由于开有孔，箱内的声音便可以辐射到外面来。倒相式音箱比密闭式音箱的低频延伸要好些，但低音往往不那么结实紧凑。

bastion host 桥头堡主机，堡垒机，防卫机 在各种应用层网关中，充当应用程序转发者、通信登记者和服务提供这个角色的一台主机。由于这台主机的安全性对整个网络系统的信息安全至关重要，因此在建防火墙时必须注意该主机本身的安全性。参见 firewall。

BAT 最佳可用技术 best available technology 的缩写。

. bat 批(处理)文件名后缀 bat 取自 batch (批)一词，在 DOS(磁盘操作系统)中，用于作为批处理文件的扩展名。批处理文件是一种可执行文件，其中可以包含对其他文件的调用。参见 batch file。

batch 成批，批处理 (1)为了处理或传输的目的放在一起的一组记录或数据处理作业。(2)批处理指不涉及或极少涉及用户动作的活动。比较 interactive。

batch application 成批[批量]应用程序 操作系统中的一组程序，它们通常在没有用户干预的情况下处理数据(如打印公司职工工资单的应用程序)。这种应用程序与联机应用程序相比要更长时间地占用计算机资源(如设备、文件、处理机等)。

batch command language 批命令语言 批处理方式

下使用的命令语言。

batch compilation 成批[批量]编译 一种无需操作员干预的程序编译的方法。

batch data processing 成批数据处理 在数据处理中，把输入数据集中起来，用同一套程序一次运行，集中进行处理的工作方法，以提高处理效率，方便操作。

batch device 成批[批量]设备 一种可以作顺序读入或写出，或者读入、写出皆可的，但不能与系统作交互通信的设备。

batched communication 成批[批量]通信 在数据通信网上，把成批的数据块作为一个整体从一个站点传送到其他站点的通信方式。传输过程中不需等待接收站点的响应，可连续地发送其后续的数据块。如果接收站点是远程站点，则这种方式称为成批远程通信。

batched EDI 批量电子数据交换 批量 EDI 是在 A 向 B 发送 EDI 报文时，A 向预先登记的电子信箱发送 EDI 报文，电子信箱在接收到该 EDI 报文时，把报文放在 B 方的电子信箱中。接收方可在任何时间、任何地点到信箱中检索是否有自己的报文。若有的话，则从信箱中提取报文。批量 EDI 的特点是：①收发双方可以自由地选择自己的时间和地点来收发 EDI 报文；②信息被成批地交换，它是一个单方向的连续数据流；③需要把所有报文处理完之后才能得到应答，响应时间长。参见 electronic data interchange (EDI)。

batched transmission 批量传输 从一站向另一站传输两个或两个以上的消息，其间不需要插入接收站的响应。

batch entry 批量[成批]输入 数据积累性的输入。它与数据一旦可用就输入系统的方式相反，这种输入是将可用数据累积在一个输入设备中，然后一次输入系统。参见 remote batch entry。

Batcher's comparator 贝彻尔比较器 贝彻尔比较器是指如果在两个输入端给定输入 x 和 y，在两个输出端输出最大值 $\max(x, y)$ 和最小值 $\min(x, y)$。

Batcher's parallel method 贝彻尔并行方法 也称"归并交换排序"，一种通过选择进行排序的方法。其作法是选取排序键的不相邻部分进行比较。因此这种方法特别适应用并行比较。

batch execution 批量执行 作为成批输入而被提交或累积的程序和数据的运行。

batch file 批文件 一个包含一系列顺序执行的命令的文件，可包含参数，由批处理命令语言支持，在 DOS(磁盘操作系统)中，批文件的扩展名为 .bat，当用户在命令行下输入批文件名时，该文件中的命令被按顺序执行。参见 AUTOEXEC.BAT。

batch file transmission (BFT) 批文件传输 用一个命令对多个文件进行的传输。

batch-header document 批标题文件 一种同批输入文件一起，用来标识批输入文件的文件，并可以此来验证这批输入文件。例如，包括结余，控制总和，散列总量或核对总值的文件。

batching with a control total 总数控制的成批作业 控制成批作业的一种方法。在成批作业中，把在所有的项目或文件中相同的某一数据栏累积起来，作为处理时的操作参照值。这种控制栏可以是一总量、一数量、一数据项或一计数等。

batch input spooler 成批输入假脱机程序 一种系统程序。它可使输入设备执行一个连续的假脱机输入。该程序一般用来输入并行执行的程序所要求的数据或信息。

batch job 批[量]作业 一种提交给系统要求执行一系列预先定义的动作的作业，在执行中，它很少或根本不要求用户和系统进行交互会话。

batch means 批均值 当把仿真过程分成几段进行时，在每一阶段的仿真将得到一批数据，对这一批表征某随机变量的数据所求出的平均值称为批均值。

batch message processing (BMP) program (成)批信息处理程序 在信息处理系统中，可以存取联机数据库和信息队列的一种成批处理程序。参见 batch processing program，message processing program。

batch output spooler 成批输出假脱机程序 用来使输出设备执行一个连续的假脱机输出的系统程序。

batch printing 批打印 将各个作业中的一个或者多个文档在后台进行排队打印。

batch processing 批处理 需处理的数据或作业事先收集在一起，然后传送到计算机上一次运行。这些数据或作业在处理时，用户不能再影响这些处理过程。比较 interactive processing。参见 remote batch processing，sequential batch processing。

batch processing information retrieval 批处理情报检索 将许多用户的提问单集中起来由计算机一次进行处理的文献检索方式。使用这种方式检索时，用户不与计算机直接对话，而是通过检索服务中心提供书面的检索结果。这种方式主要用于定题情报服务，是情报部门向科技人员报道最新文献的一种行之有效的方式。

batch processing system (BPS) 整批处理系统 一种由主计算机与卫星计算机组成的实时信息处理系统。在这种系统中，卫星计算机预先将来自各种低速外围输入装置的数据和作业汇集到某种存储装置上，并且按顺序排列和分类组织。在组成适合于主计算机处理的一个整批之后，整个地提交给主计算机。处理结果也是凑成一个适当的整批后才回送到卫星机，再由卫星机根据各个用户的需要以不同形式输出。在主计算机处理成批任务时，卫星机可继续汇集数据和任务，或者分解结果数据。这种结构，可提高整个系统的运行效率，增加系统的信息吞吐量。

batch program (成)批程序 一种执行时不与用户交互的程序。比较 interactive program。参见 batch file。

batch queue 批量队列 操作系统中的一种作业排序机制,接收用户的作业请求,依次执行。

batch region 批区域 在多道程序环境中,操作系统控制的可以执行成批处理的区域。批区域可能有几个,它与交互区相比,通常都运行在低优先级上。

batch save and restore 批保存和恢复 分区批系统的一个可任选功能。它使实时作业可根据所分配的优先级抢先占用用于成批处理的分区。一旦抢先占用分区,就将成批程序保存在直接存取存储器上,当实时程序执行完时,再把成批程序装入存储器继续执行。

batch stream 批作业流 在混合计算中,正在处理或处于低优先级作业队列中的成批作业。

batch system 批处理系统 一个以预先调度的分离操作组的方式处理数据的系统,而不是以交互的方式或者实时调度的方式。

batch terminal (BT) (成)批处理终端机 可处理大批量脱机用户的作业和数据的一种终端。将成批的作业和数据输入这种终端,再通过通信线路把这些信息传送到计算机系统中。计算机处理的结果成批送回终端,由终端的输出设备输出。

batch total 批总值 一个为记录组中公共元素计算而得的总数,用于作为检验所有计算的信息正确输入的控制。

batch trailer 成批尾部文件 批中最后一个记录,通常包含控制总数。

batch transaction file 分批事务文件 事务文件集中成一批后,以主文件形式提交计算机处理。

bath effect 浴盆效应 描述系统可靠性的一个术语。由大量元器件组成的系统,在开始使用的初始阶段,元器件的失效率比较高,所以系统失效率也高,以后阶段中系统的失效率趋于平稳。等到接近元器件的寿命时间时,失效率又会增大,失效率随时间的变化曲线呈浴盆断面形状。

bathtub curve 浴缸曲线 任何机械、电子设备在运行和使用中,其失效率大都遵循 U 型曲线(即所谓“浴缸曲线”)。那是因为刚一投入使用时各部件尚未灵活运转,常常容易出问题。经一段运行,便可以稳定下来。而当设备已经历相当时期的运转,便会出现磨损、老化等问题,最终失效。同 bathtub reliability curve。

bathtub reliability curve 浴盆形可靠性曲线 各类元件和使用这些元件所构成的系统的合成寿命周期由早期失效期、使用寿命期和衰老期三部分组成。其中前二个周期的可靠性特性可用指数函数型的概率密度函数表示;而衰老期为正态概率密度函数,三者正好构成一个浴盆形曲线图形。

battery 电池 直流电源,由一个或多个单元组成,可以把化学、热、核或太阳能转换为电能。这些类型的电池包含有害物质,如含硫酸或重金属等。但正在逐渐改变为无污染的小型电池,如锂电和锰电。

battery back-up 备用电池 一个电池后备电源,在电源故障时作为替换电源保持系统正常工作。

battery electric vehicle (BEV) 纯电动汽车 由电动机驱动的汽车。纯电动汽车电动机的驱动电能来源于车载可充电蓄电池或其他能量储存装置。

baud (B) 波特 (1)在数字通信中,调制速率的单位或持续时间恒定的信号码元传送速率的单位。波特数等于信号码元时长(以秒为单位)的倒数。(2)异步传输中的调制速率单位,相当于每秒一个单位间隔。即,如果单位间隔的长度是 20 ms,则调制速率是 50 波特。波特曾一度用来作为每秒比特数的同义词,但这只有当用每秒比特数来表示的信号传输速度与波特有着相同的数值时才是确切的。然而,目前利用一个信号单元表示两个数据位的通行作法,却意味着每秒 2 400 比特的数据传输速度相当于 1 200 波特这一速率。

Baudot code 博多码 一种用于数据传输的代码。每个字符以 5 位代码表示。它是以 19 世纪打字电报机的先驱者 Emile Baudot 而命名的。这个代码通常用于电传打字机。这时,需附加一个起始码元和一个终止码元。终止码的持续时间随系统而定。博多码也称“CCITT No. 2”(国际电报电话咨询委员会 2 号码)。

baud rate 波特率 模拟线路信号的速率,也称“调制速率”,用于表示每秒钟内调制或产生信号的数量的单位。如果每个信号事件表示一个二进制位,则波特率和传输速率(每秒比特数)的数值相等,否则两者的数值不相等。传输速率通常是波特率的简单整倍数。例如,一个 2 400 波特率的调制解调器,如果按照每个信号单元 4 位进行编码(2 400×4=9 600),它实际是以 9 600 波特的速率操作,其传输速率是每秒 9 600 位,因此,它是一个 9 600 bps 的调制解调器。同 modulation rate。比较 binary baud rate,bit baud rate。

baud rate generator (BRG) 波特率发生器 为数据传输提供时钟信号的一种脉冲发生器,设置在数据传输接口装置或终端装置中,其工作速率可以通过程序控制而改变。

Bayes decision rule 贝叶斯判定规则 统计中的一个基本规则。用该规则进行分类时要求各类别总体的概率分布是已知的,并且要决策分类的类别是一定的,贝叶斯判决规则包括最小错误率贝叶斯判决规则和最小风险贝叶斯判决规则等。

Bayes decision theory 贝叶斯判定理论 (1)模式分

类的基本统计方法，其基本假定是判定问题适于概率条件，且所有相关概率是已知的。贝叶斯判定论对知识系统和模式识别技术极为重要。(2)用抽样方法估计信息价值的一种统计判定方法。它利用不断取得的新信息进行分析，修正以前的估计或判断，得出更切合实际的估计或判断。

baz **baz 伪变量** 程序员用于取代专用术语的一种伪变量，如伪邮件地址 foo@bar. baz。

BAOC **闭锁所有出呼叫** barring of all outgoing calls 的缩写。

BB **开始括号[链组]指示符** begin bracket indicator 的缩写。

BBC (1)英国广播公司 British Broadcasting Corporation 的缩写。(2)宽带承载能力 broadband bearer capability 的缩写。(3)背对背连接 back-to-back connection 的缩写。

BBER **背景误块比** background block error ratio 的缩写。

BBIAB **马上就回** 网上用语 be back in a bit 的缩写。

BBL **稍后便回** be back later 的缩略语，是网络聊天中的常用表达式，表示参与者暂时离开讨论，但打算稍后便返回。

bbs **电子公告板系统文件名后缀** bbs 是 bulletin board system 的缩写，电子公告板系统文件的扩展名。

BBS (1)电子公告牌系统 bulletin board system 的缩写。(2)广播卫星业务 broadcasting satellite service 的缩写。(3)不久回来 be back soon 的缩写。常见于因特网讨论组上的一种缩略语。同 be back later (BBL)。

BB tree **有界平衡树** bounded-balanced tree 的缩写。

BC (1)分组码 block code 的缩写。(2)比利斯分类法 Bliss classification 的缩写。(3)承载[传递]能力 bearer capability 的缩写。

BCB **块控制字节** block control byte 的缩写。

BCC (1)块校验字符 block-check character 的缩写。(2)暗送(邮件)blind carbon copy 的缩写。

BCCH **广播控制信道** broadcast control channel 的缩写。

BCD (1)双极互补型 MOS-双扩散 MOS 工艺 bipolar-CMOS-DMOS 的缩写。(2)二进制编码的十进制 binary-coded decimal 的缩写。

BCFSK **二进制频移键** binary-code frequency-shift keying 的缩写。

BCH (1)块控制首部[标题]block control header 的缩写。(2)每电路小时要求 bids per circuit per hour 的缩写。(3)广播信道 broadcast channel 的缩写。

B channel **承载信道，B 通[信]道** bearer channel 的缩写。

BCH code **BCH 码，博斯-乔赫里-霍克文黑姆码** Bose-Chaudhuri-Hocquenghem code 的缩写。

BCI **比特计数完整性** bit count integrity 的缩写。

BCM (1)约束控制模块 bound control module 的缩写。(2)业务连续性管理 business continuity management 的缩写。

BC mode **基本控制方式** basic control mode 的缩写。

BCN (1)标注，信标 beacon 的缩写。(2)主干集中器节点 backbone concentrator node 的缩写。

BCNF **鲍依斯-柯德范式** Boyce Codd normal form 的缩写。

BCNU **正在观察** be seeing you 的缩写。

BCOB **宽带面向连接的承载器** broadband connection oriented bearer 的缩写。

BCOB-A **承载类型 A** bearer class A 的缩写。

BCOB-C **承载类型 C** bearer class C 的缩写。

BCOB-X **承载类型 X** bearer class X 的缩写。

B-code **B 代码** 一种基本上符合幂次分布的编码。对于某些信息源概率服从乘幂定律的应用，B 代码近似于最佳编码。在这些应用中，M 个输入值的概率服从公式

$$P_k = K^{-r}$$

其中 $k=1,2,\cdots,M$；r 为一个正的常数，称作 B 代码的阶。

BCP **业务连续性计划[规划]** business continuity planning 的缩写。

BCPA **英国版权保护协会** British Copyright Protection Association 的缩写。

BCP documents **最新实行文档** best current practices document 的缩写。

BCPL (1)BCPL 语言，自展组合的程序语言 bootstrap combined programming language 的缩写。(2)基本的汇编程序设计语言，BCPL 语言 basic combined programming language 的缩写。

BCR **条形码读入器** bar code reader 的缩写。

BCU **块控制单元** block control unit 的缩写。

BCUG **双边闭合用户群** bilateral closed user group 的缩写。

BCW **缓存控制字** buffer control word 的缩写。

BD **蓝光光碟** blu-ray disc 的缩写。

BDA (1)蓝牙设备地址 bluetooth device address 的缩写。(2)蓝光光碟联盟 blu-ray disc association 的缩写。

BDAM **基本直接存取法** basic direct access method 的缩写。

BDC **备份域控制器** backup domain controller 的

B

缩写。

BDE (1)成批数据交换 batch data exchange 的缩写。(2)方框图编辑工具 block diagram editor 的缩写。

BDES 成批数据交换服务(程序) batch data exchange services 的缩写。

BDL 商用描述语言 business description language 的缩写。

BDOS 基本磁盘操作系统 basic disk operating system 的缩写。

BDPSK 二相差分相移键控 binary differential phase shift keying 的缩写。

BDU 基本设备单元 basic device unit 的缩写。

BE (1)best effort 的缩写。(2)后端(装置)backend 的缩写。

beacon (BCN) 标注,信标 (1)在程序设计中,用于标记、解释和说明某种特殊结构或操作的代码行。(2)信标是令牌环网中的错误状态,表明有一个或一个以上的节点出现操作异常。参见 beacon message。

beacon frame 信标帧 一个由适配器发送的表示一个有严重问题的帧,如电缆的断开或机器运行中断。同 beacon message。

beacon frequency 定标频率 信标台的发射频率。定标频率区分不同的地区,主要用于定位。

beaconing station 信标站 一个在局部网络中的一个数据站,它向临近站报告硬件故障。

beaconing terminal 信标终端 一种终端,当它判明自己未收到正常信号时发出信标信息。

beacon message 信标信息 当某个站点检测发现线路中断或机器运行中断后,由该站点反复发送的一种信标帧或信标消息。当故障被旁路或消除时,该站点则停止发送信标信息。

beacon navigation system 信标导航系统 一种导航系统,它应用电磁能量建立能被跟踪的或用于导向的信号模式,且可以确定相对于移动接收器的当前位置到信标发射器间连线的运动方向。

bead 珠 (1)特种功能用的计算机小程序。参见 thread。(2)在某些多道程序设计系统中,用来表示系统程序的一个术语。系统程序可以控制某一类处理所要求的一系列步骤,如验证、输入和格式化。例如,在事务处理系统中,处理一系列询问。

beaded screen 玻珠幕 一种定向的反射式放映屏幕,它的表面由微粒玻璃或塑性球面颗粒组成。

beam 波束,播送 (1)在通信中,波束是一束或者一行由平行、汇聚或者发散的射线组成的电磁辐射。(2)通过红外无线连接将信息从一个设备转移到另一个设备。此术语特指使用笔记本计算机、移动电话以及个人数字助理等便携设备之间进行数据传输。

beam-accessible memory 光束存取存储器 用光束实现存取的存储器,一般用激光扫描对存储单元进行访问。它有两种方案:一种是按位串行的存储器;另一种是采用全息照相的按页的存储器。这两种存储器都有较高的位密度($10^4 \sim 10^5$ b/cm^2)和较大的存储容量($10^8 \sim 10^{10}$ b)。光束存取存储器需要配备激光光源和电光偏转器。它利用材料的光敏热敏效应实现写入,用同一激光光束或另一光束以及存储膜后面的光敏检测阵列来实现读出。

beam connector 波束连接器 专门设计的一种光纤连接器。参见 expanded beam connector。

beam current 束电流 电子束中因电子和离子运动所形成的电流。

beam diameter 波束直径 在垂直于波束的平面上,两个完全相对的圆周的点间的距离,这两点的辐射强度为波束峰值的一个确定的分数,它可以是 1/2、1/e、1/e^2 或 1/10 等。仅对横截面为圆形或近似圆形的波束才能确定其波束直径。

beam divergence 波束发散度 (1)在电磁波束(如无线电波或光波束)中,在沿波束轴的传播方向上,随着与相应发射电磁波源处的孔径的距离的增加而形成的波束直径的增大。(2)在横截面为圆或近似圆的电磁波束中,顶点在源处,远场波束直径所对的角度。(3)在横截面为非圆形的电磁波束中,在垂直于波束轴的平面上两个完全相对的点所对的远场角,在这两点上的辐射度是最大辐射度的一个给定的分数(如 1/2,1/e 等)。一般地,对于截面非圆的波束,必须规定相应于最大和最小远场直径所对的角度,即最大和最小波束发散度。(4)相对于垂直于波束轴的平面上两个完全相对点的远场角度波束发散度,这两点的(波束)辐射度(也就是功率密度)为波束峰值辐射度的给定的分数。

beamforming (BF) 波束成形 通用信号处理技术,用于控制传播的方向和射频信号的接收。波束成形是发射端对数据先加权再发送,形成窄的发射波束,将能量对准目标用户,从而提高目标用户的解调信噪比。

beam leads thick 梁式引线 一种粗厚强壮的引线,直接用于集成电路芯片上,用于系统与电路的互连。

beam lobe switching 波瓣转换 确定某目标方向的一种方法,它通过相继的比较来自该目标的相应的两个或多个略有不同方向的波束的角度的信号来实现。波束的运动可以是连续和周期性的,或不连续的。

beam radar 波束雷达 雷达发射装置发出无线电波束(脉冲无线电波束和连续无线电波束)碰到目标后,其中的一小部分波束就反射到雷达接收装置,由此来测定目标的距离、方位和高度等参数。参见 narrow beam radar,wide beam radar。

beam recording 电子束记录 用电子或激光来直接

对胶片曝光，用于记录数据或图形。将信息直接写入微缩胶片。

beam riding guidance system **波束制导系统** 一种导向系统，在这种系统中，使制导对象跟随一个在方向上加以控制的无线波束。

beam rotation **波束旋转** 雷达天线集成无线电波束，按一定方向发射出去，同时用机电或电子的方法将天线或波束不断地旋转，使波束扫过空间而进行搜索。波束碰到物体，其中一部分反射回来被原天线接收，经接收机检波、放大后，根据电波由发射出去反射回来所经历的时间来判断距离；根据收到反射波时天线所指的方位角来测定方向；根据距离和天线所指的仰角来测定高度；也可根据电波反射，在高空测得地物的景像。参见 antenna beam rotation。

beam satellite antenna **波束卫星天线** 波束卫星天线可分为两种：宽波束卫星天线增益低，需要较大天线的用户终端及较高射频功率的电源；窄波束卫星天线增益高，虽只需较小天线终端，但因覆盖相同地面区域而要采用许多点波束，结果使卫星天线系统复杂、重量增大，而且还要求卫星具有更高精度的指向能力。参见 global beam satellite antenna。

beam shaping **定向整形** 一种允许卫星信号集中于一个小范围的过程。

beam splitter **分光仪** 一种半透明的光学镜片，能将落在其上的一个光束分成两个光束，也能将两个光束合成一个。

beam splitter **射束分离器，分色器** 一种装置，用来分离波束，如把光束分离成两个或更多的单独光束，它们具有小于或等于原光束能量的总能量。部分反射镜就是射束分离器的一个例子。

beam steering **波束方向控制** 改变辐射图主瓣的方向。在无线电系统中，波束方向控制可以是通过切换天线单元或改变天线单元信号的相对相位来完成的。在光学系统中，波束方向控制可以通过改变波束经过的传输介质的折射率，或应用反射镜或透镜等两种方法来完成。

beam storage **光束存储器** 利用一条或多条电子束或光束来存取存储单元的存储器，通常指阴极射线管存储器。

beam tape **梁式载带** 聚酰胺载带，把铜箔加工成梁式引线，形成 TAB(载带自动焊)键合。通常设计用于 IC 直插式自动化封装。参见 tape automated bonding (TAB)。

beam tilt **波束倾斜** 垂直辐射图的主瓣在 0°仰角之上或之下的角度倾斜。参见 antenna electrical beam tilt。

beamwidth **波束宽度** (1)在电磁波束中，由波束截面所对应的天线孔径测量的角度。(2)射频天线图中，主瓣中相对的两个半功率点(也就是 3 dB 点，相对于最大辐射度而言)所对的角度，波束宽度通常在水平面测量且以角度表示。(3)在轴线对称的两侧，射频场强下降至轴线上场强值(辐射度)的 1/2、1/e、1/e^2 或 1/10 的两个方向之间的角度。

bearer capability (BC) **承载[传递]能力** 通信网提供的传输功能，由信息传输能力、通信模式和信息传输速率等具体项目所规定。

bearer channel (B channel) **承载信道，B 通[信]道** (1)一种通信信道，用于由多信道传输设备产生的集合信号的传输。(2)一种通信线路标准。一个基本速率接口线包含两个 B 通道，它能以 64 kbps 的速率传输信息。通常用于传送声音和数据。

bearer class A (BCOB-A) **承载类型 A** 由 ATM (异步传输模式)终端在 SETUP 消息中用户指定的面向连接的恒位速率服务。网络可进行基于 AAL(ATM 适配层)信息元素的网络互连。

bearer class C (BCOB-C) **承载类型 C** 由 ATM(异步传输模式)终端用户在 SETUP 消息中指定的面向连接的可变位速率服务。网络可进行基于 AAL (ATM 适配层)信息元素的网络互连。

bearer class X (BCOB-X) **承载类型 X** 由 ATM (异步传输模式)终端用户在 SETUP 消息中指定的传输服务，传输类型和定时要求对网络透明。

bearer independent call control (BICC) protocol **与承载无关呼叫控制协议** BICC 协议由国际电信联盟-电信标准化部门(ITU-T) SG11 研究组完成标准化，由 ISUP(综合业务数字网用户部分)协议演进而来，是一种在骨干网中实现使用与业务承载无关的呼叫控制协议。BICC 定义了信令传送转换器(STC)、应用传送机制(APM)、承载控制隧道协议(BCTP)和 IP 承载控制协议(IPBCP)。通过点编码建立信令联系，信令链路通过静态 SCTP(流控制传输协议)连接，BICC 节点中采用正常呼叫的选路原则选定路由，为呼叫的信令建立通路。信令信息利用信令传送转换器转换之后，采用 APM 传送 BICC 特定的控制信息。BICC 从真正意义上解决了呼叫控制和承载控制相分离的问题，可以用于任何承载网络，如 ATM(异步传输模式)、IP(网际协议)、STM(同步传输模式)。

bearer service **承载业务** 在用户与网络接口之间提供传输能力的一种电信业务。这些能力可以体现在信息的传递属性、接入属性和一般属性方面。

bearing **方位** 从一点到另一点的方向，通常是以正北为参考，顺时针方向计算。方位常以度表示，从 1°到 360°，或从 0°到 359°。参见 azimuth。

bearing discrimination **方位分辨力** 精确度的一种度量，用它可衡量一个方向(或方位角)的精确度。雷达有较高的距离分辨力，因为测量的是雷达脉冲。雷达和无线电的方位分辨力较低，定向精度仅为若干度。

bearing intersection **方位相交法** 通过两个或多个

点的方位测定来确定一个静止或运动的信号源的位置。

bear service (BS) 承载业务 通信业务的一种,它提供用户接入点(也称“用户/网络”接口)间信号传输的能力。

beat (节)拍 (1)拍是由频率稍有差别的两个振荡结合而产生的振荡在其振幅上的周期性的变化。(2)指令周期中若干个相等的时间段。每个时间段称为一个节拍。节拍常用具有一定宽度的电位信号表示,称之为节拍电位。这样,一条指令的微操作序列按时序要求,把各个微操作分配到各个节拍上去执行。由于节拍电位是顺序产生的,微操作的时序性也就得到了保证。一般来说,节拍电位宽度或节拍信号周期就是机器时钟周期,每个微操作都是与机器时钟信号同步的。参见 beat potential。

beat frequency oscillator 拍频振荡器 一种通过混合两个不同频率的波来产生所需频率的波的振荡器。例如,合成两个不同频率的波以得到另一个频率的波。同 heterodyne oscillator。

beat potential 节拍电位 指用具有一定宽度的电位信号表示的节拍。在计算机中,节拍电位用于控制指令操作。一条指令的微操作序列按时序要求,把各个微操作分配到各个节拍上去执行。由于节拍电位是顺序产生的,微操作的时序性也就得到了保证。一般来说,节拍电位宽度或节拍信号周期就是机器时钟周期。

beat-time programming 节拍时间程序设计 一种程序设计技术。它要求在某一时刻之前,或在某一过程的进行中,将数据提供给计算机使用。

be back in a bit (BBIAB) 马上就回 用于电子邮件和 BBS(电子公告牌系统)等的网上用语。

bebugging 添错 也称“错误撒播”。在计算机程序中插入错误以确保所有的错误都被发现。用于确定系列测试是否足够。这是技术性和探测性控制。

BEC 总线扩充卡 bus extension card 的缩写。

BECN 后[反]向显式冲突通知 backward explicit congestion notification 的缩写。

BECN cell BECN 信元 在 ATM(异步传输模式)网中,一个资源管理信元类型指示符,可由网络或者目标节点生成。

BED 总线扩展驱动器卡 bus extension driver card 的缩写。

BEDO DRAM 突发式增强数据输出动态内存 burst enhanced data output DRAM 的缩写。

BEEAB 英国电气电子鉴定委员会 British Electrical and Electronic Approvals Board 的缩写。

beep 报警声 计算机发出的警告声。

BEEP 块可扩展交换协议 blocks extensible exchange protocol 的缩写。

beeper 寻呼机 一个可以随身携带的微型无线接收器,用来接收呼叫服务商代为发出的信号。又因其发出的声音像“bi-bi-”,因而人们也管它叫“BB机”。同 radio pager。

Beer's law 比尔定律 电磁辐射通过某种溶液传播时,如溶液中含有吸收或散射的溶质,电磁或光功率密度(即辐射度)的衰减下降、减小或降低由公式 $I = I_0 e^{-cax}$ 给出,式中 I 是距离 x 处的功率密度,I_0 是在 $x=0$ 处的功率密度,c 是溶质的浓度,a 是每单位距离、单位浓度的谱吸收 / 散射系数,x 是从 0 参考点的辐射行程的距离,也就是从 $x=0$ 到 x 的溶液的厚度。参见 Bouger's law, Lambert's law。

BEF 带阻滤波器 band elimination filter 的缩写。

before and after look 前后检查 一种在修改前和修改后的记录,放置在要修改的一些系统状态记录的检查跟踪文件中。

before image 前(映)像 前像与后像同属于活动日志的内容,它们与数据库的更新或修改有关。前后是相对于更新的动作而言。当数据库系统要把一块经过修改的数据写入磁盘时,就先把该数据块原来的内容从盘中读出(即前像),记入日志文件,并把要写入的盘中的新内容(即后像)也记入日志文件。前像用于当一用户程序中途发生错误时,消除该错误程序时数据库的影响。后像用于硬件或系统故障时恢复数据库的现场。比较 after-image。

before-look journal 前像日志 一种将数据保存在前一更新状态下的后备文件,用来在当前主文件遭到损坏时进行重构。参见 after-look journal。

begin bracket 括号协议开始 在 SNA(系统网络体系结构)中,位于括号协议的第一个括号键的第一个请求的请求标题中,表示一个括号协议的开始的指示符的值(二进制值 1)。比较 end bracket。参见 bracket。

begin-end block 开始-结束块 结构程序设计中由 begin 和 end 分隔符括起来的一序列设计或程序设计语句。其特征是具有单一的入口和单一的出口。

beginning attribute character 开始属性字符 某些计算机系统的显示文件中,放在字段开始位置前面,定义该显示字段属性的字符。

beginning-of-file (BOF) 文件起始 由程序设置的在文件的第一个字节之前的一个代码,用于操作系统计算文件内的位置,在磁盘中一个文件目录通常包含文件的位置,这个位置基于 BOF 相对于磁盘起始的存储位置,对应于 end-of-file。

beginning of information marker (BIM) 信息开始标志 指明记录信息区域的开始位置的标志。

beginning of message (BOM) 消息起始 ATM(异步传输模式)网络中分段包的第一个信元中的一个指示符。

behavioral requirements 行为需求 指定系统输入

(激励)、系统输出(响应)的需求以及输入与输出之间的行为关系,也称“功能需求”或“操作需求”。

behavioral testing 行为测试 也称“功能测试”,根据产品特征、操作描述和用户方案,测试一个产品的特性和可操作行为以确定它们满足设计需求。参见 functional testing。

behavioural model 行为模型 办公室自动化中的一种模型。用来概括人类高级思维活动的一些概念和规律,使人际关系更加协调。

behavioural simulation 行为模拟 在设计初始阶段,为验证所选体系结构在规定的性能范围内执行所要求的功能而进行的模拟。通常用算法表示功能,以硬件描述语言描述功能的行为,模拟系统而不实现它,以验证设计概念的正确性和预测系统的性能。是系统设计尝试各种体系结构和进行折衷分析常用的方法。

behaviourism 行为主义 人工智能的一种研究方法。行为主义模拟了人在控制过程中的智能活动和行为特性,如自寻优、自适应、自学习、自组织等,强调智能主体与环境的交互作用。在行为主义人工智能系统中,每个智能体都是在逻辑上或物理上分离的个体,它们都是某一任务的执行者,而且都具有“开放的”接口,可以与其他智能体进行信息的交换。这些智能体能够自主适应客观环境,而不依赖于设计者制订的规则或数学模型,这种适应的实质就是该复杂系统的各要素(智能体和周围环境)之间存在精确的联系。也就是说,在行为主义人工智能系统中必然存在一些协调机制,这些协调机制可以使智能主体与外界环境相适应,使智能主体的内部状态(即智能主体所具有的几个行为,如避障、探索等)相互配合,并在多个智能主体之间产生协作。显然,协调机制的好坏直接影响智能系统的性能,因而寻找合理的协调机制成为行为主义人工智能的主要研究方向。参见 symbolism, connectionism。

behaviour science 行为科学 现代管理心理学的核心之一。它重点研究和探讨在社会环境中人类行为产生的根本原因及其规律,从而提高对人类行为发生和发展规律的预测及控制能力,激发人的生产积极性,改善并协调人与人之间的关系。

BEL 响铃[报警]字符 bell character 的缩写。

bel (B) 贝尔 一个描述两个功率的比值的常用对数值,即 $\mathrm{Log}(P_1/P_2)$。是表示音量、音强、电平的单位。1 贝尔=10 分贝。

Belady anomaly Belady 反常现象 系统运行中采用 FIFO 算法时,当内存中调入页面越多,缺页率越大的现象。Belady 现象的原因是 FIFO 算法的置换特征与进程访问内存的动态特征是矛盾的,即被置换的页面并不是进程不会访问的。参见 first-in first-out (FIFO)。

belief 信念度 人们对于某一不确定命题的信任程度的度量。其取值范围为 0 至 1 之间。若其值为 1,表示完全相信;0 表示完全不相信。

belief-revision system 信念修正系统 有些推理系统可能需要根据它所获得的或导出的新知识,来修正它原先的论断(即信念)。因此,信念修正系统必须对它的现行信念集维护其信念之间的依赖关系,并且对照所得的新知识来修正已有的信念,从而得到现行的新的信念集。有些以前曾验证为真的信念可能被验证为假,这时需要加以修正。相伴而来的是对该信念为前提的其他信念进行重新验证。

belief system (BS) 信念系统 (1)人类进行思维、推理、对话时,需要有背景知识。这些背景仅与本人对客观世界的主观认识有关,这种主观认识就是信念。因为是主观的,不同人的信念系统可能是矛盾的。同一个人的信念可能是不完全,甚至是不相容的。如何处理信念系统是思维研究的一个课题。(2)现代认知心理学和人工智能研究领域中的前沿课题,它是一种智能信息加工系统。BS 与基于知识的专家系统既有相似之处,又有很大的不同。BS 主要研究人们带主观理解和感情色彩的信念是如何影响对客观事件的理解和推理的。探索 BS 的目的是研究人的思维方式、人的情绪、意志、感情及主观理解在思维过程中的作用,并建立计算机能够实现的计算模型,最终达到计算机在某一领域和范围内模拟人的思维。

Bell and La Padula model Bell 和 La Padula 模型 对安全策略形式化的第一个数学模型,是一个状态机模型,用状态变量表示系统的安全状态,用状态转换规则来描述系统的变化过程。在此形式模型中,计算机系统中的实体被抽象成主体集合和客体集合,并定义了安全状态概念,证明了从一个安全状态到另一个安全状态的转换过程中要进行的安全保护。当发生访问请求时,模型都要考虑系统状态的转变。系统状态由下列三者来描述:①当前的访问集合;②访问矩阵;③所有主体和客体的安全级别。一个系统状态是安全的当且仅当主体对客体的访问模式遵循特定的安全策略。为了确定是否允许进行特定的访问模式,把主体的权限和客体的密级相比较,如果主体是授权采用此特定访问模式则准许进行访问。

bell character (BEL) 响铃[报警]字符 用于产生引起人们注意的声音信号的一种控制字符。例如,ASCII(美国信息交换标准代码)符号表中的 07 就是一个报警字符,计算机在输出 ASCII 码 07 时,它不会在显示器上显示或在打印机上印出,而是推动扬声器发出“滴”声音。

Bell Communications Research (Bellcore) 贝尔通信研究所 Bellcore 成立于 1984 年,是 AT&T 解散后成立的 7 个单位之一。Bellcore 是各地方贝尔运营公司的中心研究机构,并为它们进行标准协调。它也帮助美国政府做安全和紧急状态准备工作和高级智能网(AIN)的设计。

Bell communication standards 贝尔通信标准 由AT&T在20世纪70年代末和80年代初建立的一系列数据通信标准,曾被广泛使用而成为一个事实上的调制解调器的生产标准。常用的标准号Bell 212A。它采用一种频移键控(FSK)技术,允许以1 200 bps在电话线上进行双工异步通信,这个标准已被国际电报电话咨询委员会(CCITT)标准所代替。参见CCITT V series。

Bell-compatible modem 贝尔兼容调制解调器 一种调制解调器,根据AT&T数据传输的标准操作。

Bellcore 贝尔通信研究所 Bell Communications Research的缩写。

bell curve 钟形曲线 一种呈某种钟的形状的曲线,它对称,服从高斯分布,也就是正态分布曲线。参见Gaussian distribution,Gaussian function。

Bell integrated optical device (BIOD) 贝尔集成光学器件 一种集成光路,它具有用作光学器件中的逻辑元件和控制元件的、可互连的有源和无源单元,如存储器、脉冲形成器、光学开关、差分放大器、光学放大器和逻辑门等。其结构取决于制造时各单元是如何互连的。

Bell Laboratories 贝尔实验室 隶属于美国AT&T公司,总部设在新泽西州,主要研究方向是电信技术,另外,在电子技术和计算机方面也取得了不少重大发明和创造。例如在1948年它生产了晶体管,其他的成就包括激光、太阳能电池以及第一颗通信卫星等,C语言和UNIX操作系统也是贝尔实验室创建的。1995年9月,AT&T公司分解成三个独立的公司,贝尔实验室归属于Lucent Technologies,但仍与其他两家公司保持长期技术合作关系。

Bell Laboratories Technical Journal **《贝尔实验室技术杂志》** 美国刊物,1996年创刊,每年4期。原名*Bell Systems Technical Journal*,1984年改为现名。美国John Wiley出版社出版,SCI收录期刊。刊载电信科学和工程方面的研究论文,理论性较强,对科研人员颇有参考价值。文章被英美主要的16种文摘杂志所摘录。

Bell Labs layered space time (BLAST) 贝尔时空分层 BLAST是贝尔实验室开发的一项的通信技术,它采用多天线系统来开发利用多径传播效应以达到提高频谱效率的作用。如今BLAST技术已经与OFDM(正交频分复用)以及自适应编码技术一道被公认为蜂窝通信系统3G时代以至4G的三大关键的空中接口技术。BLAST的核心是MIMO(多输人多输出),实施BLAST的一个必要条件是从发信端至收信端应有足够多的互不相关的多径,利用多径来拓宽频谱。由于无线电传播的多径效应与信号的周期成反比,若能在每一个传播信道上降低信号的传播速率,就能相应地在该信道上减弱多径衰减,一个直观的做法就是在馈入的高速源数据流上实施串/并转换从而将其分割成多个子数据流,这些降速了的子数据流在传播时应该得到较少的多径衰减。在频域划分就是OFDM,若在空间域划分就是BLAST。参见orthogonal frequency division multiplexing (OFDM)。

Bellman-Ford distance-vector routing algorithm 贝尔曼-福特距离矢量路由选择算法 一种确定网络上两点间最短路由的算法。路由信息协议(RIP)就是基于此算法的。路由器使用这个算法必须维持一张根据邻近节点信息的变化时而及时更新的距离表,它告诉距离和发送分组到网络中的每个节点的最短路径。在表中的数据的数量是和网络中所有节点的数量相等的。这个表的列代表直接相连的邻节点,行代表所有在网络中的目的地。每个数据包括发送分组到网络中每个目的地的路径。在这个算法中的测量标准是跳变的数量、延迟时间、流出分组的数量等。参见routing information protocol (RIP)。

Bell system 贝尔系统 由美国电话和电报公司(AT&T)及其子公司和有关的公司营运的网络。包括电话和数据电路、交换站、电视和其他通信线路。由于贝尔系统对美国电信事业的长期垄断,引起国内财团之间的矛盾,所以美国司法部曾多次以违反"反托拉斯法"向法院起诉,法院于1982年判决,解散贝尔系统。1984年1月1日贝尔系统正式宣告解体,解体后的AT&T公司不得使用"贝尔"为名称,贝尔系统所属的22家贝尔运营公司(BOC)与其母体AT&T公司分离,合并组成7个地区性控股公司(RHC),1988年和1995年,AT&T公司再次改组,其所属的网络系统、技术系统(其中包括原西电公司)等公司脱离AT&T,并与贝尔电话研究所结合,组成朗讯科技公司。

belt printer 带式打印机 一种击打式打印机,用于打印的字符放在一个带子上。

BEMA 企业设备生产协会 Business Equipment Manufacturers Association的缩写。

benchmark 基准 为了达到改进处理过程的目的,将机构中的业务处理过程和其他领先机构相比较和对照的方法。在事先确定的用户时间要求范围内,通过对一组用户程序典型工作量执行能力的测试来检验目标计算机系统的性能。它是使用实际的或模拟的工作量对新开发软件的性能和能力进行的测试,是改善业务处理过程的一种方法,以及一组统一的标准或环境相比较的性能测量。

benchmark method (BM) 基准程序法 核心程序法的发展。它是把包括有输入输出操作的基准程序作为性能评价的标准程序。一般用高级语言编写,使之能反映出编译程序的运行状况和效能。另外,宜于采用多个基准程序混合运行,这样能反映出操作系统对多道程序的管理功能以及存储层次设计的好坏。基准程序法的优点是，它更接近于真实负荷，但只限于在已实际存在的系统中进行评价。

benchmark package 基准程序包 用于测试程序性能优劣的一组程序和数据。

benchmark problem 基准问题 评价几台计算机相互之间性能或一台计算机与系统说明书之间性能的标准问题。

benchmark program 基准程序 用于检查和测试计算机典型运行性能的一组标准化的程序。通常，用高级语言书写，严格规定了输入数据和输出的形式并可在不同类型的计算机上运行。

benchmark testing 基准测试 用于评定不同计算机系统的性能，以便选择出最适合业务要求的那个系统。对有代表性的数据和处理功能进行检测，以便能够将实际工作情况同制造厂商所公布的性能数据进行比较。这种检测为评价各种不同的系统提供明确的基准。检测是用称为基准程序的专门程序进行的。

benchmark test program 基准测试程序 一组用来反映计算机典型运行情况的标准化程序，以对不同计算机的相对性能进行评价。基准程序严格地规定了输入的数据、要完成的计算和输出的形式。但它不限定如何执行的计算细节。一般有以下 5 个通用基准程序：①通用的文件处理；②随机存取的文件处理；③分类排序；④矩阵求逆；⑤通用的数学问题。

bending loss 弯曲损耗 在光纤中，由于弯曲造成光能的被发射而引起的损耗。弯曲可以是微弯（即发生在纤芯和包层界面的）或宏弯（即其曲率半径小于临界半径的）。

beneficial wishful thinking 最优假设思想 一种非正式求解问题的策略，对妨碍问题解决的关键细节进行标识，然后假想一种更为理想的情况，忽略尽可能多的细节，或加以必要的限制，以得到问题的主要且最优解决方案。

benign environment 温和环境 在计算机安全中，一个通过物理的、人性的和过程的安全性措施对外部威胁起到保护作用的非敌对的环境。

benign software 良性软件 按照系统安全规则的约束编写，即使本身存在缺陷或者操作失误，也不会对系统正常运行安全造成威胁的软件。这类软件本身不负责实施系统安全，并且可以利用特权存取方法获得某些敏感信息。

benign viruses 良性病毒 具有病毒特征（如自我复制），不直接破坏计算机系统和用户的文件或数据，而仅仅占用系统时空开销的计算机病毒。

BEP (1)块差错概率 block error probability 的缩写。(2)后端处理机 back-end processor 的缩写。

BER (1)位误码率，误比特率 bit error rate 的缩写。(2)总线扩展接收器卡 bus extension receiver card 的缩写。(3)黑盒事件记录 box event record 的缩写。(4)基本编码规则 basic encoding rules 的缩写。(5)块差错概率 block error probability 的缩写。

Berger code 伯格码 一种用来监测多位均为 0 变 1，或 1 变 0 的单方向位变错误的错误检测码。设信息部分长为 k，校验部分长为 r，其值等于信息部分"0"的个数，则代码长度为 $n = k + r$。例如，信息部分为 10101，有两个"0"，则校验部分为 010，整个代码字为 10101010。

Berkeley Internet name domain (BIND) 伯克利因特网名字域 由美国加州大学伯克利分校开发的域名系统(DNS)服务器。最初源于伯克利软件设计公司(Berkeley software design Inc.)的 4.3 BSD UNIX 操作系统。BIND 是现今域名系统(DNS)最为流行的实现并且已经被移植到了各种风格的操作系统上。BIND 定义了数据库结构、DNS 函数以及安装和维护名字解析服务器所必需的配置文件。

Berkeley software distribution (BSD) 伯克利软件分发 也称"Berkeley 系统分发"，是由美国加州大学伯克利分校在 1970 年开发的 UNIX 派生的分发。这个名称也共同用于这些 UNIX 分发的现代子孙。

Berkeley software distribution license 伯克利软件分发许可证 美国加州大学伯克利分校创建，其目的就是为了允许自由使用、修改和分发软件，对社区没有任何回报义务。它实质上是一个"版权"许可证，即只要用户在所有副本或者派生产品中保留软件的版权公告信息，就可以免费地使用软件。另外，BSD 许可证还被公认为是"学术派"的许可证，因为它提供了最高级别的知识产权共享。参见 GNU general public license (GNU GPL)。

Bernoulli box 伯努利盒 Iomega 公司为个人计算机设计的早期的抽取式软磁盘存储器，使用非易失性盒式磁盘，具有较大的存储容量。以 18 世纪物理学家 Daniel Bernoulli 的名字命名。它利用极高的转速使柔软的磁盘弯曲以靠近磁盘驱动器中的读写磁头。

Bernoulli sampling process 伯努利抽样方法 在统计学领域中，对同一个随机实验重复做 n 次独立的试验所得到的结果，其中每次试验的结果总是两种可能的结果之一。

BERT 比特差错率测试器 bit error ratio tester 的缩写。

BES 地球基站 base earth station 的缩写。

be seeing you (BCNU) 正在观察 用于电子邮件和 BBS(电子公告牌系统)等的网上用语。

bespoke software 定制软件 根据客户的需求度身定制的符合客户实际应用的软件。定制软件是根据用户的要求设计软件，开发过程遵循软件工程的

B

规范，提供新建软件系统的方案设想，并进行可行性分析。在程序编码前进行系统的概要设计和详细设计；在程序编制结束后进行软件测试；交付使用时，可对用户有关人员进行操作培训，并提供软件正常运行后常规维护和功能扩充开发。

BESS 二进制电子信号签字 binary electromagnetic signal signature 的缩写。

Bessel lowpass filter 贝塞尔低通滤波器 这种滤波器的特点是：包络延迟 $T_g(f)$ 在直流附近最平坦，阶跃响应的过冲低，幅度特性曲线是高斯型的。

B

best available technology (BAT) 最佳可用技术 最佳可用技术是指对市场及其运作结果提供多种选择的处理或过滤技术，每种选择能够保证在最低成本条件下满足要求的结果。因此，严格地说 BAT 概念与各种因素相关，如时间（技术随时间的变化）、空间（某项技术在不同国家，成本和可获得性也不尽相同）、使用（使用不同技术达到相同结果）、结果（满足结果不一定是最好的选择，而要满足法律条文、公司专门的要求）等。

best-cast failure 最佳失效 导致整个设备受到失效、损坏、损失的最少故障次数。

best current practices documents (BCP documents) 最新实行文档 经过因特网工程任务组（IETF）核准的技术文档。出版之前要经历像 RFC（请求注解）那样的过程，作为文档而不是正式的因特网标准。这些文档详细说明使用协议和配置选择，以确保协同工作的推荐方法。参见 request for comments (RFC)。

best effort (BE) 尽力服务 定义在 IEEE 802.16 WiMAX 中的五种 QOS 服务之一。尽力服务根据网络状况提供最大可能的服务，但并不能保证。参见 unsolicited grant service (UGS), reala-time polling service (rtPS), extended reala-time polling service (ertPS), non-reala-time polling service (nrtPS)。

best-effort delivery 尽力递送 计算机网络中在出现拥塞时采用的一种策略，它丢弃传输的数据分组。在 TCP/IP（传输控制协议/网际协议）网络环境中，网络层的 IP（网际协议）和传输层的 UDP（用户数据报协议）都使用这种传输技术提供的不可靠非连接递送；而 TCP/IP 网络传输可靠性由传输层的 TCP 协议和应用给以保证，因而在整体上 TCP/IP 网络的传输可靠性是得到保证的。由于在网络层中使用这种尽量递送的传输技术，使得网络层的实现变得简单、高效又实用。

best-effort service 尽力服务 一种通信服务，保证将消息可靠地递送给接收端，但不使用复杂的确认方法，也不保证数据传送的速度和到达目的地的时间。

best first search 最佳优先搜索 (1)一种启发式图式搜索方法。它弥补局部择优搜索法的局限性，利用评价函数对所有子节点进行评价，选择出全局最优的节点，优先扩展。(2)人工智能中的一种搜索策略，类似于基本爬山法。两者的唯一不同是基本爬山法从局部上寻找最佳的节点，而最佳优先搜索则是从全局考虑去寻找最佳的节点优先进行扩展。也就是说，前者从最后到的节点中寻找其表面上是最佳的后继节点来扩展；而后者则从发展着的树上不管哪一部分的节点中，寻找其最佳的后继节点来扩展。

best fit method 最优满足法 在数据结构管理系统中一种动态存储器分配方法。在安排数据存储区时，根据当前欲存入的数据量，对可用的存储块表加以扫描。为了避免浪费残余（释放的）的存储空间，就选择那个可存放该数据的最小残余的存储块。参见 first fit method。

best fit rule 最佳适合规则 一种求解装箱问题的启发式规则。在装箱过程中，检查所有的箱子，将待放物品放在剩余体积最小的那只箱子中。若先将物品按尺寸递减序列排列后再使用本规则，则称最佳适合下降规则(BFD)。

best fit strategy 最优匹配策略 一种存储分配策略。分配时搜索可用存储块表，直到找到所要大小的块，或大于所要大小的块中的最小者为止。当归还时，归还的存储块被放在可用块表的首部。

best practices 最优化方法 一种最有效地达到预期目的技术和方法。在任何领域，使用最优化方法就是运用一切知识和技术来获取成功。这个术语经常出现在医疗、政府管理、教育系统、项目管理、硬件软件产品开发以及其他领域。在软件开发中，有几种最优化方法被广泛使用，比较常用的有：迭代开发、需求分析、质量管理和变更控制。

Beta cutoff β修枝 在人工智能的 α-β 搜索中，由于某节点的 α 值大于它的某一先辈节点的 β 值，而在该节点处修剪掉其后继节点，这种修枝称为 β 修枝。

Beta release β发行 一种软件产品的用于测试目的的发行，在阿尔法发行版本之后推出。发行面仍然是有限的，但比阿尔法发行广泛。许多著名的软件公司在推出新开发的软件之前，都向用户免费发行其测试版(Beta)软件。其目的是将软件直接发给使用者，经过千千万万用户对不同功能模块的测试，反馈出软件的缺陷，结合各方面的意见，不断完善软件的功能，同时，根据用户的要求减少不必要的投资和盲目的开发，降低投资风险。Beta 发行软件同即将推出的正式软件在画面风格、基本操作等方面没有明显的不同之处。但在某些主要的核心功能方面却有很大的差异：①一般情况下，软件厂商依据时间先后推出一系列的 Beta 发行版（如 Beta1、Beta2 等），不同系列的 Beta 发行版，具有不同的功能，以征询不同用户的意见，同时，随着 Beta 发行版本的升高，其软件的功能也日趋完善，但在一些核心技术方面，用户的使用要受到很大的限制；②有些软件具有日期限制，不同版本的 Beta 软件针对系统日期有一定的要求，从而限制用户的长期使用；③某些高发行版本的 Beta 软件除具有日期限制以外，还禁止用户在一台机器上多次安装。当其第一次安装时，软件自动在硬盘某扇区或 BIOS(基本输入输出系统)的保留字节处留下标记，从而限制用户的多次安装使用。参见 Alpha release，Beta version。

Beta site β测试点 由用户和销售商协商指定的用户场地或设施，用来测试新的系统、应用软件包或者出售给其他用户所增加的软件或硬件。大多数测试点免费完成这项服务。

Beta software β软件 在软件测试中，指程序的初始版本在商业化版本推出之前，向测试该程序的用户散发，让这些用户在实际工作中运行测试的软件。参见 Beta release。

Beta testing β测试 软件或硬件测试的第二个阶段，在用户中进行。当软件开发基本完成并通过了阿尔法测试后，发送到开发商以外使用该软件的典型用户(称为β方)中，由这些用户在实际使用环境下对软件的功能进行测试并确定软件中是否有错误，开发者通常不在测试现场，β测试不能由程序员或测试员完成。这种测试通常是软件开发的最后一个步骤，如果在测试过程中发现大量错误，一般需要再进行一次β测试。

Beta version β版本 也称“公测版”。该版本相对于α版已有了很大的改进，消除了严重的错误，但还是存在着一些缺陷，需要经过大规模的发布测试来进一步消除。这一版本通常由软件公司免费发布，用户可从相关的站点下载。通过一些专业爱好者的测试，将结果反馈给开发者，开发者再进行有针对性的修改。该版本不适合一般用户安装。参见 Alpha version。

Betaware β件 指正在进行β测试的还未正式发表的产品。参见 Beta software。

BETRS 基本交换电信无线业务 basic exchange telecommunications radio service 的缩写。

between-the-lines entry 线间侵入 非授权用户通过主动搭线窃听的方式，连接到通信信道设定的合法用户的暂时非活动终端上而获得的非授权访问。

BEV 纯电动汽车 battery electric vehicle 的缩写。

BEX 宽带交换局 broadband exchange 的缩写。

B extent 基线范围 baseline extent 的缩写。

bezel 边框屏 在拱廊游戏里，边框屏是指位于监视器周围的玻璃，通常会用丝绢网印花法印上与游戏相关的艺术图案。参见 arcade game。

bezel buttons 边框按钮 建立在笔式计算机或者外设边框中的按钮，用于请求或者启动一个动作。

Bezier curve 贝塞尔曲线 由法国雷诺汽车公司的贝塞尔(P. Bezier)提出的一个构造光滑曲线的数学方法，也称“贝兹曲线”。贝塞尔曲线由线段与节点组成，节点是可拖动的支点，线段像可伸缩的皮筋，在绘图工具中的钢笔工具就是来做这种矢量曲线的。当然在一些比较成熟的位图软件中也有贝塞尔曲线工具。参见 B-spline curve。

BF (1)蛮力，强攻击 brute force 的缩写。(2)波束成形 beamforming 的缩写。

.bfc 公文包文件名后缀 bfc 取自 briefcase (公文包)一词，Windows 操作系统中公文包文件的扩展名。

BFH 基带跳频 baseband frequency hopping 的缩写。

BFL 后焦距 back focal length 的缩写。

BFS 宽度优先搜索 breadth first search 的缩写。

BFSK 二进制频移键控 binary frequency shift keying 的缩写。

BFT (1)边界函数表 boundary function table 的缩写。(2)二进制文件传输 binary file transmission 的缩写。(3)批文件传输 batch file transmission 的缩写。

BG 背景 background 的缩写。

BGA 球栅阵列封装 ball grid array 的缩写。

BGP (1)边界网关协议 border gateway protocol 的缩写。(2)后台处理 background processing 的缩写。(3)后台程序 background program 的缩写。

BGU 事务图形实用程序 business graphics utility 的缩写。

BH 块处理程序 block handler 的缩写。

BHCA 忙时呼叫尝试 busy hour call attempt 的缩写。

BHLI 宽带高层信息 broadband high layer information 的缩写。

BHR 块处理例行程序 block handling routine 的缩写。

BHT 分支预测表 branch prediction table 的缩写。

BI (1)底板互连(总线) backplane interconnect 的缩写。(2)商务智能 business intelligence 的缩写。

BIA 业务影响分析 business impact analysis 的缩写。

bi-amping 双路功放推动 指用两台功率放大器去推动同一音箱的一种特殊连接方式。用一台功率放大器去推动低音单元；另用一台功率放大器去推动中音和高音单元。参见 bi-wiring。

B-H curve B-H 曲线 磁性材料的特性曲线，表示磁通密度与磁化力之间的关系，横坐标是磁化力(H)，纵坐标是它产生的磁通密度(H)。

bias 偏差 某值或一组值的平均值偏离参考值的一种偏差。

B

bias check 偏离校验 一种维护计算机的方法,通过恶化机器的某些工作条件(如电压、频率等)来检测和确定线路质量。

bias data 偏移[置]数据 相对于分类文件中的有序数据,随机文件中的数据就称为偏移数据。根据对数据进行第一遍排序所用方法的不同,偏移数据会影响排序时间。

bias distortion 偏离失真 数字信号传输中,空号和传号宽度的不均等所导致的通信信号失真。参见 distortion。

B

biased exponent 移阶码 也称"移码"。用来表示浮点数阶码的一种代码。如果阶码的位数为 n,则不论其真值是正还是负,加上 2^{n-1} 即为增码的值。一般用阶的最高位作为增值,例如,如果阶码为 7 位,当阶值为 0 时,增码的阶值为 1000000;阶值为 +101 时,则为 1000101;阶值为 −100 时,则为 0111100。

biased partitioning 偏置划分 给各个并行程序分配大小不等的主存区的一种划分方法。

bias error 偏离差错,截尾误差 (1)由于偏差引起的一种错误。例如,由于使用收缩的卷尺引起的差错;在计算技术中,由于截断而引起的差错。(2)一个因数据截尾而产生的误差。

bias form 移码形式 计算机中用于表示数的一种方法。设 $-2^n \leqslant x < 2^n$,则 x 的移码 $[x]_{移} = 2^n + x$。移码形式也称"增码形式"。移码一般用来表示浮点数的阶码,若 $n=7$,则 $-128 \leqslant x \leqslant 127$,$[x]_{移} = 128 + x$,即对应于 x 由 −128 变化到 127 时,$[x]_{移}$ 由 0 变化到 255。按照一般的规定,机器"0"这个数用浮点数表示时,其尾数应表示成 0,其阶码应表示成最小值。因此,若阶码用移码表示,尾数用补码表示,则机器"0"这个数就表示成全 0。用移码形式表示的阶码称为移阶码。参见 biased exponent。

bias initial 初始偏差 在仿真过程中,系统的初始状态往往不满足系统处于随机状态的条件,这种情况会给仿真结果带来一定的偏差,当仿真所处理的动态实体较少或仿真时间较短时,偏差造成的影响将更明显。

bias ratio 偏离率 情报检索系统中用来衡量用户提问的选择能力的一种测度。在检索处理的某一点上,根据评价查全率与错检率的比值 (R/F),可以确定检索概率。如果这一点上检索概率 P_y 优先,则检出相关记录;如果检索率 P_z 较低,则检出不相关记录。这两个概率之比,是对一个提问在检索中选择相关记录优先于不相关记录能力的一种量度,称为偏离率 $B = P_y/P_z$。

bias sample 偏差样值 对某一物理量进行取样观测时,由于测量手段和测量条件等原因,使获得的观测样值与相应的实际值之间有偏差。若样值偏差的规律已知,则可采取软件或硬件方法进行校正,以获得接近实际情况的样值。

bias testing 偏移测试 有意识地使电源电压、工作频率、输入信号振幅等参数偏离正常值一定范围,对设备进行的测试。

bias voltage 偏压 整体回路中的某个点,测量它相对某个基准点的电压就称之为该点的偏压,各段电路的偏压之和就是整体回路电压,相应位置的电流就是偏压电流。

BIB 逆向指示位 backward indicator bit 的缩写。

bibliographical particulars 著录项 一些能简明确切地反映原情报(一次情报)内容特征和外表特征的信息。常见的著录项有:①资料名称;②作者项;③出版项;④稽核项;⑤附注项;⑥摘要项;⑦情报单位附记;⑧主题词。

bibliographic coupling 书目耦合 情报检索系统中用来表示以引文为基础的文献间关系的一种方法。利用书目耦合去发现同一领域内的相关文献,是查找文献的方法之一。若有两篇文献,其引用的参考文献(引文)中,至少有一篇是共有的,则认为这两篇文献是耦合的。两篇文献仅仅共用单一篇参考文献,这种耦合是非常脆弱无力的。在实际应用中,往往规定出共有的最少引文数(或共有的引文数)同引用的所有引文数的比例关系。也可以定义相似的文献之间反向引文关系。如果有足够多的其他文献共同引用两篇文献,则认为引用这两篇文献是相关的。

bibliographic database 书目数据库 存储某个领域原始文献(书籍、文章、报告等)情报资料的数据库。这类情报资料一般包括作者名、书名、出版社、出版日期、文摘、关键词等有关详细内容。通常提供了完善的检索方法,便于使用者查找。参见 source databases, reference database, referral database。

bibliographic-related database 书目相关数据库 文献数据库的一种。它与书目数据库不同之处在于其仅存储文献的检索点和出处,不存储其他更详细的书目数据项。

bibliographic retrieval services (BRS) 书刊目录检索服务 通过计算机网络(特别是因特网)向广域范围内的用户提供的一种信息检索服务。利用这种服务,用户可以查阅有关的文献索引。若需要提供文献索引所代表的文献全文,可直接从服务提供者的数据库中下载到自己的终端上。

bibliometrics 文献计量学 用数学和统计学的方法,定量地分析一切知识载体的交叉科学。它是集数学、统计学、文献学为一体,注重量化的综合性知识体系。其计量对象主要是:文献量(各种出版物,尤以期刊论文和引文居多)、作者数(个人、集体或团体)、词汇数(各种文献标识,其中以叙词居多)。文献计量学应用十分广泛。微观的应用有确定核心文献,评价出版物,考察文献利用率,实现图书情报部门的科学管理。宏观的应用有设计更经济的情报系统和网络,提高情报处理效率,寻找文献服务中的弊端与缺陷,预测出版方向,发展并完善情报基础理论等。参见 informetrics, scientometrics, philology。

BICC 与承载无关呼叫控制 bearer independent call control 的缩写。

B-ICI 宽带 ISDN 载体间接口 B-ISDN inter-carrier interface 的缩写。

B-ICI SAAL B-ICI 信令 ATM 适配层 B-ICI signaling ATM adaptation layer 的缩写。

B-ICI signaling ATM adaptation layer (B-ICI SAAL) B-ICI 信令 ATM 适配层 一种允许传输连接控制信令的信令层,它保证消息可靠地传递,并分为与服务相关的部分和公共部分。参见 ATM adaptation layer (AAL)。

BiCMOS 双极 CMOS,双极型互补金属氧化物半导体 bipolar CMOS 的缩写。

BiCMOS integrated circuit 双极 CMOS 集成电路 采用特定的半导体工艺,在芯片上形成双极型器件和 CMOS(互补金属氧化物半导体)器件,构成具有两种器件特点的集成电路,具有高速、低功耗、高集成度的显著优点。

biconditional statement 双条件语句 包含有两个判断条件,并且仅当两个条件都成立或都不成立才执行,否则不予执行的一种语句。

biconic connector 双锥型连接器,比康连接器 一种光缆连接器件。双锥型连接由两个经精密模压成形的端头呈截头圆锥形的圆筒插头和一个内部装有双锥形塑料套筒的耦合组件组成。其内部金属结构中有控制压力的弹簧,可以避免因插接压力过大而损伤端面。另外,这种连接器的机械精度较高,因而介入损耗值较小。

biconnected component 双连通分支 双连通分支可以用对边的等价关系来定义。两条边 e 与 e' 是等价的,如果 $e=e'$ 或存在一条包含 e 与 e' 的回路。于是,等价类中的边及其关联的顶点所组成的每个子图是一个双连通分支。

biconnected component algorithm 双连通分支算法 找出无向图的所有双连通分支的算法。这类算法一般以深度优先搜索为基础,关键的步骤是确定图的割点。在深度优先搜索的过程中,每当从一顶点返回到它的父节点时,就根据搜索中所得到的一些信息(如顶点的深度优先数,与其在某一回路上的最老的祖先等)判断父节点是否为割点;若是,则找到了一个双连通分支并从图中把相应的边移走。重复上述过程直到图中的每一条边都放入一个双连通分支中为止。

BIC-Roam 闭锁入呼叫-漫游 barring of incoming calls when roaming outside the home PLMN country 的缩写。

bicubic surface 双三次曲面 也称"参数式双三次曲面",可用于构造一些比较复杂的曲面。常用的 Bezier 或 B 样条双三次曲面,以给定区域的双参数向量函数表示。由 4×4 个控制点组成空间特征网络,构成的曲面片以三次 Bezier 或 B 样条曲线为基础,通过网格控制点的调整,可以达到控制曲面形状的目的。参见 Bezier curve。

bid 投标 计算机网络中,各节点或终端为取得对一条公用线路的控制权以便发送数据,而以竞争方式进行的一种努力。系统管理者将选择各个发出投标信息的节点中的具有最优条件者赋予线路控制权。

bidding 招标 (1)在群集系统中实现负载平衡的一种策略。在各节点一个新进程准备启动时,由产生它的节点处理机以广播方式发出一个请求,各个节点根据自身负载情况进行竞争,最终将任务分派给负载最轻的节点。(2)用于动态地址配置的技术协议。计算机随机选择一地址并广播一个信息确认该地址是否在使用,以交互方式使用服务器管理地址。

bidigraph 有向偶图 既是偶图又是有向的图。即同时兼有偶图和有向图两重性质的图。参见 directed graph。

bid indicator 投标指示符 在虚拟远程通信访问法(VTAM)中,主动节点发出的一个请求指示符号,用来询问一组新的信息交换是否可以开始。接收到这种指示符的节点(可能不止一个),如果具备开始一组新信息交换的条件,就发出一个确认的答复,希望建立与主动节点的信息交换,由主动节点从中选择其一;反之就发出一个否认的答复。

bidirectional 双向的 可以两个方向进行的操作。例如,对一条链路,表示两点之间的用户信息能够同时双向传递,而两个方向的信道容量和信号传输速率不必一定相同的属性。比较 unidirectional。

bidirectional asymmetry 双向不对称性 在二线数据传输中的一种情形。此时,在两个方向上,其信息流的特征是不相同的。参见 bidirectional symmetry。

bidirectional bus 双向总线 信息在总线上传送的方向是可逆的,称为双向总线,即对某个占用总线的设备来说,通过同一总线不仅可以接收信息也可以发送信息。一种典型的系统应用例子是把处理机模块、存储器模块和外部设备接口模块都连到这种双向总线上。这种总线包括数据线、地址线、控制或同步信号线及系统功能线等。微处理机的数据总线和控制总线一般都是双向的。

bidirectional bus driver 双向总线驱动器 双向总线系统中的功率驱动器。一般是 8 位或 16 位并行的三态驱动器。它提供同相的或反相的输入输出。双向驱动门的三态输出能用来隔离或驱动外部总线。

bidirectional cabled distribution system 双向电缆分配系统 在电缆电视(有线电视)系统中,用一根电缆实现双向传输。两个方向上的传输速度可以是不相同的。正向传输的主要是电视图像信号,反向传输的可以是紧急报警、自动监控、数据呼叫和交互性信息的交换等事务。具体实现的方法有空间分割法、时间分割法和频率分割法等。

bidirectional code 双向码 允许由左至右、也允许由右至左两个方向扫描阅读的条码。

bidirectional control 双向控制 综合利用数据驱动控制和目标驱动控制两种方法的推理控制策略。通过数据驱动选择目标,通过目标驱动求解目标,这样可以大大缩小搜索空间,提高推理效率。

bidirectional counter 双向计数器 一种既能执行加法计数,又能执行减法计数的计数器单元。有的双向计数器有一个计数脉冲输入端和一个计数模式控制端,利用模式控制信号的状态决定计数器执行的计数模式;另一种计数器则有两个计数脉冲输入端,一个是加法输入端,另一个是减法输入端,在哪个端输入脉冲,就执行哪种计数。

bidirectional coupler 双向耦合器 具有多个连接端,并且允许将信号从一个方向耦合到另一个方向,也可以进行反向耦合的一种耦合装置。

bidirectional data bus 双向数据总线 微处理机中同一组引出线既用作数据输入总线,也用作输出总线。但在任何时刻,这组引出线只能用作输入或输出,决不能同时作输入和输出。这种数据引出线称为双向数据总线。

bidirectional diode thyristor 双向二极晶闸管 一种在主特性的第一和第三象限内具有基本相同转换性能的二端晶闸管。

bidirectional fiber optic cable 双向光缆 一种光缆,它可同时传输两个方向的信号,有必要的元件以保证其正确运行,以避免两个方向的信号串扰。它通常包括光缆、波束分离器、入射口和出射口、混合棒、耦合器和干扰滤波器。

bidirectional flow 双向流程[线] 在流程图中,用一条无方向性或带有双向箭头的流程线来表示两个方向流动中的任一个。它表示信息可以在两个方向上来回流动。

bidirectional gate 双向门 具有三态特性,当处于导通态时,允许信号在两个方向上传输并且具有类似阻抗特性的门电路元件。在电路中用作电子开关。

bidirectional inexact reasoning 双向不精确推理 采用混合控制的不精确推理。PROSPECTOR 系统采用了这种推理机制,并提出了一个混合控制算法。

bidirectional inference 双向推理 也称"组合推理"。一种近似于假设生成和检验的推理方法。它以给定的数据开始前向推理,并以后向推理来决定前向推理得到的假设能否作为结论来采用。这种推理方式以有限的数据为线索,可大大减小推理空间,也较符合人们日常进行决策时的思维模式,故显得较为自然。双向推理的困难在于如何决定何时采用前向推理,何时又采用后向推理。

bidirectional I/O buffer 双向 I/O 缓冲器 CMOS(互补金属氧化物半导体)门阵中,利用使能信号控制,可作为输入缓冲器或者作为输出缓冲器使用的单元电路。

bidirectional line switch ring (BLSR) 双向线路交换环 在环节点间提供工作光纤和保护光纤的 SONET(同步光纤网)环网结构。如果节点间的工作光纤断开,流量会自动经路由到达保护光纤上。

bidirectional maximum match segmentation 双向最大匹配分词方法 同时使用正向最大匹配分词方法和逆向最大匹配分词方法。分别从两个方向进行处理,如果得到相同的结果,则这种切分正确,否则系统报错,需要通过另外的措施处理。参见 maximum match segmentation, Chinese word segmentation。

bidirectional operation 双向操作 在两个方向都能进行读、写和检索的操作。双向操作节省时间,便于存取信息。

bidirectional parallel port 双向并行端口 它比一个标准并行端口传送数据的速度快。美国电气和电子工程师协会(IEEE)在其 IEEE 1284 标准中制订了控制双向并行端口的技术规则。增强型并行端口(EPP)和扩展能力端口(ECP)皆符合 IEEE 1284 标准。

bidirectional predictive coded picture (BPCP) 双向预测编码图 也简称"B 图"。它是同时以前面的 I 图或 P 图和后面的 P 图或 I 图为基准进行运动补偿预测所产生的图像。双向预测编码图是将前向预测(FP)与后向预测(BP)同时使用并取其平均值后所产生的图像,所以也称"平均值预测图"。参见 intra coded picture (ICP), predicted coded picture (PCP)。

bidirectional predictive picture (B-picture) B 图像,双向图像 用移动补偿预测编码方法编码的图像。MPEG(活动图像专家组)-2 数字视频定义了三种图像:B 图像、I 图像和 P 图像。B 图像是同时以前面的 I 图像或 P 图像和后面的 P 图像或 I 图像为基准进行运动补偿预测所产生的图像,所以称为双向预测。参见 predicted picture (P-picture), intra-coded picture (I picture)。

bidirectional printer 双向打印机 向左向右都可打印的针式打印机。因无空回车动作而减少了打印时间。

bidirectional production systems 双向产生式系统 在人工智能中,一种同时应用正向和逆向搜索方式的产生式系统。在该系统中,把状态描述和目标描述合并为一数据库，其中状态描述应用 F 规则，目标描述应用 B 规则。比较 forward production systems，backward production systems。

bidirectional pulses 双向脉冲 向一个方向升起并在相反方向重复一次的信号脉冲。

bidirectional reasoning 双向推理 也称“正反向混合推理”。先根据原始数据通过正向推理帮助提出假设，再用逆向推理进一步寻找支持假设的证据，反复这个过程，直到获得满意的结论。双向推理集中了正向和逆向推理的优点，但其控制策略较前两者复杂。参见 bidirectional production systems。

bidirectional reasoning algorithm 双向推理算法 双向推理的算法是：重复执行以下步骤，直到问题被解决：①让用户将事实输入到事实库中；②调用正向推理算法，从已知事实出发演绎出部分结果；③调用选择目标算法，选出某个目标 G；④ 调用逆向推理算法，确定目标 G 的真假性。比较 forward reasoning algorithm，backward reasoning algorithm。

bidirectional ring 双向环 在同步数字系列(SDH)中，环上业务流的往、返传输方向相反(一个为顺时针、另一逆时针)的环状网。

bidirectional search 双向搜索 一种搜索算法。其搜索过程是从起始点和目标节点的集合同时向外进行搜索。当两个方向搜索的边域以某种合适的形式会合时，便结束搜索。

bidirectional shared tree (DST) 双向共享树 共享树组播转发的一种方法。即发送者可通过树中任一节点向多播树发送数据，多播树中节点将收到的多播数据报向除此之外的每个相邻节点传送。

bidirectional shift register 双向移位寄存器 一种可以执行移位操作，并且能够根据外加方向控制信号的状态决定执行左移或右移的寄存器。

bidirectional signal 双向信号 一种关于某个偏置量对称的信号。

bidirectional switch 双向开关 开启时允许信号在开关通路中来回传导的电子开关。

bidirectional symmetry 双向对称性 在两线数据传输中的一种情形。此时，在两个方向上，其信息流的特征是相同的。参见 bidirectional asymmetry。

bidirectional thyristor 双向可控硅 也称“双向晶闸管”。双向晶闸管是在普通晶闸管的基础上发展而成的，它不仅能代替两只反极性并联的晶闸管，而且仅需一个触发电路，是目前比较理想的交流开关器件。

bidirectional transmission 双向传输 一种可在传输媒体的两个方向上进行的传输。

bidirectional triode thyristor 双向三极晶闸管 一种在主特性的第一和第三象限内具有基本相同转换性能的三端晶闸管。

bids per circuit per hour (BCH) (每)电路小时要求 电路小时要求是指一条电路在一定时间间隔内平均要求的次数。它可表明用户对电路的需求情况。在双向工作路由的各端进行量度时，它用以识别需求量较大的传输方向。

biduplexed system 两双工系统 由四个模块构成的两个双工冗余系统，当两个双工系统的输出经比较都不等时才产生停机信号，否则可选择正确的双工系统作为输出。与一般混合冗余系统相比，两双工系统的优点是故障保险性能好，系统简单。

bi-endian 双序 修饰或说明能够在正序和逆序工作模式之间切换的处理器和其他芯片。PowerPC 芯片具有这种功能，它既能运行逆序模式的 Windows NT 操作系统，也能运行正序模式的 Mac OS/PPC 操作系统。

BIFF 二进制交换文件格式 binary interchange file format 的缩写。

bifocal 双焦点 在光学中，指一个具有两个或多个光焦点或有此种特性的系统或元件的情况。

bifurcated routing 分支路由选择 在一对节点之间选择路由时同时选中多条分开的路由，把流量同时分布在这些路由上的方法和技术。这种路由选择方法可以减少通信线路上的负担。由于在两个节点之间选择的路由是多条路由，因而也称“多路径路由选择”。

bifurcation connector 分支连接器 一种具有三个端口的无源连接器。同 tee coupler。

big bang testing 大锤测试 也称“痛快测试法”，一种系统测试方法。非渐增式集成测试的一种测略。测试的时候把所有系统的组件一次性组合成系统进行测试，可以快速的检测系统有无重大缺陷，但是无法确定缺陷究竟在哪个模块。一般应用在小系统上面。属于集成测试的一种模式。参见 integration testing，bottom-up testing。

big blue 蓝色巨人 对国际商业机器(IBM)公司的俚语称谓，因为该公司的商标是用 8 条蓝色水平线组成的“IBM”三个大写字母表示的。

big data 大数据 一类大量、复杂、高速、变化不定的数据，需要用先进的方法和技术实现信息的收集、分析、存储、管理及分配。体量大、速度快和类型多是大数据的显著特征。数据源增加，传感器分辨率提高，使得大数据的体量大；数据通信的吞吐量提高，数据生成设备的计算能力提高，使得大数据的速度快；移动设备、社交媒体、多媒体、基因组学研究和各种传感器使得大数据类型多。

Big Drive 大硬盘(技术标准) Big Drive 是由 Maxtor 公司于 2001 年 6 月向美国信息技术技术委员会(NCITS)提出的硬盘技术规格方案。由于此前的 ATA(先进技术附加接口)标准采用了 28 位寻址系统，所以其只能寻找 137.4 GB 的信息。而新方案采用48位的寻址系统，可支持的硬盘最大容量骤增至144 PB (1 PB=100万GB)。参见ATA version 6，small computer system interface (SCSI)。

big endian **从大到小，大划分** 一个描述数据存储方法的术语，在存储多字节数据到存储器中时，将数据的低字节部分存储到存储器的高地址位置，在Motorola公司的系统中采用。Intel公司的产品采用从小到大格式。比较little endian。这个术语来自"格列弗游记"中的故事。

B

bigint data type **大整型数据类型** 一种8字节(64位)的整型数据类型，存储从-2^{63}($-9\ 223\ 372\ 036\ 854\ 775\ 808$)到$2^{63}$($9\ 223\ 372\ 036\ 854\ 775\ 808$)之间所有的数字。

B IGNORE A gate **与A无关的B门** 一种二进制双端输入逻辑门电路或器件。其正常操作是或门，在A被一控制信号控制后使得门的输出仅与B有关，与A无关。

bignum **大数** 计算机中对特大整数的一种高精度表示。大多数计算机语言都提供"整数"数据类型，但这种"整数"一般都有大小限制，通常要小于2^{31}(2 147 483 648)或2^{15}(32 768)。如果要使用更大的整数，就要用浮点数来表示，但实际上仅有6位或7位的十进制精度。提供有大数表示的计算机语言可以对大数执行精确的计算。

bigram **双字母组** 在密码分析中一对连续的字母对，在对密码的统计攻击中，可用书籍语言的各种双字母组的频度来攻破密码。参见trigram。

big red switch **大型红色开关** 计算机上的on/off开关或任何关键的乒乓开关。在其关闭时，系统掉电。若机器进入死循环，可使用此开关退出。

big science **大科学** 大科学是国际科技界近年来提出的新概念，目前尚无统一的定义，但就其研究特点来看，主要表现为投资强度大、多学科交叉、需要昂贵且复杂的实验设备、研究目标宏大等。根据大型装置和项目目标的特点，可将大科学研究分为两类：①需要巨额投资建造、运行和维护大型研究设施的"工程式"的大科学研究，也称"大科学工程"，其中包括预研、设计、建设、运行、维护等一系列研究开发活动。如国际空间站计划、欧洲核子研究中心的大型强子对撞机计划(LHC)、Cassini卫星探测计划、Gemini望远镜计划等；②需要跨学科合作的大规模、大尺度的前沿性科学研究项目，通常是围绕一个总体研究目标，由众多科学家有组织、有分工、有协作、相对分散开展研究，如人类基因图谱研究、全球变化研究等。同Megascience。

big 5 code **大五码** 我国港、台地区广泛使用的一种汉字内码体制。它将每个汉字用三个字节表示，与国标码不能直接兼容。但现在已有许多汉化软件支持大五码输入输出。

BIIC **总线互连接口芯片** bus interconnect interface chip的缩写。

bijection **双射** 集合A到B的一个既是单射又是满射的映射，也称"一一对应"。

bilateral closed user group (BCUG) **双边闭合用户群** 双边闭合用户群是在一段时间内协商使用的任选用户设施。它能使一对用户构成彼此间允许接入的双边联系，而不能与未建立双边联系的其他用户进行通信。一个用户可能属于多个双边闭合用户群，同时还可能属于一个或多个普通的闭合用户群。参见closed user group。

bilateral closed user group call indicator **双边闭合用户群呼叫指示符** 正向发送的说明呼叫是否是双边闭合用户群内的呼叫的信息。

bilateral closed user group with outgoing access **带出网通路的双边封闭用户组** 数据通信中一个双边封闭用户组中的两个用户，它们可访问位于本封闭组以外的某些用户。

bilateral control **双边控制** 在数字通信网络中，两个构成互联的节点之间彼此为对方的同步施加的控制。每个节点上输出的定时信号都可对另一个节点接收端的时钟频率进行控制，从而实现双方同步。

bilateral network **双向网络** 从任一端输入信号，从另一端输出信号所得到的传输系数，与输入、输出信号互易所得到的传输系数相同的网络。

bilateral synchronization **双向同步** 交换机A与B之间的一种同步控制系统。在这种系统中，交换机A的时钟控制交换机B的接收数据，交换机B的时钟控制交换机A的接收数据。双向控制通常是通过从输入数据流中导出时间信号来实现的。同bilateral control。

BILE **平衡电感逻辑元件** balanced inductor logic element的缩写。

bilevel image **双值图像** 一个图像，其像素或者是黑的或者是白的，对应于gray image。

bilinear filtering **双线过滤** 这是一种较好的材质影像插补的处理方式，它利用平衡接邻图素的色值，会先找出最接近像素的四个图素，然后利用差值算法的柔化处理来平滑图像，这样一来可使得固定图素模糊化，不会看到"马赛克"现象。这种处理方式能使不同像素间的过渡更加圆滑，但经过处理后的图像会显得有些模糊，所以较适用于有一定景深的静态影像，不适用于移动中的物件。参见trilinear interpolation，nearest neighbor interpolation。

bilinear interpolation **双线插补** 一种材质影像插补的处理方式。同bilinear filtering。

bilingual alignment **双语对齐** 在双语语料库中建立原文和译文的相同语法单位之间的对应关系。双语文本之间存在着多层次的对应关系，包括段落之间、句子之间、短语之间以及词语之间的对齐。参见bilingual corpus。

bilingual corpus **双语语料库** 包含两种语言文本

的语料库,可以分为平行语料库和比较语料库两种类型。其中,平行语料库指的是语料库中的文本构成译文关系,根据标注层次可以细分为:文本级对齐平行语料库、段落级对齐平行语料库、句子级对齐平行语料库、词语级对齐平行语料库等;比较语料库指的是将表述同样内容的不同语言文本收集在一起形成的语料库,这些不同语言文本之间并不构成翻译关系。

bilingual microprocessor　双语言微处理机　一种既能执行本机的指令系统又能仿真另一种处理机的指令系统的微处理机。

billboard　布告[广告]牌　(1)一种插入到三维场景中的图元,由于是定向的,因而有一面是面向观众的。(2)一种图形结构,通常是动态子图形,用于在广告牌里塑造场景中三维物体的外形。

billboard antenna　横列定向天线　一种天线,它包含一组带平面反射器的偶极子,这些偶极子通常位于一条直线上,偶极子的尺寸和间隔距离由波长决定,可通过对阵列中的每个偶极子信号作适当相移来控制主瓣方向在一定的范围之内。同 broadside antenna。

billion　十亿,千兆　在美国指 10^9,在计算机中用 giga 表示,在英国指 10^{12},即万亿(trillion)。

billisecond　纳秒,毫微秒　十亿分之一秒,即 10^{-9}秒。用符号 ns 表示。同 nanosecond。

bill of material (BOM)　物料[材料]清单　建立制造资源计划(MRP)系统的基本要素,从物料清单开始对整个生产流程进行分析、组织与管理。BOM 是构成父项装配件的所有子装配件、零件及原材料的清单,其中包括子项的数量。在某些工业领域,可能称为"配方"、"要素表"或其他名称。参见 manufacturing resource planning-Ⅱ(MRP-Ⅱ)。

bill of resources (BOR)　资源清单　资源清单是 MRP-II 系统中最重要的基础数据之一。资源清单中的资源是对生产中所使用的设备、人员的泛称,既可以是一台或一组设备,也可以是一个人员或班组或者在生产中任何可以被作为一个整体管理的设备与人员的组合。参见 manufacturing resource planning-Ⅱ(MRP-Ⅱ)。

BIM　信息开始标志　beginning of information marker 的缩写。

BIMS　商务智能管理系统　business intelligent management system 的缩写。

.bin　二进制文件名后缀　bin 取自 binary(二进制)一词,二进制文件的扩展名,其用途依系统或应用而定。

BINAC computer　BINAC 计算机　BINAC 是 binary automatic computer 的缩写。使用存储程序的第一台投入运行的电子数字计算机,由布莱斯特·埃克特和约翰·莫克利设计和研制。该机使用磁带代替穿孔卡。

binarization　二值化　把一组数据按一定的规则映射为 0 或 1 的过程。

binary　二进制,二态的　以 2 为基数的计数制。其中只有两个可能的不同值或状态的选择、机会或状况。

binary adder　二进制加法器　一种获得两个或更多个二进制数的和的部件。一个完整的二进制加法器可用两个二进制半加器与一个或门构成,输出是最后的二进制和及进位(如果有的话)。

binary arithmetic operation　二进制算术运算　操作数和结果均为二进制数的算术运算。常见的二进制运算有二进制加、二进制减、二进制乘、二进制除等。

binary association　二元关联关系　在两个类之间的关联关系。是多元关联关系的特例。

binary baud rate　二进制波特率　每秒通过一个串联接口的信号码元的个数,当每个码元为一个二进制数位时,二进制波特率就等于每秒的位数。

binary Boolean operation　二进制布尔运算　对二进制数进行的布尔运算。其操作数和结果都用二进制数表示,而运算符用布尔方法表示。例如,"与"、"或"、"非"、"异或"等。

binary B-tree　二分 B 树　一棵检索树,也称 2-3 树。树中每个非末端节点最多可以存放两个键并都有两个或三个子节点,每个末端节点最少可存放一个键,所有末端节点都在同一层次,即从根节点到末节点的每条路径都等长。

binary card　二进制卡(片)　一种含有列式二进制或行式二进制形式的数据卡片。

binary cell　二进制单元　一种具有一位二进制数字容量的存储单元。例如,一个二位进制位寄存器。

binary chain　二进制链　一系列链接的二进制单元构成的逻辑线路。每一单元的状态变化可能依次影响或改变以下所有单元的状态。

binary channel　二进制信道　仅使用"1"、"0"两种符号的任何信道。

binary character　二元字符[符号]　二元字符集中任一个字符,如 T(真)或 F(假),Y(是)或 N(否)。

binary character set　二元字符[符号]集　由两个字符组成的一种字符集。

binary chop　两分查找法　一种快速查找方法。若待查的表是一个有序表(即记录按其主关键字由小到大的次序排列的线性表),且顺序地存储在数组中,查找时就不必顺序地逐一测试。先测试位于表中间位置的元素,若查找失败,根据比较两者关键字值的大小,由此选择表的某一半,再测试其中间位置的元素,反复进行,直到找到所需记录,或确定找不到此记录。由于每次查找都使查找范围压缩一半,因此可以很快确定记录位置。

binary code　二进制(代)码　用两种不同状态(通常为 0 和 1)的一种代码。它可以表示电源的开或关。在计算机中,使用二进制数的不同组合来表示不同的英文字母、十进制或其他符号。

binary-coded address　二进制编码地址　以二进制形式表示的地址。

binary-coded character　二进制编码字符　用一串连续的二进制数字表示的字符。常用的字符有:十进制数字 0 ～ 9,英文大写母 A ～ Z,英文小写字母 a ～ z,标点符号,关系符号以及其他各种特殊符号。目前最流行的是用 8 位二进制数字串来表示一个字符,其中最左边的那位二进制数字作为奇偶校验位,因此实际有效位是 7 位,它可表示 128 种字符,我国电子工业部"SJ939-75"标准码和美国信息交换标准代码(ASCII)均采用这种编码方式。

binary-coded decimal (BCD)　二进制编码的十进制　用若干二进制位来表示一位十进制数字的方法,也称"二-十进制"。一般用 4 位二进制数来表示一位十进制数字,常用的有 8421 码,5421 码,2421 码,余 3 码,循环码等。二进制编码的十进制数是十进制数而不是二进制数,如十进制数 49 用 5421 码表示为 01001100,二进制数 01001100 的值为十进制的 76,二进制数 00110001 的值才是十进制数的 49。

binary-coded decimal character code　二进制编码的十进制字符码,二-十进制字符码　一个含有 64 个字符的编码字符集,其中每个字符用 6 个二进位表示。参见 extended binary-coded decimal interchange code。

binary-code digit　二进制编码的数字　用二进制数表示任一数制中的一位数。例如,用 1000 表示十进制数中的 8。

binary-code notation　二进制编码记数法　用二进制数表示任一数制中数的一种方法。

binary-code octal　二进制编码的八进制,二-八进制　用二进制数来表示的八进制数,通常用 3 位二进制数就可表示 1 位八进制数,即 4-2-1 码。八进制数与二进制数的对应关系如下:

八进制	二进制
0	000
1	001
2	010
3	011
4	100
5	101
6	110
7	111

binary-code set　二元编码集　一种编码集,它的元素由二元字符集的元素组合而成。

binary comparator　二进制比较器　一种具有 A,B 两个输入端和一个 F 输出端,具有"异或"逻辑功能,因而能完成一位二进制数比较的一种电路。当其输入 A,B 相同时,输出 F 为"0";当 A,B 不同时,输出 F 为"1"。将多个这样的单元电路组合起来,可以比较两个成组二进制数。

binary compatible　二进制兼容　可在一种计算机上运行的软件,其二进制代码程序也可在另一种计算机上运行,则称这两种计算机为二进制兼容。例如,很多针对 Windows 和 Macintosh 的应用程序是二进制兼容的,它意味着一个在 Windows 环境中产生的文件与在一个 Macintosh 中产生的文件是可互换的。

binary component　二态元件　无论在什么情况下只能处于两种可能状态之一的一种电子元件。常见的两种可能状态是高电平和低电平,正向电流和反向电流,开和关等。二态元件也称"双态元件"。

binary constant　二进制常数　由一个或者多个二进制数字构成的常数。

binary conversion　二进制转换　二进制数与其他进制数之间相互换算的过程,常见的有二-十进制转换、二-十六进制转换等。

binary countdown method　二进制倒记数法　无冲突协议所使用的方法之一,是多级多访问方法的一种改进方法。在争用型网络中,如果一个站在检测到冲突时,则以 2^{-1}的概率在下一时刻或下一时间片开始时(时分网络的情形)发送,若仍冲突,则再以 2^{-2}的概率在接着的时刻或下一个时间片内发送,……,以此类推下去。这样做使得可以根据网上的负载情况动态调整争用时机,从而提高效率,这一算法得到广泛应用。参见 basic bit-map method, broadcast recognition with alternating priorities (BRAP), limited-contention protocol。

binary counter　二进制计数器　按照二进制规则进行计数的计数器。

binary device　二元[二进制]设备　(1)能记录两种状态的装置,如能表示"接通"或"断开"的电气开关。(2)按二进制形式处理数据的装置(包括所有数字计算机)。

binary differential phase shift keying (BDPSK)　二相差分相移键控　利用前后码元的相对载波相位值表示数字信息的一种差分(相对)移相数字调制技术。它不是利用载波相位的绝对数值传送数字信息,而是用前后码元的相对载波相位值传送数字信息。所谓相对载波相位是指本码元初相与前一码元初相之差。设相对载波相位值用相位偏移表示,则二进制符号 0 对应的为 0,符号 1 对应的为 1。它在抗噪声性能及信道频带利用率等方面比频移键控(FSK)及通断键控(OOK)优越,因而被广泛应用于数字传输中。参见 frequency-shift keying

(FSK),on-off keying (OOK)。

binary digit (bit) 二进制位,位,比特 二进制记数法中的一个数位,取值1或0。位是计算机能表示和处理的最小信息单位。它可以表示两种截然不同的含义,如"是"或"非"。位也是存储器中最小的容量单位。如8位表示一字节,32位表示一个字长等。二进制的一位包含的信息量称为1比特。

binary digit bit 二进制数字位 (1)在二进制数制中,这个数字用1或0表示。它等价于"开"或"关","是"或"非"。(2)计算机内部使用的数字类型,二进制位1或0,或者是两种不同的状态"通"或"断"。

binary element 二进制元素 仅有两种不同值和状态的数据元素。

binary equivalent 等效二进制数 用二进制数表示其他数制中的数。

binary exponential backoff 二进制指数退避 网络传输遇到冲突时计算机采用的方案,即每台计算机在每次冲突后加倍它的等待时间。参见 truncated binary exponential backoff。

binary exponential backoff algorithm 二元指数退避算法 网络传输中用来决定一个站点在遇到冲突时何时进行帧重发的算法。在共用信道的情况下,当冲突发生以后,每个节点都进行一个随机时延t,设$0<t<T$,则t服从$(0\sim T)$上的以二为底的指数分布。参见 binary countdown。

binary file 二进制文件 (1)包含在ASCII(美国信息交换标准代码)及扩展ASCII字符中编写的数据或程序指令的文件。(2)包含可执行代码的文件。例如,以.exe为文件名后缀的可执行文件。参见 text file,executable file。

binary file format 二进制文件格式 微软公司为WORD文档定义的特殊格式文件。参见 compound file binary format。

binary file transfer (BFT) 二进制文件转换 对含有任意字节或字的文件进行的转换,而与之相对的文本文件是只含有可打印字符(如代码为10、13和32~126的ASCII(美国信息交换标准代码)字符)。在现代操作系统中,一个文本文件只不过是一个恰好只包含可打印字符的二进制文件,而某些早期的系统中是区分这两种文件形式的,需要程序对它们做不同的处理。

binary file transmission (BFT) 二进制文件传输 在插入计算机的传真板之间进行数据传输的标准。此传输方式用时少于常规的调制解调器,不允许传真板与调制解调器之间通信。

binary fixed-point value 二进制定点数值 由二进制数字和一个可选的二进制小数点组成的一种整数。比较 decimal fixed-point value。

binary floating-point number 二进制浮点数 一个数值的概念表示形式,包含一个有效数值部分(尾数)和一个带数符的指数部分(阶码),该数的数值是其尾数与以2为底,以阶码为指数的幂的带符号的乘积。

binary floating-point value 二进制浮点值 一个实数的近似值,其表现形式为:一个可看作是二进制小数的尾数和一个以2为底的指数部分组成。比较 decimal floating-point value。参见 binary floatpoint number。

binary format 二进制格式 (1)十进制值的表示,其中每个位段的长度必须为二或者四个字节,符号位是位段的最高位,位段的其余位表示数值,正数的符号位是0,数值用原码表示,负数的符号位是1,数值用补码表示。(2)8位数据格式的一种形式,通常用于表示一个对象代码,如转换成机器码的程序指令,或者传输流中的数据。参见 binary file。

binary frequency shift keying (BFSK) 二进制频移键控 二进制符号0对应于载波f1,符号1对应于载频f2,而且f1与f2之间的改变是瞬时完成的一种频移键控技术。它是数字传输中应用较广的一种方式。

binary half adder 二进制半加器 由组合电路组成的一种器件或电路,当两个输入端同时存在"1"时,产生逻辑和(模2和)和进位两个二进制输出。输入比特中的一个为加数,另一个为被加数。有两个二进制输出端,一个为逻辑和,另一个为进位。参见 binary adder。

binary image 二值图像 各个像素值仅由0(白)或1(黑)表示的数字图像。由于它比灰度图像(即浓淡图像)信息量小,每个像素值只用一位表示;且在文字、图形等具体处理对象中,原本就是二值图像的情况又是大量存在的。所以在数字图像中,二值图像占有非常重要的地位,在许多数字图像处理应用中(如文字识别、各种计算机视觉检测等)就首先要对原始图像进行二值化处理。把浓淡图像的灰度值,按某一阈值变换成黑、白二值的处理方法,称做图像二值化,有时也称"阈值处理"。

binary image data 二进制图像数据 一种只有0和1两个值的位模式,用于定义图像的像素,具有值为1的位表示加色图形元素(像素)。参见 grayscale image data,thresholding。

binary incremental representation 二进制递增表示法 (1)在模拟-数字变换中,在每个取样时刻将当前样值与上一次取样点上的样值比较,并用一个二进制数据单元(+1或-1)来表示每次增量值的一种编码表示法。若新样值大于旧样值,则输出+1;否则输出-1。因此输出序列中最大的正变化率为一串连续的+1。而最大的负变化率为一串连续的-1。(2)一种增量表示法,将一个增量的值加或减一个量而舍入为两个值中的一个,并且用一个二进制数字来表示。

B

binary insertion sorting 二分法[折半]插入排序 当插入第 j 个记录时，把其键 k_j 与前面已排好序的 $j-1$ 个记录的键 $k_1, k_2, \cdots, k_{j-1}$ 用折半比较的办法来找到该记录插入的位置。

binary interchange file format (BIFF) 二进制交换文件格式 由 Excel 表格软件产生的表格文件格式，其中包括文字型数据和一些简单图形。

binary item 二进制数据项 一种用二进制记数法表示的数字数据项，即以 2 为底的记数系统中的一个数，从内部结构来看，数据项的每一位是一个二进制数字，最左边一位是符号位。

binary ladder 二进制梯形网络 一种电阻网络，它是数-模转换器的关键元件。从最高位的触发器开始，与每个触发器连接的电阻值都加倍，直到最低位。每个触发器中位的权与梯形网络中对应的电阻值成反比。

binary large objects (BLOB) 二进制大型对象 一个大型二进制对象通常是一个大型的文件，如一个图片或声音文件。大型二进制对象的意义在于，当文件的处理者(如数据库管理工具)无法识别文件的格式以致无法处理该文件时，就把它作为大型二进制对象来处理。这些二进制大文件在上载、下载和在数据库里存储时，需要特殊处理。比较 character large object (CLOB)。

binary loader 二进制装配程序 最简单的一类装配程序，也称"绝对装配程序"。以程序存到主存储器中的二进制映像的绝对二进制形式把单个程序装配到主存储器中，并且一定要装配到主存储器的某一特定位置才能被执行。

binary logic 二进制[二值]逻辑 有两个状态的数字逻辑。这两个状态可以分别称为"真"与"假"、"高"与"低"、"接通"与"断开"、"1"与"0"。在计算机中，分别以低电平和高电平来表示。如果"真"、"1"的最高电平为正，则这种逻辑为正逻辑。

binary matching 二元匹配法 目前广泛使用的一种情报检索方法。在情报检索系统中，对于"查找所有有关 A 的文献"这类的查询，回答时对每个查找线索的响应是匹配或不匹配。不是 1 就是 0，两者必居其一，亦即匹配产生二元结果。

binary method 二分法 排序和检索的算法之一。排序时按照字母次序进行排列。"小"的项排在前，"大"的项排在后。检索时每次取中间的项进行检索，相同时表示已查到，若被检项"小于"中间项，则在前半区域内重复二分法检索。若被检项"大于"中间项，则在后半区重复二分法检索。

binary modulation 二进制调制 载波的一个参数随两种有限的离散状态而变化。

binary N-dimensional cube 二叉 N 维超立方体 一种 N 维并行处理机互联网络的拓扑结构，仅在各转角处有节点。

binary newsgroup 二进制新闻组 在 Usenet(网络新闻组)中，指那些稿件中包含或准备包含二进制文件的新闻组。这些二进制文件的内容为声音、图形或图像等。为了能在因特网上传输，需要用一个编码程序将这些二进制文件转换成编码 ASCII(美国信息交换标准代码)字符；为了使用这些文件，需要用译码程序将其恢复为二进制形式。

binary notation 二进制记数法 以 2 为基数的固定基数记数法。例如，在二进制记数法中数字 110.01 表示 $1\times2^2+1\times2+1\times2^{-2}$，即十进制 6.25。

binary number 二进制数 数的二进制表示法。数中的每一位为"0"或"1"，如 101 表示 5。

binary numbering system 二进制系统 以 2 为基数的数制系统。二进制系统的数字只有"0"和"1"两个，"0"表示该位的数值为零，"1"表示该位有一个以数字 1 和该位的权为因子的数值，如 $1001=(1\times2^3)+(0\times2^2)+(0\times2^1)+(1\times2^0)=9$，即一个 4 位的二进制数 1001 相当于十进制的 9。

binary operation 二进制运算[操作] 对二进制数进行的操作或运算，它可以是算术也可以是布尔运算。参见 binary arithmetic operation, Boolean operation, dyadic operation。

binary operator 二目运算符 有两个操作数的运算。例如，算术二目运算符有：加(+)、减(−)、乘(×)、除(/)；关系二目运符有大于(>)、大于等于(≥)、等于(=)、小于(<)、小于等于(≤)、不等于(≠)；布尔二目运算符有：与(∧)、或(∨)、异或(⊕)。

binary pair 二进对 一种具有两种状态的电路。其中每一种状态需要一个对应的触发器来实现相互间的转换。

binary pattern 二值模式 只需用 0 和 1 两个状态来描述的模式。例如，字符识别问题可利用光敏器件阵列把输入字符转换为二值图像，遇阴影的阵列元件输出为 1，否则输出为 0。

binary phase shift keying (BPSK) 二相相移键控 也称"二进制移相键控"。用二进制基带信号对载波进行二相调制。即二进制符号 0 对应于载波 0 相位，符号 1 对应于载波 1 相位的一种相移键控技术。这种以载波的不同相位直接表示相应数字信息的绝对移相方式，易在接收端发生"倒"现象的错误恢复，实际很少采用。

binary picture 二进制图像 图像亮点只有两个值(黑或白)的数字化图像。

binary point 二进制小数点 将二进制数分成整数和小数两部分的分隔点。如数据 11.10，整数为 11，相当于十进制的 3，小数为 10，相当于十进制的 ½，即 0.5。

binary program space (BPS) 二进制程序空间 计算机内容中的一个段，恰好位于 LISP 微内核之上，其中包含着 LISP 程序执行期间用到的程序和函数的编译代码，叠盖并包含静态堆。

binary relation 二元关系 序偶组成的集合称为二元关系。二元关系是一类最重要的关系。数之间“大于”、“小于”、“整除”；几何图形之间的“全等”、“相似”；集合之间的“包含”、“相等”；命题之间“蕴含”、“等价”；句型之间的“派生”；人与人之间“上下级”、“父子”、“兄弟”等都是二元关系。有限集上的二元关系常用关系矩阵或关系图直观地表示。

binary relationship 二元联系 两个实体类型的实例之间的联系。

binary resolvent 二元消解式 用消解法对两个子句进行消解得到的结果称为消解式。因为它的“上一代”是二个子句。

binary runtime environment for wireless (BREW) 无线二进制运行环境 BREW 解决方案是一个开放的应用程序开发平台，它让开发商能够创造出在无线终端上运行的便携式应用。用户可通过具有 BREW 功能的手机下载和安装游戏、铃声和内容等各种应用程序。BREW 运行于应用与芯片操作系统之间。

binary scale 二进制记数法 只允许两种符号(0，1)的数制。

binary search 二分[对半]搜索(法) 一种搜索法。对所搜索的元素按非递减次序排序，然后将它平分，舍弃不包含所寻找项的一部分。对剩下部分再平分，依次类推，直到寻找到所需项为止。对于 n 项的有序表，比较次数最多为 $\log_2 n$(向增加方向取整)，平均比较次数近似为 $\log_2(n+1)-1$。

binary search tree 二叉[对分]查找树 一种与折半查找相对应的二叉树。在二叉查找树中，任意节点的左子树中的关键字值都小于该节点中的关键字值，右子树中的关键字值都大于该节点中的关键字值，而且任意节点的左右子树也是二叉查找树。用这种数据结构来组织数据，就能采用折半查找法，把关键字值与树根节点中的关键字值进行比较，若前者小于后者，则在左子数中查找，若前者大于后者，则在右子树中查找，循此以往。在由 n 个关键码值集合构成的所有二叉查找树中，其平均检索长度为最小者称为最佳二叉查找树。

binary serial signaling rate 二进制串行信令传输速率 在双态串行传输中，二进制串行信令传输速率是已测量的单位间隔的倒数，用每秒位(bps)或位/秒(b/s)表示。

binary signal event 二进制信号事件 在一特定编码方法中所用的最小数据单位。因而在二进制数字代码中，一个二进制信号事件就与一个位时间相同，并对应于 0 或 1。参见 baud rate。

binary state 二态(状态)，双态 只有两种可供选择的状态或取值。典型的二态有：真和假，0 和 1，高电平和低电平，正向电流和反向电流，开和关等。

binary state variable 二态变量 仅有两个值(如真或假，是或非)的变量。

binary storage cell 二元存储单元 可置成两个稳定状态(如工作或不工作、开或关、0 或 1)之一的基本存储元件。

binary symmetric 二进制对称性 数据通道中使用的一个术语。在这种通道中，0 位变到 1 位(由于干扰或电路失效)的概率与 1 位变到 0 位的概率相等。

binary symmetric channel 二进制对称通道 设计用来传送由二进制字符组成的报文的一种通道。其特性是由任一字符变换成另一个字符的条件概率相等。

binary synchronous communication (BSC) 二进制同步通信 使用二进制同步线路进行传输的一种通信。它使用一组标准的传输控制字符和控制字符顺序，以在通信线路上发送二进制代码数据。它的特点是一次传送由若干个字符组成的数据块，而不是只传送一个字符，并规定了 10 个字符作为这个数据块的开头与结束标志。参见 binary synchronous communication protocol (BISYNC)。

binary synchronous communication protocol (BISYNC) 二进制同步通信协议 IBM 开发的一种通信协议标准，用 ASCII(美国信息交换标准代码)或 EBCDIC(扩充的二进制编码的十进制交换代码)编码，消息可以是任意长度的，以帧的方式发送，可加一个消息头，由于采用同步通信方式，消息元素间有固定的间隔，每个帧都有一个前置的和后置的字符，使得发送和接收的机器能够同步其时钟。

binary synchronous transmission 二元同步传输 一种数据传输的方法。在传输中字符的同步是由发送站和接收站产生的计时信号来控制的。

binary-to-decimal conversion 二-十进制转换 将一个二进制数转换为等价的十进制数的过程。即将以 2 为基的数变为以 10 为基的数。

binary-to-hexadecimal conversion 二-十六进制转换 将一个二进制数转换为等价的十六进制数的过程。即以 2 为基的数变为以 16 为基的数。

binary-to-octal conversion 二-八进制转换 将一个二进制数转换为等价的八进制数的过程。即以 2 为基的数变为以 8 为基的数。

binary tree 二叉树 一棵根树，如果每个节点的出度≤2，则称为二叉树。二叉树在情报检索、科技管理、算法分析等领域中有很大用处。如果一个二叉树的每个树叶至根的距离都相等，则称为完全二叉树，或称为满二叉树。

binary viruses 双体型病毒 一种特殊形式的加密病毒类型。病毒的复制码分成两个子模块，分别寄生在两个不同的载体上，只有这两个子模块复制码逻辑连接在一起，才能形成有完整的病毒。对于双体型病毒，只有分析两个子模块后才能认识病毒的全貌。

binary word 二进制字 一串相关的1和0组成的计算机字。在自然的二进制数制中，二进制字一旦被定义或数值加权，它就有明确的意义。

BIND 伯克利因特网名字域 Berkeley Internet name domain 的缩写。

binder program 联编程序 将汇编程序的中间代码转换成可执行代码的一种软件程序。

binding 联编，绑定 (1)关系数据库中把数据的一种视图转换成另一种视图的过程。应用程序使用数据前，先要把应用程序的局部逻辑视图转换为数据库的全局逻辑视图，再转换成物理视图。也就是先把子模式联编到模式，然后再联编到存储模式。为了提高运行效率，联编可以早在编译时就进行，但这样，可修改性较差；为了提高适应修改的灵活性，联编也可以迟至取用数据时进行，但其运行效率不如尽早联编。(2)联编就是将一个标识符名和一个存储名地址联系在一起，一个源程序经过编译、连接、最后生成可执行代码，就是将执行代码联编在一起的过程。(3)绑定是链接不同层上的网络组件以实现这些组件之间通信的进程。可以将一个网络组件绑定到它上面或者下面的一个或者多个组件上。每一组件所提供的服务能够由所有与之绑定的组件共享。

binding time 汇编[联编]时间 (1)将计算机程序中的符号表达式(包含变量)化为硬件可直接解释的形式(不再含变量)的时间。汇编时间的延时会给语言带来较大的灵活性，但效率较低；反之，会减少语言的灵活性，但提高了效率。(2)实施联编的时间。不同的联编机制在不同的时间进行，主要有两种：在程序执行之前进行的静态联编，在程序执行中处理的动态联编。

binocular imaging 双目成像 根据双目立体视觉的基本原理，利用计算机立体视觉技术，获取、产生和传输一个场景，并将这个场景展现出具有立体感的景象。参见 binocular stereo vision。

binocular instrument 双目视仪器 一种光学仪器，为了在人的大脑中产生单一图像效应，通过使它两个光学系统的光学轴会聚在同一物体上，从而可以允许人用双眼进行观测。大多数双目望远镜、测距仪、空中摄影判读设备是双目视仪器的例子。而单筒望远镜、罗盘仪以及放大镜是单目仪器。

binocular stereo vision 双目立体视觉 利用在不同位置的两个摄像机对同一景物点的两个匹配像点的视差(也称像差)求解影物点深度的方法。它与人类利用双眼像差以产生立体观察效果的原理相同，是计算机视觉中获取景物深度信息，进而恢复三维景物形状和识别景物的重要方法。

binominal distribution 二项分布 描述随机现象的一种常用概率分布形式，因与二项式展开式相同而得名。二项分布是对只具有两种互斥结果的离散型随机事件的规律性进行描述的一种概率分布。参见 probability distribution。

bin packing problem 装箱问题 组合最优化问题。设有容量为1的箱子若干个，拟装入编号为 $1 \sim n$ 的物体 n 个。第 i 个物体的体积为 $a_i(0 \leqslant a_i \leqslant 1, i=1,2,\cdots,n)$。装箱问题就是，在能装入这 n 个物体的条件下，如何装箱才能使所用的箱子数量最少。

BIOCA 块输入输出通信区 block input/output communication area 的缩写。

biochip 生物芯片 生物芯片技术是通过缩微技术，根据分子间特异性的相互作用的原理，将生命科学领域中不连续的分析过程集成于硅芯片或玻璃芯片表面的微型生物化学分析系统，以实现对细胞、蛋白质、基因及其他生物组织的准确、快速、大信息量的检测。按照芯片上固化的生物材料的不同，可以将生物芯片划分为基因芯片、蛋白质芯片、细胞芯片和组织芯片。起源于核酸分子杂交技术。所谓生物芯片指高密度固定在固相支持介质上的生物信息分子(如寡核苷酸、基因片段、蛋白质等)的微阵列，阵列中每个分子的序列及位置都是已知的，并且是预先设定好的序列点阵。也就是说，生物芯片就是在一块玻璃片、硅片、尼龙膜等材料上放上生物样品，然后由一种仪器收集信号，用计算机分析数据结果。生物芯片并不等同于电子芯片，只是借用概念，它的原名称为“核酸微阵列”，因为它上面的反应是在交叉的纵列中所发生。根据用途分类有：①生物电子芯片，用于生物计算机等生物电子产品的制造；②生物分析芯片，用于各种生物大分子、细胞、组织的操作以及生物化学反应的检测。前一类目前在技术和应用上还不够成熟，一般情况下所指的生物芯片主要为生物分析芯片。参见 gene chip，protein chip，cell chip，tissue chip。

biocomputer 生物计算机 (1)以大脑或神经系统处理信息的原理为基础研究中的新一代计算机。同基于冯·诺依曼的计算机的线性、顺序处理、两值逻辑、程序存储、数字化、存储器与处理器相分离等特点不同，这种计算机将大脑擅长的信息处理让计算机来完成，因此它将具有非线性、并行处理、非冯·诺依曼、模拟化、存储器与处理器相混合等特点。这类计算机比以前的计算机更易处理诸如模式识别、推理和自然语言处理一类的问题。近年来，由于以脑的研究为首的生物科学研究和超大规模集成电子技术的飞速进展，世界上已研制了一些生物计算机样机。(2)指主要以生物电子元件构建的研究中的计算机。它利用蛋白质有开关特性，用蛋白质分子作元件制成的生物芯片构成。其性能是由元件与元件之间电流启闭的开关速度决定的。由蛋白质构成的集成电路，其大小只相当于硅片集成电路的十万分之一，而且运转速度更快，可超过人脑的思维速度。生物电脑元件的密度可比大脑神经元的密度高 100 万倍，传递信息的速度也比人脑思维的速度快 100 万倍。参见 biological chip, DNA computer。

biocybernetics 生物控制论 用经典控制理论或现代控制理论的概念和方法来研究生物（包括动物和人）体内控制系统和信息系统的一门学科。由于生物体内的控制和信息系统与机器的控制和信息系统有着极相似的作用原理，所以可将在机器系统中取得的结果用于生物系统的研究。其研究领域有：生物力学、生物控制学、机电整合及微机电系统于生命工程之应用。

BIOD 贝尔集成光学器件 Bell integrated optical device 的缩写。

bioelectronics 生物电子学 生物技术与电子学交叉的学科，涉及生物材料、系统和过程的电学性质以及利用生物材料开发的纳米微电子管和电子装置等。生物电子学研究包含两个方面：一是研究生物体系的电子学问题，包括生物分子的电子学特性、生物系统中信息存储和信息传递，由此发展基于生物信息处理原理的新型计算技术；二是应用电子信息科学的理论和技术解决生物学问题，包括生物信息获取、生物信息分析，也包括结合纳米技术发展生物医学检测技术及辅助治疗技术，开发微型检测仪器等。

bioinformatics 生物信息学 由分子生物学和计算机信息处理技术相结合的交叉学科，具体讲，它是一个开发计算机数据库和算法来推动和加快生物研究的科学。生物信息学利用数据库和软件技术对大量积累的生物分子序列数据和实验新测定的序列进行结构比较和统计学分析，推导出序列同源性，揭示出生物大分子的分子结构、功能和进化关系。生物信息学主要用于人类基因组计划中的人类基因组研究，该计划确定整个人类基因组（大约有 30 亿对）的序列，本质上是利用基因信息来了解疾病。在很大程度上它也可以用于新药研究中的识别新分子目标。

biological chip 生物芯片 同 biochip。

biological resource information 生物资源信息 表征生物资源学科研究对象、理论、方法、数量、质量以及开发、利用、保护等的信号和消息。

biomechatronics 生物机电学 生物机电学是生物、机械和电子学科的跨学科研究领域。生物机电学集中研究生物器官（包括大脑）与电子机械装置和系统之间的相互作用。生物机电装置（如心脏起搏器）已存在多年，不久的将来可能出现的生物机电设备，包括糖尿病人用的胰腺起搏器、事故生存者用的思维控制的电子肌肉刺激器、让盲人重见光明的用电线与大脑连起来的摄像机和让聋人听见的用电线与大脑相连的麦克风等。

biometric device 生物设备 度量或者检测个人特征（如指纹、声纹、眼球图或者签名动力学等）的技术设备。

biometric engine 生物特征引擎 生物特征引擎是与生物特征系统所用的硬件设备一起工作的软件程序，是生物特征安全系统的一部分。它主要管理生物特征过程的登记、俘获、提取、比较和匹配各个阶段中的生物特征数据。

biometric identification technology 生物识别技术 利用人体生物特征进行身份认证的一种技术。生物特征是唯一的（与他人不同），可以测量或可自动识别和验证的生理特性或行为方式，分为生理特征和行为特征。生物识别系统对生物特征进行取样，提取其唯一的特征并且转化成数字代码，并进一步将这些代码组成特征模板，人们同识别系统交互进行身份认证时，识别系统获取其特征并与数据库中的特征模板进行比对，以确定是否匹配，从而决定接收或拒绝该人的身份。用于生物识别的生物特征有手形、指纹、脸形、虹膜、视网膜、脉搏、耳廓等，行为特征有签字、声音、按键力度等。基于这些特征，人们已经发展了手形识别、指纹识别、面部识别、发音识别、虹膜识别、签名识别等多种生物识别技术。

biometrics 生物测量[统计]学，生物识别 (1)生物测量学是测量和统计分析生物数据的科学与技术。在信息技术中，生物测量学通常是指测量和分析人体特性的技术。(2)生物识别是指通过获取和分析人体的身体和行为特征来进行个人身份鉴定的技术。目前利用生理特征进行生物识别主要有：指纹识别，虹膜识别，手掌识别，视网膜识别和脸像识别；利用行为特征进行识别的主要有：声音识别，笔迹识别和击键识别。

biomimetics 仿生学 仿生是指模拟自然的人造过程、物资、设备或系统。设计和制造仿生装置的技艺和科学称作仿生学。有些仿生过程已用了多年。某些维生素和抗生素的人工合成就是例子。最近，仿生学已被建议应用于机器视觉系统、机器听力系统、信号放大器、导航系统和数据转换器的设计。神经网络是假设的仿生计算机，它是通过联想和经教育的猜想进行工作，它能从自身的错误中学到东西。其他可能的仿生学应用有能寻找和杀死致病细菌的纳米机器人抗体、人造器官和各种电子设备。

bionics 仿生电子学 一门把生物学技术用于包括计算机硬件在内的电子设备与系统设计的学科。它研究有关生物系统的功能、特性及现象与机械系统之间的关系。参见 biomimetics。

BIOS 基本输入/输出系统 basic input/output system 的缩写。

biosensor 生物传感器 对生物物质敏感并将其浓度转换为电信号进行检测的仪器。是由固定化的生物敏感材料作识别元件（包括酶、抗体、抗原、微生物、细胞、组织、核酸等生物活性物质）与适当的

B

理化换能器(如氧电极、光敏管、场效应管、压电晶体等)及信号放大装置构成的分析工具或系统。生物传感器的种类:①按感受器所采用的生命物质分类,可分为:微生物传感器、免疫传感器、组织传感器、细胞传感器、酶传感器等;②按传感器检测的原理分类,可分为:热敏生物传感器、场效应管生物传感器、压电生物传感器、光学生物传感器、声波道生物传感器、酶电极生物传感器、介体生物传感器等;③按生物敏感物质相互作用的类型分类,可分为亲和型和代谢型两种。

B

biostatistics 生物统计学 概率论和统计学在生物医学中的应用。由于生物体的复杂性和其容易受外界的干扰,因此只有对生物学和医学做大量实验,并通过统计分析才能得出结论。实现设计、样品个数的确定和数据的整理等一系列过程都必须借助于概率论和统计学的方法。此外,健康、疾病、死亡、环境卫生、计划生育等统计的对象是大量的人群,因此,这些统计工作也必须运用统计学的方法。计算机在生物统计学领域的应用正在逐步推广。

Biot-Savart law 比奥-萨伐定律 在环绕某一电流的空间内某点处的磁场强度 H 和磁通密度 B 与电流强度成正比。比奥-萨伐定律也称安培定律。

BIP 位交叉校验 bit interleaved parity 的缩写。

bipartite graph 偶图,二分图 (1)节点能划分为两个非空子集,使得同一子集中任意两个节点无边相连,这种无向图称为偶图。给定一个图 $G=\langle V,E\rangle$ 及正数 $k\leqslant|E|$,要判断是否存在边集 E 的子集 E',E' 中的边数 $\geqslant k$,使 $G'=\langle V,E'\rangle$ 是偶图。这个问题是 NP-完全问题。(2)也称“偶图”或“二部图”。$n=2$ 时的 n 部图,因此它的顶点可分成两个互不相交且均非空的子集 X 和 Y,使得图中任一条边的两端点必是一个在 X 中、另一个在 Y 中。一个完全二部图称为完全二分图或完全偶图。

biphase coding 二相编码 一种线编码模式,用 1 表示高到低的电平转换,0 表示低到高的电平转换。也称“曼彻斯特编码”。它原来是为以太网开发的。在无需分离的时钟控制导向情况下,时钟控制信息可以嵌入同步数据流或从同步数据流那里得到恢复。这种二相信号不包含直流能量。

biphase level code 二相电平编码 一种二相信号编码,在这种编码中,输入的原始二进制基带信号状态的变化(也即幅度的变化)以输出两相信号的电平变化来表示。

biphase mark coding 二相传号编码 一种二进制数据流的编码类型,在每个比特周期的开始都有一个信号跳变的一种二相编码,在二相信号中,“1”在信号的中间产生跳变,“0”在信号的中间不产生跳变。比较 biphase space coding。

biphase signaling 二相信号 用相互反相的正弦波表示二进制数码的信号方式,即如果 1 以 sinX 表示,则 0 以 −sinX 表示。二相信号有许多形式,如二相电平信号方式,二相传号编码和二相空号编码方式。

biphase space coding 二相空号编码 类似于二相传号编码,在每个比特周期的开始都有一个信号跳变的二相编码,在二相信号中,“0”在信号的中间产生跳变,“1”在信号的中间不产生跳变。比较 biphase mark coding。

bipolar 双极性的 (1)二进制的“1”和“0”用极性相反的电信号表示时,该信号被称为“双极性的”。(2)通常将半导体晶体管分为双极晶体和场效应晶体管两大类。凡晶体管是由两个 P-N 结构成的,被称为是双极的。(3)一种半导体工艺技术,采用 P 型和 N 型两种半导体形成三极管,这种电路分为 TTL(晶体管-晶体管逻辑)电路、ECL(射极耦合逻辑)电路和 IIL(集成注入逻辑)电路等,双极型工艺与 CMOS(互补金属氧化物半导体)电路的结合而形成的工艺称为 BiCMOS(双极型互补金属氧化物半导体)工艺。

bipolar analog array 双极模拟阵列 一种半定制模拟 LSI(大规模集成电路)设计方式。由宽范围特性的 PNP 晶体管、NPN 晶体管,电阻、电容等模拟元件组成基本模拟单元,在芯片内规则地排列配置。基本单元也可预先加以组合设计和布线构成模拟宏单元,如运算放大器、比较器、电压源及电流源等。

bipolar CMOS (BiCMOS) 双极 CMOS,双极型互补金属氧化物半导体 一种先进的双极(晶体管)技术,具有高速性能。BiCMOS 基本思想是以 CMOS 器件为主要单元电路,而在要求驱动大电容负载之处加入双极器件或电路。因此 BiCMOS 电路既具有 CMOS 电路高集成度、低功耗的优点,又获得了双极电路高速、强电流驱动能力的优势。

bipolar-CMOS-DMOS (BCD) 双极互补型 MOS-双扩散 MOS 一种集成电路制造技术,在同一芯片上制作双极互补型 MOS(金属氧化物半导体)和双扩散 MOS 电路。

bipolar code with zero extraction 零提取双极性码 一种广义形式的零取代双极性码。即当连续出现若干个零时,就用含有定时信息的码组来取代。参见 bipolar with eight-zero substitution (B8ZS), bipolar with six-zero substitution (B6ZS)。

bipolar coding 双极编码 一种线编码模式,采用正负两种信号电压。二进制的 0 被编码位 0 电压;二进制的 1 被交替编码为正、负电压。对应于单极编码方式。参见 unipolar coding。

bipolar CPU slice 双极(型)中央处理器位片 一种中央处理机芯片。它既具有中小规模集成电路在速度方面的优点,又具有微处理机的优点。它不需要新一级的系统设计。用户使用这种位片时可以建立自己的指令系统。

bipolar integrated circuit 双极型集成电路 以通常的NPN或PNP型双极型晶体管为基础的单片集成电路。它是1958年世界上最早制成的集成电路。双极型集成电路主要以硅材料为衬底，在平面工艺基础上采用埋层工艺和隔离技术，以双极型晶体管为基础元件。按功能可分为数字集成电路和模拟集成电路两类。在数字集成电路的发展过程中，曾出现了多种不同类型的电路形式，典型的双极型数字集成电路主要有晶体管-晶体管逻辑(TTL)电路，发射极耦合逻辑(ECL)电路，集成注入逻辑(I2L)电路。TTL电路形式发展较早，工艺比较成熟。ECL电路速度快，但功耗大。I2L电路速度较慢，但集成密度高。

bipolar junction transistor (BJT) 双极结型晶体管 也称"半导体三极管"，它是通过一定的工艺将两个PN结结合在一起的器件。BJT有PNP和NPN两种组合结构；外部引出三个极：集电极，发射极和基极；BJT有放大作用。BJT种类很多，按照频率分，有高频管，低频管；按照功率分，有小、中、大功率管；按照半导体材料分，有硅管和锗管等；其构成的放大电路形式有：共发射极、共基极和共集电极放大电路。参见 bipolar transistor。

bipolar loudspeaker 双极式音箱 指发声单元分别指向音箱前方和后方且同相馈送信号的那种音箱装置。由于推动的信号为同相位的，声信号不会有反相位的抵消，侧向的声辐射也不会有急剧地衰减。双极式音箱通常需摆放在离前墙较远处，以便让其后向指向的声波能有适当的反射。参见 dipolar loudspeaker。

bipolar memory 双极存储器 利用双极集成电路工艺制作，以双极晶体管为基本元件的半导体存储器。同 bipolar semiconductor memory。

bipolar microcontroller 双极微控制器 双极可编程序的微控制器包括存放程序控制器和高性能微处理机所要求的特性。它主要用于高速仪器、控制和数据处理或收集系统。双极微控制器提供了一个有效的指令系统。它面向灵活的高性能输入输出结构以及多功能的机器结构。

bipolar microprocessor 双极型微处理机 采用双极型大规模集成电路制成的微处理机。它一般包括微程序控制器、中央处理单元、双极型存储器及辅助电路等，通常采用位片结构。参见 bit slice microprocessor。

bipolar NRZ code 双极性非归零码 传输码的正、负电平分别对应于二进制代码中的"1"码与"0"码。特点是：①发送能量大，有利于提高接收端信噪比；②信道上占用频带较窄；③直流分量很小；④接收端判决门限为0，容易设置并且稳定，因此抗干扰能力强；⑤可以在电缆等无接地线上传输。双极性非归零码常在国际电报电话咨询委员会(CCITT)的V系列接口标准或RS-232接口标准中使用。

bipolar NRZ signal 双极性非归零信号 一种信号的负电位对应于二进制符号0；正电位对应于二进制符号1的基带信号。由于信号中0和1出现的概率相等，所以平均电位为零，信号中直流成分很小，抗干扰能力强。

bipolar RZ code 双极性归零码 二进制符号1发正的窄脉冲，二进制符号0发负的窄脉冲，两个码元的时间间隔可以大于每一个窄脉冲的宽度，码元间有零电平区域存在，取样时间是对准脉冲的中心。对于双极性归零码，在接收端根据接收波形归于零电平便可知道一位信息已接收完毕，以便准备下一位信息的接收。所以，在发送端不必按一定的周期发送信息。可以认为正负脉冲前沿起了启动信号的作用，后沿起了终止信号的作用。因此，收发之间无需特别定时，此方式也称自同步方式。双极性归零码具有双极性非归零码的抗干扰能力强及码中不含直流成分的优点，应用比较广泛。

bipolar RZ signal 双极性归零信号 双极性归零信号是双极性波形的归零形式，其中负的窄脉冲对应于二进制符号0；正的窄脉冲对应于二进制符号1，对应每一符号都有零电位的间隙产生，即相邻脉冲之间有零电位的间隔。

bipolar semiconductor 双极型半导体 一种采用双极型工艺制造的半导体器件。如TTL(晶体管-晶体管逻辑)电路和ECL(射极耦合逻辑)电路器件。

bipolar semiconductor memory 双极型半导体存储器 利用双级半导体集成电路工艺，以双极晶体管触发器为单元电路的存储器。双极型半导体存储器的特点是速度快，可广泛用作计算机的缓冲存储器。缺点是功耗大、集成度较低。双极型半导体存储器简称双极存储器。

bipolar signal 双极性信号 (1)由一个正的或负的振幅表示其一种状态，而由接地(零电平)表示其另一状态的数字信号。(2)一种信号，它具有两种极性的脉冲而它们都不为"0"，可采用两态不归零(NRZ)或三态归零(RZ)的二进制编码方案，通常是对"0"电平对称的，即正极性和负极性脉冲的绝对值相同。(3)一种表示二进制数的伪三进制信号，它对相继的"1"用等值的正负极性交替的脉冲来表示，"0"用幅值为零的电平来表示。参见 alternate mark inversion signal。

bipolar transistor 双极型晶体管 一种利用正向偏置p-n结注入电荷、反向偏置p-n结收集电荷的一种晶体管。由于电子和空穴两种极性的载流子参与传导电流，故称双极型晶体管。双极晶体管根据工作电压的极性可分为NPN型或PNP型。参见 bipolar junction transistor (BJT)。

bipolar violation (BPV) 双极性扰乱 双极性扰乱是数据传输过程中，出现1变成0或0变成1的编码差错。

bipolar with eight-zero substitution (B8ZS) 八零置

换双极性代码 也称“二进制八个零替换”。一种T载波的线路码，当用户数据中含有连续8个或更多个连续的“0”时将人为地插入含有定时信息的编码，其目的是为了当用户的数据流中“1”的数目不足以保证系统的同步时，采用此法来保证有足够的电平转换来维持同步。B8ZS用在欧洲体系的T1速率。比较 alternate mark inversion (AMI)。

bipolar with six-zero substitution (B6ZS) **六零置换双极性代码** 一种T载波的线路码，当用户数据中含有连续6个或更多个连续的“0”时将人为地插入含有定时信息的编码，其目的是为了当用户的数据流中“1”的数目不足以保证系统的同步时，采用此法来保证有足够的电平转换来维持同步。B6ZS用在北美体系的T2速率。

bipolar with three-zero substitution (B3ZS) **三零置换双极性代码** 一种T载波的线路码，当用户数据中含有连续三个或更多个连续的“0”时将人为地插入含有定时信息的编码，其目的是为了当用户的数据流中“1”的数目不足以保证系统的同步时，采用此法来保证有足够的电平转换来维持同步。B3ZS用在北美体系的T3速率。

biquinary **二五混合进制** 由两个部分表示的数制，其中一部分有两种表示，即“0”和“1”，另一部分有五种表示，即“0”、“1”、“2”、“3”和“4”。

biquinary code **二-五码，二五混合进制码** 一种二-十进制码。每位十进制数 N 用 AB 两位表示。$N=5A+B$，$A=0$ 或 1，$B=0,1,2,3$ 或 4。这种码有一定检错能力。

biquinary-coded decimal number **二五混合码十进制数** 将十进制数的每一位用二五进制混合码表示，如十进制数 3 875 用二五混合表示，则为 03 13 12 10。

Birds Of Feather (BOF) **专题讨论小组** BOF是一种非正式的讨论小组，成员们可以在此讨论共同感兴趣的问题。它通常是为了探讨某个特定的问题而专门成立的，因而其研究范围较窄。BOF一般在计算机和相关技术会议的休会期间或主会议之后开展活动。

BIRE **英国无线电工程师学会** British Institution of Radio Engineers 的缩写。

birefringence **双折射** (1)一束光经过某种双折射传播媒质后，分成两个发散的部分，而这两部分在该媒质中以不同的速度传播。这种媒质具有这样的特点，它在同一方向上有两种不同的折射率，从而导致对于不同的正交偏振光以不同的速度传播。(2)在某种透明物质中，折射率具有各向异性，其折射率的变化是相对于入射光线的方向和偏振的函数。所有的晶体，除了立方晶格结构的，它们的物理特性(包括折射率)都呈现一定程度的各向异性，其他物质如玻璃或塑料，当发生机械变形时也是双折射的。双折射物质(包括晶体)有把非偏振的入射光折射成两束分离的正交偏振光的能力，而正交的偏振光，依据相对于入射光的方向，通常有不同的路径。同 double refrection。参见 birefringent medium。

birefringence fiber **双折射纤维** 纤维对光线折射的各向异性。当一条普通光线射入纤维后，会产生两条折射光：一条称为寻常光——O光，振动方向与纤维轴向垂直，折射率为 n_1；一条称为非常光——E光，振动方向与纤维轴向平行，折射率为 n_2。非常光E与寻常光O的折射率之差(n_2-n_1)称为该纤维的双折射。参见 high birefringence optical fiber，low birefringence optical fiber。

birefringence sensor **双折射传感器** 一种光纤传感器，在这种传感器中，①进入用双折射材料制作的光纤中的光线被分作两束，每一束在不同的光程长度的路径上传播；②两束光重新混合产生干涉图样；③被检测的外部激励用于改变光程长度，以引起在光检测器处光波的增强或减弱；④光检测器的输出信号是所用激励(如压力、力、电场及温度)的类型和程度的函数。双折射传感器的例子有鲍克尔效应传感器和克尔效应传感器。

birefringent material **双折射材料** 双折射材料具有不同吸收或衰减系数的双主轴。同 birefringent medium。

birefringent medium **双折射介质** 一种各向异性的物质，它依赖于入射光线相对于偏振的物质的朝向不同而显示不同的折射率。参见 birefringence。

BIS (1)英国法定标准制，英制 British Imperial System 的缩写。(2)英国情报处 British Information Service 的缩写。(3)商业信息系统 business information system 的缩写。

bis **改进版** bis是一个法语词汇，意思是附加的，常用来指对现有标准的补充和改进，如在调制解调器标准中，V. 42bis是V. 42的改进版。

BISAM **基本索引顺序存取方法** basic indexed sequential access method 的缩写。

BISDN **宽带综合业务数据网** broadband ISDN 的缩写。

BISDN inter-carrier interface (B-ICI) **宽带ISDN载体间接口** 一种由ATM(异步传输模式)论坛为公共ATM网络之间的接口定义的规范，以支持跨多个公共载体的用户服务。B-ICI为分别属于两个运营商的UNI接口提供了连接，它的定义基于NNI接口，其特点是支持不同网络间的多种业务传送，包括基于信元的PVC永久虚拟线路方式业务、PVC方式的帧中继业务、电路仿真业务、交换式多兆位数据服务(SMDS)以及SVC业务等。参见 user network interface (UNI)，network node interface (NNI)。

BIST **内建自测** built-in self-test 的缩写。

bistable **双稳态的** 指能保持两种可能的稳定状

态中的任一种状态的设备。

bistable circuit 双稳态电路 具有两个相反稳定状态的电子线路。这两个稳定状态可以分别由二进制数字 0 和 1 来表示。在没有外界触发脉冲作用之前，双稳态电路或者处于 0 状态，或者处于 1 状态；在外界触发脉冲的控制下，它可以从一个稳定状态转换到另一个稳定状态，并保持这一稳定状态直到下一次触发脉冲到来之前。双稳态电路是一种时序电路，用它可以构成计数器、寄存器等，在数字电路中应用非常广泛。双稳态电路也称“触发器”。参见 flip-flop，toggle，trigger。

bistable component 双稳元件 一种具有两个稳定状态的元件。双稳电子元件用于存储信号。

bistable multivibrator 双稳多谐振荡器 也称“正反器”，此种电路具有两个稳定状态，其中任一个三极管导通（ON）时，另一个一定截止（OFF），若无任何触发信号输入，此一状态便恒定不变。若触发信号使原来 ON 的变成 OFF，则原来 OFF 的必转为 ON，此种状态会继续保持至下一触发信号。参见 flip-flop。

bistable relay 双稳态继电器 一种电气继电器，它对某一输入激励量（或特性量）作出了响应并已改变其状态，当去除该量后仍保持这种状态，需要再加适当的激励才能返回到原来状态。参见 monostable relay，latching relay。

bistable trigger circuit 双稳（态）触发电路 一种具有两种稳定状态的触发电路。参见 flip-flop。

bistatic 双机的 形容接收和发射不在同一处的仪器。

BISUP 宽带 ISDN 用户部分 broadband ISDN user's part 的缩写。

BISYNC 二进制同步通信协议 binary synchronous communication protocol 的缩写。

bisynchronous 双同步 数字通信设备的操作方式，如调制解调器在接收和发送端之间双向的同步传输。参见 bisync。

bisynchronous transmission 双向同步传输 用于控制同步传输的规程。一般称为双向同步。同步传输规程定义了一些协议来处理称之为报文格式的数据块。报文格式在一个单位的操作中传送。

bit 二进制位，位，比特 binary digit 的缩写。

bit block 位块 在计算机和图形中，指作为一个单位传输的矩形像素块，程序中可使用位块传输的技术在屏幕上快速显示一个图像。参见 bit-block transfer。

bit-block transfer (BITBLT) 位块传输 传输一个矩形数组区域的位图数据，一种图形程序设计技术，将存储的图像信息以块的方式操作，图形信息包括颜色和属性的描述，可以从一个光标到一个卡通，操作包括这些信息在屏幕上位置的移动，通过移动它们在视频存储器中的位置实现，传输时可以改变其属性，如图像的明暗可以反转。

bit bucket 位桶，二进制位存储桶，位（垃圾）桶 （1）在移位寄存器末尾所假想的一个“桶”，用于收集算术运算的溢出位。（2）一种虚构的存储单元，向这个单元中送入的数据可能被废弃。它是一种空输入输出装置，从这个装置中无数据读出，可以写入但无效。如 DOS（磁盘操作系统）中的 NUL 设备。（3）指计算机的废物箱或回收站。在联网的情况下，此术语用于表示防火墙、路由器或代理丢弃包的地方。

bit bumping 位压缩 在微型计算机系统中，指以最少的存储空间存放所需软件的过程。

bit bus 位总线 由 Intel 公司推出的通信协议，物理层采用 RS 485 电气接口标准，使用双绞线或同轴电缆，数据传输率最高可达 2.4 Mbps，最大传输距离为 1 200 m。

bit by bit asynchronous operation 逐步异步操作 在数据传输系统中，用人工、半自动或全自动的方式改变数据调制的速率，这是用门电路控制或改变时钟调制速率来实现的，如在逐步异步操作下，某时刻设备操作速率为 50 bps，而在另一时刻其操作速率为 1 200 bps。

bit-by-bit memory type 逐位存储方式 光存储器中采用的一种存储方式，它利用热磁效应在存储介质的逐个小区域上直接存储二进制信息，这种方式用热磁效应写入信息，用磁光效应读出信息。其优点是存储密度高，系统结构简单，数据传输率高，缺点是可靠性差，信息容易丢失，对机械运转和磁光介质的质量要求较高。

bit cell 位单元 存储一位二进制数的信息单元。这一位的数值可能是“0”或“1”。在某些微机系统中使用位单元结构，每一位单元可由中央处理器分别寻址。在动态 RAM（随机存取存储器）存储器中，一个位单元由一个晶体管和一个电容器组成。在静态 RAM 存储器中，一位单元大约由 5 个晶体管组成。参见 bit location。

bit clocking 位时钟 在 RS-232 接口中，表示由哪个设备（调制解调器或者计算机等）提供同步数据传输时钟信号的字段。

Bitcoin (BTC) 比特币 诞生于 2009 年 1 月 3 日的比特币是一种分布式的网络虚拟电子货币。与传统货币不同，比特币运行机制不依赖中央银行、政府的支持或者信用担保，而是依赖对等网络中种子文件达成的网络协议，理论上确保了任何人、机构、或政府都不可能操控比特币的货币总量，或者制造通货膨胀。它的货币总量按照设计预定的速率逐步增加，增加速度逐步放缓，并最终在 2140 年达到 2100 万个的极限。比特币可以通过比特币地址发送实现货币支付功能。

bit control 位控制 一种传输一系列数据的方式。

B

在这些数据中，每一位都有其特定意义，并且单一字符都有起始位和终止位。

bit count integrity (BCI) 比特计数完整性 在面向连接的服务中准确地保存每单位时间出现的比特位数。比特记数完整性不同于比特完整性，后者要求发送来的各比特位与原始的比特位完全符合。

bit crowding 位拥挤 在数字磁记录系统中，随着位密度的提高，一个孤立的读出脉冲的宽度往往超过一个位单元，因而本位磁通翻转的读出脉冲波形产生部分重叠，严重时还会波及更远的信息位。这种读出脉冲的位间干扰将导致读出信号的畸变，使读出脉冲序列出现幅度衰减、峰值位移或基线漂移，这就是所谓的位拥挤或脉冲拥挤效应。它受到磁头、记录介质、磁头与间距和读写电路等多种因素的影响，并使位密度的提高受到限制。

bit data type 位数据类型 一种只能存储 1 或 0 值的数据类型。1 和 0 以外的整数值虽然也被接收，但总是当作 1 来处理。

bit density 位密度 单位长度或单位面积内存储的二进制数位的数量。如磁带中每一英寸可记录多少个二进制位，或磁盘的磁道上单位长度内记录二进制位的位数。由于每一磁盘的内径不一样，所以各道的位记录密度是不一样的。内道记录密度高，外道记录密度低。

bit depth 位深度 保存一个像素使用的位数。位深度决定能够显示的颜色数目。数字电视的每个像素至少需要用 15 位表示，若用 24 位表示每个像素就会显示出非常真实的颜色。

bit drop-out 位丢失 表示从磁带、磁盘等存储介质上丢失的数据位。

bit duration 位持续时间 在高速通信中，度量延迟时间，即一位通过传输媒体上的某点所需要的时间。

bit editor 位图编辑程序 利用位图显示器显示文本，利用鼠标(或其他定标器)选择文本并从菜单中选择编辑命令的编辑程序。这种编辑程序使用的命令非常简单，编辑时主要采用剪切、拼合、拷贝三种命令，使用起来较全屏幕编辑更为方便。

biternary code 双三进制码 一种三电平信号代码。将二进制信号中的两个相邻的二进制信号进行数字积分，若将二进制信号连续地进行模拟相加，可以得到这种信号码。实现时可对两个相邻的二进制信号通过具有高斯响应的低通滤波器，也可以近似实现这种变换。

biternary transmission 双三进制传输 数字传输的一种方法，双三进制传输能把两个二进制脉冲序列混合起来通过一个信道传输，则该信道的有效带宽仅够传输该两脉冲序列中的一个。

bit error rate (BER) 位误码率 在数据通信中，传输中出现的差错比特数和所传输的总比特数之比。

bit field 位段 一系列包含一个或者多个命名位的结构或者联合。

bit flipping 位反转 反转图像中位信息的过程，将 0 改变为 1，1 改变为 0。

bit identifier for Chinese character interior code 汉字内部码的位标识 汉字内部码的标识方式之一。一般采用双字节中的某个特定位(一般是最高位)作为汉字的标识位。

bit image 位图像 存储器中一系列表示一个显示的图像的位，位图像中的每一个位对应于屏幕上的一个像素。例如，一个字符的点阵就是一个字符的位图像，在单色显示器的系统中，位图像中的 1 代表白色，0 代表黑色，0 和 1 的数据模式决定了显示的图像的图案，在彩色显示器的系统中则采用像素图像方式表示，因为需要多位信息表示一个像素。参见 bit map，pixel image。

bit insertion 位插入 将附加位插入到传输中的数据流的方法，用于确保特殊位序列仅出现在所需要的位置。例如，在 HDLC(高级数据链路控制)，SDLC(同步数据链路控制)和 X. 25 通信协议中，一串中的 6 个 1 位仅可出现在一个数据帧(数据块)的开头和结尾。因此每当 5 个连续的 1 位出现在一个帧的其他位置时，位填充被用来将一个附加位 0 插入。所插入的附加位 0 在接收站被去除，数据恢复到原来的形式。位插入也称“零位插入”。参见 zero bit insertion。

bit integrity 位完整性 在处理、传输和存储期间保持位的值不变。参见 bit count integrity，bit inversion。

bit interleaved parity (BIP) 位交叉校验 在 ATM(异步传输模式)中，指用于物理层中的一种监控链路上错误的方法。在先前的块或帧的链路开销中发送一个校验位或字。这允许发现传输中的位错误并作为维护信息传送。

bit interleaving 位交叉 (1)在传输前，将比特流中的比特重新排列，使差错随机化的过程。(2)一种时分多路传输的方法，每个通道都赋予一个信号位的时间槽。参见 time division multiplexing (TDM)。

bit interval 位间隔 在位流中，两个相继信号相对应点之间的时间间隔或距离，每一个信号代表一个二进制位(比特)。

bit inversion 位反转 代表给定位的状态(即 0 或 1)改变到相反的状态。位反转的一个例子是在电路中某一阶段，如用给定的极性或相位表示“1”，在下一阶段用相反的极性或相位表示“1”，然后在紧跟的阶段中再回到初始阶段的极性或相位表示。

bit-level ciphering 比特级加密 通过比特操作进行的加密。一种方法是将密钥定义成比特串。密钥的选择是秘密而又随机的。待传输的比特串被分为子串。每个子串的长度与密钥长度一致。然后每个子串通过与密钥的异或运算而加密。计算密钥与加密后的子串的异或即可解密。这里,加密密钥与解密密钥相同。

bit location 位单元 能存放一位二进制数的存储单元。

bit manipulation 位操作 对每一个位进行操作,而不是用更通用的简单的双字节的字的操作方式。

bit-manipulation instruction 位操作指令 只对一个字或字节中所选定的一位进行置位或复位的指令。中央处理机利用该指令可对位进行屏蔽,否则要用一系列指令才能完成位屏蔽功能。

bit map 位图,位映像 (1)光栅扫描式图形显示器的帧缓冲器中存储的信息内容与屏幕上显示的画面是一一对应的,因此帧缓冲器的内容就是显示图像的位图或位映像,帧缓冲器也称"位图存储器"。它是以像素形式保存显示图像数据的存储设备,其像素值用来确定被显示像素的颜色或亮度。在一些高级图形显示系统中,还包括确定其他特征如深度、纹理的成分。(2)位图的另一个用途是表示磁盘上的存储块,表明每个块是空置"0",还是被占用"1"。同 bit mapping。

bit map display 位图显示 字符或图像通过写一个显示位图案到有关的存储器中而生成的一种显示方法,位图案中的每一位映射到显示器中的某一个像素。

bit map graphics 位图[映射]图形 一种图形格式,是视窗环境中交换图像信息的标准,以像素点阵的方式存储图像信息,文件中包括位图文件头、位图信息结构和位图阵列结构三部分。位图文件几乎不压缩,占用磁盘空间较大,它的颜色存储格式有1位、4位、8位及24位。比较 object-oriented graphics。参见 bit image, bit map, pixel image。

bit map index 位图索引 位图索引的基本思想是用一个0,1位串来表示一个元组某一属性的取值,位串中的位的位置表示了关系表中元组的位置。如果一个属性的基数较小,则位图的空间开销较小。

bit map join index 位图连接索引 一种基于多表连接的位图索引,连接条件要求是等于的内连接。位图连接索引将位图化的列完全从表数据中抽取出来,并将其存储在索引中。位图连接索引的优点是能够消除查询中的连接操作,因为在索引创建时位图索引已经基于了连接。

bit mapped font 位映射字体 一系列特定大小的字体,其中每一个字符用一个特定的位映射(点阵图案)表示。参见 PostScript font, TrueType, Vector font。

bit mapping 位映像 也称"位表"。在操作系统存储管理中,把存储器划分为大小相等的单位存储块(如磁盘可以划分为磁道或盘区;主存可以划分为页,通常以1 024字为一页)来存放文件或程序信息。位映像就是一些二进制位,每一位顺次对应于各个存储块:"0"表示对应的存储块为空闲;"1"表示对应的存储块已占用。用这种方法可以管理空闲的存储空间的分配。

bit map protocol 位图协议 一种争用总线局部网的无冲突协议。协议各站一致同意发送的顺序,由此不导致矛盾。

bit map resource 位图资源 Windows 提供的一种系统资源,可为用户在屏幕上绘制小图像(如窗口上的系统菜单块、尺寸块等)或作为菜单项直接显示在菜单上,以构成具有图形用户界面风格的图形菜单。

bit mask 位掩码 一种特定的数值,和位运算(And、Eqv、Imp、Not、Or 及 Xor)一起用来测试、设置或清除(即重新设置)各个位的状态,这些状态以位式字段值的形式表示。

bit misdelivery probability 比特误传概率 比特错误传送,即给正确的收信人传送错误的比特,给错误的收信人传送正确的比特或根本没有传送的概率,通常即称此为比特误传概率。同 bit misdelivery ratio (BRM。

bit misdelivery ratio (BMR) 比特误传率 给定时间误传送的比特数与该期间传送的比特总数之比。比特误传率可以用作比特误传概率。同 bit misdelivery probability。

bitonic merging 双调归并 一种并行归并算法。它将两个有序输入序列组成一个双调序列 $a_1, a_2, \cdots, a_{2n}$ 作为输入,然后执行如下操作:①并行地进行比较交换从而形成小数序列,MIN$=\{b_1, b_2, \cdots, b_n\}$ 和大数序列 MAX$=\{c_1, c_2, \cdots, c_n\}$,其中 $b_i=\min(a_i, a_{i+n})$, $c_i=\max(a_i, a_{i+n})$, $1 \leqslant i \leqslant n$。MIN 和 MAX 仍为双调序列;②对 MIN 和 MAX 序列按①的方式操作形成四个新的 MIN 和 MAX 序列;③重复上述过程直到诸 MIN 和 MAX 序列都只有一个元素为止,最后各序列的顺序即为归并的结果。

bitonic merging network 双调归并网络 按双调归并方式进行归并的比较器网络称为双调归并网络。参见 bitonic merging。

bitonic selection algorithm 双调选择算法 一种基于双调归并方法用于 (m,n) 选择问题的并行选择算法。其步骤是:① 用双调归并法将输入序列分成若干个(m,m) 双调序列(由两个长为 m 的单调序列构成的双调序列);② 对诸(m,m) 双调序列进行比较形成大数序列 MAX 和小数序列 MIN,弃去 MAX 序列;③对双调序列 MIN 进行归并,再形成若干个 (m,m) 序列;④重复②和③,直至仅剩一个 MIN 序列按为止,此乃 m 个最小元。可见这是一种特殊的分组选择算法。用若干双调归并网络来进行上述各步中的双调归并就形成双调选择网络。

bitonic sequence 双调序列 单调序列的推广。满足①存在 $1 \leqslant j \leqslant n$ 使得 $a_1 \leqslant a_2 \leqslant \cdots \leqslant a_j \leqslant a_{j+1}$

B

$\geqslant\cdots\geqslant a_n$或②经过循环移动后可满足条件①的序列$\{a_1,a_2,\cdots,a_n\}$。可见,用两个单调序列可组成一个双调序列。

bitonic sorting 双调排序 按归并排序的方法,在每个归并步均用双调归并方法实现的并行排序算法。参见 bitonic merging。

bitonic sorting network 双调排序网络 按双调排序方式设计的比较器网络。双调排序网络和奇偶排序网络通称为贝彻尔排序网络(Batcher's sorting network)。

bitoric lens 双曲面透镜 圆柱形或复曲面形的,具有经研磨和抛光的表面的透镜。

bit-oriented 面向位的 同步传输的信息构造方式。其中字节无需对应于字符,而在二进制数据流中可以表示任一部位。参见 character-oriented。

bit-oriented procedure 面向位的规程 一类传输控制规程。包括国际标准化组织(ISO)的高级数据链路控制(HDLC)规程、IBM 的同步数据链路控制(SDLC)规程等。以 HDLC 为例,其基本特性如下:①通信方式——全双工;②差错控制——循环冗余码(CRC)校验;③同步方式——同步;④电码——任意二进制代码;⑤信息长度——可变长;⑥速率——2,400 bps 以上;⑦发送方式——连续发送,即发送方不等待接收方对刚发送的帧的回答,就继续发送随后的帧。

bit-oriented protocol 面向位的协议 一种通信协议,其中数据以一个位流的方式传输而不是以字符串的方式传输,由于这种位流没有相对于某一编码的含义,面向位流的协议使用专门的位顺序,而不是用保留字符进行控制,这种协议如国际标准化组织(ISO)定义的 HDSL(高位速率数字用户线路)。参见 byte-oriented protocol, character-oriented protocol。

bit packing 位紧缩法 将几个数据项装入一个计算机字或存储单元内以节约存储空间的方法。

bit pairing 比特[位]配对 在一个码集中建立若干子集的做法,子集之间除了某特殊位外有相同的比特表示。比特配对的一个例子是在 ASCII(美国信息交换标准代码)中,通过代表 ASCII 字符的比特 0 到比特 6 的共 7 位的比特串中的比特 6 的状态变化来使上档字母分别对应下档字母。

bit parallel 位并行 一种数据传送方式。一组二进制数位的每一位各占用一条线,所有的数位同时传送。比较 bit serial。

bit parallel transmission 位并行传输 在平行的传输路径上,对一个字母数字字符的所有二进制位同时进行传输的方法。

bit pattern 位组合,位图案 (1)一种二进制数位的组合模式。N 位二进制数的组合有 2^N 种可能的选择,如 3 位二进制数的组合有 8 种可能的选择;8 位则有 256 种可能的选择。(2)在支持位图图形的计算机系统中,由黑白像素组成的一种图案。

bit period 位周期 读、写和传输一位数据的时间。

bit physical length 位实际长度 环网中一种专门术语,用来表示一位信息在网络环中占据的长度,以此计算出在网络环中同时最多可以有几位信息在运行,从而可以知道环的长度,其中包括各位延迟时间所等效的长度,从而知道是否满足环网的设计要求。

bit pipe 比特管道 用户设备和 ISDN(综合业务数字网)交换系统之间传输比特流的接口。管道中双向传输的比特流是由多个独立信道的比特流采用时分多路复用形成的。

bit plane 位平面 (1)共同构成一幅彩色图像的位图组中的一个位图。每个位平面包含描述一个像素的位组中一位的值。一个位平面允许代表两种颜色(通常是黑色和白色);两个位平面代表四种颜色;三个位平面代表八种颜色;依此类推。这些存储区被称为位平面,因为它们被视为独立的层,这些层重叠在一起而形成了完整的图像。相反地,在大块像素图像中,描述一个给定像素的各位被存储在一个字节内且紧密相邻。用位平面表示颜色通常要使用颜色查询表或色彩图,它们是用来给特定的位模式分配颜色的。位平面用于 16 种颜色图形方式的 EGA(增强型图形适配器)和 VGA(视频图形阵列),四个位平面对应 IRGB 码的 4 位。参见 intensity red green blue (IRGB)。(2)组织显示存储器时,使显示画面上各像素值的同一位存放在不同的存储体中,把这个不同存储体中的同一位组成的存储平面称做位平面。把这种显示存储器的组织结构称做位平面结构。与之相对应的是组合像素结构,即画面上每个像素的所有位均集中存放在每个存储体中。一般的说,前者更有利于彩色图形数据的存储和显示,一次可以读出更多的信息。在一些高级图形系统中,为了完成更复杂功能,把几个位平面组合起来,构成所谓深度平面用于进行隐面消去,特征平面用于完成一些优先算法,纹理平面用于改变纹理图元等。

bit plane coding 位面编码 在数字图像处理中,压缩图像数据量的一种编码方法。当图像的每个像素都用一个等字长的二进制码表示时,图像上所有像素的同一字位构成一个字位面。在影像的情况下,由于影像灰度值急剧变化的概率极少,因此字位越高的位,其变化越少。各字位面再用运行长度编码表示,可以压缩影像信息的数据量。

bit point 位点 组成汉字图像的最小单位。一个汉字是由若干笔画组成的。而笔画又是由许多个位点组成的。组成汉字的笔画平均 11 至 13 笔,组成一个汉字的点阵至少为 16×16 点。位点间只有位置的不同,没有大小、长短和方向上的区别。

bit position 位的位置 (1)存储器位,能存储一个二进制数的存储位置。(2)在二进制数中,特定数字所处的位置。

bit rate 位速率 二进制位的传送速度。通常用每秒传输二进制位的数量来表示,即位/秒(b/s)或每秒位(bps)。

bit rate length product (BRLP) 比特率长度乘积 BRLP值是光纤传输能力的一个较好的表达。给定光纤或电缆的长度与比特率,即数据信号速率(DSR)的乘积,是在特定输入条件、可允许色散、可接收的衰减和给定的比特差错率(BER)下光纤或光缆的处理能力。BRLP通常以兆比特·千米每秒的单位来表示。对于数字信号,测量光纤性能的BRLP要比带宽距离因数好。当提及比特率长度乘积(BRLP)时,应该指出它的调制方式或信号波特率。参见 bandwidth, bandwidth distance factor。

bit rate length product limited operation 比特率长度积受限运行 设备或系统中出现了色散引起的信号失真限制了与之相连的设备或系统的性能的状况。例如,在光纤链路的接收机端出现符号间干扰成为限制链路性能的主要机制的情况。

bit reduction factor 比特缩减因子 在数字图像处理中,表示数据压缩程度的指标。比特减缩因子 m 定义为

$$m=\frac{\text{原图像的编码比特数}}{\text{变换后的图像编码比特数}}$$

bit resolution 位分辨率 也称"位深",是用来衡量每个像素存储信息的位数。位分辨率决定了每次在屏幕上可显示多少种颜色。一般常见的有8位、24位或32位颜色。

bit robbing 位劫取 泛指借用分配给某些信息传输用的比特来传送另外的功能的一种操作。

bit rot 位衰减 一个通俗的计算机术语,用于或描述存储媒体逐步衰减或描述一个软件程序随着时间自然地降级。

BITS 二进制数 binary digits 的缩写。

bit sequence independence 比特序列独立 指在数字数据传输中,对于传输的比特序列不作任何的限制或修改等操作。与比特序列独立协议相对的是保留某些特殊的比特序列的协议。如用于高级数据链路控制(HDLC),同步数据链路控制(SDLC)和高级数据通信控制规程(ADDCCP)等协议中的标志序列01111110就被保留为特殊的比特序列。

bit sequential 比特序列的 指在数据传输中,在时间上信号元连续传输的状况。

bit serial 位串行 数据的一种传输方式。在一个通道上,顺序且逐位传输一组二进制位。比较 bit parallel。

bit serial transmission 位串行传输 每一字符的各位沿着同一路径顺序传输的信息传输方法。

bit shift 位移 也称"峰值位移",是高密度磁表面记录介质的一个特性。

bit site 数位位置 磁记录介质中存放一位二进制信息的单元。

bit slice 位片 为满足用户根据需要选择大小不一的微型计算机的要求而设计的一种模块。若干相同的位片结构块芯片以级连方式组成一个微处理器,其字长以2或4位为增量,可有4,8,12,16,20或更多位。若使用微指令结构,可以建立一个用户裁制的指令系统。

bit slice architecture 位片结构 微处理机逻辑划分的一种方法。计算机结构据此方法可以划分为每片有2位或4位的片子;每一片有中央处理机所需的寄存器、算术逻辑单元等,用这种片子可以拼成所需字长的中央处理机,如采用4位的位片结构组成8位的中央处理机需要两片4位片和其他一些接口、控制组件等。

bit slice central processing element 位片式中央处理单元 一个2位、4位或8位的位片微处理器,可用它来构成一台计算机的数据处理部分。在某些系统中,若干位片中央处理单元并列排列,可构成一台所需字长的处理器。有的处理单元包括一个高速的先行进位发生器、一个优先中断控制器、一个门闩缓冲器;此外,还有同相双向总线驱动器和反相双向总线驱动器等。

bit slice microcontrollers 位片式微控制器 一个典型的处理器使用4片4位的微控制器片子。每个位片有16个寄存器供两个地址多路复用器A和B同时读。选择寄存器中的数据可以通过不同的门闩线路。B地址多路复用器的输入也常用来选择装入新数据的寄存器。当寄存器装入数据后,A和B门闩线路保存输出数据,因此提供边沿触发、主存操作模式。一种指定的位片也可以包括一个ALU(算术逻辑单元)和不同的多路复用器以及在结果被存储之前提供数据的路径和结果的移位。一个具有移位多路复用器的内部寄存器Q,能用作临时存放结果以及双精度移位操作。

bit-slice microprocessor 位片微处理机 采用位片结构的微处理机。多数位片结构用于微指令速度为5～10 MHz的高性能应用中,位片结构含有各种数据通路,含有微程序控制电路或定序器,用来对只读存储器或可编程序只读存储器中的微指令进行寻址、测试标志位、执行条件转移,同时允许子程序嵌套。本质上,位片结构使用户能自行设计微处理机,研制各种专用指令系统。

bit-slice processor 位片处理器 计算机设计者用来作为基本组成块逻辑芯片,简称"位片"。通常是按4位或8位为单位增加并串在一起组成更大的处理器(8位,12位等)。

bit slicing processing 分位处理 能进行大规模并行数据处理的微处理机,即可在同一时间内处理许多作业。

bit-slicing system 位片系统,位片方式 (1)用位片处理机构成的计算机系统。(2)像切成薄片那样,

将硬件分割成各含几位二进制位的部分。

bit slip 比特丢失 指在数字数据传输中,由于改变或调节相应的发送和接收设备的时钟而引起的比特或多个比特的丢失。一种比特丢失的情况是:当发送设备的时钟速率大于接收设备的时钟速率时将引起接收缓冲器的溢出而造成一个比特或多个比特的丢失。

bits per character 每字符位数 在一个数据字符中包含的数据位数。

B

bits per inch (bpi) 位/英寸,比特/英寸 测量磁带记录介质上数据密度的方法。通常以磁带上每英寸比特数或每英寸位数来表示。每英寸比特数用符号 b/in 表示。目前常用的有 1 600 b/in,6 250 b/in 两种,即每一英寸可存放 1 600 个或 6 250 个二进制位。

bits per pixel 每像素位数 用于表示位图中每个点的颜色的数据位的数量。参见 pixel。

bits per second (b/s, bps) 位/秒,每秒位 数字信息传输速率。通常以每秒比特数或每秒二进制位数来表示。用符号 b/s 或 bps 表示,如 9 600 b/s 或 9 600 bps 即为每秒可传输 9 600 个二进制位。

bit storage 位存储 一个用户定义的数据表区,其中的数据位可设置和清除而不直接影响或控制输出设备,任何存储位可在用户程序中进行控制。

bit stream 位流 一个连续的位序列,表示在某个通信路径上串行(一次一位)传输的数据流。在同步通信中,位流的定义专门指连续的数据流,由接收站将其相互分离,而不是用插入的某种标记进行分离,如起始位和终止位。

bit stream scalable typeface package 位流可伸缩字型包 一个字体库系列。其中的每个库分别提供 2 ～ 144 点的字体,包含全部欧洲语言的字母,支持大多数激光、点阵和 PostScript 打印机。

bit stream transmission 位流传输 在确定的时间间隔内传输一批字符的方法。不使用停止、启动信号,组成字符的那些二进位依次传输,中间不暂停。

bit string 位串 一串二进制数字。位串的长度和起始位置由位串寄存器指示。

bit structure 位结构 根据二进制系统和二进制代码把所有字符编码为 8 比特字符。数字字符对其位结构仅要求数字位,而字母、专用字符和绘图字符要求数字位与标志位的组合作为位结构。

bit stuffing 位填充 (1)将附加位插入到传输中的数据流的做法。位填充用于确保特殊位序列仅出现在所需要的位置,许多网络和通信协议要求位填充:①在 HDLC(高级数据链路控制),SDLC(同步数据链路控制)和 X. 25 通信协议中,一排中的 6 个 1 位仅可出现在一个数据帧的开头和结尾。因此每当 5 个 1 位出现在一排时,位填充被用来将一个 0 位插到数据流的剩下位置。所插入的 0 位在接收站被去除,数据恢复到原来形式;②对于要求固定帧的协议,有时候要求加入位填充以使得帧的大小与固定的大小相同;③对于要求连续数据流的协议,有时候要求加入 0 值位填充以确保数据流不被中断,也称“零位插入”。参见 zero bit insertion。(2)一种在时分多路复用中设有多路复用时钟控制时处理位流传输的同步方式。因为在位流上加上了一些虚假位,所以调制速率可能比输入速率之和高一些。每个输入(信号)都加上了足够的脉冲使它和多路复用时钟吻合。单个输入信息位插入的数目是参照输入速率的变化改变的。加塞位作为插入的一部分传给接收方,经处理后,输出线路的传送信号和所接收的脉冲相同。

bit synchronism 位同步 数据传输系统中,使接收端时钟脉冲与发送端时钟脉冲的频率同步的过程。

bit synchronous operation (BSO) 位同步操作 位同步操作是指数据电路终端设备(DCE)、数据终端设备(DTE)和传输电路都根据时钟以位同步方式运行。在位同步操作中,时钟的定时通常是调制速率的两倍,在一个时钟周期发送或接收一个位。

bit time 位时间 在给定系统中一位的持续时间。

bit torrent (BT) 位[比特]流 一种内容分发协议。它采用高效的软件分发系统和点对点技术共享大体积文件(如一部电影或电视节目),并使每个用户像网络重新分配节点那样提供上传服务。一般的下载服务器为每一个发出下载请求的用户提供下载服务,而 BT 的工作方式与之不同。分配器或文件的持有者将文件发送给其中一名用户,再由这名用户转发给其他用户,用户之间相互转发自已所拥有的文件部分,直到每个用户的下载都全部完成。这种方法可以使下载服务器同时处理多个大体积文件的下载请求,而无需占用大量带宽。

bit transfer rate 位传送速率 单位时间内传送的二进位信息的数量。通常以每秒比特数(b/s)或每秒位(bps)来表示。

bit transparent channel 位透明信道 使用二进制代码透明的通信协议进行信息传输的信道,如 HDLC(高级数据链路控制)协议就是这种协议之一。

bit twiddler 位玩家 一个俚语,表示专心于计算机的人,特别是热衷于用汇编语言编程的人。

bit vector 位向量 一种以位为元素的向量变量。位向量有顺序向量和控制向量两种。前者用来表示稀疏向量,后者用来控制计算向量表达式所产生的结果的存储,也就是说,仅存储相应于控制向量中值为 1 的那些位上的结果。例如,A(9,5,2,7,8),B(1,0,1,1,0),C(18,11,13,14,19)。在 B 的控制下,把 C 存储在 A 中,得到 A(18,5,13,14,8)。

BIU (1)基本信息单元 basic information unit 的缩写。(2)总线接口部件 bus interface unit 的缩写。

biunique 双对向的 指两组装置的通信在两个方向都是一对一的。

BIU segment BIU 段、基本信息单位段 在 SNA(系统网络体系结构)中,基本信息单元(BIU)中包含在一个路径信息单元(PIU)中的部分,由一个请求/响应头(RH)和请求/应答单元(RU)构成,或者只由 RU 的一部分构成。

bi-wiring 双线分音 指对每一音箱皆用二组音箱线去连接的一种接线方式。用一组(一对)音箱线去跟音箱中的低音单元输入连接;而另一组音箱线则跟音箱的高音单元连接。只有那些专门设有两对输入端子的音箱才能按双线分音连接。参见 bi-amping。

BIX BYTE 信息交换在线服务 BYTE information exchange 的缩写。

. biz 商业网站的域名 由 ICANN 组织于 2000 年批准的七个顶级域名之一,. biz 用于与商业相关的网站。

biz. newsgroup biz 商业新闻组 biz. 层次下带 biz. 前缀的新闻组,这些新闻组专门讨论有关商业方面的内容。与其他类别的新闻组不同,商业新闻组允许用户张贴广告及其他市场销售材料。

BizTalk server 商业通话服务程序 一种由微软公司开发的应用软件,它提供了企业间进行电子商务所需的自动、集成的业务处理工具和架构。它利用 XML(可扩展标记语言)作为企业内部及企业间文档传输的数据格式,可以屏蔽平台、操作系统不同的差异,使商业系统的集成成为可能。它主要完成的功能有:企业间可靠的文档交换、ERP 应用集成、商业流程自动化定制、管理和监控等。参见 . NET enterprise server。

BJT 双极结型晶体管 bipolar junction transistor 的缩写。

BL 突发长度 burst lengths 的缩写。

black 黑色的 通信保密学中,指处理不保密信息或加密的保密信息的设备和线路。

blackboard 黑板 (1)在人工智能中,一个公共工作数据存储,可被若干知识源访问并用于交换中间结果。(2)一种知识系统结构,有多个称为知识源的进程可以存取的数据库。所有进程公用的存储区用作知识源或规则之间交流中间结果。

blackboard approach 黑板法 知识处理系统中的一种问题求解方法,通过公共数据存储工作区使不同系统单元间进行通信。各个系统单元都可以利用黑板来进行相互间的通信。参见 blackboard。

blackboard architecture 黑板组织结构 (1)一种专家系统结构,允许相互合作的任一个专家子系统访问同一个工作存储区或数据库,即黑板。黑板结构设计专门用于控制不同抽象层次上的假设,或调解子系统的行为。(2)一种系统组织结构,模拟一组围坐在桌旁讨论问题的专家,每位专家给出自己的专业经验,所提看法可由在场的其他专家使用,就像把所有这些看法写在黑板上使大家能够看到,有一协调者保证各专家不同时发言,不同时在黑板的同一地方书写。

blackboard memory organization 黑板记忆组织 人工智能系统中一种暂存系统所产生的中间结果及所需信息的组织,如暂存系统所得到的问题解答、结论等。

blackboard model 黑板模型 一种推理过程的模型,其中系统的不同部位通过称为黑板的结构作为媒介进行相互间通信。参见 blackboard architecture。

blackbody 黑体 一个吸收所有入射的辐射能量而不反射的物体。黑体是一种理论上的理想辐射体,它可以吸收所有辐射能。之所以称之为黑体,是因为在低温下它呈现黑色的缘故。

blackbody radiator 黑体辐射 黑体发出的电磁辐射。它比同温度下任何其他物体发出的电磁辐射都强。黑体辐射是研究实际物体吸收和发射辐射能量的性能时的一种理想化的比较标准。

black box 黑箱,黑盒子 (1)指执行特定功能的一种装置,内部的具体结构是未知的,对使用黑箱来获得该功能的设计者而言是无关紧要的,如内存芯片可被视为一种黑箱。许多人使用内存芯片并将其设计到计算机内,但通常只有内存芯片设计者需要了解其内部运作方式。(2)仅给出其功能没有给出内部结构的程序框图。在计算机软件工程中,可使用这种黑盒子方法来测试模块的正确性,即测试人员给出某些输入值来得到预定的输出结果,而并不了解其内部结构。(3)泛指所有不需要使用者了解其工作原理的设备,如在飞机上安装的黑盒子,它是一种组合而成的单一设备,包括飞行数据记录器(FDR),用于记录飞机的时速和飞行高度;座舱录音机(CVR),记录飞机座舱内所有的语音通信。当发生坠机事件时,黑匣还可以发射无线电信号,帮助救援人员找到坠机地点。

black box approach 未知框方法 无需了解计算机工作方法就能肯定计算结果的方法。参见 black box。

black box evaluation 黑箱评测 只关注工作结果不关注工作过程的系统评测方法。参见 black box。

black box method 黑盒法 解决软件测试的设计测试实例问题的一种方法。测试人员将程序看成一个黑盒,检查其是否符合其功能说明,从系统的外部规范说明和要求导出测试实例。

black box testing 黑盒测试 把测试对象看作一个黑盒子,测试人员不关心产品的内部结构和处理过程的一种测试方法。比较 white box testing。参见 data-driven testing。

black box transition 黑盒子传输 在信息系统中,指一个序偶,第一个元素是激励,第二个元素是系统对该激励的响应。

black circuit 黑线路 一种包含已加密的通信线

路。

black designation “黑”标志，保密标志 一种安全方面的标志，标识所有的线路、光缆、部件、设备和系统，表明它们仅用于已加密的或可靠的不保密的信号，或表明没有需要安全保密信号出现的区域。

black device 黑设备 不含有需防护的涉密信息的设备。

black facsimile transmission 黑色传真传输 在采用幅度调制的传真系统中，最大的传输功率相应于传输件的最大密度，即最大暗度时的传输。在采用频率调制的传真系统中，最低传输频率相应于传输件的最大密度，即最大暗度时的传输。

B

black hat 黑帽子(黑客) 一种怀着恶意或犯罪意图而行动的黑客。黑帽子黑客在入侵计算机后会极尽所能进行破坏，如破坏或删除文件、盗取数据等。“黑帽子黑客”这个说法来源于过去的美国西部电影。在这些影片中，英雄式的人物通常戴上白色的帽子，而坏蛋则戴上黑色的帽子。比较 white hat。

black hole 黑洞 黑洞原是天文学名词，表示引力场很强的一种天体，就连光也不能逃脱出来。在网络技术里作为路由选择的一种术语，在互联网络的某个区域中，报文分组一旦进去永不出来，消失而不留痕迹。这种现象可能是由于网络的某一部分出现差错，或者系统配置有问题而造成的。

black hole router 黑洞路由(器) 能将所有无关路由吸入其中，使它们有来无回的路由。在路由器中配置黑洞路由会默默地抛弃掉数据包而不指明原因，是对付固定 DoS(拒绝服务)攻击的有效办法。参见 denial of service (DoS)。

black information 黑色信息 不能公开发布的信息。比较 grey information，white information。

black level 黑电平(信号) 表示一副图像所能达到的最黑程度的电平。它定义了某特定图像系统中的黑色。如果由于某些原因电视信号中的电平比黑电平还要低，那么这个电平信号表示的是比黑色还要黑的颜色。例如，同步信号就是这样的信号。

black list 黑名单 所有被禁止使用的终端设备号。

black matrix screen 超黑矩阵屏幕 一种利用碳喷涂于屏幕荧光磷点之间，以改善对比度的方法。这种屏幕比一般屏幕暗得多，屏幕影像抗外界光线干扰能力大大增强，可以显著改善图像的对比度，使画面色彩看起来更鲜艳。

blackness 黑度 色彩的一种特性，它描述了该色彩被人眼所感受到的亮度。

black noise 黑噪声 出现在通信线上的区别于白噪声的脉冲噪声。比较 white noise。

blackout 掉电 电源电压下降到零的一种情况，产生的原因可能是由于自然灾害、发电厂和输电线路的故障，一般对计算机不造成危害，相当于没有存储数据时关闭电源，一般不可能丢失数据；如果在掉电时磁盘正在读信息或者写信息，则可能导致较大的损失，被磁盘读取的数据可能会被破坏或者丢失，突然掉电时磁盘驱动器也有可能会损坏，防止这种损失的方法是采用带后备电池的不间断电源(UPS)。比较 brownout。参见 uninterruptable power supply。

black recording 黑记录 在采用幅度调制的传真系统中，最大的接收功率相应于记录介质的最大密度，即最大暗度时的记录方式。在采用频率调制的传真系统中，最低接收频率相应于记录介质的最大密度，即最大暗度时的记录方式。

black signal 黑信号 不涉及机密信息的或经过加密的信息信号。黑信号即使被敌方截获、也不会造成信息泄漏。相反，涉及机密又没有经过加密的信息信号称红信号。

blame assignment 过失赋值 在完成整个进程中失败的各个步骤说明。参见 credit assignment。

B language B 语言 20 世纪 70 年代初由编写 UNIX 操作系统的作者之一 K. Thompson 开发的一种比汇编语言更高级的语言，试图用于描述 UNIX 系统。它是以 BCPL 语言为基础构成的，但因数据类型缺乏，且采用以字长编址的方式，不能适应当时流行的 PDP11 计算机的字节编址方式，所以未能流行。后经不断改进，加入丰富的数据类型和强有力的控制结构，而发展成现今广为使用的 C 语言。

blank 坯件[料] 具有特定均匀的折射率，用于光纤预成型的粗玻璃棒。参见 optical blank，optical fiber blank。

blank (BLK) 空白，空格 在给定的位置输出时，不打印任何字符的部分或区域。

blank character 空格[间隔]符 将一组字符与另一组字符分开的符号，如在 FORTRAN 格式输入中，它作为不同数据值的区分符；输出时，它可用于不同的格式或图像中。空格符通常用“_”来强调表示。

blank common block 空公用块 在 FORTRAN 语言中，用户可以指定一块存储区作为公用块，供主程序和各子例程共享。公用块是用公用语句 COMMON 来定义的。若在 COMMON 语句说明中，选用了“公用块名”时，可以定义一个或多个有名公用块；反之，若未选用“公用块名”，则所定义的是一个无名公用块。

blanked region 空白区 显示空间中的一个有界区域，其中的显示成分都不可见。

blanketed 发飘 声学中的发飘指高音不足，就像在音箱前边悬挂了张毛毯之类吸声材料而将声音给吸得空虚了。

blanketing 抑止，掩蔽 指一种干扰，它是由于在一个发射站的天线附近存在 1 V/m 或更大的场强的调幅无线电广播(AM)信号而引起的。1 V/m等场强线称为抑止等场强线,等场强线内的区域为抑止区。参见 white area。

blanketing area 抑止区 在发射天线附近的地区,在那里来自该天线的信号干扰了其他信号的接收。在给定发射天线情况下,其周围的抑止区与接收机的选择性、灵敏度和所涉及的其他信号的电平等有关。

blank fill 填空白 将空格放在存储装置中,用以删除已有的数据或填满一字段中剩余位置。

blanking 消隐 在光栅扫描显示器中,当电子束移向显示新的一行的位置时,显示信号短暂的消除。在沿每条扫描线扫描之后,电子束到达屏幕的右边缘,它必须回到屏幕的左边缘(水平回扫)开始新的一行。在水平回扫期间(水平消隐间隔),显示信号必须关闭以避免覆盖刚刚扫过的一行。类似地,在沿屏幕最底部的扫描线扫描之后,电子束要移到屏幕的左上角(垂直回扫),在垂直回扫期间(垂直消隐间隔),必须关闭电子束以避免在屏幕上留下回扫的痕迹。

blanking level 空白级 在视频信号中,在水平和垂直回扫期间的信号级,通常代表零输出。

blank instruction 空指令 不做任何操作的指令。

blank line 空白行 不含任何字符的一行称为空白行。

blank medium 空白媒体 一个没有记录用户数据的数据媒体。同 virgin medium。

blank transmission testing 空白传输测试 在数据库管理中,一种允许检查所有空白位置数据字段的特征。用于作为一种控制措施,可防止破坏存储器中已有的记录,表示记录中的哪一项是最后处理的,进行计算时跳过空白项。

BLAST (1)贝尔时空分层 Bell Labs layered space time 的缩写。(2)分块异步传输 block asynchronous transmission 的缩写。(3)基本局部相似性比对搜索 basic local alignment search tool 的缩写。

blast 清退,熔固 (1)清退,在动态存储分配状态下释放内部和外部存储区域的术语。(2)熔固,对可编程只读存储器写入数据的操作。同 burn。

blastable ROM 可烧制 ROM 熔丝式只读存储器,提供不可擦除的存储能力。

blaze angle 闪耀角 光栅的闪耀角决定散射光最大光强波长。参见 blaze wavelength。

blaze wavelength 闪耀波长 光栅散射最大强度波长。参见 blaze angle。

bleached 苍白 用于表示那些特别注重器乐高次谐波而不大注意低次谐波和基频的那类音响器材的发声特性的声学术语。苍白的声音听来会显得过于明亮,单薄而缺乏温暖感。

bleed 渗漏 在音频领域,指一种音源的输出与另一种音源的输入之间发生的信号渗漏现象。

bleeder resistor 泄漏电阻 为使电容放电,在电路中可接入一只泄漏电阻,以便产生很小的漏电流。

bleeding 渗色 在计算机图形中,一种颜色效应,出现在对象外部或者背景中,如在亮色对象右边镶上的红边。

blemish 疵点 在光纤或光纤束中,由于某种原因,如外部物质的进入,微裂纹的扩大、破裂或断开使光传输性能降低的区域。

blend 交融,过渡曲面 (1)在计算机图像中,一种颜色到另一种颜色的柔和过渡,使得图画更加逼真。(2)一种计算机图形处理技术,在曲面造型中,在两个相接的曲面之间产生圆弧面或自由曲面过渡,使连接处无缝隙。

blending 连接 将编辑程序和装入程序与两个以上的代码模块相连接,以产生装入模块的过程。

blind 屏蔽,封闭 通过识别接收数据中的字段定义字符,使设备不接收不需要的数据。参见 lockout,poling,selection。

blind area 盲区 雷达信号不能到达,即不能照射到的空间区域。这可能是由于天线辐射不能到达某些区域,或障碍物引起的阴影,或由于地面杂乱回波等原因造成的。该区域内的物体不会被雷达发现。

blind call transfer 自动呼叫转移 使用 PBX(专用交换分机)转移功能来转移呼叫。只要一播转移号码,中转的语音端口就马上挂机。不执行呼叫过程分析。参见 private branch exchange (PBX)。

blind carbon copy (BCC) 隐蔽副本,盲拷贝 在电子邮件发送系统中,在发出电子邮件时,通过此功能可以发送副本给许多人,而每一个收信人都不知道其他人也收到同样的信件。

blind beamforming algorithm 波束形成盲算法 一种智能天线的自适应算法。波束形成盲算法无需发送端传送已知的导频信号,它一般利用调制信号本身固有的、与具体承载的信息无关的一些特征,如恒模、子空间、有限符号集、循环平稳等,并调整权值以使输出满足所需特性,常见的是各种基于梯度的使用不同约束量的算法。比较 non-blind beamforming algorithm。

blind search 盲目搜索 人工智能求解问题的搜索方法之一,这种搜索方法事先不能得到怎样才可较好地达到目标的那些启发信息,或者虽然得到了这些信息但并未在搜索过程中加以利用。也称"无信息搜索",如宽度优先搜索和深度优先搜索都属于盲目搜索。

blind signature 盲签名 一种数字签名技术。签名者对一个消息进行签名,但签名者却无法得知所签内容。盲签名允许消息者先将消息盲化,而后对盲

B

化的消息进行签名，最后消息拥有者对签字除去盲因子，得到签名者关于原消息的签名。盲签名除了满足一般的数字签名条件外，还必须满足下面的两条性质：①签名者对其所签署的消息是不可见的，即签名者不知道他所签署消息的具体内容。②签名消息不可追踪，即当签名消息被公布后，签名者无法知道这是他哪次签署的。盲签名因为具有盲性这一特点，所以在电子商务和电子选举等领域有着广泛的应用。参见 digital signature。

B

blind transmission 盲目传输 不需要收到接收站的接收确认信号而进行的传输。当实施某种安全约束时，或者当发送端的接收机或接收端的发射机出现某种技术问题时，或者由于时间紧迫没有时间来等待确认信号的到达时，可能或必须进行盲目传输。

blinking 闪烁 使图形中的图元或图段的亮度作周期性变化，这是使该图元或图段引人注意的一种方法。

blinking characteristics 闪烁特征 使操作员对系统发现的错误或对要作特别考虑的屏幕区域引起显示器闪烁的显示特性。

blink speed 闪烁速率 在文本窗口或其他显示单元中，指示活动插入点的光标在单位时间内闪烁的次数。

BLISS 实现系统软件的基本语言，BLISS 语言 basic language of implementation of system software 的缩写。

Bliss classification 比利斯分类 利用 26 个字母进行的分类方法，每一个主类的子单元都可通过增加字母来细分。

BLK 空格，间隔 blank 的缩写。

B-LLI 宽带低层信息 broadband low layer information 的缩写。

BLM 布洛赫线存储器 Bloch line memory 的缩写。

BLN 主干链路节点 backbone link node 的缩写。

bloated 渲染 (1)声学中的渲染是指 250 Hz 一带的低音中段过强，对低频以及低频的谐振阻尼不够。(2)电脑图像制作中的渲染是指利用 3DS MAX、MAYA 等软件制作好模型、动画帧之后，将所设计内容利用软件本身或者辅助软件制作成最终效果图或者动画的过程。

bloat ware 膨胀软件，超大件 其文件占据用户硬盘上一个相当大的存储空间的软件，特别是与相同软件的老版本相比时。这种软件有时也被称作非优化软件。同 fatware。

BLOB 二进制大型对象 binary large objects 的缩写。

Bloch electron 布洛赫电子 以布洛赫波函数描述的电子。参见 Bloch wave。

Bloch line memory (BLM) 布洛赫线存储器 以磁畴壁中的垂直布洛赫线(VBL)对为信息载体。它是磁泡存储器的换代产品，既具有磁泡存储器的高可靠性、信息非易失性、非机械存取以及耐恶劣环境等优点，又有高出磁泡存储器 30 ～ 100 倍的存储密度。

Bloch wave 布洛赫波 布洛赫波的概念由菲利克斯·布洛赫在 1928 年研究晶态固体的导电性时首次提出的。布洛赫波是周期性势场(如晶体)中粒子(一般为电子)的波函数，又名“布洛赫态”。它由一个平面波和一个周期函数(布洛赫波包)相乘得到，其中与势场具有相同周期性。

block 块，数据块，记录块，图块 (1)由于技术上或逻辑上的原因而形成的，并可作为一个实体看待的一串记录、一串字或一个字符串。一个块中所包含的记录、字或字符的个数称为块长。(2)数据库中低层物理存储的术语之一。也称“物理块”、“字组”、“信息组”。在数据库中块是内、外存交换信息的单位，亦即数据处理的最小单位。块的大小通常为 2^9 ～ 2^{12} 字节。(3)该术语用来表示一组记录，亦即在磁带上将若干个记录组合在一起，没有将各个记录分隔开来的空白磁带部分。然而，记录的字块之间将被一段不长的空白磁带所隔开，空白磁带段称为字块间间隔，它可使磁带走带机构在数据转移之间停下或启动。当更新文件时，不是将各个个别记录而是将记录字块传输到处理机中或从处理机传输出来。这样，就不需要在读出或写入每一记录之后都制动或启动磁带走带机构。(4)一种图形处理技术。用户可根据需要将整个图形或部分图形定义成为一个图块。被定义成为图块的图元的集合作为一个整体进行插入、删除、缩放、旋转等处理。也可以将定义的图块还原为由若干图元组成的一般图形。

block access 成块存取 在将一文件转储到存储媒体时，将若干记录组成一物理块，按物理块为单位进行操作。这种方法能节省存储空间。

block analysis 分析块 存储器中一个可重新定位的部分。它存放测试程序或统计数据，用于以后系统性能的分析。在程序测试过程中，系统中的每个事务可能有一个分析块，当事务离开系统后，该分析块被转储到文件或磁带中。

block binding time 块汇集时间 在编译过程中，为程序地址空间内块结构源程序的程序块分配编号的时间。

block cancel character 块作废字符 一个作废字符。用于指出从本字符起回溯到前面出现的最后一个块标志之间的那一部分应予以取消。

block chaining 块链接 为了使一个项目或一组项目占用一个以上的块，从而把内存中的一个数据块与另一个数据块连接起来。这些块可用程序设计连接，但某些机器的块连接是自动完成的。

block chaining mode 块链接模式 一个块的加密依赖于前一块加密结果的模式。

block character 信息块字符 也称"传输块结束字符"。标志数据传输中一数据块结束的一种传输控制字符。

block check 块校验 差错控制规程的一部分。它用来确定数据块是否按给定的规则来构造。一般用于面向字符的数据链路控制规程。

block check character (BCC) 块校验字符 采用纵向差错检验方法进行数据通信时,发送端在发送每组信息之后多发送的一个或两个按差错检验方法产生的字符。目的是为接收端根据同样的检验方法判断数据传输是否正确。

block-check procedure 块检查过程 在错误控制过程中用于决定数据块是否根据指定的规则构成的部分。

block cipher 分组[块]密码 取用明文的一个区块和钥匙,输出相同大小的密文区块,分组的大小由加密算法的设计者决定。由于信息通常比单一区块还长,因此有了各种方式将连续的区块编织在一起的分组密码。DES(数据加密标准)和 AES(高级加密标准)是美国联邦政府核定的分组密码标准。其中明文必须划分成分组。对应密文分组仅取决于密钥、算法和明文分组。这样对一个给定的密钥,其明文和密文的编码是极其庞大甚至是不可编撰的。参见 data encryption standards (DES), advanced encryption standards (AES)。

block cipher chaining 链接式分组编码 分组密码中的一种起分组卷积作用的加密方法。其中输出的密文取决于密钥、报文中当前和以前的所有明文分组,链接法克服了单纯分组加密的缺点,当明文长度超过分组长度且明文格式化程度较高时,或者明文具有较高冗余度时,前后密文组出现较大的相关性,从而就可能使攻击者破译出明文/密文对照的编码本。

block code (BC) 分组码 每一组的校验码元都是仅由本组的信息码元按照某种数学规则产生的一种编码。通常用码长 n 和信息位数 k 来表示,所用的符号为 (n,k),如符号(7,3)就表示这个码的码长为 7 位,其中信息位为 3 位,检验位是 4 位。分组码中两个码组中对应位上数字不同的位数称为码组的距离,简称码距。码距也称"汉明距离"。分组码大都以二进制为基础,比较重要的有汉明码、循环码、BCH 码等。参见 Hamming code, cyclic code, Bose-Chaudhuri-Hocquenghem code。

block control 块控制(单元) 在任务、函数、操作或信息量的控制中,以压缩和格式化的形式保存信息的存储单元。

block control unit (BCU) 块控制单元 由通道管理程序和其他程序(如块处理和控制命令程序)建立的一种网络控制程序数据区。其中含有缓冲器前缀、事件控制块、工作区和基本传送区。

block copy 块拷贝[复制] 一个使用户能够复制一个文本块以插入到文档其他地方或者另一个文档中的功能或者模式。

block correction efficiency factor 块校正效率因数 在有差错控制的数据传输系统中的一个性能评估参数,即在同一时间段接收到的没有差错的块数与接收器收到的总块数之比。块校正效率因数通常将上面算出的数乘以 100,以转换为百分比。

block cursor 块光标 一个屏幕上一个具有相同宽度和高度(像素数)的光标,作为一个文本模式的单元,块光标用于基于文本的应用程序,特别是作为一个鼠标器光标。参见 character cell, cursor, mouse pointer。

block device 块设备 一种以块方式传输数据的设备,而不是以一次一个字符的方式传输数据,块设备如磁盘驱动器,比较 character device。

block diagram 框图 一个系统、一台计算机或一件设备的框图。其中的主要部分由带注释的相应几何图形表示,以表明每一部分的基本功能及各部分之间的关系。比较 flowchart。

block distortion 块失真 在视频系统中,在接收到的图像中出现以块编码结构为基础特征的失真。

block down converting 分块下变换 在卫星通信中,将整个频带转换为中间频率(1 ～ 4 GHz)以向多部接收机(将进行下一个转换)传输的多重转换过程。

blocked 阻塞 某进程由于所需的资源被别的进程占用而不能运行。

blocked call 被阻呼叫 由于到市话局的线路或到分组交换机的连接都被占用,因而不能完成的呼叫。

blocked calls cleared (BCC) 阻塞呼叫清除 一种服务方式,即不能服务的请求被系统拒斥,也称"丢失呼叫清除(LCC)"。

blocked calls held (BCH) 阻塞呼叫保留 一种服务方式,即不能得到服务的请求在系统中等待一个给定的时间,如果在这段时间内得不到伺服再被清除,也称"丢失呼叫保留(LCH)"。

blocked compiling 分块编译 也称"分别编译"或"个别编译"。把一个程序分成若干模块或其他一些编译单位分别进行的编译。在运行前通过连接编辑程序把相应的目标块连接编辑成可执行的目标程序。

block editing 块编辑 字处理程序的一种功能,它使用户对块文本能够定义、移位、删除或执行其他操作。

blocked record 成块记录 由两个以上记录组成的一个块称为成块记录。

blocked state 阻塞状态 在执行中的进程,由于某一事件而使之暂时无法执行而处于暂停的状态。

block efficiency 码组有效率 在码组中,用户的信息比特数与总的比特数之比。对某给定的码组方案,码组有效率代表该码组通过理想传输链路传输的最大可能效率。

block encryption 块加密 把一个数据块或者文本块当作一个单位进行加密,连续的块被独立传输,但可以通过块链接相互关联。

block error probability (BEP) 块差错概率 在规定时间内,出现接收错误数据块的概率。参见 block error ratio (BER)。

block error ratio (BER) 块差错率 接收到的不正确的数据块数量与发送的数据块总数量之比。多个块差错率可用来预测块差错概率。

block factor 分块因子 用于在数据块存储设备上输入或输出的数据块大小。

block floating point 块浮点格式 一种数据格式,其中数据集中的所有数都根据同一个二进制数进行规格化。这种格式可以节省存储空间,因为整个数据集只需存储一个公用阶码部分。但对于较小的数,块浮点格式会损失精度,因为在这些数前面必须引入 0。

block frame 块帧 划分高速缓冲存储器单元成若干个大小相等的数据块,称每一数据块为一块帧。识别这些帧位置的编号,称为块帧地址。

block gap 块间隔[间隙] 磁带或其他存储介质上分隔两块数据信息的区域,它表示上一块数据或记录的结束,下一块数据或记录的开始。

block graphics 块图形 (1)某些微型计算机具有包含一段字符的显示代码,其中包括这种机器特有的图形。它们可以用 POKE 语句在屏幕上显示。除了显示代码外,还有一组 ASCII(美国信息交换标准代码)字符,它们可以用 PRINT CHR$(X)语句显示,其中 CHR $表示所使用的 ASCII,而"X"表示要显示的特定字符的代码值。某些图形字符可以直接从键盘上输入,并通过 PRINT 语句显示。(2)64 种以矩形为基础的基本图形,用于构成计算机的图形显示,常常用于双向视频信息检索系统的显示。同 separated graphics。

block handling macro instruction (BH macro) 块处理宏指令 一种网络控制程序生成的宏指令,用于描述包含在网络控制程序中可选用的块处理功能。

block handling routine (BHR) 块处理例行程序 一种完成单一功能的例行程序,它对通过网络控制程序的某一个块控制单位进行某一特定的处理,如在块中加入日期和时间。

block ignore character 信息组作废符 一种指定的符号。在准备数据和传送数据过程中发现错误时,它可指出信息中某一部分信息作废。参见 block cancel character。

block indexing 成组索引 在计算机缩微系统中,为识别缩微胶片上成组信息而采用易于识别的字符码对信息进行标定。

blocking acknowledgement signal 阻塞确认信号 对表示交换数据电路阻塞的阻塞信号进行响应而发送的一种信号。

blocking criterion 阻塞标准 在电话通信业务工程中的一种判据,它规定发生不能接收立即服务时的呼叫和服务请求的最大个数的标准。阻塞标准通常以概率表示。

blocking element 闭锁元件 装置中在预定条件下抑制装置内其他元件动作的元件。作闭锁元件的继电器称闭锁继电器。

blocking encryption 块加密 以数据或文件块作为单位的加密。连续的块单独传输但依赖关系由块链接引导。

blocking factor 块因子 (1)一页中物理记录的数目。(2)组成一个字块记录的数目。在系统设计阶段,当确定某一特定应用的文件组织要求时,块因子由系统分析员规定。块因子的确定取决于两个考虑:组成某一记录的字符数和为达到更新文件要求而从后备存储器中可接收输入的实际内存容量。

blocking formula 阻塞公式 一种特殊概率分布函数,它用来模拟近似于没能搜索到可用设备时的用户呼叫模式。根据给定情况下的呼叫行为的不同设想,有不同的阻塞公式供选用。

blocking network 阻塞网络 电信中的一种网络,这种网络的传输通路比全部用户同时通信所需要的传输路径要少,这样可以减少对设备的要求。采用阻塞网络的原因是估计到不至于所有用户会同时要求通信。用户的需求符合某种统计分布。

blocking probability 阻塞概率 在通信系统中,接入试呼的结果为接入失败的概率。参见 nonblocking。

blocking interference 阻塞干扰 阻塞干扰分为两种类型:线性阻塞干扰和饱和阻塞干扰。饱和阻塞干扰是由于进入接收机的干扰信号幅度过强,使链路中的有源器件饱和进入非线性区所引起的;线性阻塞与互调干扰类似,当干扰强信号进入接收机后,与其他信号一起作用于接收机链路上产生的非线性信号,将对接收机信噪比严重恶化。

block instruction 块指令 一种用来对整个数据块实现移动、传送和操作的指令。这种指令规定了所操作数据块的起始地址和结束地址。

block interleaving 块交织 以数据块为单位,对原有数据进行重新组合排序的处理方法。

block I/O 块输入/输出 以记录块为单位的输入/输出操作。比较 character I/O。

block layer (BL) 块层 BL 是只包含一种类型像素的 8×8 像素块,即是单一的 8×8 亮度(Y)像素块,或是单一的 8×8 红色(Cr)像素块,或是单一的

8×8 蓝色(Cb)像素块。它是提供 DCT 系数的最小单元,即其功能是传送直流分量系数和交流分量系数。若需要对宏块进行 DCT,也要先将宏块分成像素块后再进行。参见 discrete cosine transformation (DCT)。

block length (BL)　块[字组]长度　数据块的长度,通常以字节为单位。根据块的用途,块长度的典型范围可以从 512 字节到 4 096 字节。

block loading　块装配　把一个装配模块的控制部分放入主存储器的连接位置。比较 scatter loading。

block lock state　块封锁状态　操作系统中,进程主要有三种状态:执行态、就绪态和封锁态。当进程处于等待某种事件发生时(如输入输出的完成),则出现块封锁状态。

block loss probability (BLP)　块损失概率　预期的或发生的块损失概率。

block loss ratio (BLR)　块损失率　在一个规定的期限内,损失的块数对试图传输的总的块数之比。块损失率可用作块损失概率。参见 block error ratio (BER), block loss probability (BLP), block misdelivery ratio。

block match algorithm (BMA)　块匹配算法　块匹配算法由于算法简单和易于硬件实现,被广泛应用于各视频编码标准中。BMA 的基本思想是先将图像划分为许多子块,然后对当前帧中的每一块根据一定的匹配准则在相邻帧中找出当前块的匹配块,由此得到两者的相对位移,即当前块的运动矢量。参见 motion vector。

block misdelivery probability　码组误传概率　预期的或发生的码组误传概率。参见 block misdelivery ratio (BMR)。

block misdelivery ratio (BMR)　码组误传率　在一个规定的期限内,误传的码组数对试图传输的总的码组数之比。码组误传率可用作码组误传概率。参见 block error ratio (BER), block loss ratio, block misdelivery probability。

block mode　块[分组]方式　(1)一种存取方式,它允许直接存取某一文件中的数据块,而不考虑文件组织或记录格式。(2)一种数据传输模式,数据先分组,然后再传输到网络或终端屏幕上。

block move　块移动　一个允许用户指定一块文本并且将其移动到文档中另一个地方或者另一个文档中的功能或者模式。

block multiplexer channel　成组多路通道　控制多台高速外设以成组交叉方式分时传送数据的通道。一台设备与主机交换数据时,允许别的设备在作寻址或其他准备传输的操作,实现寻址和传送数据并行工作,充分发挥了通道高速交换数据的能力。成组多路通道在一次传输期间能传输大量的数据。这是大、巨型机常采用的数据传输方式。

block multiplexor　块多路转接器　将来自多个数据源的数据块,通过同一条传输通路,传送到不同接收点的设备上。通常在大型多用户系统中,它用于连接计算机和大量的外部设备。

block multiplexor mode　成组多路传送方式　一种数据传送方式,它能使记录以成组方式交叉传送。

block of a graph　图的块　图的一种连通子图。设 H 是无向图 G 的连通子图,若 H 中无割点,但在 H 中任意添加一条至少有一端在 H 中的 G 的边,新的子图必有割点,则称 H 是 G 的一个块,也称"G 的双连通支"或"双连通分量"。G 的一个块或者只有一条边,或者是 G 的一个二连通的子图,且具有极大性(即任意扩充后不再是二连通的子图)。若图 G 本身是块,则称 G 为块图。

block oriented network simulation (BONS)　面向块的网络仿真器　一种仿真并分析通信网络的软件工具。

block overhead　块附加信息　信元中删除块有效信息后剩下的信息位。

block paging　成块调页　在主存储器和外部存储器之间同时调动多个页面称为成块调页。

block parity　块奇偶校验　一种二维奇偶校验方式,能够检测和纠正传输二进制信息中的一位错误。

block prefix　块[字组]前缀　一种可选择的、长度可变的字段。在磁带上,这种字段用 ASCII(美国信息交换标准代码)形式放在成组记录或非成组记录的前面。

block protection　块保护　在字处理和页面布置程序中,防止软分页插入一个特定文件块中,从而可防止不良分页。

block rate efficiency　码组[块]速率效率　码组传送速率与平均码组长度的积与信号速率之比。

block recording　字组记录　(1)在采用调幅的传真系统中,其最大接收能力对应于记录媒体的最大密度的记录方式。(2)在采用调频的传真系统中,其最大接收频率对应于记录媒体的最大密度的记录方式。

block redundancy check (BRC)　块冗余校验　加到传输块中用来校验数据是否正确的附加信息。块校验数据由发送方用块中预先定义的信息函数来生成,接收方使用相同的函数计算出校验值再与所接收到的校验值相比较,只有两值完全相同该块才会被接收。

block search　分块检索　先将数据记录按某些特征分割成块。在检索中先确定所需要的记录是在哪一块内,然后在所确定的块内顺序检索。这种方法主要用于对索引顺序文件的检索。

block separator　块分隔符　表示下一字符是辅助信息块的第一个字符。参见 interblock gap。

B

block sequencing 数据块定序 确保数据块按序到达，且没有重复，也没有丢失的一种技术。

blocks extensible exchange protocol (BEEP) 块可扩展交换协议 也称"区块扩展交换协议"。BEEP已经被因特网工程任务组(IETF)标准化。BEEP是面向连接、实现异步交互作用的常规应用程序协议，它支持文本信息和二进制信息，其核心是帧机制，它允许在单一应用程序用户身份的情况下，对信息进行同步而独立的交换。所有交换在信道中进行，每个信道都有一个相关联的"窗口"，指明交换信息的语法和句意。

block size (BS) 块大小 (1)一个块中数据元素的数目。同 block length。(2)网络中表示可用在一个子网中的主机数。块大小一般可以以增量 4、8、16、32、64 及 128 使用。(3)UNIX 系统中分配的最大连续存储区域，如文件系统块的大小为 8 KB 时，文件在物理上总是连续的，比 8 KB 大的文件可能被分割成若干个 8 KB 存入盘中。

block sort 块分类[排序] 根据关键字递增顺序，将一个文件分解成若干个大小适当的块，然后分别对每块进行排序，最终把这些有序块连接在一起，这一过程称为块分类。

block special file 块专门文件 在操作系统中，一个利用内存或缓存提供对一个输入或者输出设备访问的专门文件，能够支持文件系统。

block statement 块语句 (1)在 C 语言中，出现在括号之内的一组数据定义、描述和语句，可作为一个整体处理，可看作是一个单语句。(2)在程序设计语言中，一种可以包含一系列语句的单一语句。它可以包括陈述部分和异常处理部分，其作用局限于块内。

block status map 块状态映像图 一个在内存中的映像图，它描述了磁盘中每一块的分配状态。在映像图中的每个条目中通常是用一位来表示每块的状态。

block structure 块结构 一种程序设计语言概念。它允许把有关的说明和语句组合在一起。只要使用得当，它就有助于把一个使用不便的大程序变为结构良好而又容易理解的程序。最初引入块结构的是 ALGOL 60。从程序设计者的观点看，块结构有两个主要功能：①可把一串可执行的语句一起组合到一个复合语句中；②提供存储器按变量分配和便于程序设计者对查阅变量的直接控制。

block-structured language 块结构语言 以可嵌套定义的分程序作为基本程序组织结构的语言。第一个这种语言是 ALGOL 60。这种语言的一个程序是一个作为全局作用域的块，其内部允许嵌套地定义局部的过程、函数和内部的块，而这些块(过程、函数被看成是有名字、可以被调用的块)具有同样的可以嵌套的结构。在每个块中可以定义局部的变量、常量等，同时一个块又继承它的外围块中定义的程序对象(变量、常量等)。Pascal 是人们熟悉的块结构语言。

block sum check 块校验和 它用于传递的数据中的差错检测。它由一组二进制数字组成，是帧或消息中的字符/字节的模 2 和。

block transfer (BT) 整块传送 为了把数据从一个设备传送到另一个设备上，将一组连续的信息作为一个单位来传输的过程称为整块传送。

block transfer attempt 码组传送尝试 用户和电信系统所采取的一系列的协调动作以实现从源用户到目的用户的一个码组的传送。码组传送尝试是在码组的第一个比特通过源用户与电信系统的功能接口时开始，而其终止是码组传送成功或码组传送失败。

block transfer efficiency 码组传送效率 在成功传输的码组中，用户信息比特数与码组中总的比特数之比。码组传送效率可以普通分数，小数或百分比表示。参见 overhead information。

block transfer rate (BTR) 块传送速率 块成功传送的速率。某一段时间内平均块传送速率可由该段时间内成功传送的块的个数除以这段时间而得到。参见 data transfer rate, data transfer time, maximum block transfer time。

block transfer time 块传送时间 块传送成功的平均时间，它指块传送尝试开始的瞬间到块被成功接收的瞬间之间的时间间隔。

blog 网(络日)志 weblog 或 web log 的简称。网络日志一般指个人在网络上出版、发表和张贴个人的或转贴的文章及链接，也允许读者对其进行批评、讨论甚至补充修改。目前有不少网站向个人提供账号和站名，供他们建立属于自己的网络日志用。网络日志被认为是网络中，继电子邮件、BBS(电子公告牌系统)和 ICQ(网络寻呼机)后出现的第四种网络交流方式，对网络的应用有深远的影响。

blogger 博客 weblogger 的简写。它指在网上拥有个人专题网站并经常写网络日志的人。参见 micro blog, podcaster。

blogosphere 博客空间 博客活动的信息空间，在那里他们出版、发表和张贴个人原创的或转贴的文章及链接，共享信息和知识。

bloom 空气感 用于表示在乐器的声像四周有空气环绕的术语。

bloomy 轰隆声 声学中的轰隆声是指在 125 Hz 左右的低音过重，特别是在相当宽的一段频率范围内。这是由于对低频或低频谐振的阻尼不够所引起的。

blowback ratio 再放大率 放大了的物体图像的一维尺寸与放大前该图像的一维尺寸之比。

blow-up coil 吹弧线圈 在电弧区域内产生磁场，

以加快电弧转移(如进入灭弧室)和加速电弧熄灭的线圈。

BLP 码组[块]损失概率 block loss probability 的缩写。

BLR 块损失率 block loss ratio 的缩写。

BLSR 双向线路交换环 bidirectional-line switch ring 的缩写。

BLU 基本链路单位 basic link unit 的缩写。

blue bomb 蓝色炸弹 也称"蓝屏死机",是使网络上的视窗操作系统崩溃或突然死机的一种技术。蓝色炸弹实际上是一种带外网络数据包,它带有视窗操作系统不能处理的数据,这种情况会使视窗操作系统崩溃,除了丢失没有存盘的数据外,对系统没有破坏。

blue language 蓝色语言 美国国防部为了建立统一的高级程序设计而在 1978 年提出"铁人"要求。根据 1979 年改进的"钢人计划"要求,选出四个公司分别提出的四种语言,其中有一种是 Softech 公司设计的,称为蓝色语言(用封面的蓝颜色来取名)。后又选出红色语言(Red language)和绿色语言(Green language)两种,最后绿色语言获胜,命名为 Ada 语言。这些语言都是以 Pascal 语言为基础研制出来的。

blue laser 蓝色激光器 以镓氮化物为基础的一种激光器。使用这种激光器比使用红外激光器的光碟记录密度可提高 5 倍以上。

blue noise 蓝色噪声 具有的频谱密度与特定频率范围的噪声频率成正比的噪声功率。当绘出噪声功率相对于频率的关系图时,蓝色噪声为正斜率,白噪声斜率为 0,粉色噪声为负斜率。参见 coloured noise,white noise,pink noise。

blueprints 蓝图 在网络中,指为网络设计和布局的图形方式绘制的计划。

blue screen 蓝色屏幕 当 Windows 遇到严重错误时所显示的蓝底白字。蓝屏可能还包括了一些十六进制数值,它们有助于确定是何原因造成死机。参见 blue screen of death (BSOD)。

blue screen of death (BSOD) 蓝屏死机 在微软 Windows 系统的计算机环境中,对某种致命错误的后果的一种半诙谐说法,当这种错误发生时,显示屏变蓝而计算机系统崩溃。要从蓝屏死机错误中恢复,一般需要用户重新启动计算机。

bluesnarfing 蓝牙窃用 一种用来攻击蓝牙设备的黑客工具。蓝牙窃用是指通过蓝牙连接偷窃无线设备上的信息。攻击者利用移动电话实现蓝牙的方法中存在的弱点来访问信息,如用户的日程安排、联络表、电子邮件和短信,同时不留任何攻击的痕迹。

bluetooth 蓝牙技术 全球无线连接协议。蓝牙技术是公开的无线数据和话音通信标准,由爱立信(Ericsson),IBM,Intel,诺基亚(Nokia)和东芝等公司倡议提出,并在 1998 年 5 月正式宣布成立蓝牙技术联盟。蓝牙技术旨在建立低成本、短距离的无线连接,它将所有的技术和软件集成于芯片内,为无线和静态通信环境提供带保护的特殊连接。蓝牙技术是利用短距离无线连接技术来替代目前许多专用的电缆设备。蓝牙技术的无线电收发器的传输距离可达 10m,不限制在直线范围内,甚至设备不在同一间房内也能相互链接,并且可以链接多个设备。比较 homeRF。

bluetooth clock 蓝牙时钟 每一个蓝牙设备有一个内部系统时钟,用来决定收发器的时序和跳频。该时钟不会被调整或者关掉。该时钟可以作为一个 28 位计数器使用。

bluetooth device address (BDA) 蓝牙设备地址 每个蓝牙收发器被分配了唯一的 48 位的设备地址,该地址包括 24 位的低位地址部分(LAP) 域,16 位的不重要的地址部分(NAP)域和一个 8 位的高位地址部分(UAP) 域。参见 bluetooth。

bluetooth device class 蓝牙设备分类 蓝牙设备的参数。该参数用于指出设备类型以及所支持的服务类型。在设备发现过程中,将接收到设备的分类信息。

bluetooth headset 蓝牙耳麦 使用蓝牙技术的耳麦。参见 headset。

bluetooth service type 蓝牙服务类型 一个蓝牙设备提供给另外设备一项或者一项以上的服务。服务信息在蓝牙设备分类参数的服务类别域中进行了定义。参见 bluetooth device class。

bluetooth special interest group 蓝牙特殊兴趣小组(集团) 一个发源自电信技术、计算机技术和网络技术行业的联合企业,它促进了蓝牙技术的发展和运用。参见 bluetooth。

bluetooth wireless technology 蓝牙无线(通信)技术 一种手提式个人计算机、移动电话以及其他便携式设备之间的无线电链接的规范。这些无线电链接都是小规模、低成本和短距离的。

Blum measure 布鲁姆测度 一个算法的复杂性通常以占用空间和消耗的时间等来衡量。布鲁姆把这些具体测度的共同性质抽象出来,定义为一个抽象测度如下:设 $\phi(n)$ 是任意一个部分可计算函数;如果部分函数 $\Phi(n)$ 具备如下条件:① 对于任何 n,如果 $\phi(n)$ 有定义,则 $\Phi(n)$ 也有定义;② 对于任何 n 和 m,谓词函数 $\Phi(n) = m$ 是可计算的。这样的 $\Phi(n)$ 就称为布鲁姆测度。两个条件称为布鲁姆测度公式。

Blum's speed-up theorem 布鲁姆加速定理 复杂性理论中说明存在可无限加速的问题的一个定理。设 $r(n)$ 为任意一个全递归函数,则存在语言 L 满足:对任何接收 L 的图灵机 M_i 都存在接收 L 的图灵机 M_j,使得对几乎所有的 n 有 $r(S_j(n)) \leqslant$

B

$S_i(n)$(即只能有有限个 n 不成立),这里 $S(n)$ 是空间复杂性函数。对时间复杂性也有类似的结论。

blu-ray disc (BD)　蓝光光碟　日本索尼(Sony)公司在 2006 年开发的、用于取代 DVD(数字影碟)的高密度光碟。蓝光光碟命名是来自其采用的激光波长 405 nm,刚好是光谱之中的蓝光,因而得名。通常来说,波长越短的激光,能够在单位面积上记录或读取更多的信息。因此,蓝光极大地提高了光碟的存储容量。一个单层的蓝光光碟的容量为 25 或是 27 GB,双层可达到 46 或 54 GB。

B

Blu-ray Disc Association (BDA)　蓝光光碟联盟　成立于 2004 年的蓝光光碟联盟,负责蓝光光碟标准制订以及促进版权保护,成员包括索尼、三星、LG、飞利浦、夏普、松下、日立、先锋、汤姆逊、戴尔、惠普、三菱电子等 90 多家厂商。

blurred　含混　声学中的含混是指瞬态响应差,立体声声像模糊,凝聚欠佳。比较 brittle,bright。

BM　(1)基准程序法 benchmark method 的缩写。(2)缓冲存储器 buffer memory 的缩写。

BMA　块匹配算法　block match algorithm 的缩写。

B-machine　B 机器　B 机器是美籍华人王浩提出的图灵机的一种变型。由于 B 机器仅有 4 条指令,因此它是比通常的图灵机更接近于实际的机器。但机器不能自我修改,即不能抹去带上的记号。B 机器能计算的函数恰好是部分递归函数。

BM algorithm　贝叶-莫尔算法　Boyer-Moore algorithm 的缩写。

BMAN　宽带城域网　broadband metropolitan area network 的缩写。

BMCP　基本型控制规程　basic mode control procedures 的缩写。

BMI　脑机接口　brain machine interface 的缩写。

BMLC　基本型链路控制　basic mode link control 的缩写。

. bmp　位图文件名后缀　bmp 是 bit map 的缩写,用于标识位图文件的扩展名。参见 bit map,bit map graphics。

BMP　(成)批信息处理　batch message processing 的缩写。

BMR　(1)码组误传率 block misdelivery ratio 的缩写。(2)比特误传率 bit misdelivery ratio 的缩写。

BMS　基本映像支持　basic mapping support 的缩写。

BMU　基本测量单位　basic measurement unit 的缩写。

BN　桥号　bridge number 的缩写。

BNA　Burroughs 网络架构　Burroughs network architecture 的缩写。

BNC connector　BNC 连接器　(1)BNC 是 British Naval Connector 的缩写,一种用于将同轴电缆连接到音频、视频和通信设备的器件。(2)有别于普通 15 针 D-SUB 标准接头的特殊显示器接口。由 R,G,B 三原色信号及行同步、场同步 5 个独立信号接头组成。主要用于连接工作站等对扫描频率要求很高的系统。BNC 连接器可以隔绝视频输入信号,使信号相互间干扰减少,且信号频宽较普通 D-SUB 大,可达到最佳信号响应效果。

BNC plugs and jacks　BNC 插头插座　一种网络通信线路的接插件。

BNF　巴科斯范式　Backus normal form 的缩写。

BNN　边界网络节点　boundary network node 的缩写。

BNPF format　BNPF 格式　只使用 B,N,P,F 四个符号的数据或目标程序的一种编码。其中 B 表示一字符的开始,N 为 0,P 为 1,F 表示一字符的结束。因此,若要表示一个字符则必须以 B 开始,后跟若干个 N 或 P,最后用 F 表示该字符结束。下一个字符的开始符 B 又紧挨着上一个字符的结束符 F,直至完成整个数据或目标程序的编码。这种编码的优点是简单,只用四种符号就可表示任一字符,编码的长度相应增加许多倍。

BNU　基本网络实用程序　basic networking utilities 的缩写。

BOA　(1)物业管理办公自动化 building office automation 的缩写。(2)基本对象适配器 basic object adapter 的缩写。

board　底板,插件板　通常指一块支撑和连接芯片和其他电子元件的印刷线路板,在微型计算机中,包含微处理器的主板称为母板,其他板都作为系统功能的扩充部分,称为卡或者适配器,如计算机连接显示器的板、连接软盘和硬盘的板、扩充存储器的板、连接串行口和并行口的板以及连接网络的板。参见 adaptor, card, motherboard, bubble board, daughter-board, expansion board。

board level　板级(维修)　在故障检测和维修中,将注意力集中在电路板一级,替换有问题的电路板。这与组件级维修不同,组件级维修还包含修理电路板本身。在很多情况下,板级维修是为了快速恢复设备的工作,而把有故障的电路板替换下来。

boards and cards　插件板　安装处理器和存储芯片的印制电路板。在塑料板或插件板上印制电路,在其上安装各种电子元件(如晶体管、电容和二极管)。插件板边缘有连接器以便插在外围设备上。某些微处理器有几个插件板,由一条总线连接,形成组合体。在很多情况下,需用控制器或接口插件板把输入输出设备通过印制板插头连接到微计算机上。

board support package (BSP)　主机板支持包　处理器或平台有关的软件包的一部分。大部分商业实时操作系统都有一个由软件包发展商提供的主机板支持包。

boardware 板级产品 安装在印刷电路板上的电子部件。

BOB 断路检测盒,断开盒 breakout box 的缩写。

BO/BI 订单交货比 book to bill 的缩写。

BOD 按需带宽 bandwidth on demand 的缩写。

bodily-kinesthetic intelligence 身体运动智能 善于运用整个身体来表达思想和情感、灵巧地运用双手制作或操作物体的能力。身体运动智能包括特殊的身体技巧,如平衡、协调、敏捷、力量、弹性和速度以及由触觉所引起的能力。参见 multiple intelligences。

body area network (BAN) 体域网 附着在人体身上的一种网络,由一套小巧可移动、具有通信功能的传感器和一个协调器组成。每一传感器既可佩戴在身上,也可植入体内。协调器是网络的管理器,也是 BAN 和外部网络之间的网关,使数据能够得以安全地传送和交换。由于这些传感器通过无线技术进行通信,所以体域网也称无线体域网(WBAN)。体域网是一种可长期监视和记录人体健康信号的基本技术。

body capacitance 人体电容 由于接近人体而引入到系统的接地电容。

body face 文本体外观 文档中主要内容部分的字体外观,不包括标题的字体。比较 display face。参见 serif。

body group 主体栏 COBOL 语言中,主体栏是报表编制功能的一个术语。报表中的细目型栏、控制头栏和控制尾栏统称为主体栏。

body impedance 人体阻抗 人体电阻与容抗的矢量和。

body language 体态语言 利用已有的习惯,由身体和身体的某些部分的位置、运动和姿态来表示、传送、接收和理解相应信息的语言。体态语言的例子如:头垂直摆动表示"是"水平摆动表示"不",耸肩膀表示"我不知道",微笑表示同意或赞成等。

body resistance 人体电阻 人体最远端两点之间的电阻,包括皮肤电阻和躯体电阻。

body safety current 人体安全电流 使人不发生心室颤动的最大人体电流。

body text 内容文本 在字处理中,指标题、列表或其他特殊格式以外的文本。

BOF (1)专题讨论小组 birds of feather 的缩写。(2)文件起始 beginning-of-file 的缩写。

BOIC 闭锁国际出呼叫 barring of outgoing international calls 的缩写。

boilerplate 复本,文本模板 (1)用于复制其他副本的副本。例如,在一个程序的不同处要使用的宏定义表或子例程。(2)在信息技术中,文本模板是指一系列可被重用的文本,可以与其他文本结合以建立一个新的文档。

boldface attribute 黑体属性 在字处理及文本编辑时,在显示屏或打印机上自动产生黑体字符的一种能力。

boldface font 黑体字型 比正常字符更黑更重的一套字符。黑体字型中,所有字符都设计为一种醒目的模式。

bolometer 辐射热测量计 通过测量体暴露在辐射下的温度敏感元件的电阻的变化来测量来自发射体的辐射能。它通常用于测量高于环境的温度,如炉体内或加热到灼热的其他物体的温度。

bolometry 辐射热测量学 通过对暴露在辐射下的涂黑温度敏感元件的电导或电阻变化的测量,对辐射能量进行测量的电子仪器的研究、设计、开发或应用。

Boltzmann's constant (k) 玻尔兹曼常数(k) 以澳大利亚物理学家 Ludwig Boltzmann(1844～1906)的名字来命名的物理常数,它表明分子的平均能量和它的绝对温度的关系。玻尔兹曼常数通常用符号 k 表示,其值近似等于 1.38042×10^{-16} erg/K (尔格/开尔文)。通常,气体分子中的能量与绝对温度直接对应。随着温度的上升,每个分子的动能也跟着增加。当气体加热时,气体分子以极快的速度运动,如果将气体限制在一个固定容量的空间里进行加热时,它的压强就会加大,如果将压强限定为某个常数对气体加热时,它的体积则随之增大。

Boltzmann's emission law 玻尔兹曼发射定律 物体的总发射本领随温度的增高而迅速增加,并与温度的四次方成正比。

BOM (1)物料[材料]清单 bill of material 的缩写。(2)消息起始 beginning of message 的缩写。

bomb 炸弹,失败 一种对系统进行破坏的程序,如删除或修改硬盘数据,制作这种程序的人称为 bomber。参见 virus,worm。

bond frequency 键频率 由于热激励,即红外辐射,引起的材料中分子的电子键的振动的自然频率。分子振动产生的电场和磁场与光纤中传播的电磁波的电场和磁场相互作用会导致传播的电磁波能量的被吸收。在玻璃中,硅氧化物的热振动导致特定频率的吸收。

bonding 键合 (1)在半导体制造中,芯片表面的焊盘与封装外框的连接。键合通常指微小的金或铝引线的焊接。不应与芯片粘贴概念混淆。参见 equipotential bonding。(2)在电路中用金属零件连接,以使它们在直流和低频交流下形成低阻的电接触。

bonding pad 压焊盘 LSI(大规模集成电路)芯片四周的连接区,通过细金属丝压焊,与封装引线内部终端相连接。

bonding strip 搭接条 用于搭接的编织线或金属

B

带。用于设备或部件之间提供必需的电接触。

bonding wedge 楔形焊 一种热压焊形式,用于微电子组装,如此命名是由于引线的焊接形状像"楔"形。

bonding wires 焊接引线 通常用铝或金细引线,使IC上的金属焊盘与封装引线的内部终端相连。

BONS 面向块的网络仿真器 block oriented network simulation 的缩写。

bookkeeping operation 簿记操作 它是记录计算机使用情况的一种操作。

B

bookmark 书签 (1)留在应用程序上或者演示系统中的一个标记,系统在下一次运行时将返回这个地方,如在Web浏览器中,用户在菜单或网页上做的标志,以便今后查找时参考。(2)也称"锚点"。网页上一个被命名的位置,可作为超链指向的目标。参见 anchor。

bookmark file 书签文件 (1)在 Netscape 公司的 Web 浏览器中的一种文件,包含了一些用户感兴趣的网址。书签文件与 Internet Explorer 浏览器的 Favorites folder(收藏夹)和 Mosaic 的 hostlist 类似。(2)以 HTML(超文本标记语言)格式显示的书签文件,如 bookmark. htm。

bookmark list 书签(列)表 统一资源地址(URL)的一个列表。用户通常是在使用 Gopher 或 FTP(文件传输协议)服务时建立书签列表的,这样能把那些重要的和喜爱的站点保存起来,以后就可以随时使用。有些浏览器(如 Mosaic),把书签列表称为热门地址列表。与 bookmark file 同义。

Boolean algebra 布尔代数 (1)关于逻辑运算的数学体系称为布尔代数,以它的创始人布尔命名。命题代数、集合代数、逻辑代数和开关代数都是布尔代数。当元素有限时,称为有限布尔代数。有限布尔代数的元素个数必为2的幂次,且对于元素个数相同的布尔代数都是同构的。(2)也称"逻辑代数",是现代计算机科学的数学基础。通常 $A=\{0,1\}$,"∨"称为"或"运算,"∧"称为"与"运算,"¬"称为"非运算"。

Boolean calculus 布尔演算 一种扩充的布尔代数。由于它包括了时间因素,因此可对时序逻辑变量进行运算。

Boolean character 布尔字符 用布尔值0或1组成的信息单位称为布尔字符。它可以作为一个二进制位或一个标准数据字符位来存放。

Boolean complement 布尔补数,"非" 只有一个操作数的演算,产生的结果恰好是该操作数的反相,如一个位串为010110,其布尔补数为101001,即取该数的"非"。

Boolean constant 布尔常数 布尔常数用二进制位"1"和"0"表示,亦可取逻辑值"true"("真")和"false"("假")。

Boolean data 布尔数据 只有0和1两种值的数据。

Boolean difference method 布尔差分法 判定电路有无故障的一种方法。推导两个布尔表达式,一个表示无故障时电路特性,另一个表示固定"1"或固定"0"条件下的逻辑特性。两式进行异或操作,结果为1则说明有故障。常规布尔差分不能测试逻辑电路内部所有点。为了既能对输入线又能对内部故障点进行全面测试,必须有一组测试可以检查所有输入与所有输出间的所有通路,这可用布尔偏差方法来实现。常规布尔差分表达式可由单个布尔差分表达式链接而成。这种方法可测所有电路故障,算法完善,不需反复测试。但计算量和存储器需求量都非常大。

Boolean expression 布尔表达式 布尔表达式是逻辑运算量和逻辑运算符按一定语法规则组成的式子。不论是布尔变量还是布尔表达式,都只能取逻辑值 True 或 False。在计算机内通常用1(或非零整数)表示真值(True),用0表示假值(False)。布尔表达式的语义在于指明计算一个逻辑值的规则。在程序设计语言中有两个基本的作用:一是在某些控制语句中作为实现控制转移的条件;二则是用于计算逻辑值本身。布尔表达式的计值原理与算术表达式的计值原理非常相似,也是从左至右,并按运算符间的优先关系和结合规则来进行。

Boolean factor 布尔因式 由一个或若干个布尔二次量所进行的"与"运算组成的布尔表达式。其语法公式为:

〈布尔因式〉∷=〈布尔二次量〉|〈布尔因式〉∧〈布尔二次量〉

Boolean format 布尔格式 即布尔值的输入输出形式。例如,用二进制位"1"或"0",亦可用逻辑值"true"("真")或"false"("假")表示。

Boolean logic 布尔逻辑 一种逻辑操作完全系统。布尔逻辑在电子学、计算机硬件和软件上有很多应用,它是所有数字计算机构造和运行的逻辑基础。

Boolean operation 布尔运算 运用布尔代数规则进行的一种逻辑运算或数学运算,其中每一个操作数和结果只能取两种值之一,即"真"或"假",常用"1"或"0"表示。

Boolean operation table 布尔运算表 一种运算表。其操作数和结果只能取两种值之一,即"真"或"假",常用"1"或"0"表示。参见 truth table。

Boolean operator 布尔运算符 在布尔代数中进行运算的符号,几个最基本的布尔运算是:与运算、或运算、非运算、补运算、异或运算等。其结果是一个逻辑值(真或假)。参见 dyadic operator, monadic operator。

Boolean position 布尔位置 存放一个布尔字符所需的物理存储单位。若指明一数据项为"显示式"用法时,布尔位置与字符位同义。若不指明,即"隐含式"用法时,则由系统来决定物理的存储特性。

Boolean primary 布尔初等量 布尔初等量是构成布尔表达式的最小单位，其语法公式为
〈布尔初等量〉::〈逻辑值〉|〈变量〉|〈函数命名符〉|〈关系式〉|(〈布尔表达式〉)

Boolean ring 布尔环 每个元素都是幂等元的幺环。

Boolean search 布尔搜索[检索] 文献检索系统中的一种基于布尔逻辑和集合理论的检索模型。使用诸如 AND、NOT 和 OR 之类的运算符来将一个或多个搜索项组合起来。参见 vector search，similarity search，fuzzy search。

Boolean secondary 布尔二次量 布尔初等量或带有"非"逻辑运算的布尔初等量，其语法公式为：〈布尔二次量〉::〈布尔初等量〉|→〈布尔初等量〉。

Boolean table 布尔表 列出布尔算子和所有操作数及其可能的取值的允许组合，列出每个布尔函数的结果。它被用来证明布尔函数的等价或不等价。

Boolean type 布尔(类)型 用于表示逻辑真假值的数据类型，该类型只有两个值，常用 true，false 表示。布尔类型的值常用于控制程序的执行。对布尔型的操作是逻辑运算，如"与"，"或"，"非"等。

Boolean value 布尔值 布尔值通常用 true(真)和 false(假)或 1 和 0 两种可能的值来表示。

Boolean variable 布尔变量 布尔变量也即开关变量，它是以位(bit)为单位进行操作的。布尔变量的值只能为"真"或"假"。

boost class 升降类 用于对影响文档在搜索结果中的相对排名的升降字的规范。参见 boost word。

booster amplifier (BA) 光功率放大器 安装在数字通信网发射机的输出端，延长光信号传输距离的光放大器。

booster regulator 升压稳压器 一种基本的开关稳压器电路，它的输入是未经稳压的输入电压，产生一个数值较高、已经稳压的输出电压。这个输出电压是通过一个并联的开关(晶体管)对输入电压进行斩波而形成脉冲，加到起平均作用的电感器和电容器上。

booster transformer 增压变压器 具有一个改变线路电压的串联线圈和一个励磁线圈的变压器。

boost word 升降字 查询搜索中可以影响文档在搜索结果中的相关排名的单词。在查询处理期间，包含升降字的文档的重要程度可能会提高或下降，这取决于对该单词预定义的分数。参见 boost class。

boot 引导，启动 (1)将操作系统(可能有磁带或磁盘上的其他系统软件)装入主存储器的操作。参见 bootstrap。(2)对计算机进行启动，包括冷启动和热启动两种，打开电源的启动过程为冷启动，用软件方法的启动是热启动，在 IBM PC 机上热启动的方法是按 Alt+Ctrl+Del 组合键，在苹果机的热启动是选择 Special 菜单中的 Restart 命令。参见 cold boot，reboot，warm boot。

bootable CD-ROM 启动光碟 可以启动操作系统的一种 CD-ROM(只读碟)光碟，常用来在新计算机上安装操作系统或启动计算机。

bootable floppy 可启动软盘 一张块包含硬盘主引导记录(MBR)备份文件的磁盘。当硬盘的主引导记录被病毒感染了，就可以使用一张可启动磁盘来装入主引导记录进入硬盘。参见 boot disk。

boot block 引导块 在文件系统中第一个块，存储启动机器的程序。同 bootstrap block。

boot disk 启动[引导]盘 包含操作系统的能够启动计算机的磁盘。启动盘必须插入第一软盘驱动器(通常是 A 软驱)中，在用硬盘启动 PC 出现问题时使用。

boot diskette 引导软磁盘 其上含有软件，它用来引导个人计算机建立磁盘操作系统(DOS)，初始化相关硬件和设置相应参数，以使个人计算机处于可接收命令的工作状态。

boot drive 启动驱动器 PC 机中的一个磁盘驱动器。当计算机启动时，BIOS(基本输入输出系统)用这个驱动器自动装入操作系统。通常，在 PC 机上的 MS-DOS，Windows 3.1 和 Windows 9x 操作系统的默认启动驱动器是主软盘驱动器 A:。如果主软盘驱动器没有找到，BIOS 会接着寻找主硬盘驱动器 C:。通过 BIOS 设置程序，可以把 C:设置成 BIOS 最先寻找的启动驱动器。

boot failure 启动失败 计算机无法找到或激活操作系统，从而不能启动计算机。

boot files 引导文件 用于启动操作系统的系统文件。

boot infector virus 引导区传染型病毒 一种最常见的计算机病毒程序，将其自身拷贝到软盘或硬盘的 boot(引导)扇区中而进行传染，从而对系统造成危害。由于这种病毒程序存储在磁盘上的 boot 扇区中，所以它可以很容易地得到对系统的控制权，破坏力很大。

bootleg program 启动程序 一种对话式程序或启停程序。它以预先专门规定的形式启动、收集和处理信息，通常能自动启动程序的读出。

bootleg software 盗版软件 指未经软件所有者许可私自复制、使用的软件。

BootP BootP 引导协议 bootstrap protocol 的缩写。

boot partition 启动区 硬盘上的一个区域，它含有计算机启动时系统要装入内存的操作系统和支持文件。

BootP message format BootP 报文格式 BootP 引导协议传递数据报所使用的格式。为了简单，报文使用固定长度段，应答和请求使用同样格式。按传

B

B

递顺序分为下述信息段：操作段；规定报文是请求还是应答。硬件类型和硬件长度段；规定网络硬件类型和地址长度，如以太网硬件类型为 1，地址长度为 6(个字节)。跳段；服务器和客户机在同一个局网中，跳段数为 0，否则跳段数为经过的网关个数。交易标识段；无盘工作站使用这个段所含的整数使得请求与响应得到匹配。秒数段；表示开始引导之后经过的秒数。接下来的信息段依次为：客户机 IP(网际协议)地址段；用户的 IP 地址段；服务器 IP 地址段；网关 IP 地址段；客户机硬件地址段；服务器主机名称段。这些段中有许多重要信息，使用者尽量填写，不知者填 0。最后两个为引导文件名称段，用来指定使用哪类文件对客户机内存映像进行配置。厂家专用区段；给出服务器网关等设备的 IP 地址和名字等信息。参见 BootP two-step bootstrap procedure，BootP vendor-specific field。

BootP retransmission policy　BootP 重发策略　BootP 为了保证得到应答而采用的策略。BootP 协议采用了超时重发办法，发出请求时也启动一个计时器。计时器计时完毕还没得到应答就再次发出请求。如果因为掉电等原因造成大量客户机同时进行引导将会造成服务器负荷过重。为了避免这种情况发生，BootP 规范推荐随机延迟启动。超时启动随机延迟时间推荐在 0 ～ 4 s 之间。每次重发，延迟时间加倍，最大可达 60 s。达到这个最大延迟时间后，虽然时间不再加倍，但仍采用随机延迟方法。借助于这些办法可有效减少同时发送请求数目。参见 bootstrap protocol。

boot programmable read-only memory (boot PROM)　引导可编程只读存储器　为启用计算机而保存引导装入程序的可编程只读存储器。它是安装在印刷电路板上的一种芯片，为计算机设备提供可执行的引导指令。

boot PROM　引导可编程只读存储器　boot programmable read-only memory 的缩写。

BootP two-step bootstrap procedure　BootP 两步引导过程　使用 BootP 进行引导所经历的步骤。使用 BootP 进行引导并不给客户机提供内存映像，仅仅为用户提供获得内存映像所需要的信息。获得这些信息之后，客户机再用一个协议，如 TFTP(简单文件传输协议)获得内存映像。实际上 BootP 仅仅知道存储内存映像的“引导文件名字”。任何内存映像都不可能运行在所有不同机器上。在 BootP 中仅仅配置引导文件名字，与要引导的内存映像分开会提供很大灵活性，适应不同需要，如在引导文件名字中放一个通用名字“UNIX”，BootP 服务器便查阅自己配置的数据库，把这通用名字变成一个特定文件名字，由这个文件向客户机提供内存映像。当然用户也可以在引导文件名字段填写 0，完全由 BootP 自动引导。这样用户就可以不用记住特定的文件名字和硬件结构。

BootP vendor-specific field　BootP 厂家专用区段　在 BootP 报文格式中用来保存将由服务器传递给客户机的各种有关可选择信息的区。区内分若干段，每段一项内容。第一段中的项目称为“魔饼”(magic cookie)，含四个字节。该项规定了其他各项的格式。魔饼描述的标准格式用点分十进制数表示(如 99.130.83.99)。魔饼项之后的各项都含有一个字节的“项目类型”、一个字节的“值长度”(字节数)和多个字节的“值内容”。

boot record　引导记录　磁盘中存放的引导计算机进入工作状态的数据。

boot ROM　引导只读存储器　在 LAN(局域网)上的工作站得以与一个文件服务器通信并且从服务器中读取引导程序的只读存储器芯片。引导只读存储器使工作站不用磁盘驱动就能在网络运行。

boot screen　开机屏幕　也称“开机画面”，系统启动时屏幕上显示的画面。该画面一般包含系统名称，商标，版本号，版板说明以及系统加载进度条等。

boot sector　引导扇区　磁盘中存放引导数据的扇区。

boot sector virus　引导扇区病毒　以磁盘引导扇区为宿主目标的病毒类型，也称“引导型病毒”，如小球病毒、磁盘杀手病毒等都属于引导扇区病毒。此类病毒转移或修改磁盘的引导程序，而后把自己的一部分或全部代码存储在引导扇区中，从而代替磁盘引导程序的执行。引导扇区病毒在微机启动时感染系统。

bootstrap　自展，引导程序　(1)实现编译程序的一种技术，即把已能运行的语言编译程序作为工具。用它来写所要实现的编译程序。(2)先输入若干条指令和必需的数据，计算机启动执行这些程序后，由这些指令来实现其他程序从输入设备进入计算机，这一过程称为引导。它是计算机开始输入时常采用的一种手段。(3)一种设计用来通过自身的动作将其自身置于指定状态的技术或者设备，如一个机器程序，其开始少数指令能够将其余的指令从输入设备装入计算机。(4)一个在系统初始化时装入较大程序用的小型程序。参见 bootstraploader，initial program loader。

bootstrap block　引导块　系统盘的索引文件中的一种数据块，它含有把操作系统装入主存储器并启动其运行的程序。

bootstrap combined programming language (BCPL)　BCPL 语言，自展组合的程序语言　一种用于书写系统程序设计和编译程序的工具语言。

bootstrap loader　引导装入程序　存储在只读存储器(ROM)中的小块程序。它把操作系统从后备存储器装入内存储器。没有引导装入程序，就不可能装入操作系统，因而不可能启动计算机处理。然而，某些小型计算机有装入 ROM 芯片的操作系统，电源一打开即可使用。

bootstrap memory 引导存储器 主计算机中一种存储设备。它在程序控制下，能满足各种计算机用户的特殊需要。引导存储器中的程序和数据不能由计算机改变，主要用途是将新的程序自动读入计算机，同时能防止擦去重要的指令。

bootstrapping 自举 在面向事件的仿真过程中，除了第一个动态实体是初始化中产生外，其他的动态实体将在每一次仿真周期中，在执行由用户写的事件过程中自动产生，这种产生动态实体的方法称为自举。

bootstrap protocol (BootP) BootP引导协议 在因特网中，为使主机找到其因特网地址、子掩码和域名服务器地址的一种协议。BootP是对反向地址解析协议(RARP)的改进。RARP是专门用于无盘工作站进行引导并获得自己IP(网际协议)地址的协议，但有如下缺点：①RARP协议工作在低层，直接涉及网络硬件，因而使得应用程序建立服务器很难或不可能；②无盘工作站获取IP地址时与服务器虽然进行分组交换，但回答中的信息太少，只有8个字节的IP地址，对于限制最小报文长度的网络(如以太网)，就要附加无用内容，降低效率；③RARP用硬件地址标识机器，因而不能用于动态分配硬件地址的网络中。为了克服这些缺点，开发了BootP协议。BootP也以客户机/服务器方式工作，使用分组交换信息，但是一个分组就可以传送所需要的各种信息，如IP地址、网关地址和服务器地址，还有设备厂家现定的信息。因为在引导之前，无盘工作站既不知道自己的IP地址也不知道为其提供地址服务的服务器IP地址，因此无盘工作站用受限广播地址(全1)进行请求广播，而服务器也用受限广播地址给出应答。该协议建立在UDP(用户数据报协议)和IP(网际协议)之上。IP地址的下载通过简单文件传输协议(TFTP)来完成。参见reverse address resolution protocol, BootP retransmission policy。

bootstrap technique 引导技术 也称“自举技术”或“自展技术”，通过系统本身扩大系统自身的功能以及借助一台机器上已有的程序系统将该系统建立到另一个机器上的一种技术。

boot up 启动 即执行引导操作，尤其是指装入操作系统的这一操作。

BOP (1)面向字节的协议byte-oriented protocol的缩写。(2)基本操作员控制面板basic operator panel的缩写。

BOR 资源清单 bill of resources的缩写。

border 边界 (1)一个可见的边缘，将显示对象与屏幕上的其他显示内容分离。(2)在窗口式环境下，指围绕用户工作区域的边缘，窗口的边框是在文本和图形的一种可见的边框，鼠标器对边框的具有特殊的操作。

border gateway 边界网关 便于与不同自治系统中的路由器通信的一个路由器。

border gateway protocol (BGP) 边界网关协议 因特网中，自治系统之间的一种外部网关协议。其设计基于从EGP(外部网关协议)中得到的经验，主要功能是交换网络可达性信息。参见exterior gateway protocol (EGP)。

border node 边界节点 在计算机网络的特定平等组中的一个逻辑节点，具有至少一条跨越平等组边界的链路。参见extended border node, peripheral border node。

border peer 边界对等者 管理一个对等组的设备，它存在于一个层次设计的边缘。当对等组的任何成员想要查找一个资源时，它发送一个探测包给边界对等者。然后该边界对等者代表请求路由器转发这个请求，这样就消除了重复的通信量。

border region 边界区域 在视频显示中，屏幕上围绕活跃像素区域的区域，在这个区域中许多系统都允许指定一个另外的颜色。

border router 边界路由器 通常在开放最短路径优先(OSPF)中定义为连接一个地区到骨干区的路由器。但边界路由器也可以是连接一家公司到因特网的路由器。参见open shortest path first (OSPF)。

Borland C++ language Borland C++语言 美国Borland公司于1988年在Turbo C语言的基础上推出的一种面向目标的程序设计语言。它继承并扩增了原Turbo C综合环境的特性，包含了面向对象的思想和规划方法，能支持鼠标器、多重覆盖窗口、自动管理覆盖，支持内部组合码，集编辑、编译、调试、运行和优化等功能为一体，并具有联机服务和热键触发的特点。

B OR NOT A gate B“或非”A门 一种两输入的逻辑门电路，执行B OR NOT A逻辑运算。如果A与B均为命题，则产生假的结果仅当A是真B是假时，对于A、B的其他组合产生的结果均为真。

boron 硼 一种P型掺杂剂。通常用于标准双极NPN-IC工艺中的隔离和基区扩散以及PMOS(P沟道金属氧化物半导体)晶体管的源区和漏区。

boron trichloride 三氯化硼 硼和氯的气体混合物。可用于半导体器件制造工艺中的扩散掺杂，形成P型半导体。

borrow 借位 按位记数法运算中，高位数字被移到低位处理的一种过程。借位也称“负进位”。借位是发生在被减的数字小于减数的数字的情况，如十进制的45减28，因为5小于8，所以就从4当中借了个1与低位的5组成15，这样就可以进行减8的运算。

borrow digit 借位数字 当某数位上的差是负数时所产生的数字，这个数被传送到别处加以处理。在按位表示制中，借位数字被传送到相邻的高位加以处理。

BOS 基本操作系统 basic operating system 的缩写。

Bose-Chandhuri code 博斯-查德胡里码 一种群码。汉明码是这种群码的一个子集。这种码的信息速率在已知的群码类中最高。例如,一种博斯-查德胡里码是具有连带多项式集合 P 的 n 元组集合,$n=2^m-1$,对于每一 $f(x)\in P$ 具有根 $\alpha^1,\alpha^2,\cdots,\alpha^{2q}$,其中 α 是 $F(2^m)$ 的一个本原根。这种码的最小距离是 $2q+1$,用这种码可以检出 $2q$ 个错误或校正 q 个错误。

B

Bose-Chaudhuri-Hocquenghem code (BCH code) 博斯-乔赫里-霍克文黑姆码 简称"BCH 码",一种用于纠错,特别适用于随机差错校正的循环检验码。由 Bose, Chaudhuri, Hocquenghem 首先提出的一种分组码,它能纠正多个随机独立错误。BCH 码的理论比较完备,但译码的方法比较复杂。对于任意整数 m 及 $t(t<\frac{n}{2},n=2^m-1)$,必然存在一个码长为 n 的二进制 BCH 码,它检验码元长度不大于 $n-k=mt$,可以纠正所有 $\leqslant t$ 个随机错误。例如,当 $m=3,t=1$ 时,则必然存在一个能纠正一个错误的(7,4)码;当 $m=4,t=2$ 时,则必然存在一个能纠正两个错误的(15,7)码;对于 $m=5,t=3$,则必然存在一个能纠正三个错误的(31,16)码。参见 block code。

BOSS 业务运营支撑系统 business operation support system 的缩写。

boss 大头目 也称"老板"。在游戏中出现的较为巨大有力与难缠的敌方对手。

boss screen 老板屏幕 一种伪装显示屏幕,当老板经过时,通常用与工作有关的内容来替换游戏显示。老板屏幕在 DOS(磁盘操作系统)游戏中很流行,因为在 DOS 下很难快速切换到另一个应用程序中去。而为 Mac 或 Windows 9x 设计的游戏一般不再需要老板屏幕,因为可以很容易地从游戏切换到另一个程序中去,从而改变屏幕显示,以掩盖正在玩游戏的事实。

bot 机器人,网上机器人 (1)robot 的缩写。通过程序来设定其行为的个人或实体。(2)在网上执行某种任务的一种程序,尤其是那些重复性强或很耗时的任务。例如,在节点和新闻组中寻找信息并在数据库或其他记录保持系统中建立索引;在多个新闻组自动地张贴文章;保持因特网中继对话(IRC)通道始终连通。同 Internet Robot。

BOT 磁带开始 beginning of tape 的缩写。

both regular and immediate command 常规和立即命令 NCCF(网络通信控制机制)中的一种可执行命令,根据其来源的不同,它既可作为常规命令,也可作为立即命令执行。如果是从操作员终端接收该命令,它被作为立即命令执行。如果是从别的途径接收该命令(如通过命令表),则它被作为正规命令执行。参见 network communication control facility (NCCF)。

bottleneck 瓶颈 瓶颈是瓶子中用来限制液体流动速度的狭小部分,即在那儿的流速比较慢。在信息技术中把瓶颈与处理过程的变慢相互联系起来,瓶颈出现在处理过程的某个阶段,在这个阶段中整个处理过程会变慢或者停止。

bottleneck problem of knowledge acquisition 知识获取瓶颈问题 由于领域知识往往很模糊,难于抽取和描述,知识获取是一项耗资费时的工作,故称为"瓶颈"问题。解决这个问题的办法之一是知识自动获取,即通过示例学习,从大量的实例中自动归纳产生描述这些实例的一般规则。另外,近年来用人工神经网络进行知识自动获取也获得了令人瞩目的成果。

bottom driven 底层驱动 程序以访问底层硬件的形式实现人机交互。使用底层驱动时,应用程序通过对驱动程序发送相应的指令,实现硬件控制的动作指令;驱动程序将硬件读写的状态、从硬件上获得的数据传送给应用程序,从而实现应用程序与驱动程序间的交互。

bottom-of-stack pointer 栈底指示字 也称"帧指示字"。栈中最小编号单元的地址。

bottom shadow 底部阴影 在某些窗口软件中,在窗口矩形底部的一条暗条,产生窗口的立体视觉效果。参见 top shadow。

bottom-up 自底向上 对一种方法的描述。这种方法是从层次结构的最底层开始,逐级向上直至最高层为止,如自底向上设计、自底向上测试等。比较 top-down。

bottom-up analysis 自底向上分析 与自顶向下分析相对应的另一种分析方法,其过程是对被分析的句子逆向地应用语法的重写规则,即从底层到高层地进行词或短语的归并,直到生成这样一棵句法树,它的终结符正是该句子的词,它的顶点是语法的起始符。这种分析方法是由数据驱动的。比较 breadth-first strategy。

bottom-up approach 自底向上法 一种软件开发方法。在一个层次结构的模块图中,从最底层的模块开始编制和调试程序,然后逐级往上推,直到顶模块被编制后调试,这种由下往上的方法称为自底向上法。

bottom-up control structure 自底向上控制结构 采用从当前或初始条件推导结论的向前推理方式的问题求解方法。也称"前向链"、"事件驱动"、"数据驱动控制结构"。

bottom-up design 自底向上设计 (1)与自顶向下设计相对的一种 LSI(大规模集成电路)设计方式。从下层设计开始逐次进行上层设计,如以晶体管电路组成必需的逻辑电路,以逻辑电路组合实现逻辑功能。全定制 LSI 采取这种设计方法。其优点是电路设计具有最高性能，但设计周期长、设计工作量大。门阵及标准单元可以被认为是自底向上设计和自顶向下设计相结合的 LSI 设计方式。(2)从层次结构的最低层软件组成部分开始，逐级向上直到最高层组成成分为止的系统设计方法，如自底向上设计，自底向上程序设计，自底向上测试等。

bottom-up programming 自底向上程序设计 一种程序设计的方法。其特点是先设计最底层的程序模块，再把已设计好的模块连接在一起构成更大的模块，继续设计继续连接，直至构成一个完整的程序。自底向上的程序设计方法与自顶向下的程序设计方法截然相反，前者是由下往上设计，而后者则是由上往下设计。目前常使用自顶向下的程序设计方法，而很少使用自底向上的程序设计方法。但是，采用自底向上与自顶向下相结合的设计方法还是常见的。比较 top-down programming。参见 bottom-up design，top-down design。

bottom-up recursive optimization 自底向上递归优化 一种递归查询算法，也称"前向链接"算法。它是从已知事实出发，不断地应用规则进行搜索，直至获得查询结果。

bottom-up syntax analysis 自底向上语法分析 按照源语言的语法规则，把源程序逐步归约成语法概念<程序>的分析过程。

bottom-up testing 自底向上测试 渐增式集成测试的一种，其策略是先测试底层的组件，然后逐步加入较高层次的组件进行测试，直到系统所有组件都加入到系统。这种测试方法相对于大锤测试稳定很多，容易发现各个组件之间的问题，容易判断出层次中存在的缺陷。比较 big bang testing。

Bouger's law 波格尔定律 在电磁辐射通过某种传播介质传播时，辐照度，即电磁场强度或光功率密度的衰减是取决于材料常数系数和厚度之积的指数函数，由式 $I=I_0e^{-\alpha x}$ 给出，其中 I 是距离 x 处的辐照度，I_0 是在 $x=0$ 处的辐照度，α 是材料常数系数，它取决于传播介质的散射或吸收特性。这样，当仅发生吸收时，α 是频谱吸收系数，并且是波长的函数，当仅发生散射时，α 是散射系数，如果吸收和反射均发生时，它是消光系数，因此是吸收和散射系数之和。辐照度或光功率密度通常以瓦特每平方米计算。参见 Beer's law，Lambert's law。

boule 梨晶 晶体生长工艺产生之后，用来描述单晶硅形状的词。也称"晶块"。

bounced mail 反弹邮件 当地址错误或因为接收方的邮箱已满，返回到发送者的电子邮件。

bounced message 弹回消息 发送失败后退回到发送方的电子邮件消息。引起失败的原因可能是由于邮件地址错或由于网络问题。

bounce rate 跳出率 仅浏览了一个页面就离开的用户占网站访问次数的百分比。跳出率的高低是网站分析的一个重要指标。可使用跳出率来衡量访问质量，高跳出率通常表示网站进入页对访问者不具针对性。

bounce time 回跳时间 对正在闭合(或断开)的触点，为在触点第一次闭合(或断开)的瞬间起至触点最后闭合(或断开)的瞬间止的时间间隔。

bound 界限，约束 (1)变量或系统中特殊部件所允许的上界或下限，如存储器最大的地址空间，在通信线上能传输信息的速度等。(2)在谓词演算中有约束之意。参见 bound variable。

boundary 边界 字符串中各字符之间的分界或存储器中的分界。

boundary alignment 边界定位[对齐]，对界 (1)按信息单位(半字或双字符)，在主存储器中定长字段(半字或双字符)的整数边界上存放信息的一种方法。(2)根据信息单位的整数边界对固定长字段(如半字或双字)的主存储器进行的一种划分方法。

boundary class 边界类 用于在系统环境和其内部运作之间建立通信模型的类。

boundary condition 边界条件 当一个函数用递推关系描述时，给出某一特定自变量时函数值的方程称为边界条件。

boundary detection 边界检测 对变量、数组的边缘情况进行检测。

boundary error 边界错误 超过了所规定的界线，如数组越界，除法溢出，超出文件空间的上界等。

boundary fill 边界填充 在某些计算机绘图程序中，在图形的边界内部涂上某种指定颜色的技术。

boundary function 边界功能(程序) 在 SNA(系统网络体系结构)中，一个子区节点对相邻的外围节点提供协议支持的一种能力，这些协议支持包括：①将网络地址转换成局部地址，或者将局部地址转换成网络地址；②对低功能外围节点完成通话顺序编号；③提供通话层调步支持等。参见 intermediate routing function，network addressable unit，path control network。

boundary layer photocell 边界层光电池 一种是光伏电池，它包含两种物质，如铜和氧化亚铜，中间夹一个专门制备的边界层。当光落在边界层上时就会产生伏打电流。参见 photovoltaic cell。

boundary microphone 界面式话筒 也称"压力区话筒"，是一种专门用来通过侦测声学空间边界线上声压电平变化情况，来减少直接声音信号和反射声音信号之间相互干扰的话筒。

boundary network node (BNN) 边界网络节点 (1)在通信系统软件中，为本地连接的站点执行 FID2 转换、通道数据链路控制、调步以及通道/设备差错恢复过程等提供支持的编程功能部件。这些功能类似于 NCP(网络控制程序)为连接的站点提供的功能。(2)在 SNA(系统网络体系结构)术语中，提供分界功能的子节点，支持相邻外围节点，

B

包括序列化、定时和地址翻译，也称“分界节点”。

boundary node　边界节点　在SNA(系统网络体系结构)中，具有边界功能的一种子区节点。子区节点可以是一个边界节点，一个中间路由选择节点，也可以两者都是，或两者都不是，这取决于它在网络中被如何使用。

boundary register　上下界寄存器　在多道程序系统中，用来指明每一个用户程序所占用的内存储区上界地址和下界地址的一种专用寄存器。

B

boundary representation　边界表示(法)　用文件描述造型物体的表面的边界信息，故也称“线框法”。它是实体造型系统常采用的一种方法。这一方法把三维物体看作是由其边界表面围成的，其中每个面可以进一步分解成边，即面可以用边来表示，而边又可以用点来表示。使用边界表示的计算机模型由两部分组成，一部分是描述几何对象的，另一部分是描述它们的拓扑关系的。采用这种表示方法能够很好地定义物体的面、线、点的几何关系和拓扑关系。比较 constructive solid geometry (CSD)。

boundary scan　边界[周边]扫描　(1)欧洲和美国一些半导体厂家组织的联合测试行动组(JTAG)提出的一种标准化的易测性测试方式。最初是针对组装有LSI(大规模集成电路)的电路板的测试，是一种把扫描设计扩大到系统级的测试方式，不仅适用于电路板测试，也正向大规模化的LSI测试发展。(2)一种集成电路可测试性设计技术，可用于板级测试。测试时在模式选择的控制下，将板内所有集成电路的所有引脚形成一条沿集成电路周边绕行的移位寄存器链，通过将测试数据串行输入输出该寄存器链而发现板内连接故障或器件焊接故障。参见 scan path，build-in self-testing。(3)由IEEE(电气与电子工程师学会)于1990年制订的测试标准。标准要求在集成电路中加入周边扫描电路，包括四个附加引脚构成的测试专用端口，这四个附加引脚为测试时钟、模式选择、测试数据入、测试数据出。

boundary science　边缘科学　以两种或多种学科为基础而发展起来的科学。边缘科学是各基础学科及其分支学科之间相互交叉、相互渗透所产生的新学科的总称。其共同特点是运用一门学科或几门学科的概念和方法，研究另一门学科的对象或交叉领域的对象，使不同学科的方法和对象有机地结合起来。也称“交叉科学”。同 interdisciplinary science。

boundary sharpening　边界锐化　在模式识别中，如模式为视觉模式则其边界轮廓突出易于由机器识别。这时应忽略视觉模式之色彩、反差等。有两种方式进行边界锐化：①向频率域变换后的“变换图像”经去除噪声处理后，经过高通滤波软件处理再经由频率域向空间域反变换，即可得到强调边界轮廓的锐化图像；②在一般机器人中，不可能采用复杂的变换与滤波。因此，利用边界是灰度变化梯度最大这一特点，通过求灰度梯度最大的方式求得边界突出。

boundary tag method　边界标志方法　(1)可利用空间表(AVAIL表)的一种回收算法。在每一存储块(已分配块和可利用块)的两端各加上一个标志，如分配块的标志为1，可利用块的标志为0。当节点回收时，查看该节点两边相邻块的标志就能判别它们是否是可利用块。(2)在数据结构管理系统中的一种动态存储器分配方法。数据块存入之后，在其末尾加上边界标志以减少空间浪费。

boundary violation　越界　试图对定义的边界之外进行访问。

bound charge　束缚电荷　电介质中的分子在电结构方面的特征是原子核对电子有很大的束缚力，即使在外电场的作用下，这些电荷也只能在微观范围有所偏离，但它们一般不会彼此相互脱离。例如，电介质在外电场作用下从微观上看是分子发生电极化，微观电极化的宏观效果就是沿电场方向，在电介质的两端出现两种等量而异号的感应电荷。研究电介质的电性质时，应主要考虑束缚电荷的作用。比较 free charge。

bound checking　边界检查　对程序结果是否导致超出授权界限之外访问的测试。

bound cursor　定界游标　在数据库系统中，指当数据库进行插入或更新时，被插入或更新记录中的某字值要受到另一个数据库中具有相同性质字段值的约束。

bounded-balanced tree　有界平衡树　一种二叉树，其中设计者选择的边界值限制任何节点的左子树与右子树之间节点数的差别。

bounded-buffer problem　有界缓冲区问题　具有固定数目缓冲区的生产者/消费者问题。当所有缓冲区空时，消费者等待；当所有缓冲区满时，生产者等待。

bounded context grammar　限界上下文文法　满足下列两个条件的上下文无关文法G称为(m，n)限界上下文文法：①G是适定文法；②若G中有产生式$A\rightarrow\alpha$，且存在推导

$$S\overset{*}{\Rightarrow}\beta A\gamma\Rightarrow\beta\alpha\gamma$$

则对于任何一个其他推导

$$S\overset{+}{\Rightarrow}\delta\alpha\omega$$

使得β和δ的最终m个符号相同，γ和ω的最初n个终结符号相同者，α必须是$\delta\alpha\omega$的句柄，且$A\rightarrow\alpha$是唯一可进行归约的产生式。

bounded function　有界函数　所有的函数值的绝对值都小于等于某一个正数的函数。

bounded lattice　有界格　既有全上界又有全下界的格。或对于并运算和交运算分别有零元素和幺元

素(单位元素)的格。

bounded occurrence　约束出现　谓词公式中变量的一种出现形式。若一变量处于某个量词的辖域中且与其指导变元同名,则称该变量的出现为一个约束出现;若它不处在任何量词的辖域中或虽在某一量词辖域中但不与量词的指导变元同名,则称该变量的出现为一个自由出现。不含自由出现的变量的公式称为语句。约束出现的变元也称"约束变元",自由出现的变元也称"自由变元"。

bounded tiling problem　有界布瓦问题　一个NP-完全问题。示例:一个瓦片的有限集合 W,这里的瓦片是指四边涂有颜色的方块和一个 $N \times N$ 方块 v,其中 v 的边界上 $4N$ 个单位边段上已涂有颜色。问题:在满足每对相邻瓦片在公共边上颜色相同,在与 v 边界相邻的边界上与 v 边界上的颜色相同的条件下,用 W 的瓦片可以覆盖 v 吗?

bounding box　(边)界框,包围盒　(1)大小尺寸与符号的高度和宽度正好相同的一个矩形,它使整个符号位于其间。(2)计算机图形中,在同一原点的包含字符形状的最小的矩形。(3)在AIX图形中,一个包围一个基本部件的二维矩形,用于确定基本部件是否在裁剪区之内。参见 clipping, fixed box。(4)在虚拟现实技术中,指包围虚拟物体的最小长方体,它是虚拟现实中进行碰撞检测包裹着虚拟物体的一个常用方法。参见 virtual reality。

bound mode　束缚模　在光波导中的一种模式,其特点是纤芯外的场强度或光功率密度横向单调衰减,没有由辐射造成的功率损失。同 guided mode, trapped mode。

bound occurrence　约束出现　谓词演算中有两种约束出现:一是受全称量词约束的约束出现;二是受存在量词约束的约束出现。参见 universally quantified variable, existentially quantified variable。

bound pair　界偶　程序设计语言中用来表示数组元素下标的上界和下界。其语法公式为

〈界偶〉::=〈下界〉:〈上界〉

bounds checking　边界检验　为检测是否访问了特许权限外的存储器,而对计算机程序的结果进行的检查。同 storage bounds checking。

bounds register　边界寄存器　操作系统中用于存放某一进程所占合法的内存空间的最小物理地址和最大物理地址的寄存器。

bound variable　约束变量　(1)谓词公式中受量词约束的变量称为约束变量,否则称为自由变量。(2)量化一个合适公式中的某个变量所得到的表达式也是合适公式。如果一个合适公式中某个变量是经过量化的,就把这个变量称为约束变量,否则就称它为自由变量。

boutique resellerozo　特供分销商　一种增值销售商(VAR),这种分销商专门提供定制软件、硬件和服务。在VAR环境中,特供分销商与主分销商或系统集成商不同,后者提供更多种类的产品或服务。

BOV　卷开头　beginning-of-volume 的缩写。

boxy　闷声　声学中的闷声是指听到的音乐像从封闭的箱子中发出来的而有些共鸣。

Boyce Codd normal form (BCNF)　鲍依斯-柯德范式　也称"修正后的第三范式"。是Codd和Boyce共同提出的一种新的范式,它比第三范式又进了一步。当关系 $R \in 1NF$,对主关键字 X 及属性组 Y,若 $X \to Y$ 成立且 $Y \not\subseteq X$ 时,X 必含有主关键字,则 $R \in BCNF$。亦即关系 R 中,若每一个决定因素都包含有主关键字,则它是BCNF范式关系。一个关系模式如已达到BCNF但是未达到4NF,这样的关系模式仍不是最理想的。

B

Boyer-Moore (BM) algorithm　贝叶-莫尔算法　一种单键字符匹配算法,简称BM算法。它的基本思想是设法跳过不可能含有模式的部分,从而获得较快的速度。它的特殊之处一是自右至左扫描模式,二是考虑正文中出现的字符在模式中的位置,这样当正文中出现模式中没有的字符时就可以将模式大幅度移过正文。参见 Horspool algorithm, Knuth-Morris-Pratt (KMP) algorithm。

bozo　傻瓜,怪人　在因特网上经常使用的俚语或粗话,特别是在新闻组中,指一种愚蠢或行为古怪的人。

bozo filter　傻瓜过滤器　在因特网上,在某些电子邮件用户和新闻组读者中,或在单独的使用环境中使用的一种俚语,让用户截断或滤除来自特定个人(如怪人)的邮件信息或新闻组文章。

BO2K　BO2K 黑客工具　back orifice 2000 的缩写。

BP　(1)反向传播(算法) back propagation 的缩写。(2)缓冲池 buffer pool 的缩写。(3)分支预测 branch prediction 的缩写。

BPAM　基本分区存取法　basic partitioned access method 的缩写。

BPCB　缓存池控制块　block pool control block 的缩写。

BPCS　企业计划与控制系统　business planning and control system 的缩写。

BPDTY　缓存池目录　buffer pool directory 的缩写。

BPDU　网桥协议数据单元　bridge protocol data unit 的缩写。

BPF　带通滤波器　band pass filter 的缩写。

bpi　位/英寸,比特/英寸　bits per inch 的缩写。

BPM　(1)业务过程模型 business process model 的缩写。(2)企业绩效管理 business performance management 的缩写。

B-P model　反向传播模型　back propagation model 的缩写。

BPON 宽带无源光网(络) broadband passive optical network 的缩写。

BPP (1)每像素位数 bits per pixel 的缩写。(2)桥端口对 bridge port pair 的缩写。

BPR (1)业务过程再设计 business process redesign 的缩写。(2)业务过程重组 business process reengineering 的缩写。

BPS (1)整批处理系统 batch processing system 的缩写。(2)二进制程序空间 binary program space 的缩写。

Bps 字节每秒 bytes per second 的缩写。同 B/s。注意和 bps 及 b/s 的区别。

bps 位每秒 bits per second 的缩写。同 b/s。注意和 Bps 及 B/s 的区别。

BPSK 二相相移键控 binary phase shift keying 的缩写。

BPU 分支处理单元 branch processing unit 的缩写。

BPV free seconds rate 无双极性扰乱秒率 双极性信号超时质量的衡量，通过用测试延续时间秒数除以无 BPV 秒数得到。参见 bipolar violation (BPV)。

BPV rate 双极性扰乱率 双极性传输中准确度的衡量，通过用测试延续秒数除以双极性扰乱数得到。参见 bipolar violation (BPV)。

BQFP 带缓冲垫的四侧引脚扁平封装 quad flat package with bumper 的缩写。

BR 变址寄存器，基址寄存器 base register 的缩写。

BRA 基本速率接入 basic rate access 的缩写。

brace 花[大]括号 即{ }。为了描述程序设计语言而使用的一种符号，如 C 语言中花括号{ }的用法之一，是表示程序的结构层次范围。一个完整的程序模块要用一对花括号表示该程序模块的范围。

bracket 方括号，括号定义符 即[ ]。为了描述程序设计语言成分的一般形式而使用的一种符号。方括号中的内容是选择项，即用户可选择它，也可以不选择它。

bracket protocol 括号协议 SNA(系统网络体系结构)的一种数据流控制协议，在该协议中，两个 LU-LU(逻辑单元之间)会话端之间的报文交换通过使用括号对来完成。会话激活时指定一个 LU 会话端作为主发话端，另一个 LU 会话端作为请求端。括号协议涉及括号开始和终止规则。参见 bidder, first speaker。

bracket state manager 阶层[括号]状态管理程序 通信系统软件中的一种例行程序，它通过适当的括号状态改变和检测括号错误来实施括号协议。

braid 编织[物] 光缆中的编织纱线层，以增加光纤的抗拉强度和便于固定光纤连接器或接头组件在光缆末端的装配。

braille display 盲文显示器 盲文显示器是一个可和键盘相连的设备，它以盲文的形式每次让盲人读一行文字。每个盲文由矩形阵列中的六个或八个可移动针脚组成。针脚的升降是依靠所收到的电信号来决定的，这是模仿盲文中的凸点原理设计的。根据设备的不同，每一行一般是 40、65 或 80 个阵列。盲文显示器是利用电磁或压电原理工作的。当电流或电压通过每个六针脚阵列时，多种上升和下降的组合就产生了盲文中的凸点文字。当结合使用盲文键盘时，盲文显示器就使盲人对计算机的操作变得可能了，可以发送和接收邮件及浏览网页。除了盲文显示器外，盲人还可以使用声音识别和语言合成技术来操作计算机。

brain-behavior intelligence (BBI) 脑行为智能 模仿人类或动物的智能行为和脑功能的系统研究。大脑中一个神经元发出的信号能够引发千万个神经元的串联。而脑行为智能硬件系统将同许多简单处理机之间的强内部连接相并行，用学习和训练代替编程设计。

brain damaged 脑损坏 形容软件以错误的或破坏性的方式运行。这种程序的表现如：奇怪的和难以捉摸的显示、无法正确响应用户命令、无法释放不用的存储空间、无法打开文件以及使用了操作系统"占用"的单元，从而在程序或操作系统中产生致命错误。脑损坏的程序还常常导致整个局域网出现问题。

brain-dead 丧失功能 指硬件或软件完全受到破坏，丧失功能。

brain-dead design 脑死亡设计 程序员对微处理器或其他硬件设备骂出的粗话，这些设备的特点是其可用性未能达到应该达到的设计要求。

brain dump 信息垃圾 在回答通过电子邮件或新闻组文章提出的询问时出现的大量无组织信息，这些信息很难整理或翻译。

brain machine interface (BMI) 脑机接口 脑机接口是一项协作技术，大脑控制一台机械设备就像是对自己身体某部分的控制。原理是从一群神经细胞中读取信号并且使用计算机芯片和程序将这些信号转换成相应的动作，如脑机接口技术可使患有瘫痪的病人可以自行控制机械轮椅。

brain model 脑模型 对脑的结构和功能进行模拟研究的人工试验装置或工程技术模型。它根据脑科学的研究结果，以人脑为生物原型，从仿生学观点出发，利用电子学、计算机等多种技术，建造这种装置或模型，对人脑的功能和结构进行研究，探索脑的智能活动规律和原理、思维功能与组织结构的关系，并通过类比，揭示人脑的奥秘。

brain state in box (BSB) 盒中脑状态模型 由 J. Anderson 发展起来的一种神经网络模型。它和简单的线性联想器有密切的关系。在 BSB 模型中，各单元的激活值被限制在一个最小值和一个最大值之间。BSB模型的学习范例是自联想器，其相互连接的一个特点，是系统向自身反馈。在一般情况下，每个单元不但向其他单元反馈，而且也向它自己反馈。通过正反馈回路，单元的激活值就会在系统中循环。BSB模型的学习就是自联想学习。

brainstem auditory evoked potential (BAEP)　脑干听觉诱发电位　是由声刺激引起的神经冲动在脑干听觉传导通路上的电活动，能客观敏感地反映中枢神经系统的功能，BAEP记录的是听觉传导通路中的神经电位活动。参见 evoked potential (EP)。

brainstorming　妙主意　一种经常应用的成组求解问题的技巧，目标是形成对问题的尽可能多的解决方案。试图把能够想得到的一切主意集中起来以解决某一特定问题。通过一群人的交互作用来激发新思想的产生。

brainware　脑件　也称"第三代软件"，与传统软件相比，第三代软件可以使不在同一工作地点的工作组分享信息和工作流程，从而使整个单位中各种硬件平台和各种网络软件的系统间进行信息处理和交换，第三代软件处理的不仅是信息，其重点在于知识的创造。

branch　分支，支线，树枝　(1)在计算机程序执行过程中，从多组指令中按条件选择一组指令执行。(2)在网络中，连接两个相邻节点，且不经过任何中间节点的一条路径。(3)通信系统中，用于连接两个节点的通信线路。(4)树中的边。设图 $G=\langle V,E\rangle$，T 是 G 的一棵树，若边 e 属于 E，且是 T 中的一条边，则 e 称为 T 的一个树枝；若 e 只属于 E，而不属于 T，则 e 称为 T 的一条弦。树 T 的全部弦构成的集合，连同这些弦所关联的顶点构成的图称为树 T 的补，也称"余树"。

branch access type　转移访问类型　一种指令类型，它指示处理机访问一操作数的地址，而该操作数是一个转移位移量。转移位移量的大小由该操作数的数据类型确定。

branch and bound method　分支界限法　由回溯法演变来的一种组合最优化算法。依照这种方法，在搜索一棵决策树时，把第一个搜索到的树叶的权 $w(q_1)$ 作为界，在以后的搜索中如果发现某个内部节点或树叶 A 的权 $w(A)\geqslant w(q_1)$ 时，则不再对 A 的后代进行搜索。如果 A 是树叶，则不保留 A。当搜索到某个树叶 q_2 的权 $w(q_2)<w(q_1)$ 时，则用 $w(q_2)$ 代替 $w(q_1)$ 作为新的界。利用界可以对决策树进行大幅度删减，对于一些还没有好算法的问题(如旅行商问题)可用此法求最优解。

branch-and-bound search　分支限界搜索　人工智能的搜索策略之一。在搜索期间，常有许多不完备的路径待考虑，就将耗散最低的路径加以扩展一级。如有多种分支，则会产生许多新的不完备的路径。然后再从这些新路径与原来保留的旧路径当中选出耗散最低者加以扩展。如此重复，直至达到目标为止。

branch construct　分支结构　在程序设计语言中，使用标号引用方法，在不同的执行序列之间选择其中一个执行序列的一种语言结构。

branched cable　分支电缆　包含一个或多个引出口或分支点，即一个或多个分支的多线、多光纤或多束缆。分支电缆的一个例子是具有8根导线的某一点分成两根电缆，每一条有4根导线，各自在分开方向上延伸。

branch feeder cable　分支馈线电缆　将信号传导到或进入通信网络支线的电缆。

branch-history table　分支过程表　一种计算机图表，保存了条件分支的当前过程信息，这一信息用于分支选择。

branching　转移，分支　在一个程序中，通过旁路一些规定的指令，来改变指令执行顺序的一种技术。

branching network　分支网络　用于在两个或多个信道上进行信号的发送和接收的网络。

branching operation　转移操作　转移指令所执行的操作。计算机一般按顺序逐条执行指令，只有在遇到转移指令时才改变正常顺序，转移到指令指出的另一条指令。

branching point　分支点　在交互式视频表现中，程序中的一个位置，在这个位置上观察者可以在两个或者多个可选项中进行选择。

branching program　分支程序　各分支计算过程中所使用的程序。这类计算过程的步骤与原始数据的值和中间结果有关。

branching repeater　分支转发器　仅有一个输入信道或电路的，驱动几个输出信道或电路的转发器。

branch instruction　分支[转移]指令　改变计算机程序指令执行顺序的一种指令。指令的执行顺序从转移指令中规定的地址继续执行。参见 jump instruction。

branch instruction conditions　分支指令条件　指令强制置程序计数器为一个新地址时所需条件。该条件可能是零结果、加法溢出、已生成的外部标志以及其他等，根据所得结果，选择几个程序段中的一个执行。

branch on switch setting　按预置开关转移　使用规定的存储单元或变址寄存器来设置程序转移的开关。预置一个开关可使程序转移到一个适当的入口点。

branch on zero instruction　(按)零转移指令　一种转移指令，它根据累加器中值为零或某个特征触发器的状态为零而进行转移。若不为零，则转移无效。

branch operation　转移操作　把指令中的地址部分

置换或修改为新的指令地址的一种操作。它可以是无条件的或仅满足所要求的判定条件。

branch point 转移点,分支点 (1)计算机程序中产生转移的一个点,通常采用指令的地址标志,当转移发生时,可使程序转到相应的入口点。(2)计算机程序中的发生分叉的一个位置,特别是指令的地址或者标号。

branch prediction (BP) 分支预测 分支预测是处理器(CPU)中的一种先进的数据处理方法,由CPU来判断程序分支的进行方向,能够加快运算速度。

branch prediction table (BHT) 分支预测表 分支预测表是处理器(CPU)用于决定分支行动方向的数值表。

branch processing unit (BPU) 分支处理单元 分支处理单元是处理器(CPU)中用来做分支处理的那一个区域。

branch table 转移表 (1)一种变量和相关地址表,根据测试结果控制将被转到表中指定的相关地址。(2)识别程序号码的地址表。由执行的程序逻辑来决定执行其中的一页。

branch tracer 转移跟踪 一种调试程序。当执行用户程序发生出错终止时,为了便于查错,它能把用户程序在动态执行过程中的所有转移点打印出来。

BRAP 交替优先权广播识别 broadcast recognition with alternating priorities 的缩写。

BRAS 宽带远程接入服务器 broadband remote access server 的缩写。

brazing 铜焊 通过高温下硬焊料合金层的局部熔融,使两种或多种金属相连接的工艺。

BRB 再见,马上回来 be right back 的缩写。在因特网和联机信息服务上的在线聊天服务中常用的一种语句,表示参与聊天的人将暂时离开。

BRD 反向通道接收数据 backward channel received data 的缩写。

breach 攻破 在计算机安全中,指成功地绕过或者越过安全控制的约束,穿透系统,如未使用所规定的操作系统安全机制访问文件。

breadboard 实验电路板,面包板 供设计和操作试验用的电子电路组成的实验性装置。它是一种预置格式的接线板,用户可在其上进行电子线路的样机制作和设计实验,板面上包括几百个孔,可插入元器件和连接线,背面的连线用金属条预置。比较 wire-wrapped circuit。

breadth-first procedure 宽度优先过程 在人工智能的图解搜索中,采用宽度优先搜索策略的搜索过程。

breadth-first search (BFS) 宽度优先搜索 也称"广度优先搜索"。一种搜索图的方法。由一个顶点 V_0 出发,首先标记它,然后依次标记与 V_0 相邻的所有顶点 $V_1, V_2, \cdots, V_i$,再依次标记与 $V_1, V_2, \cdots, V_i$ 相邻的所有未作标记的点。重复此过程直到所有顶点均作了标记为止。搜索过程所产生的树称为广度优先树。对广度优先或深度优先搜索方法稍加修改就得到连通分支算法,它可找出图的所有连通分支。

breadth-first strategy 宽度优先策略 在分析句子的过程中,每一个阶段都要先把处于同一平面上的所有节点可能具有的组合都产生出来,然后再做进一步归约的搜索方法。比较 bottom-up parsing。

breadth first strategy of resolution refutation 归结反演宽度优先策略 逐级归结出所有 1 级、2 级、……归结式,直至归结出 NIL(无)归结式为止的策略。基本集中的表达式称为 0 级归结式;如果至少一个双亲节点是 $n-1$ 级归结式,则称为 n 级归结式。归结法反演宽度优先策略是完备的。

break 断开,终止 (1)在通信线路中,接收端可中断发送端取得线路控制权。此术语尤其常用于半双工电报线路和带有音控设备的双向电路线路的连接。(2)在某些个人计算机上,通过同时按下 Ctrl(控制键)和 Break 键或发出命令,终止一个程序的运行。参见 receive interruption, control break, interrupt。

breakable 可破译的 在密码分析中,指对一种密码有可能从密文中确定明文或者密钥,或者以一组明文和密文对照中确定密钥。

break contact 动断触点 继电器有预定激励时断开,无激励时闭合的触点组件。也曾称为常闭接点、静合接点。

break delivery 断开传送 将信息送入信息队列的一种方法,一旦信息到达该队列,则与信息队列有关的作业被立即中断。

breakdown 崩溃,击穿 (1)因错误操作或运行问题导致系统瘫痪。(2)击穿是指电子器件永远失去正向或反向阻断特性的破坏。

breakdown current 击穿电流 在击穿电压时流经的瞬间电流。参见 breakover voltage。

breakdown in solid dielectrics 固体电介质击穿 在强电场作用下,固体电介质丧失电绝缘能力而由绝缘状态突变为良导电状态。导致击穿的最低临界电压称为击穿电压。均匀电场中,击穿电压与固体电介质厚度之比称为击穿电场强度(也称"介电强度"),它反映固体电介质自身的耐电强度。不均匀电场中,击穿电压与击穿处固体电介质厚度之比称为平均击穿场强,它低于均匀电场中固体电介质的介电强度。固体电介质击穿后,由于有巨大电流通过,介质中会出现熔化或烧焦的通道,或出现裂纹。固体电介质击穿有三种形式:电击穿、热击穿和电化学击穿。参见 electrical breakdown, thermal breakdown, electrochemical breakdown。

breakdown in gaseous dielectrics 气体电介质击穿 在强电场作用下,气体分子发生碰撞电离而导致电极间的贯穿性放电。其影响因素很多,主要有作用电压、电板形状、气体的性质及状态等。气体介质击穿常见的有直流电压击穿、工频电压击穿、高气压电击穿、冲击电压击穿、高真空电击穿、负电性气体击穿等。参见 electrical breakdown, breakover voltage。

breakdown liquid dielectrics 液体电介质击穿 在强电场作用下,液体电介质失去绝缘能力而由绝缘状态突变为良导电状态。对纯净液体电介质,有两种阐述击穿过程的理论:①电击穿,对纯净的液体电介质施加电压,液体中的离子在电场作用下运动而形成电场强度,液体电介质中原有的少量自由电子,以及因场致发射或因强电场作用增强了的热电子发射而脱离阴极的电子,在电场作用下运动、加速、积累能量、碰撞液体分子,使之电离,致使电子迅速增加。随着电流急剧增加,液体电介质失去绝缘能力,发生击穿。②气泡击穿,当纯净液体电介质承受较高电强度时,致使液体电介质产生气泡。在足够强的电场作用下,首先气泡内的气体电离,电离的气泡或在电极间形成连续小桥,或畸变了液体电介质中的电场分布,导致液体电介质击穿。参见 electrical breakdown, bubble breakdown liquid didectrics。

breakdown junction 击穿结 当电场(电压)足够高时,引起高电平传输,达到高载流子传导状态。

breakdown of dielectric medium 电介质击穿 电介质只能在一定的电场强度以内保持绝缘的特性。当电场强度超过某一临界值时,电介质变成了导体,这种现象称为电介质的击穿,相应的临界电场强度称为介电强度或击穿电场强度。

breakdown voltage 击穿电压 在该电压的作用下,电气绝缘将被破坏。

break feature 截断功能 在通信系统中,接收站中止发送站的传送而获得线路控制权的功能。该功能常用于半双工线路。

break-in 煲机 指新买回的音响器材得通电一段时间后才会让播放的音质变好。

breaking capacity 分断能力 电器在规定的条件下,能在给定的电压下分断的预期分断电流值。

breaking current 分断电流 分断操作时,在电弧开始瞬间流过电器一个极的电流值。

break key 中断键标,中断键 (1)某些与半双工通信系统兼容的设备上的一种键标,用以中止送来的报文。(2)键盘上的一种使计算机停止现行作业并等待另外指令的键。在 IBM 及其兼容机的键盘中,这个键一般标有 Pause/Break 或者 Scroll Lock/Break,在 PC 机上按 Ctrl 键和 Break 键产生一个中断命令。

break lock 失锁 频率锁定、相位锁定或同步的丢失。

breakout box (BOB) 断路检测盒,断开盒 一种能连接多线电缆,并能检测出不能正常传输信号的线路的设备。当多线电缆中某线能正常传输信号时,则相应线对应的指示灯就被点亮;不能正常传输信号时,相应的指示灯就暗。

breakout chain 链路中断 电话交换机拨号系统中的一组继电器,当该组中第一个继电器被激励时,其他继电器被禁止激励。

breakout point 分叉点 分支会合、合并、连接或从主缆或线束分出的点。分叉点的一个例子是光缆中的光纤汇集或分散的点。

break package 中止程序包 程序设计或知识工程语言中的一种结构。它告诉程序该在什么地方停止,以便于程序员能在那一点检查变量的值。

break point 断点 程序中由一条命令或一个条件指定的一个点。断点通常放在程序中一些特定的位置,当程序执行到这一点时,系统暂停该程序的执行并将控制转移给使用者或特定的调试程序,并能够从断点处方便地继续执行。参见 instruction address stop, breakpoint instruction, dynamic stop。

breakpoint halt 断点停机 由实现转移的一条转移指令组成的闭合循环,常用于获得断点。

breakpoint instruction 断点指令 (1)一条转向自身的转移指令。它构成一个闭循环。通常用来实现一个中断点。(2)使计算机停止工作或转至管理程序的一种指令。管理程序可以对被中断的程序进行监督或采取必要的补救措施。断点指令可以在正常的程序中,也可以由开关打入或由计算机的中断装置产生。一般情况下,往往转至高优先级的程序中执行。

breakpoint program 断点程序 批作业中的一种用户程序,当作业执行一个断点时,调用此程序进行处理。

breakpoint switch 断点开关 在程序的断点处,控制计算机操作的手动开关。主要用于调试、检验和纠错。

breakpoint symbol 断点符号 指令中用来表示程序断点的符号。

break sequence 间断序列 在起止式协议中,指传送全零位。

break signal 断点信号 一个通过远程连接发送的用于中断远程系统中当前活动的信号。

break time 分断时间 从开关电器的断开时间开始起到燃弧时间结束为止的时间间隔。

break-through 穿通 电子器件在正常运行的正向阻断期间内失去正向阻断能力的现象。

breed 繁殖 在计算机病毒学中,指计算机病毒在不破坏自身的情况下传染给被攻击目标的过程。换言之,计算机病毒的繁殖就是计算机病毒自身的自我复制(的过程)。

bremsstrahlung 韧致辐射 也称“刹车辐射”,原指高速运动的电子骤然减速时发出的辐射,后来泛指带电粒子与原子或原子核发生碰撞时突然减速发出的辐射。

brevity code 简缩码 利用省略码(如符号和词的前部)来替代所代表的信息或指令的一种编码。简缩码的使用要求通信双方事先有有关简缩码的约定或共识。

brevity list 简码表 通信中的一种编码体制,用于减少传输信息所需的时间。它用少数字符代替长而固定的句子。

BREW 无线二进制运行环境 binary runtime environment for wireless 的缩写。

Brewster's angle 布鲁斯特角 电磁波入射到具有不同折射率的两种电介质的交界面时,从一种传播介质完全传输到另一种介质时相对于法线测量的入射角度。由传播介质 1 到传播介质 2 的布鲁斯特角 θ_B 由公式 $\theta_B = \arctan(n_2/n_1)$ 给出,其中 θ_B 是布鲁斯特角,n_2,n_1 是介质 2 和介质 1 的折射率。

Brewster's law 布鲁斯特定律 当电磁波(光波)入射到交界面,即入射平面时,某个角度的入射单色光线的反射和折射光线间的夹角为 90°。设入射光线从折射率为 n_1 的介质入射,其入射角为 ip,在 n_1、n_2 的界面产生部分反射,进入 n_2 时的折射角为 θ_2,据布鲁斯特定律,$\tan(ip) = n_2/n_1$。通常 n_1 为空气,其值可以认为接近于 1,此时布鲁斯特定律变成 $\tan(ip) = n_2$。

BRG 波特率发生器 baud rate generator 的缩写。

BRI 基本速率接口 basic rate interface 的缩写。

brick 移动电话(砖) 由于早期的移动电话体积庞大且分量沉重,犹如一块砖,故以此命名。

bridge 桥,网桥 (1)也称“割边”。在一个连通图 G 中,删去某条边后,所得到的子图是不连通的,这条边就称为桥。(2)一种在链路层实现中继,常用于连接两个或更多个局域网的网络互连设备。网桥作用于 OSI(开放系统互连)的介质访问控制层(MAC),传递网络间的数据,基于数据链路层的信息。这些信息具有一个共同的网络层地址,对其上层的设备及协议都透明。网桥(或称桥接器)是连接具有相同或相似体系结构的网和系统,而网间连接器(或称网关)连接具有不同体系结构的网络或系统。参见 gateway, router。

bridge clip 桥接线柱 连接两个相邻终端提供复用或测试点的接线柱。

bridge connection 桥式连接 变流器电连接的一种,全部由臂对构成的一种双拍连接。以臂对的中心端子为交流端子,其外端子按极性分别连接在一起形成两个直流端子。

bridged call 桥接呼叫 一种特性,允许网络站点用户通过输入正确的命令就可成为另一条通信线路的延长。

bridged converter 桥式转换器 一种开关式转换器电路,其中使用四只开关组件(全桥)或者两只开关组件(半桥)。这种电路较多用于电网供电的电源。桥式转换器提供很大的输出功率,而脉动较小,但是比其他类型的转换器复杂得多,因而价格比较高,也较易出故障。

bridged ringing 桥接振铃 线路上的振铃器跨线路互连的系统。

bridge driver 桥驱动器 在 NetWare 中,一种诊断服务,指定目标节点中的目标桥驱动器。目标桥驱动器对应于目标网卡。

bridged tap 桥接抽头 在分路器中连接到主电缆的一对特别的缆线。这一对特别的缆线通常是断开的,当接入新的用户时,将这对线连至主电缆对。短程桥接抽头不影响音频信号,但对高频数字信号十分不利。

bridge fault 桥接故障 电路中的两条传输导线或连接端子因桥接短路而形成的故障。这种短路的影响可使两条信号线起到“与”或者“或”的作用,当电源连接端子与信号端子桥接短路时,会烧坏插件上的电路器件或影响电路正常工作。这种桥接故障在多层印制底板上或多层、高密度布线、细微导线的印制板插件上比较容易出现。参见 bridging fault。

bridge forwarding 网桥转发 在过滤数据库中利用条目来确定带有一指定 MAC(介质访问控制)目的地址的帧能否转发到指定端口或端口的过程。在 IEEE 802.1 标准中有描述。

bridge group 网桥组 把网络接口分配给一个特定生成树组的 Cisco(思科)桥接功能。网桥组能与 IEEE 802.1 或 DEC 规格说明兼容。

bridge identifier 网桥标识符 用于在第二层交换式互联网络中发现和推选根网桥。网桥标识符是网桥优先级和基础 MAC(介质访问控制)地址的组合。

bridge input circuit 桥接输入电路 过程控制中的一种模拟输入电路,其中技术过程的感测部件在桥的一个分支,而引用的(或基准)部件在桥的另一个分支。

bridge label 桥标记 一个十六进制数,用户可将其赋予每个桥。

bridge lifter 起桥器 一种撤除物理的或电气的桥接电话线对的装置。

bridge number (BN) 桥号 在 ATM(异步传输模式)网中,指一个本地管理桥标识号,在源路由桥接中用于唯一地标识两个局域网之间的一个路由。

bridge port 网桥端口 桥接到一个局域网的连接。

bridge port pair (BPP) 桥端口对 标识一个桥/局域网中一对源路由端的头部信息。

bridge protocol data unit (BPDU) 网桥协议数据单元 网桥中使用的一种消息类型，是一种生成树协议问候数据包，用于交换管理和控制信息。BPDU是由网桥周期性地发出的判定它们所依附的网络状态的分组，如果遇到一个环路，引起环路的桥中的一个就会在引起环路的端口上停止发送，直至有必要重估网络状态。

bridge router 桥由器 也称"桥路器"，通信系统中既支持网桥的功能又支持路由器的功能的设备。桥由器连接两个网段，按需要在网段间传送数据包。同 brouter。

bridge static filtering 网桥静态过滤 网桥维护包含静态条目过滤数据库的过程。每一静态条目认为一个 MAC(介质访问控制)目的地址和一个可接收帧的端口相同，由于存在该 MAC 目的地址和其上的一组端口，因此可以发送帧。在 IEEE 802.1 标准中有定义。

bridge tap 桥式分接头 跨接在通信线路两端之间某些点上的一种不定长的非端接线段，这些桥式分接头是不希望有的，电缆上过量的桥式分接头是严重衰减失真的原因。比较 terminated line。

bridgeware 桥件 在不同的计算机或网络中，将数据或程序从一种格式转换成另一种格式的硬件或软件设备。

bridging 桥接 (1)基于公共的链路层协议将两个通信网络互连，并基于链路地址选择要传递的数据的过程。(2)电气上两个或多点之间的连接。为增加输出功率而将功率放大器和音箱作一种特别的连接便是桥接，它将双声道的立体声放大器改接为单路的功率放大器，由其中一路放大器去负责放大波形的正半周，而由另一路去放大波形的负半周，音箱则像两路放大器通道之间的"桥"。桥接时需要用二台同样的双声道立体声放大器。

bridging amplifier 桥式放大器 也称"桥接放大器"，高阻抗桥接到输入信号的线路上的放大器。经过这样的线路仅有很小的损失。

bridging connection 桥接连接 一种并行连接，其目的是从电路中提取某些信号。其对电路的正常工作的影响通常是可以忽略不计的。

bridging fault 桥接故障 不能用固定故障模型模拟的一种常见永久性故障。如在逻辑电路中两条信号线偶然搭接在一起就会形成"线逻辑"故障(如"线与"或"线或")。印制板绝缘层损坏、走线错、金属化孔错、遗落导线或多余线头等都会造成线路搭接。桥接故障常见的有输入桥接和反馈桥接两种。前者由输入线彼此搭接引起，后者因输出线与输入线搭接所致。参见 bridge fault。

bridging fault model 桥接故障模型 描述与反映桥接故障现象的模型。因为桥接故障主要以逻辑值的异常变化表现出来，因而属逻辑模型。因为桥接故障主要有输入桥接与反馈桥接，因而这类模型又细分为输入桥接故障逻辑模型与反馈桥接故障逻辑模型。

bridging loop 桥接环路 桥接网络中，如果到一个网络有多于一条链接并且生成树协议(STP)未启用时所出现的环路。

bridging loss 桥接损耗 在给定频率下，由于在传输线上跨接一个阻抗而引起的损耗。桥接损耗是桥接前传输到给定点的信号功率与桥接后传输到该点的信号功率之比，它通常以分贝表示。

briefcase 公文包 Windows95 中的一种特殊的外围文件夹，它允许对同一文件的不同版本进行同步化操作。通常用在台式计算机与便携式计算机之间。可以将公文包文件夹经由磁盘、电缆或网络传输到另一台计算机。当文件传回到最初的计算机时，公文包将所有文件更新为最新的版本。

brief name 简名 在 TCP/IP(传输控制协议/网际协议)网络环境中，为网络节点所起的不完全的只有机器名或机器名加部分域名而没有顶层域名的层次名字。

bright 明亮 声学中的明亮是指突出 4 ～ 8 kHz 的高频段，此时谐波相对强于基波。比较 blurred, boxy。

brightness 亮[灰]度 在计算机视觉技术及光符识别中，介质表面在给定方向上反射或发射光强度的大小。视觉图像在机器处理中首先被分为"像素"阵列，除色彩外，每一个像素以亮度(或"灰度")为特征测度。像素不同的亮度等级构成阵列的反差图像。反差图像的存在是由于相对亮度反差，而绝对亮度并无太大意义。

brightness conservation 亮度守恒 光学的一个基本原则。同 radiance conservation law。

brightness contrast 明度对比 对视野中的目标和背景的主观亮度差别的评定。对于物体色彩则指明度差别。

brightness ratio 亮度比 用于对比测量，它指印刷纸片上最亮与最暗之间的比率，该术语用于光学字符识别和传真传输。

bright true logic (BTL) 光亮真值逻辑 一种光学逻辑系统，其中逻辑"真"为逻辑值"1"，由光的亮点表示；逻辑"假"为逻辑值"0"，由光的暗点表示。

Brillouin diagram 布里渊图 一种图，用来表示可通过周期性微观结构的材料的电磁波的，允许和不允许的，频率和能级。材料中存在电场时，电子在材料中移动接近或移开原子核时受到周期性的吸引和排斥，引起电子振动场与电磁波相互作用或谐振致使波能量被谐振频率的电子吸收。其结果是谐振频率的电磁波被吸收，而其他频率电磁波通过。晶体和某些玻璃具有周期性微观结构，因而可以画出它们的布里渊图。参见 Brillouin scattering。

Brillouin scattering 布里渊散射 在物理介质中，由于热驱动的密度漂移造成的光波的散射。在室温下，布里渊散射可引起数吉赫的频率漂移。参见 stimulated Brillouin scattering。

bring up 重新启动，初启 (1)对已经掉电或中断一段时间的计算机系统执行的启动过程。(2)初启计算机系统或该系统控制下的一个子系统的处理。

bring-up test 初启检测 计算机系统开机时，启动存放在只读存储器内的测试模块，检测系统中各种功能的能力。

British Computer Society (BCS) 英国计算机协会 英国计算机协会，1957 年 9 月建立，是计算和数据处理专业人员的主要协会。其宗旨是：促进计算机和相关技术的进一步发展和应用，便于沟通信息并进行学术交流，举办学术会议，出版有益于会员的资料，组织并进行会员和其他人员有关的业务考试等。它的会员包括商业、工业和教育界，协会成员必须遵守协会的管理条例和业务法规。加入协会要通过考试或具有相当的教育水平和一定的实际经验。学会出版的刊物有季刊 *The Computer Journal* 和周刊 *Computing*。

British Imperial System 英国法定标准制，英制 测量单位系统。美国据此研究出美国通用度量衡系统。它采用英尺(foot)、英寸(inch)、英镑(pound)、盎司(ounce)、品脱(pint)和加仑(gallon)这些单位，在许多科学技术领域它被国际单位制所取代。

British Naval Connector (BNC) BNC 连接器 一种用在同轴电缆上的连接器。把一个连接器插入另一个连接器旋转 90 度便能锁定。

British Standards Institution (BSI) 英国标准协会 制订英国国家标准的组织。

British Telecom International (BTI) 英国国际电信公司 英国最大的国际电信公司。

British Telecom Lempel Ziv (BTLZ) algorithm BTLZ 算法 在 Lempel-Ziv 算法基础上开发的一种数据压缩算法，可获得 4×2 400 bps 和 4×9 600 bps 的调制解调器速率。

brittle 尖刺，脆性 (1)用于表示使得乐器的音色听来刺耳的中频或高频的声音特性的声学术语。比较 blurred，boxy。(2)软件工程中的脆性是指用来描述那些无灵活性和难于修改的，只适合在某种计算机或装置上运行的一类程序的特性。

BRL 平衡回损 balance return loss 的缩写。

BRLP 比特率长度乘积 bit-rate length product 的缩写。

broadband 宽(频)带 (1)宽带通常是表示支持信号带宽较大或速率较高的业务。对于不同领域以及网络的不同部分，宽带有不同的具体含义。在普通老式电话业务(POTS)网中，带宽大于 4 kHz 就可以称宽带；在公用交换电话网(PSTN)和综合业务数字网(ISDN)中，当带宽大于等于基群速率(1 544 kbps 或 2 048 kbps)时可称宽带；在分组交换网，通常电信运营企业将用户能获得的接入速率大于等于 2 Mbps 称宽带。(2)使用宽广频率范围的传输媒体和技术，可分成较窄的子频带的一种特定操作模式。通过分配每个数据流总带宽中的一部分带宽，一条宽带通道可以同时传递若干个数据流。根据所选的频带，数据被调制成一个频率信号发送，并且通过对信号解调进行接收。

broadband access server (BAS) 宽带接入服务器 同 broadband remote access server (BRAS)。

broadband bearer capability (BBC) 宽带承载能力 在 ATM(异步传输模式)初始地址消息中，一个表示承载类型的字段。

broadband coaxial system 宽带同轴电缆系统 使用同轴电缆媒体的一种宽带系统。

broadband connection oriented bearer (BCOB) 面向承载的宽带连接 在 ATM(异步传输模式)的 SETUP 消息中表示用户要求的服务类型的信息。

broadband data channel 宽带数据通道 具有比音频通道带更宽的数据通道。常见的宽带通道相当于 12 条音频通道，其带宽为 48 kHz。同 wideband data channel。

broadband device 宽带设备 带宽足以接受和处理某一特定发射的所有频谱分量的设备。

broadband emission 宽带发射 带宽大于特定测量设备或接收机带宽的发射。

broadband exchange (BEX) (美国)宽带交换局 美国西部电信联合公司的一种公共交换远程通信系统，具有各种不同带宽的双工连接特性。可支持各种带宽的全双工连接通信业务。

broadband integrated service digital network (BISDN) 宽带综合业务数字网 一个提供多种宽带和窄带业务的综合业务数字网，用户通过单一的接入可以获得话音、数据、视频等多种业务。BISDN 是在只能提供基群速率以内的电信业务的窄带综合业务数字网(NISDN)基础上发展起来的数字通信网络，交换方式倾向于采用异步传输模式(ATM)。BISDN 可用于数字化视频信号、音频信号及高速数字信息的传输，可提供电视会议服务。实现 BISDN 必须满足以下条件：①在宽带用户网络接口(UNI)上至少能提供 H4(135 Mbps)接口速率的多媒体业务，并允许在最高速率之内选择任意速率；② 能提供各种连接形态；③信息传送的延时及畸变足够小；④既能以固定速率传送信息，也能以可变速率传送；⑤采用光缆及宽带电缆。它是国际电报电话咨询委员会(CCITT)推荐的在多兆位范围内定义语音、数据、视频的技术。

broadband interference 宽带干扰 一种能量频谱分布相当宽的发射干扰。

broadband IP network 宽带 IP 网 宽带 IP(网际协议)网是利用光缆作为信息传输的物理介质,用高带宽(无阻塞带宽在 10 Gbps 以上),高速度(包转发速率在 10 Mpps 以上)的路由交换机为核心设备,以千兆位/百兆位/10 兆位以太网的网络形式运行 IP 的数据通信网。

broadband ISDN user's part (BISUP) 宽带 ISDN 用户部分 一个 SS7(7 号信令系统)协议,定义信令消息以控制连接和服务。参见 signaling system number 7 (SS7)。

broadband LAN 宽带局域网 broadband local area network 的缩写。

broadband local network 宽带局域网 一种使用同轴电缆或光纤电缆的局域网,其带宽较基带局域网为高,可以处理数据、声音和视频信息,较基带局域网有下述优点:①既支持数据传输,也支持音频、视频传输;②传输范围更大,数据传输快 20 ~ 30 倍;③既能传输模拟信号也能传输数字信号。

broadband metropolitan area network (BMAN) 宽带城域网 在城域范围内,以 IP(网际协议)和 ATM(异步传输模式)电信技术为基础,以光纤作为传输媒介,集数据、语音、视频服务于一体的高带宽、多功能、多业务接入的的多媒体通信网络。

broadband modem 宽带调制解调器 一种在宽带网络中使用的调制解调器。宽带技术允许几个网络在单根电缆上共存。就像商业广播系统一样,因为会话发生在不同的频率上,各个网络的通信互相不干扰。参见 broadband network。

broadband network 宽带网(络) (1)宽带网络是指能综合提供话音、数据、视像等多种业务的网络,它在一条电缆上使用多个载频传输多路信号。(2)一种局域网络,如 WangNet,其中数据传输像无线电频率信号一样在分离的通道上进行,宽带网上的站用同轴电缆或者光缆连接,采用分频多路复用技术,可同时在多个传输线路上传输数据、声音和视频信息,网络上可进行 20 Mbps 以上的高速操作,采用的技术类似于有线电视。比较 baseband network。

broadband passive optical network (BPON) 宽带无源光网(络) 以宽带技术为基础的无源光网。目前主要是指 ATM 无源光网(APON)、以太网无源光网(EPON)和千兆位无源光网(GPON)。参见 passive optical network (PON), Ethernet passive optical network (EPON, Ethernet－PON), ATM passive optical network (APON, ATM－PON), gigabit passive optical network (GPON)。

broadband remote access server (BRAS) 宽带远程接入服务器 是面向宽带网络应用的接入网关,通常位于骨干网的边缘层,可以完成用户带宽的 IP(网际协议)和 ATM(异步传输模式)的数据接入(主要基于 xDSL、Cable Modem、高速以太网技术、无线宽带数据接入等),实现商业楼宇、小区住户、校园网用户的宽带上网服务管理。BRAS 主要完成两方面功能,一是网络承载功能,负责终结用户的 PPPoE(以太网上的点对点协议)连接、汇聚用户的流量功能;二是控制实现功能,与认证系统、计费系统和客户管理系统及服务策略控制系统相配合实现用户接入的认证、计费和管理功能。

broadband signaling 宽带发送技术 在网络中,利用模拟信号、载波频率以及多路技术,使网络每次在多个节点同时发送信息的一种传输方式。比较 baseband signaling。

broadband system 宽带系统 一般指能传送占据电磁频谱一大部分信号的系统或设备。一个宽带通信系统可以同时容纳电视、话音、数据及许多其他业务。

broadband terminal equipment (B-TE) 宽带终端设备 用于宽带综合业务数据网的设备,包括终端适配器和终端。

broadband transfer mode (BTM) 宽带传送模式 一种传递任何形式多媒体信息的输送模式,数据传送速度为 144 KBps 以上,384 KBps 的数据为适中的实际宽波段传送速度。

broadband transmission 宽带传输 在局部计算机网络中,利用工作频率范围很宽的同轴电缆或光缆进行的高速(100 Mbps 以上)数据传输。

broadcast 广播(通信) (1)用电磁信号向多个接收站点同时发送信息的通信方式。常指无线电通信,但也可用于有线网中用线路发送信息的情形。(2)在计算机网络中,向所有的多个目标同时传输相同数据的方法。通常,要为此保留一个广播地址,通过广播地址使所有设备可以确定该消息是否为一个广播消息。(3)此术语有时用于电子邮件或其他的消息分发,即将消息送给一个团体(如一个部门和企业)的所有的成员,而不是特定的成员。

broadcast address 广播地址 (1)应用于网络内的所有主机的地址。有四种 IP(网际协议)广播地址:①受限的广播地址,用十六进制的全"1"表示,该地址用于主机配置过程中 IP 数据报的目的地址,此时,主机可能还不知道它所在网络的网络掩码,甚至连它的 IP 地址也不知道;②指向网络的广播,地址是主机号为全"1"的地址;③指向子网的广播,地址为主机号为全"1"且有特定子网号的地址;④指向所有子网的广播,地址是子网号及主机号为全"1"。(2)在多机系统中,宿主机对不同模块公用区内的各模块进行动态加载时采用的一种地址模式。一个广播地址可以指向不同公用区内的不同模块。

broadcast and unknown server (BUS) 广播和未知服务器 在 ATM(异步传输模式)网络中的一种服务器,将广播、组播和未知终点地址的通信量转发到所连接的局域网仿真客户站(LEC)的服务器

B

上。参见 LAN emulation client (LEC)。

broadcast area 广播区域[覆盖区] 被广播电台或电视台信号覆盖的区域。

broadcast box 广播式信箱 在电子邮件系统中的一种信箱。由具有写入权限的用户写到广播式信箱的内容可被每一用户阅读。

broadcast channel (BCH) 广播信道 (1)传播信息的信道。这种信道可以是电缆、光缆、自由空间等。使用广播信道构成通信子网是通信子网的两种设计方式之一。与此相对应的通信子网是"点到点信道"。广播信道有时也指多路访问信道。参见 broadcasts subnet。(2)从基站到移动台,用于向移动台广播各类信息(包括移动台在系统中登记所必需的信息)的点对多点的单向控制信道。广播信道包括频率校正信道(FCCH)、同步信道(SYCH)和广播控制信道(BCCH)。

broadcast communication network 广播通信网 一种通信网络。在这种通信网络中,一个站通过广播方式发送信息,其余所有的站接收信息。

broadcast control channel (BCCH) 广播控制信道 一种"一点对多点"的单方向控制信道,用于基站向所有移动台广播公用信息。传输的内容是移动台入网和呼叫建立所需要的各种信息。

broadcast data set 广播数据集 交互系统中的一种数据集,它含有来自系统操作员、管理员和其他用户发出的信息和通知,除非被用户抑制,否则当用户进入系统时,该数据集的内容将显示在所有用户终端上。

broadcast domain 广播区域 采用广播地址可达到的设备的集合。因为路由器不转发广播帧,广播区域一般由路由器设定边界。

broadcast fax 广播传真 把一份传真发送给多个接收者。

broadcast frequency 广播频率 用于传送无线电广播信息和节目的频率。

broadcasting 广播 采用预定的无线电频率通过自由空间的传输,可以视听接收。

broadcasting satellite service (BSS) 广播卫星业务 一种由空间站发射或转发信号的无线通信业务,用于公众的直接接收。

broadcasting service (BS) 广播业务 一种无线通信业务,其发射预期用于普通公众的直接接收。广播业务可包括几种传输类型,如声音传输和电视传输。

broadcasting station 广播电台 用于广播业务的电台,通过无线电或电视广播传输信息和节目。

broadcasting to subnets 子网广播 在 TCP/IP(传输控制协议/网际协议)网络环境中,在分割子网的情况下完成广播功能。因为在分割子网的环境中,IP 地址格式是:网络地址、子网地址、主机地址。全"1"表示广播,而全 1 表示形式是"−1"。因而,对某个子网内的所有主机进行广播的地址形式是:网络地址、子网地址、−1,对所有子网所有主机进行广播,即对网络内的所有主机进行广播的地址形式是:网络地址、−1、−1。一个物理网络通常划分为一个子网。

broadcast mail 广播邮件 传输到某一计算机网络上所有用户终端的电子邮件。

broadcast medium 广播媒介 所有信息被所有站听到的传输系统。

broadcast message 广播信息[报文] (1)在一条多点线路上,同时发送给所有接收站的信息。方式可以是各种形式的无线通信,也可以是有线通信。(2)在数据通信或多用户系统中,可由系统操作员发送给各个能够接收消息的终端用户的信息。这种信息主要有三类:①自动在所有用户终端上显示的登录消息;②可选的低优先级登录消息;③在发生紧急事件时警告用户的警告消息。

broadcast operation 广播式操作 传输系统的一种操作,信息可以被多个台站同时接收,通常不作回应。

broadcast packet 广播分组 一个目标地址为全"1"的数据分组。所有的局域网协议都将这个地址表示该数据分组应送往所有的网络工作站。所有的工作站都将处理这个数据分组并作出响应。

broadcast publishing point 广播宣传点 一种宣传点,以特定的方式传播内容,在这种方式下客户无法控制(开始、终止、暂停、快进、速退)这些内容。从广播宣传点流出的内容可以按多播流或单播流的方式进行输送。

broadcast recognition with alternating priorities (BRAP) 交替优先权广播识别 存在竞争的总线式局域网络中采用的通信协议之一。按此协议,每一工作站在建立起"就绪"信息包后,都要延迟一段时间再发送。此延迟时间的长度正比于最后一次成功发送号与站号之差值的模。由于这种交错的延迟,因而避免了总线上出现冲突。BRAP 与基本位图法比较,是有一个要发送信息的站在争夺周期中在自己对应的时隙填入"1",紧接着这个站就发送出一帧信息。对在争夺周期所形成的争夺帧"1"位的确认扫描也不是从 0 位开始,而是从刚刚发送完毕的站所对应的位开始。显然这种方法在发送过程中不会产生冲突。这种方法克服了基本位图法的不公平性。此外,尽管这种方法与基本位图法比较信道使用效率相同,但是延迟特性要好一些,尤其是在低负荷情况下,站发送只需平均等待 N/2 个时隙时间。在高负荷情况下,两者等待时间基本相同。参见 collision-free protocols, basic bit-map method。

broadcast routing 广播路由选择 当某个主机同时要向多个主机发送报文分组时所使用的路由选

择算法。实现广播路由选择方法有多种，如简单向各个信宿分别发送分组、使用扩散路由选择算法、使用多目标路由选择算法等。

broadcast satellite 广播卫星 用于转发电视和声音节目，向用户提供直接服务的人造地球卫星。

broadcast search 广播搜索 一个搜索请求在 APPN(高级对等联网)网络上各节点中同时传递，这种搜索可在资源位置不明时应用，对应于 directed search。

broadcast storm 广播风暴 在计算机网络中，一个错误的包广播，使得多个主机立即进行响应，通常产生同样不正确的包，使得风暴愈加厉害，大量占用网络的有限带宽，严重时可以使得网络不能传输信息的网络状况。

broadcast subnet 广播子网 单个通信通道为所有站点独享的通信子系统。一个站点的报文发出后，发向网中的所有站点，但只有报文的目的站点才接收。

broadcast topology 广播拓扑 各站用媒体并行连接并且能够并发地接收一个其他站传递的信号的拓扑结构。

broadcast traffic 广播量 在网络上，发送给网段上每个用户的消息量。

broadcast transmission 广播传输 指在 IP(网际协议)子网内广播数据包，所有在子网内部的主机都将收到这些数据包。广播意味着网络向所有子网主机都投递一份数据包，不论这些主机是否乐于接收该数据包。然而广播的使用范围非常小，只在本地子网内有效，因为路由器会封锁广播通信。广播传输增加非接收主机的开销。

broadcast videotex system 广播式信息传视系统 也称“图文电视”，信息传视系统中的一种类型。它通过无线电波将信息从计算机传播给用户接收机。在这类系统中，用户用一个简单的按钮选择装置，从显示在荧光屏上的为数不多的页面中选择一页。广播的内容主要有天气预报、体育比赛新闻等频繁更新的信息。

broadcatch 广捕 根据个人或群体对信息类别的特定需求，在广播、电视及各类通信系统等大量信息传输媒体中，自动、有选择地搜索，捕获所需的信息。广捕技术是一项非常诱人、而又具有非常广泛应用前景的新技术。重要用途之一就是实现信息个人化。典型的例子，如个人电子报纸、个人电视、个人信息系统等。

broadly informatics 广义信息论 研究物质和能量信息时空分布不均匀度的理论。它研究的对象不是事物本身，而是事物的表征，是事物发出的信号、消息等所包含的内容，是表征事物的运动状态、事物之间的差异或相互关系的普遍形式。广义信息论不仅包括狭义信息论和一般信息论的问题，而且还包括所有与信息有关的领域，如心理学、语言学、神经心理学、语义学等。因此，它的规律也更一般化，适用于各个领域，所以它是一门横断学科，人们也称它为“信息科学”。比较 narrowly informatics。

broadside antenna array 垂射天线阵列 一组平行垂直的偶极天线。通常置于一条水平直线上。

broad transmission 宽带传输 一种通常用于局域网络的高频传输方式。可利用同轴电缆、光缆等传输媒体，其传输距离比基带传输要远。参见 baseband transmission。

broken as designed (BAD) 低劣产品 用来形容总是不能工作的产品或设备的贬义术语。

broken link 断链 当点击超文本中的一个链时，它不能够正确把用户带到所要求的页面上，称为断链。引起断链的原因有多种，如 Web 站点的服务器暂时性的关闭，或者站点移到了一个新的服务器上，为超链所编写的 HTML(超文本标记语言)代码不正确也能引起断链。

broken pipe 断道 软件的错误信息中常见的一个术语，用来指示用户正在下载的信息已经被强制性地切断。引起断道的原因有多种，通常是由于所在的网络非常拥挤或正处于超负荷的状况。

broken pipe message 断裂管道消息 在 AIX 操作系统中，发生在管道不同步时的一个消息。

broker 中介服务，中介器 (1)在客户机/服务器方式的网络环境中，用于把客户机同服务器中相应服务连接起来的功能和服务。参见 client/server。(2)在网络计算系统(NCS)中，一个管理有关对象和对象接口信息的服务器，一个希望成为接口客户的程序可使用一个中介器获得有关输出接口的服务器的信息。参见 Location Broker。

brouter 网桥路由器，桥路器 通信系统中同时兼有网桥和路由器两种设备功能的设备。它具备网桥功能，实现数据链路层(相当开放系统互连模型第二层)协议，还具备路由器功能，实现部分网络层(相当开放系统互连模型第三层)协议，管理多条线路和选择数据的路由。参见 bridge，router。

brown noise 棕色噪声 在不包含直流成分的有限频率范围内，是指功率密度随频率的增加每倍频下降 6 dB(密度与频率的平方成反比)的噪声。该噪声实际上是布朗运动产生的噪声，它也称“随机飘移噪声”。参见 pink noise，coloured noise。

brownout 电压下降 在一段持续的时间内电压明显下降的一种情况，不同于掉电，它仍维持一定的电流，对于设备具有破坏作用，防止这种破坏的方法是使用电池供电的不间断电源(UPS)。比较 blackout。参见 uninteruptible power supply。

browse 浏览 (1)通过滚动或者换页快速扫描显示器上的信息。同 high-speed scan，high-speed-scroll。(2)数据库和文件管理程序中，指允许用户能够像字处理一样显示和编辑数据文件。浏览命令允许用户水平地一个字段一个字段地移动光标，也允许垂直地一行一行或一屏一屏地移动。

browser 浏览器 在因特网上查阅信息时使用的一种软件工具，它支持 HTTP(超文本传输协议)、FTP(文件传输协议)、SMTP(短消息传输协议)、telnet(远程登录)等多种网络应用协议。可以逐个浏览网上各站点上信息，还可以很方便地从一个站点跳转到另一个站点。大多数浏览器支持用户下载和传输文件、访问新闻组、播放音频和视频文件、执行由代码编写的小模块(如 Java applets 或 ActiveX 控件)。

B

BROWSER 带有选择性检索的联机浏览系统 browsing online with selective retrieval 的缩写。

browser cache 浏览器高速缓存 在内存或磁盘上保存最近下载 Web 网页的一个临时存储区。设置浏览器高速缓存的目的是可快速浏览已经浏览过的网页而无需重新下载。有些 Web 浏览器可设置高速缓存的大小和保存时间。

browser-safe palette 浏览器安全调色板 在 256 种可能的颜色中仅包含 216 种颜色的颜色表，用于精确地匹配交叉平台 Web 浏览器中图形和图像的颜色。剩下的 40 种颜色在 IBM 兼容机和 Macintosh 机上是可变的，因而被省略。

browser/server architecture 浏览器/服务器体系结构 一个用来为计算机应用系统的开发描绘一个系统模型的术语。浏览器/服务器(简称 B/S)体系结构其实是客户机/服务器(简称 C/S)体系结构中的一种，即客户端为浏览器(http 客户端)、服务器端为 Web 服务器(http 服务器)。由于在这种体系结构中，客户端并没有与特定应用相关的应用程序，统一用浏览器实现用户的输入/输出，无需专门开发应用界面，它界面统一，可操作性强，容易为用户所掌握。参见 client/server architecture。

browsing online with selective retrieval (BROWSER) 带有选择性检索的联机浏览系统 可用自然语言对数据库中的文献自动检索的系统。全部输入数据库的文献能自动进行派生标引，即按文献的出现频率用一些词串来标示其内容特征。因此，通过比较那些由自动标引产生和加权的检索词，可用英语来检索提问。参见 automatic indexing。

BRP 业务恢复计划 business recovery planning 的缩写。

BRS 书刊目录检索服务 bibliographic retrieval services 的缩写。

BRU 基本分辨单元 basic resolution unit 的缩写。

B-rule B 规则 在人工智能的反向产生式系统中，对目标描述运用某些规则而产生新的子目标描述，一直到初始状态为止。这些规则称为 B 规则。

brush 涂刷，刷子 (1)计算机动画技术中使用涂画方法所产生的一种符号。(2)在计算机绘图应用软件中，指一个在屏幕上画图的工具，这种工具可通过选择屏幕上的刷子图标得到。

brush discharge 刷形放电 当导体的电位超过某值但还不足以形成火花时，从其上开始的具有移动刷形的一种间歇放电。这种放电一般伴随着吹啸或破裂的声音。

brush tool 刷子工具 Windows 中绘图窗口的一种绘图工具，具有指定的颜色。

brute force (BF) 蛮力，强攻击 比口令截获程序更为流行的一种用以破解系统口令的技术，使用穷举法破译密码的行为。这种作法费时费力，成功率相当低，因而一般不单独采用。但是，在未掌握密钥和其他线索的情况下，有时也会与其他手段结合使用。

brute-force algorithm 蛮力算法 简称 BF 算法。一种简单的字符串匹配算法。首先读入需匹配的模式，然后将输入串读入到缓存中以便回溯使用；对于模式 $p_1p_2\cdots p_m$，算法对 $1\leqslant k\leqslant n-m+1$ 寻找与其相匹配的子串 $s_ks_{k+1}\cdots s_{k+m-1}$，若找到这样的子串，则匹配成功，否则若对 $1\leqslant i\leqslant m, k\leqslant j\leqslant k+m-1$，有 $p_i\neq s_j$，则将匹配初始位置向右移动一位，即下一次从 s_{k+1} 位开始和 p_1 比较并生产上述过程。

brute force attack 蛮力攻击 尝试所有可能的键值组合和口令来攻人计算机系统或网络的攻击类型。参见 brute force (BF)。

brute force programming 强力程序设计 一种原始的程序设计风格。指程序员仅依赖计算机的处理能力，而不使用程序设计技巧使处理问题简单化。强力程序以一种笨拙的、单调的方式、充满重复和缺乏任何优化的方式运行。

b/s 每秒位数，比特/秒 bits per second 的缩写。

B/s 每秒字节数，字节/秒 bytes per second 的缩写。

BS (1)回退，退格，退位，卷回 backspace 的缩写。(2)信念系统 belief system 的缩写。(3)块大小，块长 block size 的缩写。(4)基站 base station 的缩写。(5)承载业务 bear service 的缩写。(6)广播业务 broadcasting service 的缩写。

BSA (1)商业软件联盟 business software alliance 的缩写。(2)基本服务配置 basic serving arrangement 的缩写。

BSAM 基本顺序存取法 basic sequential access method 的缩写。

BSB 盒中脑状态模型 brain state in box 的缩写。

BSC (1)二进制同步通信 binary synchronous communication 的缩写。(2)退格字符 backspace character 的缩写。(3)基站控制器 base station controller 的缩写。

BSCA 二进制同步通信适配器 binary synchronous communication adapter 的缩写。

BSC or SS line　BSC/SS 线路　使用二进制同步或启/停协议的一种线路。参见 binary synchronous communication (BSC), start-stop (SS)。

BSC or SS session　BSC/SS 通话　通信系统软件中，在主处理机和通过二进制同步或启/停线路附加到 NCP(网络控制程序)的某个站点之间数据交换的一个已定义的序列，它允许网络控制程序在一条多点线路上交替与多个站点进行来回传输。参见 binary synchronous communication (BSC), start-stop (SS)。

BSD　伯克利软件分发　Berkely software distribution 的缩写。

BSE　基本业务要素　basic service element 的缩写。

BSI　英国标准协会　British Standards Institution 的缩写。

BSIC　基站识别码　base station identity code 的缩写。

BSIRA　英国科学仪表研究协会　British Scientific Instrument Research Association 的缩写。

BSO　比特同步操作　bit synchronous operation 的缩写。

BSOD　蓝屏死机　blue screen of death 的缩写。

BSP　(1)海量同步并行 bulk-synchronous parallel 的缩写。(2)企业系统规划 business system planning 的缩写。(3)主机板支持包 board support package 的缩写。

B space　B 空间　打印输出管理系统中，在字符框内包含为任意一行形象字符模式定义的一个像素的区域。参见 A space, C space。

B-spline curve　B 样条曲线　用 B 样条函数表示的参数样条曲线。其形式为

$$P_n(t)=\sum_{i=0}^{N} d_i B_{i,n}(t), N \geqslant n$$

式中，$P_n(t)$ 和 d_i 皆为向量，$B_{i,n}(t)$ 为第 i 个 n 次 B 样条函数，t 为参数。以参数形式出现的 B 样条曲线能够有效地保持图形的几何不变性，适用于三维及三维以上较复杂曲线的插值和拟合。B 样条曲线是贝塞尔(Bezier)曲线的拓广，它用样条函数使曲线拟合时在接头处保证其连续性，与贝塞尔曲线相比，其主要优点在于曲线形状可以被局部控制，并可随意增加控制点而不提高曲线的阶数。参见 nonuniform rational B-spline, Bezier curve。

BSS　(1)基站子系统 base station sub-system 的缩写。(2)基本服务集 basic service set 的缩写。

BSSAP　基站子系统应用部分　base station subsystem application part 的缩写。

BSSMAP　基站子系统管理应用部分　base station sub-system management application part 的缩写。

BST　(1)双向共享树 bidirectional shared tree 的缩写。(2)基站收发信机 base station transceiver 的缩写。

BSTAT　基本状态寄存器　basic status register 的缩写。

BSTW algorithm for compression technique algorithm　压缩技术的 BSTW 算法　一种自适应算法，要求发送者和接收者保持一致的代码表达式，而且信文队列在每次传送后都要修改，即把刚传送的信文放在最前面，这些队列初始时是空的，当传送 A_t 时，如果 A_t 在发送者队列中则发送者传送它的位置，然后发送者修改它的队列，即把 A_t 移动到位置 1，而其他信文都向下移动一个位置，类似地接收者也修改它的字符表，如果是第一次传送 A_t 那么就传送 $k+1$ 和 A_t 本身，这里 k 是至此传送过的不同信文的数目，发送者和接收者又把 A_t 移动到位置 1，BSTW 算法对每个源信文只传送一次，剩下的传送只是在它的队列中的位置，即整数，所以这个算法还要选择一种合理的整数表达方式以达到数据压缩的目的。

BT　(1)突发容限 burst tolerance 的缩写。(2)整块[成组]传送 block transfer 的缩写。(3)位流 bit torrent 的缩写。

BTAB　带凸焊点的载带自动键合　bumped tape automated bonding 的缩写。

BTAM　基本远程通信存取方法　basic telecommunications access method 的缩写。

BTC　比特币　Bitcoin 的缩写。

B-TE　宽带终端设备　broadband terminal equipment 的缩写。

BTH　基本传输标题　basic transmission header 的缩写。

BTI　英国国际电信公司　British Telecom International 的缩写。

BTL　(1)(美国)贝尔电话实验室 Bell Telephone Laboratories 的缩写。(2)光亮真值逻辑 bright true logic 的缩写。

BTLZ　BTLZ 算法　British Telecom Lempel Ziv 的缩写。

BTM　宽带传送模式　broadband transfer mode 的缩写。

B to B　企业与企业之间的电子商务　business to business 的缩写。

B to C　企业与消费者之间的电子商务　business to customer 的缩写。

B to G　企业与政府之间的电子商务　business to government 的缩写。

BTR　块传送速率　block transfer rate 的缩写。

B-tree　B 树　(1)一种多叉平衡树。由 R. Bayer 和 E. Mccreight 提出的一种新的外查找树。一棵秩为 n 的 B 树具有如下特征：①每个节点至多包含

B

$2n$个项;② 除根节点至少含有一项外,每个节点至少包含n个项;③含有m项的节点$m+1$个儿子(叶节点无儿子);④所有的叶节点都在同一层上。B树在修改(插入、删除)过程中有简单的平衡算法,它的许多变种,如B⁺树、B* 树、前缀B树、虚拟B树、二叉B树等进一步提高了B树的操作效率和空间利用率。B树及它的一些改进形式已成为索引文件的一种有效结构。对B树进行查找、插入、删除的算法始终保持B树的动态平衡。(2)一种树形数据结构,特别适合于存储数据库索引,在简单的索引结构中,包含这些值的记录或者行的索引值和指针顺序地存储,通常按升序,如果索引的数据存储在许多记录中,搜索高索引值所需的时间可能很长,在B-树索引结构中存在专门项使数据库能够快速找到任何简单索引项而不需扫描整个树,树的第一个块称为根,包含树中下一层块中的最高值和最低值,是指向数据记录的简单索引。

B* tree B* 树 B树的一个特例,其中每个节点至少是⅔以上丰满的,而不是至少½以上丰满。

B⁺ tree B⁺树 类似于B树的一种树,但其中的叶节点之间有一个链接的串,在使用B⁺树用于作为索引时,索引的键值出现在叶节点中,内部节点提供到叶节点的相对直接的访问。

B-tree of order m ***m* 阶 B 树** m阶搜索树的一个特例,其中每个非根节点和非叶节点具有在½ m到m的子树,根具有0个或至少两个子树,并且所有页节点在同一级上。

BTS (1)已连接任务集 bound task set 的缩写。(2)裁纸-修边-堆叠复合装置 burster-trimmer-stacker的缩写。(3)广播电视系统 broadcast television system 的缩写。(4)基站收发信台 base transceiver station 的缩写。

BTSM 基站管理 base transceiver station management 的缩写。

BTU 基本传输单位 basic transmission unit 的缩写。

btw 顺便说 by the way 的缩写,这种缩写方式常用于联机通信中。参见 Baudy Language。

BTX 扩展平衡技术 balanced technology extended 的缩写。

bubble 气泡 在传播介质或光元件(如透镜或光纤)中的微小封闭的真空或游离的气体。通常是在介质(如玻璃或塑料)熔融状态下混入空气、二氧化碳或水蒸气而形成的球形气泡。它会引起光波的色散、反射、偏转、扩散、吸收和散射。

bubble board 磁泡存储板 计算机中的一种磁泡存储器,它以扩充板的形式加入系统,可按固定磁盘驱动方式或软盘驱动方式操作。参见 magnetic bubble memory。

bubble breakdown in liquid didectrics 液体电介质气泡击穿 在电场作用下,因纯净液体电介质中出现气泡,气体发生电离最终导致液体电介质由绝缘状态转变为良导电状态的过程。在外施电场强度较强时,纯净液体电介质中产生气泡有下述几种可能:①因场致发射,或因强电场作用加强了的热电子发射而脱离阴极的电子,在电场中运动形成电子电流,加热了液体,使它分解出气泡;②电子在电场中运动,碰撞液体电介质分子,使液体分子解离产生气泡;③电极表面突起物处的电晕放电,使液体气化生成气泡;④电极表面吸附的气泡表面上积聚电荷,在电场力的作用下,将气泡拉长。

bubble chart 泡形图 一种图示形式,其中标有文字的圈(泡)用线条或箭头连接,代表数据作用或者移动的操作或者过程,用于在系统中进行数据流分析和评价,区别于流图和方框图,泡形图主要用于表示概念之间的关系,而不强调结构、顺序或者过程之间的关系。比较 block diagram,flowchart。

bubble jet printer 喷墨式打印机 一种非击打式打印机。它通过喷射墨水滴到纸上以产生图像。墨水滴在打印头的各通道上通过加热喷射而出。

bubble sorting 冒泡排序 一种直接交换排序技术。根据这种排序法,把待排序记录看成是垂直的一列,自下而上地比较相邻两个记录的关键码,较小(或较大)关键码值的记录换到上面,重复此过程,直到处理完最上面的两个记录。这时称为完成一扫描,然后接着下一遍扫描。每一遍扫描都再包括上一遍扫描中的最后(最上面)一个记录。如此重复进行,最后一遍扫描仅需比较最下面的两个记录即可完成。由于每一遍扫描就像一个气泡上升,故有冒泡排序之称。在最坏情况下,比较次数和交换次数都是$\frac{1}{2}n(n-1)$。平均情况下,交换次数的下界是$\frac{1}{4}n(n-1)$。

BUC 后备计算机 backup computer 的缩写。

bucket 桶 或叫存储桶。外存的一个逻辑单位,用来存放有关的数据。一个桶可以包含一个或多个在空间上不一定连续的块。桶通常作为散列编址的基本单位。

bucket addressing 桶寻址 一种管理存储器中的记录的技术,可将一个记录的键值映射到可保存多个记录的区域中。

bucketed system 时段系统 在制造资源计划(MRP)、配销资源规划(DRP)或其他时程化的系统里,所有时程化的数据都累积在同一时期,或称时段,如果累积的时间是以周为时间单位,此系统就称之为周时段。

bucket index 存储桶索引 一种特殊的索引方法。它适用于按散列方式组织的文件,或者按某种原则把关键字划分成范围的文件。这里,存储桶是指一个或多个存储"块"与同一个索引登记项对应,所有各块顺序地连接在一起,而索引登记项指出该链第一块的位置。例如,我们可以规定关键字值从 1 至 100 的记录都使用第一个索引登记项的存储桶,关键字值从 101 至 200 的记录都使用第二个索引登记项的存储桶,等等。存储桶索引的优点是:所需存储空间较少;缺点是:为了确定一个记录的位置,除了查找索引外,还要用链进行额外的查找。

bucket locking 桶加锁 对存储桶的一种保护设施。它防止一个以上的用户访问桶中的任何记录,直到访问桶中记录的用户释放了桶为止。

bucket sort 桶排序 一种简单的分配排序法,也称"基数排序"。首先考察关键字的最后一位有效数字,根据其值将该项分配给一个桶。把所有各项都分配完成之后再把各桶按桶的次序合并,然后重复这个过程直到没有剩下数字为止,基数为 p 的数字系统需有 p 个桶。

buddy system 伙伴系统 一种最佳适应分配动态存储管理系统。该系统结合计算机二进制的特点来划分存储空间。系统中每个块的长度限制为 $2^m(m=0,1,\cdots)$,当申请长度为 n 的连续空间时,系统将分配 2^k 大小的块区,其中 $2^{k-1}\leqslant n\leqslant 2^k$。若 AVAIL 表中无恰好等于 2^k 大小的块时,就找一个更大的块,把它两等分(可能多次等分),最终将出现刚好等于 2^k 大小的块。把一块等分为两块时,此两块称为伙伴,当两个伙伴都自由时,则再次合而为一。

buddy system strategy 伙伴系统策略 一种存储分配策略。它假定相同大小的一串存储块很可能被连续地要求分配。此法亦利用地址的二进制形式来减少归还存储块时合并的工作量。实际分配的空间大小将稍大于所求大小的 2 的某个幂次。在归还一个存储块时,可用一个有效的算法将该块与已空的邻块归并。

BUF 缓冲区[器] buffer 的缩写。

buffer (BUF) 缓冲区[器] (1)在数据传输期内,用来临时装配数据的一种存储装置。当信息从一种设备传送到另一种设备上时,它用来补偿信息流不同的速率或时差;(2)在执行输入输出操作时,暂时存放数据的一块存储区,在此存储区中数据可进行读出或写入。

buffer amplifier 隔离[缓冲]放大器 用于隔离一个线路对前级线路影响的放大器。

buffer box 缓存盒 一种向异步通信通道提供缓存功能的单元。可使用 DTR 或 XON/XOFF 流控制。

buffer channel 缓冲通道 设备与计算机进行交互作用的一种设施,含有存储器寻址字和传送字。

buffer delay 缓冲延迟 在通信系统软件中,为某个缓冲站点规定的一种延迟,以允许硬件缓冲器在接收另一个信息块前能腾空其存储空间。

buffer depletion 缓冲区耗尽 网络控制程序中的一种状态。它说明可用的缓冲区已全部分配完,无处存放新的数据。

buffer device 缓冲装置 作为临时存储的一种广泛使用的装置。它通常有足够的空间存放数据或指令,以便由计算机或终端进行有效的处理。它用在不同的设备之间,常常称为接口装置。

buffered asynchronous communication interface 有缓冲的异步通信接口 一种典型的接口。它提供具有贝尔 103 或 202 数传机或装置的双向通信,其速度可达 9 600 波特。特点是:一个可存放 128 字符的先进先出缓冲区,带有一个 256 专用字符存储器的专用字符识别/中断装置。它可以在单工、半双工或回送方式下工作,并具有中断检测能力。奇偶校验、字符长短、停止位数目、专用字符识别以及数据传输率等可进行程序控制。

B

buffered computer 带缓冲的计算机 具有缓冲存储装置的计算机系统。为了使低速的输入输出设备与高速的计算机互相匹配,缓冲存储装置允许临时存放输入输出数据。这样计算机的计算工作和输入输出操作能同时进行。

buffered device 带缓冲的设备 具有输入输出单元的设备,这些单元在写入信息之前,排队等待直接存取设备存取。

buffered input 带缓冲的输入 在当前操作完成之前向机器输入新的数据项或功能指令的能力。

buffered input/output section 缓冲输入输出区 具有缓冲器的输入输出区在进行输出与输入传输时,处理机依然能继续进行运算。数据在中央处理机和输入输出通道间经由直接存储存取传送。存储存取时间由操作程序和输入输出数据通路共用。而存取时间的长短也可由外部设备的输入输出速度自动控制;而不需由程序设计来考虑。任一存储周期主要用于输入输出数据传送,而用于程序操作的较少。这种输入输出系统具有程序中断能力,所以不需另外用程序测试外部设备的情况;但如果需要,也可采用此方式。

buffered repeater 缓冲中继器 一种放大并重发数据信号以使信号在电缆上传输得更远的装置,在局域网中,这种中继器也控制信息流以防止碰撞。

buffered terminal 带缓冲终端 一种包含存储器装置的计算机终端。这样它在联机通路上收发数据的速率不需要正好与数据输入或打印的速率一致。

buffered transfer 带缓冲传输 在数据流传输中的一种措施。为了使得远程传输效率更高,在网络的发送端设有一定容量的缓冲器,从数据流中收集足够数量的字节后再发送出去。当需要紧急传输时,可以使用推进功能,把进入缓冲器的数据立即推出并发送出去,不必等到缓冲器填满再发送。

buffered write-through 缓冲式直接写 直接写的一种变更结构。在这种结构中,高速缓存使用写缓存来保存要写到主存储器中的数据,这样就可以在写操作过程中高速缓存对读操作请求提供服务。

buffer effects 缓冲效应 在虚拟存储器系统中的一种效应，将一小部分实际存储器用作缓冲器，用于存储向外存的写数据和来自外存的读数据。

buffer fiber 缓冲光纤 一种光纤，在其包层外有一个涂层，用于保护、增加可视度和便于操作。

buffering 缓存 使用缓存装置保存传输数据的过程，特别是与输入输出设备进行传输的数据。它使得传输装置能够适应不同的数据速率，而且能够进行差错检验和重发接收有差错的数据。

buffering exchange 缓冲交换 避免数据内部移动的输入/输出缓冲技术，缓冲器的状态有“满”、“空”和“正在使用”三种，按照缓冲区的状态来交替使用缓冲区。

buffering for synchronous operation 缓冲同步操作 通过缓冲存储器的缓冲功能，实现不同速率的计算机设备，如不同速率的存储器之间，主机与外部设备之间的操作的同步。

buffer invalidation 缓冲无效 在多处理机计算机系统中，两个处理部件之间的一种内部通信。用以保证两个处理部件对所有实存储器的调用均能存取到最新存储的数据。存放在一个处理部件的高速缓冲区中的数据被送到另一个处理部件时，如果该数据仍被存放在它的高速缓冲区中，则该数据的过时版本被标为无效。

buffer length 缓存长度 指缓存的容量，通常为千字节(K)为单位。

buffer management 缓冲管理 (1)操作系统中，作业管理程序的一部分。它的功能是：为作业输入子系统提供中央缓冲区处理设施，整理维护缓冲池中未分配的缓冲区，将这些缓冲区分配给请求者，并保存和维护表明每个缓冲区状态的表目。(2)网络控制管理程序的一部分，它控制缓冲链，检测紧急的存储器使用要求和初启恢复过程。

buffer memory (BM) 缓冲存储器 通过临时存储，能使数据在具有不同传递特性的两个功能单元之间传递的专用存储器或存储区。参见 buffer, cache。

buffer overflow 缓冲区溢出 正常情况下，输入放入临时存储区域，称作缓冲区，其长度由程序或操作系统定义。当过长的数据串进入缓冲区时，就发生缓冲区溢出，超过部分马上被写入紧跟在为缓冲区保留的存储区域后面的区域，它可能是另一个数据存储缓冲区、下一个指令的指针或者另一个程序的输出区域。不管是哪一种情况，缓冲区溢出都可能引发系统灾难。缓冲区溢出已经成为病毒和特洛伊木马程序编写者喜爱用的攻击方法。

buffer overflow attack 缓冲区溢出攻击 利用缓冲区溢出漏洞所进行的攻击行动。操作系统所使用的缓冲区又被称为“堆栈”，在各个操作进程之间，指令会被临时存储在“堆栈”当中。而缓冲区溢出中，最为危险的是堆栈溢出，因为入侵者可以利用堆栈溢出，在函数返回时改变返回程序的地址，让其跳转到任意地址，带来的危害一种是程序崩溃导致拒绝服务，另外一种就是跳转并且执行一段恶意代码，然后为所欲为。为实施缓冲区溢出攻击，入侵者必须达到如下的两个目标：①在程序的地址空间里安排适当的代码。主要有两种途径：一种是植入法，攻击者向被攻击的程序输入一个字符串，程序会把这个字符串放到缓冲区里。这个字符串包含的是可以在这个被攻击的硬件平台上运行的指令序列。另一种是篡改参数法，攻击者想要的代码已经在被攻击的程序中了，攻击者所要做的只是对代码传递一些参数；②通过适当的初始化寄存器和内存，让程序跳转到入侵者安排的地址空间执行。

buffer overrun 缓冲区溢出 同 buffer overflow。

buffer pad character 缓冲区填充字符 一组冠在报文数据前面的字符，网络控制程序将其发送至存取方式缓冲器，以便空出空间供主机存取方式用来插入报文前缀。

buffer pool (BP) 缓冲池 输入输出控制系统中的一种数据接收技术。利用此技术，要给系统提供许多缓冲器，用链方式连接在一起构成缓冲池。产生记录时，就从缓冲池中取一缓冲器保存该记录；当该记录传送空后，将该缓冲器送回缓冲池。

buffer prefix 缓冲前缀(区) 在远程通信访问法(TCAM)中，每一个缓冲区中含有一个控制信息区。用缓冲控制信息填入这个前缀区。当用户指定缓冲大小时，必须考虑该缓冲前缀区的空间。

buffer register 缓冲寄存器 (1)用于暂时保存信息的寄存器。(2)两个数字部件(通常为中央处理机和输入输出设备)之间的存储寄存器。

buffer storage 缓冲存储器 自动数据处理系统中，在两个装置之间传输信息时，用来弥补数据流传送速率不同或数据处理存在时差的存储装置。例如，需打印时，数据先从内存存入缓冲存储器，然后再到打印设备。这样，内存不必等打印完毕，就可以用于其他的数据处理。

buffer unit 缓冲单元 主存储器的最小存储块，可用于建立通信系统软件的缓冲区以及主存信息队列。同 main storage unit。

buffer zone 缓冲区 主存中的一个暂存区。

bug 错误,故障 软件或者硬件中的错误，常指软件中导致程序不能正常工作的编码上或者逻辑上的错误，它可能引起异常操作。

bug check 出错检查 操作系统内部的一种诊断检查。系统登记检查出的错误并使系统停止运行。

bug fix 修订程序 校正软件错误的修改版程序文件或修补程序。

bugging 窃听 在计算机硬件中安置物理窃听或传输设备获得对其所处理数据的非授权访问。

buggy 错误百出 形容充满了缺陷或错误，主要是指软件方面的错误。

bug monitor 故障监控程序 一种系统软件,用于检测系统硬件、系统软件和输入程序中的问题,并且指出所发生的原因。

bug patch 错误修补[补块] 在程序中有错误的地方插入补片,以修改错误。在插入多块补片后,就把它们写入到源程序中,再经汇编,使要修改的地方均得到改正。

bug patch code 错误修正码 插入程序中,以校正程序错误的一段编码。当发现程序有错误时,就将修正码插入程序并用文件说明,以校正错误。如果有很多错误修正码,应将其编入源程序,并对此程序重新汇编,以保证得到清晰的程序。

bug report 错误报告 也称“错误记录”,记录发现的软件错误信息的文档,通常包括错误描述、复现步骤、抓取的错误图像和注释等。同 error report。

bug seeding 故障撒播 为了估计程序中的固有故障数,有意地在计算机程序已有的故障上添加已知数目的故障的过程。同 fault seeding。

bug tracking system (BTS) 错误跟踪系统 管理软件测试缺陷的专用数据库系统,可以高效率地完成软件缺陷的报告、验证、修改、查询、统计、存储等任务。尤其适用于大型多语言软件的测试管理。

built-in automatic check 内部自动校验 用硬件来检验计算机中任何部分传输、处理或存储信息是否正确的一种检查方式。

built-in command 内部命令 在微型计算机的操作系统中,装在只读存储器中的命令,或是在系统启动时,由装入程序从软磁盘读入内存,并常驻内存中的命令。

built-in control 固有检测控制 由 EDP(电子数据处理)设备制造厂家预置的各种校验设施。

built-in function 内建函数 程序设计时,由计算机软件系统提供的一类函数。用户可根据使用原则直接调用这些函数,如 FORTRAN 语言中的计算绝对值、三角函数、求平方根、类型转换等。

building automation (BA) 楼宇自动化 楼宇自动化系统的核心是一个分布式的计算机控制系统,它把智能大厦内部大量分散的电力、照明、空调、给排水、电梯、自动扶梯、防火、安保等设备系统,通过各系统的检测、监视和自动控制,再由中央计算机控制实施测量、监控、管理和协调,以达到节省能源、人力和物力以及高效、安全、可靠的目的。体现了分布式控制的“集中管理、分散控制”的特点。楼宇自动化系统包括:电力照明管理系统、空调控制系统、电梯和停车库管理系统、消防系统、安全防范系统、物业管理系统等。

building block 构件块 较高一级程序或模块使用的一个单元或模块。

building block design 积木块设计方法 即宏单元设计方法。参见 Macrocell design。

building block principle 积木式原则 一种设计原则,也称“模块化”。其思想是,可在已有系统的基础上添加设备或部件,以构成更大、更完备的系统。

building block services 模块构建服务 模块构建服务是微软 .NET 平台中的核心网络服务集合,它主要包括以下几个组成部分:①因特网 XML(可扩展标记语言)通信,使 Web 站点变成灵活的服务来交换和处理数据;②因特网 XML 数据空间,在 Web 上提供安全的和可编程的 XML 存储空间;③因特网动态更新,为快速开发和动态配置应用提供服务;④因特网日程安排,集成工作、社会和私人的日历;⑤因特网身份认证;⑥因特网目录服务;⑦因特网即时信息传递服务。参见 .NET enterprise server。

building entrance area 建筑物进线区 建筑物中电缆进入并连接到主干电缆的地方,应提供电气保护,那里可能有网络接口以及保护器和校园子网的其他配电部件。

building office automation (BOA) 物业管理办公自动化 在智能大楼的楼宇自动化系统中,对物业管理办公自动化的子系统。

building out 外加,补偿 将电感、电容和电阻的组合加到电缆的线对中,使其电波长度增加一个所需的量,以控制其阻抗和损失特性。

built-in group 嵌入的组 在 Windows NT 中提供的默认的用户组,为其成员用户账户定义一系列权利和许可,是提供系统资源访问控制的简便方法。参见 group。

built-in logic block observation technique 内构逻辑块观测技术 采用线性反馈移位寄存器作为芯片上的测试码生成器和测试结果分析器,集扫描设计与特征码分析于一体的一种 LSI(大规模集成电路)内构自测试技术。

built-in memory 内置内存 内置固化在电子设备内的内存,它的存储容量决定了设备的容量大小。

build-in self-test (BIST) 内建自测 (1)BIST 是在设计时在电路中植入相关功能电路用于提供自我测试功能的技术,以此降低器件测试对自动测试设备(ATE)的依赖程度。BIST 技术大致可以分两类:逻辑内建自测(LBIST)和存储器内建自测(MBIST)。参见 logic build-in self-test (LBIST), memory build-in self-test (MBIST)。(2)安装在计算机内部的能进行自检的硬件或软件模块或两者的集合,它们能自动检测出一台设备内的某些错误或误动作,并对故障提出某种类型的声音报警或直观显示。(3)在集成电路中采用的一种测试技术。将测试激励生成和测试结果检测置于芯片内部,只需一条输出脚给出测试结果。参见 scan path, boundary scan。

built-in test (BIT) 内装自测试 同 built-in self-

B

B

test。

built-in tracing structure 内部跟踪结构 (1)包含各种不同的调试子例程、诊断子例程或错误跟踪子例程的一种程序结构。这些子例程是程序的内在组成部分。(2)计算机中固有的,实现调试、诊断或错误跟踪的硬件结构。

build-up charts 渐显图表 在显示图形中,一系列逐渐显示更多信息的图表,直到显示出完整的图表为止。

bulk annotation 批注解 使设计人员可在设计图纸上多处自动添写相关的重复性文字或注释的CAD(计算机辅助设计)功能。

bulk E-mail 大量电子邮件 通常指向众多收件者大量发送的商业广告邮件。

bulk erasure 成块擦除 存放在存储介质上的数据全部被擦除。例如,为了对 EPROM(可擦写可编程序只读存储器)重新编程,需将芯片置于紫外线辐射 15 分钟以上,使整个芯片的每一单元的内容同时擦除,而不是像 EEPROM(电可擦可编程只读存储器)那样以字节为单位擦除。

bulkhead connector 隔板连接器 一种光纤连接器,使阻挡层一边的光纤连接到另一边的光纤,通常光纤末端之间是有对接的,环氧树脂的光纤界面。隔板连接器通常用于通过各种实体,如机壳、飞机、导弹、舱室和房子的墙等。

bulk material absorption 体材料吸收 结构基本材料(如用于光缆的封装材料)的每单位体积或每单位厚度引起的电磁波功率的吸收。体材料吸收(即衰减率)以每千米拉德 (rad/km)或每千米分贝表示。

bulk material scattering 体材料散射 结构的基本材料(如用于光纤的材料或组装材料)每单位体积或每单位厚度散射的电磁波功率。它服从瑞利散射,这是在比电磁波波长还短的距离内折射率会发生起伏的传播介质的特性。体材料散射通常以dB/km 表示,即衰减率。

bulk message testing 大信息量检验 为了发现错误,用程序将大量信息输入系统进行检验,也称饱和检验。

bulk optical glass 大块光纤玻璃 适合制造光学元件(如透镜、棱镜、反射镜),特别是光纤的大型精炼玻璃。

bulk optical plastic 大块光纤塑料 纯度适合制造光学元件(如透镜、棱镜、反射镜),特别是光纤的大块塑料。

bulk redundancy 大容量冗余 在同步比特流上,编码一个非等时信道的方法,其中 1 状态由一连串 1 表示,0 状态由一连串 0 表示。这是一种冗余方法,因为比特串必须是长串,以降低重建非等时信号时发生的发报失真。

bulk storage 大容量存储器 也称"海量存储器",即外存储器或辅助存储器(如磁盘或磁带等)。由于它们具有相当大的容量,因此能用来补充高速存储器容量的不足。

bulk synchronous parallel (BSP) 海量同步并行 一种并行计算模型,作为研究并行算法的并行计算机的通用模型,其组成是:若干个能进行处理和存储器操作的处理单元、一个将消息在处理单元之间传递的路由器、使处理单元每隔若干时间单位对所有处理单元或者部分处理单元进行一次同步操作的同步机制。

bulletin board 公告牌 (1)一个图形对象,以消息的形式向正在运行的客户应用程序的用户显示文本和图形信息。(2)一种为邮递或存取信息和报文提供帮助的计算机网络服务,只有与网络连接的终端才可以进入该服务。

bulletin board service 电子公告牌网络服务 一种允许个人将信息发送出去供其他人阅读的计算机网络服务。每个电子公告牌包含对某个专题的讨论。

bulletin board system (BBS) 电子公告牌系统 用作特定兴趣小组的信息源和消息系统的、能为个人计算机用户共享的公共信息远程访问系统。用户通过浏览器进入 BBS 后,可查看消息并为其他用户留言,同时与系统上的其他用户进行通信。BBS 被用作分配共享软件,并可以提供向其他应用程序的访问通路。许多 BBS 也允许用户联机聊天,发送电子邮件,下载或上载免费软件和共享软件以及访问因特网。

bump 顶 网络论坛中的流行语,用在回应别人帖子的时候表示同意或支持。参见 necroposting。

bumped tape automated bonding (BTAB) 带凸焊点的载带自动键合 使用倒置梁式引线在梁式载带上而不是在芯片上形成的带有焊接(或其他)凸点的键合工艺。

bumping up 向上翻录 在视频应用中,将记录的视频信号转录到较高质量格式的磁带的过程,如从 0.5 英寸的磁带转录到 0.75 英寸的磁带。

bump mapping 凹凸映射法 这是一种在三维场景中模拟粗糙外表面的技术。当材质受光时,针对光源与材质之间的角度距离,对材质上明暗点再加以处理计算,即可得到具有凹凸感的表面效果,让材质看起来更有立体感。

bunched frame alignment signal 集中式帧定位信号 一种帧定位信号,其中信元占据连续的数字时隙。也称"附加信道帧"。比较 distributed frame alignment signal。

bunched frame structure 集中式帧结构 一种 TDM(时分多路复用)模式,其中帧对齐信号占据连续位位置。

bunching strip 聚束条 在电话交换台操作中,塞孔条并行连接到某些类型交换台,以便于对多重呼

叫进行连接。参见 multiple call

bundle 束,捆绑 (1) GKS(图形核心系统)和CGM(计算机图形元文件)中与某一类图形原语元素相关联的属性集。CGM 中定义了线、多点记号、正文、填充区、颜色和边缘束。参见 graphics kernel system (GKS), computer graphics metafile (CGM)。(2)指一个产品中包含另外一个产品,或者是由几个产品组成一个产品,通过一个产品的形式来购买与使用。

bundled conductor 分裂导线 一组平行导线按一定的几何排列连接的导线束。分裂导线与单根导线相比,分裂导线附近的电磁场分布发生了变化,每相电荷分布在该相的各根分导线上,这样就等效于加大了该相导线的半径,减小了导线表面电荷密度,因而降低导线表面电场强度,还会减小线路电抗,加大线路电容,从而降低线路的波阻抗。

bundled feature 附带特性 作为程序包的一部分而不能单独使用的硬件或软件模块。它可以包括相关的软件程序或硬件,或者两者兼而有之。

bundled program 捆绑程序 购买计算机随机器设备一起提供,不另外收费的那部分程序。捆绑程序往往是一些最基本的系统软件(如操作系统、语言编译程序等)。有时也提供专用程序或软件包。

bundled software 捆绑软件 作为系统总价的一部分与计算机一起出售的软件,或者伴随一个大软件一起出售的小型软件以增加附带的功能或者增强功能,或者增加其吸引力。也可以说是打包销售的几种程序,现在常称为软件套件。

bundle file 组成文件 由若干个称为文件元素的文件所组成,可当作一个文件使用的文件。动画演播文件是一种常见的组成文件,它是由若干个单帧图像文件组成的,每个单帧图像文件称为一个元文件,它们是由动画制作软件生成,并按顺序编号,每帧画面都可单独编辑。

bundle jacket 束护套 加在光纤束外的保护层。参见 cable bundle jacket。

bundle resolving power 束分辨能力 光纤束传输图像细节的能力。束分辨能力通常以线/毫米表示。

bundle table 束表 GKS(图形核心系统)和 CGM(计算机图形元文件)中包含属性值集合的可索引的表。每个束由一组属性值组成,每个束可被束表的索引引用。束表的索引称作束索引。参见 graphics kernel system (GKS), computer graphics metafile (CGM)。

bundling 捆绑出售 把计算机硬件、软件及支持服务合为一体,作为一个完整的包装出售。在早期的计算机销售中,经销商销售的主要目标是计算机硬件,而把软件作为"赠品",把培训、咨询和维护等视为"免费"服务。1968 年以后,以 IBM 为代表的计算机商家受到反托拉斯法的威胁和来自用户的压力,开始将硬件与软件和服务分开来计价,推动了独立软件产业的发展。近年来,在个人计算机售出之前,经销商往往采用向软件厂商购买许可证的方法,把常用的系统软件及一些应用软件预先安装在硬盘上,实行整体计价,捆绑出售。

buoyant antenna 漂浮天线 一种为浮在海面上(如浮标上)的天线。另一种为由潜航潜艇牵引处于深度潜流状态的天线,因此在水面上看不到。

BUR 后备寄存器 backup register 的缩写。

buried cable 埋地电缆 埋藏在地下的通信电缆。参见 direct buried cable。

buried layer 埋层 位于双极晶体管集电极下面的低电阻率、扩散区域,用来降低串联电阻,通常采用外延结构。

buried register 填充寄存器 只能由另一控制寄存器存取的一种寄存器,如在 MC 6800 和 MC 68000 微型计算机上使用的外部接口适配器(PIA)支持芯片中的数据方向寄存器(DDR)就是填充寄存器,它与输出寄存器共用同一地址,只有当控制寄存器的位 2 置 0 时才能存取 DDR。

buried servo 埋层伺服 硬盘驱动器中的一种磁道表面伺服技术。磁盘表面涂有两层不同矫顽力的磁层。底层的矫顽力较高,记录磁道伺服信息;表层的矫顽力较低,记录数据信息。为了保证工作可靠性,要求底层的矫顽力高至数据磁头的写入磁场不足以破坏其上记录的磁道伺服信息。这项技术可提高磁表面利用率,提高磁记录密度。

burn 烧录 用电子方法写数据到可编程的只读存储器中,用一种专用的编程设备,称为 PROM(可编程只读存储器)编程器。参见 programmable read-only memory (PROM)。

burn in 老化 (1)对新的或经过整修的可修复功能单元,通过在设定环境中运行,尽量多地检测出早期故障,并按改正性维护予以消除,以此来提高其可靠性的一种过程。(2)利用功能性运行来对不可修复功能单元进行一种筛选测试。

burn-in testing 老化测试 一种在强化的条件下对计算机、电子设备或元器件进行测试的过程,一般是让它们在高温或低温下运行若干小时,利用这种方法可以发现电路的早期故障或失效。这样的测试常在设备出厂前完成。

burn through range 不受干扰的最大范围 一个受到外部干扰的雷达能够辨别的目标的距离。即在该距离或多或少更小的距离上目标不再被干扰信号所遮蔽,即能被雷达探测到,而超过这个距离,由于目标的回波信号变小而被存在的干扰所遮蔽。

burn through range equation 不受干扰的最大范围方程 该方程用来计算远处干扰不能屏蔽目标的最大距离。参见 self-screening range equation。

Burrus diode 布鲁斯二极管 光纤通信中使用的一种发光二极管,它的热阻低,电流密度大,在发光区有一个用于安装光纤端头的小孔，以尽量减低耦合损失。

burst **突发（脉冲串）** (1)在微处理器中，采用突发方式一次访问一个数据块以提高微处理器片内高速缓存的数据块操作速度。参见 error burst, burst speed。(2)在数据通信中，按照特定准则或度量算作一个单位的各信号组成的序列。

burst communication **突发通信** 传输突发的批量信息的通信方式。

burst data transfer rate (BDTR) **突发数据传输率** 指从硬盘缓冲区读取数据的速率，常以数据接口速率代替，单位为 MB/s。如采用 UDMA/66 技术的硬盘的传输率达到了 66.6 MB/s。

burst enhanced data output DRAM (BEDO DRAM) **突发式增强数据输出动态内存** 在 BEDO DRAM 数据访问过程中，CPU 发出一个突发式请求，这个请求由四个部分组成，第一个是现在需要的数据，而剩下的三个是它下一步要访问的数据。它通过读操作向计算机发送回数据，同时读取下一个发送数据的地址。读取到地址后，它在三个时钟周期内发送回数据，并且不需要时钟调整。参见 enhanced data output (EDO) DRAM。

burst error **突发差错** 数字传输或存储过程中，出现一连串的差错。也称"猝发错误"。这些差错具有相关性。对应地有"随机差错"。出现突发差错的现象也称"差错猝发"。

burst gate **彩色同步信号选通信号** 告诉电视信号处理系统彩色同步信号在扫描行中所在位置的一种信号。

burst isochronous **等时脉冲串(传输)** 在信息集合的通道速率高于输入数据传输速率时可以使用的一种传输方法。正在传送的二进制数字以信息集合通道的数字速率发送，而且其传送可间隔地中断，以产生所要求的平均数据传输速率。

burst isochronous transmission **等时脉冲串方式传输** 等时脉冲串信号是由与时钟同步的数字脉冲串组成，当无数字位出现时，用"寂静"表示，为了表示脉冲串和"寂静"，可提供一个特殊时钟，它仅当数字位出现时才工作，它称为"结巴"时钟。同 burst transmission。

burst mode **成组[突发]方式** 在发送装置和接收装置之间突发或成批地连续传送数据的方式。与一次只传送一个字符、字或块的方式恰好相反，这是一种实现高速数据传输的替代方法，就是说，系统在某种特定的条件下或在某个时间周期内，暂停正常的传输方法，启动这种替代方法进行高速数据传输。举例来说，在多路通信中，可暂时挂起几路数据信息的传输，而利用这几路的全部带宽集中传输某一路上的数据信息，以便提高这一路的传输速度。又如一个 DMA(直接存储器存取)周期挪用传输可通过该方式实现。

burst modem **成组调制解调器** 在卫星通信中，每个地面站发送的批量间隔数据在定好时序后由成组式调制解调器发送。

burst noise **突发噪音** 一个声学名词，指由明显超过外界噪音级的声频脉冲产生的噪音。

burst-oriented data transmission **突发式数据传输** 一种在计算机与终端之间进行的数据传输方式。其特点是在较长的时间间隔内不存在数据传输，但有时会突发性地出现按某种特定速率工作的短暂的数据传输。

burst rate **突发速率** 连续信号传输的最大速率。同 burst speed。

burst speed **突发速度** 一个设备能够不间断地连续操作的最高速度，如网络上设备能够以突发方式传输数据的速度。又如，对于按字符打印的打印机，指打印机在一行中每秒可打印字符的数量，不包括回车和换行时的情形，这种突发速度与吞吐率不同，吞吐率指打印整个页面或者多个页面时的速度，而突发速度则不考虑移动打印头和纸张的时间。

burst switching **突发交换** 在分组交换网络中，交换设备从进来的数据包中获取路由信息，以便在包传输时间内，建立和维护相应的交换信息。数据传输完后，连接自动释放。在概念上，突发交换类似于无连接传输模式，但它又是以几乎实时的方式建立交换连接，这样在每个节点就需要比较少的缓存。

burst tolerance (BT) **突发容限** 由 ATM(异步传输模式)论坛为 ATM 业务管理定义的参数。对 VBR(可变比特率)连接来讲，BT 决定了可传送邻近信元的最大突发长度(MBS)。参见 maximum burst size (MBS)。

burst transmission **突发传输，成组传送** (1)来自特定信息源的信息通常以一连串短时间间隔高速传送的一种传输方式。通信时，数据传输是间歇的，每次发送一组批量数据，而不是一直不断地连续发送数据。(2)数据以缓冲器大小为单位从高速源设备传送到低速缓冲接收器。同 burst isochronous transmission, interrupted isochronous transmission。

BUS **广播和未知服务** broadcast and unknown server 的缩写。

bus **总线，母线，汇流条，总线配置，导线** (1)对分布在局部区域内的数字设备进行互连的一种拓扑结构，它被广泛使用。传输介质通常是一条同轴电缆，所有设备都连接到上面。每个传输都在整个介质上传播，并为每个连接到介质上的设备接收。(2)一组信号线集和相连的一套系统设备之间共享或者交换信息所需要的设施，其中包括传输信息的物理介质、管理信息传输的通用规则(协议)。参见 S-bus, Multibus, Futurebus, Fastbus, Unibus, VME bus,STD bus,PC bus,ISA bus,EISA bus。(3)在计算机领域内,总线是将一计算机系统的所有电路板相互连接起来的一种手段,旨在构成通信通路以便向存储器和其他外围设备进行输入以及从存储器和其他外围设备向外进行输出。这些通道包含有一控制总线、数据总线、地址总线以及外围总线。一典型微处理机有 8 条数据线,16 条地址线以及若干控制线。地址通道同内存储器相连,数据通道同存储器和输入输出口相连。当需要传送处理机中的数据时,中央处理机就建立起在地址通道上存储数据的存储单元地址。参见 bidirectional bus, control bus, data bus, bus network。

bus access latency 总线访问延时 (1)总线主设备为获得总线控制权而等待的时间。参见 bus master。(2)在 PCI(外围部件互连)总线中,指总线主设备请求使用总线到完成相应事务的第一个数据传送为止所花去的时间,它是仲裁、总线获取和目标等待时间之和。参见 bus acquisition latency。

bus acquisition latency 总线获取等待时间 在 PCI(外围部件互连)总线中,指从请求的总线主设备接收 GNT#到当前总线主设备交出总线且请求的总线主设备可以发出 FRAME#来始发它的事务为止的这段时间。这一时间取决于当前总线主设备正在进行中的事务完成所需要的时间。

bus addressing 总线寻址 在总线上确定数据传输设备的方法,通常总线寻址方式有三种:物理寻址、逻辑寻址和广播寻址。物理寻址即选择某一区段上的特定物理位置的从设备作为响应器。逻辑寻址即在逻辑上指明数据交换设备位置而不涉及具体的物理分布,广播寻址方式即一次性选择多个响应器,由于命令器必须保证所有被选中设备都能响应而不受自身速度和所处位置的影响,所以广播寻址方式的总线必须具备多响应定时机制。

bus allocation 总线分配 控制计算机允许请求设备使用系统总线的过程。

bus and tag channel 总线和标记信道 20 世纪 60 年代 IBM 结合多条铜导线技术开发的传输信道,操作速度可达到 4.5 Mbps,距离可达 125 m。

bus arbitration 总线判优[仲裁] 在多处理系统中,由几台处理机或其他设备共用一条公用总线,因此,可能有几个设备同时请求使用总线。总线协议中必须包含优先权规则,以使总线控制器能对争用总线的设备作出裁决,按优先权规则使用总线。这种方法称为总线判优。

bus available signal 总线可用信号 微型计算机的总线控制信号。通常为低电平,表示总线由微处理器占用。当其他器件(如直接存储器存取器件)要求占用总线时,向微处理器发出请求占用总线信号。微处理器应答时,总线可用信号就变成高电平。这时微处理器处于暂停或等待状态,其驱动总线的驱动器处于高阻态,总线则被释放出来,供其他器件使用。

busbar 母线,汇流排 能分别连接若干电路的低阻抗的导体。

bus card 总线卡 插入到计算机的插槽中的一种扩展板。

bus commander 总线命令器 总线上的当前主设备,通常总线上虽允许多个主设备,但同一时刻只能有一个主设备,即命令器。命令器可以启动两个设备(一个称为听者,另一个称为讲者)之间的通信,也可以直接与一个或几个从设备传输数据。在完成一次事务处理之后,命令器可以放弃总线控制权或者启动另一次事务处理。参见 bus master。

bus concurrency 总线并发 在两个或多个单独的总线上同时发出的单独的传送,如当主机处理器正在与系统存储器之间传送数据时,EISA(扩展的工业标准体系结构)总线主设备同时在与另一个 EISA 设备之间传送数据。

bus contention 总线争用 两个或两个以上的设备同时申请使用总线。争用必须由总线控制器按优先权规则予以裁决。

bus control 总线控制 通常总线的控制信息可分为三类,第一类用于启动总线的基本行为,包括设备清零、设备初始化、电源故障保护、设备启停等;第二类用于指明总线操作方式,包括数据流方向、数据宽度、单字还是数据块传输、数据块长度、字节选择等;第三类是用于确定地址和数据的含义的控制信号。

bus controller 总线控制器 在多处理机系统中,有两台或两台以上的计算机共享一条公用总线,其中一台计算机由总线协议规定为主控设备,称为总线控制器。

bus cycle 总线周期 (1)读或写一个字或字节所需的定时脉冲序列。在有些计算机中称为读/修改/写周期。(2)通常,每个处理器指令需要一个或多个总线周期。第一个所需操作是从程序计数器确定的地址取出一条指令,如果内存或输入/输出设备不涉及其他操作,则指令执行时不需要附加总线周期。大多数系统还需涉及内存或 I/O 设备,因此需要花去一个或多个附加总线周期,用以完成这些操作。

bus driver (BD) 总线驱动器 一种专门设计的、具有强驱动能力的集成电路。例如,在微处理器数据总线上连有 n 个存储器时,这种电路可为中央处理器提供适当的驱动能力,用来提高部件的负载能力,降低电容性负载和防止信号电平的衰减。

bus enumerator 总线枚举器 一种设备驱动程序,用于识别特定总线上的设备,并给每个设备分配给一个唯一的标志码。总线枚举器负责把设备信息装载到硬件树上。

bus error traps 总线出错中断 某些系统中的超时错误引起总线控制部件发出错误信息,如试图访问一定时间内没有响应总线上的地址等，这通常是由企图访问不存在的内存空间或外设引起的。总线出错中断通过一个特殊的中断向量地址转向处理器中断。

bus extender 总线扩展槽 (1)扩展总线能力的设备，在某些个人计算机上使用了一个总线扩展槽使PC机总线从8位扩展到了16位。参见bus。(2)一种专门的印刷线路板，在硬件调试时使得总线的插卡高出机箱，以便于进行调试。

bus extension driver (BED) card 总线扩展驱动器卡 在某些系统中，由电缆连接到总线扩展接收器(BER)上的卡，用于转接从一个卡上的数据到另一个卡，数据传输的方向可以是从一个卡到处理单元的输入输出处理器，或者是从一个处理单元的输入输出处理器到一个卡。参见bus extension receiver (BER) card。

bus extension receiver (BER) card 总线扩展接收器卡 在某些系统中，由电缆连接到总线扩展驱动器(BED)上的卡，用于转接从一个卡上的数据到另一个卡，数据传输的方向可以是从处理单元到卡上的一个输入输出处理器，或者从一个卡上的输入输出处理器到处理单元。参见bus extension driver (BED) card。

bus family 总线簇 可以放在一起研究的一组信号，如地址总线包括定义系统中任意内存或输入/输出位置所需的所有信号，数据总线处理所有指令和数据通信，CPU用控制总线指出系统中其他部件的动作。

bus grant 总线允许信号 给请求外部设备或另一处理机发出的输出脉冲信号。利用此信号，总线控制器可将总线控制权让与其他设备。

bus grant acknowledge 总线允许确认信号 新的总线控制器给原来的总线控制器发出的回答信号，表示它已获得了总线控制权。

bushing type current transformer 套管式电流互感器 没有支持件，没有一次绕组，安装时直接套装在变压器或断路器套管上使用的电流互感器。

bushy tree 浓密树 一种数据结构。浓密树是一个满足下列条件的树：叶节点表示关系；每个内节点既表示一个数据操作，也表示操作的结果关系，其子节点所对应的关系是该内节点的操作关系。浓密树可以表达任意数目关系之间的任意连接顺序，是一种通用的连接树。

business actor 业务主角 在业务之外与业务交互的某人或某事。业务主角代表了与业务有关的角色，此角色由业务环境中的某个人或物来担任。比较business worker。

business actor class 业务主角类 定义一个业务主角实例集，其中各个业务主角实例相对于业务而言都担任着相同的角色。

business analyst 业务运行分析员 对一个部门的运行进行分析的人员。他要对所存在的问题提出一个通用的系统方案，这通常是要修改运行方案，包括人员和机器资源的重新分配。商业分析员常能给信息系统分析员提供有关运行方式的有价值的见解。

business application 商业应用 计算机在商业中的应用。在商业应用中，把商业活动划分为具体领域，如投资控制、订购和销售、客户信用和报账、销售点自动购物、远程购物等，以便提交信息给计算机进行数据处理、运算和分析等。

business creation 业务创建 业务创建的目标是创建一个新业务过程、新业务或新组织的业务工程。

business computer 商务[事务]计算机 为方便商业或行政管理人员的工作而设计的一种计算机。如商业用计算机要为客户提供数据终端设备(DET)，该设备与公用载波通信的远程通信设备相连，以达到传输商务数据的目的。

business continuity 业务连续性 机构确保其在事件发生前后仍能对客户提供持续性服务及支持的生存能力。业务连续性意味着让业务在所有情况下都能保持运行，保护数据不受破坏和快速恢复数据。

business continuity management (BCM) 业务连续性管理 BCM是一项综合管理流程，使企业认识到潜在的危机和相关影响，制订响应、业务和连续性的恢复计划，其总体目标在于提高企业的风险防范能力，有效地响应非计划的业务破坏并降低不良影响。通行的业务连续性操作步骤包括项目启动和管理、风险评估和控制、业务影响分析、制订业务连续性战略、紧急响应和运行、计划制订和业务连续性计划的实施、认知和培训项目、业务连续性计划的演练和维护、危机联络以及与外部机构的合作。BCM是一系列须经企业或组织内部的决策层批准实施的计划和措施，是指将业务运作所面临的风险控制在最低水平以及在业务运作中断后立即恢复业务运作的业务管理流程。组织实施这一流程的根本目的在于确保组织业务的连续运作，其关注的对象是所有影响组织业务连续运作的因素。BCM一般包括启动、需求分析、战略规划和实施以及运作管理四个阶段。

business continuity management process 业务连续性管理流程 业务连续性协会(BCI)的业务连续性管理流程，也被称作业务连续性生命周期，包括六个关键元素：①理解组织需求；②持续性战略；③开发业务连续性管理响应；④创建业务连续性文化；⑤执行、演练和测试；⑥对业务连续性管理的管理流程。

business continuity management team 业务连续性管理小组 对业务连续性计划的开发和执行负有功能性责任的一组成员，该小组也负责在灾前、灾后对灾难进行声明、在灾难恢复过程中提供指导。

business continuity plan administrator 业务连续性计划管理员 对计划的归档、维护和分发负有责任的管理者。

business continuity planning (BCP) 业务连续性计划[规划] BCP是一套用来降低组织的重要营运功能遭受未料的中断风险的作业程序，它可能是人工的或系统自动的。业务连续性计划是高层管理人员的首要职责，因为他们被委任于保护公司的资产及公司的生存。业务连续性计划的目的是使得一个组织及其信息系统在灾难事件发生时仍可以继续运作。为了能对灾难事件有适当的对策，严密的计划及相关资源的投入是必需的。

business continuity program 业务连续性程序 一个确保业务连续性及恢复需求得到解释、资源得以分配、流程及步骤已设计完成并经过演练的现行程序。

Business Continuity Steering Committee (BCSC) 业务连续性指导委员会 一个由决策者、业务所有者、技术类专家和连续性专家组成的委员会，该委员会负责对机构恢复策略的制订及业务连续性规划进行决策。

business continuity team 业务连续性小组 负责对包括流程和步骤在内的业务连续性计划进行开发、执行、演练和维护的指定团体。参见 disaster recovery team，business recovery team。

business data processing 商务[事务]数据处理 (1)商务方面的数据处理，如对商务上财政事务进行记录、分类、做摘要等。(2)使用计算机处理事务的有关数据的过程。如工资单信息的登记和核算。

business data processing language 商用数据处理语言 用于商业数据处理的一种语言。常指 COBOL 语言。

business description language (BDL) 商用描述语言 基于结构程序设计特点的一种高级语言，它可提供给商业及办事人员使用，易于表达信息流程的控制及传递。BDL 以凭证、步、途径及文件作为目标来描述数据处理的算法。BDL 由表格定义部分 PDC、凭证流程部分 DFC 和凭证转换 DTC 组成。

business domain 业务域 一组具有相同的业务环境的业务服务。

business engineering 业务工程 公司用于根据特定目标来设计其业务的一组方法。业务工程方法可用于业务重建、业务改进，也可用于业务创建。

business enterprise solution team program 最佳系统集成商计划 IBM公司在中国实施的一个系统集成商及网络用户培训计划，包括对系统集成商和用户的教育培训、市场支持、软件支持、技术支持等。其宗旨是对现有的系统集成商进行全面培训，并向其提供支持和市场的在线支持，使其掌握计算机网络的最新技术及发展动态，提高其对网络用户的服务、支持的范围和水平，改善网络用户的投资效益。

business entity 业务实体 表示业务角色处理或使用的"事物"的实体。

business function 业务功能 支持企业某方面任务的一组相关业务流程。

business graph 事务分析图 数字的一种表示方法。折线图、扇形图和柱形图是业务分析图最常见的形式。虽然有些人认为数字更能有效地说明问题，但大多数人还是认为图更直观。将数字转换为图的形式，能很快地看出和比较出业务活动的情况。

business graphics 事务分析图示法 事务分析图示法是计算机图形学在事务数据处理及办公自动化中的应用。它将数值翻译成直观的二、三维图表或图形(如折线图、扇形图、直方图、曲线图等)。从而可以使事务管理和办公室工作中许多数字报表更加直观，更容易从中获得有用的信息。参见 graphics，presentation graphics。

business graphics components 商业图形组成 标识商业信息的各种图形。为了商业应用，一些设备可用来显示数字和图像信息，使得商业数据具体化。这些设备有 CRT(阴极射线管)显示器，激光画笔和静电显示器等。

business impact analysis (BIA) 业务影响分析 用于识别关键业务功能和工作流程，对中断造成的影响进行定性和定量的分析，并设定恢复时间目标(RTO)及其排序。参见 recovery time objective (RTO)。

business improvement 业务改进 执行业务工程，但其中的变更工作仅限于局部而并不波及整个业务。它涉及削减成本、缩短交付周期以及监督服务和质量。参见 business engineering。

business information system (BIS) 商务信息系统 一种与日常商务有关的信息系统。其输入数据有定购单、支票、统计报表、库存报表、原材料消耗报表、成品、半成品报表等，这些数据主要以内部固有关系的形式存储在数据库中。输出信息供管理人员使用。

business intelligence (BI) 商务智能 商务智能是在企业资源规划系统(ERP)等信息化管理工具的基础上提出的，是基于信息技术构建的智能化管理工具，它实时地对企业资源规划系统(ERP)、客户资源管理系统(CRM)、供应链关系管理系统(SCM)等管理工具生成的企业数据进行各种分析，并给出报告，帮助管理者认识企业和市场的现状，做出正确的决策。BI 应用包括决策支持、查询、报告以及在线分析处理、统计分析、预测、数据挖掘等。

business intelligent management system (BIMS) 商务智能管理系统 BIMS 的指导思想为：智能化、集成化、网络化和协调化。其中智能化指从大量营销数据和市场信息中发现知识及适应市场变化。

集成化指通过方法集成与技术集成实现功能集成。包括信息管理、决策支持、商务处理等的集成。网络化指开拓在信息高速公路上的网络市场。协调化指 BIMS 不仅为商业管理决策人员提供友好的人机界面,还可以实现人机合理分工、人机智能结合,提供计算机支持的商业人员协同工作环境。

business interruption **业务中断** 任何干扰机构正常业务操作的预期的或非预期的事件。

business interruption costs **业务中断成本** 与常规业务操作中断相关的成本或经济收入的损失。

business island **业务孤岛** 由于不同业务孤立运行,没有能够形成一个有机的整体,导致不同业务由于互相牵制影响而顺利的执行和处理。业务孤岛的要害就是割断了本来是密切相连的业务流程,不能满足企业业务处理的需要。参见 information island。

business management **事务管理** 在电信管理网分层结构中,面向事务的最上层管理功能。由网络管理一切事务。

business model **商业模型** 商业模型是一个理论工具,它包含大量的商业元素及它们之间的关系,并且能够描述特定公司的商业模式。

business modeling **业务建模** 以软件模型方式描述企业管理和业务所涉及的对象和要素、以及它们的属性、行为和彼此关系。业务建模强调以体系的方式来理解、设计和构架企业信息系统。业务建模的工作可能包括了对业务流程建模、对业务组织建模、改进业务流程和领域建模等方面。参见 function modeling。

business object **业务对象** 数据进行检索和处理的组件,是简单的真实世界的软件抽象。业务对象由状态和行为组成,具体可分为三类:①实体业务对象,表达了一个人、地点、事物或者概念。根据业务中的名词从业务域中提取;②过程业务对象,表达应用程序中业务处理过程或者工作流程任务;③事件业务对象,表达应用程序中由于系统的一些操作造成或产生的一些事件。

business object model **业务对象模型** 说明业务用例实现的对象模型。

business operation support system (BOSS) **业务运营支撑系统** 在电信企业就是指"电信运营支撑系统",负责电信业务运营事务,涵盖了电信计费、结算、营业、账户和客户服务等系统,还包括客户管理及业务管理等。业务运营支撑系统是逐步发展起来的计算机软件管理系统,经历了运行维护支撑系统(OSS)、业务支撑系统(BSS)和用户管理系统(SMS)等多个发展阶段,其核心是运营管理(OM),即业务运营支撑系统的发展历程实质上是运营管理的发展历程。这不仅是强调运营管理是业务运营支撑系统的基础,而且是强调只有经历或具备了多个运营管理的阶段或条件,才能够实际运用业务运营支撑系统。

business-oriented database **商用数据库** 指面向商务或事务处理的传统的通用数据库。如在处理诸如企业经销、银行账务、医院病案、图书文献和学校教务管理等方面的数据库。

business performance management (BPM) **企业绩效管理** 企业对业务绩效进行衡量和分析,以支持业务绩效的管理。企业绩效管理所关注的一切都在于,围绕某项特定的决策,为用户提供一套可行的步骤,以业务流程改进为核心,指导用户完善决策过程,使战略执行更加有效。

business phase **商业阶段** 软件开发的初始阶段,描述初始客户需求、客户类型以及协作客户。

business plan **经营规划** 包括预计收入、成本和利润,通常还有预算和计划的资金平衡表及现金流量表(资金来源和资金运用)的文件。通常仅用货币单位表达。

business process **业务过程,业务流程** (1)业务过程指的是企业管理中必要且逻辑上相关的、为了完成某种管理功能的一组活动。(2)业务流程由一组逻辑相关活动构成,目的在于使用组织资源为支持组织目标提供规定的结果,是完成一项业务活动所需经历的标准流程。

business process model (BPM) **业务过程模型** 业务过程模型是利用图形的方法,从业务的角度对业务逻辑和业务规则进行详细的概念描述,表达一个或多个起始点到可能的终节点之间的过程、流、消息以及协作协议的交互。它可以分为协作模型、执行模型和分析模型三类。

business process redesign (BPR) **业务过程再设计** 业务流程的基本重新思考和基本再设计,以便在当代性能衡量标准上获得明显改进,如成本、质量、服务和速度。业务过程再设计包括任务设计、技术设施、改善管理和工作流程以及系统分析、实现和测试。

business process reengineering (BPR) **业务过程重组** 对业务过程进行改造,目的在于提高服务性能和增强对资源的有效利用,通常包括找出哪些过程是正确的,哪些过程是低效的,需要在信息技术支持下进行优化处理,还有哪些过程不适合采用计算机信息处理,应当取消等。同 business reengineering, business process redesign (BPR)。

business programming **商务程序设计** 程序设计的一个专门分支。专门处理商业应用,通常涉及大量的输入与输出,仅有少量的计算。

business recovery planning (BRP) **业务恢复计划** BRP 涉及紧急事件后对业务处理的恢复,但与 BCP 不同,它在整个紧急事件或中断过程中缺乏确保关键处理的连续性的规程。BRP 的制订应该与灾难恢复计划及 BCP 进行协调。BRP 应该附加在 BCP 之后。参见 business continuity planning

(BCP)。

business recovery services 业务恢复服务 由开发商提供的应急服务,用于对出现意外中断的关键业务过程进行恢复。

business recovery team 业务恢复小组 负责维护业务恢复步骤和协调业务功能及流程恢复的一组指定人员。

business recovery timeline 业务恢复时间线 恢复行为的时间顺序或关键路径,以确保在业务中断后能将操作恢复到可接受的水平。该时间线根据恢复需求及使用技术的不同,可从几分钟到几个星期不等。

business reengineering 业务重建 执行业务重建,其中的变更工作涉及以全面的观点来看待整个现有业务,并努力通过重新构建寻找合理改进的全新方法。同一含义的其他名称还有业务过程再设计和过程创新。参见 business process redesign (BPR)。

business rule 业务规则 定义或约束业务中有关方面的语句,目的在于声明业务的结构以及控制或影响业务的行为。在信息系统中,业务规则是必须如何做或者如何构建以满足业务需要的声明,它指导信息系统模型的创建,并建立相应的文档。业务规则分为定义、事实、公式、需求、有效性规则和约束。

business software 商业软件 商业软件拥有版权,一般是通过计算机公司或软件零售商进行销售。比较 freeware, free software, shareware, public domain software。

Business Software Alliance (BSA) 商业软件联盟 成立于1988年的商业软件联盟在全球主要区域的80多个国家和地区设有分支机构。BSA于1997年在中国设立代表处,设置了盗版软件800举报热线,主要职能为打击盗版。BSA联盟的成员包括微软、Adobe、趋势科技以及一些PC厂商及存储公司。

business system planning (BSP) 企业系统规划 IBM公司建立并实现的一种结构化方法。其目的是帮助企业制订信息系统规划,以满足企业近期和长期信息需求。企业系统规划是从企业目标入手,逐步将企业目标转化为管理信息系统的目标和结构,从而更好地支持企业目标的实现。

business to business (B to B, B2B) 企业与企业之间的电子商务 企业与企业之间通过因特网进行产品、服务及信息的交换。B to B方式是电子商务应用最重要和最受企业重视的形式,企业可以使用因特网或其他网络对每笔交易寻找最佳合作伙伴,完成从定购到结算的全部交易行为,包括向供应商订货、签约、接受发票和使用电子资金转移、信用证、银行托收等进行付款以及在商贸过程中发生的其他问题如索赔、商品发送管理和运输跟踪等。

business to customer (B to C, B2C) 企业与消费者之间的电子商务 B to C方式是消费者利用因特网直接参与经济活动的形式,类同于商业电子化的零售商务。随着万维网的出现,网上销售迅速发展。目前,在因特网上的许多各种类型的商业中心、虚拟商店和虚拟企业,提供各种与商品销售有关的服务,如网上书店、网上百货店、网上旅行社等。

business to government (B to G, B2G) 企业与政府之间的电子商务 B to G商务活动覆盖企业与政府组织间的各项事务。例如企业与政府之间进行的各种手续的报批、政府通过因特网发布采购清单,企业以电子化方式响应;政府通过网上以电子交换方式来完成对企业和电子交易的征税等。

business unit recovery 业务单元恢复 用于在灾难发生情况下恢复关键功能或关键部门职能的灾难恢复组件,其中业务单元包括人员、关键记录、设备供应、工作区域、通信设施、工作站的计算机处理能力、传真、复印机及邮件服务等。

business use-case 业务用例 业务用例定义了一组业务用例实例。业务用例具有名称。参见 business use-case instance。

business use-case instance 业务用例实例 业务用例实例是在业务中执行的一系列动作,这些动作为业务的个体主角产生具有可见价值的结果。

business use-case model 业务用例模型 说明业务预期功能的模型。业务用例模型作为一个核心输入模型,它主要是由业务用例和业务主角构成的,用于确定组织的各个角色和可交付工件。

business use-case package 业务用例包 业务用例包是业务用例、业务主角、关系、图和其他包的集合,通过将其划分为若干个较小部分来建立业务用例模型。

business use-case realization 业务用例实现 业务用例实现按照协作的业务对象描述了在业务对象模型中如何实现特定业务用例的工作流程。

business worker 业务角色 业务角色表示业务中的一个或一组角色。参与业务用例实现时,一个业务角色和其他业务角色交互并控制业务实体。参见 business entity, business actor。

bus interconnection 总线互连 分时共享总线为每个处理机存取可共享内存提供公正简单的方法,单个总线可接纳中等数目的处理机,一次只有一个处理机存取总线,还可采用双总线,连接一组处理机的局部总线和连接与每组有关的特定服务处理机的最高层的系统总线。

bus interface gate array (BIGA) 总线接口门阵列 在思科(Cisco)服务器中,在不需要主处理器干预的情况下,这项技术允许把帧从它的分组交换存储器传送到它的MAC(介质访问控制)本地缓冲存储器,或从MAC本地缓冲存储器接收帧。

B

B

bus interface unit (BIU) **总线接口部件** 总线式局部网中用于将工作站和服务器连接到传输总线上的标准接口设施。在实际应用中也称“电缆接口部件(CIU)”,或者使用厂家规定的特殊名称。

bus interfacing **总线接口** 连接总线与使用总线的各外围设备之间的驱动电路或匹配电路。

bus interlocked communication **总线互锁通信** (1)一种异步通信。在总线上的数据传送能够互锁,这样,通信同总线的物理长度以及从属设备(即通信的接收端)的响应时间无关。这种异步通信不一定要等待时钟脉冲或与时钟脉冲同步。因此,每个设备都可能全速工作。(2)总线数据传输的一种状态,通信独立于物理总线长度和从设备的响应时间。异步操作排除了与时钟脉冲同步的必要,每个设备可以最快速度工作。信息字可以在主设备和从设备之间的许多总线上传输。

bus interrupt **总线中断** 总线上的一种请求操作的行为,有多种处理方法,最简单的方法是使用中断请求线,由请求总线操作的设备发出,中断处理器检测到中断信号时就轮询所有的设备,以确定发出中断的设备;为提高处理速度,中断处理器可主动发出中断确认信号;另一种中断方法是使中断源设备本身变成命令器,向其目标设备发送中断消息,使整个中断处理过程成为分布式的。

“bus”language **“公共汽车”语言** 一类“无所不包”的大型通用语言。这种语言企图兼收并蓄各种程序设计语言的功能。汇集型语言(如 PL/1)和可扩充语言(ALGOL 68)都属这种语言,因为它们像共公汽车一样可以供各种各样的人使用,并且可以任意乘坐它线路上的某一段。

bus lock **总线封锁** 当某个总线设备执行一个两次或多次传送构成的序列时,让它能独自存取总线。如在 EISA(扩展的工业标准体系结构)总线中。

bus master **总线主控器** 在采用总线结构的计算机中,中央处理器和外部设备都能控制总线上的数据传送,把控制当前传送的设备称为总线主控器。比较 bus slave。

bus master mode **总线主控方式** 总线分为从控和主控两种工作方式。主控总线工作方式是扩散/聚集总线形式。这种工作方式的特点是:主控总线独立运作,不受主机 CPU 控制,大大提高了运算性能。特别是采用主控总线的图形加速卡,由于直接从存储器里读取三维原始纹理图和渲染指令信息,而不需要等待 CPU 的指令,因此,不但减少了图形的存取时间,还使得图形处理器可以同时完成绘制图像和 CPU 计算几何图形的双重工作。参见 bus slave mode。

bus message **总线报文** 在控制总线上作为一组控制信号或者在输入/输出总线上作为数据传送到 CPU(中央处理机)的一种报文。

bus mode **总线方式** 数字输入输出的一种方式,用公用总线进行多重输入输出传送。

bus mouse **总线鼠标** 一种通过接线可接在计算机总线印刷线路板上的鼠标,而串行鼠标是接在计算机串行口上的。总线鼠标占用一个扩展槽,而串行鼠标占用一个串行口。选择哪一种鼠标取决于每个槽口上计划连接的设备数目。比较 serial mouse。参见 mouse。

bus multiplexing **总线多路传输** 在 8 位或 16 位总线上的一种多路传输。在编程数据传输期间,处理机定时地将地址放置在总线上,并执行编程的输入或输出数据传输。

bus network **总线网(络),总线局部网** (1)一种网络结构,对附加在网络上的所有节点提供一种双向传输能力。发送节点向总线的两端同时发送报文,通路上的所有节点在报文经过时,对其进行复制。(2)一种常见的局域网。总线为一条长电缆(多是同轴电缆),网中所有的计算机设备插接到总线上。这些设备通常称为“站”,各站彼此可以进行通信。其优点是:如果一个站发生故障,通常不会影响整个系统,在网上加入新站也较容易。

bus-organized structure **总线式结构** 在小型计算机和微型计算机中,用来实现数据和控制信息的输入或输出的一种结构。在这种总线系统中,信息通常沿两个方向流动。多个接收设备和发送设备可共用同一条总线。总线接口处的电平和阻抗的约定应使信息能高速地传送,使内部噪声所引起的差错减到最小,还要使共用一条总线的多个设备的信号不会成为当前输出信号的额外负载。

bus-organized system **总线式系统** 中央处理机的输入输出均以标准格式和统一速度通过一条总线的计算机系统。

bus oriented multiprocessor architecture **基于总线的多处理机系统结构** 一种简单的多处理机构成方式,多个处理机与内存模块之间通过总线方式连接。

bus parking **总线停泊** 当总线为空闲且无总线主设备产生总线请求时,仲裁器可以准许总线主设备使用总线。如果停泊在该总线上的总线主设备接下来发出了总线请求,它就可以立即使用总线。

bus-polling protocol **总线查询协议** 在某些系统中,用于设备向量中断的总线协议。在中断处理程序中不需要设备查询,这样在总线上有多个设备要求中断服务时,可以大大节约处理时间。

bus priority structure **总线优先结构** 总线通常由若干台处理机、直接存储存取控制器和输入输出设备所共用。凡是能成为总线主控器的每个设备,根据它们在总线上的位置分配有一个优先权。当这样的多个设备同时请求占用总线时,具有较高优先权的设备将获得总线的控制权。这种结构称为总线优先结构。

bus protocol **总线协议** 主从设备管理总线所使用

的一组规则。在复杂的总线中通常采用分层协议来管理，低层协议定义了设备间信息传输的规则，高层协议定义了如何组织和解释这些信息，高层协议通常用软件实现。参见 protocol。

bus quiet signal **总线安静信号** 在令牌总线网络中，一个表示传输媒体不活跃的信号。

bus request **总线请求** 计算机系统设备为请求对系统总线的控制权而发向处理器的一个输入信息。通常由硬件的一根输入线变为低电平来实现。

bus responder **总线响应器** 指在总线中已被连通的从设备。

bus segment **总线区段** 一种总线管理技术，有些总线具有配置多个互连区段的能力，称为区段总线，在这种总线中包含若干总线区段，在一个总线区段上可连接多个设备，同一时刻只能有一个主设备。多区段总线扩充了可连接设备的数量，具有更强并行性，可以有几个命令器同时进行事务处理。设备安装不受单底板或单机架的限制。参见 bus master。

bus slave **总线从设备** 在总线中不能获得控制权的设备，通常由总线命令器把地址信息放到总线上来选择从设备，所以从设备将设备地址信息与其内部设定的有效地址进行比较，如果一致则与命令器连通，对应于 bus master。参见 bus，bus commander。

bus slave mode **总线从控方式** 总线分为从控和主控两种工作方式。从控总线工作方式是最基本的总线形式。这种工作方式的特点是：在主机发出请示中断指令后，总线只能独立运作很短的一段时间，中断后就不能再独立工作。参见 bus master mode。

bus standard **总线标准** 为使总线设备相互兼容而制订的规范。通常有三种制订总线标准的途径：其一，某个厂家的专利得到 OEM 厂家的普遍接受，进而形成事实上的标准，如 DEC 公司的 UniBus、Qbus，IBM 公司的 PC Bus；其二，国家或国际标准的总线，如 GPIB(通用接口总线)、S-100 总线，Intel 公司的 multibus 等；其三是由专家组成的标准化组织领导下所制订的总线，如 CAMAC、FastBus 和 Future Bus。

bus status bit **总线状态位** 在计算机系统中通过输入输出指令中的信息，反映输入输出总线的状态。

bus system **总线系统** 总线一般按其功能分为数据总线、地址总线、控制总线等。一台计算机的所有总线组成总线系统。

bus tenure **总线占用期** 指总线主设备占用总线的时间。

bus termination **总线端接法** 总线终端上用以防止反射的电气方法。仅在高速系统或难以设计的低速总线终端中才使用。

bus timing **总线定时** 在总线周期内，命令器和响应器交换信息的时间约定，由总线定时信号确定，定时信号可以异步产生，也可以同步产生。

Bus topology **总线拓扑** 一个常用的局域网拓扑，其中有一条主缆分布在各站之间，多个站可同时接收某个站发出的消息。

bus transaction **总线事务处理** 在多处理机系统中，往往有多台处理机和外部设备必须共享一条公用总线。总线事务处理指一个完整的总线操作，如存储器读，包括获得总线系统临时使用权所需的一切协议和其他控制信号。

bus transceiver **总线收发器** 一种高性能低功耗的肖特基收发器。它用于双极型或 CMOS(互补金属氧化物半导体)微处理机中。这种收发器一般由四个边沿触发的 D 型触发器组成，每一触发器带一个内部输入多路转换器。

bus-type current transformer **母线式电流互感器** 一种没有一次线圈，但具有一次绝缘，直接套装在导体或母线上使用的电流互感器。

busy **忙、忙碌** 一般指输入输出设备正在工作的状态，或指通道正处于使用的状态。当输入输出设备完成上次命令后，才能接收下一次命令。

busy hour call attempt (BHCA) **忙时呼叫尝试** BHCA 是交换机控制部件呼叫处理能力的重要指标，指最忙的一小时内处理和试呼次数度量单位。

busy period **忙碌期间** 输入输出设备处于工作状态的持续时间。

busy signal **忙音，占线信号** 在线路中返回的一种可听或可视的信号，表明被呼叫方被占用或没有可用的传输途径。

busy testing **忙碌测试** 为了确定线路是否可以使用而进行的一种测试(试探)。

busy user **占线用户** 通信系统正在使用的终端机或末端设备(如电话或传真机)。当被叫接收机是占线用户时，主叫通常将接收到一个占线信号。同 busy party。

busy waiting **忙等待** 进程的一种状态，占有处理机的进程被一个资源(或信号量)阻塞。在操作系统中，为了实现进程间同步，进程不断检查某个条件(如等对方进程来的消息或信件)，直到条件满足时才能继续执行下去；在未满足条件时，处于重复检查条件的状态。这种等待执行下去的状态，称为忙等待。引入忙等待概念是为了易于理解操作系统的同步概念，但在实现时并不是以忙等待方式处理的，而是把等待事件的进程状态从执行状态变为封锁状态，一旦事件到达(即条件满足)，进程的状态从封锁状态变为就绪状态。

butt contact **对接触头** 触头间的相对运动方向与接触表现垂直的一种触头。

butt coupling **对接耦合** 在纤维光学中，一个光纤元件，如一段光纤到另一段光纤的耦合，一个光纤端面与另一个光纤端面的对接，以便界面处电磁波以最小功率损耗和最大传输系数传输。

butterfly effect 蝴蝶效应 初始值的极微小的扰动而会造成系统巨大变化的现象。蝴蝶效应最常见的阐述是：一只南美洲亚马逊河流域热带雨林中的蝴蝶，偶尔扇动几下翅膀，可以在两周以后引起美国德克萨斯州的一场龙卷风。其原因就是蝴蝶扇动翅膀的运动，导致其周边的空气系统发生变化，并产生微弱的气流，而微弱的气流的产生又会引起四周空气或其他系统产生相应的变化，由此引起一个连锁反应，最终导致其他系统的极大变化。

Butterworth filter 巴特沃斯滤波器 一种通频带的频率响应曲线最平滑的电子滤波器。巴特沃斯滤波器的特点是通频带内的频率响应曲线最大限度平坦，没有起伏，而在阻频带则逐渐下降为零。在振幅的对数对角频率的波特图上，从某一边界角频率开始，振幅随着角频率的增加而逐步减少，趋向负无穷大。参见 Chebyshev filter。

button 按钮，按钮广告 (1)定位设备上的一个装置(如鼠标器)上，用于请求或者启动一个动作。参见 mouse button。(2)屏幕上一个识别用户选择的图形设备。参见 radio button，pushbutton。(3)窗口中的一个图形装置，被选择时产生一个动作，如一个列表按钮产生一个选择表。参见 list button，maximize button，minimize button，restore button。(4)按钮广告是网上的一种广告形式，图形尺寸一般是 120×60 像素，甚至更小。由于图形尺寸小，故可以被更灵活地放置在网页的任何位置。参见 banner。

button assignment 按钮赋值 一个定义作为启动一个按钮或者按钮组合而产生的动作的赋值操作。

button device 按钮型(制图输入)设备 在交互式计算机制图中使用的一种逻辑输入装置，它可用来输入命令型信息。能实现该功能的实际设备有程序功能键盘，功能开关，按钮，字符键盘等。

button grabbing 按钮获取 在一些窗口系统中，用一个鼠标器激活对按钮动作的获取。参见 key grabbing，keyboard grabbing，pointer grabbing，server grabbing。参见 active grab，passive grab。

button help 按钮帮助 通过选择按钮或图标显示出来帮助信息。诸如 Web、多媒体信息亭和计算机辅助教学这样一些应用程序都经常使用按钮帮助图标，以使系统更容易使用。

buzzer 蜂鸣器 利用电磁振动产生蜂鸣音的电器。

BW 带宽，频带宽度 bandwidth 的缩写。

BWDF 带宽距离因数 bandwidth distance factor 的缩写。

bypass 旁路 (1)为使数据能在绕过一个站点或存取单元的通路上流动，从环形网中删除一个站点或存取单元的做法。(2)在通信系统和计算机网络中，为了防止由于故障导致不能继续传输、通信而设置的备用通道或线路，如在长途电话系统中，可利用微波通道或卫星通道作为长话通道的旁路。又如，在环型计算机网络中，每个节点可以设置短路机制作为旁路。参见 lobe bypass，wrapping。

bypass capacitor 旁路电容 可将混有高频电流和低频电流的交流电中的高频成分旁路掉的电容。

bypass arm 旁路臂 变流器中辅助臂的一种，其作用在于当主臂不导通而电源与负载之间没有电能流过时，给环流提供传导通路。参见 principal arm，auxiliary arm。

bypass channels 旁路信道 通过一个节点而不进行多路分用的路由选择信道。

bypass current 旁路电流 流过与串联电容器相并联的旁路装置、间隙或开关的电流。当旁路与已赋能的电容器接通时旁路电流包括电容器的放电电流加上系统电流方均根值。

bypass device 旁路设备 网络系统中，旁路设备是通过在串行的安全架构中自动重新路由网络流量从而确保关键的应用在系统断电与故障时保持不间断。

bypass jumper 引流线 由单芯电缆穿过绝缘管制成，供各种装置维修临时短接用。

bypass mode 旁路方式 在 FDDI(光纤分布数据接口)和令牌环网络上运行的方式，在该方式中接口从环上移去。

bypass power supply 旁路电源 经由旁路供电的主电源或备用电源。

bypass procedure 旁路过程 当控制线路的计算机失效时，用以把最重要的信息送入主计算机的过程。进入主机的几条控制线路常经过转换，以使不同的终端输入工作达到最大。因此电传打字机、纸带穿孔机和电话等常用来和主机连接，以提供旁路。

bypass relay 旁路中继 环形网络中的使消息得以在一般不相邻的两个节点间传输的中继。它允许特定的令牌环接口关闭并有效地从环上移去。

bypass switch of series capacitor 串联电容器的旁路开关 一种有动静触头的作为串联电容器旁路手段的开关装置。这个开关也具有在规定水平的电流下将电容器投入的能力。

byte (B) 字节，位组 作为一个单位来操作的一串二进制数字，通常小于一个计算机字长，目前最常用的是采用 8 位二进制数。一个字节可以表示一个字符，如一组 8 个相邻的二进制数，代表一个 EBCDIC(扩充的二进制编码的十进制交换代码)字符。

Byte (*The Small Systems Journal*) **《字节-小系统》** 美国 Byte 出版公司出版，1976 年创刊，月刊。主要刊载微型计算机的系统结构、软件、程序

设计、外设及其在各领域中的应用技术，兼载各国主要厂家的研制动态、会议消息、讲座、市场动态及书评等。

byte address 字节地址 在存储器中，以字节为单位对存储单元进行编址的地址。常使用 8 位二进制位赋予一个地址。

byte-addressable 可按字节寻址的 计算机主存的一种组织方法。按这种方法，每一个字节有其唯一的地址。

byte-addressable computer 字节寻址计算机 以字节(一般是 8 位)作为寻址单位的计算机。它的指令长度和操作数长度为字节的整数倍。比较 word-addressable computer。

byte-addressable storage 按字节编址存储器 为了便于处理字符信息，主存的地址常按照一个字节(8 位二进制)来编址，而不是按照实际读写的信息单位(若干字节组成的字)进行编址。这样，主存中的每一个字符信息(它占用一个字节)都有唯一确定的地址，从而使得单字符和可变长度的字符行的处理极为方便。

byte boundary addressing 字节边界寻址 存储器基于 8 位间隔的地址方式，每个存储器位置包含一个 8 位的值，从十进制的 0 ～ 255。

byte cipher feedback 字节反馈加密法 一种反馈加密法，输出的密文字节又反馈给下一个明文字节的加密算法。

byte code 字节代码 Java 语言的中间代码。也称“解释代码”、“伪代码”和“p 代码”，是由 Java 虚拟机(JVM)执行的代码格式。参见 byte code file。

byte code file 字节码文件 字节码文件是经过编译器预处理过的一种文件，是 Java 的执行文件存在形式。字节码文件本身是二进制文件，但是不可以被系统直接执行，而是需要虚拟机解释执行，由于被预处理过，所以比一般的解释代码要快，但是仍然会比系统直接执行的慢。

byte computer 字节计算机 对存储器的存储单元用字节编址，并以字节为单位来进行数据传送和运算的计算机。

byte-count-oriented procedure 面向字节计数规程 数据通信中的一种规程。它使用一个报头，其中包含一个报文字节数域，用来控制报文的传输。

byte-erasable 字节可擦除的 电可擦可编程序只读存储器(EEPROM)的一种特性。利用此特性，可以有选择地擦除存储数据的一个字节。

byte error correcting code 字节错校正码 校正数据字节错的错误校正码。错误以字节为单位，一个字节错可以是字节中所有二进制位的不同组合的错误。

byte error detecting code 字节错误检测码 检测数据字节错的错误检测码。错误以字节为单位，一个字节错可以是字节中所有二进位的不同组合的错误。

byte identifier for Chinese character interior code 汉字内部码字节标识 汉字内部码的标识方式之一。一般采用二、三或四个字节组成的字符串中的第一个字节作为汉字的标识符。

BYTE information exchange (BIX) BYTE 信息交换在线服务 BYTE 杂志的在线信息服务，提供电子邮件、软件下载和有关软件和硬件论坛的服务。

byte instruction 字节指令 允许在存储器中存取任一字节或交换寄存器中的某字节的指令。这类指令在数据通信和数据处理方面是很有价值的。

byte manipulation 字节处理 (1)根据相应的指令成批处理多位组(字节)的技术。(2)处理机和输入输出设备之间进行数据通信的一种交叉方式。按照这种方式，一台输入输出设备占用通道传送数据时，只传送一个字节就释放通道。这样，通道就能同时为多台输入输出设备服务，字节方式一般用于低速的输入输出设备。同 multiplex mode。

byte multiplexer 字节多路转接器 接收来自多个源点的字符，将其合并后发送到一条传输通路上去，并能把它们分配到不同接收点的一种设备。常用在多用户计算机系统中，提供主机和外设之间的通信，它与块多路连接器基本相似，区别仅在于转换单位不同。

byte multiplexer channel 字节多路转换通道 通道的一种类型。它用于连接宽行打印机、光电输入机、控制打字机等工作速率较低的外部设备。这种通道可以连接 8，16，32 甚至更多的子通道。子通道所接的外部设备以字节为单位分时与通道交换代码。在速度较高、信息流通量较大的机器中，这种通道还设有一个高速缓冲存储器，用来存放控制字和交换的代码，由它与主存储器进行交换，以增加信息的流通量，提高通道的工作效率。在速度不高，信息流通量不大的机器中也可以不设缓冲存储器，控制字放在主存储器的一些专用单元中，外部设备的字节代码经通道直接与主存储器交换。

byte multiplexer mode 字节多路转接方式 一种数据传输方式，它使数据字节交叉地进行传输。

byte multiplexing 字节多路传输 一种数据传输过程。它将通信通道上的时隙授权给工作速度较慢的输入输出装置，以使一个接一个的字节能够在进出主存储器的通道上连接起来。

byte order 字节顺序 在 AIX 增强 X-Windows 中，指由像素映射或者位映射服务器定义的字节的顺序，采用不同字节顺序的客户级必须在必要时交换字节。

byte-oriented operand (按)字节(的)操作数 以字节为处理单位的操作数。存放操作数的主存也按字节编址。

byte-oriented protocol (BOP) 面向字节的协议

B

一个通信协议，其中数据编码为一个专门的字符集(如 ASCII(美国信息交换标准代码))，作为一个字符串传输，而不是像面向位流协议中的那样作为一个位串传输。为了区分控制信息与数据，在面向字节的协议中采用控制字符。大多数控制字符都根据编码模式定义，对于发送站和接收站都具有特殊的意义，采用面向字节的协议的系统有调制解调器中使用的异步通信协议和 IBM 的 BISYNC 协议。比较 bit-oriented protocol。

byte reversal　字节颠倒　把最不重要字节的数字数据最先存放的过程。用于整数和 Intel 微处理器的设备地址。

byte-serial transmission　字节串行传输　按字节顺序进行的一种传输。一种数据传输方式，传输时一个字节接在另一个字节后面依次进行传输。采用字节串行传输方式时，每个字节的各个位可串行传输(称为位和字节串行)或同时传输(称位并行，字节串行)。

byte space　字节空　在 VSAM(虚拟存储存取法)数据存取的方法中，一个升序的逻辑地址组(从 0 到 $2^{32}-1$)，每个 VSAM 分量(或目标)对应其中一个字节空间，且一个分量只在一个字节空间中存在。

bytes per inch (BPI)　每英寸字节数　一种衡量数据存储能力的方法，指在 1 英寸的磁盘或者磁带的空间中可存储的数据字节数。每英寸字节数用符号 B/in 表示。

bytes per second (B/s, Bps)　每秒字节数，字节/秒，比特每秒　传输速率单位，用于根据每秒的比特数定义电路的传输容量。

byte-stream file　字节流文件　一种低级文件，文件中的信息通过一种线性的字节顺序组织在一起，即要访问字节 i 必须先访问字节 $i-1$。

byte stuffing　字节填充　在一字节流中插入的一些“哑”字节。字节填入后。数据平均传输的速率要低一些。这些字节往往作为控制信息的一部分。

byte type pipe　字节型管道　一种命名管道，其中数据以一个字节串表示。

B1 class　B1 级　美国国防部可信计算机系统评价标准(TCSEC)中的一种安全级别，B1 级称为标记安全保护(LSP)。B1 级能够较好地满足大型企业或一般政府部门对于数据的安全需求，满足此级别的产品前一般多冠以“安全”(security)或“可信的”(trusted)字样，作为区别于普通产品的安全产品出售。标记安全保护对系统的数据加以标记，并对标记的主体和客体实施强制存取控制以及审计等安全机制。B1 级支持多级安全，多级是指这一安全保护安装在不同级别的系统中(网络、应用程序、工作站等)，它对敏感信息提供更高级的保护，如安全级别可以分为解密、保密和绝密级别。参见 trusted computer system evaluation criterion (TCSEC), labeled security protection (LSP)。

B2 class　B2 级　美国国防部可信计算机系统评价标准(TCSEC)中的一种安全级别，B2 级称为结构化的保护(SP)。结构化保护级的计算机信息系统可信计算基建立于一个明确定义的形式化安全策略模型之上，它要求将系统中的自主和强制访问控制扩展到所有主体与客体。即在自主访问控制方面，可信计算基应维护由可信计算基外部主体直接或间接访问的所有资源的敏感标记；在强制访问控制方面，可信计算基应对所有可被其外部主体直接或间接访问的资源实施强制访问控制，应为这些主体和客体指定敏感标记。针对隐蔽信道，将可信计算基必须结构化为关键保护元素和非关键保护元素。在隐蔽信道分析方面，系统开发者应彻底搜索隐蔽信道，并确定信道的最大带宽，这样才能确定有关使用隐蔽信道的非安全事件。可信计算基具有合理定义的接口，使其能够经受严格测试和复查。在审计方面，当发生安全事件时，可信计算基还能够检测事件的发生、记录审计条目、通知系统管理员、标识并审计可能利用隐蔽信道的事件。参见 trusted computer system evaluation criterion (TCSEC), structural protection (SP)。

B2B　企业与企业之间的电子商务　business to business 的缩写。

B2C　企业与消费者之间的电子商务　business to customer 的缩写。

B2G　企业与政府之间的电子商务　business to government 的缩写。

B3 class　B3 级　美国国防部可信计算机系统评价标准(TCSEC)中的一种安全级别。B3 级称为安全域。安全域要求用户工作站或终端通过可信任途径连接网络系统，还必须采用硬件来保护安全系统的存储区。该级的审计机制扩展到用信号通知安全相关事件，审计跟踪能力更强，还要有恢复规程，系统高度抗侵扰。参见 trusted computer system evaluation criterion (TCSEC)。

B3ZS　三零置换双极性代码　bipolar with three-zero substitution 的缩写。

B6ZS　六零置换双极性代码　bipolar with six-zero substitution 的缩写。

B7 stuffing　B7 插入　一种保持数字电路上 1 的密度的简单技术，8 个连续的 0 由 7 个 0 和一个 1 替代。

B7 zero code suppression　B7 零码压缩　一种通过提供与数字传输的密度要求相一致，保持电话公司中继器和信道业务单元同步的技术。在该技术中，如果 T 载波 DS-0 时隙中的所有 8 位全为 0，B7 零码压缩就在第 7 位上替之 1。

B8ZS　八零置换双极性代码　bipolar with eight-zero substitution 的缩写。

C

c　百分之一　centi的缩写,表示10^{-2}。

.c　C语言源程序文件名后缀　C语言源程序代码文件的扩展名,供C语言编译程序下编译使用。

C:　第一个硬盘驱动器的标识符,C盘　在某些操作系统,如Windows中,用于标识第一个硬盘驱动器的标识符,简称C盘。

C# language　C#语言　2000年6月,微软公司宣布了"C#"(读做"C Sharp")语言,它是专门为构造Web应用程序而设计的,能与因特网标准很好地协调工作,特别是在数据传送的XML(可扩展标记语言)中以及为在各网站之间连接各代码的由微软发起的SOAP(简单对象访问协议)中。"C#"看起来与Java很相似,但它们之间在中间语言以及与COM(组件对象模型)的集成两方面有所不同。Java语言被编译成字节码(即在Java虚拟机中被执行的代码)来执行,但是"C#"则被编译成MSIL(即Microsoft中间语言,也称Windows字节码)。"C#"在微软的Visual Studio 7.0开发软件包中替换原有的Java工具Visual J++语言。参见extensible markup language (XML)。

CA　(1)通信自动化 communications automation的缩写。(2)细胞自动机 cellular automata 的缩写。(3)改变累积 change accumulation 的缩写。(4)通道适配器 channel adapter 的缩写。(5)计算机代数 computer algebra 的缩写。(6)任意连续 continue-any 的缩写。(7)计算机辅助的 computer aided 的缩写。(8)冲突避免 collision avoid 的缩写。(9)证书认证机构 certificate authority 的缩写。(10)通道连接 channel attachment 的缩写。

CAA　直排天线阵列　collinear antenna array 的缩写。

CAAD　计算机辅助建筑设计　computer aided architectural design 的缩写。

CAAS　计算机辅助采集系统　computer assisted acquisition system 的缩写。

.cab　压缩档案文件名后缀　微软制订的压缩包格式,常用于软件的安装程序,它表示的文件是由多个文件压缩成的,使用Windows自带的实用程序Extract.exe可以对其解压缩,WinZip、WinRAR等都支持这种格式。

cable　电缆,电报　(1)传输信号和电力的带有绝缘保护层的导线。电缆可定义为由下列部分组成的集合体:一根或多根绝缘线芯,以及它们各自可能具有的包覆层,总保护层及外护层。电缆有单股和多股、单芯和多芯、圆导体和扁导体、圆形多芯和扁平带状、普遍型和屏蔽型、普通低频和高频同轴、带连接器和不带连接器等多种规格、型号。(2)任何由电报方式发送的消息。以前除电报海缆外尚未出现其他电缆(如电话电缆、同轴电缆、光缆、电力电缆),因此cable就成为电报的代称。

cable assembly　带接头电缆　带有连接端子的电缆。可将电缆锁紧,可接入设备箱体上。

cable-based LAN　有线局域网　一个采用电缆作为其传送介质的共用媒体局域网。

cable bridge　电缆桥架　电缆桥架由托盘或梯架的直线段、弯通、组件以及托臂(臂式支架)、吊架等构成,是一种具有密接支撑电缆的刚性结构系统。同crane span structure。

cable bundle　光缆束　组合在缆芯中并具有共同保护层的若干光纤、缓冲光纤、光纤带或光缆部件。

cable bundle jacket　光缆束护套　在一束光纤、缓冲光纤、光纤带或光缆周围的保护层。

cable capacitance corruption　电缆电容恶化　由于电缆中电容量的积累,一个信号在传输过程中因损耗而影响质量的程度。电缆的电容量通常用单位长度的电容量表示。

cable casting　有线广播　指信息通过电缆传播的有线广播。

cable chart　电缆连接图　在局域网环境,由网络设计者提供的一张图,标明设备之间电缆连接元件的类型和位置。

cable clamp　电缆夹　夹紧电缆或导线的连接器的附件或零件,是一种能消除张力并缓冲机械应力,使之不至于传递到接线端的保护件。

cable code　水线电码[密码]　莫尔斯电码的一种变形,通常用于海底电缆,它的点、划和间隔具有相等的持续时间,但极性不同。

cable colour code　电缆色谱　电缆芯内为区分不同绝缘线芯排列的颜色编码序列。如通信电缆,以5种主色:白色、红色、黑色、黄色、紫色;5种次色:兰色、桔色、绿色、棕色、灰色组成25种色谱,主以组合共组成25对线序,白蓝为第一对线,依次为序,紫灰为第25对线。通常大对数通信电缆都是按25对色谱为一小把标识组成。

cable component　电缆部件　有关电缆的部件包括:导线、电缆、增强部件和护套等。

cable connector　电缆接头　电缆两端的连接器。参见DB connecter, DIN connecter, RS-232-C standard。

cable core　电缆芯　保护层护套里的电缆部分,用于携带信号,包括导线、光纤和缆芯等。

cable core component　光缆芯部件　光缆芯的一部分,如缓冲光纤、光缆部件、光缆束和光纤束等。

cable coupler 电缆耦合器 接线装置的形式之一，用接插件形式的端子与外接引线连接，实现信号或电流的传递。

cable cutoff wavelength 光缆截止波长 截止波长描述的是光纤从多模转变为单模的临界波长点，对于成缆光纤，高于此波长时光纤支持单模传输，低于此波长时光纤支持多模传输。对单模业务，光缆的截止波长应该低于系统的工作波长。

cable DC resistance corruption 电缆直流电阻恶化 由于电缆中电阻量的积累，一个信号在传输过程中损耗而影响质量的程度。电缆的电阻量通常用单位长度的阻值表示。

cable delay 电缆延迟 信号通过电缆所需的时间。

cable driver 光缆驱动器 一种把电脉冲转换为光脉冲的设备。参见 fiber optic cable driver。

cable facility loss 电缆设施损耗 因为基础设施的有关损耗，如较长的电缆长度将使信号衰减。参见 fiber optic cable facility loss, statistical fiber optic cable facility loss。

cable inductance corruption 电缆电感恶化 由于电缆中电感量的积累，一个信号在传输过程中会损耗而影响质量的程度。电缆的电感通常用单位长度的电感量表示。

cable interconnect feature 电缆互连特性 电缆所有互连设计及所用材料对电气特性的影响，如数据速率与电缆长度对应关系等。

cable interface unit (CIU) 电缆接口部件 在采用总线拓扑结构的网络中，将工作站和服务器连接到总线上的标准接口装置。

cable jacket 电缆护套 加在内部光纤或铜芯上的外部保护层，以保护电缆免受外部环境的影响以及加上识别标志。

cable joint 电缆接头 连接两根电缆形成连续电路的电缆附件。它的主要作用是使线路通畅，使电缆保持密封，并保证电缆接头处的绝缘等级，使其安全可靠地运行。同 cable splice。

cable loss 电缆损耗 电缆的射频(RF)信号衰减量。电缆衰减主要是信号频率和电缆长度的函数。电缆对较高频率信号的衰减大于对较低频率信号的衰减。电缆损耗通常按电缆传送的最高频率的信号衰减量(即最大损耗)进行计算和确定。

cable matcher 电缆匹配器 允许不同接头的电缆与设备进行连接的装置。

cable modem (CM) 电缆调制解调器 也称“线缆调制解调器”，位于用户处的用于在有线电视系统上传输数据通信信息的调制解调器。它的内部结构主要包括双工滤波器、调制解调器、前向纠错(FEC)模块、数据成帧电路、介质访问控制(MAC)处理器、数据编码电路和网络适配器等部分。电缆调制解调器上有用于接电视机的射频接口，还有连接网卡的网络接口，它采用非对称通道传输。

cable modem termination system (CMTS) 电缆调制解调器终端系统 位于有线电视系统前端或分配中心，用于使电缆数据业务连接至广域网。

cable path 电缆通路 一系列顺序连接的电缆。

cable pigtail 电缆引出端，尾缆 用来与另一电缆尾缆之间或与另一电缆之间耦合的一小段电缆。参见 fiber optic cable pigtail。

cable powering 电缆功率 为电视(CATV)设备提供的工作功率。通常采用同轴电缆供给信息信号所需的功率。

cable powering supplying 电缆供电电源 由电缆对设备的有源器件进行供电的电源。这种交流供电电源并不影响射频信号的传送。

cable retention 光缆保持力 在光缆中，当连接头固定安装后，能使光缆具有一定抵抗拉力的作用。

cable splice 电缆接头 也称“电缆头”。电缆敷设好后，为了使其成为一个连续的线路，各段线必须连接为一个整体，这些连接点就称为电缆接头。电缆线路中间部位的电缆接头称为中间接头，而线路两末端的电缆接头称为终端头。同 cable joint。

cable splice closure 电缆接头盒 有一个外壳和一个连接件，供互连配置在外壳内的各电缆使用。电缆接头盒对被连接的电缆密封，保护电缆免受环境的影响，同时为连接部分提供机械强度的支持。

cable telephony 有线电话(业务) 一种经由有线电视线路(而不是传统电话线路)提供的电话业务。虽然这种业务通过电缆而不是电话线传送，但是最终用户不会感觉到这两者的区别。有线电话是集因特网、电视和电话三种业务为一体的通信与娱乐装置的一部分。

cable television (CATV) 有线电视 也称“公共天线电视”。通过宽带同轴电缆将多个频道的视频信号传送到各个家庭用户的单向通信系统。

cable television network 有线电视网 利用光缆或同轴电缆来传送广播电视信号或本地播放的电视信号的网络。有线电视网是高效廉价的综合网络，它具有频带宽，容量大，多功能、成本低、抗干扰能力强、支持多种业务连接千家万户的优势。

cable testing 电缆测试 一种测试，验证数据是否可以在所有连接起来的电缆上被发送和接收。

cable through feature 电缆直连特性能 一种允许多个工作站与单条电缆通路相连的特性。

cable tilt 电缆倾斜 电缆对射频信号的衰减随频率而变化。定长电缆上的损耗随频率增加而加大，因此在定长电缆末端测量到的射频信号在频谱分析仪上，其波形倾斜下降，称为电缆倾斜。

cable transfer splicing system (CATS) 光缆传输接续系统 以带状光纤芯线为单位，同时迅速地倒换到远离两点间的光纤连接器的系统。

cabling **成缆** 通常指通过一系列操作把各部分连接起来的制缆过程。在光缆制作过程中,这一系列的操作包括:准备线轴、卷轴,让光纤通过浸渍槽加上缓冲层和涂敷层,给光纤加上附加保护层和增强部件,加上护套,标上标号,把已完工的光缆绕在线轴或卷轴上等。

cabling diagram **电缆布线图** 一种显示电缆路径与布局关系的线路图。

cabling process **成缆工艺** 在光缆制造中,一般从一盘或多盘中已带有适当涂层和缓冲层的光纤或光纤带开始,通过缠绕另外的缓冲材料、增强部件、护套或其他可能的材料对光缆进行组合装配,在护套上加涂层和标记,将成品光缆卷绕在便于放线的线轴或其他物体上,确保光缆不发生微弯和不产生小于最小弯曲半径的弯曲。

CAC **连接监管控制** connection admission control 的缩写。

cache **(高速)缓(冲)存(储器)** 高速缓冲存储器是位于CPU和主存储器之间的容量较小但速度很高的存储器,通常由静态随机存取存储器(SRAM)组成。由于SRAM采用了与制作CPU相同的半导体工艺,因此与动态随机存取存储器(DRAM)相比较,SRAM的存取速度快,但体积较大,价格很高。由于动态存储器组成的主存储器的读写速度低于CPU的速度,而CPU每执行一条指令都要一次或多次访问主存,所以CPU总是要处于等待状态,严重降低了系统的效率。采用cache之后,在cache中保存着主存储器内容的部分副本,CPU在读写数据时,首先访问cache。由于cache的速度与CPU相当,因此CPU就能在零等待状态下迅速完成数据的读写,只有当cache中不含有CPU所需的数据时,CPU才去访问内存。CPU在访问cache时找到所需的数据的百分比称为命中率。命中率是cache的一个重要指标。参见disk cache, converter cache, image cache, write-back cache。

cache bandwidth **(高速)缓存带宽** 信息进出缓存的速率。为增加带宽可采取加宽数据通路宽度、交叉并行存取和减少存取周期时间等措施。

cache card **高速缓存卡** 一种用于增加系统高速缓冲存储器容量的扩展卡。参见cache。

cache coherence **(高速)缓存相关** 主存信息和该信息在缓存中的副本若不一致,则称缓存相关。在多处理机系统里,每个处理机均设有一个高速缓存,同样的数据,在这些缓存里的副本若不一致,也称"缓存相关"。

cache coherent non-uniform memory access (CC-NUMA) **(高速)缓存相关的非一致性内存访问** 它是NUMA(非一致性内存访问)的一种类型。在CC-NUMA系统中,分布式内存相连接形成单一的内存,内存之间没有页面复制或数据复制,也没有软件消息传送。CC-NUMA中只有一个内存映像,存储部件利用铜缆和某些智能硬件进行物理连接。CC-NUMA技术能把许多对称多处理系统各处理器之间用高速和宽带互连硬件设备连接起来,使得这些系统像一台机器那样工作。参见non-uniform memory access (NUMA), cache coherence。

cache directory **(高速)缓存目录** 表示缓存内目前数据的情况的目录参数。它由表示目前在缓存中数据块地址的地址标记以及用于对缓存管理和控制的控制位标记组成。

cache DRAM (CDRAM) **带高速缓存的动态随机存取存储器** CDRAM是通过在DRAM(动态随机存取存储器)芯片上集成一定数量的高速静态随机存取存储器(SRAM)作为高速缓冲存储器和同步控制接口,以提高存储器的性能。例如,为刷新位映射屏幕,CDRAM能够预先将数据从DRAM中取到SRAM缓冲器中,随后对芯片的存取只在SRAM中进行。CDRAM使用单一的+3 V电源,低压TTL(晶体管-晶体管逻辑)输入输出电平。其片内cache为16 KB,与128位内部总线配合工作,可以实现100 MHz的数据访问,流水线式存取时间为7纳秒。参见dynamic random access memory (DRAM)。

cache farm **高速缓存场** 把万维网网页的副本保存到高速缓存中的一组服务器,这样,不必每次都从万维网服务器上调用页面就可以完成连续的请求。这些服务器基本上只作高速缓存之用。通过存储可访问的万维网网页而不增加网站的流通量,高速缓存场可为最终用户提供更高的网站访问性能、降低网络拥挤程度和数据流量。参见cache。

cache hit **高速缓存命中** 若用于检索高速缓存目录的块帧地址与缓存目录中的块帧地址相一致,则命中缓存。否则,称高速缓存未命中。比较cache miss。

cache line fill **高速缓存行组填充** 当处理器内部的一级高速缓存或二级高速缓存发生处理器读不命中时,将从外部高速缓存或系统DRAM(动态随机存取存储器)中读入固定数量的信息(一个行组的信息),并将其记录在高速缓存中。参见dynamic random access memory (DRAM)。

cache manager **高速缓存管理程序** 微软Windows NT中为文件系统及转发程序提供文件高速缓存服务I/O系统中的一个部件,它使用虚拟内存管理程序的页面交换机制,将磁盘上的页面装进内存或将高速缓存上的页面写回磁盘。

cache memory **高速缓冲存储器** 在计算机存储系统的层次结构中,介于中央处理器和主存储器之间的高速小容量存储器。它和主存储器一起构成一级的存储器。该存储器通常用于存储一种包含下一个最可能出现的待执行指令或指令串。参见cache。

cache miss **高速缓存未命中** CPU在高速缓存中

没有找到需要访问的数据。若未命中,则从主存中取出数据送给原请求源并存进高速缓存。比较 cache hit。

cache on board (COB) **板上集成缓存** 在处理器卡上集成的缓存,通常指的是二级缓存。比较 cache on die (COD)。

cache on die (COD) **芯片内集成缓存** 在处理器芯片内部集成的缓存,通常指的是一级机或二级缓存,由于是直接集成在处理器芯片中的,其工作主频与处理器的核心频率相同。比较 cache on board (COB)。

cache-only memory architecture (COMA) **(高速)缓存唯一的内存体系结构** COMA 是 CC-NUMA 体系结构的竞争者。两者有相同的目标,但实现的方式不同。COMA 节点不对内存部件进行安排,也不通过互连设备使整个体系保持一致性。COMA 节点没有内存,只在每个 Quad 部件(四个处理器块构件)中配置大容量的高速缓存。参见 cache coherent non-uniform memory access (CC-NUMA)。

cache poisoning **高速缓存布毒(技术)** 通过改变主机名与其 IP(网际协议)地址相对应的数据来蓄意破坏因特网域名系统(DNS)信息。当这类错误的信息被一台 DNS 服务器存放在高速缓存里,随后传送给另一台 DNS 服务器时,在主机之间传送的数据能被访问或被破坏,这就使这些 DNS 服务器易于受到攻击。高速缓存布毒技术曾用于把来自合法服务器的网络请求重定向到另一个万维网站点。

cache reload transient **重新装入高速缓存数据的瞬变状态** 以前曾经运行的程序在其他程序中运行且使用了高速缓存后,重新启动运行而发生的高速缓冲访问失败。

cache server **缓存服务器** 用来存储网络上的其他用户需要的网页、文件等信息的专用服务器。对于网络的用户,缓存服务器是不可见的,在用户看来所有的信息都来自访问的网站。

cache storage **(高速)缓(冲)存(储器)** 同 cache memory。

cache storage hit **(高速)缓存命中** 同 cache hit。

cache storage miss **(高速)缓存未命中** 同 cache miss。

CAD (1)计算机辅助设计 computer aided design 的缩写。(2)计算机辅助制图 computer aided drafting 的缩写。(3)计算机辅助调度 computer aided dispatching 的缩写。

CAD/CAM **计算机辅助设计/计算机辅助制造** computer aided design/computer aided manufacturing 的缩写。

CAD/CAM graphics program **计算机辅助设计/计算机辅助制造绘图程序** CAD/CAM(计算机辅助设计/计算机辅助制造)系统中所使用的绘图程序。它的基本功能包括:多用户的接口、基本绘图功能、图形编辑功能、加工工艺定义、与其他语言系统的接口、自带开发语言等。

CAD/CAM oriented database **计算机辅助设计/计算机辅助制造数据库** 用于计算机辅助设计及计算机辅助制造一体化的工程数据库。该库作为 CAD/CAM 一体化系统的重要组成部分,对系统中的数据组织和管理具有重要的作用。

CAD/CAM workstation **计算机辅助设计/计算机辅助制造工作站** 计算机辅助设计/计算机辅助制造系统中所采用的工作站,用于处理一些非常复杂的设计任务。在目前技术水准下,较多采用多处理机并行操作。由于工作站经常涉及复杂的数值计算,数据量也较大,因此对处理机的速度和内存容量要求较高。为了细致地显示被加工对象的各种特性,对工作站显示系统的分辨率要求很高,硬件上要求能解决图形设计与显示中许多复杂的计算问题。实际上,随着计算机处理功能的不断增强,工作站与个人计算机的概念正在越来越模糊。

CADD **计算机辅助设计和制图** computer aided design and drafting 的缩写。

CAD database **CAD 数据库** 用于存储和管理 CAD(计算机辅助设计)工作过程中产生的关于产品和产品部件的数据。这些数据的表示形式应使这些数据可被所有后续过程作为信息来利用,从而使得企业的产品生产更加优质高效。CAD 数据库中通常存储几何数据(如点、线、弧以及这些简单元素构成的复杂的面和由面构成的产品的模型)、便于计算物理特性的空间和形体性质的数据、各种工程分析(如有限元分析、空间动态分析和仿真分析)的数据、描述产品的组成及组成部分之间相互关系的数据和设计修改的历史数据等。在使用它的过程中,可能还会增加有关把设计投入生产的工厂的能力和生产中的问题等方面的由生产过程反馈的数据,以便产生适合于本厂特殊情况的设计规则与限制,用于指导以后的设计。

CADE **计算机辅助设计与工程** computer aided design and engineering 的缩写。

CAD framework **计算机辅助设计框架** 为各种 CAD(计算机辅助设计)工具提供一个公用操作环境的软件系统,如程序库、扩展语言、版本管理、设计方法和设计流程管理、用户接口等。通过 CAD 框架结构,用户能添加和管理各种 CAD 工具,创建、组织和管理数据,形象地看到整个设计过程以及执行设计管理任务,如配置管理、版本管理等。CAD 框架结构用户包括 CAD 的开发者、综合者和最终用户。一个好的 CAD 框架必须提供多个抽象层次,每一层次都为 CAD 工具的开发者、系统综合者和应用者提供便利的服务。这样,系统综合者可以选择由框架提供的高层次基础工具和低层次基础工具。如果需要的话,还能进行一些操作系统调用。

CAD Framework Initiative (CFI) CAD 框架创始协会 由国际上有较大影响的一些电子设计自动化公司及许多用户共同创立的一个组织，主要工作是制订行业标准。1993 年 1 月，该组织正式提出 CFI 标准。此标准主要涉及以下领域：①设计表达方法的程序接口；②电子设计自动化系统内部工具通信的程序接口，可实现 40 个以上不同厂家的工具之间的交叉映射；③工具嵌入规则，即工具控制流、数据流和环境服务程序接口；④计算机环境服务，即操作系统、硬件、网络和扩展语言等。

CADM 计算机辅助设计与制造 computer aided design and manufacturing 的缩写。

CADN 蜂窝访问数字网 cellular access digital network 的缩写。

CADT 计算机辅助设计与技术 computer aided design and technology 的缩写。

CAD to network database model 网状数据库模型的计算机辅助设计 美国密西根大学于 1975 年提出的一种基于网状模型数据库的计算机辅助设计方法。它由数据管理问题模型、数据库模式模型、优化模型以及模式设计和优化过程所组成。

CAD to relational database model 关系数据库模型的计算机辅助设计 美国马里兰大学姚诗斌教授等提出的一种基于关系型数据库的自动化逻辑设计方法。

CAE (1)计算机辅助工程 computer aided engineering 的缩写。(2)计算机辅助教育 computer aided education 的缩写。

Caesar cipher 凯撒密码 一种简单加密技术，将一个字符替换成另一仅依赖其原始值的字符。凯撒密码是一种非常古老的加密方法，相传古罗马凯撒大帝行军打仗时为了保证自己的命令不被敌军知道，就使用这种特殊的方法进行通信。

Caesar substitution 凯撒替换(加密法) 将明文中的字母用其自然顺序之后的第三个字母来替换的一种加密方法，如 A 用 D 表示，C 用 F 表示。

caesium clock 铯钟 根据铯-133 原子核在磁场中两种状态间的能量差制成的原子钟。用射频放射线照射铯-133 原子，铯原子核吸收这种辐射线并被激发到较高状态，再由一远处磁场使这些原子偏转，促成原子打击一检测器。将检测器得到的信号反馈至射频振荡器，防止它从谐振频率(9 192 631 770 Hz)漂离。这样，频率被锁定，精度可达到 10^{13}之一以上。在标准国际单位中，用铯钟来确定一秒。

CAGD 计算机辅助几何设计 computer aided geometry design 的缩写。

cage antenna 笼型天线 一种开放式偶极子天线，它具有呈圆形附加到每个偶极子元上的许多水平布置的有源元件。有源元件按圆环形式平行相连，以形成像笼子一样的圆柱结构。这种天线在其中心处由双线传输线或同轴电缆馈电。

cage induction motor 笼型感应电动机 感应电动机的一种。通常，在定子上的初级绕组连接于电源，在转子上的次级笼型绕组承载感应电流。

cage synchronous motor 笼型同步电动机 同步电动机的一种，具有凸极结构，其极靴内嵌有笼型绕组。

cage winding 笼型绕组 两端由金属环或金属板连接起来的若干导条所构成的绕组。

CAI (1)计算机辅助教学 computer assisted instruction 或 computer a instruction 的缩写。(2)计算机辅助工业 computer aided industry 的缩写。

CAI network 计算机辅助教学网络 主要用于辅助教学的计算机网络系统。

CAIP 计算机辅助索引程序 computer assisted indexing program 的缩写。

CAIRS 计算机辅助信息检索系统 computer assisted information retrieval system 的缩写。

. cal 日历文件名后缀 cal 取自 calendar(日历)一词，是 Windows 中日历文件的扩展名。

CAL (1)计算机辅助学习 computer aided (或 assisted) learning 的缩写。(2)会话式代数语言，CAL 语言 conversational algebraic language 的缩写。

calculated address 计算地址 由计算机程序中机器指令产生的，并由此程序使用的地址。它可以是某段程序的处理结果，也可以由某些条件来决定。

calculated link loss 计算的链路损耗 在 ESCON (企业系统连接)环境中，对某个链路计算的总的光学损耗，这个值不能超过该链路允许的最大损耗值。参见 enterprise system connection (ESCON), maximum allowable link loss。

calculate key (Calc Key) 计算键 在具有标准键盘的个人计算机系统中，计算键用来计算给定参数的函数。计算键的一个例子是使用电子表格 LOTUS 1-2-3 时的 F9 键。

calculating machine 计算机器 一个完成算术功能的机器，是早期的计算器。参见 nonprinting calculating machine, printing calculation machine。

calculation error 计算误差 计算机在进行科学计算时出现的误差。计算误差有两种类型：采用近似计算方法所引起的误差，如只用级数的前若干项作为计算的解；使用计算机时所产生的误差，如舍入误差、累积误差。

calculation location mode 计算定位方式 在这种方式中，由用户说明数据库管理系统能够涉及的数据项。

calculator 计算器 一种根据由按动数字键或控制键输入的数字数据来完成算术运算的电路。袖珍型计算器用电池或太阳能电池工作。较大的台式计算器则用交流电源工作且可能配有纸带打印机。

calculator terminal 计算器终端 一种早期的计算器产品。配备 BASIC 语言、计算功能较强的一种台式可编程的计算器。它具有分时或远程成批处理终端通信的能力,可完成各种计算和处理大部分日常事务。然后,它把这些数据收集起来,传输到能进行成批处理的大型计算机上作进一步处理,并把处理结果存入中央数据库存储器中。另外,大型中央计算机根据用户需要,把最终的报告分发给计算器终端用户。

C

calculator with algebraic logic 具有代数逻辑的计算器 一种计算装置。其加减法规则是:在输入有关运算项目前先给出操作指令,当进行四则运算时,不需取得中间合计。

calculator with postfix notation 具有后缀表示法的计算器 一种计算器,其内部电路允许第一个操作不用操作符,而用"Enter"键进入计算器,随后的操作数则必须跟随操作符。进行四则运算时,不要求用户取得中间结果,要解决这个问题,使用具有后缀表示法逻辑输入的操作序列就是一个解决途径。

calculator with programmability 可编程序计算器 其程序可由操作者改变的计算器。

calendar 日历,日程表 系统管理程序或某种应用软件环境中的一个专用程序,用来编制日历,供计算机上的各种程序使用。它能指出当前的年、月、日、分、秒及星期。编制时要考虑平年与闰年。

calendar description 日历描述(字段) 与日历有关的一种字段,用来标识该日历的内容。

calendar program 日历程序 一种以电子日历形式运行的应用程序,用来显示日期,用户在其中可添加注记、日程安排和其他备忘信息。有的日历程序可显示时间块的安排情况,有的可设置提醒闹钟。

calibration 校正 调节设备使其符合正常操作,如在音响系统中,校正包括调定各个声道的电平;而在视频装置中,校正便是调好色彩、亮度、色度、对比度及其他参数。

calibration curve 校正曲线 给出仪表或控制度盘每个指示读数正确值的校准数据曲线图。

calibration of 3-dimension vision system 三维视觉系统校准 在建立和确定二维成像空间与外部三维空间之间的关系的过程中,为使视觉系统达到一定的精度,对成像系统的未知参数进行校准的算法和技术。它包括对摄像机的校准和对辅助设备(如结构光方法中的光源)的校准。摄像机校准的目的是为了确定摄像机内部的几何光学特性参数以及摄像机成像平面相对于外部某一参照坐标系的三维位置与姿态。辅助设备校准一般是为了确定辅助设备相对于外部某一参照坐标系的三维位置与姿态。

calibration testing 校准测试 用各种典型的信号或测试数据,包括静态的和动态的信号、高准确度和一般准确度及不准确的数据,通过各种有意义的组合输入系统,对系统的响应时间、处理能力、异常情况处理、平衡状态及偏差等性能指标进行测试。

CALIS 中国高等教育文献保障系统 China Academic Library & Information System 的缩写。

call 调用,呼叫 (1)调用一般指通过规定程序入口条件转移到程序进入点,使计算机程序的例行程序或子例程发生作用,同时保存当前状态信息使得子例程返回时当前程序的执行能够恢复。(2)在语音或数据通信中,由呼叫用户执行的动作。网络中,指两个或多个用户之间或者一个用户与一个网络实体之间的一种关系。

call accepted condition 接受呼叫状态 在反向交换数据信道中出现的一种状态,表示在持续状态中涉及的所有连续的交换局均已接通。这种状态由被叫用户发送,相当于数据电路终端设备和数据通信设备接口处的接受呼叫状态。

call-accepted packet 呼叫接收包 一种呼叫管理包。被呼叫的 DTE(数据终端设备)对 DCE(数据电路终端设备)发送呼叫接受包表示它接受发来的呼叫。

call accepted signal 接受呼叫信号 由被呼叫数据终端设备发送的一个呼叫控制信号。表示被呼叫方已接受呼叫方的呼叫。

call accounting 呼叫计次 在数据分组交换网络中,累计个别呼叫上的数据或者报告这类数据的过程;通常包括起始和终结时间、网络终端号或网络用户识别以及每次呼叫传送的数据分段和分组的数目。

call accounting system 呼叫计次系统 跟踪对外呼叫并且记录报告数据的硬件和软件,也称"消息细节记录(SMDR)"。参见 station message detail recording (SMDR)。

call add-on 呼叫添加 一种专用自动小交换机中功能,它允许在既有通话中加上另一方。

call address 呼叫[调入]地址 用以表明呼叫目的地的呼叫选择信号部分。

call admission control 呼叫进入控制 应用于 ATM(异步传输模式)网络的业务量管理机制,它决定网络是否能够为请求的 VCC(虚拟通道连接)提供足够带宽的路径。参见 virtual channel connection (VCC)。

call allocator 呼叫分配器 一种通信功能,它使用户得以在两个或多个地点根据每个地点应收呼叫的百分比分配呼叫。

call attempt 试呼叫 在不能确切地知道被叫用户的位置或呼号的情况下,主叫用户为建立通信而进行的一种呼叫。此呼叫的成功率在有些时候不高，其结束不迟于被占用资源的拆线的时间。

call back 回叫 为保证连接在计算机系统上的拨号远程终端的合法性而采取的安全措施。当一个远程访问终端系统拨号申请登录计算机系统时，计算机系统先切断其连接，经确认登录名和口令后，再通过计算机系统中保存的该终端的电话号码回叫申请访问的终端建立连接，准许其访问。

callback function 回调函数 使用回调函数实际上就是在调用某个函数时，将自己的一个函数(这个函数为回调函数)的地址作为参数传递给那个函数。而那个函数在需要的时候，利用传递的地址调用回调函数，这时就可在回调函数中处理消息或完成一定的操作。

callback list 回调表 一个过程表，表中过程在某些指定的条件满足时调用。

callback modem 回调调制解调器 一种有限安全设备的调制解调器，也称"安全调制解调器"。对于一个到达的呼叫不是进行回答，而是请求呼叫方输入一个接触音频码并挂起以使得调制解调器能够返回呼叫。当调制解调器收到呼叫方的代码时，它将这个代码与存储的一系列电话号码进行核对，当匹配了一个授权的号码时进行回拨，然后为呼叫方建立连接，这种调制解调器用于通信线路可以被外部用户使用而数据必须进行保护的场合。

callback reason 回调理由 导致一个回调函数被调用的一个条件。

callback security 回叫安全(件) 一种用于鉴别用户对网络呼叫的安全功能部件。在回叫过程中，该网络要核实呼叫方的用户名和口令，挂机，然后再返回这次呼叫，通常给一个预先授权的号码。这种安全措施通常还可防止非授权接入到某个账号上，即使在某个用户进入系统的标识符和口令已经被盗窃的情况下也不例外。

call block 呼叫阻塞 一种通信公司提供的并且受到大多数 PBX(专用交换分机)支持的功能，它把从特定电话号码的呼入转到录音应答上，或者阻止由地区代码或字头确认的一个或一组号码的呼入。参见 private branch exchange (PBX)。

call-by-call service selection 按呼叫顺序业务选择 AT&T 的 ISDN(综合业务数字网)的一种功能，允许 T1 用户将服务转至专用 23B 信道的用户。如 Megacom 业务、Megecem 800 业务或 Accunet 交换数字业务。

call by far reference 远程引用调用 一种段间地址的程序模块调用。传递一个变量的远程地址，其地址传递方式与近程参考调用类似，只不过所传送的源地址较长，需要在调用时计算转移地址而已。由于调用时涉及地址计算和堆栈操作，远程调用比近程调用速度慢。

call by location (按)位置[地址]调用 在程序设计语言中调用过程时处理参数的一种方法。这种调用简化了参数的处理。在运行时，在调用之前对实在参数进行处理。如果实在参数是表达式，那么先算出其值并存入临时工作单元，然后计算实在参数中的变量、常数或临时工作单元的地址，并传送给所调用的过程，此过程就用参数去引用该值的单元。

call-by mechanism 调用机制 向函数和过程传递参数的机制。通常有：值调用、引用调用、地址调用、名字调用、串调用等。

call by name 换名调用 在某些高级语言的过程调用中，把过程体中的形式参数换成对应的实在参数称为换名，也称"换名传递"。

call by name parameter 换名参数 程序设计语言中使用的一个术语。指每当过程外或函数外出现形式可变参数时便代之以实在可变参数。

call by near reference 近程引用调用 传递一个变量的近程地址，即偏移地址的程序模块调用。这种方式使被调用程序可以对变量本身进行直接存取，所以被调用程序对该参数的任何改变都将对调用程序产生影响。

call by reference 引用调用 函数传递参数的一种方式。也称"引用式传递"。使用引用调用，可以在子函数中对形参所做的更改对主函数中的实参有效。引用可以看成是一种特殊类型的变量，可以被认为是另一个变量的别名，所以引用还与指针有类似的地方。需要注意的是：①声明一个引用时，必须同时对它进行初始化，使它指向一个已经存在的对象；②一旦一个引用被初始化后，就不能改为指向其他对象。引用也可以作为形参，作为形参时，情况稍有不同，这是因为，形参的初始化不在类型说明时进行，而是在执行主调函数的调用表达式时，才为形参分配内参空间，同时用实参来初始化形参。这样引用类型的形参就通过形实结合，成为实参的一个别名，对形参的任何操作也就会直接作用于实参。参见 call by location。

call by result 结果调用 与引用调用相似但不等价的一种参数传递方法。其特点是，给每个形式参数分配两个单元，第一个单元存放对应的实在参数的地址，第二个单元存放对应的实在参数的值。在子例程或过程体中，把形式参数的任何引用或赋值都看成是对它的第二个单元的直接访问。在子例程或过程工作完毕且返回之前，必须把第二个单元的内容存放到第一个单元所指定的那个实在参数单元中。参见 call by reference。

call by value (赋)值调用 在程序设计语言的过程引用中，把实在参数的值赋给过程导引中值的部分内的对应形式参数称为赋值调用。通过值调用方法调用子例程，也称"值传送"。

call by value parameter 赋值参数 赋值参数实际上是一个局部变量，它的值在一个过程或函数开始执行时初始化为实参数值。

call by value-result 值-结果调用 用值-结果方式调用子例程，也称"值-结果传递"。

call center 呼叫中心 也称"电话中心"。早期的呼叫中心，主要是起咨询服务的作用。开始是把一些用户的呼叫转接到应答台或专家。随着要转接的呼叫和应答增多，开始建立起交互式的语音应答系统，这种系统能把大部分常见问题的应答由机器、即"自动话务员"应答和处理，这种"呼叫中心"可称为是第二代呼叫中心。现代的呼叫中心，是基于计算机电话集成(CTI)技术、与企业连为一体的一个完整的综合信息服务系统。呼叫中心是可以自动灵活地处理大量各种不同的电话呼入和呼出业务和服务的运营操作场所。

call clear failure probability 呼叫清除失败概率 虚连接段的呼叫清除失败概率是在全部测试中，呼叫清除失败试呼与呼叫清除试呼之比。

call clearing 清除呼叫 网络上用户呼叫的有序终止。

call collision 呼叫碰撞[冲突] 两个以上的设施对同一事件(设备的使用或通信连接的建立等)发出呼叫请求，但该事件在同一时刻只能满足一个请求。

call collision at the DTE/DCE interface 数据终端设备/数据电路终端设备处的呼叫碰撞 在数据传送系统中，数据终端设备(DTE)发出的呼叫请求分组与来自数据电路终端设备(DCE)的调入分组同时出现在 DTE 与 DCE 接口处的情况，称为 DTE/DCE 接口处的呼叫碰撞。它使得 DTE 和 DCE 都得不到预期的回应信号。

call completion ratio 呼叫接通率 在指定的期间内，呼叫成功的次数和总的呼叫次数之比。呼叫接通率通常用百分数或小数表示。

call congestion ratio 呼损率 在指定时间内不能立即接通的呼叫次数与呼叫总次数的比值。

call connected packet 呼叫连接包 一种呼叫管理包，DCE(数据电路终端设备)对发出呼叫的 DTE(数据终端设备)发送该呼叫连接包，指出已成功地建立对该呼叫的连接。

call control character 呼叫控制字符 用于呼叫控制的数据操作字符，可与其他交换线路上规定的信号条件结合使用。

call control procedure 呼叫控制规程 在通信网络中，为建立和释放一个呼叫所需执行的一组协议。

call control signal 呼叫[连接]控制信号 在通信网中，为建立、维持和释放一个呼叫连接所需要的一组交互式信号中的一个信号。

call delay 呼叫延迟 当自动交换设备处理一个呼叫时，到达该设备的另一个呼叫所遇到的延迟。

call deflection selection 呼叫改发选择 呼叫改发选择是 PSPDN(分组交换公用数据网)在一段时间内商定使用的任选用户设施，该设施仅当 DTE(数据终端设备)预定了呼叫改发预约设施时才可使用。

call deflection subscription 呼叫改发预约 呼叫改发预约是 PSPDN(分组交换公用数据网)在一段时间内商定使用的任选用户设施，当预约时，则能使该 DTE(数据终端设备)使用呼叫改发选择设施请求将收到的入呼叫改发到替换它的 DTE 上。

call detail record (CDR) 呼叫详细记录 在电话系统中，一个包含有关完成呼叫的数据的信息部件，呼叫信息如呼叫开始的时刻、延续时间和日期、呼叫方号码和被呼叫方号码。

call directing code (CDC) 呼叫指向码 贝尔系统中用来标识呼叫的一个术语。此码传输到一个远处的接收器后能自动地接通当地的打印机。

call distribution (CD) 呼叫分配 当电信用户具有多个被叫终端时，呼叫分配业务可以根据用户的要求或系统的配置来分配呼叫，分配的方案有：循环分配：用循环的方法在所有终端分配话务；按比例分配：按设定的比例把呼叫分配到不同的终端；按优先顺序分配：根据预先设定的优先级，首先把呼叫分配给优先级高的终端，只有优先级高的终端忙，才把呼叫分配给优先级低的。

call diversion 呼叫转移 从直接呼叫号码切换至另一个已预先设定的电话号码或语音信箱上。呼叫转移种类有四种情况，分别是：不可及呼叫转移、遇忙呼叫转移、无应答呼叫转移和无条件呼叫转移。

calldown chain 向下调用链 Windows 95 中，一种允许把任意几种功能链接在一起以便于执行的实现技术。

call duration 呼叫持续时间 从主叫方发起呼叫至建立连接瞬间至主叫方停止呼叫瞬间的时间间隔。

called 被呼叫方 在 X. 25 通信中，指被呼叫的位置或用户。

called/calling channel 被呼/呼叫信道 局域网和分组交换网中，被呼/呼叫信道能发出呼叫并能接收呼叫。

called channel 被呼信道 局域网和分组交换网中，被呼信道是可接收但不能产生呼叫的信道。比较 calling channel。

called line address modified notification 被叫线路地址修改通知 被叫线路地址修改通知是 PSPDN(分组交换公用数据网)的一种任选用户设施，数据电路终端设备(DCE)可用以在呼叫接通分组或拆线通告分组中告诉主叫数据终端设备(DTE)，该分组中的被叫 DTE 地址与主叫 DTE 发送的呼叫请求分组中规定的地址不同的原因。

called line identification facility 被叫线路识别设施 电信网络提供的服务项目，它能使网络通知主叫终端已连接的被叫终端的地址。

called line identification request indicator 被叫识别

请求指示器 前向发送的一个指示信号,它指明被叫用户线的特性是否应包括在响应消息之中。

called-line identification signal 被叫线路识别信号 传给主叫数据终端设备(DTE)的信号,后向传输的识别被叫线路的一串字符。

called line identity 被叫线路识别 电信的一种补充业务,反向传送的一些信息,表明被叫线地址的一些信号。

called party 被[呼]叫方 在通信系统中,被建立连接的一方。

called-party camp-on 被叫用户遇忙等待 电信的一种补充业务,它使得尽管在出现用户阻塞信号时仍然能够完成接入试呼。提供这种服务的系统会监测占线用户直到其阻塞信号消失,然后完成所要求的接入。这种特点允许保持进来的呼叫直到被叫空闲。比较 calling party camp-on。

called party ID 被叫号码 当转发或转接呼叫时用以识别接收呼叫者的分机号码。

called program 被调程序 由操作系统的控制程序或应用程序的主程序调用的程序。

called routine 被调用例行程序 指在一次调用中被调用的子例程,执行结束时返回调用它的程序段。

called server user 被呼叫服务器用户 在开放系统互连访问模式中的一个服务器用户,有一个呼叫服务用户与其建立连接。

called station 被呼叫站 在通信网中,接受来自呼叫站请求的站。

called user 被叫用户 在电话交换系统中,主叫将要或已经接通的用户终端设备或目的地数据终端设备。

caller 呼叫方,调用者 (1)请求呼叫服务的一方。(2)调用者是一种客户机,用来调用对象的一个方法。对象调用者不必是对象的创建者。例如,客户 *A* 可以创建对象 *X* 并将该引用传递给客户 *B*,然后客户 *B* 可以使用该引用调用对象 *X* 的一个方法。这种情况下,客户 *A* 是创建者,而客户 *B* 是调用者。

caller ID 主叫号码[标识] 电信的一种补充业务,传输的信息包含有呼叫者的标识号码,使接收者能够知道谁在呼叫。

caller identification feature 呼叫者识别功能 用户通过公用拨号插入端口访问网络,通过使用呼叫者识别功能被分组网确认。每个这样的用户一旦通过有效的识别码和口令验证,就可以与所有连接的公用端口建立虚拟连接并通过网络对用户的通话计费。

call error 调用错误 在程序中调用过多的子例程而引起的错误。一般机器都对调用子例程的个数有限制,如规定一个目标程序最多可调用 50 个子例程,若超出此范围,则发生调用错误。

call establishment 呼叫建立 用户对其目标的路由选择和数据传递的建立。

call failure signal 呼叫失败信号 后向传输的一种信号,它指示由于超时、故障或非其他特殊信号等而导致的不能完成的呼叫。

call forward busy line 忙线呼叫转移 电信的一种补充业务,当被叫线和备用线都忙时,来话被自动选路到人工话务台。

call forwarding (CF) 呼叫前转 电信的一种补充业务,当一个用户的呼叫接通时,对该线路上的所有呼叫在该呼叫接通期间自动转到另外指定的线路上。用户可以更改转移的电话号码,可以定义转移的条件(包括遇忙转移、无应答转移等),可以在必要的时候取消,不再转移呼叫,可以选择在呼叫转移时原来的电话是否仍旧振铃。

call forwarding don't answer 呼叫转移不应答 电信的一种补充业务,超出预置的响铃次数或秒数后,电话被自动地选路到人工话务台。

call forwarding on mobile subscriber busy (CFB) 移动用户遇忙呼叫前转 一种电信补充业务,当被叫用户忙时,网络将被叫用户的入呼叫(或仅与特定的基本业务相关)拨打接续至另一个号码。被叫用户若为移动用户,移动用户发起呼叫的能力不受影响。如果该业务已激活,仅当遇被叫用户忙时,进行呼叫前转。

call forwarding on mobile subscriber not reachable (CFNRc) 移动用户不可及呼叫前转 一种电信补充业务,当被叫用户不可及(由于无线拥塞、无寻呼响应或用户未在网络登记),网络将被叫用户的入呼叫(或仅与特定的基本业务相关)拨打接续至另一个号码。被叫用户为移动用户。移动用户发起呼叫的能力不受影响。如果该业务已激活,仅当遇被叫用户不可及时,进行呼叫前转。

call forwarding on no answer (CFNA) 无应答呼叫前转 同 call forwarding on no reply (CFNRy)。

call forwarding on no reply (CFNRy) 无应答呼叫前转 一种电信补充业务,当被叫用户无应答时,网络将被叫用户的入呼叫(或仅与特定的基本业务相关)拨打接续至另一个号码。被叫用户若为移动用户,移动用户发起呼叫的能力不受影响。如果该业务已激活,仅当遇被叫用户无应答时,进行呼叫前转。

call forwarding unconditional (CFU) 无条件呼叫前转 一种电信补充业务,允许网络将所有被叫用户的入呼叫(或仅与特定的基本业务相关)无条件地转接到网络或用户预先设置的另一个电话号码上或用户的语音信箱中。系统在执行这项业务时,可以给使用该业务的用户发送一个提示音,通知用户。被叫用户若为移动用户,移动用户发起呼叫的能力不受影响。如果该业务已激活,无论移动终端的状态如何都进行呼叫前转。

call forwarding when busy (CFB)　忙时呼叫转移　一种电信补充业务，允许网络在用户忙时，将它的来话转接到网络或用户预先设置的另一个电话号码上或用户的语音信箱中。

call gapping　呼叫中断　一种控制，它调节释放对目标代码呼叫的最大速率。呼叫中断控制起到对特定目标代码在大量呼叫时限制接入试呼的作用。

call hold　呼叫保持　电信的一种补充业务，允许正在服务中的移动用户中断正在进行的呼叫。此后，根据需要重新建立通信。当移动用户中断通话来发起或接受呼叫后，原业务信道仍保留给该移动用户。

call identifier　呼叫[调用]标识　网络对一个虚呼叫[调用]分配的名字。当与呼叫[调用]DTE(数据终端设备)的地址一起使用时，它唯一地标识了这个虚呼叫[调用]。

calligraphical encode method　字形编码法　采用字形属性作为码元的汉字编码(键盘)输入方法。

calligraphic display　书写式显示器　也称"向量式显示器"。图像显示器的一种，它所显示的图像都由线段所组成。

calligraphic drawing　线条图　全部由线条所组成的一种图。它与光栅扫描式显示器相反，后者输出的图全部由点阵所组成。

call-in　调入　计算机的控制暂时从一个主程序传送到一个子例程的过程，它被插入到计算操作的序列中，以实现一个辅助操作。

calling　呼叫　在通信系统中，最先请求通信的站点所发起的与对方站点建立线路连接的动作或过程。发起通信请求的站点称作呼叫站，也称"呼叫方"，被呼叫的站点或用户应对通信请求做出响应。用以表示接受对方通信请求的控制信号称作呼叫接受信号，而用以表示拒绝的控制信号称作呼叫不接受信号。参见 called, automatic calling。

calling channel　呼叫信道　局域网和分组交换网中，呼叫信道是可发起呼叫但不能接收呼叫的信道。

calling convention　调用惯例　例程和子例程之间相互交换信息所指定的方法。

calling frequency　呼叫频率　一个无线电台用来呼叫另一个电台所使用的频率，可能不是用来应答的频率，也可能不是用于消息传输的频率。参见 answering frequency, working frequency。

calling identity delivery (CID)　来电显示　专业名称是主叫识别信息传送及显示业务。它可在被叫用户的终端设备(电话机)上显示主叫用户号码、呼叫日期、呼叫时间等信息，并进行存储，以供用户查询。

calling line identification facility　主叫线路识别设施　网络提供的一种特色服务，它将呼叫始端的地址通知被叫终端设备(即受话者)。

calling line identification presentation (CLIP)　主叫线路显示　电信的一种补充业务，把主叫用户的号码(有子地址时包含在地址内)通知给被叫用户的功能。参见 calling identity delivery (CID)。

calling line identification request indicator　主叫线路识别请求指示器　一种反向发送的信息，它指示在主叫线路识别信息中是否应当前向发送主叫线路的识别。

calling line identification restrication (CLIR)　主叫线路识别限制　一种电信补充业务，是指向主叫方提供的防止向被叫方显示主叫方的号码的服务。

calling line identification signal (CLIS)　主叫线路识别信号　由传送给被叫终端的一串字符组成的，表明允许识别主叫地址的信号。

calling line identity　主叫线路识别　前向发送的一种信息，它由发话者，即主叫数据终端设备完整的地址信息组成。

calling line identity message　主叫线路识别消息　前向发送的一种信息，包含主叫数据终端设备的特性。

calling name presentation　主叫名字显示　无线智能网(WIN)的一种智能业务。这种业务是用户在申请这项业务时，可以向业务部门提交一份号码与名字的对照表。当这个号码与名字对照的信息输入移动通信系统后，如果有某个用户呼叫这个用户，就在呼叫接通振铃时，被叫用户的手机或终端上就会显示来话者的名字。

calling number identification presentation (CNIP)　主叫号码识别显示　一种电信补充业务，向被叫用户提供主叫用户的识别信息。当系统执行呼叫前转业务时，这项业务在原被叫用户或前转目标用户的手机上显示被转移呼叫的主叫用户信息。

calling number identification restrication (CNIR)　主叫号码识别限制　一种电信补充业务，主叫用户使用这项业务拒绝将自己的用户信息提供给被叫用户。

calling of subroutine　子例程调用　一种语句，用于表示在该位置执行一次确定名字的子例程(过程、函数)，调用语句可能包括一个实际参数表(当该过程、函数要求参数时)。

calling party　呼叫方　在通信系统中，发起并试图建立连接的一方。

calling party camp-on　主叫用户遇忙预占线　通信系统的一种特色服务，它使得尽管出现所要求的系统传输或交换设施暂时不能用，仍然能够继续完成接入试呼。提供这种服务的系统会监测需用的系统设施状况，直到所需设施可用后才去完成所要求的接入。比较 called-party camp-on。

calling party number (CPN)　调用团体号　在 ATM

(异步传输模式)网络中,指初始地址消息中的一个参数,识别调用号并发送给目标载体。

calling program 调用程序 调用子例程的程序。在一些程序设计语言中,专指通过执行 CALL 语句来调用另一程序的程序。

calling sequence 调用[呼叫]序列 (1)往返于程序、子例程间,起链接作用的指令集。(2)一串指令、参数和参数地址。调用序列详细地指明了例行程序的入口以及由参数唯一确定的需执行的动作。最小的调用序列仅由一个入口说明组成。

calling service user 调用服务用户 在开放系统互连访问模式中,一个发出建立连接请求服务的用户。

calling signal 呼叫信号 通过电路发出表示希望连接的呼叫控制信号。

calling station 呼叫站 在通信网中,发出呼叫请求并可直接进行选择、探询等操作的站。

call instruction 调用指令 一种指令。它使程序控制流转移到一个新的指令序列,而在该序列执行完毕后,控制又返回到程序的原来序列。

call intensity 呼叫强度 在给定的时间间隔内,能够观察到的试呼叫次数与观察持续时间之比。

call intent 呼叫意图 表现为进行一次或多次连续试呼叫的行为。

call level 调用级 被 CALL 指令显式调用的或者被某些时间隐式调用的递归程序在程序中的位置。第一个程序的调用级为 1,被 1 级程序调用的程序为 2 级,以此类推。

call module 调用模块 程序中执行调用操作的程序模块,它本身可以是一个程序或其他例程、子例程。

call not accepted signal 呼叫不接收信号 由被呼叫数据终端设备(DTE)发送的一个呼叫控制信号。它用来表示被呼叫方不接受呼叫方的呼叫。

call number 调用数 在计算机操作中,用来识别子例程并含有将有关参数插入该子例程的信息、含有生成该子例程的信息、含有与操作数有关的信息的一组字符。

call originator 始发呼叫端[方] 启动一次呼叫的一个人、一台设备或一个计算机程序等实体。同 calling party。

call originator camp-on 始发呼叫方保留呼叫 通信系统的一种特色服务,它使得尽管有用户阻塞信号,但仍然能够完成接入试呼。提供这种服务的系统会监测占线用户直到其阻塞信号消失,然后完成所要求的接入。这种特点允许保持来话,直到被叫空闲。同时发送阻塞信号通知主叫延迟接入。参见 calling party camp-on。

callout 呼号程序 在 AIX 操作系统中,一个能建立最大数量调度的核心程序。

callout table 呼号表 在 AIX 操作系统中,一个保持各睡眠进程及其等待的通道跟踪信息的核心程序。

call packet 呼叫包[分组] 携带寻址信息和为建立 X. 25 交换的虚电路所必需的任何其他信息的数据块。

call pending signal 呼叫待接信号 向一个正忙的被叫用户表明有另一个主叫用户在等待的信号。

call pickup 呼叫代答,拾取 专用自动小交换机的功能,允许用户通过"拾取"入呼在自己的话机上代他人答话。通常,几个电话分机可以编为一组,以使用户能够回答本组上的任何入呼。

call priority 呼叫优先权 在电路交换的系统中,分配给每一个起始端口的优先权,该优先权定义了呼叫进行再次连接的次序。呼叫优先权同时也定义了带宽预留中哪一个呼叫可以或哪一个呼叫不可以被搁置。

call processing 呼叫处理 交换系统从入呼开始到结束进行的所有操作。

call processor (CP) 呼叫处理机 由微型计算机、同步器及随机存取存储器组成的子系统。它有足够的存储器用来存放调用处理程序及其数据库。

call progress signal 呼叫进程信号 (1)一种呼叫控制信号,从 DCE(数据电路终端设备)对发出呼叫的 DTE(数据终端设备)发送,指明呼叫建立的进展情况,连接不能建立的理由或其他网络状态。(2)虚拟呼叫服务中的一种控制信号,用于通知呼叫和被呼叫的 DTE(数据终端设备)该呼叫已被清除[复位]的原因。(3)数据报文服务中的一种控制信号,用于通知呼叫 DTE(数据终端设备)一个特定的数据报文是否已被发出或描述在这个 DTE 和 DCE(数据电路终端设备)之间界面上的服务操作。(4)在永久性虚电路业务中,用以通知 DTE 永久性虚电路复位的原因。

call progress tones 呼叫进行音 由交换设备将可听信号返回用户以标明呼叫状态。可听信号通常有拨号音和忙音信号。

call receiver 受话者 呼叫指向的一个人、一台设备或一个计算机程序等实体。同 called party。

call receiver camp-on 被叫遇忙等待 通信系统的一种特色服务,它使得尽管出现用户阻塞信号,但仍然能够完成接入试呼。提供这种服务的系统会监测占线用户直到其阻塞信号消失。这种特点允许保持来话,直到被叫空闲,然后完成请求的接入。参见 calling party camp-on。

call record 呼叫记录 单次呼叫的记录数据,通常包括呼叫方标识、呼叫时间、持续时间和目标代码。

call redirection 呼叫重定向 呼叫重定向是 PSPDN(分组交换公用数据网)在一段时间内商定使用的任选用户设施,在预约后,则能使用户把对它的

C

呼叫转移到一个预先确定的地址，一般发生在被叫DTE(数据终端设备)发生故障或示忙情况下。

call redirection notification 呼叫重定向通知 在X.25通信中，一个可选的国际电报电话咨询委员会(CCITT)指定的机制，告知呼叫方其呼叫被转到另一个DTE(数据终端设备)上。

call redirection or call deflection notification 呼叫重定向或呼叫改发通知呼叫 重定向或呼叫改发通知是一种任选用户设施，数据电路终端设备(DCE)可以在入呼叫分组中告诉替换的数据终端设备(DTE)呼叫已经转移或改发，呼叫为何转移或改发，以及原来的被叫DTE地址。

call reference 呼叫基准 用以确认调制解调器连接或X.21呼叫的本地使用的独特值。

call reference (CR) 呼叫参考值 用于在D通路链路层逻辑链路连接时，对多个网络层的呼叫控制信息进行识别。仅在发送端或接收端的用户—网络接口上使用，而不具有通过网络的端到端的意义。

call release time 呼叫释放时间 在通信系统中，它是指从被叫数据终端设备开始发出清除信号命令到主叫数据终端出现电路可用状态之间的时间间隔。

call request (CRQ) 呼叫请求 一个由计算机发给通信设备的请求建立与网络上另一台计算机的通信连接的信号。

call request packet 呼叫请求包 (1)一种呼叫管理包，由DTE(数据终端设备)发送这种管理包要求在网络内建立一个呼叫连接。(2)在X.25通信中，由一个DTE传输的一个呼叫监管包，请求在网络上建立呼叫关系。

call request signal 呼叫请求信号 在一个呼叫连接建立过程中，发向DCE(数据电路终端设备)的一种信号，通知数据终端设备要求进行一次呼叫。

call request time 呼叫请求时间 在建立一个呼叫连接或进行一次呼叫时，从发出呼叫信号开始到主叫收到继续进行选择(如拨号音)信号为止的这段时间。

call rerouting distribution (CRD) 呼叫重选路由分配 用户在呼出时因各种原因(如忙、呼叫限制、重载等)被叫不能接听呼叫而重选路由。重定向号码可以是用户自己设定的任意号码(如寻呼号或语音信箱号)。

call restriction 呼叫禁止 专用交换分机(PBX)或中心局阻止被选中用户分机的投币呼叫的功能。

call route 呼叫路由 在两个端点之间提供连接的一系列电路。

call routing 呼叫路由选择 交换机接到主叫用户的呼叫信号后，从若干可用路由中选择一条连接主、被叫用户路由的动作。

calls barred facility 呼叫受阻设备 网络提供的业务，它允许数据终端设备向外呼出或接受呼入，但不能两者兼具。

call screening 呼叫播放 呼叫播放是一种服务，利用主叫方所拨的号码来确定该呼叫如何被处理。

call second 秒钟呼 电话工作中的度量基本单位。100个秒钟呼等于一个CCS(百秒呼)，即一个呼叫延续100秒。

call selection time 呼叫选择时间 在建立呼叫连接或进行一次呼叫时，主叫收到继续进行选择(如拨号音)信号起到所有的选择信号都发送完为止的这段时间。

call setup 呼叫建立 两个用户或两套数据终端之间电路交换连接的建立。

call setup error probability 呼叫建立差错概率 呼叫建立差错概率是产生呼叫建立差错的试呼与总的试呼之比。

call setup time 呼叫建立时间 在两个数据终端设备(DTE)之间建立一次交换连接所需要的时间。

call sharing 呼叫共享 交换线路共享的一种形式，其中许多客户都可以访问那条线上的同一呼叫。

call sign 呼号，调用符号 确认通信设备、命令、权限、活动或单位的字符集(字母和号码)。

call sign allocation plan 呼号分配计划(方案) 包含在当前版本的国际电信联盟(ITU)无线电规则中的国际呼号分配表。在分配表内每一呼号的前两个字符，不管是两个字母还是一个数字和一个字母，用于标识该站的国别。在一个完整的字母块分配给一个国家的情况下，用第一个字母就足以标识该国家。由相应的各国分配当局根据国内的分配计划来进行个人的呼号分配。

call spillover 呼叫溢出 在公共信道信令中，当一个后续呼叫在电路上建立时，和前一个呼叫相关的、到达交换中心的、异常时延呼叫控制信号对用户通信电路的影响。

call splitting 呼叫分割 PBX(专用交换分机)或中心局允许话务员与连接中的一方交谈而另一方听不见的功能。参见 private branch exchange (PBX)。

call stack 调用栈 进程调用中使用的栈。每一个进程环境的每一个访问方式都有一个调用栈，中断服务环境也有一个调用栈。

call store 调用存储器 电子交换系统中用来给调用处理和维护使用的信息提供临时存储的设备。

call supervision packet 呼叫管理包 一种数据包，用于在DTE(数据终端设备)和DCE(数据电路终端设备)之间的接口上建立或清除一次呼叫。

call tape 呼叫磁带 使用自动广播设备的无线电报通信系统中的一种磁带，为了自动传输的目的，用于对广播进行初始化的标准信号已经记录在该磁带上。

call ticket 话单,通话卡片 对呼叫的记录,通常表明呼叫的时间和持续时间,主叫号码、日期、收费以及话务员姓名的开头字母。

call tracing 呼叫跟踪 一种过程,有权用户被允许告知关于建立连接的路由数据,获得从始发处到目的地的全部路由。有两种呼叫跟踪:永久呼叫跟踪,跟踪所有的呼叫。按需呼叫跟踪,它仅根据某一特别呼叫的请求才进行跟踪。

call transfer (CT) 呼叫转移 一种电信提供的补充业务,将用户在通信中的呼叫转移给第三者实现的功能。呼叫转移可把来电转移到预先设定的语音信箱、移动秘书、另一移动电话、固定电话、BP机等,从而避免来电信息丢失。

call tree 呼叫树 在任何突发事件、灾难或服务中断的情况下,用于联系管理人员、职员、用户、卖主或其他关键个体的图示文档,呼叫树说明了呼叫的责任及呼叫的顺序。

call up signal 呼叫接通信号 无线电台用来和另一个电台建立连接的一组信号中的一种。

call user data (CUD) 呼叫用户数据 分组交换网中,呼叫请求包中发给目的DTE(数据终端设备)的用户信息。CUD是X.25第三层呼入/呼叫请求包的字段。

call waiting (CW) 呼叫等待 一种电信提供的补充业务,当用户忙时,这项业务将通知用户有一个新的来电,用户可以选择接受或拒绝新的来电。如果用户应答了新的来电,它可以在两个来电之间来回进行切换。

call waiting signal 呼叫等待信号 一种呼叫控制信号,它指示呼叫接收者或被叫数据终端设备有一个或多个呼叫在等待接通。

call word 调用字 标识一个调用程序的子例程的一组字符,它包含与子例程中的参量有关的信息和在生成该子例程的过程中所用的信息或与操作数有关的信息。

calorescence 热光 由红外辐射产生的可见光。由于光是由热而不是由波长的任何直接变化产生,故这种转换属于间接转换。

calorie 卡(路里) 热量单位。1克的水,温度上升1℃所需的热量。现在已被标准国际单位中的焦尔(Joule)取代。1卡=4.1868焦尔。

calorimeter 量热器 用来测量热量的仪器。它可以通过其热效应来测量微波功率。

CALS 计算机辅助供给和后勤保障(标准) computer aided acquisition and logistics support 的缩写。

Caltech Intermediate Format (CIF) 加州理工中间格式 电子设计CAD(计算机辅助设计)软件系统的一种中间数据格式,是一种低层次描述IC几何尺寸的图形描述语言,以ASCII(美国信息交换标准代码)字符为基础,采用层次式结构的图形描述,基本的功能以命令形式出现。命令的内容包括矩形、多边形、圆形、线条、图形符号定义开始、结束、图形符号调用、删除、掩膜层说明、注释等。参见electronic design interchange format (EDIF)。

CAM (1)计算机辅助制造 computer aided manufacturing 的缩写。(2)公共存取模型 common access model 的缩写。(3)内容可编址存储器 content addressable memory 的缩写。

CAMA 集中式自动信息计费 centralized automatic message accounting 的缩写。

CAMAC 计算机自动测量与控制的通用标准系统接口 computer automated measurement and control 的缩写。

Cambridge digital communication ring 剑桥数字通信环 英国剑桥大学设计的一种局部环形网络。它从一个站到另一站的传输原始位速率为10 Mbps。一个包由一个目的字节、一个源字节、两个信息字节和几个控制位组成。最初,用双绞线连接6台计算机。系统为许多用户完成了高速和低速分布计算任务。

Cambridge information technology (CIT) 剑桥信息技术 英国剑桥大学考试委员会举办的信息技术技能培训和资格认证。其特点是注重实际能力考核,要求规范,根据计算机应用特点而规划了19个知识领域模块(即计算机基础、文书处理、电子表格、数据库、视频数据与电信文本、计算机编程、计算机控制技术、微电子技术、电子学结构、计算机绘图、计算机美术与设计、财务管理、工业管理、音乐技术、商业库存管理、桌面印刷系统、中文及其他文字处理、图形图像制作和实验室应用),学习者只要从上述模块中选学五个并通过考试,便可得到剑桥大学颁发的"剑桥信息科学技术证书",并在英联邦国家及法国、荷兰、瑞士、希腊、西班牙、泰国等国家得到认可。

Cambridge Polish 剑桥波兰式 用在LISP程序语言中,这种波兰表示法的运算符"="和"×"可以有两个以上的操作数。

Cambridge ring 剑桥环网 英国剑桥大学计算机实验室20世纪70年代中期研制的环形局部网。各节点相互连接成一个封闭环路,连接介质为两条普通的电话双绞线,节点间最大距离为100 m,信号单向传输,节点最多为255个,每个节点有一个唯一的8位地址。其介质访问方式有两种:寄存器插入方式和空包方式。主要用于设备共享、文件共享及转储,还有分布式系统研究。由于其概念简单、扩充灵活、运行可靠以及价格低廉等优点,剑桥环网在欧洲得到广泛的研究和使用。

camcorder 摄像机 通常是指将摄像机和录音机合为一体的便携式摄像机,它可对运动的画面进行记录。

CAMEL 移动网增强逻辑的定制应用 customized application for mobile enhanced logic 的缩写。

CAMIS 计算机辅助生产和成像系统 computer assisted make-up and imaging system 的缩写。

CA mode 连续任意方式 continue-any mode 的缩写。

CAMOS 计算机辅助车间运行系统 computer aided machineshop operating system 的缩写。

Campbell bridge 坎贝尔电桥 一种用于测量互感的交流电桥。这类电桥能将未知互感与不同数值的标准互感进行比较。

Campbell-Colpitts bridge 坎贝尔-考毕兹电桥 一种用替代法来测量电容的交流电桥。

camp-on 保留呼叫 一种将呼叫忙态号码的用户置于一个等候位置(队列)的机制。即对一条已在使用的线路保留呼叫请求,并在线路空闲时再发出呼叫信号的一种方法。

camp-on-busy 遇忙等候 一种专用自动小交换机或基于电缆的局域网的功能。用户在发出呼叫后,如遇对方忙,可以在线上等候(排队),被叫方挂机后,呼叫等候方以排队次序一一接通,先到先接通。

camp-on-busy signal 遇忙等待信号 (1)一个信号,它通知占线用户另一个主叫在等待进行连接。(2)一种电传交换设备的信号,当被叫电传机在占用或电路忙时,它自动使得主叫站在在一给定时间间隔后再重试被叫号码。

camp on with recall 遇忙等待回叫 一种保留呼叫,它使始发终端可以被释放出来,直到被呼叫终端空闲为止。这样始发终端能够建立其他呼叫,而不是简单地等待着受话者空闲可用。

campus area network 园区网 在一定的地区,如一个校园或者工业园,在建筑物各层楼之间或者建筑物之间互相连接所构成的网络。

campus subsystem 园区子系统 综合布线系统中将建筑物连在一起的部分。其电缆、建筑物间配线设备、保护器和连接器,使多个建筑物间可以通信。

campus wide information system (CWIS) 园区信息服务系统 在园区中建立的计算机网络通信系统,提供的服务包括目录信息、日历公告栏和数据库。

CAN (1)取消,作废 cancel 的缩写。(2)企业区域网 corporate area network 的缩写。(3)控制器局域网 controller area network 的缩写。

Canadian Standards Association (CSA) 加拿大标准协会 一个制订安全标准以及对材料、元件和产品进行测试,以确定其是否符合加拿大市场要求的独立机构。CSA 是与美国联邦通信委员会(FCC)具有相近权威等级的工业技术标准制订和认证机构,也是 IT 产品上最常见的标志之一。参见 federal communications commission (FCC)。

canal rays 极隧射线 在放电管中由阴极孔产生的阳离子流。正离子被吸引到阴极,通过该孔呈现在另一侧,成为正射线。

CAN bus 控制器局域网总线 controller area network bus 的缩写。

cancel (CAN) 取消,作废 (1)在某个任务尚未完成之前结束该任务。(2)当作废命令进入后,终止当前作业的运行。(3)一个控制字符,用于与打印机和其他计算机进行通信,通常表示发送出去的一行文本应被删除。(4)在扩充的 ASCII(美国信息交换标准代码)中,第一个代码为 00,第二个代码为 83 的字符,常表示取消。

cancel character 作废[取消]字符 (1)一个控制字符,用于按常规表示与出错有关的数据被丢弃。同 ignore character。(2)一个精度控制字符,用于指示有关的数据是错误的或者是需要忽略的。

cancel key 作废键 键盘上的按键。其作用是废除正在进行的操作。参见 stop key。

cancelling release mechanical system 复位机构 按钮开关的一种机构。当按动独立的复位按钮或机电释放机构时,复位机构就使那些具有传动机构的预先锁住工作的基本单元恢复到正常位置。

cancel status word 作废[删除]状态字 用于指示远程计算机系统已使原先传送的某些信息作废的状态字。

candela (Cd) 坎(德拉) 标准国际单位制(SI)中光强的单位,符号为 Cd。1 坎(德拉)被定义为工作在铂的凝固温度下的 1/60 cm^2 黑体辐射器的光强。它等于发光频率为 540×10^{12} Hz 的单色光源在一已知辐射方向上辐射强度为每立体弧度 1/683 瓦的发光强度。

candidate cell 候选小区 移动通信系统在切换之前,服务小区内信道的信号逐步减弱,某些临近小区内信道的信号增强至一定的门限值,以保持通信正常,称这些临近小区为候选小区。

candidate elimination approach algorithm 候选删除算法 利用训练例逐步删除变型空间中的候选概念,直到变型空间中只剩下一个概念为止的单概念学习算法。其中,正面训练例的提供删除最具体的概念,以抽象化,反面训练例的提供删除最一般的概念,以具体化,最终得到一个覆盖所有正面例,排除所有反面例的概念。

candidate key 候选关键字[键码] (1)一个属性集,其值能唯一标识一个关系的元组,而又不含有多余的属性值。一个关系中可能有多个候选关键字,被选用的候选关键字称为主关键字或简称关键字。每一个关系都有一个且只有一个主关键字。(2)在关系数据库里,一个关系的各个属性中,某些属性组合的数值可以唯一地标识该关系的各个元组。也就是说,对于关系中任意两个元组来说,此属性组的数值都不相同;而且该属性组中不包含多余的属性,即在该属性组中去掉一个属性,就会使上面提到的唯一标识的性质遭到破坏。这种属性组合就是候选关键字。一个关系至少有一个候选关键字。

candidate key operator 候选关键算符 能消除或减少目标状态与初始状态之间差别的算符集。

candidate model 候选模型 用以分析问题需要进一步实验挑选或理论甄别的模型。

candidate recommendation (CR) 候选推荐标准 W3C(万维网联盟)将技术报告(即W3C官方发布的文档)的状态置为候选推荐标准,意味着该文档被认为是稳定的,并鼓励开发企业去实现它,但并不表明它已被W3C成员认可,它仍是一个草案,随时可能被其他文档更新、替换或作废。在引用本文档时应注明"work in process"。

candidate row 候选行 数据库中,被主查询选择的一行,其字段值用于相关的子查询的执行中。

candidate set 候选集 移动通信系统中,当前不在有效集里没有参与软切换但是已有足够强的导频,表明该基站可以被加到有效集里。

candidate solution graph 候选解图 人工智能的图解搜索过程中,在最终确定解图之前,使用可解标记过程时所标记的可解节点都有可能是解图的一部分,因而与这些可解节点有关的图是候选解图。

candlepower 烛光 光源发光功率的度量单位,等于光源的国际烛光数(即坎数)。1坎的点光源,如果它向所有方向发射的光功率相等,从点光源所测得的每单位球面角度(立体角)光通量密度为1流明。因此,1坎光源发射4π流明。

CANET 中国学术网 China Academic Network 的缩写。

canned cycle 固定循环 根据规定的顺序,在完成若干个动作后又返回到初始状态。这样的一次循环称为固定循环。

canned explanation 已存解释 (1)计算机系统所采取的解释一种动作的固定显示信息(2)专家系统中对提问的解答。由于程序员必须为每一个问题预先提出可以接受的答案,这种解释不太有效。

canned paragraphs 固定段(落) 字处理中用来说明预先记录的段落。这些段落是频繁使用的,可以用各种方式使它们组合起来。

canned plans 罐装计划 业务连续性计划中用于描述临时替代数据恢复规划的软件工具。

canned program 封装[现成]程序 流行的可订购的软件包并隐含着对问题的固定解。典型的商业应用的封装程序,如库存管理和工资计算。当它们提供固定的一组解时,应非常精确地进行分析。但是,它自己的程序设计语言或宏语言的应用程序(如数据库管理系统或电子表格)可以提供适应不断改变需求的灵活性。

canned routine 封装[定型]例程 预先编好且完成某些指定的处理任务的子例程。通常指由计算机生产厂家按机器可阅读的格式编制,并向用户提供的例程。

canned software 封装软件 由厂商编写、测试和组装好的软件。一般完成某些通用类型的功能,如字处理、文件管理、电子表格分析或专用的商业功能。通常所有基于微型计算机的软件可划入此类软件。

canned text 预制文本法 一种解释问题过程的策略。它预先用一种自然语言对问题答案的解释表示出来并插入程序中,通过显示这些文本来回答用户的提问。

canonical 规范的,范式的 数据库系统中使用的范式和表达式的规则的、标准的或简化了的形式。

canonical order 规范序 也称"词典长度增长序",有限字母表上的有限长字符串的一种排列方法。首先按长度排,短的字符串排在前面;同样长度的字符串按词典顺序排列,如字母表{a,b,c}上的规范序列是:ε(空串),a,b,c,aa,ab,ac,ba,bb,bc,ca,cb,cc,aaa,aab,…。

canonical processing 规范处理 在AIX操作系统中,根据一个规则定义集发生的处理,这是一种输入风格,通常用于shell和简单命令。

CAP 竞争的接入提供商 competitive access provider 的缩写。

capability 能力,权标,产能 (1)执行任务或功能的一种特性。(2)在某些系统中,指程序执行时由编译程序传递或由存储保护软件存取的标记,它用来建立程序对某一个数据单位的存取权。(3)产能是生产设备或工艺、服务满足专门要求的相关潜能。能否满足要求必须通过性能测试得以验证。

capability list 存取权力表 计算机安全技术中与某个主体有关的一张表,该表指出这个主体对所有目标的存取权,如与一个进程有关的存取权力表标识了该进程对所有文件及其他受保护资源的存取权。参见 access control list。

capability maturity model (CMM) 能力成熟度模型 美国卡耐基-梅隆(Carnegie Mellon)大学软件工程研究所专门针对软件产品的特点而制订的能力成熟评估模型。CMM是针对软件产品的诊断、控制和评估而量身定做的模型,即CMM可以应用于软件企业自身诊断、评估,也可以用于软件评估机构的咨询与诊断工作。该模型于1991年发布,CMM的核心是把软件开发视为一个过程,可用五个不断进化的层次来表达:其中初始层是混沌的过程;可重复层是经过训练的软件过程;定义层是标准一致的软件过程;管理层是可预测的软件过程;优化层是持续改善的软件过程。任何单位所实施的软件过程,都可能在某一方面比较成熟,在另一方面不够成熟,但总体上必然属于这五个层次中的某一层次。参见 personal software process (PSP), team software process (TSP)。

capability maturity model integration (CMMI) 能力成熟度模型集成 CMMI 是一套融合多学科的、可扩充的产品集合。CMMI 的提出主要是为了解决在项目开发中需要用到多个 CMM 模型的问题，它主要结合了 SW-CMM(用于软件的能力成熟度模型)、SECM(系统工程能力模型)、IPD-CMM(集成产品开发能力成熟度模型)，将它们融合到一个统一的改进框架内，为组织提供了在企业范围内进行过程改进的模型。CMMI 分为五个等级，二十五个过程区域：①初始级，软件过程是无序的，有时甚至是混乱的，对过程几乎没有定义，成功取决于个人努力，管理是反应式的；②已管理级，建立了基本的项目管理过程来跟踪费用、进度和功能特性，制订了必要的过程纪律，能重复早先类似应用项目取得的成功经验；③已定义级，已将软件管理和工程两方面的过程文档化、标准化，并综合成该组织的标准软件过程，所有项目均使用经批准、剪裁的标准软件过程来开发和维护软件，软件产品的生产在整个软件过程是可见的；④量化管理级，分析对软件过程和产品质量的详细度量数据，对软件过程和产品都有定量的理解与控制，管理有一个作出结论的客观依据，管理能够在定量的范围内预测性能；⑤优化管理级，过程的量化反馈和先进的新思想、新技术促使过程持续不断改进。每个等级都有几个过程区域组成，这几个过程域共同形成一种软件过程能力。每个过程域，都有一些特殊目标和通用目标，通过相应的特殊实践和通用实践来实现这些目标。当一个过程域的所有特殊实践和通用实践都按要求得到实施，就能实现该过程域的目标。

capability set (CS) 能力集 在智能网中，用于表示目标业务和相应业务特征的集合。

capability test 能力测试 检查一种或多种所要求测试的实现能力是否存在的一种测试。

capacitance 电容 两个导体间的充电电荷与其电势差之比，单位是法拉，1 法拉的电容能够在 1 伏特电势下存储一库仑的电荷。

capacitance bridge 电容电桥 一种用于比较两个电 容大小的电桥，如西林(Schering)电桥和通用电桥。

capacitance-loop directional coupler 电容环定向耦合器 一种包含有耦合链的定向耦合器，当耦合链在波导中沿长度方向布置时，其长度小于¼波长。

capacitance multiplier 电容倍增器 利用运算放大器使输入电容器的值增大一个固定倍数或可调倍数的电路。

capacitance property 电容性 存储电荷的能力。

capacitance quantity 电容量 在其他导体的影响可以忽略时，电容器的一个电极上存储的电荷量与两电极之间的电压的比值。

capacitance relay 电容式继电器 对电容微小变化(如将手接近检测导线或检测板所产生的电容变化)能响应的电子继电器。

capacitance tolerance 电容允许偏差 实际电容值与额定电容值之间允许差值。实际电容值应为在定义额定值的温度下测定的值换算到该温度下的值。

capacitance voltage plot 电容电压曲线 简称“C-V 曲线”，半导体中 p-n 结掺杂曲线特性的测量方法。

capacitive coupling 电容耦合 通过两部分电路之间的电容，从一部分电路向另一部分电路传送能量。电容耦合有助于信号的高频分量的传送。

capacitive feedback 电容反馈 通过接在电路输出端 与输入端之间的电容器实现的反馈。

capacitive keyboard 电容式键盘 当用户在键盘中键入一个按键，电容式键盘可通过电容的变化来辨认。另一种键盘称为触摸式键盘，其通过电流量改变来进行辨认。电容式键盘的触点之间并非直接接触，而是当按键按下时，在触点之间形成两个串联的平板电容，从而使脉冲信号通过，其效果与接触式是等同的。参见 capacitive touch screen。

capacitive load 容性负载 容抗大于感抗的负载。这 类负载符合电压超前电流的特性。

capacitive reactance (X_c) 容抗 (1)当一个交流电压作用在电容器上时，对电流流动的阻力，它由关系式 $X_c = 1/2\pi fC$ 给出，式中 X_c 是容抗，f 是频率，C 是电容值。如果 f 的单位用赫兹(Hz)，C 的单位用法拉(F)，X_c 的单位就是 Ω。(2)容抗是指电容器所呈现的阻止低频通过但却让高频得以通过的一种特性。容抗使电容器成为一种和频率有依从关系的阻抗。

capacitive reactive termination 电容性无功负荷 在负荷电路里，电流与电压不同相，电压滞后电流 90°相位角，负荷与电源之间仅是相互传递功率而不消耗电能。比较 inductive reactive termination。

capacitive touch screen 电容式触摸屏 一种触摸式显示器，在显示器屏幕上加一个在里面涂有金属导电层的玻璃罩。在触摸其表面时，与电场建立了电容耦合，在触摸点产生小的电流到四个角，电流的大小取决于触摸点的位置。这种触摸屏亮度较电阻式高，可防潮和防尘，但不能戴手套触摸，而且会由于温度和湿度的变化产生漂移。参见 resistive touch screen。

capacitive transducer 电容式传感器 依据诸如加速度、音频声场、位移、流量、液面高度、真空度、压力和速度这样一些变量引起的电容变化进行工作的传感器。

capacitive tuning 电容调谐 借助可变电容器进行调谐。

capacitor 电容器 (1)用来向电路引进电容使得电场储能和阻塞直流但交流可以通过的电器。这种电器通常由两个互相绝缘的导电板组成。例如，在功率放大器中的存储电容器用于存储能量；而在直流供电电源中的滤波电容器，则是用来滤去交流成分；在放大器电路中的耦合电容器则是用来通过交流信号和隔断直流信号。(2)由绝缘体分隔的导体装置，用于存储电荷或在交流电路中引入电抗。最早的形式是莱顿瓶(Leyden jar)。用作电路元件的电容器有两块由电介质分隔的导电板，电介质可以是空气、油或蜡浸过的纸、塑料薄膜或陶瓷。电解电容的电介质是由电解作用形成，如其中一个电极上电介质可能是氧化薄膜。电解电容器在充电过程中，电解作用通常连续不断；放电时，则逆转。

capacitor bank 电容器组 电气上连接在一起的一组电容器单元。

capacitor color code 电容器色标 在电容器上用EIA(美国电子工业协会)色标中规定的彩色点或彩色带标明电容数值的一种方法。

capacitor element 电容器元件 由电介质和被它隔开的电极所构成的部件。

capacitor for electric inductive heating system 电热电容器 用于感应加热装置上的电容器。

capacitor for voltage protection 保护电容器 接于电力线路与地之间用以抑制冲击过电压的电容器。

capacitor-input filter 电容输入滤波器 其分流电容器是整流器之后的第一个元件的电源滤波器。

capacitor integrator 电容积分器 包含一个由正比于待积分函数的电流充电的电容器的电路。在规定的积分周期之后的电容器电压等于积分结果。这个原理应用于模数转换电路中。

capacitor microphone 电容麦克风 电容式麦克风含有一个电容器麦克风，电容器的平行板上加有固定电压。一块板固定不动，另一块则为一个薄膜片，可被声波的压力所推动，膜片的运动使平行板间空间变化，从而使电容器的电容发生变化，每块板上所载电荷发生相似变化，出入一块电容板上的电流流经电阻器，跨电容板产生变化电位差，此变化再由相应的放大电路变换成音频信号。电容麦克风也称“静电麦克风”。

capacitor motor 电容电动机 分相电动机的一种，其电容器通常与初级辅助绕组串联。

capacitor start and run motor 电容启动及运行电动机 电容电动机的一种，其与初级辅助绕组串联的电容器在启动或运行时，均接在电路内。

capacitor start motor 电容启动电动机 电容电动机的一种，其与电容器串联的初级辅助绕组，只在启动时接入电路。当电动机达到预定速度时，电容器及其辅助绕组便由离心开关或其他装置自动断开。随后，电动机便作为感应电动机运行。

capacitor shield winding 插入电容线圈 按照设计在线圈线段的指定匝间插入另外的导线以增加线圈纵向电容。

capacitor stack 电容器叠柱 垂直安装的成串联连接的电容器单元的组装体。

capacitor storage 电容存储器 利用某些材料的电容特性制作的一种存储装置。

capacitor unit 电容器单元 由一个或多个电容器元件组装于单个外壳中并有引出端子的组装体。

capacitor voltage divider 电容分压器 由电容器组成的用来从被测电压分得一个适当比例电压的一种装置。

capacitor voltage transformer 电容式电压互感器 由电容分压器和电磁单元组成的电压互感器，其设计和相互连接使电磁单元的二次电压与加到电容分压器上的一次电压基本上成正比，且相角偏移接近于零。

capacity 容量，产能 (1)计算机能够存储或者处理的信息量。容量也指处理机处理信息的速度，通常表示为 MIPS 或者 FLOPS。(2)产能是指机器、工厂或组织在一段时间里，处理工作负荷的能力。此处理的工作负荷以总体的绩效评估单位，如标准工时来衡量。就计划而言，可用产能和需要产能在短期内是以产能需求计划、中期以粗略产能计划、长期则以资源需求计划等来衡量。产能又可分为预算产能、专用产能、实证产能、最大产能、预防产能、定率产能、安全产能或理论产能等。

capacity of display 显示容量 图形显示器的显示容量是指它所能显示的像素的数目，即横向分辨率与纵向分辨率的乘积。显示容量越大，它表达图像细节的能力越强。

capacity of sector 扇区容量 每个扇区可以存储的数据量。通常以扇区二进制位数或扇区字节数表示扇区容量。

capacity requirements planning (CRP) 能力需求计划 也称“产能需求计划”。确定为完成生产任务需要多少劳动力和机器资源的过程。在制造资源计划(MRP)系统中，已下达的车间订单和计划订单是 CRP 的输入。CRP 将这些订单转换成不同时区、不同工作中心上的工时数。参见 material requirement planning (MRP-Ⅰ)。

capacity simulation 产能仿真 通过对主要生产计划或材料计划的模拟，而不是根据真实数据，对“大致”能力的评价。

capital letter matrix 大写字母字模 可用于写一个大写字母的整个全字符字模的最大点阵。

CAPM 无载波幅相调制 carrierless amplitude and phase modulation 的缩写。

CAPP 计算机辅助工艺过程设计 computer aided processing planning 的缩写。

CAPS (1)大写字母的缩写符号，印刷中指大写字母的缩写。(2)一种打印风格，使用两种大小的大写字体，较小的字体用于代替小写字体。

Caps Lock **大写锁定键，换档键** 键盘上的一个键，用于使键盘从小写方式改变到大写方式，或者从大写方式改变到小写方式，但不影响数字键、标点符号和其他符号的输入。

capstan drum imagesetters **绞盘式照排机** 一种激光照排机。胶片由几个摩擦传动辊带动，通常有三辊和五辊结构。在胶片传动的同时，激光将图文信息记录在胶片上，因此胶片的走动速度和曝光速度必须是严格一致的。绞盘式照排机的激光光源固定不动，曝光光线的偏转靠振镜或棱镜转动来实现。由于结构本身原因，可能导致胶片走片不均匀或打滑，影响记录精度和套准精度。参见 image setter，external drum imagesetters，internal imagesetters，virtal drum imagesetters。

Capstone **开普斯顿系统** 美国 NSA 推出的数据加密系统，它是在 Clipper 的基础上加入了数字签名算法、密钥交换及相关的数学函数。参见 clipper chip。

capsule **封装体** 软件的一种特定的设计模式，封装体是一个已被赋予构造型的类，该类具有一组特定的并且是必须和限定性的关联关系和特征。

CAPTAIN **计算机辅助信息处理和终端访问信息网** computer aided processing terminal access information network 的缩写。

caption **标题，说明** 说明一个表格、字段名或者插图的给操作者看的文字。

caption scanner **（标题）字幕扫描器** 标题字幕用的固定电视摄像机，往往有自动转换开关。

capture **俘获，捕捉** （1）在光符识别技术中，使用一种特殊的扫描方法从输入文件字段获取图像数据。（2）在通信中的一个过程，传输接收的数据到一个文件中以进行备份或者进行以后的分析。参见 conditional capture，schematic capture，data capture。

capture adaptor **数据采集适配器** 计算机上的一个适配器，将模拟量信号转换成数字量信号。

capture effect **俘获效应** （1）在随机发送、争用信道的信息传输机制中，产生冲突的信息分组均受到破坏而不能到达目的地的现象。这种现象就象是信息分组在传输途中被俘获走一样，发送者只好重发损失的信息分组。（2）与解调有关的一种效应，尤其对于角度调制信号，当两个信号出现在无线电接收机的输入端的通带内时，只有较强输入信号的调制信号出现在输出端。

capture file **俘获文件** 通信程序从远程系统或设备采集、记录并能通过网络连接传来的数据文件。

capture key **捕获键** 一个切换控制键，在活跃的连接期间启动或者停止保存屏幕上显示的数据的过程。

capture range **捕捉带［范围］** 频率变动范围。在这个范围内，给定的锁相环能够完成同步并在指定的相位关系下保持锁定。

capture ratio **俘获比** 接收调谐器的技术指标。指在调谐器锁定一个信号较强的电台而抑止一个信号弱些的电台之前，所需的两个电台信号强度之差的值。俘获比越低，调谐器的性能便越好。

CAPWAP **无线接入点控制和配置** control and provisioning of wireless access points 的缩写。

CAQA **计算机辅助质量保证** computer aided quality assurance 的缩写。

CAR （1）检查授权记录 check authorization record 的缩写。（2）计算机辅助检索 computer aided retrieval 的缩写。

carbon auto-variable-voltage regulator **碳阻式自动电压调整器** 利用碳片间电阻值的变化来改变发电机的励磁电流，以自动保持发电机端电压稳定的电压调整器。

carbon battery **碳性电池** 一种一次性电池，它以二氧化锰为正极，以锌筒为负极，把化学能转变为电能供给外电路。参见 alkaline battery。

carbon block **碳精块** 电涌限制设备，当导体上电压超过预定值时，通过空气隙的电弧接地。如果气隙间电流大或持续时间长，保护器启动而瞬间接地。

carbon-composition resistor **碳质合成电阻器** 将碳粉与黏土黏合剂混合所形成的电阻器。这类电阻器的阻值随温度的升高而降低，且易受湿度的影响。参见 carbon-film resistor。

carbon dating **碳年代测定** 生物起源的考古标本年代的一种方法。由于宇宙辐射的结果，少量大气中的氮核在中子轰击下连续转变成碳 14 放射性核，由于光合作用，一部分放射性碳原子以二氧化碳的形式进入成长中的树及其他植物。树死亡后，光合作用停止，放射性碳原子衰减，它与稳定碳原子之比下降，可以测得标本中 14C/12C 的比值，从而计算出树死亡以来逝去的时间。虽然这种方法的精度与设定过去宇宙辐射强度有关，但已证明对 40 000 年前的标本进行测定的结果始终是一致的。比较 chemical dating。

carbon-dioxide laser **二氧化碳激光器** 工作气体主要为二氧化碳（CO_2）的气体激光器。加入其他气体（如氦和氮）能提高它的输出功率。由于这类激光器能连续工作在千瓦级输出功率上，故它能应用于切割、钻孔、加热和焊接等场合。它还用于远距离通信以及用于指引激光制导导弹的红外照明器。参见 carbon-monoxide laser。

carbon-film resistor **碳膜电阻器** 将碳与黏合剂混合的薄膜筛涂到陶瓷芯轴或衬底上制成的固定或可变电阻器。通过修整掉过多的碳膜，能得到精确的阻值。碳膜电阻器常用于微调电位器和控制电位器中。参见 carbon-composition resistor。

carbon microphone 碳粒麦克风 一种具有对声波起响应并将变化的压力施加到充满碳粒的容器上的柔性膜片的麦克风。参见 capacitor microphone。

carbon-monoxide laser 一氧化碳激光器 以一氧化碳(CO)气体为工作物质，以氦、氮、氧、氙、汞等为辅助气体的激光器。它在 4.9 ～ 5.7 μm 的波长上能给出最大输出。特点是输出稳定、单色性好、寿命长，但功率较小、转换效率较低。参见 carbon-dioxide laser。

carbon nanotube transistor (CNT) 碳纳米管晶体管 I碳纳米管是由碳原子排列而成的微小圆柱体，体积是现在的硅晶体管的 1/500，而且速度更快。因此，碳纳米管这项技术对未来的芯片性能有着深远的影响。

carborundum 碳化硅，金刚砂 碳和硅磨料的化合物。其结晶形式能对无线电波检波和整流。

carborundum thermistor 碳硅砂热敏电阻 一种由碳硅砂和陶瓷混合物制成的敏感元件的圆片形或圆棒形热敏电阻，这类热敏电阻能提供各种各样的负温度系数特性和阻值。

carborundum varistor 碳硅砂压敏电阻 一种由碳硅 砂和陶瓷材料混合物在高温下烧制成的压敏电阻。电阻的非线性伏安特性可表示为 $I = KE^n$，式中，n 之值通常介于 1 ～ 6 之间，K 是常数。

card 卡片，插件 (1)一种机器可以处理的具有一定形状和尺寸的纸片。按照规定的顺序可以在它的上面穿孔，以记录文字、数字或其他符号。(2)可安装各种有源或无源的元器件及构件的绝缘板，元器件之间用导线或印制线相连，线路通过接插件与外界有关电路相连。参见 expansion board。

card code 卡片码 一种用在穿孔卡片上的字符集编码。标准穿孔卡片有 80 列，每列有 12 个穿孔位置，即从 0 ～ 9，再加上 x 和 y。每列用于表示一个字符。每个字符对应不同的穿孔模式。

card ejector 插件助拔器 为了便于插入或拔出多高度、多触点插件，在插件前端两个角上安装的一种杠杆状零件。它利用杠杆原理，可以用较小的力方便地插入或拔出插件。

cardinality 基，基数 (1)有限集的基数就是集合中所含元素的个数。可数集，如自然数集、整数集和有理数集的基是 λs。不可数集，如实数集的基是 λ'。(2)关系数据库中一个关系的元组数目称为基数。

cardinality constraint 基数约束 与某实体的每一个实例相联系的另一个实体实例的个数。

cardinal number 基数 也称“势”。基数是集合论的基本概念之一，是日常表示多少的数的概念的推广和发展。集合 A 的基数是一切与 A 等势的集合的共同特征，A 的基数用 |A| 表示。若 A 是有限集，则 |A| 等于 A 中所含元素的个数；若 A 是无限集，则将等势的两集合定义成它们的基数相等。

cardinal radial 基本射线 在无线电传输系统中，相对于正北方的方位角为 0°，45°，90°，135°，180°，225°，270°，315°的 8 条射线中的一条。

cardinal spline cubic curve 直角锯齿立体曲线 在计算机图形中，指一个立体锯齿线，其端点是四个控制点中的第二个和第三个控制点，一系列直角锯齿线具有连续的斜率并经过除第一个和最后点之外的所有的控制点。

card insertion and extraction tool 插件插拔工具 插入或拔出插件的一种专用工具。对于多高度、大尺寸、多触点的插件来说，它的插拔力就很大，因此单靠人手就很难完成插拔。计算机在硬件操作调试、维护过程中，常常要使用插件插拔工具。参见 card ejector。

card-level hard disk 卡式硬盘 把磁盘机和磁盘控制适配器装配在一块微型计算机电路板上的超小型硬盘子系统。通常采用盘径不超过 3.5 英寸的硬盘，可以直接插在计算机系统板上使用。

card module 卡式模块 一种插入设备内的印制电路板。

card-on-board logic 插件板式逻辑电路 使用可插式空气冷却插件板的逻辑电路。

card operating system (COS) 卡片操作系统 卡片操作系统是指在装有集成电路(IC)的 IC 卡中，除了装有中央处理器(CPU)、存储器及输入输出电路外，还含有操作系统的卡片。这种 IC 卡可以针对不同的应用而定制专用的卡片操作系统卡。

card-oriented batch processing 面向卡片的成批处理 早期计算机处理模式之一。用户程序和数据穿孔在卡片上。输入数据以及与数据有关的程序以非常高的速度立即全部输入到计算机，在输入的同时，检验数据是否有效。在输入记录读入计算机后，作业(待处理任务)排队并等待处理。输出记录一般不直接送到行式打印机或显示器显示，而是送入磁带或磁盘。面向卡片的成批处理模式适用于建立和校验新程序、进行一般的科学和事务计算。

card punch 穿卡(片)机 在穿孔用卡上生产孔模形式的数据记录的一种输入设备。

card reader 卡片输入机，读卡机 已被淘汰的早期计算机输入设备。一种读或检测穿孔卡片上的孔，并将数据从孔模式转换成电信号的数据转换设备。也就是一种检测穿孔卡片上的孔并将其转换成机器语言的数据输入设备。同 punched card reader。

cards per minute (CPM) 卡/分 对卡片阅读或卡片穿孔速度的度量，用每分钟卡片数表示。

card-to-card interleaving (C2C) 卡到卡交错存取 内存控制器(MCH)系统内支持一个或两个通道的(每个通道 64 位线宽)一种内存寻址方式，即地址在两个通道之间来回分配。

Carey-Foster bridge 卡瑞-福斯特电桥 一种借助

电容来测量电感器互感以及借助互感来测量电容的电桥。也称"赫德威尔(Heydweiller)电桥"。

Cario　Cario 系统　微软公司开发 Windows NT 4.0 时采用的版本代号,它是一个面向对象的操作系统,系统中的档案处理、输入输出处理、实用程序及子系统均为对象。

CAROT　干线集中式自动报告　centralized automatic reporting on trunks 的缩写。

CARR　载波,媒体　carrier 的缩写。

C

carriage return (CR)　回车(键)　(1)使打印机头或光标返回到最左打印位置的 ASCII(美国信息交换标准代码)控制字符。同 carriage return (CR) character。(2)一个通常表示命令行结束的按键。

carriage return (CR) character　回车字符　能使打印位置或显示位置移到同一行上的第一个位置的格式控制符。回车字符的 ASCII(美国信息交换标准代码)是 13。比较 new-line character。

carriage return time　回车时间　串行印刷机的印刷头托架从行终点回到始点所需时间。

carrier　载波　(1)可以被另一个电信号调制的连续频率信号,通常是规整的重复波形,如电磁波或单一频率的交流电流。载波用于携带某些不能有效地通过通信线路的信号一起传输。(2)半导体通过运动的电子和空穴实现导电作用,这种电流的载体称为载流子。

carrier amplifier　载波放大器　其直流输入信号经低通滤波器滤液,然后用来对载波进行调制,使之能方便地作为交流信号加以放大的直流放大器。通过对调制后的载波信号进行整流和滤波,便得到放大的直流输出。

carrier band　载波频带　能被一个信号调制的连续频率宽度。

carrier channel　载波信道　两个或多个点之间构成一个完整载波电路的设备和线路。

carrier communication　载波通信　利用终端设备把多个独立信息装载到较高频段,实现一条信道传输多路信息的通信。载波通信又分:有线载波和无线载波,它们都可进一步以时分、频分和码分信号复用方式进行信号传输。

carrier-complete　进位完成　在并行加法器中使用的一个信号,表示所有的进位已经生成和传播完成。

carrier current　载波电流　叠加到用于通信和控制的普通电话、电报和电源频率上的较高频率的交流电流。载波电流用话音信号调制,以便在电力系统的各点之间提供电话通信;或者对载波电流进行音频调制,以启动开关继电器或传送数据。

carrier detect (CD)　载波检测　把信号从调制解调器传送到连接它的计算机上,表明调制解调器已经联机。载波检测是 RS-232 接口第 8 引脚上的控制信号。

carrier drop　载波跌落　当对信号加上调制信号后,无调制时的载波振幅与百分百调制时的载波振幅的差值,与无调制时的载波振幅之比。

carrier dropout　载频衰减　载波信号的暂时损耗。引起载波衰减的原因有:噪声、系统故障、维护操作、系统老化和功率暂时消失等。

carrier Ethernet (CE)　电信级以太网　城域以太网论坛(MEF)于 2005 年 2 月 17 日举办第一次电信级以太网世界大会(CEWC)首提 CE,然而 CE 并不是一个特定的技术术语,不专指某种网络技术,也不排斥某种网络技术。按照 MEF 定义,它包括五个方面的内容:标准化的业务(以太网透明专线、虚拟专线、虚拟局域网);可扩展性(各种以太网业务、10 万条以上的业务规模、从 1 M 到 10 GE);可靠性(用户无感知的故障恢复、低于 50 ms 的保护倒换);QoS(端到端有保障的业务性能);电信级网络管理(快速业务建立、操作监管和维护、用户网络管理)等。

carrier failure alarm　载波失效报警　T1 电路上的红色或黄色报警,或红黄报警的端对端组合。

carrier frequency　载[波]频[率]　由未调制电台、雷达、载波通信或其他发射机产生的频率或发射出的波被对称信号调制时的平均频率。载频也称"中心频率"。

carrier-frequency pulse　载频脉冲　由脉冲进行幅度调制的载波。在脉冲的前后,已调载波的幅度为零。

carrier frequency stability　载频稳定性　载频稳定性是维持指定频率能力的度量。载频频率的不稳定性主要由温度变化、电源电压变化、负载阻抗变化等因素引起的。可以通过减少外界因素的变化来提高频率稳定度,如采用高稳定度直流稳压电源来减少电源电压的变化,采用金属屏蔽罩减少外界电磁场影响的变化,或者提高谐振回路的标准性,如采用参数稳定的回路电感器和电容器,采用温度补偿法,改进安装工艺,减弱振荡管与谐振回路的耦合等。

carrier heterodyne　载频外差　普通调幅信号之间的干扰,这是当两个相邻信号载波在射频差拍时产生的,它在调制信号落入无线接收机输出带通之内后产生。

carrier holes　导纸孔　连续打印纸两边的孔。当它们套在输纸器导引针上时,使纸张与打印机对准定位,并控制纸张的移动。同 tractor holes。

carrier identification parameter (CIP)　载体标识参数　在 ATM(异步传输模式)网络中,指初始地址消息中的一个 3 位或 4 位的代码,标识用于建立连接的载体。

carrier-interference ratio (C/I)　载波-干扰比,载干比　加到接收天线输入口的有用载频功率(C)

与干扰信号(I)功率的比值。通信系统中所用的载干比,是通过下列步骤来确定的:测量有用信号、关闭有用信号,然后再测量无用信号。两次测量之比用分贝(dB)表示。

carrier leak 载(波泄)漏 在载波抑制传输系统中,经抑制后仍存在的载波。

carrierless amplitude and phase modulation (CAPM) 无载波幅相调制 对载波进行了抑制的 QAM 调制方式。CAP 采用一个载波,对噪音干扰较为敏感,需要较大的功率,但实现技术相对简单。CAP 通过采用不同的振幅与不同的相位组合代表不同的数值。CAP 编码的一个波特可以代表 2 ~ 9 个比特,所以在相同的传输速率下,CAP 编码所需要的频带宽度更窄,传输距离也更远。参见 quadrature amplitude modulation (QAM)。

carrier level 载波电平 在通信系统中,载波信号在某一特定点的电平。载波电平可以用相对于某参考点或系统中某一个特定点的电平分贝(dB)数来表示或用绝对功率单位来表示,如千瓦、瓦、毫瓦或微瓦。

carrier management system 载体管理系统 一个通信公共载体提供给用户的一个网络管理产品,该产品监控和管理通信公共载体为用户网络提供的通信设备。

carrier mobility 载流子迁移率 均质半导体中,每单位电场的载流子平均漂移速度。电子的迁移率通常与空穴的迁移率不同。

carrier modulation 载波调制 某种固定幅度和频率的信号,在调制过程中结合一个携带信息的信号以产生适合传输的输出信号。

carrier noise 载波噪声 在没有任何调制的情况下,由射频信号的异常变动而引起的噪声。载波噪声常称为残留调制。

carrier noise level 载波噪声电平 无任何预定调制时,由射频信号的不希望的变化所产生的噪声电平。也称"剩余调制"。

carrier output power 载波输出功率 在发射机音频输入端不加调制信号的条件下,一个射频周期中发射机提供给射频负载的平均功率。

carrier output power shift 载波输出功率变化 发射机载波输出功率测量值和额定功率的差值与额定功率的比值。

carrier power 载波功率 (1)当无线电发射机中只发送未调制载波时,供给天线馈电线的平均功率。(2)供给传输线的平均未调制的功率。这些概念不适用于脉冲调制和频移键控系统。

carrier power transformer 载波功率变压器 向磁放大器提供交流载波功率的变压器。

carrier protection equipment 载波保护装置 在被保护线路两端间利用电力线载波进行信息联系的保护装置。

carrier recovery 载波恢复 从已调信号中恢复原载波的过程。

carrier repeater 载波增音器 用于载波信道的单路或双路增音器。

carrier return character 回车(换行)符 一种字处理格式控制符,能使打印点或显示点移到下一行的第一个位置。

carrier sense 载波监听 在局域网中数据站的一种不间断的活动,检测是否有另一个站点正在发送。参见 collision, collision detection, contention, deference。

carrier sense multiple access (CSMA) 载波监听多路访问 多个地址用户采用检测载波方式占用空闲信道的一种多址控制技术。也称"先听后讲(LBT)"。一个站如果要发送信息,先得监听信道,只有信道空闲时才能发送信息。如果信道被占用,则根据处理方法不同,分持续、非持续和 P 持续等三类。持续 CSMA 是用户持续检测载波,信道一有空闲就抢占,最大信道利用率可超过 50%;非持续 CSMA 是用户检测出有载波就随机时延后重试;P 持续 CSMA 是用户检测出载波就以概率 P 占用,以概率(1-P)等待,后两类的信道利用率可高达 80%。

carrier sense multiple access/collision avoid (CSMA/CA) 载波监听多路访问/冲突避免 一种介质访问方式。采用冲突避免原理,对网络介质进行两次检测。以 Omininet 网为例,当发送方的传输器检测到介质空闲达 15 μs 以上时,则执行发送程序。由于传输器从执行这段程序到真正数据发送到介质上还有大约 40 μs 的时间,所以当真正要发送时,再由高速硬件迅速作出第二次检测(只需几十 ns);如果介质自第一次检测以来一直空闲,则开始发送,否则要停止即将开始的发送,随机等待一段时间再行发送。与 CSMA/CD(载波监听多路访问/冲突检测)比较,它降低了发送时进行冲突检测带来的复杂性,但仍能保证网络工作效率。

carrier sense multiple access/collision detection (CSMA/CD) 载波监听多路访问/冲突检测 一种介质访问方法。也称"边讲边听(LWT)"。在 CSMA 基础上增加了冲突检测机制,即除了发送监听介质状态以外,在发送过程中仍要继续监听,以判断是否与其他站发生冲突,如果发生了冲突,就采用一定的算法重新发送。

carrier sense multiple access with collision avoidance (CSMA/CA) network 具有避免冲突的载波监听多路访问网络 这种网络协议要求:①进行载波检测;②期望进行发送的数据站点首先发出一个阻塞信号,在等待足够的时间使得网络中其他站点收到这一个阻塞信号以后,它开始发送一帧传输报文。如果在该发送过程中,它检测到另一个站点的阻塞信号，则停止发送，等待一段预定的时间，然后再进行下一次发送尝试。参见 binary exponential back-off, deference。

carrier sense multiple access with collision detection (CSMA/CD) network 载波监听多路访问/冲突检测网络 一种网络，其协议要求：①作载波检测；②当一个发送数据站在发送时检测到另一个信号，则停止发送，给出一个阻塞信号，然后等待一段不定的时间，再进行发送尝试。

carrier sensing 信号监听 在局域网中，一个数据站检测是否有另一个数据站在发送数据的活动。

carrier shift 载频位移[偏移] (1)在二进制或电传机信号的传输过程中，键控使载波偏移到某方向时代表传号，偏移另一方向则代表空号。(2)在幅度调制中，由于不完善的调制引起的一种情况，此时调制包络的正向和负向在幅度上不相等。载频位移导致载波功率变化。载波可能偏移到一个较高或较低频率。

carrier signal 载波信号 (1)载送信息包或信息流的信号。(2)被一个输入信号调制以产生另一信号的信号。

carrier signaling 载波信令 在多信道载波系统中使用的信令技术。

carrier-suppressed transmission 载波抑制传输 数据通信的一种方法。在通信时，载波频率局部地或全部地被抑制掉，由单边带或双边带进行传输。

carrier suppression 载波抑制(度) (1)在对发射机进行常规调制之后抑制载频，而解调之前在接收端重新插入载波。(2)载波抑制度指在减载波发射中载波被抑制的程度，表示在没有任何给定的调制信号时发射机的输出功率与额定射频输出功率之比。

carrier swing 载频摆动 调频波或调相波从最低瞬时频率到最高瞬时频率的总偏离。

carrier synchronization 载波同步 为实现相干解调，接收端产生与发送端同频同相振荡的技术和方法。在数字通信中采用相干解调时接收端要有一个相干载波，它必须与接收信号中的被调载波同步(同频同相)。接收端从接收信号中提取相干载波信息，称为载波同步。实现载波同步的方法有两类，直接提取法和插入导频法。参见 directly extraction method, inserted pilot frequency。

carrier system 载波系统 (1)能在一条通路上通过一个或几个信道传输信息的系统，它将信息加工转换成适合系统使用的形式。常用的载波系统有频分系统和时分系统，前者的每个信道占有频谱的指定部分，后者的每个信道在指定的周期时间间隔内利用传输媒体。(2)能被另一信号调制的连续波。在数据通信中的周期性载波的频率称为载频。它等于该周期的倒数。周期性脉冲载波的频率称为脉冲重复频率。所谓载波系统就是在单一信号通路上获得多个通道的手段，并对每个通道用不同的载波频率进行调制，然后在接收端进行解调，从而把信号恢复为原来的形式。

carrier telegraph communication 载波电报通信 利用频率分割原理在一条音频话路或某一频带内同时传输多路电报的通信。

carrier telegraph terminal 载波电报机 使用一个话路上同时传送多路电报的终端设备。

carrier telephone communication 载波电话通信 利用频率分割原理，在一对线或两对线上同时传输多路电话的通信。

carrier telephone terminal 载波电话机 使用一对线或两对线上同时传输多路电话的终端设备。

carrier to interference ratio (CIR) 载波干扰比 有用信号载波功率与干扰信号功率之比，通常用分贝表示。当存在几个干扰信号时，应考虑它们的功率和。

carrier to noise power ratio 载波噪声功率比 它是接收机的载波功率与噪声功率之比，噪声是在信号非线性处理之前测得的。载波噪声功率比通常用分贝(dB)表示。非线性处理包括限幅、检波等。

carrier-to-noise ratio (CNR) 载波噪声比 在选频之后和进行任何非线性处理(如限幅和检波)之前，载波强度与给定频带宽度内的噪声之比，用分贝(dB)表示。

carrier-to-receiver noise density (C/kT) 载波-接收机噪声密度 在卫星通信系统中，接收机的载波功率与噪声功率之比。载波-接收机噪声密度是由关系式 C/kT 确定的，式中 C 是以瓦为单位的接收机载波功率，k 是波耳兹曼常数(单位为焦尔／开氏温度)，T 是以开氏温度为单位的接收系统的噪声温度。接收机噪声功率密度 kT 是每赫兹接收的噪声功率。

carrier transmission 载波传输 把数字基带信号寄载到连续的高频载波上进行传输的系统叫载波传输。实现远距离传输一般必须通过调制把基带信号的频谱装载到高频处之后，通过无线信道或者光纤信道传输。如地面微波中继通信，多路载波电话，太空卫星微波通信等都是载波传输的系统。

carrier velocity 载流子速度 半导体中，载流子在电场作用下运动的速度。载流子与周围原子的相互作用影响载流子的运动。载流子速度与施加的电场成正比。在硅中，电场超过某个值，载流子速度饱和。

carrier wave 载波 (1)为了携载信息由无线电发射机所发射的特定频率和幅度的电磁波。使载波的幅度或频率发生小变化从而把信息叠加到载频上。(2)载波是指被调制以传输信号的波形，一般为正弦波。一般要求正弦载波的频率远远高于调制信号的带宽，否则会发生混叠，使传输信号失真。

carry 进位 在按位记数法的算术运算中，低位数字被移到高位上处理的一种过程。加法[乘法]运算时，同一位上两个或多个数字相加[相乘]的结果等于或大于基数时，则向高位传送一个数以求处理，如十进制的 45 加 28，低位数字 5 和 8 相加的结果是 13，这里的 1 在本位无法处理，它必须移送到高位，这个过程就称为进位，而 1 就称为进位数字。

carry bit 进位(标志) 加法器中的一个表示进位信息的数据位。

carry-complete signal 进位完成信号 加法器中表示完成某一操作所需的全部进位的信号。

carry condition 进位条件 在做加法时，两个加数上的同一列两个数字之和大于或等于所采用基数的条件。

carry digit 进位数字 进位过程中，低位向高位传送的数字。

carry flag 进位标志 表示计算机累加器中执行算术运算时寄存器产生溢出条件的指示符。

carry indicator 进位符(器) 某些计算机系统中的一种二进制指示符，当运算结果超过累加器的实际容量时，处理机将它作为算术或逻辑运算的结果使该指示符置位。进位符常和溢出指示符配合使用，以反映某种不正常的或错误的状态。

carry/link bit 进位/连接位 在某些系统中，执行加法、补码加法和十进制加法等指令时，如果最高位产生进位，则使某个标志位进行置位，这个标志位就称为进位/连接位。一般用在连接指令的右移或循环右移中。

carry lookahead 先行进位 在快速加法器中，为了缩短进位数在进位链上的传送时间，使高位数的进位数不由低位数相加后产生，而是在低位数相加之前，由一定的逻辑组合线路产生，称为先行进位。

carry lookahead generator 先行进位发生器 双极型串联系统中的部件。它提供通过阵列中央处理机的快速进位，极大地提高了系统的吞吐量。一个先行进位发生器为一台 16 位的阵列中央处理机服务，而多台先行进位发生器能用于 32 位的阵列中央处理机或更大的系统。

carry-save adder 保存进位加法器 一个加法器，对每一个数字位置有三个输入，一个结果输出和一个进位输出并且不在一个操作周期内的自我传递进位数字。

carry-status flag 进位状态标志 由中央处理机控制器在执行算术运算产生进位时所设置的标志。它可能是条件码寄存器或程序状态字中的一位。

carry time 进位时间 在两数做加法时，将一位进位数或所有进位数送到高位上，并与高位相加所用的时间。

carry type 进位类型 如果一个进位导致高位再进位，且当生成这个新进位时，正常的加法线路被旁路，则称为高速进位；如果正常的加法线路被使用，则称为逐位进位；由进位加法产生的进位不允许再传送下去，如在乘法处理的某步中形成的部分乘积，称为部分进位；如果允许再传送下去，则称为完全进位；如果在最高位产生的进位送到最低位，如两个负数相加采用十进制补码形式，称为循环进位。

Carson bandwidth 卡森带宽 由卡森提出的任意限带信号调制时的调频信号带宽的估算公式，它确定调频信号需要的传输带宽。

Carson bandwidth rule 卡森带宽规则 这规则定义了载波信号所需要的通信系统部件的近似带宽。这种载波信号是由连续或宽带的频谱，而不是由单个频率组成的调频信号。这种规则是由关系式 $BW = 2(\Delta f + f_m)$ 确定的，式中 BW 是所需的带宽，Δf 是峰值偏移频率，f_m 是最高调制频率。卡森带宽规则经常用于通信系统部件中，如发射机、天线、光源、接收机和光检测器。

CART 分类与回归树 classification and regression tree 的缩写。

Cartesian coordinate 笛卡儿坐标 解析几何中使用的一种坐标系，参照二根或三根轴线来确定点 P 的位置。在二维坐标系中，垂直轴为 y 轴，水平轴为 x 轴。两轴交叉的一点称原点 O。$y<0$ 的值落在原点下面的 y 轴上，$x<0$ 的值落在原点左边的 x 轴上，任意点 P 的位置由该点至两轴的垂直距离确定。离 x 轴的距离称纵坐标，离 y 轴的距离称横坐标。该点位置的数字表示方法是将横坐标和纵坐标的值用括号括起来，两值之间用逗号分开，即 (x, y)。该坐标系也可参照第 3 根 z 轴来确定某个点的位置。此坐标系是以雷内·笛卡儿(1596～1650年)名字命名的。

cartographic symbols base 地图符号库 利用计算机存储表示地图内容的各种符号的数据信息、编码及其软件的集合。两种存储方式：一种存储每个地图符号的形状、颜色、大小等视觉变量的特征；另一种存储基本图元，通过图元编辑工具及相应参数设置界面生成符号。用于数字地图的可视化和地图印刷。

cartridge 盒式磁带，卡盘 (1)一种由装在供带盘和收带盘上，放在保护盒中的磁带构成的存储设施。(2)使用¼英寸宽的高性能盒式磁带作为记录媒体的小型数字磁带机，其工作方式与卡型盒式磁带机相同，但它是专门为数字记录设计的，因此其存储容量、存取速度和可靠性等性能均比卡型盒式磁带机高。它主要是用作微型计算机的输入装置和存储装置。

cartridge drive 盒式磁带驱动器 一种老式的和个人计算机连用的，提供外部存储空间的设备。

cartridge font 卡盘字体 一个包含在插卡中的字体，用于在打印机上增加字体，与内部字体不同，内部字体包含在打印机的 ROM(只读存储器)中,总是可以使用,也不同于软字体,软字体是存储在计算机中的字体,在需要时送到打印机中。比较 internal font。参见 font cartridge。

CAS (1)现刊题录服务 current awareness service 的缩写。(2)(美国)化学文摘索引 chemical abstracts search 的缩写。(3)列地址选通 column address strobe 的缩写。(4)代码活跃开关 code activated switch 的缩写。(5)通道相关的信令 channel associated signaling 的缩写。(6)公共分析结构 common analysis structure 的缩写。(7)集中式话务员服务 centralized attendant service 的缩写。

CAS before RAS refresh (CBR refresh) CAS 先于 RAS 刷新,CBR 刷新 动态存储器中的一种数据刷新方式。在某些动态存储器芯片中有内部刷新的行计数器,外部的刷新逻辑只要激活存储器芯片的 CAS 线,然后再激活它的 RAS 线即可完成。芯片将自动递增其内部的行计数器,并刷新下一行。参见 column address strobe (CAS)。

cascade 级联,重叠 (1)在宽带网络的干线系统内放大器通过电缆相串接的方式称为级连。(2)在窗口式软件的下拉式菜单中的一个选择,它安排各窗口和图标使每个窗口相互重叠,后面的窗口只露出题标栏。这称为重叠。

cascade amplifier 级联放大器 放大器中按常规串联方式布置的两级或多级放大器,其中,前一级的输出由下一级放大。

cascade analog to Gray code converter 级联模拟-格雷码转换器 将模/数转换器的输出直接转换成格雷码的装置。如果模/数转换器输出二进制码,在受到干扰时,或者发生状态翻转的瞬间,有可能产生很大的误差。如果用格雷码就可避免这种错误,也可省去采样保持电路或中间寄存器。因为格雷码相邻的数码只有一位改变。但为了计算方便,需将格雷码再转换为纯二进码。

cascade button 重叠按钮 在某些窗口软件中的一个图形控制,产生窗口或图形的层叠操作。

cascade channel 级联通道 依次连接多级不同功能和处理速度的计算机的数据传输通道。利用这种链路,可以把最前端输入的数据经初级计算机选择和预处理之后送到上一级计算机,以便处于较高层次上的计算机将主要工作时间用于运行复杂的耗费大量资源的作业。

cascade code 级联码 一种纠错能力较强的编码。码长 n 越长,译码错误概率越小,但 n 越长,码内出错概率增加,为解决此矛盾,把两个较短的码串接起来成为一个纠错能力较强的分码组,其构成类似乘积码。

cascade connection 级连 放大器、网络或调谐电路的串联,其中,前一级的输出馈入下一级的输入。

cascade control 串级[级连]控制 一种控制系统,以一个控制回路的输出作为另一个控制回路的输入给定值。

cascade control system 串级[级连]控制系统 由两个串接工作的控制器构成的双闭环控制系统。整个系统包括两个控制回路,主回路和副回路。系统的目的在于通过设置副变量来提高对主变量的控制质量。由于副回路的存在,对进入副回路的干扰有超前控制的作用,因而减少了干扰对主变量的影响。

cascaded bridges 串联[级连]桥 相互连接的桥,使若干不同网络或者网络段连接起来。

cascaded carry 逐级进位 在并行加法中,将每次加法所形成的部分和同进位再次相加,使这个过程重复进行,直到无进位为止的一种方法。

cascaded expression 级联表达式 在 Smalltalk 语言中用分号将各表达式隔开所构成的表达式。表达式是一种对象,它由 Smalltalk 语言中一些对象与消息所构成。在接受对象后边跟一串消息就构成 Smalltalk 的简单表达式。用圆括号可以改变消息传递的顺序,从而构成更复杂的表达式,如级联表达式:10−5;+3;×2 表示先向接收者整数 10 发送消息−5,得结果 5,被丢弃以后再向原接收者整数 10 发送消息+3,得结果 13,又被丢弃,最后又向相同的接收者发送消息×2,得结果 20 又被丢弃。所以级联表达式并没有结果。

cascaded network 级联网络 被分成许多线性连接的连接段的网络。

cascade menu 级联菜单 在某些窗口式软件中,指一种菜单安排方式。

cascade merging 串接[级连]合并法 把若干个有序数据串合并在一起的方法。

cascade partial sum method 级联部分和方法 一种处理类似于两个向量的内积问题中加法过程的并行处理方法。其具体做法是:①乘积结果两两相加;②中间部分和两两相加;重复上述过程直到得到和为止。这种方法也称"循环归约法"。

cascade process 级联过程 为了获得所需结果,通常单一步骤不能奏效,需采取许多步骤才能得到结果的过程。例如,各种铀浓缩过程中,分离所需同位素,简单一步不能获取,为了达到较好的分离,不得不重复多次,就需在串级过程中,把一级浓缩的部分送至下一级继续浓缩,才能获得结果。

cascade replication 瀑布式结构复制器 复制器的一种,是主从结构的一个扩展,也由一个主拷贝和若干个从属拷贝组成。不同于主从结构的是它允许每个从属拷贝在传播修改这一性能上与主拷贝相同,一个从属拷贝可以把接收到的修改传给下一个从属拷贝,形成链式传播途径。这种方式可以减少网络传输量,但传播链上任何一个环节的失败都会破坏修改的传播,使其后的所有节点得不到更新。参见 real-time replication, store-and-forward replication, time based replication, master/slaver replication, peer-to-peer replication。

Cascades　Cascades 微处理器　美国 Intel 公司采用 0.18 μm 制造工艺的 Pentium Ⅲ Xeon(至强)处理器芯片,实际上是一种开发代码为 Coppermine(铜矿)的服务器 CPU。此款 CPU 推出时的核心频率为 600 MHz,总线频率 133 MHz,这也是第一款能使双 CPU 协同工作及前端总线频率(FSB)为 133 MHz 的处理器。

cascade testing transformer　串级试验变压器　通常是由两台或三台试验变压器串接而组成的试验变压器组。串接后的输出电压为每台试验变压器输出电压之和。

cascade-type current transformer　串级式电流互感器　由两个及两个以上单元串级而成的电流互感器,每个单元中均有铁芯和线圈。

cascade windows　层叠窗口,阶梯式排列的视窗　图形用户界面下,当屏幕上存在多个视窗时的一种安排方法。选择此项排列方法,当前打开的所有视窗将自前向后重叠摆放,每个视窗只露出标题横条。当前操作的视窗总是摆在最前面,予以完整显示。任意点击后面一个视窗的标题栏,就可以把它移到最前面。比较 tiled windows。

cascading hubs　级联集线器(组)　一种网络配置,按照这种配置,各网络集线器都按级联方式连接到其他的集线器上。

cascading menu　级联菜单　一种分层图形菜单系统。在该系统中,当指针指向一个主菜单条目时就会显示一个附带的子菜单条目。

cascading style sheets (CSS)　层叠样式表单　CSS 主要的功能是可以在将网页的样式(如字体大小、字体颜色、行高度、背景色等)更灵活地控制、定位。通过建立专门的 CSS 文件,只要改变一个数值,就可使整个网站的字体风格产生变化。

cascading style sheets specification　层叠样式表单规范标准　W3C(万维网联盟)在 1996 年 12 月通过了 CSS 1 标准,该标准制订了样式的基本规则并规定了格式化网页元素的语法,该标准包含对字体、颜色、表格、图片、文本等的规范。1998 年 5 月,W3C 提出 CSS 2 标准。

cascode amplifier　共射-共基放大器　与阴地-栅地级联放大器相似的共射-共基晶体管放大器。这类放大器的输入电阻和电流增益通常等于单个共发射极级的相应值,而输出电阻则近似等于共基极级的高输出电阻。这类放大器在放大 25 MHz 和更高频率的信号时最有效。

CASE　(1)计算机辅助软件工程 computer aided software engineering 的缩写。(2)公共应用服务元素 common application service element 的缩写。

CASE analysis and design tool　CASE 分析与设计工具　软件工程工具,它不是遵循一个专用的程序设计方法,而是遵循一个良好定义的并通常是认可的过程。它建立在基本的分析与设计方法学上,采用良好定义的技术,包括结构化分析、代码生成等,不仅支持分析与设计阶段,也支持开发阶段,但不隐藏编码细节。

CASE base　CASE 库　CASE 的核心层,对 CASE 的开发策略具有重要作用。CASE 库是传统词典系统的发展和扩充,它不但保留了传统词典存储的各种实体信息,还增加了存储对象和方法信息的能力。

case based learning　基于实例的学习　根据智能系统在实际运行中遇到的情况随时调整、修改知识库中知识的学习方法。

case-based reasoning (CBR)　基于事件[范例]的推理　(1)根据人类过去已获得的经验或从已获得的知识来解决新遇到问题的问题求解方法。(2)一种处理记忆、学习、计划和解决问题的理论。假设人类专家是从经验(案例)获得知识的,而且经验比规则能更好地表达知识。

case frames　角色[格]框架　框架在语言理解中的一种应用。为了要确定和表达正文的意义,框架就以动词或动作为核心,按照其词组的角色(格)来组织信息。称这种框架为角色框架或格框架。

case grammar　角色[格]语法　在自然语言理解系统中,为了理解一些简单的陈述句,就要在语义分析中,用角色语法来分析名词组和动词的关系,即分析各名词组对于动词(设它表示动作)所起的作用是什么。角色语法大约有以下几种:①动作对象角色;②执行者角色;③工具角色;④时间或地点角色;⑤出处角色;⑥目的角色;⑦以前或将来环境角色;⑧原材料角色;⑨轨道角色等。

case insensitive　不区分大小写　指键入的字母大小写没有区别,大小写不会影响操作结果。

CASE methodology　CASE 方法学　由于 CASE 的产生和发展,使 CASE 演变成一种独特的,以自动化支持环境为基础的全新的系统开发方法学。由于 CASE 工具对整个信息系统及软件工程开发过程的全面支持,使其具有以下突出的优点:①强有力地支持软件工程及信息系统工程;②使结构化方法更实用;③自动检测方法提高了软件的质量;④使原型化方法易于实施;⑤简化了软件的管理、维护;⑥加快了系统的开发过程,使开发者从繁杂的分析设计图表及程序编写工作中解放出来;⑦使软件的各部分能重用;⑧产生统一的标准化系统文档。CASE 的这些特点,引起了系统开发方法学领域从技术、方法到观念、认知体系的变化,从而形成了从工具、环境发展到 CASE 方法学的新概念。与传统的自顶向下结构化方法和面向最终对象的原型方法相比,它更强调工具的作用、工具对方法的支持。CASE 方法学的诞生,将会动摇传统(软件工程)方法学研究的某些基础,引起人们思想、观念上的一些变化。

case sensitive 区分大小写 指键入的字母大小写有区别，大小写会影响操作结果。

case-sensitive search 大小写敏感查询 一种在数据库中的检索，关键字的大小写必须和数据库中单词的大小写精确匹配。

case sensitivity 大小写敏感性 表示程序中或者程序设计语言中对于大小写进行区别的程度。参见 case。

case shift 字盘换位 在数据设备中，从字母到其他字符的转换或相反的转换。

case statement 分情况[选择]语句 一类条件控制语句，其特点是允许任意多个分支，在程序执行时按照一个表达式的值选出一个分支上的语句执行。ALGOL 60 的 switch 语句是早期的分情况语句，Pascal 和 Ada 中的 case 语句也是分情况语句，C 中的 switch 语句也是分情况语句。参见 control statement，variable。

case temperature 管壳温度 在半导体器件管壳规定点测得的温度。

CAS latency (CL) 列地址选通[CAS]延迟 也称列地址选通潜伏期，内存的时序参数，以时钟周期数表示。内存条上一般都有这个参数标记。在 BIOS（基本输入输出系统）设置中，DDR 内存的 CAS 延迟参数选项通常有“1.5”、“2”、“2.5”、“3”几种选择，SDRAM 则只有“2”、“3”两个选择。较低的 CAS 周期能减少内存的潜伏周期以提高内存的工作效率。因此，只要操作系统能够稳定运行，应当尽量把 CAS 延迟参数调低。参见 column address strobe (CAS)。

CASS 公共地址空间区域 common address space section 的缩写。

Cassegrain antenna 卡塞格伦天线 一种由抛物面发射器和焦点处的双曲面副反射器组成，将信号反射回馈源的天线。卡塞格伦天线是卫星电视接收中常用的一种天线，天线所特有的二次反射结构使其既消除了庞大的馈线支架，又保留了长焦距和高增益的优点。

cassette tape 盒式磁带 一种慢速、低容量存储数据的磁带，使用类似于盒式录音带的技术。

CASSM database machine CASSM 数据库机 世界上第一台数据库机。它是一个多元逻辑系统，CASSM 是上下文寻址分段顺序存储器(context addressed segment sequential memory)的英文缩写。它采用多元结构，含有造价低廉的大型存储器，整个数据库存储在固定磁盘上并在多元逻辑系统上被处理。具有不需要为具体装置选择存取技术和磁盘空间即能被有效利用等特点。

cast animation 动画片放映 多媒体应用程序中的一系列图片帧的显示方式和过程。也称“帧动画”。同 frame animation。

cast-based animation 基于造型的动画 计算机动画制作的常用方法之一。它将画面中出现的每一个艺术造型(物体或人物)作为一个独立的图形块，使之预先单独构成，便于单独调用。这样，可根据剧本的需要，如安排演员出场一样调用每个艺术造型到特定的画面中，大大减少绘画工作量。

caster 魔法攻击单位 游戏专用词语。指对战类游戏中所有以释放攻击性魔法或释放辅助性魔法为主要职能的战斗单位，如一些巫师、法师之类的兵种。

CAS thesis and dissertation database 中国科学院学位论文数据库 CSI 是中国科学院 Chinese Academy of Sciences 的缩写。中国科学院学位论文数据库收录了 1983 年以来中国科学院授予的博士、硕士学位论文及博士后出站报告，涵盖数学、物理、化学、地球科学、生物科学、农林科学、工程技术、环境科学、管理科学等学科领域，是全面了解中国科学院学位论文的重要数据库。

cast in concrete reactor 混凝土柱式限流电抗器 限流电抗器的一种，它没有铁芯。线圈是用混凝土浇成的柱支撑的。

casting 投影，类型转换 在程序设计中，一种数据类型变换到另一种数据类型的显式操作。

casting-out-nines check 除 9 校验 算术运算的一种检验法。将操作数除以 9 得到余数，并对操作数中的每一位数字累加。其和的余数应该与操作数除以 9 的余数一致，如一操作数为 325 325 除 9 得到的余数为 1，然后该操作数的每位数字相加取余，即(3+2+5)÷9，余数亦为 1。

casual analogy 随机[偶然]类推 类推预测法的第一阶段。是显示出存在某些相似性时的一种类推。这种类推常常是由随机观察到的现象或事实而加以类推的，或者有些现象或事实是经常发生但不以为然的，但在某次偶然遇到时却又有所领悟而出现了类推。随机类推往往是决策或创造性发现的前奏，但很不成熟，因而需要加以发展，从而进入正规类推阶段。参见 formal analogy。

casual user 临时[偶然]用户 不用专职操作员，而由计算机用户自己进行键盘输入工作。这些用户对计算机详细知识和程序设计语言、方法等了解不够，应用计算机的频度也不高。因此，为了方便临时用户，在软件设计方面必须着重考虑形象、直观、易学和容错。

CAT (1)计算机辅助翻译 computer aided translation 的缩写。(2)计算机辅助排版 computer aided type-setting 的缩写。(3)计算机辅助测试 computer aided test 的缩写。(4)计算机辅助教学 computer aided teaching 的缩写。(5)计算机断面成像 computerized axial tomography 的缩写。(6)计算机辅助 X 射线断层摄影技术 computer assisted tomography 的缩写。(7)计算机辅助技术培训

computer assisted technical training 的缩写。

catalog 目录,编目(录) (1)文件目录包括文件名、下级目录名、生成日期、存储文件的设备类型、存储地点、许可性(允许读、写、更新)、口令等信息。(2)某些操作系统中,包含描述各种数据集、其他目录以及分配给数据集和目录的直接存取存储器的各种信息的一种数据集。

catalog directory 目录索引 目录中的一种表,标识该目录包括的各种项目。

cataloged data set 编目数据集 用索引或索引的层次结构表示的数据集。这种索引提供了数据集中每一个元素的位置。

cataloged file 目录文件 以文件方式存放在磁盘上的目录称为目录文件。操作系统根据文件的符号名字,把文件的逻辑结构映像成设备介质的物理结构必须通过目录文件实现。目录文件除了是查找用户文件的有效工具外,还提供了有关文件的控制信息和保护信息,以防止未经授权的人使用文件。

cataloged procedure 编目过程 一组放在已分区的数据集(称为过程库)中的作业控制语句。这些语句可通过执行语句(EXEC)中的命名来对它实现检索或通过启动命令(START)来启动。

cataloging system 编目系统 一种计算机化的图书编目系统。它按照特定的记录结构,由人、计算机和各种目录的组织原则与方法组成的一个集合来实现。

catalog recovery area (CRA) 目录恢复区 在配备VSAM(虚拟存储存取法)的系统中的一种按入口排序的数据集,它存在于由可恢复目录总管的每个存储卷(包括目录卷本身)上。CRA 包含目录记录的副本,并可用于恢复被破坏的或无效的目录。

catalogue XML (Cat XML) 目录[编目]扩展置标语言(标准) 使用 XML(可扩展标记语言)在因特网上进行目录信息交换的一种开放标准。Cat XML 使用灵活的带有多种配置文件的 XML 方案(或模式),可以进行改写以满足不同商业的需要。Cat XML 支持现有的信息结构,也提供分布式查询信息网格模型和动态输出格式。参见 extensible markup language (XML)。

catalog views 目录视图 在 SQL(结构化查询语言)中,一系列包含有关对象信息的视图,这些对象如表、视图、索引和栏定义。

catastrophe theory 突变论 研究客观世界非连续性突然变化现象的一门新兴学科。突变论主要是用数学模型来描述和预测事物的连续性中断的突变现象,对它进行分类,使之系统化。突变论特别适用于研究内部作用尚属未知、但已观察到有不连续现象的系统。突变论与耗散结构论、协同论一起,在有序与无序的转化机制上,把系统的形成、结构和发展联系起来,成为推动系统科学发展的重要学科之一。参见 dissipative structure theory, synergetics。

catastrophic degradation 灾难性退化 系统、子系统、部件、设备或软件完成它们的预期功能的能力的突然下降。灾难性退化通常导致完全不能工作。

catastrophic error 灾难性错误 在出现过多错误的情况下,无法再产生更多的有效诊断信息,这时编译程序就输出有关信息,停止编译工作。这种错误称为灾难性错误。

catastrophic failure 灾难性故障 突然发生的使器件、设备或系统完全或几乎完全不能工作的故障,如突然掉电,使整个计算机系统停止工作。

CATCALL 图书馆文献编目和查找全自动化技术 completely automated technique for cataloguing and acquisition of literature for libraries 的缩写。

catchment areas 集水区域 位于像集线器等互联网连接设备的服务范围内的区域。

catch of exception 异常的捕捉 对发生的异常情况的检测和处理。有些语言中提供了专门的捕捉语句,用于描述对一段计算中可能发生的异常的检测和处理。有的语言(如 Ada)提供了描述异常处置的语言结构。

catch statement 捕捉语句 用于描述异常捕捉和处理的语句。

categorical data analysis 范畴数据分析 范畴数据指有限和可数个数据并可以划分为若干范畴组,范畴组的变量取值为离散的。范畴数据分析是针对范畴数据的统计方法。

categorical grammar 范畴语法 20 世纪 50 年代由几位语言学家和逻辑学家发展起来的一类形式语法。利用句法类型演算方法,通过有穷步骤判定句子是否合乎语法。分析语言时只从两个基本范畴(名词和句子)出发进行操作,其他范畴均由此派生而成,操作都以这些范畴的句法分布为依据。

category set metadata 类集元数据 在数据库组织中,当元数据被用来描述集合的维和数据符号等时,就称它们为类别集元数据。

category 1 cabling 一类电缆 非屏蔽双绞线电缆之一。它用于电话通信,但不适于传输数据。

category 2 cabling 二类电缆 类非屏蔽双绞线电缆之一。它能够以 4 Mbps 的速率传输数据。

category 3 cabling 三类电缆 支持频率高达 16 MHz、传输速率高达 10 Mbps 的网络电缆。三类电缆采用四对铜质非屏蔽双绞线(UTPs)和 RJ-45 连接器,用于话音和 10 base-T(以太网接口标准之一)的应用系统中。

category 4 cabling 四类电缆 支持频率高达 20 MHz、传输速率高达 16 Mbps 的网络电缆。四类电缆采用四对铜质非屏蔽双绞线(UTPs)和 RJ-45 连接器。它不如三类和五类电缆应用普遍,主要用于令牌环网络系统中。

category 5 cabling 五类电缆 支持频率高达 100 MHz、传输速率高达 100 Mbps(使用两对电缆)或 1 000 Mbps(用四对电缆,称为超吉位铜线)的网络电缆。五类电缆采用四对铜制非屏蔽双绞线和 RJ-45 连接器,用于 10、100 或 1 000 base-T、ATM(异步传输模式)和令牌环网络系统中。

category 5e cabling 五 e[超五]类电缆 支持频率高达 100 MHz、传输速度高达 1 000 Mbps(半双工模式)或 2 000 Mbps(全双工模式)的网络电缆。五 e 类电缆采用四对铜质双绞线、RJ-45 连接器和增强的信号衰减防护。五 e 类电缆可用于 10、100 或 1 000 base-T、ATM(异步传输模式)和令牌环网络系统中。

C

cathode 阴极,负极 在正常状态下,阴极是电流离开具有不同电导率的媒质时所通过的电极。在电解中,阳离子被吸引到阴极。在真空电子元件中,电子由阴极发射出来并流向阳极,因此,在电子元件中,电子是从阴极流出的。然而在一次或二次电池中,放电期间,阴极是自然变负的电极,电子从这里发射出去。比较 anode。

cathode bias 阴极偏压 将一个电阻器置于阴极与地之间的公共阴极回路中所得到的偏压。流过这个电 阻器的电极电流产生使控制栅相对于真空管的阴极为负的压降。

cathode-coupled amplifier 阴极耦合放大器 由公共 阴极电阻器提供两级之间耦合的级联放大器。

cathode dark space 阴极暗区 辉光放电冷阴极电子管中阴极与负辉光之间的相对非发光区。也称“克鲁克斯(Crokes)暗区”。

cathode disintegration 阴极分解 由正离子轰击引起的阴极活性区破坏。

cathode follower 阴极跟随器 信号加在控制栅 与地之间,而负载接在阴极与地之间的真空管电路。阴极跟随器具有低输出阻抗、高输入阻抗和小于 1 的增益。阳极相对于工作频率处于地电位。

cathode grow 阴极辉光 辉光放电冷阴极电子管中,覆盖全部或部分阴极的发光辉光。

cathode luminescence 阴极射线致发光 固体受高速电子束轰击所引起的发光称为阴极射线致发光。当高速电子轰击真空中的金属时,少量金属便被蒸发进入受激态,呈现出金属的辐射特性。各种示波管、显像管,雷达指示管是典型的阴极射线致发光器件。

cathode luminous sensitivity 阴极光敏度 在特定的照射条件下,光电发射电流与光电阴极上的光通量之比。

cathode modulation 阴极调制 将调制电压加到有载波的电子管阴极电路所完成的幅度调制。

cathode preheating time 阴极预热时间 电子管加上各电极电压之前,应当加灯丝电压的最短时间。

cathode pulse modulation 阴极脉冲调制 将外部产生的脉冲加到阴极电路上,而在放大器或振荡器中形成的调制。

cathode radiant sensitivity 阴极辐射灵敏度 在特定辐照条件下,在给定波长上,光电发射电流与光电阴极的辐射通量之比。

cathode ray oscilloscope (CRO) 阴极射线示波器 以阴极射线管(CRT)为基本器件,使电信号成为可见图像的仪器。参见 cathode ray tube (CRT)。

cathode rays 阴极射线 含有阴极和阳极的真空管中从阴极所射出的电子流。这种射线最先是在低压下工作的气体放电管中观察到的。在有利条件下,阴极二次辐射产生的电子在管中被加速至阳极。在这类阴极射线管中,电子由真空管中热阴极的热电子发射所产生。

cathode ray storage 阴极射线存储器 一种静电存储器,利用阴极射线束来存取数据。

cathode ray tube (CRT) 阴极射线管 一种真空管,其电子束可被偏转移动,从而在荧光屏上画出线条、形成字符或符号。CRT 成像的原理主要依赖于显示器内部的电子枪、遮罩与偏转线圈等零部件。大部分的彩色 CRT 显示器都是由红、绿、蓝(RGB)这 3 支电子枪构成,发出各自的电子束。电子束朝屏幕方向发射出后,会受到偏转线圈产生的磁场控制而偏往不同的方向,以满足各种不同的屏幕画面变动。同时,为了加强射线落点的准确性,在到达屏幕前还必须通过“遮罩”的最后把关。遮罩的设计有两大类,一种称圆点式遮罩,另一种称栅状遮罩。圆点式遮罩的设计就是遮罩的荧光点以均匀的点状分布,RGB 三色会错开。而栅状的荧光材质则是以垂直条状的方式分布,并以 RGB 三色交替排列。一般来说,栅状比圆点式 CRT 显示效果更鲜艳漂亮。

cathode ray tube (CRT) display CRT 显示器 在阴极射线管(CRT)屏幕上,用文字、图形、图像直观地表示数据的装置,是最广泛应用的一种计算机输出装置。它一般有三种类型:存储型、随机扫描型及光栅扫描型,存储型由于本身具有存储显示功能,因此不需要缓冲存储器,但不能局部改写,使用功能受到限制。随机扫描型由于采用静电偏转,使 CRT 在偏转线性、图形失真等方面具有偏转精度高、分辨率高、显示速度快等优点。光栅扫描型采用磁场偏转,图像由光栅扫描的灰度浓淡点阵或彩色点阵组成,由于它适合显示灰度及彩色图像,能进行隐线消去,具有图像逼真的优点,所以被广泛用作视频监示器以及电视机和计算机图形、图像输出显示。

cathode ray tube (CRT) screen type CRT 屏幕的类型 最初阴极射线管(CRT)都采用球面显像管,这会产生画面扭曲且容易对外来光线产生不必要的反射，已经被淘汰。现在大部分 CRT 采用平面直角(FST)，使得图像更加逼真。另有少量显示器用到了柱面显像管(如索尼的特丽珑 Trinitron 和三菱钻石珑 Diamondtron)。这种显示屏幕表面呈柱面，图像看起来更具立体感，可视面积较大。最新的 CRT 屏幕是纯平镜面。它的特点是做到了完全平面显示，没有任何弧度。画面没有了扭曲，因此更清晰和逼真。

cathode ray tube (CRT) storage 阴极射线管存储器 用阴极射线管(CRT)作为计算机的存储部件。这是一种过时的技术。它通过分布在阴极射线管上的点阵的亮或暗来代表二进制数，借助电子束来存储或读取数据。

cathode resistor 阴极电阻器 真空电子管阴极电路中的电阻器。它具有经选择的阻值，使其上由电子管电流形成的压降对电子管提供正确的负栅偏压。

cathode sputtering 阴极溅射 一种薄膜淀积方法，采用高能轰击释放原材料。

cathode terminal 阴极端子 正向电流向外部电路流出的端子，如在整流管或整流堆中。

cation 阳离子 指原子由于外界作用失去一个或几个电子，使其最外层电子数达到八个或两个电子的稳定结构。阳离子所带正电荷数等于原子失去的电子数。参见 ion。

CATS 光缆传输接续系统 cable transfer splicing system 的缩写。

CATV (1)公共天线电视(技术) community antenna television 的缩写。(2)有线电视 cable television 的缩写。

Cat XML 目录[编目]扩展置标语言(标准) Catalogue XML 的缩写。

CAU 信道接入单元 channel access unit 的缩写。

Cauer filter 考尔滤波器 在通带和阻带内均出现相等纹波的有源滤波器。也称"椭圆滤波器"。同 elliptic filter。

causal analysis 因果分析 一个防止故障的步骤，专用于识别故障、分析根源和产生防止故障的操作建议。

causality of automaton 自动机的因果律 指自动机的状态迁移与它的当前状态及输入信号的关系。若自动机的状态迁移完全由它的当前状态及输入信号决定，则称为决定性的。若在当前状态和输入信号为已知的条件下，下一个状态并不唯一确定，而要从一组可能的状态中随机地选择一个，则称其为非决定性的。若每个状态迁移有确定的概率，则可以推算出在输入信号为 a 时从任一状态 q_j 到另一状态 q_u 的概率，称为随机的。

causal model 因果模型 在各种动作和事件中明显表示出来的因果关系的模型。

causal reasoning 因果推理 一种知识表示技术，试图表示物理世界中各事件或状态之间的因果关系。因果关系通常基于事实或理论，虽然可能是定性的甚至是粗线条的。因果关系用作控制结构的构造准则，使得系统可对其推理提供有意义的解释。

causal semantic model 因果语义模型 表达事物因果关系的有向图。其节点代表状态，节点之间的有向边代表它们之间的因果关系，主要适用于具有明确因果关系的知识。

cause and effect diagram 因果图 使用图形描述法，以结果作为特性，以原因作为因素，在它们之间用箭头联系表示因果关系。也称"特性要因图"或"鱼骨图"。同 characteristic diagram, fishbone diagram。

cause code 原因码 在 X.25 通信中，一个仅一个字节的代码，包含在清除和复位指示包中，指示包的发源地和发送的原因。同 clear cause。参见 diagnostic code。

caustic 散焦面[线] 光学中，在大光圈凹镜中，由于平行光线反射所形成的曲线或面。散焦的顶点在镜子的主焦点，有时可在杯中液面看到这种曲线，这是由于杯壁曲面反光的结果。具有球面的凸透镜，折射平行光线，也能产生相似的曲线。

CAV 恒定角速度 constant angular velocity 的缩写。

cavitation 气穴 当压力降到临界值而环境温度保持不变的情况下，在流动液体中形成的充气或充蒸汽的空腔。假使流动液体的速度超过一定值，压力可降到伯努利定理(Bernoulli's theorem)失灵的程度。在这一点，气穴发生，对速度产生流体阻力，液压机运转时会发生噪声、振动、金属零件腐蚀或效率损失。

cavity 空腔谐振器 具有设计尺寸的，由导体-介质或介质-介质或两者的综合的反射边界形成的一个空间，当其被适合电磁波激励时可以产生特定的干扰效果(建设性的或破坏性的)。

cavity coupling 腔体耦合 将能量引入或移出谐振腔的方法。同轴线常采用金属线探针和金属线环，波导则采用孔耦合或槽耦合。

cavity-down 空腔向下 封装中安装芯片的空腔朝下，使芯片远离安装表面的结构。使作为主要散热的芯片背面和封装的基底直接导热，把热传到封装上的散热器，适于空冷或水冷散热。

cavity plastic ball grid array (CPBGA) 腔体塑封球栅阵列 一种芯片封装技术。为了增强封装芯片的散热性能，一种采用腔体结构的塑封球栅阵列封装。参见 plastic ball grid array (PBGA)。

cavity-up 空腔向上 封装中安装芯片的空腔朝上，使芯片邻近安装表面的结构。适于间接冷却，通过散热条或表面垫条，使热通过封装基底传导到安装表面或印制电路板上。

C

cavity virus **空穴病毒** 一种可以重写文件并隐藏在被感染的文件某处的病毒程序。空穴病毒只重写包含某个常量的主机文件的一部分,允许该文件继续发挥作用。

CAW **通道地址字** channel address word 的缩写。

CAX **小区电话自动交换局** community automatic exchange 的缩写。

CB **民用频带** citizens band 的缩写。

CBAC **基于上下文的访问控制** context-based access control 的缩写。

C-band **C 波段** C 波段一般用于卫星通信,频率为 3.7 ～ 4.2 GHz 之间的频段。无线电频段用字母表示不够精确,所以一般不赞成这样种用法。

CBC (1)小区广播中心 cell broadcast center 的缩写。(2)密码块链 cipher block chain 的缩写。

CBCH **小区广播信道** cell broadcast channel 的缩写。

CBD **基于构件的开发** component-based development 的缩写。

CBDS **无连接宽带数据服务** connectionless broadband data service 的缩写。

CBE (1)基于计算机的教育 computer based education 的缩写。(2)小区广播实体 cell broadcast entity 的缩写。

CBEMA (1)计算机和商业设备制造商协会 Computer and Business Equipment Manufacturers Association 的缩写。(2)加拿大商用设备厂家协会 Canadian Business Equipment Manufacturers Association 的缩写。

CBIPO **定制的安装过程供货法** custom-built installation process offering 的缩写。

CBL **基于计算机的学习** computer-based learning 的缩写。

CBM **状态检修** condition based maintenance 的缩写。

CBO **基于代价的优化** cost-based optimization 的缩写。

CBPDO **定制的产品供货法** custom-built product delivery offering 的缩写。

CBR (1)基于事件[范例]的推理 case-based reasoning 的缩写。(2)恒位速率 constant bit rate 的缩写。(3)基于内容的检索 content based retrieval 的缩写。(4)承诺[约定]突发速率 committed burst rate 的缩写。

CB radio **民用波段无线电** citizen's band radio 的缩写。

CBR refresh **CAS 先于 RAS 刷新,CBR 刷新** CAS before RAS refresh 的缩写。

CBS **共电信令方式** common battery signaling 的缩写。

CBSD **基于构件的软件开发** component-based software development 的缩写。

CBSE **基于构件的软件工程** component-based software engineering 的缩写。

CBT **基于计算机的训练** computer-based training 的缩写。

CBX **计算机化小交换机** computerized branch exchange 的缩写。

CC (1)通道控制器 channel controller 的缩写。(2)编译程序的编译程序,元编译程序 compiler compiler 的缩写。(3)会议电话 conference call 的缩写。(4)抄送 courtesy copy 的缩写。

C&C **计算机与通信** computer and communication 的缩写。

CCA **通用通信适配器** common communication adapter 的缩写。

.ccb **动态按钮配置文件名后缀** Visual BASIC 语言中动态按钮配置文件的扩展名。

CCB (1)命令控制块 command control block 的缩写。(2)字符控制块 character control block 的缩写。

CCBS **遇忙回叫,忙时用户的再呼叫** completion of call to busy subscribers 的缩写。

CCC (1)芯片卡,智能卡 chips carried by cards 的缩写。(2)版权批准中心 copyright clearance center 的缩写。(3)计算机控制的角色 computer controlled character 的缩写。

CCCH **公共控制信道** common control channel 的缩写。

CCCS **电流控制电流源** current controlled current source 的缩写。

CCD **电荷耦合器件** charge-coupled device 的缩写。

CCDOS operating system **CCDOS 操作系统** 由我国前电子工业部六所在 DOS(磁盘操作系统)的基础上开发的一种早期汉字操作系统,它本质上是将 DOS 中的键盘管理、屏幕显示及打印控制功能模块用具有汉字处理功能的同类扩充模块(以中断服务程序的形式表示)替代而实现的,其他功能与 DOS 基本兼容。

CCEP **商业通信保密认可程序** commercial COMSEC endorsement program 的缩写。

.ccf **多媒体查看器配置文件名后缀** 在 OS/2 操作系统中,多媒体查看器配置文件的扩展名。

CCF (1)控制器配置程序 controller configuration facility 的缩写。(2)中国计算机协会 China Computer Federation 的缩写。

CCGA **陶瓷焊柱栅阵列** ceramic column grid array 的缩写。

CCH (1)通道检测处理程序 channel-check handler

的缩写。(2)控制信道 control channels 的缩写。(3)电路每小时连接 connections per circuit hour 的缩写。

CCI 字符计数完整性 character count integrity 的缩写。

CCIA 计算机和通信工业协会 Computer and Communications Industry Association 的缩写。

CCIR 国际无线电咨询委员会 Consultative Committee of International Radio 的缩写。

CCIRN 洲际研究网络协调委员会 Coordinating Committee for Intercontinental Research Networks 的缩写。

CCIS (1)公共信道局间信令 common channel interoffice signaling 的缩写。(2)同轴电缆载波通信系统 coaxial cable information system 的缩写。

CCITT 国际电报电话咨询委员会 Consultative Committee on International Telegraph and Telephone 的缩写。

CCITT channel type 国际电报电话咨询委员会(CCITT)建议的通道类型 国际电报电话咨询委员会(CCITT)规定的数据传输通道可分为三类:类型 A(模拟电话通道)、类型 B(码速率为 64 kbps 的数字通道)、类型 D(码速率为 16 kbps 的数字通道)。

CCITT high-level language (CHILL) CCITT 高级语言 一种面向电话业务的高级语言,它逐渐被用于交换系统软件。CHILL 语言在功能、风格等方面类似于 Ada 语言。它具有高效、可靠、灵活、功能强、易于模块化、结构化和独立于机器等优点,是一种较好的通信语言,适合编制 SPC 电话交换机用的各种程序。国际电报电话咨询委员会(CCITT)建议 2.200、Fascicle Ⅵ.12 是 CHILL 的例子。

CCITT H.261 CCITT H.261 标准 一种电视电话/会议电视标准,国际电报电话咨询委员会(CCITT)第 15 研究组从事视频编码和解码器的标准化工作,于 1984 年提交了"数字基群传输会议电视"的 H.120 建议。其中图像压缩采用"帧间条件修补法"的预测编码、变字长编码以及梅花型(Quincunx)亚抽样/内插复原等技术。该组又在 1988 年提交了电视电话/会议电视 H.261 建议 P×64 kbps,P 是一可变参数,取值为 1 ~ 30,P=1 时或 2 时,支持¼中间格式 QCIF 的低帧频格式,当 P≥6 时可支持通用中间格式(CIF)的帧频较高的电视会议。参见 quarter common intermediate format (QCIF), common intermediate format (CIF)。

CCITT information types CCITT 建议的信息类型 国际电报电话咨询委员会(CCITT)规定的信息类型有八类:①类型 a,模拟话音;②类型 b,数值数据;③类型 p,适宜在 D 通道上传送的低位率数据;④类型 s,信令数据;⑤类型 t,遥测信息;⑥类型 u,位率高于 $n\times16$ 的数字信息;⑦类型 v,数字编码话音;⑧类型 w,位率为 $m=n\times64$ bps 的数字信息,式中 n 为一个小的整数。

CCITT interface CCITT 接口 由国际电报电话咨询委员会(CCITT)提出的数据处理终端设备与通信设备的接口标准。它与 EIA(美国电子工业协会)标准 RS-232-B 或 C 相近,后者作为一个数据处理与终端或数据通信设备间的接口需求,被美国数据传输和事务处理设备制造厂家所接受。

CCITT I series recommendations CCITT 的 I 系列建议 1984 年 10 月,由国际电报电话咨询委员会(CCITT)第八届全会提出的有关 ISDN(综合业务数字网)的一系列建议(即红皮书),具体规定了各类通信业务与有关网络的国际标准,并于 1988 年作了部分补充修改(即蓝皮书)。其中主要包括:ISDN 的基本概念(I.100 系列)、业务特性(I.200 系列)、网络结构与功能(I.300 系列)、用户-网络接口(I.400 系列)、网间接口(I.500 系列)及维护原则(I.600 系列)等建议。

CCITT man-machine language (CCITT MML) CCITT 人-机语言 由国际电报电话咨询委员会(CCITT)提出,用于存储程序控制(SPC)交换系统的一种人-机语言(MML),可以用一个分为三层的模型来表示:高层表示人机接口的基础,即输入、输出、特定动作、软件交互机构和对话过程;中层是功能语义和语法;底层说明系统功能和终端能力。高层对底层进行管理,底层对高层提供支持。MML 语言可使各类 SPC 系统便于操作和维护;还为系统安装和验收测试提供方便,可用于数据交换和综合业务数字网(ISDN)等方面。在程控交换系统中,MML 可用于 SPC 系统的人-机接口。

CCITT series recommendations CCITT 的系列建议

国际电报电话咨询委员会(CCITT)以每 4 年为一个会期,总结一个时期的研究成果,提出关于通信业务各领域的国际标准。根据业务性质划分,这些建议分成若干类,每个类中包括多个具体项目,称为一个系列建议,并用一个英语字母开头,加上数字序号来表示。这些系列建议按英语字母表的顺序排列如下:

系列名称	主要内容
A	CCITT 各种活动的组织。
B	定义、符号与分类。
C	与电信统计有关的全部内容。
D	一般资费原则。
E	国际电话业务的利用,网络管理及业务量技术。
F	电信、非话业务、消息传递及号码业务的定义和利用。
G	传输系统与媒体、数字系统与网络。
H	非话(电话以外)信号的传输。
I	综合服务数字网络。

J 声音广播节目及电视信号的传输。
K 对电磁干扰的防护。
L 电缆等户外电信设备的建设、安装及维护。
M 国际传输系统、电话线路、电信、传真及专用线的维护。
N 国际声音广播节目与电视传输线路的维护。
O 检测设备的规范。
P 电话传输质量。
Q 数字交换及传输方式。
R 电信传送。
S 电信终端设备。
T 非话业务的终端与协议。
U 电信交换。
V 以电话网络进行数据通信。
X 数据通信网络。
Z 程序语言。

CCITT standard **CCITT 标准** 由国际电报电话咨询委员会(CCITT)提出的一系列通信技术标准,其中主要包括通用的 V 系列和 X 系列建议。CCITT 的任务是提出各种实用标准和系统技术规范,以便使世界各国的公用信息传播媒介能互相连通。

CCITT V series recommendations **CCITT 的 V 系列建议** 国际电报电话咨询委员会(CCITT)为调制解调器的标准化设计与应用提供的一系列标准,涉及调制解调器传输的信号、编码、线路特性及硬件工作方式等。每个标准都赋予一个和发布年代无关的编号(因而编号较大的不一定是新标准),同一标准的第二版或者修订版加上标记字符串 bis,第三版则加上标记字符串 ter。具体包括以下方面:V. 21:300 bps 调制解调器,用于拨号线路,全双工传输,不同于 Bell 103;V. 22:1 200 bps 调制解调器,用于拨号和租用线路,全双工传输,不同于 Bell 212A;V. 22bis:2 400 bps 调制解调器,用于拨号和租用线路,全双工传输;V. 23:600/1 200 bps 同步或异步调制解调器,用于拨号和租用线路,半双工传输;V. 26:2 400 bps 调制解调器,用于四线租用线路,全双工传输;V. 26bis:1 200/2 400 bps 调制解调器,用于拨号线路,全双工传输;V. 27:4 800 bps 调制解调器,用于租用线路,手工平衡器,全双工传输;V. 27 bis:2 400/4 800 bps 调制解调器,用于租用线路,自动平衡器,全双工传输;V. 27 ter:2 400/4 800 bps 调制解调器,用于拨号线路,全双工传输;V. 29:9 600 bps 调制解调器,用于点到点租用线路,半双工传输或全双工传输;V. 32:9 600 bps 调制解调器,用于拨号线路,回音删除,全双工传输。

CCITT X series recommendations **CCITT 的 X 系列建议** 国际电报电话咨询委员会(CCITT)关于在公共数据网上进行数据传输时所制订的一系列标准。其中具有较大影响的有 X. 25 和 X. 200 系列。前者提供了计算机与分组交换网之间的接口,如美国国防部的 APPANET 网、GTE 的 Telenet 和麦克唐纳・道格拉斯的 Tymnet 网;后者则提出了使计算机间的连接标准化的(OSI)七层参考模型。参见 open system interconnection (OSI)。

CCLIB **中文字库** Chinese character library 的缩写。

CCLN **(美国)计算机化图书馆网络委员会** Council for Computerised Library Network, US 的缩写。

CCMS **花旗现金管理系统** CITI cash manager system 的缩写。

CCN **群集控制器节点** cluster controller node 的缩写。

CC-NUMA **高速缓存相关的非一致性内存访问** cache coherent non-uniform memory access 的缩写。

CCO **集体代码所有权** collective code ownership 的缩写。

C compiler **C 语言编译程序** 微处理机使用的一种通用结构化程序设计语言。它适应多种操作系统、数值、文本处理和数据库程序。其优点是规范少、结构紧凑、便于学习使用。该编译程序可直接处理符号、数字和地址。

C conditioning **C 调节** C 调节应用于线路的衰减均衡和延迟均衡,使线路质量保持在一定水平上。

C connector **C 连接器** 一种用于同轴电缆的卡口连接器;C 是以 Carl Coleman 得名的。

CCP (1)通信控制程序 communications control program 的缩写。(2)控制台命令处理机 console command processor 的缩写。(3)计算机程序设计证书 certificate in computer programming 的缩写。(4)危机通信计划 crisis communication plan 的缩写。

CCPD (1)电荷耦合光电二极管阵列 charge-coupled photodiode array 的缩写。(2)中国学术会议文献数据库 China Conference Paper Database 的缩写。

CCPT **控制器生成参数表** controller creation parameter table 的缩写。

CCR (1)当前信元速率 current cell rate 的缩写。(2)提交、并发和恢复 commitment, concurrency and recovery 的缩写。

CCS (1)控制台通信服务 console communication services 的缩写。(2)公共通信服务 common communications services 的缩写。(3)公共信道信令 common channel signaling 的缩写。(4)清除证实信号 clear confirmation signal 的缩写。(5)公共通信支持 common communication support 的缩写。

CCSA **公共控制交换设备,公共控制开关安排**

common control switching arrangement 的缩写。

CCSN 公共信道信令网 common channel signaling network 的缩写。

CCSS 公共信道信令系统 common-channel signaling system 的缩写。

CCTA 美国中央计算机和远程通信机构 Central Computer and Telecommunications Agency 的缩写。

ccTLD 国家代码顶级域名 country code top level domain names 的缩写。

CCTV 闭路电视 closed circuit television 的缩写。

CCU (1)中央控制器 central control unit 的缩写。(2)通信控制单元 communications control unit 的缩写。(3)群集控制器 cluster control unit 的缩写。

CCVS 电流控制电压源 current controlled voltage source 的缩写。

CCW (1)通道控制字 channel control word 的缩写。(2)通道命令字 channel command word 的缩写。(3).com 可调用(对象)包 .com callable wrapper 的缩写。(4)反时针方向 counter clock wise 的缩写。

Cd 坎(德拉) candela 的缩写。

CD (1)载波检测 carrier detect 的缩写。(2)冲突检测 collision detection 的缩写。(3)光碟,光盘 compact disk 的缩写。(4)呼叫分配 call distribution 的缩写。

CD+ 增强型光碟 一种类似于 CD(光碟)的产品。其格式是首先写声音光道,从而取消了 CD 播放机播放数据光道的可能性。

CDATA 字符数据 character data 的缩写。

CDATA sections 字符数据节 XML(可扩展标记语言)规范中的一种功能,其目的完全是为了在 XML 文件中包括任意字符数据,XML 文件中的任何编程代码都必须括在字符数据节中。参见 extensible markup language (XML)。

CD-Bridge CD 桥 一种使得 CD 产品在 CD-I(交互式光碟)和 CD-ROM(只读碟)上都能播放的技术。参见 compact disc-interactive (CD-I), compact disc-read only memory (CD-ROM)。

CDC (1)呼叫指向码 call directing code 的缩写。(2)美国控制数据公司 Control Data Corporation 的缩写。

CD-DA 唱碟,音频激光唱片 compact disc-digital audio 的缩写。

CDDB 中国学位论文全文数据库 China Dissertation Database 的缩写。

CDDL 公共开发和分发许可证 common development and distribution license 的缩写。

CDDI 铜线分布数据接口 copper distributed data interface 的缩写。

CD-E 可擦写光碟 compact disc-erasable 的缩写。

.cdf 频道文件名后缀 cdf 是 channel definition file 的缩写。微软网络浏览器 Internet Explorer 中频道定义格式文件的扩展名。

CDF (1)断路减量因子 cutoff decrease factor 的缩写。(2)组合配线(框)架 combined distributing frame 的缩写。(3)频道定义格式 channel definition format 的缩写。

CDFD 中国博士学位论文全文数据库 China Doctor Dissertation Full-text Database 的缩写。

CDFS CD-ROM 文件系统 CD-ROM file system 的缩写。

CD+G CD+图形光碟 compact disc plus graphics 的缩写。

CDI 《学位论文综合索引》 *Comprehensive Dissertation Index* 的缩写。

CD-I 交互式光碟 compact disc-interactive 的缩写。

CDIP 陶瓷双列直插式封装 ceramic dual in-line package 的缩写。

CDL 计算机设计语言 computer design language 的缩写。

CDM (1)概念数据模型 conceptual data model 的缩写。(2)色分复用 color division multiplexing 的缩写。

CDMA 码分多址 code division multiple access 的缩写。

cdmaOne cdmaOne 商标 供 CDMA(码分多址)发展组织的成员公司独家使用而注册并保留的一个商标。cdmaOne(r)是高通公司在 IS-95A 和 IS-95B 标准上原创开发的,是利用 1.25 MHz 信道传输语音和数据的 CDMA 系统的名称。

CDMA 2000 standard CDMA 2000 标准 CDMA 2000 也称"CDMA Multi-Carrier",由美国高通北美公司为主导提出,摩托罗拉、朗讯和韩国三星都曾参与。这套系统是从窄频 CDMA(码分多址)技术直接演变而来的技术。CDMA 2000 提供了一套具备增强语音和数据容量的技术规范。CDMA 2000 标准系列包括:CDMA 2000 1x、CDMA 2000 1xEV-DO 和 CDMA 2000 1xEV-DV 标准。CDMA 2000 是得到国际电信联盟(ITU)认可的 3G 无线通信系统的全球标准。也称"IS-2000"。

CDMA 2000 1x standard CDMA 2000 1x 标准 通常是指 1x 或 1xRTT,CDMA 2000 1x 是一项目前已经商用的 3G 技术。1x 的效率比模拟蜂窝技术高 21 倍,比 TDMA(时分多址)技术高 4 倍。典型的 1x 网络提供的分组数据峰值传输速率为 144 kbps,在满负荷网络的平均速率为 60 ～ 80 kbps。

CDMA 2000 1xEV-DO standard CDMA 2000 1xEV-DO 标准 提供"一直在线"的数据分组连接。CD-

MA 2000 1xEV-DO专为数据作了优化,可在数据专用的标准1.25 MHz信道中提供高达2.4 Mbps的数据峰值速率。CDMA 2000 1xEV-DO提供的平均速率超过700 kbps,这可与有线DSL(数字用户线路)服务的流量速度相媲美,足以支持如视频流和下载大文件等应用。

CDN (1)内容传递网,内容分发网络 content delivery network 的缩写。(2)中文域名 Chinese domain name 的缩写。

CDNM session 跨域网络管理器会话 cross-domain network manager session 的缩写。

CDO (1)协作数据对象 collaboration data object 的缩写。(2)小区电话自动拨号局 community dial office 的缩写。

CDP 数据处理证书 certificate in data processing 的缩写。

CDPD 蜂窝数字式分组数据交换 cellular digital packet data 的缩写。

CD player 光碟播放器 compact disc player 的缩写。

CD Plus 光碟增强技术 一种光碟编码格式,允许将声音记录和计算机数据混合存储在同一张光碟上,避免因声音设备试图播放数据部分而使声音设备损坏。

CDPSK 相干差分相移键控 coherent differential phase-shift keying 的缩写。

CD-R 可记录光碟 compact disc-recordable 的缩写。

.cdr 图形文件名后缀 加拿大Corel公司绘图软件CorelDRAW中的一种图形文件的扩展名,它是所有CorelDRAW应用程序中均能够使用的一种图形图像文件格式。

CDR 调用详细记录 call detail record 的缩写。

CD-R 可录式光碟,CD刻录机 compact disc-recordable 的缩写。

CDRAM 带高速缓存动态随机存取存储器 cache DRAM 的缩写。

CD-R/E 可记录可擦写光碟 compact disc-recordable and erasable 的缩写。

CD recorder 光碟刻录机 一种用来写CD-ROM(只读碟)的设备。在这种机器上光碟只能被写一次,因此,它通常用来刻录有关存档数据的光碟,或者用来生产母盘,这种母盘能被复制用以大量分发。参见 compact disc-read only memory (CD-ROM)。

CDRM 跨域资源管理器 cross-domain resource manager 的缩写。

CD-ROM 只读碟 compact disc-read only memory 的缩写。

CD-ROM changer 只读碟交换器 一种能自动从多个光碟中选择一个,并装入光碟驱动器位置的装置。

CD-ROM drive 只读碟驱动器 一种只读碟存储驱动设备,采用CD-ROM(只读碟)技术。只读碟驱动器有ATA/APAPI、USB(通用串行总线)、IEEE1394、SCSI(小型计算机系统接口)等接口,使用小激光束通过读写头上的光学镜照射到只读碟的表面上读取数据。用一个轴和驱动马达使只读碟旋转,这样从中心以螺旋形式存储的数据都能够读出。由于需要在只读碟上定位磁道和移动读写头,因此只读碟驱动器的存取时间不尽相同。参见 compact disc-read only memory (CD-ROM), compact disc (CD)。

CD-ROM jukebox 只读碟库,光盘库 只读碟库是一种带有自动换盘机构(机械手)的只读碟网络共享设备。只读碟库一般配置有1～12台CD-ROM(只读碟)驱动器,可容纳50～600片CD-ROM,而大容量只读碟库可容纳数千张只读碟。用户访问只读碟库时,自动换碟机构首先将已放在只读碟库中的只读碟取出并放置到碟架上的指定位置,然后再从碟架中取出用户所需的CD-ROM,并将此CD-ROM送入只读碟驱动器中。由于自动换碟机构的换碟时间通常在秒量级,因此只读碟库的访问速度是只读碟共享设备中最慢的。参见 compact disc-read only memory (CD-ROM)。

CD-ROM mirror server 只读碟镜像服务器 只读碟镜像服务器采用硬盘高速缓存技术,将整张只读碟的内容存储(镜像)到硬盘中。用户通过网络浏览,可以达得硬盘级的访问速度,它适合在一个局域网内使用。

CD-ROM title CD-ROM出版物 指以CD-ROM(只读碟)为信息载体的出版物,主要有工具书(包括百科全书、词典、手册、地图、电话簿)、计算机辅助教学及游戏、数据库以及技术资料等。

CD-ROM tower 只读碟塔 只读碟塔是由多个SCSI(小型计算机系统接口)的CD-ROM(只读碟)驱动器串联而成的,只读碟预先放置在CD-ROM驱动器中,相当于多个CD-ROM驱动器的"堆叠"。只读碟塔一次可共享的CD-ROM的数量与其所拥有的CD-ROM驱动器数量相等。用户访问只读碟塔时直接访问CD-ROM驱动器中的只读碟,访问速度比只读碟库稍快。参见 compact disc-read only memory (CD-ROM)。

CD-ROM/XA 只读碟扩展体系结构 compact disc - read only memory extended architecture 的缩写。

CDRSC 跨域资源 cross-domain resource 的缩写。

CD-RTOS 光碟实时操作系统 compact disc real time operating system 的缩写。

CD-RW 可重写光碟 compact disc-rewritable 的

缩写。

CDS (1)电路数据服务(系统)circuit data services的缩写。(2)控制数据集 control data set 的缩写。(3)中央目录服务器 central directory server 的缩写。(4)蜂窝数据套件 cellular data suite 的缩写。

CDSA 公共数据安全体系结构 common data security architecture 的缩写。

CDSL 消费者数字用户线 consumer digital subscriber line 的缩写。

CDSTL 连接数据集到线路 connect data set to line 的缩写。

CDT 类描述符表 class descriptor table 的缩写。

CDTV 标准清晰度电视 conventional definition television 的缩写。

CDV (1)信元延迟方差 cell delay variation 的缩写。(2)压缩数字图像 compressed digital video 的缩写。

. cdx (1)结构复合索引文件名后缀。在 Dbase、Foxbase、Foxpro 数据库系统软件环境下,结构复合索引文件的扩展名。(2)加拿大 Corel 公司绘图软件 CorelDRAW 中的压缩绘图文件的扩展名。

CE (1)通道结束 channel-end 的缩写。(2)可修改错误 correctable error 的缩写。(3)用户工程师 customer engineer 的缩写。(4)电信级以太网 carrier Ethernet 的缩写。(5)课件工程 courseware engineering 的缩写。(6)芯片使能 chip enable 的缩写。(7)消费电子 consumer electronic 的缩写。

CE area 纠错区域 correctable error area 的缩写。

CEB 条件结束括号 conditional end bracket 的缩写。

CeBIT CeBIT 博览会,世界信息技术及办公自动化展览会 信息技术业、电信业和办公自动化业中世界顶级博览会之一。每年一次的展览都在德国汉诺威举行,每次展会都有来自全球多个国家成千上万的参观者和参展商参加。

CEBus 客户电子总线 consumer electronic bus 的缩写。

CEC 欧洲共同体委员会 Commission of the European Community 的缩写。

CECP 国家扩充码页 country extended code page 的缩写。

CE cylinder 用户工程师柱面 customer engineer cylinder 的缩写。

CED 电容式电子录像盘 capacitance electronic disc 的缩写。

CEDF 协调最早到期优先 coordinate earliest deadline first 的缩写。

CEGL 因-果图形语言 cause-effect graph language 的缩写。

CEI (1)同等的互连 comparably efficient interconnection 的缩写。(2)连接终止端点标识符 connection endpoint identifier 的缩写。

ceiling of a real number 不小于某实数的最小整数 一种实数取整运算之结果。进行这种取整运算时,负实数的运算结果就是其整数部分;正实数的运算结果在其小数部分不为零时等于其整数部分加上 1,在其小数部分为零时就是其整数部分。比较 floor of a real number。

ceiling of number 数的上整数 一个数的上整数(或称为向上取整)是取大于或等于该数的最小整数。常用 CEIL(X)表示,如 X=8.1,CEIL(X)=9。

ceilometer 云高计 在空对地通信中,用三角形法测量地球表面上的云层高度的光电仪表。

ceilometry 云高学 在空对地通信中,关于地球表面上的云层高度的研究。

CEINET 中国经济信息网 China Economy Information Net 的缩写。

Celeron 赛扬微处理器 美国 Intel 公司专为低价位市场设计的 Pentium Ⅱ 处理器。因为它的价位很低,所以这款 CPU 没有 L2 缓存。赛扬家族中的成员有 Covington, Mendocino, Dixon 等。第一块 Celeron 芯片正式发布于 1998 年 4 月。可以用于 Socket 370 和 Slot 1 架构。参见 Covington, Mendocino, Dixon。

celestial equator 天球赤道 天球的巨大圆周,它处于和地球的旋转中心轴正交的平面内,它把天球分成南、北两个半球。参见 celestial sphere。

celestial latitude 黄纬 黄纬是指天球黄道坐标系中的纬度。是用来表示天体在黄道坐标系中的位置的坐标值之一。黄纬星体与黄道面的夹角,从黄道开始沿着垂直于它的第二大圆周向南、向北测得的角度。参见 ecliptic。

celestial longitude 黄经 是指太阳经度天球经度,是在黄道坐标系统中用来确定天体在天球上位置的一个坐标值(另一个值是黄纬),在这个系统中,天球被黄道平面分割为南北两个半球。在黄道带上的刻度,从 0°~359°的坐标。参见 ecliptic, celestial latitude。

celestial mechanics 天体力学 天文学的分支,研究天体之间的运动和力的学科。它从事以下几个方面的研究:①天体在诸如重力、介质对天体运动的阻力和光压力之类的作用力的影响之下直线的、旋转的和变化的运动;②人工天体在无功率飞行状态下的运动;③重点研究天体(如恒星、行星、卫星和流星)在万有引力的相互吸引下的直线运动。

celestial sphere 天球 以地球为中心,半径为无限大的一个假想球,所有的天体运行看起来都在等距的天球表面上进行。

cell 单元,信元,表项,小区,电池 (1)存放一个信息单位的单元,通常可存放一个字符或一个字。

(2)由全地址或部分地址指定的,具有存储能力的一个位置。(3)在电子报表中,行与列的交叉区域。每个区域(即单元或称表项)可具有某一定值。它是根据与其他单元的一种预定义关系计算出来的,如它是一列或一行中各个单元值的总和或这些值的平均数等。当一个单元值被改变时,所有受影响单元的值均被自动重新计算。参见 binary cell, cartridge cell, data cell, magnetic cell, storage cell。(4)在ATM(异步传输模式)网络中,传输的基本单位称信元,是一个固定长度的帧,由5字节的头部和48字节的净负荷组成。(5)蜂窝电话系统中的特定地理区域,它有自己的基站和与公众电话网相连的控制器,是个为无线电话提供服务的覆盖区域,通常其周边有六个其他的小(服务)区。当某台无线电话移动跨越各小区的边界时,通话管理就从一个小区移到相邻的小区。(6)有两个电极与电解质接触的系统。电极为金属板或碳板或碳棒状,有时也为液态金属(如水银)。电解电池中,来自外电源的电流流经电解质产生化学变化。伏打电池中,电极和电解质之间的自然反应产生两极之间的电位差。

cell address 信元[小区][单元]地址 一种符号,通常为字母和数字的组合,用于表示一个特殊的单元,如表示一个蜂窝式无线小区或一个电子数据表单元。

cell animation 赛璐珞动画 一种由软件完成的对传统赛璐珞动画的模仿过程。传统的赛璐珞动画用透明的赛璐珞薄片(缩写为"cells"或"cels")将动画框中的活动部分覆盖在静态背景上。由于计算机可以快速地重新产生和处理图像,所以用它制作赛璐珞动画是高效的。

cell array 彩元组[阵列] GKS(图形核心系统)中的一种输出图元。它是一个划分成若干行、若干列的一个矩形,矩形中的每个小块各自可以指定为不同的彩色,因此称为一个彩元,整个矩形就称为彩元组或彩元阵列。彩元与像素不一定对应。

cell broadcast center (CBC) 小区广播中心 与多个小区广播实体(CBE)相连接,负责小区广播的管理工作。

cell broadcast channel (CBCH) 小区广播信道 用于携载小区广播短消息业务信息的信道。

cell broadcast entity (CBE) 小区广播实体 发起小区广播业务的实体。

cell chip 细胞芯片 将细胞按照特定的方式固定在载体上,用来检测细胞间相互影响或相互作用的生物芯片。也称"组织芯片"。参见 biochip。

cell cube 单元立方体 某些MSS(海量存储系统)中,由32个盒式磁带单元组成的一种数据块,由四个X坐标地址、四个Y坐标地址、两个Z坐标地址组合成一个立方体。

cell delay variation (CDV) 信元延迟方差 在ATM(异步传输模式)网络中,一个信元传输延迟参数。它与缓存方式和信元调度方式有关,是网络服务质量的一个指标。

cell delay variation tolerance (CDVT) 信元延迟方差容限 由ATM(异步传输模式)论坛为ATM业务量管理定义的参数。ATM层的函数可通过引入信元延迟方差参数改变ATM连接的传输特征。当来自两个或多个ATM连接的信元被复用时,给定ATM连接的信元可能被延迟而其他ATM连接的信元插入到复用器中。同样,某些信元可能因插入了物理层信元而被延迟。因而在一个连接的相继信元之间的到达时间可能存在一定的随机性。这种信号延迟随机性方差值的上限称为信元延迟方差容限。

cell error ratio (CER) 信元出错率 在网络中,指信元传输中出错的信元数量与传输的信元总数之比。

cell header 信元头部 在ATM(异步传输模式)网络中,指信元中5字节的控制信息,包含ATM层协议控制信息。参见 asynchronous transfer mode (ATM)。

cell identifier 小区识别码 基于位置服务(LBS)技术之一。小区识别码实现定位的基本原理:无线网络上报终端所处的小区号,位置业务平台把小区号翻译成经纬度坐标。

cell loss priority (CLP) 信元丢失优先级 在ATM(异步传输模式)信元头部中的一个位,它的状态决定了当网络处于拥塞状态时丢失一个信元的概率。当CLP=1时,说明此类信元是尽力而为的网络业务量,当网络处于拥塞状态时这些信元有可能被丢失,从而释放资源来处理无保证的网络业务量;当CLP=0时,说明这些信元是无保证的网络通信,其信元很有可能被丢失。参见 asynchronous transfer mode (ATM)。

cell loss ratio (CLR) 信元丢失率 网络中的一个服务质量参数,与具体网络相关,没有到达目的地的信元称为丢失信元,信元丢失率是丢失信元数与源端发送信元总数之比。

cell meshed recognition method 神经元网络识别法 一种利用神经元网络进行识别的方法。神经元网络是一种具有学习和自组织能力的智能机构,通过神经元网络来进行判定和识别。

cell misinsertion rate (CMR) 信元误插率 网络中的一个服务质量参数,由于信头检测出错而将信元错插到另一个连接上产生的错误叫信元误插。信元误插率定义为单位给定时间内被误插的信元数。

cell neural network 细胞神经网络 美国加州大学的蔡少堂等人于1988提出的细胞神经网络模型。它是一个大规模非线性模拟系统,同时具有细胞自动机的动力学特征。硬件实现了单层模拟神经网络,主要用于模式识别。

cell of origin (COO) 原点小区 基于原始小区的定位技术

cell on wheels (COW) 车载基站 安装在平板拖车上的基站设备,这种设备可用于紧急状态时,如某个基站的发射塔发生倒塌或基站设备发生意外事故时,车载基站就可以迅速暂时替代,保持小区内的通信。

cell-organized display 图元组织显示 在图形显示中为了利用原来的打印装置来显示线条图或图像,常用字母、短线或空白字符串来构成图像。为了表示其灰度,就利用字母的线条形状和墨线多寡或者重叠打印等方法。

cell padding 单元(格)补白 电子表格的单元(格)中的内容与内侧边缘之间的空间。

cell-photovoltaic 光伏发电板(电池) 太阳能发电板中最小的组件。可以将太阳能变成电力,效率可以高达 42 %～56 %。同 photovoltaic cell。

cell rate margin (CRM) 信元率边缘 网络中,指有效带宽分配和可持续速率分配之间的差值,以每秒信元数衡量。

cell reference 单元(格)引用 电子表格的单元(格)在工作表单中所占位置的一组坐标,如出现在第 B 列和第 3 行相交位置上单元格的引用就是 B3。

cell relay 信元中继 信元中继是一种分组交换形式,话音、数据和视频等信息多路复用到一个载波上,并以固定长度的数据包(单元)传输。寻址信元单元长 53 个字节,其中 5 个字节作信元头。该技术要求可变长度的帧分成小的、固定长的信元,使这样的信元能在永久或动态的逻辑链路上快速传输。

cell relay function (CRF) 信元中继功能 指在网络中为提供信元中继服务的基本功能。

cell relay service (CRS) 信元中继服务 一种支持在终点用户之间 ATM(异步传输模式)信元接受和传输的通信服务,它符合 ATM 标准和实现规范。参见 asynchronous transfer mode (ATM)。

cells in flight (CIF) 传输中信元 指在网络中一个可用位速率(ABR)服务的参数,是一个商定的信元参数,使网络能在启动阶段收到第一个资源管理信元之前限制源端发送的信元数量。

cells in frame (CIF) 帧中信元 一种通过以太网传送 ATM(异步传输模式)信元的技术,它能够以较低的成本将 ATM 应用到基于以太网的用户上。信元是 ATM 传输的单元,信元的长度是 53 个字节,其中 5 个字节是信元头。CIF 技术是将信元的头去掉,换上 CIF 头,而将信元中的 48 个字节纯数据,重新集合起来打"包"到帧中。以以太网为例,每帧可以传送 1 500 个字节,因此可把 31 个信元合成一个 CIF,再加上一个 8 字节的 CIF 头,总共是(48×31)+8=1 496 个字节,这样就可以使传输的开销大大减少。由于以太网存在着带宽不可预料性,所以这种方式尚不能充分发挥 ATM 的全部优点。参见 asynchronous transfer mode (ATM)。

cell site 基站 蜂窝移动电话系统中,在蜂窝移动电话与移动电话交换局之间进行通信的天线、发射设备和接收设备。

cell space model 相格空间模型 这是由几何定位的无限集组成的模型,其中每个相格与其他所有相格一样,都含有同样的计算注解,并以相同方式与其他相格连接。

cell splitting 小区分裂 移动通信中,为容纳更多的用户,将原来较大的小区分裂成几个较小的小区的方式或过程。当业务量密度增加,每个小区内的信道已不能提供足够的移动台呼叫时,便可将最初的小区分裂成更小的小区。通常,分裂出的新小区半径只有原小区的一半。采用小区分裂的方法,有限的频谱资源通过缩小同频复用距离,使单位面积的信道数增多,系统容量增大。

cell switching 信元交换 在异步传输模式(ATM)中使用的一种固定长度的分组交换技术。信元交换是一种面向连接的快速分组交换技术,它是通过建立虚电路来进行数据传输的。

cells per second (CPS) 每秒信元数 网络的数据传输单位。

cell transfer delay (CTD) 信元传输延迟 网络中的服务参数,指对某一个连接关系而言,CTD 为信元在发源地的发送时刻 t_0 与该信元在目的地的接收时刻 t_1 之差。信元传输延迟是两个测试点之间的所有节点延迟总和与所有网络节点处理延迟总和之和。

cellular access digital network (CADN) 蜂窝访问数字网 提供用户移动环境中宽范围内 ISDN(综合业务数字网)型性能的网络。

cellular array 细胞阵列 用同样的基本逻辑功能模块(细胞单元),按相同的互连方式连接而成的一维或多维阵列。这种逻辑结构适于用大规模集成电路工艺制造。

cellular array processor 细胞阵列处理机 (1)由许多称为"细胞"的处理机单元组成的阵列处理机。"细胞"排成二维、三维或四维阵列。若所处理题目可以分成 N 个并行部分,则可放在 N 个细胞中处理,速度可提高 N 倍。(2)具有 N 个相同处理单元的系统。它可对问题的不同部分进行相同的并行处理。若所解问题可以分成 N 个分支,则 N 个单元有可能使解题速度提高 N 倍。

cellular automata (CA) 细胞自动机 (1)并行计算机的一种理论模型。这种计算机由许多"细胞"(单元)构成。每个"细胞"是一台计算机的模型,都有自己的存储器,且具有输入、加工和输出数据的能力。"细胞"和"细胞"之间有邻接关系,有些"细胞"还和外部相连,以便与外部交换输入输出数据。细

胞自动机的主要功能在于：可由局部特性及简单的一致性法则模拟、处理总体上具有高复杂性的离散过程和现象。所以，它除了在计算机科学中有重要意义外，它还是描述现实世界中大型复杂离散系统的数学工具。在计算机领域，它在模式识别、图像处理和人工智能中有重要应用；其他领域，在物理学中有应用，特别是对非线性问题的处理，生物学中涉及生命的进化过程、神经网络等。(2)细胞自动机可视为由若干小单元构成的动态阵列，其中每一单元具有有限个状态，在离散步序中，每一小单元按一致的法则，由其原状态及其邻域单元的状态决定新的状态。在任一时刻，诸小单元状态的总体构成细胞自动机的格局。从初始格局到最后格局的演化过程为计算处理过程，最后格局被视为计算结果。一般地，细胞自动机的基本模型具有五个主要特征：①它们由细胞的离散格局构成；②它们在离散时间步序中演化；③每一细胞的状态均在同一有限集中取值；④每一细胞的状态依同一确定的法则演化；⑤细胞状态的取值法则仅依赖于其自身及其周围局部领域细胞的状态值。由于不同的目的和需要，出现了许多细胞自动机的变异模型。这些变异由以下因素产生：细胞相互连接形式的改变；细胞取值随机性的引入；细胞间信息交换机制；外部信息的输入及信息输出等。

cellular chain 单元式链，页式链 这里的“单元”指磁盘上的一个磁道或一个柱面等。在采用拉链结构的数据库中，为了限制链的长度，可以把每个链设计成限制在一定的“单元”或称“页”之内。这样，原来的一个长链一般就分解成多个局部的短链。在索引中相应于每个关键字设置各有关单元的登记项。采用单元式链可以提高文件查找效率。

cellular communication 蜂窝通信 一种把通信区域分成蜂窝状小块传输信息的网络技术。

cellular data suite (CDS) 蜂窝数据套件 CDS是诺基亚公司开发的运行在 Windows 95 的一个软件包。通过CDS，用户可把手机与PC连接起来。用这种方式，用户可方便地安排地址簿、日历等，同时可以编辑和发送短消息，收发数据和传真。

cellular digital packet data (CDPD) 蜂窝数字式分组数据交换 一种无线数据通信技术规范，专门用于蜂窝电话的数据传输，推出于 1993 年 7 月。CDPD是以数字分组数据技术为基础，以蜂窝移动通信为组网方式的移动无线数据通信网。CDPD是第一代模拟系统能够提供分组数据的附加技术，是一个运行在 19.2 kbps 下的IP(网际协议)网络，在典型情况下，其流量低于 10 kbps。CDPD 正在逐步被 2.5G 和 3G 系统所取代。

cellular geographic service area (CGSA) 蜂窝地理服务区域 获准提供蜂窝移动服务，由一组毗邻的蜂窝构成的地理区域。

cellular inverted list 单元式倒排表 一种特殊的倒排表。它与一般倒排表的区别在于索引中不是存储每个记录的地址，而是存储一个记录所属硬件“单元”的地址，从而可缩小索引的规模。但利用这种索引进行查找时，除了查找索引外，还需在硬件单元中查找数据记录本身。

cellular logic array 细胞逻辑阵列 对图像数据进行并行处理的集成线路阵列。它须具有如下特点：对应于图像中每个像素有一个处理单元，这种处理单元只与对应像素的相邻像素有关。在众多的图像处理操作中，有许多处理操作是适合采用并行处理的。利用细胞逻辑阵列对图像像素进行并行处理，可大大加快图像处理速度。

cellular logic image processor (CLIP) 单元逻辑映象处理器 一种大规模的同步处理机阵列。可用于图像处理等应用领域。

cellular mobile communication (CMC) 蜂窝移动通信 一种无线电话通信系统，由移动台、基站台、移动电话交换局构成，通过移动电话交换局进入公用有线电话网，从而实现移动电话与固定电话、移动电话与移动电话之间的通信。将业务区域分成若干蜂窝状小区，每个小区中心设一个无线基站台，在呼叫或通话过程中，从一个小区到另一个小区时，根据移动电话交换局的指令，可自动转换无线频道进行通话。参见 cellular mobile communications network (CMCN)。

cellular mobile communication services (CMCS) 蜂窝移动通信业务 经过由基站子系统和移动交换子系统等设备组成蜂窝移动通信网提供的话音、数据、视频图像等业务。其主要特征是终端的移动性，并具有越区切换和跨本地网自动漫游功能。

cellular mobile communication network (CMCN) 蜂窝移动通信网 蜂窝移动通信网是向用户提供陆地移动通信业务(包括移动和移动用户之间以及移动和固定用户之间的各种业务)的业务网。根据采用的基本技术不同，目前将陆地移动通信网分为第一代、第二代和第三代移动通信网。第一代移动通信网是采用模拟无线技术的网络，如 TACS(全接入通信系统)网。第二代移动通信网是采用数字无线技术的网络，如 GSM(全球移动通信系统)和 CDMA(码分多址)网。为加以区分，当采用 GPRS(通用分组无线业务)时也可称为二代半的移动通信网。第三代移动通信网的主要特征是可提供高频谱效率和高承载速率(可达 2 048 kbps)的移动多媒体业务的网络，如 WCDMA(宽带码分多址)、TD-SCDMA(时分同步码分多址)、CDMA 2000 等。

cellular mobile radio 蜂窝移动电台 利用到覆盖特定地域的基地无线电台的无线电线路，给机动车辆内的站提供交换电话业务的系统。当车辆由一区移至另一区时，由不同的基地无线电台处理呼叫。

cellular mobile telephone system 蜂窝移动电话系统 构建蜂窝移动电话网的通信系统。

cellular multilist 页式多目表 把多目表分成若干页，在索引中的地址由页号和页中的记录号表示，将每个链接表的长度限制在一个页内，这种结构称为一个页式多目表。

cellular multiprocessing (CMP) 蜂窝多重处理 CMP是一种计算机体系结构。利用主机级交叉通道技术，CMP结构可在Windows NT/2000应用中配置大量资源：32个处理器、64 GB的共享存储器和带有支持96个PCI(外围部件互连)插槽的高带宽的大容量I/O设备。同时，基于CMP的独特性能，还可建立多个分区，在不同分区中分别配置独立的物理资源，运行不同的操作系统和数据库，以满足不断变化的电子商务工作量的要求。CMP体系结构综合了硬件、中间件和软件技术，进而提高了对电子商务的可用性。

cellular production 单元生产 根据成组工艺中工件的族类把工厂布置成一些用计算机控制的单元，这些单元可自动执行工件的生产计划，对工件进行自动编程。同族的各工件加工的单元结构相同，因此可以缩短生产调整的时间，减少联机作业量和提高库存周转率。

cellular radio 蜂窝无线电 使用无线电传输电话的网络技术。这种技术以低功率发射器在蜂窝(区域)中提供电话服务。

cellular radio communications 蜂窝无线通信 由给每个单元分配频率组的六角形地理区域组成的移动无线系统。七个单元组成一个块，不相连单元使用同一套频率。然而在每个连续块中的频率分配模式相同。

cellular robotic system 元机器人系统 用许多具有简单功能的元机器人构成的分布式控制系统来完成比较复杂的任务。

cellular splitting 细胞性分裂[法] 虚拟存储存取法中使用的一种文件存储技术。它使文件能像生物有机体分裂细胞那样进行生长，从而提高文件使用效率，并大大减轻文件的维护工作。

cellular structure 蜂窝结构 在移动通信中类似蜂窝的组网结构。

cellular telephone 蜂窝电话 通过蜂窝移动电话网拨打的电话。

cellular telephone frequency 蜂窝电话频率 在美国，蜂窝电话分配频率为825～890 MHz(除了845～870 MHz)。移动站以低频带(825～845 MHz)发，固定站以高频带(870～890 MHz)收。

cellular telephone technology 蜂窝电话技术 20世纪40年代中期，贝尔实验室创造了蜂窝的概念，并开发出全球第一个商业化的移动电话服务。由于适于移动通信的频段仅限于VHF(甚高频)、UHF(超高频)，所以可用的通道容量是极其有限的。为满足用户需求量的增加，只能在使用区域划出一块块的小区域，每一个小区分配一些频率资源，隔几个小区后，又可以把相同的频率划给另一个小区，但认为这时候它们之间的干扰比较小。在理论上设计中，发现用正六角形的图形来模拟实际中的小区要比用圆形，正方形等其他图形效果更好，衔接也更紧密，所以现在的划分小区都采用了这种方法，看上去就像是蜂窝，所以称为蜂窝电话技术。

CELP 码激励线性预测(编码) code excited linear prediction的缩写。

Celsius scale 摄氏温标 符号为“℃”。摄氏温标规定：在标准大气压下，冰的熔点为0 ℃，水的沸点为100 ℃，中间划分100等分，每等分为摄氏1 ℃。摄氏温标的创制者是安德斯·摄耳修斯。其他常用的温度计量单位还有华氏度、开尔文。摄氏度和华氏度(Fahrenheit)两种温标的转换公式为：华氏度＝摄氏度×(9/5)＋32。摄氏度为目前公制采用的温度单位。参见absolute temperature scale，Kelvin temperature scale，Fahrenheit temperature scale。

CEM 立方环境映射 cube environment mapping的缩写。

cement resistor 水泥电阻 用水泥(其实不是水泥而是耐火泥，这是俗称)灌封的电阻器。即将电阻线绕在无碱性耐热瓷件上，外面加上耐热、耐湿及耐腐蚀材料保护固定，并把线绕电阻体放入方形瓷器框内，用特殊无燃性耐热水泥充填密封而成。

CEMON 客户工程监督程序 customer engineering monitor的缩写。

CENELEC 欧洲电工标准化委员会 European Committee for Electrotechnical Standardization的缩写。

censorware 审查软件 对用户可以访问哪些因特网站点、新闻组或文件进行强行限制的软件。

center 中间对齐，居中 排版软件中安排文本的一种方式，使各行文字进行水平方向的调节以向中间对齐，或者使文本段落进行垂直方向的调节以向中间对齐。

center alignment tab 中心对齐标记 一种标明正文中心对齐位置的标记。

center channel 中心通道 在多声道的音响系统中，摆放在观看室的中间，并位于左右前置音箱当中的中置音箱便是用于重放中心通道中信息的。在中心通道中几乎皆为影片中的对白。参见center channel speaker。

center-channel speaker 中置音箱 指家庭影院系统中装于视频监视器的顶部，下面或后面的一种音箱。是用于重放中心通道送来的人声对白之类信息以及其他同荧屏上的动作有关的一些声音。

center frequency 中心频率 (1)调频中的未调制的载波频率，(2)传真系统中，黑色图像信号频率和白色图像信号频率之间的频率中值(算术平均值)。

centering　中心对齐　在文字处理系统中,对一行正文定位,使它的中点与给定的一个参考点位置对齐。

centerless grinding　无中心研磨　一种特殊的研磨工艺,使生长的梨晶(晶块)达到最终的形状尺寸。这道工艺在梨晶切为单晶片之前完成。

center of projection　投影中心　在透视投影中,发射出所有投影线的公共点称为投影中心。

C

center resource management (CRM)　中心资源管理　实现集中式的资源调度和管理功能模块。

center terminal of convertor　变流器中心端子　变流器臂对中的两个主臂的公共端子。参见 pair of arm, principal arm。

centesimal floating-point format　百分浮点格式　在 BASIC 中,指计算机内部数值的表示。

centi　百分之一的前缀,厘　如厘米(centimeter)表示 1 米(meter)的百分之一。

centigrade scale　摄氏温标的早期名称　1948 年,为了避免百分之一度的混淆,由官方改变其名称:Celsius scale。它是以瑞典天文学家安德斯·摄尔修斯(1701 ～ 1744 年)名字命名的,他于 1742 年发明了倒转型的温标(即冰点 100°,蒸汽点 0°)。参见 Celsius scale。

centiliter (cL)　厘升　百分之一升。

centimetric wave　厘米波　通常为一种电磁波,波长在 1 ～ 10 cm 之间,相应的频率范围是 3 ～ 30 GHz 之间,属超高频范围的电磁波。

central bridge　中心网桥　在无线扩频网技术中,同时可以同多个周边网桥建立连接的网桥。通常在一定距离之外连接两个局域网的网桥都是成对使用的。

central controller　中央控制器　在采用中央控制器的局域网络中,有一个专门的局域网电路,负责控制和管理向网络电缆的传输。一个站只在从中央控制器接收到指令时才允许进行传输,并且只能在中央控制器指定的时间内进行传输。参见 central control unit。

central control unit (CCU)　中央控制器　(1)一种通信控制器,其中包括执行指令和控制存储器及附加转接器所需的各种电路和数据流通路。(2)在电子交换机中,处理从存储器或扫描器来的信号,并用来控制话路系统、输入输出系统的设备。其作用相当于纵横制交换机中的标志器,而性能又和计算机中的中央处理机相类似。

central directory　中央目录　存储资源位置信息的一个存储处,由各网络节点进行集中登记,或者作为网络搜索的结果缓存。

central directory server (CDS)　中央目录服务器　一个提供网络资源位置信息存储空间的网络节点,能通过提供一个查询和广播搜索的集中点并缓存网络搜索的结果以避免以后重复广播同一消息,从而减少网络搜索的次数和流量。

central distributed system　中央分布系统　中央系统通常有一个控制通信执行部件(CCE),它能对所有卫星机上多个事务同时进行安排和处理。

central exchange　集中式[虚拟]用户交换机　集中式用户交换机实际上是电话局交换机的一个部分或是电话局交换机的一种功能。是在电话局交换机上将部分用户划分为一个基本用户群,向该用户群提供用户专用交换机的各种功能,同时还可以提供一些特有的服务功能。因为在这个用户群中并不存在专用的交换机,用户对内、对外的交换集中在电话局的交换机中,因此被称为“集中式用户交换机”或被称为“虚拟用户交换机”。

central file system (CFS)　中央文件系统　大型计算机系统中的一种文件系统,设置在公司本部的大型中央计算机中,并和各分部或工厂的低一档计算机(系统)相连,从而公司本部可以集中管理所有数据。这种系统的特点如下:①可加强公司本部作为经营管理中枢的功能;②辅助分部或工厂的管理,使其更加高效率,更为合理化;③可以节约设置(高档)计算机的台数和费用。

centralization　集中化[式]　泛指在一个有组织的机构中,统一进行决策和管理。为了最佳地使用以计算机为基础的信息系统,常常要求集中化。如集中式数据库系统能处理机构中所有的有关数据、减少数据冗余,提高系统处理效率。但过分集中也会产生多种弊病,甚至得到相反的效果。因此,在集中式数据库系统的基础上,又提出了分布式数据库系统的概念和体系结构。

centralized adaptive routing　集中自适应路由选择　一种路由方式。网络路由中心利用各节点所提供的信息,来适应线路故障、拥挤程度等网络变化因素作路由选择。

centralized algorithm　集中式算法　网络在收集通信子网全部信息基础上进行路由选择的算法。也称全局算法。

centralized architecture　集中式体系结构　一个用来为计算机应用系统的开发描绘一个系统模型的术语。集中式体系结构是指运行在一台(或单套)计算机上、不与其他计算机系统交互的计算机应用系统。这种体系结构的应用系统范围很广:它既包括运行在个人计算机上的单用户体系结构的应用系统,也包括运行在大型主机上的多用户体系结构的应用系统。集中式体系结构应用系统集中存储、控制和管理数据,不同计算机系统间不能共享数据,数据交换困难,容易造成数据大量冗余,主要适合于很少和外界进行数据交换的封闭式计算机用户。参见 single-user architecture, multi-user architecture。

centralized attendant service (CAS) 集中式话务员服务 集中放置的话务员控制台控制许多交换的能力,其中一些交换在地理上可能是遥远的。

centralized automatic message accounting (CAMA) 集中式自动信息计费 一台中央计算机与分散在各地的多台计算机相连,并由中央计算机集中控制信息交换的网络。该网络中任何两台远程计算机之间的通信必须经过中央计算机。与之相反的是非集中式计算机网络。

centralized automatic reporting on trunks (CAROT) 干线集中式自动报告 一种 AT&T 计算机系统,最多可同时为 14 个局自动访问和测试干线。参见 centralized trunk test unit (CTTU)。

centralized bus architecture 中央总线结构 一种总线布局方式,总线较短而连接外设的线路则相对较长。

centralized communication system 集中式通信系统 一种通信系统。其信息传输只限于中央控制通信站和远程站之间进行。

centralized configuration 集中式配置 一种计算机配置方式。简单的分时系统是集中式配置的一例,其中所有信道都从中央计算机向外辐射。这种结构方式可用于本地范围、全国范围以及世界范围。

centralized control 集中控制 被控系统的所有操作从一个中央控制站进行的控制。

centralized database 集中式数据库 经过合并消除了冗余数据的数据库。又可称为统一数据库。

centralized data processing 集中式数据处理 在一个中心场所安置电子计算机及数据库系统,对来自各个地点或各级管理部门的数据进行统一的处理。

centralized dictation system 集中式口述记录系统 一种口述记录设备系统,允许来自多个点的口授内容被记录在集中安置的一组或其中一台设备上,并产生一个书写记录。

centralized input/output coordination time sharing 集中输入/输出协调分时 在分时系统中集中处理输入/输出的一组程序。为了保持监控系统对系统的控制,除了监控系统外,必须禁止所有用户或系统中的其他部分同时使用输入/输出系统。这时监控系统必须使用一套集中化的输入/输出程序。这套程序能接受输入/输出请求,并将其依序排队,再调用相应的输入/输出设备来满足所有用户或系统的请求。

centralized intelligence 集中智能 只包括一个智能站的通信系统的属性,它能启动和控制所有信息的事务处理。

centralized intercept bureau 集中式截取局 集中式截取局是自动截取系统的一部分,它与一个或多个自动截取中心相连,为处于辅助服务位置的操作员和超出自动截取中心范围以外的呼叫用户提供帮助。

centralized logon security 集中式登录安全系统 LAN Manager 网络软件中的一个安全系统,其中有一个集中的服务器确认用户的登录口令。参见 distributed logon security。

centralized management 集中管理 网络管理的一种形式,由一台计算机或系统对网络中的各个点进行管理。

centralized monitoring system 集中监控系统 在计算机辅助生产中,将车间或工厂的必要参数集中于控制室进行集中检测,并由操作者或计算机对集中的有关参数进行分析处理,从而控制生产过程的系统。它通常由传感器、交换器、巡回检测装置以及计算机输入接口等组成。

centralized multipoint facility 集中式多点设施 一种多点设施,允许一个中央 DTE(数据终端设备)同时对两个或更多的远程 DTE 发送数据,并且依次接收这些远程 DTE 送来的信息。

centralized network 集中式网络 由一台规模较大的中央计算机与分散在各地的多台规模较小的计算机经过通信线路互连的一种计算机网络。中央计算机作为主计算机,对信息交换、信息处理等进行控制。任何两台远程计算机之间的通信必须经过中央处理机。同 star network。

centralized network security events management system 集中式网络安全事件管理系统 能够将来自网络传输设备(如路由器、交换机)、网络安全设备(如防火墙、入侵检测系统)等安全对象的安全信息进行集中分析和统一处理的管理系统。

centralized operation 集中式操作 一种通信网的操作,在这种网络中传输可能发生在控制站和附属站之间,但传输不会发生在附属站之间。

centralized ordering group (COG) 集中定货群 由电信业务提供商建立的一个机构,其作用是协调客户公司和供应商之间的业务。

centralized processing 集中(式)处理 数据处理的一种配置,用户通过远程信息处理网络连接到集中装置在一起的多台计算机进行的处理。集中式处理一般配置有大型的主计算机和集中数据库。整个计算机系统的物理范围较大,多个应用单位和信息网络系统能共享和使用集中式处理系统中的资源。使用这种集中式处理技术和方法的计算机系统称为集中式计算机系统。

centralized routing 集中式路由(选择) 在单个中心地点产生并维护路由信息的选择方法。它由网络路由控制中心(RCC)根据来自所有站点的状态信息和网络的整体知识,建立网络上任一节点到另一节点的最优路由选择方式。

centralized system 集中系统 由一个或若干个主要部分组成的系统。其中任一部分的改变可能引起整个系统状态的改变。

centralized topology 集中式拓扑结构 在多用户计算机系统的结构中,若多用户通过通信网络共享一个或者多个相互连接的中心计算机的软硬件资源和数据,这种结构的系统就是集中式的拓扑结构。在这种结构中,用户之间的通信也需通过中心计算机才能实现。

centralized traffic control 集中流量控制 由网络中的中心控制节点将网内所有信息流通归于统一的监视与管理之下。

C

centralized trunk test unit (CTTU) 集中干线测试单元 AT&T 的操作支持系统,通过交换机上的数据链路提供集中式干线维护。参见 centralized automatic reporting on trunks (CAROT)。

centralized update library 集中式更新程序库 保存在一个存储媒体上,由许多支援程序或应用程序构成的集合,对它们的更新只能在管理该程序集合存储媒体的中心节点上进行。

central key 中央密钥 在保密通信时必须由密钥分配中心传送的密钥,该通信系统的每个用户都设置一个与中心通信的密钥,当有两方需要通信时,任意一方将随机选择一个密钥,计算出它的密文,连同自己的户名一道送往中心,经中心进行计算得到密钥后再与另一方进行保密通信。

central knowledge 集中式知识 集中式计算机系统中的知识,对应于 distributed knowledge。

centralled computer network 集中式计算机网络 一种由中央计算机实行集中控制的计算机网络结构,与分散在多处的多台计算机连接,任何两台计算机之间的信息交换都经过中央计算机。

central limit theorem 中心极限定理 (1)在客观实际中有许多随机变量是由大量相互独立的随机因素的综合影响形成的,而其中每一个别因素在总的影响中所起的作用都是微小的,这样的随机变量往往近似地服从正态分布。(2)指在一个系统中,所有同等的、独立分布的随机变量的总体分布近似于正态分布。

central location 中央位置 计算机系统的控制设备(通常指计算机房中的系统控制台)被安装的位置。

central message facility 中央消息机制 在企业系统连接(ESCON)管理器中,允许所有其他 ESCON 部件建立一个用于解释处理状态消息的机制。参见 enterprise system connection (ESCON)。

central office (CO) 中心局,总机 (1)电话公司用于将用户电话线连接到交换设备的设施,用户可以通过本地或远程连接与其他用户联系。(2)电话系统中,一个连接用户线路的转接系统,称为总机。

central office connecting facility 交换局连接设施 一般地说,它指在交换局和用户小交换机之间的中继线。参见 central office trunk。

central office exchange service (CENTREX) 中心局交换业务 由电话公司提供的业务,中心局的一部分与不同用户地点的单个站间进行呼叫交换,功能上类似于一个现场 PBX(专用交换分机),一般提供直接的向内拨叫,直接的远程拨号和话务员切换。参见 private branch exchange (PBX)。

central office local area network (COLAN) 中心局局域网 由几个 Bell 公司(BOCS)推出的类似于中心局交换业务的业务,其中通过使用中心局交换机向公共本地电话服务区域提供局域网功能。

central office switching equipment 中心局交换设备 机电或电子设备,给呼叫选择至其目的地的路由。

central office terminal (COT) 局端机 位于局端的设备,其功能是将从业务节点到接入网的多种信息映射到标准化的帧结构中,并通过通信线路发送给远端设备,同时完成相反的过程。

central office trunk 交换局中继线 连接两个市话交换局间或市话交换局与汇接局之间的线路。参见 central office connecting facility。

central primary control 中央主控 对给定的网络单个节点上的通信控制站的选择和管理。

central processing element (CPE) 中央处理芯片 一种用于中央处理机的集成电路芯片。它相当于带有多路转换及数据通道的算术逻辑单元。将中央处理芯片与适当的电路(如微程序控制芯片,优先级中断芯片等)组合,则可构成 8 位、16 位、32 位和 64 位的中央处理器(CPU)。

central processing unit (CPU) 中央处理器[机] 计算机的一个核心组成部分。它主要包括计算系统的两个基本部件,即运算器和控制器。运算器是计算机中直接完成各种算术和逻辑运算的装置;控制器是用来对计算机各个组成部分的动作进行控制的装置。计算机在程序控制下进行信息处理。程序运行时按控制器中的程序计数器所指地址,从存储器读出指令,经过指令译码器等部件的分析,向计算机各部件发出各种操作命令,完成相应指令的功能,最后得到程序运行的结果。对微型机来说,中央处理器就集成在一个芯片上,也称“微处理器”。

central processing unit loop 中央处理机循环程序 与控制中央处理机内部状态有关的主程序或控制程序。

central reservation system (CRS) 中央预订系统 一种基于因特网的包含有航空、出租汽车、旅行社预订在内的大型饭店计算机管理系统。

central resource function 中枢资源功能 在 PCI (外围部件互连)总线中,指总线操作的中枢功能,如总线仲裁器以及“保持器”上拉电阻,它使 PCI 控制信号返回其静态或一旦由 PCI 中介者驱动时,使它们保持在静态。参见 peripheral component interconnect (PCI) bus。

central resource registration　中央资源登记　APPN(高级对等网络)网络节点发送有关自身及其客户终端节点信息到中央目录服务器的一个过程。

central retransmission facility (CRF)　中心重传装置　在宽带网中，为使信号从返向通路传入前向通路设置的处理射频信号的设备及地点的总称，通常称为头端。

central scanning loop　中心扫描环路　控制下一个被执行任务的指令环路。在完成每项工作以后，控制转到寻找处理要求的中心扫描环路，选择下一个处理任务。

central site　中央站　数据通信系统中，实施通信线路控制的机构。在大多数系统中，中央站均安装有计算机。

central site customizing　中心点定制　在中心点为网络上的设备特制微代码的过程。

central station alarm system　中心站报警系统　从租用线路上的检测器发送信号，用以监视安全机构的接收设备和记录设备的工作。

central storage　中央存储器　作为处理机整体组成部分的存储器，它包括主存储器和硬件系统区域。

central strength member fiber optic cable　中心增强光缆　一种包含由高强度材料围绕的耐压护套的光缆。

central tendency analysis　集中趋势分析　一种描述统计，是指在大量测评数据分布中，测评数据向某点集中的情况。集中趋势分析主要靠平均数、中数、众数等统计指标来表示数据的集中趋势。参见 descriptive statistics, divergence tendency analysis, correlation analysis。

central terminal unit (CTU)　中央终端设备　安装在计算机处理中心的终端设备。它能接收从远程终端送来的随机信息，并将这些信息存储起来，直到计算机准备处理它们时再送入计算机进行处理。处理完毕后，中央终端装置将处理的结果送给原来发送信息的远程终端。除了存储信息和给予答复外，中央终端装置还监督管理远程终端和计算机处理中心之间的全部通信。中央终端装置经常查询所有与它相联的远程终端是否准备发送信息或接收回答，检验信息传输是否正确，把回答内容送到相应的远程终端以及把所传送的一切回答附上检验数据。

central transform　中央转换　(1)系统主要的数据转换功能。(2)当系统输入数据流和输出数据流消失时，数据流图或结构图依然保留的部分。

central value　中值　将试验结果数值由小到大排列后，如果试验数为奇数的，则排在最中间的那个值为中值，如果试验数为偶数的，排在最中间的那两个值的平均值为中值。

centre control　中央控制方式　所有的指令都采用统一的指令周期(完成取指令、分析指令和执行指令所需的时间)，所有的微操作控制信号由统一的控制线路(中央操作控制部件)发出的控制。因为不同的指令有不同的微操作序列，对于具有最长微操作序列的指令，需要完成的时间也最长。选择统一指令周期时应能满足最复杂指令完成时间的要求。这样，对于完成时间较短的指令有时间上的浪费。中央控制的突出优点是控制线路简单。

centre of curvature　曲率中心　由一个透镜表面或弯曲镜面构成一部分的球之球心。曲率半径是该球的半径。

centre of gravity　重心　假使物体在均匀的重力场中，物体的全部重量可视为作用于此点，称这点为重心。和质心的意义相同。参见 centre of mass。

centre of mass　质心　物体的全部质量可视作集中于此点，称这点为质心。这和重心的意义相同。

CENTREX　中心局交换业务　central office exchange service 的缩写。

Centrino　迅驰　Intel 公司 2003 年为笔记本电脑专门设计开发的一种移动技术，是一个包括处理器、芯片组、无线网卡的系统总称。到 2007 年，推出的新一代迅驰笔记本电脑由 Core 2 Duo CPU、965 芯片组、802.11 a/b/g 无线网卡和 TurboMemory 内存组件组成。

Centronics parallel interface standard　Centronics 并行接口标准　一种比较老的，但依旧广泛使用的标准并行接口，主要用于连接打印机或一些其他的电脑设备。由美国 Centronics 公司(已于 1987 年被 Genicom 公司收购)首先提出，由日本 EPSON 公司确立，主要用于连接计算机与打印机的一种 36 引脚并行接口标准。其中定义了插头、插座、引脚排列规格，并规定了异步传送数据的信号标准，数据只在一个方向上传送，从电脑到打印机或是其他设备。除了 8 位并行数据线外，其他线用来读取状态信息或发送控制信号。

Centronics printer　Centronics 打印机　采用 Centronics 接口的打印机。现今的大多数并行打印机皆属于此类型。

century byte　世纪字节　一个字段的高位字节，它包含一个四位数年的两个世纪位，如 1999 年中的 19、2001 年中的 20。

CEO　综合电子办公软件　comprehensive electronic office 的缩写。

CEP　(1)压缩扩展处理机 compression/expansion processor 的缩写。(2)连接(终止)端点 connection end point 的缩写。

cepstrum　倒谱　一种信号的傅里叶(Fourier)变换谱经对数运算后再进行的傅里叶反变换。cepstrum 是由 spectrum(频谱)一词，把“spec”倒过来写成“ceps”而得来的，根据词形定名为倒谱。又因频谱一般为复数谱，故也称“复倒谱”。参见 complex cepstrum。

CEPT 欧洲邮电管理委员会 Conference of European Postal and Telecommunications 的缩写，是欧盟的邮政及电信业务主管部门。

CER 信元出错率 cell error ratio 的缩写。

ceramic ball grid array (CBGA) 陶瓷球栅阵列 使用焊球阵列的一种半导体集成电路封装技术。它的基板是多层陶瓷，金属盖板用密封焊料焊接在基板上，用以保护芯片、引线及焊盘。焊球材料为高温共晶焊料，焊球和封装体的连接需使用低温共晶焊料。封装体尺寸为 10 ～ 35 mm，标准的焊球节距为 1.5 mm、1.27 mm、1.0 mm。陶瓷球栅阵列优点是气密性好、抗湿气性能高、电绝缘特性好、封装密度高，但封装成本较高。参见 ceramic column grid array (CCGA)。

ceramic capacitor 陶瓷电容器 介质采用滑石块或钛酸钡之类的陶资材料的电容器。电极通常是烧结在陶瓷圆片或陶瓷片两面或陶瓷管内部和外部的银合金敷层。连接引线焊到电极上之后，每个电容器通常还有保护绝缘敷层。

ceramic column grid array (CCGA) 陶瓷焊柱栅阵列 使用柱状焊代替球形焊的一种半导体集成电路封装技术。CCGA 采用直径为 0.5 mm、高度为 1.25 ～ 2.2 mm 的焊料柱替代球形焊中的 0.87 mm 直径的焊料球，以提高其焊点的抗疲劳能力。因此柱状结构更能缓解由热失配引起的陶瓷载体和基板之间的剪切应力。参见 ceramic ball grid array (CBGA)。

ceramic cores 陶瓷磁芯 这是用作电感器芯子的一种常用材料。它的主要目的是用它来制造电感线圈。在某些设计中，也用它来固定接线端子。陶瓷是温度膨胀系数很低的材料，因而在很宽的温度范围内，电感值十分稳定。陶瓷没有磁性，用它作芯子时不会增加导磁率。

ceramic dual in-line package (CDIP, CerDIP) 陶瓷双列直插式封装 芯片表面贴装型封装之一，由两块干压陶瓷包围一个双列直插成形的引脚框架，通过燃烧玻璃粉进行密封封装的组件。参见 dual in-line package (DIP)。

ceramic insulating material 陶瓷绝缘材料 制成一定形状后经烧结成的无机绝缘材料，其主要的组成通常包括多晶硅酸盐、钛酸盐和氧化物等。

ceramic ladder filter 陶瓷梯形滤波器 由在梯形网络中呈电耦合的许多压电陶瓷元件组成的梯形滤波器。元件的数量决定了通带响应曲线的宽度。

ceramic leaded-chip carrier (CLCC) 带引脚的陶瓷芯片封装 芯片表面贴装型封装之一，引脚从封装的四个侧面引出，呈丁字形的陶瓷制成的方形扁平封装。

ceramic magnet 陶瓷磁铁 由经压制与烧结的陶资和磁粉混合物制成的永久磁铁。

ceramic microphone 陶瓷麦克风 其工作依赖于陶瓷传感器(如铁酸钡)的压电特性的传感器。这类传感器具有与晶体麦克风相似的特性。参见 crystal microphone。

ceramic pin grid array (CPGA) 陶瓷针型栅格阵列 一种使用方阵形插针的芯片封装形式。参见 pin grid array (PGA)。

ceramic quad flat package (CQFP) 陶瓷四边引线扁平封装 一种高密度引线芯片封装形式。参见 plastic quad flat package (PQFP)。

ceramic zigzag in-line package (CZIP, CerZIP) 陶瓷 Z 形双列直插式封装 芯片表面贴装型封装之一，它与 Z 形直插式封装(ZIP)外形一样，只是用陶瓷材料封装。参见 zigzag in-line package (ZIP)。

CERC 并行工程研究中心 concurrent engineering research center 的缩写。

CerDIP 陶瓷双列直插式封装 ceramic dual in-line package 的缩写。

Cerenkov counter 契伦科夫计数器 一种检测高能带电粒子予以计数的计数器。粒子通过一种液体，辐射光线(称契伦科夫辐射线)由光电倍增管记录下来。参见 photomultiplier tube (PMT)。

Cerenkov radiation 契伦科夫辐射 在透明介质中以大于光速的速度通过的高能带电粒子束所产生的电磁辐射，通常为浅蓝色。是俄罗斯物理学家鲍威尔・契伦科夫于 1934 年发现的。这一效应与物体以高于声速运动时的声震现象相似。这种辐射是电磁场中产生的震动波。契伦科夫辐射用于契伦科夫计数器。参见 Cerenkov counter。

cermet resistor 金属陶瓷电阻器 由烧制在陶瓷衬底上的细粉状贵金属(如钯)和绝缘材料混合物构成的金属釉电阻器。它有轴向引线电阻器、电阻网络、片状电阻器、电位器和混合微型电路基片等形式。

CERN 欧洲粒子物理实验室 European laboratory for particle physics 的缩写。CERN 是该机构以前的名字的首字母缩写。

CERNET 中国教育和科研计算机网 Chinese education and research network 的缩写。

CERT (1)字符差错率测试 character error rate testing 的缩写。(2)计算机应急响应组 computer emergency response teams 的缩写。

certain decision 确定性决策 对于每种备选方案的结果具有完整的、确切的认识，且每个选择只有一种结果的决策。

certain event 必然事件 在一定条件下必然出现的事件。而在一定条件下必然不出现的事件，称为不可能事件。必然事件和不可能事件是随机事件的两种极端情况。

certain reasoning 定性推理 使用定性信息，对系统结构、行为和功能进行描述,并研究它们之间的关系和因果性,推出定性解释,以模仿人类定性常识推理的一种跨领域推理方法。它忽略被描述问题的次要因素,掌握其主要因素来简化对问题的描述。在此基础上将描述问题的传统定量方法转化为相应的定性模型,进行推理并给出定性解释。

certainty 必然率,确定性 (1)人们对于事实或关系所具有的信任度,称必然率。在人工智能技术中,相对于或然率。(2)由用户或专家系统对命题假设或推理规则可靠性设定的相信程度的度量,称确定性。

certainty factor (CF) 确信度,确定因素,可信度因子 (1)一个确信程度的度量,确定命题、假设、推导规则、推导结果的正确性。(2)也称"置信度因数(因子)",是斯坦福大学肖特立夫教授所作的基于实质上是证据模型的传染病诊断治疗专家系统 MYCIN 中对与/或树各分支搜索时决策用的可信度判据。CF 值从－1 ～ ＋1。－1 为完全不可信;0 为没提供确切信息;＋1 为绝对可信。在删除过大的推理树分支时,经验得知 CF≥＋0.25 的分支都应保留。CF 是配合逻辑产生式协同工作的。(3)给予事实或关系所加的数值权重,表示人们对于事实或关系所具有的信任度。同 confidence factor。

certificate authority (CA) 证书认证 使用公用密钥与私人密钥的非对称加密系统需要一个可信的方法将一个公用密钥与一个人,一个进程或者一个实体联系起来,证书就是这样一个对象,它安全地绑定一个用户和公用密钥。证书由一个证书认证机构来发布和签署。参见 Internet policy registration authority。

certificate authority center 证书认证中心 第三方证书认证中心是承担网上安全电子交易认证、签发数字证书并能确认用户身份的机构。认证中心通常是企业性的服务机构,主要任务是受理数字凭证的申请、签发及对数字凭证的管理。其职能包括:证书发放、证书更新、证书撤销和证书验证。

certificate in computer programming (CCP) 计算机程序设计证书 由计算机专业人员证书协会为通过一系列程序设计考试的人员授予的程序设计等级证书。

certificate in data processing (CDP) 数据处理证书 由计算机专业人员证书协会为通过一系列计算机及其相关领域考试的人员授予的证书,相关领域包括程序设计、软件和系统分析。

certificate trust list (CTL) 证书信用[托管]表 一种由顶级证书认证机构签发的证书名单,管理者认为其中的证书可以胜任某些指定的任务,如客户身份验证或电子邮件安全。参见 certificate, certificate authority。

certification 认证,确证,验证 (1)计算机专业人员在某一专门领域具有的能力。一些硬件和软件供应商,如 Microsoft 公司和 Novell 公司,就对它们产品的用户经过培训后提供资格认证证书;其他组织,如计算机专业人员资格认证协会(ICCP)和计算机技术工业协会(CompTIA)则提供更通用的证书。(2)确认一个系统、软件子系统或计算机程序在其运行环境中能满足其规定的需求的过程。它不仅用于估价软件本身,而且用于估价作为软件设计依据的规格说明。(3)磁盘初始化操作的一部分,用以检查每个磁道有无缺陷,并作适当的标记。

certification revocation list (CRL) 证件注销表 在因特网管理中的数据,认证机构(CA)负责一定范围的证件管理,包括证件的发放和注销以及注销表的发布。如用户因故要注销其原证件,注销后的证件存放在证件注销表中供核查。核实工作由 PEM 软件自动完成,结果通知接收方。参见 certificate, certification authority。

certified information security professional (CISP) 注册信息安全专家 CISP 是有关信息安全企业、信息安全咨询服务机构、信息安全测评认证机构和授权测评机构、社会各组织、团体、企事业有关信息系统建设、运行和应用管理的技术部门和标准化部门必备的专业岗位人员,其基本职能是对信息系统的安全提供技术保障,CISP 严格的认证和培训程序赋予其具备专业资质和能力。根据实际岗位工作需要,CISP 分为以下三类:①注册信息安全工程师(CISE):培养从事信息安全技术开发、服务及工程建设等相关工作的从业人员;②注册信息安全管理人员(CISO):培养从事信息安全管理相关工作的从业人员;③注册信息安全审核员(CISA):培养从事信息系统的安全性审核或评估相关工作的从业人员。

certified information systems security professional (CISSP) 信息系统安全认证专家 CISSP 认证是由国际信息系统安全认证协会(ISC)在全世界各地所举办的考试,符合考试资格人员于通过考试后授予 CISSP 认证证书。(ISC)成立于 1989 年,是一个非盈利性组织。CISSP 目前已成为全球公认评价信息安全专业人员资质的重要参考依据。

certified Novell administrator 合格 Novell 网络管理员 通过 Novell 的相应考试,确认能担任 Novell 网络日常运行的管理工作的技术人员资格。

certified Novell engineering 合格 Novell 网络工程师 通过 Novell 的相应考试,确认能担任 Novell 网络设计、构建和日常维护任务的专门技术人员资格。

certified Novell engineering professional association 合格 Novell 网络工程师专业协会 获得 Novell 网络工程师资格的技术人员组成的一个团体,能向会员提供与 Novell 网络有关的技术信息,不定期地组织讨论会。协会成员得到免费赠阅的技术杂志。

certified Novell instructor **合格 Novell 网络指导者** 经 Novell 考核确认，可担当 Novell 网络培训教师的高级技术人员。

certified wireless networking professional (CWNP) **无线网络专家认证** CWNP 是来自家庭无线网络认证的名字，这是为执行和维护传统网络环境下的一部分无线网络的网络管理人员准备的一个入门水平的认证。

CerZIP **陶瓷 Z 形双列直插式封装** ceramic zig-zag in-line package 的缩写。

CES (1)电路访问服务 circuit emulation service 的缩写。(2)消费电子博览会 consumer electronics show 的缩写。(3)中国电工技术学会 China Electrotechnical Society 的缩写。

CESD **组合外部符号词典** composite external symbol dictionary 的缩写。

CESD record **组合外部符号词典记录** 由连接编辑程序或装入程序建立的一种综合外部符号词典记录，包含有关控制节名或入口名的信息。

cesium atomic-beam resonator **铯原子束谐振腔** 一种将液态铯蒸发出的原子形成受磁场作用的射束，然后使这种射束进入微波腔体，并在此产生进一步磁互作用的谐振腔。一项应用是微波振荡的频率控制。

cesium-beam frequency standard **铯频率标准** 一种包含配合使用了频率合成器的精密石英振荡器和倍频级，以产生标准频率(如精确度为 10^{-11} 的 1 MHz 和 5 MHz 频率)，再将输出与铯原子束谐振腔的 9 192.631 770 MHz 输出进行连续比较的频率标准。

cesium clock **铯钟** 一种钟，它是用铯原子束谐振腔中原子的自然振动频率调节的高精度原子钟。参见 cesium-beam frequency standard。

cesium phototube **铯光电管** 具有敷铯阴极的光电管。这类光电管在红外波段具有最高灵敏度。

cesium-vapor lamp **铯蒸气灯** 一种由电流通过电离铯蒸气中两个电极之间来产生光的灯。

CF (1)临界频率 critical frequency 的缩写。(2)确信度 certainty factor 的缩写。

CFA **正交场放大器** crossed-field amplifier 的缩写。

CFAR **恒定错误报警率[虚警率]** constant false alarm rate 的缩写。

CFB (1)密码反馈 cipher feedback 的缩写。(2)移动用户遇忙呼叫前转 call forwarding on mobile subscriber busy 的缩写。(3)忙时呼叫转移 call forwarding when busy 的缩写。

CFCA **中国金融认证中心** China Financial Certificate Authority 的缩写。

CFD (1)控制流图 control flow diagram 的缩写。(2)聋人字幕，具有文字说明的电视系统 captions for the deaf 的缩写。(3)微型软磁盘 compact floppy disk 的缩写。

.cfg **配置文件名后缀** cfg 取自 config (配置)一词，系统或应用软件用于进行配置其功能特性文件的扩展名。

CFG **上下文无关文法** context-free grammar 的缩写。

CFI **CAD 框架结构创始协会** CAD Framework Initiative 的缩写。

CFIA **部件故障影响分析** component failure impact analysis 的缩写。

CF key **命令功能键** command function key 的缩写。

CFML **冷聚变标记语言** cold fusion markup language 的缩写。

CFNA **无应答呼叫前转** call forwarding on no answer 的缩写。

CFNRc **移动用户不可及呼叫前转** call forwarding on mobile subscriber not reachable 的缩写。

CFNRy **无应答呼叫前转** call forwarding on no reply 的缩写。

CFP **生成设施程序** creation facilities program 的缩写。

CFR **用户格式化报告** customer formatted reports 的缩写。

CFSK **相干频移键控** coherent frequency shift keying 的缩写。

CFSTI **(美国)联邦科学技术情报交换所** Clearinghouse for Federal Scientific and Technical Information 的缩写。

CFU **无条件呼叫前转** call forwarding unconditional 的缩写。

CG (1)通道许可 channel grant 的缩写。(2)计算机图形学 computer graphics 的缩写。

CGA (1)彩色图形适配器 color graphics adapter 的缩写。(2)计算机生成动画片 computer generated animation 的缩写。(3)加密生成地址 cryptographically generated addresses 的缩写。

CGA mode **CGA 模式** 一种图形显示模式，通常提供 320×200 的四彩色图形显示分辨率。

CG-hi **通道高优先级许可** channel grant high 的缩写。第一优先许可的通道。参见 channel grant (CG)。

.cgi **公共网关接口脚本文件名后缀** cgi 是 common gateway interface 的缩写，是公共网关接口脚本文件的扩展名。

CGI (1)计算机图形接口 computer graphic interface 的缩写。(2)公共网关接口 common gateway interface 的缩写。

cgi-bin **cgi-bin 目录** 为 common gateway interface-binaries 的缩写。一种文件目录，它保存 HTTP(超文本传输协议)服务器通过 CGI(公共网关接口)将要执行的外部应用。参见 common gateway interface (CGI)。

CG indicator **当前组指示灯** current-group indicator 的缩写。

CGI scripts **CGI 脚本** CGI(公共网关接口)脚本是一种基于浏览器的输入、在 Web 服务器上运行的程序。通常，在用户打开诸如链接或图像这样的 Web 网页元素时，就会调用 CGI 脚本程序。CGI 脚本的工作流程：一个 URL(统一资源定位器)指向一个 CGI 脚本，一个 CGI 脚本的 URL 能如普通的 URL 一样在任何地方出现；服务器接收请求，按照那个 URL 指向的脚本文件(注意文件的位置和扩展名)执行脚本；脚本执行基于输入数据的操作，包括查询数据库、计算数值或调用系统中其他程序；脚本产生某种 Web 服务器能理解的输出结果；服务器接收来自脚本的输出并且把它传回浏览器。CGI 脚本可以用任何语言编写。参见 common gateway interface (CGI), uniform resource locator (URL)。

CG-lo **通道低优先级许可** channel grant low 的缩写。第三优先许可的通道。参见 channel grant (CG)。

.cgm **计算机图形元文件名后缀** cgi 是 computer graphics metafile 的缩写，是计算器图形元文件的扩展名。

CGM **计算机图形元文件** computer graphics metafile 的缩写。

CG-med **通道中优先级许可** channel grant medium 的缩写。第二优先许可的通道。参见 channel grant (CG)。

CGRM **计算机图形技术参考模型** 计算机图形技术的一种标准化的概念架构，computer graphics reference model 的缩写。

CGS **代码生成系统** code generation system 的缩写。

CGSA **蜂窝地理服务区域** cellular geographic service area 的缩写。

CGS system **CGS 系统，厘米克秒制[系统]** 一种度量单位参照系统，它的基本单位是厘米(cm)、克(g)、秒(s)。

CGU **字符生成实用程序** character generator utility 的缩写。

CH (1)轮转环首部 cycle header 的缩写。(2)小时呼 call hour 的缩写。(3)电路-小时 circuit-hour 的缩写。

chadless perforation **无屑凿孔** 一种纸带上凿孔的方法，其切口是部分的，不形成一个孔，纸屑仍附在带上。

chadless tape **无屑穿孔纸带** 附着纸屑的穿孔纸带。参见 chadless perforation。

chad tape **有屑穿孔带** 一种用于电报和电传打字机的穿孔带。它以不同孔的排列来表示数据，其穿孔过程会形成纸屑。

chain **链** (1)链是一种数据类型，数据对象实例的每个元素都放在单元或节点中进行描述，每个节点中有包括了与该节点相关的其他节点的位置信息。(2)图或有向图中顶点和边的交替序列 (v_{i_1}, e_{j_1}, v_{i_2}, e_{j_2}, …, v_{i_k}, e_{j_k}, $v_{i_{k+1}}$)。对于无向图来说，链就是通路。序列中的边数称为链长。

chain addition program **链式添加程序** 把一部分新的记录添加到一个文件中去的一组专用指令。

chain area **链域** 存储空间的一种组织方法。将物理媒体上的所有空闲存储块组织成一个链，利用每个空闲块中的一个单元存储后继指针，指向后继块的起始地址。

chain break **链断开** 在一个链表式数据结构中，若将某个链表元素中的后继指针置为空，则这个链的后部与前部即断开，尽管链的后部仍然存在，但系统无法维持对它的管理。

chain carry **链式进位** 在加法运算中，低位上产生的进位信号将依次向上传递，直到它所能影响到的所有高位。采用这种进位方式，一次加法运算所需要的时间，等于加法运算本身及所有各次进位延迟时间的总和。

chain character area **链式字符区** 若干个在物理上非邻接的字符存储区，以链的形式串接起来形成较大的字符存储区。

chain circuit **链式电路** 多个串行连接的电路单元，信号只能依次通过这些单元(不能跳越某个单元)进行传送和处理。

chain code **链(式)码** (1)可从一个码导出其相邻码的代码组。将一个代码的前面一位去掉，在后面加一位，并在循环结束前，所加的位应使所形成的码不重复，如对于 3 位代码，实例有 000，001，010，101，011，111，110，100。(2)在图像分析中，用来描述线图形(包括二维区域的边界)的一种方法。图像像素矩阵是一个正方形的阵列，由每一个像素到另一个像素可以有八个不同的路径，每个路径给予一个代号，链码就是用路径代号组成的描述线图形的一组代码，它包含了被描述线图形的方向性或区域的位置和形状信息。由于用链码描述线段或区域形状具有简捷方便和减少数据量的特点，因而在图像分析中得到广泛应用。

chain data **链式数据** 以块链接方式提供的数据，它们可以存储在物理媒体上的不连续区域中。若无专门的规定，磁盘上存储的数据都是链式数据。即使它们在物理上连续，其结构也仍然是链式的。

C

chain data flag 链式数据标志 通道命令字中某一位中1的值，通常用于分散读写操作。

chain delivery mechanism 链式输送机构 复印机或印刷机的一种输送系统，它所具有的若干链式夹具从机器中抽出印刷件送入传送槽。参见 conveyor delivery mechanism。

chained addressing 链接编址 在访问存储器的序列中，链接编址方式可以用来指出编址序列中下一次要访问的地址。它在软件技术中有广泛的用途，如在著名的 LISP 程序中采用链接编址作为基本结构以及用链接编址进行废信息回收等。

chained allocation 链接分配 一种存储结构。其中每个节点都包含有一个链接字段，该字段内容是一个指向表中下一个节点的指针。

chained ESCD configuration 链接的 ESCD 配置 一个要求在一个 ESCD(扩展系统配置数据)中建立专门信息通道连接的 ESCD 配置。参见 extended system configuration data (ESCD)。

chained fields 链接字段 链接字段由若干字段合并而成，可使用这个字段作为在主文件中读出或写入记录的关键码。

chained file 链式[链接]文件 由向前和向后指针链接起来的一系列数据块组成的数据文件。

chained list 链(接)表 一种存储数据的表结构。它的每一项至少包括两部分：数据部分和指针部分。指针给出表中下一个数据项的存放地址。在链接表中，各项数据的存储地址与数据间逻辑上的相邻关系无关。

chained list search 链接表查找[检索] 使用链接表的一种查找方法。同 linked list search。

chained method 链接法 用指针来表示存储结构中两记录型之间的联系。链接法可分为子女指针法、双子女指针法和层次序列法等。

chained program 链接程序 具有连接指令，能自动调用另一程序执行的程序。

chained record 链式[链接]记录 在主存储器或辅助存储器中，随时存放的数据项。每一个数据项称为一个记录。由于记录是离散的，因此每个记录都有一个控制字段即指针，它指出了与此记录连接的上一个记录和下一个记录的存放位置。记录与记录间的链接通过指针来实现。用这种方式存放的数据项称为链式记录。

chained sublibraries 链接子库 某些操作系统的一种机构，允许各个子库按指定的顺序链接；在查找某一类型的库成员时，系统按照这个顺序检索链接的子库。

chain error 链错误 与单个请求/应答单元(RU)链内容有关的一种错误状态，如带有一个无效 FM 报头的 RU，包含对某种在目的地不被支持的功能的 RU。从一个链错误恢复，一般不要求对同步工作单位的重新同步。比较 suw error。

chain index 链索引 链接文件的存储可以使用双向指示字来实现，也可以使用索引来实现。前者的指示字附属在每一个链记录中，以指示上一个记录和下一个记录的存放位置。而后者则是一张独立的表，表中每个元素指示了链接文件中对应的一个链记录在存储中的存放位置。这张独立的表称为索引表，表中的每个元素称为一个索引，用这种方式编成的索引称为链索引。

chaining 链接 (1)链接文件存储的一种方式。文件中的每一个记录均有一个链接字段即指示字，用以指出与此记录链接的上一个记录和下一个记录的存放位置。用链接的方法可上下追踪整条链，如一个文件在磁盘中可能分段地存储在若干不同的扇区中，每一个段都指向文件中下一个段的数据。(2)在程序中，一个程序的执行使得另一个程序被启动。(3)在求解问题时，多个专家系统将信息和解题步骤链接在一起的过程。前向链接用于得出问题解的模型；后向链接则解释得出该问题解所采取的各个步骤。(4)计算机系统中，多台设备或部件通过一段段电缆互相首尾连接的形式。

chaining of I/O command 输入输出命令的链接 在通道或输入输出处理机的控制下，对一个或多个逻辑记录执行一串输入输出命令或一个输入输出命令序列。这些命令都存放在一个命令链表中，当一个命令结束后，链中的下一个命令马上开始执行，直至命令全部完成。对用户而言，一条命令链的执行好像仅执行一条命令似的，因此采用命令链的方式大大提高了输入输出系统的效率。

chaining overflow 链接溢出 直接存取存储设备中。溢出被记录在下一条可用的磁道上。每个磁道含有一条记录，它提供本磁道和溢出磁道之间的联系。比较 progressive overflow。

chaining search 链式检索 利用链表中的数据项链接指针来检索数据的一种方式。

chain letter 连锁信 这是一种利用电子邮件骗钱的网络骗局，信的内容里是10个电子信箱的地址名单，并要求收信人必须寄一小笔钱给名单中的第一位并把他的地址删去，在末尾加上收信人的电子信箱地址，然后将这封信发给收信人认识的10位朋友。假以时日，收信人的地址在名单中上升，同时也会收到很多人寄给收信人的钱，这看起来似乎能赚钱，其实这和传销差不多，最大的收益人是发起人。

chain link 链路 (1)一系列链接数据项。(2)在按序处理中，指连续的程序段，每个段的输入均依赖于前一段。

chain link record 链式连接记录 CMS(会话监督系统)中的一种记录。在这种记录内，分配给 CMS 磁盘文件的地址块通常是不连续的，因此存储在这些块中的记录都具有指向下一个块的指针。

chain maintenance program 链式维护程序 允许对链接文件进行插入、删除记录的一组专用指令。

chain printer 链式打印机 一种高速行式打印机。其字模装在一条循环移动的链条上，当所需打印的字符被传送到打印位置时，便驱动打印锤进行打印。参见 line printer。

chain query 链查询 在分布式数据库系统中，指查询操作构成一个链时的查询。

chain search 链式检索 一种检索方法。从一个记录引导到另一个记录，直到找到一个所需的记录或到达链的终端为止。

chain search file 链接检索文件 一种文件，在该文件中的每个记录中包含指向下一个记录的信息(指针信息)。

chain winding 链式绕组 单层分布绕组的一种，其各个线圈的形状和节距都相同，每极每相的槽数为2。参见 distributed winding。

challenge and reply 询问和应答 (1)一种预先设置好的规程。一个站要求对另一个站进行验证(询问)，后者通过正确的应答来通过验证。(2)在通信、计算机、数据处理和控制系统中的一种呼叫，其中主叫站表明自身，并询问另一站(即被叫站)的特性，根据规定被叫站必须表明自身，发送相对应的要求的预定码进行应答。

challenge and reply authentication 询问和应答验证 一种预先安排好的过程，其中一个站要求对另一个站进行验证(询问)，后者通过正确的应答来通过验证。

challenge handshake authentication protocol (CHAP) 询问握手认证协议 一种取代 PAP 的身份验证协议。询问握手认证协议通过三次握手周期性的校验对端的身份，在初始链路建立时完成，可以在链路建立之后的任何时候重复进行。它可以防止未授权者访问具有这种协议功能的设备。CHAP 分为三个步骤：身份验证服务器向用户发出一个询问；用户使用一种单向散列函数对客户机用户身份(一个纯文本密码)计算出一个值，而后把它发回身份验证服务器；身份验证服务器单独计算相同的值，并且同用户发回的值加以比较。如果吻合，认证将通过确认，否则，链路终止。参见 password authentication protocol (PAP)。

chance-constrained programming 机遇约束规划 一种非线性规则，其中确定性约束代之以概率性约束。

chance failure 偶发[然]故障 在设备或系统有效运行期内偶然出现的故障。偶然故障也称“随机故障”。

changeable storage 可换存储器 具有可装卸数据存储媒体的存储器，如活动型磁盘、磁带等。在换磁带或磁盘过程中，存储在这些媒体上的信息不会被破坏。

change accumulation 变更累积 某些信息管理系统的一种处理过程，通过清除那些与恢复无关的记录以及把多次变更合并成一次变更的方法，并将这种信息管理系统的运行记录数据集合并成一个压缩文件。

change authority 改变授权 在操作系统中，一个允许用户对一个对象进行除被对象拥有者禁止的以及被对象存在授权和对象管理授权禁止的之外的各种操作的对象授权。

changeback 倒回 当正常运用信号链路恢复可用状态时，终止备用信号链路的工作，重新启用正常链路的过程。

changeback code 倒回代码 一种倒回过程中使用的信号网络管理消息。它能对同一信号链路执行的不同倒回过程进行鉴别。

change bar 变更指示符 一种用于表示文件中某行变更的符号。

change bit 变更位 在虚拟存储系统中，与实际存储器中的一页相对应的一位。当实际存储器中有关的一页被修改时，硬件自动把这一位置成“ON”。

change control 更改控制 提议对系统或程序作一项更改，并对其进行估计、同意或拒绝、调度和跟踪的过程。

changed address interception 改号截留 通常通过自动方式，对已不用地址(即已不用号码)呼叫的截留。此时，主叫数据终端设备被告知新地址，随后把呼叫转换到新的地址或释放主叫数据终端设备。

change direction command indicator 换向命令指示符 在虚拟远程通信中，表明发送站已完成发送任务并准备接收的指示符。

change direction protocol 换向协议 虚拟远程通信中使用的协议。采用这种协议时，发送站在完成发送任务后主动停止发送，使用改变方向指示器(在最后链的最终请求中)来通知接收站并准备接收。

change-direction-request indicator 换向请求指示符 某些通信系统软件中的一种指示符，它请求返回一个换向命令指示符。

changed memory routine 变更存储器例程 一种选择存储器转储例程，它只打印出程序运行过程中已改变的那些字。

change dump 变更转储 页面调度作业中的一项工作，将新近改变的存储单元的内容转储到另外的存储器里。参见 selective dump。

change file 变化文件 一个记录数据库中事务的日志文件，它为更新主文件和检查跟踪提供了基础。也称“事务日志”。参见 addition record。

change of control 控制变换 可以中断记录处理并采取某种预定动作的一系列记录中的间断过程。

change of frame alignment (COFA) 帧定位变化 由不受控滑动引起的帧比特位置变化，它引起下行

C

T1 终端中的帧失步状态。

change-over **倒换，转换** 从一个信号链路倒换到另一个(或几个)信号链路的转移信号服务过程，这种倒换过程通常在某条链路发生故障或需要清除服务时进行。

change-over contact **转换触点** 由三个触点片组成的两个触点电路的触点组件，其中一个触点片为两个触点电路共用。当其中一个触点电路闭合时，另一个触点电路则断开或者与此相反。一个触点电路在另一个触点电路断开前闭合的称先合后断转换触点，也称"过渡转换触点"。一个触点电路在另一个触点电路闭合前断开的称先断后合转换触点。

change-over contact with neutral position **(转换)中位触点** 公共触点片有一个稳定位置的转换触点。当处于该稳定位置时，它的两个触点电路都是断开的(或都是闭合的)。

change-over switch **转换开关** 用于主电路，从一组连接转换至另一组连接的开关。采用刀开关结构形式的称刀形转换开关。采用叠装式触头元件组合成旋转操作的称组合开关。

change-over system **转换系统** 系统开发技术中，指一种临时信息处理系统，以帮助从一个操作系统转换到它的后继系统。参见 cutover。

change priority **改变优先级** 过程监督系统的宏指令，暂时变更任务的优先级。

change record **变更记录** 在主文件记录中，对信息变更情况的记录。或指在对应的主文件记录中，某些信息已被修改过的那些记录。

channel **通道，信道，波道** (1)信息进、出机器的通路，也称"数据通道"。机器通过通道与外围设备(如磁盘、磁带、行式打印机)、其他计算机系统、通信系统等相连接。通道通过执行机器指令和通道命令来完成传输信息实现对外部环境的管理任务。通道可调节高速的主机与低速的外围设备的速度差异，机器设有多个通道与外设通信，以实现多任务处理和分时共享。通道传输率和配置通道数量是衡量机器性能的重要技术指标之一。(2)在两点之间用于收发信号的单向或双向通路。一条信道可以是某种物理介质(如同轴电缆)或者是在一个大型通道中的某一特定的频率。(3)通信设备工作时所占用的通频带叫波道。通常一个通信设备在它所具有的频率范围内有许多个波道。

channel access **通道访问** 指局域网中用于访问连接计算机的信息传输通道的方式。

channel access unit (CAU) **信道接入单元** 监视 T1 的同步信号和正常信号的间隔的设备，它提供接入单个 DS0(64 kbps)电路，以插入测试设备并监视。

channel activation command **通道启动命令** 计算机控制器向外部设备控制器或数据通道发出的，用来启动数据传送的命令。一般能识别与之交换信息的设备，设备上的某个部位，存取方式以及所涉及的主存区。

channel adapter **通道[信道]适配器** (1)一种把带不同设备的两个数据通道连接起来的装置。这种装置要求按其中一个较慢的通道的传输速率进行数据传送。(2)通信控制器的一种硬件装置。用以把通信控制器加到计算机系统的通道上去。(3)前端网络处理机与主计算机中的一个接口。

channel adapter input/output supervisor **通道适配器输入输出管理程序** 网络控制程序的一部分。它和通信控制的通道适配器相互作用，通过输入输出通道把数据送到主机或从主机上接收数据。

channel address word (CAW) **通道地址字** (1)存放在主存中，指出通道程序开始地址的字。一个通道设置一个通道地址字。(2)在 DDS 通信线路上选择设备的指令。这种通信通道使用 T1 协议，每个 T1 线路通常传输 24 条数字信息通道。

channel allocation **通道分配** 在几种不同的方法中执行数据传送时的通道分配。如果有一大批数据希望从一个点传送到另一个点，为了传送这批数据可以独占整个通道。但是在网络中常提供一种有效地共享通道的装置。在数据通信中，它特别重要，因为数据传输的要求实际上很少与通道的有效流量相吻合。

channel architecture **通道结构** 计算机用于管理通道和传输数据所采用的工作方式或手段，如控制高速外设通信和传输时采用选择通道工作方式，控制慢速外设工作时采用多路转换通道方式。不同的计算机系统采用不同的通道结构。

channel associated signaling (CAS) **通道相关的信令** 也称"随路信令"，通过电信业务信道本身或始终与其相关联的信令信道进行传送的一种信令方式。从功能上可划分为线路信令和记发器信令。它们是为了把话音通路上各中继电路之间的监视信令与控制电路之间的记发器信令加以区别而划分的。参见 line signaling, register signaling。

channel-attached **通道连接的** (1)修饰说明通过数据通道(I/O 通道)直接将设备连接到计算机。(2)修饰说明通过电缆，而不是通过远程通信线将设备连接到控制装置上。比较 link-attached。

channel-attached communication controller **信道附加通信控制器** 在 VTAM(虚拟远程通信访问法)中，由数据信道连接至主处理器的通信控制器。

channel-attached network control program **通道连接的网络控制程序** 通道连接的通信控制器中的一种网络控制程序。同 local NCP。比较 link-attached network control program。

channel-attached station **通道附接站** 通过数据通道连接到主节点的工作站。

channel-attached terminal **通道附接终端** 一种终

端,它的控制单元通过数据通道直接和计算机连接。同 local terminal。比较 link-attached terminal。

channel-attachment major node 通道连接主节点 一个主节点,可包括作为数据宿主和通过通信适配器建立连接的资源的次节点,这些资源节点包括宿主处理机、各网络通信器、线路组、SNA(系统网络体系结构)的物理单元和逻辑单元、簇控制器和终端等。参见 systems network architecture (SNA)。

channel avalanche breakdown 沟道雪崩击穿 小尺寸 MOSFET(金属氧化物半导体场效应晶体管)晶体管中的一种强电场效应。在短沟道 MOSFET 中,沟道中较强的电场,可使沟道中的电子通过碰撞电离和雪崩倍增而产生出大量的电子-空穴对(在漏端夹断区更明显),倍增出的电子将被漏极吸收、并使漏极电流剧增而导致器件击穿,与此同时也将产生较大的寄生衬底电流(空穴被衬底吸收所致)。参见 metal-oxide semiconductor field-effect transistor (MOSFET)。

channel balance 通道平衡 指音响系统中或个别音响器材中左和右声道的相对电平或音量。也用于表示杜比编码信号中左和右信号的相对差值。为了获得最好的杜比解码效果,一些 A/V(音频/视频)功放接收机和 A/V 前置放大器还可以对通道平衡进行调整。

channel band width 信道[通道]带宽 (1)信道的频带宽度。在给定的时间内,带的宽度与信道上传送的比特数成正比。要提高传输速率,就必须增加带宽。可按带宽对信道分类。一般有三种类型:窄带(0 ~ 300 Hz),音频带(300 ~ 3 000 Hz)和宽带(3 000 Hz 以上)。(2)通道进行传输数据的能力,即每秒能由通道传输的最大字节数。通常用每秒字节(Bps)或每秒兆字节(MBps)数表示。它和输入输出带宽、通道能力、通道速度及通道传输率同义。

channel bank 信道[通道]设备 在频分制或时分制中,多路复用信道的信道终端设备。用于把信道多路复用转换为数字传输信道(美国通常为 24 个信道,欧洲通常为 30 个信道)。

channel basic group 基群 频分复用宽带系统中的一组信道,在美国和加拿大通常为 12 个信道构成一个基群。

channel borrowing scheme 借用信道 即将闲置的某些信道临时借给呼叫忙碌的信道。

channel buffer storage 通道缓冲存储器 输入输出通道控制器或多路通道内用于存放数据和指令等的存储器。其存储单元可分配给各子通道或设备使用。通过通道缓冲来匹配和调节高速主机与低速外设之间的速度差异。大容量通道缓冲存储器可作为主存的辅助存储器。

channel bus controller 通道总线控制器 控制通道与主存储器之间数据传送的装置。它含有一个输入输出缓冲器,从通道进入主存储器的数据或从主存储器中送往通道的数据都在此进行缓冲,从而使主机与通道更好地并行工作。

channel busy tone 信道忙音 呼叫因中继线或转换系统阻塞而不能接通的声音信号。

channel bypass 旁路信道 类似于引出-插入的复用技术,用于当一些信道必须在中间节点分用时使用。有了旁路后,只有那些为中间节点而定的信道可被分用,当前业务仍是 T1 信号形式,从中间节点至终点的新业务取代了引出的业务。所有信道均以引出-插入技术被分用,为中间节点预定的信道被引出,从中间节点来的业务被添加上,产生一个新的 T1 业务流将通过所分配的信道传至终点。

channel capacity 信道[通道]流量[传输率] 测量通道能力的度量。即单位时间内,通道能够传送的最大数据量或最大可能的平均传输率。一般用每秒字节数(Bps)、每秒千字节数(KBps)或每秒兆字节数(MBps)表示。

channel coding 信道编码 为了与信道的统计特性相匹配,并区分通路和提高通信的可靠性,而在信源编码的基础上,按一定规律加入一些新的监督码元,以实现纠错的编码。比较 source coding。

channel command 通道命令 指定通道外部设备执行某种操作的指令。通道命令通常有 6 种:空、读、写、转移、控制(如磁带重绕、移动存取臂、打印纸跳行等)和结束。

channel command word (CCW) 通道命令字 规定通道或外设执行启、停、读、写等操作的命令。通道命令字是通道控制器或 I/O 处理机的指令,也称"通道指令"。它通常存放在主存储器中,用双字来表示。一个或多个通道命令字构成了一个通道程序,通道地址字指出了通道程序在主存中的开始地址。通道命令字由命令码、数据地址、数据链和命令链标志以及计数器等组成。它指出通道应执行的操作,与主存交换数据的开始单元和个数,是否执行链操作等。

channel compression 通道压缩 对即将送上通道进行传输的数据进行的压缩,以减小通道占用时间与带宽。

channel connector 通道连接器 用于把两个或更多个通道相互连接起来的设备。通道连接器提供增强系统灵活性的各种用法。它可把一个系统的通道与其他系统的通道相连接,这样,每个系统都认为另一个系统是自已的一个输入输出设备。

channel control block 通道控制块 I/O 数据基中由指定 I/O 通道系统服务建立的一种数据结构。它描述了一条通道被指定到的那台设备。

channel controller (CC) 通道控制器 管理和控制多台外设和主存直接传输信息的装置。通道控制器把 CPU 控制通道工作和传送的功能从 CPU 中独立出来,由通道控制器代替 CPU 管理和调度外设。当执行程序中需要与外设交换数据时,CPU 只要执行启动该控制器的指令,然后继续执行原来程序,而与外设传送数据的实际操作是在通道控制器的控制下执行一串通道命令来完成的,这样 CPU 和通道可以并行工作。

channel control reconfiguration 通道控制重构 对已经设置了工作模式的通道进行重新设置的操作。在通道控制重构中可以省略通道初始设置时的部分操作。

channel control vector (CHCV) 通道控制向量 在某些信息处理系统中,规定控制参数的格式化信息,如通道 I/O 命令(写或读)和通道指针号。CHCV 在通道 I/O 操作过程中使用。

channel control word (CCW) 通道控制字 同 channel command word。

channel-data check 通道数据阻塞 I/O 错误类故障,表明系统和存储器之间传送数据中发生机器错误,由连有设备的通道测知。

channel definition format (CDF) 频道定义格式 CDF 是微软所提出的可管理、控制的 Web 广播技术的核心,这是一种基于 XML(可扩展标记语言)标准的开放的文件编写格式,它能够改进信息传输的时间安排与传输效率,允许站点建立人员指定哪些信息内容可以被自动 Web 广播以及允许 Web 站点提供其信息内容更新的时间安排。它还提供了与信息格式无关的结构化信息内容的索引机制,使得频道中可以包括任何种类的 Web 信息或是基于 HTML(超文本标记语言),JavaScript,Java 以及 ActiveX 等技术的应用软件。参见 extensible markup language (XML)。

channel demultiplexing 信道分用 从复用比特流中提取一个或多个信道。

channel designation 信道标记 用一个或几个字母来识别与信道号码相连的站。

channeled array 沟道化阵列 基本单元按行或列布置的半导体门阵列基芯片。这种布置允许在各行与门电路之间的新空间(沟道)内进行路径沟通。路径沟通效率通常接近 90%。路径沟道一般是将宏功能沿单一行或列布置来实现。

channel effect 沟道效应 某些类型的晶体管中,流过集电极和发射极之间表面路径的泄漏电流。

channel equalization 信道均衡 为了提高衰落信道中的通信系统的传输性能而采取的一种抗衰落措施。其机理是对信道或整个传输系统特性进行补偿,主要是为了消除或者是减弱宽带通信时的多径时延带来的码间串扰(ISI)问题。针对信道恒参或变参特性,数据速率大小不同,均衡有多种结构方式。大体上分为两大类:线性与非线性均衡。

channel end condition 通道结束状态 通道中表明数据传输工作已经结束的一种状态。

channel estimation 信道估计 从接收数据中将假定的某个信道模型的模型参数估计出来的过程。如果信道是线性的话,那么信道估计就是对系统冲激响应进行估计,从而为后续的相干解调提供所需的参数。

channel extension 信道扩展 用于通过广域网连接对主机信道进行扩展的一系列技术。

channel gate 信道门 一种在某指定时间把一个信道连接到高速总线或把高速总线连接到信道上的设备。

channel grade 信道等级 按其相对频宽对信道进行的划分。通常分为窄频带、话音频带和宽频带。

channel grant (CG) 通道许可 某些信息处理系统中,来自处理机的一种信号,允许控制逻辑开始执行以前已请求的通道 I/O 操作。该信号具有三种优先级,通道低级许可(CG-lo);通道中级许可(CG-med)以及通道高级许可(CG-hi)。

channel group 信道群 若干信道的一种组合。信道群的例子有:基群,超群,主群和巨群。

channel group rate 通道组速率 单位时间内通道组所传送的字节数。由于总通道每隔一定时间才让通道组传输数据一次,所以在计算时间时,也要把间隔时间计入,即用间隔时间和传数时间之和除传数时间内所传的字节数,得该数据组的传输率,它常用每秒兆字节数(MBps)表示。总通道传输率等于通道组传输率之和。

channel hopping 信道跳跃 在因特网中继对话(IRC)上从一个信道跳到另一个信道。参见 Internet relay chat (IRC)。

channel indicator 通道指示字 通道状态表中的元素,其位单元在特定通道不使用时保持 0 位,在特定通道使用时保持 1 位。

channel instruction 通道指令 使通道执行某种操作(如输入或输出)的命令。它除了操作本身需要的操作码外,还有该操作需要的其他参数,如输入输出命令的内存起始地址和变换长度等。

channel I/O (CHIO) burst operation 通道 I/O 突发串操作 某些信息处理系统中,通道操作的一部分,在此操作的过程中,通道和一个 I/O 设备逻辑连接,进行信息突发串传输。

channel I/O command 通道 I/O 命令 某些信息处理系统的通道控制向量中控制通道和 I/O 设备执行通道 I/O 操作的字段。

channel I/O (CHIO) operation 通道 I/O 操作 某些信息处理系统中,主存储器和 I/O 设备之间的数据传送。它通过一次或多次通道 I/O 操作来完成,由控制逻辑部分而不是由处理机初启,但受处理机通道逻辑部分控制。在 CHIO 操作过程中,系统暂时停止处理机执行指令。

channel isolation 信道隔离度 在多路复用通信设备中，两个相邻信道之间串音程度的度量。在一个信道上发送信号，在另外一条信道上测量串音信号的相对电平，显然这是一个衰减值，而且越大越好。

channelized E1 信道化的E1线路 E1线路被分成30个B信道和一个D信道后，以2.048 Mbps速率运行的接入链路。它支持DDR、帧中继和X.25。比较 channelized T1。

channelized T1 信道化的T1线路 T1线路被分成速率均为64 kbps的24个子信道(23个B信道和1个D信道)后，以1.544 Mbps速率运行的接入链路。每个单独的信道或信道组连接到不同的目的地址上。它支持DDR、帧中继和X.25。也被称作分裂的T1线路。比较 channelized E1。

channelized receiver 信道接收机 能对所接收的时间符合信号进行频率-时间变换的无线电接收机。这类接收机将给出并行格式输出。也称“信道化测试仪”。

channelizing 信道化 对宽带通信设备进行细分的过程。目的是把许多要求较窄带宽的不同电路接到一个宽带设备上。

channel jumbo group 信道巨群 在频分复用宽带系统中，由主群组成的群，它通常为六个600路主群。

channelless gate array 无通道门阵 芯片上全部排列基本电路单元，不固定设置布线通道区的一种门阵。在布局布线时，选择适当位置的基本电路单元区，在上面进行布线设计。这种门阵对布设ROM(只读存储器)，RAM(随机存取存储器)等基本单元效率高。由于芯片内空的地方少，能够实现比一般门阵更多的功能和更高的集成度。

channel loading 导槽装入 把磁带用横向移动的方法，而不是用穿带的方法插入重放机械中去。

channel logic 通道逻辑 传输电缆和数据链路层之间的函数逻辑，支持系统和硬件之间定义的接口。

channel loopback 信道环回 在复用器信道接口处(指环回)形成回路的诊断测试。

channel mapping 通道映射 在多媒体节目制作中，对于一个发送设备，将MIDI(乐器数字接口)通道转换为对接收设备合适的通道的过程。参见 musical instrument digital interface (MIDI)。

channel mask 通道掩码[屏蔽] (1)一个非负整数，用来设定一组通信通道，由0和1构成，每一个位对应于一个通道，表示通道的设定。(2)某些信息管理系统中，用于暂停通道操作的一种单字节屏蔽位。(3)程序状态字的一部分，表示哪个通道可由其完成信号所中断。

channel master group 信道主群 在频分复用宽带系统中，由超群组成的群。在大多数通信系统中，主群是由10个60路超群组成的(即600个话音信道)。一些用于地面电话系统的主群也有是300个或900个信道的，它们是由5个或15个60路超群组成的。

channel modulation 信道调制 (1)利用模拟通道传送数字数据时，在数据送上通道之前对其进行的调制。(2)在载波电话通信系统中，通常将12路音频信号分别调制到不同载波频率上，以形成一类12个通道的载波组，称为一个基群。

channel noise figure 信道噪声指数 对于规定的多信道配置，在规定的带宽中每信道的噪声指数，用dB表示。

channel noise level 信道噪声电平 在传输系统中任何一点的信道噪声电平与某一选定的参考电平之比。信道噪声电平通常用dBrn(高于参考电平的分贝)，dBrnc(高于有C消息加权的参考电平的分贝)和dBa(校准分贝)来表示。每一种用于测量信道噪声电平的仪器反映的是该种仪器对在某种特定情况下相应的干扰效应的一种电路噪声的测得的值。

channel number 通道号 在AIX操作系统中，一个识别数据在指定输入或输出设备与计算机中的处理器之间传输路径的号，通道号唯一地标识一个硬件设备。

channel offset 信道偏移量 一个信道频率和一个可以跳频的参考频率之间的固定频率差。

channel op 频道操作者 channel operator 的缩写。

channel operator 频道操作者 因特网中继对话(IRC)频道上的一类用户，有权驱除那些不受欢迎的参与者。参见 Internet relay chat (IRC)。

channel overload 通道过载 进出处理机和输入输出设备的数据传输速度接近数据通道传输率的状态。

channel patching jackfield 信道接插式插孔盘 一种插孔盘，由电话插塞插孔板支架组成。通过插塞和插孔的连接使分离的用户信道和信道设备之间相连接。

channel-path configuration 通道路径配置 在企业系统连接(ESCON)环境中，在一个通道和一个控制单元之间或者在一个通道和一个ESCON管理器以及若干控制单元之间的相互连接。参见 enterprise system connection (ESCON), point-to-point channel-path configuration, switched point-to-point channel-path configuration。

channel path identifier (CHPID) 通道路径标识符 在一个通道子系统中，赋予每个安装的系统通道路径的唯一标识到系统的路径的值。

channel pointer (CHP) 通道指针 某些信息处理系统的主寄存器，装有在通道I/O(CHIO)操作过程中使用的逻辑地址。

channel pointer number 通道指针号 某些信息处

理系统的通道控制向量中的一个字段,它规定了在通道 I/O 操作过程中使用的通道指针。

channel program **通道程序** (1)规定一系列通道操作的一个或多个通道命令字组成的程序。其初始操作由启动输出指令来实现。(2)通道能独立于中央处理机,与中央处理机并行工作,因此可以把每一个通道看作是一台小型处理机,称为输入输出处理机,每台输入输出处理机都有一套简单的指令系统,用这套指令系统编制的程序称为通道程序。

C

channel program block (CPB) **通道程序块** 在远程通信访问法(TCAM)中,用于缓冲设备与磁盘上信息队列之间传送数据的控制块。

channel program translation **通道程序转换** 在具有虚拟存储器系统的通道程序中,采用软件方法将虚拟存储器中的虚拟地址转换成实际地址的过程。

channel queue **通道排队** 通道上等待处理的数据或请求的队列。

channel read-backward command **通道反读命令** 在倒带时,将数据从磁带机传送到主存储器的命令。

channel read command **通道读命令** 将数据从输入输出设备传送到主存储器的命令。

channel receiver **信道接收机** 能对所接收的时间符合信号进行频率-时间变换的无线电接收机。这类接收机将给出并行格式输出。

channel reliability **通道可靠性** 在规定时间内和规定条件下,通道能正常工作的能力。通常用平均故障间隔时间来量度。

channel request **通道请求** 初启一次通道 I/O 操作的请求。

channel request block **通道请求块** 一种数据结构,它描述了一台特定的控制器的活动。一台控制器的通道请求块包含指向驱动程序的等待队列的指针,而在这个队列中各驱动程序都为该控制器访问设备作好了准备。

channel routing **信道路由选择** 数据通信中,对连接两个通信节点的信道路径的选择和确定。目的在于使这两个通信节点间的报文传输延迟时间尽量短,而线路和交换机的利用率尽量高。路由选择可以是由网络中始端节点事先规定好的,或者由网络中的中间节点根据当前实际情况临时确定的。

cnannel routing algorithm **通道布线算法** 一种布线算法。它把平面上的布线问题先化成若干个一维通道的布线问题,然后再逐个解决这些一维通道的布线问题。此算法的优点是:布线速度比较快,占用计算机内存储器比较少。在印制版自动布线和集成电路版图设计中有时采用这种算法。

channel scheduler **通道调度程序** (1)在磁盘操作系统(DOS)和磁带操作系统(TOS)中,能控制全部输入输出操作的管理程序的一部分。当每个通道使用结束后,通道调度程序便按序处理下一个使用申请。(2)在虚拟存储扩展(VSE)中,监管器控制所有输入输出操作的部分。

channel selectivity **信道选择性** 借助于一套给定的设备,从一组信道中有目的地选择出一个信道的可能范围的度量。

channel selector **频道选择器** 在电视接收机中调谐所需频道的开关或其他控制。

channel sense command **通道检测命令** 用来测试输入输出设备中是否存在异常条件并请求更多通道状态信息的命令。

channel separation **通道隔离** 用于衡量一个声道跟其他声道之间的隔离程度的尺度,它的值是用一个声道的信号电平与串入另一声道的信号电平差来表示,这个差值越大越好。在多声道的音响系统中,当通道隔离不够时,一个声道中的声音便会“串入”另一个声道。比较典型的例子便是杜比环绕声中,前置主声道中的声音会“串入”环绕声道。

channel service unit (CSU) **通道服务单元** (1) AT&T(美国电话电报公司)的一种装置,是 AT&T 的非交换数字数据系统的一部分。(2)一种数字信号接口设备,它将终端用户设备连接到本地数字电话回路,作为经认证的安全电路,为用户设备与公用运载广域网(WAN)之间的缓冲器。该装置完成数字信号传输中的传输和接收过滤、信号整形、平衡、电压绝缘、远程回路测试。防止出现故障的设备或其他客户设备扰乱公共载波的传输系统。所有的 CSU 设计都必须得到 FCC(美国联邦通信委员会)的批准和认证。

channel set **通道组** 能被处理机同时访问的一组通道。

channel shifter **信道移频器** 使一个或两个音频信道从正常信道移至较高音频信道,以减小信道间串音的无线电话载波电路。在接收端用相似电路可以使信道回移。

channel spacing **信道间隔** 在两条通信信道之间的频率间隔。对一种给定发射类别,该频率间隔应为一常数。如在调频话音通信时,必要带宽为 16 kHz,相邻信道间隔为 25 kHz。

channel status **通道状态** 反映出通道或外部设备的工作状态,如通道忙、设备空和出错等。

channel status routine **通道状态程序** 通过驱动器调用来确定通道状态的程序。若通道忙,驱动器继续保持控制,直到通道空闲。当输入/输出开始时,驱动器置忙状态,中断完成后,恢复到空闲状态。

channel status table (CST) **通道状态表** 由执行程序建立的一种表。它表示中央处理机和外部设备连接起来,能使程序控制输入输出操作的各个通道的状态。

channel status word (CSW) **通道状态字** 一组二进制数字组成的字,其中各个位分别表示通道或外设的工作状态，如通道忙/闲位，错误/正常位，中断请求位，准备就绪位等。机器通过分析状态字来了解通道或外设的工作情况。

channel stopper 信道截断环 多晶体管集成电路中，在每个晶体管周围扩散的反极性环，以提供防止在晶体管之间的区域内形成寄生器件所需的电隔离。

channel strip 频道放大器 对一个电视频道具有足够宽通带的放大器。在有线电视系统和电视接收边缘区，它能改善对某个指定台的接收效果。

channel subsystem (CSS) 通道子系统 一系列子通道，传输 I/O 设备和主存之间的信息流，使处理机解除通信控制的负担并承担路径管理功能。

channel supergroup 超群信道 在频分复用宽带系统中，由基群组成的群，它通常是五个 12 路基群(即共计 60 路话音信道)。

channel synchronizer 通道同步器 在中央处理机与外部设备之间提供适当接口的一种装置。它通常与外部设备控制器装在一个机箱里。通道同步器的其他功能有：功能字的初步解释；把从外部设备读入的数据与一个标识符进行比较来查找；向中央处理机提供外部设备的状态信息等。

channel terminal 信道终端 多路复用设备中被要求从载波设备中导出用户信道的部分。

channel terminal device 通道终端设备 通信通道中的一部分设备。它用于通道的输入输出。

channel time slot 信道时隙 在一帧的某特定时间开始的一个时隙，将其分配给某信道，以使其能传输数据，如文字或时隙内的信令。信道时隙的类型依赖于信道的类型，如用于复用呼叫的电话信道时隙。

channel-to-channel (CTC) 通道到通道 一种连接两个计算设备的方法。

channel-to-channel adapter (CTCA) 通道到通道适配器，通道衔接器 在同一个计算系统或不同的系统中，能够把两个通道连接起来的一种装置。

channel-to-channel connector 通道连接器 在两台计算机之间进行快速数据转换的一种装置。在任何两个系统中，通道连接器允许任何两个通道之间的连接。数据按照最慢通道的传输速率进行转换。

channel transfer rate 信道传送速率 通信信道传输信息的速度。单位是波特率或位/秒。其他名称如"信道速度"、"信道容量"、"信道带宽"等，都是从不同角度提出来的，但是使用的单位都相同，基本含义都一样。

channel translation equipment 信道变换设备 一种设备，用于声频信道的频率变换，把信道组合成信道群，把复用信道转换成单路的声频信道。

channel vocoder 通道声音编码器 一种声音编码器，其中声音踪迹通过用音频范围内的连续频率进行采集和过滤。

channel waiting queue 通道等待队列 系统中需要通道调度程序管理的一组项目，按照所要求的顺序排列，由通道调度程序依次调度。

channel width 信道宽度 分配给某项业务或传输的频带宽度。

channel write command 通道写命令 将数据从主存储器传送到输入输出设备的命令。

chaos 混沌 确定的宏观的非线性系统在一定条件下所呈现的不确定的或不可预测的随机现象。混沌是确定性与不确定性或规则性与非规则性或有序性与无序性融为一体的现象。

chaos phenomena 混沌现象 发生在确定性系统中的貌似随机的不规则运动。混沌现象是指一个确定性理论描述的系统，其行为却表现为不确定性，即不可重复、不可预测。混沌现象是非线性动力系统的固有特性，是非线性系统普遍存在的现象。

chaos system 混沌系统 介于确定性系统和随机性系统之间的一种系统。混沌系统是不规则、不连续和不稳定的介于无序和有序之间复杂的不能完全确定的非线性系统。混沌系统因其内部蕴含着非线性因素，对初始条件具有极其敏感的依赖性，只要初始条件有些微不同，便可导致完全不同的结果。参见 deterministic system，stochastic system。

chaos theory 混沌理论 在数学和物理学中，研究非线性系统在一定条件下表现出的"混沌"现象的理论。混沌是非线性动态系统所具有的一种运动形式，是指发生在确定性系统中貌似随机的不规则运动。混沌理论认为在混沌系统中，初始条件十分微小的变化，经过不断放大，对其未来状态会造成极其巨大的差别。混沌理论的最大的贡献是用简单的模型获得明确的非周期结果，在气象、航空及航天等领域的研究里有重大的作用。

CHAP 询问握手认证协议 challenge handshake authentication protocol 的缩写。

Chapin chart Chapin 框图 也称"N-S 框图"。一种没有 goto 的结构化流程图方法，它由三类方框连续组成。这三类方框分别为顺序操作框、条件分支框和循环框。

chapter 章、段 (1)为了使较长的程序保存在存储器中，按程序结构(主程序、子例程)将其分解成若干部分，这些部分通常称为段，亦可称为章。这样，就能在程序执行时不需要将整个程序完整地保存在内存储器中。(2)在视频显示或者计算机应用中，指单个自含的段。

CHAR 字符 character 的缩写。

character 字符 表示信息的基本单位，表示一个字符、一个数字、一个标点符号或一个特殊符号。每个字符有两种形式：①人们易识别的形式，有十进制数字 0 ～ 9，字母 A ～ Z，标点符号以及格式、控制符号等;②计算机能够识别的形式,如一串二进制位组成的代码。通常用 8 位二进制位表示一个字符。

character addressing 字符寻址 利用地址访问字符位置的过程。

character alignment 字符对齐 对构成字符的连接数据位的组织方式。

character arrangement 字符排列[编排] 由一个、几个改进的或未经改进的字符集中的图形字符构成的一种排列。

character array 字符阵列[数组] 字符数据项的一个命名表或矩阵。

character assembly 字符装配 当位到达数据链路上时,将这些位放在一起形成字符的过程。在通信控制器中,根据所安装的扫描器的不同,字符装配可以由控制程序或通信扫描器来完成。比较 character disassembly。

character assignment statement 字符赋值语句 一些程序设计语言中使用的一种赋值语句。所赋的值是字符型的,如 FORTRAN 77 中,字符赋值语句的左部(变量)可以是字符变量、子串名或字符型数组元素名;右部(表达式)的值是一个长度可变的字符串。

character-at-a-time printer 字符打印机 一行中(从左到右)每次只打印一个字符的打印机,如电传打字机、电动打字机等。

character attribute 字符属性 在某些信息显示系统数据流中,定义一个或一组字符某一单项特征的一种代码,如显示颜色、字符集显示亮度或是否闪烁。对一个字符可以定义多个字符属性。

character average information content 字符平均信息量 参见 character mean entropy。

character band 字带 打印机上一种刻有全部打印字符的环形薄带。打印时带子高速转动。字带由不锈钢带构成。比较 character belt。

character-based client 基于字符的客户软件 使用窗口技术(如微软 Windows 和 Macintosh 程序)出现之前的客户软件,即使用 80 列 24 行字符的客户软件。与此不同的有基于图形客户软件。参见 graphics-based client。

character-based interface 基于字符的接口 也称"基于文本的接口",一种非图形接口,以字符为单位进行通信。

character belt 字带 打印机上一种刻有全部打印字符的环形薄带。打印时带子高速转动。字带用高强度氨基甲酸酯等材料构成的。比较 character band。

character blink 字符闪烁 终端设备使一个或几个字符与主光标一起闪烁或与主光标不同步的一种特性。

character block 字符块 显示屏幕上的一组点位。在点阵列中通过选定的光点可以显示单个字符。

character boundary 字符边界 在字符识别中,打印字符的外切矩形。它的一个边与文件的基准边平行。

character box 字符框 (1)一个符号以及所有有关元素(如光标、下划线或围绕该符号以便将它与其他符号分开的间隔等)均可在其中被打印或显示出来的最大区域。同 character cell。(2)虚拟的平行四边形,它的各个边界限定了要在图形显示设备上显示的单个字符的大小、方位以及间隔。参见 text box, capital letter matrix, character matrix, full character matrix。注①如果各字符不邻接或不是单写的,则可使用不包括在字符框中的附加空间。字符框可以重叠。参见 kerning。注②字符框绝不能小于整个字符点阵,因为它必须包含用于下划线,光标和字符间隔等元素的空间。注③许多特殊字符可像字符框一样大,但如果它们大于整个字符点阵,则它们占据了为下划线、光标以及字符间隔等元素保留的空间。

character buffer 字符缓冲区 在某些信息显示系统中,被某个分区使用的读写存储器,用于存储在终端上显示或打印的字母、数字、数据。

character cell 字符单元[点阵] (1)在显示屏幕上或打印媒体上的一个可寻址位置。(2)字符发生器的一个单元。当字符以点阵形式在直观显示器屏幕上显示时或在矩阵式打印机上打印时,字符点阵用来保存字符的图形表示。(3)字体的物理宽度和高度,以像素为单位。参见 bounding box。(4)在图形数据显示管理器(GDDM)中,指想象的方框,其边界给定了它显示的尺寸、方向和字符之间的距离。

character check 字符检查 验证字符的形成是否符合规则的一种检查。

character code 字符编码 简称"字符码",对字母和符号进行编码的二进制代码。计算机常用的字符码有 ASCII(美国信息交换标准代码)、Baudot(博多码)、BCD(二进制编码的十进制)、EBCDIC(扩充的二进制编码的十进制交换代码)和 GB 2312—80 简体中文编码。

character-coded request 字符编码请求 在 SNA(系统网络体系结构)中,按字符串编码和传送的一种请求,该请求 RH 标题中的格式指示符被置零。同 unformatted request。比较 field formatted request。

character code table 字符编码表 信息处理交换用的控制字符和图形字符的二进制编码对照表。国际标准化组织和美国、日本等已制订了有关标准,我国 1975 年也制订了"信息处理交换用的七单位字符编码(SJ 939-75)"。它对 128 种控制字符和图形字符的二进制编码作了具体规定。

character comparison 字符比较 FORTRAN 77 和其他一些语言中有字符关系表达式，对两个字符串进行比较，其结果值为“真”或“假”。关系运算符有六种：小于、小于等于、等于、不等于、大于以及大于等于。比较前先检查两个字符串长度是否一致，长度不同时，通常用空格符补于短者的右边，使之成为同样的长度，然后再比较。比较规则是：从左到右每一对处于同一位置的字符，按其在机器内部的编码进行比较，直到符合比较条件为止。参见 arithmetic comparison，bit comparison。

character constant 字符常数 (1)一个具有字符型值的常数。通常括在单引号内的由字符构成的串。(2)FORTRAN 77 中，字符常数的形式是一个撇号后跟一个非空字符串，再跟一个撇号。起分界作用的撇号称为定界符，它不属于该字符常数。非空字符串可由处理系统所能表示的任何字符组成，其间的空白符是有意义的。在字符串内的撇号用两个紧跟相邻的撇号表示。字符常数的长度是定界符之间的字符个数，其中每一对紧相邻的撇号只算作一个单个字符。定界符不计算在内。

character control block (CCB) 字符控制块 适配器控制块内的网络控制程序数据区。它包含正在一条数据链路上具体操作的信息以及在该链路上正在通信的数据。

character count integrity (CCI) 字符计数完整性 字符精确数目的保持，对电文通信来说这是指电文中产生的字符数，对用户与用户之间的连接来说这是指单位时间内产生的字符数。不要将字符计数完整性与字符完整性相混淆，事实上后者要求传递后的字符合与原来的字符完全一样。

character crowding 字符拥挤[密集] (1)由于从磁带读出的相继字符间的时间间隔在减少时所产生的影响。这种影响是由机械变形、间隙离散、颤动和幅度变化综合产生的。(2)能缩小磁记录媒体上字符之间的间隔的一种数据压缩技术。

character data (CDATA) 字符数据 一种数据类型。通常是输入输出用的字符在机器内部的二进制表示，如 BCD(二进制编码的十进制)编码用六个二进制位表示 64 个字符，ASCII(美国信息交换标准代码)编码用八个二进制位表示 256 个字符。

character data type 字符数据类型 提供打印字符的内部表示的一种标量数据类型。

character definition display 字符定义显示屏 在某些计算机系统字符发生器实用程序中，指输入和更新方式提示屏幕，供输入用来定义表意字符的数据。

character definition table 字符定义表 一个计算机能够保存在存储器中并用于确定建立的显示字符点阵的模式表。参见 bit-mapped font。

character delete 字符删除 删除当前光标位置处的字符并将后继文本向左移动一个字符位置的动作。

character deletion character 字符删除符 终端输入行中的一个控制字符。用来表示该字符本身和紧挨着它的前面一个字符从该行中删去。参见 line-deletion character，logical character delete symbol。

character delimiter 字符定界符 光学字符阅读机中，指一个用户规定的字符，用于定义一行中字段的结束。

character density 字符密度 单位长度(通常用英寸)内打印机能印出的最多字符数。有些打印机字符有半宽、正常宽度、倍宽和多倍宽之分，于是字符密度也随之成倍改变。半宽与倍宽也称半角与倍角。正常宽度也称全宽。

character device 字符设备 一种一次处理一个字符的设备，如键盘和打印机，字符的传输可以是逐位的(串行)或者是逐字节的(并行)，但不是以块的方式传输。参见 character special file，对应于 block device。

character device control 设备控制字符 用于控制与计算系统或远程通信系统有关的设备的一种控制字符，如接通或断开这些设备的控制字符。

character device queue 字符设备队列 向字符设备发出的一个请求序列，在字符设备(如调制解调器)作为网络资源共享时建立，若干字符设备队列可访问同一设备，根据队列的优先级对设备进行独占的访问。参见 pool，queue，unspooled。

character disassembly 字符拆卸 为通过数据链路传送字符而把字符分解成若干位的过程。在通信控制器中，根据所安装扫描器类型的不同，字符拆卸可以由控制程序或通信扫描器完成。比较 character assembly。

character display device 字符显示设备 用字符的形式来表示数据的一类显示设备。

character drum 字鼓 打印机上一种刻有全部打印符的圆柱体。每行刻有同一字符或按一定规律的不同字符。打印时字鼓高速旋转。

character duration 字符持续宽度 与一个专用字符连接在一起，在一条通信信道上通过一个给定点的所有脉冲需要的时间。

character edge 字符边缘 在光学字符识别中，指打印字符或打印符号的打印区和未打印区之间的假想的边缘。

character element 字(符)元(素) (1)汉字编码(键盘)输入方法中，关于汉字字形的基本形体的统称。包括部件(字根)及笔划。(2)作为传输、打印、显示等的一个基本信息单位或在控制通信中作为一个代码。(3)出现在一个时间周期内，通常表示一个字符、一个符号的一组二进制位或一串脉冲。

character element encode method 字元编码法 一

种按字元给汉字编码的方法。一个汉字可按偏旁部首笔划字形分解为若干“字元”，其数量远小于汉字数。实现这种编码的输入方法之一是采用特制的键盘，方法之二是采用通常的 ASCII（美国信息交换标准代码）键盘，如部首码、仓颉码、四角码、五笔码都属于这类。该编码的优点是接近汉字书写规则，缺点是字元归类的记忆较难，有重码。

character emitter　字符扫描发生器　允许一个计时脉冲或一组脉冲用某种代码形式构成一个字符的一种机电装置。

character encoding　字符编码[法]　一种压缩数据的编码技术。尤指霍夫曼码之类的可变长字符编码法。其原则是：按字符使用的频率来确定相应的编码，即最常用的字符具有最短的代码；最不常用的字符具有最长的代码，从而使一般数据文件的规模大为缩减。

character entity　字符实体　在 HTML（超文本标记语言）和 SGML（标准通用标记语言）中，一种表示特殊字符的符号。字符实体以一个 &（表示 and 的符号）开始，后跟字母数字串，并以分号结束。特殊字符由字符实体表示，其中包括重音符和低音符、否定符以及希腊字母。参见 standard generalized markup language（SGML）。

character error rate　字符差错率　数据通信中接收的错误字符数与发送的总字符数之比。

character error rate testing（CERT）　字符差错率测试　用测试字符来检测数据线路，以确定差错性能。

character expansion　字符扩展　增加字符间隔的一种键盘功能。

character expression　字符表达式　（1）一种字符常数；一种简单字符变量；对字符数组的一种标量参考值；一种字符值函数引用值或一种由并置符（&）和圆括号分隔的字符序列。（2）在汇编语言程序设计中，放在撇号之间的字符串。它可能只用在条件汇编指令中。撇号不是所表示值的组成部分。

character field　字符字段　为特定信息单位保留的一块区域。可由数据字符集内的任何字符组成。比较 numeric field。

character file separator　文件分隔符　在两个文件之间，指示或建立逻辑界限的一个专用控制字符。

character fill　字符填充　在一个或一组存储单元中插入一个专用的字符，称为字符填充。通常用的填充符是“零”或“叉”。它本身不传送数据，但可以删除不再需要的数据。

character filter　字符过滤器　能够有选择性地从一个数据流中移除字符的软件，如移除数据流中的通信控制字符使它们不打印出来。

character font　字符体　计算机图形学中描述文字输出的一种外观属性，它用来指出字符的形式是正体、斜体、粗体、花体等各种不同的选择。

character form　字形　特指构成每个方块汉字的二维图形。构成汉字字形的要素是笔划、笔数及位置关系等。

character format memory　字符格式存储器　在每一个可寻址位置存一个字符的存储器。与存储器字符格式同义。

character framing　字符构造　在串行数据传输中，用于读出相应字节的位模式的一种技术。

character generation　字符发生[生成]　在输出媒体上送入选好的图形字符和图像的处理过程。

character generator　字符发生器　为了显示、打印或绘图而把字符的编码表示转换成为图形表示的一种功能部件。

character graphics　字符图形　利用各种不同的字符，特别是图形符号拼合成一幅图画的技术，这在个人计算机上经常使用。

character grid　图形[字符]网格　计算机系统图形技术中使用的一种大小可变的隐形网格，由间隔均匀的水平线和垂直线组成。它覆盖整个图表区，被 BGH（字符生成实用程序）用于确定图表的物理尺寸以及放置图表注释的位置。

character grid unit　图形[字符]网格单位　某些计算机系统图形技术中，在图形网格中两条相邻水平线或垂直线之间距离的度量单位。

character group　字符组　任意数量的字符图形和字符特性的组合。

character handling　字符处理　对各个编码的字符或字符串进行的操作。为了提高字符处理效率，要求计算机不但能存取主存中由几个字符组成的字，而且能存取各个字符。具有卓越字符处理能力的计算机是字节计算机而不是字计算机。

character identifier　字符标识符　表示字符的一种符号。在印刷系统中表示一个字符（不考虑字型）的一种标识符，如所有的大写 A 均具有相同的字符标识符。同 graphic character identifier。

character image　字符图像　一系列以字符形式组织的位，每个字符图像局限于字符的点阵矩形范围内，参见 bit-mapped font。

character increment　字符增量　为了打印特殊字符在当前打印位置上增加的位距。同 character spacing。

character insert　字符插入　文字处理系统中，在两个字符之间插入另一个字符。参见 line insert。

character integrity　字符完整性　在处理、存储和传输过程中保持字符的不变。

character interleaved　字符交错　在时分多路系统中以字符作为数据传送的交叉单位。同 character interleaving。

character interleaved time frame　字符交错时间帧　在时分多路转换中，使每个分路信号获得传送一个完整字符的时间。

character interleaving 字符交错 数据通信系统中,时分多路转换的一种方法。其中,在发送到线路上之前,多路转换器为每个分路提供传送一个完整字符的时隙,使合路信号中交错地混合着每个分路信号中的字符。

character interval 字符间隔 在起停式传输中,指一个字符的宽度。它由全部单元间隔(包括信息位和奇偶校验位)加上起始和停止码元的宽度所组成。

character I/O 字符输入/输出 数据的顺序输入和输出。参见 block I/O。

characteristic 指数,阶 在浮点数表示法中,表示阶码的数。

characteristic angle of relay 继电器特性角 两个输入激励量间的矢量夹角为特性角,该角度表示继电器的性能。使继电器启动功率最小的特性角称最灵敏角。

characteristic bit 指令特征位 在有些指令系统中,为了对指令的特征作进一步的说明,在指令中规定了一些位,用以说明是长指令还是短指令,是否要变址以及是否要间接寻址等。指令中的这些位称为特征位。有些机器把这些特征位并入操作码中,并直接用操作码来区分各种指令的特征和类型。

characteristic curve 特性曲线 表示两个变化值之间关系的曲线。

characteristic description 特性描述 在机器学习中,归纳学习是在描述空间中进行的。特性描述是一种这样的描述,它描述某类客体或环境,阐述在这个类中所有客体都是真的事实。有了某给定类别的客体的特性描述,就可以用它从其他可能类别的客体中辨别出该类的客体来。它有别于辨别描述。参见 discrimination description, discrimination rule。

characteristic diagram 特性要因图 也称“因果图”、“鱼骨图”。通常结合层别法,针对不同类别和层次,把结果、现象问题作为鱼头,分析可能的原因作为鱼骨。同 cause and effect diagram, fishbone diagram。参见 stratification。

characteristic distortion 特征失真 由于调制而产生的瞬时失真。它出现在传输信道中,与传输质量有关。

characteristic frequency 特性频率 (1)在给定的一次发射中,易于识别和测量的频率,如载波频率可以被定为特性频率。(2)对于元器件而言,特征频率是指其主要功能下降到不好使用时的一种截止频率。参见 cutoff frequency。

characteristic function 特性函数 一个集合的特征函数是二值函数。如果一个逻辑论述是集合的一个成分,则此时该集合的特征函数为真值,否则,若逻辑论述不属于集合,这个特征函数为假。

characteristic impedance 特征阻抗 (1)交流信号在传输线上传播中的每一步遇到不变的瞬间阻抗就被称为特征阻抗,也称“浪涌阻抗”。可以通过传输线上输入电压对输入电流的比率值(V/I)来表示。(2)当与任意长度传输线的输出端相连时,使传输线好像是无限长的阻抗。因此,传输线上没有驻波,且传输线上每一点的电压与电流之比相同。对于波导而言,特性阻抗是波导终端匹配时,横断面上特定点的有效值电压与总有效值纵向电流之比。对于声学器件而言,它是某一点的有效声压与在该点的有效粒子速度之比。

characteristic information (CI) 特征信息 特征信息是一个带有特定格式的信号,它可在网络连接上传输。ITU-T(国际电信联盟-电信标准化部门)专业技术建议对 CI 的格式作出了规定。

characteristic of atmospheric transmission 大气传输特性 电磁波辐射在大气中的衰减随波长变化的特性。有关电磁波在大气中传输的散射机制、吸收机制及其与电磁波波长的密切关系和大气的气象特性等,都是大气传输特性研究的主要内容。

characteristic polynomial of a graph 图的特征多项式 图的邻接矩阵的特征多项式。图的特征多项式的根称为图的本征值。

characteristic quantity of relay 继电器特性量 特性量是表示量度继电器特征的电量(或它的参数之一)。它的值有准确度要求。它或与输入激励量相同或由输入激励量构成。如电流继电器的电流,功率继电器的功率(输入激励量是电流和电压)。

characteristic radiation 特征辐射 原子移去电子之后产生的辐射。发射辐射的波长只取决于所涉及的元素和所具有的能级。

characteristic-specified model 特征刻画模型 统计数据库的数学模型之一。在该模型中,把数据库看成是许多记录的集合,又把每一记录看成是对某个实体的描述,每个实体可以按照它具备(或不具备)的某些特征而与其他实体相区别。

characteristic X-rays 特征 X 射线 由于原子内壳层中电子重新排列的结果所发射的电磁辐射。辐射频谱由产生 X 射线的元素特有的谱线组成。X 射线管的靶通常既发射连续 X 射线,又发射特征 X 射线。

characterization 特性表征 半导体器件制作完成后,器件之间的性能会有略微的差异。在预生产阶段,通过对一些器件的特性测量,确定每个参数的平均值和容差。这一过程称为“特性表征”。

character key 字符键 微处理机,终端或工作站的键盘上的按键,可以使特定的字母、数字和图形的符号输入到计算机中进行处理。

character large objects (CLOB) 字符型大型对象 CLOB 适于存储文本型的数据,最多可存储 4 GB

C

数据。CLOB 用于存储基于单字节字符集(SBCS)字符的数据或基于混合多字节字符集(MBCS)的数据。参见 binary large objects (BLOB), single-byte character set (SBCS), multi-byte character set (MBCSW)。

character level **字符级** 数据传输或操作的一个层次。在此层次上,基本操作对象是字符。

character-like code **类字符码** 在编码形式上与可见字符相同,但实际上是控制命令的码型。

character literal **字符字面量** 源程序中的一个符号、量或常数,它本身就是数据,而不是对数据的引用。比较 numeric literal。

character machine **字符机** 使用 4 位表示数值字和指令信息的计算机。相应地,使用 8 位和 16 位表示数值字和指令信息的计算机分别称为字节机和字机。

character manipulation **字符处理** 处理字母数字信息串所用的操作和技术,其中包括检索、分类和名称、字、字组以及文本信息的重新组织。

character map **字符映射(表)** (1)在基于文本的计算机图形中,与屏幕上显示的字符之间对应的一组内存单元地址。分配给每一个字符的那些内存单元,可用来描述空间中被显示的字符,记载着字符的代码和各种显示属性(如色彩、字体、下划线等)。(2)包含字型选择功能全部字符列表。从这种列表中可以选择键盘上没有的各种特殊符号,如数学符号、数字符号、希腊字母、日文平假名、日文片假名、俄文字母、表格符号等。

character matrix **字符矩阵** 用屏幕显示或点阵行印机印出字符时所采用的点矩阵。字符矩阵的优点是便于将点阵数直接送去输出,避免了转换时间;缺点是占用存储空间较大,而且精度越高占用存储空间越大。为了减少字符矩阵占用的存储空间,高精度字符印出已较多采用向量字,也就是运用各种方法算出每个汉字在实际输出时的笔划结构。参见 capital letter matrix, full character matrix。

character mean entropy **字符平均熵** 在信息论中,一个稳定信息源所可能产生的全部字符信息中,平均每个字符所含的信息量,称为平均字符信息量,以香农为单位。

character mean information content **字符平均信息量** 参见 character mean entropy。

character mode **字符方式[模式]** (1)在处理机与输入输出设备之间进行通信的一种处理替方式。多路通道一次从输入设备接受一个字符、字节或字。字符方式允许多路通道同时从多个低速设备接收数据。(2)图形显示器作为字符显示器来使用的一种工作模式。参见 text mode。

character mode display **字符显示器** 一种能显示字母、数字字符的装置。

character modifier **字符修改量** 在地址修改中用来访问字符单元的常数。

character multiplexer **字符多路转接器** 一种时分制多路复用设备。各个低速分路信号同时输入到复用器,复用器对这些分路信号轮流分配传送一个字符的时隙,使它们混合成一个字符交错的合路信号后在线路上传输。在接收端,则根据同步信号确定起始点,再按同样的方式将合路信号恢复为各分路信号。

character normalization **字符规范化** 字符格式化过程,在此过程中,将字符的变体格式还原为公共格式。

character operator **字符运算符** 一种用于字符型数据运算的符号,如对字符串的"+"或"—"连接运算符。

character ordinal number **字符序号** 指明字行串中每一个字符的逻辑位置的编号。它从左至右依次用 1,2,…等数字对字符串中的字符编号。

character-oriented **面向字符** 同步传输的信息构造方式,其中控制信息以字符长度字段编码。比较 bit-oriented。

character-oriented procedure **面向字符规程** 一类以字符串形式传输控制规程的总称。包括国际标准化组织(ISO)的基本型(BASIC)、扩充基本型(EBASIC)和 IBM 的二进制同步通信(BSC)规程等。其主要特性是:①通信方式——全双式/半双工;②差错控制——方阵码校验/循环冗余码(CRC)校验;③同步方式——同步/异步;④电码——国际标准五号码;⑤信息长度——8 的整数倍;⑥速率——200 ~ 800 bps;⑦发送方式——等待发送,即发送方发送一报文后,需等待接收方的回答,若有错,则重发该报文,否则继续发送下一报文。这种规程使用一些专门的字符,如 STX, ETB, ACK, ENQ 等控制信息传输。

character-oriented protocol **面向字符协议** 一种数据链路控制协议,以字符为控制传输信息的基本单元,区别于以位为传输信息的基本单元的协议。参见 byte-oriented protocol, bit-oriented protocol。

character-oriented word processing programs **面向字符的字处理程序** 在字处理中,按打印的次序而不一定按打印的格式显示字的一类程序。

character outline **字符外形** 在字符识别时,由手写体或印刷体的字符笔划的边所构成的图形。

character parity **字符奇偶性** 为提供差错检测能力而给字符添加冗余的附加位。

character parity check **字符奇偶校验** 在通信期间,从内存储器读数并转换成一串并行的二进位形式时,若必要,传送端的数据行终端同时加一个奇偶校验位,使每一个数据字符有奇校或偶校。当数据字符被接收时,把并行的二进制形式转换成字符存入存储器前,数据项终端进行一次奇偶校验。如果发现校验错,则由接收装置发出一个错误信号。

character pitch　字符间距　在一行字符内,两个相邻字符的纵轴之间的距离。

character plane　字符平面　三维图形学中,输出字符串通常位于一平面内,这个平面就称为该字符串的字符平面,它是字行串的一个基本属性。

character printer　字符打印机　也称"串式打印机"。只能打印字符而不能打印图形的打印机,如电传打字机及传统的点阵打印机。对应于 graphics printer。比较 line printer,page printer。

character properties　字符特性　关于一个字符如何相对于它周围的其他字符打印的各种细节。字符特性包括字框大小、水平和垂直字符网格大小、字符 ID(标识符)、中心线、基线以及上、下、左、右四个方向所需的间隔。

character raster pattern　字符光栅模式　对一个具有特殊尺寸、权和字体的图形字符的扫描模式。

character reader　字符阅读器　可以对手写的字符或印刷的字符进行识别,并翻译成机器代码的一种输入装置。

character recognition　字符识别　对手写的字符或印刷的字符进行识别,并翻译成机器代码的一种技术。其过程是,先找出字符的特征,然后与标准字符的特征进行比较,以此鉴别。参见 magnetic ink character recognition,optical character recognition,pattern recognition。

character rectangle　字符矩形　字符的图形表示(位图)所占据的空间。

character reference　字符引用　使用十进制和十六进制字符来表示 XML(可扩展标记语言)文档中的一些无法通过键盘键入的字符称为字符引用,如在 XML 文档中可以用""字符引用表示铃声字符。参见 extensible markup language (XML)。

character relation　字符关系　在汇编语言程序设计中,指将两个字符串分隔开的运算符所表示的两者之间的关系。

character set　字符集　打印机或终端键盘上可以利用的全体字符,也可以是根据特定的代码或字符表为特定计算机或软件所设计的全体字符。字符类型包括:字母,即文字;数字,即数目;标点符号,例如;:. ´()&%$@/";以及为了在屏幕上产生图形的图形符号和控制符,其中包括可显示字符和不可显示字符,如 ASCII(美国信息交换标准代码)字符集、EBCDIC(扩充的二进制编码的十进制交换代码)字符集、日文字母字符集、希腊字符集、俄文字符集等。

character size　字符尺寸,字号　字符的大小。它用界框来度量,是字符串的基本属性。

character skew　字符歪斜　在字符识别中,字符没有对准,与一条实际的或假定的水平基准线成倾斜状态,称为字符歪斜。

characters of resource information　资源信息特征　有别于一般信息,是资源信息特有的特点,即区域分布性、时序性、交叉相关性、持续动态性、多维结构性等。

character space　字符宽度　一个字符的水平尺寸,这个尺寸取决于字体和印刷该字符的设备。

character spacing display　字符调距显示　一种屏幕显示选择,它允许操作员观察 10 ~ 12 节距的字符间距或按比例隔开字符。这种显示格式可以和打印行完全相同。

character spacing reference line　字符间距参考线　在字符识别中,用以测定字符水平间隔的垂直线。它是相邻字符边界的等分线,也可以同垂直笔划的中心线一致。

character special file　字符专门文件　在 AIX 操作系统中,一个提供对输入或输出设备访问的专门的文件,字符接口用于不采用块输入输出方式的设备。参见 block file,block special file,special file。

characters per inch (cpi)　每英寸字符数　表示字体的大小,指在行中 1 英寸的距离内可打印的字符数,取决于点的粗细和字符的点阵宽度,对于非等宽的字符,则计算其平均数。参见 monospace font,pitch,proportional font。

characters per line (cpl)　每行字符数　每行中所含的字符个数,用来在横向方向表示符的宽度与间距。

characters per second (cps)　每秒字符数　每秒所能打印的字符个数,用来表示打印机的打印速度。也可用于衡量设备传输数据的速度。

character stepped　按字符处理　属于起止式电传打字机设备的控制,其中,设备一次步进一个字符的距离。

character string　字符串　(1)在一维数组中依次排列的一组字符。(2)一串连接的字符。在程序设计语言中,字符串用来构成字、子句或过程部分中的注释。(3)在 COBOL 语言中,指字、文字、PICTURE 字符串中的连续字符的一个序列。(4)在 SQL(结构化查询语言)中,与单字节或者混合(单字节字符集和双字节字符集)字符集中的字节或者字符的一个序列。

character string constant　字符串常数　在程序设计中用撇号或双引号括起来的一串字符。字符串常数主要用于输出。

character string instruction　字符串指令　对一个或多个连续字节组成的字符串进行传送、转换或定位等操作的指令。字符串指令中各段地址码分别指示出字符串的长度、操作数地址或其他信息。

character string variable　字符串变量　在程序设计语言中,用于存放字符串的变量。字符串变量在机器内所占的存储单元数按所说明的长度而定。

character stroke 字符笔划 用以构成字符的各种笔划，如直线、弧线、点或其他符号。

character stuffing 字符填充(法) 在通信过程中，将特定字符填入所传输的字符串中的操作或过程。其作用是标明信息段分界、填充信息区或用作其他控制目的。

character style 字形 加在字符上的任何属性，如黑体、斜体、下划线或小写等。字形(字符风格)的范围可包括字型，也可不包括字型，这由操作系统和所用的程序来决定，字形指的是在给定字号时，对一组字符的设计风格。

character subset 字符子集 字符集中的字符选择，由所有具有某一共同特点的字符构成，如在国际标准化组织(ISO)标准 646"信息处理和交换 7 位编码字符集"中的 0 ～ 9 的字符可构成一个字符子集。

character suppression 字符消去法 一种数据压缩技术。其作用为消去文件中一连串的重复字符。为此可以用一组特殊的字符来指示紧随其后的那个字符的重复次数。这种方法能节省存储空间，但处理较复杂。

character synchronized 字符同步 数据传输中使用的一个术语，指发送的各个字符之间有固定的时间关系。为使字符定时固定，发送字符各位的时间也必须固定，因此，字符同步传输也一定是位同步传输。

character time 字符时间 在通信控制程序(CCP)中，指临时文本延迟字符在操作停止之前可送到终端或者在发送与接收之间的时间的最大数值。

character train 字链 打印机的一种打印元件。它有两种构成方式：①把链节紧固在一条环形带上构成链；②在环形导槽中一个挨一个排满可滑动的链节构成字链。每个链节上刻有几个字符，打印时字链高速旋转。

character-transfer rate 字符传送速率 将字符从一个地方传送到另一个地方的速率(如从磁带传送到计算机、从计算机传送到磁带、从计算机到计算机、从终端到终端等)。

character translation 字符转换 指使用各种命令和转换子例程在扩展字符和 ASCII(美国信息交换标准代码)字符之间进行转换以保持字符信息的唯一性。

character tree 字符树 由单个字符作为节点的二叉树。是存储关键码的一种方法。把从根到一个树叶的路径上所有的字符连接起来得到的字符串就是一个关键码。

character type 字符型 一种数据类型。这种类型的数据是一个字符串。它可以由机器所能表示的任何字符组成。在字符型数据中，空白符也具有意义。

character user interface (CUI) 字符用户接口[界面] 一种只显示文本字符的用户界面。比较 graphical user interface (GUI)。

character variable 字符变量 一种字符数据项，其值在程序执行过程中可确定或改变。

character view 字符视图 活动头打印机的一种特性。在两次击打之间短暂的瞬间，它使最近打印的字符进入操作员的视野。其目的是显示打印头处于正常打印位置时被打印头遮掩的字符。实现方法是使打印头移动页边或通过换行。按某一键可使打印头或打印纸回到正确位置，继续打印一行字符。

charactron 字符管 一种特殊的阴极射线管。它可以在荧光屏上显示字母、数字字符及其专用符号。

charge 电荷 亚原子微粒的一种属性，既可带正电荷，也可带负电荷。在电子学中，电荷是由过剩电子(负电荷)或缺少电子(正电荷)形成的。电荷的单位为库仑，相当于 6.28×10^{18} 个电子。

charge amplifier 电荷放大器 根据电容式传感器的需要，将传感器的电容变化转换成输出电压相应变化的放大器。可利用运算放大器输入端电容器电荷的变化转换成输出电压的变化来实现。

charge carrier 电荷载体，载流子 (1)电流中传送电荷的实体，载体的性质与导体的类型有关，金属中，电荷载体是电子；半导体中，载体是电子(n 型)或正空穴(p 型)；在气体中，载体是正离子和电子；在电解质中，载体是正离子和负离子。(2)在半导体材料中，当一些电子被热激发从阻带进入导带时产生的电子空穴对。电子和空穴都可以传送(即携带)一个电荷，故称其为载流子。

charge characteristic 充电特性 指在供电电流不变的情况下，二次场电位差随充电时间的变化关系。当供电电流恒定时，随供电时间的增加，二次场电位差开始增加较快，以后逐渐减慢，经过一定时间后达到饱和值。

charge compensation 电荷补偿 激活剂掺入基质时，如果发生不等价置换就会在晶体中形成带电中心，因而必须在晶体中再形成一个带相反电荷的中心，以保持晶体的电中性，这种作用就是电荷补偿。具有电荷补偿作用的杂质称为补偿剂。参见 activation。

charge-coupled device (CCD) 电荷耦合器件 能在不同的内部部件之间进行电荷的存储和移出的半导体器件。在电荷耦合器件中，少数载流子电荷存储在半导体表面的电位阱中，在信号的控制下，电荷可以沿着半导体表面从一个电极到另一个电极。电荷耦合器件可以用于逻辑电路、移位寄存器、计数器或串行存储器中。它没有活动的机械部件、结构紧凑、不受高温或低温影响。它的缺点是信息易失，当掉电时，其数据丢失。

charge-coupled device (CCD) storage 电荷耦合器件存储器 基于电荷耦合器件的存储器。电荷耦合器件是易失性串行存储器件,功能类似于传统的延迟线。参见 charge-coupled device。

charge-coupled image sensor 电荷耦合图像传感器 一种当来自景物的光聚焦到器件表面上时,便引入相应电荷的耦合器件。像素点被依次读取,以产生视频输出信号。也称"固态图像传感器"。参见 image solid transducer。

charge-coupled imaging device 电荷耦合成像器 利用光注入少数载流子和时钟脉冲自扫描作用,用半导体工艺制作的成像器。有一维线性阵列和二维面阵列两种结构。电荷耦合成像器不需要外部机械扫描或电子扫描,尺寸小,量子效率高,可做到全分辨,具有大的动态范围。

charge-coupled photodiode array (CCPD) 电荷耦合光电二极管阵列 光电敏感器件,感光元件采用光电二极管并以电荷转移方式读出图像信号。驱动电路工作方式为再充电脉冲模式及取样和保持方波列输出模式。参见 image solid transducer。

charge density 电荷密度 (1)介质或物体每单位体积的电荷(体电荷密度)。(2)物体每单位表面积电荷(面电荷密度)。

charged particles 带电粒子 带电的辐射产物:α粒子和质子带正电荷。β粒子和电子带负电荷,离子可能带正电荷或带负电荷。

charge exchange 电荷交换 具有足够动能的正离子通过与分子碰撞和俘获来自分子的电子而呈中性的现象。分子变成为正离子。

charge injection device (CID) 电荷注入器件 光电敏感器件,CID 的每个敏感元实际上由一个 MOS(金属氧化物半导体)电容器和两个电极构成。一个电极接到按 X 方向排列的引线上,另一电极接到按 Y 方向排列的引线上。电极电位不等于衬底电位时,电荷保持在电容器中。两电极电位同时等于衬底电位时,电荷就被注入衬底。光子在各敏感单元产生的电荷用 X-Y 寻址方式读出,当电荷从一个电极转移到另一电极时,可在它们注入衬底时探测,也可用非破坏性读出系统测出。参见 image solid transducer。

charge-mass ratio 荷质比 粒子所带的电荷与粒子质量之比。

charge rate 充电率,荷电率 (1)充电率以电流大小表示的蓄电池充电速率。习惯用若干小时(h)率表示,是指蓄电池在规定时间内充电到额定容量所需的恒定电流值。如设蓄电池的容量 $C=60\text{Ah}$,规定用 20h 率充电,则充电率$=C/20=3\text{A}$。充电率对蓄电池的充电深度、使用寿命有显著影响。大电流充电对电池的寿命不利。(2)荷电率是直流激发极化法观测结果的另一种表示方法。它是断电后记录的二次场衰减曲线中的电位某段时间间隔的积分值与极化场的百分比,或者说,荷电率在数值上是断电后某段时间内的二次场电位差曲线所包围面积的大小和极化场电位差的百分比。荷电率的单位是毫秒。

charge storage 电荷存储 通过载流子流动,在半导体二极管或双极晶体管的基极上形成载流子,以给出在集电极或背面的输出电流所需的浓度梯度。

charge-storage diode 电荷存储二极管 断开时间由电荷存储而显著增加的半导体二极管。

charge-storage transistor 电荷存储晶体管 以基极为高电平、集电极为低电平的正偏压时,集电极-基极结将充电的晶体管。

charge-transfer device 电荷转移器件 如同电荷耦合器件和电荷注入器件那样取决于存储电荷在预定位置之间移动的一种半导体器件。

charge transfer state (CTS) 电荷迁移态 在激发过程中,电子从一个离子转移到另一个离子上,即从周围阴离子被激发到发光中心的阳离子上,中心离子此时所处的能态称为电荷迁移态(CTS)。CTS 不能直接产生光发射,只当电子从 CTS 返回周围阴离子时将激发能传递给发光中心,发光中心被激发,这时才能产生发光跃迁。

charge trapping 电荷俘获 半导体器件中发生的防止电子或空穴自由转移的寄生现象。

charging 充电 (1)蓄电池中将电能转换成化学能的过程。(2)将电能馈至能存储电能的电容器或其他器件的过程。

charging gateway 计费网关 实时采集用户通话信息并进行记录、存储、备份、合并话单、向计费中心传送话单文件的设备。

charm 魅数 用量子数表示的某些基本粒子的假想特性,用于夸克假说中。早期设想它来解释 J 粒子异乎寻常的长寿命。在这一理论中,原来三对夸克-反夸克由第 4 对魅数夸克及其反夸克来补充。超常粒子本身是有零魅数的介子,因为它由魅数对组成。

chart area 图表区 在图形数据显示管理器(GDDM)中,图片空间中的绘制企业图表的部分。

chart box 图表盒 屏幕上建立图形的部分。

chart format 图表格式 某些计算机绘图系统中的一种格式,用于描述图表的设计特性,如图表类别、图表属性等。图表格式不包括被绘制图表的数据集。

chassis 机箱(壳) 支撑电子元件和容纳电路板的计算机箱的主结构。

chat 交谈 电子信息服务的一种方式,它可使某个用户与处于联机的另一个用户进行交谈,彼此传递有关信息。该服务方式的另一显著优点是使一个用户可以和成千上万个计算机的拥有者发生联系,以期待会有人帮助他解决最棘手的问题。

C

chat line 聊天区 通过网络,任何数量的计算机用户都可实时地相互输入消息,建立一种在线谈话。大多数聊天区都有一个特定的论题,如/macintosh是用于Macintosh用户的,/initgame是一种采用字的首字母的不断发展的游戏,/bottub基本上是可自由参加的讨论。

chat message 非正式信息 通过网络传送的一种信息。它在屏幕上显示,但不被存储。

chat room 聊天室 同chat line。

chat script 会话脚本 (1)在远程通信中,一个期望发送序列的表,调制解调器用它建立一个与其他调制解调器的通信链接。参见expect-send sequence,handshaking。(2)定义了两个系统间的登录会话字符串文本。在它的期待发送标志间定义了本地系统期望从远端系统接收的字符串以及本地系统应当发送出的响应信息。

chatter 颤动 电触点处持续产生的不希望出现的断开和闭合交替现象。

CHC 计算机层次控制 computer hierarchical control的缩写。

CHCV 通道控制向量 channel control vector 的缩写。

CHDIR CHDIR命令 DOS(磁盘操作系统)中的一个内部命令,显示当前目录或者改变当前目录。

cheapernet 廉价网络 一种基带局域网络,采用细电缆和比以太网或IEEE 802.3标准更便宜的元件组成。虽然数据传输速率相同,但网络的跨距小,工作站的数量少。

cheat code 作弊密码,秘技 在计算机游戏中,对玩家有利的一种秘密的键盘序列或代码,如作弊密码通常产生更多的军火、生命、飞越或穿透障碍的能力。

Chebyshev array 切比雪夫天线阵 阵元的馈电能产生可以用切比雪夫多项式表示的阵列因子的天线阵。对于给定的旁瓣电平,主波束的宽度被减小到最窄。

Chebyshev filter 切比雪夫滤波器 这种滤波器来自切比雪夫多项式,因此得名。一种在通带或阻带上频率响应幅度等波纹波动的滤波器。切比雪夫滤波器在过渡带比巴特沃斯滤波器的衰减快,但频率响应的幅频特性不如后者平坦。切比雪夫滤波器和理想滤波器的频率响应曲线之间的误差最小,但是在通频带内存在幅度波动。参见Butterworth filter。

check 检验,检测 (1)确定精度的过程。(2)检查机器运行的正确性的过程。也指检查计算机内预定条件是否存在,程序结果是否正确等。这种检查可以用相应设备自动完成或通过程序来进行。参见automatic check,character check,completeness check,consistency check。

check-after-write 写后检测 NetWare的一种容错方法,在将数据写到磁盘后立即验证数据以保证数据一致性。

check authorization record (CAR) 支票核准记录 某些零售商店系统中的一种记录,存储控制器据此决定接受或拒绝某个客户的支票兑现请求。

check bit 校验[检查]位 在数据通信中,一个用于检查传输中数据错误的位。校验位的计算值协助确保正确数据传输。这是技术性和探测性控制。参见redundancy check bit。

check box 检查框 在图形用户界面的窗口或对话框中,一个带有相关文字的小方框,代表一种选择,当用户选择这样的小方框时,方框中出现一个大叉"X"表示该选择生效,用户可再次选择它以清除检查框的选择。

check bus 校验总线 把数据传送到检验设备(如校验寄存器、奇偶校验器或比较器)的一组并行线。

check character 校验字符 用来进行校验的字符。它是由被校验的字或字符通过一定的算法建立起来的。校验字符可以是一个或若干个二进位,通常和被校验的信息连接在一起。

check diagnostic 检查诊断程序 用于查找计算机中的故障或错误的例行程序。

check digit 校验数位 对数据进行正确性校验的数位,可以是一位数,也可以是多位数。

check digit verification 检验数位核对 一种用来检验代码数有效性的技术。当代码数记录在原始文件上时,它们是容易出现转置错误的。通过这项技术可以证明是否有效的典型代码数包括有:会计代码、雇员数或工作时间数、库存数、品种目录数、产品代码、部门代码、费用代码等。这项技术要求计算一个校验数位以便产生一个自检验数。该校验数位同计算它的那个数有数学上的联系,并是该数的一部分。校验数位是利用某一特定模数求得的。特定模数是一个数字,用它除以需要校验数位的数。普通使用的模数是7,10,11和13。当将包括有检验代码位的数输入到计算机中去时,计算机即将检验数位除去,尔后,按接收到的数字计算检验数位。再后,它将输入的检验数位与由它计算的检验数位相比较,如果它们是一致的,则代码数是有效的;如果它们有差别,则表明代码数中的位已被转置,因此该数无效。

checker board effect 检测板效应 在数字图像处理中,随着取样灰度等级的下降,图像趋于模糊。图形的轮廓逐渐分不清楚,这种现象称为检测板效应。

checker boarding 纵横交错排列 一种外部存储分段法。

checkerboard ordering 方格盘式排序 一种运算排序方式,在网状结构的运算中,迭代运算被排在"红色"节点上首先运算,然后在"黑色"节点上进行计算。

check indicator 校验指示器 当出现错误或检测到故障时，能给出显示或声音信号的装置。

check indicator instruction 检验指示指令 一种计算机指令。它指示接通信号装置，使操作员注意到现行指令中存在某种差异。

checking code 检验码 读出盘中部分内容以确定其是否为未经授权副本的机器指令。

checking feature 校验性能 机器利用内部装置自动校验其操作的性能。

checking knowledge property system 知识性质检查系统 为保证知识库的安全性和一致性而定期或不定期地对知识库中的知识项进行检查，包括知识的正确性、有效性、时效性、适用性等方面的检查操作。

checking program 检查程序 一种专用的诊断程序。它可以用来检查程序或数据的大部分明显错误，如非法指令格式、关键字拼写错、不正确的编码或穿孔错误所引起的其他错误等。

checking routine 例行检查程序 一种专门查错的程序。用来检查程序或数据的常见错误，如键入错误等。

checking sequence 检查序列 用来检查时序逻辑电路正确性的一组数字序列。

checking symbol 校验符号 为了提高数据通信的可靠性，在信息符中按照一定的数学规律加入一些额外的符号，然后再输送出去。接收端根据信息符号和这些额外符号之间所存在的规律进行检验，借以发现错误或纠正错误，使信息符号能以较小的误码率得到恢复。这种技术称为差错控制技术。额外加进去的符号称为校验符号。这种符号是专为发现或纠正错误而设置的，译码后即失去作用。

check key 校验键标(码) 从数据项导出并附加到该数据项的一个或多个字符，用于发现这个数据项中的错误。

checkless 无支票的 20世纪60年代由于电子资金转账系统的推动而提出的概念，预言一个无支票、无现金、无纸张的社会的来临。到20世纪90年代初，无纸贸易，无纸办公已在部分地区实现。

check list 核对表 核对表是写有一系列步骤的预先制订的文件，为了完成正常的操作必须遵守这些步骤。这些步骤包括可能遇到的情况列表或经过校验确定的目标列表等。除了这些主要的应用外，核对表作为过程的记录表，专门用于记录重复性与/或基本操作，正式确定过程是否已经过检测。

checklist exercise 清单检验 用于执行一个已完成的灾难恢复计划的方法。这种类型的执行用于检验计划中诸如电话号码、手册、设备等信息是否正确及有效。参见 checklist testing。

checklists 检查表 在结构化程序设计中，指一种列表，程序员检查表中的每个变量是否初始化、程序框图的每个部分是否都已编程、定义是否都正确、所有的路径是否都已适当连接。

checklist testing 清单测试 对计划进行评估，确定当前需要完成的关键内容。

check notice 校验通知 以符号开始给用户显示的通知，让用户校验被监视的公告板或其他类型的子系统。

check of connection symbol 连接组校定 确定变压器不同电压绕组相应端子之间感应电势相位移的测量。

checkout 校验，检验 利用诊断程序对程序或设备进行诊断检查，以确定程序或设备的错误或故障。

checkout compiler 检验编译程序 专门为调试程序而设计的编译程序。它执行各种检验并根据结果发送信息给程序员。

check plot 检验图 一种由CAD(计算机辅助设计)系统绘制的图纸，可在生成最终输出结果之前做为一种正确性检验的手段。

checkpoint 检查点 (1)程序或子例程中设置的一个位置，其目的是用于分段调试或查错。当处理机执行到该点时，将有关信息和数据保存起来。该点可作为下次运算的起点。(2)在机器运行过程中，检查点通常是常规间隔时间的一个点。每当处理到检查点，就记录一遍机器运行过程中的所有变化情况，以最小化工作损失的风险。这是技术性和矫正性控制。

checkpoint and restart procedure 检查点与再启动程序 计算机在遇到错误或中断时用于从最近的检查点重新启动的程序。它一般用在需要很长处理时间的程序上。根据某些被处理的项目和记录的数目来建立检查点并决定其处理间隔。在检查点上，程序会识别输入和输出记录，并将这些记录连同重要的寄存器内容一起保存起来。当错误或中断事件发生后，再启动程序找出前一个检查点位置，使处理继续进行。

checkpoint data set 检查点数据集 某些通信系统软件中的一种可选数据集。当系统使用检查点与再启动程序时，该数据集包括可用于在系统关闭或出现故障后重建MCP(信息控制程序)环境的检查点记录。

checkpoint dump 检查点转储 对出现的检查点的主存储器和寄存器的内容进行转储。

checkpoint dump record 检查点转储记录 一种包含数据状态的记录。

checkpoint entry 检查点入口 在远程通信访问法(TCAM)中，检查点数据集中的记录。

checkpoint file 检查点文件 存放检查点记录信息的文件。其中包括主存储器内容、编址寄存器内容和外部设备状态等。

checkpoint record 检查点记录 含有一个作业检查点上状态的记录。这些记录是由检查点程序写入的。它提供作业重新从该点启动的必要信息而不必返回到该作业的初始状态。

checkpoint request record 检查点请求记录 某些通信系统软件中检查点的记录，是在应用程序中执行 CKREQ 宏指令的结果。该记录包含该应用程序的单个收信方队列的状态。参见 control record, environment record, incident record。

C

checkpoint restart 检查点再启动 在引起异常终止的工作步骤中的检查点上进行重新启动的过程。重新启动可以是自动的，也可以是延迟的。

checkpoint restart facility 检查点再启动设备 由于程序出错或系统故障使程序终止后，能使程序的某点而不是在开始点重新开始执行的一种设备。再启动能在一个检查点上开始，或者从一个作业步开始，并使用检查点记录对系统重新初始化。例如，在远程通信访问法(TCAM)中，在指定的区间或确定的事件上记录远程处理网络的状态的一种设备，在系统故障恢复后，系统能被再启动并继续下去，而不会丢失信息。

checkpoint/restart service facility 检查点/重新初启服务程序 (1)一种程序，它可使某个程序由于程序或系统故障被终止后，从该程序中的某一点而不是从开始位置重新开始执行。重新初启可以从某个检查点开始，也可以从某个作业步的开头开始，它使用检查点记录重新初始化系统。(2)某些通信系统软件中的一种服务程序，它在指定时间间隔或在某些特定事件发生后记录网络或通信系统的状态。在发生系统故障后，通信系统可被重新初启和继续而不会丢失信息。参见 extended checkpoint/restart。

check-point review 检查点评审 软件的开发工作中的一项工作，在分析、规范说明、设计、编程和测试这五个阶段中每一个阶段的结束时插入课题检查点，对课题进行评审。管理部门可以利用检查点来估计课题的进展情况。在检查点评审期间要做以下工作：移交该阶段所形成的软件移交单和文档；找出影响其他阶段的问题；讨论课题计划的执行情况；讨论变更的要求。

checkpoint routine 检查点例程 能产生检查点记录的专用例程。

checkpoint sorting 检查点分类 开始重新启动或重新运行的点。点上记录有存储器、寄存器及磁带的位置。

checkpoint start 检查点初启 某些操作系统中的一种系统重新初启，它试图恢复与被关闭的假脱机文件有关的信息，它们是预先存放在检查点磁柱面上的，假脱机文件链被重新建立，但不可能恢复假脱机文件的原始顺序。它和热初启和冷启动不同。比较 cold start, force start, warm start。

check problem 校验问题 (1)能用来确定程序中或机器中是否存在错误或故障的一个测试问题。(2)用以确定计算机或程序是否能正常操作而选择的一个问题。这个问题的解是已知的。

check register 检查寄存器 临时寄存信息，以便与第二次发送的同一信息进行比较，用来判定发送的信息是否正确的寄存器。

check routine 检查例程 主要用来表示计算机中是否存在故障而设计的例行例程或问题。它并不给出故障位置的详细信息。

check sum 检验和 (1)一组数据的和，它与该组数据相关并用于校验。(2)在软盘盘片上，为检测错误而写入某扇段的数据。如从这些数据算出的校验和与在该扇段写入的数据的校验和不相符，则表示该扇段是一个坏扇段。为了计算校验和，数据应是数字的，也可以是作为数字的字符串的。(3)检验中用到的一个累加和。一个程序可以取一个检验和或一个程序段取一个检验和。当程序输入时，校验程序就计算所有信息之和并与检验和相比较，以判定数据传输正确与否。(4)一些通信协议中使用的技术，如 Xmodem，用于检查线路上在传输信息时发生的错误，它将数据的位数加起来的和与数据一起发送，在到达终点时再检查是否符合一致来判别传输中是否有错误存在。参见 block sum check。

check-sum character 检查和字符 加在传输数据块末尾的一种字符。它表示数据块中的数据数。如果接收设备计算的数据数与发出的数据数不符，则在数据中或检查和中发生传输错误。此时，必须重发有错误的数据块。

check sum code 检验和码 一种可用来检测数据错误的校验码。其方法是，每组信息的末尾附加一个校验字节，若一个字为 b 位，则它是由该组中所有信息的模 2^b 之和。

check sum protection 检查和保护 (1)在某些计算机系统中，一个保护存储在系统辅存中数据免于因单个磁盘错误而丢失的函数，在进行检查和保护时如果发生磁盘故障，系统在设备修复之后自动重建数据。(2)在 TCP/IP(传输控制协议/网际协议)中，指一组与组有关的数据的和，用于错误检查。

check sum set 检查和集 在某些计算机系统中，以组定义的提供一种使系统在磁盘故障时恢复数据的方法的辅存单元。

check symbol 校验符号 通过对数据项进行算术校验或求和校验而产生的一个或几个数字。将这些数字加到该数据项上，并通过各个处理阶段一起复制出来，从而可进行反复校验，以验证复制过程的准确性。

check total 检验总数 一大批总数或和数中的一个数。它与一组计算中的一致性检查有关。

check word **检验字** 一种计算机字,含有一组记录中的数据。它与一组记录连接起来可用作不同单元之间传送一组记录过程中的校验符号。

chelate laser **螯合物激光器** 利用稀土螯合物(金属有机化合物)制成的液体激光器。初始激励发生在液体分子的有机部分,然后转移至金属离子以产生激光作用。正常波长范围为 0.3 ~ 1.2 μm。

chemical abstract machine (CHAM) **化学抽象机** 化学抽象机将化学反应和抽象机概念有机结合,用于描述系统状态变化。CHAM 将一个系统的状态看成化学溶液,溶液由分子组成,分子根据一定的反应规则相互反应又引起新的系统状态变化。溶液中不同分子可按反应规则平行地进行反应,只要各自反应的分子集不重叠。因 CHAM 在描述系统动态性、并行性方面的优良特性,所以可较好描述异步并行计算模型。一个化学抽象机由一组分子 m_0, m_1, m_2…、溶液 s_0, s_1, s_2…和变换规则组成。分子是 CHAM 的基本元素,由一个常数集和操作符集派生而成的句法代数定义;溶液是由有限多个分子的集合,它反映了系统的某种状态,溶液中的分子根据变换规则进行反应。变换规则从应用范围可分为:①通用规则,即在整个 CHAM 中通用的规则;②专用规则,适用于某些特定分子的规则。从反应作用可分为:①加热规则,把大分子分解成小分子的规则;②冷却规则,小分子合成大分子的规则。从反应涉及的分子可分为:①自反应规则,只有单一分子的状态变化;②互反应规则,反应过程中至少有两个分子参加反应。本质上,CHAM 可看成一种有限状态机,因此它具有一般状态机特征,与其他以状态机为转换模型的技术相比,CHAM 利用化学反应这一隐喻,因此在刻画系统的动态性特征方面比较自然。参见 abstract machine, finite state machine (FSM)。

chemical cell **化学电池** 将化学能直接转变为电能的装置。主要部分是电解质溶液、浸在溶液中的正、负电极和连接电极的导线。依据能否充电复原,分为原电池和蓄电池两种。参见 galvanic cell, storage battery。

chemical dating **化学测年** 依靠测定样品的化学成分的绝对测年技术。当已知样品经历一个已知速率的缓慢化学变化时,可用化学测年技术。例如,埋葬的骨头中的磷酸逐渐由地下水中的氟离子所取代,测量氟的比例就可粗略估计骨头埋在地下的时间。比较 carbon dating。

chemical gas sensor **化学气体传感器** 用金属-氧化物硅薄膜工艺制作的化学气体传感器,用于对家庭、车辆和工厂中煤气的危险程度提供报警。在硅衬底与金属-氧化物检测薄膜之间的二氧化硅层中嵌入加热器,以将薄膜温度升高到对目标气体最灵敏的程度,跨接在传感器接触面上的外电路呈现的导电性给出报警信号。

chemical laser **化学激光器** 直接由诸如氢和氯、氚和氟这类气体之间或在氟化氢或氟化氚与二氧化碳之间的化学反应来产生激光作用所需粒子数反转的气体激光器。化学反应可以是没有外部能源的纯化学反应或由外部能量输入,如放电或闪光启动。其正常波长范围为 2 ~ 100 μm。参见 population inversion。

chemical oxygen demand (COD) **化学耗氧量** 对水或废水中有机物成分的化学测量。使用强氧化剂和酸,通过加热,对抽样气体中所有的碳化合物进行氧化。非生物降解或缓慢降解的化合物不进行生物化学耗氧量测量,它属于分析范围。实际的测量包括经过反应的氧化剂(典型为重铬酸钾)的减少量。

chemical pumped laser **化学泵浦激光器** 靠化学反应而不是靠电能来产生泵浦激光器所需光脉冲的一种激光器。

chemical resistance **耐化学性** 材料耐酸、碱、盐、溶剂和其他化学物质的能力。

chemical vapor deposition (CVD) **化学气相淀积** (1)用于绝缘或导通电路元件的,在晶片上均匀淀积绝缘体或导体薄膜的方法。用光刻法确定薄膜的图形,腐蚀工艺完成后把图形保存下来。有两种淀积方法:等离子体辅助法(PECVD)或低压法(LPCVD)。(2)在光纤制造中,通过异质的气-固和固-气化学反应,在基质表面产生沉积。

chemistry related effect **化学相关效应** 指由于化学反应导致某些物质物理特性发生变化的现象,统称为化学相关效应。

Chernobyl packet **切尔诺贝利信息包** 网络攻击的一种形式,其中黑客发送一个数据包,激活接收系统中每一个可利用的协议可选项。切尔诺贝利信息包会导致信息包激增,最终使网络过载进而瘫痪。

chesty **胸音** 指音箱的一种声染色,就像歌唱家因胸腔过大而放声洪量的那种声音。

Chicago **芝加哥** 微软公司开发 Windows 3.1 的升级产品时曾使用的一个版本代号,该版本具有完整的 32 位抢占式多任务处理,具有 32 位 OLE(对象连接与嵌入)及 32 位 API(应用程序接口),即插即用设计,具有较强的连接功能、电子邮件功能和远程访问功能。后来正式定名为 Windows 95。

chief information officer (CIO) **首席信息官,信息主管** 组织机构中所有信息处理部门的总负责人。信息主管管理着信息部门的正常运作,保障系统的平稳运行,并对高层管理人员和其他业务部门提供技术支持。

chief knowledge officer (CKO) **首席知识官** 公司中负责管理和分配全部商业和技术知识的主管人员。首席知识官通过以下手段扩大现有知识的价值:确保雇员获取到知识;避免由于数据库或其他存储器的技术上的改变或升级而造成知识丢失。

chief programmer 主程序员 程序员组的负责人，他是一位高级程序员，其职责包括承担该组开发软件的关键部分，协调小组的活动和检查小组其他人员的工作。他对正在开发的软件要有全面的技术上的了解。

chief programming team 主程序员编制小组 在软件开发的组织结构中，软件部门通常使用的程序设计小组的组织形式之一。由主程序员1人，程序员3～5人以及技术员(如资料员，后备咨询人员等)组成。主程序员负责设计并实现项目中的关键部分，对主要的技术问题作出决定，并给程序员分配工作。程序员承担编写代码和文档资料，完成单元测试和调试工作。资料员负责设计文档资料，测试计划。后备程序员提供技术咨询，做部分分析、设计和实现工作。该工作制突出了主程序员的领导，其工作结构有利于把数据定义事务性工作以及程序设计等之间的职能分离开，以明确各类人员的责任。美国软件产业中大多采用该类工作制。

chief technology officer (CTO) 首席技术官，技术主管 负责管理公司信息技术(IT)体系结构和公司其他技术资产的执行官。CTO的职责可以包括监督信息技术中心、网络和内联网、应用系统、数据库、万维网以及其他的技术资源。

chief visionary officer (CVO) 首席前瞻性官 CVO是企业中的一个新头衔，它用来与其他企业的经营管理人员，包括首席执行官(CEO)、首席财政管(CFO)，首席信息官(CIO)和首席技术官(CTO)进行区分。CVO必须具备有关组织商务相关的广泛和全面的知识，用来前瞻性的预知企业未来的发展方向和进行相应的工作。此头衔有时用来定义一个比CEO更高头衔的职位，有时则用来指高级顾问的位置。在一些情况下，CVO附加在CEO头衔上(如CEO/CVO)。

child device 子设备 在AIX操作系统中，一个表示层次位置的术语，表示可与父设备进行的连接，如一个SCSI(小型计算机系统接口)磁盘可以是一个SCSI适配器的子设备。

child directory entry 子目录入口 在数字设备公司网络体系结构(DECnet)中，子目录的入口。

child node 子节点 树结构中当前节点的各个子树的根称为当前节点的子节点。比较 father node。

child pointer 子指针 层次结构数据库中，一种表示隶属关系的指针。位于上层的记录称为父记录，位于其下层的记录称为子记录。为表示此结构，可在每个父记录中设置指向每种子记录的第一个记录的指针——子指针，同一种子记录的所有记录值用孪指针相连。

child process 子进程 *操作系统中，一个由称为父*进程启动的进程，与父进程共享资源。参见 fork。

Children's Online Privacy Protection Act (COPPA) 儿童在线隐私权保护法 2000年4月颁布的一部美国联邦法律，旨在保护13岁以下儿童的在线隐私权。COPPA法案要求收集13岁以下儿童个人信息的万维网站点需事先得到父母或监护人的许可，并且监督和指导儿童使用万维网交互功能(如聊天室和电子邮件)的网上行为。

child resource 子资源 (1)在某些计算机系统中，指一种可靠的资源，即使用父代资源用户表的文件或程序库。一个子资源只能有一个父代资源。比较 parent resource。(2)在NetView图形监控机制中，一个紧接在父资源下层的资源。

child segment 子(节)段 在层次型数据库中的一种节段，位于其父节段的下一层。一个子节段仅有一个父节段。参见 parent segment。

child window 子窗口 一个出现在父窗口边界内的窗口，当父窗口放大缩小或者关闭时，子窗口也被放大缩小或者关闭，但是子窗口还可以在父窗口中单独进行放大缩小或者关闭的操作，对应于 parent window。

CHILL CCITT高级语言 CCITT high-level language的缩写。

China Academic Library & Information System (CALIS) 中国高等教育文献保障系统 CALIS是1998年11月经国务院批准的我国高等教育总体建设规划中的公共服务体系之一。CALIS的总体目标是建成以中国教育与科研计算机网(CERNET)为依托的网上信息资源共享系统，使信息资源网与通信网协调发展，为高校的教学、科研人员营造一个与国际接轨的信息网络环境，提供丰富的文献信息资源，先进的技术手段和便利的服务体系。CALIS目前已经完成了文献信息服务网络的建设，建成全国中心、地区中心、成员馆三级保障体系，自行开发了包括联机合作编目、自建数据库、联机公共目录检索及馆际互借等子系统在内的公共服务软件系统，开展自建数据库和引进数据库工作。面向成员单位提供中文期刊目次文摘、中英日文书刊联合目录、高校学位论文与会议论文等数据库的查询，引进数据库、特色数据库和重点学科导航数据库检索，馆际互借与文献传递服务。建成了国内第一套大型实时的联机合作编目系统。

China Academic Network (CANET) 中国学术网 中国学术门户站点，CANET试图利用网络来扩展学术，将学术大众化，互动化，成为网络文化的一部分，从而带动中国学术的发展壮大。

China Computer Federation (CCF) 中国计算机学会 中国计算机学会成立于1962年，是中国计算机及相关领域的学术团体，宗旨是为本领域专业人士的学术和职业发展提供服务；推动学术进步和技术成果的应用；进行学术评价，引领学术方向；对在学术和技术方面有突出成就的个人和单位给予认可和表彰。学会的业务范围包括：学术会议、优秀成果及人物评奖、学术刊物出版、科学普及、计算机专业工程教育认证、计算机术语审定等。有影响的系列性活动有"CCF中国计算机大会"、"CCF王选奖"、"CCF海外杰出贡献奖"、"CCF优秀博士学位论文奖"、CCF青年计算机科技论坛、CCF全国信息学奥林匹克等。学会下设11个工作委员会，有分布在不同计算机学术领域的专业委员会32个。学会编辑出版的刊物有《中国计算机学会通信》(学术性月刊)，与其他单位合作编辑出版的会刊有16种。学会与IEEE-计算机学会、ACM等国际学术组织有密切的联系或合作。

China Conference Paper Database (CCPD) 中国学术会议文献数据库 CCPD由中文全文数据库和西文全文数据库两部分构成，内容涵盖人文社会、自然、农林、医药、工程技术等各学科领域，是目前国内收集学科最全、数量最多的会议论文数据库。中文版所收会议论文内容是中文；英文版主要收录在中国召开的国际会议的论文，论文内容多为西文。

ChinaDDN 中国数字数据网 China Digital Data Network 的缩写。

China Digital Data Network (ChinaDDN) 中国数字数据网 由我国邮电部(现工业和信息化部)经营管理的计算机网络。它是利用光纤(数字微波和卫星)数字传输通道和数字交叉复用节点组成的数字数据传输网，可以为用户提供各种速率的高质量数字专用电路和其他业务，以满足用户多媒体通信和组建中高速计算机通信网的需要。DDN(数字数据网)业务区别于传统模拟电话专线的显著特点是数字电路，传输质量高，时延小，通信速率可根据需要选择；电路可以自动迂回，可靠性高；一线可以多用，即可以通话、传真、传送数据，还可以组建会议电视系统，开放帧中继业务，多媒体业务，或组建自己的虚拟专网设立网管中心，自己管理自己的网络。ChinaDDN可以提供市内、国内和国际DDN专线的各种服务。

China Dissertation Database (CDDB) 中国学位论文全文数据库 CDDB根据国家法定学位论文收藏机构中国科技信息研究所提供资料加工建库，收录了自1977年以来我国各学科领域的博士、硕士研究生论文。内容涵盖理学、工业技术、人文科学、社会科学、医药卫生、农业科学、交通运输、航空航天和环境科学等各学科领域，是我国收录数量最多的学位论文全文数据库。

China Doctor Dissertation Full-text Database (CDFD) 中国博士学位论文全文数据库 CDFD是我国拥有国家批准标准刊号，正式全文出版博士学位论文的国家级学术电子期刊。CDFD按学科分为10个专辑、168个专题，同时以光碟版和网络版出版发行。光碟版每月定期出版；网络版以论文为单位每天出版。

China Domain Name (CDN) 中国域名 特指以".中国"为域名后缀的中文域名，是中文域名的一种。根据信息产业部域名体系公告，".中国"是在互联网上标识中国的中文顶级域名，".CN"是在互联网上标识中国的英文顶级域名。参见 Chinese domain name (CDN)。

China Economy Information Net (CEINET) 中国经济信息网 CEINET是国家信息中心组建的、以提供经济信息为主要业务的专业性信息服务网络，于1996年12月3日正式开通。中国经济信息网利用自主开发的专网平台和互联网平台，为政府部门、金融机构、高等院校、企业集团、研究机构及海内外投资者提供宏观经济、行业经济、区域经济、法律法规等方面的动态信息、统计数据和研究报告。

China Electrotechnical Society (CES) 中国电工技术学会 CES成立于1981年7月23日，是由以电气工程师为主体的电工科学技术工作者和电气领域中从事科研、设计、制造、应用、教学和管理等工作的单位、团体自愿组成并依法登记的社会团体法人，是全国性的非营利性社会团体，是中国科学技术协会的组成部分。CES下设不同电工技术领域的专业委员会43个，地方学会22个。CES参加国际组织5个，与国际电气电子工程师协会(EEE)、英国电气电子工程师学会(IEE)、世界电动车协会(WEVA)、亚太电动车协会(EVAAP)和国际电磁场计算学会(ICS)建立了联系。

China Financial Certificate Authority (CFCA) 中国金融认证中心 应中国电子商务发展的需求，由中国人民银行牵头，中国工商银行、中国农业银行、中国银行、中国建设银行、交通银行、招商银行、中信实业银行、华夏银行、广东发展银行、深圳发展银行、光大银行、民生银行等12家商业银行联合共同建立中国金融认证中心(CFCA)，并委托银行卡信息交换总中心具体实施建设和运行管理。中国金融认证中心作为一个权威的、可信赖的、公正的第三方信任机构，专门负责为电子商务的各种认证需求提供证书服务，为参与网上交易的各方提供安全的基础，建立彼此信任的机制，并且在中国电子商务发展中，组织并参与有关网上交易规则的制订以及确立相应的技术标准，提供网上支付，特别是跨行网上支付的相互认证等。金融认证中心为了满足金融业在电子商务方面的多种需求，采用PKI(公钥基础结构)技术，建立了SET和Non-SET两套系统，提供多种证书来支持各成员行及各应用单位对电子商务的开发以及应用。

ChinaGBN 中国金桥信息网 China Golden Bridge Network 的缩写。

China Golden Bridge Network (ChinaGBN) 中国金桥信息网 1996年开通的ChinaGBN是中国四大骨干网之一。它是中国国民经济信息化的基础设施，是建立金桥工程的业务网，支持金关、金税、金卡等“金”字头工程的应用。金桥工程是为国家宏观经济调控和决策服务，同时也为经济和社会信息资源共享和建设电子信息市场创造条件。ChinaGBN是以卫星综合数字网为基础，以光纤、微波、无线移动等方式，形成空地一体的网络结构，是一个连接国务院、各部委专用网，与各省市、大中型企业以及国家重点工程连接的国家公用经济信息通信网，可传输数据、话音、图像等，以电子邮件、电子数据交换(EDI)为信息交换平台，为各类信息的流通提供物理通道。ChinaGBN通信链路主要由陆上线路和甚小孔径卫星终端(VSAT)构成。参见Chinese Education and Research Network (CERNET)，Chinese Science and Technology Network (CSTNET)，ChinaNet。

China Information Security Certification Center (ISCCC) 中国信息安全认证中心 依据国家有关强制性产品认证、信息安全管理的法律法规，负责实施信息安全认证的专门机构。中国信息安全认证中心对信息安全产品实施认证，并开展信息安全有关的管理体系认证和人员培训、技术研发等工作。具体包括：①在信息安全领域开展产品、管理体系等认证工作；②对认证及与认证有关的检测、检查、评价人员进行认证标准、程序及相关要求的培训；③对提供信息安全服务的机构、人员进行资质培训、注册；④开展信息安全认证、检测技术研究工作；⑤依据法律、法规及授权从事其他相关工作。

China Internet Network Information Center (CNNIC) 中国互联网络信息中心 CNNIC是经国家主管部门批准，于1997年6月3日组建的管理和服务机构，行使国家互联网络信息中心的职责。CNNIC承担的主要职责：①互联网地址资源注册管理。CNNIC是我国域名注册管理机构和域名根服务器运行机构，负责运行和管理国家顶级域名.CN、中文域名系统、通用网址系统及无线网址系统，以专业技术为全球用户提供不间断的域名注册、域名解析和查询服务；②目录数据库服务。CNNIC负责建立并维护全国最高层次的网络目录数据库，提供对域名、IP(网际协议)地址、自治系统号等方面信息的查询服务；③互联网寻址技术研发；④国际交流与政策调研。

China Mobile Net (CMNet) 中国移动互联网 CMNet由中国移动通信集团公司拥有。公司主要经营话音、数据、多媒体和IP(网际协议)电话业务，是具有国际互联资格的因特网业务提供商。

China National Knowledge Infrastructure (CNKI) 中国知识基础设施 CNKI工程是以实现全社会知识资源传播共享与增值利用为目标的信息化建设项目，始建于1999年6月，采用数字图书馆技术，建成了世界上全文信息量规模最大的“CNKI数字图书馆”，为全社会知识资源高效共享提供最丰富的知识信息资源和最有效的知识传播与数字化学习平台。

ChinaNet 中国公用计算机互联网 ChinaNet是由中国原邮电部(现工业和信息化部)设计建设的全国性计算机网络。于1995年5月正式向社会开放，是中国四大骨干网之一。ChinaNET是中国最大的因特网服务提供商，它是中国第一个商业化的计算机互联网，它以中国电信为基础，凡是电信网(中国公用数字数据网、中国公用交换数据网、中国公用帧中继宽带业务网和电话网)通达的城市均可通过ChinaNET接入因特网，享用因特网服务。ChinaNET的服务包括：因特网接入服务，代为用户申请IP(网际协议)地址和域名，出租路由器和配套传输设备，提供域名备份服务，技术服务和应用培训。参见Chinese Education and Research Network (CERNET)，Chinese Sience and Technology Network (CSTNET)，China Golden Bridge Network (ChinaGBN)。

China Netcom (CNCnet) 中国网通网 CNCnet由中国网络通信公司建设并运行。该公司由中国科学院、广播电影电视总局、铁道部和上海市政府四家单位于1999年成立。2002年5月16日，根据国务院《电信体制改革方案》，中国网通在原中国电信集团公司及其所属北方10省(区、市)电信公司、中国网络通信(控股)有限公司、吉通通信有限责任公司基础上组建而成。2008年10月6日起中国网通与中国联通合并为中国联合网络通信有限公司。中国网通拥有覆盖中国、通达世界、结构合理、技术先进、功能齐全的现代通信网络，主要经营国内、国际各类固定电信网络设施及相关电信服务。

China Network Television (CNTV) 中国网络电视台 CNTV是中国国家网络电视播出机构，是以视听互动为核心、融网络特色与电视特色于一体的全球化、多语种、多终端的公共服务平台。

China Open System Alliance (COSA) 中国开放系统软件平台 1995年9月在中国研制成功的一种系统软件。它包括UNIX类操作系统COSIX、语言编译系统COLANG、数据库管理系统CCOBASE和网络系统CONET等。

ChinaPAC network 中国公用分组交换网 由中国邮电部(现工业和信息化部)组建的国家公用分组交换数据网，提供多种服务。拨号入网用户可全国漫游，具有多地址广播、虚拟专用网、闭合用户群、用户号码连选等功能，支持国际电报电话咨询委员会(CCITT) X.25，X.28，X.29，X.32，X.3，X.75等协议和SNA(系统网络体系结构)网络协议、令牌环、帧中继、TCP/IP(传输控制协议/网际协议)等。电话拨号入网的通信速率为1 200～9 600 bps，专线入网的通信速率为1.2～64 kbps。

ChinaSat 中国通信广播卫星公司 China telecommunications broadcast satellite corporation 的

缩写。

China Sciences Citation Index (**CSCI**) **《中国科学引文索引》** CSCI是由中科院文献信息中心编辑出版,收录了国内出版的主要的科技期刊,内容涉及数、理、化、天、地、农、医及工程技术领域,编排结构与美国《科学引文索引》大致相同,《中国科学引文索引》总体上也分为引文、来源两大部分,共有引文索引、来源索引、机构索引和轮排主题索引四大索引。CSCI通过著者、机构名或主题词查找文献;通过引文索引了解某一课题研究过程,揭示文献间相互联系情况;利用引文著者检索该著者论着被引用情况、引用频率。CSCI是我国作为科研评价的重要参考依据之一。参见 Science Citation Index (SCI)。

China Science Periodical Database (CSPD) 中国学术期刊数据库 CSPD收录自1998年以来国内出版的各类期刊近7 000余种,其中绝大部分是进入科技部科技论文统计源的核心期刊。每年增加约200万篇,每周两次更新。内容包括论文标题、论文作者、来源刊名、论文的年卷期、中图分类法的分类号、关键字、所属基金项目、数据库名、摘要等信息,并提供全文下载。

China Scientific &Technological Achievements Database (CSTAD) 中国科技成果数据库 CSTAD是国家科技部指定的新技术、新成果查新数据库。该数据库收录了自1980年以来的国内的科技成果及国家级科技计划项目,数据主要来源于历年各省、市、部委鉴定后上报国家科技部的科技成果及星火科技成果,每月更新。范围有新技术、新产品、新工艺、新材料、新设计,涉及自然科学的各个学科领域。

China Standard Book Number (CSBN) 中国标准书号 在中国注册的出版社所出版的每一种图书的每一个版本都具有的唯一标识代码,它由"国际标准书号(ISBN)"和"图书分类号"两部分组成。国际标准书号部分可独立使用。

China Standard Serial Numbering (CSSN) 中国标准刊号 在中国登记的每种报纸和期刊的每一个版本都具有的唯一标准编码,它由国际标准刊号(ISSN)和国内统一刊号两部分组成。

China telecommunications broadcast satellite corporation (ChinaSat) 中国通信广播卫星公司 简称"中国卫通",成立于1985年,是国内首家运营卫星通信广播业务的国有企业。公司主要业务是:建设、经营、管理国内民用通信广播卫星系统;对民用通信广播卫星空间段及地球站提供监控服务;开发经营卫星通信、广播、电视传送和移动通信业务;提供卫星通信系统总承服务、卫星通信设备的销售和维修;提供与上述业务有关的技术咨询和技术服务。

Chinese analysis 汉语分析 将输入计算机的汉语句子或篇章,利用给定的分析方法,确定每个成分的词法、句法和语义等信息,并将其转换成便于计算机进一步处理的中间表示。

Chinese character 汉字 记录汉语的书写符号,产生于6千年前,属表意体系的文字。汉字总数约有8万字,比较常用的约有7千字。1988年国家语言文字工作委员会、国家教育委员会联合发布的《现代汉语常用字表》中收有3 500个汉字。1981年国家标准总局发布的中华人民共和国国家标准GB 2312—80《信息交换用汉字编码字符集》共收汉字6 763个,分成两级,第一级为3 755个汉字,第二级为3 008个。参见GB2312-80。

Chinese character address code 汉字地址码 汉字字模库(主要指整字的点阵式字模库)中存储汉字字形信息的逻辑地址。由于字模存储介质的不同,其编码方法也不同,如半导体存储器汉字字模库的汉字地址码通常是由插件地址、存储模块地址、存储片地址和数据地址组成。汉字地址码大多是连续有序的,并与汉字内部码有一定的对应关系。

Chinese character attribute 汉字属性 汉字所固有的一些基本特性。它包括汉字本身所具有的音、形、义三方面的特征及附加的有关特征,如汉字字量、字形分解、使用频度、汉字字体、汉字发音、汉字索引、汉字排序、汉字使用交换码。

Chinese character attribute dictionary 汉字属性词典 包括汉字部首、汉语拼音、笔划数、笔顺、使用频度、组词能力、文字结构、标准部件、标准字形点阵码等属性及其电报码等相关信息的数据库或词典。

Chinese character basic character 汉字基本字符 无字义偏旁和独体字组成的汉字字符,简称汉字符。所有汉字可以看成是由汉字符拼合而成的。平面信息相同的汉字符由于平面上相互间位置不同可组成不同的汉字,如汉字符"日"和"九",可组成旭、旯、旮等三个汉字。

Chinese character card 汉卡 一种硬字模库。将汉字编码输入方法的码表和有关程序及汉字的字模数据固化在ROM(只读存储器)器件中的一种逻辑电路插件。该板插到机器内扩展槽上,这可以节省存放汉字的内、外存空间。随着软件汉字库的发展,汉卡已不再使用。

Chinese character code 汉字代码 对汉字进行的编码。在汉字信息处理系统中,为对汉字方便地进行加工和处理,须先对汉字进行编码。常用的汉字代码包括有汉字输入码、汉字交换码、汉字内部码等。对汉字的加工处理实际上是对汉字的各种代码进行转换。

Chinese character coded character set 汉字编码字符集 按一定的规则确定的包含汉字及有关基本图形字符的有序集合,并规定该集合中的字符与编码表示之间一一对应的关系,如GB 2312—80《信息交换用汉字编码字符集》。

Chinese character code for information interchange (CCCII) 汉字信息交换码 汉字信息处理系统之间或者信息处理系统与通信系统之间进行汉字信息交换的代码。比较 Chinese character internal code。

Chinese character coding input method 汉字编码输入方法 运用某种编码方案、键盘设备及计算机资源的汉字输入方法。

Chinese character coding keyboard input mode 汉字编码(键盘)输入方式 操作人员运用某种编码方案,通过键盘向计算机输入汉字的操作方法。主要有:①视打:操作人员以目视方式接受文本资料进行键盘输入;②听打:操作人员以耳听的方式接受口授或播放的语言进行键盘输入;③想打:操作人员按照自己的构思内容进行键盘输入。

Chinese character coding scheme 汉字编码方案 汉字集元素映射到其他字符集元素的一组规则。对单个汉字的编码叫汉字码;对汉语词语的编码叫词语码或简称词码;以汉字的基本部件(字根)为码元的汉字编码称为部件(字根)码;以汉字的基本笔划为码元的汉字编码称为笔划码;不遵循明文规定的编码规则而另作例外处理的编码称为例外码等。

Chinese character coding technique 汉字编码技术 研究有关汉字编码字符集的设计和汉字[词语]编码(键盘)输入的设计等的信息处理技术。它涉及收字、分级、排序、定位、认同等规则,简/繁/异体字关系的研究与确定,建立字符集及其编码表示之间的一一对应关系,确定各类编码之间的映射关系,构造完备的计算机汉字代码体系,汉字(词语)编码(键盘)输入系统以及汉字字形库等技术。

Chinese character control function code 汉字控制功能码 一种不表示具体的汉字数据,但却影响汉字数据的格式处理、传送控制或解释执行等功能的代码。它和表示汉字数据的代码一起组成汉字数据流,贯穿于汉字输入、机内处理、汉字输出等整个汉字系统的处理过程。汉字控制功能码的设计包含着控制功能的编码表示和含义的确定。它直接影响着整个汉字系统的效率和性能。

Chinese character display 汉字显示器 利用阴极射线管(CRT)作显示屏幕进行汉字输入、修改、校对以及输出的显示设备,这种 CRT 显示器具有如下特点:全部采用电子元件,没有机械部件,从而提高可靠性和耐用性、没有噪音、成本低、响应速度快。

Chinese character dot matrix font 汉字点阵字形 计算机中以点阵形式表示规范化汉字字形的一种形式。

Chinese character element keyboard 汉字字元键盘 一种用汉字字元组合输入的汉字键盘,即中键盘。键盘上字元数目有近百个。基本思想是:最常用字一次输入,其他字用字元组合输入。字元数目不宜太多;否则编码太长,速度太慢。

Chinese character encode efficiency 汉字编码效率 理论码长的下限与实际平均码长之比。若用 η 表示,则

$$\eta = \frac{H(\text{汉字})}{L \cdot \log_2 k}$$

H(汉字)为汉字的熵值。k 是码元数量(代码中所用汉字属性元素的符号数),一般为 11 个。L 为平均码长。

Chinese character encode input 汉字编码输入 输入汉字的编码。目前,在汉字信息处理系统中,键盘输入仍是汉字输入的主要手段。汉字图像光学扫描输入、图像输入等方法应用较少。键盘输入法分为:①整字输入法。采用大键盘,有按键式和笔触式两种;②编码输入法。采用中、小键盘,有数字编码法、字元编码法、语音编码法、形音编码法和词组编码法等。

Chinese character encoding 汉字编码 给汉字规定一种便于计算机识别的代码,使每一个汉字仅对应于一个数字串或符号串,从而把汉字输入计算机。汉字的编码方法大致有以下几类:①流水码,包括 4 位等长电报码、气象电报码、通信密码等;②纯音码,直接以拼音作为编码,并加标调,还有用英语字母组成纯音码编出的词汇码、词组码以及把中国切韵加以发展成为双拼码;③音形码,也称"声韵与部、形、义、频度结合码";④形码,也称"纯形编码"或"从形编码"。有的取汉字结构特征的笔形,用英文字母或数字作代表符来编码,如三角号码、四角号码等;有的用取笔顺和收笔顺来编排码序;有的用笔划形状来编码等。

Chinese character entropy 汉字的熵值 完全确定的系统中一个汉字所含平均信息量(以"位"为单位)的最小值。

$$H(\text{汉字}) = -\sum_{i=1}^{n} P_i \lg P_i$$

式中,n 是某个汉字集中的字量,P_i 是第 i 个汉字相对使用频度。它是汉字总体的一个统计特性,它给出了代码信息量的理论最小平均值。

Chinese character exchange code 汉字交换码 用于汉字信息处理系统之间或者通信系统之间进行信息交换的汉字代码。为达到系统设备之间或记录媒体之间信息交换或互换的目的,汉字交换码必须采用统一的格式。汉字交换码的编制应考虑到同现行计算机系统所采用的标准信息处理交换代码的兼容性,使所选择的汉字具有通用性和实用性,并且提高编码效率。现行的《信息交换用汉字编码字符集》是由中国国家标准总局 1980 年发布,1981 年 5 月 1 日开始实施的一套国家标准,标准号 GB 2312—80。该标准规定了信息交换用的基本图形字符及其二进制编码表示,它适用于一般汉字处

理、汉字通信等系统之间的信息交换。该标准收集了一般符号、序号、数字、拉丁字母、汉字等共 7 445 个图形字符，其中一般符号 202 个(包括间隔、标点符号、运算符号、单位符号及制表符号等)，序号 60 个，数字 22 个(0 ～ 9，Ⅰ ～ Ⅻ)，拉丁字母 52 个(大小写字母各 26 个)，日文假名 169 个，希腊字母 48 个(大小写各 24 个)，俄文字母 66 个(大小写各 33 个)，汉语拼音符号 26 个，汉语注音字母 37 个，汉字 6 763 个，分成两级。第一级汉字 3 755 个，第二级汉字 3 008 个。

Chinese character expanded code 汉字扩充码 表示包含汉字的字符集的编码。标识汉字仅用 7 ～ 8 位编码($2^8=256$)远远不够，因此要寻找一种扩充代码的方法，有效地表示出数以万计的汉字。用增加位数的方法可扩充编码容量，如采用 16 位编码，则 $2^{16}=64$ k，可有 6 万多个编码。

Chinese character font 汉字字体 汉字的形体。从商代至今，汉字形体经过多次演变。汉代的隶书是古文字演变成现代文字的开始。其后又有草书、楷书、行书等字体。一般地，常用印刷字体至少可分为宋体、仿宋体、楷体、黑体等 4 种。而每种又有长体、方体、扁体之分。而手写体又有古体、繁体、简体、正体、异体、俗体、讹体等。

Chinese character font code 汉字字形码 表达汉字字形的字模数据，通常用点阵、矢量函数等方式表示。

Chinese character font library 汉字字形[模]库 建立在计算机存储媒体上的汉字的字模数据集合。参见 Chinese character ideographic generator。

Chinese character frequency (汉)字频(度) 也称“使用频度”。各个汉字出现的概率。它是客观存在的，经过大量统计可以得到一个汉字频度表。汉字之间的频度可相差十几万倍。一般认为使用频度较高的前 10 个汉字是：“的、一、是、在、不、了、有、和、人、这”，不同方面的统计略有差异。按汉字的使用频度可把汉字分为常用字、次常用字、稀用字、罕用字等不同等级。

Chinese character generator 汉字发生器 一种可供汉字显示、印刷用的字形发生器。由于汉字笔划多、字体繁，故在显示、印刷时多用点阵组成字形。一般采用 16×16、24×24 和 32×32 的点阵，甚至更多。每个汉字字形点阵一般存储在存储器内，显示或印刷时从中读取即可。除此之外，也有用线段法、字模法等产生汉字的，但它们仅适用于专用或者显示、印刷少量汉字的场合。

Chinese character ideographic generator 汉字字形发生器 也称“汉字字模库”。用来存放汉字字形信息的装置。存放在字形信息可以直接给输出设备使用。由于一个库的汉字字量大小不同，字形所需点阵的多少不同，因此，不同字模库存储容量将不同，如 16×16 字形点阵存放 4 096 个汉字需 128 KB，存放 8 192 个汉字则需 256 KB 容量。24×24 字形点阵存放 4 096 个汉字和存放 8 192 个汉字所需的容量分别为 288 KB 和 576 KB。对于 32×32 字形点阵存放 4 096 个汉字和存放 8 192 个汉字所需的容量分别为 512 KB 和 1 MB。

Chinese character ideographic information 汉字字形信息 汉字字形输出(显示、打印、印刷出版等)所需要的信息。一般可用点阵信息或压缩信息方式存储。汉字字形通常分为通用型和精密型两种：①通用型汉字字形点阵，有简易型(16×16 点阵，每个汉字点阵需要 32 个字节)、普通型(24×24 点阵，每个汉字点阵需要 72 个字节)、提高型(32×32 点阵，每个汉字点阵需要 128 个字节)；②精密型汉字字形点阵，一般在 96×96 点阵以上。96×96 点阵的每个汉字需要 1 152 个字节。由于精密型的汉字字形信息需要很大的存储量，所以，往往采用压缩方法进行存储。

Chinese character information 汉字信息 (1)也称“平面信息”或称“二维信息”。由基本笔划在一个方块内按一定结构组成的汉字平面图形表明含意。由于方块汉字比较复杂，它是由象形文字演变而来的表意文字，因此，它需要用一个平面图形来表示。而英、法、俄等语言文字是拼音文字，其单词是用排列在一条线上的字母表示，故称为线信息或称一维信息。(2)指汉字的形、音、义、汉字的字频及汉字的结构等信息。作为记录语言的书写符号，不管是拼音文字还是表意文字，都有字形、字音、字义三个要素。字形是文字特有的，字音是其记录的语言，字义是其表达的语义。

Chinese character information compression 汉字信息压缩 存放汉字字形信息的一种方法。该方法不是直接将字形信息存储起来，而是只存放汉字的压缩信息，以减少存储量，使用时再将压缩信息还原成字形信息。压缩信息常用的方法有部件组字压缩法、向量存储压缩法、笔划函数法、霍夫曼树形压缩法等。

Chinese character information processing 汉字信息处理 用计算机对汉字表示的信息进行操作和加工，如汉字的输入、存储、识别、生成和输出等。汉字信息处理是中文信息处理的一个重要组成部分。

Chinese character information processing software 汉字信息处理软件 统称汉字软件，使电子计算机具有处理汉字能力的一种软件环境。通常汉字信息处理软件包括汉字信息处理系统软件(简称汉字系统软件)和汉字信息处理应用软件两类。而汉字系统软件又可包括基本汉字系统软件(如汉字操作系统等)及汉字系统服务软件。

Chinese character information processing system 汉字信息处理系统 包括汉字输入输出设备在内的用来进行汉字信息加工和处理的整个计算机软硬件系统。

Chinese character information processing system hardware 汉字信息处理系统硬件 包括通用设备(电子计算机及其外部设备)、汉字输入输出设备以及汉字字模库等专用设备。

Chinese character information processing system software 汉字信息处理系统软件 汉字信息处理系统软件主要有兼容汉字和西文信息处理的操作系统。它具有一般操作系统的功能,包含汉字设备的驱动模块、汉字信息的识别和处理、汉字输入输出管理程序、汉字文本编辑程序以及具有处理汉字功能的高级程序设计语言。

Chinese character input 汉字输入 利用汉字的形、音或相关信息,通过各种方式把汉字输入到计算机中去的过程。汉字输入的方法主要有汉字编码输入、汉字图像识别和汉字语言(音)识别等。后两种方法实现难度较大,目前已有应用,但是,为提高识别率还需要不断发展。关于汉字输入方法,有人将其分为四个发展阶段:第一代——字输入法;第二代——词输入法;第三代——语句输入法(计算机自然语言理解技术的体现);第四代——语句级音声输入法等。

Chinese character input code 汉字输入码 向计算机系统及通信系统输入汉字的过程中,用以映射为相应内部码的码元串或键元串。这种编码应该是人们所熟悉的并且易于掌握的。因此,要求输入码规则简单、易于记忆、操作方便、编码容量大、码位短、输入速度高、重码率低等。目前已有数百种输入编码法。

Chinese character input keyboard 汉字输入键盘 便于输入汉字的专用键盘。它可分为整字型、部件(字根)型等类型。它在键位布局和结构设计等方面有别于传统的西文键盘。

Chinese character input program 汉字输入程序 可将一种或多种汉字编码方案的键元串实时地转换为对应的内部码,完成全部输入功能的一种实用程序。也称"汉字编码软件"。

Chinese character input speed 汉字输入速度 单位时间击键输入汉字的个数。通常用字数/分钟为单位。若用 V 表示,则

$$V=\frac{60}{a+b\log_2 k\cdot L}\text{字数 / 分钟}$$

式中,L 是平均码长,a 是击键时间,b 是选键时间,k 是码元数量。这种计算只是一种理论上的机械的估算,实际汉字输入的速度还要受其他因素的影响,如输入者的心理因素等。

Chinese character interior code 汉字内部码 汉字在计算机系统内部的编码表示,用以存储、处理、传输汉字。它与汉字信息交换码有一定的对应关系,通常借助于某种特定的标识信息来表明它与单字节字符的区别。该码的形式与具体系统及使用要求有关。常用的内码有的采用输入码序号,有的采用交换码等。一般要求内部码遵循如下规则:①码位尽量短,而表示的汉字数目尽量多;②便于操作运算,码值有序且连续;③与标准交换码兼容;④便于纳入各种高级语言的字符类型。比较 Chinese character code for information interchange。

Chinese character library (CCLIB) 中文字库 指一个计算机操作系统所包含的中文字符集。

Chinese character library 汉字库 汉字信息处理系统的主要组成部分之一。汉字库有各种不同的组成方法,目前使用较普通的是"点阵法"和"向量法"。

Chinese character (word) library supervisor 汉字(词)库管理程序 控制汉字(词)库的读出,将完整的字形数据依序发送给中央处理机、显示终端、打印(印刷)设备以及完成检查和维护等功能的实用程序。

Chinese character operating system 汉字操作系统 在汉字库支持下能处理汉字信息的操作系统。现在已为计算机系统研制和提供了各种不同版本的汉字操作系统,可分为两大类:一是称为外挂式汉字操作系统,这种汉字操作系统的特点是不更改原有的操作系统,只是在原有的操作系统上加一个外壳,以实现汉字的输入/输出功能。如 CCDOS、UCDOS 等,实际上只是英文 DOS 显示、打印和键盘输入等模块的汉化。另一类称为内核汉字化操作系统,它要修改原有西文操作系统的代码,使之能直接输入、显示和打印中文。如 Windows、Linux 中文版等。

Chinese character order 字序 汉字在一定的集合中按一定规则排列的顺序。汉字的序列原则主要有以下几种:音序(如按汉语拼音、字母顺序)、形序(如按部首、按笔数、按四角等顺序)、频序(如按字的频度顺序)等。

Chinese character output 汉字输出 将计算机内以数据形式表示的汉字在显示终端、打印机等设备上输出的过程。

Chinese character output device 汉字输出设备 考虑到汉字固有的特性的输出设备。这些特性是:汉字字量大;汉字字形复杂;不同尺寸的汉字一起使用;横写、竖写的汉字并用;汉字、西文混合使用;带有汉字的表格处理等。为满足上述特性要求,关键是选择适当的点阵数目,并把所需的汉字放在介质的指定地方以及选用不同的字体和字号。常用的汉字输出设备有汉字显示终端和汉字打印机。

Chinese character pen touch tablet 汉字笔触字盘 一种手写汉字输入设备。它由写字盘、接触笔、控制器等部分组成。当用笔在写字盘上书写汉字时,笔尖在字盘上的移动便转换成对应的坐标值串输入到计算机,并在机内转换成汉字码。

Chinese character phonetic/shape encoding 汉字音形编码 取每个汉字的发音及它的部分笔形特征

进行编码,作为汉字小键盘输入的一种方式。

Chinese character phototypesetting system 汉字照排系统 汉字信息处理技术在印刷出版领域的一种具体应用。汉字照排系统主要包括自动排版主系统、文字图像数字化子系统和编辑校正处理子系统。在我国得到广泛应用的汉字照排系统主要有北大方正和华光两种,目前绝大部分报刊杂志和书籍均分别采用此两种照排方式。

Chinese character printer 汉字打印机 能实现中、英文输出的印字设备。通常分为击打式和非击打式两种,一般都配有中、英文字形库。

Chinese character quantity 字量 汉字在一定集合中的不同字种的数量,如《现代通用汉字》字量 7 000 个;《信息交换用汉字编码字符集》字量 6 763 个;《汉字大字典》字量约 56 000 个。

Chinese character recognition 汉字识别 用计算机提取汉字字形特征,使其与机器中预先存放的特征集匹配判别,将汉字自动转换成某种代码(如国标区位码)的一种技术。是汉字信息处理的一种高速自动输入方法。可分为联机手写体汉字识别、印刷体汉字识别和手写体汉字识别。汉字识别研究对建立汉字信息库、实现汉字信息处理系统自动化和计算机智能输入等有重要意义。

Chinese character shape-oriented encoding 汉字字形编码 以汉字字形、字根和笔划为基本单元,对汉字进行编码,可以作为用小键盘输入汉字的方案。

Chinese character size 汉字字号 印刷体依据字体大小所编的号。汉字印刷体常用字号有:特大、特号、小特号、初号、小初号、一号、二号、小二号、三号、四号、小四号、五号、小五号、六号、小六号、七号等 16 种。计算机用字也以字号为标准,但激光照排系统以"级"为标准。有些系统可以无级放大或缩小。

Chinese character speech input 汉字语音输入 通过建立汉语语音的物理模型,预先将一些语音的特征参量以数字形式存储在语音分析系统内。当汉语语音信号输入后,连续变化的语音信号被数字化并从中提取特征参量,与预先存储的模式进行比较,通过逻辑判断或距离测量的操作,对语音进行识别,并将识别结果编成汉字代码输入到计算机。

Chinese character standard exchange code 汉字标准交换码 国家规定的用于信息交换的汉字编码。1981 年颁发的《信息交换用汉字编码字符集》代号为 GB 2312—80。该标准规定了信息交换用的基本图形字符及其二进制编码表示,适用于一般汉字处理、汉字通信等系统之间的信息交换。该标准收集了一般符号、序号、数字、拉丁字母、汉字等 7 445 个图形符号。GB 2312—80 的一级汉字有 3 755 个,二级汉字有 3 008 个。该字集以外的汉字称为集外字。一般规定用两个字节代表一个汉字,而且最高位都为 1,以便与 ASCII(美国信息交换标准代码)区别。参见 Chinese character exchange code,GB 2312—80,GB 13000。

Chinese character structure 汉字结构 为研究汉字的计算机输入而对汉字笔划结构所进行的分析。常见的汉字结构有上下结构、左右结构、独体结构、包围结构和半包围结构等。

Chinese character style 汉字字体 汉字从整体形态上所表现出来的一种属性。最常见的汉字字体有:宋体、仿宋体、楷体、黑体、魏碑体、粗圆体、细圆体等。

Chinese character terminal 汉字终端 具有汉字输入、汉字显示、汉字打印及汉字屏幕编辑、文件管理等功能的终端设备。终端是用来与计算机系统进行通信的输入输出设备,是人机对话的工具,通常分为简易型、通用型和智能型三种。

Chinese character type font compression 汉字字形压缩法 减小汉字库中存储汉字字形点阵空间的方法。常用的压缩方法有部件组字法和向量法。许多汉字中都有相同的组字部件,利用这些部件将字形压缩的方法是:只存储一个组字部件的字形点阵信息,相同部件字形的信息不再重复存储,需要输出时再用软件将组字部件组装成汉字。向量法是将汉字字形看成是由许多条直线组成的,记下这些直线段的起点和终点,也可以描述一个汉字,当直线段分得少时,字形不太美观。

Chinese character utility programs 汉字公用程序 支持计算机系统在汉字方式下实际运行的辅助程序,如汉字造字、排序、编辑及打印等程序。

Chinese character vocabulary 汉字字量 拥有的汉字数量。我国汉字的累积字量多至 5 ～ 6 万。中华书局的《中华大字典》(1915 年)收字 44 908 个。目前实际应用的汉字,据 1981 年颁布的《信息交换用汉字编码字符集》(即 GB 2312—80)中所收一、二两级汉字共 6 763 个。

Chinese character word encoding 汉字词组编码 汉字以词组为单位,取它们的发音为编码,可以基本上克服汉字同音多字的缺点。在用词组编码的汉字输入时,将同音词组显示出来,由人工进一步选择。利用词组代码,可一次输入多个汉字,有利于提高汉字的输入速度。有些汉字编码软件中提供了自编词组代码的程序,用户可以根据自己的工作性质和需要编写常用的词组代码。

Chinese computer aided instruction system 汉语计算机辅助教学系统 通过教员或者学员与计算机之间的交互活动,选择适合于学员个人的学习进程和课程内容,达到教学汉语目的的一种信息处理系统。

Chinese domain name (CDN) 中文域名 以中文表现的域名。互联网名称与数字地址分配机构(ICANN)在巴黎 2008 年的年会上,通过一项重要决议,允许使用其他语言包括中文等作为互联网顶级域字符。2008 年始，中国互联网络中心(CNNIC)正式启用中文域名。

Chinese dot matrix printer 汉字点阵打印机 点阵式打印机的一种。根据结构不同，可以分为带键盘的汉字打印机及智能汉字终端等。根据打印方式可分为普通型、多针型和高密度型等。普通型是利用普通 7 针或 9 针打印机，两次扫描，先打印出字的上半，后打印出字的下半。印出的汉字由 14×14 或 15×15 点阵组成。多针式又分为串行式和并行式两种。串行式打印头有 16、18 或 24 根针。并行式也称梳形式。高密度型是用 7 针或 9 针打印机，多次扫描，可以打印出高质量的汉字。汉字打印机也称"中文打印机"。

Chinese editting and typesetting system 汉字编辑排版系统 用于正式出版书、刊、报纸的编辑排版系统。该系统的技术关键是高精度汉字字模库和版面输出。系统的字模库对汉字字模的点阵密度要求很高，一般在 96×96 点阵以上，需要多种字体和字号。版面输出一般采用电子束扫描输出和激光扫描输出。在扫描的同时，输出版面在感光底片上记录成像。这种输出设备也称"汉字照排设备"。该系统的硬件除了上述的高精度字模存储器和照排设备外，还有排版用计算机和相应的外部设备、编辑改错用的联机汉字显示终端、汉字数据采集用的汉字终端、校样印刷机、字模自动生成设备、图片输入设备等。软件有专用操作系统、编辑排版专用语言、编译系统、汉字文件系统、排版应用程序、图形处理程序等。

Chinese education and research network (CERNET) 中国教育和科研计算机网 由中国国家教育委员会主持建立的计算机网络，它主要面向教育和科研单位，是全国最大的公益性互联网络。1996 年被国务院确认为全国四大骨干网之一。CERNET 分四级管理，分别是全国网络中心；地区网络中心和地区主节点；省级网络中心；校园网。CERNET 全国网络中心设在清华大学，负责全国主干网的运行管理。地区网络中心和地区主节点分别设在清华大学、北京大学、北京邮电大学、上海交通大学、西安交通大学、华中科技大学、华南理工大学、电子科技大学、东南大学、东北大学等 10 所高校，负责地区网的运行管理和规划建设。省级节点设在 36 个城市的 38 所大学，分布于全国除台湾省外的所有省、市、自治区。参见 Chinese Science and Technology Network (CSTNET), ChinaNet, China Golden Bridge Network (ChinaGBN)。

Chinese information processing 中文信息处理 用计算机对汉语的音、形、义等语言文字信息进行的加工和操作，包括对字、词、短语、句、篇章的输入、输出、识别、转换、压缩、存储、检索、分析、理解和生成等各方面的处理技术。也称"汉字信息处理"。电子计算机在问世后的头 20 年，一直以数字和西文字符作为输入和输出的信息符号。随着计算机的应用从单纯的数值计算发展到文字数据处理及信息管理等，处理汉字信息的要求日益突出。汉字不同于拼音文字，是方块字，结构十分复杂，古今繁简正异各体并存，多达 6 万个以上。如何将如此众多而又繁杂的汉字输入计算机，并转换成计算机代码以及清晰地打印出来，都是较大的难题。汉语信息处理涉及的领域包括对汉字和汉语的研究(语音、语法、语义等)、汉字输入技术(汉字编码输入、汉字图形图像识别和汉语语音识别)、汉语编码技术、汉字输出、汉字输入和输出设备、汉字库及汉字压缩技术、汉字处理软件、汉字操作系统、汉语信息处理系统及汉语语音识别系统、汉语信息传输、汉语翻译及中外文互译系统以及汉字编辑排版、汉字(中文)情报检索系统等。它可用于中文信息检索、机器翻译、自然语言理解、汉语人机接口和问答系统等领域。

Chinese information processing system 中文[汉字]信息处理系统 由硬件和软件两大部分组成的一种信息处理系统。硬件主要由中央处理机、汉字输入部分、汉字输出部分以及汉字库等组成；软件主要包括汉字处理程序(对汉字的输入、检索、加工及输出格式等进行处理的程序)、汉字库调用程序、汉字文件编辑程序及其他有关的应用程序。

Chinese information retrieval 中文信息检索 以中文文献(文档)为主要处理对象，对其结构化和非结构化数据包括多媒体信息进行存储、索引、查询和管理的方法和技术。快速和准确的检索信息是信息检索的研究重点。中文信息检索主要研究内容有：信息检索的数学模型、文献处理、提问和词汇处理、实现技术、检索效率、标准化、扩展传统信息检索的范围和利用专用的硬件或并行计算机进行并行信息检索。中文信息检索的主要应用领域有：政府部门、报社和新闻社、信息中心、图书馆、法律部门、公司和个人用户。

Chinese information retrieval system 中文信息检索系统 对中文信息进行收集、存储、检索、加工、编辑和分发传送的信息处理系统。

Chinese information statistics 汉语信息统计 采用统计的方法研究汉语的信息，包括汉字或词语的频率统计，以及汉语句型统计等。

Chinese input method 中文输入法 接收键盘、手写板等输入设备的输入，并转化为中文字、词、句的方法。

Chinese journal full-text database (CJFD) 中国期刊全文数据库 CJFD 是教育部主管，清华大学主办，中国学术期刊(光碟版)电子杂志社创办的我国第一个学术期刊全文检索与评价数据库，是我国知识信息生产、传播、应用和期刊评价、管理的现代化运作平台，以光碟和网络等形式向国内外读者提供动态知识服务，并为中国科学文献计量评价研究中心进行期刊评价提供基础数据，为新闻出版总署等有关期刊管理部门提供期刊管理数据。如刊物被这些数据库收录，在一定程度上说明这些期刊的权威性。

Chinese keyboard 汉字键盘 输入汉字的键盘。按汉字输入方式的不同，汉字键盘分为直接输入式和间接输入式两大类。直接输入又分整字键盘输入式、多段移位式、笔触式、活字代码式、书页式等。间接输入又分以音取符、以形取符、图形结合取符及字根取符等方式。

Chinese keyed entry (CKE) 中文键盘输入 这里的键盘特指数字小键盘，并非英文字母键盘。因此，称它为数字CKE技术，即指用数字给汉字编码的方案和技术。主要为小型电子设备和仪器，包括为信息家电、掌上型中文电脑、电子记事簿、电子翻译器等提供一种方便、快捷使用数字来输入汉字的方法。

Chinese Language Computer Society (CLCS) 中文计算机学会 1976年6月9日于美国纽约成立的学术组织。其宗旨是研究中文信息处理，促进汉字计算机系统软、硬件技术的开发研究、学术交流及推广应用。

Chinese language understanding 汉语理解 计算机基于语言知识和背景知识对汉语进行的分析、判断和推理。

Chinese language word segmentation standard 汉语分词规范 规定汉语分词原则及方法的一系列规则。为满足中文信息处理的迫切要求，国家已制订了《信息处理用现代汉语分词规范》。

Chinese machine readable catalog (Chinese MARC) 中文机读目录 用于中文出版物书目信息交换的电子计算机的可读目录。它分为记录头标、数字字段的地址目次和数据字段三个部分，使用的载体为磁带或软盘、光碟。

Chinese machine translation 汉语机器翻译 用计算机将汉语这种自然语言转换成另一种自然语言(目标语言)的过程。

Chinese machine translation system 汉语机器翻译系统 实现汉语机器翻译的计算机系统。它通常包含汉语词典、规则库、源语分析器、目标语生成器以及翻译支援系统等。

Chinese man-machine interface 中文人-机接口 把输入的中文语句翻译成为计算机系统能识别的指令序列的一种专用程序。这些指令序列使计算机具有了中文信息处理功能，可以把用户输入的表示汉字的信息以代码形式在机内存储，也可将其以直接阅读的形式打印或显示出来。人-机接口又分为专用接口和通用接口两种。

Chinese MARC 中文机读目录 Chinese machine readable catalog 的缩写。

Chinese MARC format 中文机读目录格式 记载中文机读目录的格式。将每个记录分为三个部分：记录头标、数据字段的地址目次和数据字段本身。此外还有记录之间的区分符号。这种格式主要用于描述出版物的内外特征，如题名、责任者、出版发行者、出版日期、版本、开本、页数、内容摘要、分类、主题等，以供计算机检索。

Chinese national standard code for information interchange 国标交换码 《信息交换用汉字编码字符集》中汉字的编码表示，特指十六进制表示的汉字节组 21 ～ 7E。

Chinese platform 中文平台 为使计算机能正常运行各类中文应用软件而要求计算机具备的软件及硬件工作环境。

Chinese postman problem 中国邮递员问题 图论中一个有重要理论意义和广泛应用背景的问题，它来源于下述实际问题：一个邮递员如何选择一条道路，使他能从邮局出发，走遍他负责送信的所有街道，最后回到邮局，并且所走的路程为最短。归结为数学问题：设给出了一个连通的无向图，它的每条边都有非负的长度，求G的一条经过每条边至少一次并且总度最小的闭路径。中国邮递员问题可用于邮政部门、扫雪车路线、洒水车路线、警车巡逻路线、(计算机绘图)如何节约画笔的空走问题、(计算机制造工业)如何将激光刻制用于集成电路加工的模具等。这一问题是中国学者管梅谷于1960年提出并解决的，故称中国邮递员问题。

Chinese printer 汉字打印机 可以打印汉字的打印机。其打印字符的种类比一般打印信息处理用96(或64)种字符的打印机多，因此，它几乎采用点阵打印方式。目前，高速的打印机多采用激光打印方式；低速的打印机则采用针式或喷墨打印方式。

Chinese Science Abstracts (Chinese Edition) **(CSAC) 《中国学术期刊文摘》(中文版)》** CSAC由中国科学技术协会主管，1994年创刊，是一份综合性检索类科技期刊，也是《中国学术期刊文摘(英文版)》(CSAE)的姊妹刊。本刊以我国科技类核心期刊为基础和主体，内容涉及自然科学、医药科学、农业科学、工程与技术科学以及部分人文与社会科学等学科。CSAC按照文摘的国家标准著录格式，每期登载4千余条学术论文摘要(主要为国家、省、部委基金资助或重要课题的论文摘要)和综述性论文摘要，以及论文作者姓名和单位、论文学科分类号等多种信息。

Chinese Science Abstracts (English Edition) **(CSAE) 《中国学术期刊文摘》(英文版)》** CSAE由中国科学技术协会主管，2006年创刊，是《中国学术期刊文摘(中文版)》(CSAC)的姊妹刊，以英文形式刊载。

Chinese science and technology network (CSTNET) 中国科技网 CSTNET是在北京中关村地区教育与科研示范网(NCFC)和中国科学院网(CAS-

NET)的基础上建设和发展起来的，1994 年 4 月首次实现与国际因特网的直接连接。1996 年 2 月，中国科学院决定正式改名为“中国科技网”(CSTNET)，是全国四大骨干网之一。CSTNET 以确立实现中国科学院科学研究活动信息化和科研活动管理信息化为建设目标，先后独立承担了中国科学院“百所”联网、中国科学院网络升级改造工程的建设以及国家“863”计算机网络和信息管理系统、网络流量计费系统、网络安全系统等项目的开发，并且负责中国科学院视频会议系统、邮件系统的建设和维护。CSTNET 主要业务包括：CSTNET 的运行、维护及管理；互联网接入服务；科研数据中心；邮件系统和视频会议系统；网络安全、网络管理解决方案；网络技术咨询、方案设计和工程实施；网络前沿技术的研究等。参见 Chinese Education and Research Network (CERNET), ChinaNet, China Golden Bridge Network (ChinaGBN)。

Chinese science and technology periodicals database (CSTJ) 中文科技期刊数据库 CSTJ 是中国新闻出版总署批准的大型连续电子出版物，分三个版本(全文版、文摘版、引文版)。它包含了 1989 年至今的 8 000 余种期刊刊载的 1 000 多万篇文献。它是国内首家采用 OpenURL(开放统一资源定位器)技术规范的大型数据库产品，它实现同时对不同的异构数据库或信息资源进行数据关联，方便地为用户单位提供资源的二次开发利用。参见 open uniform resource locator (OpenURL)。

Chinese science citation database (CSCD) 中国科学引文数据库 CSCD 创建于 1989 年，收录我国数学、物理、化学、天文学、地学、生物学、农林科学、医药卫生、工程技术、环境科学和管理科学等领域出版的中英文科技核心期刊和优秀期刊千余种。2007 年中国科学引文数据库与美国 Thomson-Reuters Scientific 合作，实现与 Web of Science 的跨库检索，是 ISI Web of Knowledge 平台上第一个非英文语种的数据库。

Chinese social sciences citation index (CSSCI) 中文社会科学引文索引 CSSCI 是由南京大学中国社会科学研究评价中心开发研制的数据库，用来检索中文社会科学领域的论文收录和文献被引用情况。CSSCI 遵循文献计量学规律，采取定量与定性评价相结合的方法从全国 2700 余种中文人文社会科学学术性期刊中精选出学术性强、编辑规范的期刊作为来源期刊，收录包括法学、管理学、经济学、历史学、政治学等在内的 25 大类的 500 多种学术期刊。CSSCI 有印刷版(《中国社会科学研究计量指标——论文、引文与期刊引用统计》)，数据库网络版和光碟版，提供多种信息检索途径。检索结果按不同检索途径进行发文信息或被引信息分析统计，并支持文本信息下载。

Chinese speech analysis 汉语语音分析 将汉语语音模拟信号转换为语音数字信号，抽取汉语语音的特征，建立汉语语音模型的过程。

Chinese speech digital signal processing 汉语语音数字信号处理 利用语言采样、分析、存储、合成、传输等技术，实现对汉语语音的识别、录放、合成和通信等功能。

Chinese speech information library 汉语语音信息库 利用语音分析、压缩技术，根据汉语语音特征模型(声母、韵母、声调、音节、语调、语气)建立的汉语语音数据、参数、特征数据库。

Chinese speech information processing 汉语语音信息处理 利用计算机系统、汉语语音的编码技术和汉语语音数字信号处理技术，实现汉语语音输入、输出、理解翻译、语音和文字相互转换以及语音信息通信等信息处理功能。

Chinese speech recognition 汉语语音识别 利用语音分析技术，抽取语音特性，实现对汉语语音的自动识别。可分为特定人和非特定人两种。语音识别应用于特定任务的口语理解系统、说话人辨识和说话人确认等领域。

Chinese speech synthesis 汉语语音合成 利用汉语语音信息库和语音的合成系统，合成出所需汉字、单词、短语或整句的汉语语音流。

Chinese word and phrase library 汉语词语库 建立在计算机存储媒体上的汉语的词和短语的集合。该集合可按词语关系的结构作有序的排列，可以按收词多少、词语性质、功能、结构等来分类。

Chinese wordbank 汉语词库 存储在计算机内的汉语词表，为以词为单位进行加工提供规范。可分为适用于各行各业的基本汉语词库和为特定专业用户提供的专业汉语词库。

Chinese word processor 汉语文字[语词]处理机 一种专用的汉字信息处理系统，用于汉语文稿的输入、输出、存储、打印及传送。

Chinese word segmentation system 汉语分词系统 用来把汉语句子自动切分为词的系统，特殊情况下分词结果包括少数词组和语素。参见 unit of word segmentation。

Chinese word segmenting 汉语分词 在以连续字串的形式表达的汉语书面语语句中，把词逐个自动识别出来的过程。特定情况下分词的结果也包括一些词组和语素。

CHIO 通道输入/输出 channel input/output 的缩写。

chip 芯片 一种扁平的、指甲大小的材料，通常是硅，其中掺入了具有所需电子特性的其他微量元素以形成集成电路，这些微小芯片是计算机中微电子革命的关键，也称“微芯片”。

chip architecture 芯片体系结构 微处理机芯片所具有的功能结构。一般包括运算器、通用寄存器及控制总线结构。芯片结构在一定程度上取决于微处理机的功能划分及片内存储器、芯片引脚数、芯片大小、片外存储器和输入输出总线结构。速度或吞吐量也同结构有关。时钟速度不一定表示执行速度。执行速度与数据和地址的宽度、独立的通路数以及取指周期和执行周期的重叠有关。

chip bus 片总线 同一部件内的寄存器之间、寄存器和运算部件之间的数据传输线和信息控制线。因集成电路元件呈片状结构，所以片总线也称“元件级总线”。其特点是传输距离短，传输速度高。

chip capacitor 片状电容器 为放置或焊接到混合电路基片或表面安装电路板上而封装的小型无引线电容器。类型有无引线单片多层陶瓷电容器或无引线实心钽电容器。

chip carrier 芯片载体 一种四方(或四边形)IC 封装形式，I/O 连接在四个边上；可以是无引线连接也可以是有引线连接。

chip enable (CE) 芯片使能 从若干个芯片构件中选择所需者的控制端，标注为 CE。此端通常应接向译码器的输出端或读写控制电路的“使能”信号端。当其输入信号无效时，器件通常处于高阻抗输出状态；当其输入有效时，再加上其他引脚上的地址信息，指出构件芯片中被选中的地址单元或寄存器。同 chip select (CS)。

chip fixed resistor 片式固定电阻，贴片电阻 金属玻璃铀电阻器中的一种。贴片电阻是将金属粉和玻璃铀粉混合，采用丝网印刷法印在基板上制成的电阻器。

chip frequency 码片频率 在扩展频谱系统中，由一个跳频发生器产生的频率中的一种，是在扩展频谱代码序列发生器的芯片时间内发生的一种频率。

chip layout 芯片布设 把逻辑设计转变为掩膜图形的设计过程。按照 LSI(大规模集成电路)设计的网表，满足 LSI 的功能及技术要求，决定芯片内元器件的尺寸及位置，并在这些元器件之间布互连线。既要考虑到制造工艺提出的设计规则，又要考虑电气特性而对布局和布线进行优化，使整个芯片有尽可能小的面积。

chip-level integration 芯片级集成 为小型化及降低组装成本而在一个集成电路上组合两个或多个集成电路功能的技术。

chip microprocessor 单片(微处理)机(器) (1)一种单片计算机，它的基本件是一块大规模集成电路，具有 CPU 的所有基本功能。(2)使用大规模或超大规模集成电路技术，使一台计算机的整个中央处理器集成在一个几毫米见方的硅片上，称为单片微处理器。单片微处理器的集成度一般为几千个元器件，也有几万甚至几十万个元器件的。处理器的字长一般为 4 位、8 位或 16 位，也有 32 位。芯片包括中央处理器的主要部分：控制逻辑、指令译码、运算处理等电路。一个或多个微处理器片及与之配套的存储器和输入输出接口片组装在一块电路板上，构成一个微处理机或计算机系统。

chip multiprocessor (CMP) 片上多重处理器 它是随着大规模集成电路技术的发展，在芯片容量足够大时，就可以将大规模并行处理机结构中的 SMP(对称多处理机)或 DSM(分布共享处理机)节点集成到同一芯片内，各个处理器并行执行不同的线程或进程。

chip on board (COB) 板上芯片 一种不使用封装，半导体裸芯片直接安装于印制电路板上的芯片。印制电路板表面镀镍、镀软质金属形成连接图形，芯片与印制电路板的电气连接用引线缝合方法实现，并用树脂覆盖以确保可靠性。这种组装方法多用于低成本产品。

chip per second (cps) 每秒码片 码片速率单位。码片是扩频码分多址(SSMA)移动通信中数据传输的基本单位，是码分多址(CDMA)编码序列中的二进制单元。如宽带码分多址的码片速率是 4.095 Mcps，即速率为每秒 4.095 兆码片。

chipping sequence 修整序列 直接序列扩频(DSSS)的比特扩展中使用的比特串。参见 direct sequence spread spectrum (DSSS)。

chip rate 码片速率 在直接序列调制扩频系统中，信息比特以伪随机序列码片传送的速率。码片速率通常数倍于信息比特速率。

chip register architecture 单片寄存器结构 一种芯片上寄存器的排列方式，包括片内寄存器的数目和功能、栈寄存器的类型和深度、中断能力及直接存储器存取特性等。

chip resistor 片状电阻器 用来焊接到混合电路基片或电路板上的小型无引线表面安装电阻器。它是用在烧结和切割之前，将厚膜电阻性材料沉积到陶瓷基片上的方式制成。

chip scale packaging (CSP) 芯片级封装 这是一个描述用来对裸露半导体芯片进行封装与保护的处理过程和材料的术语。这类封装的外形比双列直插式(DIP)封装或表面安装(SOT)封装要小，而只略大于所要保护的半导体芯片。此外，这门技术提供了可由普通表面安装组装技术焊接的另一种互连方式。参见 dual inline package (DIP)，chip size package (CSP)。

chips carried by cards (CCC) 芯片卡 设计封装在卡中的 IC 芯片。用于存储、接入控制、银行业务及其他应用。

chip select (CS) 片选 在一些可编程大规模集成电路芯片或内存芯片中所设置的控制端，称为 CS 端。如果标为$\overline{CS}$，则表示低电平有效。通常，这些芯片的数据线和部分地址线并联地接在公共总线上，而 CS 端则接向高位地址译码器输出端。处理机输出不同内存地址或端口地址时，译码器一般只有一个输出端为有效信号。当在某一芯片的 CS

端输入有效信号时，此芯片即被选中，允许通过数据总线存取信息；反之，芯片与总线之间呈高阻状态，相当于断开。同 chip enable (CE)。

chip set 芯片组 也称"主控逻辑芯片组"，是构成主板电路的核心。一定意义上讲，它决定了主板的级别和档次。CPU 通过芯片组对板上的各个部件进行控制。它包括内存控制器、cache 控制器、DMA(直接存储器存取)控制器、中断控制器、定时计数器、CPU 到总线的桥和电源管理单元等，决定着主板的很多重要性能和参数，并且发展得极为迅速，其功能发展和变化强烈地影响着主板的技术与市场。

chip size package (CSP) 芯片尺寸封装 为了减少芯片封装外形的尺寸，做到裸芯片尺寸有多大，封装尺寸就有多大，从而出现了 CSP 新的封装形式。它的特点是芯片面积与封装面积比值很小。参见 chip scale packaging (CSP)。

chip slice microprocessor 芯片微处理器 在几个芯片上实现了微处理器的功能以改善性能，克服一个特殊微处理器的局限性。参见 Bit slice microprocessor。

chip time 码片时间 在扩频系统中，一个由码片中的跳频信号发生器产生的频率的持续时间。

chirp 线性调频 扩频通信所使用的技术之一，在射频脉冲信号周期内载频频率呈周期变化的扩频方式。

chirp filter 线性调频滤波器 用于线性调频雷达中脉冲压缩的滤波器，如表面波线性调频滤波器。

chirping 啁啾 通信技术的一种术语，是指对脉冲进行编码时，其载频在脉冲持续时间内线性地增加到某一频率，会发出一种声音，听起来像鸟叫的啁啾声，故名"啁啾"。后来就将脉冲传输时中心波长发生偏移的现象称为"啁啾"，如当单纵模激光器工作于直接调制时，注入电流的变化会引起载流子密度的变化，进而使有源区的折射率指数发生变化，结果使激光器谐振腔的光路径长度随之变化，从而导致振荡波长随时间漂移的现象，也称"啁啾"。

chirp modulation 线性调频调制 对载波信号以固定速率在可用频段重复扫描的调制。在接收机中，这种具有高平均功率的宽脉冲由增强有用信号而同时对无用信号进行鉴别的延迟线技术压缩成窄脉冲。这种调制常用于雷达和声呐中，以将多径回波、噪声串扰和频率漂移的影响减至最小。也称"扫频调制"。

chirp radar 线性调频雷达 发射扫频信号、接收来自目标的扫频信号，然后及时进行压缩，以给出称为线性调频脉冲信号的最终窄脉冲的雷达。压缩是用一个引入与频率成正比的延迟网络来实现。这类雷达的优点是对干扰的抗扰度高以及对随机噪声信号的固有抑制。

.chk 碎片文件名后缀 由 Windows 磁盘碎片整理器或磁盘扫描保存的碎片文件的扩展名。

.chm HTML 文件名后缀 在超文本标记语言中，经过编译后的 HTML(超文本标记语言)文件的扩展名，常用于制作帮助文件和电子文档。

choke coil 扼流圈 电路中对高于规定频率范围的频率呈高阻抗，而不显著限制直流流动的电感器。

choke coupling 扼流耦合 彼此不是处于直接机械接触的波导两部分之间的耦合。

choke flange 扼流法兰 相配合的表面加工的圆沟槽，以限制有限频率范围内微波能量泄漏的波导法兰。

choke-input filter 扼流圈输入滤波器 其第一个滤波元件是一组扼流圈的电源滤波器。

choke joint 扼流接头 有两个相配扼流法兰的两个波导之间的连接，相配扼流法兰提供有效电连续，而在波导内壁上金属不直接接触。

choke 扼流圈 具有高电感和低电阻的线圈，用在无线电电路中，阻止音频或射频电流通过或使整流电路的输出平滑。

choke packet 抑制分组 网络中实现拥挤控制的一种方法，发给发送者一个使其减少发送包数目的控制包，告诉它已经出现拥挤，请减少发送分组的速率。

Chomsky grammar 乔姆斯基文法 以乔姆斯基为首的一些语言学家在 20 世纪 50 年代建立起来的一种形式语言理论体系，该体系的文法被分成四种类型，即 0 型(短语文法)、Ⅰ型(上下文有关文法)、Ⅱ型(上下文无关文法)和Ⅲ型(正规文法)。

Chomsky hierarchy 乔姆斯基层次结构 Chomsky 把形式语言的文法分为由四种类型组成的层次结构，所包含的关系为：3 型文法⊂2 型文法⊂1 型文法⊂0 型文法。由它们产生的语言分成相应的层次。

Chomsky normal form (CNF) 乔姆斯基范式 上下文无关文法生成式的一种范式。当且仅当上下文无关文法 G 的所有生成式形式都是 $A \to BC$ 或 $A \to a$，这里 A, B, C 是非终结符，a 是终结符，称 G 具有乔姆斯基范式。可以证明，任何上下文无关文法都可转化为产生有相同语言，且具有乔姆斯基范式的上下文无关文法。

choose 选择 在图形用户接口中，选择一个选项或者命令。一个选择可能需要一个或者多个动作来完成，如在对话框中选择选项一般只需一个动作；而选择一个菜单命令需要几个动作：首先打开菜单，然后指定命令。参见 graphical user interface, select。

chooser extension 选择器扩展程序 一种为 Macintosh 选择器控制面板附件添加项目的程序。在系统启动时，选择器从系统扩展文件夹中将扩展选项加到选项菜单中，如如果想在 Mac OS 上使用一台特定的打印机，那么，在打开计算机时，在扩展程序文件夹中就必须有正确的打印机选择器扩展程序。

CHOP **操作控制转变** change in operational control 的缩写。

chopped lightning impulse **雷电冲击截波** 被突然截断的雷电冲击波。其截断时刻可以发生在波前、波峰或波尾。

chopper **斩波器** 每隔一定时间截断电流、光束或红外辐射，以便用交流放大器放大相关量或电信号的装置。斩波器也可能是带有可控硅整流器的单端变流器，以将直流电压变换成不同电压的直流电源或将直流变换成交流。

chopper amplifier **斩波放大器** 其直流输入由低通滤波器滤波，然后用一个或两个斩波器变换成交流方波信号的载频放大器。放大之后，方波信号靠斩波作用经同步整流，以获得所需的放大直流输出。

chopper-stabilized amplifier **斩波稳定放大器** 具有与斩波放大器相并联的直接耦合放大器的直流放大器。斩波放大器可以对直接耦合放大器中的漂移提供更高的稳定性，特别是在采用负反馈时尤其如此。相反，直接耦合放大器将频率范围扩大到超出斩波放大器的频率范围。

chopping **限幅** 在预定的幅度电平上除去波形的尖峰。

chord **弦** 在图形中，指一个短线段，其两个端点都在圆上。弦是用直线生成圆的一种方法，构成的弦越多，圆形图像就越光滑。

chord keying **和谐键入法** 对计算机键盘上按键动作实施保护的一种措施。在这种情况下，必须同时按下两个或几个键，才能使键盘发出一些关键性命令。这样可在一定程度上避免出错，如在文字处理系统 Word 中，同时按下 Ctrl 键和 C 键，表示复制选定的文字或图表。

chosen ciphertext attack **选择密文攻击法** 一种密码的破译方法。在这种攻击法中，攻击者可以事先任意选择一定数量的密文送给密码系统民解密，但所得到的明文可能不具有任何意义，攻击者再分析密文与明文的相对应关系，并能由此确定加密密码。参见 ciphertext attack，chosen plaintext attack，known plaintext attack。

chosen plaintext attack **选择明文攻击法** 一种密码的破译方法。在这种攻击法中，攻击者可以事先任意选择一定数量的明文送给密码系统加密，并获取加密所得的密文，攻击者再根据密文和明文配对进行分析，并能由此确定加密密码。参见 chosen ciphertext attack，known plaintext attack。

CHP **通道指针** channel pointer 的缩写。

CHPID **通道路径标识符** channel path identifier 的缩写。

chroma control **色度控制** 调节馈至彩色电视接收机中色度解调器的载波色度信号幅度，以改变彩色图像色调饱和度或鲜艳度的控制。当处于控制的零位置时，接收的图像成为黑白图像。也称"彩色控制"或"颜色饱和度控制"。

chroma-keying **色度键控** 将一种电子图像放到另一种电子图像上的视频技术。在多媒体应用中，组合两个同步的视频信号，如在电视屏幕上有一个播音员站在蓝色背景前面，蓝色就是键控颜色，电视收看者看到的景象是播音员站在某个实镜中。

chroma signal **色度信号** 图像信息中提供颜色信息的部分。

chromatic aberration **色差** (1)一种不良的图像，它的产生是由于各波长的光波通过一个光学系统走不同的光学通道而造成的，即此不良图像是由系统中光学元件产生的色散造成的。(2)由于电子以不同初速度脱离阴极，以致受到电子透镜和偏转线圈不同的偏转而引起阴极射线管屏幕上光点扩大和模糊的一种电子枪缺陷。

chromatic adaptation **色适应** 人眼随环境色度及亮度而改变其视觉感应能力的现象。

chromatic dispersion **色散** 能改变以不同速度经过光纤的入射光波长的玻璃或塑料光导纤维的特性。该特性起因于光纤性质和光纤纤芯与包层之间的折射率差异。

chromatic dispersion coefficient (D(λ)) **色散系数** 在一根光纤中传播的电磁波中，色散系数是与波长相关的标准群时延 $\tau(\lambda)$ 的微商，即色散系数 $D(\lambda) = d\tau(\lambda)/d\lambda$，$\tau$ 是标准群时延，它是波长的函数，λ 是光的波长。

chromatic dispersion slope (S(λ)) **色散斜率** 在一个波导管，如一根光纤传播的电磁波中，色散斜率是色散系数 $D(\lambda)$ 的微分，即 $S(\lambda) = d\,D(\lambda)/d\lambda$，$S(\lambda)$ 为色散斜率，$D(\lambda)$ 为色散系数，它是波长的函数，λ 是发射源的波长。参见 chromatic dispersion coefficient (D(λ))。

chromaticity **色度** 在可见光频谱区域中，色度指组成电磁波的频率或波长。一般用描述其色彩品质的主要频率或波长表示，它影响光在滤波器内的传播及光纤内的衰减，也影响照相底片的灵敏度。

chromaticity diagram **色彩图** 国际照明委员会(ICI)使用一张马蹄形的图来表示所有可见的色彩及其波长、纯度和亮度之间的相互关系，该图称为色彩图。

chromatic number **色数** 对图 G 的节点进行着色，要求相邻节点有不同的颜色。如果用 K 种颜色可以达到此目的，而用 $K-1$ 种颜色不能达到此目的，称 K 是 G 的色数。

chromatic number of a hypergraph **超图的色数** 给一个超图着色所用的最少颜色数。将超图 H 的

顶点着色，使每一条边 $E_i(|E_i|>1)$ 上的顶点不着同一种颜色，所需用的最少种颜色则称为超图的色数。

chromatic resolving power 彩色分辨能力 一个仪器区分两个不同波长的电磁波的能力。对于两个波长来说，分辨能力是两个波长中较短的波长与两波长之差的比值。

chrominance 色差，色度 (1)一种颜色与相同亮度的参考白色的差别。(2)在图像中，代表图像中颜色成分的信号，如色调和饱和度。一个黑白图像的色度为零，在NTSC(美国国家电视制式委员会)电视系统中，I信号和Q信号载有色度信号。色度信号中包含有色彩和色调信息，但没有亮度信息。

chrominance signal 色度[彩色]信号 在彩色电视中，那些包含彩色信息的信号或者合成信号中的相关部分。

chronological backtracking 时序回溯 一种搜索方法。当搜索失败时，首先回到最近时刻游历的节点。

Chronon 克罗农 一种虚拟的时间“粒子”，定义为电磁辐射跨过一个电子所取的时间；即等于电子直径除以光速。此值约等于 2×10^{-23} 秒。

CHRP 公共硬件参考平台 common hardware reference platform 的缩写。

CHTML 压缩式超文本标记语言 compact hypertext markup language 的缩写。

chufing 噗嗤声 指倒相式音箱在以高电平重放低音时所发出的那种噗嗤声。原因是此时有大量的空气在音箱开孔处通过。

chunk 知识块，信息块 (1)密切相关的知识所构成的有机整体。一般来说，要把用于完成同一目标的知识组织在一个知识块中。(2)作为单个单位来存取的一组事实集合，也指存在于人的短期记忆中的信息量。人脑或计算机的记忆存储能力由能够同时处理的信息块的数量来确定。

chunking 多级组块 一种用于合理组织知识库的学习方法。多级组块把要增入知识库的知识逐一地同知识库中的知识进行比较分析，演绎推理，并把知识库构造成层状知识块结构。

chunksize 大块量度 将多个任务组合成一个任务所需要的迭代运算次数。这种组合是为了增加任务的粒度。

Church's thesis 丘奇论题 关于可计算性的一个著名论题。论题指出，一个函数是可计算的，当且仅当它是递归的。丘奇论题和图灵论题是等价的。和图灵论题一样，丘奇论题也是无法证明的。通常也把丘奇论题和图灵论题合称为丘奇-图灵论题(*Church-Turing thesis*)，并简单叙述成：任何合理的计算模型都相互等价。

churning 颠簸 在具有虚拟存储器的计算机系统中，由于页替换策略不当，一个页面刚刚被调出不久又被重新调入的现象。过于频繁的调页活动将降低系统的运行效率。

CI (1)计算智能 computational intelligence 的缩写。(2)集体智能 collective intelligence 的缩写。(3)链式索引 chain index 的缩写。(4)积累索引 cumulative indexing 的缩写。(5)特征信息 characteristic information 的缩写。(6)客户设备[装置] customer installation 的缩写。(7)冲突指示符 congestion indicator 的缩写。

C/I 载波-干扰比，载干比 carrier-interference ratio 的缩写。

CIA 在ATM网络上运行传统IP业务 classical IP over ATM 的缩写。

CIAC 计算机事故咨询能力 computer incident advisory capability 的缩写。

CIB 命令输入缓冲区 command input buffer 的缩写。

CICP 通信中断控制程序 communications interrupt control program 的缩写。

CICS 客户信息控制系统 customer information control system 的缩写。

CICS/DOS/VS 虚存磁盘操作系统控制下的客户信息控制系统 customer information control system/disk operating system/virtual storage 的缩写。

CICS/VS 在虚存系统中的用户信息控制系统 customer information control system for virtual storage 的缩写。

CID (1)通信标识符 communications identifier 的缩写。(2)连接标识符 connection identifier 的缩写。(3)电荷注入器件 charge injection device 的缩写。(4)来电显示 calling identity delivery 的缩写。

CIDA 通道间接数据寻址 channel indirect data addressing 的缩写。

CIDF (1)通用入侵检测框架 common intrusion detection framework 的缩写。(2)公共交换描述格式 common interchange description format 的缩写。(3)控制间隔定义字段 control interval definition field 的缩写。

CIDR 无类域间路由 classless inter-domain router 的缩写。

CIF (1)加州理工中间格式 Caltech intermediate format 的缩写。(2)通用媒介格式 common intermediate format 的缩写。(3)传输中信元 cells in flight 的缩写。(4)帧中信元 cells in frame 的缩写。

cifax 密码传真 一种对传真信号应用了密码电报学及密码电话学技术的传真。

CIFS 公用网际文件系统(协议) common internet file systems 的缩写。

CIH virus CIH病毒 CIH病毒是病毒制作者我国

台湾省大学生陈盈豪的英文字母缩写。该病毒造成全球各地约6千万台电脑瘫痪,是真正的32位病毒,感染Windows 95/98的PE格式的EXE文件。病毒体长度为1K字节,但感染后不增加文件的长度。CIH病毒有1.2、1.3、1.4三个版本,发作日期分别为:4月26日、6月26日、每月26日。病毒发作时覆盖硬盘主引导区、BOOT区和文件分配表,破坏硬盘中的所有数据,改写部分可升级主板的Flash BIOS系统程序,导致机器无法运行,是首例直接破坏计算机硬件系统的病毒。CIH病毒发作时,随机调用内存的数据,从硬盘物理最先位置开始,逐一往下写上随机数据。由于硬盘位置的512字节为硬盘主引导区,包含硬盘分区及扩展分区的信息,而逻辑C盘处于硬盘物理最先位置,病毒发作时最先遭到破坏,因此C盘数据不能恢复。至于D、E、F等盘,虽然主引导区信息已被破坏,但分别在硬盘物理位置上的相应引导信息、文件分配表还没来得及遭到破坏,计算机已经死机了,因此可以把D、E、F等扩展分区的逻辑盘数据加以恢复。病毒破坏的主要途径是由于Flash ROM为可擦写存储器,该芯片有一引脚的逻辑电平高、低可以控制芯片的写与禁止写。该引脚的控制电平一般由较为复杂的程控逻辑电路组成,通过软件操作使之有效,称为口地址。CIH病毒发作时存在着对该口地址的操作,而该地址刚好符合某些主板Flash BIOS的口地址,因此部分数据就写进了Flash BIOS里,从而导致计算机本身的CPU、DMA(直接存储器存取)、定时器等需要初始化设定的数据全部混乱,造成主板被破坏。

CIL 情况和事件记录 condition-incident log的缩写。

CIM (1)计算机集成制造,计算机一体化生产computer-integrated manufacturing的缩写。(2)计算机输入微缩胶片computer input microfilm的缩写。(3)公共信息模型common information model的缩写。

CIMS 计算机集成制造系统 computer-integrated manufacturing system的缩写。

CIMS database management system CIMS数据库管理系统 指CIMS数据库系统的重要组成部分——数据库管理系统。它除了具有类似传统的商用数据库管理系统的功能,如数据定义、数据操纵、数据查询和数据库维护等功能,还具有适应于CIMS数据管理需求的功能和特点,例如,①对CIMS不同组成部分的数据的不同管理;②在异构和自治的计算机系统之上的数据集成;③建立在跨越分散的工作环境的多用户网络之上;④备份和恢复;⑤数据的多种视图;⑥实时交互处理;⑦数据完整性;⑧多层次的安全保障;⑨支持知识库等。每个CIMS的数据库管理系统根据需求,具备这些特点中的几个。

CIMS database system CIMS数据库系统 指在CIMS(计算机集成制造系统)中用于存储和管理数据的数据库系统。它既是CIMS中信息流的载体,又对信息流进行控制和管理,为CIMS提供集成的手段。存储于其中的数据可分为四种基本类型:①产中数据,②用于生产的数据(描述零件和产品如何被制造的数据);③用于操作的数据(描述生产事件的数据,如进度表和场地大小);④资源数据(描述生产资源的数据,如机器和工具)。还有一些其他的数据类型,如财务和市场数据。CIMS数据库系统通常由多个数据库组成,每个数据库中存放着主要用于CIMS的一个组成部分的数据或存放着一类或几类相关的数据。这些数据被CIMS的用户共享,为实现CIMS的总体目标服务。CIMS数据库系统通常是随着企业的成长逐渐形成和发展的,所以它一般是由异构数据库组成的。

Cinepak compaction algorithm Cinepak压缩算法 由SuperMac技术公司开发的著名算法,可用软件播放,用于Macintosh等计算机,提供的压缩比为20∶1～200∶1。

CIO 首席信息官,信息主管 chief information officer的缩写。

CIOCS 通信输入/输出控制系统 communications input/output control system的缩写。

CIP (1)载体标识参数carrier identification parameter的缩写。(2)通用索引协议common indexing protocol的缩写。(3)商务交换管道commerce interchange pipeline的缩写。

cipher 密码 一种仅依赖于字符或比特顺序的密码形式。

cipher block 分组密码 在密码学中,把明文划分成长度固定的一个一个数据组,用密码函数加密,加密前和加密后的数据组长度相同。标准的分组密码是国际标准化组织(ISO)提出的信息处理8227协议,即数据加密标准(DES)算法规范。参见data encryption standards (DES)。

cipher block chaining 分组链接密码 密码学中的一种能够克服电子密码本弱点的加密模式。密文输出依赖密钥和所有先前的明文信息块。

cipher block chain mode 密码块链接方式 一种将一个密码文件块加密连接到下一个明文块的操作方式。

cipher equipment 密码设备 一种可人工或自动操作的装置,它用来将明电文转换成加密电文或者将加密电文转换成明文。

cipher feedback 密码反馈(操作) (1)一种加密操作。将明文与某种加密算法的输出进行"或"操作,然后将结果作为输入送回该加密算法程序。参见output feedback。(2)在密码学中,一种密码流的工作方式,应用在加密时数据块不是64位的场合。在某些应用场合被处理的数据是个别的比特流、字节数或画面等。在密码反馈中，一个随机的比特流同明文比特流进行模 2 加而生成密文比特流。在接收端，用相同的随机序列与密文比特流再进行模 2 加而恢复成明文。随机序列是由密文比特流本身生成的。密码反馈方式具有错误扩展性。

cipher group 密码组 转换成密码电文后的一组字母或数字，每个密码组里都有固定数量的字符，以便于简化传输及加密和解密。

cipher mode 加密方式 在保密无线电话通信系统中，密码电话设备对传输的声音的加密和解密的方式。

cipher system 密码系统 在计算机安全中，指用一组符号来代表相同长度的明文的通信系统，对应于 code system。参见 cryptographic system。

ciphertext 密文 明文通过加密算法转换的结果。如果不经解密进行码文变换，他人无法理解，目的是保证所发送信息的机密性。同 enciphered data。

ciphertext autokey cipher 自动密钥密码 在密码技术中，指一种链接流密码技术。在这种密码技术中，密文反馈到加密器以产生密码比特流。

ciphertext only attack 仅有密文攻击法 也称“唯密文攻击法”，在密码分析中，密码分析者仅有密文可用于对密码进行攻击，没有与密文相对应的明文。在公开密钥密码系统中，如果明文信息是有限的话，那么密码分析者也可以从相应的密文中推导出明文。

ciphertext searching 密文搜索 在密码分析中，指一种从大量的密文中推导出明文的方法。

ciphertext stealing 密文移取 密码技术分析中的一种避免信息扩散的分组密码操作方式。如果明文信息的长度不是分组的整数倍，则从倒数第二个密文块的比特中取出缺额部分叠加到最后一组短明文后面。这样密文信息和明文信息具有相同的长度。在解密时最后一个密文解密后，将解密后的明文中最后与倒数第二块的密文中相同的部分移走后，剩下的就是原来的短明文。

ciphony communications system 密码电话通信系统 无线、有线或光纤通信系统，在其中信息被加密以保持被传输信息的机密性。

ciphony protected net 密码电话保护网 一种无线电话系统，在其发送端和接收端已建立同步时，由设备自动加密及解密语音信息，以使通信内容得以保密。

CIR (1)载波干扰比 carrier to interference ratio 的缩写。(2)承诺信息速率 committed information rate 的缩写。

CIRC 交叉交插里德/索洛蒙码 cross-interleaved *Reed-Solomon code 的缩写。*

CIRCA 计算机化信息检索与现代知识了解 computerized information retrieval and current awareness 的缩写。

circuit 电路，线路，回路 (1)用来完成所需功能，如开关、放大、滤波或数据变换的相五连接的一组有源和无源电气元件及电子元件。(2)一条数据线路。它或者是一条物理线路，或者是一条虚拟线路。(3)在图或有向图中一条由一个顶点到它自身的通路。

circuit analysis and tester 电路分析测试仪 可对电路进行分析测试的一种仪器。它可对各种数字集成电路进行功能和直流参数的测试，可测试 TTL(晶体管-晶体管逻辑)，DTL(二极管-晶体管逻辑)，MOS(金属氧化物半导体)，CMOS(互补金属氧化物半导体)及 HTL 等器件。

circuit analyzer 电路分析仪 测量电路中某个或多个特征的设备。测量的电路特征如电压、电流和电阻等。这种仪器包括示波器和万用表等。

circuit angle 电路角 在整流连接中，交流网侧相电压波顶与其在阀侧重现的、未经滤波而又不存在延迟角条件下直流电压波顶之间的电角度(包括同时出现的波顶)。

circuit board 电路板 一种由诸如环氧树脂、酚醛树脂等绝缘材料制成的一块平板，电子器件安装在上面并相互连接形成电路。目前大部分电路板都使用铜箔布线来互连电子器件。箔层可在板的一面或两面都有，在一些更先进的设计中，一块板可有多层铜箔。印制电路板使用印刷过程(如照相制板)来形成铜箔布线。

circuit breaker 断路器 一个在非正常条件下自动隔断一个电路的开关。如在电流超过指定值时，用于保护电路正常工作和元件不被损坏。断路器常用于代替保险丝，因为在断路后只需使其复位就可恢复通电，而不需更换。比较 surge protector。

circuit-breaker capacitor 断路器电容器 和断路器的断口相并联借以在其上获得适当的电压分布的电容器。

circuit capacity 电路能力 (1)一条线路能同时容纳的通信信道数目。(2)一个电路能驱动的负载数量。

circuit commutated turn-off time 电路换向关断时间 外部使主电路转换动作后，从主电流下降到零值瞬间起，到晶闸管能承受规定的断态电压而不致过零开通上的时间间隔。

circuit component 电路元件 一般是指电路中的一些无源元件，譬如电阻器、电容器、电感器等。而具有放大功能的晶体管等往往称为电子器件。同 circuit element。

circuit connector 圆形连接器 插头和插座的基本结构为圆柱形，并具有圆形插合面的连接器。

circuit crest working off-state voltage 电路断态工作峰值电压 可控阀或臂上出现的断态电压最大瞬时值。但不包括重复瞬变和不重复瞬变电压。

circuit crest working reverse voltage 电路反向工作峰值电压 阀或臂上出现的反向电压最大瞬时值，但不包括所有重复瞬变和不重复瞬变电压。

circuit data services (CDS) 电路数据服务(系统) 一种应用电路交换技术，提供通过膝上计算机和蜂窝移动电话进行的快速数据传输服务。参见 circuit switching。

circuit design 电路设计 在 LSI(大规模集成电路)设计中，实现逻辑功能、满足电气特性要求、确定构成电路的晶体管等元件之间的连接关系的设计工程。例如，触发器设计要按逻辑功能要求，满足工作频率、延迟、定时等技术条件，构成连接各种元件的电路。为保证设计的电路可工作，需进行电路模拟。

circuit designator 电路标志符 一系列标准字符，如字母、数字及特殊标识，表示与一个电路相关的信息，如电路的工作频率，应用及通道类型等。

circuit discipline 电路规程 一个通信网中的操作规程。它包括：信息安全性和完整性的维护，设备的正确使用，授权频率与操作过程的严格遵守，需要时补救措施的使用，网络控制的应用，网络的监控以及操作者和维护人员的正确培训。

circuit element 电路元件 不能从物理上进一步划分，否则就会失去其特性的电路中的基本组成部分。

circuit emulation service (CES) 电路仿真服务 ATM(异步传输模式)论坛电路仿真服务互操作性规范指定的支持恒定位速率的互操作性，与 ATM 论坛其他的互操作性规范一致，而且支持在 ATM 网络中对分时多路复用电路的仿真。参见 asynchronous transfer mode (ATM)。

circuit grade 电路级别 电路的信息运载能力，可用信号速度或信号类型表示。电路的级别是：宽带、音频、次音频以及电报。用来传输数据时，可用某些速度范围来识别这些级别。

circuit group 电路组 连接到两个网桥上的相关串行线路组。如果电路组中的一个串行链接位于一个网络的扩展树上，则电路组中的任何串行链接可以被用于负载均衡。这种负载均衡策略把每个目的地址分配到一个特定的串行链接上，从而避免了数据的顺序问题。

circuit-hour (CH) 电路-小时 通信业务中的一个单位。一个电路-小时(1CH)等价于一个电路被占用一个小时。相应地，两个电路每个各被占用半小时也等于 1CH(1 电路-小时)的业务量。参见 call hour (CH)。

circuit log 电路值班记录 在无线电话、电话或电报网中，每个电路或通道上每天传输的业务，接收到的业务及操作情况的记录，包括重要事件的数据，如操作时间，关闭时间，时延，频率改变，过程差错及违反安全的操作等。

circuit model 电路模型 也称“逻辑网络”，一个有限的、标定的无回路有向图。图中有输入和输出节点。输入节点无祖先，输出节点无后代。输入节点用输入变量的名字 $x_1,\cdots,x_n$ 标识。图的内部节点用某有限集合中的称作电路基的函数来标识。一个内部节点的祖先的个数等于其标号的自变量个数。

circuit noise 电路噪声 电路内部产生的或从外部源来的不希望的噪声。

circuit noise level 电路噪声电平 电路噪声与选定的参考值之比，常用超过参考噪声的分贝数或者用经过调整的分贝数表示。在后一种情况下的分贝数表示在特定干扰影响下噪声计的读数。参见 decibel。

circuit non-repetitive peak off-state voltage 电路断态不重复峰值电压 可控阀或臂上出现的任何不重复瞬变断态电压最大瞬时值。

circuit non-repetitive peak reverse voltage 电路反向不重复峰值电压 可控阀或臂上出现的任何不重复瞬变反向电压最大瞬时值。

circuit parasitics 电路寄生现象 由紧靠工作在射频上的电路元件导体所引起的不希望的有效电阻、电容和电感。

circuit quality control 电路质量控制 其作用是确保电路的正确性能，如对电路的评价，关于电路质量的报告，电路的维修等。

circuit quality monitoring system (CQMS) 电路质量监视系统 监视数据通信线路和电路的重要参数的方法。

circuit release 电路释放 电路释放通常是指用户以挂机的方式来终止一条电路的使用，从而允许其他用户使用原被占用的电路。

circuit release acknowledgement signal 电路释放确认信号 一个前向发送的，对电路释放信号的响应信号，表明该电路已被释放。

circuit released signal 电路被释放信号 一个前向和后向发送的信号，表明该电路已被释放。

circuit reliability 电路可靠性 在规定时间内和规定条件下，电路能正常工作的能力。一般用平均故障间隔时间来度量。

circuit repetitive peak off-state voltage 电路断态重复峰值电压 可控阀或臂上出现的重复断态电压最大瞬时值，包括所有不重复瞬变电压。

circuit repetitive peak reverse voltage 电路反向重复峰值电压 可控阀或臂上出现的重复反向电压最大瞬时值，包括所有重复瞬变电压，但不包括所有不重复瞬变电压。

circuit restoration 电路恢复 用户之间通信电路恢复建立连接。这通常是在原电路遭到破坏或损坏之后用另外的设备和电路来恢复它们之间的通信。电路恢复通常是按照预先计划好的步骤和优先级别实施的,可以是自动的或人工的进行恢复。

circuitry 电路 由电气设备和元器件,按一定方式连接起来,为电荷流通提供了路径的整体组合。

circuit segment 电(线)路段 单个的点-点电路,常常是多点线路或网络的一部分。也称“链路”。

circuit selection function 电路选择功能 根据规定把来自某输入电路的信息发送到某输出电路之一的功能。

circuit shift 环形移位 将寄存器中的数据位或字符从一端移出,再从另一端进入的移位。

circuit simulation 电路模拟 在制作原型电路之前对电路特性进行模拟的技术。诸如晶体管、电阻器和电容器这样一些元件的精确模拟被存储到计算机存储器中。计算机先将元件模型组合成电路,然后在模拟过程中用数值分析算法求解基本电路分析方程,以获得有关的电气信息。

circuit switch data (CSD) 电路交换数据 使用电路域传送数据的一种方法,CSD传输数据时与电话通信类似,不管用户是否在通话或传送数据,系统都会在上下行的频段中保留一个信道给用户,CSD就是利用这个信道传送数据的。在这种情况下,语音通话和其他的数据传送,不能同时进行。如:打电话就不能上网,上网就不能打电话。

circuit switch data transmission service 电路交换数据传输服务 数据能在各数据终端设备之间传递之前,使用电路交换来建立和维持连接的一种服务。参见 packet switched data transmission service。

circuit switched connection 电路交换接续 为了允许独占使用电路直到接续释放,在两个或多个站之间或是一组数据终端设备之间根据需要而建立和保持的电路。

circuit switched data network (CSDN) 电路交换数据网 在通信双方或多方之间,通过电路交换方式建立电路连接,以此提供数据传输业务的数据网。

circuit switched digital capability (CSDC) 电路交换数字容量 进行端-端连接的技术,它允许用户正常发出呼叫,然后使用同样的连接发送出高速数据。

circuit switched network (CSN) 电路交换网络 在通信双方或多方之间,通过电路交换建立电路连接的网络。电话系统是电路交换网络。

circuit-switched voice (CSV) 电路交换语音 一种ISDN(综合业务数字网)服务选项,ISDN用户通过指定一条专用的B信道,在此信道上建立一个点对点的专用连接,用于在呼叫期间进行语音通信的数字化传输。

circuit switching 电路[线路]交换 (1)也称“线路转接”,即将单独的电路逐段交换串接使首端与末端直接连通,以此提供信息传输。(2)根据要求把两个或多个DTE(线路终端设备)连接起来的过程。在释放这个连接之前,允许对它们之间的数据线路进行独占使用。(3)电话网络和一些数字数据网络的操作模式。首先在源(主叫)和目标(被叫)终端之间建立一个通信路径,然后该路径只能用于该呼叫或事务的持续阶段中。两个终端必须使用相同的信息传输率进行操作。参见 message switching, packet switching。

circuit switching center (CSC) 电路交换中心 根据用户的需要,可以建立和拆除用户间的电路连接的交换器和支撑设备的综合设施。

circuit switching delay 电路转换延迟 (1)在电路转换网络中,由于等待提供通道或由于等待需要的信息(信号)而耽误所产生的一种延迟。(2)在信息包交换网络中,当信息通过网络时,由于信息包之间的时间间隔扩展而产生的一种延迟。

circuit switching multiplexor (CS-MUX) 电路交换多路复用器 CS-MUX支持等时电路交换服务,可以将一个站点自己生成的等时信号穿过FDDI(光纤分布数据接口)网络,送至网上的其他站点。根据不同的应用环境可以提供下列的部分或者全部功能:①复用来自外部信源的等时电路变换服务,并传送给等时介质访问控制(I-MAC);②将宽带信道(WBC)中交换进来的电路切换到合适的信道;③与复用相反,分解来自宽带信道中信道的等时服务并送到合适的外部应用程序;④在电路信道速率与FDDI信道速率之间提供速率匹配;⑤提供电路同步和定时;⑥综合多个宽带信道,形成大的宽带信道。

circuit switching unit (CSU) 电路交换单元 用于对公共用户电路上的信息进行路由选择的设备,公共用户电路连接源数字终端设备和目的数字终端设备以便它们可以进行信息交换。

circuit tap 线路监听 一种用在交换式集线器上的技术。它把在交换式集线器上两个端口间所有来往的信息都送到一个指定的监听端口。

circuit tester 电路测试仪 数字处理机上使用的一种测试系统,可以存储程序测试指令,解释所产生的错误数据,执行算术运算。这种测试系统也可和远地主机进行通信。

circuit transfer mode 电路传输模式 一种通信传输模式。实际上是固定时分模式,即把信道分成很多时隙,每路连接传输的信息被分配一个固定的时隙,也即每路连接独占一个时隙,于是这种模式也称“同步传输模式”。缺点为由于分配的时隙不能总是充分利用而常常造成浪费。参见 synchronous transfer mode。

circuit transient recovery voltage 回路瞬态恢复电压 仅由特定线路参数所决定的恢复电压,一般用幅值因数及上升率(或自然频率)来表示。

circuit types **线路类型** 在计算技术中,线路类型包括连接网络节点的、将网络与终端连接起来的和提供通信进程的端-端通道等几类。线路容量从话音线路的 100 bps 到宽带线路的 250 kbps。

circuit unavailability procedure **电路不可使用规程** 当电路忙时由电话接线员和话务员执行的规程,如当电路忙时,必须使用其他设备,需要回叫和需要处理优先的呼叫等。

circular antenna **圆形天线** 被弯曲成一个圆,使传输线和相接折叠末端处于直径相对端的折叠偶极子。水平安装时,它在各个方向上呈均匀辐射且垂直辐射很小。

circular-beam multiplier **圆电子束乘法器** 将圆电子束投射到四个绝缘金属扇形板上,从扇形板收集的电流被组合,给出正比于使电子束偏转的输入变量乘积的输出电流。

circular buffer **循环缓冲** 一种排队形式,其中的排队项放在存储区的连续位置,并以同样的序列从这些位置处取走,用两个指针跟踪队列的头和尾。当指针到达存储区的尾部时它返回至头部。循环缓冲的项自身即可能成为队列中项的指针。

circular electric wave **圆电波** 其电力线形成同心圆的横电波。

circular file **循环文件** 具有循环存取记录的文件。在这种文件中,存取按照记录建立的次序而定。当一个记录存入文件的最后一个记录位置时,下一个记录就存入文件的第一个记录位置。它适用于频繁地增删记录的文件。

circular list **循环表** 表中最后一个节点的指针指向表中第一个节点的一种链表结构。

circularly linked list **循环链接表** 一个链接的表,其中最后的节点指向第一个节点即链中的头部节点。

circularly polarization **圆极化** 电场的水平分量与垂直分量的振幅相等,但相位相差 90°或 270°时的正弦电磁波。

circularly polarized wave **圆极化波** 在某一点其电场矢量和(或)磁场矢量描绘出一个圆的电磁波。这个术语通常适用于横向波。

circular magnetic wave **圆磁波** 其磁力线形成同心圆的横磁波。

circular mils (cmil) **圆密耳** 导体横截面的面积单位。是指圆形导体按照尺寸为其直径的方形导体计算的横截面积,它等于直径的平方。直径为 1 密耳的圆面积即 0.001 英寸的导体的截面积。1 平方米 $=1.974\times10^{9}$ 圆密耳。

circular-polarization duplexer **圆极化双工器** 用两个紧邻金属片构成的选择性反射器光栅,在毫米波长上同时完成发送和接收的双工器。离开发送器的垂直极化波靠两个光栅的组合作用被变换成具有彼此相互垂直、且时间相位相差 90°的两个分量的圆极化波。经第一个光栅返回的圆极化波在进入接收喇叭之前被变换成完全由第二个光栅反射的线性水平极化波。

circular reference **循环引用** 在电子数据表格中,指两个或两个以上的计算公式之间互相引用。这种引用会导致运算无法完成,因而指示错误。

circular scan **圆扫描** (1)使雷达天线在整个圆内旋转,以便波束形成一个平面或顶角接近 180°锥形的扫描。(2)在卫星通信系统中,地球站的方向性天线搜寻方式,其中天线通常围绕着竖轴或水平轴旋转。旋转可能是整个圆或仅是圆的一部分。圆扫描在初步指向预测的位置后使用,这使得天线能够在自动跟踪前,捕获下行链路信号。

circular shift **循环移位** 寄存器两端的触发器有移位通路,形成闭合的移位环路。移位时,寄存器的内容在环路内循环移动,即按位依次从寄存器一端移出再从另一端移入,称这种移位方式为循环移位。同 end around shift。

circular shift register **循环移位寄存器** 从其一端移出的数字又送入另一端的移位寄存器。

circular trace **圆形扫描迹线** 将频率和幅度相同、但相位相差 90°的正弦波加到阴极射线管的水平和垂直偏转板上所产生的时基。因此,扫描迹线是一个圆,而信号给出从圆向内或向外的径向偏转。

circular wait **循环等待** 一种进程状态,当进程 $p1$ 占有资源 $R1$ 而又请求资源 $R2$,而进程 $p2$ 占有资源 $R2$ 而又请求资源 $R1$ 时,称之为循环等待。在循环等待中可能涉及多个进程。

circular waveguide **圆波导** 横截面为圆形的波导。

circulating current **循环电流** 在变压器上,当变换分接在两分接头桥接时,由于分接头间的电压而产生并流过过渡电阻的电流。

circulating harmonic current **谐波环流** 指由并联电源间不同的电压波形或者非线性负荷运行而产生的电流。

circulating memory **循环存储器** 具有闭合回路的一种动态存储器。

circulating register **循环寄存器** 一种移位寄存器,其中所寄存的数据从寄存器的一端移出又从另一端进入从而形成一个闭合回路。

circulating storage **循环存储器** 具有闭合回路的一种动态存储装置。同 cyclic storage。

circulation frequency of the data classification **数据分类流通频度** 根据统计材料的特点,将被统计的当代汉语流通语料抽样所得的文字资料分别归类后,在各分类领域中统计所得的汉字(词)流通频度。

circulator **环行器,循环器** (1)将进入其任一端口的入射波,按照由静偏磁场确定的方向顺序传入

C

下一个端口的多端口器件。(2)具有三个或更多个端口的无源汇接点。对在其中的端口按顺序接通。

CIRT 计算机事件响应组 computer incident response team 的缩写。

CIS (1)(美国)国会信息服务 congressional information service 的缩写。(2)课堂信息系统 classroom information system 的缩写。(3)复杂指令系统 complex instruction set 的缩写。(4)接触式图像传感器 contact image sensor 的缩写。

CISC (1)复杂指令集计算机 complex instruction set computer 的缩写。(2)复杂指令集计算 complex instruction set computing 的缩写。

Cisco Systems 思科系统公司 1984 年美国加利福尼亚州斯坦福大学几名科学家成立了一个研究小组,目的是寻找一种连接不同类型的计算机系统的简便方法。从大学所在地名 SAN Francisco 中截取最后几个字母,这就是思科系统公司的最早起源。现已成为世界上主要计算机网络产品供应商之一。

CISL 通用入侵规范语言 common intrusion specification language 的缩写。

CISP 注册信息安全专家 certified information security professional 的缩写。

CISSP 信息系统安全认证专家 certified information systems security professional 的缩写。

CIT 剑桥信息技术 Cambridge information technology 的缩写。

citation analysis method 引文分析法 利用各种数学及统计学的方法进行比较、归纳、抽象、概括等的逻辑方法,对科学期刊、论文、著者等分析对象的引用和被引用现象进行分析,以揭示其数量特征和内在规律的一种信息计量研究方法。引文分析方法有着不同的类型。如果从获取引文数据的方式来看,有直接法和间接法之分。前者是直接从来源期刊中统计原始论文所附的被引文献,从而取得数据并进行引文分析的方法;后者则是通过科学引文索引(SCI)、期刊引用报告"(JCR)等引文分析工具,查得引文数据再进行分析的一种方法。参见 science citation index (SCI), journal citation reports (JCR)。

citation indexing 引文索引 利用文献引证关系检索相关文献的索引。这里所说的引文是指一篇文献对另一篇文献所作的参考文献目录。引文索引列出的是被引用的文献。通常由作者按字顺排列。在每一篇引用的文献下也列出那些已相继被引用了的文献。因此,根据一篇已知的文献,查找者能发现近期发表的有关文献。最著名的引文索引是《科学引文索引》(SCI),参见 co-citation indexing, bibliographic coupling。

citizens band (CB) 民用频带 分配给公众用于低功率传输的个人通信的射频频带。民用频带不应与无线电业余爱好者使用的频带相混淆。

citizens' band radio (CB radio) 民用波段无线电 指个人和团体(如商业团体)之间的信息传输。一般使用小功率发射机,典型的是在 20 英里以内的范围。在美国,大多数 CB 无线电的波段过分拥挤(在美国为 27 兆左右),美国 CB 无线电用户研制了他们自己的电码表。CB 无线电也用于其他方面,如电子设备的遥控。

city block distance 市街区距离 模式识别或自动分类中的一种距离概念。在 n 维空间中,两个随机向量 X_a 和 X_b 沿特征空间坐标轴的方向由一个向量到另一个向量之间的折线距离

$$d_{ab}=\sum_{i=1}^{n}|X_{ai}-X_{bi}|$$

称为市街区距离。X_{ai} 和 X_{bi} 分别为向量 X_a 和 X_b 在特征空间第 i 个坐标轴方向的分量。市街区距离符号多维测度空间中的距离定义。

city call 城市呼叫 一种城市间的报文远程通信服务。由美国传输系统公司提供。

city telephone trunk network (市话)中继网 市话中继网是市内电话网的传输部分。市话中继网是在以电话业务为主的阶段使用的术语,主要用于市内电话交换(机)局间中继传输,包括市话端局与端局间,市话端局与汇接局间,市话汇接局与汇接局间,市话局与长途端局间(长市中继)以及交换机到各种服务节点间的中继传输。随着城市电信网向多业务网发展,市话中继网相应发展成为支持多种业务网的公共传输平台——城市传输网。参见 metropolitan transport network。

CIU (1)计算机接口部件 computer interface unit 的缩写。(2)电缆接口部件 cable interface unit 的缩写。

civil communications network 民用通信网 一个非军用的通信网,它受控于公共组织或私人组织,通常用于公共或私人目的。

civil day 民用日 一个民用日是指从子夜到下一个子夜的 86 400 秒(即 24 小时),它比恒星日长 236 秒。

civil information system 城市信息系统 以信息技术(主要是计算机和通信技术)为工具,以信息系统为具体构筑形式,广泛收集、整理、加工、传播及利用城市范围内的各种信息资源,成为促进城市整体的发展及提高城市(管理)质量的一种综合系统。该系统可由如下基本部分组合而成,并可提供不同的信息服务:政务信息系统、经济信息系统、人口信息系统、城市建设信息系统、金融信息系统、科技情报检索网络系统、城市交通信息系统、旅游信息系统、印刷出版信息系统、灾情监测和防灾信息系统、商业及税务信息系统、卫生与保健信息系统、社会福利信息系统、环境卫生信息系统、影剧节目及娱乐信息系统等。

civision 加密电视信号 编成密码的电视信号，即为了保持所传送信号的秘密性而加密传送的电视信号。

CIX 商用因特网网际交换协会 Commercial Internet Exchange Association 的缩写。

CJFD 中国期刊全文数据库 Chinese journal full-text database 的缩写。

CJK 中、日、韩文 Chinese, Japanese and Korean 的缩写，由中国、日本、韩国三国联合制订的中文字符标准。

CKE 中文键盘输入 Chinese keyed entry 的缩写。

CKO 首席知识官 chief knowledge officer 的缩写。

CKT 密钥转换 cryptographic key translation 的缩写。

CL (1)控制语言 control language 的缩写。(2)列地址选通[CAS]延迟 CAS latency 的缩写。

cl 厘升 centiliter 的缩写。

CLA 通信线路适配器 communications line adapter 的缩写。

cladding 封套，包层 光缆中传导纤芯与屏蔽层之间的内层，在光学特性上比纤芯要稀疏，因此可以将光信号反射回纤芯，帮助传导光波沿导体传输。参见 core，optical fiber。

cladding diameter 包层直径 实际光纤的横截面，理想上应是一个圆，但实际上是椭圆。包层直径是可以外接包层的圆的最小直径和可以内切包层的圆的最大直径的平均值。参见 cladding noncircularity。

cladding mode 包层模(式) 一种不希望有的模式，它局限于光纤的包层中，这是因为包层具有相对于其周围的介质(如空气或聚脂外保护层)更高的折射率。新式的光纤的聚脂保护层有比包层稍高的折射率，这样就可以除去包层模式。

cladding mode stripper 包层模清除器 在光纤中用于将包层模转变为辐射模的任何方法和技术，从而除去包层模。在实际应用中，光纤的聚脂保护层用作包层模清除器。此时，保护层的折射率比包层的折射率稍高，从而强迫包层模中的光能量辐射到外保护层并迅速散失。参见 cladding mode。

cladding noncircularity 包层非圆性[度] 在圆光纤的横截面上，能够包含纤芯区域的最小圆直径和能够内接包层的最大圆直径的直径之差(这两个圆都与包层中心同心)，与包层直径的比值。它用于衡量纤芯或包层的截面偏离圆形的程度。

cladding tolerance area 包层容限范围 在圆光纤的横截面上，能够包含纤芯区域的最小圆和能够内接包层的最大圆之间的区域。这两个圆都与包层中心同心。

clamping 钳位 将重复信号的某一特性保持在参考值上的过程。此参考值可以是固定的或是可调节的。产生钳位措施的那些电路称为钳位电路。

clamping circuit 箝位电路 将周期性变化的波形的顶部或底部保持在某一确定的直流电平上的电路。如一个二极管可用作箝位电路，只要功率、电压和电流不超过箝位电路的能力。箝位电路可用作保护电路。

clamping diode 箝位二极管 将电压固定在电路中某个电平上的二极管。

clamping voltages 箝位电压 由箝位电路保持在给定电平的“维持”电压。

clamp-tube modulation 箝位管调制 将音频信号加到作为调制器工作的四极管或五极管帘栅极上的幅度调制。

Clapp oscillator 克拉普振荡器 科尔皮兹(Colpitts)感容振荡器的改进型式。它的谐振电路包含一个与谐振回路线圈相串联的附加低值电容器。该附加电容器与回路线圈之值决定了振荡器的频率。这种设计将放大器电容对输出频率的影响减至最抵限度。这种振荡器可以与双极结型晶体管放大器或场效应晶体管放大器联用，并能产生直到超高频(UHF)频率的正弦波。

C-language C 语言 美国 Bell 实验室的 D. M. Ritchie 等人开发的一种程序设计语言，是以 BCPL 语言和 B 语言为基础研制而成的，适合于编写操作系统、编译程序等系统软件，也可用来编写应用程序。最初它是在 1972 ～ 1973 年为 PDP-11 设计，并在 PDP-11 上实现的。与其他高级语言相比，C 语言与汇编语言的联系更紧密，能直接处理字符、数字和地址，不像一般高级语言只能处理字符串、集合、数和数组，因而可视为一种更接近于机器的中级语言，能编写出十分高效的代码。C 语言不受特定硬件或操作系统的约束，C 编译程序可在从微型计算机到巨型计算机的各种机器上运行。C 语言具有表达式简练、具有现代控制流和数据结构能力以及丰富的算符和数据类型等特点。C 语言是一种广泛使用的语言，包括 UNIX 操作系统、C 编译程序以及几乎所有的 UNIX 应用软件。除系统软件外，C 语言已成功地用于较多的数值计算程序、文本处理程序和数据库程序，并在许多环境中完全取代汇编语言。参见 C++ language。

C++language C++语言 C 语言的一个面向对象的扩充版本，由美国 Bell 实验室的 Bjarne Stroustrup 于 20 世纪 80 年代初开发的一种高级程序设计语言，是在 C 语言的基础上发展起来的，可以认为是标准版本 C 语言的超集，与 C 语言有很好的向下兼容性。C++一方面包括标准的 ANSI C 的所有成分，并增加一些功能更强的结构化语言成分，如内联函数、引用等；另一方面 C++引入了对象、类、继承性、封装性和多态性等机制，使其成为一种较易实现的面向对象语言。

C language integrated production system (CLIPS) C语言集成产生式系统 它是美国宇航局和推理公司开发的专家系统工具,可以与用户定义的外部函数集成,变量可以根据需要传送给外部函数,CLIPS程序可以作为子例程嵌入到C、FORTRAN、Ada等其他语言的程序中。

Clark cell 克拉克电池 一种伏打电池,有一锌汞的阳极和水银阴极,两者都浸在硫化锌饱和溶液中。早期用克拉克电池作电动势的标准;其电动势在15 ℃时为1.4345伏。这种电池是根据英国科学家H. 克拉克的名字命名的。参见 voltaic cell。

CLAS 持续采办和全寿命支持 continuous acquisition and life-cycle support 的缩写。

CLASS 定制本地信令业务 custom local area signaling services 的缩写。

class 类,类[级]别,分类[级],种类,类程 (1)在面向对象设计或者程序设计中,类用来描述一组对象的特定术语。一组享有共同定义因而具有共同特性、操作和行为的对象,组中的成员称为类的一个事例,类是程序中定义类中成员(对象)的一系列属性和服务的描述工具,这里的服务是指程序的其他部分可进行的操作。一个类就是一个样板,用来定义一组属性或一组操作,表示这个类的特性。参见 object-oriented programming。(2)满足某一性质的所有集合的全体。类可能不是集合,但它的元素是集合。若类是一个集合,则称该类是小类。否则称为真类。(3)描述一组类似的对象实现的对象。在Smalltalk中,所有成分都是对象,类也是对象。实例是由类的实现描述,经过变量实例化产生的对象。由同一类产生的所有例示都能响应同一组消息,所不同的是它们的私有存区(例变量的值)的状态不同。这就是类似的含意。类描述由协议描述和实现描述两部分组成。协议描述给出它的例示所能响应的所有消息(称为消息接口),而实现描述定义消息的实现,包括例变量及一组方法。(4)在知识表达中,指知识库中拥有共同特征的一组实体。知识表达技术常把实体分类,用以避免在不得不对同类中每个具体实体赋以同样属性和值时所带来的数据冗余。

class-A amplify 甲类放大 也称"A类放大"。为放大器的一种工作状态。这类放大器所选择的基极偏压和交流基极电压使特定晶体管中始终存在着集电极电流的流动。在甲类晶体管放大器中,每个晶体管在整个信号周期内都处在其有效放大区。比较 class-B amplify, class-C amplify, class-AB amplify, class-D amplify。

class-AB amplify 甲乙类放大 也称"AB类放大"。放大器的一种工作状态。这类放大器所选择的基极偏压和交流基极电压在特定晶体管中,可以使在显著多于周期一半但略少于整个周期内始终存在着集电极电流的流动。对于甲乙类晶体管放大器,在小信号下,放大器作为甲类运用,而在大信号下则作为乙类运用。比较 class-A amplify, class-B amplify, class-C amplify, class-D amplify。

class A,B,C address A、B和C类地址 因特网地址,其中某些位表示网络标识符,而另一些位由网络本地指派。

class ACC of problems ACC问题类 可由规模为多项式级、有限深长、无限扇入且可使用任意MOD(k)门电路($k>1$)的布尔电路识别的所有语言。

class A certification A级保证 美国联邦通信委员会(FCC)制订的一个安全标准。凡能达到A级标准的计算机产品,其电磁波辐射已降低到可满足商业或工业应用需要的程度,但仍有可能干扰家用电器如电视机、收音机等的正常工作。

class A insulation A类绝缘 由用液体介质浸泡过且能承受105 ℃温度的棉花、丝、纸和其他类似有机材料构成的绝缘。比较 class B insulation, class C insulation, class H insulation。

class A IP address A类IP地址 一种单播IP地址,范围从1.0.0.1～126.255.255.254。第一组的8位(从十进制的1～126)表示该网络标识符,后面的三组8位所表示的编号为该网中的主机。参见 class B IP address, class C IP address, class A network address。

class ALOGTIME of problems ALOGTIME问题类 可由交错图灵机$O(\log n)$时间界内解决的所有判定问题,其中n为输入的长度。

class A modulator A类调制器 提供对载波进行调制所需信号功率的A类放大器。

class A network A类网络 该网络用IP(网际协议)地址中的第一个字节指定网络标识符,且第一位(最高位)被置为0;用最后三个字节来指定主机。所以A类最多可允许寻址127个网络,最多可以定义16 777 214台主机。A类网络最适合于网络数量较少而主机数量却很多的地方。

class A network address A类网址 因特网上的IP(网际协议)地址类别,用于区别主机和路由器。此类IP地址用在多达1 677余万个节点的网络上。

class any user 任意级用户 不考虑其级别的用户。它们被允许使用控制程序命令的子集进入操作系统,它们都有终端和多重访问虚机在逻辑上相连,或者发送信息给操作员或其他用户。

class A push-pull sound track A类推挽式声迹 两个并排的单路光学声迹。一路光学声迹传输与另一路光学声迹传输相位相差180°。声波的正半部分和负半部分两者都呈线性记录到每个声迹上。

class attributes 类属性 在某些系统中,一个类对象中的值,控制作业中例程步骤的处理,这些值包括运行优先级、时间片、默认等待时间、最大处理单位时间、最大暂存参数。

class-B amplify　乙类放大器　也称"B类放大"。为放大器的一种工作状态。这类放大器的基极偏压近似等于截止值，使得未加上激励基极电压时集电极电流近似为零，而在加上交流基极电压时，则每个周期的大约一半内有集电极电流流过。乙类晶体管放大器中，每个晶体管在信号周期的大约一半时间内处于有效放大区。比较 class-A amplify，class-AB amplify，class-C amplify，class-D amplify。

class-based queuing (CBQ)　基于类的排队　美国苏伦斯・利佛莫国家实验室的国家研究组开发的CBQ是现有排队技术的一个超集。这种链路共享技术允许信息流即"类"按多个属性来表征，而类是按层次结构组织的。每一类都定义有一个平均数据速率。如果一个类没有用足它的全部带宽，则同步特性就提醒其他各类：还有带宽可用，让它们"借用"资源，从而实现了对空闲带宽的自动重新分配。CBQ允许通过一组基于第三层信息的分类参数对服务等级和企业信息流量的类进行定义。流量可以由IP(网际协议)地址范围、主机地址、协议、端口或者以上这些参数的任意组合进行分类。分层次的链路共享允许多个代理、协议组或流量类型以一种受控的方式在一个链路上共享带宽。CBQ给用户提供了带宽速率分配的控制和监控能力和连网服务，也提供了对所有要求访问因特网或公司内部网的部门、工作组和台式机的高质量接入的保证。

class B insulation　B类绝缘　由用有机黏合剂结合且能承受达130 ℃温度的石棉、云母、玻璃纤维和其他类似无机物材料构成的绝缘。比较 class A insulation，class C insulation，class H insulation。

class B IP address　B类IP地址　一种单播IP(网际协议)地址，范围从128.0.0.1～191.255.255.254。前面的两个8位组(从十进制的128.0到191.255)表示该网络标识符，后面的两个8位组所表示的编号为该网中的主机。参见 class A IP address，class C IP address。

class B modulator　乙类调制器　提供对载波进行调制所需信号功率的乙类放大器。

class B network address　B类网址　因特网上的IP(网际协议)地址类别，用于区别主机和路由器。此类IP地址用在多达65 534个节点的网络上，可以有16 384个有效B类网址。

class B push-pull sound track　B类推挽式声迹　两个并排的单路光学声迹。一路光学声迹只携带信号的正半部分，另一个声迹则携带负半部分。在不工作的半周期期间，每个声迹几乎不传输光信号。

class calculus　类演算　数理逻辑的基本组成部分。它从外延方面研究类概念和类概念间的逻辑关系，并根据公理和推理规则进行演绎，构成类概念演绎体系。其中完全借用代数符号来推演的部分也称"布尔代数"或"逻辑代数"，其他则视为谓词演算的一部分。类演算在开关线路、数字系统逻辑设计及计算机逻辑设计等方面获得广泛应用。

class-C amplify　丙类放大　也称"C类放大"。为放大器的一种工作状态。这类放大器的基极偏压远远大于截止值，使得当未加交流基极电压时，每个晶体管的集电极电流均为零；而当加上交流栅压时，则在远小于每个周期的一半内有集电极电流流过。在丙类晶体管放大器中，每个晶体管在远小于信号周期一半的时间内处于有效放大区。比较 class-A amplify，class-B amplify，class-AB amplify，class-D amplify。

class C insulation　C类绝缘　由能承受220 ℃以上温度的玻璃、云母、瓷料、石英和类似有机材料构成的绝缘。比较 class A insulation，class B insulation，class H insulation。

class C IP address　C类IP地址　一种单播IP(网际协议)地址，范围从192.0.0.1～223.255.255.254。前面的三个8位组表示该网络标识符，最后一个8位组所表示的编号为该网中的主机。参见 class A IP address，class B IP address。

class C network address　C类网址　因特网上的IP(网际协议)地址类别，用于区别主机和路由器。此类IP地址用在多达254个节点的网络上，有200多万个有效C类网址。

class code　类别代码　在PCI(外围部件互连)总线中，指标识设备的总功能以及在某些情况下，标识寄存器特定的编程接口的代码。其高字节定义基本类别类型，中间字节定义基本类别中的子类，低字节定义编程接口，参见 peripheral component interconnect (PCI)，class Ⅰ drivers，class Ⅱ drivers。

class condition　类别条件　一个能判定逻辑值的命题，它所判定的内容全是字母，或者全是数字。

class D address　D类地址　用于组播的因特网地址。它的第一个字节的前4位固定为1110。D类地址范围：224.0.0.1～239.255.255.254。

class-D amplify　丁类放大　也称"D类放大"。指利用极高频率的转换开关电路来放大音频信号的数字式放大器。具有效率高，体积小的优点。这类放大器不适宜于用作宽频带的放大器，但在有源超低音音箱中却有较多的应用。比较 class-A amplify，class-B amplify，class-C amplify，class-AB amplify。

class definition　类定义　定义一组属性或一组操作，表示这个类的特性。

class diagram　类图　(1)类图显示面向对象模型的静态结构：对象类、对象类的内部结构和对象类参与的联系。(2)一种对象图，把类描述成一个模式、一种图解或者许多可能的数据实例的模块。

class DLOGTIME of problems　DLOGTIME问题类　使用随机访问确定型图灵机可在 $O(\log n)$ 时间内解决的所有判定问题，其中 n 为输入的长度。O

C

($\log n$)时间界的随机访问确定型图灵机是一个很弱的计算模型，因为只能随机地选用 $\log n$ 比特(bit)的输入。

class D network address D 类网址 因特网上的 IP(网际协议)地址类别，用于组播。此类 IP 地址用在点对多点网络上，有 26 840 万个有效 IP 地址。

class D stage D 类电路 作为电路中在饱和状态和截止状态之间突然变化的通/断开关工作的双极晶体管电路级。

C

class E channel E 类通道 能以 1 200 bps 的速率传输的数据传输电路。

class E IP address E 类 IP 地址 因特网保留使用的 IP(网际协议)地址类别，范围从 240.0.0.1 ~ 254.255.255.254。目前仅用作因特网的实验与开发。参见 class A IP address，class B IP address。

classes of simulation 模拟的类 按机器模型 μ 模拟机器模型 μ' 所用时间、空间的不同所划分的模拟类型。主要有如下几类：①μ 在多项式时间内完成的模拟，称为多项式时间模拟；②联机性时间内完成的模拟，称为线性时间模拟；也称“实时模拟”；③联机性空间内完成的模拟称为附加常因子空间模拟。

classes of vector processor 向量处理机分类 通常按两种依据分类：①与标量处理机结合的紧密程度；②怎样获取向量数据。按前一依据，向量处理机分为附加式向量处理机和一体化向量处理机。按后一依据，向量处理机又分为存储器式向量处理机和寄存器式向量处理机；但这两种处理机都属于一体化向量处理机，因而又分别称为存储器一体化向量处理机和寄存器一体化向量处理机。

class FewP of problems FewP 问题类 由非确定型图灵机在多项式时间内可解的一类判定问题，它的可接受计算以输入规模的一个确定多项式为界。

classful IP address 全类 IP 地址 一种 IP(网际协议)编址方案，其中的 IP 地址的组织分为以下五类：A 类、B 类、C 类、D 类和 E 类。参见 class A IP address，class B IP address，class C IP address，class D IP address，class E IP address。

class hierarchy structure 类分层结构 共享某一单继承的类之间的关系。它是以类为节点，以继承、组合为弧线构成的一个分层结构。

class H insulation H 类绝缘 由用硅酮或相当的黏合剂结合且能承受达 180 ℃的石棉、玻璃纤维、云母和类似无机材料构成的绝缘。比较 class A insulation，class B insulation，class C insulation。

classical control theory 经典控制理论 自动控制理论的一个分支。主要研究系统运动的稳定性、时间域和频率域中系统的运动特性、控制系统的设计原理和校正方法。经典控制理论包括线性控制理论、采样控制理论、非线性控制理论三个部分。经典控制理论的研究对象是单输入、单输出的自动控制系统，特别是线性定常系统。经典控制理论的特点是以输入输出特性(主要是传递函数)为系统数学模型，采用频率响应法和根轨迹法这些图解分析方法，分析系统性能和设计控制装置。参见 automatic control theory，modern control theory，frequency response method，root locus method。

classical diffusion 经典扩散 完全由带电粒子间的库仑碰撞或带电粒子与中性粒子间碰撞决定的扩散。

classical field theory 经典场论 经典场论是描述物理场和物质相互作用的物理理论。经典场论是在物质的离散本性不显得重要的情况下研究能量和物质分布的科学，所以常称为连续体物理学或连续体力 学。对一具有大量(常常是非常之多)粒子的系统来说，一般就是这种情况。属于这一范围所研究的有流体、热量和其他形式能量的流动，电磁流和电磁波(包括光学现象)以及固体弹性和范性形变的宏观理论。

classical IP over ATM (CIA) 在 ATM 网络上运行传统 IP 业务 关于在 ATM(异步传输模式)网络上利用 ATM 网络所有的优势运行 IP(网际协议)业务的规范。这被定义在 RFC 1577 文档中。

classical inductive logic 古典归纳逻辑 古典归纳逻辑的特征，是通过制订各种归纳法则，保证在经验材料基础上概括出一般性理论原理。古典归纳逻辑类型主要包括枚举归纳法、消去归纳法、提出和检验假说方法等。参见 inductive logic，modern inductive logic。

classical physics 经典物理 由伽利略和牛顿等人于 17 世纪创立的经典物理，以经典力学、热力学和统计物理学、经典电磁场理论为支柱。应用经典物理解释大尺度现象中不是很快的相对运动，仍然是很正确的。

classic environment 传统环境 Ma OS X 中的一种环境，允许用户运行较旧的软件。Classic 环境仿效该用户选用的早期版本的 Macintosh 操作系统，支持与 Mac OS x 体系结构不兼容的程序。

class ID (CLSID) 类 ID 标识组件对象模型(COM)组件的普通唯一标识符(UUID)。每个 COM 组件在 Windows 注册表中均有它的 CLSID，以便其他应用程序可以加载它。

classification 分类 (1)在不同的类别或组中的数据排列。需要产生摘要的报告。(2)在模式识别或图像处理中，对由若干特征向量构成的特征空间所作的划分。

classification analysis 分类分析 按照某种准则对研究对象的各种特征值判别其类型归属问题的一种多统计分析方法。常用的分类统计方法主要是聚类分析与判别分析。参见 cluster analysis，discriminant analysis。

classification and coding systems 分类和编码系统

为信息或人工制品编码提供逻辑的和有意义的约定，以得到一种识别条目的系统，它能很容易地标识条目并便于有选择地存取。

classification and mixture 分类及混合(模型) 一种图像染色模型，由密度分布函数提取不同材料的分界面，并施以浓淡，这样显示的图像就同时考虑了材料分界面及不同材料的分布，因而可得到全体数据的全局图像。参见 source-attenuation，varying density emitters。

classification and regression tree (CART) 分类与回归树 一种树型分析方法，由分类树和回归树两部分构成。在树型分析中，自变量 x 与反应变量 y 既可以是数值变量，也可以是分类变量；分类树用于反应变量 y 是分类变量的数据分析，回归树则用于反应变量 y 是数值变量的数据分析。CART 分析结果可以图示直观表示，其结构类似一棵倒置的树，由主干和许多分支组成。

classification image 分类图像 在计算机图像处理中，经分类处理后输出的类别图像。分类图像的像素是表征特征空间某一类别区域上的代码或符号，而分类前图像的像素为等待判分类的特征样本点。

classification language 分类语言 在文献检索在数据库系统中，一种用分类号表达各种概念、将概念按学科性质进行分类和系统排列的信息检索语言。用分类表表示，如“中国图书馆图书分类法”。

classification of automata 自动机分类 大体可以分为五类：①因果关系，是决定性的或是非决定性的；②工作带的大小，是固定的、可变的或是无穷的；③输入输出，是离散信号或是连续信号；④时钟，是同步的或是异步的；⑤状态，是有限多个或是无限多个。一般都规定为有限多个。

classification of documentation 文档编制分类 一个计算机项目的文档编制就其目的可分为两大类：开发文档编制和控制文档编制。按其性质又可分为：分析文档编制、系统文档编制、程序文档编制、操作文档编制和用户及管理辅助材料文档编制。

classification of time division multiplex 时分多路复用分类 对常见的几种时分多路复用模式进行类别的划分。最基本的模式可分为位置复用和标志复用两种。参见 position multiplex，label multiplex。

classified index 分类索引 某种分类体系分类表的类目名称的字顺索引。分类索引的构成原理是，将分类表中的类目名称改成标题形式，再按字母顺序排列，并指出相应的类号，以便按字母顺序查找所需的资料。分类索引的作用是：①帮助不熟悉分类表的用户迅速找到所需的类目；②将分类表中分散的有关同一主题的各方面类目集中显示，提供从主题检索的途径；③把貌似相同的类目集中并加以区分，以便准确的选择类目；④可以补充分类表中未列出的同义词和其他概念。可见，类目索引是分类表的辅助工具。

classified criteria for security 安全分类标准 由中国公安部主持制订、国家质量技术监督局发布的国家标准 GB 17895－1999《计算机信息系统安全保护等级划分准则》将信息系统安全分为五个等级：自主保护级、系统审计保护级、安全标记保护级、结构化保护级和访问验证保护级。主要的安全考核指标有身份认证、自主访问控制、数据完整性、审计等，这些指标涵盖了不同级别的安全要求。

classified indexing 分类标引 在分析文献内容的基础上，经过主题分析，赋予分类号标识的过程。参见 information indexing，subject indexing。

classified information 加密信息 为了防止泄密，即防止越权泄密，必须按特殊规则处理的信息。

classified security protection of information service system 信息服务业务系统安全等级保护 对信息服务业务系统分等级实施安全保护。是对国家安全、法人和其他组织及公民的专有信息以及公开信息和存储、传输、处理这些信息的信息系统分等级实行安全保护，对信息系统中使用的信息安全产品实行按等级管理，对信息系统中发生的信息安全事件分等级响应、处置。

classified security protection of instant messaging system 即时消息业务系统安全等级保护 对即时消息业务系统分等级实施安全保护。

classified security protection of the domain name registration system 域名注册系统安全等级保护 对域名注册系统分等级实施安全保护。

classified strength 分类强度 模块依次完成许多相互很少关联的功能。参见 module strength。

classifier 分类器 分类器是一种计算机程序。分类器的设计目标是在通过学习后，可以自动的对给定的数据进行分类。分类器是一种机器学习程序，因此归为人工智能的范畴。人工智能的多个领域，包括数据挖掘，专家系统，模式识别都用到此类程序。对于分类器，其实质为数学模型。针对模型的不同，目前有多种分支，包括：Bayes 网络分类器，决策树算法，聚类算法，SVM(支持向量机)算法等。

classifier system 分类器系统 一种高度并行信息传递的规则库系统，它采用信任分配和遗传算法或知识发现进行学习。

classifying attribute method 分类属性法 为结构对象建立一种分类的方法。采用生成-测试方法，沿着目标导引推理链，生成属性描述，并把属性当成候选分类标准进行检测以找出可以建立分类的一个或多个分类属性。

classless inter-domain router (CIDR) 无类域间路由 无类域间路由是为了解决 B 类地址耗尽、路由表爆炸和整个 IP(网际协议)地址耗尽的问题而

C

开发的一种直接的解决方案,它可以使因特网得到足够的喘息时间来等待新一代 IP(网际协议)出台。按 CIDR 策略,用申请几个 C 类地址来取代申请一个单独的 B 类地址,且所分配的 C 类地址并不是随机的,而是连续的,最高位相同,即具有相同的前缀。

classless IP address　无类别 IP 地址　通过对 32 位 IP(网际协议)地址编码,形成与传统的 A、B、C、D 和 E 类无关联的因特网地址。无类别 IP 地址允许用一部分主机地址作为网络地址,使得掩码的长度可变。比较 classful IP address。

class level index　类层次索引　类层次索引是面向对象数据库中的一种索引技术。类 C 的属性 A 的类层次索引,是以 C 为根的类层次上所有类的属性 A 的一个单一索引。索引属性是建立在其上的属性,而索引类是建立在这些类属性上的类层次的根。每个索引项由关键字长度、关键字、指向下一层节点的指针组成。

class library　类库　(1)一组可被程序集成应用的类的集合,提供某种预制的功能。(2)面向对象软件中提供的程序库的形式,提供某一方面的系统的和应用的基本功能。如数据管理类库、商业规则类库、界面表示类库。

class lock　类别锁　在某些信息处理系统中包括有子闭锁功能的一组锁,用来对某类资源中的一个成员进行加锁。

class mark　分类标志　一种标志,它用于描述特殊功能服务特权、限制和接入交换机的用户线或中继线的电路特性。分类标志的例子如:优先级、会议特权、保密级别和地域的限制等。同 class of service mark。

class method　类方法　对一个类对象可进行的操作。同 factory method。

class NP　NP 类　一个大小为 n 的问题,当且仅当能用不确定算法在 n 的多项式时间内解答时,该问题属于 NP 类,例如合取范式可满足性问题、图的着色问题、哈密尔顿路问题、划分问题等都属于 NP 类。

class NP of problems　NP 问题类　由非确定型图灵机在多项式时间界内可解的所有判定问题(或可识别的语言),也称"NP 语言类"。NP 类中问题的补问题称为 NP 补问题。所有 NP 补问题构成 co-NP 类。NP 与 co-NP 是否相等是一个未解决的难题。已经证明:①若 NP≠co-NP,则 P≠NP;②若某个 NP-完全问题的补问题属于 NP,则 NP=co-NP。

class of algorithms　算法类　解决同一问题且基本运算类型相同的全体算法的集合。

class of channel　信道种类　按信道所通过的媒体(如导线、电缆、载波、同轴电缆、无线电波和微波等)对信道所作的分类。

class of emission　发射分类　用标准符号标识的一个发射的一组特性,如主载波的调制类型、调制信号类型、所传送的信息的类型及任何附加信号特征的类型。

class of office　局级别　整个交换系统中用来描述电话交换局的相对层次位置的分类方案。从体系的底部向上的依次是:第五级(终端局),第四级(长途中心),第三级(主中心),第二级(地区中心)和第一级(大区中心)。

class of service (CoS)　服务级(别)　管理网络中业务的一种方法,它把类似的业务归成一类,并具有各自的服务优先等级。参见 user class of service。

class of service database　服务数据库类　一个由每个网络节点独立进行维护的数据库,每个服务类包含一个项,项中包含一个可接受的传输组(TG)值和节点路由特征的定义和传输优先级。

class of software　软件的分类　软件可分为两大类:系统软件和应用软件。系统软件是用于计算机的管理、维护、控制以及计算机程序的翻译、装入、编辑和运行的程序。一般包括:①操作系统软件:操作系统提供了人机接口,负责管理系统资源,使得用户能够使用机器上的其他软件;②汇编、解释或编译软件:系统为用户配置了多种程序设计语言。为了使用这些语言,机器提供了各种相应的编译工具,如 ASSMBLER、BASIC、Pascal、C、FOXPRO 等语言汇编、解释和编译系统软件,它们把用户书写的高级语言或汇编语言源程序,翻译成用机器指令表示的程序,以便于机器执行;③调试、诊断程序:各种故障检查和诊断程序是检测机器系统资源、定位故障范围的有用工具。应用软件是软件开发人员利用系统软件编制的用来解决某一具体问题的程序,以满足计算机用户各方面的应用需要的软件。主要包括:①字处理软件:字处理软件是用来帮助用户做文字编辑的软件工具。如 Word、WPS 2000 等。系统安装了字处理软件,可方便地写稿、改稿和打印稿;②数据库管理系统:数据库管理软件的开发,使得计算机在数据处理、情报检索等方面的应用日益普及。有了数据库管理系统,用户可根据需要建立自己的数据库,并且方便地管理大量的数据;③作图软件:作图软件可根据创作者的意图在屏幕上作出各种图形、图表、曲线图和三维图像,并能根据需要拼接、切割。如 Adobe Photoshop、3D MAX 等。④通信、网络软件:随着网络的发展,当今计算机上配置了大量的网络软件。有了它们,分散在各处的人们可以相互交流、学习;⑤教育软件:辅助教学软件,以声音、图像等多媒体方式辅助教学。

class operation　类操作　对于类进行的操作(如创建实例),类操作与类实例操作是两种不同的操作。

class OptP of problems　OptP 问题类　由非确定型图灵机在多项式时间内计算的其值为所有可接受计算中最大输出值的那些函数组成。

class P　P类　一个大小为 n 的问题，当且仅当能用确定算法在 n 的多项式时间内解答时，该问题属于 P 类。如有序表的搜索，元素组排序，求带权图的最小支撑树，求传递闭包的 Warshall 算法都属于 P 类。

classpath　类路径　在 Java 程序设计中，类路径是一种环境变量，告知 Java 虚拟机(JVM)和 Java 程序到哪里可以找到类库，包括用户定义的类库。参见 class，class library。

class probability　类别概率　在模式识别中作分类判定时，每个类别出现的概率。

class SC of problems　SC 问题类　可由确定型图灵机在多项式时间和对数多项式空间解决的所有判定问题。

class scope attribute　类范围属性　类范围属性是类的一个属性，其值在整个类中都是一样的，而不是每个实例有一个特定的值。

class SL of problems　SL 问题类　可由对称图灵机在对数空间解决的所有判定问题。

class span-p of problems　跨-P 问题类　由非确定型图灵机在多项式时间内计算，并且其值可接受计算的输出值个数的所有函数。

class transition　类转换　ImagePlus 系统中，当发生一个事件而使对象服务级或管理方式改变时一个对象管理类和/或存储类的改变。

class UP of problems　UP 问题类　由无歧义图灵机在多项式时间内可解的所有判定问题。在上述条件下可计算的全部部分函数组成 FUP 问题类。

class variable　类变量　同类实体共享的变量，可由类本身及类的任一例示访问。

class wizard　类向导　高级语言 VC 中的一个重要工具，它能帮助我们管理和维护程序中的 C++ 类，可以利用它来编写新的类和虚拟函数的原型，或者添加新的消息处理函数，可以大大加快程序开发的速度。

class 0 appliance　0 类电器　一般用于工作环境良好的场合，没有接地保护，依靠基本绝缘来防止触电危险的电器。

class Ⅰ appliance　Ⅰ类电器　防触电保护不仅依靠基本绝缘，而且有接地保护措施的电器。以使其易触及的导电部分在基本绝缘坏时不致引起触电危险。

class Ⅱ appliance　Ⅱ类电器　防触电保护不仅依靠基本绝缘，而且具有附加安全预防措施，如双重绝缘和加强绝缘，但没有接地保护。

class Ⅱ drivers　Ⅱ型驱动器　在 PCI(外围部件互连)总线中，指一种以高集成度的元件实现的总线输出驱动器。它们发挥了反射波开关特性的优点，该特性是传输线和印刷电路线所共有的，可用它来达到输入逻辑阈值。当Ⅱ型输出驱动器将一个信号线从逻辑低转换到逻辑高时，这一由低到高的转换是相当微弱的，只达到为超过逻辑阈值所需的电压变化值的一半。这一转换波沿着信号线传输，并依次被连接在该信号线上的每个设备的输入端看到。当波到达传输线的终点时，它就沿着信号线再反射回来，这有效地倍增了电压变化值，使电压变化提升到超过逻辑阈值，当传递到每个设备的输入端时，检测到的是新的有效逻辑电平。参见 peripheral component interconnect (PCI)。

class Ⅲ appliance　Ⅲ类电器　依靠特低安全电压供电来防止触电危险的电器，电器的任何部位的电压均不高于特低安全电压。

clause　子句　(1)有一定独立意义的语句的一部分，如 COBOL 语言中有三种类型的子句：数据子句、环境子句和文件子句。(2)文字的析取组成的公式。可表示为文字的集合，空集表示空子句，它代表一个不可满足的公式。任一公式或公式集合，均可通过求前束范式、消去量词、求合取范式而变换为一个子句的集合，使得原公式或公式集合是不可满足的，当且仅当该子句集是不可满足的。不含变元的子句称为基子句。(3)在 SQL(结构化查询语言)中，在语言结构中一个语句的指定部分，如一个 SELECT 子句或者 WHERE 子句。

clause form　子句形式　在谓词演算中，由于斯柯林标准形母式中的变元都是全称量词化的，其所有子句中的变元也是全称量词化的，故可取其母式取代该标准形。而其母式又都是子句的合取式，故将这些子句组成一个集合。该集体称为其标准形的子句集。为解题方便，用此子句集取代其标准形来讨论。这就是标准形的子句形式。

clause set　子句集　在谓词演算中，为解题方便，将斯柯林标准形变为子句集。参见 clause form。

CLAUTH　类授权　class authority 的缩写。

CLAW　工作站的通用链路访问　common link access for workstations 的缩写。

CLB　通信服务局部块　communications service local block 的缩写。

CLCC　带引脚的陶瓷芯片封装　ceramic leaded chip carrier 的缩写。

CLCS　中文计算机学会　Chinese Language Computer Society 的缩写。

clean agent　清洁灭火剂　传统卤化灭火剂的替代物，有利于环境保护和防止臭氧层空洞。

clean boot　原始启动　使用操作系统中的最少的系统文件来引导或启动一台计算机。原始启动作为一种排除故障的方法，用于查出与软件有关的问题，这些问题在同一时刻同一系统资源下发生，并且引起一些冲突，这些冲突会降低系统的性能，使某项程序无法运行或导致计算机崩溃。

clean compiling　清晰编译　编译程序把程序从源语言转换成目标语言结果的过程中没有重大错误或

警告。

clean copy 原始副本 对直接从信息源获得的数据产生的副本，它与原始数据保持完全相同的形式和内容。

cleaning diskette 清洁盘 清洁软盘磁头表面的盘片，其外形如同软磁盘，可用于消除由于磁头表面玷污而引起的读写错误。清洁盘分为两种：一种是湿式清洁盘，它用薄的特种纸制成，使用时要用磁头清洁液蘸湿。另一种是干式清洁盘，使用时无需附加其他清洁料。

C

clean install 原始安装 以确保没有先前安装的应用程序和系统文件遗留下来的方式进行的软件安装。这个过程用于防止“聪明”的安装程序跳过对已存在文件的安装，结果是造成存在的问题未被消除。

clean interface 原始界面 一种用户界面，它具有简单的特性和直观的命令。参见 user interface。

clean out (CO) 清除 将一个数据存储媒体上原有的内容完全去除的操作。

clean room 净化间，超净室 按不同净化等级要求，空气中的尘土和其他小颗粒均被过滤掉的房间，在室内需要穿上保护服，以避免污染电子器件或其他精密、灵敏的设备。

clean stop 完全停机 可能是人为的停机，也可能是由于程序中逻辑错误而产生的意外停机，如执行除数为“0”的除法或执行非法指令时的停机。停机后不能自动恢复。

clean technologies 净化技术 指比现有技术使用更少的自然资源与/或产生更少的废物或污染。净化技术通常用于：热处理，即对污染媒介加热到一定的温度消灭污染物；物理处理，即使用空气或水从污染媒介中提取污染物，再作进一步处理；化学处理，即使用溶液或其他化学品从污染媒介中提取污染物，再作进一步处理；生物处理，即选择微生物分解污染物。使用哪种技术取于污染类型和环境污染媒介的类型。参见 cleanup。

cleanup 清除 在 SNA(系统网络体系结构)产品中，由 SSCP(系统服务控制点)对 LU(逻辑单元)发送的一次网络服务请求，立即结束与该 LU 的一次 LU-LU(逻辑单元之间)会话，而无需另一个 LU 或它的 SSCP 参与。

clear all function 全清操作 将工作中各寄存器和存储器内的数据全部取消的操作。

clearance 许可，特许 给用户以访问某个特别的敏感级信息以及在某些情况下访问该敏感级内包括一个或多个分隔区间中信息的许可。参见 authorization。

clearance between open contacts 触头(断)开距(离) 触头在完全断开的位置时，动静触头间的最短距离。

clear box 空白盒 在信息系统的框图描述语言中，空白盒是状态机的一种扩展。在此，可用分部机的结构来取代它，而空白盒的任何分部机又可由其他机器结构来取代。这样的空白盒具有某状态机的行为。

clear channel 无干扰信道 (1)一种标准广播信道。广播信道上的各个台在其主服务区内和其全部或大部分转播服务区内没有有害干扰。(2)也称“全信道”，全部带宽均供用户使用的通信通路，控制和其他信号均在一个独立的信道上发送。

clear collision 清除[话终]冲突 当一个 DTE(数据终端设备)和一个 DCE(数据线路端接设备)对同一逻辑通道同时传输清除请求包和清除指示包时产生的一种状态。参见 call collision, carrier-sense multiple-access with collision detection (CSMA/CD), reset collision。

clear condition 清除状态 也称“清零状态”。清除的条件通常由于破坏性读入，不得不将存储器中的单元置成预先规定的状态。

clear confirmation 清除证实 决定一个电路是否已经被清除(拆线)了的查询信号或消息。参见 clear confirmation signal(CCS)。

clear confirmation signal(CCS) 清除证实信号 一个呼叫控制信号，用于确认数据终端设备(DTE)清除请求被数据电路终端设备(DCE)接收到，或者 DCE 清除请求已被 DTE 接收到。

clear cryptographic key 不加密的密钥 在程控密码软件中，一种不加密的密钥。

clear data 非加密数据 也称“明码文本”，即未编成密码的数据。

clear display 清除显示 从显示器中删除全部显示信息的动作。

clear entry function 清除录入(项) 将已录入计数器但尚未处理的数据取消的操作。

clear forward signal 正向拆线信号 在半自动和自动电话系统中，通过话务员或当一个用户将手提送受话器放置在送受话器叉簧上时，产生一个呼叫终端上前向传送的信号，从而释放所有电路，提供给其他呼叫。

clear indication packet 清除指示包 一种呼叫管理程序包。DCE(数据电路终端设备)传输该程序包将某个呼叫已被清除的信息通知 DTE(数据终端设备)。

clear indicator 拆线[清除]指示 指示电路已被拆除的信号或消息。

clearing 清除，拆线 在计算机安全中，覆盖记录媒体上指定信息使该媒体在同一安全分类级上再次使用。参见 disconnect。

Clearinghouse for Federal Scientific and Technical Information (CFSTI) (美国)联邦科学技术情报交换所 美国商务部所属官方出版与发行机构，美

国政府最大的综合性情报中心。成立于1946年，当时名为“技术服务局”，1965年改名为“联邦科学技术情报交换所”，1970年改用“全国技术情报处(NTIS)”。CFSTI同美国70多个政府情报中心合作，负责收集、出版、发行政府机构主持研究的科技文献，以及外国官方科技文献的翻译工作。主要出版技术情报期刊和研究报告，其中最重要的是“四大报告”，即《武装部队技术情报局文献》(AD报告)、《能源部报告》(DOE报告)、《国家航空与航天局报告》(NASA报告)、《商务部出版局报告》(PB报告)。

clearing signal 拆线[话终]信号 一种前向或反向传送的消息，它包括电路释放信号或电路释放确认信号，它通常包括一个是在前向传送还是反向传送的指示信息。

clear key 清除键 一些键盘上数字键区左上角的一个键，在许多应用系统中，它清除当前选定的菜单选择或删除当前的选项。

clear memory 清存储器 一种擦除所有存放在内存(RAM)中的数据的过程。同clear storage。

clear request packet 清除请求程序包 一种呼叫管理程序包，DTE(数据终端设备)传输该程序包去请求清除一个呼叫。

clear request signal 拆线请求信号 一种在交换局之间的数据通道上以前向或后向方式传送的信号，它通常是由用户终端设备或用户终端数据设备传送的。

clear session 明码对话 对话期间只传送或接收明码数据的一种操作。比较cryptographic session。

clear signal 原发信号 未经处理、编码或扰频的信号。

clear to send (CTS) 清除发送 RS-232-C接口标准中的一个代码标识。它用于终端或计算机所使用的一条检测线路中，以检测其调制解调器是否准备好发送数据。该信号与RTS(请求发送)信号合用，以便实现双向流量控制。在RS-232-C连接中，CTS是在线5上发送的一个硬件信号。比较request to send (RTS)。

clear to send delay 清除发送延迟 把一个数据设备发送或回答刚收到的信息通知终端装置所需要的时间。也称“换向时间延迟”。

clear to send (CTS) flow control 清除发送流控制 通信设备通过在RS-232-D接口上提高引线电平来表明准备接收数据的规程。

clear to send signal 清除发送信号 一个指示它发送数据准备就绪的信号。

clear traffic 透明业务 一种通信业务，它没有加密、干扰或以任何方式故意使它不可认。

ClearType ClearType字型技术 一种微软公司的字型技术，它改进了LCD显示屏上文本的分辨率。ClearType技术使用已有的信号处理LCD显示屏的属性以产生更清晰、更详细的字符和间距，这样就显著地提高了可读性。

CLEC 有竞争力的本地交换运营商 competitive local exchange carrier的缩写。

clerical flowchart 事务流程图 有时称为系统流程图。表示书面工作通过办公室或会计系统的流程图。它是设计和说明计算机系统的第一步。

CLF 刀位文件 cutter location file的缩写。

C library C库 一个包含公共C语言的有关文件访问、串处理、字符操作、存储器分配等函数的子例程系统库。

click 击键 快速按下并释放定位设备(如鼠标器)的一个键而不移动该定位设备，通常用于选择或删除一个项、激活一个程序或程序特征。参见double-click，drag select。

click distance 单击距离 单击距离是指内容项和链接到该内容项的起点页面之间的链接数。在计算搜索相关性时，从起点页面到内容项所要经过的链接越多，相关性分数就越低。如果有多条路径通向某内容项，则根据最短路径来计算相关性。

click speed 点击速度 用户两次按下鼠标键或其他点击设备上的键之间的最大时间间隔，这个时间间隔仍能向计算机表明这样的操作是一次双击而不是两次单击。参见double-click，mouse。

click stream 点击流 在浏览器上用户用鼠标点击一系列目标的总称。在网页上所作的每一个不同的选择都增加一个点击到点击流中，记录点击流的目的是为了分析用户浏览网站的目的、兴趣和习惯，有助于Web站点的设计者创建用户友好的站点结构、连接和搜索工具。

click through 点击次数 指定时间内，万维网站点的访问者在某广告栏上点击的次数。它是万维网站点开发商向广告商收取费用的参考信息之一。参见click through rate。

click through ratio (CTR) 点击通过率 指浏览网页的人数与点击网页上某一链接的人数之比。参见click through。

click to dial-up (CTD) 点击拨号 点击屏幕上目标或按钮时，建立相应链接，激活到给定号码的电话拨号。

clickwrap agreement 点击式许可协议书 软件或网站上的一种契约或使用许可文件，它提出使用软件或网站提供的产品和服务所需遵循的条件。用户必须同意点击式(许可)协议书中的条款，典型做法是点击“我同意”或“同意”按钮之后才可以安装软件、使用产品或服务。点击式许可协议书是最终用户许可协议的一种电子版本。参见end-user license agreement (EULA)。

climatic resource information 气候资源信息 表征

C

气候资源学科研究对象、理论、方法、数量、质量以及开发、利用、保护等的信号和消息。

client **客户,客户机** (1)要求服务器提供服务的节点或前端设备的软件。(2)服务的请求者,当一个消息发送到一个请求特殊服务的类时,发送请求的类是客户机,接受请求的类是服务器。(3)操作系统中线程调用由本地或远程服务器进程提供服务的进程。(4)在局部网络中,一个访问另一个计算机中提供的共享资源的计算机。参见 client/server architecture, server。(5)一个使用 HTML(超文本标记语言)并与 Web 服务器通信的程序,如 Web 浏览器。

client access license **客户访问许可协议** 客户访问许可协议为一台访问运行 Windows NT Server 的计算机提供合法权。它与用来连接微软服务器产品的桌面操作系统软件是分开的。Windows NT Server 提供两种许可协议方式:①每服务器许可协议;②每客户许可协议。参见 per server licensing, per seat licensing。

client area **客户区** 窗口中的应用程序可显示文本或图形输出的部分区域。

client end node **客户终端节点** 一个网络节点向网络服务提供的终端节点。

client error **客户端错误** 在难于解释一个命令或不能正常连接到远程主机的情况下,由超文本传输协议(HTTP)的客户端模块报告的问题。

client/network model **客户机/网络模式** 继客户机/服务器之后将出现的网络运用模式。随着因特网新型服务的不断出现和这些服务的广泛应用,基于特定平台的服务将让位于基于整个网络的服务,于是客户机/服务器方式也将让位于客户机/网络服务方式。那时的客户软件将类似于因特网浏览器,运行客户机软件的微机将被网络计算机所取代。对服务器访问的范围将面向整个网络。参见 client/server architecture, client/server system (CSS)

client process **客户机进程** 在 LAN Manager 网络软件中,一个与服务器进程进行通信的进程,将计算任务分配给客户机和服务器的方法使得系统的性能更好,能够更好地管理网络,如提高了系统的安全性。客户进程通常作为一个前端,接收和显示信息。服务器进程通常是后端的,负责数据存储、安全保障和完整性。这两种进程使用命名管道进行通信。参见 interprocess communication (IPC), named pipe, server process。

client program **客户机程序** 用户用来与服务器进行连接并进行通信的程序。不同计算机有不同的客户机程序,但是许多不同客户机程序都只同一种服务器程序进行通信并进行交互作用。

client/server (C/S) **客户机/服务器** (1)一种信息组织和流动的模式。它将信息体系结构分成客户和服务器两部分。服务器端集中管理信息资源,并处理客户端发来的请求,送出客户请求的结果;客户端向服务器端发出信息请求,显示服务器返回的结果。这种模式将资源集中管理,降低了客户端的负担。(2)在 TCP/IP(传输控制协议/网际协议)中,指在分布式数据处理中的交互模型,其中一方的程序向另一方的程序发送一个请求并等待响应,那个发出请求的程序称为客户,满足该请求的程序称为服务器软件或简称服务器,而发出请求的程序所在的计算机通常都是微机,于是这个微机也常常称做客户机。

client/server architecture **客户机/服务器体系结构** 客户机/服务器体系结构由两部分组成,即客户应用程序和服务器程序。两者可分别称为前台程序与后台程序。运行服务器程序的机器,也称"应用服务器"。一旦服务器程序被启动,就随时等待响应客户程序发来的请求;客户应用程序运行在用户自己的计算机上,对应于服务器,可称为客户机。客户机主要为用户提供操作界面。服务器通过提供服务来增强客户机的功能和性能。服务器可以是从大型主机到高端工作站甚至 PC 机的各种档次的设备。服务器可以在硬件和软件上配置成文件、数据库或网络服务方面的专用服务器。

client/server computing **客户机/服务器计算** 用来描述分布式计算网络系统的术语。在这些网络系统中,事物责任被分成两部分:前端客户机和后端服务器。在具有前后端结构的分布式计算环境中,一个复杂的任务从功能上可分割成几个不同的部分,把它们分配到在前端客户机上运行应用程序,而后端服务器则提供某些特定服务的一种计算模式。服务器提供的服务有数据库服务、文件服务和通信服务等。客户机/服务器计算环境通常由以下部分组成:通信网络、服务器、客户机、应用程序开发界面和图形用户界面。

client/server computing feature **客户机/服务器计算特点** 与分时系统、局域网络比较,客户机/服务器计算通常在不同的处理机中运行。客户机的特点有:①包含文件处理软件、图形用户接口、决策支持工具、前端电子邮件、数据库请求程序等;②使用 SQL(结构化查询语言)等标准语言与服务器进行通信,对用户而言是透明的;③根据服务器对请求送来的处理结果,分析后再送给用户。服务器的主要特点有:①仅当客户机发出请求时才向其提供服务,不主动提供服务;②其提供服务的过程对用户完全透明,客户机甚至可以不知道服务器上使用的操作系统类型。

client/server model **客户机/服务器模型** 构造应用程序或操作系统的一种模型,系统划分成若干进程(服务器),每一进程提供一套对其他进程(客户机)的特定服务,客户进程通过向服务器进程发送消息服务,服务器通过其他消息返回结果,以严格的客户机/服务器模型建立的系统适用于分布式计算环境，在这种环境下服务器能在不同的计算机上运行。

client/server network 客户机/服务器网络 局部网络中的一种系统构成方式，将服务器和各工作站看作是智能的可编程设备，以充分利用各设备的能力，将一个应用程序的处理分成两部分：一个"前端"客户机和一个"后端"服务器。客户机是一个完整的微机系统，为用户提供操作界面。服务器在另一个较大的计算机中，通过提供服务来增强客户机的功能和性能，服务操作包括数据库管理、信息共享、复杂的网络管理和安全保障。客户机/服务器网络的优点在于服务器和客户机能够协调工作，完成应用程序的工作，更不需要将大量数据在网络上传输，减少了网络的数据传输量，提高了系统的性能、吞吐量和负载能力。

client/server protocol 客户机/服务器协议 一种建立工作站软件与服务器软件交互方式的协议。客户机/服务器应用程序要求运行在工作站和服务器上的软件模块协调起来构成一个应用程序。

client/server structure 客户机/服务器结构 分布式处理的一种结构，把个人计算机、工程工作站、服务器、X终端和各类计算机系统，通过垂直、水平和纵横网络构成分布式处理环境，以高效率地实现资源共享。客户机/服务器结构具有下列特性：①可移植性。由于客户机/服务器结构采用开放系统和工业界标准的策略，它能使各类不同型号的计算机或工作站构成一个实现分布式计算机的网络环境；②可互操作性。使不同型号的计算机构成的分布式计算机网络充分协调一致地工作，各类专业人员能使各类计算机或工作站得以任意地存取网内的所有资源，用户得以实现分布式计算；③规模可变性。允许不同型号的各类计算机共存于同一软件中并按其能力的大小，合理平衡工作负载；④高效率性。允许各类型号的计算机在一个网络环境中协调一致地工作，共享网络中的资源，使网络的处理能力超过所连接的各组成部分的总和。使任何一个节点都具有类似于一台大型计算机的处理能力，从而提高了网络中各种资源的利用效率。它对信息的采集、共享、使用和管理更加容易，开销更小，效率更高。

client/server system (CSS) 客户机/服务器系统 由一个或多个客户机，一个或多个服务器，操作系统和进程间的通信系统构成的复合系统。它允许分布式计算、分析、处理、显示和打印。在CSS系统中，应用程序被分成两个主要部分：①每个用户专有的部分，即客户机部分。它执行前台功能，管理用户接口、数据采集、数据库格式化和请求报告等操作；②多个用户共享的功能或信息。它执行后台操作，管理共享外围设备、控制存取数据库、接受客户机请求等。CSS主要由下列几部分组成：①局域网(LAN)，是通信子系统的骨干；②LAN上的服务器；③连接到个人计算机服务器上的主机；④高层连接支持；⑤图形用户接口GUI。

client-side 客户端 在客户机/服务器关系里，凡是提供服务的一方称为服务端，而接受服务的另一方称为客户端。如局域网络里的打印服务器所提供的打印服务；提供打印服务的计算机称为打印服务器；而使用打印服务器提供打印服务的另一方则称为客户端。但是谁是客户端谁是伺服端也不是绝对的，如倘若原提供服务之伺服端要使用其他机器所提供之服务，则所扮演之角色即转变为客户端。而这种关系在因特网上，就变成使用者和网站的关系了。使用者在浏览器中输入网址，透过HTTP(超文本传输协议)向网站提出浏览网页的要求。网站收到使用者的要求后，将使用者要浏览的网页数据传输给使用者，使用者接受网站所提供的数据服务；所以使用者在这里就是客户端，响应使用者要求的网站即称为伺服端。不过客户端及伺服端的关系不见得一定建立在两台分开的机器上，同一台机器中也有这种主从关系的存在。提供服务的伺服端及接受服务的客户端也有可能都在同一台机器上，如在提供网页的服务器上执行浏览器浏览本机所提供的网页，这样在同一台机器上就同时扮演伺服端及客户端。

client-side caching 客户方高速缓存 在AIX操作系统中，一个包含与客户机有关的频繁使用的信息的高速缓存，客户方高速缓存的目的在于减少关键信息的访问时间。

client-side image maps 客户端图像映像 完全在客户(端)程序(如万维网浏览器)本身之内实现处理的一种图像映像。早期Web(大约1993年)对图像映像的处理方式是将鼠标击键的坐标传输到相应的服务器进行处理。采用客户端图像映像能提高对用户的响应速度。参见image map。

client-side program 客户端程序 因特网上的一种程序，运行在客户计算机上，而不是运行在作为服务器的计算机上。

client stub 客户存根，客户桩 驻留在客户机中的系统软件，用于准备一个远程过程调用，传送调用到服务器，接收从服务器传回的结果，并且把结果返回到调用程序中。

client tier 客户端层 也称用户界面层，是将数据呈现给用户或处理用户输入的应用程序或系统的一部分。客户端层并不执行数据处理，而是通过输入向服务器提出请求，然后以一定的格式显示数据处理结果。

client window 客户窗口 应用程序显示输出和接受输入的窗口。

client workstation 客户工作站 在NetView图形管理机制中，一个依赖于服务器工作站提供视图和状态信息的工作站，一个客户工作站用LU 6.2会

C

话协议从服务器工作站接收状态信息。

climbing generation tree rule **爬概括树规则** 在机器学习中，如果从某类事物的若干具体实例中能够得出某种结论的话，那么就可以概括为：从该类事物也能得出该结论。

clip **裁剪，限幅** (1)在一些窗口软件中，指从显示的信息中截取一部分并将其移到其他地方。(2)在多媒体中，指一段记录的摄影或者录像的信息，参见 audio clip，video clip。(3)限幅是去掉电路的一个信号的波峰。

CLIP (1)单元逻辑映象处理器 cellular logic image processor 的缩写。(2)主叫线路显示 calling line identification presentation 的缩写。(3)连接线路识别显示 connected line identification presentation 的缩写。

clip art **剪辑图，插图** 在图形库中按指定的顺序排列并分类的一组规格化的小图块，每个插图表示成一个图形或图像文件。可以把它们加以剪裁或缩放，与文字信息编辑在同一画面中，用于绘制简报，也可以在复杂图形绘制时作为基本构件使用。

clip art library **图片库** 一种具有大量随时可用的图片的软件，可用于排版、图形显示 和其他目的。

clipboard **剪贴板** 在窗口式软件中，一个由操作系统维护的暂时存放数据的存储区域，其中的数据可被其他应用程序使用，使得应用程序之间能够交换数据，用剪贴板复制的数据是静态的，当数据原版的内容改变时，复制的信息不会自动更新。比较 scrap。参见 cut and paste，dynamic data exchange。

clipboard computer **剪贴板计算机** 一种便携式计算机，其外观和功能类似于一个传统的裁剪板，具有一个 LCD 显示器或者类似的扁平显示屏，使用一个光笔输入而不是用键盘、鼠标器或者其他设备进行输入，用户通过光笔在屏幕上的接触对其进行操作，数据可通过电缆或者调制解调器传输到其他计算机中。参见 pen computer，portable computer。

clip boundary **裁剪[显示]边界** 显示空间中的一个边界，超出该边界范围之外的图形都不可见。

clip path **裁剪路径** (1)在图形窗口用户区域中被裁剪的不规则封闭区域的边界(2)一种与图像一起保存的剪切块，当图像输入到另一种应用环境时，位于裁剪路径以外的图像将全部丢掉。

clipper **限幅[削波]器** 去掉电流波形中超过或低于指定值的部分的一种电路，称为限幅器或削波器。

clipper amplifier **限幅[削波]放大器** 将其输出的瞬时值限制到预定最大值的放大器。

clipper chip **限制器[安全]芯片** 一种设计用来作保密通信或电路合法连接的集成电路。它采用美国国家安全局开发的跳跃玩偶(SkipJack)保密算法，使用 80 位密钥加密 64 位数据块。

clipper diode **限幅[削波]二极管** 当任何极性的信号电压峰值超过预定幅度时，对峰值进行限幅的双向击穿二极管。

clipper-limiter **削波限幅器** 其输出对处于两个预定极限之间的某个数值范围随瞬时输入幅度而变，但对超出该范围的输入值的其他电平，输出近似呈常数的器件。

clipping **剪取，削波，限幅** (1)剪取，在计算机图形中，指沿着某个边界切割出一部分显示的图像，某些图形程序还支持用屏蔽的方法进行剪切，即只裁剪出图形中的一个对象，从而使得绘图工具能够只对该对象进行操作。(2)削波或限幅，处理信号波形的一种方法。它利用门槛电平削除低于门槛电平的部分(或削除高于门槛电平的部分)，而保留高于门槛电平的部分(或保留低于门槛电平的部分)，它会使输出的信号波形的底部(或顶部)变得平坦，就像将峰值给削平了似的。削波会引入大量的失真。参见 clipping planes，screen mask，transformation，window。

clipping algorithm **剪取算法** 在图形学中，由于屏幕上所显示的窗口不足够大而不能完整地显示出某些基本图形，这就出现了屏幕边界切断这些图形的情况，如三角形可能被截取成多变形，圆形可能被截取成其他形状。如何通过图形剪切而形成新的图形，是剪取算法的任务。

clipping distortion **削波失真** 每个电路和音响单元都有一定的动态，这是由于电子电路本质决定的，若信号电平过强，超过电路允许范围(阈值)，信号就不能顺利通过，而其波形被削掉一部分，就产生了削波失真。

clipping divider **剪取[裁剪]划分器** 在图形学中，由于显示窗口截断了某些图形，因此必须按观察物体所要求的划分来显示图形。这就需要剪取划分器来划分好这些被切断的图形，它可截取二维和三维图像。

clipping level **削波[幅]电平** 波形被削波处的幅度电平。

clipping path **剪切路径** 一个多边形或者曲线，用于屏蔽文档中的一个区域，在文档打印时，只有在裁剪区域内部的内容才被打印出。参见 PostScript。

clipping region **裁剪区域** 在 AIX 增强 X-Windows 中的一种图形输出，在图形内容中，由用于限制输出到窗口中一个特定区域的由位图或者矩形定义的图像。

clipping volume **裁剪体** 三维空间中的裁剪边界，它可以是长方体、锥体或棱台。

CLIPS **C 语言集成产生式系统** C language integrated production system 的缩写。

CLIR **主叫线路识别限制** calling line identification restrication 的缩写。

CLIS **主叫线路识别信号** calling line identification signal 的缩写。

CLIST 命令表 command list 的缩写。

CLK 时钟 clock 的缩写。

CLM 中文模块 Chinese language module 的缩写。

CLNP 无连接网络协议 connectionless network protocol 的缩写。

CLNS 无连接网络服务 connection less network service 的缩写。

clobber 乱码 数据被破坏的现象,通常由写其他数据进行覆盖而造成。

clock (CLK) 时钟 (1)测量或指示时间的装置,如时钟计数器在固定的时间间隔改变其内容,可用它量度时间。(2)一个生成周期性的有精确时间间隔的信号的设备,用于为数字系统定时、调节处理器的工作以及产生中断。(3)产生周期性同步信号的一种由振荡电路、分频电路等组成的硬件设备。时钟产生的信号频率非常高,以兆赫(MHz)计。时钟有时也称"中央处理机时钟"、"主时钟"、"定时时钟"、"控制时钟"。时钟与时钟脉冲发生器的意义基本相同,前者比较强调它的同步定时作用,后者比较强调它的电路特征。有时也把由时钟产生的同步信号——时钟脉冲称为时钟。(4)数据通信的计时装置。在数据流中控制比特发送的计时及控制比特接收采样的计时。

clock/calendar 时钟/日历 在个人电子计算机中,由几个应用软件和多功能板所提供的一种功能,它能保持对时间和日期的跟踪而不管计算机是否开启或关闭,它代替了台式时钟和日历并可记录诸如会议日期和旅行安排等预约事项。

clock calendar driver 时钟日历驱动器 用于通信、计算机或数据处理系统的软件,它用于控制系统时钟和日历,以显示或记录与时间和日期有关的事件。

clock comparator 时钟比较器 当日历时钟等于或超过由虚拟机或程序给定的值时,能产生中断的一种比较装置。

clock counter 时钟计数器 计算时钟(脉冲)个数的寄存器。时钟周期常以微秒(μs)或纳秒(ns)为单位,时钟个数乘以周期即为实际使用时间。

clock cycle 时钟周期 时钟脉冲发生器产生的时钟脉冲的间隔时间。常以纳秒(ns)为单位。

clock-doubling 倍频 在某些微处理器芯片中采用的一种技术,如 Intel 公司的 i486DX2,使 CPU 芯片内部的时钟频率为外部电路的 2 倍。

clock driver 时钟驱动程序 在通信、计算机或数据处理系统中,用于控制系统时钟的软件。

clocked flip-flop 时钟控制的触发器 按主-从组合方式相连而无需使用电容器或其他电路延迟元件的两个触发器。当时钟电压很高时,主触发器将存储输入信息,而当时钟电压很低时,便将输入信息转移到从动触发器。

clocked gate 时钟脉冲门 由时钟脉冲启动的门电路。

clocked logic 时钟逻辑 其开关动作由来自时钟的重复脉冲控制的逻辑电路。

clocked RS flip-flop 时钟 RS 触发器 当时钟脉冲到达时,若设置(S)输入被启动,便输出 1;而当时钟脉冲到达时,若复位(R)输入被启动,便输出 0 的触发器。

clock error 时钟[定时]误差 在任何给定的时刻,一个给定时钟指示的时间或值与一个指定的参考时钟指示的时间或值之间的代数差,即由给定时钟指示的时间或值减去由参考时钟指示的时间或值决定的。

clock extraction 时钟提取 用定时恢复产生新时钟的技术。也称"时钟恢复",属于通信系统中同步问题。

clock frequency 时钟频率 时钟振荡器在单位时间内完成的振荡次数。常以 Hz, kHz, MHz 等为单位。

clocking 整步,定时 (1)在二进制同步通信中,用时钟脉冲控制数据和控制用字符的同步。(2)在远程通信线路上控制在给定时间内发送的数据位数目的一种方法。参见 bit clocking, external clocking, internal clocking。

clock input 时钟输入 触发器的一个输入端,它的条件或条件变化能控制触发器的输入和输出状态。时钟脉冲两个作用是:①允许数据信号进入触发器;②指引触发器根据输入的数据改变状态。

clock interrupt 时钟中断 一种中断类型,以正常间隔发生,由时钟脉冲或时钟计数器发出的请求中断信号所引起的中断。同 cyclic interrupt。

clock of automaton 自动机时钟 在以离散方式加工的自动机中,为了达到同步,一般要由外部周期地输入一种时间信号,以协调各事件的执行。这种信号称为自动机时钟。

clock phase slew 时钟相位摆动 一个给定的时钟信号和一个稳定的参考信号之间相对相位变化的速率。这两个信号一般是在相同的频率附近或者它们之间有整数倍的频率关系。

clock pointer 时钟指针 在 OS/2 操作系统中,一个时钟形的视觉提示,表示计算机正在进行操作,计算机在处理过程中鼠标器指针变成这种形状。

clock pulse 时钟脉冲 时钟脉冲发生器发出的周期脉冲,由晶体振荡器等产生。它在计算机中起着同步定时作用。时钟脉冲也称"时钟信号"。

clock pulse generator 时钟脉冲发生器 由振荡器、整形器等电子线路构成的、产生时钟脉冲的一种发生器。可给计算机提供定时的控制信号。

clock rate **时钟频率** 时钟频率是电脑执行基本操作的每秒周期频率，也称“时钟速度”，通常是由晶体频率所决定的。电脑的时钟频率是具有同一设计构架中的相同处理器系列中电脑芯片之间的处理速度的有效的参考数据，较快的时钟频率可允许CPU每秒执行更多的指令。同 clock frequency。

clock recovery **时钟恢复** 利用同步信道传送数据时，通常把时钟信号和数据一起发送。在接收时，再把时钟抽取出来，这一过程称为时钟恢复。

clock scaling **时钟调度** 一种计算机电源管理技术，采用时钟频率变化的方法，在空闲时将计算机的时钟频率降低以节省电源。

clock signal **时钟信号** 用作同步和测量时间间隔的同期性信号。同 clock pulse。

clock skew **时钟歪斜** 在时钟分配时，由于传输路径的不同延迟，时钟信号到达各处的时间不一致，这种现象称为时钟歪斜。严重的时钟歪斜将使系统不能正常工作。

clock speed **时钟速度** 计算机的工作速度，以兆赫兹(MHz)或吉赫兹(GHz)为单位。

clock stability **时钟稳定度** 一个器件在相同的且相当长的一段时期中，产生相同数量的等间隔的定时脉冲能力的度量。时钟稳定度通常以百万分之几来表示，即 10^6 分之几，如 $+2.4\times10^{-6}$ 表示该时钟的每一百万个脉冲中有 2.4 个多余的时钟脉冲。

clock throttling **时钟节制** 一种计算机电源管理技术，在空闲时将计算机的工作时钟脉冲停止以节省电源。

clock time **时钟时间** 在计算机仿真系统中，当仿真启动时，时钟时间通常定为零。以后它表示仿真运行了多少单位时间。

clock time difference (CTD) **时钟时间差** 同一时刻所用的两个时钟读数间的差别。

clock tolerance **时钟容限** 同一个指定的参考时间相比，如同协调世界时(UTC)相比，一个时钟的最大允许偏差。参见 universal time coordinated。

clock track **时钟磁道** (1)记录有提供定时基准的信号模式的磁道。(2)在采用外同步记录方式的数字磁表面存储器记录媒体(如磁盘、磁鼓)上面的一条专用磁道。它记录有一串连续的时钟脉冲，用来标识信息的时序和位置。

clock window **时钟窗口** 在自同步的数字磁记录读出脉冲序列中，可靠地分离出时钟允许的时钟选通时间范围。

clockwise capacitor **顺时针转动的电容器** 其电容随从控制轴末端顺时针方向旋转转子而增大的可变电容器。

clockwise polarized wave **顺时针极化波** 沿着传播方向，在垂直于该方向的任意固定平面内观察到的电场强度矢量随时间变化的轨迹为顺时针旋转的椭圆或圆极化波。同 right hand polarized wave。

clone fraud **克隆欺诈** 通过监视蜂窝传输找出蜂窝身份代码，然后将代码复制到另一台手机上并使用它打电话的一种犯罪行为。

clone tool **仿制工具** 图像处理软件中提供的一项工具。在 Photoshop 中，仿制工具也称“橡皮图章”。运用该工具，用户可以把图像的一部分复制到同一图像或另一图像的某个区域。对于那些局部受损伤的图像，可以利用这种工具进行修补。

close box **关闭框** 在 Macintosh 的图形用户界面中，位于窗口标题栏左角的一个小方框。单击这个小方框将关闭窗口。比较 close button。

close button **关闭按钮** 在 Windows 9x、Windows NT 和 X Window 系统的图形用户界面中，位于窗口标题栏右角(在 X Window 系统中是左角)的一个方形的按钮，按钮上标着×。单击这个按钮将关闭窗口。比较 close box。

close classification **近亲分类法** 主题按分类系统排列，它包含一些小的次级分类，这对适当解释专家汇集的文献是必要的。参见 classification。

close coupling **紧耦合** 当射频或中频变压器的初级和次级绕组紧挨在一起时所得到的耦合。

closed architecture **封闭结构** 一个用于描述设计规范不公开的计算机系统结构的术语，这种计算机使得其他厂商难以开发与其相关的外设和扩充设备。比较 open architecture。

closed array **封闭数组** 不能扩充的一种数组。

closed circuit **闭(合线)路** (1)构成电流的完整路径。(2)在无线电或电视传输中，把节目直接传送给特定用户而不向公众广播的一种线路。

closed-circuit communication system **闭路通信系统** 未考虑与其他系统互连的自备通信系统。内部通话设备便是一例。

closed-circuit signaling **闭路信号发送** 电流在空闲状态下流动，而信号由增加或减少电流来启动的信号发送。

closed circuit television (CCTV) **闭路电视** (1)从某源点所发送的信号只传送到与系统连接的电视接收机。(2)一种监控系统，利用摄像机，透过光学镜头所摄取的影像光能，经由摄像机内的芯片转变为电能，再经由电缆线及一些用途不同的辅助器材传送到监视器上，使电能回复光能呈现在屏幕上。

closed-circuit voltage **闭路电压** 当开始支取额定负载电流时，信号源的端电压。

closed-cycle control system **闭合循环控制系统** 系统中受控量的变化直接用于使控制器动作的控制系统。

closed domain **闭域** 指图形中的一个所有领域均有明确界线的区域。

closed flow network 闭型流动网络 与外界不发生信息交换的局部网络。

closed instruction loop 闭指令循环 指可以不断地重复执行且没有出口的一组指令构成的循环。

closed loop 闭合环路,闭环 (1)无出口而可以反复执行的一组指令。只有通过计算机程序的干涉,才能中断它的执行。(2)控制系统中闭合的信号通路。信号从某一点出发,在闭合环路中传送,最后能返回到出发点。(3)将控制系统的输出反馈回输入与参考值相比较,以实现所需要的调节形式的信号路径。

closed loop control 闭环控制 输出反馈到输入的一种控制逻辑方式。在这种方式中,被控制的参数随输出的幅值及其变化(一阶及二阶导数)而变化,反馈量可以是输出量的全部或其部分,闭环控制防止了"跑逸"现象的产生。参见 closed loop, closed loop system。

closed loop control system 闭环控制系统 系统的输出量对系统的控制作用有直接影响的控制系统。也称"反馈控制系统"。闭环控制系统的输出量直接或间接地反馈到输入端。为了实现闭环控制,必须对输出量进行测量,并将测量的结果反馈到输入端与输入量进行相减得到偏差,再由偏差产生直接控制作用去消除偏差。一个闭环控制系统主要由控制部分和被控部分组成。控制部分的功能是接受指令信号和被控部分的反馈信号,并对被控部分发出控制信号。被控部分的功能则是接受控制信号,发出反馈信号,并在控制信号的作用下实现被控运动。参见 feedback control system。比较 open loop control system。

closed loop instruction 闭循环指令 可以反复执行的一组指令。只有在外来干预下,才能终止其执行。

closed loop MRP 闭环制造资源计划 围绕制造资源计划而建立的系统,包括生产规划、主生产计划和能力需求计划与其他计划功能。进一步地,当计划阶段完成并且作为实际可行的计划被接受以后,执行阶段随之开始。这包括投入/产出控制、车间作业管理、派工单以及来自车间及供应商的拖期预报。"闭环"一词所指的,不仅包括整个系统的这些组成部分,并且还包括来自执行部分的反馈信息,目的在于使计划在任何时候都保持有效。

closed loop noise bandwidth 闭环噪声带宽 锁相环的闭环传递函数的绝对值在所有频率上的积分。闭环噪声带宽乘上噪声频谱密度等于锁相环的输出噪声功率。

closed loop program 闭环程序 只能从外部干预而无出口的程序。当需要一组重复次数不定的指令时,常用此类程序。

closed loop stabilization 闭环稳定 将输出量的值与基准值比较,用这些值的差,直接或间接地将输出量控制在规定值上的工作方式。参见 open loop stabilization。

closed loop system 闭环系统 包含一个或多个反馈控制回路的控制系统。为了保持两个稳定反馈之间的关系,它把控制信息的各种功能和命令的各种功能结合在一起。参见 feedback system。

closed loop transfer function 闭环传递函数 闭环传递函数是一个数学式子,它描述了闭环反馈电路在输入信号作用下其产生的净效果。闭环传递函数在输出端测量影响。输出信号波形能从闭环传递函数和输入信号波形计算得到。

closed magnetic circuit 闭合磁路 围绕铁磁材料的磁通的完整循环路径。

closed network 闭合网络 所有电缆路径和配线柜直接或间接连接在一起的一种网络。也称"闭合路径"。

closed node 关闭节点 人工智能的图解搜索过程中已被扩展过的节点。

closed orbit 闭合轨道 一种简单的椭圆轨道,即物体重复绕行的环形轨道。圆轨道是椭圆轨道的一种特殊情况。

closedown 关闭 (1)使一个设备、程序或系统不起作用的操作。(2)在具有远程通信访问法的高级通信功能(ACF/TCAM)系统中,依次使信息控制程序(MCP)不起作用。参见 cancel closedown, flush closedown, orderly closedown, quick closedown。

closed operation 闭合操作 使电器由断开位置转变到闭合位置的操作。

closed path 闭路 图或有向图中边不重复,顶点也不重复(始点与终点除外)的一条回路,也称"初级回路"。

closed position 闭合位置 保证电器主电路中的触头处于预定通电的位置。

closed property 封闭特性 在关系代数及其他等价语言中,任何运算的结果仍是一个关系。这种性质称为关系系统的封闭特性。封闭特性对于非程序设计用户语言至为重要。

closed question 封闭性问题 回答者提供的信息,在其类型、层次、数量上设置限值的问题。

closed routine 闭型例程 一种计算机例程。它是通过主程序的基本链接指令来进入的,而不是作为主程序中的一块指令来插入的。它通常与主程序分开存放,在主程序中用转移指令把控制转移到这种例程的入口点,当例程执行结束时再返回到主程序。

closed security environment 闭合安全环境 由满足下列条件的系统所构成的环境:①系统应用开发者(包括维护者)具有足够的权限或授权,从而保证应用开发者不携带恶性逻辑进入系统;②系统配置控制机制提供有效的措施，以确保系统应用过程中不被恶性逻辑侵入。

closed shop 封闭式计算站 使用计算站的一种方式。在这种方式中，解题人员编完程序后，不需亲自上机，而是把记有程序和上机说明书的穿孔卡片、纸带或磁带交给计算站的管理人员，由操作员代为输入。当程序运算结束后，操作员把输出结果交给算题人员。这种方式提高了计算机的利用率，但加长了解题周期，降低了算题人员的工作效率。比较 open shop。

C

closed shop programming 非开放式计算站程序设计 防止程序员在计算机上自己调试程序的一种限制。相反，它必须由计算机操作员提供调试结果。其目的是将计算机的使用限于操作员，以使程序调试所用的计算机时间最少，并且避免破坏例行的处理顺序表。参见 open-shop programming。

closed source 闭源 作为开源的反义词的一个术语。闭源被用于指任何没有资格作为开源许可的程序。一般地，它意味着将仅获得它们许可的计算机程序的一个二进制版本而没有这个程序的源代码，软件的翻译修改从技术方面几乎是不可能的。比较 open source。

closed subroutine 闭式子例程 能在计算机程序的多个位置被调用的一种子例程，在调用时不必将其拷贝插入调用处。只在需要时用 GOSUB 指令进行查找并调用。在子例程执行完后，控制点自动返回到指定的程序部分。堆栈保留子例程操作的控制，并由 RETURN 指令自动地将控制点返回到上次执行 GOSUB 指令的下一条指令来实现返回主程序。比较 open subroutine。

closed system 封闭系统 (1)不与外来的终端或设备互连的系统，与开放系统相反。开放系统允许与大范围的外来的设备相连。(2)一种计算机安全系统，其中未定义的资源都受到保护。(3)在管理学中之，封闭系统是指不受环境影响也不与环境发生相互作用的系统。比较 open system。

closed trail 闭迹 在图或有向图中边不重复出现的回路，也称"简单回路"。

closed user group (CUG) 闭合用户组 公用数据网的一组特定的用户。它们具有这样一种特性：用户之间的通信只限于本组内，而不能与组外的用户通信。一个用户数据终端可以属于一个以上的封闭用户组，如在计算机网络中把一些微机用网桥与网络中其他计算机隔开，并且在网桥中对这些微机的地址利用过滤功能加以限制，不允许这些计算机通过网桥访问网桥以外的计算机，也不许其他计算机访问这些计算机，除非经过特殊授权的计算机才能通过网桥进行访问。这样就形成一个封闭的计算机组，于是也就形成一个闭合用户组。

closed user group call indicator 闭合用户组呼叫指示符 正向发送以及在某些情况下反向发送的一种信息。它指出该呼叫是否涉及某闭合用户组，消息中是否有互锁码及主叫用户是否有外电路。

closed user group with outgoing access 可外访闭合用户组 数据通信网中的一种封闭式用户组。在一定条件下，该闭合用户组内的一个用户或多个用户能与该组外的用户进行通信。

closed waveguide 闭合波导 一种电磁波导，它是具有圆形截面或方形截面的管形，并具有导电壁(即导电面或光反射壁)，它可能中空或中间有电介质材料，它能支持大量的离散的传播模式(虽然只有少数的几种有实际意义)，其中每个离散的模式都有其自己的传播常数，其中任意点的场可根据这些支持的模式进行描述，其中没有辐射场(即波导中没有侧辐射)，其中的不连续性和弯曲会引起模式转化但没有辐射。

closed world 封闭世界 建造模型者所确定的用作模型领域的人工世界。封闭世界具有有限数目的状态及一组固定的用于变换该世界的规则。构造封闭世界模型比模拟现实世界更加容易。

closefile 关文件 在分时应用中使 ALGOL 程序关闭不再需要的文件的过程调用。

close in 封闭 指声音的不够开阔，不大柔和及缺少空气感及细节。多因在频率高于 10 kHz 时有了衰减的缘故。

close-loop system 闭环系统 在决策者和信息处理系统之间有反馈通道，用户可以和信息处理系统直接联系，并通过反馈修改决策信息，实现对信息处理系统的工作进行规划和控制。

closely coupled 紧耦合 在并行处理系统中，指几个处理机之间的高度交互作用，共用一个公用存储器区域。参见 coupling。

closely coupled system 紧耦合系统 一种多处理机系统，其中各处理机共用一个公用存储器区域并通过互联网络传递数据。参见 single instruction stream-multiple data stream (SIMD), multiple instruction stream-multiple data stream (MIMD), loosely coupled system。

close magnetic path 闭合磁路 这是磁芯形状的一种设计，它把激磁绕组产生的所有磁通量全部包含在磁路中。具有闭合磁路的普通磁芯形状有螺线管磁芯、E 型磁芯、多数是壶形磁芯。开放式磁路磁芯的形状是杆状磁芯及未屏蔽的卷带磁芯。

close packing 密堆积 使球体占有最小空间的堆积方式。在单一平面内，每个球均与六个球紧密相邻，按六角形排列着。第二平面中的球放在第一层凹陷处，依此类推。每个球均与一两个球相接触。密堆积有两种形式，在六角形密堆积中，第三层的球直接在第一层球的上面，依此类推。在立体密堆积中，第三层球占的凹处与第一层不同。

close segment function 封闭线段功能 图形学中的一种控制操作。封闭线段功能是指将设置的若干可闭合或连接的线段加以封闭而成为一个整体。

closing time of a break contact 动断触点的闭合时间 在规定条件下，对处于动后状态的继电器撤除输入激励量的瞬间起至动断触点第一次闭合的瞬间止的时间间隔。

closing time of a make contact 动合触点的闭合时间 在规定条件下，对处于释放状态的继电器施加输入激励量规定值的瞬间起至动合触点第一次闭合的瞬间止的时间间隔。

Clos network 克洛斯网络 一种交换子网，它有高度的接通率，它提供大量的可选路径，它在到达最终目的地前需要有消息或信息分组穿越几个队列。

closure property 封闭性(质) (1)集合类的性质。指某个集合类对一个集合运算(如并、交、补等)是否封闭的问题，即对于任两个(或多个)取自这个类的集合使用这个运算后，其结果集合是否一定属于这个类，若回答"是"，则称该集合类对于该运算封闭，否则就不封闭。(2)形式语言类在某些操作下封闭的性质。所谓封闭是指对该类中任意语言进行所述操作的结果仍是该类中的语言。更进一步若存在一个算法可以给出操作的结果时，这时称该性质为有效闭包性质。

cloth ribbon 编织色带 一种通常在击打式打印机和打字机上使用的油墨色带。打印部件将色带击打到纸上，得以将油墨印到纸上；然后色带向前移动，以获得新的油墨。尽管编织色带适合大多数任务，但是如果要求得到尽可能清晰的输出，有时还得换用薄膜色带。然而，编织色带与薄膜色带不同，它可以通过毛细管作用重新浸入油墨，适用于多次打印。

cloud absorption 云层吸收 电磁波在空间传送过程中被云中的水或冰粒吸收所引起的辐射衰减。

cloud attenuation 云层衰减 由云层中的散射作用引起的电磁辐射衰减。

cloud chamber 云室 一种使得电离辐射的粒子路径成为可见的装置。例如，威尔逊云室由一个含有空气和酒精蒸汽的容器构成，由绝热膨胀突然冷却，使蒸汽变成过饱和，于是蒸汽中的超高湿汽在离子辐射经过的离子轨迹上沉积成小滴，可拍下小滴(即粒子路径)的照片。

cloud computer 云计算机 基于"云计算"概念的虚拟计算机群，每一群包括了几十万台、甚至上百万台计算机。使用云计算机，只需要一台能上网的设备，如电脑、手机等，不需关心存储或计算发生在哪朵"云"上，就可以快速地计算和找到所需的资料。

cloud computing 云计算 这里的"云"是指可以自我维护和管理的虚拟计算资源，通常为一些大型服务器集群，包括计算服务器、存储服务器、宽带资源等。"云"中的资源在使用者看来是可以无限扩展的，并且可以随时获取，按需使用，随时扩展，按使用付费。云计算将所有的计算资源集中起来，并由软件实现自动管理，无需人为参与。云计算是并行计算、分布式计算和网格计算的发展，或者说是这些计算机科学概念的商业实现。云计算是虚拟化、效用计算、IaaS(基础设施即服务)、PaaS(平台即服务)、SaaS(软件即服务)等概念混合演进并跃升的结果。参见 infrastructure as a service (IaaS), platform as a service (PaaS), software as a service (SaaS)。

cloud echo 云层回波 由雷达信号从云层反射而在雷达屏幕上产生的回波图形。

cloud model 云模型 一种定性定量转换的不确定性模型。云模型是对语言值所蕴含的模糊性和随机性以及两者之间的关联性的一种数学描述，它用期望值 Ex、熵 En 和超熵 He 表征定性概念，将概念的模糊性和随机性集成在一起，是实现定量与定性之间相互转换的一种工具。

cloud platforms 云平台 提供基于"云计算"的服务，供开发者创建应用时采用的平台。云平台让开发者编写运行在云的应用程序，或者使用来自云的服务，或者两者兼之。云平台通常包含以下三个部分：①基础：在机器上运行的平台软件。各种支撑功能(如标准的库与存储，以及基本操作系统等)均属此部分；②基础设施服务：由非本地计算机提供的基本服务。如提供远程存储服务、集成服务及身份管理服务等；③应用服务：随着越来越多的应用面向服务化，这些应用提供的功能可为新应用所使用。尽管这些应用主要是为最终用户提供服务的，但这同时也令它们成为平台的一部分。云平台的直接用户是开发者，而不是最终用户。参见 cloud computing。

cloud pulse 电子云脉冲 电荷存储管中由接通或切断电子注产生的空间电荷效应得到的输出。

Cloud Security Alliance (CSA) 云安全联盟 CSA 是在 2009 年的 RSA 大会上宣布成立的。云安全联盟成立的目的是为了在云计算环境下提供最佳的安全方案。CSA 和 ISACA(美国信息系统审计和控制协会)、OWASP(开放式 Web 应用程序安全项目组织)等业界组织建立了合作关系，CSA 成员还涵盖了国际领先的电信运营商、IT 和网络设备厂商、网络安全厂商、云计算提供商等。CSA 发布的《云安全指南》v2.1 有以下两大特色：①务实，贴近当前的最新的业界实践，较为真实地反映了最新的业界最佳实践和观点，提供了非常详细、务实的大量建议。②技术上明确阐述了法律、电子证据发现以及虚拟化方面的建议指南。另外对于数据的可移植性和互操作性也是该指南的独特之处。

cloud software 云软件 基于"云计算"技术的软件。其最基本的概念，是通过网络对庞大的虚拟计算资源进行统一管理和调度，构成一个计算资源池向用户提供按需服务。参见 cloud computing。

cloud storage 云存储 (1)基于"云计算"的存储部

分，即虚拟化的、易于扩展的存储资源池，用户通过云计算使用存储资源池。(2)是指通过集群应用、网格技术或分布式文件系统等功能，将网络中大量各种不同类型的存储设备通过应用软件集合起来协同工作，共同对外提供数据存储和业务访问功能的一个系统。云存储可以作为一种服务，通过网络提供给用户。用户可以通过若干种方式来使用存储，如网络硬盘、在线存储、在线备份或在线归档等服务。参见 cloud computing。

cloud TV **云电视** 能够接收云服务的智能化的电视机。云电视能够连接云平台，利用云计算和云存储技术，不依赖终端软硬件升级，能够实现视频点播、多屏共享、信息检索、语音控制、社交游戏等。

. clp **剪贴板文件名后缀** clp 取自 clipboard（剪贴板）一词，在 Windows 中，是剪贴板中文件的扩展名。

CLP (1)当前行指针 current line pointer 的缩写。(2)命令行协议[接口]command line protocol 的缩写。(3)信元丢失优先级 cell loss priority 的缩写。

CLPA **建立链接打包包区** create link pack area 的缩写。

CLPT **文本处理计算机语言，CLPT 语言** computer language for the processing of text 的缩写。

CLR (1)信元丢失率 cell loss ratio 的缩写。(2)公共语言运行时 common language runtime 的缩写。

CLS (1)无连接服务 connectionless service 的缩写。(2)计算机住宿登记系统 computerized lodging system 的缩写。

CLSDST **闭合目标** close destination 的缩写。

CLT **通信线路终端** communications line terminal 的缩写。

CLTP **无连接传输协议** connectionless transport protocol 的缩写。

CLTS **无连接传输服务** connectionless transport service 的缩写。

CLU **控制逻辑单元** control logical unit 的缩写。

club station **俱乐部台** 也称“集体业余电台”，由团体申请设置并由设台团体使用的业余无线电台。参见 amateur radio station。

clump **丛** 能够并行执行的运算序列。如果丛中的指令序列在每条可用的流水线中完成近似相等的工作量，则丛是对称的。这里的“丛”有多重的意思，与形容网状节点结构的“丛”的含意有所不同。

cluster **群集(站)，集群，簇** (1)在系统网络体系结构(SNA)中共享一条通往主机通信路径的一组输入输出设备。群集控制器管理群集与主机之间的通信。(2)一组独立的网络服务器，可以被客户机像单一服务器一样操作。集群网络在这些服务器之间分配工作以平衡负载，从而改进网络性能。使一个服务器代替另一个服务器，集群网络也增强了稳定性，并且缩减或消除了由应用程序或系统运行失败所导致的停机时间。(3)在某些个人计算机中，由 DOS(磁盘操作系统)在格式化时建立的软[硬]磁盘空间的一个特定范围，随后它被 DOS 以簇的链形式分配给文件。

cluster algorithm **聚类算法** 用于聚类分析的算法。传统的聚类算法可以被分为五类：划分方法、层次方法、基于密度方法、基于网格方法和基于模型方法。参见 partitioning method，hierarchical method，density-based method，grid-based method，model-based method。

cluster analysis **聚类分析** (1)把观测或变量按一定规则分成组或类的数学分析方法。聚类分析的目标是衡量不同数据源间的相似性，以及把数据源分类到不同的类或簇中。(2)根据模式之间的相似性程度，在给定的模式集合的基础上，建立一个识别模式是否属于同一类的质量标准，抽取模式集合所含模式类的特征，并用这个标准和模式类特征去识别未来模式的类别。聚类分析是通过数据建模简化数据的一种方法。传统的统计聚类分析方法包括系统聚类法、分解法、加入法、动态聚类法、有序样品聚类、有重叠聚类和模糊聚类等。参见 hierarchical clustering，dynamic clustering。

cluster centre **聚类中心** 聚类分析中的一个特殊样本，用来代表某一类，其他样本通过与它计算距离来决定是否属于该类。

cluster computing **簇计算** 基于工业网络标准连接的多个计算机节点形成的计算环境，可利用网络上的空闲计算资源，完成某些计算问题。每个节点可以是不同类型的计算机，运行不同的操作系统。是一种分布式计算机系统。

cluster controller **簇[群集]控制器** 一般而言，簇控制器指的是一个能够为一簇终端提供到数据链路的连接的智能设备。在 SNA(系统网络体系结构)中是一个可编程设备，用来控制所连接设备的 I/O 操作。在 DECnet 中是一台连接多种设备，如磁带机、磁盘机或其他设备的设备，再把这些设备连接到一台主机系统上或网络中，供用户共享。在一个集群中可以有两台簇控制器，用来提高整个系统的可靠性。参见 cluster，cluster controller node，cluster control unit。

cluster controller node (CCN) **簇[群集]控制器节点** 能控制各种设备的外部节点。

cluster control unit (CCU) **群集控制器** 一种能够控制多个设备的输入输出操作的设备。它可以通过执行存储在该设备上的程序加以控制，也可以完全由硬件(如通信控制器)加以控制。远程群集控制器只需通过通信控制器就能接到主机的中央处理器上。同 cluster controller。

clustered file **聚类文件** 在情报检索中，内容接近而串在一起的文件。

clustered index　聚簇索引　索引分类的一种，相对聚簇索引的是非聚簇索引。聚簇索引的数据页重新组织，按指定的一个或多个列的值排序后有序存储，占用的物理空间小。由于聚簇索引的索引页面指针指向数据页面，所以使用聚簇索引查找数据几乎总是比使用非聚簇索引快。参见 nonclustered index，primary key。

cluster entry　簇表目　一种目录项目。它可按关键字顺序或按输入顺序存取簇的信息，如所有权、簇属性、簇口令及保护属性。关键字顺序簇表目指向数据项目和索引项目。输入顺序簇表目则仅指向数据项目。

clustering　聚类，分类合并，集群技术　(1)聚类也称“同质分组”，把相关对象聚成集合体，用相似性尺度来衡量事物之间的亲疏程度，并以此来分类。如在情报检索中，为了某种目的，依据一定的方法由计算机按处理对象的特点对文献自动加以区分归类的过程。(2)把给定的模式集合划分成若干类并抽象出各模式的特征的过程。若给定的模式集合在对其做聚类之前已分好类，这种聚类称为有监督聚类。若给定的模式集合在对其做聚类之前未分类，这种聚类称为无监督聚类。(3)集群技术是一种将多台计算机连接起来使程序运行更可靠或运行速度更快的方法。有两种计算机集群的方法。最常用的方法是高可用性集群，它把第二台计算机连接到主计算机上作为备份，如果主系统出故障，第二台计算机便立即担负起主系统任务，因此用户全然不知出现了问题。第二种方法，称作性能集群，它将多台计算机连接，联合解决问题的速度高于只有一台计算机试图解决同样问题的速度。集群技术可以避免计算机故障停机时间。性能集群技术通过在许多服务器之间分散其一部分工作而使应用性能得到提高，这样就可改善关键和大型应用的响应时间。

clustering factor　集群因子　集群因子是索引与它所基于的表相比较而得出的有序性度量，它用于检查在索引访问之后执行的表查找的成本(将集群因子与选择性相乘即可得到该操作的成本)。集群因子记录在扫描索引时将读取的块数量。如果使用的索引具有较大的集群因子，则必须访问更多的表数据块才可以获得每个索引块中的行(因为邻近行位于不同的块中)。如果集群因子接近于表中的块数量，则表示索引适当排序；但是，如果集群因子接近于表中的行数量，则表示索引没有适当排序。

cluster-level lock　簇级锁　多粒度锁之一，数据存储单位簇是锁定的最小空间资源。簇级锁指事务占用一个簇，这个簇不能被其他事务占用。database-level lock，row-level lock，table-level lock，page-level lock。

cluster shape　聚类形态　在情报检索中，聚类有三种结构形态：①线型，在结构中没有任何一个项目能同时与其他两个以上的项目相连接；②星型，有一个中心项，连接其他所有项目，被连接的项目之间没有直接联系；③集团型，结构中每个项目都直接同其他所有项目连接。

cluster virus　簇病毒　一种病毒程序，只感染一次，但是却给人以感染了所有启动的应用程序的假象。簇病毒修改文件系统，因此它在用户打开任一应用程序之前就已经加载了进来。因为该病毒可以在运行任何程序的同时运行，所以看起来好像是磁盘上的所有文件都被感染了一样。

CLUT　色彩对照表　color look up table 的缩写。

clutter　地物干扰　也称“杂乱干扰”，在雷达系统的屏幕上出现的随机噪声，它使部分显示空间模糊。地物干扰的例子是由接近地面的物体(如树木，建筑物和山脉等)引起的噪声。

CLV　恒定线速度　constant linear velocity 的缩写。

CM　(1)通信多路转接器 communications multiplexer 的缩写。(2)内容管理 content management 的缩写。

cm　厘米，10^{-2}米　centimeter 的缩写。

CMC　(1)通信管理配置 communications management configuration 的缩写。(2)蜂窝移动通信 cellular mobile communications 的缩写。(3)公用消息调用 common messaging calls 的缩写。(4)磁性字符代码 code for magnetic characters 的缩写。

CMCN　蜂窝移动通信网　cellular mobile communications network 的缩写。

CMCS　(1)计算机媒介通信服务系统 computer mediated communication service 的缩写。(2)蜂窝移动通信业务 cellular mobile communication services 的缩写。

.cmd　批处理文件文件名后缀　用于 Windows NT/2000 操作系统的批处理文件，其实与 BAT 文件功能相同，只是为了与 DOS(磁盘操作系统)和 Windows 9x 下的 BAT 有所区别而 .cmd 作批处理文件的扩展名。

CME　一致管理项目　conformant management entity 的缩写。

CMI　计算机管理的教学　computer-managed instruction 的缩写。

Cmin　分钟呼　call minute 的缩写。

CMIP　(1)公共管理信息协议 common management information protocol 的缩写。(2)共同管理接口协议 common management interface protocol 的缩写。

CMIS　(1)公共管理信息服务 common management information service 的缩写。(2)计算机管理教学系统 computer management instruction system 的缩写。

CML 电流型逻辑 current-mode logic 的缩写。

CMM 能力成熟度模型 capability maturity model 的缩写。

CMMI 能力成熟度模型集成 capability maturity model integration 的缩写。

CMND 命令 command 的缩写。

CMNet 中国移动互联网 China Mobile Net 的缩写。

CMNP 连接(模)式网络协议 connection-mode network protocol 的缩写。

CMNS 连接(模)式网络业务 connection-mode network service 的缩写。

CMOS 互补金属氧化物半导体 complementary metal-oxide semiconductor 的缩写。

CMOS active pixel sensor (CMOS-APS) CMOS 有源像素传感器 有源像素结构是指在像素单元中包含至少一个有源晶体管的像素阵列。采用有源像素结构由于在像素单元中加入了有源电路,使信号在像素单元内就得到了放大和缓冲,提高了图像传感器的灵敏度,信号读出速度快并具有较高的信噪比。传统的有源像素结构均为线性结构,即像素光敏区域接受的入射光强度与输出信号强度呈线性关系。但线性模式像素在高亮度场景下容易出现饱和导致场景细节的丢失,从而降低了图像传感器的有效动态范围,而对数传感器恰好可以弥补上述缺陷,即使在较高亮度的场景下,由于器件工作始终在亚阈值区域,从而可以有效避免饱和所带来的信息丢失等。参见 CMOS passive pixel sensor (CMOS-PPS),CMOS digital pixel sensor (CMOS-DPS)。

CMOS-APS CMOS 有源像素传感器 CMOS active pixel sensor 的缩写。

CMOS chip CMOS 芯片 CMOS(互补金属氧化物半导体)是主板上一块可读写的 RAM(随机存取存储器)芯片,用于保存当前系统的硬件配置信息和用户设定的某些参数。CMOS RAM 由主板上的电池供电,即使系统掉电信息也不会丢失。对 CMOS 中各项参数的设定和更新可通过开机时特定的按键实现(一般是 Del 键)。进入 BIOS(基本输入输出系统)设置程序可对 CMOS 进行设置。一般 CMOS 设置习惯上也被称为 BIOS 设置。

CMOS digital pixel sensor (CMOS-DPS) CMOS 数字像素传感器 数字像素传感器是把整个图像系统集成在一块芯片上构成的成像系统,它系统功耗低,成像质量高。参见 CMOS passive pixel sensor (CMOS-PPS),CMOS active pixel sensor (CMOS-APS)。

CMOS-DPS CMOS 数字像素传感器 CMOS digital pixel sensor 的缩写。

CMOS image transducer CMOS 图像传感器 采用 CMOS(互补金属氧化物半导体)元件的图像传感器。按所采用的元件可分为三大类:CMOS 无源像素传感器(CMOS-PPS)、CMOS 有源像素传感器(CMOS-APS)和 CMOS 数字像素传感器(CMOS-DPS)。参见 CMOS passive pixel sensor (CMOS-PPS),CMOS active pixel sensor (CMOS-APS),CMOS digital pixel sensor (CMOS-DPS)。

CMOS logic circuit CMOS 逻辑电路 这种 CMOS 逻辑电路以 PMOS(P 沟道金属氧化物半导体)晶体管和 NMOS(N 沟道金属氧化物半导体)晶体管互补连接为基本电路构成。主要特点是功耗低,集成度高,在微处理器和存储器中广泛使用。中小规模 CMOS(互补金属氧化物半导体)逻辑电路已经取代 TTL(晶体管-晶体管逻辑)电路。

CMOS memory CMOS 内存 个人计算机中,指由系统电池供电的内存,用于系统的硬件配置和用户对某些参数的设定。

CMOS passive pixel sensor (CMOS-PPS) CMOS 无源像素传感器 无源像素结构是由一个反向偏置状态的光电二极管和一个 MOS(金属氧化物半导体)开关组成。当行选开关导通时,光电二极管与列选通信号连通,光电二极管上的积分电荷开始转移到列总线电容上,在列总线上形成电流。在列总线末端连接的电荷积分放大器将光信号转换为电压信号,并传输到后级电路进行处理。由于无源像素结构简单,因此采用无源像素结构设计的 CMOS(互补金属氧化物半导体)图像传感器填充率较高,可以在单位面积硅片上集成较大规模的像素单元阵列,但是由于传输线电容较大,无源像素传感器的读出噪声较高,已经不能适合高性能图像传感器的需求了。参见 CMOS active pixel sensor (CMOS-APS),CMOS digital pixel sensor (CMOS-DPS)。

CMOS-PPS CMOS 无源像素传感器 CMOS passive pixel sensor 的缩写。

CMOS protect circuit CMOS 保护电路 CMOS(互补金属氧化物半导体)电路呈现高输入阻抗,容易感应静电荷造成击穿损坏。LSI(大规模集成电路)芯片设计中,在 CMOS 输入单元电路的输入端,构成由电阻和二极管组成的保护电路,以防止静电感应造成的损坏。

CMOS setup CMOS 设置 一种系统配置工具,在启动时可以访问,它用于设置系统某些选项,如日期和时间、所安装驱动器的类型以及端口配置等。参见 complementary metal-oxide semiconductor (CMOS)。

CMOS transmission gate CMOS 传输门 利用 MOS 器件独特的双向开关特性,由一对 N-沟和 P-沟晶体管并联,各栅极施加互补时钟信号而工作的一种门电路。用它构成 CMOS(互补金属氧化物半导体)时序电路简单、快速,在 LSI 设计中较常使用。

CMOT 在TCP/IP上的公共管理信息服务协议 common management information services and protocol over TCP/IP 的缩写。

CMP (1)蜂窝多重处理 cellular multiprocessing 的缩写。(2)片上多重处理器 chip multiprocessor 的缩写。

CMPM 计算机管理零件制造 computer-managed parts manufacture 的缩写。

CMR (1)信元误插率 cell misinsertion rate 的缩写。(2)客户管理关系 customer-managed relationship 的缩写。

CMRR 共模抑制比 common-mode rejection ratio 的缩写。

CMS (1)内容管理系统 content management system 的缩写。(2)会话式监督系统 conversational monitor system 的缩写。

CMT (1)连接管理 connection management 的缩写。(2)过程消除多线程 course-grained multithreading 的缩写。

CMTS 电缆调制解调器终端系统 cable modem termination system 的缩写。

CMX 客户管理设备 customer management complex 的缩写。

CMY 青橙黄 cyan/magenta/yellow 的缩写。

CMY color model 青橙黄色彩模型 一种用从白色中消除或减去某种颜色来规定各种颜色的方法。该模型采用的笛卡儿坐标系子空间与RGB相同。这种模型对于将彩色颜料沉积到纸上的硬拷贝设备来讲是很重要的。

CMY format 青橙黄格式 一种彩色格式,由三种颜色构成(cyan,magenta,yellow),用于彩色打印机等印刷设备。

CMYK 青橙黄黑 cyan/magenta/yellow/black 的缩写。

CMYK color model 青橙黄黑色彩模型 该模型采用青橙黄黑这四种颜色构成能够打印或显示出来的全部色彩的基本色素。

CN 核心网 core network 的缩写。

CNA 通信网络体系结构 communications network architecture 的缩写。

CNC 计算机数控 computer numerical control 的缩写。

CNCERT/CC 国家计算机网络应急技术处理协调中心 National Computer Network Emergency Response Technical Team/Coordination Center of China 的缩写。

CNF 乔姆斯基范式 Chomsky normal form 的缩写。

CNF-satisfiability 合取范式可满足性 对于一个以合取范式形式出现的逻辑表达式,是否存在一组变元的赋值使表达式的真值为真。这是一个有名的NP-完全问题,1917年由Cook提出。

CNI (1)加拿大新闻索引 Canadian News Index 的缩写。(2)网络信息联盟 coalition for networked information 的缩写。

CNIP 主叫号码识别显示 calling number identification presentation 的缩写。

CNIR 主叫号码识别限制 calling number identification restrication 的缩写。

CNKI 中国知识基础设施 China National Knowledge Infrastructure 的缩写。

CNM 通信网络管理 communications network management 的缩写。

CNNIC 中国互联网络信息中心 China Internet Network Information Center 的缩写。

C-notched noise testing C形缺口噪声测试 当信道传输正常信号时用它来确定不需要的功率电平。在通信中测出通信实际的信噪比,这对数据传输是重要的。该测试真实量度了具有压扩器的电路中的噪声。

CNP 通信统计网分析过程 communications statistical network analysis procedure 的缩写。

CNR (1)通信网络插卡 communications networking riser 的缩写。(2)复合节点表示 complex node representation 的缩写。(3)载波噪声比 carrier-to-noise ratio 的缩写。

CNS 补余网络业务 complementary network service 的缩写。

.cnt 目录索引文件名后缀 Windows 操作系统中,联机帮助文件目录索引文件的扩展名,通常和同名的.hlp文件一起保存。

CNT 碳纳米管晶体管 carbon nanotube transistor 的缩写。

CNTV 中国网络电视台 China Network Television 的缩写。

CO (1)中央办公室 central office 的缩写。(2)组成体 constituent object 的缩写。(3)清除 clean out 的缩写。(4)中心局 central office 的缩写。

coagent case 辅助主动者角色 在英语的自然语言理解系统的角色文法中,名词组在句中所起的作用是给主动者当配角,而一起执行动作时称为辅助主动者角色。常伴随着 with 一起出现。

coalesce 结合,合并 (1)将两个或多个项目的集合并成任一形式的一个集合。(2)将两个或多个文件合并成一个文件。

co-and contra-directional interface 同向和反向接口 国际电报电话咨询委员会(CCITT)G.703建议规定的信息和其相关的定时信号方向间的关系。同向规定为信息与其定时信号以同一方向传输,而反向即两者以相反的方向传输。

coarse control **粗调** 对某个特性或某个量进行粗略调节的一种控制方式。

coarse-grain parallelism **粗放式并行机制** 一种并行处理机的运行方式。将计算任务分成较大的子任务进行并行的处理，使计算量占的比例较大，而通信的开销较小。

coarse-grain parallel processing **粗放式并行处理方式** 一种并行处理，它所处理的一个作业的各部分是同时执行的。比较 finegrain parallel processing。

coarse positioning **粗定位** 磁盘机磁头定位操作过程中的前期操作。它根据磁头所处位置与目标磁道位置的差值，以最佳的速度曲线寻找目标磁道。由于这一阶段磁头定位机构的运动速度很高，磁头在到达目标磁道时会发生过冲，故称之为粗定位。

coarse wavelength division multiplexing (CWDM) **稀疏波分复用** 也称"粗波波分复用"。是一种采用波长间隔较长的波分复用技术。它的通道比密集波分复用(DWDM)少，但比标准波分复用(WDM)多。CWDM 系统复用波长之间间隔比较宽，为 20 纳米，DWDM 则为 0.4 纳米。因此 CWDM 对激光器、复用/解复用器的要求大大降低，极大地减少了扩容成本。在典型的 CWDM 系统中，激光发射器包含八个信道，有八种定义的波长：1 610 纳米、1 590 纳米、1 570 纳米、1 550 纳米、1 530 纳米、1 510 纳米、1 490 纳米和 1 470 纳米。最多允许 18 个不同的信道，波长范围最低到 1 270 纳米。CWDM 系统中的激光能量比 DWDM 中的更广，CWDM 的激光容差(波长的不精确和可变性)能够在±3 纳米之间，而 DWDM 激光的容差要足够小才可以。因为能够使用低精度的激光器，因此 CWDM 系统将比 DWDM 系统的成本低，不过两个节点间的最大距离则比 DWDM 小。参见 dense wave length division multiplexing (DWDM), wave division multiplexing (WDM)。

coast earth station (CES) **海岸地球站** 进行固定卫星服务或在某些情况下进行海上移动卫星服务的地球站，它位于陆地上的指定的固定点，以提供海上移动卫星服务的馈送链路。

coasted cathode **涂敷阴极** 涂敷了化合物以增加电子发射的阴极。氧化物涂敷阴极便是一个实例。

coasted filament **涂敷灯丝** 涂敷了金属氧化物以增加电子发射的真空管灯丝。

COAT **相干光自适应技术** coherent optical adaptive technique 的缩写。

coated optics **镀膜光学** 用均匀的很薄的敷层对光学器件进行处理，以使其散射光大大减少，从而使图像更光亮。

coating **涂覆** 在晶片表面淀积一层与衬底不同的材料，并对材料的厚度进行控制的工艺技术。

coax **同轴电缆** coaxial cable 的缩写。

coaxial antenna **同轴天线** 一种由将同轴线内导体伸长四分之一波长并将同轴线外导体往回折叠约四分之一波长形成的辐射套管所组成的天线。它也称"套管天线"。

coaxial attenuator **同轴衰减器** 具有同轴结构和适于同轴电缆使用的终端衰减器。

coaxial cable (coax) **同轴电缆** 具有高频特性的一种电缆。这种电缆能抗电磁干扰且衰减损耗小，因此常用于高频宽带传输。同轴电缆的中心一般为单芯铜线，周围为低损耗绝缘介质，外层为铜线编织成的管状导体，并在编织铜线外层再加一层绝缘保护层。

coaxial cable connector **同轴电缆连接器** 由配对的插塞和插座组成的连接器，用来使两段同轴电缆临时或永久连接而不影响阻抗。最常用的三种类型采用了卡口、螺纹和推拉快速断开耦合方法。

coaxial cable HSLN **同轴电缆高速局部网** 一种采用同轴电缆总线结构的高速局部网。美国国家标准协会(ANSI)的 X3T9.5 委员会研制的有关标准中使用的是单信道宽带电缆。控制数据公司(CDC)的产品松散耦合网络也是如此。而网络系统公司的 HYPER 网则使用基带电缆。这种局部网的特点是：①数据速率为 50 Mbps；②最大传输距离为 1 km；③最多 10 个站点；④提供多条电缆(可达 4 条)，以提高吞吐量和可靠性。

coaxial cable information system (CCIS) **同轴电缆载波通信系统** 以同轴电缆为载体，综合进行多种信息传输服务的系统。利用同轴电缆的宽频带特性，增加了速率不对称的双向传输功能，既可播送广播电视节目，又能提供多项其他信息服务，从而成为地区性信息传输系统。

coaxial digital output **同轴数字输出** 指在 CD 机、DVD(数字影碟)机等数字录音源设备上安装的用于输出数字音频的 RCA 插座。可以用同轴数字信号线来与其他音响器材连接。参见 RCA connector。

coaxial diode **同轴二极管** 具有与同轴电缆相同的外径和终端或在必要情况下用于插入同轴电缆的二极管。

coaxial dipole antenna **同轴偶极子天线** 具有一段作为辐射振子的金属管的偶极子天线。双线传输线能很方便地连接到金属管的内端。金属管的外端用处在辐射振子中心的金属棒连接。

coaxial filter **同轴滤波器** 具有提供滤波器所需电感和电容的凹形单元的一段同轴线。

coaxial isolator **同轴隔离器** 在一个方向上比在相反方向上对能流提供更大损耗的同轴电缆隔离器。所有各类同轴隔离器都采用结合了铁氧体和介质材料的永久磁场。

coaxial launcher **同轴激励器** 将同轴电缆与波导、谐振腔或其他微波器件相耦合组成的换能器。

coaxial-line frequency meter **同轴线频率计** 也称

"同轴波长计"。作为谐振电路并用频率或波长定标的一段短路同轴线。

coaxial-line resonator 同轴线谐振器 由一段一端或两端短路的同轴线组成的谐振器。

coaxial loudspeaker 同轴扬声器 一种将高音扬声器安装在低音扬声器中心的扬声器。

coaxial pair 同轴线对 一种传输媒体，它由两根圆柱形导线组成，两线共轴，一外一内。

coaxial patch bay 同轴接线架[插头板] 一种硬件的装配件，上有许多插接头，用于同轴电缆的相互连接或测试。

coaxial relay 同轴继电器 能断开和闭合同轴电缆电路而不会引入造成波反射失配的继电器。

coaxial sheet grating 同轴片状栅 由各长约一个波长、处于同轴波导中心以抑制不希望的传播模式的若干个同心金属柱体组成的片状栅。

coaxial stop filter 同轴带阻滤波器 置于导体周围的可调谐滤波器，能在给定频率上限制其辐射电波长。

coaxial stub 同轴短截线 从波导侧面分出的一段圆柱波导或同轴电缆，使波导特性产生某种希望的变化。

coaxial switch 同轴开关 一种能改变通向天线、发射机、接收机或其他高频设备的同轴电缆之间的连接，而不引入阻抗失配的开关。

COB (1)板上芯片 chip on board 的缩写。(2)板上集成缓存 cache on board 的缩写。

COBOL language 面向商业的通用语言，COBOL 语言 一种高级商业程序设计语言。它是 common business oriented language 的缩写词。它是人们开发研制的第一批高级程序设计语言之一，1960 年正式被采纳。它是从 20 世纪 50 年代中期一个称为 Flowmatic 的语言发展而来的。COBOL 是一个罗嗦的语言，通常用它写的程序比用其他程序设计语言写的要长一些。为解决这一点引起的困难，COBOL 系统通常为人们尝试改变或维护另一个程序员的程序提供自动文件。COBOL 程序在结构上分为以下四个部分：标识部分(IDENTIFICATION)、环境部分(ENVIRONMENT)、数据部分(DATA)和过程部分(PROCEDURE)。

COBUILD corpus COBUILD 语料库 20 世纪 80 年代第一个以词典编撰为应用背景构建的大规模语料库，是英国 Birmingham 大学与 Collins 出版社合作的结果，规模达到 2 000 万词级。语料库名称也是两家单位的首字母缩写(collins birmingham university international language database)。

cochannel 同信道 通常指频率相同的信道。

cochannel interference 同信道干扰 一种在同一信道中两个同类信号之间的干扰。

co-citation indexing 相互引文标引 由"引文标引"发展而来，它将其他文献中已共同引用过的文献配对，这一方法是根据一种假设：越是频繁出现的文献越是在其他文献中共同引用过的，也就越表明这些文献之间存在一种主题关系。参见 bibliographic coupling 和 information retrieval。

COCOMO 构造性成本模型 constructive cost model 的缩写。

.cod 汇编代码文件名后缀 Microsoft C 编译器产生的可显示机器码/汇编代码文件的扩展名，其中附有 C 源代码作为注释。

COD (1)面向连接的数据 connection oriented data 的缩写。(2)芯片内集成缓存 cache on die 的缩写。(3)化学耗氧量 chemical oxygen demand 的缩写。(4)扩散系数 coefficient of diffusion 的缩写。

Codabar bar code 尾条条形码，科达条(形)码 由四个条形和三个空白组成的条形码。完整符号包括结束/开始字符、数据字符和另一个结束/开始字符。这种条形码是离散的，且能自检。它的长度可变，而且多种多样，但是，它至少有 16 种字符，即十个数字、逗号、连接符号、冒号、正号、感叹号和美元号。这种条形码广泛应用于图书馆和医院。

CODAS 基于计算机的示波器和数据采集系统 computer oscillograph and data acquisition system 的缩写。

CODATA 国际科学协会理事会科学与技术数据委员会 Committee On Data for Science and Technology of the International Council of Scientific Unions 的缩写。

Codd's law 柯德定律 也称柯德规则，是一组用于确定数据库管理系统(DBMS)是否可以被认定是关系型 DBMS 的 13 条规则。柯德博士在 1985 年首次公布了这个规则表，它成为评价关系系统的标准方法。自那时起，其他人对规则进行了扩展，在发表了第一篇论文之后，柯德称，没有一个系统能满足每一条规则。

code 代码，程序 (1)一组由字符、符号或信号码元以离散形式表示信息的明确的规则体系。(2)在通信中，表示数据信号的组成、传送、接收和处理的一种规律或约定。(3)不严格的用法，是指一个或多个计算机程序或某个计算机程序的一部分。

code access security 代码访问安全机制 由运行系统提供的一种机制，通过这种机制，托管代码可得到安全策略所规定的访问许可权，这种访问许可权是强制性的，限定了这些代码可以执行的操作。为防止无意识的代码路径暴露安全漏洞，所有在调用栈中的调用程序必须获得必要的许可权(可能要服从声明的重载或拒绝)。

code activated switch (CAS) 代码活跃开关 一种 RS-232 异步设备，用于在代码控制下开关四个次端口中的主端口。主设备可通过传输适当的开关代码在四个其他端口进行选择。CAS 可以锁住端口的切换。

code audit 代码审查 在软件工程中，由某人、某小组或借助某种工具对源代码进行的独立审查，以验证其是否符合软件设计文件程序设计标准。还可以对设计的正确性和有效性进行估计。

code block 码组 由若干个符号组成的，含有一定信息量的数字信号，如电传机中的 11000 是一个由五个二进制符号构成的码组，它用来代表字母 A。而在国际通用 7 单位保护电码中，则用 0011010 代表字母 A。

C

code book 代码本，密码本 在数据安全中，用于加密信息的一种密码本，只能被发送者和接收者使用。

codebook attack 代码本攻击 入侵者企图创建包含单个密钥下明文和密文之间所有可能变换的代码本的一种攻击类型。

code book encoding 密码本编码 在视频压缩中的一种技术，用一个数值的表格从压缩的信号中重建一个数字信号。

codebook excited linear prediction 码本激励线形预测编码 简称码本激励编码，是一种用码本来作为激励源的编码方法。

codebook method 密码本法 应用分组密码的自然方法。输入一个 n 位的数组，通过 m 位密钥和加密算法，得到一个 n 位的密文组。

CODEC (1)压缩还原器 compressor/decompressor 的缩写。(2)编码译码器 coder-decoder 的缩写。

code chain 代码链 在可能不同的 N 个二进位字的部分或全部循环次序中的一种排列。在这些字中，相邻字的连接通过一定的关系。每个字的导出是由相邻字从左至右或从右至左置换一个数字单元，然后再将前面一位去掉并在尾部插入一位实现的。

code channel 代码信道 前向码分多址信道的分信道。前向码分多址信道包括 64 条代码信道。0 号代码信道被指定为导频信道。1 至 7 号代码信道可被指定为寻呼信道或业务信道。32 号代码信道可被指定为同步信道或业务信道。其余的代码信道则可被指定为业务信道。

code character 码字 从码表中引用的字符，它被用来表示一个离散的值或符号。

code check 代码检查 对代码的各种检查，不同情况有不同的含义，如检查是否有非法代码、不适当的命令或语句、不应有的字符数字等都是代码检查。

code-checking time 代码检查时间 检验计算机的程序代码所耗费的时间。这种检验是为了确保代码的正确性。

code combination 代码组合 也称“代码群”，按照一定顺序排列的，作为一个完整信息单位的代码符号串。

code combination length 代码组合长度 表示代码组合的一种特征。由代码组合内的代码符号数量来确定。

code conversion 代码转换 把一种代码表示的字符转换到另一种代码的过程。

coded arithmetic data 编码(的)算术数据 (1)按无需转换即可用于算术运算的形式存储的算术数据。(2)在 PL/1 中，代表实际数值的数据项，具有一个基数(二进制或十进制)、范围(定点或浮点)和精度。

code data 代码数据 为了表示某个数据集中的数据项而设计和构造的一种特殊字符集。

coded character 编码字符 用来表示一个字符、符号或数值的代码元素的特殊组合。

coded character set 编码(的)字符集 根据一定规则建立的一组编码字符的集合。字符集中的字符与其编码表示间的关系是一一对应的。

coded decimal 编码的十进制 由某种二进制代码来表示的不同的十进制数字。参见 binary-coded decimal。

coded decimal notation 编码(的)十进制表示法 在这一表示法中，每个十进数都被分别转换成一组二进制 1 和 0，如在 8-4-2-1 代码十进制记数法中，将数字 13 表示为 00010011，而在纯二进制表示法中则表示为 1101。同 binary-coded decimal notation。

coded decimal number 十进制编码数 由一组字符所组成的一个数，每个字符或字符组用一个相应的十进制数表示。

code-dependent 与编码相关 其正确功能的发挥依赖于使用指定的与通信、计算机、数据处理或控制系统有关的编码表示法或编码字符集。

code-dependent system 代码相关系统 一种数据通信方式，该方式应用了与其数据源所用的字符集或代码相关的链路协议。同 code-sensitive system。比较 code-independent system。

coded font 编码的字型[体] 将代码页与字型字符集相关联的一种字型库成员。对于扩充制图技术，一个编码的字型可以与多个代码页—字型字符集相关联。

coded font section 编码字型节段 一种字型字符集——代码页对。一个单字节的编码字型仅由一个编码字型节段组成。而一个双字节的编码字型则由多于一个的编码字型节段组成。

coded graphic character-set ID 编码图形字符集标识符 一个 10 位数标识符(用空格分开的两个 5 位数)，是图形字符集标识符和码页标识符的组合。参见 graphic character-set ID，code-page ID。

coded graphics 编码图示技术 显示图形是用一组显示指令来表示的，这种使用画图命令加上几何数据来产生图像输出的技术称为编码图示技术。它有别于图像的点阵(位图)表示方法。

coded image 编码图像 一种适合于存储和处理图像的表示方法,它可以用位图方式表示,也可以用一组显示指令来表示。

coded image space 图像编码空间 也称“图像存储空间”。在计算机制图中,编码图像所占用的存储单元。

code directing character 代码引导字符 传送信息时,用以指示传输路径和信息目的地的字符。

code division multiple access (CDMA) 码分多址 也称“码分多路访问”,多路复用的一种形式,是一种采用扩展频谱的数字蜂窝技术,由 Qualcomm 公司开发的,是实现第三代移动通信的关键技术。使用移动电话时,为了解决移动电话发射功率小而要求传输距离远的矛盾,人们采用了接力传输的方式。把通话覆盖的区域划为许多单元,像蜂窝一样,所以这样的移动电话需把要传输的信息(话音)和控制用的信息(信令),搭载在频率很高的载波上进行无线传输。多址连接(一个系统供多个用户使用)便是在有限频率内设定许多载波,使多个用户共享各个载波。与 TDMA(时分多址)不同,CDMA 并不给每一个通话者分配一个确定的频率,而是让每一个频道使用所能提供的全部频谱。CDMA 的特点是对已经调制后的要传输信息的数字信号,再用扩频码(即伪码 PN)对载波进行调制,使同一频率的载波可同时为多个用户使用。CDMA 所用的载波带宽较宽,例如可达 1.25 MHz,而 TDMA 用的也不过 50 MHz。因为 CDMA 用 PN 代码调制,使得载波可同时为多个用户所用,PN 代码是随机产生的,其值为+1 或-1 的矩形波。一个矩形波称为一个片,它的变化用片速率(单位为片/秒)表示。把 PN 代码加在载波上,当 PN 为+1 时,该处的载波仍保持原有相位,当 PN 为-1 时,该处载波的相位要改变 180°(即把波形倒过来),所以这是一种相位调制方式。由于每一用户获得的 PN 代码不一样,所以虽然都使用同样频率的载波,但不会互相干扰。受话方收到对方发来的电波后,用原有的 PN 代码再次进行同样的相位调制,便可以使载波恢复原有的相位(波形),这就是解调。解调后便可得到所需要的信息。通过这样调制、解调,可以使不需要的所有载波功率密度之和远低于所希望载波的功率密度,因而多余载波不会妨碍所希望载波的通信。这也正是众多用户可以使用同一频率载波的奥秘。除了可由更多用户使用外,CDMA 的通话质量也比 TDMA 等高。参见 time-division multiplexing access (TDMA), wideband code division multiple access (WCDMA), time division-synchronous code division multiple access (TD-SCDMA)。

code division multiplexing (CDM) 码分复用 为了使若干个独立信号能在一条公共通路上传输,将它们配置成某些正交信号的复用。在码分复用中,为识别通路而配给的信号单元是这样形成的:当信号单元在一条公共通路上传输时,虽然它们在时间上和频率上可能有所重叠,但采用适当的处理就能容易地识别和分离开来。

coded interrogator 编码询问器 其输出信号形成触发特定无线电信标或雷达信标所需代码的询问器。敌我识别(IFF)询问器便是一个实例。

coded key 编码密钥 在访问控制中,一种基于用户支配访问控制的方法。一种编码密钥可以是一个常规密钥,也可以长达成千上万比特。

C

coded orthogonal frequency division multiplex (COFDM) 编码正交频分复用 一种信道编码和调制的方法。主要用于数字电视和数字音频广播。COFDM 用于将相邻的每部分信号尽可能的分离开来,并分别在可多达 1 536 个离散的频率上传送,因而可减少传输差错和多径传波之类干扰。参见 orthogonal frequency division multiplexing (OFDM)。

coded program 编码程序 用专用的机器代码或程序设计语言编写的程序。

coded reed 代码舌簧 用于转换器中的一种继电器型的存储装置。它由永久磁铁偏置的舌簧片盒和重置绕组组成。当脉冲通过绕组时,继电器吸合,然后由永久磁铁释放,产生一次记忆;下一脉冲送入重置绕组时,又产生一次新的记忆。

coded representation 编码表示 由代码建立的数据项的表示法或由编码字符集建立的字符的表示法,如在表示机场的三字母识别码中,“PEK”表示北京。在国际标准化组织(ISO)的 7 位编码字符集中,用七个二进制单元“1111111”表示删除字符。

coded set 编码集 已被另外一个元素集根据代码进行映射的元素集,如一个机场名字的表被变换为一个由三个字母的缩写所组成的相对应的集合。

coded stop 编码[程序]停机 由编制程序时编入的停机语句或停机指令所引起的计算机程序运行的停止称为编码停机。通常用于测试和调试程序或检测错误条件。

coded violation (CV) 编码违例 实际的数字组合规律与规定的标准规律不一致的现象。

code efficiency 编码效率 (1)在信道中,每个电平翻转所包含的二进制信息量。它等于位密度与最高翻转密度之比,是信道编码的一个重要性能参数。(2)使用机器语言或汇编语言编写一个程序所需的绝对二进制机器代码的字节数除以用高级语言编写、编译或解释同一程序所产生的二进制代码的字节数所得的比值,称为编码效率。

code element 码元,代码元素 (1)汉字编码方案中所采用的限定字符称码元,它可以是代表字音、字形或字义信息特征的符号,也可以是某种分类排序的序号，如拉丁字母、注音符号、部件(字根)、笔划、阿拉伯数字等。汉字编码(键盘)输入方法所用的码元的集合称为码元集，而完全由码元所组成的一个线性序列称为码元串。(2)构成代码的基本单位称代码元素，如在电传打字机上使用的博多码中，每个字母和数字均由5位二进制数码表示。其中的每位二进制码均称为代码元素。这五个代码元素的不同“0”、“1”组合则表示不同的字母、数字等代码信息。

code element set　代码元素集　将编码规则应用于编码集全部元素的结果，如用于机场名的国际表示法的所用三字母组，同 code set。参见 coded set。

code excited linear prediction (CELP)　码激励线性预测(编码)　1984年提出的一种混合型编码，它与MPLPC(多脉冲线性预测编码)的差别仅在于激励部分。CELP应用了矢量量化技术。以 N 样值为一组，构成一个含 N 维矢量的码字。若干个码字又组成了码本，并且收发端的码本设置是相同的。传送的是码字序号而不是 N 维样值序列本身，从而压缩了数据率。但建立码本和搜索码字的运算量很大。参见 multi pulse linear prediction code (MPLPC)。

code excited linear prediction (CELP) compression　编码激励线性预测压缩　一种用于低的位速率的话音编码的压缩算法。它是ITU-T(国际电信联盟-电信标准化部门)的建议G.728、G.729和G.723.1使用的算法。

code excited linear prediction (CELP) speech processor　编码激励线性预测语音处理器　一种AT&T语音编码器，其以每秒8 000比特的速率将语音数字化而保持当前系统的质量。

code extension　代码扩充　在代码中增加新的字符及其位格式的过程。

code extension character　代码扩充字符　可指任一种控制字符，它指明后继的一个或多个编码表示应按一个代码或另外一个编码字符集进行解释。

code extension key　代码扩充键　在有的系统中称为“换码键”。键盘上产生编码字符的一个键。当按下时，能改变其他键的全部或部分功能，使之产生不同的位模式，例如当此键按下时，终端在合适的程序控制下，在正常位置或非移位位置上可以产生ASCII(美国信息交换标准代码)模式字符和BCD(二进制编码的十进制)字符。

code generation　代码生成　编译程序的最后阶段。按照源程序产生的中间代码和表格中记载的信息，确定各数据的存储空间位置和使用的指令码，分配寄存器，最后形成机器可接受的代码。

code generation system (CGS)　代码生成系统　电子CAD(计算机辅助设计)工具软件的一个选件，将用户设计的算法从信号流程方框图的形式转换成经过优化的标准C代码。

code generation tool　代码生成工具　代码生成时使用的工具。以某种抽象形式设计或直接与系统交互的方式从程序员处取得输入，并输出实现一个应用细节的源程序。它向工具用户隐藏语言、算法和流程图的细节，如使用图形编辑器设计屏幕格式，然后由代码生成器转换为源代码。

code generator　代码生成程序　一个程序或程序的功能常常属于编译程序的一部分。它把计算机程序从某种中间级表示(通常为语法分析程序的输出)变换成较为低级的表示，如汇编代码或机器代码。

code group　码组　在计算机安全编码系统中，一个表面无意义的字母、数字的序列，代表一个明文元素，如代表一个词或句子。

code-independent　代码无关[的]　在链路协议或通信系统中，处理报文不依赖于任何代码的一种处理方式。

code-independent data communication　码独立数据通信　数据通信的一种方式。它使用一种面向字符的链路协议，这种规程与数据所用的字符集或代码无关。

code-independent system　代码独立系统　在数据通信中，指一种使用面向字符链协议的传输方式。它不依赖于字符集，也不依赖于数据源采用的编码方式。

code information　代码信息　指便于机器识别和处理的信息格式。

code inspection and walkthrough　代码审查与走查　静态测试程序的一种方法。由有经验的程序员与测试员集体阅读或逐步审查程序本身，沿着流程手工执行程序。对照一张事先设计好的完善的错误检查表(包括类型错误检查表和字符串错误检查表)，及时进行分析以及对被测试程序提出疑问和发现错误。

code key　代码键　文字处理系统中的一个键，当与另一个键一起操作的时候，该键被赋予另外的含义，如启动某个程序或执行某种功能。

code language　代码语言　在文献检索数据库系统中，一种用代码系统对事物的某一方面特征加以标引和排列的信息检索语言，如以化学分子式为索引的信息系统。

code level　代码级　用于表示一个字符使用二进制位的数目。用几个二进制位表示字符通常就是几级代码，如5位博多码就是“5级”代码。

code line　代码行　(1)在字符识别中，为待识别的打印字符或手写字符的标题保留的区域。(2)为某种计算机所写的代码程序，一行只写一条指令。在执行中，这种指令作为整体存于某个寄存器中，而它可能含有多个寄存器地址或多个内存单元地址，可以产生多个数字，含有一个或多个操作。参见 program line。

code line index 编码索引区 缩微图形中的一种可见索引，由平行于缩微胶片长边的透光和不透光的光学条形图案组成，位于两个图像之间。

code list 码本 汉字编码方案中，汉字(词语)与其码元串或键元串之间关系的对应表。

code motion 代码移动 指把独立于某区域的计算提到区域外。这种移动通常是往前移，即反向移动。实际上就是把循环不变的子表达式移到循环之前执行。

code page 代码页 在打印管理软件中，与代码点和字符标识符相关联的一个字型库成员。对全部代码点所赋予的图形字符和控制功能含义，如对 8 位代码的 256 代码点所赋予的字符和含义，对 7 位代码的 128 代码点所赋予的字符和含义。代码页也标识无效代码点。

code page global identifier (CPGID) 码页全局标识符 一个 5 位十进制数的赋予一个码页的标识符，值的范围从 00001 ～ 65 534(十六进制的 0001 ～ FFFE)。

code-page ID 码页标识符 一个 5 位数标识符，用于指定一个专门的代码点到图形字符的赋值。参见 graphic character-set ID。

code page switching 码页转换 在 OS/2 操作系统中，用另一个字符点阵代替计算机打印或显示的字符点阵。

code point 码点 在微指令字段中，每个二进制编码都表示一定的控制信息，这样的二进制编码称为微指令字的码点。

code point translator 码点转换器 为确定服务请求的正确位置而对输入数字进行解释的一种设备。

code profiler 代码分析器 在指定时间内，统计万维网站点的访问者在某广告栏上点击的次数。它是万维网站点开发商向广告商收取费用的参考信息之一。参见 click through rate。

coder 编码员 主要指为计算机程序编写代码的人员。其职责并不设计程序，而是遵循分析员或程序员的说明和指令编写程序。

code rate 编码率 信息符号数与传输的总符号数之比，传输的总符号数是信息符号数与校验符号数之和。

coder-decoder (CODEC) 编码译码器 在同一装置中，由工作于相反传输方向的编码器和解码器构成的组合体。编码译码器是一个能够对一个信号或者一个数据流进行变换的设备或者程序。这里指的变换既包括将信号或者数据流进行编码(通常是为了传输、存储或者加密)或者提取得到一个编码流的操作，也包括为了观察或者处理从这个编码流中恢复适合观察或操作的形式的操作。

code reading 代码阅读 在成组协同工作方式中，在代码部分预查期间由小组成员从事的活动。

code redundancy 代码剩余度 简称剩余度，信源信息率的多余程度。它是描述信源统计特性的一个物理量。直观地说，除了在传输和恢复消息时所需的最少、最必要的信息以外，其他部分都叫剩余。而剩余度则表示相对剩余，即在信源中剩余所占的比重。

code register 代码寄存器 在多媒体中，一个在建立音频刻度以维持一个稳定信号时使用的设备。

code restriction 编码限制 网络提供的一种特别业务，它规定某些数据终端禁止访问网络中的某些功能。

code-scrambling circuit 编码加扰电路 在访问控制中，指一种安全访问控制的电子电路。它允许按命令随机地逐个对编码重新赋值。

code segment 码段 由一条或者多条指令构成的代码段落，可指一个命名的完成某个操作的程序代码，主程序段常驻内存，辅助程序段则在需要时调入内存。参见 transient。

code-sensitive 代码相关[的] 在通信设备或链路协议中，处理报文依赖于代码的某些位模式的一种处理方式。在这种方式中，传输的报文一旦出现这种“保留”的位模式就可能发生故障。

code sequence register 代码序列寄存器 在扩展频谱编码序列发生器中，用于生成扩展频谱编码序列的串行触发器组合。

code set 代码集，码表 根据一种编码法则编制的整套代码。

code signing 代码签署 给发布在因特网上的源代码和应用程序所做的增添和修改再加上一个数字签名的过程。代码签署意在给因特网软件发布提供相当的安全性和可信度。参见 digital signature。

code snippet 代码片断 嵌入在用户定义的菜单选项或按钮中的一行或多行源码。该代码片断指令定义了该按钮或选项的作用。

code symbol 代码符号 在条形码中，出现在格式左边的数字 0 称为代码符号。

code system 代码系统 在计算机安全中，任何用一组符号代替不同长度的明文元素的通信系统，对应于 cipher system。参见 cryptographic system。

code transparent 代码透明(的) 用户无需了解所用代码的设备或系统。参见 code independent。

code-transparent data communication (代)码透明数据通信 一种采用面向位链路规程、且不受位序列结构影响的通信方式。这种通信方式的例子有国际标准化组织的高级数据链路控制(HDLC)规程、IBM 公司的同步数据链路控制(SDLC)规程等。

code transparent transmission 码透明传输 能够处理任何字符集或位模式的一种传输过程。

code value 代码值 代码集的一个元素在计算中的

存储数值,如ASCII(美国信息交换标准代码)表示字母"A"的代码值对应成数字值为65。参见code element。

code violation 代码违例 在差分式曼彻斯特编码系统中的一个位,该位在中位点没有状态变换。

code weight 码重 也称"汉明重量"。一个码组中的非零符号的个数,如11001中有三个"1",则该码组的重量为3。

code word 代码字 按组编码序列的基本组成单元。它是在编码过程中由规定长度的数据组按编码规则变换得到的。

C

codeword of bar code 条码的码字 二维条码字符的值。由条码逻辑式向字符集转换的中间值。

codex 代码变换器 在编码调制系统中用于完成编码和译码的一种装置。

code 3 of 9 39码 一种最常用的条形码,提供最大数量的可使用的字符,每个字符用九个元素表示,其中三个元素是宽的。

coding 编码,编程 (1)为计算机书写指令的过程。它是程序设计活动的一部分。(2)按照一定的规则,将输入信息序列转换为编码序列的过程。(3)软件生命周期中在设计之后的阶段,在这个阶段中,算法转换成某些计算机程序语言的表示称为编程。

coding check 编码检查 为了判定在一个例行例程或程序中是否包含错误而进行的检查。编码检查分为静态检查和动态检查两步:前者是用检验数据按程序逻辑在纸上进行;后者是用检验数据在机器上执行。

coding error 编码错误 编写程序时所产生的错误。它与逻辑错误不同,通常是由程序员的粗心造成的,如在汇编语言程序中,误将立即装入指令的助记码写成LD,而正确的应是LI。

coding form 编程纸,程序表格 早期使用的一种带有水平和垂直线格的表格纸,它用于辅助使用一些较老的具有位置相关语法的语言(如FORTRAN)编写源代码。

coding gain 编码增益 编码信号相对于未编码信号效率的提高。单位为分贝。

coding interface 编码接口 在终端设备和通信媒体或终端系统和通信媒体间,编码字符文本通过的一个接口。

coding line 编码行 代码的一行,即一条机器语言或汇编语言的指令或者是一个高级语言的语句。

coding redundancy 编码冗余 信息在编码过程中产生的冗余。参见temporal redundancy,structure redundancy,knowledge redundancy,visual redundancy。

coding scheme 编码方案 规定编码方法的一组明确规则。按此方法,数据可以表示成离散形式。同code。

coding sheet 编码程序纸 早期使用的一种印有表格的纸,能把字符写入纸表格中,这种表格容易把信息译成机器可读的语言,如用在卡片穿孔机或终端装置。

coding style 编码风格 编码的一个重要属性。包括编码的原则、数据说明方法、语句构造的过程及输入/输出编码技术等方面。简明性和清晰性是编码的重要原则。

coding system 编码系统 计算机指令用特定的方法进行编码。这类系统分述如下。就分类代码来讲,代码数中的每一位置都有一个特定的意义,例如,如果需要为一种在制造业中使用的基本原材料制订一代码,则它可按下列原则构成:第一位——材料类型;第二位——材料断面;第三位——材料尺寸大小;第四位——在仓库中的位置等。参见faceted code。

coding theory 编码理论 研究信息传输过程中信号编码规律的理论。编码理论与信息论、数理统计、概率论、随机过程、线性代数、近世代数、数论、有限几何和组合分析等学科有密切关系,已成为应用数学的一个分支。编码是指为了达到某种目的而对信号进行的一种变换。其逆变换称为译码或解码。根据编码的目的不同,编码理论有三个分支:①信源编码:对信源输出的信号进行变换,包括连续信号的离散化,即将模拟信号通过采样和量化变成数字信号以及对数据进行压缩,提高数字信号传输的有效性而进行的编码;②信道编码:对信源编码器输出的信号进行再变换,包括区分通路、适应信道条件和提高通信可靠性而进行的编码;③保密编码:对信道编码器输出的信号进行再变换,即为了使信息在传输过程中不易被窃取而进行的编码。

codress 密址,编码地址 全部地址只包含在加密文本中的一种信息类型。

codress message 密址消息 加密通信系统中的一种消息,其中整个地址与消息文本一起加密。

COE 公共操作环境 common operations environment的缩写。

coefficient of coupling 耦合系数 表示两个电路之间耦合程度,其数值介于0和1之间额定数值或相对应的百分值。最大耦合为1,无耦合则为0。

coefficient of diffusion (COD) 扩散系数 在给定温度下扩散源扩散到本体材料的速率。

coefficient of dispersion 离散系数 离散系数是各种变异指标与平均数的比率。反映总体各单位标志值的相对离散程度,最常用的是标准差系数。同coefficient of variation (CV)。参见coefficient of standard deviation。

coefficient of standard deviation 标准差系数 也称"均方差系数"。总体标准差系数的计算公式为:

$V\sigma = \sigma / x$ 式中：$V\sigma$ 为标准差系数；σ 为标准差；x 为平均数。标准差系数为标志变异系数的一种。标志变异系数指用标志变异指标与其相应的平均指标对比，来反应总体各单位标志值之间离散程度的相对指标。标志变异指标有全距、平均差和标准差，相对应的，便有全距系数、平均差系数和标准差系数三种。参见 standard deviation，coefficient of variation (CV)。

coefficient of variability (CV) **变异系数** 同 coefficient of variation (CV)。

coefficient of variation (CV) **变异系数** 表示一个变量变异程度大小的统计量，为标准差与平均数的比值的百分数。变异系数也称“标准差率”。变异系数有全距系数、平均差系数和标准差系数等。常用的是标准差系数。同 coefficient of dispersion。参见 coefficient of standard deviation。

coefficient unit **系数部件** 模拟计算中使用的一种功能部件。它输出的模拟变量等于输入模拟变量乘以一个常数。

coercion **(类型)强制** (1)从一种类型的值到另一种类型的值的转换过程，如要做一个整型数与一个实型数相加，通常是首先把整型数转换成实型数，然后再做运算。类型强制分为隐含的(自动进行的)和显式的(由程序员在程序中指明的)两种。一般语言中都对系统自动做哪些转换和允许程序员写哪些转换作了明确的说明。(2)程序设计语言表达式中实现从一种数据类型“自动转换”成另一种数据类型的途径，这种类型的自动转换称为强制。

coercive field **矫顽磁场** 铁磁体磁化到饱和后，使磁化强度或磁感应强度降低到零所需要的反向磁场。

coercive force **矫磁力** 在一个铁磁体已经被磁化后，把磁性材料的磁通密度降为零所必须加的磁场强度。

coercivity **矫磁性** 与材料的饱和磁感性相对应的矫磁力测出的磁性材料的特性。

coexistence model **共存模式** 在数据库中，一个支持不同数据模式共存的结构。

COF **光标隐匿** cursor off 的缩写。

COFA **帧定位变化** change of frame alignment 的缩写。

COG **集中定货群** centralized ordering group 的缩写。

cognition **认知** 获取感性知识或思想性知识的一种智力活动过程。

cognitive consistency **认知一致性** 根据认知的一致性的观点，出现两个信息不一致情况时，人们会依据思想、价值观和感知等来采取行动，从而维持一致。

cognitive dissonance **认知失调** 认知失调是指个体认识到自己的态度之间、或者态度与行为之间存在着矛盾。认知失调理论研究当人具有相互失调的认知因素时的心理体验的特点，以及在这种体验作用下的心理活动变化。

cognitive dissonance theory **认知失调理论** 认知失调理论研究当人具有相互失调的认知因素时的心理体验的特点，以及在这种体验作用下的心理活动变化。

cognitive economy **认知经济** 采用各种方法和手段提高系统性能的总称。如，选用适当的知识表示形式和数据结构，设计精巧的存取方式，对知识库进行编译等。

cognitive engine **认知引擎** 认知无线电(CR)的智能主要来自于认知引擎。认知引擎基于软件无线电平台，引入人工智能领域的推理与学习方法，实现认知环路，从而实现 CR 的感知、自适应与学习能力。认知引擎的要素包括建模系统、知识库、推理机、学习机和各类接口，涉及到知识表示、机器推理和机器学习等关键技术。参见 cognitive radio (CR)。

cognitive intelligence **认知性智能** 基于感受输入信息进行规划和建立各种目标，并对环境进行模拟的能力。

cognitive learning theory **认知学习理论** 通过研究人的认知过程来探索学习规律的学习理论。主要观点包括人是学习的主体，主动学习；人类获取信息的过程是感知、注意、记忆、理解、问题解决的信息交换过程；人们对外界信息的感知、注意、理解是有选择性的以及学习的质量取决于效果。

cognitive maps **认知图** 概念分析工具，用于表达领域专家有关某一领域的基本概念和相互关系的思想。

cognitive model **认知模型** 从不同侧面描述人脑思维行为的数学模型。其目的是进行分析、研究和模拟人脑思维行为。

cognitive modeling **认知模式** 在人工智能中，用信息处理的方式模拟人类感觉、活动、记忆和思考的模式。

cognitive neuroscience **认知神经科学** 认知神经科学的研究旨在阐明认知活动的脑机制，即人类大脑如何调用其各层次上的组件，包括分子、细胞、脑组织区和全脑去实现各种认知活动。主要的目标为阐明心理历程的神经机制，也就是大脑的运作如何造就心理或认知功能。认知神经科学以认知科学的理论以及神经心理学、神经科学及计算模型的实验证据为基础。

cognitive psychology **认知心理学** 用信息处理过程来研究人的智能性质及思维过程的科学，也称“信息加工心理学”，认知心理学是近 20 年来心理学发展的一个新方向，它与机器学习密切相关。认知心理学为机器学习提供心理学依据和指导，机器学习对学习过程进行计算机模拟,有助于揭示学习的机理和智能的本质。认知心理学和人工智能在揭示认知过程的研究中并行发展,并相互启发。但这两门科学的着眼点不同,认知心理学侧重于人类认知的原理和机制,重视人类认知的基础理论,属于心理学范畴;而人工智能的研究则侧重智能的具体技术的实现,重视实用的机器智能的发展。参见 information processing psychology。

cognitive radio (CR) **认知无线电** 是软件无线电技术的演化,是一种新的智能无线通信技术。认知无线电能与周围环境交互信息,以感知和利用在该空间的可用频谱,并限制和降低冲突的发生。美国联邦通信委员会(FCC)更确切地把 CR 定义为基于与操作环境的交互,能动态改变其发射机参数的无线电,其具有环境感知和传输参数自我修改的功能。认知无线电的核心思想就是通过频谱感知和系统的智能学习能力,实现动态频谱分配(DSA)和频谱共享。目前,CR 的应用大多是基于 FCC 的观点,因此也称 CR 为"频谱捷变无线电"、"机会频谱接入无线电"等。参见 software defined radio (SDR)。

cognitive science **认知科学** 也称"思维科学",研究人类感知和思维信息处理过程的科学。认知科学包括从感觉的输入到复杂问题求解,从人类个体到人类社会的智能活动,以及人类智能和机器智能的性质。认知科学是现代心理学、信息科学、神经科学、数学、科学语言学、人类学乃至自然哲学等学科交叉发展的结果。认知科学研究的范围包括知觉、注意、记忆、动作、语言、推理、思考、意识乃至情感动机在内的各个层面的认知活动。认知科学研究的主体是探索人类思维行为的过程模型,思维行为的心理及生物物理、生物化学及其他方面的内涵现象。认知科学综合运用计算机科学、信息处理心理学、脑科学和语言学的知识,对广义智能的本质、属性和运动规律进行多层次、多方位研究;使认知的概念大大扩展,把有关人的高级智能活动的许多复杂方面都包括进去,变成了类似智能程序系统的软科学。

cognitive simulation **认知模拟** 对人类学习过程加以心理学研究并进行计算机模拟。

cognitive system **认知系统** 第四代知识表示工具系统,它能自动选择数据结构,自动编译知识,自动改进系统性能。

cognitron **认知机** 一种神经网络模型。它是一种假设的人类感觉系统的数学模型。它的计算机仿真程序表明对模式识别具有很好的适应能力。认知机由突触互连的神经元层构成,一层中的前突触神经元馈送到下一层的后突触神经元。有两类神经元:第一类是兴奋神经元,它引起后突触神经元点火;第二类是抑制神经元,它减少这种趋向。神经元点火取决于激活和抑制输入的加权之和。每个神经元仅连到靠近区域神经元,这个区称为连接区。这种有限范围与视皮层的解析结果相一致。神经元被分层,层之间互连。采用的训练算法是给定输入模式训练集,通过调节它的突触强度,网络进行自组织。

coherence **连贯性,相关性** (1)在光栅扫描技术中,相邻两个像素彼此有相似之点,利用这一点可以简化像素地址或像素值的计算,这种性质称为连贯性。(2)两个或多个波的相位之间存在统计或时间相关。

coherence area **相干区域** 对于一个电磁波,与传播方向垂直的一个表面区域,在这表面上电磁波保持一个特定程度的相干度。所谓一个特定程度的相关度通常是指 0.88 或更大的相关度。参见 coherence degree。

coherence degree **相干度** 用于描述电磁波(或光波)相干程度的一个无量纲单位,用一个比值来表示。对光波,相干度的大小等于两波束干涉测试的边缘的可见度 V, 关系式为:$V = (Imax\text{-}Imin)/(Imax+Imin)$,式中 $Imax$ 是干涉模式的最大强度,$Imin$ 是最小强度。当相干度接近 0.88 时,光波可以看作是高度相干的。部分相干波的相干度小于 0.88 但远大于 0。不相干波的相干度接近或等于 0。同 degree of coherence。

coherence function **相干函数** 确定产生谱线的两次测量是否相关的被测频谱值。该函数在所有频率上被归一化,所以它只能取 0 和 1 之间的值。数值 1 意味着被监控点处的谱线完全与被测源相干,而数值 0.5 和 0 则意味着在被监控点给定频率处,功率的 50%和 0%与被测源相干。

coherence length **相干长度** 从相干源到一个电磁波不再保持特定相干度的点的传播距离。在长距离传输系统中,相干长度可能会因传播因数(如色散、散射和衍射)而减少。在光通信中,相干长度 L 近似由公式 $Lc = \lambda 2/n\Delta_\lambda$ 给出,式中 Lc 是相干长度,λ 是源的中心波长,n 是介质的折射率,Δ_λ 是波源的谱宽。

coherency **一致性,相干性** (1)在带缓存的存储系统中,指缓存中的数据与主存中的数据之间的一致性,即缓存中的数据与主存中原来的数据相同。(2)在扩频通信系统中,在接收机参考信号和期望信号(即接收信号)间的一种同步的或相位匹配的状态。

coherent **相干的** 以调和一致或具有某种其他固定的关系运动,如同步加速器中的粒子或相干激光束中光子之间的运动。

coherent-carrier recovery **相干载波恢复** 为了使调制解调器全部频带的传输尽量多而常用的相干检波。它要求在接收端调制解调器中产生一个与接收信号精确同相的参考载波来消除频率偏移。在调幅系统中一个直接的办法是由发射机也发送

一些载波而在接收端由窄带滤波器或锁相环将其检出。

coherent-carrier system 相干载波系统 询问载波在确定的多个频率上被重复传输以进行比较的转发系统。

coherent decade frequency synthesizer 相干十进频率合成器 以十进制步距提供各种各样输出频率，如从直流到 100 kHz 的频率合成器。

coherent detection 相干检波 被接收的脉冲调制信号与代表可接纳信号元素的本地生成信号呈互相关的检波。

coherent demodulation 相干解调 将已调制信号的频率和相位，与载波分量相同的正弦振荡分别相加的幅度解调。

coherent differential phase-shift keying (CDPSK) 相干差分相移键控 用于数字传输的一种相移键控，在其中载波的相位按参考信号的相位和待传输的数据进行离散调制，已调载波具有固定幅度和频率。相位的比较是由相继的脉冲系列来实现，信息的恢复靠的是检查载波和相继的脉冲系列间的相位变化，而不是靠脉冲的绝对相位。

coherent echo 相干回波 在给定距离上具有相对恒定相位和幅度的雷达回波。

coherent frequency shift keying (CFSK) 相干频移键控 一种频移键控，其中瞬时频率在两个离散值之间变动(分别称之为"传号"和"空号"频率)。当频率切换时在输出信号中不会产生相位的不连续。

coherent frequency synthesizer 相干频率合成器 一种从单一源，如从原子谐振器件导出其频率的频率合成器。

coherent interrupted wave 相干断续波 波的相位由相继波串来维持的断续连续波。

coherent light 相干光 在任意时间或空间点上，其所有参数均相关并可预测的光，尤其是在传播方向的平面区域上或某空间点的一段时间上。激光束便是相干光。

coherent modulation 相干调制 由时间离散信号进行的调制，其中表征调制前载波相位的瞬时与已调信号的特征瞬时之间存在一预定关系。

coherent moving target indicator 相干移动目标指示器 雷达系统中的移动目标检测器。通过接收器中的振荡器的参考频率和目标的返回信号相位作比较来决定物体的移动速度。

coherent network 一致[相干]网络 全网范围的输出/输入信号电平、速率、位流结构和信号传输方法都兼容的一种网络。

coherent optical adaptive technique (COAT) 相干光自适应技术 一种波前控制技术，通过使用各种处理方法，如孔径标志、相移补偿、图像锐化和相位共轭等，来提高电磁波前在扰动的气流中传输的光强通量。

coherent optical analogue computer 相干光学模拟计算机 广泛地应用于图像改善与增强、图样识别、合成孔径等领域内的一种光学计算机。其主要组成部分是相干光源，光束扩展器、图像输入装置，傅里叶(Fourier)变换镜头、滤波器和输出装置。其主要优点是：①处理速度快；②信息容量大；③具有并行处理能力，可对二维图像直接进行操作。不足之处在精度不太高，因为整个操作过程是模拟的。参见 optical computer。

coherent pulse 相关[干]脉冲 相邻脉冲之间固定相位关系的一种脉冲传输。

coherent pulse radar 相干脉冲雷达 其复现脉冲的射频振荡与连续振荡的相位有恒定相位关系的雷达。

coherent radiation 相干辐射 一种电磁辐射，在整个辐射期间辐射场内的任何两点都有恒定的相位差或完全相同的相位。在非相干辐射中，相位关系呈随机性。只在相干波束之间才能观察到干涉频带。

coherent reference 相干基准 一种通常具有稳定频率的参考信号，其他信号与其形成相位锁定，以在整个系统建立相干性。

coherent repeater jammer 相干中继干扰器 一种中继干扰器，它产生一个与它接收到的信号具有固定关系的干扰信号或发射一个与目标(如果有目标的话)反射回来的信号相同的信号，用于产生具有欺骗目的的信号和频率。

coherent scattering 相干散射 在入射和散射粒子或光子之间呈现确定相位关系的散射。

coherent signal 相干信号 被相位锁定的或与另一信号产生一个固定时间关系的信号。

coherent system 相干系统 一种导航系统，其输出信号由接收信号与对发射信号的相位有固定相位关系的本振信号混频之后再对接收信号解调来获得。这就允许利用接收信号相位所携载的信息。

coherent transponder 相干转发器 使输入、输出信号的频率和相位之间维持固定关系的转发器。

coherent units 相干单位 一种量度的单位制，这种导出单位由乘或除基本单位而不用数值因子获得。标准国际单位构成一个相干单位制。例如，力的单位为牛顿，等于每秒平方 1 千克米，千克、米和秒都为该单位制的基本单位。

coherent video 相干视频信号 动目标显示系统中将雷达回波信号与连续波振荡器输出组合产生的视频信号。延迟之后，该信号经检波、放大并从下一个脉冲串中取出，以给出只代表运动目标的信号。

cohesion 内聚性，内聚度，结合关系 (1)模块所具有的一种属性，即模块内部诸成分相联系的紧密程度。它可以作为模块化的量度。(2)一种衡量由专门模块完成的任务相关程度的度量。通常是单一模块内部过程的各活动之间功能连接强度的度量。同 strength。(3)连通网络的结合关系是指将连通网分割为不连通网的最少线路数。

cohesion of module **模块的内聚性** 指程序系统的模块内各元素彼此结合的紧密程度,也称"模块的紧密性"。参见 functional cohesion, sequential cohesion, procedural cohesion, temporal cohesion, logical cohesion, coincidental cohesion。

coil **线圈** 将电感引入电路以产生磁通或对变化的磁通产生机械反应的一组串联的线匝,通常是同轴的。在高频电路中,线圈可能只有几分之一圈。线圈的电气参量称为电感并用亨(H)表示。线圈对交流电流呈现的反作用称为阻抗,线圈的阻抗随频率而增加。线圈也称"电感器"。

coil insulation **线圈绝缘** 除导体绝缘或线匝绝缘之外,绕在线圈上的对地或相间主绝缘。

coil loading **线圈加载** 在电缆通信线路中,为了改善传输特性,隔一定间距加入串接电感(加感线圈)的过程。

coincidence circuit **符合电路,"与"电路** 一种电子逻辑装置,有两个或两个以上输入只有一个输出的一种电路。只有全部输入都达到某一电平且在一定的时间间隔内时才能得到一个输出信号。

coincidence element **符合电路元件** 有两个二进制输入,一个二进制输出,进行"与"操作的元件,当两个输入不相同时输出为 0,否则输出为 1。

coincidence error **重合(性)误差** 将不同的积分器转变到运算状态或保持状态时,由于时间上的差别而引起的一种误差。

coincidence multiplier **重合乘法器** 一种基于两个独立事件同时出现工作的概率的乘法器,其概率为单独事件概率的乘积。每个事件信号被变换成宽度正比于信号幅度的脉冲。两个脉冲串相重合的持续时间则正比于事件概率的乘积。也称"概率乘法器"。

coincidental cohesion **巧合内聚** 具有最低聚合的模块聚合性,模块内部元素之间没有任何实质联系,仅仅是因为偶然在两处或多处出现了同样的语句串而被挑选出来成为一个子模块。参见 cohesion of module。

coincidental strength **巧合强度** (1)一个模块完成一个复杂功能,或者一个模块完成几个互不相干的功能,称为巧合强度。这是模块程序设计中的最坏情况。(2)汉字集内,两个或两个以上的字词共有的相同的输入编码。具有相同输入编码的字词构成重码组。重码字词的总数与重码组数之差称为重码字词数。

coincident-current selection **重合电流选择** 在磁存储器的某个单元阵列中,一个单元通过同时加上一路或多路电流实现的选择性翻转,其中的合成磁通势仅在该单元超过某个值。

COINS **计算机和信息科学** computer and information sciences 的缩写。

COLAN **中心局局域网** central office local area network 的缩写。

cold cathode **冷阴极** 工作不依赖于其温度是否高于环境温度的阴极。

cold boot **冷引导** 在没有系统软件启动计算机系统的情况下,使系统进入操作状态的一系列步骤。通常一次冷启动要涉及系统对一些基本硬件的检查,然后将操作系统从磁盘装入内存。比较 warm boot。

cold-cathode ionization gauge **冷阴极电离真空计** 通过冷阴极放电产生离子的一种电离真空计。该真空计通常有磁场存在,用来延长电子行程,以增加产生的离子数。

cold-cathode magnetron gauge **冷阴极磁控管真空计** 一种冷阴极电离真空计。它的磁场与电场垂直。如果里面电极是阳极,那么这个真空计称为"反磁控管真空计"。

cold-cathode rectifier **冷阴极整流器** 也称"充气整流器"。一种电极尺寸截然不同的冷阴极充气管。因此,一个方向的电子流远大于其他方向的电子流。

cold-cathode tube **冷阴极管** 包含冷阴极的电子管,如冷阴极整流器、氖管、光电管和稳压管。

cold-cathode vacuum gage **冷阴极真空规** 一种利用强电场而不是热阴极来产生电子,以测量电离电流的真空规。真空规外罩内的环形阳极的两侧具有镀锆或镀钍阴极。加在阳极与阴极之间的高压迫使电子离开阴极,而永久磁铁的磁场则产生使电子呈螺旋状指向被正偏置的环形阳极。大多数电子要多次通过环形阳极。在进行这种渡越的同时,它们还使外罩内的残余气体产生电离。经负偏置阴极所收集的正离子电流与气压(真空度)成正比。

cold emission **冷辐射** 不利用高温(热辐射)而是由固体产生的电子放射现象或是场辐射或二次辐射的结果。

cold fault **冷故障** 在机器启动时或者刚启动后发生的一个严重故障,如在计算机开关的过程中发热部件会出现一系列的热胀冷缩现象,这可能会使得芯片的插脚接触松动,机器在冷却时就发生故障,而在机器热起来时这个故障又消失了,因此有的计算机应该持续运行,而不是在需要时才开机。

cold fusion markup language (CFML) **冷聚变标记语言** 供服务器端处理用的一种编程环境和专用、基于标志的语言,用于创建应用页面脚本。该语言以 HTML(超文本标记语言)为模板构成,它包含执行诸如读和更新数据库表等操作的标记。

ColdFusion server **冷聚变服务器** 一个动态 Web

服务器。直译“冷聚变”。ColdFusion 最早是由 Allaire 公司开发的一种应用服务器平台，自 Macromedia 接收 Allaire 公司后，把原来基于 C++开发的 ColdFusion 改为基于 JRun 的 J2EE 平台的一个 Web Application(JRun 也是 Allaire 公司的一个 J2EE 服务器产品)，并正式推出 Macromedia ColdFusion MX 6.0 版本。从此 ColdFusion 完全从一个功能齐全的动态 Web 服务器转变为一个 J2EE 应用服务器。同时依旧保留了原有版本的所有特性。

cold link 冷链接 依据数据请求而建立的一种链接。一旦请求得到满足，就断开链接。当再次进行数据请求时，必须重新建立从客户机到服务器的链接。在客户机服务器体系结构中，当链接项由大量数据组成时，冷链接是很有用的。在 Microsoft Excel 这样的应用中使用的动态数据交换(DDE)，也是用冷链接来进行数据交换的。参见 client/server architecture，dynamic data exchange (DDE)。比较 hot link。

cold restart 冷态再启动 在具有远程通信访问法的高级通信功能(ACF/TCAM)系统中，当清仓关闭、快速关闭或系统故障之后对信息控制程序(MCP)的启动。冷态再启动不考虑先前的环境。当没有使用检查点或再启动程序时，这是唯一可用的再启动方式。参见 initial program loader。

cold side 冷方 在计算机安全中，一个替换机制，在一旦发生灾难(如火灾和水灾)时用必要的设备支持计算机中心的安装和操作，对应于 hot side。

cold site 冷站点 也称“外壳站点”。在计算机安全学中，指一个配备了必要的外壳设施以供发生计算机灾难后作为计算机中心的地点。

cold snapshot copy 冷快照拷贝 快照拷贝的一种使用方法。冷快照拷贝是停止其他一切系统活动后专为备份所进行的拷贝，是保证系统可以被完全恢复的最安全的方式。在进行任何大的配置变化或维护过程之前和之后，一般都需要进行冷快照拷贝，以保证能完全的恢复原状。冷快照拷贝还可以复制整个系统以实现各种目的，如制作整个系统的复本供测试或开发之用以及实现存储迁移。参见 snapshot，warm snapshot copy，hot snapshot copy。

cold standby 冷备用 它指备份的电子设备处于可以替换使用的状态，但未加电源或预热，因而不能立刻使用。假若设备原功能单元失效，冷备用功能单元经某一延迟后才能投入服务。

cold start 冷启动 一种打开电源后进行的系统启动过程。同 cold boot。

collaborate 协作 对于为在某“一环境中实施某种行为而交互的对象集的说明。它说明组合在一起以达到某种目的一组合作对象。协作具有动态和静态部分。其中的静态部分说明对象和链接在协作实例化中所担当的角色。而动态部分则由一个或多个动态交互组成，用于显示为执行计算而进行协作的整个过程中所传递的消息流。协作可以具有一组描述其动态行为的消息。对象类之间的协作通过将工作递交给合适的类实现。

collaboration data object (CDO) 协作数据对象 创建通信和协作应用程序的微软公司交换服务器(MES)技术。协作数据对象由一个过程接口，另加微软通信应用程序接口(MAPI)所组成。

collaboration diagram 协作图 面向对象系统设计的一个图形表示。也称“合作图”，是一种显示某组对象如何为了由一个用例描述的一个系统事件而与另一组对象进行协作的交互图。协作图用来说明系统的动态情况，强调的是发送和接收消息的对象之间的组织结构。一个协作图显示了一系列的对象和在这些对象之间的联系以及对象间发送和接收的消息。对象通常是命名或匿名的类的实例，也可以代表其他事物的实例，如协作、组件和节点。协作图强调参与一个交互对象的组织，它由以下基本元素组成：活动者、对象、连接和消息。在协作图中，用长方形框表示对象，使用实线标记两个对象之间的连接。当两个对象间有消息传递时用带箭头的有向边连接这两个对象。有向边的箭头方向表示传递消息的方向，在有向边上方标识出是什么消息。为表示发送消息的时间顺序，在每个消息前附加数字编号。协作图便于描述对象间有什么样的协作关系，可以将多个场景中的协作关系一次性地全部描述出来。协作图包含类元角色和关联角色。类元角色和关联角色描述了对象的配置和当一个协作的实例执行时可能出现的连接。当协作被实例化时，对象受限于类元角色，连接受限于关联角色。关联角色也可以被各种不同的临时连接所担当，如过程参量或局部过程变量。协作图也可以有层次结构。可以把多个对象作为一个抽象对象，通过分解，用下层协作图表示出这多个对象间的协作关系，这样可缓解问题的复杂度。参见 interaction diagram，sequence diagram，activity diagram，stage diagram。

collaboration mode 协作模式 在协同操作模式出现满意解决方案失败时，在同等协同操作作用因素之间，一种较为完善的冲突解决方案模式。在这个模式中，同等作用因素以明确的双向式对话，并用一种即使不是最佳也是可以实行的方式来判断冲突的解决方案。

collaborative commerce 协作商务，协同商务 一个公司与其商业伙伴及客户之间，在一个特定的交易社群从事以合作及电 子模式为基础的交互性商业活动。这种交易社群可以是一个产业、一个产业的某一个区段，一个特定的供应链或供应链的一个区段。协作商务是由电子化网络技术推动的，使得企业与其客户、供应商、商业伙伴和员工之间进行分享信息、知识、资源、流程和实践的合作性的全面

C

互动，在包括产品研发、设计、采购、生产、售后服务等方面内容在内的全生命周期进行数据管理，帮助企业完成跨地域、行业的合作，提升产品协作的总体效能。

collaborative document production 协作文档生成系统 在多媒体应用程序中的一个系统特征，提供管理文档生成用户组的能力。

collaborative filtering 协作过滤 也称社会过滤，一种信息过滤技术。协作过滤是基于社会上个人间和组织间的相互关系，并将人们之间的信息推荐过程自动化。一条信息被推荐给用户，是基于它同其他有相似兴趣用户的需求相关。协作过滤的核心思想是用户会倾向于利用具有相似意向的用户群的信息，因此，它在预测某个用户的信息利用倾向时是根据一个用户群的情况而决定的。协作过滤技术是找出一群具有共同兴趣的使用者形成社群，也就是有某些相似特性成员的集合，透过分析社群成员共同的兴趣与喜好，再根据这些共同特性推荐相关的信息给同一社群中有需求之成员。其优点是对推荐对象没有特殊要求，能处理非结构化的复杂对象，并且可以为用户发现新的感兴趣的信息，这种过滤类型对那些不是很清楚自己的信息需求或者表达信息需求困难的用户特别重要。参见 information filtering，content filtering。

collaborative filtering recommendation algorithms 协作过滤推荐算法 协作过滤推荐是基于邻居用户的兴趣爱好预测目标用户的兴趣偏好。该算法基于这样一种假设：如果用户对一些项目的评分比较相似，则他们对其他项目的评分也比较相似；如果大部分用户对一些项目的评分比较相似，则当前用户对这些项目的评分也比较相似。算法首先使用统计技术搜索目标用户的若干最近邻，然后根据最近邻对项目的评分预测目标用户对项目的评分，产生对应的推荐列表。

collaborative software 协作软件 也称“社会软件”，是一类允许人们通过远程网络来一起工作在相同的文件和工程上的软件。协作软件通常包含通信系统，包括 e-mail、视频会议、即时信息和聊天。从产品功能的角度看，协作软件主要有三种类型：协作工具软件、协作平台软件、协作应用软件。协作工具软件主要功能是协作沟通；协作平台软件是指在此之上构建应用软件的平台软件；协作应用软件是指最终用户实现相互沟通和协作、提高管理效率、实现企业协作管理的协作办公、协作商务、协作政务等软件。协作软件主要应用于三个方面：行政办公、电子商务、电子政务。行政办公是应用最为广泛的部分，公文收发、日程安排、通知公告、档案管理、共享资源管理等，是行政办公的主要应用范畴；电子商务的应用是协作软件应用领域的进一步拓展，传统的电子商务类软件，主要是基于固化的商务流程，侧重与商务活动中各类数量、金额的计划和核算。而协作化电子商务主要基于动态的工作流程管理，侧重于商务活动中的协作、沟通等管理；协作化电子政务是传统电子政务软件的进一步升级应用，软件的应用从侧重于各类工作事项的记录与反映，转变为关注工作事项的协作与沟通。

collapse 折叠 使文件系统的目录树中某一个分支的内容隐藏起来，不显示在屏幕上，以简化显示内容。

collapsed backbone 紧缩主干网 用一个大的路由器来代替主干局域网的及与主干局域网相连的路由器。它的成本比一般主干局域网低。紧缩主干相当于把一个总线电缆系统，如细同轴电缆以太网压缩进一个小盒子里，然后用较便宜的双绞线连到每个工作站。可以把双绞线从每个工作站连到中心点的集中器或集线器，而不是以菊链配置把同轴电缆从一个工作站连到另一个工作站。参见 concentrator devices，hub。

collapsed bus 折叠总线 在一些有多个模块的设置中，机箱底板上的一种总线，这种总线在逻辑上是一个网段，其他模块是从这个网段接出的网络设置或构成其他网段。

collate 整理，排序 将两个或多个有序子集的项目组的排列按新规定的顺序改变为一个或多个另外的子集，每个新子集含有各原先子集中的若干项，而且新规定的顺序不一定和原先子集中的顺序一样。

collated text transcript 按序文字记录 一部电影或动画的文本表示形式。具体的说，是一段声音或一段图像的文本表示形式。例如，一个按序文字记录包括一段口头对话还有对话时一些关键的可视的部分，包括动作、肢体语言和场景的变化。按序文字记录对聋哑人和盲人来说是必需的。

collating sorting 整理分类 利用数据连续归并技术进行的分类操作。该操作直到数据满足按类顺序排列为止。

collation operation 相交操作 一种基本逻辑元素，具有至少两个二进制输入和一个二进制输出信号。结果输出是输入的交集。当所有的输入信号为 1 时输出才为 1。

collation sequence 整理顺序 由系统定义的顺序。为了进行比较而将计算机可接受的各种字符排成一定的顺序，以便于进行分类、排序、合并和比较等。

collection 集，收集 (1)在 SQL(结构化查询语言)中，一系列由结构化查询语言程序建立的对象，由一系列对象构成并在逻辑上对这些对象进行分类，对象可以是表格、视图和索引等。(2)Ada 语言中关于存取类型的一个概念。收集是通过对存取类型的分配符的求值而创建的对象的全体集合。

collection point block (CPB) 收集点块 在 NetView 性能监控器(NPM)中，一个用于协调一系列

网络和会话数据的控制块。

collective address group 集体地址群 一种地址群，它表示两个或多个实体，如组织、行政当局、活动结构、单位、个人及其组合，通常是这些实体的领导者名字的一个列表。

collective call sign 集合呼号 在无线通信系统中，代表两个或更多个设备、机构或单位的呼号。

collective code ownership (CCO) 集体代码所有权 极限编程（XP）所提倡的一种软件开发方法。CCO 提倡大家共同拥有代码，每个人都有权利和义务阅读其他代码，发现和纠正错误，重整和优化代码。这样，这些代码就不仅仅是一两个人写的，而是由整个项目开发队伍共同完成的，错误会减少很多，重用性会尽可能地得到提高，代码质量得到提高。为了防止修改其他人的代码而引起系统崩溃，每个人在修改后都应该运行测试程序。参见 extreme programming (XP)。

collective intelligence (CI) 集体智能 也称“群体智慧”。集体智能是集体在创造、创新和发明上共同合作的一种能力，是各种智能的凝聚。在智能系统中，指在多种处理范型的环境下，各种处理机制各行其事，各司其职，协调工作，表现出集体的智能行为。集体智能的研究包括社会学科、计算机科学与群众的行为，它是一门由夸克到细菌、植物、动物到人类社会等群体行为的研究。参见 intelligent system。

collective language 汇集型语言 一种功能强、用途广的通用语言。它把多种语言的功能汇集在一个语言中，因此通用性好，能够适应多种用户的需要。但该语言系统的规模太大，而实际上每个用户只用到其中的一部分，其余大部分等于闲置，效率较低，如 PL/1 就是一种汇集型语言。

collective routing 集体[群]路由 在这种路由中，交换中心自动地把消息传送到特定的一群目的地，这样可避免在信息头部列出每一个单个地址。

collective routing indicator 集体[群]路由指示符 一组符号，通常为字母，用来标识一组站，如位于特定地理区域内的给定中继网络的所有站或所有小型中继站以及大型中继站的分支站。中继站通常把携带有集体路由的指示符的消息传输到分支的、小型的以及其他的大中继站。

collector 收集程序，集电极 (1)一种语言加工程序。用来收集准备装入的程序模块，并给它们分配相对存储单元。在虚拟存储系统中，收集程序能将目标代码存入页或段中，使之在处理过程中的虚拟存储中断次数最少。(2)半导体三极管的一个电极称集电极，三极管的输出通常从这个电极得到，NPN 三极管的集电极相对于基极带正电荷，PNP 三极管的集电极相对于基极带负电荷。另两个电极是基极和发射极。比较 base，emitter。参见 NPN transistor，PNP transistor。

collector capacitance 集电极电容 与晶体管集电结相联系的耗尽层电容。

collector characteristic curves 集电极特性曲线 针对晶体管基极电流某个固定值的一组集电极电压随集电极电流变化的特性曲线。

collector current running 集电极失控电流 当集电结温度由于集电极电流流动而升高时，集电极电流的持续增加。

collector efficiency 集电极效率 晶体管的有用功率输出与直流功率输入之比，通常用百分比表示。

collector-follower effect 集电极-跟随器效应 用普通双极结型晶体管制作无变压器单一晶体管触发器时所利用的一种效应。随着饱和共发射极晶体管的基极迅速趋向截止，集电极电压在上升到集电极供电电压之前跟随并维持在极值上一段时间。

collector journal 收集日志 一种事务文件，用于记录事务处理系统中的输入和输出的操作信息。

collector junction 集电极结 晶体管的基极和集电极之间的半导体结。通常在高阻方向加偏压，经过高阻方向的电流由引入少数载流子加以控制。

collector node 汇集节点 用于绘制控制流程图的三种基本节点之一。它总是有两个输入和一个输出。汇集节点不执行任何操作，仅起连接点的作用。

collector ring 集电环 与电刷相接触的导电金属环。使电流从电路的一部分通过滑动接触流到另一部分。

collimated light 平行光，准直光 自物体上某点发出的光总是平行于另一条的一种光束。这种光的例子有：来自非常遥远的光源的光线（如来自恒星的光线）。

collimation 准直 将一束发散或收敛的电磁辐射（光）束转换到对该系统可能是最小的发散或收敛的波束（理想为转换到一束平行光）的过程。

collimator 准直仪 一种仪器，它使发散或收敛的光线更接近于平行。该装置的凸透镜装在管子的一端，管子另一端有一个可调的狭缝，狭缝在透镜的焦点上。进入狭缝的光线离开透镜时成为平行光束。粒子束准直仪或其他型式的电磁辐射准直仪利用了狭缝系统或孔隙。

collinear antenna array (CAA) 直排天线阵列 由许多按相互衔接方式固定并连接起来以同相工作的半波偶极子组成的天线阵列。阵列中的每个偶极天线按轴线方向排成一列，偶极天线通常垂直排列以利于在水平方向产生天线增益和方向性，其代价是牺牲了纵向增益。在适当的相位控制下，增加一倍偶极天线数可以使水平方向增益增加 3 dB。

collinear heterodyning 共线外差 一种相关函数由超声光调制器导出的光学处理系统。输出信号由参考光束导出，使两条光束进入探测孔径之前呈共线。光程长的变化则同时对信号和参考光束两者的相位进行调制，相位差在外差过程中相抵消。

collision 碰撞，冲突 (1)多个事件同时请求一个服务，而这个服务又不能区分和应付多个请求所出现的现象。在数据传输系统中，两个或两个以上的事件同时请求一个设备服务，而该设备只能满足其中一个要求的情况，可用协议来解决即将发生碰撞时的竞争，从而避免碰撞。(2)一些不同的关键码经过散列变换算法，得到相同的地址，如果桶的大小固定，则常常会出现后来要存入的记录由于它所对应的那个桶已被占满而不能容纳的情况。这种情况称之为冲突。(3)在网络中，当两个或多个工作站恰好在同时向同一个网络线路上传送数据时将会碰撞，当它们在物理介质上相遇时，彼此的数据都会被破坏。参见 carrier sense multiple access with collision avoidance (CSMA/CA), carrier sense multiple access with collision detection (CSMA/CD), contention。

collisional diffusion 碰撞扩散 完全由带电粒子间的库仑碰撞或带电粒子与中性粒子间碰撞决定的扩散。

collision avoid (CA) 冲突避免 数据传输系统中，解决两个或两个以上事件同时请求一种服务，而服务提供者一次只能为一个请求提供服务的矛盾问题的一种技术。通常用于争用共享信道的服务。所采用的办法实际是冲突检测的改进形式，即对信道空闲要进行两次检测。当发现信道空闲后，过一定时间再检测一次。如果信道仍是空闲才决定发送信息。需要进行第二次检测的原因是因为在通信介质上信号从一端传输到另一端需要经过一定延迟时间。只有经过这个必要的延迟时间信道仍空闲，信道才是真正空闲的。借助于这种办法达到避免冲突的目的。参见 carrier sense multiple access/collision avoid (CSMA/CA), collision detection。

collision avoidance 冲突预防 计算机网络中，试图避免在网络上发生冲突的过程。冲突预防技术建立在协议的基础上。在 CSMA 网络中，通过在传输数据之前收听通道确保其空闲的方法实现。在令牌传递网络中，站点必须获得令牌才能进行数据传递。参见 carrier sense multiple access/collision avoid (CSMA/CA)。

collision density 碰撞密度 当一个给定中子流通过物质时，单位时间单位体积内所发生的碰撞次数。

collision detection (CD) 冲突检测 (1)在多节点网络的干线上，对企图同一时刻占用总线的冲突的检测。所采用的常用办法是共享信道上请求发送信息的工作站先监听信道是否繁忙，如果繁忙，则不发送信息，如果不忙，是否发送信息取决于所使用的协议机制。(2)局部网络中一个节点监控通信线路以确定是否有冲突(两个节点同时试图传输数据)的过程，尽管网络站通常用传输之间监控线路等待其平静的方法防止冲突，有时节点也还会同时进行传输，在冲突发生时，这两个相关的节点通常等待一个随机长度的时间再进行传输。参见 contention, carrier sense multiple access/collision avoid (CSMA/CA)。

collision detection methods 冲突检测方法 在网络中使用 CSMA/CD(载波监听多路访问/冲突检测)协议时检测传输冲突的方法。主要有功率传感、脉冲宽度、时间延迟和定向耦合四种方法。①功率传感方法：如果一个站测到的功率比自己发出的功率大则必定发生了冲突；②脉冲宽度方法：如果发生冲突，进站脉冲宽一些。据此可以测出是否发生冲突；③时间延迟方法：当发送信号的站在收到自己发送出去并转回来的信号之前收到其他站发送的信号则表示发生冲突；④定向耦合方法：可以设计不拾取自己发出的信号的设备。这样在发送信号的时候又收到信号则表示发生冲突。

collision domain 冲突域 在网络环境中传输可能产生冲突的设备的集合。在以太网网络中，当发生冲突时，冲突帧在被得到传播的一片网络区域中。网络互连设备中，中继器和集线器会传播冲突，而 LAN(局域网)交换机，网桥和路由器不会传播冲突。

collision enforcement 冲突强制 在 CSMA/CD(载波监听多路访问/冲突检测)系统网络中，由一个已检测出发生冲突的数据站所执行的延续发送，用来使所有其他数据站能注意到这个冲突。在延续发送期间送出的信号是一个 64 字节长的阻塞信号。

collision-free protocols 无冲突协议 与竞争协议相对的一类协议。在使用多路访问共享信道的通信系统中，使得两个和两个以上工作站在同一时间段内传送信息发生冲突问题得以解决的通信协议。CSMA/CD(载波监听多路访问/冲突检测)是典型的竞争协议，但它不能彻底解决冲突问题。冲突问题严重时会严重影响通信系统的效率。无冲突协议才能真正解决冲突问题。无冲突协议所使用的主要方法有基本位图法、交替优先权广播识别法、多级多访问协议、二进制倒计数法。把竞争协议与无冲突协议的优点结合起来，便是“有限竞争协议”及其相应协议：自适应树步进协议和壶球协议。参见 basic bit-map method, broadcast recognition with alternating priorities (BRAP), binary countdown method, limited-contention protocol。

collisionless plasma 无碰撞等离子体 一种等离子体模型，其中密度是如此之低或温度如此之高，以至于接近的双体碰撞实际上都无意义，因为感兴趣的时间标度都小于碰撞时间。

collision resolutions technique 冲突分解技术 在进行数据传输、存储等处理过程中，一种在发生冲突时使用的化解冲突的方法。例如,在网络数据传输时,可使用 CSMA/CD(载波监听多路访问/冲突检测)技术。又如,在数据结构的管理中,在数据的地址定位(如散列法)中,不同的数据可能会具有相同的地址代码而发生的冲突的解决方法。

collision signal　冲突信号　在发现网络中存在冲突时生成的一个专门信号,这个信号使得接收站能够知道冲突的存在。

collision vector　碰撞[冲突]向量　一个以二进制表示的控制向量,它的每一位指明在一个流水线计算机中,何时一种操作可以安全地进行。

collision window　冲突窗口　以太网中用于检测信道冲突的最大时间间隔。一般采用传输最大延迟时间(设为 τ)的两倍。因为当某站发出信息包后,最坏的情形要在 2τ 后,才能知道其他站也在发送,并产生冲突。

co-location　共处　共处是指管理服务器、路由器或其他设备的一种业务,如网站的拥有者可将网站自己的计算机服务器放在因特网服务提供商(ISP)的机房。或者 ISP 将其网络路由器放到也给其他 ISP 提供交换服务的公司的机房。共处通常提供安全机柜(设备存放)的空间和稳定的电源、因特网连接、防火灭火设施、技术支持以及完善的安全措施,以保证被托管设备的高效运行。

colon alignment tab　冒号对齐制表符　一个标记文本在冒号左面对齐位置的制表符。

colon classification　冒号分类法　印度图书馆学家希雅里・拉马立塔・阮冈纳赞突破传统的列举式分类法体系,发明了分面分类理论,并于 1933 年首次编辑出版了冒号分类法。冒号分类法不是自始至终按一个顺序排列的整表,而是长短详略不同的表。由分类规则及分类法使用说明、分类表、印度经典分类表三部分组成,另附有分类法主题索引。冒号分类法的思想体系是把事物分为主体、物质、动力、空间和时间五种基本范畴,按分面公式和连接符把不同的面组配成一个能表达完整概念的类号。

colon hexadecimal notation　冒号十六进制表示法　用来表示一个 IPv6 地址的语法。与 IPv4 地址的点分十进制表示法不同,它是把每个 16 位的值用十六进制表示,并用冒号将其隔开。比较 dotted decimal notation。

color　色彩,颜色　(1)光照在物体上,通过物体表面对光的吸收和反射再作用于视觉器官而形成的色感觉。每一颜色品质所独有的与其他颜色品质都不相同的外观特征称为色泽;每一颜色色素的凝聚程度称为色度;色彩的明暗程度称为明度,色泽、色度和明度称为色彩的三要素。(2)在物理学上指电磁频谱中人眼可感觉的一部分波长产生的色调,颜色的范围从可见光高频段的紫色到低频段的红色。(3)不同波长的光落在人眼上所产生的感觉。虽然可见光谱从红至紫涵盖一连续的彩色变化范围,通常分成 7 种颜色(可见光谱),其大约的波长范围分别如下:

红 740 ~ 620 nm
橙 620 ~ 585 nm
黄 585 ~ 575 nm
绿 575 ~ 500 nm
蓝 500 ~ 445 nm
靛 445 ~ 425 nm
紫 425 ~ 390 nm

白天看到的白光是全部这些颜色按比例混合形成的混合色。

coloration　声染色　指在音响系统中,由某一音响器材所引起的声音的改变。有声染色的音箱便不能精确地重放出加给音箱的声信号,如有声染色的音箱可能会重放出过多的低音,而在高音方面则有所欠缺。

color balance　色平衡　在彩色视频系统中,匹配红绿蓝信号成分以形成真正的白色的过程。

color bars　色带,色线　调整彩色电视机和计算机终端设备的多色工业标准。

color bits　彩色位　在计算机图形中,若干预定的相关位,赋予每个可显示的像素,对于 4 色的彩色显示,需要两个彩色位,16 色的彩色显示需要四个彩色位,256 色的彩色显示需要八个彩色位,依次类推。比较 bit plane。参见 pixel image。

color bleeding　色彩渗透　指环境中景物的颜色相互作用而使物体表面的颜色发生变化。

color box　颜色盒　在 Windows NT 和 Windows 9x 的绘图附件中,一个用于选择前景色和背景色的绘画框的图形屏幕元素。

color burst　色同步　(1)在彩色电视机信号中,未调制彩色副载波的一种短波群,在行扫描消隐脉冲期间传送,以便使彩色接收机副载波振荡器和电视广播台同步。(2)用于编码复合视频信号颜色的技术,使得黑白电视机能够显示颜色电视信号,由一个红绿蓝混合信号和两个确定红绿蓝强度的色差信号组成。

color cell　彩色元素　在 AIX 增强 X-Windows 中,彩色映射表中的一个项,由基于红绿蓝强度的三个值构成,值为 16 位的无符号数,0 代表最小强度,这个值由服务器进行调节以适合实际使用的显示器。

color center　色心　离子晶体的某些点缺陷是有效电荷的中心,他们可能束缚电子,这种缺陷的电子结构能吸收可见光而使该晶体着色,故称这种能吸收可见光的晶体缺陷为色心。

color channel　色道　一个图像可以分解成多个单色图像,每一图像的灰度代表一个特定的色道,将 RGB 图像分解产生红绿蓝三种单色图像,CMYK 图像分解则产生青红黄黑四种色道。参见 red-green-blue (RGB),CMYK color model。

color charge 色荷 色荷是夸克与胶子的一种性质,与它们之间的强相互作用有关。色荷与粒子的电荷呈类比关系,色荷的"颜色"与视觉上的色彩无关,而仅仅是因为色荷有三种类形,类比於三原色;相对地,电荷就只有一种类型(但其中尚有正负之分)。

color code 色标 表示元件电气数值或识别接线端和引线的色系。

color-coded cable 彩色编码电缆 按颜色来区分每种导体的一种电缆。

color coding 彩色编码 当需要输出彩色图像或用彩色显示屏幕显示彩色图像时,图像数据要进行彩色编码。彩色影像一般用红、绿、蓝三元色来编码。它们之间的不同组合可以得到不同的颜色。这种编码方法在改变色调时,往往伴随着亮度的变化。因此在有的彩色显示器中,用色调和亮度来对颜色进行编码。色调由色度图中的位置确定。这时,色调和亮度可独立地改变而不会互相影响。由专门的计算机查表程序或显示器中的硬件对照表来进行三元色色码与色调-亮度码之间的转换。在影像灰度分割并进行伪彩色显示时,不同灰度值用不同的颜色表示,因此也要进行彩色编码。

color constancy 色彩恒性 不管光源的条件如何改变,视觉对物体的色知觉始终维持一定不变的现象。

color correction 彩色校正 通过改变彩色放像系统的平衡或其他特性来改善产生的影像质量。

color corrector 彩色调节器 在视频显示中,一种用于调整彩色视频信号中彩色值的装置。

color cycling 彩色循环 计算机图像中采用的一种技术,通过改变调色板来改变屏幕上的像素的颜色,调色板被视频适配器用作像素的基色,用彩色循环,显示各像素的信息不需改变,即程序不需要使用任何显示改变信息,如移动像素,因而也不会产生图像移动时的抖动,彩色循环可用于动画制作和产生淡入淡出效果,程序只需改变查找表中的位置以产生彩色循环。

color depth 颜色深度 也称"位深度",每个像素的数据位数,如果每个像素为一位数据,那么可显示黑白两种颜色,如果每个像素为八位,可显示 256 种颜色。

color display 彩色显示(器) 能够显示出多种颜色的显示设备。老的彩色显示器有两种结构。一种是电子束穿透型彩色显示器。这种彩色屏幕表面内部涂有两层不同的荧光粉。每种具有不同的激发能级,电子束的加速电压决定了哪一层荧光粉将被激发,进而决定哪种颜色出现。还有一种是荫罩式彩色显示器。这种显示器表面内部涂有排成三角形的荧光粉点阵,每组三个点,相隔足够近,一红,一蓝,一绿。三个不同的电子枪按照与三色组相同的三角形排列,屏幕后有一个荫罩板,对应每一个三色组有一个小孔,使得三色组中每个点仅受一个电子枪的电子作用,每个电子枪的电子数目控制着三色组所产生的三种光的量。目前使用较为广泛的有液晶显示器(LCD)和等离子体显示器(PDP)。还有一些新颖的显示器正在发展,如电致发光显示器(ELD)、有机发光显示器(OLED)、聚合物发光显示器(PLED)等。

color division multiplexing (CDM) 色分复用 在光通信系统中,单一传输介质中对信道的复用,如在多色光传输中用某一个颜色作为光纤或光纤束的一个信道。可见频谱中的色分复用与非可视频谱中的频分复用道理是相同的,不同颜色对应不同的频率和波长。

colored light transmission 彩色光传输 彩色光根据预先安排的代码来传输的方式。

color error 色彩误差 在可视彩色系统中,接收到的图像在色彩上的部分或全部失真(畸变)。

color expansion operation 彩色扩展操作 AIX 操作系统中的一个自动进行的图形编程操作,此操作发生在源像素和目标像素数据区每像素只包含一个字节并且目标像素数据区是一个定义为多于每像素一个字节的彩色显示适配器缓存帧情况。

color filter 彩色过滤器 一种 CRT(阴极射线管)伪彩色绘图过滤装置。它是由三种不同颜色的过滤片组成。每一次绘图允许三基色中某种颜色通过。经过上述三次绘图后,将所得三种基色的图像叠加便可产生彩色图像。

color gamut 色域 一个设备所能产生的颜色的特定范围。扫描仪、显示器或打印机等设备分别能产生不同的颜色范围,这是由设备本身的特性决定的。

color graphics adapter (CGA) 彩色图形适配器 (1)插到个人微型计算机总线槽中,使其具有彩色图形显示功能的一块电子线路板。类似这种使微型机具有图形显示功能的线路板(卡)还有:单色显示适配器(MDA),增强型图形适配器(EGA)、视频图形阵列(VGA)等。这一类显示卡有时统称为视频显示卡。(2)CGA 卡是一个同时提供四种颜色并且支持 IBM PC 和 OS/2 模式的适配器,由 IBM 公司制订,随同 IBM PC 的推出而使用的一种视频显示标准,在单色高分辨率显示模式下,能提供 640×200 的图形分辨率,在彩色图形显示模式下最多可提供 16 色,但分辨率只能达到 320×200。由于不能满足现代信息显示越来越高的要求,现已被性能更为优良的 EGA 与 VGA 显示格式所取代。参见 graphics adaptor, video adapter, video graphics adapter (VGA)。

color HSV HSV 彩色模型 一种使用色调、饱和度和亮度值三种成分来描述彩色的模型。

colorimeter 色度计 用来比较样品颜色与给定参

考颜色或合成色的一种光学仪器。在三色色度计中，合成色质是由三种固定色度而亮度不同的颜色混合而成的。

colorimetric purity 比色纯度 指光谱的各相对亮度和单一色彩中的白色成分。

color index 颜色索引 在彩色显示器中，像素的颜色往往并不直接用其值来表示，而是根据这个值去查一张颜色表才能决定。

colorization 彩色化，着色 在多媒体中，对单色原稿进行染色的过程。

color look up table (CLUT) 色彩对照表 (1)一张存储在计算机显示适配器中的表，表中存放的是可在计算机监视器上显示的不同颜色所对应的颜色信号值。当间接显示颜色时，要为每个像素存储少量数目的颜色位，用于从颜色查询表中选择一组信号值。(2)为了提供许多各种不同彩色而设计的一张表。表中的每一元素代表一种颜色，它由红、绿、蓝三原色的值混合而定。色彩表是间接地指定像素颜色的一种方法，它大大地扩大了图形显示的颜色范围，允许动态地修改图形的颜色，此外，它在图像操作、动画技术中也有很多用途。

color management 颜色管理 通过各种不同的颜色输入、输出以及显示设备，产生或复制精确一致的颜色的过程。颜色管理包括从扫描仪、照相机和显示器中输入的 RGB 信号精确地转换成输出到打印机的 CMYK 信号，还包括将要输出图像的打印机或其他输出设备颜色属性信息的设备配置文件的应用程序，以及对湿度和光线等环境因素变化的许可度。参见 CMYK color model，red-green-blue (RGB)。

color menu 颜色菜单 某些窗口式软件中的一个允许用户选择一种用于显示绘画或者字体颜色的菜单，在 CGA(彩色图形适配器)模式下有三种颜色，EGA(增强型图形适配器)和 VGA(视频图形阵列)具有 16 种颜色，MCGA(多色图形阵列)可有 256 种颜色。

color model 色彩模型[模式] (1)一种用来在某个颜色范围内规定各种颜色的方法。一种色彩模型就是对一个三维颜色坐标系统的一种规定，也是这一坐标系统中的一个三维子空间，其中每一种可显示的颜色是用一个点来表示的。一般用来规定在红、绿、蓝(R,G,B)范围内的各种颜色。适用于硬件的模型有用于彩色监视器的 RGB 色彩模型和用于彩色打印设备的 CMY(青、紫、黄)色彩模型；适用于程序员和用户的有 HSV(色调、保和度、亮度)模型和 HLS(色调、明度、保和度)模型。(2)在台式出版系统和图形艺术中表示色彩的任何方法或规定。在图形艺术和打印领域中，色彩常常是由彩通(Pantone)体系规定的。在计算机图形领域中，色彩由若干不同体系来描述，它们是色调-饱和度-亮度(HSB)，青绛黄(CMY)和红绿蓝(RGB)。

color monitor 彩色监视器 (1)能显示彩色图像的监视器。通常用红、绿、蓝三色，因而也称“RGB 监视器”。(2)一种计算机显示器，设计用来与视频卡一起产生彩色的文本或者图形。参见 color，color model。

color noise 颜色噪声 视频系统中的一种对图像颜色进行的随机干扰，由色彩带宽的减少或者采样中的阶梯现象而产生。

color number 颜色数 在 LinkWay 产品中，赋予调色板中一个指定颜色的数，背景色为 0 号，其余颜色从 1 开始依次编号。

color palette 调色板 一系列可在屏幕上同时显示的颜色，可以是软件定义的标准颜色集，也可以是用户设置的。参见 color look up table (CLUT)，standard palette，custom palette。

color perception 色的感觉 肉眼对色彩的视觉感受，一般可分为两大类，第一类为无色，其包含白、灰、黑；第二类为彩色，其包含纯色和其他一般色彩。

color primaries 基色 各种颜色是不同波长的光混合的结果，用红(R)、绿(G)、蓝(B)三种颜色按不同强度比例混合可以产生比其他任何三种颜色混合成的更宽范围的彩色。一般把这三种颜色称为光的三基色或三元色。由光的混合产生的色称作加色混合色，如彩色电视的色。用绘画颜料等得到的色称作减色混合色，如幻灯片的色。减色混合时的三基色是 R、G、B 的补色，即青、紫(洋红)、黄三色。由基色混合产生的色称二次色。

color printer 彩色打印机 可以将图像或字符以彩色形式打印输出的计算机输出设备。它通常使用的着色源有彩色色带、彩色着色剂、彩色墨水、彩色墨粉和多色热传导等。

color purity 色彩纯度 一种从心理-物理学角度对色彩中不含白光的纯度的度量。

color ramp 色坡 在颜色表中连续变化的一系列颜色，大多数色坡只有少量不连续的数量。参见 gamma ramp。

color-range method 彩色分域法 一种三维 CT 图像重建的方法。根据人体内不同组织对 X 光具有不同的吸收系数，表现在图像中具有不同的灰度等级的特点，利用灰度分割，给不同灰度的组织指定不同颜色，再按层次的远近改变颜色的亮度，从而使不同颜色的组织由明到暗变化，给人以由近到远的深度感觉，达到三维图像重建的目的。此法省去了诸如边缘检测等复杂计算，仅是利用深度比较实现隐面消去。所以方法简单，重建速度快，视觉效果好，对任意复杂形状的物体均可进行重建，使用范围广。

color resolution 颜色分辨率 在视频系统中，一个彩色图像精细程度的度量。

color RGB RGB 彩色模型 利用红、绿、蓝三种原色的比率来描述各种不同色彩的一种模型。

color ring resistor 色环电阻 在电阻封装上(即电阻表面)涂上一定颜色的色环,来代表这个电阻的阻值。

color saturation 色饱和 彩色与白色相混合的程度。高饱和度意味着只有很少或者没有白色(如深红色),低饱和度意味着有大量白色(如粉红色)。参见 color model,HSB。

color scanner 彩色扫描器,电子分色机 (1)彩色扫描器是一个用于转换彩色图像到视频数据的设备。(2)电子分色机是利用光学、电子技术,通过分色扫描,对彩色原稿进行分色和校色,并得到分色底片的设备。

color separation 色分离,分色 (1)在计算机中,用分离文档的方式打印文档中各种颜色的过程,使得打印机能够用不同的色带打印不同的颜色成分。参见 color model,process color,spot color。(2)一种印刷工艺,印刷前将图像分解成四种颜色的色道,并将每一色道分别印在单独的片上。

color space 色彩空间 (1)也称"颜色空间",表示各种颜色之间关系的空间模型。(2)这是一种概念上的几何模型。它用于描述色彩的各种特性,如色调、饱和度、亮度及红、绿、蓝三原色的成分等。

color subsampling 彩色子采样 在视频系统中,在视频信号使用比灰度的色差成分较少分辨率的技术。

color table 色彩表 (1)在某些计算机系统的制图技术中,一种具有八个表目的汇编,每个表目定义了要使用的一种色彩,供选择不同色彩之用。系统可定义许多色彩表,但只能有一个是当前可使用的。参见 color lookup table。(2)在图形核心系统(GKS)和计算机图形元文件(CGM)规范中,一个和工作站有关的用于把一给定的颜色索引与一特定的直接颜色定义相关联的表。其中的表项指定了定义某一颜色的红、绿、蓝强度值,即颜色值。把不需要通过颜色表作中间映射的、直接由某种颜色坐标系统描述颜色值的颜色选择方案,称做直接颜色。把用颜色索引从颜色表中检索颜色值的颜色选择方案,称作索引颜色。

color temperature 色温 对一个给定物体,一个理想黑体发出的与其相同的色光时的热力学温度。色温用绝对温度开尔文表示。

color transformation 色彩变换 把彩色图像的红、绿、蓝(RGB)分量变换为色调、饱和度、亮度(HSI)分量,以便对色彩增强处理取得更好的控制的处理过程。用 HSI 表示色彩,便于设计者创建和修改图像的颜色,并且使色彩增强处理速度明显加快。

color transmission 彩色传输 用于控制图像中的亮度和色度值的信号波传输。

color vision 颜色视觉 人对外界刺激(可见光)的一种独特的反映形式。即一定波长范围的电磁波作用于人的视觉器官,经过视觉系统的信息加工而产生颜色视觉。颜色视觉有三种特性,每一种特性可以从客观刺激方面来定量(属心理物理学概念),也可以从观察者的感觉方面来描述(属心理学概念)。属于前者的颜色视觉特性是:表示光强度的亮度、光的主波长和颜色纯度。属于后者的颜色视觉特性是与上述三个特性分别相对应的一组特性,即亮[明]度、色调和饱和度。

coloured noise 有色噪声 任意一个具有非白色频谱的宽带噪声。有色噪声频谱主要都是非白色低频段频谱。而且,通过信道的白噪声受信道频率的影响而变为有色的。两个典型的有色噪声为"粉色噪声"和"棕色噪声"。参见 pink noise,brown noise。

Colpitts oscillator 科尔皮兹振荡器 其决定频率的谐振回路包括电容分压器的感容(LC)振荡器。谐振回路中流过的一部分电流以再生方式经耦合电容器反馈回基极。该电路是在真空管电路的基础上建立的,需要借助于双极结型晶体管或场效应晶体管放大器才能工作。它可以产生直到超高频(UHF)的正弦波频率。

COLS 商业联机业务 commercial online service 的缩写。

column 列,栏 (1)在矩阵元素集合中,垂直方向的一排元素的集合称为一列。(2)在关系式数据库管理系统中,指一个属性的名字,相当于非关系式数据库中记录的一个域。参见 entity,field,row,table。(3)在 SQL(结构化查询语言)中,指表格中垂直选取的部分,一个列具有一个名字和一种数据类型,如字符、整数等。

column access 列访问 同时对一个矩阵的某一列中的所有元素进行访问。参见 access。

column address strobe (CAS) 列地址选通 在内存的寻址中,锁定数据地址需要提供行地址和列地址,行地址的选通由 RAS 控制,列地址的选通由 CAS 决定。参见 CAS latency (CL)。

columnar transposition 列换位 加密方式之一,它将明文按水平方向写成数行,然后按照列的方向从密钥字母序最低的一列开始,逐列顺序读出,形成密文。

column balancing 列平衡 重新布置一个列集合中正文的各行的过程,以使每一列正文的数量尽可能相等。

column bar testing 竖条测试 半导体随机存取存储器的一种功能测试方法。它可测试存储单元阵列中的列间短路。对于每次刷新一行的动态存储器。可用于最坏情况下的刷新测试。

column binary 竖式二进制(的) 指在卡片上表示的二进制数据,这种卡片上的穿孔位置的权是由沿着卡片的列来分配的,如在一张 12 行的卡片上,每列通常可以代表 12 个相继的位。

column binary code **竖式二进制代码** 在穿孔卡片的一列中(对应于行),用穿孔位置表示每一位的一种编码方案。参见 column binary。

column chart **列图** 一种条形图,其中数值用垂直的长条表示。参见 bar chart。

column heading **栏题头,栏眉** 位于信息栏顶部的一个或多个词,标识该栏的信息内容。

column move **分栏块移动** 在字处理中,将块首与块尾标志之间的若干列文本组成的分栏块从文件的一处传送到另一处或从一个文件传送到另一文件的过程。

column parity **列奇偶性** 对于数据块中相同位进行的奇偶操作。

column printer **竖式[纵向]打印机** 一种小型行式打印机,用于为输入数据和输出数据提供打印。一般有 20 列数据和有限数量的字母等字符。主要用于商业柜台服务。

column separator **列分隔符** 在显示屏上,一个字段位置两边的一个符号,这个符号并不占用显示的位置。

column width **列宽** 一行中允许的最多字符数。

. com (1)命令文件名后缀。com 取自 command(命令)一词,DOS(磁盘操作系统)系统中可执行命令文件的扩展名,一般小于 64 KB。(2)商业机构域名。在因特网的域名系统中,标识商业机构网址的最高层域名,. com 按后缀的形式跟在网站地址的后面。

COM (1)DOS(磁盘操作系统)中的一个保留名字,用于四个串行通信端口(COM1,COM2 等)。(2)消息连续性 continuation of message 的缩写。(3)计算机输出微缩胶片 computer output microfilm 的缩写。(4)组件对象模型 component object model 的缩写。

coma aberration **慧形像差** 透镜的一种像差,它使得由物体或光源上的点发出的斜光束形成了慧星形状的光斑。

COMA **高速缓存唯一的内存体系结构** cache-only memory architecture 的缩写。

comb filter **梳状滤波器** 其插入损耗使频谱形成一连串中心在某个规定频率整倍数处的等间隔窄通带或阻带的滤波器。因其特性曲线象梳子一样,故称为梳状滤波器。它一般由延时、加法器、减法器、带通滤波器组成。

comb filtering **梳状滤波** 指在频率响应上出现的一系列相同的深深的峰值和谷值的现象。在音响系统中,当直达声和经听音室内音箱两侧的墙所反射而稍许有些延迟的反射声叠加在一起时,便会产生这种梳状滤波。

comb generator **梳状发生器** 将单一频率射频输入信号变换成具有大量谱线的射频输出信号的信号发生器,每根谱线均与输入频率呈谐波关系。

combinational circuit **组合电路** 任一时刻的输出值仅决定于当时输入值的一种逻辑设备。参见 combinational logic circuit。

combinational design **组合设计** 组合学中一个与抽象目标的排列有关的领域。典型的排列是拉丁方。

combinational gate **组合门** 至少有一个输出通道以及零个或多个输入通道的设备,用离散的状态表示,使任何输出状态都完全由当时的输入通道的状态确定。

combinational logic circuit **组合逻辑电路** 输出端状态完全取决于当时输入端状态而与电路原来所处的状态无关的一种数字电路。这种电路无保存状态的能力。加法器是一种组合逻辑电路,因为加法器输出端的状态——和数及向高位的进位,完全取决于当时输入端的状态——被加数、加数及低位来的进位。组合逻辑电路简称组合逻辑。

combinational logic element **组合逻辑元[器]件** (1)至少有一个输出通道和零个或多于零个输入通道的器件,它的所有通道均具有非连续状态的持续性。从而在任何时刻每个输出通道的状态完全由同一时刻的输入通道的状态确定。(2)比较 sequential logic element。

combination ambiguous segmentation (CAS) **组合型歧义切分字段** 在字符串 AB 中,AB 是词,A 是词,B 也是词,如"将来"中,"将来"是一个词,"将"也是一个词,"来"也是一个词,因此在自动分词中可能产生错分。这样的字段称组合型歧义切分字段。比较 overlapping ambiguous segmentation (OAS)。

combination box **组合框** 在窗口式软件中,一个组合输入域和列表框为一体的控制,它由一个文本输入框及配套的一个列表框组成。列表框中包含用户可滚动和选择以完成输入的选择项。参见 drop-down combination box。参见 list box。

combination cable **组合电缆** 由多个导体组合成的一种电缆,如双芯电缆和四芯电缆。

combinatorial algorithm **组合算法** 求解组合问题和组合最优化问题的算法的总称。对最优化问题,算法可分为两类,一类是组合最优化算法,另一类是近似算法。

combinatorial explosion **组合爆炸** (1)对按照指数增长的趋势的一种形象描述,如 n 个命题变量就有 2^n 个不同的最小项,并确定 2^{2^n} 种不同的函数。对于计算机来说,如果一个算法是指数时间的算法,那么当 n 增大后就成为实际上不可能计算的了。例如,对于一台每秒处理 10^6 条指令的计算机来说,当 $n=60$ 时,要处理 2^{60} 条指令需要 366 个世纪(36 600 年)。(2)在某种数学问题中的一种固有的状况，如其中问题尺度的少量增加将使得求解的时间大大增加。参见 combinatorics。

combinatorial logic 组合逻辑 输出完全取决于当前输入状态的电路。组合逻辑包括"与"、"或"、"与非"、"或非"等电路，其当前输出不取决于电路先前的输入。

combinatorial mathematics 组合数学 也称"组合论"。研究离散性事物按一定规则的配置方法的数学。主要从四个方面来研究：①配置的存在性问题；②配置的计数问题；③配置的构造问题；④优化问题。即当有衡量配置优劣的标准时，怎样求出最好的配置。

combinatorial optimization problem 组合最优化问题 也称"组合规划问题"，组合问题中一种求极值的问题。这类组合问题所讨论的对象都赋有一定的权，如货郎担问题是带权图上的最短哈密尔顿回路问题。和其他最优化问题一样都有一个目标函数和一些约束条件，组合最优化问题就是在满足约束条件的情况下，使目标函数达到最大值或最小值。

combinatorial problem 组合问题 关于离散性事物按一定规则的配置的问题，包括配置的存在与唯一性、配置方法的计数等，如对这些事物的排列、组合、划分等。

combinatorials theory 组合理论 研究离散系统的计数和图的构形。既有抽象论证的巧妙证明，也有当代科学的综合应用。主要包括组合计数理论、组合设计和图论。它以通俗的方式表明了数学的激发力、魅力和活力以及它在外部世界的用途。

combinatorial system 组合系统 一种知识表示系统，包括不同的知识表示方式，并对不同的表示方法提供不同的推理策略。参见 knowledge representation。

combinatorics 组合学 研究满足各种附加条件的有限个对象的集合，简称组态的数学分支，也称"组合数学"。组合学所研究的问题有：计数问题、存在性问题、枚举、构造和算法问题、优化问题等。组合学分为几大部分：图论、组合计数、组合设计、组合最优化和组合几何等。作为应用数学的一个重要分支，组合学现已广泛应用于统计学、理论物理学、化学、社会科学、通信理论和计算机科学等方面。

combined alert 组合警告 在 NetView 程序中，一个包括一个非通用警告和一个网络管理向量传输(NMVT)通用警告的警告。

combined assessment of system 系统的综合评价 对系统设计进行全面评价，并对系统的结构进行分析比较，以确定最优设计。

combined condition 组合条件 (1)用逻辑运算符"AND"和"OR"连接起来的两个或两个以上条件的组合。(2)在 COBOL 语言中，指一个条件，由两个或者多个条件和"与"或者"或"逻辑操作符的组成，对应于 negated combined condition。

combined development tool 组合开发工具 一种不同于通用知识工程语言或通用型专家系统开发工具的专家系统初级开发环境。其主要任务就是从一类任务中分离出知识工具所使用的技术，并构成描述这些技术的多种类型的推理机制和多种任务的知识库的预构件，以及建立使用这些预构件的辅助设施。如组合开发工具 AGE，它可帮助专家系统建造者选择结构、设计规则语言和使用各种构件，以构成一个完整的系统。

combined distributing frame (CDF) 组合配线(框)架 组合了主配线架和中间配线架的功能，一端为主配线架用于垂直布线系统，另一端为中间配线架用于水平布线系统，这种配线架在两个方向是可延伸的。

combined effect band 组合效应带 几个影响量对稳定输出量的组合效应所对应的稳态值范围。参见 nominal effect band，individual effect band，effect band。

combined error 混合差错 数据流在信道中传输时，往往因受干扰而产生两种差错，即随机差错和突发差错，当这两种差错都存在时，称为混合差错。

combined file 组合文件 (1)在某些小型计算机系统中，执行输入和输出操作的一种卡片文件。该文件的全部卡片均被读出。但不是都被穿孔，译码或选入积卡箱。(2)既可用作输入文件又可用作输出文件的一个数据文件。输出文件仅含有那些描述输出文件的字段(即输出记录不一定要含有与输入记录相同的字段)。

combined guidance 复合制导 两种或两种以上制导方式组合在一起，并按一定顺序工作的制导技术。又称组合制导，可综合利用几种制导方式的优点弥补缺点，提高制导精度。

combined index 组合索引 两个或多个属性组合成为一个新的属性称为组合属性，在这种属性上建立的索引称为组合索引。

combined protective earth and neutral conduct 保护中性导体 同时具有中性点连接导体和保护导体两种功能的接地导体。符号"PEN"。

combined source voltage and load effect 源电压和负载组合效应 由源电压及负载条件在各自额定使用范围内同时发生任何变化所产生的最大效应。源电压和负载的组合效应可等同于或不同于源电压效应和负载效应的总合。后者是可能的，因为负载效应可能与源电压变化有关，且源电压效应可能与负载条件有关。

combined starter 综合启动器 一种由熔断器、接触器、过载保护元件等组合的装置，用于启动和保护电动机过载、短路或欠电压的启动器。

combined station 组合[复合]站 在高级数据链路

控制(HDLC)操作中,一种同时具有主站和次站功能的站点。通常负责平衡链路及实施操作,它一方面可以发出命令、解释应答,另一方面也可以解释接收到的命令、产生应答。同 balanced station。参见 primary station,secondary station。

combined system　混合系统　一个可以由微分方程和差分方程综合描述的动态系统称为混合系统。混合系统包括连续时间子系统和离散时间子系统。参见 continuous time system (CTS),discrete time system (DTS)。

combined transformer　组合式互感器　由电流和电压互感器组成并在同一外壳内的互感器。

combined voltage variation　混合调压　变压器的调压方式。同时具有恒磁通调压和变磁通调压的调压方式。参见 variable flux voltage variation (VFVV),constant flux voltage variation (CFVV)。

combining function　合成函数　合成函数应用于两个参数时,返回一个结果。通过反复应用,合成函数可用来把一组冲突值归纳至一个结果值。虽不保证归纳过程中用的特殊相关匹配,但总是按从左至右的顺序合成。

combining switch　组合转换　在内连网络中的一个转换单元,它能够将一定类型的不同要求组合成一种类型要求,同时产生一种模仿这些要求的串执行过程的响应。

comb structure　梳式结构　表示程序层次的一种方法。指程序书写排列时,根据程序层次关系对齐排列。其形状如梳子一般。

comb type dot matrix printer　梳型点阵打印机　汉字打印机的一种。打印针单行横向排在滑架上,形如梳子。滑架移动距离由每针负责打印字符数决定,针数由每行最多字符数和滑架移动距离决定。如每针负责打印四个字符,每行最多 132 字符。则针数为 33。滑架移动一次,打印一行点,纸走一个点距离,滑架反向移动一次,打印第二行点,如此反复多次,打印出一行字符。这种打印机速度高,每分钟可以印 400 行汉字,也容易进行图形输出。

. com callable wrapper (CCW)　. com 可调用(对象)包　一种由运行系统产生的代理对象,可使现有的. com 应用程序透明地使用托管类,包括. NET 架构中的类。

comic and animation　动漫　动漫概念始于五十多年前,由日本的手冢治虫引发的新漫画运动。如今,动漫是将传统的美术和现代的电脑科技技术相结合。动漫已成为现代社会中不可忽视的文化现象,甚至是一种世界性的文化现象。

comic strip-oriented image　连环画图像　一种微缩胶片图像,类似于连环画,图像的顶部与胶片的长边平行。比较 cine-oriented image。

COMINT　通信情报　communications intelligence 的缩写。

COMJAM　通信干扰　communications jamming 的缩写。

comma alignment tab　逗号对齐制表符　一个表示文本在逗号左面对齐位置的制表符。

comma-delimited file　逗号分隔文件　一种由字段和记录组成,以文本形式存储,且字段间用逗号分隔的数据文件。使用逗号分隔文件允许使用不同格式的数据库系统间进行通信。如果字段内的数据包含逗号,则用引号把该字段括起来。

comma-free code　无逗点码　一种代码,其结构使任何一个从码字开始的,但在正确结束前就结束了的部分码字能被判别为错码字。当外部的同步使得可以识别码字串的第一个码字的开始,并且符号流中无差错发生时,无逗点码的特性使其能正确地将所传输的码字做成帧。

command and control (C2)　指挥与控制　在军事组织和系统中,被授权的指挥官在完成所分配任务的过程中对所管辖的兵力进行指挥和指引。指挥与控制的行为是在完成任务时,通过对人员、设备、通信、设施的安排和指挥官对兵力的计划、协调和控制的运用过程中实施的。

command and control system　指挥控制系统　一种信息处理系统。它用于监控某些指定的情况,并在事先定义的条件出现时给出信号。弹道导弹预警系统就是这种系统的一个例子。参见 information system。

command area　命令区　在某些窗口式软件中,指窗口中可接受命令输入的区域。参见 command entry field。

command buffer　命令缓冲区　一块保存用户输入命令的内存区域。命令缓冲区可使用户重复使用命令,而不需要完全重新输入,也可编辑过去的命令以改变参数或改正错误,还可取消命令或得到一个曾经使用过的命令的列表。

command button　命令按钮　在图形用户界面中,对话窗口框中的一个形如按钮的控件,单击这种按钮就可以执行一个操作命令。

command chaining　命令链　某些操作系统的一种功能,它将若干命令合并成串,其间用定界符分开,如某操作系统中有链式命令 100 L$ 10 K$-10T $10T$ $,它表示在输入最后一个 $ 后,将光标下移 100 行(100L),删去 10 行(10K),打出光标上面的 10 行(－10T),打出光标下面的 10 行(10T)。

command character　命令字符　控制某一设备(特别是外部设备)完成特定操作的字符,如控制打印装置回车的字符,启动字符等。

command condition　命令条件　在概念模式语言中,指包括同步方面的先决条件,在进行某种动作之前必须满足。

command control block (CCB)　命令控制块　用于

PIOCS(物理输入/输出系统)和应用程序之间通信的一个16字节长的字段,该字段供物理IOCS使用,每个通道都有一个CCB。

command, control, computers, and communications (C4) 指挥、控制、计算机和通信 计算机和通信在指挥和控制中的运用。

command, control, computers, communications, and intelligence (C4I) 指挥、控制、计算机、通信和情报 计算机、通信和情报在指挥和控制中的运用。

command-control program 命令控制程序 处理从用户控制台来的访问计算机系统的全部命令的程序,这些命令包括登记进入或退出,使用编辑程序,将程序放入运行队列中去以及装入一道程序等的请求。

command decoder 命令译码程序 对用户控制台送来的各种命令进行预处理的程序。即在某一命令被发送给所需要的程序之前,命令译码程序用来转换各种参数,组成命令控制程序能接受的代码形式。

command dialogue 命令对话框 通过输入执行需要服务必要信息的字符串来执行用户命令的对话框。

commander module 主模块 多微处理机系统中,指已占用总线形成的数据通路联通后所传送的数据模块。

command facility 命令设施[机制] (1)DPPX(分布式处理程序设计执行程序)库的一部分,用来建立交互式终端会话和处理所有的命令。(2)NetView程序的元素,是命令处理器的基础,可以监视、控制、自动化和改进网络的操作。

command field prompt 命令域提示 在某些窗口式软件中,一个域提示,显示命令输入域的位置。

command file 命令文件 (1)在MSRJE(多道通话远程作业入口)实用程序中的一个磁盘文件,过程成员或是含有MSRJE实用程序控制语句和将被传送到主系统的记录的源成员。(2)在AS/400 RJE中,一个远程作业输入流,包含宿主机系统命令和作业控制语言(JCL),数据和RLE控制语句(READ FILE或EOF),对应于data file。

command file processor 命令文件处理机 用户用来输入一系列有效的系统命令作为编辑程序兼容文件的一种处理机。有的命令文件处理机能传送10个参数,可以显示用户信息。

command frame 命令帧 (1)由主站发送的一种帧。(2)由复合站发送的一种帧,该帧内含有其他复合站的地址。

command input buffer (CIB) 命令输入缓冲区 具有远程通信访问法的高级通信功能(ACF/TCAM)系统中的一种区域。其中含有由系统控制台输入的操作员命令。所给予的主存空间是动态分配的,该区内包含的操作员命令一经处理后,主存空间就被释放。对于从系统控制台输入的操作员命令只需要指定一个缓冲区。

command interface 命令接口 程序或系统给用户提示或取用户命令的一种方法。命令接口繁简不一,简单的仅在显示屏上显示提示应答,用户打入命令予以回答。复杂的要利用一组菜单,列出用户的各种选择,并提示用户作出决定,或者利用台式模拟系统,借助插画和鼠标器等先进技术来实现。

command interpreter 命令解释程序 (1)在操作系统中,一个发送指令到核心的程序。也称“外壳”。它解释用户输入的命令语句,并利用操作系统中已准备好的各种各样的程序来执行命令,如DOS(磁盘操作系统)中的COMMAND程序就是命令解释程序。参见shell。(2)在文本编辑系统中,命令解释程序执行用户接口与编辑、扫视和实用例行程序之间的“交通控制”任务。

command interrupt mode 命令中断方式 在某些计算机系统中,随着数据方式退出以后的终端方式,它一直工作到由运行命令恢复程序执行为止(终端重新进入数据方式),或者直到由释放命令释放终端为止(终端进入命令方式)。

command key 命令键标,命令键 能使设备实现预先定义的操作的任何一个键标。在个人计算机键盘上能使PC实现特定的操作的一种键标,并区别于用来输入数据的键标。命令键标包括alternate键标、caps lock键标、control〈Ctrl〉键标、cursor movement键、delete(Del)键标,End键标,enter键标,escape(Esc)键标,function键标,Home键标,Insert(Ins)键标、Num lock键标、page down(PgDn)键标、page up(PgUp)键标、scroll lock(ScrLock)键标、print screen (PrtScr)键标、shift键标和tab键标。

command language 命令语言 (1)一类专用语言。通常由特定的信息处理系统的命令解释子系统解释。常见的如操作系统命令语言。这类语言的特点是定义了基本的操作命令集,但一般不提供将这些命令组合起来的构成复杂命令的手段(除了可能支持若干条命令的连续顺序执行外)。(2)操作系统使用的一种语言,用于作业序列的自动化操作,用它把每个作业的有关信息告诉系统,使系统自动地控制作业序列的工作。同control language。

command language control 命令语言控制程序 提供人-机交互作用的一种命令语言控制程序,以这种语言建立并证明一个命令语句的层次结构,系统管理员可得到它的全集,在电文交换网络中任何终端均可得到它的子集。该语言用于改变路线和终端的状态,可以显示通信量和线路故障,全部命令分为若干个集合,从而在不同的用途中可以只维护控制所需要的功能。

command language interpreter 命令语言解释程序 (1)操作系统中的一种作为用户和计算机之间的直接接口的程序。(2)UNIX 中的 shell 程序,读取命令并向计算机提交命令。

command level 命令级 修饰说明为实现程序中的一个特定命令的操作。比较 program level。

command-line interface 命令行接口 操作系统提供给用户的一种操作界面,用户用输入某种命令语言中的操作命令的方法操作机器,这种接口的机器被认为是较难学习操作的,但这种系统通常是可编程的,因而具有较好的灵活性。比较 graphical user interface (GUI)。

command-line interpreter 命令行解释器 用于从一个作业流或交互终端中读取操作系统的命令,然后执行这些命令的程序。

command line protocol (CLP) 命令行协议[接口] 由分布管理任务组(DMTF)于 2004 年定义的一个基于公共信息模型(CIM)的命令行接口,让系统管理员能在本地或远地利用此接口管理系统。命令行协议将涵盖刀片式服务器及虚拟服务器系统等最新服务器系统拓扑,并将考虑把此命令行协议加入服务器的 BIOS(基本输入输出系统)芯片,甚至还有可能为那些不具有嵌入控制的系统开发外挂的代理。目前,各服务器厂商都有自己的管理接口,这就要求系统管理员分别管理不同品牌的服务器或自行编写程序将它们统一管理,对大的服务器集群管理来说这是很烦琐的工作。而有了 CLP 这样一个开放的标准,加上低成本、更好用的管理工具,大型服务器系统的管理就可以得到简化。参见 common information model (CIM), distributed management task force (DMTS)。

command list (CLIST) 命令表 (1)在 NCCF(网络通信控制机制)中,分配给一个名字的含有命令或控制语句或兼有命令和控制语句的顺序表;当调用该名字时,表中的命令均被执行。参见 network communication control facility (NCCF)。(2)某些操作系统中的一种数据集,其中存储了以后的执行可能要用的命令甚至子命令。

command menu 命令菜单 可由操作员向计算机或通信系统发出的全部各种不同命令的清单。操作员可用下述方法选择命令菜单中的命令:电子机械指针(如光笔),触摸屏,向声音识别系统说话,用键盘或鼠标移动光标到一定位置并按下键盘或鼠标上的一个或多个按键等。

command mode 命令方式[状态] (1)系统或设备的一种状态。在该状态下用户可输入命令。(2)计算机终端不在运行程序而在等待命令时所处的状态。在小型计算机中,常用监督程序来控制终端进入命令态。(3)在某些交互系统中,紧跟在 LOGON(登录)之后或完成一个命令处理程序之后的输入状态。在命令状态中,系统已准备好接受命令库中的任何命令。

command net 命令网络 以命令控制为目的,连接含有全部或部分下属命令控制阵列的一种通信网络。

commandpatch keypad 命令键区 一种可将命令存储于按键中的键区。

command phase 命令片段 在网络控制程序中,指基本传输单元中系统响应字段部分,它标识一个组合命令已进行到的哪一步。

command pointer 命令指示器 一种专用的多位寄存器,表示正在存取的存储单元在控制存储器中。

command port 命令端口 用来控制和监视网络的控制台以及控制台连接的接口。

command processing 命令处理 对控制台或输入流发出的命令所进行的阅读、分析和执行。

command processing program (CPP) 命令处理程序 在某些计算机系统中,一种处理命令的程序。这些程序完成有效性检查并执行命令,实现所要求的功能。

command processor 命令处理器 解释由操作员或用户发出的控制命令,并引用请求功能的软件。

command programming language 命令编程语言 一个允许用命令而不是通常语言中用的语句进行程序设计的语言。

command prompt 命令提示符 一个显示的字符或者字符串,表示用户可以输入一个操作命令。

command protocol data unit 命令协议数据单元 通信网络中由逻辑链路控制(LLC)子层传输的协议数据单元(PDU),其中协议数据单元的命令/响应(C/R)位为 0。参见 protocol data unit (PDU)。

command reader 命令阅读程序 某些计算机系统中的一种系统任务,它从输入数据集中读取命令并把每条命令输送给命令处理程序。不能有多于两个命令阅读程序同时有效。

command resolution 指令分辨率 反馈控制系统中在不引起最终受控变量变化的情况下,可能实现的最大指令变化。

command retry 命令重试[执] 不需要输入/输出中断就可使命令重新执行的一种通道和控制器过程。

command set 命令集 控制智能调制解调器的命令,多数调制解调器支持 Hayes AT 命令集,但许多高速调制解调器具有自己的增强命令集。

command state 命令状态 调制解调器接收命令的状态。多数调制解调器允许用户在线进入命令状态而无需中断连接。在 AT 命令集中,键入三个“+”可将调制解调器转向命令状态。

command statement 命令语句 一种作业控制语句。通过输入流向系统发命令。

command substitution 命令替换 在 AIX 操作系

C

统中，用替换命令行的方法捕捉命令的输出作为另一条命令的值的能力，界面程序首先运行命令然后用输出替换整个表达式，这种特征常用于赋值语句。

command system **命令系统** 操作系统中解释命令语言的部分。命令语言可分为7类：①系统访问命令；②编辑命令；③文件管理命令；④编译和执行命令；⑤操作员专用命令；⑥操作方式转换命令；⑦资源申请命令。

command terminal protocol (CTP) **命令终端协议** 数字网络体系结构(DNA)网络虚拟终端协议(NVT)的子协议，在用户终端和虚拟终端间做读和写的变换。

C

command transmit time out **命令传送超时** 执行传送数据的设备，等待命令到达的时间超过给定的时间范围。

command window hot key **命令窗口热键** 在AIX操作系统中，一个激活命令虚拟终端的组合键，命令窗口热键结合是Alt键、鼠标键或者数字化仪上的4号键的动作。参见command virtual terminal。

COMMCEN **通信中心** communications center的缩写。

comment **注释** (1)附加或分散在源语言语句间的描述、参考或解释。其作用是帮助读程序的人理解程序，对程序本身的语义没有任何影响。编译时将注释文字忽略。(2)在编程语言中的一种语言成分，它包含在程序的正文中，但不影响程序的执行。注解用来解释程序的某些方面内容。

comment-line **注解行** 一个源程序行，其指示符区是用“*”号或其他符号表示的(在不同的语言中有不同的规定)，这种注解行只在程序归档时起作用。注解行的一种特别形式是在行的指示符区中用斜杠“/”来表示的，该行的A区和B区为计算机字符集中的任意字符，其作用是在打印该注解时先跳页。

comment out **注释封行[禁止]** 在程序设计中，将若干行语句用注释括号或语句的方式排除在编译执行的程序之外。参见comment，conditional compilation，nesting。

comment statement **注释语句** 一种源语言语句。仅用于对程序进行解释、标注等用途，解释或编译程序并不对其进行处理，但在打印程序清单时将列出。

commerce interchange pipeline (CIP) **商务交换管道** 微软公司的一种数据安全技术，利用该技术，可以通过公共网络(如因特网)在应用系统之间安全邮送商业数据。商业交换管道技术独立于数据格式，支持数据加密和数字签名技术，还支持各种各样的传输协议．包括SMTP、HTTP(超文本传输协议)、DCOM和EDI(电子数据交换)增值网。最典型的用处是，发(货)票和订单的数据通过一个传输管道在网络上传输，一个接收管道读取到数据后进行解码，为应用系统接收数据作准备。

commerce XML (cXML) language **商用扩展置标语言** 基于可扩展标记语言(XML)的一套文档定义(规范)，开发这种语言用于企业对企业之间的电子商务。商用XML语言定义了产品清单标准，允许采购应用系统与销售应用系统之间进行电子问答，保证金融交易在因特网上的安全性。参见extensible markup language (XML)。

commercial communications service **商用通信业务** 可从商用通信公司得到的一类特定的业务，如用户对用户业务、用户对非用户业务、公共通信业务、传真业务均为商业通信业务。

commercial COMSEC endorsement program (CCEP) **商业通信保密认可程序** COMSEC是通信保密(communications security)的缩写。美国国家安全署公布的一种数据加密标准。销售商可申请加入CCEP，由其授权在通信系统中加入保密算法。

commercial data processing **商用数据处理** 企业管理中的一种数据处理概念。主要涉及对企业各个职能部门所产生的数据的处理，如对有关制造、库存、销售、财务、统计、人事和研究开发的数据进行登录、获取、更新、传输和编制输出。

commercial instruction set **商用指令系统** 兼有标准指令系统和十进制功能的指令系统。

Commercial Internet Exchange Association (CIX) **商用因特网网际交换协会** 一个因特网网络协会，对所有商用网络提供者及使用者开放，为TCP/IP(传输控制协议/网际协议)使用者的相互协作提供连接。

commercial language **商用语言** 主要用于商务性数据处理和管理领域应用系统开发的程序设计语言。如COBOL、PRG等。

commercial network **商用型网** 向公众提供服务的赢利性数据通信网络，大都利用电话网作为传输介质，采取集中管理方式，用户按连接时间或处理时间付费。参见company networks，cooperative networks，research networks。

commercial off the shelf (COTS) **商用成品构件** 由第三方开发的满足一定构件标准的可组装的软件构件。

commercial online service (COLS) **商业联机业务** 指实现电子市场的一种渠道，利用计算机网络中的联机服务器与贸易伙伴交谈并实现贸易。参见electronic marketplace。

commit **提交** 事务处理的一个阶段，这时已完成了所有的交互，底层数据库的稳定状态已改变。

commit cycle identifier **确认周期标识符** 在某些计算机系统中，与起始确认项目有关的一种日志顺序号，它用来标识在一个特定确认周期中的各日志项目。

commit identifier 确认标识符 在某些计算机系统中，指在命令或操作码中确定的一种信息，它关联到一组特定的数据库变更的确认操作。如果发生了一个异常系统终止或路径选择故障或者虽然一个路径选择不正常中止但存在着未确认的变更，确认标识符将被置于通知对象中。参见 notify object。

commitment boundary 确认界限，提交边界 (1)指在确认控制环境中的一个时刻，即一个确认操作被成功地执行了的时刻，或者如果没有被执行的确认操作而一个文件已被打开的时刻。(2)在提交控制环境中的一个点，在这个点上对数据库文件进行的改变不在作业中被延迟。

commitment, concurrency and recovery (CCR) 提交、并发和恢复 (1)在开放系统互连(OSI)模型中，为分布系统提供分布式数据库同步修改和多个系统的一般分布式处理的同步保证功能的模型。一个 CCR 关系即是通过 CCR 服务原语建立和终止的两个以上应用实体间的关系，它可对通信错误和应用错误进行恢复。参见 association control service element (ACSE), reliable transfer service element (RTSE), remote operation service element (ROSE), application entity (AE)。(2)一个应用程序的服务功能，它允许两个或多个应用进程在共享数据上执行互斥的操作。它还提供了用于确保操作被完全执行或完全不执行所需要的控制功能，使用了原子操作概念以及两阶段委托协议。

commitment control 确认控制 将文件操作组合起来进行处理的一种方法。

commitment performance 承诺[支持]性能 计算机公司对用户的承诺程度。公司在设计机器时除大量采用(支持)已成为工业标准的各种协议、标准格式外，还要对卖出的机器承担人员培训、维修服务和软件版本的升级等义务。

commitment time 约定时间 系统给一项数据赋值的时间。同 binding time。

commit operation 提交操作 一个在永久性存储器中保存文件的操作。

commit point 确认点，提交点 在某些信息管理系统中的一个点，在该点上应用程序指示一个工作节已完成，并指示被修改或建立的数据是一致和完整的。

committed burst rate (CBR) 承诺[约定]突发速率 在正常状态下和一定时间间隔内，网络允许在虚电路上传送的数据总量。

committed information rate (CIR) 承诺信息速率 (1)帧中继网络服务在正常条件下的信息传输速率的平均值，CIR 是以每秒多少比特计算的。(2)电信公司与用户双方约定的，正常状态下的虚电路信息传送速率。

committed memory 占用内存 虚拟内存中页面调度文件中已经占用的空间，占用内存的进程要在占用的同时扣除页面调度文件的配额。参见 reserved memory。

committed state 已确认状态 与确认功能成功执行之后的那个工作同步单元有关的资源的状态。

common abbreviations 通用缩略语 网络上聊天室、新闻组和电子邮件中使用的缩略语。当没有时间输入整个词语时，可以使用。以下是常用的缩略语：

btw = by the way 顺便说一下
brb = be right back 很快回来
f2f = face to face 面对面
fwiw = for what it's worth 对其价值而言
iae = in any event 无论如何
imo = in my opinion 在我看来
lol = laughing out loud 大声笑
nrn = no reply necessary 不必回信
otoh = on the other hand 另一方面
rotfl = rolling on the floor laughing 笑得在地上打滚
tia = thanks in advance 十分感谢
tyvm = thank you very much 非常感谢
wysiwyg = what you see is what you get 所见即所得

common access model (CAM) 公共存取模型 SCSI(小型计算机系统接口)，采用 CAM 在众多 SCSI 命令集和程序调节之间加入了一个控制层，使 SCSI 的编程更为方便。

common address multiple lines 公共地址复用线 允许一个用户从连接的多个电路上接收到对单一地址呼叫的设备。

common address space section (CASS) 公用地址空间段 在 DPPX(分布式处理设计执行程序)中，全部与同一实存区域有关的所有地址空间的子存储池。这个区域可由在任何地址空间内运行的任一进程所寻址。它由只读和读写各子存储池所组成。

common agent technology 共用代理技术 一种网络管理技术，支持 SNMP(简单网络管理协议)和 DMI(桌面管理接口)协议。共用代理技术允许收集硬件和软件部件的管理信息，提供一种以集成方式管理的途径，通过提供一种共用管理框架，使客户在管理平台和代理上的现行投资得到保护，帮助客户管理其台式计算环境(常包括来自许多不同厂商准则的产品和管理规约)。参见 simple network management protocol (SNMP), desktop management interface (DMI)。

commonality 通用性 材料或系统的一种性能，它使得该材料或系统可具有相似性和互换性，使得在其他材料或系统上训练的人员不需要经过特殊的训练即可掌握该材料或系统的使用、操作和保养。

common analysis structure (CAS)　公共分析结构　公共分析结构是搜索引擎的一种结构，用于存储文档内容和元数据以及文本分析引擎生成的所有分析结构。文档分析期间的所有数据交换将通过使用公共分析结构处理。

common-anode display　共阳极显示器　阳极为公共端的显示器，信号从各阴极端输入，使用负逻辑。

common application repository and environment (CARE)　公共应用资源及环境　一种软件环境，包括核心资源和外围环境两部分，前者有一个支持应用开发全过程的中心数据词典，并提供应用开发所需要的基本类库，主要由业务规则、界面表示规则及数据管理规则三部分组成。后者由资源管理工具、开发工具以及最终用户工具构成。旨在实现软件产业界的合理分工和协作。CARE 的目标是提高软件生产率、保护软件投资、支持应用集成接口、支持应用的用户化。

common application service element (CASE)　公共应用服务元素　在 OSI(开放系统互连)参考模型中，应用层为支持公共应用服务而设置的一组应用服务协议实体集，它是应用层的一部分，用于提供某些公共服务，如在两个应用协议实体之间建立逻辑连接(联系)。

common area　公用区　(1)一种控制节，用以保存可以由其他模块引用的主存储区。(2)在某些操作系统中，可由全部地址空间寻址的虚拟存储区域。(3)在 FORTRAN 语言中的一个存储区域，用于在一个主程序和若干子例程之间进行通信。

common-base amplifier　共基放大器　基极端为输入端和输出端两者所共有的基本双极放大器。也称"基极接地放大器"。

common battery exchange　共电式交换机　人工和自动电话中的一种交换机，其中监控信号，用户呼叫信号和用户的声音、数据和视频信号所需要的能量由一个能源供应，如一组位于交换机中的电池或电源。

common battery signaling (CBS)　共电信令方式　在电话系统中，电话机的信令功率由辅助交换机或自动交换机提供的一种信令方法。在共电信令方式中，"对话功率"可能由公用电池或局部电池来提供。

common battery signaling exchange　共电制信令交换机　一种手动或自动的电话交换机，其中监控信号和用户呼叫信号所需的功率由一个能源(如一个电池或其他电源)提供，且该能源位于交换机中，而用户的语音、数据和视频信号所需的功率则可能由一个位于用户装置内的电源(如电池或电源)来提供。

common battery telephone system　共电式电话系统　由交换机向每个子站供电的电话系统。

common business oriented language (COBOL)　面向商业的通用语言　适用于商业及数据处理的类似英语的程序设计语言。使用这种语言可使商业数据处理的过程用标准的形式来表达。

common bus system　公共总线系统　在计算机系统中，把地址、控制和数据线对所有的功能模块均适用的总线系统，称为通用总线系统。再应用总线接口电路就可使用户很容易与其他用户相联系并进行通信。

common bus topology　公共总线拓扑　一种连接设备的方式，使所有的设备均通过一个公共电缆通信。

common carrier telecommunication　公用载波通信　由电信公司提供的一种通信。其业务是通过有线、无线、光纤或其他电磁系统，在特定地点(站)发送或接收各种信号、符号、文字、声音、图形、图像等通信服务。

common carrier wide band channels　公用载波宽带信道　由公用载波公司提供的的一种设备，它可支持从 200 波特到 1 000 000 波特数据传输率。

common-cathode amplifier　共阴(极)放大器　阴极在工作频率上处于地电位的电子管放大器。输入信号加在控制栅极与地之间，而输出负载则接在阳极与地之间。

common-cathode circuit　共阴极电路　一个阴极接地的真空管常用电路，其特点是输入阻抗高，输出阻抗也高；有电压增益；输入与输出信号是反相。

common-cathode display　共阴(极)显示器　阴极为公共端的显示器，信号从各阳极端输入，使用正逻辑。

common causes　常见原因　引起常规变化的许多不确定因素，每种因素的作用不大。

common-channel interference　公共信道干扰　两个使用相近频率或频率边带相互重叠的广播电台所产生的一种相互干扰。

common channel interoffice signaling (CCIS)　公共信道局间信令　由一组干线传送的所有信号经解码后，利用时分技术在单个声音信道上进行传送的技术。在电话通信系统中，将话音与控制信号(信令)用分开的信道传送的技术。控制信号可在分组交换数字网络中传送，其中可以包含诸如呼号之类的数据，通信连接与拆线都比较快。

common channel signaling (CCS)　公共信道信令　简称"公路信令"。信令系统是电信网的神经中枢，它使各交换机之间传递和交换必要的信息，使网络能够正常运行。CCS 将信令信息与话音数据分开，在交换局之间建造一个分组交换网专门用来传送 CCS，它是在使用程控交换局的基础上，利用高速链路以分组交换方式传送局间信令，一群话路(如几百条)可以用分时方式共享一条 CCS 的链路。由于 CCS 在逻辑和物理上均与话音信号相隔离，故也称"带外信令"。CCS 主要用于：呼叫建立，路由选择和呼叫释放；内部数据库访问；网络运行与支持；计费。目前我国采用的公共信道信令是7号信令。参见 common channel signaling network (CCSN)，signaling system number 7。

common channel signaling network (CCSN) 公共信道信令网 简称“共路信令网”。公共信道信令网是在确保信令消息安全可靠的处理和传送，经济合理组网原则基础上，将信令点和信令链路按一定的拓扑结构组织起来的网络。公共信道信令是指以分组传输方式，在一条高速数据链路上同时传输一群话路信令。七号信令网就是一种公共信道信令网。公共信道信令网和业务网相对独立，它负责完成信令消息的处理，传送和管理，为业务网提供可靠的业务操作命令(信令)。公共信道信令是指以时分方式在一条高速数据链路上传送一群话路信令的信令方式，一般用于程控交换机组成的网络，通常用于交换局间，因此也称“公共信道局间信令方式”。

common-channel signaling system (CCSS) 公共信道信令系统 简称“共路信令系统”。一组线路的所有信令均经由一个公共信道传送的系统。

common-channel signaling system No. 7 7号公共信道信令 简称“7号共路信令”。在数字网络上带外呼叫控制信令的现行国际标准。参见 common channel signaling network (CCSN)。

common-collector amplifier 共集(极)放大器 集电极端为输入端和输出端两者所共有的双极结型晶体管(BJT)放大器。它的输入信号加在基极与地之间，而输出信号则加在发射极与地之间。集电极通常与电源相连。从基极到发射极的电压增益小于1，但电流增益很高。它提供高输入阻抗和低输出阻抗。也称“射极跟随器”或“集电极接地放大器”。

common command language 公用命令语言 一种命令语言，可以用来检索一个以上的主机信息。检索者在检索过程中可方便地从一个主机转换到另一个主机。

common communication adapter 公用通信转接器 一种通用转接器，用来插入或删除控制信息，并将报文数据转换成适合的形式，供使用该转接器的终端使用。

common communication support (CCS) 公共通信支持 定义 SAA(系统应用体系结构)系统的互连和用于通信及数据交换的协议。参见 systems application architecture (SAA)。

common computer software 公用计算机软件 许多系统能够公用或具有多种用途的程序或执行程序，如报告生成程序、排序例行程序、公用于许多计算机的某些转换程序等。

common control channel (CCCH) 公共控制信道 一种“一点对多点”的双向控制信道，其用途是在呼叫接续阶段，传输链路连接所需要的控制信令与信息。

common controller 公用控制器 共用交换系统中一组控制设备的自动装置。在请求完成控制功能期间，它只与给定的调用有关。

common control switching arrangement (CCSA) 共用控制交换设备 由一个或几个共用控制交换系统提供专用网络交换的设备。交换系统可由几个专用网络共用，也可由公用电话网共用。

common control switching system 公共控制交换系统 一种自动交换系统，它利用公共的设备来建立电路的连接。在这样的系统中，当一个连接被撤除后，公共设备可用于建立另外的连接。

common control system 共用控制系统 一种利用公用设备建立连接的自动交换系统。公用设备可用来建立其他连接。

common control unit 公用控制装置 协调数据装置和通信设施之间信息或信号流的一种装置。

common coupling 公共耦合 两个或多个程序模块利用同一个公共的数据环境，程序模块间的这种依赖关系称为公共耦合。公共的数据环境可以是全局数据结构、共享的通信区、内存的公共覆盖区等。参见 module coupling。

common data-bus 公用数据总线 一种硬件机制，可把由算术运算单元产生的运算结果传送到计算机内部的寄存器和存储单元中。

common data security architecture (CDSA) 公共数据安全体系结构 1996年5月英特尔公司发布了CDSA的参考实现构架，这是专为解决因特网和内联网应用中日益突出的通信和数据安全问题而提出的一系列分级的安全解决方案，并在设计时充分考虑到各种基本的安全协议构件之间的互操作性。它工作于系统级，通过一个标准化的接口为开发人员提供调用密码功能的方法。后来CDSA作了多次改进，现在已得到 IBM、Motorola、Netscape、HP 和 Sun 等公司的支持。

common development and distribution license (CDDL) 公共开发和分发许可证 CDDL是美国 Sun 公司借鉴 Mozilla 公共许可证(MPL)设计开发的，被开放源码促进会(OSI)正式批准的开源码许可证。CDDL实际上是一个许可证模板，其中不包含任何发行者的特定信息，在满足开放源码软件许可证的要求下，充分尊重原始作者和贡献者的知识产权，以期获得广泛的使用。CDDL许可明确承诺把所有相关的专利免费提供给用户。CDDL许可不要求基于开源程序所开发的新应用开放其代码。CDDL许可证允许自行变更许可类型，而不会影响使用原授权。CDDL目前管理着 OpenSolaris 和 GlassFish 等软件项目。参见 Mozilla public license (MPL)。

common-drain amplifier 共漏(极)放大器 漏极

端为输入端和输出端两者所共有的基本场效应晶体管(FET)放大器。输入信号加在栅极与地之间，而输出信号则在源极与地之间取出。共漏放大器用在要求低输入电容或能处理大信号输入的场合。它也称“源极跟随放大器”。

common-emitter amplifier 共射(极)放大器 发射极端为输入端和输出端两者所共有的基本双极放大器。这类放大器提供中等大小的输入阻抗、高输出阻抗以及高的电压增益和电流增益。也称“发射极接地放大器”。

common-environment coupling 公共环境耦合 指两个或两个以上模块通过共享而相互作用，这个公共环境可以是：全局变量、共享的通信区、文件、物理设备等。随着共享环境的模块的数量增多，系统结构的复杂性将显著增大，这对系统的可靠性、易读性、可维护性很不利。降低公共环境耦合程度的有效措施是把数据局部化，也就是把单一的公用区划分为若干子区，把一个共享的数据集划分为若干子集，以子集为单位，由不同模块所共享。

common equipment 公共设备 由多个系统、子系统、部件或其他设备共同使用的设备。

common expression 公共表达式 程序中出现两次以上的相同表达式。它的每次运算结果均一样，即各表达式中的运算对象之值均相同。因此，这种表达式只需运算一次，并保留其结果(在它出现的地方直接代入此结果)。许多编译程序能自动完成这项工作。

common field 公用区 可供两个或两个以上独立的程序或程序段访问的存储区域。

common-gate amplifier 共栅(极)放大器 栅极端为输入端和输出端两者所共有的基本基本场效应晶体管(FET)放大器。输入信号加在源极与地之间，而输出信号则在漏极与地之间取出。这类放大器用于将低输入阻抗变换成高输出阻抗以及高频放大场合。

common gateway interface (CGI) 公共网关接口 CGI为把一种数据从用户浏览器发送给网站服务器提供了一个标准化的方法。是外部网关程序同HTTP(超文本传输协议)等信息服务器的接口标准。当用户把数据输入网站页面表格时，表格的内容被送回网站服务器、并通过CGI馈送到另外的程序供处理。CGI非常灵活，几乎所有能在网站服务器上运行和能接受命令行数据的程序都能与CGI一起用。在UNIX环境下，用C、C++、C shell、Bourne shell等；在Macintosh环境下可用C、C++、FERL等；在微软环境下，可用C、C++或VB等语言完成。通常CGI程序被称为脚本，这是因为第一个CGI程序用UNIX shell脚本和PERL完成。CGI里不管是编译语言还是解释语言都称为脚本。像服务器中别的文件一样，CGI脚本也要存于某个目录。根据服务器的不同，CGI脚本可能在一个服务器特定目录下，而有些服务器允许放在服务器的任何目录。用CGI的一大缺陷是每次用户点击一下表格就生成一个新程序，因而用于大流量网站的服务器可能因同时运行数以千计的程序而极大地消耗了网站的性能。参见CGI scripts。

common-grid amplifier 共栅放大器 控制栅极在工作频率上处于地电位的电子管放大器。输入信号加在阴极与地之间，而输出负载则接在阳极与地之间。这类放大器提供低输入阻抗，且由于反馈而没有振荡。

common-grid circuit 共栅极电路 一个栅极接地的真空管常用电路，其特点是输入阻抗低，输出阻抗高；频率响应特别宽；有电压增益；输入与输出信号是同相。

common hardware 公共硬件 指插头、插座、螺栓一类消耗器材；也指用来制作或修理机器或部件的普通器件。

common hardware reference platform (CHRP) 公共硬件参考平台 公共硬件参考平台是一种系统结构，由IBM、Apple和Motorola联合开发的一个基于Power PC的计算机硬件平台标准，依据此标准，兼容机厂商也可以生产Power PC计算机的主板和各种配件。

common index 公用索引 收录多个出版物内容的索引，即汇集多个出版物内容编成一个索引，它方便读者从许多出版物的集合中一次查到所需的内容。公用索引需采用通用的或标准的主题词。由于涉及许多出版物，各出版物不断有变化，共用索引的维护比较困难。

common indexing protocol (CIP) 通用索引协议 因特网工程任务组(IETF)为使服务器共享索引信息而定义的一种协议。通用索引协议的开发给服务器提供了一种共享信息的标准方式，使它们能共享数据库内容。如果一个服务器解决不了一个特定的询问，通过信息共享就可以把这个询问发送到其他服务器，也许其中某一个含有需要的信息。

common information model (CIM) 公共信息模型 CIM是桌面管理特别工作组(DMTM)标准组织提出的基于因特网的企业管理(WBEM)倡议书的一部分。该倡议采纳了基于因特网的可扩展标记语言(XML)作为构建演示用CIM数据的标准化手段以及采纳了超文本传递协议在系统间发送这些数据。CIM是一个标准，定义了一个一致的模型，依据这个模型，网络设备、系统和应用程序能显示有关它们自己的信息，并使这些信息能用于管理工具。CIM具体包括：一个元描述或基本建模语言；核心描述和与系统、网络、应用相关的基本类集合；通用描述(中立平台下域相关的核心描述的扩展集)；CIM之间用XML语言进行数据交换。CIM设计成能够在各种面向对象的执行模型如CORBA(公共对象请求代理体系结构)和COM(组

件对象模型)以及面向对象的管理技术如JMAPI下实现。CIM能描述诸如桌面软件和硬件配置、CPU封装块的序列号以及某个特定路由器端口上的通信流量水平等信息。CIM想利用面向对象的管理技术并相信新的模型会因DMI(桌面管理接口)和其他数据提供者如SNMP(简单网络管理协议)、CMIP(公共管理信息协议)的广泛应用而得到普及。DMTF还将进一步地把广域网、服务管理、软件许可、软件检测都纳入CIM体系。参见extensible markup language (XML)。

common intermediate format (CIF) 通用媒介格式 一种用于规范视频信号的像素分辨率和色差分量的标准格式,常用于电信领域的视频会议系统。CIF格式是国际电信联盟(TU)在1990年推出的H. 261视频编码标准中首次被定义的一种格式标准。其设计目的是为了便于与电视的NTSC(美国国家电视制式委员会)和PAL(逐行倒相制)两种视频制式标准对接,推动电信领域和电视领域之间的互联互通。CIF格式定义时采用了最大兼容原则(两者相比取较大者),在分辨率上采用与PAL制的格式相同的352×288,在帧率上则采用与NTSC制相同的29.97 fps(帧/秒),色彩空间编码则采用YCbCr 4:2:2格式标准。参见quarter common intermediate format (QCIF)。

common internet file systems (CIFS) 公用网际文件系统(协议) 该协议定义了因特网和企业内联网上远程文件的访问标准,定义了客户机请求服务器文件服务的方法。CIFS以服务器消息块(SMB)为基础。参见server message block (SMB)。

common internet file systems/enterprise (CIFS/E) 公用网际文件系统扩展(协议) 该协议是CIFS协议的扩展,定义了客户机发现CIFS服务器的方法以及客户机请求其他服务(如打印服务)的方法。参见common internet file systems (CIFS)。

common intrusion detection framework (CIDF) 通用入侵检测框架 美国国防高级研究项目局(DARPA)为入侵检测系统(IDS)开发的结构模型。在这个模型中,入侵检测系统分为事件收集单元、事件分析单元、数据单元、响应单元和服务单元等多个单元。CIDF力图在某种程度上将入侵检测标准化,开发一些协议和应用程序接口,以使入侵检测的研究项目之间能够共享信息和资源,并且入侵检测组件也能够在其他系统中再利用。参见intrusion detection working group (IDWG)。

common intrusion specification language (CISL) 通用入侵规范语言 CISL是通用入侵检测框架(CIDF)组件间彼此通信的语言。CISL用来描述IDR组件之间传送的信息,以及制订一套对这些信息进行编码的协议。CISL可以表示CIDF中的各种信息,如原始事件信息(审计踪迹记录和网络数据流信息)、分析结果(系统异常和攻击特征描述)、响应提示(停止某些特定的活动或修改组件的安全参数)等。CISL使用了一种被称为S表达式的通用语言构建方法,S表达式可以对标记和数据进行简单的递归编组,即对标记加上数据,然后封装在括号内完成编组,这跟LISP语言有些类似。参见common intrusion detection framework (CIDF)。

common-I/O 公共输入输出 输入输出使用同一信号线的器件端口。

common ion effect 同离子效应 在弱电解质溶液中加入跟该电解质有相同离子的强电解质,可以降低弱电解质的电离度,称为同离子效应。参见electrolyte, weak electrolyte, strong electrolyte。

common language 公用语言 一种机器可识别的语言,对一组计算机和有关的设备或一些计算机用户来说是公共的。

common language code 公用语言码 用于统一缩写设备名和设施名,安排设备名和设施名等的代码。

common language runtime (CLR) 公共语言运行时 CLR是微软于2001年推出的用来取代COM(组件对象模型)、微软事务服务(MTS)以及COM+的一个编程模型和平台执行架构。CLR提供了更好的内存管理能力,通用的类型系统允许更强大的互操作性,也有助于Visual BASIC、.NET运行灵活性的提高,并最后消除了对Visual BASIC运行时层的需求。代表是CLR引入的新概念,它是CLR编程的核心。代表是一种特殊类型的受控类,它能够处理类型安全的函数指针。每个代表类型都基于单一的方法签名,在建立代表的实例时,必须提供方法实现的地址,方法的实现要有匹配的签名。多播代表就像是一个函数指针的集合,它可以帮助运行方法,用一行代码就可以执行一组方法实现。CLR与COM相比较,CLR消除了COM上许多与语言互操作性、应用程序布署、组件版本管理有关的问题,消除了COM在编写、理解分布式应用程序代码时问题,保证了更高的互操作性等级。CLR规范标准化了一套可以由所有受控语言共享的统一类型集合,每个受控语言都必须位于它之上,并映射到这套内置类型的核心集。CLR类型系统定义了一套预定的原始类型,包括整型、浮点型等。CLR的类型系统还为其他类型:例如字符串、数组、例外等定义了标准的分类。CLR负责为对象分配和释放内存,在客户请求建立来自受控类的对象时,CLR通过在运行时检查有关这个类的类型信息,从而发现对象的内存需求和安置需求。CLR通过垃圾搜集机制来管理对象的生命期,CLR是在垃圾搜集堆上建立对象。在客户释放掉对某个对象的最后一个引用时,对象并不会立即从内存里消除,垃圾搜集器会在以后,在不确定的时间里把对象从内存里清除。参见component object model (COM)。

common language specification (CLS) 公共语言规范 虽然CLR规范标准化了一套可以由所有受控语言共享的统一类型,但它提供的少数类型和功能,也不是每个受控语言都支持的。例如CLR的类型系统为内置的无符号整数提供了不同的支持。C#完全支持无符号整数,但是Visual BASIC.NET不支持。因此C#程序员建立了一个组件,这个组件对外使用无符号整数的方式,使其他语言访问起来很难或者根本不可能访问。CLS是微软为了防止程序员不小心建立了其他受控语言无法访问的组件而建立的一份文档,CLS定义了一套CLR类型和功能的子集,这套子集定义了组件和语言为了与其他受控语言有效地进行互操作,必须支持的CLR类型和功能。参见common language runtime (CLR)。

common library 公用库 某些操作系统中的一个交互可存取库,该库能让拥有这个库的系统或子系统的任一用户访问。

common line 公用线路 由公共事业部门,如邮电部门所建立的供社会上各种用户使用的通信线路,如公共电话网、公共数据交换网等,这些网络中的线路供社会各类用户使用。如果其中的一部分线路租给某个部门使用,便成为租用线路。比较leased line,private line。

common link access for workstations (CLAW) 工作站的通用链路访问 被信道连接到系统上的数据链路协议,支持直接信道连接,提高了信道使用的效率。

common machine language 公用机器语言 一组数据处理机可以共同理解的机器信息表达方式。

common management information protocol (CMIP) 公共管理信息协议 这是有关网络监视和控制信息的开放系统互连(OSI)管理信息协议,称为ISO 9596。由ISO(国际标准化组织)网络管理论坛(ISO/NMF)制订的网络管理国际标准。该标准包括:管理信息控制与交换协议(MICE)和管理事件通告协议(MEN)。该协议支持如下功能:①支持常规的和特殊的网络设施和功能;②采用网上设备主动报告状态变化方式进行管理;③网络管理信息存放在管理信息库中,采用复合信息项方式检索;④为了便于网络管理员在任何站点上操作,网络管理信息可从任一站点向其他站点传递。该协议可在OSI(开放系统互连)和DNA(数字网络体系结构)支持下运行,具有较强的网络管理功能。

common management information service (CMIS) 公共管理信息服务 (1)由专门的管理信息服务单元提供的服务集合。(2)在OSI(开放系统互连)网络管理模式中用于网络监测和控制的规范。

common management information service element (CMISE) 公共管理信息服务元素 (1)为管理信息传递和操作提供基本服务的应用服务单元。(2)指网络管理系统中负责网络管理信息通信的部分。

common management information services and protocol over TCP/IP (CMOT) 在TCP/IP上的公共管理信息服务协议 按照OSI(开放系统互连)开发的公共管理信息服务/公共管理信息协议(CMIS/CMIP),为在因特网系统上使用而实现的一种自动化网络设备管理协议。该协议是为取代现有的简单网络管理协议(SNMP)而设计的。如此可使因特网连接的网络符合OSI的网络管理模式。

common management interface protocol (CMIP) 共同管理接口协议 一个ITU-TSS(国际电信联盟-电信标准化部门)消息格式和用于交换管理信息过程的标准。是ISO(国际标准化组织)应用层协议,用于通过OSI(开放系统互连)网络发送和检索管理信息。

common memory 公用存储器 在多处理机系统中,多台处理机所共用的存储器,为了实现多机之间的信息交换,多台处理机可以对公用存储器进行访问,并通过某种固定的优先权逻辑来避免多个访问之间的冲突。

common memory information transfer 公用存储器信息传送 在多处理机系统中,在处理机的输入/输出部分利用公用存储器实现信息交换的一种传送。一般而言,每个处理机通过固定的优先排队电路对公用存储器进行访问,以避免总线冲突。一个处理机访问公用存储器时,封锁了所有其他的处理机。为了进行通信,每个处理机在公用存储器中有一个信箱或一个状态字。要进行通信的发送处理机,在它希望与之交换信息的处理机的信箱中放入一个状态信息,并把信息直接放入公用存储器的一个固定区,或者指出信息所在的地址和长度,来实现通信。当一个信息要送往多个处理机时,发送处理机或者指出信息所在的地址和长度,或者将该信息送到每个接收处理机的信箱中。在接收处理机查询信箱的状态时,一旦发现了有活动状态,它就从信箱中取出信息,或者从所指出的地址中取出信息。

common memory port 公用存储器端口 多处理机和巨型计算机系统中,前台处理机、后台处理机、外围设备控制器等与公用存储器交换信息的端口。

common messaging calls (CMC) 公用消息调用 由X.400 API协会定义的调用集合,供消息应用程序使用。

common mode 共模 两个输入端上幅度和相位均相同的信号,如差动运算放大器中的信号。

common-mode choke 共模轭流圈 抑制共模电流的器件。共模轭流圈由两根导线在一个磁芯上同方向绕制构成。它仅对共模电流有感抗作用,而对差模电流,由于电流方向相反,磁力线相互抵消,不起作用。共模轭流圈是抑制共模发射的有效手段。

common-mode coupling 共模耦合 在不同的引线

上相对于地引入相似信号的耦合。

common-mode current 共模电流 电流流动的一种方式。共模电流在两个或者几个导体中流动时的相位相同，幅度相等。共模电流会产生共模发射。抑制共模电流的有效手段是使用共模扼流圈。

common-mode disturbance voltage 共模干扰电压 在载体与某一任选的参考点(通常为地)之间出现的干扰电压。

common-mode electromagnetic interference 共模电磁干扰 两个信号或电源引线的电位相对于地同时且以同样方式变化的干扰。

common-mode emission 共模发射 共模电压产生的发射。共模电压是线路参考电位与大地电位之差。由于共模电压的存在，线路中要产生共模电流，进而产生共模传导发射。由共模电流环路产生的电磁辐射称为共模辐射发射。任何共模电压、共模电流对于系统工作都是无用的，设计中要尽量减小共模电压和共模电流，达到减小共模发射的目的。参见 common-mode voltage, common-mode current。

common-mode error 共模误差 运算放大器输出端由于输入端的共模电压而存在的误差电压。参见 common-mode voltage。

common-mode filter 共模滤波器 这是常用的一种抗电磁干扰滤波器，对于共模电流或共模噪音导体将呈现很高的阻抗，对于所需要的信号它呈现低阻抗。

common-mode interference 共模干扰 一种出现于两个信号端子或被测试的两个基本端子点与公共参考端(如接地)之间的干扰。共模干扰属于非对称性干扰。与差模干扰相比，共模干扰幅度大、频率高，还可以通过导线产生辐射，所造成的干扰较大。比较 differential-mode interference。

common-mode noise 共模噪音 在两条导线中相对于地而言是相同的噪声或者电气干扰。

common-mode operation 共态操作 共享某一设备的一种方法，如共享长线适配器、音频重发器。在许多用户线路之间，在转换系统内部装设公用设备，可以取代每条线路安装一套设备从而降低每条线路的安装费用。

common-mode rejection (CMR) 共模抑制 在差分放大器中抑制共模噪声效应的能力。当将平衡信号加到差分放大器时，便将平衡信号之间的相位差给放大，任何两个相位共同的噪声(共模噪声)皆被差分放大器所抑止。

common-mode rejection ratio (CMRR) 共模抑制比 输入端口短路线中点对地加电压和输入端口两点之间电压的比。共模抑制比用作描述信号接收器输入端口对地平衡度的一个参数。大的比值是所希望的，这个比值代表装置抑制同时作用到两个输入端的电压影响的能力。

common-mode signal 共模信号 以相同方式作用到平衡放大级或其他差动装置的两个非接地输入端的信号。也称"同相信号"。

common-mode voltage 共模电压 (1)共模电流所产生的电压，如在差分放大器中加到两个输入端的同相对地电压。参见 common-mode current。(2)两个输入端相对于输出参考(通常为地)共同呈现出的电压。

common object request broker architecture (CORBA) 公共对象请求代理体系结构 解决分布式处理环境中软件系统互联问题的一种分布式处理体系结构。CORBA 是对象管理组(OMG)在其对象管理体系(OMA)的框架下，以对象请求代理(ORB)为核心制订的一种开放的、基于客户机/服务器模式的、面向对象的分布式计算工业标准。它定义了一组与实现无关的接口方式，引入了对象间通过 ORB 代理透明地发送请求和接收响应的机制，保证了分布异构环境下对象之间的互操作性。ORB 是 CORBA 解决互操作性问题的关键，它提供了本地对象和远程对象之间以透明方式信息通信交互的纽带，是一种对象式中间件。ORB 负责处理从程序到部件以及部件之间的请求。即使用户不了解服务器位于何处，也不了解服务器程序接口，都可以获得相应的服务。为了保证在语言、操作系统、网络及 ORB 之间的互用性，CORBA 为部件提供一种指定要传送和发送的数据类型的方法，这就是接口定义语言(IDL)，它定义各种程序设计语言之间的映射关系。像数据类型映射、异常处理映射，以便提高代码的重用性。CORBA 的另一个重要部分是一般 ORB 之间互操作协议(GIOP)，它使不同 ORB 之间的通信实现标准化。CORBA 的安全规范提供了比较完善的安全模型，其安全服务提供了鉴别、授权、加密、安全域、甚至还有跟踪网络上安全行为的审核服务。除了对象间相互调用的机制外，OMG 还提供了 CORBA 服务及 CORBA 工具的技术规范，以便在 CORBA 环境下管理和操作对象。由于并不要求 CORBA 服务和 CORBA 工具完全一致，不同公司可能提供的是不同的服务和工具。参见 object management architecture (OMA), object request brokers (ORB), object management group (OMG)。

common open policy service (COPS) 公共开放策略服务协议 COPS 是在网络中的一个 PDP(策略决定点)和 PEP(策略执行点)之间交换网络策略信息的标准协议。它是作为 QoS(服务质量)的一部分，以根据服务优先权分配网络流量资源。该协议使得任何主动的网络节点，如路由器、交换机或网关从外部策略服务器或网络目录中获得用户权和优先权。即如果在网络节点上安装了 COPS 协议，那么运营商可以让终端用户极为方便地访问它们的应用和数据，而不管它们在网络上哪个地点注册。这一协议主要从以下两个协议合并而来：一个是 IBM 和 IP Highway 公司提出的 OOPS(开放资源外包策略服务)协议；另一个是 PEPCI(策略信息交换协议)，由 Intel、MCI、CLASS Data 和 Cisco 系统公司提出。对一个指定的目录，不管是标准的还是专有的，COPS 不必对它做任何修改，都可以支持该目录的格式。这些目录可以是 LDAP(轻量目录访问协议)、DES(目录允许网络)、Novell 的 NDS 和 Microsoft 的 Active directory。COPS 协议可以通过软件(如 Cisco 系统公司的 IOS)嵌入到网络设备中。但是为了访问 COPS 协议，在终端站点或代理服务器上必须运行 RSVP 协议，因为 COPS 是 RSVP 协议的覆盖协议。Windows 98 和 Windows NT 5.0 都提供 RSVP 协议。

common operations environment (COE) 公共操作环境 公共操作环境是信息应用平台主流技术，COE 源于美国国防信息基础设施公共操作环境(DIICOE)。通过 20 世纪 90 年代初的海湾战争，美军发现联合作战体系存在巨大缝隙，高技术战争成本之高难于承受。为了克服各军种的信息系统难于互联、互通和互操作的弊端，消除信息系统“烟囱林立”和信息孤岛现象，美国国防部推出了公共操作环境的网络信息平台计划。公共操作环境的建设，不仅仅是一种标准、结构、基础及软件实现的建设，更是互联网时代的新型产业模式的建设。例如，厂商如果要为美国军方开发 IT 产品，需向美国国防部申报，经批准后，给厂商颁发生产许可证并获得密码口令，才可以从网上下载 COE 的所有标准、规范、文档、工具和核心软件，厂商在进行规定范围之内的开发后，递交美国国防部测评机构进行测评，并给出互操作性的级别，评估厂商的能力成熟水平。参见 defense information infrastructure common operating environment (DIICOE)。

common operations service (COS) 公共操作服务 SNA(系统网络体系结构)管理服务中的一部分，指向限制远程操作控制的主向量。参见 systems network architecture (SNA)。

common part convergence sublayer (CPCS) 公共部件会聚子层 在 ATM(异步传输模式)网络中，指 ATM 适配层中在任何传输类型下都保持相同的一个会聚子层。CPCS 独立于业务，可进一步划分为 CS 和 SAR(分段和重装)子层。CPCS 负责准备 ATM 网络上传输的数据，包括发送到 ATM 层的 48 字节有效载荷信元的生成。参见 convergence sublayer (CS)。

common part convergence sublayer-service data unit (CPCS-SDU) 公共部件会聚子层-服务数据单元 由目标公共部件会聚子层提交给接收方的 ATM(异步传输模式)适配层的协议数据单元。

common part sublayer (CPS) 公共部分子层 公共部分子层是介质访问控制(MAC)层的核心部分，主要功能包括系统接入、带宽分配、连接建立和连接维护等。CPS 接收来自各种 CS(通信服务)的数据并分类到特定的 MAC 连接，同时对物理层上传输和调度的数据实施服务质量(QoS)控制。参见 media access control (MAC) protocol。

common peer group 公共对等组 在 ATM(异步传输模式)网络中，指最低层的对等组，其中表示了一系列节点。组中节点可直接表示，也可通过其上层节点表示。

common-plate circuit 共屏极电路 一个屏极接地的真空管常用电路，其特点是输入阻抗高，输出阻抗低；没有电压增益；输入与输出信号是同相。

common program 公共程序 在 COBOL 语言中的一个程序，尽管直接包含在另一个程序中，但可以从任何包含在其他程序的程序中直接或间接地调用。

common programming interface 公共编程接口 应用程序开发语言和服务的定义，具有或者趋向于具有在 SAA(系统应用体系结构)环境中的高度公共特征并在其上实现，是三个 SAA 系统结构区域之一。参见 common communications support, common user access architecture, system application architecture (SAA)。

common public license (CPL) 通用公共许可证 CPL 许可证在满足开源软件许可证认证标准的前提下，又有如下规定：①明确了专利授权。一般的开源软件都明确源代码的版权人将自己的修改权、复制权等版权权利向公众许可，但保留署名权，而 Common 许可证在此基础上还明确假如源代码中含有专利权，源代码专利权人将复制、使用的专有权利向公众许可。②规定可以将源代码及修改过的源代码与其他类型的不受本许可证约束的代码结合，以新产品的形式发布，只要其中经该许可证获得的源代码及修改过的源代码能按该许可证的要求发布即可。③细化了该许可证终止的情形，包括发生专利侵权诉讼。④明确了一个独立承担责任的原则，就是假如按该许可证使用源代码的使用者将获得的源代码应用于商业使用，那么他就要对在商业应用中出现的由于使用该源代码程序而产生的侵权诉讼承担完全责任。这一条规定是比较特殊的，绝大多数开源软件许可证都不这么要求。

common public radio interface (CPRI) 通用公共射频接口 针对基带射频接口定义的规范。通用公共射频接口定义了无线基站内部无线控制中心和无线设备之间的接口，通过 CPRI，无线基站的控制部分和射频部分实现分离，从而将基站的射频部分拉远，在不增加容量的情况下实现对特定地区的低成本覆盖，共享基站的基带资源。

common resource 公用资源 由用户定义，在任务之间共享的逻辑资源，如任务间的共有数据以及共有的输入输出设备。

common return **公共回线** 两个或多个电路的共同回路，它用作使电流能返回到电源或地的路径。

common return offset voltage **公共回路偏压** 在一条线路或电路中，直流电位与地或公共回线电位之差异。

common segment **公用段** 在覆盖结构中，两个互斥段所依赖的覆盖段。

common segment bit **公用段位** 在多虚拟存储系统中，为了节省实存空间和提高地址转换效率，在每个段表的表目中设置的一位。它指出该程序段是否为公用程序段。当段表表目中的公用段位为“1”时，则表明各虚拟存储器都可以使用这个程序段。

commonsense **常识** (1)人所共有的知识，也称“通用知识”。常识不同于数学命题、物理定律，它是一种经验，具有不确定性，如“鸟会飞”就是常识，对常识的推理是非单调的。(2)泛指普通存在而被普遍认识了的客观事实的知识，即人类共有的知识。参见 knowledge。

commonsense reasoning **常识性推理** 人们在日常生活中使用的推理形式，其中大量使用常识和背景。常识推理需要从信息得出结论，而且人们尝试性地接受这些未经证实的似真结论。由于这些信息并不是充分的，有不足之处，所以该推理应被看作为试验性的，将来可能被修正，也可能现在以此去修正原先的结果。即常识推理是非常单薄的，因而常识推理要求系统能够根据它获得的或导出的新知识来修正它的知识。目前常识性推理多用非单词逻辑、多值逻辑和模糊逻辑来实现。

common service area **公用服务区** 某些操作系统中的一部分公用区，它包含可由所有地址空间寻址的数据区，但在使用时，由请求程序的键标进行保护。

common software **通用软件** 为许多系统通用的应用程序，如报告生成程序、分类程序、转换程序等。

common source amplifier **共源放大器** 源极端为输入端和输出端共用的基本场效应晶体管(FET)放大器。输入信号在栅极与源极之间引入，而输出信号则在漏极与源极之间取出。这类放大器能提供高输入阻抗、中等大小到高输出阻抗以及大于1的电压增益。

common storage area **公用存储区** 在存储器中一段特定的公用区域，可由多个程序或同一程序的几个段或子例程使用。

common subexpression elimination **公共子表达式消除** 程序编译器中的一种最优化技术。在程序中寻找重复冗余表示式，用一单个计算赋值给一个临时变量替代它们。

common trunk **公用中继线** 在电话系统中，所有等级的组都可以接入的中继线。

common trunk line **公用中继线路** 光纤通信系统中的一种光纤传输信道，它由一组串联的光纤发送器和接收器组成，每个站或每个节点处都有一个发送器和一个接收器，通过波分多路复用或时分多路复用在信道的不同点处接收、发送信号和传输信号。

common user **公共用户** 在通信系统中，系统为区域内的所有用户提供通信设施和服务，而不是仅向一个或很少一部分用户(如一个允许呼出的封闭服务群)提供服务。

common user access (CUA) **公共用户访问** 给个人计算机操作系统和计算机程序的针对用户接口的一系列指导方针，IBM 在 1987 年开始发展作为系统应用架构的一部分。CUA 最初用在 OS/2 和微软 Windows 操作系统中，CUA 标准的一部分现在也被其他操作系统采用。CUA 包括针对对话栏、菜单和快捷键操作的标准。例如，在为 CUA 标准编写的程序中，帮助总是通过按 F1 功能键启用；File 菜单总是出现在窗口中的第一个菜单；Help 菜单总是最后一个菜单；每个应用程序都有一个 Quit 菜单选择等。

common user access (CUA) architecture **公共用户访问系统结构** 在人与工作站或终端之间进行对话的指导，三个 SAA(系统应用体系结构)系统结构区域之一。参见 common communication support，common programming interface。

common user communications **公共用户通信** 为许多用户提供业务的通信服务。

common user communications services **公共用户通信业务** 为具有共同利益或有联系的用户群提供通信业务和支持的通信业务，如为在一个单一的组织内，为在同一建筑群的用户群提供这样的通信业务。

common user file **全局用户文件** 在数据库系统中，存储用户保密信息的文件，文件中存储了所有用户的用户名、口令、日期和时间等。用户每次登录时需要键入与该文件相同的用户名和口令。

common user network **公用用户网** 用以构成两交换中心之间的通信通路的一组线路或信道。它为所有连接的站或用户提供公用服务。有时称为通用网络。

common user service **公共用户业务** 一种由公共用户网络提供的通信业务。

common vulnerabilities and exposures (CVE) **通用漏洞披露(组织)** CVE 成立于 1999 年 9 月，是一个由政府支持，企业界和学术界共同参与的国际组织，也是国际上最具公信力的安全弱点披露与发布单位。CVE 使命是通过非盈利的组织形式，对漏洞与暴露进行统一标识。CVE 为每个漏洞和暴露确定了唯一的名称和一个标准化的描述。CVE 使得用户和厂商对漏洞与暴露有统一的认识，从而更加快速而有效地去鉴别、发现和修复软件产品的脆弱性。

common winding 公共线圈 自耦变压器线圈的公共部分。

communicate association 通信关联关系 介于主角类和用例类之间的关联关系，表示在其实例间存在交互。关联关系的方向可指明通信的发起方。

communicated information 通信信息 构成了电文的一串字母、一组声调或一列图像像素等一些传输信息。

C

communicating sequential process (CSP) 通信顺序进程 分布式程序设计语言的原型。它的语法包括：①常量集；②变量集；③算术表达式集；④通道名集；⑤进程名集；⑥进程说明集；⑦进程集；⑧进程表达式集等部分。建立CSP的语义可以用来描述和讨论通信进程的各种重要特性。

communicating word processor (CWP) 通信字处理机 一种专用台式计算机。它具有通信能力，并配备有打印器。这种字处理机可以使用光纤网络(也可以不用)，在办公桌之间、公司内部或各公司之间进行通信，其速度达每秒数页。

communication 通信 (1)按照达成的协议，信息在人、地点、进程和机器之间进行的传送。(2)通过传输介质传送信息的活动及其有关的传送技术，是建立计算机网络的基础传输手段。在计算机网络中，通信的作用是把文字、图形、图像、声音等各种形态的信息，从一个计算机系统或其他网络节点传送到另一个计算机系统或其他网络节点。计算机通信有两种基本的方法：通过调制解调器的临时通信和通过计算机网络的永久或半永久通信。前者可利用公共电话通信线路，后者则需要专用线路。比较 data transmission, telecommunication, teleprocessing。参见 asynchronous transmission, communications protocol, synchronous transmission。

communication abort timer 通信故障计时器 接收信息时，用来连续监视具有拨号功能的调制解调器的工作状况的一种装置。当呼叫已建立，而数据一时收不到时，故障计时器将线路与调制解调器脱钩，使调制解调器可为其他用户所用。

communication access method 通信访问方法 网络主机中驻留的用以控制主机与终端或仿真终端传输数据的程序所实施的方法。这样的程序在各种网络体系结构中有多种，而且往往各不相同，自身又包含多种子程序。数据传输时执行这些程序，各个子程序分别完成数据分块，加报头及其他附加标识信息，以便保证数据正确顺利传输。数据到达目的地后，这些程序再负责把增加的东西去掉，恢复原来数据发送时的样子。这些程序所实现的功能相当于OSI(开放系统互连)模型的第三，四，五层功能。在局域网络中实施对计算机与计算机之间或计算机与终端或仿真终端之间数据传输程序的例子，如各种以太网的CSAM/CD和令牌环网的令牌环传递等。它们所实现的功能相当于OSI模型的第一和第二层功能。

communication ac signaling 交流信号通信 由FSK(频移键控)实现的用交流信号传输系统进行的一种通信，它将电传打字机输出的直流经调制后发送到传输线路上去，如某站将直流标记脉冲转换成1 070 Hz的音频信号，将直流间隔信号转换成1 270 Hz的音频信号。频移键控是一种调频(FM)方式，通常由数据集和调制解调器来完成。

communication adapter 通信适配器 与通信电路间接口的一种线路插卡，它把处理机，控制机或其他设备连接到网络上。

communication agency 通信局代理业务机构 使用人员和设备为专门机构或公众提供通信业务的服务机构，进行其他与通信有关的服务功能。

communication authority password 通信授权口令 在AIX操作系统中，两个通信安全口令之一，控制对通信配置菜单的访问，使得只有授权的人员能够改变轮廓文件、加密通信轮廓文件数据库或者控制进程的启动。参见 BIND password。

communication automation (CA) 通信自动化 通信自动化系统是以大楼数字专用交换机(DPBX)为中心，在楼内连接程控电话系统、电视会议系统、无线寻呼系统和多媒体声像服务系统，对外则与公用电话网、广域网(WAN)或城域网(MAN)以及卫星通信系统相连、实现大楼内外便捷的话音、数据和图像的通信。同时，DPBX还应具有最低成本路由管理功能和自动计费功能。智能大厦中的通信系统目前主要由两大系统组成：程控数字用户交换机和有线电视网(CATV)。前者是由电信系统方面发展而来的，后者是广电系统方面发展而来的，今后技术发展将有可能使智能大厦的通信自动化系统统一。通信网络系统的设计将满足办公自动化系统的要求，并能适应楼外电信部门的通信网向数字化、智能化、综合化、宽带化及个人化发展的趋势。

communication automation system 通信自动化系统 在智能大楼系统中，指计算机网络数据通信、专用数字程控交换机为核心的以话音为主兼有数据与传真通信的电话网、各种局域网等组成的综合通信系统。

communication bit stuffing 通信位填充 用来实现数据透明性的一种技术。为保证数据字段中不出现标志字符，一行中每出现连续的五个1就在其后插入一个0。接收器检测五个连续的1后面是一个0，就删去这个0。如果接收器收到六个1和一个0，则表示报文结束的合法标志字符。

communication board 通信板 一种能使一台计算机与其他计算机与网络进行通信的印制电路板，网卡是一个例子。

communication buffer 通信缓冲区 在通信过程

中，通信双方系统为了协调与缓和数据发送与接收速度不匹配的矛盾而在双方系统缓冲器中开辟的临时存储数据的缓冲区。按存储分配方案划分，通信缓冲区可以分为专用缓冲区和公用缓冲区；而按所用的存储介质来分，可划分为内存缓冲区和外存缓冲区。

communication card 通信卡 个人计算机上的一个扩充板，它含有一个调制解调器，藉此允许计算机使用网络服务。

communication center 通信中心 一个机构，在整个通信网中它是一个节点，用来对此节点发出的、转接的或终止于该节点的电路进行技术控制和维护，它负责处理和控制通信业务，中心通常包括报文中心、传输和接收设备。

communication channel 通信信道 用于在网络中不同组件之间提供信息传输功能的有线或无线信道。

communication channel capacity 信道容量 通信信道由单位时间内可以处理的，信息通过的最大量所确定的一种特征。

communication channel carrying capacity 信道承载能力 通信信道由信息传递中理论上确定可达最大速度的一种特征。

communication circuit 通信电路 在计算机网络中，使网络节点互连的电路，连接网络与终端的电路以及点到点之间的物理的或逻辑的通信线路。统称为通信电路。通信电路可以是专线或从有关公司租用。

communication clock 通信钟 在同步通信中，为了维护接收端和发送端的计算机和终端之间一致性数据传输而设置的内部时钟。

communication cohesion 通信内聚 如果一个模块的所有处理元素集中在一个数据结构的区域上，该模块属于通信内聚。例如，一个模块中的所有处理元素使用同一输入数据或生成同一输出。

communication computer 通信计算机 作为另一计算机或终端与网络之间接口的计算机。或者用来控制网络中数据流的计算机。

communication control 通信控制 远程计算机为进行内存到内存的通信，需要计算机提供的一种信道控制。由计算机构成的CC(通信控制器)可连接到租用通信线路或拨号通信线路上。发送是靠手工拨号或自动拨号初启的。后一种情况下，由CC计算机初启自动拨号装置，连接线路的建立比手工拨号要快得多。

communication control character 通信控制字符 为数据设备之间实现传输控制所设置的控制字符，如在国际标准化组织(ISO)提出的基本型传输控制规程中，选择了ASCII(美国信息交换标准代码)字符集中的十个字符作为通信控制字符，以实现各种传输控制。

communication controller 通信控制器 管理数据在网络数据链路上进行数据传输的一种设备。它在整个网络中管理线路控制的各种细节和数据的路由选择。其操作可由与控制器相连的处理器中执行的程序所控制或由在控制器内部执行的程序所控制。参见 cluster controller，communications controller node，transmission control unit。

communication controller node 通信控制器节点 在某些网络结构中，如系统网络体系结构(SNA)，只包含选用的通信功能设备和网络控制程序，而不包含系统服务控制和管理的一种子网节点。

communication control procedure 通信控制规程 (1)为了适应数据通信的实际控制需要所制订的一系列规则、约定和步骤。通常包括通信线路的建立和拆除、数据传输、保持同步以及各种差错控制和故障恢复等。(2)在通信进程间控制信息流的一些约定。它具有下列功能：①标识源站和目的地站；②请求允许发送；③要求某一个站发送；④当多个站或设备要求同一信道时，进行仲裁；⑤提供差错校正；⑥标识设备或进程；⑦当在通信进程间有多个信息等待处理时，标识其中的一个信息。

communication control program (CCP) 通信控制程序 (1)位于通信控制装置和联机业务程序之间，实现两者之间信息交换控制功能的程序。概括地说，通信控制是由通信控制装置中的控制电路以及通信处理机中的通信控制程序联合实现的。其主要功能包括：①位于数据传输线路之间交换电信息；②设置通信线路；③报文的发、收功能；④差错控制；⑤各种监控功能。通信控制程序一般是由线路缓冲区控制、线路控制以及报文管理三部分组成的。(2)网络控制程序中CICP(通信中断控制程序)的一部分，它初启和中止输入/输出线路操作，处理第一级线路差错恢复和记录以及管理由后台程序发出的命令。参见 communications interrupt control program。

communication control system 通信控制系统 实现计算机与终端设备之间经由各种通信手段所进行的通信控制的系统。通常包括有通信控制处理机和通信软件两部分。

communication control unit (CCU) 通信控制单元 (1)一种在网络的线路上控制数据传输的通信设备。(2)在数据传送中，为了把通信终端设备连接到计算机而使用的控制装置。这种装置的主要功能有：①通信线路和终端设备的状态监控和终端的选择，传输开始和结束等的控制；②传输过程的误码检查和传输控制；③传输码和计算机内部代码之间的代码交换；④传输速度和处理速度的变换。

communication data system 通信数据系统 电传打字机和计算机之间接口的实时系统。用于计算机多用户分时系统中进行信息转换和数据采集处理。可用于多站之间的半双工和全双工操作。

communication deception 通信欺诈 通过故意传输、再传输或更改通信来误导对方对通信的解释。

communication description entry 通信描述项 在COBOL语言中，通信描述项是数据通信节中的一个描述项。它由层指示符CD紧接一个通信描述项的名，再接一组所需的子句组成。它是消息控制系统(MCS)和COBOL程序之间的接口。

communication description name 通信描述名 用户定义的一个字。它对消息控制系统的接口区域命名。在COBOL语言中，它是数据部分通信节的通信描述体中的描述。

C

communication device 通信设备 一个硬件或者软件设备，能够发送数据到队列以及从队列接收数据。

communication-device queue 通信设备队列 在LAN Manager网络软件中，一个排序的通信设备请求表。队列中存储请求然后逐一向通信设备或缓冲池中发送这些请求。参见pool, queue, unspooled。

communication-driven DSS 通信驱动DSS 一种决策支持系统(DSS)。通信驱动DSS强调通信、协作以及共享决策支持。简单的公告板或者线程电子邮件就是最基本的功能。通信驱动DSS能够使两个或者更多的人互相通信，共享信息，以及协调他们的行为。参见decision support system (DSS)。

communication-electronics (C-E) 通信电子学 一种专门的领域，它研究的是利用电子器件和系统来对信息进行获取或截获、处理、存储、显示、分析、保护、处置和转移。

communication elements 通信要素 可将通信要素归纳如下：①信源，某一信息的发源处；②消息，待传输信息的细节；③发送者，用于传输信息的人员或装置。这可能是终端或计算机；④信号；传输信息过程中所产生的信号，这可能是二进制码的字符或莫尔斯码字符；⑤接收者，接收传送来的信息的人员或装置，这可能是终端或计算机；⑥信宿，目的终点，即该信息要传输到的地点或要传送给的人。

communication entity 通信实体 在开放系统中负责通信的活动元素。

communication error code 通信误差码 在数据通信传输和存储过程中，具有误差检测和校正功能的一种代码。

communication executive 通信执行程序 为各种通信线路和终端提供必要的处理程序和协议管理的一类执行程序。

communication failure 通信失效 当信息正确地发送但接收总是出错时所发生的失效。

communication file transfer 通信文件传送 在计算机网络节点之间，传送顺序的ASCII(美国信息交换标准代码)数据文件的过程。其他类型的文件，只要与节点的文件格式相当也可被传送。

communication hardware 通信硬件 包括传输、交换和接收通信信息等的硬设备，如数据终端、调制解调器、声音耦合器、专用交换分机，报文交换机等。

communication identifier (CID) 通信标识符 在某些通信系统软件中，用于定位代表一次对话的控制块的一个键标。该键标在对话建立时产生，而在对话结束时删除。

communication input output control system (CIOCS) 通信输入输出控制系统 支持用户程序与远地终端设备进行数据通信、实现报文输入输出控制的系统。

communication intercept 通信侦听 非预期的操作员对信号的接收，操作员能够读到或能理解其中的信息。

communication interface 通信接口 实现计算机与通信网络或其他通信子系统相连接的硬件和软件。目前大多采用由大规模集成电路构件构成的智能通信卡作为通信接口电路，其中配有固化的通信规程软件。计算机上的程序只要通过一些简单的命令即可实现数据传输和各种通信控制。

communication interface modules 通信接口模块 提供CLT(通信线路终端)与调制解调器或无调制解调器的电缆设施接口的模块。标准通信子系统、模块化概念使得原系统可以加入公共通信公司提供的新接口模块。

communication interrupt control program (CICP) 通信中断控制程序 网络控制程序中的一部分。用于控制远程通信线路和线路适配器的操作。主要由字符服务程序和通信控制程序组成。

communication jamming (COMJAM) 通信干扰 通过使用电磁信号，即有意地通过辐射、再辐射或反射电磁能量来破坏电子通信系统的正常工作以阻止无线电通信的成功。通信干扰的目的是通过电磁手段来阻止通信或至少使通信系统功能大大的退化以造成传输和接收发生延迟。干扰可能与欺诈共同使用以完成一个全面的电子对抗(ECM)计划。

communication line 通信线 用于连接通信设备和传送信息的媒体，如导线、电话线等。特别地，对连接网络中相邻节点所用的通信线路，称之为通信链路，简称链路。参见communications link。

communication line adapter (CLA) 通信线路适配器 一种功能装置，该装置将一个站的按位串行输出转换为并行位格式，也将并行位格式转换为按位串行并输入到某站中。

communication line control 通信线路控制 带有相关软件的计算机设备，接收数据并执行必要的控制功能。

communication line terminal (CLT) 通信线路终端 连接在通信线路上的终端装置。可通过终端请求计算机服务或实现终端间的对话。

communication link 通信链路 用于将传送数据和接收数据的两个地点连接起来的物理线路。参见 communications line。

communication link controller 通信链路控制器 某些系统中的一种智能部件，用于提供一组调制解调器与计算机或通信网络处理机之间的线路接口功能，如同步、检错、应答等。

communication management configuration (CMC) 通信管理配置 某些通信系统软件中的一种多域网络配置。其中有一个主机（称为通信管理主机）具有网络的绝大部分管理功能，从而使其他的主机（称为数据主机），得以去处理应用程序。但管理主机不具有对与数据主机连接的本地站点的控制功能。

communication management host 通信管理[宿]主机 在某些通信系统软件的通信管理配置中，除了数据主机的本地连接站外，执行网络中的全部网络控制功能的一种主机。

communication means 通信手段 通信的一种体系或模式，通常按传播介质、编码方法、业务等级或运营组织等来划分，如通信手段有：电话、电报、有线、光纤、无线、电视、军事和商业等手段。

communication medium 通信媒体 从一个地方到另一个地方传递数据信号的物理设备，可以是有线的，如同轴电缆和双绞线等，也可以是无线的，如红外线和微波等。

communication microcomputer 通信微型计算机 数据通信系统中，一种专用微型计算机。为便于通信，一般要求它有四条输入输出数据通路：中央处理机(CPU)到存储器；存储器到 CPU；CPU 到外部设备；外部设备到 CPU。但是对于通信微型计算机其操作有：前端处理，与主机接口；远程数据集中，多个低速设备多路复用一条或几条高速线路；报文交换，存储、分析、检查、处理和发送；终端控制；网络处理与控制，支持局部数据总线、网络硬件和协议。

communication mode 通信方式 (1)计算机和其外围系统进行通信的方式。一般有三种方式：①输入方式，即数据从通道进入计算机；②输出方式，即数据从计算机通过通道送出；③功能方式，计算机将功能字送至外围系统，以建立它们之间的通信。(2)通信双方在通信线路上传送信息的方式。按信息传送方向与时间关系，可划分为单工、半双工和全双工三种通信方式。

communication monitor 通信监督程序 专门为处理通信而设计的一种计算机操作系统。用户必须了解这种监督程序所需要的特殊任务，处理这些任务的方法以及与网络控制软件和设备控制软件的通信方式。

communication network 通信网络 (1)传输设备、交换机和终端设备的集合，组合后提供两点间的通信能力。(2)在数据终端设备(DTE)之间建立数据线路的功能部件的集合。这些功能包括处理、存储、发送、转发和各种交换线路的管理及控制功能。这些功能可以集中在一个控制中心内，也可以分布在各个节点内。

communication network architecture (CNA) 通信网络体系结构 由 NCR 公司开发的 SNA(系统网络体系结构)兼容的一种网络体系结构。参见 systems network architecture (SNA)。

communication networking riser (CNR) 通信网络插卡 英特尔于 2000 年 2 月发布的专为宽频网络设计的通信网络插卡标准。CNR 扩展了声音和调制解调器插卡(AMR)的功能，支持局域网(LAN)、家庭电话网络(HPNA)和通用串行总线(USB)，是内置式调制解调器插卡的换代标准。参见 audio and modem riser (AMR)。

communication network management (CNM) 通信网络管理 设计、安装、操作并管理信息分配和通信系统终端用户控制的过程。

communication network processor 通信网处理机 在某些系统中，用来执行计算机和通信链路控制器之间的计算机接口功能的一种处理机。

communication of word processing 字处理通信 当字处理机配以通信能力时，某些原始输入和大量的编辑工作可以在远程进行。在一个向上拨模式中，字处理机通信可以建立一个网络，允许一草稿在发送到中央设备进行最后组装之前，先被复查并作注解。

communication oriented production and information control system (COPICS) 面向通信的生产和信息控制系统 美国 IBM 公司于 20 世纪 70 年代研制成功的一个适用于综合制造业的管理信息系统，它提出了适于企业生产管理信息系统的典型模式。该系统包括工程技术与生产数据管理、订货服务、预测、生产计划调度、库存管理、制造活动计划、开发工作令、工厂监控、工厂维护、采购及进货、仓库安排、成本计划及控制等 12 个子系统。其中某些子系统已广泛运用于美国及其他一些国家的企业管理。该系统以一台中型计算机和若干台小型计算机组成的网络作为运行环境。

communication parameter 通信参数 使计算机进行通信所需的设置，在异步通信中，通信参数如调制解调器速度、数据位和停止位的数量、奇偶效验的类型和参数的类型等。

communication plan 通信计划 包括通信系统的开发、安装、运行和维护各方面的计划，如通信需求、设备、通信网络、人员、设施、方针政策和规程等。

communication port 通信端口 (1)数据进入通信设备(如终端)或从其出来的一个存取点。(2)在个人计算机上,独立式的调制解调器可与之相连的一个串行端口。

communication preprocessor 通信预处理机 在计算机系统中,处理大型计算机的通信的小型计算机。它能与各种不同性能的终端和载波设备相匹配、易于更换、可与数据处理软件(如排队通信存取法)相匹配、可使大型计算机系统的通信接口标准化。通信预处理机能处理下列各种问题:点到点的通信、探询式通信、同步和异步传输、网络争用、不同的信息传输率和不同的编码、自动应答和呼叫。还可处理信息的存储、排队和交换以及统计信息的收集等。如果系统是由多台处理机组成时,通过预处理机还能选择由哪一台计算机来进行处理。对于新的通信功能,需要改编程序时,通信预处理机通常比大型计算机系统更容易实现。

communication probability 通信概率 对移动通信而言,通信概率是指移动用户在给定服务区域进行成功通话(达到规定通话质量)的概率,它包括位置概率和时间概率。

communication processor 通信处理机 一种专门用作通信控制服务的专用计算机。它是数据通信网中的重要组成部分,其特点是连接有大量的通信线路、能接纳各种类型的终端设备,并能作为前端机与主机相连。其基本功能有:字符的装拆、协议的处理、网络接口、报文队列、代码转换、差错检测和恢复等。

communication processor applications 通信处理机应用程序 实现通信功能的专用计算机的应用程序,其典型例子有:①末端处理机与主计算机接口;②远程数据集成器,若干低速线路到一条或多条高速线路的程序;③报文交换程序,具有存储、分析、校验、处理然后发送报文的功能;④终端控制程序,它引导控制硬件工作;⑤网络处理和控制程序,用于支持本地数据库,网络硬件和协议的使用。

communication processor unit (CPU) 通信处理机单元 设置在通信系统中的计算机。通信处理机单元的一个例子是DDN(数字数据网)交换中心的报文数据处理器。当然,CPU的一个更通常的用法是用来指计算机的中央处理器。

communication program 通信程序 一个软件程序,使一个计算机能够连接另一个计算机并交换信息,在初始化时通信程序提供的功能如设置通信参数、拨号、执行登录过程等,在建立了通信连接之后通信程序可存储到达的消息和传输文件中的信息,在通信时对数据进行编码、协调数据传输以及进行错误检查。

communication protection 通信保护 通信保密(COMSEC)在电信系统中的应用,其目的是防止未被授权的人员访问高度机密的未加密信息,确保电信系统处理的信息的真实性,防止电信业务的被破坏。参见 communications security (COMSEC)。

communication protocol 通信协议 在计算机网络中,为了使计算机或终端之间能够正确地传送信息,必须有一整套关于信息传输顺序、信息格式和信息内容等的约定,这一整套约定称为通信协议。广泛被接受、用作标准化计算机通信的协议就是一组七层的软件硬件准则,称之为开放系统互连(OSI)模型。在OSI之前曾被广泛使用的一种略有差别的标准是IBM的SNA(系统网络体系结构)。在一个协议中还存在着一些协议,每个协议规定了通信中的某一方面。参见 open system interconnection (OSI), system network architecture (SNA)。

communication protocol stack 通信协议栈 定义网络设备发送和接收信息规则的协议。该栈对经过它的任一分组添加信息来提供路由选择和连接服务。

communication queue 通信队列 用于(电子)邮件业务的一份清单,其中保存着发往各独立的工作站用户、本地用户和其他系统的文件的踪迹。

communication reconnaissance 通信侦察 使用电子计算机及通信接收设备截获敌方通信信号,监听通信内容,分析其技术体制,了解其通信网的组成。它是通信对抗的一个重要组成部分。

communication recovery 通信恢复 在发生损失的情况下用于重置或重路由机构的电话网络或其组件的灾难恢复过程。

communication reliability 通信可靠性 通信系统中的一种技术量度,通信可靠性不仅可通过终端来提高,也可通过计算机通信网的各个部位,如在集线器、通信前端处理机和中央处理机上使用完善的检错或纠错技术来改善。如由通信处理机分担中央处理机部分任务,还会使整个系统的经济效益大大提高。

communication routing table 通信路由表 列出供发送和接收邮件用的远地地点的一种表。

communication satellite (comsat) 通信卫星 位于地球同步轨道上,起通信中继站作用的人造卫星。它把地面站发来的信号加以转换和放大,然后转发给各个地面接收站。通信卫星由太阳能电池供电,赤道轨道上放三至多个通信卫星就可为全球提供通信网络服务,通信卫星位于电离层以上,为了电波能穿过电离层,所用载波必须在频谱的微波区。

communication satellite band 通信卫星频带 一种通信卫星的工作频带。地面站使用5 925 ~ 6 425 MHz或7 900 ~ 8 400 MHz频率将信号发送给卫星,然后,卫星用3 700 ~ 4 200 MHz或7 250 ~ 7 750 MHz的频率再将信号传送到地面站。

communication satellite earth station 通信卫星地

面站 卫星通信业务中的地面站。

communication satellite services 卫星通信服务 经过通信卫星和地球站组成的卫星通信网络提供的话音、数据、视频图像等业务。根据管理的需要，卫星通信业务分为两类。第一类卫星通信业务包括：卫星移动通信业务、卫星国际专线业务；第二类卫星通信业务包括：卫星转发器出租、出售业务、国内甚小口径终端地球站(VSAT)通信业务。

communication satellite space station 通信卫星空间站 在卫星通信业务中位于地球卫星上的空间站。

communication scanner 通信扫描器 能使通信线与中央控制器进行连接的一种通信控制器硬件装置。当有服务请求时，通信扫描器监控远程通信线路和数据链路。

communication scanner processor (CSP) 通信扫描器处理器 通信控制器中的一个处理器，包含一个带控制码的微处理器，这个控制码转换连接到CSP链路上的数据传输。

communication security (COMSEC) 通信安全性 保证电信可靠性和拒绝接受未授权人的信息而采取的保护，它包括加密安全、传输安全、发射安全和物理安全。

communication security equipment 通信保密设备 为远程通信提供保密措施的设备。它把信息转换成非法窃听者不易理解的形式，在合法接收者接收时，这些信息又转换成原来的形式。

communication security information 通信保密信息 有关通信保密性、通信保密资料和通信保密系统的信息。

communication security (COMSEC) material 通信保密资料 用于保密或证实通信可信的一种装置。通信保密资料的例子包括密钥、设备、器件、文件、固件或软件，它们体现或描述密码逻辑以及其他的完成通信保密功能的装置。

communication security policy 通信保密政策 适用于通信保密的所有领域的全部政策，包括诸如通信保密监控、控制系统、分析、设备、材料、信息、编码、辅助、监测和检查等方面。

communication security profile 通信保密概况 对一个给定操作、系统或组织可利用的全部通信保密措施和材料，包括对这些措施所用的数量和类型的判定和说明。

communication server 通信服务器 (1)一种设备，通常为微型计算机，它为局部网(LAN)用户提供通信设施。可借助于连接到各种资源和其他局部网的电话线，通过外部电信线路进行。(2)由电信公司、私营电信公司或电信管理部门提供的电路交换业务、分组交换业务和租用线路业务。(3)一种局域网网关，将局域网上的数据包转换为异步信号的网关，如用在电话线或RS-232-C串口通信上的网关，通过它使得局域网上的所有节点都能访问调制解调器或RS-232-C接口。参见gateway，RS-232-C interface standard。

communication service 通信业务 为了使通信系统的用户能够相互通信而提供给用户的业务或设施，如，电话电报及传真均为通信业务。通信业务由电信公司提供。

communication signal 通信信号 在接收设备和传输信道中传播的变化的电磁物理量。

communication silence 通信寂静 通过各种方法使任何类型的传输、发射或辐射的消除，包括从接收设备产生的辐射。

communication sink 通信接收器[点] 从通信源接收信息，控制信号或其他信号的设备。

communication software 通信软件 (1)支持用户程序与远地终端或计算机进行有效、可靠通信的软件。通常由线路缓冲管理程序、线路控制程序和报文控制程序三部分组成。(2)联机终端操作是由通信软件控制的。通信软件控制着由各种终端同时传送出来的消息。在将这些消息传送入计算机之前，该软件将汇编并检验它们，这或为信息检索用或为文件更新用。该软件还监视着通信线路及终端以便检测出错误。此外，它还便利于信息从计算机系统到各个终端的传输，其中可能还包括在发现线路或终端有错误时重新选择路由的作用。

communication software module 通信软件模块 用以监督通信工作的一种软件系统，其中包含下列程序：①中断程序，在中断时，它指挥通信控制装置与中央处理机之间的数据传输，然后把控制权交还给主程序；②报文排队程序，它对要存储、处理和发送报文的顺序进行管理；③错误控制程序，用以纠正接收到的报文中的错误，这些报文是来自其他通信站的。

communication source 通信源(点) 向通信接收点发出信息、控制信号或其他信号的设备。

communication strength 通信强度 通信强度和过程强度相比，还要增加顺序功能之间的数据关系。参见module strength，procedural strength。

communication studies 传播学 研究人类一切传播行为和传播过程发生、发展的规律以及传播与人和社会的关系的学问，是研究社会信息系统及其运行规律的科学。

communication subnet 通信子网 在分布式计算网络中，负责通信用户之间可靠地进行数据传输的通信系统。它通常由通信信道、中继站点、用户接口设备组成。通信子网可以是能够可靠地传输用户数据的通信网的全部或其中一部分，如公共数据网、公共电话网、电报网等。

communication subsystem 通信子系统 通信系统中相对独立的一个重要功能部分。通常由运行通信系统必需的设施和设备组成。

C

communication survivability (CS) 通信生存能力 尽管系统可能部分地遭到破坏或损坏，在这样的不利条件下通信系统仍能继续有效运行的能力。可以用各种不同方法维持通信业务，如可以使用：迂回路由，不同的传输媒质或方法，冗余设备以及能经受强辐射的场所和设备等。

communication system 通信系统 (1)在个人或设备之间能够提供信息传输的系统或设施。通信系统通常由一组能够互连和协同的单个通信网、传输系统、中继站、通信站、终端设备等组成，以形成一个完整的实体。这些单个的组成成分必须服务于一个共同的目的，技术上相互兼容，采用共同的过程，响应统一形式的控制，逐渐在操作上达到一致。(2)处理联机实时应用的计算机系统。典型的通信系统包括下列设备：电传打字机、显示器或声音应答装置以及把键控输入字符换成电脉冲以便在电话线上传输的装置。计算机中心的接口设备把这些脉冲转换成二进制代码，并传送给计算机存储器。在收到完整的信息后，中央计算机检查或存储所需要的信息，然后发回适当的回答。

communication system consolidation 通信系统联合 两种或多种现有的自主通信设施的一种联合，该联合使其成为一种完全单一的，具有所有或大部分初始功能且保留一些原始自主权的整体。通信系统联合是通信合理化的一个方面。

communication system engineering 通信系统工程 将用户对信息交换的需求转换成低风险和低成本的相关子系统和设备的技术解决方案。通信系统工程包括将这些部分集成到整个系统中，其目的是对系统在满足多数用户的通信需求的要求下同时使整个生命周期内的投资最小。

communication system management (CSM) 通信系统管理 通信系统和通信网络的计划、组织、协调、指导、控制和监控。通信系统管理功能可通过使用电信管理网和通信信息管理系统实现。

communication system saturation 通信系统饱和 通信系统的一种状态，此时系统已用最大能力来处理通信业务。

communication terminal 通信终端 向通信线路发送和/或从通信线路上接收数据所使用的装置。当一些终端组成分布式处理通信网络的一部分时，它们之间便可相互进行通信。这些终端传输数据并打印从各处传输来的文件。也可以根据各地准备的数据来打印文件。还有一类大容量传输终端可用来把成批数据从远程点传输到中央计算机。参见 input/output terminals。

communication terminal protocol 通信终端协议 能使远程用户访问本地计算机的一种终端协议，使用它就好像远程计算机直接和本地计算机(通过硬件线路)相连一样。

communication testing 通信测试 关于信息的传输和接收，尤其是对通信媒体和设备效率的估计。

communication test set 通信测试装置 指可以进行如下测试的设备：① 自动或手工确定波特率和校验方式；②生成“quick brown fox”测试模式对设备和电缆进行测试；③进行电缆一致性测试以确定其最大无错误数据传输率；④进行电缆环路测试，识别未知或错误标记的电缆类型以及测试数据链路的一致性。

communication text processor 通信文本处理器 一个功能单元，能够传输和接收信息。

communication theory 通信理论，通信论 (1)一种有关人与人，人与机器，机器与机器之间传递信息的技术理论。(2)用于解决存在噪音和其他干扰时的信息传输的概率特性的数学理论称为通信论。(3)建议使用 information theory。

communication traffic 通信量 通信网络的某指定部分，如一组线路或交换机发出或传输的所有呼叫(包括呼叫尝试)的总和。通常同时考虑通话次数和每次通话持续时间。

communication trunk 通信(中继)干线 两个电话总局之间的永久性连接的电话线。

communication unit network 通信单元网 一种拥有存储程序通信处理机的实时系统。负责扫描通信信道、存储数据、测试数据的优先权并将其传送到相应的目的地，数据的传输可利用公用或专用电话、电报线路，自动地或少量人工干预下同时监视网络收发电文并作情况记录。

communication watch 通信监视 对一条或多条通信线路、频率或信道的监控，从而通过监听或接收而获得所有在其上传输的信息，同时根据要求传输和接收消息。

communication word arrangement 通信字安排 用于通信目的的各种计算机输入/输出字的安排。标准的通信子系统能处理多种计算机输入/输出字：功能字、输入数据字、输出数据字和输出数据请求字。

community antenna television (CATV) 公用天线电视 闭路电视的前身。在地区的最高建筑物上，放置的该地区公用的天线，由公用天线接收电视信号并加以放大，然后用电缆或微波链路送给用户的一种系统。

community automatic exchange (CAX) 小区电话自动交换局 为社区公众服务的一种小型自动拨号电话局。

community computing 社区计算 社区计算是一种资源共享模式，即给用户提供免费或廉价的公用计算机。社区计算被作为一种有助于填平数字鸿沟的方法而受到推广，它使弱势人群能够学习计算机技能。这种新学到的技能反过来又能给他们提供更多的机会，在多个方面改善他们的生活。参见 digital divide。

community dial office (CDO)　小区电话自动拨号局　一种适用于小团体的小型自动中心局,无人值守,有中继线通往其他局。参见 community automatic exchange。

community reception　集体接收　在卫星广播业务中,通过接收设备接收来自卫星广播业务中的某个空间站的发射信号,在某些情况下,这种接收可能是复杂的和采用比个人接收用天线更大的天线,主要用于:①一个地点的一组人群;②通过分配系统覆盖一个有限的区域的人群。

commutating diode　整流[换向]二极管　开关稳压电路中,当开关晶体管截止时,对滤波扼流圈提供电流的二极管。

commutating winding　换向绕组　换向器电机中的一种励磁绕组,承载负载电流或其一定比例部分,借以帮助在换向过程中的线圈改变电流方向。参见 excitation winding。

commutation　换向,转换　(1)电流为零时,将输出电路从一个输入转接到另一个输入。(2)在充气管中,将电流从一个阳极转换到另一个阳极。

commutation circuit of convertor　变流器换相电路　由两个换相臂和换相电压源组成的电路。参见 commutation of convertor。

commutation failure of convertor　变流器换相失败　换相过程中,电流未能由导电臂转移到相继导电臂的现象。换相失败可能是由于不适当的触发脉冲或误点火等原因。

commutation group of convertor　变流器换相组　变流器在电流转移至其他主臂没有间接换相的情况下,在主臂之间按周期进行换相的一组主臂。参见 commutation of convertor。

commutation indictance of convertor　变流器换相电感　换相电路中与换相电源串联的全部电感。

commutation number　换相数　每一换相组在一个电网周期内发生换相的次数。

commutation of convertor　变流器换相　电流在变流器相继两臂之间的转移。依靠变流器内部电压实现电流转移的过程可称为换流。

commutation switch　转换开关　用来执行重复的序列转换的一种装置。

commutation voltage of convertor　变流器换相电压　进行换相的两臂之间的电压,借以使电流流过两臂,抵消原导电臂的电流。参见 commutation of convertor。

commutative group　交换群　运算满足交换律的群,也称"阿贝尔群"。

commutative law　交换律　在代数系统$\langle A, * \rangle$中,$*$是二元运算。如果对于任意$a,b \in A$,有$a*b=b*a$,则称二元运算$*$满足交换律,如数的加法、乘法;集合的并和交均满足交换律。

commutative production system　可交换的产生式系统　具有如下性质的产生式系统:①所有规则,不论综合数据库处于何种状态,均是可应用的;②一旦综合数据库已满足目标,那么,再使用任何规则,综合数据库仍然满足目标;③规则的应用顺序无关紧要。

commutative ring　交换环　环$\langle S, +, * \rangle$中的乘法运算满足交换律的环。

commutator　整流子,换向器　(1)电动机或发电机电枢的一部分,通过它与外电路连接。它由成套圆柱形绝缘铜导体组成,每一圆柱形铜导体与电枢绕组的一点连接,整流子四周装有带弹簧的碳刷,电流由碳刷出入。(2)换向器是由若干相互绝缘的换向片所构成的组件。在组件的轴向圆柱面或径向平面上由电刷与其接触。使电流从电路的一部分通过滑动接触流到另一部分。

commutator switch　换向开关　按重复顺序(如对多个量进行遥测所要求的顺序)完成一组切换操作的电子或机械开关。

commutator type frequency convertor　换向器式变频机　一种多相电机,其转子具有接到换向器和集电环的一套或两套绕组。只要在换向器或集电环的线端施加一种频率的交流电压,就能在集电环或换向器的线端得到另一种频率的交流电压。参见 frequency convertor。

CoMP　协同多点　coordinate multiple points 的缩写。

COMP command　COMP 命令　DOS(磁盘操作系统)中的一个外部命令,用于比较两个文件或文件集的内容。它可以比较同一个驱动器或不同驱动器,同一个目录或不同目录下的文件。

compact　压缩　通过编码或除去重复字符来减少在某一数据媒体上所占空间。

compact assembler programming system (CAPS)　紧致汇编程序程序设计系统　为中型、小型系统使用而研制的以汇编程序为基础的简易程序设计系统。

compact code　紧致码　具有最小平均字长的唯一可译码。紧致码的编码构造依赖于信息源的概率分布。

compact difference scheme　紧凑差分格式　求解线性、非线性数学物理问题的一类差分格式。利用构造高精度格式的技巧,使构造成的差分格式的精度为四阶,但是其系数矩阵却是三对角的。克瑞斯差分格式即为一个紧凑差分格式。

compact disc (CD)　光碟,光盘　光碟是 20 世纪 70 年代末从胶木唱片发展而来的,经过不断完善和发展,种类不断增加,并获得广泛的应用。到目前为止,光碟制品有十多个规格品种,每个品种又都有对应的标准格式。国际标准化组织(ISO)制订和采纳了多种标准规范,定义了光碟的尺寸、转速、数据传输率、数据格式等重要参数。较常用的有:①

CD-DA：唱碟，音频激光唱片；②CD-ROM：只读碟，只读光盘；③CD-ROM/XA：只读碟扩展体系结构；④VCD：影碟，视频光盘；⑤SVCD：超级影碟，超级VCD；⑥CD-I：交互式光碟；⑦CD-R：可录式光碟，CD刻录机；⑧CD-RW：可重写光碟；⑨DVD：数字影碟等。参见 compact disc-read only memory (CD-ROM)，video compact disc (VCD)。

compact disc-digital audio (CD-DA) 唱碟，音频激光唱片 1981年制订了规范，CD-DA盘直径12 cm，每片盘能播放74分钟高质量的音乐节目。参见 Redbook audio。

compact disc-interactive (CD-I) 交互式光碟 一个交互式音频/视频/计算机系统中光碟的硬件和软件标准，包括图像显示、分辨率控制、动画、特殊效果和音频的功能，标准涉及编码的方法、压缩、还原和存储信息的显示等。采用这种标准的系统把高质量的声音、文字、计算机程序、图形、动画以及静止图像等以数字形式存放在659 MB的光碟上，用户可通过与系统相连的家用电视机、计算机显示和CD-I系统进行通信，可使用鼠标器、操纵杆或者遥控器等定位装置选择视听材料。CD-I的基本系统由CD-ROM(只读碟)驱动装置和多媒体控制器(MMC)两部分构成，有两种工作方式：一种方式与家用电器连接，不需要其他计算机；另一种方式是作为多媒体控制器连接到其他微机、工作站或者小型机上。CD-I基本系统提供四种不同音质的运行方式，分别可得到超级高保真、Laser Vision、FM调频广播和AM调幅广播的音质，还定义了三种图像分辨率：360×240，720×240和720×480以及多种视频工作模式。该技术由Sony和Philips为消费市场开发，1986年推出基本的CD-I系统，同时还公布了CD-ROM的文件格式，成为以后的国际标准化组织(ISO)标准。为改进CD-I基本系统的特性，Sony公司为其扩充硬件，Motorola公司为其开发新的专用电路：视频系统控制器、视频合成器、全活动视频信号控制器以及视频信号D/A转换器。其标准称为绿皮书。参见 compact disc-read only memory (CD-ROM)，green book。

compact disc player 光碟播放器 一种可以读取存储在光碟上的信息的设备，包括读取光碟内容所必需的光学部件和在读取时对数据进行解释的电路。同 CD player。

compact disc plus graphics (CD+G) CD+图形光碟 可以显示些图片或者歌词之类的光碟格式。大多数卡拉OK机器能识别这种光碟格式，自从VCD(影碟)格式问世后，CD+G格式已被淘汰。参见 video compact disc (VCD)。

compact disc-read only memory (CD-ROM) 只读碟，只读光盘存储器 一种计算机外存设备，采用与激光唱片相同的技术，将高能量的激光束聚焦成约1 μm的光斑，在存储介质上进行光学读写，可存储大容量的信息，CD-ROM直径12 cm，容量为650 MB。可存储文字、数字信息，也能记录音乐、动画等视听信息，存储的信息只能读取而不能修改或擦除，是一种信息发行、流通的载体。1985年制订了它的规范，其标准称为黄皮书。

compact disc-read only memory extended architecture (CD-ROM/XA) 只读碟扩展体系结构 CD-ROM的一种扩展，由 Philips，SONY 和 Microsoft 公司开发，支持附加音频级压缩和音频和数字数据的交叉，1998年制订了它的规范，与ISO 9660(高西拉)标准一致，进一步说明了ADPCM(自适应差分脉冲编码调制)音频、图像和数据交叉规范。CD-ROM光驱在读混合模式光碟时(同时会有数据轨道和音频轨道的CD称为混合模式光碟)，如果读计算机数据，就不能回放音乐。CD-ROM/XA允许计算机数据和音频数据放在相同的轨道上，所以它能够在读计算机数据的同时回放音乐。参见 adaptive differential pulse code modulation (ADPCM)，compact disc-read-only memory (CD-ROM)，high sierra specification，yellow boob。

compact disc-recordable (CD-R) 可记录光碟 只可写一次而可反复读多次的光碟存储器。1989年制订了规范。它使用的光碟几何尺寸、信息记录的物理格式和逻辑格式与CD-ROM(只读碟)一样，因而可在一般的CD-ROM驱动器上被读取。参见 compact disc-read only memory (CD-ROM)。

compact disc-rewritable (CD-RW) 可重写光碟 可重复写入数据的光碟。根据行业标准，CD-RW应允许擦写1 000次以上。CD-RW可以支持文件的复制、移动、删除等操作。CD-RW格式化后的文件为UDF(通用磁盘格式)格式。参见 universal disk format (UDF)。

compact disc-video (CD-V) 带视频的激光唱片 1987年出现，它是CD-DA(唱碟)和LD(激光视盘)相结合的产物，可在影碟机上使用。参见 compact disc-digital audio (CD-DA)，laser disc (LD)。

Compact Flash Association (CFA) 压缩闪存协会 开发并促进压缩闪存规范使用的一种非赢利性联合会。创建于1995年10月。它的成员中包含了3COM、Eastman Kodak Company、Hewlett-Packard、IBM和NEC等公司。参见 flash memory。

compact flash (CF) card CF卡，压缩闪速存储器卡 CF卡采用了压缩闪存协会制订的标准，内部设置IDE(集成驱动器电路)控制器，具备即插即用功能，通过一个简单的适配器可将CF卡插入PCMCIA(个人计算机存储器卡国际协会)插槽中，早期CF卡的外形尺寸为42.8 mm×36.4 mm×3.3 mm，容量为160 MB，数据传输率为4 MBps，基于非易失性的闪存技术，因此不使用电池或其他电源以保持信息。至2008年，CF卡规范V 4.1支持的容量达137 GB，数据传输率达133 MBps。参见

flash card, smart media card。

compact Huffman code 哈夫曼压缩代码 一种压缩存储空间或处理时间的优化编码。简单地说，若事件出现概率愈高，愈用短位数的代码来表示，而出现概率愈低，则愈用较长位数的代码来表示。这样，当概率密度不均匀时，代码的平均位数(相当于存储空间或处理时间)可缩短。

compact hypertext markup language (CHTML) 压缩式超文本标记语言 一种超文本标记语言的子集，适用于一些小型的计算机设备，如个人数字助理(PDA)、手机和智能电话。参见 hypertext markup language (HTML)。

compaction 压缩、紧凑 (1)为减少数据存储量而对之进行的一种方法。(2)在 SNA(系统网络体系结构)中，两个字符压缩到一个字节中去的数据变换方式，据此就可利用只有 256 个字符的子集；这时最频繁传送的字符将被压缩。参见 compaction table, compression, string controlbyte。(3)在数据设施分级存储管理程序中，采用迁移或备份对数据进行压缩或编码的一种方法。(4)动态地重新安排内存的过程，它把连续的段移动到内存的一端，把未使用的单元集中到另一端。

compaction algorithm 压缩算法 完成数据压缩，即把数据简化为使用较少位的紧凑形式的一种算法。

compaction of data 数据压缩 利用消除重复、消除不恰当组合或使用特殊编码等技术使得在数据的产生、传输和存储中减小占用空间、带宽、费用和时间。

compaction of file records 文件记录压缩 在程序控制下，利用特殊的编码和格式编排方式来压缩文件记录，以减少所需的存储空间，这一过程称为文件记录压缩。

compaction table 压缩表 在 SNA(系统网络体系结构)中，由 LU-LU(逻辑单元之间)对话的发送端用来变换数据的一种表格，以使送至给对话接收端的字节较少。LU-LU 对话接收端使用同一个表进行逆处理，从而把数据恢复成它的原始形式。参见 compaction。

compact model 紧缩模式 Intel 80×86 系列处理器的一种存储器模式，紧缩模式只允许 64 k 长度的程序代码，数据长度可以达到 1MB。参见 memory model。

compactness 紧密度 定义为区域周长的平方与面积之比。也称紧致度。圆盘形区域的紧密度最小。区域周长定义为区域边界的长度。

compactness theorem 紧致性定理 关于命题演算系统和一阶谓词演算系统的重要元定理。它表明，在上述系统中，若一个公式集Σ的所有穷子集是可满足的，那么Σ也是可满足的。

compact PCI 紧凑的 PCI 总线 compact peripheral component interconnect 的缩写。

compact peripheral component interconnect (PCI) 紧凑的 PCI 总线 由 PCI 工业计算机制造商组织(PICMG)开发的，以 PCI 电气规范为标准的高性能开放式总线规范。可收容在 3U 型 Euro card 或 6U 型 Euro card 里。它与用于台式计算机的 PCI 不同，虽然属于同一标准，但 compact PCI 电路板采用 IEC(国际电工技术委员会)规格的 2 mm 插针接插连接器，它的电源和信号引线支持热换接规范，可以使用与台式机和服务器系统相同的硬件和软件。

compact testing 紧缩测试 测试响应分析的一种方法。利用数据压缩技术将大量的测试响应数据进行压缩，测试时只分析被压缩的响应数据。这种方法主要用于内部自测试场合。

compander 压扩器 (1)编码时进行压缩，解码时进行扩展的设备。由可以相互独立使用的一个压缩器和一个扩展器组成的装置。(2)压缩信号幅度范围的压缩器电路与后接恢复原有幅度范围的扩展器两者的组合。它可以改善信噪比(S/N)。完整的压扩器可以用能接通压缩器部分和扩展器部分的单个集成电路提供。

companding 压扩(压缩和扩展)法 (1)从“压缩(compression)”和“扩展(expansion)”两个相反的过程抽取词头组合成的新单词。一种在传输前将信号的动态范围进行压缩，在接收机处又展开成原来值的操作。压扩的使用允许在有较小的动态范围容量的设备上传送有较大动态范围的信号。压扩减少了接收机处的噪音与串扰。(2)PCM(脉码调制)过程的一部分，在一个非线性量化器上，逻辑地将模拟信号的值取整到最接近的离散量化台阶值上。然后，在传输之前将十进制的量化台阶值编码成相等的二进制值。在接收端用同样的非线性量化器逆转地进行的过程。

companding converter 压扩转换器 一种模-数和数-模转换器，它利用对数传递函数先对模拟信号范围进行扩展，然后加以压缩。一般用于语音通信中。

compandor 压(缩)扩(展)器 compressor-expandor 的缩写。在通信线路一端设置一个压缩器降低信号范围尺度，然后在另一端设置一个扩展器还原信号。其目的是增加线路的信号/噪声比。同 compander。

companion keyboard 伴随键盘 一种辅助键盘装置，通常装在远离主键盘的地方。

comparably efficient interconnection (CEI) 同等的互连 在网络互连中，一个由美国联邦通信委员会(FCC)提出的同等访问概念。它说：“如果一个电信部门提供了一项增强型业务，那么它应当给别人提供网络互连的(或配置的)机会，这样才会使增强型业务对互连提供相对同等的效果。因此当一个电信部门提供新的增强型业务时，应该实施同等的互连。”

comparative tracking index (CTI)　相比起痕指数　按照规定的方法试验，不引起材料因起痕而失效的以伏表示的最大电压数值。

comparator　比较器(程序)　(1)将表明系统实际状态的输出信号同称之为参考输入的、所要求的状态进行比较的一种装置。这可产生一个指明两状态之间差异的信号，该差别称为偏差或误差。然后，此误差便传送到操纵装置来修改系统状态。一台处理机的算术逻辑运算器执行这种比较功能，从而使计算机能决定两项数据是相等的，还是一个比另一个大或小。这便能按诸情况中的主要情况使动作采取不同的过程。参见 cybernetic control process。(2)在模拟计算技术中的一种功能装置，用来对两个模拟变量进行比较，并给出比较的结果。(3)确定两项是否不同的装置，如两个脉冲形状或两个字比较。(4)比较两个信号，当它们的频率、相位或功率电平不同时，只按规约提供一个输出。(5)一种用于对复制数据的精确度进行检查的装置。通过对原版数据和复版数据进行比较并记录所有差别来进行检查。(6)用来比较两个计算机的程序、文卷或数据集合的软件工具。目的是找出其共同点或不同之处。比较的典型对象如源代码、目标代码或测试结果。

compared device　比较器　把一个输出量值与规定的作为基准目的值比较并产生一个差分信号的器件。

compare instruction　比较指令　(1)比较两个数据大小或相等与否的指令。比较结果以各种标志记录，供条件转移指令使用。(2)对两个数据字进行相减，检查差是否为零的指令。通常是从累加器的内容减去存储器字。

compare operation　比较操作　检查两个数据项的数值并给出它们之间关系的一种操作，也称“比较运算”。对于逻辑值，可能的关系有“等同”、“不等同”两种，对于代数值，可能的关系有“等于”、“不等于”、“大于”、“小于”、“大于或等于”、“小于或等于”等。“比较”一般是利用算术逻辑单元(ALU)来执行，特殊情况才单独设置比较器。算术比较一般利用减法运算来实现，逻辑比较一般利用异或运算来实现。能实现比较操作的硬件装置称比较器。

comparison bridge　比较电桥　相对于参考电压能产生与输出电压任何变化相对应的误差的电桥电路。误差信号通过负反馈对输出信号进行修正，从而恢复电桥平衡。

comparison definition　比较定义　出现在 IF 语句中，由比较操作符分开的两个操作数。

comparison network　比较器网络　由许多比较器构成的专用并行结构。通常用来直接执行并行归并、排序或选择。为区别起见，它们分别称为归并网络，排序网络，选择网络。

comparison operator　比较算符　在比较表达式中所使用的中级算符。它们是 ¬<(不少于)，<=(小于或等于)，¬⇔(不等于)，=(等于)，>=(大于或等于)，>(大于)以及¬>(不大于)。

compartment　间隔　(1)在计算机安全中，一个特别的在敏感性级的信息类型，由一个标志(如“核心”)识别。(2)一个非层次的指示，作用于一个多种类型的敏感信息，指示专门处理个别访问控制限制。参见 category，classification。

compartment model　隔室模型　也称“房室模型”，一种动力学模型。分析中将系统分成有输入输出的相互作用的功能单元的系统分析模型。这种模型是把研究对象按功能部件分成一些格子，格子之间的关系用加有系数的箭头表示，根据箭头方向和表示输入输出改变率的系数就可以写出一个微分方程组。求解方程组就可以求出各功能部件相互的关系。隔室模型广泛用于医学、生物学和生态学的研究。

compatibility　相容性，兼容性　(1)一个系统的硬件或软件产品能与另一系统或多种系统硬件或软件产品的兼容能力。它是从不同厂家购买产品时考虑的极重要因素。兼容性好的产品在工厂进行新产品研制时，就充分注意和保护用户已经在软件和硬件方面的投资，确保新系列产品与老产品做到兼容一致。(2)现代计算机经常设计成为一个相互关联的系列，这样，系列中的每一种处理机都与其他种兼容。兼容性是一种设计技术，它使任一外围设备都能同系列中的任一处理机相连接。它还能使通用的命令或指令码用在任一处理机上而无需变换。这就允许在选择配置时有灵活性以适应变化着的情况，并且使人们能采用一种功能更强的处理机而无需重新进行程序设计或变换外围设备。该术语也指用于特殊型式计算机的程序包的兼容性。程序包通常是为特殊的型式的计算机而编制的，并且可能需要修改以便与其他型式的计算机兼容。

compatibility feature　兼容特性　允许一个系统运行为另一个系统所编写的程序的能力。

compatibility of instruction set　指令系统的兼容性　一个完善的指令系统的要求之一。指令系统除了兼容性要求外，还应满足规整性、有效性和完备性。兼容性是指同一系列机各机种之间具有相同的基本结构和共同的基本指令集，因而指令系统是兼容的，即各机种上基本软件可以通用。但由于不同机种推出时间不同，在机构和性能上有所差异，只能做到“向上兼容”，即低档机上运行的软件可以在高档机上运行。参见 intact of instruction set，effectiveness of instruction set，completeness of instruction set。

compatibility testing　兼容性测试　(1)对给定的一

组设备和程序进行运行试验，以确定两者的性能是否适合于组成一个系统的过程。(2)检测设备和程序在规定的软硬件平台环境下其功能和性能的跨平台兼容能力的措施。

compatible 兼容的，相容的 (1)修饰说明在不同的计算机上可以运行同一个程序而无需做明显修改的状态。参见 upward compatibility。(2)指硬件或软件满足指定接口的需求能力。参见 assignment compatible。

compatible class 相容类 设 C 是集合 A 上的相容关系，子集 $B \subseteq A$，如果 B 中任意两元素均有关系 C，则称 B 是相容类。所有相容类构成 A 的覆盖。

compatible computer 兼容计算机 指一类新推出的计算机，其性能与已有的某种计算机相同，如可使用同一种指令、程序或部件而取得同一结果。参见 compatibility。

compatible data encryption 相容数据加密 在具有不同操作协议的网络中提供保密传输的数据加密。

compatible mode 兼容模式 一个系统的硬件和软件支持另一个系统的软件的操作，如，UNIX 操作系统和苹果机运行微软 DOS(磁盘操作系统)软件的能力。

compatible relation 相容关系 给定集合 A 上关系 C，如果 C 是自反的、对称的，则称 C 是相容关系，如由英语单词组成的集合 W，定义两个单词的公共字母就称为有关系 R，则称 R 是相容关系。

compatible sideband transmission (CST) 兼容边带传输 一种独立的边带传输，其中载波在进行标准抑制后以低功率电平重新插入以便让常规的调幅(AM)接收机能够接收。兼容边带传输通常是由包含载波加上上边带的单边带等效幅度调制(AME)传输。

compatible single sideband system 兼容单边带系统 能无失真地由普通调幅无线电接收机接收的单边带系统。

compatible software 兼容软件 可用于两种或两种以上计算机的软件系统。

compatible types 兼容类型 指能够成为同一操作的操作数的不同数据类型。

compelled signaling 互控信令方式 一种信令方式，源端在发送一个信号后禁止在相同方向上再发送信号，直到已发送的信号被接收端证实，并在相反方向上收到证实信号为止。

COMPENDEX 计算机化工程索引 computerized engineering index 的缩写。

compensated amplifier 补偿放大器 (1)同时采用低频补偿和高频补偿的宽带放大器。(2)频率范围由选择电路常数来扩展的宽带放大器。

compensated impurity 补偿型杂质 被半导体中相反极性的杂质所中和的施主或受主杂质。

compensated regulated of motor 补偿调节电机 指当电机在与励电源结合时，能自行调节其本身的特性，如电压，功率因数和转速。

compensated repulsion motor 补偿式推斥电动机 推斥电动机的一种，其定子上的初级绕组通过换向器上的第二套电刷与转子绕组串接，借以改善功率因数和换向。

compensating control 补偿性控制 判断是否违反了某种策略、规程或控制，或者是否出现某种风险时应该对整个环境予以考虑的概念描述。如果某个领域的控制比较脆弱，就应该在另一个领域进行补偿。

compensating phase shift 补偿相移 一种相干光适配技术，用于通过改变波前的形状、相位或特征以改善电磁波前的功率密度，即辐照度。同时也为了调整通过传输介质和系统部件(如光纤、连接器、耦合器、镜头组和大气等)引入的这些参数而出现的不希望有的变化。

compensating winding 补偿绕组 承载负载电流或其一定比例部分，借以抵消由于其他绕组中流过的负载电流而发生的磁场畸变的一种绕组。在具有电枢的直流电机或凸极电机中，这种绕组分布于极靴的槽内。

compensation 补偿，校正 用放大器或其他连接设备的相反特性来校正传输设备频率特性的下降和衰减，以展宽带宽或使响应在现有带宽内更接近均匀。也称"频率补偿"。

compensation for calibrating errors 校准补偿 在校准期间通过按比例地加一个量或减一个量来消除误差。为了进行校准而在正式工作前进行的扫描称为校准扫描。

competition activation pattern classification 竞争活动模式分类 一种用于层内神经元抑制连接和层间神经元兴奋性连接的神经网络分类算法。该网络采用自组织方式进行学习，信息在网络中前后流动。当网络稳定时，则完成一次分类。

competition learning 竞争学习 神经网络系统中的一种学习机制。由一组具有层次结构的分层单元集合组成，其中每一层与正上面一层之间是兴奋性接连，而同一层中的单元之间则是抑制性连接。在最一般的情况下，同一层中的每个单元接收来自它正下一层中每一个单元的输入，并映射到它正上面一层中的每个单元上去。此外，同一层中的单元被分成若干个抑制性簇，其中同一簇内所有的单元都抑制本簇内其他的单元。因此，在每层中间同簇内所有元素通过相互竞争，对出现于下一层上的模式产生响应。任一特殊单元对所接收的刺激响应越强，它对本簇内其他成员的抑制也越强。

competitive access provider (CAP) 竞争的接入提供商 一种提供交换接入业务并与已建立的本地交换公司相竞争的组织。

competitive clip 竞争段 在时间分配语音内插技术(TASI)或数字语音内插技术(DSI)中,当沿给定传输方向的所有信道都被占用时引起的语音信号初始部分的截取和信号的传输必须等待一个可用的信道。参见 time assignment speech interpolation (TASI), digital speech interpolation (DSI)。

competitive intelligence (CI) 竞争情报 关于竞争环境、竞争对手和竞争策略的信息和研究,是一种过程,也是一种产品。过程是指人们用合乎职业伦理的方式收集、分析和传播有关经营环境、竞争者和组织本身的准确、相关、具体、及时、前瞻性以及可操作的情报;产品包括了由此形成的情报和谋略。比较 counter intelligence。

competitive local exchange carrier (CLEC) 有竞争力的本地交换运营商 一个提供对公用交换电话网或其他长距离网络连接服务的公司。它处于与传统的电话公司的竞争中。

compilation 编译 将源程序转换为可执行程序(目标程序)的翻译过程。

compilation environment testing 编译环境测试 涉及编译时文件的建立、编译及编译程序在实现中的要求与限制等编译环境所进行的测试。

compilation run 编译运行 主要指主计算机把源程序一次编译成机器代码目标程序。为此目的安排的特定的计算机运行称为编译运行。这需要把高级语言源程序和编译程序装入到处理机存储器中。然后把每一条程序语言编译成很多机器代码,即把宏指令变成为微指令。

compilation unit 编译单位 作为一个独立部分提交编译的程序单位,如 Ada 语言中,编译单位前部有上下文规格说明,指出它所依赖的其他编译单位的名字。编译单位可以是子例程或程序包的规格说明或体,包括类属单位或子单位的规格说明或体。

compile 编译 把一个用高级语言表达的程序翻译为机器语言程序。

compile-and-go 编译并执行 用于修饰或说明开发环境的一种特性,即在计算机程序的编译、装入和执行之间没有停顿的一种运行技术。

compile and run time 编译和运行时间 程序在编译时所占用的时间加上目标程序的运行时间。对解释程序来说这两者是难以分开的,因为它是边编译边执行。此时间可用来衡量编译程序或解释程序的质量。

compiled BASIC 编译 BASIC 在执行之前编译成机器代码的 BASIC 语言版本,传统的 BASIC 语言是解释执行的,由于编译的 BASIC 的执行效率高,它是专业程序采用的 BASIC 语言的版本。参见 BASIC, compiled language, interpreted language。

compile-directing statement 编译指示语句 (1) COBOL 语言中的过程语句的一种。过程语句分为三种:强制语句、条件语句或编译指示语句。编译指示语句总是一个语句构成一个句子,它指示编译系统去做某一件事,如给出注解或为有分支的循环体提供一个总的出口等。(2)指示编译程序去完成某一特定功能的语句。这个功能不是由目标程序在执行时完成的。

compiled knowledge 编译的知识 在人工智能中,从描述性形式转换成过程性的知识,使其能够被计算机立即处理。

compiled language 编译的语言 在执行之前编译成机器代码的程序设计语言,对应于解释执行的语言,比较:interpreted language。参见 compiler。

compile link and go 编译连接并执行 把由源程序编译成的目标程序模块连接起来并转入执行的过程。

compile mode 编译方式 在过程控制语言中指定编译模式的语句。编译模式指是否把源程序编译成联机执行的程序。

compile phase 编译阶段 按逻辑划分的运行过程的一部分,它包括编译程序执行的部分。同 compiling phase。

compiler 编译程序 一类系统程序,用于把高级程序设计语言书写的程序转换成与之等价的机器语言(即计算机可以直接执行的语言)的程序。一个编译程序能接受和处理一种高级程序语言的程序,因此通常一台计算机上同时有若干个不同的编译程序。编译程序处理的程序语言称为它的源语言,源语言的程序称为源程序,它实施转换的结果语言和程序分别称为它的目标语言和目标程序。编译程序在处理翻译源语言程序时要做一系列的工作,它的工作流程可以由下面简图表示,其顺序的子任务分别为:词法分析、语法分析、代码生成与优化等。一个现代计算机上的编译程序是一个复杂的有相当规模的软件系统,它通常包括了支持程序员进行源语言软件开发的一套编辑,检错、跟踪系统,程序维护的支持系统等,还包括一个相当规模的应用子程序库和一个支持目标程序运行的子系统。这样的程序也被称为一个编译系统。

源程序 → 词法分析 → 语法分析 → 代码生成与优化 → 目标程序

编译程序的实现方式有许多种,一般分为一遍扫描的(只从头到尾处理源程序一遍就生成了目标程序)和多遍扫描的。也有的编译程序不是直接生成机器语言代码而是生成汇编语言代码,这时要生成可执行程序还需用汇编程序对这种代码加以处理。参见 assembler, compiling program, cross compiler, incremental compiler。

compiler compiler (CC) 编译程序的编译程序,元编译程序 也称"编译程序书写系统"。把某种语言的语法作为输入来接受,从而生成该语言的编译程序。通常使用的方法是将编译程序的结构标准化，并保存在编译程序的编译程序之中，再根据输入的语言的语法，将这些标准化了的结构加以改动，然后生成所要求的编译程序。这种程序可以看作是编译程序的生成系统。参见 compiler generator。

compiler debugging 编译程序调试 通常采用先分调后联调的方式进行调试。分调是基础。分调是对程序的各个部分分别进行调试，要求调试者根据所要调试部分的功能，人为地给出各种不同情形的输入数据进行调试，看其是否达到预期的结果，特别要检查接口信息是否正确。联调是把程序的各个部分联合起来进行调试，主要检查各个部分是否协调一致，接口是否正确，工作单元有无冲突等。联调时还要求选择各种典型的源程序，检查所生成的目标程序的正确性并运行之，检查目标程序能否正确地解题等。

compiler diagnostics 编译程序的诊断程序 编译程序中的一个子例程。它能发现源程序的错误，并以列表方式向用户指出这些错误。这些表是用源语言和机器代码形式表示的，其中包含错误情况和错误的可能来源。编译诊断分为四类：①预防性的——打印预警信息，然后继续编译；②可修正的——打印错误说明信息，然后继续编译；③不可修正的——如果不能断定程序员的意图，就打印诊断信息，去掉某些语句或子句，然后继续编译；④灾难性的——当出现的错误过多，再产生诊断信息已无用时，结束编译。

compiler-directing statement 编译指示语句 为编译程序实现其动作提供信息的一种不可执行语句，一般不直接产生可执行的结果，如所有的说明、用于表示宏调用的符号以及表示注释的符号等。

compiler dynamic testing 编译程序的动态测试 把测试程序作为输入的程序，对其进行编译与运行，以发现编译程序的错误的一种测试方法。动态测试的关键是如何选取测试数据。

compiler function testing 编译程序的功能测试 根据编译程序提供给用户的使用手册以及总体说明书的功能要求，设计测试程序和对编译程序进行测试。重点测试编译程序各部分之间的界面与总的功能。

compiler generator 编译程序的生成程序 用于构造编译程序的翻译程序或解释程序。这种生成程序接受用某种规定方式表示的一个程序设计语言的语法和语义的描述，进而生成出该语言的编译程序。比较有名的生成程序如 UNIX 系统上的 YACC 程序。

compiler interface 编译程序接口 操作系统为编译程序提供支持功能所执行的功能。

compiler language 编译语言 适宜于用编译方式实现的高级程序设计语言。这些语言的特点在于其绝大部分语言机制能通过静态的编译处理转换成可以有效执行的机器代码。编译语言一般有较高的执行效率。

compiler limit 编译程序限制 编译程序所达到的能力范围，如标识符可以由若干字符组成，但编译程序要加以限制，规定字符个数不得超过某个数，超过则不起作用。

compiler listing 编译程序列表 编译一个程序或建立一个文件而产生的打印输出，它包括以下的一些选择件：例如，逐行的源程序清单、交叉引用表、诊断信息、对程序的外部描述文件的说明。参见 source listing。

compiler manager 编译程序的管理程序 操作系统中控制编译过程的那一部分软件。

compiler options 编译程序选项 专用于控制某些编译操作的关键字。它可以控制编译程序生成的装入模块的性质，打印输出的类型以及控制编译程序的有效利用和控制错误信息。

compiler rate 编译速率 源程序编译成目标程序所用的时间，即效率。

compiler writing system 编译程序编写系统 构造编译程序的工具之一。其他的工具还有编译程序的编译程序、编译程序的生成程序等。它们是按照对源语言和目标语言的形式描述（作为输入数据）而自动产生编译程序的。

compile time 编译时间 对程序进行编译所需要的时间，连接编辑的时间也应该包含在编译时间里，范围在几分之一秒到若干小时，取决于程序的长度和复杂性、编译程序的速度和计算机的性能。参见 compiler，link time，run time。

compile-time binding 编译时绑定 指在程序被编译（而不是在程序运行）时，给程序中某一个标识符（如某个函数名或某个常数）赋予特定的含义。

compile-time table or array 编译时的表格或数组 在一个源程序中建立的表格或数组，它成为被编译程序的固定部分。参见 execution-time table or array，preexecution-time or array。

compiling computer 编译计算机 把源程序翻译成另一台计算机的机器语言的计算机。这种计算机通常称为源计算机；而执行目标程序的那台计算机则称为目标计算机。

compiling cost 编译成本 从源程序产生机器代码的成本。其主要部分是用于完成编译所消耗的计算机资源，这些资源是编写程序和调试程序所需要的。还包括部分研制编译程序的成本，但由于这部分成本由所有编译程序用户分担，所以是微不足道的。

compiling dBASE Ⅲ DBMS 编译 dBASE Ⅲ 数据库管理系统 在解释 dBASE Ⅲ 数据库管理系统基础上开发的编译型数据库管理系统，克服了解释型系统的缺点和问题，速度提高了约 20 倍，解释型

dBASE Ⅲ的大部分程序文件可直接在编译dBASE Ⅲ系统下运行，反之则不行。参见 dBASE DBMS。

compiling duration 编译时间 将一个计算机程序编译成另一个计算机可接受的语言程序或转换成汇编语言程序所需的时间或生成并诊断一个程序所需的时间。

compiling macro definition 编译宏定义 把宏定义从它们的操作所依据的源程序正文中分离出来，然后编译宏定义，再用编译好的形式来处理源程序正文。编译过程包括两类不同的活动：预先翻译宏语句；识别嵌套的宏调用，并预先处理它们。

C

compiling system 编译系统 由多种程序设计语言的编译程序组合成的软件系统。该系统可把多种源语言程序分别编译成机器语言的目标程序。现在人们也经常把一个编译程序称为一个编译系统。一个作为产品的编译系统不仅包含一个语言翻译程序，还包含一套运行支持系统，程序开发支持系统和一个相当规模的常用子例程库。

complementary 互补 描述集成电路的术语。该集成电路利用一些以相反极性相连的元件，使任何一个器件的工作均互补。互补双极电路包括 NPN 和 PNP 晶体管，互补 MOS(金属氧化物半导体)电路则包括 N 沟道晶体管和 P 沟道晶体管。互补器件用相反极性的电压和电流进行工作。

complementary color 互补色 (1)特定色调的一对色彩光，当以适当的强度混合时，使人感觉发的是白光。这样的对数有无穷多。如橘色(波长 608 nm)和蓝色(波长 490 nm)就是一对。(2)加色法时凡两种色光在等量混合时产生白光，或减色法时将两种颜色等量混合时产生黑色，就可称此两色为互补色。

complementary direct-coupled amplifier 互补直接耦合放大器 一种 PNP 和 NPN 晶体管级按交替方式顺序连接，以简化直接耦合和负反馈的直接耦合放大器。

complementary logic switch 互补逻辑开关 具有公共输入端并相互连接，使一个晶体管导通时，另一个晶体管截止或相反的一对互补晶体管。负载电流主要是在晶体管之间连接处的电压从逻辑电平 1 变化到逻辑电平 0 时的转换期间流过。

complementary metal oxide semiconductor (CMOS) 互补金属氧化物半导体 以 N-沟道 MOS(金属氧化物半导体)器件为倒相器，以 P-沟道 MOS 器件为其负载管(反之亦可)，构成的半导体器件。同理，以这种结构和工艺构成的各种 MOS 集成电路称为 CMOS 集成电路。由于一对 P 沟和 N 沟的半导体在电特性上呈互补态，输入给器件门的一个低功率脉冲使其中的一种半导体道通而使另一种断开，这个过程中除了电容充放电和开关动作之外没有电流流通，所以 CMOS 器件比其他器件所耗功率要小得多。

complementary operation 求反运算 在布尔代数中，将一布尔运算的结果求反的运算，如“与非”运算是对“与”运算的结果求反。在二进制数值计算中，求反则是将 1 换成 0，将 0 换成 1。

complementary operator 求反算符 对给定的逻辑算符求反的算符。

complementary output circuit 互补输出电路 有两个输出的逻辑电路，其中，当一个输出为逻辑 0 时，另一个输出为逻辑 1。

complementary principle 互补原理 也称“并协原理”。波和粒子在同一时刻是互斥的，但它们在描述微观现象，解释实验时又是缺一不可的。因此两者是“互补的”或者“并协的”。参见 wave-particle duality。

complementary symmetry 互补对称 具有对称配置的 PNP 和 NPN 晶体管或 N 沟道和 P 沟道金属氧化物半导体场效应晶体管的电路，允许不带输入变压器或其他形式的倒相器进行推挽工作。

complementary tracking 互补统调 两个稳压电源的互连，使一个稳压电源对另一个稳压电源进行控制的主电源作用。从属电源的输出电压与主电源的输出电压相等或成比例，但相对于公共点有相反极性。

complementary transistor 互补晶体管 特性和额定值相似、但极性相反的两个晶体管，如 PNP 和 NPN 双极晶体管或 P 沟道和 N 沟道场效应晶体管。它们从单一输入给出推挽输出。

complementary transistor amplifier 互补晶体管放大器 采用 NPN 和 PNP 晶体管互补对称的放大器。

complementary transistor logic (CTL) 互补晶体管逻辑 采用互补晶体管组成的逻辑电路。

complementary unijunction transistor (CUJT) 互补单结晶体管 除所加电流和电压具有相反极性外，特性与普通单结晶体管相同的半导体器件。

complementary wavelength 补色波长 当以适当比例与样色混合时，能同参考标准光相匹配的光波长。没有起支配色彩波长的紫色，包括非光谱紫外光、紫色、品红色、非光谱红色均用它们的互补波长来定义。

complementation 求补 一种将每个数据位进行取反的操作，如对于数据 0101100，其求补的结果是 1010011。

complement base 补码基(数) 在固定基数记数制中，在进行从一个以数位表示的规定的数中减去某给定数的相应数位以求得该给定数的补码的运算时，该规定的数就是该给定数的补码的补码基。

complement code 补码 (1)从基数减去某数 A 所得的数称为 A 的补码或补数，即数 A 与其补数之和等于基数。(2)一个数的补码由下列方式构成：该数所属数制的基数减 1 作被减数的各位数字，这个被减数减去该数后再在最低有效位上加 1。如十进制数 4736 的补码为 9999－4376＋1＝5264，其中被减数的数字 9 由十进制的基数 10 减 1 而得；同样，二进制数 0110 的补码为 1111－0110＋1＝1010，其中被减数的数字 1 由二进制的基数 2 减 1 而得。计算机中的负数一般都采用补码记数法。参见 diminished radix complement，nines complement，ones complement，radix complement，tens complement，twos complement。

complemented (and) distributive lattice　有补分配格　一个格既是有补格又是分配格，称为有补分配格，有补分配格常记为〈$B,\vee,\wedge,-,1,0$〉。有补分配格也称“布尔格”。

complemented lattice　有补格　各个元素都有补元的格。令〈$L,\leqslant$〉是具有全下界 0 和全上界 1 的格。对于 $a\in L$，如果存在 $b\in L$，使 $a\wedge b=0$，$a\vee b=1$，则称 b 是 a 的补元。如果每个元素都有补元，则称为有补格。有补格中元素的补元不一定唯一。有补分配格(布尔格)中每个元素的补元才唯一。

complementer　补码器，求反器，反相器　(1)其输出数据用输入数据的补码数字来表示的一种装置。(2)把信号、状态、事件转换成其相反的信号、状态、事件的一种装置。

complement form　补码形式　计算机中用于表示数的一种方法。二进制正数的补码形式与原码形式一样，符号位 0 表示正数，数值位与该正数的数值相同；负数的补码形式的符号位为 1，数值位为该负数绝对值的补码；0 的补码只有唯一的一种形式，即全 0。

complement microprogram　求反微程序　对寄存器内容取反的微程序。

complement of a graph　补图　简单图 G 的补图也是一个简单图，G 的补图记为 $\overline{G}$，$\overline{G}$ 的节点与 G 相同，$\overline{G}$ 中两节点当且仅当它们在 G 中无边相连时才有边相连。参见 self-complementary graph。

complement on N-1　反码　基数减 1 补码。一个数的反码的各位数字由其基数 N 减 1 后再减去该数的对应位而成，如二进制数 1010 的反码为 1111－1010＝0101；而十进制数 3 725 的反码为 9 999－3 725＝6 274。

complete binary tree　完全二叉树　一种包含一定层数中最大数量节点的二叉树。

complete bipartite graph　完全偶图　一个偶图 $G=\langle X,\Delta,Y\rangle$，如果对于 X 中每一节点 x 和 Y 中每一节点 y 总有边相连，则称 G 为完全偶图。

complete carry　完全进位　在并行加法中，对每个进位都立即传送的一种方法。比较 partial carry。

complete Chinese character input method　汉字整字输入法　采用大键盘输入汉字的一种方法。根据字义把汉字与机器直接联系。常用的整字输入一般采用按键式和笔触式两种。其优点是一键一字，无重码。缺点是键盘较大，寻字速度较慢，不易盲打，现已不用。

complete Chinese character keyboard　汉字整字键盘　一种最早使用的汉字输入设备。它具有直观易学的特点。一般整字键盘收容字量在 2 000 个以上。也称“大键盘”。其优点是操作简单，一般人可用，缺点是设备庞大，价格昂贵。汉字整字键盘主要有全键式、多段移位式两种。

completed call　完成的呼叫　要求的服务已经完成的一种呼叫，不严格地讲也可指对话已满意地开始了的任何呼叫。

completed state　完成状态　当作业正常运行结束或因发生错误而终止时，作业所处的状态。此时，由系统“终止作业”程序将其作业控制块从现行作业队列中除去，并负责收回资源，然后将作业运行结果编入输出文件，再调用有关设备进程通过输出装置输出。

complete graph　完全图　任意两顶点间都有一条边的无向图。这种图边的总数为 $\frac{1}{2}n(n-1)$，其中 n 为图的顶点数。每个顶点的度数是 $n-1$。对于有向图，如果任意一个有序点对都是图的一个有向边，则称此图为有向完全图。

complete indexing　完备索引　如果在索引文件中对每一种不同的字段组合都存在一个索引，则称此文件提供了完备的索引。

complete induction　完全归纳法　根据某类事物所有对象作出概括的推理方法。完全归纳法是一种在研究了事物的所有(有限种)特殊情况后得出一般结论的推理方法，也称“枚举法”。用完全归纳法得出的结论是可靠的。通常在事物包括的特殊情况数不多时，采用完全归纳法。参见 incomplete induction，induction method。

complete information　完全信息　市场参与者拥有的对于某种经济环境状态的全部知识。在现实经济中，没有人能够拥有各个方面经济环境状态的全部知识，所以，完全信息只是一种理想的假设。

complete instruction　完整指令　能使计算机进行完整操作的一种特殊指令。

complete lattice　完全格　任意子集的最小上界与最大下界都存在的格。

completely inverted file　完全倒排文件　一种文件结构，其中包括每个记录字段的一个倒排索引。比较 partially inverted file。

completely partial order　完全偏序　满足下述性质的在集合 D 上的偏序关系$\subseteq$。①关于$\subseteq$在 D 中有最小元；② D 中关于$\subseteq$的任意 ω 链都有上确界。此种情形下，称 $(D,\subseteq)$ 是完全偏序集。在规定好

C

偏序后，也称 D 是完全偏序集。在指称语义学中，用来定义语义的论域常选用完全偏序集。

complete mediation 完备调停 计算机安全中，指一种原则。检验访问控制信息时必须执行全部检查细节，包括正常操作、维护和恢复。

complete n-ary tree 完全 n 叉树 一棵根树的每个节点或有 n 个子节点或没有子节点，称为完全 n 叉树。完全 n 叉树的分枝点数 i，树叶数 t 满足于等式 $(n-1)i=t-1$。

completeness 完全[整]性 (1)形式化的逻辑系统的一种性质，也称“完备性”。若任何一个永真公式都是该逻辑系统中的形式定理，则称该逻辑系统是完全的。哥德尔证明了一阶谓词演算逻辑的重言式系统是完全的。(2)保证不丢失实体的任何重要成分，支持可靠性、有效性和可修改性的目标，有助于开发得到正确解的软件工程目标之一。

completeness check 完整性检查[校验] (1)确定数据是否在需要处的一种检查。(2)对不应该是空白的字段进行校验的过程。以测试该段中是否有数据存在。

completeness constraint 完整性约束 一种约束类型，用于解决如下问题：超类型的实例是否必须是至少一个子类型的成员。

completeness of deduction system 演绎系统完备性 演绎系统是进行谓词演算的公理系统。它通常由两部分组成。一部分称为公理子系统，由一组(可能是无穷多个)恒真的合适公式组成。这些合适公式应构成一递归集。另一部分称为推导规则子系统，由一组推导规则组成，每个推导规则的含义是把一组已知为真的合适公式映射为另一个取真值的合适公式。通过推导规则推导出来的合适公式也称定理。推导的过程称为该定理的证明。如果对某一类合适公式，所有取真值的合适公式均可由上述方法推导出来，则此演绎系统称为对这一类合适公式是完备的。

completeness of knowledge representation 知识表示的完备性 知识表示方法的一个评估标准。一种知识表示方法若能够表达出知识所含的全部信息，则称它具有完备性。

completeness of instruction set 指令系统的完备性 一个完善的指令系统的要求之一。指令系统除了完备性要求外，还应满足规整性、有效性和兼容性。完备性要求指令系统丰富、功能齐全、使用方便。具体是指在一个有限可用的存储空间，对于任何可解的问题，编写程序时，指令系统所提供的指令足够使用。一般来说，为使程序高效运行和便于硬件实现，一个完备的指令系统应包括传送类指令、算术运算类指令、逻辑运算类指令、程序控制类指令、字符串指令、位操作指令、特权指令和调试指令等。若采用统一编址，则用传送指令即可实现输入/输出的目的；若采用单独编址，则需要专门的输入/输出指令。参见 intact of instruction set，effectiveness of instruction set，compatibility of instruction set。

completeness of resolution principle 消解原理的完备性 利用消解原理进行定理证明的完备性。消解原理是完备的，即对任一真命题(一阶逻辑系统中的)消解过程必定终止，并导出空子句。利用消解原理的定理证明方法(如线性消解、锁消解、单位消解、输入消解等)未必都具有完备性。

complete packet sequence 完全包序列 一个单独的 X.25 数据包或者一系列 M 位设置位 1 并且 D 位设置为 0 的包，后面跟另一个 M 位置 0 并且 D 位按需要置位的数据包。

complete problem 完全问题 在一个根据复杂性定义的问题类中最难求解的问题。形式地讲，设 X 是一个问题，C 是一个问题类，R 是一个归约(或变换)类，若对任意的 $Y\in C$ 都存在 R 中的归约将 Y 归约到 X，则称 X 在 R-归约下相对于 C 是难问题；若还有 $X\in C$，则称 X 在 R-归约下是 C 中的完全问题。在讨论完全性时，常用的是多项式时间可计算的归约。

complete routine 完整程序 在使用之前不需修改的一种程序。许多这样的程序常存放于公司或厂家的程序库中。

complete system 完整系统 由硬件、软件、系统、检验、培训、辅导、维护组成的一种计算机系统。

completion code 完成(代)码 表明某一操作已结束的一种返回码。

completion of call to busy subscribers (CCBS) 遇忙回叫，忙时用户的再呼叫 当主叫用户因被叫忙而呼叫失败后，根据主叫用户的要求，由网络在被叫用户空闲时再次呼叫，而主叫方不需进行一次新的呼叫尝试。CCBS 使得用户在遇忙时不必再次摘机重拨，而只是简单地把电话挂上，等到被叫空闲后，系统再向主被叫双方同时振铃，双方摘机即可进入通话。

completion rate 布通率 在 PCB(印制电路板)或 IC(集成电路)的布线设计中，由自动布线程序所能布通的连线占总连线的百分比。

complex cepstrum 复倒谱 复数频谱取对数后的傅里叶(Fourier)反变换。在信号处理中，通过复倒谱的运算可将褶积关系变换为相加关系，使得一般线性系统能对其进行滤波处理。参见 cepstrum。

complex data 复(数)数据 一种算术数据，每一项都由一个实(数)部和虚(数)部组成。

complex data type 复数类型 包含代表复数的实数部分和虚数部分的两个实域的标量数据类型。

complex instruction set (CIS) 复杂指令系统 相对于精简指令系统而言的传统的指令系统。计算机指令系统复杂化的趋势是由于以下原因：①为提高编程人员编程效率；②提高硬件功能；③为使新设计的计算机与以前计算机兼容以利用现有程序。指令系统的复杂化致使部分指令的执行周期长达几十个时钟周期。

complex instruction set computer (CISC) 复杂指令集计算机 指以微程序技术为基础的、具有较复杂的机器指令的计算机系统。复杂指令集计算机是相对于精简指令集计算机（RISC）而言的。比较 reduced instruction set computer (RISC)。

complex instruction set computing (CISC) 复杂指令集计算 给微处理器增加微码指令，使其能够使用单条复杂的指令来执行越来越多的任务。复杂指令集计算追求的目标是强化指令功能，减少程序的指令条数，以达到提高性能的目的。比较 reduced instruction set computing (RISC)。

complexity 复杂性[度] (1)系统不可逆性、不可预报性以及状态涌现、结构可突变特性的统称。复杂性是混沌性的局部与整体之间的非线形形式，因此不能通过局部来认识整体。复杂性是那种环境条件改变的时候，不同行为模式之间的转换能力较弱的动态表现。(2)解决一个可计算问题的困难程度。一般以计算过程中所消耗的资源多少来度量，资源可以是抽象的，也可以是具体的，如时间或空间等。参见 complexity of algorithm。

complexity function 复杂性[度]函数 (1)也称“工作函数”，表示复杂性的函数。其自变量是输入规模 n，函数值是求解此问题的某种复杂性。当问题的输入规模趋于无穷大时，复杂性函数的性态称为渐近复杂性。(2)对于一个大小为 n 的问题，为了描述实现该问题的算法所耗用的时间或占用的存储空间，常引用一个函数 $f(n)$，称为复杂度函数。分析 $n \to \infty$ 时，$f(n)$ 增长速度的阶是算法分析的一个重要方面。

complexity hierarchy 复杂性层次 各种复杂性类之间的关系，通常表示成后者包含前者的序列。对于与图灵机相关的各种复杂性类有如下关系：

$\mathrm{LOGSPACE} \subseteq \mathrm{NLOGSPACE} \subseteq \mathrm{P} \subseteq \mathrm{NP} \subseteq \mathrm{PSPACE} = \mathrm{NPSPACE} \subseteq \mathrm{EXPTIME} \subseteq \mathrm{NEXPTIME} \subseteq \mathrm{EXPSPACE} = \mathrm{NEXPSPACE}$

complexity measure 复杂性度量 按照某种标准对求解问题时所消耗的某种资源的量化表示，如算法所执行的指定的基本运算次数。在这个定义下，复杂性与一个算法的结构如何复杂是无关的。一个结构非常复杂的算法可能有着较低的复杂性。

complexity of algorithm 算法复杂性 算法的运行时间和占用的存储空间的度量，分别称之为时间复杂性和空间复杂性，它们通常表示成输入规模的函数。算法分析的重点是时间复杂性。通常选择在算法中处于基本地位且能反映算法本质工作量的基本运行作为度量单位，而忽略诸如处理数组下标、增加循环下标簿记工作，如排序算法通常以两个键的比较作为基本运算。对于同一规模的输入，算法所需执行的基本运算的最大次数称为最坏情形复杂性，根据输入出现的概率和所需的基本运算次数而计算的加权平均值称为平均情形复杂性，也称“期望复杂性”。对于空间复杂性，也有类似的平均与最坏情形之分。通常所说的(时间)复杂性，一般指最坏情形时间复杂性。

complexity of a problem 问题的复杂性 解决一个问题在最坏情形下所需基本运算次数的最小值，常表示成输入尺寸的函数。

complexity profile 复杂性指标 程序段的决策水平的量度，是软件费用的重要因素。如程序的规模、程序中的模块数、程序中的变量数、程序中全局变量数、模块平均规模、每一模块中比较语句的平均数、访问某全局变量的模块平均数、公共模块的清单、访问变量的次数高于全局变量的平均数的模块清单、超过模块规模限制或比较语句限制的模块清单等。

complex multimedia database system 复杂型多媒体数据库系统 简单型多媒体数据库系统的进一步发展。它完成对多媒体数据中所包含的物理媒体数据、逻辑媒体数据的统一描述、有效存取和管理。其特点是能对多媒体数据中包含的多种语义信息进行描述、存取和管理。

complex number 复数 复数由一对有序的实数组成，可表示为 $a+bi$ 的形式，其中 a 和 b 是实数，且 i 的平方等于 -1。

complex object database system 复杂对象数据库系统 处理复杂对象的数据库系统。OA，AI 和 CAD(计算机辅助设计)等技术的应用都要求有效地处理复杂对象。复杂对象指属性本身是对象的一类对象。目前即使是关系数据库系统也需要特殊的工具，才能提供处理它的手段。在解决复杂对象存储的技术方案的基础上，已提出了几条处理复杂对象的途径：①直接使 DBMS(数据库管理系统)有处理具有高级语义的复杂对象的设施；②扩充查询语言的功能，使其能解释复杂对象的语义；③采用面向对象程序设计方法中的对象、类、继承、消息传递机制，建立面向对象数据库，处理复杂对象。

complex object model 复杂对象模型 属性本身是对象的一种对象模型。复杂对象模型是为克服平板关系模型的缺陷而产生的。该术语曾彼此独立地出现在一些应用领域，故叫法不一，如语义数据模型、非第一范式关系、格式模型、工程数据模型等。由于复杂对象模型较之传统的平板关系模型有更多的优点，因此近年来对复杂对象模型的形式化理论研究和建造复杂对象数据库系统的工作给予了广泛的注意。

complex objects 复合对象 具有多个定义和属性的对象。

complex permeability 复数磁导率 当磁通密度和

磁场强度之一随时间作正弦变化，而另一个则取其以相同频率作正弦变化的分量，即基波分量时，材料中磁通密度与磁场强度的复数商。复数磁导率的虚部对应于磁损耗。

complex pulse radar **复合脉冲雷达** 为精确分析起见，雷达输出信号波形可以用一个复函数来描述，例如用一个时间复函数方程式：$s(t)=x(t)+jy(t)$ 来描述，这里 $s(t)$ 是时间复函数，$x(t)$ 是实部，$y(t)$ 是虚部，j 是虚分量算子。

complex relocatable expression **复合浮动表达式** 汇编语言程序设计中采用的一种浮动表达式，它求解所有的一元算符，包含两个或两个以上不成对的浮动项或包含一个冠有负号的不成对的浮动项。

complex sensors **复合传感器** 指视觉、声纳和触觉等多元传感器，它们能使灵巧的机器人与其工作环境交互。

complex spectrum **复频谱** 用傅里叶变换或傅里叶级数的复数系数的序列，将信号或噪声表示为频率函数的方法。

complex system **复杂系统** 具有变量来自不同标度层次的结构，或者大量相互之间有差别的单元构成的动态系统。通常表现出复杂性，但也可能出现简单性。

complex telemetering system **综合遥测系统** 通过电话线路自动测定电、煤气、自来水用量的系统。

complex transfer function **复转移函数** (1)一种转移函数，有虚分量，可能也有实分量。(2)在信号传输中，一个包含相位变换和衰减变换的转移函数，它存在于信号在媒质的传输中。复转移函数可由在光纤的纵向终端输入和接收到的 100 PS(微微秒)的矩形脉冲的两个傅里叶(Fourier)分析中得到。

compliance voltage **顺从电压** 直流稳压电源中，为对规定的负载电阻范围维持规定的恒定电流所需的输出电压范围。

comp. newsgroups **comp. 新闻组** 带有 comp 前缀的 Usenet(网络新闻组)新闻组。这些新闻组用来讨论计算机硬件、软件和计算机科学的其他领域。comp. 是七个原始 Usenet 新闻组之一。其余六个分别是 misc.、news.、rec.、sci.、soc. 和 talk.。参见 newsgroup，Usenet。

component **构件** (1)硬件或软件，它们是一个功能单元的一部分。构件是系统中实际存在的可更换部分，它实现特定的功能，符合一套接口标准并实现一组接口。构件代表系统中的一部分物理设施，包括软件代码(源代码、二进制代码或可执行代码)或其等价物(如脚本或命令文件)。(2)构件是面向软件体系架构的可复用软件模块。构件是可复用的软件组成成份，可被用来构造其他软件。它可以是被封装的对象类、类树、一些功能模块、软件框架、文档、分析件、设计模式等。构件是作为一个逻辑紧密的程序代码包的形式出现的，有着良好的接口。但是，操作集合、过程、函数即使可以复用也不能成为一个构件。开发者可以通过组装已有的构件来开发新的应用系统，从而达到软件复用的目的。软件构件应具备以下属性：①有用性，构件必须提供有用的功能；②可用性，构件必须易于理解和使用；③质量，构件及其变形必须能正确工作；④适应性，构件应该易于通过参数化等方式在不同语境中进行配置；⑤可移植性，构件应能在不同的硬件运行平台和软件环境中工作。

component-based development (CBD) **基于构件的开发** 对由构件组装的软件密集型系统的创建和部署以及这种构件的开发和收集。

component-based software development (CBSD) **基于构件的软件开发** 使用可复用构件来开发应用软件。

component-based software engineering (CBSE) **基于构件的软件工程** 是基于构件的独立性、可重用性、在不同粒度上的可扩充性的特点来开发应用软件。

component code **成分代码** 一个由三个或者四个字母构成的代码，IBM 将这种代码赋予系统或者应用软件以保证文件名和成分名的唯一性。IBM 的成分码中的第一个字母是 A 到 I 的字母，用户使用字母 J 到 Z。参见 information file prefix code。

component density **元件密度** 每单位面积或单位体积的元件数。

component diagram **构件图** 显示构件之间的组织和依赖关系的图。

component failure impact analysis (CFIA) **部件故障影响分析** 确定关键系统元[部]件故障影响的一种统计技术。

componential (radical) encode method **部件(字根)编码法** 字形编码法之一。以设定的基本部件(基本字根)作为码元输入汉字的方法。

componentize software **组件化软件** 能够编写可重用软件一直是软件业的梦想，随着像 Java、微软公司的 COM(组件对象模型)和 XML(可扩展标记语言)的出现，将软件细分为更小的可重用构件已成现实。构件化软件将成为下一代大量使用的商业应用软件的标准。参见 extensible markup language (XML)。

component lead **元件引线** 从元件延伸出的旨在进行机械连接或电气连接的单股或多股金属导线，或者成形的导线。

component level bus **元件级总线** 芯片中用来发送和接收信号的导线，其输入脚和输出脚具有确定的功能和时序。同 chip bus。

component library **器件库，构件库** (1)存储各类标准器件的数据库。对每个器件的描述一般可分为三个部分：逻辑符号用于电路图设计；物理形状用于PCB(印制电路板)的布局和布线;行为描述用于逻辑模拟。设计人员直接从器件库调用所需要的器件,从而方便设计过程,并减少错误。(2)构件库用于对可复用构件进行存储和管理,它是支持软件复用的必要设施。构件库必须有大量的可复用构件,应提供的主要功能:构件的存储、管理、检索以及库的浏览与维护等。

component life 元件寿命 一个元件、部件或装置可使用的寿命,此后其故障概率将急剧增加。为了获得高度的可靠性,元部件应在其使用寿命结束前进行更换。

component model 构件模型 关于开发可重用软件构件和构件之间相互通信的一组标准的描述。构件模型使开发者可通过软件构件的动态组合来建立应用系统。构件模型有构件与容器两种主要成分。参见 container。

component object model (COM) 组件对象模型 也称"构件对象模型",微软公司的产品,并正着手把 COM 建立成为面向对象系统的工业标准。COM 定义了独立于语言的概念、对象实现方法、方法的启动方式等。这样,程序员就可以用组件以及与语言无关的方法进行组件开发。COM 定义的标准,可以使一种软件为另一种软件提供各种服务程序,而不管这两种软件是用何种语言编写的。COM 的对象可以让客户系统通过接口访问它的方法,每个接口均包含一个或多个方法。参见 distributed component object model (DCOM)。

component Pascal language 构件式 Pascal 语言 一种 Pascal 语言的分支,设计这种语言主要是为.NET 和 JVM 平台编制软件构件。参见 Pascal。

component software 软件组件 能够与其他组件组合在一起构成一个完整的程序的模块化软件例程或组件。程序员可以多次使用某个现存的组件而无需知道它内部是如何工作的,只需知道其他程序或组件如何调用它以及如何与它进行数据交换就可以了。参见 component。

component surface temperature 元器件表面温度 元器件封装表面上热点处的温度。热点是指元器件表面温度最高的地点。

component video 成分视频 在多媒体应用中,一中使用三个信号的视频信号,一个是亮度信号,另外两个是颜色向量。参见 composite video, S-video。

componentware 构件软件 指由一组构件组装而成的软件。构件软件的目标是在构件之间标准化接口,所有的构件能够无缝地协同工作。采用构件软件不需要重新编译,也不需要源代码并且不局限于某一种编程语言。该过程称为二进制复用(Binary Reuse),因为它是建立在接口而不是源代码级别的复用之上的。虽然构件软件必须遵守一致的接口,但是它们的内部实现是完全自动的。因此,可以用过程语言和面向对象语言创建构件软件。由于构件技术是由基于面向对象技术而发展起来的,与面向对象的设计中的对象相类似,它们都是针对软件复用,都是被封装的代码,但它们之间仍存在很大差异:①在纯面向对象的设计中,对象(类)、封装和继承三者缺一不可,但构件软件可以没有继承性,只要实现封装即可;②从构件和对象的生成方式上,对象生成属于实例化的过程,比较单一,而生成构件的方式较多;③构件软件是设计的概念,与具体编程语言无关,不像对象属于编程中的概念,要依赖于具体的编程语言;④在对构件软件操作时不允许直接操作构件中的数据,数据真正被封装了。而对象的操作通过公共接口部分,这样数据是可能被访问操作的;⑤对象对软件复用是通过继承实现的,构件软件的复用不仅可以通过继承还可以通过组装时的引用来实现。

composed table 合成表 由两组产生式 P_1 和 P_2 组合而成的有序产生式集合 (P_1, P_2)。其中每组产生式包含若干个产生式规则。P_1 产生式的左部符号的集合与 P_2 产生式的左部符号的集合不相交,即这两个集合没有相同的符号。称 P_1 为合成表的约束部分,P_2 为合成表的自由部分。

composed-text page 复合文本页面 一种完全由结构化字段组成的页面,这类页面通常是一个文本编排程序(如文件组合软件)的输出。

composed-text print data set 复合文本打印数据集 一个数据集,它是一个文本编排程序(如文件组合软件)的输出,并完全由结构化字段组成。

composed view 组成视图 对象的一个视图,其中各部分的关系对整体的含义具有一定作用,组成视图主要为数据对象提供。参见 contents view, help view。

compose-edit processor 组合编辑处理程序 文本编辑程序的组成部分,用于查找文本内容在计算机存储器中的特定位置,并能执行插入和删除等操作。

composite aggregation 组装关系 一种聚合关系关联关系,它具有很强的归属关系,而且部分与聚合关系体的生存期恰巧相同。具有不固定的多重性部件可在组装关系本身之后创建,但这之后就与组装关系具有同样的生命周期。这样的部件也可以在组装关系消亡之前明确删除。组装关系可以是递归的。

composite attribute 复合属性 可分解为更小组成部分的属性。

composite bar chart 复合条形图 在图像数据显示控制器(GDDM)中的一个条形图,其中用多个在同一水平轴位置上的垂直轴的值叠合在一起,对应于 multiple bar chart。

composite cable 组合电缆 把不同规格或型号的导体组合在一个外保护层内的一种电缆。

composite card **复合卡片** 一种多用途数据卡片或含有在多种应用处理中所需数据的一种卡片。

composite characteristic **综合特性** 由包括下降、上升、稳定输出、稳压、稳流诸特性所合成的设备性能。参见 falling characteristic, rising characteristic, stabilized output characteristic, stabilized voltage characteristic, stabilized current characteristic。

composite class **组装类** 通过组装关系与一个或多个类相关的类。

C

composite color **复合[彩]色** 用单一视频信号对彩色信息编码。即用色调、饱和度和亮度值来描述且仅以一个视频信号来进行编码的彩色。

composite console **组合控制台** 也称"输入输出控制台"。由看作一个整体的两个不同的实际设备构成的控制台。一个设备用于输入,另一个设备用于输出。

composite control **复合控件** 一种由其他控件(作为子控件)的自定义集合组成。复合控件对外暴露的成员对象通常由构成组件的方法和属性提供,并且可加入一些新的成员。复合控件可以实现自定义事件,并处理子控件所引起的事件。就功能方面而言,复合控件的功能要比简单组合几个控件的功能要强大的多,而且很多时候具有一定的专项性。

composite data **组合数据** 一种由其他有意义的数据项构成的数据类型。同 data structure。

composited circuit **复合[混合]电路** 一种能够同时用于电话、直流(DC)电报或电话和信令的电路。两者间的区分可能是由频分复用来完成的。

composite design **组合[复合]设计** 也称"结构设计"。指描述程序中各种功能及其相互关系以及在功能之间传送数据的程序设计过程。利用复合设计,功能可以按模块进行设计。复合设计的主要目标是简化结构,尽量减少功能之间传送的数据项,每一模块应包括一些意义明确的功能。复合设计常用于程序分段中。

composite display **复合显示器** 一种显示器、电视监视器或者计算机监控器,能够从复合信号中提取图像,复合显示图像在一条线路上信号不仅包括形成图像所需的信息,还包括电子束在屏幕上扫描的水平同步信号和垂直同步信号,复合显示器有黑白的和彩色的,复合彩色信号能够组合三种视频基色在一个 color burst 元件中以确定显示的色彩强度,一般显示器采用分离的颜色信号。参见 national television standards committee (NTSC)。

composite excited of motor **电机的混励** 指电机的励磁一部分是由电机本身供给的,另一部分是由其他电源供给的。混励亦可称为混激。

composite external symbol dictionary (CESD) **组合外部符号词典** 连接编辑程序把各结果模块连接在一起时,相应地把各模块的外部符号词典(参见 external symbol dictionary)合并在一起,从而构成一个组合的外部符号词典。

composite identifier **复合标识符** 一种采用复合属性组成的标识符。

composite index **复合索引** 一种采用复合关键字的索引。关键字由若干个数据项组合而成。

composite key **组合键标** 用于某种文件或记录格式并由多于一个的关键字段所组成的一种键标。

composite leg **复合引线端** 组合装置上用于连接电报装置或其他直流信号设备的接线端。

composite link **复合链路** 连接一对多路复用器和多路选择器的链路或电路,电路中载有复合的信号。

composite loopback **复合环回** 在多路复用器线路侧形成环用于诊断检测。

composite module **组合模块** 构成常驻段和覆盖段的一类目标模块或目标程序。组合模块可以采取浮动形式,即可对其地址进行修改,以校正原始地址的变化。如在某些小型计算机系统中,构成驻留段和可选覆盖段的目标模块(程序)。

composite module library **组合模块库** 一种含有多个组合模块的分区数据集,其中每个组合模块都是分区数据集的成员。如在某些计算机系统中,含有多重组合模块的一种 PDS(分区数据集)。

composite monitor **复合式监视器** 把显示控制器输出的水平同步、垂直同步、亮度(或红、绿、蓝三原色的亮度)等复合成为一个信号,送到监视器后再把它们重新分离出来,这样一种监视器称为复合式监视器。

composite neural network **组合神经网络** 结合数字、模拟芯片的各自优点,共同实现的神经网络。用数字电路表示权值,用数字 RAM(随机存取存储器)存储连接权值,门电路等效于电阻,通过D/A 实现权值加权功能,通过 A/D 实现反馈和权值修改或控制调节。

composite object **复合(合成)对象** (1)工程应用或工程数据库中处理的对象,通常它是由一些小对象装配而成,而这些小对象又由一些更小的对象装配而成。由小对象装配而成的对象称为复合对象。(2)一个包含其他对象的对象,如一个包含文本、图像、声音、视频等对象的文档对象,其中各成分以不同的对象进行处理。

composite of operand **操作数组合** 在数据处理中,操作数组合是一个设想的数据项。它的长度大小是在小数点对齐后并接而成的,其长度一般不得超过 18 个数字。

A 是 PIC 9999999999 V

B 是 PIC V9999999999

C 是 PIC V99999999

C 和 *B* 的操作数组合是:

99999999 V 9999999999

A 和 *C* 的操作数组合是:

9999999999 V 99999999

但 A 和 B 的操作数组合是：

9999999999 V 9999999999

超过 18 个数字，就认为产生一个出错条件。

composite operator 复合运算符 由两个运算符号组成的运算符，例如>=。

composite pulse 复合脉冲 从相同源经几条路径接收到的一系列重叠脉冲组成的脉冲。

composite signal 合成信号 集中器或复用器的线路侧信号，它包括所有多路复用数据。

composite signaling (CX) 复合信令 一种传送信令的方式，它提供直流(DC)信令和超出常规回路信令范围的拨号脉冲。像直流信令一样，复合信令允许双工操作，即它同时允许双向信令。

composite state 组合状态 包含并行(正交)子状态或串行(互斥)子状态的状态。

composite substate 组合子状态 可以与包含在同一组合子状态中的其他子状态并存的子状态。

composite terminal 复合终端 由两个操作上不同的设备组成的终端，如由键盘和阴极射线管(CRT)组成的直观显示器。

composite theoretical performance (CTP) 综合理论性能 美国政府规定计算机出口许可证所使用的限制性技术指标。在 CTP 标准中，采用每秒百万次理论运算(MTOPS)作为运算速度的衡量单位。当计算机的 MTOPS 为 1.25～23 时，计算机的出口须经美国政府有关部门批准才允许出口，当 MTOPS 到 41 时须经巴黎统筹委员会批准。CTP 值是根据 CPU 中运算功能部件的定点加法、浮点加法和浮点乘法的速率来计算的。定点加法的速率为 $R=1/$时钟周期，理论速率为 $TP_1=⅔\times R$，浮点加法或浮点乘法的速率为 $R=1/$时钟周期，理论速率为 $TP_1=1\times R$，而 $CTP=1\times TP_1+0.75\times TP_2$，有时也采用 $CTP=1\times TP_1+1\times TP_2$ 或者 $0.75\times TP_1+1\times TP_2$ 具体实施，视计算机的体系结构而定。自 1991 年 9 月 1 日起美国政府就按这些规定来审查计算机的出口批件。

composite triple beat (CTB) 组合三次拍频信号 系统中可能出现的所有三次拍频信号($F_1\pm F_2\pm F_3$)的组合。

composite two-tone test signal 混合双音测试信号 一种测试信号，它由相同功率电平的两个不同的频率组成，用于互调失真测量。

composite type 组合类型 指值由多个成分组成的类型。它分为数组类型和记录类型两种。

composite video 复合视频 复合视频信号定义为包括亮度和色度的单路模拟信号，也即从全电视信号中分离出伴音后的视频信号，这时的色度信号还是间插在亮度信号的高端。由于复合视频的亮度和色度是间插在一起的，在信号重放时很难恢复完全一致的色彩。这种信号一般可通过电缆输入或输出到家用录像机上，其信号带宽较窄，一般只有水平 240 线左右的分辨率。

composite video display 复合视频显示器 一种在一条线路上接收各种编码的视频信号的显示器，包括颜色、水平同步、垂直同步等，如在电视和录像机中采用的 NTSC(美国国家电视制式委员会)视频信号。

composite video signal 复合视频信号 从全电视信号中分离出伴音后的视频信号，其中同步信息(即同步脉冲)和图像信息(包括色度信息，即彩色信号)被组合在一起(如果有的话)。对黑白电视系统，它由图像信号、消隐信号和同步信号组成。对彩色电视系统，它还包括附加的彩色同步信号和彩色图像信号。由于复合视频信号的亮度和色度是间插在一起的，在信号重放时很难恢复完全一致的色彩，其信号带宽较窄，一般只有水平 240 线左右的分辨率。

composite wave filter 复合滤波器 两个或多个低通滤波器、高通滤波器、带通滤波器或带阻滤波器的组合。

composite widget 复合窗口部件 在 AIX 增强 X-Windows 程序中的一个窗口部件，是任意的、由具体实现定义的子部件的包容器，这些子部件可以由复合窗口部件进行示例，也可以由其他客户进行示例，复合窗口部件包含管理任何子部件的几何位置(布局)的方法。参见 constraint widget。

composite window 复合窗口 一个由其他窗口构成的窗口，将各窗口组成一个具有相互作用的整体单位。

composition and make-up (CAM) terminal 合成排版终端 可以显示和改变字符的确切宽度和点的大小的阴极射线管显示装置。可用来对排版进行电子模拟。

composition disk head 组合磁头 磁头芯和浮动块采用不同材料制成的一种磁头。通常磁头芯采用热压铁氧体或热等均压铁氧体材料制造，而浮动块则采用陶瓷材料制造。磁头芯镶嵌在浮动块的铁芯槽中。

composition error 合成错误 被及时检测到的算符输入无效语句的错误。

compositive frequency of component (radical) 部件(字根)组字频度 在汉字集和部件(字根)集范围内，部件(字根)组成不同汉字的字数占集内汉字总数的比率。

compositive relation 复合关系 也称"合成关系"。它是由两个关系产生的一种新关系。设 R 是一个从集合 X 到 Y 的关系，S 是一个从 Y 到 Z 的关系，则 R 与 S 的复合关系用 $R\cdot S$ 表示，且 $R\cdot S=\{(x,z)\mid x\in X,z\in Z$，至少存在一个 $y\in Y$ 有 $(x,y)\in R$ 及 $(y,z)\in S\}$。

compound command processor 复合命令处理器

能够处理一系列命令的处理器,使得这些命令运行时似乎是单个命令。

compound condition 组合条件语句 COBOL 语言中的一种语句,可以测试两个或两个以上的关系表达式。该语句可取真值或假值。

compound document 复合文档 不仅包含文本而且包括图形、电子表格数据、声音、视频图像以及其他信息的文档。

compound file 复合文件 含有多种数据类型的文件。一个复合文件就是含有多个独立数据流和索引信息的磁盘文件,复合文件的内部是使用指针构造的树型结构进行管理。

compound file binary format 复合文件二进制格式 微软在 WORD、EXCEL 等办公软件中采用的文件格式。它采用面向对象技术,保存数据的空间称为"流对象",每个流对象的存储单位为 512 字节。由于使用对象链接和嵌入(OLE)技术,不同的进程或同一个进程的不同线程可以同时访问一个复合文件的不同部分而互不干扰。

compound function 复合函数 由两个函数产生的新函数。设 $z=g(y)$ 和 $y=f(x)$ 分别是定义在 Y,E 上的函数,且 $f(E)\subseteq Y$,则 $z=g[f(x)],x\in E$ 称为函数 $z=g(y)$ 与 $y=f(x)$ 的复合函数。

compound key 复合键码 同时按下两个或三个键所产生的键码信息。

compound lens 复合透镜 一种透镜,它由两片或多片分离的光学材料,如玻璃、塑料或矿物质组成,可以装配在一起。合适的光学材料的组合,经过恰当的打磨和抛光,会减少存在于单透镜中的色差。

compound logic element 复合逻辑元件 一种计算机线路,其输出是多个输入的函数。

compound modulation 复合调制 一个或多个信号对它们自身的副载波进行调制,而副载波又对载波进行调制的调制型式。

compound neuron model 复合神经元模型 一个神经元与其突触处的胶质细胞的集合体。每个复合神经元不像通常网络中的神经元只有两个状态,而是有四个状态。

compound object 复合对象 在 AIX windows 程序中,一个由若干窗口部件和零件构成的图形对象,集成在一个单个的包容窗口部件中。

compound of clusters 计算机群的组合 一种构成并行计算机的拓扑结构。

compound of motor 电机的复励 指电机的励磁系统至少有两个绕组,其中之一是串联绕组。参见 series of motor, shunt of motor。

compound predicate 复合谓词 在带注释的谓词演算中,如果在谓词中有一个以上的变量是复合项,则该谓词称为复合谓词。参见 annotated predicate calculus, compound term。

compound proposition 复合命题 若干简单命题经逻辑连接词连接构成的命题,如虎是哺乳动物并且牛是哺乳动物("并且"是逻辑连接词)。复合命题表达复杂的判断。

compound semiconductor 化合物半导体 半导体通常由 III 族和 IV 族化合物元件,如 GaAs, GaInP 等构成。

compound signal 复合[合成]信令 在交流信令中,一种包括同时传输的多于一种频率组成的信令,如双音多频(DTMF)信令就是一种复合信令。

compound statement 复合语句 (1)在程序设计语言中,由相邻语句组成的一种语句。通常,语句被用某些语法规则组合在一起。(2)一个语句序列,用一对语句括号(如'BEGIN'和'END')括起来构成一个复合语句。一个复合语句可以看成是一个单个语句。在开头加上说明的复合语句称为分程序。

compound term 复合项 在带注释的谓词演算中,复合项定义为传统的谓词演算中项的复合,或者虽是基本项,但项中有一个以上的变量是复合的,或者是复合项的复合。参见 annotated predicate calculus。

Comprehensive Dissertation Index **(CDI) 《学位论文综合索引》** CDI 于 1973 年首次出版,共 37 卷,报道了 1861～1972 年 110 余年间美国近 400 个大学和研究机构所拥有的约 40 多万篇学位论文,加拿大和其它国家的许多学位论文也作了索引。从 1973 年起,每年出版一册年度补编,以保持连续性。该索引以论文主题分类编排,并附有论文作者索引。是一种系统追溯检索美国学位论文的工具,可通过美国文献目录检索服务(BRS)联机检索。

comprehensive knowledge base 综合知识库 实现新一代专家系统及知识库系统的关键技术和重要概念。它是指由数据库(DB)、知识库(KB)、模型库(MB)、方法库(WB)组成"四库"及其相应的管理系统,亦即四库协同的一体化软件工程方案所组成的四库综合系统。

comprehensive information 全信息 同时考虑事物运动状态及其变化方式的外在形式、内在含义和效用价值的认识论层次信息。全信息由语法信息、语义信息、语用信息共同组成:语法信息只涉及事物本身,语义信息涉及事物和公共主体,语用信息才关注效用主体。参见 grammatical information, semantic information, pragmatic information。

comprehensive rendering (Comp) 初样 指设计者在提供正式产品给用户前先给出的一个初样以询问是否满足用户的要求,用于图像设计领域。

compress 压缩 通过除去空隙、空字段、冗余项或不需要的数据以达到缩短记录或文件的长度来节省存储空间。

compressed binary file **压缩二进制文件** 在 GW-BASIC 中，一种使用二进制代码存储程序的格式，是使用存盘命令时的一种默认的格式。

compressed dialing **缩位拨号** 利用较短的电话号码来代替那些频繁拨号的呼叫号码。

compressed digital video (CDV) **压缩数字图像** 为高速传输而进行的视频图像压缩。

compressed drive **压缩驱动器** 用磁盘压缩软件建立的虚拟磁盘，如 DOS（磁盘操作系统）中的 DBLSPACE，它是一个以隐含属性存在于磁盘上的一个压缩文件，称为卷文件。

compressed encoding **压缩编码** 用某一方法将一串相连的位、字符或数据单元压缩为较短的（数据）串的一种处理过程。

compressed file **压缩文件** 一种文件，其内容已被专门的实用程序进行压缩，因而占用较少的存储空间，压缩文件常用于软件发行，这种发行方式可节省发行软盘，软件出版商提供还原软件，由用户对这些文件还原到计算机的存储设备（通常是硬盘）中，这种还原软件经常嵌入在软件的安装程序中，使得用户的使用时察觉不到文件还原的过程，某些程序能够在将每个文件从磁盘中读取出来时自动进行还原，而在将文件写入磁盘时自动进行压缩。对于压缩的 DOS（磁盘操作系统）系统文件也可用 DOS 的 EXPAND 命令还原。参见 installation program，LHARC，PKUNZIP，PKZIP，utility program，expand。

compressed sampling **压缩采样** 也称“压缩感知”，通过开发信号的稀疏特性，在远小于奈奎斯特采样率的条件下，用随机采样获取信号的离散样本，然后通过非线性重建算法重建信号。同 compressive sensing (CS)。

compressed serial link Internet protocol (CSLIP) **压缩串行线路互连协议** SLIP（串行线路互连协议）的扩展，由于连续的一些信息包经常有许多头域相同，因此做一些 TCP（传输控制协议）和 IP（网际协议）的头压缩，去除那些与以前信息包中对应域相同的域，这种改进的 SLIP 协议传送，在 SLIP 线路上减少了开销，增加了信息包的吞吐量。参见 serial line Internet protocol (SLIP)。

compressed software **压缩软件** 压缩软件是利用算法将文件有损或无损地处理，以达到保留最多文件信息，而令文件体积变小的应用软件。压缩软件一般同时具有解压缩的功能。

compressed video **压缩视频** 利用多种计算机算法及其他技术处理的数字式视频影像，使得代表其内容的数据量减少，从而减少存储和输送这些数据的需求。

compressed volume file (CVF) **压缩卷文件** 由 DOS（磁盘操作系统）的命令建立的数据压缩文件，作为一个逻辑磁盘使用。

compression **压缩** 把信号动态范围缩小的操作。

compressional wave **压缩波** 弹性媒质中引起媒质元素改变其体积而不发生旋转的波。压缩平面波是纵波。

compression amplifier **压缩放大器** 用于馈送声频信号的一种放大器，其输入信号变化大，输出信号的变化极小，50 分贝变化的输入信号通过典型的压缩放大器产生 20 分贝变化的输出信号。

compression expansion processor (CEP) **压缩扩展处理机** 经存储总线专门对输入文件或存储文件进行文件处理的处理机。图像文件和档案文件处理系统通常用这种处理机来减少主处理机在文件处理过程中的作业负担。

compression ratio **压缩比** (1)在信号压缩中，压缩器输入信号的动态范围与压缩器输出信号的动态范围之比。压缩比通常以 dB（分贝）来表示。因此当一个 40 dB 的输入范围被压缩到 25 dB 的输出范围时，等于被压缩了 15 dB。(2)在数字传真系统中，对物件扫描所得的总像素与图像信息发送时的总的二进位位数之比。(3)一个器件在较低功率电平时的增益对在较高功率电平时的增益之比。

compressive sensing (CS) **压缩感知** 采用非自适应线性投影来保持信号的原始结构，以远低于奈奎斯特频率对信号进行采样，通过数值最优化问题准确重构出原始信号。压缩感知的基本思路：从尽量少的数据中提取尽量多的信息。

compressor **压缩器，压限器** (1)通信中压缩信号的一种电子设备，用降低高电平信号或增大低电平信号的方法来减少音频信号的动态范围的设备。其目的是改善信号的传输并提高传输效率。参见 companding。(2)压限器是压缩与限制器的简称。它既有压缩器的功能：随着输入信号电平增大而本身增益减少；又有限制器的功能：输出电平到达一定值以后，不管输入电平怎样增加，其最大输出电平保持恒定。参见 compandor。

compressor/decompressor (CODEC) **压缩还原器** 指用于图像压缩及还原的各类软件产品，能减少存储空间与提高动画速度。

compressor-expandor (COMPANDOR) **压缩扩展器** 在长途电话线路上，一种对输出语言声量进行压缩，对输入语言声量进行扩展的设备。它能有效地利用音频远程信道。

compromise **泄露** 敏感信息丢失或非授权暴露。电话窃听、隐藏信道、特洛伊木马和信息错误流向等都可导致泄露现象发生。

compromise equalizer **折衷均衡器** 一种对于一定的线路条件范围提供总体工作最佳的均衡器，通常为固定式，但可以手动调节。

compromise net **折衷网络** 与混合线圈一起，用以平衡用户回路的一种网络。该网络是按平均回路长度或一般的用户话机距离或两者来调整的，以使

C

混合线圈的不同方向的两个通路之间达到折衷程度的(不精确的)隔离。

compromising emanation 泄漏发射 一种非有意携带情报的信号,如果它被截获和被分析的话会泄露所传输的、接收的、处理的或被信息系统加工的信息。

Compton effect 康普顿效应 X射线、γ射线等短波长的电磁辐射通过原子序数较低的元素时,被元素散射的射线波长除一部分保持原值外,还有一部分将发生改变,这种现象称为康普顿效应或称康普顿散射。原子序数小于10的各种元素以及重元素用高能量光子入射时康普顿效应明显。其中,所改变的波长的大小与入射射线的波长无关,只取决于入射角。

compu- 与计算机有关的[前缀] 英文中构造与计算机(电脑)有关的一些术语时所用的前缀。如计算机信息服务(compuserve),计算机通话(computalk)、计算机词汇(compuword)等。

compulsive interrupt 强迫中断 随机产生的中断。它不是程序事先安排好的,而是由于某种随机出现的需要紧急处理的事件引起的中断。当这种中断发生时,由中断系统强迫机器中止现行程序并转入管理程序,以便处理紧急的事件,处理完后机器由管态返回目态继续执行被中止的程序。

compunication 计算机与通信 computer and communication 的缩写。将计算机技术与通信相结合,使两者相辅相成,共同发展的一种观点。通信业务的综合化发展,需要用计算机系统作为控制系统,而计算机的资源共享,计算机网络的建造又必然依赖于通信技术的发展,计算机与通信技术正在融为一体,这种新的通信技术称为计算机通信。

COMPUSEC 计算机安全 computer security 的缩写。

compuserve 计算机服务 (1)一种提供广泛的多种信息服务的应用程序。包括公告牌、联机会议、商业新闻、体育和天气、财政事务、电子邮件、旅游和服务数据以及计算机出版业联机编辑。(2)一个商业性的联机服务系统,提供各类信息和服务以及专门的服务,用户可以通过联网来访问该系统。

computability 可计算性 函数的一种性质。对一个函数,若有一种机械的方法,对于每一个有定义的点都可以计算出对应的函数值,则称此函数是可计算函数。可计算性是一种直观的概念,为澄清"可计算性"这个概念,图灵提出了一种计算的数学模型,称为图灵机。用这样的方法定义了一种形式化的可计算性——F图灵机可计算性。许多年来,人们在从不同角度研究计算的时候,又提出了许多其他形式化的计算模型,如递归函数、λ-演算、Post系统等,尔后证明这些模型所定义的可计算性函数集都相同。

computability theory 可计算性理论 (1)研究计算的一般性质的数学理论,也称"算法理论"。它通过建立计算的数学模型(如图灵机)、精确区分哪些是可计算的,哪些是不可计算的。计算的过程就是执行算法的过程。可计算性理论的重要课题之一,是将算法这一直观概念形式化。其方法之一是通过定义抽象计算机,把算法看作抽象计算机的程序。(2)可计算性理论起源于对数学基础问题的研究。20世纪30年代,为了讨论是否对于每个问题都有解决它的算法,数理逻辑学家提出了几种不同的计算模型(用来定义算法),如递归函数(由哥德尔(Godel)和克林(Kleene)提出的)、λ演算(丘奇)、图灵机、波斯特系统等,并且证明了这些模型的计算能力是一样的,即它们是等价的。著名的丘奇论题和图灵论题就是这一时期提出的。后来,又提出许多等价的数学模型,如40年代提出的马尔柯夫算法,60年代前期提出的随机存取机器等。(3)可计算性理论中的基本思想、概念和方法,被广泛应用于计算机科学的各个领域。建立数学模型的方法在计算机中广泛被采用。递归的思想被用于程序设计,产生了递归过程和递归数据结构,也影响了计算机的体系结构。λ演算被用于研究程序设计语言的语义等。

computable function 可计算函数 如果一个 n 元函数 f 是一个完全函数且是部分可计算的,则称该函数为可计算函数。

computable model 可计算模型 关于研究现象与过程的可以应用计算机模拟或者计算处理的模型。参见 symbolic model, analogue model。

computable probability 可计算概率 存在一个有效过程可对任意 x 计算到任意精度的概率 $\mu(x)$。

computation 计算 (1)为特定应用而对相应的变量值所执行的一种运算操作,包括所有的算术运算。(2)机器的组态构成的序列,除第一个组态外,其余每一个组态都是由序列中前一个组态转换得来的。一个由初态出发,并且不在非终态终止的计算称为完整计算。完整计算分为三类:①永不终止的计算称为发散计算;②终态是可接受状态的计算称为接受计算;③其他情形称为拒绝计算。

computational complexity 计算复杂性 使用数字计算机解决各种算法问题困难度,它经常被用于度量模型或算法的可计算性。计算复杂性度量标准:一是计算所需的步数或指令条数(这称时间复杂度),二是计算所需的存储单元数量(这称空间复杂度)。参见 time complexity, space complexity。

computational complexity theory 计算复杂性理论 理论计算机科学的一个分支。使用数学方法对计算中所需的各种资源的耗费作定量的分析,并研究各类问题之间在计算复杂程度上的相互关系和基本性质,是算法分析的理论基础。对复杂性函数增长的阶作分析,探讨它们对于不同的计算模型在一定意义下的无关性,根据复杂性的阶对被计算问题分类,研究各种不同资源耗费之间的关系,对一些基本问题的资源耗费情况的上、下界作估计。随着计算机科学技术的发展,人们不仅需要研究理论上的可计算性,还需研究现实的可计算性,即研究各种可计算问题在计算过程中资源(如时间、空间等)的耗费情况以及在不同计算模型下,使用不同类型资源和不同数量的资源时,各类问题复杂性的本质特性和相互关系。

computational format **计算格式** 计算机提供硬件运算设施的数字数据的表示法。最常用的计算格式有定点二进制、压缩十进制和浮点二进制。

computational geography **计算地理学** 基于计算技术与方法的地理学分析学科。

computational geometry **计算几何(学)** 研究如何用计算机处理几何信息的学科。它的内容是按照工作的几何外形信息(如平面曲线或空间曲面的型值点),作出数学模型(如曲线或曲面的格式),通过计算机进行计算,求得足够多的信息(如曲线或曲面上的许多点),得到所谓计算机表示,然后对它们进行分析与综合,为工件的几何设计提供理论依据。计算几何是由函数逼近论、微分几何、代数几何、计算数学特别是数控技术等形成的边缘学科。最早是 A. R. Forrest 为了对各种形体的几何信息进行描述、操纵、综合与分析而创建的一门学科。

computational intelligence (CI) **计算智能** 依靠生产者提供的数字材料,而不是依赖于知识所形成的智能。

computational lexicology **计算词汇学** 计算语言学的一个分支。用计算技术从意义、形态、结构等方面研究自然语言的词汇系统,建立面向各种应用目标的机器词典和语料库。参见 computational linguistics。

computational linguistics **计算语言学** 语言学的一个分支学科。它通过建立形式化的数学模型,来分析、处理自然语言,并在计算机上用程序来实现分析和处理的过程,从而达到以机器来模拟人的部分乃至全部语言能力的目的。计算语言学内容包括:字频和词频统计、语言的识别与合成、机器词典的编纂、机器翻译、自然语言理解、计算机的自然语言接口等。

computational logic **计算逻辑** 一门设计用来在逻辑演算中应用计算机的科学。计算逻辑在带等式和函数符的命题演算基础上,增加了用于表达知识的基本函数符和公理,允许引进归纳定义对象,接受全递归函数的定义。可用于定理证明、程序证明、自动程序设计等。

computational phonetics **计算语音学** 计算语言学的一个分支学科。是通过建立形式化的数学模型利用计算机来处理语音的一门学科。参见 computational linguistics。

computational reflection **计算反射** 20 世纪 80 年代以来发展起来的程序设计概念和技术。计算反射是反射系统呈现的一种行为,这个系统是能因果关联地对自身进行处理的系统。计算反射的概念早在编写编译程序及调试程序时就已隐含地使用过,其后又在人工智能、知识工程等领域得到应用和重视。

computational reasoning **计算推理** 计算推理主要有数值计算和计算智能。一般来说,使用计算方法与人类经验知识相结合的运算属于智能计算;而人工神经元网络计算、进化计算、人工生命及其智能生物的情感与心理计算等,则属于计算智能的范畴。常用的计算推理方法有:基于贝叶斯概率论、Dempster-Shafer 证据等理论的近似推理;默认推理;神经网络推理等。参见 automated reasoning。

computational science **计算科学** 计算科学是对描述和变换信息的算法过程的系统研究,包括它的理论、分析、设计、有效性、实现和应用。学科的基础包含在三个基本过程中——理论、抽象和设计。各分支领域也是用这些基本过程来完成它们自身的目的。因此,计算科学领域可以分为几个分支领域:算法和数据结构、程序设计语言、体系结构、数值和符号计算、操作系统、软件方法学和工程、数据库和信息检索系统、人工智能和机器人学、人机通信等。

computational semantics **计算语义学** 借助数学方法(主要是数理逻辑方法)构建语义模型,把语义分析作为一个计算过程来研究的理论。

computational stability **计算稳定性** 在有错误、故障或误操作的情况下,计算过程仍能保持有效的程度。

computational thinking **计算思维** 计算思维是运用计算科学的基础概念进行问题求解、系统设计、以及人类行为理解等一系列思维活动。计算思维是通过约简、嵌入、转化和仿真等方法,把一个困难的问题阐释成如何求解它的思维方法;计算思维把一个复杂的大而难的问题分成很多部分同时去处理,这就是并行处理;计算思维是一种递归思维,它把一个难以对付的问题分成两部分去处理,如不能求解,再把每部分分成两部分处理之,这就是分而治之的思想;计算思维是一种把代码译成数据又能把数据译成代码,是一种多维分析推广的类型检查方法;计算思维是一种采用抽象和分解的方法来控制庞杂的任务或进行巨型复杂系统的设计,是基于关注点分离的方法;计算思维是一种选择合适的方式陈述一个问题,或对一个问题的相关方面建模使其易于处理的思维方法;计算思维是利用海量数据来加快计算,在时间和空间之间、在处理能力和存储容量之间进行折衷的方法。计算思维是一种由知识转化为能力,再由能力递进为思维的一种高级思维活动。计算思维又称构造思维,以设计和构造为特征,以计算机学科为代表。计算思维和理论思维、实验思维构成三大科学思维方法。参见 theoretical thinking,experimental thinking。

computation-bound 计算束缚的,受计算量限制的 对于计算机的性能受到算术操作数量限制的情况的描述,尤其指程序的计算量远远超过输入/输出量。输入/输出操作由于等待完全计算而推迟,从而限制了输入输出的速率。当一个计算机系统受计算束缚时,表示该计算机的计算量过多。某些大型应用程序(如导弹轨迹)常被看成计算量限制的。

computation measure 计算度量 衡量计算中资源消耗量的标准。对于时间复杂性来说,若不考虑操作对象,而将计算中的任一步都看成是相等的一步,则称为一致度量;若按每一步所涉及的各种量的对数和作为该步的执行代价,则称为对数度量。通常采用一致度量标准。

computation migration 计算迁移 分布式处理中,将一个作业分成若干部分并送到不同的工作站上处理的过程。处理后的结果将送回本地工作站。

computation tree 计算树 非确定性机器过程的一种描述。其分枝表示可能的组态变化,树叶为停机的终止状态,可以是接受状态,也可以是拒绝状态。对于每一个输入串,都有一棵相应的计算树。

compute 计算 使用计算机来完成计算。计算包括加、减、乘、除、指数等运算。参见 computation。

computed path control 计算路径控制 一种控制方法。用以计算操纵装置末端的路径得出合乎给定标准的期望结果。

compute mode 计算方式(模式) 模拟计算机在动态求解过程中的操作方式。同 operate mode。

computer 计算机 一种用于高速计算的电子计算机器,可以进行数值计算,又可以进行逻辑计算,还具有存储记忆功能。从数据表示来说,计算机可分为数字计算机、模拟计算机以及混合计算机三类;按构成的器件划分,曾有机械计算机和机电计算机,现用的是电子计算机,正在研究的有光计算机、量子计算机、生物计算机、神经计算机等。

Computer **《计算机》** 美国电气与电子工程师协会所属计算机协会的机关刊物。1967 年创刊,原名 *Computer Group News*,月刊。刊载包括有关计算机与信息处理整个领域的概论性与技术讲座性研究文章,偏重于系统与子系统的设计。

computer abuse 计算机乱[滥]用 蓄意影响计算机系统资源的可用性、保密性、完整性的非授权行为。包括:①非授权使用计算机输入或输出设备;②通过各种终端非授权访问系统;③非授权更改或使用应用程序;④盗窃计算机设备或文件;⑤破坏计算机设备;⑥非授权拦截和篡改数据等。

computer accounting and finance system 计算机会计与财务系统 一种计算机事务管理应用。它的业务有应付账、成本会计和财务报表准备等。这方面的应用还有现金管理、计划的财政分析和高级购货系统等。

computer administrative applications 计算机事务管理应用 使处理信息的计算机支持所有机构(商业机构和政府机构,盈利性机构和非盈利性机构)而进行的数值运算、逻辑操作和某些功能的实现,称为计算机事务管理应用。它主要有两种分类方法:一种是按使用计算机的机构类型分,如金融、保险、政府、制造、采矿、零售、批发和其他工业等;另一种是按一般的功能分,如会计、预算、工资发放、商品编目以及其他许多工业方面的功能等。

computer aided acquistion and logistics support (CALS) 计算机辅助供给和后勤保障(标准) 美国国防部为进行商品供应商间的电子数据交换而制订的一种标准。

computer aided architectural design (CAAD) 计算机辅助建筑设计 利用计算机辅助建筑设计的方法与技术,是计算机辅助设计(CAD)技术的一个分支。应用 CAAD 的目的是为了优化建筑设计,提高工作效率。在以计算机为核心的 CAAD 系统中,设计师以人机交互方式进行设计操作,计算机不仅使底层重复的设计操作自动化,更为建筑设计提供了准确、直观、生动的表达形式。CAAD 技术集中体现了计算机图形学、人机交互技术、工程数据库等当代计算机应用技术以及现代设计方法学在建筑设计领域里的广泛应用价值。同时,复杂、多元化的建筑设计也促使 CAAD 技术不断深化和扩展应用领域。20 世纪 70 年代末,它与机械、电子并列为 CAD 的三大应用领域。CAAD 技术研究内容有三个重点:①如何用数据关系表达建筑模型;②不断使底层重复的设计操作程序化;③人机交互界面的设计。

computer aided automatic test system 计算机自动测试系统 借助计算机来控制整个测试系统的运行。由于计算机具有快速运算、存储及逻辑判断等功能,因而不但可以以高速度、高精度来完成复杂的测试工作,而且还可以胜任人力难以完成的工作,如大量数据的处理,提交测量的置信度;给出表征被测件特性的多种参量;对测量结果进行统计分析并给出各种统计量等。

computer aided circuit analysis 计算机辅助电路分析 利用计算机对电路网络进行的分析计算。

computer aided design (CAD) 计算机辅助设计 使用计算机帮助设计人员进行产品或工程项目的设计工作。设计人员可以通过 CAD 系统创建和改进设计方案。最初 CAD 基本上是有限元结构分析的同义词,后来它的重点一度转到了计算机辅助制图。所有这些都属于单功能的 CAD 系统。开始建立的是基于文件管理方式的多功能 CAD 系统,发展到现在都是以工程数据库为核心的集成化 CAD 系统。CAD 所涉及的基础技术有:①图形处理技术，如二维图形设计、三维图形造型及其他图形输入输出技术；②工程分析技术，如有限元分析、优化方法、物性计算、模拟仿真等；③数据访问与管理技术、数据库管理技术；④文档处理技术；⑤软件设计技术；⑥接口技术，如不同 CAD 系统之间或 CAD 与其他 CA 系统之间的图形数据交换规范或产品数据交换标准。

computer aided design and drafting (CADD) 计算机辅助设计和制图 指运用计算几何方法建立几何形体的数学模型，并用计算机辅助人们对几何形体进行描述、分析、修改和设计，产生的几何数据和随之所附加的表达其他工程或管理信息的数据一起存储在计算机中。当用驱动程序驱动与计算机相联的绘图设备时，就可根据上述设计数据自动生成工程图纸。这是 CAD(计算机辅助设计)技术的一个最广阔的应用方面。

computer aided design and manufacturing (CADM) 计算机辅助设计与制造 计算机在工程和产品设计与制造中的应用，主要研究和解决新产品设计和制造过程中的自动化问题。同 computer aided design/computer aided manufacturing (CAD/CAM)。

computer aided design/computer aided manufacturing (CAD/CAM) 计算机辅助设计/计算机辅助制造 指计算机辅助技术在产品设计与制造领域中的实现，前者产生产品定义数据，后者产生面向制造数据，两者的集成构成了计算机集成制造的重要组成内容。CAD/CAM 通常包含三个部分：①设计用的交互式图形系统和支持软件；②数控编程程序、工艺设计程序、夹具设计程序和其他辅助生产用的程序；③能为设计和制造服务的公共数据库。

computer aided design for Chinese character coding 汉字编码计算机辅助设计 将方案设计要求、汉字(词语)属性信息、键位分布系数以及有关的制约关系作为初始条件，送入计算机进行处理，通过分析选择、综合调整等优化方法，寻求最佳的编码方案。

computer aided design system 计算机辅助设计系统 指实现计算机辅助设计技术的具体系统，它的基本组成一般分为硬件和软件两大部分。而硬件又可分为计算机和图形外部设备；软件可分为系统软件：如操作系统、数据库系统等。基本软件：如基本数学程序、基本图形程序等。数学计算：如有限元计算、仿真程序、动画软件等。控制外部设备的软件这四种类别。上述大部分硬件和软件都由系统供应商提供。用户应主要关心应用软件，这些软件靠用户开发，但也有一些标准程序供用户选用，如集成电路设计、机械图绘制、常用零部件设计等。

computer aided diagnosis 计算机辅助诊断 借助计算机来进行医学诊断，先把大夫诊断疾病的经验存入计算机。其方法是：①采用某种数学模型(如统计数学、模糊数学等)把大夫的诊病过程算法化并编成程序，让计算机能重复大夫诊病的基本思维过程。当病人来就诊时，把病人的症状和化验指标等输入计算机，执行该程序即能按已存入的"经验"作出疾病的诊断。由于计算机的诊断结论只作为大夫的参考，故称之为计算机辅助诊断；②将大夫诊病的经验加以提炼，总结出若干条基本原则存入计算机并编制相应的人工智能程序。当计算机面对具体病人时，就根据这些基本原则进行诊断。这就是所谓的产生式系统或称医学诊断专家系统。与前一种传统的非智能诊断系统相比，后一种方法具有智能化的特点。

computer aided drawing 计算机辅助绘图 使用数据处理系统来实现诸如设计、模拟、改进部件或产品等功能的设计活动，包括制图和图解说明。

computer aided education (CAE) 计算机辅助教育 以计算机为主要媒体或控制手段进行的各种教育活动。在教育过程的某些环节用计算机辅助或者代替教师和教育管理人员执行教学及教学管理任务。包括计算机辅助教学与计算机管理教学。

computer aided engineering (CAE) 计算机辅助工程 计算机辅助工程是计算机辅助设计(CAD)、计算机辅助制造(CAM)、计算机辅助工艺过程设计(CAPP)、计算机辅助测试(CAT)等的统称。从广义上讲，CAE 包括工厂生产和管理方面的所有计算机控制系统，如规划、设计、计算、制图、制造、分析、试验、维护、数据和文件管理、智能控制、系统工程等。具体来说，CAE 技术的应用主要在分析和优化两个方面。分析主要可分为有限元分析和机构运动分析。优化是根据分析的结果，对设计进行修改，以使结构和形状都达到最优化状态。

computer aided geometry design (CAGD) 计算机辅助几何设计 研究如何用计算机来辅助汽车、飞机、船舶以及型腔模具等一类工程对象几何外形的设计，即根据已知的几何外形信息，用函数逼近论、微分几何、代数几何、计算数学等工具建立几何型线(面)的数学模型，然后通过计算机处理，求得足够多的信息，并在会话型图形终端上初步显示，继而通过人-机对话来逐步逼近理想的设计型面。

computer aided graphics (CAG) 计算机辅助绘图 利用计算机以彩色和三维显示物体或概念。它的主要特点是给计算机输入非图形信息，经过计算机的处理，生成图形信息输出。

computer aided industry design (CAID) 计算机辅助工业设计 CAID 是计算机辅助设计(CAD)的一个分支。由于工业设计是一门综合的交叉性学科，涉及到诸多学科领域，因而，CAID 技术也涉及到了 CAD(计算机辅助设计)、人工智能、多媒体、虚拟现实、优化和模糊等信息技术领域。当前，国内外关于 CAID 的研究主要集中在计算机辅助造型技术、人机工程技术、智能技术以及新兴技术的应用研究等方面。其中计算机辅助造型技术的研究主要体现在造型的自由曲面设计和草图设计等方面;人机交互技术的研究主要体现在人机界面技术和虚拟仿真技术等方面。当前,人机界面模型、虚拟界面、多用户界面、多感官界面是人机界面技术的几个重要研究方向。随着技术的进一步发展,产品设计模式在信息化的基础上,必然朝着数字化、集成化、网络化、智能化的方向发展。计算机辅助工业设计的发展趋势则必然与上述发展趋势相一致,最终建立统一的设计支撑模型。

computer aided instruction (CAI) 计算机辅助教学 在计算机辅助下进行的各种教学活动,以对话方式与学生讨论教学内容、安排教学进程、进行教学训练的方法与技术。CAI为学生提供一个良好的个性化学习环境。综合应用多媒体、超文本、人工智能和知识库等计算机技术,克服了传统教学方式上单一、片面的缺点。用计算机作为教学媒体开展教学活动,具有生动形象、主动灵活、即时反馈和个别化的特点,能根据学习者的学习历史、学习风格采取不同的教学策略,并能根据反馈信息为学生提供及时的学习指导。CAI的使用能有效地缩短学习时间、提高教学质量和教学效率,实现最优化的教学目标。

computer aided logical database design 计算机辅助逻辑数据库设计 供数据库设计实现自动或半自动化的一种工具及方法。它将减轻数据库设计者繁杂而沉闷的工作,缩短设计周期,提高设计质量并使文档资料计算机化。

computer aided machineshop operating system (CAMOS) 计算机辅助车间运行系统 用计算机实现工厂三级控制的自动化系统。它包括多台多工序自动控制机床、数据采集装置、流水线控制等设备。其中最低一级的计算机进行操作控制;中间一级计算机执行车间任务控制;最高一级计算机执行厂级管理。整个系统可自动完成加工中操作、运输以及加工后的处理和测试检查等工序。联机操作时,可依据检测数据,自动修正加工指令。

computer aided manufacturing (CAM) 计算机辅助制造 指利用计算机来帮助人去完成制造系统中的以及与制造系统有关的工作。通常可定义为能通过直接或间接地与工厂生产资源接口的计算机来完成制造系统的计划、操作工序控制和管理工作的计算机系统。它是一个使用计算机及数字技术来生成面向制造的数据的过程。它包括数字控制设备、计算机辅助编制零件程序、计算机辅助编制加工计划、机器人工程学和可编程序逻辑装置、制造质量控制等技术内容的一部分或全部。它的应用可概括为两大类:一类是计算机直接与制造过程连接以对它进行监视和控制,如计算机过程监视系统和计算机过程控制系统;另一类是计算机并不直接与制造过程连接,只是用计算机来提供生产计划、作业调度计划、发出指令及有关信息,以便使生产资源的管理更有效,从而对制造过程进行支持。

computer aided modeling 计算机辅助造型 利用计算机构造所需要形体的模型的理论、方法和技术。计算机辅助造型从构造的对象来划分,可分为规则型体造型和不规则型体造型。规则型体造型首先得到了发展,已成为计算机辅助设计的核心技术之一。随着CAD(计算机辅助设计)和计算机动画技术的发展,促进形体的表示方法由低层次向高层次发展,除几何造型外,出现了特征造型、基于物理的造型、描述造型等。不规则型体造型由于在计算机艺术、计算机动画及景物模拟中有广泛应用前景,近年来的研究已取得了一系列进展。如提出了基于分数维几何理论的随机插值模型、基于文法的模型、粒子系统模型等。

computer aided page make-up 计算机辅助排版 利用计算机自动或半自动把正文和图形排版形成版面。

computer aided phototypesetting 计算机辅助照(相)排(版) 一般说来,照相排版是指使用光学系统对印刷材料进行排版。照相排版机有四个基本组成部分:光源,字符(铅字)库,镜头系统和感光记录介质。目前,有几代照相排版机,每一代技术都有各自的优点。第一代照相排版机是传统的"热金属"铸字机的改型,由照相排版装置取代金属熔化坩锅和字母铸模。这种排版装置通常称"胶片排版机"。它基本上是机械操作的,而且速度慢。第二代照相排版机就其性质也是电子机械式的,但速度较快。它的字符放在盘或筒上。由于它的排版速度快,这就需要远距离操作,例如由计算机操作,这是最早的一代计算机辅助照相排版机。第三代照相排版机完全是电子式的,它使用了阴极射线管(CRT)字符发生器,字符以数字形式存储,因此可以电子技术操作字符的形式出现。最后字符显示在荧光屏上并将它在感光介质上曝光。第四代照相排版机有一个数字字符库,它采用激光成像,对图片及文章快速排版。

computer aided planning (CAP) 计算机辅助规划 使用数据处理系统,如规划与决策支持软件,对所有的生产活动所作的规划。

computer aided processing terminal access information network (CAPTAIN) 计算机辅助信息处理和终端访问信息网 一种生活图像信息系统,只要用电话与信息中心取得联系,就可以在家中的电视荧光屏上显示天气预报、体育运动、教学、经济和新闻所需要信息的文字和图像。这种系统把普通电话线和家用电视连在一起,就可以提供各种静止画面。

computer aided process planning (CAPP) 计算机辅助工艺过程设计 计算机辅助工艺过程设计的作用是利用计算机来进行零件加工工艺过程的制订,把毛坯加工成工程图纸上所要求的零件。它是通过向计算机输入被加工零件的几何信息(形状、尺寸等)和工艺信息(材料、热处理、批量等),由计算机自动输出零件的工艺路线和工序内容等工艺文件的过程。由于计算机集成制造系统(CIMS)的出现,计算机辅助工艺过程设计上与计算机辅助设计(CAD)相接,下与计算机辅助制造(CAM)相连,是连接设计与制造之间的桥梁,设计信息只能通过工艺过程设计才能生成制造信息,设计只能通过工艺过程设计才能与制造实现功能和信息的集成。由此可见 CAPP 在实现生产自动化中的重要地位。目前国内外已开发的 CAPP 系统,按其工作原理可以分为两大类:①派生式 CAPP 系统,是以成组技术为基础,必须预先编制各零件族的标准工艺路线;②创成式 CAPP 系统,是以人工智能技术为基础,由软件"创成"一个新的工艺计划。但很多 CAPP 系统是综合利用派生式与创成式系统的原理而开发的"半创成式"系统,又可称为"混合式"系统。随着 CIMS 发展的需求,CAPP 的集成化、智能化、工具化研究成为新的动向。参见 computer integrated manufacturing system (CIMS)。

computer aided production control (CAPC) 计算机辅助生产控制 从资源需求规划到生产控制都使用数据处理系统的各种生产管理活动。

computer aided quality assurance (CAQA) 计算机辅助质量保证 在生产整个生存周期的所有阶段,通过对产品、部件、生产过程的计算机化的规划、监视和控制来实现的质量保证。

computer aided radiotherapy 计算机辅助放射治疗 计算机生物医学应用的一个方面。利用计算机制订放射治疗计划,确定照射人体特定部位的方案,以使该部位所吸收的剂量分布满足医生所确定的要求。

computer aided retrieval (CAR) 计算机辅助检索 结合文档微缩胶片存储能力的系统,具有计算机数据库的索引和获取的能力。

computer aided software engineering (CASE) 计算机辅助软件工程 一种计算机软件开发工具,作用于软件开发的各个阶段,从计划、建模到编码和文档建立。CASE 采取系统化工程方法,利用计算机帮助设计人员完成设计任务的理论、方法和技术。它综合了计算机图形学、人机交互技术、工程数据库和设计方法学等多个领域的理论、方法和技术,建立具有辅助设计功能的系统,以帮助设计人员在计算机上完成设计模型的构造、分析、优化和输出等工作。计算机辅助设计可提高设计的自动化程度和质量,缩短设计周期,借助计算机强大的计算能力,完成一些常人难以完成的设计任务。CASE 提供一个工作环境,由管理、系统分析、编程器和其他自动设计和实现程序的辅助工具组成。它可进行各种需求分析,功能分析,生成各种结构化图表(如数据流程图,结构图,层次化功能图等)。CASE 中心目标是软件过程自动化。

computer aided software engineering technology 计算机辅助软件工程技术 通过使用计算机软件工程来推动系统设计和保证开发的进展的技术,其目的是提高系统的精确性、效率、适应性、可读性、可维护性以及减少时间和降低成本。

computer aided surgery 计算机辅助外科 计算机生物医学应用的一个方面。把计算机制图用于趋异体性神经外科(将病人对电刺激的反应与计算机显示的标准大脑结构图进行比较,从而确定大脑病变的位置),通过利用从计算机层析 X 射线摄影图像得来的解剖结构三维图像显示,可较好地制订外科手术方案。通过使用计算机终端,医生可先在由图像系统产生的假想的解剖组织上做试验,然后再对病人动手术。

computer aided technology 计算机辅助技术 泛指利用计算机去帮助,甚至代替人的工作的技术。它必须是计算机技术与各生产领域内的专项技术相结合,具体应用到企业的各项生产活动中,从而导致各种计算机辅助系统的出现。其应用范围包括计算机辅助设计、计算机辅助制造、计算机辅助工程、计算机辅助制图、计算机辅助测试和计算机辅助诊断等。

computer aided test (CAT) 计算机辅助测试 为了提高产品的质量和可靠性,从产品的设计验证开始到产品的检验和现场维修都需要对产品进行测试。计算机辅助测试不但要求应能发现发生故障或失效的部件,而且能对故障进行故障诊断,确定故障的类型和发生故障的准确位置,从而及时地把所有故障排除。随着技术的进步,不但要求能发现错误,排除故障,而且还希望能够及早预报可能存在的故障;不但要求能检测和诊断出故障,而且还希望能具有自动避免和纠正错误的能力,即所谓容错能力。只有这样的产品才能达到高度的可靠性和可用性。另外,为了使 CAT 目标能够实现,必须在产品设计阶段就要考虑 CAT 问题,使产品达到可测性和易测性以及具有容错能力。

computer allergy 计算机过敏症 因对计算机的抗拒心理或了解不够等原因所产生的一种心理不安状态,只要对计算机采取积极的态度,了解计算机的功能和应用范围,学习使用计算机的新技术,就可以消除不正常的心理不安状态。

Computer and Business Equipment Manufacturers Association (CBEMA) 计算机和商业设备制造商协会 一个专业会员团体,由计算机销售商和商业设备制造商及供应商组成,致力于数据处理和商业设备标准的制订。

Computer and Communications Industry Association (CCIA) 计算机和通信工业协会 由美国大型、中型计算机、外围设备和数据通信销售商、软件工厂、服务局、租赁公司和设备修理机构组成的一个会员团体。CCIA 和美国国家标准局协作,定期向会员提供有关标准和政策方面的咨询服务。

computer and its peripherals 计算机及外围设备 计算机及外围设备是构成计算机系统的所有部件、设备的总称。一般包括控制器、运算器、存储器、输入输出设备、电源等。控制器用于控制整个计算机自动地执行程序指令。运算器用以实现二进制编码的算术和逻辑运算。存储器用以存储程序所需的数据和指令信息。输入输出设备是计算机和用户的交互接口部件，主要包括输入设备、输出设备以及终端设备三大类。

C

computer animated graphics 计算机动画图形学 在多媒体应用中，用计算机生成动画的图形技术。参见 computer animation

computer animation 计算机动画 计算机动画是指采用图形与图像的处理技术，借助于编程或动画制作软件生成一系列的景物画面，采用连续播放静止图像的方法产生物体运动的效果。计算机动画设计者通过角色和场景绘制、音效处理、与动画制作完成二维或三维的电脑动画。在 20 世纪 80 年代之前，计算机动画主要集中于二维动画系统的研制，应用于教学演示和辅助传统的动画片制作。三维动画的研究始于 20 世纪 70 年代初，当时开发了一些三维计算机动画系统。直至 80 年代中后期，由于具有实时处理能力的超级图形工作站的出现，三维几何造型技术和真实感图形生成技术取得很大进展，促进了具有高度逼真效果的三维计算机动画技术迅速发展，并达到实用商品化地步。现在，为适应科学研究与复杂系统中的动态模拟、视觉模拟、机器人学和生物力学等领域的需求，基于物理的造型和动画的研究的开展，已成为计算机动画研究中的一个重要课题。人体动画是近年来发展起来的计算机动画新课题。它是研究开发基于人造角色的集成动画系统，该系统产生涉及人造角色在三维场景中具有人的自觉意识的行为动画，这样的系统是以多种学科的知识、技术和方法为基础的，如动画、力学、机器人学、生物学、心理学和人工智能等。

computer application 计算机应用 使用计算机来解决特定问题或完成特定任务。

computer architecture 计算机体系结构 计算机体系结构是程序员所看到的计算机的属性，即计算机的逻辑结构和功能特征，包括其各个硬部件和软部件之间的相互关系。对计算机系统设计者，计算机体系结构指研究计算机的基本设计思想和由此产生的逻辑结构；对程序设计者，是对系统的功能描述（如指令集、编址方式等）。参见 processor architecture，program architecture，system architecture。

computer art 计算机艺术 计算机在绘图、雕刻、电影创作、音乐舞蹈等方面的应用。它包括模式识别（分析）和模式生成（合成）数据库的使用。计算机在艺术领域中的应用十分广泛：如计算机绘图、计算机摄影和电影制作、计算机作曲、计算机设计舞蹈动作等。从计算机信息处理角度看，艺术创作可被看作对视、听、触觉等模式信息的一种艺术性加工处理工作，其中包括大量烦琐的、有规律重复性的、技巧性的体力劳动和一些非创造性的脑力劳动。计算机图像学的发展为计算机在艺术上的应用开辟了广阔的前景。

computer assisted information retrieval system (CAIRS) 计算机辅助信息检索系统 用计算机实现情报检索的系统，它能响应用户请求，为用户提供情报服务。在信息技术中，这个术语能够在含有信息的计算机文件中检索特定条目，以响应特定用户需要的限定条件的一些方法和过程。

computer assisted instruction (CAI) 计算机辅助教学 利用多媒体计算机作为对教学的辅助，支持教学，但不是传递教学的主要媒体。一般是由学生与计算机进行对话，计算机可指出学习中的错误并给予辅导。

computer assisted interactive tutorial system 计算机辅助自学[交互式]系统 一种交互式计算机辅助教学系统。参见 computer aided instruction，programmed learning，educational technology。

computer assisted learning (CAL) 计算机辅助学习 计算机辅助教学（CAI）中的一种较简单的形式。通常 CAI 是指一门课程完全由计算机或主要由计算机来讲授，教师只起辅助作用；而 CAL 中，教师仍起主要作用，计算机只是用来辅助讲解教材中比较抽象的难点或提供一种手段，用以强化和巩固所学的课程，以帮助学生更快、更好地学习和掌握所学的内容。

computer assisted make-up and imaging system (CAMIS) 计算机辅助生产和成像系统 美国国家医学图书馆建成的三种数据库的统称，即 CANCERLIT（书刊目录数据库），CANCERPROJ（研究项目数据库）和 CLINPROT（处方临床记录数据库）。上述数据库均可通过宿主机访问。

computer assisted testing 计算机辅助测验 利用计算机为辅助工具进行的教育测试活动。其核心是计算机化题库或简称题库，即大量题目的有机组合，不仅包含题目，还包含题目的一些重要属性，如题目难度、区分度、题型、测试目标等。计算机辅助测验生成系统会按照教师提出的测验要求，包括测验范围、目标、题型和数量等，生成需要的试卷对学生测试，计算机还可用来进行阅卷评分、报表打印、分析和评价测试结果等。计算机辅助测验能减轻教师编选试卷、阅卷评分、抄写报表的繁重劳动，并能保证测验的可靠性和有效性。按实施方式可以分为脱机测验和联机测验。脱机测验是将计算机生成的试卷印发给学生，进行测验；联机测验是让学生在终端上接收计算机按试卷逐条提出的问题，并进行回答，计算机接受学生的回答，并进行评分和记录。

computer automated measurement and control (CAMAC) 计算机自动测量与控制的通用标准系统接口 计算机自动测量与控制的通用标准系统接口于1982年成为IEEE 583标准,称为模块化仪器和数据接口系统,为测控用输入输出通道及仪器提供了一个标准的与计算机接口的界面环境,通过插在计算机内的总线板将计算机总线转换为CAMAC总线。

computer-based learning (CBL) 基于计算机的学习 指计算机辅助教学(CAI)和计算机辅助训练(CBT),是应用相关的或者面向作业的。参见computer aided instruction (CAI), computer based training (CBT)。

computer-based training (CBT) 基于计算机的训练 利用计算机进行培训和教育。CBT程序也称"课件",它提供各种培训课程。CBT运用色彩、图形和其他有吸引力的辅助手段引起和保持用户的兴趣,而且具有完备的应用功能。CBT常采用CD ROM和交互视频盘等介质。

computer biomedical image analysis 计算机生物医学图像分析 计算机生物医学应用的一个方面。它用计算机分析如细胞和组织剖面图等用显微镜可见的二维生物医学图像,以及分析如X光照片等二维生物医学解剖结构图像。计算机对这些图像的分析一般包括预处理、分割、抽取和识别等。

computer biomedical signal analysis 计算机生物医学信号分析 计算机生物医学应用的一个方面。它用计算机分析心电图、脑电图、肌动电流图以及矢量心电图等信号。

computer biomedicine 计算机生物医学 计算机在生物医学方面的应用。它包括用于生物医学图像分析、生物医学信号分析、生物医学现象模拟、三维生物医学结构显示以及放射治疗与外科等方面。

computer bureau 计算机[服务]局(站、中心) 一种开展计算机应用服务的商业机构,它提供从数据录入准备和处理的计算机服务直到包括有系统分析和程序设计在内的一整套计算机应用服务和咨询工作。这项服务工作适合于没有计算机和缺少计算机专业人员的企业或单位。某些计算机服务具有分时服务项目,用户只需购置或租用一台终端,通过计算机网络即可使用它提供的计算机硬、软件和数据库资源,开展计算机应用的社会服务。

computer capacity 计算机能力 计算机中所用数字(变量)的变化范围、大小和数值范围。

computer cartoon manufacturing system 计算机动画制作系统 利用计算机完成绘画工作、生产图像,并通过图形输出显示设备及摄像机等制作动画片的系统。按传统方法制作动画片需要花费大量人力和时间,制片周期长。如放映一小时的动画片要画86 000多幅画。通常用这种系统产生一幅图像画面,需要计算机进行500 ～ 7 500万次计算,但由于计算机运行速度快,可在较短时间内完成一部动画片的制作任务。

computer center 计算机中心 一个机构,包括人员、硬件和软件,为提供信息处理服务而组织。同data processing center。

computer city 计算机城市 也称"信息城市",即充分运用电子计算机技术,使城市拥有高级信息机能。其核心是:数字通信网、信息共同体、医疗和教育信息体系、无人管理交通体系等。

computer club 计算机俱乐部 一种进行计算机教育的形式或场所。课外开放计算机活动中心,让学生有组织地或自由地使用计算机进行课外活动,教师给予适当指导,提出课题建议和软件支持,学生按自己的能力得到相应的知识与能力训练,也常用来交换新的想法和优秀教学软件。

computer cluster mode 计算机簇方式 一种计算机连接方式,把若干个计算机通过网络或互联机制组成一个簇。不但能实现文件传送和数据库资源共享,而且能分担执行某个应用程序所分解出来的子任务。

computer communication 计算机通信 利用通信手段,使终端用户能访问远程计算机系统的通信方式。可实现计算机间相互联系,以便均分负载或存取远程计算机中的数据和程序。

computer communication network 计算机通信网 实现计算机与计算机之间互连与通信的网络。

computer-composed music 计算机创作音乐 由计算机使用某些算法来表达音乐逻辑和音乐语法特性,如音调、持续时间、强度以及确定音律和合成的其他参数,完成原来由作曲家所做的工作。

computer configuration 计算机配置 计算机配置是一组相互联系的设备,构成了一个完整的计算机系统,如办公室计算机系统通常包括计算机、打印机、扫描仪以及连网设备(如网卡或调制解调器)。各种各样的处理机和外部设备均可供使用,它们可以按许多不同的方式进行配置以满足一些特定的要求。

computer console 计算机控制台 计算机的一个组成部分,用于操作人员或维修人员与计算机进行通信。

computer control data transmission system using optical fiber 计算机光纤数据传输系统 一种既能传输高速数字信号,又能传输宽带模拟信号的传输系统。

computer-controlled adoptive strategy 计算机控制选取策略 一种设计CAI(计算机辅助教学)的指导性策略。基于教学理论的一组复杂决策规则来讲授课程的数量、类型及指导的过程。

computer controlled character (CCC) 计算机控制的角色 计算机控制的角色通常用于像MUD(多用户"地牢"游戏)之类的角色扮演计算机游戏中。

它指的不是由真人扮演的角色，而是由计算机生成的角色。参见 computer game，multi-user dungeon (MUD)，role playing game (RPG)。

computer-controlled manufacture system 计算机控制加工系统 一种实用的加工控制系统。它包括如下三个子系统：①计算机扫描系统：根据待加工工件的模板、模型、图纸或图形确定产品尺寸参数，完成有关数据的翻译和转换，提供加工所必需的操作信息；②计算机图示系统：能动态地显示产品设计的三维图形；③计算机控制铣削系统：能根据扫描系统等提供的信息来控制加工机具的三维运动，以完成自动加工职能。本系统既省略了绘制图纸的作业，又能自动进行编制程序。

C

computer controlled traffic 计算机控制交通 配有计算机的交通控制系统主要由三部分组成：一个专门测量交通状况的检测系统，一个作为控制用的计算机以及操纵交通灯和监视设备的局部控制器系统。探测器发出的信号由声调发送器进行多路调制，再通过电话线传输给计算机。计算机根据这些信息计算出每条通道上车辆数目及车辆的速度，并产生控制命令。这些命令经编码后再由电话线传送到交通道路上，以操纵交通灯等控制设备。

computer control system 计算机控制系统 应用计算机参与控制并借助一些辅助部件与被控对象相联系，以获得一定控制目的而构成的系统。计算机控制系统分单机控制系统、多机控制系统、直接数字控制系统、监督控制系统、散控制系统和现场总线控制系统等。

computer crime 计算机犯罪 一种利用计算机知识和技能而进行的违法活动，其中包括偷盗财物、滥用计算机资源、窃取数据和信息、破坏与篡改数据和程序等，其所使用的手段繁多，诸如逻辑炸弹、"病毒"(程序)、特洛伊木马、意大利香肠术、陷阱、窃听等。从法理上分析，计算机犯罪有两个构成要件：第一，必须是以计算机为工具；第二，其行为有严重的社会危害性。

computer cryptography 计算机加密 在计算机安全中，在计算机中对于一个加密算法的使用，以进行加密和解密，用于保护信息或者鉴别用户、信息源或者信息。

computer culture 计算机文化 人类社会的生存方式因使用计算机而发生根本性变化而产生的一种新的文化形态。计算机及其网络把人与人之间在时间和空间上的距离大大缩小，使得人们能更方便地彼此交谈、交流思想、交换信息。每个新思想正在被综合成更新的思想，从而对人类的传统文化，包括语言、文字、思想、心态、道德、传统、宗教信仰、风俗习惯等都产生极为广泛、深刻影响。计算机文化就是随着计算机及其网络技术的发展而形成与以往完全不同的文化表达方式，使其以一种单一的文化存在。参见 cyberculture。

computer dance 计算机舞蹈 用计算机辅助舞蹈家进行舞蹈训练和创作。计算机舞蹈是在计算机图形学的应用和发展的影响下产生的。由于人体动作是一种复杂的三维立体空间运动，它比计算机谱曲等难度更大。计算机舞蹈是将舞蹈动作视为一种模式信息，用计算机加以处理并进行分析研究，以便创作出可供指导和辅助训练的模拟动作的适当舞谱形式，它在舞蹈演员身体的运动关节上安置适当的测角传感器，将人体舞蹈动作的模式信息经模-数转换输入计算机，并在显示屏上显示舞姿动作变化情况，使舞蹈家边审边看边修改舞姿。计算机还可将各种舞蹈动作信息记录存储、运算处理，以便对舞蹈家的艺术技巧和经验体会进行科学分析，以指导训练、提高创作的艺术效果。

computer data 计算机数据 计算机设备内部或设备与设备之间通信用的数据。这种数据可以是外部的，也可以是驻留在计算机设备内的；可以是模拟信号，也可以是数字信号。

computer-dependent programs 计算机相关的程序 用专门语言编写的或者涉及某种计算机特征的程序。

***Computer Design* 《计算机设计》** 美国刊物，1962 年创刊，月刊。刊登电子数字计算机设备、辅助系统、与系统的硬件设计与应用的研究文章。设有"通信报导"、"数字技术评论"、"新闻简讯"、"数字控制与自动系统"、"设计简讯"、"产品介绍"等专栏。

computer design language (CDL) 计算机设计语言 一种硬件描述语言。每个语句之前都有一个标号，即一个数据和时钟变量的布尔表达式，用来说明语句在什么条件下执行。可同时进行一个或多个寄存器的传送，只要将它们放在同一个标号下或使用互有关联的表达式。参见 hardware description language。

computer display of three-dimensional biomedical structure 计算机三维生物医学图像结构显示 计算机生物医学应用的一个方面。把计算机制图用于生物和解剖结构、生物分子构造以及神经系统等三维生物医学图像的分析和研究。

computer downsizing 计算机下行分布化 把计算机实验室中大型机上的非分布式企业计算转移到办公室中工作站和个人计算机间的分布式计算的过程。

computer duplex 计算机对，双计算机 通常指两台接在一起的完全相同的计算机。平时只有一台工作，当一个操作的计算机发生故障时，另一台计算机接替工作，并不影响系统性能。

computer edit system 计算机编辑系统 一个视频编辑系统，由计算机控制并连接到记录和播放的机器中。

computer efficiency 计算机效率 机器正常工作的

机时数与开机时数的比率。开机时数等于正常工作机时与检修机时的总和。

computer emergency response teams (CERT) 计算机应急响应组 CERT 最初是一个由美国联邦政府提供资金的机构，位于卡内基梅隆（Carnegie Mellon）大学内。它的主要职能是对软件中的安全漏洞提供咨询，对病毒和蠕虫的爆发提供警报，向计算机用户提供保证计算机系统安全的技巧以及在处理计算机安全事故的行动中进行协调。现在许多国家和组织都有了 CERT，如 CNCERT/CC（中国计算机网络应急处理协调中心）。参见 computer incident response team (CIRT)。

computer emulation 计算机仿真 借助高速、大存储量数字计算机及相关技术，对复杂真实系统的运行过程或状态进行数字化模拟的技术。

computer engineering 计算机工程 涉及计算机硬件开发中的设计和基本原理的学科。

computer environment 计算机环境 影响计算机操作的条件和因素。计算机对机房温度高低、干湿程度、尘埃颗粒大小等都有一定的要求和限制。通常采用空调以控制计算机机房的温度和湿度、采用空气过滤办法消除机房中灰尘、采用防静电地板、工具、服装以及有效的接地以防止静电的产生和危害等环境保护措施，以确保计算机及其设备的工作可靠性与安全。

computer equation 计算机方程 由数学模型导出，更适合计算机使用的方程。

computerese 计算机术语 从事计算机工作的科技人员及其他人员所用的术语或行话。

computer evidence 计算机证据 计算机所处理或存储的可用来证明案件真实情况的记录。随着计算机使用范围的扩大，计算机记录作为证据的重要性也就越来越显著。法院对证据的采信有其一套理论和规则，因此，若准备在今后一旦需要时将计算机的记录作为证据的话，则从一开始就要在输入、存储、操作和输出等各个环节采取适当的措施来保证其记录的正确性。

computer family 计算机系列 一个术语，通常用来描述一系列的计算机，这些计算机都使用相同的微处理器或一系列相关的微处理器，并且它们都具有相同的设计特点。

computer fraud 计算机诈骗[欺诈] 在计算机安全中，一个涉及有意地篡改或者偷窃数据以获得某种利益的计算机犯罪行为。

computer game 计算机游戏 培养智力及反应能力的一种计算机游戏。它综合使用了计算机图形学、人工智能、多媒体计算技术、人机交互等领域中的技术。具有交互性、竞争性和趣味性。一般分为四类：动作型、智力型、故事型和数据库型。游戏最早开始于 20 世纪 50 年代，是计算机程序人员编制的供自己娱乐用的游戏。

computer geek 电脑高手 指对计算机技术痴迷，绝顶聪明的人。

computer generated animation (CGA) 计算机生成动画片 用计算机动态演示图像的技术，也是计算机辅助设计的一种方法。

computer generated dance 计算机生成舞蹈 用计算机确定舞台上某时刻舞蹈者的数量和位置，用线条画出它们的动作轮廓，表示和模拟人体动作等。

computer generated hologram 计算机产生的全息图 用计算机制作的全息图。一个受激光照射的物体可以看成是光散射点的集合，如果已知各点的坐标、光的波长、物光和参考光的夹角等参数，就可以用计算机直接算出全息记录面上光场的分布，用绘图仪把这个分布记录下来，最后用光学方法缩小成实际的全息图。用相干光照射它时，可以观察到一个物体的三维虚像。不需实际物体而由计算机制作全息图的技术可用于图像识别、计算机立体显示、复杂的光学元件表面检验等方面。

computer generated imagery 电脑成像 也称“电脑动画”，是计算机图形在特技领域的应用。电脑成像被用在电影、电视和商业广告媒介中。

computer generation 计算机代 一种对计算机划分时代的方式，主要基于生产中采用的技术，例如第一代计算机基于电子管器件，第二代计算机基于半导体三极管，第三代计算机基于集成电路，第四代计算机基于大规模及超大规模集成电路。

computer graphic interface (CGI) 计算机图形接口 国际标准化组织（ISO）提出的计算机与图形设备会话的接口技术的规范。是计算机图形系统中用于控制不依赖于设备部分与依赖于设备部分之间数据交换的基本函数的集合。CGI 是设备驱动级的一个接口标准，有了这个标准，各种不同的图形设备均可与图形有统一的软件接口。这样，无论是应用程序还是图形支持软件，均可实现在不同系统、不同配置之间的可移植性。

computer graphics 计算机图形学 使用计算机生成图形的理论、方法和技术。它可以生成现实世界中已经存在的物体的图形，也可以生成虚构物体的图形。它是真实物体或虚构物体的图形综合技术。计算机图形学是计算机科学技术中的一个重要分支学科，它在计算机辅助绘图及设计、事务管理、科学计算可视化、计算机过程控制和计算机仿真、计算机动画、计算机艺术、地理信息系统、自然景物模拟、办公自动化及电子出版、软件开发可视化和电子游戏等领域中有着重要的应用。内容包括基本图形元素的生成，图形的几何变换，图形的裁剪与消隐，图形显示软件的组织，交互输入方法，几何模型的建立，采用色彩逼真图形的生成等。为了加快图形软件的开发，提高可移植性，图形软件功能标准化受到了极大的关注。国际标准化组织（ISO）已制订了图形核心系统（GKS）、计算机图形元文件

(CGM)、计算机图形接口(CGI)等标准规范。这些标准的制订不仅可以提高图形应用程序和图形数据的可移植性、设备独立性,而且有助于程序员学习和掌握图形学方法,同时也给硬件设备的发展以方向性的指导。

computer graphics metafile (CGM) 计算机图形元文件 国际标准化组织(ISO)批准的用于图片描述信息的存储和传输机制的规范。其目标是以独立于设备的方式提供图形信息的描述、存储和通信。它是 ISO 8632 标准中规定的元素的集合。标准规定的元素类型有:定界元素、元文件描述符元素、图片描述符元素、控制元素、图形原语元素、属性元素、转义元素、外部元素。

computer hardware 计算机硬件 构成计算机系统的物质元器件、部件、设备以及它们的工程实现(包括设计、制造和检测等技术)。它可以是机械的、电的、磁的、电子的或光的物理装置。广义的硬件包括硬件本身及其工程技术部分。构成计算机系统的部件和设备包括运算器、控制器、主存储器、辅助存储器、输入和输出设备、电源等。元器件包括集成电路、印制电路板及其他磁性元件、电子元件、光电子元件、接插件等。硬件是计算机的"躯体",是计算机的物理体现,其发展对计算机的更新换代产生了巨大影响。

computer hierarchical control (CHC) 计算机层次控制 指在一个复杂的并且是结构化的系统中能采用的塔形分级式结构的计算机控制系统。它类似于制造机构中多级管理结构层次,不同层次之间的信息流是双向的。在为不同的层次控制任务选择计算机设备时,应注意各个控制层不同的响应特性,例如,①较高层要求较慢的反应时间;它们的信息处理周期长;决策时间间隔较长;②较高层的决策过程更为复杂,并且较少依赖结构化数据,这对问题的形式描述增加了困难;③较高层中,计算机处理的任务较多。

computer implementation 计算机实现 计算机组成的物理实现,包括芯片、模块、插件、底板的划分与连接,专用芯片的设计,处理机主存等的物理结构,信号传输,电源与冷却以及零件、部件生产技术和整机装配等。它着眼于器件技术及微组装技术。与计算机组成密切相关,也可统称为计算机实现,即计算机实现包括计算机体系结构的逻辑实现和物理实现。

computer-independent graphics 独立于计算机的图示技术 一种图形显示技术,使用这种技术开发的图形软件可以在多种不同的计算机系统上运行。

computer-independent language 计算机独立语言 一种与具体计算机硬件平台无关的计算机语言,大多数高级程序设计语言都是计算机独立的,这些语言的实现依赖于与具体计算机相关的编译程序和解释程序。参见 computer language。

computer information system 计算机信息系统 计算机信息系统是由计算机及其相关的和配套的设备、设施(含网络)构成的,按照一定的应用目标和规则对信息进行采集、加工、存储、传输、检索等处理的人机系统。

computer incident response team (CIRT) 计算机事件响应组 计算机事件响应组(CIRT)是从计算机应急响应组(CERT)演变而来的。CERT 最初是专门针对特定的计算机紧急情况的,而 CIRT 中的术语 incident 则表明并不是所有的 incidents(事件)都一定是 emergencies(紧急事件),而所有的 emergencies 都可以被看成是 incidents。参见 computer emergency response teams (CERT)。

computer input microfilm (CIM) 计算机输入微缩胶片 将数字信号制作微缩胶片的反过程,将存储在微缩胶片中的信息输入到计算机中,用扫描的方法将文本或者图像转换成计算机能够处理的数据代码。

computer instruction 计算机指令 程序中的一步,它规定一个有待于计算机执行的基本操作。一般由地址码、操作码和某些特征码组成。一条指令可以是单地址的或是二地址的。一般说,单地址指令由一个功能和一个操作数构成。二地址指令则有一个功能和两个操作数。功能常呈编码形式,该编码规定对一个特定单元的数据所要进行的处理。参见 single-address instruction, two-address instruction。

computer instruction code 计算机指令代码 用于表示指令集[系统]中的指令的一种代码。同 machine code。

computer instruction set 计算机指令集[系统] 计算机指令系统是计算机指令运算符[操作码]和其操作数的各类属性意义的说明合在一起的完整系统。同 machine instruction set。参见 instruction set。

computer-integrated manufacturing (CIM) 计算机集成制造,计算机一体化生产 1974 年,美国约瑟夫·哈林顿博士提出了一种新的科学思路——CIM,就是用计算机通过信息集成实现现代化的生产制造,求得企业的总体效益。即将先进的信息处理技术贯穿到制造业的全过程,使企业内的信息流、物料能量流和人员活动形成统一、协调的整体,其核心是集成和优化。它的运用可以提高企业的生产率和快速反应能力,帮助企业在激烈的市场竞争中占据主动地位。20 世纪 80 年代中期,各工业发达国家纷纷制订相应政策,运用 CIM 对制造业进行改造。具体来说,CIM 是使用计算机和专用的软件使生产过程中的管理和操作活动自动化,计算机和通信线路提供访问公共数据库的方式,数据库可以在各个方面使用,从设计到装配、会计和资源管理,高级的 CIM 还包括计算机辅助设计

(CAD)、计算机辅助工程系统(CAE)、计算机辅助制造(CAM)、自动化生产线、机器人操作、数控机床、实时三维图像处理等先进技术和为计算机进行一体化生产所需要的示范、实验、测试、维护等软件系统。最终实现用计算机进行一体化生产。

computer integrated manufacturing system (CIMS) 计算机集成制造系统 CIMS 是在计算机集成制造(CIM)概念指导下建立的制造系统,这是一种综合运用现代管理技术、制造技术、信息技术、自动化技术、系统工程技术,将企业生产全部过程中有关人、技术、经营管理三要素及其信息流、物流有机地集成并优化运行。在这种系统中,所有制造过程都成为系统控制下整体的一部分,它能使计划人员,车间管理人员和会计人员像设备人员及工程师一样使用数据库。该技术是 20 世纪末机械工业全盘自动化或综合自动化工厂的模式。

computer interface 计算机接口 数据输入/输出计算机的方式。包括:可编程 I/O、直接存储器存取(DMA)和中断数据传送。在可编程 I/O 中,计算机独立于数据采集外设,而控制数据传送,并且以一个单字的形式传送。由于在等待慢速设备时会使计算机处理速度减慢,故这种接口使用得较少。DMA 接口允许数据与存储器进行高速数据块传送,它只受限于存储周期时间,并普遍用于大容量存储设备的数据传送。在中断数据传送方式中,外设一旦准备好传送或接收数据就中断程序运行,该类接口通常用于包括许多数据采集子系统在内的低、中速设备。

computer interface unit (CIU) 计算机接口部件 两个计算机部件或两个系统之间的一种接口装置。

computerization 计算机化 或称电脑化,某部门、某学科或某工程等领域广泛使用了计算机。将手工操作的生产或管理方式转化为用计算机自动进行控制或管理的方式。计算机化意味着信息技术高度发展以后,计算机将成为人类生活中不可缺少的事物。

computerized axial tomography (CAT) 计算机断面成像 一种医学检查过程,用计算机生成一个身体部分的三维图像,根据 X 射线对一个身体层面进行扫描的结果数据。

computerized branch exchange (CBX) 计算机化小交换机 使用具有电子交换网的计算机的 PBX (专用交换分机)。

computerized library 计算机化图书馆 用电子计算机对图书馆的借阅、编目、流通等进行全面管理的图书馆。通常计算机在图书馆的应用分为前台服务和后台管理两方面。前台服务包括可为读者办理借阅手续的服务办公终端以及大量可供读者查阅图书目录及图书资料的读者终端。此外还包括可供读者复印、查阅缩微胶片、馆外查询借阅的各种自动装置及收款机。后台管理指图书馆业务中有关编目、采编、流通、库存等对图书期刊方面的管理以及对图书馆内部的固定资产、财务、人事、安全等方面的管理。

computerized microfilm 计算机缩微胶卷 用计算机等设备将磁带信息转换后所产生的缩微胶卷。

computerized vulnerability 计算机化(社会)的脆弱性 计算机的广泛应用促进了社会的信息化。它们成为经济活动、日常生活、政治、军事等各个领域不可缺少的组成部分。但是另一方面,如果计算机的功能一旦失效,就会引起巨大的混乱。为此,各国针对这种脆弱性认真地进行研究并提出了应对措施。

computerized word processing 计算机文字处理 计算机中的一种文字处理系统,其中包括强有力的共享逻辑、分布逻辑和分时处理系统等。

computer language 计算机语言 狭义的指计算机可以执行的机器语言。广义的指一切用于人与计算机通信的语言。包括程序设计语言、各种专用的或通用的命令语言、查询语言、定义语言等。

computer language for the processing of text (CLPT) 文本处理计算机语言,CLPT 语言 国际标准化组织(ISO)提出的新一代标准文本处理计算机语言。它是一个包含有目前国际上广泛应用于各个领域的文字处理、电子数据表处理、图形处理、自动排版等功能的语言。

computer language symbols 计算机语言符号 在任何计算机程序中,预先描述的,具有特定含义或功能的符号。

computer learning 计算机学习 计算机根据其记忆或经验修改程序,即改变逻辑线路或参数值的过程,如下棋机就具有学习能力,再如飞机的自适应自动驾驶仪也利用了计算机学习的能力。

computer limited operation 计算机限制操作 外部设备运行的一种状态,它接收和发送信息的速度比计算机能提供接收的速度快,外部设备只能工作在启-停状态。

computer literacy 计算机知识 对计算机的理解和认识以及有效使用计算机的能力。在最低的专业级中,计算机知识指知道如何打开计算机、如何运行和终止简单的应用程序以及如何存储和打印信息。在高一些的级别中,计算机知识指的更加具体,它包括使用复杂的应用程序的能力,可能还包括使用诸如 BASIC 和 C 等编程语言进行编程的能力。在更高级中,计算机知识将包括电子学和汇编语言的专业技术知识。

computer-managed parts manufacture (CMPM) 计算机管理零件制造 零星零件的计算机辅助生产。通常由计算机协调若干零件加工和产品的运输工作。

computer management instruction system (CMIS) 计算机管理教学系统 用计算机帮助教师管理和

指导教学过程,并为教师提供作出教学决定所需信息的系统。它由中心计算机、学生终端和教师终端组成。学生终端上有回答器,用来回答教师的提问并接受来自教师终端的命令。教师可通过他的终端键盘输入信息或发出命令。教师可通过该系统来了解和评估每个学生的接受能力,以改进自己的讲授内容和讲授方法。

computer management system 计算机管理系统 计算机在管理领域中应用的各种信息处理系统,亦即指各种计算机辅助管理系统。

computer manufacturing system 计算机制造系统 一种计算机事务管理应用。指用来帮助企业规划和控制生产的所有计算机系统。

computer mediated communication service (CMCS) 计算机媒介通信服务系统 以计算机为媒介的网络通信服务系统,包括计算机会议系统、广告牌系统和电子邮件系统,提供的服务以通信为基础。

computer micrographics 计算机缩微照相技术 一种借助计算机的帮助,将数据转换成缩微胶片或将缩微胶片转换为数据的方法和技术。

computer mind 计算机思维 与信息化社会相适应的思维方式。充分利用信息和知识进行智力创造,面向未来,积极追求新的可能实现的生活方式。

computer modeling biomedical phenomena 计算机生物医学现象模拟 计算机生物医学应用的一个方面。把计算机交互方式制图作为生理系统模拟的基础研究和教学的工具。

computer music 计算机音乐 计算机在作曲、乐音合成和分析、音乐研究、乐谱打印和音乐库资源的开发等方面的应用。计算机音乐可分为计算机创作音乐和计算机理解音乐两种。

computer name 计算机名 在计算机网络中,用于识别网络中计算机的名字,计算机名在网络中是唯一的,不能与其他计算机名或者领域名相同,计算机名不同于用户名,它标识的是一个计算机及其系统资源。比较 alias,user name。

computer navigation 计算机导航 在航空和航海领域中用计算机控制的导航设备,用它来处理和控制导航信息,以实现导航系统的最佳控制。

computer network 计算机网络 地理上分散的多台独立自主的计算机通过软、硬件设备互连,以实现资源共享和信息交换的系统。资源共享包括共享网络中的硬件、软件和数据。计算机网络由通信子网和资源子网两部分组成。它被用于军事、制造业、航天、医疗、办公自动化、商务、交通、邮电、信息等领域。主要服务是:电子邮件、电子数据交换、文件传送、虚拟终端、远程过程调用和远距离电视会议等。

computer network component 计算机网络部件 除了主计算机之外,计算机联网一般要求下列三种设备:用户通信接口、通信子网和网络控制设备。这三种设备总称为计算机网络部件。

computer network facilities 计算机网络设施 计算机网络系统中除主机系统以外的功能单元,主要有通信控制处理机、集中器、终端系统和通信线路。

Computer Network Information Center (CNIC) 计算机网络信息中心 CNIC 是中国科学院下属的科研事业单位。主要从事中国科学院信息化建设、运行与支撑服务以及计算机网络技术、数据库技术和科学工程计算的研究与开发。CNIC 成立于 1995 年 4 月,是在中国科技网(CSTNET)和科学数据库的建设过程中发展起来的科研支撑机构。中国科技网(CSTNET)是我国最早的国际互联网络,目前网络已覆盖全国。科学数据库是中国科技网上主要的科技信息资源。CNIC 目前的主要业务包括:中国科技网(CSTNET)的运行与管理,互联网接入服务,下一代互联网络技术与应用研究,科学数据库系统的管理、运行服务和技术支撑,超级计算机系统的运行、管理与应用,管理信息系统的运行与服务以及中国互联网络信息中心(CNNIC)的运行和管理工作。

***Computer Networks* 《计算机网络》** North Holland 出版的刊物。1976 年创刊,1978 年起成为国际计算机通信委员会机关刊物。每年 6 期。刊载计算机网络设计、实验、使用和管理、通信系统及有关经济、法律、社会问题方面的论文和简报,兼载有关学术活动与会议消息和简讯,书评。

computer network system 计算机网络系统 用通信线或无线电遥控系统按一定的通信协议连接若干个计算机的系统。系统内大型机和小型机之间、计算机主机和外围设备之间可按交互方式工作,系统内各计算机能共享设备和信息。在一个物理位置上的计算机或计算机组称节点。在局部地区或中心形成计算机局部网,多个局部网连成较大的甚至是全球性的网络。网内小型机或微型机可利用网内巨型机的资源和信息。

computer numerical control (CNC) 计算机数控 它是集计算机技术、微电子技术、自动控制技术、精密机械加工技术、精密测量技术和信息科学等为一体的产物,是现代制造业技术的基础,主要用于加工中心、车削中心、磨削中心等各种高级机床,系统采用模块化的开放式结构,包括硬件标准、软件标准和接口标准。内装有可编程机床逻辑控制和编程语言,它采用多处理机技术,具有多级网络连接。CNC 系统的主要功能有:①控制机床;②加工过程中的补偿;③改善编程和操作性能;④故障诊断。系统中基本硬件组成是伺服放大器、转换器电路和接口部件。软件至少由三个主要程序组成:零件程序、辅助程序和控制程序。零件程序说明需加工零件的几何信息和机床主轴转速、进给量等切削条件;辅助程序用于检查、编辑和校正零件程序;控制程序以零件程序为输入并生成驱动运动轴的信号。

computer on a chip **单片机** 在一个集成电路芯片上形成的计算机,包含有处理器、RAM(随机存取存储器)、ROM(只读存储器)、时钟及 I/O 控制单元,也称"单片计算机"。参见 single-chip computer。

computer on-slice **单片式计算机** 把计算机所需的全部电路均制作在一块硅片上,这种计算机称为单片式计算机。

computer operation **计算机操作** 执行计算机指令时所规定的若干动作。指令的操作码规定着它要执行的操作,如算术运算、逻辑操作、传送操作,存储操作等。参见 machine operation。

computer organization **计算机组成** 计算机体系结构的逻辑实现。它包括机器内部数据流和控制流的组成以及逻辑实现。指令系统属于计算机体系结构,而指令的实现(如取指令、取操作数、运算和送结果等操作步骤的实现)则属于计算机组成,如具有相同指令系统的计算机,不同机器实现起来可以采用指令重叠、多功能流水线等多种方法。这时体系结构虽然相同,而不同机器的实现方法不同,所以组成是不一样的。

computer-oriented language **面向计算机的语言** 适合于特定计算机结构的程序设计语言。同 machine-oriented language。参见 computer language。

computer output microfilm (COM) **计算机缩微胶片(输出)** 将计算机的输出信息记录成微缩胶片。该技术在 20 世纪 60 年代对图书馆的资料管理具有重大作用,采用缩微胶片作为信息存储媒体的计算机输出设备称为计算机缩微胶片输出设备。计算机的输出可以通过一个与处理机相连接的计算机输出缩微胶卷(COM)记录器而直接记录到缩微胶卷上,也可以以脱机方式先记录在磁带上。不管使用哪种方法,COM 记录器在 16 mm 胶卷或者是在 105 mm×148 mm 缩微卡片上产生图像。然后将胶卷或缩微胶片进行处理,并且把它当成负片来使用,制成复制品以备分发。检索信息是通过缩微胶卷观察器、阅读器打印机或缩微胶片观察器和请求式打印机进行的。

computer painter **计算机画家** 利用计算机及其荧光屏来绘画,如现有的"计算机画家"系统可以用来绘制风景画、人物画等。以风景画为例,它把一些常用的景物,如山、水、树、石以及颜色等都存储在计算机图例库中。这些景物大小、形状和颜色以及出现在屏幕上的位置均可任意选定。绘制风景画时,只需通过终端键盘(或直接用鼠标器选择屏幕边上的有关图例)输入景物的名称、在屏幕上的坐标、大小、形态和颜色等数据,就能在屏幕上自动生成所要求的物体和景物。对一幅画面十分复杂的画,只需把各个物体逐个依次输入有关数据,就能生成一幅完整的图画。

computer patterns **计算机模式** 一类计算机(如智能计算机)区别于其他类计算机(如冯·诺依曼计算机)的根本概念模型。有人以 C 表示计算机,P 表示物理,M 表示教学,L 表示基于人类思维研究的生命科学,则可得:

$$C = f(L, P, M)$$

式中,物理提供计算机的物质(即硬件)、教学提供计算机的意识(理论和软件),而生命科学则提供计算机的哲学(模式)。随着近年来微电子技术和软件的迅速发展,P 和 M 已不再是计算机变革的决定因素,而体现为程序模式(数据结构与程序执行方式的统一描述)+体系结构(计算机的拓扑结构)的计算机模式和生命科学已成为计算机未来变革的根本所在。目前有人把计算机模式划分为:

- 计算机模式
  - 程序模式
    - 顺　序
      - 串行
      - 并行
    - 非顺序
      - 归纳
      - 演绎
      - 其他
  - 体系结构
    - 集中式
    - 分布式
      - 松耦合
      - 紧耦合

如细胞计算机为并行集中式、神经网络为非顺序松耦合分布式、传输机为串行集中式、高性能多机系统为并行分布式、数据流机为非顺序分布式等。其中神经网络的出现正好代表了从冯·诺依曼计算机模式向人脑模式靠拢的过程。但由于对生命科学的奥秘未探索清楚,这直接阻碍了新一代计算机的发展。

computer peripheral device **计算机外围设备** 直接或间接受计算机控制的辅助设备,即设备的在线或下线由计算机控制。可能属于计算机外围设备的有:打印机、摄影头、显示设备和移动存储设备等。

computer port **计算机端口** 通信信道与计算机接口的物理位置。

computer power **计算机能力** 计算机完成工作的能力。如果以机器在给定时间内能完成指令的数量来定义,那么,计算机效率可以用百万条指令/秒(MIPS)和百万次浮点运算/秒(MFLOPS)来衡量。能力也可以用其他的方式衡量,这取决于人们对计算机的需要或评价它的目的。对计算机用户来说,通常根据机器的随机存取存储器容量、处理器的工作速度或计算机一次所能处理的位数(如 8、16、32、64 等)来评定。然而,评估中还有其他的因素,其中最重要的两点是:计算机各部件协同工作的情况和各部件与所要执行的任务相匹配的情况。例如,无论计算机的速度多快,效率多高,如果硬盘的速度很慢,那么,在进行包含有硬盘的操作时,计算机的速度也会受到限制。

computer privacy **计算机隐私** 信息时代中电子计算机的广泛使用所引起的各种隐私权问题。一般认为,隐私权是个人、小组、机构对其信息在什么时间和什么范围内，以何种方式告诉他人的一种权利。由于计算机技术的发展，大量的公私机构都运用计算机对涉及隐私的信息进行采集和利用，因而也就造成对隐私权的严重威胁。计算机隐私主要涉及以下四个方面的问题：第一，什么样的机关、机构或组织有权对有关个人的数据进行采集？第二，个人控制或限制被采集数据使用的程序如何？第三，个人对所采集的有关其个人信息的精确性可了解及可监视的程度如何？第四，有关个人数据可揭示的范围和必经程序是什么？

computer procedure flowchart **计算机过程流程图** 这是程序流程图的另一种术语。它概略表示了利用计算机完成某一个特定任务所必需的一些处理步骤。它应用一种图示表达法，根据这种表达法可用适当的程序语言编制成代码。流程图记录了输入操作，计数器启动，计数器检验，无条件和有条件转移的执行等。用来构成流程图的符号包括有终端框、动作框、判定框以及相关线。

computer program **计算机程序** 一个适合在计算机上处理的指令的序列，处理包括为程序的执行作准备而使用的汇编器、编译器、解释器或者转换器，指令的序列可包括语句和必要的说明。

computer program abstract **计算机程序摘要** 对计算机程序所作的简短叙述，用以向用户提供足够的信息，使用户能据此确定该程序是否适合其需要以及帮助他了解自己所拥有的资源。

computer programming **计算机编程** 计算机程序的计划、设计、编写和测试。

computer program origin **计算机程序起始地址** 赋予计算机程序在主存中起始存储位置的地址。

computer program patch **计算机程序补丁** 在计算机程序、例行程序或子程序中的一种改变，它通常通过在现成的计算机程序、例行程序或子程序中增加一段新指令来实现，并通过转移指令或分枝指令转移到新增加的程序段或从该段转移走。它允许用旧的程序处理当前状态的新情况或新变化，它与其他的增加部分一起，可能成为程序的永久部分。一个程序中如果有过多的计算机程序补丁，就可能需要对程序进行重写，以减少装入时间、运行时间和出错的可能性。

computer-readable **计算机可读的** 计算机可解释和处理的信息，这样的信息有两种，一种是条形码，这种信息可以用扫描器输入到计算机中；另一种是机器码，是指令和数据在计算机中的表示，计算机将用户输入的信息转换成这种二进制代码。

computer recovery team **计算机恢复小组** 负责对原系统的损失进行评估、进行临时数据处理并建立新系统的一组特定人员。

computer revolution **计算机革命** 有关计算机（特别是个人计算机）快速发展和广泛使用与接受的社会现象和技术现象。这些机器带来的影响被认为是革命性的出于两个原因。第一，它们的出现和成功非常迅速。第二，也是更重要的，它们的速度和精确度在某些方面改变了信息处理、存储和传输的方式。

computer room **计算机机房** 安装计算机及其系统设备、资料、介质、配电、空调和服务性设施的房间。不同型号和大小的计算机系统，对环境条件和用房配置有不同的要求。

computer routine **计算机例行程序** 由另一个计算机程序调用的计算机程序，这些例行程序的功能可能是通用的或常用的。

computer sabotage **计算机破坏** 以计算机为工具，利用所输入的信息破坏计算机的程序和数据，破坏计算机系统正常运行，破坏计算机的安全系统，破坏与计算机连接的各种系统的一种计算机犯罪行为。计算机破坏有以下三个特征：①破坏活动是通过计算机来实施的；②破坏对象包括计算机的程序和数据、计算机系统正常运行、计算机安全系统、与计算机连接的各种系统；③行为人是出于犯罪故意。

computer scales **计算机规模** 计算机常分为巨型、大型、中型、小型、微型，但这是一种不确定的概念。通常说某计算机属哪一型，是指它的处理能力而言，然而不同时期有不同概念。现在一台微型机的处理能力比二、三十年前的大型机还强得多。

computer science **计算机科学** 研究计算机，包括其设计、计算、操作和信息处理的应用，从抽象的算法分析、形式化语法等，到更具体的主题如编程语言、程序设计、软件和硬件等。计算机科学综合了理论和实际两个方面，包括设计工程学、电子学、信息理论、数学、逻辑学和人类行为学。计算机科学的范畴从程序设计和计算机体系结构直至人工智能和机器人。

computers classification **计算机分类** 区分不同类型计算机的方法。从不同目的和计算机的不同属性等方面区分，计算机有不同的分类形式。早期的计算机有模拟计算机和数字计算机，前者以连续的模拟量对事物进行描述与处理，而后者以分立的数字量对事物进行描述与处理。当代的计算机绝大多数都属后一种，因而一般说计算机都是指数字计算机。从设计的目的区分是否专门为某一目标或某一领域，还是兼顾各种应用，计算机可分为专用计算机和通用计算机。在进行数据处理时，计算机内部进行串行运算或并行运算，分为串行计算机或并行计算机。计算机对数据进行处理是否按事先编好的顺序进行，分为顺序计算机与非顺序计算机或称任意顺序计算机。计算机按所处理的数据是定点数还是浮点数分为定点计算机与浮点计算机。从指令中地址个数的不同又可分为单地址计算机与多地址计算机。还有许多不同分类形式。有的分类很明确，如定点计算机与浮点计算机的区分。

有的分类则不甚明确，如计算机从处理能力上常分为大型、中型、小型，再往上还有巨型，再往下还有微型。彼此界线在何处及分类的依据是什么都很不严格。而且目前一台微机的性能相当于几年前的小型机或再早几年的中型机。随着计算机技术的发展又会出现更新的类别。

computer security 计算机安全 保护信息系统免遭拒绝服务、未授权（意外的或有意的）暴露、修改和破坏数据的措施和控制。已衍生成为一门研究计算机安全防护理论和方法的技术学科。计算机安全是由计算机设备安全和计算机数据安全组成。所涉及的内容很广，包括相关法规的制订，对来自自然环境的灾难性安全防范，对人员的合法性确定，对资源的安全管理，对安全辅助产品设计、制造、应用有关技术等。计算机安全所需的专门知识涉及工业安全、结构和电子工程、程序设计、计算机操作、人事管理和一般管理等方面。它的活动包括源数据生成、数据输入、软件开发、操作运算、系统维护以及报表分配等。它的技术措施包括系统内部在程序和数据方面下述的保护机制：存取控制，信息流控制，加密和特权状态。它的行政管理措施包括在外部针对与计算机系统有关的人事和物理安全的下述控制：授权许可专有保护和审计控制。计算机安全也包括计算机系统所连接的网络和远程通信设施的安全问题。参见 checks and controls。

computer security incident 计算机安全事件 一个与计算机系统安全有关的提示事件，涉及系统中安全规则的错误、可疑或实际的信息损失或是由于对资源或信息的错误使用、丢失或者损坏。

computer security model 计算机安全模式 系统中主体、客体以及其他实体的一个数学描述，用于分析系统的安全性。

computer security plan 计算机安全计划 为计算机安全拟定的方法、步骤和内容。安全计划涉及硬件、软件、数据类型、物理地址、通信网络等的规范说明，包括通信安全、信息安全、访问控制和辐射安全等计划。计算机用户、审计和安全人员必须遵循计算机安全计划。

computer self-learning 计算机自学 计算机根据其本身的记忆或经验来修正程序的过程，即改变其逻辑路径及参数值，如下棋计算机。

computer sensitive language (CSL) 计算机敏感语言 仅能在某类计算机上执行的一种编程语言。

computer series 计算机系列 具有相同体系结构，而其组成和实现不同的一系列计算机。软件设计者就按这种体系结构设计软件，硬件设计者就按器件状况和硬件技术研究这种结构的各种实现方法，并按照速度、内存容量、外设配置、价格等的不同要求，分别提供不同速度的各档机器。在确定系列机的体系结构时，除了要考虑到便于编制系统软件和应用软件外，还要考虑发展的需要，要求在长时期内，使软件设计者仍然认为这个体系结构是编制程序的好环境。同时，要求按这个体系结构编制的机器语言程序以及编译程序等都能通用于各档机器，即各档机器是软件兼容的。功能上的延伸和使用上的相容性是计算机系列的一大特点。

computer service industry 计算机服务业 也称“计算机技术服务”或“信息处理业”，计算机工业的两大分支之一。它是计算机工业与用户联系的桥梁或纽带。其业务范围是：专业服务（包括用户咨询，受用户委托进行系统分析和程序设计）、软件产品（向用户提供通用软件产品——软件包）、系统集成（将购入的硬件及各种设备配上专用接口和必要的软件，集成为完整的应用系统提供给最终用户）、数据或信息处理服务（使用自备计算机为用户提供机时或代用户进行各种数据处理）、数据库（信息提供）服务（为用户提供各种经济技术等信息）、其他服务（包括培训、维修以及数据录入）等。

computer simulation 计算机仿真 利用计算机建立、校验、运行实际系统的模型以得到模型的行为特性，从而达到分析、研究该实际系统之目的的一种技术。这里“系统”是广义的，包括工程系统和非工程系统。计算机仿真的基本内容：建立系统数学模型，转变为仿真模型；设计对模型的实验框架；运行模型，得到行为特性；对行为特性分析。

computer simulation technology 计算机仿真技术 利用计算机科学和技术的成果建立被仿真的系统的模型，并在某些实验条件下对模型进行动态实验的一门综合性技术。它具有高效、安全、受环境条件的约束较少、可改变时间比例尺等优点，已成为分析、设计、运行、评价、培训系统（尤其是复杂系统）的重要工具。

Computers in Human Behavior **《计算机在人类行为研究中的应用》** 英国 Elsevier Science 出版社出版，1985 年创刊，全年 6 期，SSCI（社会科学引文索引）、EI（工程索引）收录期刊。刊载计算机在研究人的心理和行为方面应用的论文、报告、文献及软件评论。

computer software 计算机软件 计算机程序及其文档或使机器硬件工作的指令集。程序是计算任务的处理对象和处理规则的描述，文档是为了便于了解程序所需的阐明性资料。软件是用户与硬件之间的接口界面，用户主要是通过软件与计算机进行交往。软件是计算机系统设计的重要依据。为了方便用户，为了使计算机系统具有较高的总体效用，在设计计算机系统时，必须通盘考虑软件与硬件的结合以及用户的要求和软件的要求。计算机软件总体分为系统软件和应用软件两大类。参见 system software，application software (ASW)。

computer software configuration item (CSCI) 计算机软件配置项目 CSCI 是被一个配置管理(CM)

系统作为一单个实体对待的一组软件。CSCI是在系统架构设计上进行配置管理的，通过合同规定，或作为发展产品。CSCI实体包括在合同中被发展或使用的软件。参见 configuration management (CM)。

computer speak 计算机会话 表示与计算机通信用的各种代码和语言的术语。用户有必要了解计算机语言以便与它"对话"，而不是计算机了解用户的语言。有时，这是特定计算机的语言，即机器码；一般情况下，用户也可以选用汇编代码，即由软件"汇编"成机器代码的助记符或是高级语言。

C

computer subsystem 计算机子系统 计算机系统中独立的从属部分，如专门从事输入输出工作的输入输出子系统。有时也简称子系统。

computer-supported collaboration work (CSCW) 计算机支持的协同工作 CSCW技术产生于20世纪80年代中期，是一个全新的跨学科的研究领域，它涉及计算机科学、社会学、心理学、组织理论、人类学、信息科学等多种学科，致力于研究协同工作的本质和特征，在理论上探讨如何利用各种计算机技术设计出支持协同工作的信息系统。伴随CSCW理论的发展，人们开始推出CSCW的商品化产品，这被称之为群件，比较成熟的群件产品有IBM Lotus公司的Lotus Notes、微软公司的Exchange Server、Attachmate公司的OpenMind等。参见 groupware。

computer system 计算机系统 由一台或多台计算机和相关软件组成并完成某种功能的系统。计算机系统由计算机硬件和软件两部分组成。硬件包括中央处理机、存储器和外部设备等；软件是计算机的运行程序和相应的文档。

computer system audit 计算机系统审计 (1)对计算机系统中各种过程的审查，评价其有效性、正确性，并提出改进建议。(2)利用审计追踪系统对源文件信息的产生和转换进行自动监视，包括数据的准备、汇集和主记录设计。

computer system fault tolerance 计算机系统容错 计算机系统在一个或者多个部件发生故障时继续正确操作的能力，这时系统的功能和性能会有所下降。同 computer system resilience。

computer tape 计算机磁带 一种扁平的带状物质，涂有磁性材料，可由计算机读出。早期的计算机用磁带介质来存储计算机程序和数据。

computer taxonomy 计算机分类学 根据工作原理和结构特征，对现有计算机结构进行分类的一门学科。

computer technology 计算机技术 研究计算设备的科学技术。包括计算机硬件、软件及其应用等诸多内容。

computer telecommunication integration (CTI) 计算机电信集成 计算机电信集成技术是从传统的计算机电话集成技术发展而来的，目前的CTI技术不仅要处理传统的电话语音，而且要处理包括传真、电子邮件等其他形式的信息媒体。CTI技术跨越计算机技术和电信技术两大领域，目前提供的一些典型业务主要有基于用户设备的消息系统、交互语音应答、呼叫中心系统、增值业务、IP(网际协议)电话等。参见 computer telephony integration (CTI)。

computer telephony image (CTI) 三网合一 CTI技术是把以数据传输为主的计算机网(computer)、以话音传输为主的电话网(telephony)以及图像视频数据为主的电视网(image)集成在一起，在IP(网际协议)网上传输，构造新的统一网络。CTI技术代表了网络统一的发展趋势，具有广阔的发展前景。

computer telephony integration (CTI) 计算机电话集成 CTI技术是将计算机技术应用到电话系统中，能够自动地对电话中的信令信息进行识别处理，并通过建立有关的话路连接，而向用户传送预定的录音文件、转接来话等。现在，CTI技术已经发展成"计算机电信集成"技术。参见 computer telecommunication integration (CTI)。

computer terminal 计算机终端 一种装置，它使计算机操作员可以与计算机交互操作。

computer theory 计算机理论 研究的领域包括电路、逻辑、微程序设计、编译程序、程序语言、文件结构以及系统结构等。

computer time 计算机时间 一种时间尺度，被计算机用于解题或执行程序，通常与日历时间、解题时间和实际时间不同。在一个作为时间函数的计算中，如计算一个运动物体的轨迹(如卫星、导弹或火炮的弹道等)，由于计算机速度快，运动的计算速度比物体在空间飞行速度(日历时间)快很多。因而可以早于运动物体到达某点前就计算出该点位置。在这种情况下，可以说计算机是实时运算的，因为在物体运行到某点之前有足够的时间去影响它，即对其进行制导。

computer tomography (CT) 计算机断层造影 也称"计算机断层扫描"。目前应用最广的是X射线CT，即通过X线照射人体，由计算机处理获取的信息，从而得到人体断面影像的技术和装置。普通X线得到的是人体三维实时投影在二维图片上的重叠影像，因此图像模糊。CT可获得断面的清晰图像，甚至连各种软组织的细微结构也能清晰辨认。其工作原理十分简单，当X线穿透物体时的强度减弱与该物体的总吸收率成比例关系，采用机械装置在同一断面中进行多角度扫描照射，以各次测量值作为穿透路径上各点吸收率之和送入计算机处理，便可重建十分清晰的断面图像。随着X线CT的发展，促使人们对超声和核磁共振(NMR)CT的研究取得了很大的进展，也先后进入了临床应用阶段。由于CT为临床诊断提供了强有力的手段,因此第一台CT的研制人员获得了1979年的诺贝尔医学奖。

computer translation (CT) 计算机翻译 使用计算机系统将一种语言翻译成另一种语言的技术。一个计算机翻译系统一般包括词法分析、词汇分析、句法分析、语义分析、语用分析和语言翻译等部分。

computer typesetting 计算机排版 计算机用于排字和排版的各个阶段的一个通用术语。最简单的是自动行边对齐,自动照相排版和计算机页面编排。目前在计算机排字和排版方面已采用字处理编辑和激光照排等技术。

computer underground digest 计算机地下文摘 在因特网中,为计算机使用者之间共享和对不同问题的讨论提供的一个开放的讨论环境。

Computer User's Association (CUA) 计算机用户协会 也称"用户组",使用某一生产厂的计算机,某一型号的计算机或某一系列计算机以及某一单位的软件(如应用程序包、操作系统等)的用户组成的行业组织。其宗旨是交流使用计算机的方法和技术,协调工作,向生产厂反映用户的意见和要求等。

computer user's year book 计算机用户年鉴 计算机出版公司为专业数据操作人员提供的参考手册。一般包括:一年来计算机技术工艺的回顾,对专门应用所需程序语言的适应性提出建议,产品和厂家分列的设备供应,以及分类介绍的设备附件和详细情况。

computer utility 计算机公用服务 泛指计算机分时系统的计算功能以及系统可向用户提供的程序和数据。用户既可以用自己的程序在CPU上运行,也可以事先存入计算机,随后调出使用,系统的程序和数据既可以由所有用户共享,也可以只向部分用户开放。这些公用服务通常通过数据通信系统访问、使用。

computer virology 计算机病毒学 一门专门研究计算机病毒的产生、活动机制、传染机制以及计算机病毒免疫和防治的科学,其目的在于研究如何防止计算机病毒的产生、抑制和传染,以及讨论计算机系统的安全性等问题。

computer virulent vaccine 计算机病毒疫苗(程序) 在计算机病毒学中,一种能够监视某种或某些病毒(程序)的入侵,而本身不具备传染性的一种计算机(可执行的)程序。

computer virus 计算机病毒 计算机系统中一类隐藏在存储介质上蓄意破坏的捣乱程序。1983年Fred Cohen正式提出计算机病毒的概念。它具有可运行性、复制性、传染性、潜伏性、破坏性、欺骗性、精巧性、隐藏性和顽固性等特点。对计算机系统与网络的安全和正常运行具有极大的危害性。计算机病毒一般由病毒引导部分、病毒传染部分和病毒表现部分(又称破坏部分)三部分组成。计算机病毒通过修改或自我复制向其他程序扩散(传染),进而扰乱系统及用户程序的正常运行。病毒的分类可按多种方式进行,如按宿主目标的不同可把病毒分成引导型病毒、文件型病毒和引导文件型病毒。目前防治病毒常用的技术主要有对比检查法、特征搜索识别法、系统监控法、数据完整性法、加密法等。

computer virus counter measure (CVCM) 计算机病毒对抗(技术) 用于军事系统的一种新技术,把计算机病毒程序微码用电磁波等引入敌方电子系统中,从而摧毁敌方电子系统的一种新型电子对抗类型。计算机病毒对抗技术的主要原理是:①通过无线电波的发射,把计算机病毒射入敌方无保护的、最薄弱的通信链路之中;②等待时机向有保护的计算机节点中传染;③最后,病毒程序侵入敌方的系统核心处理机,达到破坏敌方整个计算机系统为最终目的。

Computer Virus Industry Association (CVIA) 计算机病毒工业协会 该协会位于美国的加利福尼亚州,它把计算机病毒划分为三种:①感染用户程序的计算机病毒;②感染操作系统文件的计算机病毒;③感染磁盘引导扇区的计算机病毒。该组织是非盈利的,主要从事有关计算机病毒信息的收集与研究,其会员有:Amdahl、Arthur、Andersen & co、Compuserve、IBM、Lotus Development等公司及其他35个团体会员。

computer vision 计算机视觉 用计算机实现(或模拟)人的视觉功能,对客观世界进行感知和解释的技术,是人工智能的重要组成部分。它是在图像处理和模式识别技术基础上发展起来的一门学科分支。其主要目的是用机器识别客观世界中的景物。即从外界获得二维图像,抽取其特征(如形状、位置、大小、灰度、颜色、纹理等)构成本征图像(即符号表达),从本征图像出发将其转换成物体图像的描述,然后与已知物体的描述相匹配,从而辨认出所描述的物体,并对其进行描述(图义解释)。计算机视觉广泛用于工业检测、物体自动分类以及机器人视觉研究等领域。有时也泛称为机器视觉。严格地说机器视觉除包括处理数字信号的计算机视觉之外,还应包括处理模拟量的光学视觉技术。计算机视觉的应用范围很广:条形码识别系统、指纹自动鉴定系统、信函分拣和办公自动化的文字识别系统、工业自动检验方面的有无损探伤系统、机器人等领域。

computer vision expert system 计算机视觉专家系统 人工智能和图像处理技术相结合的新型计算机程序系统。它具有对视觉信息(一般指图像)进行分析、解释和理解的能力。与一般专家系统相比,它也需要专家的知识及推理机制,但不同的是被处理的数据(知识)不是简单的字符串,而是一张图像或一个实际的景物。因此,除有一般专家系统的体系结构和性能外，该系统还需要有对图像进行处理的功能。计算机视觉专家系统，由于其复杂性，可以看成一个知识库系统。它通过低层处理系统和高层解释系统两个子系统来完成复杂的任务。这种视觉专家系统比传统的图像处理系统更接近于人的视觉处理过程。目前还建立了以人的视觉心理规律来指导图像分割的专家系统。

computer vision syndrome (CVS) 计算机视觉综合症 一种视觉疾病，由用户长期注视计算机显示器所致。计算机视觉综合症的症状主要包括：视觉模糊、眼睛发干、灼痛、聚焦困难、头痛等。有规律地离开计算机休息、使用显示器过滤屏、颜色调节器或使用眼镜调节器都可以缓解这些症状。

C

computer vision system 计算机视觉系统 用以实现(或模拟)人的视觉功能的计算机装置(包括硬件和软件)。按系统结构从低级到高级的发展顺序可分为、分级系统、带反馈控制的多重系统和基于知识的黑板系统等。

computer word 计算机字 被计算机当作一个单元来处理和存储的一串数位或字符。同 machine word。参见 halfword。

computer worms 计算机蠕虫 一种常见的计算机病毒。它是利用网络进行复制和传播，传染途径是通过网络和电子邮件。最初的蠕虫病毒定义是因为在 DOS(磁盘操作系统)环境下，病毒发作时会在屏幕上出现一条类似虫子的东西，胡乱吞吃屏幕上的字母并将其改形。蠕虫病毒是自包含的程序(或是一套程序)，它能通过网络传播自身功能的拷贝或自身的某些部分到其他的计算机系统中。

computing capacity 计算能力 中央处理单元(CPU)的最大计算能力。主要由速度、字长、指令系统、编译程序和系统软件质量来确定。这是对各类计算机进行比较及性能评价的一种标志。

computing center 计算中心 通过计算机和辅助硬件操作以及其工作人员的辅助性操作而对各种用户提供服务的场所。它一般提供机器操作、系统程序、应用程序设计、数据处理、质量控制和调度等服务。计算中心有开放式和不开放式两种。参见 open shop，closed shop。

computing complexity 计算复杂性 一门研究算法的时空增长规律及其优化理论的学科。参见 computation complexity。

computing environment 计算环境 整个信息系统、网络或组件运行的环境，包括物理环境、管理规则、人员工作程序以及与其他系统的通信和网络连接情况。

computing service system 计算机服务系统 一种信息处理系统。它对许多用户提供通用的计算服务。大学和研究所的计算中心，商用分时服务都属此类系统。参见 information system。

***Computing Surveys* 《计算机概观》** 美国 ACM 编辑出版的一种综述性刊物。副刊名为《*The Survey and Tutorial Journal of the ACM*》。创刊于 1969 年，季刊。主要综合评价计算机技术的发展趋势，内容涉及程序编制、计算机系统结构、数据管理、软件可靠性、并行处理、排队网络以及系统模型、性能、图形学及标准等。

computing system catalog 计算系统目录 在数据设施分级存储管理程序中，在审查处理中用作资源的主目录以及有关的用户目录。

computing system RPQ 计算系统报价要求 用户需要改变或增加计算系统功能、硬件产品或设备时提出的报价要求。RPQ 和程序设计 RPQ 可以一起提出，以解决独特的数据处理问题。参见 programming request for price quotation (PRPQ)，request for price quotation (RPQ)。

computing with words 词计算 词计算是在语言变量的基础上发展起来的，用词代替数字进行计算和推理的一种方法。词计算主要用于处理基于感知的不精确信息，其运算对象是语言变量，即变量的值是用自然语言描述的词语或句子。它模仿人类的自然语言进行推理，从用自然语言表示的前提出发，得到用自然语言表示的结论。

computopia 计算机乌托邦 借助计算机而产生的理想社会。由于计算机大大扩充了人的智能潜力，这种创造力得到飞跃的提高。人们就可以选择自己的未来，创造一个有新的生活意义的未来社会。

computopolis 计算机化城市 在信息化社会中出现的未来城市，它可充分利用计算机网络技术，具有高度的信息功能。其主要核心有：①数字通信网；②电子商务；③远程医疗、教育信息系统；④信息云平台等。

compuvision 计算机电视 由计算机厂商研制的基于多媒体技术的一种视频计算机系统，能接收电视信号。

comsat 通信卫星 communications satellite 的缩写。传播或转播地球上两地间的电子信号的人造地球卫星。

COMSEC 通信安全 communicationss security 的缩写。

CON (1)控制台 console 的缩写。(2)光标显现 cursor on 的缩写。

concatenate 并置 两个字符串的并置就是将第一个字符串加在第两个字符串的末尾，如把“bird”并置在“big”上，便得到“bigbird”。

concatenated data set 链接数据集 一组在逻辑上相连的数据集。它们对于一个作业步来讲，作为一个数据集来处理。

concatenated field 并置字段 把来自一个物理文件记录格式的两个或多个字段组合以产生在一个逻辑文件记录格式中的一个字段。

concatenated index 并置索引 也称“组合索引”。数据库中的一个索引，建立在表格的多个列中。用于保证这些列对表格的各列是唯一的。

concatenated key 并置关键字，并置键标 在某些虚存信息管理系统中，设计来存取特定段的一种键标。它由包括根段和相继的子段直至被存取段的关键字段在内的关键字段所组成。

concatenating channel 结合型通道 为减少硬件和层次而借用 CPU 的某些控制和处理部件构成的通道。结合型通道多被小型或微型机系统采用，以达到体积小和降低成本的目的。而大型机多采用独立型通道，自己具有一切必要的逻辑功能控制硬件，实现对外设进行管理和传输信息，连接到独立型通道上的外设均与主机并行工作，以此来提高系统效率。

concatenation 拼接，连接，级连，链接 (1)把数据集或数列结合起来的过程。(2)字符串集上的一个二元运算。令 $\alpha = a_1, a_2, \cdots, a_m; \beta = b_1, b_2, \cdots, b_n$ 是两个字符串，称字符串 $a_1, a_2, \cdots, a_m, b_1, b_2, \cdots, b_n$ 是 α 与 β 的连接，简记为 $\alpha\beta$。(3)在光纤技术中，两个或多个光纤互连成一根连续光纤。(4)在数据通信传输中把多个数据集结合起来的过程。

concatenation operator 并置操作符 用来结合两个字符或字符串的一个符号。

concealment system 隐蔽系统 在计算机安全中，指达到机密性的一种方法。敏感信息被嵌入不相干的数据之中而隐蔽起来。

concentrated data transmission 集中的数据传输 一种数据传输方式，采用存储和转发技术处理消息。这些技术包括消息转接和分组转接。

concentrated grounding connection 集中接地装置 为加强对雷电流的散流作用、降低对地电位而敷设的附加接地装置，一般敷设 3 ～ 5 根垂直接地极。在土壤电阻率较高的地区，则敷设 3 ～ 5 根放射形水平接地极。

concentrated messages 集中报文(消息) 指来自一群终端的报文，它们将被送往一个远程设备，并在那儿组合成一个物理报文后再送到处理机。或者相反，指由要发往一群终端的许多报文所组成的单个物理报文，它们经处理机传送到远程设备后再分散到各终端。

concentrated winding 集中绕组 凸极电机的励磁绕组或其线圈边在每极下只占用一个槽的绕组。参见 excitation winding。

concentration 集中，集线，浓度 (1)把多个报文组合为一个报文传送的过程。比较 deconcentration。(2)一种输入端多于输出端的通信设备所采用的通信合并技术，用以提高输出端所连设备的通信密度。(3)一定量的空气、水、土壤或其他媒介中化学物质的量。这个值可以用某种媒介中化学品的质量表示，也可以用媒介体积中化学品的体积表示或用媒介体积中化学品的质量表示。对于空气污染浓度来说，有两种适当的表达方法：体积/体积比、质量/体积比。典型的体积/体积比单位分别使用百万分之一(体积)(ppm(v))或十亿分之一(体积)(ppb(v))，分别表示 1 百万升空气中或 10 亿升空气中有 1 升污染物。典型的质量/体积单位为每立方米空气中含有污染物的毫克或微克数。

concentration over potential 浓差过电势 因浓差极化而造成的电极电势与平衡电极电势之差的绝对值。

concentration polarization 浓差极化 在一定的电流密度下，因离子扩散的迟缓性而导致电极表面附近的离子浓度与本体溶液中不同，从而电极电势与平衡电极电势发生偏离的现象。浓差极化是由于电解过程中电极反应速度大于溶液中离子的扩散速度使电极表面附近溶液的浓度低于本体溶液的浓度产生的。浓差极化与溶液的搅拌、电流密度等因素有关。增大电极面积、减小电流密度、强化机械搅拌能减小浓差极化。

concentration processor 集中处理机 一种具有适度处理能力的设施，它能处理和完成本地竞争式终端线路的查询、报文的检验与格式化、差错检验、操作员引导等任务。

concentration quenching 浓度猝灭 由于激活剂浓度过大造成的发光效率下降的现象。这主要是由于激活剂浓度达到一定值以后，它们之间的相互作用增强了，从而使发光效率下降。参见 quenching, temperature quenching, impurity quenching。

concentrator 集中器 允许在一侧连接多条入线而在另一侧连接少量业务电路的一种交换设备。它将多个数据源的数据集中到相对少的物理传输介质中或从单个传输序列中所发送的数据中抽出各个数据信息的装置。集中器使用多路复用方法或争用方法，可在一条高速线路上传输来自多条慢速终端线路的数据。参见 wiring concentrator, hub。

concentrator data ready queue (DRQ) 集中器数据就绪队列 某些通信软件系统中的数据区，用来帮助集中报文以便输出到该系统定义的每个集中器。它包含指向基本链的指针、链路地址和指向 STCB(子任务控制块)链的指针。

concentrator device 集中器设备 集中器设备是连接终端、计算机或通信设备的中心连接点设备。它能成为电缆会合的中心点。技术上，一个集中器聚合一定数量的输入线和一定数量的输出线，或者为许多设备提供一条中心通信链路。集中器设备有多种类型：①集中器，在大型计算机环境下，集中器能合并来自许多终端的线路并在分层方案中提供到另一个集中器的连接，或者直接连到主机的前端处理机；②前端处理机，与集中器功能相似，但是它通常是一台专用计算机，能够较高速地实现集中器

C

功能并支持更多的附属设备；③网络集线器，在网络环境下，提供紧缩主干网、桥接和路由功能的设备；④端口共享和选择装置，用于远地的多个终端共享一个到计算机或主机系统的调制解调器连接。它安装在终端和调制解调器之间；⑤多路复用器，将来自多个终端的数据混合到一条线路上，混合后的数据在另一端带有多种译码器的链路上进行传送。多路复用器有多种类型：时分多路复用器依次为每台设备在数据流中分配一时间片；频分多路复用器提供多个频带信道使每个设备用一个信道进行通信。参见 concentrator，hub，collapsed backbone，front-end processor (FEP)。

concentrator device ID table (DVCID)　集中器设备标识符表　某些通信系统软件的一个工作区，它定义集中器和挂在它上面的每一个终端。在该系统中被定义的每一个集中器都有一个集中器标识符表，它由含有关于整个表的信息的控制区、集中器入口和每个入口所连接的终端所组成。

concentricity error　同心度误差　在光纤中，同心度误差是指两个涂层的同心圆的圆心和两个纤芯的同心圆的圆心之间的距离。同心度误差用来说明纤芯和涂层的几何形状是否在允许的公差之内。

concentric lens　同心透镜　一种表面曲率中心重合的透镜，这样在所有的区域都有恒定的径向厚度。

concentric line　同轴线　通常指同轴电缆。同 coaxial cable。

concentric winding　同心绕组　分布绕组的一种，其每极每相绕组的各个线圈同心布置而具有不同节距。励磁绕组可作为单相同心绕组来考虑。参见 distributed winding。

concept　概念　对一个对象集合中对象的某些共性的概括或抽象。

concept coordination　概念组配　在情报检索中，大多数主题内容都是由复合概念构成的，而主题词表中的主题词大多是表达单一概念或概念单元的。将两个或两个以上的单一概念进行逻辑组配，用来表述复合概念，称为概念组配。组配中，要特别注意词与概念之间的对应关系。概念组配分为先组式和后组式两种。

concept dependence　概念依赖　认知科学中用来表示情景、常识和概念之间相互关系的一种知识表示方法。Schank 和 Abelson 提出的概念依赖理论是基于把现实生活中各类故事情节的基本概念抽出来，成为一组原子概念，确定这些原子概念之间的相互依赖关系，然后把所有这些故事情节都用这组原子概念及其依赖关系表示出来。

concept dependence theory　概念依赖理论　一种语义原语知识表示方法。也称"概念从属理论"。概念依赖理论系统包含 11 个基本的命令、大脑动作以及其他几类范畴和概念，它首先对事件的行为者的一些基本动作、涉及的对象及其状态概念化，然后由依赖理论提供的详细规则，将概念组织起来产生事件原有的语义。

concept description　概念描述　描述符是用于描述概念的符号数据结构。在研究计算机的归纳学习时，大量的研究是让学习系统具有从给定的例子或观察出发，使用一些转换规则，最后得到某个概念，无论是初始的例子还是经规则转换得到的中间结果以及最终的概念，都需要一定的符号表示，这些符号就是描述符。参见 description，generalization。

concept dictionary　概念词典　(1)词语是概念的表层形式。概念词典包含的是使计算机能够理解这些概念所需要的知识。(2)一种概念化分析技术，它提供用于检验某一领域基本概念提取的一种机制和用来说明概念的术语。

concept extraction　概念抽取　概念抽取是搜索引擎中的一种文本分析功能，它找出文本文档中的重要词汇表词条(如人员、位置或产品)并生成那些词条的列表。参见 theme extraction。

concept formation　概念形成　对一个对象集合中对象的某些共性的概括或抽象的过程。

concept graph　概念图　用图形的方式来描述概念之间关系或概念表达式的知识表示法。

concept hierarchy　概念层次体系　建立概念的各种相关联系的结构性分类或排列体系。

conception　概念　人类认识世界和改造世界的一种基本思维形式，也是其他思维形式之间衔接的桥梁。概念在人的整个思维活动中，始终作为一个基本的因素起着作用。从幼儿时思维能力的出现，到成年人的分析、比较、综合、抽象、概括等思维活动，都与概念联系在一起。幼儿时主要是在形成概念的过程中进行思维活动(简单概念)；成年人则主要是在运用概念中进行思维活动(复杂概念)。实际上，大量的思维活动主要表现在运用复杂概念的活动。AI 研究的进一步发展，要求给出关于人类思维活动中更为深层的结果，搞清活动中各种思维形式之间更为详细的关系及其各自实现的途径。如何在机器上表达概念，更是人们关心的重要问题，它对提高机器的智能水平关系甚大。

conceptional data structure　概念数据结构　消息结构的一种描述。它仅仅在概念上对有关信息领域的语义给予精确的定义。概念数据结构与逻辑数据结构和物理数据结构不同，它既不考虑面向用户的成分，也不考虑面向效能的成分，而强调的是数据的基本联系和语义规则。从一个概念数据结构中，可引出在语义上等价的不同的逻辑数据结构和物理数据结构。

concept orthonormality principle　概念正交性原则　语言中涉及的所有概念都是互相独立的。当用户根据需要按任意方式将有关概念组合时，它们不致相互干涉。它是统率其他设计原则的原则，所涉及的不是语言的特定语义上不同的对象，而是各条设计原则之间的相互关系。

concept tree 概念树 知识组织的一种表达形式。树中每一节点表示基本概念，节点间的联线表示基本概念间的相互关系，前一节点代表的概念是后一节点所代表概念的先决条件。

conceptual acquisition 概念获取 归纳学习的重要方面。其定义为：给定观察实例 E 和背景知识 B，找出归纳断言 H，使得 $H \wedge B - F$。

conceptual clustering 概念聚类，概念群集 一种观察学习方法，由 Michalski 提出。概念聚类对已知实例分类，产生每一类的概念描述，再用该概念指导进一步分类，直至满意为止。概念聚类也可理解成根据指定的描述性概念把客体归类，而不是根据数字测量把相似的客体进行分类。采用概念聚类的学习系统有 CLUSTER 系列和 GLAUBER 系统等。

conceptual database 概念数据库 按概念模式组织并建立起来的数据值的集合。这里所说的概念模式是指运用数据抽象、过程抽象、控制抽象和逻辑抽象技术所产生的多维层次结构描述。它与传统数据库中的概念模式不同，它是由对象的结构、行为和完整性限制所构成。而对概念模式中运用划分抽象获取的用户视图和事务的描述称为概念子模式。

conceptual data model (CDM) 概念数据模型 概念数据模型是一种对信息系统建模的实体联系图，该模型不考虑任何物理实现细节，仅考虑现实环境中的概念及联系。比较 physical data model (PDM)。

conceptual DDL 概念数据定义语言 在数据库系统中，指用于定义数据库概念模式的数据定义语言。可描述各种类型的概念记录、定义安全性和完整性校验。

conceptual dependency 概念依存性 自然语言的一种理解方法。将输入转化为系统可用的一种内部表达方式，句子都变换为一小组语义本原表达的基本概念。可构成少量的基本成分，这些成分的含义可以联系起来表达更复杂的含义。

conceptual dependency theory 概念依存理论 一种语言自动分析方法。它试图用有限数量的基本概念（语义元）组成各种集合，表示语句的意义，称为概念表达式，并具有推理的能力。

conceptual design 概念设计 系统设计的第一阶段。通常是在对所设计的系统进行了可行性研究之后，依此对系统进行初步的设计，称为概念设计。一般说，概念设计包括系统的功能分析和需求分析，还包括输入输出的概念设计，即输入方式与格式、输出格式等。

conceptual design for database 数据库的概念设计 在需求分析和逻辑设计阶段之间进行的数据库设计，其目标是要产生反映组织信息需求的数据库概念结构，即概念模式。在此阶段，设计人员仅从用户角度看待数据及处理的要求和约束，产生一个反映用户观点的概念模式，然后将其转换为逻辑模式。进行概念设计时，常采用聚集方法（将若干对象和它们之间的联系组合成一个新的对象）和概括方法（将一组具有某些共同特性的对象合并成更高一层意义上的对象）。

conceptual dictionary 概念词典 通过揭示词汇单位之间的各种语义关系，构成语言知识库的语义描写系统，并使之与某个具体知识领域的概念层级系统对应起来的词典。

conceptual framework 概念框架 一种概念分析技术，提供给知识工程师，描述在提取结论时由领域专家检查的信息或元素的一种概念结构。

conceptual graph 概念图 用来描述特定领域知识概念的任何成组图例。

conceptual/internal mapping 概念模式/内模式映像 在数据库系统中，指定义概念模式与内模式之间的对应关系，也就是定义数据逻辑结构和存储结构之间的对应关系。在需要改变存储模式时，可由数据库管理员对这种对应关系进行改变以保持概念模式不变。参见 external/conceptual mapping。

conceptualization 概念化 指某一概念系统所蕴涵的语义结构，它是对某一事实结构的一组非正式的约束规则。它可以理解和/或表达为一组概念（如实体、属性、过程）及其定义和相互关系。概念化强调的是语义结构本身，是从具体的产品中抽象出来的对应的语义成分。

conceptualization principle 概念化原理 一种概念模式语言，概念方面的一种描述，或者是静态的，或者是动态的，不包括数据的内部或者外部的表示、物理数据组织和访问过程以及某个用户外部表示，如消息格式和数据结构。

conceptual language 概念语言 能与计算机和数据库进行通信，使终端用户能向某一领域的人员提出询问的语句。询问的目的在于进行推测、假设和探索。

conceptual level 概念级 在数据库中，信息处理系统中有关描述某个虚拟世界或实体世界的信息表示和管理等处理的各个方面。

conceptual model 概念模型 （1）概念模型是划分客观世界概念、描述概念的性质以及概念间联系的语义模型。概念模型是数据模型在概念层面对现实世界的一种抽象，也称概念层模型。其他的数据模型还有逻辑层模型和物理层模型。参见 logical model, physical model。（2）数据库中描述和表示一个实体及其关系的集合，是一种数据模型。它是数据库管理员（DBA）所看到的实体、实体属性和实体间的联系，也是数据库设计者与用户之间交流的工具，是数据库逻辑模型的基础。常用的概念模型有实体-联系模型、面向对象模型和各种语义数据模型。参见 entity-relationship model, object-oriented model, semantic data model。

conceptual model design for database 概念模型设计数据库 表达数据库概念设计结果的工具。对概念模型的要求是:①有丰富的语义表达能力;②易于各类用户的交流和理解;③能随用户的需求和环境的变化而变化;④易于向各种数据模型转换,目前最实用的概念设计表达工具有 E-R(实体-联系)模型等。参见 entity-relationship model。

conceptual network 概念网络 用网络的方式来描述概念之间关系或概念表达式的知识表示法。将某些网络中的节点由描述客体类别的概念来标记,而其链则由两类之间的关系来标记。参见 semantic network。

conceptual schema 概念模式 数据库三级模式之一。概念模式描述了数据库的整体逻辑数据结构,提供了数据库的总体模型,由模式数据描述语言(SDDL)来定义。概念模式只说明现实世界中的实体、实体属性及实体间的相互关系,不涉及计算机世界中数据的存储组织方式(即不是存储模式),也不涉及个别用户所看到的数据库(即不是子模式)。概念模式在内外两类模式之间起传递作用,存放信息并将信息提供给用户。内部模式描述物理数据记录。外部模式表述指定的应用方式,允许用户了解数据库中的相关部分。产生概念模式设计之后,只需作某些比较简单的转换,即可得到依赖于具体 DBMS(数据库管理系统)的数据库模式设计。参见 external schema, internal schema, schema。

conceptual schema description language 概念模式描述语言 在数据库系统中,用于描述数据库整体逻辑数据结构的语言。可说明实体、实体属性和实体间的关系,规定数据库中逻辑数据的内容和数据的约束性,而不涉及数据库中数据的存储组织方式。它的编译可产生若干个表、各类可能的过程和含有模式物件及内码清单的符号表。

conceptual schema language 概念模式语言 在数据库系统中,指用于对模式、域、记录、数据项、数据集和系进行描述和操作的语言。其某些基本功能:如删除、寻找、读出和插入,与数据操纵语言相类似。该语言具有过程调用的能力,对数据进行操作时有较强的访问控制能力。

conceptual structure model 概念结构模型 概念结构模型是对现实世界的一种抽象。它是现实世界与机器世界的中介,它一方面能够充分反映现实世界,包括实体和实体之间的联系,同时又易于向关系、网状、层次等各种数据模型转换。它虽是现实世界的一个真实模型,但简单、清晰、易于用户理解,是用户与软件设计人员之间进行交流的工具。

conceptual subordinate 概念从属 一种表达自然语言句子意义的理论,它不仅是理解语言的计算机程序的基础,而且是人类语言处理的一种直观的理论。在该理论中,一个句子的表达不是建立在与句子中单词相对应的原语上,而是建立在概念原语之上,这些概念原语的合并,就构成了单词在任一特定语言中的意义,亦即一个句子的概念从属表达是不依赖于书写句子的源语言而存在的。

conceptual subschema 概念子模式 在数据库中,一个或者多个应用程序中概念模式的一部分。

conceptual system design 概念性系统设计 系统开发中的一种系统设计活动,它规定系统的组织和通过该系统的信息流。

concordance program 语汇索引式程序 具有由字、短语及其在文献中的出处(通常为行数)组成的字母化交叉参引表形式的程序。它由自由形式的汇编程序产生。

concrete class 具体类 具有直接实例的类。比较 abstract class。

concrete syntax 具体语法 在数据的形式描述中使用的规则的一些方面,这些方面体现了数据的特殊表示。

concurrency 并发(性) (1)在同一时间间隔中两个或多个活动同时发生的现象。并发可以通过交替或同时执行两个或多个线程来实现。与并行计算不同,那里强调的是同时存在许多独立的计算进程,处理的重点在于如何把一个大任务分解成一集独立的小任务从而可以分配给计算进程,以及如何把计算进程得到的部分解组合成最终解的问题。关于并发性的研究集中在探讨进程之间的互相联系与协作,矛盾冲突的消除等问题上。支持并发程序设计的语言提供了一些支持描述进程通信机制的语言结构。(2)多个用户同时使用数据库。当多个用户同时存取一个数据时会产生不可重读、污读,丢失修改等错误,会引起数据的完整性、一致性遭到破坏和死锁等严重问题的发生。并发控制就是要解决这一类问题。(3)指两个或多个事件在同一时间间隔内发生,如在多位并行加法器中,由于低位向高位进位的时间延迟,各位的运算严格说来不是在同一时刻进行的,但总的看来是在一个时间间隔内完成的,因此各位运算之间存在并发性的关系。

concurrency control 并发控制 在多用户使用数据库时提出的一种控制策略,即如何控制这些同时操作数据库的用户进程,使它们的并行操作不会产生诸如数据库的不一致性、死锁等错误和问题。分布式数据库系统由许多互连成网络的节点所组成,数据冗余地存放在各个节点中,同一数据实体可能在几个地点都有副本,每个节点上都允许多个进程同时运行,因此分布式数据库系统的并发控制要比集中式数据库系统复杂得多。

concurrency control by locking 基于封锁的并发控制 这种策略是事务在对某个数据对象操作之前,先对其加锁。在这个事务对该对象解锁之前,其他事务就不可以更新该对象。利用封锁就可以强制地让那些竞争同一资源的事务之间形成等待关系，而让那些相互没有资源竞争关系的事务之间可以随意地执行。根据对封锁对象的独占强度，封锁可以分为排他锁和共享锁。参见 exclusive lock, shared lock。

concurrency control by time stamping 基于时间戳的并发控制 这种策略是：系统以事先选定的事务次序（即按照事务时间戳的升序顺序）作为串性化的判定标准，然后判定事务调度是否和这个串行执行结果一致。如果某个事务的操作会违反这个次序，就迫使该事务回滚而不是等待。因此，也称该方法为"时间戳排序协议"。

concurrency control by validation 基于验证的并发控制 这种策略是先不加限制地让事务执行，但只是记录已经读的和将要写的数据项的集合，然后在真正写之前，执行一个"有效性检查"的动作，看是否会和其他活动事务产生冲突，如果冲突就让这个事务回滚，否则就真正执行写动作。因此，也称它为"乐观并发控制技术"。该策略假设事务的整个生命周期可划分为三个阶段：①读阶段：事务在这个阶段读取数据项并将值保存在事务的局部变量中，所有随后的写操作均在这些局部变量上进行，并不对数据库进行真正的更新；②有效性检查阶段：判断是否可以将局部变量上的更新复制到数据库中去，而不会违反可串行性；③写阶段：事务在通过有效性检查后，进行实际的数据库更新，否则，将事务回滚。每个事务的这三个阶段都必须是顺序执行的。

concurrency transparency 并发透明性 分布式数据库的一种设计目标，即虽然一个分布式系统运行许多事务，但它仍然表现出仿佛任一给定的事务只是该系统中的唯一的活动。因此，当并发地处理多个事务时，其结果必须与顺序处理每个事务的情况完全相同。

concurrent 并行的，并发的 (1)指在同一个时期内出现两个或几个事件的现象。(2)修饰说明发生在一个公共时间间隔内的这样一些过程，它们在该期间可以交替地分享公共资源，如当在仅有单个指令控制器的一个计算机中由多道程序技术支持执行的几个程序是并行的。比较 simultaneous。参见 consecutive, sequential。

concurrent application 并行应用程序 (1)可以在两个或更多地方执行的应用程序。(2)在微软 Windows NT 中，并行应用程序在不同进程中同时创建一个以上执行的线程。参见 process, thread。

concurrent C language 并发 C 语言 一种适合分布式多处理机系统的程序设计语言。并发 C 语言的基础是 C 语言。它能处理并行操作，可用于许多并行程序设计，如分布式操作系统。并发 C 语言具有许多特性：允许程序员针对整个网络系统编写程序，适合系统程序设计，效率高、可靠性高，与 C 语言向上兼容。

concurrent computer 并行[操作]计算机 一种具有多个算术逻辑单元，可同时执行两条或更多指令，可对多位或多个数据进行并行操作或并行处理的计算机。比较 serial computer。

concurrent control 同期控制 控制点处于事物发展进程的过程中的控制。同期控制是对正在进行的活动给予指导与监督，以保证活动按规定的政策、程序和方法进行。同期控制是针对行动过程，一旦发生偏差，马上予以纠正。其目的就是要保证本次活动尽可能不发生偏差，改进本次而非下一次活动的质量。比较 feedforward control, feedback control。

concurrent control mechanism 并发控制机制 一种能协调多个用户实现用户并发操作请求，保证数据库的完整性、一致性不受破坏的控制机制。其任务包括：①使并发修改同步；②撤销一个事务不影响其他并发事务；③保证检索到的数据的清洁性；④处理死锁等。并发控制的主要技术有封锁、以时间戳为序、证实和静态分析等。

concurrent control system 并行控制系统 允许多道程序并行操作的系统。这种系统可对本地或远程的许多用户的查询、请求和命令立即作出反应，能执行实时的紧迫命令，能存储、编档、检索和保护大量数据块，而且能有效地使用全部现有硬件、使作业的整个运转时间最少。

concurrent data structure 并发数据结构 可以同时进行多个操作的数据结构。

concurrent engineering 并行工程 一种系统集成方法，采用并行方法处理产品设计及其相关过程，包括制造及其支持过程，使产品开发者从一开始就考虑到该产品从概念设计到消亡的整个生命周期中的所有因素，其中包括质量、成本、作业调度及用户需求，并行工程建立在 CIM（计算机集成制造）之上，而 CIM 追求的是企业整体优化的目标，因此并行工程可为企业提高经济效益，如缩短产品投产周期、提高产品可靠性、降低成本等。参见 computer-integrated manufacturing (CIM)。

concurrent execution 并行执行 两个或者多个程序的同时运行，这种并行运行可以是在单处理机中用分时的方法，如将程序分成不同的任务或者执行线程，也可以在多个处理机上分别执行。参见 parallel algorithm, processor, sequential execution, task, thread, time-sharing。

concurrent fault detection 同时故障检测 系统在运行过程中进行的故障检测。

concurrently shared resource 并行共享资源 某些通信系统软件中，被定义给一个以上的主节点，并可同时由高达八个主机节点所占有的一种资源。并行共享资源可以是网络控制程序、SDLC（同步数据链路控制)外设链路或 SDLC 子区链路。参见 serially shared resources。

concurrent maintenance 并行维护 不中断正常操作时允许一个服务代表进行硬件维护动作的能力。参见 nondisruptive installation, nondisruptive removal。

concurrent microoperation 并行微操作 (1)计算机或数字设备中可并行进行的微操作。在微程序控制的计算机或数字设备中,并行微操作通常都由不同的微指令字段来控制,以提高计算机或数字设备的操作速度。(2)在微程序中,有些微操作作用于不同的硬件部分,在时间上可以同时执行,这些微操作称为并行微操作。在编制微程序时,常常把需要执行的并行微操作尽可能地放在同一微指令中,以减少微程序的执行时间。

concurrent object oriented programming language (COOPL) 并发面向对象程序设计语言 具有并发机制的面向对象程序设计语言。这是指按面向对象程序设计的语义,将其看成是一种并发计算模型,并因此开发 OOPL(面向对象程序设计语言)的并发性,以扩展其并发表达和处理能力的一类面向对象程序设计语言。如 Actors、ABCL/1、并发 Smalltalk(CST)等都是并发面向对象的程序设计语言。COOPL 对实现分布式系统具有重要意义。

concurrent operating control 并行操作控制 在操作系统中,使几个程序同时共用一台计算机的功能。并行操作包括执行询问外部设备操作时的作业处理以及分时和多道程序的作业处理。在这种操作方式中,远程处理可以与栈式作业成批处理以及外部设备操作同时进行。

concurrent operation 并行操作 一次实现对一个字或一个字节的所有位的操作或多个处理机同时进行两个或多个性质相同的操作。例如,在主机和外围设备的各条信号线上同时发送各位信息;利用多个功能相同的中央处理机(CPU)组成的多 CPU 机器,它们在同一时刻可同时处理各自的作业。并行操作或处理是目前提高机器速度的一种主要手段。并行操作也称同时操作。

concurrent process 并发进程 可以平行地在多处理机上执行或异步地在单处理机上执行的若干进程。诸平行进程可以相互作用,一个进程在接受另一进程的信息之前或一外部事件出现之前可以把执行挂起。

concurrent processing 并发处理 (1)在一组进程中的并发操作指的是进程间逻辑上表现为并行执行,但在一个特定处理机中物理上可能是串行执行的。多道程序设计系统支持在一个顺序处理机环境中并发处理,其效果是充分利用了高速的中央处理机。(2)单个计算机系统同时处理多个独立任务,此时至少有一部分硬件是分时使用的,通常是控制器、存储地址寄存器和为每个任务分配控制器和存储地址寄存器的多路转换电路。

concurrent program 并行程序 在程序的执行时间上与其他程序有交叠的现象。这种时间交叠现象称为“并行性”。现代计算机的操作系统就是一种并行程序。

concurrent programming language 并发程序设计语言 用于进行并发程序设计的程序设计语言。它的主要特征是引入了进程描述,因此,用它编写的程序指明了若干个可以同时执行的进程。此外这类语言还提供了进程同步、进程通信、进程产生、数据共享机制和通信等。主要的并发程序设计语言有 Concurrent Pascal, Modula, Ada 等。

concurrent protocols 并发协议 与任务同时执行的信息记录或信息协议。

concurrent-read-concurrent-write PRAM (CRCW PRAM) 并发读写参数随机存取存储器 一个允许多个处理器同时对共享存储器的相同单元进行读或写的 PRAM 模型。若设备允许并发读但不允许并发写则为并发读排斥写参数随机存取存储器(CREW PRAM);若读写都不能同时进行时则称为排斥读排斥写参数随机存取存储器(EREW PRAM)。参见 parameter RAM (PRAM)。

concurrent real-time processing 实时并行处理 计算机同时处理几个程序的能力,其中每个程序的响应时间必须在指定的范围内。

concurrent substate 并行子状态 可以和包含在同一组合状态中的其他子状态并存的子状态。参见 composite substate。

concurrent verbalization 并发词语描述 一种知识获取处理跟踪的变动形式。在这一过程中,当完成所要调查的任务同时,专家用词语来描述其推理过程。

concurrent versions system (CVS) 并行版本系统 一种版本控制系统,具有开放源码、网络透明的特点。CVS 的基本工作原理:在一台服务器上建立一个源代码库,库里可以存放许多不同项目的源程序。由源代码库管理员统一管理这些源程序。每个用户在使用源代码库之前,首先要把源代码库里的项目文件下载到本地,然后用户可以在本地任意修改,最后用 CVS 命令进行提交,由 CVS 源代码库统一管理修改。这样,就好像只有一个人在修改文件一样,既避免了冲突,又可以做到跟踪文件变化等。CVS 原是为 UNIX 操作系统而开发,为 Linux、Mac OS X 和其他基于 UNIX 环境的程序员所广泛使用。参见 David's advanced revision control system (DARCS)。

concur rule 一致性规则 为一个组织提供一种强制的一致性或者非一致性主张。

condensed 紧缩的 一种字体风格,减少字符的宽度使字符相互靠紧,使得一行中可打印更多的字符,许多点阵打印机具有这种打印方式。比较 expanded。

condensing lens 会聚透镜 一种用于会聚正向功率的透镜或透镜系统,即用于将辐射能量会聚到一个物体或一个表面上。

conditional access list 条件访问表 在资源访问控制设施(RACF)中,指资源轮廓文件中的一个访问表,涉及一个带有用户标识和组标识的以及相应的访问权的条件,它不同于标准访问表,用户访问资源必须具有相应的访问权限。参见 resource access control facility (RACF),standard access list。

conditional assembly 条件汇编 汇编程序的一种功能。在预先汇编时,可以改变要被汇编的源语句的内容和顺序。

conditional branching 条件分支 在视频系统中,一个使程序在指定条件满足时进行分支的指令,在条件不满足时继续按正常次序执行。

conditional breakpoint 条件断点 可以设置某种条件,改变特定程序序列的断点。程序从断点开始,执行两个或两个以上分支中的一个分支,执行哪条分支取决于是否满足特定条件。

conditional breakpoint instruction 条件断点指令 当某种条件或某种状态存在时所执行的断点指令。断点指令可使计算机停机、转到别的程序或做一些特殊的动作。

conditional compilation 条件编译 根据预先定义的条件,编译程序选择源程序的某些部分而抛弃其他部分的功能。

conditional compilation statement 条件编译语句 一个预处理语句,使预处理器根据指定的条件处理文件中指定的代码。

conditional construction 条件结构 编程语言中的一种语言构成,它规定可有几种不同的执行顺序,如 CASE 语句、IF 语句等。

conditional control structure 条件控制结构 程序设计语句的一种结构。这种结构允许在程序中使用根据指定条件的满足情况而加以选择的控制流,如,“如果……则……否则”等。

conditional control transfer instruction 条件控制转移指令 建议使用 conditional jump instruction。

conditional entropy 条件熵 信息论中的一个术语。倘若已知互斥事件的另一集合中出现某些事件,那么在一定条件概率下,会出现互斥事件和联合穷举事件的任一有限集合,对其出现所传递的信息进行量度的平均值称为条件熵。

conditional event 条件事件 在每一步仿真处理中,通常要找出下一个要发生的事件,选择要进行的活动,并测试能否完成该活动。若测试结果是否定的,就要记录下该事件,以便当满足某些条件时能在以后完成所要求的活动。

conditional expression 条件表达式 描述两项间关系(如大于或等于)的一种逻辑语句。

conditional external reference 条件外部引用 引起实现自动连接的一种外部引用。

conditional implication operation 条件隐含操作 一种二元布尔运算。其运算结果的布尔值当且仅当第一个操作数的布尔值为 0,第二个操作数的布尔值为 1 时才等于 1。

conditional information entropy 条件信息熵 在信息论中,当已知另一互不相容事件集合中的事件出现时,在具有确定条件概率的有限个互不相容事件组成的完备事件集合中,由任一事件出现所给出的信息量的平均值。

conditional jump instruction 条件转移指令 对程序执行顺序进行控制的指令也称“判别指令”。当满足指令所规定的条件时,程序转移到转移指令规定的地址去执行,否则相当于执行一条空操作指令,不改变指令的执行顺序。转移条件可以是上次操作的结果或某些寄存器的状态,也可由本条指令产生(如计数转移,变址转移指令等)。比较 unconditional jump instruction。

conditional macro expansion 条件宏指令扩展 在宏指令中,某些编码的行将依某些情况在扩展中包含或予排斥。

conditional probability 条件概率 在概率统计中,条件 A 在事件 B 发生的情况下发生的概率,称为条件概率,记作 $P(A|B)$。

conditional prompting 条件提示 指由系统根据用户为其他参数选择的值提供的提示,对应于 selective prompting。

conditional repetition 条件重复 类似于传统语言中 while 或 until 语句的设施。条件重复是通过向一个块发送一个消息来实现的。当一个块收到此消息时,它首先向本身发一个 Value 消息,从而导致接收者块求值,若求值的对象为 true,便向它的自变量块发消息 Value,从而导致自变量块求值,如此重复,直至接收者块求值为 false 为止。

conditional return 条件返回 仅当在满足预先指定的条件时才从子例程返回主程序的过程。

conditional statement 条件语句 一种编程语言语句,根据某条件为真或假(如 IF 语句)来选择执行路径。

conditional stop instruction 条件停机指令 根据检测到的条件(如操作员使控制台开关置位)暂停程序执行的指令。

conditional transfer 条件传送 满足条件时才进行的数据传送。否则,机器只能踏步等待或执行其他任务,为此,实现条件传送的程序必须设有测试外设工作状态(如忙/闲或良好/故障)触发器的指令。

conditional transfer instruction 条件转移指令 根

据某特定条件是否为真而决定将执行流转到程序的某个指定位置。这个术语常用于高级语言。

condition based maintenance (CBM) **状态检修** 在设备状态评价(状态监测、寿命预测和可靠性评价)的基础上,根据设备状态和分析诊断结果,安排检修项目和时间,并主动实施的检修。

condition code **条件码** 中央处理机中的若干特征位。它是状态字的一部分,表示指令执行后的结果状态,可提供程序作进一步处理,如上一条比较指令结果的状态可作为下一条条件转移指令的控制条件。

condition-code field **条件码字段** 某些计算机,如 MC 68000 微型计算机中程序状态字的一个字节,其中附有标志位。这些标志位可以在每条指令执行之后进位置位、复位或保持不变,如 C(进位)、V(溢出)、N(负)、Z(零)都是些常用的条件码标志。

condition-code register **条件码寄存器** 某些微型计算机中用于保存标志信息的一种专用寄存器。中央处理机可以根据指令执行的结果查询标志位。

conditioned circuit **调节电路** 电气上变更的电路,以得到话音和数据通信希望的特性。

conditioned diphase modulation **经调节的二相调制** 一种将二相调制和信号调节用于达到预期的信号特性的调制形式,它消除信号的直流分量,改善定时恢复以便于通过音频(VF)电路或同轴电缆传输。

conditioned loop **调节回路** 具有调节设备(通常是均衡器,连接以获得要求的线路特性)的回路,以利于话音和或数据的传输。

conditioned voice grade circuit **适调音频级电路** 一种音频级电路,它具有信号调节设备以补偿包络或相位延迟响应,从而改善数据在电路中的传输。

condition element **条件元素** 产生式系统中规则的左边一组匹配数据存放内容的模式。每一个这样的模式称为条件元素。当例证一个规则时,每一条件元素匹配数据存放中的一个元素。

condition end bracket (CEB) **条件结束括号** 在 SNA(系统网络体系结构)中,最后括号链中最后请求的请求头部(RH)条件结束括号指示符的值(二进制 1),这个值表示括号的结束,对应于 end bracket。参见 bracket, begin bracket。

condition event system **条件事件系统** Petri 网的一种低级形式。它是一个有向图。图的节点有两种类型:一种称为条件,用圆圈表示;另一种称为事件,用方格表示。条件节点通过有向弧到达事件节点,表示发生此事件需要哪些条件;事件节点又通过有向弧到达条件节点,表示此事件发生后产生什么新的条件。加标记的圆圈(圈内加一黑点)表示条件成立。如果所有的事前条件都成立,并且所有的事后条件都不成立,事件即可发生(称为点火)。与此同时,造成此事件发生的那些条件不再成立,而事件指向的那些新条件宣告成立,这些新条件又可能引起新事件的发生,如此循环下去。

condition handler **条件处理程序** 当异常条件发生时,在进程环境中执行的系统程序。在发生异常条件时,正在执行的进程要求操作系统搜索一个可以执行某种操作的条件处理程序,以改变引起异常条件的情况,使得受异常条件影响的进程得以继续进行。

condition-incident log (CIL) **情况和事件记录** 在某些操作系统中,一种硬件错误或编程事件的记录,主要用于诊断和历史目的,并由操作系统进行维护。

condition information content **条件信息量** 在某一事件出现后,由具有确定条件概率的一个事件的出现所给出的信息测度。其数学定义如下:设集合 $X_1 \cdots X_n$ 中事件 X_i 的出现依赖于另一集合 $Y_1 \cdots Y_m$ 中的事件 Y_j 的出现,则条件信息量 $I(X_i \mid Y_j)$ 等于事件 Y_j 出现时事件 X_i 出现的条件概率倒数的对数。

conditioning **调节** (1)在数据通信中,在非交换声频信道上增加设施以达到数据传输所要求的最低线路特性。(2)用指示符去控制何时实现计算或输出操作。(3)通过校正放大倍数及调整线路放大器的相位特性,以改进音频带传输线路的数据传输特性。

conditioning equipment **调节设备** (1)一种接口设备。用于匹配两台通信装置间的发送电平和阻抗。(2)一种校正网络。为改进数据传输特性而加到系统中,在一个理想的频率范围内抑制频率失真和包络延时失真。

conditioning indicator **调节指示符** 显示计算在何时所作或在格式、格式字段中赋予了哪一种属性的一种指示符。

condition number of eigenvalue problem **特征值问题的条件数** 判断特征值问题是否稳定的一个量。如果矩阵的一些元素微小的变化会引起该矩阵特征值较大的变化,则称这个矩阵对特征值问题是病态的。参见 condition number of linear equations。

condition prefix **条件前缀** 在 PL/1 语言中,附加在语句前面的一个或多个条件名。它们在括号之内,并且放在一个语句(有时还可带标号)之前。其一般形式为(条件名,……):标号;语句。条件前缀常用于处理异常情况。参见 condition name。

condition reflection knowledge acquisition **条件反射式知识获取** 一种类似于巴甫洛夫模拟动物的条件反射实验一类的经验累积式知识获取。实际上是一个逐渐累积经验的学习过程,其获取知识的过程只需用几个计数器和求比值的过程来模拟,当比值超过某阈值时,从量变引起质变,此外条件反射形成过程也具有简单联想的含义。

condition variable **条件变量** 可能出现在一个管

程中的结构，它对管程中的所有过程是全局的，可以通过等待、发信号和队列操作来操纵它的值。

conductance (G) 电导 材料传导电流能力的测度。直流电路中电阻的倒数。交流电路中电阻对阻抗平方的比值。标准国际单位为西门子(Siemens)，简称西，符号 s。以前称为姆欧或欧姆倒数。

conducted emission 传导发射 沿电源线、控制线或信号线发射的电磁能量。是 TEMPEST(瞬时电磁脉冲发射标准)发射的主要方式之一。传导发射包括共模电流的共模传导发射和差模电流的差模传导发射。

conducted interference 传导干扰 沿着导体传输的电磁干扰。传导干扰主要是电子设备产生的干扰信号通过导电介质或公共电源线互相产生干扰。参见 electromagnetic interference (EMI), radiated interference。

conducted spurious emission (CSE) 传导杂散发射 在有匹配负载的天线端测得的杂散射频分量，其特性通常是在离散频率上或窄频带内有一显著的分量，它包括谐波和非谐波分量以及寄生分量，不包括为传输信息的必要频带极远处的分量。参见 radiated spurious emission (RSE)。

conducting polymer 传导聚合物 一种电导率高到接近金属电导率的塑料。

conduction 传导 通过某种媒质而媒质本身并不移动的方式来传输能量。热量通过物体从高温区到较低温度区的传递称为热传导。电场作用下电荷在物体中的流通称为电传导。在气体与大多数液体中，能量的传递主要是由于原子和分子与那些具有较低动量的原子和分子之间的撞击。在固体和液态金属中，热传导的产生主要是由于快速移动电子的迁移和这些电子随后与离子的撞击。在固态绝缘体中缺少自由电子热量的传递限制到原子和分子在晶格内的振荡。

conduction band 导带 (1)固体中电子能在其中自由运动的能带。导带通常为空带或由电子部分填充。如在半导体中，电子的能级范围高于价带，从而足以使电子自由地在原子之间运动和在所加电场的作用下形成电流。(2)金属的价带之上的最低能带有大量电子，但没有占满所有的能带，这些电子在电场作用下，可以在晶体中运动，引起电流，因此这总能带称为导带。参见 energy band, forbidden band。

conduction current 传导电流 自由电子或其他带电粒子在导电媒质中定向运动所产生的电流。在半导体中，指载流子流过引起的电流。传导电流通过电路时使电路发热，产生热效应。参见 convection current, displacement current。

conduction interval 导通间隔 电子器件在运行周期内的导通时间。比较 hold-off interval。

conduction ratio 导通比 导通时间对导通与不导通时间之和的比。参见 conduction interval, non-conduction interval。

conduction through of convertor 变流器直通 在逆变运行过程中，阀或臂在正常导通期终止时未能实现正向阻断作用，致使正向电流在正常断态周期内继续流通的现象。

conductive coating 电导涂层 一种能降低表面电阻因而能防止静电荷累积的涂层。用它能防止静电放电。

conductive coupling 电导耦合 借助于直接物理接触的能量传输，即不使用电感或电容进行耦合。电导耦合可通过电线、电阻器或接线柱连接等实现。电导耦合可通过包括直流在内的所有频谱。

conductive elastomer 导电橡胶 一种内部悬浮金属微粒可以导电的橡胶。导电橡胶通常由导电填充剂，如银粉、镀银铜粉、镀银玻璃球等，加入普通橡胶构成。

conductive gasket 导电衬垫 用来降低屏蔽结合处射频泄漏的柔软金属衬垫。

conductive part 导电部分 能导电却不一定承载工作电流的部分。

conductive pattern 导电图形 由印制板的导电材料形成的图形。

conductive window 导电窗 透明而导电的材料。导电窗主要用于显示窗口的电磁屏蔽。导电窗有两种构成方式，一种是金属网夹层玻璃，一种是导电镀层玻璃，前一种的主要缺点是有莫尔条纹，后一种的主要缺点是镀层厚度与透明度有矛盾。

conductivity 传导率 也称“电导率”，物质允许电流通过的相对能力。它是物质电阻率的倒数。在半导体中，N 型电导率与传导电子相联系，而 P 型电导率则与空穴相联系。关于流体，其电解电导率以电流密度对电场强度的比值给出。同 electricconductivity。

conductivity modulation 电导率调制 半导体中用载流子浓度的变化引起的电导率变化。

conductivity-modulation transistor 传导率调制晶体管 其工作特性由半导体体电阻率的少数载流子调制导出的晶体管。

conductor 导体 (1)一种能够传电(导电)的材料。金属由于含有高密集的自由电子而为良导体。能量在金属中的传输主要由于电子和离子的撞击而产生。大多数非金属由于只含很少的自由电子而为不良导体(良绝热体)。银是良导体。铜、金和铝也是常用导体。(2)能传导热量的材料，通常就是那些同时也是良电导体的材料。(3)指诸如传输可见光的透明玻璃或塑料或纯净液体之类的材料。

conductor bundle 导线束，分股导线 一组平行导线按一定的几何排列连接的导线束。同 bundled conductor。

conductor insulation **导体绝缘** 在单根导体上的绝缘或相邻导体之间的绝缘。

conductor tensile force **导线拉脱力** 在外来轴向拉力下,从接线端尾部拉脱导线所需的力。这对于压接和绕接技术讲,是检验连接可靠性的一个重要指标。

conduit **导线管** 一个用来保护电子线路或者电缆的管道。

C

cone of radio silence **无线电静锥区** 位于无线电信标发射机天线正上方的锥形区域。在该区域内收不到信号。

cone of silence **静锥区** 在天线辐射模式中,顶点在天线上的锥形区域,天线信号幅度在其中迅速减弱。静锥区产生于某些形式的无线电信标的天线塔的上方。

CONEX **连通[联络]交换** connectivity exchange 的缩写。

conference **论坛** 网上的交互论坛,用户可发表陈述、评论、质疑和意见。尽管论坛一般有一个主题,但用户的评论可不限于此。

conference call (CC) **会议电话** 一种电信提供的补充业务,这项业务允许多个用户之间进行通话。申请了这项业务的用户可以随时作为主控用户召开一次电话会议,主控用户可以通过逐个输入电话号码来增加参加会议的人员。

conference connection **会议连接** 为了会议目的,在两个以上站点之间经通信线路所建立的连接。存在这种连接关系的站点都可通信。

conference literature **会议文献** 在学术会议上宣读和交流的论文、报告及其他有关资料。会议文献多数以会议录的形式出现。会议文献的特点是传递情报比较及时、内容新颖、专业性和针对性强,能及时反映科学技术中的新发现、新成果、新成就以及学科发展趋向,是一种重要的情报源。参见 technical report。

conference on data system languages (CODASYL) **数据系统语言会议** 美国一个专门从事商用程序设计语言开发和标准化的组织。由计算机厂商、用户和联邦政府等方面的代表组成。它下设程序设计语言委员会(PLC),主要发展 COBOL 语言。1967 年该组织设立“数据库任务组(DBTG)”,研究数据库的描述和设计方法等问题。CODASYL 关于数据库的一系列工作和报告,澄清了许多概念,建立了若干权威性的观点,并确定了数据库设计的 DBTG 法。该组织对促进数据库的发展起了很大的作用。

conference operation **会议操作** 在一个通信网络中允许在三个或多个站之间建立呼叫的一种操作,且每个站可以直接与所有其他站进行通信。在无线系统中,多个站可以同时接收,但在某一时刻只有一个站可以发射。

conference repeater **会议电话增音机** 一种中继器,它连接几个电路,接收其中任何一个电路发来的电话或传真信号,自动将信号转发到其他电路。

confetti interference **雪花干扰** 在视频系统中,由于信号的衰减或者视频噪声而导致在屏幕上出现的小色斑。参见 noise。

confidence assignment problem **信任赋予问题** 在博弈论中,每走一步的单个结果赋予可靠性的评价是一个很复杂的问题。因为单个棋子走步得不到任何具体反馈信息,不到最终结束无法确定输赢。不过,走许多步,有助于最终结局,即使赢了,也可能某步是错误的。分析决定哪一步对具体结果真正负责的问题,称为信任问题。

confidence curve **置信度曲线** 能从中以给定百分置信度确定元件在最初的 1 000 小时工作期间内的最大故障率的曲线。

confidence factor **置信度因子** 指人们对事实或事物关系的置信程度。置信度因子应用于人工智能时,与或然率相反,后者指事件发生的可能性。同 certainty factor。

confidence interval **置信区间** 人们在测量或计算时,不仅要求出近似值,而且还需要估算其误差,即要知道该近似值的精确程度。通常就要求估计出一个区间,并指出此区间包含真值的可靠程度。这个区间就称为置信区间。

confidence level **置信度** 被考虑的量值在给定区间内的概率(选定的或规定的)。通常用百分数表示。

confidence program **置信度检测程序** 为了验证程序系统的正确性或验证程序控制的系统的运行正确性而编制的一种程序。该程序为程序系统的运行提供了若干组可预测运行结果的输入参数,并创造了相应的运行环境。将程序运行的实际结果与预期的结果进行比较,可判断程序系统的正确性或由该程序控制的系统所得结果的置信度。

confidentiality **机密性** 计算机系统安全性中的一个概念。它用于必须秘密处理的数据。对这种数据个体及其组织必须提供保护,并对这种保护的状态和级别需要加以描述。参见 information security。

CONFIG. SYS **系统配置文件** 在磁盘操作系统(DOS)和 OS/2 中,能控制某些操作系统工作状态的一个特殊的文本文件。CONFIG. SYS 中的命令能允许或禁止系统的某些功能,能限定资源(如打开文件的最大数目)以及通过向个人计算机系统装入控制专门硬件的设备驱动程序而扩展操作系统。

configuration **组态,配置** (1)机器状态的完整描述,包括当前的控制器和存储器状态等,也称“格局”。机器组态之间的变化由其转换关系决定。设 C_1,C_2 是两个组态,若 C_1 中包含的控制状态使得

机器从组态 C_1 一步变到 C_2，则称 C_2 是由 C_1 转换来的，并把 C_2 说成是 C_1 的后继组态。(2)由其功能部件的性质、数目以及其主要特性决定的计算机系统或网络的安排。更准确地说，术语"配置"指的是硬件配置或软件配置，或两者的结合。参见 system configuration，computer configuration。

configuration access　配置存取　在 PCI(外围部件互连)总线中，指读或写设备的某个配置寄存器的一个操作。

configuration accounting　配置记账　在设计和生产期间记录和报告配置项的内容及其所有偏离基准线的情况。

configuration address space　配置地址空间　在 PCI(外围部件互连)总线中，除存储器空间和 I/O 空间以外的另一个地址空间，用于访问所有 PCI 设备都必须实现的配置寄存器。

configuration audit　配置审计　对配置项目进行审计的过程。即证明所要求的全部配置项目均已产生，当前的配置与规定的需求相符，技术文档说明书完整且准确地描述了各个配置项目，曾提出的所有更改请求已得到解决的过程。

configuration builder　配置生成器　能够为多个路由器创建配置文件。配置生成器是微软公司的一个基于视窗的应用。它能够同时配置多个路由器；自动检测正在配置的路由器的型号、软件版本、图像类型以及已安装的接口的数目和类型；并且能够快速地引入预定义的优先权排队列表、访问列表和过滤器到多重配置文件中。

configuration code　形码　汉字的一种编码方案，根据汉字字形特征(如笔划、部首)而编制的相应代码。

configuration control　配置控制　对配置项目进行控制的过程。即在配置项目的配置标识正式确立之后，对配置项目进行的系统的估价、协调所表示的批准或不批准，以及配置中被批准更改的具体实现过程。

configuration control board　配置控制委员会　对提出的软件工程方面的更改负责进行估价、审批，对核准进行的更改确保其实现的权力机构。

configuration control program (CCP)　配置控制程序　一个特许程序，用来交互地定义、显示和修改含有多个网络控制器的配置。

configuration exchange utility　配置交换实用程序　在网络载体互连管理器和代理程序中，一个宿主实用程序，从一个载体管理系统中的配置数据转换到能够被宿主网络管理产品处理的格式。

configuration facility　配置机制　ImagePlus 工作站程序中的一个机制，允许用户裁剪 ImagePlus 工作站软件到一个专门的环境，配置过程的输出是一个可安装在每个工作站上的软盘。

configuration file　配置文件　对不同对象进行不同配置的文件。配置文件包含机器可以识别的有关硬件或软件的操作说明或包含有关另一个文件或特定用户的信息，如用户登录标识符。配置文件被用于配置一些计算机的初始设置，它们被用于用户应用程序、服务器处理和操作系统设置。

configuration header region　配置标题区　在 PCI(外围部件互连)总线中，每个功能设备都有一个 256 个配置地址的块，保留用来实现它的配置寄存器。PCI 定义了前面 64 个地址单元的格式和用法，这个区称为设备的配置标题区。

configuration identification　配置标识　在设计、开发、测试和生产工作中对系统配置项目特性进行记录的过程。配置标识也是配置项目的技术文件说明。

configuration item　配置项　配置项是配置中的实体，满足最终使用要求，它是为了配置管理的目的而作为一个单位来看待的硬件或软件成分的集合。配置项也是由配置管理系统追踪的硬件、软件、固件、文档或其任意个别部分的最小部件。

configuration item control　配置项控制　为了配置管理和配置控制的目的而对控制项的变动和状态进行评价、批准、记录和报告。

configuration management (CM)　配置管理　国际标准化组织(ISO)为开放系统互连(OSI)参考模型网络管理定义的五类网络管理之一。网络配置管理包括初始化网络，并配置网络以使其提供网络服务。配置管理是一组对辨别、定义、控制和监视组成一个通信网络的对象所必需的相关功能，目的是为了实现某个特定功能或是网络性能达到最优。系统配置管理是对系统开发和运行生命周期中的硬件、软件、固件、文档、测试用例、测试装置和测试文档的安全特性和保证的管理。软件配置管理是对软件和文档进行控制，使它们在被开发或改动时保持一致的管理。参见 accounting management，fault management，performance management，security management。

configuration parameters　配置参数　使用 DHCP(动态主机配置协议)在服务器配置并且传送给客户端的配置消息。这些配置参数可被一个节点用来携带信息来配置它的网络子系统和在链路或因特网上通信。

configuration register value　配置寄存值　在路由器中，配置寄存值是一个 16 位的用户定义的值，它决定了路由器在初始化时如何工作。配置寄存值可以存储在硬件或者软件中。当存储在硬件上时，通过使用跳线设定各位的位置；当存储在软件上时，用配置命令通过制订一个 16 进制数的值来设定各位的位置。

configuration rules object class　配置规则对象类　在操作系统中，一个包含由配置管理器在初始程序安装时使用的配置规则的对象。

C

configuration scattering 结构散射 由一个传输介质的结构变化引起的电磁波散射的辐射。以下几方面引起的散射是结构散射的例子:光纤几何形状的变化,光纤折射率分布的变化,波导管横截面的不连续性等。

configuration services 配置服务 在SNA(系统网络体系结构)中,SSCP(系统服务控制点)和PU(物理单元)中的各类网络服务程序中的一种。它启动、撤销和保持物理单元。链路和连接站的状态,也可以关闭和再启动网络单元和修改通路控制路由表和地址转换表。参见maintenance services,network services,physical unit control point。

configuration state 配置状态 在计算机系统的功能部件中,指部件可用或不可用的状态。如果部件可用,则处于配置输入状态;如果不可用,则处于配置输出状态。

configuration station 可配置站 高级数据链路控制规程中的一种逻辑站,它有在不同时间作为不同类型站的模式设定的能力,如在不同时间它可以是一个主站、一个从站或一个组合站等。

configuration status accounting 配置状态报告 记录和报告管理某一配置所需的信息,其中包括列出已经批准的配置标识表;列出对配置提出更改的状态表和经批准的更改的实现状态。

confinement 禁闭、监护 (1)在被核准访问期间,防止对数据做未经核准的改变、使用、破坏或抛弃;(2)对程序和进程施加的限制、目的是使它们不能访问或影响未经核准的数据、程序或进程。

confinement problem 约束问题 操作系统保护功能中如何防止信息非法传播的问题。该问题一般来说是不可解的。例如,假设已规定用户A对文件f_1有读权限,用户B对f_1无读权限,但这并不能保证用户B不能得到文件f_1的内容,其原因是:既然用户A对f_1有读权限,则可将f_1的内容读至文件f_2,f_2是由用户A建立的,接着用户A将文件f_2的存取权限定义为对用户B可以开放读权限,因此,用户B也就能读到f_1的内容了。

confirmation 证实,确认 接收方允许传送方继续传送信息的一种响应。

confirmation of delivery 提交确认 在某些系统中,在消息、注记或者文档收到时给消息发送方的自动提示,发送方必须请求提交确认。

confirmation signaling 确认[定]信号(法) 信号验证的一种方法。其中,每位数字通过干线发送后,相同的数字从远程终端返回,如果返回的是错误的数字或无数字返回,该干线被释放,可进行下一次验证。

confirmation to receive 接收确认 在传真系统中,一个来自国际电报电话咨询委员会(CCITT)一类、二类或三类传真接收机的信号,表示它已准备就绪可接收图像信号。

confirm message 确认信息 出现在计算机屏幕上,要求用户确认是否继续执行一条命令的信息。

confirm primitive 确认原语 由服务提供者发出的一个原语,表示它完成了同一服务访问点的先前请求原语的一个过程。

conflation algorithm 归并法 这是信息检索技术中特种意义的计算机处理方法。在使用“自然语言”标引时,由于英语词的不同形式,会出现一些问题,如computing和computational(前者为“计算”,后者为“计算的”),归并法是把具有同根词的词,将其词尾的派生部分或曲折部分去掉,合并为单一形式的词,以便于检索。

conflict 冲突 指两个或多个操作需要同一个资源时发生的现象,它迫使一个操作必须等待另一个操作完成后才能执行。

conflict-free memory 无冲突存储器 由素数体构成的存储器。例如,存储器体数为3体、5体、……、17体、……构成的存储器,在做向量或数组存取时,若数据之间的间距不等于素数体的倍数,则不会发生存取冲突。

conflict resolution 冲突解决法[分解] (1)一种解决规则库系统中多重匹配问题的技术,如在可施用规则、过程的冲突集中选择一规则或一过程的过程。(2)在人工智能的问题中,在搜索过程的某个时刻,可能有许多可供选择的规则。这些规则组成一个集合,称为竞争集或冲突集。从竞争集中可以选择某个最佳成员而继续求解下去。

conflict resolution strategies 冲突消解策略 一种可以在冲突集中应用的,对规则部分进行选择的策略。寻找与事实匹配的规则(对知识库进行搜索)时,当找到的匹配规则不止一条时,需要根据某种策略从中选择一条规则进行。常用的冲突消解策略有:①优先度排序,事先给每条规则设定优先度参数,优先度高的规则先执行;②规则的条件详细度排序,条件较多、较详细的规则,其结论一般更接近于目标,优先执行;③匹配度排序,事先给每条规则设定匹配度参数,匹配度高的规则先执行;④根据领域问题的特点排序,根据领域知识可以知道的某些特点,事先设定规则的使用顺序。

conflict set 冲突集 (1)被当前工作存储区满足的所有产生式规则的集合。(2)在识别一个执行周期中由匹配过程生成的全部事例的集合。冲突分解过程由冲突集中选择出一个事例并激活它。

confocal resonator 共焦谐振腔 由面对面的两个球形反射镜构成的毫米波波长计。改变反射镜之间的距离会影响电磁能量在其间的传播,从而能直接测量自由空间波长。当一个反射镜的曲率中心处在另一个表面上时,便发生共焦工作。

conformance test 证实试验 一个由独立机构进行的试验,其目的是决定一个特定系统或设备部分是否满足某个规定的控制文件的条件,如判定其是否满足国家标准中规定的条件等。

conformance testing 一致性测试 一致性测试即测量一个产品是否完全实现了某个标准的方法,包括标准一致性条款、一致性测试工具、过程合理性验证与结果授权等内容,来源于一致性评定需求。国际标准化组织(ISO)已开发出一致性测试国际标准,即 ISO 9646《一致性测试方法学和框架》。其中论述了一致性测试的意义、抽象测试集规范、测试表示语言和测试方法等内容。国际标准将一致性测试方法抽象概括为四种基本类型,即本地测试方法、远程测试方法、分布式测试方法和协调测试方法。参见 conformity assessment。

conformant management entity (CME) 一致管理项目 支持 OSI(开放系统互连)网络管理论坛(NMF)实际开放系统的互操作接口,即在两个或多个网络之间支持连接,在互操作接口上具有标准格式和规程的产品。参见 open system interconnection (OSI)。

conformed dimension 一致性维度 一个或多个维度的表与两个或更多的事实表相关,并且对于每个事实表,这些维表具有相同的业务含意和主键。

conforming finite element method 协调有限元方法 有限元方法的一大类别。有限元法是在一个有限维的函数空间(如某些分段多项式)中,求数学物理问题所对应的变分问题的近似解。若该有限维空间是原变分问题的解所在函数空间的子空间,则称这类有限元方法是协调的,否则就是非协调的。

conformity accuracy 符合度 在情报检索中,测度相似性的一种简单计算办法,其算法为文献与类目共有的关键词数除以标识类目特征的关键词数,如标识类目特征的关键词为 moon, crater, meteor, impact 和 bombardment,文献拥有的关键词为 moon, crater, volcano, lava, outflow 和 magma,则符合度为$\frac{2}{5}=0.4$。

conformity assessment 一致性评定 直接或间接确定(产品或服务)是否满足相关要求的任何活动,这些相关要求一般作为一致性条款在标准中给出。一致性评定可以提高用户对产品(或服务)的信任度,并确信该产品(或服务)可以满足其需求;同时,还可以支持生产者(即开发者)证实其产品(或服务)与其产品(或服务)的说明相一致。

confusion 含混 在一个条件事件系统中,如果隐含着一种冲突的可能性,但冲突并非必然出现,而是取决于一些并发事件的结局,这种情况称为含混。它是并发性和冲突纠缠在一起的结果。参见 condition event system。

congestion 拥塞 (1)当网络中一个或多个网络单元对已建立的连接和新的连接请求,不能满足协商的服务质量(QoS)目标要求时的状态。(2)在通信网络中,当各输入站的呼叫数量超过了网络的容量或超过了网络处理它们的能力的情况称为拥塞。数据包丢失、延迟都与网络拥塞有关。参见 network congestion, reception congestion。

congestion avoidance 加速递减 TCP(传输控制协议)控制信道拥挤的措施之一。是指当拥塞窗口增大到门限窗口值时,就将拥塞窗口指数增长速率降低为线性速率,避免网络再次出现拥塞。参见 slow start, multiplicative decrease。

congestion collapse 拥塞崩溃 网络信道拥塞不断加剧直至网络完全不能传输的现象。拥塞是由于一个或多个交换节点的数据报过载,出现严重的时延。当系统出现轻度拥塞时,路由器的队列中有大量的数据报排队等待路由;系统严重拥塞时,数据报的总数超过了路由器的容量,路由器只能丢弃数据报。由于 TCP(传输控制协议)采用了超时重传机制,因此,如果拥塞不加以控制,可能导致大量的报文重传,并再度引起大量的数据报丢弃,直到整个网络瘫痪称为拥塞崩溃。

congestion control 拥塞控制 解决网络中报文过多,造成拥塞现象的方法。目的是保证网络的正常运行和报文的有效传输,常用的拥塞控制方法有:①预先分配资源以避免拥塞;②允许站点放弃不要的报文;③限制通信子网中的报文个数;④利用流控制;⑤拥塞发生时停止输入。

congestion indicator (CI) 冲突指示符 在 ATM(异步传输模式)网络中,指资源管理信元中的一个字段,用于使源端减少其允许的信元率。

congestion window 拥塞窗口 TCP(传输控制协议)使用的用于控制拥塞的方法之一,所谓的拥塞窗口就是连接双方的线路的数据最大吞吐量。拥塞窗口的原理是:TCP 发送方首先发送一个数据报,然后等待对方的回应,得到回应后就把这个窗口的大小加倍,然后连续发送两个数据报,等到对方回应以后,再把这个窗口加倍(先是 2 的指数倍,到一定程度后就变成线性增长),发送更多的数据报,直到出现超时错误,这样,发送端就了解到了通信双方的线路承载能力,也就确定了拥塞窗口的大小,发送方就用这个拥塞窗口的大小发送数据。参见 sliding window protocol (SWP)。

congressional information service (CIS) (美国)国会信息服务 由美国国会工作报告组成的数据库。它可由 Lockheed 和 SDC 存取。

congruence class 同余类 设 R 是 $\langle A,*\rangle$ 上的同余关系,R 必是等价关系,对应 R 的等价类称为同余类,如代数系统 $\langle I,+\rangle$ 上"模 3 同余"关系所对应的同余类是$\{0,3,-3,6,-6,9,-9,\cdots\}$,$\{1,4,-2,7,-5,10,-8,\cdots\}$和$\{2,5,-1,8,-4,11,-7,\cdots\}$。

congruence relation 同余关系 设 R 是代数系统 $\langle A,*\rangle$ 上的一个二元关系,如果 R 是自反对称和传递的且对任意 $a,b,c,d\in A$,当 aRd,cRd 时必有 $(a*c)R(b*d)$,称 R 是同余关系。也就是

C

说，一个等价关系经运算后还能保持关系就称为同余关系，如整数集 I 上"模 k 同余"关系对于加法运算是同余关系。

congruential generator　同余数生成程序　产生随机数的一组指令。将现有的随机数乘以一个常数，然后取后面的一半数位作为新的随机数。

conical antenna　锥形天线　其激励单元为锥形的宽带天线。

conical helix antenna　锥形螺旋天线　一种倒锥形并提供全向辐射方向的、与频率无关的圆极化天线。

C

conjecture method　猜测法　为了在遇到条件转移指令后（它能引起全局性相关）流水线仍能继续往前流动而采用的一种技术，即在流水线译码译出某条指令是条件转移，而在它所需的条件码还未建立前（一般，指令译码是在流水线始端，而条件码多数要在流水线尾端才能建立），机器猜选转移分支中的一个，按此继续往前流。若猜选中了，可不影响流水线工作，若未猜中，则流水线需从头做起。

conjugate　共轭　群中两个元素的一种二元关系。设 a,b 是群 G 中的两个元素，若存在 $g \in G$，使得 $a = gbg^{-1}$，则称元素 a 与 b 共轭，记作 $a \sim b$；设 H_1, H_2 是 G 的两个子群，若存在 $g \in G$，使得 $H_1 = gH_2g^{-1}$，则称子群 H_1 与 H_2 共轭。共轭关系是一种等价关系，由此关系将 G 中元素分成的等价类称为共轭类。

conjugate branches　共轭分支　两个网络分支被布置成使加到任一个分支上的电压在另一个分支内不产生响应。

conjugate bridge　共轭电桥　与普通电桥配置相比，检波电路和供电电路经过互换的电桥。

conjugate direction　共轭方向　正交性概念的推广。设 A 为 $n \times n$ 实对称正定阵，若 n 维实向量 x 和 y 满足关系 $x^TAy = 0$ 则称这两个向量关于矩阵 A 具有共轭方向。

conjugate impedance　共轭阻抗　电阻分量相等、电抗大小相等但符号相反的阻抗。

conjugate points　共轭点　在透镜或反射镜附近的两个点，在其一点放置亮物将在另一点成像。

conjugate structure-algebraic code excited linear prediction (CS-ACELP)　共扼结构-代数码激励线性预测（编码）　ITU-T（国际电信联盟-电信标准化部门）的 8 kbps 语音编码标准 G. 729 采用这种算法。CS-ACELP 的思想是由共轭结构码线性预测（CS-CELP）和代数码激励线性预测（ACELP）的思想整合而来的。在编码端，主要进行有线谱对（LSP）参数的量化、基音分析、固定码本搜索和增益量化四个步骤。在解码端，首先由接收到的比特流得到各种参数标志进行解码，解码器在每一子帧内，对 LSP 系数进行内插，并把它们变换成 LP 滤波器系数后，依次进行激励生成、语音合成和后处理工作。它是一种性能较好的语音压缩国际标准，被广泛应用在个人移动通信、卫星通信等各个领域

conjunct　连接，合取式　（1）连接句中的一系列子问题或者条件之一，其中所有的条件都必须满足才使整个条件满足。（2）把若干逻辑表达式进行逻辑运算所得的逻辑表达式。

conjunction　"与"（运算），合取　（1）当且仅当每一个操作数的布尔值为 1 时，其结果的布尔值才为 1 的一种布尔运算。同 AND operation，intersection。比较 nonconjunction。（2）命题逻辑的二元连接词，记为"∧"，其真值表为：

P	Q	P∧Q
F	F	F
F	T	F
T	F	F
T	T	T

conjunction search　按"与"检索，逻辑乘检索　一组关键字中的每一个都得到证实的一种检索方法，如查找在过去三年中生物学方面的德文资料。

conjunctive address group　合取地址群　一个具有不完整的含义，必须与一个或多个地址群组合起来的地址群。

conjunctive concept　合取概念　具有合取形式的概念，如兄弟就是一个合取概念，它们必须都是男性且为同一父母所生。

conjunctive conceptual clustering　合取概念聚类　在机器学习中，指将某些客体构造合取的层次。每类都由单个合取概念所描述。

conjunctive generalization　合取概括　在机器学习中，指用形成一组原陈述的合取而得到的某类客体的一种描述。

conjunctive search　逻辑乘检索　也称按"与"检索或组合条件检索。一组关键字（或条件）中的每一个都必须得到证实的检索。如查询人事数据库中职称为"高级工程师"，专长为"软件"，年龄在"＜50"的人员，这种检索就是逻辑乘检索。

connect charge　连接费用　连接商用通信系统或服务系统时，用户必须支付的一笔费用。一些服务系统在计算连接费用时，以固定的费率按时间收费；而其他的则根据服务类型或所访问的信息总量按变动的费率收费。也有一些服务公司根据使用的时间单位的数目、每次连接的时间或距离、每次连接的带宽或前面各项的组合来决定它们的收费。参见 connect time。

connect data set to line (CDSTL)　连接数据集到线路　在 SNA（系统网络体系结构）中，一个决定数据终端准备就绪（DTR）信号如何作用于调制解调器操作的可选项，在 DTR 表示一个来自数据终端设备（DTE）的送到连接的数据电路终端设备

(DCE)以连接网络或者脱离网络连接的无条件命令。参见 systems network architecture (SNA)。

connected component 连接成分,连通支 (1)在某个二值图像中,把互相连接的相同像素值的集合汇集为一组。于是就形成了具有若干个 0 值的像素(0-像素)和具有若干个 1 值的像素(1-像素)的组,把这个组称为连接成分。也称"连通成分"。在 0-像素的连接成分中,如果存在和画面外围(外围的 1 行 1 列)的像素不相连接的成分,则把它称为孔。1-像素的连接成分不包含有孔时,把它称为单连接成分。只要含有一个孔时,就称为多重连接成分。在对包含多个子图的一个二值图像进行处理时,用一个个连接成分表示各子图,是很方便的。(2)连通支也称"连通分量"。由无向图中任一顶点 v 及由 v 可达的诸顶点导出的子图。可达性关系是无向图顶点集上的等价关系,它把顶点集划分成若干个等价类,使得两顶点相互可达当且仅当它们属于同一等价类,一个等价类导出的子图就是一个连通支。一个图的连通支个数称为连通数。连通数为 1 的图称为连通图。

connected graph 连通图 一种连通的无向图。其条件是:从图中的每个节点出发都至少存在到其他每个节点的一条路径。

connected hypergraph 连通超图 任意两个顶点间都存在一条链的超图。超图 H 的两个顶点 u、v 间若存在一条链则称 u、v 是连通的。u,v 连通这种两点间的关系是一等价关系,这种等价关系把超图 H 的顶点集分成等价类,每个等价类 V' 所生成的子超图称为 H 的一个连通支。若超图 H 只有一个连通支,即 H 中任意两点间有一条链存在,则称 H 是连通超图。参见 connected component。

connected line identification presentation (CLIP) 连接线路识别显示 一种电信补充业务,是指向被连接方提供识别主叫方的能力。

connected line identification restriction (CLIR) 连接线路识别限制 一种电信补充业务,是指不向被叫方提供主叫方的号码。

connected network 连通网络 在网络的每一对节点之间至少包含一个由网络分支组成的通路的网络。

connected-speech system 连贯性话语系统 能够理解话语串的系统,其中讲话者在话语单词之间不加停顿来强调单词的开始和结束。

connected word recognition 连贯性单词识别 一种话语识别方法,用于对讲话中常规的上下文的单词识别。

connect function 连接功能 通过数据线向指定的外部设备发送的信号,它使外部设备与中央处理机连接起来。

connecting arrangement 连接配置 连接配置服务的具体实现,由互连部件、技术参考手册和价目表等组成。

connecting arrangement service 连接配置服务 为用户设备组成的公用电话网提供电气连接的一种服务。

connecting block 接线板 端接电缆和电线而不必从导体上除去绝缘的装有快接线夹的防火塑料部件,另外,它提供电缆和互连电线间的电气紧连接。

connection 连接 (1)两接触件(触点)之间、两导线之间、导体与接触件(触点)之间存在的物理界面,用以提供一个电或信息传输的通路。连接的方法有:①用锡焊法形成的连接称锡焊连接;②用熔焊法形成的连接称熔焊连接;③用机械的方法形成的连接称无焊连接;④将一根实芯导线用绕接法缠绕在棱柱上形成的连接称绕接连接;⑤用压接方法形成的连接称压接连接;⑥用卡夹形成的连接称卡夹连接。(2)通信双方为了相互交换信息而建立的物理或逻辑联系,数据通信过程通常分为三个阶段:建立连接,数据传输和拆除连接。(3)在开放系统互连系统结构中,一个由上一层中两个实体指定的层上为数据传输而建立的关联。(4)在 TCP/IP(传输控制协议/网际协议)中,在两个提供可靠数据流服务的协议应用程序之间的路径,在因特网中,一个连接从一个系统的 TCP 应用程序延伸到另一个系统中的 TCP 应用程序。

connection admission control (CAC) 连接监管控制 呼叫建立期间(或再协商期间)网络决定是否接受或拒绝一个虚通路连接或虚通道连接(或再协商的参数是否被分配)而采取的一套方法。选择路由是连接监管控制的一部分。

connection-based session 基于连接的话路 一种通信话路,需要在各主机之间建立起连接(关系)之后才可以进行数据的交换。

connection delay 连接延迟 指在交换网络中建立的连接信息可以被处理的时刻起到交换网络在输入/输出之间真正完成此连接所占的时间。

connection diagram 连接图 表示由一个或多个组件、电源和受控电路组成的电子系统工作所需连接的图形。

connection diagram of windings 绕组连接图 表示变压器各绕组之间或一个绕组的分接头间,电气连接及相对位置关系的示意图。

connection end point (CEP) 连接(终止)端点 位于向高一级或管理平面提供业务的级的边界的点。CEP 提供连接终结功能。

connection endpoint identifier (CEI) 连接终止端点标识符 在 ATM(异步传输模式)网中,指连接终止端的标识符,用于标识服务访问点的连接。

connection identifier (CID) 连接标识符 在某些信息处理系统中,用于标识某一资源的数值。在连接处理建立一次对话后,该值将返回到连接程序,并应该用于对该资源的后继请求中。

C

connection in progress signal 连接进行信号 在数据电路终端设备/数据终端设备接口处的呼叫控制信号，它向数据终端设备指示数据的连接正在进行，随后跟着的是数据准备好信号。

connectionism 连接主义 以费尔德曼为代表的一个人工智能学派，从微观角度研究人类的认知功能。认为思维的基本元素是神经元，大量并行连接的神经元的整体活动则构成了思维过程。每个单元都与系统中若干其他单元连接，并存储一定的信息，构成短期记忆。信息的长期记忆存在于单元之间的连接权重，是知识的主要存储所在。这种学说强调学习方法，特别是归纳学习，它从实例中学习一般规律，对于先验知识的要求较少。参见 symbolism，behaviourism。

connectionist learning 连接学习 通过各类的例子来训练人工神经网络，调整网络中神经元之间的连接权，并用来识别其他输入例子。连接学习是非符号化的，具有高度的并行分布式处理能力，主要用于语音及各种分类问题。较著名的连接学习算法有感知机、Hopfield 网络、玻尔兹曼机、反向传播算法等。

connectionist neuron network-like learning 连接主义类似神经网络的学习 指学习机的连接主义模型。用于连接主义的神经网络式系统。通常假设每一类神经的节点上有几千个链接，节点间几乎是完全链接，链接可用点到点的拓扑结构来有效组织。

connectionist system 连接主义系统 用大规模并行化思想设计的系统，由大量简单的处理器单元构成。

connectionless 无连接 端点间无需在通信开始前建立起物理或逻辑连接的方式。无连接方式不需要在一个或多个网络中的两个节点间建立直接的连接。这种非连接方式的通信通过传送或路由数据包来实现，每一个数据包都包含源地址和目的地址，数据包经过许多站点直到到达目的地。参见 circuit switching，connection-oriented，packet switching。

connectionless broadband data service (CBDS) 无连接宽带数据服务 异步传输模式(ATM)中的一种无连接的服务。无连接宽带数据服务是 ITU-T(国际电信联盟-电信标准化部门)定义的欧洲分组转换，基于数据包的网络技术。CBDS 被用作一个 BISDN(宽带综合业务数据网)的承载服务类似于由欧洲电信标准协会(ETSI)制订的 SMDS(交换式多兆位数据服务)。参见 switched multi-megabit data service (SMDS)。

connectionless file server 无连接文件服务器 在客户机/服务器网络环境中，文件在使用之前和使用完毕之后都不处于打开状态。只有在客户机使用文件的时间内客户机与服务器才发生联系。

connectionless gateway 非连接网关 OSI(开放系统互连)模型所使用的两种网关之一。使用这种网关在网络层实现网络互连时，所传输的分组在广域网中完全是独立传输的，各个分组可以经过不同的路径到达目的地。参见 open system interconnection (OSI)。

connectionless-mode network service 无连接式网络业务 数字设备公司网络架构(DECnet)中的一种采用数据报方式运行的网络业务，每条消息独立地选择路由和传送的目的地，DNA(数字网络体系结构)的网络层提供这种业务。比较 connection-mode network service (CMNS)。

connectionless-mode transmission 无连接式传输 在开放系统互连体系结构中，单个数据单元在不需要建立连接的情况下，从源服务访问点到一个或多个目的服务访问点的一种传输。

connectionless network 无连接网络 在用户开始传递信息前无需在通信双方或更多方间建立起连接的网络。

connectionless network protocol (CLNP) 无连接网络协议 在开放系统互连(OSI)的网络层中，提供无连接模式的网络业务的数据报协议。相当于 TCP/IP(传输控制协议/网际协议)环境中的因特网协议(IP)。CLNS 在传输数据之前，不需要建立任何电路。参见 open system interconnection (OSI)，connection-oriented network protocol (CONP)。

connectionless network service (CLNS) 无连接网络服务 OSI(开放系统互连)的网络层协议。不使用连接概念的网络服务。在数据传送之后也不需有连接拆除阶段，数据中含有寻址信息。

connection-oriented 面向连接 在用户开始传递信息前必须首先在通信双方或更多方间建立起连接的方式。

connection pool 连接池 开放数据库互连(ODBC)的一个资源优化特性，它使得数据库连接和对象的共享更为高效。连接池技术保持开放连接，应用程序可以使用和重用数据库连接，而不需要为每一个请求都打开和关闭一个连接。连接池技术可以实现不同组件间的共享，最大化系统性能以及最小化空连接的数目。

connectionless protocol 无连接协议 在广域网中，即使在确定接收计算机是否在线或能否接收信息方面未做尝试，也能使数据由一台计算机传输到另一台计算机的一种标准。这是任何包交换网络(如因特网)中的主要协议。协议中，一个数据单元分成部分小包，每包带有一个数据要去的目的地地址的头。在因特网中，无连接协议即是因特网协议(IP)。IP 只关注将数据分成包以进行传输，并在这些包被接收后重新组包。面向连接协议(在因特网上即 TCP(传输控制协议)工作在另一级，以确保接收到所有包。计算机网络研究表明这种设计是高效的。

connectionless service (CLS) 无连接服务 ATM(异步传输模式)网络提供的一种服务,在信息的传输前不需要建立端到端的连接过程。参见 asynchronous transfer mode (ATM)。

connectionless transmission 无连接传输 不建立连接而将单个数据单元从一个源服务接入点到一个或多个目的地服务接入点的传输。

connectionless transport protocol (CLTP) 无连接传输协议 提供端对端传输数据寻址和差错检测的开放系统互连协议,它不保证传送或提供任何流量控制。与该协议对应的 TCP/IP(传输控制协议/网际协议)是 UDP(用户数据报协议)。参见 user datagram protocol (UDP)。

connectionless transport service (CLTS) 无连接传输服务 提供端对端传输数据寻址和差错控制,但不保证传递或提供流量控制。

connection management (CMT) 连接管理 (1)网络连接建立、使用和释放所涉及的一系列过程和技术。通常涉及到连接编址、连接建立、流量控制、多路复用、故障恢复和连接释放等。这些连接管理主要是在传输层进行的。(2)FDDI(光缆分布数据接口)环境中连接管理:按照 X3T9.5 规范规定,FDDI 环通过它的各种状态,如停止、活化、连接等,处理各状态之间的转换所用的 FDDI 进程。(3)在交换的虚拟连接(SVC)环境下,局域网访问实体采用 UNI(用户网络接口)信令在各实体之间建立连接。

connection-mode network protocol (CMNP) 连接(模)式网络协议 OSI(开放系统互连)网络层所提供的一种可靠数据传输协议。使用这种协议传输数据时,先建立连接,数据传输完毕再断开连接。数据传输过程中发现传输错则给出指示。该网络层还提供一种与此不同的协议,即无连接网络协议,使用这种协议传输数据不需要建立连接。参见 open system interconnection (OSI)。

connection-mode network service (CMNS) 连接式网络业务 数字设备网络架构(DECnet)中的一种采用面向连接模式的网络业务。在数据交换之前,必须先建立连接。比较 connectionless-mode network service。

connection-mode transmission 连接(模)式传输 在开放系统互连体系结构中,一些数据单元经由一条预先建立的连接从源服务访问点到一个或多个目的地服务访问点的一种传输。

connection name 连接名(字) 在某些操作系统中,一个程序在某种资源(数据集、程序或应用程序)使用的名字和定义该资源时使用的名字之间建立连接的一种名字。在多数情况下,连接名字从程序的输入/输出语句中派生出来,并且用 Associate 命令来给某个具体的资源分配连接名字。

connection network 连接网络 APPN(高级对等联网)网络中共享访问传输机制(SATF)的一个表示,如允许节点识别其通过公共虚拟路由节点与 SATF 不定义相互连接方式的连接性的一个令牌网。

connection number 连接号 赋予网络中与文件服务器连接的一个站的编号,每次连接时可赋予不同的编号。文件服务器的操作系统使用这个编号控制各个站的通信。

connection-oriented 面向连接的 一种通信协议的特性,在进行通信之前首先建立一个确保两部分通信的顺序通信通道。参见 circuit switching, connectionless, packet switching。

connection-oriented data (COD) 面向连接的数据 在 ATM(异步传输模式)网络中,指需要按顺序递交其成分的协议数据单元的数据,以保证正确地支持应用需要。参见 asynchronous transfer mode (ATM)。

connection-oriented data transfer protocol 面向连接的数据传送协议 在终端用户间建立逻辑连接的数据传输协议。

connection-oriented gateway 面向连接网关 OSI(开放系统互连)模型用于实现网络互连的两种网关之一,这种网关是以建立虚电路方式实现网络互连的。参见 open system interconnection (OSI)。

connection-oriented mode 面向连接的模式 服务包括三个不同的步骤:①建立连接,在这个步骤中两个或多个用户绑定在连接上;②传输数据,在这个步骤中在用户之间交换数据;③释放,在这个步骤中终止绑定,解除连接。

connection-oriented mode transmission 面向连接模式的传输 分组交换网中的一种传输模式,其中对每个分组或分组群有一个完整的信息发送处理,即信息发送阶段前面为接入阶段,后面为释放阶段。在面向连接模式传输信息的发送阶段中,可以发送多个分组信息。每一个分组信息的头部包含一个数字序列码和一个标识域,它是在信息发送开始之前的接入阶段建立的,它是把分组和连接联系起来的标识。面向连接模式的传输通常会对分组信息的丢失、出错、重复或顺序出错等进行检测。国际电报电话咨询委员会(CCITT)X.25 协议广泛用于实现公用分组交换数据网络上的面向连接模式的传输。协议在开放系统互连参考模型的 1、2 和 3 层上实现。参见 open system interconnection (OSI)。

connection-oriented network 面向连接网络 在用户开始传递信息前必须首先在通信双方或更多方间建立起连接的网络。这种连接可以是实在的电路连接,也可以是逻辑的虚连接(虚电路)。

connection-oriented network protocol (CONP) 面向连接网络协议 在开放系统互连(OSI)的网络

C

层中，一种在面向连接的链路上提供传送上层数据和差错指示的网络层协议。CONP 在传输数据之前，需要在通信传输层实体间请求一条明确的路径或电路。参见 open system interconnection (OSI), connectionless network protocol (CLNP)。

connection-oriented protocol 面向连接协议 在广域网中，一种建立连接过程的标准，按照这种标准，网络上的两台计算机可以建立物理连接，这种连接一直延续到成功地交换数据为止。这是通过信号握手方式完成的，即两台计算机交换信息。在因特网上，传输控制协议(TCP)是一种面向连接协议。它提供两台连接在因特网上的计算机可相互进行通信以确保数据成功传输的一种手段。

connection-oriented service 面向连接的服务 在逻辑链路控制(LLC)子层和介质访问控制(MAC)子层中融入了流控制、错误恢复和应答的 IEEE 802.2 服务。

connection point (CP) 连接点 一种参考点。在连接点处，路径终端源或连接的输出受连接输入的限制，或者连接的输出受路径终端宿或另一连接输入的限制。通过连接点的信息可以反映这种参考点的特性。双向连接点由一对方向相反的单向连接点结合而成。单向连接点是一种参考点。在此点处，一个单向连接的输出与另一个单向连接的输入相结合。在信息模型中，连接点也被称为连接终节点(CTP)。

connection point manager (CPM) 连接点管理程序 SNA(系统网络体系结构)中传输控制层的一个构成部分。它可以：①实现正常流请求和对话级同步；②检查接收请求单元的顺序号；③验证该请求未超过允许的最大长度；④对话期间把输入请求单元分送到它们的目的地；⑤当选择了密码方式时，对功能管理数据(FMD)请求单元进行加密和解密。连接点管理程序为一个对话站协调正常或加速的数据流。在一个对话中，发送端管理程序为输入请求/应答单元(RU)建立请求/应答标题(RH)，而接收端连接点管理程序则解释"在输入请求/应答单元之间的"请求/应答标题。参见 systems network architecture (SNA)。

connection pooling 连接池(技术) 为开放数据库互连(ODBC)的一个资源优化特性，它使数据库连接和对象的共享更为高效。连接池技术保持开放连接，应用程序可以使用和重用数据库连接，而不需要为每一个请求都打开和关闭一个连接。这一点对基于万维网的应用程序尤为重要。连接池技术可以实现不同组件间的共享、最大化系统性能以及最小化空连接的数目。参见 open database connectivity (ODBC)。

connection related function (CRF) 连接相关的功能 在 ATM(异步传输模式)网络通信管理中，指表示一个网络中的发生连接功能点或网络元素的术语。在这些点中可能发生 VCC(虚拟通道连接)或 VPC(虚拟路径连接)级的策略。参见 virtual channel connection (VCC), virtual path connection (VPC)。

connection release 连接释放 在交换网络中，发送站与接收站之间断开连接。

connections per circuit hour (CCH) 电路每小时连接 业务量的测量单位，即一个交换机每小时建立的连接的数量。电路每小时连接的数量的大小是一个时间的函数，即它是时刻在变的瞬时值。

connections per second (CPS) 每秒连接数 神经信息处理系统的一个性能指标，是每秒钟所完成的权连接数，反映了在神经信息处理系统上训练后的神经网络完成联想回忆的快慢。参见 neural information processing system。

connection strategy 连接策略 用来实现一个连接的策略。

connection time-out 连接暂停 因为某种原因而造成的网络连接暂时中断。

connection trap 连接陷阱 不能把两个以上实体间的联系归结为两个实体间联系的现象。这在描述现实世界中实体间的联系时经常碰到，如供应者-配件-产品，该联系表示供应者用于特定产品的特定配件，此联系无法归结为供应者-配件、配件-产品这两种联系。

connection weight 连接权重 两个处理单元之间的连接强度的度量。它取决于网络设计及所得到的信息。

connective 连接符 (1)表示流线断开并且表明流线在哪里继续下去的一种流程图符号。(2)用来指示一个逻辑语句的两部分之间关系的一种运算符。同 logical connective。

connectivity 连通性[度] (1)将各种功能单元连接起来而不改变它们的能力。该特性用来描述电路或电话线的质量、抗噪音的能力或通信设备的带宽，如任意一台计算机，在资源共享的网络环境下，与购自另一厂家的其他网络部件的协调工作的程度。(2)图形和图像处理中两个体素的关系，两个体素之间如果存在 n-路径则称为它们是有 n-连接度的。(3)连通图中含顶点个数最少的点割集中所含顶点数。对于平凡图或不连通图，定义连通度为 0。一个连通度 $\geqslant K$ 的图，称为是 K-连通图 (K-connected graph)。

connectivity capability 连接能力 允许设备与系统连接而不请求对设备或者连接进行物理重构的能力。参见 configuration matrix, connectivity control, dynamic connection。

connectivity control 连接性控制 在 ESCON(企业系统连接)控制器中，用于改变一个端口的连接属性的方法，决定连接到端口的链路的通信能力。参见 enterprise system connection (ESCON)。

connectivity demand 连接性要求 LSI(大规模集成电路)封装安装在电路板上,为估计各类封装的互连需要以及各种组装方法的能力,常采用连接性这个品质因数,来确定每单位面积互连所需连线的总长度。电路板上封装的端子数和互连它们所需的连线长度之间的关系称为连接性要求。经验公式表示为 $L = 1.5P(1.5\frac{N_T}{2})$,式中,$L$ 是总连线长度,以每平方英寸面积的连线长度英寸数表示;P 是封装之间间距;N_T 是 I/O 端子总数。

connectivity exchange (CONEX) 连通[联络]交换 在一个自适应或人工操作的高频无线电网络中,关于路由到某些不能从原始出发处的交换机直接到达的站点的自动或人工的信息交换。信息交换的目的是识别间接的路径与/或到达那些不能直接到达的站点的可能有关的中继站点。

connectivity transparency 连通[性]透明性 不管接入方式如何,网络的性能保持一致的能力。

connectless service 无连接的服务 计算机网络中的一种服务类型,类似于邮政系统服务的模式,对传输的数据进行分组,每个分组都携带完整的信宿地址,各分组在网络中独立传送,不保证到达的顺序。这种服务也不进行损失分组的恢复和重传,因而不能保证传输的可靠性。参见 connectionless service,datagram。

connector 连接器 也称"接插件"。使导体(线)与适当的配对元件连接,实现电路接通和断开的机电元件。连接器常用于电气、电子产品和系统中。它们可能具有多种不同的尺寸和形式。连接器通常有两部分:一部 分用来端接电缆或导体,另一部分则是另一根电缆、插座或电源插座的配对元件。凸出式部件称为插 头。凹入式部件称为插座或插孔。电子连接器常设计成用于端接同轴电缆、扁平电缆、多芯电缆以及互联机架与面板、电路板、电话、音频和视频等元件。参见 plug and socket。

connector assembly 接插件 一种用于连接的电气插头和插座。同 plug and socket。

connector cable 接插件电缆 一种延长电缆,连接在电话机插头端和终端或设备箱柜连接端之间。

connector conspiracy 连接头协定 指计算机厂家在连接该厂家的联网设备的专利标准中所体现出来的设计方案,这限制了用户只能购买该厂家的设备而不能购买其他厂家的。例如,某些计算机使用了未公开的连接外设(如磁盘驱动器)的技术,这样使得该厂家的竞争对手不可能经营兼容的产品。

connect-oriented service 面向连接的服务 计算机网络中的一种服务类型,类似于电话系统服务的模式,每一次完整的数据传输都必须经过建立连接、使用连接、中止连接三个过程。在数据传输过程中,各数据分组不携带信宿地址,而使用连接号。它在发送方和接收方之间建立一个管道,发送者在一端放入数据,接收者从另一端取出数据。收发数据不但内容相同,而且顺序一致。参见 connectless service,virtual circuit。

connector-induced optical fiber loss 连接器产生的光纤损耗 在光缆中,由于连接器中光纤的端点或者内部结构产生传输损耗的部分,损耗以分贝为单位,产生这种损耗的原因是材料不纯或者光纤结构的变化。

connector pins 连接器触脚 芯片上的"腿",它连到印制线路板上。它们插在预先钻好的孔里并焊上。

connect time 连接[接通]时间 (1)远程终端和系统接通的时间,即从通信开始到通信结束的那段时间。(2)分时计算机系统在联机和脱机之间所用的时间。这个时间是向用户收机时费的基础。有时也指用户连接到公用电话系统的时间。

connotation 内涵 概念所反映的对象的特有属性、本质属性。比较 denotation。

CONP 面向连接网络协议 connection-oriented network protocol 的缩写。

CONQ 非质量成本 cost of non-quality 的缩写。

conscious error 可意识错误 操作者对刚出现就能发现的但是其反应动作却不能阻止的错误。

consecutive data set 连续数据集 在某些小型计算机系统中,具有连续数据集组织(结构)的数据汇集。

consecutive data set organization 连续数据集组织(结构) 在某些小型计算机系统中的一种数据集的组织结构,其中数据块和记录从数据集开始到数据结束指示符为止,在物理上都是连续的。数据的处理是按数据块或记录的顺序对其访问来进行的。数据的结束不需要和数据集的结束相重。串行存储设备上的所有数据集都具有连续结构。在直接访问的存储设备上的数据集也可以采取连续结构形式。

consecutive processing 顺序处理 对文件中记录按存放次序进行读、写或者删除的处理方法。参见 random processing,sequential processing。

consecutive retrieval organization 连接检索结构 数据库中的一种记录结构,其中与检索集合中的任何检索有关的记录都被存入连续的存储单元中。

consecutive sequence computer 连续顺序计算机 所有指令均按预先顺序执行的计算机,除非出现转移指令。

consensus decision making 一致性决策 用于成群面向多专家知识获取活动期间的一组技术,其目标是识别特定问题的最佳解决方案。

consequent 结果,推论,后项 (1)产生式规则的右部。(2)应用一个过程的结果。(3)数理逻辑中,用连词→或=>连接两个公式所构成的公式中的

C

右项，公式称为蕴含，其左项称为前项。

consistency 相容性，一致性 (1)逻辑系统应有的一种属性。具有相容性的逻辑系统中，不会有公式α，使α和¬α同时为其定理。(2)用有限差分法或有限元法求解数学物理问题时，为保证近似解收敛于准确解而应有的一个条件。称为相容性条件。有限差分法中，通过考察泰勒级数展开式来检验此条件；有限元方法中，通过考察有限元子空间族是否在允许函数空间中稠密来检验此条件。一般而言，对于线性问题满足相容条件和稳定条件的近似方法是收敛的方法。

C

consistency check 一致性检查 (1)确定指定的数据项是否匹配的一种检查操作，如检查两个事件的数据是否相等。(2)确保指定的输入数据处在一组预先决定的标准集中的过程。

consistency enforcer 相容执行器 专家系统的组成部分之一。当专家系统在问题求解过程中产生新的解或者知识数据时，相容执行器必须将新的信息与原库内容加以鉴别。如果相容，则将这些新信息补入库；如果矛盾，则修改与新信息不相容的那些原先内容或采取其他措施。

consistency of difference scheme 差分格式的相容性 当步长趋于零时，差分方程的解能够无限接受微分方程解的性质。

consistency of knowledge 知识相容性[一致性] 同一个知识库中的所有知识之间互相不矛盾。也称"知识一致性"。对应于知识的不一致性，即两种或两种以上知识的形式、规范不一样，在知识获取过程中，常常表现在获取的知识与知识库原有的知识发生矛盾、冲突的情况，这时就必须决定取舍其中的一种，取舍的根据及方法是一致性处理的任务，尤其是在分布式知识库系统中，要保证各知识节点的一致性，就要求在各个节点进行知识更新时，在其他节点都对该更新内容进行一致性检查。参见 inconsistent knowledge。

consistency routine 相容例程 一种调试例程，用来确定正在检查的程序能否在指定的检查点给出一致的结果，如两次运行之间的一致性或同其他方法所计算结果的一致性。

consistent bindings 相容约束 一组变量值的约束，它满足每个单独模式的条件，并且同时满足在这组约束中所有模式之间应用的全部制约条件。

console game 单机游戏 仅使用一台计算机或者其他游戏平台就可以独立运行的电子游戏，模式多为人机对战。因为其不能连入互联网而互动性稍显差了一些，但可以通过局域网的连接进行多人对战，而不需要专门服务器也可以正常运行的游戏。

console interrupt 控制台中断 操作员对机器进行干预的中断。它是人机通信必不可少的手段。操作员对机器干预一般是了解程序运行情况，抽查中间结果，了解主存分配情况，外设的使用与工作情况以及装入新的参数，下达新的命令要求等。

console stack 控制台堆栈 在某些操作系统中，通过相应的 EXEC 或 EDIT 子命令建立的一个或几个 CMS 命令或数据行。当 CMS 向用户终端发出读命令时，它们就一次一个地被传送至 CMS。同 console input buffer，terminal input buffer。

console word processing equipment 控制台文字处理设备 一种文字处理设备，它被安装在含有其他设备的一个大设备之中。如果它没有被集中在大设备中，则其控制器通常也被设计得放在该大设备中。

consonantal and vowel coding 声韵双拼法 语音编码法之一，按汉字音节的声母和韵母各用一个键元输入汉字。

consortium agreement 联盟协议 为保障业务连续性计划，由一组机构共同签订的协议，当联盟中的某一成员机构遭受灾难后，其他机构将为其提供处理设施和/或办公设施的共享。

constant 常数，常量 在程序设计语言中，仅取一个特定值的一种语言对象。在一个程序的执行期间，常量的值是不变的，而字段或变量的内容则是可变的。比较 variable。

constant-amplitude recording 恒幅录音 一种录音方法，其中具有相同强度的所有频率均以相同幅度进行录音。最终的录音幅度与频率无关。

constant angular velocity (CAV) 恒定角速度 硬盘和光驱中的一项重要技术，即在读取数据时保持马达转速恒定不变，这样在读取内外道数据时，就会出现不同的数据传输率，这样就可以在不提高马达转速的情况下，极大地提高了外道的数据传输量，同时还可延长马达的使用寿命、增大数据的读取准确率，目前，16 倍速以上的光驱均采用这种技术。比较 constant linear velocity (CLV)。

constant area 常数区 存储程序中所用常数的存储区。

constant bit rate (CBR) 恒位速率，恒定位率 CBR 是由 ATM(异步传输模式)论坛为 ATM 网络的服务按照位速率的特点定义 QoS(服务质量)的四个类别(恒位速率、可变位速率、未指定位速率、可用位速率)之一。CBR 支持恒定的或确定的传输服务速率，如视频和音频以及要求严格时间控制和性能参数的电路仿真。用户在建立线路连接时，申报其带宽要求，网络便保证其任何时候的带宽，这种带宽就被称为恒定带宽。参见 available bit rate (ABR)，unspecified bit rate (UBR)，variable bit rate (VBR)。

constant bit rate service 固定比特率业务 业务比特率被规定为一个固定值的一类电信业务。

constant broadcast 常数传播 在编译过程中把常数值传播给变量的过程。常数传播是在编译过程中知道该变量的值时，直接对常数子表达式进行计算。它具有减少运行时计算量的明显优点。

constant carrier 不变载波器 一种仅支持半双工握手信号的调制解调器。

constant-carrier system 不变载波系统 能连续发出载波的一种数据通信系统，通常为半双工的点到点系统。在这种系统中，连续载波是通过通信线路的两条信道发送的。

constant-current generator 恒流发电机 输出电流基本不变，即电流基本上不受负载影响的发电机。

constant-current modulation 恒流调制 一种调幅体系，其中信号放大器和载波发生器或放大器的输出电路经公共线圈与恒流源相连。因此，信号发生器阳极电流的变化将使射频载波级的阳极电流发生相等且方向相反的变化，因而给出所需的载波调制。

constant-current power supply 稳流电源 当影响因素发生波动时，对输出电流变动起稳定作用的电源。参见 constant voltage power supply, constant frequency power supply。

constant-current transformer 稳流变压器 由恒压源供电时，在改变负载的情况下，自动使次级电路中维持恒流的变压器。

constant expression 常量表达式 一种仅仅由常量组成的表达式，这个值在程序的运行期间不会改变，对应于 variable expression。

constant false alarm rate (CFAR) 恒定错误报警率［虚警率］ 雷达系统中，当一个恒定的噪声出现在雷达数据处理器的输入端时，显示出一个并不存在的目标的比率。

constant fault 固定性故障 由于电路元件变质而引起电路内部的短路或开路以及软件设计不周等原因所造成的必然性故障称为固定性故障。与之相应的称为偶然性故障。

constant field 常数[常量]字段 (1)包含一个变量并按显示格式进行定义的一种字段。(2)在一个外部描述的显示器或打印机文件中，含有传递给显示器或打印机的实际数据但不为传递该数据的程序所知道的一个非命名字段。

constant flux voltage variation (CFVV) 恒磁通调压 变压器的调压方式。这种调压方式是在不同分接位置时，带分接绕组的电压为额定电压乘分接因数；不带分接绕组的电压为额定电压。比较 variable flux voltage variation (VFVV)。

constant folding 常量折叠 一种被很多现代编译器使用的编译器最优化技术。常量折叠就是在编译器进行语法分析的时候，将常量表达式计算求值，并用求得的值来替换表达式放入常量表。

constant frequency power supply 稳频电源 当影响因素发生波动时，对输出频率变动起稳定作用的电源。参见 constant current power supply, constant voltage power supply。

constant function 常数函数 在计算器上，允许一个数据保存在存储器中重复使用的功能。

constant instruction 常数指令 不打算作为指令来执行的一种指令，一般写成常数形式。

constant-K filter 定[恒]K 型滤波器 一种其串联和并联阻抗的乘积为与频率无关的常数的滤波器。

constant-K network 定[恒]K 型网络 一种其串联和并联阻抗的乘积在工作频率范围内与频率无关的梯形网络。

constant length field 固定长字段 文件上要求固定数目字母数字字符的一个项目。

constant letter 常量字母 在谓词演算中，用小写拉丁字母 a, b, c, … 或事物的英文名字，汉语拼音字母或标识符来表示常量。这些字母称为常量字母。

constant linear velocity (CLV) 恒定线速度 指转速变化而线速不变。光驱中的一项重要技术，即在读取数据时保持传输速率恒定不变，由于光驱在读取数据时是从光碟的内道圈向外道圈，而内道圈数据量要比外道圈少，为了保持恒定的传输速率，在读取内道数据时，马达旋转得比较快，在读取外道数据时，马达旋转比较慢，使用 CLV 技术，马达转速频繁变化，一方面降低了马达的使用寿命，另一方面影响了数据读取时间，这就限制了数据传输率的增加，因而仅在 12 倍速以下的光驱中采用这种技术。比较 constant angular velocity (CAV)。

constant magnetic filed 恒定磁场 磁场强度和方向保持不变的磁场。永久磁铁的磁场是恒定磁场。同 stationary magnetic field。

constant parameter channel 恒参信道 其传输特性的变化量极微且变化速度极慢的信道。恒参信道在足够长的时间内，其参数基本不变。

constant-potential accelerator 静电加速器 一种将恒定直流电压加到加速电子管上以产生高能离子或电子的加速器。

constant ratio code 定比码 一种检错码。在这种码中，在每个字符或功能信号中使用的各类码元均具有指定数目的检错码。如电报中所采用的五个单位数字保护码就是一种定比码。在它的五个码中，有三个“1”和两个“0”。这种码在传输过程中，若因差错而使固有的规律遭到破坏，将被立即查出。

constant section 常数区域 专门为不变数据保留的内存部分，可供反复使用。

constant speed motor 恒速电动机 在正常负载范围内，转速保持恒定或基本恒定的电动机，如同步电动机，低转差率感应电动机或励磁恒定的并励直流电动机。

constant table **常量(数)表** 词法分析程序的输出数据之一。由源程序中的无正负号数的机内表示组成的表型数据。

constant-voltage charge **恒压充电** 蓄电池的一种充电法。在整个充电过程中,加在电池两端的电压是固定的。

constant -voltage/constant-current crossover **恒压/恒流交迭** 为一种电源特性。即当输出电流达到预置值时,该种电源能将其工作模式自动从稳压变换为稳流,反之亦然。

C

constant-voltage power supply **恒压电源** 当影响因素(负载电阻值、线路电压、温度和其他变量)发生波动时,对输出电压的变动起稳定作用的电源。参见 constant current power supply, constant frequency power supply。

constant-voltage transformer **恒压变压器** 当输入电压变化时仍能保持恒压输出的一种变压器。

constant wavelength recording (CWR) **恒波长记录** 以恒定波长的记录信息的一种磁盘记录方法。整个磁盘上的位密度为一个固定值,因而也称"等位密度记录"。通常采用变速主轴马达,使磁盘的旋转角速度随磁头的径向位置变化,以保持磁道位置的线速度不变,并以固定频率的电流记录信息。

constant word **常数字** 通常是固定的而不能作为输入单元出现的描述性数据。

constellation **星座图** 在多进制相移键控调制技术中,用于表示载波相移的图。它在一个平面直角坐标系中,用一个矢量表示一个正弦信号的幅度和相位。多个相位及幅度的正弦信号在图上的矢量位置构成一个星座图。一种星座图表明当通信信号发生唯一变化时能够识别的状态的数目,这也就是单一变化中能被编码的最大位数目。

constituent object (CO) **组成体** 分布式实体的一部分,用于接收发送到分布式实体的信息。

constitutive learning **构造性学习** 把演绎和归纳结合起来,并在深层知识指导下进行学习。构造性学习通过把用户提供的背景知识应用于示例中来产生示例中原来没有的新的属性或新的根据,然后,从这些新属性中筛选出一部分具有最强特征或模式的属性,给这些属性赋以较高的探索优先权并进行归纳,产生出满足示例的规则。构造性学习可以使归纳出的规则更加简洁,具有较高的概括性。

constitutive relation **基本关系式** 电场、磁场、电流,电磁波和传输介质的特性之间的三个关系式。这一组关系式为:$D=\varepsilon E$,式中 D 为电通密度或电位移矢量,ε 为介电常数,E 是电场强度;$B=\mu H$,式中 B 是磁通密度,μ 是磁导率,H 是磁场强度;$J=\sigma E$,式中 J 是电流密度,σ 是电导率,E 和前面一样是电场强度。D、E、B、H、J 均为有方向的矢量。在一些物质中,基本关系式以综合形式出现,也表示为矢量和张量基本关系式,与麦克斯韦方程结合使用解决电磁波的传播问题。在绝缘材料中,如光纤中,$\sigma=0$,$\mu=1$。

constraint **约束** (1)在程序设计中,对一个问题所能够接受的解决方法的限制。(2)约束是指对象、类、属性、链及关联之间的函数关系。

constraint condition **约束条件** 在带约束的优化问题中,除目标函数外,还要满足的一些数学条件,这些条件称为约束条件。例如

$$\begin{cases} f(x) \\ g_i(x)\geqslant b_i \quad i=1,2,\cdots,m \end{cases}$$

式中 $f(x)$ 即为目标函数,$g_i(x)\geqslant b_i$ 为约束条件。

constraint propagation **约束传播** 通过要求满足某些约束条件来限制搜索范围的方法。也可看作在子问题传递约束信息的机制。

constraint rule **约束规则** 一个限制搜索的规则,使相关的模式不在有效的解中出现。

Constraints **《约束》** 荷兰 Kluwer Acdemic 出版社出版,1996 年创刊,全年 4 期,EI(工程索引)收录期刊。刊载约束优化原则和约束技术应用的论文,涵盖约束计算的所有领域:理论与实践、算法与体系、推理与程序、逻辑与语言。相关领域包括人工智能、程序语言、数据库、组合算法、离散数学、神经网络等。

constraints estimation **约束估算** 确定能够用于实现某项规划的资源。

constraint widget **约束窗口部件** 在 AIX 增强 X-Windows 中,一个作为窗口部件成分子类的窗口部件,根据各自与其子部件的约束情况管理子部件的几何位置。

construction **构建** 软件开发过程的一个阶段,在该阶段中,软件从可执行构架基线前进到可准备向用户群过渡的这一点上。

constructive cost model (COCOMO) **构造性成本模型** COCOMO 是一种精确、易于使用的基于模型的成本估算方法,最早由勃姆(Boehm)于 1981 年提出。该模型按其详细程度分为三级:基本 COCOMO 模型、中间 COCOMO 模型和详细 COCOMO 模型。基本 COCOMO 模型是一个静态单变量模型,它用一个以已估算出来的源代码行数(LOC)为自变量的函数来计算软件开发工作量。中间 COCOMO 模型则在用 LOC 为自变量的函数计算软件开发工作量的基础上,再用涉及产品、硬件、人员、项目等方面属性的影响因素来调整工作量的估算。详细 COCOMO 模型包括中间 COCOMO 模型的所有特性,但用上述各种影响因素调整工作量估算时,还要考虑对软件工程过程中分析、设计等各步骤的影响。COCOMO 模型具有估算精确、易于使用的特点。参见 line of code (LOC)。

constructive inductive learning **结构性归纳学习** 机器学习中的一种归纳学习方法。这种归纳学习所得的断言或概念不但比原先的输入更一般化,而

且其描述符的类型也有引伸。

constructive method 构造方法 验证程序正确性的一种方法，它将产生程序和构造断言交替进行，以克服程序完成后再验证所产生的困难。

constructive reduction learning 构造式归纳学习 指通过对输入的结构描述实例的学习，寻求描述该类事物的最精确的概念概括。

constructive solid geometry (CSG) 体素构造表示法，结构实体表示法 实体造型的一种方法。体素构造表示基于两层模式。底层是在半空间中定义的封闭体素。通常使用立方体、柱体、球、锥体等简单图形作为体素，通过并、交、差等布尔运算，以产生更复杂的实体。体素构造表示所得到的结果是一棵二叉树，其叶子是基本体素或者变换参数，节点则为布尔运算或变换。使用这种表示法对物体的定义比较简洁、明了，所需要的存储空间也较少，但是一般不能直接完成一些显示输出，因此，在必要时需要将它们变换成其他的表示方法，如边界表示法。参见 boundary representation。

constructor 构造函数 与类同名的特殊类方法，用于构建并可能初始化和它同属一个类的对象。

constructor operation 构造操作 创建一个类的新实例的操作。

Consultative Committee of International Radio (CCIR) 国际无线电咨询委员会 成立于1927年，总部设在瑞士日内瓦，是国际电信联盟(TU)的常设机构之一。主要职责是研究无线电通信和技术业务问题，颁发建议书，并为制订和修改无线电规则提供技术依据。从1993年3月1日起，与国际频率登记委员会(IFRB)合并，成为现今国际电信联盟(TU)无线电通信部门，简称ITU-R。国际无线电咨询委员会由所有国际电信联盟会员国的主管部门和被认可的私营机构组成。

Consultative Committee on International Telegraph and Telephone (CCITT) 国际电报电话咨询委员会 国际电信联盟 - 电信标准化组织(ITU-TSS)的早期名称，它是制订国际无线电[远程]通信使用标准的国际委员会。它由各国电信专家、公用网络操作员和有关组织来制订一些标准，以满足电信服务国际化的需要。CCITT每4年开一次会，制订各种标准，以有色皮书形式发表(如1980年黄皮书；1984年红皮书；1988年蓝皮书；1992年白皮书)。在两次会议之间有议定建议的日常事务。如电话网的数据通信是用V系列建议实现的，而公用数据网的数据网是用X系列建议实现的。CCITT隶属于国际远程通信联盟(ITU)的一个部门，是和国际无线电频率登记局(IFRB)及国际无线电咨询委员会(CCIR)并列的三大组织之一。所以通常CCITT标准也称"ITU标准"。ITU是由联合国组织和支持的国际性组织，现已更名为ITU-T(国际电信联盟-电信标准化部门)。参见 International Telecommunication Union - Telecommunications Standardization Section (ITU-TSS)。

consumable resource 可消费资源 任何分配给进程而不回收的资源，它由进程消费。有一个消费资源也一定至少有一个生产者进程。

consumer 消费者 使用由其他异步过程所提供的数据的一种异步过程。在生产者-消费者传输模式中，生产者指的是变量或消息报文的发送者，消费者则是变量或消息报文的接收者。

consumer aids 消费者助手，用户助手 提供信息以帮助用户解决能源、交通、房租等问题一直到改善健康状况等多方面的咨询。它是 THE SOURCE 电子信息服务的一种形式。

consumer digital subscriber line (CDSL) 消费者数字用户线 CDSL由Rockwell公司1998年春推出，CDSL技术将电话线的下行数据传输速度提高到1 Mbps。采用CDSL技术的新产品无论在价格、销售、安装和操作上，均与市场上现有的模拟Modern类似，与ADSL(非对称数字用户环路)技术相比，CDSL使用成本更低，技术上更容易实现。参见 asymmetric digital subscriber loop (ADSL)。

consumer electronic (CE) 消费电子 并不是生活必需品，而只是为了满足娱乐或其他需求的电子类产品。主要是以视频、移动和无线技术为核心的手机、电脑、电视机等电子产品。

consumer electronic bus (CEBus) 客户电子总线 客户电子总线是一套开放的、某些规范性文档的体系结构，这些规范性文档定义使不同产品通过电力线、低电压双绞线、同轴电缆、红外线、射频和光纤等进行通信的协议。任何人在任何地方都可以得到这种方案的一个拷贝，或者开发符合客户电子总线标准的产品。

consumer electronics show (CES) 消费电子博览会 每年冬季在拉斯韦加斯举行的消费电子用品展，由美国电子工业协会赞助。消费电子博览会的主要特色是展出最新消费电子产品以及召开关于消费趋向和商务策略的会议。

Consumer IC. D. A. T. A. Book **《消费用集成电路特性参考书》** 美国DATA公司出版的《DATA电子情报丛刊》之一。刊载各国50余家厂商生产的近2 400种电视机、音频放大器、电子钟表、计算器，音律装置、视频以及其他器件的电气、功能和示意图等方面的数据资料。内容包括声频放大器、声频/射频信号处理、视频线路、彩色电视机线路、数字线路、特种线路以及各种型号产品的线路图和结构示意图等。

consumer procedure 消费者过程 一个使用由其他异步过程提供的数据的异步过程。

consumer to consumer (C2C) 顾客对顾客 电子商务的一种形式，指网络个人用户之间的交易，如网上拍卖等。

consumer reuse 消费者复用 一种软件复用的形式。消费者复用是指使用可复用的构件建立新的系统的活动,涉及到的活动包括:应用系统的规划、构件的检索和选择、应用系统中非复用部分的开发、应用系统的组装。比较 product reuse。

contact 触点,接点,接触(件) (1)指磁盘或插座、键、继电器簧片上的金属条,它接触另一个相同的接点时可形成临时的低电阻的电流通路。(2)互连器件内的导电零件。它与对应的导电零件相结合,以提供电或信息传输的通路。触件可以分为:①插入阴接触件而在外表面接通电路的接触件称阳接触件;②接受阳接触件的插入而在内表面接通电路的接触件称阴接触件。(3)继电器上的一对导体或称开关,由电路控制其接触或者断开。

contact aligner 接触式光刻机 一种光学系统,使用接触式印刷法(使掩模接触芯片)使晶片曝光。

contact and coil cross reference report 触点及线圈交叉参照表 由CAD(计算机辅助设计)系统生成的一种报表。该表中给出多页电路图中进出页的连接及连线的起终点信息,与线圈相关的所有触点的位置等。

contact assembly 触点组件 一组带绝缘分隔的包括触点的触点片。通过触点片的相对运动,使触点电路闭合或断开。

contact bouncing 接点回跳 触点闭合或断开过程中,在到达稳定闭合或断开前,由于自身碰撞可能发生的往复跳动现象。

contact chatter 触点抖动 由于外部的振动、冲击或线圈电流的变化等原因引起的闭合触点的断开或断开触点的闭合的持续跳动现象。

contact electrification 接触起电 一个不带电的导体跟另一个带电体接触后分开,使不带电的导体带上电荷的方式称接触起电。接触起电是物体带电的三种方式之一,其他两种是感应起电和摩擦起电。参见 induction electrification, electrification by friction。

contact electromotive force 接触电动势 由于具有不同物理状态或不同化学成分的两物体相接触所产生的电动势。参见 electromotive force (EMF)。

contact endurance 触点寿命 在规定条件下,触点能可靠循环的规定次数(或时间)。在此期间,触点应满足有关的技术要求。其中,触点施加规定电负载时的寿命为电寿命;触点无电负载且允许按规定对确点调整时的寿命为机械寿命。

contact engaging and separating force 触点插拔力 连接器的接触对之间插入与拔出时所需的作用力,如针孔式连接器的插针与插孔当插入与拔出时所需的作用力。针孔式触点插拔力一般要求在45克以上,120克以下。

contact extraction force 接触件拔出力 可拆卸的接触件从连接器件中取出时所需的轴向力。

contact failure 触点失效 触点不能正常闭合(接触电阻或压降增大超过规定值)或不能正常断开。触点失效可由于污染、冷焊、熔接、磨损等原因引起。

contact follow 触点跟随 触点闭合时,动、静触点接触后,按动触点运动的方向,动、静触点能继续共同移动的距离。

contact force 触点压力 在相配对的接触件的接触表面之间存在的正压力。这是连接器接触对之间保持气密性、稳定、可靠性与小的接触电阻的重要保证。一般计算机组装互连用连接器的接触对的接触压力在80 ~ 120克之间。

contact gap 触点间隙 在规定条件下,触点在最终断开位置时,动、静触点间的最短距离。

contact image sensor (CIS) 接触式图像传感器 利用光电转换原理将图像数据转换为一系列电子信号的一种装置。接触式图像传感器直接接触在原稿表面读取图像数据。它被广泛应用于传真机、扫描仪及条码解码器等领域。

contact input 接触输入 通过打开或关闭某个开关产生的一种对设备的二元输入。这个开关可以是机械的或电子的。

contact interrogation signal 接触[触点]询问信号 一个信号,其值表示一个接触是否打开或者关闭。

contact list 联系表 业务连续性计划中的联系表,包括小组成员和/或关键执行者及其后备人员的表单,表单包括联系所需的相关信息(如住宅电话、寻呼机、移动电话等)并确保其有效性。

contact load 触点负载 在规定条件下,触点所承受的开路电压值和闭路电流值。也可以功率表示或仅以闭路电流值表示。触点负载按性质一般分阻性、感性、电机和灯四种。按负载的数量级又可分低电平负载、中等负载、大负载等。

contact magnetic recording 接触式磁记录 通过磁头和记录媒体表面直接接触以存取信息的一种磁记录方法,例如常规0.5英寸磁带机、盒式磁带机和低速软磁盘机等。

contact material 接触材料 具有高电导率和热导率、低接触电阻、最小黏附或焊接可能性以及强耐蚀力的金属。常用的接触材料有铜、银和金及其合金、铂、钨和钼等。

contact member 触点片 触点组件中带有触点或兼起触点作用的导电片或导电簧片、导电线簧等。

contact microphone 接触式麦克风 直接捡拾机械振动并将其转换成相应的电流或电压的麦克风。当与乐器一起使用时,将它附着到乐器的外壳上;当用于机械装置的振动分析时,将它安装到机械装置的不同部分;当用作喉用麦克风时,将它固定在讲话人的颈部;当用作唇用麦克风时,将它安装在讲话人的唇部。

contact-modulated amplifier **接触调制放大器** 在输入端具有将直流和频率很低的交流信号改变到较高频率的斩波器的一类放大器。所得到的调制波在交流放大器中被放大到适当电平，然后用于完成初始调制的接触系统进行解调。

contact noise **接触噪声** 任意两类金属的接合处或在金属和半导体的接合处观察到的起伏电阻。

contactor **接触器** 能频繁关合、承载和开断正常电流及规定的过载电流的开断和关合装置。接触器是利用线圈流过电流产生磁场，使触头闭合，以达到控制负载的电器。接触器由电磁系统（铁芯，静铁芯，电磁线圈）、触头系统（常开触头和常闭触头）和灭弧装置组成。

contact over-travel **触头超［额行］程** 当电器触头到闭合位置后，如将静（或动）触头移开时，动（或静）触头所能够移动的距离。

contact potential **接触电位** 也称“接触电动势”或“伏打(Volta)效应”。由于两种不同金属之间、处于不同物理状态的两种物体之间或成分不同的两种材料之间相接触引起的电压。

contact-potential barrier **接触势垒** 两个物体的接触面上由于形成阻挡层而引起的势垒。

contact-potential difference **接触电位差** 发生在电连接的两种金属之间或两种半导体基极区之间的电位差。如果使带有功函数 ψ_1 和 ψ_2 的两种金属相接触，它们的费米能级将一致。若 $\psi_1 > \psi_2$，则第一种金属在接触面上将获得相对于第二种金属而言为正的表面电荷。结果在两种金属或两种半导体间就发生了接触电位差。

contact printing **接触式印刷** 光穿过掩模使晶片曝光，掩模和涂敷光刻胶的晶片直接接触。由于具有较长的寿命，铬板成为应用最广泛的材料，使用感光乳剂板可以减少对晶片的损坏。

contact protection **接触［触点］保护** 在过电流或过电压时对机械接触［触点］的保护。

contact resistance **接触电阻** 在规定条件下，当继电器、开关或其他器件的触点相互接触时的电阻。接触电阻是从触点组件两引出端测得的闭合触点间的电阻值。连接器配对接触件的接触电阻一般要求不超过 0.02 Ω。

contact sensing **触点传感** 用于监视并将开关触点信息转换为数字信息输入到计算机的方法。

contact size **接触尺寸，插针尺寸** 在插针式接插件中，插针的直径尺寸，可用线规号数来表示。

contact spacing **触点［插簧，插针］间距** 接插件簧片或插针之间的间距，已制订了标准间距系列。

contact symbology **接触符号** 一系列用于表示控制程序的符号。

contact system **触头系统** 包括动触头、静触头及其有关导体部件以及弹性元件，紧固件和绝缘件等所有结构零件所组成的电器部件。

contact temperature sensor (CTS) **接触式温度传感器** 简称“温度计”，接触式温度传感器的检测部分与被测对象有良好的接触，通过传导或对流达到热平衡，从而使温度计的示值能直接表示被测对象的温度。一般测量精度较高。在一定的测温范围内，它也可测量物体内部的温度分布。但对于运动体、小目标或热容量很小的对象则会产生较大的测量误差。

contact tip **触点** 触点片端部用以闭合或断开触点电路的导电零件。

contact voltage **接触电压** 人体同时触及的两点之间意外出现的电压。

contained text **被包含文本** PL/1 语言中指下列文本：除过程语句中的入口名和条件名之外，一个过程中的所有文本；除表示块开始的 BEGIN 语句中的标号和条件前缀外，开始块中的所有文本。内部块含在外部过程中。

container **容器** (1)在 SAA(系统应用体系结构)公共用户访问系统结构中，一个保持其他对象的对象，称容器对象。folder 是容器对象的一个例子。参见 folder，object。(2)存放软件构件的“器皿”，用于安排构件、实现构件之间的交互，其形式包括表格、页面、框架、外壳等。参见 component。

container class **包容类** 存储对象的类，如集合、数组、词典及关联等。

container object **容器对象** 在逻辑上包含其他对象的对象，如目录是一种容器对象，因为它可包含文件和其他目录，而文件则不是。

containment hierarchy **容器分层结构** 包含模型元素和其间的包含关系的名字空间分层结构。容器分层结构形成一个非循环图。

containment of viruses **病毒遏制** 通过管理或技术的方式，以切断病毒传染源，防止病毒扩散的行为或过程。

containment relationship **包含关系** 在计算机网络管理系统中，指描述对象实例之间的所属关系。被包含的对象实例被称为下级实例，反之为上级实例。这样形成一个包含关系树。参见 managed object relationship。

contamination **沾染** 在计算机安全中，指具有不同分类级的数据的相互混合，较低级的数据称为被较高级数据沾染了，可能导致沾染数据得不到请求的保护级。

contending port **竞争型端口** 只对预编程端口或一组端口进行连接的可编程端口类型。

content access **按内容存取，相联存取** 一种存取方法。它读出一组记录中同一信息组的内容，使之与某一个输入值进行比较，设法使两者符合，从而找出具有某一个值或某一个属性的一个特定记录或全部记录。它是一种链控存取法,任何信息组的内容都可用作信息标号。

content addressable memory (CAM) 内容可编址存储器 以内容进行寻址的存储器,是一种特殊的存储阵列 RAM(随机存取存储器),它的主要工作机制就是将一个输入数据项与存储在 CAM 中的所有数据项自动同时进行比较,判别该输入数据项与 CAM 中存储的数据项是否相匹配,并输出该数据项对应的匹配信息。其用于数据检索的优势是软件无法比拟的,可以极大的提高系统性能。同 associative storage。

content addressing 内容寻址 一种工具,允许用户查询数据库,以选择满足限定条件的所有记录或对象。

content aggregator 内容聚集商 (1)广义上讲,指将基于因特网上的主题或感兴趣的领域(如体育、商业新闻或在线购物等)的信息组合在一起并重用或重新销售的个体或组织。(2)在推送技术和多播技术的术语中,指通过采集和组织使用广播技术在因特网上传输的信息,对订阅者(用户)和内容提供商之间进行的调节的一种服务行业。内容聚集商向用户提供客户端软件,用户使用它可以接收通过信道传输的内容提供商的广播(推送)信息,并且可以选择接收信息的种类并决定何时对它进行更新。

content analysis method 内容分析法 媒介以及信息传播研究中的一种非常重要的方法,是一种对传播内容进行客观、系统和定量描述的研究方法。内容分析法的实质是对传播内容所含信息量及其变化的分析,即由表征的有意义的词句推断出准确意义的过程。它实际上是一种半定量研究方法,其基本做法是把媒介上的文字、非量化的有交流价值的信息转化为定量的数据,建立有意义的类目分解交流内容,并以此来分析信息的某些特征。内容分析的种类可归纳为:实用语义分析,语义分析和符号载体分析等。内容分析的研究模式有推理模式和比较模式两类。

content based audio retrieval 基于内容的音频检索 从音频数据库中或一段长录音中找到感兴趣的音频内容的技术。音频检索的研究是从 20 世纪 90 年代开始的,主要研究方法有四类:①综合利用语音识别及文本检索等技术实现对语音类数据的检索;②针对音乐类数据的检索;③基于相似类别查找的多类别音频检索;④针对特定音频信息的检索。音频可分为三类:①模拟声音数字化后的数字音频信号;②具有字词、语法等语素的语音;③具有节奏、旋律或和声等要素的音乐。不同的音频类别具有显著不同的特征,因而基于内容的音频检索的研究分为一般音频检索、语音检索、音乐检索等。参见 voice retrieval, music retrieval。

content based multimedia retrieval 基于内容的多媒体检索 通过对多媒体数据的分析处理、提取特征、分类/聚类、索引、近似匹配,为检索用户提供按相关度排序的若干结果的技术。为进行基于内容的多媒体检索,首先要分析多媒体数据的内容,直接提取、人工描述全部或者部分底层特征和高级语义元素,建立特征库和索引库,检索时首先提取问题的语义和计算问题的特征向量;然后通过索引进行查找,运用媒体数据特征库进行筛选,最后按相关度给出结果集合。

content based retrieval (CBR) 基于内容的检索 对媒体对象的内容及上下文语义环境所进行的检索。基于内容的检索包含信息内容和检索两个方面。信息内容与信息的理解有关,如图像理解、视频理解等;检索不仅与采用的搜索方法有关,还与匹配的判断准则有关系。通常情况下,基于内容的信息检索首先要对媒体信息进行分割,使其成为单独的检索对象,然后再对每个媒体对象进行特征提取,特征的集合就构成了它的内容描述。接下来,就可以根据要求从多媒体信息库中返回一组与检索要求的内容描述最接近的对象。与传统的基于关键词的数据库检索相比,基于内容的检索有如下特点:①是一种相似度检索;②一般要给出检索结果集合的大小限制;③是一种近似检索。

content caching 内容高速缓存(方法) 同 content delivery。

content coupling 内容耦合 (1)程序模块之间的关系,如一个模块调用另一模块的内部数据、一个模块不通过入口而转入另一模块、一个模块从另一个模块的不同点进入、两个或者多个模块中有一部分重叠,则两个模块之间就发生了内容耦合。一般程序设计中应避免这些内容耦合。参见 ill coupling。(2)当一个模块直接修改或操作另一个模块的数据或者直接转入另一个模块时,就发生了内容耦合。此时,被修改的模块完全依赖于修改它的模块。

content delivery 内容传递 把网页缓存在不同地理位置的服务器上,以便快速传递给用户的一种处理过程。当在支持内容递送的 CDN(内容传递网)上请求一个页面时,CDN 把用户的请求发送给离用户较近的一个高速缓存服务器。参见 content delivery network (CDN), content distribution。

content delivery network (CDN) 内容传递网,内容分发网络 在现有的互联网络中建立一个完善的中间层,将网站的内容发布到最接近用户的网络"边缘",使用户能以最快的速度,从最接近用户的地方获得所需的信息。CDN 的基本原理就是在用户访问相对集中的地区或网络中部署边缘服务器,所有的内容都在中心服务器存储,而通过骨干网把内容分发到边缘服务器,直接由边缘路由器提供用户服务,以缓解骨干网的带宽压力。一套完整的 CDN 系统包括服务器负载均衡、动态内容路由、高速缓存机制、动态内容分发和复制、网络安全机制等多项技术,其中的核心技术主要包括两个方面:

一是基于内容的请求路由(即重定向)和内容搜索;二是内容的分发与管理。参阅 content delivery, content distribution。

content designator **内容标识符** 在机器可读记录的给定字段中对数据单元进行标识的字符。

content distribution **内容分发** 针对各类门户网站而提供的因特网服务。使各地用户在访问这些网站时,可以访问最接近本地的缓存服务器,以节省时间和减轻网站服务器的负载。参见 content delivery。

content filtering **内容过滤** 也称认知过滤,它首先将信息的内容和用户的信息需求特征化,然后再使用这些表述,将用户需求同信息相匹配,按照相关度排序要求,滤除与用户信息需求不匹配的或任何用户希望禁止的信息。内容过滤关键技术是相似性计算。优点是简单、有效;缺点是难以正确区分信息内容的品质。主要实现方法有软件过滤和硬件过滤两种。参见 information filtering, software filtering, hardware filtering。

content index **内容索引** 将图书、论文等文献中所包含的事物、人名、地名、学术名词等内容要项摘录下来而成的索引。

contention **争用,竞争** (1)当两个或多个设备在同一时间要求在公共媒体上进行发送时所用的术语。这一概念可推广到多用户(多作业、多任务、多处理)对可共享的资源(处理机、通道、设备)的争用。(2)在通信系统中,竞争可能发生在两个站同时要求在一条公用信道或一条双向交替信道上传递。出现竞争时,则必须采用某种仲裁机制来解决。这种情况必须通过介质访问控制(MAC)子层的协议来消解。载波监听多路访问/冲突检测(CSMA/CD)协议即是一种消解竞争的协议。(3)一种线路控制方案,按照这种方案,线路上的各工作站争夺使用空闲的线路,得到线路控制权的站可发送数据。

contention delay **争用延迟** 等待使用与其他用户共享设备经历的时间。

contention-loser session **冲突失败方会话** 对于网络可访问单元(NAU),一个在会话启动时定义为冲突失败方的会话。

contention mode **争用方式** 数据通信中的一种传输方式,这种方式规定只要线路可以利用,任何站都可以发送信息。如果多个站同时发送信息,则由协议决定哪个站赢得争用。

contention network **争用网络** 争用发生在使用共享介质和载波监听多路访问(CSMA)方法的网络,主要是以太网上。站点共享介质竞争并使用其通信信道。当两个或更多个设备同时企图使用信道时就会发生争用.

contention PODA (CPODA) **争用的面向优先级按需分配信道** PODA-priority oriented demand assignment(面向优先级按需分配信道)协议的一种变化方案,它要求每个站必须在发送前提出请求,是一种面向请求分派的优先级的系统。

contention polarity **冲突极性** 每个逻辑单元在发生使用会话冲突时的规则,一个逻辑单元是冲突胜利方,另一个逻辑单元是冲突失败方。

contention procedure **竞争过程** 只要准备好,任何用户都极力要进行信息传送的过程。

contention protocol **竞争协议** 用来控制从多个入口点访问公共媒体的技术。

contention resolution **争用分解** 按照确定的算法解决争用的过程。

contention ring **争用环** Clark 等人于 1978 年提出的一种环形网。它使用竞争机制以消除轻载时的信道获得延迟。与令牌环不同,网上无负载时并没有令牌环行,这一点与以太网类似;但当一个站有分组要发送时,它首先检查是否有信号(比特)从其接口上通过。若没有,则开始发送,在发送结束时,它再向环上发放一个令牌。与令牌环不同的是,当分组绕环一周时,发送站即将该令牌从环上移去。若检查结果有信号,则发送站要等待令牌的到来,并将其最后一位翻转,再紧跟其后发送自己的分组。由于此时令牌已经消失,故其他站无法得到它,因而没有了竞争,这与令牌环类似。

contention state **冲突状态** 在数据通信中,一个半工线路或者数据链路控制的条件,表示用户可在任何时候联机路上进行传输,如果链路双方的用户同时试图进行传输,则由协议或者硬件决定谁能先传输。

contention system **争用系统** 在通信系统中,一台或多台终端或计算机以竞争的方式使用通信线路。这种系统称为争用系统。

contention-winner session **冲突胜利方会话** 对一个网络上的可访问单元(NAU),指一个在会话初始化为冲突胜利方时定义的会话。

content management (CM) **内容管理** "内容"一词,源于出版媒体业,书报杂志、唱片影带里的创作,称为内容,所以早期的内容管理,偏向出版产品的管理,以存储、流程、元数据为要件来制作系统。存储多以关联式数据库的方式,也有的以一般数据文件方式存储,或者是根据需要两种并存。内容从制作编辑到成品存储,都需经过或多或少的加工过程,有的是单线的简单流程,有的是分叉多线的并行操作,各种流程不同、相差甚远。至于元数据,是对内容的描述,如作者、日期、关键词、媒体种类、版权等,都以 XML(可扩展标记语言)标记的方式记录,来达到跨媒体出版与个人化出版的目标。随着网络的普遍使用,企业内部信息的流通加速、资料数量增加,即使不是出版媒体机构,也有加强管理这些资料的必要性。于是,"内容"就由原来的出版媒体内容,扩大成企业内部全部资料信息的内容了，同时也产生了“企业内容管理”的新名词。参见 enterprise content management (ECM), extensible markup language (XML)。

content management server 内容管理服务器 微软公司开发的自动软件应用系统，帮助非技术型用户在网站上创建、追踪、发布信息。该系统描述了每个用户可以执行的任务、分配信息给个人或群组以及允许用户监视他们所关心的信息内容的状态。

content management system (CMS) 内容管理系统 组织和推动文档和其他内容协作创建的一个计算机软件系统。各种内容虽然在数字化之后都是电子数据，应可用数字管理方式来处理，但在应用的层面上，却复杂得多。内容从制作、分送、到存储，生命周期的每一阶段，在处理上都有不同的需求。一个内容管理系统可能是一个用于管理网站和网页内容的网络应用程序。内容管理系统通常本身不包含任何应用实现，只是提供了底层框架，具体应用需要一定的二次开发。

content protection for recordable media (CPRM) 可录媒体的内容保护(技术) 为控制使用受版权保护的数字音乐和视频资料而开发出来的技术，手段是阻断受保护文件的传送，不让它传送到压缩磁盘和智能卡等便携式介质上去。可录媒体的内容保护技术可以集成到存储设备中，提供数据加密和身份确认码，以防止受版权保护文件被复制。

content provider 内容提供商 泛指提供收费信息或娱乐的任何业务服务单位。

content scramble system (CSS) 内容扰乱系统 由日本松下和东芝联合开发一种防止直接从盘片上复制文件的数据加密和鉴定技术。每个 CSS 证书都有一把密钥，它是存储在每张 CSS 加密盘片上由 400 个密钥组成的母集中取出来的。一旦盘片上的密钥被移除，证书就无效了。CSS 解密算法与驱动器单元交换密钥，以生成加密用的密钥。这一生成的密钥用来扰乱盘片密钥与影片密钥的交换。影片密钥用来解密盘片上数据。DVD(数字影碟)播放机在解码和播放前，由 CSS 电路对数据进行解密。

contents directory 内容目录 (1)某些操作系统中的一系列队列，指明例行程序或在某个特定的区域中或是在链接组装区中。(2)一系列队列，包含位于存储器的一个区域中的例程描述和地址。

contents search 内容搜索 一种具有查找相应字符或字符集功能的系统特性。

contents view 内容视图 一个对象的视图，用列表的形式显示对象的内容，内容视图由包容器以及具有包容器行为的对象提供，如一个设备对象(如打印机等)。参见 composed view, help view。

content type 内容类型 文件的类型(如文本、图形或声音)，通常由文件扩展名(如 .txt、.gif 或 .wav)来表示。

context 上下文 (1)一个词或一组词的词义可由其前后的词、词组或数据来确定，这前后的词或词组称为上下文。(2)一个含义取决于周围环境的事物。(3)在某些计算机系统中，具有按名字对系统内容寻址能力的一种系统软实体。它用于系统指针求解处理以获得相对于系统实体的系统指针。参见 system object。(4)在微软 Windows NT 中指描述表。参见 thread context。

context-based access control (CBAC) 基于上下文的访问控制 一种网络安全协议。CBAC 检查通过防火墙的流量来发现并管理 TCP(传输控制协议)和 UDP(用户数据报协议)的会话状态信息。它不同于 ACL(访问控制列表)，并不能用来过滤每一种 TCP/IP(传输控制协议/网际协议)信息，其不同之处在于 CBAC 可以基于上层信息进行检测。ACL 与 CBAC 是互补的，它们的组合可实现网络安全的最大化。参见 access control list (ACL)。

context-dependent 上下文相关的 一个含义取决于周围环境的过程或者一系列数据特征。

context-dependent compression 依赖于上下文的压缩 把某个连续出现的重复符号压缩成“一个该符号出现次数的计数值和一个该符号”的方式。

context-dependent encoding 依赖于上下文的编码法 根据每个符号对其先行符号出现的概率进行编码的一种方法。

context driven line editor 上下文驱动行编辑程序 一种行编辑程序，用户无需了解或记住行号，但可按行的内容调用文本，由计算机检查指定的文本格式。

context editing 上下文编辑 不用行号对行进行编辑的一种方法。为了引用某一行，必须详细说明该行的部分或全部内容。

context file 上下文文件 在数据库系统中，保存某些处理前后状态和地址的文件，用于在恢复时能够恢复到原来的状态和地址。

context-free grammar (CFG) 上下文无关文法 (1)不管上下文如何，所有规则全都适用的一种短语结构语法。(2)形式文法 G 的第一生成形式为 $A\to\omega$，其中 A 是一个非终结符，ω 是由终结符和非终结符组成的非空串，就称该文法为上下文无关文法。上下文无关文法与 2 型文法同义。比较 context-sensitive grammar (CSG)。

context-free language 上下文无关语言 由上下文无关文法产生的语言称为上下文无关语言，如上下文无关语言 $L=\{0^n1^n|n\geq1\}$。

context-independent encoding 上下文独立编码 假定每个符号出现的概率与其先行符号无关的一种编码方式。

context indexing 关联索引 通过一种数据结构自动地进行索引的能力。能自动进行索引是因为数据类型的长度是已知的,并可用它来确定偏移系数。

context-parameter-value triplets 上下文-参数-值三元组 一种用于专家系统中表达事实性知识的方法。其中上下文是所涉及领域中的实际实体或概念性实体,如职员;参数是指每个上下文相关的特性,如职员的性别或年龄;每个参数或属性可以取值,如职员的年龄可以是55岁。

context-sensitive grammar (CSG) 上下文有关文法 (1)上下文有关文法是其中任何产生规则的左手端和右手端都被终结符和非终结符的上下文所围绕的形式文法。上下文有关文法比上下文无关文法更一般但仍足够有秩序得被线性有界自动机所解析。上下文有关文法的概念是诺姆·乔姆斯基在1950年作为描述自然语言的语法的一种方式提出的,在自然语言中一个单词是否可以出现在特定位置上要依赖于上下文。可以被上下文有关文法描述的形式语言称为上下文有关语言。(2)形式文法G的每个生成式都是非缩减的,即所有生成式$\alpha \to \beta$,α长度不超过β长度,称为上下文有关文法。如上下文有关文法$G=(\{\sigma,B,C\},\{a,b,c\},P,\sigma)$,$P=\{\sigma \to a\sigma BC, \sigma \to aBC, CB \to BC, aB \to ab, bB \to bb, bC \to bc, cC \to cc\}$。上下文有关文法与1型文法同义。比较 context-free grammar (CFG)。

context sensitive help 上下文敏感求助 一种程序中的求助形式,提供有关当前所处状态或方式下的指令,也提供如何处理刚发生错误的指令。

context-sensitive language 上下文有关语言 由上下文有关文法产生的语言称为上下文有关语言。参见 context-sensitive grammar (CSG)。

context-sensitive menu 上下文相关菜单 一种菜单,是否有高亮度选项取决于在此之前调用的选项。例如,Windows系统的菜单栏中的菜单就是上下文相关菜单,如果没有选择任何目标,则诸如"copy"(复制)这样的选项就显示为灰白色。

context specification 上下文规格说明 Ada语言中编译单位的前缀,说明该编译单位所依赖(输入)的其他编译单位。

context switching 上下文[关联]切换 在进程执行中,中断正在进行的活动,并切换到另一个活动上。当一个进程被调度出来执行时,产生上下文切换。操作系统使用保存进程关联指令,把被中断的进程上下文信息存放到硬件进程控制块(PCB)中,然后使用装入进程关联指令,把另一个进程的硬件进程控制块装入到硬件关联环境中去并调度该进程去执行。但这种方式与真正的多道任务是不同的。基本的不同点在于,当用上下文切换运行一个程序时,其他所有的已装入系统的程序必须处于停止状态。

context tree 上下文树 构成所涉及领域的目标或概念性实体的结构性配置。静态的上下文树是上下文类型中的一种配置。参见 object tree。

contextual declaration 上下文说明 在PL/1语言中,允许标识符具有特定属性的上下文中,出现没有明确说明的标识符称为上下文说明。

contextual help 上下文有关的帮助信息 在某些窗口式软件中,显示与光标位置有关的专门信息的帮助信息,对应于 extended help。

contextual meaning 上下文意义 语言单位在一定的上下文中与其他词语或句子搭配时所表示的意义,也称语境意义。

contextual search 按内容查找 也称"上下文相关查找",指按照记录或文件中所包含的内容进行查找。它与按关键字或按文件名查找不同。

contexture shading algorithm 结构浓淡算法 一种图像染色算法,每个像素的浓淡不仅与投影到该像素上体素的面的方位有关,而且与此面周围的邻接情况有关。参见 distance shading, gradient shading, marching cube shading。

contiguous 邻[连]接的 一种在边界处连接或相邻的现象,如对不间断的连续的一串存储单元称为邻接的。

contiguous alphabet 相联字母[表] 将用代码表示的字母(A ~ Z)排列为连续的二进制序列,使之在升序中不包括其他字符。因此,当请求分类排序时,仅按A ~ Z序列的代码值便可对字母字符分类。有些系统具有不连续的字母、标点符号或空格,可以按总的字符序列来排序,如L,M,N。

contiguous concatenation 相邻拼接 时间顺序相邻的虚容器组合在一起的信号结构。

contiguous data structure 连续数据结构 一个存储在连续的存储器位置中的数据结构。比较 non-contiguous data structure。参见 data structure。

contiguous file 连续文件 由一串相连磁盘扇区组成的文件。在建立此文件时必须规定其最大长度,以后不再改变。

contiguous items 相邻数据项 在COBOL语言中,数据部分中相邻的元素或组合项目。它们彼此之间有确定的层次关系,但不一定是相关的。

contiguous paper 连续穿孔打印纸 一种较老式的打印机上使用的纸张,由纸张两边的孔控制进纸和分页。

contiguous ports 相连端口 以连续数字序列出现的端口。

contingency interrupt 偶然中断 在控制台上发生下列任一事件时所产生的程序中断:操作员请求使用键盘打入信息;字符已经打入或打出;打入已完成;操作员请求程序停止执行。另外,如果算术运算发生溢出,也会发生偶然中断。

contingency plan 应急计划 在计算机安全中,被机构或业务单元用作对特定系统或操作失效的响

C

应计划。一个应急计划可能使用包括工作区流程、替代工作区、互惠协议或替换资源等在内的资源，包括在主计算机设施遭遇重大中断和灾难的情况下，对运行备份计算机设施所需硬件、软件、补给和人员的储备。这也被称为灾难恢复计划、业务恢复计划、业务连续性计划。这是管理性和矫正性控制并用于确保可用性目标。同 disaster plan，emergency plan。

contingency planning 意外事故规划 机构为响应偶然或非预见环境造成的突发事件而开发的先进的管理方法和流程的过程。

contingency procedure 应急过程 一种可预料异常情况发生时能用作过程正常路径之替代的备用过程。应急过程可以由诸如溢出或操作员干预这样的事件来触发。

continuation card 延续卡片 指接续上一张数据卡片的卡片。

continuation engineering 继续工程 指软件系统的不断维护。由于整个工程作业永远不会完结，软件继续在制造直到它能使用为止。

continuation line 延续行 (1)编码时，表示从上一行续延下来的行，如在 PCL 语言中，指第一列不是 c，而第 6 列写有空白或 0 以外的行，在汇编程序中指第 72 列非空格的行。(2)一种源语句行，当源语句在前一行或前几行中写不下时，则把剩余字符写到该行中。

continuation of message (COM) 消息连续性 ATM(异步传输模式)适配层中使用的一个指示符，表示某个信元是一个分段的高层信息包的继续。

continuation passing style (CPS) 连续传递风格 一种程序设计风格。其定义函数的方式为：在函数的 λ一表中添加一个形参，称为连续。在函数体中，将原函数的值作为自变量，传递给连续，之后计算连续，所得的值作为函数的值。连续是一个单自变量的函数(一个词法闭包)。这种风格对于程序变换、编译、优化是非常有用的。

continue-any (CA) mode 任意连续方式 在某些通信系统软件中的一种对话所处的状态，这种状态允许对话的输入满足按任何方式发出的 RECEIVE 请求。当然，在这个状态下，对话的输入也可以满足按指定方式发出的 RECEIVE 请求。比较 continue-specific mode。

continuity 连续[贯]性 (1)电路连续且电流能在电路中流过的状态。(2)一类函数的性质。设函数 $f(x)$ 在点 x_0 的某一邻域内有定义，如果 $f(x)$ 在 x_0 处有极限，且极限值为 $f(x_0)$，则称 $f(x)$ 在 x_0 处是连续的或称 $f(x)$ 在 x_0 处具有连续性。若 $f(x)$ 在区间 (a,b) 中任一点都连续，则称 $f(x)$ 是区间 (a,b) 上的连续函数。(3)在视频制作中，维护图像格与格之间的一致性称连贯性。

continuity check 连续性检查 系统中对信息通道的一种检验，其目的在于验证是否有信息通路存在。例如，对一条电路或连接起来的几条电路，为证明、核实可接受通道(用于数据传输、话音等)的存在所进行的检查。

continuity failure signal 连接失败信号 在公用数据信道信号传输中，由于正向连接性检查失败往回发送的指出呼叫不能成功的一个信号。

continuity of operations plan (COOP) 执行计划的可连续性 执行计划的可连续性提供在突发事件、灾难、更改等情况下对系统重置的指导，并提供对与每个业务功能的任务需求优先权相一致的信息处理支持能力级别的维护。该术语用于描述如灾难恢复、业务连续性、业务重组或紧急规划等。COOP 的标准要素包括职权条款、连续性的顺序和关键记录和数据库。参见 business continuity planning (BCP)。

continuity of traffic 通信(业务)连续性 通过使用顺序站号和信道号，以确保接收通信中心接收由连接通信中心的站所发出的所有信息的方法。

continuous acquisition and life-cycle support (CLAS) 持续采办和全寿命支持 工业信息化的战略措施。CALS 的主要内涵是全寿命管理和全寿命信息支持，即在产品或工程的采办、研制、设计、生产、培训、维护服务的全寿命过程中，综合利用网络、数据库、多媒体等信息技术，将工作和产品信息数据数字化、标准化，实现数据一次生成，多次传递使用，提高数据共享和再利用性，提高工作效率，有效缩短产品和工程的研制生产周期，降低全寿命费用，提高质量和维护保障水平。

continuous ARQ protocol 连续 ARQ 协议 全称是“连续自动重发请求协议”，一种数据传输协议。在发送完一个数据帧后，不是停下来等待应答帧，而是可以连续再发送若干个数据帧。但是，收方只按序接收数据帧，如果收到有差错的某帧之后接着又收到了正确的几个数据帧，都必须将它们全部丢弃；而发方在重传时，又必须把原来已正确传送过的数据帧进行重传(仅因为这些数据帧之前有一个数据帧出了错)。此外，它还需要在发送方设置一个较大的缓冲存储空间(称作重发表)，用以存放若干待确认的信息帧。当发送方收到对某信息帧的确认帧后，便可从重发表中将该信息帧删除。参见 automatic repeat request (ARQ), sliding window protocol (SWP)。

continuous bar code 连续型条码 没有条码字符间隔的条码。

continuous carrier 连续载波 (1)以不中断载波的方式完成信息传输的载波。(2)通信中，线路上无数据发送时所传输的载波频率。

continuous compile 连续编译 通过执行过程和编译过程重叠来达到提高速度的目的。其中解释器负责执行程序,编译器负责将代码编译成本地的机器码,解释器和编译器是并发执行的。

continuous connectivity 连续的连通性 指通过计算机的远程连接使用户无论处在什么地方都可以工作的能力。

continuous control 连续控制 受控量被连续测量而修正为偏差的连续函数的自动控制。

continuous data structure 相连的数据结构 一种数据结构(如数组),数据存储在一组连续的存储区域中。

continuous distribution 连续分布 连续型随机变量的分布函数。

continuous duty-type 连续工作制 电机在不同负载下的允许循环时间的工作制分为 10 类:S1 ~ S10。连续工作制简称为 S1,保持在恒定负载下运行到热稳定状态。比较 short-time duty-type。

continuous duty rating 连续使用额定值 决定在未规定期限内可能承受的负荷而不超过规定温升的额定值。

continuous emission 连续发射 一个不间断信号的传输。连续发射的例子是音频无线电报通信中的连续的长划号,1 000 Hz 的音频信号,作为一个标准频率或载波信号的连续传输。

continuous file 连续文件 保存在大容量存储器中,由物理上连接的数据块组成的文件。这类文件具有固定不变的结构。可以看成是其数据块可以任意存取的文件。

continuous flow 连续流通 直流电流的不间断流通。比较 intermittence flow。

continuous form 连续形式 在字符识别中,任何以卷形式出现的一批源信息,如总计案卷和现金出纳机收据等。

continuous forms paper 连续格式纸 一种折扇式单片连续的打印纸,多用于击打式、喷墨式打印机和某些其他配有适当送纸装置的打印设备。它的两边穿有孔,用作履带式馈送,它的各页之间也有孔眼,以便于走纸器能带动纸。

continuous high idle signal 连续高闲置信号 为在同步通信传输中字符结构之间保持一连续的位串,由发送装置传送的一系列标志符。参见 frame, high-level data link control, synchronous data link control。

continuous hypothesis 连续统假设 连续统假设指自然数集 N 的幂集的基数是大于自然数集基数的最小基数。连续统假设是现代数学中的一大难题,由集合论的创始人 G. 康托在 1882 年提出,一直未得到证明。著名数学家 D. 希尔伯特于 1900 年在巴黎数学大会上提出 23 个未解决的数学问题,其中第一个问题就是连续统假设。

continuous loading 均匀加感 通过将磁性材料包在每根导线四周,使附加电感沿传输线均匀分布的加感方式。

continuous loop 连续循环 一种记录媒体为磁带的无限循环的记录系统。

continuously variable slope delta (CVSD) 连续可变斜率增量 一种通过对信号(如音频或视频信号)抽样或编码增量或由以前的抽样引起的变化来将模拟信号转化为数字流的方法。

continuously variable slope delta (CVSD) modulation 连续可变斜率增量调制 一种增量调制,其近似信号的每步大小是根据需要来逐步增加或减少,以使得近似信号与输入的模拟信号的波形相符合。

continuous off-state voltage 断态连续电压 器件(如晶闸管)处于断态时承受的恒值主电压。

continuous on-state current 通态连续电流 恒定值的通态电流。

continuous operation 连续工作[运行] (1)一种运行,它在所有的时间内,某些部分,如节点、设施、电路或仪器都处于运行状态。连续运行需要有充足冗余配置或至少有一个足以从 X 取 Y 级别的兼容的冗余设备,其中 X 是备份元件数,Y 是运行元件数。(2)数据传输中,每次报文或传输的数据块发送后,主站不必停下来等待从站的应答运行。

continuous-path control 连续路径控制 基于自动车辆控制计算中采用的有关路径信息的方法,连续路径控制划分为三种基本方法:传统的控制方法、预检控制方法和路径规划方法。传统的控制方法不采用未来路径的信息。预检控制方法采用机器人当前位置前面路径的变化信息以及伺服控制器所用的当前和过去的跟踪误差信息。在路径规划方法中,控制具有有效的操纵装置从点到点的路径描述,以高速度完成高精度的点坐标移动动作。参见 feedforward control, trajectory calculation approach。

continuous periodic duty-type 连续周期工作制 表明电机在不同负载下的允许循环时间的工作制分为 10 类:S1 ~ S10。连续周期工作制简称为 S6,按一系列相同的工作周期运行,每一周期包括一段恒定负载运行时间和一段空载运行时间,但无断能停转时间。比较 intermittent periodic duty-type。

continuous periodic duty-type with electric braking 包括电制动的连续周期工作制 表明电机在不同负载下的允许循环时间的工作制分为 10 类:S1 ~ S10。本工作制简称为 S7,按一系列相同的工作周期运行,每一周期由一段启动时间、一段恒定负载运行时间和一段电制动时间所组成。但在每一周期内这些时间较短,均不足以使电机达到热稳定。比较 intermittent periodic duty-type with electric braking。

**continuous periodic duty-type with related load/speed changes 包括负载和转速相应变化的连续周期工

作制 表明电机在不同负载下的允许循环时间的工作制分为 10 类：S1 ～ S10。本工作制简称为 S8，按一系列相同的工作周期运行，每一周期由一段加速时间、一段按预定转速的恒定负载运行时间，接着按一个或几个不同转速的其他恒定负载运行时间所组成。但在每周期内这些时间较短，均不足以使电机达到热稳定。比较 continuous periodic duty-type with non-cyclic changes。

continuous periodic duty-type with related load/speed non-cyclic changes 负载和转速作非周期变化的工作制 表明电机在不同负载下的允许循环时间的工作制分为 10 类：S1 ～ S10。本工作制简称为 S9，负载和转速在允许的范围内作非周期变化的工作制。这种工作制包括经常性过载，其值可超过基准负载。比较 continuous periodic duty-type with related load/speed changes。

continuous phase frequency shift keying (CP-FSK) 连续相位频移键控 一种频移键控调制技术，已调信号在码元转换时刻没有相位突变。

continuous phase modulation 连续相位调制 已调载波的相位不是离散的，即从一个有效相位状态到另一个状态的过渡是平滑的，从而不需要增加带宽的调制。

continuous power 连续功率 音频或其他放大器承受功率的额定值，用正弦波信号的有效值(W)表示。

continuous power spectrum 连续功率谱 可以用适当谱密度函数的不定积分表示的功率谱。物理系统的所有功率谱均是连续谱。

continuous probability distribution 连续概率分布 一个随机变量在其区间内当能够取任何数值时所具有的分布。

continuous processing 连续处理 按照事件出现的顺序对输入项进行连续不断的处理。比较 batch processing。

continuous progression code 连续级数码 所有字符都由固定数量的二进制位表示，相邻字符的信号距离均为 1 或一个单位的一种特殊的编码方法。也称循环置换码。

continuous random variable 连续性随机变量 若随机变量 X 的分布函数 $F(x)$ 可表示成一个非负可积函数 $f(x)$ 的积分，则称 X 为连续性随机变量，它可以在某个区间内取任一实数，即变量的取值可以是连续的。参见 discrete random variable。

continuous RQ protocol 连续 RQ 协议 全称“连续重发请求协议”，用于差错控制的数据链路协议。如果在传递过程中帧(消息)被破坏了，它用于确保对该帧重发。为了提高数据链路的利用率，帧是被连续发送的，因此，在其他的信息帧被发送之后，才会接受对被破坏的帧的重发请求。参见 continuous ARQ protocol。

continuous severely errored second (CSES) 连续严重误块秒 连续产生三个严重误块秒后，这三秒都是 CSES，它结束于不可用秒期间的开始或出现一个非严重误块秒。参见 severely errored second (SES)。

continuous simulation 连续仿真 一种系统仿真方法。与离散仿真相反，这种方法对系统在连续时间的所有值都进行计算，从而可以洞察与时间相关的过程，如系统的反馈过程。对差分方程的数值计算可以求得连续仿真的近似解。

continuous simulation languages 连续仿真语言 用于仿真连续系统的语言。

continuous spectrum 连续频谱 频谱的一种基本类型。连续频谱的各条谱线之间的间隔为无穷小，谱线连成一片。非周期信号和各种无规则噪声的频谱都是连续频谱。参见 spectrum，discrete spectrum。

continuous speech recognition 连续语音识别 一种对词序列做出响应的自动语音识别(ASR)技术。与孤立单词识别相比，连续语音识别不必要求两个词之间停顿。这是人机之间最为自然的对话方式，在连续语音流中存在着大量的协同发音和语音段的丢失，特别在大词汇量系统中更为严重。解决连续语音识别的难题不能单纯靠信号处理和模式匹配技术，还要充分利用语法学、语音学、语义学和语用学等知识。

continuous system diagnosis 连续系统诊断法 分时系统很容易采用的一种诊断技术。它在任务队列中放置一组低优先权的诊断任务，任何时刻，只要用户任务队列为空，系统就在队列中选择诊断任务加以执行，并将其执行结果送到一个特殊的监视控制台。用户任务和诊断任务交替执行，不用周期性地关闭整个系统就可以进行日常的预防性维修。

continuous system digital simulation 连续系统数字仿真 根据连续系统数学模型，编制仿真程序，并在数字计算机上进行仿真的过程。

continuous system mathematic model 连续系统数学模型 用于描述连续系统的一组数学方程或函数。如微分方程、传递函数、状态方程等。

continuous system quick digital simulation 连续系统快速数字仿真 在满足工程所需的精度条件下，增大计算步距，减少计算量，加快计算速度的实时系统数字仿真方法。

continuous system simulation (CSS) program 连续系统仿真程序 简称 CSS 仿真程序。它是解决连续系统仿真问题的仿真程序，一般是由连续仿真语言开发的。

continuous time-discrete events systems 连续时间-离散事件系统 系统的时间参数是连续的或从概念上讲是连续的。系统的特征是：操作路径完全取决于一系列事件时刻 $t_1, t_2, \cdots, t_n$ 以及取决于系统状态发生在事件时刻的离散变化。而在两个相邻事件时刻之间，系统的状态变化是连续的。

continuous time system (CTS) 连续时间系统 一个动态系统行为可以用微分方程描述，系统的状态可以在任何非零时间间隔内变化。参见 combined system，discrete time system (DTS)。

continuous tone 连续色调 指图像处理中用连续变化的灰度来描绘图像，类似普通黑白照相原理。参见 half-tone。

continuous-tone image 连续色调图像 用改变图像中颜色的强度（或灰度）的方法形成的图像，而不是用改变图像点的大小的方法构成的图像。比较 halftone。

continuous-tone original 连续色调原版 一种原版资料，其中主题由若干色调渐变的区域构成。同 full-tone original。

continuous-tone printer 连续色调打印机 一种打印机，使用色彩等级缓慢变化的连续印色形成具有梯度变化的灰度和色彩来打印图像。

continuous rated current 额定持续电流 当设备在额定电压和额定频率下接受电能时，其中持续电流的设计值。

continuous reverse voltage 反向连续电压 (1)加在器件（如整流管）上的恒值反向电压。(2)器件（如晶闸管）处于反向阻断状态时承受的恒值主电压。

continuous transformation 连续变换 一种系统形式，其中输出主动依赖不断变化的输入并且必须周期性地修改。

continuous variable 连续变量 与离散变量相反的一种变量，可以在连续范围内取所有的值，如长度、时间和温度等。

continuous variable-slope delta (CVSD) modulation 连续可变斜率增量调制 依据抽样率，采用 16～64 kbps 带宽将模拟话音信号数字化的方法。CVSD 将话音信道所需带宽从 64 kbps 至少降到 32 kbps 或更低。

continuous wave (CW) 连续波 (1)连续传送而非用脉冲传送的波。(2)维持恒定幅度和恒定频率的无线电波。

continuous-wave jamming 连续波干扰 作为雷达电子对抗手段发射恒幅、恒频非调制干扰信号来改变敌方雷达接收机的增益特性。

continuous-wave laser 连续波激光器 能按通信和其他应用的需要，连续产生相干光束的激光器。最大平均功率通常小于脉冲工作时可能得到的功率。

continuous-wave radar 连续波雷达 在一个雷达系统中，其中一个无线频率的连续流量在物体方向上发射，该物体散射和反射一部分入射能量，并把其中的一小部分返回到接收天线。反射波与发射信号由多普勒频移(Doppler shift)的射频微小变化加以区别。连续波雷达可以相对于固定反射背景来区别运动目标，且需要比脉冲雷达更窄的带宽。

continuous-wave radio telegraphy 连续波无线电报 一种无线电报信号系统。该系统以无线电载波传送标记信号，滤去间隔信号，而接收机中标记信号驱动振荡器产生声音读出，或者通过检波操纵电传打字机输出。

continuous winding 连续式线圈 线圈由若干根扁线沿辐向绕成的线段，每段有若干匝，每匝可以由一根或几根扁线并联所组成。连续式线圈各段之间，可以连续绕制而不需要剪断。

contour 轮廓线，等值线 图像中灰度等级变化较大的一些区域之间的分界线，也就是一个区域的边界称轮廓线。参见 contour map。

contour extraction 轮廓抽取 数字图像处理的一种技术。它可以抽取包含图像重要信息的轮廓，以避免或消除由于噪声所引起的图像模糊。在数字图像处理中，轮廓的概念已不是日常语言中轮廓的概念。只要两个相邻区域之间的灰度等级变化很大，它们之间的边界就可认为是轮廓线。因此轮廓抽取时常分两步处理，第一步找出图像中灰度变化较大的一些小区域（近似为一些图像点）；第二步从这些图像点中找出连续的直线或曲线，作为抽取出来的轮廓线。通过这样处理，可以在很大程度上消除噪声的干扰。X 光透视照片在经过轮廓抽取处理后可以得到轮廓清晰的图像。

contouring 等值线现象，路径控制 (1)数字式视频系统中图像显示因量化级不够而产生的不希望出现的现象，这种现象损失图像的细节信息。在摄影和图形艺术中，这种现象有时称作“多色调分色法”。(2)在机器人控制系统中，指在连续的位置或空间中点与点之间机器人手臂的通过路径的控制。

contour tracing 轮廓跟踪 特征抽取的一门技术。它模仿蛙眼的视觉处理的机理，将图像的轮廓边缘预增强后再加以检测。

contraction of graph 图的收缩 在二值图像处理中，把给定的连接成分的边界点全部摘除从而缩小一层的处理。也称“侵蚀”。相反地扩大一层的处理则称“膨胀”，也称“扩张”。膨胀和收缩反复组合使用，就可以收到二值图像中的小成分或小孔检测出来或者使之消除的效果。这一处理方法在以掩模图检查为代表的各种工业视觉检查系统中经常用到。

contradiction 矛盾(式)，永假式 (1)在任何解释下均为假的公式。(2)一个命题的所有情况下都是假的，称为矛盾，如 $P\neg P$，$P\leftrightarrows\neg P$ 都是矛盾。

contradiction of knowledge 知识的矛盾性 知识 K_1 并入知识集{K}可推出假的特性。证明 K_1 和{K}相矛盾的过程称为矛盾性检查。

C

contraposition reasoning 反位推理 命题形式推理规则。其基本格式为:①(P→Q)→(～Q→～P);②[P∧(Q→R)]→[～R∧(Q→～P)]。由于推理中元素顺序与前提相反,故称反位。

contrapositive rule 倒置规则 在搜索策略中,倒置规则仅用于反向的基于规则的演绎系统中。它将原来规则中的因果倒置,如 CAT(x)→ANIMAL(x)的倒置形式是～ANIMAL(x)→～CAT(x)。譬如说,欲证明某人不是猫,则证明他不是动物即可。

C

contrast 反差,对比度 (1)在光符识别中,文件上印刷材料的颜色或浓淡与印制背景之间的差别。参见 print contrast ratio。(2)在监视器上或打印输出中,一个图像颜色介于最亮和最暗之间的差异程度。(3)在计算机制图中,显示图像和显示该图像的背景区域之间在亮度或颜色上的差别。图像显示时明暗的差别程度,对比度大的图像有强烈的黑白之差,而对比度小的图像只有灰色的浓淡区别。

contrast control 对比度控制 用于显示控制器的一种手调增益控制,可以调节亮度和对比度。通常,对比度控制是改变视频放大器电子管或晶体管的增益。

contrast enhancement 对比增强 把灰度等级进行线性扩展。

contrast ratio 对比度 某一个设备或环境而言,显示的亮区和暗区之间光强度的差别程度。典型的办公条件下一个 CRT(阴极射线管)显示器的对比度大约是 5:1。

contrast resolution 对比度分辨率 数字图像中每个像素的灰度级数,由 2 的 n 次幕所决定,其中 n 为每个像素处的位数。

contrast stretching 对比扩展 通过扩展明暗对比度来增强图像效果的一种技术。

controlability 可控性 在计算机安全中,指提供信息的合法监控。参见 information security。

control accuracy 控制精度 受控变量符合理想值的程度。

control algorithm 控制算法 要执行的控制动作的数学表示或过程设计。

control and provisioning of wireless access points (CAPWAP) protocol specification 无线接入点控制和配置协议规范 集中式无线局域网的管理和通信规范。由 IETF(因特网工程任务组)2009 年 3 月发布的两个规范组成:①RFC 5415,CAPWAP 协议规范是一个通用的 AP(接入点)和 AC(无线控制器)间的隧道协议,完成 AP 发现 AC 等基本协议功能,和具体的无线接入技术无关;②RFC 5416,与无线局域网 IEEE 802.11 绑定的协议规范,提供具体的和 802.11 无线接入技术相关的配置管理功能。

control and read-only memory (CROM) 控制只读存储器 一种只读存储器。它为各种微指令提供存储、定序、执行和转换逻辑。

control area split 控制区分裂 在采用虚拟存储存取法(VSAM)的系统中,控制区中一些控制间隔的内容转移到新生成的控制区中的现象。通过这种分裂,当原控制区中没有剩余的自由控制间隔时,便可插入或加长数据记录。

control ball 控制球 在计算机制图中,一种可以围绕其中心旋转的球,用它作为一种输入装置,通常作为一个定位装置。同 track ball。

control bit 控制位 在异步通信中,数据按字符传送。字符的开始和结尾有附加位,称为控制位。在字符开始的控制位称为起始位,而在结尾的位称为结束位。在一个字符内,位和位之间的传送时间是固定的,但字符和字符之间的传送时间是可变的。

control bit pattern 控制位模式 一种微指令的位模式。它没有独立的数据含义,而是用来设置控制点,以便执行某些微指令步。

control block 控制块 (1)供计算机程序用来保存控制信息的一个存储区域。(2)在令牌环网中,指一个专门格式的信息块,由应用程序为适配器支持接口(ASI)提供,以请求一个操作。

control box 控制框,控制菜单框 位于窗口的左上角,被选择时可打开控制菜单。

control break 控制中断 对程序执行的一种控制权的转移,通常是将对中央处理器(CPU)的控制权交给用户控制台或某些其他程序。在一些计算机上,同时按下 Ctrl 键和 Break 键实现控制中断。

control bus 控制总线 传送各种控制信号,完成系统控制操作的信息通路。控制总线连接中央处理机、存储器和外围设备,传递中央处理机的控制信号和反馈信号,实现 CPU 与其他设备之间的通信。

control center 控制中心 在管理系统中,显示和提供主菜单访问的全屏幕窗口,可建立和管理各种文件、查询、报告、标记等。

control channels (CCH) 控制信道 用于传输信令信息的逻辑信道。是承载系统管理消息的信道。它主要有三种:广播控制信道(BCCH)、公共控制信道(CCCH)和专用控制信道(DCCH)。参见 broadcast control channel (BCCH), common control channel (CCCH), dedicated control channel (DCCH)。

control character 控制字符 (1)一种字符,它出现在特定的上下文中,用以启动、修改或停止某种控制功能。控制字符有传输控制字符、格式控制字符、代码扩充字符和设备控制字符等几种,通信中则将控制字符用于分离报文、报文定界和传输控制等。(2)ASCII(美国信息交换标准代码)字符集中的前 32 个字符(用十进制表示则是 0 ～ 31)中的任一个字符,其中每一个字符定义为一个标准的控制功能，如回车、换行或退格。参见 accuracy control character, device control character, print control character, transmission control character。

control character printout **打印控制字符** 控制打印输出的隐式字符，如返回、缩进、打印行号等。

control circuit **控制电路** (1)对机器、装置或仪器的某些功能进行控制的电路。(2)计算机的一种逻辑电路。其功能是解释指令，产生指令的执行序列，并向整机系统发出控制信号、协调整机控制动作等。

control circuit of a switching device **开关电器的控制电路** 除主电路外，接入电路中用作开关电器的闭合操作和/或断开操作的开关电器的所有导电部分。

control class **控制类** 用于针对一个或多个用例的行为进行建模的类。

control clock **控制时钟** 在计算机硬件中，用来控制指令执行、流程、数据操作的时间的一种电子钟。

control code **控制码** 一个或多个由计算机使用的用于控制设备操作的非打印字符，常用于打印、通信和显示屏的管理。在 7 位代码的 ASCII(美国信息交换标准代码)中，前 32 个代码保留用于控制功能。在 8 位的 EBCDIC(扩充的二进制编码的十进制交换代码)系统中，前 64 个代码保留使用。参见 control character。

control code display **控制代码显示** 在 CRT(阴极射线管)屏幕上，显示指令或代码的系统功能。在某些系统中，操作员可以选择用代码或不用代码来显示文本内容，以便预先察看打印输出情况。

control coefficient **控制系数** 控制量的数值对稳定输出量预定值之比。控制系数可在整个控制量值范围内变化。

control command **控制命令** 操作员为控制系统或某个工作站而使用的一种命令。控制命令执行时不需运行任何过程，而且不能在过程中使用。

control command word **控制命令字** 指示输入输出控制设备动作的信息。

control communications **控制通信** 技术上的一个分支，它致力于特定控制目的的通信设施的设计、开发和应用，如控制工业过程，资源的移动，电力的生产、分配和使用，通信网络，运输系统等。

control computer **控制计算机** 多指用于控制生产过程的计算机。它在硬件方面通常包括传感器、处理机、输入输出通道、通信硬件和实时时钟；过程控制软件必须保证基本的“输入-过程-输出”控制循环的实时执行。在一个典型的控制系统中，软件必须同时处理许多控制循环，故需要完善的中断处理、优先级和调度方案。

control connections **控制连接** 在 ATM(异步传输模式)网中，一个控制的虚拟通道连接(VCC)链接局域网仿真配置器和局域网仿真配置服务器，还链接局域网仿真配置器和局域网仿真服务器并传递局域网仿真的地址解析协议和控制帧，但不传输数据帧。参见 virtual channel connection (VCC)。

control contact **控制触头** 接在开关电器的控制电路中并由该开关电器用机械方式操作的触头。

control counter **控制计数器** 控制计算机中某些事件的出现的计数器。

control coupling **控制耦合** 一个程序模块将开关、标志或模块名的信息传送到另一个程序模块，程序模块间的这种依赖关系称为控制耦合。参见 module coupling。

control data **控制数据** 用来选择程序中的操作方式或子方式，给顺序指向或直接影响软件操作的数据。也指对别的数据组、程序、记录、文件或操作进行识别、选择、执行和修改等所使用的那些数据。

control data item **控制数据项** COBOL 语言中的一个数据项，其内容的改变可以引起控制改变。

control data-name **控制数据名** COBOL 语言中的一个数据名。它在 CONTROL 子句中出现，联系一个控制数据项。

control data set (CDS) **控制数据集** 在 NPM(NetView 性能监控器)中，一个 SMP 数据集，用于 NPM 的安装过程。

control deviation **控制偏差** 稳定输出量的实际值和控制量除以控制系数之差。控制偏差包括非线性、斜率误差和补偿效应。

control deviationn band **控制偏差带** 由控制偏差所形成的输出量容许值的范围。参见 transient recovery band。

control device character **控制设备字符** 用来控制各种设备的控制字符。用于计算机系统和远程通信系统中接通或断开设备的控制符。

control dial **控制拨号盘** 类似于电话拨号盘的一种输入装置，在图形系统中作为数值输入设备使用。

control dictionary **控制词典** 结果模块或装配模块的外部符号词典和再定词典合起来称为控制词典。

control documentation **控制文档编制** 用于管理、记录、开发和实现过程中所用的资源，包括项目计划、进度表、资源分配细目表和进度报告等。

control electrode **控制电极** 启动或改变电子管中两个或多个电极之间的电流的电极。

control engineering **控制工程** 包括自动控制理论以及涉及建立自动化系统和构成系统技术设备的原理的一个科学与技术领域。

Control Engineering Practice **《控制工程实践》** 英国 Elsevier Science 出版社出版，1993 年创刊，全年 12 期，SCI(科学引文索引)、EI(工程索引)收录期刊。国际自动控制联合会编辑，刊载自动控制理

论和技术在航天、通信、生物工程、交通、采矿及工业制造等领域的应用方面的论文,以及该会会议简讯和会议论文摘要。

control exciter 控制励磁机 在一个闭环回路中起旋转扩大机作用的励磁机。

control field extension 控制字段扩充 为了加入附加的控制信息而扩充的控制字段。

control flow 控制流[程] 在程序设计语言中,一个程序可采取的执行顺序的所有可能路径的一种抽象化表示。控制流通常以图的形式来表示。

control flow analysis 控制流分析 在计算机安全领域中,检测高层次程序控制结构的静态分析方法。此方法为检测系统子例程的错误使用以及违背控制标准的行为提供了分析技术。

control flow computer 控制流计算机 为了与数据流计算机相区别,用传统的按照指令计数器规定的指令顺序来执行程序的计算机称为控制流计算机。

control flow diagram (CFD) 控制流图 一种显示控制线和数据流的图。控制流图是一个抽象数据结构。它是一个过程或程序的抽象表现。在图形中的每个节点代表一个基本块,如没有任何跳跃或跳跃目标的直线代码块。控制流图不同于没有时序关系的静态数据流图,它描述进程间的控制流,刻画系统行为特征和每个事件引发的系统状态变更和进程活跃情况。

control frame 控制帧 在开放系统互连参考模式中,由一个协议层或者子层向另一个系统中相同层或者子层中的平等实体发送的一个传输帧,这个帧不传递到较高的层或者子层,如一个介质访问控制(MAC)子层。

control function 控制函数 由时序信号和其他二值状态条件组成的布尔函数。计算机中各种微操作都是根据指令执行的需要而产生的,它既受限于时序信号又受限于指令的类型或操作类型给定的逻辑条件。因此,任何微操作产生都是有条件的,即任何微操作都有它的控制函数。

control function table 控制功能表 与编码无关而规定的一组控制功能集合。

control grid 控制栅 置于热电子管或阴极射线管的阴极与阳极之间、用来控制从阴极到阳极的电子流的丝网状电极。一个振荡的电信号馈送到控制栅,将会在阳极产生一个相似但却放大了的电流信号。于是形成了电子管放大器的基础。在阴极射线管中,栅极控制电子束强度,从而控制屏幕上图像的亮度。

control heading 控制头 (1)出现在每一控制组前面的标题或简短定义。(2)在 COBOL 语言中,出现在控制栏的开始部位的报表栏。

control information 控制信息 这类信息广泛地应用于商业管理。控制信息对于任何一个企业的成功都是极为重要的,它使得管理部门能知道那些需要他们加以注意的因素以便达到其目的。这类大量信息来自预算控制或标准成本计算系统,主要是异常报告系统,它们将预算数据或标准数据同实际的结果进行比较。这些特点常被编进计算机程序。

control integration 控制集成 通过对工具的协调控制来实现软件环境的集成。它使工具具有相互传递事件(通知)的能力和在程序控制下激活其他工具的能力。

control interface 控制接口 大容量磁盘子系统中的存储控制器和磁盘控制器之间的接口。存储控制器送给磁盘控制器的控制信息、命令和数据以及磁盘控制器送给存储控制器的控制信息、数据和状态信息均通过此接口传送。

control interval 控制间隔 直接访问存储器中的一段固定长度的区域。在该区域中,利用虚拟存储器存取法可存储记录和分配自由空间。同时,在关键字顺序数据集或文件中,顺序集索引记录的一个项目指向一组记录。控制间隔总是含有完整的物理记录。

control interval access 控制间隔的访问 在采用虚存数据存取方法的系统中,对控制间隔内容的检索或存储。

control interval definition field (CIDF) 控制间隔定义字段 在虚存数据存取方法中,设置在每个控制间隔的四个尾端字节中的一个字段。它描述控制间隔中的自由空间(如果有的话)。

control interval split 控制间隔分裂 在采用虚拟数据存取方法的系统中,把存放在控制间隔中的一些记录转移到自由的控制间隔中去。这样便于插入或加长在原来控制间隔中不合适的记录。

control key 控制键 通常指终端键盘上的某个键,它控制某种光标或程序的功能,如光标上移、光标右移、转接某一程序的例行程序。当与其他键同时按下时,如同时按 Ctrl 键和 Q 键,则可以执行某些特定功能,如数据块移动或删除。

control knowledge 控制知识 (1)在机器人控制系统中,指选择适当策略的知识。(2)求解问题过程中用于确定程序的执行顺序和执行方式的启发式信息。基本控制策略可以是自顶向下(目标驱动)、自底向上(数据驱动),或者是两者的结合,即采用似松弛的收敛过程,把这种双向的推理在某些中间点上连接起来以产生问题的解。

controllable isolation 可控隔离 对信息共享进行控制从而人为缩小授权范围或授权集合的方法。参见 controlled sharing。

control language 控制语言 向系统引入计算机工作的控制语句,除了完成其工作以外,它还说明输入/输出文件的需求、存储空间的需求、空间分配的需求、工作结束后释放不需要的空间以及块因子。参见 job control language。

control language variable 控制语言变量 在控制语

言程序中进行说明并且只适用于该程序的一种程序变量。

controlled 受控 一种终端和通信系统的设计,在中央主机或交换系统中,当主机或交换机不能完成业务量时在终端上进行控制以防止它们发送。

controlled access area 受控访问区 对所有类型和方位的访问受到控制的环境或部分环境。

controlled area 受控区域 一个区域,在其中应用安全控制手段来保护信息处理系统的设备和通信线路的安全。

controlled avalanche device 可控雪崩器件 具有严格规定的最大和最小雪崩特性,并能无限期地在这个雪崩区工作和吸收瞬时功率浪涌而不损坏的半导体。

controlled avalanche rectifier diode 可控雪崩整流(二极)管 一种具有最大和最小击穿电压特性,并被额定在反向击穿区域稳态条件下运行的整流管。

controlled cancel 可控取消 在某些计算机系统中,结束一个已经运行的作业步和保存任何新生成数据的系统动作。这个运行中的作业与下一个作业入口可以是连续的。

controlled carrier 可控载波 一种幅度受信号控制的载波,其调制深度基本与信号幅度无关。

controlled carrier modulation 可控载波调制 一种通过改变载波幅度来自动补偿对载波常规调幅所产生的变化,而使调制幅度始终维持恒定不变的调制方法。

controlled conventional no-load direct voltage 相控约定空载直流电压 整流器和逆变器在相控情况下的约定空载直流电压。

controlled ideal no-load direct voltage 相控理想空载直流电压 整流器和逆变器在相控作用下的理想空载直流电压。此时忽略门槛电压和负载很小时的电压突升增量。

controlled language 受控语言 在词汇规模和语言结构复杂度上受到有意控制以便于识别和处理的自然语言。也称受限语言。

controlled-length multi-list file 控制长度的多表文件 一种多表文件,其中的链接表都不超过指定的长度。

controlled maintenance 控制的维护 一种由系统化应用分析技术的维持方法,使用集中化监控机制或者(以及)采样机制以减少预防性维护以及减少校正性维护。

controlled not-ready signal 受控系统未准备就绪信号 一个反向发送的信号,它表明因为被呼叫的线路在受控情况下未准备就绪,从而呼叫不能完成。

controlled path system (CPS) 控制路径系统 在训练机器人时,利用计算机的计算能力来向操作员提供机器人轴向坐标控制的一种方法。这种方法还能控制机器人末端效应器的绝对位置、速度和加速度,在重演或自动化工作模式时,可以控制机器人末端效应器沿编程点之间所期望路径的全部位置、速度和加速度。在训练机器人时,控制路径系统以某种格式设定轴坐标,使得操作员在期望点上定位并面向末端效应器,而不必单独控制每一个机器人轴。在训练机器人时,操作员无需生成期望的路径,而只需为终点编程。

controlled production system 受控产生式系统 一种产生式系统。其中控制机制由一种用于每个规则集有限状态的机器来指定,而不是由产生式系统结构所确定。

controlled rewriting 受控重写 形式语言理论中极普通的一种重写方式。作这种重写时,要受文法系统规定的产生式规则中使用顺序的限制(称这种重写为静态受控重写,如DDTOL系统的重写方式),或者要依赖于被重写的串的当时状态(称这种重写为动态受控重写)。

controlled security mode 受控安全模式 为防止偶然数据泄露的内部安全控制操作形式。如低级安全权限的用户将被限制访问高敏感性的信息。

controlled security operation 受控保密操作 通信系统中的一种运行模式,其中内部保密控制防止信息不小心泄露,采用对个人的、物理的和管理的控制以阻止非授权的访问。

controlled sharing 受控共享 访问控制用于所有用户以及一个资源共享的信息系统的各组成部分时所存在的状态。

controlled slip 受控位移 一种数位偏移的现象,其中,丢失或获得的位数是固定的。通常由频率偏差、未被正确定时的信道或数字交换机引起的T1帧缓冲器的上溢或下溢引起。

controlled source 受控源 也称"非独立源"。电压或电流受电路中其他部分的电压或电流控制的电压源或电流源。受控源是一种四端元件,它含有两条支路,一条是控制支路,另一条是受控支路。受控支路为一个电压源或为一个电流源,它的输出电压或输出电流(称为受控量),受另外一条支路的电压或电流(称为控制量)的控制,该电压源,电流源分别称为受控电压源和受控电流源,统称为受控源。

controlled space 受控空间 包围信息系统设备的三维空间,在其中未被授权的个人被拒绝任意的访问,并且由授权的人员陪同或置于连续的物理的电子的监视之下。

controlled thermonuclear fusion 受控热核聚变 两个轻原子核结合成一个较重的原子核,同时伴有能量释放或吸收而成为聚变。参与核反应的原子核从热运动获得足以克服原子核间的库仑位垒所必需的能量而引起的聚变反应称为热核反应。在一定的约束区域内,根据人类的需要能控制其反应速率的热核反应称为受控热核反应。

controlled updating 受控更新 在数据库系统中，指保证全文数据库准确性的措施。为防止对已建成全文数据库进行非权威的、随意的、不准确的更新，对全文数据库的更新规定一套措施，控制更新的人和时间并保证有确切的更新记录。

controlled variable 受控变量 当一个系统产生输出时，这些输出将由一个传感器进行测定。传感器描述着该系统的实际状况。这些测定中的特定输出称之为受控变量。计算机常用来处理同受控变量有关的数据，从而为一个有效的闭环控制系统提供根据。参见 cybernetic control process。

controlled vocabulary 受控词表 一种在存储和检索中用于索引记录的项目固定列表。一般在联机检索中使用。

controller 控制器 协调和控制一个或者多个输入输出操作的设备，如一个磁盘控制器控制一个或多个磁盘的工作，管理对磁盘的访问操作。

controller area network (CAN) bus 控制器局域网总线 简称"CAN 总线"，属于工业现场总线的范畴，它是一种有效支持分布式控制或实时控制的串行通信网络总线。CAN 总线最初是德国 Bosch 公司于 1983 年为汽车应用而开发的，1993 年 11 月国际标准化组织(ISO)正式颁布了 CAN 总线国际标准(ISO 11898)。CAN 工作于多主方式，网络中的各节点都可根据总线访问优先权(取决于报文标识符)采用无损结构的逐位仲裁的方式竞争向总线发送数据，且 CAN 协议废除了站地址编码，而代之以对通信数据进行编码，这可使不同的节点同时接收到相同的数据，这些特点使得 CAN 总线构成的网络各节点之间的数据通信实时性强，并且容易构成冗余结构，提高系统的可靠性和系统的灵活性。CAN 可采用双绞线、同轴电缆或光导纤维传输信号，数据传输率可达 1 Mbps。参见 fieldbus。

controller configuration facility (CCF) 控制器配置程序 一组由用户编码的宏语句和在可编程存储系统主机支持程序中的模块，用来定义和生成既定存储控制器的运行环境。

controller creation parameter table (CCPT) 控制器生成参数表 在 PSS(可编程存储系统)中，包含若干指针的一张表。这些指针指向在定义存储控制器运行环境时由控制器配置程序使用的全部的表和数据区。

control line 控制线 计算机或接口中传送控制信号而非交换数据或时钟信号的线。

control line timing 控制线定时 调制解调器与通信控制单元间的时钟信号。

controlling application program 主控应用程序 某些通信系统软件中的一种应用程序。借助于这个应用程序，当某逻辑单元(不是辅助应用程序)可以使用时，该逻辑单元就自动地加入对话中去。参见 automatic logon。

controlling subsystem 控制子系统 当系统初启时，被自动初启的一种交互作用子系统，系统操作员通过该子系统对整个系统实施控制。

controlling system 施控系统 对受控系统进行控制的由全部部件构成的系统。

control link 控制链路 一种专用数据链路，其中传输的数据用于控制一个装置的工作，如控制轮船或飞机的推进系统或子系统等，它通常用作将数据从受控设备传输到控制点(如控制板等)，将控制信号传输到设备，在设备处信号转换为电流或机械激励以控制该设备及其系统或子系统的工作。

control logic 控制逻辑 用来生成、解释及使用控制数据的电子电路。

control logical unit (CLU) 控制逻辑单元 驻留在事务处理机制(TPF)2.1 型中的一个逻辑单元，用于在 2.1 型 TPF 和登录管理器之间传递私有协议请求单元，在控制逻辑单元与登录管理器之间的通信流允许一个被 VTAM(虚拟远程通信访问法)控制的逻辑单元以与 TPF 建立一个会话。

control memory 控制存储器 (1)主存储器中用来存放管理程序或操作系统的存储区。(2)保存微程序的高速存储器。(3)智能设备中保存控制程序的存储区。

control menu 控制菜单 由窗口左上角的控制框打开的菜单，用于窗口的放大、缩小、移动等操作。

control message display 控制信息显示器 以明语形式显示信息的设备，如在终端的荧光屏上进行显示。

control mode 控制状态[方式] 一条线路上所有终端必须处于允许线路控制操作或终端选择发生的状态，在此状态下线路规程、线路控制或终端选择才能产生，线上的字符可以起到控制字符的作用，即可以对终端进行定期询问和访问。

control module area 控制模块区 某些计算机系统中的一个存储区域，它含有某个任务集的控制模块和受保护的动态存储区。

control net 控制网 一种用于对活动、系统、组织、操作或进程进行导引和控制的通信网。

control notification 控件通知 指把控件事件信息传输给父控件的一段代码。

control object 控制对象 微软 Windows NT 中一个提供各种系统任务的可移植方法的内核对象，控制对象集包括异步过程调用(APC)对象、延迟过程调用(DPC)对象、内核进程对象以及若干 I/O 系统的对象。参见 kernel object。

control office 控制室 指负责建立、检查和维护电路、干线、线路的工作室。

control operation 控制操作 影响数据处理过程，但又不是直接作为数据处理操作本身的一种动作，如初启或停止一个过程，控制磁带机的反绕、打印机的换行换字形等操作就属典型的控制操作。控制操作也称“控制功能”。

control panel 控制(面)板 在苹果 Macintosh 上和微软 Windows 上的一个桌面辅助工具，用于控制某些系统参数，如屏幕颜色图案、端口通信参数、鼠标器参数、扬声器音量、光标闪烁频率、系统日期和时间等。参见 operator control panel。

control path 控制通路 在计算机内，各个部分通过相互间的连线来传输数据、信息或信号。在这些连线中有一部分是可控制的，称为控制通路。

control point (CP) 控制点 (1)在 SNA(系统网络体系结构)中，一种 PUCP(物理单元控制点)或 SSCP(系统服务控制点)。(2)在数字电路内部附加的一些门和引线。它们的设置是为了在测试时可以切断长的逻辑链并外加输入，使测试得到简化。

control point profile name 控制点轮廓文件名 在 AIX 操作系统中，定义与连接有关的物理单元的节点标识符控制点轮廓文件的名字。

control procedure 控制进程 对计算站或数据处理站进行控制以达到高效率运行的进程。这种进程须包括以下功能：①对作业调度、工作流、计算机使用率记录进行管理控制；②对数据和程序库进行控制；③对计算机操作进行控制；④在作业运行中对计算机系统中的程序流和数据流进行控制。

control program for microprocessors (CP/M) CP/M 操作系统 20 世纪 70 年代由 Gary Kildall 开发的运行于 Intel 8080 及 Z80 微处理器上的操作系统。它是最早的个人机操作系统，后来微软公司的 MS-DOS 即由 CP/M 演变而来。

control radio network controller (CRNC) 控制无线网络控制器 对某个基站或小区而言，控制无线网络控制器管理整个基站或小区的公共资源，它直接和 NodeB 相连，一个 NodeB 有且只有一个 CRNC，主要是对 NodeB 资源进行控制，包括合理分配和使用。

control rate 控制速率 稳定输出量在不超过控制偏差带范围情况下，由于控制量的变化，稳定输出量能够改变的最大速率。

control record 控制记录 一种检查点记录，所包含的数据用于初启、修改或停止控制操作或决定以什么方式对数据进行处理。参见 checkpoint request record，environment record，incident record。

control register 控制寄存器 (1)在某些计算机系统中，一种供操作系统使用的寄存器，用于控制再定位、优先级中断、程序事件记录、出错恢复和屏蔽操作等。(2)控制计算机中的事件的寄存器，如指令寄存器、指令计数器、变址寄存器、输入/输出寄存器。

control relay 控制继电器 一种用于控制、操作电路或传递信息的继电器，它可以与其他继电器或元器件相结合组成自动控制装置。

control routine 控制例行程序 一组控制其他程序的装入和重新定位的基本例行程序。在大多数情况下，控制例行程序所用的指令与普通程序所用的指令相同。控制例行程序实际上是机器本身能力的扩充。

control segment 控制段 在程序执行过程中始终在主存储器中的重叠程序的那一部分。

control sequence 控制序列 (1)设已知自动机 A 的状态集合及其状态迁移表，问如何找到一个输入信号的序列，使得在依次输入这些信号后，自动机的状态最终变为某一特定状态 S。这个输入信号序列就称为控制序列。在不知道 A 的目前状态的情况下，有两种确定控制序列的方法。一种方法是，输入一组预先确定的信号序列，并观察自动机的输出，一旦从输出信号中判断出当前位于什么状态，余下的控制信号就可从状态迁移表上计算出来，这称为适应控制序列。另一种方法是事先计算好一组确定的信号序列，只要向自动机依次输入这个序列，即可达到状态 S，这称为非适应控制序列。(2)计算机中选择执行指令的正常次序集，一次执行一条指令。某些计算机中，每条指令的地址规定了控制序列。但在大多数计算机中，除转移指令外，序列是连续的。

Control, Shift and Alt keys 控制、换档和替换键 键盘上的三个控制键。它们可单独或与其他键配合使用改变键盘的工作状态，完成对计算机的各种输入工作。

control signal 控制信号 加到使在受控过程或受控机器中发生正确变化的电路上的信号，如 CD(载波检测)是 RS-232 控制信号，它标明载波的出现。

control signaling 控制信令 用于对通信系统进行有效控制的指令。

control stack 控制栈 为控制工作区的动态分配而使用的一组存储单元。

control standards 控制标准 作为标准接受的，用于防止、检测和校正错误或疏忽的一些控制规定。

control statement 控制语句 在程序设计语言中，用来改变其他语句顺序执行的语句。它可以是条件语句，如 IF；可以是转向语句，如 GOTO；也可以是强制语句，如 STOP；也可以是各种循环语句。

control station 控制站 在数据网中，监视网络控制进程如轮询、选择和恢复的站。它也负责在竞争或其他可能引起网络上站间非正常状态的情况下，建立线路上的秩序。也管理多点线路上的数据流。

control storage 控制存储器 包含用于控制输入/输出操作及主存储器使用的程序的计算机存储器，它可以是只读或直接存取的。参见 main storage。

control storage processor 控制存储器处理机 执行控制存储器指令以控制数据传送，并分配主存储器和输入/输出的硬件。

control strategy 控制策略 一种给定许多可供选择的问题求解步骤,用来选择下一个所要执行动作的方法,如在产生式系统中,前向链、后向链问题求解控制方式,回溯,图搜索等。参见 backward chaining。

control strip 控制条[栏] 一种工具或公用程序,用来把常用项目或信息(如时间、电池能量、桌面控制项目和程序)分组构成快捷访问的图标。参见 shortcut。

C

control structure 控制结构 通过计算机程序决定控制流的构造。在结构化程序设计中,由语句间的关系定义的程序中的一部分。基本的控制结构有三种:顺序,即一条语句接一条语句执行;选择,程序流程依赖于符合的条件;循环,反复执行某一过程,直到某个条件发生。

control supply indicator 控制电源指示器 在计算机系统中,在操作员/服务面板上的一个指示灯。当主线路断路器闭合且电源控制器的控制电源通电时,该指示灯发亮。

control symbol 控制符号 编入计算机存储器,控制机器翻译过程中某些步骤所用的符号。由于控制符号不是上下文符号,所以既不出现在输入端,也不出现在输出端。

control system 控制系统 有助于管理企业活动尤其是达到企业目的活动的一种系统。控制系统所固有的首要要素之一就是控制信息,它常由计算机产生。因此,计算机在控制系统中起着非常重要的作用。

control terminal 控制终端 允许用户输入命令来影响系统操作的任何终端。

control time constant 控制时间常数 在稳定输出量数值不离开控制偏差带时,表征稳定输出可以达到最快变化的时间常数。控制时间常数仅当稳定输出量在其起始值与最终值之间基本上为指数变化时才适用。

control transfer statement 控制转移语句 一种语句,它使机器不是去执行在源程序中所编写的下一条语句,而去执行另一条语句。

control transformer 控制变压器 其转子输出信号取决于轴的位置和到定子的电输入这两个因素的同步机。也称"控制同步机"。

control-type instruction 控制型指令 用于控制计算机程序执行的指令,如控制程序顺序、转移或循环执行的指令,给操作控制寄存器赋值指令,启动或停止机器运行的指令等。

control unit 控制器 (1)按指令或命令要求能发出一系列控制信号去控制部件或外部设备的启动、执行或停止等操作的装置。例如,外部设备控制器需要在输入输出期间控制数码转换,执行数据正确性检查,控制数据的缓冲,控制识别多种设备间的数据流动等。(2)中央处理机的一个组成部件,它协调并控制计算机系统中所有部件的操作。它控制着数据进出内存储器和在内存储器中的运动过程,还起着使数据沿不同通道传送的开关装置作用。它对指令译码并且通过一个指令计数器来控制指令的执行情况。控制器同样也起一个联系内存储器、运算器同各种外围设备的接口装置的作用,它也包含有一个时钟,用于使计算机内诸操作同步的一种电子脉冲发生器。参见 clock。

control value 控制值 控制字段的内容,用来检查数据是否丢失或遭到破坏的值,如检查和、块检验字符、控制总数等。

control variable 控制变量 在程序中控制一个计算过程的迭代次数的变量。由每次迭代来增加或减少其值,它和一个常量或另一个变量进行比较以测试过程或循环是否结束。参见 loop control variable。

control vector 控制向量 控制单元所产生的一种控制信号。用以驱动计算机的硬件操作方式以及相互间的协调。

control winding 控制绕组 施加磁动势对磁芯进行控制的磁放大器或饱和电抗器上的绕组。

control winding of motor 电机控制绕组 励磁绕组的一种,承载可调节的电流以控制电机的性能。参见 excitation winding。

control word 控制字 规定一个特定动作的计算机字,如规定输入输出操作的字,决定中断是否执行的字;一个记录块中第一个字或最后一个字,它给出记录块中的其他字的指示性信息。

control zone 控制区 (1)用半径来表示的空间。该空间包围着用于处理敏感信息的设备,并在有效的物理和技术的控制之下,以防止未授权的进入或泄漏。(2)在通信系统、计算机系统、数据处理系统以及控制系统中,那些用于处理敏感信息设备的空间,这些区域必须处于充足的物理技术的控制之下,足以防止越权访问,或者防止诸如保密级信息、专用信息、工业专用信息之类的机密信息的泄露。

convection 对流 热量由于流体本身的运动而从流体的一处传到另一处的过程。在自然对流情况下,运动的出现是由于重力;流体热的部分膨胀,密度变低,并由于流体较冷较密的部分往下降而造成上下对流。

convection current 对流电流 所谓的对流电流是带电介质或介质中的带电部分不是由于电场作用而在空间运动时形成的电流。同一般电流一样,对流电流的周围也存在着磁场。由于带电体在原来没有电磁场的空间中匀速运动不需外力维持(如果不计空气阻力),所以对流电流不需要电势差来维持,它不引起热效应。参见 conduction current。

convection-current modulation 运流电流调制 通过某个表面的运流电流幅度随时间的变化过程。

convective discharge 运流放电 可见或不可见的带电粒子流离开已充电到足够高电压的物体的运动。

convenience files 方便文件 办公桌上使用的为了查阅方便都放在离使用点很近地方的非正式文件资料。

convention 约定,规范 在程序和系统分析中所采用的各种标准和约定,包括为某些特定的系统和程序所制订的缩写字,符号及其含义。国内和国际上的各种委员会经常对编程语言、数据结构、通信标准和设备特性的规范进行讨论和仲裁。

conventional current 惯称电流 19 世纪对电流的俗称,至今仍沿用。把任何电流看成是正电荷从正电位区域向负电位区域的流动。但是,当电子流过金属导体时,真正的运动是反方向的,从负电位到正电位。在半导体中,空穴传导是在惯称电流的方向,而电子传导则在相反方向。

conventional definition television (CDTV) 普通清晰度电视 这一术语用来表示由 ITU(国际电信联盟) R470 建议的模拟 NTSC(美国国家电视制式委员会)电视系统。

conventional fusing current 约定熔断电流 在约定时间内能使熔体熔断的规定电流值。

conventional memory 常规存储器 在 IBM PC 机及其兼容机中在实模式下可使用的存储器,通常是 1 MB,包括 640 KB 内存,DOS(磁盘操作系统)程序只能访问这个存储器空间。比较 expanded memory,extended memory。参见 protected mode,real mode。

conventional no-load direct voltage 约定空载直流电压 将连续直流电流的直流负载特性曲线延长至零电流所得的直流电压值。

conventional non-fusing current 约定不熔断电流 在约定时间内能使熔体不熔断的规定电流值。

conventional non-tripping current 约定不脱扣电流 在约定时间内能使继电器或脱扣器不动作的规定电流值。

conventional procedure of insulation co-ordination 绝缘配合的惯用法 在绝缘配合中,选择设备的惯用操作(如雷电)冲击耐受电压使其高出惯用最大操作(如雷电)过电压而留有一定余度的一种方法。这一余度是考虑到最大过电压值尚不完全明确以及试验本身并不说明设备已能承受反复出现的过电压。本方法未考虑设备绝缘有一定的故障率。

conventional programming 常规程序设计 利用标准程序设计语言进行的程序设计。这种标准语言不同于财务计划语言、询问语言和报表程序。

conventional safety factor 惯用安全因数 惯用操作(如雷电)冲击耐受电压与惯用最大过电压之比。它是根据经验确定的,考虑了实际耐压值的可能偏差和过电压偏离惯用值等因素。

conventional tripping current 约定脱扣电流 在约定时间内能使继电器或脱扣器动作的规定电流值。

convergence 汇聚,收敛,会聚 (1)汇集在一起的现象。汇聚可以发生在不同的学科和技术之间,称为学科交叉,如在电信技术领域,电话通信技术和计算技术就存在学科交叉的现象。汇聚也可以发生在一个程序内,称为收敛,如在一个电子表格内,当不断重复地计算一组循环的公式时,每次循环的结果将不断逼近一个真实的解。(2)在网络上发生路由改变以后网络必须立即完成的同步过程。会聚时间是当路由信息的改变使所有的路由器更新所需要的时间。(3)在光学系统中,通过一个会聚透镜,即凸透镜使光线会聚在一起。

convergence angle 会聚角 (1)在光学系统中,两条光线会聚在一起时所形成的角,即较小的内角。(2)当人的眼睛注视着任何线、角、面、点或者物体的任意部分时,两只眼睛的光线所形成的角。

convergence electrode 会聚极 其电场引起两条或多条电子束会聚的电极。

convergence forward pruning 收敛正向修剪 正向修剪方法之一。在 α-β 搜索过程中,如果出现 α 值和 β 值之间的差别相当小的情况,说明该分枝没有进一步搜索的价值,因而就可修剪掉。这种情况称为收敛正向修剪。

convergence of iteration 迭代法的收敛性 迭代序列的有穷极限存在问题。

convergence plane 会聚平面 多束阴极射线管中的电子束在会聚时呈现偏转的那些点所在的平面。

convergence sublayer (CS) 会聚子层 (1)在 ATM(异步传输模式)与非 ATM 格式之间转换的通用过程和函数。它描述了 ATM 适配层(AAL)的上半部分功能,还用于描述非 ATM 协议与 ATM 协议之间的转换。(2)CPCS(公共部件会聚子层)两个子层中的一个。它负责填充和差错检验。来自 SSCS(特定业务汇聚子层)的 PDU 附加上了八个字节的报尾(用于差错检验和其他控制信息);如果需要的话,还可以进行填充,这样,最后 PDU(协议数据单元)的长度就是 48 字节的倍数了。这些 PDU 随后被发送到 CPCS 的 SAR(分段和重装)子层以进一步处理。参见 common part convergence sublayer (CPCS), segmentation and reassembly (SAR)。

convergence surface 会聚面 多束阴极射线管在扫描过程中由两条或多条电子束的交点形成的面。

convergent light 会聚光 由一束光线组成的光,其中每一条光线都以趋近其他光线的方向传播,也就是说,它们互相之间不是平行的,而是朝着一条线传播或是朝一个交叉点或焦点传播。会聚光的波前是球形的,即在光线的后边是凹下去的。如果一束平行光射入会聚透镜,出来的光线会聚在焦点上,在焦点后面则发散。

converging lens **会聚透镜** 一种用于使入射光束会聚起来的透镜。它可能有一个球形凸面和另一个平面,即平凸透镜;两个凸面,即双凸透镜;一个凸面和一个凹面,即会聚的凹凸透镜。

conversation **会话** (1)在信息管理系统中,终端和使用会话处理程序的信息处理设备间的一种通信操作。(2)在 LU-LU(逻辑单元之间)会话期内,两个事务程序间建立的一种连接,从而该两事务程序在处理事务时可以相互通信。当对话中的某报文单元在其 RH(请求标题)流中含有开始括号时会话开始,而当对话中的后续报文单元在其 RH 流中含有结束括号时,会话终止。

C

conversational **会话式** (1)用来形容或说明和终端用户进行的一种操作模式,系统接收用户的输入后,迅速响应,使用户感到是在和机器对话。参见 interactive。(2)一种通信模型,两个分布式的应用程序之间以会话形式交换信息。通常一个应用程序先开始(或分配)会话,发送一些数据,然后允许其他应用程序来发送一些数据。两个应用程序交替进行会话,直到一方决定结束为止(取消分配)。会话模型是通信的同步形式。

conversational compiler **会话式编译程序** 对输入计算机后的每条源语句能立即进行检查的一种编译程序,它能告诉用户是否可输入下一条语句或是否要纠正错误。

conversational computer **会话式计算机** 在交互程序控制下运行的计算机,它通过从键盘输入的提示符等信息实现人机通信。

conversational guidance **会话式指导** 用户和计算机交互式问答联机方式中,系统通过提供给用户一种规则所进行的指导。

conversational interaction **会话式交互** 两个或者多个伙伴用轮流传输和接收消息的方式进行的交互操作。参见 interactive processing。

conversational language **交互[会话]式语言** 任何允许程序员以会话方式操作计算机的程序设计语言,如 BASIC 语言就是一种最常用的交互式语言。

conversational mode **会话方式** 数据处理系统的一种操作方式。按照这种方式,用户和系统之间的一系列交替的询问和回答与两人之间的会话相似。参见 interactive processing。

conversational processing **会话(式)处理** 用人-机通信来进行的处理。系统对用户由终端输入的每条语句可以立即进行处理,如解释、检查或执行等,然后向终端送去一个响应作为回答。回答信息中可包括各种信息,如可以是指出已输入的语句中有错误等。

conversational remote job entry (CRJE) **会话式远程作业输入** 一种操作系统设施,用以从远程终端上输入作业控制语言的语句,并促使调度和执行在语句中所描述的作业。它还可以提示终端用户是否忘了输入操作数或如何纠正出错。

conversational service **会话业务** 在电信系统中,提供双向、交互式、实时、端到端信息交换的业务。

conversational system **对话系统** 一种远程终端处理系统。在这种系统中,允许中央计算机与许多本地和远程用户之间同时对话。在这种工作方式中,用户输入的每个语句或每条命令立即执行,且在下一个语句或下一条命令输入之前给出回答。对话系统通常也称"分时系统"或"交互系统"。它可以是专用的封闭式系统,也可以是通用的开放式系统。前者允许用户以非常有限数量的语言准备和执行程序;后者则允许使用各种编译程序、编辑和调试辅助程序、专用程序库,往往还能增加辅助功能。但无论是专用系统还是通用系统,都必须能对许多用户快速响应。

conversational time-sharing **会话式分时** 计算机利用分时与许多远程用户进行会话的工作方式。由于计算机的处理速度很快,使用户感到好像计算机系统是连续地为他服务的。会话式分时系统由以下五个主要部分构成:①高速中央处理机;②存储数据和程序的大容量随机存取存储器;③协调通信的输入输出管理程序;④通信线路;⑤具有各种输入输出装置的终端。

conversation group ID **会话组标识符** 两个专门的逻辑单元或者控制点之间某个特殊的会话的标识符,在会话分配命令中指定,会话组标识符允许请求的会话分配到指定的会话中,然后允许一对事务程序(每个逻辑单元中的一个)与使用相同会话组标识符的一组相关的事务程序串行地共享指定会话的使用。

conversion **转换** (1)在程序设计语言中,表示相同数据项目但属于不同数据类型的值的变换。转换时,信息可能会丢失,这是因为对于不同的数据类型,数据表达的精度各不相同。(2)把一种数据处理方法改变为另一种数据处理方法或从一种数据处理系统改变为另一种数据处理系统的过程。

conversion current **变流** 变流是指借助于电力电子器件使电力系统的一个或多个特性(如电压、电流、波形、相数和频率,包括零频率)发生变化,而不产生可观的功率损耗的变换过程。

conversion device **转换装置** 在不改变数据值、内容或信息的情况下,把数据从一种形式或媒体转换成另一种形式或媒体的一种特定的装置或外围设备的一部分。

conversion efficiency **转换效率** (1)交流输入功率与电子管或半导体器件电极上的直流输入功率之比。(2)转换器在一个频率上的输出电压与在某个其他频率上的输入电压之比。

conversion factor **转换系数,变流因数** (1)内部转换电子数与总量子数加上在给定的原子核去激励方式下发射的转换电子数两者之比。(2)直流输出功率或基波有功输出功率对直流输入功率或基波有功输入功率之比。参见 rectification factor，inversion factor。

conversion gain ratio　变频增益比　变频器或混频器的信号功率输出与信号功率输入之比。

conversion program　转换程序　把某一个计算系统的程序转换成另一个计算系统的程序所用的程序。当用户换用性能相当的另一个计算系统时，使用这种转换程序可节省程序再设计的高昂费用。

conversion table　转换表　(1)使两种不同的数字系统中的数字可以进行比较和转换的图表。(2)一个列出一系列特征或者数据及其在另一个编码系统中对应项的表，如 ASCII(美国信息交换标准代码)表。

converter　混频器，转换器　(1)输出信号频率等于两输入信号频率之和、差或为两者其他组合的电路。混频器的输出信号除中心频率有所改变外，其余参数(如包络波形和所含频谱成分的相对关系)均不改变。输出信号频率高于输入信号频率的称为上混(变)频；反之，则称为下混(变)频。混频器通常由非线性元件和选频回路构成。同 mixer。(2)在计算机技术中，泛指一种能够把信号从一种形式转换成另一种形式的装置，如把模拟数据转换成数字数据，并行的转换为串行的，一种代码转换为另一种代码或一种协议转换成另一种协议。参见 code converter，data converter。

converter technology　变流技术　一种电力变换的技术。变流技术主要包括：用电力电子器件构成各种电力变换的电路，对电路进行控制，以及用这些技术构成更为复杂的电力电子装置和系统。

converter transformer　变流变压器　作为变流器电源用的电力变压器。

converter tube　变频管　将超外差转换器的混频器和本地振荡器功能结合在一起的电子管。功能是将信号频率和本机震荡频率进行混合，产生相加和相减的新频率。

convertible drive　可转换驱动器　MSS(海量存储系统)中的一种驱动装置，它既可被定为现用驱动器，也可被定为非现用驱动器。

convertor　变流机　使电力系统的一个或多个特性(如电压、电流、波形、相数和频率，包括零频率)发生变化的设备、装置或机械。主要包括整流器、逆变器、变频器或类似功能的机械，但不包括变压器。

convertor arm　变流臂　变流连接中的主臂。参见 principal arm。

convertor assembly　变流装置　在电和机械上作为一个整体组装在一起，主要起变流作用的电子阀和/或堆，包括机械结构内部的电连接和辅助件。

convertor equipment　变流设备　由一个或多个变流装置连同变流变压器、滤波器、主要开关及其他辅助设备所组成，主要用于电力变换的运行单元。

convertor transformer　变流变压器　作为变流器主电源用的电力变压器。

convex　凸(图形)　连接图形内任意两个像素的线段如果总不通过这个图形以外的像素的图形。任何一个图形，把包含它的最小的凸图形称做这个图形的凸闭包。从凸闭包除去原始图形的部分所产生的图形的位置和形状，是形状特征分析的重要线索。

convolutional code　卷积码　一种主要用于检纠突发性码错的纠错码。它在某时刻输出的码元段，不但与本时刻输入的信息段有关，而且也依赖于前面若干时刻输入的信息段。因此，也称“连环码”。

convolution filtering　卷积滤波　应用一组权函数(空间域或时间域滤波器)对空间或时间变量信号进行卷积运算所实现的数据修改。在图像处理中常称为空间域滤波。

convolver　卷积器　通过在相反方向行进的两个波之间的非线性互作用对信号进行处理的表面声波器件。

cookbook　菜谱式　一种采用循序渐进的方法来提供信息的计算机图书或手册。通常，菜谱式的书指的是编程指南，但它也可以指那种表示如何在应用中完成专门任务的书。

cooked mode　熟模式　操作系统(如 UNIX 或 DOS)“看见”字符设备的句柄或者标识符两种形式之一(另一种为生模式)，如果句柄是熟模式的，操作系统存储每个字符到缓存中，并对回车符、文件结束符、换行符和制表符等作出专门的处理，在读到回车符时才发送一行信息到屏幕上。比较 raw mode。

cookie file　点心文件　指在用户不知不觉中，由 Web 网站服务器写到用户硬盘上的一段文本文件。用户在下载 HTML(超文本标记语言)页面时，嵌在其中的 cookie 文件就被写到用户计算机上。利用这个文件，网站服务器可以识别用户。当用户第二次访问网站时，用户信息就送回服务器，因而可以按用户的爱好来显示信息。cookie 这个字出自于 20 世纪 80 年代中一个称 cookie monster 的恶作剧程序，该程序会中断系统，让用户输入“cookie”，系统才会继续。cookie 的原意为点心，所以称为“点心文件”。

Cook's theorem　库克定理　任何一个 NP 问题都可以多项式变换为可满足性问题，即可满足性问题是 NP-完全的。这是第一个被发现的 NP-完全问题。

Cook's theorem for 2DPDA　库克 2DPDA 定理　自动机理论中的一个定理。任意一个双向确定型下推自动机(2DPDA)接受的语言可由随机访问机器联机性时间识别出来。根据此定理可知单键字符串匹配问题可在 $O(m+n)$ 时间内解决，其中 n 是正文长度，m 是模式长度。

coolant distribution unit (CDU) 冷却剂分配部件 向处理器部件提供液体冷却的一个部件，冷却剂分配部件具有若干泵、一个热交换器和它自己的逻辑控制器与电源等。

Coolidge tube 库利基管 用热阴极产生电子的 X 射线管。也称“热阴极射线管”。

cooling 冷却 将计算机及其系统设备内部电子元器件产生的热量传递到计算机及其系统设备的外面，使其保持在允许的工作温度范围内的方法和技术。冷却方法很多，主要有自然空气对流冷却、强迫空气冷却、液体冷却、冷板传导冷却、半导体致冷、热管、热导模(TCM)复合冷却等。一般的计算机系统的冷却技术大都采用强迫空气冷却，对于功率密度高的中、大型计算机系统主要采用液冷、空冷、冷板传导等复合冷却技术。

cooling air temperature of capacitor 电容器的冷却空气温度 在稳定状态条件下，在电容器组的最热区域中两单元之间中间的空气温度。如果所涉及者仅为一单元，则指在距离电容器外壳 0.1 米，距底 2/3 高处的温度。

cooling medium 冷却媒质 从设备或热交换器带走热量的气体(空气)或液体(水)。

Coons patch 孔斯曲面片 三维对象常常具有复杂的不规则的曲面，它们的表示及其设计是一个比较复杂的问题，通常一个曲面是由若干在边界处以某种形式连接在一起的许多曲面片组成的。孔斯曲面片是一种双三次曲面片，它的四条边界曲线和调配函数常常都用三次参数样条曲线来描述。

Coons surface 孔斯曲面 用特定的插值法构造的曲面。先将工件的整个外形分成若干个小曲面块。设小曲面块是由 4 条边界围成的，并给出 4 条边界的方程。插值问题的提法是，构造一个曲面通过这 4 条边界，且在相邻曲面块的交线处保持一定的光滑度。这个曲面块称为孔斯曲面。孔斯曲面由它的边界条件决定。在外形设计中，孔斯曲面常用于大挠度和多值的场合。

. coop . coop 域名 因特网域名和地址管理机构(ICANN)2000 年通过的七个新顶级域名之一，. coop 域名用来表示非赢利合作机构的万维网站点。这七个新域名从 2001 年春开始生效。

COOP 执行计划的可连续性 continuity of operations plan 的缩写。

cooperating expert system 协同操作的专家系统 对应于大型专家系统。将涉及不同领域的子专家系统融合起来，共同实现专家系统的多领域问题求解。

cooperating process 协同进程 执行过程中会影响其他进程同时也受其他进程影响的进程。这类进程的执行过程是非确定的，不能再现。其执行结果与当时系统的环境及其相关进程有关，而不是对相同的输入产生相同的结果。

Cooperation for Open Systems Interconnection Networking in Europe (COSINE) 欧洲开放系统互联网络协会 因特网网络协会，为在欧洲范围内的上百个科学及工业研究部门提供以 OSI(开放系统互连)为标准的计算机通信基础结构，使欧洲的研究网络能够相互协调。参见 open system interconnection (OSI)。

cooperation sensitization 合作敏化 合作敏化是几个离子的一种共同敏化作用。参见 sensitization。

cooperative communication 协同通信 以各种即时的综合通信手段和方式(如电子邮件、即时通信、手机短信、数据传输等)，参与协同工作，支持固定的流程协同，也支持可变的流程协同。以达到提供功能丰富、协同便捷的沟通环境，从而实现及时、高效的通信。

cooperative knowledge sources 协同知识源 专家系统中的一种模块。通过称为黑板的中央结构化数据通信来独立分析数据。参见 blackboard architecture。

cooperative mode 协同操作模式 在协同操作的多专家系统环境结构、设计和实现中的冲突解决方案中的最简单模式，在这种模式中，同等的协同操作作用因素与其他的一些专家系统所作的各个决策尽量协调，并且将这些决策当作在智能处理问题中的约束。参见 cooperating expert system。

cooperative multitasking 协作式多任务 多任务工作的一种形式。操作系统的任务调度程序周期性地延缓运行任务并重启另一个任务。协作式多任务有使操作系统设计更加简化的优势，但是它也让稳定性降低，因为一个设计不好的应用程序可能协作不好，而这经常引起系统死机。参见 preemptive multitasking。

cooperative networks 协作型网络 在开展学术研究的合作过程中建立的计算机网络，其中有些网络是在某特定类用户中发展。参见 company networks，research networks，commercial networks。

cooperative processing 合作式处理 分布式系统的一种操作模式特征，其中两个或更多的处理机能够同时执行同一个程序的不同部分或者对同一个数据进行操作。比较 distributed procession。

coopetition 合作竞争 “合作竞争”的概念是指一家商业企业与其竞争对手合作。所以出现这种合作，是因为许多高技术公司由于解除管制和新技术的出现而迅速汇聚。“合作竞争”这一概念的创造者在他们的 Web 站点上这样解释它：“某些人将商业完全看作是竞争，他们认为从商就是‘从军’，并臆断没有他人的失败就不会有自己的成功。而另一些人把商家完全看成是同盟军和合作伙伴。但是商业既是合作，也是竞争，这就是所谓的‘合作竞争’”。

COOPL 并发性面向对象程序设计语言 concurrent object oriented programming language 的缩写。

coordinate 坐标 以一个特定位置为参照的一组元素中的任一元素,如这个特定位置可以是某个行和列的交叉点。在计算机图形学和显示中,坐标确定了诸如线上的点、正方形的角或屏幕上像素的位置等元素。在计算机其他的应用中,坐标确定了电子表格的单元、图形上的数据点、内存的位置等。

coordinate data 坐标数据 确定显示空间或映像空间中位置的数据。参见 absolute data, relative data。

coordinate data receiver 坐标数据接收机 一种专门用于接收坐标数据发送机信号的接收装置。它将这种信息再转变为适于输入到有关设备(如显示器)的形式。

coordinate data transmitter 坐标数据发送机 一种发送机,它接收两个或两个以上的坐标,如表示目标位置的坐标,再将它们转换为适于发送的形式。

coordinated clock 协调时钟 分布在一个空间区域内的一套时钟产生的时间刻度与设在指定地点处的基准钟的时间刻度同步。

coordinated job scheduling 协调的作业调度 也称"松散耦合多重处理"。在分离系统中,每台处理机与一个单独的系统结合,当作业到达时,可以把它分配给任何系统,通过对所有作业的协调调度来达到作业的合理分配。协调可用手工方式完成,也可用一台专用计算机或由一个实际的处理系统来实现。

coordinated process management system (CPMS) 协同过程管理系统 CPMS 是基于 Web 的集成化项目管理系统,主要功能有:组织结构和人员管理、立项与结项、项目规划与监控、需求开发与管理、风险跟踪和变更管理、质量管理、配置管理、日常工作管理、领导综合管理、论坛等。

coordinated time scale 协调时标 在给定的容限范围内,与参考时间刻度同步的时间刻度。

coordinated universal time (UTC) 协调通用(世界)时 由国际无线电咨询委员会定义和建议采用的,并由国际时间局(BIH)负责保持的以国际单位制(SI)秒为单位的时间标度。对与无线电规则相关的大部分实际应用而言,UTC 与本初子午线(经度零度)上的平均太阳时等效。该时间过去以格林威治平均时(GMT)表示。

coordinate earliest deadline first (CEDF) 协调最早到期优先 一种调度算法,用来克服等待时延的累加,即没有累加分组通过每个服务器的等待时延。

coordinate graphics 坐标图示技术 计算机制图技术,通过显示命令和坐标数据来产生的显示图像。比较 raster graphics。

coordinate indexing 同级索引法,组配标引 (1)一种索引技术,文件库中的各个文件之间的关系用同级描述符来表示,检索时可通过一个或几个描述符的组合来进行查找。(2)在主题标引过程中,将两个或两个以上的主题词按照一定的逻辑关系加以组织以表达文献主题的技术,称为组配标引。组配标引是主题标引中准确揭示文献主题的一种基本的标引方法。参见 subject retrieval。

coordinate module 协调模块 一种模块,它与协调下级的事件和信息有关。

coordinate multiple points (CoMP) 协同多点 LTE-Advanced(LTE 演进)系统扩大网络边缘覆盖、保证边缘用户 QoS 的重要技术之一。协作多点是指协调的多点发射和接收传输技术,这里的多点是指地理上分离的多个天线接入点。CoMP 是利用光纤连接的天线站点协同在一起为用户服务,相邻的几个天线站或节点同时为一个用户服务,从而能解决现有移动蜂窝单跳网络中的单小区单站点传输对系统频谱效率的限制,更好地克服小区间干扰,提高无线频谱传输效率,提高系统的平均和边缘吞吐量,进一步扩大小区的覆盖。

coordinate pair 坐标(值)对 一种表示一个点的 x 坐标和 y 坐标的值对,存储在一个二维数组中,二维数组可以包含多个点的坐标值对。

coordinate position 坐标位置 在显示系统中,由绝对或相对坐标数据确定的位于显示设备平面上的一个位置。

coordinate relation 组配关系 从属于同一概念或类目的那些概念或类目之间的一种概念的逻辑乘关系。

coordinate retrieval 组配检索 采用组配标引方式对文献进行检索。参见 coordinate indexing。

coordinate storage 坐标存储器 一种将存储单元安排成数组阵列形式的存储器。对任意的一个单元的访问都必须使用两个以上的坐标值。如阴极射线管存储器。

coordinate system 坐标系统 在图像程序中,一种定位显示器(或者窗口)中像素的安排,其中 X 是水平轴,Y 是垂直轴,原点[0,0]是左上角,它可取决于使用的习惯,对于窗口,原点根据习惯可以是边框内的左上角或者左下角,坐标值是离散的,以像素为单位,每种窗口和像素映射具有其各自的坐标系统。

coordinate transformation 坐标变换 点或向量在两个坐标系中坐标之间的关系。

Coordinating Committee for Intercontinental Research Networks (CCIRN) 洲际研究网络协调委员会 一个包括美国联邦网络委员会(FNC)及其北美和欧洲相应组织的委员会,为研究网络实体间的协作计划提供论坛。

coordination [进程]协调 操作系统的一种功能。

它由进程管理系统完成，或更确切地说，由进程调度程序完成。仅当有两台计算机时才提出协调问题。它必须保证两个独立进程的相互作用。两个进程的相互作用由一系列规则确定。

coordination anion 阴离子 带负电荷的配离子。参见 coordination anion。

coordination area 协调区域 在卫星通信中，该区域中的地球站和地面站共享同一频率波段，必须协调它们的发射以避免它们相互间的干扰达到不允许的程度。

coordination cation 配阳离子 带正电荷的配离子。参见 coordination ion。

coordination compound 配位化合物 简称配合物，也称错合物、络合物，为一类具有特征化学结构的化合物，由中心原子或离子和围绕它的称为配位体的分子或离子，完全或部分由配位键结合形成。参见 coordination ion。

coordination contour 协调等值线 围绕协调区域的线。参见 coordination area。

coordination distance 协调距离 在卫星通信系统中，一个地球站和一个固定或移动服务站间的距离，在这个距离内，地球站使用的频率有可能会对与之共享同一频段的固定或移动服务站产生有害的干扰，另外，在地球站使用给定的接收频率也将引起接收从固定或移动服务站来的有害干扰。参见 coordination area。

coordination ion 配离子 配位化合物的中心离子与配位体键合形成的具有一定空间构型和特性的复杂离子。参见 coordination compound。

cophased horizontal antenna 同相水平天线 由同相馈电的水平对称振子组成的边射式平面天线阵，为了保证单向的辐射和接收，在阵面的一侧设置反射面。这种天线可用于短波干线通信或广播和米波警戒雷达等。

COPICS 面向通信的生产和信息控制系统 communications oriented production and information control system 的缩写。

coplanar electrode 共面电极 安装在同一平面上的电极。

coplanar self-assembled monolayers (SAM) 同极化自组装分子层 该分子层特征尺寸从 1 μm 到 100 μm，空间控制生物细胞的粘接和生成，用于改进对激励作出反应的生物神经网络。

COPPA 儿童在线隐私权保护法 Children's Online Privacy Protection Act 的缩写。

copper chip 铜(导线)芯片 在计算机芯片中用铜(而不是通常的铝)连接晶体管的微处理器。铜芯片由 IBM 开发并于 1997 年推出，当时将微处理器的速度提高了 33%。

copper clad laminate 覆铜箔层压板 一面或两面覆以电解铜箔的层压板。用于制成印制电路板。

copper distributed data interface (CDDI) 铜线分布数据接口 在屏蔽双绞线和非屏蔽双绞线电缆上 FDDI(光缆分布数据接口)协议的实现。CDDI 在相对短的距离上(约 100 m)进行传输，使用双环结构提供冗余功能，数据速率达到 100 Mbps，它基于美国国家标准协会(ANSI) TPPMD 标准。CDDI 正式命名为依赖物理介质双绞线(TP-PMD)标准，也可称为双绞线分布式数据接口(TP-DDI)。

copper loss 铜损耗 电流在绕组中流过时产生的功率损失。它等于电流(I)的平方乘以绕组导线的电阻(R)，即 I^2R。这种功率损耗转换成热量。

Coppermine 铜矿微处理器 美国 Intel 公司于 1999 年 10 月 25 日发布了基于 0.18 μm 技术制造、开发代号为"Coppermine(铜矿)"的新一代 Pentium Ⅲ处理器。此次 Intel 所发布的铜矿产品包括桌面 PC、笔记本 PC 和工作站处理器在内的 15 款产品。其主要特性：①内置工作在核心频率下的 256 KB 二级缓存。Coppermine 提供了单芯片解决方案、二级缓存控制器和缓存芯片的结构；②0.18 μm 技术和使用铝质导线互连技术。Coppermine 处理器的硅芯片面积非常小，面积只有 106 平方毫米，却集成了 2 800 万个晶体管，可以工作在 1.1 ～ 1.7 V 的电压下，发热量少，其功耗也相应地更低，更容易应用于对电源消耗要求苛刻的笔记本电脑上；③先进的缓存转换架构。它集成的 256 KB 二级缓存不仅运行在同频时钟下，而且使用一条 256 位的宽带数据通路，因此每两个时钟周期能转换 32 字节，这样在处理器的核心与二级缓存之间的理论数据带宽将达到 11.2 GBps；④先进的系统缓冲器。它用六个填充缓冲器代替先前 Katmai 处理器的四个填充缓冲器；用 8 条总线队列代替原来的 4 条；用 4 个回写缓冲代替原先的 1 个；⑤适用于移动电脑系统的 SpeedStep 技术。当笔记本电脑插接一个外部电源工作时，在 SpeedStep 技术的支持下，笔记本式的 Coppermine 处理器可以全速与全电压的方式运行。而当笔记本电脑使用电池时，SpeedStep 可以使 Coppermine 降低运行速度和电压以降低电源消耗，延长运行时间。

copper-oxide photovoltaic cell 氧化铜光电池 灵敏元件由铜层和氧化亚铜层组成的光电池。投射到电池上的入射光将产生电压。

copper wire 铜线 字面上讲，指由铜制成以传送电信号的线路，常常是同轴电缆的俗称。

COPR 控制操作者控制块 control operator control block 的缩写。

coprocessing 协同处理 多重处理的一种特殊形式。在协同处理系统中，主处理机和协同处理机执行同一个指令流。从该指令流中选择各自的指令加以执行。在这种处理方式下，由于主处理机不需要花额外的时间来启动协同处理机。因此，系统的性能可望得到较大的提高。

coprocessor 协(同)处理器 (1)用于进行协同处理操作的专用处理机。主处理器与协处理器执行同一个指令流,从该指令流中选择各自的指令加以执行,或者主处理器将有关指令递交给协处理器。常用的协处理器是浮点运算的协处理器,如 Intel 80387 和 Motorola 的 MC 68881。(2)在个人计算机的扩充板上的一种微处理器。它扩充了系统部件中处理器的地址范围,或者增加专用指令以处理某类特殊操作,如一种输入/输出协处理器、数学协处理器或网络协处理器。

COPS 公共开放策略服务协议 common open policy service 的缩写。

copy 复制,拷贝 从源文件中读出数据,并将其写到含有不同于源文件所在的物理媒质上的过程。读出后源文件数据不变。复制操作的范围可以是单个字符到大段文本、图形图像或一个到多个数据文件。

copy back 回写式 一种高速缓存工作方式。它在 cache 中设置标志地址及数据是否陈旧的信息,只有当 cache 中的数据被再次更改时,才将原更新的数据写入主存相应的单元中,然后再接收再次更新的数据,这样保证了 cache 和主存中的数据不致产生冲突。

copying program 复制程序 能将数据文件或程序文件从一个外部设备复制到另一个外部设备的一种计算机程序。

copyleft 非盈利版权,版权自由 一种自由软件基金会提倡的版权类,试图为非商业目的而推进版权软件的自由使用。copyleft 不同于 copyright 的是,它允许用户对作品进行无限复制和修改,它也要求用户承担义务,即在发布源代码和一切派生工作时不收费、不附加其他条款,并必须附带 copyleft 的条款。这样任何人无论是否作了修改,在重新发布软件时,都必须连带传递复制和修改这个软件的自由度。其主要目标是:使自由软件的衍生作品继续保持自由状态以及从整体上促进软件的共享和重复利用。

copy-on-reference 访问时复制 在存储管理中,为共享数据所使用的一种方法。当进程访问一个"访问时复制"的页面时,在访问前先将该页面复制,并让这个副本成为进程的私有页面。这种存储管理方法允许进程共享全程段的初值,该全程段的页面允许读/写访问,但包含了由许多进程可以利用的被预先初始化过的数据。

copy-on-write 写时拷贝,写时复制 (1)也称即写即拷贝,是数据备份技术,数据只有在被改变或覆盖时才会被拷贝。(2)写时复制是操作系统中基于页面的内存保护措施,允许两个进程共享同一页面直到其中之一要改写该页面为止。

copy-on-write snapshot 写时拷贝快照 一种保存数据集合在特定时间点的拷贝的备份技术,该技术只拷贝在拷贝初始化开始之后修改过的数据。参见 snapshot。

copy propagation 复制传播 程序编译器中的一种最优化技术。复制传播频繁用在其他最优化已经运行之后。优化过程中会引入复制,形成为 $f = g$ 的赋值称做复制语句,复制传播变换的做法是在上述复制语句后,尽可能用 g 代替 f 。

copy-protected format 拷贝保护格式 程序存储在一种媒体上的一种格式,可以保护程序不被一般设备所复制。

copy protection 拷贝保护 计算机程序中加入的一个软件锁,用于防止被未经许可的复制和发行,这种保护常涉及对磁盘存储空间的某种不寻常的使用以防止操作系统复制磁盘的内容。

copyright 版权 作者维护自己著作中的文字、图片、数据等不被他人复制、翻译或其他方式使用的权利。

copy volume 拷贝卷 在 MSS(海量存储系统)中,一种待用的海量存储卷。它是另一个海量存储卷的准确复制品,两个卷还有相同的卷标识符。

coral ring 珊瑚状环 一种特殊的环形数据结构。在这种结构中,各个子记录除了带有后继指示字外,还交替地带有先前的指示字和主指示字。

CORBA 公共对象请求代理体系结构 common object request broker architecture 的缩写。

cord 软线 一种细而极柔软的挠性绝缘导线。通常用于临时的连接而和插头等装在一起,如插入配电板上。

cord circuit 塞绳电路 一种交换台面板电路,其中有一根两端有插头的塞绳,用于在用户线之间,用户线与中继线之间人工建立连接。人工交换台配备有许多塞绳。塞绳可以指前塞绳,后塞绳或中继塞绳和站塞绳。在现代无塞绳交换台中,塞绳电路的功能已改由开关操作并可能是可编程的。

cordless switchboard 无绳交换台 一种电话交换台,其中采用键来进行人工操作而不是用塞绳电路来进行连接。参见 cord circuit。

cordless telephone (CT) 无绳电话 无绳电话是一种在电话机内装有无线电收发机的电话,通常由一部主机和一部或几部副机组成。由于副机上没有电话机绳,与移动电话手机相似,所以称为无绳电话。主机是与公用电话网相连的,内部装有无线收发机,具有普通电话机的功能,它与副机之间通过无线电波连接。副机可以随身携带,只要是在距离主机一定范围内,在任何地点都可以接受和呼叫。因此也是一种短距离的移动电话。

cordless telephone 1 (CT1) CT1 标准 第一代模拟无绳电话标准。是 20 世纪 70 年代中期出现的,主要为电话用户解决电话机不能在室内随意移动而设计的。该系统由一部电话主机、一部或数部无绳副机组成，主、副机之间通过模拟无线链路连接，用户持无绳副机可在室内一定范围内移动通话。

cordless telephone 2 (CT2) **CT2 标准** 第二代数字无绳电话标准。1989年在英国首先实现。CT2系统由网管中心、计费系统、基地站和手机组成。基站与市话网之间用中继线相连接，不需要交换设备。基地站分为公用基地站和家用基地站两种。用户只要有一部CT2手机便可通过公用基地站网，在200 m范围内移动通话，但通信方式一般为单向通信，只能打出，不能呼入，故配上无线寻呼机使用更方便。如用户处安装一台家用基地站，通过电话主机线接入市话网，即可实现双向通信。在英国CT2系统被称为电信点(Telepoint)。

cordless telephone 3 (CT3) **CT3 标准** 第三代数字无绳电话标准。有欧洲的数字增强型无绳通信标准(DECT)、日本的小灵通(PHS)系统、美国的个人接入通信系统(PACS)。

cord-grip **压线装置** 在电器电源线引出处设置的一种压紧装置，用以防止电源线被拉出。

cord set **电线组件** 指装配组件，它由一条电缆和不可拆插头及不拆连接器组成。

core **核，光纤芯，磁芯(存储器)** (1)在AIX windows程序中的最高级超集，派生出所有的窗口部件和零件，核由三个子类构成，提供AIX windows Toolkit中所有窗口部件和零件需要的外观资源和行为资源。(2)在光缆中的传输光信号的透明中心纤维，光纤芯外面包裹着包层，包层将光反射回光纤芯。参见cladding，optical fiber。(3)早期用于计算机的一种存储器类型，它在随机存取存储器(RAM)芯片可用之前曾使用过。有些人还在使用这个术语表示计算机系统的主内存。参见magnetic core，multiaperture core，paper core。

core area **芯区** 介质波导管的横截面部分，该区域各处折射率均大于附近区域的折射率，折射率由关系式 $n_3 > n_2 + m(n_1 - n_2)$ 给定的最小横截面，式中 n_2 是邻近纤芯的均匀包层中的折射率，n_1 是纤芯中的最大折射率，m 是小于1的小数，通常不超过0.05。

core based trees (CBT) **有核树** 由根到所有组成员的最短路径合并而成的树。CBT的基本目标是减少网络中路由器多播状态，以提供多播的可扩展性。为此，CBT被设计成稀疏模式(与PIM-SM相似)。CBT使用双向共享树，允许多播信息在两个方向流动。这一点与PIM-SM不同(PIM-SM中共享树是单向的，在RP与多播源之间使用SPT将多播数据转发到RP)，所以CBT不能使用RPF检查，而使用IP(网际协议)包头的目标组地址作检查转发缓存。从路由器创建的多播状态的数量来看，CBT比支持SPT的协议效率高。CBT为每个多播组建立一个生成树，所有多播源使用同一棵多播树。CBT工作过程大体如下：①首先选择一个核，即网络中多播组的固定中心，来构造一棵CBT；②主机向这个核发送join命令；③所有中间路由器都接收到该命令，并把接收该命令的接口标记为属于这个组的树；④如果接收到命令的路由器已是树中一个成员，那么只要再标记一次该接口属于该组；如果路由器第一次收到join命令，那么它就向核的方向进一步转发该命令，路由器就需要为每个组保留一份状态信息；⑤当多播数据到达一个在CBT树上的多播路由器时，路由器多播数据到树的核。以保证数据能够发送到组的所有成员。CBT将多播扩张限制在接收者范围内，即使第一个数据包也无需在全网扩散，但CBT导致核周围的流量集中，网络性能下降。所以某些版本的CBT支持多个核心以平衡负载。比较shortest path tree (SPT)。

core center **纤芯中心** 在具有圆形横截面的光纤中，最符合芯区的外部界限的圆的中心。纤芯不一定是护层和参考圆的中心。

core-cladding concentricity **纤芯-包层同心度** 在多模圆形光纤中纤芯和包层中心的距离被纤芯直径除所得的数。在单模光纤中，纤芯和包层中心的距离。

core-cladding power distribution **纤芯-包层能量分布** 对一种在光纤中传播的电磁波的特定模式而言，纤芯中传播该模式全部能量的一部分，剩下的部分能量在包层中。纤芯中的能量的比值由关系式 $P_{core}/P_T = 1 - P_{clad}/P_T$ 给出，式中 P_{core} 是纤芯中的能量，P_T 是模式的总能量，P_{clad} 是包层中的模式能量。给定模式的能量分布随波导周围的距离而改变，特别对于高阶模而言，其中的包层能量可在横向辐射中损耗。

core class **核心类** 在Java编程语言中，作为该语言的基本成员的一种公共类或接口程序。核心类在所有运行Java平台的操作系统中都是可用的。完全用Java语言编写的程序只依赖于核心类。

core conformance **核心一致性** 在FORTRAN语言中，指一个不包含指定特征的标准的一致性程序。

core diameter **纤芯直径** 在一根实际的光纤的横截面中，理想上是圆形，但可近似为椭圆形，纤芯直径是可以围绕纤芯-包层边界的最小的圆的直径和可以内接纤芯-包层边界的最大的圆的直径的平均值。参见core noncircularity。

Core Duo **酷睿双核** 美国Intel公司在2006年推出的双核酷睿处理器，通过SmartCache技术两个核心共享2M L2资源。参见Core micro-architecture。

core gateway **核心网关** 一系列网关或者路由器，由因特网网络操作中心操作，构成一个因特网路由的中心，其中所有的组必须向路由中心发布其路径。

CORE graphics system　CORE 图形系统　由美国计算机协会图形标准化计划委员会(GSPC)提出的一个图形软件标准。1977 年首次提出，1979 年又公布修订版。CORE 系统以二维和三维图形为处理对象，具有很强的交互式输入功能和取景功能，可以支持对标记符号、直线、折线、正文和多边形等图形元素及其属性的描述，并提出作为一组可操纵元素的图形段的概念，该概念已为 GKS(图形核心系统)所采用。CORE 系统主要是应用在高性能画线图形方面，提高高密度画线图形和三维旋转图形等的效率。参见 graphics kernel system GKS)。

core image file　磁芯映像文件　按保存在主存储器中的顺序逐字存入磁盘的文件。

core image library　磁芯映像库　在某些操作系统中，由链接编辑程序作为输出产生的一个程序节段库。磁芯映像库中的程序节段或者具有可直接执行的格式，或者具有经过再定位装配程序处理后再执行的格式。

core loss　磁芯损耗　磁芯损耗由三个分量组成：磁滞损耗、涡流损耗及寄生损耗。这些都是磁芯材料中的交变磁场所造成的。磁芯损耗是工作频率和磁通量变化幅度的函数。

core memory　磁芯存储器　磁芯存储器是华裔王安于 1948 年发明的。到 20 世纪 70 年代被半导体存储器取代。同 core storage。

Core micro-architecture　酷睿微架构　美国 Intel 公司在 2006 年推出的微处理器架构的名称，是用来取代奔腾(Pentium)微架构的产品。酷睿微架构拥有多核心、64bit 指令集、14 级流水线设计、4 发射的超标量体系结构和乱序执行机制等技术，支持 36bit 的物理寻址和 48bit 的虚拟内存寻址，支持 EM64T 扩展技术、SSE4(单指令多数据流扩展 4)指令集以及 Vanderpool 虚拟化技术。参见 Core processor。

core mode filter　纤芯模滤波器　诸如一圈缠绕着芯子的光纤，该设备将高阶传导模从光纤中除去。

core network (CN)　核心网　核心网是将业务提供者与接入网，或者接入网与其他接入网连接在一起的网络。从网络结构上区分网络的不同部分，在非特指情况下，核心网可以指除接入网和用户驻地网之外的网络部分。核心网由多个节点(如交换节点和汇聚节点)和链路(如连接节点的传输系统)构成。在特指情况下，使用"核心网"一词需要加上限定词，如"ATM 核心网"，"GSM 核心网"等。此时核心网一般指某种网络中的中心部分、骨干部分。一般而言，核心网具有传递信息能力强、容量大、速度快、质量高的特征。

core noncircularity　纤芯不圆度　对圆形光纤而言，纤芯横截面与圆偏差的百分比。纤芯不圆度的计算是用外切于纤芯区域的最小圆与内接于纤芯区域的最大圆的直径的绝对差值除以纤芯直径。参见 core diameter。

Core processor　酷睿处理器　美国 Intel 公司在 2006 年推出的微处理器的名称，服务器版的开发代号为 Woodcrest，桌面版的开发代号为 Conroe，移动版的开发代号为 Merom。酷睿处理器分双核、四核、八核三种。采用 800 MHz～1 333 MHz 的前端总线速率，45 nm 或 65 nm 工艺。参见 Core micro-architecture。

core program　核心程序　一个驻留在内存中的程序或者程序段。

core reference surface concentricity　纤芯参考面同心度　在多模圆光纤中，纤芯和参考面中心的距离被纤芯直径除得到的数。在单模圆光纤中，纤芯和参考面中心的距离。

core router　核心路由器　(1)在因特网中，位于网络核心，主要用于数据分组选路和转发，一般具有较大吞吐量的路由器。参见 edge router。(2)在数据分组交换星型拓扑结构中的路由器，它是主干网的一部分，而且作为来自外围网络的所有业务量必须沿路径传送到其他外围网络的单一管道。

coresident　协同驻留　指在同一时间存储器中装入了两个或两个以上程序的状态。

core storage　磁芯存储器　由多只由铁磁材料作成的小圆环(磁芯)组成。这些磁环被穿在金属导线上组成磁芯板。字符代码或字节中的每一个单元都由一块磁芯板表示，将这些磁芯进行磁化以代表二进制数，负极性代表 0，则正极性代表 1。将相邻磁板的正负极性状态综合之后，就能表示数字符、字母符和特殊字符，每一个这样的字符都有其各自的二进制代码。这种存储器早已被半导体存储器所代替。参见 binary coded decimal，binary number system。

core tolerance area　纤芯容差区　在圆光纤的横截面中，外切于纤芯区域的最小圆与内接于纤芯区域的最大圆的之间的区域，两个圆都与纤芯中心同心。

core wrap　缆芯包层　在光缆中，配置在光缆的光波导周围的物质，用于机械保护、电绝缘、热绝缘和减少弯曲时的变形。

corner reflector　角形反射器　一种无源光反射镜，通常由三个互相垂直的导电金属面或屏组成，设计用来向原点反射一个反射电磁波。

corner reflector antenna　角形反射天线　也称"角形天线"，由一馈线和一个或多个角形反射镜组成的天线。通常，它由位于直角等分线上的偶极子或共线偶极子阵列馈电。参见 corner reflector。

corona　日冕，电晕　(1)日冕是太阳大气的外层区域。它的两个主要部分是高约 75 000 km 处，温度约 2×10^6K 的 K 冕(或称内冕)和较冷而延伸到空间中几百万 km 的 F 冕(或称外冕)。(2)当靠近导体处的电位梯度超过临界值时，导体周围所发生的表现为带蓝色的紫色辉光区域。它由空气电离所引起，并伴以咝咝声。电晕放电(或称端点放电)出现在尖端的地方，那儿因空气分子被吸引、充电、继而排斥，使得表面电荷密度很大。

corona shielding　电晕屏蔽　为降低沿线圈表面的电位梯度而采取的措施。

coroutine　协同例程　协同例程与子例程相同之处是把一组输入转换为一组输出，与子例程不同之处是其寿命不受控制流向的限制。当协同例程返回时，它的执行并不结束，以保存其共用记录。协同例程的每次调用开始于前一个调用停止，而协同例程的控制和局部数据状态被保留。协同例程的应用包括编译程序、操作系统和离散事件模拟程序等，它还被用于文本处理人工智能、分类和数值分析程序等方面。

corporate area network (CAN)　企业区域网　企业区域网是一个分割的，受保护的企业内部互联网。当人们位于企业区域网时，他们不能够访问因特网或者其他的企业网络。企业区域网可能直接连接，如在令牌环配置下，或者在地理位置上分散的子公司通过网络线连接在一起。

corporate index　机构索引　也称"机构引证索引"，机构索引分成地理部分和机构部分两部分。机构部分不提供文献和文献出处，只列出各机构的所在国家和城市名称。再通过地理部分，才能找到文献及文献出处。参见 science citation index (SCI)。

corporate model　整体模型　整体模型的主要用途是帮助人们了解在各种不同的假定组合下，什么样的条件是最好的。如当把一个公司作为一个整体时，则模型可以看成由三个主要部分，即环境、工厂和管理构成。其中环境包括影响该公司而又不受公司直接控制的全部因素；工厂提供了生产手段；而管理表示公司的制订经营决策等方面的作用。

corporate portals　公司门户站点　也称"下一代的企业内联网"，公司门户站点的工作就是把公司内外的重要信息带给桌面系统。它也过滤掉大部分外来信息，如供别人看的成千上万页企业内联网页面或者供其他部门人员阅读的电子邮件等。建设能百分之百完成这些任务的门户站点是非常困难的。公司门户站点需要八层技术：①表示层：标准的 Web 站点显示技术，如 HTML(超文本标记语言)、JavaScript 和应用小程序或者层叠样式表单(CSS)加上数据可视化技术；②个人化层：为个人用户过滤信息的代理程序，它们还可以建议用户对什么感兴趣；③协作层：群件技术，如讨论、交谈会话和项目库；④过程层：诸如在线交易一类的技术，它们是各种业务或工作过程的引擎；⑤出版和分配层：采用可移植格式(如可移植文档格式)的文档仓库以及出版/发行引擎或其他"推送"信息的方法；⑥搜索层：全文搜索引擎和搜索文档描述和其他内容的搜索引擎；⑦分类层：生成和维护分类的工具。分类必须随不同受众而变化，不同的受众以不同的方法查看相同的文档和数据；⑧一体化层：访问不同的后台数据源的工具以及把外面世界送来的数据带入的工具。从文档系统、网站服务器和电子邮件送来的结构化和非结构化数据的索引。正是这些层和功能使得门户站点非常复杂。它不只是节点有很多链接的 Web 网页，而且是向用户展现来自结构化数据源(如数据库、电子表格和企业资源计划(ERP)应用程序)以及来自 Web 网站、文档和电子邮件的非结构化数据的 Web 网页。它包含了搜索引擎和对成千上万页基于企业内联网信息的大量智能化分类及分级的列表。

Corporation for Open Systems (COS)　开放系统协会　一个非盈利性的研究、开发的合作机构，它由通信公司和机构组成，为电信系统和部件运转测试平台，开发和测试通信系统端对端的互操作性，协议的可行性及对现有系统，如综合业务数字网(ISDN)的标准和执行过程的分析。

COR-PSK　相关相移键控　correlative phase shift keying 的缩写。

corpus　语料库　存放在存储媒体上的有关语言材料的全体，可以为自然语言信息处理的研究提供语言数据，也可以应用于语言教学、词典编纂等。它是语言统计、词典编纂、各种索引编制的基础。

corpus linguistics　语料库语言学　语言学的一个分支。把大规模的自然语言数据(书面文本或言语录音的转写)作为语言学描写、验证语言假说、或建立语言学统计模型的依据。

correct and copy　校正和复制　从一盘磁带向另一盘磁带通过特定的校正而复制标定记录的过程。操作磁带时使用记录计数法或文件识别法。

correcting signal　校正信号　在同步系统中用于校正数据定时的一种专用信号。

correction　校正量　一种可加到计算机或观察值中而获得真值的量。

correction from signals　信号纠正　电报传输中，不用专用的同步信号而靠构成电文的电报信号重新构成时的特征时刻的位置来保持同步的一种同步方式。

correction methods of control system　控制系统校正方法　通过引入附加装置使控制系统的性能得到改善的方法。控制系统校正方法是经典控制理论的一个主要组成部分，通常讨论仅限于单输入、单输出的线性定常控制系统。按校正装置在控制系统中的连接方式，校正方式可分为串联校正和并联校正。参见 classical control theory，time-ivariant systems，series correction，parallel correction。

correction program　校正程序　在计算机出现故障以后，一种用来重新组织程序执行的特殊程序。程序从出错以前的最近点重新开始执行。

correction request　校正请求　一种维护消息，请求

校正通信系统可以检测出来的有错消息的全部或部分，如错误的组，错误的字符计数和块计数。

correction time 校正时间 在控制系统中，继独立变量或工作条件的任何变化之后，使受控变量达到并停留在控制点周围预定范围内所需的时间。也称“稳定时间”。

corrective control 矫正性控制 为矫正已发生的不良事件所采取的行动。

corrective maintenance 矫正性维护，纠错维修 (1)通过系统中实际的错误对软件进行必要的修改。(2)专指为排除部件、设备或系统的故障而进行的维修。比较 preventive maintenance。

corrective network 校正网络 也称“整形网络”。插入电路中以改善其传输特性、阻抗特性或对两种特性均进行改善的电网络。

corrective service 校正服务 在某些操作系统中，用于解决某个特定问题的 APAR(特许程序分析报告)或一个 PTE(程序临时性修改)的修理服务。

correctness 正确性 软件或其部件产品质量的一个主要因素。软件产品能准确地实现它所定义的功能及任务的能力。软件无设计和编码缺陷的程度。即软件无故障的程度、软件符合规定的需求的程度，软件满足用户期望的程度。

correctness of algorithm 算法正确性 对任意一个合法的输入经过有限步执行之后算法应给出正确的结果。算法正确性证明包括两个方面：①证明关于输入与输出之关系的命题是正确的；②证明算法中的公式及计算方法是正确的。正确性是对算法最基本、最重要的要求。

correctness proof 正确性证明 (1)规格说明和实施情况之间的数学证据。它可以在安全形式模型规格说明的级别上、形式规格说明高级语言编码级别上、编译器级别上或硬件级别上给出，如如果系统通过了设计和实施的验证，那么它整体的正确性就依赖于编译器和硬件的正确性。一旦系统被证明是正确的，那么它就可以按照规定运行。(2)用形式方法形成一个程序的一般陈述，在该陈述中，程序目标与输入数据的特定值无关。正确性证明可用于代替程序的穷举性测试。参见 proof of program correctness。

correct recognition rate 正确识别率 模式识别设备的一个识别性能指标，即能被正确识别的样本在所有被识别的样本中的比率。

correlated color temperature 相对色温 如果某个光源之光谱分布和黑体辐射不同时，但其色彩特性和某个温度的黑体辐射色温接近时，该色温即为相对色温。

correlated subquery 相关子查询 也称“重复子查询”。子查询的查询条件依赖于父查询称为相关子查询。这意味着子查询是重复执行的，因为对外层父查询的每一条元组都要运行一次子查询，从而可能导致大量的随机磁盘 I/O 操作。因此，相关嵌套查询的执行效率较低。参见 uncorrelated subquery。

correlation analysis 相关分析 研究随机变量之间相关性的统计分析方法。相关分析是研究现象之间是否存在某种依存关系，并对具体有依存关系的现象探讨其相关方向以及相关程度，是研究随机变量之间的相关关系的一种统计方法。参见 descriptive statistics，divergence tendency analysis，correlation analysis。

correlation coefficient 相关分析 度量两个随机变量间关联程度的量。相关系数的取值范围为(−1，+1)。当相关系数小于 0 时，称为负相关；大于 0 时，称为正相关；等于 0 时，称为零相关。参见 correlation analysis。

correlation reasoning 相关推理 利用统计相关函数中相关系数(主要是交相关系数)来对知识库中有关知识进行快速搜索的技术。对于极复杂的问题或综合大知识库搜索及机器发明，这是一种针对未知规则推理的重大技术。

correlative coding 相关编码 在数据流中引入某些受控的符号间干扰，而不是试图完全消除这种干扰，并改变检测步骤，在检测器上达到消除干扰的效果，以此获得理想的符号率的编码。

correlative index 相关索引 在几个索引词之间具有或包含相互关系信息的索引。

correlative phase shift keying (COR-PSK) 相关相移键控 为了使已调制信号的相位连续，把基带数字信号进行相关编码后，再进行相移键控的调制技术。

correlator 相关器 通过实施接近于相关函数计算，对处于噪声中的微弱信号进行检测的电路。实例有在扩频系统中，将接收信号与当地参考信号相比较以检验是否一致的仪器。

correspondence 对应 现实世界中实体(集)与实体(集)间相互联系的描述。两实体集 E_1，E_2 中的每一个实体最多只能和另一个实体集中的一个实体有联系，则 E_1，E_2 间存在“一对一”的唯一一种联系途径(如旅客与车票座号)。若 E_2 中每个实体与 E_1 中任意多个(包括零个)实体有联系，而 E_1 中每个实体至多只同 E_2 中一个实体有关，则这种对应称为“从 E_2 到 E_1 的一对多联系”(如父子关系，班长与同学的关系)。如果两个实体集 E_1、E_2 中的每一个实体都和另一个实体集中任意多个(包括零个)实体有联系，则称这两个实体集是“多对多”的联系(如师生关系，商店与商店，图书与读者，工厂与产品的关系。

correspondent entities 相应实体 在开放系统互连体系结构中，在同一层中具有相互连接关系的实体。

corresponding terminals 相应端子 变压器不同绕

组标注相同字母或符号的端子。

corrugated-surface antenna 波状表面天线 由向模式变换器或喇叭发射装置馈电的波导和引导表面波的横向波状金属表面组成的微波天线。

corrupt data 污染数据 在数据安全中，指被偶然或蓄意更改、破坏的数据。

corrupted file 损坏的文件 磁盘上因某种原因受损不能再读出的文件。

corruption 毁坏 由于计算机的硬件或软件的出错所导致的数据或程序的破坏或丢失。

C

COS (1)公共操作服务 common operations services 的缩写。(2)开放系统集团、开放系统协会 Corporation for Open Systems 的缩写。(3)卡片操作系统 card operating system 的缩写。

CoS 服务级(别) class of service 的缩写。

COSA 中国开放系统软件平台 China Open System Alliance 的缩写。

COSAP 联机期刊征订合作企业 cooperative online serials acquisition project 的缩写。参见 teleordering。

COSINE 欧洲开放系统互联网络协会 Cooperation for Open Systems Interconnection Networking in Europe 的缩写。

cosine effect 余弦效应 激光和微波测速装置中的一种效应，其测得的速度和实际速度之间的关系与一个因子有关，该因子等于波束中心线与目标车辆行驶路线的夹角的余弦。

cosine emission law 余弦发射定律 辐射表面在任何方向发射的能量与该方向同法线之间的夹角的余弦成正比。

cosine winding 余弦绕组 阴极射线管的偏转线圈中使用的绕组，用来防止电子束在整个屏幕区偏转时聚焦的变化。

cosmic noise 宇宙噪声 耦合到通信系统中的噪声或干扰，起源于太阳系外，可能在银河外，源自其他星系的发射星云以及超星系的残迹。该噪声是随机的和类似于热噪声的，频率在 15 MHz 以上。

cosmic radiation 宇宙辐射 高能粒子从空间落到地球上。初级宇宙射线含有一些最丰富元素的核，而质子(氢核)构成的比例最高，也存在电子、正电子、中微子和 γ 光子。当其进入地球大气中时，与氧以及氮的核撞击产生二次宇宙射线。二次射线含有基本粒子和 γ 光子。单个的高能初级粒子可产生大量的二次粒子流。

cosmic radio wave 宇宙无线电波 起源于宇宙源的无线电波，如银河星系射电噪声和来自太阳的射电噪声。

cosmology 宇宙学 对宇宙现象、起源和演变进行研究的学说。

cosplay 角色扮演 游戏的一种类型，在游戏里玩家扮演一个主角，在游戏里和主角一起感受剧情。

cost analysis 成本分析 对任何一种成品和工序的生产或在工业或商业机构中服务的成本计算和确定。

cost measurement 成本度量 软件开发成本度量主要指软件开发项目所需的财务性成本的估算。主要方法如下：①类比估算法。类比估算法是通过比较已完成的类似项目系统来估算成本，适合评估一些与历史项目在应用领域、环境和复杂度方面相似的项目。其约束条件在于必须存在类似的具有可比性的软件开发系统，估算结果的精确度依赖于历史项目数据的完整性、准确度以及现行项目与历史项目的近似程度。②细分估算法。细分估算法是将整个项目系统分解成若干个小系统，逐个估算成本，然后合计起来作为整个项目的估算成本。细分估算法通过逐渐细化的方式对每个小系统进行详细的估算，可能获得贴近实际的估算成本。其难点在于，难以把握各小系统整合为大系统的整合成本。③周期估算法。周期估算法是按软件开发周期进行划分，估算各个阶段的成本，然后进行汇总合计。周期估算法基于软件工程理论对软件开发的各个阶段进行估算，很适合瀑布型软件开发方法，但是需要估算者对软件工程各个阶段的作业量和相互间的比例有相当的了解。

COSTAR 会话联机存储与检索 conversational online storage and retrieval 的缩写。

Costas loop 科斯塔斯环 一种锁相环路，用于将载波信号从抑制载波调制信号，如从双边带抑制载波中的信号复原。通常在科斯塔斯环的实现中有一个本地压控振荡器提供正交输出到两个相位检测器，即乘积检测器，和输入信号相同的相位也施加到两个相位检测器，其每个相位检测器的输出再通过低通滤波器，而这两个低通滤波器的输出则加到另一个相位检测器的输入，再将其输出到一个环路滤波器，之后用来控制压控振荡器。

cost-based optimization (CBO) 基于代价的优化 一种数据库查询物理优化方法。基于代价的优化是根据数据词典中记载的各种统计信息，这些统计信息包括表的大小、有多少行、每行的长度等，估算各种执行策略的代价，并从中选择一个系统认为是“最好”的执行策略。基于代价的优化方法可以找出各种可能的选择(连接的各种排列次序、并的各种排列次序、操作符各种实现算法等)加以组合，对每个可能的物理计划估算代价和内存需求量，在满足内存需求的前提下选择具有最小代价的计划。基于代价的优化方法可以找出最优的执行计划，但优化的开销可能会比较高。参见 physical optimization, rule-based optimization (RBO)。

cost/benefits analysis 性能/价格[成本效益]分析 对开发信息系统的价格和性能进行研究。价格包括系统开发周期过程中人员和机器开销以及系统开发后的操作费用。运行费用包括工资和计算机运行开销、硬件和系统软件维持以及应用程序维护开销、存储介质和纸张供应开销等。实质性效益可由程序在新老系统中运行时,从人员和机器资源节省方面计算出来。非实质性的效益包括改善客户服务和职员技能等,它可相对地或更有效地在市场竞争中获得比实质性效益更大的报答,但也是很难判断的。非实质性收益的判断通常主要依赖于专家管理决策。

cost-effectiveness 成本效率 衡量一个系统或一个产品的性能或其有效程度与成本间的关系的指标。

cost of non-quality (CONQ) 非质量成本 也称"不合格品价格",通常也指质量成本。指具有质量问题的产品成本。包括更换、维护、返修和失效分析成本。非质量成本应通过对预防成本、检测成本、内部失效成本和外部失效成本的分析获得。理论上,预防成本不应包括在内,应作为一项投资处理,以降低其他三种成本。

cost of optimal path 最佳路径的费用 从初始节点开始,经过搜索图中一个节点 n,到达目标节点的最小费用。

cost of ownership 占有成本 要求的原材料、元件、子系统等的成本。计算占有成本时应在原始进货价格上加上额外花费,如可靠性测试成本、入库存储成本等。

cost of production system 产生式系统的费用 产生式系统求解问题的总开销。产生式系统费用=应用规则的费用+控制费用。带回溯的控制费用=确定可应用的规则集的费用+选择一条规则的费用+测试结束条件的费用+记录回溯点的费用+回溯的费用。产生式系统所使用的启发性信息量与费用的关系通常可用图形来表示。

cost of solution graph 解图的费用 一个节点 n 到解节点集 N 的费用。

cost performance 性能价格比 衡量计算机产品优劣的综合性指标。性能主要指机器的运算速度、主存储器的容量和存取周期、通道信息流量的速率、输入输出设备配置及机器可靠性等。价格是机器的售价。

cost-risk analysis 成本风险分析 在信息系统中提供数据保护的费用与在没有数据保护的情况下损失与泄露数据的潜在风险费用作比较并进行评估。

COT (1)客户办公终端 customer office terminal 的缩写。(2)局端机 central office terminal 的缩写。

Cotton effect 科顿效应 在直线偏振光入射并透过旋光性物质(或称光学活性物质,能使左、右旋圆偏振光传输速度相异,如芳香族化合物)时,会产生角度的偏转现象称为科顿效应。

coulomb 库仑 电量的标准国际基本单位,符号为C,以法国物理学家库仑(1736～1806 年)命名。它相当于一安培电流在一秒钟内传输的电荷。

coulomb collision 库仑碰撞 带电粒子之间的碰撞。在库仑力的作用下使粒子偏离其原来的轨道。

coulomb force 库仑力 一个带电粒子对另一个带电粒子施加的静电吸引力或排斥力。

coulomb meter 库仑计 通过对输入阻抗极高的电路中存储的电荷进行累积求和,以库仑为单位对电量进行测量的仪器。也称"电量计"。

coulomb potential 库仑电位 一个标量场,它等于每单位电荷所做的功或等于在真空中将带无限小正电荷的粒子从无限远处移至带电粒子所在的场时,由库仑力所做的功。

coulomb scattering 库仑散射 当带电粒子通过受到其他带电粒子的静电力作用的物质时所产生的散射。

Coulomb's law 库仑定律 电荷间引力和斥力的通用定律。在相距为 d 的点电荷 Q_1 和 Q_2 两带电质点间的力(有时称为库仑力),正比于电量乘积,反比于它们之间距离的平方。在点电荷周围的电场称为库仑场,带电粒子被原子核周围库仑场所造成的散射称为库仑散射。本定律是 1785 年库仑首先发表的。

counter 计数器 (1)具有有限多个状态,每个状态都表示为一个数的一种装置。当它接收到一个适当的信号后,所表示的数增加一个单位值或常数;这种装置通常能够将所表示的数字变化到一个指定的值,如零。(2)用于保存计数值的寄存器。该计数值一般是用于表示某一特殊事件轨迹或发生次数的,如程序计数器,它用于记录指令地址,在程序顺序执行时,每执行完一条指令后,其计数值就增加一个值。计数器的计数值的增、减可以通过计数器本身的特殊线路来实现,也可以通过计数器之外的其他线路来实现。计数值只能增不能减的计数器称为正向计数器,既能增又能减的称为可逆计数器或双向计数器。参见 instruction counter, modulo-n counter, preselector counter, reversible counter, total counter。

counter circuit 计数器电路 接收代表被计数单位的脉冲并产生与总计数成正比的电压的电路。

counter-electromotive force 反电动势 在感性电路中,由变化电流建立的电压。每一瞬时电压的极性都与所产生的或外加电压的极性相反。

counter intelligence 反竞争情报 专门针对现实的或潜在的竞争对手对本企业所进行的竞争情报活动而展开的,一种通过对本企业自身商业活动的监测与分析来对本企业的核心信息加以保护的活动。反竞争情报活动的实质就是企业通过正当的、合法的手段积极抵御竞争对手对本企业核心信息的情报搜集活动。因此,反竞争情报活动不仅包括研究企业自身的防御方式与途径,还要充分分析竞争对手对本企业的竞争情报活动,以保护本企业各类核心秘密信息。比较 competitive intelligence。

counterpoise　地网　在天线系统中,用作地或大地的替代物的导体或导体系统。

counter-rotation　逆向旋转　两个信号通路均以单环拓扑构成的一种结构(每个方向一个环)。

counting circuit　计数电路　一种用连续脉冲初启的电路,能累计规定的脉冲个数并给出与每个脉冲相应的不同指示。

counting efficiency　计数效率　产生计数的光子或电离粒子的平均数与入射到辐射计数器敏感区上的平均数之比。

counting loop　计数循环　程序设计中,一组被重复的语句,由此导致一个用作计数器的变量增值。参见 loop。

counting sorting　计数排序　内排序中的一种简单排序方法。它通过计算所有小于给定关键码值的关键码个数来进行对诸如记录的排序。

counting Turing machine (CTM)　计数图灵机　一种非确定型图灵机。对于输入串 x,其输出是 x 的可接受计算的个数。

count-key-data (CKD) device　计数-键-数据设备　(1)一种磁盘存储设备。它所存储的数据按如下的格式组成:一个计数字段,通常后跟一个键字段,再后面就是记录中的实际数据。其中的计数字段包含记录的地址和数据的长度,地址的格式为 CCHHR(CC=柱面号,HH=磁头号,R=记录号);键字段含有记录的关键字(搜索参量)。比较 fixed-block-architecture (FBA) device。(2)磁盘存储器的一种磁道记录格式。采用这种格式的每一磁道包括了内部地址、计数区、键区、数据区和区间间隔等信息区域。每个记录块的数据长度可变。

country code　国家码　(1)在 X.25 通信中位于公共网络中网络用户地址国家终端号之前的 3 位数字。(2)在 URL(统一资源定位器)地址中,用来表示 Web 站点所在国家的两个字母,通常也称"地址的地理域名"。参见 uniform resource locator (URL)。

country code top level domain names (ccTLD)　国家代码顶级域名　互联网名称与数字地址分配机构(ICANN)管理的、供国家或地区使用的顶级域名。这些顶级域均由两个字母组成,现时的 ISO 3166-1 标准制订了 243 个国家及地区的顶级域名,如中国是 cn,美国是 us,日本是 jp 等。参见 the internet corporation for assigned names and numbers (ICANN)。

country-or-network identity　国家或网络标识符　在国际通信中,一种含有一定数量地址符号的回传信息,用来说明已接转的被呼叫的国家或网络(即被接通国家号或网络号)。

country-specific　国家专用的　任何使用某一个或者若干个国家专门习惯的硬件和软件,不同于语言专用,因为一个国家不一定对应于一种语言,与国家相关的信息有键盘格式、日期和时间格式、货币符号、数据表示方法,这些特征由操作系统处理或者由提供选择项的应用程序处理。

count to infinity　无穷计数　路由选择算法中出现的一个问题。出现这个问题时,路由器会连续地增加特定网络的跳跃计数值。一般来说,设置某个任意的跳跃计数限制值可以预防这个问题的出现。

couple circuits　耦合电路　连接两个电路,使信号可以从一个电路传送到另一个电路。

coupled computers　耦联计算机　联合多台计算机去实现专门应用的系统,如并行的两台计算机同时操作,可用来互相核对对方,而且在需要时,耦联计算机中的每台计算机又可以独立进行操作。

coupled modes　耦合模式　(1)在光纤中的一种模式,该模式与一种或多种其他模式共享能量,即它们一起传播。在所有的耦合模式中能量的分布随传播的距离而不断变化。(2)在微波传输系统中,能量从基本模式转移到更高阶模式的状态。在波导管中的微波传输系统中,通常不希望能量转移到耦合模式。

coupler　耦合器　在系统间传递功率的器件。参见 fiber-optic coupler, hysteresis coupler, induction coupler。

coupler excess loss　耦合器额外损耗　光纤耦合器功率损耗,在理想耦合器中所有的输入功率都耦合到输出端中。参见 coupling loss。

coupler transmittance　耦合器传递系数　在光纤耦合器中,向每个输入端 i 发送一个已知的光功率电平,一次一个,同时测量对应每个输入端 i 的每个输出端 j 的功率,测得耦合器的输入端和输出端的光传递系数。在 2×4 的耦合器中有六个端口,对于两个输入端中的每一个,将测量四个输出端的每个输出端的功率来决定八个耦合系数。

coupler transmittance matrix　耦合器传递系数矩阵　对于光耦合器而言,一个 L 维 × L 维的矩阵,其中 L 是端子的总数,输出端和输入端没有区别。在 2×4 的耦合器中 L 将为 6,具有六个端子,编号为 1～6。每一个传递系数 T_{ij} 以分贝为单位,在矩阵中用 $T_{ij} = 10\mathrm{Log}10(P_i / P_j)$ 来表示,式中 T_{ij} 是从输入端 i 到输出端 j 的传递系数的分贝数,P_i 是输入端子 i 的光功率,P_j 是端子 j 的输出功率,并且 $i \neq j$。传递系数矩阵中元素的下标相应于耦合器上的标号。

coupling　耦合,组合　(1)两个本来相互分离的电路之间,或一个电路的两个本来相互分离的部分之间的交链,从而使能量可以由一个电路传送到另一电路,或由电路的一部分传送到另一部分。耦合可以是通过导线的直接耦合;通过电阻器的电阻性耦合;通过变压器或扼流圈的电感性耦合;通过电容器的电容性耦合。(2)软件结构中各模块之间的相互连接性的一种量度。它依赖于模块间的接口复杂性，模块的入口点或引用点以及哪些数据跨过界面进行传递等因素。(3)衡量数据库系统中各模块之间相互联系相互影响程度的一个指标。它用来量度模块的独立程度，以防止模块之间出现预料不到的互相影响。模块间的耦合越小，则模块的独立性越高。耦合类型有：①数据耦合，即模块之间只有明显的数据传输关系，这种耦合危害较小；②控制耦合，即模块之间有逻辑控制信息的传递，这种耦合危害较大，应尽量少用；③外部的、内容上的或非法的耦合，它指一个模块引用另一个模块的标号或数据，或者一个模块能改变另一个模块的执行过程，这是危害最大的耦合类型，设计数据系统应绝对避免。(4)将两个或更多的分系统互相连接起来或组合起来以增加管理效率的过程。为了避免输入和处理操作的不必要的重复，在以计算机为基础的系统中常实行这种组合。将多个系统按这种方式组合起来经常是通过输出输入的关系实现的，即一个分系统的输出就是与其有关的另一个分系统的输入。参见 input/output relationships。

coupling capacitor 耦合电容器 能阻隔直流电流动，允许交变电流或信号电流通过的电容器。

coupling coefficient 耦合系数 表示两种电路之间耦合程度的系数，其值通常在 0 ～ 1 之间。

coupling efficiency 耦合效率 在纤维光学中，光功率在两个元件中传递的效率。耦合效率通常用发送部分的输出功率在接收部分接到的百分比表示。如果用分贝来表示耦合效率，它就相应于损耗。

coupling loop 耦合环 插入波导或谐振腔内，使能量向外电路输出或从外电路得到能量的导电环。

coupling loss 耦合器损耗 (1)在耦合器中的介入损耗，即当功率从一个特定的输入端传送到另一个特定的输出端，而其他端口都正常端接时的功率损耗。(2)在光纤中，当光从一个光设备或介质耦合到另一个光设备或介质时的功率损耗。

coupling probe 耦合探针 插入波导或谐振腔内，使能量向外电路输出或从外电路得到能量的探针。

coupling winding 连耦绕组 串组式互感器(或试验变压器)中按规定方法连接的一种绕组；分别套在上下两个铁芯相邻的两个铁芯柱上，作用是平衡上下两个铁芯柱的磁通、使各柱一次线圈电压均匀。

couriergram 信使 消息通常以电信号的方式发送，但是当电路失效时，由信使或代理处送往所有路由或部分路由，信使并不是接受消息以供发送的通信系统的必须部分。

course-grained multithreading (CMT) 过程消除多线程 在某几个时钟周期内执行指定的线程，当切换到其他线程时，CPU 可以存储线程的状态并切换到其他线程。线程的存储在单元工作期间，指令还在管道时进行，用替换线程取代了替换指令。CMT 能提高 CPU 功能单元的工作效率，它能减少垂直浪费，避免单线程停顿而导致某些功能单元暂停工作。

courseware 课件 专门为进行教学活动而设计的计算机课程软件。通常根据教学大纲选择适当的程序教学模式，按其要求把教材中所包括的概念、规则和实例等内容分成许多具体步骤。这些步骤按一定的逻辑顺序排列，并根据学生的基础和理解能力产生不同的分支。它包括用于控制和进行教育活动的程序，在开发和维护这些程序中所使用的文档资料以及帮助师生使用这些程序进行教学活动的课本和练习册等。内容较少，适合在一节课内配合教学活动使用的课件亦可称为堂件。课件与管理教学、教育行政管理等方面的软件合称之为教育软件。

courseware engineering (CE) 课件工程 开发和研制课件的一种方法。根据课件的应用特点、运用软件工程方法来认识和开发课件，特别强调教学设计的系统方法和工具，在设计阶段既要考虑软件的系统结构，也要考虑教学过程的模型方法，从而保证课件开发的有效性、通用性和可调节性。

courtesy copy (CC) 抄送 一种电子邮件程序的指令，用来把一份给定邮件的完整拷贝发送给其他人。使用抄送邮件的地址，而不是直接使用某人的地址，通常意味着此类接收者不需要做任何回复，而消息仅仅是用于信息发布的目的。使用抄送邮件指令时，接收者收到了邮件这一情况被打印在邮件头部，因此这一情况可以被其他所有的接收者知道。

covalent bond 共价键 共价键是由两个相邻原子共享的一对电子。典型的共价键存在于同核双原子分子中，由每个原子提供一个电子构成成键电子对。这对电子的自旋方向相反，集中在中间区域并吸引带正电的两个原子的核心部分而把它们结合起来。在异核双原子分子中，两个原子的核心部分对成键电子的吸引力不同，成键电子偏向一方，如在氟化氢分子中电子偏向氟，这种化学键称为极性键。共价键的特征是有饱和性、方向性和作用的短程性。一个原子能形成的典型共价键的数目等于该原子的价电子数，称为它的原子价。共价键之间有特定的相对取向，如水分子呈弯曲形，而二氧化碳分子是直线形的。共价键的方向性使分子具有特定的几何形状。

covalent crystal 共价晶体 由共价键联系在一起的晶体。

covalent radius 共价半径 共价键中原子的有效半径。

covariance 协方差 定义 $\mathrm{cov}(X,Y) = E(X,Y) - E(X)E(Y)$ 为协方差。它描述两个随机变量的相关性。

coverage 覆盖(域) (1)指无线电或电视发送机

信号所覆盖的区域，在这个区域，接收效果最佳。(2)不同时使用的数据(含程序)相互覆盖的部分。覆盖是为了提高存储单元的利用率和弥补存储容量的不足。

coverage ratio 覆盖率 在某一特定时间里，从一个文献系统中检索到的、涉及某一特定主题领域的所有件数与该主题领域现存的总件数的比率。

covering number 覆盖数 最小(点)覆盖中点的个数，也称“点覆盖数”。

covert channel 隐蔽信道 允许进程以违背系统安全策略的方式但不违反访问控制的性质传送信息的通信通道。

covert storage channels 隐蔽存储信道 一种隐蔽信道。它包括既允许一个进程直接或间接将信息写入存储点，而又允许另一个进程直接或间接从存储点读取的隐蔽信道。典型的隐蔽存储信道是两个主体在不同安全级别共享的有限资源，如磁盘扇区。

covert timing channels 隐蔽定时信道 一种隐蔽信道。它包括允许一个进程通过调节所使用的系统资源(如 CPU 时间)而向另一个进程发送信息的信道。在这种方式下，第一个进程影响的实际发送时间可被第两个进程观察到。

Covington Covington 微处理器 美国 Intel 公司为 PentiumⅡ面向低价市场而设计的，它是 Celeron(赛扬)家族的第一款产品。这款 CPU 采用 Deschutes 内核，采用 0.25 μm 制造工艺。内核工作时钟频率为 266 ～ 300 MHz，而其总线频率为 66 MHz。它有 32 KB 的一级缓存(其中 16 KB 用于存放数据，另 16 KB 用于存放指令)，为了减小制造的成本，它没有二级缓存。物理接口为 Slot 1。Covington 发布于 1998 年 4 月 15 日。参见 Deschutes。

COW 车载基站 cell on wheels 的缩写。

CP (1)控制程序 control program 的缩写。(2)呼叫处理机 call processor 的缩写。(3)控制点 control point 的缩写。(4)循环置换 cyclic permuted 的缩写。(5)连接点 connection point 的缩写。(6)交叉极化 cross polarization 的缩写。

cpacitor stack 电容器叠柱 垂直安装的成串联连接的电容器单元的组装体。

CPB 收集点块 collection point block 的缩写。

CPBGA 腔体塑封球栅阵列 cavity plastic ball grid array 的缩写。

CP capabilities 控制点能力 APPN(高级对等联网)终端节点或者网络节点提供的网络服务的级别，控制点能力信息在两个节点的 CP-CP(控制点-控制点)会话激活期间进行交换，一个节点的控制点能力在 GDS(通用数据流)变量中编码。参见 general data stream (GDS)。

CP-CP sessions 控制点-控制点会话 在两个控制点之间的并行会话，采用 LU 6.2 协议和一个模块名 CPSVCMG，可在其上建立网络服务请求和回答，一对会话的每个控制点具有一个冲突胜者和一个冲突失者会话。

CPCS 公共部件会聚子层 common part convergence sublayer 的缩写。

CPCS-SDU 公共部件会聚子层-服务数据单元 common part convergence sublayer-service data unit的缩写。

CPE (1)中央处理芯片 central processing element 的缩写。(2)用户驻地设备 customer premises equipment的缩写。(3)用户提供设备 customer provided equipment 的缩写。

CP-FSK 连续相位频移键控 continuous phase frequency shift keying 的缩写。

CPGA 陶瓷针型栅格阵列 ceramic pin grid array 的缩写。

CPGID 码页全局标识符 code page global identifier 的缩写。

.cpi 代码页信息文件名后缀 cpi 是 code page information 的缩写，DOS(磁盘操作系统)系统中代码页信息文件的扩展名。

cpi 每英寸字符数 characters per inch 的缩写。

cpl 每行字符数 characters per line 的缩写。

CPL 通用公共许可证 common public license 的缩写。

CPM (1)每分钟卡片数 cards per minute 的缩写。(2)连接点管理程序 connection point manager 的缩写。(3)关键路径法 critical path method 的缩写。

CP/M operating system CP/M 操作系统 control program for microcomputer 的缩写。最早的微型计算机操作系统之一。它最初用于 Intel 公司的微型机系统上，后广泛用于以 Intel 8080 或 8085 以及 Z 80 为中央处理器的微型计算机系统中。该操作系统主要由三部分组成：基本输入输出系统(BIOS)，基本磁盘操作系统(BDOS)以及控制台命令处理程序(CCP)。其中只有 BIOS 与硬件配置有关。因此，只需改写 BIOS 便可较方便地把这个系统移植到其他的硬件配置上。

CPMS 协同过程管理系统 coordinated process management system 的缩写。

CPN (1)调用团体号 calling party number 的缩写。(2)逆传神经网络 counter propagation network 的缩写。(3)用户驻地网 customer premises network 的缩写。

CP name 控制点名 一个网络上认可的控制点名字，由一个标识网络(或名字空间)的网络标识符认可符和一个网络标识符范围内唯一的标识控制点的名字构成，每个 APPN(高级对等联网)或者 LEN(低入口连网)节点具有一个在系统定义时赋予的控制点名。

CPNI 用户优先网络信息 customer proprietary network information 的缩写。

CPODA 争用的面向优先级按需分配信道 contention PODA 的缩写。

.cpp C++源程序文件名后缀 面向对象程序设计 C++语言源程序的扩展名。

CPP (1)命令处理程序 command processing program 的缩写。(2)CPU 保护策略 CPU protect policy 的缩写。

CPRI (1)通用公共射频接口 common public radio interface 的缩写。(2)交叉极化比 cross polar ratio 的缩写。

CPRM 可录媒体的内容保护(技术) content protection for recordable media 的缩写。

CPS (1)每秒码片 chip per second 的缩写。(2)每秒信元数 cells per second 的缩写。(3)每秒连接数 connections per second 的缩写。(4)连续传递风格 continuation passing style 的缩写。(5)控制路径系统 controlled path system 的缩写。(6)会话式程序设计系统 conversational programming system 的缩写。(7)公共部分子层 common part sublayer 的缩写。(

CPU 中央处理器[机] central processing unit 的缩写。

CPU-bound process CPU 密集型进程 对 CPU 的需求远远多于对 I/O 的需求的进程。即运算多于输入、输出操作的进程。有时也称"CPU 密集型作业"。

CPU cache CPU 高速缓存 一种连接 CPU(中央处理器)和内存的高速存储器区域,用于暂时存放 CPU 将要执行的指令和程序所需的数据和指令。CPU 高速缓存比主存的速度快很多,它包含按块进行传送的数据,因此加速了运行。

CPU cycle CPU 周期,时钟周期 CPU 可识别的最小时间周期,也表示 CPU 完成一个最简单操作所需的时间。

CPU element 中央处理器部件 CPU 中的任一种主要功能部件,如算术和逻辑单元、控制单元、累加器、读写存储器、程序计数器、地址和指令寄存器等。

CPU expander 中央处理器扩展器 允许用户不经修改软件就可运行几种软件的装置。首批扩展器与 8080、Z80 和 6800 等微处理机装在同块电路板上,带四个外围接口适配器、若干多路转接器和多路分配器。

CPU fan CPU 风扇 一个直接放在 CPU(中央处理器)或 CPU 散热片上的电扇,它通过加速芯片周围空气流动来帮助芯片散热。

CPU handshaking 中央处理器联络 中央处理器与各种外部设备之间交换控制信息,如打印机可以有某种逻辑,指明它何时准备好打印字符,否则 CPU 对输入输出设备的各种信号的几种状态条件都起作用。

CPU headway CPU 进度 在给定时间间隔内,花在一个作业上的 CPU 时间的总和。如果有两个作业是多道运行的,则每个作业的 CPU 进度等于时间总和的一半。

CPU-I/O burst cycle CPU-I/O 突发脉冲周期 程序以计算和输入/输出操作交替执行的周期。任何一个进程,它总是以 CPU 的操作为开始,交替执行 I/O 操作和 CPU 操作,最后以 CPU 操作而结束。执行 CPU 操作的那段时间称为 CPU 突发脉冲(CPU burst);执行 I/O 操作的那段时间为 I/O 突发脉冲(I/O burst)。

CPU protect policy (CPP) CPU 保护策略 CPP 用于避免网络设备中的 CPU 收到网络上不必要的具有恶意攻击目的的数据流,来提高网络设备自身的安全性能。通过设置 QoS 过滤机制来保护网络设备的控制平面(CP),在交换机遭受攻击和高负载的情况下仍能保持数据转发和协议状态的稳定。

CPU speed CPU 速度 对某 CPU(中央处理器)处理数据的能力的一种相对的衡量标准,通常以兆赫兹为单位。

CPU time 中央处理器时间 工作或事务使用中央处理单元(CPU)完成处理的实际计算时间(扣除输入和输出所需时间)。

CQFP 陶瓷四边引线扁平封装 ceramic quad flat package 的缩写。

CQMS 电路质量监视系统 circuit quality monitoring system 的缩写。

CR (1)认知无线电 cognitive radio 的缩写。(2)回车字符 carriage return 的缩写。(3)呼叫参考值 call reference 的缩写。(4)候选推荐标准 candidate recommendation 的缩写。

CRA 目录恢复区 catalog recovery area 的缩写。

cracker 骇客,闯入者 企图非法访问计算机系统窃取或破坏数据的人,这些人与黑客不同,通常是有恶意的,有许多闯入系统的方法。参见 hacker。

crane span structure 桥架 桥架是一个支撑和放电缆的支架。同 cable bridge。

cranked coil 跨越线圈 绕组端部呈特殊形状的一种线圈,线圈的端部能由这一层跨越到另一层。

crash 崩溃 程序意想不到地死机并且不可恢复。崩溃有时是由于硬件失效,大多数情况是由于软件出错。崩溃发生后一般都需要操作员重新启动。参见 hang,head crash。

crash protected 抗冲击,防失灵 属于硬件或软件性能,在整个系统失灵时可以防止软件损坏,允许软件复原。

C

C

crash recovery 损坏恢复 计算机在遭受了灾难性损坏(如硬盘发生故障)后恢复运行的能力。从理论上讲,可以恢复到没有任何数据丢失,尽管通常都有一些数据会丢失。参见 crash。

crawl 蠕动 (1)在视频显示中,在屏幕上水平方向上从右向左滚动。比较 rolling。(2)在视频系统中,指录像质量不高的磁带产生的亮色边缘出现的不希望的拖尾现象。

crawler 搜索器 原词意是履带式般爬行的蜘蛛,用于互联网领域作搜索器解。

CRC 循环冗余检测 cyclic redundancy check 的缩写。

CRCW PRAM 并发读写 PRAM concurrent-read-concurrent-write PRAM 的缩写。

CRC-12 CRC-12 校验 一种 12 位的循环冗余校验方式,使用 $X^{12}+X^{11}+X^3+X+1$ 作为多项式生成函数。

CRC-16 CRC-16 校验 一种 16 位的循环冗余校验方式,使用 $X^{16}+X^{12}+X+1$ 作为多项式生成函数。

CRC-32 CRC-32 校验 一种 16 位的循环冗余校验方式,使用 $X^{32}+X^{26}+X^{23}+X^{22}+X^{16}+X^{12}+X^{11}+X^{10}+X^8+X^7+X^5+X^4+X^2+X+1$ 作为多项式生成函数。

CRC-8 CRC-8 校验 一种 16 位的循环冗余校验方式,使用 $X^8+X^4+X^3+X^2+X+1$ 作为多项式生成函数。

. crd 卡片文件名后缀 crd 取自 card (卡片)一词,Windows 操作系统中的卡片文件的扩展名。

CRD 呼叫重选路由分配 call rerouting distribution 的缩写。

creation date 创建日期 通常指数据库或文件的创建日期。参见 program date, session date, system date。

creative thinking 创造性思维 有创见的思维,即通过思维不仅能揭示事物的本质,还能在此基础上提出新的、建树性的设想和意见。创造性思维与一般性思维相比,其特点是思维方向的求异性、思维结构的灵活性、思维进程的飞跃性、思维效果的整体性、思维表达的新颖性等。比较 imaginal thinking, system thinking。

credentials 凭证 为确立某一实体所声称的身份而传送的数据。凭证有多种形式,如用户名、口令、智能卡和证书等。

credit-card reader 信用卡阅读机 为信用核实和安全应用的一种微处理机,能阅读信用卡内的信息。

credit message 信用报文 在计算机网络的传输层上用的一种流控制机制。目的是避免传输站无限制地提供报文缓冲区。

credit verification 信用核实 计算机通信术语,它是节流工具之一。信用方案要求一定的保护措施。除非发方已经收到收方发回的信用核实—确认应答,否则不进行发送。这种定量的方案完全保护了收方不受信息过量到达的危害。

credit window 信用窗口 在数字设备公司网络架构(DECnet)中,信用窗口给出了接收端在一给定点准备接收的信息的数量。

credulous theory 轻信理论 继承推理的一种控制策略。多重继承系统中有可能存在矛盾继承,系统中同时包含概念 a 继承概念 b 的属性及概念 a 不继承概念 b 的属性。轻信理论希望做出尽可能多的结论来,使得矛盾存在于不同的结论中。而继承推理的另一种控制策略—怀疑理论则拒绝在产生任意性的情况下做出任何结论,即总是生成唯一的结论。

creep 蠕变 尺寸或特性随时间或使用过程的任何缓慢变化。

creepage 漏电 经过介质表面的电传导。

creepage distance 爬电距离 也称"漏电距离"。在两个导电部件之间,沿绝缘材料表现的最短距离。

creeping 潜动 对于两个输入激励量的量度继电器,由于磁路、电路的不平衡而引起的只施加一个激励量继电器也启动的不正常现象。只加电压产生的潜动称为电压潜动。只加电流产生的潜动称为电流潜动。

creeping featuritis 爬行特性 随着 RAM(随机存取存储器)和磁盘存储设备成本的下降,出现了开发人员不管应用软件大小的趋势。有些人称这种趋势为爬行特性。具有爬行特性的需要很多磁盘和 RAM 空间的软件称为膨胀软件或超大件。参见 bloat ware。

creep recovery 蠕变回复 引起最初蠕变的负载或其他条件去除之后,随时间缓慢返回到最初的尺寸或特性。参见 creep。

crest factor 波峰因数 任何周期量,如正弦交变电流到峰值与有效值之比。

crest working off-state voltage 断态工作峰值电压 器件(如晶闸管)两端出现的最大瞬时值断态电压,但不包括所有的重复和不重复瞬态电压。

crest working reverse voltage 反向工作峰值电压 器件(如整流管或整流堆)两端出现的最大瞬时值反向电压,但不包括所有的重复和不重复瞬态电压。

CRF (1)连接相关的功能 connection related function 的缩写。(2)信元中继功能 cell relay function 的缩写。(3)中心重传装置 central retransmission facility 的缩写。

CR-hi 通道请求高优先级(第一优先级) channel request high priority, the first level of priority 的缩

写。

crimp contact 压接接触 其背面具有容纳导线的空心柱体的接触件。插入裸线之后，用专用工具将接触件金属与导线牢牢地压接在一起。也称"无焊接触"。

crimping 压接法 利用压力和材料屈服变形的机理，将导线和包围导线的接触件(插针、插孔、接线端子)的尾套或导线筒紧密地压在一起形成永久、可靠和良好的电气或机械连接的一种工艺方法。

crippled leapfrog test 踏步检验(检查) 对一组存储单元反复执行算术运算或逻辑运算，以检查计算机的故障。

crippled version 演示版 在规模上缩小、功能上减弱的硬件或软件的版本，一般都是为了演示的目的。参见 demo。

crisis communication plan (CCP) 危机通信计划 机构应该在灾难之前做好其内部和外部通信规程的准备工作。危机通信计划通常由负责公共联络的机构制定。危机通信计划规程应该和所有其他计划协调，以确保只有受到批准的内容公之于众，通信计划通常指定特定的人员作为在灾难反应中回答公众问题的唯一发言人。它还可以包括向个人和公众散发状态报告的规程，如记者招待会的模板。参见 business continuity planning (BCP)。

crisis management 危机管理 指组织或个人通过危机监测、危机预控、危机决策和危机处理，从而避免、减少危机产生的危害，甚至将危机转化为机会。它原本是企业管理中的一个术语，后被广泛地用于政府管理、公共关系等各行各业。危机管理的对象是危机，包括危机监测、危机预控、危机处理计划、危机决策和危机处理等几个环节。

crisis management team 危机管理小组 危机管理小组由关键执行人员、关键角色(如媒体代表、法律顾问、设备管理员和灾难恢复协调官等)及组织关键功能业务所有者组成。

crisis simulation 危机模拟 通过模拟特定危机发生场景来测试机构对危机是否能做到及时、有效、协调响应的流程。

crisp set 明确集合 在模糊计算技术中，指普通集合，相对于模糊集合。在明确集合中，一元素能明确区别出其是否属于某一集合。

critical absorption wavelength 临界吸收波长 在特定元素的原子中，发生吸收不连续性的给定电子能级的波长特性。

critical 临界 由某一种状态或物理量转变为另一种状态或物理量的最低转化条件。

critical activities 关键活动 树状结构图中形成关键路径的弧所表示的活动。

critical angle 临界角 (1)辐射的无线电波被电离层反射时与垂直线形成的最小角度。在比该角度更小的角度下，无线电波将穿过电离层而不返回地面。(2)在光纤中，光波射向包层后反射回纤芯的最小角。在比该角度更小的角度下，光将被侧壁包层吸收而不返回光纤导体。

critical area 临界区 一种工作区域，由于设备或信息保存在该区域中，需要特别的环境保护，如空气调节。

critical coupling 临界耦合 次级电路中的谐振电流达到其最大值时，调谐电路之间的耦合度。若耦合小于临界耦合，则次级电流的值较小，电路具有较窄的带宽。当耦合大于临界耦合时，虽响应曲线变宽，但曲线上显示尖峰。所以临界耦合也称"最佳耦合"。

critical current 临界电流 在规定温度和没有外磁场的情况下，超导材料中的电流，超过此电流时材料为普通材料，而低于此电流时，则具有超导特性。

critical damping 临界阻尼 介于周期阻尼与非周期阻尼之间的一种阻尼。是引起最快瞬态响应，而没有过冲或振荡所需的阻尼度。参见 periodic damping, underdamping, aperiodic damping, overdamping。

critical error 临界[关键]错误 一种错误，挂起程序运行直到某个条件被纠正或者通过软件和用户的干涉，如对一个不存在的磁盘进行读操作、对没有纸张的打印机进行打印或者数据传输中的检查和出错。

critical-error handler 临界错误处理程序 一种处理临界错误的软件例程，试图使程序从临界错误中恢复或者适当地退出。参见 critical error, graceful exit。

critical event simulation 临界事件仿真 仅当某些事件出现(如温度超过某一界限)时才决定是否对系统重新计算以及对整个系统的哪些值重新计算的方法。因为这种方法并不对每个时刻的值进行计算，所以对经常发生变化的某些动态过程并不适用。

critical field 临界场 防止在零速度下从磁控管阴极发射的电子到达阳极的稳态磁通密度的最小理论值。

critical flicker frequency 临界闪烁频率 眼睛感觉的闪烁光源从脉动源变化到连续源的频率。电视画面不发生闪烁的最低频率约为 60 Hz。

critical focus 临界聚焦点 透镜的(析像)分辨率处在最大的那点——聚焦点。

critical frequency (CF) 临界频率 在无线电波经由电离层传播时，该限定频率及低于该频率的电波部分被电离层反射回来，高于该频率的部分穿过电离层。临界频率的存在是电子被限制的结果，即没有足够的自由电子的存在来支持较高频率的反射。也称"截止频率"。

critical functions 关键功能 不能被中断超过一定

业务时间限度的业务行为或信息，否则将对组织的运作造成严重影响。

critical inductance 临界电感 在全波整流器的扼流圈输入滤波器中，为防止输入扼流圈电流在周期的任何部分变为零所需的最小输入扼流圈电感。

critical infrastructure 关键基础设施 若失效或遭到破坏将对机构、社区乃至国家的经济安全造成负面影响的系统。

critical magnetic field 临界磁场 在规定的温度和没有电流的情况下，低于该值时，超导材料具有超导特性；而高于该值时便为普通材料的磁场。

critical microoperation 关键［临界］微操作 在编制微程序时，有些微操作既不能提前执行（由于受执行条件的限制），又不宜推后执行（推后会拖长微程序的执行时间）。这种微操作称为关键微操作。

critical path 关键路径，临界通路 (1)任务计划作业图上需要时间最长的路径。它决定完成总任务的时间。参见 program evaluation and review technique。(2)在 PERT 网中，从源点到收点的最长路径（即路径上各边的权之和为最大的那条路径）称为关键路径。关键路径上的活动称之为关键活动。(3)按某种标准衡量 LSI（大规模集成电路）工作速度的信号通路。在有多个输入信号和多个输出信号的逻辑电路中，从某特定的输入信号至某特定的输出信号，传输延迟时间最长的信号通路为临界通路。一般情况中，信号经过逻辑门的级数多的通路视为临界通路。但扇出系数大、输出布线长等因素对延迟时间有较大影响，在确定临界通路时，必须对信号通路的所有延迟时间作详细的分析。

critical path method (CPM) 关键路径法 一种用图形法表示工程中单个活动之间的关系的设计工具，通过把任务、重大事件和时间表进行隔离并表示出它们之间的相互关系，从而判断完成工程所需要的最短时间（关键路径）。关键路径中任何一个事件被拖延，就会影响其后的事件，以至影响到整个项目的完成。要注意别把 CPM 与 CP/M 混淆，后者是一个操作系统的名称。

critical path scheduling 关键路由调度 能够不停地检查一个可传达和阻止跳页程序的检查系统。对完成工作的计算机程序的设计要求进行检查，由此而产生的报告被检查之后，将会指出计算机内的关键路由中最重要的项目。

critical piece first 关键部分第一 软件开发的一种途径，它首先集中注意力于软件系统中最关键方面的实现。关键部分可以根据所提供的服务、风险程度、困难程度或其他一些判据来确定。

critical race 临界竞争［追赶］ 异步操作中可能出现的一种时序情况。当一个线路的两个输入变量同时改变其状态时，其输出的状态可能不定，这种情况称为竞争。出现竞争的临界状态称为临界竞争或临界追赶。

critical radius 临界半径 当光纤的曲率半径从无限（即直线的曲率半径）开始减少到这样的半径，此时电磁波在光纤中传播的场开始与光纤分离并辐射到空中。即限制模不再是限制模了。在铺设光缆时不要使其弯曲半径达到临界半径值或最小曲率半径值。

critical radius sensor 临界半径传感器 一种纤维光学传感器，其中光纤在弯曲时使光波的能量在减小弯曲半径时产生辐射。当弯曲处的半径减小到或小于临界值时弯曲处辐射的光功率迅速增加。在光纤尽头，用一个光检测器来检测光功率的变化，它是弯曲半径的函数。因此在仪器校正后可以测量出引起弯曲的位移。

critical rate of fall of commutating current 换向电流临界下降率 当双向晶闸管由一个通态方向或逆导晶闸管由反向向相反方向转换时，所允许的最大通态电流下降率，超过此下降率，晶闸管自动进入通态，即换向失败。

critical rate of rise of commutating voltage 换向电压临界上升率 紧跟着一个方向通态电流之后，在相反方向上导致断态到通态转换的最小主电压上升率。

critical rate of rise of off-state voltage 断态电压临界上升率 在规定条件下，不导致从断态到通态转换的最大主电压上升率。

critical rate of rise of on-state current 通态电流临界上升率 在规定条件下，晶闸管能承受而无有害影响的最大通态电流上升率。

critical records 关键记录 如果遭到破坏和损毁将造成极大麻烦并/或需要相当数额的资金投入进行替换或重建的记录或文档。

critical region 临界区 在每个进程中，访问临界资源的那段程序。诸进程进入临界区时必须互斥。如果一个进程正在某公用变量上操作，则其他进程必须等到当前操作完成后，才能对该变量进行操作。它可避免相互竞争的各进程同时使用公用变量。参见 critical resource。

critical resource 临界资源 一次仅允许一个进程使用的资源，如输入机、打印机、磁带机等物理设备均为临界资源；软件有消息缓冲队列、变量、数组、缓冲区等。

critical section 临界区［段］ 在程序设计语言中，不能与另一个异步过程的某一部分同时执行的某个异步过程的一部分。另一个异步过程的那部分亦是临界区。如果一些代码相继使用一台计算机资源或数据项时，就要求这些代码互斥地执行，如，一个临界区可能是两个不同的程序中写一个共享变量的代码段。参见 mutual exclusion。

critical situation notification 紧急状态通知 在计算机系统多重处理中，一个处理装置遇到困难和请求帮助时，对另一个处理装置发出信号的功能。

critical software　重要软件　重要软件是指其故障会影响到人身安全、会导致重大经济损失或社会损失的软件。

critical technical load (CTL)　临界技术负荷　在总的技术有效负荷中，同步通信和自动交换机所需要的那部分负荷功率。

critical temperature　临界温度　在没有电流和外磁场的情况下，低于该值时，超导材料具有超导特性，而高于该值时便为普通材料的温度。

critical temperature component　临界温度元器件　工作温度接近最高允许工作温度的元器件。

critical wavelength　临界波长　相应于临界频率的自由空间的波长。临界波长是将自由空间光速（单位为米每秒）除以临界频率（单位为赫兹）得到的，单位为米。参见 critical frequency (CF)。

CRJE　会话式远程作业输入　conversational remote job entry 的缩写。

CRM　(1)客户关系管理 customer relation management 的缩写。(2)信元率边缘 cell rate margin 的缩写。(3)中心资源管理 center resource management 的缩写。

CRNC　控制无线网络控制器　control radio network controller 的缩写。

CRNC communication context　CRNC 通信上下文　CRNC(控制无线网络控制器)的通信上下文包含 CRNC 与一个特定的 UE(用户设备)之间通信的必要信息。CRNC 通信上下文由 CRNC 通信上下文识别来标识。

crochet　异变　由于日辉喷发而产生的地球磁场扰动，它对于通信有很大影响。

CROM　控制只读存储器　control read-only memory 的缩写。

crop marks　剪切标记　一种显示在图像上的标记，用于标记图像需要剪切的位置。

CrOS　晶状操作系统　crystalline operating system 的缩写。

cross assembler　交叉汇编程序　在一台计算机上执行而为另一台不同的计算机产生目标代码的汇编程序。参见 assembler, compiler, cross-compiler, cross development。

cross band　交叉频带　在一个方向上传输一个射频，而在相反方向上传输有不同传播特性的频率的双向通信。

crossbanding　频带交叉　利用带有几个应答频率的一个询问频率或利用带有几个询问频率的一个应答频率。

cross-band radiotelegraph procedure　交叉频带无线电报通信规程　一种无线电报网操作规程，其中主呼站，如船舶站，使用相同的频率呼叫其他局站，如海岸站；主呼叫站转移到另一频率以传送消息；被叫站使用第三种频率应答。

cross-band transponder　交叉频带转发器　用于对被接收的询问频带不同的频带作出应答的转发器。

crossbar　纵横制　一种控制方法，利用多个纵向通路和多个横向通路之间的开关的通断起控制作用，使两个通道之间得以连通。它的优点是噪声低，所以很适合数字系统使用。

crossbar switch　纵横开关　(1)在一组线路中的一条线路与另一组线路中的一条线路之间，进行连接的一种继电器开关装置。二组线路在物理上是排列在以触点或开关点组成的矩阵的纵横两边。参见 line switching, step-by-step system。(2)在多处理机系统中，处理器、存储器和输入/输出装置间的一种互联机构。它包含一组纵横交叉的开关阵列。这个开关阵列将横向的处理器、输入/输出装置与纵向的存储器模块连在一起，构成一个多处理机系统。

cross-bar switching system　纵横制交换系统　一种自动交换系统。这种交换系统由纵横开关、选择机构和公用线路组成。公共电路负责选择、测试交换通路，并且控制选择机构的操作；交换信息（如收到的拨号号码等）由控制机构接收和存储；控制机构决定建立一个接续所需要的操作。

cross bar switch matrix　纵横开关矩阵　互连一类部件（如存储器）中的任何部件到另一类部件（如处理器）中的任何部件的非专用总线结构。它可同时实现所有部件之间的相连，但总线使用率较低。它是具有多个纵向通路和多个横向通路的开关装置，任一纵向通路可以和任一横向通路接通，任何时候，每行每列中至多只能有一个开关可以接通，逻辑上可以从任何水平通路到任何垂直通路，大大减少了争用总线的现象，提高了数据在系统中的传送能力。

crossbar system　纵横制系统　一种利用纵横开关的线路转接系统。参见 step-by-step switch。

cross-channel communication　交叉信道通信　在一个方向传播一个无线电频率，而在另一个方向传播具有类似特性的其他频率的双向通信。

cross check　交叉校验　将计算结果与用不同方法获得的结果进行对比的一种校验方法。

cross compilation　交叉编译　在某个主机平台上用交叉编译器编译出可在其他平台上运行的代码的过程。交叉编译这个概念的出现和流行是和嵌入式系统的广泛发展同步的。在进行嵌入式系统的开发时，运行程序的目标平台通常具有有限的存储空间和运算能力，通过交叉编译工具，就可以在 CPU 能力很强、存储空间足够的主机平台上编译出针对其他平台的可执行程序。

cross compiler　交叉编译程序　在一台计算机上执行而为另一台不同的计算机产生汇编代码或目标代码的编译程序。

C

cross-compiling/assembling 交叉编译/汇编方法 在一台计算机上使用交叉编译程序或交叉汇编程序为另一台计算机进行编译或汇编的工作。

cross-connect 交叉连接件,交连 (1)一种具有使电缆构件实现互连或交叉连接的设施。(2)管理通信电路的分布系统设备(即使用跳线或接插线增加或重组)。在线路交连中,跳线或接插线被用来进行电路连接。在光交连中,使用光纤接插线。

cross-connection 交叉连接 (1)一种用于电缆、光缆或设备的非永久连接方式,把特定的输入和特定的输出关联起来的操作,可通过使用跳线或接插软线来实现。(2)在连接配线柜各边终端之间或在一个终端的接线柱(成对、三倍或四倍)之间的线路连接。

cross-correlator 互相关器 本振参考信号与输入信号相乘,相乘结果在低通滤波器中经平滑以给出互相关函数的近似计算结果的相关器。它能在检波之前已知重要信号特性的情况下,对受噪声干扰的微弱信号进行检测。参见 cross-correlation function。

cross coupling 交叉耦合 存在于两个或多个不同信道之间或电路元件或部件之间的不希望有的信号耦合。

cross-development 交叉开发 使用一种计算机系统开发另一种计算机系统中的软件,常常是由于在开发的系统上有比目标系统功能更强的开发工具。

cross-domain 交叉域,跨(区)域的 在 SNA(系统网络体系结构)中,用来修饰说明涉及多于对一个区域的控制或资源的利用。

cross-domain keys 跨(地)域密钥 在 SNA(系统网络体系结构)中,在跨域 LU-LU(逻辑单元之间)使用通话级密码开始通话时,SSCP(系统服务控制点)所使用的一对密钥。一个密钥对送到其他系统服务控制点的通话密钥进行加密,另一个密钥对所接收的来自于另一个系统服务控制点的通话密钥进行解密。同 cross keys。

cross-domain link 跨(地)域链路,交叉域链接 (1)连接不同地域中两个子区域的一个子区域链路。(2)物理上连接两个区域的链路。

cross-domain network manager session 跨域网络管理器会话 两个不同域中的网络管理器之间的一个会话。

cross-domain resource (CDRSC) 跨域资源 在 SNA(系统网络体系结构)中,由另一域中跨域资源管理器(CDRM)拥有的资源,本域中的 CDRM 通过网络名和相关 CDRM 识别另一个域 CDRM。

cross-domain resource manager (CDRM) 跨域资源管理器 一个跨域资源管理器允许 SNA(系统网络体系结构)网络中不同的 VTAM(虚拟远程通信访问法)间进行通信。当一个 LU 请求与另外一个 VTAM 域中的 LU 建立会话时,两个域中的 VTAM 将协同建立一个跨域会话。参见 systems network architecture (SNA), virtual telecommunications access method (VTAM)。

cross-domain subarea link 跨(地)域子区链路 连接不同区域中两个子区节点之间的链路。

crossed-field amplifier (CFA) 正交场放大器 其正交场互作用对大部分微波频谱能获得优良相位稳定度、高效率、高增益和宽带宽的前向波电子注型微波放大器。

crossed-field multiplier phototube 正交场光电倍增管 通过强射频电场和相垂直的直流磁场的组合效应,由一个激活电极获得反复二次发射的光电倍增管。用这种倍增管能检测和放大在吉赫范围调制的激光束。

crossed-field tube 正交场电子管 依靠直流电场和与之相互垂直的磁场进行工作的电子管。常见的正交场电子管有磁控管、前向波正交场放大器(FWCFA)、返波正交场放大器(BWCFA 或增幅管)和返波正交场振荡器(BWCFO 或返波管)。

crossed pinning 交叉链接 允许两台数据终端设备(DTE)或两台数据电路终端设备(DCE)通信的系统配置。也称"交叉电缆"和"无调制解调器电缆"。

crossed stripline cavity 交叉带状线谐振腔 其中两条带状线呈 90°相交,相交处有忆铁石榴石(YIG)小球,使在低功率电平下有最大耦合而在高功率电平下耦合可忽略的谐振腔。

crossfire 串流,串扰 由一个信道的电报或信号电流所产生的,对另一个信道电报或信号的干扰电流。

cross foot 交叉合计 几个数字信息域的交叉相加,用于检验合计结果的准确性,如在账单上,通过对每一行和每一列内容求和,最终得出总数。

cross footing 交叉验算 一种检验技术,其中,对每一列求和后相加,所得之数与每一行求和后相加所得之数进行比较。

cross footing testing 交叉验算法测试 对两个不同序列中的相同数字进行相加,再对两个总和进行比较,据此进行的检查称为交叉验算法测试。

cross hairs 十字准线 两根贯穿整个屏幕的相互垂直的十字细线,其交点用来指出定位器的现行状态,它所确定的屏幕坐标位置就是定位器所输入的数据。

cross-hatching 交叉阴影 为强调设计中的某一特定部分,把某种图案或一组符号自动填满一个有界区域或填入一轮廓线内。通常使用的是一组可定义宽度和间隔的斜平行线。这种方法是 CAD(计算机辅助设计)绘图及编辑的一种辅助手段。在测绘应用中也称"画阴影线"。

cross-impact 交叉影响法 在概率预测方法中,指某些预测对其他一些预测所产生的影响。

cross infection 交叉感[传]染 在计算机病毒学中，不同种类的计算机病毒(即害群程序)同时存在于一个系统之中的一种现象，使得某个计算机系统成为两种以上计算机病毒的携带者。

crossing sequence 穿越序列 在一个计算中，与图灵机的工作带方格有关的、由有限控制器的状态组成的序列，这些状态是当带头在跨越两个方格之间的边界时控制器的状态。穿越序列是对流过带边界的信息量的非数值度量。

cross-interleaved Reed-Solomon code (CIRC) 交叉交插里德/索洛蒙码 CIRC 是音频光碟使用的校正码。每帧有 2×4 字节的错误校正码分别放在中间和末端，称为 Q 校验码和 P 校验码，P 校验是由(32,28)RS 码生成的校验码；Q 校验是由(28,24)RS 码生成的校验码。

cross key 1 交叉密钥 1 在编程密码设施中，主处理机使用的一种密钥，它对送往其他主处理机的加密数据的操作密钥进行加密。

cross key 2 交叉密钥 2 在编程密码设施中，主处理机使用一种密钥，用来对来自其他主处理机的加密数据的操作密钥进行解密。

cross-language information retrieval 跨语言信息检索 在信息检索中，如果用户的提问用一种语言表示，而文本库中的文本用另外一种语言表示，这样的信息检索过程称为跨语言信息检索。

cross level 十字水平 属于三轴天线座的一轴，其中每个轴都对应一个笛卡儿坐标方向，即相互垂直的方向。设在船上的地球站通常使用十字水平天线的安装方式。

cross link 交错链路 在卫星通信系统中，两个通信卫星之间的数据链路。这两个通信卫星相隔大约 90 度经线，相当于大约 60 000 km 的距离，通信卫星各自携带指向对方的窄波天线。交错链路允许长距离通信以避免与双重反射(即从卫星到地球和地球到卫星的反射)有关的大气状态引起的信号衰减和失真。

cross-linked file 交叉链接文件 在 Windows 9x、Windows 3.x 和 MS-DOS 中，当硬盘或软盘上的某些部分(或簇)，在文件分配表中错误地分配给一个以上的文件时，发生的一种文件存储错误。就像丢失簇一样，交叉链接的文件也可能是由于应用程序的非正常退出而产生的。参见 file allocation table, lost cluster。

cross linking 交叉耦合 在卫星通信系统中，两个同步卫星间经过交错链路直接发射信号。参见 cross link。

cross memory services lock 交叉存储器服务锁 在某些操作系统中，用来对应用于一个以上专用地址空间的各种服务施行全局中止(暂停)的锁。

cross modulation 交叉调制 一种串音干扰。非线性设备、电网络或传播媒介中信号的相互作用所产生的无用信号对有用信号的调制。若接收机的第一个电路是非线性电路并用于对不需要的强信号的检波器，便会发生交叉调制。

cross-network 跨网络 在 SNA(系统网络体系结构)中，指与多个 SNA 网络有关的控制或者资源。参见 systems network architecture (SNA)。

cross-network session 跨网络会话 一个 LU-LU(逻辑单元之间)或者 SSCP-SSCP(系统服务控制点之间)的会话，其路径经过多个 SNA(系统网络体系结构)网络。参见 systems network architecture (SNA)。

cross-neutralization 交叉中和 在推挽放大器中，将每个电子管的一部分交流阳极-阴极电压经中和电容器加到另一个电子管的栅-阴电路上来对放大器进行中和的方法。

cross office trunk 汇接局中继 中继线的端子都在一个设施内。

crossover 交叉，跨接线 (1)在电路图中，两条导线相交的位置，它可以由曲线表示一条导线越过另一条导线。(2)具有一定长度并在电缆两端连接不同接插件引脚的导线。

cross-over cable 交叉电缆 允许终端直接连至计算机端口(DTE 与 DTE)或尾电路调制解调器与调制解调器端口(DCE 与 DCE)的电缆。也称"零调制解调器电缆"。

crossover frequency 交越频率 分频网络在高频通道和低频通道端接规定负载时，向两个通道提供相同功率的频率。

crossover network 交叉网络 也称"分频网络"。将放大器的音频输出分为两个或多个频带的选择性网络。频率低于交叉频率的馈至低音扬声器，而高频则馈至高音扬声器。

cross-parity checking code 交叉奇偶检验码 一种同时使用音符奇偶校验和块奇偶校验的检错码。

cross-phase modulation (XPM) 交叉相位调制 当光子晶体光纤中传播不同频率的光波时，介质的折射率与所有光波的光场都有关系，因此，某一特定频率的相位不但与自身的光场有关，还与其他频率的光场有关，这种相互作用称为交叉相位调制。交叉相位调制产生的相移是自相位调制产生相移的两倍。

cross-platform 跨平台 软件开发中一个重要的概念，跨平台即不依赖于操作系统，也不依赖于硬件环境。一个操作系统下开发的应用，放到另一个操作系统下依然可以运行。

cross-platform transmission 跨平台传输 信息(如电子邮件)在不兼容的操作系统之间的电子传输。

crosspoint 纵横交叉点 纵横结构中的一个转换节点，由它连接单个输入与单个输出。

cross-point array 交换单元阵列 某些交换网络中交换单元的一种排列方式，其特征是输入和输出话音通路互相与交点处的交换单元垂直。

cross polarization (CP) 交叉极化 两个天线系统用相同的频率但一个使用水平极化而另一个使用垂直极化，提高频谱利用率。

cross polarization discrimination 交叉极化鉴别率 对一个以一给定极化发射的无线电波而言，在接收点接收到的预期极化的功率与接收到的正交极化的功率之比。交叉极化鉴别率随天线特性和传播媒质两者而定。

cross polarization isolation 交叉极化隔离度 对两个以相同功率和正交极化发射的无线电波而言，在接收点从一个波收到的功率与从另一个波在第一个波的预期极化上收到的功率之比。交叉极化隔离度随天线特性和传播媒质两者而定。

cross polarized operation 交叉极化操作 两个同频发射器的操作，其中一对发送器接收器以垂直极化波操作，另一对以水平极化波操作，即极化波平面是相互垂直的。

cross polar ratio (CPR) 交叉极化比 交叉极化比的概念主要用于描述天线的极化纯度，具体定义为主极化分量与交叉极化分量的比。交叉极化比越大，说明从天线能够获得的信号正交性越强，两路信号之间的相关性越小，极化效果越好。一般天线的交叉极化比都大于 18 dB。

cross post 交叉邮寄 在 Usernet 中，指将一个信件邮寄到一个以上的新闻组。在用户组织一个邮件时，可在信件的头部列出一个以上的目的新闻组。

cross processor 交叉处理程序 交叉编译程序和交叉汇编程序的总称。交叉处理程序要满足多种需要，其主要是：如 A 机具有软件开发的必要工具，则能在 A 机上支撑适用于小的或装备较差的 B 机的软件开发。参见 cross assembler，cross compiler。

cross reference 交叉引用(标记) 一种在文件或表列中说明某记录已在别处存储的标记。

cross reference dictionary 交叉引用词典 在用汇编系统时的一个专门打印列表。它标识了汇编程序对特定标号的所有引用位置。这个列表一般在源程序汇编后立即提供。

cross-reference index 交叉参照索引 由计算机编制的出版物中主题内容之间的互相索引。出版物的大多数索引是查找某一主题内容所在的页码或章节，以便检索到所需内容。交互参照系统将彼此相关的主题内容关联起来，只要查到了有关主题内容，通过其交互参照索引。还可以查找相关内容。

cross-reference listing 交叉引用列表 编译程序列表的一部分，包含关于哪些文件、字段和指针在一个程序中被定义、访问和修改的信息。

cross reference table 交叉引用表 编译程序产生的一种表。表中列出全部被引用过的名字，该名字在源程序中的位置以及哪些地方引用过这个名字。

cross-referencing 交叉参照法 一种自动生成参照信息的 CAD(计算机辅助设计)功能，如当一个延迟线或信号线必须从电路图中的一页连到另一页，交叉参照功能则自动在这两页上标出有关的参照信息。

cross-referencing program 交叉参照程序 程序调试中产生变量名和源程序语句号两者的索引表的计算机程序。

cross-section 交叉段 数组的一个子集，通过保持一个或多个下标不变但将其余下标在其定义范围内进行改变而获得。

cross-section of array 数组的断面 (1)在 PL/1 语言中，具有一个或多个用星号(*)表示下标的下标名，指的是以它命名的数组的一个断面或向量。在规定的下界与上界之间变动这些用星号表示的下标，便可以产生出断面，如 Q(*,1)表示数组 Q 的第一列。(2)在 ALGOL 68 语言中，也有类似的断面概念。

cross site link 交叉点链接 在卫星通信系统中，地球站各部件之间的信号功率和连接控制。交叉点链接的例子有：发送器和天线间的链路，控制台和发送器之间的链路。

cross site request forgery (CSRF) 跨站请求伪造 一种类似跨站脚本(XSS)攻击的网络攻击。与 XSS 攻击者在未经授权的情况下擅自在网站上插入恶意代码不同，使用跨站请求伪造的攻击者只从攻击对象信任的网站上，利用他们对于网站的授权，向被攻击者发送恶意代码，使其根本无法判断真伪。参见 cross site scripting (XSS)。

cross site scripting (XSS) 跨站脚本(攻击) 一种利用网站漏洞，迫使 Web 站点回显可执行代码的攻击技术。攻击者通过在链接中插入恶意代码，网站在接收到包含恶意代码的请求之后会产成一个包含恶意代码的页面，而这个页面看起来就像是那个网站应当生成的合法页面一样。而这些可执行代码从用户那里盗取敏感信息。获取到合法用户的信息后，攻击者甚至可以假冒最终用户与网站进行交互。参见 cross site request forgery (CSRF)。

cross software 交叉软件 一种专门的软件，藉此，用户在一种计算机上开发的程序可在另一种计算机上使用。

cross strapping 跨接 用一根短导线或一块金属片连接电路或设备的两点或多点。跨接的例子有：连接一个配线架的同一接线板的接线柱，连接在多腔磁控管具有相同极性的谐振器部分，以抑制无用振荡模式。

cross-stroke 交叉笔划 纵横笔划相互交叉的字符，如 f 或 t。

cross-subarea 跨子区的 在 SNA(系统网络体系

结构)中,用来修饰说明那些涉及一个以上子区节点的控制或资源。参见 systems network architecture (SNA)。

cross-subarea link 跨子区链路 在 SNA(系统网络体系结构)中两个相邻子域节点间的链路。同 subarea link。参见 cross-domain link。

cross subsidy 交叉补贴 同一电信经营者用盈利业务的收入来补偿非盈利业务产生的亏损的一种手段。交叉补贴是一种定价战略。其思路是,通过有意识地以优惠甚至亏本的价格出售一种产品(称之为优惠产品),而达到促进销售盈利更多的产品(称之为盈利产品)的目的。

crosstab query 交叉表查询 一种查询,对若干记录计算某一"求和值"平均值数量或其他类型的总计,然后将这些结果按两类内容分组:一类从数据表单的左边开始向右排,另一类从顶部开始往下排。

crosstalk 串扰[音] 串扰是两条信号线之间的耦合,信号线之间的互感和互容引起线上的噪声。容性耦合引发耦合电流,而感性耦合引发耦合电压。PCB(印制电路板)板层的参数、信号线间距、驱动端和接收端的电气特性及线端接方式对串扰都有一定的影响。

crosstalk communication software 交互式通信软件 实现计算机网络数据交换的手段,以多种方式传输文件和屏幕对话,可仿真多种主机异步终端,具有自动拨号功能、支持各种调制解调器。用于实现 DOS(磁盘操作系统)和 UNIX 机的互连通信。

crosstalk coupling 串扰耦合 在电路的某特定点和在特定终端条件下,干扰电路的功率和被干扰电路感应得到的功率之比。串扰耦合通常以分贝为单位来表示。

crosstalk resistance 串扰阻力 在多路通信系统或部件中,防止噪音或不需要的信号从一个信道转移到另一个信道中的能力。

crosstalk unit (CU) 串扰单位 两个电路之间耦合的测度。串扰单位的数值相当于在观察点的电流或电压与干扰信号原发处的电流或电压之比在所有观察点处阻抗相等时的 100 万倍。

cross-tracking "十字"跟踪 CRT(阴极射线管)显示器中的一种跟踪技术,一些亮点被排列成十字形,用来定位直线和点或用来画曲线。

cross-validation 交叉证实 在独立的条件下,重做一次试验,以验证结果称为交叉证实。

crossware 交叉件 交叉件是一组基于因特网标准、按要求开发的应用软件,这种软件可跨越网络、操作系统和平台运行。

crowbar circuit 撬棍电路,消弧电路 一种消除电源通断接触触点电火花的电路。通常称消弧电路,电路组成通常为电容方式。也称"撬棍电路"。

crowd simulation 群体仿真 模拟大量对象的动作的过程。群体仿真是研究人群在各种环境、情节下的运动特征与规律,建立大规模人群运动的仿真模型,并在计算机生成空间(虚拟环境)中以三维的方式逼真地展示大规模人群的运动过程。群体仿真技术,提供了人群运动的分析和演示工具,可应用的领域相当广泛。作为一种分析工具,群体仿真技术可以应用于公共安全领域,如船舶、飞机等大型交通工具的设计,体育场馆、地铁站等大型公共设施的设计等。作为一种演示工具,群体仿真技术能够生成逼真的人群运动动画,如地铁站、商场中的人流,体育场馆中欢呼雀跃的人群等,提高虚拟场景的视觉逼真性。因此,可以应用于娱乐游戏、电影电视媒体等。群体仿真需要解决两项关键技术问题。其一是,研究并建立大规模人群运动的仿真模型,实现对人群运动的模拟;其二是,研究大规模人群运动的可视化技术,即如何将大规模人群运动以三维的方式逼真地展现到虚拟场景中。

CRP (1)能力需求计划 capacity requirements planning 的缩写。(2)通道请求优先级 channel request priority 的缩写。(3)配置报告程序 configuration report program 的缩写。

CRQ 呼叫请求 call request 的缩写。

CRR 元件恢复记录 component recovery record 的缩写。

crrier-frequency coupling device 载波耦合装置 一套会同耦合电容器,在指定的条件下使载波频率信号得以在电力线路和载波频率装置之间传递的回路元件。

CRS (1)配置报告服务器 configuration report server 的缩写。(2)信元中继服务 cell relay service 的缩写。(3)中央预订系统 central reservation system 的缩写。

CRT 阴极射线管 cathode ray tube 的缩写。

CRT coating CRT 涂层 电子束撞击荧光屏和外界光源照射均会使显示器屏幕产生静电、反光、闪烁等现象,不仅干扰图像清晰度,还直接危害使用者的视力健康。因此通常的 CRT(阴极射线管)均附着表面涂层,以降低不良影响。

CRT display 阴极射线管显示器 使用阴极射线管(CRT)构成的显示器。它的性能好,成本较低,可靠性高,寿命长,但也有体积笨重、带有高压,不便于携带等缺点。

CRT display device 阴极射线管显示设备 在阴极射线管(CRT)上产生图像的一种显示设备。

CRT display point-mode 点模式 CRT 显示 一种可以在 CRT(阴极射线管)面上任意位置建立单独显示点的工作模式。这种模式所显示的每一个点需要两个 18 比特的字来确定其纵横坐标。一旦第一个点建立起来,以后各点的产生(在某些计算机上)可以只用一个字来表示。

CRT graphic terminal CRT 图像终端 图像终端有

两种基本类型:CRT(阴极射线管)显示和机电绘图仪。在图像应用中,要求CRT终端具有显示线段,移动光点以及显示字符的能力。由于多数图像终端是交互使用的,所以通常带有光笔、RAND表或可移动光标作业输入手段,同时也应有一个供用户使用的键盘。

CRT highlighting CRT 醒目功能 一种使字符下划线闪烁或变更亮来强调CRT(阴极射线管)屏幕上显示某些数据的功能。它可用于区分可变数据,诸如字段标号或错误信息一类的被保护数据,也可用来标记被删除移行的或插入的字符。

CRT loader/monitor 阴极射线管装入器/监视器 能将控制电路中的每一个接触都显示在一个阴极射线管(CRT)上的系统。它与键盘输入一样,并且能立即提供程序验证及允许编辑与修改。整个存储器程序可存于盒式磁带或穿孔卡片上,以便用于验证、转储、重新装入以及其他控制器的程序设计上。

CRT plotter CRT 绘图仪 在阴极射线管(CRT)上形成输出图形,并把图形转移到纸上的一种输出设备。图形转移手段通常采用硬拷贝方法。

CRT recording CRT 记录技术 把CRT(阴极射线管)荧光屏上的图像记录下来的方法,尤指通过光学系统记录到感光材料上去的方法。

CRT terminal CRT 终端 用CRT(阴极射线管)作为显示部分的终端。此类终端广泛用于数据输入、查询及联机系统开发。CRT终端在英文中有不少别称,如display(显示器)、video display(视频显示器)、screen(荧光屏)、monitor(监视器)以及tube(管子)等。

CRU 用户可换部件 customer replaceable unit 的缩写。

crunching 碾压 在文件压缩软件中指压缩文件。

crush 压痕 (1)光学元件表面上的小刮痕或一系列的小刮痕,它通常由错误处理,磨损,折毁或摩擦造成的。(2)在通信系统中,由于压力造成的对一根电缆或光缆造成的损坏。

cryoelectronics 低温电子学 研究超导性和其他低温现象以及应用于电子器件和系统的电子学分支学科。

cryogenic element 低温元件 利用温度接近绝对零度时材料的超导特性而制成的一种高速电路元件。

cryogenics 低温学 对接近绝对零度时的材料特性及其器件的研究和使用。

cryogenic storage 低温存储器 依据特殊材料性能进行操作的存储器。当温度低于某一特定温度时,这种材料会成为超导的,由于超导体有零电阻,故它可保持或永久存储信息。

cryogenic thermistor 低温热敏电阻 设计成工作在低温液体中的热敏电阻。其应用包括让小电流通过这种热敏电阻,使其略微发热来进行液位检测。这个热量在液体中的耗散速度比热敏电阻在液体上方更快,从而引起可用来检测或控制低温液体位面的电阻变化。

cryophysics 低温物理学 局限于研究在接近绝对零度的极低温度下发生的现象的物理学。

cryosistor 低温晶体管 具有对两个欧姆接触之间的电离进行控制的反偏PN结的低温半导体器件。它可用作三端开关或脉冲放大器。

cryotron 低温管 一种利用导电材料的低温效应制成的用小的磁场变化即可控制大的电流变化的器件。

cryotronics 低温电子学 涉及低温器件的设计、制造和使用的电子学分支。

cryotron switch 低温管开关 与超导性相关的一种开关。它是由一种超导材料制成的线圈环绕着另一种超导材料直导线而构成的,两种导线都浸放在液氦槽里。电流通过线圈时产生磁场,磁场改变了中心导线的超导性质,使其电阻从零改变到一定值。低温管开关可做得很小并取用很小的电流。

crypher 密码,加密程序 (1)为了防止未经授权的人员了解通信或程序的内容而采取加密措施后的数据。(2)是一种仅与符号或位的序列相关的编码。在加密编码时,以具有一定含义的字或词组作为编码的单位,以一个密钥为参数作一个函数变换,就得到加密文件。

crypto 密码技术 一种通信安全(COMSEC)密钥资料的标记或标识符,用于保证对携带有保密或敏感材料的保密或证实。当全部为大写字母时,CRYPTO的意义如上所述,当其为小写并作为前缀时,crypto或crypt被用作机密或密码的意思。

crypto-algorithm 加密算法 由明文产生密文和反向操作的事先定义好的规程或步骤序列。

cryptoanalysis 破译,密码分析 一种因不知道密钥而对密文进行分析,将密文转换为明文所实施的步骤和操作。

cryptoanalysis attack 密码分析攻击 运用分析方法破译某一代码或找到某一密钥的一种试图。

cryptocenter 密码中心 给信息加密和解密的机构。

crypto channel 密码信道 一种完全保密通信系统,它包括:①预定的密码辅助设备;②密码辅助设备的保管器具;③用于识别的指示器或其他手段;④有效的区域;⑤为其提供的用于特定目标的信道;⑥有关分配、操作及使用等方面的相关信息。

crypto equipment 密码设备 对消息加密的设备。同cryptographic equipment。

cryptogram 密码电文 一份被加密的消息,如密码电报。

cryptogram space 密码空间 使用全部密钥对所有信息加密而产生的密文信息总集合。

cryptographer 密码员 为电文加密或解密的人。

cryptographic 密码[的],加密[的] 为隐藏数据真实含义而修饰其形式的变换操作。参见 decipher,encipher。

cryptographic algorithm 加密[密码]算法 数据的加密和解密所需规定的一组有规律的数学步骤。

cryptographically generated addresses (CGA) 加密生成地址 使用加密算法根据主机前缀,用户公钥生产的特殊的网络地址。

cryptographic analysis 密码分析 剖析密码信息,把密文还原成明文从而获取保密信息的过程。

cryptographic authentication 密码验证 使用有关加密技术的验证方法。

cryptographic checksum 密码校验和 使用密钥计算校验和的方法。密码校验和是保证数据完整性的有效方法,可应用于查错技术、鉴别技术、计算机病毒防治技术等方面。

cryptographic communication 密码通信 密码数据在设备或程序之间的传送。

cryptographic control 密码控制 使用密码技术保护计算机存储和传送信息的方法。

cryptographic data unit 密码数据单元 在一个密码操作中,被加工的一个有限长度的明文或密文。

cryptographic facility 密码设施 为实现密钥变换和数据加密的基本操作的设备。

cryptographic information 密码信息 密码信息描述密码系统和密码设备,包括它们的功能和性能以及所有的密码资料。该信息可用于已加密文本的密码分析转换和密码系统的操作。

cryptographic key 密钥 在明文和密文之间决定密码变换的参数。参见 DEA key。

cryptographic key data set (CKDS) 密钥数据集 (1)含有设备所使用的全部加密密钥的数据集。(2)一个对于某特定密钥的密码性能测试值,它被用于确认自该检验值产生起该密钥未改变。

cryptographic key distribution center (CKD) 密钥分配中心 产生各种密钥的一种设施,它所产生的密钥可以被不享有一个公用密钥的对话双方使用。

cryptographic key test pattern 密钥测试模式 在编程加密设施中,一个 64 位值,与每个密钥一起存于 CKDS(密钥数据集)中。

cryptographic key translation (CKT) 密钥转换 一种转换密钥的设施,原密钥由一方生成,转换后的密钥可以被不享有公用密钥的另一方使用。

cryptographic master key 密码主键 在密钥层次结构中处于最高级的加密密钥,用来保护其他密钥。

cryptographic module 加密模块 实施包括加密算法在内的加密逻辑或处理并包含在模块加密边界内的一组硬件、软件或其组合。

cryptographic protocol 密码服务报文 也称"安全协议",是使用密码学完成某项特定的任务并满足安全需求的协议。在密码协议中,经常使用对称密码、公开密钥密码、单向函数、伪随机数生成器等。参见 security protocol。

cryptographic service message 密码服务报文 用来传送密钥或与之有关的信息的报文,用以控制密码关系。

cryptographic session 密码对话 在 SNA(系统网络体系结构)产品中的一种 LU-LU(逻辑单元之间)对话,其中的 FMD(功能管理数据)请求在可以传送之前加密,并在被接收后进行解密。比较 clear session。参见 mandatory cryptographic session,selective cryptographic session。

cryptographic session key 密码对话密钥 在 SNA(系统网络体系结构)中,对话加密钥的表述。建议使用 session cryptographic key。

cryptographic system 密码系统 (1)提供一种密码变换的单元系统,它由 5 部分组成:①信息空间;②密文空间;③密钥空间;④加密转换过程;⑤解密转换过程。(2)一种加密技术系统,包括信息空间、密文空间、密钥空间、一系列的加密变换和一系列解密变换。一般密码系统应满足以下要求:加密和解密算法对所有密钥都是有效的、系统操作应当简单、系统的安全只依赖于密钥的秘密性。

cryptographic transform 密码变换 确保数据库安全性的一种方法。该法比"检查用机权限"和"存取控制"这两种安全措施更为可靠。它将数据库中的数据以密码形式存放,使用时由用户设计的解码程序将其转换为用户数据。这样,即使某窃取者获得了保密数据也无法知道密码数据的真实含义。这种技术在军事、情报及银行数据库中经常采用。

cryptographic transparency 密码透明度 在计算机安全中,指一种密钥管理的技术。一个有特权的用户用这个技术能不察觉地对密码解密并读出密文。

cryptography 加密法 根据密约规则将常规正文与密码文件施行互相转换的技术。把常规正文变成密码文件的过程称加密。反之,把密码文件变成常规文件的过程称解密。加密法包括加密和解密两个方面的原则、方式和方法。

cryptography verification request (CVR) 密码验证请求 由 PLU(主逻辑单元)送到 SLU(次逻辑单元)的一种请求单元。它是作为密码对话建立过程的一个部分,以便 SLU 去检验 PLU 是否使用正确的密码键和初始向量。

cryptology 密码学 研究编制密码和破译密码技术的科学。研究密码变化的客观规律,应用于编制密码以保守通信秘密的,称为编码学;应用于破译密码以获取通信情报的,称为破译学,总称密码学。参见 cryptography。

crypto material 密码资料 包括对电信系统加密、解密或鉴别都很重要的所有文件、装置、设备和仪器。机密的密码资料被指定为密码技术(CRYPTO),并受到特定的保安措施的保护。

crypto net 保密通信网 一种由局站组成的网络,这些局站占用一个特定的、供使用的密钥,通常使用一个公用密码信道直接通信。保密通信网可能由公有一个密码系统的两个或多个团体拥有,而且拥有一种通信方式。

crypto-operation 加密操作 加密方法的功能性应用:①离线式。加密和解密以和密文传输相分离的自有操作形式运行,类似于和信号线没有电连接的手工或机器方式;②在线式。使用直接连接到信号线的加密设备产生连续的加密和传输或接收和解密操作。

cryptoperiod 密码周期 在计算机安全中,指一个密钥允许使用的时间间隔或在指定的系统中保持密钥的有效时间。

cryptosecurity 加密安全(性) 在计算机安全中,通过对可靠的加密系统进行适当的技术性应用所得到的安全性和保护。同 cryptographic security。

crystal 晶体 一种原子以某种程度的几何规律性排列的天然(或人工)物质,如石英或电气石,可用作压电材料或半导体材料。固体物质中绝大多数都是晶体,如金属、合金、硅酸盐。大多数无机化合物和一些有机化合物,甚至植物纤维都是晶体。有些晶体具有规则的多面体外形,如水晶,称为单晶体;有些则没有规则整齐的外形,如金属,整个固体是由许多取向随机的微小单晶颗粒组合而成,这样的固体称为多晶体。晶体的一切性质无不与其内部结构有三维周期性这个特征密切相关,如晶体具有固定的熔点、各向异性、对称性、能使 X 射线发生衍射。固体物质是否为晶体,一般用 X 射线衍射法予以鉴定。另外,晶体还具有对称性。比较 amorphism。

crystal activity 晶体活度 在规定条件下,压电晶体片振动幅度大小的量度。

crystal-controlled transmitter 晶控发射机 载频直接由石英晶体元件的机电特性控制的发射机。

crystal counter 晶体计数器 一种固态计数器,其中电位差跨接于一晶体;当晶体被基本粒子或光子撞击时,产生的电子—离子对引起导电率瞬时增加。由此得到的电流脉冲用电子仪器来计数。

crystal detector 晶体检波器 能对调制射频信号整流来直接获得音频或视频信号的晶体二极管。微波接收机中的晶体二极管将输入射频信号与本振信号组合,以产生中频信号。

crystal filter 晶体滤波器 有一个或多个石英晶体的高选择性调谐电路。它在通信接收机的中频放大器中,用以改善选择性。

crystal habit 晶体惯态 晶体的外形称为晶体惯态。相同物质的所有晶体的生成,其晶面夹角相同。但它们却没有相同的外形,因为它们是不同的晶面视条件以不同速率生成的。

crystal lattice 晶格,晶体点阵 由电力键把原子、离子或分子约束在一起形成的一种规则的三维排列。格可视为是由网格的晶胞反复平移而产生的。参见 crystal system。

crystalline operating system (CrOS) 晶状操作系统 一种并行操作系统,要求并行处理机之间能够以松散同步方式进行处理机内的通信操作。所有相关进程都要预先考虑晶状通信操作。这种操作系统适用于松散同步问题的同步通信系统,对于该系统通信子例程的调用使所有相关节点同步。

crystal microphone 晶体麦克风 一种麦克风,其中声波落在有压电性质的罗谢尔盐(酒石酸钾钠晶体)或类似材料制成的板上,压强的变化由于压电效应而转换成变动的电场。晶体麦克风具有很强的高频响应并且不具方向性;它们现在已很少使用。

crystal mixer 晶体混频器 利用晶体二极管的非线性对两个频率进行混合的混频器。如在雷达接收机中,混频器通过使接收的雷达信号与本振信号混频而将雷达信号变换成较低的中频值。

crystalography 晶体学 晶体学及其分类,特指用于制作晶体管和集成电路的半导体材料。

crystal optics 晶体光学 光学的分支,专门研究辐射能在晶体,特别是各向异型晶体中传播以及晶体对极化电磁波,特别是光波的影响。

crystal orientation 晶向 切开的晶体表面与晶体小面之间的关系。每种晶向都直接影响器件的特性。

crystal oscillator (XO) 晶体振荡器 (1)准确定频的振荡器,其中用一个压电晶体在调谐电路中产生振荡或是耦合到调谐电路控制振荡频率,交流电场加在通常是石英晶体两平行面的喷镀金属薄膜上,以使晶体在其固有频率上振动;此频率可以是在千赫范围或兆赫范围,视晶体如何切割而定。机械振动又产生一个交流电场跨接于晶体且无频率漂移。这种部件广泛用于石英钟和表。(2)频率由压电晶体控制的振荡器。晶体振荡器可能需要温度控制,因为其工作频率与温度有关。晶体振荡器的类型有压控晶体振荡器(TCXO),温度补偿晶体振荡器(VCXO),热控晶体振荡器(OCXO),压控温度补偿晶体振荡器(TCVCXO),热控压控晶体振荡器(OCVCXO),微机补偿晶体振荡器(MCXO)等。

crystal pickup 晶体拾音器 唱机中的拾音器,其中,由记录槽中的振动产生机械振动传到压电晶体,产生和声音频率相同的变化电场,这一信号经放大并送入扬声器,发出声音。

crystal plate 晶体片 被研磨到最终尺寸、经刻蚀以改善稳定性和效率，以及在石英晶体的主表面涂敷用于连接引线的金属层的精密切割石英晶体片。也称“石英片”。

crystal pulling 拉晶法 在有保护环境中生长晶体单晶棒料的方法。将一端有籽晶的晶体棒或籽晶拉晶杆浸入晶体的熔化液或熔料中，熔料在坩埚中由电感应加热维持液态。随着籽晶杆的回抽，便形成单晶棒。也称“丘克拉斯基(Czochralski)法”。

crystal-router algorithm 晶状路线算法 并行计算机系统中的一种算法，这一算法采用 CrOS 操作系统，允许在超正立方体的各节点间以松散方式同步传递任意长度的信息。参见 crystalline operating system (CrOS)。

crystal set 晶体[矿石]收音机 有对接收的信号进行解调的晶体检波级，但没有放大级的无线电接收机。

crystal slab 晶体切片 从中切割出晶体坯料的一块相当薄的晶体。

crystal structure 晶体结构 晶体是具有规则多面体形状的固体，形成晶体的原子、离子或分子具有一定规律的排列，此即晶体结构。

crystal stabilized transmitter 晶体稳频发射机 带有自动频率控制的发射机，其中包括提供基准频率的晶体振荡器。

crystal system 晶系 根据晶状物质的单位晶胞将其分类的方法。共有 7 种晶系，假使晶胞是一个有 a,b,c 边的平行六面体，并假设 b 与 c 之间的角是 α，a 与 c 之间的角为 β，a 与 b 之间的角为 γ，则 7 种晶系为：① 立方体 $a=b=c$ 且 $\alpha=\beta=\gamma=90°$；② 四方形 $a=b\neq c$ 且 $\alpha=\beta=\gamma=90°$；③ 菱形(或正交的)$a\neq b\neq c$ 且 $\alpha=\beta=\gamma=90°$；④ 六角形 $a=b\neq c$ 且 $\alpha=\beta=\gamma=90°$；⑤ 三角形 $a=b\neq c$ 且 $\alpha=\beta\neq\gamma\neq 90°$；⑥ 单斜菱形 $a\neq b\neq c$ 且 $\alpha=\gamma=90°\neq\beta$；⑦ 三斜形 $a=b=c$ 且 $\alpha\neq\beta\neq\gamma$。

crystal video receiver 晶体视频接收机 只由晶体检波器和视频或音频放大器构成的宽带调谐雷达或其他微波接收机。

CS (1)通信生存能力 communications survivability 的缩写。(2)会聚子层 convergence sublayer 的缩写。(3)指定连续 continue-specific 的缩写。(4)曲线系统，路径控制系统 contouring systems 的缩写。(5)片选 chip select 的缩写。(6)合成信令 composite signaling 的缩写。(7)能力集 capability set 的缩写。(8)压缩感知 compressive sensing 的缩写。

C/S 客户机/服务器 client/server 的缩写。

CSA (1)公共服务区 common service area 的缩写。(2)加拿大标准协会 Canadian Standards Association 的缩写。(3)云安全联盟 Cloud Security Alliance 的缩写。

CS-ACELP 共扼结构-代数码激励线性预测(编码) conjugate structure-algebraic code excited linear prediction 的缩写。

CSBN 中国标准书号 China Standard Book Number 的缩写。

CSC (1)电路交换中心 circuit switching center 的缩写。(2)客户聊天服务 customer service chat 的缩写。

CSCD 中国科学引文数据库 Chinese science citation database 的缩写。

CSCD JCR annual report 中国科技期刊引证指标数据库 CSCD 是中国科学引文数据库 Chinese science citation database 的缩写，JCR 是《期刊引用报告》*Journal Citation Reports* 的缩写。中国科技期刊引证指标数据库是根据 CSCD 年度期刊指标统计数据创建的。该统计数据以 CSCD 核心库为基础，对刊名等信息进行了大量的规范工作，所有指标统计遵循文献计量学的相关定律及统计方法，这些指标从不同角度揭示期刊影响力，尤其是从学科论文引用角度定位期刊影响力，如实反映国内科技期刊在中文世界的价值和影响力。参见 Chinese science citation database (CSCD)，Journal Citation Reports (JCR)。

CSCI (1)《中国科学引文索引》*China Sciences Citation Index* 的缩写。(2)计算机软件配置项目 computer software configuration item 的缩写。

CSCW 计算机支持的协同工作 computer-supported collaboration work 的缩写。

CSD 电路交换数据 circuit switch data 的缩写。

CSDC 电路交换数字容量 circuit switched digital capability 的缩写。

CSDN 电路交换数据网 circuit switched data network 的缩写。

CSE (1)传导杂散发射 conducted spurious emission 的缩写。(2)公共子表达式消除 common subexpression elimination 的缩写。

CSECT 控制节 control section 的缩写。

CSES 连续严重误块秒 continuous severely errored second 的缩写。

CSG (1)体素构造表示法，结构实体表示法 constructive solid geometry 的缩写。(2)上下文有关文法 context-sensitive grammar 的缩写。

CSI 用户满意度指标 customer satisfaction index 的缩写。

CSL 计算机敏感语言 computer sensitive language 的缩写。

CSLIP 压缩串行线路互连协议 compressed serial link Internet protocol 的缩写。

C & SM 通信和系统管理 communications and system management 的缩写。

CSMA 载波监听多路访问 carrier sense multiple

access 的缩写。

CSMA/CA 载波监听多路访问/冲突避免 carrier sense multiple access/collision avoid 的缩写。

CSMA/CD 载波监听多路访问/冲突检测 carrier sense multiple access/collision detection 的缩写。

CSMA/CD access method CSMA/CD 访问方法 带有避免冲突的载波监听多路访问，这种访问方法使用载波检测和多路访问。

CSMA/CD network CSMA/CD 网络 一种总线网络，使用载波探测的介质访问控制协议，其中的站总是通过发送一个冲突信号启动传输，如果冲突信号没有与其他站的冲突信号发生碰撞则开始发送数据，否则停止传输并在以后再次尝试。

CS mode 持续特定方式，CS 模式 continue-specific mode 的缩写。

CS-MUX 电路交换多路复用器 circuit switching multiplexer 的缩写。

CSN 电路交换网络 circuit switched network 的缩写。

CSNAP 通信统计网络分析程序 communications statistical network analysis procedure 的缩写。

CSP (1)控制转接点 control switching points 的缩写。(2)通信扫描器处理器 communication scanner processor 的缩写。(3)通信顺序进程 communicating sequential process 的缩写。(4)芯片级封装 chip scale packaging 的缩写。(5)芯片尺寸封装 chip size package 的缩写。(6)交叉系统产品 cross system product 的缩写。

C space C 空间 在打印管理设施中，字符框至图形字符点阵最右边的图像元素的右边的区域。参见 A space，B space。

CSPD 中国学术期刊数据库 China Science Periodical Database 的缩写。

CSR 客户服务代理 customer service representative 的缩写。

CSRF 跨站请求伪造 cross site request forgery 的缩写。

CSS (1)通道子系统 channel subsystem 的缩写。(2)层叠(级联)样式表单 cascading style sheets 的缩写。(3)内容扰乱系统 content scrambling system 的缩写。(4)客户服务和支持 customer service and support 的缩写。

CSSN 中国标准刊号 China Standard Serial Numbering 的缩写。

CST (1)通道状态表 channel status table 的缩写。(2)并发 Smalltalk 语言 concurrent Smalltalk 的缩写。

CSTAD 中国科技成果数据库 China Scientific &Technological Achievements Database 的缩写。

CSTAR 中文之星(汉字系统) Chinese Star 的缩写。

CSTJ 中文科技期刊数据库 Chinese science and technology periodicals database 的缩写。

CSTNET 中国科技网 Chinese science and technology network 的缩写。

CSU (1)客户安装 customer set-up 的缩写。(2)客户服务单元 customer service unit 的缩写。(3)通道维护部件、通道服务单元 channel service unit 的缩写。

CSV 电路交换语音 circuit-switched voice 的缩写。

.csv 文本文件名后缀 用于标识以逗号为分隔符的文本文件的文件扩展名。

CSW 通道状态字 channel status word 的缩写。

CT (1)电路终端 circuit terminal 的缩写。(2)计算机断层造影 computer tomography 的缩写。(3)计算机翻译 computer translation 的缩写。(4)呼叫转移 call transfer 的缩写。(5)无绳电话 cordless telephone 的缩写。

CTB 组合三次拍频信号 composite triple beat 的缩写。

CTC 通道到通道 channel-to-channel 的缩写。

CTCA 通道到通道适配器，通道衔接器 channel-to-channel adapter 的缩写。

CTD (1)信元传输延迟 cell transfer delay 的缩写。(2)点击拨号 click to dial-up 的缩写。(3)时钟时间差 clock time difference 的缩写。

c-testability c-可测试性 迭代逻辑阵列电路的一种特性。测试迭代逻辑阵列电路的测试码数固定而与构成阵列的单元数无关。

CTI (1)计算机电话集成 computer telephony integration 的缩写。(2)三网合一 computer telephony image 的缩写。(3)相比起痕指数 comparative tracking index 的缩写。

CTL (1)临界技术负荷 critical technical load 的缩写。(2)证书信用[托管]表 certificate trust list 的缩写。

CTLD 控制器描述 controller description 的缩写。

CTM 计数图灵机 counting Turing machine 的缩写。

CTMS 花旗财务管理系统 CITI treasury manager system 的缩写。

CTO 首席技术官，技术主管 chief technology officer 的缩写。

CTP (1)无连接传输协议 connectionless transport protocol 的缩写。(2)综合理论性能 composite theoretical performance 的缩写。(3)命令终端协议 command terminal protocol 的缩写。

CTR (1)计算机磁带阅读机 computer tape reader

的缩写。(2)点击通过率 click through ratio 的缩写。

Ctrl **控制键** 键盘上标有 Ctrl 的一个键,与其他键组合使用,用于扩展标准键盘的功能。

Ctrl+Alt+Del **Ctrl+Alt+Del 组合键** IBM 及其兼容机上的一种三键组合,用于重新启动计算机,但是却不用进行打开电源开机(冷启动)时所需进行的全部内部检查。在 Windows 9x 和 Windows NT 中,Ctrl+Alt+Del 提供一个对话框,让用户选择是关机还是结束当前的任何任务。

CTS (1)通信技术卫星 communication technology satellite 的缩写。(2)会话终端系统 conversational terminal system 的缩写。(3)清除发送,允许发送 clear to send 的缩写。(4)连续时间系统 continuous time system 的缩写。(5)电荷迁移态 charge transfer state 的缩写。(6)接触式温度传感器 contact temperature sensor 的缩写。

CTTU **集中干线测试单元** centralized trunk test unit 的缩写。

CTU **中央终端设备** central terminal unit 的缩写。

C-type conditioning **C 型调节** 用来控制衰减失真和包络延迟失真的调节。

CT1 **CT1 标准** cordless telephone 1 的缩写。

CT2 **CT2 标准** cordless telephone 2 的缩写。

CT3 **CT3 标准** cordless telephone 3 的缩写。

CU (1)接近 close-up 的缩写。(2)串扰单位 crosstalk unit 的缩写。

CUA **公共用户访问** common user access 的缩写。

CUA architecture **公共用户访问系统结构** common user access architecture 的缩写。

cube **立方体数据结构** OLAP(联机分析处理)系统中的一种数据结构。一个立方体数据结构包含多个维或度(如国家、地区、城市就是三个维)和多个数据字段(如销售量)。其中,各个维把多种数据组织成详细描述的层级体系,数据字段描述数据的量化值。

cube-connected cycle **立方体连接的环路** 一种并行计算机连接环路,将一个具有 N 个节点的环路嵌入一个 N 立方体,并且每个节点都和连接立方体原点的 N 条链路之一相连接。这种环路可链接成流水线或向量处理机。

cube environment mapping (CEM) **立方环境映射** 一种三维图像技术,可使开发者生成令人震撼的实时准确的反射和镜面反射效果。

cube manager **立方体管理器** 在立方体结构的并行计算机中,作为立方体与外部环境之间连接的主计算机。

cubical antenna **立方体天线** 其阵元形成立方体的 12 个边的全波天线阵。也称"体立方天线"。

cubic crystal **立方晶体** 晶体中单位晶胞为立方体的一种晶体。立方晶体有三种可能的结晶块:简单立方体、面心立方体和体心立方体。

cubic semiconductor **立方半导体** 晶体结构的三条轴线,为沿这些方向的所有原子提供相等间隔的半导体器件。

CUD **呼叫用户数据** call user data 的缩写。

cue **尾接指令,信息标号,插入[提示]信号** (1)含有关键字的指令、地址或语句,用于从特定的进入点进入闭型子例程。(2)在通信中由主叫用户发出的信号,用以标志一系列事件的开始。(3)在视频制作中,插入到垂直回扫期间的一个行信号,在主磁带上产生帧号、图像码、章码、关闭标志、全帧标识符。

cue track **控制[辅助]磁道** (1)用于磁带录音机和转盘式录音机上,完成磁带走动同步或控制目的的磁道。(2)录像带上的辅助音道,可用于电子标记或辅助程序通道。

CUG **闭合用户群** closed user group 的缩写。

CUL **再见** see you later 的缩略语,用于电子邮件和 BBS(电子公告牌系统)等。

culling **采摘** 在 AIX 图形中,在图元小于命令指定的最小尺寸时不为图元操作解释命令。参见 clipping,pruning。

cumulative compounded of motor **电机的积复励** 复励电机的串励绕组与并励绕组的磁动势方向是相同的。

cumulative graph **积累型图表** 一种图表,其中的每个点代表该点多个值的累加结果。

cumulative index **多重索引** 一种表示所有项目的以多个索引号出现的索引。

cumulative lead time **累计提前期** 完成某项活动的最长时间。对于任一制造资源计划(MRP)物料项目来说,其累计提前期可以通过遍历该项物料的物料清单中各条路径来得到,即将各路径上所有低层项目的提前期的最大累计值定义为该项目的累计提前期。也称"合成提前期"或"关键路径提前期"。

cumulative service tape **累积服务磁带** 具有新的进程顺序的磁带,其上录有对该进程的所有当前 PTF(程序临时性修理)内容。

cup core **杯形磁芯** 将线圈罩起来以提供磁屏蔽的磁芯。通常它具有通过线圈的铁粉心柱。

cupeth **铜甲电缆** 一种沿轴向用约 5 mm 的波纹铜带叠缝绕覆,表面加上聚乙烯套管的电话电缆。由于低电阻的铜带具有限制电力感应的作用,因而在闪电时不致引起电压击穿。

.cur **光标文件名后缀** cur 取自 cursor (光标)一词,Windows 下的光标资源文件的扩展名,可用光标编辑软件编辑。

Curie 居里 早期的放射性单位。是以波兰裔法国物理学家玛利·居里(1867—1934年)的名字命名的。

Curie point 居里点 当温度上升到某一值时,铁磁材料将失去其铁磁性而呈现顺磁性,这个临界温度名为居里温度或居里点。铁的居里点为760℃,镍为356℃。

Curie's law 居里定律 顺磁性物质的磁化率(X)与热力学温度(T)成比例,即:$X=C/T$,式中C为居里常数。这一定理的修正定律居里——威尔斯定律更为通用,在这个定理中,$X=C/(T-\theta)$,式中θ为威尔斯常数,是物质的特性,这一定理是法国物理学家皮尔·居里(1859～1906年)首先提出,由法国另一位物理学家皮尔·欧内斯特·威尔斯(1865～1940年)修正的。

Curie temperature 居里温度 铁磁材料失去磁性的温度。在温度上升到居里温度之前,磁芯的导磁率随着温度升高而迅速地增大,电感量增大。但是到了居里温度,导磁率下降到接近1,导致电感量急剧下降。居里点是初始导磁率下降到它在室温时的10%的温度。

currency status indicator 当前状态指示符 在每个运行单位执行期间,数据库管理系统(DBMS)负责维护的各种状态信息,它作为系统为每一个运行单位保留的位置标记。这些指示符就是实际的数据库关键码的值,它们表示了该运行单位在各种范围内最近所存取的记录值的数据库关键码。当前状态指示符表中包括记录的当前值、系的当前值、域的当前值和运行单位的当前值。

current 电流 电荷在媒质中的运动。电流方向规定为与电子运动方向相反。电流符号I,电流单位为安培。因电流形成过程的不同,又可分为传导电流、对流电流和位移电流等。参见 conduction current, convection current, displacement current。

current address 现行地址 正在执行的指令的地址,一般保存在程序计数器或指令寄存器中。

current amplifier 电流放大器 一种具有低输出阻抗,能提供比馈入信号电流大得多的放大器。

current antinode 电流波腹 沿传输线、天线或有驻波的其他电路元件,电流有最大值的点。

current attenuation 电流衰减 传感器的输入信号电流与同传感器相连的特定负载阻抗中的电流之比,用分贝(dB)表示。

current awareness service (CAS) 现刊题录服务 向读者报导最新文献资料及动态方面的服务。通常,可用计算机检索。类似的还有定题情报服务等。

current backup version 当前备份版本 数据集或文件的最新备份拷贝。

current balance relay 电流平衡式继电器 当两个电流输入的量值达到预定比值时才工作的继电器。

current balance 电流秤 根据安培定义,精确测量电流的仪表。精确的电流杆式秤,有两个同样的线圈附着在秤杆的两端。这两线圈的上、下都有固定线圈。电流流过线圈时,杆上产生力矩,借助游码使之恢复水平。从游码的位置和重量以及系统的几何结构,可计算出电流。

current beam position 电子束位置 在阴极射线管等显示设备中,电子束在显示屏幕上所打到的点的坐标。同 starting point。

current-breaker 断路器 能接通、承载和分断正常电路条件下的电流,也能在所规定的非正常电路条件(如短路)下分断电流。

current-breaker failure protection equipment 断路器失灵保护装置 当相应的断路器动作失灵时,令其他断路器跳闸,以切除系统故障的后备保护装置。

current calibrator 电流校准器 对校准电流表或其他电流测量仪器提供可调、精确已知的交流和(或)直流电流的电流源。

current-carrying capacity 载流量 在不会引起元器件或导线的电气或机械特性产生永久性性能下降的情况下,导体能够连续承载而不致使其稳定温度超过规定值的最大电流。

current cell rate (CCR) 当前信元速率 在ATM(异步传输模式)网中,指一个资源管理信元中的字段,由源端在生成一个前向资源管理信元时发出,该字段可用于计算速率。

current commonly-used Chinese character 现代通用汉字 现代通行的记录现代汉语的符号系统,如2312-80《信息交换用汉字编码字符集》和《现代汉语通用字表》。

current compensation 电流补偿 对跨接在恒流电源两端的杂散分路电导进行补偿的手段。

current connect group 现行连接组 在终端会话或成批作业处理时用户与之有关的组。

current controlled current source (CCCS) 电流控制电流源 一个受控电流源,经过该电流源的电流和经过控制支路的电流有关。参见 current controlled voltage source (CCVS)。

current-controlled switch 电流受控开关 相对于开关的切断和接通条件控制偏压,将电阻调节到很大或很小数值的半导体器件。

current controlled voltage source (CCVS) 电流控制电压源 一个受控电压源,其输出电压是另一个电流(控制电流)的函数,即是说输出电压会随着这个控制电流的变化而变化,其变化规律一般是给定的。

current cutoff 电流截止 稳压电源中的负阻电路

随着负载电阻的降低而自动使负载电流减小，以将过载损坏的可能性减至最小并对敏感负载进行保护。

current density 电流密度 描述电路中某点电流强弱和流动方向的物理量。其大小等于单位时间内通过垂直于电流方向单位面积的电量，以正电荷流动的方向为正方向。通常用每安倍的圆密耳(cmil/A)表示。参见 circular mils。

current-differencing amplifier 电流差动放大器 运算放大器的一种形式，也称“诺顿(Norton)放大器”。放大部分由四个晶体管组成，其中三个作为公共发射极工作。放大器不需要负电源，但需外接电路。

current directory 当前目录 在某些操作系统中。当输入一个文件名而没有其所在的目录标记时正在被检索的目录。当前目录是操作系统中访问文件的默认目录。同 current working directory，working directory。

current directory path 当前目录路径 某些操作系统中的一种由一系列目录名组成的检索次序，它始于当前目录或根目录，并导向所要求的文件在其中命名的目录。

current document 当前文档 一个正在被处理的文档。

current drain 电流消耗，负载 (1)由负载(接受电流的物体)从电压源引出的电流。也称“耗电”。(2)负载本身，如闪光灯泡从电池上获得电流，这个电流就是电池的电流，而灯泡本身也可以称为负载。

current drive 当前磁盘器 操作系统中访问文件的默认磁盘(驱动器)。同 default drive。

current feed 电流馈电 向电流最大的地方，如半波天线中心处的馈电。

current feedback 电流反馈 反馈信号取自输出电流或者输出电流的一部分称电流反馈。对交变信号而言，若基本放大器、反馈网络、负载三者在取样端是串联连接，则称为串联取样，也称“电流反馈”。比较 voltage feedback。

current file 当前文件 (1)用户最近从文件编档系统中取出来的文件。(2)数据库用户正在访问的当前数据库文件。

current file disk address 当前文件磁盘地址 由磁盘扇区和柱面(磁道)号所组成的文件地址。

current form 当前格式 在 AS/400 查询管理中，作用于数据以产生显示或者打印的报告的格式。

current gain 电流增益 在规定条件下，晶体管或其他放大器件的输出电流与输入电流之比。

current generation 现行生成 在 PL/1 语言中，关于变量名当前引用的受控变量的一种自动生成，或者是这种自动受控变量的一种生成。

current generator 电流发生器 终端电流与元件终端之间的电压无关的二端电路元件。

current graphics window 当前图形窗口 在 AIX 图形库(GL)中，系统进行图形输出的窗口。

current-group indicator (CG) 当前组指示符 一种指示符，它指出显示的记录是否来自于与先前输入的记录相同的命令组。

current heap 当前堆 在 XL Pascal 中，通过调用 NEW 为动态变量分配的存储区域，多个堆可同时存在，但只有一个是当前的。

current hopping 电流扰乱 若干个并联元件或电路之一获取多于其可利用电流的设计份额而引起故障或损坏的状态。

current indicator 现行指针 在访问数据库时数据库控制系统提供用来指示当前位置的指针。

current left margin 当前左边界 在文卷编制软件中，为了适应版式的要求而规定的左边第一列的实际极限位置。

current limiter 限流器 将电流限制到某个量而不管外加电压有多大的装置。

current limiting 限流 主要用于防止过载和短路而不是提供恒定电流的稳压电源电路特性。

current-limiting breaker 限流断路器 分断时间短得足以使短路电流达到其预期峰值前分断的交流自动断路器。

current-limiting resistor 限流电阻器 插入到电路中将电流限制到某个预定值的电阻器。限流电阻器串联于电路中，减小了负载端电流，也起分压作用。

current limiting threshold 门限电流 当负载电阻减小到稳定输出量即将超出负载效应带或(所规定的)公差带时的输出电流值。

current line 当前行 (1)由一个计算机程序(如编辑程序或格式化程序)处理的源文件中正在被处理的那一行。(2)光标位置所在的行。

current line pointer 当前行指针 在具有分时功能的系统中，指向正在对其进行操作的显示行的指针。在分时系统中，指出用户当前工作的行数据集的行指示字。

current loop 电流环 一种通信连接方式，采用 20 mA 的电流表示逻辑值 1，没有电流则表示逻辑值 0。

current loop cable 电流环电缆 一种 24AWG 四芯双绞线电缆，带有总体屏蔽以用于电流环。

current loop interface 电流环接口 一种串行数据通信方法。用电路上有 4 mA 电流表示二进制的“0”，20 mA 电流表示二进制的“1”。这一方法来源于电报技术，发电报的电键通、断，在电路上产生两种电流来代表两种信息。电流信号传输比电压信号传输具有更好的抗干扰能力。电流环接口在

C

波特率为 9 600 时，传输距离可达 600 m，比 RS-232-C 接口长 4 倍。

current loop interface converter 电流环接口转换器 一种通常允许 20 mA 或 60 mA 电流环与 RS-232 接口连接的设备。某些这种设备提供电流环驱动器，另一些则需要附加设备提供电流环功率。接口转换器也需要工作电源。

current mirror 电流反射镜 将两个或多个晶体管相连，使一个节点的电流在另一个节点重复所形成的电路。若将两个 MOS(金属氧化物半导体)场效应晶体管源连在一起，且它们的栅极与其中一个漏极相连，则第一个漏极上的电流将在第二个漏极上复现。

current mode 当前状态 在某些计算机系统制图技术中，关于属性和控制的 GDDM(图形数据显示管理)状态。当设定某一属性或控制时，该设定就是属性或控制的当前状态。因此，这种属性和控制在它们适用的情况下均会被采用。例如，当定义了一种颜色时，程序绘制的一切图形都使用该颜色，直到改变了颜色的定义为止。

current-mode control 电流型控制 用于开关变换器的一种控制方法，其中，双环控制电路按照被测输出电流对脉宽调制(PDM)进行调节。参见 pulse duration modulation (PDM)。

current-mode logic (CML) 电流型逻辑 一种电路设计，其中晶体管在不饱和(放大)模式下工作。

current node 电流波节 沿传输线、天线或其他具有驻波的电路元件中的零电流点。

current option 当前选择项 窗口软件中，加亮显示的菜单选择，在回车时被激活。

current page 当前页 在 OfficeVision 中，Writing Pad 函数的文档窗口状态行一部分，显示用户当前观察的文档的页号。

current pointer 当前指针 在程序设计中，一个每当执行数据管理语言语句识别当前数据管理记录位置时改变的指针。

current position 当前位置 (1)在执行下一条显示器命令之前，画笔(或电子束)在显示器面上的位置。(2)在计算机制图学中，如果下一个绘图例行程序没有明确指定起始点，则下一例程起始点的位置(以用户坐标表示)被称为当前位置。

current print position 当前打印位置 在打印服务程序中，作为字符参考点的或图像左上角的图形元素。

current priority 现行优先级 在某些采用优先级调度的操作系统中所使用的一种优先级。在该系统中，每个进程的优先级是可变的，不固定的。某个进程的现行优先级是由基本优先级和提升优先级两部分相加而成的。前者是在进程创建时确定的，后者是在进程执行时根据某种算法由系统确定的。

current priority level 现行优先级 在某些信息处理系统中，正在活动或控制的优先级数。

current probe 电流探头 专门设计的一种传感器。它具有很宽的工作频率，与频谱分析仪或示波器等配合使用，可以测量被测物的传导发射电流。

current record 当前记录 (1)当前行指针所指向的记录。(2)在数据库中，当前可访问的记录，记录指针始终指向这个记录。

current record pointer 现行记录指针 一个概念实体。它指出一个文件中要访问的下一个记录的位置。当使用输出文件时，这个术语没有意义。现行记录的指针的安置只受 OPEN，START 和 READ 等动词(即打开、开始和读语句)的影响。

current regulator 电流调整器 也称"稳流器"。将电压源的输出电流维持在预定的、大体恒定的值上，而不管负载阻抗如何变化。

current relay 电流继电器 输入量为电流的，当电路中电流达到整定值时动作的继电器。

current release 当前版本 软件系统的最新版本。

current-sensing resistor 电流敏感电阻器 与负载相串联的电阻器，以建立按调节负载电流的需要而与负载电流成正比的电压。

current sink 电流池 接收电流的设备。

current-sinking logic 电流陷落逻辑 晶体管的输出电流经处于低电平的任何一个输入端回流到前一级的逻辑。当所有输入端为高电平时，晶体管饱和，所以其输出为低电平。然后，便可以使其他栅极的输入电流下降。

current source 电流源 提供电流的设备 current sink。

current-source logic 电流源逻辑 当激励栅的输出为高电平时，电流从激励栅输出，流向被激励栅输入的逻辑。电阻-晶体管逻辑便是例子。

current state 现行[当前]状态 (1)在用状态空间法描述人工智能问题求解时所表示的现行格局状态，称为现行状态。(2)某些窗口软件中活跃的、不活跃的条件或者选择。参见 current state emphasis。

current state emphasis 当前状态加强 某些窗口式软件中的一个可见的标记，显示用户的某个选择是活跃的，如在下拉式菜单中的检查标记。

current transformation matrix 当前转换矩阵 在 AIX 图形中矩阵栈顶部的转换矩阵，所有通过图形管道的点都乘以当前转换矩阵。

current transformer 电流互感器 (1)将大电流变成小电流的互感器。其工作原理、等值电路与一般变压器相同。电流互感器按电流变换原理分主要有电磁式电流互感器和光电式电流互感器；按绝缘介质分有干式电流互感器、浇注式电流互感器、油浸式电流互感器、气体绝缘电流互感器等。(2)将交流电流转换成可供仪表、继电器测量或应用的变流设备。电流互感器是由闭合的铁芯和绕组组成。它的一次绕组匝数很少，串在需要测量的电流的线路中，二次绕组匝数比较多，串接在测量仪表和保护回路中，电流互感器在工作时，它的二次回路始终是闭合的，因此测量仪表和保护回路串联线圈的阻抗很小，电流互感器的工作状态接近短路。

current volume pointer 当前卷指针 在 COBOL 语言中，指向顺序文件当前卷的一个概念实体。

curryed function 调制函数 一种函数，其部分参数受函数的约束，而不是全部参数受函数的约束。

cursive 草(写)体 像手写体一样流畅但其字母之间互不连接的字体。

cursor 光标，指示器 (1)在显示器屏幕上用来标出当前操作位置的标志，也称"指针"，光标或指针可以表现为多种形式——一个箭头，闪烁的短线、十字线或矩形，旋转的黑白圆或球体，一只手，一只表等。它的位置可由用户程序自动控制移动，也可由用户通过输入设备(如键盘、光笔、鼠标器等)人机交互式控制移动。把在显示器键盘上专门用来控制光标移动的按键称做光标控制键。它可用于屏幕编辑。(2)在计算机图形学中，用于指示显示空间位置的一个可移动的标记。(3)帮助用户找寻文本、系统命令或存储器中某个位置的显示符号。(4)在 SQL(结构化查询语言)中，一个命名的控制结构，被应用程序用来指向一行数据，行的位置处于表格或者视图之中，光标用于交互式地从各列中选择一行。

cursor addressing 指针寻址 一种设施，它使屏幕上光标的移动由编程的指令控制。一种用于游戏程序的设施。

cursor blink speed 闪烁速度 屏幕上光标开关闪烁的速率。

cursor control 光标控制 计算机用户移动光标到屏幕指定位置处的能力，用于光标控制的键包括四个方向键和 Home、End，定位设备如鼠标器也可控制光标的移动。

cursor-dependent scrolling 光标相关滚动 在某些窗口软件中的一种滚动面板区域以显示信息的方法，滚动操作与光标在显示的信息中的位置有关，滚动的方向可以是向上、向下、向左或向右。

cursored emphasis 带光标的加亮显示 在 SAA (系统应用体系结构)高级公共用户访问系统结构中，一个可见的标记，以点线边框的形式出现，表示当前的可选择的项。

cursor glyph 光标图案 在某些窗口软件中，一个决定光标外观的光栅图案。

cursor ID 光标标识符 窗口软件中赋予各种类型的光标的唯一识别符。

cursor-independent scrolling 光标无关滚动 在某些窗口软件中的一种滚动面板区域以显示信息的方法，滚动操作与光标在显示的信息中的位置无关，滚动的方向可以是向上、向下、向左或向右。

cursor keys 光标键 控制屏幕上光标相应移动方向的几个键。它们还可以同换档键、替换键和控制键组成起来使用使光标可以更大间距的跳跃移动。有一些早期键盘没有这四个键，而是靠控制键或替换键与其他键一起使用完成类似的操作功能。

cursor movement keys 光标移动键 在某些窗口式软件中用户按下以移动光标或者显示的图像的键，用一个指向四个方向的箭头表示。

cursor off (COF) 光标隐匿 使操作位置以和其他字符位置相同的方式进行显示。

cursor on (CON) 光标显现 使操作位置上看到一个光标标记。

cursor positioning 光标定位 描述光标朝不同方向移动的动作，如向上、向下、向左、向右、还原(回到屏幕左上角)或向屏幕底部移动等。

cursor resource 光标资源 微软视窗为用户提供的一种系统应用环境。它为用户提供一组标准光标，同时用户可通过图标编辑器自行设计其光标形状，以适应某些特殊应用的需求。Windows 允许应用在登记窗口类别时，定义鼠标器点进入该窗口区域时的光标形状。如应用为两个不同窗口定义了不同的光标，则视窗会实现这两个窗口中光标形状的自动切换。

cursor tracking 光标跟踪 在与终端连接的图形输入板上移动触笔以控制图形显示器上光标的一种技术。

curvature 曲率 光滑曲线在一点处曲线的切线方向对于弧长的转动率。称为曲线在该点的曲率。如果曲线在某点的曲率不为零，则曲率的倒数称为曲线在该点的曲率半径。

curvature loss 曲率损耗 在光纤中由于光缆弯曲半径太小引起的光能损耗。当弯曲的半径小于临界半径时，光功率将从光纤中辐射出去。同 bend loss, macrobending loss, macrobend loss。参见 fiber optics, macrobending, microbending, microbend loss, modal loss。

curved element 曲边元素 有限元法中的一种边界处理技术。运用有限元方法对未知函数自变量的区域作三角剖分时，如果区域的边界是曲线而不是折线，为了提高对区域的逼近程度，对含有边界的元素采用曲线来拟合边界，这种元素称为曲边元素。

curved surface 曲面 三维空间中连续点集所构成的一个光滑面。

curve fitting 曲线拟合 寻找一条简单曲线使一组已知点与之具有最小偏差的方法。这种方法经常用于根据实验数据求经验公式，函数逼近与数据平滑问题。曲线拟合与插值方法的重要区别是插值节点一定位于插值曲线上因而不可避免地将节点

（通常是带有一定误差的测量数据和实验数据）误差引入插值曲线，而曲线拟合没有这个约束条件因此能在一定程度上减少或消除节点（即实验数据）误差的影响。构造拟合曲线最常用的方法是最小二乘法。同 smoothness of curve。

curve fitting compaction 曲线拟合压缩法 一种用解析式代替利用曲线上有限点数据进行拟合的方法，如把一条曲线分成直线段，然后只传送每个线段的斜率和截距等。

curve generator 曲线发生器 为了进行显示而把曲线的编码表示转换成图形表示的一种功能部件。

curve smoothing 曲线修匀 用拟合曲线在节点上的函数值取代原始数据的技术。最常用的修匀工具是最小二乘逼近。曲线修匀可以使实验数据构成的曲线趋于平滑并可以减少数据所带有的误差。

cushion 缓冲区 动态存储器中所保留的一个连续地址空间。通常只有当动态存储器中的其他存储区不能满足某个请求时，才能动用缓冲区。

cushioning 柔化 在计算机动画技术中，一种在两个运行状态之间进行柔顺折衷的数学过程。也称"光顺"。用计算机制作动画时，不管对观察者还是对观察对象来说，任何运动上的突然变化都要经过缓冲处理，这样才能保证动画片的连续性和真实感。

custom chip 定制芯片 为特定功能或工作而设计的微型芯片。

custom control 定制控件，自定义控件 (1)一种由用户或第三方软件商创作的控件。这是一种包括所有用户控件的泛称术语。(2)自定义控件是已编译的服务器端控件，它将用户界面和其他功能都封装起来到可复用的包中。自定义控件和标准的控件相比，除了标记前缀不同外并没有什么不同。自定义控件拥有自己的对象模型、能够触发事件、并支持可视化程序的所有设计特性。

custom design 用户定制设计 一种集成电路的设计方法，以预先设计完成的基本库单元为设计基础，这些库单元的高度相同，而宽度不一定相同，按用户的逻辑要求，从单元库中取出各个逻辑单元，按其连接要求，布局于芯片上的某个位置，由此构成按行排列的单元，行与行之间留下空余的位置，作为单元与单元之间的互连通道，再通过自动布线软件完成连线关系，实现新的逻辑。

customer 用户，客户 购买公司所提供的产品或服务的任何单位或个人。用户通常可分为两类："内部用户"指接受公司服务或半成品服务的人或组织。提供服务或半成品服务的人或组织称为供应商。这样，公司内部的每个人和组织在不同时间可能是用户，也可能是供应商。"外部用户"指使用公司的产品或服务的人。值得注意的是，特定产品或服务可能存在不同类型的用户。比较 end user，user。

customer access 用户接入 在综合业务数字网（ISDN）中，网络供应商提供给连接用户的 ISDN 接入的那部分。用户接入包括那些从接入接线器一直到网络接口单元的那部分网络部件。

customer access area 用户存取区 机器或系统中一个专门指定的区域，在此区域中，用户可存取安装、维护用的信号以及控制、供电或其他实用程序。

customer code 用户代码 在计算机安全中，指一种用于报警或访问控制系统的代码。

customer care center 客户服务中心 可利用电话、手机、传真、Web 等多种方式接入，以人工、自动语音、Web 等多种方式为客户提供各类售前、售后服务，为企业建立与客户沟通的畅通渠道的呼叫中心。

customer controlled reconfiguration/rerouting (CCR) 用户控制重配置/重路由选择 AT&T T1 线路允许用户通过在一个专线上给中心局发数据，改变在 T1 线上信道分配（如单个信道的地点）的特性。

customer device circuits 用户设备线路 连接用户设备（如分时终端、作业远程输入站、微型机系统等）的线路，它们都是通过网络接口（如多路复用器或集线器）接入计算机网络的。这种线路能以极高的速度传输数据，并往往由多条低速线路来分享。

customer engineer (CE) 用户工程师 为计算机硬、软件产品提供现场服务的人员。负责计算机系统的安装、调试、维护、升级和改造等技术性服务工作。

customer engineer cylinder 用户工程师柱面 简称"CE 柱面"，某些计算机系统中作为保留区使用的磁盘柱面，供控制存储器、历史文件和主存储器转储之用。当用户工程师执行诊断程序时，它也可用作一个读/写区。

customer engineering 用户工程部 制造厂家的一个部门，负责为安装的设备提供现场维护和修理等服务。

customer-facing 面向用户 面向用户是一个用来描述硬件和软件产品、技术或其他需要直接处理的用户的应用的形容词。它可以包含在：一个软件程序的用户界面中，用户打电话寻求的桌面帮助中，任何用户收到的邮件或者其他联络，或者与用户如何进行交互的策略。

customer focus 以用户为中心 受公司工艺或产品影响的任何组织或个人都称为"用户"。公司必须最大限度地满足用户的短期和长期需求。每名员工都必须遵守这一原则，用户既包括内部用户，也包括外部用户。参见 customer。

customer identification number 用户识别码 也称"用户码"。在某一公司的记录中，用以识别一特定用户的号码，或者为了进行数据处理，用以识别与用户有关的事务的号码。

customer installation (CI) 用户设备[装置] 在网

络接口的用户侧所有安装的装置和设备，即在用户安装处的所有设备。

customer location code 用户位置码 文件夹应用机制中为确定文档的路由目标而使用的代码。

customer managed relationship (CMR) 客户管理关系 CMR是一种在商业活动中使用的，用于鼓励客户获取信息和订单的方法、软件和手段。用户可以在CMR和CRM(客户关系管理)中二选一，也可以将CMR包含在CRM中。对一个产业来说，CMR有三方面。第一个方面是客户应该拥有他们自己的信息，包括他们的资料、交易历史和任何推断出来的信息和通常的行为。CMR的第二个方面，客户应该能够通过所有部门有权使用这些信息。第三个方面，就是系统设计中，客户需要要被优先考虑或至少与公司需要处于同一水平。CMR允许客户定义他们怎么与公司进行联系，他们将购买何种服务和产品以及他们采用什么手段进行支付。参见 customer relationship management (CRM)。

customer management complex (CMX) 客户管理设备 在网络管理中，该设备被客户控制，并且承担或进行客户设备的维护。

customer meter 用户计时器 记录为用户使用的机器累计运行时间的一种装置。

customer office terminal (COT) 客户办公终端 (1)该终端设备位于客户地点，执行可以集成在公用通信设备中的功能。客户办公终端(COT)的一个例子是位于客户处的独立的多路复用器。(2)数字环路载波复用功能部件，该功能部件当由独立的多路复用器提供时，它在交换局终端附近。客户办公终端功能可能并入交换局终端。

customer owned and maintained communication equipment 用户拥有并维护的通信设备 与远程通信线路相连并由客户拥有和维护的通信设备。参见 business machine。

customer premises equipment (CPE) 用户驻地设备 位于终端用户驻地的设备，可由终端用户或业务提供者提供。

customer premises network (CPN) 用户驻地网 私人或企业/机构等在所属的房屋包括地基和占有的土地范围内敷设的网络设施。用户驻地网设施属于用户拥有，用户驻地网没有规模限制。用户驻地网内部传递的信息属性和质量，由用户自行决定。用户驻地网可通过公网的用户网络接口(UNI)接入到公网。在我国用户驻地网分为两种情况。第一种情况：不对外提供公用电信业务的用户驻地网(CPN)是纯属用户专用的网络设施。在ITU-T(国际电信联盟-电信标准化部门)和我国公用电信网有关的假设参考连接(HRX)、假设参考通道(HRP)中都不包括CPN。第二种情况：提供公用电信业务的用户驻地网(CPNoC)也是CPN，但他是用于电信商业性经营的网络设施。CPNoC可视为电信网向用户驻地的延伸，所以HRX和HRP中应包括CPNoC。

customer premises network services 用户驻地网业务 以有线或无线方式，利用与公众网相连的用户驻地网(CPN)相关网络设施提供的网络接入业务。

customer proprietary network information (CPNI) 用户优先网络信息 包括公司呼叫形式、交费、网络设计和电话公司在其当前用户数据库中保存的网络服务的应用等信息。

customer-provided equipment (CPE) 用户提供设备 并不由普通运营商提供与其特征相关的任何设备。

customer receipt tape 客户收条 在PSS(可编程商店系统)中。超级市场和客户之间使用的一种分类事务清单或操作员使用商店支持过程而获得的一种管理信息记录。比较 retail sales receipt tape。

customer relation management (CRM) 客户关系管理 (1)用于管理公司与客户各个方面关键的软件系统，目的在于帮助公司建立与客户的持久关系，以确保客户对公司产品的信赖。客户关系管理系统可以与企业的其他系统进行集成，包括账务系统、生产系统等。(2)通过一个组织机构来判断、选择、争取、发展和保持其客户所要实施的全部商业过程。CRM发展趋势：①现有的CRM流程将转移到因特网上。在商业价值和投资回报方面它明显处于市场发展的前列，并将成为下一次商业发展的动力；②商业竞争将推动客户关系的重新定位，业务流程和接入渠道将被重新定义，以满足个性化需求和满意度；③提供独特的客户价值理念，并将推动整个商业价值链集成需求的发展。参见 customer managed relationship (CMR)。

customer-replaceable 客户可换的 描述无需利用工具或供货商人员的帮助，仅仅根据供货商提供的说明，就能由客户自行移走和替换的设计性能。

customer replaceable unit (CRU) 客户可换部件 由于元器件失效，可由用户整个地更换的那种部件或构件。参见 field replaceable unit。

customer retrials 用户再试呼 电话用户在发现忙音后重拨的操作。

customer satisfaction 用户满意状态 产品或服务满足所有客户的希望和要求时达到的状态。

customer satisfaction index (CSI) 用户满意度指标 用户满意是软件开发项目的主要目的之一，而用户满意目标要得以实现，需要建立用户满意度度量体系和指标对用户满意度进行度量。CSI以用户满意研究为基础，对用户满意度加以界定和描述。项目用户满意度度量的要点在于：确定各类信息、数据、资料来源的准确性、客观性、合理性、有效性，并以此建立产品、服务质量的衡量指标和标准。企业用户满意度度量的标准会因为各企业的经营理念、经营战略、经营重点、价值取向、用户满意度调查结果等因素而有所不同。

customer service and support (CSS) 客户服务和支持 CSS是公司客户关系管理(CRM)部门的一部分,他们与客户交互并提供直接帮助,包括的组件有联络中心,桌面帮助和电话热线支持系统。

customer service chat (CSC) 客户聊天服务 在客户关系管理中,客户聊天服务是一个允许用户用即时聊天(IM)软件实时的与客户服务人员聊天的因特网服务,它被内置在公司的网站上。CSC是"多种媒体混合"的联络中心管理的一部分,在那里,客户服务人员使用多种技术,如电话、传真、E-mail和聊天程序与客户交互式沟通,即时地对客户的问题做出回应。

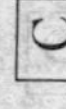

customer service unit (CSU) 客户服务单元 在用户所在地,以特定的数据信号发送速率向交换的数据电路或点对点的数据电路提供接入的设备。客户服务单元可以提供市话环路均衡,瞬态保护,隔离和中心局回送测试能力等。

customer set-up (CSU) 客户安装 按照设备制造厂方提供的说明顺序,不需要厂方人员的帮助,而由客户人员对自装设备进行的开箱、安装和检查。

customer set-up (CSU) products 客户安装产品 可以由用户自行安装的计算机产品。

customer software 客户软件 一种专门设计的用来满足某一客户特殊需要的程序。

customer station equipment 客户站设备 安装在客户室内同专用线路服务设施连接的通信公共载波公司的发送和接收设备。

customer station rearrangement 用户站重组 允许商业用户改变、显示和核准影响另一个当前终端的电话业务的特性。

customer switching system 用户交换系统 为用户(特别是商业用户)提供服务的一种交换系统。这种系统包括按键电话系统、专用分机、自动呼叫分配器及电话应答系统。

customer testing time 用户测试时间 在进行实际工作以前用来验证程序合法性的计算机机时。

customer valuation 客户评估 在客户关系管理(CRM)中,客户评估是一个用来帮助公司决定哪类客户能够为公司带来最大利益的评分过程。客户评估需要公司评估过去的数据,来获得哪个客户近来有购买行为,哪个客户购买的频率大,哪个客户花费的钱多,这有助于公司预测未来的销售业绩,并且将公司的时间和资源花费在最好的客户身上。

customizable integrated circuit 定制集成电路 针对某个特 定功能或应用所设计和制作、但不是用通用或标准的任何模拟或数字集成电路。

customizable 可客户化 一种计算机语言或者软件。用户可用它修改特性并使该特性适合特定状态。

customization 客户化,用户化 (1)为满足用户的特定要求而对数据处理装置或网络进行专门设计的过程。(2)在某些操作系统中,定义和初启系统配置以及改变系统参数来满足用户要求的过程。

customization procedure 客户化过程 为客户事务处理软件构成用户映像并在主处理机中执行的多步过程。

customization profile 客户定制轮廓文件 一个包含设备或者程序的可选设置的描述的文件。参见customize。

customize 用户化,定制 (1)按照用户的要求和爱好修改或者装配硬件和软件。(2)描述设备、程序、用户和特定数据处理系统的用户选项。

customized application for mobile enhanced logic (CAMEL) 移动网增强逻辑的定制应用 在智能网和全球移动通信系统(GSM)集成方面,由欧洲电信标准组织(ETSI)1997年提出的,以解决全球移动通信系统网和智能网互联问题,提供以智能网为基础的增强服务的概念。

customized data services 客户定制数据服务 根据特定客户的特殊要求,把相关行业或企业数据库的数据进行加工处理后提供给客户的服务。

customized device object class 客户定制对象类 在AIX操作系统中,一个用唯一逻辑名表示的各个设备实例的对象类型,包含有关设备的基本信息,如设备状态和访问包含在其他对象类中信息的方法。

customized software 定制软件 为特定用户设计和编程的软件。它按特别定单设计,按用户指定的要求服务。

custom local area signaling services (CLASS) 定制本地信令业务 基于公共信道局间信令的可用信号变换业务,包括呼叫转发和呼叫者识别。

custom microprocessor 定制微处理机 微处理机可以是单片部件,独立部件或散装的套件。散装件包括中央处理机、存储器、外围器件、时钟和接口等芯片。定制就是利用这些构件,根据需要来设计微处理机系统。除了装入只读存储器或可编程序只读存储器中的高级语言解释程序外,定制微处理机一般不提供软件。

custom palette 客户定制调色板 在多媒体应用程序中,一个图像使用的颜色集。参见color palette,standard palette。

custom program 定制程序 专业软件设计人员为特定用户编写的程序。参见contract programming,custom software。

custom ROM 客户ROM 掩膜式可编程只读存储器,生产厂商根据用户的要求将二进制信息写入芯片内,适合于大批量生产。

CUT 控制单元终端 control-unit terminal 的缩写。

cut and paste 剪切和粘贴,剪贴 将文本或图像文件的一块从文件的一处移到另一处或指将某一文件移到另一文件中去的一种操作。这种操作首先是用键盘或鼠标标出要移动的范围,然后将光标置于文本或图像将移至的新位置,再选择菜单命令或按某个特定的键完成剪切和粘贴操作。

cut-and-paste attack 剪贴攻击 (1)剪贴攻击是对安全系统的攻击,攻击者用一个与移除的片断看起来相似(但是不同)的部分来替代密文(加密文本)中的部分。被替代的部分是明文显示的,它和可信的部分结合在一起,此处的原文(未加密文件)将为攻击者提供特殊的用途。本质上,攻击者从密文中剪切一个或多个部分,然后将这些部分重新集合起来,这样解密的数据是连贯的,但却具有错误的信息。(2)一种信息修改类型的主动攻击,攻击者将网络中的信息移除、改变它、重新插入它。剪贴攻击的一个典型应用就是修改客户通过网络下达的订单信息,并把它发送给供应商。

cut and try system 试行型设计系统 通过显示终端将设计图纸显示出来,由设计人员进行判断,借助软件输入修改程序对原图进行修改以更新设计产品的一种系统。

cutback technique 截短技术 光纤中的一种技术,用于测量和计算某些传输特性,如衰减、损耗、带宽等。通过两次测量并通过测量结果来计算特性值。一次测量是在被测光纤的长光纤长度上进行,而另一次测量是在测量点附近切断同一光纤并在较短长度上进行,截断处距离激励端不能少于 1 米,这两次传输结果和被测长度可被应用于计算所需的传输特性。截短技术的另一种方法是替代法,它是在全长光纤上进行测量,再在一具有同样特性(光纤纤芯尺寸,数字孔径)的短光纤上进行测量,通过计算得到所需的特性。

cut command 剪切命令 窗口中裁剪信息的命令,将信息移动到裁剪板。

cut down 切入 保证一条线路与一个连线终端安全的方法。绝缘线放在终端槽中,并用特殊工具压下。安好线后,终端切入绝缘层以建立电气连接。工具的弯曲刀片使电线和终端连接无缝。

cut-forms mode 分离格式模式 打印机一次打印一张的模式。

cutoff 截止(点) (1)由于衰减或变形使信号变得不能使用的蜕变点。(2)刚好终止电子管、晶体管或其他有源器件输出电流的给定电源电压组合的最小偏压值。

cutoff attenuator 截止衰减器 一种长度可调的波导管,可用于改变通过它的信号的衰减。

cutoff bias 截止偏压 必须加到电子管的栅极上以终止阳极电流流动或加到双极晶体管的基极上以终止集电极电流流动的直流偏压。

cutoff decrease factor (CDF) 断路减量因子 在 ATM(异步传输模式)网中,控制允许信元速率的因子。

cutoff frequency 截止频率 也称“临界频率”。高于或低于该频率时,诸如线路、放大器或滤波器等电路的衰减、增益、效率或其他性能便迅速变化,以致输出不再被认为能达到应有效能的极限频率。

cutoff mode 截止模式 在给定波导管中能以给定频率传播的最高阶模式。

cutoff wavelength 截止波长 (1)与截止频率相对应的波长。参见 cutoff frequency。(2)自由空间中电磁波速度与单导体中的截止频率之比。

cut plane 切割面,截平面 CAD(计算机辅助设计)系统的一种能力。它使设计者能定义一个平面并使之与二维或三维实体相截,以得到确定截面位置的一些点或剖面图。

CUTS 计算机用户磁带系统 computer users tape system 的缩写。

cut set 割集 (1)一个连通图中的元素的最小集,即当从其中再取掉一个元素时,将使图形断开。(2)网络图中支路的一个集,当割断所有这些支路时,图中的不连接部分的数目便会增加;但只要保留这些支路中的任何一个,图中的不连接部分的数目就不会增加。

cut sheet 分切页,单页 用于打印的单页。

cut sheet feeder 单页纸输入器 与打印机相连,能自动单页向打印机送纸的设备。

cutter location file (CLF) 刀位文件 在数控编程系统中的文件类型,通过对加工零件的几何定义描述和加工轨迹指令的描述,存储编译计算产生给定路径的刀具运动轨迹数据。

cutter path 刀具轨迹 刀具通过零件的轨迹。最佳的刀具轨迹可由 CAD/CAM(计算机辅助设计/计算机辅助制造)系统自动地确定并编制成数控带以控制刀具进行加工。

cut-through frame switching 穿透式帧交换 数据流过交换机的一种帧交换技术,这样在分组完全进入输入端口之前,在输出端其前沿已输出该交换机。帧将被使用穿透式交换的设备阅读、处理,在帧的目的地地址被证实和输出端口被确定后立即转发。

cut-through packet switching 穿透式分组交换 一种分组交换方法。它通过交换机传送数据,使得分组的前面部分在整个分组进入输入端口前,在交换机上的输出端口上离开交换机。使用穿透式分组交换的设备在检查目的端地址和确定输出端口时,便读取,处理和转发分组。

cut-through switching 穿透式交换 用在交换式集线器中的一种数据传输技术。它允许当目的地址确定后，不等收到包尾就可先把包的开始部分传送出去。这种方式使得集线器的工作速度较快，延迟小。

cut-to-tie ratio 断连比 连续格式之间的穿孔的长度和孔间连接部分的长度之比。参见 perforation tie。

cut vertex 割点 简单连通图 G 中的一个节点，如果删去它以后，G 成不连通，则该节点称为割点。

CV (1)编码违例 coded violation 的缩写。(2)变异系数 coefficient of variation 的缩写。

CVC 小型录像转盘 compact video cartridge 的缩写。

CVCM 计算机病毒对抗(技术) computer virus countermeasure 的缩写。

CVD 化学气相淀积 chemical vapor deposition 的缩写。

CVE 通用漏洞披露(组织) common vulnerabilities and exposures 的缩写。

CVF 压缩卷文件 compressed volume file 的缩写。

CVIA 计算机病毒工业协会 Computer Virus Industry Association 的缩写。

C-V plot 电容电压曲线 capacitance voltage plot 的缩写。

CVR (1)密码验证请求 cryptography verification request 的缩写。(2)转盘式录像机 cartridge video recorder 的缩写。使用 0.5 英寸磁带。

CVS (1)计算机视觉综合症 computer vision syndrome 的缩写。(2)并行版本系统 concurrent versions system 的缩写。

CVSD 连续可变斜率增量 continuous variable-slope delta 的缩写。

CW (1)顺时针方向 clock wise 的缩写。(2)连续波 continuous waves 的缩写。(3)呼叫等待 call waiting 的缩写。

CWDM 稀疏波分复用 coarse wavelength division multiplexing 的缩写。

CWIS 园区信息服务系统 campus wide information system 的缩写。

CWNP 无线网络专家认证 certified wireless networking professional 的缩写。

CWP 通信字处理机 communicating word processor 的缩写。

CWR 恒波长记录 constant wavelength recording 的缩写。

CX 复合信令 composite signaling 的缩写。

cXML 商用扩展置标语言 commerce XML 的缩写。

cyber- 网络的或计算机控制的词汇前缀 一个前缀，用来构成表示与计算机、网络技术等之间的关系的一系列新术语。该前缀来源于单词 cybernetics，指对控制和调节复杂系统(人或机器)的机制的研究，如 cybercafe(网络咖啡屋)、cybercash(电子现金)、cybercitizen(网络公民)、cybercity(网络城市)、cybercollege(网上大学)、cybereconomy(网络经济)、cybercop(网络警察)、cybercrime(网络犯罪)、cyberculture(计算机文化)、cyberforger(网上伪造者)、cyberjock(网迷)、cyberlover(网络情人)、cybernated(计算机控制的)、cybernation(自动控制)、cybernetist(计算机专家)、cybernews(网络新闻)、cyberpet(电子宠物)、cyberphobia(电脑恐惧症)、cyberpinup(网上美女)、cyberpub(网上酒店)、cybersalon(网络沙龙)、cybersatirist(网上讽刺家)、cybershop(网上商店)、cybersoap(网上肥皂剧)、cyberspace(信息空间)、cybersurfing(网上冲浪)、cyberyakker(网上垃圾制造者)、cyborg(电子人)等。

cyberart 计算机艺术作品 使用计算机创作或分发的艺术作品。

cyberbullying 网上欺凌 使用 E-mail，即时消息，聊天室，网页，手机，或者其他形式的信息技术故意骚扰、恐吓和胁迫某人的行为。

cyberburger joint 网络汉堡店 一个向顾客提供电脑因特网访问的速食店。

cybercafe 网络咖啡屋 (1)一个提供食品和/或饮料以及电脑上网的场所。(2)用于社会目的的一个因特网上的虚拟咖啡馆，用户通过聊天程序相互交流或通过一个公告栏系统(如新闻组或 Web 站点)相互交换信息。

cybercitizen 网络公民 指的是因特网公民或者网络界的一个成员。

cybercop 电脑警察 特别训练或装备的人员或特别设计确立的系统，用来搜索、选定及确认人和系统的位置，这些人和系统犯有与信息相关的罪行，如参与色情描写，非法毒品交易以及潜人电脑空间和非法使用电脑系统等。

cybercrime 电脑犯罪，网络犯罪 通过使用通信系统、计算机、数据处理和控制系统，即在电脑空间中犯罪，如偷窃、违反复制权、侵犯保密权、毒品交易或散布色情描写等。

cyberculture 网络文化 网络上的具有网络社会特征的文化活动及其内涵的文化观念和文化产品，是以网络物质的创造发展和信息传递为基础的网络精神创造。网络文化是人们在因特网这个特殊世界中，进行工作、学习、交往、沟通、休闲、娱乐等所形成的活动方式及其所反映的价值观念和社会心态等方面的综合展现，是网络时代的人类传统文化、传统道德的延伸和扩展。参见 computer culture。

cyberforensics 计算机取证 也称“计算机法医

学”，它是指运用计算机辨析技术，对计算机犯罪行为进行分析以确认罪犯及证据，并据此提起诉讼。也就是针对计算机入侵与犯罪，进行证据获取、保存、分析和出示。计算机证据指在计算机系统运行过程中产生的以其记录的内容来证明案件事实的电磁记录物。在技术上，计算机取证是一个对受侵计算机系统进行扫描和破解，以对入侵事件进行重建的过程，计算机取证的几个主要步骤：保护和勘查现场、分析数据、追踪源头、提交结果。

cyberlawyer **计算机律师** 一种业务与计算机和联机通信相关的法律行为的律师，业务包括通信法律条文、知识产权、个人隐私和安全问题以及其他相关问题。

cyberlife **计算机生命** 在游戏世界中，一种模仿生物DNA(脱氧核糖核酸)的技术。

cybernaut **上网迷** 耗费很多时间在因特网上浏览的人。也称“网际漫游人”。参见cyberspace。

cybernetic control process **控制论的控制过程** 这个过程与以异常报告为根据的，对异常情况进行的管理。这个过程的基本要素可以分析如下：规划好资源的使用，建立起称之为基准输入的相应的控制参数作为控制基础。系统的运算结果，即它的输出，通过传感器进行测定，传感器指示出该系统的实际状态，即输出信号的大小。测定的信号称之为受控变量，如生产或销售的设备，实际费用水平，报废设备数等。输出信号然后从传感器传送到比较器，这称为反馈。比较器将输出信号(系统的实际状态)同所要求的状态(基准输入)相比较，并且记下它们的差别。比较器可以是一数据控制员，也可以是某计算机程序中的一系列指令，这些指令是用来处理同正常事件或计划好的性能不同的异常情况的。在后一情况中，计算机是控制系统中的一个组成部分。误差信号传递到某个适当的执行者(负责控制研究中的变量)处。以控制论的术语来说，执行者也称“控制者”。因为它是负责调整受控变量的，其方法是，根据情况修改资源的利用，以增加或减少生产或销售。所做的这一切都是为达到动态平衡状态，也就是平衡状态。参见feedback。

cybernetics **控制论** 研究各类系统的调节和控制规律的学科。控制论研究各种不同基质系统的信息变换和控制的过程，探讨它们共同具有的信息交换、反馈调节、自组织、自适应的原理和改善系统行为、使系统稳定运行的机制，从而形成了一大套适用于各门科学的概念、模型、原理和方法。它是自动控制、通信技术、计算机科学、数理逻辑、神经生理学、统计力学、行为科学等多种科学技术相互渗透形成的一门横断性学科。该词基于希腊语“kybernetes”，意思是“steersman”(舵手)或“governor”(统治者)。

cybernetics upsizing **计算机上行分布化** 把独立的个人计算机上的非分布式企业计算机转移到网络分布式计算机的过程。

cyberphobia **计算机恐惧症** 对计算机的夸大的和不合情理的恐惧。计算机恐惧症是由个人在试图应付日益计算机化的社会时所遇到的压力而引起的。

cyberpicketing **网络警戒** 使用因特网保护企业或其他公共机构工资、工作环境、产品、环境政策或其他问题的方法。典型的网络警戒是给CEO或其他有影响的人直接发送E-mail。网络警戒同样能够被用于建立和维护网站，作为宣传和组织工作的一个手段。

cyberprise **网络企业** 一个基于网络的企业，这个词由cyberspace(计算机空间)和enterprise(企业)合成。

cyberpunk **电脑朋客** 电脑朋克是一些敏感或有信仰的计算机迷，他们注重自己的个性和计算机能力，与传统制度格格不入，倾向于使用计算机控制社会。

cyberspace **信息空间** 最初从电子信息技术引出的具有节点及其联系关系的虚拟空间，与一般说的网络空间不同在于后者一般是物理的、现实的。

cyberspeak **网络语言** 在因特网环境中使用的术语和语言(常为行话、俚语和缩略语等)。参见cyberspace。

cybersquatter **域名抢注者** 将地名、人名、公司名和其他商标注册为因特网域名的人，这样做的目的是为了迫使那些同名的公司或商标拥有者以高价收购所注册的因特网域名。

cybersquatting **域名抢注** 抢注是指注册一个流行的因特网地址(通常是公司的名字)的行为，意图是把它卖给合法的拥有者赚取暴利。

cyberstalker **网络骚扰** 网络骚扰是一种犯罪行为，攻击者使用电子邮件或即时消息(IM)或在网站或讨论组中张贴信息来骚扰受害者。网络骚扰依赖于因特网的匿名发布，它骚扰受害者时不易被检测出来。网络骚扰信息与平常的垃圾信息不同，网络骚扰的目标是特定的用户，经常伴随威胁信息，而垃圾邮件的目标是给尽量多的人发送匿名信息。

cyberterrorism **网络恐怖主义** 预谋的、有政治动机的攻击非战斗人员的国家组织和机构的信息、电脑系统、电脑程序和数据，造成物理损害或财政损失。网络恐怖主义有时指的是电子恐怖主义或信息战争。

cyberwidow **网上[因特网]寡妇** 其配偶沉迷于因特网的人。

cyborg **电子人** 一个用cybernetics(控制论)和organism(生物体)结合而成的单词，在1960年由Manfred Clynes创造，它用来描述人的部分机能受各种电子装置控制或代替而更强大。

cybrarian **信息搜索者** 由“cyberspace”与“librar-

C

ian"二字合成的一个新字,指的是专业的在线研究人员,他们利用网络技术进行信息的采集、管理和服务。面对网络上的各种信息,cybrarian 应是信息过滤体系的一部分,在知识传播与信息搜寻过程中,扮演着信息分析师的角色。

cycle 循环,周期,环路,轮换 (1)系统发生一组规则重复变化,每完成一组变化,系统的全部参数回到原值。一次循环的时间称为周期,循环重复率称为频率,以赫兹量度。(2)多次重复执行的一组操作,在每次重复中,操作的顺序不变,但操作本身可能有一些小的变化。(3)在图论的图结构中,从某节点出发,经过若干条不同的路,又回到该节点,称这些路为环路。

C

cycle availability 有效周期 可对存储的信息进行存取的特定时间间隔。

cycle convertor 周波变流器 借助较高频率系统的连续波,将较高频率电压变换为较低频率交流电压的一种变频器。

cycle counting 周期盘点 一种库存盘点方法。库存按计划定期盘点,而不是一年才盘点一次。例如,某种物料的库存达到订货点时或新物料到库时都可以进行盘点。也可以根据常规,对价值高并且流动快的物料多盘点;对价值低或流动慢的物料少盘店。最有效的周期盘点制度要求每个工作日清点一定数目的物料。

cycle criterion 循环判定 决定循环是否结束的依据。这个依据可以是一个固定的数。一个数的代数符号(正号或负号)或某一事件的发生。

cycle power 循环加电 关机然后再开机,以便清除内存中某些数据,或者在死机或崩溃状态后重新启动机器。

cycle reset 循环复位 循环计数器或某些参数返回到其初始状态或预定值。

cycle sharing 周期共享 (1)某一设备使用另一个设备或处理装置的机器周期的过程。(2)某一通道适配器为数据传送从网络控制程序获得机器周期的过程。同 cycle stealing。

cycles per second (CPS) 每秒周期数 CPS 是度量改变方向(如交流电)频率的值,这个术语已经被另一个术语赫兹(Hz)所取代。

cycle stealing 周期挪用[窃取] 在中央处理机执行程序期间,由外部设备插入使用的存储器周期。在周期挪用期间,中央处理机的指令寄存器的状态不变。参见 halt burst mode (HBM)。

cycle stealing data acquisition 周期挪用数据采集 系统集中处理从数据源收集到的数据时所占用的系统或总线周期。

cycle time 循环时间,周期 读出和再写进主存储器的信息的时间。它是决定运算速度最基本的因素。有时广义地指机器循环时间,即周期动作所需要的时间。参见 access time, display cycle time, read cycle time, write cycle time。

cyclic access to store 循环存取 依次访问连续地址,最后回到首地的访问存储(读或写)。

cyclic binary code 循环二进制码 也称"反射二进制码"或"格雷码"。它是一种无权码,采用绝对编码方式,是一种具有反射特性和循环特性的单步自补码,它的循环、单步特性消除了随机取数时出现重大误差的可能,属于可靠性编码,是一种错误最小化的编码方式。它的反射、自补特性使得求反非常方便。

cyclic check 循环校验 一种将二进制位串分段进行差错检查的方法。它比垂直奇偶校验、水平奇偶校验或两者结合更为有效。

cyclic code 循环码 具有循环移位特性且能纠错的分组码。循环码是在一系列数中,相邻两数只有一位数不同,其他代码是一样的编码。循环码具有单距离特性。循环码也是无权码。

十进制数	循环码
0	0000
1	0001
2	0011
3	0010
4	0110
5	0111
6	0101
7	0100
8	1100
9	1000

因循环码分析和构成方便,实现和译码容易,磁表面存储器都用循环码做为检纠错码。参见 Gray code。

cyclic coercivity 循环矫顽力 当材料受到幅度相当于饱和磁滞回线的交变场作用时的矫顽磁场强度值。

cyclic decimal code 循环十进制码 一种代码,其中,用四个二进制位表示十进制数,任何相连的两个十进位数的代码只有一个比特的不同。它属于单位距离码。

cyclic distortion 周期性畸变 在电报通信中,该畸变是周期性的,既非特征畸变,偏畸变,也不是不规则畸变。周期性畸变的原因包括发送器分配盘的电刷接触时间的不规律性;由固定频率的干扰,如由交流电产生的干扰等。

cyclic feeding 循环输入(法) 一种字符阅读器的字符识别系统,当它探知到一张资料的尾部边缘时会自动激发对下一张资料的输入,因而可以输入字符大小有变化的文献资料。

cyclic graph 循环图 一种结构很有规律的图。设

G是n顶点图,其顶点用1,2,…,n编号,而顶点i与j间的距离定义为$|i-j|$与$n-|i-j|$中的较小者,若存在一种编号法使得G中距离相同的顶点对之间或者都有边相联,或者都无连,则G是循环图。

cyclic group 循环群 由一个元素生成的群。即群$\langle S, *\rangle$中的任意一个元素x都可以表成$\langle S, *\rangle$中某一个元素a的幂$x=a^m$(m为整数)。a称为$\langle S, *\rangle$的一个生成元。循环群一定是交换群,如整数加群是由1(或−1)生成的循环群。

cyclic interrupt 周期性中断 每隔一段固定的时间就出现的中断。

cyclic Jacobi method 循环雅可比法 雅可比法的变形。在雅可比法中为保证每次平面旋转相似变换都能使对角元素有较大的上升。可以每次都只消去矩阵的按模最大非对角元素,这时的雅可比法称为经典雅可比法。经典雅可比法在寻找最大模非对角元时要耗费较多时间,一个变形是依次消去矩阵的非对角元(如可对上三角部分按行消去),这时的雅可比法称为循环雅可比法。循环雅可比法在消去太小的非对角元时收敛效果会受影响,因此可设一值,当进行循环消去时遇到模小于该值的非对角元则不对该元做消去,这时的算法称为门槛雅可比法或阈带雅可比法。

cyclic magnetic condition 磁循环状态 其磁滞回线与材料经历的同样磁化的循环次数无关的一种磁性材料的状态。

cyclic memory 循环存储器 一种用延迟线进行循环存储信息的存储器。它属于串行存储器类型,故只在一个固定的时间倍数期间允许存取,固定时间通常指的是周期时间。

cyclic permuted (CP) code 循环置换码 一种代码,其中,所有字符的二进制位数相同,任何相连的两个字符的代码间的信号距离为1或一个单位。

cyclic program 循环程序 循环计算过程所使用的程序。所谓循环计算过程就是按照同一公式采取多次重复运算方式解题的过程。

cyclic query 循环查询 在分布式数据库系统中,指查询的连接图存在循环时的查询。

cyclic reduction 循环归约 一种用于求解含有特定结构的线性系统的算法。

cyclic redundancy check (CRC) 循环冗余检验 (1)循环冗余检验是一个检查在通信线路中传输的数据中错误的方法。循环冗余发生器产生循环冗余校验码,将它除以循环多项式,若有非零余数,则表示有错。这种校验法可以检出单位、双位和所有奇数位数出错的情况。(2)一种常用的校验方法。把要传输或存储的二进制数据除以一个固定的数,所得余数称为循环冗余校验码,随数据一起传送或存储。循环冗余校验码可以由特殊的循环移位线路产生。接收或读取数据时,再次形成这种校验码。两次校验比较,可以发现数据差错。采用这种检测的通信协议有Xmodem和Kermit。

cyclic redundancy check 4 (CRC-4) 循环冗余码校验4 一个用在E-1中继线上的循环冗余码校验形式。CRC-4的结构是在一个多帧中包含16帧,其帧数从0～15。CRC-4的多帧随后分为两个8帧的子多帧(SMF),分别称为SMF I和SMF II。每个SMF包含四个CRC-4位,指定为C1、C2、C3、C4。通过多帧和分割处理,每个发送的SMF中的CRC-r位互相进行对比,如果它们相同,就认为帧没有错误发生。

cyclic shift register 循环移位寄存器 所存数据能从寄存器的一端移出又从另一端进入,构成一个封闭的环的一种寄存器。

cyclic transfer 循环传送 含有1～4个等长存储模块,可连续地进行循环通信,还能自动变换输入/输出方式的一种选择通道。这种通道的特性有利于遥测或其他高速重复操作的应用,因为一旦初启,就可以连续地、自动地执行其通道功能,而无需初启每个周期的程序指令。

cyclomatic complexity 回路复杂性 计算复杂性理论中的一个软件测量概念,衡量软件复杂性的一个指标。计算机程序的框图中,第一个节点是起始节点,最后节点是停止节点。如果将该程序框图转换成强连接图,则其回路复杂性即等于其图的回路数,也就是等于其边数减去其节点数之后再加上其图的分离部分数。回路复杂性度量源自于数学的图论,提供了软件模块复杂性的度量方法,可以用来确定达到分支覆盖所需的最大测试用例数。

cyclomatic number 独立圈数 设连通图G具有n个节点和m条边,为了确定G的生成树,必须删去$(m-n+1)$条边。数$(m-n+1)$称为G的独立圈数。该数总是非负整数,当且仅当图G是树时,独立圈数才为零。独立圈数可作为G的连通程度的粗略量度。

cyclotron frequency 回旋频率 磁场中带电粒子垂直于磁场平面所具有一种固有的转动频率。这个频率只取决于磁场强度。以这种方式旋转时,电子注在空间的轨迹呈圆锥面。

cyclotron frequency magnetron 回旋频率磁控管 工作频率取决于交流电场与在平行于这个场的方向上振荡的电子之间同步的磁控管。实例有在阳极之间有谐振腔的分瓣阳极磁控管。

cyclotron radiation 回旋辐射 在磁场中的带电子粒子由于其固有旋转而发出的辐射。低速时,辐射集中在单一谱线即回旋频率上。速度较高时,谱线扩展为包括回旋频率谐波在内的频带。

cyclotron resonance 回旋共振 当交变电场的频率等于电子在均匀磁场中的回旋频率时,电子从该电场共振吸收能量的过程。当电子沿磁力线作螺旋运动时,电子便不断从电场吸收能量,直到与其他粒子相碰撞并高速散射。

cyclotron wave 回旋波 与行波管的电子注相联系的波。

CYL 同位标磁道组,柱面 cylinder 的缩写。

cylinder (CYL) 同位标磁道组,柱面 在磁盘组中,与磁盘组旋转轴保持相同标称距离的全部磁道的集合。即不用对存取机构重新定位就可以进行存取的磁盘组中的那些磁道。

cylinder address 柱面地址 选择磁盘片上工作磁道的参数。该参数将磁头寻址到指定的磁道上以便读写数据信息。

cylinder fault 缺面柱 在海量存储系统中,操作系统所需的数据尚未升级时所出现的一种状态。这种现象可使数据所在的柱面升级。

cylinder gripper 圆筒夹 在复印机中,装在圆筒上用来夹持纸张的一种装置。

cylinder overflow area 柱面溢出区 主数据区内柱面上的一个区域。用于写入该柱面的溢出记录。在索引顺序文件管理系统中使用。

cylinder printer 圆柱式打印机 将字符集装在一个圆柱体的圆环上的一种打印机。

cylinder scanning 柱面扫描 传真传输中的一种扫描方式。因为物体影像(如印刷页)被裹在一个旋转的柱面周围,而柱面照相传感装置扫描,故称柱面扫描,也称鼓式扫描。

cylindrical coordinate robot 柱面坐标机器人 这种机器人的机体是立式的,其手臂的运动由两个直线运动和一个回转运动组成,即沿 X 轴的伸缩,沿 Y 轴的升降以及绕 Z 轴的回转。

cylindrical coordinate system 柱面坐标系统 一种三维坐标系统,由两个线性尺度和一个角度性尺度构成。

cylindrical rotor machine 圆柱形转子电机 具有圆柱形转子的电机,转子表面一般有槽,槽中嵌有绕组线圈。

cylindrical surface 柱面 一条直线沿着一条空间曲线平行移动所形成的曲面。其中直线称为母线,曲线称为准线。

cypher punk 密码朋克 坚信公民个人拥有向他喜欢的任何人发送安全保密信息的权力,而且坚信不应对加密技术进行控制的程序设计者。密码朋克提倡使用强加密算法保持私人信息的安全,他们反对任何政府对密码系统制定的规则。

CZIP 陶瓷 Z 形双列直插式封装 ceramic zigzag in-line package 的缩写。

C1 class C1 级 美国国防部可信计算机系统评价标准(TCSEC)中的一种安全级别。C1 级要求硬件有一定的安全机制(如硬件带锁装置和需要钥匙才能使用计算机等),软件上采用非常初级的自主型安全保护技术,用户在使用前必须登录到系统,允许系统管理员为一些程序或数据设立访问许可权限,能够实现用户和数据的分离,保护或限制用户权限的传播。现有的商业系统往往都满足 C1 级要求。参见 trusted computer system evaluation criterion (TCSEC)。

C2 class C2 级 美国国防部可信计算机系统评价标准(TCSEC)中的一种安全级别。C2 级实际是安全产品的最低档次,达到 C2 级的产品在其名称中往往不突出“安全”这一特色。C2 级引进了受控访问环境的增强特性。这一特性不仅以用户权限为基础,还进一步限制了用户执行某些系统指令。授权分级使系统管理员能够为用户分组,授予他们访问某些程序的权限或访问分级目录。另一方面,用户权限以个人为单位授权用户对某一程序所在目录的访问。如果其他程序和数据也在同一目录下,那么用户也将自动得到访问这些信息的权限。C2 级还采用了系统审计机制,审计特性跟踪所有的“安全事件”,如登录(成功和失败的),以及系统管理员的工作(如改变用户访问和口令)。参见 trusted computer system evaluation criterion (TCSEC)。

C2C (1)顾客对顾客 consumer to consumer 的缩写。(2)卡到卡交错存取 card-to-card interleaving 的缩写。

C3 revolution 3C 革命 构成信息社会的三个主要因素:即计算(computation),控制(control),通信(communication)三个英文词的词头。具体指电子计算机、控制论和通信三种高科技结合的综合信息革命。

D

d **十分之一** deci 的缩写。

DA (1)目标介质访问控制地址 destination MAC address 的缩写。(2)桌面辅助程序 desk accessory 的缩写。(3)目标地址 destination address 的缩写。(4)设计自动化 design automation 的缩写。(5)数据管理程序,数据管理员 data administrator 的缩写。

D/A **数模转换** digital-to-analog 的缩写。

DAA (1)数据存取阵列 data access arrangement 的缩写。(2)分布式应用体系结构 distributed application architecture 的缩写。

DaaS **数据即服务** data as a service 的缩写。

DAB **数字音频广播** digital audio broadcasting 的缩写。

DAC (1)数模转换器 digital-to-analog converter 的缩写。(2)双连接集中器 dual attachment concentrator 的缩写。(3)数据采集和控制 data acquisition and control 的缩写。(4)自主访问控制 discretionary access control 的缩写。

DACL **自主访问控制列表** discretionary access control list 的缩写。

DACOM **计算机数据显示输出缩微胶卷阅读器** datascope computer output microfilmer 的缩写。

D/A conversion of synapse **突触数/模转换** 神经元突触界面可抽象成数/模转换界面。经神经纤维传递来的其他神经元的离散等幅脉冲信号经突触界面的数/模转换,转换成膜电位连续变化的模拟电信号,同时连续变化的膜电位信号经突触界面转化成离散脉冲信号。

D/A converter **数/模转换器** digital-to-analog converter 的缩写。

DACS (1)数字接入和交叉连接系统 digital access and cross-connect system 的缩写。(2)数据采集和控制系统 data acquisition and control system 的缩写。

DACTLU **不活跃逻辑单元** deactive logical unit 的缩写。

DACTPU **不活跃物理单元** deactive physical unit 的缩写。

DAD **数据库活动图** database action diagram 的缩写。

DAE **数据采集设备** data acquisition equipment 的缩写。

daemon process **影子[守护]进程** 某些操作系统中的一个不与界面接触而运行的程序,完成一些标准的服务功能,如页面切换、打印机假脱机、网络通信等,通常处于睡眠状态,不增加 CPU 的负担。某些影子进程能够被自动激活完成其任务,有些影子进程周期性地被激活。同 demon。

daemon thread **影子线程** 在程序中,以较低优先级在后台运行,提供一些基本服务的线程,也称"服务线程",如一个在不停运行的典型影子线程是垃圾收集线程。它由 Java 虚拟机提供,时刻都在扫描程序中不再被访问的变量,将它们占用的系统资源释放给系统。

DAF **目标地址域** destination address field 的缩写。

DAI (1)分布式人工智能 distributed artificial intelligence 的缩写。(2)《国际学位论文文摘》*Dissertation Abstracts international* 的缩写。

daily activity report (DAR) **日报表,工作日报** 在工商业和社会服务部门(如商店、银行、税务、图书馆、旅店等)用电子计算机自动打印当日的业务报表。

daily backup volume **日备份卷** 在层次存储设施管理软件中使用的一种卷,在进行自动备份时,用于存放备份周期内一天的数据集文件。

daily space management **每日空间管理活动** 在数据软件分层存储管理程序中,每 24 小时发生一次的数据集的自动空间管理活动。

daily time card **每日时间卡** 显示工作命令进度情况用以记录实际工作时间,以供薪金计算、单位成本与效率计算作为参考,通常以日为单位。

daisy chain **顺序链,菊花链** 也称"优先中断链"。微型计算机系统中的一种常用中断查询线路结构。挂在总线上的设备以串行方式传送中断输入信号,每个设备在把此信号传送至下一设备之前可以修改此信号。顺序链上的各个设备都能接收一个中断输入信号。当某设备要求服务时,它就截住该信号并进行服务。服务结束后,再将这个信号传送至下一级。采用顺序链方案,可根据设备在总线上的电气位置安排设备的优先级,越靠近 CPU 的设备,其优先级越高。

daisy chain bus **顺序链总线,菊花链总线** 一种按串行方式传送信号的总线。它类似于电话中的合用线,即用一条总线可为多个设备服务,每个设备在把一个信号传送至下一设备之前可以修改这个信号。这种总线主要用于与中断或查询线路有关的信号。一旦某个设备需要服务时,就可截住信号。所以,越靠近微处理器的设备,就能越早获得服务的机会。

daisy chain device priority **顺序链[菊花链]设备优先级** 一种用来确定设备优先级的方式。在某些系统中,设备优先级由模块在计算机底板上的位置决定。信号依次通过底板上的每个模块形成顺序链。在顺序链中,模块越靠近处理器,设备的优先级就越高。优先链方案要求模块间没有空槽,犹如拉链中不断齿一样。

daisy-chained cable 菊花链式电缆 串行链接着两个或多个连接器的一种多芯导线。在早期个人计算机中,菊花链式多芯导线在系统部件中用于将5.25英寸软盘驱动适配器连接到一个或两个软盘驱动器。

daisy chain interrupt 菊花链中断 一种组织中断的形式。利用顺序链来分配中断优先级。链中的每个设备可接收一个中断输入信号。采用顺序链中断的总线结构与所用的微处理器有关。早期的微处理器因受引脚限制而用一条总线。这条总线既要用于传送存储器地址、指令、输入输出数据,又要传送设备地址和控制信号,所以要用很多附加电路。参见 daisy chain,daisy chain bus。

daisy-chain polling 菊花链轮询 一种对输入输出设备进行轮流检测(轮询)的方法,采用连接链路识别设备,首先将轮询信号发送给链路中的第一个设备,当该设备无响应时,将轮询信号传递给链路中的下一个设备,从而检测出有响应的设备。

daisy-chain structure 菊花链结构 一种总线结构,其中信息传输通过每个系统元素,直到它到达正确的设备。

daisy wheel 菊花轮 一种打印头,它的字符打印元件位于杆端,而杆从菊花状的中心轮放射出来。当要打印某个字符时,打印机旋转菊花轮直到该字符处在打印锤和纸的中间,然后将该字符敲到纸上。

daisy wheel printer 菊花轮打印机 一种击打式打印机。用铸着各种字符的菊花轮为打印元件,打印机速度慢,但字型好。也称"球型打印机"。随着激光打印机价格的下降和点阵式打印机质量的提高,菊花轮打印机已过时。

DAL 数据库监管语言,DAL 语言 database administration language 的缩写。

D-algorithm D算法 也称"Roth D算法",1966年由J. P. Roth提出。一种生成逻辑网络测试码的方法。它主要由以下三个过程组成:①设定一个故障位置,并选择一个故障的原始D立方;②从设定的故障位置出发,利用D立方的交操作,把此故障的效应传播至某一个可观察的初级输出,这一过程称为D驱动过程。③检查D驱动过程中输出已定值的那些元件的输入输出值,看其是否符合它的逻辑功能。这一过程称为一致性操作。该算法中用了D这个符号,因此称为D算法。

DAM 数字资产管理 digital asset management 的缩写。

DAMA 按需分配多址 demand assignment multiple access 的缩写。

damage 杀伤力 在电脑游戏中,指游戏角色使用武器对敌人的杀伤力。配备的武器是决定这个数值的关键。但是真正厉害的武器往往直到游戏的后期才会出现。

damage assessment routines (DAR) 故障评估例行程序 在某些操作系统中,设法评估并恢复由软件造成的系统故障的例行程序。

damped oscillation 阻尼[减幅]振荡 幅度随时间减小的振荡。

damped sinusoidal quantity 衰减[阻尼]正弦量 按照正弦函数和绝对值随着自变量的增加而减小的函数之积而变化的量。参见 sinusoidal quantity。

damped wave 阻尼[减幅]波 相继周期的幅度在振源处开始逐渐减小的波。

damping 阻尼,衰减 (1)阻尼是电子线路和机械系统中防止不希望的振荡的一个特征。(2)衰减是电路系统中电压、电流、功率或能量自由振荡的幅度随时间而逐步减小的现象。

damping factor 阻尼因数 在二阶线性系统的自由振荡中,输出在最终稳态值附近的一对(方向相反的)连续摆动的较大幅值与较小幅值之比。

damping winding 阻尼绕组 通常指笼形的短路绕组或可以短路的绕组,用以抑制其与绕组匝链的磁通的快速变化。

DAMPS 数字化高级移动电话服务 digital advanced mobile phone service 的缩写。

dance dance revolution (DDR) 热舞革命 日本柯纳米公司首创的跳舞机,后被移植成一种计算机游戏装置。当游戏者在画有方向箭头的塑料跳舞毯上随着音乐跳完一段曲子之后,能自动给出评分等级。

dangerous voltage 危险电压 危及人身安全或电气设备安全的电压。

dangling else 悬空 else 程序设计中嵌套使用IF语句时出现的一种情形,用一个IF语句嵌入IF-ELSE语句的IF部分,ELSE语句与最近的IF语句相关。

dangling tuple 悬浮元组 在关系式数据库系统中,指自然连接中不进入连接的元组。

DAO 数据访问对象 data access object 的缩写。

DAP (1)数据存取协议 data access protocol 的缩写。(2)目录访问协议 directory access protocol 的缩写。

Daplex language Daplex 语言 在数据库系统中,指一种函数式语言。它在执行函数选择操作时通常把数据项映射到对应的数据基本函数类型上。可以进行表达式计算、查询以及建立系统的全局模式和局部模式。

DAR (1)日报表,工作日报 daily activity report 的缩写。(2)故障评估例行程序 damage assessment routines 的缩写。(3)数据访问寄存器 data access register 的缩写。

daraf 拉法 倒电容的单位,为电容单位(法拉)的倒数。

DARCS David 高级修订控制系统 David's advanced revision control system 的缩写。

DARE 文献自动检索装置 documentation automated retrieval equipment 的缩写。

dark current 暗电流 (1)指器件在反偏压条件下,没有入射光时产生的反向直流电流。它包括晶体材料表面缺陷形成的泄漏电流和载流子热扩散形成的本征暗电流。(2)光伏电池在无光照时,由外电压作用下 P-N 结内流过的单向电流。

dark discharge 无光放电 气体中不可见的放电。

dark energy 暗能量 一种不可见的、能推动宇宙运动的能量,宇宙中所有的恒星和行星的运动皆是由暗能量与万有引力来推动的。

dark fiber 暗光纤 即无信号光纤,在已经敷设的光缆中,暂时没有使用的光纤。很多时候通信公司会铺设多余其需求的光纤数量,以适应将来的需要而避免反复的光纤铺设带来的高额成本。

dark on 暗动 也称"遮光动作"。它表示在进入受光器的光速减少到一定程序时或被全遮时,输出晶体管导通且有输出。比较 light on。

dark resistance 暗电阻 在完全黑暗的条件下,硒光电池或其他光电器件的电阻。

dark space 暗区 辉光放电中产生很弱甚至没有光的区域。

dark Web 暗 Web 也称"模糊 Web"。是指搜索引擎无法索引的万维网内容。其原因可能是:①独立的机器或与因特网不连接的网段;②需要登录才能访问的网站,即用登录口令保护的内容;③网页能否被访问跟实际情景相关,如只允许特定地址的客户端访问,只能按照某种浏览顺序访问等;④采用一些防止访问的技术手段隐藏的内容,如在 robots. txt 文件中设定访问规则;⑤脚本化内容,例如通过 Javascript 程序计算出链接的实际地址指向的内容或者通过 AJAX 或 Flash 程序动态从服务器上下载的内容;⑥将文字内容编码到图像、视频或者特定格式的文件中,普通的搜索引擎无法访问。参见 deep Web。

Darlington circuit 达林顿电路 一种放大电路,由两个三极管构成,这两个三极管通常封装在一个器件中,两个三极管的集电极连接在一起,一个三极管的发射极连接在另一个三极管的基极,用于获得较大的电流增益。

Darlington pair 达林顿对 一对双极面结型晶体管对,其中的第一晶体管的发射极与第二晶体管的基极相连。这种结构利用直接耦合,其电流增益远高于单个晶体管的电流增益。晶体管对可以制作在一个管芯上,用三引线晶体管外壳封装。这类晶体管对常用于线性集成电路(如运算放大器)和功率放大器的输出级。它的最常见应用是发射极跟随器。

DARPA (美国)国防高级研究计划署 Defense Advanced Research Projects Agency 的缩写。

DAS (1)数据采集系统 data acquisition system 的缩写。(2)双向连接站 dual-attached station 的缩写。(3)直连存储 direct attached storage 的缩写。

DASD 直接存取存储设备 direct access storage device 的缩写。

DASD dump restore (DDR) program 直接存取存储设备转储恢复程序 某些操作系统的一种服务程序,用于把虚盘上的所有或部分内容拷贝到磁带上,也可以把磁带上的内容装到虚盘上;或者用于从 DASD(直接存取存储设备)或从磁带发送数据到虚拟打印机。

DASD queue 直接存取存储设备队列 驻留在直接存取存储设备中的队列。

DASH 共享存储器的目录结构 directory architecture for shared memory 的缩写。

. dat 数据文件名后缀 dat 取自 data(数据)一词,VCD(影碟)中的图像声音文件扩展名,可通过 VCD 播放软件调用或是用 VCD 机播放。

DAT (1)动态地址转换 dynamic address translation 的缩写。(2)磁盘分配表 disk allocation table 的缩写。(3)数字音频磁带 digital audio tape 的缩写。

data 数据 (1)泛指计算机能处理的各种事实、数字、字母和符号的通用术语。(2)相对于非数字信息而言,专指数字信息,如有些程序分为数据文件和文本文件。(3)相对于信号而言,指的是源数据或原始数据。(4)信息的一种规范化编码表示,适合于解释、通信和处理,可以由人或者机器对其进行运算。参见 absolute data, alphanumeric data, analog data, digital data, discrete data, input data, numeric data, output data, relative data, test data, information。

data abnormal 数据异常 指令中所用的数据因不满足约定而产生的异常。如有的计算机规定有下列任何一种情况时,则判定为数据异常:①十进制指令或"转换成二进制"指令中操作数的符号或数字代码无效;②"十进制乘法"指令中被乘数高位 0 的个数不足;③"十进制加法、减法、乘法、除法"及比较诸指令中操作数字段重叠。

data above voice (DAV) 话上数据 将数据信号调制放在电缆或无线电系统的声音信号频谱上。

data above voice transmission 话上数据传输 模拟无线电系统的基带中,在频分复用信号所占频带中传输数据的数据传输方法。同 data over voice。

data abstraction 数据抽象 通过选择特定的数据

D

类型及其相关的功能特性的办法，仅保持或抽取数据本质的特性所得到的结果，从而使其与细节部分的表现方式分开或把这些特性隐藏起来。

data abstraction language **数据抽象语言** 以抽象数据类型为特征的语言。其中的数据类型由一组值和定义在这组值上的一组运算组成，并且对类型的使用者来说，可以存取的信息只是类型的性态，而不是类型的表示。这类语言都利用了最初在 Simula 67 语言中引进的"类"的概念。Alphard、CLU、并发 Pascal 等语言都是数据抽象语言。

data abstraction mode **数据抽象模式** 程序设计模式之一。先决定需要的类，然后为类提供完整的操作集，强调自定义的模块应同语义的嵌入类型相似，具有自身的语义，要求语言提供自定义抽象数据类型的机制。

data access **数据存取** 数据在主存储器与输入、输出设备之间或中央处理器寄存器与主存储器之间的传送过程，即从存储器取出数据或写入数据的过程。

data access arrangement (DAA) **数据存取阵列** DAA 是计算机与使用公用电话线的调制解调器之间的电子接口。DAA 有时也被称为电话线接口电路。任何连接到公用交换电话网(PSTN)(包括传真机、交换分机、机顶盒以及报警系统)的设备都需要使用 DAA。在电话线上，DAA 将电子设备与更高伏特的设备隔离开来。DAA 电路需要在电话系统监管部门进行注册。然而，大多数的调制解调器以及其他设备的制造厂商都在调制解调器中内置了经过改良的 DAA 设计。

data access control language **数据访问控制语言** 数据语言的子语言，由词汇集和语法组成。用于控制对数据集的访问。

data access diagram **数据存取图** 一种图像显示工具，通过另一个数据存储器中的信息，检测出能够访问某一个数据存储器的途径。同 data structure diagram。

data access method **数据存取法** 在主存储器和输入输出设备之间传送数据的方法，有顺序存取法、直接存取法和随机存取法等。

data access object (DAO) **数据访问对象** (1)为数据库访问提供了一个基于对象的接口，即 DAO 依赖对象而不是函数来提供数据库访问。DAO 是专为在 Windows 的 Jet 数据库引擎下的使用而设计的，这些数据库以 MDB 作为数据库扩展名。(2) DAO 是由 VB 提供的应用程序接口 (API)，它可以使程序员访问 Microsoft Access 数据库。DAO 对象包括 Access 的数据引擎功能。通过数据引擎功能，它可以访问结构化查询语言 (SQL)数据库。

data access path **数据存取通路** 同型或不同型数据间的一个物理序列。它规定了存取一组数据的次序。在数据库中，通常用数据存取通路来表示数据之间的逻辑关系。数据存取通路一般是通过索引或链接等方法来实现的。

data access protocol (DAP) **数据存取协议** 它是在 DEC 网的表示层中，在某些方面比文件传输更广泛的远程存取协议。它允许用户要求文件中的特殊记录。

data access register (DAR) **数据访问寄存器** 某些微机中使用的一种寄存器，用于存储器堆栈地址计算。一个典型的寄存器系统使用三个寄存器：程序计数器、堆栈指针和操作数地址。

data access service **数据访问服务** DEC 公司网络应用支持(NAS)中的一种信息资源共享服务，它使应用软件具有跨越 NAS 计算环境来建立和访问关系数据库的标准手段。

data acquisition **数据采集** (1)识别、分离和收集源数据以进行集中加工的过程。数据采集常用于计算、统计、管理和自动控制等领域。(2)工厂、实验室、医疗和科研单位等用传感器和阅读器自动将计算、生产和管理过程或其他过程中的数据加以采集，并使模拟电信号转换为数字信息而存入计算机的过程。(3)将源数据集中输入计算机中的过程。用计算机实现数据采集的系统称为数据采集系统(DAS)。将模拟电信号转换为数字量存储起来并进行预处理的设备，称为数据采集设备(DAE)。数据采集设备与计算机相结合可实现巡回检测、实时控制和数据处理。

data acquisition and control (DAC) **数据采集和控制** 计算机处理模式之一。在这种处理模式下，计算机从电压表、气相色谱仪和热电偶等仪器获得数据，再将这些数据与仪器的正常工作范围进行比较。当计算机检测到超出正常范围的数据时，就通知有关人员进行处理。一般，以 DAC 模式工作的计算机会打印出报警信息，响铃或使报警灯不断闪烁，直到异常条件得到纠正处理为止。

data acquisition and control system (DACS) **数据采集和控制系统** 一种用于实时处理、过程控制及高速数据采集的应用系统，每一系统均由一些易于组合的模块组成，以满足特定的系统要求。其中除包括一系列的实时处理输入/输出设备，如模拟输入、模拟输出、接触传感以及接触操作外，还包括数据处理输入/输出部件，如扫描仪、磁带、磁盘、打印机、绘图仪等。

data acquisition computer **数据采集计算机** 用于采集和分析由生产过程或检测仪器所产生的数据的计算机。典型的数据采集计算机的特点是存取周期短，从而不致丢失来自实时物理过程(如视频扫描器)的脉冲信号。数据采集计算机的主要部件包括：①模拟和数字传输电缆；②模拟数字转换器；③存储用的磁盘或磁带；④中央处理器；⑤主存储器；⑥操作员控制台。

data acquisition equipment (DAE) **数据采集设备**

将模拟电信号转换为数字量存储起来并进行预处理的设备。模拟电信号由各种物理量(湿度、压力等)通过相应的传感器而得到。数据采集设备一般包括滤波器、前置放大器、采样保持电路、模-数转换电路,逻辑控制电路和存储设备等。

data acquisition system (DAS) **数据采集系统** 把数据转换为机器可读的形式并把它们收集到计算机存储器里的系统。

data adapter unit (DAU) **数据适配器单元** 一种把各种远程或本地的外部设备连接到系统上去的接口与控制装置。它可以用来扩展系统的输入输出能力。数据适配器一般包括与中央处理器通道接口的电路、与外部通信的线路、与通信方式相适应的控制电路、接口电路和调制解调器等。它被广泛用于数据采集系统、数据通信系统、过程通信系统和电报终端等。

data administration **数据管理** 一个机构对所有数据及数据间的关系进行分析、分类和维护的职责。数据管理应配合数据模型、数据词典的开发来进行。它们是数据库设计的原始资料。人们常将数据库管理与数据管理相混淆。数据管理指的是对一个机构原始数据的各种管理,而数据库管理则是指数据库的设计和数据库维护等管理。

data administrator (DA) **数据管理程序,数据管理员** (1)数据库管理系统中的一种控制程序。(2)负责数据库管理系统中数据库建立和使用的人员。其职责是建立信息系统中的数据库。在数据库建成后,负责数据库的安全保密。在数据遭到严重破坏后,负责数据的恢复。

data aggregate **数据聚集** (1)数据库中已命名的某些数据项的一个集合。(2)两个或两个以上可集中或分开引用的数据项的逻辑集合。

data analysis **数据分析** 一个系统化的对实际系统中或者设计中的系统的数据及其流动的研究。

data analysis method **数据分析法** 从现有的计算机管理信息系统应用项目出发来确定信息需求的方法。采用这种方法建立信息系统,一般都从分析信息(数据)在系统中的流向入手。

data and address bus **数据和地址总线** 微处理机系统中用于在中央处理器(CPU)和存储器、外部设备之间传送数据和地址的总线。典型的微处理机采用 3 条总线:数据总线、地址总线和控制总线。如采用多路复用技术,则可使数据和地址合用同一条总线,这样可节省 CPU 芯片引脚数、减小体积和降低成本。

data and structure definition language **数据和结构定义语言** 在数据库系统中,指仅用于定义数据结构的语言,如在 Burroughs DMS Ⅱ 数据库管理系统中,数据库模式就是用这种语言描述的。

data architecture **数据体系结构** 数据体系结构描述了数据在一个给定的系统是怎样处理、存储和利用的。它为数据处理操作提供标准,用于设计数据流和控制数据流。数据体系结构包括元数据管理、商业语义、数据模型和元数据工作流管理等。

data area **数据区** (1)程序或设备用来保存信息的存储区。(2)在某些计算机系统中的一种保留区,用于在作业之间或作业中的程序之间进行数据(如 CL 变量值)的传递。

data area data structure **数据区数据结构** 用来从数据区中检索数据一种数据结构。

data array **数组,数据阵列** 一组数据,如记录在磁带或其他存储媒体中的一组字符,或高级程序设计语言中允许使用的一维、二维等多维数组。

data as a service (DaaS) **数据即服务** 以数据为中心的应用模式,即建立统一数据资源库,整合管理各类异构数据,变数据为信息,变信息成服务,实现数据活化,达到数据到信息到服务的价值提升。参见 cloud computing, platform as a service (PaaS)。

data attribute **数据属性** 数据的特性,如数据的长度、值及其表示法等都是数据属性。

data authentication **数据鉴别** 一种用来验证数据合法性和完整性的过程。

data authority **数据授权** 一个专门的读取、增加、更新或删除数据的授权。参见 add authority, delete authority, read authority, update authority。

data automation **数据自动化** 利用电子的、机电的或机械的设备及有关技术自动地记录、传递和处理数据并提供最终结果的过程。

data available (DAV) **数据有效线** 一类并行的外总线(如 IEEE 488)上进行握手联络用的数据控制线。当由发送器控制的数据总线上的数据有效时,发送器置 DAV 为低电平(逻辑 1),指示接收器可以从总线上接收数据。参见 not ready for data (NRFD), not data accepted (NDAC)。

data backup **数据备份** 将系统、应用、程序和/或生产文件备份到本地或异地存储介质上。数据备份可在灾难发生的情况下,被用作重置遭到破坏或损失的数据或恢复整个系统和数据库。备份的数据应予以保密并确保其在遭受物理破坏或失窃情况下的安全性。

data backup strategies **数据备份策略** 由组织根据其数据恢复及对象重置需求而定义的备份流程。数据备份策略将由备份时间窗、备份技术、存储介质及是否采用异地存储策略等来决定,策略应满足恢复点和恢复时间的目标。

data bank **数据总库** 一种数据的集合。一般多以便于用户存取的形式将数据存储起来,形成数据总库,如清单上的一行可以形成一个项目,一页完整的清单可以形成一个记录,一组记录可以形成一个文件,编目控制文件的集合形成数据总库。data bank 有时与数据库 database 同义,有时又有区别。在后一种情况下,数据总库可包括若干个数据库。

D

data bank in the art 艺术数据库 其内容为音乐、博物馆等资料的数据库。

database (DB) 数据库 在计算机存储设备上合理存放的相互关联的数据集合，如一家工厂的全体职工的档案。数据库的特点有：重复数据较少（即冗余最小）；能以最优的方式为一个或数个应用服务（共享数据资源）；数据存放尽量独立于应用程序（数据独立性）；用一个软件统一管理这些数据，如维护、增加、修改和检查这些数据。

database access language 数据库存取语言 对数据库中的数据进行查询、修改（插入、改变或删除）及控制的语言。在数据库中表示的信息通过软件接口使之能被它的用户所存取。这些接口使数据被查询、修改和控制，它们成为不同格式的数据库存取语言，后者的操作数是数据库中的客体对象以及语言所定义的这些对象之间的相互关系。

database action diagram (DAD) 数据库活动图 描述数据库中数据处理完成情况的图。

database administration 数据库监管 在数据库中实施定义、组织、控制和保护等功能。

database administration language (DAL) 数据库监管语言，DAL 语言 一种监管数据库的语言。

database administrator (DBA) 数据库管理员 负责数据库系统管理，特别是负责制定数据库中存取数据规则的人员。数据库管理员通常还负责数据库的安全保密和恢复工作；描述存放在数据库中的信息及其关系；调解数据库管理系统与用户之间的冲突；监督数据库的使用及说明；负责数据库的改进和重组。

database and transaction management system (DTMS) 数据库和事务管理系统 某些操作系统中的一种特许程序，用于处理事务过程和数据库请求。

database application architecture 数据库应用体系结构 一个用来为数据库应用系统的开发描绘一个系统模型的术语。从应用数据库的用户角度来看，数据库应用体系结构是关于组成数据库应用系统的基本元素的界定、各元素所具有的功能，以及这些元素之间的相互作用和联系方法。按构成数据库应用系统基本元素的外部形态来划分，可以将数据库应用体系结构分为集中式结构、分布式结构、客户机/服务器结构、浏览器/服务器结构等。参见 centralized architecture, centralized architecture, client/server architecture, browser/server architecture。

database application lifecycle 数据库应用生命周期 一个数据库应用系统的生命周期涉及数据库规划、系统定义、需求获取与分析、数据库设计、数据库管理系统的选择、应用设计、原型设计、实现、测试、数据转换与装载以及运行和维护等阶段。

database application system 数据库应用系统 以数据库为基础，由有关的人（包括用户、应用程序员和数据库管理员）、硬软件设备、数据库管理系统（DBMS）以及各种应用程序包所组成的信息处理系统。它一般具有对信息的采集、组织、加工、抽取和传播等功能。该系统的主要特点是采用数据库/数据通信技术，将一个企业的信息资源集中存储在数据库中，并通过 DBMS 进行组织与管理，数据的管理与维护工作从各个部门分离出来，由数据库管理员（DBA）集中进行，用户通过 DBMS 提供的接口使用数据库中的数据。数据库应用系统的开发是一项软件工程，但又有自己的特点，所以特称为数据库工程。如管理信息系统（MIS）、决策支持系统（DSS）都是数据库应用系统。开发数据库应用系统的主要任务是：①DBMS 的设计与选用；②数据库设计；③应用程序包的开发；④数据库管理员的培训等。

database audit 数据库审计 通过跟踪并在日志中记录用户登录会话期间对数据库对象的创建、修改、删除等所有操作的日期、时间、内容等，以及特定角色激活的所有有关的活动。一旦怀疑出现了对数据库进行的任何篡改和破坏，系统就开始执行数据库审计，扫描某一时间段内的日志，以检查所有作用于数据库的访问活动和操作。数据库审计可用以保证实现访问数据库行为的不可否认性。即，对非授权人员的侵入、盗窃和蓄意破坏行为，以及授权用户无意识的数据库泄密与破坏的情况，能够予以跟踪记录和审计，以分清和防止否认其对数据库的安全责任。

database audit log 数据库审计日志 以维护数据库的安全性为目的，专门用于自动记录用户对数据库所做的操作的日志称为数据库审计日志。

database automatic table look-up 数据库自动查表 数据库系统中提供的两种执行查表方法之一，另一种是基本查表法。自动查表是用户在文件定义中而不是在要求中决定查询操作。在这些系统中，当词典维护运行时，查询结果信息组的意义可被改变。

database backup 数据库备份 数据库备份是将数据库系统的部分或全部数据复制到另一个存储设备（磁带、磁盘或光碟等），以备系统故障排除后能及时、准确地恢复数据，从而保证数据库系统的正常运行。数据库备份通常可以分成如下四种类型：①完全备份。备份数据库系统中的所有数据及其对象，包括用户表、系统表、索引、视图和存储过程等。由于这种备份需要花费较多的时间和存储空间，通常一周或一月做一次；②事务日志备份。对数据库发生的事务进行备份。利用事务日志备份，可以将数据库恢复到任意一个创建事务日志备份的时刻；③差异备份。是将最近一次数据库备份以来发生变化的数据进行备份，因此差异备份实际上是一种增量式的数据库备份方式，故也称“增量备份”；④文件备份。是对数据库文件或文件夹进行备份,但不进行事务日志的备份。

database backup recovery 数据库备份恢复 数据库备份恢复是指当故障发生影响到数据库时,可以使用复制备份和数据库日志来将数据库恢复到问题发生时或问题发生之前的状态,然后按照正确顺序重新执行原先执行过的对数据库的修改操作。

database change log 数据库变更日志 数据库变更日志记录了被事务修改的记录的前像和后像。

database combination system 数据库组合系统 若干数据库在一个网络环境中的结合而组成的系统。这些数据库可分别用于不同的目的。网络上的一个节点可以直接或间接地通过这个组合系统中的另一个数据库存取网上的所有数据。数据库组合系统与分布式数据库系统不同,它的各个数据库之间并不存在逻辑上的联系。

database component 数据库(组)成(部)分 数据库中处理的基本成分。它包括数据实体、数据属性、逻辑关系、文件编制、数据模型、数据事件和功能、存取路径和响应要求以及管理分析等。

database computer (DBC) 数据库计算机 实现数据库的存储、管理和控制的一种专用计算机系统。它能十分快速而有效地完成各种数据库操作,并能适应大型数据库的管理。由于微处理机技术的飞速发展,降低了人们对数据库计算机的进一步研究的积极性,在一定程度上处于停顿状态。

database conceptual structure design 数据库概念结构设计 概念结构是对现实世界的一种抽象。数据概念结构设计的主要任务是在数据需求分析的基础上,通过对用户需求进行综合、归纳与抽象,构造出数据库的独立于具体数据库管理系统的概念结构模型。因此概念结构设计是整个数据库设计的关键所在。参见 conceptual design for database。

database concurrent control 数据库并发控制 对数据库并发操作进行的控制。事务和封锁是并发控制的主要机制,数据库通过支持事务机制来管理多个事务,保证数据的一致性,并使用事务日志保证修改的完整性和可恢复性;数据库遵从三级封锁协议,从而有效地控制并发操作可能产生的丢失更新、读"脏"数据和不可重复读等错误。

database concurrent operation 数据库并发操作 在多用户和网络环境下,数据库是一个共享资源,多个用户或应用程序同时对数据库的同一数据对象进行读写操作,这种现象称为对数据库的并发操作。

database conformance testing 数据库符合性测试 测试即测量一个数据库产品是否完全实现了某个数据库标准的方法,包括标准符合性条款、符合性测试工具、过程合理性验证与结果授权等内容。

database consistency 数据库一致性 数据库只包含成功提交的事务的结果,数据库中的数据满足完整性约束。如果数据库在事务执行前处于一致的状态,那么在它执行后,数据库仍然应该处于一致的状态。

database control language (DCL) 数据库控制语言 数据库控制语言提供统一的数据库控制功能。关系数据库系统中数据库控制功能包括事务管理功能和数据保护功能,即在数据库的恢复、并发控制、数据库的安全性和完整性控制等方面提供相应的支撑语句或命令。不同类型的数据库在数据库控制语言方面有不同的要求。但其基本功能大致有:①为有效实现数据库控制机制,对相关事务进行定义、提交和回退的说明;②访问控制,说明用户访问数据库各种资源(包括各类模式的数据结构及其子结构,各种目录以及实用程序等)的权力(包括创建、撤销、查询、更新、执行等);③对数据加密存储、传输和审计方面的要求和说明;④对违反完整性约束条件进行何种处理的说明;⑤多用户并发地存取数据时,数据库系统实现并发操作的控制和协调说明;⑥为实现系统故障后的恢复机制提供相应的功能语句(或命令)。

database control system (DBCS) 数据库控制系统 数据库管理系统的一个组成部分。它同操作系统一起提供数据库处理的运行控制。

database/data communication (DB/DC) 数据库/数据通信 完成数据库管理和数据通信功能的软件。

database data model 数据库数据模型 对数据库中的数据进行的逻辑组织或用户所看到的数据库的数据间的逻辑结构称为该数据库的数据模型。它是使用数据描述语言在模式或数据模型定义中描述的。数据库数据模型通常分为层次型、网络型和关系型三类。

database definition language (DDL) 数据库定义语言 用于定义数据库结构及其内容的语言,可描述和规定数据库中的数据项、记录组和它们之间的相互关系的逻辑结构,可描述和规定数据结构的物理表示方法和数据的存取方法、数据结构及其内容的各种有效的准则和语义约束以及设备介质控制信息等。由于数据库系统所采用的数据模型不同,因而出现了不同类型的数据库和数据库语言,但其数据库定义语言基本功能大致是相同的,其所包含的内容主要有:①标识并定义数据库的各种模式结构,对每一个模式子结构给出唯一的命名,并说明其数据结构类型;②定义各种数据模式子结构之间的结构和语义联系;③描述各个模式结构中数据项的基本特征;④描述相关安全控制方式和完整性约束条件;⑤描述数据库的物理存储结构;⑥由于模式结构的修改,对相应数据结构有关内容的修改;⑦定义各类提高数据库操纵效率的机制,如索引等。

database description (DBD) 数据库描述 在某些信息管理系统中,描述 IMS/VS(虚存信息管理系统)数据库的宏参数语句的集合。这些语句描述层次结构、IMS/VS组织、设备类型、段的长度、顺序字段和交替的检索字段。这些语句汇编后产生数据库描述块。

database description generation (DBDGEN) 数据描述生成 建立数据库描述的过程。

database description language 数据库描述语言 在数据库系统中,指数据库管理人员使用的一种语言。用它可描述存储的逻辑数据和实体数据的性质;描述各存储级之间的映像和数据之间的相互关系。

database design 数据库设计 根据用户要求,对于一个给定的应用环境设计有效的数据库模式,建立数据库及其应用系统,使之能够有效地存储数据,满足用户的应用需求的过程。通常数据库设计的过程大致可分为四个阶段:①需求分析,分析用户的业务活动及数据的使用情况,确定用户对数据库的使用要求和完整性要求;②数据库的概念设计,即视图定义,在需求分析的基础上,通过E-R(实体-联系)模型描述和定义每个数据库用户的局部视图,并将所有的局部视图合并构成一个全局的数据库公共视图;③数据库的逻辑设计(即模式及子模式设计),根据用户的要求,设计某个特定的数据库管理系统所能处理的数据库全局逻辑结构(模式),以及描述每个用户的局部逻辑结构(子模式);④数据库的物理设计,在逻辑结构确定之后,设计数据库的存储结构,确定实现数据库的实际存取方法及其他细节。目前,数据库设计尚处于手工设计阶段,其效率较低并要耗费大量的人力和时间。自数据库技术大量应用以来,人们就开展了对数据库设计方法的研究,但在早期多数研究仅集中在数据库的某些优化设计及数据库的存储结构方面。近年来随着数据库变得越来越庞大、应用越来越复杂、用户的要求越来越高,使数据库的设计变得越来越困难。目前,数据库设计已朝着提供统一、完善和有效的标准工具的方向发展。近年来,已出现了将软件工程与数据库技术相结合的数据库设计自动工具、计算机辅助数据库设计等先进工具来解决数据库人工设计的困难和缺陷。参见 database requirements analysis, database conceptual structure design, database logical structure design, database physical structure design。

database design aid (DBDA) 数据库设计辅助工具 一种实用而有效的半自动数据库设计工具,它将数据库设计的手工方式和计算机软件工程中的自动设计相结合,以人/机不断交互工作来设计出使用户满意的数据库结构。

database design-aid tool 数据库辅助设计工具 能有效提高数据库设计的效率和质量,改变传统的手工设计方式,支持数据库自动化或半自动化设计的软件工具和环境。通常这些工具应具有适当的设计理论支持、友好的用户界面、开放式结构和广泛的支持范围。数据库辅助设计工具按数据库设计阶段划分,可分为需求分析工具、概念设计工具、逻辑设计工具、物理设计工具、性能分析评价工具等;按功能划分,可分为编辑工具、分析工具、转换工具和启发式工具以及这些工具的组合所构成的支持设计过程各阶段的实用工具系统。

database design evaluation workstation (DDEW) 数据库设计评价工作站 美国计算机公司(CCA)研制的一个面向图形、基于工作站的数据库设计的自动工具。它支持从需求分析到物理设计的全过程。可使用扩展E-R(实体-联系)模型的概念设计,而逻辑设计中可以选择关系、网状或层次模型。该系统采用逐步求精和循环的方法,可以产生、显示、操纵、分析和转换不同的设计方案,并支持数据库的再设计。DDEW提供四类工具:①编辑工具,用于编辑各种表格和模式图,可处理信息的输入、显示与修改;②分析工具,包括模式检验器、规范化器、逻辑与物理存取评价工具、索引选择器等;③转换工具,生成与输入信息一致的新模式,包括从E-R到关系式、E-R到网状、网状到层次的转换器,可以处理空值问题以及模式的装入与生成;④启发式工具,生成可能与输入信息不一致的模式,用于设计过程的初期阶段。DDEW的推出反映了当今数据库设计辅助工具或自动工具的发展趋势。

database design lifecycle 数据库设计生命周期 数据库设计生命周期一般分为需求分析、概念设计、逻辑设计、物理设计及运行和维护阶段。其中最重要的是概念设计阶段和逻辑设计阶段。

database design method 数据库设计方法 对于一个给定的应用环境,构造(设计)最优的数据库,并以此建立数据库及其应用系统的一套知识、方法和设计的过程。数据库设计方法包括设计步骤、方法、工具、规程和理论。数据库设计一般分为需求分析、概念设计、逻辑设计和物理设计四个阶段,每个阶段有又划分为若干步骤。数据库设计方法有很多种,不管选用何种设计方法,一般在设计数据库时都必须遵循如下一些原则:①确定系统需求;②定义系统目标;③收集业务需求;④将业务需求转换为系统需求;⑤设计数据库和应用软件接口;⑥构造、测试以及实现数据库和应用软件。

database design methodology 数据库设计方法学 数据库设计方法学研究的是数据库设计所使用的理论和方法,它是将软件工程与数据库设计相结合所提出的、用于指导实施数据库系统的开发与研究的一整套指导原则、工具、方法和技术的组合。数据库设计是指对于一个给定的应用环境,运用一定的技术、工具、方法,构造最优的数据库模式,建立数据库及其应用系统,有效存储数据,满足用户信息要求和处理要求,以辅助实现数据库设计的过程。从被设计的数据库的高层抽象观点出发,一种实用的数据库设计方法学应包括以下内容：①由一系列步骤（或阶段）组成设计过程；②在上述各步骤中使用的设计表示；③在各步骤中使用的（手工或自动）工具、技术和方法以及选择它们的标准和策略等。

database design mode **数据库设计模式** 在数据库设计时所采用的方式。按数据库设计方式的自动化程度不同，可划分为以下四种：纯经验的手工设计、按设计规程和标准进行的手工设计、辅助工具支持下的半自动设计以及数据库自动化设计。

database design process **数据库设计过程** 一个数据库的完整设计过程。其中的重点是逻辑数据库设计（根据对数据库的要求和设计理论来确定整个数据库的逻辑结构或逻辑模式）和物理数据库设计（确定数据库的实际存取方式和其他细节）。逻辑数据库设计可细分为需求分析、模式构成、模式汇总、模式重构和模式分析五个步骤。目前已开始用CAD（计算机辅助设计）实现上述设计步骤。数据库物理设计涉及文件结构、存取路径的选取、数据的存放位置、数据库的物理存储和再组织以及索引的选择等问题。

database design specifications **数据库设计规范** 数据库设计规范就是辅助数据库系统开发的规则。设计规范包含设计文档的规范、设计的规范、开发过程的规范等。开发组织针对每个项目都应该有相应的设计规范，以指导整个项目的开发工作，还需要根据项目的特征选取恰当的规范。对于数据库设计规范，整个项目的开发人员必须严格遵守，才能保障项目的顺利实施。数据库设计规范需要根据实践检验和新技术的发展不断完善。

database destruction **数据库崩溃** 数据库本身受损、被毁坏或是无法读取。

database diagnostics **数据库诊断** 用来检查数据库中的项目和存取通路的错误，冗余信息，以及不一致性的程序和过程。

database dump **数据库转储，倒库** 数据库恢复的基本方法。就是定期地将整个数据库复制到多个存储设备，如磁带、磁盘上保存起来的过程。转储有静态转储和动态转储两种。静态转储指在系统空转期间进行转储，即在转储时对数据库没有（或者说不允许有）任何存取、修改活动。动态转储指数据库在不停止数据操作的情况下进行转储。数据库转储是十分耗费资源的，不宜频繁进行，应该根据数据库使用情况来确定一个合适的转储周期。

database engineering **数据库工程** 将软件工程的方法和工具用于数据库（应用）系统的设计。一项数据库工程按内容可划分为：①作为系统核心的数据库系统的设计和实现；②应用软件及其他软件的设计与实现。它将软件工程和数据库技术统一起来，形成一门数据库工程（学）。

database facility (DBF) **数据库设施** 在可编程存储系统中的主机支持程序中的一组模块，用于在主处理机中建立和维护数据，它们解释、控制和执行用户编码的数据库程序命令。

database file (DBF) **数据库文件** (1)在数据库系统中的最基本的文件，由数据库的框架和数据组成，框架由字段、字段宽度、字段类型和小数位数组成。数据通常由数值型数据、字符型数据、逻辑型数据、日期型数据和备注型数据组成。有的数据库系统中还有浮点型数据和货币型数据。用户可建立和修改这类文件，并能对文件中的数据进行检索、插入、删除、修改、排序和统计计算等操作。(2)一种实体，它包括如何将输入数据从内部存储器引导到一个程序，以及如何将输出数据从一个程序引导到内部存储器的描述。参见 logical file，physical file。

database gateway **数据库网关** 数据库网关是一种中继器，它的主要作用是转换和通信。转换包括模式转换、操作变换等。它能提供应用级的异构数据库互联的手段。

database handler **数据库处理器** 数据库管理系统的成分，解释数据库中的调用，并且协调相应数据访问操作的执行。

database hierarchy **数据库层次** 为了对数据赋予关系结构，将数据结构划分成文件，文件划分成记录，记录划分成字段等各个层次。

database implementation **数据库实现** 根据数据库的逻辑设计和物理设计结果，在计算机上建立起实际数据库结构、装入数据、测试和试运行的过程。

database Index **数据库索引** (1)是系统开发公司（SDC）的内部索引，它作为所有 SDC 数据库的主索引，用来帮助用户选择最适合某一个给定内容检索的数据库。(2)数据库记录从选定的关键字段按序排列。参见 index。

database inquiry **数据库查询** 从数据库中寻取部分信息并显示。

database integrity **数据库完整性** 数据库中数据的正确性和相容性。数据库完整性由各种各样的完整性约束来保证，因此可以说数据库完整性设计就是数据库完整性约束的设计。数据库完整性约束可分为六类：列级静态约束、元组级静态约束、关系级静态约束、列级动态约束、元组级动态约束、关系级动态约束。数据库完整性约束可以通过数据库管理系统（DBMS）或应用程序来实现，动态约束通常由应用程序来实现。基于 DBMS 的完整性约束作为模式的一部分存入数据库中。

database key (DBK) **数据库（关）键码** 当一个记录第一次建立并存入数据库时，系统自动地赋予它一个数据库关键码。这个关键码是在数据库中能够标识一个记录值并使其与其他一些记录值区别的内部记录标志符。在记录存在期间，此标志符保持不变。数据库关键码虽然是系统内部的，但用户在存取一个记录值之后可以得知它。以后用户就可以直接使用这个关键码来对这个记录值直接存取，从而加快存取速度。

database key translation table 数据库键码转换表 一个由映射数据库记录键和包含这些记录的块地址组成的表格。

database language (DBL) 数据库语言 数据库系统为用户提供的计算机语言，是描述数据库结构、数据库系统应用程序和数据库控制功能的语言。除主语言外，数据库系统中还使用模式 DDL(数据库定义语言)、子模式 DDL、物理模式 DDL、宿主型 DML(数据操纵语言)和自含型 DML 等多种语言，它们是用来设计概念模式、子模式、存储模式和保密模式的工具。通过这些模式可定义数据和数据之间的关系，即数据库的逻辑和物理结构。按照语言所提供的功能，数据库语言一般分为三大类，即：数据库定义语言(DDL)、数据库操纵语言(DML)和数据库控制语言(DCL)。参见 database definition language (DDL), database manipulation language (DML), database control language (DCL)。

database-level lock 数据库级锁 多粒度锁之一。数据库级锁是指锁定整个数据库，防止其他任何用户或者事务对锁定的数据库进行访问。这种锁的等级最高，因为它控制整个数据库的操作。数据库级锁是一种非常特殊的锁，它只用于数据库的恢复操作。只要对数据库进行恢复操作，就需要将数据库设置为单用户模式，防止其他用户对该数据库进行各种操作。参见 page-level lock, row-level lock, table-level lock, cluster-level lock。

database layer 数据库层 一种活动目录的体系结构层次，通过将应用程序编程接口提供给目录系统代理(DSA)层来防止对扩展存储引擎(ESE)直接的访问，它可以将活动目录服务的上层与低层的数据库系统隔离开来。参见 directory system agent (DSA), extensible storage engine (ESE)。

database level 数据库级 在层次式数据库中，相邻层次间记录或者段的垂直相关性。

database link 数据库链路 在 Oracle V5.1 版本关系数据库管理系统中为实现分布式查询而引入的技术，主要包括分布式查询、单点事务、多个事务中的多点更新及节点自治等功能，它相应地增加了建立和撤销数据库链路的 SQL(结构化查询语言)语句及对应的数据词典表和视图等。其作用是指定用于连接特定数据库的路径，说明由哪一个 Oracle 用户和用什么口令向该数据库注册。普通用户只能建立自己的专用数据库链路，DBA(数据库管理员)用户建立的公用数据库链路可以由所有用户使用。

database loading 数据库加载 在数据库结构建立，并经过装入试验数据对应用程序进行测试和修改之后，装入实际数据，建立起实际数据库的过程。

database logging 数据库运行记录法 一种数据库恢复方法。用此方法，对数据库文件中各记录的修改也被写入一个数据库运行记录文件中。

database logical structure design 数据库逻辑结构设计 数据库逻辑结构设计的任务就是根据数据库概念结构设计所获得的概念模型，将其直接转换成与某个具体数据库管理系统(DBMS)产品所支持的数据模型相符合的逻辑结构，并能对其进行优化。数据库逻辑结构设计包括具体数据库管理系统所支持的模式和子模式设计。设计逻辑结构应该选择最适于描述和表达相应概念结构的数据模型，然后选择最合适的数据库管理系统。参见 database conceptual structure design。

database machine (DBM) 数据库机 (1)专门用于数据库管理系统的计算机。数据库机是在结构上适用于数据应用的计算机(需要专门软件)。数据库机有时也称“后端机”。(2)也称“数据库计算机”，一种专门用于数据管理的计算机系统。它是硬件、软件和固件的有效组合，这一专用的特定的组合用来执行一个计算机系统中有关数据库管理的部分或全部功能。这里所指的数据库机意味着设计新型的计算机做系统和数据库系统的体系结构。有人还把数据库机划分为有限格式和格式化两类。有限格式数据库主要以字符串形式构成正文信息；格式化数据库具有严格的数据结构，试图支持多种数据模型，如层次、网状、关系数据模型等。(3)一种智能的计算机外部设备，从计算机的角度，这一外设直接执行与数据库有关的任务，把主机从执行这些任务的负担中解脱出来。数据库机可以连接到通过局域网或通道进行应用操作的计算机上。参见 database server。

database machine architecture 数据库机体系结构 用于支持数据库管理系统的计算机的新体系结构。数据库计算机可以由功能方式(即处于软件控制之下)或体系结构方式(计算机体系设计)来确定。第二种情况的数据库机是指设计新的数据库系统的体系结构。它把一些原来由软件执行的管理功能用硬件来实现，把原来由 CPU(中央处理器)包办的数据库操作分散给一些局部的部件来执行或转移到一个与主计算机相连的专用计算机去执行，以利用它们的联想处理和并行处理能力，来提高数据库系统的有效性。数据库机的结构可分为五类：①单处理机间接检索型(用通用处理机作为主机的后端机，利用固件实现数据库处理功能，如智能数据库机 IDM 500)；②单处理机直接检索型(利用专用处理机实现直接检索，采用散列化位阵列技术提高检索效率)；③多处理机直接检索型(采用多处理机组成数据处理系统，直接进行数据处理)；④多处理机间接检索型(将数据从辅存读入缓冲存储器，由多处理机并行处理。这种结构可实现多指令流，多数据流操作，支持关系型数据库系统)；⑤多处理机组合检索型(由具有专门功能的多处理机组合实现，如俄亥俄州立大学的 DBC 数据库机)。

database management (DBM) 数据库管理 关于建立、存储、修改和存取数据库中信息的技术。同时它要对数据库中的数据进行控制，以确保数据的准确性和安全性，而不致遭受破坏或被非法存取。该术语经常用于数据库系统有关领域，包括数据库设计，建立模式以定义数据库的结构和内容，建立子模式以定义用户和应用程序的权限和存取权。

database management software (DBMS) 数据库管理软件 操纵和管理数据库的软件。它提供可直接利用的功能，多个应用程序和用户可以用不同的方法同时或在不同时刻通过数据库管理系统来建立、更新和询问数据库。DBMS 还具有维护数据库中的数据的能力，包括预防和避免错误出现的措施。它还有删除错误和更正错误的能力。

database management system (DBMS) 数据库管理系统 一种操纵和管理数据库的大型软件。它提供多种功能，可使多个应用程序和用户用不同的方法在同一时刻或不同的时刻去建立、修改和查询数据库。其主要功能包括：①数据库定义：定义全局逻辑数据结构(模式)、局部逻辑数据结构(子模式)、存储结构(存储模式)、保密模式以及信息格式等；②数据库管理：包括系统控制、数据存取及更新管理、数据的完整性及安全性控制、并发控制等；③数据库建立和维护：数据库的建立、更新、再组织、结构维护、恢复以及性能监视等；④通信：具备与操作系统的联机的处理、分时系统及远程作业输入的相应接口。DBMS 通常由数据词典、数据描述语言及其编译程序、数据操纵(查询)语言及其编译(或解释)程序、数据库管理例行程序等部分组成。

database manipulation language (DML) 数据库操纵语言 终端用户、应用程序实现对数据库中的数据进行各种操纵的语言。同 data manipulation language (DML)。

database metadata 数据库元数据 在数据库组织中，用于描述文件、数据集和数据收集的元数据。

database model 数据库模型 数据库模型描述了在数据库中结构和操纵数据的方法，模型的结构部分规定了数据如何被描述(如树、表等)；模型的操纵部分规定了数据的添加、删除、显示、维护、打印、查找、选择、排序和更新等操作。数据库模型可分为分层模型、关系模型、网络模型、对象模型等。参见 database schema。

database modeling 数据库建模 在设计数据库时，对现实世界进行分析、抽象、并从中找出内在联系，进而确定数据库的结构，这一过程就称为数据库建模。

database normalization 数据库标准化[规范化] 数据库标准化的目标就是去除冗余数据，避免更新异常，有效组织数据，减少在数据操作期间潜在的不规则和提高数据一致性。标准化有助于得到好的设计，即对真实世界提供高质量的表示。

database normalized designing 数据库规范化设计 指的是在关系数据库中使结构更合理，消除存储异常，减少数据冗余，便于插入、删除和更新，将关系集合转化为满足理想条件的关系集合的过程。规范化设计主要基于规范化理论，利用形式化方法建立起基于主键和函数依赖的关系，对逻辑数据模型进行分解，确保设计的数据模型结构合理。所采用的手段是让数据模型满足不同的规则，以减少不必要的数据冗余，使数据模型具有最小的冗余和最大的稳定性，避免非规范化数据库中的数据更新异常。规范化过程是模型化和设计关系数据库的重要环节。

database objects 数据库对象 数据库对象是数据库的组成部分，常见的有表、视图、规则、索引、触发器、存储过程、用户、别名等。

database operating system utility 数据库操作系统实用程序 面向商用的数据库操作系统的一套实用程序。它用于商业数据处理。常见的程序有排序程序、存储器转储、跟踪、复制、打印和恢复程序等。

database organization 数据库组织 相关数据在存储设备中的物理排列。

database pages 数据库页面 数据库管理系统和操作系统的文件之间传送数据的手段。数据库页面由一个或多个 512 字节大小的磁盘块组成。数据库控制系统(DBCS)在响应运行单位对数据的调用时，总是检索数据库的页面组，而不是单独的页面。

database performance tuning 数据库性能优化 数据库性能优化是在数据库运行维护期内，数据库的性能不能满足要求时，对数据库的性能进行调整优化的过程。数据库性能可以定义为资源的优化使用以及提高吞吐量并减少竞争，从而使得工作负载能够得以最大限度的处理。

database physical structure design 数据库物理结构设计 数据库物理结构设计是为数据库逻辑数据模型选取一个最适合应用环境的物理结构，包括数据存储结构和存取方法。根据数据库管理系统特点和处理的需要，进行物理存储安排，设计索引，形成数据库内模式。数据库物理设计和具体使用的数据库管理系统有关，也和数据库所运行的硬、软件平台有关，目的是尽量合理地给数据库分配物理空间，在具体计算机系统中，设计并实现高效的数据库物理结构。参见 database conceptual structure design, database logical structure design。

database processor 数据库处理机 用于处理数据库管理任务的辅助处理机。

database profile 数据库略图 分布式数据库中的统计描述信息，它包含：①基数，R_i 的元组个数(R

为关系);②长度,R_i 每个属性 A 的长度(字节数);R_i 的长度 size(R_i)是 R_i 所有属性长度之和;③相异值,每个 R_i 中的每个属性 A 可能取值的数目。

database program communication block (DB-PCB) 数据库程序通信块 在某些虚机信息管理系统中的一种程序通信块,它描述应用程序与数据库的接口。对每一个由应用程序存取的逻辑数据库都要求有一个数据库程序通信块。

database protocol 数据库协议 大多数信息存储和查询应用程序都规定了数据库的访问协议。在该协议下,只有主机命令和指定的数据字段,才被允许根据标准的过程在主机和控制器间进行传送。

database query 数据库查询 在数据库系统中,指在数据库中按数据的内容发出提问的查询,或者以主码值、主码索引和聚类索引来进行的查询。

database record 数据库记录 某些信息管理系统中一种数据段的集合,它包括一个某根段类型的段及其按层次顺序排列的所有相关段。它可以小于、等于或大于存取方法所管理的逻辑记录。

database recovery 数据库恢复 在数据库丢失或者被损害后,迅速并准确地把数据库从错误状态恢复到某一已知的正确状态的功能。

database recovery control (DBRC) 数据库恢复控制 在虚存信息管理系统(IMS/VS)中维护数据库恢复和登录控制所需信息的部分,它还可以生成恢复作业、验证恢复输入、维护一个分离的改变日志以及支持多个子系统对 IMS/VS 数据库的共享。

database recreation 数据库重组 对原来的数据库进行重新组织。数据库建立并经长期使用后,其内容不断增加、修改或者删除(有的只是加上删除标记而仍占据存储空间),使系统负荷增大,性能越来越差,空间利用率和检索效率越来越低。为改变这种状态,必须重组数据库。它虽没有建立数据库的工作量大,但代价也相当可观。因此,数据库管理员(DBA)应在系统性能和重组代价之间进行权衡,而决定是否重组数据库。数据库重组也称"数据库维护",它是数据库系统的重要研究课题之一。

database reengineering 数据库再工程 数据库再工程是对已有的系统重新建模以更好的满足应用的要求。再工程化一个数据库系统时可以分成四个阶段来完成:①第一阶段是概念化,涉及到从一个初始的数据库开发一个应用程序的初始概念模式;②第二阶段是转换,涉及到修改或优化初始概念模式;③第三阶段是映射,如果使用的是一个关系数据库系统,可以使用关系映射过程来实现;④第四阶段是数据移植,即把存储在初始数据库中的事实复制到一个新的数据库中。

database reorganization 数据库的再组织 (1)由于数据库环境、需求等方面的变化或性能等方面的原因,对数据库的概念结构、逻辑结构或物理结构所进行的改变。其中,改变概念结构或逻辑结构称为再组织,而改变物理结构称为再格式化。通常,对一个数据库,特别是更新十分频繁的大型数据库,应经常进行再组织和再格式化。(2)在某些虚机信息管理系统中,为优化物理段邻接间距或修改数据库描述而进行卸载和重新加载一个数据库的过程。

database replication 数据库复制 将源数据库中的部分或全部数据复制到一个或多个目的数据库。复制可采用如镜像或影像等多种技术,并可根据所使用的技术、恢复点需求、主备数据库的距离和连接方式等选择使用同步复制、异步复制或在特定时间进行复制工作。当采用远程复制时,该功能可用于灾难备份或其他大型数据库失效情况。

database requirements analysis 数据库需求分析 数据库需求分析是指业务需求的分析以及从最终用户收集信息,分析所定义的业务和系统需求,是对需求收集过程中所收集的业务和数据信息的分析和整理,是在开始数据库设计之前对所收集的需求信息最后一步的评估工作,并且最终用这些信息来设计数据库。数据库需求分析的主要内容有:确定需求类型、分析收集业务需求和系统需求、业务需求的分析确定、系统需求的确定、数据库设计方向的确定、编写先期文档、由不同人员参加的对需求信息收集阶段和需求分析阶段的工作进行评估分析。

database restructuring 数据库重构 当数据库系统在运行中已不能满足用户新的需求时,需要改变数据库的结构,如要增加新的字段,这时便须对数据库重新构造,简称数据库重构。

database results wizard 数据库结果向导 在 FrontPage 中的一个向导,可引导用户在一个页面上建立一个显示从数据库记录中检索到的信息的区域。用户可使用现有的数据库来完成它,也可让向导帮用户完成。

database schema 数据库模式 数据库文件的组织形式或这种组织的说明。数据库模式必须包括说明所有数据库文件名的信息;数据库名、数据库长度及对所有数据库字段的存取权;索引数及类型;任选的交叉文件连接和其他信息。数据库模式支配和决定整个数据库的组织和性能。

database security 数据库安全性 保护数据库中数据不被有意或无意地泄露、更改和丢失的能力,防止未授权人员对数据库数据的不合法使用或破坏的能力,以及保证实现对访问数据库行为的不可否认性的能力。

database security control 数据库安全性控制 主要包括数据库的安全性、完整性、并发控制和恢复。数据库安全性控制常用方法有用户标识和鉴定、访问控制机制、数据库审计、数据加密、数据备份等。

database security policy 数据库安全性策略 数据库的安全性策略是数据库安全性管理子系统判决是否批准或拒绝某一个具体的用户是否有权访问

某一个具体数据库对象的依据。数据库的安全性策略是根据用户需求、安装环境、建立规则和法律等方面的限制来制定的,用于描述访问规则和访问特征的关系。

database segment 数据库段 在数据库系统中,指访问数据库的单位。

database semantic 数据库语义 现有数据库模型基本上属于语法模型,语义体现很不完备,它仅能表示数据的静态性质,并不具有对数据元素及其相互因果关系的解释能力。数据库语义能准确描述现实世界中实体集合及其相互关系,具有语义含义。用户能以基于对现实世界的认识或用类似于自然语言的形式来访问数据库。研究数据库语义的目的是为了更有效地描述及存取数据,帮助决策。要使数据库具有语义含义需要将人工智能技术应用于数据库管理系统(DBMS),并将语义描述信息放进数据库,使数据库系统具有演绎、推理功能。这方面的研究已发展为数据语义学。

database server 数据库服务器 提供数据库服务给其他计算机程序或计算机的一个计算机程序。它在数据库系统中接收对数据库的查询,并对其进行分析,回送结果。这个术语可能也指一台专门运行这个程序的计算机。例如,在客户机/服务器环境中负责数据库存储、访问以及处理的计算机。数据库管理功能由承担服务器功能的计算机完成。

database service 数据库服务 以数据库和计算机为工具的服务机构。通常,按用户的要求进行数据库设计和编制处理程序,对数据库中的数据进行处理,提供用户所需的结果数据。但主要是为用户提供数据库检索服务。

database software 数据库软件 用于数据管理的软件系统,具有信息存储、检索、修改、共享和保护的功能。流行的数据库软件有 Access、Sybase、SQL server、ORACLE 等,它们都属于关系型数据库软件。

database specification 数据库说明 一个对构造系统文件、表格和指示符所需的基本设计数据文档以及存储分配和数据库组织的描述。

database standardization 数据库标准化 数据库系统研究的重要课题之一。它研究各种(层次、网状、关系数据模型)数据库系统之间的转换和适应分布式数据库系统中多种模型共存的需要,而提出的一些方便用户使用的标准和用户接口,以使系统更加统一和通用。在这方面引人注目的是国际标准化组织(ISO)的"开放系统互连"标准。参见 open system interconnection (OSI)。

database status utility 数据库状态实用程序 用来检查数据库内容并给出相关回答信息的一种程序。回答信息包括数据库长度、索引和组织。有些实用程序还包括修改上述信息的工具,索引可以增删,整个文件系统可以重新组织或撤销。

database structure 数据库结构 在数据库中的头部信息,包含各定义的字段的名字、类型和宽度。

database subschema 数据库子模式 某一个或几个应用所用到的数据库模式的一个子集。

database surveyor utility feature 数据库检查实用程序 一个实用程序,用它扫描某些信息管理系统数据库并提供报告以确定该数据库是否需要重组的必要性。

database system (DBS) 数据库系统 (1)一种计算机系统,它不仅是指数据库(DB)本身,也不仅是指数据库管理系统(DBMS),而是指计算机系统中引进数据库后的系统构成。通常,数据库系统可视为由人(各类用户、数据库管理员)、计算机系统、数据库管理系统(DBMS)、数据库及其描述机构等组成的一个高效能的信息处理系统;(2)数据库系统有时也指含有数据库的信息系统,通常称后者为数据库应用系统。

database system lifecycle 数据库系统生命周期 一个数据库系统的生命周期,是指数据库应用系统从开始规划到最后被新的系统取代而停止使用的整个生存期。对数据库系统生命周期的阶段划分尚无统一的标准。一般分成六个阶段:需求分析、概念设计、逻辑设计、物理设计、实现和运行维护阶段。

database task group (DBTG) 数据库任务组 美国数据系统语言会议(CODASYL)下属的一个组织。它提出了一组关于数据库的语言规范,即数据库描述语言(DDL)和数据库操纵语言(DML)的形式和标准。该组织对数据库系统的发展起了很大的推动作用。

database task group (DBTG) system 数据库任务组系统 简称"DBTG 系统",一种典型的网状数据库系统,它由 CODASYL(数据系统语言会议)下属的数据库任务组(DBTG)提出。DBTG 系统只是网状数据库系统中的一种,并非所有网状系统都是 DBTG 模型。DBTG 系统只是一种系统方案,不是实际机器的数据库系统,但是它所提出的基本概念具有普遍意义,并对网状数据库系统的研制和发展起了重大作用。

database teat file 数据库备注文件 数据库系统中的一种辅助文件,用来存放数据库文件中的备注字段的实际内容。

database tuning 数据库调优 在数据库运行维护期内,对数据库的性能进行调整优化的过程。由于在数据库的整个生命周期中开发周期比较短,不可能对业务需求、使用特性、数据规模等有完全正确的理解与掌握,再加上运行期内业务的变化,因此,在运行期内可能会出现性能问题,需要对数据库的性能进行优化。数据库优化的目标是通过最大限度地降低网络通信、减少磁盘 I/O 和 CPU 时间,使所有用户的请求都可以在规定的时间内得到响应。

database user **数据库用户** 数据库的使用者。按用户的使用级别，可将数据库用户分为三类：①初级用户，只使用数据库，如查询、调用库中某些数据，这类用户人数最多，约占用户总数的 70%以上；②中级用户，不仅需要使用，而且需要管理数据库，如修改、扩充、删除各类数据，这类用户约占 20%；③高级用户，不仅需要使用和管理数据库，而且需要建立和维护数据库，这些用户只占很小比例，但很重要，而且他们大多是计算机软件专业人员。

database utility **数据库实用程序** 一个安装、开发或维护整个数据库的程序，如装入、卸载、重组、重构、一致性检查、统计等。

database workload **数据库工作负荷** (1)在数据库运行时计算机内各部分的工作负荷。其中包括：运行时间、不同指令运行时间(空运行、I/O 页面)、等待时间、任务状态时间、事务处理响应时间、数据库存取时间、页面 I/O 速率、磁盘及磁带通道和磁盘及磁带设备的忙碌时间等参数。可以用仿真技术测量这些参数。(2)在仿真技术中测试相关数据库运行时的计算机各部分的工作负荷。包括运行时间、等待时间、任务状态时间、事务处理响应时间、数据库存取时间、页面输入输出速率和磁带、磁盘的通道忙碌时间以及设备忙碌时间等参数。

data bits **数据位** 表示正在传送的实际二进制数据。在许多场合，字符长度取 8 位，首先被发送或接收的是最低位。

DataBlade **数据刀片** 数据刀片一词是在 Informix 数据库技术中出现的，将处理分散数据集的机制称为数据刀片。在坚实外壳中，数据可提供生成内容、管理 Web 站点和为不同的数据模块安排应用程序，可使网络开发者开发出搜索各种数据源的应用程序，不仅可以是存储于 RDBMS(关系型数据库管理系统)内的数据，而且可以是各种数据库中的数据，它可将结果加入到可远程访问的 Web 主页中。数据刀片含有规定数据类型、数据行为和访问方法的用户确定的数据定义。因此任何可以严格定义的数据类型都是专用数据刀片的可选对象。数据刀片可视为第三代 Web 站点启动器。第三代 Web 站点是那些通常不与 RDBMS 技术相关的与丰富的数据类型能真正实现交互作用的 Web 站点。其启动机理正是这些数据刀片。

data block (DBLK) **数据块** 一组记录或几组按序编排在一起的记录。将在主存储器与输入输出设备之间的数据块作为一个数据单位进行传送。

D. A. T. A. Books: Microcomputer Systems **《微计算机系统手册》** 美国刊物，于 1981 年创刊，每年 2 期。由 D. A. T. A. 公司出版。列表提供微机的型号、规格、性能、特性等数据资料。

data break **数据间断通道** 一种使外部通信设备或外围设备能直接存取主存储器的自动输入输出通道。利用此通道传送数据时不会打乱计算机的执行程序。参见 direct memory access。

data buffer **数据缓冲器** 也称“缓冲存储器”。在数据传输过程中，用来弥补两个不同设备在数据处理或传送速度上的不同，从而实现两者同步所使用的一种存储器。

data buffering **数据缓冲** 数据缓冲可使计算机及其外围设备在不同速率下工作，而不至于产生相互牵制作用。由于计算机的操作速率超过它的输入和输出设备，为了避免计算机等待输入/输出作业现象的发生，数据就被“缓冲”存放在控制器、多工器、终端机或打印机等暂时设备内。参见 external buffer, internal buffer, statistical multiplexer。

data buffer method **数据缓冲法** 为了协调信源提供数据与信宿使用数据之间瞬时工作速率的差异，在数据传输或处理的过程中所设置的暂存数据的设备或手段。在不同的实际应用系统中，对于不同的需要，数据缓冲可采取不同的方案，数据缓冲器的容量大小因具体使用要求的不同而有较大的差异。

data buffer register **数据缓冲寄存器** 中央处理器(CPU)内设置的一个暂存单元或外围设备中能以不同的输入/输出速率接收或传送数据的寄存器，起数据缓冲的作用。数据缓冲寄存器通常设置于计算机与速率较慢的外围设备之间，使数据能以通信双方所允许的输入/输出的速率流动。

data bus (DB) **数据总线** 中央处理器与存储器、外设之间传送数据、指令和状态的公共数据通路。

data bus components **数据总线成分** 典型系统的数据总线由三组信号总线组成，它们是：数据总线、定时总线和控制总线。

data bus enable **数据总线启动(信号)** 一种用来接通微处理机数据总线的三态输入信号。该信号处于高电平状态时，它将启动总线驱动器，接通数据总线，准备接收并传送数据。在有些系统中，该输入信号通常是 TTL(晶体管-晶体管逻辑)兼容信号。正常操作时，它由双相时钟中的 Φ2 驱动。在中央处理器读周期，当数据总线驱动器内部阻断时，若希望另一设备控制数据总线，则该输入信号保持低电平状态。

data call queueing standby **数据调用排队等待** 一种专用自动交换分机(PABX)性质，它把数据调用者置于一个“等待”队列中，等候共享设施(如计算机端口和调制解调器集群)的处理。

data capsule **数据包** 一种程序模块。它包括数据及其管理的一系列过程。外部程序只能通过这些过程才能存取数据包中的数据。

data capture **数据获取** 为进行处理而收集或获得数据的方法。获取数据的方法除了通过键盘直接输入外，还有光符识别、条码识别器和数字化扫描仪等。

data carrier 数据载体 也称“数据记录媒体”。用来传送、运载数据或信息的媒体，如计算机系统中的磁盘以及数据通信中的载波等均称为数据载体。在大多数情况下，数据的传送与读取数据的设备无关。

data carrier detect (DCD) 数据载波[体]检测 串行通信中使用的一个信号，由调制解调器发送到其计算机中表示它已经联机并准备好传输数据，DCD是通过 RS-232-C 连接器上的 8 号线发送的硬件信号，也称“接收的线路信号检测(RLSD)”。参见 received line signal detector (RLSD)，RS-232-C standard。

data carrier storage 数据载体存储器 泛指存储媒体位于计算机之外的任何类型的存储器，如磁带和软盘等。

data cassette 数据卡型盒式磁带机 使用卡型盒式磁带的一种小型数字磁带机。它由卡型盒式录音机改装而成。

data cell 数据单元 一个存储有数据的盒式磁带的直接存取存储卷。

data center 数据中心 主要为采集、分析、处理、存储、检索和传播一种或多种数据而建立的组织。

data center recovery 数据中心恢复 用于在替代站点对数据中心服务和计算机处理能力进行重置的灾难恢复组件。

data chaining 数据链接 (1)在 SDLC(同步数据链路控制)规程的数据传输中，把分散的各存储数据段链接在一起组成一个完整的 SDLC 帧。(2)一种链接技术，其中记录的各部分存储在不相邻的存储区中，但由于每一个记录都具有调出下一个记录的能力，从而可以查到整个数据。

data channel (D channel) 数据通道[信道] (1)连接处理器和存储器及输入输出控制器的一种设备。(2)计算机主存储器和输入输出设备之间的双向数据通路。它使一个或多个输入输出操作与计算操作同时进行。(3)在 ISDN(综合业务数字网)中用于控制信号和客户数据的数据信道，简称“D 信道”。在基本速率的 ISDN 中，D 信道工作在 16 kbps，在主速率的 ISDN 中，它工作在 64 kbps。D 信道使用 LAP-D(链路访问规程 D)协议。

data channel controller 数据通道控制器 对数据通道的工作状态、工作方式进行监视控制的设备。它管理通道请求、交换周期、通道排序、传输启停等操作，包括通道同步电路、通道请求管理电路、选通电路等部分。

data channel cycle stealing 数据通道周期窃用 在中央处理器执行程序期间，为执行一次 DMA(直接存储器存取)传输而暂停对数据通道控制的一个存取或指令周期，此周期被 DMA 设备挪用来进行一次数据读写操作，而中央处理器此时正在解释执行已获取的指令。待 DMA 传输结束后，中央处理器又恢复对数据通道的控制。

data channel mode 数据通道模式 在计算机主内存及输入输出设备之间进行的双向数据通路以完成数据传输的一种方法。它可使一个或多个输入/输出操作及计算操作同时进行，以达到数据的高速传送。

data channel multiplexer 数据通道多路复用器 一种用于扩充计算机中断系统能力的多路复用器，它通过存储缓冲寄存器，使大量的输入输出设备与主存储器直接交换数据。多路复用器根据预先安排的优先级能同时为多个中断请求服务。

data character 数据字符 包括主要用于数据链路中终端之间和/或计算机之间的字母-数字信息的字符。

data check 数据检测[查] (1)用于数据品质或数据完整性检验的一种操作。(2)由无效数据或数据定位错误引起的状态是同步还是异步的指示。某些数据检查可以被禁止。(3)在数据处理前，数据受到多次检查以查出无效数据的过程。

data chip 数据芯片 一种微处理机芯片组。在某些微处理机系统中，它含有数据通路、逻辑电路、运算器(ALU)、处理机状态位及寄存器。有些系统的寄存器又包括通用寄存器和指令寄存器。有些微处理机的数据芯片可通过总线输入指令、数据和地址。

data circuit 数据电路 收发双方的数据终端之间的通路，它是双向通信的一种媒介。

data circuit switching system 数据电路转接系统 在数据通信中，接到呼叫用户的拨号信息之后，为用户寻找一条空闲的信道并建立用户之间连接的设备。

data circuit terminating equipment (DCE) 数据电路终端设备 位于数据终端设备与传输线路之间，提供信号变换和编码功能的部分。这种设备一般设置在用户所需地点，可以是别的单元的一部分，也可以是整个装置。在一般使用时，该术语(即 DCE)和调制解调器同义。

data circuit terminating equipment (DCE) waiting 数据电路终端设备等待 一种位于 DCE(数据电路终端设备)接口的调用控制信号，它表明在建立、调用的过程中 DCE 在等待下一事件的出现。

data circuit transparency 数据电路透明性 数据电路传输所有的数据而不改变数据内容或结构的能力。

data class of service 业务的数据种类 一种使通信管理员得以通过控制数据设施、装置和功能的接入来定制业务的专用自动交换分机(PABX)功能。

data clause 数据子句 数据库管理系统中子模式记录节中的一种子句。它提供描述数据项的特定属性信息。

data cleansing 数据清洗 数据清洗是探测和去除和/或修正数据库来增加数据精确性的过程，减少冗余和提高已经结合了分散数据库的不同数据集的一致性。数据清洗软件可使用算法、规则和查询表来清洗数据库数据。

data/clock separator 数据/时钟分离器 在采用自同步记录方式的数字磁记录读出信道中，把原始读出信息所包含的数据信息和时钟信息分离出来的电路。

D

data code 数据(代)码 (1)在数据通信中的一组规则和约定，表示数据的信号应按照这些规则和约定进行构成、传输、接收和处理。(2)应用于输入到计算机中数据的编码系统，如ASCII(美国信息交换标准代码)和EBCDIC(扩充的二进制编码的十进制交换代码)。

data-code conversion 数据代码转换 将字母、数字、数据翻译成计算机可接受的某种形式，通常在数据的输入期间由计算机自动完成。

data coding 数据编码 数据编码是指把需要加工处理的数据信息，根据一定数据结构和目标的定性特征，将数据转换为代码或编码字符，在数据传输中表示数据组成，并作为传送、接收和处理的一组规则和约定。在进行数据编码时应遵循系统性、标准性、实用性、扩充性和效率性。几种常见的数据编码方案有：单极性码、极性码、双极性码、归零码、不归零码、双相码、曼彻斯特编码、差分曼彻斯特编码、多电平编码等。

data coding of resource information 资源信息数据编码 在资源信息数据分类的基础之上，根据信息处理、应用需要而设计的，并按科学原理和一定的规则赋以代码。

data-coding system 数据编码系统 一种给数据一一对应地记之以相应号码的系统。

data collection 数据收集 (1)将时间上或空间上分散的数据源的数据加以集中的过程。(2)一种集中数据的能力。它将指定一组地址的少量数据集中起来，在网络中装配成一个报文，再发送给另一指定的地址。(3)收集数据的一种应用，它将几个地点的数据集中到一个位置(队列或文件中)，然后进行加工处理。(4)意思与数据获取很相近，通常指在事件或事务活动发生的同时对数据的获取，例如在飞机座位预订、仓库中的自动库存控制、结账点处的零售终端营业等场合。这类系统常常需要有终端网络，该网络由适当的通信线路把许多远程终端和中央计算机连接起来。工厂使用的数据记录仪也属于这样的情况，它向中央计算机发送生产数据。参见 data capture。

data collection and analysis 数据收集和分析 用处理机/控制器系统将过程数据收集起来进行数学分析的过程，即将现有的性能指标与以前获得的性能指标进行比较，并将结果打印出来，供过程分析和管理评价使用。

data collection station 数据收集站 用来将数据输入数据处理系统的用户终端。

data collection system 数据收集系统 将数据收集站收集的数据直接输入计算机的系统。

data collision 数据冲突[争用] (1)数据传输系统中，在任何给定的时间内只能处理一个请求的设备上，出现了同时有两个或两个以上的请求的情形。(2)在计算机中同时出现了两个不同的数据项企图使用同一个存储地址的情况。

data communication (DC) 数据通信 数据通信是通信技术和计算机技术相结合而产生的一种新的通信方式。要在两地间传输信息必须有传输信道，根据传输媒体的不同，有有线数据通信与无线数据通信之分。但它们都是通过传输信道将数据终端与计算机连接起来，而使不同地点的数据终端实现软、硬件和信息资源的共享。数据通信的传输手段有电缆通信、光纤通信、微波中继通信、移动通信、卫星通信等。

data communication adapter 数据通信适配器 也称"通信适配器"或"网络适配器"。是工作在数据链路层的网络组件，是局域网中连接计算机和传输介质的接口，不仅能实现与局域网传输介质之间的物理连接和电信号匹配，还涉及帧的发送与接收、帧的封装与拆封、介质访问控制、数据的编码与解码以及数据缓存的功能等。参见 communication adapter。

data communication channel (DCC) 数据通信通道 在数据通信系统中，连接两点或两点以上的信息通路。一个数据通信通道可以是一个物理媒体，也可以是多个物理媒体连接而成。

data communication control unit 数据通信控制器 一种控制设备。用于检查中央终端设备缓冲器中的信息，并将这些信息传送给中央处理器。

data communication equipment (DCE) 数据通信设备 连接到网络上的计算设备的统称。(1)一种提供建立、保持和释放某一个连接的功能以及实现数据终端设备(DTE)和数据线路之间通信所需的信号交换和编码的中间设备。它在输入信号传到最终设备之前按某种方式变换输入的信号。例如，外接调制解调器是一种DCE，它从微机接收数据并调制，然后通过连线传送数据。在通信中，RS-232-C DEC设备通过针2接收数据并通过针3传送数据。比较DTE。参见RS-232-C。(2)一种用于数据通信的设备。它至少包括五个部分：发送器即信息源、报文、二进制串行接口、通信信道或线路、接收器。

data communication exchange 数据通信交换机 在数据通信网络中，完成数据传输交换的设备，能对多个数据信道执行数据发送、接收或转发等功能。

data communication freedom 数据通信自由化 将

通信线路与计算机连接,实现信息处理服务的普遍开放,任何人都可以自由地相互进行数据通信和消息交换。

data communication function (DCF)　数据通信功能　数据通信功能由 TMN(电信管理网)功能块使用并用于交换信息。DCF 的主要作用是提供信息传输机制,也可以提供路由选择、中继和互通功能。DCF 配备 OSI(开放系统互连)参考模型的 1 ～ 3 层的功能。DCF 可以由不同类型子网的通信能力支持。这些子网包括 X. 25 分组交换网络、MAN(城域网)、WAN(广域网)、LAN(局域网)、7 号信令网或 SDH(同步数字系列)的嵌入型通信信道。对应不同的子网、需要的 DCF 的传输能力不同。当不同的子网互连时,有时需要将互通功能包含在 DCF 之中。参见 telecommunications management network (TMN)。

data communication hardware/software　数据通信硬件和软件　数据通信中使用的标准单元。硬件包括各种终端、调制解调器和多路转换器。软件是编码过程中引入的各种概念,其中包括数据和控制字符、奇偶校验、波特率、同步和异步、数字和模拟、双工、半双工和全双工以及其他传输概念。

data communication interface　数据通信接口　分为低速数据通信接口和高速数据通信接口。所谓高速数据通信接口通常是指准同步数字系列(PDH)接口和同步数字系列(SDH)接口,用于远距离中继数据传输。这类接口是由 ITU-T(国际电信联盟-电信标准化部门)建议 G 系列标准所规范。低速数据通信接口主要是指用于 DTE(数据终端设备)与 DCE(数据电路终端设备)之间的互连通信接口,这类接口标准主要由国际电信联盟-电信标准化部门(ITU-T)、美国电子工业协会(EIA)及国际标准化组织(ISO)所规范。ITU-T 又将这类接口分为适用于公共电话交换网的 V 系列接口标准和适用于公共数据网的 X 系列接口标准。EIA(美国电子工业协会)的这类接口标准称为 RS 系列标准,基本上遵循 ITU-T 建议的 V 系列接口和 X 系列接口的规定。而 ISO 制定相关接口并不多,其标准主要是针对 ITU-T 系列接口,制定了一系列 DTE-DCE 接口间的相关规程和物理连接器标准。

data communication interface cards　数据通信接口卡　专为数据传输而设计的接口卡。在个人计算机系统中,数据通信卡一般指串行异步通信接口卡。在集成度越来越高的情况下,许多计算机系统已将它的功能集成到主机的主板上。

data communication monitor　数据通信监控程序　数据通信中控制应用的程序。它不仅与所选择的远程通信访问法程序接口,而且也与文件存取程序、数据库管理系统、远程终端、前端处理机及操作系统接口。它具有与网络协议相适应的线路控制功能。

data communication multiplexer (DCM)　数据通信多路复用器　一种能为多个高速数据通信信道服务的设备。参见 data channel multiplexer。

data communication network (DCN)　数据通信网(络)　由分布在各处的数据终端、数据传输设备、数字交换设备和数字通信线路构成的系统。它使任一用户都能与网中的其他用户进行数据通信,数据通信网一般都与计算机结合起来,并由计算机完成数据的处理、存储等操作。就所用的交换设备和线路而言,公用数据通信网可利用公用电话交换网构成,也可利用公用用户电报交换网或独立的数据网构成。就其管理方式而言,它有集中式和非集中式两种。数据通信网的业务范围有信息交换、数据收集和分配、询问应答、远程批量处理、时分会议电话及遥控等。

data communication network architecture (DCNA)　数据通信网络体系结构　一种多机种计算机网络结构。它是由日本电报和电话公司(NTT)以及四个日本计算机和通信制造厂(日本电气、日立、富士及冲电气工业公司)于 1977 年共同研制并发布的。它具有以下特点:①其网络由不同类型的计算机、通信控制处理机、终端以及通信电路等组成;②可以利用各种远程通信工具进行通信;③具有 X. 25 支持的数据传送功能;④规定了高级协议,以便不同类型的计算机可以共同使用各种网络资源,这些协议包含计算机使用的基本功能。

data communication package　数据通信软件包　使用户能从通信线路中发送和接收数据的软件。

data communication processor　数据通信处理机　一类专用计算机,用来控制主机和通信信道终端之间的信息流量。它可以起集中器、交换处理和编排数据的作用。

data communication protocol　数据通信协议　在数据通信网中,为使计算机与终端间能正确传送信息,必须有一套关于信息传输顺序、信息格式和信息内容等的约定。这套约定就称为数据通信协议。协议用于建立和释放连接、识别发送站和接收站,保证信息完整性以及区分和管理文本、程序和控制字等。

data communication services　数据通信业务　通过因特网、帧中继、ATM(异步传输模式)、X. 25 分组交换网、DDN(数字数据网)等网络提供的各类数据传送业务。根据管理的需要,数据通信业务分为两类。第一类数据通信业务包括:因特网数据传送业务、国际数据通信业务、公众电报和用户电报业务;第二类数据通信业务包括:固定网国内数据传送业务、无线数据传送业务。

data communication session　数据通信会话　一种用户和系统活动的受控序列,其目的是使在一个或多个源用户处的数字用户信息被发送到一个或多个目的用户处,一对用户之间的常规数据通信会话包括：①存取功能；②用户信息传送功能；③每个用户的分离功能。数据通信会话由数据通信会话说明定义。

data communication session profile 数据通信会话说明 用户/系统接口信号的精确序列，数据通信业务借此以一个典型的（成功的）例子得到说明。完整的数据会话说明还应包括对于一组特定用户的任何可能的阻塞（服务拒绝）序列。

data communication station 数据通信站 (1)数据通信中，实现与远程计算机通信的站点。它可能是一台通信处理机，同时连接几个终端用户，使得终端用户通过它可以和远端计算机通信。数据通信站除能进行通信外，还能作为一台独立的处理机对数据进行处理。(2)一种应用很广的通用远程数据终端。它可以直接地或以联机方式与其他数据站通信。各个分局、仓库、远程站点以至工厂或任何前沿数据站均可以通过该站与本地中央计算机通信。数据通信站一般由小型机或微型机组成。它还可用于各种脱机工作，如数据准备和编辑等。

D

data communication structure 数据通信结构 数据通信系统的组织形式。一般包括计算机、终端设备、二进制串行接口和数据通信接口。

data communication subsystem 数据通信子系统 经通信线路传输数据的数据系统的一部分。该子系统由站、调制解调器、通信线路和通信控制器组成。

data communication system 数据通信系统 一组在两个或多个最终用户之间提供数据通信的传输设施和相关的交换机、数据终端和协议，其目的是传输、收集和分配数据。数据通信系统包括所有参与最终用户间的信息传输的功能性的和物理的成分，与最终用户接口的是数据终端或者计算机操作系统，计算机操作系统通常被用作请求数据通信业务的应用程序的第一个接触点。

data communication terminal 数据通信终端 一种终端设备。一般由计算机输入输出设备和数据通信设备组成，通常还包括小型机或微型机。它的用途很广，各种远程通信点可以通过数据站和中心计算机直接通信。它具有与主计算机交换数据的能力，还有连接数据通信线路的通信控制能力，以及具备一定的数据处理能力。参见 data communication station。

data compact technology 数据压缩技术 对含有大量数据的图像和声音这类多媒体信息的压缩处理技术。它是多媒体技术能否得以实现的关键所在。以 1 MB 的存储空间为例，如用于存音频光碟质量的音响信息只能播放 6 秒或只够存储一张 640×480 分辨率、每个像素 24 位的彩色照片。因此，为了高效地进行多媒体数据的编辑加工，从存储容量和数据传输率两方面考虑，必须采用数据压缩技术。数据压缩不仅与计算机有关，还涉及通信和电视，因此多媒体的标准化至关重要。

data compatibility 数据兼容[互换]性 在记录介质可卸的数字磁记录系统、光记录系统或其他信息存储系统中，某一台设备在介质上记录的信息可以在其他同类设备上正确无误地读出的特性。

data compression 数据压缩 为在给定的存储空间内增加存储的数据量或对给定的数据量减少存储空间而采用的一系列专门技术。这些技术包括消除间隔、空段、冗余度或不必要的数据等。例如，以定义域存储数据时，每个记录中的各个数据项都将占用相同数目的字节，这样，大量的空间就被浪费了。对数据的实际内容进行分析后，像空字串可用一个码来代替，这样就省出了一些空间。在使用压缩后的数据时，必须对它先解压缩，才能调入计算机中进行处理。

data concentration 数据集中 在某个中间点上收集来自几条低速和中速线路的数据，并通过高速线路重新发送出去的过程。

data concentration formatting 数据集中格式化 数据集中的主要问题是数据格式化，如对原始数据进行 ASCII（美国信息交换标准代码）格式化后传送给主计算机。数字数据可以装配成每位数字 4 位和每个字节 2 位数字。利用这种装配方式，可以大大提高存储器利用率。处理十六进制信息的系统可以充分利用这种压缩数据格式。

data concentrator 数据集中(分配)器 一种数据传输系统中的支持多个远程终端的设备。它能将多路低速输入数据集中成一路中速或高速数据输出，也能将一路中速或高速输入数据分配输出到各低速终端设备。它支持多个远程终端。

data conferencing network 数据会议网 一种终端设备。在一组网络用户中，一个用户发送报文时其他用户就能收到同一报文。

data confidentiality 数据机密性 数据不被非授权泄露或可信赖的状态。

data connection 数据连接 利用串行交换数据线路的互连使两个数据终端设备之间能进行数据传输的过程。

data connector 数据连接器 用来连接用户的调制解调器或数传机，也可以是普通电话网的一种设备。它提供网络控制和信号功能。

data constraint 数据约束 数据约束描述数据结构内部数据间的语法和语义关联，包括相互制约与依存关系以及数据动态变化规则。数据约束既刻画了数据静态特征也表示了数据动态行为规则。常见的数据约束类型有键、单值约束、参照完整性约束、域约束及其他常规约束等。数据约束提供了一种用于保证数据的完整性、准确性和有效性的机制。

data contamination 数据污染 数据污染在某种意义上可以看作一种信息污染，它是一种失实信息。

data control block (DCB) **数据控制块** 在操作系统中，为了管理数据的输入输出而设置的数据块。这种数据块应当包含三种信息：①数据属性，如记录长度、记录形式和数据块大小；②处理说明，如缓冲存储器的构成及处理方法；③入口信息，这是对特定输入输出条件下的程序而言的。

data control department **数据控制部门** 负责收集数据，以批处理方式输入计算机并负责发布最终报告的部门。

data control group **数据控制小组** 在会计部门或其他部门负责提供由计算机处理的全部数据，并负责接收计算机产生的所有结果的一组工作人员。这个小组必须核实要处理的问题是否达到满意的结果，还应负责核实输出和各项登记是否和原始信息相一致。只有征得控制小组的同意，数据才能进出机器，而且对数据又有充分的检查，所以很少出错。

data control language (DCL) **数据控制语言** 在数据库中，控制数据访问的一系列 SQL(结构化查询语言)语句。数据控制语言的目标是管理用户对数据库对象的访问。DCL 是由三个用来管理特定数据库上的用户与角色的安全权限级别的命令组成的：①GRANT 命令授予用户或角色的权限集合；②DENY 命令显式地限制一个权限集合；③REVOKE 命令用于撤销一个对象上的权限集合。

data conversion **数据转换** 将数据从一种表示形式变为另一种表示形式或将一种记录媒体上的数据转换到另一种记录媒体上去的过程。

data converter **数据转换器** 一种用来转换数据的设备，如模拟数字转换器和数字模拟转换器。前者将模拟数据转换为数字数据；后者将数字数据转换为模拟数据。数据转换器一般采用混合集成电路或单片集成电路的形式。

data corruption **数据损坏** 数据完整性的一种有意识或无意识的破坏。

data count field (DCF) **数据计数字段** 在 SNA(系统网络体系结构)中，对 BIU(基本信息单元)内或与 TH(传输标题)连在一起的 BIU 段内字节数目进行计数的二进制字段。

data country code (DCC) **数据国家码** 公用数据网国际编号计划中国际 X.121 建议格式的一个组成部分，它是一个 3 位数字的代码，对每个国家唯一。

data coupling **数据耦合** 数据耦合指两个模块之间有调用关系，一个模块访问另一个模块时，彼此之间是通过简单数据参数(不是控制参数、公共数据结构或外部变量)来交换输入、输出信息。参见 module coupling。

data cubes **数据立方体** 数据立方体是一类多维矩阵，让用户从多个角度探索和分析数据集，通常是一次同时考虑三个因素(维度)。但是数据立方体不局限于三个维度。大多数在线分析处理(OLAP)系统能用很多个维度构建数据立方体，如微软的 SQL Server 2000 Analysis Services 工具允许维度数高达 64 个(虽然在空间或几何范畴想像更高维度的实体还是个问题)。从结构角度看，数据立方体由两个单元构成：维度和测度。测度就是实际的数据值。

data declaration **数据说明** (1)一种不可执行的语句。它描述待操作数据的特性。(2)在程序中用于说明变量特征的语句，大多数程序设计语言允许指明变量的名称及数据类型，还可以指定变量的初值。数组说明通常除需有名称及类型外，还要指定数组的大小。记录的说明必须指定记录中的元素。在某些语言中，所有的变量都必须说明，而某些语言则只需说明类型或者不需要说明。参见 array，data type，record，variable。

data definition **数据定义** (1)一种程序语句，用来描述数据的特性，确定数据相互关系或建立数据的前后联系。(2)描述一个字段、记录或文件的内容和特征的信息。数据定义可以包含诸如字段名、长度、位置和数据类型等细节。参见 field definition，file definition，format definition。(3)也称“数据说明”或“数据描述”，在文件管理系统和数据库管理系统中，描述记录结构的过程。(4)在 C 语言中的描述数据对象的一个定义，为数据对象保留存储空间并能为数据对象提供一个初始值，数据定义出现在函数的外部或者在块语句的开头。

data definition language (DDL) **数据定义语言** 在数据库环境中，用来定义数据存放和管理方式的一种语言。DDL 规定数据库所有属性和特征，尤其是记录布局、字段定义、关键字段、文件定位以及存储策略等。同 data description language (DDL)。

data definition name **数据定义名字** 在程序的数据控制块中出现的名字，它与数据定义语句的名字栏相对应。

data definition statement **数据定义语句** 一种作业控制语句，描述与一特定作业步有关的数据集。

data delay **数据延迟** (1)与另一过程执行之前的信息等待周期有关的测量时间。(2)由于数据本身的原因所引起的时间延迟，如数据误差、不适当的数据简化、测量误差、数据出错、穿孔错误等。

data delimiter **数据定界[义]符** (1)用来分隔和组织数据项的标记。(2)用来分隔或组织计算机程序单元或数据元的一串或一串以上的字符，如括号、空白符、运算符、if、“BEGIN”等。(3)按输入行对字或数值进行分组或分隔的字符。(4)在 PL/1 语句中，所有的运算符、注释及百分号(%)、括号、逗号、句点、分号、赋值号和空白符都是数据定义符。它们用来规定标识符、常数、图像说明和关键字的界限。(5)通常为一个标志字符，它标记一个序列串、一些二进制位或字符的结束或边界，它并不是字符串的组成部分，其中第一个或最后一个除外。

在大多数情况下，每一计算中均有自己的专用的数据模式，这些专用的数据模式被用作标志符、报文结束信号等。

data density 数据密度 在某种记录媒体上，每个度量单位上所含数据的字节数，如每英寸字节数(B/in)。

data dependence graph 数据依赖[相关]图 用数据流语言表示程序的一种图，其中每个节点都代表一种功能，每条弧线都代表某一个数值。

D

data dependency 数据相关[依赖]性 (1)相邻指令执行过程中影响彼此间数据结果正确性的程度。在流水线处理机中，在不同功能部件执行的指令，由于各执行部件、读写线路等的执行时间相差较大，可能先发出的指令未能先得到操作结果，导致前条指令读出的单元还未读出就被后条的写指令修改，引起前条指令读出错误。流水线计算机采用软件或硬件手段能克服数据相关性的出现。对指令进行解释时，若第 $k+1$ 条指令的操作数地址 i 正好是第 k 条指令存放运算结果的地址。这在顺序解释时，不会出错；但在进行重叠解释时，由于分析第 $k+1$ 条指令与执行第 k 条指令重叠，因而在分析第 $k+1$ 条指令时，从 i 单元取出的内容是在执行第 k 条指令存进运算结果前的原存内容，而不是应有的第 k 条指令的运算结果，则会出现错误。这种情况称为数据相关。(2)关系数据库中用来表示数据间的相互关系的概念。它是通过一个关系中数据间值的相等与否，亦即是否满足一定的约束条件而反映出来的。数据依赖是现实世界属性间相互联系的抽象，是数据内在性质和数据语义的体现，也是数据库模式设计的关键。数据依赖主要有函数依赖和多值依赖等。

data description 数据描述 (1)在 COBOL 语言数据部分中，用以描述一个具体的数据项属性的那一部分统称为数据描述。它借助于层次编号、数据名字以及描述数据项的一组独立的子句来描述数据项的属性。(2)对一个非自我描述的数据对象，指的是描述数据使其能被处理的数据对象的成分。

data description language (DDL) 数据描述语言 在数据库系统中，指用于描述数据库中数据的结构和格式、数据单位间的相互关系以及数据存取方法的语言。它是数据库管理系统的一部分，是应用程序员和数据管理员用于描述数据的模式、子模式和存储模式的工具。依据描述的模式不同，可分为模式数据描述语言、子模式数据描述语言和物理数据描述语言。同 data definition language。

data description specifications (DDS) 数据描述说明书 对以某种固定格式语法输入系统的用户数据库或设备文件的一种描述。这种描述可用于生成各种文件。

data descriptor 数据描述符 一种用来描述数据的标识符。它指出该数据在存储区中的位置、所占用的连续单元数等。

data design 数据设计 在解题前，对计算机存储器的布局、存储单元的分配及数据输入输出格式的安排。数据设计必须与流程图、程序和其他图表密切配合，以便规定解题过程。

data dictionary (DD) 数据词典 (1)以一种准确的、无歧义性的描述方式，为软件系统的分析、设计及维护提供有关元素的定义和描述。数据词典通常从数据项、数据结构、数据流、数据存储和基本加工等五个方面来进行数据的表述，是对系统中数据的详尽描述，是各类数据属性的清单。(2)一种数据分类图解表，包括数据定义、数据名称、数据特征以及数据相互间的关系等。这些对组建数据库很重要。制作该表是为了克服各部分中易出现的不同数据名称的识别问题。该表为程序员明确规定了定义数据的方法，限定他们使用词典中定义的数据名称。(3)数据库中的一个特殊的数据库。它所包含的是"关于数据的数据"，亦即有关数据库系统中的各种描述信息的集合，如模式、文件、程序、作业；数据库的项的定义和属性，其中属性包括到其他域或者数据库的链接、数据联系、功能、记录、结构等；用户的描述信息和相互参照信息(如哪些应用程序使用哪些数据)等。数据词典是数据库管理系统的重要工具。参见 composite data, elementary data。

data dictionary/directory (DD/D) 数据词典/目录 (1)数据库管理系统中使用的主要工具之一。是近年来数据库应用实践的产物。数据库词典/目录定义和描述了数据库中的有关信息，包括数据元素名、别名、含义、类型、格式、使用范围及约定、来源、用途以及和其他数据的关系等。这些信息称为元数据，因而把 DD/D 称为数据库中的一个元数据库。它是支持系统工作人员和数据库管理员设计、建立、维护和管理数据库的有力工具。现有的数据词典/目录分为两类：一类是相对于某个数据库而设计的；另一类是独立的数据词典软件包。(2)一个结合数据词典和数据目录功能的数据库。(3)一个数据资源的清单，控制程序中数据元素的总数并作为各有关数据元素描述信息(包括位置信息)的存储器。(4)同 information resource dictionary。

data dictionary/directory system (DD/DS) 数据词典/目录系统 一个维护并管理数据词典/目录的计算机软件系统。

data dictionary system (DDS) 数据词典系统 存储、管理和查找一个数据词典中信息的信息系统。数据词典是一个数据词典系统的数据库。一个自足的数据词典系统包含了实施上述功能所需的程序系统。

data diddling 数据欺诈 一种为达到非法目的而篡改计算机存储、传输和处理数据的计算机犯罪行为。

data direct connections **数据直接连接** 连接各ATM(异步传输模式)局域网仿真客户,并连接到广播和未知服务器的数据直接虚拟通道连接(VCC)。

data-directed inference **数据-定向推理** 一种问题求解方法。它从原始知识开始,应用推理规则来产生新的知识,直到其中一个推导满足目标或不能再作更进一步的推导为止。在前向链接产生式系统中,规则可应用性由规则左部所说明的条件,与现行存储在数据存储器中的知识匹配来决定。在专家系统中,前向链接规则数据库中的某些事实,并由此执行动作。参见 forward chaining。

data-directed input/output **数据定向输入/输出** 流式数据传输方式中的一种。其特点是数据组中的数据包含与数据相关的存储区的信息。

data-directed transmission **数据定向传输** 流式数据传输中的一种。其中数据作为数据组发送出去,数据组包括一个或多个数据项,其间用逗号(,)分开,以分号(;)结束。每个数据项形式如,形式名=常数,形式可加限定或下标,或兼而有之。

data directory **数据目录** 一个指明存储在数据库中所有数据元素的来源、位置、拥有关系、使用方法和目的的清单。

data display debugger (DDD) **数据显示调试器** DDD是开源软件。是命令行调试程序的可视化图形前端。它特有的图形数据显示功能可以把数据结构按照图形的方式显示出来。DDD可以调试用C、C++、Ada、Fortran、Pascal、Modula-2和Modula-3编写的程序;可以超文本方式浏览源代码;能够进行断点设置、回溯调试和历史纪录编辑;具有程序在终端运行的仿真窗口,并在远程主机上进行调试的能力。

data display module **数据显示组件** 能显示数据的独立装置与部件。它能存储计算机的输出信号,再把这些电信号转换成文字、数字或图像信号,并在程序控制下,在指示灯、信号灯、数码管或CRT(阴极射线管)屏幕上显示出来。

data display unit **数据显示器** 一种显示装置。存储器中的数据在屏幕上以字符或图形形式显示出来。有时可在用户程序控制下使用光笔来修改显示的图形。

data distribution **数据分配[分布]** 数据从一个中心点传送到一个或多个地点的过程。

data distribution analysis **数据分布分析** 数据分布分析建立逻辑实体和实体属性访问的业务处理位置分布情况,分析方法一般采用实体与属性位置矩阵。

data distribution system **数据分配系统** 一种远程处理系统。在这种系统中,数据的主要流向是从计算机到终端,在这个意义上说,数据分配系统与数据收集系统是相反的。把股票行情和时间表传给一组选择用户就是这种系统的一个例子。电视数据检索系统、可视数据检索系统等都是典型的数据分配系统。

data division **数据部分** COBOL程序的四个组成部分之一。它的用处是描述待处理的数据,它主要包含有两个节:文件节和工作存储节。前者包括文件名、记录名、记录格式、字符类型等细节,后者则规定该程序所用的每一个计数器、存储区域或常数值的长度、格式和内容。数据部分除这两个节外尚可包含连接节,报表节和通信节等。

data-driven **数据驱动(的)** (1)一种问题求解方法。从初始的数据或观测值出发,运用启发式规则,寻找和建立内部特征之间的关系,从而发现一些定理或定律。(2)几种控制推理策略中的一种。在基于规则的系统中,给定已经建立的事实,前向链接由断言其子句为真的所有规则开始,然后检测确定哪些其他规则可能为真。不断重复这一过程直到程序达到一个目标或已经没有新的可能目标为止。

data-driven attack **数据驱动攻击** 依靠隐藏或者封装数据进行的攻击。数据驱动攻击是用表面上看起来没有感染病毒的数据编码,通过用户或其他的软件执行来实现攻击,通常为攻击者能以数据形式穿透防火墙并对防火墙后的系统取得访问的权限。它可分为缓冲区溢出攻击、格式化字符攻击、输入验证攻击、同步漏洞攻击、信任漏洞攻击等。参见 buffer overflow attack, input validation attack。

data-driven computation **数据驱动的计算技术** 在传统的程序设计环境中,指由逻辑去寻找数据。构造一种建立在猜测基础上的程序设计解决方案,这种做法导致一种费时且复杂的控制和计算体系。

data-driven DSS **数据驱动的DSS** 一种决策支持系统(DSS)。数据驱动的DSS强调以时间序列访问和操纵公司的内部数据,也有时是外部数据。通过查询和检索进行访问的简单的文件系统为数据驱动的DSS提供了最基本的功能。数据仓库系统则为数据驱动的DSS提供另外一些功能。结合了联机分析处理(OLAP)的数据驱动DSS提供最高级的功能和决策支持,并且此类决策支持是基于大规模历史数据分析的。主管信息系统(EIS)以及地理信息系统(GIS)属于专用的数据驱动DSS。参见 decision support system (DSS)。

data-driven processing **数据驱动处理** 一种处理方式,这里的处理器或程序在进入到一个序列的下一步之前,必须等待数据的到来。

data-driven reasoning **数据驱动推理** 也称"正向推理"。是由原始数据出发,按一定的策略运用知识库中的规则判断出结论的方法。由于它是由数据到结论的,因而称数据驱动推理。参见 forward chaining。

data-driven system **数据驱动系统** 一种前向链接的系统。参见 forward chaining。

data-driven testing **数据驱动测试** 即黑盒测试，也称“功能测试”，是把测试对象看作一个黑盒子。利用黑盒测试法进行动态测试时，需要测试软件产品的功能。数据驱动测试注重于测试功能性需求，也即测试所有功能需求的输入条件，不需测试产品的内部结构和处理过程。数据驱动测试并不是白盒测试的替代品，而是用于辅助白盒测试发现其他类型的错误。参见 function testing, white box testing, black box testing。

data-driver execution **数据驱动执行** 数据流系统中执行程序的一种方式。在这种方式中，每当给出全部输入值时就执行指令。

data dump mode **数据清除(转储)模式** 某些打印机中具有的一种用于解决计算机和打印机之间的通信隔离问题的功能。当处于数据清除模式中时，打印机只打印从计算机接收到的码，而不理会数据中可能嵌有的打印机码。

data edition **数据编辑** 数据进入数据处理系统后的第一个处理过程。其任务为：①对数据进行校验检查；②把数据重新编排，组织成便于计算机内部处理的格式。

data element **数据元[素]** (1)可访问的最小数据单位。数据元可根据处理需要具有特定的大小、类型和范围。(2)数据元可被认为是一种称为字段的数据单位。一组数据元组成一个记录，待处理的数据以字段或数据元为基础进行组织。参见 field。

data element class **数据元素类** 具有相同性质的数据元素的集合。

data element dictionary (DED) **数据元词典** 系统中所有数据及有关信息的有组织的列表，包括属于该系统的数据类别的规范说明、描述，且有时还包括它们的源信息和用法信息。规范说明一般包括：数据类型(数字/字符、已编码/未编码、校验位等)、有效区域、有编码域间的有效条件以及层次结构中的数据层。描述包括变量名和已编码值的标号。源/用法信息包括：位置、形式、设备、与数据收集和报告有关的人。一个 DED 能以磁盘文件中的一个表的形式存在，这样易于在编辑输入数据、检索和分类过程中以及在自动地格式化列表输出中使用。

data encapsulation **数据封装** 数据封装是指将协议数据单元(PDU)封装在一组协议头和尾中的过程。为了实现对等层通信，当数据需要通过网络从一个节点传送到另一节点前，必须在数据的头部和尾部加入特定的协议头和协议尾。这种增加数据头部和尾部的过程称为数据封装或数据打包。同样，在数据到达接收节点的对等层后，接收方将识别、提取和处理发送方对等层增加的数据头部和尾部。接收方这种将增加的数据头部和尾部去除的过程称为数据解封或数据拆包。

data encrypting key **数据密钥** 用于对数据加密、解密或鉴定的一种键标。参见 session cryptography key, key encrypting key。

data encryption **数据加密** 将一个信息或明文，经过加密密钥及加密函数转换，变成无意义的密文，而接收方则将此密文经过解密函数、解密密钥还原成明文。数据加密具有以下功能：①通信安全性，即只有预定的接收人才能辨认；②确认，即确保所收消息为非伪造的；③数字鉴定，即接收者能将消息交给第三者时表明该消息非伪造。常用的数据加密方法有：替换密码法、易位法及组合法。

data encryption algorithm (DEA) **数据加密算法** 将明文经过加密密钥变换为密文称为加密算法。数据加密的基本算法主要有两种：替代法和置换法。参见 substitution encryption algorithm, transposition encryption algorithm。

data encryption key (DEK) **数据加密密钥[键]** 在因特网中，指用于加密消息文本和计算消息一致性的代码。参见 encryption。

data encryption standards (DES) **数据加密标准** DES 是被广为采用的一种对称加密方式数据加密标准。此标准由美国国家标准局在 1977 年 1 月颁布，并于 1977 年 6 月在美国联邦政府各机构中生效实施。数据加密标准是在 IBM 公司早期开发的密码产品 Lucifer 方案基础上发展而成的。它使用 64 位密钥对 64 位的数据块进行加密，64 位密钥中的 8 位用作奇偶校验位，其余 56 位用于加密过程。这是一个迭代的分组密码，使用称为 Feistel 的技术，其中将加密的文本块分成两半。使用子密钥对其中一半应用循环功能，然后将输出与另一半进行“异或”运算；接着交换这两半，这一过程会继续下去，但最后一个循环不交换。DES 使用 16 个循环。数据加密标准的加密算法是公开的，加密强度取决于密钥的保密程度，它有 2^{56} 个密钥供其使用。随着计算机系统能力的不断发展，DES 的安全性比它刚出现时弱得多，现在仅用于旧系统的鉴定，而更多地选择新的加密标准。参见 advanced encryption standards (AES)。

data encryption subroutine **数据加密子程序** 为了保密的目的而对数据进行编码和解码的一种子例程。

data end flag **数据结束标志** 在高速通信中数据格式单一字符结构内部的结束控制字符。参见 high-level data link control, synchronous data link control。

data entry **数据录[输]入** 将数据置入机器可读媒体上的过程。采用装置视获取数据方法而定，通常是使用终端，也可用光字符阅读器、条码阅读器、数字化仪等。

data entry database (DEDB) **数据项数据库** 在某些信息管理系统中，一种用于快速路径软件的直接存取数据库，它由一个或多个含有若干段和相关段的存储区域组成。这种数据库是通过使用虚拟存储存取方法的ICIP(改进型控制间隔处理)技术来存取的。参见 sequential dependent segment。

data entry form 数据录入形式 数据库管理程序中的一种屏幕显示形式，即一次只显示一个数据记录，使得数据的录入和编辑更为简单。

Data Entry Management Association (DEMA) 数据输入管理协会 1976年创建的一个专业团体，致力于数据输入管理人员业务的提高。常为数据输入管理人员举办教育培训，并召开有关会议。

data entry operator 数据录入员 将数据通过键盘或其他输入设备(如光扫描仪或读卡机)输入到计算机中的操作人员。

data entry program 数据输入程序 从键盘或其他输入设备接收数据并将其存储到计算机系统中的应用程序。它还可用来检测所有可能的输入错误，这种检测称之为编辑检查或有效性检查。

data entry system 数据输入系统 数据处理系统的一个子系统。专门用来接收系统外部送来的原始数据，并对其进行各种类型的检查，然后再把它们从外部格式转换为本系统便于处理的内部格式。有的数据处理系统在数据处理之前要对数据进行整理、分类等初步处理，这种系统称为预处理系统。

data entry terminal 数据输入终端 计算机系统输入待处理数据所需要的设备。许多终端本身由微型机控制，通过用户编写程序，可以实现专门功能。这就为主计算机产生更简洁的数据，并减少了重复过程。

data entry utility 数据输入实用程序 数据库系统中，用来简化数据库输入数据的程序。其功能可以十分简单，也可以相当复杂；简单的仅要提示并接收原始数据，复杂的则要求数据格式化并在输入时按各种规则进行测试。

data envelopment analysis (DEA) 数据包络分析 以数据点的外包络面为基础的数学规划方法。

data error 数据误差 原始数据在处理之前所固有的误差。它不是程序错误或机器故障所造成的。

data escape character 数据换码符，数据转义字符 一种传输控制字符。它改变紧跟在它后面的若干相连字符或代码所表示的意义，专用于提供附加的传输控制符。

data evaluation 数据评价 对数据进行分析和研究，以评定其固有含义、精确性、相关性和所处位置的各种关系。

data exchange 数据交换 数据由多个程序或系统使用的过程。按某种格式记录或传输的数据被称为交换数据。参见 data，interchange。

data exchange interface (DXI) 数据交换接口 在DTE(数据终端设备)和特定ATM(异步传输模式)CSU/DSU(信道服务单元/数据服务单元)之间的一个可变长度的基于帧的ATM接口。其中ATM CSU/DSU在可变长度DXI帧与ATM的定长信元之间进行转换。

data exchange system 数据交换系统 从多个输入信道接收数据，按照优先级和目的地将数据分类，完成所需要的转换操作，并当输出信道可用时再将数据发送出去的系统。该系统还可完成许多内务处理操作，如检查错误，保存信息的记录或图像以及跟踪信息等。

data exchange unit 数据交换装置 一种多重格式输入输出缓冲装置。它为通信系统中心的计算机提供交换功能，同时保持其与多个计算机的链接。数据交换装置通过提供多种情况的缓冲，给各种用户提供指导、记录、操作及信息传送方面的方便，并实现计算机和许多中心(其中一些是计算机)间的实时通信。

data expression 数据表示 能由硬件直接辨认的数据类型，如指令系统所定义的定点数、浮点数和逻辑数等。程序人员所用的数据结构一般要经软件映像，变换成按地址访问一维存储器的各种数据表示。

data extend block (DEB) 数据扩充块 数据控制块的一种扩充。它含有与被处理数据的物理状态有关的信息。

data facility storage management subsystem (DFSMS) 数据机制存储管理子系统 一个帮助进行自动化和集中化存储管理的操作环境，为管理存储器，DFSMS提供控制数据类、存储类、管理类、存储组和自动类选择例程定义的存储监管器。

data field 数据段，数据域 (1)数据库段的指定部分，段中含有一个或多个数据组。(2)主存储器中保存数据记录的存储区。构成一个记录的一组数据或一组信息。

data field masking 数据区屏蔽 消除或选用数据区中某一部分的过程，用以控制其返回及显示的方式。

data file 数据文件 (1)以某一个特定形式组织的相关数据记录的集合。例如，工资单文件(每一个雇员有一个记录来说明诸如工资及扣额比例这样的信息)或是一个库存文件(每一种库存物品有一个记录来说明诸如成本、销售价格及库存数量这样的信息)。参见 data set(1)，file，logical file。(2)在数据库系统中，数据库同外部软件交换数据的接口文件，只有数据没有框架，也称“文本文件”或“正文文件”。有标准文件和非标准文件两种，标准文件按原数据库文件的存放顺序排列，字段间无任何分界符，非标准文件用逗号表示字段之间的分界，数据项之间还可用空格和其他符号来定界。

data-file object 数据文件对象 在OS/2操作系统和PenPM操作系统扩展中，一个代表文件系统中一个文件的对象,主要用于转换信息,如文本、图形、音频和视频,一个文档或者展开单都是数据文件对象的例子,对应于 program-file object。

data file pointer 数据文件指针 在数据文件中,用于指示待操作的数据项。如在 BASIC 中,一个在 DATA 文件中移动的指示符,每当用 READ 语句访问一个相应的变量时就指向下一个值。

data filtering 数据筛选 为提高效能,将参与匹配过程中的数据存储部分限定为一个子集。

data flow 数据流 (1)信息从原始站或应用程序到目的地所经过的路径或扩展路径的类型。也可简单地看作是信息-加工处理-打印-存储过程。(2)在计算机系统中,根据程序(或指令)的要求顺序送到中央处理设备处理的信息集合。(3)计算机网络中,在信道(或链路)上按某一个方向流动的信息集合(包括控制信息和数据信息等)。(4)在程序设计语言中,由语句、过程、模块或者程序的执行来实现的在常量、变量以及文件之间的数据传递。(5)在并行处理中,数据流是指为了实现并行计算的一种设计,但当所有必需的信息都具备时(此即由数据流驱动的处理)或当别的一些处理机都要请求某种计算结果时,都可以去执行有关的计算。

data flow chart 数据流(程)图 (1)从数据流向的角度来描写软件功能要求、系统的组成和各部分之间的联系的一种方法。由于它具有直观、简洁等优点,能使软件开发人员及用户易于理解和接受,从而成为软件需求分析阶段的重要描述手段。它由四种基本成分组成:数据流,表示数据流向;加工,表示数据变换、加工、操作和处理等;文件,是存储的某些数据,可以被使用和更新;数据源和数据终点,通常是系统以外的对象,不是要分析的主要对象。(2)在一步一步进行的处理过程中,以框图表示数据在处理过程中的路径的一种图形表示,其中表示出数据源、数据汇、存储和以节点形式对数据执行的处理以及在节点间作为连接部分的逻辑数据流。

data flow computer (DFC) 数据流计算机 一种由数据而不是由指令来驱动程序执行过程的计算机。它与传统的冯·诺依曼计算机不同。后者基于控制流的概念,按指令计数器所指出的顺序去执行程序,数据从访问指令指定的存储单元取得。由于这种体系结构存在指令相关、地址空间相关等问题,因此在处理并行计算机问题时受到一定限制。数据流计算机则基于数据流的概念,由操作数的全部到达作为标志来驱动操作的执行。因此,当多个操作满足这一条件时,它们就可并行地执行而不受程序指令顺序的限制,从而使计算速度比传统计算机提高 1 ~ 2 个数量级。

data flow control (DFC) 数据流控制 (1)半会话的控制层次。它控制半会话是发送或接收,还是同时发送和接收请求/应答单元(RU),将有关请求/应答单元分成 RU 链;通过括号协议限定事务处理;根据会话活动规定的控制方式控制请求和回答的互锁;产生序列数以及使请求和回答相互联系。(2)SNA(系统网络体系结构)中的一类请求/应答单元,用于在一个会话端的数据流控制层与其会话伙伴的数据流控制层之间进行交换会话的请求应答。

data flow control (DFC) layer 数据流控制层 在 SNA(系统网络体系结构)中,对话端的一个层次,用于控制对话端是否可以发送、接收或同时发送和接收 RU(请求/应答单元);将相关的 RU 单元组成 RU 链;依据括号协议限定事务;依据对话初启时所规定的控制方式控制请求与应答的联锁;生成顺序号;使请求与应答连接。参见 systems network architecture (SNA),bracket protocol。

data flow control protocol 数据流控制协议 在 SNA(系统网络体系结构)中,关于请求与应答的顺序规则。对话中 NAU(网络可访问单元)则据此规则去协调和控制数据的传输及其他操作,如括号协议。参见 bracket protocol。

data flow design 数据流设计 软件设计方法之一。把程序分解成输入模块,转换模块和输出模块。最适用于设计能从问题规范说明导出合适定义的数据流的一些问题。耦合与内聚性是此设计评价的准则。耦合是量度从一个模块到另一个模块的连接所确定的联系的强度。内聚性是量度同一模块中过程单元间的强度。

data flow diagram (DFD) 数据流程图 (1)系统分析的工具,是系统功能实现的工作流程。不同于控制流程图,它的流向不是操作而是数据。每一数据流程图描述了一个确定功能的数据流向。(2)数据流程图是一种功能模型,它反映整个应用系统必须完成的功能和数据流的分解。它分别从数据处理、数据流、数据存储三个不同角度对系统中数据进行建模,描述了数据的来源和去向以及所经过的处理。数据流程图通过图解的方式形象地表示数据流和数据变换过程,已成为系统分析中较为常用的分析工具和表示方法。参见 data flow chart。

data flow language 数据流语言 一种类似于以 Petri 网络结构为基础的计算机语言的语言。这种语言适于描述并发计算,它在很多方面类似于函数式语言。它与一般常见语言中以控制流为中心是有很大不同的。设计这类语言是为了支持数据流计算机的开发和使用,以期能较好地利用和开发大规模并行处理计算机。数据流计算机和语言的研究在 20 世纪 70 年代末、80 年代初有一个高潮,现在高潮已过去,未能产生真正实用的机器与语言。

data flow model 数据流模式 一种分布式计算模式,它以图表方式去描述问题。图中的每一个节点,均与一处理机相对应。在处理机之间,结果作为报文传送。以若干个处理机的结合来运行一个程序。

data flow-oriented design 面向数据流设计 利用信息流的特性导出软件结构的方法学，目的在于提供软件结构开发的一种系统化手段。定义若干个把信息变换成软件结果的不同映射，使信息流和设计工序一体化。

data flow partition method 数据流分割法 也称"变换中心设计法"或"复合设计法"。逐次运用"黑盒子"的工程定义，将所得到的问题进行功能分解的方法。由康斯坦丁(Constantine)最先提出，后由尤尔丹(Yourdan)和迈尔斯(Myers)进行推广。当以一个功能作为条件给出的时候，需要考虑其输入/输出以及输入/输出之间的变换。这些功能又分别作为新的"黑盒子"来考察。

data flow scanner 数据流扫描器 一种用于扫描并立即执行程序的数据流图中激活节点小网络。这种网络可以按数据流图工作方式来重新构造其结构。

data fork 数据分叉 在Macintosh机中，存储的文档文件中的一部分，通常包含用户提供的信息。数据分叉不同于资源分叉，资源分叉在程序文件中包含频繁使用的信息，如可执行程序代码块、对话框、字体数据、数字音频、图标等，在Macintosh中的一个文件可包括头部(文件名，文件大小等总体信息)、资源分叉和数据分叉，它们由操作系统在存储和管理文件时使用。参见resource，resource fork。

data format 数据格式 它描述数据的结构，是数据在记录或文件中的一种存放形式。数据格式为程序(和用户)识别数据提供了一种标准和方法。

data format design 数据格式设计 数据格式设计是指对数据文件格式的设计，它包括数据类型、名称、长度、排列顺序以及数据传输格式的设计。如果要传输这些数据，还要根据软件环境支持情况，把数据文件划分成若干块来传输，这也属于数据格式设计的范畴。

data format statement 数据格式语句 用来规定数据格式的语句。如在汇编程序中，这类语句可设置常数和保留存储区，并给存储器加标点，以指示存储段边界。

data formatting 数据格式化 以数字形式或字母形式来表示数据并规定每项数据的大小和类型的过程。

data frame 数据帧 (1)记录在磁带上的数据块。数据块的长度没有规定。当数据块结束时，不再传送数据，磁带便停止。同packet。(2)通信网络中的一个作为传输单位的信息包。数据帧可以在网络的数据链路层的协议定义，从而只存在于网络节点的连线之间，数据在开始发送和结束接收之间的时刻被包装成帧。参见frame。

data free way 数据自由通路 通过同轴线路连接许多计算机和终端，以传输信息的方式。

data function keyboard 数据功能键盘 在某些操作系统中，操作员用的面板上的键盘，用于向操作系统提供数据或命令。

data fusion 数据融合 为获取有关数据，而对来自多个数据源的数据所作的有目的交融的过程。数据融合是信息融合中最简单和最实用的一类方法，这种方法是基于估计理论的，特别是贝叶斯估计理论，并且主要针对的是同一类型数据信息。典型的应用就是目标跟踪中的航迹预测，把来自不同监测装置的数据进行融合，从而得到最好的估计结果。参见information fusion，multi source information fusion。

data glossary 数据汇总表 一个索引文档，列出所有的存储在数据库中的数据元素并为每个数据元素提供一个含义的定义和一个在数据库中使用的说明，可包括在数据目录中，也可以单独出版。

data glove 数据手套 在虚拟现实系统中，用于检测手指弯曲角度的设备。1987年由Zimmerman等人发明，数据手套的外形与普通手套相似，但上面布满了传感器。在手套的手背位置上，有一个三维位置传感器，用来测定手的位置。在手套的每个手指上有光纤传感器，用来测定手指主要关节的弯曲程度。数据手套本身配有一个称"假手"的软件，该软件用来接收传感器所获取的数据，利用这些信息可控制虚拟空间中物体的位置和方向。使用者的手的动作经由传感器送达至计算机，由计算机执行相应的虚拟动作，并产生虚拟动作引起图像变化和声音，送到头盔显示器。它是虚拟现实系统中最常用的人机接口工具。

datagram 数据报 (1)在分组交换网络中，一种有限长的分组。它包括目的主机地址和源地址，在主机之间作完整的交换，数据报的最大长度一般为1 000～8 000 b；(2)在数据网中，一种自含的独立数据实体，可从数据源、数据终端设备携带足够的信息到数据宿，不依赖源于宿DTE(数据终端设备)间以及网络预先有的交换。(3)在TCP/IP(传输控制协议/网际协议)中，信息在因特网环境中传输的基本单位，包含一个源和目标地址以及数据，一个IP数据报可由一个IP头部和传输层数据构成。参见packet，segment，IP datagram。

datagram congestion control protocol (DCCP) 数据拥塞控制协议 由因特网工程任务组(IETF)提出的一种传输层协议，DCCP是集拥塞控制和不可靠数据传输为一体的传输协议。

datagram delivery confirmation 数据报传递确认 一种设施，它将一个呼叫信号发送到源数据终端设备，通知数据报已经被目的地数据设备接收。

datagram nondelivery indication 数据报不能传递指示 一种设施，它将一个呼叫信号发给源DTE(数据终端设备)，通知数据报不能发往目的地数据终端设备。

datagram service **数据报服务(程序)** (1)包交换中的一种服务程序,可以在不参照原先发出的数据报或将要被发出的数据报的情况下,把一个数据报发送到由地址字段标识的目的地。(2)分组交换网中的一种业务活动。它不必由网络访问其他数据报,便能将一个数据报传送到其地址段所指定的目的地。(3)数据报服务没有呼叫建立阶段,当一个站只希望发送一个或很少几个分组时,数据报的传送较快,而且数据报比较灵活,有利于进行网际互联。数据报传送比较可靠,因为如果一个节点失效,数据报将找到替代路径,但数据报传送不能防止报文的丢失、重复或失序。由于每个数据报都必须提供完整的目的地址,开销较大,所以数据报服务比较适合于传送少量零星报文,用于一般的电子邮件,特别适合于广播或组播服务。当数据具有很大的冗余度以及要求较高的实时通信场合(如数字话音通信)时,宜采用数据报服务。

D

datagram service signal **数据报服务信号** X.25 协议中的一种分组通知,通知数据报是否已分发,假如尚未分发,则指出没有分发的原因(如阻塞、编址不正确等)。

data group (DG) **数据组** (1)在 AS/400 企业图形实用程序和 System/38 中,一个值的集合,标识图表中的比较,如饼形图中各片的相对尺寸或者条形图中条形的相对高度。参见 paired data,对应于 data value。(2)在图形数据显示控制器(GDDM)中,一系列显示的数据值,以饼形图、曲线图等形式表示,在一张图中可同时显示几组数据。

data group continuity (DGC) **数据组连续性** 表示相链数据组的序号。在一定数值范围内,每传送一个新的相链数据组,DGC 的值变加 1。

data group header (DGH) **数据组头部[标题]** 位于数据块的开始部分,用来标识一个数据组的代码段。以头部码(SOH)标志开始,包括数据组标识符(DGI)、数据组重复(DGR)、数据组链(DGL)、数据组连续性(DGC)、数据组长度(DGS)和业务运行数据等部分。

data group identifier (DGI) **数据组标识符** 在图文电视系统传输的数据中,表示数据组的数据结构(节目数据、节目索引)的标识符。

data group link (DGL) **数据组链** 表示有无数据组与当前数据组相链接的码段。所谓相链数据组,指数据组标识符(DGI)相同,在同一信道内依次传输的数据组。

data group repetition (DGR) **数据组重复** 表示数据组重复传送时的重复次数的码段。

data group size (DGS) **数据组长度** 一个数据组内包含的数据单元的数目。

data handling **数据处理** 对数据进行操作的一系列过程,如对数据进行计算、传送、检索、存储、分类、摘要等。

data handling capacity **数据处理能力** 在某一个时间内存入计算机系统的信息比特数,即是把这些信息比特数用人工或自动方式送入计算机的速率。

data handling system **数据处理系统** 按需要的形式对数据进行收集、分类、传送、接收和存储的设施。

data hiding mode **数据隐藏模式** 程序设计模式之一。先决定需要的模块,然后用模块分解程序以使信息隐藏在模块中,强调相关数据和过程必须组装在同一模块中,要求语言提供封装数据和操作模块机制。

data hierarchy **数据层次** (1)一种数据结构。它由数据及其子集组成,其中子集分成不同的等级,每个子集的位数要比这个数据集的位数低,如位、字节、字符、字、块、记录、文件和库。(2)在 COBOL 语言中,在组项、记录、组数据项以及构成它的数据项之间的相互关系。

data highway **数据高速通道** 计算机网络中,在互连的站之间通过数据传输线传输消息帧的一种方式,由连接到数据电路的一个数据电路和物理层及数据链路层构成。

data host node **数据宿主节点** 在通信管理配置中,一个宿主节点,专门处理应用程序,不控制网络资源,除非是它的通道连接的或者通信适配器连接的设备。参见 communication management configuration host node。

data identifier **数据标识符** 用分类法标识类似数据所用的符号。标识符可以是名字、标题、上下界、种类,亦可按数据的产生方法、完整性和成熟程度等进行分类。

data independence **数据独立性** 数据描述和使用该数据的应用程序分离。数据独立性是数据库管理系统的一种固有特性、使要处理的数据独立于其存取方式、存储方法或者数据的分布。数据库中的数据独立性有三种类型:物理的、逻辑的和分布的,物理层的独立性表示数据库的布局或者信息访问的方法是可以改变的,如可以增、删或重新修改排序,但对同一应用程序,数据库仍然和原来一样可以使用。逻辑独立性就是数据库可以重新组织,如可以将两个数据集合并成一个,只要数据没有受到影响,这种结构的改变对于应用程序就是察觉不到的,分布独立性是数据库的一部分或全部位置(如在一个或几个网络服务器上)对于使用它们的程序没有太大的影响。

data independent access model (DIAM) **数据独立存取模型** 一种比格式化模型和关系模型概念更新的数据库模型。它由 M. E. Senko 等人于 1973 年提出。该模型试图提供高度的数据独立性,它把现实世界中的数据表示为四级模型:实体集模型、串模型、编码模型和物理设备级模型。

data initialization **数据初始化** 定义数据初值的过

程。

data initialization statement 数据初值语句 用来给变量或数组元素赋初值的语句。

data-initiated control 数据启动控制 根据预定的规则，从使用数据的外部源接收到信号或信息时，作业就自动开始并且自动运行。在远程处理中，就是根据从远程终端收到的数据使程序开始装入程序库中的程序和处理数据，并给源终端以适当的回答。信息在辅助设备上登录和排队，再发送给其他终端。按名询问、账号和其他关键数据都可以开始查找系统中的文件，找出请求的信息，并给请求设备作出回答。

data input 数据输入 准备处理数据的过程，如编码、分类、计算、摘要、报告、记录和通信等。

data input bus (DIB) 数据输入总线 (1)在微处理机系统中，为了减少信息传输线的数目，简化控制系统，使微处理机、存储器和输入输出通道共享一条公用的数据线称为数据输入总线。它是寄存器与处理机之间、处理机与存储器之间、存储器与输入输出接口之间以及处理机与输入输出接口之间传送信息的通路。(2)数据处理系统，为简化控制系统，将来自不同信息源的信息(如处理机、存储器、通道等)分时共享同一组数据传输线，即数据输入总线。输入、输出均是从主机角度考虑。

data input station 数据输入站 (1)一种用户终端，主要用来给数据处理系统输入数据。参见 data collection。(2)连接到计算机系统的物理设备，如输入终端和其他输入设备是典型的数据输入站。数据通过它被输入到计算机。

data inquiry-voice answer (DIVA) 数据查询语音应答系统 一类计算机问答系统，可以对人的问话进行分析、判断，之后由语音装置回答。其主要关键是语音识别。

data integration 数据集成 将多个数据库看作是一个逻辑数据库来处理。将全局数据词典作为集成的中心成分，用于解决语义差异，支持异构数据流，具有完全的 SQL(结构化查询语言)能力和分布查询优化功能，互操作技术是数据集成的前提，全局数据词典与网关在管理和集成 DBMS(数据库管理系统)中紧密相关，全局数据词典对异构环境的支持在很大程度上取决于网关的支持程度。

data integrity 数据完整性 (1)数据完整性是评价计算机系统的一个指标，它标志程序和数据等信息的完整程度，使程序和数据性能满足预定的要求，特别是当它被移动或者处理之后，在数据库系统中，维护数据的完整性包括验证各数据域的内容、验证数据值的相互关系、验证一个文件或者表格中的数据与另一个文件或者表格中的数据的一致性、验证数据传输和更新的正确性。(2)在数据库系统中，指数据的逻辑一致性、运行一致性和物理一致性。逻辑一致性即数据库的任何变化都要反映客观世界的真实合理状态。运行一致性即在多用户运行方式下，无论从数据库读出数据或向数据库写入数据都必须是完整的。物理一致性即当发生系统故障时，要求能保证数据库中数据的正确性及存取路径正确性。(3)在数据库领域和数据通信工程中，指数据的实体完整性、域完整性、参照完整性和用户定义完整性。参见 entity integrity，domain integrity，reference integrity。

data intensive methods 数据聚集方法 依靠多个训练例子和归纳偏向来把握归纳抽象搜索的正确性的归纳学习策略，也称“基于相似性的抽象方法”，如示例学习。归纳偏向指明了用于学习概念的多个训练例子的共有特性，搜索仅在训练例子的这些共有特性中进行。

data interchange 数据互换 数据被不同生产厂家的系统使用。参见 data exchange。

data interchange code 数据交换码 美国信息标准交换码(ACSII)的一种变形码。它与 ASCII(美国信息交换标准代码)的主要区别是有些打印字符用非打印控制字符代替，奇偶校验规定用奇校验。这种代码很适合于计算机间的通信。

data interchange format (DIF) 数据交换格式，DIF 格式 (1)一个标准格式，由 ASCII(美国信息交换标准代码)文本代码构成，其中数据库、电子表格和类似的文档可组织成行与列的顺序以便于被其他程序使用和传输。(2)在不同应用软件之间交换数据时要求的文件格式标准。可以使用的数据交换格式有 GIF(图形交换格式)、BMP、JPG 等格式。除此之外，每个图形处理软件往往还有自己独特的文件格式，无法直接用于数据交换。

data interface 数据接口[界面] (1)外围设备与主计算机之间交换数据的接口。当控制接口完成联络之后，便可按指定的方向经由数据接口传送数据。(2)软件模块之间传递数据的接口，它与子例程调用接口不同，着眼点不是程序代码的调用，而是成组数据的交换操作。

data interoperation 数据互操作 通过网关实现的分布式数据库之间的透明连接。其核心是数据的访问，异构数据库之间的互操作是实现数据集成的先决条件，多个数据流之间通过网关进行连接和通信。

data inventory 数据目录 在信息处理系统中，记录全部数据及其特性以及它们的相互关系的信息。同 data content。

data in voice (DIV) 声音数据 一种混合传输模式，将数据信号调制在电缆或无线电系统的声音信号频谱中。

data island 数据孤岛 数据的离散状态。数据孤岛使得数据信息不能共享和互相交流。参见 information island。

data item 数据项 (1)命名数据的最小单位，在模

D

式和子模式中有意义,同 data element。(2)待处理的一种数据单位,可以是常量或变量。(3)可命名的数据单位。(4)在 PL/1 语言中,指一个数据单位。数据项通常组成数据元,如"星期一"是一周 6 个工作日中特定一日的名字,"一周工作日"是数据元,而"星期日"是数据项。(5)数据库中的一个(信息)单元。关系数据库中,一个元组可作为一个数据项。在 DBTG(数据库任务组)系统中,一个域或一个系可包含多个数据项或作为一个数据项。

data item description (DID) 数据项描述 一个美国政府定义的关于文档的外观和内容的标准,包括各种规范说明。

data-item separator 数据项分隔符 用于向 PVS(程序合法性服务程序)的测试阶段指出一个哑数据项结束的两个字符。

data item type 数据项类型 记录型中对数据命名的最小单位。一个数据项型可以是单个值或多个值的数组。用户存储的数据项类型中的具体值称数据项具体值。

data item validation 数据项确认 在对数据项进行数据的存储、修改、插入、删除等操作时,进行的数据项合理性判别。假如某数据项表示人的年龄,则在出现负数或大于 200 岁的数值时认为不正常。这个判别过程称为数据项确认。

data language one (DL/1) language DL/1 语言 也称"数据子语言"。宿主语言型的数据操纵语言。DL/1 有检索(GU,GN,GNP)、封锁(定位)检索(GHU,GHN,GHNP)和修改(ISRT,DLET,REPL)等三类九种型式的基本操作命令。DL/1 通常和高级语言或汇编语言混合使用。

data layout 数据布局 对字、总数、字符、竖杠、行分隔符、行、标点、页号、标题等的预先安排。使数据能按要求清晰地表示出来。

data least cost routing 数据最少费用路由选择 一种对每一个呼出自动选择最经济路由的自动交换机性能。

data level 数据级[层次] (1)可向编译程序指出数据在数据层次位置的等级或定位号码。(2)数据元相对于源语言中同一记录中其他信息元的位置。(3)数据的层次。可供编译程序识别数据在数据结构中的位置,如 COBOL 语言中的 01 级数据或 02 级数据。

data library 数据文件库 它是在磁盘或其他存储媒体中保存的、编了目录的数据文件集。

data life guard 数据卫士 数据卫士技术是 WD(西部数据)公司专门为 Ultra DMA/66 接口硬盘提供的数据保护技术。它能够利用硬盘没有操作的空闲时间,每 8 个小时自动检测硬盘上的数据,在数据出现问题之前修正错误。同时它还可以自动检测并修复由于过度使用而造成的故障扇区,由于通常情况下数据卫士会在硬盘上预留 5%的备用扇区,当发现了坏扇区时,数据卫士会自动将它标记为坏扇区,同时将修正的数据写到备用扇区中,从而保障数据的可靠性。该技术最大的特点在于完全自动,无需用户干预、无需安装驱动程序。

data line 数据行 (1)在 CRT(阴极射线管)等显示器上显示的一行字母、数字、字符或空格。(2)在图形数据显示管理(GDDM)中,一个与图表轴平行的线条,通过另一个轴上一个指定的值。

data line group 数据线路群 专用交换分机(PBX)上的一种使一个号码能够在一组号码中发现一个空闲端口的性能。

data line interface 数据线路接口 一条数据线路与一条电话线路或通信电路连接的点。

data line occupied 数据线路占线 在数据通信设备中,表示线路忙闲的指示。如它被置于开状态,则说明线路现已被占用,通知计算机现在不能使用该线路。

data line terminal 数据线路终端 一种终端,它按同步方式传输并接收以块为单位的数据。一个数据块以块 SOB(启始字符)为前导,包括 EOB(结束字符)和块 B/P(奇偶校验)的数据字符。传输字符长 8 位,数据位 6 位,控制位 1 位,奇偶校验位 1 位。

data link 数据链路[通信线路] (1)数据链路包括传输物理媒体、协议、有关的设备、程序——它既是逻辑的,亦是物理的。(2)受控于一种链路协议的两个数据终端设备的有关部分和能将数据从数据源传到数据接收器的互连线路的组合。

data link attached loop 数据链路连接回路 某些信息处理系统中的一种传输回路,用于把输入/输出设备通过数据链路装置,而不是直接通过电缆,连接到系统上。比较 directly attached loop。

data link connection identifier (DLCI) 数据链路连接标识符 DLCI 标识了本地 DTE(数据终端设备)与 DCE(数据电路终端设备)接口处的一条虚电路,它的值在永久虚电路的预约阶段和交换虚电路的呼叫建立阶段确定。

data link connector 数据链路连接器 一种连接光缆、主机或其他设备的单个光纤连接器。

data link control (DLC) 数据链路控制 保证数据站间正常交换数据的通路控制,包括①数据链路的建立和拆除,包括字符同步、站址(号)的确认、收发关系的确认等;②信息的传输,即信息格式、顺序编号、接收认可、信息流量调节等;③传输差错的控制;④异常情况的处理,它分为同步数据链路控制和异步数据链路控制;⑤在 SNA(系统网络体系结构)中,一种管理物理数据线路的网络层。较高级的协议还可以完成下述功能:报文缓冲、代码转换、识别或报告终端或线路中的故障状态、与主机通信以及管理通信网络等。

data link control character 数据链路控制字符 一

种控制字符，用于控制与改善数据在网络上的传输。参见 communication control character。

data link control layer 数据链路控制层 (1)在SNA(系统网络体系结构)中，由链路站组成的控制层，对两个节点间链路上的数据传送进行调度，并且为该链路执行差错控制。(2)在计算机网络的OSI(开放系统互连)层次结构模型中的第二层。这一层控制数据的传输，着重于站点之间活跃链路的建立、字节同步控制、块成帧、错误检测和纠正以及数据传输率的控制。参见 systems network architecture (SNA)，logical link control (LLC) sublayer，medium-access control (MAC) sublayer。

data link control protocol (DLCP) 数据链路控制协议 为实现数据链路层数据的可靠传输，收发双方都应共同遵守一定的协议或规则，这些协议或规则就称为数据链路控制协议。数据链路控制协议要解决的主要问题有：数据编码格式、传输控制字符、报文格式、呼叫及应答方式、传输步骤、差错控制方式、通信方式、同步方式及信息传输速率等。

data link control type 数据链路控制[规程]类型 数据链路控制的分类。可以分为面向字符型的控制规程和面向比特型的控制规程。在字符型控制规程中，由一组确定的通信控制字符可以实现有规则的数据链路操作。这些控制字符属于信息代码集，如 EBCDIC(扩充的二进制编码的十进制交换代码)。代码集还包括图形字符(字母数字、$、句号等)和外围设备控制字符(LF,CR,BS等)。报文可以按块传送，报文包括报头或控制字符、本体或正文段以及报尾或校验段。

data link escape (DLE) character 数据链路转义字符 (1)一种传输控制字符，它改变紧跟其后的字符和已编码的表达式的意义，专用于提供补充的传输控制字符。(2)BSC(二进制同步通信)规程中，通常用于透明文本的一种传输控制字符，以指出下一个字符是传输控制字符。

data link layer 数据链路层 (1)在开放系统环境中，提供建立、维护和释放网络数据站之间数据链路连接的功能、过程和协议的层次。它是有关维护数据链路、控制数据站层次结构中数据处理和控制逻辑的概念级。(2)国际标准化组织(ISO)关于开放系统互连七层参考模型的第二层。它用于提供网络各部件之间建立、维持和释放数据链路连接的一组功能和规程。常用的规程有 HDLC(高级数据链路控制)，ADCCP(高级数据通信控制规程)，X. 25 的 LAP(链路访问协议)或 LAPB(平衡链路访问协议)，BSC(二进制同步通信)，BMCP(基本型控制规程)和 DDCMP(数字数据通信报文协议)等。参见 open systems interconnection (OSI) reference model。

data link layer services 数据链路层服务 OSI(开放系统互连)七层参考模型的第二层，即数据链路层为上面各层提供的服务。各种网络系统不同，所提供的服务会有所不同，但最主要的有三类：无确认无连接服务、有确认无连接服务和面向连接的服务。

data lock 数据锁 在 AIX 操作系统中，数据可以被单个应用程序用以保护更新冲突方式使用的保证。

data locking 数据锁定 某些操作系统中，对单一应用程序数据可用性的一种保证，是为防止对数据记录造成冲突性修改的一种保护。参见 locked record。

data logging 数据登录(文件)，数据日志 (1)按照时间顺序生成的有关事件的数据记录。(2)按时间顺序记录所发生的事件或数据的过程。数据登录的典型应用有生产过程的监视、环境监视和污染监视、产品的研究开发等。

data logging system 数据登录系统 用于数据登录的设备。数据登录设备有许多种，简单的只提供可阅读的读出设备；复杂的是使用微处理机及其外部设备。一般地说，系统的输入数与设备的复杂性无关，即任何数据登录设备都可以处理所要求的输入数。

Datalog language Datalog 语言 一种针对演绎数据库的查询和规则语言，其在语法构成上是 Prolog 的一个子集。Datalog 的查询求值对大型数据库都能够有效完成。查询求值通常使用至上而下策略。对受限形式的 Datalog 不允许任何功能符号，查询求值安全有保证。

data loop transceiver (DLT) 数据回路收发器 西方联盟的D类租用数据信道使用的站设备(数传机)。参见 data set，station arrangement。

data maintenance 数据维护 在 PSS(可编辑存储系统)中，对存储控制文件中的信息进行增加、修改或者删除的处理过程。

Data Management **《数据管理》** (1)由美国数据处理管理协会编辑出版。内容包括数据收集、通信、情报检索与存储、光学扫描、计算机程序与运转、系统分析、运筹研究与管理、第四代程序语言的探索等。(2)英国刊物。1963 年创刊，原名"*Journal of Data Management*"。每年 12 期，发表有关数据处理方面的论述。内容涉及数据收集、数据通信、情报检索与存储、光学扫描、计算机程序与运行、系统分析以及运筹研究与管理等。系数据处理管理协会的机关刊物。

data management 数据管理 操作系统的主要功能之一。也称"文件管理"或"信息管理"。负责数据或文件在辅助存储器上的存储和检索检查。通常，信息以文件的形式存于辅助存储器上，文件的类型是多种多样的，如系统文件、用户文件、目录文件、隐藏文件等。文件的组织有多种形式，如树型结构、层次结构、索引结构和链式结构组织等。如何合理地组织它以达到方便、快速检索和更改的目的便是数据管理的职能。同时，为了保护数据，对文件和目录采取了存取控制措施，以便区分用户对数据的存取是否合法。数据管理是直接面向用户的。

data management language (DML)　数据管理语言　在数据库系统中，指用于对数据进行收集、存储、维护和检索等的语言。

data management reference model (DMRM)　数据管理参考模型　信息系统中实现数据管理的概念性结构模型。它可将系统划分成若干个自然分割的部分，以方便管理和实现标准化。DMRM 就如 OSI(开放系统互连)七层结构的参考模型那样，是一个很好的范例。

data manager　数据管理器　数据库管理系统的一个组成部分，从调度器中接受正确的调度，并执行有关的对存储器的方向操作。例如，若允许事务在确认之前把修改记入主数据库，则系统故障恢复时，数据管理器需要做消除工作，把未确认事务对主数据库的修改消除掉。反之，若允许事务在把修改记入主数据库之前就确认，则在系统故障恢复时，数据管理器需要进行重做操作，重做已确认事务对主数据库的访问操作。数据管理器按工作方式可分为有消除和重做的、有消除无重做的、无消除有重做的和无消除无重做的。

data manipulation　数据操纵　数据操纵表示数据模型的动态行为。数据操纵描述在数据结构上的操作，如查询操作，增、删、改操作以及其他的个性化操作。

data manipulation language (DML)　数据操纵语言　也称"数据子语言(DSL)"。是应用程序与数据库之间的软件接口。它是数据库管理系统(DBMS)提供给应用程序员用以存储、检索、修改、删除等操纵数据库中数据的工具。DML 分为两类：①宿主型数据操纵语言，其对数据库中的数据进行操纵的语句嵌入其他(宿主)高级语言或汇编语言之中，而不独立使用；②自含型数据操纵语言，也称"查询语言"，由一组命令组成，可以独立使用这些命令进行简单的检索、更新等，很适合非程序用户调用数据库中的数据，如 SQL(结构化查询语言)、QBE(范例查询)等查询语言属于这一类。不论是宿主型式或者是自含型数据操纵语言，虽然使用方式有所不同，但其语法结构是统一的。如关系数据库标准语言 SQL，其操纵语言支持这两种使用方式，便于各类用户和数据库系统设计人员使用和进行交流。参见 host language, self-contained data language。

data manipulation rule　数据操纵规则　按照对某一个数据类型的数据所允许的运算，将数据对象作为该数据类型的实例加以操纵的一种法则。

data manipulator network　数据操纵网络　即多级加减 2^i 网络。它包含 n 级单元之间的连接，每一级均将前后两列的 $N=2^n$ 个单元按加减 2^i 连接模式连接起来。在第 i 级，第一个输入的单元 $j(0\leqslant j\leqslant N-1)$ 都有 3 根连线分别与输出单元 j，$j+2^i \bmod N$ 同 $j-2^i \bmod N$ 相连。这 3 条连线的控制信号分别称为平控、下控和上控信号。这些控制信号在第 i 级同一级内可分为两组，一组是控制那些标号二进制代码第 i 位为 0 的输入单元，另一组是控制那些第 i 位为 1 的输入单元。这样，它可以灵活地实现诸如移数、交换、混洗、重复、间隔、展开、压缩等多种数据交换函数。

data mapping　数据映像　数据之间的一种对应关系。通常是反映现实世界中实体之间的联系。数据映像有简单(一对一)映像和复杂(一对多)映像。映像具有方向性。一个方向上的映像为简单映像，而另一方向上的映像可能为复杂映像，如从职工到部门的映像为简单映像，从部门到职工的映像则为复杂映像。

data mart　数据集市　更简化、更专注特殊用户的应用需求信息的数据仓库称为数据集市。成本和复杂性是数据集市流行的两个原因。由于数据集市包含较少需要收集、清理、组织和编档的数据，数据集市也比数据仓库的建立速度更快、花钱更少，而且库维护更简单。当有多类信息时，一个部件修改可能明显影响数据仓库的其他方面，而数据仓库随其变化还不够十分灵活。数据集市就可以对其进行改变和管理，人们可以得到以前找不到的数据。数据集市和数据仓库结合是完成公司决策支持需要的最佳途径，因为两者满足不同的需要。数据仓库是恢复存储数据，而数据集市是专注于应用的数据仓库，存储最终用户使用的有关特定应用的企业信息。数据集市通常使用交互式查询和归纳手段，同时需要大量使用索引，以达到信息深层挖掘的目的。

data materialization　数据具体化　从相应的存储字段的值构造出一个逻辑字段的值，并把它送给应用程序的过程。

Datamation　《数据处理》　美国技术出版社(Technical Publishing)出版的刊物。1955 年创刊，每年 13 期。论述一般通用计算机、专用程序控制机等自动信息处理设备的特性、使用方法以及技术进展，兼载美国国内外研制消息和新产品介绍。

datamation　自动数据处理　(1)由 data 和 automation 的后半部合成的一个术语，表示自动数据处理。(2)一种计算机和信息处理的商业杂志的名字。

data medium　数据媒体[介质]　(1)用来存储数据或信息的媒体，如磁带、磁盘等。(2)可以用来描述数据的物理变量。参见 data carrier, recording, medium。

data medium protection device　数据媒体保护设备　一个可移动的或者可移去的设备，只允许对数据媒体进行读操作。

data memory 数据存储器 产生式系统的综合数据库。其内容基于它们的产生时间或最新修改时间进行局部或全部排序。它是产生式系统中最易失的部分。

data merge 数据归并 与数据提取互补的处理过程。它可以对CAD(计算机辅助设计)系统中的零件图上的正文和图形进行增、删、改以形成一个产品的完整图,还可以对CAD/CAM(计算机辅助设计/计算机辅助制造)数据库中的正文文件进行组合以生成特定的报表。

data message 数据报文 一种用于传输数据的报文,可由一个或几个信息报文组成。信息报文是由正文(数据信息)、报头和检验字符几部分组成的。

data message detail recording 数据消息详情记录 一种提供所有外线和内线数据调用和记录的专用自动小交换机性能,记录下来的消息可能包括主呼叫的分机号、拨叫号码、呼叫时间和持续时间。

data message switching system 数据报文交换系统 具备各种通信线路的接口功能,并可进行数据报文交换的系统。它可根据传送报文所携带的信息以及各类终端、线路速度、代码和协议的要求,对报文进行存储转发。数据报文处理系统还具备一定管理功能,如报文记录、控制和状态报告等。

data migration 数据迁移 (1)根据系统的安排或者应用户的请求将数据在计算机系统之间的转换。当一个机构决定使用新的计算系统或与当前的系统不兼容的数据管理系统时,数据迁移是必需的。比较 staging。(2)分布式处理中,数据从一工作站传至另一工作站的过程。该过程有助于保证数据的一致性。

data mining 数据挖掘 所谓数据挖掘,就是从数据库中发现知识,将隐含的、先前并不知道的、潜在有用的信息从数据库中粹取出来的过程。可用于指导商业、金融业行为或辅助科学研究,为企业提供基于知识的决策信息。数据挖掘和数据仓储是有关联的,仓储是把数据并到一起供分析用,数据挖掘是对收集的数据进行整理,挖掘出有意义和有用的联系。数据挖掘以大量非常详细的、需要经过筛选以找出有用东西的历史数据为开端。数据挖掘帮助用户在茫茫数据中寻找蛛丝马迹,分析并整理,以得到有用的知识。参见 data warehouse。

Data Mining and Knowledge Discovery **《数据挖掘与知识发现》** 荷兰 Kluwer Acdemic 出版社出版,1997年创刊,全年4期,SCI(科学引文索引)收录期刊。旨在开发新一代的数据库自动数据开发与认知技术,涉及机器学习、机器认知、不确定模拟、统计、数据库、数据显示、高性能计算、管理信息系统、知识库系统等。

data mining extensions (DMX) 数据挖掘扩展插件 DMX是针对数据挖掘模型的一种查询语言。DMX在微软 SQL Server 2005 Analysis Services (SSAS)中可以使用该语言创建和处理数据挖掘模型。DMX由数据定义语言(DDL)语句、数据操纵语言(DML)语句以及函数和运算符构成。DMX中的数据定义语句可以创建和定义新的挖掘结构和模型,导入和导出挖掘模型和挖掘结构,以及从数据库中删除现有模型。DMX中的数据定义语句属于数据定义语言(DDL)。DMX中的数据操纵语句可以处理现有挖掘模型、浏览模型以及对模型创建预测。DMX中的数据操作语句属于数据操纵语言(DML)。

D

data mobile control 数据流动控制 控制数据流动,以防止无权用户利用数据流动来获得访问权限。

data mode escape 数据方式换态码 一种特殊的通信控制程序命令,它是在当终端处于数据方式时,由终端输入的6个字符的单一字符串组成的。数据方式换态命令中断应用程序的执行,并将终端置于命令中断方式。

data model 数据模型 (1)数据模型用于对现实世界的数据进行抽象,用以描述数据的结构,定义在结构上的操纵以及数据间的约束。(2)一种用来表示数据库逻辑结构的模型。常用的数据模型有三种:层次模型、网络模型和关系模型。(3)一种形式化描述数据、数据之间的联系以及有关的语义约束规则的方法。数据模型可分为两种类型:①信息模型或概念数据模型:独立于任何的具体计算机而实现的,如E-R(实体-联系)模型、语义网模型等,这类数据模型完全不涉及信息在计算机系统上的表示问题,只用来描述某个特定组织所关心的信息结构;②结构数据模型:直接面向数据库中的数据的逻辑结构的数据模型,它实质上向用户提供一组规则,用以确定数据库的结构以及对其所进行的操作,同时建立对数据库的完整性约束规则等。

data modeling 数据建模 数据建模是为了更好地理解现有系统,显示从最终用户角度看到的组织数据的需求,将掌握的业务模型转换为数据模型的技术。数据建模的任务主要包括:为新的开发项目收集数据需求、分析数据需求、设计基于项目的概念数据模型和逻辑数据模型、创建并更新业务系统的数据模型、确保数据库管理员能对数据模型有正确的理解。数据建模有时也称"数据库建模",数据模式最终将作为转换成的计算机系统数据库的基础。

data modeling facility (DMF) 数据建模设施 实现数据模型的一种软件。

data modem 数据调制解调器 一种调制解调设备,可以使计算机和终端通过电话线路进行通信。

data modem clocking 数据调制解调器时钟控制信号 由调制解调器而不是计算机或终端引出的一种同步时钟信号。

data modulation with sub-carrier 副载波数据调制 指来自数据接口的二进制串行数据先对副载波进

D

行调制，变换为音频基带信号后再调制主载波。

data move instruction **数据移动指令** 计算机程序中用来在存储单元和寄存器之间或中央处理器和外部设备之间传送数据的指令。

data multiplexer (DM) **数据多路复用器** 一个数据多路复用器是一种能够合并和分解信号的设备。它把来自若干独立数据源的各信号组装成单一的复合信号到一个线路上进行传输。在接收端，信号被进行分离。参见 data concentrator。

data name **数据名** (1)赋给数据项、字段或变量的名称。(2)在 COBOL 语言中，数据名是一个用户自定义字。它用作数据部数据描述款中数据项的名。若用在一般格式中，则数据名便代表一个字，但在格式规则特别允许时除外。它既不能加下标，也不能加位标，亦不能受限。参见 identifier。

data network **数据网络** 一种提供数据通信业务的网络。由一组能够通过一系列通信线路和交换设备而相互存取的终端点组成，为地理上分散的用户提供数据处理业务。

data network identification code (DNIC) **数据网络标识码** 公用数据网络国际编号计划中国际 X.121 建议格式的一个组成部分，它由 4 位数字组成。根据 X.121 建议的规定，前 3 位数是数据国家码(DCC)，后一个数是该国或该地区的网络号。参见 data country code (DCC)。

data object **数据对象** (1)在程序中的一个数据结构的元素，如文件、向量或者操作符，是执行程序所需的，用一个语言中允许的名字指定。(2)用于存放基元类型的数据的数据结构。数据对象由元数据、数据和变更摘要组成。元数据提供有关包含在数据对象中的数据的信息。变更摘要记录了数据修改痕迹，包括对数据的更新、插入、删除等操作。数据对象使得数据无论传输到哪里都不会失去原始的信息与操作。

data organization **数据组织** 也称“数据库的物理组织”。数据在物理存储介质上的组织形式和实际安排，亦即数据的存储结构。

data-oriented design technique **面向数据的设计技术** 结构设计阶段的一类技术，强调软件系统的数据设计成分和导出数据设计的技术。

data-oriented method **面向数据方法** 建立 MIS(管理信息系统)的一种方法，首先建立系统数据模型或结构，然后立足于这个数据模型来设计与实现系统的功能要求。参见 function-oriented method。

data origination **数据初始加工** 以机器可读形式建立记录或直接产生人们可读文件的过程。

data origin authentication **数据源鉴别** 数据安全技术中，对于所接收到的数据的发送方或数据源的明确的辨认。

data output **数据输出** 从逻辑设备或其输出通道取出数据的过程。

data over voice (DOV) **话上数据** 用于在双绞铜线上同时传输数据和声音的技术，主要与给定用户专用交换分机(PBX)共同使用，这是一种通过把不用的带宽分配给数据，从而把数据和声音在同一条线路上结合起来的频分复用(FDM)技术；通常在室内电话系统接线的双绞线缆中使用。

data over voice transmission **话上数据传输** 同 data above voice transmission。

data packet **数据分组[包]** (1)在 DTE(数据终端设备)与 DCE(数据电路终端设备)的接口上，用于在虚电路上发送用户数据的一个包。(2)计算机网络和数据通信网络中的一种数据传输单位。数据包包括数据本身和地址、校验码以及其他用于保证数据包顺利到达目的地所需的信息。

data packets per second (DPPS) **数据分组/秒** 数据分组被通信处理器处理的速度。

data path **数据通路[路径]** (1)输入输出操作和数据处理系统所用的传送总线。其宽度取决于具体应用。(2)计算机各部件之间数据来往的路径。数据通路一般是双向的，但从主存取指令到指令缓冲器的通路是单向的。为加快传输速度，CPU 可设多条数据通路到主存。目前，越来越多的计算机采取了总线结构。

data PBX **数据专用交换分机** 允许一个用户的电路为了建立连接而选择其他电路的交换机。它只交换数字传输，而非模拟话音。参见 private branch exchange (PBX)。

data pen **数据笔** 用以读取标记上磁码数据的一种手握磁扫描装置。单据上的数据可用数据笔获取。

data phase **数据状态[阶段]** (1)在通过网络互连的数据终端过程之间传送信号时的数据调用过程。(2)在 PCI(外围部件互连)总线中的一个操作阶段，在地址阶段之后，事务的数据阶段传送数据项，当 TRDY# 和 IRDY# 均有效时，数据即被发送。参见 address phase。

data phone **数据电话** 具有调制解调器的电话设备，附有开关，可以进行音频通话或数据传输。

dataphone digital service with secondary channel (DDSSC) **带次级频道的数据电话数字业务** 由 AT&T 和几个 Bell 运营公司提供的专线业务，它能传输带有次级频道的提供端到端的监视、诊断和控制功能的 64 kbps 无干扰信道数据，也称 DDS II。

data-phone digit service (DDS) **数据电话数字服务** AT&T 的一种在 1974 年注册的用于在数字系统上传输数据的通信服务。这种服务的特点是：在数据传输过程中用数字的形式，而不用调制解调器将数字信号变为模拟信号后在联机线路上传输，其目的是消除在数据通信中使用的调制解调器和模拟传输。

data plotter　数据绘图仪　以点、线或符号的形式快速、精确、自动地将数字信息绘制成图形的设备。与"绘图仪"同义。也称"x-y 绘图仪"。

data point　数据点　图表上标出的一个数值。通常以成对数值出现。

data pointer　数据指针　一种专用寄存器或内存单元。用于保存准备供指令使用的数据的存储器地址。数据指针指向数据的存储单元,数据指针的内容是地址。

data portability　数据的可移植性　不同的操作系统使用各种数据集或文件的能力。可移植性数据集和文件可以从一个系统的存储设备中被卸载下来,移进另一个系统,并装进该系统的存储设备上。

data preparation　数据准备　将数据转换成适合于输入计算机和适合于计算机处理的形式的过程。传统的作法有:将数据穿孔于卡片或纸带上或将数据编码在磁带上。人们设计的新式输入方法是直接输入方法,不再需要数据准备操作。

data privacy　数据保密性　数据库管理系统的一种能力,以保护数据库不受无权用户的访问或修改。

data processing (DP)　数据处理　(1)转换数据为需求的信息的过程。数据处理是对数据进行收集、记载、分类、排序、存储、计算/加工、传输、制表等操作,将数据综合成信息的过程。有时也称"电子数据处理(EDP)"或"自动数据处理(ADP)"。它泛指由计算机完成的工作,特别地可以看成是对数据进行的操作。(2)由企业行政机构进行的一项或多项活动,涉及系统地记录、整理、存档、处理、检索与散发有关企业事务处理的信息。这些活动是企业管理、企业控制、决策和解决问题的重要特征。参见 information processing。

data processing center　数据处理中心　一种组织起来提供信息处理服务的设施,其中包括人员、硬件和软件。

data processing conversational mode　会话式数据处理模式　数据处理系统的一种工作方式,依此方式,用户与系统之间的数据项的修改及应答等以对话方式进行。

data processing coordinator　数据处理协调员　负责协调数据处理部门与其他部门之间活动的人员。数据处理协调员帮助确立系统分析、程序设计和计算机操作的先后顺序,推荐标准化策略和规程。

data processing cycle　数据处理流程[周期]　(1)数据处理的一般操作过程(程序)。它包括数据收集、预处理(转换为计算机可读形式、校对、核实和整理)、数据处理或操作、将处理结果显示或存储等过程。为完成数据处理活动所需的计算机硬件与软件系统,称为数据处理系统。(2)与数据处理有关的操作序列。它从数据收集开始一直到对操作的结果进行显示和分类结束。

data processing management　数据处理管理　数据处理中的管理工作。管理功能包括组织检查和管理、报表、长期规划、标准的工程控制维护和联络等。

Data Processing Management Association (DPMA)　(美国)数据处理管理协会　数据处理专业人员的专业组织。1951 年 12 月成立,原名美国全国机器会计师协会(National Machine Accountants Association),1962 年起改为现名。其宗旨是:扶持、促进数据处理和数据处理管理领域的教育及科学调查事业;教育会员使之对数据处理的性质和作用有更好的了解;进行数据处理技术方法的教育培训和研究,以期有所改进;采用一切适当手段通过研究收集并广为传播正确的数据处理原理和方法;研究有关数据处理设备的改进问题;向会员提供数据处理管理领域的最新信息,并同会员和在数据处理科学方面领先的教育部门合作;促使协会理事和会员对数据处理在商业上的重要作用及数据处理与管理的关系有更好的了解等。DPMA 的出版物有:"*Data Management Magazine*"、"*Guidelines to Data Processing Management*"、"*Data Processing: Computers in Action*"、"*Management Reference Series*"等。

Data Processing Management Association (DPMA) certificate　数据处理管理协会证书　一种显示在数据处理领域业务水准的证书,申请者必须通过在美国或加拿大每年一度的专门考试后方可获得此证书。

data processing manager　数据处理经理　数据处理机构的首脑、负责数据处理政策的解释和执行,管理下属部门,与用户部门联系,确保公司政策的贯彻执行,解决下属部门间的冲突,确保尽可能准时在计算机上进行各项工作等。

data processing node　数据处理节点　计算机网络系统内的一种节点,数据处理设备位于该节点上。

data processing standards　数据处理标准　(1)任何类型的标准都打算建立一种实践活动的规范或规定出质量或性能标准和一般性准则,以便减少各种不必要的指导文件,目的是合理化。这同样也适用于数据处理。数据处理中的标准规定了以下各方面的规则:程序语言、字符编码、自动字符识别中的字符形状和大小、数据处理装置的键盘布局、数据通信、系统文件的编写、磁带上的文件和标号结构,数据交换用的盒式磁带和磁盘等。(2)一种与系统分析、程序设计、操作以及书写过程有关的数据处理的基本规定,它包括:①通信。指系统分析员、程序员和操作人员之间的以标准形式或标准表达方式的术语、文件进行的通信;②控制。通常指按规定的质量、时间表以及责任描述;③连续性。指应共同遵循的标准方法,统一的文件归档方法。各有关部门、科研人员均服从于这些规定。

data processing station　数据处理站　在用户应用网

络中，提供一个输入输出点的设备及有关软件，如在某一个位置的终端处理机或输入输出设备。参见 work station。

data processing steering committee 数据处理指导委员会 建立这种机构的目的在于确保计算机的规划与公司的政策相一致，确保花费在这些项目上的代价合算，并从整体上看将给公司带来收益。这样一个委员会能协调整个公司的数据处理需求，以使公司的经营能获得最佳结果。委员会一般由与计算机规划有关的机构代表组成。委员会主席由执行主任担任，这能使他全面了解所提的计算机规划，并能评估它们是否与该公司今后的战略及政策相一致。

data processing system 数据处理系统 由一台或数台计算机和较多的外部设备、终端设备构成的系统。它能接收外部设备和终端的信息，并按规定的过程对信息进行及时的记录、整理和计算、加工成合乎需要的信息，必要时还可将处理结果通过终端送出去。数据处理系统通常分为实时处理和非实时处理两大类。参见 computer, computer system, information processing system。

data processing system security 数据处理系统安全性 为了保护数据处理系统中的硬件、软件和数据，在技术和管理上所采取的一切安全措施。以避免这些硬件、软件和数据遭到意外的或故意的修改、破坏或泄密。

data processor 数据处理机[员] (1)对数据或信息进行分类、合并、存储、检索、计算等加工处理装置。它包括会计机、制表机、卡片处理机、存储程序计算机。计算器、微型机、小型机、大型机和模拟计算机等均可作为数据处理机使用。(2)负责数据处理的人员。

data protection 数据保护 (1)为预防数据丢失、失真和破坏以及对数据进行非授权查询和使用，以适当的行政、技术以及物理的手段建立起来的保护措施。参见 integrity, security。(2)指数据库管理系统为保证数据的完整性和正确性而采取的一些保护措施。该术语与防止数据的丢失、失真、非特许存取和偶然地或故意地破坏所采用的安全保护措施的技术相同。数据保护包括各种不同的技术，如提供备份、加密、口令等。在数据库系统中，数据保护还应包括对并发操作的控制，以防止几个应用程序并行运行调用同一数据引起相互干扰，而使数据的完整性遭到破坏。

data protection measure 数据保护措施 确保实施数据保护的法律措施、组织措施和/或技术措施，如建立数据保护机构、制订允许数据处理的法律条款、信息组织、信息存取的限制、程序控制和数据保险措施等。

data protection system (DPS) 数据保护系统 昆腾(Quantum)系列硬盘内建的数据保护技术。DPS 可自动检测硬盘的每一个扇区，并在硬盘的前 300 MB 空间定位存放操作系统或其他应用系统的重要部分。当系统发生问题时，DPS 可以在 90 秒内自动检测并恢复系统数据。即使系统无法自举，也可用包含 DPS 的系统软盘启动系统，再通过 DPS 自动检测并分析故障原因。昆腾的 DPS 技术的原理和 IBM 公司的 DFT(驱动器性能检测)大致相同，和 DFT 主要区别有两点：①DPS 程序小巧玲珑，不仅可以做在硬盘上，也可以放在软盘上，从网上下载更是十分方便，充分考虑到了 DIYer 的需要；②DPS 技术向后兼容 1996 年 7 月以后昆腾出产的所有 ATA(先进技术附加接口)的桌面级硬盘，保护了用户的投资。参见 drive fitness test (DFT)。

data purging 数据清理[净化] 由逻辑记录处理系统清理那些已被接收，并被缓冲存放，但尚未被事务处理程序检索的数据的过程。任务是验证并修正数据，以减少进入数据处理系统数据的错误。比较 data truncation。

data purification 数据净化 同 data purging。

data qualifier (DQ) packet 数据限定符分组，DQ 分组 在 X. 25 中表示通过 X. 25 虚电路的信令辅助信息。在 Telenet 中，DQ 位设定为 1，表示在 X. 25 数据组的数据字段中包含一个 X. 29 数据分组装配——拆装程序(PAD)信息，高级数据链路控制(HDLC)和同步数据链路控制(SDLC)也采用 DQ 分组。

data quality 数据品质 数据的正确性、时间准确性、精确度、完整性、相关性和可访性，这些品质对数据的使用是必需的。

data quality control 数据质量控制 系统有规则地检查数据项的准确性、及时性和完整性的过程。数据质量管理对数据处理经理来说极为重要，犹如生产质量管理对生产厂家极为重要一样。管理用的工具包括成批记录、错误总结报告、表格检查、培训和评价记录等。

data quality monitor (DQM) 数据质量监视器 一个用于测量数据偏差失真(高于或低于阈值)的装置。

data radio 数据无线电 利用无线电波传输数据的通信技术。多用于广播式通信。

data rate 数据传输率 数据通信中，一个数据链路上单位时间内传输的数据量。通常用位/秒(b/s)或每秒位(bps)等表示。

data receiver 数据接收器 一种转换设备。它将由远程通信设备发送的模拟数据转换成数字计算机可以使用的数字数据。

data reconstitution 数据重组[构] 一种通过从各替代源的可用部件组装出数据来进行数据复原的方法。

data record 数据记录 (1)程序可以处理或产生的

事实、数字、字母、符号等的集合。(2)把数据元的集合按一定条件分组,并把每组看成一个实体,这样的数据元称为数据记录。(3)在某些虚机数据存取方法中,根据在应用程序中使用的观点而汇集的信息项;它由用户提供并由按控制间隔存储技术在物理上与有关的控制信息分开。

data record format **数据记录格式** 预先确定的数据记录内容的一种安排。

data recovery **数据恢复** 对存储在受损媒介(如磁盘、磁带)上的数据进行紧急恢复的过程。目前有许多软件产品可以帮助我们修复由磁盘损坏或病毒引起的数据损伤,但并不是所有受损的数据都可以得到恢复。

data reduction **数据整理[简化]** 运用加权、平滑、调整、换算、排序或其他统计方法把大量的原始数据或测试数据转换为更紧凑的、更结构化且更有用的形式的技巧或过程。通常包括内容的整理和格式的整理。

data reduction system **数据整理系统** 一种自动装置。它使由仪表收集起来的大量数据的使用和转换得以简化。

data redundancy **数据冗余** 同一系统中包含有大量重复数据的概念。亦即在一个文件或一个数据库中相同的数据项多次出现的现象。数据的冗余会妨碍数据库中数据的完整性,也浪费大量存储空间,还有潜在的数据不一致的危险。尽可能地减少数据冗余,计算机系统就能更好地控制数据,简化数据的维护,提供更高的数据独立性。减少数据冗余是数据库设计的重要目标之一。

data reference line **数据参考行** 在图形数据显示管理器中的一个数据行,作为表面图表中第一个数据组的阴影边界,如果没有显示数据参考行,这些数据组从水平轴开始涂上阴影。

data register **数据寄存器** 用来暂存数据的寄存器。它一般用来存放要写入存储器的数据或从存储器取出的数据。微型计算机 CPU 中的数据寄存器用来存放从存储器中取出的数据、地址和指令码。

data reliability **数据可靠性** 数据与给定标准相符程度的一种量度。它通常涉及数据的精确度或数据的正确程度。它可以用数据正确性的概率或在数据的传送及记录操作之后,数据不发生变化的程度来表示。

data representation **数据表示法** 利用数字、字母、特殊符号等表示数值和描述数据的方法。在数字计算机中,程序指令和数据均用电脉冲以编码形式进行记录。

data resource **数据资源** 任何用人工或者自动方式建立的数据,由一个系统或者企业使用,以表示其信息。

data resource management **数据资源管理** 从整体目标出发,为实现一个企业的目标而计划、组织和控制数据资源的责任。参见 information resource management。

data restoration **数据复原** 再生成已经丢失数据的行为。

data restraint **数据束缚** 与数据流控制同义。参见 data flow control (DFC)。

data retrieval **数据检索** 从文件、数据库或存储设备中查找、选取或重发所需要的数据的过程。

data rights **数据处理权** 在某些计算机系统中,对一个对象所含的数据进行读、加、更新(修改)或删除的权力。参见 add rights, delete rights, read rights, update rights。

data rule **数据规则** 用来构造数据元、数据集及数据文件的条件及满足这些条件所采取的措施。这些规则常以表格形式表示,而不用文字描述。

data scattered strategy **数据分散策略** 研究分布式数据库系统中数据分布存储的策略。数据分散策略是按有无副本及是模式分散还是事件分散来分类,因此它有:①不带副本的事件分散化;②带副本(全部或部分)的事件分散化;③不带副本的模式分散化;④带副本的模式分散化。

data schema **数据模式** 数据模式是数据库中数据的结构与特征的具体表示与描述。数据模式反映了数据内在结构与数据间的关系,它具有相对的稳定性与独立性。而模式的一个具体的值称为模式的实例。数据模式按其抽象层次分为三种:概念模式、外模式和内模式。参见 conceptual schema, external schema, internal schema。

data scrubbing **数据清洗** 在数据转换和载入数据仓库之前,使用模式识别和其他人工智能技术改善原始数据质量的一种技术。

data search **数据检索** 从文件、数据库或存储设备中查找和选取所需要的数据。

data security **数据安全性** 保护计算机和通信系统中的数据不被偶然或蓄意地非授权泄露、传送、篡改和破坏的技术和方法。它包括通常四种类型的控制:密码控制;访问控制;信息流控制;推断控制。参见 data processing system security。

data security package **数据安全软件包** 对存储数据的访问进行控制的软件包。

data segment **数据段** 内存或外存中包含程序所需数据的部分。

data selecting **数据选择** (1)从大量的数据中提取有关的或专门信息或是从文件中取出一定的记录的一个过程。(2)从数据库中标识出数据的一个子集的过程。数据选取有内容定址法和数据关联法。它们分别是入口点存取法和导航存取法的具体化。

data semantics **数据语义** 关于数据含义的解说。可以用数据来描述和表现现实世界的概念。从用

D

户观点看。数据库乃是一组模拟现实世界或某些企业的情报资料，数据语义的作用就是保证所存储的数据能准确地表现这些企业。数据语义是研究包括作为外部活动模型，为数据库的建立、维护和解释等提供的工具。

data-sensitive fault **数据敏感性故障** 由于处理某一个特定数据模式而引起的一类故障。比较 pattern sensitive fault。

data separator **数据分离器** 在磁盘控制器中，把数据信息和盘面的信号载体分离出来的电路。

data service **数据业务** 根据传输协议，在不同的功能单元之间进行数据传输的业务。

data services request block (DSRB) **数据服务请求块** 在 NetView 程序中包含一个数据服务命令处理器(DSCP)信息的控制块，用于与数据服务任务(DST)进行通信。

data service unit (DSU) **数据服务单元** 用于连接用户计算设备与公共网络的设备，DSU 位于用户装置上，与数据终端设备直接接口。DSU 提供回路平衡、远程和本地测试能力和一个标准 EIA/CCITT(电子工业协会/国际电报电话咨询委员会)接口。

data set **数据集** (1)在数据处理中，指由一些独立的元素组成的一组相关信息的集合，并可由计算机进行操作，如一个单位各个职工记录的总体就是一个数据集。参见 consecutive data set, direct data set, partitioned data set, relative sequential data set, reset information data set, sequential data set。(2)层次数据库中的一个数据文件。用来标识一个数据集的术语称为数据集名。说明数据集属性的一组信息称为数据集标号(DSL)。而数据集组(DSG)是构成层次数据库的一个存储单位。参见 data set group (DSG)。

data set adapter **数传机适配器** 计算机和调制解调器之间的接口设备，它把来自计算机的字节分解为供串行传输的二进制位，而对接收的信号进行相反的处理。

data set authority credential (DSAC) **数据集授权凭证** 某些操作系统给每个用户和每个数据集分配的一个值，其目的是确定用户访问数据集的权力。

data set clocking **数传机时钟[定时]** 为调整数据传输比特率(速率)而由数传机提供的时基振荡器。

data set control **数据集控制** 操作系统的一种数据管理功能，即使不指定地址也能按照符号来读出数据或程序以及检查存放数据媒体(磁带、磁盘等)的标记。

data set control block (DSCB) **数据集控制块** (1)卷目录表中描述和指向数据集的系统控制块。(2)直接存取装置中具有标准格式的控制块。它规定一个数据集的参数，用来描述和控制这个数据集。(3)在某些小型计算机中的一种控制块，当某数据集被打开时，描述该数据集的级别。

data set definition (DSD) **数据集定义** 数据集各种特性的描述。

data set definition table **数据集定义表** 由数据集的参数构成的表。

data set deletion **数据集删除** 在数据设备分层存储管理程序中，删除那些指定天数后不再引用的数据集的存储空间管理技术。

data set extension (DSE) **数据集扩充块** 某些交互系统中的一种控制块，含有每个终端用户数据集的控制信息。

data set group (DSG) **数据集组** (1)在某些信息管理系统中的一种操作系统数据集，包括具有一种或多种唯一段型的数据集子集。数据库总是至少由一个数据集组组成。参见 primary data set group, secondary data group。(2)构成数据库的存储单位。HSAM(层次顺序存取法)数据库只由一个 DSG 构成，而 HISAM(层次索引顺序存取法)、HDAM(层次直接存取法)或 HIDAM(层次索引直接存取法)数据库则由一个主 DSG 和至多 9 个次 DSG 组成。根片段所在的 DSG 是主 DSG。在次 DSG 上可对后代片段提供索引存取。

data set header **数据集标题** 把数据集的各拷贝分开地打印输出中的一行。当要打印多于一个数据集拷贝时，数据集标题处于每一个拷贝的前面。

data set ID **数据集标识符** 在通信系统中，当数据集被主系统定义时，分配给该相关数据集或索引数据集的一种编号。此编号随后在程序中用来识别该数据集。

data set key **数据集键标** 在某些通信系统中，加索引数据集记录的一部分，它唯一地标识了数据集内的该记录。每个记录可以有一个或两个键标(主和次)，它们可以是二进制、十进制或者是字母数字型数据。这些键标放在每一个记录的头 240 个字节的固定位置上。参见 primary key, secondary key。

data set label **数据集标号** 一组用来描述数据集属性的信息。通常和数据集存在于同一存储设备上，有时还包括数据控制块。

data set members **数据集成员** 分组数据集的成员，是一个大文件中分别命名的成员，可按名字访问。

data set name **数据集名** 用来标识一个数据集的字符串。

data set organization **数据集组织** 数据集中信息的一种安排，如顺序组织和分区组织。

data set profile **数据集轮廓文件** 与数据集或者数据集组相关的资源访问控制设施的保护信息，包括数据集轮廓文件名、文件拥有者、卷序编号、一般存取权以及其他数据。

data set ready (DSR) **数据集就绪** 在串行通信中，

一个表示调制解调器连接成功并准备就绪的信号。使用时通过 RS-232-C 中连接器的针 6 发送。

data set reference number 数据集参考数 在 FORTRAN 语言的输入输出语句中的常数或变量。它规定待操作的数据集。

data set retirement 数据集退役法 在数据设施分层存储管理程序中，删除数据集的一种空间管理技术，当这些数据集在规定日期内未被引用，并且当前备份版本在产生后也未被引用时就删除该数据集。

data set separator pages 数据集分割页 打印输出中，界定数据集的页。

data set utility program 数据集实用程序 用来修改、维护、编辑和记录数据集的程序。

data share 数据共享 多个用户共享数据库中的集成数据。数据集的所有者允许其他用户访问他的数据集，称为共享数据集。一个用户向一个数据集的所有者发出共享命令，请求访问其数据集，所有者若发出允许命令，则获准访问的这个用户称为数据共享者。

data signal 数据信号 这是信息联机线路或波段上传输的一种形式。它包括实际信息(如报文)和别的信息(如控制字符、错误检测码)。随着信息传输方式不同，数据信号可以在不同的媒体中传输，如电线、光缆、微波和无线信道等。

data signaling rate 数据信令[号]速率 (1)数据传输系统中传输路径上每秒传送的二进制位(比特)的总数。(2)在数据通信中，一组并行信道的数据传输能力。其数字信号传输速率用每秒传送的二进制位数表示。

data signaling rate transparency 数据信号速率的透明性 一种网络参量，它允许在一定范围以内，不需要对使用的数据信号速率作任何限制便能够在用户之间传输数据。

data sink 数据宿，数据接收器 (1)在数据通信系统中，用来接收发送设备送来的数据信号的设备。它还能对接收的数据进行校验，并产生错误控制信号。它与数据源相对应。比较 data source。(2) DTE(数据终端设备)中，接收来自数据链路的数据的部分。

data snapshot 数据快照 一种基于时间点的数据复制备份技术，在一个时间点实现对数据的保存状态的一个实例拷贝，而不是创建整个复制的数据集。

data source 数据源、数据发送器 在数据通信系统中，为发送媒体或发送设备提供数据的设备。一般具有错误控制能力。它与数据接收器相对应。比较 data sink。

data specification 数据说明 PL/1 语言中，流式数据传输语句中规定传输方式的部分。它包括数据表和编排式输入输出方式用的格式表。流式数据传输语句有 DATA，LTST，EDIT 等。

data specification statement 数据说明语句 源程序中用来表示和说明程序使用的数据项格式的语句。

data specificator 数据描述符 描述复杂的和多维数据的描述符。如阵列和记录中，数据在存储区中存放的位置，所占用的单元数等，均分别由描述符中的有关数位指出。描述符和数据分开存储，机器给描述符形成访问每个元素的地址。

data speech compatible 数话兼容 数传电台在传输数据的主要用途之外，能传输话音，称该 数传电台具有数话兼容能力。数话兼容通常是指数传电台具有数据传输(数传)和话音传输(通话)两种工作方式，可通过内部或外部控制进行选择。参见 data transceiver。

data start flag 数据起始标志 在高速通信中数据格式单一字符结构内部的起始控制字符。参见 high-level data link control (HDLC)，synchronous data link control (SDLC)。

data state 数据状态 与程序流图有关的概念。程序的各个环节开始或结束时的初始条件或运行结果。一个过程必须至少含有一个设置环节并且必须形成一种与该环节相关的数据状态。

data station 数据站 由数据终端设备、数据电路终接设备以及两者间的任何中间设备(如加密解密设备)所构成的实体。

data station console 数据站控制台 配备多种专用设备的控制台。它有三种基本功能：阅读文件、打印信息、传送和接收数据。控制台为每个站提供数据收集系统，并通过常规线路把它们直接连到中央计算机上，构成完整的信息处理系统。

data steward 数据管家 负责确保企业内的应用软件真正支持该企业目标的人员。

data storage 数据存储器，数据存储 (1)可直接与中央处理器相联的大容量存储设备，如磁盘存储器。(2)利用任何媒体存储数据的过程。

data storage description language 数据存储描述语言 (1)一个定义存储数据的表示的语言，存储数据的表示独立于特定存储设备或操作系统。(2)在数据库系统中，指用于定义数据库的存储模式语言。用它可定义数据库中每一个存储记录的格式、存储区的数目和大小以及存储区中记录的位置。它独立于任何特定的操作系统和设备，是由数据库管理员使用的。

data stream 数据流 (1)在一次读或写操作中，通过数据通道传输的全部数据。(2)正在传输或计划传输的连续数据元素流，数据以字符形式或二进制数字形式或使用已定义的格式进行传输。参见 data stream format。(3)提供处理机执行操作的数据序列。只提供一个数据序列供一个或多个处理机使用的数据流称为单数据流，提供多个数据序列供单个或多个处理机使用的数据流称为多数据流。

data stream control 数据流控制 控制器对数据流出、流入、变换、加工等操作的控制。对于冯·诺依曼型结构计算机而言，数据流是根据指令流的操作而形成的，即数据流由指令流来驱动。

data stream format 数据流格式 SNA(系统网络体系结构)中，请求/应答单元(RU)中数据元素(端点用户数据)的格式。参见 SNA character string (SCS)。

data streaming 数据流动 通过一个接口进行的不中断的信息传输，以达到高速数据传输率。

D

data-stream interface (DSI) 数据流接口 在某些分布式处理操作系统中，通过宏指令访问得到的中间层级通信支持。在这一层级，用户负责处理发送到设备的数据格式。

data structure 数据结构 (1)计算机学科中的一门研究数据元素之间关系的学科分支。数据结构以一种统一的方式描述基本数据项的类型与性质，数据与数据间的关联，研究这些数据内部的结构关系(包括逻辑结构和物理结构)，研究如何对各种结构的数据定义各种运算，设计各种算法，分析各种算法的效率，研究各种数据结构在计算科学及其他重要领域中的应用，探讨数据查找和排序等方面的技术。(2)确切地说，一个数据结构 B 是一个两元组 $B=(K,R)$，其中 K 是数据元素的集合，R 是 K 上关系的集合。定义中 R 集合中的关系指的是数据元素之间的逻辑关系，因而这种结构称为数据的逻辑结构，而数据的物理结构也称"存储结构"，指的是数据结构在计算机中的表示，它要求很好地保存原数据元素之间的逻辑关系，并能方便而有效地完成对数据元素的运算。存储结构在外存中表示称为文件结构。数据的逻辑结构包括有表、栈、队列、数组、串、树和有向图等。存储结构有向量、链表、丛等。

data structure design method 数据结构设计法 由英国的杰克逊(Jackson)和法国的沃尼尔(Warnier)提出，其原理是：程序通过数据结构来表现现实世界。因此，正确的数据结构模型一定可以变换为现实世界中的正确模型。此方法适用于小规模问题设计。

data structuring rule 数据结构化规则 一种数据结构规定的某一个数据类型实例的规则。

data sublanguage 数据子语言 用于数据库的一系列语句，附加到常规程序设计语言中，如嵌入式 SQL(结构化查询语言)。

data supported DSS 提供数据支持的决策支持系统 对管理者的决策活动仅在数据方面提供支持的决策支持系统，其大量决策工作需由人来完成。

data surface 数据面 多片盘组中，专门记录数据的盘面。它们的道号、段号、开始标记、同步信号等都由伺服面提供。数据面上的磁头称作数据磁头。

data switch 数据开关 把多个终端连接到计算机上的设备，用户在终端或者通过调制解调器告诉数据开关所要连接的计算机，如果没有数据开关，终端就必须直接连接到计算机的一个终端接口上。

data switching 数据转接[交换] 根据输入数据报文的信息，把输入数据报文自动地或人工地传送到一个或几个输出电路。

data switching equipment (DSE) 数据交换设备 一种设置在交换网中，提供电路交换或分组交换或者两种功能兼备的设备。

data switching exchange (DSE) 数据交换机 一种用于交换电信网络中的共享干线的本地交换机，可提供交换[转接]功能，像电路交换、报文交换、包交换。参见 digital data switching。

data system 数据系统 将数据自动地或以人工方式转换成动作信息或判定信息的装置。这些信息包括表格、规程和过程，它们一起提供系统的相互有关的方式，用以记录、传递、处理和提供与确定的功能或活动有关的信息。

data system integration 数据系统集成 一种系统设计方法，它使两个或两个以上的数据系统在功能上或技术上结合起来，或把一个数据系统的一部分功能元件综合进另一数据系统，用这些方法来改进或扩充数据系统的功能和性能。

data system interface 数据系统接口 (1)两个或两个以上涉及系统间通信功能的数据系统的交接部分。(2)自动数据处理系统之间或一个系统各部件之间的交接部分。

data system specifications 数据系统规范 数据处理系统要实现的技术要求，说明内容包括输出数据、数据文件和记录内容、数据量、处理频率、培训人员以及其他所必需的系统说明。

data-system transmission 数据系统传输 通过一系列电路及设施，调制解调器和其他设施，将信息从一处传输到或转接到另一处。

data tablet 数据输入板 用来输入图形的设备。利用数据输入板，可以将图像直接输入计算机。它含有一个记录笔和栅状记录输入板，当记录笔压到输入板上时，它的坐标就存入 X-Y 输入的寄存器中。该寄存器由主机读出。输入板通常用来代替光标和跟踪符号的光笔，并广泛用于显示系统中，在不能应用光笔跟踪和识别的系统中可用这种图形输入板。

data tagging 数据标记 编制书刊目录数据库所用的一种技术。数据标记是一些代码，它指明并且唯一地识别在原始文件中数据的特定类型。标记附加在书刊目录参考文献上，在检索数据库时，可起辅助作用。

data telephone circuit 数据电话线路 一种专用的传输数字数据的电话电路，如美国电话电报公司开发出的 DATA-PHONE 电路。

data terminal 数据终端 一种设备。它一般由计算机输入输出设备和数据通信设备组成,通常还包括微型计算机。它具有向主计算机输入数据及接收主计算机输出数据的能力,有与数据通信线路连接的通信控制能力,也具备一定的数据处理能力。参见 terminal equipment, work station, data station。

data terminal equipment (DTE) **数据终端设备** (1)在数据通信系统中,安装在远离计算机而靠近用户一侧的输入、输出设备和传输控制器的总称。(2)在数据站中,可以作为数据源、数据宿或者两者兼备,并按照某一链路协议来完成数据传送控制的功能单元。参见 data terminal。

data terminal equipment (DTE) waiting **数据终端设备等待** 一种控制信号,它表明 DTE(数据终端设备)正在等待 DCE(数据电路终端设备)的呼叫控制信号。

data terminal ready (DTR) **数据终端准备就绪** 串行通信中的一个信号,由计算机送到调制解调器,以表示计算机已准备好接收到达的信息,在 RS-232-C 连接器上是 20 号脚。参见 RS-232-C standard。

data test set **数据测试设备** 通过数据传输过程自动完成所有测量的一种装置。这种基于处理机的装置,提供自动操作,亦可通过 RS-232 接口,由计算机或终端对它进行控制。便于使用的接口命令给远程控制带来了方便。

data traffic **数据通信[信息]量** 在数据通信中,路径的某一个特定点上所通过的被传送数据的数量值。参见 throughput。

data traffic reset state **数据通信复位状态** 如使用了密码验证,通常在 BIND 通话后以及在清除之后,而在数据通信开始之前进入的一种状态。在这种状态下通话,不能发出与数据和数据流控制有关的请求和响应,只能发出某种通话控制请求。

data transceiver **数传电台** 主要用作数据传输用途,并且其内部具有相应的数据调制解装置的无线收发信机,称为数传电台。通常又专指主载波采用窄带调频方式,数据接口采用二进制串行方式者。

data transfer **数据传送** (1)计算机系统中通过总线或通道在中央处理器、存储器和外部设备之间传送数据的过程。微型计算机一般有三种数据传送形式:程序控制数据传送、程序中断传送和直接存储器存取(DMA)传送。(2)在数据通信中,从数据源发送数据并从数据接收器接收数据的过程称为数据传送。

data transfer control **数据传送控制** 用来实现数据传送所使用的控制方式。控制数据传送一般有三个因素:控制信息、格式化和联络过程。

data transfer instruction **数据传送指令** 将数据从一个地方移动或传送至另一个地方的指令。它主要指存储单元与存储单元、存储单元与寄存器、寄存器与寄存器之间的数据传送。数据传送时,数据从源地址传送到目的地址,而源数据不改变。

data transfer mode **数据传送方式** 在分组交换中,携带客户数据的数据组以这种虚电路模式交换,在呼叫确立以后,一条虚电路就处于数据转移状态,它保持数据转移状态直至被清除或向命令状态的跳跃完成。

data transfer phase **数据传送阶段** 数据调用的一个阶段,在此阶段,数据信号在经网络连接的数据终端设备之间进行传输。参见 network control phase。

data transfer rate **数据传送(速)率** 单位时间内通过数据传输系统相应设备的二进制位位数、字符数或数据块的平均值。参见 actual data transfer rate, effective data transfer rate。

data transfer register **数据传送寄存器** 也称"存储数据寄存器"。计算机内部的暂时存储部件。它便于计算机内部的数据传送。

data transfer sequence **数据传送序列** 一种数据传送方式。在有些微型计算机系统中,将数据传送给微处理机或从微处理机中取出数据时不需要与特定的时间序列同步。微处理机可以为数据速率不同、使用公用系统总线的设备服务。该方式简化微处理机和存储器、外部设备之间的数据传送。

data transfer time **数据传送时间** 数据传送时间是一段时间,它指从发送数据终端设备(DTE)将一个用户数据单元,譬如一个字符、字、块或消息放到网络上准备传送的瞬间开始到接收数据终端设备(DTE)接收到该完整的数据为止的这段时间。

data transformation **数据转换** 从一个源数据格式转换为目的数据格式。数据转换包括改变数据的类型和长度。

data translation instruction **数据转换指令** 将数据由一种格式转换成另一种格式的指令。例如,将十进制数转换成二进制数,将二进制数转换成十进制数,将定点数转换成浮点数等。

data transmission **数据传输** 遵照适当的规程,经过一条或几条数据链路在数据源和数据接收器之间传送数据的过程。它涉及与该过程有关的设备、线路的全体,也涉及传输数据的编码、译码、校验等,还涉及数据通信设备。

data transmission channel **数据传输通道** 在数据终端设备之间传送数据时所用到的传输媒体和有关设备。同 data communication channel。

data transmission efficiency **数据传输效率** 正确接收到的数据的位数(比特数)与传输的总比特数的比值。

data transmission interface **数据传输接口** 在数据传输系统中,该概念涉及功能相异的两个设备互连时的技术规范。它是由功能特性、公用物理互连特性、信号特性以及其他适合的特性定义的共同界面。参见 transmission interface。

data transmission ratio 数据传输比 在数据传输系统中，有用的或可接收的输出数据与输入总数据的传输比。

data transmission speed 数据传输速度 在通信线路上，每秒传送的信号码元数，用波特表示。

data transmission system 数据传输系统 将信息从一个地点或位置传送或转移到另一个地点或位置的一系列电路、调制解调器或其他设备。

D

data transmission trap 数据传输俘获 由计算机自动完成的一种非程序条件转移。它用来保证特定的输入输出子程序与有关程序之间进行通信和信息交换。

data transmission utilization measure 数据传输实用度量 在数据传输系统中，有用的输出数据与总的输入数据之比。同 data transmission ratio。

data transparency 数据透明性 在计算机网络中，由数据链路控制协议提供的一种环境，可发送任意顺序的数据位而不打乱正常链路操作。在面向字符的协议中，这种透明性可由退出序列或定长帧结构提供。

data trend graph 数据趋势图 数据处理所得到的一组相关数据，按其值的大小在坐标空间中用一条折线或一组标记来表示，从而可以看出其变化的趋势。

data truncation 数据截断 逻辑记录被发送事务处理系统截断的过程。当发送事务处理系统异常中止或在发送记录中遇到错误，即发生数据截断。其结果是，当记录抵达接收事务处理系统时，标识长度字段的数值大于记录的实际长度。比较 data purging。

data type 数据类型 一些数据的集合。通常同一类型的数据具有相同或类似的结构，它们都能参与某些运算。一般程序设计语言都确定了一组基本数据类型，常见的是整数型、实数型、布尔型、字符型等。有些程序语言允许用户自己定义新的类型，它们一般提供一种或几种类型构造手段。数据类型可以是基本类型，也可以是由基本类型构成的结构化的类型，如数组、记录、栈、序列、堆、文件和信号量等。多数语言要求明确说明每个变量的取值类型信息，可以用来在编译过程中进行静态的语义检查。类型适配性(变量，表达式、赋值，参数传递等)的检查是编译程序检查的一个重要方面。对数据类型的理论研究形成了抽象数据类型理论。

data under voice (DUV) 话下数据(传输) 模拟无线电系统的基带中，在频分复用信号所占频带之下传输数据的数据传输方法。将数据信号加载在电缆或无线电系统的声音信号频谱之下部。

data unit 数据单位[块] 当作整体看待的一个或一组相关字符。通常用来代替数据区指定一个特定的信息单位。

data upload 数据上传 把一本地磁盘文件传送给一个远程主系统的过程。在商用通信和个人通信环境中，都需要使用这种上传能力，把包括备忘录、报告数据或软件在内的文件传送给远程的计算机系统。

data use identifier 数据使用标识符 用来标识数据元中数据项的标题或名字，如数据库信息使用人员的使用日期等。

data user part (DUP) 数据用户部分 国际电报电话咨询委员会(CCITT) 7 号信令系统中，用于数据交换和传输的第四层协议。

data validation 数据确认[验证] (1)在数据输入系统中，按数据区检查数据有效性和数据错误的过程。在数据输入计算机的过程中，如检测出不正确的数据，则立即停止输入，显示屏上的光标就指在出错的数据区。操作人员只要键入正确字符便能继续输入。(2)一个用于决定数据是否准确、完整或合理的过程，这个过程可包括格式检查、完整性检查、检查键测试、合理性检查和上下限检查。

data validation operation 数据有效操作 数据输入到计算机系统以前，某些数据输入系统对数据的准确性进行鉴别或监视并在发现错误时发出警告的过程。

data validity 数据有效性 一种数据可接受性的量度。具体是通过各种关系或检验、核实数据是否符合要求，证实数据的可靠性、正确性、有效性或可接受程度。

data value 数据值 对文字、数据项或可以用作变量的类型(如整数)所赋的值。

data visualization 数据可视化 为了便于人们分析而用图形和多媒体的格式表示数据。

data volatility 数据易失性 存储的数据值随时间的变化速率。

data warehouse 数据仓库 数据仓库是支持管理决策过程的、面向主题的、集成的、稳定的、不同时间的数据集合，是建立在计算机网络基础上的大型分布式数据库系统，它将分布在各网络节点上的数据库系统联合起来，构成一个更大的数据存储和管理系统。数据仓库的信息来自不同地点的数据库或其他信息源。数据仓库的信息源具有分布和异构的特点，其中的主要信息可以视为定义在信息源上的实体化视图集合。实体化视图与通常所说的视图不同。数据仓库管理系统预先把实体化视图对应的数据从信息源中提取出来，物理地存储到数据仓库中，使这些视图成为物理存储的数据实体。数据仓库是一个概念。它不是某种能够实际购买的产品。数据仓库由一系列硬件和软件组成，能被用来更好地分析大量数据以使企业作出更好的商业决策。数据仓库系统具有两个主要功能：一是从各信息源提取需要的数据，加工处理后，存储到数据仓库中；二是直接在数据仓库上处理用户的查询和决策分析请求，尽量避免访问信息源。参见 data mining。

data width 数据宽度 I/O 设备取得 I/O 总线的使用权后所传送数据的宽度。采用何种数据宽度与总线上各设备的工作特点、所采用的总线控制方式和通信技术有关。宽度的种类有单字、定长块、可变长块、单字加定长块和单字加可变长块等。

data window 数据窗口 在 CRT(阴极射线管)等显示器中，用软件的方法把屏幕分成若干不同的区域，同时显示几个不同来源的数据，这些区域称为数据窗口。

data wire 数据线 数据通信系统中为传送数据而设计和建立的信道或通道。

data word 数据字 (1)计算机或信息处理系统中的一种基本数据单位，如在存储、传送操作时作为一个数据单元的一组字符或一组二进制数。(2)通信中由若干码元组成的一个码组。(3)同 word。

data word length 数据字长 微处理机所处理的一个数据字中的数位或字符的数量。它依赖于 CPU，是处理器在一个操作中所能处理的最大数据量，如 8 位、16 位或 32 位的处理机，它们分别具有 8 位、16 位和 32 位数据字长。数据字长会影响微处理机的性能。一般地讲，字长越长，数据吞吐量越大，运算精度就越高，存储器的寻址能力也就越大。

data world 数据世界 也称"计算机世界"。是数据库系统的处理对象。现实世界中的事实经过信息世界转换成信息，并经过加工、编码进入计算机世界。计算机世界的处理对象是数据，它是载荷信息的各种物理符号，是信息(观念)世界中信息的数据化。现实世界中事实及其联系在这里用数据模型来描述。由于数据库技术的崛起，已有了处理数据世界的工具。今后只有出现了智能计算机才有可能找到解决用于直接处理现实世界的工具。

data wrap 数据返回 通过信息系统传输数据，再将数据返送源设备以检验系统的准确性。

date counter overflow 日期计数器溢出 当一个日期变量中的值超过了允许值时，在系统和程序中可能发生潜在的类似 2000 年问题，当日期增加值时产生一个系统判为零或负数的数字时就可能发生日期计数器溢出。这有可能引起系统或程序反过来报出错误信息或回复到原始起点。这种错误不一定局限于 2000 年问题。

date field 日期字段 将计算机系统的数据源输入应用程序中时，源记录中含有最后改动日期的一个字段。

date-in-key problem 关键字日期问题 这是取决于将 2 位数字日期作为关键字的一部分的索引文件(诸如某些数据库)的计算机系统中的一个潜在问题。如果该文件必须按年代顺序排列，那么开始于 2000 年的文件将会不按顺序排列，如(19)99 将会判读为比 20(00)更近靠前。

Datel 数据远程通信 data telecommunication 的缩写。由数据和远程通信两个词合并而成，用来定义商业和工业用的邮电数据传送设施。这些设施可使用户通过专门租用的通信线或公共交换电话网络发送和/或接收数据。

date-time group (DTG) 日期时间组 (1)在美国军事通信中，信息准备好进行传输的日期、时间、月份和年。日期时间组一般根据当地指挥部的决定被分配给通信军官或命令发出者。(2)信息装填的准确时间，由 6 位数字及一个字母后缀组合式表示。首两位为日期，次两位为时数，末两位表示分，后缀字母表示时区。例如：231525ZJUN81，表示的日期组为(231525)，即 1981 年 6 月 23 日下午 3 时 25 分，格林威治时间。

DAU 数据适配器单元 data adapter unit 的缩写。

daughter board 子板，辅助板(卡) 一种与计算机母板物理上相连，提供辅助功能的电路板，可以直接与计算机母板相连或者插入到母板的扩展槽内，起到扩展系统功能与提高系统性能的作用。

daughter-mother board connector 子母板间连接器 子母印制板之间互连用的板装连接器。它可以是和印制板的印制插头配对的一件式连接件，也可以是板装两件式配对连接件。

daughter-mother PC board 子母板插件 为了提高安装密度，在插件母板上装载子板的一种插件结构形式。这是一种三维立体组装结构。子板和母板可以相互平行叠装，亦可两者垂直插装。

DAV (1)话上数据(传输) data above voice 的缩写。(2)数据有效线 data availble 的缩写。

DAVC 数字视听评议委员会 Digital Audio-Visual Council 的缩写。

David's advanced revision control system (DARCS) David's 高级修订控制系统 DARCS 是一个分布式软件修订控制系统。由 David Roundy 设计来替代集中的并发版本系统(CVS)，用于软件的几个不同的版本在不同的位置维护。分布式版本控制系统同集中式版本控制系统的着眼点的差异，从理论上说，在于对文件系统的版本的理解上。分布式版本控制系统管理变更集，而集中式版本控制系统管理快照。参见 concurrent versions system (CVS)。

day clock 日历钟 用于实时处理的一种电子计时仪表，可指示 24 小时，由程序员加以控制。每分钟可使计算机中断一次，还可以初启查错程序，维护程序等例行子例程。

dayfile 日志 一个数据处理系统所发生的特殊事件、状态和情况的记录。通常，它们都按发生的时间顺序排列，如特殊的操作命令、委托的管理命令、程序的结账日期、各种等待队列的长度等。它们与值班记录是互为补充的。

Daytona Daytona 操作系统 Windows NT 3.5 版

的名称，是微软公司1994年9月推出的操作系统平台，存取速度快，占用存储空间较少，支持三维图像处理，可与TCP/IP(传输控制协议/网际协议)同时运行。

DA-15 **15针D型连接器** 一种用在T1多路复用设备中替代WECO310或Bantam连接器的15针D型连接器。

dB **分贝** decibel的缩写。

DB (1)数据库database的缩写。(2)数据广播data broadcast的缩写。(3)数据总线data bus的缩写。

dBa **已调分贝数** decibels adjusted或adjusted decibles的缩写。

DBA (1)数据库管理员database administrator的缩写。(2)动态带宽分配dynamic bandwidth allocation的缩写。

DBAM **数据库存取法** database access method的缩写。

dBASE **dBASE数据库管理系统** 由Ashton-Tate公司推出的数据库软件，在微机上运行。其原始版本称为Vulcan，由Wayne Ratliff首创。1981年Ashton-Tate买下Vulcan并以dBASE Ⅱ名称上市，其后续版本分别是dBASEⅢ，dBASEⅢ PLUS和dBASEⅣ。

dBASE series **dBASE系列** 美国Ashton-Tate公司在微型机上开发的一个通用的关系数据库管理系统。也称"大众数据库系统"。其特点是功能强、操作使用方便、效率较高，适合于一般事务管理软件的开发。为办公室自动化、企业管理、商务管理等方面的应用提供了有力的工具。国际上推出的微机dBASE系列产品有dBASEⅡ，dBASEⅢ，dBASEⅢ Plus，dBASEⅣ等。

dBASE Ⅱ database software **dBASE Ⅱ数据库软件** Ashton-Tate公司于1981年5月推出的数据库管理系统，用汇编语言写成，具有清晰易懂的关系式数据逻辑模型，有非过程化自含式数据操纵程序设计语言，采用了S树索引和多重缓冲技术，记录数的最大值为65 535条，记录的最大值为1 000字节，字段数最多为32个，字段最长为254字节，数值字段的精度为10位，同时打开的文件数为两个，内存变量为64个全局变量，操作命令共有95条。

dBASE Ⅲ DBMA **dBASE Ⅲ数据库管理系统** Ashton-Tate公司于1984年6月推出的数据库软件，是dBASE Ⅱ的更新产品，用汇编语言写成，主要用于IBM PC系列机及其兼容机，主要的功能改进包括①支持多数据库并行操作，可同时打开10个数据库文件；②支持数据库关联，从属库记录指针随主库文件记录指针的移动而移动；③引入了过程文件，可减少程序文件数量和读盘次数；④引入全程变量和局部变量，提供了多人参与程序设计的工作环境。操作命令增至118条，每个数据库文件的记录数目的最大值为10亿条，字节数的最大值为20亿个，记录大小的最大值为4 000字节，字段数的最大值为128个，字符字段最大值为254字节，数值字段的最大值19字节，数值字段精度为15位，文件操作时可打开15个所有类型的文件，数据库文件与dBASE Ⅱ的不兼容，但提供了双向文件转换程序。

dBASE Ⅲ PLUS **dBASE Ⅲ改进型数据库管理系统** Ashton-Tate公司于1986年1月正式推出的数据库软件版本，是dBASE Ⅲ的改进，其新特点主要有：①支持局域网；②支持目录管理功能；③支持工作现场管理，用视图文件记录当前各工作区数据文件、管理文件、格式文件、关联状态等诸项信息，必要时可快速原样恢复；④ 支持调试手段，存储最近执行的命令等，每个数据库文件的记录数目的最大值为10亿条，字节数的最大值为20亿个，记录大小的最大值为4 000字节，字段数的最大值为128个，字符字段最大值为254字节，数值字段的最大值19字节，数值字段精度为15位，文件操作时可打开15个所有类型的文件，新增加了现场文件、查询文件、屏幕文件和目录文件，增加了用于日期和备注字段的命令。

dBASE Ⅳ DBMS **dBASE Ⅳ数据库管理系统** Ashton-Tate公司推出的数据库软件版本，与dBASE Ⅲ和dBASE Ⅲ PLUS兼容，1988年推出1.0版，1990年推出1.1版，具有网络功能，可在Novell网、3＋网、令牌环网上运行，支持范例查询(QBE)和基本的SQL(结构化查询语言)，系统内存变量有25个，能自动锁定多用户文件和记录，提供多个用户在多用户环境或网络环境下对数据库的全部或不同部分进行访问和更新，采用编译执行方式提高执行速度，具有数据完整性功能和图形功能，实现了动态存储管理，采用多索引文件，能运行于UNIX操作系统和Sun工作站，由于软件的规模大，占用的内存也较多。

.dbc **数据库容器文件名后缀** dbc是database container的缩写，微软Visual FoxPro数据库系统中数据库容器文件扩展名。

DBC **数据库计算机** database computer的缩写。

DB connector **数据总线连接器** 用于设置串行及并行输入、输出的任一类连接器。在DB后的数字表示连接器内的线数。常见的数据总线连接器有DB-9、DB-15、DB-19、DB-25、DB-37及DB-50。

DBCS (1)双字节字符集double-byte character set的缩写。(2)数据库控制系统database control system的缩写。

DBD **数据库描述** database description的缩写。

DBDA **数据库设计辅助工具** database design aid的缩写。

DB/DC **数据库/数据通信** database/data communication的缩写。

DB/DC system 数据库/数据通信系统 一种具有数据库管理系统功能又可进行数据通信的系统。因为兼备两种功能，给用户的使用带来方便。

DBDGEN 数据库描述生成 database description generation 的缩写。

. dbf 数据库文件名后缀 dbf 是 database file 的缩写，是 Foxbase、Dbase、Visual FoxPro 等数据库处理系统所产生的数据库文件扩展名。

dBf 高于 1 fW 的分贝数 decibels above 1 femtowatt 的缩写。

DBF (1)数据库文件 database file 的缩写。(2)数据库设施 database facility 的缩写。

DBI 数据库索引 database index 的缩写。

D-bit D 位，定界确认位 在 X. 25 通信中，分组数据中的发送确认位，在接收方要求应答信号时设置为 1。参见 M-bit，Q-bit。

dBk 高于 1 kW 的分贝数 decibels above 1 kilowatt 的缩写。

DBK 数据库(关)键码 database key 的缩写。

DBL 数据库语言 database language 的缩写。

DBLK 数据块 data block 的缩写。

dBm (1)分贝毫瓦 decibel based on one milliwatt 的缩写。(2)高于 1 mW 的分贝数 decibels above 1 milliwatt 的缩写。

DBM (1)数据库管理 database management 的缩写。(2)数据库机 database machine 的缩写。

dB meter 分贝计，电平表 一种具有标准刻度的仪表，可在规定的参照电平下直接读出分贝值，通常取 1 毫瓦(mW)为零分贝(0 dB)。分贝计通常用来指示广播站(台)的音频放大电路，有线广播以及接收机输出电路的音量电平。

dBmp 按噪声加权的高于 1 mW 的分贝数 decibels above milliwatt psophometrically weighted 的缩写。

DBMS (1)数据库管理系统 database management system 的缩写。(2)数据库管理软件 database management software 的缩写。

dBmV 分贝毫伏 75 Ω 阻抗的电缆系统上信号 mV 能量对应的 dB 数。若以 1 mV 作为基准电压，则电压为 U 时对应的电平为 20 lg(U/1 mV)，单位记为 dBmV(分贝毫伏)。

dBm0 0 参考点上的分贝毫瓦 用于表示在零传输电平点(0TLP)用 dBm 表示的信号幅度的缩略语。传输电平点(TLP)是在任一特定点的信号能量与同一信号在参照点的能量的比(以分贝为单位)：TLP(dB)＋0TLP 点的能量＝在 TLP 点测得的能量(dBm)。

DBOMP 数据库组织和维护处理程序 database organization and maintenance program 的缩写。

dBp 高于 1 pW 的分贝数 decibels above 1 picowatt 的缩写。

DB-PCB 数据库程序通信块 database program communication block 的缩写。

DBRC 数据库恢复控制 database recovery control 的缩写。

dBrn 高于参考噪声的分贝数 decibels above reference noise 的缩写。

DBS (1)直(接广)播卫星 direct broadcast satellite 的缩写。(2)数据库系统 database system 的缩写。

DBS service 直播卫星业务 direct broadcasting satellite (DBS) service 的缩写。

DBStar 数据库之星 database star 的缩写。

DBTG 数据库任务组 database task group 的缩写。

DBTG system structure DBTG 系统结构 DBTG (数据库任务组)网状数据库的系统组成。该系统中用记录型描述实体。记录由若干数据项组成，它是最小可存取的数据单位。记录之间的一对多的联系用系来描述。系是 DBTG 中的主要概念。DBTG 系统的整体结构由模式、子模式和存储模式组成。模式是对整体数据结构的描述。子模式是对用户所涉及的局部数据结构的描述。存储模式用来定义数据库的存储组织，用数据存储描述语言 DSDL 来书写。

D-bus D 总线 中央处理器用的内部总线，用来连接运算器和各个寄存器。

dBuV 分贝微伏 若以 1 uV 为基准电压，则电压为 U 时对应的电平为 20 lg(U/1uV)，单位记为 dBuV(分贝微伏)。

dBV 高于 1 V 的分贝数 decibels above 1 volt 的缩写。

dBW (1)分贝瓦 decibel based on one watt 的缩写。(2)高于 1 W 的分贝数 decibels above 1 watt 的缩写。

dBx 高于参考耦合的分贝数 decibels above reference coupling 的缩写。

DB2 DB2 关系数据库管理系统 DB2 relational database management system 的缩写。

DC (1)直流 direct current 的缩写。(2)数据通信 data communication 的缩写。(3)数据链接 data chaining 的缩写。(4)数据中心 data center 的缩写。

DCA (1)文档内容体系结构 document context architecture 的缩写。(2)国防通信机构 defense communication agency 的缩写。(3)数字计算机连接 digital computer association 的缩写。(4)动态信道分配 dynamic channel allocation 的缩写。

DCB (1)数据控制块 data control block 的缩写。(2)设备控制块 device control block 的缩写。

DCC (1)数据通信通道 data communication channel 的缩写。(2)数据国家码 data country code 的缩写。

DCCH 专用控制信道 dedicated control channel 的缩写。

DC continuity 直流连续 由导线组成而无放大器、变换器的金属连续电路。

DCCP 数据拥塞控制协议 datagram congestion control protocol 的缩写。

DCCS 分布式计算机控制系统 distributed computer control system 的缩写。

D

DCD 数据载波[体]检测 data carrier detect 的缩写。

dc-dc converter 直流-直流变换器 一种电子装置，它可将一种直流电压转换为另一种直流电压。

dc-dump 直流断电状态 由于直流断电而使某些不能断电的半导体存储器中信息大量丢失的状态。

DCE (1)数据电路终端设备 data circuit terminating equipment 的缩写。(2)数据通信设备 data communications equipment 的缩写。(3)分布计算环境(标准)distributed computing environment 的缩写。

DCE clear confirmation packet DCE 清除确认包 一种呼叫管理包，DCE(数据电路终端设备)，用以发送确认“呼叫已被清除”的信号。

dc-erasing head 直流抹去磁头 用直流磁场以清除磁记录媒体(如磁带)上记录信息的装置。

DCF (1)数据通信功能 data communication function 的缩写。(2)数据通信设施[软件]data communication facility 的缩写。(3)数据计算字段 data count field 的缩写。(4)色散补偿光纤 dispersion compensating fiber 的缩写。(5)分布式协调功能 distributed coordination function 的缩写。

DCG (1)确定子句文法 definite clause grammar 的缩写。(2)限定从句语法分析器 definite clause grammar parser 的缩写。

D channel 数据通道，D 信道 data channel 的缩写。

DC Josephson effect 直流约瑟夫逊效应 约瑟夫逊结在不外加电压或磁场时，有直流电流通过绝缘层，即超导电流能无阻地通过极度薄的绝缘层，这种现象称为直流约瑟夫逊效应。参见 superconductor tunnel effect。

DCL (1)数据控制语言 data control language 的缩写。(2)数据库控制语言 database control language 的缩写。(3)数字信道连接 digital channel link 的缩写。

DCM (1)诊断控制管理程序 diagnostic control manager 的缩写。(2)数据通信多路复用器 data communication multiplexer 的缩写。(3)方向余弦矩阵 direction cosine matrix 的缩写。(4)数字电路倍增 digital circuit multiplication 的缩写。

DCME 数字电路倍增设备 digital circuit multiplication equipment 的缩写。

DCME-ADPCM 数字电路倍增设备——自适应差分脉冲编码调制 digital circuit multiplication equipment-adaptive differential pulse code modulation 的缩写。

DCMI 都柏林核心元数据倡议计划 Dublin core metadata initiative 的缩写。

DC monitor 数据通信监控程序 data communication monitor 的缩写。

DCN 数据通信网 data communication network 的缩写。

DCNA 数据通信网络体系结构 data communication network architecture 的缩写。

DCO 数控振荡器 digitally controlled oscillator 的缩写。

DCOM 分布式组件对象模型 distributed component object model 的缩写。

DCP 分布式通信处理机 distributed communication processor 的缩写。

DCR 数据转换接收器 data conversion receiver 的缩写。

DCS (1)分布式控制系统 distributed control system 的缩写。(2)数字交叉连接系统 digital cross-connect system 的缩写。

DC-signaling 直流信号传输法 以直流电的通断来传输信号的一种方法。

DCT 离散余弦转换 discrete cosine transformation 的缩写。

DCTL 直接耦合晶体管逻辑 direct-coupled transistor logic 的缩写。

DC-to-DC converter 直流到直流转换器 一个电子线路，接收直流电压并输出一个直流电压。一个绝缘的直流到直流转换器提供输入与输出端口之间的直流绝缘。

DC voltage applied and electromagnetic wave output 加直流电压辐射电磁波 给约瑟夫逊结加直流电压时，约瑟夫逊结会产生频率与所加电压成正比的高频超导电流(比例系数为 2 倍电子电荷量/普朗克常数)，并向外辐射电磁波。参见 AC/DC voltage applied and DC signal output。

DD (1)数据词典 data dictionary 的缩写。(2)设备驱动器 device driver 的缩写。

DDA 数字微分分析机 digital differential analyzer 的缩写。

DDB 分布式数据库 distributed database 的缩写。

DDBMS 分布式数据库管理系统 distributed database management system 的缩写。

DDC (1)数据分配中心 data distribution centre 的缩写。(2)美国国防科学技术情报文献中心 Defense Documentation Centre for Scientific and Technical Information 的缩写，曾是美国《AD 报告》的出版单位之一。(3)杜威十进制分类法 Dewey decimal classification 的缩写，有时也缩写成 DC。(4)数字显示转换器 digital display converter 的缩写。(5)直接数字控制 direct digital control 的缩写。

DDCE 数字数据转换设备 digital data conversion equipment 的缩写。

DDCMP 数字数据通信报文协议 digital data communications message protocol 的缩写。

DDCP 直接数字彩色校验 direct digital color proof 的缩写。

DDD (1)长途自动拨号 direct distance dialing 的缩写。(2)数据显示调试器 data display debugger 的缩写。

DD definition 设备驱动器定义 device driver definition 的缩写。设备程序库和数据集的定义。

DD/DS 数据词典/目录系统 data dictionary/directory system 的缩写。

DDE 动态数据交换 dynamic data exchange 的缩写。

DDEW 数据库设计评价工作站 database design evaluation workstation 的缩写。

DDF 数字配线架 digital distribution frame 的缩写。

DDI 直接拨号 direct dialling in 的缩写。

DDIR 数据库目录 database directory 的缩写。

DDK 设备驱动程序开发包 device drivers kit 的缩写。

DDL (1)数据描述语言 data description language 的缩写。(2)数据定义语言 data definition language 的缩写。(3)数据库定义语言 database definition language 的缩写。(4)动态数据库 dynamic data library 的缩写。

DDM (1)设备说明模块 device descriptor module 的缩写。(2)分布式数据管理 distributed data management 的缩写。

DDN (1)数字数据网 digital data network 的缩写。(2)国防数据网 defense data network 的缩写。

ddname 数据定义名 data definition name 的缩写。

DDNS 动态域名系统 dynamic domain name system 的缩写。

DDoS 分布式拒绝服务 distributed denial of service 的缩写。

DDP (1)数字数据处理器 digital data processor 的缩写。(2)分布式数据处理 distributed data processing 的缩写。(3)数据报递交协议 datagram deliver protocol 的缩写。

DDR (1)双数据传输率 double data rate 的缩写。(2)动态设备重新配置 dynamic device reconfiguration 的缩写。(3)动态数据重构 dynamic device reconfiguration 的缩写。(4)按需拨号路由技术 dial-on-demand routing 的缩写。(5)热舞革命 dance dance revolution 的缩写。

DDR DRAM 双数据传输率同步动态随机存取存储器 double data rate DRAM 的缩写。

DDS (1)数据描述说明书[规范、清单]data description specifications 的缩写。(2)数字数据电话服务 digital dataphone service 的缩写。(3)数据词典系统 data dictionary system 的缩写。(4)直接数字式频率合成器 direct digital synthesizer 的缩写。(5)数据电话数字服务 data-phone digit service 的缩写。(6)数字域名系统 digital domain system 的缩写。

DDSA 数字数据服务适配器 digital data service adapter 的缩写。

DDSS 分布式决策支持系统 distributed decision support system 的缩写。

DDSSC 带次级频道的数据电话数字业务 data-phone digital service with secondary channel 的缩写。

DD statement 数据定义语句 data definition statement 的缩写。

DDTS 分布式数据测试系统 distributed data test system 的缩写。

DDX 数字数据交换机 digital data exchange 的缩写。

DE 设备(运行)结束 device-end 的缩写。

DEA (1)数据加密算法 data encryption algorithm 的缩写。(2)数据包络分析 data envelopment analysis 的缩写。

deaccentuator 去加重电路 调频接收机中用来补偿在调频发射机处引入的对较高音频预加重的电路。

deactivation 释放，去激励，去激活 (1)一种过程。让任意一个元素退出服务，使其处于不操作状态或将它置于不再可能执行原设计的功能的状态中。(2)在计算机网络中，从服务中取出数据使其不能操作或使其进入不能执行所分配的功能的过程。(3)由业务提供者、用户或系统终止激活状态的操作。

dead band 静区，死区，盲区 可以改变但不影响输出信号的输入信号的数值范围。参见 dead zone。

dead code 死代码 在计算机程序中的无用码。典型地由不能被访问到的程序指令组成，因为所有对它们的调用已经被除掉，或因为某些原因代码不能被达到。探测死代码可用静态分析和执行控制流分析，寻找程序中任何将不会被执行的代码。

D

dead code elimination 死代码删除 程序编译器中的一种最优化技术。死代码是指计算的结果决不被引用的语句。一些优化变换(如复制传播)可能会引起死代码,可把这些死代码语句删除。参见 copy propagation。

deadend 死端 无法达到目标的状态。检验某状态是否死端的过程称为死端检验。对于一个规划系统正在为某个具体问题寻求一个操作序列时,必须探索出达到死端的路径,以便舍弃这些路径。

dead file 停用文件 当前不用但仍保存的文件。

D

dead halt 完全停机 不能自动恢复运行的停机。它可能是人为停机,也可能是由程序中的逻辑错误而产生的意外停机,如除数为零或执行非法指令等。

dead key 死键,强调键,加点键 一个用于与其他键组合以建立带点字符的键,单独按下这个键时不产生任何输入字符(因此称为死键),但此键与其后按下的键组合则产生转义的输入,如在 Macintosh 中,带点字符是通过将 Option 键与其他键组合而产生的。

dead-letter box 死信信箱 在电子邮件和消息系统中的一个文件,因地址错误等原因无法送达的信件都送到这个文件中。

dead-letter file 死信文件 一个包含不能送到目的地的信件消息的文件。

dead line 截止行 高速缓存寄存器中的某一行数据,在它成为存取目标之前将从高速缓存中丢弃。

dead line effect 截止时间作用 在软件工程整个任务的计划中,为某些子任务明确规定应该完成的截止时间,这将使截止时间前夕的实际工作量显著增加。这种作用称为截止时间作用。

dead links 死链接 在网页或类似的超链接系统中,指原来正常,后来失效的链接。死链接发送请求时,服务器返回 404 错误页面。发生死链接的原因可能是:①动态链接在数据库不再支持的条件下,变成死链接;②某个文件或网页移动了位置,导致指向它的链接变成死链接;③网页内容更新并换成其他的链接,原来的链接变成死链接;④网站服务器设置错误。

deadlock 死锁 两个或两个以上的进程无限地等待决不可能出现的事件的过程。它是操作系统中的一个重要概念。如果某一个时刻有两个进程彼此要求对方的资源,而本方是否能供出资源取决于对方是否先把资源供给自己,因此形成互为条件的矛盾状态,使两个进程都不能进行,计算机空等而不能执行任何处理,即进入死锁。发生死锁会大大降低系统效率。解决死锁一般有三条途径:①防止死锁的发生,即在设计软件系统中,对资源的用法加以适当限制;②避免死锁的发生,即操作系统根据预先掌握的关于资源用法的信息控制资源分配;③诊断是否发生了死锁,即操作系统不断监视进程的共同进展途径,如发现死锁时,则采取专门的措施来纠正这一情况。

deadlock prevention 死锁预防 预先防止死锁的产生。在系统设计阶段制订各种资源调度算法时就设法防止系统运行过程中可能产生的死锁现象。常采用的预防死锁的方法有:①共享使用法;②采用剥夺调度法;③预先静态分配法;④有序资源使用法;⑤资源按级分配法等。

deadlock recovery 死锁恢复 当检测出系统中存在死锁时,采取专门的措施来使系统恢复到非死锁状态并继续运行。死锁恢复方法通常有两种:①撤销法。即按一定的次序逐渐撤销已死锁的进程,直到获得为消除死锁所需要的足够资源为止;②剥夺法。即从一些进程中剥夺足够数量的资源,分配给死锁的进程,以便解除死锁。

deadlock resolution 死锁化解 允许死锁出现,但在系统里建立某些机制,以便检测出死锁并打破死锁的一种方法。

dead pixel 死点 液晶显示器(LCD)或者数码相机的 CCD(电荷耦合器件)上的那些永远只会显示一种颜色的点,也称“坏点”。

dead position 死位置,静(死)局势 (1)信息显示系统汉字显示字段的最末位位置,它以偶地址单元结尾,即其下一字段从下一奇地址单元开始。当光标定位于此位置时,按下任意一个图形键均会形成禁止输入状态。(2)在人工智能的搜索过程中,如一个局势的静态值与稍加搜索之后而算出的其返回值之间无多大差别,这种局势称为静局势。在搜索时,对这种局势可以少花时间,而多花时间去搜索那些有生气的局势。

dead spot 哑点 信号不能到达的区域,这些区域包括地铁站台、室内环境和地下室等地区。参见 blind area。

dead time 停滞[静寂]时间 (1)同一系统之中的两个相连动作之间的一段时间延迟。(2)有意在两个相关动作之间安排的定时延迟,目的在于避免可能引起混乱的重叠或等候允许出现的不同事件。(3)一个系统对一个信号或一个事件起响应之后,不能再对其他信号或事件起响应的时间间隔。对于辐射计数器,它是计数器启动之后对随后的电离事件不敏感的时间间隔。对于转发器,它是脉冲启动之后不可能接收或产生新脉冲的时间间隔。也称“不敏感时间”。

dead time correction 静寂时间校正 考虑到在静寂时间内事件发生的概率而对所观察的计数速率进行的校正。也称“符合校正”。

dead time of automatic recloser 重合闸的恢复时间 从断路器跳闸瞬间起至自动重合闸装置启动断路器重新合闸瞬间为止的时间间隔。

dead zone 死区,静区 传感器或伺服系统对外界环境的变化无任何反应的最大区域(变程)。死区的大小是传感器或伺服系统一个重要的质量指标。一般死区多用距离、角度或强度变化值表示。死区也称"盲区"、"静区"、"不工作区"等。参见 dead band。

dead zone unit　死区部件，静区单元　一种功能部件，其输出模拟变量值在输入模拟变量值的某一个特定范围内为一常数。

DEA input block　数据加密算法输入块　为对数据加密和解密而输入到 DEA(数据加密算法)中的一个数据块，输入块用(I_1，I_2，…，I_{64})来表示，其中 I_1，I_2，…，I_{64} 均表示比特数。

deallocate　释放，回收分配　(1)释放共享资源(如存储器空间)，以使其他处理器或程序可以使用。对应于 allocate。(2)一个网络逻辑单元 LU 6.2 应用程序接口(API)终止一个会谈的动作，释放会话以便以后能建立会谈。

deallocation　重新分配　释放分配给特定进程的资源的过程。

DEA output block　数据加密算法输出块　一种作为加密或解密运算的最终结果的数据块，输出块用(01,02,…,064)表示，其中 01,02,…,064 表示比特位。

DEB　数据扩充块　data extent block 的缩写。

deblock　解块，分(离数据)块　(1)字块按逻辑记录进行分割的过程，如从字块中选择记录。(2)分离数据块的各个部分，如从数据块中选取记录。

deblocking　分块　使一数据块中每个逻辑记录均可用于处理的过程。为了让计算机更有效地处理，特别是减少必须执行的读写事务的数量，减少整个处理时间，而将一组记录合成一块写到外存(如磁盘)中去。一块可以包含若干个逻辑记录，如数据库中的记录或文件中的行。分块则允许把这些记录按原来的形式处理。比较 blocking。参见 deconcentration。

debonce　去抖动　同 debouncing。

debonce time　去抖时间　去除闭路中抖动所需的时间。

debossed character　嵌印字符　一个印刷时嵌入到媒体中的字符，如嵌入到信用卡中的字符，对应于 embossed character。

debouncing　消弹法，去抖动　(1)软件中引入由程序安排的延迟的技术，是为防止在键盘上击键输入时由于键的不正常的弹跳产生虚假输入。(2)消去机械开关的中间噪声状态的动作。

debug　调试，排错　检查、定位、纠正并排除计算机硬件、计算机程序或其他软件的错误或故障。典型的调试方法是在计算机系统上运行一个有已知答案的类似算题，对计算进程进行显示和校验，找出程序的错误或机器的故障点，予以纠正或做其他相应处理。调试工作一般在调试程序的辅助下自动进行。同 checkout，troubleshoot。

debugger　调试程序　用来辅助软件调试的一类程序。其功能有设置断点、转储校验、寄存器和存储器的检查及修改等。调试程序能按预定的逻辑序列运行，并对一个或多个检测问题给出精确的答案。

debugging aid routine　调试辅助例程　用来帮助程序人员利用计算机检查和诊断程序错误的一组专用例程。这种辅助例程在配有显示器和打印机的微机上运行，用户可以打印或显示寄存器内容，修改存储器和寄存器的内容，利用断点启动或停止用户程序的运行，检索存储器等。

debugging component　调试成分　高级语言中的一类语法成分。用来指明程序一旦发生中断，操作系统所要执行的一组动作。

debugging mode　调态　程序的两种状态之一。通常把程序分为调态与算态。调态时编译程序对程序中的各种调试措施进行编译以便查除错误。由于包含调试措施的结果程序一般运行效率低，当程序调试完毕可以进行正式运行时，便把程序置为算态。此时，编译程序把程序中的各种调试措施除去。

debugging package　调试程序包　一种程序包。它能使用户在符号一级检查、查找和修改程序；可以在程序中插入检测指令跟踪程序。允许使用文字符号，还能装入由汇编程序生成的绝对地址或浮动地址文件，使联机用户能进行快速的交互式操作。

debugging statement　调试语句　通常为一种操作语句。它为程序本身的调试提供多种灵活的方法。其主要用途有：插入或删除语句，有选择地执行某段程序，打印可能的变化值并转移控制，打印名字标号和真地址之间的关系，检查动态执行中的错误。

debugging utility　调试实用程序　用来帮助程序的研制和调试的一种交互式程序。它通常与被调试的用户程序一起运行。其功能概括如下：①为被调试程序设置和清除执行时的断点；②将控制转移到被检测的程序；③跟踪程序的执行；④显示和修改指定的寄存器或存储单元的内容；⑤打印指定的存储单元的内容；⑥在存储器和磁盘或存储器与打印机之间进行存储内容的转储；⑦将存储器的指定存储区填以某种固定值；⑧在存储器的指定存储区中查找所需的字符串。

debug macroinstruction　调试宏指令　在特定程序内具有调试功能和程序测试能力的宏指令。

debug macros　调试宏程序　专门用于程序调试的一套宏程序。它除了由管理程序提供外，一般由应用程序员编制程序。它通常用于部件测试。

debug monitor　调试监督程序　一种常驻调度程序。它具有实时断点能力，特别适用于检查和修改存储单元内容和系统状态变量。它通常会有必需的连接点,使用户程序能调用监督(操作系统)程序。

debug online 联机调试 (1)泛指与一个计算机或通信信道相联后所进行的程序调试过程。(2)仅利用计算机的某一部分硬件检测和校正程序中的错误,同时又在处理别的程序。(3)在多路存取系统中,从计算机远程控制台检测和校正程序中的错误称为联机调试。

debug program patches 调试程序插入码 一类调试程序。它既能在系统上运行,又能帮助程序员寻找程序错误,并使程序员能把指令插入程序或从程序中取出指令。

D

debunching 散聚 电子束中的电子由于相互排斥而有往纵向和横向扩散的趋势。它会降低速调管的效率。

Debye effect 德拜效应 介质由于分子偶极矩作用而对电磁波产生选择性吸收。

Debye length 德拜长度 等离子体中的给定负粒子被周围正粒子屏蔽的距离。

decade 十的,十进制的 10个单位的组合或集合,如10个存储单元为一组,在一个位上计数到10的计数器或按10的乘方的整数倍给出电阻值的电阻箱。参见 decimal。

decaliter (dal) 10升 10升或2.64加仑。

decameter (dam) 10米 10 m或32.81英尺。

decametric wave 10米波 无线电短波,波长范围为10～100 m,对应于3～30 MHz高频(HF)范围的无线电波。

decay 衰减 物理量,如电流、磁通、存储电荷或荧光量值随时间逐渐减小,如在数字电路中,指电压脉冲或电流脉冲的下降。

decay energy 衰变能 衰变过程中释放出的能量称为衰变能。由于衰变都是自发地由不稳定核素向更稳定的核素衰变,所以衰变过程中会释放出能量。参见 radioactive decay。

decay factor 衰减因子[系数] 在阻尼振荡系统中,表示振荡衰减速率的因数。它是相继两个极大振幅比值的自然对数除以其时间间隔。

decay time 衰减时间 电压脉冲或电流脉冲下降到其最大值的10%时所需的时间。该时间与电路的时间常数成正比。

decelerating electrode 减速电极 电子束管中所加电位形成的电场能使电子束中的电子减速的电极。

deceleration time 制动时间 磁带、磁盘、光碟等机械装置从正常速度减速直到停止所需要的时间,如磁盘的磁头臂慢慢落下来接近到指定位置所需的时间。

decentralization 分散(化) 将设备(或服务)分散到各个部分或各个物理区域而不是集中在一个区域里的布局方法。

decentralized database 分散型数据库 既没有通过网络,也没有使数据如同处于一个逻辑数据库的数据库软件彼此互连,而是分散地存放在多个地点的计算机内的数据库。分散型数据库不同于分布式数据库。参见 distributed database。

decentralized network 分散式网络 将计算(或控制)功能分布在网络上的多个节点上的一种分布式计算机网络结构。

decentralized processing 分散式处理 在各个地点独立地使用数据处理设施。分散全部工作负载且各地设施没有通信网络直接连接,相对于使用集中的数据处理设施,但也不同于分布处理。分布处理是指将相同任务分配给几个处理设施,使它们协同工作而提高效率。比较 distributed processing, centralized data processing。

decentralized system 分散系统 使用分散式处理的计算机系统,它由若干部分组成,其中任一部分的变化不一定会改变整个系统的状态。

decentralized topology 分散式拓扑结构 组成多用户计算机系统的一种连接方式。用户节点有自己的计算机资源,有共享集中的数据库及某些贵重的硬件资源。

decibel (dB) 分贝 为测量信号参数(如电流、电压和功能等)相对强度而规定的单位。它的值相当于两个信号能量的比率的常用对数的10倍或两个信号振幅(电压或电流)的比率的常用对数的20倍。1分贝等于1贝尔(bel)的1/10。

decibel based on one milliwatt (dBm) 分贝毫瓦 基于毫瓦(mW)的分贝数。dBm是对信号能量的绝对测量,0 dBm等于1毫瓦。在电话业务中,dBm基于600 Ω阻抗和1 000 Hz频率,0 dBm是600 Ω阻抗下1 000 Hz的1毫瓦。

decibel based on one watt (dBW) 分贝瓦 基于瓦(W)的分贝数。若以1 W为基准功率,功率为P时,对应的电平为10 lg(P/1 W),单位记为dBW(分贝瓦)。

decibel meter 分贝测量仪 一种以分贝为单位、直接测量高于或低于任意参考电平的信号功率电平的仪器。也称“dB测量仪”。

decibels above 1 femtowatt (dBf) 高于1 fW的分贝数 等于以W表示的给定功率与1 fW(10^{-15} W)之比的常用对数10倍的功率电平。

decibels above 1 kilowatt (dBk) 高于1 kW的分贝数 等于以W表示的给定功率与1 kW之比的常用对数10倍的功率电平。

decibels above milliwatt psophometrically weighted (dBmp) 按噪声加权的高于1 mW的分贝数 用标准国际噪声计加权曲线规定所测量的电话信道噪声电平的单位。它比用有平坦频率响应的测量装置进行测量更加精确地给出线路噪声的真实干扰效应。每个干扰音的功率都与在试听期间建立相同干扰的 800 Hz 音调的功率作比较。

decibels above 1 milliwatt (dBm)　高于 1 mW 的分贝数　等于以 W 表示的给定功率与 0.001 W 之比的常用对数 10 倍的功率电平。

decibels above 1 picowatt (dBp)　高于 1 pW 的分贝数　等于以 W 表示的给定功率与 1 pW(10^{-12}W)之比的常用对数 10 倍的功率电平。

decibels above reference coupling (dBx)　高于参考耦合的分贝数　以相对于耦合参考值表示的两个电路之间耦合的测度。当在一个电路上加入 90 dBa(已调分贝)的测试音时,耦合参考值便在规定的噪声测量装置上给出规定的读数。参见 decibels adjusted (dBa)。

decibels above reference noise (dBrn)　高于参考耦合噪声的分贝数　表明噪声频率(或噪声频带)的干扰效应与常称为参考噪声的固定噪声功率量之间的关系的一种单位。最初选择具有−90 dBm 功率电平的 1 kHz 音调作为参考噪声功率。后来将这个参考电平改变到−85 dBm。新单位称为已调分贝数(dBa)。参见 decibels adjusted (dBa)。

decibels above 1 volt (dBV)　高于 1 V 的分贝数　等于以 V 表示的给定电压与 1 V 之比的常用对数 10 倍的功率电平。

decibels above 1 watt (dBW)　高于 1 W 的分贝数　等于以 W 表示的给定功率与 1 W 之比的常用对数 10 倍的功率电平。

decibels adjusted (dBa)　已调分贝数　表明噪声频率(噪声频带)的干扰效应与−85 dBm 参考噪声功率电平之间的关系的一种单位。这个单位代替了建立在−90 dBm 参考噪声电平基础上的 dBrn。该单位对低音给出较小加权,因而与人的声音效果更接近一致。

decidability　可判定性　(1)谓词的一种性质。关于这个问题的研究是数据逻辑的一个领域。设有一定义域的 D 的谓词 P。D 中的某一个元 x 可能具有也可能不具有的谓词 P 所代表的性质。如果 x 具有这种性质,则 $P(x)$ 成立,否则 $P(x)$ 不成立。如果存在一个算法,使得对 D 中的任一给定的 x 而言,都可以确定谓词 $P(x)$ 是否成立,则 P 称为可判定的。(2)判定问题是否在图灵机上可解的性质。设有一个判定问题 P,对其中每一实例 I 都对应一个图灵机所能接受的字符串形式的编码。若存在一个图灵机 M,对 P 的任一实例 I 满足:若 I 是肯定实例(对应的回答是"是"),M 对 I 的编码运行终止并接受;若 I 是否定实例(对应的回答是"否"),M 对 I 的编码运行终止并拒绝,则称"P 是可判定的"。若对肯定实例,M 停机并接受;对否定实例,M 停机并拒绝或不停机,则"称 P 是半可判定的",也称"P 是部分可判定的"。若不存在上述性质的图灵机,则称"P 是不可判定的"。如图灵机的停机问题是不可判定的。

decidability of virus　病毒可判定性　判断一个程序是否是病毒的过程和性质。在静态条件下,病毒是不可精确判定的。

decimal　十进制的　以 10 为基数的数,具有 0,1,2,…,9 十个符号的数字系统。同 denary。参见 binary-coded decimal notation。

decimal adder　十进制加法器　能执行十进制数直接相加的加法器。一位十进制数字一般由 4 位二进制数字表示。

decimal arithmetic operation　十进制算术运算　以压缩十进制数进行处理的一类算术运算。

decimal classification system　十进制分类系统　图书馆广泛采用的一种文献分类法,由三位数字组成的号码标示一级分类和次级分类,十进制小数点后的数字表示更次一级的分类。例如,300 ～ 399 的号码范围表示社会科学;369 表示社会学,369.1 表示人类学;369.11 表示原始性别。

decimal coded digit　十进制编码数　用一组十进制数表示数字或符号,如用一对十进制数来表示字母。

decimal constant　十进制常数　一个包含数字 0 ～ 9 的数据。

decimal counter　十进制计数器　以十进制数作为计数值的计数器。这种计数器在每一个十进制数字位上可以从 0 计到 9,此时再计一次数则该位数字就回到 0 并向高位数字产生一个进位。

decimal digit　十进制数字　在十进制记数系统中,表示小于 10 的整数,它们是 0、1、2、3、4、5、6、7、8、9。

decimal fixed-point constant　十进制定点常数　由一个或多个十进制数字构成的具有选定小数点的常数。

decimal fixed-point value　十进制定点数值　一个已设定小数点位置、由一组十进制数序列组成的有理数。比较 binary fixed-point value。

decimal floating-point constant　十进制浮点常数　组成有效数的一个数值,它由一个十进制定点常数和一个幂指数两部分构成。而幂指数由字母 E 和紧跟在 E 后的一个不超过 3 位数的已选定了数符的整数构成。

decimal floating-point value　十进制浮点数值　以有效数形式表示的一个实数的近似值,它可以是一个十进制小数和一个幂指数,幂指数也是基数为 10 的一整数幂。比较 binary floating-point value。

decimal marker　十进制标记[志]　在一个数中指示十进制小数点或者小数点逗号位置的一个可视标志。

decimal notation　十进制表示法[计数法]　(1)一种使用 10 个不同的字符,通常是十进制数字的表示法。例如,字符串 196912312359,其组成表示的是 1970 年来临之前一分钟的日期和时间。这类表示法用于 UDC(通用十进制数分类法)中。(2)使用 10 个不同字符,通常为 10 个数字的记数法。根据这种记数法,一个十进制数,例如 818.102 可以表示为 $8\times10^2+1\times10^1+8\times10^0+1\times+10^{-1}+0\times10^{-2}+2\times10^{-3}$。

decimal numeration system 十进制记数制 使用十进制数字和基数为 10 的固定基数记数制。整数最低位的权为 1。例如,按这种记数制,数字 576.2 表示的数值是 $5\times10^2+7\times10^1+6\times10^0+2\times10^{-1}$。比较 decimal notation。

D

decimal overflow exception 十进制溢出异常 在十进制操作中,由于目标字段太短,不能存放整个结果,使一个或几个非零数丢失时产生的异常。

decimal picture data 十进制图像数据 在 PL/1 语言中,用图像说明符规定的算术图像数据。它包括下列图像说明符:十进制数字、虚点图像符、清零符、正负号和货币号、插入符、商用字符和指数符等。

decimal point 十进制小数点 十进制记数制中的小数点,它可以按不同的惯例去表示。如用逗号,用句号或用处于数字中间高度的点表示。

decimal system 十进(数)制 使用数码 0、1、2、3、4、5、6、7、8 和 9 以及基数 10 的固定基数数制,其中最低整数权是 1。

decimal tabulation 十进制制表 字处理过程中,在对数字列表时,按逗号或圆点一类的十进制符号将数字作自动垂直校准对位。

decimal-to-binary conversion 十-二进制转换 将 10 为基数的数字转换为以 2 为基数的二进制数的过程。

decimal-to-hexadecimal conversion 十-十六进制转换 将 10 为基数的数字转换为以 16 为基数的十六进制数的过程。

decimetric wave 分米波 波长范围为 10 ~ 100 cm,对应于 300 ~ 3 000 MHz 超高频(UHF)范围的无线电波。

decimillimetric wave 亚毫米波 微波的一种,波长范围为 0.1 ~ 1 mm,对应于 300 ~ 3 000 GHz 超高频(UHF)范围的无线电波。

decipher 解密、译码 将已加密数据转换为明码数据。比较 encipher。同 decrypt。

decision 判定,决定,决策 确定未来的动作或活动的过程。在计算机系统中,指在多个可能的进程或动作之间进行选择的过程。常用的判定工具有判定树、判定表等。在信息不完备的情况下必须采用概率论及数理统计方法来作出判定。专门研究这类问题的理论称为判定理论或决策论。参见 leading decision, trailing decision。

decision boundary 判定边界 在模式分类中,其判定规则的效果是将特征空间划分成若干个判定空间。每两个判定空间的交界处称为判定边界。例如,判定边界在二维空间中为直线或曲线;在三维空间中为平面或曲面;在 n 维空间中为超越平面或超越曲面。

decision box 决策框,分支框 一种菱形框,判定条件写在框内,用于在流程图中表示分支的选择。

decision circuit 判决电路 对输入的一个或多个二进制数据,能进行"与"(AND)、"或"(OR)、"非"(NOT)等逻辑运算,并提供运算结果的电路。

decision content 决策量,判定量 在信息论中,从有限的互斥事件中选择一给定事件所需决策的数的对数量度。其数学式表示为

$$H=\log_2 n$$

式中 H 为对数量度,n 为事件数。在信息论中,事件指一种情况或一种活动的发生,或一种指定状态的变化。决策量与各事件出现的概率无关。

decision-directed adaptation 判定控制的自适应 在控制系统中,利用判定机构预先确定被发送信号的最佳估计,从而能产生自适应功能。

decision element 判定元件 对代表"是"或"否"输入信息的一个或多个二进制数执行诸如 AND、OR、NOT 或 EXCEPT 这样一些逻辑操作,并在其输出端表示出结果的电路。

decision feedback system 判定反馈系统 在数据传输的接收端,按一定方式检查被传送的数据中是否有错误,并将检查结果通知发送端,令其进行修正的一种传送方式。

decision hierarchy 决策的组织层次 决策的不同级别。决策可分为三个层次:战略性规划、管理和业务控制。这些层次基本上同高层管理、中层管理和低层管理相对应。其图形好似一个金字塔。

decision instant 判定瞬间 在接收数字信号时,通过接收设备做出判定接收到的数字信号的可能值的瞬间。判定瞬间的一个例子是判断该有效状态是代表 0 或 1 的瞬间。判定瞬间发生在信号跳变期间。

decision instruction 判定指令 引起程序选择转移的指令。如条件转移指令、无条件转移指令等。同 branch instruction。

decision logic 判定逻辑 (1)对两个事件作出选择的能力或过程。即根据问题所涉及的数量大小等作出肯定或否定的回答,如在库存管理中可以根据预定的库存量决定是否进货。(2)在计算机程序中,根据中间程序数据选择程序的不同执行路径的操作。

decision making 决策制订 做出选择,并决定其中多大程度上应该是自动完成的。这是系统分析和设计的关键任务。在决策制定过程中,人和机器的适当平衡经常是成功的关键。从程序的角度来看,决策制定可由两种方式来执行:算法——一组从不

改变的规则和条件的集合；启发性知识——一组可随条件的变化而改变（自修改）的规则的集合。启发性技术应用于开发人工智能系统，以模拟人类的思维能力。

decision-making model　决策模型　办公室自动化中的决策模型，与系统科学、经济学关系密切。它将办公信息加工过程处置成为实际的结构化过程，并根据已知特定的决策模型做出相应的决策。高级决策模型涉及宏观经济模型，即国家或地区全局性决策；而低级（企业级）决策模型较多涉及微观经济模型。如市场、投资、销售模型等。

decision-making system　决策（制订）系统　根据事先建立的判定原则或模拟模型，为各种请求去寻找最佳答案的联机实时系统。通常，决策系统不同于管理信息系统，它允许管理者以求助方式选择和控制信息，作出更好和更有见识的决策。决策系统的一个最重要的特征是它有交互分析能力，它使管理者能尽量全面和精确地对应用问题进行仿真的模型化。

decision method　判定法　自动定理证明中对一类问题找出统一的计算机上可实现的算法解。其基本思路为：首先将几何问题代数化，即通过引入坐标把有关假设和求证部分用代数关系表述；其次是处理表示代数关系的多项式，即把判定多项式中的坐标逐个消去，采用多项式的消元法来验证，若消去后结果为零，则表示定理得证，否则再进一步检查。此法已在计算机上证明了不少难度很大的几何定理，并已推广到初等微分几何中。

decision-office information system (DOIS)　决策型办公信息系统　在办公室事务管理中，包含有高层决策功能的办公信息系统。其功能包括：经济发展预测、规划和决策，国际环境分析和对策，政策、法令的制订，效益分析与评价，科技咨询及发展战略，社会、政治体制改革方案设计等。

decision plan　判定方案　用来作出管理判定的系统或过程。即由人员、机器或两者在事件出现之前准备的或在现场作出的一套规则。判定方案一般包括例外情况处理原则、内部判定过程、人工中断与干预、可变的或静态的处理以及各种自适应和试探方案等。

decision problem　判定问题　（1）对给定集合 A 判定谓词 $P(x_1,\cdots,x_n)$ 是否对一切 $x_1,\cdots,x_n \in A$ 为真，以及判定谓词 $P(x_1,\cdots,x_n)$ 是否对某一组 A 中元素 $x_1,\cdots,x_n$ 为真，要求判定过程是一个对任意 $x_1,\cdots,x_n \in A$ 通用的算法。对谓词 P 求这样一个通用算法的问题，称为关于 P 的判定问题。如果存在这样一个算法，那么关于 P 的判定问题称为可判定的，反之则称为是不可判定的。如果存在一个过程，即除了对某些 $x_1,\cdots,x_n \in A$（对它们该过程不终止）外，该过程对 $P(x_1,\cdots,x_n)$ 的真伪都可作出判定，那么关于 P 的判定问题称为是半可判定的。（2）解答只能是“yes”（肯定）或“no”（否定）的函数。这是复杂性理论所要研究的一类重要的问题。若两个判定问题对任一示例的答案都正好相反，则称它们互为补问题。判定问题和语言是一一对应的。

decision problem of semi-Thue system　半图厄系统的判定问题　对给定字母表，是否有一个算法可对任意半图厄系统和任一给定字母表上的字判定：该字可由该系统所产生。这一问题就是半图厄系统的判定问题。半图厄系统的判定问题是不可解的。

decision process　决策过程　决策问题的求解过程。由于决策问题在现实世界中各种各样，因此决策过程也会千差万别。Simon 曾将决策过程分为情报、设计和选择三个阶段；L. F. Young 将其分为探索与定义决策问题、阐述与设计候选方案和选择策略及计划三个阶段等。近来也有人将其分为问题识别、建立模型、执行模型、评判决策和修改模型五个阶段。

decision rule　决策［判定］规则　在联机实时系统中，用程序给出进行操作判定的准则。因为要解决问题的性质不时在变化，有可能发生当初未预料到的各种新情况，所以系统使用这些规则时要周期地进行检查。

decision support center (DSC)　决策支持中心　由熟悉决策环境的专家小组并具有决策支持系统开发工具和实际决策支持系统所组成的机构，专家小组可随时研究和修改决策支持作用。

decision supported DSS　提供决策方案支持的决策支持系统　除了提供数据、方法和模型方面的支持外，还提供对备选方案进行评价和修订等辅助手段的决策支持系统。

decision support system (DSS)　决策支持系统　管理信息系统（MIS）向更高一级发展而产生的先进信息管理系统。其特点是运用数据库、计算机网络和人工智能等技术，把数据的收集、存储、检查、分析和显示功能结合在一起，为最高层领导提供非结构性决策的各种功能。决策支持系统是由对话管理子系统、数据子系统和模型管理子系统等组成。MIS 只能产生常规的报告，为日常重复的决策服务，而 DSS 产生的研究和报告则是为了处理特殊问题时提供非结构性决策以满足领导决策的需要。因此 DSS 系统的主要特征是灵活性大而速度快，其难度远大于 MIS 系统。DSS 是辅助决策者进行决策的支持工具，它不能用来代替做决策。DSS 的用户一般是相应层次的决策者，而不是计算机专业人员；一个完善的 DSS 应在半结构化甚至非结构化任务的某一层次的决策过程中辅助和支持决策者，这决定了 DSS 的工作方式不太可能是全自动的，而必然是交互式的。目前，已提出各种不同的 DSS 机制，并开发出一些 DSS。通常，按功能可将其划分为：提供数据支持的 DSS；提供方法与模型支持的 DSS；提供决策方案支持的 DSS 及智能决策支持系统（IDSS）。

decision support system for resource utilization 资源利用决策支持系统 在计算机人工智能技术支持下，综合利用各种资源数据、信息、知识和应用模型，辅助各级决策者解决资源开发利用中的半结构化决策问题的应用系统。

decision support system tool (DSS tool) 决策支持系统开发工具 用于开发决策支持系统的工具型软件。类似于专家系统开发工具，可分为语言类 DSS 开发工具和外壳（或称生成器）类 DSS 开发工具。前者使用起来比较灵活，但开发者要自行设计总体结构、确定组成部分，并用这些语言具体编写系统的各个部分。后者仅提供一个 DSS 的空壳，当具体开发一个 DSS 时，开发者只需根据使用说明填写“具体内容”（包括数据、模型和方法等），即可形成一个可运行的 DSS。这种工具适于非计算机专业用户使用。

decision table 决策表，判定表 （1）在分析一个问题和规定相应的动作时，考虑到各种可能性的表。判定表有时用来代替流程图，用来描述问题和给问题提供书面资料。判定表通常以矩阵或列表的形式给出，每列的上半部分列出要考虑的某一个问题的全部条件，下半部分列出每组条件下要采取的相应动作。这种方法适用于有多个因素而又互相组合的判定问题。（2）一种表格工具。用它来表达程序的逻辑结构，把要做的事和相应的逻辑条件以表格形式给出。当需要描述的加工由一组操作组成，而是否执行某些操作又取决于一组条件时，可以用判定表写加工逻辑。一个判定表由四个象限组成：条件根，活动根，条件项，活动项。它们用十字交叉的双线或粗实线分隔。程序模块中所有由源码指定的测试都列入条件根部，其顺序是任意的；模块中所有由源码指定的活动都列在活动根部，其次序自上而下按其执行的先后次序排列。它适合于描述条件，优点是清晰易懂。

decision theory 决策论 （1）根据决策人员采取的不同动作，对选择的情况进行形式说明和分析的判定理论。它适用于在信息不完备的情况下作出判定。决策论通常采用概率论和数理统计的方法作为数学工具。（2）运筹学的分支之一。其讨论的问题是：以环境为一方，以决策者为另一方，寻求以何种策略应付环境可以达到最大的效益。决策论广泛用于系统工程等领域。

decision tree 决策［判定］树 一种具有树结构的判别网络。在判定过程中常用网络的每一节点表示系统的一个状态，每条边表示从一个状态到另一状态的可能转换。如果只考虑从某一个给定的初态到达所有的状态，则此网络图就是一棵树。它的根表示初态，这种树就称为判定树。

decit 迪西特 当比特（bit）数取 10 为底的对数时，相应的单位称为迪西特。

declaration 声明 （1）业务连续性计划（BCP）中由预先指定的人员对预测到的或已经发生的灾难及其预置的控制措施（如转移至替换站点）进行的正式声明。（2）在程序设计语言中，对程序中用到的量的某些性质所作的说明，如类型、数组维数、下标界等。它通常是程序中不可执行语句。参见 declarative statement。

declaration of the third generation database system 第三代数据库系统宣言 高级 DBMS（数据库管理系统）功能委员会所发表的有关 20 世纪 90 年代数据库系统所应具有的特征。在这个宣言中提出了第三代数据库系统的三条基本原则以及从这些原则所导出的 13 个命题。原则一：除传统的数据管理服务外，第三代 DBMS 将支持更加丰富的对象结构和规则。原则二：第三代 DBMS 必须包含第二代 DBMS。原则三：第三代 DBMS 必须对其他子系统开放。第一组命题是关于对象和规则管理的，它们是：命题 1.1 第三代 DBMS 必须有一个丰富的类型系统；命题 1.2 保持继承性；命题 1.3 应继续具有函数（包括数据库过程和方法）和封装特性；命题 1.4 只有用户定义的主码用不上时，记录的唯一标识符（UID）才能由 DBMS 赋值；命题 1.5 规则（触发器、约束）将成为未来系统的主要特征，它们将独立于特定的函数或汇集。第二组命题是关于增加 DBMS 功能的，它们是：命题 2.1 从本质上说，所有对数据库程序性存取都应当通过非过程性的高级存取语言进行；命题 2.2 说明汇集至少应有两种方法，一是枚举成员，二是使用查询语言来说明隶属关系；命题 2.3 可修改视图是必不可少的；命题 2.4 数据模型对性能问题几乎无能为力，而且也不应出现在数据模型中。第三组命题是关于开放性系统的命题，它们是：命题 3.1 第三代 DBMS 必须能从多种 HLL（高级语言）中存取；命题 3.2 以某种持久性程序设计语言取代某些程序设计语言是个好主意，后者将在单一 DBMS 基础上通过编译器扩充和得到一个多少有些复杂的运行时系统的支持；命题 3.3 不论好坏，SQL（结构化查询语言）是一种国际数据语言；命题 3.4 查询及其结果应当是客户机和服务器间最低级的通信。第三代数据库系统宣言所提出的原则和命题，对研制和开发新一代数据库系统具有指导意义和参考价值。

declaration section 说明段 一种计算机程序段。对诸如数据类型变量、过程和函数等给予定义或说明。

declarative component 陈述性成分 知识库中的一个成分。包含数据和使逻辑库能够工作的一种格式表达模式。一般来说，知识库的陈述性成分有事实模式、图解大纲、分帧图像、实体、语义网络和继承分类方法等。

declarative equivalence 按说明等价 用同一个类型说明定义的两个类型等价。

declarative knowledge 陈述[叙述]性知识 主要反映客观世界的静态特征。例如,描述特定问题、问题求解当前状态以及各子问题间的关系、事实和断言的表达等方面的知识。陈述性知识可以被检索和存储但不能立即执行的知识。

declarative knowledge representation 叙述性知识表示 以叙述的形式对最低层次的知识(即事实)所作的表达。是一种较适宜用户使用的自然方式。但在转至机器内码时仍需一定的输入解释程序使之转换为适合机器对知识操作的格式。

declarative language 说明性语言 一类用说明方式而不是用描述计算动作的方式表述程序(计算)的语言,包括逻辑式程序语言、关系式语言、等式语言等。除了逻辑式语言,其他语言多处于研究初级阶段。

declarative macro instruction 说明宏指令 汇编语言的一部分。用以指示编译程序或汇编程序执行某些动作或注意某些条件。说明宏指令本身不产生目标程序。

declarative operation 说明性操作 (1)由符号标号、说明性操作码和操作数组成的一种编码序列,包括对数据和常数写符号标号和操作码。(2)对目标程序提供各种输入、输出及其他工作或常数的一种过程或进程。

declarative part 说明部分 一个说明程序。可能包含相关的信息,如子例程和表达子句。

declarative programming 说明性程序设计 一种计算机程序设计方法,这种方法是将问题向计算机阐明,而问题的解决方法由计算机自己来决定。如 Prolog 语言的程序设计方法。参见 declarative language。

declarative statement 说明语句 非执行的语句。参见 declaration。

declarator 说明符 某些程序语言中用来定义所使用量的性质或数据类型的特定符号。

declare 说明,声明 程序对变量或其他程序设计构件名称的定义,以及符号常量的标识,数据类型的说明等,供预汇编或预编译使用。

decluttering 整理操作 当显示的图像由于密度太大而无法辨别其细节时,有选择地擦除其中的一部分图元的过程。

decode 译码 编码的逆过程。即应用一组数据规则,恢复原来的表示方法或编码操作的过程,如在 CPU 中,译码器根据代表待执行的指令、命令或操作的一组脉冲来确定该指令、命令或操作的含义,并产生相应的控制脉冲的过程。把编码字符翻译成一种更易于理解的形式;确定报文中单个字符或一组字符的含义等过程均称为译码。

decode-history table 译码过程表 一种类似于高速缓存的存储器,保存近期条件分支指令的译码信息,以备分支预测机构使用。

decoder 译码器 确定一组信号的含义并由此使计算机产生相应控制信号和执行特定操作的装置。它通常由开关矩阵组成。输入线的每一种组合将在一条或多条输出线上产生信号。

decoding 解码 将信息从已经编码的形式恢复到编码前原状的过程。

decommutation 反换向 从前面的换向过程建立的复合信号中恢复某个信号的过程。

decommutator 反换向器 遥测系统的一部分,它从代表经单一射频链路传输的大量数据源的一系列样本中提取模拟数据。

decompaction 压缩还原 数据设备分层存储管理中,对在迁移和备分期间已作压缩的数据进行解码和还原的过程。

decompiler 反编译(程序) 一个将汇编语言代码或者机器代码转换成高级语言源代码形式的程序。比较 compiler。参见 disassembler。

decomposable production system 可分解的产生式系统 具有如下性质的产生式系统:①综合数据库可分解为若干分离的分量数据库;②规则集可分成若干规则组,每组规则可应用于一个相应的分量数据库,应用的结果数据库还可以再分离;③控制系统应将目标条件分解成若干子目标条件组,且能判定当这些子目标条件均满足时总目标即被达到。可分解的产生式系统对应于与/或图。

decomposing of Chinese character to radicals 汉字字根(部件)分解 汉字编码设计中,按设定的规则将汉字集中的元素拆分,提取所需的字根(部件)作为码元的过程。

decomposition 分解 (1)系统设计中把复杂的情况划分为较简单、易于理解的成分的过程。(2)逻辑综合的一种方法,把应用及其任务划分成若干子任务给各个处理机,以便同时执行。通常指不相交分解。(3)分解是聚集的逆过程,它将聚集类分解为各个组成部分。参见 aggregation。

decomposition description 分解描述 将软件系统变为设计实体的一种划分过程,它描述了软件系统构成的方式及系统中每个实体的用途和功能。软件工程中有多种表达方法以提供实体分解的一致性准则。这些方法用于设计简单独立的实体,并且是基于结构化设计和信息隐藏原则的。用于描述系统分解的最主要的图形技术是层次分解图,该图可同自然语言一起使用,用来描述每个实体的用途和功能。

decomposition of schemes 模式分解 模式分解是将一个关系模式或函数依赖模式分为几个更小的关系模式或函数依赖模式,并且原模式上的关系也通过投影分为几个更小的关系的理论与方法。

decompression **解压缩** 把数据扩展到压缩以前的原长度的一种功能。参见 compression。

deconcentration **分散** 从单一传输序列发送的数据中抽取一些单个信息的过程。

decouple **去耦** (1)减少或消除两电路之间的耦合。去耦阻止从一电路交换或反馈能量到另一电路。(2)将原先耦合的子系统分离开,以便使它们能单独地存在。当系统去耦后,它们仍应能保持互相联系并需进行高度的协调,以避免在整体上降低事务的运行效果。这些考虑适用于计算机化的系统以及一般系统的设计。

D

decoupling capacitor **去耦电容** 也称“退耦电容”,是把输出信号的干扰作为滤除对象。

decoupling control **去耦控制** 也称“解耦控制”,就是采用某种结构,寻找合适的控制规律来消除系统中各控制回路之间的相互耦合关系,使每一个输入只控制相应的一个输出,每一个输出又只受到一个控制的作用。去耦控制是多变量系统控制的有效手段。参见 multivariable system。

decoupling network **去耦网络** 位于电源引线或为两个或多个电路所共有的其他引线中的电阻器、线圈和电容器的任何组合,以防止不希望的级间耦合。

decrement **减(量),衰减量** (1)逐次减少某一个数或某一个变量的数值的操作。(2)衰减量描述功率通过能量消耗元件后功率的变小程度。衰减量的大小由构成消耗元件的材料和结构确定。衰减量用分贝作单位。

decrement field **减量字段** 为修改寄存器内容或存储器地址而专门设置的指令字的一部分。

DECT (1)数字泛欧无绳电话 digital European cordless telephone 的缩写。(2)数字增强型无线通信 digitally enhanced cordless telecommunications 的缩写。

DED **数据元词典** data element dictionary 的缩写。

DEDB **数据项数据库** data entry database 的缩写。

dedicated **专用的** 只为一种用途保留的。一般指机器、程序、过程、通信线路等,是为专门应用而设计、制造、安装或预备的。

dedicated access **专用访问** 网络连接的一种方式,它允许一个大型计算机或局域网使用唯一的 IP(网际协议)地址访问某特定网络或网络提供的服务。

dedicated bus **专用总线** 只赋予一种功能或只限用于两种部件间连接使用的传输线。

dedicated channel **专用通道[信道]** (1)一种非交换的通道。(2)为特殊的应用或个别用户而保留或安排的通信信道。(3)在某些虚拟存储操作系统中,连接到虚机并供其单独使用的一条通道。这样,虚机的控制程序可以避免虚拟设备的地址转换过程。

dedicated circuit **专用电路** 为专门用户或特定用途保留的一种非交换电路。

dedicated computer **专用计算机** 专门用于处理某一类作业而设计制造的计算机。

dedicated connection **专用连接** 数据链路的一种工作方式,即在建立数据链路时不使用交换设施。

dedicated control channel (DCCH) **专用控制信道** 用于专用控制信令的逻辑信道。是一种“点对点”的双向控制信道,其用途是在呼叫接续阶段和在通信进行当中,传输必需的控制信息。专用控制信道又分为独立专用控制信道(SDCCH)和随路控制信道(ACCH)。参见 stand-alone dedicated control channel (SDCCH), associated control channel (ACCH)。

dedicated data set **专用数据集** 在某些虚拟存储操作系统中,分配给初启程序的一种数据集,当启动初启程序时,它已分配了存储空间。在初启程序运行下的每一作业步都可使用专用数据集作为临时数据集。

dedicated device **专用设备** 在各用户之间不能共享的一种设备。

dedicated line **专用线路** (1)专门为某个用户使用的通信信道。它不属于交换网络。(2)连接特殊设备的线路,如连接一台终端(或控制器)和计算机的线路。

dedicated memory **专用存储区[器]** 为某一个用途而专门保留的存储器中的一个区域。是主存储器的一部分。如在实时或多道程序运行时,专门用于存放系统在任意时间都可能要使用的程序和数据的区域。

dedicated microprocessor system **专用微处理机系统** 由多台专用的微处理机构成的数据处理系统或控制系统,如有的微处理机专门用于数据处理,有的专门用于输入输出设备的驱动和管理。每台微处理机只完成单一的功能,因此简化了系统软件,而且不需要复杂的中断处理系统。

dedicated packet data group (DPG) **专用分组数据群** DPG是混合环控制(HRC)轮转环的组成部分,是专门用于传输分组数据的信道,长度为 12 字节。DPG 提供了一个带外信令信道。信令是在网络中不同部件之间传递和交换的信息,使网络作为一个整体而正常运行,有效地保证完成网络中任何两个用户之间的通信。信令通路可作为电路交换的呼叫控制之用。由于 HRC 轮转环主站每秒产生 8 000 个轮转环,所以 DPG 的数据传输率为 8×12×8 000=768 kbps。DPG 由 HRC 的 P-MAC(分组交换 MAC)进行分配。参见 HRC cycle。

dedicated port **专用端口** 通信信道中只用于某种

特定通信目的的信息访问点。

dedicated service 专用服务 在通信技术中，指特地分配给一对用户的专用通信服务。

dedicated service tools (DST) 专用服务工具 服务功能的一部分，用于当操作系统不工作时进行服务。

deduction 演绎，演算，推理 (1)前提与结论之间具有充分条件或充分必要条件联系的必然性推理。这种联系可由一般的蕴含表达式直接表达。(2)在计算机安全学中，指面对配有安全保护措施的数据库，利用公开发布的公用概要等统计数据，由数据库中个别数据项，借助概要中包含的原始信息，用信息论的演绎推理或统计方法学或数学方法与公式的分析方法推理得到信息。

deductive inference 演绎推理 在形式逻辑中，从一专用的原始集中推导的逻辑性结论，也指断言的恒真转换。参见 deductive inference rule。

deductive inference rule 演绎推理规则 一种推理规则。提供一个或多个断言。这种规则确定一个逻辑上相等或更为专用的断言。参见 inference rule。

deduction inference system 演绎推理系统 为实现演绎推理而实现的系统。演绎推理可以向后形式演绎推理(或称单调演绎推理)、证据不完全推理(各种非单调推理)以及模糊演绎推理等，常用的演绎推理方法有三段论推理、反证法推理和传递率推理等。

deduction reasoning 演绎推理 (1)从一般到特殊的推理过程。其前提和结论之间的联系是确定的，结论蕴含于已有的前提之中，是一种确定性推理，其结论保真。演绎推理主要用于定理证明。(2)结论在普遍性上不大于前提的推理。演绎推理是严格的逻辑推理，一般表现为大前提、小前提、结论的三段论模式：即从两个反映客观世界对象的联系和关系的判断中得出新的判断的推理形式。演绎推理有三段论、选言推理、假言推理、关系推理等形式。参见 modus ponens。

deductive capability 演绎能力 从知识、规则和一般原理推导出结论的能力。

deductive database (DDB) 演绎数据库 一种具有演绎推理能力的数据库系统，是数据库技术与逻辑程序设计和人工智能技术相结合的产物。它包含某些推理规则，并使系统具备基于规则的演绎推理机制。从逻辑上看，数据库是一组谓词实例的集合，谓词所表示的关系有两种：一种是实际存储在数据库中，称为外延数据库(EDB)关系；另一种是只有定义，而其元组并不存储在数据库中，在需要时可以导出，称为内涵数据库(IDB)关系。通过IDB关系，可以在数据库中按需要定义各种导出关系，这是数据库中非常有用的功能。数据库中的信息可以称之为事实；查询和 IDB 关系都可以用逻辑程序中的规则表示。事实加上规则就构成了一个逻辑数据库。实现演绎数据库系统通常采用以下三种方法：①采用 Prolog 语言，由它将数据库程序设计在形式上逻辑地、完全而且自然地统一起来；②在传统的 DBMS(数据库管理系统)基础上，采用 Prolog 等语言实现对传统的 DBMS 功能的扩充，亦即在 DBMS 上加上演绎层的方法；③完全研究一个演绎数据库专用软件系统。参见 extensional database (EDB)，intensional database (IDB)。

deductive knowledge acquisition 演绎式知识获取 采用逻辑推理方法，从已有的知识中按照一些推理规则推出新知识的知识获取过程。它与数理逻辑中的公理推导定理类似。演绎式知识获取也是人工智能研究领域中“定理自动证明”这一重要研究课题的一部分，它与各种推理方法的研究密切相关。

deductive learning 演绎学习 利用逻辑推理方法推出包含在知识库中的推论。演绎学习是一种“保真”变换和具体化的过程，主要用于定理证明类学习。

deductive planning 演绎规划法 把机器人规划问题转换为可交换的产生式系统来求解的规划方法。这种方法实现的系统相对较复杂，但它可用归结法等定理证明方法来求解。因此，理论较完善。

deductive simulation 演绎仿真(模拟) 一种故障逻辑仿真的方法。如果已知一个逻辑元件上的输入以及前级电路上的故障对这些输入的影响，则对于所有的故障，该元件的输出值可以被推断出来。整个模拟过程是通过故障表传播来完成的。

de-editor program 反编辑程序 用于将一个已编辑(部分处理)过的宏定义转换为很接近于源语句格式的程序。

de-electrification current 去电化电流 两个电极加到试样上以后，立即短路两个电极而形成的短路电流。或两电极加到试样上后，在两个电极不与电源相接彼此也不相接的情况下将试样放置一定的时间后，短路两个电极而形成的短路电流。材料的残余极化或静电电荷都能产生去电化电流。

de-emphasis 去加重 在重放之前用于降低较高音频的相对强度，以补偿即抵消为了有助于较高音频克服噪声或降低失真而事先引入预加重的过程。也称“后加重”或“后均衡”。信号在解调以后需要通过一个低通滤波器将解调器放大的那部分噪声衰减掉，而这个低通滤波器就称去加重，它是一个典型的无源 RC 滤波器，它可以令信号幅度相应曲线平滑。参见 pre-emphasis。

de-emphasis network 去加重网络 插入系统中，以将预加重信号恢复到它们的原始形式的 RC 滤波器。

deep binding 深约束 LISP 实现环境的一种栈式方法，用一个栈来实现环境。每当遇到一个施用，就进行形实约束，将此约束加到当前环境顶部，由此形成计算函数体的环境，而当计算完此施用时，就恢复进入该施用前的旧环境。因此环境构成一个栈式结构。在深约束的环境中，变量的约束值是从栈顶向下顺序搜索的。

deep case 深层格 也称"语义格"，是各种语言中普遍存在的一种格体系。它能够说明句中各参与成分的逻辑语义关系。常见的深层格有施事格、工具格、与格、使用格、处所格与客体格等。

deep copy 深复制 (1)数据结构内容的一种复制，它能同时复制其各个子结构。(2)面向对象语言中的一种复制操作。被复制对象的所有变量都含有与原来的对象相同的值，除去那些引用其他对象的变量。那些引用其他对象的变量将指向被复制过的新对象，而不再是原有的那些被引用的对象。换言之，深复制把要复制的对象所引用的对象都复制了一遍。比较 shallow copy。

deep equality 深相等 面向对象语言中支持的一种最弱的相等运算。如果两个对象是同一类的实例，且对应的基本对象的值相等，则这两个对象深相等。比较 shallow equality。

deep knowledge 深层知识 (1)事物的本质，因果关系的内涵、基本原理等类型的知识。对于较复杂的问题，借助于深层知识可提高求解问题的能力和灵敏性。(2)指基础理论、第一原理、公理和有关事实的知识。一种知识表达中采用的方法。在这种方法中，知识库可以使用较多的知识技巧，当专家系统不能依赖于知识库内的事实和规则解决问题时，它就转向依赖深层知识表达。参见 surface knowledge。(3)专家系统中的一个概念，一个专家拥有的知识包括某一个领域的理论知识与丰富的实践经验，理论知识往往可以用变量的函数关系形式表达，这种表达称为深层知识。参见 superficial knowledge。

deep knowledge system 深层系统 处理事物内涵的系统。系统较复杂，具有完成难度较大任务的潜在能力。

deep packet inspection (DPI) 深度业务感知 以业务流的连接为对象，深入分析业务的高层协议内容，结合数据包的深度特征值检测和协议行为的分析，以达到应用层网络协议识别为目的的技术。深度业务感知可以实现应用协议识别、用户识别、基于状态的实时数据流控制、编程等功能。

deep sort algorithm 深度排序算法 一种消隐算法。按各多边形离观察点的距离进行排序，按照距离减小的次序将它们送入刷新缓存中，这样靠近视点的多边形便遮挡了距离较远的那些多边形。具体算法如下：①根据多边形最大的 Z 坐标值对所有多边形进行排序；②当多边形的 Z 向外接边界出现重叠时，应当消除这种情况可能引起的任何不确定性；③按照多边形最大 Z 坐标值减小的次序，对每个多边形进行扫描转换。

deep space 外层空间 离地球的距离约等于或大于地球与月球间距离的空间。通常指距地球表面等于或大于 2×10^6 km 的宇宙空间。

deep space network (DSN) 外层空间网 美国国家宇航局的设施，用来全天候监测无人驾驶外层空间探测器。

deep structure 深层结构 从语义关系考虑推导出各种语法成分间的概念依存的句法结构系统，相对于表层结构。

deep Web 深度 Web 也称"不可见 Web"，是指能通过万维网访问、但不能由传统的搜索引擎进行索引的大量信息。这些大量的信息锁定在数据库内，可以响应具体的查询而生成网页。虽然这些动态的网页拥有唯一的 URL(统一资源定位器)地址，用此地址可以再次检索到，但它们不是稳定不变的或者不是按静态页面存储的，互相之间也没有链接，所以很难被搜索引擎搜索到。深度 Web 还包括需要注册的或者对页面限制访问、禁止搜索引擎浏览和生成缓冲拷贝的网站。参见 dark Web。

DEF 防护力 defense 的缩写。

defacto standard 事实标准 未经标准化组织正式认可，但已在社会上广泛流行使用的标准。事实标准通常总会成为正式标准的。

default 默认(值) 当不指定时，由系统所设定的一种属性、值或选择项

default button 默认按钮 在对话框中自动选择的命令按钮。

default choice 默认选择 在某些窗口式软件中，应用程序为一组选择项在初始状态下提供的选择项值。参见 initial value。

default condition 默认条件 当用户没有明确给出选择何种条件时而由软件按预先设定选取的值。

default database 默认数据库 当用户向联机系统注册时即可自动进入的数据库。

default delivery 系统预置式传递 传递某些报文到报文队列的一种方法，报文放入队列时不需要中断作业，对要求回答的任一报文由系统预置的回答发出。

default department number 系统预置部门号 在 PSS(可编程商店系统)中，对某些零售业务，当操作员没有输入其部门号时，自动输入的部门号。

default directory 默认目录 操作系统中在程序或者操作的用户没有指定文件目录时认定的目录。

default document 默认文档 在一些软件运行过程中，用户可以设置某些软件运行的参数来控制软件的运行并取得自己满意的效果。这些参数被保存在某个文档中。当该软件第一次运行时，当然没有用户能够在第一次运行就设置好运行参数。为了保证软件可以正常的进行第一次运行，软件的作者

会事先设置好参数,并保存为设置文档。这个被事先保存的设置存放的文档就称为默认文档。

default drive 默认驱动器 无需用户特别指定,系统总是从默认驱动器的盘中进行读写操作,通常是当前正在使用的磁盘。

default file 默认文件 存储资源默认值的文本文件,允许在运行时直接赋予新的值。

default focal point 默认聚焦点 一个网络节点,接收来自不具有聚焦点定义节点的警告,对应于 primary focal point。

default format 默认格式 除用户另作规定外,自动实现的一种预置格式。

default gateway 默认网关 在 TCP/IP(传输控制协议/网际协议)协议中的配置项,是一个可直接到达其他网络的网络地址,以便它可以将数据包转发到其他网关直到将其传送到与指定目标相连的网络为止。配置默认网关可以在 IP 路由表中创建一个默认路由。一台主机可以有多个网关,默认网关使得主机在找不到可用的网关时,能把数据包发给默认指定的网关,由这个网关来处理数据包。

default home page 默认主页 当 Web 服务器在接收未指定文件名的 URL(统一资源定位器)请求时所发送的 Web 页面。

default initialization 默认初始化 无需特定操作,数据自动取得的初始值。如在 C 语言中,外部和静态变量的默认初始值为零。

default mass storage volume group 系统预置海量存储卷组 海量存储器系统中,海量存储卷的集合,它们属于由海量存储器通信系统定义的一种海量存储器卷组。卷组命名总是 SYSGROUR。

default network message queue 默认网络消息队列 在某些操作系统中的一个消息队列,在用户轮廓文件没有指定消息队列时或者在用户轮廓文件中命名的消息队列不能使用时收到与网络活动有关的消息。

default network output queue 默认网络输出队列 在某些操作系统中的一个输出队列,当用户没有指定的输出队列时,或者在用户轮廓文件中指定的输出队列不能使用时,将缓存文件送到这个队列中。

default node representation 默认节点表示 在 ATM(异步传输模式)网络中,指每个节点状态参数中的一个数值,给定逻辑节点的预定值。

default option 默认选择 当对于某些系统参数没有作出明确规定时,操作系统或语言翻译程序根据系统内部的约定补充这些参数,称为默认选择。

default parameter 默认参数 当程序对参数未给出明确的数值时,系统根据其内部约定提供的参数值。

default program 默认程序 由系统设定的程序,为处理错误信息指定的专门程序。

default reasoning 缺席[默认]推理 接受尚无充分证据的命题,而只是在出现将导致该命题的否定的证据时才取消该命题,这种推理方式称为缺席推理。例如,我们接受命题:鸟是会飞的(证据不足,因为死鸟、鸵鸟都不会飞),只是在知道有死鸟或鸵鸟存在时才取消该命题,而接受命题:鸟是会飞的,除非它是死鸟或鸵鸟。

default reply 设定回答 系统指定的对查询信息或通知信息的回答,当信息到达时所在的信息队列处于系统预置的传递方式时,将使用此回答。

default route 默认路由 路由表中的通配项。目的地不在路由器的路由表里的所有数据包都会使用默认路由。这条路由一般会将数据包转发到另一个路由器,而这个路由器也同样处理数据包:如果知道怎么路由这个数据包,则数据包会被转发到已知的路由;否则,数据包会被转发到默认路由,从而到达另一个路由器。每次转发,路由都增加了一跳的距离。

default SSCP list 默认 SSCP 表 在 VTAM(虚拟远程通信访问法)等网络中的一系列系统服务控制点(SSCP),可在没有指定的跨领域资源(CDRSC)或者没有提供名字转换函数时使用,指定一个逻辑单元拥有的跨领域资源管理器(CDRM),这个表是 VTAM 定义库中一个相邻的 SSCP 表的一部分。

default SSCP selection 默认 SSCP 选择 一个虚拟远程通信访问法(VTAM)函数,选择一系列系统服务控制点(SSCP),在没有预定义的跨领域资源(CDRSC)时或者没有提供名字转换函数时会话请求可送到这个控制点。参见 default SSCP list, virtual telecommunications access method (VTAM)。

default system control area (DSCA) 预置系统控制区 在某些虚拟存储信息管理系统中设备输出格式块的某一部分,当该部分出现时,如目的地终端具有所要求的特性,它将使特定的终端功能得以执行。

defect 缺陷 (1)指在半导体电路制作期间产生的缺陷。(2)数字磁记录媒体表面上的针孔、疵点等物理瑕疵。

defect density 缺陷密度 单位面积上平均出现的缺陷数目。

defective track 缺陷磁道 在磁盘装置中,由于磁记录表面某部分产生缺陷而不能记录信息的磁道。

defect map 缺陷表 磁盘机的盘面缺陷物理位置的一览表,包括磁道柱面号、磁头号等。

defect skip 缺陷跳越 高密度数字磁记录系统中,由机器去自动识别超过某一个规定尺寸的记录媒体缺陷,并可自动跳越缺陷区去记录信息的一种数据完整性技术。它可以有效地解决少量长区域媒体的缺陷问题,提高记录可靠性。

defect tolerance 缺陷容限 制容许缺陷存在的承受量,这是通过放宽设计原则来实现的。

Defense Advanced Research Projects Agency (DARPA) 国防高级研究项目机构 美国国防部的负责建立大型TCP/IP(传输控制协议/网际协议)计算机网络ARPAnet的机构。

defense data network (DDN) 国防数据网 泛指美国防卫领域内建造的各种数据网,通常采用TCP/IP(传输控制协议/网际协议)连接,如ARPAnet(阿帕网)、MILNET(军事网)等,就狭义而言,特指MILNET网及其所连接的军用装备系统。参见military network (MILNET)。

D

Defense Information Systems Agency (DISA) 国防信息系统机构 美国政府的一个机构,负责管理因特网中的DDN(数字数据网)部分,包括MILNET(军事网),曾称为国防通信机构(DCA)。参见defense data network,military network (MILNET)。

defense (DEF) 防护力 电脑游戏中角色的挨打能力。游戏开始时角色的级别比较低,应该考虑优先提高防护力。

defense information infrastructure common operating environment (DIICOE) 国防信息基础设施公共操作环境 DIICOE是1993年美国国防部组织美军后勤服务部门、情报界、国防测绘局及其有关机构共同建立的联合开发基础体系结构。DIICOE设计的目的是减少美国国防部系统的不兼容性,减少重复开发问题,增加系统的互操作性、可重用性。参见common operating environment (COE)。

defensive programming 防错性程序设计 一种程序设计方法。采用这种方法编制程序时要加进一些防止出错的防护措施,但也有副作用,会使程序效率下降,给程序的结构及易读性带来不利,甚至增加程序的错误。

deference 延迟,推迟 当传输媒体处于忙态,为避免与正在进行的传输互相冲突,数据站延迟传输的一种处理过程。

deferred addressing 延迟寻址 一种寻址方式。指令中指出访问内存时的间接地址,直接地址要在程序运行中才能计算得到,而且这种计算过程可能要重复若干次,直到最后形成有效地址为止。重复次数用一个标志表示。

deferred constraint 推迟约束 在数据库系统中,指在改变数据库状态的执行过程中可能要违反约束条件,而在整个过程执行完之后才满足的一种约束。

deferred entry 延迟进入[入口] 计算机中进入子例程的一种入口方式。它是由把控制转移给子例程的程序的延期出口所造成的。

deferred exit 延迟退出[出口] 计算机中,在发生异步事件的时间而不是在预定的时间把控制转移到子例程中的一种方式。

deferred I/O 延迟输入/输出 某些分布处理操作系统中的逐字段处理期间,自动延迟每个输入/输出操作,直到几个输入/输出操作能够合并在一起进行时或直到为了完成一条指令的执行必须进行一个输入/输出操作时为止。

deferred maintenance 延期的维修(任务) 为了排除已存在的但不妨碍设备或者计算机程序继续正常运行的故障所需的维修任务。

deferred maintenance alarm (DMA) 延缓维护告警 当不需要维护工作人员立即行动时,产生延缓维护告警,如当性能低于标准,但其影响并未证明需将设备从使用中移去时或已经自动转换到备用设备用于恢复服务时。

deferred maintenance time 延期维护时间 用来进行延期维护的时间。

deferred procedure call (DPC) 延迟过程调用 一个异步执行的函数,它中断正在运行的线程的执行。DPC执行已被延迟的系统任务,直到处理器的中断请求级(IRQL)降到调度中断请求级之下。参见DPC object,DPC queue。

deferred processing 延期处理 可以推迟的或者作为优先级低的处理,这类处理可留待在计算机不太忙的时候去完成。

deferred restart 延期重新启动 系统根据程序员重新提交的作业而执行的启动操作。比较automatic restart。

deferred storage 延迟存储 一种将数据写入慢速存储设备的优化存储技术,将数据保持在较高速的存储器中,在收集了足够多的数据而形成一组数据之后再一次写到慢速的存储器中,以减少对慢速存储设备的访问频率。

deferred update 延迟更新 某些虚拟存储的信息管理系统中的一种Fast Path(快速路径)能力,它把数据库的更新保存在主存中,直到抵达一个同步点时,才执行修改。

deferring procedure 延迟过程 网络中一个站在遇到冲突时进一步延迟发送时使用的方法。

defer status 延迟状态 为了确定在作业结束前假脱机输出是否可以开始打印的一种状态。

deficit round robin (DRR) 差额循环调度 简单的循环调度服务规律的扩展。将DRR记录从给定队列中已经发送了多少报文分组数,与应该发送多少报文分组数进行比较,再把差值作为一个“差额”。每个给定队列利用该“差额”来修改队列的服务间隔。这样,每一队列就可以获得长期稳定的服务速率。

define 定义 对数据类型、变量、常量或标识符内容和含义的确定。

define constant 定义常数 一种汇编程序指令,对一个字的常数进行定义。

define constant character 定义常数字符 一种汇编程序指令,对字符型常数进行定义。

define constant double 定义双字常数 一种汇编程序指令，对双字常数（双精度整数或单精度浮点小数）进行定义。

define constant floating 定义浮点常数 一种汇编程序指令，对4字常数（双精度浮点小数）进行定义。

defined assignment statement 定义的赋值语句 在FORTRAN语言中，一个非固有的赋值语句，由显式界面的子例程定义。

define data command 定义数据命令 用来描述数据集的一种命令语言语句。

defined context set 已定义上下文集合 表示上下文的集合，由参加通信的三方，即表示服务提供者和两个表示服务用户来协商定义。

defined item 定义项 在PL/1语言中，用来说明与分配给另一变量（称为基本项）的存储区相同或是其一部分的一个变量。

define point 定义点 一个程序对象和它的名字定义在程序中出现的位置，通常指相应的说明出现的位置。有些语言，如FORTRAN，BASIC允许未经说明引进新的变量，那么这种变量第一次出现的位置即它们的定义点。参见use point。

define statement 定义语句 一个预处理器语句，使预处理器用指定的代码代替一个标识符或者宏。

definite clause grammar (DCG) 确定子句文法 （1）仅使用上下文自由语法规则的逻辑语法。既可以描述语言的句子结构，也可以表示分析句子的推理方法。其基本思想是：语法的符号不仅是原子符号，而且可以是广义的逻辑项。（2）用一阶谓词逻辑中的确定子句来描述的语法，是一种重要的逻辑语法。由于确定子句表达的语法规则本身就是语言Prolog的可执行程序，因而可以被Prolog系统直接解释。

definite clause grammar (DCG) parser 限定子句语法分析器 将句子视为层次结构的分析器，把句子分裂成几个组成部分来完成解释。

definite over-current release 直接过电流脱扣器 直接由电器主电路电流激励的过电流脱扣器。

definite purpose motor 规定用途电动机 按标准额定值设计和制造的电动机，其运行特性和机械结构适宜于某一个特定类型的用途。

definite response (DR) 确认响应 在SNA（系统网络体系结构）中的一个协议，在请求处理器中用响应请求形式域请求，使请求的接收方无条件地向请求链返回一个响应，对应于exception response，no response。

definite time-delay over-current release 定时限过电流脱扣器 经一定延时后动作的过电流脱扣器，延时动作时间可以调整，但不受过电流值的影响。

definition module 定义模块 在Modula-2一类语言中，编译单位分为程序模块、定义模块和实现模块三种。定义模块将给出那些与模块外部交往所必需的信息，如对模块内部的子例程而言，定义模块只给出子例程名、参数名及其类型等，并不给出子例程体。亦即定义模块只给出模块外部可见的信息。

definition of a procedure or type 过程或者类型定义 在FORTRAN语言中，指子例程中对过程的定义或指用一系列语句设备类型的定义，这些语句以TYPE开头，以一个END TYPE语句结束。

definition of programming language 程序语言的定义 通过某些形式的或非形式的方法详细地说明该语言的程序的形式（语法描述），以及与各种语言成分相关的意义（语义描述），即说明什么样的一串字符是该语言的一个合法程序以及对应一个合法的程序计算机将做些什么。

definition of subroutine 子例程定义 （1）语言中用于描述子例程的语法结构。（2）程序中具体定义的子例程。一个子例程定义出现的位置即是它的定义点，子例程定义（说明）与其他对象的说明遵循同样的作用域规则，通常是在它的最近外围作用域单位（分程序、子例程）中起作用。

definition phase 定义阶段 软件生命周期中对软件产品的需求，如功能和性能方面的能力，进行定义并编制出相应文件的过程。参见requirements phase。

definition point 定义点 语句中变量出现的一种位置。即对该变量赋予一个新值时出现的位置。

definition statement 定义语句 软件中完成定义功能的语句。如在某些通信系统软件中，描述网络元素。

definition statement identifier 定义语句标识符 一个指定的字符串，表示一个定义语句的目的。

deflating 收缩 在文件压缩软件中，指排除文件中的空隙使文件尽量小。

deflection 偏转 静电场或电磁场使电子束偏移它的直线路径。

deflection coil 偏转线圈 偏转系统中的线圈。偏转线圈是由一对水平线圈和一对垂直线圈组成的。每一对线圈由两个圈数相同，形状完全一样的互相串联或并联的绕组所组成。当分别给水平和垂直线圈通以一定的电流时，两对线圈分别产生一定的磁场。水平线圈产生的是枕形场，而垂直线圈产生的是桶形场。当偏转线圈中的电流按一定规律变化时，线圈所形成的磁场的大小和方向也随之变化。

deflection defocusing 偏转散焦 阴极射线管中，随着偏转的增大，电子束以越来越大的倾斜角度到达屏幕而引起散焦加大的现象。当电子束接近屏幕的边缘时，它的光点变得愈加呈椭圆形状。参见defocus。

D

deflection electrode 偏转电极 其电位提供使电子束产生偏转的电场的电极。

deflection factor 偏转因数 阴极射线管偏转灵敏度的倒数。对于电磁偏转,偏转因数用 A/cm 表示,而对静电偏转则用 V/cm 表示。参见 deflection sensitivity。

deflection plane 偏转面 与包含偏转中心的阴极射线管轴线相垂直的平面。

deflection sensitivity 偏转灵敏度 偏转场每单位变化时,电子束在阴极射线管靶面或屏幕上的位移。通常用加到偏转电极之间的每伏厘米或偏转线圈中的每安厘米表示。偏转灵敏度是偏转因数的倒数。参见 deflection factor。

deflection voltage 偏转电压 加在一对偏转电极之间用来产生电场的电压。

defocus 散焦 使X射线束、电子束、光束或其他辐射束在预定的观察表面或工作表面上偏离精确聚焦。

deformable mirror device (DMD) 变形镜装置 一种空间光线调制器。由悬挂在一种阵列布局的小管上面的变形反射镜构成。

defragmentation 非裂化,消除碎片 磁盘上的文件在建立和操作过程中形成的不连续的状况称为磁盘数据的裂化,在访问碎裂的文件时,磁盘需要更多的时间,因为磁头要频繁移动,非裂化就是消除磁盘数据的非连续存储。通过对文件重写的过程,以使每一文件的所有部分重写在相连的扇区。

defuzzification 消除模糊 在模糊计算技术中,将模糊集合变为普通值的操作。

degauss 消磁,去磁 对磁存储媒体进行消磁(去磁)操作。

degausser 消磁器,去磁器 一种能消除物质磁性的设备。

degenerate tree 退化树 一种树结构,其中每个节点至多有一个子树。

degenerative feedback 负反馈 将输出信号的一部分引入到输入信号以降低输出信号的失真的一种技术,引入的这部分输出信号对输入信号起抵消作用。随着输出信号的增加,从输入信号中扣除的部分亦会增加。

deglitcher 去毛刺电路 用来限制数字转换器中瞬变过渡现象持续时间的非线性滤波器或其他专用电路。

degradation 降级 (1)系统降低性能继续进行操作的一种特殊状态。这种情况往往是系统中某一个设备或某一个子系统部分不能继续使用而引起的。(2)降低系统性能,保证系统继续运行的方法。有的计算机系统在局部出现故障时,把故障部分去除,保证整个系统继续正常运行,但性能降低了,如内存可以去掉有故障的部分,多 CPU 系统,可将有故障的 CPU 去除。

degradation factor 降级系数 在数据处理系统中,对因系统重新配置而使性能损失的一种量度。

degradation failure 老化故障 一种因元器件的老化而造成的系统或设备故障。

degradation testing 老化试验 在极限工作条件下测量系统性能的方法。老化测试用来确定系统性能逐步变化的特性。

degraded recovery 降级恢复 系统降级后恢复运行的过程。主要包括以下两种情况:①系统出现故障后,将有故障部分去除,整个系统重新组合后又恢复运行;②因故障被去除的部分修复后又加入系统,恢复系统原来的处理能力。

degree 度 参与联系的实体类型的个数。

degree of a subset 子集的度 图的顶点集 V 之子集的重要属性。设无向图 $G=\langle V,E\rangle$,$X\subseteq V$,$e\in E$。若边 e 的一个端点 $u\in X$,另一个端点不属于 X,则称 e 是由 X 引向外的边。自 X 引向外的边数称为 X 的外度;若 e 的两个端点全属于 X,则称 e 是 X 的内部边。X 的内部边的端点数(每条边为2)称为 X 的内度;子集 X 的度(数)为其外度和内度之和。对于 G 是有向图的情况,若 e 的起点属于 X,终点不属于 X,则称 e 为从 X 引出的;若终点属于 X,而起点不属于 X,则称 e 为引入 X 的;至于起点和终点全部属于 X 的边,则称 e 为 X 的内部边。自 X 引出的边数称为 X 的出度;引入 X 的边数称为 X 的入度;X 的内部边的端点数(每条边为2)称为 X 的内度;X 的度数为 X 的出度、入度与内度之和。

degree of a vertex 顶点的度 图或有向图顶点的重要属性。对于无向图来说,若边 e 的一个端点是 u,另一端异于 u,称 e 是自 u 引向外的,顶点 u 引向外的边数称为 u 的外度;u 作为环的端点的次数(每个环为 2)称为 u 的内度;顶点 u 的度(数)就是外度与内度的和。对有向图来说,以该点为始点的边的条数为该点的出度,以该点为终点的边的条数为该点的入度。既以该点为始点又以该点为终点的边数的 2 倍为该点的内度。而该点的度数为出度、入度与内度之和。

degree of ionization 电离度 弱电解质在溶液里达到电离平衡时,已电离的电解质分子数占原来总分子数(包括已电离的和未电离的)的百分数。参见 electrolyte,ionization constant,weak electrolyte。

degree of multiprogramming 多道程序设计的道数 在多道程序设计的计算机系统中,实现并行处理的程序数。

degree of node 节点的度 无向图 G 中,与节点 v 关联的边数称为 v 的度数,记为 $\deg(v)$。如果节点 v 有一个圈,则节点 v 的度数增加 2。G 中度数最大节点的度数称为 G 的最大度,记为 $\Delta(G)$。度数最小节点的度数称为 G 的最小度。记为 $\delta(G)$。

图 G 的节点度数之和等于边数的两倍。

degree of node in tree　树节点的度　也称“树节点的级”。一个节点的子树个数。度数为零的节点称为终端节点或称树叶。非终点节点称为分枝节点。树中所有节点的度数中的最大值称为树的度数。

De Haass-Van Alphen effect　德·哈斯-范·阿尔芬效应　在外磁场作用下，金属吸收电磁波，由于磁场作用下的电子状态密度将被束缚而量子化，故其在费米能级上的数量将因磁场强度的不同而产生周而复始的增减。为此，金属对于超声波的吸收系数必然表现出周期性变化的规律，这种现象称为德·哈斯-范·阿尔芬效应

deionization　去电离　(1)辉光放电或弧光放电中离子的复合，以形成中性原子和分子。(2)通过将来自电离器的电离空气从表面上吹散，来消除非导电表面上的静电荷。

deionization potential　去电离电位　使充气管中的气体电离终止而停止导电时的电位。

deionization time　去电离时间　充气管在阳极电流中断之后重新获得它的预传导特性，使栅极重新实现控制作用所需的时间。也称“重新控制时间”。

dejagging　去混叠，去锯齿　使屏幕上显示的锯齿状图形趋于平滑的处理。比较 aliasing。参见 anti-aliasing。

dejure standard　法定标准　由权威性标准化机构制定的正式的、合法的标准。

DEK　数据加密密钥[键]　data encryption key 的缩写。

DEL　(1) delete 命令或键标的缩写。(2) DEL 命令，DOS(磁盘操作系统)中的一个内部命令，可以删除指定的一个或一些文件。同 ERASE 命令。

delay　延迟　事件被推迟或滞后的时间，如信号经过延迟电路推迟的时间以及信息流在通道或信道上的延迟时间。

delay circuit　延迟电路　一种电路，当信号通过它时会产生延迟。

delay coincidence circuit　延迟符合电路　由两个脉冲激励，其中一个脉冲相对于另一个脉冲被推迟规定时间间隔的符合电路。

delay counter　延迟计数器　在某些计算机的控制部件中，能够暂时将程序执行推迟一段时间，以完成一个操作的计数器。

delay distortion　延迟失真　(1)信号的各个频率分量通过传输介质时，由于各频率分量有不同的传播速率所造成的失真。(2)一个电路或系统在传输所要求的频率范围内，相移随频率的变化速率不为常数时的相位失真。也称“包络延迟失真”。延迟失真将严重损害数据传输质量，但对话音传输的影响则很小。

delay distribution　延迟分布　一种描述排除系统的量。定义为某动态实体必须等待大于一给定时间的概率分布 $P(t)$。

delayed automatic gain control　延迟自动增益控制　直到信号超过预定的大小才进行工作的自动增益控制系统。因此，较微弱的信号会受到最大的放大。也称加偏自动增益控制。

delayed branch　延迟分支　一种分支指令，延迟控制方向的变化，直到该指令后随的多条指令执行完为止。

delayed branch instruction　延迟转移指令　RISC(精简指令集计算)处理机中的一种指令，由于转移指令会造成指令处理流水线的中断，处理机需要计算转移的有效地址，为解决这种延迟，程序中将转移指令提前一条指令的位置，这样处理机在执行完转移指令之后的一条指令后才进行转移。

delayed dialing　延迟拨号　在传真机或调制解调器中编程以在指定的时间发送文档的能力。同 timed dialing。

delayed maintenance　延迟维护　某些操作系统中的一种方法，改变数据库文件访问路径并将这个改变作用到文件的下一次打开，而不是完全重建访问路径或者立即维护它，对应于 rebuild maintenance，immediate maintenance。

delayed port　延迟端口　AIX 操作系统中的一个端口，像一个共享端口，只是不显示登录栏目，直到用户键入一个或者多个字符(通常是回车)。一个直接连接到远程系统的端口或者智能调制解调器通常作为一个延迟端口。

delayed response　延迟应答　MSS(海量存储系统)中，在海量存储器控制的输入/输出操作已完成时，才由海量存储控制器发出的一种应答指示。

delayed response mode　延迟应答方式　SNA(系统网络体系结构)中的一种操作方式。在这种方式中，常规数据流请求单元的接收方能够按不同于请求单元发送的顺序返回一个应答给发送方。参照 delayed-request mode。比较 immediate-response mode。

delayed sweep　延迟扫描　一种操作示波器的方法。它在触发时刻与示波器的水平扫描起始点之间加上一个精确时间，从而允许进行一些特殊测量，如上升时间。它还允许在 X 轴基线上的任意处触发扫描。

delay element　延迟元件　一种元件，在一个给定的时间间隔之后，产生一个与原输入信号基本相似的输出信号。

delay equalizer　延迟均衡器　一种校正电路或网络，它用来①使另一个电路或网络的相位延迟或包络延迟在有用频率范围内为常数；②使电路或网络中所有信号的传输时间在特定频段内，所有频率分量多为常数；③弥补群延迟频率失真。同 delay frequency equalizer，phase equalizer。参见 absolute delay, circuit, equalization, group delay, phase, phase delay, phase-frequency equalizer。

delay factor **延迟因素** 一个与时间有关的系统方面的术语:在一系统中从一实际事件的发生时刻起,到系统的管理者或控制者得到通知的时刻为止所经过的时间。这一术语指的是信息的流通时间。有时由于信息流通的时间延迟太长,无法进行有效的控制,以致系统失去控制。因此,总是要求信息的流通是没有延迟的。

delay flip-flop **延迟触发器** 一种触发器,也称"D触发器"。当一个脉冲信号由触发器D端输入,触发器暂存此信号。待下一个脉冲由D端输入之后,触发器才将暂存的前一个信号输出,新输入的信号又由触发器暂存。

delay line **延迟线** (1)通过延迟线线路的传输信号会得到所期望延时,通常用于定时功能的线路。(2)使输入脉冲与输出脉冲之间有时间延迟的元件,如超声延迟线、电磁延迟线等。参见 acoustic delay line, electromagnetic delay line, magnetic delay line。

delay line time compression **延迟线时间压缩** 一种对输入雷达、声呐、地震、语言或其他波形连同参考信号一起取样,对样本进行时间压缩并按自相关算法对样本进行比较的方法。时间压缩大大降低了信号分析所需设备的复杂性,并显著缩小了样本的体积。

delay line storage **延迟线存储器** 让数据经过一种媒体延迟而被存储的存储器。这种媒体可以是汞镍或是磁致伸缩延迟线。

delay maintenance **延期维护** 在某些计算机中,维护数据库文件的关键存取路径的一种方法。当文件关闭时,存取路径以延期形式保留。使得在下一次打开文件时即可以迅速使用。比较 immediate maintenance。

delay modulation (DM) **延迟调制** 无线应用中经常使用的信号调制形式,通过在信号单元中引入不同形式的延迟获得,能在不归零制和二相制之间提供折衷波形,它提供的低频能量小于不归零制,高频能量小于二相制的频谱。延迟调制的一个例子是将二进制数据按下述情况进行编码:不论原来是高电平还是低电平,通过在该位中间有电平跳变来表示二进制1(传号);二进制0(空号)用没有跳变来表示,除非有两个或多个连续的0,此时在0的端部发生电平跳变;当二进制0后跟二进制1或二进制1后跟二进制0时在二进位的端部没有跳变。参见 delay encoding。

delay multivibrator **延迟多谐振荡器** 在输入脉冲触发之后预定时间再产生输出脉冲的单稳态多谐振荡器。

delay of service **服务延迟** 一种阻止信息在一定时间内达到某种状态的攻击行为。服务延迟可由主动电话式窃听、特洛伊木马、非授权信息传送、信息错误流向等方式实现。主动电话式窃听可消除和延迟网络中信息的处理。特洛伊木马可携带攻击者破坏系统的编码信号。非授权信息传送可堵塞网络信道从而降低网络性能。信息错误流向可导致信息无法到达目的地。

delay operator **延迟台话务员** 在电话交换台操作中,特别指定的处理挂号呼叫或正在执行延缓接续线路的话务员。参见 delay working。

delay queue **延迟队列** 将定时任务和延迟任务按延迟时间的长短而排成的一个任务队列。一般延迟队列按时间增量来组织,如有四个任务 A,B,C,D,A 在8点15分启动,B,C,D 分别在5分、11分、20分启动,现在时间为8点整,那么延迟队列为 B,C,A,D,其相应延迟时间增量为5分、6分、4分和5分钟。开始时,计时器预置为5分,当计时器满而发生中断时便处理第一个任务(B),同时预置计时器为6分,如此下去。达到定时或延迟启动任务的目的。

delay system **延迟系统** 一种系统,它并不能立即对请求作出响应,而需要等待能够服务时才予以响应。

delay time **延迟时间** (1)在通信系统中,衡量通信性能、效率高低的一个很重要的参数。由于通信线路、通信设备或各种传输控制的特点,使得传输的信息在传输途中发生延迟的时间。(2)在一个事件结束和下一个持续事件开始之前所经过的一段时间。

delay tolerant network (DTN) **时延容忍网络,容迟网络** 也称"中断容忍网络",在一些特定的网络环境下(如星际网络、无线传感器网络、车载网络等),会经常出现网络断开的现象,导致报文在传输过程中不能确保端到端的路径。DTN是一种位于区域网络(包括因特网)之上的覆盖网络,处理受限网络中频繁网络断开、高延迟和异构性等问题。

delay unit **延迟器** 在给定的时间间隔之后,能产生一个与原输入信号基本相同的输出信号的电路、器件或装置。一般地说,延迟器输出信号与其输入信号相比,不能有明显的失真,这一点对于线性信号来说,尤其重要。

delay vector **延迟向量** 在分组交换网络中,由某一个节点至所有其他站点传输一分组所需延迟时间构成的向量。延迟向量是相对于节点定义的,其向量元素是由目的节点标识和估算的延迟时间两部分组成的。在自适应路由模式中,有时把延迟向量副本作为路由信息的一部分传给相邻节点。

delay working **延迟接续制** 在电话交换台操作中,用于确保一个或多个线路的呼叫始发者间在时间上合理分布的操作。延迟接续制的一个例子是从公用线路抽出一个或多个线路并将它们置于延迟话务员的控制之下,这样当其他话务员收到要求延迟呼叫的话单时，该话单可按它们延迟的次序传递给延迟台话务员连接。参见 delay operator。

delegation 授权，代表，委派 (1)面向对象语言中的一种继承机制。指在几个角色(对象)之间共享知识的方法。传统的继承方法，继承机制是通过在语言内汇集来实现的；而授权是一种消息传递机制，这种机制是指对方法和感性认识的动态继承。在角色语言中，继承可由授权机制代替。(2)一种实现机制。使用该机制，一个响应自身操作的对象把操作转发给其他对象，如在资源访问控制设施(RACF)中，给其他用户或者用户组进行 RACF 操作授权的动作。

delete 删除 取消或清除操作，如清除一个字符、数据项、记录、对象实体或擦除存储器中的一个文件等。

delete authority 删除授权 在某些操作系统中，一个允许用户移去对象中一个项的数据授权，如从一个消息队列中删除消息或者从文件中删除记录。

delete bit 删除位 在记录中设置的特殊标志位，以示该记录已被删去。用这种方式进行的删除称为“逻辑删除”。逻辑删除的记录仍占有存储空间，并可通过去除删除位而恢复使用。

delete capability 删除能力 将报文按信息单位(如字符、字、行、段、页)从存储媒体中删除的能力。

delete character (DEL) 作废字符 (1)主要用来删去错误的或不需要的字符的一种控制字符。(2)一个标识文件中需要移去的记录的字符。参见 delete key。

deleted record 已删(除)记录 已被删除的一个记录，它不能再被访问。但被删除记录在实际物理文件中仍占有一个位置。参见 delete bit。

deleted representation 删除表示 与擦除符类似的一种控制字符，即通过操作或记录或可由另一表示转换成一种特定表示。

delete knowledge 删除知识 将知识从知识库中删除，根据知识库管理员要求，确定删除知识项，再利用知识库管理系统的删除功能来实现，在删除知识过程中，必须维护知识结构化存储结构以及一致性和完整性，删除知识是知识更新的重要内容之一。

delete list 删除表 执行某种操作之后，原状态中必须删去部分的集合。

delete-mode indicator (DL) 删除方式指示 一种指示，它发出的信号表示，操作员为观察而选择的一些事务文件记录在处理周期结束时，在逻辑上要被删除。

delete rights 删除权 从一个目标中删去一个表目或者删去目标本身的权力。

delete rule 删除规则 在数据库系统中，指定义了在一个被引用的关系中删除一个元组时的作用的规则。不同的数据库系统有不同的删除规则。在关系式数据库中，删除规则是显式定义的，一个元组被删除时，与之有关系的元组也被删除或者无效。

deletion 消除，删除 将数据或文本的一部分清除掉的过程。同 delete。

deletion of I/O device 输入输出设备撤销 从管理配置表中取消输入输出设备的功能。

deletion of the common subexpression 公共子表达式的消除 一种与机器无关的优化。一个子表达式为公共子表达式的充分必要条件是：该子表达式与另一个在前的子表达式形式上完全相同，两个子表达式之间的程序块为线性程序块，而且子表达式中的所有变量为这个线性程序块的区域常量。

deletion record 删除记录 一个新的记录。当文件更新时，它可以取代现有的记录，或者使之重写或删除。

delimit 定界 限定实体范围，通常规定实体的最大或最小边界值。

delimited identifier 定界标识符 在 SQL(结构化查询语言)中，标准字符集中一系列包含在 SQL ESC 字符之间的字符，用于形成一个名字。

delimiter 定界符，分界符 (1)用来分隔和组织数据项的符号或标记一个程序构件的开始或结束的一个符号或字符串。常见的定界符有空格、逗号、引号、反斜线、括号等。(2)将数据单元隔开和加以组织的符号。定界符可以是一个脉冲、一个字符或者一个空格。在字符串中，定界符不属于该字符串，只是一个符号。(3)在数据库系统中，数据库文件中一个数据的边界指示符或两个数据之间的分隔符，可以是单引号、双引号、方括号、逗号、分号等。数据库中，数据文件中是否含有定界符是区别其类型的一个标志，没有定界符的数据文件称为标准文件。

delimiter element 定界元素 计算机图形元文件(CGM)中确定元文件中有效的结构的元文件元素。每个元文件都以一个“元文件开始”元素开始，并以一个“元文件结束”元素终结，这可使多个元文件一起存储和传输。每个图片以一个“图片开始”定界元素开始，并以一个“图片结束”定界元素终结，在这两个定界元素之间，由“图片体开始”元素将图片说明与图片体分开。

delimiter macro instruction 定界符宏指令 (1)在某些远程通信存取方法中的一类信息处理宏指令，它对功能信息处理器的宏指令序列进行分类和标识，并把控制权引导给适当的功能宏指令序列。参见 functional macro instruction。(2)把操作宏指令组织成各个编码子组的 LPS 宏指令。

delimiter statement 定界语句 用来指明数据结束的一种作业控制语句。

delimiter table 定界符表 编译程序的设计人员事先构造并存放在机器中的表型数据，用来描述源语言中的全部定界符及其属性。编译程序在处理源程序时根据定界符表划分单词及做某些相关的处理。

delimiter token 定界记号 在 SQL(结构化查询语言)中,一个定界标识符、一个符号,例如|、/、*、+、- 等专门字符。参见 token,ordinary token。

delimiter transfer table 定界符转换表 词法分析程序的一类内部数据。该表由定界符及其属性字组成,需要预先构造好,供词法分析程序查用。

delimiting character 定界字符 用以限定一组字符边界的标记符,且它本身不算在该组字符中。参见 delimiter。

delineation unit 描绘单元 在人工智能的对象结构化表示法中,在单元信息中设一特别的单元,用来对另一单元所表达的集合中的每一元素加以描绘。

delivered source instruction (DSI) 交付源指令 为软件开发的一行新源代码。DSI 被用于估算软件成本。术语"交付"一般意味着拒绝非交付软件(如测试程序)。"源指令"包括被工程软件创造的所有程序指令,它包括作业控制语言、格式陈述和数据声明。

delivery 交付 软件研制周期中的某一个时刻。在这一时刻将产品交付给计划中的用户。

delivery confirmation 传送证实 发回给始发者的信息,指示该给定的信息单元已经传送给预定的收件人。

delivery envelope 交付包封 在个人间报文通信(IPM)中的一种包装,装有与报文的交付有关的信息。

delivery time 传输时间 从发送终端的报文传输开始,到接收终端报文接收结束的过程所花的时间。

delivery vehicle 传递工具 通常指那种用来将一个系统"传递"给用户的计算机。传递工具比完整模式的计算机简单,常用于将专家系统的应用软件提供给终端用户,以降低费用。参见 runtime system。

Dellinger effect 德林格尔效应 一种持续几分钟到几小时的效应,它表现为由于日暴中增大的噪声引起电离层电离大量增加从而导致电磁天波信号的消失。

Delphi language Delphi 编程语言 Borland 公司推出的一种强有力的客户机/服务器数据库应用程序开发工具,是一种可视化、面向对象、事件驱动的计算机编程语言。Delphi 是古希腊城市名,被古希腊人当成世界的中心,因有阿波罗神殿而出名。Delphi 是一种开发环境,它采用了视窗图形用户界面的许多先进特性和设计思想,结合 Object Pascal 语言的编程技巧,开发功能强大的视窗应用程序和数据库应用程序。Delphi 具有一系列创造性的特性:①可重用性和可扩展性。可重复利用预先定义的可视对象及非可视对象;②对 VBX 和 OCX 的支持。Delphi 支持将封装的 VBX 对象装入调色板容器中,从而可以很容易地利用这些对象;③应用程序及窗体样板。Delphi 提供预先建立的窗体和应用程序样板;④支持最底层的函数调用和目标生成覆盖。尽管它的 ActiveX 功能不如 VB 易用和全面,但它提供了最快速的 ActiveX 服务;⑤编译程序。Delphi 没有解释程序和预定义代码,Delphi 可以将整个程序装入单个可执行文件中,而不需要附加 DLL(动态连接库)文件。

Delphi technique 德尔菲法 特尔菲法最先由美国兰德公司(RAND)在 20 世纪 50 年代初创立,在软科学领域得到了广泛应用,其预测成功与否取决于研究者问卷的设计和所选专家的合格程度。德尔菲法是最流行的专家评估技术,在没有历史数据的情况下,这种方式适用于评定过去与将来、新技术与特定程序之间的差别,但专家"专"的程度及对项目的理解程度是工作中的难点,尽管德尔菲技术可以减轻这种偏差,在评定一个新软件实际成本时通常用得不多,但是,这种方式对决定其他模型的输入时特别有用。德尔菲法鼓励参加者就问题相互讨论。德尔菲法的步骤是:①协调人向各专家提供项目规格和估算表格;②协调人召集小组会和各专家讨论与规模相关的因素;③各专家匿名填写迭代表格;④协调人整理出一个估算总结,以迭代表的形式返回给专家;⑤协调人召集小组会,讨论较大的估算差异;⑥专家复查估算总结并在迭代表上提交另一个匿名估算;⑦重复④ ~ ⑥,直到最低估算和最高估算一致。

Delta 德尔它 (1)一种希腊字母(Δ)的表示,表示在一个问题中相对所有其他量的一个极小的量。(2)一个增量。

Delta clock δ 时钟 控制程序操作的一种定时时钟。如计算机程序因瞬时故障而进入死循环或计算机在执行指令期间因发生故障而暂停,则此 δ 时钟就利用中断来重新启动计算机。若一个操作的执行超过了预定的时间,则此时钟也可中断计算机。

Delta encoding/decoding 增量编码/解码 一种减少信号带宽的方法,通过存储或传输相继数值之间的相差值,而不是存储或传输这些数值本身。

Delta learning rule δ 学习规则 一种用训练且只含输入、输出层的层状态网络的有教师学习方法。它利用最小二乘法计算输出模式与目标模式的差异,逐次调整神经元之间的连接权值,使这种差异向减小的趋势发展,最终达到网络稳定点。δ 学习规则优于感知机学习,因为其中权值的改变量不是一固定量,而是与误差成正比。但它只适用于线性可分函数,无法用于多层网络。

Delta modulation (DM) 增量调制,δ 调制 只保留

每一信号样值与其预测值之差的符号，并用一位二进制数编码的差分脉冲编码调制。增量调制是模拟数字转换中的调制方式，它通过一系列线段来逼近模拟信号，将当前近似信号与模拟波形的前一点的信号相比，以决定相对振幅是增大还是减小，由上述比较结果判定下一个二进数的状态，只传送信息的变化部分，即只传送和上一信号采样幅度相比的增量部分，如果模拟信号值没有变化则输出状态保持不变，即保持与前面的采样值相同的状态。

Delta noise δ 噪声 同一个存储用磁芯在 1 状态的半选输出和 0 状态的半选输出的差。

Delta pulse code modulation (δPCM) 增量脉冲编码调制 脉冲编码调制的一种加强形式，它将音频信号转换为相应的数字脉冲串，在有线或无线信道上传输时具有较强的抗干扰性能。

Delta routing δ 路由选择 (1)一种路由方式。其特点是中心路由控制站从各节点接收信息并发出路由指令，各节点对结果留有一定限度的处理权。(2)集中和分离路由选择的综合算法，这里每一IMP(接口报文处理机)测量每条线路的代价(即队列长、带宽等)，并周期性地把报文分组发送到向它提供这些值的路由选择中心。(3)在数据通信中，指分组交换网中的一种路由选择法。中央路由控制器从节点接收信息，并发出路径指示，但是给每个节点留有一定的处理权。

Delta-Sigma modulation Δ-Σ 调制 在增量调制中对输入信号的积分而不是对信号本身进行编码称之为 Δ-Σ 调制。可在传统的增量调制器前加一个积分网络来得到 Δ-Σ 调制。参见 Delta modulation (DM)。

Delta T 增量时间 一种 sniffer 网络分析器，指示网络上相继数据包之间相隔的时间。对应于 relative time。

deluxe edition 豪华版 豪华版通常是相对于标准版而言的，主要区别是多了几项功能，价格当然会高很多，此版本通常是为那些追求"完美"的专业用户所准备的。

DEMA 数据输入管理协会 Data Entry Management Association 的缩写。

demagnetization curve 退磁曲线 当外施磁场强度单方向地变化时，磁通密度从顽磁减小到零的那部分磁滞回线。

demagnetization factor 退磁因数 均匀磁化物体的自退磁场强度与磁化强度之比。

demagnetized 去磁 用衰减的交变磁场把剩余磁感应减小到接近等于零。交变磁场是连续地衰减的正弦磁场。

demagnetizer 消磁器 用来消去磁带上剩磁或磁头上的剩磁的设备。常用高频变化磁场，使磁带或磁头上的剩磁降到零。

demagnetizing field 消磁磁场 其方向一般是与磁感应的方向相反的、由于磁体的磁质量的分布所引起的磁体的内磁场。

demagnetizing force 去磁力 作用在减小磁化物体剩余感应方向上的磁化力。

demand allocation channel 按需分配信道 按需分配信道就是按申请分配信道。即先用空分、频分、时分或波分将信道划分为若干个子信道，用户在通信之前必须以某种方式提出申请，只要这时有空闲的子信道，发出申请的用户就可以获得一条子信道的使用权，待通信完毕后，用户要立即释放这个子信道，以供其他用户再使用，即此用户仅在这次通信中才拥有对该子信道的使用权。若没有空闲的子信道，则用户不能获得子信道而申请失败(被阻塞)。由于在通信之前是根据用户提出的申请分配子信道，所以这种分配方式也称"预分配信道"。由于大量用户同时要求通信的概率很小，因而子信道的数目可以远小于信道各端的用户数目，用按需分配信道的方法可以大大提高信道的利用率。但付出的代价是：网络的节点必须增加一定的处理能力；当信道较忙时，一部分用户对信道的申请可能会被阻塞掉，被阻塞的用户若想进行通信必须再次申请信道而产生时延。

demand assigned multiple access 请求赋值多路存取 在卫星通信网络中，每个站的通信线路可与其他任何站进行通信的能力。

demand assignment 按需分配 建立在实时基础上的若干用户间对通信信道的共享，即需与网络中另一用户通信的用户请求所需电路，使用该电路，当呼叫完毕时，释放电路，以便该电路可被其他用户使用。按需分配与传统的电话交换相似，其中有限数量的中继群为许多用户在按需的基础上提供共用的中继。

demand assignment access plan 按需分配接入方案 卫星通信系统运行中的一种可变的通信信道的接入方案，其中接入信道的分配或每次接入通路的信道数的分配是按需求改变的，即与固定的接入方案不同。

demand assignment multiple access (DAMA) 按需分配多址 也称"动态分配多址"，按照多个地址用户的实时需要动态分配信道的一种多址控制技术。可用空分，频分或时分三种方式。其控制机构可以是集中的，也可以是分散的，按需分配比固定分配的信道利用率要高。

demand buffering 需求缓存 一种缓存管理技术，只在程序实际需要数据时才将数据读入缓存。比较 anticipatory buffering。

demand-driven execution 需求驱动执行 也称"惰性求值"。数据流系统中程序的一种执行方式，仅在要求将该次计算结果作为另一次计算的输入后才进行计算。

demand-driven pipeline 需求驱动流水线 数据库

D

管理系统执行查询计划的一种流水线方法。需求驱动流水线执行方式是一种自顶向下的执行方式。系统反复地向流水线顶端的操作符发出需求元组的请求。每当一个操作符收到需要元组的请求时，就计算下一个(几个)元组并返回这些元组。若该操作符的输入不是来自流水线，则下一个(几个)元组可以由输入关系中计算得到，同时系统记载目前为止已返回了哪些元组。若该操作符的某些输入来自流水线，那么该操作符也发出请求以获得来自流水线输入的元组。使用来自流水线输入的元组时，子操作符计算输出元组，然后把它们传给父层。再需要存储尚未处理的数据。参见 pipeline for query execution，producer-driven pipeline。

demand-driven processing 需求驱动处理 当数据变得可用或准备就绪时对数据即时进行处理。这样的实时处理就不再需要存储尚未处理的数据。

demand factor 需要因素 系统实际消耗的最大功率与如果同时激活全部连在系统上的所有负载消耗的功率相比的比值。实际最大功率通常是在一个特定的时间区间的积分，如 15 分钟或 30 分钟，通常用千瓦表示。同时接通与系统相连的所有负载所消耗的实际功率是由所有相连设备功率的相加而算得的。

demand fetching 请求读取 一种存储器多路存取结构。其中每个数据段存放在后备存储器中，仅在计算要求使用这些数据段时才调入内部存储器。

demand load 需用负载 (1)一般说，它是设施所需要的总功率。需用负载是运行负载(包括任何机动负载)和非运行需用负载之和。需用负载由所有的相连负载之和并考虑相应的需要因素来决定。参见 demand factor。(2)在通信中心，所有自动交换设备、同步设备和终端设备(同时在网上运行或在备份状态)、控制和键盘设备、照明、为保持良好和连续的通信所需的通风和空调设备等所需要的功率。

demand multiplexing 按需多路复用 时分多路复用中的一种形式。在这种方式中，根据子通道携带数据的需要给子通道分配时隙。不给没有携带数据的子通道分配时隙。

demand paging 请求调页(法) 页面从辅存到内存的一种读取策略，推迟页面装入内存直至在需要访问时才进行传输的方式，是操作系统和数据库系统中一种常用的存储管理技术。这种技术常常使用两级存储：一级为大容量后援存储器，用于永久存放数据；另一级为容量较小的主存储器，用于临时存放数据。两者均划分为大小相等的“页面”。每当程序需要的数据不在主存储器中，就有一个例程以页面为单位把需要的数据从后援存储器调至主存储器。请求调页使程序所需要的存储空间不必是连续的，可以最大限度地利用系统存储器。另外，计算机系统执行程序的存储空间可以大于处理机主存储器的存储空间。

demand priority 请求优先级 一种网络访问方法，由集线器控制网络访问。利用请求优先级，节点向集线器发送请求，然后集线器按照该节点分配给请求的优先级决定是否允许传输。

demand processing 请求处理 一种实时数据处理方法。数据一经可用或准备好就立即予以处理。这种方法不需要存储相当数量的未经处理的数据。

demand processing time sharing 请求式分时处理 使监控系统的批处理能力扩充为分时操作能力，即监控系统能同时接受多个来自远程询问式终端的用户以会话方式的请求。所有批处理用户使用的设备都能用在请求式操作上。请求式用户可直接与监控系统、某一个作业程序或一会话式处理程序进行对话。

demand pull 需求拉引 准时制生产(JIT)采用的一种方法，亦即一个工作中心在准备生产下一个工件时，才引发前一个工作中心将所需的物料推到此工作中心。如此可减少等待加工的半成品，但是会造成前一个工作中心堆积完成品的现象。需求拉引式生产制度有别于“推”的生产制度。参见 just-in-time (JIT)。

demand reading 请求读 一种输入操作方式。在此方式中，根据需要，把数据块传送给中央处理器进行处理。

demand service 即时处理 综合业务数字网应用中的一种电信业务，为响应用户通过用户网络信令发出的请求而建立的一条即时通信路径。

demand staging 请求分段[登台] (1)一种多级存储技术。它类似于请求调页，其差别在于：数据在不同的级别的存储器之间传送可按比页面更大的单位进行。当应用程序需要数据时(而不是在此之前)，数据就从磁盘调入主存储器。(2)当应用程序开始请求时，将数据从外存转移到内存的过程。

demand writing 请求写 一种输出操作方式。在此方式中，根据用户需要，从中央处理器送出数据块。

demarc 分界点 demarcation point 的缩写。

demarcation point (demarc) 分界点 在通信系统中，操作控制或所有权在该点从一个组织机构换成另一个机构实体。分界点通常是用户建筑中的设备和外部网络业务提供商设备之间的接口点。

demarcation strip 分隔带 通常是一种端接板，在商用机器与公共载体之间起着物理接口的作用。参见 interface。

democratically synchronized network 等权同步网络 一个互相同步的网络，其中网络中的所有时钟处于同样的状态，对其他网络部分施加等量的控制，网络运行时钟脉冲频率通常是时钟的自然(非受控)时钟重复频率的平均值。

demodulation 解调 将一个被调制过的信号恢复

至其原来的形式。

demodulator **解调器** 从调制产生的振荡或波中恢复原调制信号的器件。比较 modulator。

demon **影子，精灵** 当特定条件产生时，能自动启动的过程。在产生式系统或框架系统中，它是以 if-needed、if-removed，if-added 等附加过程的形式来实现的。同 daemon。

demonstration program **演示程序** (1)在屏幕上展现一个开发成的软件的功能的程序，能形象地显示该程序的一部分功能但不是全部，给人们一个该程序的初步的印象。(2)演示商业软件主要特性的试用版本，它往往不能保存所做的工作，或者它只能工作有限的几个星期。

demonstration software **演示软件** 演示软件仅表示、描述、演示或以图形方式给出实际软件程序的功能和性能，它不同于正式出售的非限制的或受保护的工作软件。

demo version **演示版** 演示版仅仅集成了正式版中的几个功能，一般不能通过升级或注册的方法变为正式版。参见 release version。

demoware **演示(版)软件** 有限制的，某些功能被禁止的软件，供使用者评估，目的是让使用者购买完整的产品。

demultiplex (DEMUX) **多路解调** 多路复用的逆过程，也称"逆多路复用"，即将先前两个或多个多路复用的信道分离成分开的信道。多路解调既可用硬件实现，(即能被逆多路复用的电气信号)；也可用软件实现(即协议软件能逆多路复用收到的信息，并把它们传送至正确的应用程序)。参见 multiplex。

demultiplexer **多路分解器** 恢复复用信号中的合成信号，并将这些信号在各自独立的信道中还原的设备。它具有一个输入端，多个输出端和若干控制端。它可以根据控制端给定的条件，将输入信息传送到所选择的输出端口。

demultiplexing **多路分解** 将经复用所形成的合成信号恢复为多个原独立信号，或恢复为由这些独立信号所组成的信号群的处理过程。它是多路复用的逆过程。

demultiplexing circuit **分用电路** 将供复用传输而组合的信号分开的电路。

DEMUX **多路解调** demultiplex 的缩写。

DEN **目录允许网络** directory enabled network 的缩写。

dendrites **树突** 神经元的组成部分之一，是许多原浆性突起，构造上可看作是胞体的分枝，基部宽阔，内含尼氏体，分枝多而细，大大扩展了胞体接受信息的面积。参见 neuron。

denial of service (DoS) **拒绝服务(攻击)** 拒绝服务攻击通常并不破坏一个系统，它只是使系统瘫痪，使系统拒绝向其用户提供服务。一种攻击方式被认为是"洪水"，它以无意义的消息淹没服务器的输入端口。另一种攻击被称之为 Ping of Death(致死性)，它发送超长的 ping(数据包式因特网搜索)，导致服务器死机、关机或重新启动。参见 distributed denial of service (DDoS)

denial of service attack **拒绝服务攻击** 一种对站点的攻击，它导致超量的流量发向该站点以使其服务器宕机。

denormalization **非规范化** 将规范化的关系转化为非规范化的物理记录规格说明的过程。

denotation **外延** 概念所反映的对象的总和。比较 connotation。

denotational approach **指称方法** 程序设计语言结构成分的语义形式定义的方法之一。在该方法中，抽象语言的程序结构成分的语义由语义定值函数定义。语义定值函数把程序结构成分映射到它们指定的值(数字、真值、函数等)。这些语义定值函数通常递归地定义为：一个结构所指定的值由其构成成分的值给出。参见 operational approach, axiomatic approach。

denotational semantics **指称语义(学)** 形式语义学的一个分支。该分支认为语言成分的语义是执行该语言成分时由该成分表现出来的效果，这种效果是一种我们掌握的含义确切的外在物体，称这种外在物为该语言成分的指称物，因而用指称的方法研究形式语言的语义就是用已知的指称物的语义描述形式语言的语义。一般把待研究的形式语言称为语法域，已知的指称物的域称为语义域，该域一般用一个数学域来表示。给出语法域到语义域映射的类型的函数称为语义函数。除此之外，指称语义学还包括描述形式语言语法结构的抽象语法和给出具体定义形式的语义方程。

denote **标示** 一种把标识符或某些其他标记与实体相关联的说明。这种关联在称为说明域的正文范围内有效。在说明域内，有些地方可能利用标识符来指关联的说明性实体，因而标识符就称为实体名。

dense binary code **紧凑二进制代码** 一种编码方式，构成编码组合的全部二进制码的可能状态都被使用。如同样是使用 4 位二进制码，表示十六进制数时为紧凑格式，而表示十进制数则为非紧凑格式。

dense index **稠密[密集]索引** 文件中的每个记录都有一个索引项的索引。这种索引的查找、更新都较方便，但索引项多，空间代价大。比较 sparse index。

dense index file **稠密索引文件** 在数据库系统中，指带稠密索引的文件。这类文件的每个记录都有一个索引项，记录在数据区存放是任意的，但索引是按序的。这类文件的索引查找、更新都较方便、但由于索引项多，占用存储空间较大。比较 sparse index file。

dense list 紧凑表 所有的单元内都存有文件记录的表。

dense wavelength division multiplexing (DWDM) 密集波分复用 在一根光纤中复用大量独立波长的通信方式。密集波分复用是利用不同波长的光波可在同一根光纤内互不干扰地传输这一特性，随着复用器件不同，可以复用的波数从两个至数十个不等。采用这一技术的器件称为高密度多工分波器或高密度波长多工器。

D

densitometer 显像密度计 用来测量照片图像光密度（即黑度）的光电子仪器。

density 密度 (1)存储媒体上空间分布的紧密程度。如软盘有双密度和高密度之分。(2)电子产品设计复杂性的一种量度。如IC（集成电路）密度可由每单位面积中门或晶体管的个数来度量。(3)对于电流、磁通或电子束中的电子，每单位横截面积的总量。参见 data density, packing density, recording density。

density-based method 基于密度的方法 一种传统的聚类算法。根据领域对象的密度或者某种密度函数来生成聚类，使得每个类在给定范围的区域内必须至少包含一定数目的点。典型的基于密度方法包括：基于密度的噪音空间聚类（DBSCAN）法，该算法通过不断生长足够高密度区域来进行聚类，它能从含有噪声的空间数据库中发现任意形状的聚类，此方法将一个聚类定义为一组“密度连接”的点集；对象排序识别聚类结构（OPTICS）法，该算法并不明确产生一个聚类，而是为自动交互的聚类分析计算出一个增强聚类顺序。参见 cluster algorithm, partitioning method, hierarchical method, grid-based method, model-based method。

density modulation 密度调制 通过使电子束中的电子密度随时间变化对电子束进行调制。

density of the total electromagnetic energy 总电磁能量密度 一个体积内所包含的电磁能量除以该体积所得之商。

density packing 存储密度 在磁带或磁盘的一个磁道上，可以用单一磁头在给定的线性尺寸内存储的有用信息单位数量。

density queries 密度查询 一种空间移动对象的查询，就是查找在某段时间内移动对象密集的空间区域，即区域中移动对象的密度超过了某个密度阈值。又可分为两种类型的密度查询：快照密度查询和间隔密度查询。参见 snapshot density queries (SDQ), period density queries (PDQ)。

density search 密集搜索 一种概念化集技术，用于通过在领域范围内观察概念化密度高的和密度低的集，以发现自然群集或子群。所谓概念化密度高就是有许多有关的概念；概念化密度低就是有很少有关的概念。

density slicing 密度分割 将 RGB 值分配成黑白视频信号电平的过程。

denumerable set 可列集 有穷集或与自然数集等势之集，也称“可数集”。

deoxyribonucleic acid (DNA) 脱氧核糖核酸 是一种分子，可组成遗传指令，以引导生物发育与生命机能运作。DNA 主要功能是长期性的信息存储。

departmental server 部门级服务器 一种网络服务器，通常支持数十个到上百个用户，采用单 CPU 结构或双 CPU 结构。比较 workgroup server, enterprise server。

department of defense (DOD) master clock 国防部主钟 用于美国国防部的时间和频率测量的参照，即可被追踪查对的主要时钟。美国海军观察局（USNO）主钟被指定为美国国防部主钟。美国海军观察局主钟是美国政府的两个标准时间和频率的参照者之一。另一个用于美国政府的标准时间和频率的参照是美国国家标准和技术协会（NIST）的主钟。

departure angle 出射角 天线方向图的主瓣的轴与发射天线的水平面之间的角。

dependability 可靠性 描述性能对于有关因素影响的术语，如牢固性、可维护性和维护支持性能。

dependence 相关性，依赖性 一种相互关联、互为依赖的状态。如一个程序的功能依赖于专门的硬件；或某一个实体属性的存在只有当另一个实体存在时才具有意义，并且必然有意义。

dependency 依赖性，从属性 (1)一个行为或过程对另一行为或过程的直接或间接依赖。(2)一个推论和其前提之间的关系。若推理过程要回溯检验，推论和前提就需要存储。以图解表示时，节点表示断言而弧表示关系，这种图称为从属图。

dependency analysis 从属性[依赖性]分析 对程序各部分从属关系的分析，指明了一个程序的哪一部分的执行取决于程序的另一部分的完成。

dependency basis 依赖基 在关系式数据库系统中，指解决多值依赖成员籍问题的一个工具。参见 functional dependency membership problem。

dependency-directed backtracking 从属性定向回溯 使系统在搜索问题解时能消除不正确断言的影响的一种程序设计方法。当系统推导新的信息时，它保留其所有演绎与断言的从属性记录，用以说明它们的推导过程。当系统发现某一个断言不正确时，就通过推导链回溯来消除基于错误断言的结论。

dependency grammar 依存语法 在句子的各个成分之间建立各种类型的依存关系，用来解释各种语法关系的一种形式语法理论。也称“从属关系语法”。依存关系由支配词语和从属词语连接而成，如在一个小句中，动词是支配词语，从属词语是名词短语，它们由属于动词的配价指派。

dependency-preserving decomposition 保持依赖的分解 关系数据库设计理论中的有关模式分解的一个特性。当关系模式被分解为若干模式分量时，如果该关系模式的函数依赖集当中的每个依赖都被该依赖在各模式分量的所在投影的并集所蕴含的话，则称该分解为保持依赖的分解。

dependency relation 依赖关系 一个实体同其他实体之间关系的描述。这些关系经常用结构图、数据流图和加工图来描述。依赖关系还描述每个相互作用的实质，如相互作用的时序、执行次序、数据共享、创建、复制、使用存储或撤销等。

dependent analysis 从属分析 自动翻译中在输出语言方面进行的文字分析。

dependent code 依赖性码 一个具有取决于其他段以提供编码项唯一标识的段的代码。

dependent compilation 关联编译 用相关编译单位中的各种必要的接口和上下文信息对编译单位进行编译操作，以检查有效性和解决相互访问。

dependent data mart 依赖数据集市 从企业数据仓库和它的调和数据中获取全部数据的数据集市。参见 data mart。

dependent demand 非独立需求 当对一项物料的需求与对其他物料项目或最终产品的需求有关时，称为非独立需求。这些需求是计算出来的而不是预测的，对于具体的物料项目，有时可能既有独立需求又有非独立需求。

dependent relationship 依赖联系 在现实世界中，某些实体与另外一些实体之间所具有的依赖关系。若某一个实体的存在必须以另一实体的存在为前提，则称该实体为弱实体，如人事管理中，在职职工子女的信息是以职工的存在为前提，则子女实体是弱实体，子女与职工的联系是一种依赖联系。

dependent segment 相关段 (1)在树结构中，至少依赖于一个根段的段。为了意义完整起见，还可与别的段有关。(2)在数据库中，为使层次明确而依赖于较高层次的段。

dependent-time measuring relay 定时限量度继电器 时限是特性量值规定形式的函数的定时限量度继电器。参见 independent-time measuring relay，non-specified-time relay。

dependent variable 应变量 由其他变量决定其值的变量。程序中特指其值取决于另一操作或结果的变量。

dependent worksheet 相关工作表 在微软 Excel 中，与另一个 Excel 工作表(该工作表称为源工作表)中的数据相链接或以其为参照的工作表。相关工作表中的数据取决于源工作表的数据。在 Lotus 1-2-3 和 Quattro Pro 这样的其他电子数据表程序中，包含链接的工作表称为目标工作表。

dependent workstation 依赖性工作站 在 AIX 操作系统中，一个只有很少或者没有独立工作能力的工作站，需要连接到宿主机或者服务器上才能完成用户要求的任务，对应于 stand-alone workstation。

depletion layer 耗尽层 半导体内移动电荷载流子极为稀少，以致其浓度达不到固定的施主或受主电荷密度，空间电荷可以认为完全是已电离的固定施主或受主决定的空间电荷区。

depletion-layer capacitance 耗尽层电容 由耗尽层电荷形成的假想电容器的电容。这个电容随反向电压而变。

depletion-mode transistor 耗尽型晶体管 当栅极和源极处于相同电位而栅偏压为 0 V 时将导通的“正常加电”的结型场效应晶体管(JFET)。这种管子在氧化层生长过程中引进了带正电的离子，这些正电荷能够吸引足够的电子到硅表面，形成导电的沟道，所以当栅偏压等于零或是一定数量的负值时也能导电。

depletion transition region 耗尽过渡区 位于 N 型和 P 型半导体材料之间 PN 结处的区域。在此，两种材料的位能差形成势垒。这个势垒引起形成耗尽自由载流子的半导体的电场。耗尽区的宽度随外加反偏压的增加而增大。

depolarization 去极化 电磁波极化的降低或随机化。去极化可能是由通过非均匀媒质传输或去极化器引起的。

depolarization current 去极化电流 在试样上加上直流电压经一定时间后，将与试样相接触的两极短路所通过的电流。

deposition cladding 压低包层 邻近光纤纤芯区域折射率小于非邻近芯区域的折射率的包层。

depressed cladding optical fiber 凹陷包层光纤 包层为两重结构，邻近纤芯的包层较外侧包层的折射率低的一类光纤。双包层光纤具有非常低的微弯损耗，具有能减少色散和获得更大的数据传输率等优点。

depression angle 俯角 垂直平面内的一个角，通常是指在水平面与水平面下的一点之间的角。

depth bound 深度限度 在人工智能的图解搜索中，对被搜索节点的深度常加以限制，特别是深度优先搜索法更是如此。其深度的限制值即为深度限度。超过这个深度限度的节点就不再加以扩展。

depth buffer algorithm 深度缓冲器算法 适用于光栅显示器中用来生成消除了隐藏面的图形的一种通用算法，它的主要思想是使用一个数组来保存图形中每一个面所含像素的透视深度值。该算法比较简单，但占用内存空间太大。

depth clipping 深度剪取 在对三维对象进行剪取时，一般视见约束体是半无穷的锥体(在透视投影情况下)或无穷平行六面体(在平行投影情况下)。但也可以通过规定前、后剪取平面,将视见约束体限为有穷视见体。按照这种有穷视见体进行剪取的方式称为深度剪取。

depth cue 深度暗示 计算机图形学三维空间中的物体在二维平面投影上的位置信息。根据这个深度暗示建立透视图,进行隐藏线和隐藏面的消除。

depth-first search (DFS) 深度优先搜索 (1)在人工智能的图解搜索中,节点扩展的次序是向某一个分支纵深推进,到底后再回溯。(2)按尽量向纵深方向发展的原则搜索图的方法。其步骤为:①由一个顶点 V_0 出发,首先标记它;② 标记与 V_0 相邻的一个顶点 V_1;③设已标记了 V_i,若有与 V_i 相邻且还未标记的顶点 V_j,则标记 V_j 并由 V_j 向下继续搜索,若 V_i 的所有邻接点均已标记,则返回到 V_i 的父节点并由父节点继续搜索;④重复③直到所有顶点均作了标记为止。若顶点 V 是搜索过程中第 i 个作上标记的点,则称 i 为 V 的深度优先数。搜索所生成的树称为深度优先树。

depth information 深度信息 包括观察者(如照相机)到图像对象中各点的距离以及距离变化影响的信息(如阴影、透视、光照、纹理、颜色等)。以某种方法求出被观察图像深度信息的工作,是以三维物体识别为目的的计算机视觉研究的一个重要课题。

depth of field 景深 摄影中指图片中能够聚焦的最近距离和最远距离之间的距离,景深与照相机的光圈 F 有关。

depth of indexing specificity 标引深度 表示标引词揭示所标引文献内容的详细程度的一种指标。也就是指标引一篇文献所用的标引词数量。所用标引词越少,标引深度就越浅;所用标引词越多,其标引深度就越深。当一篇文献仅用一个标引词来标引时,只能从一条检索途径找到它;若用三个标引词来标引时,就可以从三条检索途径查到它。可见,标引深度越深,一篇文献被查到的机会越多,文献的利用率就会提高,查全文献的可能性也会随之增大。深度标引意味着对文献内容的表达将更具体,所用标引词将更专指,因此文献的检准率也会有所提高。

depth of modulation 调制深度 在空间给定点上,定向天线系统两个旁瓣的场强差与较大的一个旁瓣场强之比。用于确定无线电制导系统中的方向。

depth-queued 深度排队 一种对三维物体绘画速度及绘画质量有影响的绘图模式,在计算机图形和造型中,采用浓淡法和隐线消除法,使目标物衰减到背景的颜色,就像向远处移开一样。

deque 双端队列 double-ended queue 的缩写。

dequeue 出队,出列 一种数据操作,从队列中取走某些项。比较 enqueue。

derandomization method 非随机化方法 在现有的确定性机器上实现随机算法的方法。一般有四种常用的方法:①使用伪随机数代替真正的随机数;②减少概率空间样本点;③确定性硬币投掷;④组合构造。

derate 降载,减载 为保证系统在高温条件下少出故障或不出故障,在确保处理能力不降低的前提下而降低工作电压使用的措施。

derated state 降额状态 元件低于额定值执行规定功能的状态或只能执行部分规定功能的状态。

dereference 间接引用 在程序设计中,在指针所包含的地址处访问信息,在不同的语言中的语法各不相同,如在 C 语言中指针 ptr 的内容访问表示为"* ptr",而在 Pascal 中则表示为"ptr^"。参见 double-deference, handle, pointer。

deregulation 放松管制 比较宽松的管制办法。如降低市场门槛,准许与鼓励有条件的自然人与法人参与竞争、政府不干预企业经营权限内的事务。

Deri motor 戴利电动机 具有两套电刷的推斥电动机,其中一套固定而另一套可以移动。

derivation 派生 派生就是经过一系列的合乎逻辑的运算步骤,从一个结果到达另一个结果的过程。

derivational analogy 派生类比 对已建立的适用于某领域问题的一般问题求解方法进行改造,使之能用于求解新领域中的问题的问题求解策略。采用派生类比求解某领域问题必须首先找到与该问题具有相似性的过去已解决的问题及其求解方法。

derivation history 派生史[过程] 软件开发环境中的一种术语。指对于产生某一个派生模块的亲体模块所作的精确说明和使用的软件工具。

derivation tree 派生树 派生过程中,各派生出来的对象所组成的层次化结构关系,称为派生树。

derivative action 推导动作,微商作用 (1)从一系列前提产生一个结论所需的过程。(2)一种控制性操作,其校正动作与所要求值的偏差率有关。

derivative control 导数控制 一种控制方法。激励装置驱动信号正比于输入和所测实际输出之差值的时间导数。

derivative indexing 派生标引 用直接从被标引的文献中派生出来的关键词标引原文献,称为派生标引。也称"派生索引"。它与赋词标引不同,预先并没有主题词表,而是由文献本身特征产生关键词,对文献来讲,有自行标引的含意。上下文关键词型索引的计算机加工生成过程就是派生标引。这种标引方法容易自动化。参见 assignment indexing, automatic indexing。

derived association 派生关联 使用其他关联定义的一种关联。

derived attribute 导出属性 其值可以从其他相关属性值计算出的属性。

derived Brillouin effect 派生布里渊效应 用大功

率激光照射丙酮、四氯化碳等物质时，将会从这些物质散射出与入射激光波长偏离极小的激光，这种现象称为派生布里渊效应，它是激光与声波能量结合的产物。参见 Brillouin effect。

derived class　派生类　在面向对象程序设计中，一种从另一个称为基本类的类中建立的类，派生类继承基本类的所有特征，并可增加新的数据元素和例程，可重新定义基本类中的例程，还限制对基本类中特征的访问。参见 inherit。

derived data　导出数据　按照一定的规则从数据库中实际存储的数据(称为源数据)出发，通过计算加工所产生的新数据。导出数据既可以存放在数据库中，也可以不放在数据库中，而在需要时通过计算产生出来。

derived data element　派生数据元素，导出数据元　(1)一个数据元素，具有与一个指定的通用数据元素相同的领域。(2)在数据库系统中，指由公式或计算得出的数据元素。它是数据词典所描述的一类数据项。参见 data dictionary。

derived data item　导出数据项　导出数据中的内容由数据库控制系统所生成的数据项，称为导出数据项。

derived fact　导出事实　使用算法和推理从其他业务规则中导出的事实。

derived font　派生字体　一个从原有字体中演化而成的新字体，某些操作系统能够从已有的字体中生成新的字符字体。参见 intrinsic font。

derived Raman effect　派生喇曼效应　用于涉性强激光光源照射硝基苯等喇曼活性物质时，能够产生出多种偏离原来入射光波长的激光，这种现象称为派生喇曼效应。它是入射激光与光学量子结合的产物。参见 Raman effect。

derived relation　导出关系　关系数据库中用户通过别的关系来定义的一种新的关系。而把不借助别的关系来定义的关系称为基本关系。导出关系可分为快照(瞬态图)和窗口(用户视图)。它们相当于用户的子模式，两者一经定义即可被检索和处理。其不同之处是：快照(瞬态图)是静止地反映了它建立时的数据库状态，一经建立就与赖以建立的基本关系脱离关系。而窗口(用户视图)则是动态地反映着数据库的状态，视图建立后赖以建立的基本关系的变化随时可从视图中反映出来。

derived rule　导出规则　一种推理规则。为了系统内推理的方便，引用一些元定理提供的事实作为系统的推理规则，如利用演绎定理可作为一条导出规则："如果由$\Sigma \cup \{\alpha\}$已推出 β，则可断定由Σ可推出 $\alpha \rightarrow \beta$"。

derived type　派生类型　派生类型是其操作和值取之于现有类型的一种类型。这种现有类型称为派生类型的父亲类型。如在程序设计语言 Ada 和 FORTRAN 中都有此种类型。

DES　(1)数据加密标准 data encryption standard 的缩写。(2)目标终结站 destination end station 的缩写。(3)动态嵌入式系统 dynamic embedded system 的缩写。

descendant　后代　在树 T 中，如果从节点 a 到节点 b 有一条有向路，则称 b 是 a 的后代。

descendent class　后代类　类的直接或间接子类。

descending key　(递)降键，递减键值(法)　按照数据项上定义的序关系，从数据项的最高值到它的最低值顺序排列的键。反之，从最低值到最高值顺序排列的键，称为递升键。

descending order　降序　按编码值由大到小排列数据项。

descending sequence　递降序列　按递降键排序的数据序列。

descending sort　降序排序　按关键字编码的大小，从高到低进行排序。

Deschutes　Deschutes 微处理器　美国 Intel 公司于 1998 年 1 月 26 日推出的 PentiumⅡ处理器。它运用改良后的 0.25 μm 技术，2.0v 内核电压，运行频率提高到 266 ～ 450 MHz，系统总线周期达到了 66 ～ 100 MHz。该款 CPU 的一级缓存为 32 KB，二级缓存为 512 KB，CPU 采用 Slot 1 架构。Deschutes 也是最后一个正式用于 PentiumⅡ处理器的内核。

descramble　解扰　在数字通信中，将加扰的数字信号恢复为原有数字信号的操作。

descrambler　解扰码器　为恢复原始信号而对扰码信号进行处理的器件。解扰码器的输出将使输入该扰码器的信号恢复到原来的状态。

description information of image　图像描述信息　图像的描述信息包含图像类型、存储方式、世界坐标、波段数、尺寸等信息。在图像数据库中作为一个库文件头与图像的物理存储放在一起。

description language　描述语言　在文献检索数据库系统中，一种用自然语言词语来表达各种概念，并把这些概念完全按字顺序排列的信息检索语言，表现为词表。如"汉语主题词表"。

description list　描述表　包括数据元及其属性的表。

description manager　描述管理器　数据库管理系统中的一个成分，维护描述数据库逻辑的和实现结构的信息。

descriptive abstract　叙述性文摘　叙述一篇文献的主题内容而不加以评价的一种文摘。

descriptive name　描述性名字　在信息资源词典中，赋予的描述名和版本标识符的结合，为访问名提供一个唯一的更具有描述性的名字。

descriptive statistics　描述统计　通过图表或数学方法，对数据资料进行整理、分析，并对数据的分布状态、数字特征和随机变量之间关系进行估计和描述的方法。描述统计分为集中趋势分析、离中趋势分析和相关分析三大部分。参见 central tendency analysis, divergence tendency analysis, correlation analysis。

descriptor **描述符,解说符,叙词** (1)一种特殊的计算机字。用来描述事物特性的一段存储信息,如用来描述文件的大小和创建或更新日期,说明一个数据记录、一个程序段或定义一个输入输出操作。(2)在计算机控制的信息存储与检索系统中,用于识别存储文件或文件组中的主题或内容,所以也称"关键字",因为在检索时它被当作一个键来使用。

deselect **取消选择** 取消所选择的选项、文本范围、图形图像等操作对象。参见 select。

desensitization **减敏作用** 当接收机调谐到一个信道且在邻近信道上存在强信号时所发生的自动增益控制效应。所需信号的强度因存在邻近信号而呈现一定程度的下降。

deserialize **串并转换,并行化** 从按位串行变化到按字节并行。比较 serialize。

deserializer **串并行转换器** 将串行的二进制位转换成并行的二进制字节的转换器。

design aids **设计工具** 用来帮助设计计算机或数据处理系统的各种专用硬件或软件。

design analysis **设计分析** 对一设计及其他替代性设计途径进行估计以确定其相对于预定需求的正确性、符合设计标准的程度、系统效率和是否符合其他一些准则。

design analyzer **设计分析器** 一种自动设计工具,它接收有关程序设计方面的信息,并产生如下输出:模块层次图、控制和数据结构的图形表示以及被访问的数据块的一览表。

design and analysis of algorithms **算法设计与分析** 理论计算机科学的一个重要分支。算法设计的重点是研究如何对一个给定的问题设计出解决它的有效算法以及探讨设计算法的一般技巧;算法分析则是研究分析、判断一个算法质量的准则和技术,如分析算法的正确性、复杂性、最优性、收敛性和稳定性等。设计是一种创造,分析则是评论,分析算法的目的一是为了指导设计、改进算法,二是为了在若干个可用的算法中选择最合适的算法。算法设计与分析是一门介于理论与应用之间的学科,它除了研究算法的理论基础外,更重要的是为各类实际问题设计出最有效的算法。

design and test phase **设计和测试阶段** 软件开发的一个阶段,设计集中于答案领域,测试发生在设计分析阶段之后。

designated bridge **指定网桥** 在执行生成树算法进行 LAN(局域网)互连过程中,被选定转发 LAN 帧的网桥。

designated name parameter **指名参数** Ada 语言中用指出相应形式参数的名字的方式传送的实在参数。这种术语也适用于循环参数,它表示隐式说明的循环控制变量。

designated router (DR) **指定路由器** 一个运行开放最短路径优先(OSPF)的路由器。在一个以太网多路访问环境中,有最高优先级值的路由器成为指定路由器。它向多路访问网中的所有其他路由器发送各路由的链路状态信息。参见 backup designated router (BDR)。

designation integrity **标定完整性** 数据库系统中的一种规则,设 D 是标定实体型,E 表示被 D 所标定的一组 E 属性,则只有在下述条件下,D 的一个值才能在数据库中存在:对于这个 D 值,有 E 中的每个E 属性或者有空值,或者标识一个存在着的适当类型的实体。标定完整性给出了一个实体型的 P 关系到被标定的实体型的E 关系的引用约束,使得标定实体型的每一个值只有在被标定实体在数据库中存在时其值才有意义,否则不能出现在数据库中。

designator **指示符** 标志某种特性的符号,如一个数的符号用来标志该数是正数还是负数;二进制数的末位标志该数是奇数还是偶数。

design automation (DA) **设计自动化** 也称"计算机辅助设计"。用计算机来自动或半自动地完成设计的过程。

Design Automation for Embedded Systems **《嵌入系统设计自动化》** 荷兰 Kluwer Acdemic 出版社出版,1995 年创刊,全年 4 期,SCI(科学引文索引)、EI(工程索引)收录期刊。论述嵌入系统的系统设计,重点是硬件/软件联合设计、系统设计自动化、计算机辅助设计(合成、仿真、测试、验证)以及相关的硬件、软件、主系统问题等。

design automation of digital system **数字系统设计自动化** 也称"数字系统的计算机辅助设计"。用计算机能够自动或半自动地完成设计的过程。其内容包括系统模拟、自动逻辑设计、逻辑模拟、逻辑划分、布局、布线、故障的自动测试与诊断、自动文档编制等。

design automation system **设计自动化系统** 用于设计自动化的软件系统及其有关的硬件。在计算机的设计自动化中有自动布线系统、逻辑模拟系统、故障自动测试系统等。亦可将这些系统综合为一个设计自动化系统。这种综合的系统常常以数据库为中心,并通过数据库将自动化系统的各部分连接起来。

design cycle **设计周期** 在开发和生产新的硬件或软件中涉及的所有阶段,包括生产、规格化、样机生成、试验、调试及文档制作等。

design entity **设计实体** 一个设计元素(或成分),该元素可以从结构上和功能上区别于其他元素,并可单独命名和引用。

design fault 设计故障 在系统实现的各阶段中引入的故障,如说明书编写、系统设计、程序设计、程序编译、逻辑设计、电路设计、硬件元器件的互连、硬件和软件的修改等阶段都能产生错误,从而构成故障。

design file 设计文件 在 CAD(计算机辅助设计)数据库中与一个设计项目有关的并能作为一个单独的文件直接存取的信息集合。

design file interface 设计文件接口 开发定制或半定制 LSI(大规模集成电路)产品时,用户和半导体厂家划分工作界面的一种方法。用户自己完成 LSI 芯片的模拟、验证设计,提供设计信息文件给半导体工厂,芯片布设、样品试制由半导体工厂完成。

design for testability (DFT) 可测(试)性设计 大规模集成电路数字系统的一种设计方法,使得对所设计的电路的测试生成和故障诊断比较容易,以缓解随着电路集成密度提高引起的越来越复杂的测试问题。

design language 设计语言 一种具有专门构造,有时还有验证协议的语言。用以开发、分析、验证、设计过程和结果,并为其书写文档资料。

design margin 设计储备量 系统设计人员为防止某些不确定性而规定的高于系统基本参数要求的、提高了的性能指标。

design methodology 设计方法 进行设计的系统途径,由一些工具、技术、准则的特殊集合的有序应用所构成。

design objective (DO) 设计目标 在通信、计算机、数据处理和控制系统中,建立在工程技术的分析上的电路和设备期望的性能特性,但还不能认为可把它当作标准。把性能特性规定为设计目标而不是作为标准的原因是:①该性能特性可能在最新技术水平中处于领先;②可能还没有对其进行测试以证实符合需求;③考虑其他因素,如费用或体积的大小等可能尚不能满足要求。设计目标应被视为为了开发或促成新设备或系统设计规范的引导,且如果技术上和经济上切实可行的话,设计目标应在制订规范时予以采用。

design optimization 设计优化 使用计算机确定最佳设计方案以达到有效地利用材料,减少生产成本,提高产品的可靠性等目标的过程。CAD(计算机辅助设计)系统可根据有关算法对多种设计方案进行快速评估,如在 PCB(印制电路板)设计中可根据最短内连线总长度对布局进行优化。

design parameter 设计参数 准备由系统或设备所提供或采纳的功能、性能或结构。

design phase 设计阶段 (1)软件生存周期中的一段时间,在这段时间内,根据预定需求,产生体系结构、软件组成部分、接口和数据的设计,并为设计编制文件,对其进行验证。(2)软件开发过程中的重要阶段。将用户要求转换成一个具体的设计方案。通常可分为总体设计和详细设计。总体设计决定系统的模块结构,主要考虑:如何将系统划分成独立的模块,模块间传送什么数据,模块间的调用关系如何,如何评价模块结构的质量等。详细设计具体考虑每一模块内部采用什么算法。设计阶段的主要工作结果是模块说明书。

design process 设计进程 软件开发进程之一。对一项软件的开发和维护全过程而言,设计工作处于中心地位。工作目标是从软件需求规格中提出“做什么”出发,开发出一个能回答“怎样做”的结构严谨的软件系统的设计规格,包括概要设计规格和详细设计规格。

design prototyping technique 设计原型技术 在软件工程中,指在进行整个系统的设计之前,程序员先对系统的设计思想或系统某部分的设计思想进行简化,产生一个雏型程序以检查设计思想是否正确。

design requirement 设计需求 影响或限制软件系统或软件系统组成部分的设计需求,如功能需求、物理需求、性能需求、软件开发标准及软件质量保证标准。

design review 设计评审 对现有或提出的设计所做的正式评审,其目的是找出可能会影响产品、过程或服务工作的适用性和环境方面的设计缺陷,并采取补救措施以及找出在性能、完全性和经济性方面的可能改进。

design rule check (DRC) 设计规则检查 对 LSI(大规模集成电路)掩模图形的最小线宽、最小间距等几何尺寸,通过计算机中的 DRC 软件,按 LSI 制造工程中根据器件要求制订出的设计规则,进行正确性检查,可检测出设计中违反规则的地方。

design-rules checking 设计规则检查[程序] CAD(计算机辅助设计)系统根据设计人员指定的设计规则对设计结果进行核查的过程。例如,在印刷电路或集成电路设计中检查布线结果是否违背用户选择的设计规则和加工公差。

design science 设计科学 将人工智能与管理学、心理学融会贯通而形成的一门探索人类设计技能本质的新学科。它是由赫伯特·西蒙提出,并从事研究的。

Designs, Codes and Cryptography **《设计、编码与密码学》** 荷兰 Kluwer Acdemic 出版社出版,1991 年创刊,全年 9 期,SCI(科学引文索引)、EI(工程索引)收录期刊。刊载设计理论、编码理论、密码学及其相互作用方面的研究论文和综论,侧重相关的代数学和几何学问题。

design specification 设计(规格)说明 一种把系统或系统的组成部分的设计编制成文的规格说明。典型内容包括:系统或系统组成部分算法、控制逻辑、数据结构、数据设定和使用信息、输入输出格式和接口描述。

design support 设计支持 用户进行半定制或全定制 LSI(大规模集成电路)产品开发时,从设计方面为用户提供的设计人员、设计设备与设计知识、技能的援助。

design support tool 设计支持工具 进行 LSI(大规模集成电路)设计的计算机辅助设计系统或者工程设计工作站。包括硬件设备、软件系统及有关 LIS 设计数据库。

D

design time 设计时间 用户通过添加控件、设置控件或窗体属性等方法在开发环境中建造应用程序的时间段。与之对比的是运行期间,在这个期间用户与应用程序进行交互。

design time ActiveX controls 设计时 ActiveX 控件 通过自动生成标准 HTML(超文本标记语言)和脚本代码帮助开发者建造动态 Web 应用程序的可视创作组件,它们类似于向导。设计时 ActiveX 控件存在于设计时间,而非运行时间。

design tool 设计工具 在建立软件模块结构的软件初步设计阶段和在完成所有必要的过程细节的软件详细设计阶段中所使用的工具。通常有三类工具:为描述信息流和结构,在软件需求分析阶段使用的数据表示工具;软件需求转化为表示软件结构的工具;完成设计描述的过程细节规格说明工具。

design transaction 设计事务 工程设计过程中的一组为完成某种特定功能所进行的活动。这一组活动可以是一段(组)程序的执行过程,但在工程设计中更为常见的是一个设计人员在终端上为完成某种设计的交互式设计过程。其特点是具有:长久性、嵌套性、动态生成和交互性。

design verification 设计验证 (1)在计算机安全中,使用形式化检查方法以显示一个系统的形式化描述和一个形式化安全模式的一致性。参见 implementation verification, verification。(2)在程序开发中,用户提供输入向量和期望的输出向量,设计验证程序将设计的实际结果与用户给出的输出向量相比较,以判定设计是否正常。

design version 设计版本 在工程设计中由于各种原因,对于同一设计对象(或类似的设计对象)所产生的不同的设计结果。设计版本有历史版本(简称版本)和选择版本(简称选择)之分。产生版本的原因有:①设计对象可以通过多种方法描述,对于从不同侧面描述的设计过程,应同时予以保留;②设计过程要反复试探、比较、优化,因此要保留设计中的不同设计版本;③设计过程是分段进行的,对于一系列的阶段结果也需要保存;④对于新产品的设计往往是对原有产品的改进,因而需要保留这些产品的设计结果;⑤产品的设计往往是由其部件设计组合而成,需要同时保留各零部件的设计结果。

design viewpoint 设计观点 设计实体属性信息的一个子集,该子集特别适于软件项目活动的需要。

desired access rights 期望的存取权限 线程打开对象句柄时申请的存取权限集。参见 granted access rights。

desired signal 期望信号 传递用户所需信息的信号,或是用来让接收设备收到信号后产生一个预先设定的动作的信号。

desired value 期望值 一种输出量值,是所期望值或表达该值的信号,用作控制系统的输入。

desk accessory program 桌面附件程序 一类通常驻留在主存中,不管运行何种应用程序都随时可用的实用程序,大多是一些用来完成一个小任务的独立小程序,如在办公自动化软件中的这类程序,具有计算、记事日志、预约日程、自动电话拨号等功能,在窗口控制下由办公人员进行记事、检查、更新日程安排和查询电话等办公工作。

desk analogy system 桌面模拟系统 一种用于个人事务处理的微型计算机系统。系统配有各种程序,每一种都类似于或可以取代传统的办公用具和设备。这种系统常用形象的图标代表功能设备,如计算机的文件系统可以像文件柜那样显示出来。

desk application 桌面应用程序 一种能够直接在工作站上运行以提供办公室自动化服务的应用程序。

desk checking 桌面检查 (1)对程序执行情况进行人工模拟,用逐步检查源代码中有无逻辑或语法错误的办法来检测故障。(2)在系统开发中,用手工方式模拟程序执行的过程来检查源程序中的错误的技术。

desk computer system 台式计算机系统 微型计算机系统,整个设备可放于桌面上使用,更袖珍型的是可放于膝盖上使用的便携式计算机。参见 personal computer。

DeskJet printer DeskJet 打印机 由惠普公司 20 世纪 80 年代起生产的喷墨打印机系列,分辨率为 300 dpi(每英寸点数),采用热感喷墨技术,墨水与打印头成为一体,对打印纸没有特殊要求。可使用 HP 的 PCL 打印机控制语言。

desk-mounted word processing equipment 台式(文)字处理设备 安装在专门设计的或改装的桌内(或台内)的文字处理设备,如果不是整体式文字处理设备,其控制部分也可另外安装于桌(台)内、桌面上或其他地方。

desktop 桌面,工作台,桌面系统 一个屏幕上的工作区域,使用图标、连接菜单、状态条、开始按钮和回收站模拟书桌的桌面,使得计算机系统更加容易使用,用户可以像在物理的桌面上那样进行操作。桌面系统是 Apple Macintosh 和微软 Windows 系统的特色。在桌面上有许多称为图标的图,它们形象地代表文件柜、文件夹、记事本、打印机等各种用具和设备,使用鼠标可方便地对它们进行移动、打开、关闭,把一个放在另一个上面或把它们丢掉。桌面包含了所有这些图标和对象、背景图案以及可能打开的任何窗口或者应用程序。参见 graphical user interface。

desktop calculator 台式计算器 主要为在办公桌台面上使用而设计的一种计算器。

desktop color publishing 桌上彩色出版 桌上出版和桌上分色两种技术的总称,桌上出版指与文字编辑、版面设计等有关的技术,桌上分色技术包括影像编辑、电子分色及整幅输出彩色版胶片的技术。参见 desktop publishing。

desktop computer 桌面[台式]计算机 能够方便地放在办公桌桌面的计算机系统,如大多数个人计算机和某些工作站等。比较 portable computer。

desktop conferencing 桌面会议 地理位置分散的与会者采用计算机同时通信所举行的会议。这种通信可以包括向应用程序的输入或来自应用程序的显示及音频视频通信。

desktop document copying machine 桌面[台式]复印机 一个设计用于桌面和类似平台的复印机。

desktop management interface (DMI) 桌面管理接口 桌面管理任务组(DMTF)在 1994 年颁布的桌面管理接口规范,用于自动标识 PC 硬设备和软件组成而不引起对用户的干扰的标准。它通过 BIOS(基本输入输出系统)取得整个的系统资源如主板内存、接口卡等信息。DMI 对每个系统生成一个管理信息格式(MIF),它包含的系统信息至少可以确定制造商和组成部分的名称、版本、序列号和安装时间等。DMI 利用 MIF 中的信息来跟踪和管理计算机。DMI 独立于硬件和操作系统,因此不论台式机、笔记本机还是服务器运行何种系统软件,都可以访问管理信息。通过 DMI,网络就能查询每台计算机即每个桌面,看看它有什么样的软件和硬件。大多数系统管理员利用 DMI 收集桌面信息,如驱动程序、外设和操作系统。该标准得到 DEC、IBM、Microsoft、Novell、Sun 等公司的支持。DMTF 在 1996 年 3 月颁布的 DMI 2.0 版,可以对支持 DMI 的设备进行远程管理,还定义了远程过程调用的使用,为独立软件开发商提供了开发系统管理应用的框架。

desktop management task force (DMTF) 桌面管理任务组 DMTF 是由一组厂商组成,签约成员包括 DEC、HP、IBM、Intel、Microsoft、Novell、Sunconnect 和 SynOptics 等。DMTF 主要致力于规定一种方法来访问能集成到许多管理环境中的台式管理信息。DMTF 计划为台式系统管理建立一个开放的应用程序编程接口(API)集,它还将规定管理台式系统管理部件的方法。API 和相关的规程称作台式系统桌面管理接口(DMI)。DMI 为访问网络上的台式计算机的硬件和软件建立了一个公用的规则集,这个接口运行在多厂商台式系统上,但可为许多厂商管理系统提供信息。DMI 能在各种部件上实现,如视频卡、传真机、调制解调器、打印机、大容量存储设备、网卡以及简单网络管理协议(SNMP)和公用管理控制台。参见 desktop management interface (DMI)。

desktop pattern 桌面图案 在微软 Windows 95/98 的图形用户界面中,桌面图案用来填充桌面上墙纸周围的剩余空间。在控制面板中可以修改桌面图案。

desktop publishing (DTP) 桌面排版印刷 利用个人计算机或工作站产生高质量的打印文件。该系统需要一套排版软件、一台带高分辨率的图形监示器的个人计算机和一台激光打印机,最好还有光扫描器。它的主要特点是,可将文本和图像混合排版,并可以将与打印输出结果完全相同的样式显示在屏幕上,即“所见即所得”。这类系统所提供的排版功能,已足以和专业排版系统相媲美。

desktop taskbar 桌面任务栏 Windows 系统中一般显示在屏幕最底端的状态条。在它的最左边是一个标有“开始”的按钮,在它的最右边显示了当前时间的状态。如果点击“开始”按钮,就会看到主要活动的一张列表:开始一个程序、改变计算机的设置、寻求帮助或者可以按规定的方式来关闭或重新启动计算机。如果有几个窗口或者程序正在运行,每个在桌面任务栏上都有一个项目按钮。如果想要切换到另一个窗口或程序,只要在任务栏上点击想要的按钮。任务栏可以被移动到屏幕的上方或者一边。

desktop utility software 桌面实用软件 模拟公共办公室过程或电话簿、日历等用品的软件。

desktop video (DTV) 桌面视频 供用户在个人计算机上编辑视频的特定软件和附加硬件的组合。其中硬件将个人计算机连接到视频记录器或者摄像机上,从而捕捉视频帧。软件可以用来剪切独立的帧、重新安排帧的顺序以及加入特殊的效果或者标题等。在视频会议中,实况视频图像可以用数码形式在网络上传送。

desoldering gun 去焊枪 为了把双列直插式组件或其他电子器件从印制电路板上拆卸下来而专门设计的一种维修工具。也称“吸锡器”。

despotically synchronized network 主时钟控制同步网 一种只有一台主时钟的同步网,主时钟具有控制网络中的所有其他时钟的权力。

despun antenna 反旋转天线 在一个旋转的卫星中,其天线有一相对卫星方向不断调整的主射束,这种调整能使天线照射到地球表面的特定区域,即虽然地球旋转及卫星旋转或振荡,但天线的主射束相对地球的覆盖范围不会移动。

destination address 目的地址 (1)用于识别信息要传输到何处的一组代码。比较 origin address。(2)转移指令将程序控制转向的存储地址。(3)在计算机网络中,数据分组中用于指明该分组要发送到的计算机的一个数值。在 IP(网际协议)数据报中,目的地地址必须是一个 IP 地址。

destination address field (DAF) 目的地址字段 在 SNA(系统网络体系结构)中,传输标题中的一个字段。它包含报文要去的目的地的网络地址或局部地址。

destination address routing 目的地址路由 基于目的地址的策略路由,它根据接收到的 IP(网际协议)数据包的目的网段地址和路由策略决定转发路径。参见 source address routing,policy routing。

D

destination code 目的地代码 表示所传输的信息最终到达的终端或处理程序的名字。

destination control table (DCT) 目标控制表 在 CICS(用户信息控制系统)中,一个包含各外部分区、内部分区和间接目标的表,外部分区项地址数据在 CICS 区域外部设置,间接目标项重新定向数据到一个由另一个 DCT 项控制的目标,内部分区目标项包含定位在内部分区数据集的队列所需要的信息。

destination dialing 目的地直拨方式 一种通信网络提供的业务性能,它通过使用自动干线路由选择的自动交换通信系统提供的设施,始发用户(即主叫方)不需要规定或知道目的用户(即被叫方)的路由。

destination end station (DES) 目标终结站 一个作为消息目标的 ATM(异步传输模式)终节点,用于作为可用位速率服务的引用点。参见 source end station (SES)。

destination field 目的字段 含有目的地代码的字段。

destination file 结果文件 记录保留计算机一次运行后输出的文件。

destination logical unit (DLU) 目标逻辑单元 数据发送目标逻辑单元,对应于 origin logical unit (OLU)。

destination MAC address (DA) 目标介质访问控制地址 在计算机网络中,指一个 6 字节的值,唯一指定一个终节点,在帧头部中发送以表示帧目标。

destination object 目的对象 在 Windows 系统中拖放一个图标时,就是将它拖到一个目的对象上。例如,如果想要删除一个图标,可以将它拖到回收站图标上——这就是一种类型的目的对象。

destination office 收信局 将呼叫或消息直接送往收信用户(即被叫方)的局站,如交换中心或者中心局。

destination parent 目标双亲,目的本源 经逻辑子路径检索可以到达的物理的或逻辑的本源。

destination queue 目的队列 (1)含有发送给终端的信息段的一组特殊的队列。其中每个队列的队列控制程序块都驻留在主存中,信息分段链都驻留在直接存取存储器中。(2)在某些通信存取方法中的一种队列,它将发往一特定目的地的报文,经报文处理程序进入组的处理后,放进该队列中。参见 process queue。

destination service access point (DSAP) 目标服务访问指针 SNA(系统网络体系结构)和 TCP/IP(传输控制协议/网际协议)中的一个逻辑地址,允许一个系统将数据从远程设备转发到合适的通信设备上。

destination station 目的站 报文最后到达的站。

destination subarea field (DSAF) 目标子区域 在 SNA(系统网络体系结构)中,在 FID4 传输头部中的一个区域,包含一个子区域地址,与目标元素域中的元素地址结合,给出目标网络可访问单元(NAU)完整的网络地址,对应于 origin subarea field。

destination user 指定收信用户 从始发用户发出的,预定的信息接收者的信息,通常在信息传输过程中传输。

destination vertex 终点顶点 沿树结构中给定路径所到达的终节点。

destination warning marker (DWM) 终端警告标记 用以提示磁带已到末端的光电敏感标记。

destructive addition 破坏性加法 被加数所在的位置被和数占据,而加数仍在原来位置的一种加法。

destructive breakdown 破坏性击穿 (1)由暴露在过压之下引起的电容器介质穿通。(2)由于静电放电或施加过度电压,在场效应晶体管或 CMOS(互补金属氧化物半导体)逻辑门的栅极与沟道之间的绝缘层击穿。

destructive cursor 破坏性光标 阴极射线显示装置中使用的一种光标,当它在显示屏上向任何方向移动时,光标通过的路径上的字符均被擦除。比较 nondestructive cursor。

destructive memory 破坏性存储器 一种存储器,存储的数据在读出后即被破坏。

destructive read-out (DRO) 破坏性读出 某些存储器系统的属性,如磁芯存储器。从存储设备单元中读出数据后即破坏读出单元原有数据的一种读出方式。为恢复原有信息,可在读出之后重新写入(再生)原来的信息。再生可由电路自动进行。

destructive storage 破坏性存储器 在该存储器中,当某个存储单元的数据被读取时该单元的内容就被清除,如果希望读后还能保留原数据,必须在每次读取后重写(再生)该数据,重写通常是在读取以后自动执行的。破坏性存储器的例子有:阴极射线存储器,铁电存储器,磁芯存储器和静电存储器等。

destructive testing 破坏性试验 对系统(部件、材

料)进行破坏性的、不可复原的试验。

destuffing **去填充** 从已填充的数字信号中删除原插入的比特,以恢复填充前的原始的信号。

de-suspend **取消暂停[挂起]** 重新执行业已暂停的程序。

DET **设备项目表** device entry table 的缩写。

detachable flexible cable or cord **可拆卸的软电缆或软线** 通过合适的器具连接器与工具连接,作为工具连接电源用的软电缆或软线。

detail chart **详细流程图** 也称"细框图"。它通常把操作细节与步骤一一列出,详尽反映了特定计算机的特性与指令。

detailed design **详细设计** 推敲并扩充初步设计,以获得关于处理逻辑、数据结构和数据定义的更加详细的描述,直至设计完善足以能实现的地步。

detailed design tool **详细设计工具** 描述过程规格说明的工具。有下列几类:图形工具、表格工具和语言工具。图形工具和语言工具使用结构化程序设计的逻辑结构,从而提供了直接生成代码的基础。表格工具,如判定表,提供了方便而无歧义地描述动作的工具。

detail file **细目[详细]文件** 含有用于更新主文件或由主文件处理以得到特定结果的现行或暂用数据的文件。同 transaction file。

detailing **细化** 逐步加入所需要的信息以产生详细设计的逐步求精过程。

detail printing **细目打印** (1)卡片通过计算机时打印每张卡片信息的过程。其功能包括:产生显示每张卡全部细目的报告;在列表操作中,计算机执行加、减、交叉加和交叉减等操作;打印全部结果的组合。(2)用计数装置每卡一行的一种打印方法。

detail record **细目记录** 含有具体事务数据的一种记录,如客户订单的各项条款。比较 header record。

detectability **可检取[测]性** 在交互式计算机制图中,提供给用户规定其图形块是否可为输入设备(如光笔)取到的一种动态属性。其值有可检取和不可检取两种。凡具有不可检取属性值的图形块,当光笔等选图设备指到它时,将不起作用。而具有可检取属性值的图形块,当光笔指到它时,就被标识。用户可以通过某些专用功能(如取选图输入信息功能)获取该图块的标识符。

detectable element **可检测像素** 在计算机制图技术中,一种可以被选图设备检测的可显示的图像元素。

detectable segment **可检测图段** 显示画面中可以被选图设备进行检测的图段。

detected set **检测集** 移动通信系统中,用户设备(UE)能够检测到的,既不在激活集中,也不在监测集中的小区。参见 active set,monitor set。

detecting **检测** 在受控环境中检测非正常情况的发生,检测可以主动检测,如微机冷启动时运行的自检程序;也可以被动检测,如程序运行中由出错中断所引发的检测程序。

detecting device **检测设备** 检测周围环境中一些参数有无变化的装置。

detection and recovery **检测和恢复** 一种死锁处理策略,通过运行一个算法检查系统是否有死锁。如果发现有死锁,就剥夺资源从而避免死锁。

detection discrimination **检测鉴别力** 接收器将特定信号或信号源从所有其他入射信号、噪声、干扰或环境影响中区别、分离、识别和检测出来的能力。

detection fusion **检测融合** 其主要目的是利用多个传感器检测目标以判断其是否存在,关键问题是如何确定融合规则和量化器映射。并行分布式贝叶斯检测融合系统在假定各传感器量化规则给定的条件下,最优融合规则是通过优化所谓贝叶斯风险函数得到,并证明是似然比检验。在假定各传感器观测条件独立,给定融合规则单调,且每个传感器的量化器都是二值(0,1)输出时,则最优量化器映射规则仍为似然比检验。参见 multi sensor information fusion。

detection resolution **检测分辨率** 在通信系统中,可测量或测定的信号参数,如频率、持续期、相位、振幅或形状的精密度或准确度。

detectivity **探测灵敏度** 噪声等效功率(NEP)的倒数,即 D=1/(NEP),探测灵敏度通常用/瓦来表示,即噪声等效功率通常用瓦来表示。

detector **检测[波]器** (1)一种用于检测的装置。(2)接收机中进行解调的电路称检波器,实际上它是一个解调器。

detector back bias gain control circuit **检测器反馈偏压增益控制电路** 通过检测器而不是中频放大器来完成即时响应的自动增益控制。参见 automatic gain control。

detector-emitter (DETEM) **检测器-发射器** 一种光电转换器,它将光检测器和光发送器的功能合并在一个单一的器件或模块中。

DETEM **检测器-发射器** detector-emitter 的缩写,也可用小写:detem。

determinate fault **确定性故障** 机器在正常条件下,状况固定不变的故障。此类故障也称"固定故障"。

determinism **确定性** 预测结果或者预告如何运行处理的能力,如一个确定性的模拟中,某个输入总是产生一个相同的输出,一个确定性的算法的功能总是相同的。

deterministic activity **确定型活动** 系统中的某一个活动。执行该活动的结果是使系统的输出完全可以按照系统的输入来描述。

deterministic algorithm　确定性算法　在分析过程中不需要进行回溯或并行，每一局部分析都将成为最终结果的分析方法。比较 nondeterministic algorithm。

deterministic finite state machine (DFA)　确定有限状态自动机　在计算理论中，确定有限自动机是一个能实现状态转移的自动机。对于一个给定的属于该自动机的状态和一个属于该自动机字母表 Σ 的字符，它都能根据事先给定的转移函数转移到下一个状态（这个状态有可能就是先前那个状态）。参见 non-deterministic finite state machine (DFA)。

deterministic LAN　确定性局域网　一种局域网络，其中的访问方法为：各站在一个预定义的时间中保证一个传输许可，如令牌环网。

deterministic machine　确定型机器　对于任一个组态，只有唯一的一个后继组态的机器。后继组态不止一个的机器称为非确定型机器；若后继组态的个数为有限多个且其界是一个仅与程序相关的数，则称为有界非确定型机器。

deterministic model　确定性模型　不包含任何随机成份的模型。对于确定性模型，只要设定了输入和各个输入之间的关系，其输出也是确定的，而与实验次数无关。确定性模型事实上是一种简化了的随机性模型。

deterministic program　确定性程序　在给定的初始条件下，运行结果唯一的程序。否则为非确定性程序。

deterministic pushdown automaton (DPDA)　确定型下推自动机　一种下推自动机。它的转换函数 δ 满足如下性质：(1) 只要对 $a \in \sum$，$\delta(q,a,Z)$ 非空，那么 $\delta(q,\varepsilon,Z)$ 为空；(2) 对于任一 $q \in Q$，$a \in \sum \cup \{\varepsilon\}$，$Z \in \Gamma$，$\delta(q,a,Z)$ 至多包含一个元素。非确定型下推自动机和确定型下推自动机的计算能力是不等价的。由 DPDA 接受的语言称为确定型上下文无关语言。该语言类位于正则语言与上下文无关语言类之间，且与它们都不相同。

deterministic retrieval　判定性检索　直接以“真”或“假”回答检询内容的一种检索方法。

deterministic routing　确定性路由选择　在一个网络中，对各对给定的节点间的路由转接是预先编好的，即在传输前就已决定了的。

deterministic signals　确定性信号　可以用明确的数学关系表示或者图表描述的信号。确定性信号可以表示为确定的时间函数，可确定其任何时刻的量值，称为确定性信号。它又可以分为周期性信号和非周期性信号。

deterministic simulation　确定性仿真　一种仿真方式。*其特点是在对每个活动、数值或事件等进行的*仿真中，输入参数与输出结果之间存在着固定的关系。

deterministic system　确定性系统　系统的结构与参数是确定的，在确定的输入下，输出也为确定的系统。确定性系统不能根据环境变化而变化，因为它在结构上是刚性的（机械的）而且设计成只能按标准化的规则运行。一般说来，这类系统可以无差错地预见特定输入产生的输出。比较 stochastic system。

deterministic transfer mode　确定性传输模式　一种异步传输模式，在整个呼叫期间提供最大的电信业务信息传输能力。

detune　失谐，去调谐　改变调谐电路的电感或电容，使它的谐振频率与输入信号频率不同。

detuning stub　失谐短截线　使同轴线与套筒短柱天线匹配的¼波长短截线。短截线使同轴馈线的外部失调的同时，对天线本身进行调谐。

Deutsches Institute für Normung (DIN)　德国标准化协会　德国制定标准的机构，功能上相当于美国国家标准协会（ANSI）。

DEV　设备地址域　device address field 的缩写。

DEVD　设备描述　device description 的缩写。

develop documentation　开发文档编制　记录一个基于计算机的系统的构造过程、方法和用途以及设计背景信息。

developed image　显影的图像　一个经过图像曝光并覆盖了上色剂的光敏材料。

developer isolation　开发者隔离　某些为应用程序开发者提供在无需连接到 Web 服务器情况下创建和测试脚本方法的软件特性。

developer's toolkit　开发工具箱　一组程序，用以帮助开发人员为给特定的操作系统或用户编写程序。

developmental baseline　开发基线　对开发中的系统，在指定时间生效的规格说明。

development engine　开发引擎　专家系统的一部分，使知识工程师能够建立、修改、保存知识库。

development environment　开发环境　为帮助人们编写应用软件而设计的一种计算机系统。参见 programming environment。

development environment for expert system　专家系统开发环境　也称“专家系统开发工具箱”或“知识工程环境”。一种为高效率开发应用专家系统而设计和实现的大型智能计算机软件系统。它由开发专家系统所需的各种工具（包括生成专家系统的建立工具、开发辅助工具及专家系统运行支持工具等）和开发生产专家系统的管理系统组成。它不仅仅是一个专家系统“外壳”，也不仅仅是一种简单的知识工程语言，而是一套完整的工具，供专家系统开发过程的各个阶段使用。ES（专家系统）开发环境与 ES 开发工具之间有时并没有严格的界限，但一个比较理想的 ES 开发环境应工具齐全，灵活方便，能将各种不同层次的工具和方法有效地集成和组织成为一个完整的工具集成系统，以便用它开发各种性能良好的专家系统。通常，一个专家系统开发环境应包括：知识获取工具或辅助知识获取工具；由各种知识表示模式所组成的模式库及其管理系统；知识编辑器及知识一致性检查工具；知识工程语言及专家系统描述语言；专家系统建立工具；专家系统调试工具；能识别声、文、图，并能进行自然语言理解的智能接口等。

development methodology 开发方法学 编制软件的系统方法。它确定开发的各个阶段，规定每一阶段的活动、产品、验证步骤和完成准则。

development module communications 开发模块通信 一种典型的开发模块。它不属于实际微型计算机系统，但利用 RS-232C 接口电缆可与任何微型计算机系统连接。该模块位于系统控制台设备和计算机系统串行端口之间的串行通信链路上。使用这种连接方法能容易地存取所有的电路，而且不需要特殊的接口就可以在模块和系统之间传送软件。

development period 开发周期 从接到开发任务直至完成所需的最短时间。例如，用户提出 LSI(大规模集成电路)设计的逻辑图和测试模式后，从数据开始输入计算机起，经过模拟分析，布局制版，直到试制出样品所需的最短时间。

development process of expert system 专家系统开发过程 对特定领域的专门问题能给出专家水平结论(答案)的计算机软件系统的开发研制过程。通常开发具有智能特点的专家系统的难度，大于其他计算机软件，它的开发不仅应遵循软件工程中有关一般软件的开发规范，还应注意 ES(专家系统)开发的特殊性。ES 的开发过程可分为：任务确定与需求分析、概念设计、功能设计、结构设计、知识获取、知识表示模式、功能模块的详细设计、系统实现和测试与评估等。也有人将 ES 的开发过程简单划分为识别、概念化、形式化、实现和测试 5 个阶段。总之，这些阶段是相互依赖、相互影响的。其中尤以知识获取及知识的形式化等是开发专家系统的"瓶颈"。

development project 开发项目 必须在预定的期限内，使用一定范围的经费达到预定目标的开发任务和开发过程。

development software 开发软件 一套供程序员使用的支撑程序、实用程序和例行程序，用来辅助开发其他的软件。开发软件包括程序设计语言编译程序、文本编辑程序、操作系统实用程序和库程序。

development-support library 开发支撑库 一组用于程序开发环境的管理方法和计算机过程。它的目的是既能用计算机又能用人工阅读的形式，不断提供程序和测试数据的最新表示。

development system 开发系统 帮助用户快速检查、调试和研制应用程序及系统硬件的一种辅助系统。典型微型计算机开发系统本身就是一个完整的微型计算机系统，它配备较大容量的主存储器、各种必要的外部设备、开发软件包及配有丰富程序控制命令键的控制台。它便于用户编写程序和编辑程序，在系统环境中实时运行这些程序，可以诊断和修改程序，提供更改文件的资料等。具有联机仿真器的开发系统还可以对微处理机硬件进行实时仿真和调试。

development system debug module 开发系统查错模块 微型计算机开发系统中用于调试程序的一种模块。它将选择的用户方式中的系统事务处理信息能实时存入专用存储器。用户还可以规定各种系统事务处理、暂停用户操作或使系统重新进入监控方式。暂停时，可以把数百个事务处理构成的记录存入独立的存储器中，并可方便地在系统终端上显示出来或在行式打印机上打印出来。

development system debug software package 开发系统调试软件包 能使用户指定待存入存储器中事务处理类型的一类调试程序包。事务处理信息中最后一位是标志位，表示在开始执行用户程序时存入存储器中的第一个事务处理。事务处理包括读写存储器、读写输入输出端口等。

development system software 开发系统软件 在程序开发期间所使用的一套程序。一般包括汇编程序、编辑程序、编译程序、调试程序、跟踪程序和仿真程序等。还包括用高级语言编制的大量库程序，供开发这些高级语言的程序使用。

development time 开发时间 设计计算机硬件、软件以及调试和安装计算机系统所需的全部时间。参见 program development time。

development tools 开发工具 帮助软件文件编制和软件开发的辅助工具，包括语言编译程序和调试程序。

development tools for expert system 专家系统开发工具 一种为高效率开发专家系统而设计的高级程序系统或高级程序设计语言环境。按开发方式及高级程序的不同，专家系统开发工具大致可分为以下几类：

- 通用程序设计语言
  - 通用编程语言
  - AI 程序设计语言
- 知识工程语言
  - 骨架系统
  - 通用专家系统开发工具
  - 通用知识工程语言
- 专家系统辅助工具
  - 知识获取工具
  - 专家系统建立辅助工具
  - 专家系统设计辅助工具
- 专家系统支持工具
  - 程序设计辅助工具
  - 解释工具
- 组合开发式工具
- 专家系统开发环境

另外，按专家系统开发工具的实现技术及复杂程序，通常又可将其分为四类：①基于简单规则的工具；②基于结构式规则的工具；③基于混合知识表示的工具；④归纳型工具。实际上，一个专家系统开发工具本身也是一个专家系统，通常它必须具备设计和实现具体应用专家系统的各种手段、工具和环境。

deviation 偏差 一个量的实际值与规定值之差，如自动控制系统中，受控变量的真值与控制机构设定值之间的差值。

deviation angle 偏转角 (1)在无线电和雷达系统中，波束穿过两种不同传输媒质间的界面时方向角的改变。(2)在传输媒体中的一点，光线经过反射、折射或衍射而弯曲的角度。(3)在光学中，光线经过一个或多个反射、折射或衍射或它们的组合所形成的净偏转角。

deviation ratio 偏差比 在给定状态下工作的调频系统中，载波的最大频率偏差与最大调制频率之比。

device 器件，设备，装置 (1)泛指一般常用的电子器件、部件、装置、设备和机器等。(2)连接到计算机上的任何部件或装置，如打印机、扫描仪、调制解调器等，这些都归类为“外部设备”，因为它们是与主机分离的。显示器和键盘是计算机构成的内部成分，不能称“外部设备”，但它们也是设备。

device acknowledge 设备应答 在数据传输中，由接收设备向发送设备回送的回答信号，用来表明数据接收无误。

device address 设备地址 (1)利用其通道号、控制器号或设备号去表示输入/输出装置的一种标识字。参见 logical device address，physical device address。(2)在计算机 RAM(随机存取存储器)存储空间中的一个位置可以被处理器或者设备改变的存储单元。设备地址和 RAM 中其他存储单元不同，对于设备，这个存储单元就像是一个寄存器，设备可通过它读处理器的数据或者写数据给处理器。

device allocation 设备分配 (1)根据正在执行的程序的需要，由操作系统分配主存储器和外部设备。(2)使用设备逻辑号及与之相连的输入输出指令来访问特定设备。

device area 器件面积 有源器件面积和非作用器件面积之和，是器件的重要特性之一。有源器件面积由器件的某些关键尺寸，如场效应晶体管的沟道尺寸，双极晶体管的发射极尺寸决定。非作用面积提供形成电路的器件之间的连接。

device augmentation 设备扩充 为适应工作量的增加，在原有的数据处理系统中增加自动数据处理的设备。

device availability 设备可利用率 计算机系统中，在给定的时间内，处理设备正确完成服务的时间百分比。

device backup 设备备份的 用以说明替代设备的分配方案。参见 automatic devices backup，manual device backup。

device bay 设备插架 1996 年召开的面向 PC 机硬件技术工作者会议上，Compaq、Intel 和 Microsoft 三家厂商提出了设备插架概念，并于 1997 年 6 月正式公布设备插架标准规格。设备插架规格分为台式 PC 机规格和笔记本式 PC 机规格，如台式机的设备插架外形尺寸为 159.4 mm×177.8 mm×19 mm，而笔记本式的设备插架外形尺寸为 130 mm×127 mm，高度为 19 mm 或 12.7 mm，对于供电电源规定如下：台式机设备插架里有＋12 V、5 V 和 3.3 V 供电连接器，笔记本式机设备插架里只有＋5 V 和 3.3 V 供电连接器，同时，设备插架规定了扩充插槽机械规范和电气规范。设备插架利用串行接口 IEEE 1394 和 USB(通用串行总线)连接外围设备。

device class 设备种类 一组设备类型的一般名称，如全部显示站属同一种设备种类。比较 device type。

device cluster 设备簇 一组模块，具有对一特定设备访问的排他权。通常用于限定系统某一小部分设备的具体特征。

device configuration 设备配置 对设备的物理的安排，如显示器和打印机的安排以及对于这些设备对配置的系统的描述和使用方法的描述。参见 controller configuration。

device configuration database 设备配置数据库 一个存储所有相关信息数据库，支持设备配置过程，由一个预定义的数据库和一个客户配置的数据库构成。

device control block (DCB) 设备控制块 在操作系统中，一个包含间接调用逻辑设备的数据和地址的数据结构。

device control character 设备控制字符 在数据处理系统或远程通信系统中，一种控制各种设备接通或断开用的控制字符。

device controller 外部设备控制器 一种管理外部设备的硬件。它起着中央处理器和输入输出设备之间的接口作用。

device control panel 设备控制面板 在多媒体应用中，一个集成用于管理设备和媒体对象控制的集合。

device control unit 设备控制器 可控制一个或多个输入输出设备或终端上的数据读写或显示的一种计算机设备或器件。微型计算机系统中的设备控制器包括通用外部设备控制器、CRT(阴极射线管)控制器、软盘控制器及由输入输出处理机或其他微处理机为核心形成的通用输入输出子系统等。

device control word 设备控制字 给予输入输出设备的控制信息。

device coordinate (DC) 设备坐标 与设备有关的

坐标系。即图形输出设备在处理图形时使用的坐标系。在那些能够产生精确尺寸图像的设备上,设备坐标的单位是米,而在其他设备上,则用适当的依赖于设备的单位,如显示设备使用的屏幕坐标,以光栅为单位。参见 normalized device coordinates。

device coordinate system **设备坐标系** 各种显示设备根据其自身的显示特性而使用的一种坐标系,通常它是一种用整数表示的直角坐标系。

device definition **设备定义** 有关在客户配置数据库中一个设备的信息,包括属性和连接位置。

device dependence **设备依赖性** 在写入和执行程序时,或者是在执行某些操作时,对特定设备类型特性的依赖。比较 device independence。

device dependent **设备相关的** (1)指应用程序负责控制与之连接的终端的一种特性。(2)指只有在某类设备上方可实现的一种功能。比较 device-independent。

device dependent bitmap (DDB) **设备相关位图** 一种专门设计的文件位图,按此种格式建立的位图必须与特定的输出设备相一致。它使用系统调色板,一般只能载入色彩较简单(如 256 色)的位图。比较 device-independent bitmap (DIB)。

device dependent program **设备有关程序** 在处理输入输出请求时必须考虑特定输入输出设备特性的程序。

device description (DEVD) **设备描述** 一个包含描述连接的系统的某个设备或者逻辑单元信息的对象。

device descriptor module (DDM) **设备说明模块** 某些计算机系统中的一种程序单元,含有由设备服务程序对设备进行管理所需要的信息。设备描述符放在常驻装入模块中或者放在系统任务集库中的数据集内。

device design **器件设计** 在 LSI(大规模集成电路)设计中,按照电路设计的要求,决定构成电路的各个元器件的电气特性;利用电路模拟和器件模拟的结果,设计元器件的几何形状及制造工艺参数,如扩散深度、掺杂浓度等。

device driver **设备驱动程序** 控制设备的程序。操作系统都含有某些设备驱动程序,如磁盘驱动程序。大多数外部设备都有它特有的驱动程序,当它们与计算机相连时,必须装入相应的驱动程序。驱动程序的主要功能是接收用户程序中的命令,并执行相应的特殊程序驱动设备工作。

device drivers kit (DDK) **设备驱动程序开发包** 由一系列控制设备的程序组成,其用途是帮助程序员开发硬件设备在操作系统下的驱动程序。

device emulation **设备仿真** 使一个设备可作为另一种设备出现在用户或系统面前的一种程序技术。参见 display emulation, printer emulation。

device-end (DE) **设备操作结束** 在通道操作中,来自输入/输出设备的一种信号,指出一次操作的结束。

device-end condition **设备使用结束条件** 在不作字节计数时,用硬件识别出一次输入输出操作,如完整数据块传送的完成。

device error log **设备故障登记** 一种记录,包含有关系统各设备出现的各种问题的信息。

device field (DFLD) **设备字段** 某些信息管理系统的报文格式服务程序中,设备输入或输出格式块中最小的一个区域,其内容与结构由用户决定。

device file **设备文件** 某些计算机系统中的一种文件记录。它提供有关数据如何从一个设备提交给程序,以及数据如何从程序传递给设备的描述。

device flag **设备标志器** 记录外部设备状态的一种寄存器。

device font **设备字体** 一个设备专用的字体,装入到设备的存储器中,这些设备包括图形显示器和打印机等,某些设备字体具有尺寸和语言支持的限制。

device handler **设备处理器** 在某些操作系统中,设备驱动器直接与硬件通信的一部分。同 virtual device driver。

device head **设备头** 在某些操作系统中,设备驱动器中实现应用程序与设备接口的一部分。

device ID **设备标识符** 赋予一个逻辑设备的唯一的标识数,一个设备标识符在整个系统中是唯一的。

device independence **设备独立性** 一种程序、接口或协议的特征,它支持的软件运行不依赖于实际设备(物理设备)本身的特性的能力。具有设备独立性的软件在处理实际 I/O 操作(请求)之前,通过逻辑设备来接受和处理 I/O 请求,然后由设备驱动程序来实现由逻辑设备到物理设备的映射。

device-independent **与设备无关(的)** (1)程序请求输入输出操作时可以不考虑具体输入输出设备特性(如种类、地址等)的能力。(2)编写应用程序时不考虑设备物理特性的能力。(3)说明一类程序,可以在不考虑指定类型的设备的特性情况下成功地执行。参见 symbolic I/O assignment。比较 device-dependent。

device-independent bitmap (DIB) **设备无关位图** 一种专门设计的文件位图,该文件名的后缀名为 dib,通常与可处理文件后缀名为 bmp 的程序都兼容。按此种格式建立的位图可以装入和显示在各种应用环境中而不受设备的限制。比较 device dependent bitmap (DDB)。

device-independent graphics **与设备无关的图示技术** 可以适用于多种不同类型显示设备的图形软件包,如 GKS(图形核心系统)和 CORE 等。

device-independent input/output program 与设备无关的输入输出程序 在某些系统中，用某种语言编写的一种程序，可以通过一组与设备无关的模块化调用序列请求输入输出设备和文件，这样的程序就称为与设备无关的输入输出程序。

device-independent program 与设备无关程序 在处理输入输出请求时，不必考虑具体输入输出设备的特殊程序。参见 device independence。

device input queue 设备输入队列 网络控制程序中的 BCVS(块控制单元队列)，它指向某个设备，但尚未生效。

D

device instance 设备事例 在 AIX 操作系统中，一个顾客化设备对象类的项，在一个设备定义时建立，对系统中定义的每一个设备都有一个设备事例。

device intelligence 设备智能 在图形软件中，充分利用设备智能有利条件的能力。

device interface 设备接口 设备和与其相连的系统及其设备间的接口。

device interrupt 设备中断 由请求服务的外部设备、控制台开关或定时器等引起的中断。

device language message specification (DLMS) 设备语言报文规范 为实现仪表设备互操作性通信所用的通用的公共语言，它是在原有的配电线报文规范的基础上针对计量仪表的特殊应用加以扩展而来，主要扩展了一些支持逻辑名(LN)引用的新服务并定义了一些新的数据类型。DLMS 已经成为智能表具设计人员实现计量系统互操作性的全球标准。

device-level addressing 设备级寻址 在 I/O 接口中的两个寻址层之一，在控制单元被链接级寻址到之后指明通道或者控制单元中的一个 I/O 设备。

device location 设备位置 在 AIX 操作系统中，在顾客设备对象类中识别设备位置路径的一个区域。

device management 设备管理 操作系统的主要功能之一。负责组织和管理各种输入输出设备，有效地处理用户(或进程)对这些设备的使用请求，并完成实际的输入/输出操作。它通过建立设备状态或控制表来管理设备，并通过中断和设备队列来处理用户的输入/输出请求，最后通过 I/O 设备驱动程序来完成实际的设备操作。设备管理与存储管理技术相结合可实现虚拟设备、假脱机输入/输出等功能，从而大大提高了系统的性能。

device manager 设备管理器 在 AIX 操作系统中，一系列复杂接口的例程，作为设备和虚拟机器的中介，如从虚拟机器中的管理员调用由设备管理器进行检查并转接到适当的下层设备驱动器。

device media control language (DMCL) 设备媒体控制语言 (1)数据系统语言会议(CODASYL)定义的一种语言，用来说明存储器中数据的实际布局和结构。(2)在数据库管理系统中，指用于描述区域和物理设备之间映像的语言。使用它可以把逻辑数据描述映像到物理存储器中。这种语言提供一种方法，使数据库管理员能够控制整个数据库到物理存储器设备的分配、指定寻址方法和检索方法，指定数据库系统的缓冲区等。

device message handler (DMH) 设备信息处理程序 在某些存取方法中由用户编写的一种程序，它处理来自外部 LU(逻辑单元)或者发送到外部逻辑单元的信息。参见 application message handler，internodal message handler，message handler。

device name 设备名 系统分配给设备的逻辑名或符号名，如第一个串行通信口设备名为 COM1。

device node 设备节点 在 Windows 95 中，指即插即用子系统硬件树中的逻辑对象。参见 hardware tree。

device number 设备号 (1)系统借以识别任何设备的实际编号或逻辑编号。常被设备服务任务用作设备地址。(2)指定调页设备确定的外部页面地址的一部分。在 OS/VS2 操作系统中，设备号与组号、槽号一起标识内存中一页的位置。在 VM 操作系统中，设备号与柱面号、页号一起标识在辅助存储器中一页的位置。

device object 设备对象 (1)一个提供在计算机和外界之间通信方法的设备，如打印机。(2) Windows NT 中代表一个物理的、逻辑的或虚拟的设备并描述其特征的系统对象。一个设备对象与一个驱动器程序对象关联。参见 driver object。

device page (DPAGE) 设备页面 某些操作系统的 MFS(信息格式服务程序)中，一组由用户定义的设备字段定义，它构成一个或多个物理页面，并且它既可提供给设备也可以从设备获得。

device priority 设备优先级 在某些系统中，根据与处理机的远近给输入输出设备指定优先次序。当两个或两个以上的设备请求中断服务时，电气上最接近微型计算机的设备优先接收中断应答信号。此时根据程序状态字中设置的处理机的优先次序，禁止微型计算机再发出中断应答信号。

device processor 设备处理器 操作系统的一部分，它控制操作系统与某些特定设备之间的通信。每一个设备组都设有一个相应的设备处理器。

device queue 设备排队[队列] (1)请求使用外部设备的队列。(2)为使用某一个设备而处于等待状态的一系列进程的列表。

device ready/not ready 设备就绪或未就绪 输入/输出设备处于能否接收或发送数据的状态。

device resolution 设备分辨率 也称“输出分辨率”，指各类输出设备每英寸上可产生的点数。如显示器、绘图仪的分辨率。这种分辨率通过 DPI 这个单位来衡量，数值越高，效果越好。参见 dot per inch (DPI)。

device selection character **设备选择字符** 在BSC(二进制同步通信)中,为了选择将要接收后续输出的BSC设备而发往接收系统或设备的控制字符。

device selection check **设备选择检验** 计算机自动检验核实执行一条指令过程中所选用的设备是否正确。

device select pulse **装置选择脉冲** 一种来自计算机,由软件生成的正负时钟脉冲,它用于选通一个或多个输入或输出装置的操作。

device service task **设备服务任务** 某些计算机系统中的一种队列驱动任务,它处理数据传输请求,并在指定设备上完成执行所请求的功能所必需的输入/输出操作。

device simulation **器件模拟** 与硅晶片加工工艺有关的用于决定LSI(大规模集成电路)制造工艺条件的模拟。以加热温度及离子注入条件等作为输入数据,通过模拟预测杂质分布及优化离子注入条件,预测光致抗蚀剂的形状及最后完成的断面形状等器件的几何参数。

device space **设备空间** 由显示设备上可寻址的点所定义的空间。设备空间中对应到可用于显示图像区域的部分,称为显示空间。

device spanning **设备跨越技术** 在具有虚拟存储存取方法的系统中,按键标顺序排列的数据集存储在某一种类型设备的一卷或多卷上,而其索引却存储在另一类型设备的一卷或多卷之中的一种存储技术。

device start (DST) **设备启动** 使指定的终端设备或外部设备启动。

device states word (DSW) **设备状态字** 用来指示计算机系统中寄存器或输入输出设备所处状态的一种计算机字。设备中的每个状态指示器在设备状态字中都有一个对应的信息位。设备状态字所指示的状态一般可分为四类:错误或异常中断条件,正常数据或服务请求中断,程序状态条件及过程中断状态。

device status table (DST) **设备状态表** 描述各种设备状态信息的表。其中每个表项包括该设备的设备类型、地址、当前状态等。

device status word (DSW) **设备状态字** 同device states word。

device support station (DSS) **设备支持站** 处理器中与动力或温度控制器、传感器、切换开关及阀门交往的一种站,其功能是调整输出功率、检测CB(电路断开装置)、电压、水流、温度以及水混合阀门;在必要时,关闭或打开泵或阀门。在中央处理器中,DSS监测电流与电压值,并检测调整器是否失效。

device switch table **设备开关表** (1)某些操作系统中的一个用作为设备接口驱动器的表。(2)某些操作系统中的一个包含指向各设备头部入口点的指针的表。

device token **设备标记** 在计算机系统作图技术中,一组设备初始化需要的8B长的代码,与事先定义的一组设备硬件特性相对应。

device under test (DUT) **被测件** 插入或拔出用来检验其性能特性的专门电路的器件。

device virtualization **设备虚拟化** Windows系统中的一种技术,用于在软件接口中复制设备的硬件特征。这种虚拟化技术允许一个以上的应用程序在同一时间内操纵某一个硬件设备。

device wait (DW) **设备等待** 使指定的终端设备暂停。

device work queue **设备工作队列** 在网络控制程序中,由已经生效并且已联机等待执行的BCUS(数据块控制单元)组成的队列。

devitrification **脱玻作用** 玻璃从透明状态变到晶体状态,从而大大改变其很多光学属性,通常应用于如光纤和光集成电路中的缩减光传输。

dewet **不沾锡区、阻焊区** 电焊头上的一块不沾锡的区域。为了保证焊接质量,需要对焊头进行处理。

DEX **灵巧度** dexterity的缩写。

dexterity (DEX) **灵巧度** 电脑游戏中这个数值越高,角色的移动和躲避速度就越快,命中率就越大。

DF **定向器** direction finder的缩写。

DFA **确定有限状态自动机** deterministic finite state machine的缩写。

DFA-based regular-expression matching algorithm **基于确定有限状态自动机的正则表达式匹配算法** 一种正则表达式模式匹配算法。首先按正则表达式构造一棵语法树,树叶表示正则表达式的非元字符,并用称作位置的正整数加以标识,再从语法树构造DFA。当完成DFA的构造后,就可在$O(n)$时间内完成匹配。n为输入串长度。DFA可在$O(2^m)$时间和$O(2^m)$空间内构造出来,m为正则表达式的长度。

DFC (1)数据流控制 data flow control的缩写。(2)数据流计算机 data flow computer的缩写。

DFD **数据流程图** data flow diagram的缩写。

DFDSS **数据机制数据集服务** data facility data set service的缩写。

DFF **色散平坦光纤** dispersion flattened fiber的缩写。

DFLD **设备字段** device field的缩写。

D flip-flop **D触发器** 触发器的一种。这种触发器有两个输入线,一个称为数据线D,一个称为脉冲线,当脉冲线上无脉冲信号时,D触发器保持原来的状态,当脉冲线上有脉冲信号时,D触发器就接收数据线D的信号。

D format **D 格式** 一种数据集格式，该格式中的ASCII(美国信息交换标准代码)记录的长度可变。

DFP (1)数据机制产品 data facility product 的缩写。(2)数字平板显示器 digital flat panel 的缩写。(3)双侧引脚扁平封装 dual flat package 的缩写。

DFS (1)深度优先搜索 depth-first search 的缩写。(2)分布式文件系统 distributed file system 的缩写。

DFSMS **数据机制存储管理子系统** data facility storage management subsystem 的缩写。

DFSYN response **数据流同步响应** data flow synchronous response 的缩写。

DFT (1)诊断功能测试 diagnostic function test 的缩写。(2)分布式功能终端 distributed function terminal 的缩写。(3)可测试性设计 design for testability 的缩写。(4)离散傅里叶变换 discrete Fourier transformation 的缩写。(5)驱动器性能检测 drive fitness test 的缩写。

DFU **数据文件实用程序** data file utility 的缩写。

DG (1)美国通用公司 data general corporation 的缩写。(2)数据组 data group 的缩写。

DGC **数据组连续性** data group continuity 的缩写。

DGH **数据组头部** data group header 的缩写。

DGI **数据组标识符** data group identifier 的缩写。

DGIS **直接图形界面规范** direct graphics interface specification 的缩写。

DGL **数据组链** data group link 的缩写。

DGPS **差分全球定位系统** difference global positioning system 的缩写。

DGR **数据组重复** data group repetition 的缩写。

DGS **数据组长度** data group size 的缩写。

DG XIII **欧洲共同体董事会第十三小组** directorate-general (section XIII) of the commission of the European communities(简称 CEC)的缩写。它负责处理信息市场和新发明。科学技术通信部是 DG XIII 的组成部分，它在 CEC 的赞助下进行研究工作，推动欧洲共同体的科学技术通信的发展。

DHCF **分布式主机命令装置** distributed host command facility 的缩写。

DHCP **动态主机配置协议** dynamic host configuration protocol 的缩写。

DHCP domain **DHCP 域** 由 DHCP(动态主机配置协议)控制，一个单一管理实体操作的链路集合。

DHCP relay agent **DHCP 中继代理** 作为中介在客户端和服务器间传送 DHCP(动态主机配置协议)消息的节点，它与客户端在同一个链路上。

DHNR **动态分级网络路由选择** dynamically hierarchical network routing 的缩写。

Dhrystone **Dhrystone 测试程序** 一种基准测试程序。1984 年由 Rheinhold Weiker 提出，目的是测量和比较各种计算机的性能。它侧重于测量整数指令的有效性。Dhrystone 用 C 语言写的版本共有 100 条语句，程序中没有浮点指令，可装入大多数计算机的高速缓存。Dhrystone 程序测试的结果是用每秒得到多少个 Dhrystone 来反映机器的性能，这个数值越大性能越好，整数操作速度也越快。例如，用 Dhrystone 基准程序在 VAX 11/780 机和操作系统 VAX/VMS 4.2 环境下运行，测量的结果为每秒 1757 Dhrystones。然后，再将被测机器运行 Dhrystone 基准程序所测得的结果除以 1757，就得到被测机器相对于 VAX11/780 机的 MIPS 数(通常人们认为 VAX11/780 机的 MIPS 值为 1)。像大多数评价标准测试一样，它严重地受硬件和软件设计，诸如编译程序的连接程序、代码优化、超高速存储器的状态以及整数数据类型的影响。

DHTML **动态超文本标记语言** dynamic hyper text markup language 的缩写。

DIA **文档交换系统结构** document interchange architecture 的缩写。

diacritic **区别符** 置于某种语言字母上面或下面的区别符号，例如法语中的"è"和"ê"，德语中的"ü"。现代照相排版机在输入时使用区位符即能在输出时能包含这些符号。

diagnosis **诊断[的]** (1)知识工程应用术语，根据能观察到的现象推断出系统故障。(2)对计算机设备的故障以及对程序中的错误进行检测和定位的过程。(3)指程序错误和设备故障的检测与隔离。

diagnostic **诊断** 用于修饰或说明对故障、失效或错误的检测、分析或描述。

diagnostic aid **诊断助手** 一种软件工具或者参考手册，用于检测和分隔设备或者程序中的故障和错误。

diagnostic and monitoring protocol (DMP) **诊断与监控协议** PC 网会话层协议之一，其主要作用是支持远程收集站点状态信息和网络统计信息。

diagnostic check **诊断校验** 调试程序时用于定位计算故障的程序。

diagnostic code **诊断代码** 在 X.25 通信中，一个 1 字节的代码，包含在清除和复位指示信息包中，给出关于发送信息包的理由。参见 cause code。

diagnostic control manager (DCM) **诊断控制管理程序** 建立分析错误用的信息诊断控制程序。

diagnostic control program **诊断控制程序** 在 AIX 操作系统中，指用于诊断的最高级控制程序和配置管理器，它通过读配置数据库、测试资源及其相互依赖性、分析诊断应用程序的结论、生成问题报告。

diagnostic expert system **诊断专家系统** 采用诊断技术解决问题的一种专家系统。用户根据症状或其他现象说明问题。通常，系统将从若干可用的选择方案中提供一种处置方案或其他解决办法给用户，还可能同时指出问题的某一个确定性因素。这是建立专家系统的一种常用方法。参见 diagnostic/prescriptive system。

diagnostic function　诊断功能　可进行问题检测和错误类型识别的一种能力。

diagnostic function test (DFT)　诊断功能测试程序　用于检查整个计算机可靠性的一种诊断程序。

diagnostic message　诊断信息　系统执行诊断时，由程序产生的报告系统或程序出现错误、处于不正常状态的信息。供系统或维护人员分析使用。

diagnostic microcode　诊断微代码　分离并标识出FRU(现场可替换部件)的一种微代码。

diagnostic/prescriptive consultant paradigm　诊断和常规咨询范例　一种应用于问题求解的模式。需要由用户辨识问题情况的症状或特征，以便判断若干可供选择的问题解决方案中哪一个最合适。

diagnostic program　诊断程序　用于确定计算机硬件故障和软件错误的定位程序。

diagnostic routine　诊断例行程序　用于检测其他程序中差错的例行程序。一般由计算机制造厂商作为支持软件提供给用户。

diagnostic routine simulator　诊断程序仿真器　装入诊断程序的仿真器。系统投产时，生产厂在最终的系统测试中要使用许多检查程序，而利用此仿真器是一种行之有效的办法。诊断程序仿真器可以减少检查系统及寻找系统故障所需的时间。

diagnostics　诊断(学)、诊断法　(1)研究某种产品或系统中的某状态或问题产生原因及性质的过程。(2)检测硬件各组成部分。例如，存储器和磁盘设备的运行能力的软件程序，在个人计算机中，通常驻留在 ROM(只读存储器)芯片中，当启动计算机时自动地激活。

diagnostic software　诊断软件　可由 ROM(只读存储器)提供的插入系统的软件。可检查程序的操作并在检测到错误时提供错误消息。

diagnostics testing　诊断测试　在计算机网络管理系统中，指辅助网络管理系统测试网络故障或运行质量的管理功能。参见 system management function。

diagnostic system　诊断系统　为了判定计算机系统的故障，特别是为了确定故障位置而设计的程序系统。

diagnostic test program　诊断检查程序　也称"分离检查程序"。即用于识别和查找硬件故障的程序。

diagnostic trace program　诊断跟踪程序　一种用于检测其他程序的诊断程序。诊断跟踪其他程序的输出以及被检查程序的指令及这些指令的中间执行结果。

diagnostor　诊断程序，诊断器　将诊断与编辑综合在一起的一种诊断程序。

diagonal matrix　对角矩阵　也称"对角阵"，只有主对角线上元素不为零的矩阵。

diagonal method　对角线法　在集合论、可计算性理论等学科中一个很有用的证明方法。其要点是：①假设能给出所考虑的某种对象的一种枚举 A_0，A_1，A_2，…；②构造一个同类的对象 B，但 B 与每个 A_n 都不同，由此得到矛盾。构造 B 时使用对角线取否定的策略："使 B 与 A_n 在第 n 个位置上不同"。使用对角线法证明了许多重要结果，如实数的不可数性、存在不可计算的一元全函数、停机问题是不可判定的等。

diagonal microinstruction　对角线型微指令　介于水平微指令与垂直微指令之间的一种微指令。在这种微指令中，每条微指令有一个基本的微命令或控制一个信息操作的几个微命令，如 A 寄存器的内容加 B 寄存器的内容，结果送 C 寄存器；同时还有几个特殊限定的附加微命令，如存储器读、存储器写、计数器计数、微程序寻址测试等。对角线型微指令的并行性不如水平微指令，但高于垂直微指令。参见 horizontal microinstruction，vertical microinstruction。

diagram　图，图表，符号图　表示程序或设备的各部分之间在时间和空间上的相互关系的图形或符号。通常包括对各事件及其结果的简单描述。它比流程图粗略且更少符号表述。参见 block diagram，functional diagram，logic diagram，setup diagram，Veitch diagram，Venn diagram。

dial　拨号，播盘　(1)用拨盘式或按键式电话机初启通话呼叫。在远程通信中，采用这种方式试图在整个交换线路上建立起终端与通信设备之间的连接。(2)一个允许用户设置参数值的计算机输入设备。参见 valuator。

DIAL　DIAL 语言　draper industrial assembly language 的缩写。

dial backup　拨号备份　一种利用拨号连接对专线连接进行备份的技术。

dialect　方言　某种程序设计语言或者协议的变形，如 Transact-SQL 是 SQL(结构化查询语言)的一种方言。

dialed number identification service (DNIS)　拨号识别服务　在电话中，由公共电话网为识别一个逻辑呼叫组而提供的一个号。

dial exchange　拨号交换机　也称"自动电话交换机"，指所有电话用户都可以靠拨号呼叫的电话交换机。这种交换机根据用户所拨号码自动接续。当被呼用户是局外用户时，自动选择出中继线并自动向相邻交换局呼叫等，其特点是接续时不需要话务员。

dialing　拨号　在连接到自动交换机系统的电话机

上进行的、产生为建立连接所需信号的操作。

dialing area **拨号区** 一个区域，该区域内用户相互之间毋须通过操作员可直接拨号呼叫。

dialing directory **拨号目录** 在异步终端模拟器(ATE)中，一系列可以用 ATE 呼叫的电话号码，类似于电话簿中的页。

dial mode **拨号方式** 一种操作数据电路终端设备的模式，使其与呼叫源相连的电路直接连接到通信信道上。

D

dial modem **拨号调制解调器** 一种调制解调器，增加了电话拨号功能。通过拨号可以与某一电话线路连通。可用于计算机的连接。

dial network **拨号网** 一种在许多用户之间共享的网络，其中任何一个用户可使用拨号或按键式电话建立与需要的点之间的通信。

dialog **对话** 交互式系统中，一系列相关的询问与应答，是人和系统或程序之间的文本接口。它有时也指网络上进行通信的信号交换。

dialog box **对话框** 屏幕上用于显示信息或请求输入的框。通常对话框都是临时的，一旦输入所需信息，框就消失了，如在 Windows 窗口中，选中带有省略号的菜单选项后，就产生一个对话框。

dialog component **对话部件** 决策支持系统(DSS)三部件之一。另两个部件是：数据部件(数据库和数据库管理系统)和模型部件(模型库和模型库管理系统)。该结构明确了 DSS 的组成，也间接地反映了 DSS 的关键技术，在后来的发展中，对话部件逐渐演变为人机接口或人机界面。

dialog control **对话控制** (1)应用在 OSI 模型中的会话层。由数据流控制层进行流向控制。(2)在 SNA(系统网络体系结构)中具有的一种控制功能。尽管会话中流的速率由传输控制层管理，但流的方向由数据流控制层管理，它对应于 OSI 模型的会话层。

dialog pop-up **对话弹出框** 屏幕上一个带边界的区域，功能同对话框。

dialog tailorability **对话的特制性** 用户对屏幕上的清单、窗口及其他交互对象的位置、命令名称和一些词法反馈信息的控制能力。用户为特定用户界面而修改现有命令、增加新命令的能力。

dialogue language **会话语言** 在一个人机交互环境中，用于运行控制和程序开发的一种高级的算法程序设计语言。它除了包括通常程序设计语言的表达形式以外，还包含了一个命令成分和一个编辑成分，以便能在程序开发阶段提供程序的正文处理。

dialog unit **对话单元** 在 OSI(开放系统互连)体系结构中，高层实体传输数据时的一个传输行程。在此行程内的所有通信都与在此行程之前和之后的所有通信相分离。对话单元由表示实体划分，由会话实体保证对话单元内数据的可靠传输和对话单元的同步。一个主同步点指示一个对话单元的结束和下一个对话单元的开始。

dial-on-demand routing (DDR) **按需拨号路由技术** DDR 技术是 Cisco(思科)路由器之间通过现有的公用交换电话网(PSTN)快速实现网络互联的一种手段。DDR 实现一种低带宽的，间歇性的网络连接，根据需要提供拨号连接服务。DDR 网络和专线传输相比，在每日传输信息量不大或传输时间不长的情况下，能够有效地节约网络传输费用。

dial pulse **拨号脉冲** 拨号电话在呼叫时发出的脉冲信号。

dial service assistance (DSA) **拨号业务辅助台** 一种与交换中心设备相连的由网络提供的业务性能，其中的业务，如目录协助、呼叫拦截、随机的电话会议以及优先呼叫辅助等，通过值班人员完成。

dial service board (DSB) **自动电话台** 自动电话系统中完成从人工局接收的来话呼叫的交换台。

dial set **拨号集** 为用户规定的交换式点到点线路的组合，网络控制程序从中选出一条线路与一个站通信。

dial signaling **拨号信令** 在该信令中将双音多频信号或直流脉冲序列传到交换中心。旋转拨号盘产生脉冲序列，键盘可产生双音多频信号或脉冲序列。

dial switching equipment **自动交换设备** 由旋转拨号盘或键盘设备产生的电脉冲驱动的交换设备。

dial through **直拨** 一种通信网络采用的接入配置，在私用交换机建立初始化连接后，它允许一个拨出的路由呼叫通过私用交换机用户拨出。

dial tone **拨号音** 在电话通信中通知呼叫用户可以拨号的音频信号。

dial-tone delay **拨号音延时** 用户摘机到中心局接到拨号音间的时间间隔。

dial-up **拨号(呼叫)** (1)使用拨号盘式或按键式电话进行站到站间的电话呼叫。(2)通过公共电话交换网络拨电话号码，访问网络上的计算机。

dial-up access **拨号上网** 借助于调制解调器，用拨号的方式上网。

dial-up account **拨号账户** 使用调制解调器拨号连接因特网的账号。

dial-up control **电话拨号控制** 一种安全系统。为防止非法存取和破坏，要求调制解调器载波被传送前判明和验证口令。某些安全系统中，对非法的拨号呼叫能自动转移到安全部门，并开始跟踪呼叫者。

dial-up line **拨号线路** 在电话线上通过拨号建立计算机和远程站之间连接的通信电路。

dial-up modem **拨号调制解调器** 使用拨号电话网络通信的调制解调器。拨号调制解调器必须能拨入或应答一次电话呼叫以及使用一个声调作为载体响应。

dial-up service 通话呼叫服务 依赖于站与站之间通过电话网的电话呼叫的电话服务。

dial-up terminal 拨号终端 连接在拨号线路上的终端。这种终端通过拨号与其他终端进行连接。

dial-up voice network 拨号话音网 一种因特网网络技术。

DIAM 数据独立存取模型 data independent access model 的缩写。

diamagnetic 抗磁性的 关于一种物质(材料)的性质,如铋或银,它总是和磁相斥,具有比空气弱的导磁性以及将它放在磁场中时总趋向于和磁力线成一向右角度的位置。顺磁物质其纵向总是和磁力线平行,如指南针。

diamagnetism 抗磁性 根据磁化强度的大小、正负,可将磁性分为抗磁性、顺磁性、铁磁性和反铁磁性四类。当磁化强度为负值时,物质表现出抗磁性。从原子结构来看,呈现抗磁性的物体是由具有满电子壳层结构的原子、离子或分子组成的,如惰性气体、食盐、水以及绝大多数有机化合物等。由于迈斯纳效应,超导体是理想的抗磁体。实际上,自然界中绝大多数物体都是抗磁性的。比较 paramagnetism。

diameter tolerance 径向容限 在圆形光缆中,实际值与纤芯、镀层或参考面直径的理论值的最大允许偏差。

Diamondtron 钻石珑 日本三菱(Mitsubishi)公司生产的柱面显像管,中文称作"钻石珑"。钻石珑采用三枪三束高稠密间隙格栅技术的显像管。高稠密间隙格栅是一块布满了垂直不间断、间隔细微的合金格栅,其电子束通过率比荫罩式高,三枪就如同 RGB 三原色输入,分离的信号使图像颜色更纯。钻石珑的特点是外观呈"柱状",也就是垂直方向达到平面但水平方向仍有弧度。参见 Trinitron。

diamond winding 框式绕组 分布绕组的一种,其各个线圈的形状和节距都相同。参见 distributed winding。

diaphragm aperture 光阑 用来限制电子束的直径与孔径角的零件。

diazo document copying machine 重氮基资料复制机 采用重氮基工艺的一种资料复制机。

diazo film 重氮胶片 在缩微照相术中,重氮胶片用来复制缩微胶片或缩微卡片。为了取得拷贝,重氮胶片应在紫外线照射下对原胶片曝光,显影时原是负片的就得到负片副本,而原是正片的将得到正片副本。重氮拷贝有多种颜色,典型的有蓝色、蓝黑色和紫色。

.dib 设备无关位图文件名后缀 dib 是 device independent bitmap 的缩写,是设备无关位图文件的扩展名。产生 dib 文件格式目的是为了保证用某个应用程序创建的位图图形可以被其他应用程序装载或显示。

DIB (1)设备无关位图 device independent bitmap 的缩写。(2)数据输入总线 data input bus 的缩写。(3)目录信息基 directory information base 的缩写。

dibit 双位数据 由两个比特组成的四个双位数据。在通信中,一个双位数据是一种称为差分相移键控调制技术可进行的传输单位,这种调制技术在传输线中使用四种不同的状态(相移)表示四个双位数据组合来编码数据。参见 phase-shift keying。

dibit encoding 双位编码 一种伺服盘面编码。其编码规则是:在所有的奇数伺服磁道上,按两个数据字节的间隔重复写入位间距较小的两位翻转模式。在所有偶数伺服磁道上也写入和奇数伺服磁道类似的翻转模式,所不同的只是两位翻转的极性顺序和奇数伺服磁道恰好相反,而且两位翻转的位置和奇数伺服磁道相互错开一个字节。这种编码能提供时钟信息,但其信号幅度随磁道位置而变化。

dicap storage 抗容存储器 一种存储器,使用二极管阵列控制流向存储器电容的电流。

dichotic 两分性 声音刺激一只耳朵在理性上或感性上不同于刺激另一只耳朵的情况。这种两分性状态,使感觉出声源的方向,因而使得感觉出声波的方向成为可能。

dichotomizing search 二分法检索 这种检索是把一个排序的对象划分成两部分,抛弃不包含所需项的那部分,对剩下的部分重复这个过程,直到检索完成为止。此法适用于已知道个数且已排序的对象。也称"对分检索"。参见 binary search。

dichotomy 二分法(划分) (1)一种线性搜索方法。对于一元最优化问题 $\min\theta(\lambda)$,给定包含极小点的初始区间$[a,b]$,用 $c=(a+b)/2$ 将区间分为两部分,其中包含极小点的一部分作为$[a,b]$ 的后继区间。当区间长度充分小时可得 $\theta(\lambda)$ 的近似极小点。(2)把一个集合中的对象划分为两个相互排斥的子集,如全白和全非白,全零和全非零。

dichroic antenna 分色天线 在一个输出频率上传输信号和在不同的输入频率上接收信号的天线。

dichroic filter 分色滤光器 一种光学滤光器,它对某个或多个光波波段反射但对其余的传输,而同时对所有感兴趣的波长的波保持近乎零的吸收系数。分色滤光器可以是高通、低通、带通或带阻。

dichroic mirror 分色镜 一种有选择地根据波长进行反射光的镜面。分色镜表面涂有特殊金属膜,它可以反射特定颜色的光,但允许其他颜色的光透过。

dichroism 双向允性 (1)在各向异性晶体传播媒介中,只吸收在相对于材料媒介的晶轴的某一个特定平面内传播的光线。(2)这种各向异性传播媒介发生的影响，对光的有选择的反射和传播，是波长而不是极化面方向的函数，在所传光线下媒体颜色随介质的厚度不同而不同。

dictation software 口述软件 一种可以识别口述输入单词的计算机程序。口述软件可以代替键盘输入，但它不能理解口语，它只能向计算机转换和传送声音。依赖于讲话人的口述软件需要用户“训练”计算机，使其变得能熟悉他或她的话音模式和口音。第一代非连续的语音系统要求用户讲话速度要慢且清楚，在字词间要停顿。新一代连续语音系统可以翻译自然讲话模式和速度。

dictionary 词典 (1)在程序或系统中用于描述或标识代码名或关键字含义的清单或列表。(2)关于数据规格说明和信息处理资料的一种数据库。参见 composite external symbol dictionary, external symbol dictionary, relocation dictionary。

dictionary administrator 词典管理员 定义、组织、管理、控制和保护一个词典的人员。

dictionary attack 词典攻击 通过搜索一个常用词汇列表来破解密码的方法。

dictionary code 词典代码 用于计算机系统的英语单词和术语的字母排列及其对应的代码表示。

dictionary information 词典信息 词典为词条提供的关于语音、形态、句法、语义、意义、惯用法、词源和一种或多种目标语译名等的描述。

dictionary of resource information data 资源信息数据词典 记录和描述资源信息数据库数据项内容和相互关系的一种文本，或者说是一种关于资源信息数据描述的信息。

dictionary order 词典次序 词典中的字符的排列顺序，按字母的 A 到 Z 的顺序进行排列，与大小写无关。

dictionary storage and retrieval 词典存储和检索 在情报检索中，词典有两种含义：一是规范化的具有词间关系的主题词表；二是泛指从文献可检字段中抽出的没有规范化的词汇表或著者表。后一种词典的存储和检索实际是倒排文件的一部分。主题词表是标引文献的主要依据，存入计算机后，能帮助读者进行选词、修改检索方法、主题词自动转换和扩检等。

DID (1)数据项描述 data item description 的缩写。(2)直接内向拨号 direct inward dialing 的缩写。

die 芯片，管芯 集成电路或晶体管生产过程中，将半导体硅晶圆片分割成的矩形芯片。

dielectric (电)介质 能够被电极化的介质。在特定的频带内，时变电场在其内给定方向产生的传导电流密度分矢量值远小于在此方向的位移电流密度的分矢量值。电介质的电阻率一般都很高。

dielectric absorption 介质吸收 某些介质在移去电场之后仍保持电极化的现象。这个效应对在电场中能变硬的蜡的某些混合物能持续好几年。驻极体便是建立在这个效应的基础上。

dielectric breakdown 介质击穿 在强电场作用下，电介质丧失电绝缘能力的现象。可分为三种电介质击穿：①固体电介质击穿：固体电介质击穿又有三种形式：电击穿、热击穿和电化学击穿。温度和电压作用时间对电击穿的影响小，对热击穿和电化学击穿的影响大；电场局部不均匀性对热击穿的影响小，对其他两种影响大。②液体电介质击穿：纯净液体电介质与含杂质的工程液体电介质的击穿机理不同。对前者主要有电击穿理论和气泡击穿理论，对后者有气体桥击穿理论。沿液体和固体电介质分界面的放电现象称为液体电介质中的沿面放电。这种放电不仅使液体变质，而且放电产生的热作用和剧烈的压力变化可能使固体介质内产生气泡。经多次作用会使固体介质出现分层、开裂现象，最终导致绝缘结构的击穿。③气体电介质击穿：在电场作用下气体分子发生碰撞电离而导致电极间的贯穿性放电。其影响因素很多，主要有作用电压、电板形状、气体的性质及状态等。气体介质击穿常见的有直流电压击穿、工频电压击穿、高气压电击穿、冲击电压击穿、高真空电击穿、负电性气体击穿等。参见 breakdown in solid dielectrics, breakdown in liquid dielectrics, breakdown in gaseous dielectrics

dielectric breakdown voltage 介质击穿电压 电介质在足够强的电场作用下将失去其介电性能成为导体，称为电介质击穿，所对应的电压称为介质击穿电压。参见 disruptive discharge voltage。

dielectric constant 介电常数 (1)确定某种材料在加上单位电压时，每单位体积能储存多少静电能量的特性。实际上，它是填充给定介质的电容器的电容与只有真空作为介质的相同电容器的电容之比。也称“电容率”。(2)介电常数与电场强度之乘积等于电通密的一个标量或矩阵(张量)。各向同性介质的介电常数是一个标量，而各向异性介质的介电常数是一个矩阵(张量)。

dielectric current 介质电流 电流在任一瞬时流过处于变化电场中的介质表面的电流。

dielectric diode 介质二极管 一种负电极可以将电子发射到极板之间的正常绝缘区中的电容器。因此，电容器上存储的电荷连续在电极之间渡越，给出在一个方向的电流。

dielectric dispersion 介质色散 一种绝缘材料的介电常数随频率变化的现象。

dielectric fatigue 介质疲劳 某些介质在长时期受电压作用之后耐击穿能力下降。

dielectric guide feed antenna 介质波导馈电天线 一种天线，在其天线喇叭形馈线和辅助反射器之间有一个圆锥形介质的泡沫材料。它能支撑辅助反射器从而不再需要通常的支撑脚。

dielectric heating　介质加热　非导电体在 1～300 MHz 电场作用下，由于原子或分子中的电荷运动而产生热能的电加热。

dielectric hysteresis　介质滞后　介质中的电场相对于作用到介质上的交变电压的滞后。这个效应将引起可与钢铁材料中磁滞产生的损耗相类似的介质滞后损耗。

dielectric insulator layer　介质绝缘层　位于金属化层之间的非导电材料层，用来防止金属层之间发生电气短路。

dielectric isolation (DI)　介质隔离　集成电路中用绝缘体(介质材料)使有源元件相互电绝缘。

dielectric lens　介质透镜　在无线电领域中，一种由介质材料制成的透镜，它能折射无线电波，其原理就如光学透镜折射光波一样。

dielectric lens antenna　介质透镜天线　一种波束宽度由波束通过的介质透镜尺寸决定的孔径天线。

dielectric loss　介质损耗　电介质从时变场中吸收，以热的形式耗散的功率。

dielectric loss angle　介质损耗角　介质损耗因数的反正切值。当在电介质内施加交流电压后，在电介质内流过的电流相量和电压相量之间的夹角的余角即为介质损耗角。

dielectric loss tangent test　介质损耗角试验　介质损耗角试验是在规定的温度、频率、电压或场强下测定绝缘介质损耗的试验。以绝缘功率因数角的补角的正切来表示这一介质损耗。

dielectric phase angle　介质相角　作用到介质上的正弦交流电压与所得到的交流电流之间的相角差。

dielectric polarization　介质极化　在外电场的作用下，介质中原来重合的正、负电荷中心发生相对位移，因而在介质表面出现净的正的和负的电荷。

dielectric power factor　介质功率因数　介质相角的余弦。参见 dielectric phase angle。

dielectric resonator oscillator (DRO)　介质谐振振荡器　一项通过锁相环(PLL)和介质振荡(DR)技术合成频率的技术，包括串联式 DRO 和并联式 DRO。DRO 的优点是工作稳定、频温系数小、电路简单、使用元器件少、相位噪声好、品质系数高等。DRO 作为微波频率源得到了广泛的应用，特别是在卫星电视，卫星通信方面应用更为普遍。

dielectric strength　介质强度　(1)对绝缘材料，它本身在不被击穿的情况下，即不破坏其绝缘性质的情况下，能承受的最大电场强度。理论上，介质强度是材料本身固有的性质，不依赖于材料的形状或施加电场的电极的形状。(2)对一个给定形状的介质材料和电极的配置，使材料产生击穿的最小的电场强度。击穿时，电场强度使束缚的电子自由化，将材料变成了导电材料。电场强度通常用伏/米表示。

dielectric test　绝缘试验　为检验介质电气特性所进行各种高压试验的总称。

dielectric viscosity　介质粘(滞)性　介质极化的变化滞后于产生此变化的电场，而滞后的程度则有赖于变化的速度的一种现象。

dielectric waveguide　介质波导　一种由介质材料构成的波导，它在一种介质外面再围绕另一种具有较低折射率的介质材料，如空气、玻璃、塑料等。光纤是介质波导的一个例子。金属波导中间填充了的介质材料不属于介质波导。

DIF　(1)数据交换格式，DIF 格式 data interchange format 的缩写。(2)文档交换格式 document interchange format 的缩写。

difference detector　差值检波器　一种检波电路，其输出是两个输入波形幅度差的函数。

difference engine　差分器[机]　由查理斯·巴贝奇(C. Babbage)于 1882 年建造的一种机械装置，用于执行算术运算。几年后，巴贝奇又建造了分析器，因此差分器可说是分析器的先驱。

difference equation　差分方程　差分方程用于描述离散时间系统行为。它是一个迭代代数方程，可以利用当前时刻值、历史时刻值和方程输入变量计算下一个时刻的值。差分方程是用在离散时刻的数学积分算法近似替代连续信号的积分。

difference global positioning system (DGPS)　差分全球定位系统　在一个精确的已知位置上安装监测接收机，计算得到它能跟踪的每颗 GPS(全球定位系统)卫星的距离误差。该差值通常称为 PRC(伪距离修正值)，将此数据传送给用户接收机作误差修正，从而提高了定位精度。

difference of sets　集合之差　所有由在集合 A 中而不在集合 B 中的元素组成的集合称为 A 与 B 之差，记为 $A-B$。

difference reduction　差异归约　人工智能中的一种问题求解算法。首先确定在初始状态和目标状态间的差异，选择最能减少该差异的操作。通过递归应用减少在现行状态和目标状态之间差别的算子来解决问题。

differential amplifier　差分放大器　由两个参数特性相同的晶体管用直接耦合方式构成的放大器。若两个输入端上分别输入大小相同且相位相同的信号时，输出为零，从而克服零点漂移。差分放大器是一种将两个输入端电压的差以一固定增益放大的电子放大器。差分放大器通常被用作功率放大器和发射极耦合逻辑(ECL)电路的输入级。差分放大器是普通的单端输入放大器的一种推广，只要将差放的一个输入端接地，即可得到单端输入的放大器。

differential analyzer　微分分析机　一种用积分器求解微分方程的模拟计算机。它用数字积分方法

D

替代模拟计算机中的模拟积分方法，它具有精度高和没有零点漂移等优点。参见 digital differential analyzer。

differential backup 差分式备份 一种数据备份方式，类似于增量式备份，但不改变文件的属性。参见 incremental backup。

differential capacitance 微分电容 在特性曲线上的给定点对电荷特性曲线，如交变电荷特性曲线或平均电荷特性曲线的电压求微商。

D

differential capacitor 差动电容器 一种有一个动片和两个定片的双连可变电容器。当其中一个可变电容器的电容减小时，另一个可变电容器的电容增大。

differential comparator 差动比较器 一种至少有两个高增益差动放大级的比较器，后面还跟随电平移动级和缓冲级，以满足数字逻辑应用对差动输入变换为单端输出的需要。

differential compounded 差复励 复励电机的串励绕组与并励绕组的磁动势方向是相反的。

differential compression 差分压缩 一种数据压缩方法，用一个代码去代替一个字符序列，这个代码反映了它与类似的或者特定的字符序列之间的联系，这种类型的压缩方法通常用于具有一致大小的数据而且这些数据变化相对较小的应用程序数据中，它的数据压缩量可达98%。

differential cryptanalysis 差分密码分析 通过以某种途径寻找不同的明文块对来分析加密技术的方法。

differential current 差动电流 在差动继电器中，规定的流入电流与流出电流的矢量差为差动电流。

differential delay 差值延迟 在整个频段内出现的最大频率延迟与最小频率延迟之差。

differential discriminator 差动式鉴别器 只有那些幅度处于两个预定值之间(其中没有一个为零)的脉冲才能通过的鉴别器。

differential encoding 差分编码 对数字数据流，除第一个元素外，将其中各元素都表示为各该元素与其前一元素的差的编码。

differential equation 微分方程 微分方程包括未知函数的一阶或多阶导数。当它仅包含常导数时，被称为常微分方程。当它包括偏导数时，被称为偏微分方程。在动态系统仿真中，数值积分算法可以对常微分方程估计未知函数。

differential file 勘误文件 用来减少数据库维护费用的一种文件。它记录着对原文件的增、删和修改等活动，类似于一本书的勘误表。

differential frequency circuit 差频电路 一种提供连续输出频率等于两个连续输入频率绝对差值的电路。

differential gain 微分增益 视频传输系统中，叠加在低频信号的两个规定电平上的高频正弦波小信号输出幅度之比超过1的量。微分增益以差值乘100用百分比表示，还可以以比值本身的常用对数乘20用分贝表示。

differential gear 差动齿轮 模拟计算机中使用的一种机械部件。它的原理与三根转动轴的转角相关，其中两根转动轴的转角的代数和是第三根转动轴的转角的两倍。这种装置可用于加、减运算。

differential global positioning system (DGPS) 差分全球定位系统 通过在固定测站和流动测站上进行同步观测，利用在固定测站上所测得GPS定位误差数据改正流动测站上定位结果的卫星定位。参见 global positioning system (GPS)。

differential input 差动输入 一种对两个输入端相同的电压进行抑制，而对两个输入端之间的电压差进行放大的电路。这类电路既可以是平衡电路，也可以是悬浮电路，而且也可能是保护电路。

differential-input impedance 差动输入阻抗 差动放大器的反相输入端和同相输入端之间主要由电阻和电容组成的阻抗。

differential linearity 微分线性 数字转换器在其工作范围的输出中，相邻步距大小的变化程度。

differential Manchester encoding 微分式曼彻斯特编码(法) 一种传输编码方案。据此方案，每一比特位按照在整位时间或半个位时间外具有信号跳变(极性变化)的两段信号进行编码。在整位时间处有跳变表示0，在整位时间处不跳变则表示1。此方案可简化接收发送以及定时恢复线路，并使每级延迟比按块编码更小。

differential mode attenuation (DMA) 差分模式衰减 当一束电磁波在一个波导中传播，如一光束在光纤中传播时，波的各组成模式的衰减的差别。参见 coupled modes, fiber optics, mode。

differential-mode current 差模电流 信号线及其返回线构成的环路中的电流。差模电流会产生差模发射。

differential mode delay (DMD) 差模延迟 一种在多模光纤中一个激光脉冲同时激励出多个光通路产生的抖动效应。这些光通路循着两条或多条不同的路线，因而可能具有不同的长度。激光通过多模光纤后会具有不同的传输延迟，在产生DMD效应时，一个清晰的激光脉冲通过多模光纤后会变形，在极端情形下会变成两个不相关的脉冲。传输一串脉冲时会互相干扰，这样数据就不能以可靠方式恢复。对于这种抖动效应可采用调节发送器发射出的激光和规定接收器的波长来解决。

differential mode disturbance voltage 差模干扰电压 在同一电路中两导体之间指定地点所出现的干扰电压。

differential-mode electromagnetic interference 异态电磁干扰 引起两根信号引线之一的电位相对

于另一根引线发生变化的干扰。

differential mode interference 差(分)模(式)干扰 引起信号传输路径一端相对于另一端的电位变化造成的干扰。差模干扰在两导线之间传输,属于对称性干扰。与共模干扰相比,在一般情况下,差模干扰幅度小、频率低、所造成的干扰较小。比较 common-mode interference。

differential-mode signal 差模信号 在差分放大电路中,两个大小相等、极性相反的一对信号称为差模信号。

differential mode voltage 差模电压 产生大小相等但方向相反的直流电流、从而实现所需要功能的电压。差模电压产生差模电流。参见 differential-mode current。

differential modulation 差分调制 一种调制方式,数字调制信号的每一特征状态都以已调信号特征量的值相对于前一位信号元的给定的特定变化来表示的调制。差分调制的一个例子是增量调制。参见 Delta modulation (DM)。

differential null detector 差值零值检测器 差动变压器提供与两个输入电压之间的矢量差成正比的输出电压的零值指示器。一路输入是 1 kHz 信号源电压,而另一路输入则是经过放大器和移相器加入的未知信号。可以调节未知信号,使两个电压之差为零。

differential operational amplifier 差动运算放大器 一种可以对两个输入信号之间的差值电压实施数学计算的双输入放大器,其电路结构类似于有外接有源元件和无源元件的放大器。

differential pair 差分对 将两个晶体管的源极或发射极在电流源处连在一起所形成的电路。两个栅极之间的电压差对两个漏极之间的电流进行控制。

differential PCM (DPCM) 差分式 PCM 在计算机图像中,指一个数字系统,其中传输或者存储的数据代表数据元素的差别(如像素),而不是数据元素本身。参见 pulse code modulation (PCM)。

differential permeability 微分磁导率 与磁通密度的磁化曲线给定点上斜率对应的相对磁导率。

differential phase 微分相位 在视频传输系统中,叠加在低频信号的两个指定电平上的高频正弦波小信号的输出相位差。

differential phase shift keying (DPSK) 差分相移键控 一种角调制方式。这种调制方式用已调波相位的不连续变化来表示调制的离散信号的每个特征状态,该已调波相位的不连续变化是相对于前一信号码元的相位而言的。

differential positioning 差分定位 根据两台以上接收机的观测数据来确定观测点之间的相对位置的方法。

differential protection 差动保护 差动保护是根据被保护元件(或区域)两侧电流差而动作的保护装置。差动保护把被保护的电气设备看成是一个接点,那么正常时流进被保护设备的电流和流出的电流相等,差动电流等于零。当设备出现故障时,差动电流大于零。当差动电流大于差动保护装置的整定值时,将被保护设备的各侧断路器跳开,使故障设备断开电源。

differential pulse code modulation (DPCM) 差分脉(冲编)码调制 数据通信中的一种压缩技术。将输入信号的抽样值与信号的预测值(根据信号过去的数值所进行的估计)进行比较,求得差值,再将差值进行编码,产生预测值的预测算法在压缩和解压缩时都必须被执行。与 PCM(脉码调制)相比,它在传输中所需位数更少,量化噪声也有所改善。参见 pulse code modulation (PCM)。

differential quadrature phase shift keying (DQPSK) 差分四相相移键控 把要传输的基带信号先进行差分编码再进行四相相移键控。差分四相相移键控在单位频带内的信息传输速率可比 BDPSK(二相差分相移键控)提高一倍,抗噪声性能要比 BDPSK 的差些,因而广泛用于高速数字传输系统。比较 binary differential phase shift keying (BDPSK)。

differential quantum efficiency 差分量子效率 在一个光源或检测器中,曲线的斜率依赖于输出相对于输入的量子。

differential relay 差动继电器 反映被保护区内各侧电流矢量差的量度继电器。差动继电器由位于系统中两个不同位置的电流互感器提供反馈信息。差动继电器对电流进行比较,如果存在不同则表示受保护区域内有故障存在。比较被保护对象两端(流入与流出)电流矢量的为纵联差动继电器。比较并联支路同一端电流矢量的为横联差动继电器。流入继电器各侧电流采用差动接法,即在正常情况下,各侧电流矢量差等于 0。

differential vacuum gauge 压差式真空计 测量同时存在于一个敏感元件两侧面上压力之差的一种真空计。例如,这个元件为弹性膜片或可动分隔液体。

differentiated services 差异化服务 运营商为吸引用户而推出的具有自己特色的不同于其他运营商的服务。

differentiated services code point (DSCP) 差分服务代码点 IP 数据包中的一个字段,它能将不同级别的服务指派到网络通信中。这是通过用 DSCP 代码对网络上的每个数据包作标记并向其分配相应级别的服务来实现的。

differentiating network 微分网络[电路] 一种网络或电路,其输出波形是输入波形的对时间的导数。微分电路用于信号处理,如从一个输入方波中产生短的时序脉冲输出。

differentiator **微分器** 一种输出是输入信号微分的装置。其输出函数与一个或多个变量的输入函数的导数成正比。因此,微分器的输出与输入信号瞬时变化的速率成比例。

Diffie-Hellman cryptosystem **迪斐·海尔曼加密系统** 在计算机安全中,指一种公共密钥加密系统。通信双方交换能使彼此确定相同密钥的信息,而窃密者想从交换信息中确定密钥,在计算上是不可能的,如通信双方取两个整数 d 和质数 n 来公开并计算密钥 K,如果 n 略小于 2^{200},则通信双方只需作 400 次乘法,而窃密者必须作 2^{100}(接近 10^{20})次乘法才可确定密钥 K。

Diffie-Hellman key exchange **迪斐·海尔曼密钥交换** 一种传送密钥的方法,通过发送者和接收者交换经计算出的值来工作,密钥可以从该值中算出来。

diffraction **衍射** (1)由许多光源的相互干扰或由一外部光源的各个部分的相互干涉所形成的光模式。(2)由于开孔、障碍物或介质中不均匀的影响,使辐射波不按几何光学预示的路线传播的现象。

diffraction effect **衍射效应** 当有压力敏元器件置于具有特定声压的声场时,声压会因这些物体的存在而改变,这种现象为声音的衍射效应。改变后的声压正比于衍射系数和原声压的积。其中衍射系数与敏感器件的形状、大小、声波方向有关。

diffraction grating **衍射光栅** 一种由密集、等间距平行刻线构成的光学器件。分反射和透射两大类。它利用多缝衍射和干涉作用,将射到光栅上的光束按波长的不同进行色散,再经成像镜聚焦而形成光谱。

diffraction limited **衍射限定** (1)在普通光学中,它是关于光线的,在其中远场光束发散与由衍射理论预测的一致。(2)在聚焦光学中,它是关于光线的,在其中脉冲响应或分辨极限与由衍射理论预测的一致。

diffraction loss **绕射损耗** 由障碍物引起的附加传播损耗。

diffraction region **衍射区** 在无线电波传播中位于视线范围之外的一个区域,但由于受惠更斯原理描述的刀锋效应的影响,其电波的传播仍然存在。参见 Huygens's elements。

diffused junction **扩散结** 由杂质扩散进入半导体晶体内形成的结。

diffuse reflectance **漫射反射比(率)** (1)一种光总量,如光功率的各个方向漫射的光量与总的入射功率(不包括镜面反射)之比。(2)具有 45°入射角并与表面垂直方向观察的相对于全漫射和全反射标准的样品的反射率。

diffuse reflection **漫反射** 一种入射光线的反射,由一束光线照在一粗糙不平的表面,则在局部位置入射角的实际大小并不一样,它使得一束光的不同部分按照反射和折射的斯涅尔定律在各个不同方向上形成了漫反射。

diffuse transmission **漫[散]透射,散射传输** (1)光波在传播媒介中的一种传播,其中由于漫射产生高度衰减,不能传输清晰图像。当一狭窄光束透过雾、深水和悬浮小颗粒的液体时,就会观察到漫透射的现象。(2)散射传输是指在半透明媒质中,主要通过漫射传输来传播可见辐射,因此物体不能通过此媒质被清晰地看到。

diffuse transmittance **漫透(射)比** 所有方向漫射光的光总量,如光功率,与总的入射光功率的比例。

diffusing screen **散射荧光屏** 供缩微出版物阅读器用的一种弱散射光半透明的荧光屏。

diffusion **扩散** 由于单个粒子热运动,一种物质穿透到另一种物质中,如由于碰撞,等离子体发生横越磁场的扩散。

diffusion bonding **扩散结合** 一种金属的分子扩散进入另一种金属的晶体点阵结构中,以形成等效于电连接的固溶体的结合。

diffusion capacitance **扩散电容** 被存储的少数载流子随半导体结端电压变化的速率。

diffusion constant **扩散常数** 均质半导体中的扩散电流密度除以载流子浓度梯度。所得到的常数也等于漂移迁移率与每单位载流子的热能之积。

diffusion constant **扩散电流** 半导体中的多子从浓度大向浓度小的区域扩散称扩散运动,扩散运动产生扩散电流。

diffusion length **扩散长度** 均质半导体中,少数载流子在产生与复合之间扩散的平均距离。

diffusion technique **扩散方法** 在计算机安全中,增加密码系统强度的一种方法。它通过在密文中把信息空间的统计扩展成一个长字符组合的统计结构,从而增加了密码分析计算所需的各种统计分析的密文长度。

DiG **领域信息捕捉程序** domain information gropper 的缩写。

digerati **数字精英** 由 digital 和 literati 两字合并而成。数字精英通常指信息领域的资本家、科学家、传媒巨头等人物。

digest authentication **摘要式验证** 一种在网络中将用户名和密码信息作为散列值发送的验证方法。

digigraphy **数字图表** 常用于处理包括图像文件和图表的数字存储的术语,如用于照相排版方面。

digit **数字,数位,数,位** 用来表示数字系统中所有数的一种符号。在位置计数法中,用来表示比基数小的非负整数的符号,如在十进制中,数字是指 0 ~ 9 中的任一个符号;在十六进制中,数字是指 0 ~ 10 或 A ~ F 中的任一个符号。

digital **数字的** 将问题或计算中的所有数据用不

连续的数位描述的系统。因为计算机只能区分 0 和 1(或开或关)两个值,所处理的信息必须用数字方式编码组成 0 和 1 组成的序列,所以是数字的机器。

digital access and cross-connect system (DACS) **数字接入和交叉连接系统** 通信系统中的一种数字通信系统,它在集中交换的专用和公用网中的接入是通过 T-1 硬件结构,交叉连接是通过 D3/D4 帧用作各数字信号 0(DS-0)信道间的交换。现代数字接入和交叉连接系统不限于 T 载波系统,例如也可适用于高数据率的 SONET(同步光纤网)系统。参见 digital signal 0。

digital advanced mobile phone service (DAMPS) **数字化高级移动电话服务** 这种数字网络解决方案基于美国的 IS-136 数字标准。在 900 ～ 1 800 MHz 频谱内执行。参见 advanced mobile phone service (AMPS)。

digital-analog decoder **数模译码器** 将数字数据转换为连续变量的一种模拟计算装置。

digital-analog simulator **数字模拟仿真器** 在克服模拟计算机的不足的过程中,曾研制出不少在数字计算机上用程序语言来实现数字仿真。其方法是按模拟计算机解题的相同手法对连续量的模型进行程序设计。这些语言包含各种能进行加法、积分和改变符号操作的宏指令。

digital asset management (DAM) **数字资产管理** 数字资产管理是 20 世纪 90 年代出现的、以数字资产的获取、存储与重复利用为目标的新技术,主要应用于新闻媒体、图书出版、娱乐服务及政府医疗等行业。数字资产是有保存和利用价值、在现在或将来可以转化为有形资产的数字化信息,如文字、图片、版面、流媒体、分类信息等。完善的 DAM 系统包括:数字资产的生产、数字资产的可扩展的保存与灵活管理、实现数字资产的多次和多渠道利用。典型的 DAM 系统由四个部分组成:①信息采集与创建:将数字信息导入 DAM 系统,或将模拟资产数字化;②信息加工生产流程:将采集的信息加工成可以保存或发布的数字资产,或者将已有的数字资产进行再加工和再利用;③信息存储和管理:提供数字信息的存储、管理和信息查询等服务;④跨媒体信息传播:支持各种媒介的信息发布和信息服务,数字资产利用和再利用。

digital audio **数字音频** 在多媒体应用中,指转换成数字形式的音频数据。同 digitized audio。

digital audio broadcasting (DAB) **数字音频广播** 数字音频广播采用信源编码技术、信道编码、调制技术和同步网技术。因此,抗多径传播引起的衰减能力强,适合于固定和移动接收,声音质量可达到 CD 水平,可单频网同步运行,节约无线频谱资源。它又能以数字信号传送各项信息多媒体数字业务,因此也称“数字多媒体广播(DMB)”。参见 masking-pattern universal sub-band integrated coding and multiplexing (MUSICAM), coded orthogonal frequency division multiplex (COFDM)。

digital audio disc (DAD) **数字音盘** 以数字方式将声音记录在光碟上的一种介质。

digital audio file **数字音频文件** 存储声音采样信息的计算机数据文件。如 PC 机中的 WAV(波形声音)文件、Macintosh 中的 AIFF(音频交换文件格式)文件。与 MIDI(乐器数字接口)文件不同,数字音频文件是可传输的,在任何声卡上的发声都基本一样。数据音频文件可输入到数据视频文件中,并与视频动作同步。参见 audio interchange file format (AIFF), musical instrument digital interface (MIDI)。

digital audio tape (DAT) **数字音频磁带,数字录音带** 在磁带上记录声音的一种介质。DAT 提供了一种高质量的声音记录方法,将声音信息以数字方式存储在磁带上。

Digital Audio-Visual Council (DAVC) **数字视听评议委员会** 1994 年为推动数字视频音频应用及服务而成立的协会,初始成员包括 17 个国家的 40 个公司,为实现信息高速公路的互相连接而开展应用程序设计接口和网络协议等标准化工作。

digital block **数字块,数字(码)组** 通信系统硬件中的一套复用设备,它包括一路或多路数据信道和相关的电路,通常按照信号速率对数字块进行设计。

digital camera **数字摄像机,数码照相机** (1)可作为计算机图像输入设备的一种装置。以数字格式记录图像的摄像机。不像传统的模拟电视摄像机把光强度转换成无限多个可变模拟信号,数字摄像机则把光强度转换成离散的数字信号。它把图像分解成固定数目的各个点(称为像素)。对照光强度测试每一个像素并把该强度转换成一个数字。在彩色数字摄像机中,产生并存储分别代表在像素中红、绿与蓝的总数的三个数字。通常数字摄像机通过电缆与计算机相连,通过软件将图像装入计算机中,然后就可对图像进行操作和处理。(2)一种输出数字形式图像的照相机。数码照相机采用 CCD(电荷耦合器件)元件通过透镜捕捉图像,然后照相机内的电路将 CCD 捕捉的图像存储到存储介质上,如固态存储器或硬盘上。捕捉到图像后,用照相机附带的软件通过电缆把图像下载到计算机。一旦图像存储到计算机,就可以对图像进行操作和处理,如同操作和处理来自扫描仪或相关输入设备的图像一样。

digital carrier interrupt signaling **数字载波中断信令** 电话系统中用直流脉冲来键控载波有无的信令。

digital carrier system **数字载波系统** 处理数字数据的公用载波通信系统。

D

digital cash **数字现金** 在因特网上为商品付费的方法。有几种使用不同模型的付费系统。首先,用户在因特网上的银行开一个账户,然后用户请求银行发放一定数量的数字现金,银行利用加密技术在用户的账户上发放用户请求数量的现金,使用数字现金来进行支付,用户将这个数据(一定数量的数字现金)送到接收方那里,接收方再将这个数据送到银行验证。如果银行验证了这组数据,银行就在收方的银行账户上加上这项支付的现金数额或给接收方发放同等数量的数字现金。

digital certificate **数字凭证[证书]** 用电子手段来证实一个用户的身份和对网络资源的访问权限。在网上电子交易中,如双方出示了各自的数字凭证,并用它来进行交易操作,那么双方都可以不必为对方身份的真伪担心。数字凭证可用于电子邮件、电子商务、网上银行等各种用途。数字凭证的内部格式是由 CCITT(国际电报电话咨询委员会).509 国际标准所规定的,它包含了以下点:①凭证拥有者的姓名;②凭证拥有者的公共密钥;③公共密钥的有效期;④颁发数字凭证的单位;⑤数字凭证的序列号;⑥颁发数字凭证单位的数字签名。数字凭证分为如下三类:①个人凭证:它仅为某一用户提供凭证,以帮助他个人在网上进行安全交易操作。个人身份的数字凭证是安装在客户端的浏览器内,并通过安全的电子邮件(S/MIME)来进行交易操作;②企业(服务器)凭证:它通常为网上的某个 Web 服务器提供凭证,拥有 Web 服务器的企业就可以用具有凭证的万维网站点来进行安全电子交易。有凭证的 Web 服务器自动地将其与客户端 Web 浏览器通信的信息做加密;③软件(开发者)凭证:它通常为因特网中被下载的软件提供凭证,该凭证用于和微软公司 Authenticode 技术(合法化软件)结合的软件,以使用户在下载软件时能获得所需的信息。参见 digital signature, digital time-stamp service (DTS)。

digital channel **数字信道** 传输的信号状态只有两种不连续固定值的信道。这两种固定值可以是两个固定值的电压高与低,电流大与小、有与无或正与反,光的有与无,调频信号频率的高与低以及调相信号相位的不同等。

digital channel link (DCL) **数字信道连接** 一种信道连接方式。主呼电台通过检测载波的有无来确定信道是否被占用,若无载波电压,则认为该信道空闲。再将被呼电台号码、空闲信道号与主呼电台识别码所组成的数字信令由控制信道发射出来。守候在控制信道的电台收到数字信令后,若被呼电台号码相符则响应此信令,主呼与被呼电台均转换到所确定的空闲信道上,从而建立通信线路。

digital circuit **数字电路** 按开关状态工作的电路。如各种门电路,各种触发器电路以及由它们组成的其他各种电路。

digital circuit multiplication (DCM) **数字电路倍增** 利用通话间隙时间和话音信号的冗余度,采用数字信号处理技术,即话音相关性压缩技术和话音插空技术,压缩占用信道的时间,使数字电路扩容的方法。

digital circuit multiplication equipment (DCME) **数字电路倍增设备** 允许将一定数量的 64 kbps 的 PCM(脉码调制)编码的干线信道集中在更少的传输信道中传输的一类设备。

digital circuit multiplication equipment-adaptive differential pulse code modulation (DCME-ADPCM) **数字电路倍增设备——自适应差分脉冲编码调制** DCME-ADPCM 是 ITU-T(国际电信联盟-电信标准化部门) G. 723 语音编码标准算法,这种算法可以在 40 kbps、32 kbps 和 24 kbps 三种速率中动态调整,以达到在给定的信道中增加容量的目的。

digital circuit patch bay **数字电路插座板** 一种插座板,其中低电平的数字电路可以被接上、被监测或被测试。数字电路插座板可以是 D 型的(不平衡的)或 K 型的(平衡的)。

digital combining **数字组合[汇接]** 一种不需要将数据转换成准模拟信号的,可以是同步或非同步模式的数字数据接口方法。

digital communication **数字通信** 用数字信号作为载体来传输信息,或用数字信号对载波进行数字调制后再传输的通信方式。

digital communications processor **数字通信处理机** 由各种软件实现控制功能的多微处理机组成的系统。系统可以用作数据集中器、前端处理机、速度和代码转换器、多路转换器等。另外,还可以方便地同各种调制解调器等接口。

digital communication system **数字通信系统** 传送数字信息的数据通信系统,该系统隔一段距离设有再生数字信号站,将混入的噪声干扰去除,并采用纠错技术,保证信息完好地传送到对方。

digital comparator **数字比较器** 接收输入数字数据的两个不同值并确定其中哪一个较大,或者将某一数字输入值与预置的数字上、下限作比较并提供通过/不通过信息的比较器。

digital computer **数字计算机** 操作是基于离散二进制数据的计算机。从某种程度上说,所有计算机都是数字的,即使是模拟计算机,模拟信号也是转换为数字信号后被计算机处理的。比较 analog computer。

digital control **数字控制** 一种采用数字逻辑装置的控制方式。数字逻辑装置可以是完整的数字计算机,也可以不是。

digital control unit **数字控制单元** 可按指令执行序列对指令进行检索、翻译,并据译出的指令代码对算术单元和其他部分发出控制信号的数字计算机的部件、器件或模式。

digital converter 数字转换器 把模拟量转换成数字形式的一种设备,如模数转换器、脉冲编码调制器、编码器和量化编码器等。

digital cross-connect equipment (DXC equipment) 数字交叉连接器 现代电信网络的一种重要设备,兼有复用、配线、保护/恢复、监控和网管等多种功能,具有一个或多个准同步数字体系(G. 702)或同步数字体系(G. 707)信号端口的,可以在任何端口信号速率(及其子速率)间进行可控连接和再连接的设备。在网络节点上,设有自动配线功能的数字交叉连接设备,设备内部可以按预先存放或能动态计算的交叉连接图,对电通道的信号进行自动重新连接,在网络节点中能起到灵活有效管理控制的作用。

digital cross-connect system (DCS) 数字交叉连接系统 传统的数字交叉连接是为用户提供一个软交换设备,通过网络管理中心操作员进行控制,提供半永久性连接,能实现不同的数字传输速率,应用灵活方便,在网络带宽管理方面有重要作用。

digital data 数字数据 用数字或数字的代码表示的数据。数字数据的表示方式是离散的,即数据中的每一位数都由分立的信号表示,这一点正好与模拟数据相反,模拟数据是用连续的物理量来表示的,如数字万用表是用数字数据来表示电压、电流和电阻值,而普通的万用表是用模拟数据来表示电压、电流和电阻值。

digital data acquisition system (DDAS) 数字型数据采集系统 用于收集数字型数据的一种工厂最低标准自动化的系统。这些数据有时来自极限开关等设备,所收集的数据可用于工作流检测和管理、工作计量和动态报表管理。

digital data channel 数字数据信道 用于数据信号传输的单向通道,它包括一数字信道以及在每一端与信道相连的接口适配器。

digital data communication message protocol (DDCMP) 数字数据通信报文协议 管理并行同步序列、非同步序列数据的传送和接收的一组协定。是DEC公司在DNA(数字网络体系结构)链路级协议中制定的,用于在多点或点对点数据通信系统中站点之间的数据传送。

digital data conversion equipment (DDCE) 数字数据转换设备 把数字数据转换成其他形式数据的设备。

digital data handling system 数字数据处理系统 一种电子设备。它能接受数字数据,以适当的形式对数据进行运算处理,并记录在中间介质上,也可直接将数字数据送到计算机或显示器上。

digital data network (DDN) 数字数据网 DDN是利用光纤、数字微波和卫星等数字传输通道和数字交叉复用节点组成的数字传输网,可以为用户提供各种速率的数字专用电路和其他业务,以满足用户多媒体通信和组建计算机通信网的需要。在我国DDN是一种业务网,它能提供的传输速率为N×64 kbps(1≤ N≤ 31)到基群2 048 kbps或基群以上速率。根据用户需要,DDN提供的连接可以是长期固定的,也可以是定时开通的;DDN可以为其他网络提供中继电路,如为因特网路由器之间互连提供中继电路,也可以为其他网络的用户提供接入电路。

digital data recorder 数字数据记录器 将连续的电模拟信号转换为数字量,并通过高速打印机将这些数值记录下来的装置。

digital data separator 数字数据分离器 软磁盘子系统中采用计数方式的数据分离器。它由读出数据脉冲把适当的数值预置入计数器来设定数据鉴别窗口,通常用于调频制记录系统中。

digital data service adapter (DDSA) 数字数据服务适配器 在数据通信中,当发送数据使用数字数据服务软件时用到的一种调制解调器。

digital data switching 数字数据交换[转接] (1)一种局域网技术,仅仅面向数据应用。与数字PBX(专用交换分机)比较,它不提供电话服务,通常比后者便宜。允许网上的各种设备彼此建立连接,进行数据交换。(2)通过对数字信号进行操作,而不是通过将其转换为模拟信号来建立连接的过程。

digital data system 数字数据系统 一种专线同步数据通信网络。它通过连接各种数字传输设备构成。系统具有特殊的维护和测试功能。

digital data transmission 数字数据传输 二进制编码数字形式的数据传输过程。它根据一系列表示"开"和"关"状态的离散电脉冲来加以处理,每一状态的出现都表示一个二进制位。

digital defense 数字防御 用于检测计算机网络中的入侵。数字防御工具能识别和阻断对网络的攻击。

digital diagnostic diskette 数字诊断软磁盘 软磁盘日常维护所使用的一种标准软盘,其上记录有递增偏移磁道、交替偏移磁道和方位角偏转磁道等数字信息。通过在计算机或软盘机测试仪上运行软磁盘机诊断程序,可以对软磁盘机的主轴转速、磁头方位角、磁盘片对中度和步进马达的重复定位精度等影响磁盘机性能的关键技术参数进行联机检测。

digital differential analyzer (DDA) 数字微分分析机 一种以数字方式对波形进行合成并完成积分的微分分析机,它以数字表示模拟量。

digital display 数字显示 用直接可读的数字表示结果的一种显示。

digital distribution frame (DDF) 数字配线架 一种为数字信号的通路、电路和设备提供半永久互连灵活性的机架。

digital divide 数字鸿沟 此术语用于描述人们享

用信息技术之间的差异,有些人能拥有和使用新的信息和通信工具,如因特网,而有些人没有资源和不能接近此项技术。此术语也用来描述拥有技能、知识和能力来使用技术的人和那些做不到的人之间的差异。生活在农村和生活在城市的人们之间、受过教育和没有受过教育的人们之间、不同的阶级之间,从全球范围来讲发达的工业国和不发达的国家之间,存在着数字鸿沟。

digital domain 数字域名 数字域名是我国自主研制开发的、独立的、可与因特网平行或兼容的、在未来数字化地球战略中占据重要位置的高科技项目及网络产品。数字域名通过"数字域名服务器"将数字域名解析为 IP(网际协议)地址。与英文域名系统相比,数字域名将打破英文域名的垄断地位,改变非英语国家上网的语言劣势,便于计算机、移动电话和信息家电等简易终端用数字键输入域名上网。数字域名可以兼容英文和中文域名系统,并能支持 IP 地址的升级。数字域名技术拥有一套独立的数字域名解析系统和数字域名号码资源,可形成独具特色的信息产业,有利于电信和互联网领域的竞争。参见 digital domain system。

digital domain system (DDS) 数字域名系统 数字域名系统是由上海通用化工技术研究所、中科院上海冶金所等单位共同组成的"数字域名与数字化地球"课题组于 2001 年开发完成的。它是具备 IP(网际协议)寻址、传真、发电子邮件、视频点播、电视会议等功能的数字域名解析和服务系统,已在 30 多个国家和地区申请了专利,并在专利的国际初审中获得通过。数字域名系统是传统的电话编码体系在互联网领域的创新应用,它借鉴电话号码的编码体系,以地理概念清晰、简明易记的数字为因特网上的终端分配域名,一个数字域名由类似电话号码的国家代码、地区代码和终端代码(也可用现有电话号码)组成。这样,数字域名系统所构成的网络便层层深入,组网能力大大增强,小至一个家庭、公司、社区,大到一个国家乃至全球均可用现有的电话号码"入网"。数字域名系统还使端对端的通信简单易行,不仅便于创建个人网站,还能与第三代上网手机组成流动网站,成为无线上网的基础。参见 digital domain。

digital double-ended control 数字双端控制(系统) 对数字网络,如特定交换机控制时钟的相关错误是由于输入信号的相位与内部时钟的相位进行比较而得到的,而在两个交换机之间的同步控制系统是双端的。

digital earth 数字地球 在某种意义上可以理解为全球的数字化、信息化、计算机化,在网络技术的基础上,通过信息高速公路,实现区域和全球的信息共享。其核心是用数字化手段统一处理全球问题,和最大限度地利用信息资源。

digital echo modulation 数字回波调制 线路信号由按时序生成信号码元进行合成的调制解调器发射机设计技术。信号码元可以作为脉码调制或增量调制取样存储在数字存储器中。

digital economy 数字经济 以知识为基础,在数字技术催化作用下,制造领域、管理领域和流通领域以数字化形式表现的一种经济形态。参见 Internet economy。

digital encode method 数字编码法 一种汉字编码的方法。根据汉字的某种属性,一般采用 4 位十进制代码表示一个汉字的方法。常用的数字编码有区位码、四角号码、电报码等。这种编码的特点是无重码,即一字一码,缺点是由于汉字太多,编码难以记忆。

digital envelop 数据封装 在计算机安全中,一个用于验证消息完整性的数据信号。

digital error 数字误差 在已实际收到的数字信号和应当收到的数字信号之间的不一致。

digital European cordless telephone (DECT) 数字泛欧无绳电话 按欧洲邮电行政大会拟制的 DECT 标准开发的数字无绳电话系统,采用 1.7 MHz 频段时分多址技术。

digital facility 数字设备 处理数字信号的专用交换设备或传输设备。

digital facility terminal 数字设备终端 执行信号发送和传输功能的音频终端。它是数字载波系统和交换系统、模拟终端或其他数字设备终端之间的接口。

digital facsimile 数字传真 将扫描的图像编码成数字形式以便于传真机发送和传真机解码接收的传真方式。

digital filling 数字填充 数字信号中插入固定数量的填充位以改变数字率,使其从它现有的标称值变成高的预定的标准标称值。但附加的填充位并不用以传送信息。

digital filter 数字滤波器 数字滤波器是一个离散时间系统。它是一种按预定的算法,将输入离散时间信号转换为所要求的输出离散时间信号的特定功能装置。数字滤波器可用计算机软件实现,也可用大规模集成数字硬件实时实现。最简单的数字滤波器由取样电路、模-数转换器、数-模转换器、数字模式滤波器或比较器和一阶保持电路组成。数字滤波器有低通、高通、带通、带阻和全通等类型。它可以是时不变的或时变的、因果的或非因果的、线性的或非线性的。

digital filtering 数字滤波 数字滤波的基本思想是将无限的连续物理信号在一定条件(如一定精度)下变成有限的离散数字信号,再把有用信号与噪声信号分离开来。它克服了普通滤波器常有的脉冲响应函数不易确定、结构元件难选以及精度低、不灵活的缺点。

digital fingerprinting 数字指纹 数字指纹是指通

过某种算法对数据信息进行综合计算得到的一个固定长度的数字序列，这个序列有时也称“信息摘要”，它与内容高度相关。数字指纹是数字版权管理(DRM)中的一个重要分支，通过在所销售的拷贝中嵌入与购买者有关的特定信息(称为数字指纹)，销售商可以在收缴到盗版拷贝时对非法拷贝者进行追踪。

digital identification 数字识别 数字识别是安全技术(如数字证书、对象签名以及安全因特网邮件)的一种经过改进的安全方法。数字证书是一种基于建立个人或服务器标识安全标准、协议和加密技术的电子证书。数字证书把证书持有者与一对能够用来对信息加密和签名的电子密钥组合在一起，以确保这对密钥真正属于特定的人或机构。用户从在后台对申请者(可为公司或个人)进行检查的第三方权威认证机构获得数字证书。对象签名也正在进入浏览器和防火墙领域，对象签名与数字证书类似，但不是验证用户，而是将数字签名放入软件中。这种技术在下载 Java 和 ActiveX 小应用程序或在线购买软件时尤其重要，因为它让用户知道软件开发商是值得信赖的。参见 digital certificate。

digital image 数字图像 一般指二维图像 $f(x,y)$ 在空间坐标上和强度值(即亮度值)上都离散了的图像。它可以看作是由其值代表某灰度级(整数值)的离散点(即像素)组成。为了把图片、景物等模拟图像变成计算机可处理的数字图像，要经过采样和量化操作处理。把时间上和空间上连续的图像变换成离散点的集合的操作处理，称作采样，也称“抽样”。模拟图像经采样操作处理后，分解成为在时间和空间上离散而其亮度值仍是连续的像素，把这些连续的亮度值变换成离散值(即整数值)的操作处理，称作量化。量化得到的亮度值叫灰度级或灰度值。在计算机图像处理中，一般采用 64 ～ 256 个灰度级，用一个字节的 6 ～ 8 位表示。

digital image analysis 数字图像分析 一种识别图像中某些目标或指定目标的属性的多级过程。图像分析的分级过程是指图像数字化、图像预处理、特征提取和模式识别等过程。

digital image processing (DIP) 数字图像处理 用电子计算机对图像所进行的处理。通过这种处理可以从中得到所需要的信息，如对遥感照片、心电图、癌症照片所进行的处理。数字图像处理的内容有：①图像信息编码的发送；②图像增强，即增强反差以使图像清晰；③图像复原，由于摄像时运载工具的颠簸及其他环境原因使图像模糊，因此需要进行复原；④图像加工，根据不同用途，对图像进行加工计算；⑤图像识别；⑥图像接收。

digital imaging and communications in medicine (DICOM) 医学数字影像通信 为解决不同厂商影像设备的互联问题，美国放射学会 ACR (American College of Radiology)和美国国家电器制造商协会 NEMA (National Electrical Manufacturers Association)制订了 DICOM 3.0 标准，使医学影像及相关信息在计算机间的传送有了一个统一的标准，也使医学影像的数字化存储和通信成为可能。通过数据接口与因特网接通，就可以进行医学影像信息的远程传输，实现异地会诊等功能。在美国，医学影像设备如果不支持 DICOM 标准，将不允许投放市场。

digital incremental plotter 数字增量绘图仪 一种绘图仪，其 x，y 的坐标值按步长的增量变化，而不是像模拟绘图仪那样连续变化。参见 plotter。

digital inheritance 数字遗产 指继承人死亡时遗留的个人所有的网络权益和财产。数字遗产包括电子信箱、游戏账号、个人数据库、网页等，形式广泛并不断增加。

digital ink 数字墨水 一种具有识别手写体文字输入能力的技术，数字墨水的内部表示和压缩技术能非常有效地表示用户的手写笔迹，输入后生成的文件很小，可以用墨水格式保存。墨水格式数据类型被定义成与文本数据类型一样的级别。数字墨水技术被广泛应用在平板电脑中。参见 tablet PC。

digital integrated circuit 数字集成电路 以“开”和“关”两种状态或以高、低电平对应“1”和“0”二进制数字量进行二进制数字运算、存储、传输及转换的集成电路。在这方面，它有别于对信号提供线性放大器的线性集成电路。

digital integrated circuit neural network 数字集成电路神经网络 利用数字集成电路实现的神经网络。用脉冲信号密度表示权值，无需可变电阻，电路可靠性好，具有可编程性。目前其速度呈提高趋势，但只能实现同步操作，而大多数神经网络是异步的，因此网络状态和非线性激活作用必须作量化处理。此外，还存在电路复杂、门电路多、用于实现权值存储的数字乘法器占芯片面积大、单片集成困难等缺点。

Digital Integrated Circuits D. A. T. A. Book **《数字集成电路手册》** 美国刊物。1965 年创刊，半年刊。曾用刊名“*D. A. T. A. Computer Logic Circuit Characteristics Tabulation*”，“*Digital Logic IC D. A. T. A. Book* 和 *Digital Logics Computational IC D. A. T. A. Book*”，1977 年改为现名。美国推导与制表联合公司出版。内容包括逻辑、定时、奇偶校验及锁存等功能器件的特性数据。

digital integrator 数字集成器 一种集成设备，其中数字信号用于显示输入变量 x 和 y 以及输出变量 z 的增量。

digital interactive 数字互动 一种基于数字音视频技术的动态信息传播技术。数字互动基于计算机网络数字化传输，能够对文字、图象、音视频等多种媒体进行编辑制作、网络传输和控制播出，发布通知、公告、图片、广告等信息和播放视频、动画等。

digital library 数字图书馆 以数字形式存储的大量信息,包括文本、图像、声音和从正在发生的事件中收集的信息。

digital line 数字线路 一种以二进制编码形式传输信息的通信线路,为减少失真和噪声,数字线路上用重发程序周期性地重新生成信号。比较 analog line。

digital logic 数字逻辑 研究数字系统各种硬件逻辑设计的理论与方法的一门科学。

D

digital logic circuit 数字逻辑电路 由门电路和触发器组成的能实现一定逻辑功能的电路。数字逻辑电路分为两类,一类是组合逻辑电路,简称组合电路,另一类是时序逻辑电路,简称时序电路。组合电路是一种无记忆功能的开关电路,其特征为:电路输出端的状态完全由输入端当时的状态所决定。典型的组合电路如加法器、减法器、译码器、编码器等。时序电路是一种有记忆功能的开关电路,其特征为:电路输出端的状态不仅依赖于输入端当时的状态,而且依赖于那个时刻电路内部的状态,而那个时刻的电路内部状态又依赖于前一个时刻输入端的状态和前一个时刻的电路内部状态,时序电路至少包含一个存储单元。典型的时序电路如寄存器、计数器等。

digital loopback 数字回路 调制解调器的数字接口中将接收的数据返回线路的回路,它还将终端的传输数据返回到终端。

digital loop carrier (DLC) 数字环路载波 数字环路载波以信道复用方式为众多用户提供多种业务的接入。数字环路载波在局侧采用有限个标准的接口与相应的业务网络建立连接。其内部映射基于 G. 704、64 kbps 及 N×64 kbps 信号,对于低于 64 kbps 信号的处理为可选项。数字环路载波由 TMN(电信管理网)管理。

digital loop filter (DLF) 数字环路滤波器 对噪声及高频分量起抑制作用,并且控制着环路相位校正的速度与精度电路。数字环路滤波器是由变模可逆计数器构成的,消除了鉴相器输出的相位差信号中的高频成分,保证环路的性能稳定。变模可逆计数器根据相差信号来进行加减运算。当相差信号为低电平时,计数器进行加运算,如果相加的结果达到预设的模值,则输出一个进位脉冲信号给数控振荡器;当相差信号为高电平时,计数器进行减运算,如果相减结果为零,则输出一个借位脉冲信号给数控振荡器。

digitally controlled oscillator (DCO) 数控振荡器 数控振荡器由脉冲加减电路构成,实现了对输入信号频率和相位的跟踪和调整,最终使输出信号锁定在输入信号的频率上。

digitally enhanced cordless telecommunications (DECT) 数字增强型无线通信 由欧洲标准化协会(ETSI)制定的第二代数字无绳电话技术。

digitally programmed amplifier 数字程控放大器 增益可以由来自计算机或其他信号源的数字信号进行控制的放大器。

digital magnetic record encode 数字磁记录编码 磁盘机、磁带机等数字磁记录设备对要保存的二进制数据进行的码制变换。记录密度低时采用不编码记录,记录密度高时常用游程长度受限码或加扰不归零码编码,后者也称"随机化不归零码"。

digital meter 数字仪表 一种提供直接计读数字显示器而无需计读由度盘上移动指针位置表示的值的仪表。数字仪表包含以下电路:对被测模拟量取样的电路,将瞬时值转换成数字形式的电路以及将结果表示成连续更新的显示的电路。显示器可以利用发光二极管、液晶、冷阴极指示器或其他显示器件。

digital model 数字模型 (1)由实体的数据表达形成的某种数据集合。可以通过计算处理显示事物特征。(2)也称"数字沙盘",它是以三维的手法进行建模,模拟出一个三维的建筑、场景、效果。

digital modulation 数字调制 用数字信号对载波的一个或多个参数所作的调制。

digital multimedia broadcasting (DMB) 数字多媒体广播 数字多媒体广播具有发射功率小、覆盖面积大、频谱利用率高和可移动接收等优点。DMB 不但能以数字化的方式发送声音信号,同时也可以把文字、图片甚至动画等以数字方式发送到 DMB 终端。例如,利用 DMB 技术的移动电视,可在高速行驶的车辆中接收到实时的电视节目。参见 digital audio broadcasting (DAB)。

digital multiplex hierarchy 数字复用体系 数字复用的等级系列,其中的每一级都以规定的数字率来表征,并且每一级都处理等级较低的数字信号经复用合成的数字信号。

digital multiplex switching system (DMS) 数字多路转换系统 一类交换系统。它为话音和数据传输提供数字电路交换服务。其特点是通过交换网络使用脉码调制和时分多路转换技术。该系统可以直接转换传输系统中使用的脉码调制信号,而不必将其转换为模拟信号。

digital multiplication by analog convolution (DMAC) 数字量乘以模拟量卷积 在数字式光计算机研究中已经通行的一种二进制乘的算法。

digital multiscan display 数字多扫描显示器 由 Sony(索尼)公司发明的显示器技术。其中采用了由微处理机控制的数字多扫描系统,能更精确地处理输入的影像信号。

digital museum 数字博物馆 运用虚拟现实技术、三维图形图像技术、计算机网络技术、立体显示系统、互动娱乐视效技术等,将传统的实体博物馆的三维立体的形式以数字化的形式完整呈现于网络上的博物馆。数字博物馆能实现文物信息的资源共享、有效利用和科学管理,并为用户提供数字化的辅助决策、展览展示、教育培训、游戏娱乐和科学研究等服务。

digital network architecture (DNA) 数字网络体系结构 美国数字设备公司(DEC)于 1975 年提出的一种硬件和软件相配合的小型计算机网络体系。它能把网络中的处理机进行配置,以满足各种用户的需要。其方法是在该公司的大多数系列产品中规定和实现一系列网络协议,包括数据存取协议、数字数据通信报文协议、网络服务协议等。DNA 将网络的功能分为五层,即物理层、数据链路控制层、转送层、网络服务层及应用层。应用 DNA 可以构成层次式网络或网状网络。

digital object unique identifier (DOI) 数字对象唯一识别符 DOI 是一套识别数字资源的机制,涵括的对象有视频、网页、报告或书籍等等,是云计算背景下最佳的"大数据"样本存储和应用技术。DOI 既有一套为资源命名的机制,也有一套将识别号解析为具体地址的协议。DOI 码由前缀和后缀两部分组成,之间用"/"分开,前缀由国际数字对象识别号基金会(IDF)确定,后缀部分由资源发布者自行指定,对前缀与后缀的字符长度没有任何限制,因此理论上,DOI 编码体系的容量是无限的。DOI 的体现形式主要包括:二维码、条形码、字符码、网络域名等。参见 two-dimensional bar code, International DOI Foundation (IDF)。

digital optical computer (DOC) 数字式光计算机 一种基于光学硬件的数字式计算机。一般用于通用用途,采用与电子装置相似的光学器件实现。

digital optical disc 数字光碟 同 digital optical disk。

digital optical disk 数字光碟 一种包含数字数据,通过光学技术可读的光碟。

digital optical recording (DOR) 数字光记录 使用激光技术的数字信息记录。参见 video disc。

digital optical system 数字化光学系统 一种计算机系统,通过可编程的全息照相技术,重新构造激光或者光二极管的大型输入数组之间的链接,来解决链接许多装置的问题。

digital optical terminal 数字光端机 一种通过数字电路控制光信号,使用类似于 0、1 代码来实现光通信的机器。数字光端机是将多路模拟基带的视频、音频、数据进行高分辨率数字化,形成高速数字流,将多路数字流进行复用,通过发射光端机进行发射,然后通过另一端的接收光端机进行接收、解复,恢复成各路数字化信号,再通过数字模拟变换恢复成模拟视频、音频、数据。

digital output 数码输出 可用外附的 DAC(数模转换器)来进行存储或处理的数字信号输出,可以是电信号输出也可以是光学(光纤)输出。

digital pair gain (DPG) 数字线对增益 在非加感的用户线上,采用数字处理技术来提高双绞线的传输容量,向用户提供各种业务的技术。

digital PBX net 数字 PBX 网 基于 PBX(专用交换分机)体系结构的局部网,提供一体化的声音/数据交换的服务。有时把不使用调制解调器的数字 PBX 称作计算机交换机(CBX)。将编码/译码调制解调器功能嵌入其内部,以处理模拟声音数据;也可直接处理数字数据而不需要使用调制解调器。参见 private branch exchange (PBX)。

digital pen 数码笔 一种电子书写笔。数码笔是一种采用了无线追踪定位技术、集文字输入处理与电脑控制于一体的输入设备。它无需手写板,完全按照自然书写习惯,可在任何纸张、任何介质上书写和绘图,把书写内容存储在数码笔内,书写的真迹可以即时或事后识别为电脑文字。更可一笔多用,有些数码笔还具有录音、扫描功能。

digital period 数字周期 两个相邻数字信号出现的时间间隔。

digital phase discriminator (DPD) 数字鉴相器 用于检测被测信号与基准信号之间的相位差的电路。数字鉴相器的误差控制信号是离散的数字信号,因而受控的输出电压的改变是离散的而不是连续的。数字鉴相器是数字锁相环的基本部件之一,也用于调频和调相信号的解调。常用的数字鉴相器有两种类型:异或门(XOR)鉴相器和边沿控制鉴相器(ECPD)。参见 phase discriminator, digital phase locked loop (DPLL)。

digital phase lock loop (DPLL) 数字锁相环 数字锁相环由数字鉴相器(DPD)、数字环路滤波器(DLF)、数控振荡器(DCO)和分频器(DIV)组成。

digital phase shifter 数字移相器 控制脉冲提供预定的信号相移量以及决定移动方向的脉冲极性的移相器。

digital photo frame (DPF) 数码相框 展示数码照片而非纸质照片的相框。数码相框通常直接插上相机的存储卡,通过一个液晶的屏幕显示,并可设置循环显示的方式。

digital photography 数字摄影 使用数字摄像机进行摄影,数字摄像机不用胶片记录图像,而是用电子方法存储信息,避免了胶卷冲洗等传统步骤。参见 digital camera。

digital plotter 数字绘图仪 根据数字输入数据,以图示形式给出永久性硬拷贝的仪器。参见 graph plotter。

digital private branch exchange (DPBX) 数字式专用分支交换(网) 基于专用分支交换机结构的一种局部网络,用于提供综合性声音信息和数据转换服务。参见 private branch exchange (PBX)。

digital program control exchange 数字程控交换机 利用现代计算机技术,完成控制、接续等工作的

D

电话交换机。

digital projector 数字投影机 数字投影机的功能是直接将计算机输出至屏幕的文本和图像的数字信息通过投影机转换后投向幕布，供很多人一起观看。数字投影机的主要技术指标有分辨率、亮度、对比度、行频和场频、重量和便携性等。

digital recording 数字记录 存储二进制格式信息的方式。为将文本、图形、声音或图像等信息变成数字记录存储，还必须作物理形式的转换。例如，磁盘驱动器将表示 0 和 1 的电脉冲转换为磁通的变化，因而使磁盘上的磁粒子取两个方向之一，从而代表数字记录的信息。

digital representation 数字表示法 采用编码形式排列的离散脉冲或离散量来表示变量或其他数字或字符形式的数据。

digital resolution 数字分辨率 数字计算机接近其精确答案的能力，通常由所表示的位数及数字编码表示中最低位的值来确定。

digital resource information 数字资源信息 采用现代数字技术和手段，将各种自然和人文资源以文字、图像、图形、语言、声音等形式记录下来的所有信息。

digital right management (DRM) 数字版权管理 DRM 是保护数字产品的知识产权技术。一个 DRM 产品通常由三部分组成：①数字内容提供者(如网校、信息网站、影视网站、数字图书馆等)，对原始的数字文件(包括流文件和文本文件)进行加密、同时还可添加版权信息(如作者、版本号、发行日期等)。打包后的数字文件可以存放在网站的服务器上，也可压制成光碟来发行；②当用户点击网站或光碟的内容时，机器会自动检查有没有相应的许可证，当客户输入用户名、密码或者插入加密狗时，认证服务器将校验客户的身份以及他相应的权限，如果校验的结果该客户是合法用户，并且他所点击的内容也是在他付费范围内的，认证服务器将生成一个许可证文件植入该用户的机器上。这就意味着即使是合法用户也不能对数字文件进行非法拷贝、传播，因为拷贝后的文件是加过密的，离开认证服务器认证的机器就无法读取；③合法用户获取许可证文件的途径有两条：在线或离线(如电话、E-MAIL 等)认证方式。内容提供者可以根据需要，在许可证中设置不同的有效期，一个月、几个月、一年、几年或无限期，通过有效期的设置，可以对不同用户实行不同的收费标准和管理。当前，DRM 的应用已经从网校、信息网站拓宽到企业局域网重要信息保护、宽带内容保护等众多领域。

digital satellite system (DSS) 数字卫星系统 用于传送数字信号、数字数据信号的人造地球卫星系统。

digital scrambler 数字加密器 载波数字压缩调制系统中用来以几乎随机方式改变位组合，使干扰误差减至最小的加密器。在系统的接收端要求进行相反的解码操作。

digital search 数字检索 一种不建立在关键码之间比较基础上的查找方法。这种方法先把组成关键码的各字符转换成数字代码，然后逐位进行数字比较。

digital section (DS) 数字段 两个相邻数字配线架或等效设备之间，用来对一种规定速率的数字信号进行双向传输的全部装置构成一个数字段。

digital sand table 数字沙盘 也称“数字模型”，是在传统的沙盘模型上，增加了多媒体展示、互动功能。数字沙盘通过声、光、电、图像、三维动画以及计算机程控技术与实体模型相融合，可以达到一种惟妙惟肖、变化多姿的动态视觉效果。

digital service unit (DSU) 数字服务单元 在用户的数据终端设备(DTE)与公共载波数字电路之间的设备。将公共载波广域网上的数据进行格式化并保证满足载波的数据格式要求。

digital service unit-radio (DSU-R) 无线数字服务单元 双向数字用户无线线路中连接终端的终接设备，可进行终端与网络的信号变换以及信号传送。

digital set top box converter 数字机顶盒转换器 一种可放在电视机上起有线电视转换功能，并能对数字信号去压缩和译码的消费类电子装置。可用于实现用户与服务提供者之间的交互作用，如点播节目、回答问题等。

digital signal 数字信号 一种不连续的信号。即以有限个数位来表示一个连续变化的物理量的信号。数字信号用二进制数表示。

digital signal processing (DSP) 数字信号处理 用数字技术对信号进行处理，通常位于模拟信号的转换之后。数字信号处理技术比模拟处理有更高的稳定性和精度。它用于对以模拟形式产生的信号进行分析、增强、滤波、调制或控制。它还能对微弱信号和衰变信号提供更好的恢复和更有效的处理。

digital signal processor (DSP) 数字信号处理器 (1)专门用于处理数组和信号的运算处理器，其在系统结构和指令算法方面进行了特殊设计，具有很高的编译效率和指令的执行速度。其中数组运算包括向量乘和加等，信号处理包括对声音、图像和雷达等信号的采样和量化。DSP 尤其是在数字滤波、快速傅里叶变换(FFT)、波形变换及矩阵运算上得到大量的使用。(2)一种多媒体处理芯片。它接受图像或声音的模拟信号，能及时将其数字化。这些器件通常用于多媒体或者声卡中以产生特殊的效果，或者为了增强视频或音频信号。

digital signal resolution 数字信号的精度 在模数转换中，表示转换后的数字信号所用的二进制位数。

digital signal 0 (DS0) 零次群数字信号 在 T 载波中，基本数字信号速率为 64 kbps 的信号，相当于一条音频等效信道的容量。DS0 速率形成北美数字复用传输层次系列的基础，它可以支持 20 路 24 kbps 信道、10 路 4.8 kbps 信道、5 路 9.67 kbps 信道或 1 路 56 kbps 信道。

digital signal 1 (DS1) **一次群数字信号** 数字信号速率为 1.544 Mbps 的信号，它与北美和日本的标准相对应。参见 T-carrier。

digital signal 2 (DS2) **二次群数字信号** 数字信号速率为 6.312 Mbps 的信号，它与北美和日本的 T2 标准相对应。参见 T-carrier。

digital signal 3 (DS3) **三次群数字信号** 数字信号速率为 44.736 Mbps 的信号，它与北美的 T3 标准相对应。数字信号速率为 32.064 Mbps 的信号则与日本的 T3 标准相对应。参见 T-carrier。

digital signal 4 (DS4) **四次群数字信号** 数字信号速率为 274.176 Mbps 的信号与欧洲的 T4 标准相对应，而数字信号速率为 97.728 Mbps 的信号则与日本的 T4 标准相对应。参见 T-carrier。

digital signature **数字签名** 以电子形式存在于数据信息之中的，或作为其附件的或逻辑上与之有联系的数据，可用于辨别数据签署人的身份，并表明签署人对数据信息中包含的信息的认可。数字签名也称"公钥数字签名"，是一种类似写在纸上的普通的物理签名，但是使用了公钥加密领域的技术实现，用于鉴别数字信息的方法。一套数字签名通常定义两种互补的运算，一个用于签名，另一个用于验证。参见 blind signature, group signature。

digital signature algorithm (DSA) **数字签名算法** DSA 作为数字签名标准(DSS)的一部分，它是一种公开密钥算法，但不能用作加密，只用作数字签名。数字签名算法使用公开密钥，为接收者验证数据的完整性和数据发送者的身份。它也可用于由第三方去确定签名和所签数据的真实性。DSA 算法的安全性基于解离散对数的困难性，这类签名已标准具有较大的兼容性和适用性，成为网络安全体系的基本构件之一。参见 digital signature standard (DSS)。

digital signature standard (DSS) **数字签名标准** 美国国家标准和技术协会(NIST)在 1991 年提出作为美国联邦信息处理标准(FIPS)的数字签名标准(DSS)。DSS 采用了美国国家安全局(NSA)主持开发的数字签名算法(DSA)。DSS 目的是证明通信双方的身份、达到确保通信的安全，是一套密码系统。参见 digital signature。

digital simulation **数字仿真** 用离散量或数字计算机所进行的物理仿真。通常适用于高精度的离散信息、随机过程和具有判断功能的系统。

digital simulation discretization **数字仿真离散化** 在被仿真的连续系统中加一个虚拟的采样开关及一只信号重构器，使系统变成一个采样控制系统的过程，它是数字计算机进行仿真的一种方法。

digital simulation language (DSL) **DSL 语言，数字仿真语言** DSL 是在 FORTRAN 语言基础上开发的，用于连续系统数字仿真的数字仿真语言。由它编写的面向数字仿真程序经过转换成为 FORTRAN 子例程，然后对这些子例程重新组合、编译、装配、执行以达到仿真目的。

digital simultaneous voice and data (DSVD) **数字语音数据同传** DSVD 是调制解调器支持的一项功能。它是由 Hayes、USR、Intel、Rockwell 和 Creative 等共同开发的一项技术。它是在调制解调器中加入了一块协处理器，把语音转换为数字数据后和其他数据一起发送，所以在没有语音传输的情况下，线路可以全部用来传输数据，这样效率就得到了提高，语音效果也不错，但是支持 DSVD 功能的调制解调器价格比 ASVD(模拟语音数据同传)的要高。参见 analog simultaneous voice and data (ASVD)。

digital sort **数字分类** 一种分类技术。从每个数的最低有效位(最后一位)开始，一位接着一位分类。此方法适用于穿孔卡片的分类。

digital speech communication **数字语音通信** 数字化的语音信号通过通信线路或无线电传输的过程。

digital speech interpolation (DSI) **数字语音内插** 在多路通信中，利用通话间隙时间插入数字话音信息的技术。它在信号电平不活动或恒定期间插入或引入不同的信号，从而提高传输效率。参见 time assignment speech interpolation (TASI)。

digital subscriber line (DSL) **数字用户线路** DSL 是一种通过普通电话线，来为用户提供高带宽服务的技术。xDSL 代表不同种类的 DSL，如 ADSL(非对称数字用户线路)，HDSL(高位速率数字用户线路)，VDSL(超高位速率数字用户线路)和 RADSL(速率自适应数字用户线路)等。

digital subscriber line access multiplexer (DSLAM) **数字用户线路接入复用器** DSLAM 是设在端局的一个设备。它把电话信号和数字用户线路(DSL)信号混合到用户的 DSL 线路上，并把打进来的电话和数字信号分离之后传送到相关的载波网络上。参见 digital subscriber line (DSL)。

digital subscriber line (DSL) broadband access technology **数字用户线宽带接入技术** 是一种用电话网用户线的铜双绞线作媒质，采用信号处理技术和调制技术，充分利用铜双绞线的传输频带，传送高速数据业务的接入技术。按照数字信号的传输速率，可分高位速率数字用户线路(HDSL)和超高位速率数字用户线路(VDSL)。按照数字信号上下行的对称性，可分为非对称数字用户线路(ADSL)和其他(对称)高比特率数字用户线(如 HDSL 和 SHDSL)。按照传送基带话音信号的能力，可分为传送基带话音的 ADSL(非对称数字用户环路)和不传送基带话音的其他 DSL。

D

digital subset 数字子集 以规定的格式，由操作系统存取的控制信息所描述的信息集合。

digital subtraction angiography (DSA) 数字减影血管造影 利用计算机对两幅经数字化处理的 X 光影像进行相减操作处理，以得到清晰血管造影图像的技术。它的原理是：在给病人注入造影剂前后各进行一次 X 光摄像，把得到的模拟图像信号经数字化后送入计算机图像处理装置进行减法操作处理，即从第二幅图像数据中点对点地减去第一幅图像数据，即可在显示屏上得到一幅没有骨骼等组织影像干扰的血管分布影像，它能极清晰地显示出血管被阻塞的病变部位。DSA 技术已成功地应用于医学临床诊断。

digital switching 数字交换 直接传输数字信号的电路交换方式。若连接的是计算机或终端等数字信号设备时，则不需要使用调制解调器把数字信号变作模拟信号。其中选择和决定是使用的一个组合线路来完成的，输入输出线路的互联由线路间传送数字信号的矩阵来完成。

digital system 数字系统 完成各种不同程度的操作的数字计算机系统。包括用于读、写、存储和处理信息的机械部件、逻辑部件、功能部件和连线等。

digital system design language 数字系统设计语言 一种硬件描述语言。它有大量的算术和逻辑运算符，用来描述数字处理文件的性能；将系统中每个主要部件的控制部分看作有限自动机；用状态变量和标号描述执行中的各种步骤；用专门的转换算符表示状态转换，这些转换必须明确写出。它属于非过程语言，即语句的词法次序不一定代表它的执行次序。参见 hardware description language。

digital telemetering 数字遥测 经有线或无线电线路对数字形式数据的遥测。

digital telephone 数字电话 这种电话把人的声音变换成“0”和“1”的符号传输，在接收端则再将其转换为声音。其特点是：提高线路通信能力，且保密性好。

digital telephone network 数字电话网 由时分交换机、数字信道和用户接口设备所组成的一种通信网。网上信号的传输和交换采用数字形式。由于采用数字交换和传输，因而抗干扰性能强、传输性能好、保密性好，但这种网比较复杂。

digital television 数字电视 电视信号的处理、传输、发射和接收过程中使用数字信号的电视系统或电视设备。其具体传输过程是：由电视台送出的图像及声音信号，经数字压缩和数字调制后，形成数字电视信号，经过卫星、地面无线广播或有线电缆等方式传送，由数字电视设备接收后，通过数字解调和数字视音频解码处理还原出原来的图像及伴音。因为全过程均采用数字技术处理，因此，信号损失小，接收效果好。

digital termination system 数字终端系统 一种用于电子信息服务的宽带局部分配系统。

digital test sequence (DTS) 数字测试序列 测试数字传输系统所用的规定数字序列。规定的伪随机序列是数字测试序列的一个例子。

digital theatre system (DTS) 数字化影院系统 美国 DTS 公司推出的声场技术。DTS 分左、中、右、左环绕、右环绕五个声道，加上低音声道组成 5.1 声道。DTS 跟杜比 AC-3 的差异在于数据流量大小的不同，DTS 在 DVD(数字影碟)上拥有 1 536 kbps 的数据流量，与 384 ～ 448 kbps 的 AC-3 数据流量相比，足足超过了 3 倍多。由于 DTS 系统在编码时丢失的信号很少，保留了原有声场中较丰富的细微信号，所以它的声场无论在连续性、细腻性、宽广性、层次性方面均优于杜比 AC-3 系统。参见 Dolby surround audio coding-3 (Dolby AC-3)，DTS digital surround。

digital time-stamp service (DTS) 数字时间戳服务 该服务能提供电子文件发表时间的安全保护。数字时间戳服务是网上安全服务项目，由专门的机构提供。时间戳是一个经加密后形成的凭证文档，它包括三个部分：①需加时间戳的文件的摘要；②DTS 收到文件的日期和时间；③DTS 的数字签名。这里关键一步是：DTS 在收到文件摘要后加上当时的日期和时间信息，再对该文件加密（即数字签名）。参见 digital signature。

digital-to-analog (D/A) 数模转换 将数字信号转换成模拟量的信号。

digital-to-analog converter (DAC) 数模转换器 (1)将数字值转换成正比例模拟信号的设备。模拟信号通常指在一定范围内连续变化的电压或电流，DAC 连续地取离散数字值作为在每个瞬间产生对应于数字值的模拟信号值。(2)一种将数字量信号转换成模拟量的设备。这种转换通常将数字脉冲进行缓存以在输入的数字量改变之前维持模拟量输出不变。

digital transducer 数字传感器 一种对物理量进行测量并将信息以编码数字信号而不是以连续变化的电流或电压进行传输的传感器。

digital transmission 数字传输 一种传送方式。首先将要传输的信息转换成数字信息，然后以一串离散脉冲发送出去。

digital tree search 数字树检索 一种数字查找法。它不是直接比较组成关键码的各个字符，而是先把字符转换成数字代码，然后逐位进行数字比较，如关键码 WHICH 采用 ASCII(美国信息交换标准代码)字符代码表示为：1010111，1001000，1001001，1000011，1001000。用此二进制数构成一棵二叉树，让诸二进制数按 0<1 的次序分布到二叉树上，然后对此二叉树进行查找。

digital tree search 数字树检索 一种数字查找法。它不是直接比较组成关键码的各个字符，而是先把字符转换成数字代码，然后逐位进行数字比较，如关键码 WHICH 采用 ASCII(美国信息交换标准代码)字符代码表示为：1010111，1001000，1001001，1000011，1001000。用此二进制数构成一棵二叉树，让诸二进制数按 0<1 的次序分布到二叉树上，然后对此二叉树进行查找。

digital trunked communication 数字集群通信 一种移动通信系统。数字集群通信除了具备公众移动通信网所能提供的个人移动通信服务外，还能实现个人与群体间的任意通信，是一种保密性高、共享资源、共用信道设备及服务的多用途、高效能的无线调度通信系统。

digital trunked communication service 数字集群通信业务 利用数字集群通信系统向集团用户提供的指挥调度等通信业务。数字集群通信业务主要包括调度指挥、数据、电话(含集群网内互通的电话或集群网与公众网间互通的电话)等业务类型。参见 analog trunked communication service。

digital trunking communication system 数字集群通信系统 在无线接口采用数字调制方式进行通信的集群通信系统。参见 analog trunked communication service。

digital trunked radio 数字集群无线电 采用数字通信技术的集群通信。

digital vector generator 数字式向量发生器 光栅扫描图形显示器中使用的一种硬件装置，它在已知两个端点之间插入一系列像素，形成一条直线。

digital video (DV) 数字视频 数字视频就是先用摄像机之类的视频捕捉设备，将外界影像的颜色和亮度信息转变为电信号，再记录到存储介质(如录像带)。播放时，视频信号被转变为帧信息，并以每秒约 30 幅的速度投影到显示器上，使人类的眼睛感觉它是连续不间断地运动着的。为了存储视觉信息，模拟视频信号必须通过数字/模拟转换器来转变为数字的"0"或"1"。这个转变过程就是视频捕捉(或采集过程)。如果要在电视机上观看数字视频，则需要一个从数字到模拟的转换器将二进制信息解码成模拟信号，才能进行播放。

digital video broadcast (DVB) 数字视频广播 欧洲的数字视频广播标准。是于 1993 年建立起来的一种面向市场的数字服务体系结构，旨在推广基于 MPEG(活动图像专家组)-2 编码国际标准的电视服务。1995 年 DVB 组织确立了数字卫星电视的标准(DVB-S)，1996 年数字有线电视(DVB-C)、数字共享天线电视(DVB-SMATV)、数字微波电视(DVB-MS)等标准随之确立，数字地面电视(DVB-T)标准已被世界各国所采用。

digital video disc (DVD) 数字影碟，数字光盘 一种高密度数字光碟标准。由 Sony(索尼)和 Philips(飞利浦)公司研制的多媒体数字存储光碟(MMCD)V 和东芝、松下公司开发的超高密度数字视频光碟(SDDVD)标准发展而成。1995 年 9 月统一规格标准，采用双面光碟结构，它以单面光碟为基础，每面的容量为 4.7GB，可以播放 133 分钟的 MPEG(活动图像专家组) 2 的音视频信号，双面双层 DVD 盘的容量则高达 17 GB。同时 DVD 具有可变的数据传输率，对于图像和声音的平均传输速率为 4.69 Mbps，文件结构满足 ISO9660，数据格式支持 CD-ROM/XA(只读碟扩展体系结构)标准，采用 MPEG 2 音频数据压缩标准，PAL(逐行倒相制)分辨率为 720×576，25 帧/秒，支持杜比 AC-3/5.1 通道环绕立体声技术，图像和声音质量更高。向下兼容 CD、VCD(影碟)等光碟。DVD 还具有多结局(欣赏不同的多种故事情节发展)、多角度(从九个角度观看图像)、变焦和父母控制(切去儿童不宜观看的画面)等新功能。画面的长宽比有三种方式可选择：全景扫描、4∶3 普通屏幕和 16∶9 宽屏幕方式。从用途上 DVD 可分为：①DVD-ROM 只读数字影碟，用途类似 CD-ROM(只读碟)；②DVD-Video 影音光碟，用途类似 LD 或 Video CD；③DVD-Audio 音乐盘片，用途类似音乐 CD；④DVD-R(或称 DVD-Write-Once)限写一次的 DVD，用途类似 CD-R；⑤DVD-RAM(或称 DVD-Rewritable)可多次读写的光碟，用途类似 MO。参见 multi media compact disc (MMCD)，super density digital video disc (SDDVD)。

digital video effect (DVE) 数字视频效果 在多媒体中，一种在屏幕上处理全视频图像以建立复杂的特技效果的联机编辑技术，包括移动图像、放大图像和合成图像。

digital video interactive (DVI) 数字视频交互技术 一项存储视频图像的技术，由于单帧图像需多达 2 MB 的空间，而每秒需播放 30 帧，这将很快耗尽计算机存储器资源。DVI 通过专用处理机对数据进行压缩和解压缩，从而克服了该问题。DVI 由美国 RCA 公司于 1982 年首次提出，1987 年美国通用电气公司获得此技术，并于 1987 年首次展示了运用该技术生成的数字全动态视频图像，1988 年 Intel 公司买下该技术，1989 年 Intel 和 IBM 公司推出了 DVI 技术的第一代产品 Action Media 750，DVI 技术的核心是三块专用的接口板，DVI 视频板、DVI 音频板以及 DVI 多功能板，同时配备 CD-ROM(只读碟)驱动器，带有放大器和音响效果的 RGB 彩色监视器等。

digital video interface (DVI) 数字视频接口 由 RCA、GE 和 Intel 公司开发的一组标准，规定了视频及声音如何被压缩并存储在磁盘上，如何被解压和实时播放。

digital video interface (DVI) system 数字视频接口系统 一种多媒体系统，将全屏幕、全动态视频图像和高清晰度静态图像、双声道、高保真的音频信号，以及图形和文本功能集成到一个交互式的环境中，可实现动态视频/音频数据的实时采集、实时压缩存储与实时解码播放。

digital visual interface (DVI) 数字显示接口 一种由数字显示工作组(DDWG)于 1994 年 4 月推出的，适应数字平板显示器的数字显示接口标准。它的基础是 Silicon Image 公司的 PanalLink 接口技术。DVI 的数据传输采用 TMDS(跃变最小化差分信令)协议，可包含三路 RGB 数据通道和一路时钟控制通道。一路 TMDS 传输链路的数据传输带宽可达到 165 MHz，因此，一个 10 位的 TMDS 传输链路就可提供高达 1.65 Gbps 的带宽，这为高清视频信号(视频分辨率为 1920 x 1080，刷新频率为 60 Hz)的传输和显示刷新提供了优越的环境。DVI 接口格式分为三种：①纯数字视频显示接口，该接口格式省去了数字信号与模拟信号互相转换、处理的过程，从而提升了原始图像信号与最终显示质量；②高分辨率的模拟显示接口，该接口格式用来将数字图像信号传输到模拟的显示设备上；③数字、模拟兼容的显示接口，该接口格式兼容数字和模拟两种图像信号的显示接口，可提供数字到数字或模拟到模拟的图像数据传输方式。参见 transition minimized differential signaling (TMDS)。

digital wallets 数字钱包 数字钱包是一种能使用户在 Web 网上支付货款的软件。它保存信用卡号码和全体个人信息，如送货地址。数据一旦被输入，就自动转移到商家网站的定货域。数字钱包分为两大类型：客户端和服务器端(数字钱包)。基于客户的数字钱包是两种钱包中较陈旧的一种，它们要求用户下载和安装软件。用户下载钱包的应用程序和输入付款额和邮寄信息。在这个意义上，信息是安全的，并在用户的硬盘上进行了加密。用户在本地获得对其信用卡和个人信息的控制。使用基于服务器的钱包时，用户填写其个人信息，并自动下载 Cookie 文件(这是一个包括了有关用户信息的文本文件)。在这种情况下，消费者的信息驻留在金融机构或者数字钱包供应商的服务器上，而不是用户的 PC 机上。服务器端钱包提供了针对商业欺骗的安全措施，因为它们使用证书，来验明各方的身份。当一方进行交易时，它向涉及的另一方提交证书。证书附着在电子报文上，用于验明另一方身份，并向接收方提供对回答进行编码的手段。

digital watermark 数字水印 数字水印技术是将一些标识信息(即数字水印)直接嵌入数字载体当中(包括多媒体、文档、软件等)或是间接表示(修改特定区域的结构)，且不影响原载体的使用价值，也不容易被探知和再次修改，但可以被生产方识别和辨认。数字水印过程就是向被保护的数字对象嵌入某些能证明版权归属或跟踪侵权行为的信息，可以是作者的序列号、公司标志、有意义的文本等。参见 robust digital watermark, fragile digital watermark。

digital wrappers 数字包装器[包裹] 数字包装器由软件代码组成，其目标是利用与这些代码包装在一起的数据完成某些具体事情，如帮助搜索引擎定义查询。包装器也使外围者不能访问这些代码。包装器通常是建在电子邮件程序中，附加在可以从因特网下载的演示软件或者文件等项目中。这些文件可以包含很多对象，如网站上的图像或图形，它们只有得到网站所有者同意或者通过口令或代码才能被下载。包装器有助于防止软件盗版和保证可靠的电子邮件传送，这是当今有关因特网的两大关注点。数字包装器最被认可的形式是数字信封，这些代码主要完成电子邮件的加密，把想打开信封而没有正确数字密钥的入侵者挡在外面，数字信封主要由通过密码加密或软件算法加密的代码组成，运载着能正确让接收方识别发送方身份的数字签名。因特网提供的软件下载、演示和更新均可配有数字包装器以打开程序，经过一定次数的使用或者在指定的时间之后就会关闭它的功能。除了作保护这一基本功能外，数字包装器开始在在线供应商的市场和销售活动中起重要作用，如包在一个产品演示版外的数字包装器可以警告用户，软件再用几次就要关闭了。

digit compression 数字压缩(法) 为减少数字存储空间而采用的压缩技术。

digitization of speech signals 语音信号的数字化 将语音的模拟信号转换成数字信号的过程。

digitize 数字化 以数字形式去表达或表示非离散型数据，从物理量值的模拟表示得到该值的数字表示。数字化是通过在离散的点上采样并且量化成离散的数字来完成的。参见 analog-to-digital conversion, scanning。

digitized battlefield 数字战场 在作战环境中使用数字化通信系统和部件。

digitized image 数字化图像 作为一个量度值阵列的图像表示。

digitized speech 数字化话语 话语的数字化表达。其中话语波形幅值以规则间隔记录。在语音识别系统中，话语一般以每秒 8 000 ～ 12 500 次取样。

digitizer 数字化仪 一种图形输入设备，它包括一个类似于绘图板的电子图形板和一个光标器或一支光笔。光标器是带有十字线窗口及多到 16 个按钮的可移动光碟。光笔是带按钮的电子笔。电子图形板上的电路能检测出光标器或光笔的移动并转换成数字信号送给计算机。

digitizer tablet 数字化板 能把图形转换成数字并输入到计算机内的设备。通常把要数字化的图形放到该板上，用专用的数字化笔或鼠标器描画图形上的线，把线上的每个点进行数字化并送入计算机。数字化板也称"数据板或"图形板"。

digit place 数字位置 在按位表示系统中，可由一个字符占据，并可以用序数词或等价的标识符标识的位置。同 digit position,symbol rank。

digit position　数字位置　数字在一个数中的位置。数字位置是为存储单个所需要的物理存储量。这个量可以随描述该数字位置的数据项的用法而改变。物理实现的进一步特征由实现者自己定义。

digit rearrangement　数字重安排　一种散列法技术。数字重安排是从原始键中选择数字并移位,如原始键为 1234567,通过选择数字 3 ～ 6,并将它们的次序颠倒,便转换成 4 位数字键 6543。参见 hashing function。

digit sign　数位符号　表示正或负的数位。连同数字一起存入计算机中。

digit transfer bus　数据传输总线　数字计算机内各寄存器之间传输数据与其他信息(控制信息除外)的主要连线。同 digit transfer trunk。

digraph　有向图　directed graph 的缩写。

DIICOE　国防信息基础设施公共操作环境　defense information infrastructure common operating environment 的缩写。

dilation　膨胀　一个 isj 放大图像中某个对象的几何尺寸的形态操作。

dilution ratio　稀释度比率　情报检索处理过程中的两个决定因素之一。它表示检索处理过程中剩余文件内相关记录与不相关记录之间的比例关系。用 D 表示稀释度比率,则 $D = Z_0/Y_0$,式中,Y_0 是未被检出的相关记录数,Z_0 是未被检出的不相关记录数。

DIME　直接存储器执行　direct memory execution 的缩写。

dimension　维数　(1)数组和表格的大小及元素的安排方式。一维数组可用于表示数学意义上的向量,二维数组可用于表示矩阵,如此等等。(2)格中元素的一种特性。设 x 是格$\langle S, \leqslant \rangle$的一个元素,若在 S 中存在有限序列

$$0 = x_d < x_{d-1} < \cdots < x_1 < x_0 = x$$

且 x_i 覆盖 x_{i-1},$i = 0,1,\cdots,d-1$,则称 $x_d, x_{d-1}, \cdots, x_1, x_0$ 是 x 到 0 的一个极大链,d 称为链的长度。x 到 0 的极大链长度最大者称为 x 的维数,记为 $d(x)$ 。(3)线性空间的一个重要的数量属性。在数域 P 上的线性空间 V 中,如果有 n 个线性无关的向量,而没有更多个线性无关的向量,那么称 V 的维数为 n 或称 V 是 n 维线性空间。如果 V 中可以找到任意多个线性无关的向量,则称 V 是无限维线性空间。参见 linear space。

dimension attribute　维属性　在 PL/1 中,一个指定数组维数并且指定各维的上限的属性。

dimensioning　度量尺寸,标注尺寸,定尺寸　在 CAD/CAM(计算机辅助设计/计算机辅助制造)应用中,对被显示物体的尺寸和构件空间关系进行控制和度量的工具。例如,使用线条、箭头和尺寸表示模拟房间或房屋的长度和高度。

dimension statement　维数语句　程序语言中用来指明数组的符号名和其维数的语句。

DIMM　双列直插式存储器模块　dual inline memory module 的缩写。

dimmed　淡化的,不可选的　在窗口式软件中不可选择的菜单命令或按钮框淡化显示。

DIMS　分布智能微机系统　distributed-intelligence microcomputer system 的缩写。

DIN　(1)德国工业标准 deutsche industrie norm(德文)的缩写。(2)直接互连结构 direct interconnection network 的缩写。

DIN connector　DIN 插头,"德国工业标准"连接器　一种符合德国工业标准(DIN)的多针连接器,DIN 插头在微机上使用很广。例如,一个 8 针的 DIN 插头用于作为某些 Macintosh 机器的串行口,在 IBM PC 机中采用 5 针的 DIN 插头作为键盘与系统的连接插头,在 IBM PS/2 中则采用 6 针的 DIN 插头连接键盘和定位设备。

dingbat　图形[装饰]标记　一种在文档中用作修饰的小图案,如雪花、三角形、五角形、菱形、指向手指等。不少插图软件都包含一个装饰标记集。

Dinic's algorithm　迪尼克算法　一种求网络最大流的算法。其基本思想是使用深度优先搜索查找可增路径,当找到可增路径时,则沿该路径增加流量,并将容量为 0 的边删除。若需要从某点 v 返回时,则删除与 v 相关联的所有边。使用这种方法可保证每次至少删除一条边,从而提高了效率。该算法的时间复杂性为 $O(n^2m)$,而埃得蒙斯-卡普算法为 $O(nm^2)$,其中 n,m 分别为网络中的顶点数和边数。

dining philosophers problem　哲学家就餐问题　经典同步问题的一个例子。常用来描述许多并发控制问题。该问题可以描述为:有五位哲学家围坐在一个圆桌旁,桌上放着一盘面条,在每两位哲学家之间各有一把叉子放于桌上,每位哲学家必须拿到两把叉子才能吃到面条,但不能同时取两把叉子,当某把叉子已在某位哲学家手中时,其他人不能取得这把叉子;吃过面条后,必须将两把叉子同时放下。

diode　二极管　仅允许电流向一个方向流动的一种半导体器件。最常用的类型是 p-n 结二极管和肖特基二极管。

diode characteristic　二极管特性曲线　二极管在其额定范围内受正向电压和反向电压作用时的电流响应曲线图。

diode-connected transistor　连接成二极管的晶体管　将基极和集电极短路在一起,以形成二极管的双极结型晶体管。集成电路中,也可以将晶体管短路来获得二极管功能。

D

diode demodulator **二极管解调器** 由一个或多个二极管组成的解调器，它给出平均值与原始调制成正比的整流输出。也称“二极管检波器”。

diode detector **二极管检波器** 同 diode demodulator。

diode gun **二极枪** 聚束极与阴极处于同电位的电子枪。

diode limiter **二极管限幅器** 一种利用二极管的限峰电路。当信号峰值超过预定值时，二极管便导通。

D

diode logic **二极管逻辑** 采用二极管的逻辑电路。每个二极管上的偏压都可以利用二极管逻辑电路的输入引线来改变相应二极管的接通或切断。

diode matrix **二极管矩阵** 在一组输入连接与一组输出连接之间使用的二极管矩阵。通常用于代码转换。

diode mixer **二极管混频器** 利用晶体二极管或半导体二极管的混频器。通常，它小到很容易直接装入射频传输线中。

diode modulator **二极管调制器** 利用一个或多个二极管将调制信号与载波信号相组合的调制器。由于其固有的低效率，故主要用于低电平信号系统。

diode ring modulator **二极管环形调制器** 将阴极与阳极串接成一个环状、一组四个匹配的二极管，用作调制器或解调器。

diode-transistor logic (DTL) **二极管-晶体管逻辑** 一种门电路。它以多个二极管电路作为输入，并以晶体管(三极管)电路倒相作为输出，可以为驱动其他门电路提供功率增益。

DIODS **数字输入/输出显示系统** digital input/output display system 的缩写。

DIP (1)双列直插式封装 dual inline package 的缩写。(2)数字图像处理 digital image processing 的缩写。

diphase code **双相码** 一种双值编码，由其不归零信号与其时钟信号的模 2 加生成。

diplexer **双工器** 一种设备，它可以使以不同频率工作的两台无线电发射机共用一副天线同时或单独进行发射。

diplex radio transmission **双工无线电传输** 在公共载波上同时传输两个信号。

diplex reception **双工接收** 同时接收两个具有某些共同特点，如单一接收天线或单一载频的信号。

dipolar loudspeaker **偶极式音箱** 跟双极式音箱在构造上相同，但前向及后向喇叭反相馈以信号，因此其声辐射图形呈倒“8”字形。多用作环绕声音箱。参见 bipolar loudspeaker。

dipole antenna **偶极天线** 常用的羊角电视天线就是一个简单的偶极天线。卫星电视天线常用的馈电喇叭也是一种偶极天线。偶极天线的外观通常是圆柱状或是薄片状，其在天线底端有一转接头作为能量馈入的装置。偶极天线的长度与其操作频率有关，一般常用的设计是使用半波长或¼波长来作为天线的长度。

dipole electrode sounding **偶极测深** 电阻率测深的一种方法。它是通过研究电偶极子场的变化规律来了解地电断面特征的。按供电偶极和测量偶极相对位置的不同，分为不同的测量形式。其中常用的有轴向偶极测深、赤道偶极测深。

dipole field **偶极场** 偶极场是电磁法场源的一种形式，观测时，场源可以移动。是在多匝空心环形线圈或磁芯棒状线圈中，通入谐变或脉冲电流时，在其周围空间产生的一次场。当观测点离线圈中心的距离超过线圈直径 5 倍以上时，线圈的磁场相当于一个偶极子的场(在线圈中心的磁偶极子，轴向与线圈面的法线方向一致)故称为偶极场。偶极场的强度与供电电流的大小、线圈匝数和面积成正比。它的特点是，场的分布不均匀，具有球面波的特征，有明显的方向性；在空气中场强与距离的三次方成反比衰减，向地下传播时衰减更快，所以穿透深度小，通过调节线圈的方向可以定向发射。

dipole imaginary-real component method **偶极式虚实分量法** 一次场为偶极场的虚实分量法。工作时，发射装置与接收装置在同一测线上，沿矿体倾斜方向接收装置在前，发射装置在后一起移动逐点观测。它只能研究异常的空间分布，定性解释异常。勘探深度较浅，装备轻便，适于快速普查良导电矿体。

dipole moment **偶极矩** 一种用数学方式定义的由给定电荷或磁荷分布引起的场的术语。

dipole orientation polarization **偶极子取向极化** 极性电介质的一种极化方式。组成极性电介质中的极性分子具有恒定的偶极矩。无外加电场时，这些极性分子的取向在各个方向的几率是相等的，就介质整体来看，偶极矩等于零。在电场作用下，这些极性分子除贡献电子极化和离子极化外，其固有的偶极矩将沿外电场方向有序化，沿外场方向取向的偶极子比和它反向的偶极子的数目多，所以介质整体出现宏观偶极矩。这种极化现象称为偶极子取向极化。

dip-soldering **浸焊** 对电子元件、印制电路板进行锡焊的一种方法。将要焊的元件或已插好元件的印制电路板浸入已熔化的锡液中并立即将它们取出。为提高焊接质量，锡合金溶液中常常引入超声波。

DIP switch **双列直插式开关** 线路印制板上的一种双向微型开关，开关位置预先设定。用户可以改变 DIP 开关的位置以重新配置线路板有关电路参数。参见 dual in-line package (DIP)。

dipulse **二脉冲传输** 一种脉冲传输方式，其中出现一周正弦波音频代表二进制数 1,而不出现一周正弦波音频则代表二进制数 0。

.dir　目录文件名后缀　dir 取自 directory(目录)一词,是目录文件的扩展名。

direct access　直接存取　存储介质相对于串行存取的另一种存取方式。可以根据介质的位置由存取机构直接存取需要的信息。需要直接存取时,必须将记录存储在直接存取存储媒体,如磁盘。

direct access application　直接存取应用　计算机系统的一种应用。通常按随机顺序直接对记录进行处理。

direct access arrangement　直接存取[接入]装置　在数据通信中,电话网与用户设备连接中的一个有隔离变压器的装置。它可防止高压或有害大信号影响电话网。

direct access device　直接存取设备　一种随机存取设备。它不同于串行存取设备,无需搜索等待。

direct access display channel　直接存取显示通道　用一条指令就能自动存取主存储器中的数据和控制信息的一种寄存器。其中含有存储器中下一个要显示的控制字或数据字的存储地址。

direct access file　直接存取文件　该类文件中的逻辑记录在磁盘上的实际地址由输入输出指令明确指出。因此,可以直接存取所需要的信息。

direct access hash　直接存取散列法　一种索引方法。此散列索引算法可以防止冲突,即没有两个元素的散列索引相同。

direct access inquiry　直接存取查询　可以直接查询存储装置中的信息的存储方式。

direct access library　直接存取库　一种磁盘存储程序库。它可以无需顺序查找而直接存取其中的每一程序。

direct access queue　直接存取队列　一组队列。具体地讲,直接存取队列是保存在直接存取存储设备中的一串信息段队列、目的队列或过程队列。

direct access storage　直接存取存储器　一种信息存储器。其性质是:存取任意选定的一个信息所需时间与上次存取时间或最近存取信息的位置无关。这种存储器的特点是容量大、存取操作等待时间短、数据传输率高等。磁盘存储器是直接存取存储器中目前用得最广泛的一种。

direct access storage device (DASD)　直接存取存储设备　一种数据存储设备,其中的数据能够被直接访问,而不需要从始点开始顺序查找访问。如 RAM(随机存取存储器)芯片、磁盘和光碟等设备是直接访问的存储设备。比较 sequential access。参见 direct access。

direct access storage media　直接存取存储器介质　一种存储介质。在存取其中的数据和程序时,所需的时间与信息的存储单元和存取的最后一个数据元的位置无关。

direct access volume initialization　直接存取卷初始化　在某些虚拟存储系统中,用实用程序在直接存取卷上写入内部地址、卷标和卷的内容表,检查故障磁道,并给故障磁道指定替换磁道,以及在新的系统卷上写入 IPL(初始程序装入)程序的过程。

direct activation　直接激活　某些通信存取方法的一种资源激活方式,是执行指定该资源名字的激活命令的结果。比较 indirect activation。参见 direct deactivation。

direct address　直接地址　在指令中直接指定操作数在存储器中位置的地址。对应于 indirect address。

direct addressing　直接寻址　(1)也称"算法寻址"。由指令中表达式的运算或直接给出地址码指定操作数在主存储器中存储位置的一种寻址方式。其优点是简单、快速;缺点是存储器利用率低、不灵活,限制了程序设计技术的发挥。(2)在数据库中,将记录的关键值直接映射到相应的相对或绝对地址的寻址或索引技术,对应于 indirect addressing。

direct allocation　直接分配　在编写程序时,规定程序所用的外部设备和存储单元的分配方法。

direct approach for translation　直(接翻)译法　实现机器翻译研究的一种方法。它的翻译分析规则仅以满足译文生成的需要为限,并给出直接生成的指令。由于翻译规则庞大,译文质量不高,直译法作为早期采用的机器翻译方法已很少采用。

direct attached storage (DAS)　直连存储　DAS 是指那些安装在服务器内部或者安装在与服务器直接相连的扩展盘柜中的存储介质。DAS 存储与服务器之间必须有固定的绑定连接关系,因此它们之间不存在网络结构,而是直接进行数据的读写。直连存储数据无法共享,也不方便进行数据保护,是一种低效率的结构。

direct-axis component of magnetomotive force　磁势的直轴分量　平行于磁极轴线的磁势分量。

direct-axis component of synchronous generated voltage　同步电势的直轴分量　同步电机磁势的交轴分量磁通所感应出来的同步电势分量。

direct-axis component of voltage　电压的直轴分量　同步电势直轴分量与直轴电压降作向量叠加而得到的电位差。

direct-axis sub-transient open-circuit time constant　直轴超瞬态开路时间常数　电机在额定转速下运行,当运行条件突然变化后,由于直轴磁通所产生的初级绕组开路电压在开始几周内出现的迅变分量衰减到其初始值的 1/e,即 0.368 倍时所需的时间。

direct-axis sub-transient reactance　直轴超瞬态电抗　电机在额定转速下运行时,由直轴初级绕组总磁链产生的初级电压中交流基波电压在突变时的初

D

D

始值。与同时变化的直轴初级交流基波电流之比。

direct-axis sub-transient short-circuit time constant 直轴超瞬态短路时间常数 电机在额定转速下运行，当运行条件突变后，直轴短路初级电流在开始几周内出现的迅变分量衰减到其初始值的 1/e，即 0.368 倍时所需的时间。

direct-axis sub-transient voltage 直轴超瞬态电压 在规定负载下运行的电机突然开路之后，而励磁及阻尼回路交链的磁通尚未变化之前所出现的端电压直轴分量。

direct-axis transient open-circuit time constant 直轴瞬态开路时间常数 电机在额定转速下运行，当运行条件突变后，由于直轴磁通所产生的初级开路电压的渐变分量衰减到其初始值的 1/e，即 0.368 倍时所需的时间。

direct-axis transient short-circuit time constant 直轴瞬态短路时间常数 电机在额定转速下运行，当运行条件突变后，直轴短路初级电流的渐变分量衰减到其初始值的 1/e，即 0.368 倍时所需的时间。

direct-axis transient voltage 直轴瞬态电压 在规定负载下运行的电机突然开路后所出现的端电压直轴分量。此时不考虑开始阶段内可能存在的很快衰减部分。

direct broadcasting satellite (DBS) service 直播卫星业务 采用地球同步轨道卫星，以大功率辐射地面某一个区域，向家庭单元传送电视娱乐信息。

direct broadcast satellite (DBS) 直(接广)播卫星 DBS 是通过地球同步卫星，采用 MPEG(活动图像专家组)数字压缩技术，为具有卫星接收设备的用户提供视频和数据业务的通信系统。

direct buried cable 直埋式电缆 一种埋藏时直接和泥土接触的通信电缆。

direct cable connection 直接电缆连接 Windows 系统提供的工具，它可以通过把一条电缆线(如 RS-232)插入每台计算机的串口而将两台计算机相连，然后两台计算机就可以相互交换文件或者共享打印机。

direct call 直接呼叫 一种不要求使用地址选择信号的通信方式。在通信网络中把直接呼叫请求信号看作是要求一个或多个预先确定的数据站建立连接的命令。

direct call facility 直接呼叫设施 一种不要求使用地址选择信号就进行呼叫的设施；网络将呼叫请求信号解释成一条指令，以建立主呼站同事先商定好的一个或多个预定数据站的连接。这种设施有可能使呼叫的建立比一般更快些。对网络上建立连接的其他用户不隐含特别的优先级。指定地址分配仅在商定的时间内有效。

direct-call feature 直接呼叫特性 通信控制器的一种机器特性，它允许在 X.21 交换线路上建立向外呼叫，而无需把一个选择信号序列送入网络。参见 automatic calling。

direct calculation of efficiency 效率的直接测定法 直接测量输入与输出功率并由此求效率。

direct code 直接码 也称"绝对代码"。表示实际的计算机指令和地址的代码。

direct coding 直接编码 机器语言编程，也称"绝对编码"。直接用机器地址码及机器操作码编写程序。

direct color 直接颜色 在 AIX 增强 X-Windows 中，一类彩色映射表，其中一个像素值分解成三个分离的索引子域，一个子域是一个产生红色强度值数组的索引，第二个子域是绿色强度值数组的索引，第三个子域是蓝色强度值数组的索引，这种红绿蓝(RGB)值可以动态改变。参见 pseudocolor。

direct communication 直接通信 在没有数据传输所要求的中间步骤情况下，计算机装置之间自动交换数据的方法。

direct connection 直接连接 系统、工作站或其他 I/O 设备通过一个选择的通信接口和一个有限长电缆的连接，不需要调制解调器。

direct-connect modem 直接连接调制解调器 一种典型的调制解调器，不需要声耦合器，采用标准电话线和接插件，并直接插到电话插座中。参见 acoustic coupler。

direct control connection 直接控制连接 用输入/输出通道直接将两个计算机系统连接起来进行相互控制的技术。每个计算机系统可使用单条控制指令向另一个系统发送控制信息。

direct control encode 直接控制编码 微指令的操作控制字段中每一位都代表一个微操作的编码。这种编码的优点是控制简单、直观，操作并行性最好，从而可以提高速度。其缺点是微指令字过长，控制存储器的容量过大且利用效率低，因此，它只适用于简单的数字控制部件，尤其适用于高速控制部件。参见 direct segmenting encode, shortest word length encode。

direct cooling 直接冷却 冷却介质直接与被冷却的设备部件相接触的冷却方法，即不使用热转移媒质的冷却方法。比较 indirect cooling。

direct coupled amplifier 直接耦合放大器 (1)两级放大器级间耦合的一种连接方式，即前级放大器的输出通过电阻或者直接连到后一级放大器的输入端。(2)一种由电阻或直接连接提供各级之间的耦合，以保留信号的直流分量的直流放大器。频率响应在零频率(直流)处开始并延伸到额定上限。

direct-coupled transistor logic (DCTL) 直接耦合晶体管逻辑 一种仅使用晶体管和电阻的电路设计，其中晶体管之间直接连接。用于早期的集成电路，DCTL 的开关速度和功耗居中等水平。

direct coupling 直接耦合 借助对频率不敏感的器

件，如导线、电阻或电池将两个电路相耦合，使得无论直流电流或是交流电流都能通过的耦合路径。在同轴谐振腔中，直接耦合由直接接到谐振腔中的中心导体上来实现。

direct current (DC)　直流　没有正负极性往复变化的电流。

direct current amplifier　直流放大器　一种可以放大直流信号的放大器，它使用直接耦合方式进行级联，故也称“直接耦合放大器”。

direct current braking　直流制动　感应电动机的动态制动方式之一，当电机从电源断开后，用另一直流供应励磁电流从而使电机作为发电机运行。

direct current capacitor　直流电容器　用于直流电路中的电容器。

direct current circuit　直流电路　就是电流的方向不变的电路，当然电流大小可以改变的。一般来说，把干电池、蓄电池当作电源的电路是直流电路，交流电经过整流变压之后作为电源而构成的电路，也是直流电路。比较 alternating current circuit。

direct current converter　直流变换器　将一种电压的直流电变换为另一种或几种电压的直流电的设备。

direct current generator　直流发电机　产生直流电压及电流的发电机。

direct current instrument transformer　直流互感器　用于直流系统中测定直流电量和继电保护的一种互感器。

direct current machine　直流电机　产生或应用直流电的电机。

direct current motor　直流电动机　依靠直流电源运行的电动机。

direct current motor with speed stabilizer　稳速直流电动机　带有稳速装置的直流电动机。

direct current starting motor　直流启动电动机　与主机作机械连接的辅助的直流电动机，用以使主机易于启动和加速。

direct data access method　直接数据存取法　数据的存取与记录在存储器中放置的顺序无关，而直接由它的物理地址决定的一种存取方法。参见 direct access storage device (DASD)。

direct data organization　直接数据组织　按非顺序方法组织记录的方式。每一记录的存放地址由随机过程进行计算。

direct data set　直接数据集　一种数据集，其记录是按随机序列存放在直接存储器上，每个记录按照其实际地址或相对于数据集起始点的相对地址进行存储和检索。比较 sequential data set。

direct data transmission　直接数据传输　传输数据使用的单线或通道。这种系统比较简单，适合于传输数据量预知的信息。

direct dialling in (DDI)　直接拨号　用户可不通过话务员而通过 PBX(专用交换分机)或其他专用系统直接呼叫对方用户的功能。

direct digital color proof (DDCP)　直接数字彩色校验　一种打印测试页，由低价输出设备生成，如彩色激光打印机，用以近似地描画在专业高质量打印设备上打印的最终图像，直接数字彩色校验不同于常规校验方法，彩色不是分离成基色后打印(称分色打印)，而是同时直接打印，因而可能会比分色打印方法的输出质量低，但速度较高并且成本较低。参见 color separation。

direct digital control (DDC)　直接数字控制　利用数字计算机及其他数字设备的输出直接作用于控制对象实现的过程控制。直接数字控制系统是一种闭环控制系统，首先对被控参数进行检测，再根据设定值和控制算法进行运算，然后输出到执行机构对被控对象进行控制，使被控参数稳定在给定值上。

direct digital synthesizer (DDS)　直接数字式频率合成器　DDS 同 DSP(数字信号处理)一样，也是一项关键的数字化技术。具有低成本、低功耗、高分辨率和快速转换时间等优点，广泛使用在电信与电子仪器领域，是实现设备全数字化的一个关键技术。

direct distance dialling (DDD)　长途自动拨号　一种电话交换服务，使电话用户在没有管理人员的帮助下能够呼叫本地区以外的用户。

directed activation　定向激活　在活化网络中，定向激活是一种从一个目标传播激活到另一个目标的方法。活化网络是一种只沿着有向弧进行传播的定向网。

directed acyclic graph version model　有向无环图版本模型　一种描述各设计版本之间关系构成的版本模型。这种版本模型是一种较为完善的模型，可以反映出从多个不同的版本归并成一个新版本的情形。其特点是：①版本可以平行存在；②对某一个版本来说，可以有多个起始版本。

directed beam scan　受控光束扫描　在计算机作图技术中，在程序控制下按各种顺序产生或记录显示图像像素的一种技术。同 directed scan, random scan。

directed broadcast　引导[定向]广播　在远程网上对所有计算机广播，采用发送一个包的单一备份到远程网，并当它到达时广播该包的方法。TCP/IP(传输控制协议/网际协议)支持引导广播。

directed broadcast address　定向广播地址　在使用 TCP/IP(传输控制协议/网际协议)的网络中，给出网络标识地址，并把主机标识地址段置为全“1”的 IP(网际协议)广播地址。因为这种地址在网络中任何地方都可以实现对网络标识所指定的网络上所有主机发送分组，故得名。参见 limited broad-

D

cast address。

directed Euler circuit **有向欧拉回路** 以有向连通图的某个顶点为始点，沿有向边方向，经过所有有向边一次且仅一次，并以该顶点为终点的回路。如果是经过每一条有向边一次仅一次的通路。则称为有向欧拉通路。

directed graph **有向图** (1)由一组节点和一组带有方向的连线所构成的图。(2)一种数据结构。有向图 $G=(V,E)$，式中 V 是图 G 中顶点的有穷非空集合，E 是边的集合，边是顶点的有序对。同 digraph。

D

directed Hamilton circuit **有向哈密尔顿回路** 在有向连通图中，以某个顶点为始点，沿有向边的方向，经过每个顶点一次且仅一次，再回到该顶点的回路。如果是经过每个顶点一次且仅一次的有向通路，则称为有向哈密尔顿通路。

directed logical relation **有向逻辑关系** 在数据结构中，在其自变量的定义域中具有固定顺序的逻辑关系。

directed matching **定向匹配** 语音理解系统的字假设器所采用的一种匹配方法，字假设器的目标是为每个未知语音部分找到一个包括正确字在内的最小语音相似空间。至少有三种方法可以用来寻找该最小空间。它们是迭代匹配假设，定向匹配假设和按数据匹配假设。

directed retry **定向重试** 一个蜂窝将其试呼重新选路到相邻蜂窝或者其他邻近蜂窝处理的过程。在当前服务小区资源紧张的情况下，定向重试直接为手机分配临近小区的业务信道，借用切换流程，将手机切换到临近资源充足的小区，从而顺利完成指配流程。

directed scan **定向扫描** 定向扫描是从给定的起点开始，以两个方向之一，即升序方向或降序方向进行扫描。同 directed beam scan。

directed tree **有向树** 一个有向图，忽略各条边的方向后所得的无向图是树，这个有向图就称为有向树。

direct electric heating **直接电加热** 电流直接流经被加热材料的电加热。

direct etching coating **直接蚀刻涂层** 直接蚀刻显示器表层，使表面产生微小凹凸，对外界光源照射进行漫反射，降低特定区域的反射强度，减少干扰。

direct executing high-level language machine **直接执行高级语言机** 直接由硬件和固件对交互式高级语言源程序的语句逐条进行解释并执行的机器。

direct execution **直接执行** 计算机高级结构的一种操作模式。这种操作模式直接接受并执行高级语言程序，无需多层次的传统软件。因此，在直接执行的高级语言计算机中，无需编译程序、汇编语言和连接编辑。高级程序设计语言就是硬件能够认识的机器语言。这样，当发现有程序设计错误时，错误现场容易保存，也易于排除。

direct file **直接[正向]文件** (1)一种含有存储位置信息的磁盘文件，文件中的记录已分配了特定记录位置。不管这些记录以什么样顺序放入直接文件中，它们总是占用已分配的位置(指定的磁盘位置)。直接文件可以通过相对记录号进行处理。比较 indexed file，sequential file。(2)情报检索用的一种文件形式。用记录表示每个文献实体，属性排在记录之内。这些记录的全体就构成正向文件。倒排文件与之相反，每个倒排记录是一个特定属性所拥有的文献实体表，即检索词所拥有的文献记录表。

direct file organization **直接文件组织** 记录的内容和它们在磁盘存储器上的地址之间存在着一种直接关系的文件组织。参见 direct file。

direct graphics interface specification (DGIS) **直接图形接口说明[规范]** 一种由图形软件系统公司(GSS)开发的图形接口，使程序能够通过调用 BIOS(基本输入输出系统)中断 10H 在显示器上显示图形。

direct hierarchy control **直接分级控制** 在计算机分级存储器中，数据传送完全在内部算法控制下，用户或程序员无需关心各种存储子系统的一种数据处理方式。

direct inference **直接推理** 试图直接通过查询所获得的一些记录，来直接搜索并确定敏感属性字段的值，称为直接推理。它是一种统计推理。参见 statistical inference。

direct inductive coupling **直接电感耦合** 借助两个电路的公共电感实现的耦合。一个电路可以直接接到另一个电路线圈的抽头上。

direct input **直接输入** 将数据输入计算机进行处理的先进方法是借助直接输入装置，如终端。这可能是电传打字机或可见显示装置。在另一些场合，输入装置可能是销售点获取销售数据的零售终端或工厂的数据收集装置，如标记阅读器。

direct input/output (I/O) **直接输入/输出** 一种输入/输出操作方式，输入/输出操作由处理机管理而不是由辅助输入/输出处理机管理。

direct insert routine **直接插入例程** 可以直接插入程序中的程序。

direct insert subroutine **直接插入子例程** 在计算机程序中使用该子例程的每个位置都必须嵌入它的一个副本。这样的结果，虽然增加了程序代码段，但可提高执行速度，因为可省去子例程调用和返回的操作时间。同 open subroutine。

direct instance **直接实例** 一个对象，是一个类的实例但不是该类任何子类的实例。

direct instruction **直接指令** 一类仅含有操作直接地址或直接操作数的指令。比较 indirect instruction。

direct interconnection network (DIN) 直接互连结构 处理节点通过一定方式互连构成一个系统的连接方式。直接互连结构中的处理节点既是业务源,同时又是转发节点。DIN 在大型多处理器系统、多个计算机间的互连和可扩展的共享缓存多处理器系统中有着广泛应用。其结构具有较高的并行处理特性和极好的扩展性。

direct inward dialing (DID) 直接内向拨号 一种措施,它允许外界通话者不通过总机应答就直接呼叫分机。

directional antenna 定向天线 在一个特定方向上辐射或接收大部分反射能量的天线。因此,它必须对准预定的发射机或接收机,以便最有效地进行发射或接收。

directional beam 定向射束 集中在给定方向的电磁能量或声能。

directional characteristic 方向特性 传感器或其他器件的性能随方向的变化。

directional coupler 定向耦合器 (1)一种传输耦合设备,用来分别对传输线上的前向波(即入射波)或反向波(即反射波)进行采样(通过已知的耦合损耗)。单向耦合器是只能在一个传输方向上对波采样的终端或连接器,而双向耦合器则是在两个方向上都有对波采样的终端或连接器。(2)一种微波器件,用于从波导内一个方向传送的能量中提取固定的一小部分,以确定波导系统输出功率。提取的能量用来激励功率计。通过适当利用一个或多个定向耦合器,可以防止反射的信号功率影响功率测量的精度。定向耦合器通常是借助中心相距¼波长的两个小孔与主波导相耦合的一段短波导。短波导的一端接有匹配负载,另一端则包含同轴过渡。主波导与短波导之间的耦合度由小孔直径决定。

directional division multiplexing 定向复用 上行下行信息均采用相同的波长,根据光在光纤内的传播方向识别上行下行信息。

directional element 方向元件 装置中判定短路功率方向或其他电量故障前后方向的变化以确定装置如何动作的元件。

directional filter 方向滤波器 一种具有一公共分支点的高通和低通滤波器的组合,用来把双向传输系统较高和较低的传输频带分开。

directional phase shifter 定向移相器 在一个方向传输的相位变化不同于相反方向传输的相位变化的无源移相器。

directional relay 方向继电器 特性量为一激励量与另一基准激励量间的矢量夹角,具有两个输入激励量——电压和(或)电流的量度继电器。其中输入激励量为电流和电压的方向继电器也称"功率方向继电器"。

direction cosine matrix (DCM) 方向余弦矩阵 当在N维空间对运动体进行仿真时,方向余弦矩阵是一个N×N的矩阵,它可以将一个坐标系下的向量转换到另一个坐标系下。通常方向余弦矩阵用于地球坐标系与机体坐标系的转换。

direction finder (DF) 定向器 在通信系统中,一种用来确定无线电信号来自何方的装置。

direction of arrive (DOA) 到达方向,波达方向 电磁波的方向。

direction of polarization 极化方向 极化波的电力线或电矢量的方向。

direction of propagation 传播方向 定向增益等于4π乘以给定方向的辐射强度与天线辐射的总功率之比的天线额定值。

direction representation of knowledge 知识的直接表示法 把模拟对象的状态、性质以及对象与周围环境的关系与语义网络结合起来表示知识的方法。也称"位置网络"。直接表示法表示出来的知识往往是一组图形,这种方法直截了当,易理解、易修改,但表示知识较为肤浅,只能适用于有限的领域。

directivity gain 定向增益 天线处于最大增益方向上的定向增益值。

directivity pattern 方向图 用于声波发射或接收的传感器响应的图解描述或其他描述。它表示为在规定平面和在规定频率上发射或入射声波的方向函数。也称"射束图"或"方向响应图"。

direct line attachment (DLA) 直接线路附属装置 一种装配在数据终端设备(DTE)的电缆和长途通信线路之间的保护设备。

direct-line service 直接线路服务 通过中心局直接线路设备的连接,在两个电话(机)之间提供直接线路的服务。

direct locate search 直接定位搜索 一个送到包含资源的专门目标节点的搜索请求,以验证资源在目标节点继续存在的特性,以及为了获得节点路由计算的连接性信息,对应于 broadcast search。

direct location mode 直接定位方式 用户直接给数据库控制系统指明一个数据库关键字值所用的一种定位方式。该值用在定位方式算法中。

direct lookup 直接查找 直接查找没有搜索过程,必须在关键字和位置之间建立确切的关系。它必须在表生成之前就确定或知道这个关系,因此表记录在存储的位置必须是其键值的函数。直接查找的优点是速度快,特点是可能浪费内存,但这可以通过索引技术加以弥补。

directly attached loop 直接连接环路 通过电缆而不是数据链路连接环路适配器的一种环路。该环路允许连接多种输入/输出设备。比较 data link attached loop。

directly extraction method 直接提取法 也称"自同步法"或"内同步法",载波同步的一种实现方法,发送端不专门向接收端传输载波信息,接收端直接从收到的已调信号中提取载波信息。直接提取法适用于抑制载波的双边带调幅系统、残留边带调幅系统和二相多相调相系统。参见 carrier synchronization, inserted pilot frequency。

direct manipulation 直接管理 在某些窗口软件中，不是通过菜单，而是使用定位设备对窗口中的对象进行工作，如用拖动窗口边框的方法改变窗口的大小。

direct mapping 直接映像 在分页虚拟存储体系中，每个虚页只能映像到实存一个特定页面的方式。这相当于把程序空间按实存空间分块，而块内各页直接映像到实存的相应页，其缺点是实页冲突概率高。

direct mapping cache 直接映像高速缓存 任何一块主存数据存放在缓存中仅有一种可能位置，为确定缓存中的任何数据块，仅需一次地址比较就可直接找到。

direct memory access (DMA) 直接存储器存取 不经过 CPU 直接用硬件实现的外设和主存之间的数据传送。这种传送通常利用 CPU 在做与访问主存无关的操作时进行，此时外设偷窃了 CPU 的周期，所以也称“周期窃取”。配有 DMA 通道的输入输出操作能和 CPU 并行工作，所以整个系统效率较高。

direct memory execution (DIME) 直接存储器执行 DIME 使显卡的图像控制直接在系统内存中执行图像处理和使用系统内存作纹理处理，它意味着显卡上存储器的多少并不能作为衡量一块显卡好坏的标准之一了，意味着图像的质量在某种意义上取决于系统内存的大小。

direct microprogrammed execution 直接微程序实现 在翻译系统的实现中，从中间语言到目标语言之间的转换一般是用程序设计方法实现的。在微程序设计的机器中，直接通过微程序设计方法来实现上述转换。

direct network connection 直接网络连接 在因特网中，指一种专用高速连接的方法。带宽可从 T1 连接到 56 K 的部分 T1 连接之间分布。这种连接需要有 IP(网际协议)地址，需要有一种管理级。其成本多少与传输带宽成比例，连接方式有 ATM(异步传输模式)和 ISDN(综合业务数字网)等。

direct numerical control (DNC) 直接数(字)控(制) (1)指用计算机直接控制由多台机床组成的制造系统，也是用通用计算机改善传统硬连接 NC 系统性能的一种方法，也称“群控制”或“群控”系统。在该系统中，零件程序直接由计算机的大容量存储器送至机床。一个 DNC 系统有四个基本组成部分：①中央计算机，②大容量存储器，③配备电传打字机和 CRT(阴极射线管)的通信终端和远距离传输线，④NC 机床。该系统的主要功能有：①不再使用穿孔带，②NC 零件程序的存储，③数据采集、处理和报告，④与各子系统间的通信。(2)利用计算机在存储器中所存放的与受控机器有关的程序，为机器提供所需求的数据，以达到机器自动作业的过程。它特别附加提供采集、显示，部分程序编辑，运行器说明，与数字控制处理有关的数据等。

direct-online starting 全压启动 把电动机直接接在额定电压的电源上的启动方式。

direct operation 直接操作 在某些信息处理系统 CHIO(通道的输入/输出)操作中，把信息从 SDLC(同步数据链路控制)规程控制逻辑电路传送到通道指示器的过程。比较 indirect operation。

director 导控器，指挥仪，导向偶极子 (1)通信载波电报报文交换系统中的设备，根据报文中的地址，用于进行跨局选择和从输入线到输出线设备的连接。(2)作指挥仪解时一般是指炮火指挥仪。这是一种用来跟踪、测定运动目标(如飞机，舰船，坦克等)的运动参数的机电设备。(3)安装在接收天线前部分的一种元件。它可以提高天线在主辨方向上的增益。

direct organization 直接组织 一种组织文件的方法。文件目录与它们在磁盘中的地址之间存在一种直接关系。目的便于检索。

directoried data set 索引数据集 存放在直接存取存储器中的一种数据集，其每一部分均包含一个指向后续成员的索引。

directory 目录，索引 通常指用来将各种文件组织成一个层次或树形结构的一类特殊文件。目录用于说明文件名称、属性、生成或更新日期等。编制目录的目的是为了便于存取文件。

directory access protocol (DAP) 目录访问协议 为客户机提供目录访问权的 X.500 标准协议，用于在一个目录用户机构和一个目录系统机构之间进行通信。在 X.500 录结构中，客户机查询并接收来自服务器目录服务中的一台或多台服务器上的响应，控制服务器和客户机之间的通信。

directory architecture for shared memory (DASH) 共享存储器的目录结构 由斯坦福大学开发的并行计算机样机，旨在探索建立具有一致性高速缓存的大规模单地址空间机器的可行性，系统中各节点处理机具有可共享的局部存储器，采用基于目录的硬件方法支持高速缓存的一致性，采用松散的一致性协议，由 64 个 33 MHz 的 MIPS R3000/R3010 处理器，采用网格连接方式，峰值性能为 1 600 MIPS 和 600 MFLOPS 标量。

directory caching 目录缓存 一种减少访问磁盘数据的技术，文件分配表和目录项写入文件服务程序的存储器中，使得文件的位置能够从存储器中读取，比从磁盘上读取快得多。

directory device 目录设备 用来保存文件目录及其他重要信息的设备。目录中除了文件名和文件建立及修改的日期之外，还会有文件在该目录上的长度和地址信息。在目录设备上的文件，其存取速度可提高几个数量级。

directory enabled network (DEN)　目录允许网络 DEN是由思科和微软两家公司所倡议，该倡议要求开发一个在单一目录中存储有关网络设备、应用程序和用户等信息的标准，并把标准规范的研究工作交给了分布管理任务组(DMTF)。目录允许网络将用户的名字和网络资源访问简表、允许或限制访问的政策、安排带宽优先级别及特权挂起钩来。2000年3月，DMTF宣布完成了新版公共信息模型(CIM)的研究工作，此模型实现了CIM模式映射到轻量目录访问协议(LDAP)的相应目录中，CIM定义如何在目录中表示网络设备、系统和应用数据，因而它很容易为DEN和企业管理目的而被共享。例如，当一用户登录上网时，目录将会识别出用户的名字、所在的部门、地点及在公司中的级别，把这些信息与用户的网络访问或限制策略捆绑在一起，IT基础设施就能做相应的配置，以便实现或拒绝访问。参见 lightweight directory access protocol (LDAP)。

directory entries　目录项 在NetWare网络软件中，存储在卷中的目录表中的信息，通常是一个目录名或文件名。一个目录表也可以占据一个或多个目录项，取决于表的大小，在一个卷中和建立的目录项数可在安装时指定。

directory file　目录文件 (1)一种文件，它包含名字、地址、电话号码和其他具有标识作用的信息，用作分配表和电话目录的原始资料。(2)在某些虚机操作系统中，定义每个用户的虚机配置的一种磁盘文件。

directory harvest attack　目录收割攻击 一种窃取用户有效电子邮件地址的攻击。目录收割攻击能利用两种方法收集有效电子邮件地址：第一种是利用暴力法，给可以用作电子邮件用户名部分的所有可能的数字字母组合发消息；第二种也是更常选用的方法是给最有可能的用户名发消息，如用户所有可能的名字缩写组合。在上述两种攻击情况下，电子邮件服务器通常都会给发送给不存在的邮件地址的消息回复一个“未找到”的信息，但是那些发送给有效邮件地址的消息则不会被回复这样的信息。据此判断就可以把攻击中没有被返送回来的电子邮件地址记录下来。

directory hashing　目录散列 一种建立文件在磁盘上的位置索引以大幅减少文件定位时间的技术，通过为卷中各个目录项建立索引并为目录中的文件建立索引的方法使得文件搜索的时间可以减少，它避免了对文件进行顺序的搜索，减少了搜索的次数。

directory information base (DIB)　目录信息基 X.500系统的用户和资源名目录。DIB由目录服务代理(DSA)程序维护。参见 directory system agent (DSA)。

directory information tree (DIT)　目录信息树 整个X.500目录数据库。

directory key　目录键标 在某些通信系统中，存储在系统库中的某个程序或DSCB(数据集控制块)的文件标识符、产业代码、模块标识符以及版本号、级别号的一种组合。

directory lookup addressing　直接查找寻址 一种对记录的访问的管理技术，用一个索引作为关键值和记录地址的中介。

directory mask　目录屏蔽 一个字符模式，控制目录中哪一部分保留，哪一部分不保留。

directory name　目录名 文件结构中的一个既标识目录又反映其存储位置的名字，在网络中，完整的目录名列出文件服务器、卷和引导到各需要访问的子目录的名字，也称“目录路径”。

directory partition　目录分区 目录的相邻子树，它形成目录的一个复制单元。一个指定的复制经常是一些目录分区的拷贝。活动目录由一个或多个目录分区组成。在活动目录中，一个服务器经常至少有三个目录分区。

directory path　目录路径 参见 directory name。

directory profile　目录轮廓文件 资源访问控制设施(RACF)定义的目录的一种描述，包括目录名、拥有者、通用访问授权、安全级和其他数据。

directory replication　目录复制 (1)一种操作过程。将目录中的一个主体从一个服务器拷贝到指定的服务器组或工作站组。这种复制方法简化了在多台计算机上维护同样的目录集和文件的任务，因此只需维护数据中单一主拷贝，当它们加到输出目录中去时，文件就被复制。(2)在相同域或不同域内，从服务器(称作导出服务器)中拷贝一套主目录到指定的服务器或工作站(称作导入计算机)。复制简化了在多台计算机上维护完全相同的目录和文件集的任务，因为只需要维护数据的一份主要拷贝。

directory rights　目录权限 对一个目录设置的限制，以调节与其相关的信任活动。目录权限局限于一个目录，对该目录的下层结构不产生影响。

directory routing　目录式路由选择 报文或包的一种路由选择方法。每个节点有一个目录。目录中给出到目的地的最好路由，也可能有次好路由。

directory services (DS)　目录[名录]服务 (1)在OSI(开放系统互连)环境中应用层的一个协议实体，主要把应用进程使用的符号名称或标题，翻译成为开放系统互连环境使用的完全限定网络地址。(2)存储网络上每台设备(以及用户)完整网络地址的系统，它作为网络上所有应用程序及用户的主电话号码簿，用来为其他的用户以及资源进行定位。目录服务分布在整个网络中，每种分布式服务保存着整个数据库的一部分。对用户来说可以从本地服务器上访问到网络资源的全部目录，并为网络上任何其他地方的资源定位且加以使用。参见 directory services markup language (DSML), extensible markup language (XML)。

directory services markup language (DSML) **目录服务标记语言** 目录服务提供了对系统中的信息和资源进行命名、描述和搜寻的方法，同时对这些资源之间的关系进行管理。早期的协议，如 X.500 现在虽仍用于目录的管理，但已不适应因特网的发展。1999 年 12 月 7 日，美国 Bowstreet 软件公司向 XML(可扩展标记语言)电子商务标准化联合体(即推进结构化信息标准组织)提交了 DSML 1.0 规范草案，并获得 IBM、Oracle、Sun 和 Novell 等公司支持。DSML 是建立在可扩展标记语言占主导的预测之上，对电子商务应用提供支持。在因特网上，DSML 应使目录信息能被这样的一个世界使用，即在这一世界中分布目录中信息以不同的模式保存着。XML 和 DSML 的结合对因特网目录服务，将产生新一代更有效使用目录的应用程序。尤其是对供应链和客户服务应用程序来说 DSML 很重要，它们在很大程度上依赖数据的定制化表示。DSML 的元数据描述将是完成此项工作的工具。参见 X.500, extensible markup language (XML)。

D

directory structure **目录结构** 组织成一个层次结构的不同层次的目录。

directory system (DS) **目录(服务)系统** 目录服务系统是为用户提供各种目录查询的功能。用户通过计算机终端查询数据库提供的多种信息。

directory system agent (DSA) **目录系统代理** 一种用于存储目录信息的数据库。该数据库采用分层格式，提供快速而高效的搜索功能。通常每个 DSA 负责为一个机构或者一个组织单位提供目录信息。

directory system protocol (DSP) **目录系统协议** 目录系统协议用于控制两个或多个目录系统代理间、目录用户代理和目录系统代理间的交互操作。具体实现过程是：终端用户在不知道某特定信息的具体位置的情况下，就可以访问目录中的信息。

directory user agent (DUA) **目录用户代理** 用于访问一个或多个目录系统代理(DSA)的用户接口程序。参见 directory system agent (DSA)。

directory table **目录表** 保存在磁盘中的一个表，包含有关各文件和目录的信息，如名字、建立日期、尺寸、更新日期和时间、文件属性、信任者等。

directory tree **目录树** 磁盘中所有目录和子目录的一个结构描述。

directory user agent (DUA) **目录用户代理** 用于访问一个或多个目录系统代理(DSA)的用户接口程序。DUA 在访问目录过程中代表某一个用户。每一个 DUA 只为单一用户提供服务，以便目录可通过 DUA 名控制访问目录信息，DUA 也能提供一个本地设施范围以帮助构成请求和中断响应。参见 directory system agent (DSA)。

directory verification **目录验证** NetWare 的一个特征，保护数据在网络上的安全。每当服务器打开时，NetWare 网络操作系统对副本的目录和文件分配表进行一次一致性检查。

direct output **直接输出** 由联机输出设备送出的数据，如联机高速打印机的输出是在计算机程序的直接控制下进行的。

direct outward dialing (DOD) **直接向外拔号** 一种使内部分机用户能够不通过操作员而直接拨外部电话号码的设施。

direct port **直接(帧缓存)端口** 在图形加速器中，不需通过加速器允许，直接对帧缓存进行读写的硬件接口。

direct processing **直接处理** 数据记录的一种处理方式。用指示记录的相对位置或键的办法，在直接存取上直接读写。

direct program interface **直接程序接口** 交互式终端和应用程序之间由通信处理机提供的接口。

direct Rambus DRAM (DRDRAM) **直接 Rambus 接口动态随机存取存储器** Rambus 公司在 1996 年制定的一种内存标准，DRDRAM 是一种基于协议的 DRAM(动态随机存取存储器)，它与传统 DRAM 的区别在于引脚定义会随命令而变，同一组引脚线可以被定义成地址，也可以被定义成控制线。其引脚数仅为通常 DRAM 的⅓。当芯片容量不断提升时，传统 DRAM 需要增加越来越多的 I/O 引脚，从而增加芯片的制造难度和成本，而基于协议的 DRAM 只需对命令进行扩充就可达到扩容的目的。这种芯片可以支持 400 MHz 外频，再利用上升沿和下降沿两次传输数据，可以使数据传输率达到 800 MHz，通过把单个内存芯片的数据输出通道从 8 位扩展成 16 位，这样在 100 MHz 时就可以使最大数据输出率达 1.6 GBps。参见 dynamic random access memory (DRAM), Rambus DRAM。

direct read after write (DRAW) **写后直接读出** 光碟中应用的一种技术，用于检验信息写入磁盘后立即读出的精确度。如果发现有错，信息可以重新存入磁盘的另一个区域。

direct read during write (DRDW) **写入时直接读出** 磁盘中应用的一种技术，用于验证信息正写入磁盘时立即读出的精确度。如果发现有错，记录机构在磁盘的坏区中止写操作，并跳到磁盘新区。系统还将磁盘的坏区封闭，以便后续的写操作避开这些区域。比较 direct read after write。

direct-reading system **直接读出系统** 一种仪表或测量系统，其测量值能从数字显示装置或刻度盘上直接获得，无需计算或修正刻度。

direct recording facsimile **直接记录传真** 一种传

真设施,无需后继的处理,便可以产生接收信号的可见的记录。

direct reference address 直接参考地址 不能为间接寻址所修改,而能为变址寻址所修改的虚拟地址。

direct-point repeater 直转中继器 一种电报功能设备,此设备使收到信号控制的接收中继站不需要其他转发或传送设备干预,就直接把相应信号转发到另一条或若干条线路上去。

direct resistance heating equipment 直接电阻加热装置 电流直接流经被加热炉料的电阻加热装置。

direct reverse search 直接反向查找[检索] 一种数据查找方法。这种方法不是从数据开始存放的起始位置向前进行查找,而是从数据存放的最后位置开始查找。

direct searching optimization 直接寻优 直接在参数空间中按照一定的规律进行搜索来寻优,它是解决控制系统的参数最优化问题的途径之一。

direct segmenting encode 直接分段编码 介于直接控制编码与最短字长编码之间的一种折衷的编码方法。它兼有两者的优点。这种编码是将微操作控制字段分为许多小的段,每段采用最短字长编码,段与段之间采用直接控制编码。参与每个段编码的微操作应是互斥的。参见 direct control encode,shortest word length encode。

direct sequence code division multiple access (DS-CDMA) 直接序列码分多址 用扩频序列直接调制数据序列的码分多址系统。参见 code division multiple access (CDMA)。

direct sequence spread spectrum (DSSS) 直接序列扩频 用高速伪随机码将传输信息所需带宽加以展宽的一种扩频技术。DSSS 用高速率的扩频序列在发射端扩展信号的频谱,而在接收端用相同的扩频码序列进行解扩,把展开的扩频信号还原成原来的信号。DSSS 是直接用伪噪声序列对载波进行调制,要传送的数据信息需要经过信道编码后,与伪噪声序列进行模 2 和生成复合码去调制载波。接收机在收到发射信号后,首先通过伪码同步捕获电路来捕获发送来的伪码精确相位,并由此产生跟发送端的伪码相位完全一致的伪码相位,作为本地解扩信号,以便能够及时恢复出数据信息,完成整个直扩通信系统的信号接收。参见 spread spectrum (SS)。

direct store and forward lockup 直接存储和转发闭锁 一种闭锁状态,此时任何 IMP(接口信息处理机)都不能接收来自别的接口信息处理机的报文。

direct symbol recognition 直接符号识别 检测符号特有的几个性质的一种符号识别。

direct syntax analysis method 直接语法分析法 语法分析的一种方法。按照这种方法,在语法分析时总是从源程序(即一串由属性字组成的符号)的左端符号开始,逐步向右找出与语法规则右部一致的部分,然后归约它,即用所找到的语法单位的符号来替换源程序中与之一致的部分;接着在替换后的符号串中再找出与语法规则右部一致的部分,并归约它。如此重复,直到整个源程序替换成语法概念(程序)为止。在分析过程中,每当一串符号与语法规则右边匹配时,既进行归约,也可能同时进行相应语义翻译,生成目标指令。

direct transfer application part (DTAP) 直接传送应用部分 用来传递有关 MS(移动台)的呼叫控制和移动性管理消息。这些消息中的第三层信息不被 BSS(基站子系统)翻译。

direct transmission satellite 直接通信卫星 一种通信卫星,它把信息直接发送给各个用户的接收装置,目前能把直接通信卫星用于电视广播。

direct view storage tube (DVST) 直视式存储管 一种无需屏幕刷新的阴极射线管,屏幕能长时间保持图像,而且从电子枪来的电子束可在屏幕表面随意移动。DVST 能显示一个精确的图像,但显示后不能擦除,显示的图像不能改变。比较 cathode-ray tube (CRT)。

direct voice input 直接语音输入 直接把人的声音信息输入到设备的一种输入方式。而无需经过键盘这一中间步骤。

Direct 3D Direct 3D 接口 Direct 3D 是微软公司于 1996 年为 PC 开发的三维应用程序接口,与 Windows 95、Windows NT 和 Power Mac 操作系统兼容性好,可绕过图形设备接口(GDI)直接进行支持该 API(应用程序接口)的各种硬件的底层操作,大大提高了图形处理(如游戏)的运行速度。

Dirichlet drawer principle 狄利克莱抽屉原理 也称"鸽巢原理"。指多于 $n+1$ 个球放进 n 个抽屉,则必有一个抽屉至少有两个球。它是组合计数的一条基本原理。

dirty bit 脏位 页表中的一种标记,它表明自从页调入后被写过。

dirty line 沾污行 采用写回式高速缓存的存储器中的一种状态。写回式高速缓存中的内容与主存中相应单元的内容不一致时,主存中的内容被认为是沾污的。参见 stale information。

dirty paper coding (DPC) 脏纸编码 一种可以达到多输入多输出(MIMO)广播高斯信道容量的理想传输方案。脏纸编码基本思想是:在存在干扰的情况下,通过在发射端采用合适的编码方法,使接收机在接受信号时可以认为传输不存在干扰,从而来提高信道性能。

dirty read 脏读,污读 数据库并发操作中的一种不一致性。如果用户事务 T_1 修改数据库的某一个数据,事务 T_2 读取同一数据,而后 T_1 由于某种原因被撤销,则 T_2 读到的数据就是"脏"数据,即不正确的数据。T_2 对数据库的这种读取称为脏读。

避免脏读的有效方法是对数据库操作并发控制，使一个用户事务的执行不受其他事务的干扰，但有时有些统计工作涉及的数据量很大，读取一些脏数据对统计精度没什么影响，这时可以降低对一致性的要求以减少系统开销。

DIS （1）智能分布式系统 distributed intelligence system 的缩写。（2）分布交互仿真 distributed interactive simulation 的缩写。

DISA 国防信息系统机构 Defense Information Systems Agency 的缩写。

D

disable 禁止，使……不能…… （1）取消或抑制正常动作的进行。（2）在交互式通信中，断开连接或者停止一个子系统，对应于 enable。

disabled 屏蔽的，不可用的，禁止的 计算机通过暂时禁止掉一些功能来控制工作的一种方法。例如，为了防止在处理的关键时刻发生中断，可以暂时禁止一些次要的中断发生。同样，在通信系统中，为避免资源争用，可暂时禁止某些子系统的呼叫。比较 enable。

disabled interrupt 禁止中断 某些计算机中，中断请求可以被接受，也可以被拒绝。当中断请求被接受后，中央处理器将它保存起来，等待处理，称待命中断。待命处理的中断又可以处于“允许”或“禁止”两种状态。处于“禁止”状态时，中断信号保持等待，直到转向“允许”状态时，计算机才进行中断处理。

disabled module 禁止中断模块 在执行期间不能被中断的一种模块。这种模块一旦获得控制权，就必须从头至尾执行完毕。比较 enabled module。

disabled page fault 禁止页面故障，禁止缺页 在某些虚机和虚拟存储操作系统中，处理机不接受输入/输出和外部中断时所发生的页面故障（即缺页的现象）。

disabled port 不活跃端口 在异步终端仿真（ATE）中，一个表示准备发出消息的端口配置。

disabled state 不活跃状态 无论什么原因，产品（装备）表现为不能执行所需功能的状态。同 outage。

disabled switch 不活跃开关，失效开关 一个在子系统支持服务（SSS）系统开关表中的软开关，打开时表示发生了一个严重的错误（如不能访问子系统库或者另一种 I/O 错误），并表示子系统服务（SSS）已被关闭。

disabling tone 禁止音调 经通信线路转输到控制设备表示暂时禁止使用线路的一种音调。

disagreement set 不一致集合 一个简单表达式的有限集中，对应的简单表达式或其子表达式中不相同的简单表达式或子表达式的集合。例如，设简单表达式集 S，$S=\{P(f(x),h(y),a),P(f(x),z,a)\}$，那么 S 的不一致集合为 $\{(h(y),z)\}$。

disambiguation 澄清 在 Ada 语言中，从一个具有重载的名字根据当时上下文选择确定一个实体的处理过程。

disarmed interrupt 解除中断 使中断信号无效。系统中某一个中断级别不能接收中断信号。因而处于解除中断状态。

disarmed state 解除状态 中断级不能接收中断输入信号的状态。

disassembler 反汇编程序 把机器语言代码翻译成汇编语言源代码的一种程序。比较 assembler。

disassembly 反汇编 在程序调试过程中，把机器语言翻译成汇编语言助忆符的过程。

disaster 灾难 由于外部或内部因素所导致的关键业务过程的突然中断，并且中断时间超过了系统的承受能力。

disaster dump 灾难性转储 在发生无法克服的程序错误时所进行的信息转储或打印输出。

disaster of information service system 信息服务业务系统灾难 由于各种原因，造成信息服务业务系统故障或瘫痪，使信息服务业务系统支持的业务功能停顿或服务水平不可接受、达到特定的时间的突发性事件。

disaster recovery 灾难恢复 将实体恢复到可接受环境下的行为和程序。通过实施灾难恢复计划对响应服务中断进行响应并对机构的关键业务功能进行重置的能力。

disaster recovery coordinator 灾难恢复协调官 对灾难恢复负有责任的管理者。

Disaster Recovery Institute International（DRI International） 国际灾难恢复协会 用于提供业务连续性专家认证及培训的非盈利性组织。

disaster recovery of information service system 信息服务业务系统灾难恢复 为了将信息服务业务系统从灾难造成的故障或瘫痪状态恢复到正常运行状态或部分正常运行状态、并将其支持的业务功能从灾难造成的不正常状态恢复到可接受状态而设计的活动和流程。

disaster recovery or business continuity coordinator 灾难恢复或业务连续性协调官 业务连续性管理（BCM）程序中用于协调规划及整个组织或单元的全部恢复工作的角色。参见 business continuity planning（BCP）。

disaster recovery plan（DRP） 灾难恢复计划 由管理层验证的、用于定义管理恢复工作所需的资源、行为、任务、数据的文档。该计划为业务连续性管理（BCM）的组件之一。DRP 应用于重大的、通常是灾难性的、造成长时间无法对正常设施进行访问的事件。通常，DRP 指用于紧急事件后在备用站点恢复目标系统、应用或计算机设施运行的计划。DRP 的范围不涉及无需重新配置的小型危害。

disaster recovery software 灾难恢复软件 用于协助组织制定完善的灾难恢复计划的应用程序。

disaster recovery teams 灾难恢复小组 在灾难即将发生的情况下对控制恢复工作实施的结构化团队。

disbelief 不相信度 人们对于某一个不确定命题的不相信程度的量度。取值范围为0至1之间。其值为1,表示完全不相信;0表示完全相信。参见belief,certainty factor。

DISC (1)断开连接disconnect的缩写。(2)断开字符disconnect character的缩写。

disc 光碟,光盘,磁盘 能由光(激光)技术读取的非磁光亮金属盘片。在英文中,disc虽是disk的另一种拼写形式,但在计算机术语中,光碟使用disc,而其他磁盘,如软盘、硬盘、RAM(随机存取存储器)盘等都使用disk。

discarded packet 废弃(信息)包 有意毁掉的信息包。

discard policy 废弃策略 一种存储器管理策略。在分页系统中称为分页策略,在虚拟存储系统中,指保存和废除页面和/或段的所用策略。它常用废弃算法来描述,并由操作系统来实现。这种策略保证每个活动进程在每个执行阶段具有所需要的页面和/或段,并使主存储器中不需要的页面和(或)段最少。大多数废弃策略采用先进先出方式,最先进入主存的页面和/或段在需要附加空间时,就最先予以废除。有的废弃策略则采用最近最少使用的方式,未用时间最长的页面和/或段最先予以废除。还有的则用先进未用先出(FINUFO)方式,首先废除的是最先进入主存而在某一段时间内未用或某些指令未用的页面和/或段。

discard set 抛弃集 移动通信系统中,指现在属于激活集,但由于已经不满足激活条件即将被抛弃的小区。通常设一抛弃计时器,如果在计时范围内仍不满足条件就将此小区抛出激活集。参见active set。

discharge 放电 (1)电通过气体的一种方式,它通常伴随着辉光、电弧、火花或电晕。(2)从电池、电容器或其他储能的设备中泄放电能的过程。同electric discharge。

discharge alone surface 沿面放电 电场中固体(或液体)与气体(或夜体)等不同介质的分界面上所出现的放电现象。沿面放电发展成电极间贯穿性的击穿称为闪络。绝缘子的放电是最常见的一种气体中的沿面放电现象。由于介质交界面上的电压分布不均匀,沿面闪络电压比气体或固体单独存在的击穿电压都低。闪络电压还受介质种类、绝缘结构的电场分布和表面状态(如雨、露、雾湿润、沾染脏污等)等因素的影响。参见surface discharge in dielectric oil。

discharge characteristic 放电特性 在供电电流不变的情况下,二次场电位差随放电时间的变化关系。当充电一定时间后断电,二次场电位差随时间缓慢衰减,开始较快,以后逐渐减慢,最后趋于零。

discharge current of a capacitor 电容器的放电电流 电容器放电时的电流。

discharge device of capacitor 电容器的放电装置 跨接在单元的线路端子上或母线之间的或装在单元上的,当电容器众电源脱开后能有效地把电容器上的剩余电压降低到零的装置。

discharge energy test 放电能量试验 为测定在规定电压下绝缘内部一次或多次放电所消耗的能量而进行的试验。

discharge inception test 放电起始试验 测定最低起始放电电压的试验。试验时,把逐步增加的工作频率交流电压施加于绝缘上,直至产生规定强度的连续几个周期放电为止。

discharge of a capacitor 电容器的放电 释放电容器所存储的电能。

discharge resistance 放电电阻 当电容器从电源断开后,为能有效地把电容器上的剩余电压降低到安全值之下装设的电阻。

discharge test of a capacitor 电容器的放电试验 将电容器充电到规定电压值然后经过规定的外电路放电,借以考核电容器的内部结构和电气连接的可靠性的一种试验。

disclaimer 否认声明,不担责任声明 软件包的售主所作的声明,对使用此软件造成的各种损失或该软件不能正常运行,售主概不负责任。

disclosure 泄密,探密 在计算机安全中,指将保密的信息让无关人员知道或在无授权情况下获得信息。

disconnect (DISC) 断开连接,拆接 (1)退出连接的关系。同release。(2)物理地或者电子地断开一个连接。(3)在X.25通信中,指从X.25网络中断开一个端口。(4)在数据通信中,指释放连接中的设备,并使它们处于准备状态的过程。

disconnected 断开连接的 在企业系统连接(ESCON)系统的转向器中,指设置、移去一个专用连接的属性,对应于connected。

disconnected mode 断开方式,脱接方式 在SDLC(同步数据链路控制)规程中,来自二级站的一个回答响应,指出该站处于断开状态并等待联机。同disconnected phase。

disconnected phase 断开阶段 当DCE(数据电路终端设备)检测到错误条件时,从一暂时的内部故障中作恢复或从一DTE(数据终端设备)接收到DISC命令所进入的一种阶段。在断开阶段中,DCE可初启链路的建立,但仅能向已接收的帧传送DM应答。参见information transfer phase。

disconnection 拆接,断开 在通信系统软件中,指一种物理连接的终止。

disconnect mode 断开方式 某些虚机操作系统中的一种操作方式，在此方式中，虚机在没有连接实际的线路或作为操作员控制台终端的情况下运行。任何对控制台发出读命令的企图将导致该虚机在15分钟之后被注销，除非用户在15分钟内再次登录连接。

disconnect signal 断开[拆接]信号 从用户专线或中继线一端传送来的一种信号。表示已建立连接的另一端将要断开。

D

disconnect time-out 断开超时，脱开暂停 (1)某站已挂机的一种指示。(2)表示与某个二进制同步通信设备或工作站出现了通信丢失而暂停的指示。

discontiguous shared segment 非连续共享段 虚拟机器地址范围之外的虚拟存储器的一个区域，可包含只读数据或者重入码，连接非连续的段到虚拟机器的地址空间中以访问程序。

Discontinued Type Locator D. A. T. A. Book **《停产型号产品特性参考书》** 美国DATA公司出版的《DATA电子情报丛刊》之一。收集各国550余家厂商停产的约100 000件过时产品。包括集成电路、晶体管、二极管、闸流晶体管、微波与光电器件的生产单位、型号等的情报资料。

discontinuity 不连续性 线路的阻抗发生突然变化的位置。

discontinuous transmission (DTX) 非连续发射，间断传输 仅当有话音或数据发送时，才打开发射机。

discourse generation 话语生成 语言理解的一个逆过程。话语生成要求把某些信息的一种结构化表示映射成为一组意义连贯的合法句子。也称“篇章生成”。

discourse model 话语模型 由话语“自然激起”的实体集合。这些实体与所描述的一些事件(或情景)有关，蕴含了实体的特性、实体间的相互关系以及事件(或情景)间的相互关系。该模型用于篇章理解和生成。

discoverer 发现器 搜索引擎的一项功能，它确定可以从哪些数据源检索信息。

discovery learning 发现学习 在一定环境下，获取已存在的但未被发现的知识的一种学习方法。这种方法已在人工智能系统中得到实现，例如称为AM的人工智能数学机器发明系统，从少量的集合论基本概念开始，发现了大量数论定理。

discrete 离散的，分散的 单独的、分开的、可作为一个单元的。是相对于连续的、集成的而言。

discrete circuit 分立电路 由分别制造的器件如二极管、电阻、三极管、电容等构成的各种电路。

discrete component 分立元件 分开制造后再进行组装的任何元器件。例如，一个晶体管如果分立制造后再被安装到电路板上，那么它就是个分立元件。

discrete component circuit 分立元件电路 使用分立元件(如晶体管、电阻、电容器等)组装起来的一种电路。

discrete component microcircuit 分立元件微型电路 主要由在微型电路板或基片上安装之前已制造出的独立有源元件和无源元件组成的电路。

discrete convolution 离散卷积 在图像处理中，将两个图像用移动、相乘和相加操作进行结合的过程。通常一个图像比另一个图像小得多，这个小图像称为屏蔽或窗口，可完成各种过滤功能。

discrete cosine transformation (DCT) 离散余弦转换 对离散数据进行的一种数学变换，类似于快速傅里叶转换(FFT)但较容易计算，是一种极广泛应用的图像和视频压缩算法。在算法中像素块具有空间频率特性，其中具有较小系数的频率分量在压缩过程中将被删除。参见 inverse discrete cosine transformation (IDCT)。

discrete data 离散数据 分开的和可以区分的数据表示方法。与连续数据不同，对这类数据通常采用代码方式，即用字符(包括数字)表示的数据。

discrete device 分立器件 每个封装只完成一种功能的独立电子零件、器件或元件。具体例子包括芯片和已封装的电阻器、电容器、电感器、二极管和晶体管，以及包括发光二极管(LED)、可控硅整流器(SCR)、光电管和压力传感器在内的专用器件。

discrete event 离散事件 一种引起一个或多个系统状态描述量即时改变的情况。

discrete Fourier transformation (DFT) 离散傅里叶变换 对离散时间信号的傅里叶变换。对有限长度的信号序列 $x(n)$，其离散傅里叶变换定义为：

$$X(k)=\sum_{n=0}^{N-1}x(n)e^{-j(2\pi/N)n\cdot k}$$

$$k=0,1,\cdots,N-1$$

根据DFT的结果求原序列的变换为离散傅里叶逆变换，其变换式为：

$$x(n)=\frac{1}{N}\sum_{k=0}^{N-1}X(k)e^{j(2\pi/N)k\cdot n}$$

$$n=0,1,\cdots,N-1$$

discrete mathematics 离散数学 以离散事物为研究对象的数学分支。主要包括数理逻辑、集合论、抽象代数学、图论与组合论等。离散数学的最新动向是开发适于描述算法应用的理论工具。离散数学是由于计算机研究与应用的需求而形成的学科，并在时序机、计算机系统设计、数据结构、纠错码、计算机网络和计算机软件中有着广泛的应用。

discrete multi-tone (DMT) **离散多载波，离散多音(调制)** (1)离散多载波是一个多载波调制方案。数字信号分配给同一通道的多个子载波，每个子载波上的位数由其所在位置的信道特性决定。DMT通过离散傅里叶变换生成这些子载波。(2)离散多音(调制)是ADSL(非对称数字用户线路)采用的两种调制技术之一，已被美国国家标准协会(ANSI)选择为ADSL的标准。DMT将可用带宽划分为256个子信道，每个子信道带宽为4 kHz，然后将数据自适应地动态分配给每一个子信道，这就使得在约1 MHz的可用频带内实现超过6 Mbps的数据率。

discrete problem **离散问题** 在离散点上求近似解的数学物理问题。把无限个自由度的连续问题化为有限个自由度的近似问题。如差分法、有限元法把微分方程(原问题)化为代数方程(离散问题)求解。

discrete profile **独立的简介，独立的轮廓文件** 对RACF(资源访问控制设施)定义的单个资源的一种描述，归属于数据集类或归属于一般资源类中的一类。这种说明可以包括已授权的用户，每个用户的访问权，数据集的设置(设备类型和卷序号)，对数据集的访问次数以及其他信息。

discrete programming **离散[整数]规划** 运筹学中的一种规划方法，即自变量在只使用整数型数值的限制下，对函数求取最大值或最小值的方法。同integer programming。

discrete Raman fiber amplifier **分立式喇曼光纤放大器** 基于光纤中的受激喇曼散射效应，以色散补偿光纤或高非线性光纤作为增益介质，在喇曼泵浦模块(RPU)的作用下，使信号得到放大的一种光纤放大器。参见Raman fiber amplifier (RFA)，distributed Raman fiber amplifier。

discrete random variable **离散性随机变量** 如果随机变量X只可能取有限个或至多可列个值，则称X为离散型随机变量。离散性随机变量在某一范围内的取值的概率等于它取这个范围内各个值的概率。参见continuous random variable。

discrete representation **离散表示法** 用字符表示数据的方法。其中每个字符或一组字符表示一种离散数据。

discrete simulation **离散模拟** 系统的主要成分和事件是离散的，且不按规则的间隔来取值，即只有当系统改变状态时，模拟量才改变离散模拟的模拟方法。与连续模拟相反。

discrete simulation languages **离散仿真语言** 用于简化书写离散系统仿真程序的程序设计语言。常见的有GPSS，SIMSCRIPT等语言。

discrete spectrum **离散频谱** 频谱的一种基本类型。也称“线状频谱”，图形呈线状，各线谱线(代表某频率分量幅度的线)之间有一定的间隔。周期信号的频谱都是离散频谱。参见spectrum，continuous spectrum。

discrete solution **离散解** 连续问题近似为离散问题后所求出的解。在一定条件下，它是连续问题的近似解。

discrete source **离散信源** 产生离散信息的信源。离散信源只能产生有限种符号，因此离散信源可以看成是一种有限个状态的随机序列。

discrete system **离散系统** 全部或一些组成部分的变量具有离散信号形式的系统，如按一定的采样时刻进入计算机的信号。除含有采样数据信号的离散系统外，在现实世界中还有天然的离散系统，如在人口系统中对人口的增长和迁徙过程只能用离散数字加以描述。在现代工业控制系统中广泛采用数字化技术，或在设计中通过数学处理把连续系统化为离散系统，其目的是为了获得良好的控制性能或简化设计过程。离散系统的运动需用差分方程描述。对于参数不随时间变化的离散系统可利用Z变换分析。当系统中同时也存在连续信号时(如采样系统)，也可将离散信号看成脉冲函数序列，从而能采用连续系统分析中的拉普拉斯变换对系统进行统一处理。参见discrete time system (DTS)。

discrete time signal **离散(时间)信号** 在时间上依次出现的数值序列，例如{…，0.5，0.8，−2，0，…}。相邻两个数之间的时间间隔可以是相等的，也可以是不等的。在语音处理中，其间隔一般是相等的，且离散信号是由连续语音信号采样得到。

discrete time system (DTS) **离散时间系统** (1)一个动态系统如果用差分方程描述，该系统即为离散时间系统。系统的状态可以在差分方程的更新点上变化。(2)按预先设定的算法规则，将输入离散时间信号转换为所要求的输出离散时间信号的特定功能装置。离散时间系统有两种描述方法：输入-输出描述法和状态变量描述法。输入-输出描述法着眼于系统的输入和输出信息之间的关系，并不关心系统内部的工作状态。状态变量描述法不仅可以给出输入和输出信号之间的关系，还可提供系统内部变量的情况。系统的数学模型求解，大体上可分为时间域方法和变换域方法。前者直接分析作为时间变量的输入和输出信号之间的关系，即利用差分方程研究系统的时间特性。后者则将时间变量转换成相应变换域中的变量函数。应用Z变换求解差分方程就是人们熟知的一种变换域方法。参见combined system，continuous time system。

discrete tone **离散音频** 在声学中，一个声压随时间的正弦函数而变化的声波。参见prominent discrete tone。

discrete transistor **分立晶体管** 密封在合适的外壳内并有供外部连接引脚的单个晶体管。有时，在同一芯片上形成两个晶体管以给出热匹配。

discrete type 离散类型 Ada语言中两类纯量类型之一(另一类为实数类型)。离散类型又分枚举类型和整数类型。

discrete unit 离散单元 数字信息流的元素,与连续模拟信息流相对而言。

discrete variable 离散变量 一种可以采取任何一个离散值或独立值的变量。

discrete word intelligibility 单词可懂度 当所考虑的语言单位是单词时能够得到理解的百分比。所呈现的单词几乎很少有前后之间的联系。

discretionary access control (DAC) 自主访问控制 (1)是一个接入控制服务,其强制执行一个基于系统实体身份和它们访问系统资源的授权的安全策略。这包括设置文件,文件夹和共享资源的许可。它根据主体或其所属类别的标识来决定主体对客体访问权限,使客体信息不被非法访问和修改。其中自主型控制的含义是拥有某种访问特权的主体可以把其特权直接或间接授予其他的主体。(2)在计算机信息安全学中,指根据需要来安排主体是否可以访问客体。通常以Self,Group,Public代码标出主体对客体的读、写、删除、创建的许可,可用于简单的控制安全性授权管理。比较mandatory access control (MAC)。

discretionary access control list (DACL) 自主访问控制列表 一个最普遍类型的访问控制列表(ACL),其通常被用于控制到计算机和网络资源的接入。DACL限定哪些主体针对哪些客体可以执行什么操作。

discretionary hyphen 自选连字符 在文字处理中,当一行结束处没有足够空间写下一个完整的字时,可由操作员插入一个连字符,把这个字分割开。有些字处理系统是无需操作自动加入的,有自选连字符的字重新排版时,该字如不再在一行的末尾,则自选连字符会自动消失。比较required hyphen。

discretionary protection 自主型保护 也称"自主访问控制",在美国国防部定义的安全操作系统标准中属于C级,该等级的安全特点在于系统的客体(如文件、目录)可由该系统主体(如系统管理员、用户、应用程序)自主定义访问权。参见trusted system,minimal protection,verified protection。

discretionary replace 离散替换 在字处理中,用新的文本替换某个文本的每个出现。

discretionary security 自选安全 在计算机安全中,由实体自己决定的安全措施。特别指在数据传输中,由一个实体要求的一次通信期间安全服务所应有的措施。

discretization 离散化 把一个连续性的量分割成孤立量的过程,如把[0,1]区间N等分,则各等分点$X_n=\frac{n}{N}(n=0,1,2,\cdots,N)$称为对应这种分割的离散化的点,相应的过程就称为[0,1]区间的一种离散化过程。

discriminant 判别式 判别式是记录值或记录对象的一个特异的语法成分。某些记录成分的子类型或其存在与否取决于该判别式的值。为了记录的安全,在某些程序语言中,如Ada语言中引入了此概念。

discriminant analysis 判别分析 在已知总体数目的情况下,判断某次抽样个体来自哪一个总体的统计方法。判别分析的基本原理是按照一定的判别准则,建立一个或多个判别函数,用研究对象的大量资料确定判别函数中的待定系数,并计算判别指标,据此即可确定某一样本属于何类。

discriminated union 鉴别联合 C语言中的一个联合,包含若干数据类型,其中一个联合的句柄是枚举值或者鉴别值,包含一个系统先行处理的特殊对象。

discriminating element 鉴别元件 装置中鉴别故障或不正常工作状态的程序,根据激励量值的变化以确定装置如何动作的元件。

discrimination instruction 判别指令 由转移指令和条件转移指令组成的一类指令。

discrimination network 判别网络 一种对一组测试项目进行编码的网络,按照预定的客体特性进行编码。用于将客体集合分成固定类别。

discrimination rule 辨识规则 把某概念的例子从其他概念的所有例子中分辨出来的最一般的规则,也称"辨识描述"。

discrimination tree 判别树 一种用于组织领域知识的技术,基于通过属性及属性值所提供的判别依据,把几组元素都细分成子组元素。

discriminator 鉴别器,鉴频器,鉴相器 一种输出电压的大小和极性取决于输入信号与标准信号或其他信号有多大差别的电路。因此,鉴频器将与载频的频偏转换成相应的幅度变化。脉冲高度鉴别器只对超过预定高度的脉冲提供输出电压。鉴相器则将相位变化转换成相应的幅度变化。

discriminator transformer 鉴频变压器 一种在直接将调频(FM)信号变换成调幅信号的电路中,或在将频率变化变换成相应电压变化的电路中使用的变压器。

disc rotation speed 磁盘转速 单位时间内磁盘片旋转的次数。由于磁头是靠盘片旋转的气流浮动工作的,故要求该速率应在正常允许的范围内。

disc type motor 盘式电动机 电动机的电枢或转子为盘状,气隙磁场为轴向的结构型式。

disc write protect 磁盘写保护 由开关选择磁盘信息的保护功能。是一种保护磁盘上记录信息不被误操作或故障等原因造成破坏而采取的技术措施。

disengaging ratio 继电器退出系数 继电器退出值

与动作值之比。

disengaging value　继电器退出值　在规定条件下，使继电器退出的输入激励量(或特性量)的值。

dish antenna　碟形天线　一种碟形发射或接收天线。典型的用在从通信卫星接收无线电信号和电视信号。

disjoint　互不相交　两个集合没有公共元素，称为互不相交。

disjointness constraint　不相交约束　该约束解决这样的问题，是否一个超类型的实例同时是两个或多个子类型的成员。

disjoint network　分离网　在网络中，两个或者多个具有相同网络标识符的子网，不直接连接，而是间接地连接，如通过SNA(系统网络体系结构)网络进行连接。

disjoint rule　不相交规则　如果指定一个实体实例(超类型的实体实例)是一个子类型的成员，则不能同时是另一个子类型的成员。

disjunction　逻辑加，析取　(1)逻辑加法，逻辑和，一种布尔运算，当且仅当每个操作数都为布尔值0时，其运算结果为布尔值0。比较conjunction。(2)析取，命题逻辑的二元连接词，记为“∨”，其真值表为

P	Q	$P \vee Q$
F	F	F
F	T	T
T	F	T
T	T	T

disjunctive concept　析取概念　具有析取形式的概念，如英语称呼uncle就是一个析取概念，他或者是父母的兄弟或者是父母的姐妹的配偶。

disjunctive search　按“或”检索　按照“或”的条件去查找所需要的项目。例如要求找出生物学、微生物学、生物物理学方面的资料。

disjunctive syllogism　选言三段论　也称“析取三段论”，大前提是选言判断，小前提和结论是直言判断所组成的三段论。其肯定否定式是

A或是B或是C(“或”不是相容的)
A是B
―――――
A不是C

其否定肯定式是

A或是B或是C(“或”是不相容的)
A不是B
―――――
A是C

disk　磁盘　用来记录信息的一种表面涂有磁性材料用于存储信息的圆盘。磁盘是目前广泛使用的一种外部存储器。磁盘分硬盘和软盘两种，前者存储容量大、速度快，由非磁性金属圆盘片表面涂上一层磁性材料作存储介质所构成。后者体积小、重量轻，由柔性塑料圆盘表面涂上用作存储介质的磁性材料而成。参见hard disk，floppy disk。

disk accessing　磁盘存取　磁盘存储器存取数据的方法或过程。存取可以采用实际地址(磁盘上的实际位置)、符号、键控记录编址等各种方法来实现。有些磁盘存储器通过定址逻辑找出所需记录。

disk access method　磁盘存取方法　磁盘设备对磁盘表面记录进行读写所采用的方法。其主要特点是在进行读写时，磁头可按一索引地址迅速找到相应的道和段，然后进行顺序读写。这种方法也称“半顺序存取方法”或“半随机存取方法”。它与顺序存储方法比较具有存取速度快等优点。

disk adapter　磁盘适配器　计算机中用来支持磁盘设备工作的扩展板，插入系统部件的扩展槽内工作。

disk array　(磁)盘阵列　两个或者多个相互连接的磁盘，用于提高存储容量、安全性、性能以及可靠性。

disk bands　盘面区带　磁盘表面有磁层部分划分的环状区域。由外向内分为四个区带：磁头加载区、磁盘外保护带、磁盘数据带和磁盘内保护带。磁头加载时，进入盘组先落到加载区，待磁头浮动稳定后，先进入外保护带，再进入数据带读写数据。盘组伺服面上对应数据面保护带部分记录的信号与对应数据带部分记录的信号不同。磁头平时悬浮在数据带上。偶尔进入保护带，伺服面磁头给出信号使磁头回到数据带，使磁头避免移出磁层部分受到损伤。

disk-based operating system　磁盘操作系统　软件存放在一个或多个磁盘内的操作系统。使用该系统时，首先由引导程序将系统从磁盘装入内存，然后启动系统执行。

disk BASIC　磁盘BASIC　由IBM个人计算机DOS(磁盘操作系统)软盘提供的一种BASIC语言版本。除提供磁带BASIC的全部功能外，并允许在磁盘上读写数据。它还提供记录日期和时间的内部时钟支持异步通信，支持两台附加的打印机。

disk buffer　磁盘缓存　计算机内存中专用于存储磁盘读写数据的少量的存储区域，由于磁盘的工作速度与CPU的速度相对要低几个数量级，每次访问磁盘时只读写一两个字节是效率很低的，所以在读操作时一次读较多的数据到缓存中，使得许多读磁盘的请求可以用一个磁盘操作得到满足，程序写信息时先写入缓存，在缓存写满时再一次写入磁盘。

disk cache　磁盘高速缓存　计算机中专用于暂时存储已从磁盘读出而使用频繁的数据的高速内存。该磁盘高速缓存可以是磁盘驱动器本身的一部分，称作硬磁盘高速缓存；也可以是计算机中保留给磁

盘驱动器的通用存储区域，称作软磁盘高速缓存。在高速缓存中不存储完整的数据文件，而是存储频繁访问的磁盘数据。当程序中需要访问数据时，先检查磁盘高速缓存。如果所访问数据在高速缓存中时，访问的速度就可大大加快。比较 disk buffer。参见 cache。

disk cache block **磁盘高速缓存块** 在读磁盘时写入高速缓存中的一块数据。参见 cache buffer，disk caching。

disk capacity **磁盘容量** 软盘或硬盘的数据存储量。

disk card **磁盘卡** 一种扩展卡，将控制器和硬盘驱动器组装在单个卡上。

disk cartridge **活动硬盘，盒式磁盘** 由一个或者多个磁盘构成的一个整体的部件，以一个整体装入和移出，带有一个保护盒子，是一种可移动硬盘。

disk channel **磁盘通道** 一个数据传输通路。在 NetWare 文件服务器中，一个磁盘通道可以是内部磁盘驱动器或者由磁盘协处理器增加的数据总线，在 NetWare 文件服务中可连接最多四个附加的磁盘通道。

disk compression **磁盘压缩** 提高磁盘存储数据容量的方法。这种技巧使用一种特定软件，在数据存储到磁盘时进行压缩，并且在读取时解压。

disk controller **磁盘控制器** 将计算机提交的对数据的请求转化为控制磁盘驱动器指令的电子电路，其功能包括磁头的定位、在设备和计算机之间协调、控制数据传输等。在某些计算机中，磁盘控制器是装入系统中的，如在 Macintosh 计算机中；而在微机中，磁盘控制器通常是在扩展板上，插入系统部件的扩展槽内。

disk copy **磁盘复制** 将一个磁盘中的数据复制到另一个磁盘的过程，它不同于文件复制，是严格按照源磁盘上数据组织方式的精确复制，所以要求源盘与目标盘的类型规格必须一致。参见 backup。

disk crash **磁盘失败** 由任何软硬件故障导致的磁盘操作的失败。参见 crash。

disk cylinder **磁盘柱面** 一个磁盘驱动器中相应磁道的集合，它包含多个记录面并且有一组读/写头与之对应。

disk directory **磁盘目录** 磁盘中包含文件信息的索引，包括文件名、文件字节数、文件日期和时间以及在磁盘中的存储位置等信息。参见 directory。

disk drive **磁盘机、磁盘驱动器** 附加在计算机系统上的读写磁盘的设备。它主要由高速旋转的转台驱动盘片，并配有一个或多个读写头及相关电路组成。按所使用盘的类型可分为：硬盘驱动器、软盘驱动器和光碟驱动器。存储容量和存取时间是磁盘驱动器的两个最重要指标。

disk drive controller **磁盘驱动器控制器** 控制连接在计算机上的软盘和/或硬盘物理操作的电路。随着集成驱动器电路（IDE）标准的出现，控制器电路已置入驱动器本身。磁盘驱动器控制器电路有两种功能：它利用一种接口标准建立与驱动器电路的通信以及数据编码方案，如变频调制（MFM）、有限游程长度（RLL）或高级有限游程长度（ARLL），以实现在磁盘磁表面上对信息编码。

disk duplexing **磁盘双工** 一种磁盘故障下保护数据的技术，使一个通道上的一个硬盘和另一个通道上的另一个硬盘互相映射，同步工作。因此能在磁盘通道故障的情况下保护数据。数据可同时进行读写，因而工作速度不受影响。磁盘双工的分散检索性能可以向响应较快的磁盘发读请求，可把多个请求分散到以磁盘双工方式的磁盘对上，实现并发操作。

diskette **软(磁)盘** 一种软磁盘，它被封装在一保护套中。软盘有好几种尺寸。最大的是 8 英寸，现已不用。5.25 英寸和 3.5 英寸是目前还在用的，2 英寸是用于膝上型计算机中。软盘早期是单面的，现都是双面都可存储的。它又可分单密度、双密度、四密度、高密度或甚高密度。不同密度及其存储容量也不同，其中甚高密度软盘的容量可达 40 MB。

diskette drive **软盘驱动器，软盘机** 用于读写软盘的一种机电装置。参见 disk drive。

diskette file **软盘文件** 由用户建立以支持某一个软盘设备的一种设备文件。

diskette file directory **软磁盘文件目录** 用于标识软盘上的文件、文件属性、占用空间以及占用的磁盘与扇区的信息的一种表。系统通过软磁盘文件目录获取磁盘上的文件信息。

diskette-formatted tape **软盘格式化磁带** 一种按软盘格式化的磁带，数据转换设备能够读这种磁带，且能将记录在它上面的数据传送到软盘上。

diskette formatting **软盘格式化** 生成和标识一张软盘的每扇区的编号与大小，并准备好为特定的计算机使用。参见 diskette initialization，fixed disk formatting。

diskette initialization **软磁盘初始化** 软磁盘在存取数据之前，必须预置成一定状态，即必须预先将扇区信息记录在软磁盘上，这种操作称为软磁盘初始化。在初始化操作期间，用索引之间的一次连续操作记录每一磁道的信息。索引脉冲的前沿总是用作初始化操作的起点。

diskette operating systems **软磁盘操作系统** 使用软磁盘的操作系统。

diskette sectoring **软磁盘扇区划分** 扇区划分有两种方法：硬扇区划分和软扇区划分。硬扇区划分就是用穿在软磁盘上的孔来标识扇区，每个扇区对应于一个孔，称为硬分段盘片。软扇区划分用写入磁盘的磁性代码标识扇区，称为软分段盘片。但两种方法都用索引孔来标识磁道的开始。当软磁盘旋转时,光电元件就检测到一束光线,给控制器发信号表示磁道开始。

diskette slot 软盘槽 个人计算机中的一个敞开槽,用户可以通过它将软盘插入到软盘驱动器中。

diskette storage device 软盘存储设备 使用软盘作为存储媒体的一种直接存取存储设备。

diskette unit 磁盘单元 包含一个或者多个软盘驱动器的一个物理封装。

diskette 1 单面单密度软(磁)盘 只在一个表面上记录单密度信息的一种软盘。

diskette 2 双面单密度软(磁)盘 两个表面均用于记录单密度信息的一种软盘。

diskette 2D 双面双密度软(磁)盘 盘片的两个表面均可用于记录双密度信息的一种软盘。一张双面双密度的软盘记录的信息容量约等于单面单密度软盘的4倍。

diskette 2D drive 双面双密度软盘驱动器 一种软盘驱动器,它可以读写双面双密度软盘上的双密度信息,亦可读写单面单密度软盘上的单密度信息。

disk file 磁盘文件 磁盘上一组相关的记录,在处理时它们被视作一个整体。参见 record file, stream file。

disk file addressing 磁盘文件寻址 确定随机存取文件信息位置的一种操作。

disk file controller 磁盘文件控制器 控制磁盘机与主存储器之间数据传送的控制设备。

disk file index 磁盘文件索引 标识磁盘文件记录的键标段(磁盘文件)表。

disk file subsystem 磁盘文件子系统 由驱动器、读/写头及定位机构、磁盘组及输入输出接口组成的完整的磁盘文件存储子系统。

disk interfacing 磁盘接口 磁盘机上的用来管理其控制信号的接口电路。这些控制信号使外部控制器板能检测磁盘机的机械状态和电气状态,提供必要的命令,用于磁头定位。由于在IBM兼容软磁盘中,磁盘已经过充分格式化处理,磁盘接口已用单片控制器实现。为了便于同用户程序接口,磁盘还需要许多附加的功能。用户软件应能自动规定文件名。这些都由智能磁盘控制器来实现。

diskless workstation 无盘工作站 网络中没有本地磁盘存储器的工作站,所用程序和数据都取自网络文件服务器。

disk locking 磁盘封锁 一种磁盘保护方法,使用户没有口令不能察看硬盘或者软盘的内容。

disk memory 磁盘存储器 一种不可编程的大容量、随机访问存储器,由高速旋转的一片或多片磁性薄圆盘组成。

disk mirroring 磁盘镜像 磁盘镜像将数据实时复制到物理上相分离的磁盘上,以确保数据的连续可用性、流通性及正确性。通常用两个磁盘驱动器通过同一个通道连接,形成磁盘对,其中一个称为主磁盘,另一个称为镜像磁盘。写到主磁盘的数据块同时写到镜像磁盘,两个磁盘串联地工作,顺序地存储和更新同样的文件。在一个磁盘或磁盘控制器发生了故障时,数据仍然可以存取。通过实施远程镜像,磁盘镜像可用作灾难恢复的解决方案。理想的镜像应实现零恢复点目标。根据所采用技术的不同,镜像可通过同步、异步、半同步或定时等方式实施。参见 fault tolerance, disk duplexing。

disk monitor system 磁盘监控系统 各种计算机系统中对磁盘进行操作和管理的一种子系统。

disk office support system (DIOSS) 磁盘办公室支持系统 一种由IBM公司提供的利用SNA(系统网络体系结构)的办公室信息系统。这种系统具有文本处理能力。

disk operating system (DOS) 磁盘操作系统 计算机系统中配置的一种操作系统,它使用硬盘或软盘作为程序和数据的辅助存储器。它具有多终端多任务的能力。它通过系统控制台或成批输入设备,可以全面控制计算机的软件和硬件。系统程序常驻在磁盘中,需要时调入内存储器。

disk optimizer 磁盘优化程序 为了优化性能在磁盘上重新安排文件和目录的实用程序。

disk partition 磁盘分区 对物理磁盘进行逻辑分割,一个物理磁盘可分为多个逻辑磁盘,每个逻辑磁盘用一个不同的磁盘符号。

disk-resident system 磁盘驻留系统 使用磁盘存储器作为系统例行管理程序的联机存储器的一种操作系统。

disk sector 磁盘扇区 磁盘表面上的含一定角度的一个扇形区域,它包含一个磁道的一块信息,磁道的信息存取是以扇区为单位进行的。扇区大小按不同磁盘有所不同,通常为512字节。参见 sector。

disk server 磁盘服务器 网络上为每个用户共享的一种大容量磁盘存储设备,使用它像是使用各自独享的硬盘装置一样。参见 file server。

disk skew 磁盘失衡 多台磁盘联机运行时,其中少数磁盘频繁接收过多的访问请求。

disk sorting 磁盘分类程序 在分类时,利用磁盘存储器作为辅助存储器的分类程序。

disk spindle 磁盘心轴 磁盘组旋转驱动部分与磁盘组的连接部件。盘组安装在心轴上,随心轴旋转。也称"心轴组件"。

disk storage module 磁盘存储模块 由两个存取机构进行操作的一组不可装卸的磁盘组合件。

disk striping 磁盘分条 将一系列位于不同磁盘上的相同大小的磁盘分区组合成为一个卷的过程,形成一个操作系统识别的虚拟的磁盘,磁盘分条使得同一个卷中的多个 I/O 操作能够在不同的磁盘上同时进行,从而提高性能。参见 disk striping with parity,input/output。

disk striping with parity　带奇偶校验的磁盘分条　在一个磁盘分条中维护奇偶校验的过程,使得在一个分条错误时,该磁盘中的数据可以使用存储在磁盘分条的其他分区中的信息重建。参见 disk striping,fault tolerance,parity。

disk system management　磁盘系统管理程序　某些计算机系统中的一组系统程序,它控制该机磁盘系统的操作。磁盘系统管理程序执行调度、输入/输出控制、存储空间分配、数据管理以及有关的服务。

disk terminal control system　磁盘终端控制系统　通常是终端控制系统与磁盘操作系统链接起来,能有效地处理多终端操作的控制程序。其功能包括作业调度、输入输出控制、文件存取、优先级指定及高速作业处理等。

disk track　磁(盘)道　磁盘面记录信息的轨迹。同一盘面有许多道,它们都是同心圆。

disk type　磁盘类型　一种表示磁盘构造和使用方式的说明或参数。一般有两种磁盘类型:CKD 和 FBA。前者以"计数-键标-数据"的格式在磁盘上存放数据,物理记录长度是可变的;后者则是"固定块长结构",通常每块(即一个物理记录)的长度是 512 字节。参见 count-key-data (CKD) device, fixed-block-architecture (FBA) device。

disk unit　磁盘机　计算机系统常用的外存储器。机内装有一个或多个磁盘片,有使磁盘高速旋转并高速传输数据的机电部件。容量和传输率是磁盘机的两项重要指标。磁盘机通常简称磁盘。磁盘机有许多种;如软盘、硬盘、定头盘、温式盘及活动盘等。磁盘机也称"磁盘存储器"或"磁盘存储设备"。

disk volume　磁盘卷　(1)磁盘叠组或磁盘存储模块的一部分。(2)在某些操作系统中,指不可装卸存储媒体上的磁盘存储器。

diskware　盘载软件　存储在盘上的软件。

disorderly close-down　故障停机　因设备故障导致系统的非人工停机。故障停机往往会造成信息的大量丢失,因此需要采取相应的保护措施。

DISOSS　分布式办公室支持系统　distributed office support system 的缩写。

dispatch　调度　把处理机时间分配给已准备执行的作业或任务。

dispatcher　调度程序　操作系统中为各个作业或任务分配中央处理器及其他硬件资源的程序。它是中央处理器与输入输出设备之间的通信核心,负责通道的排除请求及调度,并对多道程序设计的共享程序实现控制与调度。

dispatcher database　调度器数据库　在 Windows NT 中,一个内核用于跟踪哪些线程准备执行、哪些处理器正在执行哪种线程的全局数据结构集合,数据库中包括调度程序就绪队列。参见 dispatcher,dispatcher ready queue。

dispatcher ready queue　调度器就绪队列　在 Windows NT 中,调度器数据库中跟踪准备执行的线程的数据结构,这是一系列队列,一个队列对应一个调度优先级。参见 dispatcher, dispatcher database。

dispatcher task　调度程序任务　一种控制程序功能。它从待处理的下一任务所在任务队列中选出,并使该任务能控制中央处理器。

dispatching priority　调度优先数　在多道程序或多重任务环境中,一个活动的任务并不是实时的和前台的,需要赋予一定的优先数,以便当操作系统准备将控制返回解题程序时,调度程序能根据调度优先数确定它们使用中央处理器的先后顺序。

dispatching system　调度系统　实时系统的基本应用之一。它回答请求、分配资源,并作出相应的报表。例如给定货分配存货的系统,在这种情况下,调度系统必须减少记录差额,为货栈准备相应的文件,当库存量太少时,发行记录文件。调度系统还执行财务账户、工资总额和日常管理报表等功能。

dispatch list　调度表,派工单　(1)在操作系统中运行表的一个子集,是当前可运行的虚机的集合,即这些虚机并不处于短时等待状态。同 true run list。参见 run list。(2)MRP Ⅱ 中的派工单,根据调度原则按优先级顺序编制的生产订单一览表。利用硬拷贝或 CRT(阴极射线管)显示将派工单通知给生产车间。派工单中包括生产订单的优先级、物料存放地点、数量及能力需求的详细信息,所有这些信息都是按工序排列的。派工单通常每天产生并按工作中心进行调整。也称"调度表"。参见 manufacturing resource planning-Ⅱ (MRP-Ⅱ)。

dispatch table　切换表,调度表　一种包含某种类型例程的识别符和地址的表,如包含中断处理程序入口地址的表。

disperse　分散　一种数据处理操作,将输入信息分散到多处进行处理。

dispersion　色散　(1)光纤中由光源光谱成分中不同波长的不同群速度所引起的光脉冲展宽的现象。色散也是对光纤的一个传播参数与波长关系的描述。(2)将辐射分离为具有不同频率、能量、速度或其他特性的各个组成部分的过程。如棱镜或衍射光栅将自然光分解为构成白色的各种色彩。

dispersion coefficient　色散系数　对于在光纤中传输的光波的色散量可表示为谱宽度和光纤长度的函数,即每单位长度和每单位光谱谱线宽度下的脉冲展宽量。色散系数常表示为 $ps \cdot km^{-1} \cdot nm^{-1}$,即皮秒/(千米·纳米)。单位长度光纤中由色散引起的脉冲展宽可由色散系数 M(λ) 和谱线

宽度 Δλ 的乘积表示。

dispersion compensating fiber (DCF) 色散补偿光纤 可补偿在常规光纤传输中产生之色散的一类光纤。它是具有大的负色散光纤，这类光纤是在光纤中加入一定的具有负色散的色散补偿光纤，进行色散补偿，以保证整条光纤线路的总的色散近似为零。

dispersion compensator 色散补偿器 一种用于补偿传输媒介中产生的色散的设备或装置。

dispersion flattened fiber (DFF) 色散平坦光纤 将从 1.3 μm 到 1.55 μm 的较宽波段的色散，都能做到很低，几乎达到零色散的光纤。

dispersion line 色散线 一种能将每个频率延迟一段不同时间的延迟线。石英延迟线或是铝延迟线均可设计成具有这个特性。

dispersion medium 色散媒质 电磁波的相速随频率而变的媒质。等离子体是色散媒质，但自由空间则不是色散媒质，因为所有频率的波都以光速在空间传输。

dispersion phenomenon 色散现象 用差分法求解波动方程时由差分格式引起的波传播的相速度随频率的变化。色散现象会改变微分方程解的不同频率波的波形引起误差。

dispersion shifted fiber (DSF) 色散移位光纤 一类零色散波长移到 1 550 nm 附近的光纤。

displacement 位移量，偏移 (1)加在基地址上形成操作数实际地址的整数。(2)从一个记录、数据块或段的起点到一特定字段起点的距离。同 relative address。

displacement byte 偏移字节 在变址指令中的一字节值，此值与变址寄存器值相加得到真地址或修改变址寄存器的内容。

displacement current 位移电流 假定在有时变电场的情况下存在的假想电流。它是麦克斯韦提出的假定，用来解释经电容器极板之间的空间的电流转移。参见 conduction current, convection current。

displacement finite element method 位移有限元法 有限元法的最基本形式。求解弹性力学问题时，此法只把弹性体位移作未知量，通过力学上的位能原理求解，再由力学定律求出应力。对一般数学物理问题，也只把未知函数作为未知量，不直接求解未知函数的导数。用拉格朗日有限元求解弹性力学虚功方程中的位移变量即属于位移有限元法。

displacement transducer 位移传感器 一种将直线移动或角度变化转换为电信号的传感器。构成这种转换的方法包括利用可变电感、可变电阻、可变电容、磁敏元件、光敏元件和电子管电路或晶体管电路。它分为电感式位移传感器、电容式位移传感器、光电式位移传感器、超声波式位移传感器、霍尔式位移传感器等。参见 posentiometric displacement transducer, photoelectric displacement transducer, Hall type displacement transducer。

display 显示(器) (1)数据或图形显现在显示器上，也作为显示器屏幕的简称。在显示器的表面上呈现出来的所有内容称为一幅显示画面或显示图像。(2)显示器按其工作原理分许多类型，比较常见的是：阴极射线管显示器(CRT)和液晶显示器(LCD)，另外还有等离子体显示器(PDP)、真空荧光显示器(VFD)等。

display adapter 显示适配器 用来控制显示器与计算机之间的数据传送，控制显示系统内部的控制信息、状态信息及各部件的时序和同步的一种适配器。通常它是一块可插入系统的设备扩充槽的扩充板，板上还配有存储器作显示缓存。参见 video adapter。

display and printing calculator 显示打印计算器 提供显示及打印计算器数据输出的功能的一种机器。用户可根据需要选择这两种输出方式中的一种。

display area 显示区域 计算机系统中的字符显示支持程序在定义显示字符时，用于显示当前被定义的和要更新的字符的一个区域。显示屏的某些区域对显示的图像是无效的。例如，在阴极射线管上显示屏面的边缘部分位于电子束扫描区域以外。同 display space。

display attribute 显示属性 在显示屏中，确定给某显示元素、显示段或整个显示映像的一种特定的显示特性，如颜色、亮度和闪烁。

display background 显示背景 显示屏上画面保持静止不变的部分，如屏幕上窗口的边框或底色图案。

display-based word processing equipment 显示式文字处理设备 一种文字处理设备，它能用电子装置显示文本或其他图形，使用阴极射线管(CRT)、发光二极管(LED)或等离子体显示器(PDP)。比较 non-display-based word processing equipment。

display buffer storage 显示缓冲存储区 为存放将要在显示器上显示的字符信息而专门辟出的一块缓冲存储区。缓冲区的大小一般大于要显示的信息量。

display capacity 显示容量 显示器一次能显示的字符数。许多商用显示器能显示 24 行×80 字符。为了显示整个文本、表格或报表，需要有更大的显示容量。

display character generator 显示字符发生器 显示设备上的一种硬件，它把字符的数字代码转换成能使电子束在荧光屏上产生该字符的信号。

display character set 显示字符集 为显示而设定的一组互不相同的字符。它包括字母、符号和数字等。字母可以是大写，也可以是小写。还可有双宽度或双高度的字符。

D

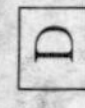

display code 显示代码 所有的微计算机都有一系列字符和符号,可借助于像 ASCII(美国信息交换标准代码)中 CHR$ 这种功能的代码数字加以显示。有 256 个显示代码(包括空格)相应于 8 位字节的可能排列,即 0 ~ 255。PEEK 和 POKE(见 PEEK 和 POKE)只在特殊微计算机中用作显示代码。

display-code generator 显示码生成器 在图形学中,用户一旦编制完他的显示内容之后,这些程序内容就可在屏幕上加以实现。但是其程序都是一些操作命令过程,无法直接实现。显示码生成器就是将这些过程经过编译之后的代码存放起来。显示代码生成器的内容就是屏幕上显示的内容。

display column 显示列 在计算机制图技术中,构成显示面上一条完整的垂直线的所有显示位置。同 addressable vertical positions。比较 display line。

display control unit 显示控制器 对显示器进行控制的一个部件。它由通道和将若干显示部件与中央处理器连接起来的有关控制电路组成,能以分时方式使多个显示器同时工作。

display cursor 显示光标 显示屏上用来指示字符位置的可动标记。操作员可通过按键或移动鼠标器来移动光标。

display cycle 显示周期 在计算机显示屏幕上,产生一次显示图像所需要顺序发生的全部事件。

display data analysis 显示数据分析 利用阴极射线管(CRT)显示器协助对所存储的数据进行的分析和评价。它能很快地以文字、图形或表格形式为用户提供参考数据。

display data channel (DDC) 显示数据通道 DDC 是建立在主机和显示器之间的信息通道,可以将显示器的物理数据直接输给主机。DDC 最直接的应用就是提供显示器的即插即用功能,目前主要的 DDC 标准有以下四种:①DDC 1:最初的 DDC 标准,规定了数据传输格式,由 VESA(视频电子标准协会)组织颁布;②DDC 2B:可以使主机读取显示器扩展显示信息的双向数据交换通道;③DDC 2B+:允许主机和显示器进行双向代码交换,主机对显示器发布显示控制命令;④DDC 2AB:允许主机对显示器进行遥控双向数据通道,通信带宽更大,甚至可以连接其他外设(如游戏杆,鼠标)。

display device 显示装置 用直观方式显示数据或图形的输出设备。按其显示功能可分为字符显示器、图形显示设备和图像显示设备。它们所使用的发光器件通常有阴极射线管、等离子显示板、发光二极管、场效发光板、液晶显示板和电泳显示等几种。

display element 显示元素 在计算机制图中,可位于显示区中,产生或构成显示组、显示图像(如图形、曲线、图画或字)的基本图形元素。点、线段、弧、方格、十字都为显示元素。可用有关显示元素的集合去组成可作为一个单元处理的图像。

display entity 显示实体 若干显示基元在逻辑上构成一个组,作为可识别的一个整体。

display face 标题字体 一种适合于文档标题的打印形式,以其突出的显示区别于文档的正文。参见 body face, sans serif。

display field 显示段[场] 在计算机制图技术中,显示缓冲区或显示空间上的一个区域,包含一组能够作为一个单位来控制或操作的字符集。

display file 显示文件 装有显示设备可识别生成图形的数据或指令的文件。它可存放在内存或显示设备存储器中,如可在显示文件中装入图像的坐标数据,显示设备通过重复地扫描该文件,便可在屏幕上显示一个可视的图像。在显示处理器(DPU)程序中常利用显示文件来刷新屏幕,并可动态地交互式地修改显示文件以改变屏幕上局部区域的图像,如开窗、缩放、旋转等。

display-file compiler 显示文件编译器 在图形学中,为刷新显示代码生成器的内容而设置的程序,将用户的操作命令编译成显示代码并传送至显示代码生成器,确保屏幕显示不被中断地刷新。参见 display-code generator。

display foreground 显示前景 在交互式操作时,被显示的图像中所有可被存取的图形基元、图段统称为显示前景。

display format 显示格式 字符在显示器屏面上的安排形式。

display frame 显示帧 (1)屏幕上动画连续图像中的一幅。(2)在计算机制图技术中,能够记录一幅显示图像的存储器中的一个区域。(3)在计算机缩微制图技术中,能够记录一幅显示图像的缩微件上的一个区域。

display function 显示功能 在工作站上用前端应用程序产生文档或者对象的一个图像的动作。

display group 显示实体组 可以作为一个整体进行控制的所有显示实体称为一个显示组。参见 display entity。

display highlighting 显示增强 在阴极射线管等显示器中,用来区别或强调数据所使用的方法。其实现方法有:加下划线、改变颜色、改变亮度、使显示字段换向或上述诸法的组合。典型的键盘终端至少有三种增强显示信息的方法。

display image 显示图像 在显示屏幕上任一时刻同时显示的图像画面。参见 background image, coded image, foreground image, screen image。

display instruction 显示指令 传送给图形处理器的编码信息,用来指定在显示屏上所要显示的项。参见 display command。

display item 显示项 显示基元、显示实体或显示实体组都称为一个显示项。

display layout sheet 显示格式图表 用于安排数据在显示屏上位置的一种格式表。

display line 显示行 在计算机制图技术中，在显示面上构成全长度水平线的全部显示位置。同 addressable horizontal positions。比较 display column。

display list 显示表[清单] (1)用于生成一幅显示图像的所有显示指令的集合，由于它呈线性结构，所以称为显示表。(2)在 AIX 图形中，一个编译成一个单元的绘图命令序列，如一个宏命令，可以多次调用。

display menu 显示菜单 显示在屏幕上的列表，指示操作者可使用的程序选择项。

display mode 显示方式 荧光屏上显示的方式。有向量显示、增量显示、字符显示、点显示、连续向量显示、短向量显示等。

display monitor 显示监视器 可视显示装置的各种显示屏幕，如阴极射线管(CRT)显示器、液晶显示器(LCD)、发光二极管(LED)显示器等。

display number pad 显示数字键区 类似于加法机上使用的数字键组。利用数字键区，可以减少操作人员的操作次数，从而加快数据输入。

display page 显示页 计算机视频存储器中存储的一屏幕的显示信息，计算机的视频存储器可包含多个显示页，这时程序员为了建立动画序列可以通过建立或者修改显示页，以快速更新屏幕。参见 animation。

display paging 显示分页 在某些虚机操作系统中，由 CMS(会话式监督系统)编辑程序使用以便用显示方式向显示终端提供服务的一种技术。利用这种技术一次可扫描多达 20 行 CMS 文件的记录。

display plotter 显示绘图机 一种绘图机，配有显示屏幕，在此屏幕上表、图、字母、数字、字符、直线或曲线都能由一系列点的组合来显示。当全部显示区域都已使用时，通常可显示相当于 3 848 个字母数字字符一页信息的内容。内部电子标志帮助操作员编辑信息。当使用显示器控制台进行绘图时，它能描绘出一定复杂程度的图形、图表。

display point 显示点 在某些计算机系统的制图技术中，代表最高分辨率的图像元素。同 pel，pixel。

display PostScript (DPS) 显示用 PostScript，PS 语言显示版本 美国 Adobe System 公司于 1990 年推出的一种适合于工作站多窗口环境的 PostScript 版本，是对 PostScript 基本版本的一种扩展，致力于在多任务环境中进行设备无关的图像显示，已被某些厂商采纳作为显示和打印的标准方法。DPS 的特点：①只要计算机安装了 PostScript 精密字库，即使不是 PostScript 对应的打印机，也能输出 PS 字；②所见即所得，可以通过显示器预先观察所编辑的文字的形状及其与图像的混合叠加等特殊效果。③由于 DPS 作为一种应用环境提供了画面显示等与之相关的功能，因而应用软件的开发就可以省去这方面的设计工作，专心于排版、拼版等实际应用功能的开发研究。

display power management system (DPMS) 显示器电源管理系统 DPMS 可使显示器进入“备用”或“挂起”模式以减少电源消耗。大多数主板在 BIOS (基本输入输出系统)中有一个选项：即电源管理设置，可以选择在意外断电后重新来电时机器的状态：是自动开机或是保持关机状态还是保持断电前的状态。

display/printer adapter (DPA) 显示器/打印机适配器 用于显示器和打印机的一种附件，在微机中，通常组合成一块扩展板。

display processing unit (DPU) 显示处理部件 计算机图形系统中的一个功能部件。它将结构化的显示文件映射成线性显示文件(如光栅显示的位图)，完成图形数据的几何变换，并将它们剪裁到指定的窗口或视见约束体中。大多数显示处理部件有很强的处理能力，能完成图形显示中所需的大多数计算工作。

display processor 显示处理器 在图形显示器中用于解释执行主机发送过来的显示命令的一种局部处理器。它的最基本任务是执行扫描转换，把各种图元转换成点阵表示，并存放在帧缓冲器中。此外，它还可以执行各种变换操作等。

display register 显示寄存器 一种在显示板上有相应显示的寄存器，用于显示选择的寄存器的内容。

display screen 显示屏幕 显示数据和图像的屏幕。

display segment 显示段 在计算机制图技术中，能够作为一个单位来处理的显示元素的一种集合。同 display group。

display software 显示软件 与计算机显示有关的软件，如图像、图形显示软件，光笔用的软件。图像软件由图像语言翻译程序及有关的子例程组成。图形显示软件主要由图形程序包组成，通常具有图形的输入/输出、图形的几何变换、图形数据结构的存取和搜索等功能。

display space 显示空间 图像空间中可以在显示器屏面上看得见的那一部分。同 display area。参见 coded image space。

display station 显示站 (1)可直观显示字母数字信息的系统。它可提供快速的人机通信；可用电缆经过显示控制器直接连到计算机上或者用电话线等通信线路进行远程传输。(2)一种输入/输出设备，包括一个显示屏及一个配属键盘，用户籍此可向系统发送信息和从系统接收信息。参见 terminal，work station。

display support software 显示支持软件 显示软件

的组成之一，由图像记录程序和连接宏指令组成，前者将图像数据记录在文件上，后者用于显示输出。

display system 显示系统 提供视觉信息的电子系统，根据用途显示系统可采用一种或多种，一台或多台显示设备，接收来自不同电子设备和系统的信息。其主要应用领域有：①交通管理、工业过程控制和军事指挥系统的状态监视；②显示各种非可见光或非直接可视图像，如在X射线、紫外线、红外线、遥感和医疗电子设备中用来显示图像；③电子计算机的人/机交互设备。用于电子排版、动画制作、CAD(计算机辅助设计)等；④雷达、导航、电子侦察设备中的目标显示。

display tube 显示管 用于显示数据的一种真空管，通常指阴极射线管。

display type 醒目铅字 用于标题行的醒目大铅字。

display types 显示类型 在NetView程序中，一个描述的面板组织的概念，显示类型定义为全部的、最近的、用户动作的和详细的，显示类型与资源类型和数据类型结合描述NetView程序的面板的组织。参见data types，resource types。

display unit 显示部件 能够显示数据和图像的装置。

display window manager 显示窗口管理程序 计算机系统中用来处理屏面信息的一种管理程序。该程序将屏面分成若干窗口。窗口在用户直接控制下，在屏面上向两个方向移动、扩大或缩小、卷动或截断。窗口可以互相重叠，可扩至整个屏面，也可缩至邮票那样大小。窗口管理程序还支持菜单和光按钮的功能。在处理系统中，该程序配合专用软件，可使用户控制多个进程。

display workstation 显示工作站 一个配备显示监控器的ImagePlus工作站。

display writer 显示记录器 专门用来在显示器的显示区中产生可见标志或迹线的显示器的一部分，如光笔、电子枪和电子束、激光束以及带夹持器的绘图器笔。

disruption tolerant network (DTN) 中断容忍网络 网络中断是造成时延的重要因素，因此也称“容迟网络”。DTN是在2002年提出的一种通用的面向消息的可靠的覆盖层网络体系结构，研究的热点包括网络中的机会主义路由、拥塞控制、网络安全等。同delay tolerant network (DTN)。

disruptive discharge 破坏性放电 也称“击穿放电”。固体、液体、气体介质及其组合介质在高电压作用下，介质强度丧失的现象。破坏性放电时，电极间的电压迅速下降到零或接近于零。在气体或液体介质中，沿绝缘表面发生的破坏性放电称为闪络。在气体或液体介质中发生的破坏性放电称为火花放电。在固体介质中发生的破坏性放电称为击穿。固体介质中的破坏性放电产生永久性的介质强度丧失，而在液体或气体介质中的破坏性放电可能只引起介质强度的暂时丧失。同dielectric breakdown。

disruptive discharge voltage 破坏性放电电压 使介质发生破坏性放电的电压值，按试验的不同类型可以用峰值，有效值或平均值来表示。

dissection of virus 病毒剖析 为了达到防范病毒的目的，把病毒从载体中分离，并对它进行分解和分析，寻找其特征，从而了解病毒机理掌握其防治技术的过程。

***Dissertation Abstracts international* (DAI) 《国际学位论文文摘》** 美国国际大学缩微复制品公司(UMI)编辑出版，1938年创刊，月刊。原名《缩微胶卷文摘》(*Microfilm Abstracts*)，1952年改名《学位论文文摘》(*Dissertation Abstracts*)，1969年改为现名。DAI分为3个分册：A辑是人文与社会科学；B辑是科学与工程；C辑是欧洲文摘。该刊报道美国、加拿大和欧洲等国500多所大学的博士论文。该刊的文摘较详细，平均每条约350字，它基本反映了论文的主要内容。文摘款目按分类编排，正文前有分类目次表。

dissipation 耗散，损耗 通常是通过转变为热而呈现的不希望的能量损失。晶体管的集电极耗散额定值(W)是在不损坏晶体管的前提下，集电极上可能作为热耗散的最大能量。

dissipation factor 耗散因数 品质因数(Q值)的倒数。参见quality factor (Q)。

dissipation line 耗散线 当必须耗散几千瓦的功率时，用作菱形发射天线的无感终端负载的一段不锈钢或镍铬合金导线。

dissipative structure 耗散结构 处在远离平衡态的复杂系统在外界能量流或物质流的维持下，通过自组织形成的一种新的有序结构。“耗散”一词起源于拉丁文，原意为消散，在这里强调与外界有能量和物质交流这一特性。耗散结构的概念是相对于平衡结构的概念提出来的，它提出一个远离平衡态的开放系统，在外界条件发生变化达到一定阈值时，量变可能引起质变，系统通过不断地与外界交换能量与物质，就可能从原来的无序状态转变为一种时间、空间或功能的有序状态。

dissipative structure theory 耗散结构理论 研究远离平衡态的开放系统从无序到有序的演化规律的一种理论。耗散结构理论借助于热力学和统计物理学研究一般复杂系统，提出非平衡是有序的起源，并以此作为基本出发点，在决定性和随机性两方面建立了相应的理论。在决定性理论方面，用微分方程的稳定性理论已经证明：复杂的开放系统在平衡态附近的非平衡区域不可能形成新的有序结构，在这个区域内系统的基本特征是趋向平衡态。在远离平衡态的非平衡区域，系统可以形成新的有序结构，即耗散结构。在随机性理论方面，耗散结构理论运用数学中的概率论和随机过程论分析复杂系统，考察系统内的涨落，认为耗散结构形成的机制是由于系统内涨落的放大。系统在某个特定的阈值以下，涨落引起的效应由于平均而减弱和消失，因而不能形成新的有序结构。只是在达到阈值以后，涨落被放大才产生宏观效应，因而出现新的有序结构。耗散结构理论比较成功地解释了复杂系统在远离平衡态时出现耗散结构这一自然现象，并得到广泛的应用。

dissolve 渐隐，淡入淡出 用在图形演示软件或者多媒体中的一种特殊效果。两个图像或两个系列图像间的变化，将两个图像按时间变化的比例加在一起，即一个图像渐渐隐去而另一个图像渐渐出现。它也可以以同样的方式使用在音频片段中。同 crossfade。参见 wipe。

dissuasion tone 劝阻蜂音 在电话中一种可以听得见的信号，指示所要求的分机发生故障或不存在或请求的呼叫类型与该种服务的级别不相符。

distance 距离 字符串之间差别的一种度量方法。有两种常用的距离定义：①设 P 为一个字符串，两个等长字符串之间的汉明（Hamming）距离是两个串不匹配字符的个数，如两个 8 位二进制数 11010111 和 10010100 之间有 3 个对应位不同，则其位距为 3；②两个不必等长串之间的李文舍坦（Levenshtein）距离是从一个串变换到另一个串所需插入、改变、删除字符的最小数。李氏距离为 d 的近似字符串匹配问题称为 d 项差异的字符串匹配。

distance education 远程教育 远程教育是伴随因特网发展而蓬勃兴起的一个教育与信息技术相结合的边缘课题。它能打破地域的限制，实现资源共享，扩大教学的影响力，并能提供高效率的反馈机制。

distance learning 远程学习 通过计算机通信网络进行的教学活动。现代远程学习通过计算机和电子技术的实施，以实时或时延或根据需要达到了连接教师和学生的目的。讲授内容的传送可以通过各种技术来实现，包括人造卫星、计算机、有线电视、交互录像、通过电话线的电子传输、万维网以及其他的因特网技术等。远程学习不排除传统学习过程，常常用来将课堂教学或专业培训过程和实践相结合。参见 video on demand。

distance protection equipment 距离保护装置 反应故障点至保护装置安装处的等效距离及其方向等参数的保护装置。这些参数与区段整定值进行比较的结果决定其动作及选择性。

distance through insulation 绝缘穿通距离 工具中用附加绝缘或加强绝缘隔离的两金属零件之间的最小直线距离。

distance-vector algorithm 距离向量算法 一种动态路由选择算法，也称“Bellman-Ford（贝尔曼-福特）算法”。因为它们是以 R. E. Bellman 的最短路径算法和 Ford 和 Fulkerson（富尔克森）最先提出的分布式算法为基础的。它要求每个路由器发送其路由表全部或部分信息，但仅发送到邻近节点上。这种算法用所经过的跳数来表示路由路径的距离。参见 Bellman-Ford distance-vector routing algorithm。

distance vector multicast routing protocol (DVMRP) 距离向量多播路由协议 一种基本基于 RIP（路由信息协议）的互联网络路由选择协议，实行一种典型的密集模式 IP（网际协议）多播方案。DVMRP 使用 IGMP 和它的相邻节点交换路由选择数据报，它是一种分布式协议，利用一种称为逆向路径多址广播（RPM）的技术，动态地产生 IP 多址广播发送树。

distance vector routing protocol 距离向量路由协议 使用距离和方向向量通告路由的协议。距离使用诸如跳数这样的度量确定，而方向则是下一跳路由器或送出接口。使用距离向量路由协议的路由器并不了解到达目的网络的整条路径，只知道应该往哪个方向或使用哪个接口转发数据包，以及自身与目的网络之间的距离。它使用的是最简单的距离向量路由算法，计算任何一个路由器到某特定目的网络的路由，取其到相邻路由器的开销与相邻路由器到特定目的网络开销和的最优值。

distinguished name 可分辨的名称 活动目录中每一个对象有唯一的可分辨的名称，它确定包含对象的域以及通过这个对象可以到达的完整路径。参见 domain name system (DNS), relative distinguished name (RDN)。

distinguishing tree 区分树 产生区分序列的树，也是后继状态的一种。满足下列条件之一，则节点变成端节点：①节点的不定态向量包含非齐次不定态分量并与前级节点的分量相同；②节点的不定态向量包含齐次不定态非平凡分量；③节点属平凡向量。

distorted electric field 畸变电场 也称“异常电场”或“异常场”。是指地下导电性不同的地质体，如良导矿体和高阻基岩所引起电场变化。畸变电场的电流线分布特点是：地下有良导体时将“吸引”电流，使电流线靠近良导体，地表处的电流密度变小；地下有高阻基岩时将“排斥”电流，使电流线远离高阻基岩，因而地表处的电流密度增大。根据畸变电场的特点，可以分析、推断地下地质情况。

distortion 失真，畸变 (1)传输系统中两点之间发生的不希望有的波形变化。失真的六种主要形式是：①偏移失真——当调制的有效范围不全符合准确的理论时间间隔时所发生的一种失真；②特性失真——调制产生的瞬变现象导致的失真。这与在传输通道的传输质量有关；③延迟失真——当电路或系统的包络延迟内不是常数而在传输所要求的频率范围内时所发生的失真;④末尾失真——起停式电传打字机的信号失真。所有传号脉冲的末尾偏离了它们与起始脉冲的始点相对应的正确位置而产生的失真;⑤不规则失真(抖动)——信号断续地缩短或变长的一种电报失真。这种失真完全是随机发生的。它可能由于电池的(电压)波动引起的,也可能由于撞击导线或电源感应引起;⑥谐波失真——当使用正弦波信号源时,由于传输线的非线性特性产生的谐波失真。(2)畸变是指一个波或周期现象在传播过程中的变形。参见 total harmonic distortion (THD), intermodulation distortion (IMD), phase distortion。

D

distortion factor 畸变因数 谐波含量的方均根值与交变量的方均根值之比。

distortion set 失真仪 在通信系统中,测量规定种类及范围的信号的失真度的装置,如调幅信号的失真。

distributed adaptive routing 分布式自适应路由选择 一种适应网络变化因素的路由方式。允许路由器对其所处的本地环境动态地感受,并且与相邻的路由器共享信息。为了减少选择最优路径的时间,路由器必须参与到分布式算法中。目前有以下两种广泛采用的分布式自适应路由算法:距离向量路由算法和链路状态路由算法。参见 distributed adaptive routing algorithm, link state routing algorithm。

distributed adaptive routing algorithm 分布式自适应路由选择算法 在这种算法中,每一接口信息处理机(IMP)定期地与相邻的 IMP 交换专门的路由选择信息并决定有关路由。

distributed agent approach 分散代理法 网络操作系统的一种构成方法。其特点是将网络操作系统的全部功能由一组代理来完成,这些代理分散在各台主机中。

distributed algorithm 分布式算法 由通信链路连接的多个场点或节点协同完成某项计算任务的算法。通信开销对执行时间有重要影响。

Distributed and Parallel Databases **《分布式与并行数据库》** 荷兰 Kluwer Acdemic 出版社出版,1992 年创刊,全年 6 期,SCI(科学引文索引)、EI(工程索引)收录期刊。刊载计算机数据库领域最新研究论文。

distributed application 分布式应用 应用程序组成部分分布在两个或多个互连的处理器之间的并行运行的功能。

distributed application architecture (DAA) 分布式应用体系结构 以用户为中心的系统计算模式,具有开放式的操作环境,使用户很容易地分享各种资源与资料。具有分布的计算模式、用户共同的操作环境、透明的网络服务等特征。

distributed architecture (DA) 分布式体系结构 一个用来为计算机应用系统的开发描绘一个系统模型的术语。随着计算机网络技术和通信技术的发展,计算机体系结构从集中式走向分布式。采用分布式体系结构的计算机系统是指系统在逻辑上是一个整体,但物理上分布在计算机网络的不同节点。分布式体系结构是由若干个节点集合而成。每个节点都是一个独立的计算机系统,它们都拥有各自的操作系统、数据库、局部处理机、终端以及各自的应用程序,可以执行局部应用。在分布式体系结构系统中,大多数处理任务由本地计算机完成局部应用。对于本地计算机不能胜任的处理任务,通过网络通信子系统存取和处理多个异地数据库中的数据,执行全局应用。

distributed artificial intelligence (DAI) 分布式人工智能 采用人工智能技术,研究一组分散的、松耦合的智能结构如何高效率地进行联合求解的学科,是人工智能、知识工程、分布式计算机系统、计算机网络及通信技术等学科交叉发展的产物。

distributed capacitance 分布电容 由非电容形态形成的一种分布参数。一般是指在印制板或其他形态的电路形式,在线与线之间、印制板的上下层之间形成的电容。这种电容的容量很小,但可能对电路形成一定的影响。

distributed communication processor (DCP) 分布式通信处理机 一种前端通信处理机。参见 frontend communications processor。

distributed component object model (DCOM) 分布式组件对象模型 组件对象模型(COM)是微软公司提出的组件标准及实现。它使开发人员可以利用 COM 的通信机制组装不同开发商提供的组件,COM 的核心是一组应用程序接口(API),该接口提供了创建并组装组件的方法。DCOM 是为支持网络环境而对 COM 进行扩充的结果,并且为软件开发人员提供一个编程模型。它的目标与公共对象请求代理体系结构(CORBA)类似,都是为了支持不同节点上、不同操作系统、由不同语言实现的对象之间进行互操作。与 CORBA 不同的是,DCOM 使用与开放软件基金会(OSF)的远程过程调用(RPC)兼容的 RPC 机制,使处于网络上不同节点的组件对象得以相互作用,并保证网络透明性和通信自动化。COM 的底层 RPC 机制仅在客户建立请求关系阶段发挥作用,帮助定位服务器对象的位置,而具体的调用、响应过程则在客户对象与服务器对象之间直接进行。DCOM 应用 RPC 跨多台计算机分布进程,使得应用程序的客户与服务器组件能够设置在网络的最佳位置。参见 common object request broker architecture (CORBA), component object model (COM)。

distributed computation 分布(式)计算 同时使用多台地理上分散的计算机系统处理同一个问题的

计算方式。如在 ARPAnet(阿帕网)网级应用中,空中事故模拟(两台计算机用于模拟目的地,一台模拟飞行区域,四台提供控制程序)、软件开发(在 XOS940 上产生源代码,并转换成目标代码,经网络传给 PDP-10 作为输出)、文件传输,均可采用分布计算方式进行的。

distributed computer 分布(式)计算机 根据实际问题中存在的处理并行性和计算机操作存在的执行同时性,把处理功能加以分散的计算机。例如,具有中央处理器和外围处理机的计算机系统,前者主要用于数据处理,后者用于与外部设备交换信息及少量的数据处理。相对地,各种处理与功能都由中央处理器完成的计算机称集中式计算机。

distributed computer control system (DCCS) 分布式计算机控制系统 适于大规模工厂自动化的计算机控制系统。参见 distributed computer architecture,distributed control。

distributed computer system 分布式计算机系统 具有分散化特征的计算机系统。应用问题(如代数、模式识别等)中存在的处理并行性和计算机内部操作(如输入输出、语言编译、资源分配与控制等)中存在的执行同时性,是设计这种系统的功能基础。按照处理机在时间上和空间上的组织方法,分布式计算机系统可分为地理上分布式系统(如计算机网络)和就地分布式系统(如阵列处理机和流水线处理机)。在分布式计算机系统中,常用分散在各处的小型机或微型机处理一些简单的任务,用功能很强的中央计算机处理大型任务,这样就提高了整个计算机系统的效率和利用率。

distributed computer system (DCS) network 分布式计算机系统网络,DCS 网络 一种环形结构计算机网络。其设计原则是硬件、软件等各种资源的分散控制。环上的每个节点都有一个称为"核心"的软件系统。这个"核心"能调度进程和收发信件,当某一个节点需要某资源时,即向网中各节点发去"广播"报文,收到广播的节点即发回应答,说明以何种条件提供服务,不像集中型网络那样全部"集中"控制。

distributed computing 分布式计算 客户机访问服务器和其他客户机的能力与它们所处的地理位置无关。

distributed computing environment (DCE) 分布计算环境(标准) (1)DCE 标准是开放软件基金会(OSF)倡导的,能够进行分布式计算的,为服务器、接口和协议制定的一组标准。DCE 旨在开发一种分布式计算环境的技术,支持一组工业标准,允许应用程序分解,并在两个或更多的联网机上运行。对最终用户而言,就如同在本地运行的单一应用程序一样,它创造了一种网络内的透明信息流,用户无需知道基本的系统、应用程序和网络的细节,因为该环境与操作系统和网络类型无关。(2)分布式计算环境,为分布式应用程序建立的服务环境,包括全局名称服务、远程过程调用服务、分布式文件系统、认证服务和系统时间服务等。

distributed-computing network 分布式计算网络 用以细分大型或复杂的处理任务而连接在一起的多个处理机。这些处理机可以并发地工作,承担同一问题的不同任务或不同问题中的相关任务。

distributed concurrency control 分布式并发控制 多个用户对数据库进行访问时采用的一种控制技术。对并发的交互作用加以同步,使对数据库的读写和操作保持一致性和完整性。

distributed constant 分布常数 沿整个传输线长度上存在的电路参数。对于双线传输线上的横向电磁波而言,分布常数是每单位长度传输线的串联电阻、串联电感、并联电导和并联电容。

distributed control 分布(式)控制 把单一控制进程分设在两个或多个地点实施的方法。

distributed control system (DCS) 分布式控制系统 也称"集散控制系统",它是由多台计算机分别控制生产过程中多个控制回路,而用中小型工业控制计算机或高性能的微处理机实施上一级的控制,各回路之间和上下级之间通过高速数据通道交换信息,构成控制功能分散而显示集中的综合控制与管理系统。DCS 综合了计算机、通信、显示和控制等技术,既实现了在管理、操作和显示等方面集中,又实现了在功能、负荷和危险性等方面的分散。

distributed coordination function (DCF) 分布式协调功能 一种竞争式共享信道的技术。DCF 是基于 CSMA/CD(载波监听多路访问/冲突检测)协议,它作用于基本服务群和基本网络结构中,可在所有站点实现,它支持竞争型异步业务。参见 point coordination function (PCF)

distributed data 分布式数据 数据不是全部存储在一台计算机的存储介质上,而是分散在一个计算机网络中的各台计算机的存储介质中。分布式数据可供地理上分散在各地的许多用户共享。

distributed database (DDB) 分布式数据库 以分布处理方式支持的一种数据库。其数据不是全部存储在同一个地区的同一台计算机上,而是分散在一个计算机网络中的各台计算机上。这种数据库可供处于不同地理位置上的各地的许多用户更加灵活方便地使用数据,减少数据不必要的传输,提高系统效率,以达到最大限度地共享数据。分布式数据库可分为带冗余的 DDB 和不带冗余的 DDB。前者指网络的其他节点上有数据库副本,其优点是效率和可靠性高,能按最优路径查找数据;后者指网络中没有副本,数据分别分散在不同地理位置的计算机上,其优点是节省存储空间,容易实现。

distributed database architecture 分布式数据库体系结构 数据库技术与计算机网络及通信技术相结合构成的计算机系统的新体系,是当代这两项高技术相结合的产物的典范。该体系的基本思想是把数据分散在计算机网络的各个节点上,使用户更加灵活方便地使用数据,减少数据传输,提高计算机效率,达到最大限度地共享数据库资源。

distributed database management system (DDBMS) 分布式数据库管理系统 统一管理计算机网络上各节点数据库的一个集成系统。它以透明的方式,向节点的用户提供对网上数据的存取。分布式数据库管理系统的主要任务有:①利用网络目录确定数据在网络中的位置;②管理网络目录;③在多用户对数据库实施并发操作时,保证数据的完整性;④执行对非本地计算机上数据库的存取;⑤转换数据和数据操纵语句、数据定义语句;⑥实现数据独立性。一个分布式数据库系统把多个数据库连接成一个数据网络。它主要包括四个子系统:①查询处理子系统,采用查询分析和优化处理算法,减少数据因分散在各点而导致在传输过程中的花费和代价,提高查询效率;②完整性子系统,负责维护数据库的完整性和一致性;③调度子系统,负责向有关节点发布命令,使该地的数据库管理系统执行局部处理和数据传输;④可靠性子系统,负责不断地监督系统各部分运行情况,维护数据库的可靠性。

distributed database system 分布式数据库系统 一个在逻辑上完整,而在物理上分散在若干台互相连接的节点机上的数据库系统。

distributed database technique 分布式数据库技术 实现大型数据库系统的一项重要技术。它综合应用了计算机科学技术和通信技术。其中包括建立分布式计算机操作系统、分布式数据库、分布式数据库管理系统和计算机网络等。

distributed data management (DDM) 分布式数据管理 在有关信息系统中,允许用户通过网络访问远程数据库中数据的操作过程。

distributed data mining 分布式数据挖掘 分布式数据挖掘是数据挖掘技术与分布式计算的有机结合,主要用于分布式环境下的数据模式发现。它充分利用分布式计算的能力对相关的分布式巨量数据进行分析与综合,从中获取有效的、新颖的、潜在有用的、最终可理解的数据模式。

distributed data model 分布式数据模型 为改善分布式数据库系统的性能,降低网络通信量,提高数据的可用性及安全性和数据处理单位的更大独立性,能给同一数据库保存副本,而提出的模型。主要有动态模型和静态模型。前者考虑了数据与存取程序之间的依赖性,并对随时间而变化的存取效率采取了措施;后者假定了存取迟延与存储容量都是有限的,以减少通信费用和存储费用。

distributed data model view 分布式数据模型视图 分布式数据库管理系统中表示数据的级别和数据间的映像关系的图形。简称分布视图。它由全局视图——相当于模式、概念模型;用户视图——相当于子模式、外部模型;分块视图——也称“碎片视图”;分布视图等四级视图构成。

distributed data processing (DDP) 分布式数据处理 一种数据处理方式,在此方式中除输入/输出功能外,将处理、存储或控制等功能的一部分或全部分散在几个数据处理站上。参见 distributed processing。

distributed data processing network 分布式数据处理网络 一种网络,在此网络中除输入/输出功能外,将处理、存储或控制功能的一部分或全部分散在它的几个节点上。参见 remote access network。

distributed data test system (DDTS) 分布式数据测试系统 Honeywell 公司计算机科学中心开发研制的异构型分布式数据库管理系统的研究样机,其体系结构由一组应用处理机(AP)和数据处理机(DP)构成。DDTS 的设计强调模块化和灵活性,以使其作为试验研究的测试台发挥最大的效用。它由几个能提供用户接口、查询变换和执行分布式服务的子系统构成。为适应支持试验,这些子系统极易更换。与多级数据库一样,DDTS 能聚集异构型处理器和 DBMS(数据库管理系统),以提供分配和机器的透明性。此外,它还能提供各种附加功能:用户可编译及存储多路查询和能重复执行更新请求,确保事务处理的原则性和可靠性,支持语义完整性约束、查询优化和并发控制自动实施等。

distributed decision support system (DDSS) 分布式决策支持系统 也称“网络决策支持系统”,这种系统可以把一个决策任务分解成若干个子任务,并将其分散到各个(即网络上的各个计算机系统上的)决策支持系统上去完成。分布式决策系统强调各子系统所处地理位置上的分布,通常按决策任务的不同分布方式,可采用顺序式、层次式和网络式等多种方式来组织分布式决策支持系统。

distributed denial of service (DDoS) 分布式拒绝服务 DoS(拒绝服务)攻击需要攻击者手工操作,而 DDoS 则将这种攻击行为自动化。与其他分布式概念类似,分布式拒绝服务可以方便地协调从多台计算机上启动的进程。在这种情况下,就会有一股拒绝服务洪流冲击网络,并使其因过载而崩溃。实际上,DDoS 原先并不是一种黑客工具,而是一种验证主机能处理的最大网络流量技术。安全专家一直利用分布式拒绝服务方法进行网络渗透和压力测试,目的是确定一个网络能处理多大的网络流量,以此决定是否需要增加网络带宽或该网络是否能在保证提供可靠服务的前提下应付足够大的网络流量。DDoS 工作的基本概念就是在不同的主机上安装大量的 DoS 服务程序,它们等待来自中央客户端的命令,中央客户端随后通知全体受控服务程序,并指示它们对一个特定目标发送尽可能多的网络访问请求。DDoS 将攻击一个目标的任务分配给所有可能的 DoS 服务程序,这就是它被称

为分布式 DoS 的原因。参见 denial of service (DoS)

distributed design for database 数据库分布设计 根据计算机网络的拓扑结构和数据库操作任务,完成数据库在网络各节点间的分布设计。它包括冗余分布设计和非冗余分布设计。实现数据库分布设计的目标是提高数据操作的本地性,减少数据的远程传输,最大限度提高系统的效率。

distributed directory database 分布式目录数据库 网络中所有资源的完整列表,在整个 APPN(高级对等联网)目录中,目录的各个部分分别进行维护,每个节点拥有完整目录中的一部分,没有必要在一个节点中存储完整的目录表的全部,表项通过系统定义、操作符动作、自动登记和网络搜索过程进行建立、修改和删除等操作。同 distributed network directory, network database。

distributed expert system 分布式专家系统 逻辑上或物理上分布在不同的处理节点上的若干专家系统协同式问题求解的系统。

distributed file system (DFS) 分布式文件系统 一个由存在于通信网络中多个计算机中的文件和目录构成的文件系统。分布式文件系统管理的物理存储资源不一定直接连接在本地节点上,而是通过计算机网络与节点相连。分布式文件系统的设计基于客户机/服务器模式。一个典型的网络可能包括多个供多用户访问的服务器。另外,对等特性允许一些系统扮演客户机和服务器的双重角色。

distributed frame alignment signal 分散式帧定位信号 一种帧定位信号,其信号元占据非连续数字时隙的帧定位信号。比较 bunched frame alignment signal。

distributed frame structure 分布式帧结构 一种时分多路复用(TDM)帧结构,其中帧对齐信号占据非连续的位。

distributed free space 分布式自由空间 在某些具有虚拟存储存取方法的系统中,键标顺序数据集或文件的控制区间内保留的空间,用于在该数据集或文件中按键标顺序插入新的记录。也指为了同样的目的在控制区域中保留的全部控制间隔。

distributed function 分布式功能 (1)使用多个可编程终端、控制器和其他设备来执行以前由处理机完成的操作,如管理数据链路、控制设备和数据格式化等。(2)指分散在网络各节点执行的功能,如网络管理、处理和错误恢复等功能。所谓分布式功能是相对于在中央地区的集中处理的功能而言的。

distributed graphics 分布式图形学 在计算机图形处理中,将一个图形处理分割成若干个子任务,在分离的处理机特别是网络处理机上完成的技术。其目的是允许复杂的图形计算在多处理机上并行处理或通过网络上简单终端访问专用高性能处理机来执行。

distributed hash index 分布式散列索引 一种对等网搜索索引结构。分布式散列索引的 DHT(分布式散列表)构建在覆盖网络上,DHT 通过某些散列函数的映射,从而找到相应数据的节点。关键字索引可以通过 DHT 分布在对等网(P2P)系统中,数据的存储和查找都可以通过 DHT 完成。参见 peer-to-peer (P2P), overlay network。

distributed indexed access method (DXAM) 分布式索引存取方法 在 DPPX(分布式处理设计执行程序)中的一种存取方法,它通过索引数据集按键标存取目标数据集中的记录。

distributed information system 分布式信息服务 分布式终端用户设备、分布式数据通信、分布式数据库和分布式数据处理。

distributed intelligence 分布智能 (1)在整个计算机通信系统中,对信息就地进行处理,以减少通信信道上的信息传输量。系统的这种功能称为分布智能。它可以在信息传输前提供编辑、压缩数据、阻止错误数据的传输及其他简单的处理等。(2)信息系统处理的一种方法。处理信息用的硬件和软件分散在多个独立地点的工作场所,系统将处理能力,即智能分配到这些场所,由每个场所独立地做一定程度的工作,其功能(智能)如同整个系统中的一部分。

distributed intelligence microcomputer system (DIMS) 分布智能微型计算机系统 (1)一种计算功能(智能)分散化的多微处理机系统。其主要特点是,处理任务保持固定、各项任务并发处理、内部操作同时执行。在这种系统中,操作系统中的复杂算法给每个微处理机分配任务。每个微处理机执行下述各种功能或它们的组合:①局部输入输出功能或硬件控制器功能;②信息集中和暂存;③信息处理;④远程输入输出和通信。分布智能微型计算机系统可用于现代化仪器设备;销售点或数据集中终端系统控制器;遥测网络;科学用计算机网络或小型计算机仿真;通用控制器或处理机的应用;多重处理系统或专门的支援系统。(2)一种多处理方法,其中赋予分布式系统的任务保持固定。在多处理系统环境中,任务由软件算法分配。在 DIMS 中,每个处理器可被赋予一个固定任务组合,包括输入输出控制、数据集中、信息处理和远程通信等。

distributed intelligence system (DIS) 智能分布式系统 一种功能分布的计算机系统。参见 distributed intelligence microcomputer system。

distributed intelligence system program 分布式智能系统程序 使用多处理器的各类程序。它们通过利用通信线路交换信息,便可作为独立的单元或整个系统的一部分而互相协作。

distributed interactive simulation (DIS) 分布交互仿真 DIS 是采用协调一致的结构、标准、协议和数据库,通过局域网、广域网将分散在各地的仿真设备互联交互作用,并且人可以参与交互作用的一种综合环境。DIS以网络为基础,实现平台与环境之间、平台与平台之间、环境与环境之间的交互作用和相互影响。

distributed knowledge 分布式知识 分布式计算机系统中的知识,对应于 central knowledge。

distributed knowledge base management system (DKBMS) 分布式知识库管理系统 实现分布式系统中各节点上知识库分布式管理的系统,是分布式系统的核心。它由全局知识库管理系统和局部知识库管理系统两部分组成。通常,全局知识库管理系统根据元知识来进行判断,若一个知识操作为远程操作,则通过知识传输器将此知识操作送至其他节点;否则启动本节点上的局部知识库管理系统对此知识操作进行处理。

distributed knowledge base system (DKBS) 分布式知识库系统 DKBS由分布在若干节点上的分布式知识库(DKB)和分布式知识库管理系统(DKBMS)所组成。DKBMS作为DKBS的中心,除具有知识库管理系统(KBMS)的重要特征外,还具有在分布式知识处理方面的特殊性:如何对一个任务进行规划、如何使多节点上的多知识(或多专家)相互合作、如何在DKBS中协调联合求解某一个问题(任务)和如何在多个节点间传递知识等。

distributed knowledge system 分布式知识系统 由多个物理上分离的处理节点构成的知识系统,每个处理节点都是一个较小规模的知识系统。知识系统采用分布式可提高实时响应速度,增强系统的可靠性和灵活性。分布式系统可分为层次和网络两种类型。

distributed logic 分布式逻辑(功能) 计算机多机系统或者计算机网络的逻辑功能。它能使多台处理机共享系统的各种资源,如存储资源、外部设备资源、软件资源等。同时,每台子处理机又可以单独完成自己的作业。

distributed-logic word processing 分布逻辑字处理 一种字处理系统。使用时各个设备可以独立操作,但打印机可为几个用户所共享。

distributed logon security 分布式登录安全性 在LAN Manager网络软件中,指一个由各个服务器分别验证用户许可的安全系统。参见 centralized logon security。

distributed management environment (DME) 分布式管理环境 (1)能管理跨越分布式计算环境的系统及其网络。包括管理用户接口、分布式计算环境(DCE)服务、应用开发工具、管理协议和各种管理和应用服务等模块。(2)一种软件管理环境,分成系统管理和网络管理两部分。传统的管理模型是管理器/代理模型,另一种是对等模型。当被管理的系统在能力上几乎相等时,后者较好。分布管理环境由三个几乎完全独立的部分组成:网络管理选择、对象管理框架和分布式服务,其中分布式服务包括事件服务、打印服务、软件传播服务、许可证管理服务。

distributed management of resource information 资源信息分布式管理 通常是指将资源信息分布在不同地点服务器(或其他设备)上,通过网络环境进行管理的方式。

distributed media access control 分布式介质访问控制 一个数据链路功能,其中介质访问控制的功能分布在多个站之间。

distributed memory 分布式存储器 (1)存储器管理方法的一种,在分布式存储器中,在不同的机器上实现的物理上分离的存储块可以被不同进程在各自的地址空间中进行访问。(2)并发系统中每个处理机的独立内存,它允许每个处理机运行整个计算问题的一部分。

distributed message-switching system 分布式报文交换系统 一种报文交换系统。其中使用多台分布式交换计算机,且采用分散的网络控制。这样就能保证在任何一台交换计算机发生故障时,只能破坏该机的本地用户的通信。对地理上分散的用户而言,分布式系统一般比星形结构更经济、可靠。

distributed multiprocessing 分布式多重处理 一种数据处理技术,借助于支持计算机到计算机之间通信的计算机网络,允许程序在多个计算机系统上同时运行;同一程序的不同部分也可在单个计算机系统的几个中央处理器上同时运行。

distributed naming service 分布式命名服务 一种基于网络的服务,使用户能够发现打印或文件系统等资源的当前地址。

distributed network 分布式网络 分布在不同地点具有独立功能的多个网络站点互连而成的网络。分布式网络没有固定的逻辑连接形式,而通信子网中每个节点却至少有两条线路和其他节点相连。各节点间可直接建立信息流程最短的数据链路。由于分布式网络是分散控制,当局部节点发生故障时不会影响全网的工作,所以其可靠性高。又因为网络中信息流向是随机的,路径选择采用最短路径算法,所以效率高,但控制复杂。分布式网络中每个节点机可以独立执行任务;多个节点机也可以组成一个处理机组,并发地执行某一个任务。分布式网络的目的在于使多个用户能共享网络中的硬件、软件和数据等资源;分散计算机的工作负载;提高可靠性、可换性及可扩展性。

distributed network system (DNS) 分布式网络系统 美国Burroughs公司于1976年提出的一种计算机网络体系。该公司提出了一种高级的网络定义语言,用它产生的通信软件是独立于主机的,而且可以保存在主机、前端机、远程处理机或卫星计算机中。通常,网络管理软件置于前端机中,而且依赖于汇编语言的程序设计技巧。DNS除了用高级语言描述网的构成外，还可以选择网络协议。

distributed object 分布式实体 一组由元素构成的实体。发送给它的信息可由它的任一组成元素接收。参见 constituent object。

distributed object computing (DOC) 分布对象计算 DOC 技术融合了分布式计算系统和面向对象设计编程两种重要的软件设计技术。分布对象技术将孤立复杂的客户机/服务器应用分解为自我管理的部件-对象，这些对象能够透过完全相异的网络和操作系统实现互操作。DOC 利用面向对象的概念，高效、灵活并可靠地在异构网络环境中对可重用的服务和应用程序进行分布式计算的设计原则和思想，以其可重用性、可扩展性和模块机制等一系列优良特性得到日益广泛的应用，对于网络环境中软件系统的开发和应用产生了深远的影响。分布对象技术旨在建立一个开放式的软件总线结构，从而满足异构环境下系统的集成。即：分布式应用系统能运行于各种软件和硬件平台；它能够把旧的应用同新的应用集成起来并且使原有的架构继续得到利用；另外，企业级的分布式应用具有良好的可伸缩性、高可用性、易管理性、高性能及数据的完整性等优良特性。分布对象计算核心内容在于对象之间的互操作，尤其是异构环境中的互操作，通过软件中间件的支持，使物理上分散的计算资源在逻辑上构成一个整体。当前，有两种正在广泛应用的分布对象主流技术标准：由对象管理组（OMG）所制定的公共对象请求代理体系结构（CORBA）规范和微软公司的分布式组件对象模型（DCOM）。

distributed office automation (DOA) 分布式办公自动化 在智能大楼中，由电话机、传真机、计算机、文件服务器以及影像声音存储装置构成的系统。

distributed office support system (DISOSS) 分布式办公支持系统 网络环境中用于支持办公自动化工作的分布式系统。为了连接不兼容的系统，它应具备三种主要功能：电子邮件和资料逆分布、集中式正文数据库以及协议翻译和资料格式转换。

distributed operating system 分布式操作系统 分布式操作系统负责管理分布式处理系统资源和控制分布式程序运行。它与集中式操作系统的区别在于资源管理、进程通信和系统结构等方面。分布式操作系统是以全局方式管理系统资源的，它在各处理机之间采用无主-从关系，除了与硬件有关的任务外，所有的系统任务都可以在任何一个处理机上运行。当用户提交一个作业时，分布式操作系统能够根据需要在系统中选择最合适的处理器，将用户的作业提交到该处理器，在处理器完成作业后，将结果传给用户。在这个过程中，用户并不会意识到有多个处理器的存在，这个系统就像是一个处理器一样。

distributed parameter system 分布参数系统 状态变化不能只用有限个参数而必须用场（一维或多维空间变量的函数）来描述的系统。分布参数系统的系统变量与参数是空间位置的函数，系统方程常为偏微分方程。分布参数系统的典型实例有：电磁场、引力场、温度场等物理场、化学反应器中的物质分布状态、长导线中的电压和电流等控制对象、环境系统（如污染物在一区域内的分布），生态系统（如物种的空间分布），社会系统（如人口密度分布）等。比较 lumped parameter system。

distributed presentation management (DPM) 分布式表示管理 在某些虚拟存储操作系统中，一种 MFS（报文格式服务）可选项，它通过在 MFS 和用户编写的远程控制程序之间共享报文格式化功能，可使程序和设备间进行不依赖于设备类型的通信。用户编写的远程控制程序执行设备相关的格式化规定。

distributed problem solving 分布式问题求解 将问题分解成若干个独立的子问题，从而形成一个“与或”树。将任务分派到有关的处理机分头求解。

distributed process control system 分布式处理控制系统 一种网络管理系统，用来支持与它连接的计算机和输入输出设备之间的数据传送。

distributed processing 分布(式)处理(方式) 将一个以上的计算机通过网络连在一起，各计算机以并发方式共同完成某项事务处理或将一大处理流程分开由各点计算机处理。在网络内各自的计算机彼此间能相互存取信息。通常，选网络内的大型或巨型机作为主计算机。分布式处理不同于计算机网络之处在于，对于系统用户来说，有多个计算机在同时工作这一点是透明的，而且这些计算机对于某一个给定的主计算机来说是可寻址的，其中每台计算机独立地完成所分配的一项子任务，然后结果被重新组合在一起。

distributed processing system 分布式处理系统 由若干台在结构上独立的处理机构成的系统。每台处理机都有自己的局部存储器，因而能独立承担所分配的任务。各台处理机既可并发执行同一程序的各个子例程，又能按功能分别执行程序的各个阶段。这些处理机在逻辑上和物理上都连接在一起，机间可互相通信。它们的资源既是分布式的，又是共享的，可在统一的操作系统控制下工作。系统能自动进行任务调度和资源分配。其主要优点是：工作可靠、灵活性大、经济性好、有利于推广使用。

distributed query processing 分布式查询处理 按照分配给各个主机的关系进行的查询处理，涉及数据库中有关信息的查询。

distributed Raman fiber amplifier 分布式喇曼光纤放大器 基于光纤中的受激喇曼散射效应，以传输光纤本身作为增益介质，在喇曼泵浦模块（RPU）的作用下，使信号得到放大的一种光纤放大器。参见 Raman fiber amplifier (RFA), discrete Raman fiber amplifier。

distributed random access machine (DRAM) 分布式随机访问机 一种并行计算模型。作为研究分布式计算机算法的工具,它由一组处理器组成,每个处理器有自己的局部存储器,但该模型没有全局存储器,除此之外,每个处理器具有一定数量的寄存器。每个处理器都可在局部存储器范围内读、写以及进行算术和逻辑运算,还可以读其他处理器的存储器。

distributed ray tracing 分布式射线跟踪法 分布式图形学中的一种应用技术。主要使用超级采样来解决锯齿问题,另外还具有区域景深、柔和阴影等功能。分布式射线跟踪的点可以来自不同的方向,由不同方向的射线交叉混合形成像素的亮度,这样阴影的效果更加真实。由于射线跟踪法的高计算量的要求以及将复杂图形任务划分成独立的子任务相对较容易,故在图形处理中得到广泛应用。参见 distributed graphics。

D

distributed robotic system (DRS) 分布式机器人系统 一种机器人系统,由多台机器人协调工作以完成较复杂的任务。

distributed routing 分布式路由 一种路由策略,每个节点决定和维护自己的路由信息。

distributed scheduler 分布式调度器 在分布式环境中,一个事务要求访问的实体可能分布在多个节点机上,而一个节点机的调度器也要求能协调来自不同节点机上的访问实体的请求,各个节点机上的调度器的总和就构成了整个分布式数据库系统的调度器。

distributed secure system 分布式安全系统 计算机安全技术中,能提供分布式多级安全的系统,它是 1983 年由英国 J. Rushby 和 B. Randell 在斯卡斯尔大学首先提出的,该系统支持多级安全。主要措施是,数据被拆成互相分离的子集,每个子集有一个安全舱,存取数据由可信硬件和软件系统来控制,以达到在隔舱之间所要求的隔离程度。

distributed service network (DSN) 分布式业务网络 是针对电信业务和移动互联网业务所提出的新一代可运营、可管理的分布式核心网体系和功能架构。DSN 吸取电信网可运营、可管理的特性和因特网在业务提供上快速、灵活、低成本、可扩展的特性,并通过采用分布式计算技术,通过一组均质化的节点来实现用户数据管理和会话控制,以提高核心网的自组织能力、容灾能力、负载均衡能力,并结合电信网络可运营、可管理的框架,实现业务核心网的功能。

distributed simulation 分布式仿真 仿真系统由多台独立执行的计算机通过通信网络连接而成。一个分布式仿真系统可能包括其他实际部件,如汽车或其他系统。

distributed software system 分布式软件系统 分布式软件系统是支持分布式处理的软件系统,是在由通信网络互联的多处理机体系结构上执行任务的系统。它包括分布式操作系统、分布式程序设计语言及其编译(解释)系统、分布式文件系统和分布式数据库系统等。

distributed spanning tree (DST) 分布式生成树 网桥自举中检测和截断环路时使用的一种算法。在 IEEE 802.1d 中详细描述。DST 算法可以决定哪些网桥不转发帧,它允许网桥判断转发是否会形成环路。本质上,如果一个网桥发现所连接的每个段都包含了同意转发帧的网桥,它就不转发帧,从而避免循环。DST 算法结束后,同意转发帧的网桥形成了一棵树。

distributed switching 分布转接 某种电缆电视系统(CCTV)中使用靠近电话用户家庭的小型转接单元;作为 CCTV 的转换单元,这种转接单元要求较低,但转接容量比普通电话交换机要大。

distributed system 分布式系统 分布式系统是若干独立计算机的集合体,这些计算机对于用户来说就像是一个统一的整体。系统拥有多种通用的物理和逻辑资源,可以动态地分配任务,分散的物理和逻辑资源通过计算机网络实现信息交换。系统中存在一个以全局的方式管理计算机资源的分布式操作系统。参见 distributed operating system。

distributed system architecture (DSA) 分布式系统体系结构 分布式系统的执行是分成多个不同的部分并且在不同的机器之中执行。常用的分布式系统体系结构有两层 C/S (客户机/服务器)体系结构和三层 C/S 体系结构:两层 C/S 体系结构将数据存取和应用程序分离开来,由数据服务器执行数据操作,客户机执行应用程序。用户在客户端通过网络请求服务器服务,客户端包括用户界面和业务逻辑,网络上传送的数据主要是客户端向服务器发出的请求以及服务器发送给客户端的响应结果和出错信息。三层 C/S 体系结构的基本思想是将用户界面同业务逻辑分离,将系统按功能划分为几层,分别置于相同或不同的硬件平台上,一般划分为表示层、业务层和数据层三层。表示层是信息系统的用户接口部分,是用户与系统之间交互信息的窗口,主要功能是指导操作人员使用界面,输入数据、输出结果。业务层是应用系统的主体,也被称作业务逻辑层,它的功能是接收输入,处理后返回结果。数据层即实际意义上的关系数据库,负责管理应用系统的数据资源,完成数据操作。

distributed transaction 分布式事务 分布式事务是涉及来自两个或多个源的资源的事务。即事务的参与者、支持事务的服务器、资源服务器以及事务管理器分别位于不同的分布式系统的不同节点之上。为了实现分布式事务,必须使用一种协议在分布式事务的各个参与者之间传递事务上下文信息,如 IIOP(互联网内部对象请求代理协议)。这就要求不同开发商开发的事务参与者必须支持一种标准协议，才能实现分布式的事务。参见 Internet inter-ORB protocol (IIOP)。

distributed transaction processing　分布式事务处理　某些虚拟存储用户信息控制系统中的分布式数据处理的一种类型。在共同操作的几个事务处理系统控制下，对由多重事务程序处理终端操作员输入的事务。

distributed winding　分布绕组　其线圈在每一极下占用若干个槽的绕的组进行处理。

distributing apparatus　配电电器　主要用于配电电路，对电路及设备进行保护以及通断、转换电源或负载的电器。

distribution　分配　(1)在开关网络中，把一个输入端连接到某个输出端的能力。(2)在通信网络中，将长途局或中继局的输入中继线组上的呼叫分开，并在其他输出中继线组上重新组合的能力。

distribution amplifier　分配放大器·系统中的一种高增益放大器，为克服信号分配时遇到的电缆损耗或其他无源元件引起的平坦损耗，它将提高射频信号电平。

distribution cable　分配电缆　(1)主馈送电缆的分支电缆。(2)连接终端和电话用户的电缆。

distribution circuit　配电线路　从降压变电站把电力送到配电变压器或将配电变压器的电力送到用电单位的线路。配电线路电压为 3.6 ～ 40.5 kV，称高压配电线路；配电电压不超过 1 kV、频率不超过 1 000 Hz、直流不超过 1 500 V，称低压配电线路。

distribution diskette　发行盘　软件的原版磁盘。

distribution frame　配线架　导线端点或线路集中分开转接的互连装置。这种装置，在计算机的外设扩展柜、通信控制柜和模/数转换设备中经常采用。尤其在多用户、多路情况下用得更多。

distribution kit　发行套件　由计算机厂家为用户提供的用来存放生成操作系统所需要的各种程序和参数的套件。它可以是软磁盘或活动磁盘，也可以是磁带。

distribution line message specification (DLMS)　配电线报文规范　配电线报文规范是一个应用层规范，主要目的是实现在计算机集成环境中的配电设备间的报文通信。

distribution-list entry　分配表入口　又称终端表入口，它含有一组终端信息，每一终端均将接收指向该组的报文，在入口处的信息还包括确定单个终端在该组中的位置的相对地址。

distribution medium　发行媒体　操作系统软件、许可软件或者应用程序向用户发行的媒体，包括数据流带和磁盘等。

distribution network　分配网　各种业务信息和信号分发至用户的网络。

distribution point (DP)　配线点　接入网物理参考模型中的一个信号分路点，大致对应传统铜线用户线的分线盒所在位置。

distribution processing　分布处理　应用程序和进程分布到互联的处理机上的一个过程。

distribution queue dual bus (DQDB)　分布式队列双总线　DQDB 是由 IEEE 802.6 分委员会制定的城域网标准，是在大的地理范围内提供电路交换和分组交换服务。它采用两条平行的，分别用于上、下行传输的总线将需要联网的站(计算机)连接在一起。DQDB 是一种基于光纤的网络，可以用于高速 LAN(局域网)或 MAN(城域网)，与宽带 ISDN(综合业务数字网)是兼容的。它以广播的模式进行操作，具有两个总线，每个总线以相反的方向传递固定大小的小帧(即信元)。每个总线都可以以每秒几百兆比特的速率进行数据传递。

distribution recipient queue　分布接收者队列　在某些操作系统中，一个包含到达对象分布、到达文档分布、出发文档分布和错误分布项的内部对象。

distribution services　分布服务　在某些操作系统中，指操作系统提供的支持，在 SNA(系统网络体系结构)网络中接收、传递和发送电子邮件。

distribution sorting　分布排序　把待排序的 n 个记录分成若干堆，然后可按某种次序对各堆进行排序，然后再收拢各堆进行排序。

distribution subframe　配线子架　将所有成端功能集中在同一子架且实现传输路由调度功能的机架。

distribution tables　分布表　用于表示大量非标准的随机变量的分布函数。通常的离散仿真语言都具有对所统计的变量作出其分布表的语句。该语句要指明区间大小、区间个数、低限和高限。

distribution tracking object　发行跟踪对象　在某些操作系统中，一个内部对象，用于控制办公室中的发行工作。

distribution transformer　配电变压器　通常指较小容量，由较高的电压降到最后一级配电电压，直接做配电用的电力变压器。

distribution tree　分布树　在传送组播分组时，指派路由器需要构造一个连接所有组播组成员的树。根据这个树，路由器得出转发分组的一条唯一路径。这个树就称为分布树。由于成员可以动态地加入和退出，分布树也必须动态更新。根据构造方法的不同，分布树分为源分布树和共享分布树。参见 source distribution tree，shared distribution tree。

distribution transparency　分布透明度　在分布式数据库中，指应用程序员对分布式数据库的透视情况。可分为四个级别：片段透明度、位置透明度、局部透明度和无透明度。参见 fragmentation transparency，location transparency，replication transparency，local mapping transparency。

distribution zone 发布信息段 在 SMP/E(扩充的系统修改程序)中,虚拟存储存取方法的一组记录,它描述在发布程序库中的 SYSMODS 和诸元素。

distributive sort 分布式排序 一种排序的过程,将一个列表分成若干部分然后按某种次序重新装配。比较:bubble sort,insertion sort,merge sort,quicksort。参见 sort algorithm。

distributivity 分布性 分布式数据库系统中的数据分布存储在计算机网络的各个节点上,并在这些节点的计算机上处理。

D

disturbance 干扰,扰动 计算机系统或其他通信系统中出现的不希望有的信号或脉冲。

disturbance voltage 干扰电压 由于一、二次电路的操作、雷电或故障,在二次电路中引起的暂态过电压。它可能使保护装置不正确动作或元件损坏。

disturbance-weather electric field 扰动天气电场 同气象要素的变化有关的电场。当存在激烈的天气现象(如雷暴、雪暴、尘暴)时,大气电场的数值和方向均有明显的不规则变化,高云对电场的影响不大,低云则有明显的影响。雷雨云下面的大气电场的大小和方向变化很大。参见 atmospheric electric field,fair-weather electric field。

disturbed electric field 扰动电场 出现云雨、雷暴、雪暴、尘暴等扰动天气时大气中具有的电场。扰动电场也称扰动天气电场,是大气电场的一种。参见 atmospheric electric field。

dither 色块,像素混合 用多个像素组成一个虚拟像素,这些虚拟像素尺寸较大并由原始像素组成,一般使用 2×2 或 3×3 的色块,色块中用几种基本颜色的像素构成一种新的颜色的显示,用以提高显示器的彩色显示能力。例如,黑色、白色像素的同等排列组合会显示为灰色。提高其中黑色像素的数目,这种灰色就会变深。

dithering 高色调法,柔化处理 (1)在光栅显示器中,通过把图画的分辨率折换成像素图案,而通过相邻像素使用不同的灰度明暗色调或颜色,在图像中提供附加灰度明暗色调或颜色的措施,这是增加画面中彩色或亮度变化的一种方法。(2)在计算机图形中,通过在构成曲线的像素之间放置阴影像素来使曲线的任何阶梯状边缘光滑。

DIV 声音数据 data in voice 的缩写。

Divacon language Divacon 语言 一种并行函数式程序设计语言,设计用于具有超立方体网络等并行计算机系统,已在 CM-2 计算机中实现。

divergence 发散 (1)由同类电荷(电子)相互排斥引起的阴极射线流的扩展。(2)在程序中,一个迭代公式的循环计算不能收敛于一个稳定值,如当 $A=B+1$ 和 $B=A+1$ 时,连续迭代的 A 和 B 值是发散的。比较 convergence。

divergence tendency 离中趋势 变量值的差异情况和对平均数等集中量数而言的离散程度。也称"分散度"。在统计中,任何一系列统计量数都程度不等地有由中心向两极离散的趋势,这种现象在统计学上就称为离中趋势。度量或描述离中趋势的量数称为差异量数,如极差(R)、四分差(Q)、平均差(AD)、标准差(S、σ)、方差(S2)和差异系数(CV)等。

divergence tendency analysis 离中趋势分析 离中趋势分析主要靠极差(R)、四分差(Q)、平均差(AD)、标准差(S、σ)、方差(S2)等统计指标来研究数据的离中趋势。参见 descriptive statistics,central tendency analysis,correlation analysis。

divergence loss 发散损耗 声学系统中,由声辐射线发散或扩展引起的部分传输损耗。

divergence problem 发散问题 如果一个框图模式对于任何解释 I 和任何输入变量值 ξ 都不停机,即输出变量值无定义,则这个框图模式是发散的。框图模式的发散问题是:是否存在一个确定的算法,使得对任何一个框图模式,该算法都能在有限步之内指出:此框图模式是不是发散的。已经证明,这个问题是不可解的,也不是部分可解的。

diversity 分集 一种传输方式。通常采用空间或时间模式以补偿衰减或损耗。在空间分集系统中,同时发出相同的信号沿不同的途径转输,传输途径分隔得足够远,以得到独立的传播条件。在时间分集中,可用同一传输途径,在不同的时间发送几次信号。还有其他分集形式,如采用不同的频率或不同的极化等。

diversity combiner 分集合并器 将从不同传输途径收到的、载有相同信息的两个或两个以上的信号组合起来的设备或电路。其目的在于提高信号质量。

diversity gain 分集增益 (1)描述传输特征的一个随机变量的两个值的比值,而此两个值是指在有分集接收时该随机变量超过某值的概率与无分集接收时该随机变量超过另一值的概率相同时所对应的这两个值。(2)在同样接收条件及规定的某一时间概率下,采用分集接收较之不采用分集接收时系统信噪比所获得的改善程度,以分贝计。

diversity improvement factor 分集改善度 在信号电平累积分布曲线上,在相同的时间内,对某一个电平点,无分集和有分集所对应的时间百分数之比。对于微波,分集改善度定义为对于某一指定的误码门限,在相同的时间内,无分集超过误码门限的时间百分数与有分集超过该误码门限的时间百分数之比。

diversity receiver 分集接收器 是将相关性较小的(即同时发生质量恶化的)两路以上的收信机输出进行选择或合成,来减轻由衰减所造成的影响的一种设施。具体又可以分为空间分集、频率分集、极化分集、角度分集等不同的方式。

diversity technique 分集技术 一项主要的抗衰落技术,可以大大提高多径衰落信道传输下的可靠性。根据信号论原理,若有其他衰减程度的原发送信号副本提供给接收机,则有助于接收信号的正确判决。这种通过提供传送信号多个副本来提高接收信号正确判决率的方法被称为分集。分集技术是用来补偿衰落信道损耗的,它通常利用无线传播环境中同一信号的独立样本之间不相关的特点,使用一定的信号合并技术改善接收信号,来抵抗衰落引起的不良影响。

diverter switch 切换开关 与分接选择器配合使用,以承载、通断已选电路中电流的一种开关装置。参见 tap selector。

divide and conquer algorithm 分而治之算法 将一个问题分解成几个较小的问题,求出这些小问题的解,将其组合在一起就得到原问题的解,这种方法称为分而治之。由于小问题通常与原来问题属于同一类型,故而对小问题又能分而治之,这样得到了一个递归算法。对于大小为 $n = 2^k$ 的问题更为适用,如二分搜索法就是一种分而治之算法。

divide-and-conquer method 分治法 设计算法的基本方法之一。它基于"分而治之"的思想,即把一个大问题划分成若干个原问题的子问题,若子问题规模很小,可用某种方法直接求解各子问题,否则仍可对子问题进行分割求解,最后把子问题的解组合成原问题的解。这是一个重要且常用的方法,在并行算法和集成电路设计中尤其有用,因为分出的小问题可用相同的方法并行地处理。

divide check exception 除法异常检查 用零作除数进行除法运算引起的一种异常状态。

divided-carrier modulation 分离载波调制法 一种调制方法,其中,载波被分成有 90°相移的两个分量,每个分量由不同信号进行调制。将两个分量相加时,频率不改变,但合成信号的幅度和相位则按照调制信号进行调制。

divided slit scan 分划扫描 在光符识别中,用窄柱状光电池构成的装置,以给定间隔扫描输入字符,从而得到字符的水平和垂直两个分量的过程。

divider 除法器 高速处理机中专门实现除法操作的逻辑单元。用它可以快速产生被除数与除数之商及余数。计算机一般是利用加法器做除法。

division abnormal 除法异常 在十进制除法中除数为 0 或商超过指定数据字段长度时产生的异常。

division communication 部门通信 在一个部门中,计算机系统与其他系统之间的通信。

division hashing 除法散列 一种通用的散列函数。把关键字 K 除以某一个数,取其余数作为散列函数 $h(K)$ 的值。使用此法时,要考虑到除数的选择,一般用质数作为除数。

division header 部分标题 在 COBOL 程序中表示某特定部的开始。其四个部的标题如下:标识部分 IDENTIFICATION DIVISION,设备部分 ENVIRONMENT DIVISION,数据部分 DATA DIVISION,过程部分 PROCEDURE DIVISION。

division method 分割法 在分类中,将关键码除以表长并将余数加 1 作为表位置的一种散列法。如表长为 Z_n,则所得到的数是关键码的最右边的 N 位;其余的位不起作用。分割法导致非均匀分布;如果表长为一质数,则最适合用此方法。

division-remainder hashing 除-余数散列 一种地址计算技术,三个键值被一个数相除,余数用作为记录的相对地址。比较 linear probing。

division-remainder method 除-余数法 一种散列法技术。首先选一个数,接近于所需的表的位置数,利用该数作除数,而被除数是原始的键,由此获得的余数就是转换键,如用 10 000 作除数,转换键就是原始键对 10 000 的模。

DIX Ethernet DIX 以太网 Digital Intel Xerox Ethernet 的缩写。早期以太网使用的术语,因为以太网标准是这三家公司协作开发的。

Dixon Dixon 微处理器 美国 Intel 公司专为笔记本电脑而推出的 PentiumⅡ芯片 Celeron(赛扬)产品。它采用 0.25 μm 制造工艺,它的一级缓存为 32 KB,二级缓存为 256 KB。此款处理器的时钟频率为 300 MHz 和 500 MHz,总线频率为 66 MHz。

DIY 自己动手进行组装或技术改进 do it yourself 的缩写。

DIYer (计算机)组装者 Do It by Yourself 的缩写,指爱好自己动手组装计算机及外围设备的人。

DKBMS 分布式知识库管理系统 distributed knowledge base management system 的缩写。

DKBS 分布式知识库系统 distributed knowledge base system 的缩写。

DL (1)分发表 distribution list 的缩写。(2)数据语言 data language 的缩写。

.dl 压缩的动态连接库文件名后缀 表明压缩的动态连接库文件的文件扩展名,多用于视窗系统下的安装程序。参见 dynamic link library (DLL)。

DLA (1)数据链路适配器 data link adapter 的缩写。(2)直接线路附属装置 direct line attachment 的缩写。

D language D 语言 D 语言是由 Digital Mars 公司开发的编程语言,是对 C++语言的改进,同时还保持了生成高效代码以及直接访问操作系统 API(应用程序接口)和硬件的能力。D 语言是一种通用的系统和应用编程语言,语法上借鉴多种语言,模板则在 C++的基础上做了相当大的扩充。它是一种集垃圾回收、手工内存操作、契约式设计、高级模板技术、内嵌汇编、内置单元测试、Mixin 风格多继承、类 Java 包管理机制、内置同步机制、内建基本运行时信息的系统级编程语言。

D

DLC (1)数字环路载波 digital loop carrier 的缩写。(2)数据链路控制 data link control 的缩写。

DLCI 数据链路连接标识符 data link connection identifier 的缩写。

DLCP 数据链路控制协议 data link control procedure 的缩写。

DLE 数据链路转义 data link escape 的缩写。

DLF 数字环路滤波器 digital loop filter 的缩写。

DLI 数字图书馆首倡 digital library initiative 的缩写。

DLIB 分配(程序)库 distribution library 的缩写。

DL indicator 删除方式指示器 delete-mode indicator 的缩写。

.dll 动态连接库文件名后缀 dll 是 dynamic-link library 的缩写,用于标识动态连接库文件的扩展名。

DLL (1)动态连接库 dynamic link library 的缩写。(2)动态安装库 dynamic load libraries 的缩写。

DLMS (1)设备语言报文规范 device language message specification 的缩写。(2)配电线报文规范 distribution line message specification 的缩写。

DLO 文档库对象 document library object 的缩写。

DLT (1)数据回路收发器 data loop transceiver 的缩写。(2)数字线性磁带 data linear tape 的缩写。

DLU 目标逻辑单元 destination logical unit 的缩写。

DL/1 数据子语言,DL/1 语言 data language one 的缩写。

dm 分米 decimeter 的缩写。

DM 断开连接模式 disconnected mode 的缩写。

DMA (1)延缓维护告警 deferred maintenance alarm 的缩写。(2)差分模式衰减 differential mode attenuation 的缩写。(3)直接存储器存取 direct memory access 的缩写。

DMAC (1)直接存取方法控制器 direct memory access controller 的缩写。(2)数字量乘以模拟量卷积 digital multiplication by analog convolution 的缩写。

DMA peripheral control 直接存储器存取外部控制(法) DMA(直接存储器存取)进行数据传输时的一种控制方法,通常 DMA 采用周期挪用的方法直接在存储器和外部设备之间进行数据传输。

DMA transfer 直接存储器存取传送 磁盘机的一种数据传送方式。参见 direct memory access。

DMB 数字多媒体广播 digital multimedia broadcasting 的缩写。

DMCL 设备媒体控制语言 device media control language 的缩写。

DME (1)分布式管理环境 distributed management environment 的缩写。(2)数字复用设备 digital multiplexer equipment 的缩写。

DMH 设备信息处理程序 device message handler 的缩写。

DMHS 双模热备份,双机热备 dual module hot spare 的缩写。

DMI 桌面管理接口 desktop management interface 的缩写。

DML (1)数据操纵语言 data manipulating language 的缩写。(2)数据管理语言 data management language 的缩写。

DMOS 双扩散金属氧化物半导体 double-diffused metal-oxide semiconductor 的缩写。

DMRM 数据管理参考模型 data management reference model 的缩写。

DMS (1)数据管理系统 data management system 的缩写。(2)数据管理软件 data management software 的缩写。(3)数字多路转换系统 digital multiplex switching system 的缩写。

DMT 离散多载波,离散多音(调制) discrete multi-tone 的缩写。

DMTF 桌面管理任务组 desktop management task farce 的缩写。

DMX 数据挖掘扩展插件 data mining extensions 的缩写。

DNA (1)数字网络体系结构 digital network architecture 的缩写。(2)脱氧核糖核酸 deoxyribonucleic acid 的缩写。

DNA computer DNA 计算机 DNA(脱氧核糖核酸)有一种特性,能够携带生物体各种细胞拥有的大量基因物质。现正在研制的液体 DNA 计算机,它的工作原理是以瞬间发生的化学反应为基础,通过和酶的相互作用,将反应过程进行分子编码,把二进制数翻译成遗传密码的片段,每个片段就是双螺旋的一个链,然后将问题以新的 DNA 编码形式加以解答。DNA 计算机首先是体积小,它用于存储信息的空间仅为普通计算机的几兆分之一,其信息可存储在数以兆计的 DNA 链中。其次是最大限量地减少能耗,DNA 计算机的能耗,仅为普通计算机的十亿分之一。再者就是功能强大,它的每个 DNA 链可以各自进行运算,这意味着,DNA 计算机能同时“试用”巨大数量的可能的解决方案。参见 biological。

DNAT 动态网络地址转换 dynamic network address translation 的缩写。

DNC 直接数(字)控(制) direct numerical control 的缩写。

DNIC 数据网络标识码 data network identification code 的缩写。

DNIS **拨号标识服务** dialed number identification service 的缩写。

DNS (1)域名系统 domain name system 的缩写。(2)分布式网络系统 distributed network system 的缩写。(3)域名服务器 domain name server 的缩写。

DNSSEC **域名系统安全协议** domain name system security 的缩写。

DO (1)设计目标 design objective 的缩写。(2)数据对象 data object 的缩写。

DOA (1)分布式办公自动化 distributed office automation 的缩写。(2)到达方向,波达方向 direction of arrive 的缩写。

.doc **文档文件名后缀** doc 取自 document(文档)一词,标识字处理器用的文档文件格式,这是微软 Word 字处理软件所生成文档文件的系统设定的文件扩展名。

DOC (1)文档 documentation 的缩写。(2)数字式光计算机 digital optical computer 的缩写。(3)分布对象计算 distributed object computing 的缩写。

dock **驳接** 将一台笔记本型计算机驳接到桌面上一台特定的连接站台上,该站台向笔记本型计算机提供与普通台式计算机相同的资源。

docking station **驳接站台,坞站** 一种连接笔记本型计算机的扩充接口,可以直接连接或者间接连接,主要包括一组扩展槽,使用户可通过它将便携式计算机与打印机、大显示器、附加的驱动器、网络等连接,成为一个功能更强的计算机系统。

document **文档,资料,文件,文献,检索字** 可由人或机器阅读和识别的事务数据的任何表现形式,如单据、证件、表格、报告、说明书以及录有文件的磁带、卡片,打印纸等记录介质都称为文档或文档资料。它们通常是由数据处理活动发起人记录的输入信息,而不是由计算机操作员记录的输出信息。

document administrator **文档监管员** 定义、组织、管理、控制和保护文档的人员。

document alignment **文档对齐** 符号识别时,输入过程中的一个阶段。在此阶段,向文件上加一横向力,使文档的基准边与机器的基准边对齐。

document analysis form-input **文件分析表-输入** 此表用于数据的辅助分析,该数据在系统中将进行各种处理的运算,这个表格包括原始文件的细节,如文件的标识,它的用途、来源,数据元素,数据量,准备频数,受数据影响的文件等。

document analysis form-output **文件分析表-输出** 此表用于含有来自系统输出细节的文件的辅助分析,其中包括:文件标识、分发、发出频数、数据元素、数据量等。

document assembly **文档汇编** 在字处理中,记录的文本按预先确定的次序合并和输出,从而形成完整的文件,这一过程称为文档汇编。

documentation **文档编制,文献,资料** 计算机设备或程序的使用指南。它可以各种形式出现,除印刷手册外,通常以联机手册,即软件形式提供。

documentation book **文档说明书** 计算机应用所需的材料,包括问题描述,编码和操作说明等。它用于说明计算机应用的一切书面文档或软件。

documentation language **文献语言** 用于标引、存储和检索的一种人工语言。参见 information retrieval language。

documentation management **文献管理** 也称"文档编制"。指信息的收集、整理、存储、引证、检索及分类等过程。

documentation retrieval **文献检索** 存储和检索的内容是文献及其著录事项等。按照提问的要求,从文献资料档中找出所需文献的行动、方法与程序。

documentation system **文档编制系统** 系统分析员为程序员编制说明书所使用的系统。其中包括说明编制文档的方法和系统定义。这种文档通常包括:①负责管理程序的人员的姓名;②系统简介;③使用手册的种类。系统还说明所需的编码、输出文件指令等。另外,还包括设备利用转换过程、系统测试数据和程序描述符等。

document authority **文档授权** 赋予一个用户对其他用户拥有的文档进行操作的许可。

document body **文档体** 文档的内容,包括文本布局信息,但文档轮廓文件除外。

document-centric design **以文档为中心的设计** 一种设计技术,它将用户的注意力集中在文档及其中的信息上,而不是让用户去注意产生文档数据的应用程序。

document class **文档类** 在某些操作系统中,一个用户定义的字符串,1 ~ 16 个字符长,标志一个文档,可用于搜索一个文件文档,如备忘录型的文档可具有一个 MEMO 文档类,一个报告文档的文档类是 REPORT。

document clustering **文献聚类** 在情报检索中,根据文献的特点,采用一定的算法,将大量文献自动地加以区分归类的过程。情报检索的实质就是将与提问相关的文献从大量不相关的文献中区分开来。相关文献彼此比不相关文献更类似,所以根据文献的相关性,就可将文献归类。归类后的文献不是以文献个性而是以各类文献的共性与用户提问相匹配。这种方法比线性检索更为有效。

document conference **文件会议** 一种实时的和双向的真迹电子邮件通信方式,双方可以就同一文件展开讨论或谈判,可利用计算机的文件存储、检索、修改、打印等功能,最后还可以在达成的文本上签字。

document context architecture (DCA) **文档内容体**

系结构　一种文档文件数据格式。参见 final-form-text DCA（FFTDCA），revisable-form-text DCA（RFTDCA）。

document conversion processor　文件转换处理程序　一种处理包括以某种格式语言写的格式化控制程序在内的机器可读文件的计算机程序，用于生成另一个机器可读文件，文件包括了适用于另一种格式语言的格式化控制程序。

document database　文献数据库　反映文献的完整内容和形式的特征，并具有逻辑结构的一个或多个文件的集合。

D

document delivery　文档传递　根据要求发送或传递原始文档的副本。

document description　文件说明　描述文件特征的数据，文件类型、文件题目、作者和文件建立的日期等。

document description language　文档描述语言　运行于 HP Laser Jet 系列激光打印机上的打印影像的打印机控制语言。

document details　文档细节　描述文档特征的数据，如文档类、主题、作者和建立的时间等数据。

document drawer　文件抽屉　安在网络控制器下面的一种抽屉，用于存放操作员指南，锁定和打开机器部件的钥匙以及备份灯和保险管等。

document environment group　文件环境组　印刷子系统的打印服务软件中的内部目标，是每一种打印格式定义所要求的部分。它识别已消去部分，标出将使用的覆盖部分以及按该格式规定一页或多页的布局。

document facsimile telegraphy　文件传真电报　主要用于传真，只有两种颜色，即黑色和白色的文件电报。同 black and white facsimile telegraphy。

document file　文档文件，数据文件　用户建立的文件，是某种程序的输出。比较 program file。

document flow　文档流　记录处理系统中处理文件时文件所取的路径。

document folder　文档夹　存有若干文档的文件夹。

document format　文档格式　为指定的文档资料选择的文本排列格式。

document formatter　文档格式化程序　一个允许用户进行文档布局以及获得可打印拷贝的计算机程序，文档格式化程序可进行其他操作，如编页号和段号等。

document formatting　文档的格式化处理　在文字处理技术中，对记录在记录媒体上的文本进行排列或设计的过程。

document generation system　文档生成系统　一种通过处理所存储的信息，根据输出技术说明来综合生成文本的系统。

document handling　文档处理　对已加工的文档进行字符识别时，装上、馈送、运送、更新、分类或校验，直到取下文档的全部处理过程。

document image　文档图像　在 ImagePlus 系统中，由多页图像构成的文档的电子表示。参见 document image composition。

document image composition　文档图像制作　在 ImagePlus 系统中，在文档图像中各页面图像的安排和编号。

document image processing（DIP）　文档图像处理　包括文档扫描、存储和检索的系统。

document interchange architecture（DIA）　文档交换系统结构　在办公室服务系统之间交换信息的规则和结构，包括文档库服务和文档分布服务，是在 SNA（系统网络体系结构）上使用的指导性规范，指定了不同类型计算机之间文档组织和寻址的方法，包括微机系统，DIA 被 IBM 的 APPC（高级程序间通信）协议和 LU 6.2 支持。参见 advanced program-to-program communication（APPC）。

document interchange format（DIF）　文档交换格式　一种由美国海军开发的用于不同计算机间交换文件的标准文件格式。

document leading edge　文档前沿　在字符识别的阅读过程中，首先遇到的边缘。

document library　文件库　批作业环境中可访问的含文卷和相关文件的一组 VSAM（虚拟存储存取法）数据集。

document library services　文档库服务　由文档交换系统结构（DIA）定义的服务，对 DIA 文档库中的对象进行操作，在某些系统中，使办公室用户对文档库中的文档内容进行操作。

document mark　文档标志　在缩微图形中，记录区内和一卷缩微胶卷图像外侧的一个光学标志，用于对图像或胶卷画面进行自动计数。

document merge　文档合并　系统从先前记录的文本中建立一个文档的能力，如合并表中接收的记录。同 document assembly。

document misregistration　文档未对齐　在字符阅读器中，相对于实的或虚的水平基线而言，文件所处位置不适当。

document name　文档名　在 AS/400 系统中，文件夹中文档的 1 ～ 12 个字符的名字，由用户在建立文档时赋予，对应于 library-assigned document name，document object name。

document number　文档号（码）　（1）文档编制者给文档所编的序号。文档号后面，一般是年、月、日，学科领域或登记目录。其目的是便于检索。（2）在某些系统中，用户赋予一个打印文档的号码，文档号码的前两个数字是年号，最后 5 位数是序号，如在 2001 年打印的第 5 个文档的号码是 01-00005。

document object model（DOM）　文档对象模型　一

个与平台、语言无关的程序接口，它提供了动态访问和更新文档的内容、结构与风格的手段。可以对文档做进一步的处理，并将处理的结果更新到表示页面。

document object name 文档对象名 用户建立文档时系统赋予文档的 10 个字符的名字，对应于 document name，library-assigned document name。

documentor 文档处理程序 能利用数据处理方法产生和保管程序流程图、文本材料及其他表格或图示信息的程序。

document processing 文档处理 对一个或多个文本文档进行检索和加工的过程，像进行文本的输入、重排、排序、合并、存储、复原以及显示和打印等操作。

document profile 文档轮廓文件 一系列文件，用于指定整个文档特征的属性，如文档的类型和格式。

document reader 文档阅读器 能阅读文档的一种输入设备。它可直接把数据输入计算机进行处理。虽然文档阅读器还不能阅读手写体字符，但可阅读某些手写印刷体的文档或打印文档，如用磁性墨水书写的银行支票账号和信贷卡上用浮雕字体印刷的特殊形状的数字。如果它一次能阅读完完整的一页，则称之为页式阅读机。文件阅读器一般只能阅读数字字符和某些特殊字符，而页式阅读机则能阅读整个字符集。随着各种扫描仪的出现，文档阅读器已被迅速取代。

document received date 文档接收日期 一个系统生成的日期，表示文档第一次接收到文件夹应用机制中的时间。

document reference edge 文档基准边 在字符识别中，作为所有顺序阅读过程基准的源文件边缘，用于表示对准标记与到来的行文之间的相对位置。

document retrieval 文档检索，资料检索 从大量资料中搜索、查找和辨别出所需要的文档资料的过程。用于该目的的计算机系统称为资料检索系统。

document routine 文档例程 将文档赋予部门、单位、组织或个人的过程。

document spelling check function 文件拼写校验功能 对文件的一种自校验功能，籍此用户可检查与改正单词拼写以及用推荐的词替代。

document template 文档模板 文档模板是一类特殊的文档，可提供构造最终文档的基本工具。文档模板中可包含在同类型的所有文档中都相同的文字或格式设置，如备忘录或报表。

document transportation 文件传送 文件识别中的读入处理阶段，它将文件有效地传送到读工作站。

document type definition (DTD) 文档类型定义 可扩展标记语言(XML)中的文档类型定义(DTD)为文档结构制定了一套规则。DTD 应规定元素清单、属性、标记、文档中的实体及其相互关系。DTD 可以包括在包含它描述的文档的文件中，或者与外部的 URL(统一资源定位器)相链接。这些外部 DTD 可以被不同文档和网站所共享。DTD 为应用程序提供了共同遵循的方法，同时也以文档形式阐述了标记标准并强制遵守此标准。参见 extensible markup language (XML)。

document understanding system 文本理解系统 一种接受文本输入并将输入进行存储和分类，然后根据任务技术说明来使用输入信息的系统。可提供释文，可执行翻译或者进行推理。

document vector 文献向量 描述文献特征量的一维有序集合。如果用检索词来描述文献，文献 D_1 含有检索词 T_1，T_3，T_4 和 T_6，文献 D_2 含有检索词 T_1，T_2，T_5，T_6 和 T_7，则 D_1 和 D_2 两者的文献向量分别为：

D_1：1011010

D_2：1100111

document window 文档窗口 在窗口环境中，如在苹果 Macintosh 和微软 Windows 中，一种屏幕上的窗口，在这个窗口中用户可建立、观察或编辑一个文档。

document writer 文档书写器 老式的用于编写、编辑和打印文档的设备。它类似于打字机。这种设备通常用纸带或磁带作为存储介质，并提供文本编辑功能。现已被编辑终端或微机取代。

docuterm 文件项目 系 document(文件)和 term (项目)的复合词。设计数据段的名称，用这一名称来指示数据段的内容。“文件项目”用来辅助序列数据检索。参见 information retrieval system。

DOD 直接向外拨号 direct outward dialing 的缩写。

DOE report DOE 报告 也称为《能源部报告》，美国四大报告之一。由美国能源部(DOE)所属科研机构及其合同单位所产生的科研报告，报告的内容包括物理、化学、材料、生物、环境、能源等领域。这些报告涉及的项目一般都是由政府部门主持的重大或尖端的课题，因此内容十分新颖。DOE 报告号不象 PB、AD、NASA 报告那样有统一编号，它是由各研究机构名称的缩写字母加数字号码构成。由于所属机构较多，编码较复杂，难以识别。1981 年开始，能源部发行的报告都采用“DE＋年代＋顺序号”的形式，所以 1981 年以后又叫 DE 报告。

DO group 循环语句组 在多种程序设计语言中，以 DO 语句开始，END 语句结束的一串语句。它用于程序控制。

Doherty amplifier 多赫蒂放大器 一种被分为两部分的线性射频功率放大器，其输入端与输出端用 ¼ 波长网络相连。在最大信号输入下，两部分以最高效率工作，每部分都将总功率的一半馈至负载。

DOI 数字对象唯一识别符 digital object unique identifier 的缩写。

DOIS 决策型办公信息系统 decision-office information system 的缩写。

do it yourself (DIY) 自己动手进行组装或技术改进 第一次正式出现在媒体上是芬兰的《赫尔辛基新闻》,当时这个单词主要是用来描绘自已动手装修房屋的现象。在 20 世纪 90 年代后期 DIY 开始在电脑爱好者中流传开。

Dolby AC-3 杜比 AC-3 Dolby surround audio coding-3 的缩写。

Dolby Pro-logic 杜比定向逻辑 由美国 Dolby 实验室发明的一种特殊的 4-2-4 编码技术。该技术把声场信息归纳为左、中、右、环绕四个信息,然后通过特定的编码技术使之合成双声道,演播时通过解码器把双声道重新还原成四个信息进行重放,因此又被称之为 4 声道环绕系统。

Dolby surround audio coding-3 (Dolby AC-3) 杜比 AC-3 1994 年 12 月 27 日,日本先锋公司宣布与美国的杜比实验室合作研制的一种环绕声制式,并命名为“Dolby AC-3”。1997 年初,杜比实验室已正式将杜比 AC-3 环绕声改称为杜比数码环绕声。杜比 AC-3 是一种全数字化分隔式多通道影片声迹系统,采用六只喇叭的输出模式,除了超重低音部分外,其余皆是全频段立体声,且现场录制时每个声道皆由独立的麦克风来录制。AC-3 可以与其他种类的音响系统很好地兼容,包括杜比定向逻辑环绕声、双声道立体声甚至单声道系统。它对每一种节目方式都有一个指导信号,并能在工作时自动地为使用者指示出节目的方式。AC-3 可以将 5.1 声道的信号内容压缩为单声道输出,其声音效果要比传统的单声道系统好得多。所谓 5.1 声道就是左(L)右(R)主声道,中置声道(C),左后(Ls)、右后(Rs)环绕声道以及一个独立的超低音声道。由于超低音声道仅提供 100 Hz 以下的超低音信号,以弥补低音的不足,因此该声道只作 0.1 声道计。

Dolby system 杜比系统 一种由杜比(Ray M. Dolby)博士研制的用来降低磁带产生的嘘声和其他高频噪声的降噪系统。在录制无声响期间,磁带噪声的电平可以同音乐电平相比拟,而在录制强烈声响期间,噪声被音乐所淹没。杜比系统在录音期间为较高音频的低电平提供预定的额外放大,而在放音期间则进行相应的衰减。在音乐恢复到它的正确电平的同时,降低磁带噪声。在 A 型专业杜比系统中,音频频谱被分成为四个频带,每个频带的增益自动随信号电平变化。为家用磁带录音机和盒式磁带录音机研制的简易 B 型杜比系统则只利用了从 600 Hz 向上延伸的一个频率范围。

DOM 文档对象模型 document object model 的缩写。

domain 域,定义域,论域,领域 (1)变量取值的集合。如在某些高级语言中,整数取值范围是从+32 767 ~ −32 768。(2)系统网络体系结构中,或是指系统服务控制点和物理单元、逻辑单元、链路、链路站,以及系统服务控制点能借助于激活请求与撤销请求控制的所有有关的资源。更广泛的是指由有存取能力对象所构成的目标集。(3)形式语言中一类语法成分的指称组成的集合。更广义地讲就是所要讨论的对象的集合。称作论域。(4)指定的所论对象的全体,也称“个体域”。它是谓词逻辑的解释的载体。(5)在 Windows NT 高级服务器中,活动目录由一个或多个域组成。在一个独立的工作站上,域就是计算机自身。域可以跨越多个物理区域。每一个域都有自己的安全策略和与其他域的安全关系。当多个域通过信任关系连接起来,并且共享一个模式、配置和全局目录的时候,它们组成一个域树。多个域树可以组成一个森林。

domain analysis 领域分析 是对一类应用系统的共同应用领域进行系统化的分析,以发现该领域的共同知识、需求及其应用系统的共同特征,它覆盖了对领域需求的获取、分析、规约和检验/验证的整个过程,是软件工程的发展与延伸。领域分析在一个初始领域边界的基础上,确定相关的信息来源,考虑预期的需求变化、技术发展及客观条件等因素,明确领域的边界;考察领域中已有的或潜在的软件应用,识别领域内的共性和变化性需求,分析需求之间的依赖关系,并在抽象的基础上形成领域(需求)模型。领域分析是特定领域软件复用的基础,而支持软件复用则是领域分析的主要目标。参见 domain engineering, domain model。

domain calculus language 域演算语言 数据库系统中的一种以域为变量的谓词演算语言。

domain controller 领域控制器 (1)在 OfficeVision 中,在领域中的管理 LAN(局域网)领域的一个 OS/2 LAN 服务器。(2)在 Windows NT 中,指网络中接受用户登录并初始化对该用户身份进行验证的服务器。参见 authentication。

domain decomposition 域分解 并行算法中的一种任务分解方法,采用计算机将域分成与问题有联系的分支或颗粒。一个颗粒是并行计算机的一个节点。对应于 local decomposition。

domain-dependent solution shell 与领域有关的解法界面 一种方法学和一组技术,可为特定领域建立一种灵活而智能的应用,能够由终端用户在不需要任何智能或专家系统知识前提下,简易地按格式改制和参数化。

domain engineering 领域工程 是基于构件的软件开发方法的重要组成部分。领域工程有助于解决可复用信息的识别、组织和利用的问题,从而对软件复用提供了有力的支持。领域工程有助于产生具有较高可复用性的构件,而且通过产生构架定义了复用的时机和复用的上下文。这样就对开发者复用这些构件提供了有力的支持,使得复用变得规范、系统和高效。参见 domain analysis。

domainer **玉米** "域名人"的谐音,网络中的流行语,指靠注册和销售域名赚钱的人。

domain expert **领域专家** 特定知识领域的专家。通常与构造知识库系统的知识工程师配合工作,向专家系统传授知识。

domain-independent expert system **与领域无关的专家系统** 一些用户利用已有的与领域无关的知识所建造的一个复杂的知识处理系统。这不是存储具体狭窄领域知识的专家系统。它既不是早期的通用问题求解程序,也不是一种专家系统开发工具。通常,这是一些具有深层知识表示的基于规则的系统,具有规则编译能力。

domain informationization **领域信息化** 在部门、行业信息化建设的基础上,采用信息化的思路和方法,组织协调业务内容和业务处理方式相关的有关部门和行业,打破部门和行业界限,实现某一领域的信息化。

domain integrity **域完整性** 在数据库领域和数据通信工程中,指定数据库的一个给定列的合法输入范围,可以通过限制类型、数据格式或可能的值范围来实施。参见 data integrity。

domain integrity rule **域完整性规则** 在数据库系统中的一种规则,设关系 R 的属性 A 定义在域 D 上,则通过对 R 的某一个元组 t 进行插入操作或更新操作所提出的作为 R.A 的候选值的任何值 V 必须属于 D。

domain knowledge **领域知识** 领域指某个限定的专业或行业的范围。领域知识是关于某一个领域的基本原理和理论,以及基于直接或间接经验积累的专门知识。

domain local group **局部域小组** 可以包含森林、通用小组和本域中的其他局部小组中的用户和全局小组。一个局部域小组只能在本域的 ACL 中使用。参见 access control list (ACL),forest,universal group。

domain model **领域模型** (1)领域指要解决的问题范围,领域模型化的目的是为了考察一类相似系统的需求,提供一个以问题域中的对象和操作为内容的模型。领域模型为一类相似系统提供一个统一的框架,领域用户通过模型提供的术语向系统开发环境表达他希望的特定类型系统的具体知识,基于领域模型的开发环境将把具体领域知识描述的问题转化成求解该特定问题的实际系统。(2)在软件工程中,领域分析活动的输出制品是领域模型。在软件复用活动中,领域模型主要承担三种责任。对于领域分析,领域模型必须提供足够的建模机制,以有效地捕获领域具有的共性和变化性需求;对于领域设计,领域模型必须能够提供充分的信息,以有效地支持特定领域软件体系结构的构造;对于领域内软件应用的开发,领域模型必须能够提供方便的定制机制,以支持对需求的复用。领域模型在软件复用中承担的责任对领域模型自身的结构提出了相应的要求。同时,面向领域的特点也使得一般的需求获取和分析方法不再适用于领域建模活动的实施。因此,采用何种形式的领域模型,如何实施针对领域的需求获取和分析活动,就成为领域工程研究和实践中的重要问题。参见 domain engineering,domain analysis。

domain name (DN) **域名** 因为在因特网中每台主机(或逻辑主机)的 IP(网际协议)地址是 32 位二进制数,不便于记忆,为此另行规定了一套命名机制,称为域名系统(DNS),这是一套分布型层次式的命名机制,域名由若干子域构成,子域和子域之间以圆点相隔,最右边的子域名是最高层域。因特网中每台主机的域名与它的 IP 地址严格一一对应,并由域名服务器实现由域名到 IP 地址的转换。例如,pubic. bta. net. cn 中,pubic 是主机名;bta 是机构名,北京电报局;net 是网络名,网络中心;cn 是最高层域名,中国。该域名对应的 IP 地址为 218. 83. 175. 155。

domain name inverse mapping **域名反向映像** 域名服务器提供从地址到域名的变换服务。因为对应一个地址有全名、简名和别名的区别,因而这种变换除了全名外,不是唯一的。

domain name inverse query **域名反向查询** 用户通过域名服务器请求从地址到域名的查询过程。

domain name pointer query **域名指针查询** 把用户提供的用圆点分开的数字表示的 IP(网际协议)地址变换成域名的反向查询形式和过程。

domain name registrar **域名注册商** 域名注册商是一个商业实体或组织,由互联网名称与数字地址分配机构(ICANN)或者一个国家性的国家代码顶级域名(ccTLD)域名注册局委派,以在指定的域名注册数据库中管理因特网域名,并负责提供域名解析、域名变更过户、域名续费等操作。

domain name registration **域名注册** 通过域名注册在因特网上取得独一无二的域名。通常先选择域名注册服务商,查询所需注册的域名是否已经被注册,然后注册用户信息,支付域名注册服务费后完成注册。

domain name resolution **域名转换** 通过查询域名服务器,将域名变换成数字 IP(网际协议)地址的过程。

domain name server (DNS) **域名服务器** 在 TCP/IP(传输控制协议/网际协议)中,一个提供域名到地址转换的服务程序,通过映射领域名到因特网地址实现这一转换。同 name server。

domain name system (DNS) **域名系统** 因特网中的为标识网上的主机,提供分级命名系统的一种联机分布数据库,也称"主机命名层次系统",分布在整个因特网中,不同的域管理员负责这个数据库中

D

的不同部分。它主要用来提供将逻辑机器名和 IP（网际协议）地址之间映射关系的机制，还提供其他如存储和提供关于用户和邮件列表的信息、方便邮件交换等功能。参见 domain name。

domain name system security (DNSSEC)　域名系统安全协议　为了解决域名系统（DNS）缺乏安全性的问题，在 DNS 协议中加入了安全扩展协议，即 DNSSEC。而 DNSSEC 的目标是在 DNS 内部同时提供权限认证和信息完整性。DNSSEC 通过密码来实现这些目标，但这样做会增加 DNS 服务器的额外开销。

D

domain of object　客体域　主体有权访问的客体集合。

domain of the function　函数的定义域　令 f 是从集合 A 到集合 B 的函数，即对每一 $a \in A$，有 $b \in B$，使 $b = f(a)$，称 A 是 f 的定义域，记为 $\mathrm{dom} f = A$。

domain operator　领域操作员　在多领域网络中，控制 SSCP（系统服务控制点）资源操作的人员或程序。参见 network operator，node operator。

domain relational calculus　域关系演算　以域为变量进行的关系演算。域关系演算也称“域演算式语言”，其基本概念是域变量。域变量和元组变量一样，是一个变量，不同的是域变量的变化范围是某个域，而不是某个关系。比较 tuple relational calculus。

domain search　领域搜索　网络节点启动的一个搜索，节点在收到一个搜索请求时如果在本节点的数据库中不存在该项，就向所有授权的 APPN（高级对等联网）终端网络节点发出搜索请求。

domain-specific knowledge　特定领域知识　关于解答某一个特定领域中的问题所需的知识。

domain specific language (DSL)　域特定语言　对特定的一类工作有用的程序设计语言。是专门解决特定域问题的语言。通过更接近问题的操作，域特定语言可以提供在通用语言中可能达不到的效率。

domain specific software architecture (DSSA)　特定领域软件体系结构　DSSA 是软件体系结构研究中的重要研究方向之一。在某个特定的应用领域范围内进行软件体系结构的考查和分析，能更容易地提取到可复用度较高的可复用构件和形成可复用系统构架，能增大系统构件的复用粒度和提高系统构件复用的成功率。

domain theory　论域理论　研究结构化集合及在上面定义的操作的理论。它是指称语义学研究的基础，也是数据类型理论的基础。

domain variable　域变量　谓词变元的一种，同元组变量一样，它也是一个变量，所不同的是域变量的变化范围是某个域而不是某个关系。如 QBE（范例查询）语言中的示例元素就是一个域变量，其变化范围是某个域。

dominance number　支配数　也称“控制数”。最小支配集的顶点个数。

dominant mode　主模式　在有多种传播模式的波导中，主模式是衰减最小的模式，即具有最低截止频率的模式。矩形波导的主模式是 TE_{10} 模，圆形波导的主模式是 TE_{11} 模。

dominant operator　主导运营商　拥有基础电信设施，在电信业务市场中占有较大份额，能够对其他电信运营商进入市场构成实质性影响的运营商。

dominant wave　主波　在给定半导体波导中，具有最低截止频率的电磁波。它是在激励频率介于最低截止频率与下一个较高截止频率之间时，唯一携载能量的波。

dominant wavelength　主波长　以适当比例与参考标准光组合时，与给定样品的颜色相一致的光的单一波长。

dominating set　优势集　无向图 G 中一个由节点组成的集合。如果每一个不在此集合内的节点至少与该集合中一个节点相邻，则称此节点集是优势集。如果一个优势集少了其中任意一个节点，则不是优势集，而称它为极小优势集。

dominator　支配顶点　程序图中一类顶点。设 G 是程序图，若顶点 v 出现在从起始顶点 s 到顶点 w 的每条有向路上，则称 v 是 w 的支配顶点；若 v 是 w 的支配顶点，并且 w 的其他支配顶点又都是 v 的支配顶点，则称 v 为 w 的直接支配顶点。程序图 G 中除了起始顶点外都有唯一的直接支配顶点，这些点及相关的边构成一个以 s 为根的有向树，称之为支配树。对于图 G 的各顶点，若按以 s 为根的深度优先数标识各点，那么对于各个不等于 s 的顶点 w，所有存在一条路径到达 w 的顶点称为 w 的半支配顶点。

donateware　捐赠软件　一种是自由分发的软件，但是用户为了“注册”这个软件必须向一个慈善事业作出捐赠。有时候这个软件的创作者规定了用户必须赠予哪个团体，而有时将这个选择留给用户。

dongle　盾，软件狗　计算机安全中，由软件制造者提供的一个硬件装置，它插在微机的串行口上。被保护的软件只有当串行口插有“盾”时才能运行。参见 hardware key。另有一些软件狗提供红外数据传输或者网络连接功能。

donor　施主　在本征半导体材料中，如硅或锗，掺入的一种杂质（如砷）。它的电子键结构与本征材料的电子键结构接近相同，但其价电子数比完成本征键结构模式所需电子数多，因此对每个杂质原子而言在结构模式中产生一个“额外”，即“多余”的电子。杂质原子相对较少，相距较远，因此不会干扰本征材料的导电性。额外的电子比价电子的束缚要小，因而可以自由地从一个原子到另一个原子的移动或漫游。额外电子比受主产生的空穴移动更自由。在电场的作用下自由电子和空穴按其极性在电场中移动。参见 acceptor,dopant,hole。

Doolittle decomposition　多利特分解　一种常用的LU分解,当矩阵满足LU分解的条件时该分解存在但不唯一。若限定L为单位下三角阵即L的对角元皆为1,则分解唯一,该分解称为多利特分解;若不限制L而是限定上三角阵U的对角元皆为1,分解也唯一,这时的分解叫克劳特分解(Crout decomposition)。多利特分解和克劳特分解都有简单易行的计算机程序。

door swing　转门效果　在视频制作中,一种视频图像围绕一个轴线旋转的效果,由数字效果生成器实现。

dopant　掺杂物[剂]　为使合成材料到达所需特性而采用混合、融合、汞齐化、结晶或其他方式加入到另一种材料中的材料,如加入锗或硅中的镓或砷,用于形成p型半导体和n型半导体材料。参见 acceptor,donor,hole。

dope vector　内情向量　由编译程序建立的说明型或词典型记录。用来描述单个数据元素或数组(或结构)内的元素的位置、格式、长度。用于产生目标程序代码,以便在源程序中引用时析取或找出所需要的位或字节。

doping　掺杂　当半导体处于熔化状态时,将化学杂质(掺杂剂)添加到半导体的晶体结构中以改变其电特性的过程,如将硼或磷元素掺入半导体中,以形成P-型或N-型半导体。掺杂浓度可能从十亿分之几(对电阻区半导体区)到百分之几(对强导电区)。

doping compensation　掺杂补偿　将施主杂质添加到P-型半导体或将受主杂质添加到N-型半导体中。

Doppler broadening　多普勒展宽　当辐射原子、分子或核子不全都具有相同速度时,在单一频率辐射时所发生的频率扩展。因此,每个辐射粒子都能引起不同的多普勒频移。

Doppler effect　多普勒效应　当振动着的波源逐渐靠近观测者时,测量到的频率比从波源发出的频率高。当波源离去时,测量到的频率则低于发出的频率。这就称为多普勒效应或叫多普勒原理。这是以19世纪前半期的一个奥地利物理学家的名字命名的。

Doppler radar　多普勒雷达　一种建立在由目标和雷达相对运动引起的回波多普勒频移基础上的雷达。这种频移可以用于区别固定目标和移动目标。移动目标的速度能以高精度由测量频移确定。

Doppler shift　多普勒频移　由多普勒效应引起的波的观察频率变化量,并用赫(Hz)表示。也称"多普勒频率"。

DOR　数字光记录　digital optical recording 的缩写。

dorfed up　搞乱　一个俚语,指破坏文件的内容,使其不能使用或至少不再可靠。

dormant state　休止状态　在某些虚机或虚拟存储操作系统中,作业或虚机的活动页面已被调出内存后的一种状态。

. dos　DOS系统文件名后缀　是 Windows 保留的 MS-DOS(微软磁盘操作系统)的某些系统文件的扩展名。

DoS　拒绝服务(攻击)　denial of service 的缩写。

DOS　磁盘操作系统　disk operating system 的缩写。

DOS extender　DOS扩充程序　一个扩充DOS(磁盘操作系统)和DOS应用程序可使用的640 KB内存空间的程序,通过保留存储空间中从640 KB到1 MB之间的区域,这些存储区域是被视频存储器和ROM BIOS(只读存储器基本输入输出系统)等使用的空间,因为系统中的其他部分没有将这个空间的区域全部用完。扩充程序使得系统可以使用这些余下的存储空间。

DOS mode　DOS模式　一种运行DOS(磁盘操作系统)程序的操作模式。

DOS partition　DOS分区　在某些软件中,指存储器中运行DOS(磁盘操作系统)程序的区域。

DOS prompt　DOS提示符　磁盘操作系统(DOS)准备好接受用户命令输出的视觉表示,DOS中默认的提示符是一个磁盘名和一个大于符号(如C:>),用户可用PROMPT命令赋予一个其他的提示符。

DOS protected mode interface (DPMI)　DOS保护模式接口　一个软件接口,最初为微软 Windows 3.0 开发,使得基于DOS(磁盘操作系统)的应用程序能够在80286以上微处理器的保护模式下运行,在保护模式下微处理器能够支持多任务并使用1 MB以上的存储器,这些特点不是DOS所固有的,因此DOS应用程序不具有这些特点,通过在实模式和保护模式之间提供软件转换,DPMI提供了一个扩展80286以上微处理器功能的基础。比较 protected mode,real mode。

DO statement range　DO语句域　在FORTRAN语言中,从该DO语句后的第一个可执行语句到该DO语句相对应的终止语句(包括终止语句在内)为止的全体FORTRAN语句称为该DO语句的域。若某个DO语句域里含有另一DO语句时,则这两个DO语句必须形成嵌套,亦即内部DO语句的域必须包含在外部DO语句域中。

DOS viruses　DOS病毒　以DOS(磁盘操作系统)系统为侵袭目标的病毒类型。如小球病毒、大麻病毒等都属于DOS病毒的范畴。

DOS/VS　磁盘操作系统/虚拟存储　disk operation system/virtual storage 的缩写。

. dot　文档模板文件名后缀　dot 是 document template 的缩写，是微软 Word 的文档模板文件的扩展名。通过模板可以简化一些常用格式文档的创建工作，而且可以内嵌 VBA 程序来实现某些自动化功能。

dot 点 在 MS-DOS 和 OS/2 操作系统中，将文件名与文件扩展名隔开的字符。

dot address 带点地址 在因特网中，指 IP(网际协议)地址通常的标记方法。参见 IP address。

dot-addressable mode 点可寻址模式 计算机程序可对屏幕上或者打印机的各个点寻址的一种操作模式。参见 point addressable。

dot command 点命令 文档中的一种打印格式化命令，以一个点作为前缀以区别于文档中的其他可打印文本，采用点命令的编辑软件如 UNIX 中的 nroff 和 Wordstar。

dot cycle 点周期 作周期性交替的两个信号状态的一个循环，其中每一状态都具有单位持续时间。在电传打字机应用中，一个点周期就是连续的一个传号和一个空号的组合。在电报传输中，有时以(点周期数)ps 或点速度来计算它是以波特表示的传输速度的一半。

dot file 点文件 在 UNIX 中，文件名以一个点开头的文件，如 .cshrc、.login 和 .profile，这些文件在用户登录时自动读入并建立运行环境。

dot gain 点增益调节 当打印机产生组成图像的小点时，由于打印机或油墨分布的不均匀，使打印出的小点比预期的要大，点增益调节可以弥补这种情况。

dot leader 点标题 在分开的两块正文之间的空白处填入的一组句点，如在目录表的文章标题与相应的页数号之间的一组句点。

dot matrix 点阵 用点的矩阵图在视频显示终端或打印机上组成字符、数字和图形的技术。采用这种技术的装置有光栅扫描监示器、点阵式打印机和激光打印机等。

dot matrix character generator 点阵字符发生器 它是由点阵字符显示器件和专用的行、列驱动器、控制器及必要的连接件装配而成的，用来在显示器的显示区产生由点组成的字符的一种字符发生器。通常，字符是以点的位置阵列来形成的，并以每个位置的点的有无来构成这种字符。

dot matrix display 点阵显示 将小的发光元件排列成矩阵的一种显示形式，不同的元件受激励以后能显示字符。5×7 是一种典型的矩阵。

dot matrix font 字模点阵，字体点阵，点阵字型 以点阵形式所表示的规范化字模(字稿)的字形。汉字字模的点阵通常有 16×16、24×24、32×32、48×48、64×64、128×128、256×256 等多种类型。

dot matrix printer 点阵打印机 一种通过一排点阵击打色带，在纸或复写纸上打印出图像的打印机。点阵打印机的打印头上装有垂直排列的 5 或 7 根钢针排，用于得到 5×7 或 7×9 点阵图案形成所需要的字符。打印机的质量指标是分辨率和速度。也称“矩阵打印机”或“针式打印机”。

dot pattern 点图形 在模式识别中，由点阵构成的图形。用点的有无或疏密代表物体、背景或它们的明暗程度。

dot per inch (dpi) 每英寸点数 dpi 是衡量打印机分辨率的一个重要参数，如 300dpi，即表示打印输出的每一个点为 1/300 英寸或每英寸可打印 300 个点。dpi 值越高，打印输出的效果越精细，相应的输出时间也就越长。参见 bpi，ppi。

dot pitch 点距 (1)显示器分辨率的测量单位，以毫米(mm)为单位的像素之间的对角线距离，此值越小，分辨率就越高，图像就越清晰。点距的测量有两种方法，各自测得的结果是不同的。一种称为“点距”，另一种称为“水平点距”。0.28 mm 的点距相当于 0.243 mm 的水平点距，而 0.26 mm 的点距相当于 0.23 mm 的水平点距。(2)点距只对孔状荫罩显示器适用，表示荧光屏上两个荧光点之间的距离。条栅状荫罩显示器则是使用线间距或光栅间距的概念来说明荧光条之间的水平距离。

dot prompt 点提示符 在 dBASE 中，一个命令行符号，用于输入完整的命令行。

dot-set representation 点集表示 用点及其属性的集合来表示图形的方法。在一个由 $m \times n$ 个像素所组成的矩阵区域中，图形可以用 $I(x_i, y_j)(i = 1,2,\cdots,m; j = 1,2,\cdots,n)$ 来表示，其中 I 表示灰度或亮度。用这种方法表示的图形有着较高的质量，但是需要占用很大的存储空间。

dot speed 点速度 按每秒点周期数测量的电报传输速度。

dotted decimal 点十进制数 在 TCP/IP(传输控制协议/网际协议)中，用于表示 IP 地址的一种方法。用句号分隔开的小的十进制数表示一个 IP 地址，使用户易于输入和阅读。

dot-trio shadow-mask CRT 点栅 CRT 也称“遮蔽罩式 CRT”，是最常见的一种 CRT(阴极射线管)，在显像管的前面是密布小孔的薄金属网，由此产生离散的荧光点。它可以产生 0.22 mm 甚至更小间距的像素点。这种点状排列的显示器显示的图像边缘清晰，对角线上的效果好，按平面直角设计的显像管所呈现的图像尺寸较为准确，这点对文字的重现和 CAD/CAM(计算机辅助设计/计算机辅助制造)类应用非常重要。

double address 双地址 一种指令格式。这种指令含有两个地址码，其中一个是操作数地址，另一个可以是操作结果的地址。

double-break contact 双断触点，桥式触点 触点断开后，在触点电路内同时产生两个串联间隙的触点组件。

double buffer **双缓冲器(技术)** 在输入/输出时使用两个存储区作为缓冲区的技术,它与相连外设无关。例如,如果来自一输入设备的数据首先被装入到一缓冲区,然后再装入另一缓冲区,这样该设备就能发挥其最大的输入速度,当输入设备装入一缓冲区时,中央处理器便可处理另一缓冲区中的数据。

double-buffered data transfer **双缓冲数据传送** 数据传送到缓冲寄存器,再从缓冲寄存器传送到适当的设备寄存器。

double buffer mode **双缓存模式** 在计算机动画中,一种使用两个缓冲区的模式,其中两个缓存交替地存储显示和更新的图像,在前端缓存显示图像时,后端缓存中可绘制一个新的图像,在双缓存模式下,颜色从颜色表中获得。比较 single buffer mode。

double-byte character **双字节字符** 一个需要双字节存储的字符。

double-byte character set (DBCS) **双字节字符集** 一个用两个字节表示的字符集,包含中文、日文、韩文的字符。参见 single-byte character set (SBCS)。

double-byte coded font **双字节编码字型** 一种字型,其字符用两个字节定义,首字节定义编码的字型节,第二个字节定义码点。同 double-byte font。

double-byte font **双字节字型** 同 double-byte coded font。

double-chained tree **双链树** 文件组织中的一种有效的符号(或数字)树结构。在其相应的层上存放关键字的相应符号(或数字),有父子关系和兄弟关系的两条链。由树的内部节点构成了记录的关键字,在其终端节点存放相应的记录。

double-channel duplex **双信道双工** 可以在两个站之间提供同时通信的方法,它采用两个射频信道,每个方向各一个。

double-channel simplex **双信道单工** 可以在两个站之间提供非同时通信的方法,它采用两个射频信道,每个方向各一个。

double click **双击,双按动** 在窗口式软件中,指快速地连续两次按下并释放鼠标器按钮而不移动鼠标器,两次按动之间的时间间隔范围可由用户定义。双击扩展了由单击所产生的动作,如在一个字中的任何处进行双击,选择全字而不仅仅是一个字符,双击还用来启动一个动作。如果在一个应用程序图标上双击,就会尝试运行该应用程序。如果双击一个文件,就会尝试启动用来创建该文件的应用程序。参见 click,drag select。

double connection **倍压连接** 变流器电连接的一种,由一个臂对和两个串联储能电容组成的一种双拍连接。其臂对的中心端子和串联电容的中心端子形成交流端子,其外接端子按极性分别连接在一起形成直流端子。

double convertor **双变流器** 两个变流组所组成的可逆变流器,每组各通过一个方向的电流。参见 reversible convertor。

double current signaling **双流信号方式** 一种信号方式,①传号和空号用电流的相反极性表示,而不是用电流的有和无表示,②正负直流电流表示有效状态的二进制传输。双流信号方式的优点有:对极性敏感的接收继电器工作得更快,可迅速切断组合电路,不需要加偏置,和无信号时电路处于中性状态。同 bipolar telegraphy, bipolar transmission, double current telegraphy, double current transmission, polar transmission。

double current telegraphy **双流式电报** 采用双流信号的电报。参见 double current signaling。

double current transmission **双流传输** 在传输活动图像的同时,在带内把高清晰度的图文信息一起传送的技术。应用于视频会议系统时,传送主讲人画面的同时可以将电脑中的多媒体演讲内容同时传送。

double dabble **双加倍** 一种转换二进制数到十进制数的方法,通过加倍总和以及在左边增加后继位、增加下一位并加倍总和、增加下一位、加倍总和等,直到最右位包括在总和中。

double data rate (DDR) **双数据传输率** 一种内存数据传输技术。DDR 内存能在控制时钟触发沿的上、下沿都能进行数据传输,而普通内存只在控制时钟的下降沿进行数据传输,因此在一次控制信号过程中,DDR 内存能进行两次数据交换。这也是它相对同样实际频率的普通内存有双倍带宽的原理。

double data rate DRAM (DDR DRAM) **双数据传输率同步动态随机存取存储器** DDR DRAM 是 SDRAM(同步动态 RAM)的更新换代产品,故也称"SDRAM Ⅱ"。它具有两个特点:其一,它允许在时钟脉冲的上升沿和下降沿传输数据,这样不需要提高时钟的频率就能加倍提高 SDRAM 的速度。其二,采用了延时锁定回路(DLL)提供数据选通信号对数据进行精确定位。由于 DDR DRAM 需要新的高速时钟同步电路和符合 JEDEC(电子设备工程联合委员会)标准的存储器模块,所以主板和芯片组的成本较高。参见 dynamic random access memory (DRAM)。

double density disk **双密度磁盘** 存储信息密度比单密度磁盘高一倍的软磁盘,如 5.25 英寸双密度软盘,容量为 360 KB,3.5 英寸的为 720 KB,采用改进的调频码进行信息存储。比较 high-density disk。

double-density diskette **双密度软盘** 同 double density disk。

double-density encoding **倍密度编码** 在软磁盘机中,倍密度记录时使用的记录方式。已经采用的倍

D

密度编码有改进调频制、两次改进的调频制及成组编码记录。

double-density format 倍密度记录格式 软磁盘采用倍密度编码记录时的信息格式。

double-dereference 双指针指向内容方位 访问被另一个指针指向的指针多指向的内容,即访问一个句柄指向的信息。参见 dereference, handle, pointer。

double-dictionary 双词典 在情报检索中,可用手工辅助小型文献数据库进行简单的布尔检索。办法是由计算机打印出同样的两份倒排文件,如果查找两个主题词的逻辑积,则从每份倒排文件上各找一个主题词,比较两者的文献号;如有共同的文献号,则为命中文献。这样的两个倒排文件称为双词典。

D

double-diffused metal-oxide semiconductor (DMOS) 双扩散金属氧化物半导体 包含经单个掩模孔的杂质二级扩散的金属氧化物半导体制造工艺。可以形成耗尽型或增强型。根据生产用于高速逻辑电路以及微波应用的二极管和晶体管的要求,短的扩散时间可以维持短的沟道长度。

double-diffused transistor 双扩散晶体管 通过 P 型和 N 型杂质气体扩散,在半导体晶片内形成两个 PN 结晶体管。

double-dot image 双点图像 在印刷技术中,使其像素模式在水平与垂直方向上都增加一倍后得到的一个放大图像。

double dynamic focus 双倍动态聚焦 电子枪同时在水平和垂直两个方向上对电子束进行动态补偿,可以更好地提高屏幕四角的图像清晰度。

double-ended queue (deque) 双端队列 如果一个线性表允许在其两端任意加入和删除元素,该线性表就称为双端队列。若输入只能在一端进行,但可在两端删除,则称为输入限制的双端队列;但若只能在一端输出,而能在两端输入,则称为输出限制的双端队列。

double-entry card 双输入卡片 一种特殊的穿孔卡片,即含有工资和劳动力分配信息的一种卡片。用于保存输入不同账目的数据。

double exposure 双重曝光 通过拍摄或晒印得到完全重叠或部分重叠的两个或多个影像的技术。

double-fed asynchronous machine 双馈异步电机 异步电机的一种,其定子绕组和转子绕组由各自的电源供电,其电源频率可以是恒定的,也可以是变动的。

double focusing mass spectrometer 双聚焦质谱仪 通过径向静电场和扇形磁场的连续作用来分离离子,致使在两个分析器中,离子速度分布是相反的并近似相等的一种质谱仪。

double hashing 双重散列 在一种探索表的方法中所使用的两个散列函数 $h_1(K)$ 和 $h_2(K)$,其中 $h_1(K)$ 的值域是 $0 \leqslant h_1(K) < M$(M 为被检索表中的记录个数),而 $h_2(K)$ 必须产生与 M 互质的,并在$[1, M-1]$间的一个整数。当使用 $h_1(K)$ 发生冲突时,就探查表中与 $h_2(K)$ 值有关的位置上的记录。

double insulation 双重绝缘 同时具有工作绝缘(基本绝缘)和保护绝缘(附加绝缘)的绝缘。前者是带电体与不可触及的导体之间的绝缘,后者是不可触及的导体与可触及的导体之间的绝缘,是当工作绝缘损坏后用于防止电击的绝缘。

double-layer perpendicular media 双层垂直磁记录介质 一种改进的垂直磁记录介质,其磁性有两层:底层为低矫顽力层(如 Fe-Ni),起垂直记录磁头辅助磁极的作用,用以提高读写效率;表层为垂直方向的高矫顽力层(如 Co-Cr),用以存储数据信息。

double-length numeral 双倍长数 计算机中使用的一种数据类型,在特定的计算机中,它是普通数包含的数位的两倍。参见 double precision。

double length register 双倍长寄存器 计算机常规寄存器的长度和计算机并行处理的字节数相关(32 位机寄存器长 32 位),长度达两个寄存器的称双倍长寄存器。双倍长寄存器可用于在乘法中存储积;在除法中存储部分商和余数;在字符处理中对字符串移位及存取。

double linked list 双向链表 一种线性表的存储结构。表中每个节点包含左右两个指针,分别指向该节点的左右两边的节点。表中的始节点和终节点则由专门的两个指针变量来指向它们。也可以使首尾相连呈环形连接。双向链表可以进行前向周游和后向周游。

double msisdn in single sim card 一卡双号 在一张手机卡(SIM)上开通两个数字移动电话号码,用户可通过手机菜单操作切换以选择其中任一号码进行通话,满足了用户在不同时间、不同地点使用不同号码的通信需求。

double-modulation 双重调制 一种调制方法,其中副载波首先用需要的信息调制,然后将已调幅载波频率较高的第二个载波进行调制。

double order traversal 双重次序遍历 对树的遍历使用两种次序的组合,如先根次序和中根次序的组合。

double-pivot gimbals 双轴万向平衡环 软磁盘机磁头的一种悬挂机构。它能使悬挂在其上的软磁盘机磁头块沿 X 轴和 Y 轴两个方向自由转动,并与盘面保持良好的接触。

double-pole 双重探询 一种探询技术。探询设备可向多点线路中的站发出两次信号,第一次信号发出后,若某一个站的信息发送已准备就绪,就发出响应信号,待接收到探询设备发出的第二次信号后,就把信息发送出去。

double-polling double-throw (DPDT) 双刀双掷开关 双刀双掷开关其实是两个单刀双掷开关并列而成,其接线方式与每个单刀双掷完全一样,其两个刀通过一个绝缘材料相连,然后共用一个手柄。双刀双掷开关每一边相当于一个单刀双掷开关,可以做两个单刀双掷开关使用;双刀双掷开关同一边每相邻的两个接线柱相当于一个单刀单掷开关,可以做四个单刀单掷开关使用。双刀双掷开关由于接线方式不同,将有不同的作用:如改变电流或电压方向、交换电学元件位置等。

double-precision 双精度 相对于单精度数具有更高精度的数。双精度术语中的"双",指使用了双倍于单精度数的二进制位,如一个单精度数如需要32位,则其相应的双精度需要64位。不能错误理解为是数的精度和范围的加倍。比较 single precision。

double-pulse recording 双脉冲记录(法) 按相反极性磁化的相位调制记录方法,磁化区的两端均为非磁化区。磁记录的每一存储位由两侧的非磁化区的两个相反极性磁化区组成。极性的顺序决定储存位是1还是0。

doubler 倍频器 一种频率乘法器,它将输入信号频率乘以2。

double rail logic 双线逻辑的 说明一种自定时异步电路,该电路中的每个逻辑变量可借助两条导电线的工作状态来表示,其组合可表示三种意义:0,1和不定。

double recording 双记录 在 NetView 程序中,指在两个记录级上记录单独的事件。

double refrection 双折射 一束入射光在各向异性介质的界面折射时,产生两束折射光的现象称为双折射现象。其中一束折射光始终在入射面内,且遵守折射定律,称为寻常光(o 光);另一束违背折射定律的光,称为非常光(e 光)。同 birefringence。

double sideband (DSB) 双边带 描述这样一种传输或发射,其中由调幅所产生的两个边带都同样地被保留下来。参见 double-sideband (DSB) transmission。

double-sideband transmission 双边带传输 一种通信技术,载波被信号调制后的载波两侧产生出被调边带,对这些频带的传输称为双边带传输。上边带对应于载波与调制频率之和,而下边带对应于载波与调制频率之差。此技术可提高电话线上的字符传输速率。

double-sided disk 双面磁盘 盘片两面都用来存储数据的磁盘。它提高了存储密度。

double-sided double-density (DS, DD) 双面双密度 一种两面都能存储数据的软磁盘的规格。

double-sided power distribution cabinet 双面配电箱 前后均设置门,可以通过前后两个操作面进行设备或线缆的安装、维护以及管理的配电箱。参见 single-sided power distribution cabinet。

double-sided printed board 双面印制板 两面均印有导电电路的印制板。

double stack 双栈 一种加限制的双端队列。从其一端插入的项目,只能从该端删除,而从另一端插入的项目就只能从另一端删除,好似两个底部相连的堆栈。

double-strike 双击 在字处理中,每一字符打印两次,使其加黑、加深印痕。在点阵打印机上,带轻微偏移的双击打印可用来填充点间的空隙,使打出的字符更黑更光滑。

double-stub tuner 双短截线调配器 由两根通常相距3/8波长、与传输线并联的短截线构成的调配器。用于阻抗匹配。

doublet 二位字节 由两个二进制位组成的一种字节。同 2-bit byte。

double-tap 双点触 用定位设备快速连续两次点触一个触摸敏感的表面上的同一个区域。

double tape writing 双带书写 将计算机文件同时写入到两个相同的磁带文件的技术,以防止计算机系统在使用一个文件时出现不可读的情况,提高信息存储的可靠性。

double-tuned amplifier 双调谐放大器 一种将电路级调谐到两个不同的谐振频率,以得到比单一频率调谐的带宽更宽的放大器。

double-tuned detector 双调谐检波器 一种限幅器输出变压器有两个次级绕组、一个绕组调谐到高于载频,而另一个绕组则调谐到比载频低相同大小的调频鉴频器。没有调制时,两个二极管在载频上同样导通,音频输出为0。信号频偏使一个二极管比另一个二极管更加导通,从而给出音频输出。

double-wide print 双宽度打印 一种打印格式,使字符的打印宽度为一般情况的两倍。

double-word 双(倍)字 将相邻的两个计算机字作为一个处理单元进行编址的一串位或字符。

double-word addressing 双字寻址 采用短字(小于16位)的计算机的一种寻址方式,其中两个连续指令字中的第二个字含有存储单元的地址。

double-word command 双字命令 也称"通道控制字"。含有输入输出操作详细信息的双字。

double-word length 双字长 用两个计算机字表示一个数,这个数的字长为正常字长的两倍,如在32位微型计算机中,双字长则为64位。采用双字长进行算术运算时,其结果为双字长。

double-word length fixedpoint arithmetic 双字长定点运算 在有些计算机中,许多运算指令产生双字长的运算结果。作定点乘法时,双字长乘积存放在用于整数和小数操作的控制存储器的两个寄存器中。作双字长除法运算时,商和余数也分别保存在存储器两个寄存器中。

double-word register **双字寄存器** 有些微型计算机作双字长或多字长运算时，把两个单字寄存器配对作为一个寄存器使用，以存放双字操作数或运算结果，如美国 Motorola 公司的 16 位微处理机 MC 68000 和 Zilog 公司的 Z 8000，其 16 位通用寄存器都可配对成 32 位双字寄存器。

double wound synchronous generator **双绕组同步发电机** 在同一磁构件上有两套相似的初级绕组，但不需要在电机内部或外部作电连接的同步发电机。

D

DO-UNTIL **DO-UNTIL 图** 一种辅助的结构程序设计图。它是 DO-WHILE 重复结构图的另一种表示形式。

DOV **话上数据** data over voice 的缩写。

DO-WHILE **DO-WHILE 图** 一种基本的结构程序设计图。它提供表示重复或循环的手段。

down conversion **下变频** 将具有一定频率的输入信号，改换成具有更低频率的输出信号(通常不改变信号的信息内容和调制方式)的过程。在超外差式接收机中，如果经过混频后得到的中频信号比原始信号低，那么此种混频方式称为下变频。由于下变频方式的电路简单，成本较低，所以被广泛应用于民用设备和对性能要求不高的军用设备中。下变频方式最大的缺点是对镜像干扰的抑制能力较差。比较 up conversion。

downline **下行线** 数据传输的方向，对应于 upline。

down line transmission **下行线路传输** 计算机化的信息转接系统中使用的一种技术。利用此技术，多点线路之一上的数据站可以直接通信，计算机不必接收每个信息，也不必将信息沿同一线路送回。

downlink **下行链接[链路]** (1)说明从首端站到数据站的数据传送。比较 uplink。(2)卫星通信中，从通信卫星到地面站的通信信道。与此相应，从地面站到通信卫星的通信信道，称作上行链路。

downlink pilot time slot (DwPTS) **下行导频时隙** 不同用户距离基站远近不同，基站发送的信号到达用户的时延也不同，为了避免因为时延造成的时隙间干扰，基站在建立业务之前必须先和用户建立准确的下行同步。下行导频时隙用于下行同步和小区搜索。参见 uplink pilot time slot (UpPTS)。

download **下载** 将数据从主源复制到一个外围设备的过程。例如，将文件从网络服务器复制到网络中的一台处理器的过程。或通过调制解调器和电话线从另一台计算机上将文件传送到自己的计算机上，或从一个公告牌系统传送到另一台计算机上等。

down loadable sample (DLS) **可供下载的采样音色库** 声卡中采用的技术。将波表音色库存储在硬盘中，待播放时调入系统内存，依靠声卡自己的音频处理芯片进行合成，其波表音色库还可利用 DLS 音色编辑软件进行修改。

download font **下载字体** 一个存储在内存中的，在需要时从内存复制到打印机的软字体。

down-loading **卸载** 把代码从主机系统直接传送给目标系统或可编程序只读存储器的过程。

down reference **向下引用** 在重叠结构中，路径中由某程序段引用较低的段，即从基本段开始引用其他的段。

downsizing **小型化** 将对大型计算机的使用转移到小型或微型计算机上，随着技术的进步，过去必须在大型机上运行的应用程序可以在小型和微型计算机上运行，因此转向小系统的使用。参见 rightsizing。

downstream **下行数据流** (1)按数据流的方向或指向传送目的地的方向。(2)从处理机指向连接设备或末端用户。比较 upstream。(3)在 UNIX 中，数据由流首向驱动程序的流动方向，也称“写侧”或“输出侧”。参见 stream head，STREAMS。

downstream neighbor **下游邻居** 也称“下游节点”。在采用令牌环技术的网络中，在一个环内顺着令牌游历的方向上的相邻节点。

down time **故障时间，宕机时间** 由于故障或定期维修，使系统或网络不工作的时间。多数情况下，因为这是非运转时间，因此必须尽量减少停机时间。而且，由于一个计算机系统是由许多有关的机器组成的，因此，在某种情况下一台机器停机时，会导致整个系统停止工作。

downward compatibility **向下兼容性** (1)高级系统中的应用可直接在比它级别低的系统中使用的性能。参见 compatibility。(2)按某种机器编制的程序，不加修改就能运行于比它低档(速)的机器上。

downward modulation **向下调制** 一种已调波的瞬时幅度决不大于未调制载波幅度的调制。

downward multiplexing **向下多路复用(法)** 在网络层中用多个网络连接去支持传输层中的一个传输连接。其目的是为了提高可靠性，即可通过低性能、低价格的多重网络连接来提供所要求的传输性能的品级。使传输层对多级网络互连开放，并以循环的方式将通信量进行分配的系统。

downward project **向下投影** 将显示出来的影像向下垂直地投到感光材料的表面上或者显示板上，以获得放大的影像。

downward reference **向下引用** 在覆盖结构中，从通路的一个段对较低的另一个段(即距根段更远些)的一种引用。

DP (1)动态规划 dynamic programming 的缩写。(2)数据处理 data processing 的缩写。(3)配线点 distribution point 的缩写。

DPA **显示器/打印机适配器** display/printer

adapter的缩写。

DPAGE 设备页面 device page 的缩写。

DPBX 数字式专用分支交换机 digital private branch exchange 的缩写。

DPC (1)延迟过程调用 deferred procedure call 的缩写。(2)脏纸编码 dirty paper coding 的缩写。

DPCM 差分脉(冲编)码调制 differential pulse code modulation 的缩写。

DPC object DPC 对象 Windows NT 中一个用于异步执行系统函数的内核对象，是一个控制对象，其中包含要执行的延迟过程调用(DPC)地址，内核将 DPC 对象放在一个全局 DPC 队列中等待执行。参见 deferred procedure call (DPC)，DPC queue。

DPC queue DPC 队列 在 Windows NT 中，一个内核管理数据结构，其中包含等待执行的延迟过程调用(DPC)。DPC 队列中出现一个 DPC 对象就会使内核发出一个调度程序或 DPC 中断请求级(IRQL)的软件中断。取得这个中断的处理器将控制交给内核，由内核执行队列中的全部 DPC。参见 deferred procedure call (DPC)，DPC object。

DPDT 双刀双掷开关 double-pole double-throw 的缩写。

DPF 数码相框 digital photo frame 的缩写。

DPG (1)数字线对增益 digital pair gain 的缩写。(2)专用分组数据群 dedicated packet data group 的缩写。

DPI 深度业务感知 deep packet inspection 的缩写。

dpi 每英寸点数 dot per inch 的缩写。

DPLL 数字锁相环 digital phase lock loop 的缩写。

DPM (1)数据处理管理员 data processing manager 的缩写。(2)分布式表示管理 distributed presentation management 的缩写。(3)文件/分钟 document per minute 的缩写。

DPMA (美国)数据处理管理协会 Data Processing Management Association 的缩写。

DPMI DOS 保护模式接口 DOS protected mode interface 的缩写。

DPMS 显示器电源管理系统 display power management system 的缩写。

DPN 目标程序名 destination program name 的缩写。

DPPS 数据分组/秒 data packets per second 的缩写。

DPPX 分布式处理设计执行程序 distributed processing programming executive 的缩写。

DPPX/BASE 分布式处理程序设计执行数据库 distributed processing programming executive base 的缩写。

DPPX/DTMS 分布式处理程序设计执行数据库和事务管理系统 distributed processing programming executive database and transaction management system 的缩写。

DPS (1)数据处理系统 data processing system 的缩写。(2)文件处理系统 document processing system 的缩写。(3)数据保护系统 data protection system 的缩写。(4)显示用 PostScript，PS 语言显示版本 display PostScript 的缩写。

DPSK 差分移相键控 differential phase-shift keying 的缩写。

DPST 双刀单掷开关 double-pole single-throw 的缩写。

DPT 动态分组传输 dynamic packet transport 的缩写。

DPU 显示处理部件 display processing unit 的缩写。

DQ 数据限定符 data qualifier 的缩写。

DQDB 分布式队列双总线 distribution queue dual bus 的缩写。

DQM 数据质量监视器 data quality monitor 的缩写。

DQPSK 差分四相相移键控 differential quadrature phase shift keying 的缩写。

DR (1)确认响应 definite response 的缩写。(2)数字存储 digital reposition 的缩写。(3)动态重新配置 dynamic reconfiguration 的缩写。(4)指定路由器 designated router 的缩写。

draft 草稿[图] 未经修改、编辑的各种手稿、打印稿、图形等。

draft copy 草图副本，草稿拷贝 在字处理中，为编辑而准备的一种打印输出。而把标注有校对符号的副本称为编辑拷贝，正文的最后一版称为最后拷贝。

draft mode 草图模式 一种高速低密度打印模式，大多数打印机都提供这种模式，为提高速度，这种模式使用一个较稀疏的点阵，如果打印机在多种模式下工作，用户可以在打印草稿时用草图模式，而在打印最后定稿的文档时用打印机的高质量模式，称为字符质量模式。参见 dot-matrix printer，draft quality，print quality。

Draft Proposal of International Standardized Profiles (DPISP) 国际标准化轮廓文件建议草案 在各地区性功能标准制定组织所提交的功能标准轮廓文件的基础上，经由国际范围内技术委员会讨论协调后，作为进一步研究、讨论依据的轮廓文件。

draft quality 草图质量 在点阵打印机的草图模式下打印的文本，文本的打印质量较粗糙，不适合于正式文书，但可用于内部文档。参见 draft mode，print quality。

D

draft-quality printer 草稿打印机 打印出的字符清晰可辨，但比较粗糙的打印机，用于草稿或非正式文件的打印。相对应的有信件打印机，用于打印正式文件。后者比前者速度慢。通常这是打印机的两种工作方式，即草稿打印方式和信件打印方式。可在打印机上按一下按钮实现切换。

draft standard 草案标准 标准形成过程中的一个阶段。是建议标准经过一段时间的实施后，再对其进行修改、调整和完善后所形成的标准。草案标准继续在实际环境中运作一段时间后，如果运作得比较稳定，没有什么问题了，这时候才能形成最终的标准。参见 proposed standard。

drag 拖动 使用定位设备移动一个对象，按住鼠标器的按键并移动，如鼠标器在窗口边框处按下然后移动，可以使窗口放大或缩小，在文本中进行拖动可选择一段文本。

drag-and-drop 拖放 图形用户界面的一种操作，使界面元素可被选择并在显示器上移动，然后放置到另一位置。便完成了对对象的操作的技术。例如，可以通过把其图标拖到应用图标上打开文档或通过将图标拖到文件夹而将对象装入文件夹。

drag-and-drop editing 拖放编辑 编辑功能通过增强文本字块，然后用鼠标将字块拖至新的位置而完成字块移动或拷贝。当放开鼠标钮时，文本便出现在新的位置上。许多字处理程序具有拖放编辑功能，从而加快了文本的重新编排。

dragging 拖动，牵引，探寻 在计算机制图中，显示空间中显示组的一部分或全部随指示器连续移动，犹如显示组与指示器连在一起。

drag select 拖动选择 按下鼠标器按钮并在移动时保持按住不放，使鼠标器在屏幕上移动一定距离，在拖动结束时释放鼠标按钮，在拖动时经过的选择项都被选择。参见 click，double-click。

drain 漏极 场效应晶体管收集电荷的电极。漏极是形成场效应晶体管的三个区域之一，起源于源极并穿过沟道的多数载流子在漏极被收集，形成电流通路。源极与漏极之间的流动由加到栅极上的偏压控制。漏极与双极结型晶体管的集电极和电子管的阳极相类似。

DRAM (1)动态随机存取存储器 dynamic random access memory 的缩写。(2)分布式随机访问机 distributed random access machine 的缩写。

Draper industrial assembly language (DIAL) DIAL 语言，Draper 工程装配语言 由美国麻省理工学院 Draper 实验室为利用力传感器的装置任务所开发的一种机器人语言。

DRAW 写后直接读出 direct read after write 的缩写。

draw 画线 从现行位置出发到指定端点画一直线而产生一个向量，原来的端点成为新的现行位置。

drawable 可绘制的 在 AIX 增强 X-Windows 中，窗口和像素都可用作图形操作的源和目的，所以窗口和像素都是可绘制的图形对象，但一个只能输入的窗口不能作为一个可绘制的图形对象进行操作。

DRAW disc 直接写后读磁盘 direct-read-after-write disc 的缩写。

drawing exchange format (DXF) 图形交换格式 DXF 是一种计算机辅助设计的文件格式，最初开发用来与 AutoCAD 一起使用，以便于图形文件在应用程序之间的传递，它以 ASCII(美国信息交换标准代码)方式存储图形，可精确表现图形的大小。

drawing program 绘图程序 一个管理面向对象的图像的程序，不同于管理点阵图像，在这种程序中，用户可以对一个图形元素(如线、圆和文本块等)进行操作，而在画板程序中则是对像素块进行操作。参见 object-oriented graphics，pixel image，vector graphics。

drawn button 图形仿真按钮 窗口软件中的一个图形对象，用一个符号或者其他图形仿真一个实际按钮。

draw program 绘图软件[程序] 以处理几何图形为主的一类软件。其特点是以图像的几何单元为处理对象，主要用于高精度文字及图形的编辑和设计，虽然它也能设计连续渐变图，但是这些连续渐变色调是通过许多不同层次的几何图形叠加而构成。绘图软件提供的基本电子绘图工具有直线、圆、四边形等。还可自动进行各种放大、缩小、旋转、剪切等艺术性图形处理。

DRC (1)数据记录控制程序 data recording control 的缩写。(2)设计规则检查 design rule check 的缩写。

DRD 数据记录设备 data recording device 的缩写。

DR DOS DR DOS 操作系统 由 Digital Research 公司(已被 Novell 公司收购)开发的一种运行于 PC 机的磁盘操作系统，与微软 Windows，DOS(磁盘操作系统)兼容，具有恢复删除文件、磁盘缓存、文件压缩、存储管理、任务切换等功能。

DRDRAM 直接 Rambus 接口动态随机存取存储器 direct Rambus DRAM 的缩写。

DRDS 动态重构数据集 dynamic reconfiguration data set 的缩写。

DRDW 写时直接读 direct read during write 的缩写。

dredge 爬网 使用搜索引擎，在网络上查询信息。

dribbleware 流水软件 软件产品的更新版、补丁程序和新的驱动程序，每完成一个开发后立即发行一个，而不是作为该产品的一个新版本一起发行。也称"补丁软件"。

drift 漂移，偏差 当器件的所有输入信号的值保持不变时，器件的某一个输出信号的值在特定的时间周期内发生的不希望有的变化,如由于温差使电阻值可能产生偏移,进而影响输出值的变化。

drift current 漂移电流 半导体中载流子,由于电场作用而产生的沿电场力方向的定向运动称作漂移运动,所构成的电流为漂移电流。

drift mobility 漂移迁移率 均质半导体中每单位电荷引起的载流子的平均漂移速度。也称"迁移率"。

drift radio network controller (DRNC) 漂移无线网络控制器 对某个具体的终端而言,漂移无线网络控制器与核心网络(CN)无连接,主要是为用户设备(UE)提供无线资源。

drift space 漂移空间 电子管中基本上没有外加交变场的空间,电子在这一空间要改变它们的相对位置。

drift velocity 漂移速度 在电场影响之下电子移动的平均速度。漂移速度与电子管或半导体中的净电流相对应。

drill and practice courseware 操练型课件 一种发展较早的课件类型,其教学活动的方式是:由计算机提出问题,学生回答,计算机判断学生的回答,并根据其正确程度给学生以相应的反馈,肯定正确的回答或矫正学生不正确的理解和对技能的错误运用。通过大量反复地操练与练习,使学生掌握有关的知识与技能。

drive 驱动器,驱动 (1)这一术语泛指在进行数据处理操作时,用于将数据从存储媒体传输到处理器及相反过程的装置。驱动器实际上操纵存有数据的存储媒体。具体来说,它包括磁盘驱动器和磁带驱动器。这条术语也用于定义给其他电路提供电能的电子线路,即产生脉冲以启动其他某个电路或电磁装置的电路。(2)可装有磁盘的机械部件,磁盘可能是软盘、只读碟或者硬盘。驱动器有一个旋转磁盘的马达,还有位于磁盘上的一个存取头。在软盘或者硬盘中,存取头可以从磁盘表面写入或者读取数据。在只读碟驱动器中,存取头使用一束极细的激光来读取蚀刻在盘片表面的信息。

drive array 磁盘组 用一个智能化控制器连接在一起的多个硬盘驱动器。为了实现系统的可靠性,可在每个驱动器上存储数据的多个副本;或者为了速度在每个驱动器上存储每个数据的一部分。

drive bay 驱动器座[舱] 在计算机箱内的一个矩形空位,为驱动器而保留位置,通常两面有带安装孔的夹板,用于支撑硬盘或软盘驱动器、CD-ROM(只读碟)等。

drive destination 驱动器目标 一个从A到Z的字母,赋予一个物理磁盘、一个磁盘分区或者网络目录,使得系统有一个访问该资源的唯一方法。

drive diagnostic program (DDP) 驱动器诊断程序 软磁盘机日常维护用诊断程序。能执行盘速、寻道、读出、写入和面选择等项测试。与数字诊断盘相配合,还可以检测磁头径向位置、磁头方位角、磁盘片与转轴的同心度和步进马达重复定位精度等参数。

drive error pattern 驱动误差图形 在传真系统中,由于驱动系统的不完善而产生的不符合要求的图形。这类图形是因为记录点的位置有周期性的误差,引起浓度变化而造成的。

drive fitness test (DFT) 驱动器性能检测 为PC硬盘开发的数据保护技术。DFT使用基于PC的程序来访问特殊的硬盘中的微代码,检测硬盘的运转状况。DFT微代码可以自动对错误事件进行登记,并将登记数据保存到硬盘上的保留区域中。DFT可以实时对硬盘进行物理分析,如通过读取伺服位置错误信号来计算出盘片交换、伺服稳定性、重复移动参数,并给出图形供用户或技术人员参考。DFT程序基于标准的S. M. A. R. T.(自监测、分析和报告)技术,在DOS(磁盘操作系统)下运行,从而独立于现有的Windows操作系统,也可集成在系统诊断软件包里。参见self-monitoring, analysis and reporting technology (S. M. A. R. T.), data protection system (DPS)。

drive number 驱动器号 Macintosh磁盘驱动器的命名习惯,如驱动器0和驱动器1。

drive pulse 驱动脉冲 具有一定强度的,能激发其他装置的输出脉冲,如驱动若干个门电路的脉冲,使磁芯存储器中磁芯状态发生变化的脉冲以及控制打印机字锤的脉冲等。

driver 驱动器,驱动程序,测试板 (1)用于隔离负载与驱动源的电路。它通常用于微处理器芯片和存储器地址线之间,升高微处理器芯片的小驱动电流,以便同时驱动许多集成电路器件。(2)一个程序,它借助于模拟较高一级的系统组成部分来履行一个系统或系统组成部分的作用。(3)用来控制输入/输出设备进行操作的程序。每一种输入/输出设备都有一个在指定操作系统下运行的驱动程序。该程序可由系统程序或用户程序进行调用,通过它来驱动相应的外部设备。(4)软件预备版本,用于由用户进行可用性测试以便在正式版本推出之前作最后修改。

driver dispatch table 驱动程序分派表 输入输出(I/O)驱动程序的一种表。它对同一类型的设备列出了标准驱动程序例行程序的入口点地址和诊断缓冲区及错误登记缓冲区的大小等内容。

driver letter 驱动器字母 在IBM PC及其兼容机中,一个磁盘的名字,由一个从A到Z的字母和一个冒号构成。标准的设置是:驱动器A:是软盘驱动器,驱动器B:是第二个软盘驱动器,C:是硬盘驱动器,而D:是只读碟驱动器。如果连接到了一个办公室网络中,可能就会有另一个驱动器字母实际映射到另一台计算机上的磁盘驱动器上。如果硬盘驱动器已经被分区了,在这种情况下,第一个分区会被作为驱动器 C:,而第二个分区作为驱动器 D:,此时只读碟驱动器就顺延为驱动器 E:。

driver module 驱动模块 一种软件测试技术,主要用在单元测试阶段。驱动模块是用来模拟被测试模块的上一级模块,相当于被测模块的主程序。它接收数据,将相关数据传送给被测模块,启用被测模块,并打印出相应的结果。

driver object 驱动器对象 Windows NT 中的一个系统对象,代表系统中一个驱动器程序,可与多个设备对象相关联。参见 device object。

driver registration packet (DRP) 驱动程序登记包 一种输入输出系统(IOS)数据结构,用于初始化 IOS 和特殊设备驱动程序之间的连接。

driver software 驱动软件 用于完成外部设备对数据信号的最后处理的程序。驱动软件使处理机于适当时间按适当的格式产生、处理和提供适当的信号,以便外部设备执行必要的操作。驱动软件在整个系统软件中虽然很少,但十分重要。在设计操作系统、处理部件、外部设备控制器和实际的应用程序时,必须考虑合适的驱动软件。

driving-point admittance 激励点导纳 也称"入端导纳"。电子管、网络或其他传感器的交流电流与外加交流电压的复数比。

driving-point impedance 激励点阻抗 也称"入端阻抗"。电子管、网络或其他传感器的外加交变电压与所得到的交流电流的复数比。

DRL 数据检索语言 data retrieval language 的缩写。

DRM 数字版权管理 digital right management 的缩写。

DRNC 漂移无线网络控制器 drift radio network controller 的缩写。

DRO (1)介质谐振振荡器 dielectric resonator oscillator 的缩写。(2)破坏读出 destructive read-out 的缩写。

drop cable 引线电缆 一种柔性电缆,它把网络终端分支器连接到用户插座上。

drop cap 下沉字符 一种排版效果,文本段落的第一个字母比正常文本大许多,占多行位置,而这第一个字母的顶部与段落的顶部对齐。

drop-down combination box 下拉式组合框 一种组合框,其中隐藏一个列表框,在用户对其进行选择操作时显示这个列表框。参见 combination box, list box, drop-down list。

drop-down list 下拉式列表 一个选择域,其中只有一个当前选择,其他选择都被隐藏,可以在对其进行一个选择操作时显示出列表。参见 list box, drop-down combination box。

drop-down list box 下拉式列表框 在窗口或对话框中的可打开的列表框,未打开时是一个单行的列表框。

drop-down menu 下拉式菜单 计算机图形用户界面(GUI)操作系统及其应用软件常用的菜单方式。许多软件由于操作命令非常多,因而不可能将其全部罗列在操作屏幕上。作为其解决方法之一,下拉式菜单是将有关的操作命令进行分类,屏幕上一般只显示其分类名,而实际操作命令(或下一级分类名)是在操作者点中了相应的分类名之后再显示在屏幕上供选择,下拉菜单拉下后在进行进一步的选择或者取消之前保留打开状态。比较 pull-down menu。

drop folder 下投文件夹 在 Apple 环境中,用作用户的私人邮箱的一种类型的文件夹。一旦用户在该文件夹中放置了一个文件,只有该文件夹的拥有者才能检索它,用户通过设置适当的 AppleShare 或 Macintosh 文件共享访问权限可以创建该文件夹。

drop-frame time code 落帧时间码 一个非连续时间码,用于保持磁带时间码与实际时间匹配。

drop-in 冒码 磁存储器存入或取出数据的过程中出现的差错,表现为读到一个事先没有记录的二元字符。冒码通常是由于在磁表面层上的缺陷或嵌入微粒造成的。为检测这种情况,常采用奇偶校验技术。参见 parity check 和 parity bit。比较 drop-out。

drop line 下引线 一种灵活的同轴电缆,通常是 RG-6U 型的,从同轴电缆引线板上引入到一个插座上,用于连接外设。

drop line device 下引线设备 任何通过下引线连接到同轴网络的外部设备。

dropout 漏码,丢码,漏失(信息) 磁存储器存入或取出数据的过程中出现的差错,表现为漏读二元字符。漏码通常是由于在磁表面层上的缺陷或嵌入的微粒造成的。与漏码对应的差错是冒码。这种情况同样使数据出现错误,需要应用奇偶校验来检测这种情况。比较 drop-in。

dropout current 断开电流 使继电器或其他磁作用器件回到它的断开位置的最大电流。

dropout ink 阻扫描墨水 一种墨水,其颜色是人眼可见的,但图片扫描器不可见,在用于文档或者表格时,使这一部分内容不被扫描到计算机中。

dropout voltage 断开电压 使继电器或其他磁作用器件回到它的断开位置的最大电压。

dropped channel 取消信道 多信道载波系统中不传输信息的信道。通常是由于取消终端的重发器所造成的。

dropping condition rule 摘取条件规则 在机器学习中的一个选择性概括规则,将其合取的某个条件除去,余者不变。

dropping resistor 降压电阻器 一种与负载串联使

用的电阻器，用于降低加到负载上的电压。

drop repeater **脱扣[分接]中继器** 也称“分转站”。在多通道系统中，为一个或多个通道的本地终端而配备必需设备的中继器。

DRP (1)驱动程序登记包 driver registration packet 的缩写。(2)灾难恢复计划 disaster recovery plan 的缩写。

DRQ **数据就绪队列** data ready queue 的缩写。

DRR **差额循环调度** deficit round robin 的缩写。

DRS (1)文件检索系统 document retrieval system 的缩写。(2)分布式机器人系统 distributed robotic system 的缩写。

drum **打印鼓，磁鼓** (1)鼓式打印机中的一种圆柱面，其上嵌镶有各种活字。(2)计算机的一种早期存储器，它包括一个高速旋转的圆筒，筒上可磁化的外表面可以用许多读/写磁头把数据读出或写入。这些磁头在离开表面只有千分之几英寸的地方浮动。参见 magnetic drum。

drum plotter **滚筒绘图机** 滚筒绘图机是用滚筒代替平板，在旋转滚筒显示面上画出图像的一种绘图机。它使用两只电机分别带动绘图纸和笔架，当滚筒正反旋转时，图纸作前后方向运动（*X* 方向），而笔架由钢带驱动作左右方向移动(*Y* 方向)。图纸随着滚筒滚动，相对于绘图笔作纵向运动，两个方向运动的合成使绘图笔在图纸上画出所需的图形。

drum printer **鼓式打印机** 在金属筒的表面上嵌着一行行字符的打印机，也称“筒式打印机”。在筒旋转时，要打印的字符转到打字锤下便打印出来。筒转一周，打印一行字符。这种打印机速度较快，但因筒上字符集限制，因而不如其他各类打印机灵活。

drum scanning recorder **扫描鼓记录仪** 基于滚筒机械扫描方式和光电转换原理的计算机图像输入输出装置。其优点是分辨率高，图像质量好，图形失真小，可输入大尺寸的原稿和产生大尺寸的图样。原稿采用透射光和反射光两种光照方式均可。缺点是输入输出时间长。把采用光调制放电管作为光源的扫描鼓称作光调制放电管扫描鼓记录仪，即通常所说的扫描鼓记录仪。把采用激光光源的扫描鼓，称作激光扫描鼓记录仪。后者较前者寿命长，分辨率高(可作到 10 μm/像素以下)，但技术复杂，价格贵。

drum sequencer **鼓形定序器** 用于启动极限开关或阀门来控制机器人的一种机器可编程部件。

drum type imagesetter **滚筒式照排机** 采用滚筒外表面扫描方式的图文输出机，它把记录软片吸附在滚筒上作径向旋转，记录光束沿滚筒轴向移动，进行扫描曝光。其特点是定位精度高，各色版的图像套准准确。这种图像输出设备的软片自动装卸结构比较复杂，在输出图像尺寸较大时，其滚筒就要很大，因而记录速度就会受到影响，滚筒转速一般限定在 3 000 转/分钟以内。

drum type scanner **滚筒式扫描机** 采用扫描旋转的原稿滚筒方式的扫描机。其特点是可以获得较高的输入精度，光学系统比较简单，但是扫描速度和原稿类型(要求可弯曲，不能太厚)有一定的限制。这种扫描方式中又有滚筒移动型和光学扫描头移动型两种，滚筒移动型是原稿滚筒在作径向旋转的同时，又作轴向移动，实现逐点扫描，采样光源和光学扫描头固定不动；而光学扫描头移动型则是原稿滚筒仅作径向旋转，由光学扫描头和采样光源同步横向移动实现逐点扫描。

.drv **设备驱动程序文件名后缀** drv 取自 driver (驱动)一词，在各种系统中用作设备驱动程序文件的扩展名。

dry circuit **干电路** 一种开路时电压很低，闭路时电流极小而不会出现电弧击穿触点的继电器电路。也称“小功率电路”。

dry contact **干触点，干接点** 一种无源的触点。干触点是一个单纯的开关，具有闭合和断开的两种状态；2个触点之间没有极性，可以互换。比较 wet contact。

dry pair **干线对** 一种数据环路上的一对线路，当环路不工作时，该线路上没有电压、电流或信号。

dry reed contact **干簧片触点** 由两块金属片组成的一种密封开关，起继电器触点的作用。

dry run **空运行** 在程序输入计算机正式运行之前，为避免程序错误，先对照程序流程图和编写的指令序列，检查程序的逻辑结构、编码、每步操作结果的记录和其他有关的程序文件。

dry-type transformer **干式变压器** 铁芯和线圈不浸在绝缘液体中的变压器。

DS (1)数字段 digital section 的缩写。(2)目录(服务)系统 directory system 的缩写。(3)需要的状态 desired state 的缩写。(4)目录服务 directory services 的缩写。

DSA (1)数传机适配器 data set adapter 的缩写。(2)数字减影血管造影 digital subtraction angiography 的缩写。(3)目录系统代理 directory system agent 的缩写。(4)分布式系统体系结构 distributed system architecture 的缩写。(5)拨号业务辅助台 dial service assistance 的缩写。

DSAC **数据集授权凭证** data set authority credential 的缩写。

DSAF **目标子区域** destination subarea field 的缩写。

DSAP **目标服务访问指针** destination service access point 的缩写。

DSB (1)双边带 double sideband 的缩写。(2)切换/调度块 dispatcher/scheduler block 的缩写。(3)自动电话台 dial service board 的缩写。

DSC **决策支持中心** decision support center 的缩写。

DSCA **预置系统控制区** default system control area 的缩写。

DSCB **数据集控制块** data set control block 的缩写。

DS-CDMA **直接序列码分多址** direct sequence code division multiple access 的缩写。

DSCP (1)数据服务命令处理程序 data services command processor 的缩写。(2)差分服务代码点 differentiated services code point 的缩写。

DSD **数据集定义** data set definition 的缩写。

DSE (1)数据交换机 data switching exchange 的缩写。(2)数据集扩充块 data set extension 的缩写。(3)数据交换设备 data switching equipment 的缩写。

DSECT **哑控制段** dummy control section 的缩写。

DSF (1)色散移位光纤 dispersion shifted fiber 的缩写。(2)设备服务机制 device service facilities 的缩写。

DSG **数据集组** data set group 的缩写。

DSI (1)数字语音内插 digital speech interpolation 的缩写。(2)数据流接口 datastream interface 的缩写。(3)交付源指令 delivered source instruction 的缩写。

DSID **数据集标识符** data set identification 的缩写。

DSL (1)数字用户线路 digital subscriber line 的缩写。(2)域特定语言 domain specific language 的缩写。(3)数据集标号 data set label 的缩写。

DSL access multiplexer (DSLAM) **DSL 接入复用器** 一个接收 DSL(数字用户线路)信号并将它们路由到因特网的设备。参见 digital subscriber line (DSL)。

DSLAM **数字用户线路接入复用器** digital subscriber line access multiplexer 的缩写。

DSL language **DSL 语言,数字仿真语言** digital simulation language 的缩写。它是在 FORTRAN 语言基础上开发的,用于连续系统数字仿真的数字仿真语言。由它编写的面向数字仿真程序经过转换成为 FORTRAN 子例程,然后对这些子例程重新组合、编译、装配、执行以达到仿真目的。

DSLO **分布式系统特许任选项** distributed systems license option 的缩写。

DSM (1)数据服务管理程序 data services manager 的缩写。(2)分布式共享存储器 distributed shared memory 的缩写。

DSML **目录服务标记语言** directory services markup language 的缩写。

DSMON **数据安全监控器** data security monitor 的缩写。

DSN (1)外层空间网 deep space network 的缩写。(2)分布式业务网络 distributed service network 的缩写。

dsname **数据集名** data set name 的缩写。

DSO **直接系统输出** direct system output 的缩写。

DSP (1)数字信号处理器 digital signal processor 的缩写。(2)数字信号处理 digital signal processing 的缩写。(3)目录系统协议 directory system protocol 的缩写。

DSR **数据集就绪** data set ready 的缩写。

DSRB **数据服务请求块** data services request block 的缩写。

DSS (1)动态支持系统 dynamic support system 的缩写。(2)设备支持站 device support station 的缩写。(3)决策支持系统 decision support system 的缩写。(4)数字卫星系统 digital satellite system 的缩写。

DSSA **特定领域软件体系结构** domain specific software architecture 的缩写。

DSSS **直接序列扩频** direct sequence spread spectrum 的缩写。

DST (1)数据服务任务 data services task 的缩写。(2)设备状态表 device status table 的缩写。(3)设备启动 device start 的缩写。

DSTM **双栈过渡机制** dual stack transition mechanism 的缩写。

DSTN **双扫描超扭曲向列显示器** dual-scan super twisted nematic display 的缩写。

DSU **数据服务单元** data service unit 的缩写。

DSU-R **无线数字服务单元** digital service unit-radio 的缩写。

DSV **动态签名识别** dynamic signature verification 的缩写。

DSVD **数字语音数据同传** digital simultaneous voice and data 的缩写。

DSW **设备状态字** device states word 的缩写。

DSX **分布式系统执行程序** distributed systems executive 的缩写。

DS0 **零次群数字信号** digital signal 0 的缩写。

DS-0 **0 级数字信号** 64 kbps 速率的信号,是北美和欧洲数字信号层次中的基本层次。

DS1 **一次群数字信号** digital signal 1 的缩写。

DS2 **二次群数字信号** digital signal 2 的缩写。

DS3 **三次群数字信号** digital signal 3 的缩写。

DS3 physical layer convergence protocol (DS3 PLCP) **DS3 物理层会聚协议** 由 T 载体设备使用的一种

替换方法，以定位 ATM（异步传输模式）信元边界。

DS3 PLCP　DS3 物理层会聚协议　DS3 physical layer convergence protocol 的缩写。

DS4　四次群数字信号　digital signal 4 的缩写。

DTAP　直接传送应用部分　direct transfer application part 的缩写。

DTD　文档类型定义　document type definition 的缩写。

DTE　数据终端设备　data terminal equipment 的缩写。

DTE clear confirmation package　DTE 清除确认信息包　为了确认一个呼叫已被清除，由数据终端设备(DTE)发送的一种呼叫检测信息包。

DTE/DCE interface　DTE/DCE 接口　用来定义 DTE（数据终端设备）和 DCE（数据电路终端设备）之间的物理接口和链路访问的协议。

DTF　定义文件　define-the-file 的缩写。

DTIC report　DTIC 报告　由美国国防技术信息中心(DTIC)收集整理和出版。报告以国防部各个合同户的研究报告为主，内容涉及与国防科技有关的各个方面，资料主要来源于美国国防部所属的陆海空三军的科研单位、公司、大专院校和外国研究机构及国际组织等。其内容不仅包括军事方面，也广泛涉及许多技术领域，如生物医学、环境污染和控制、行为科学、社会科学、航空航天、地球、物理、材料工程技术等。

DTL　(1)指定的转换表 designated transit list 的缩写。(2)光暗真值逻辑 dark true logic 的缩写。

DTM　(1)动态同步传送模式 dynamic synchronous transfer mode 的缩写。(2)动态过渡主控制块 dynamic transient master control block 的缩写。

DTM acceptance problem　确定型图灵机接受问题　P 类中的一个对数空间完全问题。即 P 类中的任一问题都可在对数空间界内多项式变换到此问题。示例：确定型图灵机 M 的描述，串 x，整数 n（以一元形式表示）。解：当 M 以 x 为输入并在不多于 n 步之内回答“yes”后停机，则答案为“yes”，否则为“no”。

DTMF　(1)双音多频 dual-tone multi-frequency 的缩写。(2)双音频调制频率 dual-tone modulation frequency 的缩写。

DTMS　数据库和事务管理系统　database and transaction management system 的缩写。

DTN　(1)时延容忍网络，容迟网络 delay tolerant network 的缩写。(2)中断容忍网络 disruption tolerant network 的缩写。

DTP　桌面排版印刷　desktop publishing 的缩写。

DTPA　动态过渡页池区　dynamic transient pool area 的缩写。

DTPM　动态过渡页池管理(功能)　dynamic transient pool management 的缩写。

DTR　(1)发放磁带盘 distribution tape reel 的缩写。(2)数据终端准备就绪 data terminal ready 的缩写。

DTS　(1)数字时间戳服务 digital time-stamp service 的缩写。(2)动态过渡段寄存器保存区 dynamic transient segment register save 的缩写。(3)数字化影院系统 digital theatre system 的缩写。(4)离散时间系统 discrete time system 的缩写。(5)数字测试序列 digital test sequence 的缩写。

DTS digital surround　DTS 数字环绕　DTS 公司推出的 DTS（数字化影院系统）采用相干声学编码(CAC)方式工作，属于利用心理声学原理来对声轨进行编码的有损的数字压缩技术。DTS 的声迹录音采取了特殊的声画分离的数字立体声，数字声迹录在光碟上，由专用的光碟驱动器读取，另外在拷贝的模拟声迹与画幅之间录有时间同步码，用来控制光驱还音与画面的同步。DTS 分左、中、右、左环绕、右环绕 5 个声道，加上低音声道组成 5.1 声道。参见 digital theatre system (DTS)。

DTV　桌面视频　desktop video 的缩写。

DTX　非连续发射，间断传输　discontinuous transmission 的缩写。

DUA　目录用户代理　directory user agent 的缩写。

Duado's protocol　Duado 协议　一种网络通信路由算法，将虚拟通道分成局限的和无局限的两类，具有防死锁和自适应的能力。

dual-attached station (DAS)　双向连接站　在光纤分布数据接口(FDDI)网中的一种连接设备，它连接到两个相反方向的环上。集中器、网桥和路由器通常使用 DAS 连接来提供故障的容错，相反地，单连接站只连接到一个环上。

dual attachment concentrator (DAC)　双连接集中器　对 FDDI（光纤分布数据接口）网络提供双连接的一种集中器。

dual attachment connection　双连连接　FDDI（光纤分布数据接口）环网中的设备同时连接 FDDI 两个光纤环路的连接方式。在这种连接方式下，当有一个环出现故障时，网络本身能够自动组合光纤环路，数据传输照常进行。

dual attachment port　双连端口　连接 FDDI（光纤分布数据接口）网络的设备用来同时连通 FDDI 环网两个光纤环路的两个端接口。有这样双端接口的工作站成为双向连接站(DAS)。

dual automaton　对偶自动机　令 A 为一个自动机，如果①逆转 A 中的所有状态迁移方向；②令出发状态为新的终结状态，而令终结状态为新的出发状态，则所得到的新自动机 A^* 称为原自动机 A 的对偶自动机。若 A 接受的符号串集合是 $\{S_i\}$，则

A^* 接受的符号串集合正好是 $\{S_i^*\}$，其中 S_i^* 是 S_i 的逆转符号串。但应当注意，若 A 是确定自动机，则 A^* 不一定是确定自动机，而有可能是非确定自动机。

dual band **双频段** 同一通信设备可工作于两个频段的特性。

dual-band handy phone **双频手机** 这种手机之所以被称为双频，是因为它既适用于 GSM(全球移动通信系统) 900 网亦适用于 GSM 1800 网，而且它被设计成可在两个网络间自动转换。这种新型电话为通话高度密集地区的用户提供了很大方便。

dual-band seamless handover **双频无缝切换** 一种有效处理两种频段间切换的技术。该技术让用户感觉不到频段间的切换。

dual-boot **双引导** 一种计算机配置，允许用户在同一台 PC 机的两个操作系统中选择其中一种进行引导。一些可能的双引导组合包括 Windows 9X 与 Windows NT、Windows NT 与 OS/2 和 Windows 9X 与 Linux 等。某些操作系统，如 Windows 95 和 OS/2，本身就包含多引导选择。老的操作系统，如 Windows 3.x 和 DOS(磁盘操作系统)，需要使用引导实用程序来完成双引导。

dual-cable broadband LAN **双缆宽带局域网** 正向局域网信道与反向局域网信道分用电缆的一种宽带局域网。双缆系统有两条并排铺设的完全相同的电缆。为了传输数据，计算机通过电缆 1 将数据传输到电缆根部的设备，即顶端器，顶端器通过电缆 2 将回答信号沿电缆往回传输。所有的计算机都通过电缆 1 发送，通过电缆 2 接收。

dual cartridge printer **双墨盒打印机** 喷墨打印机装有两个打印墨盒，一个装黑墨水，另一个装青色、黄色和品红墨水，从而避免了由于彩色或真黑色输出而更换墨盒的必要。这种打印机还可进行 6 彩色打印，即加入轻淡的青色和轻淡品红墨水，以复制出更高质量的照片或其他图像。

dual-channel amplifier **双通道放大器** 一种含有用于两个通道的两个独立放大器的立体声系统。通常是利用安装在同一机箱上的公共电源进行工作的音频放大器。

dual-channel audio **双通道音频** 在多媒体开发中，指生成双音频通道的能力。

dual-channel controller **双通道控制器** 可使一个外部设备同时接在两个通道上的控制器。既可以实现对一个外围设备同时进行读或写，也能在一个通道出现故障时，通过另一个通道进行工作，还能增加系统的分类与合并的能力。

dual cluster feature **双群集功能** 在某些计算机系统中，允许多达 8 个显示站和打印机连接到一个远程控制器上的一种硬件功能。参见 single cluster feature。

dual coding **双份编码** 一种开发技术，它让不同的技术人员或不同的程序设计小组，根据同一份规格说明书，研究出功能上完全一样的程序的两个版本，所获得的源代码可以采用同一种语言，也可以采用不同的语言。双份编码的目的在于提供错误检测、提高可靠性、提供附加的文件说明，使系统的程序设计员错误或编译程序错误影响最终结果的概率降低。

dual column **双列处理** 系统对数据输出格式处理的能力，具有双列处理的系统能将需要打印的单列数据以双列形式打印出来。

dual computer speech system **双计算机语音系统** 由两台计算机构成的语音系统。一台计算机处理输入输出接口功能，另一台用于实际的语音识别。输入输出计算机检测电话声音(即人的声音)、回答呼叫或准备接收信息，验证存取代码，将电话信号变为数字信号，并将数字信号送给另一台计算机。另一台计算机也称“字码识别器”，将每个口语词与存在存储器中的字格式进行比较。如果比较结果在规定范围内，则词识别完毕。

dual control **双重控制** 在计算机安全中，指在密钥管理中使用两个或多个分离的密钥，以保护敏感信息。

dual-core **双内核** 通过双内核技术，同一处理器上的两个内核可以独立运行并行处理任务，从而提升了处理器的整体性能。

dual density **倍密度** (1)程序能以 800 或 1 600 字节/英寸两种记录格式使用磁带的特性。(2)软磁盘的特性，它允许以密度高一倍的格式读写磁盘。

dual dictionary **双排词典** 打印的两个相同部分的倒排文档，它用于文献目录信息检索，对每个描述词下的文件编号进行人工比较。

dual disk drive **双盘驱动器** 表示具有两个软盘驱动器的计算机的一个术语。

dual-diversity receiver **双重分集接收机** 用两副天线向在混频器之后进行混频的独立射频系统馈电的分集无线电接收机。自动选择系统可以将输出连接到每一瞬间更强的那个通道上。

dual flat package (DFP) **双侧引脚扁平封装** 集成电路芯片的表面贴装型封装之一，引脚从封装两侧引出呈海鸥翼状(L 字形)。材料有塑料和陶瓷两种。也称“小外形封装”。参见 small outline package (SOP)。

dual formula **对偶式** 在只含联结词¬，∨和∧的合式公式 α 中，将 ∀ 换成 ∃、∃ 换成 ∀、∧ 换成 ∨、∨ 换成 ∧，所得公式即为 α 的对偶式，记作 α^*。

dual-headed configuration **双头配置** 一种计算机硬件配置，在一个计算机系统上连接两个显示器，操作时光标将在两个显示器上移动。对应于 single-headed configuration。

dual homing **双连接入，双宿主** (1)指设备通过两个独立访问点(两个连接点)接入网络的一种连网技术。其中,一个访问点作为主连接,另一个访问点作为备用连接,它在主连接出现故障时被激活。(2)在FDDI(光纤分布数据接口)网络的关键网络设备上使用的一种容错形式。这里的设备通过两个集中器与主环和次(备份)环相连,在主环发生故障时提供最大可能的安全性。参见 dual-attached station (DAS)。

dual hubbed 双枢纽 两个网络间有两个公共枢纽节点的组网方式。

dual in-line ceramic package (DIC) 双列直插式陶瓷封装 集成电路芯片的常用封装形式,封装材料使用陶瓷(含玻璃密封)的双列直插式封装。同 ceramic dual in-line package (CDIP)。

dual in-line memory module (DIMM) 双列直插式存储器模块 DIMM内存插槽两边都有接触脚。通常为84针,由于是双边的,所以有168线接触,故而人们常把这种内存称为168线内存。比较 single in-line memory module (SIMM)。

dual in-line package (DIP) 双列直插式封装 集成电路芯片的常用封装形式,由一个长方形封装体与两排金属插针组成。大多数中小规模集成电路均采用这种封装形式,其插针数一般不超过100。封装材料有塑料和陶瓷两种。塑料双列直插式封装由在包含器件或芯片的冲压引脚框架上模压环氧树脂制成。陶瓷双列直插式封装则将金属引脚焊到矩形陶瓷衬底的侧面陶瓷盖上。

dual intensity 双亮度 以正规粗黑体字格式产生符号的打印或显示效果。

duality principle 对偶原理 若某定理为真,将其中的每个对象和运算都换成它们的对偶,这时它仍保持为真,称为对偶原理。这一原理在布尔代数和投影几何中十分有用。

duality problem of nonlinear programming 非线性规划的对偶问题 为一个非线性规划所设计的另一种表示形式。这种表示形式应当比原来的规划问题更容易求解或更容易进行理论讨论。线性规划的对偶问题有较完美的形式。非线性规划的对偶问题仅对凸规划有较好的描述。对一般形式的非线性规划对偶问题尚缺少完整的理论。在凸规划中最直截了当的对偶问题是沃尔夫对偶问题和拉格朗日对偶问题。

dualized file 双重文件 提高文件可靠性的一种方法。由于使用双重文件,故辅助存储器也双重设置。正常时,数据对两者进行读写。当一个发生故障时,也能保证文件没有问题。文件管理由过程监督系统进行。

dual key 双重密钥 在密码中,一种掩护弱密码和半弱密码的方法。

dual linear programming 对偶线性规划 一种线性规划。其中的极大数和极小数是同一个数。

dual media 双媒体 能够利用两种不同媒体的设备。参见 multimedia。

dual-mode 双模 同一通信设备可以使用两种工作模式的特性。

dual-mode handsets 双模手机 工作在两个网络模式下的手机。因为双模手机能够灵活地在两个网络,GSM(全球移动通信系统)网络和CDMA(码分多址)网络之间进行切换,能始终保持通话不断,而且可以同时接收信号,然后将接收到的信号综合叠加,把噪音信号过滤,突出话音信号,从而获得高质量的语音。参见 global system for mobile communication (GSM), code division multiple access (CDMA)。

dual-mode transducer 双模传感器 一种插入圆波导中以在两类极化之间进行选择的传感器。

dual modulation 双重调制,对偶调制 用各自携载独立信息的两种不同调制类型对公共载波或副载波进行调制的过程。

dual module hot spare (DMHS) 双模热备份 又称"双机热备",一种高可用性系统故障容错技术。就是对于重要的服务,使用两台设备,互相备份,共同执行同一服务。当一台设备出现故障时,可以由另一台设备承担服务任务,从而在不需要人工干预的情况下,自动保证系统能持续提供服务。参见 hot standby。

dual node interconnection 双节点互连 在同步数字系列(SDH)中,两个环状网间有两个公共节点的组网方式。

dual operation 对偶运算 对布尔运算而言的另一种布尔运算,当后者用前者的运算数的"反"作用时,其结果是前者运算结果的"反"。例:析取是合取的对偶运算。

dual-pitch printer 双间距打印机 一个能用两种或者多种字符间距打印的打印机。这是早期对应固定间距打印机的术语,现已不用,因为目前的打印机字符间距都是多种规格可供选择设定的。

dual-port 双端口 一种能够同时物理连接到两个计算机总线上的双端口装置。通过一条总线对装置访问,同时不影响在另一总线上的工作运行周期。

dual-porting 双端口化 使一种磁盘驱动器可连接两种不同的计算机。

dual port memory 双端口存储器 (1)具有数据和地址两个连接端口的存储器装置。它适用于低速通信。(2)具有两组相互独立的读写控制线路的存储器,可以进行并行的独立操作,是一种高速工作的存储器。

dual processor 双处理器[机] (1)某些计算机系统装有两个处理机,一个作为另一个发生故障时的备用机。如果一个处理机正常地进行成批处理运算而另一个进行实时处理时,那么这个进行成批处理的计算机就作为实时处理机的一个备用机。这是一种保险的安排。它能在系统失灵时保持实时系统的状态,因为这时的成批处理机会立刻自动地转作实时处理,因为它具有最高的优先权。在有些情况下,可能只有一个处理机在工作,在需要时,第二个才提供辅助帮助。但只有在进行非常关键的运行时才这样安排。(2)两个处理器构成的系统。在一台计算机中使用双处理器来加速它的操作。其中一个处理器用于控制存储器和总线;而另一个处理器用于管理输入和输出。

dual processor system 双处理机系统 包括两个中央处理器的一种系统配置。每个处理机都接收相同的数据,执行相同的程序,并将它们的处理结果进行比较。在可靠性要求特别高的场合宜采用此系统。

dual protocol stack 双协议栈 包含两种不同协议栈并可运行两种协议的计算机。

dual recording 双重记录 对关键数据实现双重记录,使之有可能在机器上进行比较并核实记录的准确性。

dual redundancy 双重冗余 在可靠性技术中,指利用两个相同单元使模块冗余的方法。其中一个单元是系统的备件,当一个单元有故障时,另一个将替换工作。两个单元交替地同步工作。当出现两单元不一致时将产生一个中断,并利用一个故障识别程序去辨别和隔离故障模块。

dual scan display 双扫描显示器 用两次扫描来更新屏幕上图像的彩色液晶显示(LCD)屏幕。双重扫描显示器比薄膜晶体管(TFT)显示器要便宜,但是不够明亮,所提供的图像也不够清晰。

dual-scan super twisted nematic display (DSTN) 双扫描超扭曲向列显示器 一种用于笔记本电脑和掌上电脑的液晶显示器(LCD)。DSTN 是通过双扫描方式来扫描扭曲向列型液晶显示屏,从而达到完成显示目的。DSTN 是由超扭曲向列型显示器(STN)发展而来的。由于 DSTN 采用双扫描技术,因此显示效果相对 STN 有大幅度提高。

dual semantics 双语义 程序的两个语义方面。计算机程序可以看作为两个等效方面的一种语义概念,即过程性语义和说明性语义。过程性语义表示程序运行时发生什么,说明性语义表示程序包含什么知识。

dual-sided disk drive 双面磁盘驱动器 可以对双面磁盘的正反面进行读、写操作的一种磁盘驱动器。它具有两个读/写磁头,分别用于磁盘的正反两面。

dual-sided diskette 双面软(磁)盘 两面都能记录数据的软盘,其容量是两面容量之和。通常双面软盘可以用在单面软盘的驱动器中,而单面软盘则不能用在双面软盘驱动器上。

dual simplex method 对偶单纯形法 求解线性规划问题的一种方法。给定初始的对偶变量,该算法利用对偶理论按照与单纯形法对偶的格式求得最优解及最优对偶变量或断定问题无解。

dual spectrum process 双光谱处理 在资料复制机中,热图像处理的一种方法,在最终复制之前,先用可见光进行中间处理。

dual stack transition mechanism (DSTM) 双栈过渡机制 DSTM 用于解决纯 IPv6 网络中的主机和其他 IPv4 主机及应用程序之间的通信问题。IPv4 的应用程序不必修改就可运行在纯 IPv6 网络的 DSTM 节点上。DSTM 体系结构由 DSTM 节点、DSTM 服务器、DSTM 网关组成。DSTM 节点是一个位于 IPv6 网络中的双栈节点。DSTM 服务器中保存一个 IPv4 地址池,它负责向 DSTM 节点分配临时的 IPv4 地址,并保存有 DSTM 网关的信息。DSTM 网关一般位于 IPv6 与 IPv4 网络的边界处,负责 IPv4 over IPv6 数据包的封装与解封装。作为一种扩展,DSTM 服务器还可提供端口的分配,以使一个 IPv4 地址可同时被几个 DSTM 节点使用,从而降低地址池中地址数量,节约 IPv4 地址资源。

dual systems 双系统 一种系统结构,其中有两部计算机用于数据处理和比较结果的准确性。它们使用相同的输入与例行程序,用于可靠性要求高的场合。

dual tape carrier package 双侧引脚带载封装 一种带载封装(TCP)技术。引脚制作在绝缘带上并从封装两侧引出。由于利用的是 TAB(带载自动焊)技术,封装外形非常薄。参见 tape carrier package (TCP), tape automated bonding (TAB)。

dual-tone multi-frequency (DTMF) 双音多频 使用两个音频段频率的固定组合的多频信令。一个频率从四低频组中取出,另一个频率从四高频组中取出。典型应用是电话系统中电话机与交换机之间的一种用户信令,通常用于发送被叫号码。

dual-trace oscilloscope 双踪示波器 具有两个独立垂直输入电路的示波器,能在同一阴极射线管或计算机监视显示器上同时观察两个波形。

dub 灌音 在多媒体应用中,指在视频信息中增加声音效果或者对话。

Dublin core metadata initiative (DCMI) 都柏林核心元数据倡议计划 DCMI 是一种通用的框架,描述关于各种类型文档的有用信息集,是用于处理关于文档信息的标准词汇表。DCMI 词汇表定义描述文档用途、上下文和出处(而非文本自身)的术语层次系统。DCMI 最广泛的应用是在名称空间增强的 XML(可扩展标记语言)文档中。使用 DCMI 描述的某个文档可以使用 XML 编码,也可以使用其他多数电子或者物理格式,其主题可以是任何内容。

DUCK language DUCK 语言 一种基于逻辑表达的知识工程语言。由美国 Smart 公司开发,其主要特征是综合了以下四种人工智能技术:逻辑程序设计技术、规则库系统技术、非单调推理技术和演绎搜索技术。该语言利用基于一阶谓词演算的表达法,其中规则的条件和动作是逻辑谓词。通过利用一个真值维护系统和数据缓冲存储器组合的相关导向回溯来实现非单调推理,支持前向和后向链接控制模式。

due date **到期日** 一项工作、一项任务、一个加工零部件或一桩定货应完成的日期。

dumb **哑的** 泛指不可编程的。

dumb terminal **哑终端,简易终端** 没有独立处理能力的显示监视器,只能发送和接受信息。要同计算机连接起来才能执行灵活的操作。对应的有智能终端。

dumb workstation **哑工作站** 泛指不可编程的工作站(NWS)。

dummy **哑的,伪的,空的,虚设的** (1)计算机中,仅为了满足规定的条件,如字长或字块长而插入的不影响计算机操作的伪地址、伪指令或其他信息。(2)用来留一个空间直到有了预定项目的伪程序。

dummy activity **虚拟作业** 运筹学中,假想中的作业或活动一般以虚的向量线来表示。此种作业所需的时间和费用都等于零。它可以用来帮助人们在向量图上把用原来的向量线无法反映出来的作业的相互关系表示出来。

dummy address **伪地址** 为满足特定条件,插入指令序列中的人为地址。

dummy argument **哑变量,虚变元** 高级语言中使用的函数变量或过程变量,不具有任何值,其作用与形式参数类似。同 formal parameter。

dummy check **伪校验** 一种转储校验方式。即在转储过程中加上全部数字,并在重新传送时检查其和。

dummy coil **死线圈** 绕组内的一个线圈,在电气上它并不接入绕组回路,仅由于机械平衡的需要而设置,如接成单相电机中的第三相绕组。

dummy control section **哑控制段** 汇编程序中用来对存储区进行格式化而不产生目标代码的控制段。

dummy data set **伪数据集** (1)用于输入输出操作等而无需进行存储分配的数据集。(2)由程序员建立的表示程序正常执行过程要使用的数据集。它用于程序合法性检查的测试阶段。

dummy definition **哑定义** 宏定义中的原型字段,它是一个自变量,用到该操作时由一个参数(数值或符号)取代之。

dummy device **哑[虚]设备** 一种设备,它没有被登录,但由计算机系统在需要时来分配使用。

dummy device assignment **虚设备分配** 在某些具有虚拟存储的操作系统中,把一个逻辑单元分配给一个未使用的地址,主要用于假脱机作业的输入和输出。

dummy instruction **空(白)指令** 同 no-operation instruction。

dummy load **哑装载,哑负载** (1)传输一个程序到存储器中而不进行执行的动作,用于确定是否满足所有的规范和要求,称哑装载。(2)一种用在传输线或波导终端将传输能量转化成热的耗散装置,基本上没有能量向外辐射或反射回信号辐射源,因此称哑负载。

dummy message **伪消息** 为某一个目的发送的消息,发送的不是其内容,而是一些假的组合,也可以是一些毫无意义的报文。

dummy module **哑模块** 一种模块或者一组例程,当前不起作用但在以后的版本中将具有一定的功能,哑模块常常在程序设计任务分组实施时使用,一个程序员赋予某个模块的开发任务,其他程序员在这个模块开发成功之前就使用这个模块的哑模块。参见 dummy routine。

dummy routine **哑例程** 一个例程,当前不起作用,但以后可以改写成具有某种功能,在自顶向下的程序设计中常常建立哑例程,这些哑例程随着开发的进展逐渐转变为功能例程。参见 dummy argument, dummy module, top-down programming。

dummy statement **空语句** 程序中只占空间,不执行或不影响计算机任何操作的语句。

dummy table **哑表** 数据库中,一个正好包含一个行的表,用于作为 SELECT 的对象,试图复制一个域中的值到另一个域中。

dummy variable **哑变量** 在定义时插入的符号。以后由实际变量取代。

dump **转储,卸出** (1)以可阅读的格式从主存或者辅存复制数据到外部媒体,如磁带、软盘或者打印机。(2)复制虚拟存储器中所有的或者一部分的内容,用于收集错误信息内容。

dump and restart program **转储与再启动程序** 当程序运行到某些点出现错误或需要检验时,用来实现程序转储及再启动的一类程序。

dump area **转存区** 核心转存程序收集的数据,从核心成分的存储位置中获得。

dump central memory **卸出中央内存** 查找错误的一种手段。在作业进行中出现错误,卸出中央内存中有关部分,可能找出一些与出错有关的信息,用以分析产生错误的原因。卸出信息通常是以极难读的二进制或十六进制形式输出的,所以只有相当准确地知道要找什么时,该操作才是有用的。

dump check **转储检验** 转储过程中验证数据传送的一种方法。在转储信息时将所有数位相加,并在重新传送时验证其和。

dump command **转储命令** 用来控制转储过程的命令,如将两个特定地址之间的一段存储器的内容按一特定格式转储输出时，可用转储命令 D_x，D_y（地址 x 和 y 之间的存储器转储）。

dump diskette **转储软盘** 在 OS/2 操作系统中，指一个用 CREATEDD 命令建立的软盘，包含在指定时间存储的内容。

dump file **转储文件** 含已失效程序使用的数据区的一种文件。

dump point **转储点** 专门在程序中设置的一些点。当程序运行到这些点时，程序及其数据将按要求写入后备存储器，以便保护以前的运算结果，实行校验，处理程序错误，并重新启动程序。转储点可按程序运行的特定时间间隔或预定的事件发生点进行设置，以实现预定的转储。运行时间很长的程序一般都设置转储点。

D

dump printout **转储打印** 当前分配给程序的所有存储区内容的打印输出。它可以用作重要的诊断手段，以简化故障检查和错误校正。

dump program **转储程序** 能把内存储器的部分或全部内容转入外存储器或实现打印输出的一类小程序。它通常还包括再启动部分，当程序因机器故障或程序错误引起中断时，再启动部分能使程序在最后一个转储点再启动。

dump routine **转储例程** 计算机操作系统中的一种实用程序。它具有处理转储的特定功能。

dump table entry **转储表项** 在 AIX 操作系统中，在主设备转储表中的一个记录，标识一个成分转储表的位置，转储程序收集的所有需要特殊数据的核心成分必须建立一个转储表的项。

duobinary code **双二进制码** 由偶数个空号分开的传号以相同的最大信号电平来表示，而由奇数个空号分开的传号以相反的最大信号电平来表示的代码。

duobinary signaling **双二进制信号** 通过伪二进制编码的信号的数据传输，其中 0 位用零电平的电压或者电流表示，1 位用正电平或者负电平的电流或者电压表示，表示 1 的电平的极性在相间的 0 为偶数时是相同的。

duodecimal **十二进制的，十二种选择的** (1)具有 12 种不同值或状态的选择或条件。(2)指十二进制的计数系统。

duplex **双重的，双工的，双向的** (1)在数据通信中，指可以在同一线路上同时发送和接收数据的通信方式。(2)系统发生故障时，具有使用第二套设备的能力。(3)用于描述传输设备及线路的双向传输方式的专用术语。双工包括：①半双工，即信息可以在一条信道上的两个方向传输，但每一时刻只能在一个方向传输；②全双工，信息可以在一个信道的两个方向上同时传输。(4)一种双面复制或者打印的模式。参见 double-sided copying，duplexed system，duplex operation，duplex transmission。对应于 half duplex。

duplex lap winding **双叠绕组** 叠绕组的一种，其并联电路数为极数的 2 倍。

duplex cable **双绞电缆** 一种由两条隔离的导线相互绞合构成的电缆。

duplex channel **双工信道** 可以同时双向传输信息的信道。

duplex circuit **双工线路** 通信系统中，能够同时双向传输信号的传输路径或线路，如单一光纤可以同时处理两个方向的光波，而单一金属线则不能同时处理两个方向的直流。

duplex communication **双工通信** 可以同时双向传输数据或信息的一种工作方式。

duplex computer system **双计算机系统** 由两台完全相同或功能相似的计算机组成的系统。其中每一台都可处于联机运行状态，承担系统任务。而另一台处于脱机备用状态，只有当联机运行的计算机发生故障时，脱机状态的计算机才联机地执行系统任务，从而保证系统可靠地工作。有的双计算机系统也可使两台计算机并行工作，一台负责主机工作，另一台负责从机工作，即只处理一些优先级较低的任务或用作校验机。

duplexed system **双工系统** 在一个计算机系统内包括两套计算机和其他设备的系统。参见 duplex computer system。

duplexer **双工器** 雷达中的转换部件，允许将同一天线轮流用于发射和接收。它包含发射机工作时隔断接收机的收发开关。双工器的另一些形式用于在较低频率上用一根天线进行双向无线电通信。

duplex frog-leg winding **双蛙绕组** 由双叠绕组和复波绕组所组成的绕组。

duplexing **双套组件，双磁盘系统** (1)使用两套元件，当一个组件故障时，系统可通过另一个组件继续工作。(2)特指提高网络容错能力的技术。在双磁盘系统中，有两个完全一样的控制器和磁盘驱动器。数据通过两个控制器分别写入。如果其中一个发生了错误，第二个就会在软件的控制下切换开始工作，对用户并没有影响。这是比磁盘镜像更好的容错系统。

duplex operation **双工操作** 数据通信中，数据链路的一种工作方式。其数据可以同时在两个信道上进行双向传输。每个传输方向需要独立的频带。

duplex scanning **双面扫描** 扫描一个页的正反两面。

duplex transmission **双工传输** 数据同时向两个方向传输。参见 half-duplex transmission，simplex transmission。

duplex wave winding **双波绕组** 波绕组的一种，无论极数多少，其并联电路数总是等于 4。参见 wave winding。

duplicate **复制,转录,重复** (1)在保持原始数据不变的前提下,在新的位置或介质中重新产生与原始数据的内容和格式完全相同的数据。(2)在并行处理中,数据变换的一种基本操作。它复制一组元素,产生一个副本。元素可以是一位、一个字或一个位片。

duplicate key value **重复键标值** 在一个文件的若干记录的键标字段或复合键标字中重复出现的值。

duplicate mass storage volume **重复海量存储卷** 在海量存储系统中,与另一海量存储卷具有相同标识的一种待用海量存储卷,但不是另一卷的拷贝。

duplicate original **复制原件** 用于复制其他副本的原本。

duplicate packet **重复分组** 在分组交换网中,因分组传输失序或超时重传而收到的与前面分组顺序编号相同的分组。收到重复分组后,应及时给出错误指示,并丢弃它们或重置虚电路。

duplicate record **复制记录** 同一文件中与一个记录相同的另一个暂时不需要的记录。它与原始记录分开存放,这是为了提防关键性的文件或数据丢失而备制的。

duplication **复制,复写** 在文字处理系统中,一个完整的记录文本自记录媒体的某一个部分再现在另一部分上的过程。

duplication check **重复检验** 检查两次或多次独立完成的同一任务的处理结果是否正确的校验。可以在同一设备的不同时间内多次进行,也可以在不同的设备上分别进行。

duplication code **重复码** 一种海明间距为 2 的错误校验码。重复码的代码长度为 2,代码字只有“0 0”和“1 1”两种。如出现代码“0 1”或“1 0”,则表示有错。参见 Hamming distance。

duplication factor **重复系数** 在汇编语言程序设计中,表示紧接其后的数据生成次数的一个数值。

durability **耐久性** 功能单元在给定使用条件和维护条件下完成所需的功能的能力,直到达到一个指定的状态,这种指定的状态可以是使用寿命的结束等。

duration response **响应持续时间** 从对信号脉冲开始响应到结束响应之间的时间间隔。

dusty surface **灰面** 一种发光强度均匀分布的表面类型。即在任何观察方向上看上去其表面的发光强度都相同。

duty cycle **运行[工作]周期,占空因数** (1)一个部件或系统的工作时间在全部时间中所占的比例。如系统一天仅运行一小时即称为具有低运行周期。(2)占空因数是用百分比表示的脉冲宽度与周期(接通时间与总时间)之比,它与 duty factor 的含义相同,只是后者用小数表示。

duty-cycle rating **周期工作定额** 制造厂对电机所规定的可以按指定的工作周期运行的负载和条件。

duty factor **占空因数** 用小数表示的脉冲宽度与周期(接通时间与总时间)之比。它与 duty cycle 的含 义相同,只是后者用百分数表示。

duty ratio **占空比** 在周期型的现象中,某种现象发生后持续的时间与总时间的比。电信领域中含义:在一串理想的脉冲周期序列中(如方波),正脉冲的持续时间与脉冲总周期的比值。

duty-type with discreteconstant loads **离散恒定负载工作制** 表明电机在不同负载下的允许循环时间的工作制分为 10 类:S1 ~ S10。本工作制简称为 S10,包括不多余四种离散负载值(或等效负载)的工作制,每一种负载的运行时间应足以使电动机达到热稳定。在一个工作周期中的最小负载值可为零(空载或停机和断能)。参见 continuous periodic duty-type, continuous periodic duty-type with electric braking。

DUV **话下数据(传输)** data under voice 的缩写。

DV **数字视频** digital video 的缩写。

DVB **数字视频广播** digital video broadcast 的缩写。

DVD **数字影碟,数字光盘** digital video disc 的缩写。

DVD-Audio **音频光碟** DVD-Audio 用途类似音频 CD,其采用的线性脉冲编码调制(LPCM),就是未经压缩的原音重现,针对 100 kHz 的音域在非压缩情况下达到 144 db 以上的动态响应范围的超高音质,每秒流量约 384 kbps。参见 digital video disc (DVD), linear pulse code modulation (LPCM)。

DVD-R **单写多读型(视频)光碟** DVD-R 为单次写入多次读出型,且与 DVD-Video、DVD-Audio、DVD-ROM 兼容,容量是 3.95 GB,它需要高精密度的读写头,因为 DVD-R 的轨距只有 0.8 μm,是 CD-R 的一半,最短信号坑仅 0.293 μm,约是 CD-R 的⅓。DVD-R 盘片采用有机色素膜,所以看起来是紫色的,可被 356 nm 波长的镭射光吸收。参见 digital video disc (DVD)。

DVD-RAM **可多次读写(视频)光碟** DVD-RAM 又称 DVD-Rewritable,可被 DVD-ROM 驱动器读取。单面容量为 2.6 GB,双面容量为 5.2 GB,DVD-RAM 采用的 ZCLV(区域恒定线速度)跟一般的 CLV(恒定线速度)不太一样,是将片子像同心圆那样分成好几段,越靠近内圈越慢,越靠近外圈越快,但是在每段内速度一样。DVD-RAM 采用卡匣式结构,共有三种型号,大小都是 124.6 mm×135.5 mm×8 mm。Type-1 卡匣两面都一样,可以翻过来用,上面也有识别孔让机器识别是单面还是双面的片子,盘片不能取出;Type-2 盘片可以取出,只能装单面的盘片,正反两面不一样,所以不能倒过来插,有识别孔;Type-3 就是空匣子,方便应用。参见 digital video disc (DVD)。

DVD-ROM 只读数字影碟 DVD-ROM 是第一个进入市场的 DVD(数字影碟)标准,它是一种只读式格式。DVD-ROM 单面单层的容量为 4.7 GB,单面双层的容量为 8.5 GB,双面单层的容量为 9.4 GB,双面双层的容量为 17 GB。参见 digital video disc (DVD)。

DVD-Video 影音(视频)光碟 DVD-Video 用途类似激光视盘。与 CD/VCD(影碟)相比,DVD-Video 光碟除了具有更大的存储容量外,还增加了如下功能:①每一张盘上可放置多个节目(如可放置同一影片的不同版本);②多声轨(如可放置多种语言);③多种文字字幕;④父母锁定控制;⑤多角度观赏选择;⑥版权保护。参见 digital video disc (DVD)。

DVD-10 DVD-10 数字影碟 DVD-10 是双面单层的 DVD,能保存 9.4 GB 的音频和视频数据。参见 digital video disc (DVD)。

DVD-17 DVD-17 数字影碟 DVD-17 是双面双层的 DVD,能保存 17 GB 的音频和视频数据。参见 digital video disc (DVD)。

DVD-5 DVD-5 数字影碟 它是一个单面单层的 DVD,能保存 4.7 GB 高质量音频和视频数据。所有的 DVD 盘是由两种衬底材料压在一起而成,DVD-5 上的第二层衬底是没有数据的,上面没有任何凹点。参见 digital video disc (DVD)。

DVD-9 DVD-9 数字影碟 DVD-9 是单面双层的 DVD,能保存 8.5 GB 的音频和视频数据。参见 digital video disc (DVD)。

DVE 数字视频效果 digital video effects 的缩写。

DVI (1)数字视频交互技术 digital video interactive 的缩写。(2)数字视频接口 digital video interface 的缩写。(3)数字显示接口 digital visual interface 的缩写。

DVMRP 距离向量多播路由协议 distance vector multicast routing protocol 的缩写。

DVR 数字式视录像 digital video recording 的缩写。

DVST 直视式存储管 direct view storage tube 的缩写。

DVT 目标向量表 destination vector table 的缩写。

DVX 数字化声音交换设备 digital voice exchange 的缩写。

DW (1)设备等待 device wait 的缩写。(2)数据窗口 data window 的缩写。

DWDM 密集波分复用 dense wavelength division multiplexing 的缩写。

DWM 终端警告标记 destination warning marker 的缩写。

DwPTS 下行导频时隙 downlink pilot time slot 的缩写。

DX suffix DX 后缀 在一个 Intel 处理器类型名(数字)的后缀,表明该处理器拥有浮点算术部件、32 位的数据通路和内置高速缓冲存储器。例如,80486DX 有这些特性,而 80386SX 就没有。

DXAM 分布式索引存取方法 distributed indexed access method 的缩写。

DXC equipment 数字交叉连接器 digital cross connect equipment 的缩写。

.dxf 图形交换格式文件名后缀 dxf 是 drawing exchange format 的缩写,是以 ASCII(美国信息交换标准代码)方式存储图形文件的扩展名。最初用于 AutoCAD 程序。参见 drawing interchange format (DXF)。

DXI 数据交换接口 data exchange interface 的缩写。

dyadic 二元的 包含两个元素、部件或者系统的,如双处理机、二元操作等。比较 unary。参见 Boolean algebra, operand。

dyadic Boolean operation 二元布尔运算 对两个且只对两个操作数进行的布尔运算。其运算结果与两个操作数有关。这种运算常用的算符有 OR、AND、NOR 等。

dyadic operation 二元运算 对两个且仅对两个操作数进行的运算。

dyadic operator 二元算[操作]符 表示对两个操作数进行运算的一种算符。

dyadic processor 双处理机(结构) 一种计算机体系结构,其中两个处理机同时执行相同的程序并比较运行结果以确定错误。如果结果不同,则称为"破坏连接"的软件将试图确定哪一 CPU(中央处理器)出错,否则将让第三个处理机介入,双处理机用在实时容错系统中,以提高其可靠性。

dye laser 染料激光器 激光材料是溶解在溶剂中的活性有机荧光材料的液体激光器。用于这类激光器的一种有机染料是蒽。染料可以由另外的激光器、闪光灯或其他脉冲光源激励,以给出位于可见光谱的脉冲或连续可调谐输出。利用诸如旋转衍射光栅或改变激光管的光程长度之类的手段,可以实现调谐。正常波长范围为 0.3 ~ 1.2 μm。

dye polymer recording 染色聚合物记录 光记录技术的一种。一般光记录技术使用染色的塑料层作为记录媒体。例如,在某些只写一次而可读多次(WORM)的设备里,单一染色聚合物层就被用作记录表面。可擦光碟的染色聚合物记录使用双层染色塑料作记录表面。顶上一层称为保留层,下面一层称为扩展层。一位信息的写入是通过发射激光束穿过顶上的保留层进入底下的扩展层,使该区域变热并使它扩展到保留层而形成一个凸起,保留层中的凸起就是可由设备读到的实际的一位信息。这样的凸起可以被去掉和再生,从而使光碟可重写。

dynamic 动态的 (1)在程序设计语言中,指仅仅在程序执行期间能够建立的特性,如可变长数据对象的长度是动态的。(2)指一种操作,它只在某一个需要的时间发生,而不是在预定的或固定的时间发生。比较 static。

dynamic abstract 动态摘要 搜索引擎的一种摘要类型。由于一篇文档会被不同的查询检索词搜索到,动态摘要技术能根据检索词的不同,对同一个文档形成不同的摘要文字。动态摘要是根据查询检索词从文章中动态提取的摘要。用户通过浏览动态摘要之后就能了解文章中与查询相关的部分,进而判断是否值得详细阅读整篇文章。比较 static abstract。

dynamic access 动态存取 一种存取方式。在这种存取方式下,大容量存储文件被打开语句打开后,它的记录能够随机地存取,也能够顺序地存取。

dynamic accuracy 动态精度 相关的变量随时间变化时,与真值的符合程度。

dynamic adaption routing 动态自适应寻径 在因特网中,基于对当前实际网络条件的检测和分析,为报文进行自动重新寻径。

dynamic address relocation 动态地址再定位 把逻辑存储地址映射到再定位存储地址的过程。

dynamic address translation (DAT) 动态地址转换 在计算机虚拟存储系统中,从虚拟地址到主存储器实际地址之间的变换过程。通过操作系统的适当支持,使用动态地址转换可以为用户提供一个比配置中可用的主存储器大得多的主存储器。其实现的设备称为动态地址转换器。

dynamic algorithm 动态算法 也称"探试算法"。某操作在某种程度上无法预测的一种算法。这种算法一般要根据算法执行中所计算的量进行逻辑判定。

dynamic allocation 动态分配 在多道程序控制的计算机系统中,用来给各道程序分配主存储器、外部设备和通信设备的一种方法。分配过程通常在执行管理程序或操作系统的控制下进行。此方法能有效地利用各种设备,其实质是程序员不必规定他所需要的具体外部设备,而只需规定外部设备类型或磁带文件的首标。动态分配还增加了装入程序时的灵活性,特别是与外部设备和存储器有关时更是如此。

dynamic allocation memory 动态分配存储器 利用动态分配方法的一种存储器。利用动态分配存储器,一旦调用子例程时,该子例程占用的存储区就被指定为一级存储区。属于同一级别的所有被调用的子程序共享同一存储器,从而节约了存储容量。另外,采用动态分配存储器还可能实现递归子程序调用,因为每次引入一个子例程时,就指定一个存储区。此特性结合联机符号编码,具备实时能力。

dynamic allocator 动态分配程序 为调度程序选取的进程或任务分配所需存储空间的一种程序。在分时系统中,它还执行"存储对换",即把主存储器中的程序写入辅助存储器中,让出的主存空间暂时分配给其他程序。这就为请求处理的远程终端提供了合适的响应时间。

dynamically established data link 动态建立数据链路 在 DECnet 中,网络层使用的面向连接的子网络。

dynamically modified channel program 动态修改通道程序 某些计算机系统中的一种通道程序,在初启 I/O 指令(SIO)执行后和通道结束中断的时间间隔内,用计算机或从通道读入的数据对它加以修改。

dynamically redefinable character set 动态可重新定义字符集 下载文本或图形字符的点阵至终端的存储器中,而不是在每次需要时发送它们。

dynamical tree 动态树 或称 D 树,该树利用以估计存取概率为基础的自组织技术,在各个内部的/外部的节点,设置一个记录成功/不成功搜索数目的计算器,据此来估计存取概率。

dynamic analysis 动态分析 (1)利用影响受控变量的干扰或在影响该变量的条件下来研究控制系统性能的过程。(2)根据程序的执行情况对程序进行评估的过程。比较 static analysis。(3)在计算机安全中,作为软件分析的一类软件工具。这些工具是用来分析已编译的代码,其分析方法是通过执行这些代码或用仪器设备对其进行分析。

dynamic analyzer 动态分析器 借助对程序的执行情况的监控,帮助对计算机程序进行评估的软件工具,如探测工具、软件监控器和跟踪器。比较 static analyzer。

dynamic and/or private ports 动态和/或私有端口 端口号从 4 9 152 ~ 65 535。理论上,这些端口号作为保留,不应为公共服务分配这些端口。参见 well-known ports,registered ports。

dynamic archive 动态归档 动态归档技术可实现离线存储的历史数据与在线数据的平滑迁移,减少数据归档的管理工作量,减轻业务系统的负载;同时又可在业务需要时,实时访问历史数据。并可实现当前业务数据与历史归档数据的综合查询,为业务系统提供了最佳的归档机制。

dynamic array 动态数组 数组说明中的上下界表达式包含有变量的数组。其界差和存储区的大小在编译时计算不出,一定要到运行时才能计算,因而信息向量中除维数外的其余信息在编译时不能给出,要到运行时填补。

dynamic backout 动态取消 在某些虚拟存储信息管理系统中,应用程序在异常结束时自动取消其执行的全部活动的过程。

dynamic bandwidth allocation (DBA) **动态带宽分配** 使综合业务数字网(ISDN)线路能同时处理数据和语音通信的带宽分配方法。

dynamic behavior **动态特性** 控制系统或个别部件随时间而变化的性能。

dynamic binding **动态联编** 动态联编是面向对象技术的一个共同特性。联编是使一计算机程序彼此关联的过程。对通常的程序设计语言来说,联编一般出现在编译期间,所有联编都在程序开始运行前被确定,也称“早联编”。面向对象的语言经常采用一种所谓迟联编的方法。联编过程是相同的,但动态联编是出现在程序运行时的。动态联编是对多态性的实现结果。当运行面向对象的程序时,对象接受消息。通常处理消息的方法存在类层次的高处。该方法在需要时被动态确定。接着,当在此方法与局部于该对象的数据之间进行连接时就出现了联编。换句话说,联编出现在最晚的可能时刻。

dynamic buffering **动态缓冲** 缓冲存储区的一种动态分配技术。当程序执行过程中需要输入数据时,就给这些数据分配一个空闲的缓冲存储区。程序执行完后,又归还给系统集中使用。

dynamic bus allocation **动态总线分配** 某些多处理机系统的一种功能,它使总线控制器在接受总线上另一处理机的总线请求信号之后,可以让出系统总线的控制权。总线控制器给请求设备发一总线允许信号,随后请求设备回送一总线允许应答信号,表示它已获得总线控制权。原来的总线主设备变成了从设备。

dynamic cellular automaton **动态细胞自动机** 一种细胞自动机。其中每个细胞可细分为子细胞的细胞自动机,每个细胞内部互联情况可以是任意的。这种自动机作为生物生长的理论模型是相当有用的。

dynamic channel allocation (DCA) **动态信道分配** 系统根据当前的业务负载和干扰情况,动态地将信道(频率或时隙)分配给所需用户的操作,以达到最大系统容量和最佳通信质量。

dynamic characteristics **动态特性** (1)在音响技术中,音平表输出电路的一种特性;脉冲的、快的或慢的。(2)在计算机中,指在工作运行时才出现的特性。

dynamic check **动态校验** 确定设备或系统在动态或工作状态下的某些部件或全部部件的性能是否正确的校验。

dynamic clustering **动态聚类** 一种聚类分析方法。是一个基于“距离”,并在相应的维度空间上对数据进行分类的算法,此处的“动态”特性指:在聚类的过程中,某已知类别的聚类中心在聚类过程中不断进行重新计算,逐步扩大聚类半径,直至聚类完毕。参见 hierarchical clustering, fuzzy clustering, cluster analysis。

dynamic coefficient of key distribution **动态键位分布系数** 操作人员按最佳编码方式输入测试样本时,其击键时间当量总和与键元串总长度的比值。

dynamic communication **动态通信** 利用多媒质实现近代通信的新技术。利用现有媒体可以进行各种通信,构成信息系统;而采用多媒体技术,可以使场景倒退或使场景分支。这不仅可以实现文字、声音、图像一体化的多媒质通信,而且可以随时参照多媒体数据库,给使用者(包括通信对方)提供动态的多媒体信息。

dynamic computer check **动态计算机检验** 选择一个问题来检验和确定计算机或程序是否正确运行的过程。

dynamic connection **动态连接** 在 ESCON(企业系统连接)连接器中,两个端口之间的连接,由 ESCON 建立和移去,在活跃时以一个连续链接的形式出现,在连接期间取决于为传输帧制定的协议以及端口的状态。

dynamic connectivity **动态连接性** 在一个 ESCON(企业系统连接)连接器中,允许在任何时刻建立和移去连接的能力。

dynamic constrain **动态约束** 数据库从一种状态转变成另一种状态时,新、旧状态之间所应满足的约束条件。

dynamic control **动态控制** 数字计算机系统的一种控制方法,机器在程序执行过程中可以修改指令或改变指令的执行序列,或者既修改指令,又改变执行序列。

dynamic control function **动态控制功能** 网络控制程序的一种功能,它由主存取法的控制命令初启,包括接通和关闭远程通信线路,请求远程通信线路的某种状态以及转接信道适配器。

dynamic convergence **动态会聚** 多束阴极射线管中电子束会聚点的轨迹在扫描期间落在特定表面上的过程。没有随电子束角度变化的动态会聚时,轨迹将是距电子束偏转中心为恒定半径的球形表面。

dynamic core allocation **动态存储分配** 在多道程序设计中,有效利用存储器的一种存储分配方法。其实现办法是在程序执行过程中,程序按实际的临时需要占用存储区,并且可以随时重新分配存储区。

dynamic cross call **动态交叉调用** 磁盘系统的一种特性,允许磁盘机动态切换到同一组的不同通道上。

dynamic database **动态数据库** 数据须动态进行修改的数据库。存取数据库时,也需经常修改,因此要求不断更新数据库。

dynamic database dump **动态数据库转储,动态倒**

库 数据库转储的一种方式。在转储期间允许用户对数据库进行存取或修改，即转储和用户事务可以并发执行。动态数据库转储可以克服静态转储的缺点。但是，在转储结束时，必须检验后援副本上数据的正确性和有效性。

dynamic database (time-sharing) 动态数据库（分时） (1)一种可分时处理的动态型数据库，可满足特定用户的需求，如对数据库的访问是频繁的，并且要求不断更新数据库。(2)程序执行期间发生变化的数据库。如在 Turbo Prolog 中，动态数据库由数据库谓词实现。

dynamic data exchange (DDE) 动态数据交换 微软 Windows 和 OS/2 中用于应用程序自动请求和交换数据的一种形式。一个窗口中的程序利用 DDE 协议可以请求另一个窗口中程序的数据。它能使一个应用中的数据修改自动地反应到另一个应用中。DDE 链可以是单向的，也可以是双向的。DDE 允许用户组合多个应用程序，产生一个新的符合特定需求的程序。DDE 已渐渐被对象链接与嵌入(OLE)技术所替代。参见 object linking and embedding (OLE)。

dynamic data set definition 动态数据集定义 不是在作业步执行之前，而是在执行过程中定义数据集并分配辅助存储器空间的过程。

dynamic data structure 动态数据结构 可以随着程序的执行而动态地改变大小和形状的一种数据结构，如序列、树、图等，都称为动态数据结构。其结构的定义是递归的，所需的存储空间不能在编译时确定，只有在运行时进行动态存储分配。

dynamic debugging 动态调试 一种程序调试方法。使程序在某种控制环境中执行，首先按单步方式尽量简单地检查程序有无错误，完成低速调试。然后全速运行程序，确定动态错误的位置。用于动态调试的程序称为动态调试程序。

dynamic debugging routine 动态调试例程 与正在检查的程序一起运行的一种调试例程，即边运行程序边与之交互作用的一种调试程序。

dynamic device reconfiguration 动态设备再配置 一种设备配置能力。它在程序运行过程中，可移动并可拆卸，而在需要时又可重新定位，不必中途停止作业或重复初始程序装入过程。

dynamic dispatching 动态调度 计算机系统中有效地利用中央处理器和输入输出设备的一种资源分配方法。它按自动优先级方式给任务分配优先级，使处理机和输入/输出资源得到最优使用。

dynamic display image 动态显示图像 计算机制图中，在特定的应用中，用户经常需要改变的那一部分显示图像。

dynamic dump 动态转储 在计算机程序执行间断的时候，将内存储器的一部分或全部内容转录到外存储器中的过程。

dynamic embedded system (DES) 动态嵌入式系统 一个系统包括用于控制动态系统行为的嵌入式计算机部件，这样的系统称为动态嵌入式系统。

dynamic equations 动态方程 描述系统动态行为的方程称为动态方程。它包括微分方程、差分方程和代数方程。参见 differential equation, difference equation。

dynamic error 动态错误 (1)在随时间变化的信号中出现的错误。它是由于某计算设备或其他装置的动态响应不合适所引起的机器错误。(2)一类在运行阶段才能查找出来的源程序的错误，如运行结果溢出，下标表达式的值越界等。它们通常是语义上的错误，特别是程序逻辑上的错误。

dynamic fault tree 动态故障树 采用指定的标准数据，把故障来源和结果用动态数据模型显示出来的树形结构。动态故障树通常采用演绎法建树，该法是选定系统中不希望发生的故障事件为顶端事件，其后第一步是找出直接导致顶端事件发生的各种可能因素或者因素组合，第二步再找出第一步中各因素的直接原因。循此方法逐级向下演绎，一直追溯到引起系统发生故障的全部原因，即分析到不需要继续分析原因的底事件为止。然后，把各级事件用相应的符号和适合它们之间逻辑关系的逻辑门与顶端事件相连接，就建成一颗以顶事件为根，中间事件为节，底事件为叶的具有若干级的倒置故障树。

dynamic flow diagram 动态流程图 表示计算机程序随时间变化而变化的流程图。

dynamic focus 动态聚焦 电子枪扫描屏幕时，对电子束在屏幕中心和四角聚焦的差异进行自动修补的功能。普通的电子枪聚焦时会产生散光现象，即在边角处像素点垂直方向和水平方向的焦距长度不一致，散光现象在球面屏幕最为明显。为了减少这种情况的发生，需要对电子枪作动态补偿，使屏幕上任何扫描点均能清晰一致。动态聚焦技术是采用一个调节器，周期性产生特殊波形的聚焦电压，使电子束在中心点时电压最低，在边角扫描时电压随焦距增大而逐渐增高，随时修正聚焦变化。动态聚焦技术又分单倍动态聚焦和双倍动态聚焦两种。参见 single dynamic focus, double dynamic focus。

dynamic-free variables 动态自由变量 在 LISP 语言中，在调用函数的上下文时没有必要限制在某一个环境中的值。即变量可以定界在若干环境中。

dynamic hashing 动态散列 一种虚拟散列技术，用一个二叉树索引结构跟踪桶，并指引对记录的访问。比较 extendible hashing。

dynamic host configuration protocol (DHCP) 动态主机配置协议 在网络中提供特定服务，自动配置主机/工作站的协议。DHCP 是提供 IP(网际协议)地址的动态配置和有关信息的协议。它提供了传递配置信息给 TCP/IP(传输控制协议/网际协议)网上的客户机的框架。DHCP 是 BootP 协议的增强。它增加了重用 IP 地址的能力,通过集中管理地址分配,防止地址冲突,节省 IP 地址,并且包括许多不同的诸如子网掩码、默认路由器和域名系统(DNS)服务器一类的选项。使用 DHCP 之后,当 PC 移动或网络变化时,网络管理员不再需要配置 PC 或更改网络设置,从而可节省大量的管理时间和费用。

dynamic hyper text markup language (DHTML) **动态超文本标记语言** 它着眼于以更少更快的页面下载,提供更丰富的图形和数据。特别是它使得依赖于用户的反馈来提供不同的信息变得容易。DHTML 通过将 HTML(超文本标记语言)、样式表及脚本结合在一起,使 Web 页面从一个服务器下载之后无需再同母体(服务器推动)进一步联络就可以产生变化(甚至是动画)。用户点击或从某一个物体上滑过时,文本会突然改变大小、颜色或位置;图片产生、消失、动画或来回移动;响铃或是口哨等声音。DHTML 有三个优点,即动态样式、动态内容和动态定位。动态样式能够使开发商改变内容的外部特征而不强制用户再次下载全部内容。动态内容可以使开发人员改变显示在一页上的文本或图像、以使内容能够交互式地对用户的鼠标和键盘操作作出响应。动态定位则让页面制作者以自动方式或对用户的操作作出响应的方式移动页面上的文本或图像。

dynamic image **动态图像** 也称"活动图像",是图像传输信息的一种。动态图像由一帧帧连续画面构成。每帧图像的信息量取决于图像的大小和色彩。通常图像的大小有 64×64,512×512,1 024×1 024 个像素。每秒传输 24 帧 512×512 的彩色图像需要 90 Mbps 的带宽,可见传送动态图像需要一个相对固定的高带宽。

dynamic image analysis **动态图像分析** 用计算机对随时间而变化的图像进行的处理和分析。

dynamic index **动态索引** 随着文件的更新而同时对索引进行动态维护,这种索引称为动态索引。

dynamic indirect addressing **动态间接寻址** 建议使用 segment addressing。

dynamic instruction **动态指令** 计算机在实时条件下或仿真环境中执行的指令。

dynamic intelligent agent **动态智能(型)代理软件** 动态智能代理软件能根据用户的要求,到网络上四处寻找或搜集所要的信息,直到命令执行完毕为止。参见 intelligent agent,static intelligent agent。

dynamicizer **动态转换器** 将一组同步信号变换为一个相应的时间序列信号。

dynamic keys **动态密钥** 一种加密技术,信息的每一次传送用不同的密钥进行加密。

dynamic library **动态图书馆** 信息时代的图书馆。图书馆的进一步发展,将由计算机及图书期刊数据库、计算机网络及远程文献资料检索系统和缩微技术等组合而成。从而使图书馆进入计算机存取图书资料的时代。通过计算机网络和通信接口,读者可在办公室或家中的终端上,从图书期刊数据库中存取图书或文献的原文、图形和图表等,并能立即从显示器上看到结果。在实施存取的过程中,可对原存取项目进行修改和扩充。使之符合要求,这些操作都是动态进行的。因此,把这种图书馆称为动态图书馆。

dynamic linking **动态连接** 一种程序连接装配方式。它在产生目标文件时,并不连接程序库等,而是在执行目标文件参考程序库时才开始连接。当用户程序需要参考很多程序库或程序库很大时,采用这种连接方式较合理。

dynamic link library (DLL) **动态连接库** 一种软件特性。它把一般用于特殊函数或函数集的可执行程序单独作为文件存放(扩展名是 DLL),应用程序在需要时或者在运行时从该文件中装载程序代码,而不是在程序编译连接时,从而可以同时被若干应用程序共享。动态连接库还需要有对应的导入库,方便程序静态载入动态链接库。参见 static link library (SLL)。

dynamic link module **动态连接模块** 在 OS/2 操作系统中,一个在程序装入或运行时连接的模块。

dynamic loading **动态装入** 根据系统当前执行程序的需要,通过装配程序把程序模块或子例程装入主存储器。动态装入的程序并不属于执行程序的装入模块。

dynamic load leveling **动态负载均衡** 按数据处理正在进行中的要求,在系统内用于分配或部署进程和数据的一种技术。

dynamic load libraries (DLL) **动态安装库** 操作系统中包含实际 API(应用程序接口)功能的指令的库,程序在运行时与库连接,使得库只需装入一次。

dynamic loop **动态循环** 一种专门的循环终止,其中含有能引起跳回本身的单个跳转指令。循环终止是为了操作的方便而设计的,如它可以指出一个错误的发生。

dynamic magnetization curve **动态磁化曲线** 磁场强度变化率高到足以影响其曲线时所得到的磁化曲线。

dynamic mapping system **动态变换系统** 其存储器有动态交换能力的计算机系统。有些系统可以由四个独立的存储区提供兆字节寻址能力而又不影响系统性能。系统具有逐页读/写存储保护能力,并允许从不连续的存储页面上存取程序和数据。有一些系统利用附加的存储管理指令来实现存储变换功能。

dynamic mathematical models **动态数学模型** 其系

统属性的变化可以用一个时间函数来表示的一类系统模型。

dynamic mathematical optimization 动态数学优化 它涉及决策制定、经济增长模型、运动目标的数学公式等。目标函数通常取积分形式,而约束条件由微分方程组说明。参见 mathematical optimization。

dynamic memory 动态存储器 所存储的信息必须经常不断地定时刷新(再生)的存储器。MOS(金属氧化物半导体)存储器是一种典型的动态存储器。它用浮置栅的电容电荷表示信息,如不定时对电容充电(再生),则由于栅漏电阻使电容电荷逐步减小,信息就会丢失。MOS 动态存储器目前都采用单管单元存储电容型存储单元,位密度高、集成规模大、功耗低、成本低,大量用于计算机的主存储器系统。

dynamic memory allocation 动态存储器分配 在 LISP 语言中采用的存储器管理技术,存储器管理在运行期间实行,在程序执行时把值赋予变量,而不是在程序执行之前。

dynamic memory management 动态存储管理 能在一个存储区域中保留和释放可变大小的内存块区(由连续内存单元所组成)的内存分配方法。动态存储管理技术用于解决如何管理自由空间,当可分配的自由空间不多时或虽很多但却没有足够大的连续空间可利用时,将采取措施把零散的块区紧缩起来或把无用单元收集起来。对于如何从可分配的自由空间中寻找一个给定大小的块区问题有几种分配策略,如最先适配策略和最佳适配策略等。

dynamic memory relocation 动态存储再定位 在多道程序系统中,为了有效地利用存储器,在执行过程中,自动地将已分配过的存储区重新分配给别的程序或程序段,称为动态存储再定位。它使用户不必关心程序在存储器的确切位置。

dynamic menuing 动态菜单选择 用电子笔或鼠标器在屏幕的菜单区中选择适当的菜单项,以启动一个特定的设计功能。

dynamic microprogramming 动态微程序设计 一种微程序设计方法。它根据不同应用的需要随时改变或切换程序。微程序的改变或切换可以采用手动也可以自动。动态微程序一般要求有可写存储器作为微程序存储器。

dynamic microprogramming control 动态微程序控制 微程序控制是计算机的一种功能。计算机运行时可按任务的性质,动态地修改微程序,改变机器的结构,以适应用户完成各项任务的需要。

dynamic model 动态模型 系统状态随时间而变化的模型。动态模型描述与操作时间和顺序有关的系统特征、影响更改的事件、事件的序列、事件的环境以及事件的组织。动态模型可借助时序图、状态图和活动图等来描述。

dynamic MOS memory 动态 MOS 存储器 利用 MOS(金属氧化物半导体)晶体管极间电容(或称 MOS 电容)上充积的电荷来存储信息的原理所制成的存储器。参见 dynamic memory。

dynamic motion 动态运动 用 CAD(计算机辅助设计)软件模拟设计物的运动,从而使设计人员可以在屏幕上观察机械系统中各零部件之间动态相互作用时的三维表示,并暴露出设计中的冲突和抵触等问题。

dynamic network address translation (DNAT) 动态网络地址转换 将内部网络的私有 IP(网际协议)地址转换为公用 IP 地址时,IP 地址是不确定的,所有被授权访问的私有 IP 地址可随机转换为任何指定的合法 IP 地址。动态转换可以使用多个合法外部地址集。当 ISP(因特网服务提供商)提供的合法 IP 地址少于网络内部的计算机数量时,可以采用动态转换的方式。参见 network address translation (NAT), static network address translation (SNAT), port address translation (PAT)。

dynamic node ID assignment 动态节点 ID 赋值 AppleTalk 网络中动态赋予节点 ID 标识号的寻址方案,它不是给一个节点赋予永久地址。这样的动态节点 ID 赋值防止了旧的节点 ID 号和新的节点 ID 号冲突,使得在网络上添加和删除节点更加方便。

dynamic noise suppressor 动态噪声抑制器 通常借助电抗管根据信号电平自动调节其通带范围的音频滤波电路。在低信号电平下,当噪声变得更显著时,电路将减弱低频响应,有时也减弱高频响应。

dynamic ordering procedure 动态排序过程 在人工智能的 $\alpha\beta$ 搜索过程中,后继节点提供的信息愈来愈多,据此,反复不断地改变后继节点的搜索次序,这样就可能得到更多的 $\alpha\beta$ 修剪,这一过程称为动态排序过程。

dynamic overload control 动态超载控制(器) 一种自动控制通信量的设备。该设备能识别通信量的拥挤情况,并采取有效控制手段,使得通信量保持平衡。

dynamic packet filter 动态包过滤器 动态包过滤器是防火墙的一项功能,它能监视当前活动连接的状态,并用此信息来判定哪些网络包可以通过此防火墙,它还可以通过记录连接信息,如 IP(网际协议)地址和端口地址,实现比静态包过滤器更严格的安全检测。

dynamic packet transport (DPT) 动态分组传输 一种实现信息包优化的光传送技术,DPT 利用称为空间重用协议(SRP)的新 MAC(介质访问控制)层协议,在经过优化的光纤环路中以每秒 G 比特的速率可靠传送 IP(网际协议)信息包。DPT 环路由两根"反方向"的光纤组成,每一根光纤都可以同时传送信息包和控制信息。工作时 DPT 沿一个方向(下行方向)传送信息包,而沿相反方向(上行方向)传送控制信息。这样两根光纤可以同时使用,以便最大限度使用带宽来传送信息包和加速控制信息的传播,实现自适应带宽利用率的提高和确保自愈的能力。参见 spatial reuse protocol (SRP)。

dynamic page relocation 动态页面再定位 将内存储器分成若干存储段,每段的寻址由一组存储保护的可寻址寄存器进行自动控制,这一过程称为动态页面再定位。

dynamic parameter 动态参数 在程序执行过程中予以赋值的参数。

dynamic partition balancing 动态分区平衡 操作系统的一种功能,它允许用户确定系统的两个或多个或全部分区得到大约相等的处理机时间。

dynamic password 动态口令 在计算机安全中,一种基于随机数的存取控制方法,能有效地防范攻击者重新使用该口令。每一合法用户有一像遥控器那样的口令盒以及存储在计算机中的密钥,用户在终端上注册后,计算机向用户显示一个随机数。用户在一定距离内将口令盒对着屏幕,口令盒的光敏器就能读取该随机数,盒上液晶显示器(LCD)就显示一个响应数。用户把这个响应数键入计算机就能成为合法用户。该响应数是计算机给用户的随机数据经密钥加密而得,计算机也把给用户的随机数用同一密钥进行一样的加密。由于密钥对用户是唯一的,用户的标识将能被认定;如果进一步把用户身份号和加密器重合使用,安全性将会大大提高。

dynamic path update 动态路径更新 链接发送信息的网络路径而不重新生成完整配置表的过程。

dynamic physical model 动态物理模型 构造模型的实体和属性随时间的推移而发生变化的物理模型。动态物理模型的元素和真实系统的实体在各自的结合规律和相互关系以及动态关系上都具有相似性。

dynamic ports 动态端口 端口号从 1 024 ~ 65 535。之所以称为动态端口,是因为它一般不固定分配某种服务,而是动态分配。是指当一个系统进程或应用程序进程需要时,它向主机申请一个端口,主机从这些可用的端口号中分配一个供它使用,当这个进程关闭时,同时也就释放了所占用的端口号。参见 port number。

dynamic pressure flying head 动压式浮动磁头 磁盘存储器中的一种磁头。依靠磁面旋转产生的空气压力,使磁头浮在磁面上方,并与磁面保持一定的间距。

dynamic print management 动态打印管理 使用打印管理器改变打印操作而不中断系统功能的技术。

dynamic printout 动态打印 计算机运行过程中,按一定顺序操作打印输出数据。

dynamic priority 动态优先级 分时系统中作业调度的一种方法。即根据作业的运行情况和一定的规则,动态地改变用户作业的优先级,以防止 CPU 只处理优先级高的作业,使原来优先级低的作业也能在适当时候得以处理。

dynamic procedure 动态过程 系统尚未达到稳态前的一段过程。

dynamic processing 动态处理 动态处理是 Intel 公司应用在高性能奔腾处理器中的技术,它把三项专为提高处理器对数据的操作效率而设计的技术融合在一起。动态处理包括:①多路分流预测:通过几个分支对程序流向进行预测,采用多路分流预测算法后,处理器便可参与指令流向的跳转。它预测下一条指令在内存中位置的精确度可以达到 90%以上。这是因为处理器在取指令时,还会在程序中寻找未来要执行的指令;②数据流量分析:抛开原程序的顺序,分析并重排指令,优化执行顺序。处理器读取经过解码的软件指令,判断该指令能否处理或是否需与其他指令一道处理。然后,处理器再决定如何优化执行顺序以便高效地处理和执行指令;③猜测执行:通过提前判读并执行有可能需要的程序指令的方式提高执行速度。当处理器执行指令时(每次 5 条),采用的是“猜测执行”的方法。这样可使处理器超级处理能力得到充分的发挥,从而提升软件性能。被处理的软件指令是建立在猜测分支基础之上,因此结果也就作为“预测结果”保留起来。一旦其最终状态能被确定,指令便可返回到其正常顺序。

dynamic program loading 动态程序装入 根据系统运行的当前情况和内存与程序模块的大小,操作系统自动初启装配程序并把程序模块装入内存的过程。参见 dynamic loading。

dynamic programming (DP) 动态规划 系统分析中一种常用的方法。动态规划法是 20 世纪 50 年代由贝尔曼(R. Bellman)等人提出,其实质是在动态条件下解多维最优化问题。动态规划法基本思路是:按时空特点将复杂问题划分为相互联系的若干个阶段,在选定系统行进方向之后,逆着这个行进方向,从终点向始点计算,逐次对每个阶段寻找某种决策,使整个过程达到最优,故也称“逆序决策过程”。参见 principle of optimality。

dynamic programming in speech recognition 语音识别的动态规划法 计算两段语音信号之间的“距离”的算法。设有一段需要识别的语音,另有一组经过训练的语言“模板”,如果将输入语音和所有模板之间的距离进行计算,则距离最近者即为识别的结果。动态规划法是一个简单有效的计算距离的算法。

dynamic program relocation 动态程序浮动[再定位] (1)将局部执行的程序移动到主存储器的另一位置,而不妨碍其正常完成处理操作的能力。

(2)在一程序完成执行并且未加修改之前,把该程序移动到存储器另一部分的过程,其目的在于更有效地使用存储器。

dynamic protection 动态保护 运行中进程可以拥有多个保护域并可更换保护域的保护技术。

dynamic random access memory (DRAM) 动态随机存取存储器 MOS(金属氧化物半导体)器件中利用电容动态地存储电荷来记忆信息的随机存取存储器。必须经常不断地定时再生(重写),比较 static RAM。

dynamic range 动态范围[区域] (1)一个系统或元件的给定最高信号电平对其噪声电平之比的分贝值。(2)动态区域指图像最暗与最亮点灰度划分的等级数范围。在可见的世界中,这个区域远远超出人类的视觉范围,也超出打印或屏幕输出的图像所能表现的范围。但人眼只能观察明显不同的亮度级别,大多数相机和计算机显示器只能捕获和重现特定范围的动态区域。参见 high dynamic range。

dynamic ranking 动态排名 动态排名是相关性搜索计算中的一种排名类型,它根据所搜索的文档来分析查询项以确定结果的排名。动态排名是受内容项的内容或属性值影响的排名,也称"依赖于查询的排名"。比较 static ranking。

dynamic reconfiguration 动态重新配置 在某些通信系统软件中,一种改变与某一个边界节点有关的网络配置(外围物理设备和逻辑设备)的过程,改变后无需重新生成该边界节点的完整配置表。

dynamic reconfiguration data set (DRDS) 动态重构数据集 某些通信系统软件中,用于存放已定义数据的一类数据集。在操作员请求时,该数据集可应用于已生成的通信控制器配置。参见 dynamic reconfiguration。

dynamic recovery 动态恢复 一种计算机系统自动修复的能力。这要求具有一种专门机构能够检测出模块中的故障,然后即换掉故障模块,并接上备用模块,同时能引发必要的软件动作,如退回、初始化、重入、重启动等,以保证计算的正常进行。

dynamic redundancy 动态冗余 利用冗余模块提高系统可靠性的一种方法。任何时候只有一个模块在工作,当工作模块有故障时,用无故障的备用模块代替。在动态的操作情况下进行的校验,称作动态校验。

dynamic relocation 动态重定位 一种过程,它为某一段计算机程序在执行期间赋予新的绝对地址,以使该程序可在主存储器的一个不同存储区执行。

dynamic relocation program 动态浮动[再定位]程序 (1)把程序已经执行过的部分移到主存储器的其他存储区,把原主存区留给待处理的程序段。这样可节约主存储容量,对完成正常处理也没有不良影响。具有此动态浮动特性的程序称为动态浮动程序。(2)具有动态浮动特性的程序。即把程序已执行过的部分转移到主存的其他存储区或辅存,把原主存区留给待处理的程序段,调入正执行的程序中,负责存储对换的程序。

dynamic resource allocation 动态资源分配 一种资源分配技术,其中对计算机程序执行所指派的资源,由需要时刻所适用的准则来确定。

dynamic response 动态响应 开关器件或电路对快速变化的波形,如阶跃函数的响应。动态响应通常用微秒(μs)加以测量。

dynamic restructuring 动态重组 (1)在一个系统正在运行的同时,改变软件组成部分或结构的过程。(2)在程序执行期间重新组合数据库或数据结构的过程。

dynamic routing 动态路由 路由器的路由表项不是由网络管理员手工配置,而是通过相互连接的路由器之间交换彼此信息,然后按照一定的算法优化出来的,而且这些路由信息是在一定时间间隙里不断更新,以适应不断变化的网络,以便随时获得最优的寻路效果。参见 routing table,static routing。

dynamic routing protocol 动态路由协议 生成动态路由表的路由协议。根据是否在一个自治域内部使用,动态路由协议分为内部网关协议(IGP)和外部网关协议(EGP)。参见 interior gateway protocol (IGP),exterior gateway protocol (EGP)。

Dynamics and Control **《动力学与控制》** 荷兰 Kluwer Acdemic 出版社出版,1991 年创刊,季刊,SCI(科学引文索引)收录期刊。刊载动态系统控制及高等动力学在控制技术开发方面应用的研究论文和实例分析。

dynamic scheduling 动态调度 (1)根据系统的不同情况而作的调度。它不同于常规应用中所遇到的固定型调度。(2)由硬件实现的指令调度。其方法是增加一定的专用部件,在程序运行时超前检测动态的指令流,找出可并行操作的指令以实现合理调度。这种调度方法的优点是所获得的参考信息准确,但开销较大,实现起来也有一定的难度。

dynamic scheduling simulator 动态调度仿真系统 计算机辅助生产中的一种计划管理系统。为了提高设备利用率,降低生产工时,实现生产综合平衡,系统通过计算机对生产综合仿真,确定各类加工零件和部件生产的最佳分配量以及生产线和装配线同步化的合理调度,并提供设备维护及出现故障时的对策。

dynamic schema evolution 动态模式修改 工程数据库管理系统中的一种功能,它允许对数据库模式进行修改和扩充,而这种修改和扩充不必重编译模式和重装入数据库。这一功能在工程设计过程中是非常重要的。

dynamic scoping 动态作用范围 在 LISP 语言中,指自由变量在调用函数时的范围。

dynamic search algorithm 动态检索算法 对可变大小的表有效地进行插入或删除记录的算法。也称"符号表算法",这是因为编译程序、汇编程序和其他系统子例程都广泛使用这种算法去监视和记录用户所定义的符号。

dynamic segment attribute 动态图块属性 图块输出时,其图像的状态特征。一个图块的动态属性是可以动态地改变的。例如,该图块的图像是否可用光笔等进行检取,是否是可视的,是否要具有更醒目的特征,以及是否能再进行变换后输出等都属于此类特征,它们分别称为可检取性、可视性、可醒目性和可变换性。

dynamic select/omit 动态选择/忽略 在某些系统中,指逻辑文件记录的选择和忽略,在处理期间而不是在维护访问路径时进行。

dynamic sequential control 动态顺序控制 计算机的一种操作方法。采用此方法可以在计算进行过程中修改指令或指令执行的顺序或修改两者。

dynamic signature verification (DSV) 动态签名识别 一种分析个体手写签名来进行身份认证的一种生物识别技术。动态签名识别注重的是手写签名过程中笔压等动态行为特征参数的变化,而非签名的图像本身。通过分析签名人手写签名的书写风格、笔顺、笔压、书写速度、抬笔间隙等动态及空间属性识别签名人的身份。动态签名识别的关键在于区分出不同的签名部分,有些是习惯性的,而另一些在每次签名时都不同。DSV 系统能被控制在某种方式上去接受变量,从而作出判断。参见 handwriting signature verification。

dynamic simulation 动态仿真[模拟] (1)动态系统中所进行的与时间有关的仿真活动。(2)对客观边界对象建模或跟踪的系统。

dynamic space reclamation 动态空间回收 某些虚拟存储操作系统中的一种库管理程序功能,通过删除库的某一部分以释放空间,并自动地使其可再使用。

dynamic SQL 动态 SQL 动态 SQL(结构化查询语言)是 SQL 标准提供的一种语句运行机制,它允许在 SQL 客户模块或嵌入式宿主程序的执行过程中执行动态生成 SQL 语句。动态 SQL 语句在程序编译时尚未确定,其中有些部分需要在程序的执行过程中临时生成 SQL 语句,它不同于静态 SQL。参见 static SQL。

dynamic stop 动态停机 在计算机的一个循环程序中只有一条指令,即转到本身的转移指令称为动态停机。即所有的目标程序都已执行完毕而又不允许停机(如外部设备未工作完)时所处的状态。

dynamic storage 动态存储器 (1)按照允许数据随时移动或变化的方式存储数据的一种设备,因而指定的数据并不总是可恢复原状使用。磁带和磁盘是动态非易失性存储器,而声延迟线为动态易失性存储器。(2)存储单元要求重复使用控制信号来保持所存储数据的一种存储器。这种重复使用控制信号的操作,通常称为刷新操作。

dynamic subroutine 动态子例程 一类相对编码的子例程。它具有基本框架,但可根据数据处理的要求来改变重复次数、小数点位置和项目大小等,还能自动生成、修改、调整程序本身。

dynamic summarization 动态摘要 动态摘要是根据查询检索词从文章中动态提取的摘要。同 dynamic abstract。

dynamic support system (DSS) 动态支持系统 一种交互式调试设备。它使维护人员能监视和分析所发生的事件,并能修改数据。

dynamic synchronous transfer mode (DTM) 动态同步传送模式 一种基于高速电路交换和动态时隙分配的新技术。作为第二层的交换/传输技术,DTM 具有更强的带宽管理能力,适应光纤带宽的不断扩展。参见 synchronous transfer mode (STM)。

dynamic system 动态系统 (1)状态变量可能随时间发生演化的系统。即状态变量被定义为时间函数的系统。这里的状态指足以描述系统过去与现在演化特性的性状的最小集合。(2)一个系统的行为与时间有关,行为不由当前输入完全确定的系统,称为动态系统。动态系统一般用微分方程、差分方程和它们的组合表示。

dynamic system flowchart 动态系统流程图 用适合于处理和研究计算机的形式表示动态系统的一种流程图。

dynamic testing 动态测试 在计算机安全中,指用测试数据来运行某个应用系统并将实际结果与预期结果相比较的测试方法。动态测试技术包括程序分析法和假定缺陷法。

dynamic threshold alternation 动态门限改变 允许网络操作员动态地改变通信控制器中和网络控制器中,与 SDLC(同步数据链路控制)和 BSC(二进制同步通信)设备有关的通信计数(业务量)和临时错误门限值的过程。

dynamic threshold query 动态门限查询 允许一个网络操作员查询通信控制器中和网络控制器中,与 SDLC(同步数据链路控制)和 BSC(二进制同步通信)设备有关的通信计数(业务量)和临时错误门限值的当前设置的过程。

dynamic tool display 工具动态显示 计算机辅助设计与制造的一种特性,显示代表数控刀具的图形,沿屏幕上所显示的刀具路径移动,以模拟和验证切割过程。

dynamic transient master control block (DTM) 动态过渡主控制块 某些计算机系统中的一种控制块,它含有用于管理所有动态页池块控制块链的信息。

dynamic transient pool area (DTPA) 动态过渡页池区 某些计算机系统中含有过渡程序的非映像存储器的一种区域。页池被划分成512字节的块，并受动态瞬时页池管理程序的控制。

dynamic transient pool management (DTPM) 动态过渡页池管理(功能) 在计算机系统中，一种可选程序管理功能，用于维护系统过渡程序在存储器中的页池。

dynamic transient segment register save (DTS) 动态过渡段寄存器保存区 某些计算机系统中的一种控制块，它含有用于映射动态过渡页池区的段寄存器值。四个优先级各有一个值。

dynamic translation 动态转换 网络地址翻译方式之一。通过转换 TCP(传输控制协议)和 UDP(用户数据报协议)端口号和地址的方式来提供并发性，将多个内部 IP(网际协议)地址映射到同一个外部地址，因此这种方案有时也称"网络地址端口转换"。同 network address port translation (NAPT)。

dynamic user microprogramming 动态用户微程序设计 在微程序控制计算机中，用户能够根据需要在运行中扩充或修改机器指令系统的一种功能。机器在多道程序环境下运行时，该功能使各道程序能使用各自的指令系统。基本指令系统一般由控制存储器中的微程序提供，用户可以在可写控制存储器或内存储器中用空操作码予以扩充。用户的微程序可以由操作系统调入，也可以当作用户程序的一部分调入。

dynamic variable 动态变量 在程序的动态执行过程中生成的变量。动态变量是动态地生成和消失的，它的生存时间不受生成它的语句所在的子例程(分程序)的约束。动态变量是用显式的生成语句生成，用显式的释放语句释放。

dynamic view 动态视图 由于用户的请求而动态创建的一种虚拟表。动态视图不是一张临时表，相反，它的定义存储在系统目录中，视图的内容被物化为使用视图的一条 SQL(结构化查询语言)查询的结果。它与物化视图的区别视关系数据库管理系统不同而不同，物化视图可以存储在磁盘上，在间隔时间内或使用时刷新。比较 materialized view。

dynamic Web GIS 动态的 Web 地理信息系统 动态的 Web GIS(地理信息系统)是目前 Web GIS 实现的主要形式。实际上，最早的 Web GIS 出现时，是简单地将固定的地图图片链接到网页上，对于所有的用户查询，系统返回的是预先制成的相同的地形文件和数据。这种方案的局限性是显而易见的，随后的改进方案是在服务器端使用 CGI(公共网关接口)技术，由 CGI 程序负责处理用户输入，将用户的操作指令传递到在后台运行的 GIS 服务器，然后将服务器返回的结果反馈给用户。这种动态操纵空间数据库生成查询结果图形和数据的方式，称为动态的 Web GIS。其中 CGI 可以用任何一种能运行在服务器上的语言如 C、C++、VB 甚至是 Perl、Shell Script 等解释型语言写成。动态的 Web GIS 的特点是：①基本不用改变原有的 GIS 服务器端的调用函数，构造 Web 时较为简便迅速，开发效率高；②针对不同的用户操作完成相应的响应，能完成 GIS 的大多数功能；③对服务器要求较高。由于用户发出的所有指令最终都由 GIS 服务器来完成，用户端实际上是起了一个图形终端的作用，致使服务器端负担过重，要求服务器端的硬件速度快，内存容量大。当用户数量多时，容易在服务器端形成瓶颈，进而影响整个系统的效率；④由于回传用户的地图是在服务器生成的图像数据，因此网络数据流量较大，在慢速的网络上用户的等待现象十分突出。参见 geographic information system (GIS)，common gateway interface (CGI)。

dynamic Web page 动态 Web 页 动态 Web 页具有固定格式，但内容可变，从而可使其按照用户的搜索标准进行设计。

dynamic window 动态窗口 可改变其标题或在其内容区域内重新放置对象的窗口。

dynaturtle 动态龟标 在 Logo 语言中，用动态光标代替静态光标，这种光标称为龟标，用以产生图形。绘图时，发给龟标的命令将给出速度和加速度的变化量，龟标的路径在图上就变成一条线。

dyne 达因 达因是用于厘米-克-秒 (cgs) 单位制中力的单位，1 达因等于 0.000 01 牛顿。

dynode 倍增器电极 一种主要起二次电子发射作用的电极。光电倍增管和某些类型的电视摄像管都有倍增器电极。

E

E **电子的词汇前缀** 电子的(electronic)词汇的缩略形式,有时也用小写字母表示。例如,e-business或e-commerce(电子商务)、e-journal(电子期刊)、e-mail(电子邮件)、e-fanatics(网迷)、e-trade(电子贸易)、e-service(电子服务)、e-revenues(电子商务收入)等。

EA (1)有效地址 effective address 的缩写。(2)进化算法 evolutionary algorithms 的缩写。(3)扩展属性 extended attribute 的缩写。

EACC **东亚字符代码** east Asian character code 的缩写。

EACS **东亚字符集** east Asian character sets 的缩写。

EAE **扩展运算单元** extended arithmetic element 的缩写。

EAI **企业应用集成** enterprise application integration 的缩写。

EAM (1)电吸收调制器 electricity absorb modulator 的缩写。(2)电子会计[记账]机 electronic accounting machine 的缩写。

EAN (1)欧洲商品编号 European article number 的缩写。(2)外部接入网络 external access network 的缩写。

EAP **可扩展认证协议** extensible authentication protocol 的缩写。

EAPROM **电可改写可编程只读存储器** electrical alterable programmable read only memory 的缩写。

early binding **前期联编** 系统在编译时就知道调用函数的全部信息。同 static binding。

Early effect **厄利效应** 即基区宽度调制效应。晶体管中,由于极间电容的非线性引起的集电极电流急剧增加的现象。

early failure **早期故障** 由于初始设计制造上的缺陷等原因导致产品在开始使用期间发生的故障。

early token release **提前释放令牌** 令牌环网中释放控制令牌的一种技术,它允许一个站点在传输完数据之后立刻释放令牌回环路,而不是等待发送帧返回后才释放。该特点能够增加环路上的总带宽。参见 token ring。

EAROM **电可改写只读存储器** electrically alterable read only memory 的缩写。

earphone **耳机,耳塞** 可塞在耳中的小型受话器。同 headphone。

earth **接地,地** 导线接地,英国习惯用语,美国不使用 earth,而用 ground。

earth current **泄地电流** 在一个导体和大地之间的所有泄漏电流和电容电流。

earthed circuit **接地电路** 由一点或几点永久接地的导体的组合。

earthed voltage transformer **接地电压互感器** 一次绕组的一端用来直接接地的单相电压互感器,或一次绕组的星形接点是供直接接地的三相电压互感器。

earth electrode **接地极** 埋入大地以便与大地连接的导体或几个导体的组合。

earth fault **接地故障** 由于导体与地连接或其对地绝缘电阻变得小于规定值而引起的故障。

earth fault current **接地故障电流** 由于故障而流入大地的电流。

earth fault factor **接地故障因数** 在一定的系统结构下,接地故障时(系统中任一点的一相或多相接地故障),三相系统中的某选定点(一般指设备安装点)完好相的对地最高工频电压与无故障时该选定点对地工频电压有效值之比。

earth fault relay **接地故障继电器** 被保护对象发生接地短路故障时,反应零序电压或零序电流的量度继电器。

earthing conductor **接地导体** 将主接地端子或主接地排与接地极连接的保护导体。

earthing device **接地装置** 各接地极和接地导线、接地引线的总称。

earthing switch **接地开关** 用于电路接地部分的机械式开关,它能在一定时间内承载非正常条件下的电流(如短路电流),但不要求它承载正常电路条件下的电流。

earth leakage current **漏电电流** 一般指电路设备漏电,即有支流产生时的电流。

earth leakage protection **漏电保护** 电网漏电电流超过设定值时,能自动切断电路或发出信号的功能。

earth leakage protection relay **漏电保护继电器** 具有对漏电流检测和判断的功能,而不具有切断和接通主回路功能的漏电保护装置。漏电保护继电器由零序互感器、脱扣器和输出信号的辅助接点组成。它可与大电流的自动开关配合,作为低压电网的总保护或主干路的漏电、接地或绝缘监视保护。

earth leakage protection switch **漏电保护开关** 可将主电路接通或断开,而且具有对漏电流检测和判断的功能,当主回路中发生漏电或绝缘破坏时,漏电保护开关可根据判断结果将主电路接通或断开的开关装置。

earth magnetic field　地球磁场　地球磁场是偶极型的，近似于把一个磁铁棒放到地球中心，使它的北极大体上对着南极而产生的磁场形状，但并不与地理上的南北极重合，存在磁偏角。同 geomagnetic field。

earth observation for resources　资源对地观测　以遥感技术作为主要手段，从空间对地球资源进行的观测，获取信息并用于研究其状态、分布和变化的过程。参见 remote sensor technology。

earth observation system (EOS)　地球观测系统　主要由美国宇航局启动的用一系列低轨卫星对地球进行连续、综合观测的计划，目的在于加深对自然过程和人类活动相互影响的理解，确定全球变化的程度、原因和影响后果，增强人类预报未来全球变化的能力。

earth potential compensation　地电位补偿　为了克服发送端和接收端由于地电位不同，或者由于发射端与接收端相距较远而造成信号损失的现象，在它们之间安装信号补偿装置，使接收端有较强的接收信号的能力。

earth potential working　地电位作业　人体处于接地的杆塔或构架上，通过绝缘工具带电作业。在不同电压等级电气设备上带电作业时，必须保持空气间隙的最小距离及绝缘工具的最小长度。在确定安全距离及绝缘长度时，还应考虑系统操作过电压及远方落雷时的雷电过电压。参见 live working, equal potential working, midial potential working。

earth resistance　接地电阻　被接地体与地下零电位面之间的电阻。它等于接地引线电阻、接地器电阻、接地器和土壤之间的接触电阻以及土壤的溢流电阻之和。

earth resource information　地球资源信息　表征地球资源对象的理论、方法、数量、质量等的信号和消息。其中有些信息能够被人类感知、探测、接收、处理、分析，尚有大量的信息还不能被理解和发现。

earth segment　地面段　卫星通信系统中的地球站设备部分。

earth short circuit current　接地短路电流　系统接地导致系统发生短路的接地电流。

earth station　地面站　位于地球表面，利用天线和有关电子设备，通过人造卫星进行发送、接收和通信的一种地面设施。

earth-surface potential (ESP)　地表电位　由地球磁场波动引起的地球表面电压。

earth system of high voltage laboratory　高压试验室的接地系统　埋入高压试验室（或户外试验场）地坪下的接地系统。一般由金属网和接地电极构成，以保护人身、设备及仪器的安全，减少各种外界干扰的影响，提高测量准确度。

earth terminal　接地端子　用特定连接保证电器的一部分接地用的接线端子。

EASI　(1)弹性异步/同步接口 elastic asynchronous/synchronous interface 的缩写。(2)嵌入式一体化系统接口 embedded all-in-one system interface 的缩写。

east Asian character code (EACC)　东亚字符代码　美国国会图书馆、美国研究图书馆网络等为了处理中、日、朝文图书资料制订的字符代码。以中、日、朝三个国家的汉字代码为基础，进行比较分析归纳成一个统一代码系统，每个代码用三个字节表示。

east Asian character sets (EACS)　东亚字符集　采用美国国家标准局供文献目录使用(ANSI 39.64-1989)的东亚字符集及内码，有利于促进不同网络的图书馆之间交换文献。

Easter egg　复活节彩蛋　在软件当中隐藏的后门程序。可以是隐藏的开发人员名单、动画、游戏等，为了显示复活节彩蛋，用户通常必须输入一组口令或操作。常用的软件如 Windows、Word 和 Excel 以及浏览器 IE 中都有这样的复活节彩蛋。

EAU　(1)清除所有未保护的 erase all unprotected 的缩写。(2)扩充运算器 extended arithmetic unit 的缩写。

eavesdropping　窃听　在计算机安全方面，利用信息产生的辐射以非搭线窃听的方法获得信息。

EAX　电子自动交换机　electronic automatic exchange 的缩写。

EB　(1)结束括号命令，终括号命令 end bracket 的缩写。(2)译码器缓冲器 encode buffer 的缩写。(3)事件控制块 event block 的缩写。(4)扩展缓冲器 extended buffer 的缩写。(5)艾字节，百亿亿字节 exabyte 的缩写。(6)电子商务 electronic business 的缩写。

EBCD　扩充的二进制编码的十进制　extended binary coded decimal 的缩写。

EBCDIC　扩充的二进制编码的十进制交换码 extended binary coded decimal interchange code 的缩写。

EBCDIC/DP　数据处理用 EBCDIC 子集　(1)EBCDIC(扩充的二进制编码的十进制交换代码)字符集中，为各国自行指定数据处理专用图形而保留的一种 EBCDIC 子集。(2)在 OCL(操作员控制语言)中，供数据处理应用系统在 MCC(主控码)与 EBCDIC 之间相互转换的三种可能的控制字符中的一种。

EBCDIC/WP　文字处理用 EBCDIC 子集　(1)EBCDIC(扩充的二进制编码的十进制交换代码)字符集中，为各国自行指定文字处理中专用图形而保留的一种 EBCDIC 子集。(2)在 OCL(操作员控制语言)中，供文字处理应用系统在 MCC(主控码)和 EBCDIC 之间互相转换的三种可能的控制字符中的一种。

E

E beam **电子束** electron beam 的缩写。

E beam bonding **电子束焊接** 用电子束熔焊形成内部互连的技术。

E bend **E 弯曲** 对于一在波导中传播的横向电磁波(TEM)在轴向发生平滑的变化,在整个变化过程中,轴始终和电场矢量 E 的横向极化方向保持在同一个平行平面中。同 E-plane bend。

EBGP **外部边界网关协议** external border gateway protocol 的缩写。

EBL **基于解释的学习** explanation-based learning 的缩写。

EBNF **扩展 BNF,巴科斯范式** extended BNF 的缩写。

EBR (1)电子束记录仪 electron beam recorder 的缩写。(2)电子束记录法 electron beam recording 的缩写。

EBU **欧洲广播联盟** European Broadcast Union 的缩写。

E-business **电子商务** 同 electronic commerce。

EC (1)纠错 error correction 的缩写。(2)工程更改 engineering change 的缩写。(3)进化计算 evolutionary computation 的缩写。(4)扩充控制 extended control 的缩写。(5)电子商务 electronic commerce 的缩写。(6)回波消除 echo cancellation 的缩写。

ECA **电子商务协会** Electronic Commerce Association 的缩写。

E-Cash **电子现金** electronic cash 的缩写。

ECB (1)事件控制块 event control block 的缩写。(2)电子元件板 electronic components board 的缩写。(3)电子编码本 electronic codebook 的缩写。(4)出口控制块 exit control block 的缩写。(5)事件控制位 event control bit 的缩写。

ECC (1)差错控制编码 error control coding 的缩写。(2)纠错码 error correcting code 的缩写。(3)扩充循环码 extended cyclic code 的缩写。(4)椭圆曲线密码体制 elliptic curve cryptosystem 的缩写。(5)嵌入式控制通路 embedded control channel 的缩写。

ECCM **电子反干扰** electronic counter-countermeasures 的缩写。

ECD **电致变色显示器** electrochromic display 的缩写。

ECDSA **椭圆曲线数字签名算法** elliptic curve digital signature algorithm 的缩写。

ECF (1)回应帧 echo frame 的缩写。(2)有效截止频率 effective cut off frequency 的缩写。(3)设备特性文件 equipment characteristic file 的缩写。

E-channel **E 信道** 用于 ISDN(综合业务数字网)内部信令传输的数据速率为 64 kbps 的数字通道。

E-Check **电子支票** electronic check 的缩写。

echo **回显,回送,回波** (1)文字处理技术中,把刚刚键入的每一个字符立即打印或显示出来。(2)从始端发出,由于阻抗不匹配而产生反射,再返回到始端的那部分回波。(3)送给信号源的一部分信号,它以足够的强度及延迟返回,并对数据传输产生干涉。

echo attenuation **回波衰减** 发送端发送的传输功率与返回到该端的回波功率之比。表示单位为分贝。

echo cancellation (EC) **回波消除** 一种控制通信线路(如卫星传输)中回波的方法,发送调制解调器检查其返回线路中稍微延迟的回波信号,增加一个近似修改的相反方向的信号到接收信号的通路上,使得回波被消除而信号不受影响,回波消除是用于 9 600 bps 调制解调器 CCITT(国际电报电话咨询委员会) V. 32 标准的一部分。

echo canceller **回波抵消器** 将去程信道与返程信道的信号作比较,产生回波信号的“复制品”,从而达到消除回波效果的回波抑制器。

echo check **回送校验,回波检测** 确定数据传输正确性的一种校验方式。接收到的数据被送回数据源与原先发送出来的数据作比较。若它与原来数据是一样的,则它的传输是正确的,不然就进行第二次数据传输。

echo frame (ECF) **回应帧** FDDI(光纤分布数据接口)帧格式的一种,用来测试网络环路的连接状态。在指定站点上发送一个 ECF 请求帧,如果经过一段时延之后能正确地接收到 ECF 响应帧,则表明连接正常,否则可判定连接不正常。

echo path loss **回波路径损失** 信号在远程装置内部的损失加上来回传输途中的损失。参见 echo attenuation。

echoplex **回送** 通信过程中,发送站键入的字符信息先传送到接收站上,然后再回送显示,以便检验传输的准确性。

echoplex mode **回送方式** 在数据通信中,一种自动将字符送回到发送方 DTE(数据终端设备)的工作方式。

echoplex technique **回送技术** 采用全双工线路的数据通信系统中检测错误的技术。利用此技术,把通过键盘打入字符时产生的信号传送至接收器,同时重发给显示终端,从而能使操作员检查显示的字符与打入的字符是否相同。

echo reply **回波[声]应答** 用于测试和调试的消息。ICMP(因特网控制信息协议)回波应答是返回对 ICMP 回波请求消息的回答。Ping 程序接收回波应答。参见 echo request, Internet control message protocol (ICMP)。

echo request **回波[声]请求** 用于测试和调试的消

息。Ping 程序发送 ICMP(因特网控制信息协议)回波请求消息去引出回波应答。参见 echo reply, Internet control message protocol (ICMP)。

echo suppress　回声抑制　在长途通信线路上,使用回音抑制器测试话音传送方向,抑制反方向回音的一种技术措施。这种技术能够比较好地消除话音回声,但是由于回声抑制作用随发话方的交替而不断改变方向,而这种方向改变的速度对数据传输来说是太慢了,因而不利于数据传输。

echo suppressor　回波[声]抑制器　在双向电路中,一种抑制由对方传输的信号引起的回波能量的设备。回波抑制器用于衰减逆方向来的信号,不影响正向传播的信号。

echo talker　回波干扰(信号)　从接收点返回到发射源的延迟回波信号,在发射点形成干扰。

ECL　(1)射极耦合逻辑(电路)emitter-coupled logic 的缩写。(2)电子电缆连接 electronic cabling link 的缩写。(3)设备元件明细表 equipment component list 的缩写。(4)执行控制语句 executive control language 的缩写。(5)交换控制逻辑(电路)exchange control logic 的缩写。

Ec/Io　能量干扰比值　这是一个反映手机端当前接收的导频信号的水平指标。E 是 energy(能量)的简称,c 是 chip(码片)的简称,Ec 是指一个码片的平均能量;I 是 interfere(干扰)的简称,o 是 other cel(其他小区)l 的简称,Io 是来自于其他小区的干扰。Ec/Io 体现了所接收信号的强度和邻近小区干扰水平的比值。

ECM　(1)电子对抗 electronic counter measures 的缩写。(2)企业内容管理 enterprise content management 的缩写。(3)电子加密机 electronic cipher machine 的缩写。(4)扩充控制方式 extended control mode 的缩写。

ECMR　等价多路径　equal cost multipath routing

ECN　显式拥塞指示　explicit congestion notification 的缩写。

ECO　(1)电子电话中心局 electronic central office 的缩写。(2)电子耦合振荡器 electron-coupled oscillator 的缩写。

E-commerce　电子商务　同 electronic commerce。

economical model　经济模型　一种能反映国家或公司的经济活动的模型,这类模型大多是分布延迟模型,研究这种模型只要求计算机的基本功能而不需要应用专门的仿真程序设计语言。

economic assessment　经济评估　对安全方法、操作、技术设施以及费用和效益等所进行的详细审核。

economic information theory　经济信息论　在现代化经营管理中组织、管理经济信息的理论和方法,是信息论在经济领域的应用。经济信息论的主要内容和基本任务是根据信息论的原理和方法,用计算机和现代化通信工具来解决经济信息的收集、存储、传递、处理和使用等问题,并在扩大经济信息的数量、提高经济信息的质量的同时,加强对经济信息流的组织和管理。经济信息论不同于信息经济学,后者是研究信息与信息技术的经济效果的。参见 information theory, information economics。

economic technology information　经济技术信息　在企业经营管理活动中,经过加工整理的,可反映企业各种经济技术指标及其变化的有用信息。它还是企业制定计划,进行调度、核算、统计、定额管理及分析工作和辅助各级领导决策的依据。

ECP　(1)扩展端口 extended capabilities port 的缩写。(2)企业客户门户 enterprise customer portal 的缩写。(3)电子电路保护器 electronic circuit protector 的缩写。

ECPL　电子线路分析程序语言　electronic circuit analysis program language 的缩写。

ECPS/VSE　VSE(虚拟存储扩展)的扩充控制支持程序　extended control program support for VSE 的缩写。

ECS　(1)欧洲通信卫星 European communication satellite 的缩写。(2)实验通信卫星 experimental communication satellite 的缩写。(3)专家控制系统 expert control system 的缩写。(4)企业通信服务器 enterprise communication server 的缩写。(5)电子控制传感器 electronic control sensor 的缩写。(6)嵌入式计算机系统 embedded computer system 的缩写。

ECSA　扩充字符集适配器　extended character set adapter 的缩写。

ECSL　扩充的控制和仿真语言　extended control and simulation language 的缩写。一种基于活动扫描法的仿真语言。

ECT　(1)环境控制表 environment control table 的缩写。分时操作系统中的一个控制块,它包含有关用户在前台的环境信息。(2)错误码表 error code table 的缩写。(3)应急通信终端 emergency communication terminal 的缩写。

ECTS　欧洲计算机商贸展示会　European computer trade show 的缩写。

ECU　超近距　extreme close-up 的缩写。

e-cube algorithm　e-cube 算法　一种二进制超立方体网络中的无死锁路由算法,在多维立方体网络中以固定方式通过每一维的通道,按从高维到低维的次序建立通路,如果其中一个链路忙则等待。

EC2　弹性计算云　elastic compute cloud 的缩写。

ED　(1)加密数据 enciphered data 的缩写。(2)电子显示器 electronic display 的缩写。(3)电子对话 electronic dialogue 的缩写。(4)隧道二极管 esaki

E

diode 的缩写。(5)外部设备 external device 的缩写。(6)电子词典 electronic dictionary 的缩写。

EDA (1)错误数据分析 error data analysis 的缩写。(2)(英国)电气开发协会 Electrical Development Association 的缩写。(3)隧道二极管放大器 esaki diode amplifier 的缩写。(4)电子设计自动化 electronic design automation 的缩写。(5)错误检测器件组 error detector assembly 的缩写。(6)有效双字地址 effective doubleword address 的缩写。(7)电子文档授权 electronic document authorization 的缩写。

EDAC **差错检测和纠正** error detection and correction 的缩写。

EDB (1)工程数据库 engineering database 的缩写。(2)扩充的数据库 extended database 的缩写。(3)外延数据库 extensional database 的缩写。

ED-Beta **ED-Beta 格式** extended-definition Betamax 的缩写。

EDBMS **工程数据库管理系统** engineering database management system 的缩写。

EDC (1)差错检测码,检错码 error detecting code 的缩写。(2)错误检测与纠正 error detection and correction 的缩写。

EDD (1)电子数据显示 electronic data display 的缩写。(2)编码/译码/调整部件 encode/decode/deskew (unit)的缩写。(3)电子文档分发 electronic document distribution 的缩写。

EDDC **扩展距离数据电缆** extended distance data cable 的缩写。

eddy-current **涡流** 导体置于变化着的磁场中或者在磁场中运动时,切割磁力线,在导体内产生的闭合的感应电流。

eddy-current braking **涡流制动** 电制动方式之一,其能量转化为金属中涡流所产生的热量而消耗。

eddy-current loss **涡流损耗** 与磁性材料的电阻以及材料中的感应电压有关的磁芯损耗。涡流与材料的电阻率成反比,与磁通密度的变化速度成正比。在绕组中和在导体中的涡流所引起的损耗有两种:接近效应引起的损耗和趋肤效应引起的损耗。至于磁芯损耗,在磁场中,围绕磁力线的电场是交变磁通所引起的。如果磁芯材料有导电性就会产生涡流。涡流是在垂直于磁力线的平面中流动,它会引起涡流损耗。涡流损耗和磁滞损耗是磁芯的主要损耗。在粉末磁芯中,随着频率升高,涡流损耗会变成主要的损耗。

EDFA **掺铒光纤放大器** erbium doped fiber amplifier 的缩写。

EDFL **掺铒光纤激光器** erbium doped fiber laser 的缩写。

EDGE (1)增强型数据速率 GSM 演进技术 enhanced data rate for GSM evolution 的缩写。(2)全球演进的增强型高速数据速率业务 enhanced data rates for global evolution 的缩写。

edge **边,边缘,链** (1)图中的一个基本元素,提供两个节点之间的一个连接,用一个线条表示,也称"弧"。参见 document reference edge, reference edge, stroke edge。(2)在数据结构中,指图中两个节点之间的一条边。

edge anti-aliasing **边缘抗锯齿失真** 一种能消除多边形结合处的错位现象,降低了图像的失真度,提高画质以使之柔和的一种方法。通常是对图像附近的像素进行多次采样,图像边缘及其两侧的像素颜色进行混合,然后用新生成的具有混合特性的点来替换原来位置上的点以达到柔化物体外形、消除锯齿的效果。

edge-board connector **板边连接器** 专门为了与印制板边缘的印制接触件进行可拔插互连而设计的连接器。

edge board contact **印制插头,板边接触件** 靠近印制板边缘,与板边连接器配合的一系列印制接触件。

edge busyness **边缘噪声** 在视频系统中一种集中在图像边缘的畸变,它可以进一步按空间和时间的特性进行划分。

edge chromatic number **边色数** 正常边着色所需的最少颜色数。设无环图 G,对 G 的一个 k 边着色是指用 k 种颜色 $1,2,\cdots,k$ 对 G 的边着色,若没有相邻的两边着相同的颜色,则此着色为正常边着色。若 G 有正常的 k 边着色,则称 G 是 k 边可着色的,G 为 k 边可着色的那些 k 的最小值称为图 G 的边色数,也称"着色指数"。

edge connectivity **边连通度** 连通图中含边条数最少的边割集中所含边的条数。对于平凡图或不连通图,定义边连通度为 0。一个边连通度$\geqslant K$ 的图,称为是 K-边连通图。

edge connectivity algorithm **边连通度算法** 求出使无向图 G 不连通需删除的最少边数的算法。其步骤是将无向图的每条边分成两条方向相反的有向边,构造一个有向图;然后任取一个点作为源点,并以其他点作为汇点求解最大流问题(设各边容量均为 1),所得到的最小的最大流值即为要删除的最少边数(即边连通度)。

edge connector **印制板插头** 有些电路板在板的边缘有一排金属宽轨,这样通过印制板插头与外围设备实现电气连接。

edge covering **边覆盖** 图 G 边集合 E 的一个子集 L,并且 G 的每个顶点都至少是 L 中一条边的端点。如果 L 是 G 的一个边覆盖,去掉 L 中任意一条边后就不再是 G 的覆盖,则称 L 为 G 的一个极小边覆盖。如果 G 中不包含边的条数比 L 的边的条数更少的边覆盖，则 L 称为最小边覆盖。

edge covering number 边覆盖数 最小边覆盖中所包含的边的条数。

edge cut set 边割集 图 G 边集的一个子集，如果删去该子集的所有边，则连通分图的数目增加；而如果删去该子集的任一个真子集，则连通分图的数目不增加；称这个边集的子集为边割集。边割集也简称割集。只含一条边的割集中的边称为割边。

edge detection 边缘再现[检测] (1)在图像处理中，如果图像模糊不清，可以采用轮廓增强技术(如差分处理技术)把图像的轮廓再现出来，以加大图像的灰度变化。(2)图像中不同的对象物或者对象物的各部分之间存在着特征(灰度、颜色、纹理等)的急剧变化。边缘检测就是提取这不连续部分的特征(即边缘)或者使模糊不清的轮廓显现出来的数字图像处理技术。

edge device 边缘设备 边缘设备是一个在不同类型网络间传送数据的物理设备(交换机、路由器等)。边缘设备可以不参加运行任何网络层路由协议，但它使用路径分布协议得到传递描述。边缘设备是应用数据链路层(第二层)和网络层(第三层)技术的一种物理设备。

edge effect 边缘效应 形成电容器的两个金属板的边缘附近电力线的向外弯曲失真。在根据结构的几何尺寸计算电容时，必须对此效应进行修正或采取特殊保护来消除这一效应。

edge enhancement 边缘增强 (1)图像增强技术中使用的两种方法之一，另一种是灰度增强。边缘增强的使用方法可分为两类：一类是在空间域中，有 Laplacian 或 Robert 梯度算子；另一类是在频率域中，用高通滤波来加强边缘，使图像锐化。(2)通过光学或计算机处理提高图像边缘和细节信息观察效果的处理方法。属图像增强内容之一。光学增强方法有如将同一图像的正负片叠合并略为错开晒印，或用直斜光照射、旋转曝光等所谓“多层底片法”。数学处理方法是用空间域或频率域滤波技术，提取图像边缘和细节信息，并作加权和叠合处理。增强处理结果使图像边缘清晰，立体感增强。

edge filling 边缘拟合 将实际图像与理想的或已知的边缘模型拟合来提取图像边缘特征的算法。

edge gradient 边缘梯度 在两个不同区域边界上的亮度和密度变化率。影像的清晰度随边缘梯度的增加而增加。

edge graph 边图 以图 G 的边集合 $E(G)$ 作为顶点集合的图，边图中两顶点相邻，当且仅当与之相对应的两条边在原图 G 中相邻。

edge independence number 边独立数 最大边独立集中边的条数。

edge independent set 边独立集 也称“对集”或“匹配”，图 G 的边集合 E 的子集 M，其中任意两条边均不相邻。如果 M 是 G 的边独立集，对于任意边 $e \in E$，但 $e \notin M$，把 e 加到 M 中后就不再是边独立集，则称 M 为极大边独立集。如果在 G 中不包含边的条数比 M 的边的条数更多的边独立集，则称 M 为最大边独立集。

edge-induced subgraph 边导出子图 由图的边的一个非空子集合 E' 及 E' 中边所关联的图的全体顶点所组成的子图。边导出的子图也称“部分图”。子图的部分图和部分图的子图统称为部分子图。

edge-notched card 边沿切口卡片 一种沿边缘冲剪 U 形切口的信息检索卡片。卡片四周原有一排孔，在记入信息时将相应孔切开，在检索时将一长针穿入一叠卡片加以摇晃，有切口的将掉出。参见 edge-punched card。

edge of network (EoN) 网络边际 这是 IBM 公司对网络新概念的解释。EoN 的四个特征是：为最终用户进行优化、适用于电子商务、提供协调的电子生活方式(E-lifestyle)和容易使用。EoN 将使个人计算“个性化”，能精确地完成用户指定的任务，简单、安全，而且用户无论何时何地都能通过因特网进行个人或专业的电子商务，让人们生活在网络边际。

edge operator 边界操作器 在机器视觉图像中寻找边界的模板操作器。

edge-punched card 边缘穿孔卡 以纸带穿孔码将数据记录在卡片底边的卡片。由于未穿孔区域可用于记录印刷的或手写的信息，因而这种卡片可提供人机都能识别的记录。通常将这种卡的短边依次连接起来形成折叠扇的形状。卡片上穿成孔的数据由阅读器辨识出后再送到处理机的存储器中进行处理。处理后的数据也可再穿在卡片上。卡片上未穿孔的部位可书写或印刷信息。这种卡曾经常用于早期的可见记录计算机上，现已淘汰。

edge quantization 边缘量化 计算机图像中的一种数字效果，图像中高对比度部分的边缘误差。

edge router 边缘路由器 在因特网中，位于网络边缘，主要为用户接入而设立的路由器。边缘路由器除了选路和转发功能外，可用于建立隧道，还可能具有对数据分组实现认证、过滤和业务量整形等功能。参见 core router。

edge triggered flip-flop 边沿触发器 由时钟脉冲的边沿触发而翻转的触发器。边沿触发分为前沿触发和后沿触发两种形式：前沿触发的，触发器只在时钟脉冲前沿才会发生翻转；后沿触发的，触发器只在时钟脉冲的后沿才会发生翻转。时钟脉冲触发沿之外的其他时间，无论数据线发生什么变化，边沿触发器的状态都不会改变。因此，边沿触发器具有较高的抗干扰能力。

edge wave 边缘波纹 由于胶片受潮而使胶片边缘变形的现象。

EDI 电子数据交换 electronic data interchange 的缩写。

E

EDIF 电子设计转换[交换]格式 electronic design interchange format 的缩写。

EDIFACT 商贸运输管理的电子数据交换 electronic data interchange for administration commerce and transport 的缩写。

Edison effect 爱迪生效应 炽热物体的电子发射，发射速率随温度而迅速增加。1883 年，爱迪生发现当在白炽灯的灯丝与灯内辅助电极之间形成电流时，便产生电子发射。也称"理查森(Richardson)效应"。

E

Edison storage battery 爱迪生蓄电池 一种每节电池产生 1.2 V 开路电压的碱性电池。负极板上的活性物质是铁合金，而正极板上的活性物质则是氧化镍。也称"镍铁蓄电池"。

edit 编辑 增加、更改、删除或重新安排数据以及完成诸如代码转换和消除无效零之类的操作。

edit capability 编辑能力 (1)在进行数据处理的同时对各种字符的正确性进行校验的能力。具有这种能力的处理机可以减少编辑时间。(2)在分时系统中，程序员修改、编辑语句时可用手段的完善程度。

edit check 编辑检查 在数据输入系统中，由控制器对操作员输入数据所进行的一种检查，以确定这种数据是否符合预定的属性和格式。

edit code 编辑码 (1)一种数字或字母(字符)，用以指示编辑过程将按某种已经定义的模式完成。(2)编辑过程中，各种编辑键所使用的代码。(3)缩微胶卷上的一种可读符号，其作用是提供开口标记和装入标记。

edit command 编辑命令 在某些系统中，以单个、两个或三个字母的记忆符号开始，其后是以任选的命令参数的方式送入计算机执行的命令。所有的命令以打入回车符结束。在编辑过程中，可随时打入编辑命令，以代替输入源语句。若发现错误，则编辑命令输出一个问句(?)，此时命令不起作用。

edit control character 编辑控制字符 一种用于精度控制的专用字符。通常插放在被编辑文件中控制输出格式。

edit controller 编辑控制器 在视频制作中，指一个用于协调两个或者多个设备进行编辑的部件。

edit decision list (EDL) 编辑决策表 在视频制作中，一个允许用户重建或者修改视频内容的计算机。

edit description 编辑描述 在某些计算机系统中，一种含有用户定义的编辑码的描述的数据块。

edit-directed input/output 编排式输入/输出 流式数据传输中的一种。其特点是要求指明与数据组中的数据相关的存储区及数据组中的数据格式。

edit-directed transmission 编排式传输 在 PL/1 语言中，流式数据传输方式之一。其特点是，数据以连续的字符流出现，而且要用格式表规定有关数据表所要求的编辑。

edit display 编辑显示器 一种用于编辑的显示器，在该显示器上可以频繁地进行所要求的操作，诸如删除、拷贝和插入等。

edited copy 编辑副本[拷贝] 在文字处理中，一种标注有校正或修正标志的草稿拷贝。

edit function 编辑功能 智能终端所具有的编辑能力。例如，插入或删除一个或多个字符，插入或删除一行或多行，移动文本块或数据的一部分，保护某些数据字段等。

editing keys 编辑键 键盘上用来辅助文本编辑的一组键。在增强型键盘和 APPLE 扩展型键盘中，编辑键位于数字键与主键盘之间。包括 Insert，Delete，Home，End，Page Up，Page Down。

editing terminal 编辑终端 具有下列编辑功能的系统：①更换字符；②插入、删除或移动字符、字、句子、段落和字块；③段校验，包括数位的位数、顺序和类型；④左或右填零；⑤验证校验数位等。

edit mask 编辑掩码 对源字进行筛选的接收字。可用来删除前边的零，插入浮动美元符号和十进制小数点及其他格式的编排。

edit mode 编辑状态[模式] (1)一种输入方式，在该方式下用户可以发出一些子命令来输入、修改、删除或重新排列数据。(2)在某些操作系统中，发出 EDIT(编辑)命令后所进入的一种终端通话的状态。在该方式下，可发出交互式的编辑程序子命令来输入、修改或删除数据。

editor 编辑程序，编辑器 编辑、修改和产生文件时所使用的实用程序。用户利用此程序对存储在计算机中的文件进行增加、删除、修改、剪贴等加工处理。

editorial processing centre (EPC) 编辑处理中心 多个杂志或出版社共享新的信息技术并负责出版多种杂志的一个集中型编辑机构或系统。这种资源共享编辑处理中心问世于 20 世纪 70 年代，其目的在于避免各自配置相同的信息处理系统，节省费用，缩短常规杂志出版的时间。其功能为：以机读形式获取作者的手稿；避免不必要的重复打印；用计算机辅助编辑；采用终端和电信手段实现手稿的交流；用计算机辅助排版；高效率地检查计划实施情况；帮助财务管理。

edit statement 编辑语句 在某些系统中，从键盘送入内部编辑缓冲器的所有语句。送入的每条语句都冠以语句号，用来规定本语句与所有其他语句间的相对顺序。语句号不必连续，送入语句的顺序无关紧要；但是，语句必须按语句号递增的顺序送入缓冲器，并按此顺序对语句进行列表和转储。冠在语句上的语句号可以取许多形式。

edit symbol 编辑符号 文献数据库中一些用于格式编排并可由计算机识别的专用符号。

edit word **编辑字** 一种具有一定格式的由用户定义的指示编辑过程如何做的控制字。

EDL **编辑决策表** edit decision list 的缩写。

EDM （1）企业数据模型 enterprise data model 的缩写。（2）E-mail［电子邮件］营销 E-mail direct marketing 的缩写。

Edmonds-Karp's algorithm **埃得蒙斯-卡普算法** 福特-福克森网络最大流算法的一种改进形式。该算法在对顶点进行标号时使用了先标号先扫描规则，即以广度优先的方法搜索可增路径。

EDMS **扩展数据管理系统** extended data management system 的缩写。

EDO DRAM **增强数据输出动态存储器** enhanced data output DRAM 的缩写。

EDP （1）电子数据处理 electronic data processing 的缩写。（2）电子数据处理机 electronic data processor 的缩写。（3）电子显示面板 electronic display panel 的缩写。

EDPC **电子数据处理中心** electronic data processing center 的缩写。

EDP capability **电子数据处理能力** 数据处理系统所具有的处理能力。如字、词同时处理能力，图、表、数据格式相结合的能力等。

EDPM **电子数据处理机** electronic data processing machine 的缩写。参见 electronic data processing system。

EDPS **电子数据处理系统** electronic data processing system 的缩写。参见 electronic data processing。

EDRAM **增强型动态存储器** enhanced dynamic RAM 的缩写。

EDS **可更换的磁盘存储器** exchangeable disk storage 的缩写。

EDTR **有效数据传送率** effective data transfer rate 的缩写。

EDTV **增强清晰度电视** enhanced definition television 的缩写。

edu **教育机构域名** 在因特网的域名系统中，标识教育机构网址的最高层域名。

educational software **教学软件** 专为教学而开发的软件。其范围从传统的教学方法到高度创造性的方法。

edulcorate **纯化** 从数据文件中删去无关数据。

edutainment **教育娱乐** 交互式多媒体产品，这些产品给人们在娱乐中达到教育的目的。例如地图集、历史书和地理游戏，通常制作在 CD-ROM（只读碟）上。

EDVAC **EDVAC 计算机** electronic discrete variable automatic computer 的缩写。约翰·莫克利及布莱斯特·埃克特与冯·诺依曼一起于 1945 年在美国宾夕法尼亚大学莫利电气工程学校开始研制，是第一台存储程序计算机，控制计算过程的指令按与数据存储方式相同的方式存储。基本逻辑思想由冯·诺依曼（1945）描述，基于这种设计的计算机后来被称为冯·诺依曼计算机。EDVAC 计算机设计中所涉及的一些设计原则对后来的计算机有强烈的影响。EDVAC 使用了约 4 000 支电子管、10 000 支晶体二极管，采用水银延迟线存储器，字长 44 位，运算器既可执行定点又可执行浮点运算。输入输出是通过穿孔纸带和 IBM 卡片进行的。时钟频率 1 MHz。由于种种原因，EDVAC 1952 年才制成。

EDW **企业数据仓库** enterprise data warehouse 的缩写。

EE **执行单元** execution element 的缩写。

EEE **端-端加密** end-to-end encryption 的缩写。

EEMS **增强型扩充内存规范** enhanced expanded memory specification 的缩写。

EEPROM **电可擦可编程只读存储器** electrically erasable and programmable read-only memory 的缩写。

EEROM **电可擦只读存储器** electrically erasable read-only memory 的缩写。

EEROM programmer **电可擦只读存储器编程器** 一种能对 EEROM 进行编程的设备。它能产生 EEROM 擦除和编程所需要的控制信号。编程器包括一个 RAM（随机存取存储器）缓冲器和必要的输入接口，可以从不带或带数码显示的十六进制键盘接受编程数据，并送入 RAM 缓冲器暂存，然后对 EEROM 编程。

EFA **扩充的字段属性** extended field attribute 的缩写。

EFC **专家模糊控制器** expert fuzzy controller 的缩写。

EFCI **显式前向冲突指示** explicit forward congestion indication 的缩写。

EFD **事件前向判别** event forwarding discrimination 的缩写。

EFF **电子前沿基金会** electronic frontier foundation 的缩写。

effect band **效应带** 所有其他影响量均保持恒定，由一个或多个影响量变化所形成的稳定输出量稳态值的范围。参见 nominal effect band，individual effect band，combined effect band。

effective acoustic center **有效声源中心** 从扬声器或其他声发生器上或其附近发散出球面发散声波的点。

effective address **有效地址** （1）能直接访问存储器的地址。它可能是直接地址或指令的地址码经计算后得到的地址或间接寻址获得的地址。有效

E

地址也称“操作数有效地址”、“实际地址”、“绝对地址”、“物理地址”或“机器地址”。(2)一个实际存储器地址，在运行时生成，有效地址由基址寄存器、偏移量和间址寄存器的内容构成。

effective antenna length 有效天线长度 在天线中，有效天线长度为开路电压(通常以伏表示)与电场强度(通常用伏/米表示)的比值。在此情况下，有效天线长度为米。

effective bandwidth 有效带宽 滤波器中根据允许的最大衰减找到相应的有效截止频率，并据此确定的实际通频带的宽度。

effective branching factor 有效分支因子 在人工智能系统中，判别一个节点与其他节点之间联系的密切程度的工具。如 MYCIN 系统中规则的确定性因子，就刻画了前提条件与结论之间的联系。

effective byte 有效字节 字节运算时实际存取的字节。

effective current 有效电流 给出与直流电流对应值相同热效应的交流电流值。在正弦波交流电流的情况下，有效值为 0.707 乘以峰值。

effective data transfer rate (EDTR) 有效数据传送率 在规定的最大容许差错率的范围内，每单位时间从数据源发送，并由数据接收器有效且正确地接收到的按字节、字符、字块或其他指定的数据单位的平均数。

effective double-word 有效双字 双字长运算时实际存取的双字。

effective half-life 有效半衰期 包含在生物系统(如人或动物)中的放射性核，通过放射性衰变和生物析出的复合结果而将其放射性减一半所需的时间。

effective half-word 有效半字 半字长运算时实际存取的半字。

effective instruction 有效指令 能在计算机上实际执行的指令。它可以在程序编排中直接形成，也可以是对伪指令进行变址后形成的实际指令。

effective isotropic radiated power (EIRP) 有效等向辐射功率 也称“等效全向辐射功率”，是为了产生峰值功率密度而必须由一个全向天线发出功率(其均匀地在所有方向分发功率)的值，而且是在最大天线增益的方向上能观察到的。EIRP 能够考虑到在传输线路和连接器中的损失和包含天线的增益。EIRP 经常规定按照分贝越过一个参考功率标准，它是由一个有相同信号能量的等方位辐射体发射的功率。EIRP 允许在不同的发射器之间进行比较而不管类型、大小或形态。有了 EIRP，就能知道真实的天线增益。同 equivalent isotropically radiated power (EIRP)。

effective length of antenna 天线有效长度 对于辐射线性极化波的天线，假定在与最大辐射方向相垂直的一根导线上有均匀分布的电流，此电流等于实际天线的输入端电流，且所产生的辐射场强与实际天线的辐射场强相同。此导线的长度即实际天线的有效长度。

effectively computable function 能行可计算函数 参见 computable function。

effectively decidable problem 能行可判定问题 参见 decision problem。

effective monopole radiated power (EMRP) 有效单极辐射功率 无线电发射机供给天线的功率和在给定方向上该天线相对于短垂直天线的增益的乘积。

effectiveness of instruction set 指令系统的有效性 一个完善的指令系统的要求之一。指令系统除了有效性要求外，还应满足规整性、兼容性和完备性。有效性是指利用该指令系统所提供的指令编制的程序能够获得高效率。高效率主要表现在空间和时间方面，即占用存储空间小、执行速度快。有效性反映了指令的功能要求，也反映了指令系统完备性要求。一个更完备的指令系统就会有更好的有效性，如指令系统中有多种移位指令和字符串处理指令，对于数据处理就会有较高的有效性。参见 intact of instruction set，compatibility of instruction set，completeness of instruction set。

effective operand address 有效操作数地址 计算机执行指令时所得到的地址，它给出实际的操作数地址。

effective permeability 有效磁导率 由不同材料或非均匀材料或两者所构成的磁路的一个参数，此参数等于一个形状、尺寸及总磁阻都与该磁路相同的均匀结构的假想磁路的磁导率。

effective power 有效功率 在正弦波电流和电压的稳态电路中，有效电压的均方根值、有效电流的均方根值和它们之间的功率因素(电流和电压间相角的余弦)的乘积即为有效功率。同 real power，true power。参见 absolute power，reactive power，relative power，volt-ampere。

effective printing speed 有效打印速度 打印机的实际打印速度，其中考虑了走纸及控制码、定时码、差错检测等所需时间，单位为每秒行数。

effective radiated power (ERP) 有效辐射功率 无线电发射机供给天线的功率和在给定方向上该天线相对于半波偶极振子的增益的乘积。

effective reduction 有效缩小值 原影像的大小与计算机输出的缩微影像大小的比值。

effective resistance 有效电阻 交流电路中所损耗的功率与电流有效值平方的比值。由于存在趋肤效应、邻近效应、涡流损耗、介质损耗，有效电阻通常要比直流电阻大。

effective rights 有效权利 用户可以对一个目录实际行使的权利。在 NetWare 中，它包括赋予某个用户的信任权利以及在目录的最大权利屏蔽字中指定的目录权利,因为目录权利优先于信任权利,在最大权利屏蔽字中没有明确否定的信任权利就是一个有效权利。

effective root directory **有效根目录** 操作系统中系统搜索文件的起始点。

effective search speed **有效查找速度** 计算机从磁带、磁盘等存储设备上查找数据的速度,它是衡量计算机情报检索的重要参数。

effective sound pressure **有效声压** 在声学中,经过一个时间间隔以后媒体上某一点的瞬时声压的rms(均方根值),并用 dyn/cm^2 表示。它也称“均方根声压”或“声压”。参见 instantaneous sound pressure,static pressure。

effective speed **有效速度** (1)能在有效时间内维持的速度。相当长一段时间内能够维持并把一些致缓因素考虑在内的传输速率,致缓因素包括控制码、定时码的传输、错误检测、重传、定位操作及手工键入等。有效速率低于设备的额定速率。(2)计算机系统处理期间实际的处理速度或速率。由于计算机处理操作期间在各种控制、错误检测等方面花费时间,致使有效速度通常小于计算机速度。

effective synchronous reactance **有效同步电抗** 对特定运行条件进行电力系统研究计算时所用的代表电机的同步电抗值。

effective system **有效系统** 按照系统技术说明可以论证工作的系统。

effective temperature **有效温度** 衡量温度、湿度和风速三个因素组合对身体冷热感觉的指标。以相对湿度为100%RH,风速接近于零时的空气温度来表示。

effective thermal resistance **有效热阻** 在热平衡条件下,半导体器件指定结每单位功耗引起的超过预定外部参考点温度的有效温升。

effective time **有效工作时间** 设备的实际使用时间。

effective track width **有效磁道宽度** 磁头在记录介质表面上产生的实际磁化区域的宽度。由于磁头记录磁场的扩展,有效磁道宽度总是大于磁头上磁道的几何宽度。

effective transmission rate **有效传输率** 参见 effective data transfer rate。

effective transmission speed **有效传输速度** 一个传输设备传输信息的速度。用单位时间内的平均字符数或单位时间内的平均二进制位数来表示。

effective turns per phase **每相有效匝数** 每个线圈的串联匝数乘以每串联线圈数,再乘以绕组因数所得之积。

effective user ID **有效用户标识符** (1)在 AIX 操作系统中,与最后鉴定的用户或程序有关的用户标识符。(2)在 AIX 操作系统中,当前用户的标识符,不一定是用户的登录标识符。

effective virtual address **有效虚拟地址** (1)在具有虚拟存储器的计算机系统中,在间接寻址和变址完成以后,变换到主存储器实地址之前的虚拟地址。(2)在虚拟存储计算机系统中,虚拟地址空间中的任一地址。

effective voltage **有效电压** 将一个电阻性元件加热到与由待测交流电压加热到相同温度的直流电压值。

effective wavelength **有效波长** 单色 X 射线在规定的滤光器中受到与被考察 X 射线束相同百分衰减的波长。

effective word **有效字** 单字长运算时实际存取的字。

effective word position **有效字单元** 由字寻址指令的有效虚拟地址所指向的存储单元。

effector **格式控制字符,监测者[器]** (1)在打印机或显示器中,用来控制信息的布局或位置的控制字符。(2)这是一个与人或设备有关的系统方面的术语,该人或设备根据误差信号调节系统的输入以修正其工作状态。在企业系统里,本术语则可以指经理,而在过程控制系统中则指自动监测设备。参见 cybernetic control process。

efferent module **输出部模块** 一种模块,由其高层获得输入,并将输入传送到其下层。

efferent stream **输出流** 结构图上一种分层的输出模块,或数据流图上的一串进程,该进程串的主要功能是向其接收器传递或发送数据,或将来自系统主要函数所形成的形式格式化为输出数据,使之成为适合接收器接收的数据形式。

efficiency **效率** (1)设备存储、传送或变换的物理量的有用输出与该设备总输入之比,通常以百分数表示。正常情况下,利用典型输入条件,用全额定输出功率加以测量。(2)软件工程的目标之一。软件系统以最佳方式在使用可用资源的情况下运行。资源可以分为两类:时间资源和空间资源。

efficiency of energy use **能源利用效率** 能源利用过程中的有效部分与输入能源总量之比值。

efficient algorithm **有效算法** 在确定型图灵机上为多项式时间的算法,也称“好”算法。而指数时间的算法则称为非有效算法。具有有效算法的问题被认为是现实可计算的。

efficientibility **高效率性** 允许不同型号的各类计算机在一个网络中协调一致工作,共享网络中的资源,使网络的处理能力超过所连接的各组成部分的总和,使任何一个节点像一台大型计算机的处理能力,从而提高网络中各种资源的利用效率。

effort measure **有效性测度** 软件复杂性的测度之一。其值与程序量成正比,与其程序级别成反比。程序级别是其最小信息量与其平均信息量之比值。

E

E

EFL (1)发射极跟随器[输出器]逻辑(电路)emitter-follower logic 的缩写。(2)发射极功能逻辑(电路)emitter-function logic 的缩写。

EFM 以太网最前一英里 Ethernet for the first mile 的缩写。

E-form 电子表格 electronic form 的缩写。

E-format E 格式 一种浮点格式,由按科学记数法表示的一个数构成。

EFP 电子现场制作 electronic field production 的缩写。

EFS (1)加密文件系统 encrypting file system 的缩写。(2)无错时间 error free seconds 的缩写。

EFT 电子汇兑 electronic funds transfer 的缩写。

EFT-POS 销售点电子资金转账系统 electronic funds transfer-point of sale 的缩写。

EFTS 电子汇兑系统,电子资金转账系统 electronic funds transfer system 的缩写。

EGA 增强型图形适配器 enhanced graphics adapter的缩写。

EGA mode EGA 模式 PC 机的一种显示器模式,提供 16 种颜色的 640×350 分辨率。参见 enhanced graphics adapter (EGA)。

EGC 等增益合并 equal gain combining 的缩写。

EGCR 扩充组编码记录 extended group coded recording 的缩写。

EGCS 扩充图形字符集 extended graphic character set 的缩写。

egoless programming 无自我程序设计 参见 egoless programming team。

egoless programming team 无自我程序设计组 在对程序开发采用小组负责制概念的基础上进行软件开发的一种途径。其工作方式是软件队伍朝着集体共同目标努力,不让各成员负责不同的功能,而是共同编程序,互相检查、测试。按需要轮流担任领导。其优点是程序较少依赖个人,增强程序的可读性与可靠性。缺点是每人职责不明确,意见不统一时无法决断,对外联系不方便。

E-Government 电子政务 electronic government 的缩写。

EGP 外部网关协议 exterior gateway protocol 的缩写。

EGP features 外部网关协议特点 外部网关协议(EGP)所具有的主要特点和功能有以下三个方面:①支持相邻搜索,允许一个网关要求另一个网关互相传递可达性信息;②不断测试 EGP 相邻网关是否可达;③EGP 相邻网关通过传递"路由选择更新报文"定期交互可达性信息。参见 exterior gateway protocol (EGP)。

EGP measure distances 外部网关协议计量距离 外部网关协议(EGP)计量路径距离的方法和量度。与多数传播路由选择协议不同,EGP 协议不报告自己到达的网络距离,而是计量从公共报源网络算起的距离。参见 exterior gateway protocol (EGP)。

E-Group 电子小组 electronic group 的缩写。

EH 差错处理器 error handler 的缩写。

EHF 极高频 extremely high frequency 的缩写。

EHV 超高压 extra-high voltage 的缩写。

EI **《工程索引》** The Engineering Index 的缩写。

EIA 电子工业协会 Electronics Industries Association 的缩写。

EIA/CCITT 电子工业协会/国际电报电话咨询委员会 Electronics Industries Association/International Telegraph and Telephone Consultative Committee 的缩写。

EIA/CCITT V.24 feature EIA/CCITT V.24 特制件 允许采用 EIA/CCITT(电子工业协会/国际电报电话咨询委员会)V.24 接口的设备连接到系统上的一种特制件。

EIA color code EIA 色标 美国电子工业协会(EIA)制定的彩色标志体系之一,用于规定电阻器、电容器和其他元件的电气数值和终端连接。过去曾称之为 RETMA 色标和 RMA 色标。

EIA communication adapter EIA 通信适配器 一种符合 EIA(美国电子工业协会)标准的通信适配器,可以在两条线上以高达 19.2 kbps 的速度组合并发送信息。

EIA interface EIA 接口,美国电子工业协会接口 EIA 接口标准包括信号的特性、持续时间、电流和电压等。此接口用来连接各种终端与调制解调器,并规定了硬件的实际尺寸。还制定了字符代码和编码的一些标准。

EIA RS-232 美国电子工业协会 RS-232(接口) 一种同美国电子工业协会(EIA)采纳的旨在确保数据通信设备和数据电路终端设备间接口的一致性的标准化方法,这一标准接口已经被大多数数据传送设备(调制解调器)和数据终端设备生产商普遍接受。参见 RS-232-C interface standard。

EIA-RS-232-C (interface between data terminal equipment and data circuit-terminating equipment employing serial binary data interchange) EIA-RS-232-C《使用串行二进制数据交换的数据终端设备和数据电路终端设备之间的接口》 美国电子工业协会(EIA)于 1960 年联合贝尔系统以及其他的数据通信设备制造厂和计算机制造厂,开发研制了一个使用串行二进制方式进行交换的 DTE/DCE 接口标准,该标准称为 EIA-RS-232。其中 RS 含有"推荐标准"之意。此标准于 1963 年,1965 年和 1969 年先后经过三次修改,最后被命名为 EIA-RS-232-C 标准。该标准由电气信号特性、互换电路功能说明和接口机械特性组成。在标准内包含有13种特定接口配置以适应15种规定的系统应用。它适用于使用二进制数据交换的数据终端设备(DTE)与数据电路终端设备(DCE)的互连,可进行同步或异步的数据通信,可用于各种类型的数据通信业务诸如二线或四线的专线或租用线路(点对点或多点)或者二线或四线的交换网络业务。它还考虑了呼叫的自动应答。标准接口处使用25插针连接器,并以列表的形式给出了与功能电路对应的插针分配。对应的国家标准为GB 6107。较新的标准如RS-422-A,RS-423-A,RS-449也已颁布。

EIA-RS-366 (**interface between data terminal equipment and automatic calling equipment for data communication**) **EIA-RS-366《数据通信用数据终端设备和自动呼叫设备之间的接口》** 该标准由电气信号特性、互换电路功能说明和接口机械特性组成。标准适用于数据通信所使用的数据终端设备(DTE)和自动呼叫设备(ACE)之间的互连,为自动呼叫设备提出了六种接口类型。标准接口处使用25插针连接器,并以列表的形式给出了相关的插针分配。对应的国家标准为GB 11015。

EIA-RS-422 (**electrical characteristics of balanced voltage digital interface circuits**) **EIA-RS-422《平衡电压数字接口电路电气特性》** 该标准规定了平衡数字接口电路的电气特性。这种接口电路通常是以集成电路技术来实现的,它可用于数据终端设备(DTE)与数据电路终端设备(DCE)之间串行二进制信号的交换或数字设备之间串行二进制信号任何点对点的互连。该标准与国际标准化组织(ISO)标准和CCITT(国际电报电话咨询委员会)建议兼容,对应的国家标准为GB 11014。

EIA-RS-423 (**electrical characteristics of unbalanced voltage digital interface circuits**) **EIA-RS-423《非平衡电压数字接口电路电气特性》** 该标准规定了不平衡数字接口电路的电气特性。这种接口电路通常是以集成电路技术来实现的,它可用于数据终端设备(DTE)与数据电路终端设备(DCE)之间串行二进制信号的交换或数字设备之间串行二进制信号任何点对点的互连。该标准与国际标准化组织(ISO)标准和CCITT(国际电报电话咨询委员会)建议兼容,对应的国家标准为GB 12166。

EIA-RS-499 (**general purpose 37-position and 9-position interface for data terminal equipment and data circuit-terminating equipment employing serial data interchange**) **EIA-RS-499《使用串行二进制数据交换的数据终端设备和数据电路终端设备之间的通用37插针和9插针接口》** 该标准由电气信号特性、互换电路功能说明和接口机械特性组成。本标准适用于使用二进制数据交换的数据终端设备(DTE)和数据电路终端设备(DCE)的互连,可进行同步或异步数据通信,可用于各种类型的数据通信业务,诸如二线或四线的非交换、专用或租用线路业务(点对点或多点)或者二线或四线的交换网络业务。还考虑了呼叫自动应答。标准定义了四种具体的接口配置,标识为类型SR(发送-接收),类型SO(只发送),类型RO(只接收)以及类型DT(只有数据和定时);并给出了与这四种配置对应的功能电路及插针分配表,仅当接口上实现次信道能力时才需要9插针连接器。该标准与EIA-RS-422和EIA-RS-423一起使用,可代替EIA-RS-232-C。借助于可用的附加装置,符合该标准的设备可与符合EIA-RS-232-C的设备互连,两者具有一定的兼容性,并存在若干不同之处。对应的国家标准为GB 12057。

EIA/TIA **美国电子工业协会/电信工业协会** Electronics Industries Association/Telecommunication Industries Association的缩写。

EIA/TIA 568 **EIA/TIA 568通信标准** 美国电子工业协会/电信工业协会联合提出的一个商业远程通信布线标准,适用于所有采用非屏蔽双绞线(UTP)的网络,如以太网、令牌环网等。采用五类非屏蔽双绞线布线时,信号频率可达100 MHz。

EIA unit **EIA单位** 一个测量单位,由美国电子工业协会(EIA)建立,1U等于44.45 mm(1.75英寸)。

EIB **外部中断块** external interrupt block的缩写。

Ei Compendex **计算机化工程索引** 是*Computerized Engineering Index*的缩写,它以文字和光碟形式发行,文字出版物主要有:①《工程索引》月刊,每期约15 000条文摘,文摘后附作者索引和主题词索引。②《工程索引》年刊,每年约180 000条文摘,文摘后附作者索引、主题词索引、来源出版物索引、会议名称索引。可通过分类号,题目,刊名,作者,作者单位,受控词,自由词等进行检索。参见Engineering Index (Ei),Ei Page One。

Ei Compendex Web **《工程索引》网络版** 它是《Ei Compendex》和《Ei Page One》合并而成的因特网版本,无文字版和光碟版。它包括1980年至今的Ei Compendex数据和1990年至今的Ei Page One数据,该数据库每年新增约50万条工程类文摘。其数据来自约5 400种工程期刊、会议文集和技术报告。20世纪90年代以后,又新增了约2 500种文献来源。该数据库中化工和工艺类的期刊文献最多,约占15%;计算机和数据处理占12%;应用物理占11%;电子和通信占12%;另外还有土木工程占6%和机械工程占6%。大约22%的数据是有主题词和摘要的会议论文,90%的文献是英文文献。每周数据库的数据都要更新。参见Engineering Index (Ei),Ei Page One。

EID **事件标识符** event identifier的缩写。

EIDE **扩展的集成驱动器电路** extended integrated drive electronics的缩写。

E

EIES 电子信息交换系统 electronic information exchange system 的缩写。

Eiffel language Eiffel 语言 一种面向对象的编程语言,由 Bertrand Meyer 于 1988 年开发,主要特征是软件的可再用性和可扩充性。

eight-bit byte 8 位字节 同 octet。

eight-bit system 8 位系统 一次处理 8 位数据的微处理器以及计算机硬件设备。

eight-level code 八单位码 用 8 位二进制数表示一个字符的编码。但在异步通信中常用的附加启动和停止位不包括在内。

E

eight-millimeter (8mm) videotape 8mm 录像带 一种录像带制式,用于消费品,如手持式摄像机。

eight queens problem 八皇后问题 组合问题之一。要求在 8×8 格的国际象棋棋盘上放若干皇后,使他们不互相攻击,即每个皇后在水平、垂直和斜线等三个方向上都不能与其他任一皇后相遇,问最多可放多少皇后?有多少种不同放法?这个问题相当于求图的最大独立集的问题。问题的解是最多可放 8 个皇后,共有 92 种不同的放法,是利用计算机搜索的一个典型问题。

eighty column card 80 列卡片 一种穿孔卡片。其上有 80 列,每列有 12 个穿孔位置。

EIGRP 增强型内部网关路由选择协议 enhanced interior gateway routing protocol 的缩写。

EII 企业信息基础设施 enterprise information infrastructure 的缩写。

E-Ink 电子墨水 electronic ink 的缩写。

Einstein-Podolsky-Rosen paradox EPR 悖论 也称"EPR 论证"。爱因斯坦、波多耳斯基和罗森为论证量子力学的不完备性而提出的一个悖论。EPR 是这三位物理学家姓的头一个字母。这一悖论涉及到如何理解微观世界实在的问题。

EIP (1)企业信息门户 enterprise information portal 的缩写。(2)就地执行 execute in place 的缩写。

Ei Page One 《工程索引》题录 该数据库一般只收题录,绝大部分数据无文摘,有的虽也带有摘要,但未进行深加工,没有主题词和分类号。题录数据内容主要包括:论文标题(Ti);作者(AU);作者单位(AF);论文所在期刊名称(SE);卷,期(IS,VO);论文页码(XP)。该数据库无文字出版物,其光碟出版物有两种:一种在 Windows 环境下运行(Ei Page One Windows),另一种在 DOS(磁盘操作系统)环境下运行(Ei Page One on Disc),可通过刊名,自由词,作者姓名、单位来检索文献。文献原文在 Ei 可做有偿的服务,将原文用压缩图像方式传给读者。参见 Engineering Index (Ei),Ei Compendex。

EIR (1)工程信息检索 engineering information retrieval 的缩写。(2)设备识别寄存器 equipment identity register 的缩写。

EIRP (1)等效全向辐射功率 equivalent isotropically radiated power 的缩写。(2)有效等向辐射功率 effective isotropic radiated power 的缩写。

EIRV 出错中断请求向量 error interrupt request vector 的缩写。

EIS (1)外部中断支持 external interrupt support 的缩写。(2)企业信息系统 enterprise information systems 的缩写。(3)电子信息系统 electronic information system 的缩写。(4)行政管理信息系统 executive information system 的缩写。(5)电子信息服务 electronic information service 的缩写。

EISA 扩展的工业标准体系结构 extended industry standard architecture 的缩写。

either field 两用域 在某些系统中,一个可使用双字节数据或者字母数据的域。参见 only field,open field。

either-or operation 或操作 一种逻辑运算,令 A 和 B 为两个操作数,则 A 和 B 实行"或"运算后,其真值如下:

A B	C
0 0	0
1 0	1
0 1	1
1 1	1

either-way 半双向 一种信道工作方式,允许信号双向传输,但不是同时进行。参见 half duplex。

either-way operation 任一向操作 同 half-duplex operation。

EJ indicator 作业结束指示(符),EJ 指示器 参见 end-of-job indicator。

EL (1)EL 语言 extensible language 的缩写。20 世纪 70 年代初期发展起来的一种可扩充程序语言,在结构上它承袭了 ALGOL60 的传统,同时还引进了 COBOL 和 LISP 的概念。其主要特点是:除定义了基本数据类型外,还可把程序、指示字以及状态定义为数据类型;另外,除普通的算术运算外,还可把过程、分程序、循环等都当作值处理。(2)错误循环 error loop 的缩写。

ELAN 仿真局域网 emulated local area network 的缩写。

E language 易语言 易语言是以中文作为程序代码表达的计算机程序语言。易语言由创始人吴涛在 2000 年 9 月推出,2010 年发布的 5.1 版支持完全面向对象的程序开发技术和面向事件的程序驱动技术。易语言跨操作系统平台编程,同时支持 Windows 和 Linux 程序开发,它的集成化开发环境支持中文格式日期和时间处理、汉字发音处理、全半角字符处理、人民币金额处理、农历日期转换等。

elastic asynchronous/synchronous interface (EASI) **弹性异步/同步接口** 一种使异步设备能够使用同步调制解调器的接口,可调节波特率。

elastic buffer **弹性缓冲器** 一种可存储不固定数量资料的缓冲器。

elastic compute cloud (EC2) **弹性计算云** 一种云计算租用服务。用户通过弹性计算云的按需使用和按需付费模式取得运营商所提供的租用服务,可以以很低的成本获取高质量的、高扩展性的云计算基础设施。参见 private cloud,public cloud。

elastic buffer (store) **弹性缓冲存储器** 能存储可变数据量的缓冲存储器,总长度可动态地重新分配,因而能存储的总数据量可根据需要而伸缩。它常用于数字传输转接系统。

elasticity buffering **弹性缓冲** 在FDDI(光纤分布数据接口)网络中,为减小时钟偏移的影响而在中继站上采取的一种缓冲机制。在每个站点的物理协议子层(PHY)中定义了一个弹性缓冲器,进入缓冲器的数据用从接收信息流中分离出来的时钟进行同步,而输出时则使用站点本身的局部时钟。弹性缓冲器通过扩展或压缩帧前导码的长度,来补偿本地站点与上游站点之间的时钟偏移。

elastic matching **弹性匹配** 模式匹配中的图像由于伴有噪声而显示不清晰,弹性匹配就是在失配的测度上采用不精确的描述。

elastooptical effect **弹性光效应** 材料的折射率受来自稳定弹性波或行进弹性波的内部应力作用所发生的变化。

electret **驻极体** 将材料加热并在冷却期间将其放在强电场中所形成的永久磁化电介质。一些钛酸钡陶瓷、巴西棕榈蜡和另一些有机蜡混合物均能以这种方式极化。驻极体的电场与永久磁铁的磁场相对应。

electret microphone **驻极体麦克风** 一种膜片为在其上表面具有薄金属层的聚酯或其他塑料的带电介质箔驻极体的电容麦克风。当声波使膜片运动时,驻极体中永久存储的静电荷便在输出端之间产生相应变化的音频电压。

electric accessory **电气附件** 开闭或连接电路的各种元件和附件,如灯座、插头、插座、连接器、照明开关等。

electric accident **电气事故** 由电流、电磁场、雷电、静电和某些电路故障等直接或间接造成建筑设施或电气设备毁坏、人或动物伤亡,以及引起火灾和爆炸等后果的事件。

electric accident analysis **电气事故分析** 发生电气事故后,对事故的起因、形成、扩大进行调查、研究、分析后得出结论的过程。

electric actuator **电动执行元件** 将电能转换成机械能以实现往复运动或回转运动的电磁元件。常用的有直流伺服电动机、交流伺服电动机、步进电动机、电磁制动器、继电器等。电动执行元件具有调速范围宽、灵敏度高、响应速度快、无自转现象等性能,并能长期连续可靠地工作。在特殊环境条件下,还能满足防爆、防腐、耐高温等特殊要求。参见 actuating element。

electrical ageing test **电老化试验** 同 evaluation of electrical endurance。

electrical alterable programmable read only memory (EAPROM) **电可改写可编程只读存储器** 在集成电路的适当引出线上施加电压便可将此类存储器的内容清洗掉。参见 electrically-alterable ROM, electrically erasable programmable read-only memory (EEPROM)。

electrical angle **电角度** 说明交流周期一个特定瞬时的角度,通常用度表示。一个周期等于 360°。两个交变量之间的相位差用电角度表示。

electrical breakdown in vacuum **真空击穿** 真空击穿分为场致发射引发击穿和微粒引发击穿。在短间隙中,场致发射过程起主要作用;在大间隙中,微粒机制起主要作用;中间的距离是两者的过渡区。①场致发射引发击穿:在强电场的作用下,金属表面要发生场致电子发射,当阴极上的凸点很尖时,它会发生爆发性的气化,产生微小的等离子体,进而可能引发整个间隙的击穿;当阴极上的凸点不太尖锐时,由它发射的电子束的功率密度很大,在阳极表面产生热点,引起阳极材料的气化而引发击穿。②微粒引发击穿:在电极表面存在许多尺寸为微米数量级的粒子,它们不太紧密地附在电极表面上。在强电场的作用下,它们带着电荷离开电极表面,并在间隙中加速,直到碰撞到对面电极。因它们的动能很大,引起对面电极材料的熔化、气化,产生微小等离子体,从而引发整个间隙的击穿。

electrical burn **电灼伤** 发生电气事故时,电气设备与人体间产生电弧对人体皮肤的烧伤。

electrical conductivity **导电性,电导率** 在一材料中,材料在所加电场的影响下传导电流能力的度量,它是材料中某一点电流密度和所加电场强度之间基本关系中的比例常量,由关系式 $J=\sigma E$ 给出,式中 J 是矢量电流密度,σ 是电导率,而 E 是矢量电场强度。如果 J 用每平方米上的安培计,E 用伏特每米计,给出的电导率则用安培/伏·米或姆欧/米计。

electrical distance **电距离** 借助电磁波在两点之间的自由空间中连续行程表示的两点之间的距离。常用单位是光微秒,近似为 300 m。

electrical endurance **电(气)寿命** 在规定的正常工作条件下,机械开关电器不需修理或更换零件的负载操作循环次数。

electrical engagement length **电接合长度** 接触件在接合或分离过程中,在电通路的表面上接触行程的距离。

electrical fault 电气故障 电力系统或电气设备不能正常运行的状态。

electrical indication plate 电气标示牌 标示电气设备属性，避免工作人员误操作或误入带电区域，避免非工作人员误碰电气设备或误入电气工作现场的标示牌。

electrical indicator horizon 电性标准层 作为划分和对比层位用的电性特征明显而稳定的地层。电性标准层通常与地层学或岩石学划分的层位相同。电性标准层应具备两个基本条件：①与围岩的电阻率差别大而稳定，最好差 40 ～ 50 倍以上；②厚度比较大，最好大于或等于其埋藏深度。根据实际经验，一般未经风化和未被构造破坏的火成岩、变质岩、石灰岩等电阻率都很高而又稳定。粘土层属低电阻率层，也比较稳定。这些地层都可以作为电性标准层。

electrical isolation 电气隔离 将电源与用电回路作电气上的隔离。电气隔离将用电的分支电路与整个电气系统隔离，使之成为一个在电气上被隔离的、独立的不接地系统，以减少两个不同的电路之间的相互干扰。

electrical length 电长度 用波长、弧度或度表示的物理长度。当用角单位表示时，以波长表示的距离乘以 2π 便得出弧度数或乘以 360 得出度数。

electrically-alterable ROM (EAROM) 电可改写只读存储器 参见 electrically erasable programmable read-only memory (EEPROM)。

electrically alterable storage 电可修改存储器 能够利用电信号修改存储内容的存储器。参见 electrically erasable programmable read-only memory (EEPROM)。

electrically driven duplicator 电驱动复印机 一种由电动机驱动的复印机。

electrically erasable programmable read-only memory (EEPROM) 电可擦可编程只读存储器 一种只读存储器集成电路芯片。电可擦可编程只读存储器具有非易失性和可改变性，它不仅可以由用户编程，而且内容可擦去，因此可以反复使用。与可擦写可编程只读存储器(EPROM)不同的是它采用电擦写，擦去与写入均由计算机直接完成，无需其他任何设备，芯片无需脱离计算机。电可擦可编程只读存储器常用作固件电路。改写的次数可达一百万次。

electrically erasable ROM (EEROM) 电可擦只读存储器 使用一种用电擦除并可重新编程的器件构成计算机程序的只读存储器。它是一种非易失性半导体存储器，利用绝缘栅场效应晶体管栅绝缘层中的电荷存储现象，使阈值电压发生变化来记忆信息。参见 electrically erasable programmable read-only memory (EEPROM)。

electrically tunable color (ETC) 电可调色彩(技术) ETC 是美国摩托罗拉实验室于 2001 年 3 月宣布的液晶显示器新技术。这是一种可提高反射型液晶显示器(RLCD)图像质量的技术。ETC 通过平行电场改变来自两层玻璃板之间的液晶(胆甾物质)所反射的光线。胆甾物质拥有呈螺旋状构造的分子，这种螺旋结构的圈间距离决定了反射光线的颜色。通过向两层玻璃板施加平行电场控制圈间"间隙"，便可使各圈呈分离状态，借此便可以改变反射光线的颜色。ETC 的优点在于其构造简单，可以大幅度降低液晶显示器的造价。

electrically tuned oscillator 电调振荡器 一种频率由电压、电流或功率之值决定的振荡器。电调谐包括电子调谐、电驱动调谐、机电调谐和一些谐振腔中的媒质特性由外部电气手段来改变的调谐方法。通过改变外部磁场对填充铁氧体的腔体调谐便是一个例子。

electrically variable coil 电调线圈 通过改变数值很小的直流控制电流，能在很宽范围内改变电感的铁芯线圈。

electrical machine 电机 将电能转换成机械能或将机械能转换成电能的电能转换器。它是依靠电磁感应而运行的电气装置，具有能够作相对运动的部件，用于转变能量。

electrical-optical isolator 光电隔离器 以光为媒介将电信号转换成光信号后再转换成电信号的一种转换器件。它由发光源和受光器两部分组成，把发光源和受光器组装在同一密闭的壳体内，彼此间用透明绝缘体隔离。

electrical property contrast 电性差异 岩石、矿石电学性质的差别。电性差异是电法勘探的主要物理依据。包括岩石、矿石导电性、电化学活动性、介电性等的差异。如电阻率法就是依据岩石、矿石导电性的差异找矿和研究地质构造的。利用电化学活动性找矿的有自然电场法和激发极化法。电磁法则主要依据导电性和导磁性的差异。电性差异除和岩石、矿石本身的因素有关外，还和外界因素有关。如对有一定孔隙度的岩石来说，可能因孔隙含有不同矿化度的水而使其电阻率发生明显变化。

electrical power supply system 供电系统 由电源系统和输配电系统组成的产生电能并供应和输送给用电设备的系统。

electrical rotating machine 旋转电机 依靠电磁感应而运行的电气装置，它具有能够作相对旋转运动的部件，用于转变能量。在不致引起误解或混淆的情况下，本术语可简称电机。

electrical relay 电气继电器 当电气输入电路中激励量的变化达到规定要求时，在一个或多个电气输出电路中发生预定阶跃变化的继电器。不易混淆时，本术语可省去"电气"二字。

electrical rule checking (ERC) 电气规则检查 在

逻辑电路设计工程、芯片布设工程中进行的电气设计规则的检查。从掩模信息中检查出电源短路、开路及输入门开路、输出门短路等违反规则的情况。

electrical safety 电气安全 不因电气事故引起人员伤亡、设备损坏、财产损失或环境损害。

electrical safety marking 电气安全标志 用于表达特定的安全信息,由电气安全色、几何图形或图形符号与文字组成的标志。

electrical safety measure 电气安全措施 为保证电气作业安全而采取的系列措施。

electrical safety regulation 电气安全规程 为保证电气安全运行,根据电气设备属性和电气事故教训为生产人员制定的制度。

electrical safety standard 电气安全标准 为保证电气安全运行,根据电气设备属性和电气事故教训为电气设备制定的要求。

electrical safety test 电气安全试验 为检测电气设备、元器件和绝缘工、器具性能而进行的一系列相关试验。

electrical schematic 电路图 用器件符号及它们之间的连接来表示电路逻辑关系的图。电路图可以通过CAD(计算机辅助设计)系统交互生成。

electrical shell 电子壳 (1)电子被认为一组一组地围绕着核心以特定的距离旋转,所以轨迹就形成了一个壳。(2)也称"电子层",是原子物理学中,一组拥有相同主量子数n的原子轨道。电子在原子中处于不同的能级状态,粗略说是分层分布的,故电子层又称能层。

electrical zero 电零位 在自动同步机和其他旋转装置中,用于测量转子角度所依据的标准参考位置。

electric braking 电制动 使电机产生电能并使之消耗或反馈给电源。从而使电机降速的制动方式。

electric breakdown 电击穿 由电场引起的、使全部或部分绝缘媒质突然变成导电媒质的过程。

electric circuit 电路 能携载电流的通路或一组互连通路。

electric conduction 导电 借助电子、电离原子、电离分子或半导体空穴的电传导。

electricconductivity 导电性 物体传导电流的能力。各种金属的导电性各不相同,通常银的导电性最好,其次是铜和金。固体的导电是指固体中的电子或离子在电场作用下的远程迁移,通常以一种类型的电荷载体为主,如:电子导体,以电子载流子为主体的导电;离子导电,以离子载流子为主体的导电;混合型导体,其载流子电子和离子兼而有之。

electric contact 电接触 允许电流在导电元件之间流动的物理接触。

electric control 电气控制 用开关、继电器或变阻器对机床或设备的控制。它与用晶体管或电子管进行的电子控制不同。

electric control optical packet switching 电控光分组交换 在光分组交换(OPS)中,由于目前光器件还不能完成控制部分的复杂逻辑处理功能,因此目前控制部分仍然要用电子电路来控制,还不是全光分组交换,因此称为"电控光分组交换"。参见 optical packet switching (OPS)。

electric coupling 电耦合器 一种通过电或磁的方法将转矩由某一根轴传递到另一根轴,或用电或磁的方法控制所传递转矩的电机。

electric delay line 电延迟线 由集中的或分布的电容和电感构成的延迟线。

electric dipole 电偶极子 相隔无限小距离的一种大小相等、极性相反的电荷。

electric dipole moment 电偶极矩 电荷系统的极性的一种衡量,通常用矢量 p 表示。对于电偶极子,该矢量的模等于电荷之间距离与正电荷的乘积,方向是由负电荷指向正电荷。

electric discharge 放电 使带电的物体不带电。放电并不是消灭了电荷,而是引起了电荷的转移,正负电荷抵消,使物体不显电性。放电的方法主要有:接地放电、尖端放电、火花放电、中和放电等。

electric-discharge machining (EDM) 电火花加工 带负电的金属刀具的高频放电通过电浸蚀将金属从工件上除去的金属切削过程。没有电解质,但工件浸没在油中,以冲洗掉被浸蚀的金属微粒,并对每个火花进行延迟,直到形成最大能量。

electric discharge printer 放电式印刷机 一种非击打式印刷机。外加电压通过记录针放电破坏记录纸表层的铝膜,使之露出黑色的绝缘层,形成永久记录。

electric energy 电能 电路或装置的瞬时功率输入或功率输出对时间的积分。基本单位为瓦时。

electric field 电场 存在于电荷周围,能传递电荷与电荷之间相互作用的物理场称为电场。在电荷周围总有电场存在;同时电场对场中其他电荷发生力的作用。除了电荷可以引起电场外,变化的磁场也可以引起电场,前者为静电场,后者称为涡旋场或感应电场。

electric field energy 电场能 电场力做功的能力称为电场能。

electric field force 电场力 电场对放入其中的电荷有作用力,这种力称为电场力。当电荷在电场中移动时,电场力对电荷做功。

electric field intensity 电场强度 用来表示电场的强弱和方向的物理量。电场强度可用作用于静止带电粒子上的力 F 与粒子电荷 Q 之比来确定,也就是说某点电场的强弱等于单位电荷在该点所受力的大小。电场强度是个矢量,简称场强。参见 magnetic field strength。

electric field line **电场线** 为了直观形象地描述电场分布,在电场中引入的一些假想的曲线。电场线线上每一点的切线方向和该点电场强度的方向一致;曲线密集的地方场强强,稀疏的地方场强弱。参见 magnetic induction line, electric field intensity。

electric field strength **电场强度** 同 electric field intensity。

electric field superposition principle **电场迭加原理** 如果一个电场由 n 个点电荷共同激发时,那么电场中任一点的总场强将等于 n 个点电荷在该点各自产生场强的矢量和。

electric field vector **电场矢量** 电场中某点处作用在每单位静态正电荷上的力。也称"电矢量"。

electric flux **电通量** 表征电场分布情况的物理量。通常电场中某处面元 dS 的电通量 dΦE 定义为该处场强的大小 E 与 dS 在垂直于场强方向的投影,即

$$d\Phi E = EdS\cos\theta.$$

式中 θ 是 dS 的法线方向 n 与场强 E 的夹角。电通量是标量,$\theta < 90^\circ$ 为正值,$\theta > 90^\circ$ 为负值。通过任意闭合曲面的电通量 ΦE 等于通过构成该曲面的面元的电通量的代数和。静电场的高斯定理指出,通过任意闭合曲面的电通量可以不为零,它表明静电场是有源的。有旋电场的高斯定理指出,通过任意闭合曲面的电通量(指有旋电场的通量)为零,它表明有旋电场是无源的。

electric flux density **电通量密度** 通过垂直于电场方向的单位面积的电通量,它等于该处电场的大小 E 。电通量密度精确地描述了电力线的疏密。

electric heating **电加热** 利用由电能产生的热能进行的加热。

electric heating element **电热元件** 把电能变成热能的发热元件。按封闭形式分为开启式、半封闭式和封闭式三种。

electric hysteresis **电滞** 在电介质中,随电场强度的变化而引起的电通密度的不可逆变化。

electric hysteresis loop **电滞回线** 当电场强度周期性变化时,表示介质电滞现象的闭合极化曲线。

electric image **电像** 固定或移动电荷的阵列。阵列中每一点的电荷密度与待复现光学图像相应的光值成正比。

electric induction **电感应** 改变电场中物体的电荷分布的现象。

electricity absorb modulator (EAM) **电吸收调制器** 利用半导体中激子吸收效应制作而成的一种光信号调制器件。EAM 工作在调制器材料吸收区波长处,当调制器无偏压时,调制器处于通状态。随着调制器上偏压的增加,原来的波长处吸收系数变大,调制器成为断状态,调制器的通断状态即为光强度调制。EAM 被广泛应用于高速光纤通信中信号的调制编码。

electric field line **电场线** 是为了直观形象地描述电场分布,在电场中引入的一些假想的曲线。曲线上每一点的切线方向和该点电场强度的方向一致;曲线密集的地方场强强,稀疏的地方场强弱。

electric fluxline **电力线** 同 electric line of force。

electric line of force **电力线** 一种假想线,它的每一段代表在该点电场的方向。电力线形象直观,不仅可以图示静电场,也可图示非稳恒时的电场以及辐射场。参见 electric flux。

electric loading of a distributed winding **分布绕组的电负荷** 分布绕组沿气隙圆周每单位长度的平均安培导体。参见 distributed winding。

electric loading of a machine **电机的电负荷** 初级绕组沿气隙圆周每单位长度的平均安培导体。

electric noise **电噪声** 接收机或传输系统中,除串扰以外的不希望的电能。来源包括电器用具、电动机、发动机点火和电力线。

electric polarization curve **电极化曲线** 表示物质中的电通密度或极化强度与电场强度的函数关系的曲线。

electric potential **电势** 也称"电位",在电场中,某点电荷的电势能跟它所带的电荷量之比,称为这点的电势。在国际单位制中的单位是伏特,符号 V。电势是从能量角度上描述电场的物理量。正电荷电场中各点电势为正,远离正电荷,电势降低;负电荷电场中各点电势为负,远离负电荷,电势增高。同 potential。

electric potential energy **电势能** 电荷在电场中由于受电场作用而具有由位置决定的能称电势能。电势能既指电荷在电场中具有的能,又指电荷在电场中某点移动到另一点时,电场力做的功。

electric potential difference **电势差** 电场中两点之间电势的差值,也称"电压"。在国际单位制中,电势差的单位是伏特,简称为伏,符号是 V。1 库电荷从电场中的一点移动到另一点,如果电场力做了 1 焦耳的功,这两点间的电势差就是 1 伏。

electric power **电力** 作为产业属性,为发电、输电、变电、配电、用电及其设备等的统称。作为动力属性,指用来做功的电能。

electric power line **电力线** 输送动力用电的导线。同 power line。

electric premeditated simulation of accident **电气事故预想** 根据电气设备运行环境、运行方式和运行状态的变化,有针对性地预先分析、设想可能发生的异常和故障并提出防止和处理的对策。

electric quantity **电量** 物体所带电荷的多少称为电量。在国际单位制中,电量的单位是库仑。

electric radiant tube **电辐射管** 在耐热材料制成的

管内装入发热导体，使用时主要靠辐射传热的加热元件。

electric reset relay **电复位继电器** 这种继电器在驱动之后便维持接通状态，一直到加入独立电输入完成复位。

electric shield **电屏蔽** 放在电路周围的铝或铜外罩。通过对高频辐射提供到地的低阻和反射通路来防止与其他电路相互干扰。

electric shock **电击** 电流通过人体或动物体而引起的病理、生理效应。

electric spark **电火花** 由于分隔两端子的空气或其他电介质材料突然被击穿，引起带有瞬间闪光的短暂放电现象。

electric strength **电气强度** 材料能承受而不致遭到破坏的最高电场强度。同 dielectric strength。

electric typewriter **电子打字机** 一种接收用户按键信息，用电力进行打字操作的机器。

electric vehicle **电动汽车** 以车载电源为动力，用电机驱动车轮行驶，符合道路交通、安全法规各项要求的车辆。电动汽车可分为：纯电动汽车(BEV)、混合动力汽车(HEV)、燃料电池汽车(FCEV)。

electric wire **电线，电缆** 用以传输电(磁)能、信息和实现电磁能转换的线材产品。

electrification by friction **摩擦起电** 用摩擦的方法使两个不同的物体带电的现象，称摩擦起电。物体因摩擦而带的电，不是正电就是负电。科学上规定：与用丝绸摩擦过的玻璃棒所带的电相同的，称为正电；与用毛皮摩擦过的橡胶棒带的电相同的，称为负电。摩擦起电是物体带电的三种方式之一，其他两种是感应起电和接触起电。参见 induction electrification，contact electrification。

electrification current **电化电流** 当直流电压加到与绝缘体或试样相接触的两电极之间时，在这两电极之间流过的电流。

electrification in thunderclouds **雷雨云起电** 雷雨云中产生电荷并形成一定空间分布的过程，是大气电学的重要内容之一。参见 atmospheric electricity。

electroacoustic device **电声器件** 电和声相互转换的器件，它是利用电磁感应、静电感应或压电效应等来完成电声转换的，包括扬声器，耳机，传声器，唱头等。

electroacoustic tablet **电声板** 一种制图板，其中绘图笔或笔尖的位置由测量一对脉冲到达笔尖使之与板面接触的时间来确定。参见 computer graphics。

electroacoustic transducer **电声换能器** 电能和声能之间相互转换的换能器。它接收来自电系统的波、再将波传送至声系统或执行相反过程。也称“电声传感器”。

electroacoustic transmission measuring system **电声传输测试系统** 专用用来测试信息传输系统的一种系统。例如测量发射机与接收机之间电声功率损失的分贝数等。

electrocardiogram data set **心电图数据机** 利用电话线路将心电活动图形送到心电图记录仪上的装置。

electro-catalysis **电催化** 使电极、电解质界面上的电荷转移加速反应的一种催化作用。

electrochemical biosensor **电化学生物传感器** 由生物材料作为敏感元件，电极(固体电极、离子选择性电极、气敏电极等)作为转换元件，以电势或电流为特征检测信号的传感器。根据作为敏感元件所用生物材料的不同，电化学生物传感器分为酶电极传感器、微生物电极传感器、电化学免疫传感器、组织电极与细胞器电极传感器等。参见 biosensor。

electrochemical breakdown **电化学击穿** 在电场、温度等因素作用下，固体电介质因缓慢的化学变化，而引起其电气性能逐渐劣化，最终由绝缘状态突变为良导体状态的过程。电化学击穿经历两个过程，首先是电介质老化，即固体电介质因发生化学变化而引起的电气绝缘性能劣化，随即是与老化有关的击穿。固体电介质的化学变化通常导致电导增大，致使其温度上升，因而电化学击穿的最终形式常是热击穿。参见 dielectric breakdown，thermal breakdown。

electrochemical machining **电化学机械加工** 与电镀相反的金属切削过程。直流低电压加在工件与具有所需切削外形的刀具之间，用压力泵使电解质以高压通过工件与刀具之间的隙缝。隙缝内的电化学作用对工件的金属进行冲蚀加工。

electrochemical polarization **电化学极化** (1)电解过程中，由于电极反应的迟缓，改变了电极上的带电状态所引起的极化。也称“活化极化”。电化学极化的大小与通过的电极的电流强弱有关，极化的方向与电极的性质有关，阴极极化的结果使电极电势变得更负，而阳极极化的结果使电极电势变得更正。(2)是电极极化的一种。在外电场作用下，由于电化学作用相对于电子运动的迟缓性改变了原有的电偶层而引起的电极电位变化，称为电化学极化。其特点是：在电流流出端的电极表面积累过量的电子，即电极电位趋负值，电流流入端则相反。由电化学极化作用引起的电动势称为活化超电压。参见 electrode polarization。

electrochemical sensor **电化学传感器** 是通过与被测气体发生反应并产生与气体浓度成正比的电信号来工作的传感器。典型的电化学传感器由传感电极和反电极组成，并由一个薄电解层隔开。电化学传感器可分为电位型传感器、电流型传感器和电导型传感器。①电位型传感器是将溶解于电解质溶液中的离子作用于离子电极而产生的电动势作为传感器的输出，从而实现对离子的检测；②电流型传感器是在保持电极和电解质溶液的界面为一恒定的电位时，将被测物直接氧化或还原，并将流过外电路的电流作为传感器的输出，从而实现对离子的检测；③电导型传感器是将被测物氧化或还原后电解质溶液电导的变化作为传感器的输出，从而实现离子的检测。

electrochemistry **电化学** 是研究电能和化学能之间相互转化及转化过程中有关规律的科学。电能和化学能相互转化可通过电池来完成，也可利用高压静电放电来实现，两者统称电化学，后者为电化学的一个分支，称放电化学。因而电化学往往专指"电池的科学"。电池由两个电极和电极之间的电解质构成，因而电化学的研究内容应包括两个方面：一是电解质的研究，即电解质学，其中包括电解质的导电性质、离子的传输性质、参与反应离子的平衡性质等，其中电解质溶液的物理化学研究常称作电解质溶液理论；另一方面是电极的研究，即电极学，其中包括电极的平衡性质和通电后的极化性质，也就是电极和电解质界面上的电化学行为。电解质学和电极学的研究都会涉及到化学热力学、化学动力学和物质结构。

electrochromic **电致变色** 材料的光学属性(反射率、透过率、吸收率等)在外加电场的作用下发生稳定、可逆的颜色变化的现象，在外观上表现为颜色和透明度的可逆变化。

electrochromic display (ECD) **电致变色显示器** 采用电致变色材料做成的显示器件。电致变色显示器不仅不需要背光灯，而且显示静态图象后，只要显示内容不变化，就不会耗电。电致变色显示器与其他显示器相比具有无视盲角、对比度高、制造成本低、工作温度范围宽、驱动电压低、色彩丰富等优点，在仪表显示、户外广告、静态显示等领域具有广泛的应用。

electrocommunication **电子通信** 把声音、图像和符号三种通信方式结合在一起的电子通信网络。

electroconductive paper **导电纸** 一种具有良好导电性能的纸。导电纸的纸浆中加入一些导电物质，如导电炭黑或乙炔炭黑等。也可以加入少量导电性能良好的金属粉末或金属化纤维，或者在原纸表面喷涂金属、金属氧化物等。

electrode **电极** (1)具备以下一个或多个功能的导电元件，其中包括电子管中的电子或离子发射、收集以及运动控制，半导体器件中电子或空穴的运动控制。(2)将电量从一种材料或媒质传送到另一种材料或媒质的接线端或表面，如电池、电解电容器或电焊设备的电极。

electrode dead time **电极滞后时间** 从电极调节器接到电极上升或下降信号到电极开始运动所需要的时间。

electrodeless discharge **无电极放电** 在没有内部电极的充气玻璃管中，由高频电场产生的发光放电。

electrode material **电极材料** 在测量绝缘材料介电性能所用的接触式电极系统中，为保证金属电极与试样之间所加的一层导电性材料。常用的电极材料有：导电涂料、烧熔金属、真空蒸发金属、导电橡皮等。

electrode of a semiconductor device **半导体器件的电极** 为半导体器件的规定区域与端子引线之间提供电接触的部分。

electrode of galvanic cell **原电池的电极** 原电池的组成部分。原电池通常由正电极、负电极、电解质、隔离物和壳体构成。

electrode polarization **电极极化** 当有外电场作用时，相对平衡的电极电位数值将发生变化。通常把在一定电流密度作用下的电极电位与相对平衡的电极电位的差值，称为电极极化。常见的有电化学极化、浓差极化等。由电极极化作用引起的电动势称为超电压。

electrodeposition **电极沉淀** 由电镀或电铸将物质沉淀到电极上的过程，也称"电解沉淀"。

electrode potential **电极电位** (1)电极相对于电子管阴极的瞬时电压。(2)电极与所浸没的溶液或电解质之间存在的电压。

electrode reaction **电极反应** 电极上分别发生的氧化还原反应，称为电极反应

electrode response time **电极响应时间** 从电极调节器接到电极上升或下降信号开始到电极达到规定速率所需要的全部时间。

electrodermal response **皮肤电反应** 情绪紧张期间皮肤电阻的变化。这是测谎器测量的诸多变量之一。

electrode speed **电极速率** 电极上升或下降的速率。

electrode system **电极系统** 在测量绝缘材料的介电性能时，用来将电压加在试样上以形成电场的具有一定结构，一定形状与尺寸的金属导体系统。

electrode system non-contacted to the specimen **不接触电极系统** 试样置于两电极间但与两电极或其中之一不接触，而被空气或液体所充满的电极系统。采用这种电极可消除由于接触电极材料所带来的测试误差。其中两电极与试样间被规定的液体所充满的电极系统，称为排液法电极。它是较精确地测量薄膜或薄片试样的损耗因数和相对介电常数的一种电极系统。

electrode voltage **电极电压** 电极与阴极或电子管直热式阴极上特定点之间的电压。

electrodiagnosis **电诊断** 通过研究身体各部分的电活动性和对电敏感的细胞组织对刺激的响应来

诊断疾病。

electro-dynamic relay 电动力继电器 利用固定的和可动的载流导体间相互作用而工作的继电器。参见 electromechanical relay。

electrodynamics 电动力学 研究电磁运动一般规律的科学。它以麦克斯韦方程组和洛仑兹力公式为出发点，运用数学方法，结合有关物质结构的知识，建立完整的电磁理论，分别从宏观和微观的角度来阐明各种电磁现象。同量子理论结合又产生了量子电动力学。参见 quantum electrodynamics。

electrofiltration potential field 过滤电场 一种由岩石过滤作用形成的自然电场，也称"渗透电场"。流动的地下水经过多孔岩石或裂隙时，由于大多数岩石颗粒(含水层中的固体颗粒包括岩石、矿物颗粒和胶体颗粒)吸附负离子的结果，使流水中集中了相对多的正离子，于是在顺水流方向出现高电位电场，逆水流方向出现低电位电场。同 infiltration electrical field。

electrofluiddynamic converter 电流体动力学转换器 一种使包含带电粒子的气体通过静电场将气流的动态能量变换为电能的转换器，其作用与范德格拉夫 (Van de Graaff)起电机的作用相似，但可以获得更高的功率密度。

electroforming 电铸，电成型 将金属沉淀到导电铸模上足够厚，以制作所需的金属件，如复杂的波导结构。铸模常常由涂石墨的蜡制成，所以能通过熔化去除。

electro-heat 电热 为了应用的目的，把电能转换成热能的学科和技术。

electro-heat equipment 电热装置 把电能转换成热能的工艺装置，包括装置上的附件。

electro-heat installation 电热设备 一般指由电热装置及其操作和使用所必须配备的其他电气和机械装置所组成的成套设备。

electro-heat technology 电热技术 在所有电热领域内，与热的产生和应用有关的技术。

electroless deposition 无电极沉淀 无需电解或电镀作用将金属化学沉淀到材料上。

electroless plating 非电镀 在印制电路板制作过程中，不通过加电，而从自身催化的溶液中将金属离子还原沉积在经过敏化或活化处理的表面上的一种技术。

electroluminescent 电致发光 利用外加电场产生发光特性的一项平板显示技术，能显示清晰的图像且视角宽广，可用于笔记本计算机。

electroluminescent display device 电致发光显示器 利用电致发光效应所制作的一种平板显示装置。在这种显示器中，有一薄层荧光物质置于水平电极和垂直电极之间，而这两种电极则构成 XY 坐标，当某一水平电极和某一垂直电极通电时，在它们的交叉点处的荧光物质就会发光。

electroluminescent panel 电致发光板 一种由放在相隔仅千分之几英寸的金属板电极(其中的一个电极实际上是透明电极)之间的适当荧光体，并在电极之间加交流电压构成的光源。

electroluminescent screen 电致发光屏幕 一种显示屏幕，它利用对荧光体进行电激活或使电流通过某种半导体材料(如砷化镓)的方法使每个像素点发光。

electrolysis 电解 一个化学过程，通过电流将化合物分解成两个或者多个成分，电解可以发生在固体、液体或者气体中。

electrolyte 电解质 本身具有离子导电性或在一定条件下(如高温熔融或溶于溶剂形成溶液)能够呈现离子导电性的物质。比较 non-electrolyte。参见 strong electrolyte，weak electrolyte。

electrolytic capacitor 电解电容器 以阳极氧化法在电极的一面或两面形成的氧化膜为电介质的电容器。电容器介质多为铝或钽的氧化物。作为一类电容器，它们每单位体积都有很大的电容(高体积效率)。铝电解电容器存储的电荷可能比同等大小的薄膜电容器多 5 倍以上。钽电容器存储的电荷则可能比相当的铝电解电容器多 3 倍。

electrolytic capacitor paper 电解电容器纸 在电解电容器中浸有电解液的用来分隔金属箔的纸。

electrolytic cell 电解电池 由电解质隔开的电极构成的电池。它可以按使用要求像蓄电池那样用于存储电能，像干电池那样用于产生电能，或外加上电能时用于产生所需的电化学反应。

electrolytic corrosion 电解腐蚀 暴露在高湿度条件下运行的绝缘材料，在电场作用下所引起与它所接触的金属零件发生的腐蚀。

electrolytic development 电解显影 一种利用电将光敏材料上的潜影转变成可见图像的技术。

electrolytic iron 电解铁 一种用电解工艺生产的具有优良磁性能的纯铁。

electrolytic printing 电解印刷 一种利用经电解溶液浸湿的记录纸在电场的作用下可产生色变的原理来进行印刷的技术。

electrolytic switch 电解开关 有两个伸入到容器中的电极的开关，容器中装有数量已精确测定的导电电解质并留有预定宽度的气泡。当开关从真正水平位置倾斜时，气泡移动位置并改变与电极相接触的电解质数量，因而改变开关所通过的电流大小。在陀螺仪系统中，它可以作为水平调整开关。

electromagnet 电磁铁 需要电流来产生并保持其磁场的磁铁。由线圈与铁芯组成，为了使电磁铁的磁性更强，通常将铁芯制成蹄形。电磁铁通电时产生吸力将电磁能转变为机械能来操动、牵引某机械装置，以完成预期任务。

electromagnetic 电磁的 泛指与电子或其他带电粒子经过导体或空间的辐射或运动相关的组合电磁场。

electromagnetic braking 电磁制动 用电磁铁作用于电机的制动方式。

electromagnetic communication 电磁波通信 利用电磁波通过空间进行的通信。电磁波通信分成两种：一是使用 EHF(极高频)以上的电磁波通信；另一种是使用极高频以下的电磁波通信。前者包括激光通信，后者包括无线电通信、电视通信、雷达通信。电磁波通信比一般电子通信要求有更精确的发射及接收设备。

electromagnetic compatibility (EMC) 电磁兼容性 设备或系统在其电磁环境中能正常工作且不对该环境中任何事物构成不能承受的电磁骚扰的能力。电磁兼容性包括两方面：电磁干扰(EMI)和电磁耐受(EMS)两方面。参见 electromagnetic interference，electromagnetic susceptibility。

electromagnetic compatibility malfunction 电磁兼容性故障 由于电磁干扰或敏感性原因，使系统或有关的分系统及设备失灵，从而导致使用寿命缩短或系统效能发生不允许的永久性下降。

electromagnetic compatibility test 电磁兼容性试验 对产品按电磁兼容性规则要求所进行的试验。在计算机设备的电磁兼容性规则中，规定不同设备类别，有不同的电磁辐射和传导干扰的极限值。例如，美国联邦通信委员会(FCC)标准规定 A 类计算机设备的辐射限值为，当频率在 30 ～ 88 MHz 时，测距 30 m，场强不得超过 30 μv/m。

electromagnetic constant 电磁常数 电磁波在真空中的传播速度。依据微波技术进行的最新测量给出电磁常数值为 299 793 km/s。

electromagnetic contactor 电磁接触器 由电磁铁产生的力带动主触头闭合或断开的接触器。

electromagnetic coupling 电磁耦合 当电路或导体相互受到相同电磁场的影响时，彼此之间存在的耦合。

electromagnetic delay line 电磁延迟线 一种根据电磁波通过分布或集中式电容、电感时存在传播时间的原理而工作的延迟线。

electromagnetic dispersive delay line 电磁色散延迟线 延迟时间按一定规律随频率变化的一种延迟线。用于脉冲的展宽或压缩。

electromagnetic disturbance 电磁扰动 叠加在有用信号上的电磁现象，通常为脉冲现象。扰动可能是随机扰动或周期扰动。

electromagnetic energy 电磁能量 电磁场所具有的能量。场中某点单位体积所含的能量称为该点的电磁能量密度，它等于该点电场能量密度与磁场能量密度之和。

electromagnetic environment (EME) 电磁环境 存在于给定场所的电磁现象的总和称为电磁环境，它由空间、时间和频谱三个要素组成。电磁环境有时也可用场强表示，它包括：雷电、天电、工业、无线电干扰等环境。

electromagnetic field 电磁场 在电磁现象的某些量子特征可以被忽略的范围内，由电场强度 E、电通密度 D、磁场强度 H 和磁感应强度 B 四个相互有关的矢量确定的，与电流密度和体电荷密度一起表征介质或真空中的电和磁状态的场。电磁场是电场和磁场的统一体和总称。随时间变化的电场产生磁场，随时间变化的磁场产生电场，两者互为因果，形成电磁场。

electromagnetic horn 电磁喇叭 一种用于提供高定向辐射特性的喇叭。利用在喇叭输入端的波导或激励的偶极子或耦合环，将信号功率馈至喇叭。

electromagnetic induction 电磁感应 当两个电路之间有互感存在时，一个电路中电流的变化就会通过磁场耦合到另一个电路，这一现象称为电磁感应。例如由于通过线圈的磁力线数改变而在线圈中产生电流。

electromagnetic interaction 电磁相互作用 简称电磁作用。即是带电粒子与电磁场的相互作用以及带电粒子之间通过电磁场传递的相互作用。电磁相互作用和引力相互作用是长程力，它们可以在宏观尺度的距离中起作用而表现为宏观现象。宏观的电磁相互作用理论总结在麦克斯韦方程组中。参见 gravitational interaction。

electromagnetic interference (EMI) 电磁干扰 任何能中断、阻碍、降低或限制电子、电气设备(如电子计算机及其系统设备)或网络传输有效性能的电磁能量。电磁干扰可能在电子电路中感应出不希望的电压、损坏元件并引起故障。电磁干扰主要包括传导干扰和辐射干扰两种。参见 conducted interference，radiated interference。

electromagnetic interference control 电磁干扰控制 对辐射和传导的电磁能量进行控制，使设备、分系统或系统运行时尽量减小或降低不必要的发射。所有辐射和传导的电磁发射，不论它们来源于设备、分系统还是系统都要进行控制。若在控制敏感性同时还能成功地控制电磁干扰，就能实现电磁兼容。控制电磁干扰的方法，一般采取滤波、隔离屏蔽和接地等方式。

electromagnetic lens 电磁透镜 电子束由电磁场聚焦的电子透镜。

electromagnetic method 电磁法 也称“电磁感应法”。根据岩石或矿石的导电性和导磁性的不同，利用电磁感应原理进行找矿勘探的方法，统称为电磁法。它可分为地面电磁法、航空电磁法和井中电磁法等。电磁法的基本原理是：当地下存在导电地质体时，在交变电磁场(一次场)的作用下，导体中将产生涡流(感应电流)，涡流又在其周围产生二次磁场(二次场)。二次场的出现使一次场发生畸变。一般说，一次场和二次场叠加后的总场在强度、相位和方向上与一次场不同。研究二次场的强度和随时间衰变或研究总场各分量的强度、空间分布和时间特性等，可发现异常和推断地下导电体的存在。

electromagnetic noise 电磁噪声 不同于任何有用信号的一种电磁现象，通常是脉动的和随机的，但也可以是周期的。

electromagnetic over-load release 电磁式(过载)脱扣器 利用流过电磁线圈的电流所产生的力而动作的过载脱扣器。

electromagnetic penetration 电磁渗透 电磁能量从电磁屏障的一边转移到另一边。电磁渗透可以通过以下几种方式实现：通过屏障扩散，或者通过孔以及通过连接屏障两侧的导体(双绞线、电缆、导管等)转移。

electromagnetic plane wave 电磁平面波 等相面(波阵面)电磁波称为平面波。如果平面波等相面上场强的幅度均匀不变，则称为均匀平面波。许多复杂的电磁波，如柱面波、球面波，可以分解为许多均匀平面波的叠加；反之亦然。故均匀平面波是最简单最基本的电磁波模式，对平面波的分析是研究电磁波性质及传播规律的基础。参见 plane electromagnetic wave。

electromagnetic phenomenon 电磁现象 一种物理上的现象，是指电流流过电路时在其周围产生磁场的现象。

electromagnetic pneumatic contactor 电磁气动接触器 由电磁阀控制压缩空气装置产生的力带动主触头闭合或断开的接触器。

electromagnetic pulse (EMP) 电磁脉冲 由闪电和其他高能(如热核爆炸)现象引起的电磁辐射脉冲，可将很大的能量耦合进未屏蔽的导体中毁坏电子设备。

electromagnetic pulse bomb 电磁脉冲炸弹 通过一种非核爆炸形式，把普通炸弹的机械能转换为高强度的电磁脉冲能量的一种炸弹。炸弹启动时，其上的电磁脉冲发生器可以在瞬间产生出数十亿瓦能量的微波，它是一种杀伤破坏力介于常规武器与核武器之间的大规模杀伤性炸弹。

electromagnetic pump 电磁泵 利用磁场和导电流体中电流的相互作用，使流体受电磁力作用而产生压力梯度，从而推动流体运动的一种装置。实用中大多用于泵送液态金属，所以也称“液态金属电磁泵”。电磁泵按电源形式可分为交流泵和直流泵；按液态金属中电流馈给的方式可分为传导式电磁泵和感应式电磁泵；按结构不同可分为平面泵和圆柱泵等。传导式泵中，电流由外部电源经泵沟两侧的电极直接传导给液态金属；感应泵中，电流则由交变磁场感应产生。电磁泵没有转动部件，结构简单，密封性好，运转可靠，因此在化工、印刷行业中用于输送一些有毒的重金属，如汞、铅等；在原子能动力工业中用于输送化学性质特别活泼的金属，如钠、钾、钠钾合金等。

electromagnetic radiation 电磁辐射 在射频条件下，电磁波向外传播过程中存在电磁能量发射的现象。如无线电波、光波、X 射线都是电磁辐射的例子，电磁辐射以光速传播。参见 electromagnetic wave。

electromagnetic radiation standards 电磁辐射标准 电磁辐射标准常用的有：①MPR-Ⅱ标准，由瑞典劳工部提出的，现在已被采用为世界标准。它界定了静电场、磁场和电场强度的最高许可范围；②TCO-92 标准，瑞典 TCO 组织于 1991 年制定的比 MPR-Ⅱ更为严格的标准。③TCO-95 标准，也称“蓝色天使”，是瑞典 TCO 组织于 1995 年制定的。其规定范围相当的广泛，包含环境保护、电磁与磁场辐射、能源消耗、人体工学、键盘、系统控制单元、使用便利性、防火、电力特性等。④TCO-99、TCO-03、TCO-06 标准，这些是分别于 1999 年、2003 年和 2006 年发布的电磁辐射标准。

electromagnetic relay 电磁继电器 一种由通过线圈的电流操纵的，利用电磁铁的铁芯与衔铁间的吸力作用而工作的继电器。电磁继电器工作电路由低压控制电路和高压工作电路两部分构成。只要在线圈两端加上一定的电压，线圈中就会流过一定的电流，从而产生电磁效应，衔铁就会在电磁力吸引的作用下克服返回弹簧的拉力吸向铁芯，从而带动衔铁的动触点与静触点(常开触点)吸合。当线圈断电后，电磁的吸力也随之消失，衔铁就会在弹簧的反作用力返回原来的位置，使动触点与原来的静触点(常闭触点)释放。这样吸合、释放，从而达到了在电路中的导通、切断的目的。电磁继电器包括直流电磁继电器、交流电磁继电器、磁保持继电器、极化继电器、舌簧继电器和节能功率继电器等。参见 magnetic latching relay, polarized relay, electromechanical relay。

electromagnetic shield 电磁屏蔽 放在电路周围以降低电场和磁场两者影响的金属屏或金属罩。电磁场是由电动机、发电机、继电器或依赖交变场进行工作的装置引起的。屏蔽作用由对场的反射或吸收来实现。反射出现在源处，通常它不受屏蔽厚度的影响。吸收则发生在屏蔽内部并与厚度密切相关。常选择有较高的电导率和磁导率的导体作为屏蔽物的材料。高导磁性的材料可以引导磁力线较多地通过这些材料，而减少被屏蔽区域中的磁力线。屏蔽物通常是接地的，以免积累电荷的影响。

electromagnetic spectrum 电磁频谱 按电磁波波

长(或频率)连续排列的电磁波族。它的范围从最长的无线电波延伸到最短的已知宇宙射线。

electromagnetic starter **电磁启动器** 由电磁接触器和过载保护元件等组合成的启动器。也称“磁力启动器”。由于它是直接把电网电压加到电动机的定子绕组上,使电动机在全电压下启动,所以也称“直接启动器”。当电网和负载对启动特性均没有特殊要求时常采用电磁启动器。电磁启动器分为不可逆和可逆的两种。前者用于启动无需反转的感应电动机;后者用于需要反转的感应电动机。

E

electromagnetic susceptibility (EMS) **电磁敏感性** (1)表示设备、系统或分系统在其所处位置对不需要的电磁辐射的响应程度。可分为两类:①传导敏感性,指对使电源、控制和信号产生不希望有的响应或性能下降的干扰信号的电流或电压的量度;②辐射敏感性,指对引起设备下降的辐射干扰场大小量度。(2)也称“电磁耐受性”,电器设备运作时对外界环境所产生之干扰的忍受程度或抵抗能力。参见 electromagnetic compatibility (EMC), electromagnetic interference (EMI)。

electromagnetic system **电磁系统** 由线圈与闭合磁路(由铁芯、衔铁、磁轭及气隙组成)等构成的实现电磁能转换的组件。

electromagnetic transducer **电磁传感器** 当越过垂直磁通线时,其工作依赖于导线或线圈中产生的电动势的传感器。

electromagnetic unit **电磁单元** 一种接在电容分压器的中间电压端子和接地端子或地之间,用以产生二次电压的电容式电压互感器的组成部分。

electromagnetic wave **电磁波** 介质或真空中由时变电磁场表征的状态变化,由电荷或电流的变化而产生。它在每一点和每一方向上的运动速度取决于介质的性质。电磁波是在空间传播的交变电磁场,是电场和磁场的波动运动。这种运动的能量,以光速在空间或以小于光速的速度在有限区域中传播。电磁波的波动性还表现在:在媒质交界面上的反射与折射;在障碍物后的绕射;以及互相干涉等。无线电波、红外线、可见光、紫外线、X 射线、γ 射线等都是电磁波,只是它们的波长不同。参见 electromagnetic radiation。

electromechanical device **机电装置** 一种由电驱动的机械装置。例如继电器及计算机的大部分外部设备。

electromechanical plotter **机电式绘图机** 一种能自动地将计算机输出信息通过绘图笔的机械运行绘制成图形的装置。

electromechanical printer **电动机械打印机** 一种将电信号转换成机械运动以打印各种字符的装置。

electromechanical relay **机电式继电器** 利用电磁感应原理,在输入电流的作用下,由机械部分产生相对运动而工作的一类继电器。机电式继电器按其构成的特点,又可分为电磁式继电器、磁电式继电器、感应式继电器、电动机式继电器和舌簧继电器等多种类型。参见 electromagnetic relay, magneto-electric relay, induction relay, electro-dynamic relay, motor-driven relay, reed relay。

electromigration **电迁移** 电迁移是在大电流密度(大于 $10^6\,A/cm^2$)下,薄膜中发生的一种质量迁移现象。在铝膜中最容易发生,造成铝互连线生长晶须或小洞,导致短路或开路失效。随着电路集成度提高和功耗增大,增强抗电迁移能力已成为设计半导体集成电路一个不可忽视的指标。

electromotive force (EMF) **电动势** 维持电流持续流动的电学量,为理想电压源的端电压。电动势是一个表征电源特征的物理量。定义为把单位正电荷从负极通过电源内部移到正极时,非静电力所作的功。它是能够克服导体电阻对电流的阻力,使电荷在闭合的导体回路中流动的一种作用。常用符号 E 表示,单位是伏(V)。

electromotive force series **电动势序** 按照金属元素的电动势排序或它们失去电子的相对容易程度对其列表。实际这是一个金属活性对比表。普通金属元素表中的每种金属相对于它前面的金属电动势为负,而相对于它后面的金属电动势为正。也称“标准氧化电势表”。

electron **电子** 构成原子的基本粒子之一,质量极小,带负电,负电荷大约 1.602×10^{-19} 库仑,有很强的活动性,在原子中围绕原子核旋转。

electron beam **电子束** 真空中一束向相同方向运动的电子,当电子束运动穿过涂在管子表面内侧的致光物质时,在阴极射线管(CRT)上形成图像。

electron beam heating **电子束加热** 在真空中由电子束轰击而产生热能的电加热。

electron beam machining **电子束机械加工** 在真空中进行的机械加工过程。热量由受控的聚焦电子束在足够高的温度下产生,使金属以所需的方式挥发而将其去除。钻孔和切割是特定应用的例子。

electron beam printing **电子束曝光** 将直径非常小的高能电子束,直接打到涂有光致抗蚀剂的晶片表面,通过控制电子束的偏转对晶片曝光。它的优点是分辨率高,而且可以实现计算机控制的无掩模曝光,但直接用电子束扫描曝光时效率较低。目前多用于制版和制造某些要求极精细线条的器件。

electron beam recorder (EBR) **电子束记录仪** 在真空室里,以运动电子束在照相胶卷或热塑胶卷上记录信号或数据的一种仪器。

electron beam recording (EBR) **电子束记录法** 在缩微照相术中,使电子束直接照射能量灵敏的缩微胶片来记录计算机的输出信息的一种专用方法。

electron beam tester **电子束测试器** 利用电子束打在 LSI(大规模集成电路)表面时,随金属连线电位高低不同,测试器捕捉的二次电子量有差异而能判断连线电位的高低这种原理构成的一种测试器。如像用示波器观测电子电路的波形,有时把它称为电子束探头。在LSI速度和集成度不断提高的情况下,使用金属探针已受到限制;在LSI开发阶段分析故障,电子束探测器将发挥巨大作用。

electron beam tube 电子束管 利用聚焦电子束来实现光、电信号的记录、存储、转换和显示的真空电子器件。电子束管可按用途分类,也可按聚焦和偏转方式分类,或按输入输出信号分类。按用途分类分为示波管、定位管、显像管、存储管、摄像管、像增强管与变像管、开关管等。

electron beam vapor deposition method 电子束蒸发沉积法 形成薄膜的一种方法。将高融点蒸发物质置于真空度高于 10^{-5} mm 汞柱的钟罩内,用电子束轰击加热,使蒸发物质蒸发并沉积在基片上。

electron device 电子器件 利用电子在真空、气体或半导体中运动的规律而做成的器件。

electronegative 电负性,负电性 周期表中各元素的原子吸引电子能力的一种相对标度为电负性,也称“负电性”。元素的电负性愈大,吸引电子的倾向愈大,非金属性也愈强。电负性的定义和计算方法有多种,每一种方法的电负性数值都不同,比较有代表性的有三种:①L. C. 鲍林提出的标度。根据热化学数据和分子的键能,指定氟的电负性为3.98,计算其他元素的相对电负性。②R. S. 密立根从电离势和电子亲合能计算出的绝对电负性。③A. L. 阿莱提出的建立在核和成键原子的电子静电作用基础上的电负性。利用电负性值时,必须是同一套数值进行比较。

electronegative gas 电负性气体 具有明显的捕捉自由电子而形成负离子并阻止形成放电能力的气体,如六氟化硫。

electron emission 电子发射 电子从物体逸入周围媒质(真空或气体)的现象。物体中的电子在常态下所具有的能量都不足以克服表面势垒而逸出物体。要使它们从物体里释放出来,必须另外给予它们能量,称为激发。电子发射依激发的方式不同分为热电子发射、光电子发射和次级电子发射。受强电场作用产生的发射称为场致电子发射。此外还有等离子体场致发射或爆发式发射、离子电子发射、过热电子发射、自释电子发射等。

electron flow 电子流 自由电子在空间作定向运动所形成的电流。电子流的方向与电流方向相反。

electron gun 电子枪 一种能在电子管里产生一束或几束电子束,并能对之加以控制、聚焦、偏转和会聚的电极装置,它一般由热阴极、控制电极以及加速阳极三部分组成。

electronic accounting machine 电子会计机,电子记账机 用于算账的类似于机电式会计机的机器,其主要部件是电子器件而不是机械部件。由于它具有运算速度高、存储容量大、计算方便及使用时声音小等特点,因此它已基本取代了机械会计机。但是,以后它又被微型计算机取代了。

electronic a. c. power controller 电子交流电力控制器 直接控制交流电压的变流器和(或)交流电子开关所组成的运行单元。

electronic advertisement 电子广告 以电子显示和音响等手段向公众播放的广告,目前大多特指在因特网上面发布广告信息的行为。

electronically programmable logic device (EPLD) 电可编程逻辑器件 一种集成电路,包括一系列的编程逻辑器件,其无需进行再次连接。为了对电可编程逻辑器件重新编程,可将芯片曝露在紫外光中抹除其EPROM(可擦写可编程序只读存储器)部分的内容,并在初始编程期间执行开路连接。然后,将新程序送入EPROM重新编程,而EPROM则将信号路径数据存储到作为其存储器的晶体管单元中。

electronically tuned oscillator 电子调谐振荡器 工作频率能通过改变电极电压或电流加以改变的振荡器。

electronical time relay 电子时间继电器 也称“半导体时间继电器”,利用半导体元件做成的时间继电器。半导体延时电路大致可分为阻容式(电阻与电容构成)和数字式两大类,如果延时电路的输出是有触点的继电器则称为触点输出,若输出是无触点元件则称为无触点输出。参见 electromagnetic relay。

electronic animation 电子动画 应用计算机辅助设计及电子技术相结合,来完成动画艺术创作,是目前电视和电影动画制作中发展的一种趋势。一般的制作方法是:人工绘制少量关键画面和表示突变动作的画面,用计算机动画手段实现关键画面补插法;或先在计算机中存入有关的图形、灰度、颜色等关键信息,然后用人-机交互方式进行创作与编辑,制作出动画。

electronic archive 电子档案 具有档案保存价值的电子文件,必须要归档保护。电子文件归档后即形成电子档案。电子档案管理应遵循档案收集、整理、保管、利用、鉴定、统计等管理原则。但它与纸质等载体档案确有很大区别,它的记录形式是数字化系列。

electronic athletics game 电子竞技游戏 电子竞技游戏目前可以分为两个大类,一是对战类项目,二是休闲类项目。对战类主要是经典电子竞技游戏。休闲类则是电子化的传统体育和民间娱乐项目。

electronic automatic exchange (EAX) 电子自动交换机 美国通用电话公司的一种电子自动电话交换设备。

electronic aviation timetable 电子式航空时刻表 把航空时刻表的内容存储在电子计算机中,用大型屏幕显示,供乘客随时查询。

E

E

electronic bank 电子银行 建立在计算机和计算机网络基础上的、由银行提供的各种新的金融服务业务。它通常包括金融交易卡、自动存取款作业、销售点自动转账服务、电子汇兑、电话银行、企业银行、家庭银行和卫星银行服务等内容。

electronic bank transaction for home 家庭电子银行业务 用户通过其家用电子计算机而付账的业务。通过与银行联网的家用计算机可以查询个人存储在银行数据库中的存款,可以通过终端规定支付给别人账目的款额、日期,由银行进行付账或转账业务。

electronic bills 电子票据 利用计算机打印的具有标准格式的财务票据,它从内容的记录、结算到保存都由计算机系统来完成。

electronic biology 电子生物学 也称"生物模拟"。研究生物科学的各种信息处理系统,如视觉信息处理、听觉信息处理、记忆机制、学习过程等。电子生物学还致力于模拟与人脑相同的神经网。就其复杂程度来说,模拟一个人脑的机器系统相当于100多亿台微型机构成的复杂信息处理系统。电子生物学不仅可帮助人类弄清人和生物的智能,或许还可据此来设计新型的计算机系统。

electronic blackboard 电子黑板 由美国贝尔公司于1974年发明的一种图文通信系统。通过电话线或其他通信方式传送用普通笔在一个"特制"黑板上所书写的文字或图画,并在远处接收端的监视器上立即显示。几个系统连接使用可提供多点图文通信,可应用于教育活动和远程会议。

electronic bookmark 电子书签 指示电子图书当前阅读位置的一个标记符号。并且能在非易失性媒体上记录下来。当读者再次阅读电子图书时,可据此方便地找到先前的阅读位置。在一本电子图书中,可以插入多个电子书签。

electronic brain 电脑 几年前人们称计算机为电脑,因为它具有高超的计算及其他操作功能。此术语的使用可能是基于这样一个错误概念,即计算机在思维方面可超过人。这取决于如何看待此问题,因为计算机根本不具有天生的思维能力,而人类有这种能力。虽然计算机不可能像人类那样进行思维,但却具有超人的工作能力,因为它可以在一秒钟内完成上千次乃至上百兆次运算,具体数值取决于计算机的能力。但归根结底只有当程序员将程序输入计算机它才可能完成具体任务。

electronic bulletin board 电子布告牌 因特网提供的一种信息服务,为用户提供一个公用环境,以寄存函件、读取通告、参与讨论和交流信息。

electronic business (EB) 电子商务 在因特网上通过电子商务数字媒体进行买卖交易的商业活动。包括前台处理、后台处理以及提供服务支持和结算的集成。同 electronic commerce (EC)。

electronic business solution 电子商务解决方案 用于特定类型的电子商务系统或针对电子商务的某些环节的全套解决方案,通常包括开展电子商务所需的全部软件、硬件、系统集成方案及相关服务。电子商务解决方案一般建立在对相关行业和某种类型的电子商务应用的专业分析研究和成功经验的基础上,具有很高的专业性、标准性、成熟性。

electronic calculating punch 电子计算穿孔机 一种能阅读穿孔卡片,顺序地执行算术运算和其他操作,并把结果穿在卡片上的卡片穿孔机。

electronic calculator 电子计算器 依靠电子线路完成算术处理(运算操作)的一种计算器,电子线路通常呈单片集成电路形式。它和电子计算机的区别在于它只有有限的算术功能(运算操作)。

electronic calendar 电子日程表 包含在办公室自动化系统中的一种应用软件,通常安装在个人计算机系统中,以内存驻留方式运行。它能为用户安排工作日程,也能在预定时间到达时提醒用户进行某项工作。

electronic camera 电子照相机 附在天文望远镜上的光电成像系统。电子照相机主要由安装在高真空管壳内的光电阴极、电子透镜和底片三部分组成。光电阴极将映在它上面的光学图像变成电子像,经电子透镜系统聚焦和加速,记录在对高速撞击的电子敏感的底片上。电子照相机能高效率地同时记录整个视场上所有天体的精确图像,非常适合于暗弱天体的测光和分光光度测量。参见 digital camera。

electronic cash (E-Cash) 电子现金 E-Cash 是一种以数据形式流通的货币。它把现金数值转换成为一系列的加密序列数。通过这些序列数来表示现实中各种币值的金额。用户在开展电子现金业务的银行开设账户并在账户内存钱后,就可以在接受电子现金的商店购物。

electronic cash register 电子现金出纳机 用电子线路取代机电部件的现金出纳机。它还能保存销售和结存的记录。

electronic central office (ECO) 电子电话中心局 利用电子设备完成电话转接的地方。

electronic ceramic 电子陶瓷 用于制造电子元器件和电子系统结构零部件的功能陶瓷。电子陶瓷是通过对表面、晶界和尺寸结构的精密控制而最终获得具有电、磁性质的陶瓷。电子陶瓷按功能和用途可以分为五类:绝缘装置瓷、电容器瓷、铁电陶瓷、半导体陶瓷和离子陶瓷。

electronic check (E-Check) 电子支票 电子支票借鉴纸张支票转移支付的优点,利用数字传递将钱款从一个账户转移到另一个账户。这种电子支票的支付是在与商户及银行相连的网络上以密码方式传递的,多数使用公钥加密签名或个人身份证号码(PIN)代替手写签名。

electronic circuit 电子电路 包含一个或多个二极

管、晶体管、集成电路或提供某种功能的其他器件的电路。

electronic circuit analysis program language (ECPL)　电子线路分析程序语言　一种用于电子线路分析和设计的程序语言。VHDL(超高速集成电路硬件描述语言)就是其中一种。

electronic circuit protector (ECP)　电子电路保护器　一种防止电子电路遭受各种干扰(如电磁波辐射或电压波动)的装置。

electronic circuitry　电子电路图　一种反映电子产品和电子设备中各元器件的电气连接情况的图纸。电子电路图主要由元件符号、连线、结点、注释四大部分组成。一般又可以分为原理图、方框图、装配图和印刷电路板图等。

electronic clock　电子钟　根据晶控电子电路而不是弹簧绕制钟表机构或齿轮电机来确定时间的时钟。它有时针、分针和秒针,以机械旋转数字或定位数字形式给出数字显示。

electronic codebook operation　电子码本操作　密码加密算法中的一种操作方法,在此方式中将明码文本或密码文本作为该算法的输入,该算法的输出就是加密或解密的结果。

electronic commerce　电子商务　通过信息网络以电子数据信息流通的方式在全世界范围内进行并完成的各种商务活动、交易活动、金融活动和相关的综合服务活动,它是商业和现代信息技术的结合。广义的电子商务还包括企业内部的商务活动,如生产、管理、营销、财务,以及企业之间的商务活动,如利用 E-mail、电子数据交换(EDI)、文件传送、传真、电视会议、工作流或与因特网进行交互的全部功能(如市场营销、金融、制造销售以及商务谈判)。

electronic composition　电子排版　采用计算机和激光照排等设备排印报刊版面的技术。现在电子排版已完全取代铅字排版。

electronic commutator　电子转换器　迅速转换一个电路连接再依次转换到众多其他电路而没有机械开关的磨损和噪音的电子管或晶体管电路。

electronic computer　电子计算机　俗称电脑。能够对信息自动进行高速运算、加工和存储的一种电子设备。主要由运算器、控制器、存储器及输入输出等设备组成。它既能通过对输入数据进行指定的数值运算和逻辑运算,也能通过对信息加工来解决各种数据处理问题。当它同一定的机电设备配合使用时,还能实现对生产过程的实时控制。现已广泛用于国民经济、文化教育、科学技术和军事等领域。电子计算机可分为数字式、模拟式和混合式三大类。通常所说的电子计算机指的是数字式电子计算机。同 computer。

electronic conference system　电子会议系统　一种支持会议举行的计算机网络系统。利用这种系统,与会者可以克服时空的限制,在自己的办公室中参加会议,甚至可以同时参加几个会议。系统具有限定与会者资格、指定发言、表决、分发会议资料以及召开分会等功能。

electronic controller　电子控制器　用于对产品、电器、仪器或系统进行控制的电子电路产品或系统。实例包括可编程控制器、微控制器、单板机、个人计算机等。

electronic counter-countermeasures (ECCM)　电子反对抗　利用宽频射频发生器和各种调制技术对付敌方干扰雷达工作和无线电通信的军事防御手段。这种手段包括压制对抗的措施、改变调制方法、重新调谐发射机或设法用武器摧毁干扰发射机及其天线。

electronic countermeasures (ECM)　电子对抗　是敌对双方为削弱、破坏对方电子设备的使用效能、保障己方电子设备发挥效能而采取的各种电子措施和行动。电子对抗分三个方面:电子对抗侦察、电子干扰和电子防御。电子对抗按电子设备的类型可分为雷达对抗、无线电通信对抗、导航对抗、制导对抗、光电对抗和水声对抗等;按配置部位又可分为外层空间对抗、空中对抗、地面(包括 F 海面)对抗和水下对抗。

electronic countermeasure computer　电子对抗计算机　在电子对抗中,对整个对抗系统进行管理并制订出相应对抗措施的一种计算机。

electronic countermeasures sweeping　电子反窃听　在通信安全中,从一个地区或者一个通信设备中发现和清除电子窃听装置的过程。

electronic data interchange (EDI)　电子数据交换　EDI 是指按照数据格式协议,把约定的业务数据信息,通过电子数据通信网络,在商业贸易伙伴的计算机系统之间进行自动交换和自动处理。EDI 系统由通信模块、格式转换模式、联系模块、消息生成和处理模块等四个基本功能模块组成。在 EDI 系统构成中,标准起着核心的作用。目前主流的 EDI 标准是由联合国与国际标准化组织联合制定的 UN/EDIFACT。

electronic data interchange for administration commerce and transport (EDIFACT)　商贸运输管理的电子数据交换　国际标准化组织(ISO)提出的一种电子数据交换标准,用以替代美国国家标准协会(ANSI)的 X.12 和欧洲早期的 Tradacoms 标准,现已在世界上得到广泛应用。

electronic data processing (EDP)　电子数据处理　泛指由计算机对数据进行的处理工作。参见 electronic data processing system。

electronic data processing center (EDPC)　电子数据处理中心　以计算机为主的集中数据处理中心。该中心由计算机、外围设备、人员以及其他行政机构所构成。

E

electronic data processing equipment　电子数据处理设备　一套用于数据处理的计算机及其有关外围设备的统称。

electronic data processing science　电子数据处理管理科学　计算机数据处理中的管理科学，即把管理科学领域扩展到计算机科学中。电子数据处理管理科学不但远远超过程序运行自动化，而且进入到制定复杂的管理过程。通过计算机程序设计的发展，增强了管理科学的管理能力。目前，广泛用于产品计划、能源分配、债券管理、资金投资、利润计划、产品价格等。

electronic data processing system (EDPS)　电子数据处理系统　以电子计算机为主体的数据处理系统。该系统有不同的类型和分类方法。按处理作业方式的不同可分为批处理系统和实时处理系统；按联机方式的不同可分为联机集中系统和联机分布式系统；按系统的组织及数据存储方式的不同可分为使用文件系统和使用数据库系统；按面向管理工作的不同级别可分为高层管理、中层管理及操作级管理等。

electronic d. c. switch　直流电子开关　使直流电路通断的电子开关。比较 electronic a. c. switch。

electronic design automation (EDA)　电子设计自动化　一种电子 CAD(计算机辅助设计)技术，以计算机(主要是 PC 机和工作站)硬件系统和系统软件为基本工作平台，采用电路和系统、数据库、图形学、图论与拓扑逻辑、计算数学、优化理论等科学技术开发的应用软件，对电子产品从整体到细节设计的全过程。包括：专用集成电路电路的设计、电子电路的设计与分析、电路的逻辑与时序仿真、逻辑合成、故障测试、可靠性分析、印制电路板自动设计、机箱结构设计、电缆设计等，以帮助电子设计工程师开发电子系统与电路、集成电路以及印制电路板产品。参见 computer aided design (CAD)。

electronic design interchange format (EDIF)　电子设计转换[交换]格式　一种标准化的电路结构描述语言，在电路图绘制、行为性和结构性文本描述、逻辑模拟、印刷板设计、ASIC(专用集成电路)版图设计和其他分析、综合工具之间建立了一个公共的标准，成为一个互相沟通的一个媒介，不同设计系统的设计数据可以通过 EDIF 格式互相转换。

electronic desktop display system　电子桌面显示系统　用合适的软件和硬件的技术，把办公室的功能显示在视屏上。桌面图像包括以下这些功能，如收发文件筐、文件夹、文件柜、文具柜、计算器和空白纸张等。图像与它们表示的实体类似，以便用与正常办公一样的方法，能够打开文件图像或放进文件夹图像。可以得到的台式系统有 VisiCorp 的 Visi ON，Apple Lisa(局部综合软件体系)和 Xerox Star 信息系统。

electronic dictionary (ED)　电子词典　存储在磁盘、光碟、集成电路等介质上的计算机可读词典。电子词典又分为人用电子词典和机用电子词典。计算机用的电子词典也称“机器词典”。

electronic differential analyzer　电子微分分析机　用电子积分器制成的微分分析机。

electronic digital computer　电子数字计算机　见 digital computer。

electronic directory　电子目录　一个有组织的表格，包含可在网络上寻址的用户或服务。

electronic distribution　电子分发　通过通信链路将文献数据库中存储的出版物全文或部分章节传送到读者的计算机网络系统，由读者自己的输出设备将出版物打印出来。电子分发免去了传统分发的繁琐环节，大大缩短了出版物从作者到读者之间的传送时间。

electronic document　电子文档　一个存储在计算机中的文档，而不是打印机输出的文档。

electronic document authorization (EDA)　电子文件授权　工作流软件系统最常用的一种功能，它超越文电鉴别和数字签名来对电子表格或信息的接收者提供保证，其发送者具有特许权或适当的费用限制来签署和发送文件。

electronic document delivery system　电子文献提供系统　用电子计算机实现的文献联机检索及联机订购系统。通常将某一领域的文章建立摘要和全文数据库，供用户使用。

electronic encyclopedia　电子百科全书　以电子方式出现的百科全书，通过计算机终端由用户进行访问或以光碟形式出版。

electronic engineering　电子工程　涉及电子学实际应用的工程学科。

electronic entertainment (E2)　电子娱乐　交互式的电子游戏，它可以通过联机服务从网络上得到。

electronic entertainment Expo (E3)　电子娱乐博览会，E3 大展　E3 大展是当前世界上最为盛大的电脑游戏与电视游戏的商贸展示会，于每年五月在美国举行。

electronic event logger　电子事件日志记录仪　用来监视或记录某一操作或某一过程中出现情况的装置。

electronic field production (EFP)　电子现场制作　在视频制作中，指在现场使用便携式视频设备制作节目。

electronic form (E-form)　电子表格　一种在线文档，含有要求用户填写信息的空格，并可通过网络发送到请求信息的组织。在因特网上，电子表格常常以 CGI(公共网关接口)脚本编码，并通过加密使其安全传输。

electronic frontier foundation (EFF)　电子前沿基金会　由 Mitchell Kapor 和 John Perry Barlow 于

1990年创立的一个组织。该组织的活动是：致力于激发公众对计算机与通信技术发展所带来的机会与挑战引起注意，保护信息空间领域的自由性。

electronic funds transfer (EFT) 电子汇兑 电子汇兑就是将用户所寄的汇款通过电子信息传送到兑付局进行兑付，而没有实物的传递。参见 electronic funds transfer system。

electronic funds transfer-point of sale (EFT-POS) 销售点电子资金转账系统 在大型零售商店等消费场所安装终端机，与银行机构计算机系统联网，实现电子资金自动转账的系统。

electronic funds transfer system (EFTS) 电子汇兑系统，电子资金转账系统 一种利用计算机间通信技术对金融机构中账户之间的资金进行自动管理的系统，用来从一个账户向另一个账户转账划款并获得有关的金融数据。

electronic game 电子游戏 即电脑游戏、网络游戏、电视游戏以及街机游戏和便携游戏的总称。电子游戏传统上按体裁分为：角色扮演游戏（RPG）、冒险游戏（AVG）、动作游戏（ACT）、射击游戏（STG）、策略游戏（RTS）、赛车游戏（RAC）、模拟游戏（SLG）、养成游戏（EDU）、体育游戏（SPT）、益智游戏（PUZ）等。

electronic glass 电子玻璃 可应用于电子、微电子、光电子领域的，主要用于制作具有光电、热电、声光、磁光等功能元器件的玻璃材料。

electronic government (E-Government) 电子政务 行政方式的电子化。电子政务就是应用现代信息和通信技术，将管理和服务通过网络技术进行集成，在互联网上实现组织结构和工作流程的优化重组，超越时间和空间及部门之间的分隔限制，向社会提供优质和全方位的、规范而透明的管理和服务。电子政务可分为政府间电子政务（G2G）、政府与商业机构间电子政务（G2B）、政府与公民间电子政务（G2C）和政府与雇员间电子政务（G2E）等。

electronic group (E-Group) 电子小组 一个以因特网为传输媒介进行通信联系、共享信息的群体小组，它具有发布信息、讨论问题、在线聊天、共享文件、安排活动等多种服务功能，为网络用户提供一种交流途径和服务平台。与电子邮件、网络论坛、网络聊天、ICQ（网络寻呼机）、IP（网际协议）电话等其他网络交流方式不同，不是所有人都可以看到用户上传的网页、读到用户消息板上发布的消息、进入聊天室与用户聊天，只有本小组的成员才有这样的权利。

Electronic Industries Association (EIA) 电子工业协会 美国一个由电子器件和电子设备制造商组成的专业组织，1924年成立。该组织长期以来一直负责制定许多标准，包括被广泛使用的通信接口标准 RS-232。EIA 还举办电子展览、研讨会，并为对电子工业有杰出贡献的人颁奖。

electronic information service (EIS) 电子信息服务 电子计算机在社会上的应用。电子信息服务通常可划分为盈利的商用信息系统和非盈利的“电子公告牌”两大类。信息系统通过它的服务网向个人和商业界提供大量丰富的信息，从股票行情到世界最新消息，其服务范围颇广。

electronic information system (EIS) 电子信息系统 利用电（电流或电波，包括光）来完成传递信息任务所需的一切技术设备的传输媒介所构成的总体。

electronic ink (E-Ink) 电子墨水 由美国电子墨水公司发明的信息被显示的新技术。电子墨水主要由大量细小约为人类头发直径大小微胶囊组成，每个微胶囊中包含悬浮于澄清液体之中的带正电荷的白粒子和带负电荷的黑粒子。设置电场为正时，白粒子向微胶囊顶部移动，因而呈现白色；同时，黑粒子被拉到微胶囊底部，从而隐藏。如施加相反的电场，黑粒子在胶囊顶部出现，因而呈现黑色。电子墨水具超低耗电量特点，通常会被制成薄膜，用于电子显示器，尤其用于电子书。

electronic intelligence 电子情报 通过电子侦察手段获取的各种信息。

electronic intelligence reconnaissance 电子情报侦察 电子对抗中的一个重要内容及手段。经长期而有目的地监视与截获敌方电磁辐射信号，精确测定敌方各种辐射源的技术性能、所在位置、武装力量的部署情况和战术战略意图等而建立相应的数据库，并可对其内容进行增删。

electronic jamming 电子干扰 电子对抗的一种手段，通过反射、散射、辐射或吸收电磁能量等手段，阻碍对方有效地使用电磁频谱及降低其使用电磁频谱的能力，使敌方电子设备或系统难以获得有用信息。电子干扰的种类大体上可分为无源干扰和有源干扰、压制式干扰和欺骗式干扰、雷达干扰和通信干扰等。

electronic library 电子图书馆 以计算机网络为基础的自动化图书馆系统。读者可用计算机终端向图书馆要求查阅图书目录卡（作者卡、书名卡、分类卡），或者要求查看馆藏某本书中的某一页，在他的终端设备的荧光屏上可以看到所需要的内容。亦可通过计算机网络实现读者在馆外阅读图书馆中的图书的目的。

electronic lock 电子锁 这种锁具有类似信用卡大小的磁编码卡。在为旅馆开发的一种电子锁中，一旦旅客办完结账手续，就能从中央控制台改变锁的代码，同时准备新的编码钥匙卡。

electronic magazine (E-zine) 电子期刊 一种可在因特网、电子公告栏系统或其他在线服务上获得的数字出版物。参见 electronic journal，electronic newspapers。

electronic mail (E-mail) 电子邮件 也称“电子信箱”，它是一种用电子手段通过网络提供信息交换的通信方式。电子邮件的工作过程遵循客户-服务器模式。每份电子邮件的发送都要涉及发送方与接收方,发送方构成客户端,而接收方构成服务器,服务器含有众多用户的电子信箱。发送方通过邮件客户程序,将编辑好的电子邮件向邮局服务器(SMTP 服务器)发送。邮局服务器识别接收者的地址,并向管理该地址的邮件服务器发送消息。邮件服务器将消息存放在接收者的电子信箱内,并告知接收者有新邮件到来。接收者通过邮件客户程序连接到服务器后,就会看到服务器的通知,进而打开自己的电子信箱来查收邮件。

E

electronic mail protocol **电子邮件协议** 电子邮件协议中最常用的是 POP3,目前绝大多数独立的客户端电子邮件程序都基于 POP3 协议。它适合从单独的系统访问电子邮件的个人用户。而 IMAP(因特网邮件访问协议)是一个新型的协议,它改进了 POP3 的许多不足。例如,它允许用户像在自己的 PC 机上一样管理位于服务器上的邮件,包括允许用户查看位于服务器上的电子邮件的邮件标题,进而了解邮件的基本内容、选择有用的邮件下载到本地的 PC 机中保存以及删除位于服务器上的无用邮件等操作。主要用于接收新闻稿的协议还有 NNTP(网络新闻传输协议)。目前被广泛接受并已成为主流的协议是 MIME(多用途因特网邮件扩展协议)。它提供传输非文本数据的能力,如图形、音频和二进制数据。它的好处是可将多种不同文件一起打包后传送。以上的协议都是关于接收电子邮件的。相比之下,发送电子邮件的协议就简单多了,常用的有 SMTP(简单邮件传输协议)。参见 post office protocol (POP), Internet mail access protocol (IMAP), multipurpose Internet mail extensions (MIME), simple mail transfer protocol (SMTP)。

electronic mail system (EMS) **电子邮件系统** 电子邮件系统主要由邮件用户代理(MUA)、邮件传输代理(MTA)和邮件投递代理(MDA)组成。当用户从 MUA 中发送一份邮件时,该邮件会被发送到 MTA,而后在一系列 MTA 中转发,直到它到达最终发送目标,由 MDA 把它投递到接收方邮箱。电子邮件服务基于客户-服务器模式,邮件客户端和邮件服务器通过 POP(邮局协议)和 IMAP(因特网信息访问协议)协议收取邮件,通过 SMTP 传输邮件内容,实现邮件信息交换。发送方编辑完毕的电子邮件发送给当地的邮件服务器,邮件服务器收到客户送来的邮件,根据收件人的邮件地址发送到对方的邮件服务器中。对方的邮件服务器接收到其他邮件服务器发来的邮件,并根据邮件地址分发到相应的电子邮箱中,这样接收方可通过电子邮箱来读取邮件,并进行相关的处理。参见 mail user agent (MUA), mail transfer agent (MTA), mail delivery agent (MDA)。

electronic map **电子地图** 应用电子学和计算机技术建立起来的视屏显示地图。具有内容和形式灵活、操作可交互、多媒体集成等特点。

electronic marketplace **电子市场** 在因特网技术和其他电子化通信技术的基础上,通过一组动态的 Web 应用程序和其他应用程序把交易的买卖双方集成在一起的虚拟交易环境。

electronic media **电子媒体** 运用电子技术、电子技术设备及其产品进行信息承载的媒体,其中包括广播、电视、电影、录音、录像和光碟等。

electronic megaphone **电子扩音器** 由传声器、音频放大器和喇叭(扬声器)组成的制成单一部件的扩音器。

electronic messaging **电子消息** 用电子方式建立、传输、存储和读取的文本、图像或声音数据。

electronic money **电子货币** 用一定金额的现金或存款从发行者处兑换并获得代表相同金额的数据,通过使用某些电子化方法将该数据直接转移给支付对象,从而能够清偿债务。如信用卡、储蓄卡、借记卡、IC 卡、消费卡、电话卡、煤气卡、电子支票、电子钱包、网络货币、智能卡等,几乎包括了所有与资金有关的电子化的支付工具和支付方式。

electronic motor control **电动机电子控制** 用电子电路对电动机进行控制。交流电动机可以用三端双向或背对背可控硅整流器(SCR)控制,而直流电动机则可以用可控硅整流器控制。供机床和机器人用的直流伺服电动机可以用双极型或 MOSFET(金属氧化物半导体场效应晶体管)功率晶体管控制。步进电动机可以用集成电路开关的输出控制。无电刷直流电动机可以在它们的绕组和晶体管化开关电路中用霍尔效应传感器进行控制。

electronic music **电子音乐** 用计算机和电子设备产生的音乐。电子音乐的制作,是用电子技术获得各种音源。它用正弦波造成无泛音的所谓纯音。或用打击乐器、嘈杂乐器发出的杂音,也用人声和具体音乐相结合,通过声音滤波器使之变形、变质、变量,再经其他电子仪器和录音技术加以剪辑处理,使之再生、复合,组成作品。参见 musical instrument digital interface (MIDI), synthesizer。

electronic musical instrument **电子乐器** 音频信号由拾音器或音频振荡器产生,并经电子放大再馈至扬声器的乐器,如电吉他、电子琴或电子钢琴。

electronic navigation **电子导航** 借助电子电路,包括无线电、雷达和全球定位系统(GPS)进行的导航。

electronic neural computer **电子神经计算机** 也称“第六代计算机”,是模仿人的大脑判断能力和适应能力,并具有可并行处理多种数据功能的神经网络计算机。与以逻辑处理为主的第五代计算机不同,它本身可以判断对象的性质与状态,并能采取相应的行动,而且它可同时并行处理实时变化的大量数据,并引出结论。电子神经计算机的结构有:①神经网络协处理机，在现有的计算机上作为加速板，一般由DSP(数字信号处理)、局部存储器或一般微处理器构成；②并行处理机阵列，利用大量的物理处理单元和存储器，各单元之间通过规则拓扑结构相连接，被模拟神经网络的所有虚拟处理单元及其相应的连接通过一定的方式分配到各物理单元，存储到各自的存储器中；③脉动神经计算机，由一组简单的重复的处理单元组成，每个单元能执行固定的简单运算。一个单元只能与相邻的单元有规则地互连。除阵列边缘的单元之外，所有内部单元的构成都相同。只有边缘的单元才能作为阵列的输入与输出。

electronic neuron network simulation 电子神经网络仿真 利用电子计算机对神经网络所进行的研究和仿真。

electronic news gathering (ENG) 电子新闻采编 使用摄像和录像设备进行现场新闻采编。记者可以在短时间内把现场实况有声有色地报告给观众。

electronic newspapers 电子报纸 电子计算机和电视广播相结合的产物，它把新闻及广告等内容保存在计算机中，为读者提供各种服务。读者可通过电信通信终端、办公或家用计算机访问“电子报馆”，从新闻数据库中选择所需的新闻或广告，这种方式与电子书刊、电视书刊相类似。它既可由调频广播播送或由电视屏幕显示，也可在纸上打印出来。

electronic noticeboard 电子布告牌 计算机屏幕上显示的消息。

Electronic Numerical Integrator and Calculator (ENIAC) ENIAC计算机 美国宾夕法尼亚大学的J. W. Mauchly和J. P. Eckert于1946年制成的计算机。它是历史上的第一台电子计算机，使用了18 800支电子管。其加法速度为每秒5 000次，乘法速度为每秒56次。

electronic office 电子办公室 (1)电子办公室指办公室采用现代信息技术处理文书、档案、数据存储以及现代化通信设备，也称“自动化办公室”。它包括三个部分：第一部分是工作台，它把用户和电子系统联系起来，能够满足每个用户的要求；第二部分是把各工作台连接成一个极为简便灵活的网络系统。办公室的每个成员都可以通过这个网互相交流和传递文件；第三部分是履行各种专门职能的设备，办公室的所有工作人员都可以使用它们。这些设备中有电子档案库，激光印刷机和联络系统。后者可以连通中央计算机与办公设备网及其他设备，特别是其他办公室、其他楼房甚至其他城市乃至国家的办公设备网。(2)指最大限度和最佳地使用包括电子计算机和各种先进的通信及办公设备在内的现代信息技术而建立的新型办公室环境。这样的办公室可以使用电子手段进行文本和数据的处理、通信、存储和检索，以改变传统的办公方式，提高办公的效率和质量。

electronic order system (EOS) 电子订货系统 不同组织间利用通信网络和终端设备以在线连接方式进行订货作业与订货信息交换的系统。

electronic overlay 电子覆盖 (1)某类印刷设备中的一种不变数据集合。用电子技术将该集合组装在主机处理器中，在印刷时它可以与可变数据合并打印在一张报表上。参见page segment。(2)在某些系统中，一个高功能打印(AFP)资源对象，是一系列预定义的数据，如行、阴影、文本等，可在打印时与变量一起合并到一个页面中。

electronic passport 电子护照 在传统纸本式护照封面中嵌入电子芯片，并将持照人的姓名、性别、出生日期、护照号码、证件照片图像、指纹信息等个人信息存储在芯片内，可由计算机阅读。

electronic payment 电子支付 使用电子现金或信用卡进行交易支付的方法。

electronic pen 电子笔 一种手持式的光敏(或磁敏)性输入装置。它通过导线与终端机相连接，用来在终端屏幕上选择命令信息，或者用来输入某些简单的信息。

electronic piano 电子钢琴 没有共鸣板的钢琴，其中，每根弦的振动会影响电容传声器的电容，并产生音频信号，音频信号经放大，并由扬声器重现。

electronic plotter 静电绘图仪 一种光栅绘图仪，利用潜像头使纸张带上静电来吸附彩墨。当程序控制的电压作阵列式输出，并作用在管头的管针尖上时，被选中的针尖就在从管头下面通过的纸上产生极小的静电点，带静电的纸通过暴露在液态调色盒下进行静电显影，产生图形。

electronic pointing devices 电子定位设备 允许用户使用超声波、红外线、眼睛移动、神经信号或者脑电波来控制屏幕的设备。当使用屏幕键盘时候，电子定位设备也允许用户输入文本和数据。

electronic polarization 电子(位移)极化 在外电场作用下，原子外围的电子云相对于原子核发生位移形成的极化。也称“形变极化”。没有受电场作用时，组成电介质的分子或原子所带正负电荷中心重合，对外呈中性。受电场作用时，正、负电荷中心产生相对位移(电子云发生了变化而使正、负电荷中心分离的物理过程)，中性分子则转化为偶极子，从而产生了电子位移极化。

electronic press 电子报刊 运用各类文字、绘画、图形、图像处理软件，参照电子出版物的有关标准，创作的电子报或电子刊物。电子报刊是将信息以数字形式存储在光、磁等存储介质上，并可通过电脑设备本地或远程读取使用的出版物。

electronic printer 电子打印[印刷]机 一种通过电子记录方式进行印刷的非击打式印刷机。该术语可用于任何一种计算机的打印机，但尤指用磁盘记录原文并通过数字化活铅字重新打印出原文的一种设备。

electronic private automatic branch exchange (EPABX) 电子专用自动交换分机 一种电子计算机控制的电话交换系统。

electronic product code 产品电子代码 国际条码组织推出的产品编码体系。EPC 码是对每个单品都赋予一个全球唯一编码，EPC 编码采用 96 位（二进制）方式的编码体系。96 位的 EPC 码，可以为 2.68 亿公司赋码，每个公司可以有 1 600 万产品分类，每类产品有 680 亿的独立产品编码。EPC 旨在为每一件单品建立全球的、开放的标识标准，实现全球范围内对单件产品的跟踪与追溯，从而有效提高供应链管理水平、降低物流成本。

electronic proof 电子凭据，电子核对 (1)在电子信息系统中可作为用户身份证明的数据信息，可代替硬拷贝的纸质证据，通常称为数字签名。为了防止电子凭据被伪造，需要采取严格的加密措施。(2)通过观察显示屏并利用终端进行编辑而完成的校对工作，在计算机印刷排版和报纸自动编辑中经常采用。

electronic publication 电子出版物 将信息以数字化的方式存储在磁、光、电等介质上，可复制发行，并通过计算机或者具备类似功能的设备进行阅读使用，以表达思想、普及知识和传播文化的交互性的大众传播媒体。

electronic publishing system (EPS) 电子出版系统 利用以计算机为主的电子技术代替传统的人工编辑、铅字排版的自动化印刷出版系统。

electronic purse 电子钱包 一种具有存储值的智能卡，它可存储银行的或来自家庭中电子钱夹的数字现金，并在销售点系统装置上消费，其目的用于取代现金。

electronic reconnaissance 电子侦察 利用现代电子技术手段，搜索、截取、测量敌方目标的特性，并经计算机分析处理，以获取所需的有用情报和信息。电子侦察包括电子对抗侦察、雷达侦察、光电侦察和声纳侦察等。

electronic relay 电子继电器 一种提供继电器功能、但没有移动部件的电子电路。例如，固态继电器。参见 solid state relay (SSR)。

electronics 电子学 在电磁学和电工学的基础上，以电子运动和电磁波及其相互作用的研究和利用为核心而发展起来的学科。现代电子学是一个庞大的专业和学科体系，在这个体系里包含有众多的分支。它们有机地结合在一起，形成了电子学的统一整体。这些分支按性质可分为四大类：①系统与大系统技术，属于这一类的分支学科有：通信、广播、电视、雷达、导航、电子对抗、计算机系统，以及综合多种系统技术的大型电子系统；②基础理论和基础技术，属于这一类的分支学科有：电子线路与网络分析、微波、天线、电波传播、测量、电源、显示技术、信号处理、信息论、自动控制原理、可靠性理论等；③元件、器件与材料、工艺，属于这一类的主要分支学科有：固态电子器件与集成电路、真空电子学、电子元件、电子材料及有关生产技术等；④交叉专业和学科类，电子学与其他学科交叉渗透，又形成了许多新的分支学科。属于这一类的主要有：量子电子学、核电子学、空间电子学、生物与医学电子学、射电天文学与雷达天文学等。

electronic scales 电子秤 以微型电子计算机为主体的电子秤重装置。电子秤具有大型荧光显示屏幕，可指示起重、移动、减重和零位等，通常以磅或 F 为秤重单位。

electronic scanning 电子扫描 在电子电路控制之下，对电子流或可见光束射频能量或红外能量进行操纵。具体例子包括：电视发射管和电视接收机阴极射线管中的光栅扫描、示波器阴极射线管中的图形描绘、相控阵天线中的波束（发射波束和接收波束）控制以及用由电子电路驱动的反射镜和透镜对激光束定向。

electronic serial number (ESN) 电子序列号码 唯一地识别一个移动台设备，由厂家编号和设备序号构成的 32 位比特码。

electronic services (E-Services) 电子化服务 E-Services 是一种服务和资源，它存在于网络和现有的各种有电子介质的设备上，能帮助用户解决从简单到复杂的各类问题，它的服务对象是人、商业和事物。

electronic shopping 电子购物 用电子计算机和电视通信技术实现的一种社会服务项目。它改变了以往必须去商店购物的方式，用户若想购买某种物品只须接通家中或办公室中或街上公共的计算机-电视通信终端，即可从电视屏幕上查看某些商店的有关商品信息。当输入所选定的商品名称、数量及自己的信用卡号码后，用户可从显示屏上看到应付款额及送货时间，不久商店将把所选购的物品通过物流送货上门。

electronic signature 电子签名 数据电文中以电子形式所附用于识别签名人身份并表明签名人认可其中内容的数据。通俗点说，电子签名就是通过密码技术对电子文档的电子形式的签名，并非是书面签名的数字图像化，它类似于手写签名或印章，也可以说它就是电子印章，具有法律效力。

electronic society E[电子]社会 自从因特网出现以后，特别是电子商务和电子金融出现以后，人类社会的各个组成部分：个人，家庭，社区，企业，银行，行政机关，教育机构等，以遍布全球的网络为基础，超越时间与空间的限制，打破国家、地区以及文化不同的障碍，实现了彼此之间的互联互通，平等、安全、准确地进行信息交流，使传统的社会转型为电子的社会，也称“E 社会”。参见 4A。

electronic software distribution (ESD) 电子软件分销 一种在因特网上向在线用户直接分销软件的

方法。电子软件分销类似于直接邮寄订货。

electronic spectrum 电子光谱 分子中电子在电子能级之间跃迁产生的光谱。它包括吸收光谱、发射光谱和反射光谱。

electronic speech recognition 电子语音识别 让机器通过识别和理解过程把语音信号转变为相应的文本或命令的技术。参见 speech recognition。

electronic spread sheet 电子数据表 一种便于执行和理解财务计算的程序。电子数据表由按行和列组织的许多单元组成。单元中可以含有数据(如利率)或公式。这些公式取单元中的数据进行计算。由于存入含有公式的单元中的数值与存在其他单元中的数值有关,所以一个单元中值的改变会影响到许多单元。例如,现有利率会影响使用该利率来计算其数值的所有单元。

electronic spreadsheet package 电子表格软件包 泛指用于表格处理的一类软件包,如 Multiplan, Lotus-1-2-3, Excel 等。这些软件包为用户预先设计一张空白表格,用户可以按需要设计列宽,在空白表格单元中填入文字、数字,也可填入公式,软件包会自动按公式算出结果,填入该表格中。

electronic stylus 电子笔,光笔 一种检测光信号的装置。它通常与阴极射线管(CRT)等显示器相连。在程序控制下,光笔可用来修改和增删信息。人们可以很方便地利用光笔实现人机对话。它是计算机的一种数据输入装置,具有输入速度快,无机械噪声和磨损,使用比较直观、灵活和方便等优点。光笔由笔体、透镜组、光导纤维、触钮开关、光电变换元件、整形放大电路、开关电路和金属导线组成。参见 electronic pen。

electronic switch 电子开关 由一个或多个可控电子阀组成,用于使电路通断的能起开关作用的电子装置。

electronic switching 电子通断[切换] 借助电力电子器件使电力电路接通和开断过程。

electronic switching system (ESS) 电子交换系统 (1)利用含有程序交换逻辑和存储器的计算机进行控制的电话交换设备。计算机输出用来激励簧片或电子开关,从而自动地接通电话。(2)一种公用载波通信系统。使用固态电路设备以及计算机装置,具有快速拨号、呼叫传输以及 3 路呼叫等特殊功能。

electronic tag 电子标签 电子标签是射频识别(RFID)的俗称。最基本的电子标签系统由三部分组成:①标签:由耦合元件及芯片组成,每个标签具有唯一的电子编码,有可写入的存储空间,附着在物体上标识目标对象;②阅读器:读取(有时还可以写入)标签信息的设备,可设计为手持式或固定式;③天线:在标签和阅读器间传递射频信号。参见 radio frequency identification (RFID)。

electronic telephone 电子电话 带有微型计算机的全电子式电话机。它具有按缩位拨号、存储代号、挂机拨号、内线互联、自动计费、无人接话(录音)和多人对讲(可开电话会)等多种功能。更理想的电子电话还应包括自动翻译,即不同语种的人可以自由通话。

electronic transaction 电子交易 一种交易处理方式。这种交易处理方式利用电子计算机和其他电子设备来处理商品交易和资金过户。

electronic transaction environment 电子交易环境 支撑电子交易的各种设备、技术、体系等条件的总称。电子交易环境包括自动票据交换系统(ACH)、自动柜员机系统(ATM)、销售点系统(POS)、家庭银行和家庭购物系统(HBHP)等。

electronic transfer accounts 电子转账 在金融界或社会经济部门采用计算机网络和数据库技术来进行转账。不仅银行之间,银行与企业、公司之间,甚至个人之间也可以进行电子转账。职工的工资由公司按月转到职工的银行账号户头上。客户购物或旅行可使用银行发给存户的万能磁卡付款。由于该系统加强了保护措施,即使个人万能磁卡丢失,别人也难以使用。建立电子转账业务后将最大限度减少现金交易。

electronic translator 电子译码器 长途电话交换系统中使用的一种设备。它利用电子线路和存储程序来控制信息,把被呼听的电码转换成系统所需要的信息,用来向被呼叫用户所在的总局选择可用路径。

electronic tuning 电子调谐 靠改变控制电压而不是靠手动调节或转换元件对发射机、接收机或其他调谐设备进行调谐。

electronic tuning range 电子调谐范围 电子调谐振荡器的两个规定最小输出工作点之间的连续调谐频率范围。

electronic tuning sensitivity 电子调谐灵敏度 电子调谐振荡器在改变电极电压或电极电流时,振荡频率的变化速率。

electronic valve 电子阀 由一个或多个阀器件连同其辅助器件所组成,具有两个外接主端子的运行单元。

electronic voltmeter 电子电压表 一种利用电子器件及其有关电路的整流和放大特性来获得所需特性,如高输入阻抗、宽频率范围和峰值指示的电压表。

electronic wallet (E-wallet) 电子钱包 一种装载和读出智能卡(信息)的小型便携装置。它可显示有多少钱存在用户自己的智能卡上,并可在这种钱包和用户或其他人的智能卡之间划拨现金。

electronic warfare 电子战 在军事上,以削弱、破坏敌方电子设备的使用效能和己方电子设备的有效使用为目的,而采用的各种战术技术措施。包括电子干扰、电子防御和电子侦察等三种主要技术手段。

electronic waste 电子垃圾 废弃不再使用的电气或电子设备。

electronic watch 电子手表 以带有电池供电电子电路的石英晶体或音叉为基础，能给出比普通发条型机械表更高准确度的手表。

electronic wattmeter 电子功率计 在一种利用两个匹配的电子电压表在已校准为直接读出功率值的刻度上给出读数与两个电压乘积成正比的功率表。一个电压是在负载两端出现的电压，另一个电压则在与线路串联的电阻器两端获得。

E

electron jump 电子跃迁 同 electron transition。

electron microscope 电子显微镜 利用在真空室中用聚焦的电子束对样品进行放大的显微镜。电子束由电子枪中的加热灯丝形成并由线圈整形，以与光学显微镜中相似的方式对图像进行放大。有两类电子显微镜，即透射型和扫描型。在透射电子显微镜(TEM)中，电子束通过薄样品在荧光屏上形成图像。在扫描电子显微镜(SEM)中，电子束对样品进行扫描，在监视器上形成它的三维图像。参见 transmission electron microscopy (TEM), scanning electron microscope (SEM)。

electron mirror 电子反射镜 产生电子束全反射的电极或其他元件。

electron multiplier 电子倍增器 一种利用固态反射(倍增极)的二次电子发射来产生电流放大的电子管结构。包含所需信号电流的电子束轮流从每个极表面反射。每次反射时，入射电子都释放两个或多个二次电子，所以，电子束的强度增加。也称“二次电子倍增器”。

electron multiplier phototube 电子倍增光电管 也称“光电倍增管”，同 photomultiplier tube (PMT)。

electron optics 电子光学 研究在具有电子透镜和电磁场或具有电磁场的真空中如何控制电子束的电子学分支学科。

electron penetration depth 电子透入深度 当电子束轰击一种材料时，电子束透入材料表面且其动能得以转换成热能的深度。

electron-positron pair 电子-正电子对 由电子偶产生过程同时形成的电子和正电子。

electron radius 电子半径 电子半径的标准值为 $2.817\,77 \times 10^{-13}$ cm。它是使电子的静质量能量等于它的静电固有能量来得到的。

electron rest mass 电子静质量 一个数值为 9.1091×10^{-28} g 的物理常数。

electron shell 电子壳层 在原子核外部给定轨道内的电子排列。壳层内的所有电子都处于相同能级。

electron spin 电子自旋 电子围绕自身的轴线旋转，它影响电子的总角动量。

electron spin resonance 电子自旋共振 电场和磁场与电子围绕自身轴线的自旋的相互作用。

electron synchrotron 电子同步加速器 一种利用一定的环形轨道上用高频电场加速电子的环形加速器装置。同步加速器中磁场强度随被加速电子能量的增加而增加，从而保持电子回旋频率与高频加速电场同步。

electron trajectory 电子轨迹 一个电子在电子管中运动的路径。

electron transition 电子跃迁 组成物质的粒子(原子、离子或分子)中电子的一种能量变化。

electron transition energies 电子跃迁能 电子跃迁过程中吸收或释放的能量。根据能量守恒原理，粒子的外层电子从低能级转移到高能级的过程中会吸收能量；从高能级转移到低能级则会释放能量。能量为两个轨道能量之差的绝对值。

electron tube 电子管 一种在气密性封闭容器(一般为玻璃管)中产生电流传导，利用电场对真空中的电子流的作用以进行工作的电子器件。电子管可以完成整流、放大、调制、解调、振荡、限幅和多种其他功能。

electron-tube coupler 电子管耦合器 一种专门用于插在电子管和输入端或输出端之间，如插在磁控管与传输线之间的耦合器。

electronvolt (eV) 电子伏特 能量的单位。代表一个电子电位改变一伏特时所获得的动能量或所损失的电位能的量。国际通用的符号是 eV。1 电子伏特 $= 1\text{eV} = 1.6 \times 10^{-19}$ 库仑 $\times 1$ 伏 $= 1.6 \times 10^{-19}$ 焦耳。

electron-wave tube 电子波管 一种具有不同速度的电子流相互作用的电子管，它能引起沿电子流长度方向逐渐变化的信号调制。

electro-optical crystal 电光晶体 具有电光效应的晶体材料。已实用的电光晶体主要是一些高电光品质因子的晶体和晶体薄膜。在可见波段，常用的电光晶体有磷酸二氢钾、磷酸二氢铵、铌酸锂、钽酸锂等晶体。前两种晶体有高的光学质量和光损伤阈值，但其半波电压较高，而且要采用防潮解措施。后两种晶体有低的半波电压，物理化学性能稳定，但其光损伤阈值较低。在红外波段，实用的电光晶体主要是砷化镓和碲化镉等半导体晶体。电光晶体主要用于制作光调制器、扫描器、光开关等器件。

electro-optic device 电光器件 利用电场对某些晶体的光特性产生影响的物理效应装置。

electro-optical effect 电光效应 某些各向同性的透明物质的光学特性(如折射率)受外电场影响而发生变化的现象统称为电光效应。电光效应包括泡克耳斯(Pockels)效应和克尔(Kerr)效应。利用电光效应可以制作电光调制器、电光开关、电光光偏转器等，并在高速摄影、光速测量、光通信和激光测距等激光技术中获得重要应用。参见 Kerr effect，Pockels effect。

electro-optical imaging sensors 电子光学映像传感器 用作机器人和视觉检验的光学传感器。利用标准的电视摄像机和计算机连接后，可以提供价格低廉且使用方便的映像传感。

electro-optic material 电光材料 能将电信息变换成光信息或根据电信号完成某种光学功能的材料。一个实例是锆酞酸铅镧，它是一种透明的铁电陶瓷，其光学特性可用电场加以改变。

electro-optic modulation 电光调制 利用电光效应进行光波载波调制的方法称为电光调制。电光调制是基于线性电光效应，即光波导的折射率正比于外加电场变化的效应。电光效应导致的相位调制器中光波导折射率的线性变化，使通过该波导的光波有了相位移动，从而实现相位调制。参见 acoustooptic modulation。

electro-optic modulator (EOM) 电光调制器 一种包含克尔(Kerr)盒、电光晶体或其他信号控制电光器件的调制器。也称“光调制器”，是大容量光纤传输网络和高速光电信息处理系统中的关键器件。它是通过电压或电场的变化最终调控输出光的折射率、吸收率、振幅或相位。参见 acoustooptic modulator。

electro-optic neural computer 电光神经计算机 采用电光器件的混合型神经计算机，原理上是一种 Hopfield 联想记忆网络，1984 年由 Farhat 等开发成功。

electrooptics 电光学 研究电场对穿过电光材料的光射线影响的光学分支学科。

electr-ooptic switching 电光交换 用电光变换实现不同光波长的交换方式。

electrophoresis 电泳 在电场的影响下，流体媒质中悬浮带电粒子的运动。

electrophoretic effect 电泳效应 当水溶液(如食盐)电解时，溶液中的离子向电极方向移动(称为电泳)，因溶液流动阻碍离子移动而减小其迁移率的现象为电泳效应。离子的迁移率与溶液中电解质浓度、种类、颗粒形状及大小相关。

electrophoretic display 电泳显示 一种具有加入液体的吸光染料，以改善颜色和亮度对比度的液晶显示。当加上电场时，各个单独的带电染料微粒产生移动。若白染料微粒悬浮在透明电极的黑色流体之间，则直流电压将使微粒沉淀在一个电极上。通过电极进行观察时，显示将呈现白色。将电压极性颠倒时，微粒向另一个电极移动，显示将呈现暗色。

electrophotographic printer 电子照相印刷机 一种非击打式印刷机。其工作原理如下：先使光半导体带上静电荷，然后从计算机送来文字图形的光信号，并以扫描方式照射到带静电的光半导体上，凡受到光照射的部分，静电荷消失，经过显像，文字及图形就呈现出来。

electrophotographic printing 电子照相印刷法 电子照相印刷法有两种：一种是间接法，即感光材料是印刷机械的一部分，能将图像馈给印刷纸即可成像；另一种是直接法，即感光材料涂在作为记录媒体的纸上，一次印刷成像。在激光电子照相印刷中，先将数字信息馈给激光器，激光器以点阵方式在光接收器的圆筒上生成图像，然后调整图像的黑白度并馈给印刷纸，即可印刷成像。

electrophotographic process 电子照相法 一种在纸上成像的技术。具体方法是：对光电导体进行均匀充电，在其上形成静电潜像，然后将带负电的着色剂吸引到光电导体的放电区域，最后再把着色剂转移并熔合在纸上。

electrophotography 电子照相技术 静电摄影术中的一种。它利用光线、X 射线或 γ 射线在光敏绝缘介质上形成静电潜像，然后使静电潜像处的电荷吸引住色粉，再把粉末图像印到纸上，最后通过加热使之定影。

electroplating 电镀 出于保护、装饰或其他目的，在导电物体上以电沉淀方式附着金属涂层。待电镀物体置于电解质中，并与直流电压源的一个接线端相连。待沉淀的金属以类似方式浸入电解质中，并与直流电压源的另一个接线端相连。随着金属离子在电极之间形成电流，便实现了金属的转移。

electropolarized relay 极化继电器 同 polarized relay。

electropolishing 电抛光 通过使金属成为电解液中的阳极并优先溶解微小的凸出部，在金属上形成平滑、有光泽的表面的过程。

electrorefining 电解提纯 通过电沉淀并在更纯的状态下使金属再沉淀到阴极上，从不纯的阳极上溶解金属的过程。

electroresistive effect 抗电效应 某些材料的电阻率随外加电压的变化而改变。压敏电阻器就是建立在这个效应的基础上。

electrosensitive paper 电敏纸 一种有电流经过时便会变黑的导电纸。参见 electroconductive paper。

electrosensitive printer 电灼式印刷机 电码控制的点阵式印字机。其原理是用多根针组成的电笔在传真纸上扫描，各根针根据不同字形，在不同的时刻放电或不放电，将传真纸介质上的热敏材料击穿形成点矩阵，从而实现字符的印刷。这种印刷机机构较简单，印字速度较高。

electrostatic 静电 一种不沿导电回路流动的电荷，即它是静止的。当两个不同的物体相互接触时就会使得一个物体失去一些电荷，如电子转移到另一个物体使其带正电，而另一个体得到一些剩余电子的物体而带负电。若在分离的过程中电荷难以中和，电荷就会积累使物体带上静电。所以物体与其他物体接触后分离就会带上静电。

E

E

electrostatic balance 静电平衡 导体中的电荷分布与电场的分布都不随时间而变化的状态。同 electrostatic equilibrium。

electrostatic breakdown 静电击穿 电子产品在生产、运输、储存和转运等过程中所产生的静电电压远远超过其击穿电压阈值,这就可能造成器件的击穿或失效,影响产品的技术指标,降低其可靠性。

electrostatic deflection 静电偏转 借助电子束相对两侧电极产生的静电场使电子束偏转。电子束被吸引到正电极上而被负电极排斥。

electrostatic discharge (ESD) 静电放电 具有不同静电电位的物体相互靠近或直接接触引起的电荷转移。静电能在纸、塑料或其他非导体上形成,并通过人的皮肤(手指)接触放电。它也可能由在地毯上檫鞋或用刷子刷非导体而产生。静电放电可导致设备的损坏和电路系统的性能下降。

electrostatic discharge protection 静电放电保护 保护器件和电路不受静电放电影响主要有以下几种方法:①使运输易损坏器件的包装箱和容器的表面成为导电表面,以防止或消除静电的形成;②将导电工件表面接地;③工作人员穿防静电鞋、戴接地的导电腕带和穿导电的外衣,并有防静电地垫、防静电复合胶板或防静电地板;④在工作区维持至少为50%的相对湿度和有效空气电离。

electrostatic discharge sensitivity 静电放电灵敏度 电路或器件对由静电放电引起的损伤或破坏的易损性。

electrostatic document copying machine 静电复印机 一种使用静电技术的复印机。

electrostatic equilibrium 静电平衡 在静电感应过程中,随着导体两端的正负电荷的不断积累,所产生的附加电场不断增强,直至跟导体内的外电场完全抵消。这时导体中的总电场处处为零,自由电荷不受电场力的作用,不再移动,导体两端的电荷不再增加。此时导体达到静电平衡状态。

electrostatic field 静电场 不随时间变化或随时间变化可以忽略不计的电场。根据静电场的高斯定理,静电场的电场线起于正电荷,终止于负电荷,或从无穷远到无穷远,故静电场是有源场。从安培环路定理来说它是一个无旋场。根据环量定理,静电场中环量恒等于零,表明静电场中沿任意闭合路径移动电荷,电场所做的功都为零,因此静电场是保守场。

electrostatic focusing 静电聚焦 一种通过电场作用对电子束进行聚焦的方法,如阴极射线管中的电子枪。

electrostatic force 静电力 静止带电体之间的相互作用力。带电体可看作是由许多点电荷构成的,每一对静止点电荷之间的相互作用力遵循库仑定律。也称"库仑力"。两个静止带电体之间的静电力就是构成它们的那些点电荷之间相互作用力的矢量和。参见 non-electrostatic force。

electrostatic generator 静电起电机 一种由摩擦或感应产生电荷,然后用机械方式传送至绝缘电极,以形成可达 9 MV 电压的高压起电机,如范德格拉夫(Van de Gmaff)起电机和维姆胡特(Wimshurst)起电机。

electrostatic headphone 静电耳机 活动振膜采用具有导电涂层的极薄振动片的耳机。静电耳机的原理是振膜处于变化的电场中,振膜极薄,可以精确到微米级,线圈在电场力的驱动下带动振膜发声。静电耳机的结构相对于动圈耳机有着天然的优势,静电耳机可以控制振膜的最小点要比动圈耳机小很多,相比动圈耳机,静电耳机具有更快的速度、更佳的瞬态反应、更强的细节表现力。

electrostatic image 静电图像 由光电导体在激光扫描光栅下曝光时构成放电区域形成的可见的图像。

electrostatic induction 静电感应 一种导体因受外电场的影响而在表面不同的部分出现正负电荷的现象。导体其附近带电体的电场作用下,导体中的自由电子进行重新分布,直至导体内的电场的强度减小到零为止。结果靠近带电体的一端出现与它异性的电荷,另一端出现与它同号的电荷。当发生静电感应时,由静电感应所得的感应电荷,必为同时产生,且正、负电量相等。当带电体被移开时,导体上的电荷将恢复原来不带电的状态。

electrostatic loudspeaker 静电扬声器 极薄的振膜在静电力的作用下作前后移动的那类扬声器,和依靠电磁力来使振膜作前后移动的电动式扬声器是不相同的。静电扬声器的结构简单,它无磁体,而是利用音频信号源和直流极化电源的协同作用,促使振膜(可动电极)表面积累一定密度的电荷,以至振膜受到方向交替变化的电场作用,并伴随音频信号源而振动发声。静电扬声器的振膜质量极轻,因而解析力极佳,能捕捉音乐信号中极为细微的变化。由于静电扬声器两固定电极分别与振膜构成电容结构,故又名电容式扬声器。

electrostatic painting 静电喷涂 利用高压静电电场使带负电的涂料微粒沿着电场相反的方向定向运动,并将涂料微粒吸附在工件表面的一种喷涂方法。静电喷涂设备由喷枪、喷杯以及静电喷涂高压电源等组成。工作时静电喷涂的喷枪或喷盘、喷杯,涂料微粒部分接负极,工件接正极并接地,在高压电源的高电压作用下,喷枪(或喷盘、喷杯)的端部与工件之间就形成一个静电场。涂料经喷嘴雾化后喷出,被雾化的涂料微粒通过枪口的极针或喷盘、喷杯的边缘时因接触而带电,当经过电晕放电所产生的气体电离区时,将再一次增加其表面电荷密度。这些带负电荷的涂料微粒在静电场作用下,向正极性的工件表面运动,并被沉积在工件表面上形成均匀的涂膜。

electrostatic photography 静电摄影术 一种利用带静电的光敏材料在接受光照时局部电荷随光线强弱发生相应变化的原理来获得影像的方法。

electrostatic photomultiplier 静电光电倍增器 由静电场引起依次从每个倍增极反射电子流的光电倍增器。

electrostatic plotter 静电绘图仪 一种由点阵模式形成图像而不是笔在纸上画线条产生图像的绘图仪，标准绘图仪是向量设备，用坐标方式绘图，静电绘图仪在有特殊涂层的充电纸上产生点阵图像。作为一种光栅设备，静电绘图仪处理位映射的点阵图像，因此向量的图像需要进行转换，这种转换可由光栅图像处理器或计算机进行。在绘制复杂图形时静电绘图仪可以比基于笔的绘图仪快 50 倍，但价格也贵得多。彩色静电绘图仪产生图像是经过对深蓝、深红、黄和黑色多次绘制完成。参见 plotter。

electrostatic precipitation 静电除尘 利用静电场使气体电离从而使尘粒带电吸附到电极上的收尘方法。在强电场中空气分子被电离为正离子和电子，电子奔向正极过程中遇到尘粒，使尘粒带负电吸附到正极被收集。

electrostatic precipitator 静电除尘器 静电除尘器的工作原理是利用高压电场使烟气发生电离，气流中的粉尘电荷在电场作用下与气流分离。负极由不同断面形状的金属导线制成，称为放电电极。正极由不同几何形状的金属板制成，称为集尘电极。

electrostatic printer 静电打印机 基于静电成像原理的打印设备。静电打印机将充电板材上或是喷嘴中释放的色粉树脂或是染料传递到承印材料上，然后对它进行热固化处理。

electrostatic protection 静电防护 防止静电危害的保护措施。静电对电子设备、器件、人员都有危害：静电对大规模集成电路尤其是 MOS(金属氧化物半导体)器件有严重危害；静电放电是干扰电子设备正常工作的主要因素；静电电压超过 2 500 V，则对人的心脏和神经系统存在有害影响。为此，必须…对静电采取防护措施。一般：①对大规模集成电路如 MOS 器件和装有这种器件的插件，在存放和输送过程中必须要有防静电的包装保护措施；②对于现代的计算机机房必须铺设抗静电活动地板和装修抗静电墙面；③计算机操作人员要穿防静电的工作鞋、工作服、当插拔和触模组装有大规模集成电路插件和 MOS 器件时，手腕上要戴带防静电接地环；④组装大规模集成电路插件的车间场地和工作台要铺设抗静电橡胶板，操作者手腕要求戴防静电接地环和保持接地系统等电位。

electrostatic recording paper 静电记录纸 经过特殊加工处理、专门用于静电印刷的记录纸。其特点是可以在其上记录并保持电荷潜像。

electrostatic relay 静电继电器 执行元件由将两个或多个导体分开的非导电媒质组成的继电器。由于作用到导体上的电荷相互吸引和排斥，故导体将改变它们的相对位置。

electrostatic ring 静电环 放于变压器线圈端部，起改善电场及起始电压分布等作用，用导电金属箔带缠绕于绝缘端圈上的开口的环形电屏。

electrostatics 静电学 研究静止电量(如带电物体)和强度不变的电场的科学。

electrostatic separator 静电分离器 用于分离由不同的介电常数的液体的混合物组成的液相系统。静电分离器利用两个电极之间的强大电场，使不同介电常数的材料由于受到的偏转程度不同而落入不同的分类槽中。

electrostatic shield 静电屏蔽 为了避免外界电场对仪器设备的影响，或者为了避免电器设备的电场对外界的影响，用一个空腔导体把外电场遮住，使其内部不受影响，也不使电器设备对外界产生影响，这就称为静电屏蔽。空腔导体不接地的屏蔽为外屏蔽，空腔导体接地的屏蔽为全屏蔽。参见 externalshield，full shielded。

electrostatic storage 静电存储器 把数据存储在介质表面(如阴极射线管荧光屏)上的一种存储方式。用带静电荷的点的出现或不出现来表示信息，这种静电荷在电流消失后仍能维持一个短时间。

electrostriction 电致伸缩 在外电场作用下电介质所产生的与场强二次方成正比的应变，称为电致伸缩。这种效应是由电场中电介质的极化所引起，并可以发生在所有的电介质中。其特征是应变的正负与外电场方向无关。

electrostriction effect 电致(伸缩)效应 电介质在电场的作用下会由于极化的变化而引起形变，若形变与电场方向无关，这个现象就称为电致效应，其应变的大小与电场强度的平方成正比，方向与电场方向无关。这种效应属于将电量转化为机械量的一种效应。

electrostriction transducer 电致伸缩传感器 一种利用某些对称晶体在电场作用下将产生弹性应变的原理进行工作的传感器。

electrothermal printer 电热式打印机 用触针接触特殊涂膜纸并加热图像(字符)，从而在这种纸上产生矩阵式字符的打印机。这种字符打印机的工作速度约为每秒 30 个字符。

elegant program 精致的程序 经过充分优化，结构简单、执行时间最短并且占用内存空间最少的程序。

element 元素，单元，元件，码元，电池 (1)集合中的一种客体、实体或概念，它们具有该集合所定义的属性。(2)在 SNA(系统网络体系结构)中，包括在子区之内的并由单元地址所标识的一种特定资源。(3)完成某一特定功能的器件、电路或装置。如晶体三极管、逻辑元件等。(4)指信息的每一位。

(5)能够将化学能转换成电能的装置。

element address 单元地址 在SNA(系统网络体系结构)中,网络地址的单元地址字段的值,标识某一子区之内的某特定资源。参见 subarea address。

elementary action 基本动作 在概念模式语言中,指插入、删除或者取回一个句子。

elementary chain 基本链 偶图〈X,Δ,Y〉中的一条链,该链的每一条边的两个端点分别在X和Y中,称为基本键。

E

elementary charge 元电荷 与单个电子的电荷相对应的单位电荷电量,大约等于 4.80298×10^{-10} 静电单位。这一电量是不可分割的最小电荷,也称之为"基本电荷"。

elementary command 基本命令 在概念模式语言中,使一个基本动作发生的命令。

elementary diagram 接线原理图 一种将电路中所有设备、器件及连线画在代表电源的两垂直线之间的电路图。其中右侧垂直线是最低电位,左侧垂直线是最高电位。这种图也称"梯形图",它可由CAD(计算机辅助设计)系统交互生成。

elementary item 基本项,元素项 (1)也称"初等项"。在COBOL语言中是逻辑上不能进一步细分的数据项。(2)在数据库中,一个不能再分割成子字段的字段。

elementary operation 基本运算 加、减、乘、除和取整运算中的一种。

elementary procedure (EP) 基本过程 基站应用部分(NBAP)协议由基本过程组成,一个基本过程是在CRNC(控制无线网络控制器)和NodeB之间相互作用的一个单元。一个EP由一个发起的消息和一个可能的应答消息组成。

element class 元类 一个抽象实体类型,或者一个复合数据。如同其他语言的记录。它由一个标识该元类的符号后跟若干属性名组成。元类的实例化就产生工作存储元。

element expression 元素表达式 在PL/1语言中,其求值能产生元素值的表达式。

element management layer (EML) 元素管理层 管理各种网络元素的系统提供的功能的一个抽象。

element management system (EMS) 元素管理系统 一个在元素管理层提供功能的管理系统。

element of a set 集合的元素 集合中的每个对象称为这个集合的元素,集合中的元素是互异的,即集合中的元素是没有重复的。

element string 码元串 参见 binary element string。

element synchronism 码元同步 在同步传输系统中,接收到的码元和本地时标的码元完全合拍的状态称为码元同步。

element variable 元(素)变量 (1)在PL/1语言中表示元素的变量。它是标量变量。(2)用于匹配一个存储元的变量。通常的变量只能匹配属性值表达式,如果相应条件匹配该存储元的话,出现在产生式规则左部的非否定条件元中的元变量可以匹配一个存储元。

elevation 仰角 地面站天线瞄准卫星的仰角,用"度"来计量,若天线对准地平线,则仰角为0°。

elevator 滚动条 文档窗口以及列表框侧边或底边上的一个图形条,其中有一个可用鼠标拖动的滑块,用于浏览但受框的范围限制而不能完全显示的内容。

elevator seeking 升降检索 一种文件检索技术,用于提高性能,其中文件服务器物理地寻找位于硬盘同一区域的文件,而不是盲目地严格按排列顺序检索文件,也就是使磁盘读写头按移动的方向读取文件,而不是按需求的顺序进行访问。

eleven-punch 第11穿孔位 穿孔卡片上的第11个孔,也称"X孔",该孔往往用于控制或选择,或者表示负数。

ELF 极低频 extremely low frequency 的缩写。

eligible list 入列选表,合格表 某些操作系统中的一种虚机列表。这些虚机为潜在的可执行虚机,但由于当前的系统负载情况而尚未被置入运行表去竞争处理机资源。

elimination factor 消去率,消去因子 也称"排除率"。在情报检索中,用未被检索到的文献数除以资料档案中文献总数所得到的比值。

elimination of tautologies 重言式消除 消除含有重言式的子句的归结策略。一个文字和该文字的否定的析取称为重言式。

elite 厄里特 一种打印字母尺寸,其尺寸为每英寸可打印12个字符,这种字体是等宽的字体,每个字符的宽度相等。参见 pica,point。

ELLC 增强型逻辑链路控制 enhanced logical link control 的缩写。

elliptically polarized wave 椭圆极化波 在特定频率上,传播方向表现为椭圆形的电磁波。

elliptical polarization 椭圆极化 若无线电波极化面与大地法线面之间的夹角从0～2π周期地改变,且电场矢量末端的轨迹在垂直于传播方向的平面上投影是一个椭圆时,称为椭圆极化。当电场垂直分量和水平分量的振幅和相位具有任意值时(两分量相等时例外),均可得到椭圆极化。

elliptical waveguide 椭圆波导 具有椭圆截面的软波导,可以代替矩形波导。

elliptic curve cryptosystem (ECC) 椭圆曲线密码体制 一种公钥密码体制,其思想是在基于有限域的椭圆曲线上对信息进行加密解密。由于有限域上椭圆曲线的离散对数实际上是一般有限域上的离散对数在椭圆曲线上的一种类比物,因此它至少在实用上比一般有限域上的离散对数的计算要困难些，因此其安全性也要强一些。ECC可以看作是椭圆曲线对先前基于离散对数问题(DLP)的密码系统的模拟，只是群元素由素域中的数换为有限域上的椭圆曲线上的点。椭圆曲线密码系统的单位比特强度要远高于传统的离散对数系统。这带来的好处就是计算参数更小，密钥更短，运算速度更快，签名也更加短小。因此椭圆曲线密码尤其适用于处理器速度、带宽及功耗受限的场合。

elliptic curve digital signature algorithm (ECDSA) 椭圆曲线数字签名算法 椭圆曲线数字签名算法是使用椭圆曲线对数字签名算法的模拟。ECDSA于1999年成为美国国家标准协会(ANSI)标准，并于2000年成为IEEE(电气与电子工程师学会)和NIST(美国国家标准和技术协会)标准。ECDSA是椭圆曲线对数字签名算法(DSA)的模拟，它的安全性基于椭圆曲线离散对数问题(ECDLP)的难解性。参见digital signature algorithm (DSA)。

elliptic filter 椭圆滤波器 也称"考尔(Cauer)滤波器"。椭圆滤波器相比其他类型的滤波器，在阶数相同的条件下有着最小的通带和阻带波动。它在通带和阻带的波动相同，这一点区别于在通带和阻带都平坦的巴特沃斯滤波器，以及通带平坦、阻带等波纹或是阻带平坦、通带等波纹的切比雪夫滤波器。参见Butterworth filter，Chebyshev filter。

elliptic-function filter 椭圆函数滤波器 一种选择性极尖锐、插入损耗低和延迟失真小的多级LC(电感电容)微波滤波器。它被安装在卫星通信接收机的中频放大器上，级联的桥接T型网络能在70 MHz中频值上对5 MHz带宽起均衡作用。

ELM 出错日志管理程序 error log manager的缩写。

EL screen 电致发光屏幕 electroluminescent screen的缩写。

else clause 否则子句 条件语句中规定对操作数比较结果为假时要执行的那部分子句。

else rule 否则规则 在设计判定表时，未包括确定或能指明的规则中的其他规则。表中先留下空白，然后再填入未来可能发生的事件。例如，停止处理、注意情况或更正情况和继续处理等。

EM (1)媒体结束end-of-medium的缩写。(2)电子邮政electronic maildrop的缩写。

em (西文铅字)全身，厄门，全方 印刷中的一种测量单位，等于当前字模点大小的测量单位，也就是一个12点的大写M字母所占的间隔。通常对应于大写字母"M"的宽度和高度。比较en。

E-mail 电子邮件 electronic mail的缩写。

E-mail address 电子邮件地址 因特网上为每个用户指定的一个电子邮件信箱的地址。其通常格式为person@computer。其中person为信箱的用户名，computer为该计算机的域名。参见domain name。

E-mail alias 电子邮件别名 在因特网中，使用户无需记忆或键入长的电子邮件地址就可发送电子邮件的一种电子邮件地址的简化符号。

E-mail appending 电子邮件附加 电子邮件附加是把缺乏客户电子邮件地址的客户信息数据库与第三方的电子邮件地址数据库合并的过程，其目的是把电子邮件地址与原始数据库中的信息匹配起来。典型的电子邮件附加情景发生在这样的一家公司，它拥有客户的姓名、地址和电话号码，通过邮件或者打电话来做生意，当公司要扩展使用电子邮件通信时，会向拥有电子邮件地址数据库的第三方购买，以便实现数据的合并。

E-mail direct marketing (EDM) E-mail营销 将制作好的广告通过电子邮件的形式群发至目标客户的电子邮箱从而达到产品宣传、介绍及推广的目的，EDM是网络营销中的重要一环。

E-mail filter 电子邮件过滤器 电子邮件过滤器一种从电子邮件中获取数据、将之转化并输出的程序。它允许用户对邮件按照日期、姓名或主题进行排序，而且能按设定的条件将垃圾电子邮件拒之门外。

E-mail standards 电子邮件标准 有两套标准，因特网的E-mail系统和国际标准化组织(ISO)的MOTIS(面向消息的文本交换系统)。email系统的标准来源于两个标准文件-RFC 821(描述传输协议)和RFC 822(描述报文格式)，现已成为事实上的因特网标准。另一个OSI(开放系统互连)的MOTIS以CCITT(国际电报电话咨询委员会)X.400建议为基础，于1984年提出，1988年修正，已成为OSI最具代表性的应用之一。

E-mail system model 电子邮件系统模型 电子邮件系统所使用的模式和结构。模型有多种，最重要的有代表性的模型是MOTIS模型，由用户代理、报文传送代理、报文库、报文传送系统等部分组成。

E-mail types of messages 电子邮件报文类型 电子邮件报文按其不同功能所分的类型。通常分为三类:用户报文、回答报文和试探报文。

embed 嵌入 (1)微软视窗中允许使用OLE(对象连接与嵌入)标准，将文档、图片或者声音包含在另外一个文档之中的特性。例如，如果用户在写字板中输入一封信，并且想要加入用户的签名，就可以启动绘画程序，画出用户的签名，并且将该图像拖动到写字板文档中。嵌入实际上意味着可以将任何兼容的数据对象(如绘画文件)包含在另外一个文档之中。(2)指插入或并入。在打印中，为了控制打印和改变格式嵌入的打印命令是由应用程序插入到文档中的代码。在高级语言程序中，嵌入的汇编码用于使程序运行速度加快或者更有效地提供一种高级语言不具有的功能。在硬件方面，嵌入式计算机是做在其他设备中的计算机。

E

embedded AI 嵌入式人工智能 人工智能硬件和软件在较大的、基于常规硬件和软件系统中的使用。

embedded array 嵌入式门阵列 一种把门阵列和标准单元集成电路的优点结合在一起的技术，即把门阵列中的一部分门用高功能、高集成度的标准单元代替。

embedded blank 嵌入空白 数据单元字符之间的一个空格。

E

embedded command 嵌入式命令 (1)指定作为另一条命令的参数值的一条命令。(2)在文字处理中，一种作为文本的一部分而键入的命令，在文件被印刷或显示时，完成诸如下划线或使字印成斜体或换页打印之类的操作。

embedded computer 嵌入式计算机 位于设备或仪器内的单板计算机电路。它所执行的计算与数据处理用于支持主机设备进行测量、测试、诊断或控制。参见 embedded computer system。

embedded computer system (ECS) 嵌入式计算机系统 结合在一个其主要目的不是进行计算的较大系统中，并成为其完整的不可分开的部分的计算机系统。嵌入式计算机系统通常是面向特定应用的，嵌入式 CPU 大多工作在为特定用户群设计的系统中，它通常都具有低功耗、体积小、集成度高等特点；为满足应用需求、增强可靠性和便于开发，往往要有实时多任务操作系统的支持；嵌入式计算机系统本身不具备自主开发能力，即使设计完成以后，用户通常也不能对其中的程序功能进行修改，必须有一套交叉开发工具和环境才能进行开发。

embedded control 嵌入式控制 在上下文有关的规则应用中，需要为指定的规则集合提供局部控制函数，而不能依赖于单个推理机。

embedded control channel (ECC) 嵌入式控制通道 传递网管信息的嵌入式控制通道，其物理通道是数据通信通道(DCC)，采用 ITU-T(国际电信联盟-电信标准化部门) G. 784 要求的七层协议栈。

embedded font 嵌入字体 一种作为文档一部分的 true-type 字体，通过将一个字体存储在文档中，可保证文档的原样不被改变。

embedded hyphen 嵌入的短划[连字符] 同 required hyphen。

embedded Java 嵌入式 Java 嵌入式 Java 应用环境是为嵌入式设备而设计的。这类设备配置功能专用且非常有限的存储空间，不需要通用网络浏览功能。嵌入式 Java 应用环境提供的一系列工具，允许开发人员为满足特定应用的需要，配置和编译只包括必要字段和方法的环境，可以在系统的只读存储器为此种完整环境生成和设置可执行图像。开发人员可以使用嵌入式 Java 应用环境创建多种产品，其中包括低端移动电话、寻呼机、过程控制器、测试设备、办公打印机与外设以及网络路由器和交换机等。嵌入式 Java 应用运行于实时操作环境，为适应小型存储空间的限制和多样化直观显示设备进行了优化处理。嵌入式 Java 应用环境允许设备制造商在其产品的软件中，利用 Java 编程语言的可移植性和灵活性。

embedded multivalued normal form 嵌入多值范式 在关系式数据库系统中，指在一关系模式的属性集子集上成立的多值依赖为该关系模式的嵌入多值依赖。

embedded object 嵌入式对象，内嵌对象 微软视窗中将一个文件中建立的信息插入到另一个文件中，通常这两个文件由不同的应用程序建立，在目标文件可以对嵌入的信息进行编辑。

embedded operations channel (EOC) 嵌入操作通道 嵌入操作通道是被管理网络中的一个用于管理通信的物理通道，专门用于在网元(NE)与操作系统(OS)或中介设备(MD)之间交换信息。它可以承载于不同的物理媒体之上。

embedded operation system (EOS) 嵌入式操作系统 负责嵌入式系统的全部软、硬件资源的分配、任务调度，控制、协调并发活动的操作系统。嵌入式操作系统必须体现其所在系统的特征，能够通过装卸某些模块来达到系统所要求的功能，它除具有了一般操作系统最基本的功能外，在系统实时高效性、硬件的相关依赖性、软件固化以及应用的专用性等方面具有较为突出的特点。

embedded pointer 嵌入指示字[指针] (1)保存在数据记录中的指示字。常用来作为表示各记录间相互联系的键。(2)记录中包含的指针。它实际是记录的一部分。嵌入技术用于以随机方式迅速查找文件中或数据库中的记录。通常嵌入指针可作为记录中的一个实际的值。这种技术避免了构制一些专门的指针去维护其索引或其他的数据结构。

embedded security subsystem (ESS) 嵌入式安全子系统 基于硬件的嵌入式安全子系统符合 TCPA(可信计算平台联盟)标准，具有身份认证、加密、解密、签名和鉴别等多种安全保密手段，依靠安全子系统保存的密钥进行数据保护，只有通过身份认证，如输入密码或通过认证设备的用户才可以解密文件。参见 trusted computing platform alliance (TCPA)。

embedded servo 嵌入(式)伺服 磁盘机的一种磁道伺服技术，磁道位置信息写在数据盘面上，磁头即作数据磁头，又兼作伺服磁头。常见的方法有扇区伺服和索引伺服等几种。它能补偿温度引起的磁道偏离，提高磁道密度，还能有效地利用磁盘表面。但由于其伺服信息的不连续性，其磁头定位精度和定位速度仍不及表面伺服高。

embedded software 嵌入式软件 驻留在嵌入式计算机中的软件。

embedded structured query language (ESQL) 嵌入

式结构查询语言　嵌入式 SQL(结构化查询语言)。即可以非过程化的查询语言,又可嵌入 COBOL 或 PL/1 等语言中使用的结构查询语言。在后一方式下,就整个程序来说是非过程化的,即用户要给出完成任务的步骤(称为“导航”)。嵌入式 SQL 的两种使用方式,给用户以灵活选择的余地。

embedded system　嵌入式系统　嵌入式系统是以应用为中心,以计算机技术为基础,并且软硬件可裁剪,适用于应用系统对功能、可靠性、成本、体积、功耗有严格要求的专用计算机系统。它一般由嵌入式微处理器、外围硬件设备、嵌入式操作系统以及用户的应用程序等四个部分组成,用于实现对其他设备的控制、监视或管理等功能。实际上,嵌入式系统本身是一个外延极广的名词,凡是与产品结合在一起的具有嵌入式特点的控制系统都可以称为嵌入式系统。

embedded text control　嵌入的文本控制　包含在一组文本之内并由一个换码字符所引导的一个或多个字节的控制信息,它控制后继文本的某些操作,但它本身并不被印出来。

embedding　灌封　在电子元件或线路器件周围浇铸绝缘塑料,以形成只露出引线或接线端的实心块的过程。

emboldening　强化　在字处理系统中,显示或打印所选择的字符时增强其图像的过程。

embossed character　浮雕字符　一个从媒体上突出的字符,对应于 debossed character。

embossment　凸起,凸出　(1)一种文卷或资料表面的变形。(2)在字符识别中,文卷未变形表面与打印字符后特定部分之间的距离。

EMC　电磁兼容性　electromagnetic compatibility 的缩写。

EME　电磁环境　electromagnetic environment 的缩写。

emergency　紧急,应急　即将或正在发生的非预期性境遇,在这种威胁环境中将导致人员伤亡、财产损失或造成组织常规业务行为的中断、破坏或失败。

emergency coordinator　紧急事件协调官　在业务连续性计划(BCP)中负责与法定或应急服务的相关机构相联合,协调完成从站点或建筑物中撤离任务的人员。

emergency maintenance　应急维修　机器发生故障后进行的维修。它不同于预先安排好的例行维修。

emergency maintenance time　应急维修时间　用于进行应急维修的时间。一般不能预先规定。

emergency mode　应急运行方式　数据设施的层级存储管理系统中的一种操作方式,使得在进行空间管理、备份和恢复处理时避免数据集的移动和删除。

emergency operations center (EOC)　应急操作中心　应急管理小组控制灾难恢复规划执行过程的操作中心。

emergency plan　应急计划　同 contingency plan。

emergency power supply　保安电源　为避免停电造成某些重要设备失控而设置的向保安负荷供电的专用电源。

emergency preparedness　紧急事件防范　确保组织或社团具备以协同、及时和有效的方式对突发事件进行响应,以避免造成人员伤亡,减少财产损失的训练。

emergency procedures　紧急事件程序　为避免造成人员死亡,减少人员伤害及财产损失而制定,并确保能立即着手执行的行动计划。

emergency position indicating radio beacon (EPIRB)　应急无线示位标　一种能够发射无线电信号的装置,利用自身发射的无线电信号,表明其所处位置。

emergency power supply (EPS)　应急电源　一种以解决应急照明、事故照明、消防设施等一级负荷供电设备为主要目标,提供符合消防规范的具有独立回路的应急供电系统,该系统能够在应急状态下提供紧急供电。应急电源包括柴油发电机组和蓄电池,尤其是含蓄电池的 EPS 被广泛应用。它的工作原理就是采用单体逆变技术双路供电以备应急,优点是自动切换、带载能力强。参见 level one load power supply。

emergency public welfare short message　应急公益短消息　政府机构在发生突发公共事件时,向受影响地区的公众通信网用户发送的有关发布警报、情况通报、安抚等信息的短消息。

emergency radio channel　应急无线电信道　为应急使用,特别是为呼救信号保留的任何无线电频率。标准信道的应急频率是 500 kHz 以及 8.364 MHz、121.5 MHz 和 243 MHz。

Emergency Response Team (ERT)　应急响应小组　由一组受过训练,能对所有类型的突发事件进行快速响应,并对外部机构的应急响应起着辅助和支持作用的人员。

emergency software　应急软件　一种在设计办公自动化系统时就作好安排,以便一旦该系统的一部分出现故障或电子计算机内部的数据文件受到破坏时,即可采取紧急补救和恢复措施,使整个系统能够得到维护并正常运行的软件。

emergency unload　紧急卸载　磁盘设备的一种自动卸载过程。如,当机器检测到电源故障、电机故障等可能造成磁盘上记录信息被破坏时,将自动采取的保护记录内容安全的措施。

emerging technology　雏形技术　在 CAM(计算机辅助制造)中,指快速的样品成型、自由形成的加工或者台上型加工技术，根据 CAD（计算机辅助设计）中的数据构造有形的三维模型。

. emf 扩展图元文件名后缀 emf 是 expanded metafile 的缩写，微软公司开发的 Windows 32 位扩展图元文件的扩展名。其总体设计目标是要弥补在 Windows 3.1 中用的 . wmf 文件格式的不足，使得图元文件更加易于使用。

EMH 加急信[报]文处理 expedited message handling 的缩写。

E

EMI 电磁干扰 electromagnetic interference 的缩写。

emission current 发射电流 从阴极发射出的电子电流。

emission line 发射谱线 （1）在一定条件下，如当电子从一个能级移动到另一个能级时，由原子、分子或离子发射的电磁辐射的特征频率。（2）在激发状态的原子，会辐射出具有特定波长的电磁波，如有许多同种的激态原子，则它们所发出的辐射就会集结成为不连续分布的亮线，这种亮线称为发射谱线。

emission security 发射安全性 在计算机安全中，指保护因发射导致的信息损失。

emission spectrum 发射光谱 任何发射源的辐射产生的光谱称为发射光谱。由于产生的情况不同，发射光谱又可分为连续光谱和明线光谱：①稀薄气体发光是由不连续的亮线组成，这种发射光谱也称“明线光谱”，原子产生的明线光谱也称“原子光谱”。②固体或液体及高压气体的发射光谱，是由连续分布的波长的光组成的，这种光谱称为连续光谱。

emissivity 发射率 物体的辐射能力与相同温度下黑体的辐射能力之比称为该物体的发射率或黑度。实际物体的发射率与物体的表面状态（包括物体表面温度、表面粗糙度以及表面氧化层、表面杂质或涂层的存在）有关。金属的发射率随表面温度的上升而增大，而非金属的发射率一般是随表面温度的上升而减小。金属的发射率比非金属的小得多。

emittance 发射强度 辐射表面每单位面积辐射的功率。

emitter bias 发射极偏置[压] 加到晶体管发射极上的偏压。

emitter coupled logic (ECL) 射极耦合逻辑(电路) 以多个晶体管的射极相互耦合组成输入级，以射极跟随器为输出级的一种非饱和型电流开关电路。特点是开关速度快，功耗较大。在高速应用领域使用较多。

emitter electrode 发射极 由晶体管发射区引出的电极。发射极是半导体三极管的电极，一只半导体三极管有三个电极，分别是发射极、基极和集电极。半导体管在工作时要加工作电压，于是就产生了各极电流。半导体三极管在工作时发射极电流等于基极和集电极电流之和，其中基极电流最小，发射极电流最大，在基极加一很小的电流，在集电极就能输出很大的电流，因此三极管有放大作用。三极管主要作用是放大信号，常用在放大电路和振荡电路中。

emitter-follower 射极跟随器 也称“射极输出器”。是一种共集接法的电路，它从基极输入信号，从射极输出信号。其特点为输入阻抗高，输出阻抗低，电压放大系数略低于 1，负载能力强。也可认为是一种电流放大器。常作阻抗变换和级间隔离用。

emitter-follower logic (EFL) 发射极跟随器[输出器]逻辑(电路) 大规模集成中使用的一种逻辑形式，其中 NPN 和 PNP 晶体管相组合，形成类似于互补晶体管逻辑的高性能结构，但利用了最小硅面积。

emitter-function logic (EFL) 发射极功能逻辑(电路) 以“与”门输入和“或”门输出的非饱和型逻辑电路，简称 EFL 电路。它无“非”门的功能。其基本单元电路由两部分组成：由共基极工作方式的多发射极晶体管与上拉电阻、下拉电阻构成输入级；由多发射极晶体管构成射极跟随器输出级。EFL 电路是在发射极耦合逻辑(ECL)电路基础上的简化电路，它在大规模集成电路中作为内部单元电路和在与发射极耦合逻辑电路配合时，以构成各种组合门方面显示出速度快、结构简单、功耗小和功能灵活等优点。参见 emitter coupled logic (ECL)。

emitter junction 发射结 通常在低阻方向上加偏压，以将少数载流子注入基极的晶体管结。

emitter stabilization 发射极稳定 利用齐纳二极管或类似器件，使晶体管电路中的发射极电压即使在基极偏压出现正常变化时，也基本上维持恒定不变。

. eml 邮件文件名后缀 eml 取自 E-mail（电子邮件）一词，Microsoft Outlook Express 邮件消息文件的扩展名。

EML 元素管理层 element management layer 的缩写。

em leader 厄门引线，m 长引线 图表上一串连续的点或短线，其间距为 m 字母的长度。

EMLPP 增强型多级优先和占先业务 enhanced multi-level precedence and pre-emption service 的缩写。

EMM 扩充存储器管理器 expanded memory manager 的缩写。

EMMS 电子邮政和报文系统 electronic mail/message system 的缩写。

e-monitor 电子监视器 一种网络设备，接收局域网上传输的数据包并通过显示器显示发现的信息。可显示局域网活跃时间比例、传输数据数量、传输中被破坏的数据数量等信息。

emotag 情感标志 在一个电子邮件消息或新闻组文章中,在尖括号内放入字符、词或短语,类似情感图标,表示作者对其所写内容的态度。情感标志常常有开始和结束标志,类似于HTML(超文本标记语言)标志,括入一个短语或一个或多个句子。参见emotion。

emotional machine 情感机器 情感机器可以模拟、延伸和扩展自然情感,具有类似人的情感的机器,如虚拟的或实际的情感机器人以及各种具有人工情感的计算机应用系统、自动化系统。如基于人工情感的产品设计系统,商品采购系统。参见artificial emotion。

emotional robot 情感机器人 用人工的方法和技术赋予计算机或机器人以人类式的情感,使之具有表达、识别和理解喜乐哀怒,模仿、延伸和扩展人的情感的能力。

emotion symbol 情感符号 在基于文本的电子邮件中使用的一些表示情感的符号串。如果把它顺时针旋转,就可以形象地看出它所代表的意思。但是,网上通信者必须遵守网络礼仪,谨慎使用这些符号。下面是一些常用的情感符号:

情感符号	代表的意思
:-)	我正在微笑
:—D	我非常高兴
:—*	请给我一个吻
:—O	我正在打哈欠
:—(	对刚才发生的事情表示歉意
:—<	对刚才发生的事情表示不满
>:—<	我为此感到非常生气

EMP 电磁脉冲 electromagnetic pulse的缩写。

EMPD 稳态模式功率分布 equilibrium mode power distribution的缩写。

emphasis 强调,突出显示 在一些窗口软件中,指加亮显示、改变颜色显示或者其他视觉表示,用于表示一个对象或者选择的状态。

emphasized 强调的,加重的 一种双击打印方式,对字符进行多重打印以加强打印效果,可用于打印粗体字而不需要安装额外的字符集。参见boldface,double-strike。

empirical discovery 经验发现 机器发现学习的一个方面,它从经验数据中发现规律和定理。如BACON系统能在获得大量数据的基础上总结出欧姆定律、牛顿万有引力定律和开普勒行星运动定律,还有ABACUS、FAHRENHDEIT等也属经验发现系统。参见machine discovery。

empirical documentation 经验资料 通过观察、实验、历史经验所得到的可检验的资料,无需利用理论和演绎方法推导。

empirical laws 经验法则[定理] 也称"经验规律"。经大量工作或统计而得到的知识。

empirical learning 经验学习 也称"基于相似性的学习"。一种数据驱动的学习方法,它以示例之间的相似性作为准则,归纳出一般性的概念、规则和定律。它一般不利用或很少利用领域知识,归纳的结果往往有偏差。

empirical learning methods 经验学习方法 一种机器学习方式,采用关系和结构表示方式表达例子和相关知识。经验学习方法和连接学习、遗传学习方法都属于归纳学习方法,从大量例子中归纳结论,对领域知识的依赖性不强,其表达方式更加符号化。

empirical modeling 经验建模 由经验测量数据确定系统动态方程的技术。这个方法在动态系统建模中非常有用,也可以用于不需要描述系统动态行为的系统。根据噪声和测试数据,由这个方法建立的动态系统模型称为系统辨识。参见system identification。

employee mode 职员方式 决策者以脱机方式直接使用系统。

emptiness problem of contextsensitive grammar 上下文有关文法的空问题 这是一个不可解的问题。也就是说,不存在一个算法,它以字母表V{a,b}上任意一个上下文有关文法G作为输入,决定G产生的语言是不是空。

empty band 空带 原子中可能出现的能级,它与给定状态下、给定物质中的任何电子能量都没有对应关系。

empty clause 空子句 原子谓词公式及其否定称为文字,若干个文字的一个析取式称为一个子句,不含任何文字的子句称为空子句,空子句通常用符号□或NIL(无)表示。

empty function 空函数 无定义的函数。

empty graph 空图 没有边的图称为空图,空图仅由孤立节点组成。

empty medium 空白媒体 仅包含了数据记录基准框格但并不包含数据的一种数据记录媒体,如预先印刷好的表格、经格式化的磁盘等。

empty relation 空关系 集合A和B的笛卡儿积A×B的空子集称为A到B的空关系,记为∅。空关系的关系图是空图,关系矩阵的所有元素全为0。

empty set 空集,空系 (1)不包含任何元素的集合称为空集,记为∅。空集是任何集合的子集。对任意集合A有A∪∅=∅∪A=A,A∩∅=∅∩A=∅。(2)一个系值中只包含一个首记录而没有属记录的系。例如,拟成立一个"超导教研室",暂时还没有教师,可以先把"超导教研室"记录作为首记录列入数据库,待以后陆续调入教授、讲师及助教时,再把相应记录插入这个系值中。

empty string 空串 不含任何字母的串称为空串,

E

记为λ，其长度|λ|=0。任何一个串连接上空串后保持不变。

empty subtree 空子树 在二叉树中，如果一个节点没有左子树也没有右子树则它有两个空子树。在一棵具有 n 个节点的二叉树中，所有节点的空子树的个数等于 $n+1$。

empty time slot 空时(间)槽 一种使用环形局部网的方法。一个或多个空时槽在网上环绕，一个站要发送时，必须等待一个这样的空时槽到来。

E

EMR (1)机电式继电器 electro mechanical relay 的缩写。(2)电磁辐射 electro magnetic radiation 的缩写。(3)等效乘法速率 equivalent multiply rate 的缩写。

EMRP 有效单极辐射功率 effective monopole radiated power 的缩写。

EMS (1)扩展[页]存储器规范 expanded memory specification 的缩写。(2)电子信息服务 electronic message service 的缩写。(3)电子邮件系统 electronic mail system 的缩写。(4)元素管理系统 element management system 的缩写。(5)扩展内存系统 expanded memory system 的缩写。(6)电磁敏感性 electromagnetic susceptibility 的缩写。(7)增强型短信服务 enhanced message service 的缩写。

E&M signaling EM 通信(技术)，EM 信号法 一种中断线路和信号设备互相通信的方法，其中采用E、M 两条线路。E 线(代表耳朵)是从信号设备接收信号，M 线(代表嘴巴)则是向信号设备发送信号。也称"口耳"(ear & mouth)信号法。

em space m 空间，全身空格 字体中水平空间的数量，相当于字体的点数，在某些字体中的 m 空间相当于一个大写字母 M 的宽度，比较 en space，fixed space，thin space。

ems per hour 每小时厄门数，每小时多少个 m 字母(长度) 测量字符的一种单位，通常用来确定键盘的工作效率。参见 em。

emulate 仿真 用一个系统按如下方式模仿另一个系统：使模仿系统像被模仿系统一样，接收同样的数据，执行同样的计算机程序，并得到同样的结果。同 emulation。

emulated local area network (ELAN) 仿真局域网 (1)使用局域网仿真(LANE)协议机制，由一个异步传输模式(ATM)网络仿真而成的局域网(LAN)。(2)通过使用客户机/服务器模式仿真以太局域网或令牌环局域网的 ATM(异步传输模式)网络。ELAN 由 LEC(局域网仿真客户)，LES(局域网仿真服务器)，BUS(广播和未知服务器)和 LECS(局域网仿真配置服务器)组成。多个 ELAN 可在一个 ATM 网络中同时存在。ELAN 由 LANE(局域网仿真)规范定义。参见 LAN emulation。

emulated teaching machine 模拟教学机 一种为培训操作人员掌握某系统的动态性能，又能节省使用该系统的开支以及保证受训人员的安全性而建立的动态物理模型。

emulation 仿真 用一个计算机系统模拟另一个计算机系统的操作以使前者的功能完全与后者相同，即前者接收与后者相同的数据，执行与后者相同的程序并产生与后者相同的结果。仿真主要是通过硬件或固件来实现，这是它与模拟的主要区别。利用仿真可以使一个计算机系统执行原来为另一个计算机系统编写的程序，这样，当为某个大型设备或大型工程设计的计算机系统更换后，这个新的计算机系统就可利用仿真来执行原来计算机系统的程序而不用重新编写程序。

emulation mode 仿真方式 网络控制程序的一种功能。程序在此方式下能完成等效于传输控制器所能完成的工作。

emulation program (EP) 仿真程序 (1)一种程序，使得一种系统或设备在操作运行中仿佛是另一种不同的系统或设备。参见 terminal emulator。(2)一种控制程序，允许本地的通信控制器去仿真另外一种设备的诸功能。参见 network control program。

emulation terminal 仿真终端 通过终端仿真程序使一台 PC 机假装成连接到大型主机的终端。

emulation testing 仿真测试 利用硬件或软件在实时方式下产生所预期的正确输出反应，以便和测试中的装置进行比较的方法。

emulator 仿真器 具有模仿另一系统的任何一种硬件、固件、软件以及它们的组合，即能以仿真器复现另一系统的功能。与计算机仿真的区别在于，仿真器致力于模仿系统的外在表现、行为，而不是模拟系统的抽象模型。参见 computer simulation。

emulator circuit 仿真器电路 一种安装于计算机控制部件上的电路，它能使安装这种电路后的计算机执行其他计算机系统的指令。

emulator generation 仿真程序生成 系统生成过程中，在操作系统中装配、连接和编辑仿真程序的过程。

emulsion-laser storage 感光涂层激光存储器 一种计算机存储器。受激光束控制作用在一些分离的面积很小的光敏材料表面上，用来存储或读出数字数据的一种方法。

EN 终结节点 end node 的缩写。

en (西文铅字)半身，对开 印刷中的一种测量单位，它的高度等于一个全身，即等于当前字模点大小的测量单位，也就是一个 12 点的大写 M 字母所占的间隔。它的宽度等于半个全身。半个全身即为一个半身，也称"对开"。比较 em。

enable 使能信号，允许 (1)这是送到线路的一个输入信号，当它达到使能电平时，线路才能表现出具备的功能，否则，线路的功能停止。(2)通过加适当形式的信号或脉冲或者通过去除抑制信号,使电路或门电路起作用。对应于 disable。

enabled instruction 启动指令 数据流语言程序中的一种指令。该指令给出所有的输入值,因此可以执行。

enabled module (可)允许(中断)模块 一种在执行期间的任何时候都可被中断的模块。一旦中断发生,该模块就等待中断它的那个外部例行程序完成其处理,然后它再继续执行下去。比较 disabled module。

enabled page fault 允许页面故障 当处理器允许 I/O 和外部中断时发生的页面故障现象。

enabling gate 启动门(电路) 一种使电路开始工作并决定所产生脉冲的宽度的电路。

enabling pulse 启动脉冲 使某个电路为某些后续动作做好准备的脉冲。

enabling signal 允许信号 一种允许某一事件发生的信号。

encapsulated PostScript (EPS) 封装的 PostScript 用 PostScript 语言描述的一种 ASCII(美国信息交换标准代码)图形文件格式。该格式分为 PhotoShop EPS 格式和标准 EPS 格式,其中标准 EPS 格式又可分为图形格式和图像格式。EPS 格式包含两个部分:第一部分是屏幕显示的低解析度影像,方便影像处理时的预览和定位;第二部分包含各个分色的单独资料。EPS 文中包含 CMYK 四种颜色的单独资料,可以直接输出四色网片。EPS 文件包含重新产生图像所需要的 PostScript 命令,但在显示器上不能显示这些图像。EPS 文件在 Post Script 打印机上输出时可由打印机决定分辨率。

encapsulated PostScript (EPS) file 封装的 PostScript 文件 一种图形标准。即以页面描述语言的指令描述的高清晰度图形。采用(EPS)格式描述的图形,可以在与设备无关的应用软件间传送,能实现任意倍数的放大与缩小,图像不会畸变。当其打印输出时,图形的清晰度仅仅取决于打印设备的分辨率。

encapsulated type 封装类型 编程语言中的一种表示抽象数据类型的模块,如堆栈处理模块。封装类型隐藏其值的表示,但是允许其他模块对这些值进行操作。

encapsulating security payload (ESP) 封装安全净负荷 IPSec(因特网协议安全性)技术使用的两种安全机制之一。为加密用的 IP(网际协议)扩展首部称为封装安全净负荷(ESP)首部,使用 ESP 首部可以提供对 IP 数据报的保密和数据完整性的支持。

encapsulation 封装 (1)为实现各式各样的数据传送,将被传送的数据结构映射进另一种数据结构的处理方式。(2)面向对象程序设计方法学中的一个重要概念,它指对象间除了互相传递消息的唯一一种联系之外,不再有其他的联系。对象的一切局部信息和实现方法都被封装在相应的对象类的定义之中,在外面是不可见的。具有封装性能的软件,对象类的定义非常模块化,它们具有类间联系少,相对独立性强和类中凝聚力大等优点,这正是软件工程追求的基本原则。(3)将元件或组件浸入浓绝缘塑性流体或其他随后会硬化的绝缘材料来形成保护涂层的过程。

encapsulation bridging 封装网桥 封装网桥通常用于连接 FDDI(光纤分布数据接口)骨干网,它将接收的帧置于 FDDI 骨干网使用的信封内,并将封装的帧转发到 FDDI 骨干网,进而传递到其他封装网桥,拆除信封,送到预定的工作站。

E

encipher 加密 通过打乱数据的顺序或对数据进行某种转换的方法使数据成为一种密码,未授权的接收者不能识破数据的真实内容。参见 encode。

enciphered data 加密数据 被技术处理后隐藏起来而不被未经授权的用户发现的数据。

enciphered facsimile communications 加密传真通信 一种通信方式。它通过键控发生器产生的脉冲与传真变换器的输出相混合来实现加密。接收端通过除去相同键控的方法恢复普通电文。窃听者不可能恢复普通电文,除非它们有同样的键控发生器和每日键盘调整装置。

enciphering key 加密密钥 加密和解密算法中的一个参数。密码通信双方所采用的密码系统一般包含加密变换 Esk 和解密变换 Dsk。信息 m 通过加密变换得密文 C,即 C=Esk(m)。密文 C 通过解密还原为 m,即 m=Dsk(C)。一般加密和解密算法本身是不保密的,通信的安全依赖于密钥参数的保密。

enclosed document 附带文档 可由其他文档附带的文档,用于将一组文档组合为一个整体。附带文档和单个附件均可看作独立的工件。

encode 编码 (1)根据一套明确的规则将某种方法表示的信息转换成另一种方法表示的信息,并使其以后可以进行译码。编辑可以用明码规则进行,也可以按密码规则进行。参见 encipher。(2)将一种信息码转换成另一种信息码的过程。编码可以改变信息的表示形式,因此它可以用来对信息加密、压缩,在信息传输中还可用来对信息进行校验。编码是译码的逆过程。编码后的信息码经译码后,可还原成原来的信息码。常用的码表有 ASCII(美国信息交换标准代码)表、EBCDIC(扩充的二进制编码的十进制交换代码)码表、BCD(二进制编码的十进制)码表等。

encoded binary format 编码二进制格式 存储程序时使用二进制格式,对文件进行编码保护。

encoded bit map index 编码位图索引 编码位图索引是为了压缩位图索引向量,利用编码的方法把某一属性的不同值进行编码。编码位图索引由一个位图向量集合、一个映射表和一个检索布尔函数集组成。其中映射表实现对一个属性域值的映射。参见 bit map index。

encoded control 编码控制 微程序计算机的一种控制方式。在这种计算机中,控制存储字的不同编码表示不同的微操作。常把控制存储字分成若干个字段,每个字段内用不同的编码表示同一类中互斥的不同微操作,这样可以增加一个字中所包含的微操作。例如左移、右移、不移。这种控制方式具有节省控制存储器的横向字长的优点,但增加了字段的译码线路和控制时间的延迟。

E

encoded image 编码图像 某些印刷子系统中的一种图像,其中调色的和未调色的像素被组合在一起,而且在套印定义中则不用 1 或 0 来表示。

encoded point 编码点 在计算机制图中,图像空间中可寻址的点。

encoded question 编码题目 按合适的格式为查找装置的操作、编程和建立条件而准备并进行编码的题目。

encoder 编码器 (1)一种用于对数据进行编码的设备。(2)在字符识别中,可以在一定尺寸的空白文件预定位置上打印特别类型铅字的一种专用打印器。(3)将计算机指令翻译成计算机能接收的代码的机器。(4)产生不同长度和间隔的脉冲来形成代码的设备。(5)将用一种方式的信息转换成用另一种方式表示的信息的电子线路或部件。它有多个输入端和多个输出端。当其中任一输入端有信号时,输出端就出现某一组合信号。其功能与译码器相反。

encoding 编码 同 encode。

encoding by bit 按位编码 表示二进制信息的一种编码方式。它把输入信息序列按一定的规则逐位变换为编码位。

encoding by group 按组编码 表示二进制信息的一种编码方式。它把输入信息序列按一定长度(多于 1 位)分组,然后再逐组变换为码字。

encoding design 编码设计 编码设计是按某种规定使数据以某种离散形式的符号表示过程。它包括:编码结构设计、编码标准规范设计、编码使用范围和期限、编制编码表等。

encoding law 编码律 在脉码调制中,对于确定量化过程中判定值之间的关系的表述。

encoding of Chinese characters 汉字编码 将汉字输入计算机的主要方法之一。它将每个汉字按笔形或偏旁部首或形、声、韵、调加以编码,即用数字代码或字母代码表示一个汉字,从而可实现用普通 ASCII(美国信息交换标准代码)字符键盘向计算机直接输入汉字。

encoding of Chinese font 汉字字形编码 从汉字的某些固定部分提取字形特征进行代码编制的一种方法。诸如提取汉字的偏旁、部首以及汉字四个角的笔形特征作为编码。

encoding of Chinese stroke 汉字笔画编码 按照汉字笔画规律编制键盘输入代码的一种方法。此法用键盘上的键代表汉字的各种基本笔画。输入时按通常书写汉字的次序按动相应的键,即可将汉字的笔画与书写次序编码输入计算机,并由计算机转换为内部代码。

encoding of Chinese word group 汉字词组编码 以读音为主,对汉字词组进行编码的一种键盘输入方法。此法可避免由于汉字的同音字而造成的辨别困难,又可以缩短汉字输入的时间。

encoding strip 编码条 在字符识别中,可以用磁性墨水写上字符的条形区域。它常用于把银行支票等直接输入计算机。

encoding structure design 编码结构设计 编码结构设计是在编码设计的基础上,进一步设计代码的逻辑结构。其中包括:代码的总体逻辑结构设计;代码的分类(横向)和分层(纵向)设计;代码码位长度的设计和计算;代码位置的分配设计;码位格式设计及代码内涵的定义等。参见 encoding design。

encoding systems 编码系统 多种编码方式的集合。对要传输的模拟信号进行编码,有幅度脉码调制(APCM)、差分脉码调制(DPCM)和预测编码等方式。

encoding table 编码表 编码表是根据数据特征或属性,用一组符号表示的一列表。或按一定内在联系所组成的有机整体并按一定结构用图标(或符号)的形式表示的表。

encounter 遭遇 网络游戏或 RPG(角色扮演游戏)专用术语。指己方与敌方发生战斗,通常会被锁定,其余玩家不能参与。参见 role playing game (RPG)。

ENCP 终结节点控制点 end-node control point 的缩写。

encrypting file system (EFS) 加密文件系统 EFS 是 Windows 2000/XP 所特有的一个实用功能,对于 NTFS 卷上的文件和数据,都可以直接被操作系统加密保存,在很大程度上提高了数据的安全性。EFS 加密是基于公钥策略的。在使用 EFS 加密一个文件或文件夹时,系统首先会生成一个由伪随机数组成的文件加密密钥(FEK),然后将利用 FEK 和数据扩展标准 X 算法创建加密后的文件,并把它存储到硬盘上,同时删除未加密的原始文件。随后系统利用公钥加密 FEK,并把加密后的 FEK 存储在同一个加密文件中。而在访问被加密的文件时,系统首先利用当前用户的私钥解密 FEK,然后利用 FEK 解密出文件。在首次使用 EFS 时,如果用户还没有公钥/私钥对(统称为密钥),则会首先生成密钥,然后加密数据。如果登录到了域环境中,密钥的生成依赖于域控制器,否则它就依赖于本地机器。参见 file encryption key

(FEK)。

encryption 加密 通过传输设备对可读文本信息进行编码，以防止沿传输线的非法窃听。接收设备则采用与传输设备相同的算法对收到的信息进行译码。加密技术的基础是密码或暗号的概念。数据加密指的是把数据从原始格式变换成一个伪装了的格式，借以隐蔽数据的真正含义。其基本加密方法有三种：替代法、置换法和组合法。参见 substitution encryption algorithm, transposition encryption algorithm。

encryption algorithm 加密算法 加密技术的要点是加密算法，加密算法可以分为对称加密、不对称加密和不可逆加密三类算法。参见 symmetric cryptography，asymmetric cryptography。

encryption key 加密密钥 在加密算法变换数据之前，必须送入其中的一串数字是加密密钥。类似地，解密密钥则将数据变回到它原来的形式。

encyclopedia Britannica 大不列颠百科全书 英国《大不列颠百科全书》为英语普通百科全书中历史最长和篇幅最大的百科全书。在线版百科全书涵盖印刷版 15 版 32 卷的全部内容及更新内容，也涵盖了年鉴版的所有条目和不列颠初级、学生、简明百科全书中的全部条目。可集合检索 123 000 个词条。整套全书共编入 118 000 篇文章，堪称世界上最完整的信息资源。百科全书按深浅难易分成几个版本，以适合不同的读者群。读者可以根据自身需要点击适当版本，或在全部版本范围内畅读。

end-around borrow 循环借位 将相减时最高位产生的借位传送到最低位的过程。

end-around carry (尾)循环进位 将相加时最高位产生的进位传送到最低位的过程。反码相加时必须采用循环进位才能得到正确的结果。

end-around shift (尾)循环移位 首尾相接的一种移位方式。有循环左移和循环右移两种。在对某个寄存器中的信息进行循环左移时，右边的二进制信息依次进入左边的位置，而最高位则移到最低位。循环右移与循环左移相类似，仅移位的方向不同。

en dash 连字符，短破折号 标点符号(-)。英文中常用来表示日期或数的范围(如 1996-2000)或把复合词的各词隔开(如 real-time)。

end block underline 块尾下划线 一种文本指令，指出在文本块的结束处下划线。

end bracket 结束链组 在 SNA(系统网络体系结构)中，一个链组的最后一个链的第一个请求的请求标题内，结束链组的值为二进制 1。该值表示该链组的结束。比较 begin bracket。参见 bracket。

end cells 附加[备用]电池，末端电池 在电话中心局中，为防止电池用完以后影响电话通信而准备的电池。

end data symbol 终止数据符号 指明该符号后不再有数据的表示法。

end delay 结束[末端]延迟 电信号在回波抑制器和回波反射点之间往返的线路延迟时间。

end device 终点[末端]设备 一种位于网络的一个端点的设备，可对应用对象(如 PC 机、机器人、数控机床)进行直接的控制。

end distortion 末端畸变[失真] 参见 distortion。

end effector 末端操纵装置 附设于操纵器末端的激励器、机械手或驱动机械部件。它可以抓举物体或执行其他动作。参见 gripper。

end frame 结束帧 在视频和音频系统段中的最后一帧及其帧号。同 tail frame。

ending attribute character 结束属性字符 对于显示文件，跟在域中最后位置后面的字符。

ending-frame delimiter 帧尾定界符，结束帧符 指定的位模式，表示传输帧的结束。

ending message 结尾致谢语 在 PSS(可编程商店存储系统)中，由商店选择的、打印在给客户的现金收据底部的一条简短文句。例如，"感谢您的惠顾"等。

end instrument 末端[终端]设备 (1)能将声音、图像或其他形式的信息变成相应电信号的一种装置，如电话、微音器等。(2)一种和信息网络相连的设备，它可分为键盘终端、专用输入/输出终端、远程成批终端、自动事务终端、传感器终端和智能终端等。

End key End 键 键盘上的用于直接移动光标到某一指定位置的光标控制键。光标的移动位置可能是文本的一行的结尾、屏幕显示的结尾或一个文件的结尾。

endless loop 无限循环，死循环 程序错误运行的一种。即因处理上的错误(如转移前的错误)所引起的一种无休止的重复操作。

endlessly single mode 无截止单模 一种单模光纤的特性，指它具有在所有波长上都能支持单模传输能力。

end mark 结束标志 在进行数据传输或数据处理时，用来表示通信、拷贝、文件、数据或其他信息结束的标记。如数据结束标记、文件结束标记、信息结束字符、结束信号、结束符号等。

end of address (EOA) 地址结束(符) 在线路上传输的一个或数个控制字符，它指示非正文字符(如寻址字符)的结束。

end of arm speed 机械臂末端速度 机器人或机器手中，机械臂末端的运动速度

end of block (EOB) 块结束(符) 用来表示传至远程终端或从远程终端传来的一组字符的结束。它由一个或一组字符组成。

end of block code 块结束代码 在穿孔纸带上用来表示一块数据结束的符号。此代码通常穿在纸带

的第八通道上。

end-of-block marker 字块结束标记 用以指明记录中某一字块结束的字符或代码。

end of chain (EOC) 链结束(符) 在某些信息处理系统中,在通道输入/输出操作期间由控制逻辑部件发出的一种信号,表示对输入/输出总线的控制已经结束。

end of control ticket 控制结束符 在磁性墨水字符识别文件处理中,用来表示控制项结束的文件。它用事务数据中最低数位位置的识别数位来识别。

E

end of data (EOD) 数据结束(符) (1)在已经读出或写入文件的最后一个记录时所产生或读出的信号。(2)在某些窗口软件中,指移动选择光标到当前域的最右位置的功能。

end of data file 数据文件结束 在一个数据文件中,所有记录都已读出或写入时的状态。

end of data indicator 数据结束指示符 表示相连数据集中最后一个记录已经读出的字符。

end-of-data marker 数据结束标记 表示保存在一个特定存储设备中的全部数据已经结束的字符或代码。它不同于文件结束标记。

end-of-dialing signal 拨号结束信号 向电话交换中心发出的表示电话号码输入完的信号。

end of extent (EOE) 盘区结束(符) 在磁盘上为某个文卷所保留的区域的结束点。

end office (EO) 端局 在本地电话网中,一种通过用户线与终端用户直接相连的电话交换局。

end-of-field marker 字段结束标记 以可变长度方式记录数据时,同一个字段在不同记录中的长度不同。因此有必要用一标记符号标明一字段的结尾及下一字段的开始。这个符号称为字段结束标记。

end of file (EOF) 文件结束(符) 当程序从文件中读取所有可用的数据后,便出现文件结束标志。参见 end-of-file label。

end of file delay 文卷结束延时 在到达的正常文卷与试图增加一个记录之间的一个特定时间间隔。

end of file gap 文件结束间隙 磁带上的文件尾处留出的一定长度的间隙,用来表示文件结束。

end of file indicator 文件结束指示符 表示文件最后记录已经读完的一个控制字符。

end-of-file label 文卷结束标号 一种指示文卷结束并可能包含文卷控制数据的内部标号。同 trailer label。

end-of-file marker 文件结束标记 用来指明文件已到结尾的标记。

end of file routine 文件结束例程 检查输入计算机的文件内容是否正确的一种例程。这种例程也可以启动反绕过程。

end-of-frame 帧尾(定界符) 指出帧结束处的一种特定的比特模式,或一种特定的信号。

end of job (EOJ) 作业结束 报文已经处理完毕或传输完毕。

end of job card 作业结束卡片 输入作业卡片选中的最后一张卡片。其上穿有特殊代码,指示作业不再需要附加的卡片。

end-of-job processing level 作业结束处理级 某些计算机系统中的一种处理级,即每当作业的上一个显示站工作通话结束之后或程序设置的 EJ 指示符到达之后所出现的处理级。同 end-of-work-session processing level。

end-of-letter marker control 文字结束标志控制器 口述记录设备上的一种装置,用于在索引带上或记录媒体上指出一个特定的口授记录段落的结束位置。

end of line (EOL) 行结束(符),行末端 (1)表示一组记录结束或终止的机器代码字符。(2)在打字机的纸托架上预先确定的一个位置,打字行在这个位置结束。(3)一个移动选择光标到选择项最右位置的功能。

end-of-line decision 行结束判断 判断输入信息的一行是否结束。

end-of-line indicator 行结束指示器 打字机上的一种装置,当右端页边空白所剩不多时发出一种音响信号。

end-of-list (EOL) control block 列表结束控制块 SDIC(同步数据链路控制)规程传送操作中所使用的一种控制块。

end of magnetic tape 磁带结束标记 一卷磁带上表示可用记录磁带结束的标记,通常用点表示。

end of medium (EM) 媒体结束 一种控制字符,可用来标识数据媒体的物理结束,也可用来标识媒体所用部分的结束或记录在媒体上的数据所需部分的结束。

end of message (EOM) 报文结束,消息尾 (1)用来指示报文或记录终止的一个或一组字符。(2)在 ATM(异步传输模式)网络中,指在 AAL(ATM 适配层)中使用的一个指示符,表示分段数据包中包含信息的最后一个 ATM 信元。

end of paragraph (EOP) 段结束 指一程序段处理或传输完毕。

end of procedure division 过程部末端 在 COBOL 源程序中,其后不再出现过程的物理位置。

end of program 程序结束 表示程序完成的功能。程序块中的所有命令执行完后,停止机器运行。它用于复位控制器或设备,还用于反绕磁带或使环形带跳过接头处。

end of record (EOR) 记录终止 表示记录已结束的符号。

end of record gap 记录终止间隙 表示磁带上所记

录的数据已结束的一段间隙。它比文件结束间隙短。

end-of-record marker 记录结束标记 用来指明在文件处理中已到达记录结束处的标记。

end of record word 记录结束字 记录中最后一个字,通常采用特殊的格式,以便识别记录的结束。

end of reel trailer label 卷尾结束标号 磁带上具有与文件中原有记录有关的标志数据和控制数据的记录。它可以延伸到另一卷文件的最后记录。

end of run 运行结束 表示程序一次运行完成。通常用程序中的信息或指示符来表示。

end of run routine 运行结束例程 在程序运行完成之前,执行各种内务操作(如倒带和打印控制总计)的例程。

end-of-sequence-set indicator 顺序集结束指示器 某些计算机系统中的一种指示器,指示上一次按基本顺序的显示已被处理。

end-of-sequence-set processing level 顺序集结束处理层 某些计算机系统中的一种处理层,即在基本顺序中的最后一个显示被处理以后所出现的处理层。

end of tape (EOT) marker 带结束标记 磁带的末尾用来提醒系统或操作员注意的一个标记,它表明带已接近末端。例如磁带上有一段反光的金属带、一般透明带、一种特殊的代码或任何其他的标志。

end of tape routine 带结束例程 带结束时开始起作用的例程,包括一系列有效性检查和启动倒带。

end of tape warning 带终警告标志 磁带上的一段可见磁性带,用来表示还有几英尺(一般为5英尺)磁带可以使用。

end of text (ETX) 文本结束 用来指明文本结束的通信控制符。在ASCII(美国信息交换标准代码)中用二进制数00000011(即十进制数3)来表示。在二元同步通信系统中,若一个文本内含有几个信息块,则用文本结束符来终止报文的最后一块。文本结束符之后紧接着发出块校验符。文本结束符需要一个表示接收站状态的回答。

end of transmission (EOT) 传输结束 数据传输过程中用于标志发送结束的特定字符或字符序列。在ASCII(美国信息交换标准代码)中,它用二进制数10000100(该数第一位为奇偶校验位,即十进制数4)来表示。

end of transmission block (ETB) 信息块传送终止 表示信息块已传送完毕的一种通信控制字符。数据通信中为了便于传送,常把数据分成若干信息块,在这些信息块的间隔处用一个数据通信字符表示出来。它并不表示文本结束。在ASCII(美国信息交换标准代码)中,信息块传送结束符用二进制数00010111(即十进制数23)来表示。

end of transmission recognition 传输终止识别 计算机识别数据串传输结束的能力。

end of volume (EOV) 文卷结束 表示使用的存储介质(如一卷磁带)已用毕。

end-of-work-session indicator (EW) 工作通话(期)结束指示器 某些计算机系统中的一种指示器,它发出的信号标志着操作员已经在该工作站效用程序显示上指定了工作通话结束。同end-of-job indicator。

end-of-work-session processing level 工作通话(期)结束处理级 某些计算机系统中的一种处理级,即每次操作员指明要结束在该效用程序工作站显示的工作通话或当程序设置的EW或EJ指示到达时所出现的处理级。同end-of-job processinglevel。

endogenous activity 内生活动 在系统内部发生的活动。

end open system 末端开放系统 实现开放系统互连环境的重要组成部分之一,是包含用户资源的开放系统部分。通常就是连接到网络中的计算机系统。

end or identify (EOI) 结束或识别线 一类并行的外总线(如IEEE 488)上进行握手联络用的接口管理控制线。EOI线与ATN线一起指示是数据传送结束,还是用来识别一个具体设备。当ATN="0"时,这是进行数据传送,当传送最后一个字节使EOI="1",表示数据传送结束,当ATN="1",若EOI="1"时,则表示数据总线上是设备识别信息,即可得到请求服务的设备编码。参见attention line (ATN)。

endorsed TEMPEST product list (ETPL) 合格TEMPEST产品目录 1989年12月以后通过TEMPEST(瞬时电磁脉冲发射标准)认证的产品目录。美国国家安全局鉴于许多列在推荐产品目录上的产品质量低劣的问题,制定了更加严格的认证程序,凡是通过该认证程序的产品,可以列上ETPL。1989年12月以后,ETPL取代PPL(推荐产品目录)的作用。参见preferred product list (PPL)

end pages 末尾页面,目的页面 (1)树形结构的数据库包含信息的末尾处页面。(2)在可视图文中,指含有信息的页面,而不是帮助用户检索这些信息的页面。

endpoint address 端点地址 对于任何赋予计算机能用作目的地地址的一类地址术语。例如,IP(网际协议)地址是一种端点地址。

endpoint criteria 终点标准 在老化试验(或功能性评定试验)中,对试样的某一项性能选定一个值,作为试样已失去了使用效能的标准。同failure criteria。

endpoint matching 端点匹配 从同一点出发显示两条或多条向量时,它们应在指定点相交称为端点匹配。它是向量发生器精度的衡量标志之一。

endpoint node 端点节点 网络中一种只连接到一条分枝上的节点。

end station 终结站 采用完整协议栈的通信终止的设备。

end system (ES) 末端[终结]系统 (1)网络中的最终用户设备。(2)在OSI(开放系统互连)网络中,指拥有应用进程,可以通过OSI所有七层协议进行通信但不进行路由选择的系统。(3)在ATM(异步传输模式)网络中,指一个ATM连接起始或终止的系统,原始终结系统启动ATM连接,终止终结系统结束ATM连接。

end system-to-end system (ES-to-ES) communication 末端系统之间通信 OSI(开放系统互连)网络末端系统之间进行通信的进程。每个末端系统都属于某个网络组,而网络组中都有中间系统负责网络组和网络组之间的通信。

end system to intermediate system (ES-IS) 末端系统到中间系统协议 规定末端系统(主机)如何把自己通告给中间系统(路由器)的OSI(开放系统互连)协议。在互联网络中,末端系统和中间系统互连定位和配置。中间系统对末端系统进行路由选择之前必须先进行配置。

end-to-end 端对端 协议或函数的一种特性,说明在初始源地和最终目的地上的操作,而不是在中间计算机上(如不在路由上)。

end-to-end communication 端对端通信 从始发地到目的地的全程通信。

end-to-end encryption 端(到)端加密 端到端传输时,为了使数据在所经历的诸段链路和诸个节点均为密文,而采用的加密技术。基本做法是数据在起始端加密,在终止端解密。与节点加密方式一样,端到端加密也因选择路由而不能对报头加密,只对报文的数据部分加密。

end-to-end network 端到端网络 计算机之间可以随意互连,不分级别进行通信的网络技术。因特网是一个典型的端到端网络,微机与大型机,微机与微机,或大型机与大型机之间都可以互连通信。连接时所用的网络地址都是端到端的。端到端网络也称"对等网络"。

end-to-end performance 端到端性能 从始发地到目的地的信道全程性能。

end-to-end protocol 端到端协议 适用于数据网络的两个用户之间或不同互连数据网络的两个用户之间的一种通信协议。

end-to-end responsibility 端到端响应性 为提供远程通信服务的设备和设施给通信公用载波分配完整的响应性。

end-to-end session 端到端会话 一种逻辑连接,在一个源和一个目的地之间建立了一种基于结合的路由选择关系。源和目的地可以是一个LU(逻辑单元)或一个应用程序。端到端会话需要按键来进行路由选择。

end-to-end test 端对端测试 一种动态测试,即贝尔系统中利用900系列测试设备进行的测试。

endurance 耐久性 材料耐受老化应力的能力。指在规定的老化试验条件下,绝缘材料受老化应力到达失效的时间。

end user 端点[最终]用户 (1)使用计算机网络进行数据处理和信息交换的人、设备、程序或计算机系统。(2)在通信系统中,系统所服务的最终受益者(包括信息的最初提供者和最终享用者)。

end-user device 最终用户设备 打印机之类的设备。能提供一项操作的最终输出结果,而无需进一步处理。

end-user language 终端用户语言 一种用于由终端用户进行信息处理的语言。

end-user license agreement (EULA) 最终用户许可(证)协议 在软件厂商和软件买方之间达成的有关软件分发、转售和限制使用的一种协议。

end user-to-end user session 端用户到端用户通话,端用户间会话 同LU-LU session。

end-user to SSCP echo check 端用户到系统服务控制点的回送校验 同LU connection testing。

end-user verification 终端用户验证 在一个逻辑单元(LU)中,用标识符和口令检查终端用户的标识。

energizing winding 励磁线圈 增压变压器中供给串联线圈电能的线圈。

energizing quantity of relay 继电器的激励量 在规定条件下,施加于继电器的电量(电流或电压)。它可以单独地或几个这样的电量结合在一起使继电器实现其功能。

energy band 能带 是描述晶体中电子能量状态的一个物理概念。晶体是由大量原子规则排列组成的,在晶体中原子的外层电子运动已不再局限在该原子附近,而是可以在整个晶体中运动。这种情况称为电子运动的共有化。其结果是:N个孤立原子有N个相同的能级,在晶体中变成N个能量略有差别的不同等级。因N的数量级极大所以这些密集程度很高的能级,基本上可以看成是连续的,称为能带。电子可以具有能带内的任何能量值。

energy beam 能量束 可以对金属、陶瓷或其他材料进行切割、钻孔、成形、焊接或其他加工处理的强光束、电子束或其他核粒束。

energy efficiency labeling 能源效率标识 附在产品上,用以表示其能源性能的信息标签。目前我国的能源效率标识将能效分为五个等级,等级1表示产品达到国际先进水平,耗能最低;等级2表示比较节电;等级3表示产品的能源效率为我国市场的平均水平；等级 4 表示产品能源效率低于市场平均水平；等级 5 是市场准入指标，低于该等级要求的产品不允许生产和销售。

energy function 能量函数 将神经网络看成一个非线性动力学系统，系统的稳定状态可用能量函数描述。它是神经网络的一个基本量。按照能量函数的应用可分三种方式：①能量函数的所有局部极小点都起作用，主要用于联想存储、信息压缩与编码等方面；②只利用能量函数的全局最小点，主要用于组合优化求解问题；③不考虑能量函数，其主要作用是函数映射，以及用于分类和特征抽取。

energy gap 能隙 固体中电子两相邻能带相隔的能量范围称为能隙，也称"禁带宽度"。

energy harvesting (EH) 能量收集 利用原本会被浪费的能量。能量收集是从环境中收集能量并将其转换成可用电能的过程。解决方案是利用传感器从所在环境收集机械、热或电磁能。

energy level 能级 原子中粒子的恒定能态。在每个能级上只能存在有限电子数。当电子移动到较低能级时将辐射能量，而当移动到较高能级时则吸收能量。

energy level diagram 能级图 (1)按微观粒子系统允许具有的能量大小，由低到高按次序用一些线段表示出来，这就称为系统的能级图。能级的数目是无限的，通常只画出和所研究问题有关的能级。(2)表示电功率沿着通道或信道增加和减少的一种线图。

energy level transition 能级跃迁 组成物质的原子中，有不同数量的粒子(电子)分布在不同的能级上，在高能级上的粒子受到某种光子的激发，会从高能级跳到(跃迁)到低能级上称为能级跃迁，这时将会辐射出与激发它的光相同性质的光。

energy migration 能量迁移 泛指借助于载流子、激子等的运动，把能量从晶体的一部分带到另一部分。

energy resource information 能源资源信息 表征能源资源学科研究对象、理论、方法、数量、质量以及开发、利用、保护等的信号和消息。

Energy Star 能源之星 能源之星是环境保护局一个程序的名称，意在鼓励 PC 厂商建立有效利用能源的系统。其必要条件是：系统或显示器在不使用时能自动进入低能耗状态或"休眠"状态，这时消耗的功率应不超过 30 瓦。满足这些条件的系统和显示器就被贴上"能源之星"的标志。

energy storage capacitor 贮能电容器 用于存储电能并在很短时间内释放的电容器。

energy transfer 能量传递 某一激发的中心将激发能的全部或部分转交给另一中心。能量传递的方式主要有辐射能量传递和无辐射能量传递。

enforced lock 强化锁 在 AIX 操作系统中，进程保存在文件中的一种锁，防止其他进程用读或写调用访问该进程的区域。参见 advisory lock。

ENG 电子新闻采编 electronic news gathering 的缩写。

engine 引擎，核心程序 (1)程序中用来确定管理和处理数据的部分。例如，数据库核心程序，它装有控制数据库的工具。(2)软件包中完成特定功能的部分。例如，一个搜索引擎就是多媒体节目的一部分，它使用户可在多媒体书籍中搜索文本。

engineered capacity 工程设计负荷量 中继线组或交换系统能满足服务指标要求的最大负荷。通常，对于交换系统，载波负荷等于比工程设计负荷量低的输出负荷，并小于比设计负荷量大的输出负荷量。

engineered circuit 工程化电路 为了提高工程进度或效率，满足工程上的特殊要求，而预先准备好的电路。

engineering and administration data acquisition system 工程和管理数据采集系统 在交换系统中，利用电子设备测量业务数据的系统。业务数据被传送到中央计算机，并以适合计算机处理和分析的形式将数据记录在磁带上。

engineering change (EC) log 工程更改记录 一种设置在机器内的、用于记录工程更改情况的表，用该表来准备 APAR(特许程序分析报告)。

engineering data 工程数据 设计单位准备的原始文件中所包含的数据。其中有系统结构说明、性能指标、可靠性、可维护性、可用性等指标，以及操作练习和操作步骤。还包括产品的几何定义、工程分析、制造工艺以及计划管理数据等。

engineering database (EDB) 工程数据库 也称"CAD 数据库"、"设计数据库"、"设计自动化数据库"、"图形图像数据库"等，是一种能存储和管理各种工程图形，并能为工程设计提供各种服务的数据库。它可以指适合于 CAD/CAM(计算机辅助设计/计算机辅助制造)、计算机集成制造系统(CIMS)、地理信息处理和军事指挥、控制、通信等工程应用领域中使用的数据库。它涉及工程数据库管理系统和工程数据库设计两个方面。

engineering database management system (EDBMS) 工程数据库管理系统 针对工程数据特点而设计的数据库管理系统。一般具有以下功能要求：支持复杂多样的工程数据的存储和集成管理；支持复杂对象的表示和处理；支持多种工程应用程序；支持模式的动态修改和扩展；支持反复试验的设计过程；支持不同版本的存储和管理；支持工程事务的处理和恢复；支持多库操作；支持分布式和并发处理；支持同一设计对象的多种表示方法；支持在数据库中语义信息的嵌入、自动检测与维护，以及具有传统 DBMS(数据库管理系统)的功能等。

engineering database system (EDBS) 工程数据库系统 一个面向 CAD/CAM(计算机辅助设计/计算

机辅助制造)的数据库系统,是数据库技术与计算机辅助系统相结合的产物。通常是在数据库管理系统的支持下研制的,提供了一种通用的数据模式、会话和批处理工作方式,以及简单灵活的访问操作,能够对工程领域中的设计、计算、加工和测量等方面的数据信息进行管理。

engineering data management 工程数据管理 对工程设计中产生的信息进行组织、存储和跟踪。例如,设计版本的管理、设计数据在不同用户间的共享、不同项目工具的集成、软件源代码的控制管理都是工程数据管理实例。

engineering improvement time 工程改进时间 为提高性能而对计算机系统进行安装、测试、维修所花的机器时间。它包括预防维护时间、修理时间及修理后的调试时间。工程改进时间是计算机服务时间的组成部分。

Engineering Index (*Ei*) **《工程索引》** Ei是1884年由美国工程信息公司(Engineering Information Inc.)创办,它报道世界上4 500种期刊和2 000种会议录所发表的各个工程技术领域的文献资料。所用语言近20种,但大部分是英文。每年增加近20万条文摘。其主题涉及175个学科,主要包括机械、土木工程、环境工程、电工电子、结构学、材料科学、固体物理和超导、生物工程、能源、化工、光学、大气和水污染防治、危险废物处理、运输和安全等。Ei发展的几个阶段:① 创办初,月刊、年刊的印刷本,1884年至今。② 20世纪70年代,电子版数据库(Ei Compendex),并通过Dialog等大型联机系统,提供检索服务;③20世纪80年代,推出光碟版;④20世纪90年代,提供网络版数据库(Ei Compendex Web),推出了工程信息村(EIV)。

engineering information system 工程信息系统 一个用于工程设计和管理的通用集成工程环境,它能将不同的软件工具、数据库管理系统、数据库以及硬件集成在一起。

engineering information village (EIV) 工程信息村 工程信息村是美国工程信息公司(Ei)的网上服务项目,是一个以Ei Compendex Web数据库为核心的集多种数据库检索、多种信息服务为一体的基于因特网平台的大型信息检索集成系统。工程信息村上有一些对于工程技术人员来说极有价值的网上地址和资源,并提供与世界范围内大量数据库的平滑连接,在世界范围内收集、筛选、组织工程类型的网络信息资源,使大量无序的信息增值后成为产品,向用户提供便捷式服务。它由11个栏目组成,即:国际工程中心;旅游服务;商业和经济区;大会堂;工业市场;科研开发区;图书馆;国际大厦;新闻与气象局;人才和教育中心;万象数据库。所集成的信息资源还包括专利和标准以及分布于世界各地的1 500多个网络信息站,并提供了多种期刊与会议论文的全文数据等。

engineering, planning and analysis system 工程、计划与分析系统 一种软件系统。电话公司的工程技术人员用来支持他们的计划、记录、实现、调度、调整、网络性能评价、网络特性描述及其他类似的活动。系统提供分时或成批运行的计算机服务,或者运行于电话公司的数据中心。

engineering sample 工程试样 在LSI(大规模集成电路)开发阶段,根据设计结果实际制作的作为技术评价用的LSI。在LSI投入大量生产前,按惯例必须用工程试样,在用户的实际使用条件下,对设计正确性、工作容限、定时关系及测试条件等加以确认和进行充分的技术评价。

engineering cybernetics 工程控制论 控制论的一个分支学科,是关于受控工程系统的分析、设计和运行的理论。

engineering time 工程时间,维护检修时间 (1)一项工程从开始到全部完工所花费的时间。(2)例行试验和机器维修所花的总的停机时间。它包括停机后所需的测试时间、以后的修理时间或预防性维护时间。

engineering workstation 工程设计工程站 支持逻辑设计、电路设计、印制电路板与LSI(大规模集成电路)芯片掩模图形设计等的交互式处理装置。硬件包括16位或32位微计算机、高分辨率显示器、温盘存储器及绘图机等;软件包括逻辑模拟、电路模拟、故障模拟、设计规则检查、参数提取、定时证明等程序,以及窗口软件。

enhanced-carrier demodulation 加强载波解调 一种将具有适当相位的同步本地载波馈入解调器,以降低解调失真的幅度解调系统。

enhanced CD 增强型CD 一种数字音频产品标准,是CD的更新,定义了CD-ROM(只读碟)与音频技术相结合时光碟的物理设计规范,同时记录了音频信号和计算机数据,放音时可以显示图像,使用这种光碟需要多段式CD-ROM(只读碟)驱动器。

enhanced data output (EDO) DRAM 增强数据输出动态存储器 EDO DRAM类似于FPM DRAM(快速页式动态存储器),但采用不同的控制逻辑连接到芯片的数据驱动电路中,使得存储器总线的速度达到40 MHz。在FPM DRAM中,CAS(列地址选通)线必须保持低电平,直到有效数据到达输出端。而在EDO DRAM中,在数据放大电路之后采用一个附加的锁存器,这使得CAS线可以很快地返回高电平,从而可启动下一个页内的访存操作。在采用突发方式的EDO DRAM中,CAS线不仅可提前返回高电平,还可以跳变方式顺序访问若干个数据,提供更高的数据传输速率。EDO内存存取速度比普通DRAM提高30%,但以后又被性能更高的SDRAM取代。参见fast page mode DRAM (FPM DRAM), burst enhanced data output DRAM

(BEDO DRAM)。

enhanced data rate for GSM evolution (EDGE) 增强型数据速率 GSM 演进技术 该技术能够使用宽带服务，能够让使用 800、900、1 800、1 900 MHz 频段的网络提供第三代移动通信网络的部分功能，并且能大大改进目前在 GSM(全球移动通信系统)和 TDMA(时分多址)上提供的标准化服务。该技术可以提供 384 kbps 的广域数据通信服务和大约 2 Mbps 的局域数据通信服务，这样可以充分满足无线多媒体应用的带宽需求。

enhanced data rates for global evolution (EDGE) 全球演进的增强型高速数据速率业务 也称"全球增强型数据提升率"。一项由 TDMA(时分多址)和 GSM(全球移动通信系统)网络阵营进行推广、由欧洲电信标准研究所进行标准化、并得到国际电信联盟(ITU)认可的 3G 技术。EDGE 将与 TDMA (时分多址)网络配合使用，不但能够将 GPRS(通用分组无线业务)的功能发挥到极限，还可以透过目前的无线网络提供宽频多媒体的服务。参见 global system for mobile communication (GSM), time division multiple access (TDMA), general packet radio service (GPRS)。

enhanced definition television (EDTV) 增强清晰度电视 一般指水平扫描行数为 500 ～ 700 线，每秒 60 帧的逐行扫描电视。EDTV 也常常以 16∶9 的宽高比播送信号，等效于 DVD(数字影碟)的图像质量。

enhanced dynamic RAM (EDRAM) 增强型动态存储器 一种带有静态存储器数据缓存的动态存储器芯片，它由 Ramtron 开发。EDRAM 在普通的 DRAM(动态随机存取存储器)芯片中集成了一小块 SRAM(静态随机存取存储器) cache。EDRAM 包含几个改进性能的特点：①刷新操作能够与 cache 读操作并行进行，它使芯片由于刷新而无效的时间减到最小；②从行 cache 到输出端口的读路径独立于从 I/O 模块到读出放大器的写路径，这使写操作完成时能够同时进行下一个对 cache 的读操作。Ramtron 的研究表明，EDRAM 的性能要等于或高于带有较大的外部 SRAM cache 的普通 DRAM。

enhanced entity-relationship (EER) model 增强型实体-联系模型 用新的建模概念对原始的 E-R 模型进行扩充所得到的模型。参见 entity-relationship model。

enhanced expanded memory specification (EEMS) 增强型扩充内存规范 扩充内存规范(EMS)的一个增强型版本，由 AST, Quadram, Ashton-Tate 公司联合开发，允许 DOS(磁盘操作系统)应用程序使用 1 MB 以上的内存空间。

enhanced full rate (EFR) 增强型全速率 一种 GSM(全球移动通信系统)网络语音的编码方式，用于 GSM 手机基于全速率 13 Kbps 的语音编码和发送。

enhanced graphics adapter (EGA) 增强型图形适配器 一种提供较高图形分辨率的适配器，由 IBM 公司与 1984 年推出，允许使用图形显示器进行文本处理以及图形应用，与 CGA(彩色图形适配器)和 MDA(单色显示适配器)兼容并提供增强的视频模式，包括 43 行字符模式和 16 种颜色 640×350 像素的图形模式。

enhanced interior gateway routing protocol (EIGRP) 增强型内部网关路由选择协议 思科公司的专有协议。该协议属于"高级距离矢量路由协议"或混合型协议，即具有距离矢量路由协议的特性，又有链路状态路由协议的特性。参见 distance vector routing protocol, link state routing protocol。

enhanced keyboard 增强型键盘 IBM PC/AT 机的 101/102 键的键盘，后来成为 IBM PS/2 系列的标准键盘，也是 IBM PC 兼容机的事实标准，这种键盘的上部具有 12 个功能键，而不是像原来的在左边有 10 个功能键，增加了一个附加的控制键和 Alt 键，还增加了光标移动键编辑键，此外还调整了一些键的位置。

enhanced logical link control (ELLC) 增强型逻辑链路控制 一种 X. 25 协议，允许数据链路控制信息在两个连接的 SNA(系统网络体系结构)节点之间用 X. 25 包转接数据网进行传输，ELLC 提高了错误检测和恢复的能力，对应于 physical services header (PSH), qualified logical link control (QLLC)。

enhanced message service (EMS) 增强型短信服务 EMS 是继 SMS(文本短信服务)之后的第二代短信服务，EMS 可以在文本短信中加入铃声、简单的图形和简单的动画。比较 short message service (SMS), multimedia message service (MMS)。

enhanced multi-level precedence and pre-emption service (EMLPP) 增强型多级优先和占先业务 EMLPP 业务包含两个部分：优先和占先。优先是指可以向 GSM(全球移动通信系统)用户分配一个特定的优先级权限，用户可以在自己的权限内选择每个特定呼叫使用的优先级，不同优先级的呼叫建立方式不同，高优先级的呼叫建立速度比低优先级的快，甚至可以占先。占先是指高优先级呼叫在缺乏网络资源(包括处理能力、信令信道和业务信道)可以强占低优先级呼叫的资源，占先可以强制中断正在通话的低优先级呼叫以接通高优先级的呼叫。

enhanced non-return-to-zero (ENRZ) 增强不归零制 一种游程长度限码，参数(d, k; m, n; r)＝(0, 7;7,8;1)。

enhanced parallel port (EPP) 增强型并行端口 由 Intel 公司提出的一个并行接口标准，1994 年 3 月被 IEEE(电气与电子工程师学会)定为 IEEE

1284 标准,与现行标准并行端口兼容。它采用双向、半双工数据传输方式,与传统的并行口的不同是使用硬件代替软件产生所有信号,从而提高了传输速度。在 8 MHz 的 AT 总线的计算机上,EPP 主适配器的传输数据速度可以达到 1.5 MBps,是传统标准接口速度的 10 ～ 30 倍。EPP 可用于网络打印机、图像扫描仪、外接式硬盘和 CD-ROM(只读碟)等外部设备的高速接口。所有的 Pentium 计算机均支持 EPP 协议,Intel 486 以下的计算机不支持此协议,但仍可使用 EPP 外部设备。但只能当作标准并行端口设备使用,不能发挥其速度优势。

enhanced remote mirror (ERM) 增强远程镜像 增强远程镜像能够将数据从一个存储系统镜像到远距离之外的另一个存储系统。它由同步城域镜像、异步全局复制和异步全局镜像组成。它可以在其他城市或大洲的远程站点创建应用数据的镜像,能够支持相距 300 km 站点间的同步拷贝,理论上可支持无限远距离内的异步拷贝。增强远程镜像能够不间断地根据主逻辑驱动器对辅助逻辑驱动器进行更新,它不仅可以提供数据可用性,而且还是执行各种灾难恢复和业务连续性计划的关键技术。参见 metro mirror, global copy, global mirror。

enhanced service (ES) 增强型业务 (1)增强型业务用于洲际通信的商用载波传输设备中,它对传输用户信息各个方面(如格式、内容、协议等)的业务使用计算机处理,给用户提供附加的、不同的或重构的信息,还允许用户与计算机交互操作。(2)是基本业务和计算机处理应用的一种组合,使得被传输的信息能得到改善。(3)是以代表发送信息的数据的传输系统的重构为特征的运行模式。参见 basic services。

enhanced service provider (ESP) 增强业务提供商 不拥有基础网络设施及带宽或频率资源,依靠租用电信运营商的网络转售网络运营商的服务,并提供对声音或数据的附加增值服务。

enhanced small device interface (ESDI) 增强型小型设备接口 一种允许磁盘和计算机之间进行通信的接口。同 enhanced small disk interface (ESDI)。

enhanced small disk interface (ESDI) 增强型小磁盘接口 由美国 MAXTOR 公司提出并与 SHUGART、CDC、XEBEC 公司联合设计开发的一种接口标准,主要用于大容量硬盘控制器与硬盘驱动器之间的接口。接口数据采用不归零制,数据传输率为 10 ～ 15 Mbps,最多可支持 16 个磁头、2 048 个磁道柱面。其工作方式有串行和步进两种。接口电缆有 34 针控制电缆和 20 针数据电缆各一根。该接口现已不再使用,更加通用的是 IDE(集成驱动器电路)或 SCSI(小型计算机系统接口)标准。

enhanced specialized mobile radio (ESMR) 增强型专用移动无线电 由 Motorola 公司开发并在其 Motorola 集成无线电系统(MIRS)内实现的双向无线电技术。ESMR 采用 TDMA(时分多址)技术,在一个传统的 25 kHz 超高频(UHF)无线电信道中能同时容纳 6 个对话。

enhanced telecom operations map (eTOM) 增强型电信运营图 由电信管理论坛(TMF)发布的一个参考指南,一个在电信业中用于业务处理的被最广泛使用和接受的标准。增强型电信运营图模型描述了一个服务提供者所要求的、业务处理的全部范围,并定义了关键元素以及它们如何相互作用。

enhanced X-Windows toolkit 增强 X-Windows 工具箱 在 AIX 操作系统中,一系列开发各种应用环境的基本函数,工具箱函数管理工具箱初始化、窗口部件、存储器、事件、几何尺寸、输入焦点、选择、资源、事件转换、图形上下文、像素映射和错误。

enhancement-depletion circuit 增强-耗尽电路 一种同时包含增强型和耗尽型场效应晶体管的集成电路。

enhancement-mode FET 增强型场效应晶体管 场效应晶体管的一种工作方式。由于这类器件属于完全耗尽类型,必须提供专门的偏置使源极与漏极之间形成电流。增强型场效应晶体管称为"常截止"场效应晶体管。为了实现导通,N 沟道场效应晶体管要求正偏置,而 P 沟道场效应晶体管则要求负偏置。参见 field effect transistor (FET)。

ENIAC ENIAC 计算机 electronic numerical integrator and calculator 的缩写。第一台通用电子数字计算机的名字。

E-NNI 外部网络-网络接口 exterior-network to network interface 的缩写。

ENQ 询问 enquiry 的缩写。

ENQ/ACK ENQ/ACK 单元 一种使 RS-232 异步数据源设备能够使用 ENQ/ACK 异步协议与异步只接收设备接口的单元。它使用 DTR 线路控制或 XON/XOFF 流控制。宿主机向 ENQ/ACK 单元发送一个 ENQ 信号,该单元在缓存能够处理数据块时返回一个 ACK 信号,在缓存满时则无响应信号。

enqueue 入队 一种数据操作,将项目加入到队列中。对应于 dequeue。

enquiry (ENQ) 询问 (1)通常指用联机通信终端对信息文件或数据库的直接存取。这是一些具有分散办事处系统的特征,如煤气管理局、电气管理局及航空公司等都需要对询问迅速回答。通过提高效率和减少延迟,可以提高服务水平。参见 random enquiries。(2)在面向字符型的链路控制规程中,用来询问对方状态,并要求对方给出回答的控制字符。在点-多点操作中它是探询/选择序列的后一个字符。

enquiry character (ENQ) 询问字符 (1)一种传输

控制字符,被用来作为一个请求,向已经建立连接的站请求一个应答。应答中可包括远程站的站标识、服务设备的类型和状态。(2)二元同步通信中的一种传输控制字符,用来指出一条点对点信道上进行传输控制并指出请求一个站重复发送它的应答。(3)通信中用来请求远程终端回答的一种传输控制字符。通常用来询问对方站名、服务设备类型以及远程终端的状态等。

enrollment 登记,开设 在一个办公系统中开设一个新用户的过程。该过程包括为用户建立一个简介、建立一个系统分发目录、建立日历信息等。

ENRZ 增强不归零制 enhanced non-return-to-zero 的缩写。

ENS 企业网络服务 enterprise network services 的缩写。

ensemble machine 组合机器 由一系列的网络处理单元构成的机器。组合机器的处理节点可像并发计算机那样是自主的,也可以像单指令流多数据流并行计算机中那样一步步执行。

en space 半身空格 字体中水平空间的数量,相当于字体的点数的一半,比较 em space,fixed space,thin space。

enter 送入,键入,回车 (1)在键盘上打入信息并按下 Enter 键标,把信息发送给计算机。(2)把要从终端传送到计算机的信息送到线路上。比较 accept。参见 receive,send。(3)键盘上的一个按键,用户按下时向计算机提交信息进行处理。

entering 进入 将终端送向计算机的消息放到传输线上的操作。比较 sending。

enter inhibit 送[键]入禁止 一种状态条件,在终端未收到关于前次发送的数据被成功接收的确认之前,操作员不能再发送内向的数据。比较 input inhibit。

enter/inquiry mode 输入/询问方式 使用终端输入数据,请求系统提供信息,或这些操作组合的过程。

enter key 回车键 参见 enter。

enterphone 寓室通信系统,入门电话 一种公寓寓室与门厅之间进行通信的系统。运用该系统,公寓门厅能与各寓室进行通信联系。

enterprise application integration (EAI) 企业应用集成 异构环境下的系统与数据整合技术。企业应用集成技术定位于异构环境下各数据源、遗留系统、以及新建立的应用系统的整合,利用代码重用、数据转换、系统互联等方法实现软件互操作,屏蔽异构网络环境下编程的复杂性,从而达到整合异构环境下分布的、异构的、自治的系统中各个数据源的目的,使得已经建立并发挥作用的系统能够迁移到网络计算环境并与新开发的业务系统集成,达到充分利用遗留系统的目的,同时保障系统和数据整合的安全性。应用 EAI 技术来实现企业信息管理系统有以下的意义:①与任何应用软件的无缝隙整合,以保护前期投资;②高层业务流程与低层 IT 运营系统的分离,因而这两者可以独立修改;③实现业务流程的自动化;④使业务流程分析及优化成为可能。参见 application to application (A2A) integration,application platform suite (APS)。

enterprise architecture (EA) 企业架构 用来理解、表述企业信息基础设施的一个直观模型,为企业信息基础设施建设提供了蓝图。企业架构不仅描述了业务架构、数据架构、应用架构和技术架构等架构模型和相互关系,而且定义了企业信息基础设施实施的方法。

enterprise bank 企业银行 将银行网络的终端延伸到企业内,让客户在自己的办公室内就可进行交易或获取最新财务信息的电子银行服务。企业银行的服务对象是大型公、私营企业和政府机构内具有法人身份的组织。其服务项目包括传统的票据处理、资金调拨,一直到协助企业投资理财的各个方面。企业银行的优点是它不需要企业投资筹建自己的计算机系统,而可直接利用银行计算机系统的巨大能力和资源,把企业客户的生产、销售经营活动及财务收支全面管理起来。同时还可利用银行网络与各种国际性网络的联网提供方便,为企业客户提供国际交易、全球汇兑、市场行情等各种服务。

enterprise communication server (ECS) 企业通信服务器 IBM 公司推出的一个多功能网关,可在从桌面系统直到主机的所有关键平台上运行,提供现有的应用程序在 SNA(系统网络体系结构)网络或 TCP/IP(传输控制协议/网际协议)网络上的无缝集成,能方便地增加如因特网访问程序这样的应用程序。

enterprise content management (ECM) 企业内容管理 企业内容管理正是随着数据管理的发展而为客户提供的一种应用软件,它管理、集成和访问从音频、视频到扫描图像的各种格式的商业信息。内容管理处理的对象范围比传统关系数据库管理系统(RDBMS)处理的结构化数据更广,除了一般文字、文档、多媒体、流媒体外,还包括 Web 网页、广告、程序、软件等一切数字资产,即所有结构化的数据和非结构化的文档。内容管理解决方案重点解决各种非结构化或半结构化的数字资源的采集、管理、利用、传递和增值,并集成到结构化数据的信息系统中,如 ERP、CRM 等,从而为这些应用系统提供更加广泛的数据来源。参见 content management (CM)。

enterprise customer portal (ECP) 企业客户门户 企业采用计算机及通信技术而建立起来的企业与客户进行联系和沟通的新型通道。

enterprise data model (EDM) 企业数据模型 显示组织的高层实体及实体间联系的图形化模型。

E

enterprise data modeling 企业数据建模 数据库开发的第一步，它指定组织数据库的范围和一般内容。

enterprise data warehouse (EDW) 企业数据仓库 一个面向主题的、集成的、相对稳定的、反映历史变化的数据集合，用于支持管理决策。它是决策支持应用的终端用户可得到的所有数据的控制点和唯一来源。

enterprise edition 企业版 企业版是开发类软件中的最高版本。如微软的 visual c++的企业版相对于专业版来说增加了几个附加的特性，如 sql 调试、扩展的存储过程向导等。参见 professional edition。

enterprise information infrastructure (EII) 企业信息基础设施 EII 是指根据企业当前业务和可预见的发展，能维持本企业对信息管理需要的、最起码的信息系统及其相关设施，是由计算机信息设备、通信网络、数据库和信息管理人员等组成的基础环境。

enterprise informationizement 企业信息化 通过信息技术的部署来提高企业的生产运行效率，从而降低经营成本。企业信息化建设主要两个方向，第一是电子商务网站，是企业开向互联网的一扇窗户；其次就是管理信息系统，它是企业内部信息的组织管理者。

enterprise information portal (EIP) 企业信息门户 企业信息化过程中按"信息集成"的需求，打破应用系统之间的壁垒，摆脱结构化信息和非结构化信息的困扰，所形成的综合信息平台。企业信息门户以商业功能为驱动、以服务为导向，为用户提供单一入口，使用户能够按照个性化需求，提取存储在企业内部和外部的信息，从而便于进行商业决策。它融合了商业智能、内容管理、数据仓库、数据管理等一系列用于管理、分析、发布信息的软件。

enterprise JavaBeans (EJB) 企业 JavaBeans EJB 是一种完全采用基于软件构件模型的分布对象计算体系，其组成部分包括：JDBC，Java RMI，JNDI，Java IDL，JTS，JMX，JTS 和 JMS。用 CORBA(公共对象请求代理体系结构)的观点来看，企业 JavaBeans 中包括了分布构件的基础结构，也包括了各类公共服务构件。参见 common object request broker architecture (CORBA)。

enterprise key 企业键 值在所有关系里都唯一的主键。

enterprise management architecture (EMA) 企业管理系统结构 DEC 公司的网络管理系统结构。

enterprise mobile application platform 企业移动应用平台 由服务核心、终端组件、管理监控应用、信息服务应用以及系统适配器等主要软硬件组成。通过将复杂的移动通信协议和移动开发底层技术进行高度封装，为行业应用的移动信息化建设提供一套标准化、简单的开发环境和应用平台。

enterprise model 企业模式 目标、组织结构、商业过程、信息资源和企业需求的一种表示。

enterprise network 企业网络 (1)一个将公司的所有计算资源都进行相互连接的网络，包括连接各种网络、小型机和大型机。(2)为企业的计算机通信建立的网络。企业网与校园网的不同之处在于：通常企业各个部门分散在全国各地，甚至跨国经营。企业网是以总部为中心的网络，通过远程通信手段把分散在各地的分支机构的局域网互联而形成的网络。

enterprise network directory service 企业网络目录服务 企业级计算机网络操作系统所支持的服务之一。这种服务使用一种分布式数据库，数据库中存储着用户、机器设备和应用等目录信息，以及用户登录、安全属性和电子邮件服务等目录数据。

enterprise network operating system 企业网络操作系统 为大型企业提供计算机网络服务和控制的网络操作系统。就网络操作系统的任务而言主要有三：文件与打印服务、应用服务、目录服务。

enterprise network services (ENS) 企业网络服务 基于 Banyan 系统的 StreetTalk 目录服务软件。它把 NetWare 目录服务的特性加到 NetWare 网络中。

enterprise number 企业号码 一种唯一的电话交换机号码，使得来话呼叫的费用自动地记到被叫一方的账上。

enterprise portal 企业门户 一个联接企业内部和外部的网站。企业门户可以为企业提供一个单一的访问企业各种信息资源的入口，企业的员工、客户、合作伙伴和供应商等都可以通过这个门户获得个性化的信息和服务。企业门户可以无缝地集成企业的内容、商务和社区：首先，通过企业门户，企业能够动态地发布存储在企业内部和外部的各种信息；其次，企业门户可以完成网上的交易；此外，企业门户还可以支持网上的虚拟社区，网站的用户可以相互讨论和交换信息。

enterprise project structure (EPS) 企业项目结构 能反映企业内所有项目相互关系的结构，是企业内所有项目的一种组织形式。EPS 为树状结构，该结构可以根据企业的需要分解为不同的层次，以满足企业对项目执行情况的报告和工作协调的要求。EPS 的层次节点可以代表分公司、部门、项目地点、项目类别等。具体项目可以存在于任一 EPS 节点中，每个节点可以包含多个项目，企业中的每个项目都必须包含在 EPS 节点中。

enterprise resource planning (ERP) 企业资源计划 ERP 是由美国加特纳(Gartner)公司在 20 世纪 90 年代初期首先提出的，当时的解释是根据计算机技术的发展和供需链管理，推论各类制造业在信息时代管理信息系统的发展趋势和变革。随着人们认识的不断深入，ERP 已经被赋予了更深的内涵。它强调供应链的管理。除了传统 MRPⅡ系统的制造、财务、销售等功能外，还增加了分销管理、人力资源管理、运输管理、仓库管理、质量管理、设备管理、决策支持等功能；支持集团化、跨地区、跨国界运行，其主要宗旨就是将企业各方面的资源充分调配和平衡，使企业在激烈的市场竞争中全方位地发挥足够的能力，从而取得更好的经济效益。从管理信息集成的角度来看，从 MRP 到 MRPⅡ再到 ERP，是制造业管理信息集成的不断扩展和深化，每一次进展都是一次重大质的飞跃，然而，又是一脉相承的。ERP 是在 MRPⅡ的基础上，通过前馈的物流和反馈的信息流、资金流，把客户需求和企业内部的生产经营活动以及供应商的资源整合在一起，体现完全按用户需求进行经营管理的一种全新的管理方法。

enterprise risk　企业风险　由于企业内外环境的不确定性、生产经营活动的复杂性和企业能力的有限性而导致企业的实际收益达不到预期收益，甚至导致企业生产经营活动失败的可能性。

enterprise risk management (ERM)　企业风险管理　ERM 是指对企业可能产生的各种风险进行识别、衡量、分析、评价，并适时采取及时有效的方法进行防范和控制，用最经济合理的方法来综合处理风险，以实现最大安全保障的一种管理方法。

enterprise search platforms (ESP)　企业搜索平台　一组新的、综合性的搜索和集成技术的总和，ESP 能把那些深藏在企业内部的数据显露出来。ESP 的目标是让事情看起来非常简单：提交一个简单的请求，返回一个最可能相关的结果，这些结果集中在一起。但是在简单的外表背后，ESP 综合了多种技术，如数据挖掘、自动分类、内容抽取和自然语言处理等。以 ESP 为基础，企业能定制自己的应用，为文档的归档和索引自动做好准备。

enterprise server　企业级服务器　一种网络服务器，通常支持几百个到几千个用户，一般采用档次较高的小型机。比较 workgroup server, departmental server。

enterprise service bus (ESB)　企业服务总线　ESB 是面向服务的信息技术基础架构中的核心部件。ESB 在整个企业的计算基础设施中起到了连接应用程序与其他服务的共享消息层的作用。它是利用了智能的转换和路由辅助核心的异步消息传输，以确保信息可靠传送。服务是利用 Web services 消息标准或者 Java 信息服务参与到 ESB 中。

enterprise system connection (ESCON)　企业系统连接　也称"管理系统连接"。IBM 公司发布的一种的光纤通道，能在 60 km 距离内以 17 MBps 速率进行数据传输。ESCON 允许外围设备跨大园区和城域分布。与铜基并行总线和特征通道相比，ESCON 提供更高的速度并使用串行接口。ESCON 定向器是中心和外围连接装置，提供 8 ～ 16 个端口(模式 1)或 28 ～ 60 个端口(模式 2)。后被 IBM 公司 1998 年推出的 FICON(光纤连接器)替代。参见 fIber connector (FICON)。

enterprise-wide network　企业范围网络　连接业务群体、组织或公司所在地的各台计算机的网络。

entity　实体　现实世界中客观存在并可相互区别的"事物"。实体可以指人，也可以指物；可以指实际的东西(如汽车、书)，也可以指抽象和概念性的东西(一次借书，一种感情)，也可以指"事物"与"事物"之间的联系(如订货)。在数据库组织中，指客观存在的与某一应用有关的事物。

entity attribute　实体属性　(1)实体属性是实体所具有的本质或者特性，一个实体可以通过若干个属性来刻画。属性的取值范围称为该属性的域。根据组成结构和来源，实体属性可以分为单值属性和多值属性。(2)设计实体的可命名的特征或特性，它提供了关于实体的实际描述。实体属性信息可通过多种方式进行组织以揭示设计的最主要方面。这样，设计者就可从不同侧面或观点来进行设计，并把精力集中在设计的细节上。

entity class　实体类　一种具有共同属性的实体类。

entity cluster　实体聚簇　一个或多个实体类型及其相关联系的集合组成的一个抽象的实体类型。

entity function　实体功能　实体做什么的陈述。功能属性说明对实体从输入到产生出想要得到的输出所采用的转换。在数据实体情况下，功能属性说明存储的或由该实体进行传输的信息类型。

entity identification　实体标识　实体的名称。两个实体不应具有相同的名称，实体的名称应选择能表示其特性的名称，这使得除了提供标识外，还能简化引用的追踪。

entity identifier　实体标识符　用来唯一地标识一个实体的一个数或一组字符，如人员编号、用户号。

entity instance　实体实例　实体集中的一个特定实体。同 entity occurrence。

entity integrity　实体完整性　在数据库领域和数据通信工程中，实体完整性定义表中的一行作为一个唯一的实体存在。并由表的主关键字强制实施。参见 data integrity。

entity integrity rules　实体完整性规则　关系模型的三类完整性规则之一，另两类是参照完整性规则和用户定义的完整性规则。实体完整性规则要求关系中元组在组成主键的属性上不能有空值或者重复的值。否则，主键值就起不了唯一标识元组的作用。参见 referential integrity rules, user-defined integrity rules。

entity-integrity property　实体完整性　在一个关系中，主键属性(或组成主键的部分属性)不可以为空值的特征。

entity interface　实体接口　一个实体如何同其他实

体相互作用的描述。接口属性描述相互作用的方法和控制这些作用的规则。相互作用方法包括唤醒或中断实体的机制等。

entity metadata 实体元数据 在数据库组织中,当元数据描述了与数据有关的客体、事件或关系时,就称它们为实体元数据。

entity occurrence 实体出现 实体集中一个具体的实体,如知道姓名的职员。

entity record 实体记录 也称"属性记录"。按规格化产生的记录,含有较长期的属性。

E

entity relationship 实体关系 一个实体集中的实体与另一个实体集中的实体的联系称为实体关系。如果实体集 A 中的一个(或多个)实体与实体集 B 中的一个(或多个)实体相对应,则称实体集 A 与实体集 B 之间具有一对一(或多对多)的关系。

entity-relationship approach (ERA) 实体-联系方法 数据库逻辑设计的一种简明扼要的方法,由陈品山(P. S. Chen)博士于 1976 年提出。指在按具体数据模型设计数据库之前,先用实体-联系(E-R)图作为中间信息结构模型(也称"组织模式")表示现实世界中"纯粹"的实体-联系,以后再将 E-R 图转换为各种不同的数据库管理系统所支持的数据模型。这种数据库设计方法,与通常程序设计中画框图的办法相类似。

entity-relationship data model 实体-联系数据模型 数据库中描述实体的属性及实体间关系的一种数据模型。

entity-relationship design 实体-联系设计 简称 E-R 设计法。参见 entity relationship approach (ERA)。

entity-relationship diagram 实体-联系图 数据库逻辑设计过程中,用来简明表示现实世界中实体及其联系的一种信息结构图。其表示方法为:①实体集用矩形框表示,框内写上实体名;②属性用椭圆形框表示,框内写上属性,并用一条边标出实体与属性的联系;③实体间的关系用菱形框表示,框内写上实体间的联系名,并用无指向线将菱形框分别与有关的实体相连接。

entity-relationship model 实体-联系模型 用实体联系(E-R)图表示数据库逻辑关系的模型。这个模型直接从现实世界中抽象出实体、实体的属性和实体之间的联系,然后用实体联系图表示数据库的概念模型。其中,每个实体集通过一个名称标识,并具有自己的各种属性。实体集间可以通过多种联系把各个实体连接成一个系统。每个联系也有一个标识,表示联系的语义。实体联系模型与实体联系图一起被用来表达和描述现实世界,已成为一种描述概念结构的有力工具。参见 entity-relationship approach (ERA), entity-relationship diagram。

entity set 实体集 也称"实体类"。同类型实体的集合,即具有同一类属性的客观存在的事物的集合。

entity type 实体类型 (1)在概念模式语言中,建立一个实体是某个类的一个成员的命题,表示有这种类的实体。参见 attribute type, relationship type。(2)在数据库中,是具有相同属性的实体实例的属性集合,实体的实例是实际存在的事物。

entity use 实体用途 实体如何存在的描述。用途属性提供建立该属性的理由。因此,它提供建立该实体的功能和性能需求。

entity world 实体世界 在数据库中,一系列与论述的某一特殊方面有关的实体。

entrance 入口 同 entry point。

entrapment 诱陷,圈套 在计算机安全中,为检查入侵系统的企图或者迷惑来犯者而有意设置的系统缺陷。

entropy 熵 系统中无序或无效能状态的度量。熵在信息系统中作为事物不确定性的表征。参见 principle of entropy increase, character mean entropy, conditional entropy, relative entropy。

entropy coding 熵编码 编码过程中按熵原理不丢失任何信息的编码。一种根据信息出现概率的分布特性而进行的,是可变字长无损数据压缩编码。如霍夫曼编码、游程编码以及算术编码。

entry 项目,入口,表目,条目 (1)终端设备接收的一个输入项目。接收后,控制程序将其放置在输入项区,其地址插在等待处理的项目表中。(2)在 COBOL 语言中表示项或体。写在 COBOL 源程序的标识部、设备部、数据部或环境部中,且以句号作为终止符的任一组相继的描述子句。(3)程序开始执行或由其他程序转入的位置,有时也指表格的起点。(4)在图书馆和情报工作中,作为一个实体来处理的一条条书目信息。它是对一本书或一篇文献进行内容特征和形式特征描述所得到的一条书目记录。(5)一种信息元素,被包含在表格、列表、队列或其他经过组织的数据或控制信息的结构之中,如表的表目。

entry action 进入动作 在忽略要达到该状态所采取的转移的条件下,进入状态机中的状态时执行的动作。

entry block 项目块 系统为每一输入项目分配的主存储区。只要该项目存在,它就占用该存储区。

entry border node 入口边界节点 接收外部链路的一个呼叫的节点。它是一个平等组中的第一个节点。

entry condition 入口条件 (1)进入计算机程序时要满足的条件。例如,这些程序需要存取的操作数所在的地址,以及它们的入口和出口的链接位置的地址。(2)为成功地执行一个给定例行程序所需要满足的初始数据和诸控制条件。(3)执行循环体时,所必须满足的条件。

entry constant 入口常数 程序设计语言中的标识

符,在 PL/1 语言中指入口名。参见 entry name。

entry data 入口数据 通常在一行上作为一个处理实体输入的数据或项目。按信息或指令的编码形式对终端或处理介质进行读写或传送,这种编码形式的数据称为入口数据。

entry data item 入口数据项 在 PL/1 中,一个代表过程入口点的数据项。

entry-exit supervisor 入/出管理程序 操作系统中用来管理输入输出设备、通道和输入输出系统的一类程序。

entry expression 入口表达式 在 PL/1 语言中,计算后能产生入口值的表达式。

entry field 输入域 在窗口软件中,一个用户输入数据的区域,通常显示出其边界。参见 selection field。

entry instruction 入口指令 子程序中要执行的第一条指令。一个子程序可以有几个不同的入口点,每一入口点都对应于子程序的一种不同的功能。

entry label 入口标号 入口点的源代码标识符。参见 entry point。

entry-level system 初级系统 用于运行常用重要计算机应用程序(如表格程序或字处理软件)的最小配置的计算机系统。初级系统的定义变化很快。几年前的初级系统不能运行当今大多数流行软件的最新版本。

entry name 入口名 (1)一个程序段中指定入口点,并可由任何程序段引用的名字。(2)在 PL/1 语言中,明确说明或由上下文规定具有表目属性(除非给出变量属性)的标识符,或者具有隐式表目属性的标识符。(3)在某些虚拟存储存取方法中,一种成员或目标所具有的互不相重的名字(如同在目录表中所标识的那样)。

entry of a procedure (过程的)入口 过程内的一种语言构造,指定该过程的执行顺序的起始。过程可有多个入口;每个入口通常包括一个称为入口名的标识符以及可能的若干形参。

entry page 转页入口 在流程图标号中,表示由于原来或前面的页受到空间的限制,使流程线从前页连续过来的点。

entry point 入口点 进入程序时所执行的第一条指令的地址或标号。同 entrance,entry。

entry point access method 入口点存取法 根据数据的内容或数据的物理位置对数据库中的记录进行存取的一种方法。它与记录间逻辑联系无关。入口点存取法包括:①将记录的关键码与物理地址相对应的"直接对应法";②按物理顺序存取记录的"物理顺序存取法";③按索引存取记录的"索引存取法";④用散列函数将记录关键码转换为地址的"散列存取法";⑤直接采用数据库关键码来存取记录的"数据库关键码存取法"等。

entry point vector (EPV) 入口点向量 在 AIX 操作系统中,一个记录,其中的域是指向实现接口中定义的操作的过程的指针。

entry reference 入口指针 在 PL/1 中,一个入口常数、一个实体变量或者一个返回值的函数访问。

entry remote job 远程登录工作 在整批作业处理中,远离中央计算机的节点上进行的登录工作。

entry-sequenced data set 顺序输入数据集 具有 VSAM(虚拟存储存取法)的操作系统中的一种数据集,其记录存放与内容无关且其相对字节地址不能改变。记录的检索和存储均按地址存取,新记录总是加在数据集的末尾。

entry-sequenced file 顺序项目文件 按虚拟存取法存放的文件。参见 entry sequenced data set。

entry sorting 表目排序 一种内排序法,记录或记录块先存放入一缓冲区,每次一个,然后在下一个记录放入该缓冲区之前,将记录或记录块放入排序表中。

entry statement 入口语句 在 PL/1 语言中,用来指出过程的一个或多个入口点位置和过程的参数的程序语句。当过程在该点作为函数调用时,还指明过程回送的属性。

entry symbol 入口符号 表示子程序入口名或程序段名字的符号。

entry time 进入时间 (1)系统从监控状态转到使用状态所需要的时间。(2)控制由管理程序传送至应用程序所花的时间。

entry value 入口值 在 PL/1 语言中,表示入口常数的入口点。它包括与入口常数有关的启动信息。

entry variable 入口变量 在 PL/1 语言中,表示入口值的变量。

ENUM 电话号码映射 telephone number mapping 的缩写。

enumerable set 可枚举集 如果存在一个由自然数集 N 到某集合 S 的函数 f(N)→S,并且这个函数是可计算的,则称 S 为可枚举集。例如整数集和自然数偶集都是可枚举集。

enumerated data type 枚举数据类型 一类常见的用户定义类型。它的值集由若干离散的值组成,通常这种类型定义同时定义了这些值之间的一个次序关系。一般语言中只允许用标识符表征枚举类型的值。枚举类型常用于选择结构。对枚举类型的操作有次序比较,找出一个值的前面或后面的枚举值等。

enumerated scalar type 枚举标量类型 在程序设计语言中,一个由数值列表定义的有序数据类型。

enumeration 枚举 参见 enumerable set。

enumeration constant 枚举常数 C 语言中的一个标识符,具有一个整型值,用一个枚举子定义。枚举常数可用于任何整型数可使用的地方。

enumeration sorting 枚举排序 将每个项都与其他的项进行比较,对比它小的关键码的个数进行计数,以确定该项的最后位置。

enumeration tag 枚举标志 在C语言中,命名一个枚举数据类型的标识符。

enumerator 枚举符,枚举类型量 在C语言中,一个与枚举常数极其相关的值。

envelope 包封,包络(线),封装 (1)由一个字节和因数据网工作需要另加的一些附加位构成的一组二进制数字。例如起始和终止脉冲。(2)与微型计算机的音响设施有关的术语。声音开始、持续和停止的过程是涉及到包络线的。不同的乐器有它自己的特性,为了用计算机模仿它们的声音,必须制定合适的包络线。采用包络线指令,以改变音调和幅度,包络线方法构成不同的声音,其变化由各种参量决定。(3)包含用于提交、发送信息的消息的一部分。(4)一个命名的逻辑的和物理的资源,支持一个功能的实现。(5)在AIX操作系统中,在用户登录时对界面变量和路径的设置,用户可修改这些变量。参见 batch environment, home environment, interactive environment, master environment, parent environment, subenvironment。

envelope delay 包络线延迟 一个波形的包络在两个固定点之间的传输延迟。例如,一个复合信号沿着一条传输信道传送,在接收端,信号包络出现延迟,称作包络延迟。同 group delay。

envelope delay distortion 包络线延迟失真 一种相位畸变,其特点是:一个电路或系统的相位随着频率的变化在工作频率范围内不是恒定的。

envelope demodulation 包络解调 产生的输出信号与已调信号包络线成正比的幅度解调。

environmatics 环境信息学 环境信息学是利用计算机模型来分析地球的环境以及预测未来的趋势。此术语是"environmental informatics"的缩写。环境信息学包含了计算机科学、生物学、化学、物理学、生态学、气候学、气象学和经济学等学科。计算机辅助环境模型能帮助科学家开展长期的气象与气候预测。环境信息学也能用于辅助环境灾难的事后管理、管理城市的发展与增长,以及向政府提供有关政策计划与实施的建议。

environment (运行)环境 (1)使用计算机工作时所处的电子空间。当打开个人计算机时,它就为用户创建了一个工作的环境。这个环境可以通过定义例如颜色和墙纸这些特性来改变,并且可以设置打印机、键盘以及所使用的字体等以适应用户的需要。(2)一道程序运行到某一点(某条指令)时,它所占用的全部资源(各功能部件、特征寄存器、机器工作方式等)的状态。指令顺序执行时,一般由指令建立运行环境,如置条件码,置某些特征位,确定某寄存器内容等;当指令流向改变时,遇到分支程序或循环程序,运行环境不需要改变,程序可以继续运行下去,当遇到过程调用或中断处理时,要求保护运行环境,以便将来返回时能重建这个环境,使得程序能继续运行下去。一般说来,这个环境所包括的资源有:①程序计数器PC的内容、由它提供断点或转出点的地址;②通用寄存器(包括变址寄存器、基址寄存器、累加寄存器等)的内容;③程序状态字PSW;④存储器的界。(3)应用程序运行的计算机系统,包含计算机硬件和系统软件(操作系统、数据通信和数据库系统),也可包含使用的程序设计语言。此术语常仅指操作系统,如,"某程序在UNIX环境中运行"等。

environmental condition 环境条件 对一种功能部件进行保护或进行正确操作所需的任何一种物理条件,如温度、湿度、振动、灰尘和辐射。

environmental control unit 环境控制单元 人们在所处环境中,通过可选接入方式控制各种电子设备的系统单元。

environmental dynamics 环境动力学 研究地球环境动态过程的学科。

environmental error record editing and printing program 环境差错记录的编辑打印程序 这种环境差错记录、编辑和打印程序,使得包含在系统记录文卷内的数据可用于进一步的分析。

environmental loss time 环境损失时间 同 external loss time。

Environmental Protection Agency (EPA) 美国环境保护署 EPA于1992年宣布了"能源之星"(Energy Star)计划,并得到了国际社会的积极响应。只要启动电脑,过不了几秒钟就能见到屏幕上出现"能源之星"的标志。能源之星的目标是当电脑系统的各个部件不活动时自动进入低功耗状态,当部件恢复活动(即当键盘、鼠标等被使用)时,电脑系统自动回到完全清醒的状态。对于符合能源之星规范的产品,EPA将发给能源之星标志"EPA POLLUTION PREVENTER",意为"美国环境保护署认可的防污染的节能产品"。

environmental record editing and printing 环境记录编辑和打印 在对象访问方法(OAM)中,从错误记录数据集(ERDS)获得的数据中形成和准备报告的程序。

environmental requirement 环境需求 为功能单元的保护和适当操作所需的任何物理条件,这个需求通常指定为一个正常值和一个容错范围,对一个设备可以有多组环境需求,如一组用于传输,一组用于操作。

environment control table 环境控制表 在分时操作系统中,含有用户在前台的环境信息的控制程序块。

environment database 环境数据库 软件支持环境的重要组成部分之一。其中存放有被开发的软件在其生存期中所必要的信息和软件开发工具的有关信息等。在该数据库中可以分别标识的信息组称为对象,作为一组相关的版本而存在的一组对象称为版本组。

environment description 环境描述 编程语言中的一种语言结构,描述一组不属于程序本身但却与程序的执行相关的特征,如机器特征、文卷特性及与其他程序的接口。

environment description statement 环境描述语句 一种不可执行语句。用来描述准备执行目标程序的硬件和软件系统。例如COBOL语言中的ENVIRONMENT DIVISION。

environment division 环境部分 或称为设备部分。COBOL程序的四个组成部分之一。它说明编译和运行程序所使用的计算机名称,以及用到哪一些硬件设备等。环境部分是面向机器的,当一个源程序从一台机器移到另一台机器时,这一部分往往需要重写。

environment information library technique 环境信息库技术 将软件开发过程中的各种信息存放在一个信息库中,用统一的方式进行管理并提供有效的访问途径。

environment integration technique 环境集成化技术 以一种统一的结构将各种工具、方法等集成于一个整体,形成一个开放式的环境,并为添加新工具提供方便。

environment list 环境列表 计算机系统中,包含定义环境的由一组数据集定义的一种数据集或数据成员。

environment mapped bump mapping 环境映射凹凸贴图 电脑三维显示技术,为体现真实物体所具有的凹凸起伏和褶皱效果,在标准表面纹理上再映射一层纹理,纹理的内容相同但位置相错,错位深度由深度信息和光源位置决定,再根据表现对象的不同,将下层纹理进一步处理为上层纹理的阴影或底面,这样就逼真地模拟出了真实物体表面的凸凹褶皱效果。参见bump mapping。

environment of activation 激活环境 在PL/1语言中,与调用分程序有关的信息。用以对被调分程序内引用分程序外说明的数据进行解释。它包括自动变量生成、定义变量扩充及参数生成等。

environment pointer 环境指针 (1)任务描述符的一个成分,指明任务的指令和数据代码的所在位置。(2)指向当前环境的分程序执行的堆栈模型的控制分量。

environment record 环境记录 在远程通信访问法(TCAM)中,一个点上的整个远程通信环境中的记录。

environment restoration 环境重置 在替换站点重建包括人员、设备和通信能力等关键业务行为的过程。

environment temperature 环境温度 元件(设备)所处的工作环境温度。它可分为:①当设备达到温度稳定后,距设备各主要表面几何中心75mm处,空气温度的面积加权值称为外部环境温度;②当设备达到温度稳定后,设备内部各加热区温度的功耗加权平均值称为内部环境温度;③当元器件达到温度稳定后,距元器件主要发热表面中心5mm处的空气温度算术平均值称为元器件环境温度。

environment variable 环境变量 在计算机环境中存放程序可使用的信息的专门变量。例如,如果用户位于一个网络上,那么就可能有一个环境变量来设置用户的用户名,还有另外一个变量设置用户所使用程序的位置。作为一个用户,用户一般不会看到或者使用这些变量。

EOA 地址结束(符) end of address的缩写。

EOB 块结束(符) end of block的缩写。

EOC (1)嵌入操作通道embedded operations channel的缩写。(2)链结束(符)end of chain的缩写。(3)应急操作中心emergency operations center的缩写。

EOD 数据结束(符) end of data的缩写。

EOE 盘区结束(符) end of extent的缩写。

EOF 文件结束(符) end of file的缩写。

EOI 结束或识别线 end or identify的缩写。

EOJ 作业结束 end of job的缩写。

EOL (1)列表结束(符)end of list的缩写。(2)行结束(符),行末端end of line的缩写。

EOM (1)电光调制器electro-optic modulator的缩写。(2)报文结束,消息尾end of message的缩写。

EOM indicator 信[报]文结束指示器 指示报文结束的符号标志,用来关闭接收机和结束发送机的发送。

EoN 网络边际 edge of network的缩写。

EOP 段结束 end of paragraph的缩写。

EOR 记录终止 end of record的缩写。

EOS (1)嵌入式操作系统embedded operation system的缩写。(2)电子订货系统electronic order system的缩写。(3)地球观测系统earth observation system的缩写。

EOT (1)传输结束end of transmission的缩写。(2)磁带结束end of tape的缩写。

EOV 文卷结束 end of volume的缩写。

EP (1)错误协议error protocol的缩写。(2)仿真程序emulation program的缩写。(3)进化规划evolutionary programming的缩写。(4)经验点数experience points的缩写。(5)基本过程elementary procedure的缩写。

EPABX 电子专用自动交换分机 electronic private automatic branch exchange的缩写。

EPC (1)编辑处理中心editorial processing centre的缩写。(2)产品电子代码electronic product code

的缩写。

EPCF **扩展的主控制域** extended primary control field 的缩写。

EPIC **显式并行计算** explicit parallel instruction computing 的缩写。

epifile **后[尾]文件** 在 DCF(文献编写系统)中,在主文献已经处理完成之后进行处理的一种轮廓文件的后部。

epilog **收尾程序,收尾** (1)程序块执行结束时进行善后处理的程序。(2)在 PL/1 语言中,程序块或任务执行结束时自动发生的善后处理过程。

EPIRB **应急无线示位标** emergency position indicating radio beacon 的缩写。

episode **场景** 在基于脚本的知识表示中,一种程序化的动作或事件的序列。例如,在有关饭馆的脚本中,可看到如下的场景:进入,点菜,吃饭,付钱,然后离去。

episodic knowledge **事件性知识** 自传性与经验性信息按事件化或暂存方式来编辑而形成的知识。

epistemological problems **认识论问题** 在人工智能系统中,常用一阶谓词来表示知识,但有许多人们相互交往的知识,如一些不可靠或不确定的知识、关于因果的常识性知识、关于信念的知识等,这些用一阶谓词来表示常会出现困难,我们把这些问题统称为认识论问题。

epistemology **认识论** 有关知识本质和基础的研究或理论,也称"知识论"。其研究的主要内容包括认识的本质、结构,认识与客观实在的关系,认识的前提和基础,认识发生、发展的过程及其规律,认识的真理性标准等。

epitaxy diffused-junction transistor **外延扩散结型晶体管** 由在同类型重掺杂区生长高纯度半导体薄层制造的结型晶体管。

epitaxy diffused-mesa transistor **外延扩散台面晶体管** 具有沉积在衬底上用作集电极的薄高电阻率外延层的扩散台面晶体管。

epitaxy junction **外延结** 在半导体晶体衬底上,沉积生长晶体的过程中形成的导电类型的掺杂结。

epitaxy layer **外延层** 与衬底有相同结晶取向的半导体层。在同质外延层(硅衬底上的硅层)中,外延层复制衬底的结晶结构。在异质外延层(蓝宝石上的硅)中,沉积的外延层有不同于其衬底的结晶结构。它可以在有少量缺陷或特性不同于主衬底上形成晶体层。

epitome **摘要** 文献的概要、文件的简洁摘要。

EPLD **电可编程逻辑器件** electronically programmable logic device 的缩写。

EPO **欧洲专利局** European patent office 的缩写。

epochs **纪元** 在客户机/服务器方式中,为了清除服务器中出现的无主控制进程的孤儿进程所使用的一个技巧和时间段。使用这种技巧时,时间分成按顺序编号的纪元。

EPON **以太网无源光网络** Ethernet passive optical network 的缩写。

EPOW **紧急掉电警告** emergency power off warning 的缩写。

EPP (1)电子后生产[加工]electronic post-production 的缩写。参见 post production。(2)增强型并行端口 enhanced parallel port 的缩写。(3)可扩展供应协议 extensible provisioning protocol 的缩写。

E-predicate **E 谓词** 数据库并行操作中封锁条件的一种表达形式。它确定了适合的封锁颗粒,并提供了对多用户操作数据库资源发生冲突的简单判别。E 谓词是形如 $P=P_1 \vee P_2 \vee P_3 \vee P_4 \cdots \vee P_k$ 的逻辑表达式。其中每个 P_i 是一些原子谓词的合取。原子谓词的形式为

〈属性〉〈关系运算符〉〈常量〉

如要判别两个谓词 P_1 和 P_2 是否冲突,只需简单地构作它们的析取。$P_1 \wedge P_2 = P'_1 \vee P'_2 \vee P'_3 \vee \cdots \vee P'_j$ 此时

P_1 与 P_2 冲突$\Leftrightarrow \exists_i$:$P_i$ 非空。

EPROM (1)可擦写可编程只读存储器 erasable programmable read-only memory 的缩写。(2)电可编程只读存储器 electrically programmable read-only memory 的缩写。

EPROM eraser **EPROM 清除器** 一种设备。慢速紫外线光使 EPROM(可擦写可编程序只读存储器)芯片上每个单元复位。借助于 EPROM 程序编制器,可再使用 EPROM。

EPROM programmer **EPROM 程序编制器** 把程序烧在 EPROM(可擦写可编程序只读存储器)里的设备。

.eps **页面描述文件名后缀** 一种文件扩展名,表示使用 PostScript 格式文件的扩展名,用于排版和打印等输出工作。参见 encapsulated PostScript。

EPS (1)电子出版系统 electronic publishing system 的缩写。(2)封装的 PostScript encapsulated PostScript 的缩写。(3)应急电源 emergency power supply 的缩写。(4)企业项目结构 enterprise project structure 的缩写。

EPV **入口点向量** entry point vector 的缩写。

equal cost multipath routing (ECMR) **等价多路径** 一种路由功能,在有多条不同链路到达同一目的地址的网络环境中,利用等值多路径路由功能可以在该网络环境下同时使用多条链路,不仅增加了传输带宽,并且可以无时延无丢包地备份失效链路的数据传输。ECMP 最大的特点是实现了等值情况下,多路径负载均衡和链路备份的目的,在静态路由和 OSPF(开放最短路径优先)中基本上都支持 ECMP 功能。

equal gain combining (EGC) **等增益合并** 分集技

术接收端各个不相关的分集支路合并时采用的方式之一。也称“相位均衡”，仅仅对信道的相位偏移进行校正而幅度不做校正。等增益合并只有假设每一路信号的信噪比相同的情况下，在信噪比最大化的意义上，它才是最佳的。它输出的结果是各路信号幅值的叠加。等增益合并实现比较简单，其设备也简单。参见 diversity technique。

equality of sets **集合相等** 集合间的一种关系。若两个集合 A 与 B 中元素全部相同，即 A 的任一元素必属于 B，B 的任一元素也必属于 A，则称 A 与 B 相等，记作 A=B。

equality of vectors **向量相等** 向量间的一种关系。若数域 P 上的两个向量 $(a_1, a_2, \cdots, a_n)$ 和 $(b_1, b_2, \cdots, b_n)$ 满足 $a_i = b_i, i = 1, 2, \cdots, n$，则称这两个向量相等。

equalization **修正，均衡，平衡** (1)对运算的结果所进行的适当的修正，以获得必要的精度。(2)为了获得比较平坦的频率响应，减少电路的振幅、频率及相位失真所造成的影响而对不同频率上的衰减(信号的减弱)或时延的差异作补偿。(3)在数据通信中，当信号的损耗增加时用频率进行的补偿。它的目的是当温度不变时产生一个平坦频率响应，即有选择地放大某些频率的信号。这些频率的信号是由于线路特性而衰减的，或者是受到包络延迟影响的。(4)一种用修正放大器或网络的频率响应来补偿通道失真的方法。其理想结果是获得完全平坦的响应。

equalized assignment **均衡任务分配** 软件工程组织者采用的一种技巧。软件工程组织者应该为软件工程的每个参与者分配适当的任务，不仅使每个人的工作量大致相近，而且保证在软件开发的各种阶段都有适当的工作量，充分发挥每个参与者的作用和工作效率，保证软件工程顺利进行。

equalized scheduling algorithm **均衡调度算法** 把作业按其本身的特性进行分类，作业调度程序轮流从这些不同类的作业中挑选运行作业的一种调度方法。它较好地解决了发挥系统效率和使用户满意这一对矛盾。

equalizer **补偿器，均衡器，均压线** (1)一种相位延迟或增益随频率变化，以补偿与频率相关的传输线不希望的幅度或相位特性的电网络。(2)为了均衡一个系统或一个元件所不希望有的振幅频率响应，或相位频率响应而设计的一种装置。(3)均压线是线圈绕组内某些点之间的连接线，用以降低这些点之间不应存在的电位差。

equalizing charge **均衡充电** 为确保蓄电池组中所有单体电池的电压、比重达到均匀一致而采用恒压充电方式进行的一种延续充电。

equal length code **等长编码** 每一代码位数都相等的编码。例如 ASCII(美国信息交换标准代码)、EBCDIC(扩充的二进制编码的十进制交换代码)码都为等长编码。比较 nonequal length code。

equal-level patching bay **等电平均衡器** 一种能够使输入信号或输出信号的波形平稳的装置。

equal potential working **等电位作业** 人体直接接触高压带电部分。处在高压电场中的人体，会有危险电流流过，危及人身安全，因而所有进入高电场的工作人员，都应穿全套合格的屏蔽服，包括衣裤、鞋袜、帽子和手套等。全套屏蔽服的各部件之间，须保证电气连接良好，最远端之间的电阻不能大于 20 Ω，使人体外表形成等电位体。参见 live working, earth potential working, midial potential working。

equate character **等同字符** 参见 attribute character。

equation statement **方程语句** 在高级程序设计语言中，以数学方程形式出现而又没有实际数学含意的一种语句。它用等号右边表达式的值代替等号左边变量的一条程序。例如，X=Y/Z+X，它用 Y/Z+X 代替 X，并无实际代数上的含意，而是有实际含意的方程语句。

equi-join **等值连接，相等合并** 在数据库中，一个带有等号关系的合并条件。其连接条件为相同列(字段)的值相等。这些相同的列将(冗余地)出现在结果表中。

equilibrium mode distribution (EMD) **稳态模式分布** 同 equilibrium mode power distribution (EMPD)。

equilibrium mode power distribution (EMPD) **稳态模式功率分布** 波导中电磁波的传播，如光波在多模光纤中，在传输一定距离后，辐射功率在不同的多模中的分布。此时，总功率在各个模中的部分功率都是相对稳定的，并且不会作为距离的函数再重新分布。同 equilibrium mode distribution (EMD), steady state condition。

equilibrium point **平衡点** 存在系统演化中系统状态保持不变的状态点。当系统受到干扰时状态可自行恢复到平衡点时也被特别地称为稳定平衡点，不然是不稳定的。

equilibrium temperature of convertor **变流器稳态温度** 在指定负载和冷却条件下，变流器部件处于热稳定状态时的温度。

equiphase surface **等相面** 在同一瞬间，其上的场矢量为同相或相差 180°的任何波面。

equiphase zone **等相区** 空间中，两个无线电信号的相位差不可分辨的区域。

equipment augmentation **设备扩充** 为适应工作量的增加，在已建立起的数据处理系统中增加自动数据处理的设备。

equipment clock **设备时钟** 能满足设备特定需要的时钟。在某些情况下，可用以控制设备接口内的数据流。

equipment compatibility 设备兼容性 也称“设备互换性”。不经过转换或修改代码，一台设备或计算机能接收和处理另一台设备或计算机的数据。

equipment failure 设备故障 由设备本身产生的故障，会产生不适当的动作，或者会妨碍预定作业的完成。

equipment for power transmission and transformation 输变电设备 电力系统中用于输送、分配电能及相应控制、测量、保护电力系统所用的电力设备和器材的总称。如变压器、开关设备、避雷器、电力电容器、电线、电缆及其附件、绝缘子、杆塔以及继电保护装置等。

E

equipment identity register (EIR) 设备识别寄存器 存储有关移动设备(ME)参数的数据库。主要完成对移动设备的识别、监视、闭锁等功能，用以保护GSM(全球移动通信系统)的 PLMN(公共陆地移动电话网)免受非法的接入。

equipment misuse error 设备误用错误 一种非法程序指令导致的错误，如卡片穿孔机用的读命令。

equipment rack 设备架，机柜，机箱 一种金属立架或金属柜，各种设备部件按照一定的位置装配或安放在其上(或其内)。

equipotent 等位，等势 在所有各点有相同电位的一种特性。

equipotential bonding 等电位(屏蔽)接地 在一个建筑物之内限制接地电位的一种措施。

equipotential line 等位线 也称“等位面”，在空间或媒质中，所有各点都具有相同电位的假想线。同 isopotential line。

equipotential surface 等位面 也称“等势面”，在空间或媒质中，所有各点都具有相同电位的假想面。等势面一定跟电场线垂直；在同一等势面上移动电荷电场力不做功，或做功之和为零；电场线总是从电势高的等势面指向电势低的等势面；任意两个等势面都不会相交。同 isopotential surface。

equisignal zone 等信号区 空间中，两个无线电信号(通常由一台发射)的幅度差不可分辨的区域。

equivalence 等价 (1)逻辑连接词。一般用“≡”或“↔”表示。它连接两个逻辑公式 α,β 得到一个新的逻辑公式“$\alpha\equiv\beta$”，读作“α 等价 β”或“α 双向蕴含 β”。“$\alpha\equiv\beta$”为“真”当且仅当 α、β 同时为“真”或同时为“假”。(2)一种逻辑运算。如果 $P,Q,R,\cdots$ 均是语句，则当且仅当所有的语句都真或都假时，$P,Q,R,\cdots$ 的等价式为真。

equivalence binary digits 等效二进制数字 用二进制数来表示其他数制的一串数所需要的位数。例如，用二进制进行十进制编码时，所需的二进制数位是十进制位数的 4 倍。

equivalence circuit 等效电路 电气上与更复杂的电路或器件相等效的电路。

equivalence class 等价类，相等类 R 是集合 A 上的等价关系，与元素 α 有等价关系 R 的所有元素组成的集合称为以 α 为代表元的等价类，记为 $[\alpha]_R$。集合 A 的所有不同等价类构成 A 的划分。

equivalence gate 同门 一种逻辑门。同门有两个输入端和一个输出端，若两个输入端有一个为 1 而另一个为 0，则输出为 0；反之，若两个输入端同时为 1 或者同时为 0，则输出为 1。同门的真值表如下：

输入		输出
A	B	C
0	0	1
0	1	0
1	0	0
1	1	1

符合同门逻辑关系的电子线路称为同电路。同门的非就是异或门。

equivalence operation 等价运算 一种二元布尔运算，运算符号记为“≡”。相当于逻辑连接词等价。两布尔变元 p,q 经“等价”运算得到“$p\equiv q$”。“$p\equiv q$”的布尔值为“1”当且仅当 p,q 的布尔值相同。

equivalence problem of context-free grammar 上下文无关文法的等价问题 这是一个不可解问题。也就是说，不存在一个算法，它以字母表 $V=\{a,b\}$ 上任意两个上下文无关文法作为输入，决定它们是否产生相同的语言。

equivalence problem of finite automate 有限自动机的等价问题 这是一个可解问题。也就是说，存在一个算法，它以字母 $V=\{a,b\}$ 上任意两台有限自动机作为输入，决定它们是否等价。

equivalence problem of regular grammar 正则文法的等价问题 这是一个可解问题，也就是说，存在一个算法，它以字母表 $V=\{a,b\}$ 上任意两个正则文法作为输入，决定它们是否产生相同的语言。

equivalence relation 等价关系，等同关系 (1)设 R 为定义在集合 A 上的一个二元关系，R 是自反的、对称的和传递的称为等价关系。例如，整数的模 k 同余、集合相等、几何图形的相似都是等价关系。(2) 叙词与非叙词之间的优先关系，包括同义关系、准同义关系。具有这类关系的词，彼此在概念上等同的或可视为是等同的。(3) 自反、对称、传递的二元关系。集合 S 上的一个等价关系 R 把 S 划分成一些子集，每个子集中任意两个元素都具有关系 R，任意两个不同子集中的元素之间都不具有关系 R。这些子集称为由关系 R 确定的 S 的等价类，这些等价类的全体形成的集合称为 S 关于 R 的商集。

equivalent 等价 命题逻辑中表示两个命题公式

中的一种关系。如果命题公式 A 与 B 对一切变元赋值,其真值相同,则称 A 与 B 等价,记为 $A \Leftrightarrow B$。例如 $(P \to Q) \Leftrightarrow (\neg P \vee Q)$。

equivalent-binary-digit factor 等价二进制数位因子 表示一种非二进制记数系统的数基数字时所需要的二进制数字的平均位数。例如,把一个十进制数表示成二进制数时所需要二进制位数大约是3.3倍的十进制位数。

equivalent bit rate 等效比特率 与特定符号率等效的比特率。

equivalent four-wire system 等效四线制 利用分频方法在一对导线上实现全双工操作的传输系统。

equivalent instruction speed 等效指令速度 通过取各类指令在程序中的比例 w_i 进行折算来获得的速度。若每类指令的执行时间为 t_i,则等效指令的执行时间 T 就是 $\sum w_i * t_i$。在评价机器的速度上,采用等效指令速度比只取加法指令的速度要全面,但所加权 w_i 的值依程序性质、应用领域的不同差别是很大的,所以如何选取符合实际情况的比例是很重要的。

equivalent isotropically radiated power (EIRP) 等效全向辐射功率 (1)无线电发射机施加到天线的功率与在给定方向上天线的绝对增益的乘积。(2) EIRP为卫星地面站所接收到卫星电视信号功率的度量,用dBW(分贝瓦)表示。通常在发射卫星之前要计算EIPR强度。计算结果可以绘成卫星波束覆盖区内各点接收到卫星信号强度变化的场强图。地面站接收到的EIRP强度与所要求的天线尺寸之间有直接的关系。

equivalent multiply rate (EMR) 等效乘法速率 计算机在执行浮点数据处理时的向量处理速率。等效乘法速率是美国政府确定计算机出口许可证浮点数据运算性能的限制性指标。

equivalent noise temperature 等效噪声温度 理想电阻器产生与具有相同阻值的实际电阻器相同噪声所处的绝对温度。

equivalent resistivity method 等效电阻率法 在体积极化条件下,通过代换边界条件后利用一次场的数学解答求解极化场和二次场的方法。也可以通过等效电阻率模拟方法求解极化场。

equivalent satellite link noise temperature 等效卫星链路噪声温度 地球站接收天线输出端的噪声温度,对应于在卫星链路输出端产生全部可测噪声的无线电频率噪声功率,但来自使用其他卫星的卫星链路的干扰和来自地面系统干扰所造成的噪声除外。

equivalent series inductance (ESI) 等效串联电感 在快速转换的电路中,由寄生效应引起的与"理想"电容器相串联的有效电感。参见 ideal capacitor。

equivalent series resistance of capacitor 电容器的等效串联电阻 一个纯电阻,当它和所探讨的电容器有相等电容值的理想电容器相串联时,在规定条件下,该电阻中的损耗功率将等于该电容器中耗散的有功功率。

equivalent thermal network 等效热网络 一种表示半导体器件在电负荷热状态和结温特性,包含热阻、热容和热流源的网络。此网络仿效电网络的分析方法,用于计算温度。

equivalent thermal network capacitance (等效)热网络热容 一种表征等效热网络存储热量的能力。

equivalent thermal network resistance (等效)热网络热阻 一种表征等效网络阻止热流的能力。热阻单位通常用°C/W表示。

equivalent weight code 等重码 把定长二进制数字序列中"1"的个数相同的序列作为码字形成的编码。如五单位码共有32个码组,其中有3个"1"的码组共有10个,用这10个码组作为0～9数字的码字。如发现收到的码字中"1"的个数不是3个,表示有错。等重码也称"等比码",定"1"码,定权码,或n中取k码。

equivocation 条件平均熵,条件平均信息量,存疑度 信息论中,特定消息在消息源中出现的条件平均熵,它是由通过一条特定信道连接到该消息源的信息宿(消息目的地)时所出现的特定消息决定的。设 X_i 是消息源的输入消息,Y_i 是消息宿的输出消息,则条件平均熵被记为 $H(x \mid y)$。它必须为消息宿的每条消息提供平均附加信息内容,以校正受信道噪声所影响的收到的消息。假设在通过特定信道与消息源连接起来的消息宿处已出现某些特定信息,则在消息源处出现特定消息的条件熵就是存疑度。存疑度是平均附加信息量,它必须用于消息宿处的每个消息,以便对所收到的那些受到噪声信道影响的消息加以纠正。

ER (1)显式路由 explicit route 的缩写。(2)显式速率 explicit rate 的缩写。

ERA (1)(英国)电气研究协会 Electrical Research Association 的缩写。(2)实体联系方法 entity relationship approach 的缩写。

ERACT 错误动作 error action 的缩写。

erasable optical disc 可擦光碟 见 erasable optical medium。

erasable optical medium 可重写光媒体,可擦光碟 可清除所存储信息并可重新写入新信息的光碟。光碟的数据访问速度差别很大,从50 ms到500 ms不等,仍没有硬盘驱动器快。一种附带有"自动换盘器"的光碟驱动器,允许一次装入多张光碟,自动访问所需要的盘。

erasable programmable read-only memory (EPROM) 可擦写可编程序只读存储器 可用紫外线照射等方法擦去存储内容的只读存储器。它可根据用户需要,反复改写多次。这种器件通常封装在带有透明石英盖板的双列直插管壳内,可用紫外光透过石英窗口照射芯片而擦去原有信息。由于采用电信号写入,在写入电路和写入程序相配合的情况下,用计算机控制将所要存入的信息写入,使用十分方便。这种擦写可反复进行多次,写入的信息若没有紫外线去照射可保持数年。绝大多数可擦可编程序只读存储器采用浮栅双层多晶硅工艺,有良好的性能和较高的集成度。它具有三态输出,其输入和输出的电气特性与 TTL(晶体管-晶体管逻辑)兼容。

erasable read-only memory (EROM)　可擦只读存储器　一种可编程的只读存储器。参见 erasable programmable read-only memory。

erasable storage　可擦存储器　可擦除原存储的信息并写入新信息的存储器。例如,可擦写可编程序只读存储器(EPROM)、磁带、磁盘等。

erase　擦除,擦洗　(1)清除数据介质上的数据,使介质可用来记录新的数据。例如,抹去磁带、磁盘中数据,以便再用。(2)清除存储器中的信息。例如,对磁存储器用"0"代替全部数据,对可擦可编程序只读存储器用紫外光或电信号进行擦除,擦除后的信息应当为全"1"。(3)将已处理过的数据或常量从内存单元或寄存器中清除掉,以便置零后准备存储新数据。(4)图形或者绘画程序中的一个工具,就像一个铅笔擦一样,将图像的一部分区域设置为与背景一样的颜色,从而有效地删除了它。

erase character　删去符　表示要删去某些字符的一种符号,或者表示要依照某些规定删去前项后项,或取消某些动作的执行的一种符号。

erase head　清洗(磁)头,抹去磁头　(1)磁带机上的一种装置,其功能是在往磁带上写新的信息之前擦除带上先前记录的信息。(2)口述记录设备上,在使用磁记录媒体的机器上用的一种装置,当它与记录媒体接触或几乎接触时,就在记录媒体移经它的同时除去它所覆盖的磁道上的记录。

erase mode　抹除方式　磁带机工作方式之一。在此方式下,磁带机用抹头把磁带上以前记录的信息抹掉。抹头安装在写头之前。通常在向磁带记录信息时,也使抹头工作,实现先抹除,后写入。

eraser　擦除器　在口述记录仪中,一个从记录媒体中移去一个记录的设备。

erase to end of field　删除到域尾　将文本从光标位置删除到域的结尾的键盘操作。

erase/write　擦/写　处理数据流的一种命令,其所完成的具体操作包括:用空字符清除整个字符缓冲区,置光标于位置 0,重置缓冲区地址为 0,置字符属性为其系统补缺值,然后完成一个写操作。如果 wcc(写控制字符)的重置位为 1,则该命令还将屏幕尺寸恢复成系统补缺的尺寸。

erase/writer alternate (EWA)　擦/写替换　处理数据流的一种命令,促成一个擦写命令的操作并在 wcc(写控制字符)的重置位为 1 时将显示器屏幕尺寸改回成系统补缺的尺寸。

erasing head　删除头　同 erase head。

erasure　消失错误　二进制信道的信息传输过程中由于二进制符号 1 或 0 的消失而产生的错误。

erasure current　消除电流　当为减少在磁性表面记录的数据到最大容量的百分之一以下而需要进行的写操作电流。

ERB　执行请求块　execution request block 的缩写。

erbium doped fiber amplifier (EDFA)　掺铒光纤放大器　用在光纤中掺铒的方法制造的光放大器。制作光纤时,采用特殊工艺,在光纤芯层沉积中掺入极小浓度的铒离子,制作出相应的掺铒光纤。光纤中掺杂离子在受到泵浦光激励后跃迁到亚稳定的高激发态,在信号光诱导下,产生受激辐射,形成对信号光的相干放大。EDFA 工作在 1 550 nm 窗口。已商用的 EDFA 噪声低,增益曲线好,放大器带宽大,与波分复用(WDM)系统兼容,泵浦效率高,工作性能稳定,技术成熟,在现代长途高速光通信系统中备受青睐。

erbium doped fiber laser (EDFL)　掺铒光纤激光器　光纤激光器的一种,其出射光波长落在 1 550 nm 窗口,由掺铒光纤和光泵以及其他相关光路元件,如波长选择器、偏振控制器、输入/输出耦合器等组成光板,具有低阈值,及与光纤通信系统兼容等优点。特别是可调谐环形 EDFL 具有调谐范围大,输出功率高,成为可调谐激光器的主流,其主要类型有抛光型可调谐 WDM(波分复用)器件型,DFB(分布反馈)型,光纤双折射调谐型,压电调谐光纤 F-P 标准型等。EDFL 适用于大容量长距离光纤通信和 WDM 系统。

ERC　电气规则检查　electrical rule checking 的缩写。

ERCOD　错误代码　error code 的缩写。

ERD　实体联系图　entity relationship diagram 的缩写。

ERDS　错误记录数据集　error recording data set 的缩写。

EREP　环境记录、编辑和打印程序　environment record edit and print 的缩写。

ergonomics　人机工程学　运用生理学、心理学和医学等有关科学知识,研究组成人机系统的机器和人的相互关系,以提高整个系统工效的科学。

ER information model　ER 信息模型,实体联系法信息模型　建立信息的一种模型,建立的模型是面向问题的概念数据模型。参见 IDEF1 information model。

erlang　厄兰,占线小时　说明电话线路或电路上的电话话务量的单位或利用率。

ERM (1)差错恢复管理程序 error recovery manager 的缩写。(2)企业风险管理 enterprise risk management 的缩写。(3)增强远程镜像 enhanced remote mirror 的缩写。

E-R model 实体-联系模型 entity-relationship model 的缩写。

EROM 可擦只读存储器 erasable read-only memory 的缩写。

ERP (1)差错恢复过程 error recovery procedures 的缩写。(2)企业资源计划 enterprise resource planning 的缩写。(3)有效辐射功率 effective radiated power 的缩写。

ERPS 以太网环保护交换 Ethernet ring protection switching 的缩写。

.err 编译错误文件名后缀 err 取自 error(错误)一词,在 Dbase、Foxbase、Foxpro 系列数据库软件环境下,用来存储编译错误信息文件的扩展名。

erratum,errata 勘误表 错误和正确资料的对照表。该表列出资料内的所有错误地方并给出正确答案。

error 差错,出错,误差 (1)计算、测量、观察和记录所得的值与实际的、规定的或理论上的值之差。(2)某种不正确的步骤或处理过程,或指计算机中因工作不正常或操作不当而产生的偏差。(3)导致产生含有缺陷软件的人的行动。例如,遗漏或误解软件说明书中的用户需求,或遗漏设计规格说明书中的需求。(4)在计算技术领域中,差错主要指数据在传输或存储中数码变错的现象。通常分为随机差错和突发差错两类。(5)违反某语法或语义规则或逻辑条件的情况。(6)取定值与正确值之间的差。误差可能产生的值域称为误差范围;误差范围内最大误差与最小误差之间的绝对值称为误差跨度。

error ambiguity 差错歧义性 在用数字变化量表示参数时,读出数据不清晰而显示出来的一种粗略错误。通常指模数转换中数字位不清而产生的模糊现象。如果参数是连续变化的,它将在模拟量处于临界部位的瞬间表现出来。可以采用一种电路来减轻这种错误歧义性。

error amplifier 误差放大器 对闭环电路或系统中的反馈进行控制的运算放大器或差动放大器。它在检测到的输出不同于参考电压时,便产生误差电压。在开关电源中,它对脉宽调制器进行调节,以修正检测到的输出电压。

error analysis 差错分析 对发现的软件缺陷进行调查的过程,其目的是跟踪那个缺陷从而找出缺陷源。

error analysis facility 差错分析机制 AIX 操作系统中的一个程序,提供有关错误可能的原因的信息。

error bit 差错比特[位] 不符合预定规则的比特。

error bound 偏差界限 衡量近似算法优劣的一种标准。对于所有可能的输入,算法达不到最优解次数的上界。

error budget 差错分配 数据通信中,在一个信道或电路的连续空间序列中,各部件之间所允许的或所要求的误码率的分配。

error burst 差错群 也称"错误突发"。在数据通信中,根据某种判据或度量标准,含有一个或多个错误而作为一个单位来处理的一串信号。例如,规定的标准是在 3 个连续的正确位之后可出现一个错误位,如果两个相邻错误位之间只有一位或两位的正确位,这就是一个错误群。这种错误多数是由脉冲干扰所引起的。

error category 差错类别 当错误、缺陷或失效发生或发生之后,根据其发生的原因、危急程度、效果、引入或查出该错误的生存周期阶段或其他特性而确定其类别。

error character 错误字符 在所处理或传输的数据中有错误的字符。通常规定在前面或后面要删掉一定数量的数据。

error checking 差错检查 识别并校正错误数据的软件例行程序。同 error detection。

error-checking and correction (ECC) 检错与纠错 传输过程中发生错误后能在收端自行发现或纠正的机制。

error checking and recovery 差错检验和校正 检查奇偶性并在错误校正后继续执行的自动过程。

error-checking code 差错校验码 一种数据编码。所设计的编码结构能迅速地检测出无效码。这种编码可以检测出所有的错误,但不能予以校正。

error class 差错类 在 AIX 操作系统中,一个标识错误日志项时是硬件还是软件故障的类。

error code 差错[错误]代码 送入磁盘、磁带或存储器的专用字符,以表明在相关的数据段中存在已知错误。可以对误码进行读出的机器编程,使其能自动地删除整段数据。

error compensation of a transformer 互感器的误差补偿 互感器中各种补偿误差方法的通称。一般有:①匝数补偿;②磁分路补偿;③短路匝补偿等。

error concealment 误码隐匿法 传输视频信号时采用误码隐匿法能够最大限度地减少包丢失造成的影响。误码隐匿法采用技术手段将图像的丢失部分或受损部分隐藏起来,根据视觉感官滞后的自然属性,利用收到的视频信号的冗余部分来复原信号。具体做法就是利用间隙插入或时隙插入方法来借用同帧或者前一帧信号的相邻区域的编码,对信号进行还原处理。应用误码隐匿技术时,需要包丢失检测和比特误码检测机制配合。

error condition 差错状态 计算机执行无效、错误的指令或程序,或对无效、错误的数据进行运算所

E

产生的状态。设备、程序或数据有问题而出现的不正常状态。这种不正常状态一般以一定信息表示出来。

error condition statement　出错状态语句　一种可执行的语句。它表示在程序执行期间，当某个事件发生时将采取的行动。程序员在设计这个程序时，已预计到各种错误将会发生，并规定了各错误发生时应采取的动作。

error control　差错控制　(1)用来检测和校正错误代码的各种方法和措施。该方法可以直接对检出的错误代码进行改错，也可通过重发原信息来纠正。错误控制技术多用信息冗余方法来实现，如横向奇偶校验、循环冗余校验或重复发送。差错控制设备主要由存储器、译码器、控制器等组成。(2)对数据传输或存储中出现的差错采取一些措施，使差错控制在一定范围之内。例如，改善传输信道或存储技术；检测差错，然后重发或重读；采用抗干扰实现自动纠错等。

E

error control character　差错控制字符　用来指示某位数据是否需要校正的一种控制字符。同 accuracy control character。

error control coding (ECC)　差错控制编码　采用检错或纠错技术的编码。

error control command　差错控制命令　在计算机通信中，用来产生纵向冗余校验字符、横向冗余校验字符和循环冗余校验字符的一种专用命令。这种命令的执行时间要比通用指令系统短。

error control equipment　错误检查设备　检查设备或系统有没有错误的专用设备。

error control procedure　差错控制过程　在数据通信中，不但可以控制、检测差错，而且还能控制校正差错的那一部分链路规程。

error control restart procedure　差错控制重新启动过程　在出现差错或中断时，可以从最后一个检查点而不是从计算机运行开始进行处理的检查点的重新启动过程。在要求处理时间长的场合，常用此重启过程。

error control software　差错控制软件　对计算机系统进行监控以检测、记录各种差错(可能还进行纠错)的一种软件。

error control technique　差错控制技术　在数据传输系统中，为确保数据传输的可靠性而采取的控制差错的各种方法。数据在信道的传输过程中不可避免地会受到干扰，因而必然会发生错误，所以在数据传输系统中一定要采用差错控制技术来消除或减少数据传输错误。通常采用的差错控制技术有：前向纠错、自动反馈、重发纠错和混合纠错。

error correcting　纠错　一种用于纠正在传送或存储数据期间产生的出错数据的方法。

error correcting code (ECC)　纠错码　一种能自动进行检错和纠正部分或全部差错的代码。纠错码是要传输或存储的代码加上冗余码并按某种规则组合起来构成的代码。它能纠正一定数位的错误。

error correcting encoding　纠错编码　一种自动检查和纠正错误的方法。为了提高数据传输的可靠性，在发送端人为地按一定规则在待传输的数据中加入一些多余的但又是有用的数据，使整个传输数据满足一定的数据规则，而在接收端也按此规律进行检查，确定数据中是否包含错误。纠错编码最初是为了解决通信的可靠性问题而发展起来的，后来逐渐用于计算机系统。目前已广泛地应用于计算机通信网络、分布式计算机系统、存储器、运算器、磁盘、磁带、大规模集成电路和计算机应用系统等。

error correcting routine　纠错例程　用来检测和改正数据文件和其他程序中错误的程序。

error correcting system　纠错系统　有检出错误并自动纠错能力的计算机系统。

error correction　纠错　(1)自动找出和校正机器的漏码或多余位、重位等差错的一种装置，它无需停机，也无需使用机器中的恢复例行程序。(2)传输系统中，专门用来检测传输数据正确性的过程。当检测到差错时，该过程则通知发送方重发数据，直到发送的数据正确为止。

error correction and detection character　纠错和检测字符　除了按大多数格式定义的控制字符外，在特定的传输点上定义两个错误检测字符，这就是错误校正和检测字符。它们通常紧跟在文本结束符或信息块传送结束符之后，其值由文本开始符后面的文本导出。

error correction character　纠错字符　二维条码中，错误检测和错误纠正的字符。

error correction codeword　纠错码字　二维条码中，纠错字符的值。

error-correction routine　纠错例程　校正其他程序或子程序中特定差错的程序。

error-correction rule　纠错规则　神经网络的一种学习模型。神经元连接权值的改变取决于输出节点的误差信息反馈。通过此反馈调整权值，使其得到局部最优修正，经过许多步骤后，逐渐接近全局最优点。该规则常用于感知机学习。

error-correction submode　纠错子方式　一种运行方式。它提供一种能力，使得在程序中能够退回到某个保存有特定环境的点，藉此可以校正某个先前输入的字段。

error counter　差错计数器　在 AIX 操作系统中，一种由设备驱动器成分生成的错误项，某些设备驱动器在操作不成功时可生成重试操作，这些设备使用计数器以控制重试操作的次数。

error data analysis (EDA)　差错数据分析　将硬件的失效局限于一个或一组 FRU(现场可换部件)上的一种诊断过程。

error density **差错密度** 程序总的指令数(I_T)与错误数(E_T)之比 E_T/I_T。

error detecting and feedback system **差错检测与反馈系统** 使用错误检测码的一种数据处理系统。它发现数据传输错误后,能自动发出请求重发数据的信号。

error detecting code (EDC) **差错检测码,检错码** (1)计算机中的一种代码字符系统。它使每个错码产生一种不能为计算机接收的代码组合。(2)按一定规则组合,能检测出数据错误的代码。若数据有错,则这些码不符合预定的规则,从而将数据中的错误检查出来。(3)数据通信中,传输信息的一种编码。在接收端,根据这种编码规则和一定算法对收到的检错码进行正确性判定,如果发现错误,就进行差错控制。检错码通常是在信息码中加冗余信息形成。利用检错码并不能100%地发现错误。

error detecting routine **差错检测例程** 能够检测其他程序错误的例程。

error detecting system **差错检测系统** 用于检测数据传输中所出现的数据丢失和数据错误的一种系统。一经发现有错误信号,它能把该信号从接收装置中消除掉,有时还能给出错误已经消除的指示信号,或者将该信号发送给数据接收装置。

error detection **差错检测** 指检测错误数据的方式和方法。它又分为简单校验过程、数据检验、数据有效性检验。它包括范围检查、极限检查、字段检查、次序检验、数据检查、事务类型的检查等。

error detection and correction (EDAC) **差错检测和纠正** 确定传输有无差错,如有差错并有能力加以纠正的一种技术。出现传输差错后,某些简单的程序或传输协议只要求把出错的数据块重发;较复杂的协议则能在接收端检测出错误并对错误加以纠正。参见 forward-acting code, cyclical redundancy check (CRC)。

error detection code **检错码** 为自动识别所出现的差错而安排的冗余码。例如,为了能检测突发性的位串出错,可以使用检查和的方法。这种方法把数据块中的每个字节当做一个二进制整数,在发送过程中按模 256 相加。数据块发送完后,把得到的和作为校验字节发送出去。接收端在接收过程中进行同样的加法,数据块加完后用自己得到的校验和与接收到的校验和比较,从而发现是否出错。

error detection routine **差错检测例程** 同 error detecting routine。

error detection treatment **差错检测处理** 对传输中数据的错误所采取的措施。错误控制有两种:前向错误控制和反馈错误控制。前者在传输的信息中有足够的冗余信息,使接收装置能检测错误并指出正确的信息;后者在传输的信息中有一定冗余,用以发现错误,但必须重发信息才能校正错误。参见 forward-error correction (FEC)。

error device driver **差错设备驱动器** 在 AIX 操作系统中,一个专门的文件驱动器,有差错日志机制。

error diagnostics **差错诊断** (1)计算机打印出指令或数据语句,并指出指令或语句的错误及错误类型的过程。有些编译程序能把诊断工作一直进行到源程序结束,经过一次编译即可发现全部错误。(2)用手动操作或运行程序查找错误的位置。

error dump **差错转储** (1)发生错误中断时,将计算机程序转储到一种存储介质中,以便进行分析。(2)把有关出错信息或程序送到磁带上或打印出来,供分析人员分析设备故障或程序错误用。

errored second (ES) **误块秒** 当某 1 秒具有一个或多个误块时,就称该秒为误块秒。

errored second ratio (ESR) **误块秒比** 对一个确定的测试时间而言,在可用时间出现的误块秒(ES)数与总秒数之比。

error extension **错误扩散,差错扩展** 在密码学中,指当通信信道有噪声产生错误时,或者在传送的密文被攻击者篡改了时,在接收运算后明文中产生的一系列错误。

error file **差错(登记)文卷,出错文件** (1)在数据处理过程中生成的专门用于记录计算机所发现的差错的文卷。当处理过程结束以后,程序员可根据该文卷对差错采取相应的措施。(2)记录数据处理和传输中出错的时间和类型的文件。

error-free **无差错** 数据传输没有差错或源程序中没有语法错误。

error free seconds **无差错秒** 在一定时间间隔内没有收到差错比特的 1 秒间隔数与该时间间隔内 1 秒间隔总数之比率。这个比率通常以百分比来表示。

error free seconds (EFS) **无错时间** 在 ATM(异步传输模式)网络中,用于表示 T 载体系统出错性的单位,通常表示为每小时、每天或每周 EFS 数。与位出错率相比,它能够较好显示位错误的分布。参见 bit error rate (BER), severely errored second (SES)。

error freezing **差错冻结** 发生错误时,中断指令自动把指令不能存取的寄存器的内容转到指令能存取的寄存器内的功能。

error frequency limit **差错频度限制** 计算机在启动机器校验中断之前,每单位时间内所允许的最多错误位数。

error generation model **错误生成模型** 在软件工程中,测试软件可靠性的一种模型,其数学表达为:在某时刻的错误生成率等于在该时刻的新错误产生率与在该时刻的纠错率之差。

error halting state **错停状态** 当出现某些类型的机器故障或程序错误时,CPU 进入的停机状态。

error handler (EH) **差错处理器** 一种对未经请求

E

的中断作出响应的部件，它分析差错状态并采取恢复步骤。

error handling 出错处理 编译程序的一个重要功能。编译程序发现源程序的错误后，就把错误性质和它在源程序中的位置报告给用户。而且希望在出错后作适当处理，以便继续编译其余程序，以期一次发现更多的错误。

error-indicating system 出错指示系统 能自动指示已经发生的某些计算错误的机内线路。

error indication 出错指示 一个可视的指示，表示用户试图进行的操作是错误的。

error indicator 出错指示符 同 error indication。

error information table 出错信息表 词法分析程序的输出数据之一。由出错信息组成的表型数据。词法分析程序检查出源程序中的各种出错信息均存放在该表中，以供算题人员改错时使用。

error interrupt 出错中断 计算机中因某些错误状态所引起的中断。这些错误状态可能是程序设计错误，如非法指令、运算溢出、奇偶校验错误、执行系统遭破坏(如离开封锁区，或保持状态遭破坏)。这些错误在内存储器中有对应的中断单元。当中断发生时，执行系统就利用这些单元来停止工作或采取补救措施。

error interrupt processing 出错中断处理 因硬件或软件故障引起的中断处理。

error interrupt request vector (EIRV) 出错中断请求向量 在某些操作系统中，定义机器或程序故障校验的一种代码。

error latency 差错潜伏期 故障从第一次发生到被测出所经过的时间。也称"故障潜伏期"。

error list 差错信息表 对在汇编或编译过程中所发现的源代码错误的打印结果。

error lock 出错封锁，差错锁定 在网络控制程序中，对 BSC(二进制同步通信)设备和起停式设备来说，当一个差错发生后，设备所设置的状态。在此状态下设备不再继续处理命令，直到一个带复位修改符的控制命令发出为止。

error log 出错登记[记录]，出错日志 (1)产品或系统中的一种数据集或文卷，差错信息被存储其中以备日后分析取用。(2)维护[修]库中的一种表格，用来记录一种产品或系统的差错信息。(3)在某些操作系统中、处理机中的一种数据集，用来记录与某些硬件及编程事件有关的信息。(4)一种关于机器故障校验、设备出错及卷宗统计数据的记录。(5)在 LAN Manager 网络软件中，一个存储错误信息的文件。参见 error alert，log。

error logger 出错登记程序 一种系统进程。它清除出错登记缓冲区，并把出错信息写入出错登记文件。系统登记的错误包括存储系统的错误、设备的错误与超时，以及无效向量地址的中断。

error log manager (ELM) 出错日志管理程序 操作系统中的一种差错日志管理程序，它负责将有关的出错记录写入到系统的差错日志数据集中去。

error message 出错消息，差错信[报]文 (1)已检测到错误的一种指示。(2)在差错诊断过程中所记录的各种差错。(3)内容含有差错的报文。(4)在屏幕上显示出来的或以打字机打印出来(见 error code)的指明数据中已出现的错误类型的信息。

error model 差错模型 用于描述或估计一系统存在的缺陷数目、可靠性、需要的测试时间或类似特性的模型。参见 error predication。

error pattern 错误模式 (1)若用 $V=(v_1,v_2,\cdots,v_n)$ 代表发送的码组，$r=(r_1,r_2,\cdots,r_n)$ 代表接收到的码组，则有

$$e=r+V$$
$$=(e_1,e_2,\cdots,e_n)$$
$$=(r_1+v_1,r_2+v_2,\cdots,r_n+v_n)e$$

即为由信道干扰引起的错误模式。若 $e_i=r_i+v_i=1$，则表示码组中的第 i 个符号受到干扰；若 $e_i=0$，则表示该符号未受到干扰。(2)正确代码与出错后代码的差别所构成的错误模式。或反映某种出错状态的错误模式。例如，正确代码为(1001)，出错后代码为(1100)，则错误模式为(0101)。错误模式为"1"的位，指出该位代码有错。

error prediction 出错预测 对有关软件系统中的软件问题、缺陷或失效的预期数目或性质所做的定量描述。参见 error model。

error prediction model 出错预测模型 参见 error model。

error processing 出错处理 输入输出设备或其他软硬件发生故障时，过程监督系统所进行的处理。通常指输入输出控制的重试、错误信息的打印以及向程序报告详细信息等。

error protection code 防错码 为进行检错或者同时进行检测和纠错而设计的代码。

error protocol (EP) 错误协议 网络体系结构中传输层用于反映数据传输中出现差错的协议。当传输层协议传输数据出现差错时，如发现分组重复时，通信的接收端就用该协议通知发送端。

error range 误差范围 关于一个数的不确定性的一种量度，即误差的最大值和最小值之间的差。

error rate 误码率 在通信线路、通信信道或其他传输路径上的二进制数字码流传输中，某一端有误差的比特数除以另一端的总传输比特数，称为误码率。误码率通常用在规定两端之间每百万个比特数出现多少个错误比特来表示。有时也用 10 万个符号中的错误符号数量来表示。

error rate performance classifications 差错率性能分类 国际电报电话咨询委员会(CCITT) G. 821 定义了如下四种差错率性能类型：①可用、可接收；检测时段至少 1 分钟，差错率 10^{-6} 以下；②可用、但

降级；检测时段至少 1 分钟，差错率 10^{-3}～10^{-6} 之间；③可用、不可接收；检测时段在 1～10 个连续秒之间，差错率 10^{-3} 以上；④不可用；检测时段至少 10 个连续秒，差错率 10^{-3} 以上。

error ratio 出错率 错误的数据单元与数据总单元数之比。

error record 差错记录 指示差错出现的一种记录。由报文处理程序赋给每一报文 5 个字节，这些字节指出在报文传输期间、或后续处理期间、或排队期间所发生的物理或逻辑差错。同 message error record。

error recovery 差错[故障]恢复 (1)校正或绕过故障，使计算机系统恢复到预定状态的处理过程。(2)数据通信中，发现错误或出现错误后，在一个有定义的错误控制状态下进行的校错和排错的过程。

error recovery manager (ERM) 差错恢复管理程序 某些操作系统中，在发生系统阻塞事件或处理过程中出现异常时被调用的一种管理程序。ERM 调用适当的规定的处理阻塞的出口例行程序来进行故障处理。

error recovery procedure (ERP) 差错恢复过程 (1)为帮助从设备中隔离差错和尽可能地恢复差错而设计的各种过程。这些过程通常与记录机器故障信息的程序一起使用。(2)在通信系统软件中，力图恢复传输差错的一组例行程序。

error report 出错报告 (1)计算机表示错误条件所产生的表。例如溢出及数据不正确或不匹配所引起的错误。错误条件可能在程序执行过程中产生。(2)此术语不同于指明程序错误的错误表，它指的是由程序正在进行处理的数据中存在的错误的列表。

error retransmission 出错重传 数字通信中，接收端发现收到的报文有错，便给发送端发出要重发的信息。发送端根据具体情况，可以只重发有错的报文，或重发出错报文及以后发出的所有报文。

error routine 差错处理例程 当发现错误条件时转去进行错误处理的例程。例如，它可以输出错误信息，重新发送出错的数据块，或者暂停程序的执行。

error seeding 错误撒播 参见 failure seeding。

error signal 出错[误差]信号 (1)在自动控制装置中，用幅值和符号校正控制元件与被控元件之间的符合关系的信号。(2)控制论控制系统中使用的用以指明理想状态(参考输入)与实际状态(系统测量输出也称“受控变量”)之间之差的电压或电流。误差信号可认为是一差异，即一种差别。误差信号是异常报告的基础，可调节受控变量从而达到系统理想状态。参见 cybernetic control process，effector。

error source 误差源 数值计算中误差是不可避免的，主要有三种误差源：初始数据、舍入和截断。与之对应的误差称为初始误差、舍入误差和截断误差。初始误差来源于数值计算用到的原始数据。舍入误差与具体计算机所表示数的范围大小有关。截断误差在数值计算中经常遇到理论上是无穷计算的过程，而实际上只能做到有穷的计算过程。目前使用的许多常用函数的标准子程序，它们不可避免地带有截断误差。

error span 误差跨度 误差的最大值与最小值之差。

error status word 错误状态字 在计算机或设备中，能表示各种错误状态的机器字。

error tape 差错(记录)磁带 记录各种差错信息的磁带，供程序员作研究分析和纠正差错之用。

error-to-traffic (E/T) 差错/传输比 错误数和与资源有关的传输量之比。

error type 差错类型 在 AIX 操作系统中的一种标识，表示一个出错日志是否记录了永久性错误、临时错误、性能下降、功能损失或者未知错误的信息。

ERT 应急响应小组 Emergency Response Team 的缩写。

ERTE 显式路由表项 explicit route table entry 的缩写。

ertPS 扩展实时轮询服务 extended reala-time polling service 的缩写。

ES (1)专家系统 expert system 的缩写。(2)进化策略 evolutionary strategy 的缩写。(3)终结[末端]系统 end system 的缩写。(4)误块秒 errored second 的缩写。(5)增强型业务 enhanced service 的缩写。

ESA (1)激发态吸收 excited state absorption 的缩写。(2)欧洲宇航局 European Space Agency 的缩写。

ESA-IRS 欧洲宇航局情报检索服务 European Space Agency-Information Retrieval Service 的缩写。

E-satisfiable E-可满足 公式 F(或子句集 S)若在 E- 解释下为真，则称公式 F(或子句集 S)为 E-可满足的。反之则称为 E- 不可满足的。

ESB 企业服务总线 enterprise service bus 的缩写。

ESC (1)换码[转义]字符 escape character 的缩写。(2)执行顺序控制 execution sequence control 的缩写。

escape 状态，换码 (1)将用户接口恢复到初始状态。(2)从一种状态进入另一种状态的过程。如从输入状态转到 DOS(磁盘操作系统)的命令状态。(3)从一种代码或语言转变为另一种代码或语言的过程，即取消原来的代码或语言。

escape character (ESC) 换码[转义]字符 (1)一种代码扩展转义字符。在某些场合下，它与一个或几个后继字符一起，按照某个惯例或约定，用于指出该字符或一组字符之后的编码表示要按不同的代码或按不同的编码字符集来解释。(2)数据传输中使用的一种控制字符。该字符使得紧跟它后面的一个或一组字符的语义发生改变。例如,数据通信中,基本型传输规程中用于代码透明传输的转义字符 DLE 就是一个换义字符。

escape code 换码代码 文本输入中用来指明下一个或下一组字符表示功能码的代码。

escape elements 转义元素 计算机图形元文件(CGM)中描述那些用来构成图片的与设备或系统有关的数据(或特性)的元文件元素。它提供进入未由国际标准化组织(ISO)标准定义的设备的能力。

escape sequence 转义符序列 (1)在某些操作系统中,一个在反斜杠字符之后的字符,操作系统将其解释为一个特殊的含义。(2)送到终端的一个特殊的字符序列,进行移动光标、改变显示方式、清屏等操作。(3)在 C 语言中的一个字符序列,由一个 ESC 字符和若干其他字符构成,表示这些字符解释为另一个字符集当中的不同的代码。

escaping 换码 把用户的源程序改造成为另一种比较便于处理的中间形式。此项工作类似于编译中的词法分析。

ESCD (1)扩充系统内容目录 extended system contents directory 的缩写。(2)扩展系统配置数据 extended system configuration data 的缩写。

Esc key Esc 键 键盘上位于左上角的一个键,有时用于取消一个动作。在微软视窗中,按 Esc 键与选择取消按钮效果相同。如果按 Alt-Esc 键就会在正在运行的任何程序窗口之间循环。

ESCM (1)ESCON 管理器 ESCON manager 的缩写。(2)企业系统连接管理器 enterprise systems connection manager 的缩写。

ESCON 企业系统连接 enterprise system connection 的缩写。

ESCON channel ESCON 通道 一个具有 ESCON(企业系统连接)通道到控制单元 I/O 接口的通道,使用光缆作为传输媒体,对应于 parallel channel。

ESCON environment ESCON 环境 具有 ESCON(企业系统连接)通道到控制单元 I/O 接口的数据处理环境。

ESD (1)静电放电 electrostatic discharge 的缩写。(2)电子软件分销 electronic software distribution 的缩写。

ESDI (1)增强型小型设备接口 enhanced small device interface 的缩写。(2)增强型小磁盘接口 enhanced small disk interface 的缩写。

ESDT 专家系统开发工具 expert system development tool 的缩写。

E-services 电子化服务 运用现有的电子化手段武装中介服务,将以前需要自助(自己上网查询、联系、确认)的服务转变成网络自动处理的服务。对企业来说,E-services 是一种新的业务模式。包括:E-commerce(电子商务)、E-channel(电子通道)、E-community(电子社区)、E-marketing(电子市场)、E-banking(电子银行)、E-application(电子应用系统)等。

ESF (1)扩展超帧格式 extended superframe format 的缩写。(2)扩展服务帧 extended service frame 的缩写。

ESI 等效串联电感 equivalent series inductance 的缩写。

ESIE 专家系统推理机 expert system inference engine 的缩写。

ES indicator ES 指示器,顺序集结束指示器 end-of-sequence-set indicator 的缩写。

ES-IS 末端系统到中间系统协议 end system to intermediate system 的缩写。

ESMR 增强型专用移动无线电 enhanced specialized mobile radio 的缩写。

ESN 电子序列号码 electronic serial number 的缩写。

ESP (1)封装安全净负荷 encapsulating security payload 的缩写。(2)企业搜索平台 enterprise search platforms 的缩写。(3)增强业务提供商 enhanced service provider 的缩写。

ESQL 嵌入式结构查询语言 embedded structured query language 的缩写。

ESR 误块秒比 errored second ratio 的缩写。

ESS (1)电子交换系统 electronic switching system 的缩写。(2)行政管理支持系统 executive support system 的缩写。(3)嵌入式安全子系统 embedded security subsystem 的缩写。

essential association 基本连接 在两个数据项之间只建立一条连接链路的一种简单连接。

Essential B Tree 基础 B 树 一系列小型数据库管理函数。用 C 语言编写,支持单键(关键字段)和多键可变长度的记录、自动文件和记录封锁、浮点键、以及记录的删除和重用。

essentially real-time system 本质实时系统 一种系统,接收的激励信号的特性是:激励信号到达系统的时间信息;这个时间信息不能以其他任何方式编码,但仍允许系统对这激励给出正确解释和响应。

essential service 基础服务 若缺少该服务则整个建筑大楼的所有事务将陷于瘫痪。通常是指一些基础设施(供水、供气、供电等)。也包括替代供电系统、环境控制系统或通信网络。

established connection 建立连接 在网络两个节点的进程之间建立一条传输信息路径的过程。在同一个局域网中的两个节点建立连接比较简单，对通过远程信道实现互连的网络中建立连接比较复杂。

ESTAE 扩充的指定任务异常出口 extended specify task abnormal exit 的缩写。

estimation fusion 估计融合 其主要目的是利用多传感器检测信息对目标运动轨迹进行估计。利用单个传感器的检测和估计可能难以得到比较准确的估计结果，需要多个传感器共同检测(估计)，并利用多个检测(估计)信息进行融合，以最终确定目标运动轨迹。参见 multi sensor information fusion。

estimation of motion 运动估计 在时间图像序列中，取出相邻两帧，估算目标的运动量。有二维平移运动估计、二维旋转运动估计和三维运动估计等。

estimation theory 估算理论 估算理论是信息论的一个分支。应用统计学方法来研究，用接收到的有噪声的观测数据估计实际参量或随机变量、随机过程或系统某些特性的理论。估计分为参量估计和状态估计两类。参量和状态的区别是：前者随着时间保持不变或只缓慢变化；后者则随着时间连续变化。被估计的参量又可分为随机变量和非随机变量两种。要估计的状态则又有离散时间和连续时间的区别。

estimator 估计量 操作系统所保存的一个值，用来说明某一进程在一特定处理阶段所需的主存储器容量。

E-string E 串，实体串 数据库中的一种串结构。数据库中有三种基本的描述数据库逻辑结构的串结构：A 串、E 串和 L 串。实体串用于连接同类串的实例的子集。它是用于将存取路径特性化的一种串，由同类型数据组成。

ESVA 企业级可扩式虚拟架构 enterprise scalable virtualized architecture 的缩写。

E/T 错误传输比 error-to-traffic 的缩写。

ETB 信息块传送终止 end of transmission block 的缩写。

ETC 电可调色彩(技术) electrically tunable color 的缩写。

etching 刻蚀 把光致抗蚀剂中的图形永久地转移到硅圆片上的工艺。分干刻蚀技术和湿刻蚀技术。在严格要求尺寸精确的 LSI(大规模集成电路)，适宜使用干式刻蚀技术。刻蚀技术最重要的两个特性是被刻蚀的层相对于掩膜的选择性和相对于下层必须停止刻蚀的选择性。

Ethernet 以太网 采用以太网技术组建的一种局域网。以太网技术是一种介质共享、面向广播、竞争接入的局域网技术。以太网采用 IEEE 802.3 标准，数据传送速率为 10 Mbps 或 100 Mbps 等。以太网技术标准开始是由三家设备开发公司(DEC、Intel 和 Xerox)推出的，其后由 IEEE 802 工作组推出了针对带冲突检测的载波侦听多址访问(CSMA/CD)局域网络的标准 802.3。

Ethernet card 以太网卡 一种低成本的数据通信网络适配卡。可插入半长或全长的 PC 机中。

Ethernet controller 以太网控制器 一种使计算机能够访问以太网服务的设备控制器。通常采用 CSMA/CD(载波监听多路访问/冲突检测)协议，使计算机不必涉及协议的细节。

Ethernet converter 以太网转换器 是 RS485/232C 信号到 TCP/IP(传输控制协议/网际协议)网络转换串口设备。以太网转换器从 RS485/232C 上收到的数据，透明地传送到网络的数据服务器，数据服务器发出的数据经网络通过它透明地发送到 RS485/232C 接口上。参见 protocol converter。

Ethernet for the first mile (EFM) 以太网最前一英里 2000 年 11 月，在 IEEE(电气与电子工程师学会)组织下，通过创建“以太网最前一英里”工作组，以太网的发展商们抛弃了自我的一些标准，瞄准接入网市场，发展已广泛使用和证实的以太网协议标准。

Ethernet line monitor 以太网线路监控器 以太网和 IEEE 802.3 用户的一种诊断工具。插入到工作站上，测试传输线路上的所有信号。

Ethernet local module 以太网本地模块 通过标准 15 芯 AUI(访问单元接口)连接器或 BNC 细缆连接以太网段到网桥的单元，是一种协议透明的设备，支持 TCP/IP(传输控制协议/网际协议)、XNS(施乐网络系统)和 IPX(网络互联包交换)。

Ethernet meltdown 以太网溶化 导致以太网达到或接近饱和状态的事件。通常是由于非法分组或错误路由分组引起网中分组逐渐增多，直到整个网络空间饱和为止。处于饱和状态下的以太网，一般仅能持续很短的时间。

Ethernet passive optical network (EPON, Ethernet－PON) 以太网无源光网 以以太网技术为基础的无源光网。EPON 的标准化工作主要由 IEEE 的 802.3ah 即 EFM(以太网最前一英里)工作组来完成，其制定 EPON 标准的基本原则是尽量在 802.3 体系结构内进行 EPON 的标准化工作，工作重点放在 EPON 的 MAC(介质访问控制)协议上，最小程度地扩充以太网 MAC 协议。EFM 在 2004 年正式发布 EPON 的相关标准。我国也于 2006 年发布了《接入网技术要求－基于以太网的无源光网络(EPON)》标准。参见 passive optical network (PON), media access control (MAC), ATM passive optical network (APON, ATM－PON), Ethernet for the first mile (EFM)。

Ethernet－PON 以太网无源光网(络) Ethernet passive optical network 的缩写。

Ethernet ring protection switching (ERPS) 以太网环保护交换 ERPS 是 ITU-T(国际电信联盟-电

信标准化部门)G.8032 标准中定义的一种以太网环路保护切换技术。主要原理是:在网络正常时,阻塞一个端口防止环路,该端口称为环保护链路(RPL)端口。在网络出现故障时,打开 RPL 端口可以使得数据帧能够通过,从而实现网络的保护。ERPS 最大的优点是保护切换时间小于 50 ms,满足电信级的高可靠性要求,而且与环路中节点数量无关。

Ethernet transmission cable　以太网传输电缆　一种屏蔽同轴电缆,连接网络中所有的节点。节点间的最大长度遵循以太网标准,大约为 1.6km。

Ethernet-type LAN　以太网型局部网络　一种局部网络,使用以太网协议或者 IEEE 802.3 协议。

E-time　执行时间　execution time 的缩写。

ETO　电子贸易机会系统　electronic trade opportunity system 的缩写。

eTOM　增强型电信运营图　enhanced telecom operations map 的缩写。

ETPL　合格 TEMPEST 产品目录　endorsed TEMPEST product list 的缩写。

ETSI　欧洲电信标准协会　European Telecommunications Standards Institute 的缩写。

ETV　教育电视　educational television 的缩写。

ETX　正文结束,文本结束　end-of-text 的缩写。

EUC　扩充 UNIX 代码　extended UNIX codes 的缩写。

EUC-CN　EUC-CN 代码　是 GB 2312 最常用的表示方法。它使用两个字节来表示。第一位字节使用 0xA1 ～ 0xFE,第二位字节使用 0xA1 ～ 0xFE。举例来说,"啊"字是 GB 2312 之中的第一个汉字,它的区位码是 1601。在 EUC-CN 之中,它把 0xA0 + 16 = 0xB0,0xA0 + 1 = 0xA1,得出 0xB0A1。

EUC-JIS X 0213　EUC-JIS X 0213 代码　一种 EUC 规格,用来表示 JIS X 0213 字集的字符,半角片假名使用两个字节来表示:第一位字节使用 0x8E,第二位字节使用 0xA1 ～ 0xDF;JIS X 0213 第一字面字符使用两个字节来表示:第一位字节使用 0xA1 ～ 0xFE,第二位字节使用 0xA1 ～ 0xFE;JIS X 0213 第二字面字符使用三个字节来表示:第一位字节使用 0x8F,第二位字节使用 0xA1 ～ 0xFE,第三位字节使用 0xA1 ～ 0xFE。

EUC-JP　EUC-JP 代码　用来存储日本 JIS X 0208(旧称 JIS C 6226)及 JIS X 0212 字集的字符。但是,日语文字较多使用 ISO-2022-JP 或 Shift_JIS 的方法来表示,半角片假名使用两个字节来表示:第一位字节使用 0x8E,第二位字节使用 0xA11 ～ 0xDF。JIS X 0208 字符使用两个字节来表示:第一位字节使用 0xA11 ～ 0xFE,第二位字节使用 0xA11 ～ 0xFE。JIS X 0212 字符使用三个字节来表示:第一位字节使用 0x8F,第二位字节使用 0xA11 ～ 0xFE,第三位字节使用 0xA11 ～ 0xFE。

Euclid language　Euclid 语言　在 Pascal 语言的基础上改进和发展而成的一种新语言。它基本上是一种既面向算法又面向机器的系统程序语言。其设计目的是为了便于构造可验证的系统程序,并不准备使它成为一种通用的程序设计语言,也未专门考虑用该语言来设计大型程序方面的问题。其语句有赋值语句、过程语句、脱离语句、断言语句、空语句、复合语句、分程序、如果语句、情况语句及重复语句。其数据类型有枚举类型、标准简单类型、子域类型、数组类型、记录类型、模块类型、与机器有关的记录类型、集合类型、组类型、指示字类型和参数化类型。

EUC-TW　EUC-TW 代码　EUC-TW 是中国台湾地区使用的一个汉字存储方法,以 CNS 11643 代码为基础。但是台湾普遍使用 Big5 代码。CNS 11643 第一字面字符使用两个字节来表示:第一位字节使用 0xA1 ～ 0xFE,第二位字节使用 0xA1 ～ 0xFE;CNS 11643 其他字面的字符使用四个字节来表示:第一位字节使用 0x8E,第二位字节使用 0xA1 ～ 0xB0,(0xA1 ～ 0xA7 分别代表第一至第七个字面,其余未定义),第三位字节使用 0xA1 ～ 0xFE,第四位字节使用 0xA1 ～ 0xFE。

EUI　最终用户接口　end user interface 的缩写。

EULA　最终用户许可(证)协议　end-user license agreement 的缩写。

Euler angles　欧拉角　是相对于坐标轴的旋转角,它可以将一个向量从一个坐标系转换到另一个坐标系。例如,偏航角、俯仰角和滚转角是描述飞机地球坐标系和机体坐标系间的关系角。

Euler graph　欧拉图　具有一条欧拉回路的图。如果是具有一条欧拉回路的有向图,则称该图为有向欧拉图。如果是具有一条欧拉通路的图,则称该图为半欧拉图。

Eulerian circuit　欧拉回路　给定无向图 G,若存在一条回路,经过图中每条边一次且仅一次,该回路称为欧拉回路。具有欧拉回路的图称为欧拉图。无向图 G 具有欧拉回路,当且仅当 G 是连通的且所有节点的度数均为偶数。

Euler's formula　欧拉公式　Euler's polyhedral formula 的缩写。

Euler's polyhedral formula　欧拉多面体公式　关于多面体或连通的平面图的顶点数、边数和面(区域)数关系的公式:$v-e+f=2$。式中 v,e,f 分别表示多面体或平面图的顶点数、边数和面(区域)数,简称欧拉公式(Euler's formula)。

Euler tour　欧拉回路　同 Eulerian circuit。

EUN　电子大学网络　electronic university network 的缩写。

E-unsatisfiable　E-不可满足　见 E-satisfiable。

Euro card **欧洲卡标准** 由IEEE(电气与电子工程师学会)微处理机标准委员会制订的8位微处理器总线结构模块,与微处理机无关,标准制定了机架和插入模件的机械规范,称为IEEE 1011标准。

EURONET **欧洲计算机网** European network的缩写。

European article number (EAN) **欧洲商品编号** 欧洲指定的与UPC(通用产品码)兼容并具有共同符号体系的商用条形码标记。参见universal product code (UPC)。

European Association of Scientific Information Dissemination Centres (EUSIDIC) **欧洲科学信息传播中心联合会** 由信息提供者组成的一个联合会。它是为推动信息存储和检索技术应用而建立的。

European Broadcast Union (EBU) **欧洲广播联盟** 欧洲国家用于广播技术的研究和开发、标准的制定组织。

European Committee for Electrotechnical Standardization (CENELEC) **欧洲电工标准化委员会** 1972年成立,宗旨是协调各国的电工标准,以消除贸易中的技术壁垒,制定统一的欧洲电工标准,实行电工产品的合格认证制度。

European computer trade show (ECTS) **欧洲计算机商贸展示会** 每年三月和九月于伦敦举行的计算机游戏商贸展示会。参见electronic entertainment Expo (E3)。

European laboratory for particle physics (CERN) **欧洲粒子物理研究所** 位于日内瓦的一个研究机构。CERN是该机构以前的名字的首字母缩写。该机构因于1989年提出了全球万维网(WWW)的概念而被因特网用户所熟知。

European Space Agency (ESA) **欧洲宇航局** 一个欧洲多数国家政府间的空间探测和开发组织,总部设在法国首都巴黎。

European Space Agency-Information Retrieval Service (ESA-IRS) **欧洲宇航局情报检索服务** 欧洲联机情报检索系统,由欧洲航天局情报检索服务中心负责运营。总部设在意大利。该系统拥有数据库120多个,多数为文献数据库。内容涉及航空航天、宇宙学、天文学、天体物理、环境与污染、自然科学、工程技术、医学、商业等领域。

European Telecommunications Standards Institute (ETSI) **欧洲电信标准协会** 在欧洲开发电信相关标准的机构。

EUSIDIC **欧洲科学信息传播中心联合会** European Association of Scientific Information Dissemination Centres的缩写。

EUUG **欧洲UNIX用户组** European UNIX user group的缩写。

evaluation **求值,评价** (1)对计算机硬件、软件或整个系统的性能评价。(2)进行"系统分析"的第三步工作,对各种可行方案进行评价。为此需要建立数学模型或图表,并利用模型预测每一方案可能产生的结果。借以评价,比较各种方案,以便从中选出最优方案。而模型的作用是组织人们的思维以及获得处理实际问题所需要的指标与线索。参见system analysis。

evaluation attributes **评价[求值]属性** 在对象历史模型中表示系统根据现状和历史计算出其值的属性。参见object history model。

evaluation function **评价函数** (1)在对象历史模型中,系统根据现状和历史计算出评价属性值的函数。参见object history model。(2)在求解问题搜索图中,一个节点处于最佳路径的概率。(3)定义于状态空间(或搜索图各节点)上的一个实值函数。对于等扩展的节点,其估价值越小表示该节点越有希望处于最佳路径上。

evaluation module interface **评价模块接口** 评价模块通过外部接口衔接器的双8位输入输出端口连接外围设备的一种接口电路。连接的设备包括:键盘、打印机、显示器及其他类似的设备。

evaluation of anti-virus software **抗病毒软件评价** 对抗病毒软件的正确性、完整性、有用性进行分析、审核、判断的过程。

evaluation of Chinese character coding input method **汉字编码输入方法的评估** 按照约定的或法定的规则和步骤,对汉字编码(键盘)输入方法的素质和特性进行定量的测试和定性的评价。通常测定的内容有:①输入正确率:按文本顺序,输入有效字数对输入总字数及漏字数之和的比值;②输入错误率:汉字编码输入过程中,多字数、错字数及漏字数之和对输入字数及漏字数之和的比值;③输入速率:按文本顺序,在单位时间内平均键入的有效字数;④编码效率:在最佳编码条件下,字或词码的平均比特数的下限除以该方案字码的平均比特数;⑤动态重码率:所有重码字词的使用频度之和等。

evaluation of electrical endurance **电老化试验** 将试样暴露于提高了强度或频率的电场下,测量其某些性能随时间的变化,以评定绝缘材料老化寿命的试验。

evaluation of mechanical endurance **机械老化试验** 将试样暴露于某种形式的强化了的或加大作用频率的机械应力下,测量其某些性能随时间的变化,以评定绝缘材料的机械老化寿命的试验。

evaluation of thermal endurance **热老化试验** 将绝缘材料暴露在高于预计工作温度的高温下,以热为主要老化因子,测定其某些性能随时间的变化,以评定绝缘材料热老化寿命的试验。

evaluation order **求值顺序** 函数求值的模式,通常有正常顺序、应用顺序、惰性求值等。参见call-by mechanism。

evaluation processor module 评价处理机模块 评价模块中的基本组成模块。它是评价模块中的关键模块。处理机模块包括微处理机中的必要部件，如晶体时钟发生器、加电复位电路、中央处理机、随机存取存储器，某些系统中还有输入输出电路等。

evaluation report 评价报告 系统开发过程中的一种系统跟踪报告，描述系统目标是如何达到的，指明遗留的问题并为将来的开发提供帮助。

evaluation rule for the inputting Chinese character (keyboard) 汉字编码(键盘)输入方法评测规则 指导汉字编码(键盘)输入方法评估活动和日常性评测工作的全局性的规范性文件。它为汉字编码输入方法的优化提供评测方法和实施办法。

even-odd check 奇偶校验 一种计算机自动校验方法。在用二进制数表示信息的计算机中，为了检查信息传送是否正确，常常在一组数位中增加一位奇偶位，用来表示这组数码中的 1 或 0 的个数为奇数或偶数。经过存储或传送之后，再求一次奇偶位，与原来的奇偶位相比较，若不一致，则表示有错。利用奇偶校验可以提高数据存储和传输的可靠性。这种方法应用很广，简单易行，所用设备也很少，但只能作奇数个出错信息校验而不能校验偶数个信息出错，并且不能对出错信息进行校正。

even parity 偶校验 一种数据校验技术，用一个多余的位附加到每个字节中，使得 1 的个数为偶数，对应于 odd parity。

event 事件，随机事件 (1)一种情况的发生或一种活动的进行，或一种指定状态的变化。例如，如果点击鼠标键，就产生一个鼠标键按下事件，接下来还有一个鼠标键抬起事件。如果程序等待事件发生，然后对它们作出反应，这种类型的程序被称为是事件驱动的。(2)在操作系统中，通常指程序中出现的问题。当用户程序发生某个问题时，程序便不能继续执行下去，从而停止用户程序，并记录此事件的有关状态信息。例如，程序发生溢出或越界，使用外部程序却没有将之连接等。

event based debugging 基于事件的调试 在并行程序调试时，从描述目标程序语言的语法和语义着眼，进行一定程度的抽象，以建立一种能统一处理各种同步、通信机制的模型，从而减少程序调试困难程度的方法。该方法把在过程内部发生的事件以及过程间的相互关系作为事件，集中进行管理，并向程序员提供事件之间的时间顺序和各种依赖关系，通过设置功能分析点，进行并行程序的调试。

event calculus 事件演算 以事件及与事件信息作为谓词的解释的演算系统，可看作是谓词演算的平移或推广。

event chain 事件链 由初始事件产生的一系列动作。例如订单处理、库存调节、装运文件准备等。

event class 事件类 在 AIX 操作系统中，一个赋予一组与特定主体或系统成分有关的跟踪点的数，定义的事件类在跟踪轮廓文件中列出。

event control bit (ECB) 事件控制位 在 AIX 操作系统中指一个位，赋予每个队列表示一个元素的到达或离开。

event control block (ECB) 事件控制块 用来表示事件状态的一种控制信息块，它记录着一些专门动作或信号。

event device 事件设备 通过把事件报告放入队列中去的办法来完成输入操作的一种图形输入设备，可以理解为具有中断输入方式的输入设备。

event driven 事件驱动 (1)一个事件一旦发生，系统就立即作出反应进行适当处理。在实时系统中，事件驱动一般是通过传感器中断(外中断)来驱动的。事件驱动是实时系统的重要驱动方式之一。(2)非过程程序设计方法，在事件发生时检测该事件并做出相应反应。(3)一种基于当前问题状态的前向链的问题求解方法。使用事件表去启动知识源，知识源能够建立或改变假设元素并且把一些新的事件放到事件表中，系统的运行状况是“机会主义”的：用最近发现的东西去指导运行状况，而不是用符合于目标需要去指导系统的运行状况。

event-driven programming 事件驱动程序设计 一种程序设计风格，程序不断地测试并响应事件，如按键操作或者鼠标器的移动，在大多数图形用户接口中都使用事件驱动程序设计。参见 event。

event-driven simulation 事件驱动仿真 由仿真过程中发生的事件驱动其响应的一种仿真。

event-driven task scheduling 事件驱动式任务调度 与静态的调度程序相对应，事件驱动式任务调度主要是由事件来驱动的。当一个输入输出完成的重要事件发生时，根据分配给每个任务的处理优先权，监控程序将中断正在执行的任务，去寻找最高优先权的任务进行调度。

event filter 事件过滤器 一种事件检测工具，是由一系列软件与硬件组成的。在信息收集过程中，它不断监视所有输入的信息，并实时地对其进行判断，若对事件分析有用者，就记录下来；否则就将其丢弃。

event flag 事件标记 表示一件事件是否发生的一个二进制标记位。它可以被置位或清除以指示与该标记相联系的事件的发生。事件标记用于使一个过程或多个过程间的活动同步。

event forwarding discrimination (EFD) 事件前向判别 OSI(开放系统互连)用于将被管对象的通知传达到某目的地。EFD 也是被管对象，但可以自己发通知。

event list 事件表 设有 M 个事件类型 1，2，…，M 和相应的 M 个过程 $P_1, P_2, \cdots, P_n$。仿真程序中把要调度的各个过程按一定规则排成表，称为事件表。

event manager 事件管理器 在 NetView 图形监控

器机制中,宿主子系统的成分,从 NetView 程序接收警告和解决方法主向量,将这些主向量转换成通用事件记录,并将事件状态作用于资源对象数据管理器(RODM)高速缓存中定义的资源。

event mask 事件掩码 在 AIX 增强 X-Windows 中,用事件掩码表示与窗口有关的客户请求事件。

event model 事件模型 一种用函数支持概括,用属性表示聚集的语义数据模型。在事件模型中,子类型联系用于将静态模式组织为层次。子类型中的成员关系用属性求值的谓词来定义。这种动态建模的方法,可作为一种语义数据库构造工具。

eventname 事件名 在 LAN Manager 网络软件中,某种系统事件的一个名字。

event notice 事件标志 在确定调度事件时,用来实现把控制传送到事件子程序中去的标志。

event-oriented simulation 面向事件仿真法 在仿真过程中,作为系统的参考时钟的变动,如果是按下一个事件所发生的时刻来修改时钟值的话,则称这种仿真算法是面向事件的。

event processing 事件处理 操作系统的一种程序特征,以前的程序都假设设备都能与程序交互作用,这样当两个以上的设备同时操作时,某些操作事件就会被丢失,面向时间的程序设计通过建立和维护事件队列解决了这个问题,发生的事件被加入到这个队列中,然而由于某些优先级高的程序可以抢占处理机,某些事件可以被提前处理。参见 autopolling,event,interrupt。

event propagation 事件传递 在 AIX 增强 X-Windows 中,与设备相关的事件从源窗口传递到各级祖先窗口直到某个客户程序愿意处理此事件或事件被明确丢弃为止。

event queue 事件队列 在计算机图像中,一个记录输入设备(如按钮、键盘)中变化的队列,事件队列提供一个输入事件的时间顺序表。

event report 事件报告 记录了事件出现时事件设备的状态。

event routine 事件例程 在面向事件的仿真语言中,用来描述每类事件的子例程。

event scanning 事件扫描法 一种离散系统仿真语言的实现方法,它是一种"下一个事件"调度法,程序系统的时钟将一下子改变到下一个事件的发生时刻。

event scheduling 事件调度法 一种离散系统仿真语言的实现方法。它把系统看成是一些互相重叠的活动集合,把每一个活动的开始和结束看成是单独的事件,并独立地进行调度。

event sink 事件宿 接收并处理事件报告的实体。

event source 事件源 (1)发现事件并产生事件报告的实体。(2)在 AIX 增强 X-Windows 中,事件指针所在的最底层可见窗口即设备事件的事件源。

event synchronization 事件同步 在 AIX 增强 X-Windows 中,当有多个设备事件要发往客户程序(特别是在窗口管理操作中需要决定鼠标和键盘事件的目的)时,有许多可能的情况,事件同步机制可以对设备事件的操作进行同步。

event time 事件时间 各种事件发生的瞬时时刻。

event trace 事件踪迹[跟踪] 在文件记录 ImagePlus 工作站中发生的事件的过程,事件可以是一个功能键的按下,文档的显示等,事件踪迹是一个可选项,可以在运行安装机制时指定。

event trapping 事件俘获 配置在计算机上的一种特制件,允许程序在某些事件发生(如光笔检测或功能键的激活等)时转入一个指定的分支。

event variable 事件变量 在 PL/1 语言中,具有事件属性的变量。其值表示动作是否已经完成和完成后的状态。

everyman's database 大众数据库 指 dBASE Ⅱ,是对其赞誉。参见 dBASE Ⅱ database software。

EVGA 增强型视频图形适配器,EVGA 卡 extended visual graphics adapter 的缩写。

evidence theory 证据理论 由 Shafer 在 20 世纪 70 年代提出的关于概率理论的扩展理论,能较好地回答出目标的肯定、否定、不知道的置信度。它首先把命题及其不确定性转化成集合及其不确定性,把处理命题问题转化为处理集合问题。在证据理论中引入了三个函数,基本概率赋值函数、信任函数、似然函数。证据理论利用这三个函数对命题做出描述,并借助一些推理规则处理推理过程中的不确定性的传播及证据合成。用证据理论来处理不确定性推理的优点是可直观地表示出对命题的不了解程度,其缺点是用信任函数进行推理较为困难。

evoke 唤起,互唤 在系统支持语言-互通信设施(SSP-ICE)中,初启某个程序或过程,从而使其可以和另一程序进行通信。

evoked potential (EP) 诱发电位 也称"诱发反应",是指给予神经系统某一部位适宜刺激,在神经系统相应部位所记录到的、与刺激有相对固定时间间隔和特定位相的生物电反应。参见 visual evoked potential (VEP)。

evoke module 唤引模块 一种自动控制系统中的专用模块。在不希望改变程序的场合,可以执行 100 多条指令。它不需要取指令和译码,所以系统的工作速度很快。用唤引模块控制可以建立低成本系统。但若需要改变程序,则必须进行费时费力的重新连线。

evolutionary 演进方式 一种迭代式开发策略,该策略承认并未完全理解用户需要,因而对于需求的理解将在每一后继迭代(精化阶段)中不断完善。

evolutionary algorithms (EA) 进化算法 根据生物中遗传与进化的原理,仿效基因、染色体等物质表达所研究的问题,遵循达尔文"物竞天择,适者生存"原则,使随机生成的初始解通过选择、交叉、变异等遗传操作不断迭代进化,逐步逼近最优解。进化算法步骤类似简单遗传算法,但在进化的方式上有较大的差异。遗传算法对交叉操作要看重一些,认为变异操作是算法的辅助操作;而进化算法认为在一般意义上说交叉并不优于变异,甚至可以不要交叉操作。参见 genetic learning,genetic algorithm (GA),evolutionary programming (EP)。

E

evolutionary computation (EC) **进化计算** 一种自适应的机器学习方法,利用进化历史中获得的信息指导搜索或计算。计算方法具有自适应的结构、适合度的评测函数或判据、修改结构的操作。如遗传算法、遗传程序、进化程序、人工神经网络、决策树的归纳等。

evolutionary development approach **渐进开发法** 一种先提出粗略的目标模型,通过逐步改进而求精的方法,在开发指挥、控制、通信系统中经常采用。此种方法的实质是:在系统研制之前,用户只对系统提出基本要求,并与研制部门共同选择一种能使系统渐进改进的体系结构。研制部门先研制出满足基本要求的核心硬件和软件,交付用户使用和试验,这个核心部分是不完善的,有时甚至只是一个框架结构。根据用户在使用与试验中观察到的问题,对其进行改进,使之逐步完善。

evolutionary programming (EP) **进化规划** 借鉴大自然生物进化的思想,模拟生物种群层次上的进化进行优化搜索的全局优化方法。进化规划是 L. J. Fogel 于 20 世纪 60 年代在人工智能研究中提出的一种有限状态机进化模型,在此模型中机器的状态基于均匀分布的规律来进行变异。到了 90 年代,D. B. Fogel 拓广了进化规划的思想,使它可处理实数空间的优化问题,并在其变异运算中引入了正态分布变异算子,这样进化规划就变成了一种优化搜索工具,并在很多实际问题中得到了应用。参见 evolutionary algorithms (EA),genetic algorithm (GA)。

evolutionary prototype **进化原型[样机]** 一种为研究目标系统中的问题及解决方法的目的而研制的样机,经过改进后可成为最后的系统。

evolutionary prototyping **演化式原型** 把快速原型思想扩展到软件开发的全过程,并使原型逼近最终系统,即系统构造过程是一个渐近过程。

evolutionary virus **演化病毒** 病毒在传染的过程中自我变异,从而产生的新病毒。病毒的演化使病毒防范问题更加复杂化。

EWA **擦/写替换** erase/write alternate 的缩写。

E-wallet **电子钱包** electronic wallet 的缩写。

EW indicator **EW 指示器,工作通话结束指示器** 参见 end-of-work-session indicator。

EWOS **欧洲开放系统工作间** European workshop for open systems 的缩写。

EX **异常应答** exception response 的缩写。

exa- **百亿亿** 缩写成 E。一个前缀,表示 10 的 18 次幂,在基于二进制的计算机中,表示 1 152 921 504 606 846 976,是 2 的 60 次幂。

exabyte (EB) **艾字节,百亿亿字节** 计算机存储容量的单位。百亿亿字节相当于 1 152 921 504 606 846 976(2^{60})字节。

exact breaking method **精确断点法** 一种保留中断断点的方法。在流水线机器中,无论第 *i* 条指令在流水线中哪一段发出中断申请,给中断处理程序的现场都全是对应第 *i* 条的,将有关该条指令的现场全部保留,并使在这条指令之后进入流水线的所有指令全部作废。这样,执行中断服务程序时保存的现场信息就是对应第 *i* 条指令的,即断点是精确的。比较 inexact breaking method。

exact end position **精确结束位置** 输出说明表中的一种表目,指出字段或常数在输出记录中准确的结束位置。比较 relative end position。

exact-name format **确切名格式** 在某些系统中,指高功能打印(AFP)支持,一个打印描述符命名惯例,使用系统指定的组名而不是组的别名。

exact penalty function **恰当惩罚函数** 一种惩罚函数法。在惩罚函数法中可将约束最优化问题化为一系列无约束最优化问题求解,也可以构造出这样的一个函数,该函数的无约束问题的解即为原始问题的解,这样构造出的单一函数称为恰当惩罚函数。

exact reasoning **精确推理** 领域知识具有确定性,可表示成必然的因果关系和逻辑关系,推理的结论或是肯定的或是否定的,也可以把可能性大于某个固定的值(称为阈值)的假设认为是肯定的。精确推理的理论基础是布尔逻辑。比较 inexact reasoning。

examination mechanism **验证机制** 用于确定所选指令中执行的指令模式。参见 control flow,data flow,reduction。

example based machine translation **基于实例的机器翻译** 以双语对照的翻译实例库作为主要知识源的机器翻译方法。实例库保存大量源语言句子和该句对应的译文。每当输入一个源语言句子 *S* 时,系统利用 *S* 和实例库中的源语句子进行比较,找出其中和 *S* 最为相似的句子 *S'*,并模拟 *S* 的译文 *T'* 生成 *S* 的译文 *T*,然后输出。

example based system **基于事例的系统** 一种专家系统结构,用于处理来自事例输入的规则建立问题。它通过事例将知识库嵌入系统,然后推理机通过归纳来解释这些事例形成规则库。同 induction system。参见 decision tree。

example-driven system **实例驱动系统** 同 induction system。

exceed capacity 超容量 如果一次运算之后的结果所产生的数值太大或太小，以致计算机不能表示，或者结果值长度超过规定的运算单元最大长度，则称为超容量，也称"溢出"。例如，用零作为除数时，就会发生超容量的错误。当超容量错误发生时，程序的执行将被中断，并向系统及管理人员发出报警信息。

Excel Excel 电子表格软件 可运行在 Macintosh 和 IBM PC 兼容机上的 Microsoft 的电子表格软件。它以提纲方式概括工作表格的能力，使它能容易地用一种易于管理的格式处理大的数据模型，并且能以不同的观察层次观察数据的细节。能让用户直接在单元格内进行直观而简捷的控制，帮助用户创建函数并定义参数，允许用户通过拖拽类别名即可立即重新安排数据。广泛提供各类商业图形和图表，并可充分利用打印机产生报告和各种显示资料。

exception 禁止，异常 (1)一种逻辑操作。其含意是：如果 P 和 Q 都为命题，则仅当 P 为真、Q 为假时，命题 P EXCEPT Q 才为真。(2)程序执行中的一类情况。它使正在进行的处理无法正常地结束，并且也无法在正常的局部上下文中处理解决。在程序设计中，可以收集此类情况，对其进行定义、识别、和处理。异常情况的发生导致必须把控制转移到某个更全局性的位置，如正在执行的操作的调用程序那里，由它来决定如何继续正在进行的计算。异常的发生可能是由于硬件或软件的错误、数据的错误、计算中发生溢出或越界情况，也可以是程序在检测出一个特殊情况后主动地产生一个异常。参见 overflow exception，underflow exception。

exception condition 异常条件 由于发生不可预测的状态，如溢出，或者由于在不可预期的时刻发生了可以预期的状态而产生程序中断的条件。

exception dispatcher 异常调度程序 (1)在异常条件发生时用来搜索条件处理程序的一个操作系统的过程。查找引起异常的条件并转入相应处理程序的一个管理程序，如果没有找到相应的异常处理程序。则引起该异常的进程被终止。(2)Windows NT 中的一个内核模块，接收异常情况，将控制交给调用者提供的异常处理程序，如果没有调用者提供的异常处理程序时就执行系统提供的缺省的异常处理程序。参见 exception，exception handler。

exception handler 异常处理程序 (1)一类处理异常情况的程序。通常由用户提供。当异常情况发生时，根据异常类型，调用相应的异常处理程序。如果异常不是致命错误，异常处理程序总能采取适当的纠正动作，然后把控制返回到发生异常的点，或返回到异常之后的点。在 Ada 语言中，异常处理程序可以出现在一个程序单位(分程序、子程序体、程序包或任务等)的末尾。(2)Windows NT 中，响应异常情况的代码，两种类型是基于框架的异常处理程序和系统缺省的异常处理程序。参见 exception，structured exception handling，termination handler。

exception handling 异常处理[置] 对异常情况的处理，或在程序语言中提供的为描述异常与异常处置而用的语言机制。后者一般包括引用机制和处理机制两个部分。在程序执行期间，许多阻止程序继续正常执行的事件可能发生。这些事件包括零除数、下标越界、数值溢出、写入只读文件、输入有错的数据类型、可用存储器不够以及引用未定义的值等。通常，在检测到这类异常情况时，程序执行中止，返回操作系统并报告一个错误信息，不作进一步处理，除非对某个异常情况已预先规定要采取恢复措施，这种措施称为异常处理。对于许多应用系统这种方法不可行，如对实时处理系统、联机控制系统、嵌入式系统等，情况根本不允许停止正在执行的程序。为支持这类系统的开发，许多新的语言，如 Ada、CLU 等都提供了描述异常情况处理的语言机制，使系统开发者能控制对于异常情况的处理，开发出更安全可靠的系统。

exception-item encoding 异常项编码 自动地将错误信息记录到记错带上而不中断程序执行的一种技术。记错带留待以后进行校正。

exception message 异常报文 在与逻辑单元通信时，指出非正常情况的报文。例如，数据传送时接收端发现错误后向发送端回送的异常报文，企图读未插入软盘的驱动器时系统报告的错误。

exception operation 除外运算 带注释的谓词演算中的一个连接词。意思是"除了当……时"。

exception report 异常报告 一种报告计算机数据的技术。它不像传统方法印出文件的所有内容和相对于有关文件的所有活动，而是按照一定的准则或参数对数据进行筛选，如超极限值、极限变化范围或偏离预期值，然后只印出出现异常情况需要采取行动的信息。参见 cybernetic control process，error signal。

exception request (EXR) 异常请求 SNA(系统网络体系结构)中的一种报文单位，它替代另一个已测得有差错的报文单位。异常请求包含一个 4 字节的感测字段，它标识原请求中的差错。除了某些路径差错之外，该感测数据都被发送到原请求的目的地。在可能的情况下，感测数据将通过一个否定应答被送回到被替代请求的发送地。

exception response (EX) 异常应答 SNA(系统网络体系结构)中，请求标题内应答，请求格式字段的一个值。仅当该请求是不可接收的或是不可处理时，才要求接收方返回一个应答也就是可返回一个否定应答。作出应答后，就从正在执行的程序中转移出来，开始异常处理。完成异常操作后，系统返回到正常程序。比较 definite response，no response。参见 negative response，positive response。

E

exception routine 异常例程 处理程序执行过程中出现的异常情况并控制其转向的例程。

exception scheduling routine 异常调度例程 当出现需要异常处理的信息或情况时，把机器正在执行的程序从正常的调度循环或例程中分开。完成异常操作后再返回到正常程序。

exception word dictionary 异常词典 一种存储在计算机或字处理系统中由用户挑选出现的异常词汇表。

excess burst size 超额突发量 在一定时间间隔内，网络试图接受但未作承诺的来自用户的超过额定值的数据总量。

excess code 余码 在把十进制数位转换为二进制数位的过程中，十进制数位中的多余码。

excess electron 多余电子 超过实现半导体中键合结构所需数目的电子。多余电子通常来源于施主杂质。

excess-fifty code 余五十码 参见 excess-fifty notation。

excess-fifty notation 余五十表示法 用 $n+50$ 表示十进制数 n 的二进制表示法。例如，十进制数 18 用 1000100 表示，—50 用 0000000 表示，大于—50 的数均为正的二进制数。

excessive bipolar violations 过剩双极扰乱 AT&T 的 T1 电路上的一种差错状态，即在 1 000 秒中发生 1 544 次双极扰乱，并且每 85 秒至少一次双极扰乱。

excess-three code 余三码 一种二进制编码的十进制代码。该代码中每个十进制数 n 用等效的二进制 $n+3$ 来表示。在这种用 4 位二进制数表示的 16 个数中，正好剩下最小和最大的三个数为无效数字，故称为余三码。在余三码中，求一数的十进制反码只需将 0 变为 1，1 变为 0 即可。余三码是一种无权码，虽然不如有权码易于识别，但求十进制数的反码比较简单，产生进位数也很容易。余三码、十进制数和普通二进制数的关系如下表：

十进制数	二进制数	余三码
0	0000	0011
1	0001	0100
2	0010	0101
3	0011	0110
4	0100	0111
5	0101	1000
6	0110	1001
7	0111	1010
8	1000	1011
9	1001	1100

excess 64 binary notation 余六十四二进制表示法 在汇编语言程序设计中，用 E+64 表示十进制浮点数 E 的二进制表示法。例如浮点数 8 用 1001000 表示。—64 用 0000000 表示，大于—64 的数都为正的二进制数。

Exchange Exchange 应用程序 微软 Windows 95 提供的一个应用程序，它提供对包含电子邮件和传真在内的通信的管理。Exchange 应用程序可以控制传真调制解调器来收发传真报文；它可以与网络上所链接在一起的其他个人计算机之间收发电子邮件报文；它还可以通过 CompuServe 或者拨号上因特网，与链接在因特网上的其他用户之间收发报文。

exchangeable disk storage 可换磁盘存储器 一种利用磁盘的后备存储设备。它装在磁盘机中。在操作过程中，操作员可以更换磁盘的真空膜盒。

exchange area 电话交换区 电话业务中统一收费的地区。电话交换区由几个中心局分派。交换区内任何两点间的呼叫是本地呼叫。

exchange buffering 交换缓冲 中央处理机和输入输出设备之间的缓冲存储区。用于缓解交换操作时不同装置之间的速度差距。它属于系统主存储区，但是与程序工作区分开。利用这种技术，输入输出设备和中央处理机可以同时工作，且可以避免数据在主存储器中移动。缓冲区可能有三种状态：缓冲区中有数据、等待主机处理和等待输出；缓冲区为空，等待接收输入数据或输出数据；缓冲区中的数据正在被输入输出设备利用。

exchange classes 交换局级别 按 AT&T 定义，共分为 5 个级别。第一级为区域中心局、第二级为地区中心局、第三级为主中心局、第四级为长途中心局、第五级为终端局。参见 regional center, sectional center, primary center, toll center, end office。

exchange file 交换文件 (1)一种文件格式，用于在使用软盘或磁带媒体的系统或设备之间交换软盘或磁带上的数据。参见 basic data exchange。(2)现代操作系统都提供虚拟内存的概念。在这类操作系统中，每一个进程都可以在运行的时候得到 4 G 的虚拟内存空间，但实际物理内存往往没有这么大，因此需要用磁盘文件来模拟连续的物理内存，这就需要交换文件。如 Windows 安装目录中的 Win386. swp 这个交换文件就是用来实现虚拟内存的创建。

exchange identification (XID) 交换标识 相邻节点之间的一种基本连接单元，XID 在连接激活之前或者期间在连接站之间交换，以建立和协商连接和节点特征，以及在连接激活之后对这些特征的改变进行通信。

exchange identification (XID) frame 交换标识帧 在逻辑链接控制(LLC)层头部，是传递发送信息的宿主机的特征的帧。

exchange instruction 交换指令 用一条指令把一

个寄存器的内容以另一个寄存器的内容来代替，反之亦然。

exchange memory 交换存储器 (1)两个存储设备或存储单元(如两个寄存器)的内容互换。(2)能够控制和处理系统内两个存储设备或其他部件之间的数据互换的交换设备。

exchange message 交换信息 在通信线路和计算机之间采用一种装置来控制一定的通信功能，从而可以使计算机空出时间完成其他任务。

exchange network service 交换网络服务 处在两地的用户利用各自电话交换中心建立的连接线进行通信。

exchange office 交换局 容纳交换机及其相关设备的处所。交换局通常指省、地市级城市和大区中心通信综合枢纽(含国际局)、市话汇接局、电报(数据)局、无线局、长途传输一级干线站、市话端局以及特别规定的其它通信局，在通信网络中地位最重要，职能也最完整。

exchange package 更换包 包含若干个字的现场参数表。当程序遇到退出指令或出现中断时引起处理机更换现场(或称换道)。建立在更换包基础上工作的中断系统，执行更换时，把现时的处理机现场参数保存到存储器指定区域，并从被更换的区域取出参数装到处理机中，处理机按这一新现场参数运行。

exchange selection sort 交换选择排序 直接选择排序的一个变种，选择键值通过与该位置的初始值交换而移动到最后位置。如冒泡排序就是一种交换选择排序。参见 shaker sorting，bubble sorting。

exchange service 交换服务[业务] 允许连接任意两个客户站的一种服务。

exchange sort 交换分类[排序] 一种分类方法。其原理是，检查数据集中一对相邻的数据项，若按指定的规则，这对数据项不符合某一顺序，则交换两个数据项的位置，如上推分类法。重复上述过程，直到数据集中的全部数据项分类完毕。

exchange station 交换站 一种通信系统。其中任何两个用户站可通过交换局互相接通。

exchange station ID 交换站标识 SDLC(同步数据链路控制)规程中为在主站和次站之间传递站标识的一种控制字段命令及响应。

exchange system 交换系统 参见 exchange station。

exchange termination 交换终端 电信系统的交换终端至少具有位于 T 参考点 I. 420 接口第二和第三层功能的功能群或设备。

exchange-test string 交换试验串 在字处理中，使一文本串同另一文本串交换的一种功能。交换可在整个文本中的一个或多个点上进行。

exchange text string 交换文本(字符)串 文字处理技术中的一种功能，使整个文本中一处或多处的某一文本字符串改变成另一个文本字符串。

excimer laser 准分子激光器 一种主要工作在紫外波段的气体激光器。它的工作物质称为准分子，是一种处于激发状态的复合分子，准分子从产生到消失所经历的时间仅有几十纳秒。

excitation 激发，励磁 (1)激发是在任意能级上能量的提升。处于较低能态或束缚态中的粒子吸收能量后跃迁到较高能量状态的过程称为激发。激发的逆过程称为衰变。参见 decay。(2)为电机等利用电磁感应原理工作的电气设备提供工作磁场叫励磁。

excitation current 励磁电流 利用电磁感应原理工作的电气设备产生的电流叫励磁电流，如空载变压器原边线圈在接通电源电压时，流入的电流就是励磁电流。

excitation response 励磁反应 改变励磁系统电压时的励磁电压增减速率。

excitation response ratio 励磁反应比 以线性变化过程来代替励磁电压的实际变化过程而计算出来的相对励磁反应。线性变化速率应与实际变化过程在最初半秒内的平均值相等。

excitation state 激发态 微观系统的能量高于基态的一切状态统称为激发态。在激发过程中，系统需要从外界吸收能量，如施加电场、光照或加热等。处于激发态的微观粒子均存在跃迁回基态的可能性。参见 excitation。

excitation system stability 励磁系统稳定性 在稳态负载情况下或改变到新的稳态负载状况后，励磁系统能控制主机励磁电压，使受调主机电压的瞬变现象被有效控制，或使受调主机电压不致产生连续振荡的性能。

excitation winding 励磁绕组 产生磁场的绕组。将单向磁动势加到磁心上的磁放大器绕组。在凸极电机中励磁绕组由几个互相连接的磁场线圈组成；在隐极电机中励磁绕组由几个互相连接的线圈组分布绕组。

exciter 励磁机 供给另一电机所需的全部或部分励磁能量的发电机。励磁机可以是直流电机，也可以是交流电机。

excited state absorption (ESA) 激发态吸收 也称“受激吸收”，指状态从基态跃迁到激发态需要吸收能量，同样从激发态跃迁到基态要放出能量。参见 excitation state，stimulated absorption。

exciter response 励磁机反应 励磁机在要求改变其电压时的电压增减速率。

exciting current of a current transformer 电流互感器的励磁电流 在电流互感器的一次绕组和其他绕组开路情况下，当以额定频率的正弦波电压施加于二次接线端时，二次绕组所汲取的电流有效值。

excition 激励 (1)对电磁线圈施加电压以产生磁

场的过程。(2)把能量以一定的方式加到一个系统或一台仪器的一个部分,而使其另一部分执行特定的任务。(3)控制系统中作用于控制变量的信号。

exclusion 排斥运算,"与非"运算,排他性 (1)一种二元布尔运算,当且仅当第一个操作数为布尔值1。第二个操作数为布尔值0时,其结果才为布尔值1。(2)具有下述性质的一种逻辑运算符:若P是一个陈述语句,Q是一个陈述语句,P排斥Q的结果为:若P为真Q为假,则结果为真;若P为假,结果为假;如果两个陈述句都为真,则结果也为假;P排斥Q通常用"AND"和"NOT"符号的组合来表达,如P~¬Q。(3)同NOT-IF-THEN, NOT-IF-THEN operation。真值表如下:

A	B	C
0	0	0
0	1	0
1	0	1
1	1	0

E

exclusive 互斥性[的],排他性[的] 在MSS(海量存储系统)中,大容量存储器的一种属性,在某一时刻只允许一个处理机存取该大容量存储器。

exclusive access 互斥性访问 在多处理机系统中,对共享数据进行读、修改和写时的单个操作的状态。其中,当第一个处理机对共享数据进行互斥性访问时,其他处理机不能对这些数据进行访问。

exclusive-allow-read lock state 互斥允(许)读锁定状态 某些计算机系统中的一种分配状态,在一个路由选择步骤已经选定一个目标的情况下,如果有其他的路由选择步骤又对该目标提出"读锁定共享"状态的请求,则它们也可以对该目标进行读操作。

exclusive control 互斥性控制 一种共享数据库控制方式。当有多个操作者同时对共享数据库进行存取时,互斥性控制方式限定任何时刻只有一个操作者能进行存取,以便保护数据的完整性。

exclusive intent 互斥意图 为进行数据库处理的应用程序所定义的"处理意图"的一种类型。在调度过程中,按照这种类型的"意图",系统避免同时调度两个应用程序。

exclusive locks 互斥锁 对资源的独占性封锁,当一个数据对象被加了互斥锁后,其他事务就不能更新该对象。互斥锁也称"X锁"或"写锁"。比较shared lock。

exclusive mode 互斥方式[状态] 信息管理系统中的一种可选的终端操作方式或状态,在这种状态下,终端除了对输入作出响应外,不进行任何其他输出,任何未被发送的输出信息都被保持,直到该终端脱离互斥状态之后才被传输。

exclusive-NOR "同" 一种逻辑运算。令A和B为两个操作数,则A和B实行"同"运算后,其真值如下:

A	B	C
0	0	1
1	0	0
0	1	0
1	1	1

其逻辑表达式为$C = AB + \overline{A}\overline{B}$,即当两个操作数相同时,其运算结果为1;否则,结果为0。比较OR。

exclusive-NOR element "同"元件 同exclusive-NOR gate。

exclusive-NOR gate "同"门 一种完成"等价"布尔操作(同)的逻辑元件。同exclusive-NOR element。

exclusive-OR "异",异或 一种逻辑运算,当且仅当逻辑变元A和B的真值不同时,它们的异或$A \oplus B$的真值才为1,其逻辑表达式为$C = A\overline{B} + B\overline{A}$,其真值表如下:

A	B	C
0	0	0
0	1	1
1	0	1
1	1	0

比较OR。

exclusive-OR element "异"元件 同exclusive-OR gate。

exclusive-OR gate 异或门,异门 一种常用的逻辑门。异或门有两个输入端和一个输出端,若两个输入端一个为1而另一个为0,则输出为1,反之,若两个输入端同时为1或同时为0,则输出为0。

exclusive reference 互斥引用 存储器中一个程序段对另一个程序段内的外部符号的一种引用,这使得后一个程序段覆盖掉调用它的程序段。

exclusive segment 互斥段 (1)对同一临界资源进行操作的程序段称为互斥段。任一互斥段进程一旦对临界资源开始操作,则在该操作结束之前,其它进程就不能对该临界资源进行处理。也就是说,执行这些操作的程序段必须是互斥执行的。参见critical resource。(2)在覆盖程序同一区域中,且彼此不在对方执行的路径上的那些程序段。互斥段不能同时驻留在主存储器中。

EXCP 执行通道程序 Execute channel program的缩写。

EXCP interface 执行通道程序接口 在某些操作

系统中,通过 Excp(执行通道程序)宏指令来接通的一种低级通信支持。在这一级上,必须由用户来管理通信约定。

.exe 可执行文件名后缀 exe 取自 execute(执行)一词,虽然后缀名相同,但具有不同的格式和版本。该扩展名在 DOS(磁盘操作系统)操作系统中表明该文件是一个可执行程序,可以通过在命令行提示符下键入不带 .exe 的文件名,然后按回车键来启动该程序。

exec 执行 在一个程序中调用并执行另一个可执行的文件。参见 fork。

executable file 可执行文件 一个包含可执行程序或者命令的文件,完成需要进行的操作或者动作。在 DOS(磁盘操作系统)之下,以 com、exe、bat 等作为扩展名的文件为可执行文件。对于可执行文件,只要键入文件名(不必键入扩展名)并回车,就可以运行。参见 text file,binary file。

executable file viruses 可执行文件病毒 传染可执行文件的病毒类型,也称"文件型病毒",如雨点病毒、黑色星期五病毒等。在 PC 机 DOS(磁盘操作系统)系统中,此类病毒传染的可执行文件是 COM 和 EXE 程序。病毒把自己附加在程序体内,然后通过修改程序的指令指针或第一条指令内容,来完成病毒和被传染程序的逻辑连接。执行被传染程序时首先运行的是病毒码,然后再运行原程序。

executable instruction 可执行指令 源程序中能翻译成可执行的机器语言的指令。

executable program 可执行(的)程序 (1)已经过连接编辑、因而可在处理机上运行的程序。(2)构成某个源程序的编译输出(结果)的一些机器语言指令的集合。

executable segment 可执行段 在 OS/2 操作系统中,指存储器中的一个域,包含处理指令。

executable statement 可执行语句 (1)在执行时,规定计算机程序所执行的一个或几个操作的程序语句。例如,进行计算的指令、待测状态,或者要改变的控制流等。(2)直接用来实现计算和输入输出等的语句。例如,从文件中读一个记录,完成一个数学计算。这是 FORTRAN 等语言的提法,那里把一切完整的程序行都称为语句,进而又把它们分为可执行语句和非执行语句两大类。而非执行语句只是把程序中的变量类型、数据初值、印刷格式、编译方式等信息通知编译程序。新的语言中多不采用这种提法,而是只把前者称为语句。

execute 执行 完成一条指令或一道程序的过程。对机器指令进行解释并对所规定的操作数完成指定的操作。参见 execution cycle。

execute cycle 执行周期 同 execution cycle。

execute in place (EIP) 就地执行 在计算机存储系统中,把 ROM(只读存储器)或其他非易失性存储器当作主内存的一部分,直接执行它们当中的程序,而不是先加载到主内存中再执行。

execute-only access 只执行访问 主机可以执行程序,但不允许读或以任何方式对它进行修改的访问类型。

execute phase 执行阶段 (1)计算机执行指令的阶段,是计算机整个工作周期的一部分。(2)在一次运行中,目标程序执行过程的逻辑再划分。同 executing phase。

execute protection 执行保护 防止程序被非法拷贝后重新执行的方法和技术。大多数的执行保护模式依赖于防止拷贝的软盘"指纹",被保护的程序在运行时如发现软盘无指纹存在,则终止程序运行。指纹可以是穿孔标志等,它必须具有三项性能:唯一性;非拷贝性;可检测性。

execute statement 执行语句 作业控制语言(JCL)过程中的一个语句。它标志一个作业步的开始,或用于标识待执行的程序和需要使用的过程及文件目录。

executing phase 执行阶段 同 execute phase。

execution 执行 同 execute。

execution control program 执行控制程序 由计算机厂家提供,允许计算机控制装入程序的一种程序。

execution cycle 执行周期 计算机有两个不同的阶段或操作周期,分别称为指令周期和执行周期。在指令周期中传输数据,使存储地址送至加法器;在执行周期中执行程序所要求的数据操作。执行周期一般占一个或多个时钟周期。它通常由下列步骤组成执行周期:①从主存取指令;②解释(译码)指令操作码;③取操作数;④执行实际的操作;⑤存回处理结果,置各种状态标志位。有时执行周期仅指实际执行指令(从②到③)的那部分周期,故可把实际执行指令的那部分周期称操作周期。

execution-driven reasoning 执行驱动推理 使用当前的数据和判定,用以建立有关悬而未决、未经观察事件的假设的一种方法。

execution element (EE) 执行单元 中央处理器内,完成所有的浮点和定点乘法、定点除法和转移运算的一个单元。

execution error detection 执行检错 对在程序执行过程中才变得明显的错误进行检测,称为执行检错。

execution exception 执行异常 当执行指令的目标指令是另一条被执行的指令时产生异常。

execution information system 执行性信息系统 一组为执行程序和管理程序提供关于机构和产生情况的精确、定时信息的工具。它将数据组织归类和报告。由于它主要是提供信息,所以不同于决策支持系统。参见 decision support system (DSS)。

execution level 执行级 某些信息处理系统中的一

种取值为 0 ～ 7 的数,用它给各中断请求指定其相对优先级,从而使得某个级上的处理能被更高优先级上产生的中断请求暂时挂起。

execution mechanism **执行机制** 指令周期的一部分,其间执行所采纳的指令和有关参数来取得结果。

execution path **执行通路** 计算机执行时所遵循的主要路径或方向。它取决于程序的逻辑和数据性质。

execution phase **执行阶段** 参见 execution cycle。

E

execution profile **执行轮廓文件** 一个计算机程序中指令的绝对或相对执行频率或者执行时间的表示。

execution replay **执行重放** 在机群系统的并行调试中,重现并行程序执行情况的一种方式。它基于的理由是:程序的不确定性行为是由于其中存在一些不确定性因素。如果能确定这些不确定性因素的表现,就能确定程序执行的状态序列。这样,如能找出程序中所有不确定性因素,并在一次执行中将它们的表现记录下来,就有可能以某种方式控制以后的执行,使这些不确定因素始终按记录中的方式表现。这样,不记录所有的程序状态,也能够重放整个执行过程。执行重放有两种策略:顺序重放和内容重放。前者给每个不确定的操作加上时间戳,以记录操作间的偏序关系,重放时根据偏序关系确保这些操作按原来的顺序发生,从而保证重放过程与初始执行过程等价。后者是针对并行程序的某一进程,把其他进程都看作它的环境。在执行时,记录该进程与环境的所有输入和输出的内容,重放时该进程的所有输入都从记录中读取。

execution request block (ERB) **执行请求块** 为执行某项任务而向管理系统发出请求的一个信息块,其中包含有任务的性质、任务程序存放位置和执行任务所需资源等。

execution sequence **执行顺序** 在编程语言中,一种程序的诸语句和各语句的诸部分的执行次序。

execution stack **执行堆栈** 在程序语言中包含变量值的存储段。变量值依据程序执行或函数调用时语句的规定,从堆栈抽出或推入堆栈。

execution time (E-time) **执行时间** (1)程序正在执行的任一时刻。(2)指令寄存器中的一条指令进行译码并完成其功能所需的时间,通常用时钟周期数表示。参见 instruction time。(3)同 runtime。(4)执行一个程序所用的实际时间或中央处理机所用的时间。

execution-time table or array **执行时间表或阵列** 相关程序开始执行以后,在存储器中装入或建立的一个表或阵列。比较 preexecution-time table or array。

execution time theory **执行时间理论** 一种采用累计执行时间作为估计软件可靠基础的理论。

execution traces **执行追踪法** 通过追踪推理过程,重新构造推理路径来说明已做出的动作的解释策略。

executive command **执行命令** 要求执行程序去操作一个子系统或共存程序的命令。

executive communication **执行通信** (1)操作人员通过联机终端与有关操作程序进行信息交往的过程。这个过程也包括将一些键标指令翻译成可执行的程序或程序段。(2)在作业程序和操作员之间,执行系统和操作员之间的所有通信。它的功能是把键盘输入的所有信息经转换翻译后传给执行系统,并把控制转到输入指定的执行段。

executive control language **执行控制语言** 执行系统中为用户提供的一种语言。它能有效地控制一个运行程序的活动,以及为其运行准备必要的信息。执行程序与用户的接口是一组简单的控制命令。命令语言易于扩展,因而可随时增加其性能和功能。执行控制语言的语句适用于各种输入设备。每个语句包含一个识别用的标题字符,后面是一个将语句分类的命令,再后面为数量不定的命令参数。结束语句视输入设备的类型而异。

executive control program **执行控制程序** 一种主系统程序,用于多重处理或多道程序环境中建立作业优先级,处理和控制其他程序。

executive control system **执行控制系统** 利用一个或多个输入装置将控制信息送入执行系统,实现其控制的系统。输入装置既可以联机工作,也可以在远地工作。控制信息本质上与目前的控制卡操作相似,但增加了灵活性,实现了标准化。

executive control utility routine **执行控制实用例程** 执行系统中用于数据转换和编辑的实用例程。执行控制语句可以把实用例程从主文件中调出,并装入执行。还可以在系统中增加一些经常使用的程序作为实用例程。

executive cycle **执行周期** 同 execution cycle。

executive diagnostic system **执行诊断系统** 操作系统中用来帮助检查用户程序的一种诊断系统。分配时间命令、编译时间命令或汇编时间命令可采用启动抽点打印。通过执行控制语句也可以采用算后打印。

executive dumping **执行转储** 由于意外的错误使原执行的调试程序提前结束时,打印出主存储器的部分内容的一种功能。转储的内容记录在磁带或磁盘上,以后通过高速打印机打出。

executive facilities assignment **执行设备分配** 在系统生成时,把可使用的设备按顺序分配给系统。在系统执行时对所有作业需要的设备要进行分配,为此要建立一个记录设备使用情况的目录表。执行系统保持与不断更新此目录表,它表明哪种设备正在使用,哪个作业正在使用,哪种设备没有使用等。

executive file control system **执行文件控制系统**

一种文件控制系统。它使用户能灵活地分类和检索数据,而不要求了解记录设备的物理特性。因此,当系统调整文件和设备之间的接口时,大多数文件与输入输出介质的特性无关。系统采取的安全措施保证文件不被非法存取,而在用户引用时,又能在大容量存储器上重新建立这些文件。

executive guard mode 执行保护模式 一种系统状态。在该状态下,能防止程序去执行一组为执行程序保留的指令,也能保护某些为执行程序保留的存储区。

executive information system (EIS) 行政管理信息系统 以计算机和通信网络为工具,对行政管理信息进行全面管理的系统,它能准确、及时地反映行政管理各项工作的当前状态,能利用过去的数据预测未来,能从全局出发辅助各职能部门的管理。事实上,行政管理信息系统就是通常意义上的计算机管理信息系统(MIS)在行政管理领域的具体应用。参见 executive support system (ESS)。

executive instruction 执行指令 (1)确定专门编写的计算机程序的操作方式的指令,它与管理指令类似。(2)能被翻译成可执行的机器语言的指令。(3)用来控制其他程序或操作的指令或指令组。

executive job scheduling 执行(程序)作业调度 在许多操作系统中,执行程序根据用户发出的系统命令来安排作业的输入与执行。用户可以在键盘上打入命令,也可以在用户程序中提供命令。由执行程序控制作业输入流和系统输出流,分配作业和作业步中所需的输入/输出资源,以及调整系统内各作业的执行优先权。

executive-language control 执行语言控制 操作系统中能够执行所需要的或强制性的功能的一组控制命令。执行语言易于扩充,其语句很简单且长度可变。每个语句包括识别用的标题字符,后面是语句分类用的命令,再后面是数量不定的表达式。语句用回车符或其他符号结束,视输入设备的类型而异。

executive logging 执行记录 对程序利用计算机系统的各部分时间的自动记录。

executive/management succession 执行员/管理人继承 高级管理层中的关键成员突然失踪或失能时,为确保权力、决策和通信的持续有效性而预定义的计划。参见 business continuity planning (BCP)。

executive memory 执行存储器 系统存储器中的一部分,负责支配系统操作的管理功能,分配和控制系统资源,如允许用户进行通信的程序和允许用户执行应用程序的程序。

executive mode 执行状态 在计算机系统中,每一程序在运行时都处于某一状态,有些计算机将其状态分为执行状态和用户状态。

executive object 执行体对象 通过 NT 执行体的一个部件可使其在用户态见到的 NT 对象。NT 执行体输出对象服务,这些服务用于处理执行体的对象。

executive overhead 执行总开销 也称“操作系统总开销”。它是衡量一个操作系统的标准之一。计算机在操作系统控制下运行时,操作系统本身所用的计算机时间、存储容量、各种外部设备等系统资源的总和称为执行总开销。如果操作系统能充分利用系统资源,而本身的开销又小,那么它就是一个成功的操作系统。

executive program 执行程序 常驻处理机内存的一种程序,其作用是作为主控程序 MCP)。由于它可执行许多使计算机系统运行的重要例行程序,因此在数据处理前必须将它装入内存。它可按照规定的优先级处理输入、输出外围设备,根据外围设备的需要控制中断,监控多道程序环境下程序的运行,装入和卸载程序等。另外,它翻译来自控制台的信息并以适当信号对操作员作出反应。参见 supervisory program。

executive program component 执行程序成分 一种执行程序。通常用来控制输入程序、编辑程序、汇编程序、编译程序、调试程序、输入输出子系统,以及数学实用程序库。执行程序装入存储器后,可以通过打入的命令来执行各种操作。

executive request/transaction 执行性请求和处理 在通信软件操作系统级上所进行的处理任务。

executive right-of-way service 执行优先通行权服务 一种随时服务的电话业务。它允许用户在任何时刻占用任何话路。

executive routine 执行例程,执行例行程序 (1)也称“管理例程”或“监控例程”,是为提高计算机使用效率、合理利用资源、方便用户而设计的一套例程。执行例程的常用部分通常驻留在只读存储器中,它的进一步发展和扩充便成为现在的操作系统。执行例程的主要功能有:合理安排主机和外部设备的工作,处理各级中断,处理计算机的各种故障和程序错误,接收、分析、执行各种命令,实现人机对话,控制源程序的编译、编辑、汇编、装入和启动,进行任务编录及输入输出控制等。(2)同 supervisory routine。

executive schedule maintenance 执行调度维护 根据控制执行程序或执行管理程序确立和保持的优先级调度待运行的程序。

executive state 执行状态 (1)作业所处的一种状态,一个作业被作业调度程序选中且分配了必要的资源,建立了一组相应的进程后,作业所处的状态;在该状态下的作业,根据其进程活动情况可分为三种状态,即就绪状态、运行状态、阻塞状态。(2)在有些计算机中,将机器状态简单地分为用户状态和执行状态,在该状态下,程序可使用特权指令,可访问任一存储区。

executive supervisor **执行管理程序** 计算机系统中对所提出的作业序列建立和执行进行控制的程序。它是执行系统的一个组成部分。在多道程序环境中,它能控制多个程序的执行,而每个程序都不受其他程序的影响。管理程序包括粗调度、动态分配和中央处理机分配三级。

executive support system (ESS) **行政管理支持系统** 综合型计算机管理支持系统,包含行政管理信息系统的功能外,还包含通信、办公室自动化、分析支持和人工智能的功能。参见 executive information system (EIS), decision support system (DSS)。

executive system **执行系统** 用来控制计算机执行其任务的一种系统程序。参见 executive routine。

executive system concurrency **执行系统并行性** 计算机系统同时处理多个作业的能力,但要求这些作业不同时使用计算机系统的同一部件。

executive system control **执行系统控制** 利用一个或多个输入设备将控制信息送入执行系统并对其实现控制的过程。这些输入设备既可以联机工作,又可以在远地工作。它类似于控制卡操作,但增加了灵活性,可以实现标准化。

executive system routine **执行系统例行程序** 能按照预定的调度方法控制程序执行的例行程序。能把要执行的程序抽取出来,置入指定的位置,并分配输入/输出外围设备,指定并行程序的时间片,还可以核对作业程序的内容和方式。

executive system utility **执行系统实用程序** 一组用来进行辅助管理的程序,包括诊断程序、程序文件处理程序、连接程序文件应用程序等。

executive termination **执行终止** 正常或不正常的操作终止,并将指定的设备恢复到可用状态。终止可由执行程序所引起,也可由工作程序或操作员所引起。

executive work station **行政机关工作站** 也称"经理工作站"。一种用于商业管理或行政机关事务管理的工作站。有的工作站包含有多种功能和设备,如具有存取、处理各种信息资源、简化通信以及支持决策过程的电子资源设备。

exercise auditor **执行审核员** 在业务连续性计划(BCP)执行过程中,评估执行的目标是否达到,检测行为是否在正确的时间发生,以及是否由合适的人员来实现目标的角色。

exercise controller **执行控制官** 在业务连续性计划(BCP)中,对整个执行过程负有完全的管理及控制责任,有权选择替代的执行计划人。

exercise director **执行指挥官** 在业务连续性计划(BCP)中,在命令中心或执行现场实施指挥任务的角色,由其制定训练的执行计划并确保计划的实施。他们需对实施执行过程的技术人员负责。

exercise observer **执行观察员** 观察执行的过程,评判组织准备情况、人员(个人或团队)执行、学习或训练及意识情况的角色。参见 business continuity planning (BCP)

exerciser **操作器,试验[演练]程序** (1)用来检查存储器、磁盘机或磁带机的故障的试验装置或程序。(2)磁带机或磁盘机等脱机时,用以代替控制器操纵其执行读写操作的简易控制器。它能模拟控制器的部分功能,可作为磁盘机或磁带机等脱机检修之用。(3)一种简易软件开发系统。通常由十六进制键盘和显示器等组成。它供用户在特定的微处理机中,用来建立和调试程序、检查接口。有时还用作开发系统的分析器和开发模块。(4)在PSS(可编程商店系统)中,终端内用于检查终端操作是否正常的一组程序。

exhaustion attack **穷举法攻击** (1)在计算机安全中,为获取秘密数据或寻找系统薄弱环节而试用所有可能的方法攻击系统的行为。(2)用选择的键加密选择的明文,以发现单向加密保护的一个值。参见 attack。

exhaustive index **穷举索引** 一种索引类型。它对于数据文件记录中出现的被索引属性的全部值都建立索引项。而选择索引则仅对被索引的部分值建立索引项。

exhaustive induction knowledge acquisition **枚举归纳知识获取** 一种最简单的归纳知识获取,这是一种从个别到一般的归纳推理方法。

exhaustive method **穷举法** 一种易于理解的算法设计技术,用来解决"是否存在"和"有多少种可能"等类型的问题。其基本思想是把要解决的问题的所有可能情况一个不漏地加以检查,从中得到符合要求的答案。穷举法适合于解决不太大的题目,但用它解决较大的问题显得太繁琐,有时甚至不可能实现。

exhaustive misrouting backtracking **穷举错误路由回溯** 一种网络通信路由算法,进行深度优先的搜索,在遇到忙的链路时采用启发式方法建立路径。

exhaustive profitable algorithm **穷举有利算法** 一种网络通信路由算法,通过深度优先的搜索算法建立最佳路径,具有自适应的特点。

exhaustive search **穷举搜索** 一种盲目搜索。在向着目标搜索的过程中,对各种可能的情况都加以搜索,而不进行取舍。宽度优先和深度优先两者都为穷举搜索。

exhaustive search algorithm **穷举搜索算法** 简称穷举算法,一种组合最优化算法。其特点是在解组合问题时,陆续地产生所有的可行解,并从中选出最优解。例如按字典顺序搜索算法等。用穷举算法解题所需计算时间较多。

exhaustive testing **穷举调试** (1)调试程序的一种想法。设想将程序打算处理的各种情形都试一试。但这种办法在许多情况下是不现实的,因为工作量太大。(2)具有 n 个输入的数字电路,用全部 2^n 种可能的输入组合作为测试码所进行的测试。

exhaustivity **概全性** 标引术语。用来测量一篇文件中有多少完整的概念被标引,索引中包含的概念比率越大,则其概全性就越高。

existentially quantified variable **存在量词化变元** 谓词演算中,在紧接着存在量词符号"∃"之后出现的变元。该变元凡是在其存在量词的作用域内再出现,就将再出现的该变元也称"存在量词化变元"。存在量词化变元的出现统称为约束出现。该变元称为约束变元。例如,$(\exists x)M(x,y) \vee P(x,z)$ 中由左到右计数的第一个 x 和第二个 x 的出现都是约束出现,这两个 x 是约束变元,而其中的第三个 x 的出现却不是约束出现,因而它不是约束变元,而是自由变元。

exit **出口,退出** (1)计算机程序中用来中断和离开一种重复操作的程序地址单元。(2)控制序列结束或转移到一个特定程序或子程序的时间或地点。(3)计算机程序、例程或子例程中的一条指令。在执行该指令后,相应的程序、例程或子例程就不再掌握控制。(4)脱离处理中的程序的出口。它借助于转移指令,把控制转移到程序的另一部分或转移到停止处理的指令上。(5)一种通常由用户提供的例程,在某种事件(如一个非正常结束退出)发生时从系统接收控制权。参见 exit program。

exit action **退出动作** 在忽略要达到该状态所采取的转移的条件下,退出状态机中的状态时执行的动作。

exit border node **退出边界节点** 将一个呼叫传递到外部链路的节点,是对于这个呼叫在一个平等组中的最后一个节点。

exit condition **出口条件** 循环中引起结束的条件,如计数器值为零。

exit list (EXLST) **出口表** 某些数据存储存取方法或通信系统软件中的一种控制块,它包含一些例行程序的地址,在执行期间当某些指定事件发生后这些例行程序接收控制权。例如,处理通话建立请求的例程或处理 I/O 差错的例程。

exit macroinstruction **出口宏指令** 应用程序中用来表示处理已经结束的管理程序宏指令。管理程序采取必要的动作,如释放暂存区,将控制返回其他处理等。

exit point **出口点** 将控制从主程序转到子程序的指令。

exit program **出口程序** 在某一系统功能的操作期间,获得控制权的一种用户编写的程序。

exit routine **出口例(行)程(序)** 在指定事件(如出错)发生时,接收控制权的一种例程。参见 accounting exit routine, authorization exit routine, RPL exit routine, virtual route selection exit routine。

exit statement **出口语句** 一类控制转移语句,用于从重复语句中退出。当执行遇到出口语句时,控制将立即转到当前最内层循环语句或指定的某层循环语句之后继续执行。有些语言中出口语句也可用于将控制转到其他语句之外。

exit value **返回值** (1)在命令执行完成之后送回终端或者标准输出设备或标准错误输出设备的一个代码。(2)命令返回的一个数字值,表示该命令是否成功执行完,有些命令的返回码中还包括其他信息,如文件是否存在,可检测这些返回值以控制处理过程。

EXLST **出口表** exit list 的缩写。

exogenous activity **外界活动** 一种描述作用于系统所在环境的活动。对于没有外界活动的系统则称为封闭系统。

exoskeleton **骨骼装置** 机器人的一种关节机构,它的链接点对应于人类手臂关节。当骨骼装置附加在人类操作者的手臂时,它将随人的手臂移动而移动,骨骼装置在有些情况下装备了仪表并用于操纵装置的主从控制。

EXP (1)经验值 experience 的缩写。(2)指数函数 exponential 的缩写。

expand **展开,扩展** (1)把压缩过的数据还原成原始形式。例如,DOS(磁盘操作系统)中的 EXPAND 命令就把压缩的 DOS 外部命令文件还原成原始形式。(2)在窗口中有时可扩展显示一些隐藏的信息,如下层目录、下层标题等。

expanded ASCII code **扩充的 ASCII 码** ASCII(美国信息交换标准代码)只有 69 个字符,不能满足书目信息处理的要求。美国国会图书馆、美国国家医学图书馆和美国国家农业图书馆合作,在 ASCII 代码的基础上,研制了一种扩充的罗马字符集,包括罗马字和非罗马字母的罗马化形式的字符,将字符扩充到 176 种。依据这 176 种字符编制的代码,称为扩充的 ASCII 代码。

expanded beam connector **扩展束连接器** 一种光纤连接器,在这里光束的直径和发射角增大,其结果是将轴向位移、角度失调、横向偏移等带来的损耗降到最小。许多情况下,特殊的透镜和其他无源光学元件应用于连接器来优化耦合,一些情况下光纤本身的观察窗用来形成连接器里的光学元件。

expanded memory **扩展[页]存储器** (1)IBM PC 及其兼容机中附加的存储器,通过适配器以及设备驱动程序进行访问,在 386 机器中,系统存储器是扩充的存储器,只需要设备驱动程序就可访问附加的存储器。(2)根据扩展存储器规范(EMS)的定义使用扩页存储器,这种使用要求将扩页存储器中的页面(块)映射到可访问存储区域中的称为"页帧"的保留区域,只有与 EMS 兼容的软件能够使用扩页存储器。参见 enhanced expanded memory specification (EEMS), expanded memory specifica-

E

tion (EMS), expanded memory manager (EMM)。

expanded memory manager (EMM) 扩展内存管理器 处理IBM可兼容的PC机上的可扩展存储器的软件例程。在80386模型中,它可以模拟正常扩页存储器中的扩页存储而不需要特殊的扩页存储板。

expanded memory specification (EMS) 扩展[页]存储器规范 一种在IBM PC机中增加存储器技术的描述,也称"LIM EMS",因为它是Lotus/Intel/Microsoft公司联合开发的,它将扩页的存储器分成16 K的块,这些块可以由软件激活或者禁止,这些存储器不是CPU可以直接访问的,而是将每个块映射到处理器的地址空间中,80386和80486可使用片内的存储管理部件和专门的软件模拟EMS硬件,在80286以下的处理器中也可以模拟EMS,但性能较差,比较conventional memory, extended memory, specification。

expanded name 扩展名 表示直接在某些结构内说明的实体。具有一个所选择成分的形式,即前缀、选择部分。

expanded order 伪指令 (1)编译程序或解释程序中的一种符号指令。(2)形式与计算机指令类似,但不能作为实际指令由计算机执行的一组字符。(3)写入汇编语言中,用来表示某一特定任务的预先确定的一组计算机指令。(4)必须进行翻译或解释后才能由计算机执行的指令。通常指助记操作码或编译程序的专用字符。

expander 扩展器 用在电路接收端的压扩器的一部分,用于将被压缩的信号返回到它的原始形式。

expander transducer 扩展传感器 一个为使给定振幅范围的输入电压产生更大振幅输出电压而设计的传感器。如语音学中用信号包络信息扩展音量范围。

expanding node 扩展节点 在人工智能中,搜索图的每个节点对应于一种描述,如问题、状态等。若对某节点施行所允许的操作之后,产生出该节点的所有后继节点,则称这些操作的过程为扩展节点。

expandor 扩展器 (1)一种电路转换器。在一定的输入电压范围内,它能提高电路的输出电压范围,如音频话路中的增音器。(2)小规模集成电路中用以扩充门电路输入端数的组件。例如在"与或非"门电路中的"或"扩展器。

expansibility 扩展性 设备或系统日后可适应现今尚未遇到的问题的能力。

expansion 扩[放]大,扩展 (1)一种对较弱信号进行放大的过程。(2)一种增加微处理机能力的方法,通过增加硬件以完成基本系统中没有的功能,通常是在系统插槽中增加相应功能卡。参见expansion slot, open architecture, PC Card, PCMCIA slot。

expansion board 扩充板 微型计算机中一种包含若干微芯片的板,用户可将其安装在扩充槽中以增加存储器或某些特殊功能。同expansion card。参见bubble board, daughterboard, motherboard, multifunction board。

expansion bus 扩展总线 一种控制线,为各种器件提供缓冲接口。这些器件可以位于系统板上或各种可以插入扩充槽的卡上。包括在系统板上的公共扩充总线有USB(通用串行总线)、PC卡以及PCI(外围部件互连)。

expansion card 扩充插件板 同expansion board。

expansion command 扩展命令 一种键盘命令,当该命令后面跟有数字或字段时,计算机将把这些数字或字段插入到机内预先规定的代码中去。

expansion interface 扩展接口 用来扩充计算机功能的设备。它能用来扩充存储器容量和外部设备。

expansion option 扩充选件[项] 参见memory expansion option。

expansion slot 扩展(插件)槽,扩充槽 在微型计算机中,位于系统部件或扩充部件的底板上的若干个插槽之一,用户可将一种扩充板(如存储器扩充选件)插在槽内,以驱动所增加的装置。在便携式微机中,扩展槽通常以PCMCIA(个人计算机存储器卡国际协会)槽的形式接受PC卡。参见PC card, PCMCIA slot。

expansion unit 扩充部件[单元] 微型计算机可以连接到系统部件上的一种部件,以提供附加存储空间和处理能力。

expansive classification 展开分类法 在情报检索系统中,一种具有几个完整分类表的分类法。

expectation-driven reasoning 期望驱动推理 试图证实系统所期望的模型、情况、状态或概念而进行的推理算法。使用当前数据和决策来系统阐述至今未观察到的事件假设,并配置一些活动资源用以证实、反证实或监视所期望事件。

expected value 期望值 也称"均值"。表示随机变量的一个数字特征。计算公式为

$$M=\frac{1}{N}\sum_{r=1}^{N}X_r$$

其中N为试验次数,x_r为第r次试验随机变量的取值。

expected velocity factor 期望速率因子 操作人员在最佳编码和输入正确率不低于限额的情况下进行输入,其输入的有效字数与对应的击键时间当量总和的比值。

expect-send sequence 预期发送序列 在远程通信中,一个程序或者调制解调器应期望从远程系统接收到的一系列字符或者信号,随后跟一系列程序或调制解调器在接收到预期的信息之后应送到远程系统的字符或信号。这一序列还可包括子序列,告诉程序或调制解调器在没有收到预期的信号时应

发送的内容。参见 handshaking。

expedient state 权宜状态 在操作系统中，当采用如下资源分配策略时，所出现的一种状态。只要某进程的请求操作可以满足，就立即把有关资源分配给该进程；在某进程通过释放操作释放一些资源时，也立即把释放的这些资源分给请求这些资源的进程。在这种策略下，凡当时还存在请求的进程都是封锁的。

expedited data transfer 加速数据传输 在 X.25 通信中，一个可选的国际电报电话咨询委员会(CCITT)指定的机制。

expedited data unit 加[快]速数据单元 在开放系统互连体系结构中，一个短小的服务数据单元，它向目标开放系统中平等项的提交保证在提交任何后继服务数据单元之前提交。

expedited flow 加急数据流 在 SNA(系统网络体系结构)中，传输标题中用来表示需要加急的数据流标志。加急数据流独立于常规数据流，且能控制常规数据流。主站到辅站和辅站到主站的数据流都可分为加急数据流和常规数据流。对任何给定的数据流的请求和应答，在通路内是顺序处理的，但加急数据流在通路内可移至常规数据流的前面。

expedited message handling (EMH) 加速报文处理 处理单段输入和输出报文的一种快速通路设施，它把常规的事务报文排队和应用调度都旁路掉。

experience (EXP) 经验值 电脑游戏中的经验值是一个相当重要的数值，经验值的增加直接关系到角色级别的提高。

experience economy 体验经济 所谓体验，就是企业以服务为舞台、以商品为道具，环绕着消费者，创造出值得消费者回忆的活动。其中的商品是有形的，服务是无形的，而创造出的体验是令人难忘的。体验是内在的，存在于个人心中，是个人在形体、情绪、知识上参与的所得。体验经济的核心是主题体验设计，而成功的主题体验设计必然能够有效地促进体验经济的发展。

experience points (EP) 经验点数 电脑游戏中的经验点数常出现在角色扮演游戏中，以数值计量人物的成长，经验点数达到一定数值后常常会升级，这时人物就会变得更强大。

experiential knowledge 经验知识 由第一手实践获取的知识，通常包含特定事实和表层知识经验法则。它与形式理论的深层知识相对应。

experimental prototyping 实验原型法 在建立 MIS 系统的原型过程中，需要用户根据用户的要求以实验模型为基础不断扩充与修改，直到用户满意为止。

experimental thinking 实验思维 以实验为基础的思维方法。实验思维又称实证思维，以观察和总结自然规律为特征，以物理学科为代表。实验思维方法通常有以下三个步骤：①先提取出从现象中获得的直观认识的主要部分，用最简单的数学形式表示出来，以建立量的概念；②再由此式用数学方法导出另一易于实验证实的数量关系；③然后通过实验证实这种数量关系。实验思维往往需要借助于某些特定的设备，并用它们来获取数据以供以后的分析。实验思维和理论思维、计算思维构成三大科学思维方法。参见 theoretical thinking, computational thinking。

expert control system (ECS) 专家控制系统 具有模拟(或延伸、扩展)专家智能的功能，采用人工智能专家系统中的知识表示及推理技术与控制理论及技术相结合的方法设计的控制系统。这类控制系统包括：①用于直接控制生产过程的直控型专家控制器；②用于与常规控制器、调节器相结合，组成对生产过程或被控对象进行间接控制的专家控制器(如优化型、适应型、协调型、组织型专家控制器)；③用于解决大系统及复杂系统中多种功能的多级专家控制系统；④具有拟人的“自学习”功能和自学习控制系统。

expert fuzzy controller (EFC) 专家模糊控制器 一种专家控制系统，应用模糊集理论，能简便有效地表达专家的控制技能和经验，解决用常规控制方法难以处理的不确定对象的控制问题。

expertise 专家经验 专家所具有的关于特定领域的知识。

expertise acquisition 专门知识获取 同 knowledge acquisition。

expert problem solver 专家问题求解器 执行通常情况下要由人类专家完成的某种任务的计算机系统。参见 expert system。

expert program 专家程序 一种计算机程序。借助此程序，计算机作为一种智能设备，帮助某一领域的专家提出建议，作出判断。

expert reports 专家报告 一种知识获取技术。要求专家写下解决问题的规则、数据和策略。

expert system 专家系统 (1)一种基于知识的计算机程序系统。它能模拟专门领域中专家求解问题的能力，对所面临的问题作出专家水平的结论。专家系统有四个主要特征：①实用性，取决于知识库的完善程度；②可用性，获取知识和维护知识库的能力；③高效性，取决于知识库能否良好地表示知识，是否具有良好的推理方法；④透明性(可理解性)，要求系统不但提供解答，而且能用适当的语言形式，显示出该结论的推理过程。(2)存储与特定领域有关的知识以形成数据库，该数据库由专门软件存取和处理。该系统可以用于按病人症状诊断疾病，诊断复杂机器如计算机的故障以及植物生命的生物研究等。

expert system application 专家系统应用 专家系统在应用领域中的实际应用，其中尤以诊断型(医学、机电等)和控制型专家系统，在人工智能领域的

E

应用发展最快、最为突出。

expert system development language 专家系统开发语言 用于开发专家系统的程序设计语言，也称"通用型知识工程语言"或"知识表示语言"。

expert system development tool (ESDT) 专家系统开发工具 一种专家系统开发的计算机辅助工具软件，由用户接口、推理机和知识库等组成。参见 expert system development language。

expert system inference engine (ESIE) 专家系统推理机 一种人工智能软件界面，使用户能够建立自己的知识库，用于决策支持。

expert system prototyping 专家系统原型 对于比较大型或难度较大的专家系统的一种研制或开发方法。即不妨先开发一个专家系统原型(以下简称原型)，以后在对原型开发取得一定经验的基础上，再逐步地实现实用的专家系统。一个原型意味着：①知识库中的知识类型应是齐全的，但一开始数量可以较少；②采用一种能快速实现原型的工具和方法，先追求主要功能的实现，而暂不考虑处理效率；③能提供用多种方案或多种知识表示模式实现系统的可能，以便进行比较决定取舍。对原型的开发，可以细分为以下几种原型：①演示原型：系统能对所承担问题的一部分做出解答，可提出使用方法是可行的，以及系统开发是可完成的建议；②研究原型：在整个问题上，系统能可靠地进行工作，但因测试不完全或经不断修改可能表现脆弱；③实地原型：系统运行可靠，并在用户环境中得到广泛测试的基础上进行了修改；④生产原型：能在用户环境中显现出高质量、可靠、快速及有效运行的系统；⑤商品化系统：在正式商业性基础上使用的由生产模型发展而来的系统。

expert system of resource evaluation 资源评价专家系统 以资源评价为目标的基于知识的智能程序系统，通过对资源科学专家的知识和经验规则的总结，模拟专家进行资源评价问题的推理、判断和决策。

expert system shell 专家系统外壳 用于建立专家系统的工具，由一个推理机、知识接口和用户接口组成。

expert systems support system 专家系统支持系统 以专家系统作为支持所建立的更高层次的决策支持系统。这种系统是建立在专家系统的基础上，并采用知识自动获取、智能机器人、动态景物显示及图像分析等功能。

expiration 终止，期满 在客户机/服务器方式中，客户机向服务器发出远程调用后，若出现孤儿进程时，解决孤儿进程的一种办法。

expiration check 截止日期检查 把给定日期同与事务数据、记录或文件有关的截止日期进行比较的操作。

expiration date 截止日期 为系统规定的自动删除文件的日期。截止日期之后，不再对文件加以保护。

explanation 解释 知识工程应用中的术语，根据传感器数据推导出情况说明。

explanation-based generalization (EBG) 基于理解的抽象 一个通用的、独立于具体领域的基于解释的归纳学习方法的统一结构，也称"解释抽象"。EBG 根据领域提供的目标概念、一个训练例、领域理论以及操作准则，首先使用演绎构造一个解释来说明为什么该例子能满足目标概念，然后用归纳将解释推广为目标概念的一个满足操作准则的充分条件，最终抽象出一个目标概念的充分性定义。

explanation-based learning (EBL) 基于解释的学习 对 EBG(基于解释的抽象)根据语义上的扩充，它包括对解释方法所能处理的两类问题：抽象和求精学习策略的研究。EBL 一次也只处理一个实例。可以同时进行多个实例的解释学习称为多实例解释学习。

explanation-based method 基于解释的方法 依据领域知识和正在学习的目标概念方面的知识，对训练的正确抽象进行搜索的学习策略。基于解释的方法每次仅对一个训练例进行抽象，同时产生说明该训练例满足目标概念定义的解释，并把该解释识别出的训练例的特性用作目标概念充分性定义的基础。它克服了基于相似性的方法中所具有的归纳偏向性及不能证明所归纳出的知识等缺点。

explanation-based system 基于解释的系统 这种系统具有很强的功能，在一系列解释性符号输入后，从其存储的解释中作出一种分析，构成相关的行动集合。

explanation facilities 解释工具 跟踪问题过程的程序。能重构推理路径，回答用户提出的有关推理过程的问题，解释用户提出的假设信息，帮助领域专家和知识工程师发现推理过程中的错误和低效部分，以达到精练知识、提高知识系统性能的目的。

explanation function 解释功能 专家系统中的一种功能，向用户解释推理过程，使用户可以理解专家系统所得出的结论的依据和理由。

explanatory interface module 解释接口模块 专家系统的一部分，允许用户对达到某特定目标状态的推理过程进行提问。

explicit address 显式地址 同 absolute address。

explicit attribute 显式属性 在源程序中明确指定的一种属性。它和隐式属性不同。隐式属性是在省缺情况下表示的。例如，如果用法子句说明是计算型的，该数据项的用法就明显地被指明为计算型，这就是显式属性；如果用法子句缺省，该数据项的用法就被隐含地指明为显示型，这就是隐式属性。

explicit command 显式命令 在 NetView 程序中，一个直接命令，用于启动一个操作或者请求信息而不是逐级遍历各个层次。

explicit congestion notification (ECN) 显式拥塞指示 一种网络拥塞控制算法。显式拥塞指示算法借助路由器的标记功能，在源端数据包中嵌入ECN，由路由器根据网络情况设置CE(拥塞指示)位。源端接收到从网络中反馈回来的这种CE置位数据包后，将随后发出的数据包标记为可丢弃的数据包。通过明确的拥塞指示来实现拥塞控制的优势在于不需要超时重传，也不依赖于粗粒度的TCP定时，能有效提高网络的吞吐量。

explicit connection 显式连接 在LAN Manager网络软件中，用函数调用建立的一个连接，其中一个逻辑设备名重新定向为一个服务器的共享资源。

explicit declaration 显式说明 (1)一个规范说明，指定一个标识符的属性。(2)对应于implicit declaration。(3)在PL/1语言中，由DECLARE语句规定的标识符属性。DECLARE语句用来规定给定标识符的一定用法，其一般形式为：DECLARE [层号]名字[属性]……[,[层号]名字[属性]……]……。

explicit difference scheme 显式差分格式 可以按递归方式求解的差分格式。按这类格式求在网格点上的近似值不需解代数方程(组)。

explicit dimensioning 显式定界 对某一数据类型值域的直接规范说明。例如在BASIC中，使用DIM语句指定数组中元素的数量、数组的维数或者字符变量的长度。

explicit forward congestion indication (EFCI) 显式前向冲突指示 ATM(异步传输模式)信元头部中的一个指示。在趋于冲突状态或冲突状态中的网络元素可能设置EFCI供目标系统检测。

explicit function 显函数 当变量y由变量x直接表示时，称y为x的显函数，即可以用$y=f(x)$来表示的函数，如$y=x^2$。

explicit identification 显式标识 在自适应控制系统中，用来通过直接观察系统的行为而确定状态方程的一种标识方案。系统的状态是不断地确定的，所以它能很快地适应控制对象的环境变化。

explicit knowledge 显式知识 可用语言、文字或符号表达的知识。显性知识可用一定的形式记载在一定的载体上，如书本、报刊和文献等。比较tacit knowledge。

explicit literal 显式文字[直接量] 在报文格式服务中，一种由用户定义的、包含在输入和输出报文中的文字(或直接量)字段。参见default literal, system literal。

explicit method 显式方法 函数未知值只出现在计算公式左边的数值方法。用显式方法可以直接通过函数已知值得到函数的未知值。函数未知值在公式左右两边都出现的方法称为隐式方法。隐式方法需要更多的计算工作量，但具有较小的截断误差和较大的稳定区间。

explicit parallel 显式并行 一种并行处理模式，用户在程序中用程序设计语言显式地描述独立的一些计算，并且并行执行这些计算。参见implicitly parallel。

explicit parallel instruction computing (EPIC) 显式并行计算 微处理器提高性能的一种技术：①利用指令层次并行性(ILP)和长指令字(LIW)技术使并行性变得清晰明显。这需要编译器在编译时静态地安排指令执行顺序，以取代CPU在执行中的动态安排。静态排序使编译器有充裕时间进行整体优化，因而能挖掘出更多“并行性”；②用分支推断取代分支预测以缩短时间。首先对分支的两条可能路径全都提前执行，等分支条件确定，便推断一条路径是“真”，它的计算结果有用；另一条路径为“假”，它的结果废弃不用。虽然每次都要白做一部分工作，但毕竟总有一条路径的结果可用。同分支预测出错付出的代价相比，用分支推断是合算的；③进行风险装载。由编译器分析程序，提前把数据从内存装入CPU，以免出现等待情况。由于每一条风险装载指令都对应一条风险检查指令。即使提前进行的装载是不需要的，也能化解风险，使系统仍维持正常工作。参见reduced instruction set computing (RISC)。

explicit partition 显式分区 一种分区，它由建立分区的结构字段定义，并被分配一个分区标识符以区别于其他的分区。比较implicit partition。

explicit rate (ER) 显式速率 在ATM(异步传输模式)网络中，一个资源管理信元的字段，用于限制源ACR到一个指定的值。它最初由源端设置为请求的速率，在后来的传输中由任何网络元素可减少到该元素能够维持的速率。

explicit reference 显式引用 在COBOL语言中，过程部分的一个语句中写明了数据项的名，或者该项的名通过复制语句被复制到源程序中时出现的引用称为显式引用。

explicit route (ER) 显式路由 提前为数据分组指明预定义路径。在SNA(系统网络体系结构)中，连接两个子区节点的路径控制网络成分，包括由一个或多个传输组构成的一种特定集合。一条显式路由用源子区地址、目的子区地址、显式路由号和反向显式路由号来标识。参见path, route extension, virtual route。

explicit route length 显式路由长度 在SNA(系统网络体系结构)中，一条显式路由内传输组的个数。

explicit scope terminator 显式范围终止符 COBOL语言中的一个保留字，终止某个过程分隔语句的范围，对应于implicit scope terminator。

explicit selection 显式选择 一种选择技术，用户移动光标到一个选择项并且按一个键以选择之。参见implicit selection。

E

E

explicit specification statement 显式说明语句 用来指定数据类型的一类语句。例如 INTEGER, REAL,DOUBLE PRECISION,LOGICAL 等都为显式说明语句。

explicit storage 显式存储 知识库的一种存储方式。把问题有关的全部状态空间图,亦即相应的全部有关知识都直接存入知识库。

exploded file 爆炸性文件 从一种应用传给另一种应用后,增加了更多的记录的文件。因为记录中包含了更多的信息,所以称为爆炸性的。

exploded pie chart 分解饼图 一种饼形图,其中的一份被分离出来加以说明。

exploded view 分解图 一种展示方法,它显示出结构及其分解的部件,且画出各部件装配时彼此的关系,以便展示作为整体中的各个分解部分。

exploitable channel 可拓通道,可开发通道 在计算机安全中,指一个通道,可以被信任的计算机外部的主体使用或检测。

exploratory programming 探索性程序设计 由人工智能专家学者开发的一组程序设计技术,用来解决问题的解构造不能预先知道的问题。通过探索各种技术途径并对问题的一些小子集的更好理解,试图加快对问题的模化。这种技术包括交互式编辑和调试、综合的程序设计环境和面向图形的用户接口。

exploring coil 探测线圈 一种用来测量磁场或检测磁场中由暗藏物体引起的变化的小型线圈。线圈直接或经放大器与指示仪器相连。也称"磁测试线圈"。

exploring spot 探测点 数字化仪中电子束的聚焦点或手持光标十字准线的交点。它所对准的待输入图像正在被转换成数字坐标形式。

explosion-containing component 限爆元件 在特定的爆炸环境中,能容许元件内部爆炸而不引起外界环境爆炸的元件。

explosion-proof component 防爆元件 能在特定的爆炸环境中正常工作而且在带电负荷下插拔或通断时也不会引起爆炸的元件。这种元器件常常适用于矿井和有易爆粉尘的工业环境中。

explosion-proof telephone set 防爆电话机 在有可能发生爆炸的环境中使用的电话机。

exponent 指数,阶 (1)表示一个数的幂,即表示该数自乘的次数。一般写在数的右上方。(2)在浮点表示法中,隐含的浮点底数应该先自乘到这个阶表示的幂,然后再与定点部分相乘来决定所表示的数。有时也称"首数"。(3)浮点数据格式中,一个指定 10 的指数的整型常数,十进制的浮点数的数基必须乘以这个常数。(4)E 格式数的指数。在 BASIC 中的一个整型常数,指定 10 的指数,十进制的浮点数的数基必须乘以这个常数。

exponential amplifier 指数放大器 一种能提供与输入信号的指数成正比的输出信号的放大器。

exponential complexity 指数复杂性 算法复杂性函数 $f(n)$ 是 $O(C^n)$, $C>1$,称为指数复杂性。

exponential decay 指数衰减 辐射、电荷、信号强度或其他物理量以指数速率进行的衰减。

exponential decay model 指数衰减模型 一种和指数增长模型密切相关的模型。这种模型的变量从某一初值开始衰减,其衰减率正比于当前值。

exponential distribution 指数分布 一种连续概率分布。指数分布的一个重要特征是无记忆性,可以用来表示独立随机事件发生的时间间隔。例如旅客进机场的时间间隔。参见 continuous probability distribution, memoryless property。

exponential growth model 指数增长模型 模型的变量从某一初值 x_0 开始增长,其增长率正比于当前值。

exponential smoothing 指数平滑法 一种使用加权移动平均的预测技术,将最大的加权赋予最近的数据,并且使较早的数据按照期限以等比数列规则打折扣。参见 moving average, weighted moving average。

exponential timer backoff 计时器指数退避[补偿] 数据传输中发现数据传输出错使重发计时器延长一倍的拥挤控制方法。TCP(传输控制协议)把这种方法作为控制拥挤的方法之一。

exponential transmission line 指数传输线 一种特性阻抗随沿线的电长度呈指数变化的双线传输线。

exponent overflow exception 阶上溢异常 当浮点操作结果的首数超过最大首数值,而结果的小数部分不等于零时产生的异常。

export 导出、输出 一个应用程序向另一个应用程序输送数据的能力。能导出数据的应用程序可以重新组织数据,使它能直接送给另一个应用程序所用,从而使两个程序共享数据。

export/import 导出和导入 不同应用程序为共享数据而对数据重新格式化的能力。导出是指一个应用程序重新组织数据后向另一个应用程序输送数据,使数据能被直接使用;导入则是一个应用程序直接从另一个应用程序中导入数据,经重新格式化后使用。两者的主要区别在于,导出意味着由发送程序对数据重新格式化,而导入则意味着由接收程序对数据格式化。参见 export。

exposed conductive part 外露导电部分 电气设备能被触及的导电部分。它在正常时不带电,但在故障情况下可能带电。

exposure 风险估计,干扰,暴露性 (1)赋给一个承受风险局面的可能结果的值与该结果的出现概率的乘积。这一乘积通常用金融术语来表达。(2)通信线路靠近电力线路时,使通信受到影响的现象。(3)系统损失或损害的可能形式,如非授权泄露、篡改、破坏和服务拒绝。(4)计算环境中,有关数据可用性的程度。数据暴露性是系统脆弱性的主要表现方面。

exposure dose 照射剂量 依据某点产生电离的能力决定的 X 射线或 γ 射线在该点辐射的大小。照射剂量的单位是伦琴。

exposure event 丢失[曝光]事件 在 AIX 增强 X-Windows 中,当窗口被遮挡或重新注册时服务器不能保证保存着原窗口的内容,丢失事件被发往客户程序通知它们窗口区的内容已经丢失。

express express 环境 一种并行程序环境,开发单位是 ParaSoft,运行于 Cray,Sun,iPSC,PC,Macintosh,Ncube 等平台,采用 UNIX 或 DOS 为操作系统,F77,F90,C 和 C++为编程语言,具有 X-windows 或 Sunview 等图形用户接口,主要功能包括循环并行化、函数并行化、运行时映像、自动数据分布、与域分解、并行调试、性能分析等,通信基于消息机制。

expression 表达式 表达式是程序中的一种语言结构,每种程序设计语言都具有表达式的定义规则。通常,表达式都由操作数和运算符组成,且至少包含一个操作数。操作数由常量、变量、函数及标识符组成,表示处理的对象;运算符是表示特定动作的符号;表达式还可包括表示处理顺序的括号。表达式按其所表示的值分为整数表达式、浮点表达式、布尔表达式和串表达式等。

expression dictionary 惯用法词典 词典的一种。其词条是语言中那些习惯上连用、具有相对稳定的语法形式、语法结构并表示特定含义的词汇的组合。

expression model type DSS 表示模型类决策支持系统 根据表示系统某些特殊特性(如概率)的模型来评估备选方案的决策支持系统。

expression-oriented language 面向表达式的语言 在这种语言中,表达式可以独立使用,故在程序执行过程中若碰到表达式,其值就立即被计算和印出。

expression statement 表达式语句 不少编程语言都有表达式语句,如在 XL C 编译中,是一个以分号结束的表达式。一个表达式语句可用于赋予表达式的值给一个变量或者调用一个函数。

expression tree 表达(式)树 表示一个代数或算术表达式短语的树形结构。表达树结构中的每个节点都是一个表达式,如一个方法调用或类似 $x<y$ 的二元运算。可编译和运行由表达树所表示的代码,通过这种方式,可动态修改可执行代码。

express warranty 明确保证 根据售主许诺,期望产品能达到某种性能的权利。例如,在软件包上印有某项声明,保证它的记录介质在购买后的 90 天内无缺陷。

expr-function expr-函数 按值调用机制传递参数的函数。其使用规则如下:首先对使用的自变量以从左到右顺序求值,之后约束到函数的形参,从而形成环境,在此环境下计算函数体的值。

EXR 异常请求 exception request 的缩写。

extendable disk file 可扩展的磁盘文件 一种可根据需要随时增加空间的磁盘文件。

extended addressing 扩展寻址 可对整个地址空间进行选址的一种寻址方式。在微处理机系统中,组件的引线和程序存储器容量都受到限制,所以要求微型计算机具有较短的指令长度,一般只有一、二字节。这样,指令本身所带的地址通常只能访问该微型机地址空间的一部分。采用扩展寻址方式时,一个操作数可位于该微处理机地址空间的任何位置。例如,Motorola M6800 微处理机系统,用扩展寻址,可对 65 536 个地址中的任一地址进行寻址。

extended area service 扩展区服[业]务 (1)在美国的某些地区(主要是一些大的城市),为了解决这些地区电话通信量大而设立的地区性电话服务。(2)免收长途费的电话交换机服务,扩展到有共同利益的社区,代之以采取稍微高一些的交换机服务费率。

extended arithmetic element (EAE) 扩展运算单元 中央处理器中的一种硬件单元,用于实现乘法、除法和规整化操作。

extended ASCII 扩展 ASCII 扩展的基本 ASCII (美国信息交换标准代码)的一组编码。基本 ASCII 的每个字符用 7 位二进制码表示,扩展 ASCII 字符采用 8 位表示,从而增加了 128 个字符。这些额外增加的字符在不同的系统不同的字符集中各不相同,这些扩展的字符主要用于显示增加的字符,如非英语的字符、图形字符和专门的字符,比较 American Standard Code for Information Interchange (ASCII)。

extended attribute 扩展属性 系统或者程序对于文件的附加信息,如注释、历史或作者名,系统或者程序可使用这些信息识别这个文件。

extended BASIC 扩展 BASIC 比基本 BASIC 功能有所增强的一种 BASIC 版本。它提供了一些附加功能,如 GET 语句、PUT 语句、自动行编号、多维数组、彩色绘图和音响等。

extended binary coded decimal interchange code (EBCDIC) 扩充的二进制编码的十进制交换代码 IBM 公司于 1963 年创建用于表示字母数字和控制字符的 8 位编码,尽管该编码广泛用于 IBM 大型计算机中,但包括 IBM PC 在内的大多数其他计算机都用 ASCII(美国信息交换标准代码)。它的缺点是英文字母不是连续地排列,中间出现多次断续,为撰写程序的人带来了一些困难。该编码结构如下:检查位 标志位 数字位

0123 4567

E

编码组合的例子：

字符	标志位	数字位
A	1100	0001
B	1100	0010
C	1100	0011
X	1110	0111
a	1000	0001
b	1000	0010
c	1000	0011

E

extended binary tree　扩充的二叉树　简称增长树。对二叉树的图形加以扩充，每当在原来的二叉树中出现一个空子树时就增加一个特殊的节点。在扩充的二叉树中，原二叉树中的节点，称为内部节点，新增加的特殊节点，称为外部节点。

extended BNF (EBNF)　扩展 BNF，巴科斯范式　一种以 BNF(巴科斯范式)为基础的程序设计语言语法定义表示法。EBNF 克服了 BNF 必须用递归表示循环以及可选项需要附加定义的主要缺点。另外它与 BNF 的一个重要区别是文字与语法范畴的不同。在 BNF 中，文字是不带角标的，语法范畴是用括号表示的；而在 EBNF 中，语法范畴是不带角标的，文字是在括号内的，因而允许 EBNF 定义自己的语法。参见 Backus normal form (BNF)。

extended border node　扩展边界节点　一个边界节点，连接具有不同网络标识符的 APPN(高级对等联网)网络，或者连接同一 APPN 网络的不同部分，一个扩展的边界节点支持中间节点网络路由，使其能支持 LU-LU(逻辑单元之间)会话，对应于 peripheral border node。

extended capabilities port (ECP)　扩展端口　一种高速并行端口，用于在个人计算机和外设之间传输数据。它通常允许进行双向传输，以便外设向计算机回送状态信息。

extended character　扩充字符　7 位 ASCII(美国信息交换标准代码)字符以外的一类字符，其 8 位中的最高位为 1，编码为 128 ～ 255 之间。参见 code page, code point。

extended character processing　扩充字符处理　操作系统中的一种功能，使得存储在某个 DBCS(双字节字符集)字库文卷中的那些字符对一个 DBCS 设备来说成为可用的。那些已存储在该 DBCS 设备中的基本字符不需要进行扩充字符处理，而那些存储在 DBCS 字库表中的扩充字符在显示或打印之前则需进行扩充字符处理。

extended character set adapter (ECSA)　扩充的字符集适配器　一种存储器，为下述两者提供附加的控制和缓冲：①APL/TEXT(编程语言/文本)特制件中的扩充字符集；②用于扩充彩色、编程符号和扩充高亮度显示的字段和字符属性。

extended color attribute　扩充彩色属性　为在扩充彩色方式下使用的各类设备定义各种颜色的属性，包括蓝、红、绿、粉红(或洋红)、天蓝(或绿蓝)、黄和白(或无色)。

extended common object file format (XCOFF)　扩充的公共对象文件格式　IBM 的 AIX 操作系统的对象文件格式，结合标准公共对象文件格式(COFF)与 IBM 内容表(TOC)模块格式概念，提供在对象文件内的动态链接和替换单元功能。

extended count-key-data device　扩充的计数键标数据设备　一种磁盘设备，其数据传送速度高于某些处理机能使用的处理速度，这种设备通过一种速度匹配缓冲器与处理机相连。与这种设备通信需要通过一种专门设计的通道程序。参见 count-key-data (CKD) device。

extended database (EDB)　扩充的数据库　为满足各种新的数据库应用领域的需要和处理复杂对象的需求，对数据库管理系统(DBMS)的结构进行扩充。EDB 应能支持新的应用和利用新的技术。如能对查询语言增加新的数据类型，对系统增加新的存取方法或运算方法。构造这种可扩充的数据库体系结构可采用：①建立一个包括语法分析器、查询优化器、存取方法、事务管理在内的完整的数据库管理系统(DBMS)，然后支持用户对这种功能完全的 DBMS 进行扩充；②采用工具箱，即提供一个构造好的模块集，使用户能利用这个集合中的模块去构造符合自己需要的系统。

extended database system　扩展的数据库系统　美国马里兰大学姚诗斌教授领导研制，并由美国软件系统公司于 1985 年推出的一种微机关系数据库管理系统。该系统从方便用户的角度出发，大大扩充了 IBM 关系数据库的 SQL(结构化查询语言)功能，它还提供一系列别具风格的用户接口功能和实用程序，包括报表编写程序、图表编写程序、数据库编辑程序、命令语言、菜单管理程序、表格管理程序和多种实用程序。该系统操作便利，深受非计算机专业人员欢迎，它在商业、行政事务管理和办公室自动化中得到应用。

extended data management system (EDMS)　扩展数据管理系统　Xerox 公司在 Sigma 5 上开发的一种数据管理系统。它类似 CODASYL(数据系统语言会议)建议，但能倒排所有文件并具有不同的句法。系统提供 COBOL、FOTRAN 和汇编语言程序的接口，还具有保密、后援和恢复、并发使用及远程处理的能力。

extended-definition Betamax (ED-Beta)　ED-Beta 格式　一种视频记录格式，由 Sony 公司开发，提供 500 线分辨率。

extended distance data cable (EDDC)　扩展距离数据电缆　一种专用于扩展 RS-232 传输的电缆，可

用于 50 英尺以上距离的传输。

extended DOS partition 扩充 DOS 分区 在 PC 机硬盘上附加分区，用来存储 DOS(磁盘操作系统)信息。

extended finite state machine model (EFSM) 增强有限状态机模型 EFSM 是基于传统有限状态机(FSM)的一个增强模型，是由状态、转换和动作组成的行为模型。在一个 EFSM 模型中，转换能够用一个"if statement"表示。如果触发是全部满意的，这个转换被点燃，使机器从当前的状态向下一个状态转换和执行特定的数据操作。这个模型在建模反应系统、语言学、计算机科学、哲学、生物学、数学和逻辑学中应用广泛。参见 finite state machine model (EFSM)。

extended Fire code 扩展法尔码 一种纠错编码。由 $G(x)=(x^c+1)p_1(x)p_2(x)\cdots p_j(x)$ 生成的循环码。$P_j(x)$ 是 m_j 次周期为 ej 互不相等的既约多项式。码长 n 为 $c, e_1, e_2, \cdots, e_j$ 的最小公倍数。扩展法尔码比法尔码有更强的检纠错能力。某些磁盘机采用扩展法尔码纠正长度≤11 位的所有突发错并能检出 12 位突发错。若只检错，可检出 56 位单个突发错。

extended floating point number 扩充浮点数 为提高运算精度而对尾数进行扩充的浮点操作数。参见 extended-precision floating point。

extended fonts 扩充字模[字体] (1)一些字模节的集合，用来支持同时需要 256 种以上形象字符的语言。(2)在 OS/2 操作系统中，指一个包含在显示管理器中没有的字符的字符集。

extended format diskette 扩充格式软磁盘 一种采用 256 字节格式的软磁盘。

extended framing format 扩充帧格式 由 AT&T 引入的用于 1.544 Mbps 数字信道组的组帧格式。

extended graphic character set (EGCS) 扩充的形象字符集 一种需要由两个字节来标识一个形象符号的形象字符集(如日文汉字字符符)。

extended graphics array (XGA) 扩展图形阵列 由美国 IBM 公司推出的一种高分辨率图形显示器标准。该标准是对 VGA(视频图形阵列)标准的改进。按此标准生产的图像板，安装在具有微通道体系结构的计算机上时，可使显示器具有 1 024×768 的分辨率。

extended group coded recording (EGCR) 扩充组编码记录 在海量存储系统(MSS)中，数据盒式磁带所用的一种编码技术。这一技术包括为纠错而设置的冗余码。

extended Hamming code 扩展汉明码 在汉明码的每个字组中再增加一个校对位，作为原汉明码的偶校验位，由此而形成的一种编码方式。在扩展汉明码中，各代码间的最小汉明距离从 3 增加到 4，这样可以纠正字组中出现的一位错误，还能发现二位错误。

extended hashing 扩展散列 一种虚拟散列技术，使用一个基于蜕化树的结构的表格目录跟踪桶并指引对记录的访问，比较 dynamic hashing。

extended ideographic character set 扩充的表意(文字)字符集 一种驻留在辅助存储器中的表意文字字符集，包括 3 483 个 IBM 提供的表意字符和最多可达 4 370 个用户定义的表意字符。比较 basic ideographic character set。参见 ideographic character set。

extended industry standard architecture (EISA) bus 扩展的工业标准体系结构总线 用于作信息传输的数据通道。EISA 是 AT 总线的扩展，它是 Compaq 等 IBM 的 9 个竞争者，为采用 Intel 80386 和 80486 微处理器而推出的与 MCA(微通道结构)竞争的总线。它既保持了与老的 IBM PC 系列机兼容，又具有 MCA 的先进性，但它不与 MCA 兼容。EISA 把多处理机和辅助设备协调组织实现共享总线，既允许多任务，也允许多并行处理，把微机与小型机和大型机等同起来。EISA 允许总线访问多达 8 个 DMA(直接存储器存取)控制器，每个 DMA 通道可以独立编程。任何一个都可以编程为 8 位、16 位或 32 位的数据通道。它们可以编程为执行 5MBps、8MBps 或 33MBps 的传输速度。EISA 优于 MCA 之处是仍旧可以在 EISA 槽中使用旧的 ISA 扩展卡，而 MCA 槽只能插专门的 MCA 卡。参见 industry standard architecture (EISA), micro channel architecture (MCA)。

extended integrated drive electronics (EIDE) 扩展的集成驱动器电路 提高了硬盘驱动器性能以及数据传输率的集成驱动电路标准，是对 IDE(集成驱动器电路)的扩展规定。

extended interface 扩展接口 在某些操作系统中，一系列全功能系统调用，用于与 SNA(系统网络体系结构)服务进行通信，这些调用包括一个额外的参数，指向一个包含额外函数请求的结构。参见 interface, limited interface。

extended LAN 扩充局域网 由桥接器连接起来的若干个局域网。从逻辑上仍可视为一个统一的网络。

extended-level synthesizer 扩充级合成器 在多媒体计算机中，由微软视窗环境所支持的一种音乐合成器。它能够至少同时演奏九种背景旋律的 16 个音符，同时在八种打击音乐上同时演奏 16 个音符。

extended lock mode 扩充锁定[封锁]方式 一类锁定方式，在此方式下，一个外部 LU(逻辑单元)保持在锁定状态的时间可达数个查询/回答周期。比较 message lock mode。参见 line lock, lock mode, station lock。

extended MAPI 扩展的通信应用程序接口 一整套微软的通信应用程序接口功能函数集合。在

MAPI(通信应用程序接口)的基础上增加了一些功能,如地址簿操作和信息存储的查询。参见 messaging application program interface (MAPI)。

extended memory 扩展存储器 基于 Intel 80X86 的 PC 机上 1 MB 以上的存储器,只有当处理器处于保护模式时或者在 386/486 的虚拟实模式时才能访问,在 DOS(磁盘操作系统)应用程序中一般不可使用,OS/2 程序则可以使用,DOS 可通过将处理器暂时置于保护模式的软件或者通过将扩展[页]存储器映射到常规存储器的 EMS 方法使用扩展[页]存储器。运行于 Windows 操作系统的程序都可以用统一的方式访问所有的系统内存。参见 extended memory specification (EMS), protected mode。

extended memory adapter emulation 扩展内存适配板模拟 DOS(磁盘操作系统)提供的一种以 SYS 为扩展名的专用设备驱动程序。使用 Intel 80386 芯片的 IBM 计算机可藉此突破 DOS 下只能直接使用 640 KB 内存地址的局限,直接使用扩展内存。

extended memory manager 扩展内存管理程序 用来管理 PC 系列个人计算机扩展内存的一种公用程序,它使按照扩展内存规范(XMS)编写的 DOS(磁盘操作系统)软件得以使用扩展内存。参见 extended memory specification (XMS)。

extended memory specification (XMS) 扩展内存规范 一种 PC 机扩展存储器的规范说明,使实模式应用程序能使用扩展内存以及常规内存中 DOS(磁盘操作系统)不管理的区域。凡是符合 XMS 标准的程序均可在扩展内存中定位而不会发生冲突。为此,XMS 还提供了一组在扩展内存中保存、清除与传送数据的功能,其操作目标也包括计算机系统的高端内存区(HMA)。扩展内存的管理通过一个可安装的设备驱动器,称为扩充存储器管理器(EMM),在 DOS 和微软 Windows 中就是 HIMEM. SYS,应用程序必须使用这种驱动程序以访问扩展内存。参见 expanded memory manager, extended memory。比较 expanded memory specification (EMS)。

extended MIDI format 扩展乐器数字接口格式 通用乐器数字接口(MIDI)操作模式的一种,允许把 MIDI 的 1 ~ 10 通道用来演奏乐章。

extended mode 扩展模式[状态] (1)在 COBOL 语言中,一个对记录寻址的方法,直到顺序文件的末尾。(2)在 COBOL 语言中,文件在执行了一个指定了该文件的 EXTEND 子句的 OPEN 语句之后,在执行没有该文件的 REEL 或 UNIT 子句的 CLOSE 语句之前的状态。

extended network 扩展网络 一种包括两个或两个以上,使用扩展联网设施的 TCAM(远程通信访问法)系统网络。

extended network addressing 扩展网络地址 将地址分成 8 位子区域和一个 15 位单元部分的网络寻址系统,地址的子区域部分用于宿主处理机或者通信控制器,单元部分用于使处理机或者控制器能够对资源进行寻址。

extended networking 扩展联网 一种 TCAM(远程通信访问法)功能,使用一组 TCAM 宏指令、系统服务程序和报文处理设施,在有两个(或更多)TCAM 系统的网络中,简化 TCAM 系统的定义、管理和差错恢复。

extended operator control 扩充操作员控制 一种特定的系统服务程序的功能,它处理一组扩充的操作员命令。这些命令用在某些环境中,但并不用于对 TCAM 系统的控制。在 MCP(报文控制程序)使用下列功能中的某一个或多个时,则要求扩充操作员控制系统服务程序:①扩展联网;②联机检索系统服务程序;③自动清除/拷贝/改变通道方向。

extended operator control command 扩充操作员控制命令 同 extended operator command。

extended operator control station 扩充操作员控制台[站] 有权送入扩充操作员命令的一种系统控制台、外部 LU(逻辑单元)或应用程序。参见 basic operator control station, extended primary operator control station, extended secondary operator control station。

extended permission 扩展许可 在 AIX 操作系统中,一个为指定用户或者用户组修改文件基本许可的访问模式,扩展的访问许可可以拒绝或者允许一个访问模式。参见 access permission, base permission。

extended precision floating point 扩展精度浮点 在浮点运算中,为了提高运算精度,使浮点操作数的尾数扩充至 112 位的一种能力。

extended precision word 扩充精度字 在浮点运算中,当需要扩充精度时的一组 16 个字节数据。

extended primary operator control station 扩充主操作员控制台 一种扩充操作员控制台,它接收扩充操作员控制的初启和关闭的报文,对从该台送来的扩充操作员命令作出应答,也对成功地修改了网络的扩充操作员作出应答,并可选用联机检索系统服务程序的初启和关闭报文功能(若联机检索系统服务程序是网络的一部分的话)。参见 extended secondary operator control station。

extended query language 扩展的查询语言 微机上的一种关系数据库查询语言。它以 IBM 公司的关系语言 SQL(结构化查询语言)为基础,是一个高级的多功能语言。它可用于定义、存储、查询和修改数据。这种语言可以交互式地使用,也可以被嵌入到某种高级的宿主语言中使用。

extended range of a DO statement 循环语句的扩充域 在 FORTRAN 语言中,从循环语句完全嵌套

组中最内的循环语句转出到再次转入该循环语句之间的那些语句。

extended reala-time polling service (ertPS) **扩展实时轮询服务** 定义在 IEEE 802.16 WiMAX 中的五种 QOS 服务之一。ertPS 是一种行程安排机制，其建立在 UGS(非恳求授权服务)和 rtPS(即时轮询服务)两者的效率之上。ertPS 被设计针对在 WiMAX 网络上有可用数据率(如有静音压缩的 VOIP 服务)的实时传输。参见 unsolicited grant service (UGS), reala-time polling service (rtPS), non-reala-time polling service (nrtPS), best effort (BE)。

extended reasoning **扩充推理** 在精确推理基础上发展起来的所有推理方法的统称，如非单调推理等。

extended recovery facility (XRF) **扩展的恢复机制** 一种使 MVS(多重虚拟存储系统)、VTAM(虚拟远程通信访问法)或宿主机中的应用程序在会话期间的故障的影响达到最小的机制，这种机制用一个替换子系统从发生故障的子系统接过会话。

extended response byte **扩充响应字节** 网络控制程序中 BTU(基本传输单位)的一部分，该部分包括 I/O 结束时的线路状态。

extended response field **扩充响应字段** 同 extended response byte。

extended result output **扩充[溢出]结果输出** 当计算的中间结果或最终结果超过计算设备直接显示的范围时，由该设备提供的计算结果输出或显示。

extended route **扩充路由** 在通信系统的扩充网络中，包含一个 TCAM(远程通信访问法)中间节点的一条或多条路由的串接。参见 alternate extended route, parallel extended routes, primary extended route, route。

extended selection **扩展选择** 在单个对象选择优化的基础上提出的一种选择。用户可在一次操作中选择不止一个对象。例如，在微软视窗环境下执行的文件或文件夹拷贝，用户可以在按下 Shift 键的情况下点击多个文件名，一次选择多个拷贝对象。比较 single selection。

extended service frame (ESF) **扩展服务帧** FDDI(光纤分布数据接口)帧格式的一种。当标准定义的站管理(SMT)帧不够用时，供应商可依据 ESF 帧来定义自己的 SMT 服务。

extended specify task abnormal exit (ESTAE) **扩充的指定任务异常出口** 一种宏指令，允许用户中止一个已调度的异常结束处理过程。参见 specify task abnormal exit (STAE)。

extended subarea addressing **扩展的子区域寻址** 一个网络寻址系统，在具有 255 个以上子区域的网络中使用。

extended superframe format (ESF) **扩展超帧格式** T1 电路中使用的帧格式，由 24 个 192 位的帧组成。扩展超帧格式不仅提供帧同步，还提供差错检测和一个数据信道。

extended symbol processing **扩充符号处理** 文件写作设施中对一种符号所进行的处理，这种符号的值导致某一行的剩余部分进入堆栈并在以后作为新的输入行处理。

extended system configuration data (ESCD) **扩展系统配置数据** ESCD 是计算机系统 CMOS(互补金属氧化物半导体)存储器上的一个存储空间，是操作系统中的 BIOS(基本输入输出系统)用来改变计算机系统硬件配置的一种手段，供即插即用的设备使用。一旦改变了系统硬件配置，新的配置数据将存放到 CMOS 芯片中的 ESCD 存储区中。

extended system contents directory (ESCD) **扩充系统内容目录** 某些信息管理系统中的一种快速路径扩充。

extended time scale **扩展时标** 表示一个过程(或事件)发生或完成所需的时间同相应过程(或事件)的求解时间(如模拟该过程的时间)之间的对应关系。具体来说，指求解时间与过程实际时间之比。若比值大于 1，则认为计算是在扩展时标或慢时标上进行；如此比值小于 1，则称快时标；如比值等于 1，则为实时时标。采用扩展时标往往是为了仔细观察发生变化较快的事件。同 slow time scale。比较 fast time scale。

extended UNIX codes (EUC) **扩充 UNIX 代码** 以 ISO-2022(适用于 7 位编码字符集的代码扩充技术)为模型描述的四个代码集。分别称为代码集 0,1,2,3，其缩写形式为 CS0,CS1,CS2,CS3。CS0 也称"基本代码集"，而其余的则称为附加代码集。EUC 是一个使用单字节编码来表示字符的方法。它使用了一些兼容于 ISO 2022 区位码的 94×94 编码表，把每个区位加上 0xA0 来表示，以便兼容于 ASCII(美国信息交换标准代码)。它主要用于表示及存储汉语文字、日语文字及朝鲜文字。

extended visual graphics adapter (EVGA) **增强型视频图形适配器，EVGA 卡** 一种提供 256 色的图形适配卡。分辨率为 640×400，用硬件实现 VGA 的所有 17 种模式。参见 video graphics adapter (VGA)。

extender **扩充部件** 电气设备的备用部件。当检修、测试电气设备时，可以使用该扩充部件维持正常工作。

extender card **扩充卡** 同 expansion board。

extender card kit **拔卡工具** 一套能把总线上的所有插件板从插件板机架上取出的工具。

extendibility **扩充性** 对软件产品中所规定的功能，能方便容易地进行改动和增加。

extending reference rule **扩充基准规则** 机器学习中的一种选择性概括规则。假设有某种概念描述：

E

如果某条件成立的话，则可得出某种结论。若在条件中对表达式的参量的定义域加以扩充，其余部分不变，从而得出新的概念描述。这样的概括规则称为扩充基准规则。

extensible 可扩充性 计算机系统允许增加新的硬件或软件模块以扩展其功能的性质。对于个人计算机而言，机箱内的主机板上通常设置若干个插槽，只要插入符合标准的插件板，就可实现扩展。大型模块化结构的软件通常具有可扩充性。

E

extensible authentication protocol (EAP) 可扩展认证协议 EAP通过允许在无线连接的客户端和服务器端动态增加认证模块来提高无线局域网的安全性能。

extensible hashing 可扩充散列 一种动态文件的快速存取方法。这种方法将使用户顶多查找两页存储区，就可以给出一个确定的关键字定位。可扩充散列有一个随着数据的增长和收缩而和谐地增长和收缩的结构。

extensible language 可扩充语言 一种功能强、用途广的通用语言。其特点是具有可扩充的核心语言。允许用户扩充或修改语言的语法和语义，将语言在数据类型、运算及控制等方面进行扩充。LISP，FORTH，ECL，ALGOL68 等是一些有代表性的可扩充语言。

extensible markup language (XML) 可扩展标记语言 XML是由W3C(万维网联盟)设计，用于自动描述信息的一种新的标准语言。XML语言与HTML(超文本标记语言)编程截然不同，它改变了浏览器的显示、组织和搜索信息的方法。XML语言与HTML语言是一种互补的关系，用户可在一文档中混合使用这两种语言。XML语言最重要的有三部分：文档类型定义(DDT)，即XML的布局语言；可扩展的样式语言(XSL)，即XML的样式表语言；以及可扩展的链接语言(XLL)。XML自1996年开发以来已取得了很大的发展，将成为在Web上发布基于SGML(标准通用标记语言)规范信息的工具。参见 standard generalized markup language (SGML)。

extensible messaging and presence protocol (XMPP) 可扩展消息和呈现协议 XMPP是一个开放标准的通信协议，主要应用于基于XML(可扩展标记语言)的消息导向中间件。这个协议采用XML流实现在任意两个网络终端接近实时的交换结构化信息，主要用来建立即时消息和呈现(出席)信息功能和管理。

extensible provisioning protocol (EPP) 可扩展供应协议 由美国域名注册管理机构 VeriSign 提出，并被IETF(因特网工程任务组)确定为国际标准。EPP协议是采用XML语言描述的有状态协议，用于供应和管理存储在共享中心数据库中的对象，是一种可运行在多种传输层协议之上的应用层协议，协议提出的目的是提高域名注册效率。

extensible storage engine (ESE) 可扩充存储引擎 活动目录数据库引擎。ESE 在 Microsoft Exchange 服务器中使用，它实现一种事务处理数据库系统，使用日志文件来确保提交的事务是安全的。

extension 扩充设备，备用线路，备用交换机，扩展名 (1)与主站处于同一线路上的和同一房屋内，但与主站所处位置不同的附加设备。(2)指备用电话线路，通常的线路出现故障时，则可以使用该备用电话线路。(3)指备用的专用电话交换机。(4)文件的扩展名，附加在文件名之后的几个字符以表示文件的类型。

extension against rule 扩展反例规则 机器学习中的一个选择性概括规则，它可在实际中进行学习。

extensional database (EDB) 外延数据库 外延数据库是演绎数据库中实际存在的数据及关系，也就是原来的关系数据库，在EDB中仅包含实数据与实关系。比较 intensional database (IDB)。

extensional induction knowledge acquisition 外延归纳知识获取 一种类比归纳知识获取方法，它可以由属于类属 C 的 n 个对象具有特性 P，而归纳出 C 中这 n 个对象之外的对象也具有特性 P。例如，当见到 n 只乌鸦都是黑的，当 n 足够大时，按上述归纳方式则可外延出“第 $n+1$ 只乌鸦也是黑的”的结论。(注意枚举归纳将得出“乌鸦都是黑的”结论)。

extensionality axiom 外延公理 其定义为：设有两个集合 P、Q，若任意一个量 x 是 P 的元素，当且仅当 x 是 Q 的元素，则集合 P 与 Q 相等。此公理说明集合是由其元素决定的，元素相同的集合是相等集合。

extension character 扩展字符 表示其后面的字符要利用不同的代码予以解释的字符。

extension mechanism 扩展机制 可扩充语言的成分之一，它可以根据基本语言的原始功能定义新的语言功能。

extension memory 扩展内存 用于扩展计算机系统现有内存容量的存储器。参见 extended memory。同 external store。

extension name 扩展名 在DOS(磁盘操作系统)文件系统中，文件名由主要名字和结尾部分的三字母代码组成的扩展名构成。这个三字母代码通常表示该文件的类型或者格式。例如，用WORD编辑的文件名的扩展名是doc，表示该文件是一个文档。类似地，bmp表示一个位图图形文件，exe表示一个可执行程序文件等。在DOS和微软 Windows 3.1x中，文件名的总长度不得超过11个字符，除了三个字母的扩展名外，文件名只剩下8个字符了。在微软 Windows 95 及以后的版本中这种情况已有改变，可以使用长文件名了。

extension register 扩充寄存器 也称“E寄存器”，

作为累加寄存器扩充用的一种寄存器。在双精度或多精度运算时，利用扩充寄存器保存附加位，如保存除法操作后的余数或乘法操作的乘积，满足高精度的计算要求。

extension station　扩充站　在一个已构建完成的计算机网络中新增设的工作站。为了使网络中接受它，需要向网络管理机构登记，并且可能引起系统软件的重新配置。参见 main station。

exterior (EXT)　外景　在视频制作中，指在室外拍摄的场面或者在室内模拟的室外风景下拍摄的场面。

exterior gateway　外部网关　独立系统中的一个网关，与另一个独立系统进行通信，对应于 interior gateway。参见 access gateway，neighbor gateway，passive gateway。

exterior gateway protocol (EGP)　外部网关协议　跨越不同管理的网关(如从企业专用网到公用数据网)所使用的协议。通常，EGP 是一组简单、定义完备的正式协议。它能指出一个指定网络是否可到达，但不能对信息作出评价，也不能对路由选择作出优先权决策。EGP 描述网关之间的路径信息交换及网关获取路径信息的刷新机制，用于自治系统之间，采用 V-D(向量距离)算法。功能包括邻机获取、邻机测试和与邻机交换寻径信息。EGP 报文一共有九种格式。参见 interior gateway protocol (IGP)，V-D algorithm。

exterior link　外部链路　在 ATM(异步传输模式)网络中，指一个跨越 PNNI(专用网间接口)路由领域边界的链路，PNNI 协议在外部链路中不起作用。参见 private network to network interface (PNNI)。

exterior-network to network interface (E-NNI)　外部网络-网络接口　E-NNI 定义了不同管理域间网络的接口，可应用于同一运营商的不同 I-NNI(内部网络-网络接口)区域的边界，也可应用于不同运营商网络的边界。在 E-NNI 上交互的信息通常是网络可到达性、网络地址概要、认证信息、策略功能等而并非完整的网络拓扑路由信息；E-NNI 的连接选择也更多地基于安全、策略考虑而不是如同在 I-NNI 中所考虑的性能限制。比较 interior-network to network interface (I-NNI)。

exterior packet switch　外部包交换　包交换网络与它连接的主计算机之间的交换。参见 interior switch。

exterior reachable address　外部可到达地址　一个可通过 PNNI(专用网间接口)路由领域到达的但不在该 PNNI 路由范围内的地址。参见 private network to network interface (PNNI)。

exterior route　外部路由　在 ATM(异步传输模式)网络中，指一个跨越外部链路的路由。

extermination　根除　在客户机/服务器方式中，客户机向服务器发出远程过程调用后自身出现故障而在服务器中形成孤儿进程时，解决这种孤儿进程的一种方法。

extern　外部参考　external reference 的缩写。

external　外部的　在编程语言中，用于修饰说明一种语言对象，它具有一个扩延到某一模块以外的辖域，如一个模块的入口名。

external arithmetic　外部运算　由中央处理机之外的外围、缓冲或“卫星”设备所执行的运算。这些运算可能是整个问题或程序的一部分，也可能不是。

external border gateway protocol (EBGP)　外部边界网关协议　用于在不同的自治系统间交换路由信息的协议。EBGP 使管理员能够在已知的路由策略上配置路由加权，可以更方便地使用无类域间路由(CIDR)，它是一种在网络中可以容纳更多地址的机制。

external buffer　外部缓冲器　主存储器以外的设置在外围设备或适配器上的缓冲器。它不占用计算机系统的 CPU 寻址空间，可为计算机与外围设备之间的输入/输出操作提供速度平缓作用。

external bus　外部总线　也称“通信总线”。用于微机之间或微机与外部设备之间进行通信的总线。它一般借助于电子工业或其他领域已有的总线标准。其特点是距离远，彼此间速度差异较大，信息传送要借助通信等技术才能实现。如串行标准总线 EIA-RS232-C，并行标准总线 IEEE-488 等。

external call　外部呼叫，外部调用　(1)电信交换系统中的一种呼叫方式，它包含一个公共交换机或专用通信线路。(2)在程序中调用外部定义的例程或函数的操作。

external cavity semiconductor laser　外腔半导体激光器　在普通半导体激光器的一个端面之外短距离上放置平面或球面反射面的一种激光器。此类激光器的纵模选择性好，可实现稳定的动态单纵模工作，而且纵模宽度很窄。一个端面镀金的半导体小片，或一个端面镀金的渐变折射率光纤小棒，均可作为外腔，也可以采用选择腐蚀技术来制作单片集成的外腔激光器。

external clocking　外部时钟　(1)数字系统之外的一个固定频率信号，可作为数字系统定时与同步的基准信号。(2)同步通信所采用的一种定时方式。它由调制解调器为终端或计算机提供定时信号。

external command (XCMD)　外部命令　(1)是以程序文件形式驻留在磁盘上的命令。每一个外部命令对应于一个扩展名为 com 或 exe 的程序文件，或 bat 的批处理文件，其文件主名即为命令字。对应外部命令的文件，只在执行时才装入内存，而内部命令是包含在 DOS(磁盘操作系统)的命令处理模块 command. com 中，DOS 启动后即长驻内存，比较 internal command。(2)一种外部代码源，用于苹果公司 Macintosh 系统的超媒体程序 Hyper-

Card 中。参见 HyperCard，external function。

external communication adapter (XCA) **外部通信适配器** 一个通信适配器，是设备的一部分，对应于 integrated communication adapter。

external commutation of convertor **变流器外部换相** 由变流器或电子开关的外部电源提供换相电压的一种换相方式。

external/conceptual mapping **外模式/概念映像** 在数据库系统中，指定义各个外模式和概念模式之间的对应关系。这些映像定义通常包含在各自的外模式中，当需要改变概念模式时，可以由数据库管理员对该映像作相应的改变，以保持外模式不变。参见 conceptual/internal mapping。

external coupling **外部耦合** 外部耦合仅在某些语言中可能存在。外部耦合是控制变量耦合，并把变量耦合限于那些形式上的外部变量。参见 module coupling。

external data **外部数据** 在 COBOL 语言中，在程序中描述为外部数据项的数据，对应于 internal data。

external database view **外部数据库视图** 逻辑数据库的一个应用程序或者用户的视图。

external data definition **外部数据定义** 一个对出现在函数外部的数据的描述，使系统为该变量分配存储器并使该标量可被同一文件中在定义位置之后所有的函数访问。

external data file **外部数据文件** 与处理程序分开存储的数据文件。

external data item **外部数据项** 在 COBOL 语言中，一个描述为运行单位的多个程序的外部记录的一部分的数据项，可以被它描述的任何程序访问，对应于 internal data item。

external data record **外部数据记录** 在 COBOL 语言中，一个逻辑记录，在一个运行单位的若干个程序中描述，其构成的数据项可以从它们描述的程序中访问。

external data representation (XDR) **外部数据表示** 由 Sun 微系统公司开发的一种与机器类型无关数据结构表示标准。不同系统的数据表示会是不同的，如表示 32 位数据，一种系统可能把高位数放在高位地址字节中，另一个系统可能正好相反，两者之间不能直接传递数据。使用 XDR 协议，发送者把本地机器的数据表示形式转换成标准外部表示形式后发送出去，接收者收到数据后再把这种外部表示形式转换成本地机器的表示形式。XDR 与 ASN.1 类似。XDR 协议是与 RPC（远程过程调用）协议紧密配合使用的。XDR 的优点在于自动进行数据转换，程序员不需要专门调用 XDR，只需在要进行数据转换的程序中给出说明语句，编译程序自动产生一个具有所需 XDR 库调用的程序。

external data transfer rate **外部数据传输率** 从硬盘缓冲区读取数据的速率，常以数据接口速率代替，单位为 MB/s。同 burst data transfer rate (BDTR)。

external DDL **外部数据描述语言** 在数据库系统中，指一种数据定义语言。用于定义数据库的外部模式。外部模式也称"子模式"或者"局部模式"，即数据库应用程序员所见到的数据逻辑结构。该语言与应用程序中使用的主语言的类型相关，不同的主语言应有不同的外部数据定义语言。对于一个系统，不仅用它定义多个外部模式，而且还用它定义外部模式到概念模式的映像。参见 data description language (DDL)，internal DDL。

external decimal item **外部十进制项** 参见 zoned decimal item。

external delay **外因延迟** 操作员和维修人员无法控制的外界原因使计算机不能操作的一段时间。

external described data **外部描述数据** 某些计算机系统中，包含在一些字段中的数据，在建文卷时这些字段在数据描述说明中被描述给控制程序设施。在处理文卷时这些字段描述可以被程序使用。比较 program-described data。

external device **外部设备** 同 external equipment。

external device address **外部设备地址** 用来规定某一指令要访问的外部设备的地址。

external device code **外部设备码** (1)用来规定要执行操作的外部设备的地址代码。(2)在某些系统中，所有外部设备都通过一条带有外设地址的公用电缆和主机相连。仅当出现某外设的地址代码时，该外设才对公共线路上的程序作出反应。

external device control **外部设备控制** 对外部设备进行的控制。外部设备只有在执行计算机的外部指令后才开始工作。在具有分时功能的计算机中，外部设备启动后，可以与中央处理机同时工作；外部设备工作结束时，向处理机发出通道中断信号，通知处理机结束工作。

external device data flow **外部设备数据流** 在外部设备及其所属的各缓冲寄存器之间传送的数据流。它在外部设备控制器的控制下进行传送。

external device instruction **外部设备指令** 计算机中用来通知外部设备执行特定操作的指令。外部设备开始操作之后，各项控制都转向与外部设备有关的逻辑线路，直到操作完成为止。在操作期间，若计算机又去启动该外部设备，后者将回答它正处于忙碌状态。外部设备在完成规定的操作之后，就根据操作码的指示，中断计算机的程序；否则外部设备就处于忙碌状态，不接受新的指示。

external device interrupt **外部设备中断** 外部设备所引起的中断。外部设备中断源有以下几种：一个外部设备在完成程序指定的操作之后可以引起中断；在不同的地点发生中断，以指示所发生的各种故障，如奇偶校验错、磁带结束等。设备不同，其故障条件和故障中断地址也不同。

external device status 外部设备状态 外部设备在识别其地址时，对忙碌状态和中断状态所作的反应。外部设备在完成中断处理之后，才能撤销中断请求。处理机通知外部设备，它的中断已由发出的中断复位信号识别。

external disk drive 外部磁盘驱动器 安装在外部辅助设备上的磁盘驱动器。

external domain 外部域 在通信系统软件中，受某个SSCP(系统服务控制点)所控制的网络部分，但并不包括控制该部分的SSCP本身。

external drum imagesetters 外滚筒式照排机 一种激光照排机。记录胶片附在滚筒的外圆周随滚筒一起转动，每转动一圈就记录一行，同时激光头横移一行，再记录下一行。这种照排机的优点是记录精度和套准精度都较高，结构简单，工作稳定，可以将记录幅面做得很大，非常适合直接制版机。参见image setter, internal drum imagesetters, capstan imagesetters, virtal drum imagesetters。

external elements 外部元素 计算机图形元文件(CGM)中描述与图像生成无直接关系的信息的元文件元素。包括“通信”元素和“应用数据”元素。“通信”元素确定在CGM解释时传给操作者的字符串。“应用数据”元素允许应用者存、取自定义的数据。

external equipment 外部设备 一般指外存储器和输入输出设备。例如磁带、磁盘、磁鼓及光电输入机、电传打字机、字符显示器等。

external error 外部错误[差错] (1)一种特殊的文件标志，表示错误地读出文件或在装入操作中已检测到磁带结束。(2)外部设备出现的差错，如磁带上的结束标志出错或者没有结束标志，这种差错可以被计算机检测出来。

external event 外部事件 在概念模式语言中，发生在环境中的一个事件，对应于internal event。

external event detection module 外部事件检测模块 一种与外部事件处理机模块配合使用的多用途模块。其功能有：检测电源故障、判中断优先级、重新启动处理机和暂停处理机等。模块通常提供8个优先级并进行排序，其中电源故障检测的优先级最高。

external event processor module 外部事件处理机模块 与外部事件检测模块配合使用的一种处理机模块。参见external event detection module。

external file connector 外部文件连接符 在COBOL语言中，一个文件连接符，可被一个运行单位中的若干对象程序访问，对应于internal file connector。

external function (XFCN) 外部函数 (1)在FORTRAN语言中，定义在调用其程序段之外的函数。以FUNCTION开头，用若干FORTRAN语句来定义的外部函数称为函数过程段(函数子程序)。(2)当程序中用名字来引用一个函数时，由编译程序所提供的一种函数。比较intrinsic function。(3)与生成图形或图像无直接关系的CGI(计算机图形接口)函数。包括为应用系统提供存、取自定义数据的函数和为操作员发送消息的函数。(4)一种外部代码源，可以在完成之后返回一个值，用于苹果Macintosh系统的超媒体程序HyperCard中，程序开发者可用XFCN完成在HyperCard中不提供的任务，以扩展软件的功能。参见HyperCard, external command。

external gateway protocol (EGP) 外部网关协议 在网际网中，各自治网络系统网关之间所使用的协议。其目的是要向其他自治区网络系统的网关通告本系统的网际地址；另外，每个网关还要使用EGP协议向核心网关系统通告网络可达性信息。

external hard disk 外置硬盘 一种自带外壳和电源的可移动硬盘，通过一条数据线与计算机相连接后，就可像使用内置硬盘一样使用。

external icon 外部图标 在微软视窗中，指非视窗应用程序或用户自己建立的图标。

external indicator 外部指示符 在一个程序运行之前可被另一个程序设置或在一个程序运行之中可被另一个程序更改的那些指示符。

external insulation 外绝缘 空气间隙及电力设备固体绝缘的外露表面。它承受电压并受大气、污秽、潮湿、动物等外界条件的影响。比较internal insulation。

external interrupt 外(部)中断 (1)由输入输出设备(或称外部设备)引起的中断。也称“输入输出中断”。它主要用于输入输出设备向中央处理(CPU)报告工作状态和提出请求。例如通信设备的信号、开关信号或定时器置“0”等引起的中断。(2)从系统控制台面板上的中断键，或从时钟或从其他计算机系统来的信号所引起的中断。(3)主机之外信号引起的中断的统称。

external interrupt inhibit 外部中断禁止位 程序状态字中的信息位。它表示是否禁止外部中断，“1”表示禁止，“0”表示不禁止。

external interrupt line 外部中断线 在某些分时计算机中，供外部线路使用的优先级中断。中断优先级多达200以上，这使一个终端可连到几条中断线上。若所连的中断包括许多优先级，则可通过开放和禁止外部中断线，使执行程序可以改变终端请求的相对优先级，从而使该终端得到不同的服务或应答。

external interrupt status word 外部中断状态字 具有外部中断信号的状态字。当外部中断信号通知中央处理机数据总线上的字是一个状态字时，处理机便解释此信号，并自动地把这个字存在主存储器的预定地址中。

E

external label 外部标号 当同时执行分别汇编的两个程序时,一个程序中定义的标号在另一个程序中使用,称为外部标号。

external level 外部级 在数据库中,处理面向用户的信息表示的所有方面,在信息处理系统的外部接口中可见,对应于 internal level。

external line 外部线路 一条通信干线或专用线路。

external logistics 社会物流 企业外部的物流活动的总称。

E

external loss time 外部损失时间 由于功能部件之外的故障而引起的停机时间。同 environmental loss time。

external LU 外部逻辑单元 通过 VTAM(虚拟远程通信访问法)与 TCAM(远程通信访问法)的 MCP(报文控制程序)通信的一种 LU(逻辑单元)。每一个外部 LU 都通过一条 TERMINAL 宏指令定义给 MCP。

externally described file 外部描述文件 某些计算机系统中,包含记录字段的一种文件,在建文件时这些字段对控制程序设施作数据描述说明。在处理文件时这些字段描述可以被程序使用。比较 program described file。

externally initiated trap 外部启动陷阱 中央处理机因与其操作无关的设备所产生的中断称为外部启动陷阱。

externally specified index operation 外部指定索引操作 输入输出通道的一种操作员方式。它与标准通信子系统一起可以扩充输入输出通道能力,可使 128 个通道设备同时进行通信。在这种方式中,每个设备由输入输出通道多路复用,它告诉计算机有关的存取控制字存在主存何处,存取控制字指示计算机在何处存储和检索数据字。

externally stored program 外部存储程序 存储在穿孔纸带、穿孔卡片、已卸下的磁盘组或磁带等存储介质中的程序。

external memory 外部存储器 计算机内存储器之外的数据存储器。例如磁盘、磁带、光碟。

external merge 外(部)合并 一种分类排序技术,把多个记录或键的序列归并减少成一个序列,通常在一次或多次内部分类排序后进行。

external message queue 外部消息队列 一种消息队列,它是作业消息队列的一部分并被用来在一个交互式作业和工作站用户之间发送消息。对于批处理的作业来说,发送给外部消息队列的消息只出现在作业运行记录中。

external model 外部模型 (1)一些实体以及它们之间的关系的一种集合,代表某个企业或组织内的一种具体的应用或一类应用。(2)用户使用的数据视图。亦即一种局部的逻辑数据视图。外部模型表示不同用户所理解的实体、实体属性和实体间的关系,定义外部模型的模式称为外模式。

external modem 外置式调制解调器 通过电缆与计算机终端上的通信端口连接的一种独立调制解调器。同 stand-alone modem。比较 integrated modem。

external modulation 外调制 一种光纤通信中使用的光载波调制方式。在此方式下,激光器发射的激光束是不承载任何信息的连续光波,输入信号利用电光、声光、磁光等物理效应对光波进行调制,变成受调制光载波,然后发送到光纤线路上。

external name 外部名(字) (1)能够被任一控制节或独立的经过汇编(或编译)的模块所引用的一种名字,即一个控制节名或位于另一模块中的一个入口名。(2)程序中的一种名字,其作用域不必限于一个程序块及其包含它的诸程序块之内。(3)由任何控制段、独立汇编或编译的模块所引用的名字,即另一模块中的控制段名或实体名。

external number 外部号码 可以通过外部线路呼叫某个对方的一种号码。

external numbering plan 外部编号方案 用于专用线路和通信干线上的一种编号系统。

external number repetition 外部编号重复(设施) 使呼叫者或操作员能存储某个外部号码,以便以后只需拨两个数字就能呼叫该号码的一种设施。

external object 外部对象 在某些系统中,一个具有定义的对象名的对象,如 FILE 或 PGM,通常,外部对象可以由用户显示,对应于 internal object。参见 object。

external observation 外部观察 在系统外部利用软件和硬件来观察和分析系统性能的过程。外部观察所用的工具有硬件监视器、软件和硬件构成的混合监视系统、软件监视程序或固件监视器。这些工具在操作系统控制下,可以支持所观察的软件系统。这种监视系统可以监视系统故障信号,如性能下降、出现意外的或无效的事件序列或状态序列。

external page address 外(部)页(面)地址 标识页面在页面数据集里的位置的一种地址。在某些操作系统中,这一地址是在每次实存和辅存之间传送页面时根据页面号计算出来的。在 OS/VS2 操作系统中,这一地址由相对设备号、相对组号和相对存储槽号所组成。在 VM/370 操作系统中,该地址则由柱面号、设备号和页面号来组成。

external page storage management 外页存储管理程序 某些操作系统中,是调页管理程序内的例行程序,它控制实存和外部页面存储器之间的页面传送。

external page table (XPT) 外部页表 在操作系统中,外部页表是页表的扩充,标识该表中每页在外页存储器中的位置。

external photolectric effect 外光电效应 区别于内

光电效应的一类光电效应，是被光激发产生的电子逸出物质表面，形成真空中的电子的现象。比较 internal photoelectric effect。参见 photoconductive effect，photovoltaic effect。

external priority interrupt 外部优先级中断 在有些微处理机中，利用主计算机的输入输出接口进行工作的外部中断系统。中断来自外部设备控制器或与字节输入输出总线相连的任选优先级中断接口板。后者提供 8 个外部中断控制信号。输入输出接口包括一条外部中断请求线和一条优先级线，前者为字节输入输出总线上的所有输入输出控制器公用，后者串行通过所有的输入输出控制器。每一输入输出控制器按优先链方式接收前一控制器来的优先级信号，若未准备好请求中断，则将其传送至下一控制器。若某一控制器接收一优先级信号并准备好请求中断，则停止传播优先级信号，并启动中断请求信号。

external procedure 外部过程 (1)在 FORTRAN 语言中，不是由 FORTRAN 语句定义的过程或过程子程序。(2)不包含在其他任何过程中的过程。比较 internal procedure。

external program parameter 外部程序参数 在某些计算机程序中，在调用该程序时必须赋值的一种参数。

external program unit 外部程序单元 在 FORTRAN 语言中，一个程序单元不包含在另一个程序单元中，对应于 internal program unit。

external reference (EXTRN) 外部引用 在程序或子程序中对在另一程序或模块里被定义的外部标识符号的引用。参见 weak external reference。

external reference synchronization 外部参照同步 网络同步的一种形式，定时或频率参照来自通信网络的外部源。

external register 外部寄存器 具有专用地址，能按控制存储器的寻址方式供程序存取的一类寄存器。程序员使用这种寄存器可以实现所要求的某类计算功能。

external routine 外部例程 (1)Pascal 中，一个可以在例程定义的程序外部调用的过程或者函数。(2)在重构扩展执行程序(REXX)中，一个用户程序、语言、处理器的外部的程序，这些例程可用任何语言编写，包括支持 REXX 使用的系统相关接口的 REXX。(3)在 AIX 操作系统中，一个从例程定义的程序外部调用的过程或者函数，同 external procedure。

external schema 外(部)模式 ASNI/X_3/SPARC DBMS 研究组所建议的数据库三级模式之一。与内部模式(定义数据库的物理结构)、概念模式(定义数据库的整体逻辑结构)不同，外部模式定义数据库应用程序员所见到的那一部分数据的逻辑结构。外模式也称"子模式"或"用户模式"，它是用户的视图范围的数据库子模式，亦即是用户所见到的模式。外模式由概念模式推导而出，概念模式给出了系统全局的数据描述，而外模式则给出每个用户的局部描述。一个概念模式可以有若干个外模式，每个用户只关心与他有关的模式，这样可以屏蔽大量无关信息且有利于数据保护。参见 conceptual schema，internal schema。

external schema description language 外部模式描述语言 在数据库系统中，指用来定义和描述数据库外部模式的语言。用户使用它可以定义所用的局部逻辑数据结构，描述数据的特性、字型子句、记录以及数据集等。

external searching 外部查找 从外部存储器中寻找所要的信息称为外部查找，以和在内存中查寻某种信息(内部查找)相对应。研究外部查找的目的在于如何减少外部存储器的存取时间和存取次数，以加快系统中信息的传输率。

external security audit 外部安全审计 由与组织机构无关系的人员进行的安全审计。

external sensor 外部传感器 一种测量机器人外部环境中的位移、力或其他变量的传感器。

external shield 外屏蔽 静电屏蔽时空腔导体不接地的屏蔽。由于外壳不接地，则外表面会产生与内部带电体等量的感应电荷，此时感应电荷的电场将对外界产生影响，这时空腔导体只能对外电场屏蔽，却不能屏蔽内部带电体对外界的影响，所以称为外屏蔽。参见 electrostatic shield，full shielded。

external signal 外部信号 计算机发给操作人员的报警信号。如计算机需调用某种外部设备而操作人员尚未把它接入系统时，控制台上相应的指示灯闪亮或者铃响。

external-signal interrupt 外部信号中断 允许外部设备信号中断程序并启动一子程序来为发出信号的设备服务。其方法是允许设备中的状态启动一个将程序控制转向一个服务子程序，而不需要等待主程序检查状态并启动子程序。

external sorting 外部排序 必须…借助外部存储器来完成的排序过程。

external statement 外部语句 FORTRAN 语言中的说明外部过程名字的语句。

external storage 外存储器，外存 计算机主存储器之外的数据存储媒体。同 external memory。

external subroutine 外部子例程 在 FORTRAN 语言中，在引用它的程序段之外定义的子程序。即以 subroutine 开始，用若干 FORTRAN 语句定义的子程序。

external switch 外部开关 在 COBOL 语言中，一个硬件或者软件设备，由实现者定义和命名，用于表示存在若干交替状态。

external symbol 外部符号 (1)某个特定的程序模

块里定义或引用的一种控制节名、入口点名或外部引用名。(2)外部符号词典中的一种符号。(3)在汇编语言中表示外部引用的一个符号。(4)在C, FORTRAN和Pascal语言中,一个入口点名字或者外部变量,在一个特别模块中或者程序中定义或者访问。(5)与一个对象或者装入模式有关的控制信息,标识模块中的外部符号。

external symbol dictionary 外部符号词典 与目标模块或装入模块有关的全部控制信息,用以识别模块中的外部符号。

E

external variable 外部变量 (1)一个在另一个编译单位中可访问的变量。参见 compilation unit。(2)在Pascal中,一个在调用函数、过程或程序的词法范围外部的变量。

external writer 外部写程序[书写器] (1)某些操作系统中的一种例行程序,将系统输出引导到系统未支持的设备上,如单元记录打印机和穿孔机、磁带设备、直接存取存储设备和绘图仪等。外部写程序在需要时必须由操作员启动,一旦启动,外部写程序将通过子系统接口从JES3(作业调入子系统)的输出服务,请求输出数据集。(2)操作系统OS/VS2中的一种程序,能支持将sysout(系统输出)数据以多种方式写到作业输入子系统不支持的设备上去。

extinction angle 熄灭角 从流过臂的电流下降到零的瞬间起到臂的两端能承受断态电压的瞬间止的时间间隔,以电角度表示之。

extinction ratio (EX) 消光比 激光功率在逻辑"1"的平均功率和在逻辑"0"的平均功率之比。对于数字脉冲光发射机,消光比这个指标很重要,它定义为全"0"时平均光功率和全"1"时平均光功率之比。消光比的不足容易引起对码元的误判等一系列问题。

extrabold (xbld) 大黑体字印件 比一般铅字大、线条也较粗的铅字印件。

extracode 附加码,附加程序 用来增强机器软件能力的一组机器指令。它存放在操作系统内,有时也存放在只读存储器中,用来模拟硬件的一些功能。例如,用附加码可以为没有浮点运算硬件的机器提供浮点运算能力。

extra control (EC) lead 特殊控制(引)线 各电话交换中心为了控制服务范围,或者执行优先服务方式而使用的控制线。

extract 抽出,析取,摘录 (1)为了提取项目,遵循某种规则,从更大的一组项目中有针对性地去掉或复制项目。(2)抽出计算机字中的指定部分组成新字,如从一个32位中抽出第八、第九和第十位数。(3)从文件中摘出特定的项目。(4)用其他项的内容来代换某行数据内容的过程。

extracting 提取 从打包压缩的文件中取出文件。

extracting electrode 引出极 电子枪中的一个电极,位于阴极和阳极之间,对阴极处于正电位,用来引出从阴极发射出来的电子。

extract instruction 抽取指令 将一个表达式的选定部分抽出来形成一个新表达式的指令。例如将一个8位数据字的第一、第二、第五和第六位抽出来,组成一个新的数据字,这是一种典型的抽取指令。

extraction 抽取 同 extract。

extraction design method 析取设计法 一种手工式的数据库设计方法。它从所有已知的和预测的处理过程(事务、查询、报表等)中,析取尽可能多的结构特性(如实体、相互关系、约束等),并以完备的、一致的及无冗余的方法去描述所有处理过程及某个特定应用的处理进程,以分别获得概念模式和子模式。析取设计法包括结构(静态)特性设计(设计实体、属性、相互关系、域和约束、产生一个模式)、行为(动态)特性设计(设计数据库查询、事务和报表处理过程)、物理设计(在具体的数据库管理系统环境上实现模式和过程)、演变及视图推导等。

extraction indexing 摘录标引 自动标引的最一般形式。一份机器可读式的文件由计算机扫描,并摘录出一些词,这些词按照规定的方式被写成摘录程序。一般情况下这一程序直接指示计算机摘录那些出现最频繁的词或词组,同时使用非用词表来限制一般的非实体词。参见 automatic indexing。

extraction instruction 抽取命令 同 extract instruction。

extractor 析取字,抽取字 用来规定对另一计算机字进行析取的计算机字。

extra data unit 附加数据单元 同 added data unit。

extra expense 额外开销 在业务连续性计划(BCP)实施恢复策略和降低损失过程中所需的额外成本。例如,将存货转运至替换站点以避免更大的损失所需的开销,重配生产线成本及超时开销等。

extra-high voltage (EHV) 超高压 用于电力传输的高于345 kV的电压。

extra-low voltage 特低电压 当日用电器运行在额定电压时,来自电源的电压及电器内导线之间、导线与地之间的电压不超过42 V,对三相电源则导线与中线之间不超过24 V。特低电压电路仅由基本绝缘与其他电路隔离。

extraneous conductive part 外部导电部分 不属于电气装置,一般是水、暖、煤气、空调的金属管道以及建筑物的金属结构。外部导电部分可能引入电位,一般是地电位。

extraneous response 额外响应 接收机、记录器和其他易感应仪器,由于所需信号、非所需信号或它们间的组合或相互作用引起的不需要的响应。

extranet 外联网 使用因特网技术,为企、事业单位对外部企、事业单位进行业务联系与信息交流而建立的专用网。外联网通常与企、事业单位的内联网相隔离，以及使用防火墙等安全措施，以防止无权用户的访问。参见 Internet。

extrapolation 外推法 从已知在某一给定域的函数关系，求得在此域外的函数值的方法。若已明确域外仍服从域内的函数关系，则是其外延，此时外推就是简单可行的。但是很多情况下不满足此条件，就需要假设一些补充条件，因此外推的结果就有置信度的问题。在时间域中，外推就成为预测。

extra-pulse 额外脉冲 一个在记录时或者读取时发生的不容许的额外脉冲。

extraterrestrial noise 地球外噪声 来自与地球无关的一些源的宇宙噪声、太阳噪声、无线电噪声和其他电噪声。

extreme close-up 大特写，超近景 在多媒体应用程序中，一个在摄像机接近被摄物时获得的镜头，用于拍摄局部特征。参见 close-up。

extreme long shot 超远距，长焦距 在视频制作中，一个照相机用长焦距从远处拍摄的镜头。

extremely high frequency (EHF) 极高频 通信中，指无线电频谱中 30 000 ～ 300 000 MHz 的频带。

extremely low frequency (ELF) 极低频 无线电频谱中频率为 30 ～ 300 Hz 的频带，其对应波长为 10 000 ～ 1 000 km，此波长范围也有时称为超长波。

extremely low frequency communication 极低频通信 由极低频电波传播的无线电通信。这个频率范围上的电波穿透海水的能力比超长波更强，常用于地面电台与水下潜艇的通信。为了满足远距离传输的功率需要，通常采用超大功率发射机和长达数百公里的埋地天线。因为它的通频带很窄，所以只能以很低的速度传输信息。

extremely low frequency emission 极低频辐射 由工作于极低频的电器产品(包括计算机，特别是 CRT 显示器)产生的电磁辐射。这种电磁辐射对身体健康有一定影响。

extreme programming (XP) 极限编程 是由 Kent Beck 在 1996 年提出的新的软件开发观念。希望能使软件开发更加简单而有效。XP 是一个轻量级的、灵巧的软件开发方法；同时它也是一个非常严谨和周密的方法。它的基础和价值观是交流、朴素、反馈和勇气；即，任何一个软件项目都可以从四个方面入手进行改善：加强交流；从简单做起；寻求反馈；勇于实事求是。XP 是一种近螺旋式的开发方法，它将复杂的开发过程分解为一个个相对比较简单的小周期；通过积极的交流、反馈以及其他一系列的方法，开发人员和客户可以非常清楚开发进度、变化、待解决的问题和潜在的困难等，并根据实际情况及时地调整开发过程。这里的“极限”是指，对比传统的项目开发方式，XP 强调把它列出的每个方法和思想做到极限、做到最好；其他 XP 所不提倡的，则一概忽略(如开发前期的整体设计等)。具体包括：极限的工作环境、极限的需求、极限的设计、极限的编程、极限的测试等。XP 一般适用于需求不确定、变化快，项目历时短(通常半年内)，开发人数不超过 10 人、在同一地点工作的团队。

extremity routine 端点例程 用于一新磁带启动，或当一卷文件到达卷末时使用的例程。在多盘装载的磁带文件存取中，当一个磁带盘到达末尾时，用于处理与后续盘接续事务的例程。末端例程由操作系统提供，并且还可用于新磁带的初始化。若所有磁带文件都由操作系统自动建立，并且不使用闭型或开型区功能，这些例程就不必在内存中保存。此例程的作用，是执行与磁带文件有关的内务操作，并且提供与正在运行的程序有关的信息。

extrinsic coupling loss 外部耦合损耗 在光纤系统中一种非光纤固有属性引起的损耗，如由于两根光纤端面接触不好、角度有偏差或轴向未对准等引起的损耗。

extrinsic evolutionary hardware 外部演化硬件 根据对染色体评价的方法而划分的演化硬件的一种类型。中间代码染色体不下载到硬件，而是采用软件仿真的方式对每个染色体的适应性进行评估，直到演化过程结束，才将适应性最好的染色体下载到硬件。比较 intrinsic evolutionary hardware。

extrinsic joint loss 外部连接损耗 同 extrinsic coupling loss。

extrinsic properties 非本征特性 由晶体内部的杂质或缺陷引起的变化所形成的半导体特性。

extrinsic semiconductor 非本征半导体 一种半导体，已经向其中加入受主杂质(或施主杂质)，从而在对它通电加压时，可以使它的自由电子或空穴显著增加。比较 intrinsic semiconductor。参见 doping, negative-channel metal oxide semiconductor (NMOS), n-type semiconductor, positive-channel metal oxide semiconductor (PMOS), ptype semiconductor。

EXTRN 外部引用 external reference 的缩写。

extrusion 拉伸 在计算机图像中，用向第三维拉伸二维图形形状以建立三维形状的过程。

eyeball character 可见[眼球]字符 缩微胶卷上的影像可以被肉眼看见的属性。

eye-brain system 眼脑系统 利用传感器观察周围环境的事物，并能对所见事物进行识别与分析，甚至做出适当反应的智能系统。

eye control mouse 眼控鼠标 一种利用光学原理和眼部动作替代鼠标输入的技术，如眼睛转动控制鼠标移动，眨眼控制鼠标击键。

eye coordinate system 眼睛坐标系 在计算机图形学中，模拟人的视觉习惯建立的一种三维坐标系统，也称“左手笛卡儿系统”。它是以观察者的眼睛作为坐标原点，垂直于屏幕的方向作为 Z 轴的一

E

种三维坐标系。

eye diagram 眼图 示波器屏幕上所显示的数字通信符号，由许多波形部分重叠形成，其形状类似“眼”的图形。“眼”大表示系统传输特性好；“眼”小表示系统中存在符号间干扰。同 eye pattern。

eyedroper 吸管 图形或图像处理软件中，用来从已有图像中获取颜色的一种工具，形状为一个眼药水瓶。用户选择此工具，光标即变成吸管形状，将其移到图像中的某处并点击，可从图像中吸取该点的颜色，指定其作为前景色，然后利用其他的绘图工具以此颜色绘制图形，或者为指定区域填充颜色。如果在点击的同时按下 Alt 键，则可把吸取的颜色作为背景色。

eye-gaze 视线跟踪 一种计算机输入技术，跟踪操作者的视线。

eye-hand machine 眼手机器 具有视觉系统和机械臂，能观察外界事物并做出反应，在计算机控制下完成某些规定动作的机器人。

eye pattern 眼图 一种示波器上用来观察信号特性的显示画面。数字信号经传输后，由于示波器扫描速率的影响，在示波器上显示出类似人眼的波形圈，眼睛张度越大，信号质量越好，反之说明码间串扰越严重。

eyephone 眼视仪，眼屏 美国 VPL 探索公司于 1989 年推出的头戴式显示器，应用于虚拟现实系统。它是一种带有两个微型彩色液晶显示屏幕的眼镜，像素数可达 720×480，视角为上下 83°、左右 58°。每个屏幕均可单独显示图形，使观察者的两个眼睛分别看到不同的图形，并且将其余的视场对外界封闭，以产生真正具有立体感的观察效果。当观察者转头时，看到的是相应视野范围的图像。

eye space 眼睛空间 同 eye coordinate system。

E-zine 电子期刊 electronic magazine 的缩写。

E1 standard E1 标准 也称“CEPT 1”，欧洲邮电管理委员会(CEPT)使用的 2.048 Mbps 速率标准，传输 30 路 64 kbps 数字通道进行音频和数据传输，以及一条 64 kbps 信令通道和一条 64 kbps 的成帧和维护通道。

E.164 standard E.164 标准 一种公共网络地址标准，使用最多 15 位。ATM(异步传输模式)使用 E.164 地址进行公共网络寻址。

E2 电子娱乐 electronic entertainment 的缩写。

E3 电子娱乐博览会，E3 大展 electronic entertainment Expo 的缩写。

E3 standard E3 标准 也称“CEPT 3”，欧洲 CEPT 载体使用的 34.368 Mbps 速率标准，传输 16 路 CEPT1 通道以及相应的开销。

E911 增强型 911 服务 一种自动向 911 紧急呼叫中心提供呼叫者的地理位置和移动电话号码的服务。美国联邦通信委员会(FCC)的无线 E911 规范旨在通过向紧急救援人员提供准确的地点信息(距呼叫者的实际距离在 50 ～ 100 m 之内)，提高无线 911 服务的效率和可靠性。

F

F (1)华氏温标 Fahrenheit 的缩写。(2)法拉，电容单位 farad 的符号。

FA (1)频率捷变 frequency agility 的缩写。(2)失效告警 failure alarm 的缩写。(3)全加器 full adder 的缩写。(4)外地代理 foreign agent 的缩写。

FAB 业务提供、保障和计费 fulfillment assurance billing 的缩写。

fabric ribbon 编织色带，打印带 击打式打印机上使用的一种编织带，以化学纤维纺织物为带基，上面涂有油墨的色带，装在特制的色带盒中。

Fabry-Perot fiber optic sensor 法布里-珀罗光纤传感器 法布里-珀罗光纤传感器用来测量短距离或可变的距离。这里光纤的两端制成反射性的，这样当在光纤中加入了一个单色光(即窄谱带的光)时，当一端相对于另一端有移动时就会产生一个与相对运动成比例的光信号输出到光探测器。

Fabry-Perot interferometer 法布里-珀罗干涉仪 一种高分辨率的多束干扰仪，包括两块平行的透明光学平板(如玻璃板或石英板)，两块板之间有一小段固定距离。板式干涉仪相邻的表面利用一层特殊的涂层(如一层镀银薄膜或多层介质涂层)进行近似全反射。

Fabry-Perot sensor 法布里-珀罗传感器 一种高分辨率的多束干扰传感器。有两块相距较近的平行透明光学平板，板的表面利用一层特殊的涂层(如一层镀银薄膜或多层介质涂层)，使之近乎全反射。当一块相对于另一块运动时，将光波射向板时就会出现干扰图形，此干扰图形可用于测量出板间的相对位移，或当板是固定的情况下，用来分析光波的谱线成分。

FACCH 快速随路控制信道 fast association control channel 的缩写。

face 字型[样]，表面 (1)关于形象字符的术语，用于称呼字模的类型或字体(如黑体字形，"OCR"字形)。(2)由曲边所围起的平面图的连通部分，也称"区域"。(3)在几何和计算机图像中，指一个固体的表面。

FACE 现场可变控制元件 field alterable control element 的缩写。

face bond 面接合 一种芯片安装方式。直接在面朝下的半导体芯片焊接区与安装衬底上的配合接触之间形成的接合。

Facebook 脸谱网 是一个社交网络服务网站，于 2004 年 2 月 4 日上线。脸谱网当时是美国排名第一的照片分享站点。随着用户数量增加，脸谱网逐步扩展到互联网搜索、广告、支付等领域。

Facebook markup language (FBML) Facebook 标记语言 是 HTML(超文本标记语言)的子集。

face chromatic number 面色数 用多种颜色对平面图 G 的各面进行着色，在满足任意两相邻面均着有不同颜色的条件下所需的最少颜色数。任意两相邻面颜色不同的一种着色称为 G 的正常面着色。

faceplate 荧光屏，面板 (1)对图像进行观察或投影所经过的阴极射线管的透明玻璃面。荧光屏的表面涂以受电子束轰击时便发光的荧光化学材料。(2)一种装在墙上或地板上的接插板，用于将数据信号或音频信号连接器连接到电缆系统上。

face recognition 脸面识别 通过脸部特征识别人的能力。人脸是比对人体特征的最有效的分辨部位。识别的特征有眼、鼻、口、眉、脸的轮廓(头、下巴、颊)的形状和位置关系，脸的轮廓阴影等都可利用。目前的人脸面识别方法可以分为两种：基于局部特征的和基于整体特征的。基于局部特征的人脸面部表情识别是利用每个人的面部特征(眉毛、眼睛、鼻子、嘴巴和面部轮廓等)的位置、大小及其相互位置的不同进行特征提取，达到人脸面部表情识别的目的。基于人脸整体特征的识别是从整个人脸图像出发，提取反映整体的特征以实现人脸面部表情识别。目前一种能够从经验中学习的神经网络技术，能够从经验中学习并且区分外貌不同时的同一个人，如戴不同眼镜、发型的改变和不同季节时皮肤颜色的改变。

facet 刻面 对领域进行分析所得到的一组基本的描述特征。刻面可以描述构件执行的功能、所操作的数据、构件应用的环境或任何其他特征。

faceted classification 面分类法，刻面分类 (1)面分类法是把给定的分类对象，依据其本身固有的各种属性，分成相互之间没有隶属关系的面，每个面都包含了一组类目。将某个面中的一种类目和另一个面中的一种类目组合在一起，即组成一个复合类目。面分类法克服了一般分类法庞大而不灵活的缺点，更加适合计算机的应用。若干个面在计算机内可以组成矩阵，建立有效的存储，还可以用链索引相关联。(2)一个刻面描述构件某一个方面的特征。刻面分类则是从不同的侧面对构件进行分类，如从构件的应用领域、构件所描述的对象、构件的观点和编程语言等不同的方式来分类，每一种分类方式称为一个刻面。每个刻面把构件集合划分为一个子集，各刻面所划分的子集形成一些较小的交集。不同的刻面根据其重要性可以设置不同的优先级。

faceted code 方面代码 一种编码结构，代码中每一位表示与该数码所代表的对象有关的一个具体方面。如第一位数字可以代表材料的类型；第二位数字代表材料的形状(断面);第三位数字代表材料的尺寸。

facet erosion 面磨损 激光二极管中的一个现象,其镜面反射率的降低削弱了内部量子效应,增大门限电流。

FACH 前向接入信道 forward access channel 的缩写。

facial animation parameter (FAP) 人脸动画参数 MPEG(活动图像专家组)-4 制定了一整套人脸模型化描述方法,包括用于定义人脸模型的面部定义参数(FDP)和一组用于定义人脸面部动作的人脸动画参数(FAP)。其中 FAP 一共有 68 个参数,包括两个高级参数和 66 个低级参数。高级参数是视位和表情,视位分为 15 个,分别表示人们发某一音时的面部动作;表情分为高兴、悲伤、愤怒、害怕、厌恶、惊奇六种。66 个低级参数用来控制部分 FDP 特征点的运动,进而形成各种复杂的人脸动作。这些标准的制定极大地推动了参数控制合成方法的发展,使这种方法在人机交互、计算机网络交谈、游戏动画等方面得到广泛的应用。参见 text to visual speech (TTVS), facial define parameters (FDP)。

facial define parameters (FDP) 面部定义参数 人脸模型的面部定义参数通过对人脸上 84 个特征点的位置信息来定义人脸模型,这些点不仅包括外表看得见的人脸特征点,还包括了舌头、牙齿等口腔内器官的特征点。参见 text to visual speech (TTVS), facial animation parameters (FAP)。

facilities library 程序库 由生产厂商提供,能完成公用作业的通用软件库。用户可以在库中增加一些常用的程序。程序库中的程序利用宏指令可以方便地汇编成目标程序。

facilities management 设备管理 操作系统的一个重要组成部分。其基本任务是控制 I/O 设备的工作,完成用户所希望的 I/O 操作,减轻用户编程序的负担。其次是按照一定的算法把某 I/O 设备分配给对该设备提出请求的进程,以保证系统有条不紊地工作,从而充分有效地使用种类繁多的 I/O 设备,尽可能提高它们并行操作的能力。

facilities request signal 设施请求信号 选择信号中指明所需设施的部分。

facility 功能,机制,设施,设备 (1)一种业务处理能力,或为提供这种能力而采用的手段。(2)可用于数据处理和数据通信的设备、装置、线路和软件。(3)在开放系统互连(OSI)系统结构中,指定层中提供的一部分服务。

facility assignment 设备分配 为满足所选定作业的设备需求而进行的主存储器和外部设备的分配。程序执行时有一张表格包括所有可分配的设备,这张表格要不断进行修改,以反映对新选定作业的设备分配以及在作业运行期间和运行结束时释放设备的情况。

facility digital management 设施数字化管理 一种楼宇自动化管理系统,它将建筑及社区内的机电设备供电的暖通空调运行监控集成在统一的网络化综合设施管理平台上,构成楼宇管理系统。通过建筑及社区内集中和分布的机电设备运行监控管理中心(包括远程设备运行监控管理中心),实施对机电设备的运行状态与故障报警进行监视,报警确认,操作控制,设备运行状态和故障报警信息的记录与查询。

facility grounding system (FGS) 设备接地系统 电气上相互连接的导体和导体元件构成的系统。它提供多条电流通路到接地电极,同时它包含地电极子系统、雷电保护子系统和容错子系统等。

facility request separator character 设备请求分隔符 选择信号的设备请求信号中,用来分隔不同单个设备请求信号的字符。

facsimile (FAX) (图文)传真 能够传送各种书信、文件、图表和照片等静止图像的一种通信方式。文本或者图片通过电话线路以数字形式传输。传统的传真机对文档进行扫描,用位图点阵的形式传输信息。在配备传真硬件和软件的微机中也可以发送和接收传真。

facsimile bandwidth 传真带宽 在一个给定的传真系统中,图像传真信号的完全传送需要的最高频率和最低频率之间的差值。

facsimile communications 传真通信 一种信息传输技术,由发送机对照片、图表或其他静态的图形资料扫描,然后把它们转换成信号波,再通过导线或无线电传输到远地,最后由收信方的传真接收机来恢复其原形。

facsimile converter 传真转换器 一个传真接收机中的组件,用来将信号调制从移频键控(FSK)转变为幅度调制(AM),或从幅度调制(AM)转变为移频键控(FSK)。

facsimile data compression 传真数据压缩 在发送前去掉传真图像信号中的冗余,目的是要减小发送传真时需要的带宽。

facsimile document system 文档传真系统 能够通过普通电话线路自动发送和接收文档的系统。许多系统还能自动编辑文档、选择速度和分辨率。文档传真系统与其他传真系统兼容。

facsimile frequency shift 传真频移 频移传真系统中的任何时刻,对应白信号的频率和对应黑信号的频率之间的数值差。传真频移通常用赫兹表示。

facsimile functions 传真功能 个人计算机的传真功能,需要一个具有传真功能的调制解调器。如果想要发送手写便条,还需要一个扫描仪;为了控制该调制解调器,还需要专门的传真软件。例如用微软 Windows 的 Exchange 程序来接收传真,该传真就被存储为一幅图像,然后可以在屏幕上观看或者打印出来。如果想要发送一封传真,最简单的方法是将传真调制解调器按照一种类型的打印机来安装。如果想要传真一封信,可以在文字处理软件中输入这封信,并且选择文件/打印菜单选项,就会看到一般的打印机与传真调制解调器列在了一起,然后选择传真调制解调器,就会要求输入收件者的传真机电话号码。

facsimile signal level (FSL)　传真信号电平　在传真系统内任一点上所测得的、经扫描主体拷贝而产生的最大信号功率或电压的一种表示。根据系统使用正调制还是负调制,此值分别对应图像的白色或黑色。电平单位可用相对于某标准值,例如可用 1 mW 或 1 V 的分贝值表示。

facsimile storage and forwarding　传真存储转发　把要传送的传真信息接收下来,存在存储转发设备中,经过必要的变换和处理,待有空闲电路或需要时,再发送出去的一种信息交换方式。

FACT　全自动编译技术　fully automatic compiling technique 的缩写。

fact base　事实库　产生式系统的三个基本组成部分之一,用于存储有关问题的状态、性质等事实的叙述性知识。也称"综合数据库"。参见 fact database。

fact clause　事实子句　没有体的规则子句,无条件成立的事实,又简称为事实,也称"单位子句"。

fact correction　事实校正　利用数据元、数据项或数据代码的处理和识别方法,分析和确定文件中数据的显式关系和隐式关系,以进行语言分析和自适应学习,这一过程称为事实校正。事实校正用于事实检索而不是文献检索。

fact correlation　事件相关　语言分析和自适应学习的全过程。它采用数据元、数据项或数据代码的处理与识别去检查和确定文件数据内部和外部的关系,即以事件为存取对象,而不以文件说明为存取对象。

fact documentation　事实文档工作　也称"直接文档工作"。为用户提供有关事实的数据的文档工作。

fact information　事实情报　关于事实、知识的情报。

fact information retrieval　事实情报检索　从某一事实资料库中查找出能够回答该情报提问的事实记录的过程。其检索的内容是事实情报,而不是图书资料。它与数据检索相似,但在处理方式和输出结果上不一样。这种检索带有很强的逻辑推理功能。

factor　因子,因式　(1)用作乘数的数。选择因子时应使一组量在给定的数值范围之内。(2)一种在运算中使用的字段名、常数、文字、子例程名、标号、显示名或者文卷名。参见 equivalent-binary-digit factor, multiplier factor, relocation factor。

factor analysis　因数[子]分析　用于研究数值的意义以及值与值之间相互关系的数学方法。给定一些线性相关变量的集合,因子分析方法研究的是相对于其他集来逼近各个集的技巧。通常这些变量都是数。

factory automation　工厂自动化　从设计、生产到管理过程一体化的自动化工厂。工厂自动化的最高形式是无人工厂,即工厂中的一切活动都由电子计算机和自动控制系统来操纵。但有人认为完全无人管理生产是不现实的。目前较现实的看法是在微电子为中心的计算机技术支持下的先进自动化系统,即数控机床+自动装置+计算机辅助设计和辅助制造(CAD&CAM)+计算机辅助管理(CAM)等。

factory-wide management information system (FMIS)　工厂管理信息系统　在工厂内用于提供信息的多个功能性信息子系统的连接,帮助管理者完成工作。

fact record　事实记录　描述某些事实或综合某些知识的记录。

fact retrieval　事实检索　情报检索的一种类型。广义的事实检索既包括数值数据的检索、算术运算、比较和数学推导,也包括非数值数据(如事实、概念、思想、知识等)的检索、比较、演绎和逻辑推理。它要求检索系统不仅能够从数据(事实)集合中查出原来存入的数据或事实,还能够从已有的基本数据或事实中推导、演绎出新的数据或事实。事实检索要求系统中的数据和事实以自然语言或接近于自然语言的方式存储。不仅要存入各种数据或事实单元,还要存入各单元之间的语义关系、句法关系以及各种有关的背景知识,系统还必须具有一定的逻辑推理能力和自然语言理解功能。

factual database　事实数据库　一种存放某种具体事实、知识数据的信息集合。在对现实世界进行定性和定量描述或研究时,往往需要事实情报,如化合物的结构式或分子式,物质和材料的特性、指数、设备型号、地名等。为满足这一要求,把某一学科已知的事实数据搜集起来建成数据库,就是事实数据库。利用事实数据库可以查找已知事实,或判断未知事实。事实数据库需要有特殊的数据库管理系统(DBMS)。其 DBMS 必须具有自动识别、选择、解释和处理这些数据的能力,并能在一定程度上分析这些数据,抽取有用部分,删去无用部分,并能将关联的数据联系起来,给出有用的结果。

fadeout　衰落,淡入淡出　(1)信号强度的逐渐减弱。因磁暴、大气扰动或传输路径上其他状态引起的被接收无线电或电视信号的逐渐损失和暂时消失。(2)在多媒体应用中,改变视频或者音频信号的强度或者音量,称淡入淡出。

fading　衰落　由于传输媒体特性的变化而引起的无线电信号的场强变化,且通常是逐渐变弱。

fading distribution　衰落分布　信号衰落超过相对于规定基准电平的某个值的概率分布。在相位干扰衰落的情况下,当几个相等幅度的信号分量出现时,瞬间场强的时间分布大约是瑞利(Rayleigh)分布。场强通常是以伏特每米进行测量。衰落分布也可用功率电平表示,其测量单位通常是瓦特每平方米,以 dB 表示。

fading margin **衰落裕量[余量]** 通信系统设计中考虑提供足够的系统增益和系统灵敏度来适应预期的衰落,使得预期的衰落仍使信号维持高于规定的最小信噪比,确保在规定的时间内维持需要的服务质量。

F

FAHQT **全自动高质量翻译** fully automatic high quality translation 的缩写。

Fahrenheit temperature scale **华氏温标** 在华氏温标中,水的冰点为 32°F,沸点为 212°F,均指在海平面条件下。摄氏温度可由关系式 $F = 32 + 9C/5$ 转化为华氏温度,式中 F 指华氏温度,C 指摄氏温度。两种温标下,−40° 时的温度值相同。参见 Kelvin temperature scale, absolute temperature scale, Celsius scale。

fail **失效,出故障** 停止提供某一有效服务或功能。

fail safe **故障安全** 计算机系统或数据通信系统中发生故障或错误时,为了使系统不至于完全不能工作而采取适当的对策或措施称为故障安全。例如,执行中的程序如果发生错误,替代程序便会马上投入运行,从而使系统能继续运转。又如用备用设备自动切入或备用计算机接替工作,使得系统能继续运行,从而避免造成灾难性损失。参见 fail-safe system。

fail-safe control **保安控制** 一种设计成在任何情况下控制电路的故障都不可能引起危险状态的控制。

fail safe default **故障安全默认值** 计算机系统初始设置时选择的一组最安全的参数值,由 ROM BIOS(只读存储器基本输入输出系统)保存。如果计算机系统运行不正常,选择故障安全默认值可使系统能维持工作,但不能工作在最佳状态。如果在初始化时选择了故障安全默认值,在不正常因素消除后,需在设置菜单中手工选择其他选项。

fail-safe disconnect **故障安全断开** 在一些系统中,能使终端在发生异常情况时与传输线路断开,以保证系统无故障部分的安全。例如,当电子设备局部短路时,将短路部件与其他部分隔开,以避免整机电流超过规定值而造成线路过载。

fail-safe facility **故障安全设施** 对于可靠性要求很高的场合,如空中交通管制、宇宙飞行器等,应有能替换发生故障部分的后援备份系统,还需有失效与安全检查程序,用以检查设备的运行状况,并对失效的部分采取适当的措施,这种设备称为故障安全设施。

fail-safe operation **故障安全操作** (1)计算机系统的一种操作,在某部件发生故障的情况下,它可使信息遗失、设备受损及用户受害的可能性减小。(2)一种控制操作或功能,在电路故障或操作错误发生时,它阻止不适当的系统功能或灾难性的性能恶化的发生。

fail-safe sequential machine **故障安全时序机** 一种时序机。对于故障集中的每个故障,故障安全时序机不会在规定码空间输入时产生不正确的码空间输出。参见 self-checking sequential machines。

fail-safe system **故障安全系统** 系统在某一部分发生故障的情况下,通过故障安全措施还能继续工作,这样的系统称为故障安全系统。发上故障的情况下,系统的性能相对原系统而言可能有些下降。参见 fail safe。

fail soft **故障软化** 一个系统发生故障时,若能使发生故障的设备与系统隔离或切断,并能自动重新组织,使系统在其性能作相应降级的情况下继续运行称为故障软化。具有故障软化功能的系统称为故障软化系统。此时,系统的能力下降,要隔开有故障的设备。例如,磁盘出现问题,系统可以只允许读,禁止写操作,从而保护盘内数据不受破坏。在必要时,故障软化控制使得整个系统顺序切断并保护数据。

failure **故障,失效** (1)系统或设备在运行过程中出现了非期望的动作,或者没有出现所期望的动作。(2)产品在使用中由于自身质的变化导致产品丧失了预定的工作能力或其性能已劣化成不合格的状态。

failure access **失效访问** 在自动数据处理系统中,由于硬件或软件失效而引起的非授权或无意的数据访问。

failure analysis **故障分析** 为了鉴别故障的形式和故障发生的原因,检查电路元件或部件,以确定其性能变化超过预定范围的原因。

failure category **故障分类** 导致设备发生故障的原因分类,或者根据故障对设备正常运行影响程度对其所作的分类,如警告故障、严重故障、致命故障等。参见 error category。

failure control **故障控制** (1)在计算机安全中,使用检测的方法,提供安全的柔性的从信息系统的硬件或者软件故障中恢复的功能。(2)在信息系统中,用于查出硬件和软件故障,并提供恢复故障保护或故障弱化的方法。

failure criterion **失效标准** 也称"终点标准"。在老化试验(或功能性评定试验)中,对试样的某一项性能选定一个值,作为试样已失去了使用效能的标准。

failure data **失效数据** 因发生故障导致数据错误。同 error data。

failure domain **失效区域** 在令牌环网中,由包含在信标里的信息所定义的发生错误的区域。当一个工作站检测到网络的一个严重故障(如电缆断开)时,它就会发送信标帧,其中包含了报告失效的工作站的信息。参见 beacon。

failure-driven learning 失败引导学习法 计算机辅助教学系统中的一种组织课程的方法。学习者解题有误时,系统分析其错误、错误的策略和错误的概念,从而重新组织新的知识和新的组织结构。如果学习者没有找到问题的下一步解,或者在类似的情况下仍出现错误的话,系统就给出一些类似问题或解法,启发学习者。

failure exception mode 故障异常模式 进程选择的一种执行方式,以指明作为一个系统服务调用的结果。如果发生了错误的话,进程希望产生一个异常条件。对系统服务通常的方式是返回进程必须测试的出错状态码。

failure fraction automatically switched 故障自动转换率 一个通信系统,在一个指定的测量周期中,直接由自动交换转移到另一个组件(如另一通道、线路或数据终端设备)的故障数目与故障总数之间的比率。

failure initial 早期故障 一种器件、设备或系统由于设计制造上的缺陷而引起的故障,通常在使用初期便能暴露出来。为避免使用时出现早期故障,一般电子器件都按规定标准在出厂前进行高低温循环、高温储存、高温电老化等筛选及条件苛刻的可靠性试验,以淘汰早期可能失效的器件,使出现早期故障的可能性减至最小。

failure logging 故障记录 监督程序的维护部分在检查出机器故障或程序错误后记录的系统状态。这种记录有助于维护人员诊断间歇错误。

failure node 失效节点 在语义树中,如由起始节点至某节点的模式不满足子句集,但由起始节点至该节点的父节点的模式却满足子句集,则称该节点为失效节点。

failure prediction 失效[故障]预测 一种预先确定某些部件或设备的失效期的技术。借助此技术可以在失效前更换部件或设备,从而提高系统的平均故障间隔时间。设备或部件从正常到失效之间通常都有一个过渡时期。在这个时期的部件,在正常条件下能正常运行,在强化条件下就不能正常运行。采取某些措施(如电压或电源的拉偏测试)就能测出进入过渡时期的部分。

failure rate 失效[故障]率 (1)失效数与给定测量单位的比例。例如,每单位时间的失效次数,若干次事务处理中的失效次数,若干次计算机运行中的失效次数。(2)机器设备在一段时间内出现故障的时间与总的时间之比。它是设备可靠性的一种量度,可用来估计设备的平均寿命。参见 mean time between failure。

failure ratio 失效比 在可靠性模拟中,给定类别程度的失效数与给定时间之比。

failure recovery 失效[故障]恢复 系统失效后又回到可靠运行状态的过程。

failure time 故障时间 设备或系统因出现故障而不能工作的时间。

failure tolerance 失效容限 计算机运行过程中对失效故障的容忍程度。参见 fault tolerance。

failure transparency 故障透明性 分布式数据库的一个设计目标,它可以保证每个事务的所有操作都被提交或者都没有被提交。

fair arbitration 公平仲裁 对于公平仲裁,总线上的时间划分成相等的间隔,在一个间隔开始,每个节点设置允许仲裁标志,在间隔中,每个节点可以竞争总线。一旦节点获得总线权,重新设置允许仲裁标志,并在此间隔中不能再竞争。这种方案使仲裁比较公平,避免了一个或多个忙的高优先级设备独占总线。比较 urgent arbitration。

fair non-repudiation protocol (FNP) 公平非抵赖协议 是为了各种有价电子数据公平、安全地交换所设计的安全协议。FNP 通过为收发方生成不可辩驳的电子证据,保证电子数据的交易方不能否认在交易中曾发送或收到过某消息,从而迫使交易方对其行为负责,避免了非面对面的电子交易中可能产生的抵赖纠纷。

fair queuing (FQ) 公平排队 通过限制每一个主机只能占有等量的网关带宽来控制网关的阻塞。公平排队不区分小型或大型主机,也不区分主机活动连接的多少。因此从这个意义上说,公平排队其实并不公平。

fair use 合理使用 一种法律条文,描述合法地使用正版软件或其他出版物的范围。原来主要用于著作权领域,指在特定的条件下,法律允许他人自由使用知识产权人的权利标的,而不必征得权利人的许可,也不必支付任何代价。合理使用主要包括商品或服务的叙述性合理使用和被提及的合理使用两种。参见 descriptive fair use, nominative fair use。

fair-weather electric field 晴天电场 由于地面带负电荷,大气带正电荷而产生的指向朝下,强度约 130 V/m 的正常状态大气电场。参见 atmospheric electric field, disturbance-weather electric field。

fake root 假的根目录 功能如同根目录的子目录,用于较早的网络,这些系统的应用程序必须安装在根目录下。

fallback 低效运行,降速 (1)在正常运行方式下,系统遇到某些故障时而进入另一(通常是受更多限制的)运行方式。例如,冗余系统使用后备模块的运行状态。(2)调制解调器协议中的一个特性,当不能正确传输数据(如由于线路的噪声太大)时,两个调制解调器之间可以使用较低的速度进行连接。参见 fall forward。(3)ATM(异步传输模式)网络中,降速机制用来觅得一条路径,如果它不能用常规方法找到一条的话，该设备放宽对某个特性的要求(如延迟)，以便找到一条需求的路径。

fallback data rate **低效运行数据速率** 在数据通信过程中，当高速率传送出现过多的错误时，可由DTE(数据终端设备)自动降低速率而设置的一个数据传输速率。

fallback procedure **低效运行过程** 一个用于防止设备故障的过程。低效运行过程可提供降级服务，包括可切换到另一台计算机或不同的输出设备上。

fallback recovery **低效运行排除** 在消除低效运行的原因之后，系统从低效运行方式重新恢复到原来的运行方式，这一过程称为低效运行排除。

fallback system **备用系统** 作为主系统的备份的任何一种硬件和/或软件系统。正常情况下只有主系统工作，一旦主要系统出现故障，就可以立即切换到备用系统。

fall forward **升速** 调制解调器协议中的一个特性，当不能正确传输数据(如由于线路的噪声太大)时，两个调制解调器之间可以使用较低的速率进行连接。如果线路状况得到改善，调制解调器可升速到较高速率。参见 fallback。

falling characteristic **下降特性** 输出电压随电流增大而降低的负载特性。比较 rising characteristic。

fallout **失效** 在系统老化过程中元件发生的故障，特别是指在出厂前的检验中发生的故障。参见 burn in。

fallout ratio **错检率** 情报检索系统性能之一。通常有两种表示方法：其一，为用户检出的文献中无关文件与有关文件和无关文件两者之和的比；其二，检出无关文件与系统中所有无关文件的比。正确的检索，检出无关文件个数应为零。

fall time **下降(沿)时间** 电路的电流或电压的输出从其最大幅度的90%下降到10%所需的时间。

false add **无进位加** 不产生向高位进位的加法。

false clocking **假时钟** 假时钟是指时钟越过阈值无意义地改变了状态。通常由于过分的下冲或串扰引起。参见 threshold。

false code **非法[禁用]代码** 产生非法字符的代码。

false contouring **假轮廓** 在数字图像处理中，当取样灰度等级减少时，相邻两个灰度等级的差别就增大，图像明暗的过渡区逐渐由连续变化转化为阶梯变化，从而出现一些明暗分界线。这些分界线和原来图形轮廓相混，称为假轮廓线。

false drop **误查[检]** 情报检索系统中查出了与所检索的主题无关的内容，而有关的却未查出来称为误查。

false error **虚假错误** 未发生错误时出现了错误信号，称为虚假错误。

false firing **误通** 电子器件在不应导通的瞬间开通的现象。

false floor **活动地板** 计算机机房等场地专用的可方便灵活拆装的块状架空地板。安装活动地板便于计算机设备的大量电缆在活动地板下边铺设，也便于通风冷却(有的计算机设备需要冷风从地板下直接上到设备中进行冷却)。活动地板规格一般有500×500 mm^2 和 600×600 mm^2 两种和木质、铝质、钢质及水泥玻璃复合材料等类型，以及普通型和防静电型两种技术特性指标。同 raised floor。

false key **伪关键码** 任一关键码通过一固定的杂凑函数变换成一个定长的二进制数串，此串既不是原来的关键码，也不是地址，故称为伪关键码或称为伪地址。

false lock **误锁定** 时钟由锁相环路控制并锁到一个不正确的频率或不适当的相位。

false retrieval **误检索** 不是采用确切的库检索主题，而是采用与库检索主题的模糊关系对库进行的一种检索。误检索有时是由于使用了自动检索法而导致的一种错误结果。

false statement **假命题** 布尔代数中真值为零的命题。

false synchronization **假同步** 在数字通信中，如果发送端未发出群同步码，而接收端却错误地认为收到了群同步码，这种现象称为假同步。为了防止假同步，应对群同步码采取保护措施。

false triggering **误触发** 由于触发系统的故障原因，电路在不应导通瞬间触发导通的现象。

FAM (1)快速存取内存[存储器] fast access memory 的缩写。(2)模糊联想记忆 fuzzy associative memory 的缩写。

family chip **系列芯片** 按同一设计思想生产的若干不同型号的集成电路芯片。例如 Intel Pentium 系列微处理器芯片。

family computer **系列计算机** 由同一厂家按有继承性的思想设计并生产的不同型号的计算机。新型号通常是在旧型号机器的基础上改进而成的，具有较好的兼容性。现代大型计算机生产厂家基本都采用这种方法进行计算机生产，可以减少系统设计工作和用户学习的难度，还可以使原有的系统软件和应用软件资源得到有效利用。

family name **族名** 组织 true-type 字体的两个属性之一，它包括：Courier New，Arial 和 Times New Roman。另一个属性是风格名。

family-of-parts programming **零件系列编程** 一种利用CAD/CAM(计算机辅助设计/计算机辅助制造)系统设计新零件的有效方法。利用这种方法，设计人员可以通过对已有零件或装配件作少量的修改来定义新零件，而不需要从勾画草图开始设计。当设计人员选定所需要的参数后，零件系列程序就可以自动生成相应的新零件，从而节省大量的时间。

FAMOS 浮栅雪崩注入型金属氧化物半导体 floating-gate avalanche-injection metal-oxide-semiconductor 的缩写。

fan 风扇 向热敏感设备上吹凉风，或者在计算机机箱里吹环流凉风的电气设备。当前的计算机机箱里通常有两个风扇：一个粘在微处理器芯片顶上，以冷却微处理器；而另外一个更大的风扇则安装在计算机机箱背后，向计算机里的部件吹环流凉风。

FAN 光纤接入网 fibre access network 的缩写。

fan beam 扇形波束 一种雷达波束的辐射形式，它在两个笛卡儿坐标的方向上很宽而在第三个方向上很窄，通常用于搜索雷达。扇形波束的一个例子是一束波的垂直面上覆盖面大而水平面上覆盖面窄，这个扇形波束围绕一个垂直轴旋转，即水平扫描。

fan beam antenna 扇形波束天线 一种定向天线所产生的一个主波束，该波束在任何横向截面上主尺寸对副尺寸的比例都很大。

fan-in 扇入 (1)可以与数字逻辑门连接的最多输入端数。(2)在人工智能领域中，搜索空间中可与某一节点产生联想的所有节点的数目。(3)在具有层次结构的信息系统中，一个软件模块能接纳的不同调用方向的个数，即能调用此软件模块的上级模块数目。

fan-in circuit 扇入电路 有许多输入公共点的电路。比较 fan-out circuit。

fan-in ratio 扇入比 (1)功能单元或电子电路的每条输出电路对应的输入电路数。例如，连接在单条线路和 10 个终端之间的终端控制器被称为具有 10∶1 的扇入比(不管终端被看作发送端或接收端均可使用此术语)。(2)事件发生的次数与这些事件对某特定事物影响次数之比。例如，在一定时间间隔内的事务处理数与这些事务处理过程中对某特定文卷的存取次数之比，或对某个文卷的存取次数与对其中某个特定记录的存取次数之比。

fan-in unit 扇入单元 是一种允许多种单元在一个网络中使用一个单独的网络接口进行通信的设备，与其相对的叫扇出单元。扇入和扇出功能通常结合在一起组成扇入/扇出单元，其在一个网络中允许使用一个单独的网络接口进行多对多的单元矩阵通信。参见 fan-out unit。

fan-out 扇出 (1)可以由电路带动而不超过器件指标的并行兼容的最多输出端数。(2)允许若干 DTE(数据终端设备)共享同一调制解调器的一种特制件。但某一时刻，只有一个 DTE 能够发送。(3)在软件工程中，模块的扇出是指模块的直属下层模块的个数。一个模块的扇出数过大或过小都不理想，一般认为扇出的上限不超过 7。扇出过大意味着管理模块过于复杂，需要控制和协调过多的下级，解决的办法是适当增加中间层次。

fan-out box 扇出盒 一种提供连接多台工作站至一个收发器功能的设备。可用于组建没有同轴电缆的局域网，或者在一根同轴电缆上的集中组建。

fan-out circuit 扇出电路 一种具有向许多分支馈电的单个输出点的电路。比较 fan-in circuit。

fan-out/fan-in network 扇出/扇入网络 对数扇出/扇入网络。大多数这种网络用于语义存储搜索、问题求解路径和有效推理的搜索。在该网络中，由每一节点至其他节点的搜索仅走对数步，并且每一节点的扇入节点数为对数数量级。

fan-out unit 扇出单元 是一种允许单个单元在一个网络中使用一个单独的网络接口与多个单元进行通信的设备，与其相对的叫扇入单元。扇入和扇出功能通常结合在一起组成扇入/扇出单元，其在一个网络中允许使用一个单独的网络接口进行多对多的单元矩阵通信。参见 fan-in unit。

fan-sectorized antenna 扇形天线 一种用从一点张开形成扇形的几根导线代替单根导线作为辐射体的单极子天线。

fanset integrity constraint 系完整性约束 在网状数据库系统中系结构完整性约束，即对系的首记录或成员记录进行操作时应遵守的一种约束。

FAP (1)人脸动画参数 facial animation parameters 的缩写。(2)文件访问协议 file access protocol 的缩写。

FAQ 常见问题 frequently asked questions 的缩写。

Farad 法拉 电容的单位，符号为 F，1 法拉的电容可在 1 伏特电压下容纳 1 库仑的电荷。常用的电容单位是微法拉(10^{-6}法拉，符号为 μF)和皮法拉(10^{-12}法拉，符号为 pF)。

Faraday 法拉第 一个无量纲的电荷数量单位，等于大约 6.02×10^{23} 个电荷。这相当于 1 摩尔，也是阿弗加德罗常数。在国际单位系统(SI)中，库仑(C)是首选的电荷数量单位。它相当于 1 安培秒(1 A · s)，大约为 6.24×10^{18} 个电荷。要从库伦转换到法拉第，应乘以 1.04×10^{-5}。要从法拉第转换到库仑，应乘以 9.65×10^{4}。法拉第和法拉都是以 Michael Faraday 命名的，他是十八世纪早期电动机的独立发明人之一。

Faraday cage 法拉第箱 防止电磁场的进入和逃脱的金属围栏。它可用于必须阻止漂移的电磁场进入和逃脱的敏感的无线接收设备，一个理想的法拉第箱由一个未破损的、完美的导电层组成。在实际中这个理想不能达到，但是能够通过使用细网的铜筛来逼近。为了达到最佳性能，法拉第箱应直接接地。

Faraday dark space 法拉第暗区 冷阴极辉光放电管中将负辉光区与正柱区隔离开的相对不发光区。

Faraday effect 法拉第效应 外加磁场感生出一个旋转角度正比于磁场强度的双折射的电磁光效应。法拉第效应可以用于调制光波。参见 electro magneto-optic effect。

Faraday impedance 法拉第阻抗 电流通过电解液和电子导体界面时出现的电化学极化和浓差极化所引起的附加阻抗。它是电解液和电子导体界面上阻抗的一部分(另一部分是电偶层的无功容抗)。

Faraday rotation 法拉弟旋转 (1)特定的磁性材料薄膜使偏振光按其磁化方向发生偏转的效应。(2)信号经过上层大气的电离 E 层和 F 层引起的信号极化的旋转。

F

Faraday rotation isolator 法拉弟旋转隔离器 一种使波在一个方向上行进、但不能在另一个方向上行进的圆波导隔离器。

Faraday's law 法拉弟定律 电路中感应的电压与电路磁通量变化的速率成正比。也称"电磁感应定律"。

faradic current 感应电流,法拉第电流 一种与从感应线圈次级绕组得到的交变电流相类似的间断非对称交变电流。

far-end block error (FEBE) 远端块错误 异步传输模式(ATM)网络中,在物理层上传输一个维护信号开销,表示检测到链路远端的一个位错误。

far-end crosstalk (FEXT) 远端串音[串扰] 沿着被干扰的布线与线路内信号同方向传播的串扰信号。要测定线对 1 和线对 2 之间的远端串音,可先在 *A* 站往线对 1 上发送信号,然后在 *B* 站测量线对 2 的串扰信号电平。该串音往往出现在发送器的远端。安装快速以太网和千兆位以太网时须特别测试该项参数。

far end errored second (FEES) 远端误块秒 在本地终端标识远端终端接收到一个或更多误码块的一个一秒周期时间。参见 errored second (ES)。

far end severely errored second (FESES) 远端严重误块秒 在本地终端标识远端终端检测/接收到包含大于 30% 误码块或至少有一个严重扰动期(SDP)的一个一秒周期时间。FESES 由远端误块秒(FEES)来计算。参见 severely errored second (SES)。

far end unavailable second (FEUAS) 远端不可用秒 远端不可用时间的一部分。参见 unavailable second (UAS)。

far field 远区场 电磁辐射场区一般分为远区场和近区场。以场源为中心,半径为一个波长之外的空间范围称为远区场,也可称为辐射场。远区场的主要特点如下:所有的电磁能量基本上均以电磁波形式辐射传播;远区场为弱场,其电磁场强度均较小。比较 near field。

far-field diffraction pattern 远场衍射图 在距离源(如发光二极管(LED);注入型激光二极管(ILD)或光纤的输出端)的无限远处观察到的源的衍射图。一个源的远场衍射图可以在无限远处或在一个校准好的焦点平面上观察到。一个由点光源发光的衍射屏的远场衍射图可从源的像平面上观察到。

far-field radiation pattern 远场辐射图 一种由天线或其他发射源的在远场处测得的辐射图形。

far-field region 远场区 场随角度的分布基本上与天线的距离无关的天线场区。如果源部分的总体最大尺寸 S 和波长相比足够大时,远场区一般认为是在离开源的距离大于 $2S^2/\lambda$ 处,式中 λ 是波长。对一波束聚焦无限远时远场区有时称之为弗朗霍弗区。比较 near-field region。

far infrared 远红外线 处于中红外区的较长波长一端与无线电区的较短波长一端之间的电磁波频谱范围,波长范围是 30 ～ 100 μm。远红外区属于光谱。然而近红外区处与可见光谱较长波长的一端与中红外区较短波长一端之间,即波长范围是 0.8 ～ 3 μm。这样近红外区包含在近可见光区中,但中红外区和远红外区不属于近可见光区。红外线区不属于可见光谱。

FARNET 美国网络研究联合机构 Federation of American Research NETworks 的缩写。

far pointer 远指针 在 Intel x86 段地址结构中,包括段地址和位移量的一个存储器地址。远指针为 32 位指针,指针的段地址和偏移量都在指针内。可用于任意编译模式。每次使用远指针时都要重装段寄存器。远指针可寻址的目标不能超过 64 KB,因为远指针增减运算时,段地址不参与运算。在紧凑、大型和巨型模式下编译产生的数据指针是远指针(缺省状态)。比较 near pointer,huge pointer。

far zone 远区 同 far field region。

FAS (1)灵活接入系统 flexible access system 的缩写。(2)帧同步[定位]信号 frame alignment signal 的缩写。

fast access memory (FAM) 快速存取内存[存储器] 有时也称"二级存储器",指一类存取速度与处理机操作相匹配,不需要专门插入等待周期的缓冲存储器,其成本较高,耗电高于一般内存,在计算机内安装容量不大,主要用于存取频繁操作的数据。如果系统管理软件策略得当,可以显著提高计算机的信息处理速度。

fast access storage 快速存取存储器 一种能够迅速存取数据的计算机存储器。例如,与普通硬盘相比,宽通道硬盘可视为快速存取存储器。

fast acting fuse 快速熔断器 在规定的条件下,能快速切断故障电流,主要用于保护硅元件过载及短路的有填料熔断器。

fast association control channel (FACCH) 快速随路

控制信道 与业务信道(TCH)随路的快速控制信道,它传送通话过程中的一些快速信令(如切换信令)。

fast automatic gain control 快速自动增益控制 该自动增益控制反应时间非常短,可用于电子反干扰。参见 automatic gain control (AGC)

fast base station switching (FBSS) 快速基站切换 移动通信系统的一种切换方式。当移动终端跨小区移动时,终端同时监视激活集中的多个基站,但只与其中的一个目标基站进行通信。

Fast bus Fast 总线 由 NIM/ESONE(美国原子能委员会核仪器插件标准/欧洲核电子学标准)提出的一种模块化总线标准。具有多区段特性,可构成大型数据采集、处理和控制系统,已成为 IEEE-960 总线标准。

fast circuit switching (FCS) 快速电路交换 适应具有波动和突发特性信号源应用场合的电路交换方式。在快速电路交换网中,只有当发送信息时才分配网络资源,不发送信息时就释放资源,资源分配由快速随路信令控制。

fast connect circuit switching 快速连接电路交换 电路交换的一种变形,兼有电路交换和报文分组交换特点的一种交换形式。

fast cycle DRAM (FCDRAM) 快速循环动态存储器 由日本富士通公司和东芝公司联合开发的存储器,数据吞吐速度可达普通 DRAM(动态随机存取存储器)和 SDRAM(静态随机存取存储器)的 4 倍。它目标定位在需要极高内存带宽的应用中,如业务繁忙的服务器,以及三维图形及多媒体处理等。其最主要的特点是行、列地址同时(并行)访问,而不像普通 DRAM 那样,以顺序方式进行(首先访问行数据,再访问列数据)。此外,在完成上一次操作之前,便能开始下一次操作。为提高内存的数据吞吐速度,FCDRAM 和 VCM(虚拟通道存储器)采取了两种不同的方式。前者从内部入手,后者则在拓宽内存单元、芯片接口、内存控制器的带宽上下功夫。

fast Ethernet 快速以太网 适用于 IEEE 802.3 的较高速以太网络标准,支持 10 Mbps 或 100 Mbps 的速率,保持 802.3 的帧格式和分组大小,支持最大距离为 100 m 的集线器对集线器的双绞线接线系统。

fast fading 快衰落 在无线通信系统中,由于散射体(地形,地物和移动体等)引起的多径传播信号在接收点相叠加,造成接收信号快速起伏的现象。快衰落主要由于多径传播而产生,由于移动体周围有许多散射、反射和折射体,引起信号的多径传输,使到达的信号之间相互叠加,其合成信号幅度表现为快速的起伏变化,其变化率比慢衰落快。比较 slow fading。

fast Fourier transform (FFT) 快速傅里叶变换 计算离散傅里叶变换(DFT)的一种快速算法。快速傅里叶变换是 1965 年由 J. W. Cooly(库利)和 T. W. Tukey(图基)提出的。利用该算法计算 N 个点的离散傅里叶变换所需的乘法次数正比于 $N\log_2 N$,大大低于直接按公式计算所需的 N^2 次乘法运算次数。快速傅里叶变换是根据离散傅里叶变换的奇、偶、虚、实等特性,对离散傅里叶变换的算法进行改进获得的。快速傅里叶变换有广泛的应用,如数字信号处理、计算大整数乘法、求解偏微分方程等。

fast frequency-shift keying (FFSK) 快速频移键控 在相等带宽和信噪比的条件下,它比常规的 FSK(频移键控)和 BPSK 能以更快的速率传输信息。故称快速频移键控。其优点为包络特性恒定,占据的射频带宽较窄,相干检测时的误码率性能较普通频移键控好 3 dB 以上。同 minimum shift keying (MSK)。参见 frequency-shift keying (FSK), binary phase shift keying (BPSK)。

fast infrared (FIR) 快速红外线 一种红外协议,采用脉冲相位调制(PPM)编译码机制,最高数据传输速率可达到 4 Mbps。参见 serial infrared (SIR), very fast infrared (VFIR)。

fast infrared (FIR) port 快速红外线端口 一种无线输入输出端口,通常在便携机上使用红外线光与外部装置交换数据。

fast low-latency access with seamless hand-off OFDM (Flash OFDM) 无线传输低延迟访问正交频分复用 一种专有的蜂窝宽带技术,既可以供网络运营商来部署连接移动用户的笔记本电脑,也可以作为固定的无线接入系统,把家庭或小型办公室内的计算机进行宽带的最后连接。这种技术的重要特点是包括全 IP 架构和更快的传输速度。该技术能使用户在每小时 250 km 的移动速度下,以 1.5 Mbps 速度下载或者以 500 Kbps 速度上传信息。参见 orthogonal frequency division multiplexing (OFDM)。

fast packet switch (FPS) 快速分组交换 基于分组复用原理,采用高速光纤传输技术实现的分组交换技术。帧中继(FR)技术和异步传送模式(ATM)技术采用了快速分组交换技术。

fast page mode DRAM (FPM DRAM) 快速页式动态存储器 一种提高访问速度的动态存储器,如果前后顺序访问的存储单元处于存储单元阵列的同一行(称为页面)中时,就不需要重复地向存储器输入行地址,而只需要输入新的列地址即可。在页面访问方式下,只要在输入了行地址之后保持 RAS(行地址选通)信号不变,采用 CAS(列地址选通)输入不同的列地址就可以对一行中的不同数据进行快速连续的访问,其访问速度可以比一般访问方式提高 2 ~ 3 倍左右,是 Intel 486 时代使用最普遍的一种内存芯片。随着性/价比更高的 EDO

F

DRAM(增强数据输出动态存储器)的推出，FPM DRAM已逐步退出市场。参见 enhanced data output (EDO) DRAM。

fast recovery rectifier diode 快速恢复整流二极管 一种反向恢复时间较短，恢复电荷量较少，可以在 400 Hz 以上频率下工作的整流管。快速恢复整流二极管属高频整流二极管，它的恢复时间很短，这一特点使其适合高频(如电视机中的行频)整流。

fast rectifier diode 快速整流二极管 能够迅速由正向导通状态转变为反向阻断状态的整流二极管。快速整流二极管主要用于高频整流电路、斩波器、逆变器等。

fast R-W turn around 快速读写转换 计算机主板 BIOS(基本输入输出系统)中的内存参数，可选项：Enabled，Disabled。当 CPU 先从内存读取数据然后向内存写入数据时，通常存在额外的延迟，该参数可以降低这种读写转换之间的延迟。将该参数设置成 Enabled，可以降低内存读写转换延迟，从而使内存从读状态转入写状态的速度更快。然而，如果内存不能实现快速读写转换，则会造成数据丢失和系统不稳定，这时就需要将该参数设置成 Disabled。

fast switching thyristor 快速晶闸管 可以在 400 Hz 以上频率工作的晶闸管。视电流容量大小，其开通时间为 4 ～ 8 微秒，关断时间为 10 ～ 60 微秒。主要用于较高频率的整流、斩波、逆变和变频电路。

fast switching triode thyristor 快速三极晶闸管 一种对开、关时间等瞬态参数有特别要求，可以在 400 Hz 以上频率下工作的反向阻断三端晶闸管。

fast time constant (FTC) 快速时间常数 该时间常数与传统电路的时间常数相比极其短。快速时间常数用于减低某种不希望有信号效应的信号处理中，如在雷达系统中，用于加强持续时间短的信号作用来鉴别出杂散回波中低频分量，和防止干扰已调频或调幅的信号。为了得到一个电路的快速时间常数，使用电阻电容乘积小的阻容或电感电阻比率低的电感和电阻，如果电路元件参数的大小合适，其电路的输出将是其输入的时间导数。微分电路插在检波器和视频放大器之间会通过这个脉冲，但不会通过调频信号。

fast time scale 快时标，快速时间范围 在数据处理中，当时标因子小于 1 时使用的时标。比较 extended time scale。

fast turn around (FTA) 快速转换(控制位) 一种 SDLC(同步数据链路控制)控制位，它可减少一个站从发送方式转换为接收方式所需要的时间。

FAT (1)灵活接入终端 flexible access termination 的缩写。(2)文件分配表 file allocation table 的缩写。

fatal error 致命错误 因硬件或软件故障使任务甚至系统不能正常运行的严重错误。

fat binary 肥[胖]二进制 也称“多体系结构二进制”。是原产于多个指令组架构 (ISA)的一个计算机程序，因此能够运行在多种处理器类型上。执行的通常方法包括针对每个 ISA 的机器码的一个版本，导致在一个文件中比平常的一个体系结构的二进制大 n 倍。例如，一种支持 PowerPC 处理器和 Macintosh 计算机的应用程序格式，由于该程序完全适用两个硬件平台的性能，一个程序里面包括两套可执行代码。

FatBits 肥点，粗位 在计算机图像处理中，提供的一项图像细部修改功能。它能将一幅图像整体或局部放大到足够的程度，使得用户能够方便地对图像进行逐个像素编辑。例如，在 MacPaint 软件的 Goodies 菜单下就提供这样一个选项。参见 zoom。

fat client model 肥[胖]客户机模型 客户机/服务器应用软件的大部分在客户机上运行的模型。它适用于决策支持软件和个人软件，便于建立前端工具，使最终用户更容易开发自己的应用软件。但肥客户机模型增加了客户终端设备的复杂性，也增加了用户维护信息系统的负担和开支。

FAT file system FAT 文件系统 DOS(磁盘操作系统)中使用的在磁盘上存储数据的文件系统。FAT (文件分配表)是一个数据结构，由 DOS 格式化磁盘时在磁盘上建立，在对磁盘进行格式化时将有关文件存储的信息存储在 FAT 表中，使得系统以后能够访问这些信息。FAT 文件系统可在 OS/2 和微软 Windows NT 中使用，OS/2 主要使用 HPFS 文件系统；微软 Windows NT 主要使用 NTFS 文件系统。参见 file allocation table，HPFS，NTFS，OS/2，Windows NT。

father disc 父盘 只读光碟制作中的中间产品。父盘通过电铸玻璃基片而形成，并在父盘的表面粘附一层氧化物为下一加工工序作准备。从父盘剥落的母盘可以通过相同的电铸方式加上辅助功能，电铸出一些样板盘(一张母盘最多可以电铸出 12 张样板盘)。母盘生成后，父盘就可以充当样板盘进行只读光碟子盘生产。

father file 父文件 一个存储上一次改变的有效数据的文件，是祖父文件的后继，是儿子文件的前驱。父文件和子文件，双亲文件和孩子文件或后裔文件，独立文件和依赖文件，这些称呼在意思上都是相同的。参见 generation。

father node 父节点 树结构中当前节点的上位节点称为当前节点的父节点。比较 child node。

fatigue effect of neuron 神经元疲劳效应 由神经元结构的可塑性及突触所传递的信息特性会趋于饱和的现象。

fat pipe 肥[胖]管道 一种描述高速通信通道的术语。

fat server model 肥[胖]服务器模型 客户机/服务器的大部分应用软件在服务器上运行的方式称为肥服务器模型。群件服务器、任务服务器和目标服务器都属于肥服务器模型。肥服务器通过建立更抽象的服务来减少网络的负担。这种模型更适合产生于剪裁而成的应用软件。

fat tree 胖树 网络的一种树形结构。在胖树中，主处理机节点构成树根，其他处理机节点构成树叶，通信链路形成树枝。离树根越近的树枝越粗，即相应通道的带宽越宽，从而树根不再成为瓶颈。

fatware 肥胖软件，胖件 需要占用较多系统资源的软件。近年来新推出的许多系统软件和应用软件，在功能不断完善的同时，代码量也不断增加，存储时需要较大的硬盘空间，对机器内存配置也提出了越来越高的要求，因而形象地称之为“肥胖软件”。同 bloatware。

FAT 12 system FAT 12 系统 硬盘文件分配表 FAT 12 系统的每个分区最多能够管理 4 096 个簇，每个簇的容量恒定为 4 096 个字节，因此 FAT 12 系统所能管理的分区上限为 16 MB。

FAT 16 system FAT 16 系统 硬盘文件分配表 FAT 16 系统的每个分区最多能够管理 65 536 个簇，每个簇的容量恒定为 32 768 个字节，因此 FAT 16 系统所能管理的分区上限为 2 GB。

FAT 32 system FAT 32 系统 硬盘文件分配表 FAT 32 系统，最小的簇字节数为 4 096。它能按硬盘容量大小动态分配簇的大小：容量小于 8 GB，每簇为 4 KB；容量为 8 GB 至 16 GB，每簇为 8 KB；容量为 16 GB 至 32 GB，每簇为 16 KB；容量大于 32 GB，每簇为 32 KB。即使在运行 FDISK 程序进行分区时选择支持大硬盘，但当硬盘的分区小于 16 MB 时，该分区依然采用 FAT 12 系统；当该分区大于 16 MB 小于 512 MB 时，该分区将采用 FAT 16 系统；分区大于 512 MB 时才使用 FAT 32 系统。

fault 故障，缺陷 (1)引起系统的设备、部件或元件失效或不能实现其正常功能的现象。例如开路、短路、接触不良、元件失效等。(2)在系统程序运行过程中，由于程序编制上的错误，导致系统工作不正常的现象称为软件缺陷。(3)电路或系统引起失效的物理缺陷或物理损坏。故障可用性质、逻辑值、影响范围及持续时间加以描述。故障按故障性质可以分为逻辑故障和非逻辑故障。逻辑故障使电路中某点的逻辑值与规定值相反。非逻辑故障如时钟信号故障、电源故障等不能用逻辑值异常来反映的故障。故障影响范围说明故障产生的影响是局部性的还是全局性的。故障持续时间可分为永久性故障和暂时性故障。前者故障现象固定；后者故障现象时有时无，或偶尔出现。

fault-avoidance 故障避免 提高系统可靠性的一种方法。通过事先排除故障因素来获得系统的可靠性，这种系统不采用冗余技术，要求系统各部分在整个运行期间能正常工作。主要措施是采用可靠的元器件并经过各种严格的测试筛选，提高焊接质量，改进装配工艺，并采取各种抗干扰措施。系统使用前进行综合测试，系统出故障后通过人工维修恢复系统的正常工作。

fault collapsing 故障压缩 对电路故障求检测码时，利用故障等效和故障支配原理，减少需要考虑的故障数量的过程。

fault collapsing method 故障压缩法 在多故障检测中减少需要测试故障数的一种方法。这种方法使用所谓等效故障的概念。例如某门有 n 个输入，则会有$(2n+2)$ 个故障，但某些输入故障会使输出固定为 1 或 0，这与输出端固定为 1 或 0 的故障无法区分，这样区分不开的两种故障称为等效故障。这样对输入为 n 的门的测试，压缩到对$(n+2)$ 个不同逻辑故障的测试。

fault correction 故障纠正 故障定位之后，为恢复故障项的能力而采取的行动。

fault current 故障[事故]电流 由绝缘损坏或绝缘被短接而造成的电流。

fault defect 故障缺陷 妨碍设备正确操作的一种异常现象。

fault detection 故障检测 只检测设备或系统是否发生故障而不确定故障位置，称为故障检测。故障检测是指与系统建立连接后，周期性地向下位机发送检测信号，通过接收的响应数据帧，判断系统是否产生故障。

fault diagnosis 故障诊断 利用各种检查和测试方法，发现系统和设备是否存在故障的过程，故障诊断的主要任务有：故障检测、故障类型判断、故障定位及故障恢复等。故障定位是找出故障所在具体部位的过程。参见 fault detection, fault location, fault recovery。

fault dictionary 故障词典 (1)在故障诊断程序中，用于记录各种可能错误的表。(2)对被测逻辑电路的各个故障生成测试码后，通过故障模拟求得故障条件下的电路输出响应，然后通过分析加工，将故障、测试码及其相应数据编排成便于查找故障以进行电路修复的格式，经此编排的数据被称为故障词典。(3)把各种故障现象、有关信息、故障可能出现的部位、解决办法逐一说明，印刷成册，供维修人员分析、排除故障使用的工具书。

fault dominance 故障支配 减少故障检测码的一种方法。如果检测故障 β 的测试集 T_β 包含在检测故障 α 的测试集 T_α 中，即 $T_\beta \subset T_\alpha$，则称故障 α 支配故障 β，即检测故障 β 的测试一定能检测出故障 α，因此求故障检测码时，不需要考虑故障 α。

fault earthing 故障接地 导体与大地的意外连接。当连接的阻抗小到可以忽略时，这种连接称为“完全接地”。

F

fault equivalence **故障等效** 对于一组测试，如果一个故障下的电路输出与另一个故障下的电路输出相同，这两个故障称为是等效的。

fault finder **故障寻觅器** 一种用于找出电路或系统中故障位置的检测仪器。

fault folding method **故障折合法** 在多故障检测中，减少需要测试故障数的一种方法。这种方法的核心是将故障折合到原始输入端，形成等效故障。对于无重汇聚扇出电路，可折合成一组原始输入端故障。这组故障的测试能覆盖全部电路故障；对于有重汇聚扇出的电路，可折合成原始输入、扇出原点和扇出分支上的一组故障，这组故障的测试可覆盖电路全部故障。

F

fault freedom **容错性能** 衡量软件产品质量的重要指标之一。它表示在系统的某一部分（包括硬件和软件）出现某种故障或错误时，软件能否自动或有效地恢复。对于大型软件产品，这个指标尤为重要。

fault isolation **故障隔离** (1)用一定测试手段找出系统中发生故障的部件或找出电路板上失效的元器件或工艺缺陷，进而从系统中切除故障部件或从电路板中切除失效元件，使故障不至于波及整个系统或电路板。(2)在实时工作环境下，对系统或设备的分系统各部分分别判定其正常工作状态，缩小到最后判定有故障的分系统或部分的技术措施。

fault isolation analysis routine (FIAR) **故障隔离分析例程** 例行程序和诊断测试程序的结构化集合，根据有用的差错数据及处理机复合体有关部分的状态，动态地控制它们自身的执行。

fault localization **故障局部化** 分布式数据库系统中的某一部分节点出现故障时，将局限于该部分节点，而不影响整个分布式数据库系统的运行。

fault location **故障定位** 当发现一个系统或装置有故障时，为找出此故障的确切位置而采取的措施。数字系统的硬件故障，可由逻辑分析或故障定位程序来确定其位置；而应用软件故障位置则通常借助于诊断软件来查找。

fault location program **故障定位程序** 找出系统内发生故障的确切位置，以便迅速予以排除的程序。它是故障诊断程序的一个重要组成部分。

fault location testing (FLT) **故障定位测试** 计算机系统的一种故障诊断方法。将整个被测试系统分成若干小块，分别送入一串测试码，逐块进行测试，观察测试结果。这种方法需要编制一套专用程序，能精确地确定故障位置。测试设备可以是系统内部的诊断部件，也可以是一台独立的微型机。

fault management **故障管理** 国际标准化组织(ISO)为开放系统互连(OSI)参考模型网络管理定义的五类网络管理之一。当网络中某个组成部件失效时网络管理系统必须迅速找到故障并及时排除。故障管理的核心内容是分析网络故障的原因。故障管理包括故障检测、隔离和纠正三方面。功能应涉及本端及远端的所有网络元素。应能将维护消息及时通知有关用户。参见 configuration management, accounting management, performance management, security management。

fault masking **故障遮掩，故障屏蔽** (1)产品(装备)的某个分项目存在故障，但由于该产品(装备)某一特点或由于该分项目或另一分项目的其他故障，而不能被识别的状态。(2)利用静态冗余或错误校正码技术，使系统发生故障时能自动校正错误的一种方法。

fault matrix **故障矩阵** 一种故障诊断技术，把测试码与故障之间的关系表示成矩阵形式。

fault model **故障模型** 为简化分析和检测系统中的故障，不考虑具体造成某种类型故障的原因，模仿某种类型故障表现的模型。如常用的固定“0”、固定“1”故障模型。

fault modes and effects analysis (FMEA) **故障模式和影响分析** 一种定性的可靠性分析方法，它涉及产品的每个分项目中可能存在的故障模式的研究、确定每个故障模式对该产品其他分项目的影响以及对该产品各功能的影响。

fault modes, effects and criticality analysis (FMECA) **故障模式、影响和严重性分析** 同时考虑故障发生的概率和故障严重程度排队的故障模式和影响分析。

fault prevention **故障预防** 提高计算机系统可靠性的重要措施之一。此措施不允许故障存在，实际是把系统的失效概率减少到一个可接受的限度。提高计算机系统可靠性的另一项措施便是采用容错技术，在出故障时借助于冗余措施自动抵消故障的影响，使系统维持正常运行。

fault protection subsystem (FPS) **故障防护子系统** 故障防护子系统通常称之为“绿线”。在设备的配电系统中，该子系统提供了一条从每个使用能源的部分到地电极子系统的直接通路。

fault rate **故障率** 系统或设备在一个时期内出现故障的次数或故障累计时间对全部运行时间的比率。

fault rate threshold **故障率阈值** 用预定时间内故障数表示的故障阈值。

fault recovery **故障恢复** (1)故障恢复是根据故障原因，采取不同的措施，对系统故障进行恢复。(2)在数据库系统中，采取的一种强有力的应急抢救措施。当系统出现故障时，保护现场，并使系统恢复到出错前的正常状态，而使数据库不致遭到破坏和陷入不可收拾的局面。故障恢复的基本手段有数据库转储、审核跟踪文件和快速查看文件等。参见 database dump, audit trail file。

fault seeding **缺陷散播** 为了估价程序中的固有缺陷数，有意地在计算机程序已有缺陷上添加一已知数目的缺陷的过程。

fault signature　故障表征　测试数字电路故障时，把无故障时的输出响应和有故障时的输出响应进行比较，相同的输出产生“0”，不同的输出产生“1”，这样得到的一串二进制数据称为故障表征。

fault simulation　故障模拟　利用生成的测试模式，对正常电路和假定有故障(一般假定为固定故障)的电路进行模拟，以确定所施加的测试模式对故障的检出效率。另外，通过故障模拟能够选取有效检出故障的测试模式，以减少测试模式的数量，节省测试时间及费用。把假定故障对输入测试向量的响应，传送到输出端编辑成故障词典，与实际LSI(大规模集成电路)电路的输出响应对照，可以进行故障诊断。故障模拟的方式有并行故障模拟、演绎故障模拟和同时故障模拟等。

fault test generation　故障测试(码)生成　产生逻辑网络故障测试和诊断测试码的方法。常用的一种测试方法是在被测网络的输入端上施加一些输入码，回收其输出端上相应的输出码，通过将这种输出码和预先得到的这组输入码的正确输出码相比较，来判断被测网络中有无故障。施加的输入码和做比较用的输出码统称为测试码。求测试码常用方法有D算法和布尔差分法等。参见D-algorithm，Boolean difference method。

fault testing　故障测试　利用测试设备向逻辑电路的输入端加测试码，并观察其输出响应，以确定电路是否有故障或指出故障的位置。

fault threshold　故障阈值　在规定范围内指定的最大故障数。若超过此值，则应采取补救措施，其中包括通知操作员，运行诊断程序或进行重构，调换有故障的部件。

fault tolerance　故障容限，容错　系统在运行期间，软件或硬件出现故障时，系统能自动切换资源，继续运行的能力。这种能力可能是切换到处于待用状态的设备，也可能是把大部分负载转给平时故意使负载处于非饱和状况运行的系统。容错也可以包括在系统不停止运行情况下切换电源、冷却系统或其他部件。容错已成为现代系统中的一项重要设计指标。

fault-tolerant building block computer (FTBBC)　容错标准块计算机　用来满足军事和长期太空应用要求的计算机。它由若干带有冗余总线系统接口的自检计算机模块(SCCM)所构成。这种冗余总线允许各模块把在用的微处理器和存储器芯片组合成一个容错系统。自检计算机模块可由几个标准块电路构成，而每个标准块电路可由一块VLSI(超大规模集成电路)芯片来实现。这种计算机有四种模块：存储器接口标准块、总线接口标准块、核心接口标准块与I/O标准块，它们分别解决存储器、总线、处理器及I/O功能与SCCM的接口问题。内部总线采用纠错码，以便校验各标准块之间传送的地址和数据的正确性。每个标准块既能检测自身故障又能发现相关联电路的故障。发现自身故障时就禁止自己输出，并给出标志信号。发现其他模块故障的办法是监视其他模块是否停止活动，或者通过冗余的总线去查询其他模块。

fault-tolerant computer　容错计算机　当硬件发生某些故障或出现偶然错误时，计算机能自动采取一些措施来弥补，并能继续正确地执行任务，这种计算机称为容错计算机。它采取了一系列的容错或冗余技术，如采用纠错码、故障隔离等措施。这是一种可靠性较高的计算机。容错计算机特别适合于对计算机可靠性要求很高的场合，如航天飞行、防空预警、空中交通管制以及病人监护等。其主要特点是：①能够容忍机器发生故障和差错；②能自己检测错误；③可自动隔离故障，自己纠正错误；④具有较高的可靠性。容错计算机的容错范围有一定限度，出现的故障或错误只有在容错范围之内，计算机才能正常运行。

fault-tolerant computer system conception　容错计算机系统概念　在一些特定故障存在的条件下，系统具有继续正确执行程序和输入输出功能的内在能力。特定故障指大部分硬件故障、电源故障、软件故障。正确执行指程序、数据及结果都无错，并且执行时间也不超过允许的期限。故障分为可预见的和不可预见的两种。可预见故障，如元件不可避免地要失效而引起故障。不可预见故障，如线路设计错误，通常不表现出来，只当特定条件下才产生影响。

fault-tolerant computing　容错计算　在一个计算机系统中，在硬件发生故障、软件出现错误或系统本身存在缺陷的情况下，仍能正确执行规定的计算任务，称为容错。容错计算包括有关计算机容错技术的各种理论及研究，它已经发展成为计算机学科的一个重要分支。

fault-tolerant design　容错设计　一种故障容忍技术。它依靠外加硬件、外加信息、外加时间和外加软件的冗余技术来屏蔽故障的影响，从而自动地恢复系统或达到安全停机的目的。容错设计的基本思想是：正视故障的客观存在，采取屏幕故障影响的有效措施；其手段是投入更多的超过常规设计所需的资源，即外加资源。容错设计最初主要用于军事和宇宙航行的特殊环境，现在也用于工业控制等环境。

fault-tolerant software　容错软件　系统出现故障时，工作受到影响，但能恢复到正常工作状态的软件。恢复方法可用软件控制或硬件控制，采用软件控制实现恢复的方法有更强的适应性。

fault-tolerant system　容错系统　容错系统是指在发生硬件故障或存在软件错误的情况下，仍能继续正确完成指定任务的系统。

fault-tolerant technique　容错技术　设计与分析容

错系统的各种技术称为容错技术,包括错误检测和校正用的各种编码技术、冗余技术、系统恢复技术、指令复执、程序复算、备件切换、系统重组、故障隔离、多机协同操作、检查程序和诊断程序等。

fault trace 故障追踪 通过监控程序获得的一系列故障记录,反映出紧接在出现这些故障之前的一系列状态。

fault tree 故障树 是一种特殊的倒立树状逻辑因果关系图,它用事件符号、逻辑门符号和转移符号描述系统中各种事件之间的因果关系。逻辑门的输入事件是输出事件的"因",逻辑门的输出事件是输入事件的"果"。

fault tree analysis (FTA) 故障树分析 以故障树形式展示的、用于确定可能导致产品的规定故障模式的各分项目故障模式或外部事件,或它们的组合的一种分析。

fault tree diagram (FTD) 故障树图 故障树图是从上到下逐级建树并且根据事件而联系,它用图形化模型路径的方法,使一个系统能导致一个可预知的,不可预知的故障事件,路径的交叉处的事件和状态,用标准的逻辑符号(与,或等等)表示。在故障树图中最基础的构造单元为门和事件,其中门是条件。

fault type judgement 故障类型判断 指系统在检测出故障之后,通过分析原因,判断出系统故障的类型。

fault with standability 耐故障能力 电气装置承受规定的电气故障电流的作用而不超出规定的损坏程度的能力。

favorite 收藏页 在微软 Internet Explorer 中,由用户定义的指向万维网中某一节点的快捷方式。类似于 Netscape Navigator 中的书签。

favorite folder 收藏夹 在微软 Internet Explorer 中,一种存储网站节点快捷方式的文件夹,用于方便用户再次访问已经访问的节点。在其他网络浏览器中这种文件夹被冠以其他的名称,如 bootmark,hotlist。

fax 传真 facsimile 的缩写。

fax board 传真卡 计算机中的一个集成电路板,相当于计算机内置传真机,用于通过电话系统发送或接收图像。同 fax adapter。

fax modem 传真调制解调器 一种调制解调器,它可以用来与标准的传真机之间收发传真,也可以用于连接到其他计算机上的调制解调器。

fax on demand (FOD) 按需传真 计算机-电话一体化的一种形式。允许远地的呼叫者请求计算机把文档传真给他们而无需人工干预。与语音传输相似,呼叫者可以阅读选项菜单并输入选择,文档*就能传送到呼叫者的号码上*。文档也可以通过相连的传真机或平板式扫描器进行扫描,转换成 TIF 格式后传输。"按需传真"是一种可为公司企业提供的为用户服务的电信业务。公司企业把自己的宣传资料或产品目录、说明、报价单等以文本或传真文件的形式组成数据库,存储在按需传真系统的硬盘里,并对外公布本公司的按需传真服务号码。用户只需拨打该公司的 FOD 号码,输入用户自己的传真机号码,从听到的语音菜单里作出选择,FOD 系统就会根据用户的需要找出相关的资料,以传真的方式将资料传真给用户。

fax service 传真业务 图像被扫描、转换成电信号,然后通过电信系统传到接受端,并在接受端产生原件副本的通信。

fax switch 传真切换 测试电话线上的传真信号并把呼叫发送到传真机的一种装置。当传真机拨打一个号码并且线路响应时,它就发出一个 1 100 Hz 的音频信号以识别它本身。有些测试设备可处理具有声音、传真和数据功能的调制解调器的切换,但可能需要键入一个扩展号码才能切换到调制解调器。

FBA (1)固定块结构 fixed-block-architecture 的缩写。(2)无界面后台应用程序 faceless background application 的缩写。

FBA disk drive 固定块结构磁盘机 一种磁盘驱动装置,其中磁盘表面数据记录的格式是 FBA。

F band F 波段 F 波段所包括的频率范围为 3 ~ 4 GHz,由十个编号信道组成,每个信道带宽为 100 MHz。

FB data set FB 数据集 也称"分块 F 格式数据集"。具有 F 格式逻辑记录的数据集,其物理记录除了少数可能截断外,其长度均为逻辑记录长度的整数倍。

FBG 光纤布拉格光栅 fiber Bragg grating 的缩写。

FBM data set FBM 数据集 也称"标准字块型 F 格式数据集"。至少包括一个截断型字块的 FB 数据集,截断型字块必须是数据集中的最后一个。

FBML Facebook 标记语言 Facebook markup language 的缩写。

FBR (1)全文献目录记录 full bibliographic record 的缩写。(2)基于访问频率置换算法 frequency-based replacement 的缩写。

FBSS 快速基站切换 fast base station switching 的缩写。

FBWA 固定宽带无线接入 fixed broadband wireless access 的缩写。

FC (1)光纤信[通]道 fibre channel 的缩写。(2)反馈控制 feedback control 的缩写。(3)跟随复制指令 follow copy 的缩写。(4)功能部件 functional component 的缩写。

FCAPS 网络管理五大管理功能 网络管理的五种基本功能的缩写。FCAPS 五大管理功能指的是故障管理(F)、配置管理(C)、计费管理(A)、性能管理(P)和安全管理(S)。FCAPS 由国际电信联盟-电信标准化部门(ITU-T)负责撰写、编辑。

FCC (1)(美国)联邦通信委员会 Federal Communications Commission 的缩写。(2)帧检验字符 frame check character 的缩写。

FCC class FCC 等级证书 美国联邦通信委员会(FCC)对数字设备的辐射限制证书。A 类证书用于商用设备,B 类证书用于住宅设备。B 类比 A 类更严格,目的是避免对电视机和其他家用设备的干扰。

FCCH (1)频率校正信道 frequency correction channel 的缩写。(2)频率控制信道 frequency control channel 的缩写。

FC connector 光纤电缆连接器 连接光纤电缆的插头和插座。双向传输使用两芯光纤和两个光纤电缆连接器。光纤电缆连接器标准由电信工业协会(TIA)制定为 FOCIS 标准。参见 fiber-optic cable intermatchability standards (FOCIS)。

FCCRP 联邦通信委员会注册程序 Federal Communications Commission Registration Program 的缩写。

FCDRAM 快速循环动态存储器 fast cycle DRAM 的缩写。

FCEL 燃料电池汽车 fuel cell electric vehicle 的缩写。

FCFC 首字符格式控制 first-character forms control 的缩写。

FCFS 先来先服务 first-come-first-served 的缩写。

fci 每英寸磁通翻转数 flux changes per inch 的缩写。

FCIP 在 IP 上的光纤信道 fiber channel over IP 的缩写。

FCITS (美国)联邦信息技术安全准则 federal criteria information technology security 的缩写。

F connector F 连接器(接头) 一种标准的、低成本的有线电视(CATV)用连接器,用以将同轴电缆与设备相连。

FCS (1)帧校验序列 frame check sequence 的缩写。(2)传真通信系统 facsimile communications system 的缩写。(3)功能控制序列 function control sequence 的缩写。(4)快速电路交换 fast circuit switching 的缩写。(5)换频信令 frequency change signaling 的缩写。(6)现场总线控制系统 fieldbus control system 的缩写。

FCSI 光纤通道系统倡议组织 fiber channel system initiative 的缩写。

FCSN 光纤通道存储网络 fiber channel storagenetwork 的缩写。

FCT 文件控制表 file control table 的缩写。

FD (1)文件描述 file description 的缩写。(2)倍频制 frequency doubling 的缩写。(3)函数依赖 functional dependency 的缩写。(4)全双工 full duplex 的缩写。

FDBS 联邦数据库系统 federal database system 的缩写。

FDC (1)帧相关控制 frame-dependent control 的缩写。(2)频域编码 frequency domain coding 的缩写。

FDD (1)软磁盘驱动器,磁盘机 floppy disk drive 的缩写。(2)频分双工 frequency division duplexing 的缩写。

FDDBMS 模糊演绎数据库管理系统 fuzzy-deductive database management system 的缩写。

FDDI (1)光纤分布数据接口 fiber distributed data interface 的缩写。(2)光纤分布数据交换 fiber distributed data interchange 的缩写。

FDDI/CDDI 光纤/铜线分布式数据接口 这是一种成熟的、非载波侦听的、100 Mbps 带宽共享的网络技术。采用了令牌传递服务策略,网络设备之间有主环和副环相联,在网络线路或网络设备出现故障时,有很强的自重构能力。同时,其站管理(SMT)功能十分强大,适合于作主干网络。但其技术难度高、价格昂贵、扩展性较差,呈环行布线,与 ATM(异步传输模式)不太兼容。参见 fiber distributed data interface (FDDI), copper distributed data interface (CDDI)。

FDDI MAC sublayer protocols FDDI 介质访问控制子层协议 光纤分布数据接口(FDDI)网络所使用的基础通信协议。这种协议与 802.5 令牌环网络所使用的协议类似。工作站要发送数据必须先截获令牌,并在数据回来时从环上取下来。这两种协议的区别是,在 802.5 协议中直到发送站把数据帧全部发送到环上并且转回来之前可能都不发新令牌,环中只允许有一个令牌;在 FDDI 中,工作站数可达 1 000 个,环长可达 100 km,因而允许发送站把数据帧一旦全部发送到环上就立即产生新令牌,环中可以同时有多个令牌。FDDI 所使用的帧格式与 802.5 帧格式类似,并在帧状态字节中包含确认位。但是 FDDI 有专用同步帧,用于电路交换的 PCM(脉码调制)和 ISDN(综合业务数字网)环境的同步。每隔 125μs 由主站生成一个同步帧,这是 PCM 系统每秒进行 8 000 次采样所需要的速率。每个同步帧都有一个帧头,帧头中 16 个字节用于非电路交换环境,最多 96 个字节用于电路交换环境。每 125μs 最多可生成 16 个同步帧,因而可使 1 536 个 PCM 信道实现同步,占用带宽为 98.3 Mbps。某站获得同步帧中一个或多个时隙,就利用这些时隙发送数据,不被同步帧所占用的总带宽按需分配。同步帧中有一个屏蔽位表示这些时隙是否可以按需分配。数据帧分为多个优先级，优先级最高的帧使用第一个时隙。每个站都有一个令牌轮转计时器，令牌在规定时间间隔之内到达，所有站都可以发送；超过这个时间才到达的，只有优先级最高的站才能发送。参见 pulse code modulation, token ring, token ring MAC sublayer protocols。

FDDI network constraint　光纤分布数据接口网络限制　利用FDDI(光纤分布数据接口)网络产品建网的局限性。不同厂家产品有不同的局限性，主要的有两点：①FDDI网中连接段数最多不能超过100段；②在一个扩展的FDDI局域网中任何两个节点之间的网桥个数不能超过7个。在FDDI网络连接规则中还有一些限制性的规则。

FDDI-Ⅱ　Ⅱ型光纤分布数据接口　增强FDDI(光纤分布数据接口)的美国国家标准协会(ANSI)标准，制定于1991年。此标准对无连接数据线路和面向连接的语音和视频线路提供等时传输能力。

FDDL　模糊数据定义语言　fuzzy data definition language 的缩写。

FD entry　文件描述项　file description entry 的缩写。

FDHM　半幅值脉宽　full duration half maximum 的缩写。

FDHP　全双工握手协议　full duplex handshaking protocol 的缩写。

FDISK　磁盘分区程序　fixed disk 的缩写，一种DOS(磁盘操作系统)工具程序，可以使硬盘变成启动盘，并在硬盘上创建一些系统文件。在OS/2、Windows NT、Windows 9x、Linux 和一些 Unix 版本上都有相同或相似的程序。

FDM　频分复用　frequency division multiplexing 的缩写。

FDMA　频分多址　frequency division multiple access 的缩写。

FDML　模糊数据操纵语言　fuzzy data manipulation language 的缩写。

FDOS　软磁盘操作系统　floppy disc operating system 的缩写。参见 floppy disc。

FDP　(1)现场开发的程序 field-developed program 的缩写。(2)面部定义参数 facial define parameters 的缩写。

FD-Painter　分形设计绘图程序　fractal design painter 的缩写。

FDS　(1)固定磁盘存储器 fixed disk storage 的缩写。(2)软磁盘存储器 flexible disk storage 的缩写。(3)滤波器设计系统 filter design system 的缩写。

FDSE　全双工交换以太网　full-duplex switched Ethernet 的缩写。

FD/SSMA　频率分集扩展频谱多址　frequency diversity/spread spectrum multiple access 的缩写。

FDT　(1)全双工传输 full-duplex transmission 的缩写。(2)平面显示器 flat display tube 的缩写。

FDX　全双工　full-duplex 的缩写。

FE　(1)格式控制符 format effector 的缩写。(2)现场工程 field engineering 的缩写。(3)功能实体 functional entity 的缩写。

FEA　有限元分析　finite element analysis 的缩写。

FEALD　现场工程自动逻辑图　field engineering automated logic diagrams 的缩写。

feasibility study　可行性研究　系统设计中的先期阶段，目的是提出一个原型系统，帮助有关部门和数据处理的管理者做出方案可行性判断。它确定拟建立的系统是否可以解决实际问题和达到预期的效果，包括研究在经济、技术方面的可行性，其结果应能为决策提供充分的依据。其要点是：①对项目的目标做出一致的定义；②确定投资步骤；③标明上述两点可能的制约，提供系统在设计时考虑；④估算系统开发的各项费用；⑤说明对系统所预期的使用要求；⑥提出项目实施计划的建议。

feasibility test　可行性试验　旨在获取有助于可行性研究的数据或论证可行性而进行的试验。

feasible direction method　可行方向法　求解非线性规划问题的一类方法。设 x^k 为当前的可行迭代点，该方法要求沿 x^k 处的某个可行下降方向对目标函数进行一维搜索生成 x^{k+1}。梯度投影法、既约梯度法等都属于可行方向法 。

feasible flow　可行流　网络中的一种流 f。对于 f 流出每个源点 x 的合成流都不超过在 x 点的供给，而流进每个汇点 y 的合成流都至少和 y 的需求一样大。严格地讲，设 N 是一个网络，X 是源点集，Y 是汇点集，对每个 $x\in X$，指定一个被称为 x 的供给的非负整数 $\sigma(x)$，对每个 $y\in Y$ 指定一个被称为 y 的需求的非负整数 $\delta(y)$，若 N 中的流 f 满足

$$f^+(x)-f^-(x)\leqslant\sigma(x)$$

对所有 $x\in X$ 成立，并且

$$f^-(y)-f^+(y)\geqslant\delta(y)$$

对所有 $y\in Y$ 成立，则称 f 是可行流。

feasible solution　可行解，容许解　(1)在有约束条件的优化问题中，满足所有约束条件的向量称为可行解。可行解的集合称为可行域。(2)正确的但并不一定是最优的一个解。也称“候选解”。

feathering　边缘柔化　一种多媒体技术，对图像上所加的一个笔画或一个嵌入底图的物体进行柔化。

feature analysis model　特征分析模型　一种人工智能图像识别模型。特征分析模型认为，主体接受输入的信息后，首先对其进行特征分析，然后将分析的结果与长时记忆中的各种事物的特征表进行比较，一旦获得最佳匹配就获得识别。参见 template matching model, prototype matching model, pandemonium model。

feature-based detection 特征检测 一种入侵检测技术。这一检测假设入侵者活动可以用一种特征(模式)来表示，系统的目标是检测主体活动是否符合这些特征。它可以将已有的入侵方法检查出来，但对新的入侵方法无能为力。其难点在于如何设计"特征"既能够表达"入侵"现象又不会将正常的活动包含进来。参见 intrusion detection, misuse detection。

feature-based modeling 特征造型 一种以特征为基本单元，把机械产品描述成特征的有机集合的造型方法。这里特征是指设计及制造者感兴趣的对象，它是产品信息的载体。特征可分为形状特征、公差特征和技术特征等。参见 feature modeling。

feature-detectors 特征检测器 用于图像处理或模式识别中发现其特征的程序。

feature extraction 特征抽[提]取 (1)抽取对象中诸特征成分的过程。在模式识别中，事、物、过程的识别主要根据其特征，而不是根据其全部信息。因此，在从一般事、物或过程中区分某一特殊事、物或过程之前，必须对被区分对象抽取其特征，从组成特征矢量输入分类器(或分类程序)中进行分类解释(即识别)。抽取对象中诸特征成分的行动称为特征抽取。(2)特征抽取是对输入模式的原始测量数据(信号)所进行的一组变换，以便在比原始信号维数较低的特征空间对模式进行有效的描述或分类。特征抽取可以用一级或多级变换实现，在多级的情况下，上一级的输出就成为下一级的输入。较低维的输出信号可以是较高维输入信号的某种线性或非线性组合，也可以仅仅是输入信号的一个子集。根据识别系统的实际要求，通过特征抽取可以从原始信号中得到为产生或表示模式所必需的关键特征。

feature extraction method 特征抽取法 一种在自动化设计中求近似最优解的算法。它由经验得出，先用搜索法或逐次逼近法求出多个较好的解，再从中抽取共同的特征，依此缩小搜索范围，反复求解，经过特征抽取，缩小问题的范围，从而大大缩短计算时间。此法适用于解决自动化设计中的组合规划问题。

feature matching 特征匹配 信息检索的基本原理，将表达信息需求的检索提问与存储在检索系统中的信息标识进行异同的比较与匹配，选取两者相符或部分相符的信息予以输出。

feature modeling 特征造型 一种采用多类特征在计算机内建立产品模型的造型方法。目前尚无对特征的统一定义，较为流行的观点是：产品特征包括形状特征、精度特征和材料特征等。形状特征是在产品设计或制造活动中的特定功能、特定意义对应的几何形状或几何实体。精度特征包括尺寸公差与配合、形状和位置公差、表面粗糙度等。材料特征包括材料的品种、性能、表面性质、热处理方式等。精度特征和材料特征都依附于一个或多个形状特征。特征造型技术的研究始于 20 世纪 80 年代。目前，特征模型大多建立在实体模型的基础上。将两者联系起来的方法有：人工辅助特征标记、特征识别和提取以及用形状特征直接构造实体模型等三种。

feature selection 特征选择 反映一类图像特征的数量很大，用计算机处理时要花费很多时间，而且由于这些特征的抽取往往不精确，带来一定误差。因此有必要对这些特征作进一步选择，尽量设法去掉一些误差，而又保留原来特征中的信息。这一过程称为特征选择。

F

feature size 特征尺寸 集成电路硅片中的最小线条宽度，对 MOS(金属氧化物半导体)器件而言，通常指器件栅极所决定的沟道几何长度，也可定义为最小线条宽度与线条间距之和的一半。主要取决于光刻技术的改进。减小特征尺寸是提高集成度、改进器件性能的关键。

feature space 特征空间 在模式识别中，通过特征抽取可以得到 n 个特征值，这 n 个特征值可以看成是一个 n 维空间中的特征向量，所有可能的特征向量构成一个空间，称为特征空间。特征空间中每一点对应一个特征向量，相应地对应一个输入样本。模式识别的任务就是要找出一个映射关系，把特征空间映射到判定空间。

feature specification defaults 特征描述默认值 在不需作专门选择的情况下，系统自动给复杂特征集中的特征名指派的特征值。在广义短语结构语法中是用于合格性条件检验的投射原则之一。参见 generalized phrase structure grammar。

feature vector 特征向量 在模式识别的特征空间中，每一样本对应于一个向量，这个向量称为特征向量。特征向量由若干特征分量组成，特征分量表示被抽样对象的若干个特征。

featuring 抽主题 压缩文献情报的一种方式。抽主题包括：首先分析文献内容，确定其所论的主题或对象，然后用反映该主题概念的单词(术语)或词组来标引此主题概念。

FEBE (1)远端块错误 far end block error 的缩写。(2)前端/后端 front end/back end 的缩写。

FEC (1)正向[向前]纠错 forward error correction 的缩写。(2)转发等价类 forwarding equivalence class 的缩写。

FECN 前向显式拥塞通知 forward explicit congestion notification 的缩写。

FED (1)场发射显示器 field emission display 的缩写。(2)柔性电子显示器 flexible electronic display 的缩写。

Federal Communications Commission (FCC) (美国)

联邦通信委员会 根据1934年通信法，由美国总统委任的一些委员组成的一个委员会，专门负责管理国内及对外有线电报电话、无线电和电视通信业务，直接对国会负责的行政和决策机构。由FCC制定的一些技术标准在世界范围都有很大的影响，几乎所有的IT产品和各种家用电器都必须符合FCC制定的相关标准。应用于IT器件的FCC认证主要都是关于产品电磁兼容和辐射限制等标准。

Federal Communications Commission Registration Program (FCCRP) **(美国)联邦通信委员会注册程序** 美国联邦通信委员会大纲和有关指示，主要包括：①要求确保所有连接的数据终端设备(DTE)和保护电路既不损害公共交换电话网，也不损害专用线路服务；②要求按照《联邦管理条例》47条的68部分C分篇的规定注册终端设备和保护电路；③要求给设备和设备测试分配识别号；④不要求所接受的终端设备与网络相容或相互作用。

federal criteria information technology security (FCITS) **(美国)联邦信息技术安全准则** 美国国家标准与技术局和美国国家安全局于1993年联合颁布的信息技术安全准则。

federal information processing standards (FIPS) **(美国)联邦信息处理标准** FIPS是在美国政府计算机标准化计划下开发的标准。这个计划定义了用于政府机关的自动化数据处理和远程通信标准。FIPS遵循美国国家标准协会(ANSI)标准，政府机关必须遵从FIPS标准，供应商则基于商业用途有选择地遵循ANSI定义的标准。美国国家标准和技术协会(NIST)负责草拟规范。已接受的标准包括那些ASCII(美国信息交换标准代码)字符编码方案、数据加密及计算机编程语言，如COBEL和FORTRAN等。另一个重要的FIPS是政府OSI(开放系统互连)框架文件(GOSIP)。它要求美国的政府机关使用与OSI(开放系统互连)兼容的计算机设备，或要求供应商与提供OSI功能的政府部门进行贸易。

Federal Networking Council (FNC) **(美国)联邦网络委员会** 美国联邦网络委员会是负责评估和调整美国联邦机构网络政策和需求的美国政府团体，是对美国的通信产业最具影响力的机构。

federal secure telephone service (FSTS) **(美国)联邦安全电话服务** 一种全方位服务的安全语音交换通信设施，用来保护美国政府的敏感和保密的语音传送到世界各地。政府服务管理局提供信息安全(INFOSEC)系统和设备保护服务，使用STU-Ⅲ低成本语音/数据安全终端。

Federal Telecommunications Standards (FTS) **(美国)联邦远程通信标准** FTS由美国的国家通信系统(NCS-TS)的联邦远程通信标准委员会(FTSC)主持开发，由业务管理总局出版发行。联邦通信标准的例子有联邦标准1037C,《通信：通信术语汇编》等。

federated database **联合式数据库** 通过联网，科学家们汇集其知识和发现的一种合作数据库。联合式数据库是对种种重大挑战问题的一种建议性的解决方案，由于这些问题太复杂，以至于超出单个科学家的能力，甚至单个研究所都无法单独解决它们。

federated search **联合搜索** 联合搜索是一种搜索功能，它允许跨多个搜索服务执行搜索并返回合并的搜索结果列表。

Federation of American Research NETworks (FARNET) **美国网络研究联合机构** FARNET成立于1987年，任务是提高计算机网络的可用性，促进科研及教学工作。成员有地区、区域、国家和国际的网络服务提供者，以及大学和巨型计算中心等。机构为成员提供经常的教育节目和各种信息。

FEDI **金融电子数据交换** financial EDI的缩写。

fed-in winding **嵌入绕组** 线圈边的每根导体从槽口嵌入槽内的绕组。

FEDS **固定及可更换磁盘存储器** fixed and exchangeable disk storage的缩写。

feed **馈电，馈线** (1)馈电是将信号提供至电路、传输线或天线的输入端。(2)馈线是连接至或安装在将射频能量辐射到反射器，或从反射器接收能量的传输线末端的那部分雷达天线。

feedback **反馈** (1)反馈就是被控制的过程对控制机构的反作用，这种反作用影响这个系统的实际过程或结果。(2)部分信号从双端口网络输出端向输入端的回传，或从传输通道上的一点向途中已通过的一点的回传。反馈分为负反馈和正反馈。负反馈衰落不利的偏差，而正反馈放大其偏差。参见negative feedback, positive feedback。

feedback amend knowledge acquisition **反馈修正式知识获取** 在假设-验证式知识获取方法基础上进行反复修正而实现的一种知识获取方法。它通过归纳、联想、类比、分析、综合和直觉等功能，将外界现象经假设形成模块而生成初始假设(猜想)，然后把它送入实验证明或推理证明模块进行验证，即把猜想及由猜想可以导出的结论与外界现象进行比较核对。若完全符合，则认为该猜想已被证实；反之，若不完全符合(允许一定误差)，则根据其差别，进行修正并进行下一回合的验证。如此反复，直至最终得到被证实的正确结论。

feedback amplifier **反馈放大器** 一种带有无源网络的放大器，无源网络将一部分输出信号返回到输入端，以便改变放大器的性能特性。

feedback circuit **反馈电路** 一种电路或系统，把输出信号(电压或电流)的一部分或全部返回给输入。有两种反馈电路：在正反馈电路中，如果输出增大，反馈给输入后，输出会变得更大，从而形成滚雪球效应。而在负反馈电路中，会把输出的变化反馈给输入,从而使输出向相反的方向变化。

feedback control (FC) **反馈控制** 获得系统控制的一种类型。将一部分输出信号送回输入端,并与设定的基准值进行比较,把比较获得的误差信号放大,对执行机构施行的控制,如果反馈调整适当,可在工作条件波动的情况下,将控制始终保持在最佳状态附近,以达到所期望的效果。比较 feedforward control, concurrent control。参见 feedback system。

feedback controller **反馈控制器** 闭环系统中的电路或元件,它对闭合系统中的电动机或其他执行器进行控制,以修正误差信号。

feedback control loop **反馈控制环路** 对与所希望的输出电平的任何偏离进行检测并改变电源开关的波形,以抵消上述偏离的控制环路。

feedback control system **反馈控制系统** 一种反馈系统。将输出量的一部分回送到输入端,并与输入信号加以比较,用比较的结果(误差)实现对系统的控制,使被控量接近希望值,这样的系统称为反馈控制系统。在反馈控制系统中,既存在由输入到输出的信号前向通路,也包含从输出端到输入端的信号反馈通路,两者组成一个闭合的回路。因此,反馈控制系统也称"闭环控制系统"。参见 closed loop control system。

feedback factor **反馈因子** 一个装置中的输出返回到输入端并与输入信号结合在一起的一个百分比的值,用输入或输出信号的幅度和相位来表示。如果反馈信号没有相移或相移可以忽略,那么反馈为正。如果反馈信号有 180°电角度的相移,那么反馈为负。反馈信号通常取自分压器电路。

feedback-forward network model **反馈前馈网络模型** 在前馈网络模型结构中,加入输出层神经元对输入层神经元的反馈的神经网络模型。

feedback loop **反馈[回授]环路** 通过将系统输出的一部分作为输入来校正或控制系统时所涉及的系统的组成部分或处理过程。

feedback oscillator **反馈振荡器** 一种具有输出端反馈与输入同相的放大器的振荡电路。当接通电源时,回路内的各种电扰动信号经选频网络选频后,将其中某一频率的信号反馈到输入端,再经放大、反馈、放大、反馈的循环,该信号的幅度不断增大,振荡由小到大建立起来。随着信号振幅的增大,放大器将进入非线性状态,增益下降,当反馈电压正好等于输入电压时,振荡幅度不再增大并进入平衡状态。

feedback path **反馈路径** 反馈控制环路中,从环路输出信号到环路反馈信号的传输通路。

feedback queue algorithm **反馈队列[序列]算法** 进程调度算法的一种,以使用多个就绪排队站为特征,每个排队站中的就绪进程以"先进先出"原则获取处理机。就绪排队站的组织方法是:优先数按序递减,而时间片的长度则按序递增。

feedback regulator **反馈调节器** 一种用来维持某些系统信号与其他物理量之间相互关系的反馈控制系统。调节器中的某些系统信号为可调参考信号。在某些反馈方法中,反馈调节器也可能是同一伺服机构。

feedback resistor **反馈电阻器** 与运算放大器并联、用来将输出耦合到输入端并起电压控制作用的电阻器。

feedback shift register **反馈移位寄存器** 一种移位寄存器,它通过将寄存器状态反馈到它的输入端来产生一个二进制组合序列。

feedback system **反馈系统** 具有闭环信息通道的系统。反馈系统的输出信息采集、处理,然后送回输入端并据此调整系统行为的系统。由于信息流通构成闭合环路,它亦称为"闭环系统"。反馈作用常用于检测信号偏差及对象特性的变化,并依此来控制系统行为及消除误差,因此,它又被称为反馈控制或按误差控制的系统。参见 closed loop system。feedback control (FC)。

feedback winding **反馈绕组** 磁放大器中进行反馈连接的绕组。

feeder **馈线** 在无线电发射机放大器输出端和发射天线输入端之间传送射频(RF)能量的线路。

feeder cable **馈送[支线]电缆** 在无线通信网络中,从天线到接收发送设备的连接电缆。在普通无线通信网络中。这种馈送电缆可以是不长的普通信号电缆;在高频无线通信网络中,这种电缆需要特殊的低衰耗同轴电缆。

feeder echo noise **馈线回波噪声** 在一个馈线装置中,如一个天线馈线或一个线路馈线,反射噪声使一个信号失真。如传输线路中的反射噪声有许多波长,与源端(即发生器端)和宿端(即负载端)都失配,从而使信号失真。

feeder link **馈线链路** 从一个设在指定的固定点上的地球站到一个空间站,或从一个空间站到一个设在某固定点的地球站的无线电链路,用于除卫星固定业务以外的空间无线电通信业务的信息传递。

feedforward **前馈** 一种开环控制方式。它根据预测的情况提供一定的信息,以便在出现与目的不符的特征之前就施加预发的校正信号。例如,通过直接检测电路的输入电压来改善线路调节的方法。

feedforward connection **前向连接** 若一条流水线有两种操作功能,流水线从输入端到输出端共有若干站,常规的线性流水线连接是从输入端顺序连接到输出端。为实现另一种功能,流水线做跳过某些站连接,即从 S_i 站向前连接到 S_j 站,$j \geqslant i+2$,这后一种连接就称为前向连接。

feedforward control **前馈控制** 在过程的输入端检测出变化,而在过程输出受影响之前加上预期的校正信号的过程控制。前馈控制是通过收集整理信息、掌握规律、预测趋势，正确预计未来可能出现的问题，提前采取措施，将可能发生的偏差消除在萌芽状态中，为避免在未来不同发展阶段可能出现的问题而事先采取的措施。同 precontrol。比较 feedback control，concurrent control。

feedforward control system 前馈控制系统 利用输入或干扰信号的直接控制作用构成的开环控制系统。前馈控制系统测取进入过程的干扰(包括外界干扰和设定值变化)，并按其信号产生合适的控制作用去改变操纵变量，使受控变量维持在设定值上。比较 feedback control system。

feedforward network 前馈网络 一种在通信卫星业务中与丙类放大器联用的外接失真抑制网络。在失真放大器之前和之后对信号采样，以获得误差信号。在放大器输出之后，对误差信号进行处理和组合，通过抵消公共误差项提供无失真的信号。

feedforward network model 前馈网络模型 信息单向流动的神经网络模型。神经元分层排列，各层按顺序连接，组成输入层、隐含层和输出层，每层神经元只接受前一层神经元的输入。层内神经元无连接。在输入层加入样本，经各隐含层顺序变换后，由输出层输出，完成一次动作。

feedforward principle 前馈原理 根据用预测手段获得的信息，在系统出现与预期目的不符的特征之前去控制未来。为了达到未来的目标对现在的方法和顺序进行弹性调整，为此要用电子计算机进行模拟。

feed-horn 馈电喇叭 接收天线上的一个部件，其作用是把来自天线反射面微弱的信号聚焦后，馈向低噪声放大器中。

feed-line 馈线 用于天线与接收机之间的传输线，典型的馈线是同轴电缆。

feedthrough capacitor 穿芯电容器 用于滤除极高频率成分的电容器。这种电容器的工作原理与三端电容器相同，但由于这种电容器适合于安装在屏蔽板上，能有效地隔离输入/输出端，具有更好的滤波效果。由于它在超高频电路中起旁路作用，故也称“旁路电容器”。

feed throughs 贯穿布线 LSI(大规模集成电路)芯片内，穿过单元电路行上的布线。对于连接相隔较远的端子，还可穿过布线通道区，再穿过另一单元电路行。

FEES 远端误块秒 far end errored second 的缩写。

FEFO 先结束先出，先完先出 first ended, first out 的缩写。

FEG (1)格式环境组 form environment group 的缩写。(2)场发射枪 field emission gun 的缩写。

FEM 换频调制 frequency exchange modulation 的缩写。

female connector 阴性连接器 有一个或多个插入凹孔接触的连接器。插孔、插座和墙壁插座都是阴性连接器的例子。

femto- 飞，千万亿分之一 表示公制的千万亿分之一的前缀，等于 10^{-15}。

femtoampere (fA) 飞安 电流的单位，等于 10^{-15}安。

Femtocell 毫微微蜂窝式基站，家庭基站 一种用于扩展移动通信室内覆盖的设备。家庭基站可以把用户手机发出的话音和数据呼叫传输到核心网络。它工作于授权频段，其发射功率比较小，一般为 10 ～ 100 毫瓦，因此覆盖半径也较小，一般仅为 20 ～ 50 m。一个家庭基站的接入设备一般最多支持 4 ～ 6 个移动用户，允许的最大用户运动速度为 10 千米/小时。

femtosecond (fs) 飞秒 时间的单位，等于 10^{-15}秒。

femtovolt (fV) 飞伏 电压的单位，等于 10^{-15}伏。

femtowatt (fW) 飞瓦 功率的单位，等于 10^{-15}瓦。

FEO 外部交换局 foreign exchange office 的缩写。

FEP (1)前端处理机 front-end processor 的缩写。(2)防火墙增强协议 firewall enhancement protocol 的缩写。

Fermat's principle 费马原理 费马原理认为电磁波沿着从一端到另一端的传输路径遵循最短时间原理，包括可能发生的反射和折射。

ferric RAM (FRAM) 铁氧随机存取存储器 一种非易失性存储器，在制作过程中使用了氧化铁，它经过多次写操作后性能不会退化，克服了 flash RAM 的问题。参见 flash RAM。

ferrimagnetic limiter 铁磁限幅器 微波系统中的接收机保护放电管(TR 管)的功率限幅器。它采用呈现非线性特性的铁磁材料，如铁氧体或石榴石。

ferrimagnetic substance 亚铁磁性物质 这是一种磁性物质，其主要磁现象是亚铁磁性的物质。其磁化率是较大的正值。

ferrimagnetism 亚铁磁性，铁氧体磁性 铁氧体磁性与铁磁性相同之处在于有自发磁化和磁畴，因此有时也被统称为铁磁性物质。但其也有与铁磁物质不同之处，表现在铁氧体一般都是多种金属氧化物复合而成，因此铁氧体中有两种取向不同的磁矩，它们方向相反、大小不等，两种磁矩之差就产生了自发磁化现象，所以严格地说，铁氧体磁性称为亚铁磁性。

ferristor 铁磁电抗器 一种工作在高载频上，且可以连接成符合门、电流鉴别器、自激多谐振荡器、振荡器或环形计数器的小型双绕组饱和电抗器。

ferrite 铁氧体 由以三价铁离子作为主要正离子

成分的若干种氧化物组成，并呈现亚铁磁性或反铁磁性的材料。铁氧体是一种具有铁磁性的金属氧化物。就电特性来说，铁氧体的电阻率比金属、合金磁性材料大得多，而且还有较高的介电性能。铁氧体的磁性能还表现在高频时具有较高的磁导率。按照磁学性质和应用情况的不同，铁氧体可分为：软磁、永磁、旋磁、矩磁、压磁等五种类型。按材料结构分，铁氧体有尖晶石型、石榴石型、磁铅石型、钙钛矿型、钛铁矿型和钨青铜型等六种。

ferrite bead 铁氧体磁珠 由具有高电阻率的铁氧体磁性材料制成的，具有一个或多个孔的圆柱体。当一根导线经过铁氧体磁珠时，对于低频信号，它是一个短路线，而对于高频信号，它相当于一个电阻器。铁氧体磁珠常被用作滤波元件。例如，将它放置在高频电路的连接线上，引入的电感用于抑制寄生振荡。

ferrite-core memory 铁氧体磁心存储器 一种由穿过矩形磁滞环铁氧体制成的细小环形磁心矩阵的读入和读出线构成的磁存储器。这类磁心中有一些的直径仅为 0.5 mm。它也称“磁心存储器”或“磁心板”。这是一项已过时的技术。

ferrite isolator 铁氧体隔离器 一种使能量在一个方向上通过波导而可能吸收来自相反方向能量的隔离器。位于一短段圆波导轴线中心位置的铁氧体棒放在相互有 45°位移的两端矩形波导之间。在所需方向上的信号被铁氧体棒旋转 45°，使之与输出波导方向一致。反向信号则往相反方向旋转 45°，其能量由电阻片吸收。

ferrite limiter 铁氧体限幅器 一种无源低功率微波限幅器。当它工作在线性范围时，其插入损耗小于 1 dB，且有最小相位失真。输入信号被耦合到由磁场偏置到谐振的钇铁石榴石或锂铁氧体单晶样片上。铁氧体限幅器用来保护灵敏接收机不致烧毁或被强干扰信号阻塞。

ferrite phase shifter 铁氧体移相器 一种微波雷达元件，它能改变通过它的信号的频率相位。

ferrite-rod antenna 铁氧体磁棒天线 一种由缠绕在铁氧体磁棒上的线圈构成的天线，用于无线电收音机。线圈通常起接收机第一级调谐电感的作用。

ferrite switch 铁氧体开关 一种无源开关，利用高磁导率的铁氧体在微波频率下的相移特性来连接两个输出中的任一端与两个输入中的任一端，这是通过转换电磁波长来实现的。

ferrite-tuned oscillator 铁氧体调谐振荡器 一种具有由铁氧体加载谐振腔谐振特性的振荡器，谐振特性通过改变周围磁场加以改变，从而实现电子调谐。其调谐范围为 500 ～ 1 300 MHz。

ferroacoustic storage 铁声存储器 一种由磁致伸缩材料细管、穿过细管的中心导体和位于细管一端的声驱动传感器组成的延迟线存储媒质。写入时，超声脉冲首先从传感器沿延迟线发送，经过与超声脉冲到达延迟线上要求的存储点所需时间相对应的延迟之后，短电流脉冲便加到中心导体上，由此便改变了在该存储点延迟线的磁状态。读出时，超声脉冲又重新沿延迟线发送，经过与所需存储位的存储单元相对应的延迟之后，当超声脉冲通过存储点时，如果在该点存储数据，那么，门电路便瞬间打开，为所产生的电压脉冲提供存取。

ferroelectric 铁电体 呈现有电滞现象的电介质。

ferroelectric converter 铁电转换器 一种利用热电材料加热到超过它的居里温度时介电常数的变化，将热能变换成电能的转换器。一个具有铁电介质最初处于其居里温度的大电容器，由电池经二极管充电，然后发热到超过居里温度。于是，介电常数减小，电容也相应地减小，因而电容器电压升高。这个电压经负载放电之后，电容器便冷却下来，整个过程反复进行。宇宙飞船上的太阳辐射可能提供所需要的热量。

ferroelectric material 铁电材料 一种非线性介质材料，其电偶极子通过相互作用而自然地排列成行，就像磁性材料中的磁偶极子排列成行一样。铁电材料常用在陶瓷电容器、声传感器和介电放大器中。

ferroelectric RAM (FRAM) 铁电随机存取存储器

FRAM 以铁电物质为原材料，并在铁电介质中掺入镧(La)、钙(Ca)、锶(Sr)等元素，其中加入钙元素使 FRAM 在低电压工作状态下的读写速度有所提高；加入锶元素则可防止铁电介质薄膜的膜质发生退化；而镧有抑制铁电介质过度机械磨损的作用。FRAM 不仅具有动态随机存取存储器(DRAM)及静态随机存取存储器(SRAM)的高速、持久的特性，还能在掉电情况下存储信息，即具有非易失性。

ferroelectric shutter 铁电光闸 由放置在平面相互垂直的偏振器之间的铁电晶体片构成的光闸。在被高达 100 V 的脉冲驱动时，光闸便打开让光通过。

ferrofluid 铁磁流体 一种在磁场存在时强烈极化的液体。铁磁流体由悬浮于载流体当中纳米数量级的铁磁微粒组成；其载流体通常为有机溶液或水。铁磁微粒由表面活性剂包裹以防止其因范德华力和磁力作用而发生凝聚。尽管被称为铁磁流体，但它们本身并不表现铁磁性。这是因为在外部磁场不存在的情况下，铁磁流体无法保持磁性。事实上，铁磁流体表现顺磁性，并且由于它们的高磁化率，通常被认为具有“超顺磁性”。铁磁流体用于传递来自高频扬声器和某些中频高保真扬声器的热量。

ferromagnet 铁磁体 由铁磁性材料构成的磁体。参见 ferromagnetism。

ferromagnetic amplifier 铁磁放大器 一种基于在射频高功率电平上铁磁谐振的非线性特性的参量

放大器。在一种铁磁放大器中，微波泵浦功率加到安装在包含带线的谐振腔内的石榴石或其他铁磁晶体上。永久磁铁提供足够大的场强，使石榴石在泵浦频率上产生谐振。输入信号经带线加到晶体上，放大器的输出信号则在带线的另一端取出。

ferromagnetic material　铁磁材料　磁导率远大于真空磁导率且随磁化力变化的磁性材料。各种形式的铁、钢、钴、镍及其合金都是铁磁材料的例子。

ferromagnetic resonance　铁磁谐振　磁性材料在微波频率上的视在磁导率达到明显的最大值时出现的谐振状态。当微波频率等于磁性材料原子中电子轨道的进动频率时，在存在稳态横向磁场的情况下将发生铁磁谐振。谐振频率取决于横向磁场的强度。

ferromagnetics　铁磁学　借助材料的磁极化性质来存储信息和控制脉冲序列的技术。

ferromagnetism　铁磁性　物质中相邻原子或离子的磁矩由于它们的相互作用而在某些区域中大致按同一方向排列，当所施加的磁场强度增大时，这些区域的合磁矩定向排列程度会随之增加到某一极限值的现象。比较 antiferromagnetism。

ferroresonant circuit　铁磁谐振电路　一种具有能提供非线性特性的饱和电抗器的谐振电路。通过改变电路电压或电流实现调谐。

ferroresonant overvoltage　铁磁谐振过电压　在由带铁芯的电感元件和串接电容器组成的振荡回路中，由于铁芯磁饱和所引起的非线性的谐振过电压。高频和工频铁芯谐振过电压的幅值一般较高，可达相电压的 3 倍以上，起始暂态过程中的幅值可能更高，危及电气设备的绝缘结构。铁磁谐振过电压是发生最为频繁和引起事故最多的一种内部过电压，其主要抑制措施和降低谐振概率的措施有：①在三相正序或零序回路中瞬间或长期投入阻尼电阻或其他吸能器件；②谐振发生后进行适当的倒闸操作，借以改变回路参数和破坏谐振条件；③采用励磁特性良好的铁磁元件。

ferroresonant transformer　铁磁谐振变压器　一种通过在特定频率上产生谐振而起调谐电路作用的变压器。这种变压器的输出几乎不受输入电压变化的影响，但若工作在不同于铁磁谐振的频率上，则有大的损耗。

ferrous shield　铁屏蔽　一种低阻导电含铁材料，它能阻止外面的电场，提供一条低阻高导磁的磁路，将磁力线从屏蔽物体处引开。它还能吸收引起的伴随电磁波，从而阻止电磁波深入穿透该材料。

ferrule connector　金属套筒连接器，FC 连接器　一种光缆连接器件。FC 连接器其外部加强方式是采用金属套，紧固方式为螺丝扣。早期 FC 连接器采用的陶瓷插针的对接端面是平面接触方式，结构简单，操作方便，制作容易，但光纤端面对微尘较为敏感，且容易产生菲涅尔反射，提高回波损耗性能较为困难。现在该类型连接器做了改进，采用对接端面呈球面的插针，虽外部结构没有改变，但是插入损耗和回波损耗性能有了较大幅度的提高。

FES　(1)换频信令 frequency exchange signaling 的缩写。(2)外部交换站 foreign exchange station 的缩写。(3)前端系统 front end system 的缩写。

FESES　远端严重误块秒　far end severely errored second 的缩写。

FET　场效应晶体管　field-effect transistor 的缩写。

fetch cycle　取周期　按指定的地址从存储器中取出指令或数据操作所需的时间。

fetch data　取数据　从存储器中取出数据的过程。典型的取数过程如下：获得所需要的程序段，产生存储器地址；将地址传送到存储器，发出读命令；将从存储器中读出的数据送至中央处理机。

fetch phase　读取阶段，取指周期　将指令从主存储器取入指令寄存器所需的时间。取指周期用来形成地址，从存储器中取出指令并存入中央处理机的指令寄存器。

fetch policy　取策略　在计算机存储器管理系统中，决定一个页什么时候调入主存的策略。

fetch process　读取过程　将指定存储单元的信息字或字节从主存储器取入中央处理机的过程。读取时，首先把地址传送到存储器，再把对应此地址的信息从存储器中读出来，然后送入中央处理机。

fetch protection　读取保护　(1)为防止程序访问其他用户存储段的数据，而由系统设立的限制或约束。(2)一种存储保护功能，它利用是否符合保护键来决定对主存储器的存取权。保护键与主存储器的取指访问相对应，这与存储键对应于主存储器块类似。

FET resistor　场效应晶体管电阻器　栅极与漏极相连的场效应晶体管，所得到的结构起另一个晶体管的电阻负载的作用。

FEUAS　远端不可用秒　far end unavailable second 的缩写。

FEXT　远端串音[串扰]　far-end crosstalk 的缩写。

FF　(1)换页 form feed 的缩写。(2)触发器 flip-flop 的缩写。(3)首先满足法，首次匹配法 first fit 的缩写。(4)基金会现场总线 foundation fieldbus 的缩写。

FFD　首次匹配下降规则　first-fit-decreasing rule 的缩写。

F-format　F 格式，定长格式　(1)在输入输出格式符中，表示定点数的格式。在各种语言中的 F 格式不尽相同。(2)一种数据集格式，在此格式下每个逻辑记录的长度都相同。

FFT　快速傅里叶变换　fast Fourier transform 的

缩写。

FFTDCA 最终形式文本资料内容体系 final-form-text DCA 的缩写。

FGCS 未来计算机系统 future generation computer system 的缩写。

FGK algorithm for compression technique algorithm 压缩技术的 FGK 算法 一种基于兄弟特性的自适应霍夫曼编码方法。如果一棵二叉代码树除根以外的每个节点都有一个兄弟，而且所有节点能够以权的非递增次序排列并使得每个节点都与它的兄弟相邻，则这棵树就称为具有兄弟特征。在 FGK 算法中发送方和接收方都动态地修改霍夫曼树，代码树的叶代表源信文，叶的权代表信文的频率，任何时候都有 n 个可能信文中的 k 个出现在信文集中。初始时代码树只含单个叶节点，即 0－节点，这个节点用表示 $n-k$ 个未使用过的信文的特殊节点，传送了每个信息后，双方参与者都要增加相应的权并重新计算代码树，以便维持兄弟特性，当 t 个信文发送后，其中 k 个是不相同的且 $k<n$，则得到的树是棵有 $k+1$ 个叶的代码树，其中 k 个对应 k 个信文，另一个对应 0－节点，如果 $(t+1)$ 个信文是已出现过的 k 个之一，算法就发送 $A(t+1)$ 个当前代码，相应的计数器增 1，并且重新计算这棵树，如果出现一个未使用过的信文，0－节点就分解成一对叶，一个为 $A(t+1)$，另一个为兄弟，即新的 0－节点，又重新计算树，在这种情形下，就发送 0－节点的代码，另外必须告诉接收者出现 $n-k$ 个信文中的哪一个，对应信文的出现次数就在每个节点上，节点以它的兄弟特性序列中的位置编号，树的修改可在从 $A(t+1)$ 节点穿越到根的过程中完成。

FGM (1)第五代管理系统 fifth generation management 的缩写。(2)固定增益模式 fixed gain mode 的缩写。

FGS 设备接地系统 facility grounding system 的缩写。

FH (1)帧处理器 frame handler 的缩写。(2)跳频 frequency hopping 的缩写。

FH-CDMA 跳频码分多址 frequency hopping code division multiple access 的缩写。

FHDS 固定磁头磁盘存储器 fixed head disk storage 的缩写。

FHP 固定标题前缀 fixed header prefix 的缩写。

FHSP 帧处理器子端口 frame handler subport 的缩写。

FHSS 跳频(扩)展频(谱) frequency hopping spread spectrum 的缩写。

FI 出错项 failing item 的缩写。

FIAR 故障隔离分析例程 fault isolation analysis routine 的缩写。

fiber access network 光纤接入网 一种以光纤作主要传输媒介的接入网。按照光纤到达的位置，有光纤到路边(FTTC)，光纤到大楼(FTTB)，光纤到办公室(FTTO)，光纤到家(FTTH)等之分。

fiber bandwidth 光纤带宽 对多模光纤传输带宽，以基带响应下降 6 dB 的最高频率来度量的参数。

fiber Bragg grating (FBG) 光纤布拉格光栅 一种纤芯折射率周期性变化的光纤。光纤布拉格光栅在纤芯内形成的空间相位周期性分布的光栅，其作用的实质就是在纤芯内形成一个窄带的(透射或反射)滤波器或反射镜。利用这一特性制作的光纤器件具有反射带宽范围大、附加损耗小、体积小，易与光纤耦合，可与其他光器件兼容成一体，不受环境尘埃影响等一系列优异性能。

fiber buffer 光纤缓冲层 用来保护光纤以防物理损害的材料结构。

fiber bundle 光纤束 可弯曲且相互平行的玻璃纤维束或其他透明纤维束，能将信号或图像从束的一端发送至另一端。

fiber cable 光缆 光缆分为单模光缆和多模光缆。单模光缆只能通过一种频率的光，而多模光缆可以通过几种频率的光。参见 fiber-optic cable。

fiber channel 光纤信道 用光纤作媒质的光传输通道。

fiber-channel arbitrated loop (FC-AL) 光纤信道仲裁环 一种能提供比并行小型计算机系统接口(SCSI)更高带宽的计算机网络用串行接口。FC-AL 是专为双向、点对点的串行数据信道而设计的，它可以 10 Gbps 的速度连接距离在 10 km 范围以内的系统。总线上的各个设备是连成一个环，它们可以相互间对话以确定在某一给定时刻哪个设备可以传输数据，因而有"仲裁环"之称。

fiber channel over IP (FCIP) 在 IP 上的光纤信道 由因特网工程任务组(IETF)的 IP(网际协议)存储器工作组提出的一个建议，旨在把光纤信道业务直接映射到 IP，便于对 SAN(存储区域网)作 WAN(广域网)连接。

fiber channel storagenetwork (FCSN) 光纤通道存储网络 可以支持多种协议，应用单模光纤，传输速率可达千兆位的存储网络。参见 storage area network (SAN)。

fiber channel system initiative (FCSI) 光纤通道系统倡议组织 由 HP、IBM、Sun 等公司于 1993 年共同组建的光纤通道系统倡议组织，旨在为数字信息高速公路提供一套主要供高速联网和大容量存储解决方案开发人员使用的规范概要。

fiber connector (FICON) 光纤连接器 (1)光纤与光纤之间进行可拆卸连接的器件，它把光纤的两个端面精密对接起来，以使发射光纤输出的光能量能最大限度地耦合到接收光纤中去，并使由于其介入光链路而对系统造成的影响减到最小。参见 biconic connector，miniature unit coupling。(2)IBM

公司在1998年推出的高速输入/输出通道。它以光纤通道标准为基础，将ESCON(企业系统连接)的半双工17 MBps传输率提高到了全双工100 MBps。每条FICON通道最高可以支持每秒4 000次I/O操作，相当于8条ESCON通道。参见enterprise system connection (ESCON)。

fiber converter 光纤转换器 将串口或其他接口转为光纤接口的一种模块。光纤转换器可分为多模光纤转换和单模光纤转换，单模多模亦可互相转换，实现多机通信、中继转换的组网功能。参见fiber optic transceiver (FOT)。

fiber cut-off wavelength 光纤截止波长 光在单模光纤中传输时的一种波长。大于此波长时将中止传播。

fiber distributed data interface (FDDI) 光纤分布数据接口 美国Sun公司推出的光纤分布数据接口，以光纤作为传输介质，是一种计数循环双环网标准。其中一个环用于传输数据，另一个环用于容错或者数据传输。也支持单环结构，但单环结构不支持容错性能。能够在光缆上以100 Bps的速率传递数据，距离可达200 km，最多可连接500个节点，节点间最大距离为2 km。可用于主干网和部门局域网。该接口后来成为美国国家标准协会(ANSI)的标准，ANSI X3T9于1989年12月公布。标准中包括物理介质相关层(PMD)、物理层(PHY)、介质存取控制(MAC)层和工作站管理层或网络管理层(SMT)等组成。FDDI Ⅱ是FDDI标准的扩展，它允许与其他数字化网络数据一起以数字的形式传输模拟数据(如声音和音频)。

fiber HSLN 光纤高速局部网 以高数据速率的光纤作为介质的高速局部网。

fiber in the loop 光纤用户环路 光接入网(OAN)的别称。参见optical access network (OAN)。

fiber jumper 光纤跳线 用来做从设备到光纤布线链路的跳接线。有较厚的保护层，一般用在光端机和终端盒之间的连接。光纤跳线和同轴电缆相似，只是没有网状屏蔽层。中心是光传播的玻璃芯，外面包围着一层折射率比芯低的玻璃封套，以使光纤保持在芯内，再外面的是一层塑料外套，用来保护封套。

fiber loss 光纤损耗 在光纤传输系统中，由信号光源与传导光纤之间的距离所引起的信号功率损耗。光纤越长，损耗越大。光纤损耗是由光纤中光的散射所引起的，这种散射与光波波长的4次方成反比。

fiber modem 光纤调制解调器 调制解调器利用调制光波实施数字通信。光纤调制解调器应用发光二极管或激光传送光。参见optical fiber。

fiber-optic active connector 光纤有源连接器 一种光纤连接器，内含有源设备，如一个发光二极管或一个激光器作为发射器，一个光电探测器作为接收器，或者两者都有，通常做成一个连接器的配合元件。它能提高光纤的耦合效率，适用于隔板或印刷电路板配件和电磁接口和射频接口的屏蔽，可用作一个中继器。同active fiber optic connector。

fiber-optic alignment connector 光纤光校准连接器 一种光纤连接器，它能固定和校准光纤以便在光纤之间有效地进行光耦合。

fiber-optic amplifier 光纤光放大器 能将光信号进行功率放大的一种光器件。它接收门限值以上的光信号，通过一个光电探测器把光信号转换成一个电信号，用电子方式放大和整形。它还能调制一个光源，如一个激光器或一个发光二极管，或调制一个连续光源的光。参见erbium doped fiber amplifier (EDFA)。

fiber-optic attenuator 光纤衰减器 能降低光信号能量的一种光器件。光纤衰减器用于对输入光功率的衰落，避免了由于输入光功率超强而使光接收机产生的失真。

fiber-optic borescope 光纤管道镜 一种检查设备，其中光纤用于照明、观察和对所观察的系统内部进行拍照，如涡轮机内部叶片的间隙，或人体内部器官，如血管、胃和肠道等。

fiber-optic branching device 光纤分支设备 在光纤系统中的一种设备，它具有一个输入端口，和两个或两个以上的输出端口，不改变输入信号只是以一种预定方式将输入信号光功率在输出端口上进行分配。它的功能和光纤结合器相反。同passive optical fiber branching device。

fiber-optic breakout cable 光纤引出点光缆 一种多纤光缆，其中通常有紧密缓冲的独立光纤，这些光纤用一些增强材料和套管包围，而所有这些又被封装在公共的护套内。光纤引出点光缆的安装很方便。

fiber-optic breakout kit 光纤引出点配套元件 一组配套的元件材料，它通常包括一个外层套管，其内为一组由纱线构成的加强材料，套管和纱线可以套在一个包含一根光纤的缓冲套管的外面形成一根单芯光缆，以使光纤连接器可以直接连接上。可以使用一个热收缩塑料套作为装饰、降低应力和封装新建光缆的分支点和结合点。

fiber-optic bundle 光纤束 (1)一个通常用作一个单独的传输通道的无缓冲的光纤装置，与多光纤光缆不同，后者中每根光纤提供一个独立的信道。如果只用来传输光功率，像在照明系统中，而不是像在光纤通信系统中那样传输信号的话，光纤束是灵活的且非定位的，如果用来传输和显示图像，则是灵活的且定位的。(2)两根或两根以上的在一个唯一的受保护的鞘或套内的光纤。在一个光纤束中的光纤可以在几根到几千根之间变化，取决于光纤的应用和特性。

fiber-optic bundle transfer function 光纤束转移函

数 当该函数作用于一个光纤束的输入信号波形时，输出信号波形由关系式 $T_b = A(f)e^{j\theta(f)}$ 给出，式中 T_b 是光纤束转移函数，而 $A(f)$ 是振幅部分，$j\theta(f)$ 是转移函数的相位部分。

fiber-optic cable 光(纤电)缆 将一组光纤组合起来，使其具有与同轴电缆相同的传输特性。与电缆相比，在同等传输容量的情况下，它具有体积小、重量轻、成本低等优点。参见 optical fiber。

fiber-optic cable concentrator 光缆集中器 一边连接到光缆干线上，另一边分出几路光缆支线的设备。光缆干线通常是FDDI(光纤分布数据接口)双环网络，而集中器同时连接到两个环上，以便保证数据传输的可靠性。

fiber-optic cable driver 光缆驱动器 一种设备，它从一种传输介质中(如一条导线或同轴电缆)接收电脉冲，把电脉冲转换为光脉冲，再把光脉冲耦合到一根光纤、光缆或光束中。

fiber-optic cable facility 光缆设备 在一个光缆站/再生器部分的一个站设备，该设备用来通过连接器和接头将光缆站(站内设施)连接到一个光缆设备(站外设备)。

fiber-optic cable facility loss 光缆设备损耗 光缆设备(外部设施)中的损耗由下列关系式给出：
$L = l_t(U_C + U_{CT} + U_\lambda) + N_S(U_S + U_{ST})$
式中 L 是光缆设备损耗；l_t 是接光缆的总的鞘的长度；U_C 是最坏情况下在发送器额定中心波长上生命末期的光缆的衰耗速率(dB/km)；U_λ 是在发送器中心波长范围内所发生的光缆衰耗速率的最大增量；U_{CT} 是在光缆工作温度范围内最坏温度情况下，温度对生命末期的光缆的衰耗速率的影响；N_S 是在光缆设备中光缆长度上的接头数目，包括每一端上光纤站设备上的接头和光缆维修的备用接头；U_S 是每一接头的损耗(dB/ 接头)；U_{ST} 是由温度变化引起的最大附加损耗(dB/ 接头)。

fiber-optic cable feed through 光缆馈入装置 一种机械装置，它为一进入光纤互连盒的光缆缓解拉力，也可用在光缆周围的封装。

fiber-optic cable intermatchability standards (FOCIS) 光纤电缆配对标准 远程通信工业协会(TIA)制定的连接器规范，阐述了光纤插头和插座之间互相连接时的技术要求。

fiber-optic cable jacket 光缆套管 光缆套管是裹在光缆周围的，和附加缓冲层、填充物等材料一起构成了光缆的外包装，能增加光缆抗磨损的能力，光缆套管表皮印有识别标志。

fiber-optic cable pigtail 光缆尾光纤 一个光元件上的一小段光缆，用来与另一光缆尾光纤之间或与另一光缆之间的耦合。

fiber-optic catheter 光纤导管 一个导管，其中的光纤用于测定生理参数和在人体、动物和其他活器官内进行活体操作。

fiber-optic choledochoscope 光纤胆管镜 一种设备，其内的光纤用于发光和观测胆管的内部。

fiber-optic combiner (FOC) 光纤组合器 一个无源设备，它将来自几根光纤的能量在更少的光纤中分配。光纤组合器的功能与光纤分支设备的功能是相反的。

fiber-optic communication (FOC) 光纤通信 使用光纤将信号从一点传送到另一点的通信方法。这种通信方法具有信道容量大，中继距离长，抗电磁干扰和线路成本低等优点。

fiber-optic connector (FOC) 光纤连接器 一种在两根光纤之间、几组光纤之间或光纤束之间传输光功率的设备。它通常包括两个可以配对和分开的部分，它们分别安装到两根光缆或某光纤设备(如光源、光检测器等)上，为它们提供连接和断开。

fiber-optic connector variation 光纤连接器变化值 在两个匹配的同一型号、同一厂家的光纤连接器对之间的插入损耗的最大差值。

fiber-optic coupler 光纤耦合器 (1)不使用接头或连接器，而由其内的光纤把光能传送到其他光纤的一种设备。(2)在一个光源和一根光纤或一根光纤和一个光电探测器之间传输功率的设备。光纤耦合器可以用一种预定的方式把功率传输到多个端口，端口可以连接到光纤元件，如光源、波导管和光电探测器等。

fiber-optic cross connection 光纤交叉连接 通过第三根光纤连接两根光纤，即通过一跳线，第三根光纤作为两根光纤间的一条链路。虽然需要两次连接，而不是将两根光缆直接相连，但跳线可以利用固定的面板实现方便的连接。

fiber-optic data bus 光纤数据总线 单独一条光纤或光缆的数据总线，站点和终端直接连在其上，这样它们就能通过单总线互相通信，其中欲发往给定地址的消息必须根据网络协议给出地址，放在总线上的所有消息可以不必经过任何特定的站点或终端而被任何或全部站点和终端所接收。

fiber-optic data link 光纤数据链路 能以数字形式处理数据的光纤线路。

fiber-optic data transfer network 光纤数据传输网 一种数据传输网络，其中的光纤模块和部件用于检测、发送、显示及其他的数据处理。

fiber-optic delay line 光纤延时线 一条有精确长度的光纤，用于在光波脉冲中引入一个时延，该时延等于脉冲从传播的开始点到结束点所需要的时间。它可以有多种用途，如相位调整、脉冲定位、脉冲间隔编码或数据存储。

fiber-optic demultiplexer (active) 光纤多路分解器[复用分路器](有源) 一个带有输入和输出的光设备，它接收已调光波，这些已调光波是由一个复用器将两个或两个以上的光信号流组合而产生的。它将每一个原始信号流放在一个独立的信道内，它可以有两条或两条以上的输出光纤,每一条工作在一个不同的波长上,输入光纤则包含了所有的波长。除了包含在输入信号中的能量外,为使设备工作还需要另外的能源供应。有源光纤复用分路器的一个例子是一个应用光电效应的设备把一个信道中输入的多色光波分解成独立的颜色成分,每一种可以被独立调制。

fiber-optic demultiplexer (passive) 光纤多路分解器[复用分路器](无源) 一个带有输入和输出的纯无源光设备,它接收已调光波,这些已调光波是由一个复用器将两个或两个以上的光信号流组合而产生的,再将每一个原始信号流放在一个独立的信道内。除了包括在输入光波中的能量外,不需要其他能源以使设备工作。无源光纤复用分路器的一个例子是,有两条或两条以上的输出光纤,每一条工作在一个不同的波长上,输入光纤则包含了所有的波长,一个玻璃透镜把一个光纤输入信道上的多色光波分解成独立的颜色成分,每一种都是可以被独立调制的,而且每一种都入射到一个独立的光电探测器上。

fiber-optic display device 光纤显示设备 用于显示图像、字母数字或图表数据的一种设备,它通常包括一个由许多光纤的末端以直线束的方式构成的光纤面板,一束用来将图像准直传输到显示表面的光纤,也许还有一个透镜用来放大或投影图像。

fiber-optic dosimeter 光纤剂量计 一种仪器,它是通过测量辐射量在一光纤内引起的衰落情况,进而度量对高能辐射或爆炸(如对 X 射线、γ 射线、宇宙射线和高能中子)的积累性辐射量。

fiber-optic drop 光纤下户线 一条光纤传输线路,把复用信号从一个交换局传输到一个分布点,再在此处为用户终端设备引出一个抽头,接到用户屋内的设施,如电话机或数据终端等。

fiber-optic endoscope 光纤内窥镜 一种光设备,用于对一个系统的内部(如人体的内腔和器官或机器的内部)进行观察和拍照。医学上,光纤内窥镜,如支气管镜、胃镜、结肠镜、胆管镜、膀胱镜、腹腔镜和人体镜等,用于体内空腔的活体检查,执行活体解剖和息肉切除。工业上相应的内窥镜用于在机器系统运行时,无损伤地检测其内部部件和空腔。

fiber-optic end-to-end separation sensor 光纤端到端分离传感器 这种光纤传感器是通过固定在一个平台上的源光纤耦合到固定在另一个平台上的一个光电探测器,它们的光是两光纤末端纵向分离距离的函数,即随着分离距离的增加耦合光从最大值减到零。如果端到端的分离距离变化不定,光电探测器的输出信号将产生抖动。

fiber-optic filter 光纤滤波器 光纤滤波器由一条或多条光纤组成,工作在不同频率的光信号上,使得某些频率被阻塞而让其他的频率通过。

fiber-optic flood illumination 光纤泛射照明 用一光纤或光纤束末端发出的粗光束照明一片相当大的区域。

fiber-optic illumination detection 光纤发光检测 用一根光纤或光纤束来确定光是否从给定光源发出的检测。

fiber-optic illuminator 光纤照明器 一种使用一根光纤或光纤束来传送光线并照明一块远离光源的区域的照明设备。它可用来将光线射到特殊的且一般是无法到达的表面上,如外科领域、仪器面板和附属设备。

fiber-optic image cable 光纤图像电缆 能够传送真实图像,在其整个传输长度上无损耗的一束光导纤维。

fiber-optic interconnection 光纤互连 不需要光纤跳线,把一根光纤与另一根光纤直接相连的方法来连接两根光纤。

fiber-optic interconnection box 光纤互连箱 一个装有光纤接头、连接器和耦合器的箱子,用于将输入光缆上的信号通过连接分配到输出光缆上。通常它是用户本地室内的一个盒子或箱子,用于从配线架或光纤接头,到进入光收发器或其他用户终端设备的连接回路。

fiber-optic interface device 光纤接口设备 能够接收电信号并使之转换成能在光纤、光纤束或光缆中传输的光信号的设备,或者能接收光波脉冲并使之转换成能在电导体中传输的电信号的设备。例如全双工异步数据传输设备,能处理使用光缆传输的速率为 0 ~ 20 kbps 的数据,并使误码率小于 10^{-9}。

fiber-optic interrepeater link (FOIRL) 中继器间光纤链路 基于 IEEE 802.3 光纤规范的光纤信号发送方法。在以太网中,为了扩展距离,一个网段可通过中继器,经点到点链路,再到另一中继器,从而连至另一网段,为了减少两个中继器之间较长链路上带来的干扰,可采用光纤链路,其上的标准就是 FOIRL,其最大长度为 1 km,上面传送 10 Mbps 的基带信号。FOIRL 是 10 base-FL 规范的先导,10 base-FL 规范后来设计出来以替代 FOIRL。

fiber-optic isolator 光纤隔离器 一种设备,为了实现电路器件之间的电隔离而采用的一种通过短距离的光传输路径进行的耦合。

fiber-optic jumper 光纤跳线器 一小段带管套的光纤,两端都带有光纤连接器,用于实现光纤交叉连接。

fiber-optic light source 光纤光源 一种发射光波的设备,它为光纤系统提供光功率。它所发射的光可以被电子输入信号调制,它有一根光纤作为尾缆,以及一条或多条导线用来输入电功率和调制信号。

fiber-optic link (FOL) 光纤链路 一条通信链路,它利用在光纤中传输已调光的方式来传送信号。

fiber-optic longitudinal compression sensor 光纤纵向压缩传感器 一种光纤传感器，其中作用在一小段光纤上的一个力使该光纤缩短，光电探测器中单色光辐射度的变化量可利用干涉仪来测量，它是所加压力的函数。

fiber-optic loop 光纤环路 由一条光纤链路构成的环路。

fiber-optic loop multiplexer 光纤环路复用器 一种光纤复用器，用于为办公室和家庭中用户的终端提供多信道复用的功能。

fiber-optic mixer 光纤混频器 一种可以从两条或两条以上的输入光纤中接收信号并将信号混合的设备，它传送包含所有输入波长的混频信号，即传送产生的双色或多色光。

fiber-optic modem 光纤调制解调器 光纤调制解调器是一种包括光纤发送器和接收器的设备，它与现有的电子设备相兼容，有拨号的功能。

fiber-optic multimode dispersion 光纤多模色散 发生在一条光纤或光束中的多模色散。

fiber-optic multiplexer (active) 光纤复用器(有源) 一种除了包含在输入光波中的能量外，还需要电能或其他形式的能量来支持其工作的光电设备，它在两根或两根以上的光缆中的光纤上接收已调光波形式的信息并使其在一条单独的输出信道上输出。

fiber-optic multiplexer (passive) 光纤复用器(无源) 一种纯粹无源的光电设备。它在两根或两根以上的光缆中的光纤上接收已调光波形式的信息并使其在一条单独的输出信道输出，它可以带有光学器件，如光纤、光耦合器、混频箱或其他无源混频设备。它除了包含在输入光波中的能量外，不需要电能或其他形式的能量来支持其工作。

fiber-optic multiport coupler 光纤多端口耦合器 一种有两个或两个以上的输出或输入端口的光学设备。它能够将各种光源的能量耦合到各种接收器中，它通常由一片透明材料构成，利用反射、传输、散射、扩散或是这些形式的组合来工作，它可以是有源的或无源的。

fiber-optic myocardium stimulator 光纤心肌起博器 一种由心脏起博器、控制回路、光纤、光源和光电探测器构成的装置，它将刺激直接传进心脏肌肉，从而在心肌中恰当的部位、恰当的瞬间激起周期性的收缩，以克服正常神经活动的堵塞。

fiber-optic net 光纤网 同 fiber-optic networks。

fiber-optic networks 光纤网络 使用光导纤维作为通信介质构成的通信网络。可以单独使用光纤组成网络，也可以同其他介质，如铜线混合组成网络。除了令牌环网络和以太网络中使用光纤外，FDDI(光纤分布数据接口)是最著名的光纤网络。参见 fiber distributed data interface (FDDI)。

fiber-optic nuclear hardening 光纤原子核加固 一种研究在核爆炸产生的环境中，减少通信、计算机、数据处理和控制系统的性能退化的技术，即提高在包含有核辐射和电磁冲击的环境中光纤的生存几率。

fiber-optic penetrator 光纤穿透器 一种允许光纤或光缆从一个隔离的区域传到另一个区域的装置，如通过一堵墙、隔板、机身或橱等。

fiber-optic photodetector 光纤光电探测器 一种将输入光信号转换成等同的输出电信号的设备。它通常包括光纤信号输入尾纤，光敏元件(如光电二极管)，一条信号输出线和一条电源输入线。

fiber-optic receiver 光纤接收器 光纤系统中的一种设备，它检测经光纤接收到的光信号，再将该信号转换成电信号，以便于以后的使用和处理。

fiber-optic repeater 光纤中继器 一个光纤系统中使用的中继器。通常包括一个光纤检测器、一个光纤发送器和相关电子部件，如放大器和信号处理器。

fiber-optic repeater power 光纤中继器功率 在一光纤通信系统中，由光纤中继器提供的光功率。它可以是电功率或光功率，如果该功率由光信号信道电缆提供，则必须不干扰信息内容。

fiber-optic ribbon 光纤带 一根光缆，它由并排排列的光纤构成，这些光纤被一种或多种材料(如胶带、粘合剂、塑料条等)固定在相应的位置上。

fiber-optic ringer 光纤振铃信号器 一个用来引起注意的信令系统，其中一个光电检测器和一个发送器把来自光纤内携带信息的已调载波信号的光波能量转换成用作声音信号的声频音调，即用作振铃信号。

fiber-optic rotary joint 光纤旋转连接器 一种由光纤或连接器组成的无源光学器件，允许信号从一个或多个固定平台耦合到相对于该固定平台旋转的一个或多个平台，其作用是解决相对的旋转部件间光信号的传输问题，即保证光信号的传输不因为旋转而中断。

fiber optics 光导纤维术，纤维光学 用极细的玻璃丝传输频率约为 10^{14} Hz 的光脉冲信号的技术。玻璃丝起着引导光波的作用(它使光在其内壁上来回反射)，使光能沿着弯路在很长的距离上被传送，而仅有极小的损耗。目前对此技术的应用已有：代替电缆连接终端和其他外围设备；用作光学标记阅读器和字符阅读器中的内部光路。

fiber-optic sensor 光纤传感器 光纤传感器能对物理、化学或辐射场等的输入激励(如热、光、声、压力、磁场或电场等)起反应。它能在光纤上传输一个脉冲信号或者指示激励的一个或多个字符的其他表示形式。光纤传感器可用作温度计、流速计、扩音器和气压计等。

fiber-optic source 光纤光源 一种利用电能发光的光源。它通常将辐射功率输入到一根光纤中，可以在光线进入光纤之前直接用电子信号调制,可以有一个辐射功率的恒定输出,该辐射功率可以在其耦合到光纤中以后加以调制,在光的波长上有一个几毫瓦级的功率输出。光纤光源的例子有发光二极管(LED)和激光器。

fiber-optic splice 光纤接头 一个不可分开的永久性的接头,该接头在两根光缆或两根光纤之间,外面有一个保护壳,如一个套管或鞘。光纤接头用于光纤或光缆之间耦合光信号功率,并使连接处光功率损耗最小。参见 fiber-optic cable jacket。

fiber-optic splice housing 光纤接头罩 一种护罩,如套管、保护层和其他用于接触、支撑和校准光纤所必需的必须元件,被覆在一个光纤接头和附近的光纤上,用于保护其免受环境的影响。

fiber-optic splice tray 光纤接头盒 一个扁平的、通常是矩形的、盘状的设施,它支持和保护相连接的两根光缆的各条光纤,并支撑光纤,使它们可以不必装入鞘或管套中。参见 fiber-optic cable jacket。

fiber-optic splitter 光纤分离器 光纤分离器由一个光抽头、光纤耦合器或部分镜像构成,它取出一根光纤中传播的光信号功率的一部分,分流到不同于原始光纤的一个目的地。

fiber-optic spot illumination 光纤点照明 利用从一根光纤或光纤束发出的一狭窄光束来照明较小的一个区域。

fiber-optic subassembly 光纤子装配 一个光学器件,包含一个定序器、解序器、传输器和接收器。参见 transmitter-receiver subassembly (TRS)。

fiber-optic supporting structure 光纤支撑结构 光纤支撑结构用于在光纤系统中加固、引导和支撑光纤元件并使其处于恰当的位置。光纤支撑结构包括接头盘、接线架、弯曲限制器、配线管道、线把、吊环和罩等。

fiber-optic switch 光纤开关 光纤开关可以有选择地将光信号从一根光纤传输到另一根光纤,它取决于施加的外部激励,如一个力或一个电场、磁场、电磁场、声场、重力场或其他力场,可以是锁定的或非锁定的。

fiber-optic system 光缆系统 使用光缆作为传输介质构成的信息传输系统。光缆系统由三部分组成:光缆、光源和检测器。光缆是由一组光纤组合而成的同轴电缆。光源是发光二极管(LED)或激光二极管。这两种器件加电后便可以发射光脉冲信号,并在光纤中传输。检测器是一种二极管,有光信号落在上面就会产生电信号。于是系统便可以把接收的电信号变成光信号,传输到光缆的另一端,再变成电信号作为输出信号。

fiber-optic telecommunication cable 长途通信光缆 通常是具有光纤束、加强构件、填料、电导体、绝缘体、护套的长距离光缆。为保证在恶劣和潮湿环境下使用,还要对光缆加做保护层。

fiber-optic telemetry system 光纤遥测系统 这种遥测系统中的光纤部件,如光纤传感器、数据链路、光源、光电探测器和其他相关元件,用于收集、传送和分配来自一个或多个传感器的数据。

fiber-optic tension sensor 光纤张力传感器 一种用于测量光纤上由于张力的增大造成光纤伸长的光纤传感器。它使用一根没有受到增大张力作用的参考光纤作参照物,利用相干光进行干涉测量的比较,即通过测量一个相移来测量张力的增大。

fiber-optic terminus 光纤终端 光纤连接器的一部分,利用机械方法或粘合剂将光纤插入并连接到该部分。

fiber-optic test method (FOTM) 光纤测试法 对所有光纤系统和部件的测试方法的一个总体描述。它包括:识别要测试的系统或部件、测试的类型和本质、要测量的参数以及测试在怎样的环境条件下进行。光纤测试法没有明确描述测试期间所需采取的具体步骤的每一细节。在 FOTM 能够执行前必须准备一个或多个光纤测试规程。

fiber-optic test procedure (FOTP) 光纤测试规程 一套详细的、高度明确的、无二义的、独立的、逐步的动作系列,或描述它们的文档。用于测试光纤系统和元件,每一步骤都精确描述,包括要测量的全部尺寸、设备装置、仪器、结构、参数、环境条件、每一步要进行的具体操作,以及为清楚地描述测试的每一部分或操作所需要用到的数据。一个光纤测试规程可以不需要附加的工程分析就能执行。FOTP 通常基于先前准备好的光纤测试方法(FOTM)。

fiber optic transceiver (FOT) 光纤收发器 一种将短距离的双绞线电信号和长距离的光信号进行互换的以太网传输媒体转换单元,也被称之为光纤转换器。其主要原理是通过光电耦合来实现的,对信号的编码格式没有什么变化。按光纤性质分类有单模光纤收发器和多模光纤收发器;按所需光纤分类有单纤光纤收发器和双纤光纤收发器。参见 fiber converter。

fiber-optic transimpedance 光纤互阻抗 在一个光纤传输系统中,光电探测器的输出电压与光源的输入电流之比。

fiber-optic transmission system (FOTS) 光纤传输系统 利用小直径光纤传送光信号的一种传输系统。它通过调制所发送的光信号来传输信息,利用光敏半导体器件来检测这些被调制信号,从而取出所需要的信息。光纤传输系统具有容量大、体积小、重量轻等优点。

fiber-optic transmitter 光纤发送器 光纤发送器接收一个电信号作为它的输入,并用来调制一个光电子源(如发光二极管或激光器),以产生已调制的光信号并将其耦合到一根光纤中,用以在光纤中传输。

fiber-optic waveguide 光纤波导 一种由一根或多根光纤组成的引导波导。

fiberoptronics 纤维光电子学 科学和技术的一个分支,专门研究将光纤、有源和无源光学器件、电子电路等构成的系统。

fiberscope 纤维镜 一种用来观察那些无法直接观察到的物体(如机器的内部和人体的内部器官)的仪器,它一端有一个物镜用以聚焦物体的图像,另一端有一个目镜用以在光纤面板上以全彩色方式观察物体的图像。

fiber splice component 光纤接头组件 安置并保护光纤接头、余留光纤和可能有的无源器件的组件。

fiber system 光纤系统 由金属导线和微波线路连接至光纤线路组成的通信系统或网络。

fiber to the building (FTTB) 光纤到大楼 光接入网(OAN)的应用类型之一。光缆铺设到大楼。

fiber to the curb (FTTC) 光纤到路边 光接入网(OAN)的应用类型之一。光网络单元(ONU)设置于配线点(DP)或灵活点(FP)处,但通常为前者。此时 ONU 到各用户之间的部分仍为双绞线或同轴电缆。

fiber to the home (FTTH) 光纤到家(庭) 光接入网(OAN)的应用类型之一。光网络单元(ONU)放置于用户家中。

fiber to the LAN (FTTLAN) 光纤到局域网 光接入网(OAN)的应用类型之一。光网络单元(ONU)放在局域网处。

fiber to the node (FTTN) 光纤到节点 光接入网(OAN)的应用类型之一。FTTN 可采用 PON 接入技术。光网络单元(ONU)放在电缆交接箱所在处。

fiber to the premises (FTTP) 光纤到驻地 光接入网(OAN)的应用类型之一。光网络单元(ONU)放在用户驻地网处。

Fibonacci search 斐波纳契搜[检]索 一种二分法搜索方法。在搜索过程中每一步都按照每个斐波纳契数列中两个相连的较小数目,将原始集合或余下的子集合再划分为二,当一个集合中的项目数不等于一个斐波纳契数目时,则假设此集合的项目数等于下一个较大的斐波那契数,再进行划分。重复上述过程,直到找到所需的项目为止。

Fibonacci series 斐波纳契数列[级数] 一个整数数列,除序列前两个元素都为 1 外,其余的每个整数均等于前两项整数之和。参见 Fibonacci number。

fibre 光纤 同 optical fiber。

fibre access network (FAN) 光纤接入网 光纤接入网是一种以光纤作主要传输媒质的接入网。光纤接入网可以采用 SDH(同步数字系列)、PDH(准同步数字系列)、PON(无源光网络)、APON(ATM 无源光网络)、EPON(以太网无源光网络)等传输系统之一或它们组合构成。接入网的主要传输部分使用光纤作传输媒质时,可称为光纤接入网。按照光纤到达的位置,光纤接入网分为光纤到家(FTTH)、光纤到路边(FTTC)、光纤到大楼(FTTB)、光纤到办公室(FTTO)等,并统称为 FTTx。参见 synchronous digital hierarchy (SDH), plesiochronous digital hierarchy (PDH), passive optical network (PON), ATM passive optical network (APON), Ethernet passive optical network (EPON)。

fibre channel (FC) 光纤信[通]道 (1)一项网络技术,通过光纤实现的一种基于块的数据流传输方式,传输率有 1 Gbps、2 Gbps、4 Gbps、8 Gbps 等,多模光纤传输距离为 500 m,单模光纤距离为 10 km。光纤信道网络可配置成交换结构或者冗余环路拓扑结构。该标准由美国国家标准协会(ANSI)管理,并有专门机构负责支持工作,像国际信息技术标准委员会(INCITS)等。(2)一种高速传输技术,可用作前端通信网络、后端存储网络或同时用在前端通信网络和后端存储网络。光纤通道是一种跟 SCSI(小型计算机系统接口)或 IDE(集成驱动器电路)有很大不同的接口。以前它是专为网络设计的,后来随着存储器对高带宽的需求,移植到现在的存储系统上来了。

fibre-optic cable 光(导)纤(维)电缆 同 fiber cable。

fibre optics (FO) 纤维光学 光学技术的一个分支。是关于使用透明材料如玻璃、熔融石英或塑料制造的纤维来传播光功率的光学技术。

fibre optics 光导纤维术 同 fiber optics。

FIC 设备接口代码 facility interface code 的缩写。

FICON 光纤连接器 fiber connector 的缩写。

fictitious economy 虚拟经济 证券、期货、期权等虚拟资本的交易活动。虚拟经济是相对实体经济而言的,是经济虚拟化的必然产物。广义的虚拟经济除了以资本化定价方式为基础的金融业外,还包括体育经济、博彩业、收藏业等。与实体经济相比,虚拟经济具有明显不同的特征,主要表现为高度流动性、不稳定性、高风险性和高投机性等。比较 virtual economy。

FID (1)格式标识 format identification 的缩写。(2)频率鉴别 frequency identify 的缩写。

fidelity 保真度 一个系统在其输出端能精确地复现加到输入端的信号主要特性的程度。

fidelity criteria 保真度准则 评价图像经传输后畸变程度的量度。因为传输畸变与传输系统质量有关,所以保真度准则,在某些情况下也可以作为传输系统质量的量度。有客观保真度准则和主观保

F

真度准则之分。客观保真度准则是指输入输出图像的均方根误差和输出图像的均方根信噪比等；主观保真度准则是指由观察者来审定图像的保真度。即考虑到人的视觉特点，由人来评价输出图像的优劣和失真程度。

FID field 格式标识字段 format identification field 的缩写。

fiduciary object 信用客体 一种环境特征。机器人系统用它作为确定自己位置的参考点。

field 字段，域，场，现场，信息组 (1)数据媒体或存储器上的一种指定区域，用于存放或显示某类特定的数据。(2)一个字或一组信息中的特定部分，是一个记录的子结构，即一个记录项。通常包含有关记录的实体或组织的一个信息单位，字段的内容作为一个整体来处理。(3)在视频系统中，完整的电视扫描周期的一半，在 NTSC(美国国家电视制式委员会)制式中指 1/60s，在 PAL(逐行倒相制)制式和 SECAM 制式中指 1/50s，在隔行扫描时，两个场合并构成一个完整的帧。(4)定性的意义：空间内发生某些现象的区域。定量的意义：可对场的效应作出估价的一个标量或矢量。(5)适合用户现场的或设备安装场地。

field alterable control element (FACE) 现场可变控制元件 某些系统中允许用户写微程序的一种芯片，可使小系统应用实现现场微程序设计。它是开发系统的控制逻辑单元中的一个核心元件，其功能类似于作控制用的只读存储器。它使用外部存储器存储微程序，主要用于在低容量应用中。用户写的微程序可由高速读写存储器来执行。一个典型的系统使用一个可写入的控制存储器、一个逻辑单元及一个显示故障排除部件。

field attribute 字段属性 某字段的一种已定义特性。如受保护或不受保护的；字母数字型的或数字型的；可检测的或不可检测的；可显示的或不可显示的；或者亮度加强的。

fieldbus 现场总线 现场总线的概念于 1984 年正式提出。国际电工技术委员会(IEC)对现场总线的定义为：是一种应用于生产现场，在现场设备之间、设备和控制装置之间实行双向、串行、多节点的数字通信技术。通常情况下现场总线的本质体现在以下六个方面：①现场通信网络，用于过程自动化和制造自动化的现场设备或现场仪表互连的现场通信网络；②现场设备互联，依据实际需要使用不同的传输介质把不同的现场设备或者现场仪表相互关联；③互操作性，用户可以根据自身的需求选择不同厂家或不同型号的产品构成所需的控制回路，从而可以自由地集成现场总线控制系统(FCS)；④分散功能块，FCS 废弃了 DCS(集散控制系统)的输入/输出单元和控制站，把 DCS 控制站的功能块分散地分配给现场仪表，从而构成虚拟控制站，彻底地实现了分散控制；⑤通信线供电，通信线供电方式允许现场仪表直接从通信线上摄取能量，这种方式提供用于本质安全环境的低功耗现场仪表，与其配套的还有安全栅；⑥开放式互联网络，现场总线为开放式互联网络，既可以与同层网络互联，也可与不同层网络互联，还可以实现网络数据库的共享。

fieldbus control system (FCS) 现场总线控制系统 用于连接生产现场的仪表、控制器等自动化装置的通信网络，是取代传统的集散控制系统(DCS)的新一代全分布式控制系统。与传统集散控制系统相比有全数字化、全分布、双向传输、自诊断、节省布线及控制室空间、多功能仪表、开放性、互操作性、智能化与自治性等优点。现场总线设备能处理各种参数、运行状态信息及故障信息，具有很高的智能，因此，能在其他部件、甚至网络故障的情况下独立工作，大大提高了整个控制系统的可靠性和容错能力。现场总线控制系统通常由以下部分组成：现场总线设备(检测仪表、变送器和执行器等)；现场总线网络；监控、组态工作站。各类现场总线设备、组态和监控工作站，通过现场总线网络进行连接，实现相互间的通信。作为现场总线主设备的总线网络通信控制器，是控制系统的通信基础和网络中枢。

field checking 字段检验 字段检验用来检测类型不正确的字符和不正确的数，把它们归于无效的一类并作相应处理。

field coil 励磁线圈 电动机、发电机、扬声器或其他电磁装置中产生恒定强度磁场的线圈。

field coil flange 磁极线圈的凸缘绝缘 磁极线圈与极靴或磁极线圈与安装极身的构件之间的绝缘。

field curvature 场曲率 在光学中，引起一个平面图像聚焦到一个曲面而不是一个平面上的偏差。

field definition 字段定义(功能) (1)某些屏幕定义设施映像编辑程序的一种子功能，用来定义并显示映像的总布局(表示)。字段标记用来定义不变字段和可变字段(包括字段组)的位置，并且在诸空白行中，两个格式字符(长度指示符和间隔符)将帮助字段的编排。(2)在数据库管理程序中，规定进入数据字段的信息类型的一种属性。

field delimiter 字段定界符 诸如斜线(/)、冒号(:)、标记和间隔之类的符号。在汇编时，汇编程序可根据这些符号来判别字段的结束。

field descriptor group 字段描述符组 一个基本组，或者是加括号的字段描述符、字段分隔符及基本组的序列。字段描述符基本组由括在括号内的一串字段描述符和字段分隔符组成。基本组和字段描述符组的左括号前可以有重复数，以表示其重复次数。

field direct encoding 字段直接编码法 在微程序设计中，微指令控制字段的一种编码方式。它将控制字段划分为若干分字段，每个分字段长度为一位到数位,每个分字段对应于同一类互斥的控制信号。将各段分别直接译码,每个译码信号(称码点)代表一个明确的微命令,用以控制数据通路或各功能部件的一个微操作。按此编码方式,各个分字段间能并行操作。

field discharge switch **灭磁开关** 一种用于快速降低励磁回路中的电流的开关。灭磁开关常用于接通和分断电机励磁电路。

field disturbance sensor **场干扰传感器** 一种辐射仪器,它在自身的周围建立一个射频场并检测在这个场中的人或物的移动引起的场的变化。场干扰传感器可用于安全监控,检测非法入侵者。

fielded search **字段搜索** 搜索时,被限制到特定字段的查询。

field effect **场效应** 在半导体材料中,自由电子和空穴处于平衡状态时,由场引起的变化。

field effect device **场效应器件** 场效应器件特性主要由电场对半导体中某个区域的影响所决定的半导体器件。

field effect phototransistor **场效应光电晶体管** 一种对作为输入信号的调制光起响应的场效应晶体管。其作用过程与栅极信号电压的作用过程相似。

field effect transistor (FET) **场效应晶体管** 利用场效应控制电流通路或沟道中的多数载流子密度,以控制沟道电流的半导体器件,是单极电压控制的晶体管。它有三个电极,即源极、漏极和栅极。场效应晶体管的电流在源极与栅极区下方的漏极之间的导电沟道内流动。N型掺杂场效应晶体管用正栅偏压导通,而P型场效应晶体管则用负栅偏压导通。它的漏极特性与五极管的阳极特性相似。FET分为绝缘栅场效应晶体管、结栅场效应晶体管和肖特基势垒栅场效应晶体管三种类型。具有输入阻抗高、噪声小、抗辐射能力强、制造工艺简单的特点。

field effect varistor **场效应变阻器** 一种能在宽电压范围内维持恒定电流的无源二端非线性半导体器件。

field emission **场致发射** 借助表面处的强电场从未加热的固体或液体释放电子。

field emission cathode **场致发射阴极** 受强电场作用发射电子的未加热的金属或半导体阴极。

field emission display (FED) **场致发射显示器** 场致发射显示器是一种固体真空平面显示装置,它是利用点阵排列式冷阴极场发射电子,以保证显示性能的稳定可靠、色彩鲜艳及高分辨率,它还具有体积薄、重量轻、大面积、大视角、宽的温度工作范围、低功耗、快速响应时间等良好的性能特点。它可广泛应用于移动电话、平面电视、大屏幕显示等各种显示设备领域。

field engineer **现场工程师** 也称"客户工程师"。由制造商所雇佣,通常对安装在客户处的设备进行修理性或保养性维护的工程师。

field engineering automated logic diagrams (FEALD) **现场工程自动逻辑图** 客户工程师用来分析电路板插件逻辑的图表。

field-enhanced photoelectric emission **场致光电发射** 由强电场对发射体的作用形成的增大的光电发射。

field-enhanced secondary emission **场致二次发射** 由强电场对发射体的作用形成的增大的二次发射。

field-formatted **字段格式的** 一个编码在字段中的请求或者响应。具有指定的格式,如二进制代码、位标志和符号名,对应于 character-coded。

field-formatted request **格式化字段请求** SNA(系统网络体系结构)中,一种编码成字段形式的请求。其中每个字段均有规定格式,如二进制码、二进制计数、有效位标记、符号名。与此请求相关的RH(请求/应答标题)内的格式指示符则置为零。同 formatted request。比较 character-coded request。

field-free emission current **零场发射电流** 当阴极表面上的电场强度为零时由阴极发射的电流。

field frequency **场频** 在视频系统中,一个完整的场扫描或者显示的速率。场频等于帧频乘以每一帧中的图像场数。也称"场重复频率"。

field indirect encoding **字段间接编码法** 在微程序设计中,微指令中控制字段的一种编码方式。其原理是:将字段分成若干分字段,但分字段自己不能单独产生微命令,其编码必须由其他字段或专门的触发器定义才能具有确切的意义。当某个分字段同另一分字段的某个码点加以配合后,可产生 2^i 个微命令(i 为分字段的位数),当另一字段具有 j 个码点时,则共可产生 $j \times 2^i$ 个微命令。采用此种编码方式,可以大大提高字段的利用率,相应地缩短了微指令字长。但由于字段要与其他字段配合,故结构比较复杂。

field-installable connect **现场可安装连接器** 一种可以方便地在户外环境中安装和工作的连接器。它不需要使用特殊的工具,也不需要使用不可逆的处理方法(如焊接)进行处理。它通常有阳性和阴性的两半部分,可以断开和再连接。

field intensity **场强** 电场强度的简称,放入电场中某点的电荷所受的电场力跟它的电荷量的比值,称为该点的场强。场强是描述电场力性质的物理量,是矢量。同 electric field intensity。

field ion microscope **场致离子显微镜** 一种用于研究纳米尺寸原子结构的专用显微镜。它基本上是一个内室包含致冷剂和外室包含电离氦的真空管。当高压加到蚀刻到极细尖点上的金属样品时,从尖点发射的电离氦原子打到内部荧光屏上,形成被放大一百万倍以上的样品原子结构的明亮图像。它不含光子透镜或电子透镜。

field length **字段长度** 表示字段中的字符个数。

field level sensitivity **字段级灵敏度** 信息管理系统中，某应用程序按字段级存取数据的能力。

field macro diagrams (FMD) **现场宏指令图** 客户工程师用来分析电路板插件逻辑的文件集。

field mark **字段标志** (1)用来标识一个字段的开始或结束的符号。(2)用于说明一组数据，即数据组、文件或数据块的开始或结束的符号。

field name **字段名** (1)程序员给程序中某指定数据字段的符号名称。在汇编时，给这个字段分配一个绝对地址。(2)数据库管理程序中，赋予数据字段的唯一名称。名称应帮助用户识别字段内容。

field-neutralizing coil **磁场中和线圈** 一种放在彩色电视显像管荧光屏周围的线圈。直流电流流过这个线圈，以产生补偿地球磁场对电子束产生影响的恒定磁场。

field of force **力场** 一种矢量场，其中与每一点相关的矢量均可用一个力来量度。

field of view (FOV) **视域** 图像在可见区域中的内容，由使用的原语定义。

field pole **磁极** 铁芯的一部分，带有或嵌有励磁绕组，或为永久磁铁。

field-programmable gate array (FPGA) **现场可编程门阵列** 20世纪80年代中期出现的一种大规模可编程集成电路，在硅片上预先做好大量相同的基本单元门电路，门电路单元间的连接可由应用开发者编程。它是在可编程阵列逻辑(PAL)、门阵列逻辑(GAL)、可编程逻辑器件(PLD)等可编程器件的基础上进一步发展的产物。它是作为专用集成电路(ASIC)领域中的一种半定制电路而出现的，既解决了定制电路的不足，又克服了原有可编程器件门电路数有限的缺点。FPGA能通过传统的原理图输入法或是硬件描述语言设计一个数字系统，通过软件仿真，可以事先验证设计的正确性，还可以利用FPGA的在线修改能力随时修改设计。使用FPGA来开发数字电路，具有设计开发周期短、设计制造成本低、开发工具先进、标准产品无需测试、质量稳定以及可实时在线检验等优点，因此被广泛应用于产品的原型设计之中。参见 programmable array logic (PAL), gate array logic (GAL), programmable logic device (PLD)。

field programmable logic device (FPLD) **现场可编程逻辑器件** 一种不依赖ASIC(专用集成电路)供应商，实现用户自己编程、自己设计逻辑的ASIC器件。

field-programmable logic sequencer (FPLS) **现场可编程逻辑时序器** 专门为可编程状态机设计的一类PLD(可编程逻辑器件)，其“与”阵列和“或”阵列均可由用户现场编程。

field-programmable read-only storage **现场可编程只读存储器** 一种只读存储器，在制造之后可改变每个存储单元中数据的内容。

field-protected **保护字段** 一种显示字段。用户不能从键盘打入、修改或删除。

field rate **场频** 也称“场扫描频率”。在电视屏幕上显示场图像的速率。根据人的视觉特性，为使显示在屏幕上的图像看起来不会感觉到在闪烁，PAL(逐行倒相制)制电视系统的场频选为50场每秒，通常称为50 Hz或者25帧每秒。场频也称“帧频”或“刷新频率”，即显示器的垂直扫描频率，单位为赫兹(Hz)。场频越大，图像刷新的次数越多，图像显示的闪烁就越小，画面质量越高。同 field scan frequency。

field reference field **现场引用字段** 一种不含成员的物理文件，其记录格式用于描述一组文件所使用的字段。

field reference file **域参照文件** 一个不包含成员的物理文件，其记录格式描述在组文件中使用的域。

field replaceable unit (FRU) **现场可更换部件** 一种整装组件，当其组成部分的任一部分失效时将替换整个整装组件。有时，一个现场可更换部件中还可以含有其他的现场可替换部分。在计算机设备中最普遍的一些现场可更换单元，是插入式的印刷电路板。实现单元部件现场可更换，使维修变得简单方便，是现代电子设备硬件设计的一项重要目标。参见 customer replaceable unit。

field result **域结果** 文本排版软件中域指令码所代表的内容，可以是文件或者图形。

field rheostat **励磁变阻器** 调节电机励磁电流的变阻器。参见 rheostat。

field scan frequency **场扫描频率** 也称“垂直扫描频率”。指每秒钟屏幕刷新的次数，以Hz(赫兹)为单位。同 vertical scanning frequency。

field search argument (FSA) **字段检索[查找]变元** 在某些信息管理系统快速路径中，由某应用程序构造的一种I/O区内容，用以标识程序段中某个将被主存数据库的FLD(字段)调用处理的字段。

field selection **字段选择** (1)计算机从一个或几个机器字中找出某一数据字段的能力。(2)运用显示文件中字段选择指示符，在不同的输出操作时显示不同的数据，而不是为每种字段组合定义某种记录格式。(3)在某些计算机系统图示技术中，从数据库文卷内选择用作数据值的字段。

field separator **字段分隔符** 在数据通信或磁盘和磁带上的压缩式数据中，用来分隔字段(或指示空字段)的一种定界符，也称“字段终止符”，如一斜线或一串斜线。在字段描述符组中，可用来分开字段描述符或字段描述符组。

field splicing **现场连接** 在一个现场环境中，不使用可以分开的连接器将两根光缆相连接，经过连接的光缆保持原有的光、电、绝缘、强度和防水性等性能。

field spool 磁场线圈框架 支承磁场线圈的构件。这种构件本身可为绝缘材料，也可为包有绝缘的框架。

field stop 视力场光阑 在一个光学系统中，为了限制图像的尺寸或范围，从而消除不必要的光的发散、偏斜或分叉，而在系统中的某一点上放置的一个限制或一个边界。

field strength 场强 一给定点上的电的、磁的、电磁的、重力的或其他力的场的强度。参见 electric field strength，magnetic field strength。

field strength meter 场强仪 用于测量传输线或天线上的信号功率的测量仪器。

field switchboard 现场交换机 一个专为在野外环境使用而设计和组装的电话交换机。

field tab (FTAB) 字段分隔符 某些信息管理系统的报文格式服务中，如果输入数据的长度小于定义的字段长度，或字段中无数据时，操作员用来分开输入字段的一种已定义的字符。

field tag 字段标记 在书目记录中，记录的每一个字段有一个作为特征标记的标识符，称为字段标记。计算机利用此标记识别字段。标识符可以是一个或几个数字或字符。例如在 MARC-Ⅱ格式中，字段标记由三个十进制数字组成，从 001 ～ 999。这 3 位数都有特定的含义：第一位数字表示该字段的功能；第二位数字表示类别；第三位数字表示类别的细目。参见 machine readable catalogue (MARC)。

field template 字段模板 在数据库管理程序中，一种规定可在数据字段中键入数据类型的字段定义。如果试图将与字段模板不相匹配的某些数据键入字段，程序则显示出错信息。使用字段模板，有助于防止用户向数据库增加不合适的信息。

field testing 现场测试 计算机硬件系统安装、调试完成后，在用户现场进行有关功能和性能指标的测试，作为最终验收的标准。

field type 字段类型 在某些计算机系统中，源输入实用程序格式描述中的一种预定义指示。它规定将要送入的字段的类型是：数字型、字母数字型、数字自动复制型、无条件越过型、自动跳越型、无正负号数字型或常数字符型。

field upgrading 现场升级 利用合适的程序，通过插入功能逻辑板。例如扩充存储器和输入输出设备控制器来更新设备的过程。

field utilization 字段利用 将字段作为一个单一数据项使用。程序语言所使用的原始说明常分为数个字段，以标明许多不同的语法项，通常把一个 16 位字当作两个 8 位字段或一个 8 位字段加八个 1 位字段来处理。

field validation 字段确证[认] 在某些信息显示系统中，①当操作员从终端输入数据时，以提供强制送入字段、强制填充字数和触发干预字段的手段来检查输入数据的一种功能；②一种扩充的字段属性类型；③在通话伙伴之间，通过扩充起始字段、修改字段和属性设置诸命令传递的一种属性。

field winding 磁场绕组 通常通以直流电的励磁绕组，其目的是产生电机的主磁场。参见 excitation winding。

field wire 被覆线 一种适用于野外电话通信系统的、柔软的绝缘导线。通常用高强度的多股线来加固导线的强度。

FIF (1) 分形图像格式 fractal image format 的缩写。(2) 文件交换格式 file interchange format 的缩写。

FI-FMD layer FI-FMD 层 功能管理数据(FMD)的功能解释程序层。建议使用 presentation services layer。

FIFO 先进先出(法) first in first out 的缩写。

FIFO buffer 先进先出缓存 在网络中，一种存储到达的数据的存储器缓存，在向 FIFO 发出读数据的请求时，FIFO 按照输入的次序输出其中的数据。参见 FILO buffer。

FIFO memory 先进先出存储器 first-in first-out memory 的缩写。

FIFO queue 先进先出队列 一种队列技术，使得其输出的项总是最先进入的项。队列中将最后到达的信息安排在队列的最后面，逐次上推，每次都先为等待时间最长的项目服务。

FIFO special file 先进先出专门文件 在 UNIX 系统中，先进先出文件就是一种被命名的永久管道。它允许两个无关的进程通过管道连接交换信息。普通的管道只在相关的进程间起作用。

FIFO stack register FIFO 堆栈寄存器 一种寄存器堆，寄存器中的数据以与输入相同的顺序输出。

FIFO storage 先进先出存储器 采用先进先出技术的存储系统。实现先进先出的一种方法是采用移位寄存器。

fifteen ones convention 十五个一规则 在同步数据链路控制(SDLC)规程和高级数据链路控制(HDLC)规程传输系统中，规定用发送十五个连续的“1”来表示发送它们的那个站正处于空闲状态的一种约定。

fifteen puzzle 十五迷宫 一种寻找移动路径的游戏。棋盘是一个 4×4 的方格，有 16 个空位，放置 15 张将牌，留一空格。移动的规则是每次只能移动一个将牌至邻近的空格里。要求把预先给定的一种初始结构，经过一系列移动，成为所希望的目标结构。例如，按某指定顺序排列的结构。简单地说，就是把任意一张指定的将牌移动到目标位置上。初始结构和目标结构都可以是任意规定的。

在可能的情况下，希望移动的步数最少。这种游戏是在古代从我国传入欧洲的，现常用于人工智能研究中问题求解搜索算法的释例。

fifteen 1's 空闲"1"信号 由某个 SDLC(同步数据链路控制)站接收并检测到连续的 15 个或 15 个以上的"1"信号，表明发送站目前正处于空闲状态。

fifth generation computer project (FGCP) 第五代计算机计划 1979 年日本通产省组织有关大学与公司筹划的第五代计算机研究计划。1981 年 10 月正式提出"第五代计算机设想"，1982 年 4 月决定并开发第五代计算机计划。其计划共分三阶段：第一阶段(1982 ～ 1985 年)基础研究，第二阶段(1985 ～ 1989 年)子系统开发，第三阶段(1989 ～ 1992 年)研制样机。FGCP 包括：①问题求解与推理机，以 Prolog 为核心语言，研制个人顺序推理机(PSI)，推理速度可达 1 亿到 10 亿 LISP；②知识库机，以关系数据库为基础，开发大容量高速知识库机(容量为 1 000 ～ 10 000 亿字节)；③人/机接口，以自然方式与机器进行语言、文字、图形、图像交互。整个计划分五个课题组。FGCP 基本上未达到预定目标。

fifth generation computer system (FGCS) 第五代计算机系统 非冯·诺依曼结构的支持知识并行处理的新一代智能化计算机体系。FGCS 是日本东京新一代计算机技术研究所(ICOT)对其换代计算机所取的名字，其实质是知识工程机器及模式识别接口。试图用超大规模集成电路做成固化机器，其核心为知识库机(KBM)与并行推理机(PIM)，采用的核心语言为 KL-2。国际上对"第五代"的提法有争论，因为前四代是以元件来划分的：第一代真空管，第二代晶体管，第三代集成电路，第四代大规模集成电路。但承认这是换代机器，倾向于把 FGCS 中的"F"改为"future"的字头，即"未来"。

fifth generation logical inference 第五代逻辑推理 一种以逻辑为基础的语言理解系统，它以第五代计算机来开发一种专用性逻辑机，尽可能快地执行一系列类似 Prolog 的逻辑推理。

fifth generation management (FGM) 第五代管理(系统) 计算机辅助管理的第五个发展阶段。第一个阶段是电子数据处理系统，利用计算机的运算功能做批处理工作；第二阶段是事务处理系统和办公室自动化系统，利用外存组织开发事务处理功能；第三阶段用于企业生产管理和经营；第四阶段是管理信息系统(MIS)和决策支持系统(DSS)，在事务处理的基础上加入了决策功能；第五阶段则是计算机一体化管理系统。整个系统的结构是以最佳手段和柔性网络功能为基础，不只强调制造功能，而将重点放在企业的生存和发展上。

fifth normal form 第五范式 (1)关系模式 R 中的每一个连接依赖均由 R 的侯选关键字所隐含，则 R 属于第五范式(R∈5NF)。通常，一个属于 5NF 的关系一定属于 4NF。(2)在关系式数据库系统中，指一个第一范式关系模式，若每一非平凡连接依赖的每一分量都是一个超键码的范式。它不允许存在非平凡的、分量不是超键码的连接依赖。第五范式的关系等于其分解投影的自然连接，连接依赖可由键码导出，合法分解都是基于键码的分解。第五范式是基于投影和连接的最高范式。

fighting game (FTG) 格斗类游戏 从动作类游戏脱胎分化出来的，是指两个角色一对一决斗的游戏形式。由玩家操纵各种角色与电脑或另一玩家所操纵的角色进行格斗，一般按照画面的技术分为二维和三维两种。此类游戏一般都没有剧情(但都有其特定背景)，场景、人物、操控等也比较单一，却因为迎合了在现实中很难实现的争斗欲望，过程刺激火爆而使其具备独特的魅力。

figurative constant 象征常数 也称"象形常数"或"赋形常数"。用来将某些常数以具有相同意义的英文单词来表达。如在 COBOL 语言中，象征常数 ZERO 或 ZEROS，表示数值零或一个以上的零字符串；SPACE 或 SPACES，表示一个或连续一个以上的空格字符串等。

figure indicator 数字指示器 在可视信令系统中，仅包含一块面板的面板信令指示器，恰当的放置这块面板就可以表示后面所跟字符被解释成数字而不是字母。

figure shift 数字换位 在电传打字机操作中，一个使信号翻译成另外一组字符的变换，这组字符主要是数字和机器操作，而不是在数字换位信号发送前所使用的那种字母组。

figure shift signal 数字换位信号 调节一部电报接收机，使其把所有接收到的信号翻译成数字组的那种信号，所翻译成的数字组部分主要是数字和对接收机的操作控制，而不是在数字信号发送换位前所使用的那种字母组。

figure space 字形空间 (1)一种测量单位，相当于特定字模"en"空间的宽度。(2)在文件编排设施中，数字零的宽度。

file 文件，文卷 文件是一个具有标识名的一组相关信息的集合。一个文件可以包括数据、程序或字符。对文件的存取主要有：顺序存取、直接存取和按关键字存取三种方式。文件在存储介质(外存储器)上的组织方式称为文件的物理结构。文件的物理结构主要有顺序文件、索引文件、直接存取文件、倒排文件和多重表文件等。

file access 文件存取[访问] (1)在主存储器和辅助存储器之间传送信息的过程。(2)从文件中读取数据或将数据写入文件的过程。

file access control 文件访问控制 决定计算机授权用户能否访问文件以及使用这些文件完成某些操作的访问控制过程。计算机文件按目录存储，用户必须了解文件名、目录名和路径名才有可能访问文件，对文件访问的控制可用文件口令、访问表来实现。

file access mode 文件存取方式 (1)在操作系统中，确定文件是用作只读的、是可读可写的、还是可添加的方式。(2)文件采用的存取方法，如顺序存取、索引存取等。

file activity ratio 文件活动率 习惯称为“命中率”，是指在主文件中被更新(或被引用)的记录数与记录总数的比率。如果将一低命中率或活动率低的文件存储于磁带上，则将浪费处理时间。这是由于为了存取那些已有变化的事务数据(为了更新)，必须阅读包括那些没有变化的记录在内的全部记录才行。在这种情况下，采用磁盘将更为合适，因为所有的信息都同样容易找到。例如一个文件共有100个记录，在一个月内被改变了35个记录，则该文件的活动率为35%。

file address checking program 文件地址检验程序 一种检验程序。当宏命令指出要把信息写入文件时，它就检验写入地址，保证不错写到别处。

file addressing 文件寻址 文件中的某些数据记录设有一个用来识别该数据的关键字符或代码，程序凭借这个关键字符，找出文件中那个数据的过程。

file allocation 文件分配 文件在存储介质上的布局。

file allocation table (FAT) 文件分配表 存储在磁盘上的一个数据文件，它包含了存储在磁盘上所有文件在磁盘上分布情况(各个簇)及它们之间相互链接的数据。FAT为文件分配磁盘空间，并定位和链接某个可能分散于若干区段的文件的各部分，以便既能以随机的方式，也能以顺序的方式来访问该文件。DOS(磁盘操作系统)把硬盘规划为顺序的簇，编号由0开始。文件分配表采用一种简单的链接方法，记录如何将文件存储在独特的簇上。目录文件存储文件首簇的地址。在FAT中，第一簇的入口是用于存储文件的第二簇的地址，在第二个簇入口处是第三个簇的地址，等等，直到包含文件结束码的最终簇入口。由于该表是提供在磁盘上找到数据的唯一手段，DOS生成并保持两份FAT拷贝，以防出现一份拷贝损坏的情况。参见FAT file system，FAT 12，FAT 16，FAT 32。

file allocation unit 文件分配单元 在DOS(磁盘操作系统)中，指磁盘存储空间分配的单位，即簇。从DOS 5.0起将簇称为文件分配单元。

file amendment 文件更正 对一个主文件增加新记录和删去过时的记录，也包括修改记录。例如修改供货者和用户的地址、产品价格、工资率等。

file analysis 文件分析 (1)对文件的性质进行考查，确定文件信息的相似性和冗余性等，并通过文件中的数据元建立标号文件、列表文件和其他文件。(2)检查、研究和分析文件的特性，以确定冗余信息的相似性、数目和类型，同时检查对文件和文件中给出的数据元起作用的资料的标号和表。

file analysis form 文件分析表格 系统分析中用来定义文件结构的表格。包括名称、用途、全部记录、记录组织等。

file application, transfer, access, and management (FATAM) 文件应用、传送、访问和管理 FATAM是建立在虚拟存储概念上的一种应用协议，它允许远程访问一个文件结构的不同层次，提供一套综合的文件管理功能。

file area 文件区 内存储器中专门用来存放文件的那部分存储区，其中存放从文件存储器读出，或写入文件存储器的数据和程序。

file assignment 文件指定 用赋值语句指定文件的过程，它是识别程序将要存取的文件的程序设计步骤。

file association 文件关联 将一种类型的文件与一个可以打开它的程序建立起一种依存关系。如位图文件在Windows中的默认关联程序是“画图”，如果将其默认关联改为用ACDSee程序来打开，那么ACDSee就成了它的默认关联程序。一个文件可以与多个应用程序发生关联。

file attribute 文件属性 文件的附加标志，描述并控制其使用，如表示文件是只读的、隐藏的、系统的和已备份的等。

file attribute conflict condition 文件属性冲突条件 在COBOL语言中，在不成功的执行一个对文件的输入输出操作并且程序中指定的文件属性与文件固定的属性不匹配时设定的一个条件。

file availability 文件可用性 文件服务器中文件的属性之一，表明文件正常，可以使用，但打开时会有少许延迟。

file caching 文件高速缓存 一种文件访问技术。文件服务器将频繁使用的文件保存在RAM(随机存取存储器)中，在访问时不必到磁盘中去寻找。

file catalogue 文件目录 文件管理中为系统可存取的文件选出的一张目录表。它为文件存取提供控制和保护措施。目录中列出每个文件的文件名、存取权限、建立日期、存放地址、修改时间和文件属性等。文件目录可以多级管理，如二级目录可分主目录和用户目录。目录本身又以文件形式存放在主存储器中，或存放在磁带或磁盘上。

file chaining 文件链接 在某些计算机系统的查询过程中，允许某查询应用程序使用来自两个数据库文件的数据的一种功能。

file check 文件校验 通过计算机系统中的硬件直接对文件进行的校验过程。

file clause 文件子句 在COBOL语言中，一个出现在文件描述(FD)项和分类合并文件描述(SD)项等数据段项中一部分的子句。

file cleanup 文件清理 清除文件中多余的或作废

F

的数据。同 file tidying。

file command　文件命令　计算机中的一种命令，即一条指令。文件命令与文件整体有关，一般有保存、检索、查找、删除和更名等，而编辑命令则是与在某一文件中进行删除、插入、改变或部分数据的移动等有关。

file component　文件成分　一个文件的各组成部分。典型的文件由文件头、数据项和文件尾组成。这些成分又包含在文件的子成分内，这些子成分或是记录或是字段。

file composition　文件形成　文件记录在存储器中归档的过程。

file compression　文件压缩　缩减文件所需要的存储空间的过程。参见 data compression。

file compression utility　文件压缩实用程序　一种诸如 PKZIP、ARJ 或 WinZIP 的实用程序，可用于对文件的压缩和解压缩，以使它们在传输时缩短时间并且占用硬盘空间减少 40 ～ 90 %。

file connector　文件连接器　在 COBOL 语言中，一个包含有关一个文件信息的存储区域，用作一个文件名和一个物理文件之间以及一个文件名和相关的记录区域之间的连接。参见 external file connector，internal file connector。

file consignment　文件交付　在某些系统中，一个作业持续时间内的文件分配。

file constant　文件常数　在 PL/1 语言中，在文件打开时，为文件及一组文件属性说明的名字。

file contention　文件争用　在多道程序或多任务运行的环境中，有一个以上的活动程序或任务同时要求使用同一个或几个文件时所发生的冲突，称为文件争用。在共享文件的系统中，如果一个以上的活动程序可能同时修改文件的话，要立即停止修改，或采取别的补救办法。

file control　文件控制　(1)在 COBOL 语言中，是环境部中的段名，用来对给定的源程序说明数据文件。(2)识别输入输出文件所在位置，并对文件的读写进行控制的过程。

file control block (FCB)　文件控制块　主存储器用来跟踪使用中的文件的一种数据结构。该结构包含要被存取的文件的信息，即关于文件属性的一些项目，如文件名、存取位置、类型、逻辑记录长度、文件长度、建立日期以及该文件是否存入主存储器或是否在实际使用中等。

file control entry　文件控制项　在 COBOL 语言中，一个 SELECT 子句及其所有的说明相关文件物理属性的子句。

file control paragraph　文件控制段　COBOL 语言设备部输入输出节中的一个段，用于说明使用文件的外部设备类型、文件组织形式、文件存取方式及记录键、符号键的名称等。

file control system　文件控制系统　(1)用于帮助存储和检索数据而对输入输出设备类型设有限制的系统。(2)处理任何设备之间数据传送的软件包。

file conversion　文件转换　用于改变文件的存放媒体，如将存储在磁带上的文件转存到磁盘上。

file copy　文件副本　一种后备文件。

file creation　文件建立　确定一个新文件的属性，打开该文件，将数据写入其中，最后关闭该文件的整个过程。

file description (FD)　文件描述　文件的一部分，用以描述文件的属性。

file description statement　文件描述语句　一种不可执行语句，用来规定文件特性，通常包括逻辑记录名、标题和尾部的格式，以及存储文件的设备类型等信息。

file design　文件设计　特指文件格式设计，即文件中的数据结构和安排形式，包括文件各部分的结构、顺序和大小等。

file-difference problem　文件差异问题　已知两个串 X 和 Y，确定 X 和 Y 相差的程度的问题。它是一个典型的近似字符串匹配问题。这里 X,Y 可以看成是两个文件，而其差异表示将其中一个变化成另外一个所需改变字符的个数。对一个文件的修改可以认为是编辑变换，其中插入或删除一行可认为是两种编辑变换。而两个文件的编辑距离是将一个变换成另外一个所需进行编辑交换的最小次数。

file directory　文件目录　在文件管理系统中，一个包含所有可存取文件的表。表中列出每个文件的文件名、存取权限、建立日期、文件保留时间、文件属性等。文件目录可分成多级管理，如二级目录可分为主目录和用户目录。目录本身以文件形式存放在内存中，或存放在磁盘或磁带上。目前在许多数据库管理系统中，仍使用着这种文件目录管理方法。参见 file catalog。

file disposition　文件处置　用户对文件是暂时文件还是目录文件，是改写现有文件还是占有另一存储区所作的说明。

file event　文件(操作)事件　对文件的读或写操作。通常一项事务处理需要一个或多个文件事件。

file extent　文件范围　文件存储介质上构成连续磁道的文件区域。

file format　文件格式　文件的结构，定义文件的存储、显示或打印的方法。文件的格式可以有各种不同的格式，常见的有 RTF、DCA、PICT、DIF、DXF、TIFF 和 EPSF。

file format compatibility　文件格式兼容性　不同记录格式的文件能被同一处理软件所接受的程度。例如，扩展名为 .TIF 或 .BMP 的图像文件都可以被 Photoshop 软件所接受。

file format conversion　文件格式转换　将采用一种

记录格式的文件转换成另一种记录格式,以满足应用软件的需要。

file fragmentation 文件碎裂,文件分段 (1)文件零碎地存储在磁盘上不同位置的情况,是由于多次文件删除和写操作而发生的。这种情况虽不会导致数据的错误或者丢失,但由于磁盘驱动器读写头必须移动更长的距离来检索分散在整个磁盘上的文件,会严重地影响文件的访问速度。(2)在不能支持大数据包尺寸的中间网络介质上发送数据时,故意将数据包分成小块的过程。

file gap 文件间隙[间隔] (1)数据媒体上的一个区域,用于指示某文件的结束,或可能存在的下一个文件的开始。文件间隙也常常用作其他目的,特别是用来作为指示某些其他类型成组数据的结束或开始的标志。(2)数据存储介质上的一个间隔,主要用于指示文件结束,有时也用于指示另一文件开始。

file generation number 文件世代号 同一文件经多次修改后,为标识每一个修改后的版本而设定的代号。对于那些常用的、有一定影响的系统软件或工具软件,一般都采用不断推出新版本的方法保持其生命力。新版本总是针对旧版本中存在的不足而修改的,每发行一个新版本则赋予一个新的世代号。

file grooming 文件清理 清理计算机系统上的文件,包括删除临时文件、备份文件和整理磁盘碎片。

file handle 文件句柄 (1)在 MS-DOS、OS/2 和微软 Windows NT 中,一个系统用于访问一个打开的文件或者设备的代码,文件的句柄是文件的唯一标识符。(2)微软 Windows 中指向文件对象的指针。参见 file object。

file handling 文件处理 同 file processing。

file handling routine 文件处理例程 帮助建立、打开、访问和关闭文件的程序,大多数高级语言都具有嵌入的文件处理例程。

file header 文件头,文件标题 由文件名和文件的各项特性组成的一组字,通常位于磁带文件或磁盘文件的开头。

file ID 文件标识符 同 file identifier。

file identification 文件识别 所有文件都由程序员指定一个名称,以便给予每一特定文件一个独特的标志,从而在处理文件或装载文件时不产生任何不必要的混淆。

file identifier 文件标识符 为标识一个文件所指定的一个代码。文件标识的作用在于保证在含有不同数据的文件之间不发生冲突,其实现依赖于正在使用的文件类型的存储介质。

file index 文件索引 用于找出随机存取逻辑记录的一张表,它给出分配装置和实际磁盘地址。文件索引可按逻辑记录进行组织,给每一记录分配磁盘地址,也可以是分配装置及其磁盘地址的表。

file index access 索引存取文件 带有索引表(类似于图书的目录)的文件称为索引存取文件。索引表可由记录识别码或键、记录和地址对照表(存于外存)组成。只有在磁盘等直接存取存储器上才可能建立索引存取文件。建立索引文件时,记录按物理顺序存入,同时文件管理系统自动建立索引表,按键的增序、降序或其他某种方法排序。

file insertion 文件插入 在字处理中,用户只要按几个键就可以在原有文件中增加新的文件的功能。

file interrogation program 文件询问程序 用来检查计算机文件内容的程序。

file inversion 文件反演 同 inverted file。

file label 文件标号 用来唯一标识一个特定磁带卷的内容或部分内容的一组字符。它也作为一个信息块写在磁带上,其中包括文件名、卷名、写入时间和有效期,通常写在磁带开头部分。文件标号有时称为标号记录,以区别于数据记录。一般地说,标号也可能是粘贴型的,它可附在磁带卷盘上或文件夹上,以便识别。

file layout 文件布局 (1)文件内的数据或字的安排和构造,包括文件各组成部分的次序及大小。(2)文件构成的方式,包括块因子、记录顺序、控制键和字段位置等。

file length 文件长度 在字处理中,决定字处理所包含的文本数量。通常用 K 或 M 字节表示。

file librarian 文件管理员 一个负责文件的维护、备份、复制和访问的人员或者程序。

file lock 文件加锁 防止一个文件(或其中的一个记录)同时被一个以上程序处理的一种技术。使用这种技术,可以在避免使用文件或记录时发生冲突。一个文件锁可以是读锁或写锁。

file locking 文件锁定 网络上或其他多用户操作系统中的一种并行性控制的方法,以确保数据的完整性。文件锁定防止多个用户在同一时间内访问和更改文件。在一个用户已开始处理文件或数据库记录后,操作系统对其锁定,以使后来的用户不能在同一时间对其进行处理。一个锁定的文件通常可以被其他用户查看,但在开锁之前不能对其进行修改。

file lockout 文件锁住 多道程序或多任务环境中可能发生的严重情况。两个同时运行的程序都申请同样的两个文件进行更新,而且只允许每个程序独立存取一个文件,但若不存取另一个文件,前一步就无法实现。因此,两个程序处于"僵持"阶段,继续占用主存和中央处理机时间,从而阻止其他任务使用这些文件。

file maintenance 文件维护 (1)修改或重组文件的活动。(2)定期对文件进行修改,使得文件中的数据保持完整性、适应性,反映现行信息。文件维护是通过嵌入、改变、删除、传送和纠正等手段来进行的。参见 file amendment。

file management **文件管理** 操作系统的一个重要组成部分，它向操作系统或用户提供文件存储、检索、删除、共享和保护等功能，从而进一步方便用户，提高资源利用率。

file management program **文件管理程序** 一种通过显示磁盘的目录结构和列出现有文件，可使用户管理文件、目录和磁盘的程序。用程序菜单上提供的命令移动和拷贝文件、生成目录，并完成帮助改善磁盘性能和保护数据的其他内部处理任务。

file management system (FMS) **文件管理系统** 对文件进行统一存储和管理的软件系统。是操作系统中的一个子系统，它负责文件的建立、读写、修改、删除、控制，以及对文件所需资源的管理等工作。其优点是用户通过"文件名"可直接存取信息，从而实现按(逻辑)名存取代替按(物理)地址存取，使用户能方便灵活、安全可靠地存取文件。有人将文件管理系统定义和分类为早期(或第一代)数据库管理系统。

file manipulator **文件处理程序** 一套统计数据处理程序。它包括下列软件：数据平滑、预测、设置置信度、数据滞后、数据导前、计算平均值、均方值及其他统计数据，还能执行动向分析。在实际使用时，应当根据用户要求选用这些程序。

file map **文件映像** 磁盘卷体上的文件实体及其地址的一种列表表示。

file-mapping object **文件映像对象** 在微软 Windows NT 中，由一个映射文件保存的 Win32 子系统版本中的区域对象。

file mark **文件标志** 文件中标识最后一个记录的符号。它是指示文件结束的几个标号之一，即在文件标志的后面可以跟有尾标和卷盘标志等。

file merge **文件合并** 把两个或多个已经排序好的文件组合成一个文件的过程。

file model **文件模型** 要处理文件的模型文件。它能够被建立、加入总目录、比较、保存、复制和传送等。在文件模型中可以存入一些简单的字符或数据，以便进行处理。

file name **文件名(称)** (1)用于标识一个文件的一组字符。参见 file identification。(2)一个赋予文件的字符串，由字母、数字或其他允许的字符构成，使文件与同一目录中的其他文件相互区别。文件名是用户访问文件中数据的标识符。在 DOS(磁盘操作系统)中文件名可以是最多 8 个字符长，在苹果机中的文件可以由最多 31 个字符构成，在 OS/2 的 HPFS 文件系统中的文件名可长达 254 个字符，在微软 Windows NT 的 NTFS 文件系统中可以是最多 255 个字符。参见 high-performance file system (HPFS)，NT file system (NTFS)。

file-name extension **扩展文件名** 通常是由三个字母组成的一个代码。它构成文件名的第二部分，用一个西文句号与文件正名分开。文件扩展名常常用来表示不同的文件类型。例如 .bas 表示一个 BASIC 语言编的程序，.dat 表示一个数据文件。

file name substitution **文件名替换** 在 AIX 操作系统中，界面识别一个包含字符 * ? [{的字(字符串)或者以字符~开始的字的过程，用一系列以字母构成的匹配的存储文件名替换之。

file number **文件编号** 为管理输入输出设备使用的一连串号码。

file object **文件对象** 微软视窗中代表一个打开的文件、一个目录、一个卷或一个设备的对象。参见 executive object。

file of sequential access **顺序存取文件** 其物理顺序与逻辑顺序一致的文件。在建立顺序文件时，按照记录出现的逻辑顺序给以顺序编号 1，2，…，j，…，n，即序号为 j 的记录，其物理序号也为 j。例如磁带文件就是顺序存取文件。这种文件的缺点是提取信息时必须按照文件中记录的顺序号逐一查找，其优点是建立十分方便。

file opening **打开文件** 由计算机软件执行，识别文件并将文件头同运行程序的规范进行比较，以保证文件响应的过程。

file optimization **文件优化** 在 CD-R 中，指在写盘之前，指定文件组集中存放在 CD-R 盘上某个区域的过程。这样可以减少读盘时光学头寻找数据的时间。

file ordering **文件排序** 按一组规则把若干项目排序，并把更多的项目按此顺序插入正确位置的活动。

file-organization routine **文件组织例程** 一种专门设计的例行程序。用以读取输入的数据文件，并将其存入随机存取的位置，并在随机存储区内对其分类而设计的例行程序。

file-oriented programming **面向文件的程序设计** 用通用文件和记录控制程序来简化输入输出编码的程序设计。这种程序设计面向文件而不是面向设备。

file-oriented system **面向文件的系统** 如果系统中对文件存储器的访问是主要操作的话，该系统就认为是面向文件的系统。目前使用的微型机系统由于多使用磁盘存储器来存储文件，所以它们都是面向文件的系统。

file overrides **文件属性取代** 执行时指定的文件属性，将取代在文件描述中或程序中所指定的文件属性。

file owner **文件拥有者** 在某些操作系统中，对一个文件具有最高级访问授权的用户。可在文件中定义。

file permission bits **文件许可位** 表明文件的存取方式的位。在 UNIX 系统中，文件可由文件的所有者、同组用户或其他用户读、写或者执行。

file placement 文件布局 组织文件记录,并将其写入后备存储媒体的过程,也称"文件分配"或"文件格式设计"。有些操作系统完成所有的文件布局功能,另有些操作系统则允许程序员对其进行一定程度的干预。

file pocket 文件袋 在随机文件中,保存一个或几个记录的小区域。

file pockets addressing 文件袋寻址 在随机文件中,为存储一个或多个记录而保留小块区域的寻址方法。这是一种保存少量记录的经济的方法。

file pointer 文件指针 (1)在操作系统中,指向一个包含文件名的结构的标识符。(2)指向含有有关文件的数据结构的指针。它可包含:指向某缓存区的指针;留在缓存中的若干特性;文件描述符;描述读写方式的标识。

file preparation 文件准备 对部分记录或者全部记录进行处理的过程,使计算机能方便地把它们转变成适于存储的文件。如对文件进行分类、排序和整理等。

file privilege 文件特权 一种决定如何处理网络上的加保护数据库的属性,选项有 DELETE(删除)、EXTEND(扩展)、READ(读)和 UPDATE(更新)等。

file processing 文件处理 所有涉及处理存储在主文件中记录的活动,包括初始文件的建立、有效性检验、维修、更新、引用、合并和分类等。

file profile 文件轮廓文件 在资源访问控制设施(RACF)中,一个 RACF 定义的文件的描述,包括文件名、拥有者、通用访问授权、安全级和其他数据。

file properties 文件属性 分配给一个特定文件的属性,包括它的名字、创建日期、文件长度和拥有人等,它们都存储于文件属性页面中。

file protection 文件保护 在信息系统中,为防止文件被非法访问、修改、删除而建立的处理规则的集合。

file protection ring 文件保护环 磁带盘背面圆形槽内安装的一个塑料环。安装此环的带盘装在磁带机上,由于环的作用,使一个电磁开关动作,写电路接通,便可以向磁带上写入数据。取下此环,写电路不能工作,只能读带,从而实现对带上文件的保护作用。该环也称"允写环"。

file protocol 文件协议 文件协议主要用于访问本地计算机中的文件,就如同在 Windows 资源管理器中打开文件一样。要使用文件协议,基本的格式如下:file://文件路径,如要打开 F 盘 flash 文件夹中的 1. swf 文件,那么可以在资源管理器或 IE 地址栏中键入:file://f:/flash/1. swf 后回车。

file purging 文件清除 删除文件中的内容。

file reconstruction procedure 文件重建过程 一种安全保护程序。可以防止文件因程序员或操作员的误操作,或是因为设备的故障而意外地损坏、丢失数据。

file record specification 文件记录说明书 系统设计者用它说明每个文件的细节,如存储媒体、文件名称、标号、记录容量、记录顺序、字块大小、存储格式和存取方式。

file recovery 文件恢复 重新构造被偶然重写或删除的文件。这就需要对以前保留文件中的有关事务数据进行再处理;或者当磁盘上的文件已受损害的时候,便需要把磁带上的文件复制到磁盘上。

file reference 文件查阅[引用] 在处理过程中或响应一个询问时,对一个主文件中记录的提取或参阅。为证实这一代码有效,或为得到计算中要用到的某种比率或价格,以及得到要打印的姓名或地址,有时必须查阅一个文件。

file reorganization 文件重组[改编] (1)将直接存取文件重新装入,以消除或减少溢出的过程。也称"文件整理"。典型的做法是:通过一实用程序将文件的记录写入另一卷体,同时按原文件的组织结构正确排列这些文件记录。(2)一个数据文件经过多次插入、删除和修改之后,存储效率和存取效率都大为降低,因此需要进行定期清理,这种清理工作称为文件改编。

file restore 文件恢复 由于文件损坏或数据丢失,根据以前保存的版本恢复该文件的内容。参见 restore。

file retrieval and editing system (FRESS) 文件检索和编辑系统 一个支撑嵌入格式化代码的流式编辑程序。它有任意尺寸行编辑、模式扫描、关键字检索、段的自动联机编号、文件间的连接和编辑,以及用"口令"保护文件和文件的信息块等功能。FRESS 有一个工作空间,用以存放暂时不用的字符串;还有一个结构空间,用以方便地编辑超文本,包括文章的概要。

file rotation 文件周转[循环] 在按固定世代号保留一族文件版本的系统中,删除最老的版本同时加入一新版本的过程。

file safety 文件安全 参见 file protection。

file search 文件检索 查阅指定范围内所有项目信息的文件,抽取记录信息满足某种判据的任何项目的信息,以及确定文件的任何地方是否存在指定的信息模式。

file section 文件节 在 COBOL 语言中,数据部分的一节,用来描述数据文件和数据记录的逻辑结构。它包含文件描述款或排序合并文件描述款及其有关的记录描述。

file selection box 文件选择框 一个使用户能够通过选择文件名或者在提供的空间中,键入一个文件名,选择一个工作文件的框。

file separator (FS) 文件分隔符 一种用以标识各

F

文件项之间的逻辑界限的信息分隔符。

file separator character (FSC)　文件分隔字符　用来标识诸文件之间逻辑边界的信息分隔符。

file server　文件服务器　具有大容量磁盘存储设备的计算机。在计算机局域网中,以文件数据共享为目标,将供多台计算机共享的文件存放于一台计算机中。这台计算机就被称为文件服务器。文件服务器具有分时系统管理的全部功能,能够对全网统一管理,能够提供网络用户访问文件、目录的并发控制和安全保密措施。

file set　文件集　一卷或多卷文件上记录的单个或多个文件。有以下四种:①单卷文件,一卷上记录一个文件;②多文件卷,一卷上记录多个文件;③多卷文件,多卷上记录一个文件;④多卷多文件,多卷上记录多个文件。

file shadowing　文件影像　将生产数据库异步复制到物理上相分离的存储介质上,以确保数据的可用性、实时性及正确性。若实施的是远程复制,则文件影像可用作灾难恢复的解决方案,以缩短恢复时间和恢复点目标。

file sharing　文件共享　(1)不同用户共同使用某些文件的技术。文件共享是文件系统所提供的一项重要功能,它最早出现在分时多用户操作系统中。文件共享不仅是完成共同的任务所需要的,而且还能节省大量主存空间和辅存空间,减少输入输出操作,更主要的是为用户的应用提供了极大的方便,节省了用户的精力。文件共享从分时共享模式应用演变为资源共享和客户机/服务器模式应用。为了系统的可靠和用户的安全,文件共享必须是有控制的。(2)计算机文件在网络上的使用方式,文件存储在一个中央计算机或者共享服务器中,被网络上多个计算机同时访问,共享的文件可由多个用户读或更新。共享访问的控制可通过加口令、安全许可证、文件锁等方法进行保护以防止文件同时被多个用户修改。

file sharing protocol　文件共享协议　为在网络站点之间的文件请求(包括打开、读、写和关闭文件等)提供的一种通信协议。如果文件共享限制在工作站和服务器之间,这种协议就称为客户机/服务器协议。

file signature verification (FSV)　文件签名验证　对文件的数字签名,是加密技术中不可缺少的一种技术。其过程是:①A 用它的私钥对文件加密,从而对文件签名;②A 将签名的文件传给 B;③B 用 A 的公钥解密文件,从而验证签名。在 FSV 中,只需要证明 A 的公钥的确是 A 的。如果 B 不能完成第③步,那么签名是无效的。FSV 也满足以下特征:① 签名是可信的。当 B 用 A 的公钥验证信息时,B 知道是由 A 签名的;②签名是不可伪造的。只有 A 知道自己的私钥;③签名是不可重用的。签名是文件的函数,并且不可能转换成另外的文件;④被签名的文件是不可改变的。如果文件有任何改变,文件就不可能用 A 的公钥验证。⑤签名是不可抵赖的。B 不用 A 的帮助就能验证 A 的签名。在实际应用中,因为公共密码算法的速度太慢,签名者往往是对消息的散列签名而不是对消息本身签名。这样做并不会降低签名的可信性。

file size　文件尺寸　文件的长度,通常表示为字节数。存储在磁盘中的文件有一个逻辑长度和一个物理长度。逻辑长度对应于文件的确切长度,即它所包含的字节数;物理长度则是系统为该文件分配的空间。由于磁盘空间是按块分配的,文件使用的最后一块可能没有用完,这时文件的物理长度大于其逻辑长度。

file sort　文件排序　同 external sorting。参见 file ordering。

file space allocation map　文件空间分配图　对于一个存储装置所能提供的总存储空间,描述文件在其中存放位置的图形表示。有的工具软件可以用非常形象的图形表示每个文件在存储空间中的分布情况,包括那些物理上不连续的空间。

file space usage　文件空间利用率　文件占用的总存储空间与该空间中被有效数据填充部分之比。

filespec　文件标识　file specification 的组合词。

file specification　文件标识[说明书]　在操作系统中,指文件的名字和位置,一个文件标识由一个驱动器标识、一个路径名和一个文件名组成。

file splitting　文件分割　以细分、区分或复制数据资源的方法来配置数据元素的一种策略。

file standards　文件标准　一个访问在存储媒体中的面向文件的数据对象的标准,如对于 CD-ROM(只读碟),文件标准由 ISO 9660 指定。

file status table (FST)　文件状态表　一种描述文件属性的状态表,包括文件名、文件类型、文件格式、最后写成日期及其他状态信息。

file store　文件存储　在操作系统的控制下将文件放入辅助存储器中的过程。当联机时,在磁盘上直接存取文件,称为高级文件存储;当不联机时,称为低级文件存储。

file structure　文件结构　运用特定的文件组织所产生的文件的逻辑形式和一组记录的格式设计。参见 file organization。

file structured device　文件结构化设备　可以将数据以文件形式进行存储的设备。磁盘、磁带及盒式磁带都是文件结构化设备,而打印机、终端机则不是。

file swapping　文件交换　如果系统运行一个作业所需的存储容量超过可用的容量,则将某些作业临时调出主存储器,而将其存入由系统管理程序所规定的交换文件中。在需要运行这些调用的作业时,再将它们从交换文件中调回主存储器。这一过程称为文件交换。它大大提高了主存的利用率。

file system 文件系统 在计算机中,把许多文件组织起来形成的系统。在早期的计算机系统中,数据由用户直接管理,用户要做许多繁琐的工作。出现多道程序之后,一台计算机上可同时运行多个用户程序,计算机系统的资源均由多个作业共享,用户已经无法直接管理数据。因此,计算机系统中出现了文件系统。文件系统是实现文件管理的机构。它与数据库管理系统一样协助用户去存取和管理数据。文件系统具有如下特点:①使用方便;②数据可靠;③既可实现资源共享,又能保证安全。参见 distributed file system, virtual file system。

file system backup utility 文件系统后备[备份]实用程序 文件系统中使用的后备实用程序。它使用户不会因硬件故障或软件错误而造成数据丢失。调用此程序时,就可在某些存储介质上建立单个文件或多个文件的后备副本。因此,如果原始文件丢失或损坏,就可用后备副本使丢失或损坏的文件恢复到原始状态,保证文件系统正常运行。

file system driver (FSD) 文件系统驱动程序 在微软 Windows 95 中,指实现特殊文件系统类型进行接口连接的 IOS 组件。微软 Windows 95 支持多种当前的 FSD。

file system restore utility 文件系统恢复实用程序 作用与文件系统后备实用程序相反的一种实用程序。它以后备副本作为输入,其输出为标准文件。这些恢复的文件结构、内容和属性与原始文件完全相同。

file tidying 文件净化 在大型磁盘或者磁盘组上,经过反复读写操作之后,存在一些无用的备份文件和失效文件,一些有用文件在磁盘上的存储也是分布在多个物理上不连续的区域,这种现象对磁盘操作的效率影响很大。为此,需定时地对磁盘上的文件进行重新组织,删除无用文件,将有用文件尽可能存放在物理上连续的空间上。参见 file cleanup。

file transfer 文件传送 在计算机网络中,把数据从一个站点传送到另一个站点的过程。文件传送是网络中最频繁的一种操作。要实现文件传送,必须在计算机上有相应的进程来启动。传送文件需要遵循一定的通信协议,以确保端对端传送的正确性,常用的文件传送协议有 XON/XOFF, Kermit, Xmodem, Ymodem, FTP(文件传输协议), TFTP(简单文件传输协议)和 FTAM(文件传送存取与管理)等,以 FTP 最为流行。

file transfer access and management (FTAM) 文件传送存取与管理 FTAM 是在开放环境中提供客户机(启动者)和服务器(响应者)之间文件传输服务的 OSI(开放系统互连)标准。它也提供对分散系统上的文件的访问和管理。FTAM 使用了虚拟文件存储的概念,它提供一个通用的文件概况,隐藏了不同供应商系统间的差异。FTAM 指定文档类型为直接二进制信息的文件或每行以回车符结束的文本文件。FTAM 把数据解释成记录并且提供存储面向记录的结构化文件的虚拟文件存储能力。FTAM 的主要功能有:①将文件传输到 FTAM 服务器和从 FTAM 服务器检索文件;②删除 FTAM 服务器上的文件;③读取 FTAM 服务器的文件属性;④列表、生成和删除 FTAM 服务器上的目录。

file transfer protocol (FTP) 文件传输协议 (1)使因特网上的用户连接到一个远程计算机的协议。是在进程通信的基础上建立的一种机制。它协调网络中各工作计算机之间的数据传送活动。建立协议的必要条件是:①计算机网络必须建立无二义的文件标识;②被传输文件的数据描述必须标准化。(2)TCP/IP(传输控制协议/网际协议)中为在网络不同主机之间传输文件内容而引入的一种协议。用于在宿主机之间传输文件,要求有一个用户标识(可能还需要一个口令)以允许访问远程系统中的文件。所要解决的主要问题是吸收不同主机上的文件在文件组织、结构类型、数据单位、信息编码,以及操作命令等方面所产生的差异。(3)通过调制解调器、电话线路或网络传输信息的方法。文件传输协议将信息划分为较小的单元,然后按顺序处理这些单元,包括差错检测和纠正。流行的文件传送协议有 Xmodem, Ymodem 和 Zmodem。

file transfer support (FTS) 文件传送支持 一个操作系统的功能,移动一个系统中的文件成员到另一系统,通过使用异步 APPC(高级对等通信)或者 BSCEL(二进制同步通信等效链路)通信支持。

file transfer utility 文件传送实用程序 为处理不同计算机之间的通信接口而专门设计的软件。它支持各种格式的数据传送。此类程序用于处理具有不同的操作系统的计算机之间的信息传送。

file tree 文件树 在 AIX 操作系统中,某个节点的完整的目录和文件结构。从根目录开始,一个文件树包含所有的局部的和远程的对目录和文件进行操作的功能部件。

file type 文件类型 文件说明的一部分,表明文件的内容特征,如数据文件、目标文件、列表文件等。

file type predilection 文件类型偏好 在相关性搜索计算中,某些文件类型比其他类型更为相关,在搜索结果中排名高于其他文件类型。通常默认排名顺序,从排名最高的开始:HTML(超文本标记语言)网页、PowerPoint 演示文稿、Word 文档、XML(可扩展标记语言)文件、Excel 电子表格、纯文本文件、列表项。

file update 文件修改[更新] (1)文件中增加、改变或删除数据的活动。(2)用事务文件对主文件上的某一记录进行数据记录的过程。这样,该记录的内容中具有最新的信息。在批处理中,更新一般是在一个预先规定的时间间隔内系统地进行的。可是在实时或联机系统中，更新是随时间的发生进行的，没有固定的时间间隔。

filing 文件编排，编档 在情报检索中，为了提高检索效率，将文件中的记录按一定顺序进行编排。在图书情报工作中，为编制目录或书目，将书目款目按适合检索的一定顺序进行组织和编排。在手工系统中，称"目录组织"。在计算机系统中，称"编档"。

filing area 编档项 图书情报编目中的一种编档单位。其编档级别仅次于编档款目，属第二级，包括编档信息的一个独立部分。编档项区分为多种类型，基本上相当于手工编目的著录事项和机读目录的字段。编档项由编档段组成。

filing criteria 编档准则 计算机编排书目记录所遵循的依据，用它确定书目记录排列的先后顺序。例如，书目款目的编档准则是：字母、数字、分类、正则程序、类型特征或规定的其他顺序。

filing hierarchy 编档级别 编档单位依据从属的关系排列，从而使书目记录的编档单位构成层次。国际上通用的编档级别分为三级、四级和五级。

filing rule 编档规则 用计算机编排书目记录的有关规定。书目记录中的信息极为复杂，如何将这些复杂信息安排成先后顺序，必须确定一些共同遵守的计算机能够执行的规则。

filing section 编档段 图书情报编目中的一种编档单位。其编档等级次于编档项，属第三级，包括编档的一部分信息。编档段由编档字组成。

filing unit 编档单位 为编档的目的和需要而定义的实体，是编档等级的组成部分。编档等级中不同级别的编档单位用专门的名称区分。最高编档级别的编档单位是编档款目，以下按编档级别降序排列的编档单位为编档项、编档段、编档字和编档字符。

filing word 编档字 图书情报工作中的一个编档单位。其编档等级次于编档段，属于第四级。书目记录中借以排列一个条目的字。

fill 填充，填写 (1)在一个或一组存储单元中，或在整个存储器中存放一个特定的字符，称为填充。常用的填充字符是"○"或"×"。(2)把一个通常用多边形定义的封闭区域涂满指定的颜色或一种规定的图案，或者画上一定种类的阴影线。(3)在令牌环网中，传输数据站在传输帧、令牌或退出序列之前或之后发送的一个指定位模式，用以防止解释为一个不活跃的或未终结的传输状态。

fill area 填充区[域] (1)这是一种常用的图形基元，它指内部涂满颜色、图案或阴影线的一个区域；也可以是只有轮廓线而内部什么也不填的一个空心区域。(2)由多边形(封闭边界)组成的一个GKS(图形核心系统)输出原语。它可以是空洞，或由单一颜色、图案或阴影线进行填充。

fill bucket 填充桶 一个图形函数，允许用户用一种颜色或模式填充一个封闭的区域。

fill character 填充字符 (1)一种用来占据人可阅读的媒体上某一区域的字符，如用来填满商业表格或法律文件上某区域的短划或星号，以确保此表格或文件一经发出后其他内容就不能再添加到此区域中去。(2)某些信息管理系统中，当输入报文字段或输出设备字段中所接收数据长度小于该字段的规定长度，或其中无接收数据时，用来填补该字段的字符。

filled cable 填充缆线 一种缆线，在其管套或鞘内填有不吸潮的物质，通常是一种凝胶，用来防止潮气通过一些小的缝隙进入内部。

filled surface 填充性表面 把两个表面结合在一起的连接性表面。

filler 填充符 为使数据达到规定长度而填入的字符。所填入的字符对数据本身的信息存取并无影响。

filler character 填充字符 一个指定的字符或位组合，用于在调整之后填充一个域的其余部分。参见 fill character。

filler function 填充函数 某些计算机制图系统中使用一种的函数。它容许操作员产生与两线相切的具有特定半径的圆弧，并将切点以下线段去掉。

fillet 圆角，倒角 连接两相交曲线或直线的圆角或圆弧。倒角可由CAD(计算机辅助设计)系统自动生成。

fillet surface 过渡面 把两个曲面融合到一起的曲面。如飞机机翼与机身间的过渡曲面。

filling character 填充字符 同 fill character。

fill light 填充光线 在视频制作中，使用若干光源向整个视域或者对象提供均匀的光照，填充光线通常是比漫射光较弱的光线。参见 key light。

fill pattern 填充模式 在图形软件中，指在一个条形图和饼形图内部以及下部使用的阴影光线模式。

fill validation 填充确证[认] 在信息显示系统中，对字段所做的检查，以确定字段中是否已填入数据。一旦字段确证属性指定强制填充，便执行填充确证功能。

film at 11 11点新闻 在新闻组中常见的一个短语。对在电视上插播的一种时事新闻摘要称呼，完整的内容将在晚上11点的新闻节目中播出。这个短语在新闻组中用来讽刺嘲笑该文章缺乏时效性或没有新闻价值。

film capacitor 薄膜电容器 电介质为塑料薄膜的(通常是浸渍的)电容器。

film optical scanning device for import to computer (FOSDIC) 计算机胶片光扫描输入装置 一种用于读出微缩胶片上的文件，并以数字形式将其存储在用计算机可以访问的磁带和磁盘上的装置。

film resistor 薄膜电阻器 用类蒸发的方法将一定

电阻率材料蒸镀于绝缘材料表面制成的电阻器，一般这类电阻器常用的绝缘材料是陶瓷基板。

film ribbon 薄膜色带 一种由聚酯薄膜或聚乙烯制成的打印机色带。

film setting 照相排版 常用作"phototypesetting"的同义词，但它的输出只是在胶片而不是在纸上。

film storage 薄膜存储器 参见 magnetic thin film storage。

FILO 先进后出 first-in last-out 的缩写。

FILO buffer FILO 缓存，先进后出缓存 网络中的一种存储器缓存，用于存储到达的数据。在向 FILO 发出读数据的请求时，FILO 按照与输入相反的次序输出其中的数据。参见 FIFO buffer。

FILO principle 先进后出原则 排队论中的一种处理策略。在编译系统和操作系统等软件实现中，经常利用这种策略。按这一原则设计的存储器称为堆栈。

filter 滤波器，过滤器 (1)按一定规定从数据或信号中抽取一部分信息的装置或程序。(2)一种能允许某一频率范围的电信号通过，而阻止此频率范围以外的电信号通过的电子设备。滤波器对所通过频率范围(通带)的电信号呈现低于预定值的衰落；对所阻止的频率范围(阻带)的电信号呈现显著的衰落。滤波器按组成成分分为容感式、容阻晶体式、陶瓷式滤波器等；按通过的频率范围则分为低通、高通、带通和带阻滤波器等。(3)检查到来信息是否含有某些特定字符，从而确定某些信息是否可以通过的功能、进程或设备。

filter capacitor 滤波电容器 (1)用作构成降低出现在网络中的一种或多种谐波电流的电路元件的电容器。(2)一种用于电源滤波系统的电容器，它对交流提供低电抗通路起抑制纹波的作用而不影响直流。

filter center 过滤中心 一个通信中心，它对来自不同数据源的信息进行检查，并有可能在进一步发布之前进行加密。

filter choke 滤波扼流圈 电源滤波系统中，能让直流通过而对脉动电流或交流呈现高阻抗的铁心线圈。

filter design system (FDS) 滤波器设计系统 电子 CAD(计算机辅助设计)工具软件 Comdisco 的一个选件，用于设计和分析 IIR(无限冲激响应)和 FIR(有限冲激响应)数字滤波器。滤波器的算法可以用源代码实现，也可以给出目标代码，可支持贝塞尔、巴特沃斯、切比雪夫 GⅠ和Ⅱ、椭圆等波纹、希尔伯特、截窗辛克等八种滤波器经典算法设计，可设计高通、低通、带通、带阻滤波器。

filtered message database (FMD) 过滤消息数据库 在过滤系统中的一个功能实体，存储已被过滤的消息。

filtered symmetric differential phase-shift keying (FSDPSK) 过滤对称差分相移键控 在数字传输中，利用移相键控编码，其中二进制 0 被编成载波相位 +90°的变化，而二进制 1 被编成载波相位 −90°的变化，以及用过滤或其他脉冲整形技术来平滑突然的相位变化。

filter file 过滤器文件 在数据库系统中，存储数据库文件中满足某种条件的记录文件，把数据库文件中满足条件的记录选择出来，每个过滤器文件中可以有多个过滤条件。

filtering 滤波 从一个信号中去除某些频率分量的处理。滤波是抑制和防止干扰的一项重要措施。

filtering program 过滤[筛选]程序 过滤信息的一种程序，它只呈现那些符合程序中指定条件的信息。

filtering texture map interpolation 滤化图像材质插补 由于材质是二维图片，而模型是三维物体，所以当材质被贴到屏幕上所显示的一个三维模型时，通常贴图范围与像素范围不会完全相同，这种滤化的材质处理效果可以决定其相互间的位置和比例。

FilterKeys 筛选键 Windows 辅助控制面板上的一项特性，它可帮助残疾人使用键盘。系统不理睬那些由于太慢或不准确的手指动作所产生的过快和重复的击键。

filter primitive 过滤原语 在 AIX 操作系统中，一个根据指定的标准分离数据的程序。

filter reactor 滤波电抗器 接在交流侧，以抑制谐波分量的电抗器，包括交流滤波器中的电抗器。比较 smoothing reactor。

filter response 滤波器响应 表示滤波器对输入声信号或数据作用的传递性函数。

filter response curve 滤波器响应曲线 滤波器的信号幅度随频率变化的曲线。曲线的形状表示出滤波器的特性，如低通、高通、带通和带阻。

filtration 滤波 增强声音信号的某些频率成分，削弱其他频率成分的一种技术。常用的方法有：①用电子线路对模拟的电子声信号进行滤波；②用数字处理方法对采样所获得的数字信号进行滤波。根据处理的变量域的不同，又可分为频率域滤波和空间域滤波。滤波主要用于降低干扰，提高有效的声音信号。

FIM 冷映像方法 frozen image method 的缩写。

final account system 结算系统 提供银行间资金结算处理，负责银行间的所有账务的最后结账工作的银行金融服务系统。如英国的 CHAPS、新加坡的 CHITS。纽约交换所资金调拨系统除调拨资金外，还可兼做纽约地区的结算工作。

final condition of relay 继电器最终状态 继电器为了在给定的输出电路中完成其指定作用而到达的那种规定状态。比较 initial condition of relay。

final copy 最终副本 在字处理中，文本的最终版

F

本。

final-form-text DCA (FFTDCA) **最终形式文本资料内容体系** 一种文档内容体系结构(DCA)标准。它以准备打印的形式存储文档,用于在不相似的程序之间的交换。参见 document context architecture (DCA)。

final modulation **终极调制** 一个载波在传送到天线、辐射到空间之前的最后一级的调制。

final script **最后手稿** 在多媒体应用中,作为拍摄视频作品的蓝本而完成的手稿。

F

final type approval (FTA) **最终型号认证** 同 full type approval (FTA),是 GSM(全球移动通信系统)对手机进行全面验证的测试的先前称呼,现已改为"全面型号认证"。

financial EDI (FEDI) **金融电子数据交换** 与电子付账系统相连的可自动处理付账过程的 EDI(电子数据交换)报文交换。参见 electronic data interchange (EDI)。

financial management workstation **财务管理工作站** 用于日常会计和管理工作的工作站。它与业务处理系统相连,以监督客户的财务状况、信誉情况和送货服务的时间安排情况等。

financial modeling package **财务模拟软件包** 一种用于开发复杂数学模型的软件包。这种软件产品主要用于商业机构的财政预测、预算和其他财政商务等。

financial planning **财务计划** 一种财务模型软件包,用于辅助财务计划和管理人员在做出最后决策之前审查和评估各种备选方案。该系统允许建立方程式型的数据模型,通过输入不同的值,来评估各种选择的效果。和一般的电子报表软件相比,该系统提供了更高层次的分析工具。它的另一个特点是可进行目标搜寻,即对目标进行自动计算。

financial planning language **财务计划语言** 用于建立数据模型和生成财务计划系统的一种语言。

financial services markup language (FSML) **金融服务标记语言** 一种基于标准通用标记语言(SGML)的数据描述语言,它是为在互联网上传输金融文件而创建的,包括电子支票和与它们相关的文件。就像超文本标记语言(HTML)一样,FSML是一套标记符号或代码,并且符合可扩展标记语言(XML)规范。参见 standard generalized markup language (SGML)。

financial software **财务软件** 处理账单和货币交易的一类软件。它可包含工资单、账目的收支、分类账、电子表格、财务规划、校核和有价证券财产目录的管理等功能。

financial utility ***财务实用程序*** 一般用途的计算机实用程序,用以处理大量的财务事件。

find **查找** 同 search。

find and replace **查找并替换** 同 search and replace。

finder switch **寻觅器开关** 从多个信号中选取一个信号的控制装置。

find next **查找下一个** 在某些窗口式软件中的一个菜单命令,查找在 find 命令中定义的匹配模式的下一个匹配。

find text string **寻找文本(字符)串** 文字处理中的一种功能。只要输入一组能唯一标识文本中所需点的字符串,就能找到该点。

fine grain **细粒度** 程序在指令级上的分解。

fine-grain parallelism **细颗粒并行机制** 一种并行操作形式,其中每个任务按指令分解,并行地在多个计算机上执行。

fine-grain parallel processing **细分并行处理** 同时执行组成某操作的各部分的并行处理。

fine index **细(目)索引** 索引中的一个附属性的或补充性的索引,用以指出某特定文件记录的位置,而较高层或主要的索引通常被称为粗索引。一般先做粗索引后做细索引。参见 gross index。

fine leak **微细泄露** 在计算机安全范畴中,指以某种技术手段,以管理者难以察觉的极低速率窃取信息的行为。

fine-pitch quad flat package (FQFP) **四侧小引脚扁平封装** 通常指引脚中心距小于 0.65 mm 的四侧引脚扁平封装。参见 quad flat package (QFP)。

fine sort **细排序** 对一组数据项按指定的第一关键字进行排序之后,再对具有相同第一关键字值的数据项按第二关键字在小范围内进行的排序。这种细排序可以持续进行,直到所有数据项都按一定规则完成排序为止。

finger opening **指开度** 机器人的手指在张开与闭合的两个极限位置之间的夹角或距离。

fingerprint **指纹** 在计算机病毒防治技术中,疫苗程序要使用的一种校验密码和借助加密算法配上的密钥,可以防御各种恶意程序(即病毒)对计算机系统的攻击。

fingerprint analysis **指纹分析** 一种身份识别技术。检测指纹的专用设备连接上主机后,用户的手指放在设备的模板上,系统对指纹进行扫描,并与存储在主机数据库中的指纹映像严格比较,如果一致,则承认用户的合法身份。

finger-printer reader **指纹阅读器** 一种读取人类指纹的扫描器。

fingerprint recognition **指纹识别** 通过指纹扫描器取得指纹图像而且使用复杂的运算法则把图像转换成一个独特映像或分析图案,与数据库中已有指定样本进行比对并加以判别的生物统计识别技术。

finished call **结束呼叫** 一个表示信息传输阶段结

束的呼叫。

finite automaton (FA)　有限自动机　一种有限状态转换的数学模型。一个有限自动机可形式化为一个五元组：

$$M=(Q,\sum,\delta,q_0,F)$$

式中 Q 为有限集，称内部状态集；$\sum$ 为有限集，称输入字符表；$q_0\in Q$为初始状态；$F\subseteq Q$称接受(终止)状态集；δ 为状态转换函数。当 δ 为$Q\times\sum\to Q$的映射时，称 M 为确定型有限自动机(DFA)；当 δ 为$Q\times\sum\to 2^Q$ 的映射时(2^Q 是Q 的幂集)，亦即后继状态可能有多种选择时，称 M 为非确定型有限自动机(NFA)。已证：非确定型有限自动机所接受的语言类与确定型有限自动机相同。该语言类就是正则语言类。

finite automaton theory　有限自动机理论　研究存储量有限的离散数字系统的功能和结构以及两者关系的理论。它主要研究分析和综合问题：给出一个具体的自动机或实现它的逻辑网络，分析有限自动机的功能描述；给出有限自动机的功能描述，综合出能实现此功能的有限自动机，并由此设计出满足要求的逻辑网络。这涉及到功能描述数学语言、状态化简、状态赋值、布尔函数化简、多值逻辑、组合复杂性和分解等问题的研究。具体内容有逻辑网络实现、状态化简、状态分配、神经网络、有限接收机和有限自动机的分解等。参见 automata theory, infinite automata theory。

finite element　有限元　有限多个变元。在有限元模型中，用有限元素表示一个复杂结构的单一部分。

finite element analysis (FEA)　有限元分析　CAD(计算机辅助设计)中使用的一种算法。通过对零件及其负载条件的数学仿真，确定正在设计中的机械零件或物理构造的结构完整性。参见 finite element method。

finite element equation　有限元方程　用有限元方法求解数学物理问题所建立的方程。应用有限元方法时，把无限维空间中的问题化为有限维空间上的问题，最后归结为求解一个只含有限个未知数的代数方程组。通常称后者为原数学物理问题的有限元方程。

finite element mesh generation　有限元网格生成　有限元方法的前处理过程。在该过程中把零件自动划分为用于工程分析的网格点或离散元素。

finite element method　有限元(方)法　求解数学物理问题的一种计算方法。有限元法把古典的变分原理和求解区域的剖分插值相结合，形成一种可以在计算机上实现的有效算法。用此方法时，首先把数学物理方程连同边界条件化为某一类变分问题，使得自然界条件和方程系数的间断性都容易处理。然后，对求解区域作某种三角剖分，并作未知函数的容许函数类的分段插值，使无限维空间中的变分问题化为有限维空间上的变分问题，后者又归结为一个代数方程组的求解。有限元方法特别适合于求解区域不规则、边界条件复杂的数学物理问题。目前，它是一种与有限差分法同样重要的数值方法。

finite element model　有限元模型　将实体结构分析因素分解成离散元素数组的数学模型。

finite element modeling　有限元建模　采用连续物体的数学模型把该物体划分为离散矩阵，从而进行结构分析的过程。

finite element space　有限元空间　有限元方法中，容许函数的插值函数类。应用有限元方法时，通过对求解区域的三角剖分和分段插值，把变分问题的容许函数类近似为满足某些边界条件的分段插值函数类。数学上称后者为有限元空间。

finite field　有限域　只含有有限个元素的域，也称“伽罗瓦域(Galois field)”。含有无限个元素的域称为无限域。

finite graph　有限图　顶点集 V 和边集 E 的元素个数都是有限的图$G=\langle V,E\rangle$。当E是空集时称G 为零图；当 V 中只有一个元素，E 是空集时称 G 为平凡图。反之，当图 G 中 V、E 至少有一个具有无穷多元素时，称 G 是无限图。

finite group　有限群　所含元素为有限的群，否则称为无限群。

finite impulse response filter (FIRF)　有限冲激响应滤波器　有有限个输出响应的一种数字滤波器，它与有无限个输出响应的无限冲激响应滤波器(IIRF)正好相反。FIRF 通常比 IIRF 需要更多的系数来定义信号的性能，但它是稳定的。比较 infinite impulse response filter (IIRF)。

finite join　有限连接　在数据库系统中，在查询设计屏幕中建立的常见的查询，用于寻找与连接值相匹配的每条记录，以消除重复，使得某个字段中的每种值只出现一次，并且是第一条记录。

finite object　有限对象　以 0,1 字符串表示的自然数 n。其中自然数n与0、1串的对应关系为：(0,ε)，例如(1,0)，(2,1)，(3,00)，(4,01)，(5,10)，(6,11)，(7,000)，……。

finite set　有穷[限]集　有穷个元素组成的集合；否则，称为无穷集。

finite state machine (FSM)　有限状态机　(1)也称“有限状态自动机”或简称“状态机”，是表示有限个状态以及这些状态之间的转移和动作等行为的数学模型。有限状态机由一组状态、一个初始状态、输入和根据输入及现有状态转换为下一个状态的转换函数组成。有限状态机是在自动机理论和计算理论中研究的一类自动机。在计算机科学中，有限状态机被广泛用于建模应用行为、硬件电路系统设计、软件工程、编译器、网络协议和计算与语言的研究。参见 Turing machine, universal Turing machine。(2)有限状态机是指输出取决于过去输入部分和当前输入部分的时序逻辑电路。一般来说,除了输入部分和输出部分外,有限状态机还含有一组具有"记忆"功能的寄存器,这些寄存器的功能是记忆有限状态机的内部状态,它们常被称为状态寄存器。在有限状态机中,状态寄存器的下一个状态不仅与输入信号有关,而且还与该寄存器的当前状态有关,因此有限状态机又可以认为是组合逻辑和寄存器逻辑的一种组合。其中,寄存器逻辑的功能是存储有限状态机的内部状态;而组合逻辑又可以分为次态逻辑和输出逻辑两部分,次态逻辑的功能是确定有限状态机的下一个状态,输出逻辑的功能是确定有限状态机的输出。

finite state machine model　有限状态机模型　用于开发、表示协议的结构并用于验证协议正确性的一种模型。参见 extended finite state machine model。

finite state transition network (FSTN)　有限状态转移网络　一种自动形态分析器。它由 Q、V、T 三部分组成:FSTN=(Q,V,T),式中 Q 表示状态的有限的非空集合,V 表示语言符号的有限的非空集合,T 表示转移函数。

finite translator　有限翻译机　能根据输入情况进行输出的有限自动机称为有限翻译机。它的工作方法与有限自动机类似,只是多了一个输出字母机,在接受输入字母时,除了进行状态转换外,还可输出一些字母。

FINUFO　先进不用先出　first-in not-used-first-out 的缩写。

FIOM　金融 I/O 管理器　finance I/O manager 的缩写。

FIP　金融图像处理程序　finance image processor 的缩写。

FIPS　(1)(美国)联邦信息处理标准 federal information processing standards 的缩写。(2)每秒浮点数指令数 floating-point instructions per second 的缩写。

FIR　快速红外线　fast infrared 的缩写。

fire　点火,引发　(1)当一个规则假设的条件满足时启动由该规则指定的动作。(2)在人工神经网络模型中,指执行规则示例中右边规定的活动集合。

Fire code　法尔码　一种循环码,在磁盘机中广泛用来纠正单道突发错误。常用于磁盘存储器的错误校验。

firewalking　趟火墙　一项测试防火墙弱点和绘制防火墙后面网络上的路由器分布的技术。趟火墙是一种伪装端口扫描的方法。在实际应用中,趟火墙与路由跟踪技术类似,工作时把一跳的生存时间(TTL)字段设定大于目标防火墙的生存时间,把 TCP(传输控制协议)或 UDP(用户数据报协议)包送进防火墙,如果该包通过了网关,它就转发到下一跳,这时生存时间为零并得出生存时间"传输超时"的信息,在此情况下该包被废弃。利用此法通过发送连续的探测包,就能确定防火墙的接入性能。

firewall　防火墙　一种有效的网络安全设备,是网络总体安全策略的一部分,阻挡对内、对外的非法访问和不安全数据的传递。在因特网上,可用于隔离网络中某一段连接的线路。防火墙可在不同的协议层次上实现,通常在应用层和 IP(网际协议)层,用过滤路由器实现。它将策略与控制相分离。这里策略诸如决定一个服务的请求方是否允许得到该服务;控制对被允许访问的资源的访问。防火墙在网络中,也指用户的子网与外界之间所设立的一道屏障,防止不可预料的、潜在的对网络的侵害。防火墙的结构基于路由器的过滤器作用,有主机网关或独立的隔离网关等形式。基于路由器的过滤器实现防火墙最为简便,因为一般的路由器大都有过滤器功能,是当今用得最普遍的网络互联安全结构。基于主机的防火墙结构原理是:当考虑一个网络防火墙时,首先选择一个独立的、极可靠的计算机系统作为网络的安全警卫(称为堡垒主机),只是必须使用专门的程序,隔离网关则不用上述主机,而是用一个专用的网关来建立防火墙。

firewall principle　防火墙原则　在安全通信系统中,有效审查和阻挡所有入网信息的原则。有两类防火墙的实施方案:允许任何没有被特别拒绝的事物;拒绝任何没有被特别允许的事物。前者假定不知道的东西不会有害。

FireWire　火线　美国苹果公司开发的一种高速串行总线,它可连接外围设备与计算机。该技术于 1995 年被正式接纳为 IEEE 1394 工业标准(FireWire 400)。现在用的 IEEE 1394B 标准(FireWire 800)的数据传输速度达到了 800 Mbps,允许热拔插,使用专业玻璃纤维,最长的传输距离达到了 100 m。

FIRF　有限冲激响应滤波器　finite impulse response filter 的缩写。

firing　开通,激发,激活　(1)借助控制作用阀或臂的导通方向建立电流的过程。(2)产生式系统推理循环中的一步,其间系统认为某一结论为真时就将结论送入动态数据库。

firing failure of convertor　变流器失通　在正常运行的导电期间,阀或臂未能在要求瞬间正确导通的现象。参见 conduction through, break-through。

firing rules　激发规则　当规则条件满足时,规则说明的动作就启动。

firm planned order　确认的计划订单　在数量和时间上已确认的计划订单。这种订单不能由计算机改变,而只能由计划员改变。这种做法有助于计划员对物料和能力问题做出反应。此外,确认的计划订单还是阐明主生产计划的常规方法。

firmware **固件** 能固定程序或微程序的电路称为固件电路。现在常用的固件电路都是一些集成电路芯片,如只读存储器(ROM)、可编程序只读存储器(PROM)和可擦写可编程序只读存储器(EPROM)。固件具有非易失性,当固件电路的电源切断后,保存在里面的内容并不消失;固件具有不可改变性,除非采用特殊的技术,否则它的内容是不能更改的。由于固件兼有软件和硬件两方面的优点,因此,目前在计算机中的应用越来越广泛。

firmware building block **固件构成块** 在各种系统中,使用户只需根据具体要求编写应用软件的一类标准块,包括多道程序执行程序、宏汇编语言解释程序、I/O 控制系统及磁盘文件管理程序。在研制程序时,用户可以用微程序开发软件包对程序进行编写、模拟和调试。外部设备也可作为标准部件提供,包括硬件接口、固件和软件、诊断程序、文件可测试程序等。

firmware compatibility **固件兼容性** 固件可以用于多种系统的性能。它有助于现有程序的执行和转换,数据交换,实现具有等效执行时间的编译程序。兼容性可以通过基本硬件设计或者通过软件或固件的解释来实现。

firmware engineering **固件工程** (1)将工程科学里的许多准则实际地应用到固件的设计、制造、检验和维护等各个阶段的操作,目的是提高固件的生产率,降低成本,提高质量。(2)以开发计算机固件为目标的各种技术活动的总称。它与计算机系统设计、计算机电路设计、微程序设计、软件工程等密切相关。

firmware instruction **固件指令** 存于只读存储器中的软件指令,通常成为一控制段。固件可以增强计算机的指令系统和控制能力:其方式是用只读存储器编码将扩充指令转换成实际的机器指令系统。

firmware monitor **固件监督程序** 编入计算机执行程序或控制程序的一种程序。固件通常由工厂提供,存于可编程序只读存储器中。采用固件监督程序可以简化操作、加快速度、增加通用性和灵活性。

FIRST **事件响应与安全组织论坛** Forum of Incident Response and Security Teams 的缩写。

first breakdown **一次击穿** 半导体器件的正常雪崩击穿或齐纳击穿。这种击穿是可逆的,不是破坏性的。

first-character forms control (FCFC) **首字符格式控制** 控制打印输出格式的一种方法,由每个记录的首字符来决定该记录的打印格式。

first come first service (FCFS) **先来先服务** 单道批处理系统中的一种作业调度算法。它是按作业到来的先后顺序进行调度。该算法优先考虑在系统中等待时间最长的作业,而不管它要求运行时间的长短。

first element of chain **链中首元素** 建议使用 first RU of chain。

first-ended first-out (FEFO) **先结束先送出** 一种发送报文的排队方案,目的地队列里属于同一优先级组的报文按先结束先送出的原则送往目的站,即高优先级的报文比低优先级的报文先送出。若队列里的两份报文优先级相同,则其最后一段最早到达队列的那份报文先送出。

first failure data capture **第一个错误数据捕捉** 一个 VTAM(虚拟远程通信访问法)问题诊断辅助工具,使得 VTAM 能够识别某种 VTAM 错误,以收集有关错误的信息,并将这些信息提交问题解决程序。

first fit (FF) **首次匹配法** 一种存储空间分配算法。它将新的程序段放入能容纳它的自由存储空间表中找到的第一个存储空间中。参见 first fit algorithm。

first fit algorithm **首次匹配算法** (1)用于"装箱"等问题的一种启发式算法。以装箱问题为例,在给定若干容量为 l 的箱子和编号为 $1 \sim n$ 的 n 个体积都不超过 l 的物体后,依照这个算法,按物体下标递增顺序一件一件地装箱,并且总是装入第一只能装下(不超过箱子容量)它的箱子。(2)在数据结构管理系统中的一种动态存储器的分配方法。在安排数据存储区时,依次从存储块表中选择存储块,只要它足够容纳存储数据的块,就立即被选择,而不管剩余空间是否最小。参见 best fit method。

first-fit-decreasing rule (FFD) **首次匹配下降规则** 一种求解装箱问题的启发规则。该规则首先将待装箱物品按尺寸递减排序,然后使用首次匹配规则进行装箱。

first-fit strategy **最先匹配策略** 一种存储分配策略。分配时搜索可用块表,遇到足够大的块即予分配,故称为最先匹配法。即当申请 N 个连续的单元时,在 AVAIL 表中找出第一个长度为 $\geqslant N$ 的块,从中取出 N 个单元进行分配。此法要求计算时间最少,但可能产生较多的未用小块。归还的存储块放在可用块表的首部。

first generation computer **第一代计算机** 也称"电子管计算机"。指在 1947 ~ 1957 年间研制、生产和使用的计算机。第一代商品计算机从 1951 年的 Univac 计算机开始。它是体积庞大、价格昂贵的真空管机,内存容量小,只能执行单道程序,使用卡片输入,以磁带机为辅助存储设备。其主要特征是采用电子管作为基本逻辑元件,用磁鼓或延迟线作为主存储器,使用机器语言或汇编语言编制程序,主要应用在科学和工程计算领域。

first generation industrial robot **第一代工业机器人** 也称"示教再现型工业机器人"。即为了让机器人完成某种作业,首先由操作者通过某种手段对机器人进行"示教",机器人的控制系统将这些知识记忆起来，然后再根据“再现”指令忠实地执行被示教的各种动作。这种机器人已广泛用于工业生产。

first generation programming language (1GL) 第一代程序设计语言 一种机器级别的程序设计语言，不需要被编译和转换就能够被计算机直接使用。使用 1GL 代码能够很快和高效地被运行，因为它能直接在 CPU 上运行。但是，机器语言相比高级语言稍难学习，而且代码可移植性差。

first generation microcomputer 第一代微型计算机 以 PMOS(P 沟道金属氧化物半导体)工艺制成的微处理器为 CPU 的微型计算机。其微处理机与外部器件通信很简单，因此易于为用户理解和掌握。参见 positive-channel metal oxide semiconductor (PMOS)。

first-in-chain (FIC) 链中第一(请求单元) 一个请求单位，其请求头部(RH)的一个起始链指示符为 on，而结尾链指示符为 off。参见 RU chain。

first-in first-out (FIFO) 先进先出(法) (1)一种操作虚拟存储器的算法。采用虚拟存储器时必须经常把内存储器中的页面输出到外存储器才能空出内存储器的部分存储空间，以接受新的虚拟页面。先进先出法是把最早输入内存储器的页面转储到外存储器，并不管这个页面何时受到过访问。(2)计算机寄存器或存储器采用的一种优先原则。先进先出系统的读、写操作彼此完全独立，且与系统时钟无关。(3)FIFO 系统常用于堆栈寄存器中，其主要优点是不需要外部寻址。它还用于编辑程序或码点转换。(4)一种排队技术，按此技术下次被检索的项应是至今为止已在队列中停留时间最长的项。

first-in first-out (FIFO) buffer memory 先进先出缓冲存储器 一种可扩充的高速缓冲存储器，用于高速磁盘或磁带控制器及通信缓冲器中。其内部一般按 16 字×4 位组织，字可以 4 位为增量进行任意扩展，数据可以异步串行或并行输入缓冲存储器或从中取出。

first-in first-out (FIFO) memory 先进先出存储器 采用先进先出原则的存储器。具有独立的读和写端口，解决了读操作和写操作的定时时序问题，可用作堆栈寄存器。

first-in first-out pipe 先进先出管道 AIX 操作系统中的一个命名管道，一个 FIFO 管道使两个无关的进程能够通过管道连接交换信息。

first-in last-out (FILO) 先进后出 寄存器所采取的一种常用工作方法。其原则是最后存入的数据最先取出，一般堆栈都采用此方式。

first-in not-used-first-out (FINUFO) 先进不用先出 一种废弃算法。当新的页面或段需要存储空间时，已在主存中不用时间最长的页面或段首先转出或予以改写。参见 discard algorithm。

first-level address 一级[直接]地址 绝对地址或有效地址。

first level addressing 一级寻址 参见 direct addressing。

first-level storage 一级存储器 计算机系统内的主内存，即存放处理数据和执行程序的存储器。中央处理器通常只直接对第一级存储器进行操作，仅在第一级存储器中找不到所需信息时才对第二级存储器进行操作。参见 second-level storage, third-level storage。

first line find 首行寻找 打印类设备的一种功能。能将设备的打印部件移至连续格式纸的下一页上的预定打印行处开始打印。同 vertical form skip control。

first-line form advance 首行进页 打印机打印完一页以后，自动进到下一页首行开始打印。

first look 初试 当计算机产品在市场上开始推出时，测试工程师领先于用户一步，对新产品的基本功能进行初步试用测试。

first normal form 第一范式 一个关系当且仅当所有属性都是单纯域时，称为第一范式。第一范式是对关系(二维表)的最低要求，亦即这个关系中的每个数据项均应为不再分的基本数据项，没有重复组，没有缺值(空白是允许的)，两行不能完全相同，任两行或两列互换位置均不影响二维表的含义。一般而言，凡论及关系(即所有符合关系定义的关系)都称为规范关系，或称为是第一范式，简记为 1NF。

first-order language 一阶语言 一阶谓词演算系统的组成部分。该语言的符号表由常元、变元、函词、谓词、量词和真值连接词组成。该语言递归地定义项：①常元、变元是项；②若 $t_1,\cdots,t_n$ 都是项，f 为 n 元函词，则 $f(t_1,\cdots,t_n)$ 亦为项；③没有别的东西是项。该语言还递归地定义谓词演算合式公式。参见 first-order predicate calculus system。

first-order logic 一阶逻辑 命题逻辑的扩充，它研究比命题逻辑更为复杂的符号逻辑体系及推理规律。由于谓词在一阶逻辑中的重要性，因此它也称“一阶谓词逻辑”或“简称谓词逻辑”。由于在该逻辑中所使用的变元只是个体变元，而谓词不可变，为常值，故称一阶逻辑，而当谓词为可变时，则称为二阶逻辑，或称高阶逻辑。形式地说，一阶逻辑由一个谓词演算合式公式集、一个一阶谓词演算系统及一个解释所组成。

first-order Markov chain 一阶马尔可夫链 若在特定情况下，系统在时间 t 的状态只与其在时间 $t-1$ 的状态相关，即 $N=1$，则该系统构成一个离散的一阶马尔可夫链。比较 zero-order Markov chain。

first-order model 一阶模型 为求解某个问题而组织某些知识的模型。如果将问题求解本身模型化，则称为二阶模型。

first-order predicate calculus system 一阶谓词演算系统 即一阶谓词逻辑系统，或一阶谓词逻辑形式系统。其组成如下：①组成部分：规定表示命题常量、个体变元、常元、常函数、常谓词、逻辑连接词、量词的符号；规定谓词逻辑的合式公式的组成规则、项的组成规则；②公理系统部分：除命题演算系统的公理、推理规则及其代入实例外，还有关于量词的公理。

first-order system with equality 带等词的一阶系统 含有等词"＝"及相等性公理的一阶逻辑系统。

first person 第一人称(视角) 电脑游戏中的术语，就是指屏幕上不直接出现主角，而是表现为主角的视野范围。

first personal shooting game (FPS) 第一人称视角射击游戏 动作类电脑游戏(ACT)的一个分支，玩家以第一人称角色参与。

first principal point 第一主要点 在一个光学系统中，系统中距离对象最近的第一个重要点。例如一个物镜的几何中心是第一主要点。

first recursion theorem 第一递归定理 也称"不动点定理"，是关于最小不动点存在性的定理。任何满足连续性和单调性的算子 α 均有最小不动点，即存在函数 f 满足：① $\alpha(f)=f$；② 若函数 g 满足 $\alpha(g)=g$，则在 g 有定义处，f 也必有定义且它们的值相等。

first-remove 一级转移 用来称呼被主序列调用并返回主序列的例行程序或子例程的术语。若此调用来自被调用例程并返回被调用例程，则称其为二级转移。

first-remove subroutine 直接引入子例程，第一级子例程 由主程序调用并回到主程序的子例程。

first variable 首变量(操作) 一种逻辑操作。若两个输入中的第一个为"真"，其结果为真；若两个输入中的第一个为"假"，其结果为假。

first view 第一屏 它是用户访问一个页面时，所看到的第一屏，这是投放网络广告的最佳位置。

first window 第一窗口 在研制光纤中，在约 0.83 μm(微米)和 0.85 μm 之间波长的传播窗口。

fishbone diagram 鱼骨图 也称"特性要因图"或"因果图"。用于考虑并表示已知结果与其所有可能原因之间关系的一种图形描述法。各种原因可归纳为类别原因和子原因，形成类似鱼骨的图形，所以称为鱼骨图。同 characteristic diagram, cause and effect diagram。

Fisher's fundamental theorem 菲舍尔基本定律 这一法则由生物学家 Ronald A. Fisher 首先提出：一个系统对某一特定环境越适应，则对另一个新环境不适应。

fishing model 渔猎模型 一个关于对可更新资源系统开发时考虑资源有繁殖和死亡行为的最优控制模型。

FISINT 外部操作信号情报 foreign instrumentation signals intelligence 的缩写。

fitness 适合度 基因产生的个体对环境的适应性。

fitness-for-use testing 可用性测试 同 usability testing。

fitting 拟合法 计算曲线、曲面或直线，使它们最佳地拟合于一组数据点或设计规范的一种方法。大多数计算机绘图系统都提供这种功能。

FIU (1)美国信息用户联合会 federation of information users, US 的缩写。(2)光纤接口单元 fiber interface unit 的缩写。

five-bit byte 五位字节 由 5 个二进制位组成的字节。同 quintet。

five-color theorem 五色定理 任意一个平面图总存在五种不同颜色对其区域着色，使相邻区域有不同的颜色。

five-horn feed system 五角馈电系统 在雷达系统中，一个单脉冲或伪单脉冲天线馈电系统，其中四个元件工作在接收模式用于信号跟踪，一个独立的元件工作在发送模式。

five hundred (500) service 500 号业务 电信提供的一种业务，其中用户可以在各种地点(如家庭、办公室或移动电话)，通过各种不同的公用载波信道，使用唯一的一个号码接收来电呼叫。

five-level code 五单位码 用 5 位二进制数表示一个字符的一种编码。对于异步传输来说，可以加上起始码元和终止码元。如五单位电传打字机码就是用 5 位二进制数再加上启动位和停止位组成一个字符。常用的五单位码是博多码。

five queens problem 五后问题 组合问题之一。问题是在 8×8 格的国际象棋棋盘上放若干皇后，使棋盘上任何一个格都至少被一个皇后所控制，问至少要放多少皇后？这相当于求图的一个支配数问题。解答是最少需放 5 个皇后。

five-unit code 五单位码 同 five-level code。

fix 修正，定位 (1)对程序内差错的一种改正。通常指一种暂时改正措施或绕过代码中有问题的部分。参见 fixed, fixing。(2)在方位探测中的一次成功的三角测量，即确定一部发射机的位置。

FIX 联邦信息交换站 federal information exchange 的缩写。

fixed aggregate 不变[固定]聚集 一个具有事先定义的组元数和组元类型的聚集。

fixed and exchangeable disc storage (FEDS) 固定及可更换磁盘存储器 一种磁盘装置的术语。在这种磁盘装置中部分磁盘是固定的，而其他一些可通过操作员实现更换。

fixed area 固定区(域) 内存、磁盘、磁带等上面专门分配给某一数据文件或程序的区域。例如,在某些操作系统中,由控制程序驻留部分(核心部分)占用的主存储区。

fixed aspect ratio　固定长宽比　在计算机图形中,使一个图像在改变尺寸时保持宽度对高度的尺寸比率。

fixed attenuator　固定衰减器　一个对信号的衰落为常数的衰减器。例如,一种用于微波系统的衰减器由一个波导段和两端呈渐变的电阻片组成,电阻片固定在波导段中间的宽边内壁中心处。调节电阻片的外形,可以获得所要求的衰减值。也称为固定电阻片衰减器。衰落用分贝(dB)来表示。

F

fixed bias voltage　固定偏压　与信号强度无关的偏压恒定值。对于电子管或晶体管,固定偏压可以由电池或其他直流电压源提供。它也可以由跨接在电压源两端的分压器获得。参见 bias voltage。

fixed-block　固定块　所有数据块的字数或字符都相同的一种数据结构。

fixed-block-architecture (FBA) device　固定块结构(FBA)设备　一种按固定大小的块来存储数据的磁盘存储设备,其数据块按相对于某特定文件开始端的块号寻址。比较 count-key-data (CKD) device。

fixed block format　固定块格式　一种磁带编码格式,其中由同一块地址标识的连续块中出现的字数及每块中的列数均固定不变。

fixed block length　固定块长　在要求固定块长的系统中,其数据块中的字或字符的数目保持不变称为固定块长。这是由于受硬件的限制,或取决于程序。

fixed box　固定框　在 AIX 操作系统中,一种具有固定数量子框的组合框,这些管理的子框并不发出几何管理请求。

fixed broadband wireless access (FBWA)　固定宽带无线接入　能将有线方式传送来的宽带信息用无线方式传送到固定用户终端或实现相反传送的一种通信系统。

fixed capacitor　固定电容器　一种具有不能调节的确定电容值的电容器。

fixed compromise equalizer　固定折衷均衡器　固定折衷均衡器是一个电路或网络,它有固定的不可变的电路元件连接到一根传输线上,用来补偿不同频率遇到的不同阻抗。由于一给定信号中的每一频率都需要一个不同的均衡、匹配或端接阻抗,因此需要一个折衷电路来实现特定目的,如使反射最小化和获得传输到负载的功率最大化。

fixed communication　固定通信　通信终端设备与网络设备之间主要通过电缆或光缆等线路固定连接起来,进而实现的用户间相互通信,其主要特征是终端的不可移动性或有限移动性。

fixed communication services　固定通信业务　电信的固定通信业务包括:固定网本地电话业务、固定网国内长途电话业务、固定网国际长途电话业务、IP 电话业务、国际通信设施服务业务。

fixed connector　固定连接符　流程图中所使用的一种符号,用以表示在一个处理完成之后,只有结果指示器才可以由符号所指定的位置流出。

fixed coordinate system　固定坐标系统　按时间固定的坐标系统。

fixed currency symbol　固定(位置)货币符(号)　一种出现在被编辑字段的固定位置上的货币符号。比较 floating currency symbol。

fixed cycle operation　固定周期操作　一种计算机操作方式。在该操作方式中,每个规定的操作都有一个固定的工作周期。在同步计算机中,常用时钟周期来规定机器的工作周期或指令周期。

fixed data　固定数据　(1)也称"内务数据",即不轻易改变或影响处理结果的数据。如日期、操作者、指示器和转储格式等数据都为固定数据。(2)由计算机在屏幕上显示的数据。它们不能由操作员加以修改。

fixed decimal mode　固定小数(标记)方式　计算结果中拟显示的小数位数经预先选定的一种方式。

fixed directory　固定号码簿　一种号码簿,当用户在号码簿覆盖区域内位置改变时,分配给用户的号码保持固定不变。

fixed disc　固定盘　同 fixed disk。

fixed-disc storage (FDS)　固定磁盘存储器　一种磁盘装置,其中所有的磁盘均为"固定式"(不可更换的)。参见 fixed and exchangeable disc storage。

fixed disk　固定盘　磁盘片(组)密封在无尘容器中不能取出的磁盘机。温氏磁盘机、定头磁盘机都属此类。对应地有可卸磁盘。固定盘也称"不可卸磁盘"。

fixed disk formatting　固定磁盘格式化　在个人计算机中,在固定磁盘上准备一供使用的 DOS(磁盘操作系统)分区的过程。格式化过程将破坏以前记录在固定磁盘上的所有信息。参见 diskette formatting。

fixed earth station　固定地面站　一种地面站,它在一个固定的地面位置使用,当然它既不是可移动的也不是可携带的。

fixed echo suppressor　固定回波抑制器　一种随时都能对回波进行抑制的回波抑制器。

fixed electrical equipment　固定式电器　固定使用或质量超过 18 kg 又无携带手柄的电器。比较 movable type electrical equipment。

fixed fiber optic connector　固定光纤连接器　永久性的连接到一个设备的半个连接器,如连接到一个发光二极管(LED)、激光器、光纤发射器或光电探测器,并允许它所连接的光纤元件连接到其他光纤元件上。它可与另外半个连接器连接或分离。

fixed field 固定字段 在文字处理中，可由操作员为特定目的保留的预置信息或保留区。操作员可将其保留到不再需要为止。比较 variable field。

fixed field addressing 固定字段寻址 汇编语言中的一种指令寻址方法，通过指令内指明的段号、位移及字段长度来对某字段进行寻址。参见 segment addressing。

fixed field method 固定字段法 相同类型的数据总是放在相同的相对存储单元中的一种数据存储方法。

fixed file attributes 固定文件属性 在 COBOL 语言中，有关在文件创建时建立的文件的信息。在文件以后的操作中不可改变。这些属性包括文件的组织(顺序的、相对的或索引的)、基本记录键、辅助记录键、代码集、最小和最大记录尺寸、记录类型(固定的或可变的)、索引文件中键的相关顺序、分块系数、填充字符和记录分隔符。

fixed form 固定形式[格式] 程序设计语言中使用的一个术语，指每个元素(运算符、变址数、操作数)必须符合预先定义的格式。比较 free-form。

fixed format 固定格式 在计算机中，程序区里不能随意变动的排列。

fixed format message 固定格式报文 一种格式报文。当从终端将它发出时必须在其中插入线路控制字符；当它到达终端时则必须删去其中的线路控制字符。采用固定格式报文是为了适应各种具有不同特性的终端。比较 variable-message。

fixed format operation 固定格式操作 应用程序和终端之间按照前者内定义的格式进行的通信。前者在终端上显示所定义的格式，以此向操作员提供信息，或指导操作员键入数据。比较 free-form operation。

fixed function generator 固定函数发生器 一种函数发生器，其中所生成的函数由构造设置，不能由用户改变。

fixed function terminal 固定功能终端 一种只能执行一组特定操作的终端，不能通过编程来执行其他功能。比较 programmable terminal。

fixed function work station 固定功能工作站 一种只能执行一组特定操作的工作站，不能通过编程来执行其他功能。比较 programming work station。

fixed head disc storage (FHDS) 固定磁头磁盘存储器 参见 fixed hard disk。

fixed head disk 固定头磁盘机 磁头不能移动，每条磁道有一个磁头的磁盘机，也称“每道一头磁盘机”。该磁头可抬起落下。磁盘停转前，磁头自动抬起。磁盘转动达到一定转速，磁头落下并浮在盘面上。固定头磁盘机没有磁头定位问题，寻道快。但容量不能很大，出了故障不便维修。定头磁盘机往往也是密封磁盘机。

fixed head disk unit 固定磁头磁盘装置 参见 fixed hard disk。

fixed header prefix (FHP) 固定首标前缀 在某些通信系统软件中，一种供选用的控制块，提供一个位置存放 TCAM(远程通信访问法)某些可选功能所需的有关报文的信息。

fixed-image graphics 固定影像图形技术 计算机图形技术中，一种有关可选固定图像投影和定位的技术。例如，在屏幕上闪现一幅背景图像。参见 image graphics，noncoded graphics。

fixed information 固定信息 具有相对稳定性的信息。它可在一段时间内在企业各项经营管理活动中重复使用，是一切计划和组织工作的依据。

fixed-instruction computer 固定指令计算机 由生产厂家决定指令集的计算机系统。对应于可编微程序计算机。

fixed length 固定长 具有固定长度的记录、字段或其他数据格式。固定长度指具有相同数量的字符、字、或字段。

fixed length code (FLC) 固定长度编码 表示二进制信息的一种信道编码。其特征是一次变换的输入信道位数固定不变，编译和译码电路比较简单，但因长度固定使提高编码性能受到某些限制。

fixed length field 固定长字段 由于设备的某种限制，使字段长度固定不变。其特点是操作方便、处理迅速，但占用较多存储空间。定长字段即使存储在字段中的数据很短，也总在磁盘占有相同空间。参见 variable-length field。

fixed length file record 固定长文件记录 同 fixed length record。

fixed length operation 固定长度操作 操作数都具有相同位数、字节数、字数或字符数的一种操作。固定长度运算可能是受设备的限制，也可能是为简化或加快处理过程的要求而加以限定的。

fixed length record (固)定长(度)记录 (1)一组记录，有相同长度且物理上或逻辑上相关，比较 variable-length record。参见 F format。(2)记录中数据块个数、字数或字符数都是固定的记录方式。

fixed length string 定长串 在 SQL(结构化查询语言)中，一个字符串的长度是指定的、不可改变，对应于 varying-length string。

fixed length word 固定长度字 长度固定不变的机器字。常见的固定长度字有 16 位长操作数、32 位长操作数、64 位长操作数。固定长度字的长度不能由程序人员任意加以改变。

fixed-line number 固定行号 赋予某文本记录的行号。此行号在整个编辑工作通话期间将始终与该文本记录关联，除非用户特意修改。在编辑过程中分配给文本记录的行号，只有指定的用户才能改变。

fixed link pack area **固定链接装配区** 某些操作系统中的链接装配区的扩充，它占据实存中低地址部分的若干固定页面。

fixed logic **固定逻辑器件** 一种硬连接的组合电路，可以通过更换可接插单元、通过连接器或开关或通过重新接线来改变，但不能通过调整软件来改变。

fixed loop **固定环路** 一种服务，它允许在一次呼叫持续时间保持连接。当呼叫结束时，通常会接收到一个拆线信号。

F

fixed microwave auxiliary station **固定微波辅助站** 一种固定站点，用于微波发送和接收天线系统以及其他设备的连接校准，微波无线电接入信号和接通控制。

fixed mobile convergence (FMC) **固网移动融合** 固网与移动网的融合是指网络的业务提供与接入技术和终端设备相独立。其主要特征是用户订阅的业务与接入点和终端无关，也就是允许用户从固定或移动终端通过任何合适的接入点使用同一业务，就是在固定网络和移动网络之间，终端能够无缝漫游。固网移动融合技术涵盖了包括终端、接入、承载、控制、业务和运营支撑在内的网络各个层面。通过网络不同层面的融合，可以满足不同角度的特定融合业务需求；对某一类融合业务，也可能同时存在多种融合技术。

fixed mobile integration (FMI) **固定移动集成** 将固定和移动通信业务集成在一起的技术。

fixed optics **固定光学** 光学元件的应用，这些光学元件在工作状态都有不能改变的特点，仅有可能作位置上的微小调节(如聚焦望远镜、双筒望远镜、显微镜和放大镜)来适应人的眼睛。

fixed overlayable segment **固定可覆盖段** 程序的固定部分中的一段。它在逻辑上总是在主存储器中，但可为另一段所覆盖，以优化存储器的使用。

fixed page **固定页面** 在某些虚拟存储系统中，一种位于实存内的不会调出的页面。

fixed partition **固定分区** 一种具有预先规定的开始和结束存储地址的分区。

fixed partitioning **固定划分** 分配给任务的主存空间在执行过程中不变的划分。

fixed permanent segment **固定永久段** 程序的固定部分中的一段。它不能被程序的任何其他部分覆盖。

fixed point **定点** (1)一种数的表示方法。一个数的小数点隐含地位于预定的位置上。在一般计算机中，小数点固定在数的最高位之前。在整数型运算中，小数点位置固定在数的最低位之后。采用定点制的台式计算机的操作者必须注意十进制的小数点，因为它是由程序员决定的。(2)在计算机中，所有运算的操作数和结果必须限制在固定数值之间，通常定点机是在－1 ～ ＋1之间，即规定小数点在最高位之前，而把整数位作为符号位，其中“0”表示正，“1”表示负。数的数值部分称为尾数。实际运算时，应对算题中所有各数乘以某一比例因子，使计算机在运算时各个数的最大绝对值不超过1。

fixed point arithmetic **定点运算** (1)一种计算方法，计算时计算机不考虑小数点的位置，因为小数点位于固定位置上。(2)一种运算类型，操作数和运算结果之间的小数位具有一定的关系。

fixed point arithmetic library **定点运算程序库** 执行单精度、双精度和三精度算术运算的一组子程序。该库包括单精度符号乘、半符号乘、符号乘和加、半符号乘和加、漏校数码除、双精度取反、加、减、无符号乘、除、半符号乘等。

fixed point computer **定点计算机** 所计算的数据采用定点表示法的计算机。在通用的定点计算机中，若要进行浮点运算，只能通过软件来实现。定点计算机在运算时无需对阶，所以操作简单。然而它所表示的数的范围比浮点计算机的小得多。若两种计算机的位数相同，则定点计算机的精度比浮点计算机的要高。通常用于自动控制系统中的专用计算机及小型计算机和微型计算机。

fixed-point constant **定点常数** 一种常数，可具有一个符号、若干数字以及一个十进制小数点。

fixed point division exception **定点除法异常** 在带符号的二进制除法中，除数是0，或者是带符号的二进制除法的商不能表示为带符号的正确的二进制数时产生的异常。

fixed point format **定点格式** (1)十进制值的外部表示，依次由一任选的符号后随一位或多位数字、十进制小数点和零位或多位数字组成。(2)内部存储格式，用于表示以区位十进制格式或合并十进制格式存储的十进制值。(3)表示定点常数的一种格式。

fixed point notation **定点记数法** 一种记数格式，其中小数点的位置固定，是整形记数法和浮点记数法的折衷。整形记数法具有紧凑有效的特点，浮点记数法的特点是记数范围大。定点记数法可以有小数部分，对定点数的操作比浮点数的操作速度要快。参见 floating-point notation, integer。

fixed point number **定点数** 用定点形式表示的数。它与浮点数不同。例如 FORTRAN 变量。参见 fixed point。

fixed point operation **定点操作** 计算部件对定点数据进行的操作。操作数和结果数必须限制在固定数值之间，通常在－1与＋1之间。因定点操作无需对阶，故其精度要高一些。它与定点运算同义。

fixed point part **定点部分** 浮点数的尾数部分。

例如 0.000 123 4 的浮点表示为 0.123 4—3，其中 0.123 4 就是定点部分，—3 为阶码。同 mantissa。

fixed point register 定点寄存器 用于管理定点数据的寄存器。

fixed point representation 定点表示法 同 fixed point。

fixed point representation system 定点表示系统 一种记数系统。在此系统中，一实数由单个的数字序列来表示，小数点则隐含地固定在该数字序列中。

fixed point theorem 不动点定理 关于最小不动点存在性的定理。完全偏序集上的单调连续函数都有唯一的最小不动点。该定理为迭代或递归过程的语义研究打下了坚实的基础。

fixed portion 固定部分 逻辑上总是在主存储器中的那部分程序。目标程序固定部分由固定可覆盖段和固定永久段组成。其中，可被另一段所覆盖的段称为固定可覆盖段，不能被程序的任何其他部分覆盖的段称为固定永久段。

fixed-position addressing 固定单元寻址 对磁盘或磁鼓上的数据文件的项目进行直接存取的方法，它与从文件第一项开始对项目的顺序查找不同。

fixed-product area 固定乘积区 某些计算机的磁芯存储器中进行乘法的区域。

fixed program 固定程序 不能按使用要求随意改变的程序。在微型计算机中放在只读存储器里的程序就是固定程序。

fixed program computer 固定程序计算机 设计时程序就已经确定的计算机，使用时一般不能再改动程序。通常是专用计算机。

fixed-program read-only storage 固定程序只读存储器 一种只读存储器，其中每个存储单元的数据内容是在制造时决定的，以后不可再修改。

fixed radix notation 固定基数记数法 即标准的按位计算法。将一个数字根据其相连的各数字的顺序和位置表示成基数的连续整数幂之和。例如若基数为 10，则 854.93 表示 $8\times10^2+5\times10^1+4\times10^0+9\times10^{-1}+3\times10^{-2}$。

fixed radix numeration system 固定基数记数制[表示法] (1)一种基数表示法。其中除了权最高的数位之外，所有的数位都有相同的基数。连续数位的权是一个基数的连续整数幂，每个权都乘以相同的因子。基数的负整数幂用来表示小数。固定基数记数制是混合基数记数制的一个特例。(2)相邻底数具有固定比值的混合基数记数制。在固定基数记数制中，每一个数 x 均可表示成：$x=a_n\times c^n\times b+a_{n-1}\times c^{n-1}\times b+\cdots+a_2\times c^2\times b+a_1\times c^1\times b+a_0\times c^0\times b$，式中 $a_n, a_{n-1}, \cdots, a_0$ 为数值。一般情况下，b 为 1，则 $x=a_n\times c^n+a_{n-1}\times c^{n-1}+\cdots+a_2\times c^2+a_1\times c^1+a_0\times c^0$。对十进制来说，$c=10$，对二进制来说，$c=2$。固定基数记数制中相邻底数的固定比值称为该记数制的基数。参见 mixed-base numeration system。

fixed radix system 固定基数制 一种基数数制，其中所有数位都具有同一基数，但权最高的数位也许除外。同 fixed radix numeration system。

fixed ratio transmission code 定比传输码 一种错误检测码，其中“0”和“1”的数量都是一定的，能检出奇数个错误。例如电报中采用的五单位数字保护码就是一种定比传输码，这 5 个码中有 3 个“1”和 2 个“0”，若传输发生错误，则必定破坏了定比关系，于是可以检出错误。

fixed-reference modulation 固定参考调制 一种调制，其中对任何信号元素的重大状态的选择都是基于一个固定的参考。

fixed round-trip time (FRTT) 固定往返时间 在 ATM(异步传输模式)网络中，指源节点到最远的目标节点之间消息来回传输的时间延迟。

fixed routing 固定路由选择 一种预先确定好的路由选择方式。在分组交换网络中，这种路由选择方式不考虑网络临时出现的拓扑结构、网络环境、路径拥挤，以及信息流通的变化情况。当网络情况变化较大之后，用人工干预办法对路由选择条目进行修改，形成新的路由选择列表。

fixed satellite 固定卫星 分布国际卫星通信频带的一种方法。固定卫星停留在某一空间位置，它能识别所有的地面发射站和接收站。参见 broadcast satellite。

fixed satellite service (FSS) 固定卫星业务 当使用一个或多个卫星时，一种在指定位置的地球站之间的通信服务，指定位置可以是一个固定点或一个区域的某点。在某些情况下，固定卫星业务包括卫星到卫星的链路，也可以包括用于其他空间无线电通信业务的馈电连接。

fixed sequential format 固定顺序格式 按位置识别数据块中字的一种格式。字必须按指定的顺序排列，每个数据块中必须包含最后一个所要求字之前的所有字。

fixed service (FX) 固定业务 在指定的固定点之间的无线通信业务。

fixed size record 固定长记录 文件中每个记录的字数、字符数、位数、字段数都相同，称为固定长记录。

fixed source field 定源场 电磁场中铺设在地面上的矩形闭合回线或两端接地的长导线，通有脉冲电流时在其周围空间所产生的一次场。常用的定源场有闭合回线场和长导线场。场的强度与供电电流大小成正比。回线场可在回线内外、长导线可在长导线两侧观测。定源场的特点是：①供电导线附近场的梯度大，离开一定距离后分布较均匀具有平面波的特征；②场的方向垂直地面；③场衰落较慢，向地下穿透深度较大。

fixed source imaginary-real method 定源式虚实分量法 一次场为定源场的虚实分量法。因工作频率多,也称"多频虚实分量法"。工作时,参考信号可以用放在供电导线附近的步话机载波发送至接收机;或由补偿线圈取得信号,用参考导线传输给接收机。定源式虚实分量法勘探深度大,寻找良导电体效果较好。还可以粗略估计异常体的埋深、大小和电导率,并能区分铁磁性矿体和以剩磁为主的岩体所产生的磁异常。

F

fixed source method 固定点电源法 激发极化法中为确定矿体的埋深而选用的一种电极排列方法。在理论上,当一个供电电极 B 打在无穷远处,另一个供电电极 A 相对于球形矿体中心在地面投影的位置改变时,可观测到 F 曲线形状有规律的变化。当 A 极恰在球心上方时,F 函数全为正值,其曲线形状是两个极大值等于 AB 对称矿体时异常主峰值的 0.64 倍的对称于球心投影的曲线。当 A 极在球心上方向右移动时,左侧极大值增大(称主极大值),同时右侧的极大值消失。反之,A 极在球心上方向左侧移动时,右侧极大值增大(即主极大值),左侧极大值消失。在改变 A 极位置后所获得的 F 曲线有一个共同的特征,即曲线主极大值的位置到电极 A 的距离大约等于球心到电极 A 的距离。参见 induced polarization method。

fixed space 固定空间 用于分隔字符的水平空间,通常是该字体的数字的宽度。参见 em space, en space, thin space。

fixed-space font 固定间隔字模 同 uniformly spaced font。

fixed station 固定台 (1)安置在固定地点的电台。(2)进行固定通信业务的终端设备。

fixed-step integration algorithms 固定步长积分算法 以固定仿真时间步长进行数字积分,称为固定步长积分算法。比较 variable-step integration algorithms。

fixed stop robot 固定停止机器人 具有停止控制但无轨道控制的机器人。即其每个轴在行程的两端都有固定界限,只有移动到界限处,它才停止,否则它是不会停止的。因此,这样一个具有 N 个自由度的机器人在每个自由度上决不会有多于两个停止点,这两个点包含了方向与位置。

fixed storage 固定存储器 所存储的内容不能由计算机的指令来改变的存储器。例如只读存储器、永久存储器、不可擦存储器等。

fixed-storage device 固定式存储设备 一种在常规运行过程中其数据存储媒体不可更换的设备。例如固定式磁盘和磁鼓。

fixed thresholding 固定门限 设置黑白分界点的过程,通常用于低档扫描器中,限制灰度的范围,这个门限值越小,页面就越亮。

fixed time increment 固定的时间增量 时钟在每个时间片后,把时钟值增加一个给定常数值。

fixed-tolerance-band compaction 固定容差范围紧凑(法) 仅当数据值偏离超出规定极限时才发送或存储数据,从而实现数据紧凑(压缩)的方法。在一个遥测系统中使用固定容差范围紧凑法的一个例子是,仅当温度高于或低于预设的门槛值时才传送温度值。因此,如果没有收到新的信息,那接收者就假定其值是在预先设定的范围之内。

fixed value control system 定值控制系统 设定值保持不变(为一恒定值)的反馈控制系统。定值控制系统的设定值固定不变,控制系统可自动克服扰动的影响,使被控变量保持基本恒定。

fixed/variable-length field 定长/可变长度字段 存储媒体上构成记录的方法,其目的是防止对磁带和磁盘不必要的浪费。这是一种全可变长度和全固定长度记录之间的一种折衷方式。一般地说,描述性数据(如参照号码)应规定为定长字段,而变量性质的数据(如用在计算机所用的数量)以变长字段形式记录。参见 field length, fixed length record, variable-length record。

fixed-weight binary code 固定权值二进制编码 每一个数字中都有固定个数"1"的一种编码。固定权值二进制编码的一个例子是:一种由五个二进制数组成的编码中总保持有两个"1",如 00011, 00101, 00110, 01010, 01100 等。

fixed wireless access (FWA) 固定无线接入 采用无线技术,将固定位置的用户或仅在小范围内移动的用户群体接入到业务节点的通信方式。

fixed word-length 固定字长 一个计算机字或存储单位,由固定的二进制位数组成。如微型计算机字长为 8 位、16 位、32 位或 64 位。

fixed-word-length computer 固定字长计算机 字长固定并把字作为可寻址最小数据单位的计算机。典型字长有 8 位、16 位、32 位或 64 位等,多数计算机都属此类。比较 variable-word-length computer。

fixer network 定位器网 由无线电雷达定位装置组成,它可通过获得其发射机上的定位点或通过雷达方位角来测定正在飞行的飞机相对于地面的位置。

fixing 固定 经过拖动操作之后把被拖动的显示项定位在某个位置处。

fix package 修理包,维修更新包 在某些操作系统中,由厂商发给客户的,用于更新该厂商提供的特许程序的一包材料,其中有使用说明文件,一些供选用项目及录有实际修理程序的软磁盘或光碟。

fixpoint of function 函数固定点 设 α 为一算子,如函数 f 满足 $\alpha(f)=f$,则称 f 为 α 的固定点。一算子的固定点未必有,也未必唯一。若固定点 f 对任意(同为 α 的)固定点 g 恒有 $f \leqslant g$,则称 f 为算子 α 的最小固定点。最小固定点是唯一的。

fixpoint of recursive program 递归程序的固定点 一个递归程序本质上是一个递归算子(一般递归式),根据递归定理,它有一最小固定点。例如递归程序

F(x)⇐if x=0 then 1 else x·F(x−1)

有一个最小固定点 F(x)=x!,因而它就是该程序所定义的函数。

FLAC 无损音频压缩编解码器 free lossless audio codec 的缩写。

flag 标记 为了标识而使用的各种位、字或符号。例如,①指示出现某种错误、状态或其他指定条件的指示符;②通知出现了某种情况,如字的结束字符;③用于标识的各种指示符中的一种。

flag bit 标记位 一种专用的信息位,用来表示已经达到某种界限。例如进位、溢出等。通常标记位指特殊的状态,如各种中断状态。

flag code 标记码 计算机系统为各个标识设立的内部代码。

flag event 标记事件 使得标记置位的条件。例如识别出错误,则产生错误标记。

flag field 标记字段 汇编程序中指定机器指令字长的字段。

flag hoist signaling 旗帜升降信号 一种可视信号传递系统,其中彩色的三角旗帜悬挂在一个升降器上,用来代表消息传输用的字母、数字和单词,主要用于从船只到船只、船只到岸、岸到船只以及船只到飞机的消息传输,如指示预测的天气情况,宣布海滩关闭,以及发布各种警告和许可等。但它的应用通常局限于白天、短距离和固定编码消息,所有这些都与电信系统无法相比。

flag indicator 标记指示符 为显示计算机中已发生的某种特殊情况而设置的一种符号。标记可由程序产生,也可由机器产生。例如当某个缓冲器已满时,某标记即被设置来显示此情况。

flag lines 标记线 由输入输出设备控制,用转移指令处理的微处理机的输入线。

flag of frame 帧标志 帧与帧之间用来表示帧起始和终止的序列信号。例如在高级数据链路控制(HDLC)规程中,其特定位结构为 01111110,在帧内部不允许出现这样的序列,如有这样的序列,在帧中要加以改变,到达目的地后再恢复。

flag register 标志寄存器 一个专用寄存器,其中的位根据在指令执行期间出现的指定条件设置。

flag sequence 标志[记]序列 在高级数据链路控制规程中,一帧的起始 8 位和最末 8 位具有"01111110"的特殊比特位型。它可以作为帧的头标,也可作为帧的尾标。一个单一的标记序列可以用来指示一个帧的结束,另一个帧的开始。

flag transmission 标记传输 利用定位标记的数据传输。

flame 煽情,激怒 计算机网络中使用的一个俚语。意思是煽动性的或令人生气的言论,指个别无聊的用户向他人传送具有伤害性质(如诽谤、恫吓、淫秽、辱骂等)言词的电子邮件,或者向网络新闻组发送类似性质的信息。这是一种有违网上公认的行为规范的行为。

flame bait 激怒诱饵 个别无聊的上网者发往网络新闻组的电子邮件,内容带有骚扰性质,或者对新闻组成员进行人身攻击,目的是激起新闻组其他成员的愤怒,使自己心理上得到一种扭曲的满足并最终可能导致发生信息战。真正的激怒诱饵并不是故意引出这样的响应;当故意作出这样的公告时,这种公告更适合称为钓饵。

flame-proof terminal box 防爆式接线盒 接线盒的一种,应设计成防爆外壳的一部分。

flame-proof transformer 防爆变压器 按防爆型条件设计,用于煤矿中有爆炸危险场所的变压器。

flamer 玩火者 通过电子邮件在新闻组、在线论坛或在线聊天中发送或张贴侮辱性消息的一种人。

flame war 不良信息战,论战 在非温和的 Usenet(网络新闻组)中,一种无效的和长时间进行的情绪激昂但信息很少的辩论。新闻组成员就某些普遍关心的问题展开讨论时,开始时可能是一些建设性的建议及观点的讨论,如果讨论者不能很好地约束自己发表意见的方式,这种讨论就有可能演变为消极的"争吵",长时间占用通道,浪费网络资源。

flaping 摇摆 路由选择的一种故障现象。由于网络故障引起路由选择失败,从而使得两个路由器不断往返通知选择路由的现象。

flare 闪光信号 由化学反应产生的高强度光源(如燃烧),通常用一支手枪或一个小型内置火箭射向天空,用于传送信号或照明。

Flash Flash 软件 美国 Macromedia 公司推出的针对矢量图形编辑和动画创作的专业软件。它支持基本的 XML(可扩展标记语言)解析与操作控制能力。Flash 的时间轴和 Director 的分镜表类似,但是它没有那么多使用上的限制。Flash 的时间轴允许拥有多个图层,但是它并不限制某个图层上面可以有多少个对象,而且附加在影格上面的 ActionScript 程序也不一定需要统一放置在专门的图层上面,创作者可以自由整理这些程序的放置位置。Flash 里面的各项图形可以(但是非必要)以 symbol 的形式存储在对象库里面以供重复使用。由于采用了矢量图形编辑制作,使得 Flash 输出的动画具有文件容量小、图像细腻、对网络带宽要求低以及可无级放大等优点。Flash 动画成为网页动画设计制作时常用的下载引用对象。

flashback 回忆,回溯 在多媒体应用中,通过插入以前发生的事件产生的时间顺序的中断。

flash barrier 隔弧栅 耐火材料制成的隔板,用以阻止电弧的形成,或减小因电弧所造成的损伤。

flash BIOS 闪存 BIOS 用闪存而不是用只读存储器存储的 BIOS(基本输入输出系统)。这种 BIOS 平常可修改,而 ROM BIOS(只读存储器基本输入输出系统)必须用新的芯片替代。参见 basic input/output system (BIOS)。

flash card 闪存卡 专为笔记本与掌上电脑设计的闪速存储器卡。它一般采用 PCMCIA(个人计算机存储器卡国际协会)标准接口,读写电压 3.3 ~ 5 V 或 12 V 不等,传输速率在 4 ~ 5 Mbps 左右。参见 compact flash card,ATA flash card。

flash disk 闪存盘 模仿标准的磁盘驱动器,支持 IDE(集成驱动器电路)和 SCSI(小型计算机系统接口),用闪存芯片制成的一种固态盘。闪存盘的特征是低功耗、大容量、数据访问速度高。由于闪存盘内部没有高速运动的机械部件,它可以在剧烈振动的环境中工作,测试结果表明:闪存盘可在零下 45 ℃到零上 85 ℃的温度环境中正常工作,这是机械硬盘难以实现的。

flash EPROM 快(可)擦写编程只读存储器,闪速 EPROM 由 Intel 公司开发并允许其他半导体公司生产的一种电可擦写的只读存储器芯片。芯片单元由一个双层多晶浮栅 MOS(金属氧化物半导体)管组成,与 EPROM(可擦写可编程序只读存储器)相同。但第一层栅介质很薄,作为隧道氧化层。写的方法与 EEPROM(电可擦可编程序只读存储器)相同,利用漏区与浮栅之间的电子隧道效应;读出方法与 EPROM 相同。擦除方法是利用浮栅与源区的电子隧道效应,把注入到浮栅的负电荷吸出到源极。由于是利用源极上加正电压进行擦除,而所有单元的源区都是连在一起的,因此快擦只读存储器不能按字节擦除,而只能是全片擦除。这种存储器的单元面积小,集成度高,读出速度高,因而可替代磁盘。

flashing light communication system 闪光灯通信系统 一种可视信令系统,利用灯打开和关闭,或熄灭(遮住)和点亮(不遮住)来产生点、短划和间隔发送消息,通常利用国际莫尔斯电码对消息编码。

flashing light ship signaling 闪光灯船只信号传输 在船只之间使用一个闪光灯通信系统的可视化信号传送。

flashing light transmission 闪光灯传输 在可视化信令系统中,利用灯打开和关闭,或通过熄灭(遮住)和点亮(不遮住)传输信息。将灯限制成一狭窄的光束,以有利于安全和减小被截获的可能,同时在同样光功率情况下增加传输距离。也可在一个宽区段内发散光,以便于传播到分散的站点。通常使用国际莫尔斯电码对消息编码。

flash memory 快闪存储 简称闪存。1984 年,在东芝公司工作的发明人 Fujio Masuoka 首先提出了闪存的概念。它是一种非易失性随机存取存储器(NVRAM),“闪”形容其记录速度之快。闪存内部构架和实现技术可以分为 AND、NAND、NOR 和 DiNOR 等几种,但目前以 NAND 和 NOR 为主流。NOR 技术是由 Intel 公司 1988 年首先推出,NAND 技术是由东芝公司 1989 年发明。NAND 技术在设计之初是为了数据存储应用,NOR 则是为了满足程序代码的高速访问,并且支持程序在芯片内部运行。两者各有优势和不足。NOR 工作电压低、随机读取快、功耗低、稳定性高;而 NAND 则写回速度快、芯片面积小,容量大。同 flash RAM。

Flash OFDM 无线传输低延迟访问正交频分复用 fast low-latency access with seamless hand-off OFDM 的缩写。

flashover 闪络,跳火 (1)在气体或液体内沿着固体的表面发生的两电极间的击穿。(2)在绝缘体表面的周围或上面放电的现象。

flash procedure 紧急优先级 为极度紧急的消息提供的优先级标志。

flash RAM 闪速存储器,闪存 闪存使用浮动栅晶体管作为基本存储单元实现非易失性存储,它以其坚固紧凑的一体化结构、低功耗、读写快、高能效等优点成为一种理想的非易失性可擦写存储介质。在嵌入式系统中用闪存做存储介质,已成为可移动信息电器非常合适的存储介质。闪存的容量有 256 MB、512 MB、1 GB、2 GB、4 GB、8 GB、16 GB、32 GB、64 GB 等。参见 flash EPROM。

flash ROM 快擦写只读存储器 同 flash EPROM。

flash update 闪速更新 网络拓扑结构变化后随之发送的路由选择更新。正常情况下路由选择更新是以固定时间间隔发送的。

flash video (FLV) FLV 格式 一种流媒体格式,FLV 是随着 Flash MX 的推出发展而来的视频格式。由于 FLV 形成的文件小、加载速度快、占用客户端资源少,已成为网络上广泛应用的视频传播格式。

flat 平坦 用于描述缺乏纵深感的声场。对于音箱,便指能够准确地重放所输入音频信号的那类音箱,称之为响应平坦的音箱,因其频率响应曲线甚为平坦。

flat address space 平直[线性]地址空间 用一个唯一的地址数据指定地址的存储空间,它不同于使用分段的地址空间,因此没有段地址和一个段内偏移量概念。比较 segmented address space。参见 segmentation。

flatbed plotter 平板式绘图机 绘图机的一种。其显示面为平板形式,绘图头可以在平板上自由移动。

flatbed scanner 平板式扫描仪 中小尺寸文稿扫描时常用的一类扫描仪。被扫描的原始作品要面朝下放置在一块玻璃上,有些型号扫描仪需盖好遮光板,一个扫描头(在平板玻璃下)使用一个精确的马达在作品下面移动,将图像转化为可以在计算机上观看的图形文件。大尺寸文稿扫描多采用滚筒式扫描仪。

flatbed transmitter 平面输送带 在传真系统中，当物体平放在一个平面上时，扫描该物体(如一个文件)的一个输送带，通常用一个活动的光阅读头来逐行扫描该物体，而物体保持静止。

flat coil fiber optic sensor 平面卷曲光纤传感器 一种分布式光纤传感器，其中光纤按行和列或按平面螺旋分布在一个平面内，这样到该平面上的一个激励点(如一个压力点或一个热点)的距离可用来计算点的笛卡尔坐标或极坐标。

flat display tube (FDT) 平面显示器 平面显示器有多种叫法，纯平、超平、完全平面，其实本质都是一样。显示器表面为平面，而不是传统的球面或柱面。平面显示器的突出优点是失真小，不会使图像发生扭曲，特别是在屏幕边缘保持平滑。由于平面显示器的制造比传统产品复杂，技术参数也相应提高，其中重要的三个参数是：点距、带宽和分辨率。大部分平面显示器的点距在 0.24 mm 左右，增加了图像的清晰度，减少了图像模糊的情况，小点距显示器还比较容易提升分辨率；带宽指的是显示器在单位时间内刷新像素的遍数，带宽越大可应用的刷新率越高，按照人体工程学，达到 85 Hz 的刷新率才符合标准，长时间使用也不会让人感到疲劳。

flat fading 平坦衰落 对所有的电信号按相同的衰落比例进行衰落。当信号传输带宽较窄时，可以忽略频率选择性的影响，认为在信号传输带宽内具有相同的电平衰落深度，这种衰落称为平坦衰落。

flat fiber optic cable 扁平光缆 具有矩形横截面的光纤缆线，有一组光纤是成行成列的排列着的，在整根光缆中保持一种稳定的相对位置，光缆在末端有矩形的连接器。

flat file 平面文件 (1)一维或二维的数组，即由若干项目组成的列表或表格。(2)一种不是以层次关系建立起来的文件结构。例如用 CODASYL(数据系统语言会议)所建立的数据组。此术语常用来表示那些不包含查找机构或不具有直接存取能力的文件。

flat-file database 单调文件数据库 一种以表的形式处理数据的数据库，每个数据库只能使用一个表。在同一时间，单调文件数据库只能使用一个文件。

flat file directory 平面[线性]文件目录 一个不包含下层子目录的目录。目录中只包含一系列文件，第一版 MS-DOS 和早期的苹果机都采用线性文件目录。比较 hierarchical file system。

flat file server 平面文件服务器 文件的各个记录按次序排列的服务器结构。这种服务器可以对记录寻址，因而可以对记录进行操作，如增加、扩展、替换或删除等。对记录寻址可以用标号，也可以用位置。与此不同的有无结构文件服务器和层次文件服务器等。参见 file server models。

flat file system 平面[线性]文件系统 没有层次结构的文件系统。在这种文件结构中，一个磁盘中不能有两个同名的文件，第一版 MS-DOS 和早期的苹果机都采用线性文件系统。比较 hierarchical file system。

flat flexible cable 柔性扁平带状电缆 由多根平行的柔性扁导体或圆导体以一定的间距用绝缘介质热压或胶合成型的扁平带状形电缆。扁导体带状电缆，一般由聚酰亚胺或聚酯薄膜带上粘贴铜箔印制蚀刻而成。它在要求体积小、重量轻的航空、航天电子设备上使用较多。另一种圆导体带状电缆，一般由热塑压制成型，或由单根导线平行集合胶接而成。它的间距一般为 2.54 mm，线数有 10、20、40、50 线等几种规格。还有一种带状电缆，其中一大段为双扭线，用以改善阻抗匹配和抗电磁干扰，而另一小段为平行线结构，供穿刺压接互连用，这种典型结构的带状电缆在计算机组装结构中用得较多。为能远距离信息传输，还有一种外层有保护层的抗电磁干扰的屏蔽型带状电缆，这在外设接口和通信中用得较多。

flat grid structure 平面网格结构 多计算机系统和分布共享内存型的多处理器系统中常用的一个结构，它是 n 维网络在 $n = 2$ 时的情况，即二维网络结构。专家们研究发现，低维网络结构能在组装和扩展性方面提供很好的支持。基于这种结构的系统是由若干个节点组成的，并以网络状展开在一个平面上。每个节点有它自己的处理器、局部内存和其他支持设备。节点间的通信靠发送消息进行。通常，每个节点设置一个路由器专门处理消息的传送。

flat loss 平坦损耗 在传输过程中，信号在所有频率上都有相等损耗的损耗特性。像通信线路上专门加上的衰减器所产生的损耗就是这种损耗。

flat memory model 平面内存模型 计算机内存管理的一种结构。整个系统内存空间可视为一个地址连续的线性序列，每个内存单元仅有唯一的地址与之对应。MC 68000 系列处理器采用平面内存模型，而 Intel 处理器则采用分段内存模型。

flat name space 平面名字空间 简单的用一串字符或文字对多个主体进行命名时，这些字符或文字所能构成的名字范围。以这种形式命名的方法称为平面名字命名法。与这种命名法相对的是分级名字命名法。在 TCP/IP(传输控制协议/网际协议)网络环境中，计算机名字的全名和简名用分级名字，别名使用平面名字。两种命名法相比各有优点和缺点。平面名字命名法命名简洁，名字空间小，但容易出现重名；分级名字命名法命名复杂，名字空间大，全名不容易重名。

flat naming 平面[无层次]命名机制 在因特网中曾采用过的一种域名命名机制。对主机进行无结

F

构命名，每一主机简单地由一个字符串组成，没有进一步的结构，不能适合网络中大量而且迅速变化的主机。参见 hierarchy naming。

flat network　平坦网络　所有站点之间无需通过像网桥或路由器这类硬件设备就可相互访问的一种网络。平坦网络是一个网络段。

flat noise power　白噪声功率　在一个频段上恒定的噪声功率，即噪声功率每赫兹与频率成反比，用表达式 $p/f = a/f$ 来表示，式中 p 是任意给定频率上的功率，f 是频率，a 是一个恒定的比例系数，这隐含着 $p = a$，式中 a 是常数，因此任意一个频率处的功率与任意另一个频率处的功率相等。

flat package (FP)　扁平封装　一个封装在平面矩形包装体中的集成电路芯片。芯片的引脚位于芯片的四边，是一种平面封装技术。参见 surface-mount technology，dual in-line package (DIP)。

flat panel display (FPD)　平面显示器　一种使用像液晶、等离子或场致发光技术制作的扁平显示屏幕。与阴极射线管(CRT)比较具有体积小、重量轻和耗电少等优点。

flat-pattern generation　展开图的生成　CAD/CAM(计算机辅助设计/计算机辅助制造)系统的一种功能，可自动从一个金属板零件的三维设计图生成相应的展开图，并计算出特定材料的弯曲和延伸性能指标。

flat response　平坦响应　规定频带的均匀放大或复现。

flat screen　平面屏幕　一种显示监视器，它的前端被生产成平面直角的形状。旧式监视器的显示前端通常是有弧度的，图像在显示时边缘被扭曲，平面屏幕克服了这种缺陷。

flat-screen display　扁屏幕显示器　一种厚度相对于宽度和高度来说比较薄的(计算机)显示设备。此术语用于描述如等离子面板、液晶显示器、发光二极管这类显示设备。

flat shading　平面着色　也称“恒量着色”，平面着色是最简单也是最快速的着色方法，每个多边形都会被指定一个单一且没有变化的颜色。这种方法虽然导致质量较差，物体表面呈现出小平面，并且看起来像浓淡不均的、底层可见的几何图形。不过它非常适用于快速成像及其他要求速度重于细致度的场合，如生成预览动画。参见 shading。

flattened character　扁平字符　为由转换扩展字符到接近的 ASCII(美国信息交换标准代码)字符而建立的一个 ASCII 字符。其码点信息被丢失而不能再转换回到扩展码。

flat-top antenna　平顶天线　由两段或多段相互平行且处在与地平行的平面内的导线组成的天线，每根导线在其中心点或中心点附近馈电。

flat weighting　平坦加权　在噪声测量中，它是基于在一段频率范围内是平坦的幅频特性的一种噪声加权。平坦噪声功率用 $dBrn(f_1 - f_2)$ 或 $dBm(f_1 - f_2)$ 来表示。

F layer　F层　在大气层中的 F 区域中，由太阳辐射的电离作用引起的自由电子密度增加的、大约离地面 160 ～ 400 km 的那部分。F 层反射小于或等于临界频率的正常入射频率，并且部分地吸收更高频率的波。

flavor　衍生系统　系统的几种变形之一，具有它自己的详细操作步骤。UNIX 就有截然不同的衍生系统。

flaw　漏洞，裂缝，缺陷　系统安全保护机制所检测不到的错误命令、误差、系统遗漏或疏忽之处等。

flaw hypothesis　缺陷假设　在计算机安全中，指一种动态测试技术，以在其他系统中探测到的类型缺陷为基础作出缺陷假设，然后在研制的系统中测试其存在。

flaw hypothesis methodology　缺陷假设方法论　在计算机安全中，一种系统分析和评价技术。用这种技术对系统的性能和文件进行分析，进而对该系统中的缺陷作出假设。根据缺陷实际存在和假定缺陷存在所估计的可能性，利用它的简易性和它提供的控制或妥协的程度，将假设的缺陷表及时列入优先地位。被列入优先的缺陷表用于指导实际的系统测试。

FLC　(1)模糊逻辑控制 fuzzy logic control 的缩写。(2)铁电液晶 ferroelectric liquid crystal 的缩写。(3)固定长度编码 fixed length code 的缩写。

Fleming's rule　弗来明定则　也称“右手定则”。如果右手拇指指向电流的方向，则弯曲的其他手指指向包围电流的磁场方向。

fleshware　人员素质　参见 peopleware。

FLEX　柔性逻辑元件矩阵　flexible logic element matrix 的缩写。

Flex ATX main board　Flex ATX 主板　Flex ATX 是由美国英特尔公司提出的一种 PC 机主板的尺寸和结构工业标准。它比 Micro ATX 主板面积小 1/3，主要用于类似 iMAC 的高度整合计算机中，配合 133 MHz 外频的 Coppermine 处理器使用。比较 ATX main board。

flexboot　可选启动　微软 Windows NT 中的一种启动方式。可供用户选择启动的操作系统。

flexibility　灵活性，适应性　一个良好的程序应具备的特性之一，即程序易于修改、扩充和改进的性能。程序经常被修改，使之更有价值。因为用户对程序的要求不是一成不变的，总是不断要求对程序进行修改、扩充和改进。这就要求在修改程序时，能够清晰地知道应考虑哪些有关的部分，以免盲目到处搜索，在编制程序时就应该考虑这些要求。

flexibility of user interface　用户界面的灵活性　分布式数据库系统对不同的用户提供多种支持。它既支持专业程序员用户，也支持经验很少的非专业用户。如POREL分布式关系数据库就提供了三种类型的用户界面：①关系数据库语言（RDBL），它类似于SEQUEL那样的非过程语言，其中包含了所有管理命令，是一个独立和完全的数据库接口；②由宿主语言扩展而成的数据操纵语言（它是RDBL的子集）；③向无经验的非专业用户提供的决策支持和会话响应系统。

flexible access system (FAS) **灵活接入系统** 以灵活的方式向用户提供广泛业务的一种手段。这种业务或由用户所在地提供或由公共网络所在地提供。网络侧建立与相应的业务网络的连接。灵活接入系统由TMN（电信管理网）管理。参见flexible multiplexer (FM), flexible access termination (FAT)。

flexible access termination (FAT) **灵活接入终端** FAT可以与和FM（灵活复用器）一起组成FAS，其功能与FM相类似，但FAS的管理信息在FAT处收集和处理。参见flexible multiplexer (FM), flexible access system (FAS)。

flexible assembling system **柔性装配系统** 为了适应成批生产，因产品是多变的，故要求具有一定程度上的可变性（或称灵活性、柔性）的自动化装配系统。也称“自适应编程装置系统”。一个先进的柔性装配系统中，计算机不仅能监视，而且能控制装配操作。该系统一般包括机器人、外围设备和输送装置。装配机器人最重要的特性即可编程性在该系统中得到了充分的利用。为了满足装配系统对速度和定位精度的要求，装配机器人必须装备有各种传感器（主要是视觉和触觉）及精良的程序设计系统。

flexible borescope **软管道镜** 一种便携式光纤管道镜，在一根光缆中有一光纤线束，这些光纤非常柔软可以经一曲折路径到达一观察区域，同时又非常坚韧可以穿过路途中无支撑的间歇，常用一个目镜或一小块光纤面板来观看图形，在物镜末端有一个可控制清晰度的端点，以便在不同角度观测，并且经一根光缆提供补充照明光源。

flexible cable **柔性电缆** 柔性电缆结构采用标准的绞合铜导线结构，护套多采用低黏性、柔性耐磨材料，以减缓电缆在连续往返移动中的磨损率。柔性电缆又称为“拖链电缆”或“移动电缆”等，是拖链运动系统中，电力传输材料和信号传递载体的首选电缆。

flexible disk **软磁盘** 一种软性磁盘，用于软盘机一类存储设备中。同floppy disk，参见diskette。

flexible disk unit **软盘机** 一种硬件设备。当磁盘（软盘）插入此设备时，其文件能取出来进行修改或将程序输送到处理机的内存储器上。

flexible double-sided printed board **挠性双面印制板** 用挠性基材制成的双面印制板。

flexible electronics **柔性电子** 是一种技术的通称，又称为“塑料电子”、“印刷电子”、“有机电子”、“聚合体电子”等。柔性电子可概括为是将有机或无机材料的电子器件制作在柔性、可延性塑料或薄金属基板上的新兴电子技术，如柔性电子显示器、有机发光二极管（OLED）、薄膜太阳能电池板、电子用表面粘贴等柔性电子器件。

flexible electronic display (FED) **柔性电子显示器** 又称“柔性屏”，由柔软的材料制成，可变型可弯曲的显示装置。柔性电子显示器是一种超薄柔性OLED（有机发光二极管）显示屏系统，包括OLED显示单元和通过线路板与之连接的信号处理单元、电源单元，线路板等都是柔性的像纸一样薄，即使切掉电源，内容也不会消失，故也被叫做“电子纸”显示器。参见oganic light emitting diode (OLED)。

flexible information processing **柔性信息处理** 对真实世界的直觉信息的处理。其特点是：①包含意义不明确或信息不确定的各种情况的集成；②主动获取必要的信息和知识，通过归纳学习规范化知识；③系统本身能够适应用户和环境的变化；④具有容错处理能力。

flexible information transport capability **柔性信息传输能力** 在计算机网络站点或通信设备之间，能自动适应信道的实际变化情况和传输信息的要求，迅速安全地传输信息的能力。柔性信息传输有助于对用户需求的多样性进行选择。例如，有的要求安全性，有的要求高准确度，有的要求高速度。如果用户和计算机能给出并确定这些需求的综合指标，那么就可选择合适的传输速度、安全性和可靠性的组合。这样既满足业务需要，又节省了不必要的开支。

flexible logic element matrix (FLEX) **柔性逻辑元件矩阵** 美国Altera公司的可编程逻辑器件系列名称。参见programmable logic devices (PLD)。

flexible manufacturing cell (FMC) **自适应生产单元** 也称“柔性制造单元”，规模小于自适应生产系统（FMS）的一种自动化制造系统。它与传统制造单元的概念相同之处在于都是用一组机床来完成一个或几个零件族的加工要求，通常都完成工件的整个加工过程，并且在生产管理上具有一定的自治性。FMC常和物料输送系统或工业机器人连在一起，整个单元由一台计算机控制。

flexible manufacturing system (FMS) **自适应生产系统，柔性制造系统** 对应于产品的多样化，尽量不用人工而用计算机实现多级控制，以适应多品种小批量生产的一种高级自动化加工系统。系统的中央计算机执行加工零件的程序和调度统计等管理功能，每台机床可实现单独的计算机控制，其中任何一台计算机发生故障时，不会对整个控制系统产生致命的影响。系统在计算机接到按照加工工艺分类及种类数目的报告后，即自动模拟生产计划，安排加工工序，计算加工时间，排列加工路线。该系统可自动加工一组组不同的零件，以实现无人生产。这种系统能够较为容易地适应零件形状与数量的变化、产品设计的变更，并能够显著提高产品质量。

flexible multilayer printed board 挠性多层印制板 用挠性基材制成的多层印制板，其不同区域可以有不同的层数和厚度，因此具有不同的挠性。

F

flexible multiplexer (FM) 灵活复用器 灵活复用器是提供支持各种用户业务的信号时分复用和解复用的一种设备。此外，该设备还能提供强化的管理能力。灵活复用器是灵活接入系统的一部分。

flexible network 柔性网络 具有柔性信息传输能力，提供柔性服务的计算机网络。由于这种网络要在速度、安全性和可靠性方面提供多层次、多样性的业务服务，所以组建这种网络具有极大的技术难度，需要种类较多、性能差异较大的综合技术支持，是计算机网络技术发展的一个重要方面。

flexible point (FP) 灵活点 接入网物理参考模型中的一个信号分路点，大致对应传统铜线用户线的交接箱所在的位置。

flexible printed board 挠性印制板 用挠性基材，用或不用覆盖层、增强层制成的印制板。

flexible robot 柔性机器人 可重新编程或能完成多种任务的机器人。

flexible service 柔性服务 满足用户随时随地访问网络、提供多层次、多样性信息需求的服务。例如，用户可以使用卫星无线网络和蜂窝式网络随时随地入网访问。

flexible single-sided printed board 挠性单面印制板 用挠性基材制成的单面印制板。

flexional symbols 可变符号 每位数字的含义依赖其前面各位数字的符号。

flex-rigid double-sided printed board 刚-挠双面印制板 两面有导电图形，而且导电图形分别在挠性基材和刚性基材上的刚-挠印制板。

flex-rigid multilayer printed board 刚-挠多层印制板 在刚-挠印制板的扰性基材区或刚性与扰性基材结合区以及两种区域上，导电图形多于两层的刚-挠印制板。

flicker 闪动，毛刺 屏幕上显示图像时出现的一种不希望发生的闪烁现象，它是由于图像刷新周期超过荧光材料的余辉时间而引起的。

flicker free 无闪烁 如果显示器刷新率不够快，所显示的影像会有闪烁感。一般当刷新率低于 60 Hz 时，人眼就会明显感到闪烁和疲劳。最早的显示刷新频率是 60 Hz，并且是隔行扫描，有很强烈的闪烁感。1996 年，各显示器生产厂家纷纷改隔行扫描为逐行扫描，但仍有闪烁感。当年，VESA（视频电子标准协会）国际组织制定了无闪烁标准：75 Hz 为无闪烁模式。1997 年，VESA 组织又重新制订了新的标准：85 Hz 逐行扫描为无闪烁标准。由于刷新频率＝(带宽/图像分辨率)×0.744(扫描系数)，所以带宽高的显示器才能在高的分辨率下提供高的无闪烁刷新频率。

flicker noise 闪烁噪声 由于传输媒介表面不规则性或其颗粒状性质而导致的随机噪声。

flight management system (FMS) 飞行管理系统 飞机上一种管理飞行操作的系统，通常包含在航空电子综合设备里。它从一些传感器中获得信息，存储飞行数据，提供燃料管理数据，为通信、航空导航系统、跑道着陆系统提供频率管理等功能。

flight telemetering land station 飞行遥测地面站 用于从一个发射物(如气球、火箭助推器等)获取遥测数据的一种遥测地面站，它不包括地球轨道及太空中的火箭、飞船、飞机及飞机飞行测试站等。

flight telemetering mobile station 飞行遥测移动站 用于从一个发射物(如气球、火箭助推器等)获取遥测数据的一种移动遥测站，它不包括地球轨道及太空中火箭、飞船、飞机及飞机飞行测试站等。

flight test station 飞行测试站 一种用于发射重要消息的航空电台，这些消息和飞行器及其主要部件的测试有关。

flight simulator 飞行模拟器 一种计算机生成的飞行经历再现系统。飞行模拟软件可运行于微机上，作为一种游戏。

flight time 飞行时间 信号从驱动端传输到接收端，并达到一定的电平之间的延时，它和传输延迟及上升时间有关。

flip-chip (FC) 倒装芯片 (1)裸芯片封装技术之一，先在芯片的电极区制作好金属凸点，然后把金属凸点与印刷基板上的电极区进行倒装压焊连接。封装占有面积基本上与芯片尺寸相同。是所有封装技术中体积最小、最薄的一种。但如果基板的热膨胀系数与芯片不同，就会在接合处产生反应，从而影响连接的可靠性。因此必须用树脂来加固芯片，并需使用热膨胀系数基本相同的基板材料。(2)一种无引线、包含电路元件的单片结构。在元件表面上覆有一层导电胶，上面有数目适当的凸点，通过这些凸点实现与混合电路之间的电气连接和机械接合。

flip-chip pin grid array (FC-PGA) 倒装芯片针脚栅格阵列 FC-PGA 封装用于 370 针脚的 Intel 微处理器。这种封装的特点是芯片被反转，以至片模或构成计算机芯片的处理器部分被暴露在上面。通过将片模暴露出来，使热量解决方案可直接作用到片模上，能实现更有效的芯片冷却。为了通过隔绝电源信号和接地信号来提高封装的性能，FC-PGA 在处理器底部的电容放置区域安装有离散电容和电阻。芯片底部的针脚是锯齿形排列的，针脚的安排方式使得处理器只能以一种方向插入插座。参见 flip-chip (FC)。

flip-flop 触发器 具有两个相反稳定状态的电子线路。在没有外界触发脉冲作用之前,触发器处于其中的一个稳定状态,当受到外界触发脉冲作用时,触发器就可以从一个稳定状态翻转到另一个稳定状态并保持这一稳定状态直至下一次触发脉冲到来之前。常用的触发器有 R-S 触发器、J-K 触发器、D 触发器和 T 触发器。触发器也称"双稳态电路",是基本的数字电路之一,可用来构成计数器、寄存器等逻辑电路。

flip-flop storage 触发器存储器 利用触发器做成的存储器。

flippy disk 双面软磁盘 两面用的一种软磁盘。有时也用作软磁盘的同义词。

flippy disk drive 软盘驱动器 使用软盘作记录媒体的存储设备,也用作数据输入设备。它可用作辅助存储器,可用于数据输入,对计算机和办公自动化系统特别有用,成为计算机和其他电子产品不可缺少的重要设备。它由磁头、磁头驱动与定位机构、软磁盘引导与夹紧装置、主轴、读写电路和控制电路等部分组成。

flippy-floppy disk 翻转软盘 一种软盘。如在 Apple Ⅱ 中使用的,可以双面使用,但必须用手工取出后翻转过来再插进驱动器,因为驱动器只能读写磁盘的一面。参见 double-sided disc, single-sided disk。

FLIPS 每秒模糊逻辑推理次数 fuzzy logical inference per second 的缩写。

.flm 图像文件名后缀 动画软件 Adobe Premiere 使用的格式,该格式的图像能在 Photoshop 中打开、修改并保存。

float 浮动 (1)在存储器中,将一部分信息从一个区域移到另一个区域的过程。(2)根据数据结构或程序设计的要求,字符向左或向右移动位的过程。例如把星号(*)移到数值字段的左边或右边。

float area 浮动区域 数字图像处理中,经用户选定,可以在画面上任意浮动的局部区域。对浮动区域还可做变形、附加滤镜、色调变换等处理,并且不会影响画面中的其他区域。一旦解除对浮动区域的选择状态,它就固定下来,与背景图像成为一体。

float constant 浮点常数 一个包含小数点、指数的数。指数部分包含一个 e 或者 E 和一个可选的正负符号,以及若干数字(0 ～ 9)。参见 floating point constant。

float control 浮动控制 在图像处理中,对粘贴图像施行的控制,使粘贴过来的图像更好地与目标图像进行合并,特别是在边缘区域与背景密切融合。

floating address 浮动地址 不是仅与某一特定基地址相联系的地址,一般为符号地址或相对地址。通过汇编、变址或其他方法可以很容易地将浮动地址转换成机器地址。

floating buffer 浮动缓冲区 为了对很长的文件进行合并和排序而引入的若干缓冲区。

floating charge voltage 浮充电压 为补充自放电,使蓄电池保持完全充电状态的连续小电流充电的电压。浮充电电压略高于涓流充电,足以补偿蓄电池自放电损失并能够在电池放电后较快地使蓄电池恢复到接近完全充电状态。参见 trickle charge。

floating command line 浮动命令行 文字处理过程中,光标所在的任何行。有了浮动命令行,用户在键入命令时,不需将光标从当前位置移至规定位置。

floating currency symbol 浮动货币符号 出现在紧接着已编辑字段最左位置左边的货币符号。比较 fixed currency symbol。

floating decimal 浮点十进制小数点 计算器上,自动定位计算结果中的小数点标记,且与输入数据的输入方式无关。

floating decimal mode 浮点十进制模式 一种模式。其中十进制标记总是自动根据计算结果定位,无论数据是怎样输入的。

floating display 浮动显示器 带有键盘,只能显示一行字符或功能码的显示器。

floating dollar sign 浮动美元符号 与编辑符号一起使用,可以插在美元值的非零前导数字前面的美元符号。

floating-gate avalanche-injection metal-oxide-semiconductor (FAMOS) 浮栅雪崩注入型金属氧化物半导体 一类可编程只读存储器,其中的存储单元类似场效应晶体管,硅栅用玻璃封闭在源漏极之间。欲置位"1",可施高电压于漏极,同时使源极处于低电压下,这样便引起源漏极间击穿并产生雪崩电流,其间有些电子将被栅极捕捉到,从而在栅极聚起静电荷,降低了门槛电压。这样,当一恰当电压值的"读"信号施于该存储单元时即可使其导通。当用紫外线照射时,栅极的静电荷将拽走,使其可被重新编程。

floating head 浮动头 一个浮动在记录媒体表面的空气层上的磁头。同 air-floating head, flying head。

floating image 浮动图像 在图像缝合操作中,指将要与当前活动图像缝合的另一幅图像(也可以是活动图像本身)。操作者可以指定浮动图像的缝合位置及两者缝合距离,也可以手工拖动浮动图像到合适的位置上。

floating master 浮动主机 一个主机在各站之间随着事件的发生而转移的通信系统,能借助轮询技术保障主机一致性。

floating object code 浮动目标代码 在有些汇编程序中,能够产生浮动的目标代码,而不是绝对目标代码。绝对目标代码只能从一个唯一指定的存储单元开始执行。这个存储单元就是汇编语言源代码中的ORG语句所指定的单元。但是,浮动目标代码却包含目标代码中所有与地址有关的访问的附加信息。

floating-point 浮点 一种用尾数和阶码来表示数的方法。例如,0.0024用科学记数法表示是0.24×10^{-2},0.24为尾数,−2为阶码,因此用浮点表示就是0.24E−2。

floating-point arithmetic 浮点运算 对浮点数进行算术运算。在算术运算中,浮点运算使数的存储和使用不象定点运算里那样定位小数点依赖于数字的相对位置。在运算期间,小数点是自动控制的。

floating-point arithmetic library 浮点运算程序库 生产厂为执行基本的浮点运算和数据转换操作而提供的典型浮点运算子程序库。其中包括浮点数转换成ASCII(美国信息交换标准代码),ASCII码转换成浮点数,浮点数转换成整数,整数转换成浮点数,浮点加法、减法、乘法、除法、比较和传送等操作。

floating-point base 浮点基数[底数] 在浮点表示系统中,浮点数阶码的基数。隐含的大于1的固定正整数基,将它按照由指数部分显式表示的幂次或由首数部分表示的幂次自乘后,再乘以尾数部分,即可确定所代表的实际数字。同 floating-point radix。

floating-point coding compaction 浮点编码精简法 用浮点的阶来表示数的范围的数据精简法。例如十进制数81 820 000可用81824表示,最后一位表示10^4,这个数本来要占用8个数位的位置,用浮点编码表示以后,只占用5个数位的位置。

floating-point computer 浮点计算机 采用浮点数进行运算的计算机。这种计算机内部有控制电路,因而不需要另外编程序就可以自动地控制小数点的位置。由于这种计算机具有自动浮点功能,因而较容易保证运算数字不超出计算机能够处理和表示的范围。浮点数的表示范围大,但操作和机器结构较为复杂,所以大型、中型计算机大多采用浮点制。在一般采用定点制的微型计算机中也可通过浮点控制实现浮点运算。

floating-point constant 浮点常数 一种由一任选的符号项加上一位或多位数字,再加上小数点(小数点可在末尾)所组成的数字常数。参见 arithmetic constant, floating-point format。

floating-point double word 浮点双字 双倍字长的浮点数。例如某台计算机的字长是32位,则64位的浮点数就是浮点双字,假设它的阶码为8位,尾数就可达56位。因此浮点双字的计算精度比浮点单字高。

floating-point feature 浮点特性 处理部件所具有的一种特性。它提供若干个浮点寄存器,用以执行浮点运算。

floating-point format 浮点格式 在二进制浮点表示中,用于表示二进制浮点数的形式。例如,依次由一任选符号、一整数或定点常数、十进制小数点、字母E及最多达三个有效位的整常数所构成的数字表达形式。例如浮点数3.0E−2即代表3乘以10的−2次幂或者说0.03。

floating-point literal 浮点直接量 其值用浮点记数法表示的数字直接量,即后面跟有表示小数点实际位置的阶码的十进制数。

floating-point notation 浮点记数法 数在计算机中的一种表示方法。它把一个数的整数部分和小数部分分开表示,即将任一数N表示为$N=\pm d\times Z^{\pm p}$;式中d为N的尾数,p为N的阶码。数的阶码是可变化的。小数点的位置随阶码不同而变。例如数$N=0.1011101\times Z^{101}$也可写成$N=0.01011101\times Z^{110}$,在实际机器中,阶码和尾数的"+"、"−"符号也分别用"0"和"1"来表示。采用浮点表示法的优点是:在相同设备的条件下,能表示数的范围比较大;浮点计算机中的数若用规格化表示,其精度较高,相对误差有限。

floating-point number 浮点数 用浮点表示法所表示的数。

floating-point operation 浮点运算[操作] 计算机对浮点数进行的操作。它允许操作或计算非常大或非常小的数。由于操作过程中具有自动改变小数点位置的功能,故较容易保证数值不超出计算机内部能够处理和表示的范围。由于浮点操作要对数的阶码部分和尾数部分分别处理,故操作部件的结构较为复杂。浮点操作与浮点运算同义。

floating-point operations per second (FLOPS) 每秒浮点操作 每秒钟所执行的浮点运算的次数。FLOPS是衡量计算机浮点运算能力的一个单位。

floating-point package 浮点程序包 使定点计算机能执行浮点运算的一组子程序集合。例如浮点乘法、浮点除法等。参见 floating-point arithmetic library。

floating-point processor 浮点处理机 专门对浮点数进行加工或处理的硬件。一般包括四个64位的编址累加器、一个32位的状态寄存器,以及数十条操作32位和64位浮点数的指令。其中有执行浮点累加器-累加器型指令和浮点累加器-存储器型指令。如果需要中断浮点运算,可用一条指令将所有累加器和状态寄存器中的内容保存到硬件堆栈中;用另一条指令又可恢复上述寄存器中的内容。浮点处理机可以与定点处理机并行工作。浮点处理机可做浮点加法、减法、乘法和除法等运算,即可对数组或向量数据进行处理,也可对单个操作数做标量处理,可直接作为中央处理机CPU的一个功能处理部件,如浮点功能部件,也可作为主存储器的特殊部分附加到它上面。处理机只是处理运算部件，和其他处理部件一样，在指令控制器控制下工作。

floating-point radix 浮点基数 同 floating-point base。

floating-point register (FPR) 浮点寄存器 一种按浮点表示系统的规则处理数据的寄存器。

floating-point representation 浮点表示法 参见 floating-point base。

floating-point representation system 浮点表示[记数]系统 一种数制。在此数制下，一实数由一对性质各异的数来表示，其中之一的小数部分（即尾数）和隐含的浮点基数的若干次幂的乘积为该实数。幂次由另一部分，即浮点表示指数部分来指示。同一数字的浮点表示法有多种，可通过移动尾数部分的小数点并相应地调整指数来获得。比较 variable-point representation。

floating-point routine 浮点例(行)程(序) 使定点计算机能执行浮点运算的一组程序。这些程序可用来在没有内部浮点硬件的计算机中仿真浮点操作。

floating-point single word 浮点单字 单字长的浮点数。例如某台计算机的字长是 32 位，则 32 位的浮点数就是浮点单字。与浮点双字相比较，浮点单字执行速度比较快，占据的存储空间比较小，但计算精度比较差。

floating-point status vector (FSV) 浮点状态向[矢]量 某些信息处理系统中，用于下述几方面用途的格式化信息：分配浮点寄存器；控制异常屏蔽；控制精度；保持并指示与浮点操作有关的浮点校验及程序异常条件。

floating-point system (FPS) 浮点制 一种数制，其中用一对性质不同的数字来表示一个实数，该实数是其定点部分（尾数，一对数字中的一个）与隐式的浮点底数的 n 次幂（指数，由第二个数字指出）之积。

floating pop-up menu 浮动弹出菜单 不与菜单条连接的弹出型菜单。

floating static routing 浮动静态路由 一种静态备份路由的，用于在网络中主路由失效的情况下，可以提供备份路由。在主路由有效存在的情况下，浮动静态路由不会出现在路由表中。1 参见 static routing。

floating symbolic address 浮动符号地址 用以标识程序中的某字节或其他项目的标记。它所在的地址与程序信息的地址无关。

floating-point unit (FPU) 浮点运算单元 FPU 是专用于浮点运算的处理器，以前的 FPU 是一种单独芯片，在 Intel 486 之后，FPU 集成在 CPU 之内。

float switch 浮动开关，浮控开关 由处于液体表面上的浮子启动的开关。

flood 滥发 (1)在实时网络交谈中，给对方或一组用户发送大量的数据，企图骚扰对方，封锁对方的终端，或使对方的网络缓存溢出，而导致对方网络连接中断。(2)有预谋地用大量消息遏制对方的电子信箱、新闻组、因特网中继对话(IRC)或其他的网络资源。

flooded cable 满注电缆 一种在外壳和外层铅皮之间填满某种抗蚀凝状物的特殊 CATV(有线电视)电缆。

flooded image 滥用背景图像 因为背景图像选择不当而难以阅读的一种 Web 网页。

flood filling algorithm 漫溢填充算法 区域填充的一种递归算法，它从区域内部的任意一点出发，逐步地进行填充，直至整个区域填满为止。

flooding 扩散，泛洪 网络中一个接口收到信息包时，该信息包将被传输到除了始发信息包的接口外的连接到该设备的每个接口。这一技术可被网桥和交换机用于在网络上传输信息包。

flooding compound 防溢凝胶 光缆内的一种胶化物，它环绕着缓冲管，防止液体进入光缆内部的空隙，尤其是接头部和外套出现缺损时。

flooding routing 扩散式路由 一种路由选择方式，也称“泛洪路由”。这是最简单的向前传送组播路由算法，并不构造所谓的分布树。其基本原理如下：当组播路由器收到发往某个组播地址的数据包后，首先判断是否是首次收到该数据包，如果是首次收到，那么将其转发到所有端口上，以确保其最终能到达所有接收者；如果不是首次收到，则抛弃该数据包。优点是保证数据包迅速准确到达目的地；缺点是浪费大量通信网络资源，增加通信子网的负担。这种算法会产生大量的数据包重复副本，如果不加限制，重复副本将会无限增大。限制方法之一是在每个数据包中加一个计数值。每经过一段线路计数值减一。计数为零时放弃数据包。这种路由选择算法属于非自适应路由选择算法，也是独立路由选择算法的一种极端情况。对这种方法的两种改进是“选择扩散路由选择”和“随机走算法”。参见 select flooding routing，random walk algorithm。

flood projection 泛光投射 传真通信系统中进行扫描的光学方法，它对物体进行泛光照射，而扫描点则是照亮区中被掩盖的部分。

flood search routing 扩散式搜索路由选择 电话网中的一种非确定性路由选择，当一部交换机收到拨号时，会将其传递到所有的交换机，即被扩散到具有同一区域码的、与该交换机直接相连的交换机，如果所拨号码并非那些交换机的用户，那么该拨号又被传送到所有与之直接相连的交换机上，最后传至与该号码对应的用户终端上。扩散式搜索路由选择即使在一些交换机连续出现故障或是中断的情况下，仍能为呼叫的完成提供最大的可能。扩散式搜索路由选择建立了一个比确定性路由选定更多的中继占用和更多的交换线路。

floor of a real number 不大于某实数的最大整数 一种实数取整运算的结果。进行这种取整运算，正实数的运算结果就是其整数部分；负实数的运算结果在其小数部分不为零时等于其整数部分减去 1，在其小数部分为零时就是其整数部分。比较 ceiling of a real number。

floor planning 芯片布置图 根据逻辑划分的电路块，对 LSI(大规模集成电路）芯片进行基本布设，用于确定要布设的各单元电路位置，以及估计定时、供电接地的概略走线及芯片面积。只用以证明 LSI 设计集成为一个芯片的可能性与可行性，而不进行各单元电路的详细布局和布线。芯片布置多用人工进行，也可用计算机自动地进行。

floor-to-floor time 在机时间 从挑出一个零件，装入机器，完成加工，然后卸下送回包装箱所经过的总时间。通常指批量生产中零件加工的全过程时间。

floppy disc 软磁盘 软磁盘用于存储数据、记录和程序。软磁盘也称"塑料磁盘"，是一种重量轻而结构软的磁盘，它们比传统的磁盘（由于刚性结构也称"硬盘"）小得多。软磁盘有三种尺寸：8 英寸（大约 200 mm)、5.25 英寸（大约 133 mm)和 3.5 英寸（大约 76 mm)。

floppy disk 软磁盘 同 floppy disc。

floppy disk controller (FDC) 软磁盘控制器 用来把软磁盘机接口到微型计算机的电路。这种电路现在已可做成大规模集成电路。例如早期软磁盘控制器 FD1771，它由 6 个寄存器、一个运算器、一个 CRC(循环冗余检验）逻辑、一个地址标志检测器以及输入逻辑和控制逻辑组成。它通过 S-100 总线与微处理机接口。FD1771 有磁头复位、寻址、步进、向里步进、向外步进、读记录、写记录、读地址、读磁道、写磁道和强迫中断等 11 种操作磁盘的命令。

floppy disk drive (FDD) 软磁盘驱动器，软盘机 一种小而方便的磁盘机，是微机的重要辅助存储器。其特点是盘片小，便于携带，又可灵活地取出或插入。尺寸有 3.5 英寸、4 英寸，5.25 英寸，8 英寸。其中 3.5 英寸和 5.25 英寸最常用。5.25 英寸的称为小型软盘机；3.5 英寸和 4 英寸的称为微软盘机或微盘。因软盘有单密度、双密度、单面和双面之分，软盘机也便有相应的存储和读写能力。

floppy diskette 软磁盘 同 floppy disc。

floppy disk operating system 软磁盘操作系统 许多计算机公司为微处理机开发的操作系统。使用软磁盘操作系统时，原始程序编辑好后存在软磁盘中，然后在操作系统控制下，立即被组合程序进行组合，组合好的程序以二进制形式存于磁盘中，再与其他目的程序及查错程序一起由一个 DOS(磁盘操作系统）键盘命令装入内存。

floppy disk system 软磁盘系统 一种软磁盘存储系统。它可用来随机存取程序和数据。由于许多软盘控制器采用微程序控制，故主计算机驱动器仅需发出少量命令便可将数据写入磁盘或从磁盘读出数据。软磁盘系统曾用作小型和微型计算机的存储器，也曾作为输入设备和输出设备。

FLOPS 每秒浮点操作 floating-point operations per second 的缩写。

floptical 光磁软盘 用光学技术定位的磁记录设备。其名称来自"floppy(软盘）"和"optical(光学）"的混合。由美国 Insite 外设公司于 1988 年起研制，采用闭环光伺服技术跟踪数据磁道，在磁性介质表面与光碟一样预刻沟槽，具有接近光碟的位密度、道密度和较高的磁盘数据访问速度，并且容量较大，可靠性较高。采用两种不同方式的双隙磁头，能兼容软磁盘。

floptical disk drive 光磁盘驱动器 美国 Insite 公司于 1991 年推出的一种光磁记录装置，它将可移动软盘的磁记录技术与闭环光碟伺服技术相结合，大大提高了软磁盘的磁道记录密度。其工作原理是"光定位、磁记录"。设计中采用传统的软磁盘驱动器部件，磁头是一个有两种不同记录方式的双隙磁头，用一个磁头隙读写格式化容量为 21 MB 的高密 3.5 英寸光磁软盘，另一个磁头隙读写容量为 1.44 MB 的标准 3.5 英寸软盘，从而具有良好的兼容性。

flow 流程，流 事件发生或操作执行的序列。

flow analysis 流分析，流程分析 (1)在编译程序中，用来确定计算机程序单元之间相互关系的一种技术。(2)在计算机程序中，用来检测和记录指令先后顺序的一种技术，常用于监督程序和调试程序中。(3)依赖于程序的执行次序用以发现与程序求值次序有关的细节所进行的分析。分析的原始材料是流程图，它给出沿着控制流程所走的通路。

flow-based routing 流量路由选择 按照信宿与信源之间各条路径的平均流量进行的路由选择。网络中每对节点之间的平均流量相对较稳定并可预测，因此线路流量是可知的。以此为基础，按照队列理论计算出各条线路分组平均延迟，进一步找出平均延迟最小的路径，并得到要选择的路由。

flowchart 流程图 (1)计算过程（问题定义、分析、求解等）的一种图形表示。在流程图中，使用几何图形、流线及文字来表示数据、设备、操作步骤和流程。流程图有直观、易于理解，便于修改和检查的特点。比较 block diagram。(2)一种以符号和关系连接线为基础的系统图形表示。从广义上说，系指在一过程或系统中任何一种表示事件或活动顺序的图解。特殊地说，计算机运行流程图是一种特殊类型的流程图，用以指明每个操作的输入、处理过程和输出。每个操作都是分开表示的，指明处理阶段和不同操作之间的关系，这种关系是用流程线连接起来的。程序流程图常常是作为程序编制的第一步，用以决定特定问题的逻辑关系和程序的执行顺序。

flowcharting 画流程图 系统设计者采取的作为开发最佳系统辅助工具的一种技术，用它表示一个系统或问题的特征和特性。参见 flowchart。

flowchart microprogramming language 流程图微程序设计语言 用流程图表示微程序的一种微程序设计语言。在该语言中，每条微指令用一方框表示，各微指令之间的关系用线段表示。方框图中用助记符表示其所代表的微指令的微操作、地址、标号等。就此语言的表达能力而言，它与汇编微程序设计语言相同。这种语言在早期微程序设计中用得较多。

flowchart schema 框图[流程图]模式 抽掉程序中的具体含义，剩下一个空的框架，称为框图模式。每个框图模式代表一族程序。借助框图模式，可以更深入地研究某一类程序的基本性质。一个基本的框图模式一般包括：①一个字母表 $\sum$；② 由 $\sum$ 中元素组成的五种语句，即开始语句、赋值语句、分支判断语句、停机语句和循环语句(这里指死循环)；③ 由有限行上述语句组成的一个控制流程。给字母表 $\sum$ 中的诸符号赋予一个具体含义，即得到一个具体的框图程序。

flowchart symbol 流程图标号 按照惯例画流程图要使用一些标准符号。不同形状的符号代表与运行图有关的不同类型输入、输出和存储。程序流程图所使用的符号可以区分出运算(即基本处理步)和检验(用以判定某些构成条件转移的条件是否存在)。在大部分程序处理和程序设计教科书中都能查阅到这些符号。

flowchart technique 流程图技术 表示数据和信息要求，以及处理信息的实际方法和运算所用的详细流程图。

flowchart template 流程图模板 画流程图时使用的一种塑料模板。板上挖去的部分都是画流程图时要用到的各种几何图形，如方框、圆框等。

flowchart text 流程图文本 与流程图标号有关的说明资料。

flow control (信息)流(量)控制 (1)对信息进入通信处理机或主机所作的控制。分为两种：①报文流控制。在报文分组通信系统中，在数据网中两个特定站点间对报文中数据传输速率进行控制的过程。如在数据终端设备(DTE)和数据电路终端设备(DCE)之间或两台数据终端设备之间传输速率的控制；②传输流控制。在数据传输过程中，控制一点(终端)数据传输的速率使它等于另一点(终端)处接收或缓冲的速率。这个过程可应用于数据终端设备及其相连的数据交换设备之间或两 DTE 之间。数据信息速率控制取决于网络、远程 DTE 或别的请求。这个过程可在数据传输的两个方向上独立地进行，因而允许两个方向上数据传送速率不一样。(2)数据通信中的一组控制机构，用来使数据流保持在与全部有效资源相容的限度之内，从而保证发送方的发送速率与接收方能够接收的速率相匹配。在 SNA(系统网络体系结构)中，流量控制也称“定步”，是对网络成员间数据流通速率进行管理的过程。(3)为了防止计算机网络中信息传输出现拥挤而采取的一种措施，这种措施是控制主机或网关向网络或网际注入报文分组的速率。流量控制可在网络的多个层次上实现。例如在 TCP/IP(传输控制协议/网际协议)网络环境中，可以在第三层，即在网络层上用 ICMP(因特网控制信息协议)，采用抑制信源的办法实现流量控制。这种办法只是简单地停止信源发送信息，直到网络拥挤现象消除为止。更复杂的方法可以连续改变发送速率，如在网络第四层，即传输层上采用的窗口机制就属于这种流量控制方法。参见 congestion control algorithm。

flow control digit 流控制数 通信通道或队列能够接收或拒绝的最小信息单元。一个或多个流控制数构成一个包。单个流控制数不包含指令序列或程序信息，因此包中的流控制数不能与其他包中的流控制数相混。

flow control methods 流控方法 流控是用于通信设备之间管理数据流的异步通信协议。如果一台工作站在一个时刻接收的信息多于它的缓存或处理的能力，它就向发送方发出信号请求暂停发送直到接收方跟得上发送方为止。流控的信令可以用硬件(带外信令)或软件(带内信令)实现。硬件流控发生在使用多线电缆直接相连的两系统间。使用 1 至 2 根线进行数据传送，其他的线用于信令。软件流控假设设备在单线通道上通信，如与调制解调器相连的电话线。在这种情况下使用的流控方法是 XON/XOFF。XON 字符表示设备可以接收数据，XOFF 字符则停止数据流直到 XON 被发送。

flow control packets 数据流控制信息包 在终端和网络之间的逻辑通道上，用来控制数据流的信息包。

flow control procedure 流量控制规程 在交换系统中为了防止系统的过载，控制数据传送率、数据信令速率(DSR)或同时对两者进行控制的规程。此控制在数据传输的两点之间进行，如在两个数据终端之间、在一个终端和一个交换中心之间或在两个交换中心之间进行。

flow diagram 流程图 参见 flowchart。

flow direction 流向 在流程图中，用箭头、直线或其他一些约定来表明各个操作之间的前后关系或数据流向。

flowing information 流动信息 不断更新变化的信息。它反映了企业经营管理活动的进展情况，具有时间性强的特点。

flow label 流标记 IPv6 协议新增字段，20 位，标记需要 IPv6 路由器特殊处理的数据流。该字段用于某些对连接的服务质量有特殊要求的通信，诸如音频或视频等实时数据传输。在 IPv6 中，同一信源和信宿之间可以有多种不同的数据流，彼此之间以非"0"流标记区分。如果不要求路由器做特殊处理，则该字段值置为"0"。参见 Internet protocol next generation (IPng)。

flow line 流线 流程图各框图之间带箭头的连接线，用来指明操作过程的顺序。

Flow-Matic language Flow-Matic 语言 1958 年在 UNIVAC Ⅰ、Ⅱ上开发的商业数据处理语言。它是第一个用于商业数据处理的类似英语的语言，为 COBOL 的设计提供了宝贵的经验。

flow of control 控制流 在执行某一算法时所完成的操作序列。在流程图中，用流线来表示控制流。

flow of logical control 逻辑控制流 在基于规则的过程系统中，当输入新事实时，常有一条以上的规则满足条件。控制流是推理机中选择规则执行次序的过程。

flow process diagram 流程图 过程执行的图形表示。过程的主要步骤用一定的符号来定义，这些符号代表文档、设备或操作等。

flow table 流程表 一种状态转换表。用来描述异步时序电路的功能。表中每列对应于电路的一个内部状态，每行对应于电路的一个输入组合状态。表中每项的内容为下一个内部状态(用文字或数字表示)和输出值，其中稳定的内部状态，用外加圆圈来表示。

Floyd production 费洛伊德产生式 费洛伊德提出的编译程序和编译程序的生成系统使用的一种方法，此法将部分句型和事前给定的模式进行匹配，而后再把可匹配的句型按产生式进行归纳。这类算法由一组有序的归纳输入行的规则组成。

FLT 故障定位测试 fault location testing 的缩写。

fluctuating power 波动功率 表示功率的交变部分并以两倍于电流角速度的转速在旋转的一个矢量。此定义仅适用于正弦电流。

fluctuating power of a polyphase system 多相系统的波动功率 各相的波动功率之和。

fluent computer 智能计算机 能够直接理解自然语言的计算机系统。它能供任何会书写的人使用。此类计算机正在研究之中，是人工智能的发展方向之一。

fluerics 射流控制技术，流控学 一种控制技术。利用流体动力现象而不用运动部件来完成传感、控制、信息传送、加工和启动等功能。

fluffer 颤动 录音磁带或唱片因转速有快速的变化而使音调产生起伏的现象。

fluid computer 流体计算机 (1)全部用射流逻辑元件组成的数字计算机，它没有活动部件和电子线路，全部逻辑功能通过射流的相互作用来实现。(2)一种模拟计算机。它以流体元件代替电子元件和线路，以流体压力代替电信号来完成回路的置位，可以利用空气、水、氢气、水银、油等产生压力。其优点是成本低、可靠性高，不怕电磁干扰和放射性干扰；缺点是速度慢。

fluid computing 流动计算 流动计算是 IBM 公司所推出的术语，它描述移动的和固定的计算设备相互间是如何通过网络交互的，如何允许其各个分部门实现无缝连接工作。

fluid dynamic bearing motors 液态轴承马达 计算机硬盘中使用的马达。液态轴承马达使用的是黏膜液油轴承，以油膜代替滚珠。这样可以避免金属面的直接磨擦，将噪声及温度减至最低；同时油膜可有效吸收震动，使抗震能力得到提高；更可减少磨损，提高寿命。

fluidic 射流的，流控的 利用流体动力学现象来完成传感、控制、信息处理和驱动等功能。

fluidics 射流学 研究利用流体动力现象完成传感、控制、信息处理及执行功能的科学技术分支。

fluorescence 荧光 一种光致发光的冷发光现象。当某种常温物质经某种波长的入射光(通常是紫外线或 X 射线)照射，吸收光能后进入激发态，并且立即退激发并发出比入射光的波长长的出射光(通常波长在可见光波段)；而且一旦停止入射光，发光现象也随之立即消失。具有这种性质的出射光就被称之为荧光。在日常生活中，人们通常广义地把各种微弱的光亮都称为荧光，而不去仔细追究和区分其发光原理。

fluorescence display 荧光显示器 一种显示终端，其显示屏上涂有能发光的荧光物质，当电子轰击显示屏时，荧光物质即发光。

fluorescence materials 荧光材料 一类发光材料。由于当外界任一形式的能量将电子由价带激发至导带后，该电子又返回到价带时发出的光子频率在可见光范围内，所以材料发光。

fluorescence spectrum 荧光光谱 物质吸收了较短波长的光能，电子被激发跃迁至较高单线态能级，返回到基态时发射较长波长的特征光谱。荧光光谱包括激发光谱和发射光谱。

flush 清除，排齐 (1)清除存储器部分内容的过程。(2)正文或图像在屏幕上或打印输出时排齐的操作。参见 align。

flush closedown 清仓关闭 某些通信系统软件的一种关闭方式。在关闭期间，中止接收输入报文；并在关闭完成之前将队列里的输出报文送往它们的目的站(即从报文队列里清除出去)。比较 quick closedown。

flush conductor 齐平导线 印制板上导线外表面与相邻绝缘基材表面处于同一平面的导线。

flush head (空气)浮动磁头 离开记录表面,在一层空气上浮动的一种磁头。

flush height 浮动高度 也称"磁头间隙"。磁头与记录表面间的距离。

flushing 排空 在逻辑单元 LU 6.2 中,通过网络发送所有缓存中事务程序剩下的数据的过程。这个事务程序发出排空命令以使这个过程开始,这一过程还发生在网络操作员发出这种命令时。

flush left 左齐平,左版心对齐 文本中的每一行沿左缘排齐。参见 justify。

flush paragraph 整段排齐[齐平] 在印刷或书写中,各段的第一行没有缩进。上下段之间通常空一行或几行。

flush printed board 齐平印制板 导电图形的外表面和绝缘材料的外表面处于同一平面的印制板。

flush protocol 帧流协议 在 ATM(异步传输模式)网络的局域网仿真中,用于提供保证数据帧按正确顺序传递的协议。

flush right 右齐平,右版心对齐 文本中的每一行沿右缘排齐。参见 justify。

flutter echo 多次回声 声音在房间内的两个表面之间的来回反射。多次回声是由未经处理的平行表面产生的。

flux 通量,助焊剂 (1)单位区域中的电力线或者磁力线数。(2)在锡焊或熔焊时,用来阻止氧化物生成,或用来溶解氧化物及其他有害物质,以及便于清除这些物质而使用的媒质。例如在锡焊中使用的松香。

flux changes per inch (fci) 每英寸磁通翻转数 在磁记录媒体上磁极性翻转数目的度量。在改进调频制(MFM)编码中,磁通每翻转一次就相当于1位;在行程长度受限(RLL)编码中,磁通翻转一次将代表更多的位。

flux of a vector quantity 矢量的通量 一矢量和矢量面积元的标量积的面积分。

flux reversal 反转 改变磁盘或者磁带表面微小的磁性粒子的方向,以记录信息。

flux transition 磁通转折点 利用可磁化表面进行记录时,磁道上磁颗粒的朝向发生反转的地方,也即在写入信号时写(或读/写)磁头内电流方向发生逆转时,或读出信号时该(或读/写)磁头的磁芯内感应到有效数据信号时磁头所对应的地方。

FLV FLV格式 flash video 的缩写。

fly 浮飞 硬磁盘系统磁头的一种运动机理,指在读/写磁头和可磁化表面之间维持一个不妨碍读写的气垫间隙。典型的浮动高度为 50 微英寸(约人发直径的 1/60)。此高度是根据载荷(将磁头推向磁盘的作用力)、空气接触表面(滑块最靠近磁盘表面的部分)的形状、泄气孔(形成气垫的空气从此孔泄出)的位置及大小、磁盘表面的粗糙程度及磁盘的旋转速度诸因素来决定的。

flyback 回扫 在阴极射线管等显示系统中,完成一行扫描时,电子束必须迅速转出到下一行的起端,这种偏转称为行回扫。当一个画面(帧)被扫描后电子束立即返回到荧光屏的上部对下一帧画面扫描。这种偏转称为帧回扫。

flyby 飞经,鸟瞰 在多媒体应用中,指模拟三维环境鸟瞰视图动画。

fly-in 飞入,切入 在多媒体应用中,一种将一个图片"飞"入另一个图片的数字视频效果。

flying erase head 活动擦除头 在视频系统中,录像机中的一个用垂直扫描方法擦除先前记录信息的附加的头,因此它消除了在专门擦除的磁带上进行记录时产生的彩虹图案。

flying head 浮飞[动]头 一种在工作时只是逼近,而不接触记录媒体表面的读/写磁头。同 floating head。

flying height 浮动[飞]高度 磁盘工作时磁头与记录媒体表面之间的距离。同 head gap。

flying mouse 浮动鼠标 一种三维交互设备,类似于标准的计算机鼠标器,但当它离开桌面后就成为一个六自由度的探测器。大多数浮动鼠标器的内部都装有电磁或超声探测器,可测试鼠标器离开桌面后的位置和方向。

flying speed 浮飞[动]速度 达到加载要求的最低磁盘主轴旋转速度,也即能使磁盘表面的移动快到足以产生一个支撑读/写磁头的空气垫的速度。此速度范围在轻载的温彻斯特型磁盘系统所要求的约在 400 R. P. M(每分钟转数)至传统的硬磁盘系统所要求的约 1800 R. P. M. 之间。

flying spot 飞[扫描]点 可在某区域来回移动的光点或电子束的末端。

flying spot scan 飞点扫描 在显示系统中,能随时度量从显示空间中任一点反射出来的光束强度,从而用光的反射(而不是光的透射)来提供阅读图像能力的一种技术。

flying spot scanner 飞点扫描器 一种常用的图像数字化设备。它通过直径很小的高亮度光点在图像上高速地进行扫描,把图像转换成数字点阵表示,供系统存储和处理用。

flying spot scanning digitizer 飞点扫描数字化仪 一种常用的图像数字化装置。其工作原理是:用飞点扫描管产生直径为几 μm 到几十 μm 光亮度很高的光点。对光点在水平方向用磁场偏转扫描,垂直方向用磁场偏转或机械方式扫描。扫描光点经光学系统和聚光系统后,投射到光电倍增管上,转换成电信号,并由 A/D 转换器转换成数字信号输入计算机进行处理。

flywheel effect **惯性** 在振荡器里，指去掉激励源后振荡仍然继续的现象。惯性通常是由振荡器内相互作用的电感和电容元件引起的。惯性可能是需要的，如用于同步系统中的锁相环，也可能是不希望有的，如在电压控制振荡器中。

flywheeling **飞轮技术** 在计算机安全方面的密钥管理中，一种在密码流系统中用作更新密钥的传统技术。密钥更新是以比特流的形式由发送端通过信道传送给接收端，并要求保持同步。密钥更新信息用于接收端重新置位密码比特流发生器并进行解密。如果由于信道噪音或信道干扰，同步信息被丢失的话，则接收端就不能继续正确解密。飞轮技术采用一个伪随机数发生器对密钥进行推理的方法，可以解决上述问题。当接收端接收到一个错误的更新密钥时，飞轮可以从伪随机数发生器里获得正确的更新密钥，并用它重新置位密码流比特发生器。

FM (1)调频，频率调制 frequency modulation 的缩写。(2)频率法 frequency method 的缩写。(3)功能管理 function management 的缩写。(4)灵活复用器 flexible multiplexer 的缩写。(5)全调制 full modulation 的缩写。

FM broadcast channel **调频广播信道** 带宽为 200 kHz，频率为 88.1 ～ 107.9 MHz 之间的无线电波道。

FMC (1)自适应生产单元 flexible manufacturing cell 的缩写。(2)固网移动融合 fixed mobile convergence 的缩写。

FMCB **函数管理控制块** function management control block 的缩写。

FMCBE **函数管理控制块扩展** function management control block extension 的缩写。

FMD (1)功能管理数据 function management data 的缩写。(2)现场宏指令图 field macro diagram 的缩写。(3)过滤消息数据库 filtered message database 的缩写。(4)跟我转移 follow me diversion 的缩写。

FMD services layer **FMD 服务层，功能管理数据服务层** 系统网络体系结构中，表示服务层的旧称呼。

FMEA **故障模式和影响分析** failure mode and effect analysis 的缩写。

FMECA **故障模式和影响严重性分析** failure modes and effects criticality analysis 的缩写。

FM encoding **调频编码** frequency modulation encoding 的缩写。

FMH (1)函数管理标题 function management header 的缩写。(2)功能管理报头 function management header 的缩写。

FMI **固定移动集成** fixed mobile integration 的缩写。

FMID (1)函数修改标识符 function modification identifier 的缩写。(2)故障模式标识 failure mode identification 的缩写。

FMIS **工厂管理信息系统** factory-wide management information system 的缩写。

F-mode record **F 方式记录** COBOL 语言中的一种固定长记录，其中每个记录完全包含在数据块内，数据块内可以含有一个以上的记录。

FM radio station **调频电台** 发送和接收无线电调频信号的电台。

FM recording **调频记录(法)** frequency modulation recording 的缩写。

FMS (1)自适应生产系统，柔性制造系统 flexible manufacturing system 的缩写。(2)调频式加网 frequency modulation screening 的缩写。(3)文件管理系统 file management system 的缩写。

FMV **全活动视频** full motion video 的缩写。

FNA **自由网络地址** free network address 的缩写。

FNC **(美国)联邦网络委员会** Federal Networking Council 的缩写。

FNF **第四范式** fourth normal form 的缩写。

Fnode **文件节点** 用来描述目录中包含的文件的信息。一个 Fnode 为 512 字节，内容包括：文件头指针(截取 15 个字符)、文件长度、扩展属性(EA)和访问控制表(ACL)，以及文件中数据的位置。

FNP (1)前端网络处理机 front-end network processor 的缩写。(2)公平非抵赖协议 fair non-repudiation protocol 的缩写。

f-number **f 数，光圈数** 表示关系物体图像亮度的透镜孔径有效性的一个数。这个数越小，图像越亮，因而对给定入射能量所需的曝光时间也越短。

FO (1)纤维光学 fibre optics 的缩写。(2)格式化对象 formatting object 的缩写。

.fo **格式化对象文件名后缀** fo 是 formatting objects 的缩写。是使用 XSL-FO(格式化对象的可扩展样式表语言)生成的文档使用的格式。

foam dielectric coaxial cable **泡沫介质同轴电缆** 一种在内、外导体间用泡沫塑料做绝缘材料的同轴电缆。

.fob **格式化对象备份文件名后缀** fob 是 formatting objects backup 的缩写。是使用 XSL-FO(格式化对象的可扩展样式表语言)生成的备份文档使用的格式。

FOC (1)光纤通信 fiber-optic communication 的缩写。(2)光纤组合器 fiber-optic combiner 的缩写。(3)光纤连接器 fiber-optic connector 的缩写。

focal length **焦距** 从一个镜头或曲面镜的中心到

它的焦点之间的距离。

focal length to diameter ratio **焦距直径比** 卫星抛物反射面焦距与天线口径之比。

focal line beam gun **焦线电子枪** 一种特殊形式的电子枪，所产生的电子束被集中在一条焦线上，而不形成焦点。

focal plane **焦平面** 在一个光学系统内，如一面镜子或镜头组，通过焦点且垂直于该系统主轴的平面称为焦平面。

focal point **焦点** 在网络管理软件中，焦点接收不同SNA(系统网络体系结构)网络的可寻址单元上的入口节点发来的消息。

FOCH **正向[前向]通道** forward channel 的缩写。

FOCIS **光纤电缆配对标准** fiber-optic cable intermatchability standards 的缩写。

focus **调[聚]焦** 为了得到清晰的影像而对光学系统进行调整。例如，通过调整一个望远镜、显微镜或照相机的目镜或物镜从而得到物体清晰的影像。聚焦的图像会出现在像平面上，如一个屏幕或胶卷所处的面上，在人眼为该光学系统的一部分时则图像出现在视网膜上。

focusing coil **聚焦线圈** 一种产生与电子束相平行、用来对电子束聚焦的磁场的线圈。这类线圈通常安装在阴极射线管的颈部并通以直流电流，电流之值可以用聚焦控制变阻器进行调节。

focusing electrode **聚焦电极，聚束极** 在阴极附近，用来形成和控制电子束的电极。

focusing lens **聚焦透镜** 用来产生磁场或电场，使电子束聚焦的电磁线圈或静电板。

focus window **焦点窗口** 在 AIX 操作系统中，同 input focus。

FOD **按需传真** fax on demand 的缩写。

fog effect **雾化效果** 雾化效果是三维图形中常见的特性，在游戏中见到的烟雾、爆炸火焰以及白云等效果都是雾化的结果。它的功能就是制造一块指定的区域笼罩在一股烟雾弥漫之中的效果，这样可以保证远景的真实性，而且也减小了三维图形的渲染工作量。

fogging **雾化** 雾化功能可以将某一单色与背景混合运算，使得该物体看起来如隐没在一层薄雾后面，淡化背景，产生距离感，且越远越模糊。

foil winding **箔式线圈** 用金属箔或板按每层一匝连续绕制而成的线圈。

FOIRL **中继器间光纤链路** fiber-optic interrepeater link 的缩写。

fold **折合，折换，折转** (1)通过合并数据的某些部分来压缩数据长度。例如，通过字母的等价数字相加将两字长的字母键标转换成一字长的数字键标。(2)将字符串中的小写字符转换成大写字符。(3)将某一行中容纳不下的一部分放到下一行中。比较 truncate。

folder **文件夹** (1)一个用于存储和组织文档或者电子邮件的文件。(2)在 Macintosh 或 Windows 的图形用户接口中，一个文件或者程序的容器，在屏幕上用一个文件夹的图形符号(图标)表示，文件夹等效于文件目录，是组织文档和程序的一种方式。一个文件夹可以包含文件或其他文件夹。

folder management **文件夹管理** 文件夹应用机制的一个特征，组织文档、图像到电子文件夹中，以便于访问。

folding **折叠，折合(技术)** (1)一种散列法技术。折叠是将原始键拆成两个或两个以上的部分，然后将各部分相加(有时也用“异”算符)，所得之和或其部分和用作转换后的键。例如：

原始键＝2021529396

拆开并相加：20＋2152＋9396＝11568

去掉高位数字，得到 4 位数字 1568，即为转换后的键。参见 hashing。(2)一个字符集替换另一个字符集。通常是将一个较大的字符集变换成一个较小的字符集。例如，当打印链上的字符阵列里没有合用的小写字符时，允许用大写字符来打印。

folding hashing method **折叠散列法** 在数据结构的散列法中，如果数据的标识码的长度比地址码的位数长，则采用折叠的方法，即将其标识码拆成几部分，而后按一定方式将各部分的对应位相加而得到其地址长。这种方法称为折叠散列法。

folding ratio **折合比(率)** 计算机虚拟存储系统中，实际存储器的容量与虚拟存储器容量的比值。

Foley effects **福莱效果[音效]** 一种给图画配上声音效果的艺术，如脚步声或衣服的沙沙声。福莱效果的名称取自于好莱坞音效先驱杰克・福莱(Jack Foley)，音效师都被称为福莱艺术家，他们专门制作供广播、电影和电视使用的声音，制作的声音效果称为福莱效果。

folio **对折纸，页码** (1)将一张一定规格的纸对折后所形成的状态。(2)一页纸的每一面上的数字号码。

follow copy (FC) **跟随复制指令** 一些语言翻译系统中使用的一种指令，该指令按照一页或一文件的意思确定下一页，从而能使文件语言意义连贯。

follower **跟随器** 参见 curve follower。

following error **跟踪误差** 在伺服系统的输入轴位移速度保持常值时，其输出轴位移也保持同样速度的转动，但它具有一个滞后角。滞后角位移恰好足以提供保持驱动伺服机构传动所必需的误差信号。该误差就称为跟踪误差。

follow me diversion (FMD) **跟我转移** 用户在离开电话所的在位置到另一个地方时，把所有的呼入转移到这个地方的电话上。当他再次要离开这个地方到下一个地方时，可以在他所在的地方再次登记把呼入转移到所在位置。当用户回到原所在位置时,可以取消跟我转移。

follow-on call 继续呼叫 通过保持前一个连接已建立的部分选择链路来建立新的连接。例如,当占用国际线路进行呼叫后,接着再继续呼叫另一个国内的接收者。

follow-up control 随动控制,跟踪调节 被控量按参考量的变化而变化的反馈控制。

follow-up file 跟踪文件 一种标记特殊问题的文件。供人们需要时查考。

follow-up posting 继承式消息投递 在 Usenet(网络新闻组)上,一个用户在应答某一个投递来的消息时,有两种方法,一种是采用单个方式直接应答投递者;另外一种方式就是继承式投递。继承式投递有两个特点:一是在应答信息中,它常常引用原消息的部分内容,因为应答者认为,他所读到的这段信息可能对公众也是非常有益的,因而有必要告诉他们;二是应答的消息不仅仅是对原投递者的应答,同时还面向消息组内的其他成员。

font 字型,字模,铅字,活字,字体 (1)一套具有给定尺寸和字体的字符。如,9 点 Bodoni 现代字型。(2)具有一定尺寸和字体的一组铅字。铅字可以按字的尺寸大小分型。(3)供光学字符识别设备用的特定字型,其字体和大小都有规定。(4)浇铸铅字的模型,也称"铜模"。在汉语信息处理中,也把制作供计算机输出用的点阵汉字的字稿称为字模。

font card 字体卡 同 font cartridge。

font cartridge 字体盒 某些打印机上的一种插入式部件,包含不同风格和大小的字体,字体盒和下载式字体一样使打印机能够产生附加的字体和字体风格。参见 ROM cartridge。

font change 字型[模]改变 改变打印字符或显示字符的字型大小或字体的过程。

font change character 字体改变符 一种控制字符。用以选择和改变一组字母图形的形状和大小,而字符集保持不变。

font characteristics 字体特性 一种字体的属性和性能。这些属性可包括字样、方向、符号集、间隔、字符间隔、磅值、字型和笔划粗细等。

font complier 字体族 具有相同字样而大小不同的一套字体,包括粗体、斜体、粗斜体等。例如,Times Roman 和 Times Roman Italic 都是属于同一个字体族。

font data set 字模[型]数据集 一种用于生成某特定字型字符集的数据集。

font design 字体设计 字符的形体设计。

font disk 字模[型]盘 一种安放照相排字机字模的玻璃盘。

font editor 字体编辑器 一种字处理软件。它允许对字体进行变换,使用户能够修改现有的字体或者建立新的字体。常用于文本或表格的显示和打印。

font family 字体系列 一系列可使用的字体,表示一种字体各种变体。例如,当用户选择了"斜体",系统会从该字体系列中自动选出相应的斜体字体并按其特征显示。如果该系列中没有相应的斜体字体,系统就简单地让它倾斜或倾斜一定的角度。

font generator 字体发生器 一种程序,用于将内置的字符轮廓转换成文档打印所需的类型和大小的位图形式。字体发生器可以按比例缩放字符轮廓。有些字体发生器把结果存储到磁盘上,其他的则直接把结果传给打印机。

font ID 字体标识 一个标识打印机上字符风格和尺寸的数字。

font number 字体编号 应用程序或者操作系统识别一个字体的内部编号,如在 Macintosh 中,一个字体即可用字体名识别也可以用字体编号识别。字体在装入系统中时,如果字体编号与系统中已有的字体编号冲突则可以进行改变。

font object 字模体 (1)字模库中的一个成员。(2)CMS(会话监督系统)中,一种文件类型匹配于字模库名的文件。(3)某些操作系统中,PDS(分区数据集)的一个成员。

font scaler 字体缩放器 在显示或打印时就能够把可缩放的字体转换成位图的软件。如 TrueType, Adobe Type Manager 等软件。

font section 字模(数据)节 扩充的图形技术编码字模的一部分,在这部分中,每个双字节字符的第一个字节具有相同值。每个字模节由一字模字符集和一码页组成。同 coded font section。

font set 字模集 用于源文件格式化的诸字模的集合。

font size 字号,字体尺寸 用点数表示的字符大小尺寸。参见 point。

font style 字体风格,字体 对字体的修饰,如粗体、斜体。

font suitcase 字体箱[文件] Macintosh 计算机上的一种文件,包含一个或多个字体或桌面附件。这种文件在早期版本的操作系统中用一个带有大写字母 A 的手提箱图标来表示。从系统 7.0 以后,这个图标用来表示单独的字体。

foo 占位符 (1)一种程序员用于取代大量特定信息的字符串。在语法示例代码中的变量名或函数名,以及临时文件都有可能起名为 foo。类似地,程序员可能在测试处理字符串输入的程序时键入 foo。如果还需要输入第二个占位符字符串,则常常是 bar。(2)因特网上的常用俗语,概指某一个不确定的对象。可用作变量、功能以及实例中的人物等。

FOOPS 面向对象的函数程序设计系统 function

object-oriented programming system 的缩写。

foot 英尺 一种英制长度单位，符号为 ft，1 英尺等于 0.3048 米。

footer 页脚，脚注，脚标 出现在文档的每一页底部的文本，如页号、日期、作者名、标题等，可位于该行的中间或者向左向右靠拢，比较 header。

footing 加页码，合计，脚字 (1)在字处理中，程序自动在每页的天头和地脚处加上页码。(2)信息段的垂直相加。(3)位于文本区底部的文字。参见 running foot。

footnote 脚注，页脚注释 字处理软件的一种功能，可以在文档中的任意地方做注脚条目记号，注脚内容(包括参考、解释、评述等)印于同一页或文档的末尾。

foot switch 脚踏开关 用脚踩踏操作的开关电器。参见 master switch。

forbidden band 禁带 在给定的材料中没有电子的能带。有些晶体中，能带和能带之间有一定的间隔，这个间隔中的能量一般是该晶体电子不能具有的，所以称此间隔为禁带。禁带往往表示价带和最低导带之间的能量间隔。参见 valence band，conduction band。

forbidden cell 禁用单元 对用于某一个操作的保留单元。由于有计时冲突，它不能被另一个操作所使用。

forbidden character 禁用字符 一种不符合规定标准的无效字符或字符代码。禁用字符也称“非法字符”。

forbidden code 禁用代码 在编码中，规定可用代码以外的代码。例如在五单位码中，共有 32 种编码，其中只有 10 种有 3 个“1”的代码是可用代码，其余编码都是禁用代码。也称“禁用数字”、“非法代码”。

forbidden combination 禁用组合 一种按某项准则判为无效的位组合或其他表示符的组合。比较 illegal character。

forbidden combination check 禁用组合校验 对代码中是否有禁用代码进行的检查。也称“禁用数字校验”、“非法组合校验”、“不存在代码校验”。

forbidden combination code 禁用[非法]组合代码 一种具有检错功能的代码。在这种代码中每一合法的字符表示必须服从一特定组合模式，任何不服从该模式的位组合均视作出错。此术语虽也可用作对奇偶性系统的称谓，但更通常地系指 N 中取 M 码或其他类似的代码。

force 人工转移，强制 在程序运行过程中，进行人工干预，执行一条转移指令，以改变计算机操作的正常序列。这一过程称为人工转移。它常用于程序调试中。

forced-air cooling 风冷 设备或器件运行时产生的热量靠吹风装置来冷却。

forced characteristic 强制特性 采用附加措施(针对影响因素在规定范围内进行稳定措施)后得到的设备负载特性。比较 natural characteristic。

forced coding 最佳编码 使获得存储器中信息所需的等待时间达到最小的程序设计技术。

forced control field 强迫控制字段 在某些计算机系统中，通过值替换或加值而形成的某一位置的控制字段。

forced dialing 强制(返回)拨号 当电话拨号速度太快，造成错误的电话号码时，电话系统强制返回到拨号前的状态，要求重新拨号的过程。

forced disconnect 强行断开 当被呼叫者挂上电话时，电话系统自动断开电话连接的过程。

forced new page 强制换新页 同 required page break。

forced oscillation 强迫振荡 振荡频率决定于激励系统的振荡。

forced outage rate (FOR) 强迫停运率 设备发生强迫停运的时间概率，其值为强迫停运小时与强迫停运小时和运行小时之和的比值。

forced-path testing 强制性路径测试 在软件的测试中，指强制性通遍程序框图中的所有控制路径，而不是随意的由程序变量现行的值来执行控制路径。

forced programming 最佳程序设计 同 minimal access programming。

force feedback 力反馈 (1)采用电信号或液压信号来控制机器人末端装置的传感方法。(2)在虚拟现实系统中进行操作时，向深部感觉提供动作时的反作用力信息的过程。

force finite element method 力有限元法 有限元方法的一种。求解弹性力学问题时，把弹性体的应力(而不是位移)作为未知量。力学上对应于余能原理。

forceload 人工装入 在人工控制下，而不是在程序或固件的控制下装入系统软件的过程。它用于大多数微型计算机和许多小型计算机中。

force of impression (打印)压力，压印力 在打印中，当打印一个字符时，打印头撞击纸的力。

force quit 强制退出 (1)遇到计算机死机或崩溃时采用的操作，这将失去尚未存盘的信息。(2)在 Macintosh 机器中，强制退出将返回到 Finder，从 Finder 可以进入其他的应用程序来存储打开的文件；但若强制退出无效，则只能按复位开关或者关机，损失未存盘的信息。

force reduction 强制约简 通过简化算法或采用硬件，来提高低速运行程序的运行效率的一种方法。典型的例子是对未排序的文件进行索引或将乘法指令转换为移位操作。

force sensor **力传感器** 一种能够测量由机器人在其手腕上施加的力和转矩的传感器。这样的传感器群通常有六个或更多的传感器，它们用张力计量并带放大器。计算机处理将三个正交坐标上的力矩读数转换成任意坐标系统中的张力读数。当力传感器安装在工作面，而不是在机器人手腕上时，这样的传感器称为支座传感器。

force start **强制初启** 某些操作系统的一种重新初启方式，其目的是恢复关于已关闭的假脱机文卷的信息，而这些信息先前存储在检查点存储柱面上。然而，所有不可读的或无效的假脱机文卷信息都将被忽略。比较 checkpoint start，cold start，warm start。

forcing data delivery **强制数据递交** 为了适应交互式用户应用，TCP(传输控制协议)提供的一种推进式操作，利用缓冲区可以改善网络吞吐量，但也影响交互式应用。推进式操作不等缓冲区填满就把数据推出并发送出去，数据从交互式终端发出时，应用程序就在每次击键之后执行一次推进操作。在写一个字符或一行字符后，应用程序执行一次推进，强制发送，把字符显示在终端上。

for clause **循环[条件]子句** 在程序设计语言中，以for开头的子句作条件子句，其形式通常为for(条件表达式)。

Ford-algorithm **Ford 算法** 一种求解最短路径问题的树结构算法。即求解一个有向图是否存在从开始节点到其他各节点的最短路径。与 Dijkstra 算法相反，Ford 算法的前提条件是有向图中必须不包含长度为负的环。

Ford-Fulkerson's algorithm **福特-福克森算法** 一种求网络最大流的算法，也称"标号法"。它从一个已知流(如零流)开始，递推地构造出一个其值不断增加的流的序列，并且终止于最大流。在每一个新的流作出后，如果存在可增路径，则用标号程序求出它，并在找到的可增路径上扩大流量，而以这个修改过的流作为序列的下一个流。如果不存在可增路径，则算法终止，序列中最后一个流即为最大流。

forecasting model **预测模型** 在公司整体模型的管理部分中，该模型描述它与市场模型的需求和定价模型的关系。

foreground **前台** (1)多道程序设计中的一种工作环境。在此环境下，计算机执行高优先级程序。当前台无程序时，允许运行后台环境下的程序。在前台环境下的作业为高优先级的实时作业，称为前台作业。监督控制前台操作的程序称为前台监控程序。内存中存放前台程序的区域称为前台区。(2)在某些交互系统中，诸程序换进换出主存储器，以便各终端用户能分享处理时间的环境。比较 background。(3)在图形用户接口中，前台窗口是当前活跃的窗口。(4)网络控制器存储器中的一个区域，包含高优先级应用程序。比较 background。参见 foreground image，foreground process，multitasking。

foreground/background mode **前台/后台方式** 程序能以前台和后台两种方式执行的计算机系统。前台可在用户控制下执行。当微处理机监控系统程序时，就说它处于前台方式。所有前台方式操作均由中断启动。处于后台方式的程序可根据分配给计算机系统的时间来执行。微处理机往往有80%的空闲时间，所以操作员利用此时间执行与正常操作完全无关的操作。当作业处于后台方式时，用户通常只能控制检查程序状态(运行、等待和打印等)或终止作业进行。

foreground/background processing **前台/后台处理** 当高优先级程序没有使用系统时，自动执行较低优先级的程序，否则，不执行低优先级的程序。这种过程称为前台/后台处理。当输入设备请求前台处理时，立即暂停处理后台程序，以便及时处理输入设备的中断请求。

foreground/background program **前台/后台程序** 计算机经常有80%的空转时间，因此可以利用这些时间去进行与正常工作全然无关的操作。一般把这类次要程序的操作称为后台方式操作。当系统程序受监控程序的控制时，可以认为计算机处理于前台方式操作。所有前台方式操作都由中断启动。

foreground image **前景图像** 显示图像在处理过程中频繁地进行改变的那些部分。也称"动态图像"，与其相对的概念是背景图像。

foregrounding **前台处理过程** 在兼有成批和联机功能的数据处理系统中，联机处理作业具有较高的优先级，系统对该作业优先进行处理的过程，称为前台处理过程。

foreground-initiated background job **前台初启的后台作业** 在某些交互系统中，由远程终端递交给前台调度并在后台执行的作业。

foreground job **前台作业** (1)高优先级作业，通常为实时作业。(2)交互式作业或图形显示作业，其运行时间不确定。在运行期间，将与本地端或远程端上的一个或多个用户建立通信联系。(3)某些交互系统中，任何在主存交换区内执行的作业。如，一个命令处理程序或一个端用户程序。比较 background job。

foreground partition **前台(分)区** (1)在某些操作系统中，虚拟存储器内的一块空间，有些程序将在系统的控制下在该空间执行。根据补缺原则，一个前台分区总是比后台分区具有更高的处理优先级。(2)内存储器中存放前台程序的区域称为前台区。它由要求迅速响应的程序(如实时应用程序)所占用，其使用资源的优先权较高。

foreground process **前台进程** 在操作系统中，一

个必须在另一个命令输入之前完成的进程，对应于 background process。

foreground processing 前台处理 (1)在多用户系统中，处理最高优先级程序的一种方法。它通常用于多道程序系统或分时系统中。在这些系统中，各道程序都要使用主存储器，通过前台处理可以把主存储器使用时间分配给各个用户。在许多应用中，所有的命令处理程序均采用节约主存储器的前台处理。通过中断处理，可以降低前台作业的优先级，使之转为后台处理。(2)兼有成批和联机功能的数据处理系统。在这种情况下，联机处理的应用比成批处理的应用具有较大的优先级，成批处理的应用可由于联机处理的需要而中断。成批作业运行在"后台"，而联机应用是"前台"运行。它由优先级决定，较高优先级作业常常在"前台"处理。参见 background program 和 interrupt。

foreground program 前台程序 (1)多道程序设计中的高优先级程序。(2)某些交互系统中，已经换入某主存区域执行的程序。

foreground region 前台区 同 foreground partition。

foreign address 外部地址 在 ATM(异步传输模式)网络中，指与任何给定节点地址不相符的地址。

foreign agent (FA) 外地代理 是移动用户非归属网络的路由器。当移动用户漫游到某个外地子网时，为了完成继续通信，需要通过外地代理(或直接)向归属网络的归属代理(HA)登记一个当前的转交地址(COA)，以便归属代理根据这个转交地址能够找到现在所在的网络，这个过程就是向归属代理的注册过程。注册过程完成后，就可以通过归属代理和外地代理之间建立的隧道来保持通信。参见 home agent (HA)。

foreign attachment 外局连接 不是由电话电报公司安装到电话通信系统的设备，都称外局连接。

foreign exchange (FX) 外局交换(电话) 如果一个用户所呼叫的另一个用户不在本电话局管辖的范围之内，则必须经过中继线和由另一电话局所提供的用户线才能接通，这样的一种线路交换过程称为外局交换。

foreign exchange line 外局交换线 连接不同地区的电话交换中心的线路。

foreign exchange office (FEO) 外部交换局 一种话音接口，是中央交换局交换机和数字电话交换系统之间的一个中继端连接。相对于中心局而言，它模拟一台专用自动交换分机(PABX)，可实现一部普通电话机与一部多路复用器的连接。也就是直接以模拟方式与电话局的程控交换机相连的接口。

foreign exchange service 外局交换服[业]务 将某客户电话连至平时不服务于该客户所在地的电话公司中心局的一种服务。

foreign exchange station (FES) 外部交换站 一种话音接口，是数字电话交换系统和普通老式电话业务(POTS)之间的一个线路端连接。它模拟专用自动交换分机(PABX)接口(或中心局的用户接口)，可实现一部普通电话机与一部多路复用器的连接。简单的说 FES 是直接与普通模拟电话机、传真机、IP 电话相连的接口。

foreign instrumentation signals intelligence (FISINT) 外部操作信号情报 信号情报的一种。指从外部宇宙空间、地面和地表下的测试与运算相关的电磁辐射中获取的情报信息。也指由其他非预期的接收者所截获的外部操作信号而得到的技术信息和情报信息，外部操作信号包括从遥测、导航、电子询问等获得的信号。

foreign key 外键(码)，外部键 数据库关系中的一个属性，指一个列，其数据值对应于同一个数据库中的另一个关系中是主键的值。外键表示的是两个关系之间的逻辑关系，外键字段的名字与参照关系主键字段的名字是否相同是无关紧要的。参见 referential integrity rules。

forest 森林 相互信任的一个或多个活动目录树形成的小组。森林中的所有树共享一个模式、配置和全局目录。当一个森林包括多个树的时候，所有的树不是形成连续的名字空间。与树不同的是，森林不需要一个可分辨的名称(DN)。森林作为一组交叉引用的对象和成员树之间的信任关系而存在。参见 tree，global catalog。

forest resource information 林业资源信息 表征林业资源学科研究对象、理论、方法、数量、质量以及开发、利用、保护等的信号和消息。

forged detach requests 伪造脱离请求数 一种 NetWare 服务器环境的服务，它显示伪造的中止连接请求的数目，即请求的源方地址与服务器为此连接指定的地址不符。这种请求将被忽略。

forgiving system 宽容系统 一种便于用户操作使用的系统。它容许无经验的用户发生操作错误，而不至于产生严重后果。

FORK 派生指令 某些多处理机的一条并行控制指令。它通常与汇合指令配合使用，它可以有几种不同的格式，例如：

FORK A
FORK A,J
FORK A,J,N

式中 A 是派生出的新进程，N 是需要汇合在一起的任务数量，J 是对 N 进行计数和测试的计数器地址。派生指令应完成以下功能：①根据所附标记符 A 派生出与 A 对应的新进程，启动和继续执行所必需的有关信息；②执行派生指令的原进程，使它继续在原来的处理机上运行；③将空闲的处理机分配给由派生指令派生出的新进程。若没有处理机可以使用，则让该进程排队等待。

fork 分支，分叉 (1)在某些操作系统中，指建立

F

和启动一个子进程。(2)在苹果 Macintosh 的操作系统中,文件管理器识别的文件中两部分之一。一个 Macintosh 文件具有一个数据分支和一个资源分支,一般用户建立的文件位于数据分支中。资源分支中通常包含面向应用程序的信息,如字体、对话框、菜单等。参见 data fork, resource fork。

fork instruction　派生指令　一种指令,导致一个与该指令的执行并行的操作(通常为数据传输操作)发生。

fork level　分叉级　由设备驱动程序使用的中断级。

FOR loop　FOR 循环　程序设计中的一个语句,对一段语句执行指定的次数,通常用一个计数变量控制执行次数。比较 DO loop。参见 iterative statement, loop。

form　格式,表单,范式　(1)程序的输出格式,参见 format。(2)表单是一个图形用户界面(GUI),一种结构化的窗口、方框或者自含的元素表示,具有预定义的输入和改变信息的区域。(3)范式,在程序设计中,一种元语言,用于描述语言的语法。参见 Backus normal form (BNF)。

formal address　形式地址　只具有地址码的形式而不直接对应一个实际存储单元的一种代码。形式地址只有按照一定规则变换后才能得到实际地址。对于某些操作的形式地址也可和地址完全无关。例如在直接操作型指令中,形式地址本身便是操作数;而在移位指令中,形式地址则表示移位次数。

formal analogy　正规类推　类推预测法的第二阶段。在第一阶段随偶类推之后进行,对随偶类推的关键特点作出分析。了解其相似性在新环境中的可用性。参见 casual analogy。

formal argument　形式变元　参见 formal parameter, dummy argument。

formal development method　形式开发方法　程序设计方法学中的一种方法,由下列步骤组成:①首先用形式规范描述系统;②对形式规范作语法正确性和语义一致性的自动检查以证明是合适的;③确认规范,即证明规范所描述的系统满足开发者的要求,还包括如安全性和容错性等性质的形式证明;④规范用于指导系统的实现(程序设计);⑤通过证明程序对应于被确认的规范的正确性去验证程序;⑥有选择地用测试复查证明。

formal grammar　形式文法　(1)在计算机科学中,形式语言是某个字母表上一些有限长字串的集合,而形式文法是描述这个集合的一种方法。形式文法之所以这样命名,是因为它与人类自然语言中的文法相似的缘故。形式文法描述形式语言的基本想法是,从一个特殊的初始符号出发,不断的应用一些产生式规则,从而生成出一个字串的集合。产生式规则指定了某些符号组合如何被另外一些符号组合替换。参见 formal language。(2)语法规则的集合。规则采用特殊符号写成,用尖括号〈〉将语法部分的名字括起来;随后用::=表示"其范例是";紧接着就是其具体范例的表达式或符号。如果有多个范例,则在两个范例之间用直棒符号"|"分开。

formal information system　正式信息系统　建立在由组织结构图表示的组织机构基础上的信息系统,其中的信息是来自上层的指示、备忘录和报告,并且正式向实际用户传播。这种结构也允许沿着命令传播链向上反馈信息。

formalisms　形式论　每一类离散时间、离散事件和微分方程的模型,对于说明系统均有相应称为模型的形式论的简化常规。

formalization　形式化　形式化常指这样一个过程:用一种人为的特定语言(称为形式语言)将一个理论系统描述为由一组公理所规定的形式演绎系统。例如集合论在形式化后生成所谓公理化集合论形式系统。

formalized software specification method　形式化软件规格说明方法　将软件规格说明形式化的方法。根据其采用的规格说明语言的形式化程度不同,大致分为三大类:形式化方法、半形式化和非形式化方法。根据开发需求规格说明的方式,可分为两类:定义性方法和构造性方法。使用形式化软件规格说明的优点是:能在软件开发早期检查规格说明的一致性和完整性;可对软件进行形式化的正确性说明,保证可靠性;可按某些规则把形式化的规格说明变换成目标软件,提高软件的生产率。对于形式化的可执行的规格说明,可把需求规格说明作为系统的原型。

formal language　形式语言　(1)形式系统所使用的语言。它是一种无歧义的人工语言。(2)程序设计语言或自然语言的抽象数学模型。严格地讲,一个形式语言是某个字符表中所有有限长符号串的集合的一个子集。参见 formal grammar。

formal language and automaton　形式语言与自动机　理论计算机科学的一个分支,研究形式语言的结构、性质以及相互关系,形式语言与自动机的关系,自动机的等价性等问题。有限自动机和文法是形式语言的两个主要表示方法,因而在形式语言的研究中处于重要地位。形式语言作为程序设计语言和自然语言的数学模型为程序设计语言的设计建立了理论基础,提供了有力的工具;有限自动机作为形式语言的识别器被广泛应用于编译程序的语法检查器中。

formal language theory　形式语言理论　用数学方法研究自然语言(如英语)和人工语言(如程序设计语言)的语法的理论。它只研究语言的组成规则,不研究语言的含义。表示形式语言的主要方法有文法,L-系统和自动机。常见的应用有:程序设计语言的分析、半群理论及数生成系统。讨论的典型问题有:语言的可判定性、语言类闭包性质等,其中许多问题是有待进一步研究的。例如,上下文敏感语言对于补运算是否封闭以及下推自动机等价性是否可判定等。这个理论目前已扩展到包括无穷串、树和图等领域。形式语言理论在自然语言的理解和翻译、计算机语言的描述和编译、社会和自然现象的模拟、语法制导的模式识别等方面有广泛的应用。

formal logic 形式逻辑 (1)着重在形式方面,而不是在内容上对各种命题之间可容许的关系进行的研究。形式逻辑要求人们在推理过程中使用概念和进行判断时要保持同一性和确定性,不能自相矛盾,还必须有充足理由。这些是正确思维的必要条件。(2)有效命题的结构及形式的研究,不考虑命题中各项的含义。(3)从思维的一个方面来研究概念、判断、推理等思维工具的一门学科。其目的在于帮助人们获得推论的知识。形式逻辑要求人们在推理过程中使用的概念、判断要保持同一,不要自相矛盾,并必须持有充足理由,这些称为正确思维的必要条件。(4)研究思维的形式结构及规律的科学。它不考虑思维的具体内容,只从形式结构方面研究概念、陈述、推理和论证及其正确联系的规律。其基本规律有同一律、矛盾律、排中律和充足理由律等。

formal message 形式报文 一种为便于传输、处理和分配而对格式作严格控制的报文。

formal model 形式模型 (1)基于公理的对显示定义术语和关系的推理命题的表示。(2)用形式化方法来描述现实世界问题的各种成分所构成的模型。该模型必须满足:①模型必须是完备的,必须模型化地表示该问题的所有基本方面;②模型必须是可推断的,从模型中推出的结论必须与观察该问题本身得到的结果相一致;③模型必须是合适的,不允许模型中有谬误的或有不合适的形式推理。

formal model description 形式模型描述 用集合论的语言来表征模型。

formal node name 正式节点名字 在 TCP/IP(传输控制协议/网际协议)网络环境中,为网络节点所起的包括机器名和域名的正式名字。也作"official node name"。参见 node name。

formal parameter 形(式)参(数) 程序设计语言中的一种语言对象,定义过程时所用的参数。每当调用过程时,形式参数要代之以实在参数或被赋以实在参数的值。参见 actual parameter。

formal parameter list 形式参数表 写于过程首部,由形式参数排成的表。

formal proof 形式证明 (1)完善而可信的数学论证,它为每个证明步骤、每个理论或一套理论的真实性提供充足的逻辑证明。(2)逻辑系统中的一个公式序列

$$\alpha_1, \alpha_2, \cdots, \alpha_n$$

其中每个 α_i 或者是公理,或者是由 $\alpha_1, \alpha_2, \cdots, \alpha_{i-1}$ 中若干个通过使用某条推理规则得到的。这个序列称为是 α_n 的一个证明,又称 α_n 是可证的,常用 $\sum 1-\alpha_n$ 表示之。

formal reasoning 形式推理 (1)不考虑知识内容而只依据形式结构关系进行的推理。它曾起过一定作用,但目前已遇到相当麻烦的问题,即在非单调性问题及处理经验不是绝对肯定的事实或规则的处理上,纯形式推理是不适用的。在知识及其处理上,纯形式推理未能使用知识有"含义"的特点是其最大的缺点。(2)使用简单逻辑作出有关目标推断的过程。

formal security policy model 形式化安全策略模型 安全策略的数字精确描述。模型必须定义和表示系统初始状态、状态转换方法以及系统安全状态。如果系统的初始状态满足安全状态的定义,且其他所有前提条件都成立,则系统所有未来的状态将是安全的,对此,模型必须给出形式化证明,以满足可信计算机的基本要求。

formal semantic 形式语义 设有两个形式系统 A, B。若能找到一同态映射,把 A 中各成分唯一地映射为 B 中各成分,且保持推导规则不变,则可认为 B 是 A 的一个解释或形式语义。用这种方法研究计算机语言的形式语义有多种途径,其中最著名的有操作语义、公理语义、标志语义和代数语义。

formal semantics 形式语义学 程序设计理论的组成部分,以数学为工具,运用符号和公式,严格地定义程序设计语言的语义,使语义形式化。其基本方法是将程序加工数据的过程及其结果形式化,从而定义程序的语义。可分为四大类:操作语义学,指称语义学,公理语义学和代数语义学。

formal semantics language 形式语义语言 一种编译程序中使用的语言程序。

formal specification 形式规格说明 (1)根据已建立的标准书写并经获准的规格说明。(2)在正确性证明中,对某系统或系统组成部分的外部可见行为用形式语言进行的描述。

formal specification of protocol 协议形式规范 采用形式化方法给出所要说明协议的形式模型。用自然语言对协议模型进行描述虽比较容易理解,但是不如形式语言的描述更简练、准确、无多义性,便于协议的验证与实现。由于协议大多采用层次结构定义,因此在形式规范结构中也往往采用层次结构,并对每层协议的服务和结构做出规定。服务规范仅定义该协议与用户相互作用的一般形式,即仅抽象地描述该层的输入输出特性;而结构规范只抽象地描述协议的内部结构及其与相邻层的关系。协议形式规范有许多方法,大致可分为转移式模型、程序语言模型以及这两者相结合的混合式模型。

formal system 形式系统 (1)形式系统是字母、字的集合及由关系组成的有限集合。一理论系统在

F

形式化后常称为该理论系统的形式系统。例如一阶谓词演算形式系统、公理化集合论形式系统等。它通常由以下几个部分组成:①形式语言;②逻辑公理及推理规则;③非逻辑公理。对同一理论系统,由于采用不同的语言,不同的非逻辑公理,可能得到不同的形式系统。例如公理化集合论形式系统就有 ZF 系统,BG 系统等。(2)由字母表、一组称为公理的字(语句)以及称为推理规则的一组有限关系式组成的系统。该系统只进行符号之间的推演,不考虑其含义。其例子有:集合论,布尔代数,命题和谓词演算,巴科斯范式等。对程序设计语言的设计、实现和研究起着十分重要的作用,可用来表示程序设计语言的语法和语义。

formal testing 形式化测试 根据已批准的测试计划进行的测试活动。测试完毕后提供结果报告。

formal verification 形式化验证 使用形式化证明方法验证系统的形式化规范说明与形式化安全策略模型相一致,或者证明规范说明与程序实现相一致的过程。

formant 共振峰 人类语言涉及的一段频率范围,对元音语音、声音能量集中的频带称为共振峰。共振峰的灵敏度在语音识别和语音合成中十分重要。

formant frequency 共振峰频率 语音中声能波峰的频率,它对应于口腔声音共振的频率。

formant information 共振峰信息 形成语言的结构,用于处理口腔和声道如何运动来发声。

formant vocoder 共振声码器 一种声码器,其音频通道滤波器用频谱峰值或共振时的频率来衡量。

format 格式(化) (1)在国际标准化组织开放系统互连(OSI)七层模型的第六层(表示层)中,数据单位的语法表示形式。例如,信息在存储器中的安排,字符在打印纸上的安排,数据、线条和标点符号在显示屏上的安排等。(2)数据单元的结构或者外观,如文件、数据库记录中的字段、字处理软件的文档,文件具有各种存储格式。(3)磁盘存储空间的组织形式,磁盘格式通常是磁道、扇区等。(4)格式化磁盘,以建立磁道和扇区,为磁盘的使用作准备,由操作系统或者专用工具软件完成。如果磁盘出现坏区,或传染上不能清除的病毒,格式化是删除掉坏区和清除病毒的一种有效方法。

format bar 格式栏 应用程序中的一种工具栏,用来修改当前文档的显示格式。例如改变字体的大小或类型。

format character set 格式字符集 一种字符集。用以提供线段、角度、交点等图形,可用来打印数据四周的列线或方框。

format check 格式检验 用于确定数据是否符合指定格式的检查。

format control 格式化控制 能使微型计算机在显示屏上写出保护数据的控制方式。操作人员可以把数据填入空白(没有保护的)区,但不能改变保护数据。

format data model 格式化数据模型 按照图论观点来研究和表示的数据模型。通常指层次数据模型和网状数据模型。其中用有根定向有序树来描述记录间的逻辑关系的,称为层次数据模型;用有向图来表示的,称为网状数据模型。格式化数据模型是数据库系统中比较早也是最常用的数据模型。它与关系模型的不同主要表现在用户描述数据逻辑结构时,必须事先定义数据的存取路径和物理组织,而关系模型则不受这种限制。此外,对格式化数据模型数据库的设计要全凭设计者的经验和实践。

format decision 格式选定 确定怎样安排一页的格式。

format definition 格式定义 某些计算机系统的交互式数据定义效用程序中,描述一组相关字段(如文卷中的一个记录)内数据的内容和特征的信息。格式定义包含在数据词典内。

format description statement 格式描述语句 用于规定计算机系统外部介质上输出数据格式的语句。

format designator 格式标志符 指令字中使用的指定建立某种格式的字母或符号。

format detail 格式细目 在格式分类中,指定某专门系统使用的字及其长度。

format display 格式显示 在文字处理系统中,终端或打印机按指定格式显示或打印。

format effector (FE) 格式控制符 一种用于定位打印数据、显示数据或记录数据的控制字符。同 layout character。

format identification (FID) field 格式标识字段 SNA(系统网络体系结构)中位于每个传输标题中为指示该传输标题格式的字段,也就是指明某些字段是否出现。传输标题的格式根据它们所经过节点类型的不同而有所不同。有六种 FID 类型:FID0,用于相邻子区节点之间的非 SNA 设备的通信,当任一个或两个节点都不支持显式路由和虚拟路由规约时。FID1,用于相邻子区节点之间的 SNA 设备的通信,当任一个或两个节点都不支持显式路由和虚拟路由规约时。FID2,用于一个子区节点和一个相邻的 PU(物理单元)2 型外围节点之间的通信。FID3,用于一个子区节点和一个相邻的 PU1 型外围节点之间的通信。FID4,用于相邻子区节点之间的通信,当两个节点都支持显式路由和虚拟路由规约时。FID5,用于在相邻子区节点之间传送某些命令,如传输组控制命令,当两个节点都支持显式路由和虚拟路由规约时。

formation of resource information 资源信息产生 资源的获取和利用首先依赖于资源信息,是资源对象本身属性的表征。从古人类开始,资源信息就以各种方式被人类记录和传承。

format item 格式项 (1)格式中所包含的元素,包括数、字符、字符串、逻辑数、标题、标准格式等。(2)在编辑中，说明数据流中数据项的表现形式，或是用于控制印刷格式的元素。格式项常用于 PL/1 语言中。

format length **格式长度** NetWare 统计服务之一，包括格式控制字符串的长度，用于打印与记账或记事簿有关的注释记录。

format line **格式行** (1)某些计算机系统中，格式化报文显示内报文正文前面的行。(2)某些计算机系统的源输入程序中，源文件内诸字段名字的缩写，其显示位置直接位于源文件之上。当执行 F(格式)行命令时，格式行即被显示。

format list **格式表** (1)用来编排输入输出数据格式的表。(2)在 PL/1 流模式数据传输中，一个指定数据项在外部媒体中格式的表，对应于 data list。

format loop **格式(控制)环** 也称“纸带(控制)环”，为一环形纸带(有时也为塑料带)，其上穿有孔，用于控制打印机进纸。对特定作业将按其格式要求在带上穿上一系列不同组合的孔，在执行该作业时将此带装在读带机或打印机上。

format member **格式成员** 某些计算机系统中的一个装入成员，含有按程序内的 S 和 D 说明生成的显示格式信息。

format mode **格式方式** 在某些阴极射线管显示终端上，具有双重亮度显示数据的方式。用于区分前景数据和背景数据，并用闪烁区来强调重要数据信息。这种终端上装有标记键，用于移动光标。

format primary **格式初等项** 国际标准化组织推荐的 ALGOL 语言中用于构成格式行的基本单位。由一个或多个格式项组成，可加重复因子。

format program **格式化程序** 划分磁盘存储单元的程序。它的主要作用是格式化磁道，将其划分为记录段或区的形式，并标识段号或区号的起始点。第一次使用的软盘，必须格式化后，才能存储记录信息。

format record **格式记录** 在光字符阅读机中，已加载至机器上，用以提供特定的文件信息、行信息、字段信息以及输出记录说明的记录。

format recording **格式记录** 由于存储等的需要，记录在磁性媒体上用于描述格式的有关参量。

format selection **格式选择** 在字处理中，为格式化对程序进行的选择。

format selector **格式选择程序** 某些计算机系统中，一种用户定义的控制语言或高级语言写的程序。当某应用程序没有为正在加入某逻辑文卷成员中的记录传递记录名时，由格式选择程序决定该记录在数据库中的存放位置。

format set **格式集** 在某些信息管理系统的消息格式服务中，一个格式定义与此格式定义有关的所有消息定义和由该格式引用的任何表格。

format sheet **格式表** 某些光标阅读机中一个用于选择阅读参数的表格。在文件处理期间，读控制微程序将使用这些阅读参数。

format specification **格式说明** FORTRAN 语言中的输入输出介质上的数据形式的说明。即格式语句 FORTRAN ($q_1\ t_1\ z_1\ t_2\ z_2 \cdots t_n\ z_n\ q_2$)中的($q_1\ t_1\ z_1\ t_2\ z_2 \cdots t_n\ z_n\ q_2$)。

format statement **格式语句** 用于描述计算机输入或输出格式的语句。在不同的语言中，格式语句的规定也不一样。

format storage **格式存储器** 按照要求，将预先定义好的格式数据存入存储器中，这样的存储器称为格式存储器。存储在里面的格式可以由类型识别子程序或键盘命令调出。

format string **格式串** 在国际标准化组织推荐的 ALGOL 语言中，为规定输入或输出介质上的信息形式的符号串，两边用行引号括起来，可空。

formatted capacity **格式化容量** 磁盘格式化后可以使用的字节数。最终的格式化容量因格式结构不同而稍有所不同。

formatted diskette **格式化软磁盘** 一种已写入磁道和扇区控制信息的软磁盘，不管是否已经存有数据。比较 unformatted diskette。

formatted display **格式化显示** 在显示器上，已经被用户规定一个或多个显示字段属性的显示。

formatted DSCB **格式化数据集控制块** 在某些通信系统和某些信息系统中，已经过汇编、已通过程序确证、并存储于映像文卷中，以等待子系统支持服务程序来处理的一组数据集定义语句。

formatted dump **格式化转储** 能够识别和找出某些数据区的一种转储方式。

formatted image **格式化图像** 某些操作系统中的一种显示图像，其中的各区域已由出现的属性字节予以定义。比较 unformation image。

formatted information **格式化信息** 一种将信息分成离散的单元以利于访问和处理的安排，对应于 narrative information。

formatted input/output **格式化输入/输出** 某些操作系统中的一种输入/输出过程，在此过程中数据以顺序或直接的方式传入格式化记录或从格式化记录传出。数据的格式化由一个 FORMAT(格式)语句控制或一个表引导的输入/输出语句的输入/输出表来控制。

formatted message **格式化报文** 某些计算机系统中一种两行的显示，其中的第一行(格式行)提供有关报文的信息，第二行(报文正文行)才含报文本身。

formatted program **已格式化程序** 某些通信系统中，已经过汇编和已通过程序确证检查，并已储存于映像文卷中，以等待子系统支持服务程序处理的一种程序。

formatted record (已)格式化记录 (1)某些操作系统中的一种记录,包含在这种记录中的数据编码方式既能满足机器表示的要求,而且在打印出来时也能被程序员读懂。(2)在FORTRAN语言中,利用格式语句传送的记录。

formatted request (已)格式化请求 同field-formatted request。

formatted system services (已)格式化系统服务程序 一种能提供某些系统服务的程序,在接收到诸如INITIATE(初启)或TERMINATE(终止)这样的字段格式化命令之后执行。比较unformatted system services。参见field-formatted request。

formatted text 格式化文本 包含有各种代码的文本,这些代码用于描述字体变化、页眉、页脚、黑体、斜体和其他页面与文档属性。文字处理程序创建的是格式化文本。

formatter 格式化(磁盘)程序 (1)能将格式不标准的文本按规定格式重新进行编排的程序。(2)划分软磁盘格式的程序。

formatting instructions 格式化指令 字处理中某种风格所有的格式化指令,用于按该风格来格式化文本。

form control table (FCT) 格式控制表 在某些系统中,一个包含对从宿主系统中通过远程作业入口(RJE)会话接收的输出数据流具有专门处理需求的对象。

form document 格式文档 一种将数据文档合并到主文档中形成的打印文档,即将主文档的标准文本和数据文档中的不同的数据或文字合并起来,得到一种常用的格式化文档。格式化信件和邮件标签就是两个通常的例子。

formed character 成形字符 一种不是由点阵等构造而成的字符。

formed language 格式语言 要求用一定书写格式编写程序的语言。一般汇编语言和BASIC、FORTRAN都是格式语言,它们都要求每行程序符合一定的格式规定。新的高级语言都已不再用这种形式。

form factor 形状因数 也称"形状因子"。在对线圈的电感进行计算时,考虑线圈形状的一个因数。

form feed 进纸,换页,格式馈送 (1)控制打字位置移到下一格或下一页称为格式馈送。在ASCII(美国信息交换标准代码)中,格式馈送用十六进制数0C表示。(2)计算机打印纸的边缘具有输送孔,以便将纸送进打印机。有时用一个纸卷控制环控制表格纸的馈给。参见feed hole。(3)文字处理过程中的一种功能,将印字点前移至下一帧页面预定行上的相同字符位置。

form feed character (FF) 换页(字)符 (1)一种格式控制符,使打印位置或显示位置移至下一张格式纸、下一页纸或相当媒体上预定的首行处。(2)在文字处理中,同page end character。(3)国际标准化组织的字符编码中的一种格式控制字符,该字符编码为十六进制0C,其含义是使打印机(或显示器)的当前印刷(或显示)位置进至下一页的预定行上的相同字符位置。

form-feed printer 换页打印机 具有自动换页功能的打印机。

form field 表单域 表单中的一个数据输入域。表单域可以是文本框(用户可以往里面输入数据)、复选框、按钮或下拉菜单。

form flash 格式投影[闪现] (1)格式套叠的显示。(2)计算机绘图中,用作背景的图案的投影,如报表格式、网格或地图。(3)在显示系统中,显示器件的显示面上的格式重叠的投影,如栅格的安放或纤维镜面板上数据格式的投影。

form language 形式语言 利用数字符号,严格地依照一定的规则来形式地表达的语言,这样形成的表达式被称为形式语言。这种语言需定义一套字符、一套组成规则以形成字或表达式,不仅符号串之类是形式语言,而且谓词演算的合式公式也是形式语言。

form management 格式管理 保证不存在不需要格式的管理功能。

form mode terminal 表格式终端 内部装有微处理器、功能相当完善、可以存放表格的终端。

form name 格式名 NetWare打印服务的一种,标志将要装入文件服务器的打印格式名称,此域仅能引用。

form overlay 形式覆盖,格式套叠 作为背景图像使用的一种图案,如报表表格、网格或地图等。

form representation 表格表示法 把数据库表示成各种表格的方法。对关系数据模型来讲,一个表格就是一个关系。关系运算就是对表格进行处理,可以把一个表格分成几个表格,也可以把几个表格合并成一个表格,关系运算的结果也是表格。

forms control 格式控制 管理程序的一种特定功能,其任务是防止过多的或不需要的格式用于计算机系统中。

formula manipulation 公式处理 计算机处理各种数学公式的过程,如多项式因式分解、公式的不定积分和微分等。处理公式的软件系统称为公式处理系统。公式一般在机内都以表的形式表示,所以大多数公式处理系统都采用LISP和C语言来实现。

formula manipulation language 公式处理语言 计算机程序设计语言中用来处理公式的语言。比较有名的有FORMAC,FORMAL语言等。

formulas 参数表 在生产过程管理中,指生产中的原材料配比、控制参数等的集合。参见 recipe，unit descriptors，activity。

formula translation　公式翻译[语言]　同 FORTRAN。

FOR/NEXT statement　FOR/NEXT 语句　BASIC 语言中的一种循环语句，用于执行规定次数的循环。当完成规定的次数后，循环自动结束。

for statement　循环语句，for 语句　一种常见的循环语句(重复语句)，用于实现可以估算重复执行次数的循环，一般形式是：

for i=〈初值〉to〈终值〉step〈步长〉do〈语句〉

for 语句使用一个循环控制变量(上式中的 i)，以控制循环的执行。对 for 语句的执行是①先求出〈初值〉、〈终值〉、〈步长〉三个表达式的值，设为 a，b，c；②将 a 赋给 i；③将 i 的值与 b 作比较，若 i≤b 则执行〈语句〉，否则结束 for 语句；④将 i 的值增加 c，之后再转到③。

FORTH language　FORTH 语言　1969 年由 FORTH 公司研制的一种用于图像处理、数据库管理、数据采集及分析、过程控制方面的语言。它是一种标志着第四代计算机语言诞生的一种高级语言，代表着一场面向用户和面向自然语言的革命。FORTH 采用逆波兰表示并用堆栈定位，是一种词典式结构语言，一个程序由存于词典中的一串词汇构成，用户可以在词典中已有词汇的基础上定义自己的词汇。因此，FORTH 灵活性非常强，是一种可扩充语言。FORTH 的通用性非常好，且它的程序开发时间是其他高级语言的 1/2，是汇编语言开发时间的 1/10。FORTH 结构紧凑，执行速度快，占用内存少，易于移植。FORTH 目前已在多种小型和微型计算机上实现，如适用于小型机的 Mini FORTH，适用于微型机的 Micro FORTH 和 Poly FORTH。

FORTRAN language　FORTRAN 语言　1957 年由 IBM 公司开发，用于数值计算和工程计算的高级语言，formula translator(公式翻译语言)的缩写词，是最早和最通用的高级语言之一。FORTRAN 是一种分块并列结构面向过程的高级语言，非常适合于解决工程技术和科学计算问题，与通常的数学表达式形式非常接近。其主要优点是标准化程度高，便于程序互换，易于优化，计算速度快。现有标准版本是 FORTRAN 77 和 FORTRAN 90。这种语言目前已广泛流行，不再是专用于科学计算机中进行程序设计的语言，越来越多的商业系统、企业单位用 FORTRAN 语言来编制商业和企业的管理程序。FORTRAN 语言主要由四种语句组成：算术语句、控制语句、不可执行语句和输入输出语句。它使用三大类共 49 个基本字符，包括 26 个大写英文字母，10 个阿拉伯数字及其他专用字符。

fortuitous　偶发[然]的，不规则　通信中，由于偶然的外界影响而形成噪声的现象。

fortuitous conductor　不规则导体　任何可以为信号提供不规则路径的导体。例如导线、金属电缆等属不规则导体。光缆和聚氯乙烯管等不在此例。

fortuitous distortion　不规则失真[畸变]　由对通路或设备有影响的偶发因素所引起的时间畸变。这种时间畸变使得对任何特征瞬时的单个畸变度都不能预测。参见 distortion。

forum　论坛　一种可由在线服务或 BBS(电子公告牌系统)提供的媒体。用户可以通过张贴文章或回复别人文章的形式对某个主题进行讨论。

Forum of Incident Response and Security Teams (FIRST)　事件响应与安全组织论坛　FIRST 是一个国际性的计算机事件响应组联盟。该论坛成立于 1990 年，办事处设在美国加利福尼亚。论坛由一个计算机安全事件响应组网络构成，各个组自发地一起协作，处理计算机安全问题及其预防。FIRST 的主要目标是为参与的组织提供一个相互协作的论坛，促进当前信息的共享，解决共同关注的问题，规划未来的战略。

forward　正向，前推　(1)在通信系统中，两站或两个以上站之间建立暂时通信时，与信号前进一致的方向。(2)作为声学术语，前推是指用于表示仿佛将重放出来的声音抛投到聆听者的面前来似的那种感受。

forward access channel (FACH)　前向接入信道　一种用于支持点到多点的公共传输通道。FACH 是用于向位于某一小区的终端发送信息的下行链路传输信道。一个小区中可以有多个 FACH，但其中必须有一个具有较低的比特速率，以使该小区范围内的所有终端都能接收到。FACH 不使用快速功率控制，且发送的消息中必须包括带内标识信息来确保正确接收。

forward-acting code　正向纠错码　一种纠错码。接收设备对接收的数据进行差错检测，如果发现差错则就地改正，而不需要数据发送方重发数据。

forward and store　存储转发　一种信息转接模式或系统。

forward-backward counter　双向计数器　可进行加 1 或减 1 操作的计数器。

forward break-down　正向击穿　变流器阀或臂永远失去承受正向电压能力的现象。比较 reverse break-down。

forward busying　正向占线　通信系统中，为在建立连接之前占用系统资源而使监控信号先于地址信号送出的特性。

forward CDMA channel　前向码分多址信道　从基站到用户站的码分多址信道。前向码分多址信道包含在指定的码分多址频率范围，利用特定导频时间偏移发射的一条或多条代码信道。这些代码信道是导频信道、同步信道、寻呼信道和业务信道。参见 code division multiple access (CDMA)。

F

forward chained inference 前向链推理 也称"自底向上推理"。在产生式系统中,如根据 p→q 等因果式从 p 推及 q,又由 q→r 而从 q 再推到 r……则最终达到目的状态,这一过程称为前向链推理。但这样的系统很少,因为很难保证能高效率达到目的状态。这就势必带来再度回溯的问题。多数系统是用反向链推理而不是用前向链推理,更多系统是用前向-反向混合链推理。

forward chained reasoning 前向链接推理 同 forward chained reasoning。

forward chaining 前向链接 一种从已知事实出发向前推出结论的问题求解技术。从原始知识开始,应用推理规则产生新的知识,直到任一个推理满足一个目标或不能再进一步推理为止。在这种系统中,规则的可应用性由规则所说明的条件与现行存放在数据存储器中的知识匹配决定。在专家系统中,一条前向链接规则检测数据库的某些事实,并由此采取一个操作。

forward channel (FOCH) 正向信道 (1)信号传输方向与当前数据信息传输方向相同的信道。反之,传输方向相反的信道称为反向信道。在数据传输中,通常同时使用信息传输方向相反的两个信道。主站通过正向信道向次站传送探询、选择、询问等监控信息,其控制称为正向监控;次站通过反向信道向主站传送确认、差错等监控信息,这种控制称为反向监控。在对等网络中,或者在有多个主机的主从网络中,一条路由中的正向信道和反向信道不是一成不变的。因为在这两种情况的任一种情况下,这次通信主站可能在这一方,而另一次通信中主站可能在另一方。即使是主站在同一方向,正向和反向信道方向也可能因为主站所用数据传输命令不同而不同,因为传输数据命令可以是发送数据,也可以是提取数据。前一种情况,正向信道是离主站而去,后一种情况,正向信道是向主站而来。参见 backward channel。(2)在有线电视系统中,用于向电缆传输电视信号的频道。

forward characteristic 正向特性 表示正向峰值电压与正向峰值电流的函数关系曲线。

forward compatibility 向前兼容 也称为向上兼容。向前兼容是以前的版本支持现在版本生成的数据。对于计算机程序,向前兼容处理的是一个以较新版本编译的程序集是否可以在较老版本上执行的问题。同 upward compatibility。

forward current 正向电流 在一个诸如真空管、晶体管或二极管之类的器件中,从阳极或集电极到阴极或发射极的约定方向的电流为正向电流。实际上由于电子带的是负电荷,故其流动方向与约定正向电流方向相反。对于二极管,其正向电阻较小,允许通过较大的正向电流,其反向电阻较大,只允许通过较小的反向电流。

forward difference matrix 前向差分矩阵 在 AIX 图形中,一个 4×4 的矩阵,通过将每一行增加到下一行的方法进行相互作用,最低行作为下一点输出,这样输出的点通常构成一个规则立体曲线。

forward direction 前向 在宽带网络系统中,信号离开头端的流通方向。

forward direction of a PN junction PN 结的正向 连续(直流)电流沿 PN 结低阻流通的方向。比较 reverse direction of a PN junction。

forward echo 正向回波 在传输线中产生的一种回波,其传输方向与原来波的传输方向相同,它是由于在某不连续处的反射回来的能量而后又在另一个不连续点上再反射向前的情况而引起的。正向回波是由于传输媒介(如光纤、双绞线或同轴电缆等)的接头或其他不连续点而产生的。在金属导线中,它们可能是由于传输线的特性阻抗与源或负载的阻抗的不匹配而引起的。

forward error analysis 前向误差分析 一种误差分析方法,基于输入数据变化很小时其结果的变化也很小的现象。因此,可以预测由输入的舍入误差或截断误差所引起的结果误差的范围。

forward-error correction (FEC) 正向[前向]纠错 数据通信中常用的一种差错控制数据编码技术,传输中检错由接收方进行验证,如果有错则通知发送方重发。它允许从低比特误码的编码数据中重新编码构成一列无误码数据流。在传输信息时,发送端把原始信息进行纠错编码,然后把这一编码的信号发送出去。接收端收到这个纠错码之后,根据编码规律自动发现并自动纠正传输中的错误。正向纠错的优点是:报文可连续传送;不需要反向信道;适用于单向通信;发送端不需要暂存数据;传输控制简单。缺点是:译码设备较复杂,所选择的纠错码必须和信道的错误特点相适应;要在数据传输的同时传输数量比较大的校验码,传输效率也因而随之降低。

forward error recovery 前向错误恢复 计算机系统运行过程中系统发生错误后的一种恢复方法,根据出错时的系统状态,识别故障或分析出错原因,然后采取相应的措施恢复系统运行。

forward explicit congestion notification (FECN) 前向显式拥塞通知 由帧中继网络设置的一个位,它通知接收帧的 DTE(数据终端设备),在信源到信宿的路径上发生了拥塞。接收到 FECN 位设置为"1"的帧的 DTE 可请求高层协议采取相应的流量控制措施。比较 backward explicit congestion notification (BECN)。

forward file recovery 文件向前恢复,正向文卷恢复 用记录在日志中的数据来修改某个文件的较早版本,从而重新构造该文件。比较 backward file recovery。

forward gate current 门极正向电流 对应于门极正向电压的门极电流。

forward gate voltage 门极正向电压 在N-门极晶闸管中为负的门极-阳极电压;在P-门极晶闸管中为正的门极-阴极电压。

forwarding 转发 (1)通过互连网络设备把数据帧发向它的中途节点或目的地。转发发生在网络的网桥、路由器和网关上。(2)在环网系统中,通信电缆由多台工作站共享,分组在到达目的地之前都从一个站到一个站绕环传送。每个站接收一个分组并检查它的地址,如果地址不是本站的,则转发分组到下一站。转发也发生在桥接器或路由器上,分组到达桥接器或路由器后,由桥接器或路由器检查分组地址并将它转发到一个邻接的局域网(LAN)上。配置的过滤功能则过滤某些分组使它们不再通过路由器或桥接器转发出去。

forwarding equivalence class (FEC) 转发等价类 应用多协议标签交换(MPLS)技术在网络上建立连接时,为了能正确处理各种不同数据分组的服务质量(QoS)要求,将数据分组按要求分成不同的转发等价类,也就是给分组加上一个固定长度的"分类标签"。这个标签随着分组发送出来,在每一个节点路由器上,都要检查这个"分类标签",并根据标签的分类来对数据分组进行选路,选定发向按分类应去的节点。所谓"等价类",就是根据不同数据分组的服务质量要求分给不同的优先等级,优先等级高的业务给予优先处理。

forward ionospheric scatter 正向电离层散射 同 forward propagation ionospheric scatter (FRIS)。

forward LAN channel 前向LAN通道 在宽带局域网中,赋予从终端到数据站的下行数据传输链路的通道。

forward pointer 正向指针 链接列表中的一个指针,指向列表中下一个元素的地址(位置)。

forward power control 前向功率控制 基站周期性地调低其发射到用户终端的功率值,用户终端测量误帧率,当误帧率超过预定义值时,用户终端要求基站对它的发射功率增加1%。每隔一定时间进行一次调整。参见 power control, backward power control。

forward power loss 正向功耗 正向电流产生的损耗功率。

forward prediction (FP) 前向预测 在图像预测编码中,由于帧序列相邻帧画面间的运动部分具有连续的时间相关性,可将当前画面看成是前一画面某一时刻图像的位移,当然位移方向及幅值在帧内各处未必相同,只要用前面最近时刻的I图或P图及代表运动的位移信息,便可预测出当前图像,称为前向预测。比较 backward prediction (BP)。参见 intra coded picture (ICP), predicted coded picture (PCP)。

forward production systems 正向产生式系统 产生式系统是构造知识型系统和建立认知模型时常用的知识表示的形式系统,已成为研制人工智能系统时采用的最典型的体系结构之一。产生式系统的推理分为正向推理和逆向推理。正向推理指的是从现有条件出发,自底向上地进行推理,不断地选择并应用规则,直到达到目标状态的产生式系统。正向产生式系统使用的规则称为F-规则。比较 backward production systems, bidirectional production systems。

forward propagation ionospheric scatter (FPIS) 正向电离层散射 由于电离层的离子密度的不连续性或者不规则而引起无线电波向前方散射的现象。

forward pruning 正向修剪 在人工智能的图解搜索过程中,丢弃一些没有希望的节点,而保留有希望的节点并向更深一级进行搜索。这样可节约存储空间和节省搜索时间。正向修剪包括n最佳正向修剪、收敛正向修剪和限界正向修剪等。

forward reasoning 正向推理 (1)从已有的信息出发,搜索可用知识,通过冲突消解选择可用知识,执行选择的知识,改变搜索结果的状态,逐步搜索直至搜索到真正结果。正向推理的优点是用户可以主动提供搜索的相关信息,可以对用户输入事实做出快速反应。不足之处搜索范围比较大,搜索过程中可能出现许多与搜索无关的内容,导致推理有效性低。(2)一种在产生式系统中的推理控制方法。在认知周期中,选择一条其条件部分可以由数据库中的数据来满足的规则,在行动周期中,将其结论部分作为依据对数据库进行更新的循环过程。它是确定目标假说真伪性的一种方法。比较 backward reasoning。

forward reasoning algorithm 正向推理算法 设所用知识库包括事实和规则,正向推理算法描述如下:①扫描知识库,产生可用规则集 S,这些规则左边条件均为真,即都被事实库中的事实满足;② 调用解决冲突算法,从 S 中选出规则 R;③ 执行规则 R 右边的结论部分,将产生的新事实加入事实库;④若目标得证或无新的事实存在,则停止;否则转②。比较 backward reasoning algorithm。

forward recovery 向前恢复 (1)通过使用数据库当前备份文件的行为日志和日志数据将数据库恢复至失效点的过程。(2)从一个特定点重新构造一个文件的过程,即先调出文件的保留版本,然后按照当初的构造次序对该文件进行一些改动。同 rollforward。

forward recovery time 正向恢复时间 从零或从规定的反向电压向规定的正向偏值条件瞬时转换以后,电流或电压恢复到规定值所需的时间。

forward recovery voltage 正向恢复电压 从零或从规定的反向电压向规定的正向电流瞬时转换以后,在正向恢复时间期间出现的变化电压。

forward reduction 前向递归 参见 LU decomposition。

F

forward rule based deduction system 基于规则的正向演绎系统 一种应用谓词逻辑的直接证明系统。系统的规则由一组蕴涵式组成，事实库是由一些表示各种事实的“与或”形公式组成。蕴涵式作为正向推理规则使用，对事实库进行操作运算，直到得到目标公式的一个终止条件为止。直接证明系统的操作运算直观上易于理解，但并不一定比归结反演系统更有效。

forward scan 正向扫描 一种从左到右的编辑加工过程，其间对数字进行比较和加标点（如小数点或货币符号），使输出字和控制字一致。

forward scatter 前向散射 （1）在光器件内由主入射波引起的在同方向上的传播散射产生的电磁波散射。（2）由于衍射、非均匀介质的折射或相对于波长足够大但相对于光束的直径比较小的微粒物质的反射而引起的一部分入射电磁波的偏转，这样偏转的传播方向和入射波方向的夹角在90°角的范围内。

forward scheduling 提前调度 一种时间安排技术。采用这种技术，计划调度人员从一已知日期起计算完成某一生产订货的完成日期，通常由第一天开始加工算起直到最后一天完成为止。

forward scrolling 向前卷轴 电脑游戏中背景不断向玩者趋近的卷轴模式，常出现在第一人称射击或模拟类游戏中。

forward signal 前向［正向］信号 前向发送的信号，即从主叫站到被叫站、从原发数据源到原始数据宿或从呼叫方到接收方。前向信号在前向信道内传输。参见 backward channel, backward signal, forward channel。

forward slash 正斜线［杠］ 正斜线“/”或正斜线字符。

forward slope resistance 正向斜率电阻 由正向特性近似直线的斜率确定的电阻值。

forward supervision 正向监控 使用由主站发送到从站的监控序列的监控方式。比较 backward supervision。

forward tell 正向汇报 信息从一个处于较低操作级或较低指挥级的设施向一个处于较高操作级或较高指挥级的设施传送。

forward threshold voltage 正向门槛电压 由正向特性近似直线与电压轴的交点确定的正向电压值。

forward traffic channel 前向业务信道 从基站到用户站传输用户业务和信令信号的代码信道。

forward version management 向前版本管理 只是完整地存储原始版本数据，对后续的版本只是存储与其前继版本的差异。

forward voltage 正向电压 由于正向电流流通在两端子间降落的电压。

for your information (FYI) 供查询(参考)信息 （1）在因特网上，RFC（请求注解）系列文件的一部分，为网络用户提供有关 TCP/IP（传输控制协议/网际协议）和因特网的信息。参见 request for comments (RFC)。（2）FYI 常被用于电子邮件和 Usenet 新闻组，作为讨论中供参考的缩略语。

FOSDIC 计算机胶片光扫描输入装置 film optical scanning device for import to computer 的缩写。

Foster Foster 微处理器 Intel 公司 Pentium 4 Xeon 微处理器的开发代号。参见 Pentium 4 Xeon。

FOT 光纤收发器 fiber optic transceiver 的缩写。

FOTS 光纤传输系统 fiber-optic transmission system 的缩写。

Foundation fieldbus (FF) 基金会现场总线 由美国仪器协会（ISA）1994 年推出。FF 主要是为适应自动化系统，特别是过程自动化系统在功能、环境与技术上的需要而专门设计的。FF 的特色是其通信协议在国际标准化组织（ISO）的 OSI（开放系统互连）物理层、数据链路层和应用层三层之上附加了用户层，通过对象词典（OD）和设备描述语言（DDL）实现可互操作性。FF 支持多种传输介质，包括双绞线、电缆、光纤以及无线介质。它作为一种全数字信号的现场总线协议，在国际上获得了广泛的支持。参见 fieldbus。

Foundation for Intelligent Physical Agent (FIPA) 智能物理代理协会 1996 年在瑞士日内瓦注册的非赢利的国际组织，其目的是为了促进基于代理的应用、服务和设备的成功实现，是为了提高异构代理系统之间的交互性，并为此制定了一系列的技术规范，从体系结构、通信语言、内容语言到交互协议。FIPA 主要贡献是制定了一系列的标准，包括代理管理、代理通信语言（ACL）、代理软件集成、人与代理的交互、代理安全管理、代理移动管理等。FIPA 是一个可以公开利用的规范，是针对不同应用领域的通用技术，使得开发者可以开发出具有高度协同能力的复杂系统。

fountain fill 喷色区 在计算机图形中，颜色或图案密度平滑变化的一个着色区。辐射式喷色区是从这个区域的中心开始向外辐射。

four-address instruction 四地址指令 包括四个存储单元地址的指令。这四个地址是：参与运算的两个操作数所在的地址、存放运算结果的地址及下次要执行的指令的地址。

four-bit byte 四位字节 同 quartet。

four-color process 四色处理 图像处理中运用的四种基本色，青、品红、黄和黑的分解与合成技术。参见 CMY formal。

four-color theorem 四色定理 关于地图着色问题的定理。1852 年，英国人格斯里（F. Guthrie）提出四色猜想，即在一个正规地图上可以只用四种颜色着色，使得任意相邻两国具有不同的颜色。1976 年，美国阿普尔（K. Apple）等在高速计算机上，前后用了 1 200 小时加以证明，使四色猜想变为四色定理，实现了用计算机对数学定理的证明。参见 four colour conjecture。

four colour conjecture 四色猜想 任意一个平面图总存在用四种不同颜色对其区域着色，使相邻区域有不同的颜色，这个猜想称为四色猜想。关于四色猜想的引起有点模糊，有人说 A. F. 牟比乌斯(Möbius)在 1840 年就熟悉此问题了。但可以肯定的是这个问题约于 1850 年由格斯里(Guthrie)转告德·摩根(DeMorgan)。1879 年，A. B. 肯普(Kempe)宣布给出了四色猜想的证明。1890 年，P. S. 希伍德(Heawood)发现这个证明是错的。然而他又指出，将四色换成五色就对了。1976 年美国数学家 K. I. 阿普尔(Apple)和 W. 黑肯(Haken)运用计算机证明了四色猜想。

four-concentric-circle near field template 四同心圆近场模板 一种由四个同心圆组成的模板，适用于来自圆形光纤出口辐射的近场辐射图形，用于对光纤各种几何参数的全面检查。

four corner coding 四角号码 中国用于汉字检查的一种编码体系。首先在字、辞典中采用，现已应用到计算机汉字信息处理中。

four-frequency diplex telegraphy 四频率同向双工电报 一种频移电报，它对应于两条频率不同的电报通路有四种可能的信号码元的组合，用于无线电报。

four-frequency duplex telegraphy 四频双路频移电报 同 four-frequency diplex telegraphy。

four group 四群 恰有四个元素的群，也即阶数为 4 的群。4 阶的群只有两种，一种是循环群，另一种称为克莱茵群(Kleinian group)，其乘法表如下：

	e	a	b	c
e	e	a	b	c
a	a	e	c	b
b	b	c	e	a
c	c	b	a	e

从上表可以看出克莱茵群是交换群，从而得出四群全是交换群。

four-layer diode 四层二极管 一种有三个结的半导体二极管，如肖特基二极管。参见 Schottky diode。

four-layer transistor 四层晶体管 一种有四个导电区，但只有三个接线端的结型晶体管，如晶闸管。参加 thyristor。

Fourier analysis 傅里叶分析 将一个任意波形的或周期性现象定义为具有特定幅度、相移的以及具有相应波形的一系列谐波的正弦波叠加而成。傅里叶分析特别适合于通信设备的设计和对所设计的设备进行性能预测。

Fourier transform (FT) 傅里叶变换 (1)把时间信号分离成正弦和余弦曲线的叠加的过程。通俗地讲可看成是将信号由时间域转换到频率域的过程。(2)一种复杂数字视频压缩技术，图像被从空域转换成频域。

four-plus-one address 四加一地址 一个包含四个地址部分的指令，加一地址是下一条执行指令的地址。

four point transformation 四点变换 用于指出某一种图形变换的常用方法之一，它用四个点(原始图形中的两个点和变换后的相应两点)来给出变换。

four quadrant convertor 四象限变流器 具有电压极性和电流方向四种可能组合的变流器，其直流电流的流动方向可以改变。参见 two quadrant convertor，one quadrant convertor。

four-terminal network 四端网络 具有两个输入终端和两个输出端口的网络。

fourth generation computer 第四代计算机 使用大规模集成电路和其他更先进技术的计算机，也称"大规模集成电路计算机"。这代计算机从 20 世纪 70 年代延续至今。与第三代计算机相比，在工艺上采用大规模集成电路，在性能上有较大发展，如使用非常先进的大规模集成电路、成本低功能强的主机、先进的外部设备及普遍小型化等。

fourth generation mobile communications technology (4G) 第四代移动通信技术 是一种超高速无线网络。第四代移动通信的最大数据传输速率可达到 100 Mbps，是 3G 移动通信速率的 50 倍，可实现三维图像高质量传输。4G 可以在任何地址宽带接入互联网，包含卫星通信，能提供信息通信之外的定位定时、数据采集、远程控制等综合功能。4G 能自适应资源分配，处理变化的业务流、信道条件不同的环境，有很强的自组织性和灵活性。能根据网络的动态和自动变化的信道条件，使低码率与高码率的用户能够共存，综合固定移动广播网络或其他的一些规则，实现对这些功能体积分布的控制。4G 可以自动管理、动态改变自己的结构以满足系统变化和发展的要求。用户将使用各种各样的移动设备接入到 4G 系统中，各种不同的接入系统结合成一个公共的平台，它们互相补充、互相协作以满足不同的业务的要求，移动网络服务趋于多样化，最终将演变为社会上多行业、多部门、多系统与人们沟通的桥梁。

fourth generation programming language (4GL) 第四代语言 一种面向结果的编程语言。第四代语言的特点就是它们只需要操作人员输入原始数据，并命令它们执行。至于怎样执行则由它们本身来决定的，它已经在相当程度上替代了人脑的工作。第四代语言的特点还在于支持数据库定义、用户界面定义和生成，报表生成等功能，因此可以提高系统开发效率。严格说这类语言是专用语言，而且是附属于特定开发系统的。

fourth normal form (FNF) **第四范式** 鲍依斯-柯德范式(BCNF)的推广，适用于具有多值依赖的关系模式。其定义为：关系模式 $R \in 1NF$，若 $X \rightarrow Y$ 是非平凡的多值依赖(其中 $Y \neq 0$ 且 Y 为非 X 的子集，X、Y 不含有 R 的全部属性)，则 X 中必含 R 的主关键词。满足上述条件的关系($R \in 4NF$)，称为第四范式。第四范式即不含多值依赖的关系。

four wave mixing (FWM) **四波混频** 也称"四声子混合"，是在因不同波长的光波相互作用而导致在其他波长上产生所谓混频产物或边带的新光波的情况下发生的。这些光会影响正常的通信。这种非线性光学效应称为四波混频。

four-ways of diversity reception (FWDR) **四路分集接收** 对四个端口上的接收信号进行组合处理、从而获得一个更好的信号。由于信号通过更多的路径到达基站，所以能提高基站的接收灵敏度。参见 diversity technique。

four-ways set-associative cache **四路组相关联高速缓存** 在速度与成本控制之间取得最好平衡的组相关联高速缓冲存储器的设计。四路组相关联高速缓冲存储器比两路组相关联高速缓冲存储器以及直接映像高速缓冲存储器速度更快，但是成本也更高。

four wire channel **四线信道** 为全双工设计的通信信道，每端提供四根线；两根用于发数据，两根用于接收数据。

four-wire circuit **四线电路** 由两对导线组成的通信线路。其中一对导线用于正向传输，另一对导线用于反向传输。数据通信中四线电路使用两个"半双工电路"的传输系统，每个半双工电路由两条线构成，两个半双工电路的组合形成一个全双工电路。比较 two-wire circuit。

four-wire equivalent circuit **四线等价电路** 一种采用一对导线的电路，以不同的载波频率来发送和接收。参见 four-wire circuit。

four-wire extension line adapter **四线扩展线路适配器** 一种 2 ～ 6 路双线电话的接口适配器。

four-wire line **四线(制)线[电]路** 一种双向传输通信线路。使用四条传输线，其中的两条用作发送，另两条用作接收。同 four-wire circuit。

four-wire line adapter **四线线路适配器** 连接四线电话与四条传输线路的接口装置。

four-wire repeater **四线增音[中继]器** 用于四线电路上的电话增音器，由两个放大器组成，两个放大器分别对应两个传输方向。

four-wire subset user service **四线制用户电话业务** 电话系统里的一种业务，其中用户电话机不经过专用交换分机(PBX)而直接与电话交换局相连。

four-wire system **四线系统** 利用四条传输导线传输信息的通信系统。这种系统可以进行全双工通信。一对线路用于传输数据，另一对线路用于传输控制信息；也可以使用一对线路向一个方向发送，使用另一对线路向另一个方向发送。在一条通信信道中，不同部位可能使用不同方式。例如，从计算机到传输设备(如调制解调器)的线路往往使用前一种四线系统，或两线系统；而从传输设备开始以远的线路，在作为数据传输线路时，往往使用后一种四线系统，或两线系统。比较 two-wire system。

four-wire terminating set **四线端接装置** 为与两线电路相连，将四线电路在两线的基础上进行线端连接的装置。

FOV **视域** field of view 的缩写。

FoxBASE **FoxBASE 数据库管理系统** 参见 FoxBASE plus。

FoxBASE plus **FoxBASE plus 数据库管理系统** 美国 Fox Software 公司于 1987 年 2 月推出的关系数据库新品，又称 FoxBASE +。1987 年 7 月又进行了修改，成为 FoxBASE+2.00 版本，1988 年 7 月推出了 FoxBASE+2.10。它与 dBASE Ⅲ兼容，源程序无需改动即可在 FoxBASE plus 系统下运行。功能上作了扩充，增加了数组、一对多的库关联以及文件、记录锁定等，提高了运行速度。其多用户版本 MFoxBASE plus 是在网络软件支持下工作的多用户关系数据库系统。2.10 版本增加了非编程用户接口和许多附加软件构成一套开发工具，能在个人计算机上运行，使用的操作系统有：MS/PC-DOS，CCDOS，UNIX 或 XENIX 等。参见 FoxPro DBMS。

FoxBASE+ **FoxBASE + 数据库管理系统** 同 FoxBASE plus。

FoxPro DBMS **FoxPro 数据库管理系统** 由 Fox Software 公司于 1990 年 1 月推出的关系式数据库软件，1992 年推出 FoxPro 2.5 版。界面采用菜单驱动方式，兼容 dBASE、FoxBASE，并支持 SQL(结构化查询语言)、多重索引文件，采用了查询优化技术，支持多用户，有 FoxPro for DOS 和 FoxPro for Windows 两套版本。Windows 版本支持对象连接与嵌入功能与动态数据交换功能。系统中可以设置 25 个工作区，可以同时打开 25 个工作区的数据库文件。对一个数据库文件可以设置 25 个单独的索引文件，也可以同时打开几个数据库的全部索引文件，每个库文件最多允许含有 10 亿条记录，每条记录最多允许含有 4 000 个字符，每个字段最多可含有 255 个字符。每个系统最多允许使用 3 600 个数组，每个数组最多允许有 3 600 个元素。系统使用数据库文件、索引文件、程序文件等 29 种文件类型。Fox Software 公司并入微软公司后又推出了一个新的版本 Visual FoxPro 3.0，到 2003 年，已发展到 Visual FoxPro 8.0。参见 Visual FoxPro。

FP (1)扁平封装 flat package 的缩写。(2)前向预测 forward prediction 的缩写。(3)灵活点 flexible point 的缩写。

FPA (1)功能点分析法 function point analysis 的缩写。(2)平板式天线 flat plate antenna 的缩写。

FPD (1)平面显示器 flat panel display 的缩写。(2)全页显示 full-page display 的缩写。

FPGA 现场可编程门阵列 field programmable gate array 的缩写。

FPIS 正向电离层散射 forward propagation ionospheric scatter 的缩写。

FPL 函数式程序设计语言 functional programming language 的缩写。

FPLA 现场可编程逻辑阵列 field programmable logic array 的缩写。

FPLD 现场可编程逻辑器件 field programmable logic device 的缩写。

FPLMTS 未来公用陆地移动通信系统 future public land mobile telecommunication system 的缩写。

FPLS 现场可编程逻辑时序器 field-programmable logic sequencer 的缩写。

fpm 英尺/分,英尺每分 feet per minute 的缩写。

FPM DRAM 快速页式动态存储器 fast page mode DRAM 的缩写。

FPP (1)盒装零售版 full packaged product 的缩写。(2)固定路径协议 fixed path protocal 的缩写。

FPR 浮点寄存器 floating-point register 的缩写。

fps 帧每秒 frames per second 的缩写。

FPS (1)快速分组交换 fast packet switch 的缩写。(2)浮点制 floating point system 的缩写。(3)第一人称视角射击游戏 first personal shooting game 的缩写。(4)故障防护子系统 fault protection subsystem 的缩写。

FPU 浮点运算单元 floating point unit 的缩写。

FQ 公平排队 fair queuing 的缩写。

FQDN 全称域名 fully qualified domain name 的缩写。

FQFP 四侧小引脚扁平封装 fine-pitch quad flat package 的缩写。

FQPCID 全称过程相关标识符 fully qualified procedure correlator identifier 的缩写。

FR (1)帧中继 frame relay 的缩写。(2)频率响应 frequency response 的缩写。

fractal 分形,分数维几何,分形图 (1)分形一词是由分形理论的现代奠基人曼德尔·布罗特在1975年提出来的,这个词的拉丁词根含义是“破碎的、分裂的”。分形几何或分形理论研究的对象是那些很不规则而有自相似性的形状。所谓很不规则是指粗糙、不光滑、破碎、扭曲、缠绕等特性。典型的代表是海岸线的形状或者云彩、山峰、树叶的形状。(2)计算机辅助造型中,一种表示不同规则且复杂的图像的模型化方法。所谓分数维几何理论,就是把部分和全体的自相似部分的布朗运动和蕴藏在其中的概率特性等加以法则化的理论。用这种理论能构造树枝、湍流等一类自然界复杂景物的形状。(3)分形图是指用一定的数学方式(主要是递归,将一个图形在几何上进行细分,形成的每一个图形与原图形相类似,以此类推进行理论上的无限循环)形成的图像,无论将该图像的一部分放大多少,通常看起来还是一样。参见 fractal image compress。

fractal design painter 分形设计绘图 图像处理程序的一种类型,又简称“FD-Painter”。计算机借助该程序可表现传统艺术语言的效果。FD-Painter 使用以分数维几何理论为基础的分形描述语言来表现肌理和笔触的效果。常用来表现三维程序中的云、山脉等。

fractal dimension 分数维 分数维即为非整数维。当度量比例趋于零时,物体尺寸变化的对数与度量比例变化的对数的商的极限值,用于度量物体的静态几何形状。例如,把一条直线放大 2 倍,对应的分数维是 log2/log2=1;如果把正方形放大 2 倍,新的正方形的大小是原来的 4 倍,对应的分数维是 log4/log2=2;如果用“—/\—”代替由“——”重复生成的雪片曲线,4 条新直线中每一条是原来 1/3 长,把雪片曲线放大 3 倍后就得到 4 倍的新雪片曲线,对应的分数维是 log4/log3=1.261……。由于维数 1.261 大于构造曲线的直线的维数 1,因此雪片曲线是一种分数维数的图,即分形图。参见 fractal, fractal image compression。

fractal image compression 分形图像压缩 利用分形几何方法进行图像压缩。事先建立一个分形库(这个库里只需存储分形相应的迭代函数系统代码),把整个图像分割成小片,这些小片可按库的目录去寻找相应的迭代函数系统,从而实现图像压缩。分形图像压缩可提供高的压缩比,比较适合用于压缩自然形象,如树、云和江河。

fractal image format (FIF) 分形图像格式 来自美国迭代系统公司(Iterated System Inc.)的一种图形文件存储格式,用来存储压缩的分形图像。该公司开发的软件名称为 SuperBase Fractal Picture Linkers,这是一个配合 SuperBase 数据库系统的有损压缩软件,压缩比可高达 2 500:1。

fractional frequency fluctuation 分频波动 振荡器的频率相对于它标称的固定频率的偏移。

fractional part 小数部分 在基数表示法中,一个数中小数点右面的部分。如 21.136 中的 136。

fractional slot winding 分数槽绕组 分布绕组的

一种,其每极对每相的平均槽数不是整数。参见 distributed winding。

fractional steps method 分数步长法 采用一些特殊的差分格式解多维问题时所使用的方法。在数值求解多维数学物理问题时常采用一些稳定性好、计算方法简单的差分格式。例如,交替方向隐格式、分裂格式等。这些格式的特点是,由第 n 时间层推进到第 $n+1$ 时间层的计算过程中,要计算 $n+\frac{1}{2}$(二维)或 $n+\frac{1}{3}$、$n+\frac{2}{3}$(三维)过渡时间层上的解的近似值。上述方法统称为分数步长法。

fractional T1 部分 T1 部分 T1 线路是全 T1 线路的子通道。全 T1 线路有 24 个部分 T1 线路,每个分线路有 64 kbps 的带宽。用户可从电话公司买或租一个或多个分线路而不必买或租整个线路。

fractional T1 service (FT1) 部分 T1 电路业务 T1 电路的一部分。T1 传输电路的速率为 1.544 Mbps,相当于 24 路 64 kbps 的信道。将 T1 带宽分成若干小单元,如 1/8 (192 kbps)、1/4 (384 kbps)、1/2(768 kbps)等,用户可以租用这些信道中的几个,这样构成部分 T1 电路。这种带宽单元的传送速度远没有 T1 全部带宽的高。

fractional T3 service (FT3) 部分 T3 电路业务 T3 电路的一部分。T3 电路等价于 28 条 T1 电路,可提供 44.736 Mbps,这种业务最早是用于微波站点间进行传输的。部分 T3 电路业务是允许用户不用全部租用 T3 线路,可根据自己的需要选择具体租用线路的数目。

FRAD 帧中继汇集/分散器 frame relay assembler/disassembler 的缩写。

fragile digital watermark 易损数字水印 易损数字水印主要用于完整性保护,这种水印是在数据载体中嵌入不可见的信息。当数据载体内容发生改变时,这些水印信息会发生相应的改变,从而可以鉴定原始数据是否被篡改。易损数字水印应对一般图像处理(如滤波、加噪声、替换、压缩等)有较强的免疫能力(鲁棒性),同时又要求有较强的敏感性,即:既允许一定程度的失真,又要能将失真情况探测出来。必须对信号的改动很敏感,人们根据易损数字水印的状态就可以判断数据是否被篡改过。参见 robust digital watermark。

fragment 碎片,分段,报片 (1)指磁盘中零碎的存储区,由存储区在分配与使用中产生。碎片空间的整理和充分利用决定于存储管理采用的技术,有益于整个计算机系统性能的提高。(2)在网络中,把数据报分成更小的信息传输单位,也就是报片。当一个路由器传递一个 IP(网际协议)数据报到 MTU(最大传输单元)的长度小于该数据报的网络上时,这个数据报就被分割成多个报片。报片的格式与数据报的格式相同,但是在报片的报头中要说明此信息段是报片而不是数据报,还要说明这个报片在原来数据报中的位置,即说明偏置值。这些报片将在目标机器的 IP 层重新组装成原来的数据报。

fragmentation header 分段存储报头 ARC 网络中的 ARCnet 报头和 IPX(网络互联包交换)报头之间的子层,可使 TPX 超过 ARCnet 最大传送报为 508 字节的限制,可达 576 字节。

fragmentation index (存储)碎片指数 存储卷体上分散的自由空间的定性度量。

fragmentation transparency 片段透明度 分布式数据库中的一种透明度,提供的用户视图是逻辑数据库。它无需用户关心全局关系的分段情况,应用程序员所关心的只是全局关系。如同集中式数据库一样,提供这一透明级的分布式数据库管理系统必须具备内部模式和外部模式系统以及极为复杂的访问策略选择机制。这种透明度使得应用程序与分布式数据库独立存在。数据库的分段、片段的分配、片段的具体存放都与应用程序无关,这是一种理想的透明度。参见 distribution transparency, location transparency, replication transparency, local mapping transparency。

fragmented file 分段存储文件 不连续存在磁盘上的文件。

fragment-free switching 自由分段交换 一种用于交换式集线器中的数据传输技术。它要求传输数据前必须收到以太网包的前 64 个字节以便判断该帧是否满足最小帧长度的要求。

fragmenting 分割 把一份资料划分为一系列项或描述项的过程。

fragment schema 片段模式 分布式数据库中的一种模式。每个全局关系可逻辑地分割成若干个不重叠的部分(片段),片段物理地被分配在一个或几个计算机网络的节点上。全局关系在片段的映射称为片段模式,这种映射是一对多的映射。参见 global concept schema (GCS), local concept schema (LCS), allocation schema。

FRAM 铁电随机存取存储器 ferroelectric RAM 的缩写。

frame 帧,框架 (1)用作视频数据的一个术语,称为帧。它表示一整幅由规定的扫描行组成的信息图像。几个帧可以有相同的页数。(2)通过串行线路传送的一个报文分组。此术语来自面向字符的网络协议,后来也用于面向位的通信控制协议。使用面向字符的网络协议传送报文分组时要加特殊的帧开头字符和帧结尾字符。帧包含帧头和帧体。帧头中有接收者和发送者的地址号及其控制信息;帧体是传输的用户信息;帧的最后有帧校验码。不同的通信控制规程对帧有不同的格式要求,如在 HDLC(高级数据链路控制)通信规程中要求一个正确的帧至少要有 32 位。(3)通信系统用来传输信息的机制。例如在脉码调制(PCM)传输系统中，帧特指一组顺序排列的时隙，每个时隙都可以传输用户信息，但是各个时隙准确排列的校准控制信号却在特定的时隙中出现，而不是在每个时隙中出现。(4)在 TCP/IP(传输控制协议/网际协议)中，一个帧是一个数据链路层的包，包含物理媒体头部和尾部信息。也就是将网络层的包再进行包装而形成的包。参见 datagram，encapsulation，packet。(5)可以把对象的所有知识存储在一起的复杂数据结构。一个框架由若干个槽组成，每个槽描述框架所描述的对象的一个方面的特性。槽由槽名和槽值组成。同一个槽可能有多种类型的槽值，每种类型的槽值称为槽的一个侧面。其中，槽值为附加的过程性知识，称为附加过程。框架是系统中最小知识表示单元，多用于表示固定的事件、状况等。当框架具有时间性时，也称“时序框架”。框架通过继承、部分-全部关系等构成框架网。参见 frame representation。

frame acquistion mode 帧确认方式 一种时分复用下的帧同步操作，即是否已检测到帧的同步信号，也称“帧查找方式”。

frame acquistion time 帧确认时间 从接收终端设备收到有效帧同步信号到帧同步建立所需的时间，也称“帧同步恢复时间”。

frame address 帧地址 在视频磁带和视盘中，赋予每个帧的一个数，其地址集中保存在一个帧地址表中。

frame address code 帧地址代码 一个位于视频帧垂直回扫期间的代码。

frame alignment 帧对齐，帧定位 使收到的帧和已接收到的同步信号帧步调一致。

frame alignment pattern 帧定位格式 在 T1 信号中，D4 成帧电路的第 1、3、5、7、9、11 帧的成帧位，或 EFS 电路的第 1、5、9、13、17、21 帧的成帧位中载送的 6 位值的逻辑序列，帧定位格式是 101010。也称“帧同步化序列”。

frame alignment signal (FAS) 帧同步[定位]信号 在传输数据帧的过程中，一种特别设计的二进制的同步信号，它被用于在每一帧中插入或在每 n 个帧中插入一次，这个同步信号在帧内总是占据相同的相对位置，并用来建立和保持帧定位。

frame alignment time slot 帧定位时隙 位于每帧的相对固定的某个位置的一个时间间隙，用来传输帧同步信号。

frame animation 帧动画 在多媒体应用中，一个将静止图像以固定的速率显示的过程。而在时间帧上逐帧绘制帧内容称为逐帧动画，因为每一帧的内容都发生变化，也称为帧连续动画。同 cast animation。

frame-based CAI 基于框架的计算机辅助教学 一种计算机辅助教学系统，它基于采用一种程序设计的教学文本方法，展现给学生的教材取决于学生对所问的问题的回答。

frame-based exception handler 框架式异常处理 一种用于使程序员能够进行异常处理的机制，由一个被保护的程序段、一个过滤表达式和一个异常处理程序段组成，如果在被保护程序段的执行中出现异常，则求过滤表达式的值以决定是否执行这个异常处理段。参见 exception，structured exception handling，termination handler。

frame-based methods 基于框架的方法 一种程序设计方法，利用框架层次结构进行继承性和过程性连接。

frame bits 帧位 用在帧中的数字位，加到基本数据上以表示一组单信道数据的开始。

frame buffer 帧缓存(器) (1)光栅扫描图形显示器中为了图像刷新而使用的存储器，其中存放的信息内容就是被显示图像的位图表示，因此它也称“刷新存储器”或“位图存储器”。用于保存刷新图形时所需的图形信息的缓冲器。最简单的刷新缓冲器中每一个像素用一个二进制位表示，即定义了二色图像。这种缓冲器一般是用半导体存储器来实现的。(2)存储用于产生屏幕上图像信息的显示存储器的一部分。一般而言，中央处理器(CPU)向帧缓存器写入数据，然后由视频控制器读出，但是双端口视频随机存取存储器(VRAM)允许同时读和写。(3)在 AIX 操作系统中，一种专用随机访问存储器，逐点存储显示器上看到的图像信息。

frame chaining 帧链接 在 SDLC(同步数据链路控制)中，在单一数据传输中将两个或多个报文帧链接起来的过程。

frame check character (FCC) 帧检验字符 一种帧校验的检测码字符，它被添加到在一个通信协议中的帧中进行检错和纠错。参见 frame check sequence (FCS)。

frame check sequence (FCS) 帧检验序列 (1)以帧方式传送报文的数据链路控制中，信息帧或监控帧中所包含的校验信息。它一般在帧结束标志之前，含有提供给接收站检查传输错误的二进制序列。在接收方，FCS 将重新计算，得到一个新的值并与原 FCS 值比较，从而判断传输正确与否。(2)在 SDLC(同步数据链路控制)中，处于帧中的 16 个二进制位，其中含有传输校验信息。

frame connector 框架接插件 可移动或插入多重接触连接器的外部金属或塑料部分。这种框架可以将连接器安装到一个面板上。

frame control 帧控制 在通信网络中，在帧传输的层次上进行各种控制的机制，其中包括帧长度的选择、帧格式的确定、帧传输同步的建立与维持，以及失步时恢复同步的措施等。

frame control field 帧控制字段[域] 一个指定的位模式，定义传输帧的类型并包含某些控制信息。

frame-control window 帧控制窗口 一个帧窗口

F

拥有的控制窗口,从用户接收简单输入,并在接收输入之后提示帧窗口或客户窗口。

frame creation terminal **帧建立终端** 为了产生伴随正文的复杂图形而设计的信息传输系统。

frame-dependent control (FDC) mode **帧相关控制方式** 复合处理机综合控制台的一种操作方式,在此方式下,该控制台键入的命令将按照屏幕上显示的数据执行。

frame differencing **帧差异** 在计算机图像中,一种结合时域编码和区域编码的技术,使得帧内容不同的区域被记录,用于生成级视频(PLV)。帧差异算法通过比较本帧与相邻帧之间的差异,仅记录本帧与其相邻帧的差值,这样可以大大减少数据量。参见 interframe compression, production level video (PLV)。

framed interface **帧界面** 一种界面,通过它可将信息分隔成多个连续的物理帧,每帧包括载荷信息和额外的附加信息。

frame duration **帧持续时间** 一个帧的开始到帧的结束之间的时间。对定长帧和固定的帧传输速率情况,帧持续时间是个常数。

frame end delimiter **帧结束指示** 同 ending-frame delimiter。

frame errors **帧差错** 在 T1 环境中,12 位 D4 帧字中的差错。当收到的 12 位帧字不符合标准的 12 位帧同字节模式时,就称为一个差错。

frame filtering **帧过滤** 帧过滤在第二层交换机上用来提供更多带宽。交换机读一个帧的目的地硬件地址,然后在交换机建立的过滤表中查找这个地址,并只将该帧送出找到的硬件地址的端口,其他端口收不到该帧。

frame format **帧格式** 信息传输单元的数据格式。在计算机网络中,处理机之间的数据通信以帧为单位进行。每帧的内容除了原先的数据外还需要其他信息,如发送地址和目的地址等。这些信息格式必须遵守网络标准的规定。

frame frequency **帧频** (1)屏幕每秒钟重复显示的画面数,美国标准 NTSC(美国国家电视制式委员会)为每秒 30 帧;欧洲标准 PAL(逐行倒相制)为每秒 25 帧。(2)网络通信中,每秒钟完成发送或接收成帧信息的数目。

frame grabber **帧固定器,帧捕捉器** (1)装在图像显示器中的一种设备。它容许信息帧存储和连续显示。例如,某些有线电视接收机具有帧固定器。帧固定器可使单个电视画面固定并连续显示。参见 video digitizer。(2)获取电视模拟信号并数字化后存入 RAM(随机存取存储器)的硬件设备,可以抓住简单的视域或视帧。

frame grabbing **帧取样** 把图像分解成像素的技术。

frame grounding circuit **机架接地电路** 一种与设备机架以及控制部分(通常是人工操作台)电气连接的导线,最后可能根据应用规程进一步和外部地连接。

frame handler subport (FHSP) **帧处理器子端口** 一个作为虚拟电路的中间点的子端口,对应于 terminal equipment subport (TESP)。

frame identification **帧标[志]** 虚拟局域网(VLAN)交换机结构中的交换机必须跟踪在该交换机端口上收到的帧,并且在帧穿过这个交换机结构时必须跟踪它们所属的 VLAN。帧标志用于完成这个功能,交换机可以判断帧标志并命令帧到适当的端口。参见 switch fabric, virtual local area network (VLAN)。

frame level **帧级** 在分组交换中,国际电报电话咨询委员会(CCITT) X. 25 推荐标准的第二级,它定义了用于在数据终端设备(DTE)和数据电路终端设备(DCE)之间的链路上可靠的数据交换的链路接入规程。参见 link level。

frame level interface **帧级接口** 在包方式运行中,DTE(数据终端设备)和 DCE(数据电路终端设备)之间这一级接口与用于局部差错控制的诸帧中所含的各包的交换发生联系。参见 packet level interface。

frame maintenance mode **帧维持方式** TDM(时分多路复用)的一种帧同步方式,即检测到帧同步信号后是否继续检测以确保维持帧同步。

frame model **框架模型** 由框架进行知识表达的模型。参见 frame。

frame number **帧号** (1)在某些计算机系统的虚拟存储系统中,访问某帧所需要的那部分实存地址。参见 page number, segment number。(2)在多媒体应用中,用于识别一个帧的数。在视盘中,每面的帧按顺序编码为从 1 ~ 54 000 可以逐一访问。在视频磁带中,这个数由 SMPTE(电影和电视工程师协会)时间码赋予。

frame oriented **面向框架的** 一种知识表示技术,其中的对象具有一组属性、特征或性质。

frame overrun **帧超限** 在实时仿真中会出现帧超限,帧超限是指在一帧中计算和实施输入/输出操作超过了有效时间。

frame page **帧页面** 一个将 Web 浏览器的窗口分成不同的区域称为帧的页面,这些帧可独立地显示几个 Web 页面。

frame pitch **帧距** 在计算机制图中,两个连续帧上相应两点之间的距离。

frame pointer **帧指示字,帧指针** 一种栈底指示字。它指示堆栈中最低寄存器的地址。

frame problem **帧[画]面问题** 宛如动画片一样,角色的动作通常只涉及局部背景的变化。因而帧面问题是要求指出在状态描述中哪些合适公式是变化的，哪些合适公式是不变化。处理帧面问题的难点是要根据客观状态和自身模拟的动作而定。

frame rate 帧速率，帧频 (1)在多媒体应用中，指整屏图像传输和显示的速度，用每秒钟显示的数量表示。在NTSC(美国国家电视制式委员会)视频中是每秒30帧，在PAL(逐行倒相制)中是每秒25帧，在大多数影片中是每秒24帧。(2)在动画中，指每秒钟图片更新的数量。在帧频大于每秒14幅时，可得到比较平滑的运动图像。参见animation。

frame rate conversion 帧速率转换 从一种帧速率转换到另一种帧速率的行为。例如，NTSC(美国国家电视制式委员会)制式的帧速率为30帧每秒，而计算机显示的帧速率为72～75帧每秒。因此要在计算机上正确显示NTSC制式的图像就必须进行帧速率转换。否则，运动中的物体可能看上去被切掉了一半。

frame ratio 帧速比 在多帧仿真中，帧速比是快帧速与慢帧速之比，这个速比常是整数。参见multi-framing。

frame reacquistion time 帧再同步时间 从失去帧同步到恢复帧同步所需的时间。

frame reject 帧拒绝 在HDLC(高级数据链路控制)协议中，用于对信息帧传输错误作出否定响应的一种帧类型。在某种意义上说，其差错可通过重新发送相同的帧进行恢复，原定义作为响应帧使用，但也可用于命令帧。

frame relay (FR) 帧中继 一项由国际电信联盟(ITU)定义的接入标准。帧中继技术采用了分组交换和多路复用数据的形式，它在同样的硬件上达到通常的X.25分组交换网络速度的10倍。帧中继可以被认为是窄带ISDN(综合业务数字网)上叠加的分组模式接口。帧中继可以在B、D或H信道上通行，并且使得分组模式装置得以在ISDN上交换信息。帧中继网络的优点是能够容纳与任何内在数据通信协议完全兼容的各种长度的数据分组。由于帧中继中不包含任何X.25和SDLC(同步数据链路控制)协议中的差错处理和流控制规程，因此它要求传输信道为相对无差错信道。帧中继具有传输速度快、时延短、互联性能好和带宽利用率高等优点，特别适用于互联局域网，传输局域网产生的突发性、高速率和大流量的数据。

frame relay access device (FRAD) 帧中继接入设备 提供局域网(LAN)和帧中继广域网(WAN)之间连接的任何设备。

frame relay access support (FRAS) 帧中继接入支持 帧中继网络软件的一个特性，它使SDLC(同步数据链路控制)、以太网、令牌环网和帧中继连接的设备能与帧中继网络上的其他设备连接。

frame relay assembler/disassembler (FRAD) 帧中继汇集/分散器 信道服务单元/数据服务单元(CSU/DSU)与路由器的一种组合，该路由器将一个内部的网络连接到帧中继线路上。这种设备将数据(可能是IP(网际协议)信息包或遵循其他协议的信息包)转换为能够在帧中继网络上传输的信息包，也可以将这些信息包转换回原始数据。由于采用没有防火墙的直接连接，因而需要其他的网络保护。

frame-relay frame 帧中继帧 一种帧中继帧结构，由美国国家标准协会(ANSI)标准T1.618定义。帧中继帧由以下几部分构成：①标志字段：为01111110的比特序列，用于指示帧的起始和结束。其唯一性是通过比特填充法来保证的；②信息字段：为长度可变的用户数据；③帧校验序列字段：为2字节的循环冗余校验。帧校验序列不是要使网络从差错中恢复过来，而是作为网络管理的一部分，检测链路上差错出现的频度；④地址字段：一般为2字节，也可扩展为3或4字节。主要作为数据链路标识符(当采用2字节的地址字段时可标识992个地址)，用于标识永久虚拟线路(PVC)、呼叫控制或管理信息。此外，还用作正、反向显式拥塞通知、丢弃指示等。

frame-relay frame handler (FRFH) 帧中继帧处理器 一个路由函数，使用帧中继帧中的地址域。参见frame handler (FH)，frame-relay terminal equipment (FRTE)。

frame-relay (FR) network 帧中继网 一种面向连接，基于帧的分组交换网络。帧中继网是一种基于面向连接的快速分组交换技术的网络，该网络没有严格的流量控制和差错控制。帧中继网提供用户在承诺信息速率(CIR)以内的端到端的数据传送，也支持用户利用网络的空闲带宽，高于CIR的端到端的数据传送。帧中继网可以提供的业务包括永久虚拟线路(PVC)业务和交换虚拟线路(SVC)业务。用户可以利用帧中继网进行局域网互连、因特网接入等。帧中继网提供的接入速率一般在N×64 K bps(1≤N≤31)到2 048 kbps，也可能更高。

frame-relay service (FRS) 帧中继服务 一种面向连接的网络数据传输服务。FRS能够传递每帧最多4 096字节的数据。

frame-relay terminal equipment (FRTE) 帧中继终端设备 一种能够连接到一个帧中继网络的设备。一个FRTE在发送数据到帧中继网络时增加一个帧头部，在从帧中继网络中接收数据时移去帧头部。参见frame-relay frame handler (FRFH)。

frame replenishment 帧补充 一种电视帧间编码方法。在这种编码方法中，不变化的像素不传送，在接收机的下一帧中重显；变化的像素要传送，在下一帧中用传送来的变化增量进行补充。

frame representation 框架表示 一种知识表示模式。框架由框架名、槽和约束条件三部分组成，每一部分都有对应的名和对应的值。框架的顶层是固定的,表示某个固定的概念对象或事件。下层由称为槽的结构组成。槽中填入具体值后,可得到一个描述具体事物的框架,该值称为槽值。每个槽都可以有一些附加说明,用来指出槽的取值范围和求值方法。框架下面的槽,可以看成是一个子框架。子框架自身还可以进一步分层次,框架之间也有一定的关联关系,从而组成框架系统。框架系统不仅能描述单个对象的复杂结构,而且能够表述多个对象的关系以及单个对象的动态变化过程等复杂知识。

F

frame/schema-based vision system 基于框架/图形的视觉系统 一种计算机视觉系统,将从原始输入的图像中提取的图像与存储在程序存储器中的相应目标图像相匹配。

frame semantics 框架语义学 一种用于理解与描述词典条目和语法结构的方法。

frameset 框架设置 在一个 Web 页面中,框架设置定义了构成本页的所有框架的几何形状(尺寸、位置)。当用户访问包含有框架的页面时,他实际上访问的是包含框架设置的页面,这个框架设置可以自动将预先设计的内容放入每一个框架中。

frame slip 帧滑移 在接收以帧组成的数据时,在接收的帧和接收机的时钟之间失去同步,从而引起帧定位出错的情况,其后果将是丢失包含在该帧中的数据。帧滑移与帧丢失不同,后者如发生在接收缓冲区过载,但并未丢失同步。

frame source 框架源文件 HTML(超文本标记语言)框架环境下的一个目录文档。它会寻找源文档来显示在本地浏览器中的框架上。

frames per second (fps) 帧每秒 活动图像帧速率的度量单位。当达到 24 帧每秒时,人眼已经无法分辨出一张张图片,而认为画面是连续的。一般电影采用的都是 24 帧每秒。

frame start delimiter 帧首定界符,帧起始指示 一种指定的位模式,它表示一个传输帧的开始。同 starting-frame delimiter。

frame store 帧存储 (1)一种显示信息的技术。在该技术中,每一帧的每个像素存储在终端存储器的规定位置。(2)用于智能用户电报图像和数据存储的数字存储区或存储装备。

frame structure 帧结构 对一帧内所有时隙位置的具体安排。使收端能按规定的时隙分配识别它们的相对位置,实现数字时分复用。通常在一帧内主要包括信息和开销。

frame switcher 帧交换机 交换可变长度信息包的一种网络设备,如以太网和令牌环网交换机。

frame switching 帧交换技术 使用帧交换机提高网络的通信量,如用以太网帧交换机代替 10 base T 以太网集线器,每个传送和接收对可获得网络的整个带宽。

frame synchronization 帧同步 为接收信号而使给定数字信道的接收端与发送端的相应信道对齐的过程。帧同步信号是一种与输入数据流不同的特殊的二进制的序列,在接收以帧组成的数据流时能被检测到,可以据此从帧中将数据抽取出来,进行译码或再传输。通常的做法是在帧中某一特定的时隙插入一组非数据信息的二进位,以便接收机用来对输入的数据实现同步。

frame synchronization pattern 帧同步组合格式 在数字通信中,一种预先规定的二进位的格式,它使接收机能够实现帧同步。

frame synchronization sequence 帧同步序列 D4 成帧电路的第 1,3,5,7,9,11 或 ESF(扩展超帧格式)电路中的第 1、5、9、13、17、21 帧的成帧位中携带的 6 位值的逻辑序列。帧同步模式是 101010。欧洲帧同步模式包括 7 位:0011011,也称"帧同步模式"。

frame synchronizer 帧同步器 从传输的数据流中提取帧同步信号,以进行数据的分离和编排的装置。是数据传输系统中的重要部件。例如高分辨率卫星图像数据传输系统中的帧同步器,主要由如下部分组成:帧同步码识别器、帧窗口电路、数据类型判别电路和帧保护电路等。

frame system 框架系统 建立在框架理论基础上的知识库系统。它并不具有特定的推理控制机构,但因采用层次化的知识表示及附加过程的组合而具有较高的通用性,可用于知识工程学的程序设计环境中。

frame table 帧表 参见 page frame table。

frame table entry (FTE) 帧表表项[目] 在计算机系统的虚拟存储系统中,位于页帧表内的表目,描述某帧的使用情况。

frame tagging 帧标[志] 同 frame identification。

frame theory 框架理论 在情景理解的认知科学研究中,有关记忆和推理模型的理论,是 Minsky 于 1975 年提出的。框架理论总结和继承了以往提出的各种心理学模型的特征。基于该理论的知识表示模型称为框架模型,也称"框架知识表示"。

frame-type automatic circuit breaker 框架式自动开关[断路器] 以具有绝缘衬垫的框架结构底座将所有构件组装成一整体的自动开关。

frame update rate 帧修改速率 全部重写帧缓冲器所需要的时间。

frame window 帧窗口 在构造一个主窗口或者复合窗口时,作为一个基础的窗口。帧窗口协调帧控制的动作和客户窗口,使其能够像一个单独的单元。

framework 框架 (1)各种基本函数的结构化分组,以便被各种用户和程序重新使用。(2)在操作系统和应用软件之间的一个软件层次。

framework system 框架系统 一种人工智能系统

的开发工具。包括内部知识表达和推理、编辑器、翻译器和调试工具。

frame yoke 机座磁轭 凸极电机中安装磁极的机座,并作为磁路的一部分,可以是叠片结构或整体结构。

framing 成帧,组帧 (1)把数字信号按帧结构组织起来的过程。(2)开放系统互连(OSI)模型数据链路层上的封装。它称为组帧是因为数据包是用报头和报尾封装的

framing bit 成帧位 在多路复用数字传输中,每个帧的领头位,不包括在用户数据的任何 8 比特组通道中,也称"F 位"。在任何 T1 电路上,成帧位占据 8 kbps 带宽。在 D4 成帧中,接续帧的成帧位载运帧同步型和信令同步型。在 ESF(扩展超帧格式)中,接续帧的成帧位载送四种信令模式:帧同步、信令同步、循环冗余检验(CRC)以及链路数据波道(LDC)。同 sync bits。

framing control 帧调节 磁带录像机的调节,允许录像机接受其他录像机录制的磁带。

framing error 帧错误 一个同步传输错误,通常由于每字节的位数未被设置为在发送工作站和接收工作站上相同时而引起的错误。

framing pattern 成帧图案 成帧以后所得到的标准化帧。

framing signaling bits (FS bits) 成帧信令位 在 ESF(扩展超帧格式)帧中,携带信令同步序列的成帧位。

franking 打戳,盖印 (1)指各种用于加盖邮戳或印上"邮资已付"字样的装置。(2)在 PSS(可编程商店储存系统)中,在文件上打印表示此文件已经处理的标记。这种印记可以是一行商店店名、一"总计"行或交易事务顺序号。印记可以在进行特定类型的事务处理过程中,将特定的文件(如支票、礼品单)插入销售点终端的文件插入口时打印上。

FRAS 帧中继接入支持 frame relay access support 的缩写。

free block 自由块,空闲块 存储器中一个当前没有使用的区域。

free-block list 自由块表 同 free list。

free buffer enquiry 空闲缓冲区查询包 一种 ARCnet 包类型,被节点在发送数据之前用来确认接收方是否有足够的空闲接收缓冲区。它减少了以太网锁死的可能性。

free charge 自由电荷 存在于物质内部,在外电场作用下能够自由运动的正负电荷。金属导体中的自由电荷是带负电的电子,因为金属原子中的外层电子与原子核的联系很弱,在其余原子的作用下会脱离原来的原子而在整块金属中自由运动,在没有外电场时这种运动是杂乱无章的,因此不会形成电流。在外电场作用下,电子能按一定方向流动而形成电流。电解液或气体中的离子也都是自由电荷。比较 bound charge。

free control interval 空闲控制区间 某些数据存取方法中的一种控制区间,已格式化,可寻址,可分配使用,但尚未存放记录。

free domain 免费域名 某些网络服务商通过其自己所注册的域名来提供免费二级域名服务,为用户提供域名解析、域名转发等功能。

free electron 自由电子 一种负电荷载子,在有足够的能量施于晶格,使得电子摆脱其受到的电束缚而导致负电流产生时生成。参见 hole。

free fiber optic connector 活动光纤连接器 光纤系统中的一种连接器,它不是装在或固定在面板、盘、套管、隔板或其他刚性物体或表面上的。

free field 自由(区)域,空闲区域 允许在存储媒体的任何位置上记录信息,而不需要预先规定位置的存储区域。

free-form 自由格式 数据的条目和语句的编码无需遵守预定格式。比较 fixed-form。

free format input 自由格式输入 一种语言输入格式。信息之间用空白、逗号、分号一类分隔符隔开。格式和信息与它们在穿孔卡片或程序纸上的位置无关,可以自由书写和换行。

free-format menu 自由格式菜单 某些计算机系统中的一种菜单,其格式为 3 行至 20 行,由程序员定义。

free-form format 自由型格式 某些计算机系统中源程序输入效用程序用的显示格式,是设计来为键入和修改不具备固定格式的语句服务,如 OCL(操作控制语言)语句及效用程序控制语句。

free-form language 自由格式[形式]语言 对程序格式不做任何规定的语言。这里一个程序被看作是一个连续的字符串,串中的空格、换行符、制表符等都只看成是程序单字之间的间隔符号,它们对程序的处理毫无影响。自由格式语言是从 ALGOL 开始的,它标示着程序语言的设计已真正脱离了具体计算机而独立出来,此后的绝大多数高级语言都采用自由格式。最常见的例子是 PL/1 语言。

free-form operation 自由格式操作 在某些操作系统中,应用程序和终端之间的一种通信方式。在此种方式的通信过程中,操作员输入数据时不需顾及任何预先定义的格式或字段。比较 fixed-form operation。

free-form text 自由格式文本 非结构化的文本,像字处理软件或文本编辑器生成的文件。

freehand sketch 徒手画草图 在计算机制图中,能利用光笔一类定位型图形输入设备随手绘制草图,并在屏幕上显示图形轨迹的功能,称为徒手画草图。

free homepage space 免费主页空间 由提供网站空

F

间的服务商免费开放给用户。可用于制作个人主页、公司主页等。

free impedance 自由阻抗 在换能器的负载阻抗为零时其输入处的阻抗，也称"常态阻抗"。

free indexing language 自由标引语言 同 information retrieval technique。

free keywords 自由关键词 反映一篇论文主题中新技术、新学科并且尚未被主题词表收录的、新产生的名词术语或在叙词表中找不到的词。

free line signaling 空线信号 在电话交换台工作中，该信号是用灯亮来表示相应的一组输出中继线已处于空闲状态，值班员不必再进行占线测试。

free list （可利用）空间表，自由表 （1）一个链式存储的栈结构。所有当前未被使用的（包括已被释放的）存储空间都以"后进先出"的方式被链接于该表中，其中有一指向第一空闲磁盘块的指针。该表使用于链接分配技术中，称为 AVAIL 表（或 AVAIL 堆栈）。（2）一种保留所有暂不使用的存储单元的表结构，它可以被用做一种排队法，空出的存储单元被加在列的末尾，而新的存储请求则依次从队列中的首部开始放置，也可能用其他的方法。同 free block list。

free lossless audio codec (FLAC) 无损音频压缩编解码器 一种开源、免费的无损压缩音频格式。FLAC 兼容几乎所有的操作系统平台，其编码算法相当成熟，可以达到 2∶1 的压缩比，而且其纠错能力很强，其文件中加入了校验信息，当在编码损坏时依然能正常播放。

freely programmable word processing equipment 自由可编程序的字处理设备 一种字处理设备，其上的程序易于修改，无需改变设备的其他功能。

freenet 自由网 （1）用电子邮件、信息服务、交互式通信等构成的电子公告牌系统（BBS），由个人和自愿者组织资助和操作，是国家公共远程计算网（NPTN）的一部分。为保持自由网公共服务方向，访问是免费的或非常便宜的。（2）是一种无线电通信网络，其中的任何台站可以不需要征得控制站的允许而与任何的其他台站进行通信。网络工作于自由网状态是得到网络控制站允许的，当网络控制站使网络处于有引导的网络状态时，自由通信网状态就被取消。

free occurrences of variable 变元的自由出现 在合式公式中，若变元既未被量化，又不是约束出现，则该变元的出现称为变元的自由出现。

free oscillation 自由振荡 （1）一个系统在无外力作用时的振荡。（2）振荡电路中发生电磁振荡时，如果没有能量损失，也不受其他外界的影响，这样的振荡叫做自由振荡。

free page reserve* *自由页面保留区 在虚拟存储系统中，由操作系统保存的可以进行分配的页框（页隙）。

free routing 自由路由选择 一种信息传送的方法。报文可在任何可用信道上向前传送到目的站，而不是按事先规定的路由选择方案来进行传送。

free-running capability 自由振荡能力 同步振荡器中在无同步信号时的工作能力。

free running mode 自由运行方式 允许两个相连系统或用户同时使用虚拟终端存取数据结构的方式。他们间可能发生冲突，由此造成的困难由用户加以考虑。这个问题在交替方式中可避免。

free schema 自由模式 考察在框图模式中从开始语句出发的各种通路，若每条这样的通路都是实际上可以走到的，即存在一个沿这条通路进行的计算序列，则此框图模式称为是自由的，反之则是不自由的。判断任一框图模式是否为自由模式的问题是不可解的。

free software 自由软件 根据自由软件基金会（FSF）的定义，是一种可以不受限制地自由使用、复制、研究、修改和分发的软件。这方面的不受限制正是自由软件最重要的本质，与自由软件相对的是非自由软件，也常被称为私有软件、封闭软件（其定义与是否收取费用无关）。要将软件以自由软件的形式发表，通常是让软件以"自由软件授权协议"的方式被分配发布（或是放置在公共领域），以及公开软件源代码。自由软件与免费软件不同，免费软件受版权保护，用户可能不能修改。比较 freeware, public domain software, shareware, business software。

free software foundation (FSF) 自由软件基金会 致力于推广自由软件的美国民间非盈利性组织。它于 1985 年 10 月由理查德·斯托曼（Richard Stallman）建立。其主要工作是执行 GNU 项目，开发更多的自由软件。参见 GNU project。

free space 自由［空闲］空间 参见 distributed free space。

free space administration 自由空间管理 管理某一数据库可用存储空间的各种过程或程序的使用。

free space coupling 自由空间耦合 电场、磁场和电磁场之间的耦合不限于通过导体，也可以通过真空和大气，如通过地面站与卫星之间，通过大气层的微波中继塔之间等。人为引入电容和电感等元件来实现耦合的方式不属于自由空间耦合。

free space list 空闲空间表 操作系统用于管理空闲空间的表。它记录了系统中尚未使用的所有磁盘块。

free space loss 自由空间损耗 如果所有的吸收、散射、阻挡、反射、折射和衍射都不存在，不影响信号传播时的信号衰落称为自由空间损耗。自由空间损耗主要是由波束的发散引起的，即随着距离的增加信号能量散布的面积就越大。

free space optical (FSO) 自由空间光通信 以大气作为传输媒质来进行光信号的传送。同 free space optical communication (FSOC)。

free space optical communication (FSOC) **自由空间光通信** 一种不以光纤作为传输媒介,而以激光在自由空间中传送光信号的宽带光通信技术。FSOC以激光为载体,用点对点或点对多点的方式在空气中实现连接。FSOC技术具有与光纤技术相同的宽带传输能力,使用相似的光学发射器和接受器,还可以实现波分复用(WDM)技术,被称为"虚拟光纤"。FSOC具有高带宽、低误码率、安装快速、使用方便、伸缩性好、安全性高特点,但是也受诸如恶劣天气(雾、散射和风雪等)的影响。

free space transfer **自由空间传送** 利用光波信号直接通过空间而不是通过导体的信息传输。

free standards group (FSG) **自由标准组** 致力于制定开源软件工业标准的非盈利的国际开源组织。其下设立了多个标准工作组,每个工作组负责特定标准的制定。最著名的是Linux标准基础(LSB)。参见Linux standard base (LSB)。

free-standing **自由[独立]地位的,独立的** (1)指一个功能单元是独处于一个机壳内的,不与系统中的其他零件封闭在一起。(2)也称"独立的",指一台计算机可独立自主地用来完成通常的数据处理工作。(3)也称"智能的",指一台终端拥有自已的视频缓冲器和线路接口装置。(4)指软件可独立自主地使用,不会与某个特定程序相斥。

free storage **自由[空闲]存储器[区]** (1)未分配的存储器。(2)某些计算机系统中,分区内尚未分配给任务集的存储区。这类存储区由监控程序在响应系统或用户的请求时动态地予以分配。自由存储区由受保护自由存储区和不受保护自由存储区组成。受保护自由存储区为系统所用,如用作控制块和保留区;不受保护自由存储区可用于响应用户或监控程序的任何请求。

free storage management **自由存储器管理** 在数据库管理系统和操作系统中,对未使用的或释放后可重新使用的存储器进行管理的算法。算法的好坏将直接影响系统的总效能。

free symbol **自由符号** 前后有空格的一种上下文符号。它总是有一定含义,并使语法意义和非语法意义符号化,如英语字母"I"。

free symbol sequence **自由符号序列** 前无空格或后无空格,或前后均无空格的符号序列。

free text retrieval **自由文本检索** 一种信息检索方法。查找是在用自然语言书写的文件中进行的。一个检索问题可用逻辑运算符("与"、"或"、"非")连接的条件来描述,即正文中已出现过的词或词组。

free text search **自由文本搜索** 搜索时,搜索项以自由格式文本表示的一种搜索。

free token **空间[自由]标记[令牌]** 参见token。

free toner **中性色粉[增色剂]** 不带或基本不带静电荷的色粉,但可成为带电的,从而可吸附于硬件或输出纸上。

freeware **免费软件** 免费软件是指有版权的软件,这种软件的版权拥有者对于版权的保护一般仅限于对软件本身的修改,并通过软件传播作者姓名,允许企业、学校用于教育和研究,注有不必付款的说明,但是如果将其用于商业产品之中以获得利润则必须得到作者同意并支付一定费用。免费软件的源代码不一定会公开,也有可能会限制重制及发再行的自由,所以免费软件的重点是不需要花钱,而不是自由的软件。参见free software, public-domain software, shareware, business software。

free Web homepage space **免费主页空间** 同free homepage space。

free-wheeling arm of convertor **变流器续流臂** 变流器中由不可控阀构成的旁路臂。参见by-pass arm。

freeze frame **冻结帧** (1)一种电视传送技术,其中图像以每秒几个片断的速度被捕获、传送和显示出来。这个速度比全真电视慢得多,因而降低了所需的传送带宽和存储量。通常用于视频电视会议系统。(2)在多媒体应用中,运动图像胶片中的一个帧的不断重复,产生静止的感觉。

freeze-frame television **静止帧电视** 以一定的固定的速率来传输电视中的静止图像。与普通的全运动方式的电视相比,在相应的分辨率和彩色保真度下,静止帧电视对带宽的要求较低。

freeze-frame video **极低帧速电视图像** 每隔几秒钟才改变一次的电视图像。

freeze mode **保持[冻结]状态** 计算机的一种操作方式。计算机发生中断时,机器停止运转并使所有值保持中断发生时的原状。

freeze-point **冻节点** 在软件开发阶段所安插的检查点。在冻节点时刻,已形成的软件产品移交单和文档就被"冻结"而不能随意修改,仅能通过正规的变更控制或者通过下一个"检查点/冻节点"的正式改动手续才能修改。

F region **F区** 大气层中的一个区域,它大约位于地面上空160～400 km的范围内,在D区和E区的上面。F区中又分为F_1层和F_2层。参见F layer。

frequency **频率** 交变信号在单位时间内的重复次数。频率的基本单位是赫兹,符号Hz,表示每秒一个完整周期。常用单位有千赫(kHz)、兆赫(MHz)与吉赫(GHz)。

frequency accuracy **频率准确度[率]** 指频率源输出频率偏离标称频率的程度。

frequency agile radar **跳频雷达** 一种可以方便的改变其工作频率的雷达,其目的是避免干扰、减少与其他信号源间的相互干扰、增强目标回波以及实现电子干扰和反电子干扰等。

frequency agility (FA) 频率捷变 发射系统能够根据外部条件改变而自动跳频去适应环境的能力。

frequency aging 频率老化 振荡器在外部参数(如环境和输入功率等)保持不变时,由于超时工作,内部振荡参数发生变化而引起的频率改变。

frequency allocation 频率分配 为了获取可用频谱的较好的划分且使用户间干扰最小,由美国联邦通信委员会(FCC)对电视、无线电、防务以及其他通信方法所用频段的分配。也指其他任何一种可用的频率的赋值。

F

frequency allocation plan 频率分配方案 一个说明将电磁频率分配给特定地区或国家的方案,该分配方案不需要将频率具体分配到特定的电台。

frequency analysis compaction 频率分析精简法 一种由一些不同大小和不同频率组成的表达式来代表一条特定曲线的数据精简法。例如用傅里叶分析来表示一条任意的曲线、一个周期函数、一个非周期函数或一个波形。基频、基频振幅的大小和谐波的振幅和频率是恢复该函数或波形所需要的全部数据。因而按这种精简方式,波形就容易被存储和传输。

frequency and amplitude system 频幅分发系统 一种传输系统,在信号传输时将其频率和幅度分开进行传送,而在接收端再将两者重新结合。

Frequency Assignment Authority (FAA) 频率分配机构 决定系统或设备可以使用电磁波某特定的频率或频段的权力机构。国际频率分配机构是由国际电信联盟(ITU)的频率注册管理委员会授权的。

frequency assignment plan 频率分配方案 同 frequency allocation plan。

frequency averaging 频率均衡 在一个网络中,可以通过以下的方法使所有的节点达到同步,①调整振荡器的频率以适应由连接节点接收的比特流的平均频率;②在确定最终的网络频率时给所有振荡器分配同等的权重;③不使用特定的参考振荡频率来确定或影响最终的网络频率。

frequency band 频段 也称"频带",介于两个已定义界限之间的频谱。通信方面的频段意思是指一定的无线电波的频率范围;声音和音乐中的频段是指声音频率而言。

frequency band allocation 频段分配 在国际电信联盟的无线电管理局的频段分配表中,对一个给定频段在特定条件下的分配。

frequency carrier 载波频率,载频 未调制载波的频率。在信号传输的过程中,并不是将信号直接进行传输,而是将信号负载到一个固定频率的波上,这个过程称为加载,这样的一个固定频率的波称为载波频率。

frequency changer set 变频机组 把交流系统的电能从一种频率变换为另一种频率的电动发电机组。

frequency change signaling (FCS) 换频信令 一种信令的传递方法,其中一个或多个离散的频率对应代码的每个预期的、用于代表信号的、有意义的状态。从一组频率转换到另外的一组频率时其频率或相位的变化可以是连续的或不连续的。在监控信令中和数据传输中都可以使用换频信令。

frequency channel selective repeater 选频直放站 在移动通信频段的全部或者部分频段内选择一个或多个指配信道工作的直放站。

frequency characteristic 频率特性 当输入量波形变化时,其输出量随频率变化的特性。频率特性也称"频率响应",它是指系统或元件对不同频率的正弦输入信号的响应特性。参见 frequency response (FR)。

frequency characteristics of capacitance 电容的频率特性 电容值随外加电压的频率变化而变化的关系。

frequency compatibility 频率兼容性 电子或电气设备运行在一个特定或一组频率时,能够与其他设备正常工作的程度。

frequency control 频率控制 对信号源生成的频率的调节,即随时将信号源的频率精确地控制在允许的误差范围之内。

frequency conversion 变频 将信号的所有频谱分量,从频谱中某一位置整体向另一位置的迁移,迁移时每对分量之频率差和每一分量的幅度与相对相位保持不变。

frequency convertor 变频器 将某一频率的交流电变为另一频率交流电的交流变流器。

frequency coordination 频率协调 无线电频率资源协调能有效维护空中电波秩序。参见 frequency allocation。

frequency correction channel (FCCH) 频率校正信道 用于给用户传送校正移动台频率信息的信道。移动台在该信道接收频率校正信息并用来校正移动台用户自己的时基频率。

frequency counter 频率计(数器) (1)工程检测中的一种设备,用来测量并显示电子信号的频率。(2)一种通常嵌入在过程控制计算机中的电子电路,用来计算某事件发生的频率。

frequency coverage 频率覆盖 通信设备工作的频率范围称为频率覆盖。而最高工作频率与最低工作频率之比,称为频率覆盖系数。

frequency departure 频(率)偏(离值) 载波频率偏离中心频率的数值。

frequency-derived channel 频分信道 用频分多路复用一条信道而获得多条信道。它是由一个已分配的或可用的带宽分成两个或更多的部分,各部分可分开使用而得到的,它又可能被进一步频分或时分复用。

frequency deviation 频率偏移 (1)频率值与预定值的偏差量,如振荡器的频率从其标称值处发生的偏移,又如一个发送器在传输时的真实频率和分配的频率之间的差异。(2)在调频系统中,已调波瞬时频率的最大允许值或已调波瞬时频率的最小允许值与载波频率的绝对差值。(3)在调频系统中,在一个特定的周期内,已调波的瞬间频率和载波之间的最大绝对差值。

frequency discriminator 鉴频器 利用在有用频带内电路的幅度频率具有线性斜率这一特性制成的频率解调器。按用途可分为两类:第一类用于调频信号的解调,常见的有斜率鉴频器、相位鉴频器、比例鉴频器等,对这类电路的要求主要是非线性失真小,噪声门限低;第二类用于频率误差测量,如用在自动频率控制环路中产生误差信号的鉴频器,对这类电路的零点漂移限制较严,对非线性失真和噪声门限则要求不高。

frequency dispersal 频率分散,频散 一种反电子对抗(ECCM)的技术,其中通信网的各工作频率彼此之间的间隔很大,因此对干扰信号来讲需要能覆盖更宽的频带,因而造成干扰功率在单个信道或频率上的减少。

frequency displacement 频率变动[位移] 可能是由于在一条电路或一系列电路内的独立的频率变换的差错而引起的端到端的频率位移。

frequency distortion 频率失真 由于复合波中所有的频率未能均等地放大或衰落而引起的失真。频率失真包括幅度失真和相位失真。信号传输应用中,线路发送侧发出某一频率的信号,而这个信号的传输信道在此时就等价于一个传输系统,因为事实上的传输包括复用、解复用和各种转换,线路传输中会有衰减、回波损耗等,这导致在接收端收到的信号与原信号在相位和幅值上是有差别的,且这种差别因频率而变,这就叫频率失真。同 amplitude versus frequency distortion。

frequency diversity 频率分集 发送和接收时,同样的信息信号同时在两个或多个独立衰落的载波频率上发送和接收。频率分集是利用位于不同频段的信号经衰落信道后在统计上的不相关特性,即不同频段衰落统计特性上的差异,来实现抗频率选择性衰落的功能。参见 diversity technique。

frequency diversity radar 频率分集雷达 在两个或多个频率上同时发射,并具有对得到的回波进行组合,或在每一瞬时选择目标最强回波功能的雷达。

frequency diversity/spread spectrum multiple access (FD/SSMA) 频率分集扩展频谱多址 一种新的扩频多址通信方案。它基于多载波传输理论,并与直接序列扩展频谱多址(DS/SSMA)系统在时间域和频率域构成对偶关系。

frequency deviation 频率偏差 实际频率相对于标准频率的偏差。

frequency divider 分频器 产生的振荡频率为其输入频率整约数的非线性器件。分频器是指将不同频段的声音信号区分开来,分别给于放大,然后送到相应频段的扬声器中再进行重放。在高质量声音重放时,需要进行电子分频处理。

frequency division 分频 也称"频率分片",即将一信道划分成若干频带的过程,或者说用一较宽的频带来生成多个窄频带。

frequency division duplex (FDD) 频分双工 两个方向上使用不同频率同时发送信号的双工方式。频分双工的特点是在分离(上下行频率间隔 190 MHz)的两个对称频率信道上,系统进行接收和传送,用保护频段来分离接收和传送信道。频分双工方式在支持对称业务时,能充分利用上下行的频谱,但在非对称的分组交换工作时,频谱利用率则大大降低(由于低上行负载,造成频谱利用率降低约 40%),在这点上,TDD(时分双工)模式有着 FDD 无法比拟的优势。比较 time division duplex (TDD)

frequency division multiple access (FDMA) 频分多址 利用不同的频率分割成不同信道的多址技术。频分多址把频带分成若干信道,同时供多个不同地址用户使用不同的载波(信道)来实现多址连接的通信方式。

frequency division multiplexing (FDM) 频分复用 为了使若干独立信号能在一条公共通路上传输,而将其分别配置在分立的频带上的复用。在可利用的传输频率范围内,频分复用将它分隔成一些窄的频带,各子频带间要留一定的宽度(称为保护带),每一频带用作单独的传输信道。这种技术将各终端信号的频谱经过调制、组合、送到通信线路。在接收端口按其相反的过程,经解调恢复各路信号。

frequency division multiplexing (FDM) standards 频分复用标准 在模拟电路话音交换系统中规定频分复用中各级复用关系的标准。滤波器把每条话音信道带宽限制在 3 000 Hz。在频分复用时,每个信道分配 4 000 Hz,其中 2 个 500 Hz 的带宽放在话音信道两边作为相邻信道的隔离保护频带。12 个 4 000 Hz 的信道复用到 60 ～ 108 kHz 的频带上,称为群或基群。也有的规定基群使用 12 ～ 60 kHz 的频带。传输服务商也提供 48 kbps 或 56 kbps 的基群出租线路。5 个基群合成 1 个超群。超群以上是主群。国际电报电话咨询委员会(CCITT)规定主群含有 5 个超群,Bell 系统规定主群含有 10 个超群。

frequency division switching 频分交换 把通信各方的不同信息调制到不同频率上进行传输和交换的技术和过程。

F

frequency domain 频域 在分析问题时，以频率作为基本变量。频域是描述信号在频率方面特性时用到的一种坐标系。比较 time domain。

frequency domain coding (FDC) 频域编码 把信号分解成一系列不同频率的元素，并进行独立编码。按编码技术又可分为变换编码和子带编码。参见 transform coding，sub-band coding (SBC)。

frequency domain induced polarization method 频域激发极化法 同 alternating current induced polarization method。

F

frequency domain interpolation 频域插入法 用插入导频法实现载波同步的一种方法，在发送信号频谱为零的位置插入导频，接收端把它提取出来作为本地载波。通常采用插入正交导频的方法，这样可以减小对解调信号的影响。与时域插入法相比，两种插入法的最大区别在于插入的导频信号连续与否。频域插入的导频在时间上是连续的，信道中自始至终都有导频信号传送。参见 time domain interpolation，carrier synchronization。

frequency domain measurement 频域测量 对信号频域特性进行的测量。TEMPEST(瞬时电磁脉冲发射标准)测试，首先要对设备的电磁发射进行频域测量，使用的仪器主要是频谱分析仪。

frequency domain method 频率域法 一种图像间接增强方法。频率域法把图像看成一种二维信号，对其进行基于二维傅里叶变换的信号增强。采用低通滤波(即只让低频信号通过)法，可去掉图中的噪声；采用高通滤波法，则可增强边缘等高频信号，使模糊的图片变得清晰。具有代表性的空间域算法有局部求平均值法和中值滤波(取局部邻域中的中间像素值)法等，它们可用于去除或减弱噪声。参见 image enhancement，spatial domain method。

frequency domain processing 频域处理 一段语音信号经过离散傅里叶变换，把语音信号表示为正弦或复指数的序列，即把一段语音信号表示为各种不同频率成分的叠加的过程。频域方法的优势在于：①对线性系统可以很方便地确定其对正弦信号或复指数信号的响应；②傅里叶表示可以使信号的某些特性变得很明显。

frequency doubling (FD) 倍频制 磁盘机采用的一种游程长度受限码(RLLC)，属按位编码，参数$(d,k;m,n;k)=(0,1;1,2;1)$。逢"1"，位元中心磁化翻转一次；逢"0"，不翻转。使用位元边界磁化翻转作为时钟用于自同步，"1"、"0"信号频率不同，故也称"调频制"。因为"1"信号频率为"0"的两倍，故称倍频制或双频制。

frequency drift 频率漂移 频率随时间而发生的一种不希望有的、缓慢的、渐进的变化。频率漂移发生的原因包括元件老化和环境的变化。频率漂移可能是双向的，即频率既可能增加也可能减少，而且不一定要成线性关系。

frequency evasion 频率闪避 一种用于躲避干扰信号的反电子对抗(ECCM)技术，包括发射机的变频、接收机的变频或同时具备这两者。

frequency exchange signaling (FES) 换频信令 通过频率改变传递信息，当从一种有效状态向另一种有效状态变化时伴随着一个或多个频率振幅的衰落和另外一个或多个频率振幅的增加。换频信令可用于监控信令和用户数据传输中。

frequency exchange modulation (FEM) 换频调制 从一个频率变到另一个频率，且不需要相位连续的调频方法。

frequency family 频率族 配置给特定地点或地理区域的一组频率。

frequency frogging 频率交叉变换 为了达到一些特殊的目的，如防止啸声、减低串音和对传输线中的高频响应下降的修正等，而对载波信道中的频率进行互换。频率交叉变换是通过转发器内的调制器将一个低频族转换为高频族(或反之)而实现的。由于交叉变换，一个信道在一个转发器段为低频族，而在下一个转发器段将被转换到高频族。这就使频率在两个连续的转发器段间的衰落近似于常量，因而不需要使用大的频率均衡和调整。因为转发器的高电平输出与其他转发器的低电平输入是处于不同的频率上，所以啸声和串音被降至最低水平。

frequency geographical sharing 频率地理分配 为避免信号间的干扰而使两个或多个电台不向某些地理区域发射信号的一种频率分配。

frequency guard band 防护频带 为防止相互干扰而在两个信道间特意安置的一个空的安全隔离频带。

frequency hopper 跳频器 扩频通信系统中的一种电磁波信号发生器，它的工作是基于跳频技术，要求较宽的带宽，但具有反电子对抗(ECCM)的能力，可提高通信的可靠性和保密性。

frequency hopper direct sequence modulation 跳频直接序列调制 扩频系统中跳频调制和直接序列调制的结合。

frequency hopping (FH) 跳频 信号载波按编码序列指令在一定频段内以预定速率离散跳变的一种扩频技术。跳频的载频受一个伪随机码的控制，在其工作带宽范围内，其频率合成器按伪随机码的随机规律不断改变频率。在接收端，接收机的频率合成器受伪随机码的控制，并保持与发射端的变化规律一致。跳频技术具有电子反对抗(ECCM)能力，跳频速率越高抗干扰的性能越好，可提高通信的可靠性和保密性。

frequency hopping code division multiple access (FH-CDMA) 跳频码分多址 一种随着每个时刻的伪随机序列不同，传输频率也不相同的码分多址方式。参见 code division multiple access (CDMA)。

frequency hopping communication 跳频通信 发送方的无线电发信频率按一定的规律和速度来回跳变,而让约定接收方也按此规律同步跟踪接收。跳频通信不仅能抗御外来干扰,而且能抑制远距离无线电通信本身所造成的"多径干扰",从而提高通信的可靠性和安全性。

frequency-hopping generator 跳频发生器 一种在直接传输中允许不同频率快速连续选通的设备。

frequency hopping spread spectrum (FHSS) 跳频(扩)展频(谱) 一种扩展频谱的技术。在同步、且同时的情况下,收发两端以特定型式的窄频载波来传送信号。它对发射的频率按给定的算法自动进行切换,通常以伪随机的方式从一个带宽(这个带宽比信息的带宽要宽)中的一组频率里选择待发送的频率。为从传输信号中恢复出信息,接收机的跳频必须与发射机同步。对于一个非特定的接收器,FHSS 所产生的跳动信号对它而言,也只算是脉冲噪声。FHSS 所展开的信号可依特别设计来规避噪声或"一对多"的非重复的频道,并且这些跳频信号必须遵守 FCC(美国联邦通信委员会)的要求,使用 75 个以上的跳频信号、且跳频至下一个频率的最大时间间隔为 400 ms。参见 spread spectrum (SS)。

frequency hour 频率小时 一个小时使用的一个频率,不管在那个小时该站同时发射的发射机的数量。

frequency identify (FID) 频率鉴别(号码) Intel 处理器奔腾 III 通过 FID 号来检查 CPU 频率的方法,能够有效防止假冒产品。

frequency instability 频率不稳定性 由电路或设备造成的频率的变化。频率的不稳通常是由腐蚀或环境条件变化(如温度、湿度、气压、振动等)造成的振荡电路参数的变化引起的。

frequency interleaving 频率交叉 在 NTSC(美国国家电视制式委员会)或者 PAL(逐行倒相制)电视制式中,关闭彩色副载波的技术,使得信号的色度频率成分居于信号的亮度成分的中间。

frequency lock 频率锁定 在频率校正反馈环路控制下,一个振荡器的频率变化在一个波的周期范围内。频率锁定并不表示相位锁定,但相位锁定却意味频率锁定。

frequency management 频率管理 对于电磁频谱的分配与使用进行管理的功能、措施、政策和规程等的控制。

frequency meter 频率计 一种测量在量程范围内的电磁波频率的仪表。

frequency method (FM) 频率法 参见 frequency modulation。

frequency modulated wave 调频波 使载波频率按照调制信号改变的调制方式称为调频,经过调频的波称为调频波。调频波的特点是:其频率随调制信号振幅的变化而变化,而它的幅度却始终保持不变。

frequency modulation (FM) 调频,频率调制 瞬时频率偏移按照给定的调制信号瞬时值的函数而改变的调制。传输信号时,使得载波的频率根据调制信号作相应变化的过程称调频。

frequency modulation blanketing 调频覆盖 由于发射台产生的调频广播信号等于或大于 115 dBu,即大于 562 mV/m(毫伏每米)而形成的覆盖。115 dBu 的等场强度线是覆盖的外围轮廓,这条等场强度线内的区域称为覆盖区。

frequency modulation encoding 调频编码 一种在磁盘上存储信息的方法,将数据和同步信息都记录在盘面上。由于时钟脉冲需要精确的磁盘空间,这种编码的效率较低。参见 modified frequency modulation (MFM), run-length limited code (RLLC)。

frequency modulation improvement factor 调频改进因素 调频接收机的一个参数,该参数可由以下方法计算:接收机输出信号与噪声的比(S/N)被接收机输入端处的载波与噪声的比(C/N)除。

frequency modulation improvement threshold 调频信噪比改善阈值 调频接收机中,射频信号的峰值等于接收机热噪声峰值的那个点处,基带信号与噪声的比(S/N)约为 30 dB,通常为信噪比改善阈值。阈值以上的信号每增加 1 dB,信噪比增加 1 dB。

frequency modulation integrator 频率调制积分器 其输出信号是调频输入信号对时间的积分的一种设备,它提供了一种求取函数和波形的积分的方法,与视频积分器相比它更复杂,允许使用更高的反馈系数。

frequency modulation recording 调频记录(法) 为表示"1"磁化状态在每一单元边界有一次更改,在单元中心则有进一步更改的不归零记录法。

frequency modulation screening (FMS) 调频式加网 以点的疏密而不是点的大小来表现图像的层次。调频式加网单位网点的大小是保持不变,通过单位网点的密度来表现画面的精细度,网点疏则画面亮,反之则暗。比较 amplitude modulation screening (AMS)。

frequency modulation synthesis 频率调制合成 频率调制合成技术是声卡运用特定的算法模拟真实乐器声音的技术。它由五个模块组成:数字载波器、调制器、声音包络发生器、数字运算器和数模转换器。其主要特点是电路简单,不需要大容量存储器支持即可模拟出多种声音。由于是靠算法来合成某个声音,因此效果较差,所生成的声音与真实乐器产生的声音距离很大,故已被波表合成技术取代。比较 wave table synthesis。

frequency modulation threshold 调频阈值 调频接收机解调器所要求的最低输入信号电平,也称"调频门限电平",若输入信号低于这一电平,则解调器

F

无法从载波中恢复出完整的原信号。

frequency modulation threshold extension 调频阈值扩展 在一台调频接收机中，由于降低工作波段宽度而使接收到的噪声功率降低和允许有用信号的阈值发生在一个较低的信号输入电平，从而可能造成的调频阈值的改变。

frequency octave 倍频程 任意两个比值为 2∶1 的频率间的间隔。

frequency of access 存取频率 单位时间内对内存某区域、某表格或外存某区域的存取次数。研究存取频率时主要考虑两个问题：①能否减少存取次数，如减少对外存的存取次数，可以少占用输入输出通道；②能否加快存取信息的速度。

frequency offset 频率漂移，频漂 (1)由调制有意产生的频率变化，或由自然现象无意引起的频率变化。(2)模拟线路上的频率变化，这是在通信线路上遇到的一种损害。

frequency of operation 操作频率 开关电器在每小时内可能实现的最高操作循环次数。

frequency of using instruction 指令使用频率 计算中每条指令使用的频繁程度，有动、静之分。静态使用频率是对各种程序(如系统程序和编译成的目的程序等)所用指令进行统计得出的百分比。动态使用频率则是在动态执行过程中，对每条指令的使用状况进行统计得出的百分比。按静态使用频率来改进指令系统可减少程序所需的存储空间。按动态使用频率来改进，则可减少程序的执行时间。

frequency prediction 频率预测 为两个特定的地点或特定的地理区域，在以 24 小时为周期的不同时段，对最高可用频率(MUF)、最佳传输频率和最低可用频率(LUF)的预测。频率预测通常将各个频率按时间的函数画出并用图表示出来。

frequency priority 频率优先权 在频率分配时，一个组织被授权使用一个特定频率的权力，这样可以避免处于同一优先区内的其他组织的电台信号可能造成的干扰。

frequency range 频率范围 (1)指满足各项技术指标的调谐频率范围。通常用起止频率或中心频率和相对带宽来表示。(2)通信通道处理信息极限能力的量度，是在一波段上能够传送的最低到最高频率的范围。参见 bandwidth。

frequency redefinition 频率重定义 为了处理蜂窝系统中使用频率的变化，改变移动台使用调频信道频率特性的过程。

frequency response (FR) 频率响应 反映仪器对频率动态反应的重要参数。时间序列经过滤波处理后，原来序列中各种频率振动的振幅会受到削弱。*各种频率振动过滤前后振幅之比值称为频率*响应。在控制工程中也称“频率特性”，它是系统对不同频率的正弦信号的稳态响应特性。参见 frequency characteristic。

frequency response analysis (FRA) 频率响应分析 一种分析系统的方法，即输入不同频率的周期信号，并测试相应的输出。

frequency response curve 频率响应曲线 对一个设备(如放大器或滤波器等)的增益或衰落随频率变化的图形表示。平坦的曲线表明在那些频率之间有着均匀的增益或衰落。多数放大器在一定频带范围内具有平坦的频率响应，高于或低于那个频带范围则增益会下降。

frequency response method 频率响应法 利用系统的频率响应特性，在频域中对控制系统进行分析和设计的一种方法。也称“频率特性法”或简称“频率法”。频率响应法是一种分析和设计控制系统的间接方法。频率响应法的主要优点有：①可用系统的开环频率特性研究闭环系统的稳定性，而不必求解特征方程式的根；②系统的频率特性可以用频率响应实验确定，这对于某些难以用分析方法确定传递函数的环节和系统有很大的实际意义；③用频率响应法设计的系统能够抑制或排除某些频率的噪声；④频率响应法还可以用于某些非线性控制系统的分析和设计。频率响应法和根轨迹法被认为是构成经典控制理论的两大支柱。参见 classical control theory，root locus method，state space techniques。

frequency reuse 频率复用 在同一频带或重叠频带上传输不同信号的一种技术。其基础是利用两个信号的不同极性，如使用水平和垂直极性。

frequency scanning 频率扫描 通过手动或自动地调整接收机来对一个频率范围进行的信号搜索。

frequency section selection repeater 选带直放站 在 SCDMA(同步码分多址)频段的全部或部分频段内选择一定带宽的 SCDMA 指配信道工作的直放站，包括无线、光纤和干放三大类型直放站。

frequency selective amplifier 选频放大器 对某一段频率或单一频率的信号具有突出的放大作用，而对其他频率的信号具有较强抑制作用的放大器。

frequency selective fading 频率选择性衰落 指在不同频段上衰落特性不同的现象。引发频率选择性衰落的原因多是时延扩展，时域的时延扩展导致的不同频率的信号经过频率选择性衰落信道的时候具有不同的响应，多路信号到达接收机的时间有先有后，即有相对时间延迟，不同时间的信号就会重迭在一起，造成信号间的干扰。这种衰落称为频率选择性衰落。

frequency sensitive rheostat 频敏变阻器 利用铁磁材料的损耗随频率变化自动改变等效阻抗值，以使电动机达到平滑启动的变阻器。参见 rheostat。

frequency series 频率系列 几个具有谐波关系的电磁波组成的一个频率群。一个频率系列的例子是一根传输线中一个基频与其各次谐波所构成的一个频率群。

frequency sharing 频率共享 两个或多个用户共用同一无线电频率。频率共享适用于目的不同的电台。例如，一个电台可能使用一个频率进行语音通信，而另一个电台则用此频率进行遥测。频率共享可通过时间分配（即在不同时间使用该频率）或地理分配（即空间分配，如使用定向天线）来实现。一个通信网中使用同一频率的若干台站不属于频率共享。

frequency shift 频(率偏)移 (1)一台设备，如一台无线发射机、振荡器或一条线路，从一个工作频率变到另一个工作频率。(2)为了调制的目的而对频率作的变化。

frequency shift converter 频移变换器 一种将接收的频移信号变换成调幅信号或直流信号的电路。

frequency shifting repeater 移频直放站 将指配工作频率转换为其他频率（带内频率或微波频率）进行传输的直放站。

frequency-shift keyed modulation (FSKM) 频移键控调制 将二进制数据调制成载波频率的简单调制技术。这种技术通常只设置两种频率状态变化，一个对应二进制数字 0，另一个对应二进制数字 1。通常当二进制调制信号为正时，产生较低的频率，当调制信号为负时，产生较高频率。FSKM 被用于低速异步传输，传输速度不能超过每波特一比特。

frequency-shift keying (FSK) 频移键控 (1)一种调制方式。其周期性正弦振荡的频率在一组离散值之间变化，而每一个离散值都表示用于调制的离散信号的一种特征状态。(2)频移键控分为二进制频移键控（BFSK）和多进制频移键控（MFSK）。BFSK 利用两个频率有一定差别的正弦信号，进行二进制传信。MFSK 利用多个频率有一定差别的正弦信号，进行多进制传信。参见 binary frequency shift keying (BFSK), multiple frequency shift keying (MFSK)。

frequency-shift telegraphy 频移电报 采用调频的电报，其中的每个特征状态在稳态条件下均用一个规定频率的正弦信号来表示。

frequency slicing 频率分片 同 frequency division。

frequency sounding method 频率测深法 频率在几十周/秒到几万周/秒的音频范围内，通过改变交变磁场频率的办法探测岩层电阻率随深度的变化以了解地质构造和找矿的一种人工场源电磁法。由于岩石的电磁感应作用，交变电磁场在地下的分布随岩石电阻率和场源频率的变化而变化。频率低、岩石的电阻率高电磁波穿透深度大；频率高、岩石电阻率低穿透深度浅。所以，只要改变场的频率，在地面上某一定点观测电磁场的有关分量，根据观测结果计算视电阻率值就能反映出不同深度处的地质情况。可见，在交变电磁场的有效作用深度内，频率可以控制不同的勘探深度。高频作用深度浅，低频作用深度大。这种方法的优点是对地电断面的分辨能力高，节省人力、效率高，对高阻覆盖层和高阻岩层穿透能力强。

frequency spectrum 频谱 可以作为波来描绘的重复现象的频率成分。描绘频谱时通常以频率为横坐标，以给定波中各频率或频带处的幅度或每赫兹的能量为纵坐标。可以用傅里叶分析来求得一个波形的频谱。

frequency spectrum congestion (FSC) 频谱拥挤 当许多电台同时使用靠得很近的频率发射信号，即防护频带不够宽、信道间的间隔不够宽时发生的情况。频谱拥挤会造成调谐时难以区分各个电台，或者使得边带和主信号发生重叠，也会因为电离层的反射而引起的频率或相位的轻微偏移而引起干扰。

frequency stability 频(率)稳(定)度 (1)频率稳定度包括长期稳定度和短期稳定度。长期稳定度指振荡器的老化和元器件的性能变化以及环境条件改变导致的频率的缓慢变化，常用一定时间内频率的相对变化来表示；短期稳定度是与长期稳定度相比，在较小的时间间隔内考察频率源的稳定程度。(2)对一个诸如振荡器、发射机、接收机、滤波器或时钟等的调谐或电路的频率，在指定时期内的偏移频率与工作频率之比。偏移频率指在一定时间内，实验输出频率与工作频率之差的最大值与最小值的均方根值。

frequency standard accuracy 频率标准准确度 一个给定的频率标准同一个特定的主要频率标准或同一个规定的频率值的一致程度。

frequency standard precision 频率标准精密度 对频率标准每次工作时所给出的频率的相同程度的准确测定。

frequency standards 频率标准 一部用作频率测量参考的稳定的振荡器。频率标准产生的基本频率具有很高的准确性和精密性。

frequency standard stability 频率标准稳定性 在一个指定周期内一个连续工作的频率标准保持其初始频率的程度。

frequency synthesizer 频率合成器 用高精度晶体振荡器作为基准，通过合成技术能产生一种或多种与基准频率相位相干的频率的设备。

frequency synthesizing 频率合成 (1)由一个或多个频率稳定度和精确度很高的参考信号源通过频率域的线性运算，产生具有同样稳定度和精确度的大量离散频率的过程。频率合成分直接合成和锁相环合成两种。(2)通过对一个参考频率源分频获得基准频率，然后对基准频率进行加、减、乘、除运算，产生大量的不同频率的技术称为频率合成。合成出来的频率与参考频率源具有相同的稳定度和准确度。

frequency time sharing 频率时间共用 位于同一地理区域的各发射台按一种调度的频率共享，即在

F

同一时刻没有任何两个电台使用相同或近似相同的频率。频率时间共用避免了干扰。然而频率时间共用的使用受到限制,因为对通信系统而言,它往往是一个无法接受的约束。

frequency tolerance 频率容限 一个发射时占有的频带的中心频率和指派的频率间的最大允许偏差,或发射的特征频率与参考频率之间的最大允许偏差。频率容限用赫兹或用百分比来表示。参见 assigned frequency。

frequency translation 频率变换 (1)传输线路的输入端的一个单频信号在输出端接收时变成另一个频率。(2)将占有某一指定频带(如一个信道或一组信道)的信号从频谱的某部分转移到另一部分,在转换时其带宽内部信号的频率的算术差保持不变。

frequency translator 频率变换器 顶端中的有源电子封装电路。它拾取平分同轴电缆装置中信道上"反向"来的信息信号,将它们转换到高于此平分频率的另一信道上,并在"正向"方向上发出。

frequency triple 三倍频器 输出电压的频率是输入频率三倍的放大器或其他装置。

frequently asked questions (FAQ) 常见问题 在因特网中,指包含关于一个特定主题、一种技术或一种服务的问题和答案的文档。许多邮件发送清单和新闻组都有一个按固定的时间间隔自动投寄的文档。这些文档是根据以往的经验得知,新用户经常会查询的共性问题,以帮助初学用户理解讨论为目的,定期地重复发送,可减少用户频繁查询的信息量。

Fresnel equation 菲涅尔方程 菲涅尔方程定义当电磁波入射到界面上时光学界面上的反射和透射系数,是界面两面传输介质的折射系数、入射角和相对于界面的极化方向的函数。

Fresnel reflection 菲涅尔反射 菲涅尔反射是在具有不同折射率的两均匀介质间的界面上,入射光的部分反射。在光纤的进口端和出口端,菲涅尔反射发生于空气和玻璃之间的界面。综合传输损耗大约为 4%,这个损耗可通过使用防反射涂层或系数匹配材料而被减少。它还发生在纤芯-包层之间的界面上。菲涅尔反射系数取决于界面折射率的差异和入射角。在光学器件上,一种称为"防反射涂层"的很薄的透明膜可用于产生额外的菲涅尔反射,这样就破坏了干涉而减少了总的菲涅尔反射。

Fresnel reflection coefficient 菲涅尔反射系数 菲涅尔反射是相干反射。菲涅尔反射系数取决于光滑界面两侧介质折射率的差值和入射角。在布瑞斯特角(Brewster angle)处反射系数为 0,即没有反射。

Fresnel reflection loss 菲涅尔反射损耗 由电磁波传输介质界面两侧介质折射率的差异造成的损耗。在菲涅尔反射中损耗的是功率。在正常情况下,两种介质界面处反射功率的比值由下式计算,$R=(n_1-n_2)^2/(n_1+n_2)^2$,这里 R 是入射光被反射的部分的值,n_1 和 n_2 是两种介质的折射率。反射损耗的分贝数由 $10\cdot\log_{10}R$ 给出。正常入射下普通窗格玻璃的菲涅尔反射损耗约为 0.2 dB 或约 4%。

Fresnel reflection method 菲涅尔反射法 在光纤中,通过测量光纤端面上径向各点位置的反射系数从而测出光纤折射率分布的方法。

FRFH 帧中继帧处理器 frame-relay frame handler 的缩写。

FR forum frame-relay standards 帧中继论坛帧中继标准 帧中继产品厂家组成的论坛组织为帧中继技术制定的标准,主要包括以下标准:①FRF.1:用户—网络接口实施协定;②FRF.2:网络—网络接口实施协定;③FRF.3:多协议包封实施协定;④FRF.4:SVC(交换虚拟电路)用户—网络接口实施协定;⑤FRF.5:帧中继与 ATM PVC(异步传输模式永久虚拟线路)网络互通实施协定;⑥FRF.6:帧中继业务用户网络实施协定;⑦FRF.7:帧中继 PVC(永久虚拟线路)广播业务和协议描述实施协定;⑧FRF.10:FR/ATM 业务互通规范。

FRICC 联邦研究因特网协作委员会 Federal Research Internet Coordinating Committee 的缩写。

friction feeder 摩擦供纸装置 在文件拷贝机或复印机中,一种利用摩擦力将纸张从纸堆中相继分离出来,并馈入机器的装置。

friction feed printer 摩擦进纸打印机 用胶辊压纸送纸的打印机。各种格式的纸和带有台头的信纸都可以插入打印。对应的有导链进纸打印机。有些打印机同时具有这两种功能,纸从不同部位送入便可分别实现摩擦进纸和导链进纸两种方式。

friction of distance 距离阻尼 产生空间衰落的阻尼因子,表现为空间相互作用模型的参数。

friction pressure control 摩擦压力控制(器) 在复印机中,为调节供纸装置中摩擦压力的大小而进行的控制。

friend 友元 在 C++语言中,类的私有部分在该类的作用域以外是不可见的。但 C++语言提供了一种办法可以使类以外的函数或类具有存取该类的私有部分的特权,这种办法就是用关键字 friend 把别的类或非成员函数声明为该类的友元。

friendliness 友善[好]性 系统的易用性。不要求用户有计算机知识背景和专门训练即可使用该系统。系统有易于理解的输出格式,有易于录入和修改数据的输入方式。还应有很好的坚固性,不因为用户的误操作而导致系统的破坏。另外,有使用方便的"帮助"系统,提示用户对系统的操作。参见 user-friendly。

friendly software 方便用户的软件 用户不需要有许多专门知识和专门培训就能掌握和使用的一类软件。

frilling 起褶 由于保管不妥或处理不善而使得胶片表面出现凹凸不平的波纹。

fringe effect 边缘效应 空气电容器的静电场向它的极板之间的空间之外延伸。

fringe glazed insulator 边(缘)釉绝缘子 为了降低局部电场强度,在绝缘件的小面积上覆盖有高阻层或半导体釉的绝缘子。参见 insulator。比较 stabilized insulator。

fringe howl 临振啸声 当无线电接收机中的某些电路将要振荡时所听到的啸声。

fringes 干涉条纹 明暗相间的带状条纹,构成两束光的干涉模式。

fringeware 可疑件 可靠性和价值都令人怀疑的软、硬件。

fringing 镶边 在彩色显示器上一个不希望的显示效果,出现在图形对象的边缘,由不正确的红绿蓝图像叠加而导致。

frobnicate 摆弄 操纵、调节或者拧摆某个东西。常简写为 frob。

frog-leg winding 蛙绕组 由一个叠绕组和一个波绕组置于共同的槽内所组成的组合绕组,并连接到同一个换向器上。参见 wave winding, lap winding。

FROM 可熔性只读存储器 fusible read-only memory 的缩写。

from-to 起终点对 电路或管道系统中连接的点对,一般可由 CAD/CAM(计算机辅助设计/计算机辅助制造)系统自动生成。

front and back buffers 前端和后端缓存 在 AIX 图形的双缓存模式中有两个位平面,其中的位被分割,前端缓存中的位是可见的,后端缓存中的位不可见,通常一个应用程序在后端缓存中绘图。

front compression 前部压缩 某些数据存取方法中的一种数据压缩方法,消去一个键标前部字符与前一键标前部相同的字符。

front end 前端 (1)软件程序中用户所看到的并且与之进行交互的部分。前端必须精心地设计,使之清晰、简单,并且使用起来直截了当。(2)编译程序中不依赖于目标机的部分,它执行源程序的语法和语义分析,并把源程序变换成某种中间形式。(3)声频系统中的前端多指信号源,如激光碟唱机,有时也指调谐器(收音头)中处理从无线接收到的信号的前级。

front-end analysis 前端分析 知识工程中的第一阶段,涉及在开始设计一个专家系统方案之前所要提出的所有问题,以便确定专家系统对于某项任务是否合适,成本是否可行等。参见 knowledge engineering。

front-end communication processor 前端通信处理机 参见 front-end computer。

front-end communications controller 前端通信控制器 用于提供主机和通信网络之间接口的可编程设备。控制器实现的功能包括轮询、速度控制、码字变换、错误检测、数据缓存以及安全认证等。

front-end computer 前端计算机 为主计算机与通信网络之间完成数据传输而提供控制与转换功能的辅助计算机。同 front-end processor。

front-end edit 前端编辑 在数据进入到计算机系统的某点上执行的数据编辑。一般通过直接与主计算机通信或通过具有编辑功能的智能终端完成。

front-end engineering 前期[端]工程 (1)在进行软件规划之前,进行用户调查与现场考察、制定总体规划、确定技术方案等工作。(2)在进行电路设计时,从描述所需要的电路功能到设计出满足需要的电路逻辑图的过程。

front-end machine 前端机 用于控制一个非传统的并行机器的传统冯·诺依曼计算机。

front-end network processor (FNP) 前端网络处理机 一种前端处理机,能完成主计算机和网络之间的大部分或全部接口功能。

front-end noise temperature 前端噪音温度 对接收机第一级产生的热噪声的测量。

front-end preprocessor system 前端预处理系统 多种作为主计算机和外围设备间接口的系统。例如局部终端、远程通信线路等。

front-end processing 前端处理 在处理系统中,用小型计算机或微型计算机连在大型主机和通信终端之间,控制两者之间的数据通信,从而使主机摆脱低速的输入输出活动,专门从事数据处理操作。这些小型机或微型机的活动称为前端处理。

front-end processor (FEP) 前端处理机 (1)在通信环境中,支持主计算机运行的处理机。一个前端处理机可执行的功能包括:代码转换、编辑、核对数据、终端识别和控制传输线。这样,主计算机便能够把时间用于基本处理任务上,而不必管理数据传输。如无前端处理机则主计算机不得不自已执行这些功能。(2)通常置于较大计算机与外部设备之间,完成对外部设备的控制,或对主机的数据通信进行监视与服务的设备。前端机也可将通信报文进行汇集、存储或格式化,还可以对传输的数据进行检错与纠错。用于通信目的的前端机也称“通信处理机”或“通信控制设备”。(3)分时系统中,在主计算机与用户终端之间担负通信联系的小型或微型计算机。利用它的可编程序功能可以代替主计算机对远程终端进行控制。这样就可使运行在多道程序和分时系统中的主计算机摆脱低速的输入、输出活动。前端处理机除了接收和发送数据外,还可进行数据及其格式的转换、字符及报文的汇编、错误检测及控制,并定期探询终端,将送入的信息进行排队,以及不经过主计算机就可以直接回答一些简单的询问。系统采用前端处理机后,可提高主机的效率，具有较大的灵活性和经济性。

front-end software 前端软件 在网络中，起接收和发送信息以及处理各节点之间的通信工作的软件，与前端硬件配合，使节点之间的通信协调工作。

front-end system 前端系统 (1)处于多系统环境中的一个信息管理系统，该系统控制所有终端，将报文送至适当的处理系统和把所有回答送回终端。参见 balanced system，pseudo-front-end system，transaction processing system。(2)连接到大型主机的一种小系统，用于处理低速的外围设备，而不需要主机的处理能力。

F

front focal length (FFL) 前焦距 在光学系统的镜头中，位于前面的主焦点和镜头的第一个主点间的距离。

front matter 正文前内容 书籍中诸如前言、摘要、内容目录、插图表等这类放在主要篇章或段落之前的内容。

front of wave impulse sparkover voltage of an arrester 避雷器波前冲击击穿放电电压 在避雷器上施加一个随时间成线性增长的冲击波，当在波前放电时，测得的冲击击穿放电电压。

front panel 前面板 装有指示灯、显示器和开关的控制面板。它通过显示和直接控制，或存取寄存器、存储器中的信息，帮助系统或设备实现调试。前面板除了需要监控程序外，还需要专门的接口。

front projector 前[正](投式)投影机 将光线投射到屏幕正面显像的视频装置。比较 rear projector。

front side bus (FSB) 前端总线 它是 CPU 和主板的北桥芯片或者 MCH(内存控制集线器)之间的数据通道。它的速度(频率)高低影响着 CPU 访问内存的速度。

frontside bus and backside bus 前端总线和后端总线 在使用 Intel 处理器芯片集的 PC 机中包括一个双独立总线，前端总线就是处理器与主存储器之间的数据路径和物理接口；后端总线是处理器和 L2 缓冲存储器之间的数据路径和物理接口。这两种总线可以在同一时刻使用，这样在给定时钟周期中处理器可完成更多的事情。

front span 前节距 在绕组连接端的线圈节距。

front-to-back ratio 前后比，方向性比 (1)在一个诸如天线或传输线之类的设备中，一个方向上的诸如信号强度功率之类的参数同相反方向上的同一参数的比值。通常用分贝(dB)表示。(2)用参数的比来表征诸如整流器或其他设备的特性，即将其一个方向的电流、信号强度、阻抗或其他参数与相反方向的参数相比。

frozen coefficient method 冻结系数法 研究变系数差分格式稳定性的一种方法。它把系数取定为自变量变化区域中指定点上的值，然后用考虑常系数差分格式稳定性的、经适当加强后的冯·诺依曼条件进行判别，即可得到变系数差分格式的稳定性。如对初值问题

$$\begin{cases}\dfrac{\partial u}{\partial t}+a(x,t)\dfrac{\partial u}{\partial x}=0\\ u(x,0)=f(x)\end{cases}$$

若当 a 为常数时，某格式的稳定性条件为：$|a\Delta r/\Delta t|\leqslant 1$，则利用冻结系数法可得 a 不是常数时的稳定条件为 $\max|a(x_j,t_n)|\Delta t/\Delta x\leqslant 1$。

frozen image method (FIM) 冷映像方法 生成数据集合的冷映像的技术。分离镜像拷贝和写时拷贝快照技术是两种生成冷映像的最常用技术。参见 split mirror copy，copy-on-write snapshot。

FRPI 每英寸磁通反转数 flux reversals per inch 的缩写。

FRPS 每秒磁通反转数 flux reversals per second 的缩写。

FRR 功能恢复例行程序 functional recovery routine 的缩写。

FRS 帧中继服务 frame-relay service 的缩写。

FRSE 帧中继交换设备 frame-relay switching equipment的缩写。

FRTE 帧中继终端设备 frame-relay terminal equipment的缩写。

FRTT 固定往返时间 fixed round-trip time 的缩写。

FRU 现场可更换部件 field replaceable unit 的缩写。

F rules F 规则 即人工智能中的正向规则。F 规则常被用于状态描述。

frustrated total internal reflection sensor 受抑全内反射传感器 一种光纤传感器，由端面被空气隙将其分开的两根光纤组成，将一根光纤剪断并将其各断面磨成精密的角度，当两根光纤距离较远时在源光纤内便产生了全反射。当两个端面间的距离足够小时，源光纤内的大部分光被耦合到与光电探测器相连的光纤中，当将空气隙增大时，通过间隙的光耦合随之减少。辐照度(即光强)是光纤的横向偏差、纵向位移及角度误差的函数。

fry 烧毁 由于施加过高电压或过大电流而使印刷电路板或计算机部件受到破坏。

FS 文件分隔符 file separator 的缩写。

FSA (1)字段检索变元 field search argument 的缩写。(2)功能子系统应用 functional subsystem application 的缩写。

FSAA 全景抗锯齿 full-scene anti-aliasing 的缩写。

FSAN 全业务接入网 full service access network 的缩写

FSB 前端总线 front side bus 的缩写。

FS bits 成帧信令位 framing signaling bits 的缩写。

FSC (1)文件分隔字符 file separator character 的缩写。(2)频谱拥挤 frequency spectrum congestion 的缩写。(3)联邦供应分类法 federal supply classification 的缩写。

FSD 文件系统驱动程序 file system driver 的缩写。

FSDPSK 过滤对称差分相移键控 filtered symmetric differential phase-shift keying 的缩写。

F sequence F 序列,标志序列 flag sequence 的缩写。

FSF 免费软件组织 free software foundation 的缩写。

FSG 自由标准组 free standards group 的缩写。

FSK 频移键控 frequency shift keying 的缩写。

FSKM 频移键控调制 frequency-shift keyed modulation 的缩写。

FSL 传真信号电平 facsimile signal level 的缩写。

FSM 有限状态机 finite state machine 的缩写。

FSML 金融服务标记语言 financial services markup language 的缩写。

FSN 全业务网络 full service network 的缩写。

FSO 自由空间光通信 free space optical 的缩写。

FSOC 自由空间光通信 free space optical communication 的缩写。

FSP 全屏幕处理 full-screen processing 的缩写。

FSS 固定卫星业务 fixed satellite service 的缩写。

FST 文件状态表 file status table 的缩写。

FSTN 有限状态转移网络 finite state transition network 的缩写。

FSTS (美国)联邦安全电话设施 federal secure telephone service 的缩写。

FSU 最终信号单元 final signal unit 的缩写。

FSV (1)文件签名验证 file signature verification 的缩写。(2)浮点状态向[矢]量 floating-point status vector 的缩写。

ft 英尺 foot 的符号。

FTA (1)故障树分析 fault tree analysis 的缩写。(2)全面型号认证 full type approval 的缩写。(3)最终型号认证 final type approval 的缩写。

FTAB 字段分隔符 field tab 的缩写。

FTAM 文件传送存取与管理 file transfer, access and management 的缩写。

FTBBC 容错标准块计算机 fault-tolerant building block computer 的缩写。

FTD 故障树图 fault tree diagram 的缩写。

FTE 帧表表项 frame table entry 的缩写。

FTG 格斗类游戏 fighting game 的缩写。

FTMP system 容错多处理机系统 fault-tolerant multi-processor system 的缩写。

FTP 文件传输协议 file transfer protocol 的缩写。

FTP client ftp 客户程序 一种程序,它使用文件传输协议用来在网络上向 FTP 站点上传文件或下载文件。

FTP commands FTP 命令 作为文件传输协议一部分的命令集。

FTP site FTP 站点 FTP(文件传输协议)服务器上收藏的文件和程序的集合。

FTP server FTP 服务器 在因特网或其他使用 TCP/IP(传输控制协议/网际协议)的网络上,一种使用文件传输协议、允许用户上传和下载文件的服务器。

FTS 联邦远程通信系统 federal telecommunications system 的缩写,美国联邦政府使用的通信网络。

FTTB 光纤到大楼 fiber to the building 的缩写。

FTTC 光纤到路边 fiber to the curb 的缩写。

FTTH 光纤到家 fiber to the home 的缩写。

FTTN 光纤到节点 fiber to the node 的缩写。

FTTO 光纤到办公室 fiber to the office 的缩写。

FTTP 光纤到驻地 fiber to the premises 的缩写。

FT1 部分 T1 电路服务 fractional T1 service 的缩写。

FT3 部分 T3 电路服务 fractional T3 service 的缩写。

fuel cell 燃料电池 将燃料具有的化学能直接变为电能的发电装置。

fuel cell electric vehicle (FCEL) 燃料电池汽车 以燃料电池作为动力电源的汽车。燃料电池的化学反应过程不会产生有害产物,因此燃料电池车辆是无污染汽车。

FUG 功能合一文[语]法 functional unification grammar 的缩写。

fulfillment assurance billing (FAB) 业务提供、保障和计费 是增强型电信运营图(eTOM)指出的电信企业运营的三个核心运营流程,简称 FAB;F 是指业务提供(或称业务实施)、A 是业务保障(或称业务承诺)、B 是指业务计费。参见 enhanced telecom operations map (eTOM)。

full 满 外围处理机中通道寄存器的一种标记,用以表示在通道寄存器中是否存放着输出数据或功能字(命令字)。当存放着此种信息时,将标记置为满。当外设没有收到功能字或数据时,将满标记复位,并置成空标记。满、空标记是异步传输中经常采用的信号应答方法之一。

full adder 全加器 一种一位的加法器,有三个输入端和两个输出端。三个输入端接收加数 A、加数 B 和低位产生的进位 C;两个输出端产生和数 F 及向更高位的进位 G。全加器也称“三输入端加法器”。全加器的真值表如下:

F

输入			输出	
A	*B*	*C*	*F*	*G*
0	0	0	0	0
0	1	0	1	0
1	0	0	1	0
1	1	0	0	1
0	0	1	1	0
0	1	1	0	1
1	0	1	0	1
1	1	1	1	1

full-address **全地址** 在段式地址空间中，每一个字都用全地址标识。全地址由段号和字号两部分组成。为了缩短指令的长度，同时为了灵活地访问各段，一般用变址器来存放段号或字号，而指令中只明显地出现段号或字号的位移量。在指令执行过程中，由变址器和位移量形成全地址。

full assembly **(完)全汇编(模块)** 用模块化系统程序库的宏指令编写的程序的第一个或唯一的模块，其中必须含有每次存储装入所要求的系统例行程序，也可包括程序中多个模块所要求的系统例行程序。

full backup **全备份** 一种数据备份方式，备份全部所选择的数据或文件。参见 differential backup, incremental backup。

full baud bipolar coding (FBBC) **全波特双极性编码** 双极性脉冲序列中的编码，以双极性脉冲序列中的零电平电压代表 0，用序列中交变的正负脉冲代表 1，在整个波特宽度上(即一个单位的间隔)将脉冲保持在各自的电平上。因脉冲极性交变的工作原理，它有内部错误检测的能力。如果交变没有发生，则检测电路就会发出出错信号。

full bibliographic record (FBR) **全文献目录记录** 每篇文献目录提供下列内容：作者、书名、出版的地点和日期，以及页数。

full card **全插卡** 一种占据扩展槽全部长度空间的插卡。比较 half card。

full carrier **全载波** 一种发射的载波，其功率电平不降低，即载波具有足够的电平来解调边带。

full carrier emission **全载波发射** 载波功率电平与峰包功率之差小于等于 6 dB 的调幅发射。双边带调幅发射通常具有全载波，其功率电平在 100%调幅时恰比峰包功率低 6 dB。在单边带全载波发射时，发送一个比峰包功率低 6 dB 的载波功率以便使用为双边带全载波而设计的接收机。

full carrier single sideband emission **全载波单边带发射** 载波不被抑制的单边带发射。

full carrier transmission **全载波传输** 传输的是已调制的全载波，其载波振幅不低于峰值包络功率的一定值，如不低于 3 dB 或 6 dB。

full character matrix **全字符矩阵** 容纳某个符号的这部分字符框，包括该符号的发音标记及字符伸长部分。全字符矩阵永远不会小于大写字母矩阵，因为必须拥有容纳发音标记和字符伸长部分的空间。参见 capital letter matrix。

full-character printer **全字符打印机** 参看 letter-quality printer。

full color **全彩色** 通常指每个像素的红绿蓝基色分别都用 8 位表示，像素的颜色总数可达 2^{24}(约 1677 万)种。

full custom design **全定制设计** 一种专用集成电路形式，指用户自己设计掩膜版图的全部细节，使面积和速度最优，对应于 semi-custom。

full custom integrated circuit **全定制集成电路** 利用计算机辅助设计，从 LSI(大规模集成电路)设计到芯片试制，完全按照用户的要求，在一个芯片上实现用户要求的特定功能的大规模集成电路或超大规模集成电路。其特点是开发周期较长、开发费用大，但节省芯片面积，可以获得很好的性能。

full data set authority **全数据集(存取)授权** 在某些操作系统中，通过授权凭证允许存取受限数据集及受限数据库。

full-duplex (FDX) **全双工** 在通信系统中，电路具有双信道，使两端能同时发送和接收信号的一种工作方式。

full-duplex channel **全双工信道** 能够在两个方向同时传输数据的信道。

full duplex circuit **全双工电路** 一种允许同时进行双向传输的电路。

full-duplex communication **全双工通信** 一种通信方式，其中数据的发送和接收同时进行。

full-duplex Ethernet **全双工以太网** 一种扩展型以太网，在交换以太网环境下运行，在站点和交换机之间有专线。双向传输功能加入到网络适配器(网卡)和交换机中，双向传输带宽达到 20 Mbps。

full duplex handshaking protocol (FDHP) **全双工握手协议** 双工调制解调器使用的一种协议，用于决定传输源的类型并与之相配。

full-duplex line **全双工线路** 传输信息的一种线路。这种线路上有两个物理信道，在每个信道上分别进行一个方向的信息传输，即可以同时进行双向信息传输。这种线路一般采用四线制。若采用频率分割法，传输信道可分为高频群信道和低频群信道，此时可采用两线制。

full-duplex operation **全双工操作** 同 duplex operation。

full-duplex switched Ethernet (FDSE) **全双工交换以太网** 为增加主干网带宽，减少以太网上的报文冲突，可以在服务器与中心节点交换机间使用千兆位的全双工链路。所有网络部件全部使用交换机，使交换机连接每个工作站，而所有的工作站网卡也全部采用全双工的快速以太网卡，构成全双工交换以太网。

full-duplex terminal 全双工终端 输入和输出能同时独立进行操作的终端，即当计算机向终端输出时，用户仍可向计算机输入信息。回答信号要等到计算机输出结束后才能发出。

full-duplex transmission (FDT) 全双工传输 通信线路的一种工作方式。线路中每个终端能同时发送和接收信号。

full duration half maximum (FDHM) 半幅值脉宽 脉冲幅度大于其最大值之半的时间间隔。

full formed character 全成形字符 同 fully formed character。

full-frame ID 全帧标识 在视频制作中，录像带中表示一个新的全帧的一个代码。同 white flag。

full-functional dependency 完全函数依赖(性) 若在关系 R 中，属性组 B 与属性组 A 函数依赖，但 B 不与 A 的任何真子集函数依赖，则称 B 完全函数依赖于 A。反之，B 非完全函数依赖于 A。

full gateway 全网关 两个或多个网络在网络层实现互连时所使用的网关。

full-information function 全信息函数 一种多输出函数，其中每个输出取决于每一个输入。

full install 完全(重)新设(置) 某信息系统硬件上生成一个新的操作系统的过程。比较 update install。

full-interruption testing 全中断测试 通过中断正常操作的方式对数据恢复规划进行测试。这项测试的花费较高，可能破坏正常的操作过程，在计划和实施时必须非常谨慎。

full justification 完全对齐 在排版、字处理和桌面出版中，将文本沿列或页的左右边缘对齐的处理过程。

full justify 全调整 同时进行左调整和右调整。

full lightning impulse 雷电冲击全波 一种非周期瞬态电压，通常很快上升到峰值，然后较缓慢地下降到零。从零上升到峰值的时间称为波前时间；从零上升到峰值，然后下降到峰值一半的时间称为半峰值时间。

full-line mode 全行模式 NCCF(网络通信控制机制)中的一种屏幕显示模式，终端的消息区域由 80 字节的消息构成，全行模式用于网络问题检测应用程序(DPDA)，对应于 standard NCCF mode。参见 network communication control facility (NCCF)。

full load 全负载，满载 额定运行条件所规定的最大负载值。再增加任何负荷都会造成过载。

full-matrix method 满矩阵法 没有利用系数矩阵的稀疏性求解线性代数方程组的方法。例如高斯消去法、柯朗消去法、高斯-约当消去法等都属这一类方法。

full mesh 全网型 一种网络拓扑，其中每个节点到其他网络节点都有物理的或虚拟的电路链接。由于全网型的电路有大量的冗余，代价昂贵，一般用作网络骨干。

full mobility 全移动性 在个人通信系统中，由于拥有唯一的个人号码或 IP 地址，用户可使用任何终端完成通信或在网络可达的任何地点上网的特性。

full-mode 全行方式 NCCF(网络通信控制机制)中的一种屏幕表示格式，在此格式下终端屏幕的报文区由 80 字节的报文组成。全行方式由"NPDA 网络问题判定应用"功能使用。比较 standard NCCF mode。

full modulation (FM) 全调制 在模拟数字转换器中，输入信号幅度刚好达到将发生限幅的阈值的状态。

full motion operation rate 全更新操作速率 在电视中，编码/解码视频帧数据使得全运动图像没有闪烁和模糊的刷新速度。图像更新速度应大于 16 fps(帧每秒)，欧洲电视的更新速度是 25 fps，北美的是 30 fps。

full motion video (FMV) 全活动视频 一个重现电视信号质量的标准。对于原来在 NTSC(美国国家电视制式委员会)制式中的信号，全活动是当图像以 30 fps(帧每秒)再现时得到的；对于原来在 PAL(逐行倒相制)制式中的信号，全活动是当图像以 25 fps 再现时得到的。

full-motion video adapter 全(速运)动电视适配器[卡] 计算机的一种扩展卡，将录像机等设备的影视图像转换为计算机所能使用的数字格式，如 AVI(音频/视频交替格式)，MPEG(活动图像专家组)或 M-JPEG(运动联合图像专家组)。

fullness factor 凸出因数 永磁体的最大磁能积与剩磁程度和矫顽力乘积之比。

full node name 节点全名 在 TCP/IP(传输控制协议/网际协议)网络环境中，为网络节点所起的带有全部域名的名字。

full optic neural computer 全光学神经计算机 一种光神经计算机，处理光图像，全部处理都在光学器件中进行，全光学神经计算机输出光学图像。

full packaged product (FPP) 盒装零售版 软件的一种零售版本。这种产品的光碟的卷标都带有"FPP"字样。参见 volume licensing for organizations (VLO)。

full-page display (FPD) 全页显示 终端荧光屏上一个页面一次至少显示 80 列(横向并列 80 个字符)和 55 行的模式。

full path name 全路径名 (1)在层次化文件系统

中，从某个磁盘的根目录开始的一系列目录或者一系列文件夹。(2)在AIX操作系统中，表示为一个从根目录开始的目录和文件的串的任何目录或者文件的名字。参见 path name，relative path name。

full populated board **满载电路板** 插座完全装满芯片的印刷电路板。一般为保持可扩充性，设计者经常在电路板上留下几个空的集成电路插座，使电路板不完全满载。

full procedural file **全过程文卷** 某些计算机系统的报表程序生成程序中的一种文卷，这种文卷的输入操作由程序员规定的操作码来控制，而不是由程序循环来控制。比较 primary file。

F

full-range speaker **宽频带音箱** 也称"全频段音箱"。能够重放低音以及中音和高音的音箱。

full-rate traffic channel (TCH/F) **全速率业务信道** 采用全速率话音编码方式的业务信道。总速率为22.8 kbps的信息，包括语音业务信道和数据业务信道。参见 traffic channel (TCH)，half-rate traffic channel (TCH/H)。

full-recovery **完全恢复** 系统发生故障后，在保持原有计算功能的条件下，使系统恢复到无故障状态的过程。一般能用备份设备自动切换故障设备，程序和数据能返回到断点处重新继续运行。

full scale **全[满]标度(值)，最大标称值** 在某些计算机系统中，模-数转换器的数据寄存器的最大可能二进制计数所代表的最大额定值。对n位的二进制模-数转换器来说，全标度值将对应于数据寄存器计满进位时的值。全标度值通常不能达到，而只能逼近至一位之内。

full-scene anti-aliasing (FSAA) **全景抗锯齿** 提高图像质量使之柔和的一种方法。FSAA可以有效地消除多边形结合处(特别是较小的多边形间组合中)的错位现象，降低了图像的失真度。全景抗锯齿在进行处理时，须对图像附近的像素进行2～4次采样，以达到不同级别的抗锯齿效果。简单的说也就是将图像边缘及其两侧的像素颜色进行混合，然后用新生成的具有混合特性的点来替换原来位置上的点，以达到柔化物体外形、消除锯齿的效果。

full-screen **全屏幕** 使用或者显示整个屏幕的能力，在窗口环境中的应用程序尽管可以使用整个屏幕，一般都在窗口中显示。

full-screen editing **全屏幕编辑** 显示终端上的一类编辑方式。在此方式下，整屏数据能同时显示，用户可在其上修改数据。比较 line editing。

full-screen field naming **全屏幕字段命名** CICS(客户信息控制系统)的SDFT(屏幕定义程序)中的应用结构说明选择之一，在此选择下可用全屏幕方式定义诸字段名。

full-screen form **全屏幕形式** 在某些操作系统的执行程序中，用于对送至全屏幕处理输出缓冲器的数据进行寻址的一种形式。

full screen image **全屏幕图像** 在VGA(视频图形阵列)屏幕方式下，通常指含有640×480像素的图像。

full-screen mode **全屏(幕)方式** 一种屏幕显示方式，在此方式下，整个终端屏幕的内容可同时显示。全屏幕方式常常用来进行填空式提示。比较 line mode。

full-screen processing (FSP) **全屏(幕)处理** 显示终端的一种操作方式。使用这种方式时，操作员可以对全部显示屏幕上的信息进行编辑操作。

full-screen view **全屏观察** 在图像或视频处理中，允许操作者把显示屏幕的全部工作区域用于显示某一特定图像画面的方法。

full select **全选择** 在SQL(结构化查询语言)中，SELECT语句包括ORDER BY或者UNION操作符的格式。

full service access network (FSAN) **全业务接入网** 1995年在全球主要网络运营商的发起下宣布成立的全业务接入网标准组织。宗旨是希望能提出一种光接入解决方案并制定光接入网设备标准。这个组织的第一个成果是定义了一系列采用ATM(异步传输模式)技术的APON(ATM无源光网络)标准，2002年9月，FSAN又提出了更新的GPON(千兆位无源光网络)标准。

full service intranet **全服务内联网** 采用因特网技术和产品，在企业内部建立的一种多功能网络。一般认为全服务内联网应至少包括以下服务：Web出版、目录、电子邮件、安全性、广域互联、文件、打印和网络管理。

full service network (FSN) **全业务网络** 具有足够带宽，可以同时传送各种宽带和窄带，模拟和数字，广播和交互业务的接入网设施。

full shield **全屏蔽** 静电屏蔽时空腔导体接地的屏蔽。由于外壳接地，即使空腔导体内部有带电体存在，这时内表面感应的电荷与带电体所带的电荷的代数和为零，而外表面产生的感应电荷通过接地线流入大地。外界对壳内无法影响，内部带电体对外界的影响也随之而消除，所以这种屏蔽称为全屏蔽。参见 electrostatic shield，externalshield。

full slice technology **全薄片技术** 全晶片技术，也称"晶片规模集成电路"。参见 wafer-scale integration (WSI)。

full speed **全速** 传输设备的最高额定速度。

full-subtracter **全减器** 全减器就是带借位的减法器，它具有三个输入端和两个输出端。三个输入端是被减数、减数及从来自低位的借位数；两个输出端之一为无进位差数，另一个为新的借位数。

full table scan **全表扫描** 一种数据库查询方法，对查询的基本表从头到尾进行扫描，逐一检查每条元组是否满足选择条件，把满足条件的元组作为结果输出。这种方法简单有效,但对于大数据表扫描十分费时,效率很低。参见 index scan。

full-text abstract 全文摘要 全文摘要是文章内容的浓缩版本,它简洁、准确地反映了原文主旨并且不随检索词的变化而变化。全文摘要允许稍微修改原文以满足摘要在语义上的连贯性以及无冗余等要求。全文摘要是一种静态摘要。参见 static abstract。

full-text database 全文数据库 存储文献全文的数据库,是进行文献全文检索的基础。全文数据库可以解决用户在检索书目文献数据库后难以获取原始文献的困难。参见 full-text search。

full-text index 全文索引 全文索引是通过在指定的数据库中对每个字进行检索而实现的搜索。其原理是先定义一个词库,然后在数据库中查找每个词条出现的频率和位置,把这样的频率和位置信息按照词库的顺序归纳,这样就建立了一个以词库为目录的索引,这样查找某个词的时候就能很快地定位到该词出现的位置。参见 full-text search。

full-text retrieval 全文检索 在联机数据文件中,通过查找每个字来检索所感兴趣的信息的操作称为全文检索。这是在法院案卷、学术刊物或者其他材料中用计算机检索感兴趣的条目的一种缓慢但彻底的方法。用户确定查找目标,该系统将会找出满足特定条件的所有文献。

full-text search 全文搜索 全文搜索是指计算机索引程序通过扫描文章中的每一个词,对每一个词建立一个索引,指明该词在文章中出现的次数和位置,当用户查询时,搜索程序就根据事先建立的索引进行查找,并将查找的结果反馈给用户。

full-tone original 全色调原版[件] 同 continuous-tone original。

full type approval (FTA) 全面型号认证 是 GSM (全球移动通信系统)对手机进行全面验证的测试。先前曾称为"最终型号认证"。所有的移动电话生产企业为了使自己生产的手机能进入市场,都必须取得国际移动设备标识(IMEI),IMEI 是由 GSMMOU(GSM 联盟)组织授权的中立的发证机构根据 FTA 认证实验室的测试报告发放。FTA 测试的目的是检验手机是否符合 GSM 标准的要求。其内容分为软件测试、硬件测试和电磁兼容测试,测试项目共有三百多项。

full wave bridge 全波电桥 对电源变压器次级电压提供全波整流的、由 4 个二极管或电子管整流器构成的电桥电路。

full wave control 全波控制 对每个交流周期的两半部分起作用,在从零到全波最大值的整个范围内改变负载功率的相位控制。全波控制的输入电压通常施加交流电压,但可以增加整流级来给出脉动的直流输出电压。控制元件可以是可控硅整流器或其他固态功率控制器件。

full wave rectification 全波整流 一种对交流整流的电路。在全波整流电路中,在半个周期内,电流流过一个整流器件(如晶体二极管),而在另一个半周内,电流流经第二个整流器件,并且两个整流器件的连接能使流经它们的电流以同一方向流过负载。全波整流使交流电的两半周期都得到了利用,这就提高了整流器的效率,并使已整电流易于平滑。

full width half maximum (FWHM) 半幅值全宽 所给特性大于其最大值之半的变量范围。FWHM 适用于辐射图、光谱线宽等特性,其变量可以是波长、空间或角度等参数。

full word 整字 同 computer word。

full word binary 全字二进制 在 SQL(结构化查询语言)中,一个 31 位精度的二进制数。参见 integer。

fully associative cache 全相联高速缓存 任何一块主存数据可存放在缓存中的任何位置的一种缓存。为在该缓存中找到任何特定的数据块,必须对该缓存中的每一块都做地址比较,即按相关内容方法存取。

fully-associative mapping 全相联映像 在分页存储体系中,任何虚页到实存储器任何页面位置的映像。对这种映像,其地址变换方法是页表法和相联目录表法。页表可存放在一般的存储器内,而目录表则只能存在可相联访问的存储器内。页表所需容量可能大到需采用表层次,查表速度慢。而目录表虽然所需容量可以较小,但由于需采用相联存储技术,要构成相应容量的存储器,造价会很高,而且查表速度也难以提高。

fully automatic high-quality translation (FAHQT) 全自动高质量翻译 机器翻译研究中的一个具有特定含义的概念,指无需任何人工的干预、完全自动化,而其译文质量又完全可与人工翻译相媲美的机器翻译。

fully concatenated key 全连串码 也称"全联关键字"。是层次模型数据库中的一个术语,指从根片段到目标片段的层次路径上的各个关键字值依次联成一串。一个片段的全连串码等于去掉了片段序号(类型码)后的层次序列码。如某片段的层次序列码为 1D6 2C12 48701,则其全连串码应为 D6C128701。

fully connected network 全连接[通]网络 一种网络拓扑,其中的每个节点通过支线直接与其他节点相连,形成一种筛网结构,当网络中节点数增加时就很难实现了。

fully-connect network 全连通网络 同 fully connected network。

fully control of convertor 变流器全控 在变流器中,均匀连接的对称控制。比较 half control of convertor。

F

fully formed character 全成形字符 一个由字模打击色带形成的字符，就像在打字机中那样，而不是由点阵构成字符。早期的计算机打印机用这种方式进行打印。参见 daisy wheel，near-letter-quality。

fully functionally dependency 全函数依赖性 同 full-functionally dependency。

fully homomorphic encryption 全同态加密 一种可以对密文进行操作的加密形式，全同态加密可以在不解密的条件下对加密数据进行任何可以在明文上进行的运算。全同态加密允许用户将敏感的加密信息存储在远程服务器里，既避免从当地的主机端发生泄密，又依然保证了信息的使用和搜索，故尤其适合云计算的云存储加密。参见 homomorphic encryption。

fully insulated current transformer 全绝缘电流互感器 所有结构部分均具有相当额定的绝缘水平的一种电流互感器。

fully intermateable connector 全互相配对连接器 从一个来源的连接器，即从一家厂家出品的连接器，与其他来源的互补组件相配时不会有机械损伤，并且其传输特性也保持在规定的范围之内。

fully-inverted file 全倒排式文件 对全部非主关键字都建立索引的文件。

fully perforated tape （完）全穿孔（纸）带 穿孔完全的穿孔纸带，即穿孔过程中在纸带上留下的孔是穿透的。在半穿孔纸带上，孔是不穿透的，带有孔屑。

fully populated board 全插满电路板 同 full populated board。

fully qualified domain name (FQDN) 全称域名 因特网中一种域名，包含与命名的实体相关的所有的高层领域。例如 bob. acme. com。

fully qualified generic profile 全描述通用轮廓文件 在资源访问控制设施(RACF)中，一个通用轮廓文件，具有一个不含通配符的名字，一个全描述通用轮廓文件只保护名字与轮廓文件匹配的资源。

fully qualified name 全限定名 (1)经限定的全名，即其中包括了该名字所指的结构成员以上的层级序列中所有的名字以及该成员本身的名字。(2)分级数据结构中包含结构标识及其在结构中的位置成员的名字，它由根和全部中间所有者识别。

function 函数，功用，功能，函数过程，函(数)词 (1)一种数学实体，其值即因变量的值，按规定方式依赖于一个或多个自变量的值。而对应于自变量在各自取值范围内的值的每一种可能组合，因变量只有一个值。(2)一种仅返回单个变量值，且通常只有单个出口的子例程。例如，计算正弦、余弦和对数等的数学函数。或求出一组数中的最大数，这类子例程。(3)一个实体的特定用途或它的特征动作。(4)在计算机系统中，指硬件或者软件所能完成的动作。(5)函词逻辑系统中表示函数的符号。一阶逻辑中他们常被解释为论域上的确定的函数。

functional address instruction 功能地址指令 没有专门操作码部分的指令，其操作由地址部分隐含确定。例如，定义双地址指令，可以完成将指令的存储器地址确定的内容相加。它与源-目的指令同义。

functional address instruction format 功能地址指令格式 指令中没有操作码部分的指令格式。其操作码隐含在地址部分中。

functional analysis 功能分析，泛函分析 (1)系统开发过程中的一个阶段。这阶段的任务是对所规划的系统或实际系统的诸功能作有系统的分析研究。(2)分析数学的一个分支，研究把函数从一个拓扑向量空间映射到另一个拓扑向量空间的性质。

functional application 功能性应用 应用中所要实现的一般性任务或功能。

functional approximation 函数逼近 某一函数用其他函数的近似表示和描述。在现实中建立的反映物质运动规律的函数常常需要求助于一些更简单、更熟悉、更便于使用的函数类来反映其各种性质以及进行计算。函数逼近理论则是研究函数逼近条件、逼近方法及与逼近精度有关问题的学科。在函数逼近中最常用的逼近函数类是多项式函数和三角函数。

functional baseline 功能基线 在软件工程中，功能基线是指在系统分析与软件定义阶段结束时，经过正式评审和批准的系统设计规格说明书中对待开发系统的规格说明；或是指经过项目委托单位和项目承办单位双方签字同意的协议书或合同中所规定的对待开发软件系统的规格说明；或是由下级申请经上级同意或直接由上级下达的项目任务书中所规定的对待开发软件系统的规格说明。功能基线是最初批准的功能配置标识。

functional character 功能符 在特定操作环境中出现的一种功能字符，它可以启动、修改或停止控制操作。

functional cohesion 功能内聚 (1)一组动作，其中每一个动作各自都对同一个与问题有关的功能实现起作用。(2)指一个模块只实现单一功能，并且没有任何附加的元素或聚合的成分。

functional control 功能控制 由系统，诸如数据记录或数据处理设备完成的一次操作的控制，如对换行、回车、换档和空格的控制。参见 function signal。

functional data model 函数型数据模型 由数据定义语言 DAPLEX 构造的一种语义数据模型，它能清晰、简洁地表示实体间的联系。

functional declaration statement 函数说明语句 用于给函数命名的说明语句。

functional decomposition 功能分解 (1)一种系统设计的方法。使用该方法时，把系统分成若干部分，每部分直接与系统的功能或子功能相对应。(2)将系统描述逐步细分为更详细描述的一个迭代过程，其中，一个功能由支持该功能的更详细的功能来描述。参见 hierarchical decomposition。

functional dependency (FD) 函数依赖(相关) 关系中各属性或属性组之间的相互依赖关系。由于关系模式中的属性是实体特性的抽象或实体间联系的抽象，所以属性之间的对应关系反映了现实世界中的某些约束。设 R 是一个关系，X 和 Y 是 R 中的两个属性；若 R 中 X 的任何一个值，仅有一个 Y 的值与之对应，则称 R 的属性 Y 函数依赖于属性 X。通常记为 $X \rightarrow Y$。X 和 Y 可以是几个属性组成的复合属性。函数依赖和其他数据依赖一样是语义范畴的概念。

functional dependency membership problem 函数依赖成员籍问题 在关系式数据库系统中，指判定一个函数依赖能不能从一个已知依赖推出的问题。已知属性集 U 上的一个函数依赖集 F 和另外一个函数依赖 f，确定 f 是否能够被 F 推出的问题就是函数依赖成员籍问题。

functional design 功能设计 (1)确定系统的总功能，规定系统各组成部分的功能及他们之间的关系。(2)根据工程要求的规格说明书描述“做什么”的设计。分析各种设计方案和定义软件体系结构的过程，对软件体系结构各部分之间的关系提供规格说明。作为功能设计结果的功能规格说明书，明确地描述了系统(或程序)应开发的功能和应增强的功能，由此决定了该系统的适用范围以及限制。

functional device 功能器件 应用分子电子学原理，通过机械物理结构设计和工艺制造而成的，具有一定的物理结构形状和特定功能及电气参数的电子器件。例如，半导体功率晶体管、集成电路、厚膜和薄膜电路、各种开关、键盘、传感器、报警装置等。功能器件是电子设备、装置、仪器仪表、计算机的基础器件，它的发展与水平决定着电子设备、仪器仪表、计算机技术的发展与水平。这一点可以从电子管、晶体管、集成电路、大规模和超大规模集成电路的发展而确定的第一代、第二代、第三代和第四代计算机技术的发展中清楚地看到。功能器件的发展又常常从原材料入手和以工艺为突破口。砷化镓、超导体、光电材料、碳纤维的发展和 1 μm、亚微米工艺技术的突破为电子功能器件的发展奠定了坚实的技术基础和开辟了很好的前景。

functional diagram 功能图 (1)表示一种电路、器件或系统的逻辑功能顺序关系的框图。(2)表示数字系统各部件之间相互工作关系的简图。它描述各部件之间的数据通路，能简单了解到该系统的性能。

functional distributed computer system 功能分布式计算机系统 包含多台相对独立的处理机的计算机系统。这些处理机分别执行系统中不同的子功能，并行工作，协同完成同一任务。它们共享资源，并以通信网络为中心进行组织。

functional element 功能元件 (1)计算机系统中能用逻辑符号表示的最小单元。典型的功能元件有与门、或门、与非门、或非门、与或非门等。(2)完成一定逻辑功能和状态、具有一定物理结构形状的电子元件。例如，二极管、乒乓开关等。

functional entity (FE) 功能实体 在智能网概念模型(INCM)的分布功能平面中，提供一个业务所要求的总的功能群中的一个子群。功能实体是提供服务所需总的功能集合的子集。按照服务实例的控制来描述功能实体。

functional equation 功能等式 词汇功能语法术语。由它规定了单词所承载的语法信息的组合方法，在经过有穷步骤的运算之后，能够得到这些语法信息的最终组合结果——功能结构。参见 lexical functional grammar。

functional grammar 功能语法 一种语言学理论。把语言互动视为合作活动的一种形式，说明支配这种互动的规则和支配作为这种活动工具的语言表达的规则(包括句法、语义和音系规则)。有些语言生成系统采用功能语法作为语法基础。参见 lexical functional grammar。

functional information system 功能信息系统 不同组织机构中的信息系统的性质，无论是计算机化的或是非计算机化的。大部分组织是按功能设置的，每一功能部门由功能专家控制。每一功能部门有它自己的功能信息系统，它的操作在一定程度上独立于其他相关的系统。这将使业务工作处于次优化状态，因为同样的信息在不同的功能组织中可变得不协调，因而产生了重复的和互相矛盾的信息。这样，对业务进行灵活的管理便很困难。

functional instruction 功能型指令 执行数据变换的指令，如加、减、乘、除等指令。

functional interleaving 交错操作 一种能使输入输出操作和计算操作过程相互隔离，但可共用存储器的技术操作。

functionalism 功能主义 人工智能的一个学说，19 世纪至 20 世纪初产生于美国，主张心理学应研究心事活动，如记忆、知觉、感情、想象、判断、意志等；主张心理学的方法应包括内省法和客观观察法；主张人为意识是一个连续的整体。

functionality 功能性 用以描述硬件或软件使用效果或性能的术语。如果计算机需要有大量的字处理功能，则应为字处理专门提供许多相关的特征。参见 utility。

functional language 函数式语言 一种非冯·诺依曼式的语言。其主要成分是原始函数、函数型、定义函数。程序就是函数，程序作用于结构型数据上，产生结构型结果。它从根本上改变了冯·诺依曼式语言的“函词”工作方式。程序结构清晰，便于

F

使用代数方法研究程序的特性。John Backus 提出的函数式程序设计系统 FP 是一个典型的函数式语言。

function allocation 功能分配 系统设计时,根据系统的任务要求,按照系统效能、可靠性、成本以及操纵、维修方便迅速等原则所进行的人员、设备、人员-设备组合的合理分配,使人机要素各展所长,互补所短,保证系统高效、可靠地运行。

functionally distributed computer system 功能分布式计算机系统 由多个相对独立的处理机构成的计算机系统。各处理机执行不同子功能,并行工作,共同完成一个或几个任务。例如美国 CDC Cyber 系列计算机有一个或两个中央处理机,10 ~ 20 个外围处理机。中央处理机执行多道程序进行高速数据处理,不同外围处理机分别与磁带机、磁盘机、终端等设备交换信息。这种计算机也称"异构型多处理机"、"异质功能计算机"。

functionally integrated resource manager (FIRM) 综合功能资源管理器 飞机中的一种航空电子可编程计算机,它接收、处理和显示由机载传感器和外部通信系统传来的数据。

functional machine 函数机器 以执行 LISP 语言为主的函数型计算机。日本从 1970 年起就着手研究一种能进行符号处理、低开销、高度函数化的 LISP 机器。迄今已研制成功的函数机有 Alpha, Lambda, Explorer 等 LISP 机。

functional macro instruction 功能宏指令 对信息段进行操作的一种宏指令。它执行报文编辑、检查报头中代码的有效性、将报文送至指定目的地、保持报文记录,以及检查发送或说明中的错误。比较 delimiter macro instruction。

functional model 函数模型 将数据中的实体、属性和联系看作为函数的一种数据模型。函数模型利用函数方法作为一种工具来对传统数据模型的数据结构进行建模,如定义数据对象、属性和联系的数据库函数;定义用户查询的函数或数据操纵的函数。此外,提供给用户一种称为 λ 演算的特殊机制用于定义自己的函数,这些函数可以与数据库及数据操纵函数进行无缝连接。

functional modularity 功能模块化 在基本数据处理系统中,增加模块就可以扩大系统的范围,并提高其能力,这种组织系统的方法称为功能模块化。

functional parallelism 功能并行性 在某些高速计算机中,为了提高系统的功能,使中央处理机多个功能部件同时操作,这一特性称为功能并行性。例如,在 CDC6600 计算机中,有 10 个功能部件按某种独立的方式进行工作。

functional partitioning 功能划分 微处理机直接针对用户微程序设计进行分割的一种方法。微程序存储既与中央处理机分开,也与宏程序存储分开。微程序通常存放在只读存储器、随机存取存储器或可编程序只读存储器中。微指令地址的产生与内部寄存器存储无关,从而大大提高了结构的灵活性。

functional PCI devices 功能 PCI 设备 执行单一的自含功能的一个 PCI(外围部件互连)总线设备。例如视频适配器或串行口,单个物理的 PCI 器件可以实际包含 1 ~ 8 个 PCI 功能设备。

functional primitive 功能元 数据流图上的一个节点,不能再进一步分解。

functional programming 函数式程序设计 一种程序结构化的方法,其程序的运行过程实际上是一系列函数作用到各自的数据。函数式程序是由一些原始函数、定义函数和函数型组成的函数表达式。1977 年,由巴克斯(Buacus)提出此概念,程序设计是从一般的对象空间上升到函数空间,表处理语言(LISP)是最早的函数式程序设计语言。由于函数式程序设计不具有传统的顺序性和逐渐修改数据状态空间的性质,因此要求对程序调试应有适合其特点的方法。一般程序调试方法可有如下几种:按步运行,设置断点,回溯查错,作用和重作用,分解与重组。

functional programming language (FPL) 函数式程序设计语言 (1)一种基于 λ 演算,于 20 世纪 70 年代后期发展起来的新型语言。大多数程序设计语言明显地规定要执行操作的次序。因为语言的语句对程序的变量有"作用",因而需要详细规定作用的次序;若改变了这些作用的次序,就可以改变所产生的最后值。但函数型语言却没有这种性质。从这个意义上,函数型语言能建立可计算性的数学公式模型。λ 演算或递归函数、表处理语言(LISP)是这种程序的例子。(2)以函数求值计算作为基本计算模型的语言。这种语言程序的基本单位是表达式,每个表达式或是最基本的,如数或具有值的变量等;或是由较简单的表达式经过函数或运算符(实质上也是函数)构造起来的。整个程序也是一个表达式,对程序的执行就是对表达式的求值,计算就是通过对作为初始值的数据一层层地作用于运算符和函数最终得到一个结果而完成的。较流行的函数式语言是 LISP,其他比较重要还有 SML(标准元语言)等。函数式程序设计语言的优点是理论基础严谨、描述能力强、程序简洁、结构清晰;缺点是与当代计算机结构距离较大,实现困难且程序执行效率较低。

functional prototyping 功能性原型开发 建模和演习预期系统的逻辑功能,可对需求和设计进行调试。当肯定需求时,能展示系统如何处理用户的输入信息和出错情况,而在确认设计时,演示某软件成分所需求的功能是可行的,或成分间的界面机制是正确的。

functional recovery routine (FRR) 功能恢复例(行)程(序) 在某些操作系统中,供锁定程序、服

务请求块及监控程序的控制例程所使用的一种恢复例程。

functional redundancy 功能冗余 为用户开发的软件系统中提供了除用户需求之外,对系统操作有帮助的功能。功能冗余对改善软件的性能通常是有利的。

functional requirement 功能需求说明书 用户对一个软件或硬件系统或系统中的各个组成部分应该具备的功能提出的要求。在开发一个软件系统时必须先对功能需求有充分的了解。

functional shell 功能外壳 功能处理程序中外围管理软件,其主要功能是解释交互式输入的命令及参数,启动功能处理程序中提供的相应功能模块。

functional signaling 功能信令 综合业务数字网(ISDN)中的一种信令,其中信令信息是无二义的,并拥有信息的发送和接收者都清楚的定义。

functional signaling link 功能信令链接 通信链路和相关的转移控制功能的结合。

functional simulation 功能模拟 在PLD(可编程逻辑器件)开发中,使用布尔方程和行为描述形式而不是使用器件特性参数来模拟电路工作情况的一种方法。参见 programmable logic device (PLD), timing simulation。

functional specification 功能规格说明 (1)一种规格说明,用来确定一个系统或其组成部分必须执行的功能。(2)设计计算机系统的详细计划。提供数据库、人和机器过程的文档,以及为系统中的每一数据表项、询问、修改和报告程序提供所有的输入、处理和输出细节。

functional strength 功能强度 每个模块完成一个简单明确的功能,它是模块强度中最佳的情况。参见 module strength。

functional structure 功能结构 词汇功能语法术语。是词汇功能语法中句法描写的一个平面,指语言的内部结构,表述各语言成分之间的关系,代表句子的语义。参见 lexical functional grammar。

functional testing 功能测试 为指出一条电路、设备或部分设备在实际工作情况下是否具有某些功能所做的测试。功能测试就是对产品的各功能进行验证,根据功能测试用例,逐项测试,检查产品是否达到用户要求的功能。也称"行为测试"。

functional theory model 函数论模型 一种构造性求值模型。该模型建立在集合、函数、算子和变换这四个层次上。其中,集合是函数论的基础,由集合构造函数,而算子则在建立函数之上构造新的函数。包括反函数、迭置、复合、递归、插入及删除等。变换给出了函数构造集合的方法,包括λ-变换和μ-变换,他们分别将显函数和隐函数构造成集合。因此,在函数论模型下,查询求值可利用基本函数通过算子构造出许多新函数,再通过变换构造集合来实现。

functional unification grammar (FUG) 功能合一文[语]法 一种用于自然语言处理的语法理论,由美国语言学家马丁·凯创立。FUG的最大特点是:词条定义、句法规则、语义信息以及句子的结构功能表示全部都采用复杂特征集来表示,这在FUG中被称为功能描述(FD)。由于FUG既可用于句子的分析,又可用于句子的生成,可以称这样的语法形式具有双向性。参见 set of complex features。

functional unit 功能部件 一类能够实现指定功能的硬件或软件的实体,或是软硬件兼有的实体。

functional unit collision 功能部件冲突 向量计算机中同一个功能部件被一条以上的并行工作向量指令所使用。如:$V_4=V_2\times V_3$;$V_5=V_1\times V_6$,这两条向量指令都需用到浮点相乘部件,因而不能同时执行。

functional units of a computer 计算机功能部件 在计算机系统中,完成某一功能的计算机硬件、软件或固件,如算术逻辑运算单元、存储单元、控制部件、输入部件、输出部件。

function analysis technique 功能分析技术 软件逆向工程提供的一种对程序进行分析和理解的实现技术,它通过对程序的功能分析入手。

function application 函数应用 将函数应用于函数的一些变量。参见 function call。

function authority credential (FAC) 功能授权凭证 在某些操作系统中,指派给每个用户、每条命令及每个装入模块的值,使得①用户可以请求执行一个装入模块;②用户可以发出某条命令;③一个装入模块可以请求执行另一个装入模块。

function body 函数体 函数定义的主体,确定了函数实现其功能的操作过程。

function button 功能按钮 一些专门的输入/输出设备上的按键,用于询问系统或完成某一操作。

function call 函数调用 (1)一个程序对某种功能服务的请求,可指定一系列函数处理的值和返回的值,函数可以是程序中的一部分或者存储在另一个文件中,在程序编译时插入到程序中,也可以是操作系统的一部分。参见 function。(2)一个将执行路径从当前程序流转移到一个指定函数并求得函数返回值的表达式,一个函数调用包含控制转移目标的函数的名字以及参数值。(3)在LISP语言中,指送回可以由程序使用的某一个值。

function character 功能字符 (1)一种控制字符。(2)一种控制通信系统中接收设备的机械动作的控制字符。如,使电传打字机的托架返回,或命令制表的控制字符。

function chart 功能表图 表示控制系统(如一个供电过程或一个生产过程的控制系统)的作用和状态的一种表图。

function code 操作码,功能码 (1)计算机指令的一部分。指将要执行的操作，如 SIN，SQR，TAN 等是 BASIC 语言的操作码实例。参见 operation code。(2)在输入输出设备中，使设备执行某一特定动作的代码。例如打印机中的回车、换行、换页等格式控制码就是属于此类。

function control sequence (FCS)　功能控制序列 在某些计算机系统的通信软件中，一种用于控制各功能流的控制字符序列。

function declaration statement　函数说明语句 一种用来给函数过程指派一个名字的说明语句。

function declarator　函数说明 函数定义部分，定义函数的名字、提供返回值的附加信息，并列出函数的参数。

function definition　函数定义 对函数功能的具体说明，以及在使用时的格式说明。

function design　功能设计 (1)LSI(大规模集成电路)设计中，根据系统设计完成后提出的功能技术要求，决定功能部件、作出功能框图、表示工作的状态迁移图，以及决定控制方式、验证功能动作的设计阶段。支持功能设计的 CAD(计算机辅助设计)工具包括功能描述语言、功能模拟程序、微程序仿真程序、自动逻辑合成等。(2)软件工程中，指描述系统应开发和应增强的功能。设计结果是功能规范说明书。

function designator　函数命名[指示]符 在 ALGOL 60 语言中，函数命名符定出一个数值或逻辑值，此值是由对固定的实在参数组应用给出的一些规则(这些规则由过程说明确定)而得的结果。

function diagram　功能图 表示理论的或理想的电路而不涉及实现方法的一种简图。其用途是提供绘制电路图和其他有关简图的依据。

function element　功能元件 计算机系统最小的构成元素，用逻辑符号来代表逻辑运算。典型的功能元件包括 AND，NAND，OR，NOR 等门。

function evaluation　函数求值 将给定参数代入函数体求值。

function evaluation routine　函数例程 一套计算常用数学函数值的数学例程。包括三角函数、反三角函数、平方根、指数、自然对数等。这些例程可以写成定点的或浮点的。实际运算时，只要将其中的变量赋值代入，即可使用相应的例程。

function flowchart　功能流程图 也称“逻辑流程图”，用于表达程序的主要逻辑段落及其相互关系。

function generator　函数发生器 使输出变量为输入变量的函数的模拟装置、数字装置或计算机程序。函数发生器用于产生供变换使用的各种函数，如 sin α，cos α 等三角函数。

function header　函数头部 函数定义的一部分，说明该函数的使用格式，提供函数名称和参数等信息。

function hole　功能孔 同 designation hole。

function identifier　功能标识符 用以标识功能键的字线、符号或数字的任何组合。

functioning life　作用寿命 一组项目或事件的总数与特定测量时间的乘积。例如一组晶体管的总数是一万，工作测量的时间为 100 秒，那么其作用寿命为 $10^4 \cdot 10^2$，即 10^6 晶体管·秒。

function interpreter for function management data (FI-FMD) layer　功能管理数据(FMD)层的功能解释程序 建议使用 presentation services layer。

function invocation　函数援引 参见 function application。

function key　功能键 (1)计算机键盘上用于向主机发送命令的一套键。每一个键都具有不同的专用字处理功能。在个人计算机上，他们的用途取决于运行的软件程序。如 IBM 早期的 PC 和 AT 键盘有 10 个功能键即 F1 ～ F10，而 IBM 的增强的键盘又增加了 F11 和 F12 功能键。(2)键盘上的一组特殊按键，它使系统执行指定的程序功能，该功能可以由系统定义也可以由用户自定义。(3)在计算机图像中，一个可用于发送一个信号到控制显示的计算机程序的按键或者开关。参见 programmed function key，command function key。

function level transformation　函数级变换 简化或改变递归的一种变换。因为程序文本是静态的递归函数形式，没有赋值、循环等动态成分，所以易于数学处理。由于尾递归是和循环直接对应的，因而函数级变换尽量将递归转化成尾递归。

function library　函数库 程序语言系统提供的常用例行程序的集合。

function management data (FMD)　功能管理数据 在 SNA(系统网络体系结构)中，一种请求/应答单元的数据类，用于在 LU(逻辑单元)之间交换端点用户数据，及在逻辑单元、PU(物理单元)和系统服务控制点各自的网络服务程序之间交换请求和应答。

function management data (FMD) service　功能管理数据服务程序 在 SNA(系统网络体系结构)中，通话网络服务程序和通话表示服务程序的一种通称术语。这两种程序均处理 FMD(功能管理数据)请求和应答。

function management header (FMH)　功能管理报头[标题] (1)一种专门记录或记录的一部分含有关于跟在其后面的数据的控制信息。(2)在 SNA(系统网络体系结构)中，出现在 RU(请求/应答单元)链的前导 RU 中任选的一个或多个标题，这些标题使得 LU-LU(逻辑单元之间)会话中的一个会话端可以：①选择一个目的站作为会话伙伴，同时选择它所发送的端点用户数据在目的站处理时的控制方式；②在会话期间改变目的站或数据特性；③在会话伙伴之间传递目的站的状态或用户信息，如目的站是个程序还是个设备。

function management layer 功能管理层 SNA(系统网络体系结构)规定的使终端用户可与网络进行通话的一层。

function management profile 功能管理轮廓文件 在SNA(系统网络体系结构)中,为支持某种特定通话而对各种数据流控制规约(如数据流控制请求)及FMD(功能管理数据)任选项(如对功能管理标题、压缩及替换代码的使用)所作的说明。每个功能管理简介均由一个数字号码来标识。

function modeling 功能建模 在业务建模的基础上,为解决业务领域的问题所需要的系统功能,将功能模型作为一种知识描述方式对人工系统进行建模,并应用此模型来说明解决哪部分业务以及功能间的关系。参见 business modeling。

function node 功能节点 用于绘制控制流程图的三种基本节点之一,用以表示某个功能或进程。它总是只有一个输入和一个输出。

function object 函数对象 也称"仿函数",是一种能以一般函数调用语法来调用的对象,函数指针是一种函数对象,所有具有操作符重载的成员函数也是函数对象。函数对象一般分为无参函数、单参函数和双参函数三种形式,它们分别能以 $f()$、$f(x)$ 和 $f(x,y)$ 的形式被调用。

function object oriented programming system (FOOPS) 面向对象的函数程序设计系统 在函数型语言OBJ2的基础上,通过在ADT(抽象数据类型)中引入状态而扩展形成的支持对象概念的OOPL(面向对象程序设计语言)。后来又通过在OBJ2的ADT中引入逻辑变量和回溯机制,从而将FOOPS扩展成FOOPlog语言。该语言集函数、对象、逻辑等风格于一体,形成一个支持多重继承、类属模块、模块分层等概念的多范例程序设计环境,它支持软件集成化和人工智能软件的开发。

function of control program 控制程序功能 控制程序的主要功能:①作业管理调度,以连续流的方式接收输入作业,并进行调度;②任务管理,按任务顺序或优先级进行监督;③数据管理,处理所有数据的存、取和更新。

function of natural numbers 自然数函数 从集合 N^n 到 N 的函数,其中 n 为正整数,N 是自然数集合 $\{0,1,2,\cdots\}$。在可计算性理论中研究的函数主要是此类函数。

function optimization 函数最优化 在控制对象已知的情况下,进行最优控制,使得某个指标函数达到最小,包括寻找最优控制器结构、形式及参数。

function organization 职能组织 围绕一种职能或一组职能建立起来的组织结构。临时的项目可以在一个职能单位中完成,当项目涉及多职能时,就由两个或多个职能单位分担。

function-oriented method 面向功能方法 建立管理信息系统(MIS)时采用的一种方法。它以结构化方法为基础,把系统看作为功能聚合体,系统分析与设计采取自上而下的方式,将系统分解为一个个具有一定独立性的功能模块,然后加以实现。在该方法中,数据只是功能的附属物。与此相反,面向数据方法是首先建立系统数据模型或结构,然后立足于这个数据模型来设计与实现系统的功能要求。参见 data-oriented method。

function overloading 函数重载 程序中若干例程具有相同的名字、不同的参数类型或不同返回值类型的情况。在访问一个重载的函数时,编译程序根据参数类型和返回值类型自动调用正确的函数。参见 operator overloading。

function pad 功能键小键盘 图形输入设备之一,有一组用户可编程功能键,作为逻辑输入设备中的选择设备使用。

function part 功能码部分 同 operation part。

function permitting maintenance 不影响功能性维护 不会使被维护的产品(装备)发生中断或使任何所需功能下降的那种维护工作。

function point analysis (FPA) 功能点分析法 一种软件规模估算方法。FPA是在软件需求分析阶段基于系统功能的一种规模估算方法,是基于应用软件的外部、内部特性以及软件性能的一种间接的规模测量。FPA特征是在外部式样确定的情况下可以度量系统的规模,可以对从用户角度把握的系统规模进行度量。功能点可以用于"需求文档"、"设计文档"、"源代码"、"测试用例"度量,根据具体方法和编程语言的不同,功能点可以转换为代码行。经由ISO(国际标准化组织)批准,已经有多种功能点估算方法成为国际标准,例如:加拿大人艾伦·艾布恩(Alain Abran)等人提出的全面功能点法;英国软件度量协会(UKSMA)提出的IFPUG功能点法和Mark II FPA功能点分析法;荷兰功能点用户协会(NEFPUG)提出的NESMA功能点法;通用软件度量国际协会(COSMIC)提出的COSMIC-FFP方法。这些方法都属于FPA的发展和细化。参见 size measurement。

function preselection capability 操作预选能力 由某一特殊控件或按键执行多种操作的能力。

function procedure 函数过程 (1)编程语言中的一种过程,其执行结果是一个值,表达式中的一个操作数可用作过程调用。例如,函数 sin,当程序调用函数过程 sin(x)时产生 sin(x)的值。(2)在FORTRAN语言中,语句函数、内部函数和外部函数统称为函数过程,或简称为函数。

function processor 功能处理机 某些混合模式的虚拟存储计算机系统中,分配给某个特定处理流的一个计算机资源子集。如"批处理功能处理机"或"事务处理功能处理机"。

function protocol layer 功能协议层 无线传输层

安全协议(WTLS)的主要组成部分。功能协议层包含了握手协议、改变密码标准协议、告警协议。参见 wireless transport layer security (WTLS)。

function reference 函数引用[调用] 在表达式中出现一个内部函数名或一个用户函数名。在 FORTRAN 和 PL/1 语言中,调出函数并求出其数值或逻辑值的过程。他们的函数命名符与 ALGOL 60 语言的大体相同。

function representation of knowledge 知识的功能表示法 视知识库为抽象数据类型,并定义各种类型的功能操作说明的知识表示方法。功能表示法是一种较新的知识表示方法,最早出现在由 R. Brachman 等人设计的 KRYPTON 系统中。其语义明确、结构好,可以使用户集中精力考虑做什么,而不需考虑知识在系统内部如何实现。

function request shipping 功能请求输[运]送 在 CICS(用户信息控制系统)中,SNA(系统网络体系结构)的远程资源访问能力。

function signal 功能信号 一组用于传输或表示功能控制字符的信号元素,功能控制字符用来激活一个诸如换行、回车、换字母挡或换数字挡之类的控制功能。参见 functional control。

function table 函数表 经过这样安排的两个或多个数据集:通过其中一个数据集中的一项可选出其余数据集中的某一项或多项。函数表可以用硬件方式或软件方式实现。

function unit 功能部件[单元] 能够实现并完成一定功能的计算机硬件、软件或其两者的结合。例如,实现加法操作的加法功能部件、实现移位操作的移位功能部件。

functor 函子 从一个范畴 C 到另一个范畴 D 的特殊映射。由下述映射组成:① 从 C 的对象类到 D 的对象类的一个映射 F;② 对 C 的任意两个像素 A、B,从 $(A \to B)$ 的射元集合到 $(F(A) \to F(B))$ 的射元集合都有一个映射。函子在计算机科学中的直观含义是:表示数学概念(如集合、函数等)和它们在程序设计语言中实现的映射。这个思想目前已推广到包括不同抽象机器之间的映射。

fundamental component 基波分量 一周期量的傅里叶级数中序数为 1 的分量。比较 harmonics component。

fundamental current 基波电流 将非正弦周期性电流函数按傅里叶级数展开时序数为 1 的分量,即和原周期电流同频率的正弦电流分量。

fundamental cut-set 基本割集 给定连通图 G 的一棵支撑树 T,删去 T 中一条枝后,T 就分解为两棵树 T_1 和 T_2,因此 G 的节点就划分为与 T_1 和 T_2 中的节点分别相同的两个子集,这两个节点的子集分别形成图 G 的两个连通分图 G_1 和 G_2。G_1 和 G_2 的所有连接边构成 G 的一个边割集,称这个边割集是对应支撑树 T 的基本割集。

fundamental factor 基波因数 非正弦交流电压或电流的基波分量的方均根值与交变量的方均根值之比。

fundamental loop current 基本回路电流 构成基本回路的连支中的电流。

fundamental power 基波功率 决定于电压和电流基波分量的功率。

fundamentals of computer algorithms and theory 计算机算法及理论基础 以数学方法(特别是形式化的方法)为工具,研究计算机科学中的一些基本问题的学科,也称"理论计算机科学"。研究计算机的本质、问题的难解程序(如理论可计算性、现实可计算性)等根本问题,并研究求解具体问题的算法,以及程序设计语言的语法与语义等。主要有可计算性理论、计算复杂性理论、算法设计与分析、形式语言与自动机理论、形式语义学等分支。

fundamental theorem of algebra 代数基本定理 关于多项式根的一个重要定理。每个次数大于等于 1 的复系数一元多项式在复数域中至少有一个根。也可叙述为复数域中一元 n 次方程有 n 个复根。

furcation coupling 分叉耦合 通过一单根的共用光纤,将由几根光纤传来的信号进行混合,这样可以得到一个包括几个信号所有成分的信号。

further normalization 逐步规范化 用更单纯、结构更规则的关系取代原有关系的过程。其目的在于解决冗余和多义性等问题。

fuse 熔丝,保险器 防止电流过大的保护装置。通常为一小段可熔金属线或金属条,当通过的电流超过额定电流一段时间后就熔化。它与保护电路串接。

fuse-base 熔断器底座 熔断器的固定部分,由与熔体相配合的接触部分和与外部电路相连接用的接线端子等组成。

fuse-carrier 载熔件 用于装拆和载运熔断体的熔断器可动部件。

fuse-element 熔体 当熔断器动作时,熔断器中预定熔化部分称熔体。单件呈片状者称熔片,呈丝状者称熔丝。

fuse-holder 熔断器支持件 熔断器底座及载熔件的组合。

fuse-link 熔断体 熔断器动作后要进行更换的熔断器部件。

fuse map 熔丝图 描述 PLD(可编程逻辑器件)中可编程单元编程方式的数据结构。参见 programmable logic device (PLD)。

fuse mapper 熔丝图生成器 PLD(可编程逻辑器件)编译器的一个组成模块,生成 PLD 的熔丝图,将用户期望的互连逻辑和宏单元结构映射到器件中合适的可编程单元。

fuses for the external protection of a power capacitor 电容器用的外部熔断器 装于电容器单元之外，当单元内部发生故障时能够及时动作切断该电容器的外电路的熔断器。

fuse-switch 熔断器式刀开关 开关的静触头是固定在底座或插头座上，而开关的动触头是由熔断体所组成。

fusible link 可熔性连接 (1)用于制作可编程只读存储器固件(PROM)或可编程逻辑阵列(PLA)的一种技术。它利用大电流使某些用熔丝连接的电路因熔丝熔化而断开，那些未加大电流的熔丝电路则仍保持接通。电路接通与断开的这种特性可以用来表示不同的逻辑关系。例如在 PROM 中，处于断开的电路表示二进制位的一种状态，而保持接通的电路表示二进制位的另一种状态。熔丝被烧断后就不能再修复，因此，可熔性连接的电路一般不能更改，即当它的逻辑关系被确定后一般无法改变。(2)金属包皮电缆中的一小段精细双绕线，高温时熔化并中断电路，以防止楼内布线和设置过热。

fusible read-only memory (FROM) 可熔性只读存储器 其内容的写入是利用大电流将某些连接电路的熔丝烧断来实现的可编程只读存储器(PROM)。可熔性只读存储器可由用户来编程，但熔丝一旦烧断后就无法修复，因此，属于一次性编程的只读存储器，这一点与可擦写可编程只读存储器(EPROM)是不同的。

fusing splicing 熔接 在光学传输系统中使用固体绝缘传输介质时，通过对接将两个介质连在一起并在它们之间形成一个界面，然后用熔化的方法消除此公共界面以形成一个无界面的连接。理论上，当光波从一介质向另一介质传播时，在连接处将没有反射发生，因此没有损耗。但是因为连接点不可能完美无缺，因此在光纤的接头处仍会产生很小的损耗。

fusion 融合 为导出信息，而对来自多个数据处理系统的数据或信息所作的有目的的组合。参见 information fusion, multi source information fusion。

fusion of resource information 资源信息融合 在几个层次上完成对多源资源信息的处理，其中每一个层次都表示不同级别的信息抽象，通过对不同层次的资源信息探测、互联、相关、估计以及信息组合，以获得更为准确的资源信息的过程。

fusion splice 熔接 光学纤维的一种接合技术，通过对局部加热使光纤头部熔化并粘合形成一条连续的光纤，与 mechanical splice 对应。

Futurebus Future 总线 一种高性能多处理机总线，从 1979 年起由 IEEE(电气与电子工程师学会)微处理机标准委员会起草制订，称为 IEEE 896.1 总线，有一套嵌入式协议，支持维护多种共享存储器的一致性，可以支持 64 位数据和地址，其中包括一个 32 位数据和地址的子集，数据传输率可达到 100 MBps。

Futurebus+ 面向未来总线 为适应新一代高速处理器、多处理器系统、高速缓冲存储器及精简指令集运算处理器等产品而设计的用作数据传输的通道。Futurebus+可以支持多路 64 位数据和地址，亦包括一个 32 位数据/地址子集。通过扩展数据总线，Futurebus+为 128 位和 256 位体系结构的数据线作了定义。它在各种总线宽度(32 位到 256 位)的系统中，全部事务处理的类别和协定是相同的，从而使不同制造厂家的模块，均可以确保其互用性。Futurebus+的数据带宽取决于它所支持的传输模式，时钟频率可以从 25～100 MHz 以上。当传输数据用 256 位，100 MHz 可达到 3.2 GBps 的总线频宽。这比现有的任何一种标准总线都要宽得多。

future generation computer system (FGCS) 未来计算机系统 突破冯·诺依曼体制，使用 AI(人工智能)技术，面向知识信息处理，具有高级人-机接口的大容量高速计算机系统。它的发展受到三方面的推动：世界范围内高科技竞争，AI 技术与应用的发展和 VLSI(超大规模集成电路)工艺的进展。新一代计算机强调并行计算、AI 技术和知识的作用。新一代计算机的研制始于日本的第五代计算机计划(FGCP)，至今仍处于模型和试验阶段。目前有人将高度并行计算机、非冯·诺依曼计算机和智能计算机都划归新一代计算机的范畴。迄今提出了顺序推理机、并行推理机、关系数据库机、联想知识库机、数据流计算机、控制流计算机、作用子计算机、逻辑机、归纳机、抽象机等多种方案和设想。新一代计算机也称“未来一代计算机”。

future knowledge scheduling algorithm 先验知识调度算法 作业调度的一种算法。在该算法中，先提交的“长”作业不首先运行，而要等待到预先知道在以后的某个时刻提交的“短”作业运行完之后才开始运行。该算法的缺点是要浪费一段 CPU 的等待时间。

future public land mobile telecommunication system (FPLMTS) 未来公用陆地移动通信系统 1985 年开始研究的第三代移动通信系统。目标是使现有的固定网和移动网向着全球移动通信发展，实现全球范围的高度通用；无论人们在家或在移动环境下，通过一个或多个无线链路，在无线信道范围内为用户提供目前 PSTN(公用交换电话网)、ISDN(综合业务数字网)和其他公用网的大多数业务，还可提供移动通信固有特性的附加业务。FPLMTS 还将提供通用个人通信业务，可以与 PSTN 和 ISDN 融为一体或作为独立的通信网。

fuzziness 模糊性 词义所反映的客观事物缺乏明确的边界。例：“美丽”和“丑陋”，“白天”和“黑夜”

F

之间都缺乏明确的界限，存在着一些中间过渡状态。

fuzzy 模糊 模糊理论和模糊技术的总称。

fuzzy algorithm 模糊算法 用来完成模糊推理或者模糊逻辑运算功能的一种算法。该算法首先将输入的模糊信息进行适当运算、推理或控制得到输出信息，再把此信息作为输入信息，重复前面的操作，如此反复试探和修正，而得出解来。

fuzzy associative memory (FAM) 模糊联想记忆 由 Losoco 于 1991 年提出的一种基于模糊子集与模糊逻辑的知识信息处理系统，其目的是获取特定领域人类专家难以用严格的数学语言描述的知识和经验。

F

fuzzy automata 模糊自动机 状态转移函数和输出函数为模糊函数的一类自动机。模糊自动机属于不确定自动机，它对每一可能的内在状态指定隶属函数。将确定自动机推广为模糊自动机是出于解决实际问题的需要，特别是对实际几何图形的模式识别和研究复杂系统的行为的需要。模糊自动机理论是建立在模糊数学的基础上的。模糊自动机和模糊算法、模糊文法、模式识别、学习系统、模糊程序等有着密切的联系。参见 automata theory。

fuzzy center number representation of fuzzy data 模糊数据的模糊中心数表示 表示某一特定数左右附近的模糊概念。模糊中心数表示的一般形式为：$t=(c,r,p)$，式中 c 为中心数，r 为误差半径，p 表示模糊数据落在以 c 为中心、r 为半径的超球内的概率。这种表示方法不仅能检索某范围内的精确数据，而且还可检索与此范围相似的任意数，实现模糊检索功能。

fuzzy clustering 模糊聚类 利用模糊集理论进行聚类分析的过程。根据研究对象本身的属性来构造模糊矩阵，在此基础上根据一定的隶属度来确定分类关系。参见 hierarchical clustering，dynamic clustering，cluster analysis。

fuzzy computer 模糊计算机 具有模糊计算、模糊控制和模糊推理功能的新一代智能计算机。它不仅能像传统计算机那样处理数字或非数字信息，而且能在模糊信息的基础上进行运算和推理。在模糊计算机中，模糊计算、模糊控制和模糊推理过程是由模糊推理芯片来实现的。1987 年日本山川副教授与日本立石电机公司合作，利用模糊推理芯片研制了一台模糊计算机。1988 年他又研制成功了第一个模糊计算机微处理器（采用了“规则”和“解模糊”两个芯片）。

fuzzy control 模糊控制 以模糊理论为基础的反馈控制。模糊控制适用于多变量和非线性控制，它是一种近似推理的控制，具有人类思维的若干特点。模糊控制能够根据一系列模糊知识和数据，也即在一定的前提条件下统筹考虑控制过程的各种控制行为，推导出符合逻辑关系的结论。比较 memory control，stochastic control，reasoning control。

fuzzy controller 模糊控制器 采用模糊控制的控制设备。参见 fuzzy control。

fuzzy database 模糊数据库 （1）将传统数据模型模糊化，使之成为能够表示、存储及处理不确定信息（包括模糊数据）的数据库。在数据库中引入模糊数据表示，使系统具有模糊运算和推理的思想及机制，在数据库的理论及实际应用上具有重要的意义和价值。国际上对模糊数据库的研究主要是从 20 世纪 80 年代初开始的，实现模糊数据库，要研究模糊算法、模糊逻辑和模糊推理等方面的理论、方法和技术问题，具有一定的困难。由于关系数据库是数据库逻辑模型中最简单的，因此最早研究出来的都是一些模糊关系型数据库的数据模型（如属性值模糊 FVRDM、元组模糊 FTRDM、基于加权模糊逻辑 FWLRDM 等模糊型关系数据库模型）。近年来，亦有许多工作是对关系模型之外的其他数据库模型进行模糊扩展，如模糊 ER（实体-关系）、模糊 OO（面向对象）数据库等。模糊数据库技术在管理信息系统、专家系统、决策支持系统（DSS）中占有重要的位置。（2）在计算机的外存储器上，按一定的模式组织存储在一起，相互关联密切且有最小数据冗余和较高数据独立性、一致性、完整性和安全性，可供数据共享的模糊数据的集合。其中存储的是以各种方式表示的模糊数据，数据间的关系模式是模糊的，在数据上可进行的运算和操作是模糊的，对数据的约束是模糊的，作为用户使用数据库的窗口的用户视图是模糊的，关于冗余性和一致性的定义也是模糊的。

fuzzy database management system 模糊数据库管理系统 定义、组织、管理、操作和运用模糊数据库中数据的软件系统。一般由用户界面、模糊数据定义、模糊数据操纵和运用、实用程序包和模糊数据库等部分组成。

fuzzy data definition language (FDDL) 模糊数据定义语言 用于定义模糊数据库中模糊数据的组织与结构以及它们的约束条件的一种数据库语言，能够描述模糊数据元，指明如何从模糊数据元构造数据结构，指定完整性和安全性约束条件。

fuzzy data dictionary 模糊数据词典 模糊数据库中由模糊数据的有关属性、结构和解释信息以及模糊数据间的关联信息等组成的一个数据库文件，一般作为数据库的一部分。在一般的数据词典基础上增加模糊数据定义表、模糊数据库的结构和模糊数据间的关联描述信息、关于各模糊数据被引用或存放的信息。

fuzzy data manipulation language (FDML) 模糊数据操纵语言 操作和运用模糊数据库中数据的一种数据库语言。其中的语句主要包括模糊检索操作、模糊插入操作、模糊删除操作、模糊更改操作等，是普通数据库的模糊化。

fuzzy data model 模糊数据模型 用模糊数据及其之间的模糊关联来描述客观世界的一部分的抽象模型。

fuzzy data representation method 模糊数据的表示方法 对由模糊性产生的不确定性（亦即模糊概念）的表示方法。通常对客观世界的两种不确定性，采用不同的处理方法。由随机性产生的不确定性，一般采用概率论来处理；而由模糊性所产生的不确定性，则以模糊数学为工具来处理。目前对模糊数据的表示方法有：①模糊子集表示法；②模糊区间数表示法；③模糊中心数表示法；④正态数表示法；⑤相似关系表示法等。

fuzzy decision 模糊决策 一种其约束条件、目标函数及方案都是模糊的决策。可以利用模糊集合论的方法建立适当的模型来求得模糊决策问题的解。

fuzzy-deductive database 模糊演绎数据库 模糊数据库与模糊演绎推理技术的结合，其目的是能够完成在数据库上进行模糊推理的功能，这是知识库管理系统、专家系统开发工具、决策支持系统工具的主要功能之一。在实际的系统体系结构中，一般把模糊演绎数据库分为模糊外延数据库和模糊内涵数据库两大部分。模糊外延数据库也就是模糊关系数据库，它用来存储和处理事实型的知识。模糊内涵数据库由模糊规则所定义的内涵关系组合而成。模糊演绎数据库则是模糊外延数据库与模糊内涵数据库的有机结合。

fuzzy-deductive database management system (FDDBMS) 模糊演绎数据库管理系统 具有演绎功能的模糊数据库管理系统，采用模糊数据表示数据间的模糊关系，以进行模糊运算与模糊推理。

fuzzy degree 模糊度 模糊子集$\underset{\sim}{A}$的模糊度$D(\underset{\sim}{A})$是反映模糊性的质量，它满足下列性质：①通常集合的模糊为 0；②从属函数等于 0.5 时，模糊度最大；③从属函数越接近 0.5 时，模糊度就越大；从属函数离 0.5 越远，模糊度就越小。通常用模糊熵、模糊距离和贴近度来描述模糊度。

fuzzy event 模糊事件 发生与否不能明确判定的事件。

fuzzy frame 模糊框架 模糊知识的一种表示形式，用于表示客观事物的属性、结构、继承和因果关系，以及动态的过程知识等。模糊框架是一般模糊关系表示的一种推广形式。

fuzzy function 模糊函数 在模糊逻辑中，以x,y表示单命题(p,q)的真值，经过逻辑运算后，可以算出复命题的真值。其中x,y称为模糊变量，而对模糊变量施行某种逻辑运算所得的结果称为逻辑函数，记为$f(x,y)$。

fuzzy grammar 模糊文法 模糊语言的形式。用一组模糊的语法规则指明什么样的字符串可以在某种程度上是模糊语言的合法成分。

fuzzy graph 模糊图 模糊图论研究的图，由节点和边构成，除了指明包含的节点和节点间的连接方法之外，还指明它们各自的模糊程度。

fuzzy graphic theory 模糊图论 用模糊数学的方法描述和研究各种图的一门学科。模糊图论主要研究模糊节点间可能存在的各种模糊连接关系、结构和性质，研究图的表示方法。

fuzzy interval 模糊区间数 (1)模糊数的一种。由实数轴上的一个闭区间$[a,b]$和一个可能度p构成，记为$[a,b]/p$。语义上表示该模糊数落在$[a,b]$中的可能度为p。(2)一组散列的数，其中有p的数落在$[a,b]$之内。

fuzzy knowledge processing 模糊知识处理 研究模糊知识处理的表示、运用和处理以及获取方法的一门学科。

fuzzy language 模糊语言 语法和语义都可能是模糊的一种形式语言，可定义为一个四元组：$FL=\{A,U,S,I\}$，式中A为一个由有限个字符组成的字符集，U为一个规定语义范畴的论域，S为$A*$上的一个隶属度不为零的字符串的模糊集，I是模糊集的一个映像。

fuzzy language value 模糊语言值 直接用自然语言描述大小的模糊数。例如非常大、较大等。

fuzzy logic 模糊逻辑 研究不确定性（特别是模糊性）推理与知识表示的逻辑基础及其应用的学科。模糊逻辑是在 20 世纪 60 年代由美国的查德(L. A. Zadeh)首先提出，其基础是模糊集合中的模糊子集概念，在模糊子集中一个元素对该子集有一个隶属度，隶属度是一个介于 0 与 1 间的实数，它表示了一个对象隶属某个模糊概念的程度。它是一种解决不精确、不完全信息的方法，它更接近人的思维逻辑，可以比较自然地处理人的概念，能对真实世界的近似的、不确切的特征进行刻画。模糊逻辑目前主要包括三个方面：狭义模糊推理、广义模糊推理与模糊（近似）推理。狭义模糊推理是模糊集理论乃至模糊数学的逻辑基础；广义模糊推理为不确定性的处理提供较为完整的逻辑框架；模糊逻辑可应用于智能化电器产品的开发与工业过程控制，这些实际应用的理论基础是模糊推理。参见 fuzzy reasoning。

fuzzy logic control (FLC) 模糊逻辑控制 一种典型的智能控制方法，应用模糊集合论、模糊语言变量和模糊逻辑推理的知识，模拟人的模糊思维方法，对复杂过程进行控制。FLC 的基础是模糊逻辑，比其他传统逻辑更接近人类的思想和语言。FLC 利用模糊逻辑建立一种自由模型的非线性算法。参见 fuzzy logic。

fuzzy mathematics 模糊数学 研究和处理模糊性现象的数学理论和方法。模糊数学的理论基础是模糊集合论。模糊数学的主要应用领域有模糊综合评判、模糊模式识别、模糊聚类分析、模糊决策分析、模糊对策论、模糊数学规划、模糊逻辑、模糊推理、模糊控制和基于模糊推理的专家系统等。该学科的发展与完善将为模糊信息处理与人工智能的研究提供有效的工具。

fuzzy number 模糊数 包含模糊性的数，是整数和实数的模糊化，一般用定义在实数域上的一个正规凸模糊集表示。

fuzzy of knowledge 知识的模糊性 事实或概念本身的“边界”不明确的现象。知识的模糊性用“可能性”、“模糊程度”来度量。

fuzzy probability 模糊概率 用模糊量来表示的事件的概率。与一般概率用[0,1]间的实数表示不同，模糊概率用定义在[0,1]上的模糊数表示，也可用{极大、极小、非常大、非常小、很大、很小、相当大、相当小、较大、较小}等语言值表示。

fuzzy production 模糊产生式 模糊规则表示的一种形式。把前提作为一块模板，观察它能否与处理对象匹配。

fuzzy query language 模糊查询语言 一种供用户查询模糊数据用的数据库语言，具有模糊数据定义语言(FDDL)和糊数据操纵语言(FDML)类似的功能，但更接近自然语言。参见 fuzzy data definition language (FDDL), fuzzy data manipulation language (FDML)。

fuzzy reasoning 模糊推理 一种利用模糊集理论进行推理的近似推理方法。它的关键问题是自然界的事实、规则描述的模型化及将所得到的近似推理结果映射回自然界中的描述。参见 fuzzy logic。

fuzzy rule 模糊规则 模糊知识的一种表示形式，适用于表示客观世界中的因果关系和逻辑领域中的演绎推理关系。

fuzzy search 模糊检索 文献检索数据库系统中，一种基于模糊数学的检索模型。模型中词对文献的描述关系用归属函数表示，匹配算法为模糊集合运算，查找结果往往是落在某个范围内的一组数据，他们与希望得到的数据项比较接近，其中也许正好包含着希望得到的信息。参见 boolean search, vector search, similarity search。

fuzzy semantic network 模糊语义网络 模糊知识的一种表示形式，适用于表示客观世界中各种事物或现象之间的复杂关系，把知识表示成一个带标识的有向图，图的节点表示各种事物、概念、属性或其他知识实体，有向边表示对象间的语义联系。

fuzzy semantics 模糊语义 采用模糊集来对各种语言成分进行语义解释的一种语义学。

fuzzy set 模糊集(合) 以数学形式确切表示“大”、“小”等模糊概念的方法，1965 年由美国加州大学教授 L. A. Zadeh 提出。设 X 为全域，若 A 为 X 上取值[0,1]的一个函数，则 A 为模糊集。模糊集合中的成员值表示为[0,1]上的实数，0 表示绝对的假，1 表示绝对的真，0 ～ 1 的模糊真值用于描述不精确的概念和事实。模糊集这一概念的出现使得数学的思维和方法可以用于处理模糊性现象，从而构成了模糊集合论。

fuzzy set logic 模糊集逻辑 一种非经典逻辑，是基于信息和知识的不确定性提出来的，其中的事实、推断规律及量词都赋有给定的确信度。

fuzzy set theory 模糊集合论 模糊集合论是用于处理那些界限没有清晰划分出来的集合的。主要思想就是使用一个成员隶属度函数来表达一个元素属于一个集合的程度。这样的函数其取值范围为[0,1]，0 表示某一元素不属于该集合，而 1 表示某一元素完全属于该集合。一个元素关于一个集合的隶属度数值表现了该元素属于该集合的程度的大小。在模糊集合论中最常用的三种操作是：一个模糊集的补，两个或多个模糊集的并，两个或多个模糊集的交。

fuzzy statistics 模糊统计 研究模糊事件发生的概率的统计试验方法及其有关性质的学科。

fuzzy tree 模糊树 不包含回路的模糊图。参见 fuzzy graph, tree。

fuzzy tuple 模糊元组 模糊关系型数据库中的模糊关系的组成部分，具有形式 $(v_1, v_2, \cdots, v_n, u)$，其中 v_1、v_2 等是取值于相应模糊属性的值域的模糊值，u 为该模糊元组的模糊度或者隶属度，表示该模糊元组隶属于其所在的模糊关系的程度。

fuzzy voice recognition card 模糊声音识别卡 东京工业大学管理研究室采用模糊控制及模糊推理技术研制的一种声音自动识别卡，它可通过话筒发出声音命令对设备进行控制。如可发出“前进”、“进入车库”等命令指挥汽车调度。

FWA 固定无线接入 fixed wireless access 的缩写。

FWDR 四路分集接收 four-ways of diversity reception 的缩写。

FWHM 半幅值全宽 full width half maximum 的缩写。

FWM 四波混频 four wave mixing 的缩写。

FWIW 无论价值如何 For What It's Worth 的缩写，用在电子邮件和新闻组的一种缩略语。

FX 外局交换(电话) foreign exchange 的缩写。

FYA 供娱乐 for your amusement 的缩写，电子邮件中常用的一个缩写。

FYI 供查询(参考)信息 for your information 的缩写。

G

G **千兆,十亿** giga 的缩写。

GAA **通用认证架构** generic authentication architecture 的缩写。

GaAs **砷化镓** gallium arsenide 的缩写。

GaAs FET **砷化镓场效应晶体管** 一种用在高频、超高频以及微波无线电频率下的放大器电路中的场效应晶体管。这个频率范围横跨电磁辐射频谱,从 30 MHz 到红外波段。GaAs FET 是一种耗尽型设备,当在控制电极门没有电压时它就会导电,当在门处出现电压时信道传导率就会降低。在微弱信号无线通信以及广播接收中,GaAs FET 比大多数其他类型的场效应晶体管性能要好。参见 field effect transistor (FET)。

GaAs Schottky-barrier gate field effect circuit **砷化镓肖特基势垒栅场效应电路** 用半导体砷化镓材料,利用金属-半导体构成的肖特基势垒栅场效应晶体管制作的集成电路。这种电路具有超高速低功耗的特点,是一种很有前途的集成电路,现正向大规模集成发展。

Gabor code **盖博码** 表示二进制信息的一种信道编码。其编码规则是把输入信息序列按 2 位长度分组,然后逐组地把 2 位信息变换为 3 位码字,最后再把编码序列用逢"1"变化不归零制规则调制。具体变换规则如下:

$$C_1 = \overline{C}_{3p} + D_1 + \overline{D}_2 D_{1f}$$
$$C_2 = C_{3p}\overline{D}_1 + D_2$$
$$C_3 = \overline{C}_{3p} + D_1 + D_2$$

式中:D 表示信息位,C 表示编码位。下标序号 1,2,3,分别表示第一位、第二位和第三位。下标 p 表示前一组,f 表示后一组,未注字母的为本组。这种编码是具有自同步能力的按位分组、固定长度、游程长度受限码。在计算机中,它主要用于数字磁记录。

Gabow's algorithm **盖伯算法** 一种构造图的最大匹配的算法。首先构造一个匹配(可以为空),然后为未饱和顶点寻找一条增广路径,当找到一条增广路径时,算法即可以确定一个新的匹配,该匹配至少比原匹配多一条边,重复上述过程,直到找不到增广路径为止,若发现有奇数回路,该算法使用标记方法将该回路的结构保留下来。

GADDR **成组地址** group address 的缩写。

gadget **窗口零件** 在 AIX windows 程序中,一个无窗口图形对象,看上去它对应的名字类似 widget,但不支持 widget 支持的转换、动作或者弹出式子窗口部件。

gadget ID **窗口零件标识符** 在 AIX windows 程序中,赋予每个小配件的一个唯一的标识数,在图形接口范围内使用。

GAIL **门阵列接口语言** gate array interface language 的缩写。

gain **增益** 对元器件、电路、设备或系统,其电流、电压或功率增加的程度。通常用分贝(dB)来量度。

gain bandwidth product (GBP) **增益带宽积** 有源器件或电路的增益与规定带宽的乘积。增益带宽积是评价放大器性能的一项指标。

gain compression **增益压缩** 当输入信号幅度超过某一特定值时,显示屏将不能正确显示信号的幅值;当信号增加时,将引起有效显示的压缩,这一过程用术语增益压缩来表述。通常用增益压缩电平变化增益在 1 dB 以内来指示输入信号的线性范围。

gain control **增益控制** 在有源设备中,设备将增益调整到某一特定的预期数值的能力。

gain control circuit **增益控制电路** 在有源设备中,为达到某一特定目的(如当输入信号变弱时使输出保持不变等),而使设备增益调整到某一特定值的电路。

gain crossover point **增益交点** 使环路增益为 1 的频率点,与之对应的是相位交点。这两个频率点在保持系统的稳定性中,起到重要的作用。在稳定的系统中,增益交点通要比相位交点靠前。比较 phase crossover point。

gain hits **增益瞬扰** 电话线路数据传输中的一种误差原因,通常当信号浪涌超过 3 分贝,且持续时间超过 4 毫秒时出现。

gain margin (GM) **增益裕度** 是衡量系统的稳定性的一种量度,与之对应的是相位裕度。增益裕度是使系统达到临界稳定所需要的系统增益的放大倍数,当增益按增益裕度增大后,将会导致临界稳定的系统。比较 phase margin (PM)。

gain medium **增益媒介** 一种有源媒介、设备或系统,其中产生对输入量(如电功率、电流、电压或辐射)有反馈或无反馈的放大。

gain of an antenna **天线增益** 在给定的方向上并在相同距离上产生相同场强或相同功率通量密度的条件下,无损耗基准天线输入端所需功率与供给某给定天线输入端功率的比值。通常用分贝表示。如果没有其他说明,则指最大辐射方向的增益。增益也可按规定的极化来考虑。根据对基准无线的选择,增益分为:①绝对或全向增益(Gi),这里基准天线是一个在空间中处于隔离状态的全向无线;②相对于半波振子的增益(Gd),这里基准天线是一个在空间处于隔离状态的半波振子,且其大圆面包含给定的方向；③相对于短垂直天线的增益(Gv)，这里基准天线是一个比四分之一波长短得多的、垂直于包含给定方向并完全导电的平面的线性导体。

gain shifted erbium-doped fiber amplifier (GS-EDFA) **增益平移掺铒光纤放大器** 通过控制掺铒光纤的粒子数反转程度，放大 1 570 ～ 1 600 nm 波段，它与普通的 EDFA 组合起来可以得到带宽约 80 nm 的宽带放大器。参见 population inversion，erbium-doped fiber amplifier (EDFA)。

G

gain/slope **增益/斜率** 模拟电路中特定频带上的频率水平的测量，通常在 404、1004 和 2804Hz 频率上测量。

gain・bandwidth product **增益・(通)带宽(度)积** 在有源设备中，测到的增益与特定的通带宽度的乘积。增益・带宽积是用来表征在外接负反馈网络控制增益的电路中使用一个运算放大器时，增益与有效带宽之间的协调关系。在宽量程内，增益与带宽(单位为赫兹)的乘积基本保持不变。

GAIT **GSM ANSI-136 互操作组** GSM ANSI-136 interoperability team 的缩写。

GAL **通用阵列逻辑** generic array logic 的缩写。

galactic database **巨型数据库** 可以多处存取，供多种应用使用的大型数据库。Web 就是一个全球性的巨型数据库。巨型数据库要求数据库管理系统在主存储器和辅助存储器(如磁盘)的基础上，增加第三级巨型存储器，如机器人磁带库和机器人光碟库等。目前的一般数据库管理系统都要求数据存储在磁盘或内存中，磁带等大容量存储器只作为后备存储器使用。在巨型数据库只有少部分数据留驻在主存储器或磁盘上，大部分数据将存储在第三级存储器上。在这种情况下，查询处理与优化成为更复杂的问题。第三级存储器的存取速度要比主存储器和磁盘存储器慢，所以，查询优化器所选择的查询执行计划必须避免数据在存储介质之间的频繁传递。此外，巨型数据库系统还必须优化数据记录在第三级存储器上的分布，降低第三级存储器中数据的选择和存取时间。巨型数据库系统需要具有三级存储器系统的高效缓冲处理技术。

gallium arsenide (GaAs) **砷化镓** 一种化合物，用于半导体芯片制造。由于砷化镓有比硅更高的载体迁移率，所以砷化镓芯片具有比硅芯片更高的速度，工作温度范围更大，耗电更低，抗辐射能力更强。砷化镓器件在超高无线频率以及快速电子交换应用中很有用处。砷化镓设备比大多数其他类型的半导体器件产生的噪音少。

galvanic cell **原电池** 也称“一次电池”，将化学能直接转变成电能的装置。在原电池中，外电路为电子导电，电解质溶液中为离子导电。同 primary cell。

GAM **图形存取法** graphic access method 的缩写。

game **博弈，对策** 利害关系相反的双方按一定的规则行动，每一方都为使自己能在斗争中取胜而根据他方所采用的策略和手段来决定或选择自己的最佳的对付办法。因此，博弈的胜负有赖于各方的策略，而不依赖于机遇。博弈普遍存在于人类思维活动中，其特点是：博弈的双方都力争达到自己预期的目的。博弈为搜索策略、机器学习等问题的研究提供了良好的实际背景和试验场所，博弈所发展起来的许多概念和方法都为人工智能所借鉴和采用。

game card **游戏卡** 用于游戏充值时使用的卡。是“虚拟消费积分充值卡”的简称，是按游戏服务公司的规定以现金兑换虚拟点(积分)的形式，通过消耗虚拟点(积分)来享受该公司的服务的一种钱款支付形式。游戏卡按传播介质分为虚卡和实卡。虚卡通过电子邮件和网页、短信进行发放。实卡通过购买刮卡，获取卡号和密码，通过网络或其他方式进行充值。

game cartridge **游戏盒带** 参见 ROM cartridge。

game chip **游戏芯片** 用于电子游戏机中的一类半导体芯片，其中包括特制的处理器、大容量只读存储器及编址电路。有的游戏芯片将处理器与游戏节目存储芯片分开，只要更换不同的存储芯片，即可提供不同的节目。

game control adapter **游戏控制适配器** 计算机中的一个输入输出端口，可连接游戏杆，接口的核心部分是一个模数转换，游戏杆的功能是调节一个或两个电位器改变电位，模数转换器将这个电位转换成数字，参见 analog-to-digital converter，game port，potentiometer。

game graph **博弈图** 在双方或多方博弈中，为了搜索出战胜对方而使自己立于不败之地的最佳策略，常用搜索图的方法。此搜索图称为博弈图。它属于“与或”图一类。

game master (GM) **游戏管理员** 在电脑游戏中担任管理职责的人。一般来说，如果是商业游戏，那么 GM 多是厂商委派的职员；如果是非商业游戏，GM 则一般由有条件的热心玩家担任。GM 在游戏中需要负责的工作非常多，如发现并排除程序故障、初步的系统维护、游戏秩序的维护等。

game operator **游戏运营商** 即网络游戏运营商，指通过自主开发或取得其他游戏开发商的代理权运营网络游戏，以出售游戏时间、游戏道具或相关服务为玩家提供增值服务和放置游戏内置广告，从而获得收入的网络公司。

game over **游戏结束** 电脑游戏中最常见的术语，通常是表示游戏者失败。

gamepad **游戏操纵杆** 同 game paddle。

game paddle **游戏操纵杆** 在具有对抗性的游戏机中，参与游戏的用于操纵动作方向、时机和力度的输入装置。最简单的游戏操纵杆是一个或两个操纵杆,控制少数的几个方向键、再加上动作按钮等组成。通常采用的是标准游戏接口和 USB(通用串行总线)接口。

game port 游戏(端)口 在个人计算机上,一种用于联机游戏控制摇杆或踏板之类设备的端口。

games pack 游戏包 为了在计算机上进行某种游戏而预先编好的程序。这些程序可从软件公司、计算机厂商和某些零售部门那里买到。

game theoretic mode 对策性模型 一种试图将规划问题归结为互相对抗的主体之间的对策的模型。

game theory 博弈论,对策论 运筹学的一个分支。它运用数学方法来研究有利害冲突的双方在竞争性的活动中,是否存在自己制胜对方的最优策略,以及如何找出这些策略等问题。博弈论的发展不仅考虑只有两方参加的竞争活动,还考虑有多方参加的活动。在这些活动中,参加者不一定是完全对应的,还允许他们结成某种联盟,活动的结局也可能要通过参加者多次的博弈才能决定。

game tree 博弈树 在博弈过程中,对每一博弈格局应用所有可能的合法走步产生相应的后继格局所生成的图。博弈程序通过搜索博弈树找出弈子的最佳走步。

game-tree search 博弈树搜索 当博弈树中只有 α、β 博弈双方时,信息树随 α、β 双方任何一行动展开成不同形式。对这种信息树的搜索称为博弈树搜索。

Gamma photon 伽玛光子 γ 辐射中的一种基本粒子或量子,其能量等于 hf,h 为普朗克常数,f 为辐射频率。伽玛光子的频率高于 x 射线和光频谱,其中包括可见光、红外线、紫外线频谱。

Gamma radiation 伽玛辐射 一种具有比光波和 x 射线频率还高的电磁波,频率位于 $10^{10} \sim 10^{12}$ GHz。它只能被高密度物质(如耗尽铀、铅等)所阻挡或吸收。伽玛辐射通常由核反应产生,以及高能激光器中当电子从高能级向低能级跳变时产生。

Gamma ray 伽玛射线 一种频率位于 $10^{10} \sim 10^{12}$ GHz 的射线。伽玛射线的能量能改变生物组织的分子结构。参见 Gamma radiation。

Gamma version γ版本 β版本后发行的测试版,与即将发行的正式版相差无几。参见 Beta version。

gang switch 联动开关 机械地连在一起,并可以一起动作或按顺序动作的一组开关。

gang tuning 统调(法),联调 利用一个控制信号同时调节多个电路的技术或方法。

gantry robot 行车式机器人 由桥式链接框架吊挂的机器人。

Gantt chart 甘特(步进)图,施工进度图表 一种工程中各项任务与时间的关系图。可以有效地显示在计划的期间里,计划和实际执行的情形。横轴代表计划的期间,直轴指出各项活动或作业的名称。甘特图系于 1910 年左右由亨利·甘特(Henry L. Gantt)所创,故以其名命之。

GAP 安全隔离网闸 简称网闸,是一种由带有多种控制功能的,并能够在网络间进行安全数据交换的网络安全设备。GAP 源于英文的"air gap"。GAP 技术是一种通过专用硬件使两个或者两个以上的网络在不连通的情况下,实现安全数据传输和资源共享的技术。GAP 技术的基本原理是:切断网络之间的通用协议连接;将数据包进行分解或重组为静态数据;对静态数据进行安全审查,包括网络协议检查和代码扫描等;确认后的安全数据流入内部单元;内部用户通过严格的身份认证机制获取所需数据。

gap character 间隔字符 计算机字中因技术上的需要而加入的字符。它并不表示数据。

gap coding 间隔编码 在一个正常状态下连续传输信息的系统中,通过插入停止传输的时间间隔来传送信息的过程。

gapless 无间隔,无间隙结构 (1)原始数据以连续方式记录在磁带上,中间没有字间间隔,但仍可包含一些无间隔形式的符号和标号。(2)磁泡器件的一种结构。该结构取消了磁泡传输线路元件之间的间隙,充分利用器件的尺寸,尽可能提高器件密度。

gap loss 间隙损耗 在光纤中,由于轴向对齐(纤维光学意义上的)之间空隙产生的能量的损耗。

gap width 间隙宽度 读写磁头和记录媒体表面之间空气间隙的尺度。

garbage 无用信息[数据] 美语的垃圾、废话。可从许多方面解释该词,但主要是指将具有误差的数据输进计算机。所能得到的只是大大增多了的一组误差或混乱的输出,从而产生了词汇"无用输入"、"无用输出",缩写为 GIGO。为了能最好地利用存储空间,经常要重编数据库内不连贯的记录,这一过程称为无用存储单元收集。参见 garbage in, garbage out (GIGO)。

garbage area 无用单元区 在内存空间里不时地出现的一些分散的小块自由存储区,也称"废区"。

garbage collection 无用单元收集 (1)在动态存储分配中,当出现可利用的空间已少到低于某个下限或者无法进行再分配时,系统就收集无用单元(确实已不用的单元)且紧缩内存,即把碎片合并成较大的块与无用单元一起集中起来,以便组成较大的可利用空间。(2)一种语言机制,用于自动释放和回收不再需要的数据结构。

garbage in, garbage out (GIGO) 无用输入输出 (1)程序中所建立的逻辑关系虽然正确,但输入错误数据,输出亦无效。(2)不可靠的或无用的概念表达。

garble **篡改,错乱** (1)在加密软件中用口令使文件不能正常操作。(2)在传输、接收或加密中的一个错误,使得消息变成不正确的或不可解密消息或只有一部分。

garbled **混乱的,含混的** 在通信系统中,由于传输信号的错误,使得信息难以分辨的状态。

garble table **校错表** 诸如表格、图线等,用于帮助修正误差或分析误差。

GART **图形重复映射地址表** graphic address remapping table 的缩写。

gas capacitor **气体电容器** 用气体而不是空气作为介质,由两个或多个隔开的电极构成的电容器。

gas conduction **气体导电** 通过电离气体的导电。

gas diode **气体二极管** 在含有少量惰性气体或蒸气的管壳中,有旁热式阴极和阳极的二极管。

gas discharge **气体放电** 电流通过气体时发生的放电现象。一般伴有发光、发声。由于气压、电压、电流、电极的形状、距离等不同,发光、发声的情况各异。通常情况下,干燥气体是良好的绝缘体,不能传导电流,但当气体中存在自由带电粒子时,它就变为电的导体。但是,在强电场、光辐射、粒子轰击和高温加热等条件下,气体分子会发生电离,产生出可以自由移动的带电粒子,并在电场作用下形成电流,使绝缘的气体成为良好的导体。

gas discharge display **气体放电显示器** 根据气体放电原理制作的显示器。气体放电原理指在两电极上加足够高的交流或直流电压,就能使某种气体电离而发光。辉光的形状和颜色取决于阴极的形状和气体的种类,因而可以改变阴极形状和气体种类来显示所要求的某种颜色的字符。

gas discharge lamp **气体放电灯** 通过气体放电将电能转换为光的一种电光源。气体放电的种类很多,用得较多的是辉光放电和弧光放电。辉光放电一般用于霓虹灯和指示灯。弧光放电可有很强的光输出,照明光源都采用弧光放电。荧光灯、高压汞灯、钠灯、金属卤化物灯和陶瓷金属卤化物灯是应用最多的照明用气体放电灯。

gas discharge tube **气体放电管** 按弧光放电的气体物理原理工作的器件。当外加电压增大到超过气体的绝缘强度时,两极间的间隙将放电击穿,由原来的绝缘状态转化为导电状态,导通后放电管两极之间的电压维持在放电弧道所决定的残压水平。气体放电管常用于多级保护电路中的第一级或前两级,起泄放雷电暂态过电流和限制过电压作用。

gas electrode **气体电极** 有气体参与电极反应的电极,如氢电极、氧电极等。气体分子与溶液中相应的离子在气/液相之间的惰性金属上接受电子,从而建立电极反应的平衡。参见 oxygen electrode。

gas filled bushing **充气套管** 绝缘套管内表面和固体主绝缘之间充有等于或高于大气压力(不同于周围空气压力)的气体所构成的套管。参见 insulator。

gas filled capacitor **充气式电容器** 以气体为电介质的电容器。

gas filled phototube **充气光电管** 也称"离子光电管",由封装于充气管内的光阴极和阳极构成。它不同于真空光电管的是,光电子在电场作用下向阳极运动时与管中气体原子碰撞而发生电离现象。由电离产生的电子和光电子一起都被阳极接受,正离子却反向运动被阴极接受。因此在阳极电路内形成数倍于真空光电管的光电流。参见 vacuum phototube。

gas filledtube **离子管** 管内充有气体或蒸气的电子管。又称充气管。在离子管内,电子在电极间运动时与气体原子和分子碰撞,产生电离现象,运动较慢的正离子抵消电子的负空间电荷作用,使管子具有电流大、内阻低的特点。利用各种放电形式的不同特性,可制造出一系列不同性能的离子管,包括有冷阴极放电管、计数管、稳压管、十进位管、汞弧管、气体放电显示管、热阴极充气二极管及闸流管等。

gas insulated bushing **气体绝缘套管** 主绝缘由等于或高于大气压力(不同于周围空气压力)的气体所构成的套管。参见 liquid insulated bushing, insulator。

gasket **衬垫** 保持屏蔽完整性,防止缝隙泄漏的部件。衬垫的使用是屏蔽设计中的一项关键技术。衬垫使用在临时的或半永久的接缝处。衬垫有编织网衬垫、导电橡胶衬垫和指形簧片衬垫等种类。

gas laser **气体激光器** 激发介质为气体的激光器。

gas panel **气体放电显示屏** 这是一种基于气体放电的显示屏。在充有一定压强的某种气体(如氖和氮的混合气体)的容器内有两个电极,当施加一定的电压时就会产生放电,可以靠放电产生的紫外线来激发光致发光,通过选用适当的发光材料也可以实现彩色显示。这种形式的发光可以用于等离子体显示屏。参见 plasma display panel (PDP)。

gas plasma display **气体等离子体显示(器)** 可代替阴极射线管显示的一种平板显示技术。将彼此互相垂直的平行导体组淀积在玻璃板上,在两个玻璃板之间充以气体,两个导体之间的每一个交点都可定为一个单光电元件。因为可以激发产生气体放电,从而形成点阵式显示。参见 plasma display panel (PDP)。

gas relay **气体继电器** 油浸变压器所用的一种保护装置,由于变压器内部故障而使油分解产生气体或造成油流冲动时,使继电器中接点闭合,以接通指定的控制回路及时发出信号或自动切除变压器。

gas scattering **气体散射** 电子束中的电子或其他粒子被真空系统中的残余气体散射。

gas tube surge protector **充气管浪涌保安器** 一种

与碳精块浪涌保安器在工作上类似的浪涌限制装置，但它有一个特制的带有一个更精细的窄间隙和一段密封气体的电极，充气管导致一个更准确和更精细的工作电压范围和重复工作条件下更长的寿命。

gate **门** 按照输入端的条件产生相应输出的一种逻辑器件。一个门有一个输出端和一个或多个输入端，输出端的状态完全取决于输入端的状态组合。门有多种多样（如“与门”、“或门”等），每一种门都可以利用一个真值表列出输入和输出的所有可能状态。目前，计算机中几乎所有的门器件都是电子式的，所以门和门电路就基本上不再区分。门也称“逻辑门”、“逻辑电路”。

gate and functional level simulation **门与功能级模拟** 利用计算机来验证设计中逻辑图纸的正确性的一种技术。模拟的输入是逻辑图和检验码（各外部信号的波形图）等，输出是所有内部信号的波形图。设计人员可对输出结果进行分析以确定逻辑是否正确。纯门级模拟中基本元件是与、或、非、或非等元件。随着大规模集成电路的出现，纯门级模拟已不能满足要求。因此，门级模拟往往和功能部件级模拟结合在一起使用。这一级模拟还可以查出电路中是否存在竞争和冒险现象。

gate array **门阵列** 一种半定制集成电路设计和制造技术，以门为基本单元组成的阵列所需底层版图已经由生产厂家事先设计加工好，用户根据自己的逻辑电路设计完成上层的金属连接线的布线，以生成最终版图，它利用已完成大部分集成电路（IC）制造工序的母片，再按照用户的电路逻辑设计要求进行开孔、金属连线、封装而做成的各种专用逻辑IC。门阵列逻辑电路按电路单元结构可分为宏单元和门单元阵列逻辑电路两种。按电路结构分类有CMOS（互补金属氧化物半导体），BiCMOS（双极型互补金属氧化物半导体），TTL（晶体管-晶体管逻辑），ECL（射极耦合逻辑）和GaAs MESFET等门阵列逻辑电路。按布线层数可分为单层、双层、三层等金属布线。按连接金属线所用方式可分为掩膜连线、激光淀积连线和激光刻蚀连线三种。按芯片布局又可分为通道型和无通道型两类。参见semi-custom，standard cell。

gate array interface language (GAIL) **门阵列接口语言** 由Daisy系统公司提供的描述产品设计过程的一种语言。

gate circuit **门电路** 也称“组合逻辑电路”。由一个或多个逻辑门组成的电子线路。其输出状态取决于输入端上信号状态的组合，而与信号加到输入端的时间无关。门电路是计算机的基本单元之一。

gate control **门极控制** 变流器中，对晶闸管门极通以电流而进行的相位控制或开关控制。参见switch control。

gate controlled delay time **门极控制延迟时间** 在用门极脉冲使晶闸管从断态转入通态的过程中，从门极脉冲前沿的规定点起，至主电压下降到接近初始值的某一规定值为止的时间间隔。

gate controlled rise time **门极控制上升时间** 在用门极脉冲使晶闸管从断态转入通态的过程中，从主电压初始值附近的规定值起，到主电压降至某一规定值为止的时间间隔。

gate controlled turn-off time **门极控制关断时间** 当用门极脉冲使晶闸管从通态转入断态时，从具有规定波形的门极脉冲某一规定点起，到主电流降至某一规定值为止的时间间隔。

gate controlled turn-on time **门极控制开通时间** 用门极触发脉冲使晶闸管从断态转入通态所需的时间间隔。这一时间间隔，一般由门极脉冲前沿的规定点起，到主电压从初始值降至规定值为止。开通时间为延迟时间与上升时间之和。

gate count **门数** 门阵内部包含的基本单元数。一个基本单元可实现一个两输入或者三输入的逻辑门，以此作为标准来选择实现一定逻辑功能的门阵的规模。

GATED **网关守护神** gateway daemon 的缩写。

gated crossover detection **选通过零检测** 由数字磁记录设备读出信息的一种检测方法。它同时采用幅度检测和峰值检测即读出信号微分波形的过零检测，并且通过幅度检测输出信号对峰值检测输出信号的选通，提供精确、可靠的读出信息。

gate density **门密度** 在一个芯片的单位面积内，能放置的门的数量。在0.35 μm的工艺条件下，门密度大约是18 000门/平方毫米，而在0.25 μm时，门密度达到35 000门/平方毫米。

gate equivalent **门等价** 用于衡量数字电路的复杂程度的基本单位，基于为完成一个电路功能而互独的逻辑门数量。

gatekeeper (GK) **网守** 国际电信联盟-电信标准化部门（ITU-T）制订的H323建议中规定的一种网络实体。网守为H323端点提供地址翻译和接入控制服务，并具有路由选择、带宽管理、参与呼叫信令控制和其他的分组网维护管理功能。

gate level logic simulation **门级逻辑模拟** 同gate level simulation。

gate level simulation **门级模拟[仿真]** 利用计算机来验证正在设计中的数字系统的逻辑正确性的一种方法。仿真输入是逻辑图和检验码等，仿真输出结果是检验码在逻辑图中的某些检测点上所形成的波形图。可对输出的结果进行分析，以确定逻辑是否正确。由于数字系统的逻辑越来越复杂，特别是大规模集成电路的出现，纯门级仿真已很难满足要求。因此，它往往和功能部件级的仿真结合在一起使用。

gate non-trigger current **门极不触发电流** 不致使晶闸管从断态转入通态的最大门极电流。

gate non-trigger voltage **门极不触发电压** 不致使晶闸管从断态转入通态的最大门极电压。

gate office **地区交换局** 一个地区的电话交换总局。只有通过该总局才能同其他城市进行通话。

gate-pin ratio **门引线比** LSI(大规模集成电路)芯片内门数与I/O引线的比例。随着LSI集成规模增加,所需I/O引线较缓慢地增加,门引线比增大。芯片上门数与引线数成幂次关系,经验法则表示为$P=AG^B$。式中,P是芯片的引线数;G是芯片的门数;A和B是不仅取决于集成度也取决于性能要求的系数。

gate pulse **选通脉冲,门脉冲** 使门电路或其他逻辑器件进入或退出有效传输状态的脉冲信号。例如微型计算机中的时钟信号、时序节拍信号等。

GATES **图文编辑系统** graphics and text editing system的缩写。

gate terminal **门极端子** 只流出或流进控制电流(通常称之为门极电流)的端子。

gate trigger current **门极触发电流** 使晶闸管由断态转入通态所必需的必须最小门极电流。

gate trigger voltage **门极触发电压** 产生门极触发电流所必需的必须最小门极电压。

gate turn off current **门极关断电流** 使晶闸管由通态转入断态所必需的最小门极电流。门极关断电流不适用于双向晶闸管。

gate turn off thyristor **门极关断晶闸管** 可以通过在门极施加负脉冲使其关断的晶闸管。

gate turn off voltage **门极关断电压** 产生门极关断电流所需要的门极电压。

gate voltage **门极电压** 门极端子与规定主端子之间的电压。

gateway **网关** 在开放系统互连参考模型(OSI/RM)的高层(传输层到应用层)实现不同网络协议之间互相转换的设备,也称“协议转换器”。用网关互连的采用不同协议的两个网络,在物理上可以是同一个网络,更一般的情况是用网关来连接两个具有不同的网络协议且物理上互相独立的网络。由于协议转换的复杂性,网关一般只作一对一的协议转换或少数几种应用协议的转换。参见mail gateway, router, protocol converter。

gateway access protocol **网关接入协议** 在一个主系统和分组交换数据网(PSDN)的DTE(数据终端设备)的系统之间运用的协议,向主要系统用户提供X.25网关接入功能。

gateway board **网关板** 完成网关功能的印刷电路板(PCB),用于一个网络到另一个网络的连接。

gateway-capable host **可作网关的宿主机** 一个具有网络标识(NETID)和网关系统服务控制点名定义的宿主机,但不作为网关控制功能(如网间会话启动和终止)。

gateway control function **网关控制功能** 由一个网关系统服务控制点实现的功能,为LU-LU(逻辑单元之间)会话与网关NCP(网络控制程序)连接赋予协同网络地址对,为临近网络的LU-LU会话赋予虚拟路由。

gateway discovery protocol (GDP) **网关发现协议** 美国Cisco公司基于UDP(用户数据报协议)制定的协议,能使主机检测是否有新路由器加入,以及是否有路由器失效。

gateway facilities **网关设备** 连接两个系统的设备,尤其是连接使用不同协议的系统的设备。如连接两个独立的本地网或连接一个本地网与一个远程网的网关。

gateway-gateway protocol (GGP) **网关-网关协议** 同gateway to gateway protocol。

gateway GPRS supporting node (GGSN) **网关通用分组无线业务支持节点** GGSN主要是起网关作用,它可以和多种不同的数据网络连接,如ISDN(综合业务数字网)、PSPDN(分组交换公用数据网)和LAN(局域网)等。有的文献中,把GGSN称为GPRS路由器,它实现路由选择、与外部网络协议转换等功能。GGSN可以把GSM(全球移动通信系统)网中的GPRS分组数据包进行协议转换,从而可以把这些分组数据包传送到远端的TCP/IP(传输控制协议/网际协议)或X.25网络。参见general packet radio service (GPRS)。

gateway host **网关(宿)主机** (1)某些操作系统中的一个宿主机,连接独立的网络,具有多个接口,每个具有不同的名字和地址。(2)在SNA(系统网络体系结构)环境中,一个包含网关系统服务控制点(SSCP)的宿主机节点。参见gateway-capable host。

gateway interface **网关接口** 两个不同通信系统之间的接口,它可以提供交换中心,实现一个系统的用户呼叫另一个系统的用户所需的交换、信令、监控和传输功能,在一个编程的计算机控制下自动实现交换功能,通常两个系统中只允许有限的用户经由接口访问另一个系统。

gateway mobile switching center (GMSC) **网关移动交换中心** GMSC是不同网络间话务流通的必经交换局,它不仅需要承担网间结算的功能,还需要具备路由查询功能,以保证其他网呼叫移动电话用户时能准确确定被叫所在的交换机,接通相应的话路。GMSC具有从HLR(归属位置寄存器)查询得到被叫MS(移动台)目前的位置信息,并根据此信息选择路由。

gateway network control program (gateway NCP) **网关网络控制程序** 一个进行地址转换以允许网络间会话通信的网络控制程序,它连接两个或多个独立的SNA(系统网络体系结构)网络。

gateway node **网关节点** 两个网络间起接口作用

的节点。同 gateway NCP。

gateway of application layer 应用层网关 应用层实现协议转换的网关。这种网关适用于异构网络互连,也适用于应用层不同的网络互连。

gateway of network layer 网络层网关 仅实现两网之间网络层及其以下各层协议转换的网关。这种网关适用低三层协议不兼容、而传输层上协议兼容的网络。

gateway requirements 网关需求 指明 IP(网际协议)网关需求的文献。这些文献说明网关如何为流动信息选择路由,并为各个厂家生产的网关之间改善互操作性提供参考。

gateway SSCP 网关系统服务控制点 在 SNA(系统网络体系结构)中,一种能够进行跨网会话启动、终止、关闭和会话输出提示的 SSCP(系统服务控制点),一个网关 SSCP 与网关 NCP(网络控制程序)相连,它向网络提供名称翻译并帮助网关 NCP 建立跨网络连接的别名网络地址。同 gateway VTAM。参见 system service control point (SSCP)。

gateway switching center 网关交换中心 一个自动电话网络交换中心,它是网关的一部分,提供通信系统间和网络间的互连。

gateway to gateway protocol (GGP) 网关间协议 为了在核心网关之间传输路由选择信息而设计的协议。GGP 提供了一种分析最短路径路由选择算法。

gateway VTAM 网关虚拟远程通信访问法 一个能够进行网络间会话启动、终止、关闭和会话输出提示的系统服务控制点(SSCP),与网关 NCP(网络控制程序)进行会话,在建立协同网络地址时提供网络名称的转换并协助网关 NCP。同 gateway SSCP。

gateway with network station 带网络工作站的网关 一种配置选择,计算机既对之与相连的计算机执行网关通信服务器功能,又对操作员执行网络工作站功能。

gather 集中 在输入输出操作中,从非连续存储位置读入数据以向一个设备写数据,与 scatter 对应。

gather write 集中写,收集写 将处于主存储器中不相连的存储位置上的数据连接起来形成一个输出记录的操作。

gating 选通 (1)一种在指定条件下才会开通并按选定的方式动作的一种电路设计技术。(2)用一种波形来限制另一信号在指定的时间间隔内通过。(3)按时间间隔或幅度大小标准来选择部分波形。

gating circuit 选通电路 在指定条件下才会开通并按选定的方式动作的电路,即按选通方式工作的电路。

gating pulse 选通脉冲 使门电路选通的脉冲信号。

Gaussian (G) 高斯 是磁感应强度的 cgs 制(厘米-克-秒制)计量单位。1 高斯的磁感应强度就表示每平方厘米 1 麦克斯韦的磁通量。高斯单位是以德国科学家高斯命名的。一般要度量磁铁之类的东西产生的通量密度时就要用到高斯这个单位。地球表面的磁通密度大约是 1 高斯。在工业电磁学中,一般用特斯拉来度量磁感应强度,1 高斯是 1 特斯拉的万分之一。

Gaussian beam 高斯光束 具有高斯分布(即钟形分布)的光束。参见 Gaussian distribution。

Gaussian distribution 高斯分布 由高斯函数所给出的一种正态分布,也称"常态分布"。高斯分布的函数图像是一条位于 x 轴上方呈钟形的曲线,称为高斯分布曲线,简称高斯曲线。同 normal distribution。

Gaussian elimination 高斯消去法 一种求解线性系统方程的方法。通过消除连续方程式的变量来求解联立方程。

Gaussian filtered minimum shift keying (GMSK) 高斯滤波最小频移键控 GMSK 工作原理是将基带信号先经过高斯预调制滤波器成形,再进行最小频移键控(MSK)调制。它具有较好的功率频谱特性,较优的误码性能,带外辐射小。GSM(全球移动通信系统)采用 GMSK 调制方式,提高了数字移动通信的频谱利用率和通信质量。参见 minimum shift keying (MSK)。

Gaussian filtering 高斯滤波 一种卷积过程,其中模型像素权随高斯分布的距离而下降。

Gaussian frequency-shift keying (GFSK) 高斯频移键控 比特流先经过高斯滤波器进行频率调制的频移键控调制。这能在频谱效率和信噪比之间提供良好的折衷,以此提高信息传输质量和抗干扰度。参见 frequency-shift keying (FSK)。

Gaussian minimum shift keying (GMSK) 高斯最小频移键控 基带数字信号经高斯低通滤波器处理的最小频移键控(MSK)调制。为了减少已调信号的频谱宽度,GMSK 调制是在最小频移键控调制器之前插入高斯低通预调制滤波器。GMSK 提高了数字移动通信的频谱利用率和通信质量。同 Gaussian filtered minimum shift keying (GMSK)。

Gaussian noise 高斯噪声 瞬时幅度呈高斯分布的噪声。在话音通信时表现为随机的、低电平背景噪声。高斯噪声也称"白噪声"、"环境噪声"和"嘘声"。

Gaussian pulse 高斯脉冲 波形具有高斯分布的,即钟形分布的一种脉冲。

GB 千兆字节,吉字节 gigabyte 的缩写。

G band G 波段 频率范围 4 ~ 6 GHz,由不同的 10 个编号的波段组成,每一波段带宽 200 MHz,覆盖了部分已废弃的 S、C、X、J 波段。

GBH **群忙时** group busy hour 的缩写。

GBP **增益带宽积** gain bandwidth product 的缩写。

Gbps,Gb/s **每秒千兆位** gigabits per second 的缩写。

GBR **保证比特率** guaranteed bit rate 的缩写。

GB 13000 **国家标准 GB** 13000 全称:国家标准 GB 13000.1-1993《信息技术 通用多八位编码字符集(UCS)第一部分:体系结构与基本多文种平面》。此标准等同采用国际标准 ISO/IEC 10646.1。该标准 1993 年 12 月 24 日发布,1994 年 8 月 1 日起实施。GB 13000 规定了通用多八位编码字符集(UCS),其中含有 20 902 个统一的中日韩汉字,俗称为汉字大字符集。它可用于世界上各种语言的书面形式以及附加符号的表示、传输、交换、处理、存储、输入及显现。参见 ISO/IEC 10646,GB 2312-80。

G

GB 18030 **国家标准 GB** 18030 全称:国家标准 GB 18030-2000《信息技术 信息交换用汉字编码字符集基本集的扩充》。2000 年 3 月 17 日起实施。GB 18030 主要有以下特点:①采用多字节编码,每个字可以由一个、两个或四个字节组成。单字节部分采用 GB/T 11383 的编码结构与规则,使用 0×00 至 0×7F 码位(对应于 ASCII(美国信息交换标准代码)的相应码位)。双字节部分,首字节码位从 0×81 至 0×FE,尾字节码位分别是 0×40 至 0×7E 和 0×80 至 0×FE。四字节部分采用 GB/T 11383 未采用的 0×30 到 0×39 作为对双字节编码扩充的后缀,这样扩充的四字节编码,其范围为 0×81308130 到 0×FE39FE39。其中第一、三个字节编码码位均为 0×81 至 0×FE,第二、四个字节编码码位均为 0×30 至 0×39;②编码空间庞大,收录了 27 484 个汉字。双字节部分收录内容主要包括 GB 13000.1 全部 CJK 汉字 20 902 个、有关标点符号、表意文字描述符 13 个、增补的汉字和部首/构件 80 个、双字节编码的欧元符号等。GB 18030 最多可定义 160 万个字符。③支持中国国内少数民族的文字,不需要动用造字区。

GB 2312-80 **国家标准 GB** 2312-80 全称:国家标准 GB 2312-1980《信息技术 通信用汉字字符集(基本集)及其交换标准》。此标准 1981 年 5 月起实施。此标准码字符集共收录汉字图形符号 7 445 个,其中:汉字 6 763 个,在 6 763 个汉字中又区分为一级汉字 3 755 个(按汉字拼音为序编排),二级汉字 3 008 个(按部首顺序编排);除汉字外尚有符号 202 个,序号 60 个,数字 22 个,英文字母大小写共 52 个,日文假名 169 个,希腊字母大小写共 48 个,俄文字母大小写共 66 个,汉语拼音符号 26 个,汉语拼音字母 37 个。区位码是根据 GB 2312-80 中汉字图形符号的区位进行编码的,根据其位置分为 94 个区,每个区 94 个字符,区位码是双字节编码,第一字节为区码取 01 ~ 94,第二字节为位码取 01 ~ 94,其中 01 ~ 15 区是图形符号和字母,16 ~ 87 区是汉字。

GC **图形上下文** graphics context 的缩写。

GCA **十位成组编码** group code A 的缩写。

GCAC **通用连接许可控制** generic connection admission control 的缩写。

GCL **卫士式命令语言** guarded command language 的缩写。

GCLISP **GCLISP 系统** Golden Common LISP 的缩写。

GCP **图形控制处理机** graphics control processor 的缩写。

GCR (1)成组编码记录 group coded recording 的缩写。(2)灰色成分去除,非彩色结构处理 gray component removal 的缩写。

GCR(4/5) **GCR(4/5)成组编码** 成组编码的一种。参数 $(d,k;m,n;r)=(0,2;4,5;1)$。因参数中 $(m,n)=(4,5)$,故得名。编译码规则用下表表示之:

编号	数据序列 $d_1d_2d_3d_4$	记录序列 $e_1e_2e_3e_4e_5$
1	0000	11001
2	0001	11011
3	0010	10010
4	0011	10011
5	0100	11101
6	0101	10101
7	0110	10110
8	0111	10111
9	1000	11010
10	1001	01001
11	1010	01010
12	1011	01011
13	1100	11110
14	1101	01101
15	1110	01110
16	1111	01111
17		11111
18~24	不用	

编号 17 对应全 1 码,用作同步控制及终端标志,不作为数据。18 ~ 24 的对应码分别是 11100,10100,01100,01000,00111,00110,00101,因不能与前 16 种码字自由连接,故不用。

GCR(4/5)编码方程组:

$$e_1=d_1+\bar{d}_3\bar{d}_4$$
$$e_2=d_1+\bar{d}_3(\bar{d}_2+d_4)$$
$$e_3=d_2$$
$$e_4=d_3+\bar{d}_1\bar{d}_2d_4+d_1\bar{d}_4$$

$e_5 = d_4 + \bar{d}_1\bar{d}_3$

译码方程组：

$d_1 = e_2(\bar{e}_1 + e_4\bar{e}_5)$

$d_2 = e_3$

$d_3 = e_4(\bar{e}_1 + \bar{e}_2)$

$d_4 = e_5(\bar{e}_1 + \bar{e}_2 + e_e)$

GCR(4/5)编码广泛用于 6250bpI 磁带机和某些软盘中。

GCRA　通用信元速率算法　generic cell rate algorithm 的缩写。

GCS　(1)组控制系统 group control system 的缩写。(2)全局概念模式 global concept schema 的缩写。

GCT　格林威治民用时间　Greenwich civil time 的缩写。

GDC　图形显示控制器　graphic display controller 的缩写。

GDDM　图形数据显示管理程序　graphical data display manager 的缩写。

GDF　(1)图形数据文件 graphics data file 的缩写。(2)图形数据格式 graphics data format 的缩写。(3)群配线架 group distribution frame 的缩写。

GDG　世承数据组　generation data group 的缩写。

GDI　图形设备接口　graphics device interface 的缩写。

GDMO　管理对象定义指南　guidelines for the definition of managed objects 的缩写。

GDP　(1)广义绘图原语 generalized drawing primitive 的缩写。(2)网关发现协议 gateway discovery protocol 的缩写。

GDS　(1)通用数据流 general data stream 的缩写。(2)全局分布模式 global distributed schema 的缩写。(3)图形显示系统 graphic display system 的缩写。

GDSS　群体决策支持系统　group decision support system 的缩写。

GDT　全局描述符表　general descriptor table 的缩写。

GDU　图形显示装置　graphic display unit 的缩写。

GE　(1)千兆位以太网 gigabit Ethernet 的缩写。(2)大于或等于 greater than or equal to 的缩写。参见 relational operator。

GEC　千兆以太网联合会　Gigabit Ethernet Consortium 的缩写。

geek　极客　极客音译，也被称为奇客。在美国俚语中意指智力超群、善于钻研但不懂得与人交往的学者和知识分子，含有贬义。近年来，随着互联网文化的兴起，这个词含有智力超群和努力的语意，被用于形容对计算机和网络技术有狂热兴趣并投入大量时间钻研的人。

gel　凝胶，凝胶体　一种具有与凡士林相近的物质，可以作为折射匹配材料用在光纤接头处。

GEM　GPON 封装模式　GPON encapsulation method 的缩写。

gender changer　转换插头　一种两端都是同性插头的部件，用于将阴性插头转换成阳性插头，或者将阳性插头转换成阴性插头。

gender mender　同性连接器　一对同性的(阳性/插头或阴性/插座)背对背连接的连接器，支持具有相同连接器性质的电缆和设备的互连。

gene　基因　携带有遗传信息的 DNA(脱氧核糖核酸)或 RNA(核糖核酸)序列，也称“遗传因子”，是控制性状的基本遗传单位。基因通过指导蛋白质的合成来表达自己所携带的遗传信息，从而控制生物个体的性状表现。

gene chip　基因芯片　20 世纪 90 年代初伴随着人类基因组计划的实施而产生的一门新技术，已成为高效、大规模获取相关信息的重要手段。它主要通过微加工技术和微电子技术，将成千上万与生命相关的信息集成在一块约 1 厘米见方的硅、玻璃、塑料等材料制成的芯片上，以达到对基因、配体、细胞、蛋白质、抗原以及其他生物组分准确、快速地分析和检测。目前，基因芯片技术被广泛研究应用于基因序列分析、疾病诊断、药物研究、微生物检测、农林业生产、食品、环境保护和检测等领域。参见 biochip。

general accounting system　通用会计系统　一种处理团体单位或企业的财务账目的数据处理系统。能及时产生出有关资产总额、债务、投资、收入及利润等情况的信息，并且追踪收支，保持账面平衡。

general activity simulation program (GASP)　GASP 语言　一种比较常用的事件调度仿真语言。它是 1977 年开发的，可以同时表征连续系统和离散系统的通用仿真语言。它在 FORTRAN 的基础上扩充了一组面向事件的仿真结构(如事件定时、集合运算和统计数据的收集和报告)。

general communication　一般通信　由硬件、固件或软件实现的一种通信，其中任意信息源可与任一目标通信。对应于全部连接的网络中局部通信。

general data stream (GDS)　通用数据流　在计算机网络中，用于在 LU6.2 会话中进行对话的数据流。

general data transfer platform (GTP)　通用数据传输平台　面向分布式应用的数据传输平台。GTP 系统以消息中间件为基础进行架构，提供满足企业级应用需要的通用传输功能。GTP 内置的核心服务包括用户及权限管理服务、共享服务、文件收发服务和资源管理服务；此外，还提供了安全管理、系统管理、日志管理等辅助服务。

general descriptor table (GDT)　全局描述符表　在 Intel 386 系统中，当在保护方式下发生中断时，通过 IDT(中断描述符表)中选择到变址地址，到 GDT 中找出服务程序所在代码段的描述符，得到

G

代码段的基地址,再加上中断门或陷阱门提供的服务程序所在代码段内的偏移量,便形成 32 位的线性地址。如不分页,此线性地址就是物理地址;如果分页,再通过两级页映像表产生 32 位物理地址,这样就找到了对应于收到的中断号的服务程序入口。参见 interrupt descriptor table (IDT)。

general development tools for expert system 通用专家系统开发工具 建立或开发专家系统的一类通用工具。新一代专家系统建立方法已不是直接针对应用域要求,列出流程图并用 LISP、Prolog 等语言设计成面向问题求解的程序,而是采用内涵有知识获取、知识精炼、知识表达、自动推理、知识库建立与维护、解释与显示等各种软件工具成分所组成的开发环境,通过应用域专家直接填入知识即可快速产生应用域专家系统。这种通用工具有时也称"专家系统建立工具"。它与通用知识工程语言没有明显的界限,但也与通用知识工程语言及骨架系统存在一定的差别。

general flowchart 综合流程图 为了便于全面理解计算机系统并合理地进行设计、调整和改进,将机器系统的输入输出及其中数据的相互关系和处理流程用图表明确地表示出来,这种图表称为综合流程图或总流程图。

general format identifier 通用格式标识符 X.25 分组报头中的头 8 位的四个高位,包括认可位、发送确认位和模数值。

general G statistic 广义 G 统计 测度空间自相关的全局统计量,G 统计能够检测区分出空间上的高值区低值区域聚集引起的相关。比较 local G statistic。

general hardware oriented system transfer (Ghost) 全面硬件导向系统 是赛门铁克公司(Symantec)硬盘复制备份工具软件,它将硬盘的一个分区或整个硬盘作为一个对象来操作,可实现两个硬盘之间的对拷、两个硬盘分区对拷、两台电脑之间的硬盘对拷,也可将整个硬盘或某一分区的信息打包压缩成为一个映像文件,存储在备份的硬盘或某一分区中。在需要时,将该映像文件恢复到对应的分区或对应的硬盘中,使系统或分区迅速恢复正常。

general induction method 概要例示法 一种搜索规则空间的模型驱动法。概要例示法是使用规则概要针对可能规则的形式提供一般的限制,并从当前的训练例出发例示这些概要,选择也与当前训练例匹配得最好的例示概要作为最可能的规则。

general inter-ORB protocol (GIOP) 通用对象请求代理间通信协议 GIOP 定义了在对象请求代理(ORB)之间数据传输通信协议,在特定的传输协议上提供了应用程序接口(API)。GIOP 提供了一个标准传输语法(低层数据表示方法)和 ORB(对象请求代理)之间通信的信息格式集。GIOP 只能用在 ORB 与 ORB 之间,而且只能在符合理想条件的面向连接传输协议中使用。这个协议是简单并且使用方便,较少依靠其他的低层传输协议。参见 common object request broker architecture (CORBA), object request brokers (ORB), Internet inter-ORB protocol (IIOP)。

generality 一般性,相关率 (1)建立软件环境所依据的原则之一。环境应在整个软件生命周期中支撑用户。其中每一项任务都需要一些其他任务不大量使用的设施。用户通过同一环境应能访问生命周期任何阶段所需的所有设施,该环境也支撑其他任务。(2)测量文献数据库相关性信息的一个参数。它是指在文献数据库中,每次提问的相关文献 R 在该文献数据库所占的比例,$G = R/N$,N 为该文献数据库的文献总数,这一参数反映相关文献的分布状态。

generalizable element 可泛化元素 可参与泛化关系的模型元素。参见 generalization relation。

generalization 泛化,归纳,一般化 (1)一种抽象原则,从一组更特殊的实体定义更一般实体类型的过程。(2)一种学习机制,通过使特定原则更为抽象化来导出抽象原则。在按产生式系统实现的学习程序中,学习机制放宽规则的限制,使之能够应用于范围更宽的数据。(3)演绎或归纳的推导抽象原则过程。

generalization relation 泛化关系 较为一般的元素与较为特殊的元素之间的一种分类关系。较为特殊的元素除与较为一般的元素完全一致外,还包含其他信息。凡是可以使用较为一般元素的地方,较为特殊的元素的实例都适用。

generalized dependency 广义依赖 是为了解决各种依赖的统一及推广问题而提出的。它是函数依赖、多值依赖、嵌入的多值依赖、连接依赖、子集依赖等多种数据依赖的共同推广,它可揭示各种依赖的很多共同性质,给出各种依赖的很多统一方法。广义依赖又分为等值产生依赖及元组产生依赖。

generalized Delta rule 广义 δ 学习规则 一种适用于多层感知机训练学习,可学习非线性可分函数的学习算法,也称"反向传播学习算法"。网络不仅有输入层次节点、输出层节点,而且还有隐含层节点。信号经输入层前向传播到隐含层,经转换函数作用后前向传至输出层节点。如果输出层不能得到期望输出,则将误差反向传播,经修改连接权重,使误差减小。这个过程直到误差小到期望范围内才终止。

generalized drawing primitive (GDP) 广义绘图原语 一种涉及图形输出设备专用几何能力的输出单元,是图形国际标准 GKS(图形核心系统)规定的六种图元之一。广义绘图原语可视设备情况而定(如具有画圆、画曲线的 GDP)。参见 graphics kernel system (GKS)。

generalized identity function 广义恒等函数 参见

projection function。

generalized instruction 广义指令 由访管指令和若干参数组成的指令，它的操作码实质上是对应此广义指令的管理程序入口。访管指令是目态指令，当目标程序执行到要求输入输出的访管指令后，产生自愿访管中断，进入相应的管理程序来解释执行。

generalized interactive executive (GIX) 通用化交互式执行体 一个 NetView 分布管理许可程序中的函数，为宿主机用户提供 NetView 分布管理器的交互式的操作。

generalized management model (GMM) 广义管理模型 是智能管理系统中的关键技术，它包括集成化广义模型和智能化广义模型。集成化广义模型主要是数学模型、知识模型和网络模型的集成模型。智能化广义模型主要包括自学习模型、自适应模型和自组织模型。参见 mathematical model, knowledge model, network model, self learning model, self adaptive model, self organizing model。

generalized markup language (GML) 通用标记语言 一种不依赖于特定的处理系统，可用于标识源文件各部分元素的语言。在 20 世纪 80 年代早期，考虑文档中存在许多共同之处，如都具有标题、地址、主体文本等元素，而且每种元素又共享一些相似的属性，IBM 提出了在文档中附加一种标签来标识文档中的各种元素的设想，由此发展了一种伪计算机语言，将纯文本和格式化指令混合在一起，即标记语言，IBM 称这种语言为通用标记语言(GML)。参见 standard generalized markup language (SGML)。

generalized matched filter (GMF) 广义匹配滤波器 一种匹配的滤波器，将几种所期望的物体联系起来并排除已知噪声源。

generalized NC language processor 通用数控语言加工程序 一种用于转换系统的计算机程序。利用此程序，程序员可以采用符号表示法来研制几何形状的数学表示形式。

generalized path information unit trace (GPT) 广义路径信息单元轨迹 在 SNA(系统网络体系结构)中，在网络控制程序及其相关源之间交换的路径信息单元(PIU)流程的记录。PIU 轨迹记录由多达 44 个字节的传送报头(TH)、请求/应答报头(RH)和请求/应答单元(RU)数据组成。

generalized phrase structure grammar (GPSG) 广义短语结构文[语]法 一种语言学理论。建立在上下文无关短语结构语法的基础上。由句法规则、特征限制和语义解释三个部分组成。句法范畴以 X 阶理论为基础，由重写规则推导出句子的树形结构，再通过特征限制进行合格性条件检验，限制过强的生成能力，然后用蒙德鸠语法的方法得到句子的语义解释。参见 Montague grammar。

generalized processor sharing 广义处理器共享 一种主要的调度策略，可以保证端到端有界时延服务和确保带宽的公平分配。

generalized ribbon 通用带 由中心轴和与之垂直的至边缘的直线所构成的平面区。

generalized routine 通用例程 能够处理各种不同作业的例行程序。它可直接连接到正被编译的程序中，也可以为正在执行的程序所调用。例如，通用排序例程可按升序或降序对任何字段进行排序，不论这些字段是字母的、数字的，或字母数字的，也不论是二进制编码的十进制，还是纯二进制，均可实现排序。

generalized sequential access method (GSAM) 通用顺序存取法 某些信息管理系统中的一种数据库存取方法，它提供对简单物理顺序数据集，如磁带文件、SYSIN(系统输入)、SYSOUT(系统输出)和本质上无层次的其他文件的存取支持。

generalized sort/merge program 通用分类/合并程序 通用分类程序中增加了通用合并功能的程序。在美国标准 COBOL 74(或 ISO 1989 ～ 1978)中，增加了若干个模块，其中一个就是分类-合并模块。

generalized sort program 通用分类程序 一种不需用户干预就能对各类文件进行分类的程序。用控制卡片提供文件和系统的参数，在执行时根据这些参数来选择和修改分类操作。

generalized subroutine 通用子例程 为便于使用而编制的一类子例程。它由程序员稍加调整就可用于若干程序中。

generalized tamed frequency modulation (GTFM) 通用平滑调频 比平滑调频更具普遍性的数字调制技术。它是以对横向滤波器的分支系数的奈奎斯特(Nyquist)低通滤波器的滚降因子选择不同的参数组合来实现的。参见 tamed frequency modulation (TFM)。

generalized trace facility (GTF) 通用跟踪程序 OS/VS 操作系统中的一个可选用的服务程序。它记录诸如管理程序调用和启动输入输出操作一类重要的系统事件，用来查找问题。

generalized variable 广义变量 命名变量的一种扩充。通常用一个符号命名一个变量，广义变量可以用表、数组、结构的成分命名。同命名变量一样，广义变量也对应于一内存单元。因此，也可存、取，但不能约束。

general knowledge engineering language 通用知识工程语言 开发专家系统的一种高级工具，也称“通用专家系统开发工具”。这类工具一般比骨架系统有较少的约束，有范围较宽的各类控制结构，其应用范围较广，但使用比内架系统难，按实现技术可分类为基于规则、基于框架、基于逻辑、基于函数和面向对象等。但这类工具在功能、通用性和灵活性等方面都存在较大差别。此外这些工具与骨架系统有时并无明显的界线,大多介于骨架型和通用型之间。

general knowledge system **通用知识系统** 当代开发专家系统的有力工具,也称"专家系统开发环境"。在通用知识系统支持下,用户只需将本领域的专门知识装入预先设计好的启发式问题求解软件包中,即可快速得到一个处理本领域问题的专家系统。这种专家系统开发方式将改变传统的通过程序设计研制应用系统的观念。通常,通用知识系统需要强有力的知识表示和知识处理技术。

general ledger master file **总分类账主文件** 包括资产、债务和管理账目等的记录。为了记账,在这些记录上需添加事件数据,以保持最新状态。决算和资金平衡表就是从这种主文件中产生的。

general lighting **全盘照明** 提供全部地区照度大体上呈现均匀分布的一种照明设计。

general linear group **一般线性群** 数域 P 中全体 n 阶可逆矩阵对矩阵乘法构成的群,常用 $GL(n,P)$ 表示。$GL(n,P)$ 中全体行列式值为 1 的矩阵组成的子群称为特殊线性群。

general message **通用报文[消息]** (1)一种有广泛适用标准的,用来传送文字信息的报文。(2)一个带有识别标题,通常有一组系列号码并且通常要求广泛发布的消息。

general MIDI (GM) **通用乐器数字接口** 由 MIDI 制造商协会(MMA)制定的一种多媒体标准。它规定了 96 种声音与传统乐器的对应标准,以及一组声音与打击乐器的对应关系。利用此标准,制成表示声音的数字代码,并建立 MIDI 文件,可使符合 GM 标准的合成器发出使用者希望的声音。

general migration **常规迁移** 在分层存储管理程序中,在每天的某一指定时刻进行的自动迁移。参见 interval migration。

general multiprotocol label switching (GMPLS) **通用多协议标记交换** GMPLS 是从 MPLS(多协议标记交换)演进而来,它继承了几乎所有 MPLS 的特性和协议。在 GMPLS 的体系结构中,没有语言的差异,只有分工的不同,GMPLS 就是各层设备的共同语言。如果从设备结构角度看,网络设备通常由三个平面组成:管理平面、控制平面和用户平面。管理平面为网络管理者提供对设备的管理能力;控制平面则是通过信令的交互完成对用户平面的控制;用户平面用于转发和传递用户数据。GMPLS 统一了各层设备的控制平面,各个层面的交换设备都将使用同样的信令完成其对用户平面的控制。GMPLS 将交换划分为四种类型:PSC(分组交换)、TDM(时分多路复用)、LSC(波长交换)、FSC(光纤交换)。一个网络节点可以仅完成其中一种或几种交换功能,可将 GMPLS 的网络简单划分为两层结构:路由网络和光网络,但这两个网络间不是重叠的,而是对等的,它们平等地用相同的信令进行沟通。GMPLS 重新定义了链路的概念,还设计了一个链路管理协议(LMP),这是 GMPLS 体系中一个非常重要的组成。参见 link management protocol (LMP),比较 multiprotocol label switching (MPLS)。

general net theory **广义网论** Petri 在 20 世纪 60 年代狭义网论的基础上,又于 70 年代发展了广义网论。广义网论研究的不是单个网,而是网与网之间的关系,在某类网上的函数和运算、网的变换,尤其是网的同型。

general packet radio service (GPRS) **通用分组无线业务** 一种由全球移动通信系统(GSM)提供,使移动用户能在端到端分组传输模式下发送和接收数据的无线分组业务。GPRS 在现有的 GSM 网络基础上叠加了一个新的网络,同时在网络上增加一些硬件设备和软件升级,形成了一个新的网络逻辑实体,提供端到端的、广域的无线 IP(网际协议)连接。GPRS 使用与语音呼叫相同的时段,每个时段提供大约 9.6 kbps 的数据流量。GPRS 网络可提供 28.8 kbps 下行至手机的传输速率和 9.6 kbps 返回至网络的上行传输速率,采用三个下行时段和一个上行时段。GPRS 是 GSM 向第三代移动通信发展的过渡技术。GPRS 技术可以充分利用现有 GSM 系统设备,为用户提供移动通信传输服务,并可为 ISP(因特网服务提供商)和企业内部网提供基于分组的高速、安全的无线接入,具备节省建设投资、可充分发挥原有设备的作用、建设周期短等多种优点。

general polling **普遍轮询[查询]** 数据通信中的一种技术,它发出各种专用的邀请字符,请求所有相连接且准备发送的远程终端传输数据。参见 polling list。

general program (GP) **通用程序** (1)求解某一类问题的计算机程序。如求解微分方程组的程序、求矩阵积的程序等。同 general routine。(2)一种使用时不受数据或具体用户设备影响的程序。

general protect fault (GPF) **通用保护性故障** 一般是由于有两个软件同时使用了内存的同一个区域,或者是因软件自身的缺陷或是其他操作不当引起各种各样的系统级故障。它的出现通常是由于某个软件出现问题或某个硬件设备的驱动需要更新。

general public license (GPL) **通用公共许可证** 一种公用及再分发许可证。

general-purpose application program **通用应用程序** 不是针对一个具体问题而编制的,能适用于某一类问题的应用程序。常常用程序库的办法来实现。

general purpose cable **通用电缆** 用于在建筑物内连接计算机或电话的电缆。这种电缆不得用于垂直升降机或通风设备中,除非置于阻燃管内。

general purpose Chinese character information processing system 通用型汉字信息处理系统 适用于各种数据处理和汉字信息处理的计算机系统，其特点是通用性强，汉字输入输出手段多，操作方便。

general purpose compiler 通用编译程序 检验编译程序和优化编译程序的统称。检验编译程序"半解释性地"执行源代码，程序员能够指挥程序执行的步骤，检查存储器及寄存器的内容。它主要用于程序调试。优化编译程序生成有效的可执行目标代码。

general purpose computer 通用计算机 (1)能够适合于科学计算、数据处理、过程控制等多方面应用的一类电子计算机。在设计通用计算机时，为了保证机器的多功能、通用性，势必要保证它具有较高的运算速度、较大的存储容量，并配备较齐全的外部设备和各种软件。因此通用计算机比起专用计算机来结构复杂、价格昂贵。(2)具有较完善的指令系统，能够处理各种不同类别问题的计算机。大多数计算机都是通用计算机。比较 special-purpose computer。

general-purpose controller 通用控制器 可为打印机和通信线等多种外部设备服务的外设控制部件。

general-purpose graphics system 通用图形系统 这种系统的目的是要为应用程序员的工作提供尽可能多的方便。系统不但能提供用于构图的各种基本图形，而且还提供大型数据库、高级语言、查错工具和正文处理等设施。

general purpose homogenous networks 通用同类机网络 由同类计算机构成的多机系统，应用于大型问题的求解。

general-purpose interface 通用接口 一种接口电路。它包括各种必要的命令、状态和数据寄存器及联络控制和中断控制电路。用于简化各种外部设备与计算机的连接。

general-purpose interface bus (GPIB) 通用接口总线 一种为计算机与工业自动化设备之间交换信息而开发的总线。这种总线已成为 IEEE 488 标准，常用于连接传感器和可编程设备。GPIB 是使用特殊的 24 芯连接器的并行接口。参见 Hewlett-Packard interface bus (HP-IB)。

general-purpose interface bus adapter 通用接口总线适配器 一种总线适配器。用来连接 IEEE(电气与电子工程师学会)通用接口总线和 RS-232C 系统。它提供双向数据传输。利用此适配器，按 RS-232C 标准设计的仪器和终端，就能控制使用通用接口总线并行格式的数据处理系统。

general-purpose language 通用语言 即通用程序设计语言，是用于解决范围广泛的程序设计问题的语言。这些语言一般都支持各种常用的数据类型，提供了一套丰富的控制结构供程序设计者用于构造复杂的程序，且不包含任何支持某种专门用途的特殊功能。理论上说这些语言都有与图灵机相同的计算(处理)能力。常见的程序设计语言(如 FORTRAN，Pascal，BASIC，C 等)都是通用语言。与此相反，SQL(结构化查询语言)只用于数据库编程，不属于通用语言。

general-purpose library 通用(程序)库 在某些计算机系统中，由控制软件系统提供的程序库。其中包含由厂家提供的面向用户的目标块，还包含用户建库时非显式地放在不同库中的目标块。

general purpose motor 一般用途电动机 按标准额定值设计和制造的电动机，其运行特性和机械结构适用于一般工作条件。而不限于某一特定用途或某一类型的用途。

general-purpose operating system 通用操作系统 一种操作系统。其设计目标是用它来处理各种各样计算机系统的应用。主要用于商业、科学计算、事务处理等方面的一类操作系统。这类操作系统可支持 BASIC、COBOL、FORTRAN、C＋＋等高级语言，同时还提供比较丰富的应用程序软件包。在这种系统中，兼有批量处理、分时处理和实时处理功能，或者兼有其中的两种功能。

general purpose optimizing compiler 通用优化编译程序 为解决编译程序生成一个好的代码问题而实现的一个系统。它提出了一个依赖于过程间的数据流分析、全局优化及中间语言图式的编译程序结构，以简化书写编译程序的代码生成部分的工作，而又不致降低代码质量。

general-purpose program 通用程序 (1)这类程序可定义如下：执行对所有数据处理装置来说是共有的那些任务的程序。这类程序包括有数据分类、文件处理操作、数据转换等。一般由计算机生产厂家提供。(2)用于执行某些标准操作的一类程序。运行程序所需要的信息由描述运行要求的参数提供。它类似于生成程序，两者的区别在于通用程序在运行时通常需要参数，而生成程序产生的程序供以后使用，而不需要参数。

general-purpose register (GPR) 通用寄存器 中央处理器专门设置的用作暂时存放数据的若干个(组)寄存器，通常由 2 ～ 16 个寄存器组成。它们像存储器一样可被编址和按地址访问，通用寄存器常用作变址器、堆栈指示器以及用于存放算术、逻辑操作数和结果数，也可用于临时存储内存数据和地址，计算内存地址和合并或移动内存数据。使用通用寄存器可提高机器的处理速度和增加操作灵活性。

general purpose software engineering environment 通用软件工程环境 能适应最常用的几种语言、不同的开发方法、不同的计算机硬件及其相应的系统软件，用于支持开发不同类型软件的工程环境。

general purpose system simulator (GPSS) 通用系统模拟(语言) 一个基于模块框图的程序语言，用于

G

离散事件的模拟，能简化复杂系统的开发。它是面向过程的、包含一组类似框图的块。第一个版本之后，又出现了几个新的版本(如 GPSS-Ⅱ，-Ⅲ，-Ⅳ，-Ⅴ，-H 和-360 等)。GPSS 提供了有限的使用 FORTRAN 和汇编语言子程序的能力。

general purpose user service 通用用户业务 一种电话业务，用户通过一个专用交换分机(PBX)连接到电话网上或通过一个控制台直接连到转接中心。参见 private branch exchange (PBX), switching center。

G

general purpose vision system 通用视频系统 一种普遍应用的视频系统，它基于一般知识而不是特定知识，可以处理不熟悉的非预期输入。

general recursive function 一般递归函数 处处有定义的部分递归函数，也即全递归函数。初等函数集、原始递归函数集、一般递归函数集和部分递归函数集(即 μ-递归函数集)之间的关系是：后者均真包含前者。

general recursive predicate 一般递归谓词 一谓词的特征函数为一般递归函数，那么该谓词称为一般递归谓词。

general register 通用寄存器 同 general-purpose register。

general resource profile 通用资源轮廓文件 在资源访问控制设施(RACF)中，一个为一个或多个通用资源提供保护的轮廓文件，轮廓文件中的信息可包括通用资源轮廓文件名、轮廓文件拥有者、通用访问授权、访问表和其他数据。

general routine 通用例程 一种用来解通用问题的例程，如解微分方程组的例程、求矩阵积的例程等。在实际解题时，只要将有关值代入，便可用此例程求解。

general system theory 一般系统论 研究复杂系统的一般规律的学科，也称"普通系统论"。一般系统论包括极广泛的研究领域，主要有三方面：①关于系统的科学，又称数学系统论，即是用精确的数学语言来描述系统；②系统技术，又称系统工程，即是用系统思想和系统方法来研究工程系统、生命系统、经济系统和社会系统等复杂系统；③系统哲学，它把研究一般系统论的科学方法论的性质上升到哲学方法论的地位。但是现在一般系统论的主要研究内容尚局限于系统思想、系统同构、开放系统和系统哲学等方面。

general switched telephone network (GSTN) 通用电话交换网络 与公共电话交换网络同义。参见 public switched telephone network (PSTN)。

general switch management protocol (GSMP) 通用交换管理协议 在交换机中管理交换路径状态的控制协议。

general topology subnetwork 普通拓扑子网络 一种非广播的子网络。

general-use interface 通用接口 所有的不具有与产品相关的定义的程序设计接口。

general-use mass storage volume 通用海量存储卷 参见 general-use volume。

general user 一般[普通]用户 使用计算机系统的一般人员，他们对使用权限无特殊要求。如经理、秘书、职员等。比较 indirect user。

general user privilege class 一般用户特权级 在 VM(虚拟机)操作系统中，系统规定的一种操作权限级别。它允许一般用户操纵和控制虚机的控制程序命令子集。

general-use volume 通用存储卷 在 MSS(海量存储系统)中，分配给海量存储卷组的一种海量存储卷，用于对海量存储卷的非特殊请求。

general utility function 通[实]用功能 磁带的查找、磁带文件的复制、记录媒体的转换、动态存储和磁带的转储辅助性操作。

general warning indicator 通用报警指示器 在口述记录设备上，产生可听或可视的信号的一种装置。该信号指示不可能进行记录或指示只在一定限制下可以记录；如指示机器中无记录媒体、集中式口述系统中无可用的记录设备。

general-world position system (GPS) 全球定位系统 同 global positioning system (GPS)。

generate 生成 (1)在参数控制下，从骨架代码中选择子集并产生一个计算机程序。(2)当用宏指令调用宏定义时，从宏定义的模型语句中产生汇编语句。参见 assemble。

generate-and-test 生成并检测 如下的问题求解：基于生成可能的解，再通过修枝消去不符合给定判断的解。参见 problem-solving (PS), pruning。

generate and testing 生成和测试 一种问题求解方法，它首先使用产生可能解的生成程序生成可能的解，然后测试这些解的可接受性，不可接受的则删除。

generate and test method 产生测试法 基于淘汰性推理的一种状态空间搜索的普遍形式。即系统产生可能的解，测试后删去那些不满足相应条件的解。

generated address 生成地址 (1)由一程序中的指令本身所决定或产生，并供此程序所使用的地址。例如，M6800 微型计算机中的隐含寻址和 Intel 8080 微型计算机中的通用寄存器寻址，其指令本身包含操作数的地址，在指令译码过程中产生。它是计算机整个地址的一部分。(2)在计算机程序执行期间形成的一种地址。同 synthetic address, calculated address。

generated error 生成误差[错误] (1)因使用不精确的参数或不精确的公式而引起的误差。例如，在近似计算中使用舍入数，使计算结果产生误差。

(2)由于改正程序中的某一错误而引起的另一个新的错误。

generating 生成(技术) (1)在参数控制之下,从一组骨架编码中选择一些子集来产生程序的技术。(2)在宏指令调用宏指令定义时,从宏定义的模型语句中产生汇编语言语句。同 generate。

generating element 生成元 群中一些特殊的元素。设群$\langle S, * \rangle$是一个非空集合H,H^{-1}表示H中的元素的逆构成的集合,若$\langle S, * \rangle$中每个元素都可以表示成H和H^{-1}中有限个元素的积,则$\langle S, * \rangle$称为H生成的,记为$S=\langle H \rangle$,H称为$\langle S, * \rangle$的生成集。H中只含一个元素时$\langle S, * \rangle$是一循环群,如果H是有限集,则称由H生成的群为有限生成群。

generating function 母[生成]函数 对于某一给定的函数序列或常数序列而言的一种数学函数,当它以无穷级数表示时,该级数的各项系数组成给定的函数或常数序列。

generating tree 生成树 令图$G'=(V',E')$是连通图$G=(V,E)$的生成子图(即$V'=V$),并且它是一棵树,则称该子图是图G的生成树。对于已知图$G=(V,E)$,若G没有圈,则它就是一棵树;若它含有圈,则可从这个圈上删去一边,这时所得的图仍是连通的。将此删除边的过程重复下去,直到剩下的图不再含有圈。最后则得到的是一棵生成树。

generation (世)代,生成 (1)从时间或世系的角度来标记项目的一种方式。没有前代的项目可视为第一代。若当前代称为第n代,则当前代的上前代称为第$n-1$、$n-2$代等,当前代的以后代称为第$n+1$、$n+2$代等。(2)表示计算机实现技术的分类方法,第一代为真空管,第二代为晶体管,第三代为集成电路,第四代为大规模(包括超大规模)集成电路。(3)表示程序设计语言发展阶段的术语,第一代为机器代码语言,第二代为汇编语言,第三代为高级语言。(4)在数据存储中,区别相关几组存储文件的一种方法。例如,将最早的文件称为祖文件,其下一代文件称为父文件,最新的文件称为子文件。(5)在程序设计中类似的一组术语。祖、父、子用来表示程序执行过程中依次调用其他任务过程的相互关系。(6)在记录和复制系统中,对原始图像复制顺序的一种衡量方法。第一代复制件是从原样复制得到的复制件;第二代复制件是从第一代复制件复制得来的;其余依次类推。(7)对于某些远程系统,将配置信息翻译成机器语言,称为生成。

generation data group (GDG) 世承数据组 一组按年月日顺序排列的数据集。每一数据集称为世代数据集。这些数据集的名称相同,每一数据集都是由处理过程中接收的新数据修改前一数据集而产生的,并且又可能被更新的数据集的产生所引用。所以它们产生的时间并不相同。按产生时间先后将其编号的号数称为世代号。

generation data set 世承数据集 世承数据组的一代。当前代为第0代,新的一代为(0+1)代,当前代的前一代为(0−1)代。

generation definition 生成定义 一个用于生成程序资源的定义语句。

generation file 世代文件 也称"生成文件",计算机系统中用来作为备用文件的文件。通常,一个计算机安装好后,都要在它的计算机系统中建立程序和数据的备用文件。世代文件是根据目录建立的。如果需要,它可以用来恢复或重建数据库或其他数据。有时也使用和人类家族世代相似的术语来表示每个世代文件,如"父文件"、"祖父文件"等。

generation input stream 生成输入流 在某些计算机系统中,由生成程序建立的输入流。执行生成程序时,按照用户对系统生成要求,产生一个裁剪了的系统。

generation number 世代号[数] 为了安全起见,在第一、二、三世代技术的基础上,将磁带、文件保存起来。该技术要求在磁带文件的标号内必须标有世代号,以作为计算机识别磁带文件龄期的方法。每一次,当一文件经过更新运行成为新版本的文件之后,都将标上一个新的世代号,以便同其他代号区别开来。参见 header label。

generation of a variable 变量的生成 在 PL/1 语言中,分配静态变量,特别是分配受控的或自动的变量,或指为基本变量、定义变量或参数的定位量分配指定的存储器。

generation of computer 计算机(世、分)代 自1946年第一台电子数字计算机 ENIAC 诞生以来,在60多年时间里,计算机硬件所用器件经历了四代的发展:第一代(20世纪40～50年代)采用电子管作主要元件,用绝缘导线互相连接。寿命短、可靠性差,价格还十分昂贵。所以在设计中尽量减少元器件,许多操作都是串行进行的,运算速度很慢。例如,全机只有一个一位的全加器,要进行一次n位字长的加法计算,需进行n次以上的操作。第一代计算机主要采用威廉管(William's tube)、延迟线或磁鼓做内存储器。第二代(20世纪50～60年代)采用分立的晶体管为主要元件,装在简单的单面或双面印制电路板上。寿命和可靠性比第一代都有较大改善。为了提高运算速度已大量采用并行运算方法。这时,广泛使用磁芯存储器做内存储器。第三代(20世纪60～70年代)采用小规模集成电路(SSI)和中规模集成电路(MSI)为主要元器件,装在多层印制电路板上。开始使用固态存储器代替磁芯做内存储器,并采用了层次结构存储系统的虚拟存储器。第四代(20世纪70年代～21世纪初)采用大规模集成电路(LSI)和超大规模集成电路(VLSI)为主要元器件。这期间出现了高密度组装,机器体积大大缩小,运算速度和存储容量大大提高。

generation of data group 数据组世代 一族类似的数据集。它们的名字相同，只是产生的时间不同。一个数据集通过修改前一数据集而产生。按产生时间的先后对它们进行编号，称为世代号。

generation phase 生成程序段 在某些小型机系统中，分类排序程序的一部分，它把序列说明翻译成机器语言。

generation technique 世代技术 为了文件的安全，把记录在磁带上的主文件保留下来的技术。借助于这种技术，可将当前的文件和前两个时期的文件周期地同有关的事务文件存放在一起。在当前使用的文件上有错误或偶尔重写时，可重新运行前期文件及前期事务文件，从而能重建文件。然后就能重新开始更新当前文件。保留的文件称为第一、第二和第三世代。

G

generation 1 robot 第一代机器人 以可编程和具有几个自由度的存储控制部件为特征的机器人。这种机器人通常装备有握紧和操纵各种工具的机械爪。

generation 1.5 robot 第1.5代机器人 传感控制且能够实现"工作"和"测试"活动的机器人。这种机器人是存储控制型的。

generation 2 robot 第二代机器人 未来阶段的机器人，通过机器视觉来处理与手、眼的协调操作，能发现目标，并用手执行操作任务。

generative CAI 产生型计算机辅助教学系统 一种能自问自答的计算机辅助教学系统。它对学生所提出的问题能进行诊断，并根据诊断结果提供修正反馈，自动调节教学内容，以适合学生的实际水平和需要。这种系统的设计要用到人工智能的概念，因此有时也称"智能型"计算机辅助教学系统。学习者通过终端，按自己的愿望向教学中心提出要求。计算机很快地找出他所指定的教学内容，并显示在终端屏幕上。如果学生感到学习有困难，可以通过终端请求启发或提供参考资料。如果回答错了，计算机会分析原因，并给出提示和建议。

generative grammar 产生式文法[语法] (1)适用于高级程序设计语言的文法。给定开始元变量，如句子，产生式文法就说明适用于此名字的一系列置换，以构成语言中的实例(即句子)。(2)根据一组语言成分(形式上称为元变量或短语名)和该语言的字母集或字符集，用形式语言描述有效表达式的一组规则。

generative graphics 生成式制图 所处理的对象是人工产生的图形对象，通常是绘线型的，也可是由浓淡型曲面构成的三维图形。主要功能是构造对象模型、生成画面、对模型和画面进行变换、图形对象的标识及信息检索。所使用的工具除计算机的常规设备外，还有绘图设备或交互式绘图设备。

generative program 生成程序 一种教学程序。它在运行过程中，根据说明产生一系列问题及课文。

generator 发生器，生成程序，生成元，发电机 (1)产生特定波形或函数的装置，如函数发生器、脉冲发生器等。(2)产生程序的程序。在自动程序设计中，按给定的参数产生特定的目标程序的程序。例如报告生成程序和分类生成程序等。有了生成程序，可以节约编制各种处理文件、数据格式等的工作时间，大大提高程序设计效率。(3)代数系统中一些元素所组成的一个集合。当对这个集合中的元素施行容许的运算时，就得出这个系统的所有其他元素。这个集合就称为这个代数系统的一个生成元。(4)发电机是将机械能转变为电能的电机。

generator polynomial 生成多项式 在循环冗余校验(CRC)中，用作消息多项式的除数，相除后产生的余数附加在原消息后构成校验码。

generator program 生成程序的程序 一种能使计算机自动生成其他程序的大型程序。通常有字符控制生成程序和单纯生成程序两类。

generic access 通用存取 找出某类全部数据项的存取法。

generic alert 通用警告 一个与产品无关的编码警告数据的方法，通过编码点的存储文本和文本数据索引短单元。

generic array logic (GAL) 通用阵列逻辑 主要由Lattice半导体公司、NS公司和SGS-Thomson微电子公司开发的可编程阵列逻辑(PAL)，其特点是可重复编程且输出引脚的功能和极性均可编程，芯片具有可编程组合逻辑或者时序逻辑功能，主要产品有GAL16V8和GAL20V8等，GAL16V8可替代大多数20脚的PAL，GAL20V8可替代大多数24脚的PAL，参见programmable array logic (PAL)。

generic authentication architecture (GAA) 通用认证架构 一种通用的架构，GAA提供一种通用的鉴权机制，可以将用户接入移动网络时所用的移动认证基础设施用于对新服务的访问授权控制，从而避免为每一种新服务都提供独有的鉴权机制。这些服务可以是移动网络运营商或者与之有商业协议的第三方提供的。移动终端和服务提供商都可以通过GAA得到相互的最新可信任信息，即标识符和共享密钥，从而可以相互认证。

generic bind 类集 SNA(系统网络体系结构)中的会话活动请求。比较generic unbind。

generic cell rate algorithm (GCRA) 通用信元速率算法 用于判定ATM(异步传输模式)连接的一致性的算法。GCRA判定每一个到达的信元是否符合协商的业务合约。GCRA由增量参数和限定参数控制。

generic connection admission control (GCAC) 通用连接许可控制 在ATM(异步传输模式)网络中，

指确定一个链路是否具有支持一个连接的潜力的过程。

generic controller description 通用控制器描述 一个异步控制器描述，用于远程不使用SNA(系统网络体系结构)协议，并且位置名和标识符定义于重构表QASYNCLOC库的QSYS系统，或设备到达时对X.25包转换数据网络的调用。参见asynchronous controller description。

generic flow control (GFC) 通用流控制 ATM(异步传输模式)信元头部中的一个字段，可用于提供流控制等局部功能，这个字段并不以端到端方式传输，因而只有局部意义。

generic function 类属函数 针对一类具有相同属性的对象(尽管它们在计算机中表示不同，操作方法也不同)而定义的函数。类属函数对外隐蔽了对象在表示和实现方面的差别，是一种好的编程风格。

generic induction knowledge acquisition 类属归纳知识获取 逐步抽象的枚举归纳知识获取方法，它将客观世界中个别孤立的现象(或对象或事实)首先归纳成一些分门别类的具有规律性的认识(归纳成对象的集合)，然后又进一步发现更一般的规律(从集合归纳成集合的集合)。如此一级比一级更抽象，且一步一步认识更深化的过程都随着一些新概念的形成，产生各种抽象层次的概念。

generic instance 一般示例 对问题的全部参数所给出的未指定特定值的一般性描述，简称示例。叙述一个具体问题时常给出一般示例。如图形问题的一般示例是："图$G=(V,E)$，V和E分别为顶点集和边的集合。"

genericity 类性 面向对象语言定义参数化模块的能力。

generic key 类属键标，通用键 (1)在检索中，一种用于寻找属于某特定类别的全部项目的标识符。(2)在带有VSAM(虚拟存储存取法)的系统中，一个键标的主导部分，包含若干字符，标识对某个应用有意义的记录。如：当利用以类属键标AB来检索所有以AB开头的键标的记录。

generic mode 类模式 一种模式，使异步"无痕"(no frills)终端和数据输入设备可以与主机通信。它不支持终端的全屏幕格式特性。

generic name (类)属名 (1)一类名字的总称。(2)在PL/1语言中，一系列入口名的名字。对这些名字的引用可代之以其参数描述符与调用点的变元属性区指定的特定入口名。(3)在某些系统中，可用于识别一组对象的对象名的共同的特征，一个通用名以一个星号结束，如ORD*表示所有名字以ORD开头的对象。

generic network information model 通用网络信息模型 描述被管对象类别及其特性的模型。这些特性是与技术无关的(通用的)，并且用于描述在建议M.3010体系结构中定义的所有接口上所交换的信息。

generic package 类程序包 Ada语言提供的一种语言结构。类程序包是程序包的模板，带有一个显式的类型参数。类型包定义后用户只要让类型参数对应一个实参就可以从类程序包构造一个具体的程序包。

generic profile 类属轮廓文件 一种对一个或多个由资源访问控制设施(RACF)保护的资源的描述。这些资源或属于数据集类或属于普通资源类，它们具有相似的名字和相同的存取授权要求。这种描述包含授权用户，每个用户有存取权限及其他信息。

generic program 类属程序 电子交换系统中的一组指令。它对使用该系统的所有办公室都是一样的。各个办公室的详细差别列在独立的参数表中。

generic program unit 类属程序单位 Ada语言中由类属部分指明的子程序或程序包。类属子句包括类属参数的说明，类属参数可以是类型、子程序或对象。在类属规格说明中，称其为类属形式参数。当这个单位示例时，形式参数和实在参数必须匹配。类属程序单位可以认为是程序单位的参数化的模板。产生出的程序单位定义了程序中可以直接使用的子程序和程序包。

generic relation 类属关系 概念或目之间的一种关系，其中之一是"属"，另一个是"种"。

generic routing encapsulation (GRE) 通用路由封装 IP(网际协议)隧道技术中使用的一种封装格式：把企业内部网的各种信息分组封装在内，可通过IP协议透明地穿过因特网，实现端点之间互连。在常规情况下，系统拥有一个有效载荷(或负载)包，需要将它封装并发送至某个目的地。首先将有效载荷封装在一个GRE包中，然后将此GRE包封装在其他某协议中并进行转发。该外发协议即为发送协议。GRE只提供了数据包的封装，它没有防止网络侦听和攻击的加密功能。所以在实际环境中它常和IPSec(因特网协议安全性)一起使用，由IPSec为用户数据加密，给用户提供更好的安全服务。参见IPSec。

generic subprogram 类子程序 Ada语言提供的一种语言结构，用于支持语言的多形性。类子程序是子程序的模板，有一个显式类型参数。

generic test case 一般测试实例 为达到特定测试目的所需动作的规范，通过对测试体连同该测试体启动的初始测试状态的描述进行定义。

generic unbind 类解除 SNA(系统网络体系结构)中的会话解除请求。比较generic bind。

generic unit 类属单位 (1)在语言翻译时，能用参数表示的一种可能的参数化的语言结构模型。(2)Ada语言中的一个重要概念。类属单位是关于一组子程序或一组程序包的模板。用这种模板建立的子程序或程序包称为该类属单位的一个实例。建立实例的这类说明称为类属衍生。类属单位写成子程序或程序包的形式，但常有类属形式部分前缀的规格说明，类属形式部分可以说明类属形式参数。

generic word 类属词 表示概念中类属关系的词。也称“上下位词”。类属词表示的概念必须是具有上下级层次的类属关系，既不能处在同等层次，也不能跨越几个层次，而必须是紧紧相连的上下层次。

G

genetic algorithm (GA) 遗传算法 基于进化论优胜劣汰、自然选择、适者生存和物种遗传思想的搜索算法，使问题的解不断优化，以求得满足要求的最优解。遗传算法的特点是群体搜索策略和群体中个体之间的信息交换，以适宜度函数为依据，通过对群体内个体施加遗传操作，实现群体内个体结构重组的迭代处理过程。它从任一初始群体出发，通过择优选择、交叉和变异操作，产生一群新的个体，这样一代一代地进化，最后收敛到一群最适应环境的个体上，求得问题的最优解或者是满意解。参见 evolutionary algorithms (EA)，genetic learning。

genetically modified food 转基因食品 所谓转基因食品是利用重组 DNA(脱氧核糖核酸)技术，将一种或几种外源性基因转移到某种特定生物(包括植物、动物、微生物等)中，通过改造生物的遗传物质，使其在营养品质、消费品质等方面向人类所需要的目标转变，以这样的生物直接作为食品或以其为原料加工生产的食品就称为转基因食品。发展转基因食品是为了解决传统农业所造成的严重的环境污染，增加生物多样性，降低生产成本。参见 recombinant DNA technology。

genetic fingerprint 基因指纹法 每个人的指纹都不尽相同，这种“唯一性”成为身份的标志。不同人之间的基因也不相同，这种差异可像指纹一样具有“唯一性”，被形象地称为基因指纹。利用基因指纹法可识别人体内一些可代表身份特征的特殊基因，这种方法已在身份识别等方面有所应用。

genetic learning 遗传学习 基于物种变异和自然选择的原理建立的一种机器学习方法。遗传学习将搜索结构编码为字符串形式，每个字符串结构称为个体。然后对一个集合的字符串结构(群体)进行循环操作，每次循环称为一代。其中，字符串模拟染色体的作用，单个位模拟基因的作用。根据评价函数，每个个体给予一个数值估算，称为遗传适应度。选择适应度高的个体参加操作，不断迭代，使之优者生存，劣者淘汰，从而达到不断进化，可得到有高适应度的群体。遗传学习具有通用、简易和有效的特点，已经在大规模集成电路的电路层布局、输气管道系统的状态优化、任务调度规划、通信网络连接优化、聚类算法、搜索游戏评价函数、自适应文本聚类等许多方面得到了成功的应用。参见 genetic algorithm (GA)。

genlocking 同步锁 在视频系统中，使一个视频信号与另一个视频信号同步的过程。

gentle 柔和 在声学中，指高次和中频高段的谐波没有被增强甚至还有所削弱。反义词为“尖刺”。

gentle reincarnation 温和再世 在客户机/服务器方式中，客户机向服务器发出远程过程调用后自身出现故障而在服务器中形成孤儿进程时，解决这种孤儿进程的一种方法。

geocode 地理编码 建立地理位置坐标与给定地址一致性的过程。

geocomputation 地学计算 针对地理学、地质学问题的建模与计算分析方法、信息处理技术与其他计算机技术问题、数字技术(包括遥感)的研究与应用。

geoelectric cross section 地电断面 根据电阻率差别划分的地质断面。地电断面可以大致地反映地质断面的情况，但是它与地层学和岩石学划分的地质断面可能不同。因为相同的地层，其电阻率可能不同，不同的地层，其电阻率又可能相同。所以，地电断面不一定与地质断面完全一致。

geographic address group 地区(性)地址组 在一个报文中，一个地址组代表一个地理位置或区域，它必须与其他地址组联合使用，以便源用户为发送报文选路，源用户即始发者，然后到达目的地用户，即收信人。

geographic data 地理数据 是关于位置和地理实体的描述。地理数据包括了空间数据与属性数据的合成。

geographic database 地理数据库 地理数据库是空间数据与相关属性数据的有组织的集合，以实现对数据的有效存储及多用户提取功能。

geographical frequency sharing 地区(性)频率共用 居住在一个地理区域的所有用户共用一个电磁频谱。

geographical mile 地理英里 赤道上经度 1 分的长度，即 6 087.15 英尺或 1 855.4 米。

geographic information system (GIS) 地理信息系统 (1)用来获取、存储、管理、分析和显示空间数据及空间实体的属性数据的信息系统。GIS 把地图信息、遥感图像信息和其他有关人口统计、市政建设、土地利用、能源、交通、环境、气候、自然资源等信息集成起来，通过计算机统一管理和快速检索各种形式的综合信息的计算机系统。在国民经济中有着广阔的应用前景。其基本技术是地理图像数据库系统技术。(2)一种计算机地理信息系统，以数据形式表示图形、图像等对象，提供从城市交通信息、市政计划、区域经济计划、交通控制、公路铁路管理、公安指挥系统到作战指挥系统等应用，具有图形处理和检索功能以及灵活多样的图形查询功能。

geographic control theory **地理控制论** 以系统科学和地理学为基础,研究地理系统的自控行为与人工调控机制的理论、方法和技术。

geographic management information system (GMIS) **地理管理信息系统** 能够直观、精确地描述企业及各分支机构所处自然与社会环境信息和内在属性的企业 MIS 系统,它把企业的各地分支机构作为最基本的研究对象。它在 MIS 系统中搭配图形分析模块提供对企业地理分布特性和企业所处环境的描述能力,最终能分析企业的各地分支机构之间及其与所处环境之间的关系,以使每个分支机构的运行能够得到客观全面的描述。

geographic system analysis **地理系统分析** 应用系统科学针对地理现象与地理建设的系统分析。

geography **地理学** 研究地球表层自然要素与人文要素相互作用及其形成演化的特征、结构、格局、过程、地域分异与人地关系等。是一门复杂学科体系的总称。

geological radar **地质雷达** 是探测地下物体的雷达。它的基本原理是:发射机通过发射天线发射中心频率为 210 兆周/秒、脉冲宽度为 0.1 微秒的脉冲信号。当这一信号在岩层中遇到探测目标时,会产生一个反射信号。直达信号和反射信号通过接收天线输入到接收机,放大后由示波器显示出来。根据示波器有无反射信号,可以判断有无被测目标,根据反射信号到达滞后时间,可以大致计算出探测目标的距离。地质雷达可以在探测范围内寻找空洞或暗河。

geological remote sensing **地质遥感** 以地质作为探测目标的遥感技术。包括地质遥感调查,地质资源遥感调查和灾害地质(地质环境)遥感调查等。同 remote sensing in geology。参见 remote sensor technology。

geologic database **地质数据库** 用来存储地质文献及各种地质资料和数据的数据库。

geomagnetic field **地磁场** 1600 年英国物理学家吉伯首次指出了地磁场的存在。地磁场由基本磁场和变化磁场两部分叠加而成。基本磁场也称"稳定磁场",其分布与均匀磁化的球体或磁偶极子的磁场相似,是地磁场的主要部分,约占 94%。它是由地球本身的磁性结构产生的。变化磁场则是由太阳辐射、太阳粒子流和宇宙线的影响而产生的,其分布并不规则,并且随产生条件的变化而变化。例如,太阳发生磁暴时,变化磁场将首先受到严重影响。同 earth magnetic field。

geomagnetism **地磁学** 是研究地球本体及其周围空间电磁场的起源、变化和分布规律的一门学科。研究内容有:地磁场的测量、地球的基本磁场和长期变化、地球的变化磁场及日地相关现象、地磁场的成因、电磁感应和地球内部的电导率等。

geometrical average **几何平均数** 同 geometric mean。

geometrical optics **几何光学** 对光学系统几何特性的研究。采用光跟踪方法。

geometric analogy **几何(图形)模拟** 模拟技能之一。给定源图 A 变换至终图 B,试从若干个图中找出某图 X,使得图 C 变至图 X 与图 A 变至图 B 两者匹配得最好。为此,必须解决两种描述:①如何描述一个图中的各图形之间的关系;②如何描述从源图至终图的变换。

geometric correction **几何校正** 一般指对遥感图像的几何畸变进行几何纠正的处理。几何畸变有两类:①由于传感器自身的结构性能非理想化或其指标偏离标称值所引起,如摄影机标定主距与实际主距不等,物镜系统的光学畸变差,扫描传感器的扫描运动的非直线性等;②由于传感器的位置、姿态和目标物所引起,如传感器高度、姿态角的变化、大气折光、地球旋转、地球曲率、地形形状等。几何校正的原理就是把有畸变图像的各像素,变换到所选定投影图像的相应位置上。几何校正的方法有光学机械法和数学纠正法。

geometric design rules **几何设计规则** 用户为保证产品的功能和可靠性而制定的几何约束条件。可由 CAD(计算机辅助设计)系统自动检查的设计规则,包括间隙检查、宽度检查、重叠检查和非法实体检查等。

geometric distortion correction **几何畸变校正[修正]** (1)对阴极射线管等显示设备上的图像畸变所进行的校正。通常用在偏转波形上增加补偿信号,以抵消光栅畸变的物理方法,或者用对变形图像的数学编码进行计算机处理的数学图像处理方法。(2)对实际设备(如阴极射线管等)上的图像畸变所进行的校正。通常有两种校正方法:①物理处理方法,即在偏转波形上增加补偿信号,以抵消光栅的畸变;②数字图像处理方法,即对变形图像的数字编码进行计算机处理,以达到图像校正的目的。

geometric image **几何图[影]像** 与一个粒子图像的形状与位置有关,只能由几何光学来测定;区别于由物理光学和几何光学共同决定的衍射图像;在几何图像中如果粒子有两点便有两幅图像。参见 geometric optics。

geometric mean **几何平均数** n 个变量值连乘积的 n 次方根。几何平均数多用于计算平均比率和平均速度,如平均利率、平均发展速度、平均合格率等。

geometric method **几何平均法** 一种预测,运用几何平均数求出预测目标的发展速度,然后进行预测。几何平均法适用预测目标发展过程一贯上升或下降,且逐期环比率速度大体接近的情况。

geometric model **几何模型** 是对物体的几何形状

的表示。被计算机进行处理的对象必须使用适合于计算机存储及处理的一组数据(或过程)来进行描述,这种描述就是该对象的模型。如果应用中关心的主要是被处理对象的几何性质,则模型中将包括许多有关点、线、面、体等各种几何元素及其相互关系的信息,这种模型称为几何模型。

geometric modeling 几何造型 利用计算机构造几何模型的理论、方法和技术。几何模型是指可以用欧氏几何进行描述的规则形体的计算机内部表示。一个完整的几何模型包括形体的几何信息和拓扑结构两部分。几何造型可分为线框造型、曲面造型和实体造型三种,它已广泛用于 CAD/CAM(计算机辅助设计/计算机辅助制造)、动画技术和计算机景物模拟。

geometric optics 几何光学 (1)光学的分支学科,用几何射线来论述光的传播。(2)在光射线光学中,当光线经过光学器件时(如经过透镜、棱镜以及其他光传输介质),它们产生反射、折射、衍射及电磁辐射,服从数学决定的路径。

geometric processing 几何处理 在计算机图形学中,对图像中某些物体的几何特征进行测量的过程(如面积、质心坐标、方位、周长、孔数和孔位置)。

geometric solution 几何解法 求解线性规划问题的图形方法。具体做法是画出约束条件所决定的半平面和函数的常数值线段。它限于求解至多为两个结构变量的问题。

geometric splines 几何样条 用具有某些几何特性的光滑曲线拼接而成的样条。通常的一次样条同时就是一次几何样条。圆弧样条是二次几何样条,它是分段具有常曲率、整体切线连续的曲线。所谓三次几何样条,是指分段曲率在某种意义下呈线性分布、整体上切线与曲率连续的几何曲线。

geometric spreading 几何散开 波在一般无源介质中传播时,其辐照度的减小是沿传播方向的距离的函数,造成这种情况的唯一原因是光线散开,而不是吸收、散射、漫射、衍射或横向辐射。

geometric text 几何文本 字符字体由笔划的数学描述而不是点阵描述定义的文本。同 programmable character set, stroke text。

geometric transformation 几何变换 使图形的位置、形状、大小、方向等几何性质发生改变的一种数学处理。

geometry entities 几何实体 用于定义物体的几何元素及其有关的实体。在初始图形数据交换规范(IGES)中,几何实体包括点、线段、圆弧、曲线、样条曲线(面)、规则曲面、变换矩阵,有限元等,并对它们规定了类型号。参见 initial graphics exchange specification (IGES)。

geometry generator 几何发生器 计算机绘图软件中用于产生各种几何形状(如点、线、圆、弧、样条曲线等)的一些功能子程序称为几何发生器。高性能的图形显示器中的几何发生器往往用硬件做成。

geometry information 几何信息 表明形体的几何特征和度量关系,并确定它在欧氏空间中的位置和大小的信息。它的表示是用数学的方法描述其分量的办法来完成的,如点的坐标表示、平面的平面方程表示,以及用贝塞尔曲线、B 样条曲线等方法拟合自由曲面等。

geophysics 地球物理学 一门以地球为研究对象的应用物理学。从广义上说,地球物理学可分为:①固体地球物理学;②海洋物理学;③空间物理学。从狭义上理解,地球物理学一般指的是固体地球物理学,也称"地体学"或"大地物理学"。固体地球物理学又可分为两大方面:研究大尺度现象和一般原理的称普通地球物理学;勘察石油、金属、非金属矿或其他地质体的称勘探地球物理学,也称"物理探矿学"。后者因为工业上的需要,发展极快,已经自成体系。普通地球物理学依研究领域和手段,又分为重力学、地磁学、地震学、地热学等传统分支,以及深部探测、地球动力学等新的分支。简而言之,地球是这门学科的研究对象,物理学是研究这门学科的理论基础,利用物理学的电学、磁学、热学、运动学和动力学等方面的原理和方法,研究地球各部分的物理条件、物理性质、物理状态,以寻找其变化规律,由此构成了地球物理学的内容。

geoscience 地学 以地球为研究对象的学科的统称。地学通常包括地理学、地质学、海洋学、大气物理、古生物学等学科。研究地学的目的是为了更好地开发和保护地球表面的自然资源,使人地关系向着有利于人类社会生活和生产的方向发展。

geoscience data processing 地学数据处理 地学数据的数据管理、统计、可视化显示的统称。

geospatial metadata 地理空间元数据 是关于地理数据和信息资源的描述性信息。它通过对地理空间数据的内容、质量、条件和其他特征进行描述与说明,以便用户有效定位、评价、比较、获取和使用地理空间数据。

geostationary 对地静止 倾斜角保持为 0 度的地球同步卫星倾角,此时卫星仿佛悬在地球赤道上方的某点处。

geostationary earth orbit mobile-satellite communications (对地)同步(轨道)卫星移动通信 利用同步通信卫星作为中继站转发无线电波,实现海上、陆地和航空移动用户之间或移动用户与固定用户之间进行信息交换。该系统主要由同步通信卫星、地面测控中心、移动地球站和关口地球站等组成。

geostationary orbit 对地静止轨道 这种轨道是一个卫星运动的轨迹,它是圆形的,位于地球赤道平面上,相对地球而言轨道上的物体保持在一个固定位置上(与地球同步旋转),即与地球自转方向相同。对地静止轨道上的物体,保持在离地球中心约 42 164 km 上的固定位置,即离海平面约 35 787

km。

geostatistics 地学统计 针对地理学、地质学问题的统计方法与算法的研究，目的是对变量在空间上的相互关系和格局推断、统计和估计。

geosynchronous orbit 地球同步轨道 卫星保持地球同步时运行的轨道，大约距地面 35 888 km。

geosynchronous satellite 地球同步卫星 运转周期等于地球自转周期的地球卫星。

GE remote terminal supervisor (GRTS) 通用电气远程终端监视器 通用电气公司在生产计算机时开发的软件系统，用于控制通信的 DATANET 6600 或 335 前端网络控制器中的驻留软件系统。

germanium 锗 易碎的，浅灰白色金属质地元素，用于半导体材料。被广泛用于晶体二极管和早期三极管的制造。

germanium photo diode 锗光电二级管 一种光电二级管，常用于光纤接收机，由锗材料的 PN 结或锗材料的 PIN 结组成，可用于波长 1 微米到几十微米光波的直接检测，其噪声大于适用于 1 微米以下波长的硅光电二级管。

gestures 手势操作 具有手势识别功能的多点触摸屏所提供的操作。例如，同时用两个手指操作，用来旋转、放大、缩小画面。

get operation 获取操作 一种输入操作，该操作从输入文件中获取记录并将其传送给一个程序。

GFC 通用流控制 generic flow control 的缩写。

GFDL GNU 自由文档许可证 GNU free documentation license 的缩写。

GFI (1)接地故障断续器 ground fault interrupter 的缩写。(2)群格式标识符 group format identifier 的缩写。

GFLOPS 每秒千兆次浮点运算 同 gigaflops，参见 floating-point operations per second (FLOPS)。

GFS GFS 磁带运行格式 grandfather father son 的缩写，一种常用的磁带运行格式，一个星期至少备份一次该星期内的全部数据和该星期以前的被修改过的数据，第一级磁带(祖父)保留最近一个月的全部数据，第二级(父亲)磁带保留一个星期内的全部数据，第三级(儿子)保留每天修改过的及新创建的文件。这个格式防止磁带的过度使用和限制恢复备份数据所需的磁带数目。

GFSK 高斯频移键控 Gaussian frequency-shift keying 的缩写。

GFT 授权功能传输 grant function transmission 的缩写。

GGP 网关间协议 gateway to gateway protocol 的缩写。

GGSN 网关通用分组无线业务支持节点 gateway GPRS supporting node 的缩写。

GHC 通用历史计数器 global history counter 的缩写。

GHOST 全球水平探测技术 global horizontal sounding technique 的缩写。

Ghost 全面硬件导向系统 general hardware oriented system transfer 的缩写。

ghost image 重影 由于多路效应所引起的一种双重图像，因反射信号比所需要信号到达电视机时间稍晚一些的缘故所致。

GHz 千兆赫 gigahertz 的缩写。

GIA 政府信息化架构 government information architecture 的缩写。

giant magneto resistive (GMR) 巨型磁阻 GMR 磁头是由四层导电材料和磁性材料薄膜构成的：一个传感层、一个非导电中介层、一个磁性的栓层和一个交换层。前三个层控制着磁头的电阻。在栓层中，磁场强度是固定的，并且磁场方向被相邻的交换层所保持。而且自由层的磁场强度和方向则是随着转到磁头下面的磁盘表面的微小磁化区所改变的，这种磁场强度和方向的变化导致明显的磁头电阻变化，在一个固定的信号电压下面，就可以拾取供硬盘电路处理的信号。

gibberish 无用信息 同 garbage。

GID 组标识符 group ID 的缩写。

.gif 图形交换格式文件名后缀 一种文件扩展名，用作 CompuServe 公司开发的图形文件的扩展名。它采用无损压缩技术来减小图形文件，可含包括透明色在内的 256 种颜色，文件的大小取决于实际使用的颜色的数量。可使用 LZW 压缩方法进一步减小文件的大小。它是制作二维动画软件 Animator 支持的文件格式。参见 graphics interchange format (GIF)，LZW compression。

GIF (1)图形交换格式 graphics interchange format 的缩写。(2)渐变[梯度]型光纤 graded index fiber 的缩写。

giga (G) 千兆，吉 10 的 9 次方，即十进制的 1 000 000 000，对于存储容量，其精确值是 2 的 30 次方，即十进制的 1 073 741 824。

gigabit Ethernet (GE) 千兆位以太网 由 IEEE 802.3 标准委员会开发的一种基于光纤电缆网络的高速技术，1997 年 10 月正式推出，最高传输速率为 1 Gbps。采用和以太网同样的 CSMA/CD(载波监听多路访问/冲突检测)协议，同样的帧格式，是以太网最自然的升级途径。1999 年夏天又批准了使用传统铜制电话线的千兆位以太网标准，以加速千兆位以太网快速发展。按物理层信号的发送分有四种形式：802.3z 规定了 1 000 BASE-LX(长波长，光纤)，1 000 BASE-SX(短波长，光纤)和 1 000 BASE-CX(带屏蔽的跨接铜缆)，802.3ab 规定了 1 000 BASE-T(超五类 UTP 非屏蔽双绞线)。千兆位以太网支持的最大距离：1 000 BASE-LX 时，单模光纤 3 km，多模光纤 550 m；1 000 BASE-

SX 时，多模光纤 550 m；1 000 BASE-CX 时，带屏蔽的跨接铜缆 25 m；1 000 BASE-T 时，超 5 类 UTP 非屏蔽双绞线 100 m。千兆位以太网技术向专用、无碰撞、全双工的连接方式发展，传输速率不断提高。

Gigabit Ethernet Consortium (GEC) 千兆位以太网联合会 于 1997 年 7 月成立，它对所有的千兆以太网技术进行一致性与互操作性测试。该组织设立于美国新罕布什尔大学的互操作性实验室(IOL)内。

gigabit LAN 千兆位局域网 传输速率高达 Gbps 的局域网。

gigabit media independent interface (GMII) 千兆位介质无关接口 以太网网络控制器芯片与相应的通信介质接口芯片之间的数据宽度为 8 位的接口标准规范。

gigabit passive optical network (GPON) 千兆位无源光网(络) GPON 是 ITU(国际电信联盟)提出的千兆位级的无源光网络。ITU 在 2003 年正式通过并颁布了 GPON 标准系列中的三个标准：G. 984. 1、G. 984. 2 和 G. 984. 3。由于 GPON 标准是 ITU 在 APON(ATM 无源光网络)标准之后推出的，因此 G. 984 标准系列不可避免地沿用了 G. 983 标准的很多思路。GPON 支持多种速率等级，可以支持上下行不对称速率，上行不一定要支持 1 Gbps 以上的速率。GPON 可支持高达 128 的分路比和长达 20 km 的传输距离。GPON 与 EPON(以太网无源光网)都是千兆位的 PON 系统，与 EPON 力求简单的原则相比，GPON 更注重多业务和 QoS(服务质量)保证，因此更受运营商的青睐。参见 passive optical network (PON)，ATM passive optical network (APON，ATM－PON)，Ethernet passive optical network (EPON，Ethernet－PON)。

gigabits per second (Gbps) 每秒千兆位 数字信息传输速率。

gigabyte (GB) 千兆字节，吉字节 存储容量为 1 千兆字节，即十进制的 1 073 741 824(2^{10})字节。

gigabyte system network (GSN) 千兆字节系统网络 美国国家标准协会(ANSI)高性能并行接口(HIPPI)任务小组研制出来的互连网络标准，它提供每秒 6 400 百万比特(800 MB/s)、全双工无差错、流控制的数据传输。GSN 可使用两类通用的传输介质：铜线电缆或并行的光纤电缆。铜线电缆由 20 根同轴线组成，每个方向信号的带宽可达 500 MHz，最大传输距离为 40 m。并行光纤电缆每个方向可使用 10 条多模光纤，带宽可达 1 GHz，传输距离为 300 m。参见 high performance parallel interface (HPPI)。

gigacycle 千兆周，吉周 即：1 000 000 000 周。

gigaflops 每秒千兆次浮点运算 同 GFLOPS，参见 floating-point operations per second (FLOPS)。

gigahertz (GHz) 千兆赫，吉赫 每秒钟 1 000 000 000 个周期的频率。

giga scale integration (GSI) 巨大规模集成电路 1994 年随着集成了 1 亿个晶体管的 1GB DRAM 的研制成功，进入了巨大规模集成电路的时代。参见 integrated circuit (IC)，large scale integration (LSI)，very large scale integration (VLSI)。

GIG 全球信息网格 global information grid 的缩写。

GIGO 无用输入，无用输出 garbage in，garbage out 的缩写。

GII 全球信息基础设施 global information infrastructure 的缩写。

Gilbert code 吉尔伯特码 用来检查、纠正二进制信息序列在传输过程中出现的突发错误的一种循环校验码。它是计算机磁盘存储器常用的错误校验码之一。HP13037 磁盘用此码，可纠正 32 位突发错，检出长度≤48 位突发错。

GIMM 渐变折射率多模(光纤) graded index multimode 的缩写。

GIMP GNU 图像操作程序 GNU image manipulation program 的缩写。

GIMP Drawing Kit (GDK) GDK 库 GDK 库是 Linux 的 GTK/GNOME 应用程序开发中的一个核心组件。它在应用程序和 Xlib 简单制图例行程序之间提供了一个层。参见 GIMP Toolkit (GTK)，GNU network object model environment (GNOME)。

GIMP Toolkit (GTK) GIMP 工具箱 一个功能强大而且快捷的开放源码图形库，GTK 建立在 GDK 的上层，基本上是将 Xlib 功能包装起来。GTK 用于 UNIX/Linux 上的 X Window 系统，程序员可以用来创建按钮、菜单及其他图形对象。参见 GNU image manipulation program (GIMP)，GIMP Drawing Kit (GDK)。

GIOP 通用对象请求代理间通信协议 general inter-ORB protocol 的缩写。

GIS 地理信息系统 geographic information system 的缩写。

GIS-based DSS 基于 GIS 的 DSS 一种决策支持系统(DSS)。基于 GIS(地理信息系统)的 DSS 通过 GIS 向管理者提供决策支持信息或决策支持工具。通用目标 GIS 工具具有广泛的功能，但对于那些不熟悉 GIS 以及地图概念的用户来说，比较难于掌握。特殊目标 GIS 工具是由 GIS 程序设计者编写的程序，以易用程序包的形式向用户组提供特殊功能。参见 geographic information system (GIS)，decision support system (DSS)。

GIX 通用化交互式执行体 generalized interactive

executive 的缩写。

GJP 图形作业处理程序 graphic job processor 的缩写。

GK 网守 gatekeeper 的缩写。

GKF 全局性删除文件 global kill file 的缩写。

GKS 图形核心系统 graphics kernel system 的缩写。

GKS-3D 三维 GKS 国际标准化组织(ISO)公布的三维图形国际标准之一(另一个是 PHIGS),是对二维图形国际标准 GKS(图形核心系统)的补充。它保留了 GKS 的一些主要概念和特点,对于二维 GKS 的应用程序,不必作任何修改就可在三维 GKS 下执行,并且结果相同。GKS-3D 的扩充功能包括:与三维图形有关的输出原语、三维观察功能、对隐藏的可选支持、用于三维图形的观察参考坐标系。参见 graphics kernel system (GKS), programmer's hierarchical interactive graphic standard (PHIGS)。

GL 图形库 graphics library 的缩写。

glare filter 眩光网罩 一种透明网罩,放在显示器的前面以减少或者消除显示器玻璃的反光。

glass box evaluation 玻璃箱评测 既关注工作结果又关注工作过程的系统评测方法。也称"透明评测"。

glass insulating material 玻璃绝缘材料 熔化或烧结后凝固了的基本上没有结晶相的玻璃质无机材料。

glassivation 玻璃钝化,玻璃密封 半导体技术中的一种工艺。它采用热解玻璃技术,沉积玻璃层,把半导体器件连同金属接触系统全部密封于玻璃中,用以保护半导体器件。

glass laser 玻璃激光器 激光工作物质以玻璃为基质的固体激光器。玻璃激光器属于固体激光器,基质有硅酸盐玻璃、磷酸盐玻璃、氟化物玻璃等。

glass master 玻璃母盘 在多媒体应用中,制造拷贝的最后视盘格式。参见 edit master。

glass powder 玻璃粉 粉末状玻璃,熔化后可以提纯、干燥用来制成光纤。

glass semiconductor 玻璃半导体 像玻璃那样具有无定形结构的半导体。通常可分为两类:氧化物玻璃半导体和硫化物玻璃半导体。它在常态下为高阻绝缘体,当外界条件(如电压、压力、温度、光照等)超过某一阈值时才呈现导电性,这就是它的开关效应。而当外界条件取消后并不恢复原状,这就是它的存储效应。利用这两种效应可做成开关或存储器件。

glass semiconductor device 玻璃半导体器件 利用玻璃半导体制作的器件。其结构是在两个电极之间夹上一层玻璃半导体薄膜。这种非晶体薄膜制成的器件不怕杂质的侵入,不受表面状态变化的影响,具有较强的抗辐射能力,体积小,重量轻,不需要能量就保持存储作用。其缺点是材料的合成和性能控制都较困难,稳定性和重复性也较差。

glass window 玻璃窗 光源与光学器件(如微柱面透镜、整体生成透镜)的接口。

glassy 闪亮 极为明亮的情况。

GLGPL GNU 宽通用公共许可证 GNU lesser general public license 的缩写。

glide path slope station 滑翔道指挥台 一种地面无线电导航台,属于航空无线电导航设备;提供与仪器地面系统(ILS)联系的垂直制导;特定环境下也可以用于船只,如航空母舰。

glide slope facility 滑翔道指示设备 在航空导航系统中,完成飞机从进场高度到降落至跑道过程的垂直制导信息的进场着陆设备。参见 glide slope indicator。

glide slope indicator (GSI) 滑翔道指挥台 在航空导航系统中,为沿着倾斜面飞行的飞机提供垂直制导的设备。参见 glide slope facility。

glitch 假信号,毛刺,突发故障 (1)在逻辑电路中,由于边沿时间的影响,常常在电路输出端上出现一个无用的尖峰信号,也称"毛疵";在逻辑系统中,倘若处理不善,这个假信号将影响系统的可靠性。(2)由于竞态现象,在信号输出波形上出现的短窄脉冲。由于这种短窄脉冲的宽度仅为两个输入信号到达开门电平的时间之差,因而被形象地称为毛刺。(3)指功能或连续性的突然中断,有时它具有瞬时性,造成的严重性可大可小。在不同的上下文中,此术语有不同的意思:在网络服务中,glitch 可以指网络服务的暂时丢失;在计算机程序中,glitch 可以是一个不经常碰到的错误,造成的问题时隐时现,因为事件的组合是不同的。像这样的突发故障在使用 Web 浏览器时经常会碰到(浏览器突发故障常常通过关了再开浏览器程序而得到纠正,或者重新启动操作系统);glitch 也可以是有意设置的陷阱或其他程序,用以暴露口令或者造成其他的安全破坏。

global 全局的,全体的 在程序设计语言中,描述一种语言对象和分程序块之间的关系。在这种关系中,该语言对象超出那个分程序块的范围,但又包含在含有该分程序块的更大的分程序块之内。参见 global code, global lock, global processor, global service, global variable symbol。

global address 全局地址 在某些计算机网络中,一个 8 位的全"1"地址域,具有这个地址的消息将被网络中所有的节点接收。

global administration 全局管理 同 universal administration。

global area 全局区(域),公用区 (1)在某些计算机系统中,一个分区中的非初始化部分,在某指定时刻,它可被该分区的某任务集中的任何程序访问。在同一分区中执行的其他的任务集也可以使用该同一全局区域。(2)存放多个任务间共用数据的主存储器中的区域。

global area network 全局地区网络 一种计算机系统网络,通过公用电话线和其他国内、国际网络传送数据文件。参见 local area network。

global association 全局性相关 流水结构计算机在遇到转移指令,尤其是条件转移指令时产生的相关。例如,当流水结构计算机的转移条件码由条件转移指令本身形成,或由它以前的指令形成,那只有当这条指令流出流水线时,才能建立转移条件,并依次决定下条指令地址。由于转移指令和它之后的指令之间存在上述关联,从而不能同时解释,使机器效率大大下降。

global beam 全球波束 环球国际通信卫星下行波束的一种形式,一颗卫星的这种波束可以覆盖地球三分之一的面积。全球波束由三颗分别位于大西洋、太平洋和印度洋上空的通信卫星构成,由于这三颗卫星的波束覆盖了整个地球表面,从而使得地球的任何地区都可以收到同一个信号。

global beam satellite antenna 全球波束卫星天线 卫星上一种能发出锥型波束的天线,波束在指定轨道高度覆盖全球卫星区域。

global buffer 全局缓(冲)存(储器) 在高速缓存和主存储器之间增设的一个存储器,用来提高存储系统的存取速度。

global catalog (GC) 全局目录 全局目录包括目录中每一个 Windows 2000 域的复制。全局目录允许用户和应用程序在活动目录域树中寻找给定一个或多个属性的目标对象。它还包括目录分区的模式和配置。全局目录拥有活动目录中每一个对象的复制,但是只包括每一个对象的一部分属性。活动目录中的属性都是一些在查询中经常使用的(如用户的姓、名、登录名称等)和那些在定位对象的完全复制时需要使用的。全局目录允许用户在不知道对象属于哪个域以及不需要连续扩展名字空间时对它们进行查找。全局目录通过活动目录复制系统自动创建。

global change 全局修改量 在文字处理中,在某文件中同时修改或删除一个或多个字符或字词,只要这些字符或字词在该文件中出现。

global character 全局字符 同 pattern-matching character。

global code 全局代码 汇编程序中的一部分,它包括从源模块调用来的任何宏定义体和源模块的相关代码部分。比较 local code。

global concept schema (GCS) 全局概念模式 一种不依赖于节点的数据库管理系统标准结构,描述全局数据的逻辑结构,是现实世界实体的具体反映,即全局视图。参见 local concept subschema, local concept schema (LCS)。

global control section 全局控制区段 某些计算机系统中的一种类型的控制区段,它保留一个存储区域。它可供任务集内的主程序或辅助程序及其有关的覆盖程序访问。参见 global area。

global convergence 整体收敛 算法的大范围收敛性质。设 x^* 为某个问题的解,$\{x_k\}$ 为由某个算法生成的序列,如果对任意初始点 x_1,$\{x_k\}$ 都收敛 x^*,则称这个算法是整体收敛的。

global copy 全局拷贝 全局拷贝模式能够在几乎不受限制的距离上创建逻辑驱动器的镜像。通过使用异步镜像技术,将不再需要以同步方式写入主逻辑驱动器和辅助逻辑驱动器。对主逻辑驱动器的写操作将象正常一样进行,在向发出写命令的主机服务器返回 I/O 完成状态指示的同时,向远程站点发出写入辅助逻辑驱动器的命令。全局拷贝可以解决城域镜像带来的应用性能问题。参见 metro mirror。

global data 全局数据 在操作系统中,可以被任何核心态进程寻址的数据,包含如打开文件表和进程表和其他数据的表,由系统核心维护。

global database 全局数据库 (1)系统存储进程数据的部分。(2)描述特定问题的状态及其解答过程的完整数据库。(3)在产生式系统中,指描述专门问题状态的一种数据结构。

global discard policy 全局废弃策略 在虚拟存储系统中,在看作所有活动程序的公用存储库中使用的一种废弃策略。参见 discard policy, local discard policy。

global dispersion coefficient 全程色散系数 在光纤站/再生器段中,光纤的色散系数值位于光纤全程色散特征曲线的上限与下限之间。

global distributed schema (GDS) 全局分布模式 一种分布式数据库的模式,描述逻辑分块在网络节点上的分布情况,在数据查询中用它确定节点及了解数据的分布。

global editing function 全局编辑功能 对整个文档,如数据文档进行的字处理的活动。

global entity 全局实体 在程序设计语言 FORTRAN 中,一个由句法权标识别的实体,其范围是一个可执行程序,可以是一个外部程序单位,一个命令块或者一个外部过程。

global error 整体性误差 误差积累的影响。前面每一步的局部截断误差对最后解的综合影响称为整体性误差。方法的收敛性讨论的就是整体性误差。

global eyes 全球眼 一项基于因特网的图像远程监控、传输、存储、管理的增值业务。全球眼由监控采集点、客户监控中心、"全球眼"监控平台、传输网络四部分组成。全球眼能通过网络,将分散、独立的图像采集点进行联网,实现跨区域、大范围内的统一监控、统一存储、统一管理、资源共享。

global file name character **全程文件名字符** 一个问号或者星号，用于作为一个文件名或者文件扩展名，以指定一个特定的文件或者一组文件。

global filespec **全局文件指定** 指定文件时，在文件名或后缀名中带有通配符，如在 DOS(磁盘操作系统)中是 * 和?。这样就可以一次选择多个文件进行同一操作。

global filestore **全局文件存储器** 可供全部应用利用或满足一计算机系统对后备存储器全部要求的文件存储器。

global find and replace **全程查找并替换** 同 global search and replace。

global function **全局函数** 整个程序的任何部分都能调用的函数。

global group **全局组** 在微软 Windows NT 高级服务器中，一系列领域用户账户，赋予在各自领域中和在其他允许使用的领域中访问服务器和工作站的许可和权利，一个全局组可只包含领域内的用户账户，全局组提供了一种给单个领域中一组用户在领域内外访问系统资源的权利和许可的方法。参见 group，local group。

global history counter (GHC) **通用历史计数器** 用于记录 CPU 在某段时间内对数据的访问。

global horizontal sounding technique **全球水平探测技术** 使用气球将无线电装置和仪器悬浮在空中某一高度以收集大气层的数据的一种技术。

global information grid (GIG) **全球信息网格** 2000 年 3 月 31 日，美国国防部发布了关于 GIG 的指南和政策备忘录，给出了 GIG 的定义：全球互联的、端对端的、能根据作战人员、决策层和保障人员的需求对信息进行收集、处理、存储、分发和管理的信息能力、相关过程和人员的集合。GIG 系统包括了多种专用或租借的通信计算机系统和服务器，各种软件(含应用软件)和数据，安全设备，以及实现信息优势的其他相关技术。GIG 在战时和和平时期支持国防部、国家安全部门和相关情报部门的任务和职责(包括战略、作战、战术和商业等方面的任务和职责)。GIG 从所有的行动地点(包括基地、哨所、兵营、站、所、机动平台和部署地点等)提供各种能力。

global information infrastructure (GII) **全球信息基础设施** 即信息高速公路发展计划。是确保网络、信息处理系统和各种应用之间的互可操作性，使全世界每个公民最终都能进入信息社会。

global information system **全球信息系统** 具有全球规模的所有信息系统的总称。典型的例子是美国的地球资源观测卫星计划。这是利用人造卫星从宇宙空间对全球表面进行系统的反复观测，获得有关地球实际状态及其变化的信息数据。

global knowledge **全局知识** 在人工智能系统中，关于整个解的知识。

global knowledge base **全局性知识库** 一种特定计算机文件系统中较为永久的知识库存储体系。

global lock **全局锁(定)** (1)一种锁，用于保护可连续重复使用的诸资源，这些资源与一个以上的专用地址空间有关。(2)在操作系统中，系统内能代替一类锁的一种锁。

global lock management **全局锁管理** 信息管理系统中的一种锁管理功能，在参与程序块级共享的诸信息管理系统之间控制对共享资源的存取。

globally dense graphs **全局稠密图** 连接稠密的、能够最佳处理有间距的节点之间报文传递的网络。

global maximum **全局最大值** 在整个定义域中，其函数值为最大者。

global memory **全局存储器** 多处理机系统中由这些处理机共享的存储器。也称“公共存储器”。

global minimum **全局最小值** 在整个定义域中，其函数值为最小者。

global mirror **全局镜像，全球镜像** (1)为了解决本地磁盘和远地磁盘可能存在的逻辑卷读写顺序的差异，有的磁盘系统提供带有一致性组的异步远程数据拷贝。在这种方式下，远地的磁盘系统会将先收到的写请求缓存起来，等到它前面的数据到达后，再按照顺序写盘。这种方式也称“全局镜像”。参见 global copy。(2)全球镜像技术属于异步的对等远程拷贝(PPRC)，它可以把数据拷贝距离延伸到“无限远”，做成全球性的镜像。全球镜像技术的另一特点是不仅支持传统的一对一方式，还可以通过一致性组的方式，实现跨越多台 ESS(电子交换系统)的一致性异步数据传输。参见 peer-to-peer remote copy (PPRC)，electronic switching system (ESS)，metro mirror。

global name **全局名** 在 COBOL 语言中，在一个程序中定义但可以在该程序以及该程序包含的任何程序中访问的名字，包括条件名、数据名、文件名、记录名、报告名和专用寄存器名等。

global naming **全局命名** 一种使用户采用一个登录就进入网络上有权进入的任何资源的局域网性质。

global naming schemes (GNS) **全局命名方案** 一种计算机网络管理技术，使得网络系统资源对服务器透明。

global naming services **全局命名服务** 类似于电话薄和网上的用户服务目录。全局命名服务可以跟踪企业计算系统或跨越全球的网上用户和服务。因特网标准委员会正在研究把开放系统互连(OSI)的 X.500 全局命名服务，作为一种方法为每一个连到网上的用户提供查询服务。

global navigation and positioning satellite system **全球卫星导航定位系统** 对全球提供定位服务的系统，又称 GPS(全球定位系统)。移动用户是根据同时收到的从四颗卫星上发射的无线电波到达时间,自行计算出移动体瞬时的三维空间坐标和用户时钟校正系统来完成定位。因此,该系统要求卫星星座的构成,必须能使处于地球上不同位置的用户,均能同时至少收到四颗卫星的信号。系统主要由一组导航定位卫星星座、地面控制站网及用户终端三部分组成。

GlobalNet **全球网** 一种免费的电子爱好者公告牌系统网络。采用 FidoNet 技术标准,GlobalNet 位于北美和欧洲。

G

global network addressing domain **全球网络编址域** 数字设备公司网络架构(DECnet)中的由所有 OSI(开放系统互连)环境中的 NSAP(网络服务接入点)地址组成的编址域。

global non-broadcast transfer **全局非广播式传送** 在多微处理机系统中,同一公用区内不同处理机模块之间的数据传输。

global object **全局目标[对象]** 在某些计算机系统中,可以被系统内部所有任务集共享的一种目标(如一个队列)。

global operation **全局操作** 一个影响整个文档、程序或者其他全部对象的操作。

global optical fiber parameter **综合光纤参数** 光纤参数,如衰落率、色散,或接头损耗等,通常随温度、湿度及老化等因素而变化,所以在设计终端/再生段时应有一定的容限,以应付突发的情况或事件,如终端设备升级、业务路由更改,服务恢复和防止业务饱和。

global optimization **全局优化** 为了使编译程序生成的目标代码运行时间短、占用存储空间少,就要进行优化处理。根据优化所涉及的范围,优化可分为全局、局部和循环三种。全局优化就是对程序先进行全局的控制流和数据流分析,然后再进行优化。这样做所花的代价较大、较难,但收效比局部优化大,具体实现时要权衡。优化可在编译的各个阶段进行,但主要是在目标代码生成之前,语法分析之后进行。这类优化不依赖于具体的计算机。

global output **全局输出** 一个内部输出,用于处理机间的通信。

global parameter **全程参数** 通常在程序开头的说明部分定义的,可以在整个程序运行期间和位置起作用的参数。

global parameter buffer **全局参数缓冲区** 在计算机系统中,在分区的全局部分中对批处理程序来说均可访问的一种缓冲区。

global partitioned index **全局分区索引** 一个索引分区中包含来自多个表分区的键。一个全局分区索引的分区键是分区表中不同的或指定一个范围的值。在创建全局分区索引时,必须定义分区键的范围和值。在默认情况下不会维护全局分区索引。如果一个分区被截取、增加、分割、删除等,就必须重建全局分区索引。参见 locall partitioned index。

global partition schema (GPS) **全局分块模式** 对分布式数据库存储单元的描述,描述全局概念模式的逻辑分割情况,每一个逻辑分块都将完整地存储在一个或多个局部节点上。

global positioning inertial reference system (GPIRS) **综合定位惯性参数系统** 飞机着陆制导系统,为飞机曲线进场着陆提供横向位置估计、时间、多普勒临近速率测量等。

global positioning system (GPS) **全球定位系统** GPS 系统能够实现在全球范围内全方位、全天候、全时段、高精度地提供从地面到 9 000 km 高空之间的任意位置的三维坐标、三维速度,并给出精确的卫星时间基准。系统由空间部分、地面监控部分和用户接收机三部分组成。空间部分采用 24 颗高约 20 200 km 的卫星组成的星座,地球上任何地方都至少可同时收到 4 颗卫星的信号。运行在天空的卫星内部装有高精度的原子钟,并且有随时更新的数据库,记录着自己和其他 GPS 卫星的位置。地面 GPS 接收到这些信息后,根据无线电波传播的速度推算出卫星间的相对位置。只要有 3 颗以上的卫星的相对位置资料,利用三角原理就可以计算出地面的位置,这就是二维坐标点。如果还需要速度信息,则另外还需要一颗卫星。位置加上速度,就是 GPS 的三维坐标。其实只要有 24 颗卫星在轨道上运行,任何时刻在地球的任何一点都不会少于 11 颗,所以即使有几颗卫星信号被高山或者建筑物挡住,GPS 系统也可以为用户提供足够的卫星定位信息。将 GPS 技术与 GIS(地理信息系统)及 GSM(全球移动通信系统)结合起来就构成了移动目标自动定位系统。参见 geographic information system (GIS), global system for mobile communication (GSM)。

global replace **全局替换** 整个文档中用某个字符串替代另一指定字符串。

global resource **全局资源** 网络上所有的进程和用户共享的硬件、软件和服务器等资源。

global search **全程搜索,全文检索** 在文字处理中,用一条指令自动查找一个字符或字符组的能力。

global search and replace **全局搜索与替换** 字处理系统中的一种文本编辑功能。借助于此功能,检查文本中字符的一定组合,并以另一字符集替换这样的组合。

global segment **全局段** 在虚拟存储系统中,可供两个或两个以上(不是全部)并行进程共享的存储段。

global sequence **全局序列** 一种子程序,即在程序的一部分中定义而供另一部分使用的指令序列。

global service **全局服务** 一种服务,适用于一个以上的专用地址空间。

global service logic (GSL) **全局业务逻辑** 智能网

中,由若干个有序SIB(业务独立构件)组成的链接称为全局业务逻辑。GSL描述了SIB之间的链接顺序、各个SIB所需的数据、BCP(基本呼叫处理)的启动点以及BCP的返回点等。其中,基本呼叫处理是一个特殊的SIB,它说明一般的呼叫过程是如何启动智能网业务以及如何被智能网控制的。参见 service independent building blocks (SIB)。

global shared resources (GSR) 全局共享资源 在某些操作系统中,一种可选的操作方式,以这种方式,所有地址空间可共享:I/O缓冲区、I/O相关的控制块以及通道程序,它们都处在为系统内所有地址空间服务的资源池的VSAM(虚拟存储存取法)数据集中。

global storage 全局存储器 在某些金融通信系统中,可编程序存储器的一些存储段,它们同所有为金融通信控制器定义的逻辑工作站相关并为这些工作站所共用。

global system for mobile communication (GSM) 全球移动通信系统 GSM原是欧洲一个移动通信特别小组。1982年欧洲邮电主管部门会议(CEPT)建立GSM,着手进行泛欧蜂窝状移动通信系统的标准工作,至1987年形成技术规范。它使话音信号以数字形式传送,系统具有非常强的抗噪声和抗干扰性能,有跨国漫游功能。GSM的小区半径约为35 km,它同移动台(MS)间的接口由基站收发信台(BTS)提供,MS和BTS通过空中接口中的无线信道相互作用。通信网络采用智能卡存储资料和密码,用户容量大,成本较低。参见 group special mobile (GSM)。

global transaction 全局事务 分布式数据库中的一种事务,它需要引用一个或者多个非本地站点上的数据,以满足其请求。

global variable 全局[程]变量 (1)可为主程序及其一切子程序所访问的变量。(2)一个变量在计算机程序一个地方定义并且可在至少另一处使用的变量。

global variable pool 全局变量池 在某些系统查询管理中,一系列与查询实事例有关的所有用户和查询定义的变量。

global variable symbol 全局变量符号 也称"全程变量符号"。汇编程序中使用的一种变量符号。与局部变量符号不同,它可以用在宏定义之间以及宏定义和开式代码之间传递数值。

global virtual private network (GVPN) 全球虚拟专用网络 由SPRINT通信公司的一种把国内VPN业务扩展到国外的业务。

global wiring 总布线法 一种自动布线法。对要布的线进行全局考虑,把线分配到大的网格或通道上,在满足容量约束的条件下,产生可行的布线图。这种方法称为总布线法。

global zone 全局区 一组VSAM(虚拟存储存取法)数据记录,其中包含定义公共区域的信息,SMP/E(扩充的系统修改程序)用其表示不适用于目标区或分配区的数据。

G loop G环 磁泡存储器的一种结构方式,可用于大容量磁泡存储器。优点是所用元件简单、工作电压低、可做到连续读出、引出线少;缺点是周期长、控制器复杂。

glossary 小辞典,词汇表 针对某一特定的主题或术语附有注释或说明的词汇表。

glossary command 术语汇编指令 参见 glossary function。

glossary function 术语汇编功能 字处理中共同使用的短语保存在存储器中,可由计算机操作员把这种短语插进文件中,通过执行术语汇编指令,也可将这些短语调出。

glow conduction 辉光导电 绝大多数载流子是由二次电子发射供给的自持气体导电。参见 self-maintained gas conduction。

glow discharge 辉光放电 当电场强度超过某值时,以发光表现出来的气体中电传导现象,此时没有大的嘶声或噪声,也没有显著的发热或电极的蒸发。比较 brush discharge。

glow discharge tube 辉光放电管 也称"冷阴极离子管"或"冷阴极充气管",辉光放电管是一种利用气体辉光放电原理而工作的离子管,在电子电路中用于指示、稳压等作用。参见 gas filledtube。

glyph 图示符,象形符 一种图形符号,其形状表示某种信息。例如,指示控制光标移动方向的光标键上的水平或竖直箭。参见 cursor。

glyph font 字型 一种字形集,以及对该集各种特征(如高度、粗细和斜度)的一种描述。

GM (1)(数据)组标志[记]group mark的缩写。(2)游戏管理员 game master的缩写。(3)通用乐器数字接口 general MIDI的缩写。(4)增益裕度 gain margin (GM)的缩写。

GME (1)指导媒体扩展 guide media extensions的缩写。(2)广义匹配滤波器 generalized matched filter的缩写。

GMII 千兆位介质无关接口 gigabit media independent interface的缩写。

GMIS 地理管理信息系统 geographic management information system的缩写。

GML (1)通用标记语言 generalized markup language的缩写。(2)图形操作语言 graphics manipulating language的缩写。

GMM 广义管理模型 generalized management model的缩写。

GMPLS 通用多协议标记交换 general multiprotocol label switching的缩写。

GMR 巨型磁阻 giant magneto resistive的缩写。

G

GMSC 网关移动交换中心 gateway mobile switching center 的缩写。

GMSK (1)高斯最小频移键控 Gaussian minimum shift keying 的缩写。(2)高斯滤波最小频移键控 Gaussian filtered minimum shift keying 的缩写。

GMT 格林威治标准时间 Greenwich Mean Time 的缩写。

GNOME GNU 网络对象模型环境 GNU network object model environment 的缩写。

gnomon 球心投影 在计算机图像中,三维坐标系统的一种表示。

gnomonic map 球心投影地图 一种地图,从地球中心投影到与地球表面相切的平面上制成,能直接表示地球表面边缘没有严重畸变的有限的区域。

GNS 全局命名方案 global naming schemes 的缩写。

GNU free documentation license (GFDL) GNU 自由文档许可证 由自由软件基金会为了 GNU 项目于 2000 年发布的。该许可证适用于所有电脑软件文件以及其他参考及指导材料。许可证规定,所有使用了该许可证的材料的衍生品,不论是经过修改或转载,也都必须采用 GNU 自由文档许可证。采用该许可证的材料可以用以商业用途,但必须允许任何愿意遵守该许可证的人士在该许可证下进一步修改或散发材料。参见 GNU project。

GNU general public license (GNU GPL) GNU 通用公共许可证 其缩写也可用更简短的"GPL"表示。是由自由软件基金会发行的用于计算机软件的协议证书,使用该证书的软件被称为自由软件。是一个广泛被使用的自由软件许可证。GPL 授予程序接受人以下权利:①以任何目的运行此程序的自由;②再发行复制件的自由;③改进此程序,并公开发布改进的自由。GPL 与其他一些自由软件许可证(如 BSD 许可证)相比,主要区别就在于 GPL 寻求确保上述自由能在复制件及演绎作品中得到保障。它通过一种由斯托曼发明的称为 Copyleft 的法律机制实现,即要求 GPL 程序的演绎作品也要在 GPL 之下。相反,BSD 许可证并不禁止演绎作品变成专有软件。参见 Berkeley software distribution license。

GNU GPL GNU 通用公共许可证 GNU general public license 的缩写。

GNU image manipulation program (GIMP) GNU 图像操作程序 GIMP 是一种多平台的图像处理工具,能完成多种图像处理任务,可以作为简单的画图程序,或专家级的照片润饰程序,或大批量的图像渲染器,以及图像格式转换器等。许多 GNU/Linux 发行版本都将 GIMP 作为标准程序。GIMP 也支持其他操作系统如,微软 Windows 或苹果 Mac 操作系统。

GNU lesser general public license (GLGPL) GNU 宽通用公共许可证 GLGPL 被用于一些(但不是全部)的 GNU 程序库。这个许可证以前被称为 GNU 库通用公共许可证。LGPL 与原來的通用公共許可證(GPL)的不同之处是,允许非自由的程序可以与 GNU 程序库连接。参见 GNU general public license (GNU GPL)。

GNU network object model environment (GNOME) GNU 网络对象模型环境 GNOME 计划是在 1997 年 8 月首次宣布,之后经过大约一年的开发。GNOME 提出了一系列 UNIX 世界中没有的观点:①提供一个统一的用户界面;②提供用户友好的工具,以 UNIX 为基础,更强有力;③产生一个组件编程和组件重用的标准;④提供一个统一的打印机制。GNOME 的主要目标是提供一组用户友好的应用和一个易于使用的桌面环境。同大多数 GNU 的应用一样,GNOME 设计成可以在几乎全部的类 UNIX 操作系统中运行。

GNU project GNU 项目 GNU 是"GNU′s Not Unix"递归定义的首字母缩写语。它的发音为"guh-NEW"。自由软件基金会(FSF)为开发和促进替代专有 UNIX 实现的产品所进行的项目。GNU 项目始于 1984 年,旨在发展一个类 UNIX,且为自由软件的完整操作系统。目前,各种使用 Linux 内核的 GNU 操作系统正被广泛地使用,虽然它们被称为 Linux,更精确地,应该称之为 GNU/Linux 系统。参见 free software foundation (FSF)。

go-ahead message 先行报文 同 go-ahead notice。

go-ahead notice 先行报文 带式报文中继传输通信系统中的一种业务报文,通常发往中继站或支站,它包括一个向操作人员请求使用一个或多个特定恢复信道传输的请求。

go-ahead tone 先行音频信号 一种可听见的声音信号,表示系统准备就绪,可以接收报文。

goal 目标 (1)希望智能系统最终达到的状态。(2)计算机系统通过操作试图达到的问题解。在产生式系统中,目标可以在单独的存储器中表达,或在有分级的工作存储器单元中表达。

goal analysis 目标分析 一种分析技术,它为任务的完成鉴别各主要目标,并针对每一目标的完成去执行一种确定次目标的分解。

goal clause 目标子句 (1)在人工智能求解问题中,常用谓词演算的合式公式来作目标描述,再将这些合式公式转换成目标子句集,该集中的成员就被称为目标子句。(2)在人工智能中,用谓语演算来求解问题时,由陈述目标的合式公式变换而成的子句集。

goal-directed 目标引导 (1)一种调整推理次序的方法,与数据导引相反。同 backward chaining。(2)一种搜索方法。同 backwards research。

goal-directed function invocation 目标制导功能调

用 在基于规则的演绎系统中,目标制导功能调用机构仅当引出新目标或事实时才调用一些规则。即当一个新目标建立时,就把能应用于新目标的所有规则(对于目标是 B 规则,对于事实是 F 规则)收集起来,选择其中一个并给予完整的控制。

goal-directed reasoning 目标导向推理 围绕所要达到的目标,如解答问题,将其分解为若干子目标,然后由对子目标的解答确定对目标的解答。这个过程可以递归使用,直至问题的最后解答。基于目标的推理过程可以用"与/或"树来描述。参见 backward chaining。

goal driven 目标驱动 一种问题求解方法,由目标开始进行反向推导,向后求解问题。

goal-driven reasoning 目标驱动推理 一种推理方法,是一种逆向的推理。首先将满足于达到目标的前提列出来。然后将这些前提本身又看作为目标处理,再回到第一步,将这些新目标的前提列举出来。如此递归地控制其推理过程,直到所有的前提都能被取到为止。参见 backward chaining。

goal-driven system 目标驱动系统 编程时只考虑"做什么"而不考虑"怎样做"的系统。由目标得到的反馈信息引导系统通过调节过程,直到达到目标。

goal object 目标对象 人工智能系统中所检索的目标或对象。

goal regression 目标回归 (1)一种构造规划的技术,一次求解一个合取子目标,并检查每个解是否与已经求解的其他子目标有冲突。如果出现冲突,则将该子目标移到子目标完成序列中一个较前面的无冲突点上。(2)人工智能中问题求解的一种策略。该策略是将现行的目标分解成许多可以满足的子目标。在这些合取的子目标都得到满足的情况下,该方法是有用的。但是在一个子目标与其他子目标的满足性有冲突的情况下,则不然。

goal seeking 单变量求解 以倒算公式的方式获得所要求的输入数据的能力。例如,假定知道目标毛利为 50%以及可能的输入范围,单变量求解试图获得最佳输入数据。

goal set 目标集合 在人工智能问题求解的搜索中,目标描述所组成的集合。

goal-setting 目标建立 经济、财务、计划和管理中使用计算机的一种方式。现代计算机通信网络为公司和政府计划人员提供数据库、数学工具和仿真功能,以便有效地实现各项计划。利用现代仿真技术,决策人员在作出最后决策之前,就可以联机检查改变计划的不同效果。

goal stack 目标堆栈 在 STRIPS 形式体系中,用于存储目标的一个下堆栈,始终保持一个目标堆栈。

goal state 目标状态 在推理系统中,指为求解给定目标所必须满足的条件。目标状态专门表示与最终目标有关的已知事实、关系和属性。

goal tree 目标树 一种树形数据结构,其根节点表示要达到的目标,子节点表示子目标,只有子目标达到时才能达到上一层的目标。目标树可以是"与/或"树。参见 and/or tree。

go-back-n ARQ 退 n 步 ARQ 一种连续的 ARQ(自动重发请求),其中一个被错误接收的块之后的所有块或帧都被拒收,必须重发。参见 automatic repeat request (ARQ)。

go-back-n continuous 退 n 步继续 一种检错方法,用在站点接收到若干帧且未发出 NAK 或 ACK 之时。

go-back-n protocol 后退 n 帧协议 滑动窗口流量控制协议,该协议中接收方必须按顺序接收帧。

gobo 遮光板 在摄影术中,一个涂黑的将光线从摄影灯转移的屏幕,以避免光线进入照相机镜头,还可用于建立阴影效果。参见 diffuser,scrim。

GOCA 图形对象内容结构 graphics object content architecture 的缩写。

go cipher 加密指令 对传输的信息进行加密的指令。使用这条指令以后,传输线上的信息是一些看起来杂乱无章的信息,从而达到保密的目的。

go-code 通行码 进入或启动某个系统时使用的一个口令或者键。

gold 金币 电脑游戏中的钱。游戏中获得金币的途径基本上有以下几种:工作所得、从被打败的敌人身上获得、探寻宝藏获得、完成任务所得,或者可以在场景中的民宅、路边捡到。

gold bridge engineering "金桥"工程 我国发展信息产业"三金"工程之一。是以发展建设通信卫星、通信电缆、光缆等多种信息传输设施为基础实现我国全国和跨国的计算机网络,建立国家公用信息平台,为国民经济宏观调控和统计,为国民经济部门和国民生活各方面的信息交换和共享提供"准高速国道"。

gold card engineering "金卡"工程 我国发展信息产业"三金"工程之一。随着智能卡的推广使用,"金卡"可以延伸为公民持有的现代信息社会"入场券",成为个人与社会交往的通用证明,取代个人身份证件、存款取款凭证等。

gold code 黄金码 在扩展频谱系统中,用两组扩展频谱代码序列生成器的输出采用模-2 加法相加而成的代码。

gold doping 掺金 半导体集成电路技术中的一种工艺。把作为载流子复合中心的金扩散到集电极去,以解决当晶体管电路处于饱和状态时,载流子会存储在集电区,使开关速度变慢的问题。

gold gate engineering "金关"工程 我国发展信息产业"三金"工程之一。即我国国家经济贸易信息网络工程,主要是用计算机对国家"物流"实施高效

G

管理，通过对海关、经贸、金融、运输、机场、港口、仓储、保险、供应商、销售商、商检、外汇管理和税务实现计算机连网，使海关进出口贸易结汇和退税计算机化，并实现国际通行的无纸化贸易。

go-list 关键词表 与非同词表相反的一种词表。将该词表输入计算机，选取关键词。应用程序将该词表同原文中的词逐个进行比较，如果匹配，则作为关键词。

Gomory-Hu's algorithm 哥摩利-胡算法 一种求网络所有顶点对之间最大流的算法。其基本思想是先将网络中的点进行归类，再在简化了的网络上进行最大流计算。其基本步骤为：首先取任意两个点 v_i，v_j，求其之间最大流并得到最小割集$(X, \bar{X})$，设 $v_i \in X$，$v_j \in \bar{X}$，并令 X，$\bar{X}$ 分别作为浓缩点，而最大流作为浓缩点间的边权，组成一个新图，然后对新图而言，重复上述过程可以构造出一个最大流与原网相同的树网，而原网中任意两点的最大流等于新网中路径中权值最小的一个。按照上述方法构造的新网是一个树形网，且每一条边的权值表示原网中一个最小割集，因而称此树为割树。也称“哥摩利-胡树”。

goniometer 测角器，测向器 (1)在雷达系统中，调整方向性天线的电子装置。(2)一种电子装置，通过混合接收天线阵列各单元的输出来决定接收信号的方位，因为天线阵列中的各单元的辐射都有特定的相位关系，这样就可以确定接收信号的方位。

good enough color 基本满意的彩色 主要是指早期的彩色桌面排版(DTP)系统进行的彩色处理的质量效果，当时一般是以平板扫描机输入彩色图像，在个人计算机中进行彩色修正、图文综合排版，再通过激光照排机输出分色软片。其效果虽然比不上高档彩色系统，但是作为廉价的简易系统来说，也能够满足基本需要。

Goos-Haenchen shift 古氏-海陈相移 光波发生反射时所产生的相位偏移，偏移大小是入射角和反射面折射率梯度的函数。

Gopher 地鼠，Gopher 检索工具 美国明尼苏达大学在因特网中安装的一种分布式信息检索服务工具。它以主题方式对网络中的信息资源进行组织，使用户可以按等级排列的菜单使用系统资源，并获取用户所需文本。该系统由菜单驱动，使用方便，用户不必记忆域名、IP(网际协议)地址，不必改变程序。以前，因特网中曾有 1 000 多个 Gopher 服务器和数万个 Gopher 客户机在运行，现在已被万维网所替代。参见 archive site，prospero，wide area information service (WAIS)。

Gopher client Gopher 客户 终端用户运行的 Gopher 程序，以便从 Gopher 服务器上获取信息。Gopher 客户程序检索菜单和文件并把它们显示给用户。

Gopher protocol Gopher 协议 这是一种因特网没有发展起来之前的一种从远程服务器上获取数据的协议。Gopher 协议目前已经不使用，它已经完全被 HTTP(超文本传输协议)取代了。参见 hypertext transport protocol (HTTP)。

GOPL 图像组层 group of pictures layer 的缩写。

GOS 服务等级 grade of service 的缩写。

GOSIP 政府开放系统互连纲要 government open systems interconnection profile 的缩写。

Gothic character set 黑体字符集 一种字符集，包含 63 个无细线的形象字符。可用节距为每英寸 10 个、20 个或 15 个字符。

go-to key 往-返键，热键 计算机标准键盘上的一个键，动作后，启动计算机执行某一单元相关的操作，如显示存储器单元的内容。

GOTO statement GOTO 语句 使程序控制无条件地从一处转移到另一处的语句。在大多数程序设计语言中都有 GOTO 语句。

Gouraud shading 高氏着色 流行的平滑阴影处理算法之一，它是由法国的 Henri Gouraud 发明的，并因此而命名。它也称“色插补法”或“着色渲染技术”。此技术可对物体各顶点的颜色进行均匀融合处理，是将色彩信息插补到多边形的表面以决定每一像素的颜色的一个过程。这种方法改善了平坦阴影法浓淡不均的缺点，使三维物体外观具有更高的实时感、质感和立体感。如一个三维造型的球体，经高氏着色后，表面产生顺滑的光暗过渡，而非一个面一个面的块状过渡，同时也产生了塑料或金属表面一样的外观。参见 shading，flat shading。

gov 政府机构域名 在因特网的域名系统中，标识政府机构网址的最高层域名。

government information architecture (GIA) 政府信息化架构 以政府业务为核心，以信息技术为支撑，提供一整套的体系，包括理论、方法、技术、平台等。其作用包括控制、分析、评估电子政务建设投；指导总体规划；指导顶层设计；梳理政府业务；指导业务与技术高效结合；指导连续性的推进计划的制定等。在具体实现上，政府信息化架构采用基于构件的架构，将业务过程中的各种服务构件化，然后通过恰当的组合来灵活搭建出符合业务需要的系统。它包括政府信息化网络架构、政府信息化安全架构、政府信息化资源架构、政府信息化业务架构等。

government open systems interconnection profile (GOSIP) 政府开放系统互连纲要 美国政府为 OSI(开放系统互连)协议制定的实施规范，政府规定自 1990 年 8 月开始，美国联邦政府在采购主计算机和通信系统设备时必须遵守的一组 OSI 标准。

government OSI profile (GOSIP) 政府 OSI 框架文件 GOSIP 是政府采纳的一组标准，它规定政府

机关采购计算机设备使用开放系统互连(OSI)标准。美国的GOSIP是由GOSIP联邦信息处理标准(FIPS)规定的,由政府于1990年通过国家标准和技术协会(NIST)发布。GOSIP严格遵循OSI标准,在计算机设备之间提供互操作性。美国政府的GOSIP定义了OSI的一个子集,目的是向用户提供一个进入网络的接口,并且向网上的一些(但并非所有的)系统提供GOSIP服务。为了紧跟技术和OSI标准的发展,GOSIP定期性地更新。在美国,这些更新每年进行一次。

government private network 政务专网 国家电子政务体系架构中的重要组成部分,是实现各级政府机关之间政务信息资源共享和网络协同办公、建立统一的应急指挥信息系统的基础网络平台。政务专网主要用于机关非涉密文件信息的传递和业务流程,它与外网之间通过安全隔离网闸(GAP)来交换信息,以便实现公共服务和内部业务流程的衔接,具有较高的安全性。

government to business (G2B, G to B) 政府与企业 电子政务的一种模式。政府与企业之间的电子政务,即政府通过电子网络系统快捷迅速地为企业提供各种信息服务。例如进行电子采购与招标、电子化报税、电子证照办理与审批、相关政策发布、提供咨询服务、进行监督和管理等。

government to citizen (G2C, G to C) 政府与公众 电子政务的一种模式。是政府通过电子网络系统为公众提供各种服务。G2C电子政务所包含的内容十分广泛,主要的应用包括:公众信息服务、电子身份认证、电子税务、电子社会保障服务、电子医疗服务、电子就业服务、电子教育、培训服务、电子交通管理等。G2C电子政务的目的是除了政府给公众提供方便、快捷、高质量的服务外,更重要的是可以开辟公众参政、议政的渠道,畅通公众的利益表达机制,建立政府与公众的良性互动平台。

government to employee (G2E, G to E) 政府与雇员 电子政务的一种模式。政府与政府公务员之间的电子政务,是政府机构通过网络技术实现内部电子化管理,建立起有效的行政办公和员工管理体系,为提高政府工作效率和公务员管理水平服务。

government to government (G2G, G to G) 政府与政府 电子政务的基本模式。政府与政府之间的电子政务,即上下级政府、不同地方政府和不同政府部门之间实现的电子政务活动。G2G具体的实现方式可分为:政府内部网络办公系统、电子法规、政策系统、电子公文系统、电子司法档案系统、电子财政管理系统、电子培训系统、垂直网络化管理系统、横向网络协调管理系统、网络业绩评价系统、城市网络管理系统等,亦即传统的政府与政府间的大部分政务活动都可以通过网络技术的应用,高速度、高效率、低成本地实现。

GP 通用程序 general program 的缩写。

GPA 图形性能加速器 graphics performance accelerator 的缩写。

GPC (1)通用计算机 general purpose computer 的缩写。(2)图形性能特性组织 graphics performance characterization 的缩写。(3)组策略容器 group policy container 的缩写。

GPF 通用保护性故障 general protect fault 的缩写。

GPIB 通用接口总线 general purpose interface bus 的缩写。

GPIB/IEEE 400 interface boards GPIB/IEEE 400 接口标准 一种接口卡标准。这类卡可以直接插在PC机或其兼容机的扩展槽上。PC机后面有一个IEEE-488标准的接线器,可以和任何符合IEEE-488/GPIB(通用接口总线)标准的电缆相连。488板上的驱动/转换软件完成初始化工作和IEEE-488的所有功能的协议转换。该驱动软件最好是设计成DOS(磁盘操作系统)常驻内存型,以便简化高级语言的调用。

GPIB interface adapter GPIB接口适配器 允许用户将IEEE(电气与电子工程师学会)并行通用接口总线(GPIB)与RS-232-C系统相连的适配器。它提供了两条数据传输通路,可以把老的仪器和终端转接于较新的GPIB并行方式的控制和处理系统。

GPIRS 综合定位惯性参考系统 global positioning inertial reference system 的缩写。

GPIs 普通操作输入 general purpose inputs 的缩写。

GPL 通用公共许可证 general public license 的缩写。

GPO 组策略对象 group policy object 的缩写。

GPON 千兆位无源光网(络) gigabit passive optical network 的缩写。

GPON encapsulation method (GEM) GPON 封装模式 GPON(千兆位无源光网)系统使用的一种面向连接的数据帧传输结构,可把用户数据帧拆分为变长的数据段并进行传输。

GPPM 每分钟图形页数 graphics pages per minutes 的缩写。

GPR 通用寄存器 general purpose register 的缩写。

GPRS 通用分组无线业务 general packet radio service 的缩写。

GPRS mobility management and session management GPRS移动性管理与会晤管理 对移动台的当前位置进行跟踪、对用户分组数据协议的上下文进行处理(激活、去激活、修改)的功能。

GPRS supporting node (GSN) 通用分组无线业务支持节点 通用分组无线业务(GPRS)网络中最重要的网络节点。具有移动路由管理功能,它可以连

接各种类型的数据网络，并可以连到 GPRS 寄存器。可以完成移动台和各种数据网络之间的数据传送和格式转换。可以是一种类似于路由器的独立设备，也可以与 GSM(全球移动通信系统)中的 MSC(移动交换中心)集成在一起。参见 general packet radio service (GPRS)。

GPRS tunnel protocol (GTP) **通用分组无线业务隧道协议** 用于传送通用分组无线业务(GPRS)骨干网中 GPRS 支持节点间数据和信令的隧道传输协议。参见 general packet radio service (GPRS)。

GPS (1)全球定位系统 global positioning system 或 general-world position system 的缩写。(2)通用问题求解程序[器]general problem solver 的缩写。(3)图形编程服务(程序)graphic programming services 的缩写。(4)全局分块模式 global partition schema 的缩写。

GPSG **广义短语结构文[语]法** generalized phrase structure grammar 的缩写。

GPSS **通用系统模拟语言，GPSS 语言** general purpose system simulator 的缩写。

GPT (1)广义路径信息单元轨迹 generalized path information unit trace 的缩写。(2)图形性能工具包 graphics performance toolkit 的缩写。(3)组策略模板 group policy templet 的缩写。

GPU **图形处理器** graphic processing unit 的缩写。

grabber **爪钩，数据采集器** (1)固定在测试设备的引线或探头的终点上、带有弹簧的钩子和爪子。用来将测试仪器连接到集成电路的插脚、插座的插脚或晶体管的插脚。(2)采集数据并将数据送进存储器的装置。

graceful degradation **故障弱化，文雅[适度]降级** (1)系统容忍故障的一种能力。也称“故障降级”。当系统中某一部件出故障后，可以切除该部件，在一定程度上降低系统性能，使系统能继续执行所承担的任务。(2)指故障达到可以接受的简化工作状态。

graceful exit **文雅转出** 系统在不使计算机关电的情况下就可以使程序转出不正常状态的能力。对应地，通过使计算机关电的办法使程序转出不正常状态的办法称粗暴转出。

grace login **宽限登记** 允许用户利用已过期的口令，不对它作改变而完成的登记。

gradation **灰度** 在文件复印技术中，原件或其影像上的题材色调的明暗或对比度的变化范围。

graded index fiber (GIF) **渐变[梯度]型光纤** 一种光缆，其中分级折射率在中心比在包层要高，由于光线在折射率低时传输得快，所以随着外径的延长而加速，而在内径中则减速，因此均衡了在光纤中传输的时间。这是一种降低漫射的方法，带宽可达 1 ～ 2 GHz，多用于一些速率不太高的局域网。

graded-index multimode (GIMM) **渐变折射率多模(光纤)** 简称“渐变光纤”。光纤中心芯到玻璃包层的折射率是逐渐变小，可使高次模的光按正弦形式传播，这能减少模间色散，提高光纤带宽，增加传输距离。由于高次模和低次模的光线分别在不同的折射率层界面上按折射定律产生折射，进入低折射率层中去，因此，光的行进方向与光纤轴方向所形成的角度将逐渐变小。同样的过程不断发生，直至光在某一折射率层产生全反射，使光改变方向，朝中心较高的折射率层行进。这时，光的行进方向与光纤轴方向所构成的角度，在各折射率层中每折射一次，其值就增大一次，最后达到中心折射率最大的地方。在这以后。和上述完全相同的过程不断重复进行，由此实现了光波的传输。可以看出，光在渐变光纤中会自动地进行调整，从而最终到达目的地，这称为自聚焦。

graded index optical fiber **渐变折射效率光纤** 一种光纤，纤芯的折射效率随光纤轴距离的增大而减小；光线在光纤中传播由于折射的作用频繁地重新聚焦，以便保持在纤芯中。

graded index optical waveguide **渐变折射率光波导** 一般为一种介质波导管，如一种渐变折射率分布的光纤。

graded index profile **渐变折射率分布** 任何一种随着纤芯曲率变化的折射率分布，与阶跃折射率分布不同。

graded optical fiber **渐变型光纤** 渐变型光纤的纤芯折射率从中心向外逐渐变低。

grade of service (GOS) **服务等级** 在数据通信中，网络通信处理能力的一种度量。它体现通信服务的质量，衡量的标准是通信量最大时线路的阻塞程度。GOS 级别从第一级(不可接受)到第五级(极佳)。

gradient descent **梯度下降** 神经元网络中的一个学习过程，改变网络中的权重以跟踪通向最小误差点的最深的路径。

gradient fill **梯度填充** 在计算机图形中，一个由起点颜色与终点颜色进行平滑交融的填充操作。

gradient of a scalar field **标量场的梯度** 向标量增加最快的方向，且大小等于在此方向的导数的矢量，称为标量场的梯度。

gradient shading algorithm **梯度浓淡算法** 一种图像染色算法，对于空间的等值面，其法向矢量的方向为梯度矢量的方向，由此求出各像素的亮度值。这种算法的计算量只与像素有关，而与所表达对象的复杂程度无关。参见 distance shading, contexture shading, marching cube shading。

gradient vector **梯度向量** 图像中点的密度变化率的方向和量值。

grading resistor of an arrester **避雷器均压电阻** 与阀式避雷器的放电间隙相并联，用以调整电压分布的电阻。

gradual degradation　逐渐退化　通过事前的检测或监测可以预测到的故障,它是由于产品的规定性能随寿命单位数增加而逐渐变化引起的。对电子产品也称"漂移故障"。

grafPort　grafPort 环境　苹果 Macintosh 中的一个图形环境(如一个窗口及其笔尺寸、字体、背景图案等),程序员还可为向屏幕或者打印机发送图形建立 grafPort 环境。

grain　细粒(现象),纹理,粒度　(1)在摄影中,由于胶片曝光时间不合要求或者胶片质量等缘故,使得胶片上产生细小的晶粒。(2)在一些材料上的纤维组织形式,如木材的木纹。(3)事实表的详细级别,由组成主键的所有组件的交集决定,包括所有外键和除此之外的主键元素。

grain boundary　晶界　不同取向的晶粒之间的界面。

grainy　颗粒　用于表示声音在音色上的粗糙程度的声学术语。音乐听来有些像被分割成许多的小段而不再连续,也不再清澈或通透。系因有谐波失真或互调失真所引起的。

gram (g)　克　质量基本单位。1 克等于 0.0352 盎司。

grammar　文法,语法　语言的结构规则。自然语言的语法具有一定的民族特点和相对的稳定性。语言的最小的有意义的单位是语素,词和词组成的语言单位是短语,前后有停顿并带一定的语调所表示的相对完整的、有意义的语言单位称为句子。句子构造的基本格局称为句型。在语法分析中,除要研究词类、词性、句类、语(词)序、句型外,还要研究句法关系等。

grammar checker　文法检查器　用于检查文法的软件,将文本的句法特征与内建的文法作比较,然后指出改正方法。

grammar driven　文法驱动　一种分析语句的方法,根据语法规则控制操作流程。比较 lexicon driven。

grammar rule　语法规则　用于定义在语法分析和语句生成中句法元素的合法组合的规则。

grammatical category　语法范畴　根据某些语法意义的共同内容,把语法意义概括为几个基本类别,这种语法意义的类就称为语法范畴。语法范畴可以大致分为词法范畴和句法范畴两大类。

grammatical inference　文法[语法]推导　(1)通过训练例学习文法。它大量应用于具有时序关系或空间关系的学习问题。文法推导目前能够做的主要是限定类文法的推导,主要使用的推导方法有枚举法、归纳法、求精法、语义法等。(2)推断程序设计语言的语法,判断出语法正确性的句子和语法上不正确的句子。

grammatical inference by enumeration　枚举法文法推导　逐个产生文法,并逐个检验,找出能够最好地解释训练例的文法。

grammatical inference by induction　归纳法文法推导　只采用正面训练例来发现文法的递归结构,建立可能的文法。

grammatical inference by refinement　求精法文法推导　首先形成一个文法假设,然后通过简化探索法或通过使用新的训练例来具体化该文法。

grammatical information　语法信息　与事物运动状态及变化方式的因素相联系的信息。语法信息是信息的最基本层次,也称"句法信息",是认识主体感知或表述的事物运动状态和特征的形式化关系,它只涉及到事物运动的结构,即只考虑状态和状态之间的关系,也就是说,只表述客观事物运动状态而不考虑其意义的符号排列和组合。按照事物运动状态和特征的不同,语法信息包括有限状态语法信息和无限状态语法信息,连续状态语法信息和离散状态语法信息。参见 pragmatic information, semantic information, comprehensive information。

grammatical mistake　语法错误　由于不合乎程序设计语言所规定的文法要求而产生的错误。

grand access　许可存取　存取控制的一种。一般用户对数据对象的存取须经该对象的主人许可才能进行。

grandfathered installation　原始式安装　任何一种既有系统,如果它的网络电缆和网络端接线正在被用于提供网络系统内业务或内线业务,就被认为是原始式。这类使用将持续到设备寿命结束。

grandfather tape　存档带,原始带　两条磁带的数据相同,其中一条带上的数据保持不变,称为存档带或原始带;而另一条带则根据第三条带上的最新情况加以更新,成为新的存档带。这样,每更新一次就有一条存档带,所有的存档带构成一套历史记录,可作为统计分析的数据依据。当现行带丢失或损坏时,可以利用存档带进行复制。

grand orphan　孤孙进程　在客户机/服务器方式中,客户机向服务器发出远程过程调用后自身出现故障,而在服务器中形成孤儿进程时,这个孤儿进程又调用其他进程所形成的无主控制进程的进程。

grand total　总值,总计　计算许多数的总和时先将数分成若干组,算出各组的和,即小计,再把小计相加得到最后的总和称为总计,或称为总值。

grand unified theory　大统一理论　统一描述强相互作用、电磁相互作用和弱相互作用的一种理论。寻求不同相互作用的统一理论是长期以来物理学家努力的一个目标。19 世纪 60 年代末,一些物理学家建立的电磁相互作用和弱相互作用的统一理论,即电弱统一理论取得了成功。其后在 70 年代初,强相互作用又取得了进展。这些理论有一个共同特点,即具有所谓"定域规范对称性",或者说它

G

们都是规范相互作用理论。于是一些物理学家在此基础上尝试建立大统一理论。按照这一理论，各种基本相互作用的强度与所涉及的能量有关。随着能量的增加，强相互作用的强度迅速减小，电磁作用的强度也会减小，而弱相互作用的强度则将增加。在某一能量标度上，这三种基本相互作用的强度将变得相同，这时它们便统一为一种相互作用。这种大统一理论能够对目前一些其他理论无法说明的事实（如电荷量子化、夸克和轻子的种类等）作出解释。但是迄今的实验并不支持大统一理论的这个结论。不过，寻找统一相互作用理论的尝试始终是物理学家所追求的一个目标。

G

granted access rights　允许访问权限　在微软 Windows NT 中，安全子系统给予要打开对象句柄的线程存取权限集。允许访问权限是申请方期望访问的非常态的子集，对象管理器将允许访问权限存放在返回的对象句柄中。参见 desired access right。

grant magnetoresistive (GMR) heads　大磁阻磁头　采用多层结构和磁阻效应更好的材料制作的磁头，这种磁头比 MR（磁阻）磁头对微弱信号更加敏感，灵敏度是 MR 磁头的 4 倍，因此它能感应更细磁轨的信号。GMR 磁头是由四层导电材料和磁性材料薄膜构成的：一个传感层、一个非导电中介层、一个磁性的栓层和一个交换层。前三个层控制着磁头的电阻。在栓层中，磁场强度是固定的，并且磁场方向被相临的交换层所保持，而且磁场强度和方向则是随着转到磁头下面的磁盘表面的微小磁化区所改变，这种磁场强度和方向的变化导致明显的磁头电阻变化，在一个固定的信号电压下面，就可以拾取供硬盘电路处理的信号。采用 GMR 磁头可以在相同的盘面做更多的磁轨，拥有更大的容量。

grant rights mask　代理权限屏蔽　NetWare 目录服务之一，给出了代理目录的最大权限。

granularity　颗粒度，粒状理论　（1）一个大实体分割的程度（如程序中计算单元的大小），分割得越大，颗粒度就越大，反之则小。（2）对于屏幕显示分辨率，颗粒度指像素的大小。（3）数据仓库中用于表达信息详细程度的一个术语。粒度越高，详细的程度越低（高级抽象）。（4）在操作系统中，指任务调度分割的时间片大小。（5）在计算机安全中，一个数据对象的相对大小的表达式，如文件级的保护看作是粗颗粒的，而字段级的保护看作是细颗粒的。（6）对于并行计算机，指节点计算机的相对功能大小。（7）J. R. Hobbs 根据心理模型认识论提出的知识表示新理论，称粒状理论。其基本动机和思想是受心理模型的影响。即人类从复杂世界中抽取不同的概念，而不同时刻仅考虑其有影响的部分。该理论将复杂理论转换为计算机上可追踪的理论，为复杂世界中智能事务推理提供了基础。

granule　区组　在操作系统中，为进行磁盘空间管理而规定的基本物理单位。每一区组有几个盘区，每一盘区一般为 256 字节。

graph　图　（1）在图论中，由若干节点和连接各节点的连线组成的图。其连线有方向的称为有向图，无方向的称为无向图。（2）一种复杂的数据结构，在图结构中各元素之间的关系可以是任意的，即图中任一个数据元素都可以和图中任何其他元素相连接，在现代科技领域中，如人工智能、控制论、网络理论、系统工程及其他方面的问题中都应用到图的理论，用计算机处理有关图的问题时必须使用图数据结构，因此图结构是数据结构中的重要内容之一。图中的数据元素称为顶点，图的定义：数据结构 $G=\langle V,R\rangle$，式中 V 是顶点的有穷非空集合，R 是两个顶点之间的关系的集合。R 称为边，边是顶点的无序对或有序对。图的基本运算有查找、插入和删除。图的存储结构有邻接表，邻接多重表和十字链表。从图中某一顶点出发访问图中其余顶点，且使每一个顶点仅访问一次的过程称为遍历图。图的遍历方法通常有深度优先搜索和广义优先搜索两种。

graph-based language　图语言　演绎数据库中用于递归查询优化的一种基于图的语言。该语言可将数据库查询表达成有向图与路径，并采用正则表达式说明对路径的某些限制。这种表示方法允许对正则表达式中只含常量的查询进行优化。

graph capture device　图形采集设备，图形输入设备　一种将图形以数据形式输入到计算机中的设备，常用的图形采集设备包括键盘、坐标数字化仪、光笔、操纵手柄和跟踪球以及图形输入板。

graph command　图形命令　计算机系统中的一种命令，执行图形生成、显示、打印等操作。

graph follower　图形跟读器，读图器　一种光学读出装置，它能阅读以图形表示的数据。

graphic　图形，图示学，图示技术　（1）可以在屏幕上显示或者打印出来的任何形式的图片或者线条。它指的是形状和图案，而不是文本字符。（2）将数据表示成为图像形式的技术和方法。研究图与形及数之间关系的理论及其应用的科学。（3）利用计算机处理图形信息以及借助图形信息进行人机通信处理的一门科学。（4）关于图表、表格以及它们的制作。参见 computer graphics，coordinate graphics，fixed image graphics，interactive graphics，passive graphics，raster graphics。

graphic access method (GAM)　图形存取法　（1）一种能在图形显示装置上把字符或图形显示出来的输入输出方式。（2）一种支持显示设备的软件。一般来说，程序员要通过图形服务程序和图形例行程序包调用它的功能。

graphic address remapping table (GART)　图形重复映射地址表　在 AGP（图形加速端口）总线中，GART 是用 AGP 控制器映射线性地址的一种装置。该地址是在系统存储器里,图形芯片能识别,具有运作简单的特点。

graphic adventure　图形冒险类(游戏)　冒险类电脑游戏的一个门类,相对于文字冒险类电脑游戏。

graphical cellular automaton　图形细胞自动机　一种细胞之间连接采用非一致互联方案的细胞自动机。其中每个细胞的邻接细胞个数固定,但细胞之间连接的几何关系不定,这种机器比一致互联的细胞自动机功能强。

graphical design　图解设计法　利用描述两个变量(如板极电压和栅极电压)的关系,而第三个变量(如板极电流)不变的图形来获得工作数据的方法。

graphical display　图形显示器　一种用于显示图形的输出设备。它包括基于阴极射线管(CRT)原理的各种图形显示装置、等离子体显示器和液晶显示器等。

graphical editing of resource information　资源信息图形编辑　为对资源图形数据(包括相应的属性数据)进行存储、查询、检索、分析、管理和应用,实现对图形的有效组织,需要对资源数字图形进行修改和处理的过程。

graphical elements　图形元素　构造复杂的几何图形和图幅的基本图形实体。不同的图形系统有不同的图形元素。GKS(图形核心系统)标准规定了六种基本图形元素,即折线、多点记号、填充区、正文、像素阵列和 GDP(广义绘图原语)。CGM(计算机图形元文件)标准除六种基本图形元素外,附加了圆弧、椭圆弧、样条曲线等图形元素。

graphical information　图形情报　参见 pictorial information。

graphical input device　图形输入设备　一种将用户的图形数据和各种命令转换成计算机所能接收的信息的部件或装置。常用的图形输入设备从逻辑功能上可分为如下六种:①定位设备,用来输入一个坐标点的设备,如拇指轮;②定值设备,用来输入一个数值的设备,如数字键盘;③笔划设备,用来输入一系列坐标点的设备,如图形输入板;④选择设备,用一个数值能从预先编好的可供选择的动作或功能中选取其一的设备,如功能键、菜单等;⑤拾取设备,通过一种拾取状态来标识被选择的显示的实体设备,如光笔、鼠标器等;⑥字符串设备,输入一串字符的设备,如字符键盘。

graphical interpreter　图形解释程序　一种解释执行的交互式图形系统。其功能是可扩充的,它与一种非算法语言一起合作,允许在荧光屏上执行图形的创造、处理和运行等操作。

graphical output device　图形输出设备　将计算机处理加工过的图形数据以图形的形式进行显示和绘制的部件或装置。常用的图形输出设备有图形显示设备和绘图设备。前者在屏幕上快速地生成和删改图形,产生图形的软拷贝;后者将图形绘制在不同的介质上作为永久保存的硬拷贝。

graphical primitive element　图形原语元素　CGM(计算机图形元文件)中那些描述图片中可见成分的元素。CGM 提供以下的图形原语元素:折线、多条线段、多点记号、正文、受限正文、附加正文、多边形、多边形集、像素阵列、广义绘图原语(GDP)、矩形、圆、三点圆弧、三点封闭圆弧、中心圆弧、中心封闭圆弧、椭圆、椭圆弧、封闭椭圆弧等。参见 computer graphics metafile (CGM), generalized drawing primitive (GDP)。

graphical symbol　图形符号　用于对应于语言传达信息的可视可察觉符号。图形符号可通过绘画、印刷或者其他方式产生。

graphical user interface (GUI)　图形用户接口[界面]　操作系统或者程序和用户之间的接口。由一个现实世界实景的图形形态构成,通常是一个桌面屏幕,其中用图标表示一个实际对象,用户可以用指示设备(如鼠标器)进行操作。在图形用户接口下开发程序时,用户可不必涉及屏幕显示和鼠标、键盘输入的细节,也不必涉及常用的操作(如存储数据文件)。GUI 提供了标准的窗口、对话框等控制机制,此外在 GUI 环境下的程序是与具体设备无关的,在设备改变时(如更换显示器)程序不必重写。参见 icon, menu, mouse。

graphic and combinatorial algorithm　图与组合算法　求解图论与组合论中各种问题的算法的总称。这是算法理论的一个内容很丰富的分支,主要有解决下述问题的算法:路径、连通性、生成树、匹配、可平面性、网络流、任务分派等。

graphic board　图形卡,图形插件板　同 video graphic board。

graphic character　图形字符　不同于控制字符的一种字符,它们大小相同但具有各种不同的形状。每一个图形字符都有相应的编码,使用方法与普通字符完全一样。在国际标准化组织(ISO)颁布的编码字符集中,明确地规定了信息处理和信息变换所采用的编码字符集以及图形字符的名称。

graphic character identifier　图形字符标识符　同 character identifier。

graphic character set　图形字符集　与编码无关而规定的一组图形字符的集合,产生图形时每个占一个字符位置。某些图形字符集可以允许在同一个字符位置用两个或两个以上的图形字符组合起来,以表示增补的图形字符。

graphic data dictionary　图形数据词典　以图形进行描述的数据词典。参见 data dictionary。

graphic data reduction　图形数据压缩　将图形数据转换成数字数据并进行压缩的过程。

graphic data structure　图形数据结构　在图形显示中,表示图形数据的数字数据的逻辑序列。

graphic digitizer　图形数字化仪　利用模式跟踪的

G

方法把各种实际图形信息转换成数字形式送入计算机，以便计算机对其传输、存储、处理的装置。

graphic display controller (GDC)　图形显示控制器　高性能光栅扫描式图形和字符显示控制集成电路芯片。除具有通常的图形和字符显示功能外，还具有丰富的画图功能。它具有图形生成速度快、图形分辨率高、处理功能强以及显著简化计算机图形系统设计的特点。随着芯片处理功能的增加，该术语常可同图形处理器芯片混用。

graphic dispaly device　图形显示器　一种以图形形式提供数据某一表示的显示器。

graphic display resolution　图形显示分辨率　显示终端上能清晰显示的每行像素数和每列像素数。

graphic display system (GDS)　图形显示系统　用于配合计算机图形处理，显示图形的装置。

graphic documentation　图形化文档编制　在图上或胶片上记录文档数据的过程。

graphicelectric neural network　光电神经网络　用光神经器件和硅神经器件组成的神经网络。它用硅光导元件组成的阵列作连接，用光强度改变电导元件的导电率，从而实现权值的改变，通过光投射到阵列上的特定图像控制电导元件，对输入信号实现可变连接加权。

graphic escape character　图形换码字符，图形转义字符　某些信息显示系统数据流中的一种控制代码(十六进制的80)。可用来从替换字符集中引入图形字符(十六进制的40 ～ FE)。

graphic file maintenance　图形文件维护　更新信息物理表示(如缩微胶卷、输出拷贝、缩微印刷体字等)的过程。

graphic information processing　图像信息处理　主要内容包括文字识别、图形处理或识别、物体识别、声音识别等，可用于自动排版、自动编辑、自动加工、自动制图、自动气象预报、自动设计加工程序、自动检查、命令指挥系统、自动装配、自动诊断、机器人等方面。

graphic input　图形输入　在交互模式下用户通过图形输入设备所提供给系统的输入数据。

graphic input device　图形输入设备　图形系统中允许用户输入文字、数值、位置信息、选择信息或挑选某个图元(或图段)的硬件装置统称为图形输入设备。

graphic interface　图形接口，图像界面　与软件包相连接的设备，用于在计算机屏幕上以图像方式显示当前发生的事件。

graphic job processing　图形作业处理　任务数目固定的多道程序和任务数目可变的多道程序设计中可选的功能。它使用户在显示器上迅速而方便地规定和启动由操作系统控制处理的作业，还可以交互利用图形显示程序。

graphic language　图形语言　在计算机图形学中，用来为图形系统编程的语言。有时也称“图像语言”。它包括图形程序设计语言和图形会话语言。前者是编写有关图形处理的应用程序所用的语言，属于高级的面向问题的程序语言；后者是供在图形终端上的操作人员与计算机对话用的一种语言，属于一种面向应用的命令语言。通常说的图像语言指的是图像程序设计语言。目前研制的图像语言可供编写计算机辅助设计应用程序使用，重点放在处理图形数据结构上。

graphic limit　图形边界　在计算机屏幕上，图像在软件中的边界。在某些图像环境中，图像的边界常称为图像的边界矩形或者边界框，包括将图形封闭在内的全部面积。

graphic metaphor　图形隐喻　计算机显示屏上用图形表示真实对象的一种方法。它有助于理解计算机的工作过程。

graphic microprocessor　图形微处理器　体系结构设计特别适于图示操作的微处理器。这种专用LSI(大规模集成电路)微处理器芯片主要用于图形处理系统。

graphic object　图形对象　在使用计算机制图系统的应用程序中，表示图形的一个概念性单位。它所采用的坐标系由应用程序规定。对一个输出图形对象的描述通常包括两部分：一是几何描述；另一是当其输出时对其视图外貌特征的描述。

graphic overlay　图形覆盖　同 overlay。

graphic package　图形软件包　处理图形的输入输出及图形的几何变换(如缩放、平移、透视等)的程序的有机集合。图形软件包可通过与用户交互或以子程序库的方式为用户使用。

graphic plotter　绘图仪　作为计算机输出设备的一种绘图仪器。它能用多种颜色以很高的坐标精度将计算机数据转换成图形。广泛用于计算机辅助设计和辅助制版中。它是大规模集成电路制版工艺中不可缺少的设备。

graphic primitive　图形原语　一个单项的图形操作，如画一串点、画一直线、画一串图文。

graphic process　图像[形]处理　在计算机的图像仪上实现输入数据图像化、输入图像数值化；图像扩大、缩小；旋转和平移；输入图像灰度分析、干扰的滤除；输入图像的各种色彩信息等功能的过程。

graphic processing unit (GPU)　图形处理器　GPU 是一个单芯片，它有一个集成的多边形转换与光源(T&L)引擎，但不包括以前显示卡上的着色引擎。T&L 的引擎作用是代替 CPU 进行几何转换和光照处理。要生成三维游戏，程序将首先生成虚拟三维实景，而这个场景中的物品是由许多多边形、矩形和三角形组成的。三维场景必须按透视规则转换，并在平面的显示器上显示。使用 GPU 的好处是减轻 CPU 的工作量，让游戏中的动态光影更加真实和细致。参见 transform and lighting (T&L)。

graphic programming services (GPS) 图形编程服务(程序) 在操作系统中,一些服务程序用于设计和执行在显示工作站与用户通信的一些程序。

graphic reasoning 图形推理 由一个或若干个已知图形而推出另外一些图形或信息的思维过程。在一个图形推理中,已知的若干图形构成前提,由前提而得出的是结论,还有一个重要的构成部分,那就是推理要求。因此,一个图形推理由三要素构成:前提、推理要求和结论。依据这三者之间的逻辑联系可以将图形推理分为必然型推理和或然型推理。必然型推理指的是根据图形推理的前提和推理要求,结论是必然的图形推理;或然型推理指的是根据图形推理的前提和推理要求,结论不是必然的图形推理。根据图形推理的前提和推理要求,所得推理的结论在一般情况下是唯一的,但是有时不是唯一的。如果根据图形推理的前提和推理要求,所得推理的结论是唯一的,那么就把这种图形推理称之为确定型推理;如果所得推理的结论不是唯一的,那么就把这种图形推理称之为不确定型推理。在图形推理中,如果推理规律依据于图形符号自身的特性,那么将这种图形推理称为直指型图形推理;如果推理规律依据于图形符号所表达的意思,那么将这种图形推理称为意谓型图形推理。根据图形的维数,如果一个图形推理中所包含维数最高的图形是二维图形,那么就称该图形推理为平面型图形推理;如果一个图形推理中所包含维数最高的图形是三维图形,那么就称该图形推理为立体型图形推理。

graphic recording 图形记录 借助图形工具所完成的信息记录,是一种图形符号或图像结合起来的信息。

graphic report generator 图形报告生成程序 能根据数据文件来产生出各种图形报表的生成程序。

graphics accelerator 图形加速器 安装在计算机里的专用卡,它使用专门的微处理器芯片来加速屏幕上绘制线条和图像的动作。在一般的个人计算机中,主微处理器芯片在完成屏幕上显示线条所需要的全部计算的同时,还要照看键盘、鼠标、磁盘驱动器和内存。通过加入图形加速器,可以缩短图形软件的反应时间。

graphics adapter 图形适配器 个人计算机上的一种扩充板,可增加计算机制图功能(如分辨率、颜色等)。同 video board。

graphics and text editing system (GATES) 图文编辑系统 能将图形数据与文字数据在同一帧画面中进行编辑的文字处理系统。目前较新的文字处理软件大都支持此功能。

graphics block 图形区域 一种图形处理技术。用户可根据需要将整个图形或部分图形定义为一个图形区域,可以将这些图形区域作为一个整体来进行插入、删除、缩放、旋转等操作,也可以将所定义的图形区域还原为若干个图元组成的一般图形。

graphics card 图形显示卡 一种计算机外围设备,使计算机可以显示和处理图形,单色型只能显示一种色彩,而彩色型则可以显示多种颜色。

graphics context (GC) 图形上下文 在 AIX 增强 X-Windows 中,各种图形输出的存储区(如前景像素、背景像素、线宽和裁剪区),一个图形上下文只能与具有相同根目录和相同深度的可绘制的图形一起使用。

graphics coprocessor 图形协处理器 一个专用的协处理器,安装在某些视频适配卡中,可根据计算机的命令生成图形(如线和填充区域),使计算机的 CPU 不必进行这方面的处理。

graphics data file (GDF) 图形数据文件 一种编码格式的图像定义。可在内部由 GDDM(图形数据显示管理程序)使用,GDDM 有选择地向用户提供比图形数据显示管理系统应用程序接口更低级别的程序设计接口。

graphics data format (GDF) file 图形数据格式文件 一个按编码顺序格式的图片定义,用于 GDDM 内部,可向用户提供一个比图形数据显示管理器(GDDM)应用程序接口较低级的程序接口。

graphics data structure 图形数据结构 一个专门设计的表示一个或者多个图形元素的数据结构。

graphics description language (GDL) 图形描述语言 一种专用的图形设计和处理语言。通常,它应该包括有图形定义语句、图形操作语句、输入/输出控制语句以及一般常用程序设计语言所具有的一些程序控制语句等。图形描述语言要求语句表达明确、简练和完整,它应采用实用的数据结构,具有自己专用的编译器。

graphics device interface (GDI) 图形设备接口 负责系统与绘图程序之间的信息交换,处理所有程序的图形输出。图形设备接口提供了一系列的函数和相关的数据结构,应用程序可以使用它们在显示器、打印机或其他设备上生成图形化的输出结果。使用 GDI 函数可以绘制直线、曲线、闭合图形、路径、文本以及位图图像。所绘制的图形的颜色和风格依赖于所创建的绘图对象,即画笔、笔刷和字体。参见 graphical user interface (GUI)。

graphics digitizer 图形数字化器[仪] 用于将几何模拟数据转换成数字形式的一种图形输入设备。

graphic searching 图搜索 用图来表征搜索过程或结果的算法。在搜索过程中同时记录许多已试探的规则序列,以便在应用一条规则时,为以后应用另外的一条规则做好准备。目前,已有很多图搜索算法,包括无信息和启发式的图搜索算法。

graphics editing software 图形编辑软件 可以制作和编辑传真或扫描图的软件。

G

G

graphic service 图像业务 应用图形的通信业务或系统,即系统以图像形式(如图片、图形、字母、数字、线段和图画等)进行数据的发送与接收。

graphics file format 图形文件格式 图形信息在磁盘上以文件形式存储时的组织格式,用扩展名来表示。图形文件格式是由绘图软件自行定义的,种类很多,迄今为止尚没有统一的标准。即使同一个绘图软件,由于改变图形表示形式与交换的需要,也可建立多种图形文件格式。下面是一些常见的图形和图像文件格式:

BMP——Windows 下使用的位映射图像文件

CGM——计算机图形元文件

DXF——数据交换文件,由 Autodesk 公司创立

EPS——封装的页面描述语言,用于激光打印机输出

GEM——Digital Research 公司开发的图形用户接口

GIF——BBS(电子公告牌系统)使用的位映射文件

HPGL——惠普公司使用的图形文件

IGES——初始图形交换规范,三维线框模型的 ANSI 标准

JPEG——联合图像专家小组规范,静态压缩图像规范

PCX——XSoft 公司创建的图像格式

PIC——Lotus 公司用于 Lotus 1-2-3 图形生成格式

PICT——Apple 公司的面向对象图形文件格式

TIFF——带标记的图像文件格式

WMF——Windows 下应用程序间交换用的图元文件

graphics generator 图形发生器 功能是把基本绘图命令转换成相应的位图存放于显示存储器中。其逻辑结构在概念上由两部分组成:图形处理器及其工作存储器。图形处理器可以是通用的 CPU 处理器或专用的处理器;工作存储器存放着图形处理器把几何图形转换成位图信息所必需的必须全部解释程序。

graphics hierarchy 作图程序分级(法) 作图程序被有序地划分为几个部分的过程,其中,设备是最高级别的,图像的各部分是最低级别的。

graphics insertion 图像插入 一种照相排版技术。它可以使原文和图像在一次操作中同时进行处理。

graphics interchange format (GIF) 图形交换格式,GIF 格式 一种图像文件格式。图像被划分成像素,每个像素则用一串数字表示。采用散列法压缩数据,用于压缩和存储图像,使用户能方便地获取图像信息。GIF 格式不依赖于计算机结构或操作系统,能提供不同计算机系统之间的快速图像文件的传输及存储。GIF 文件中的图像一般都是 16 色以上的彩色图像。比较 Joint Photographic Expert Group (JPEG)。

graphics kernel system (GKS) 图形核心系统 由国际标准化组织批准的国际标准的二维和三维的通用图形软件系统。它可被视为是一个和系统(包括计算机、外部设备、程序设计语言、应用软件)无关的图形软件接口。其开发略晚于 CORE 图形系统,原先是德国在 20 世纪 70 年代发展起来的,1980 年被批准为德国的国家标准,1985 年成为国际标准 ISO 7942。它分类提供用于图形程序设计的功能函数,二维标准包括控制功能类、输出功能类、输出属性功能类、变换功能类、图段功能类、输入功能类、元文件功能类、询问功能类、实用功能类和出错处理功能类函数,以及三维的功能函数。它是为应用程序服务的基本图形系统,它在联机图形输出设备或光栅图形输出设备上产生计算机生成的二维或三维的图画。它的一个基本概念是工作站,工作站由数个输入设备和一个输出设备组成。几个工作站可同时使用。GKS 通过提供基本的图形输入和图画分段功能来支持操作员的输入和交互。它还包括用于存储、传送和接收图形文件的功能。所有功能按逐步扩充的能力向上兼容的等级来组织。GKS 中提出六种输出原语(或图元):折线、多点标记、正文、填充区、单元阵列和广义绘图图元等。GKS 提供了三种坐标系,即世界坐标系(WCS)、规格化设备坐标系(NDC)和设备坐标系(DC),并定义了坐标系之间的转换。参见 CORE graphics system。

graphics language 作图语言 借助于计算机,用于作图数据的处理和可视显示的一种程序设计语言。

graphics library 图形库 在 CAD(计算机辅助设计)数据库中存储的面向显示和绘图的常用符号、器件、形状、零件的集合。图形库一般是带有库名的文件组织。

graphics manipulating language (GML) 图形操作语言 能够处理几何图形的语言。其主要特点是:①通过变量名来标识图形元(点、线、面、体);②具有执行二维图形间操作的能力。

graphics mode 图形模式 图形显示终端往往有两种使用模式:图示模式用来显示图形(包括其中的文字),显示存储器中存放的是被显示的图形和文字的映像,显示操作以像素为单位进行;而文字模式只能输出字符,与普通的字符终端功能相同。

graphics object content architecture (GOCA) 图形对象内容结构 一个提供一系列图形值及其控制的系统结构,用于交换和表现图形数据。

graphic software 图形软件 用于图形的生成、表示和操作的软件。主要解决计算机可以接收和处理的图形信息描述方式;确定将形式描述的图形信息转换成各种绘图设备能接收和处理的一组命令

和数据的视图算法，具有人机交互处理图形的功能。

graphic solution 图解 利用图表、曲线或其他图示方法求解问题的过程。

graphics package 图形软件包 提供给用户使用的一组子程序，它为应用程序有效地隔离了具体物理设备的特性和细节，并具有生成图形所必需的必须各种功能，从而大大方便了图形应用软件的开发。

graphics pad 图形板 一种计算机输入设备。通常由游笔与平板组成。当游笔在平板上移动时，将在屏幕上产生图形或使屏幕上光标移动。

graphics pages per minutes (GPPM) 每分钟图形页数 表示打印机每分钟可打印图形页的单位，用来评估打印机的打印速度。GPPM 数字通常较每分钟页数(PPM)为低，因为处理图形需要较多的运算和较大的存储容量。

graphics performance accelerator (GPA) 图形性能加速器 GPA 其实就是一块容量为 4 MB 的显示内存扩展卡，815 芯片组没有像 810DC-100 那样将 4 MB 显示内存直接焊接在主板上，而是通过 GPA 提供了可供用户选择的扩展支持。

graphics performance characterization (GPC) 图形性能特性组织 一个研究、制订评价计算机图形功能的标准检测程序的组织，成员包括 HP、SGI、Sun Microsystems、IBM、DEC 等主要计算机厂商。

graphics peripheral 图形外部设备 与计算机连接的用于输入或输出图形信息的硬件设备。例如，光笔和图形输入板等都是图形输入设备；直观显示器、绘图仪和打印机等是图形输出设备。

graphics plotter 图形绘图仪 一种可以在纸上绘制多种色彩的复杂图形的装置。

graphics primitive 图形元素 在计算机图形中，与其他元素组合来生成图像的一个绘图元素，诸如文本字符、弧线或折线。图形元素是一个绘图和编辑操作的单位，在 CAD(计算机辅助设计)软件中也称“实体”。参见 graphic primitive。

graphics printer 图形打印机 能产生图形硬拷贝输出的打印机。如光栅式打印机、点阵式打印机、喷墨式打印机和激光打印机之类。

graphics processor 图形处理机 (1)一种专用处理机，它对显示文件中的每一条显示指令进行解释执行，并把有关的坐标数据送到向量发生器，供生成向量使用。目前，许多高性能图形终端都有一个 16 位或 32 位微处理机作为图形处理机，甚至采用定制的流水线结构来实现图形处理机。(2)计算机图形系统或图形工作站的核心部件，具有控制刷新显示、数据输入/输出、图形产生和处理等功能。随着大规模集成电路技术的发展，一般作成一块专用集成电路芯片，用它可做成具有高分辨率(1 024×1 024 以上像素阵列)和多种处理功能的彩色图形卡。

graphics programming language 图形程序设计语言 用于图形软件开发的计算机程序设计语言环境。一般来说，它可以有下列三种形式：①选用某一种现成的程序设计语言，如 FORTRAN，PASCAL 或 C 等，并把各种图形生成和处理功能编写成子程序或函数供调用；②对某种高级语言进行扩充，增加一些图形处理的语句，使得这种扩充后的高级程序设计语言具有图形设计能力。但是，这需要修改该高级程序设计语言的编译程序，不过其运行效率要比前者高；③研制专门的图形设计和处理语言。这样设计的语言有明确的目标，不但具有很强的图形功能，而且其运行效率也很高。然而，其开发工作难度高，工作量大。

graphics routine 图形例程 将输出数据转换成模拟形式的例程。

graphics segment 图形段 (1)类似于图段的一种图形处理技术。指一组能够作为一个整体进行操作的显示元素，也可看成是一个由图形输出原语及其属性组成的显示序列。每个图段可以用一个图段名加以标识，并且可以对它进行显示、复制、删除或变换等各种操作。参见 graphics block。(2)在图形数据显示管理器(GDDM)中，一组作为公共集操作的图形原语(如线条、弧和文字等)，在图形段之中的图形原语具有共同特征(如可见性和旋转角度)，但保持其各自独有的特征(如颜色和线宽等)。

graphics software package 图形软件包 为打印机和绘图仪提供绘图功能的软件包。通常用 FORTRAN 语言编写。它在操作系统控制下运行，可产生图形硬拷贝。有的图形软件包包括 FORTRAN 和汇编语言源码及成批作业流，用于编译和汇编源程序，建立程序库。这些软件有可调用的子程序和商用软件包。子程序与绘图仪程序兼容。其功能包括可程序控制的阴影区、图表、条形图及实线或虚线的产生等。

graphics standard 图形学标准 为了便于图形应用软件和图形数据在不同计算机系统之间进行移植和交换，需要对图形系统中各部分间的接口制订标准。例如应用软件与图形软件包之间的程序接口的标准 GKS，CORE，PHIGS 等，又如图形软件与图形设备之间接口的标准 VDI、CGI(计算机图形接口)，以及图形数据文件的标准 VDM 和 CAD/CAM(计算机辅助设计/计算机辅助制造)中适用于工程图纸存储及交换的标准 IGES(初始图形数据交换规范)。

graphics symbol 图形符号 一个可识别的显示处理程序段。其状态和输出图形的外貌特征并未加以规定，而在被图形实体援引时，才生成该符号的比例图，并将它作为那个图形实体的一部分，其外貌特征在援引时就予以规定。

graphics symbol set 图形符号集 (1)某些计算机系统制图技术中包含向量符号集或图像符号集的

一种目标符号集。(2)在图形数据显示管理器(GDDM)中,一个可包含线或者图像的对象。参见 vector symbol set (VSS),image symbol set (ISS)。

graphics system **图形系统** 可分为单用户图形系统和多用户图形系统,前者由一台处理器和一个终端组成,仅能由一个用户使用,系统里一般都包括图形变换软件及基本图形文件。后者由一台处理器和多个终端组成,可同时供多个用户使用。

graphics tablet **(数字化)图形输入板** 由灵敏的半导体材料构成,能描画出绘图笔的运动以构成图形。图形转换成数字信号,直接输入计算机。可用鼠标器代替绘图笔。

graphic station **图形工作站** 一种配有高分辨率视频显示器的高性能的个人计算机,包括处理和显示以文本和图形图像形式的信息的硬件和软件。

graphics terminal **图形终端** (1)用来显示计算机输出图形的显示终端,通常具有高分辨率、彩色及三维功能。也称"图形显示终端"或"图形监视器"。(2)图形显示器、键盘及其他图形输入设备组合成一个整体,作为图形输入输出用,它往往通过通信接口与主机相连,因此可以远离主机进行操作,所以称为图形终端。

graphics text **图形文本** 在某些计算机系统制图技术中,可由应用程序使用作图标号集显示的正文。比较 externally described data。

graphic structure input **图像(化)结构式输入** 联机检索化学结构数据库的输入方法,如计算机采集系统(CAS)联机检索。用户在智能作图终端提出所需的结构式。参见 chemical structure retrieval。

graphics utility library **图形应用程序库** 为了满足图形设计和处理的需要而设置的可供用户的应用程序调用的功能子程序的集合。通常包含图形生成、计算、输入/输出、变换、控制以及图形管理等功能的函数或过程。

graphics window **图形窗口** 在图形数据显示管理器(GDDM)中,由用户指定的坐标范围定义的图形的视图。

graphics workstation **图形工作站** 能够高速描绘图像和三维图形的工作站,其中安装有显示三维图形的专用软件,用于计算机辅助设计和图形处理等。

graphic symbol **图形符号,子画面** 一个可识别的显示处理程序段。其状态和输出图形的外貌特征未加以规定。一般它不出现在显示屏上,只有在被某图形实体援引时,才生成该符号的例图,并使之成为援引它的那个图形实体的一部分。其外貌特征在引用时予以规定。

graphic tool for generating object-oriented graphic specification (GTGOOGS) **产生面向对象图形规范的图形工具** 一种可通过与用户交互形成面向对象图形需求规范的面向对象的软件需求分析支持工具。该工具按现代用户界面原则设计,是基于多窗口、下拉式菜单,并由鼠标和键盘事件驱动。GTGOOGS 由一组图形编辑器:对象世界图(OWD)、通信图(OMD)和对象状态图(OSD)三个编辑器组成。

graphic transmission **图像传输,图形传输** 通过电子数据系统传输或再现字母、图形或图像的过程。

graph isomorphism-complete problem **图同构完全问题** 一类查寻问题。这类问题可和图同构问题在多项式时间内互相图灵归约。

graph key **图形键** 在大多数个人计算机(PC)软件系统中,标准键盘上的一个键,当它工作时,启动 PC 执行一个动作使显示装置的显示区产生一个图像。

GRAPHMOD **图形字符修改模块** graphic character modification module 的缩写。

graphnet **图形传输网** 一种用于传送图形的传输网。

graph of a network **网络图** 用图形元件表示的网络图形,其中支路用线段表示,节点用点表示。

graph of relation **关系图** 表示二元关系的有向图。设 R 是有限集合 A 到 B 的一个二元关系,用顶点表示集合 A,B 中的元素,用从顶点 a 到顶点 b 的有向边表示 R 中的元素 (a,b)。如果 $B=A$,即 R 是 A 上的一个二元关系,则只有表示 A 的元素的顶点,此时若 $b=a$ 就用一个环表示 $(a,a)\in R$。这样,每一个二元关系 R 都可以依照上述规则得到一个图,这种图就称为 R 的关系图。

graph order **图度** 图中节点的数量。

graph plotter **图形绘制器,绘图仪** 安装并与处理机连接,以图形、曲线图、直方图和图表形式产生输出的装置。图表输出用在科学研究、工程和管理信息系统中。这种输出既可在微处理机的屏幕上显示出来,亦可在绘图仪上绘制出来。

graph program **图形程序** 个人计算机中允许图形生成、显示、打印的程序。

graph search **图搜索** 人工智能中的一种问题求解过程,将知识表示为树图,从图中相当于初始状态的节点到相当于目标状态的终止节点的路线搜索过程。

graph-search control strategies **图搜索控制策略** 人工智能中试探性控制策略之一。该策略在选择一条规则时要建立一个回溯点。在产生解的过程中,相继的计算若碰到困难,则计算的状态就要返回到先前的回溯点,换上另一条规则并继续这一过程。

graph structure representation **图形结构表示** 一个图形结构的成分可由六元组 $GS=(N,U,B,G,S,A)$ 来表示,式中 N 是节点的集合,U 是权的集合,B 是加权的边的集合,G 是加权有向图的集合,

S 是子图的集合，A 是节点、分支、图或子图的属性的集合。

graph structure transformation 图形结构变换 一种图形结构向另一种图形结构变换的过程。这种变换不仅能对节点使用，也可对树枝使用。每种变换都存在唯一的逆变换，利用这种变换既可使图形中的某些成分消失，也可产生某些新成分。

graph theory 图论 研究边和点的连续结构的数学理论。L. Euler(欧拉)在 1736 年解决了著名的哥尼斯堡七桥问题，成了图论的创始人。图论的基本内容有：图及其表示，有向图、无向图和多重图，树，平面图，二部图和网络等。凡和二元关系有关的系统都可以用图论方法进行研究。典型问题有最短路径问题、着色问题、环球旅行问题、欧拉路径问题、平面图问题、极小连通问题、完美匹配问题、图的矩阵表示问题和网络流问题、图论是一门应用性很强的学科。可以用来解决运筹学、化学、生物学、网络理论、信息论、控制论、博弈论和计算机科学的问题。

grass 噪声细条 雷达接收机中的随机噪声，可由各种原因引起(如天电干扰、射电噪声、极光、热骚动和干扰)。

grating 光栅 一组平行的线或面，用于反射或传输光。

grating chromatic resolving power 光栅色分辨率 所谓的分辨率是能使任一光谱级区分开的最小波长差。对衍射光栅，通常以平行光线入射到光栅上的情况来描述，数值上等于光栅中每单位距离的谱线数或刻线间隔数。

grating converter 光栅变换器 由位于圆波导中同轴片状栅前方的双线栅组成的波变换器。一个线栅与到达波的分布图相符，另一个线栅则与变换波的分布图相符。

grating sensor 光栅传感器 光栅传感器具备普通光纤传感器所不具有的不受光强波动影响、自参考的绝对测量、便于单光源波分复用和光集成等优点。用于传感的光纤光栅一般是制作在光纤芯内的布拉格反射器。它利用光纤材料的紫外光敏性，在纤芯内部形成空间相位光栅。这样具有一定频谱宽度的光信号经过光纤光栅后，特定波长的光沿原路反射回来，其余波长的光信号则直接透射出去。改变光栅的有效折射率或周期就能改变光栅反射的中心波长，利用这一特性可以将光纤光栅用于许多物理量的传感测量。

grating spectral order 光栅光谱级 各种波长的同级谱线集合起来就构成了光源的一套光谱，利用光栅所得到的光栅光谱中两不同波长谱线间的距离，随着光谱级数的增高而增大。如果光源发出的是白光，则光栅光谱中除零级仍近似为一条白色亮线外，其他级各色主极强亮线都排列成连续的光谱带。

gravitational field 引力场 由于两个物体存在质量，以至彼此相吸引的现象。引力场存在于物质周围的空间，大小与物质间距离的平方成反比，无穷远处为 0，在一个给定点的引力场是所有有影响的物质的引力场的总和，引力场是一个矢量场，既有大小又有方向。

gravitational interaction 引力相互作用 简称引力作用。引力相互作用是指具有质量的物体之间的相互作用，表现为吸引力，是一种长程力，力程为无穷大。其规律是万有引力定律，更为精确的理论是广义相对论。引力作用是通过场或通过交换场的量子实现的，引力场的量子称为引力子。

gravitational radiation 引力辐射 引力波的另外一种称呼，指的是这些波从星体或星系中辐射出来的现象。电荷被加速时会发出电磁辐射，同样有质量的物体被加速时就会发出引力辐射，这是广义相对论的一项重要预言。参见 gravitational wave。

gravitational wave 引力波 也称“重力波”，广义相对论预言的引力场的波动形式，这个波传播引力吸引效应。引力波以光速行进。参见 gravitational radiation。

gravity field 引力场 在交互式作图时，为了能精确地定位在指定的某一点，可以在该点周围用软件产生一个“引力场”，只要光标移到引力场作用范围之内，它就将自动地定位在指定的点上，从而大大加快了操作速度，方便了用户。

gravity model 引力模型，重力模型 (1)空间相互作用的一种模型，用于地理学，工程学和社会学中的一种模拟人行为的方法学。这一方法类似于经典物理学中的万有引力定律。(2)重力模型基于牛顿的重力法则，它指出出行分布与小区的产生量、吸引量和小区之间的交通方便程度等因素相关。它综合考虑了影响出行分布的区域社会经济增长因素和出行空间、时间阻碍等因素，是 交通规划中使用最广泛的方法。

graviton field 引力子 也称“重力子”，在物理学中是一个传递引力的假想粒子。为了传递引力，引力子必须永远相吸、作用范围无限远及以无限多的型态出现。

gray balance 灰度均衡 在多媒体中，为获得真实的灰度所需的各种颜色的比例。

gray bar 灰色条纹 屏幕背景上出现的一种本来不想要的、灰色的、窄的水平带状显示。参见 spot。

graybody 灰体 整个频谱范围光谱发射率维持常数且小于相同温度黑体辐射器的光谱发射率的物体。

gray box 灰盒子 一种过程，其功能在没有研究如何达到该功能的机制前不能充分确定。

Gray code 格雷码 一种循环的二进制代码。在按顺序排列的数中，相邻两数只有一位数不同，而且只差一个“1”。在数据传输中，利用格雷码可以减小传输系统中发生错误的影响，因为传输时最可能出现的错误，就是将一个接收电平解释成相邻电平之一，所以在被接收的二进制数中将只含有一个错误位。

Gray-coded excess-3 BCD 格雷余 3 二进制编码的十进制码 将普通 BCD(二进制编码的十进制)加 3 后，再按二进制码变换为格雷码的方法得到的一种编码。加 3 后才能保证从 0→9 和从 9→0 的整个循环中都只有一个位不同。

G

gray component removal (GCR) 灰色成分去除，非彩色结构处理 一种制版印刷工艺。其特点是大范围地进行图像中灰色成分的替换(以黑色油墨替代三原色彩色油墨成分)，不仅可替换暗调的灰色成分，还可替换高光部分的灰色成分，甚至可涉及到一些纯色部分的替换，并可以自动补偿大量的底色去除所引起的图像暗调密度的不足。

Gray cyclic code 格雷循环码 参见 Gray code。

grayed command 灰色命令 图形用户界面上以暗淡的灰色显示的命令。表示这些命令执行所需的条件尚不具备，选择这些命令将是无效操作，计算机系统也不会作出响应。

gray enhancement 灰度增强 图像增加技术中使用的两种方法之一，另一种是边缘增强。其主要方法有：直方图平坦化、对比度扩强、灰度分割；在频域中可用低通滤波来突出图像的阴影部分或被“薄云”覆盖的部分等。

gray field 灰场 灰场部署是指对现有的网络升级或扩容，并利用一些老式的设备。此术语出自建筑行业，未开发的土地称之为绿场，而以前开发过的(通常是被污染的和被废弃的)土地称之为灰场。比较 green field。

gray image 灰色图像 一个由从黑到白的全光谱灰色层次组成的图像，可具有达 256 个灰度的层次。参见 pel，bilevel image。

gray level 灰度级 数字图像显示时，对一个像素可以表示不同亮度的层次。灰度级越多，图像显示效果越细腻，表示一个像素需要的二进制数位也越多。实用中，需要在灰度级与数据量之间取适当折衷，取 8 位二进制数表示 256 个灰度级已基本够用。

gray level histogram 灰度级直方图 用每个图像的灰度级的像素数(或总像素数的百分数)描述图像中灰度级统计分布的图。它在图像预处理中有非常重要的应用。

gray level transformation 灰度变换 图像像素灰度值(亮度值)按照某种关系变换为新值的处理过程。变换通常是为了匹配人眼观察特性或某些成图设备的特性而改变灰度分布形式或动态范围的一种加权处理。常用的变换有线性变换、指数变换、对数变换、直方图调整、直方图均衡化和查表法变换等。

gray list 灰名单 灰名单介于黑名单和白名单两者之间，用于标示可疑的终端设备号。

gray scale 灰(色标)度、灰度等级 表示可由显示设备显示的、位于黑白色之间的各种灰影的深浅程度。在进行图像传输时，可根据图像是由连续的灰度变化构成的这一特点，将图像的不同灰度赋与不同的值，然后传送这些值。在计算机的图像处理中，一般采用 64 ～ 256 个灰度等级。

gray scale image 灰度图像 每个像素只有一个采样颜色的图像。灰度图像通常显示为从最暗黑色到最亮的白色的灰度，尽管理论上这个采样可以任何颜色的不同深浅，甚至可以是不同亮度上的不同颜色。灰度图像与黑白图像不同，在计算机图像领域中黑白图像只有黑色与白色两种颜色；灰度图像在黑色与白色之间还有许多级的颜色深度。

gray-scale monitor 灰度监视器 一种能显示从白到黑的所有灰度级的显示器。它允许图像以连续变化的灰度显示，图像效果特别柔和，而且分辨率很高。

gray-scale picture 灰度等级图 一种数字化图像，其中像素的亮度可以有多于两个的值，一般有 128 或 256 个。它比二元图像要求更多的存储空间和更复杂的图像处理，但可以改善视觉效果。参见 graytone。

gray scaling 灰度调整 把具有连续变化灰度的原始图像信号转换成计算机可操纵的数字图像的过程，转换过程中依据原始图像的灰度量化成若干个离散的灰度级。用扫描仪输入图像时，可以在操作界面上选择不同的灰度级。

graytone 灰度色调 一种图像处理技术，用多位数据代表一个像素以形成具有色彩灰度的图像。

grazing emergence 掠出射，切出射 在光学中，出射光线与传播介质出射面的法线成 90 度角的出射。参见 grazing incidence。

grazing incidence 掠入射，切入射 在光学中，入射光线与传播介质入射面的法线成 90 度角的入射。参见 grazing emergence。

GRC 地回路 ground return circuit 的缩写。

GRE 通用路由封装 generic routing encapsulation 的缩写。

great circle 大圆 一个通过地球中心的任意平面与地球表面相交形成的圆。

greater-than-equal match 大于等于符合[匹配] 一种比较条件，如果比较数大于或等于被比较数则认为条件满足。

greater-than match 大于符合[匹配] 一种比较条件，如果比较数大于被比较数则认为条件满足。这种条件常用来决定程序是否发生转移。

greatest lower bound 最大下界 如果对一个区域的下界不是定义一个严格匹配的值，而是定义一个范围,那么在下界范围内取值最大的界值就是最大下界。

greedy algorithm　贪心算法　在对问题求解时,总是做出在当前看来是最好的选择。贪心算法的基本思路:建立数学模型来描述问题;把求解的问题分成若干个子问题;对每一子问题求解,得到子问题的局部最优解;把所有子问题的局部最优解合成原来问题的一个解。贪心算法不是对所有问题都能得到整体最优解,但对范围相当广泛的许多问题它能产生整体最优解或者是整体最优解的近似解。

greedy method　贪心法　以局部最优为原则的启发式算法。依照这种算法,按一定直觉的原则,把解题分成若干步骤,每一步骤都按照这种原则求得局部最优解,并以整个过程中求解局部最优解的组合作为可行解,但就全局讲不一定能得到最优解。

greedy parsing algorithm　贪心分析[分解]算法　一种文本分析算法。在贪心分析算法中,每一次分析都要串行地检查输入串,从中分解出已经识别的最长的字符串,也就是已经在串表中出现的最长的字符串。把从输入串中分解的字符串作为前缀,然后加上下一个输入字符作为扩展字符 K,形成新的扩展字符串 prefix. K。是不是要把这个新的扩展字符串加入到串表之中,还要看前面的串表是否存有与它相同的字符串。如果有,这个字符串就变成前缀,否则就把它写到串表中,生成一个新的词组,并赋予一个代码,即指针。这种算法在 LZW 编码器中得到应用。

greedy selection　贪心选择　总是作出在当前看来是最好的选择。也就是说贪心选择并不从整体最优上加以考虑,它所作出的选择只是在某种意义上的局部最优选择。

greedy strategy　贪心策略　从问题的初始状态出发,通过若干次的贪心选择而得出最优值(或较优解)的一种解题策略。

greedy tree　贪心树　一种由底向上按启发式构造的树。其结构与 Huffman 编码算法相似。

greeked page　极小页面　为了观察排版效果,在显示器分辨率有限的情况下显示整个版面的轮廓,页面中的文字被压缩得很小,甚至用简单的小图形块表示,很难看清具体内容,只能看到大致的版面形式。极小页面的工具栏上通常有一个放大镜图标,可用于对预览版面的局部进行放大,以观察详细情况。同 greeked text。

greeked text　极小文本　将字符显示成一些点而不是单个字符。通常用于桌面排版软件中,用来以极小的尺寸类型来显示文本。极小文本只意味着给出一个该字符的印象,而不是清晰可辨的显示。

greeking　灰条化,文字快显　使用灰条(或哑字符)表示大小而无法显示的文本。电脑排版技术中,如果显示的主要目的是为了观察版面配置,则当所显示的文字小于一定尺寸时,为了加快显示速度,提高排版效率,常用灰色条来表示对应的文字等。彩色系统在处理彩色图像时,也常用对应的黑白图像或灰色矩形框来表示彩色图像在版面中的位置。由于这些符号使人联想起希腊字母,故称为 greeking。

Greek letter representation　希腊字母表示法　一般计算机的字符集中没有希腊字母。为了在文献数据库中表示希腊字母,采用了一些特定的方法(如 β 字母用 beta 表示),以便输入计算机中进行处理。

green book　绿皮书　基于黄皮书第二模式的 CD-I(交互式光碟)规格,数据和声音交错存储提供了比较好的媒体同步能力。参见 yellow book, compact disc-interactive (CD-I)。

green computer　绿色计算机　由美国环境保护署(EPA)倡导的一项计划,从 1993 年起,逐步推广对环境保护有利的新型计算机。在硬件生产时,尽量避免使用可能对生态环境造成不利影响的材料和加工工艺,制造减小噪声、能耗和电磁辐射,并且使废旧产品可以回收,按金属、塑料等分别拆卸,重新加工的计算机;在软件上,应能实现无病毒运行或免疫。按此要求的第一步,新型计算机停止使用单一 5 V 电源电压,而以 3 V 和 5 V 混合,逐步过渡到全部使用 3 V 电源;在包装材料上,停止使用含有氟氯碳化物的材料。

green field　绿场　联网时,绿场部署是指在以前没有网络的地方(如新的办公室),安装和配置网络。与之相反,灰场部署是指对现有的网络升级或扩容,并利用一些老式的设备。此术语出自建筑行业,未开发的土地称之为绿场,而以前开发过的(通常是被污染的和被废弃的)土地称之为灰场。比较 gray field。

green-field development　零起点开发　从无到有的开发,相对于现有系统的演进。该词源自于在杂草丛生的处女地上建立新工厂时所发生的转变。

green network game　绿色网游　健康的无害的网络游戏产品。

green PC　绿色 PC　一种节能型的个人计算机,在不使用时自动进入睡眠节能状态。参见 green computer。

green power supply　绿色电源　省电型的计算机电源。

Green representation　格林表示法　演绎规划的一种实现方法。用格林表示法描述的机器人规划问题,包括一个描述初始状态的公式集和一个描述机器人的各种动作对状态的影响的公式集,并用一个具有存在量词量化的状态变量公式来描述目标条件。最后,把机器人规划问题转换为证明存在某一个状态,在该状态下某个确定的条件为真的定理证明问题。格林表示法的缺点是,每个谓词要用一个框架来描述,状态变化时那些不变的状态也要逐一加以重新描述。参见 deductive planning。

Greenwich Civil Time (GCT) **格林威治民用时间** 国际标准时间基准,已过时不用。参见 coordinated universal time (UTC)。

Greenwich Mean Time (GMT) **格林威治标准时间** 英国格林威治子午圈即 0 度子午圈的平均太阳时。以前用作全球的标准时间基准,通常用来表示 24 小时时刻。参见 coordinated universal time (UTC)。

green wire **绿线** 电气连线中通常规定:黑线(或红线)是火线,白线(或蓝线)是零线,绿线(或黄绿线)是地线(接机壳)。

G

gremlin **小捣蛋鬼(原因不明的故障)** 对网络中所有遗失帧负责的虚构物。

grey literature **灰色文献** 这一术语常用来表示半公开出版的文献,亦即没有正式列进书目和没有价格的文献。灰色文献介于正式发行的白色文献,与不公开出版并深具隐密性的黑色文献之间。灰色文献品种繁多,包括非公开出版的政府文献、学位论文;不公开发行的会议文献、科技报告、技术档案;不对外发行的企业文件、企业产品资料、贸易文件和工作文件;未刊登稿件以及内部刊物、交换资料,赠阅资料等。灰色文献流通渠道特殊,制作份数少,容易绝版。虽然有的灰色文献的信息资料并不成熟,但所涉及的信息广泛,内容新颖,见解独到,具有特殊的参考价值。

grey information **灰色信息** 没有公开的、潜在的信息,或需要通过一些合法的、特定的渠道才能获取的信息。灰色信息具有原始性、不稳定性、隐蔽性、离散性、获取困难、形式灵活多样、内容包罗万象等特点。灰色信息与白色信息的主要区别在于其情报价值高,搜集困难;与黑色信息的区别在于它是可以通过合法手段获取的。参见 white information, black information。

grey noise **灰色噪声** 在给定频率范围内,在所有频率点的噪声电平相同的噪声。参见 color noise。

grey system **灰色系统** 既有已知参数又有未知参数的系统,即信息不完全的系统。控制论中常借助颜色来表示研究者对系统内部信息和对系统本身的了解及认识程度。"黑"表示信息完全缺乏,"白"表示信息完全、"灰"表示信息不充分、不完全。白色系统是全开放性的、黑色系统是全封闭性的。灰色系统则介于两者之间,是半开放半封闭性的。

grey systematology **灰色系统论** 运用控制论观点和方法研究社会、经济等灰色系统的建模、预测、决策和控制的科学,是由控制论、自动控制理论和运筹学等数学方法相互渗透而形成的学科。

greyware **灰件** 指位于正常软件和病毒之间"灰色地带"的恶意软件或代码。灰件这个术语包括诸如广告件、间课件、跟踪件等(病毒以外的)恶意或烦人的软件以及其他恶意的共享件等。

grid **栅[网]格,栅极** (1)二维(或三维)空间中由相互垂直的间距相等的线条所形成的网格,用来对物体进行定义和度量,或在交互式作图过程中帮助操作员作内定位的依据。(2)栅极位于电子管的阴极与阳极之间的电极,电极有一个或多个通孔。在一定条件下,通孔可以让电子或离子通过。栅极对电子从阴极流向阳极进行控制。

grid-based method **基于网格的方法** 一种传统的聚类算法。将对象空间量化为有限数目的单元,形成一个网格结构,使所有聚类操作都在这个网格结构上进行,使聚类速度得到较大提高。典型的基于网格方法包括:统计信息算法(STING),该算法是一个利用网格单元保存的统计信息进行基于网格聚类的方法;聚类寻找(CLIQUE)法则是一个将基于网格与基于密度相结合的方法。参见 cluster algorithm, partitioning method, hierarchical method, density-based method, model-based method。

grid computing **网格计算** 网格计算是利用互联网技术,把分散在不同地理位置的计算机组成一台虚拟超级计算机。每一台参与的计算机就是其中的一个"节点",所有的计算机就组成了一张网格。在实质上来说"网格计算"是一种分布式应用,网格中的每一台计算机只是完成工作的一个小部分,虽然单台计算机的运算能力有限,但成千上万台计算机组合起来的计算能力就可以和超级计算机相比了。

grid control **栅极控制** 通过改变控制栅极相对于阴极的电压来控制电子管的阳极电流。

grid current **栅流** 电子管中流向正栅极的电子流。

grid detection **栅极检波** 真空管栅极电路中的检波,如栅漏检波器中的检波。

grid dissipation **栅极耗散** 电子管栅极上作为热量损失掉的功率。

grid-drive characteristic **栅极激励特性** 电子管的电输出或光输出与控制极电压之间的关系,如根据截止时测得的关系。

grid-drive power **栅极激励功率** 在一个完整周期内,电子管的栅流瞬时值与栅压交流分量的乘积的平均值。

grid emission **栅极发射** 电子管栅极的电子或离子发射。

grid-glow tube **栅极辉光放电管** 有一个或多个控制极的辉光放电管。除在某些工作条件以外,控制极都启动但不限制阳极电流。

grid limiting **栅极限幅** 将大数值电阻器与真空管的栅极串联实现的限幅作用。电阻器两端的压降随输入信号强度的增加而增大,从而给出对高于某个值的输入信号起调平作用的变化的负栅偏压。

grid lines **网格线** 在绘图区域中,由轴上的标号延伸出来的可选线,一般用颜色较淡的虚线表示。网格线本身在图形输出时不会出现,只是用来作为基准线,便于绘图者观察图形对象的摆放位置。参见 axis grid lines。

grid modulation 栅极调制 将调制信号馈至存在载波的任何电子控制栅电路产生的调制。

grid node 网格节点 在网格型网络中，纵横线路交叉处连接的节点。

grid or X chart 网格或X图表 用来明确表示系统内各种文件之间相互关系的图表。同文件分类一起使用来确定输入文件与输出文件的关系时，这种图表是非常有用的。由于它有助于识别出无用文件和数据元素，因此该技术用于进行系统分析。在相应的逻辑框中，用一个X指示各种文件之间的关系，因此称为X图表。

grid size 网格尺寸 微电子电路布局设计所采用的长度单位。

grid snap 格点捕捉 绘画和桌面排版应用软件中的一个特性，当绘制线条或者图像时，它自动地将光标的位置限定在格点上，使得对齐屏幕上的绘画和线条比较容易。

grid storage 网格存储 是部署和管理分布在多个系统和网络上的存储的新模式，在无需集中式大型交换系统的情况下，高效地利用可资使用的存储容量。网格存储系统应该包括下列组成部分：①模块化存储阵列。这些系统连接在一个使用串行ATA（先进技术附加接口）磁盘的存储网络。系统可以是基于块的存储阵列，也可以是接在网络上的NAS（网络附加存储）网关和服务器；②公共虚拟层。存储被组织成一个逻辑资源库，以供用户使用；③数据冗余和可用性。数据的多个拷贝应该存在于网格的节点上，在部件出现故障时保证冗余数据的存取和可用性；④公共管理。对所有节点的单一管理层次应该覆盖数据安全、机动性和迁移性、按需能力供应和预备功能等诸多方面；⑤简化的平台管理架构。由于公共的管理非常重要，管理中所涉及的任务应该按模块方式组织好，允许自动发现网格中的节点和自动完成卷及文件的管理。网格存储比起老一些的存储方法至少有三大优点：更高的容错与冗余度、在负载波动的情况下有更好的性能、以及更低的成本。

grid system 网格系统 以节点为基础形成具有节点动态参与的一个体系，节点之间具有某种平等性和并行运行特点。也特指具有这种动态、平等特征的并行计算的分布式系统，相应的计算为网格计算。

grill cipher 网格式密码 一种著名的“秘密通信”方式，由意大利数学家卡丹（G. Cardan）发明，因此也称“Cardan密码”。通信双方事前准备好相同的网格纸一式两份，发信人按网格的格式写出要发送的真实内容，然后将中间的空格填满，使之类似于一封普通的信件。收信人用事先约定的网格纸盖在信件上，真实内容便一目了然。利用同样的原理，也可以在计算机上进行加密和解密。设计一个模板，将其对隐藏有密文的文稿施行屏蔽运算，便可获得所需信息。

gripper 机械手 附设于操纵装置机械腕上的机械装置。使用机械手可以抓住物体或者作其他工作。

groom-and-fill 填塞 几个DS1中的DS0信道能够被组合在一起传输到不同的远程站点，而且不同的DS0被组合在一起共享一路DS1向远端传输。

grooved cable 槽形电缆 一种光纤电缆，光纤嵌在圆柱体的沟槽里。

grooved waveguide 槽纹波导 一种条形介质波导，把光波限制在几微米宽度的槽纹以内，尤其用于光学集成电路。

Grosch's law 格劳希法则 H. R. 格劳希在20世纪40年代后期提出的一种计算计算机性能和价格关系的一种法则，即性能与价格的平方成比例。即$P=kC^2$其中P为计算功能；k为常数；C为系统成本（租金或买价）。格劳希后来指出，如果把CPU、存储器、外部设备、软件和操作都计入“成本”，则该定律仍有较大的参考价值。但是在1975年以后，由于半导体技术的进步使硬件价格猛跌。这一法则开始失效。

gross clipping 粗裁剪 在AIX图形中，由视口进行的裁剪操作，对于字符串通常与细裁剪一样，对应于fine clipping。

gross error 疏忽性错误 通常指由于人的疏忽大意引起的，如程序设计中的大错误、装错磁带或错置开关等。

gross index 粗索引 查找文件记录时所用的一种检索方法。将索引分为粗细两种，先进行检索的为粗索引，它可检索出所查文件记录的大致范围。参见fine index。

gross information contents 总信息内容，粗信息量 一个消息中包含的总信息量（包括冗余信息）的一种量度。用按规定准确度在一个无噪声的通道上传输该消息所需要的香农（Shannon）数表示。

ground (GND) 地，接地 （1）电子电路中被视为零电位的点，系统中所有其他各点的电位都以此点为参考。（2）电流必须在环路中回到它的原始点。当一信号（电流）送到一装置中，它必须具有一低阻抗返回路径以完成此流通。接地就能提供此种低阻抗信号返回路径。操作设备接地，可消除静电影响，避免漏电的危险。

ground abbreviated address calling 群缩位地址呼叫 在电话操作中，用一个简单的缩位地址与目的地、电台、收信人或呼叫接收机群建立连接。

ground absorption 地面吸收 无线电波在传输期间，由大地（如泥土、岩石和水）引起的传送能量的耗散。

ground-air net 地对空（通信）网 用于地面电台与空中电台进行单路通信的通信网络。

ground-air visual emergency signal 地对空可视紧急信号 由幸存者和搜索者向飞机发送的可视信号，可以由杆、石头，或任何其他材料组成的数字、字母或图形符号。

ground bounce 地（平面反）弹（噪声） 电路中有大的电流涌动时会引起地平面反弹噪声（简称为地弹），如对于高速器件，大量数据总线信号快速翻转时，将有一个较大的瞬态电流在芯片与印制板的电源平面流过，芯片封装与电源平面的电感和电阻会引发电源噪声，这样会在真正的地平面（0 V）上产生电压的波动和变化，这个噪声会影响其他元器件的动作。负载电容的增大、负载电阻的减小、地电感的增大、同时开关器件数目的增加均会导致地弹的增大。参见 power bounce。

ground clause 基子句 一个没有变量，或所有变量皆已为常数项所置换的子句，称为基子句。在命题演算中，所有的子句均为基子句。

ground clutter 地物反射波 由雷达信号在地面和固定物（如建筑物、树）上的反射造成，在雷达显示屏上所建立的图形。参见 ground return signal。

ground constant 大地常数 地球的电参数，如土壤、岩石和水的电导率、介电常数，磁导率。

ground controlled approach (GCA) system 地面控制进场系统 一个雷达系统，提供当飞机接近着陆区、着陆带或跑道时所需的导航信息，通常通过雷达、无线电话和从地面电台发出的信号来完成。

grounded-base amplifier 基极接地放大器 集电极被耦合到信号输出端，基极与交流地之间通常接有大容量的电容器，使基极交流接地，以便在基极形成输入、输出信号的公共通道。

grounded-cathode amplifier 阴极接地放大器 阴极接地，栅极起控制作用的放大器。参见 common-cathode amplifier。

ground electromagnetic method 地面电磁法 是用于地面找矿勘探的电磁法。按一次场源形式，可分为定源式和动源式两类。地面电磁法又包括许多变种，命名也不统一。这里引用按观测参量分类的方法，分为倾角法、虚实分量法、振幅相位法、椭圆极化法、感应脉冲瞬变法等。此外，还有以无线电台作为一次场源的几种方法。参见 fixed-source imaginary-real method, induced pulse transient method。

ground equalizer coil 接地均衡器线圈 放在与天线接地点相连的一个或多个电路中，使电流以所希望的方式分布到各个点上的电感相当小的线圈。

ground fault 接地故障 导体的偶然接地。

ground fault interrupter (GFI) 接地故障断续器 一种对极小接地故障电流，如流过站立在潮湿地面上而同时接触带电交流线路导线的人体电流的快速动作电路断路器。断续器通过在不到 0.025 s 使电路断路器跳闸，对电流流过故障点的时间进行限制。这便将流过人体的总能量限制到一个安全值。对家庭设定的典型跳闸电流为 5 mA。

grounding connection 接地线 电气装置、设施的接地端子与接地极连接用的金属导电部分。

grounding device 接地装置 接地线和接地极的总和。

grounding discharge 接地放电 通过有效接地，将电导入地球的放电。

grounding electrode 接地极 埋入地中并直接与大地接触的金属导体称为接地极。通常为棒、管或板（或一组导体），此类导体与大地直接接触以确保与大地的低阻抗连接。兼作接地极用的直接与大地接触的各种金属构件、金属井管、钢筋混凝土建（构）筑物的基础、金属管道和设备等称为自然接地极。

grounding for lightning 防雷接地 让雷电流迅速导入大地以防止雷击灾害为目的接地。

grounding grid 接地网 垂直和水平接地极组成的兼有泄流和均压作用的较大型的水平网状接地装置，为电气、电子设备和金属结构提供共同的地。

grounding plate 接地板 一种人站在上面能将其身体拾取的静电荷放电的导电接地金属板或埋在地中起接地棒作用的类似金属板。

grounding resistance 接地电阻 电流经过接地体进入大地并向周围扩散时所遇到的电阻。

grounding system 接地系统 为了实现各种电气设备的零电位点与大地作良性电气连接，由金属接地体引至各种电气设备零电位部位的一切装置的总称。

ground instance of a clause 子句的基例 对一子句实施代入后所得到的子句不含变元，那么后者称为前者的基例。

ground literal 基本文字 不含变元的文字称为基本文字。

ground loop 接地环路 在电子系统中，当电路中两点或多点由一个连通路径接地时，这些点具有不同的“地”电位，当各接地点的地电位相差足够大时，在接地系统中将产生环路电流。这些不希望的环路电流能通过只用一根导线将直流分布系统接地加以避免。

ground plane 接地层，地平面 (1)在多层印制电路板中，供电路接地、信号屏蔽以及使印制线具有一定特性阻抗的层。(2)用作一个天线近场反射面的平面称为地平面。

ground-plane antenna 地面天线 一种安装在接地平面上方的全向 1/4 波长垂直辐射器。垂直辐射器是一个工作频率为 1/4 波长的单偶极子。它有若干个比 1/4 波长略长、沿水平方向延伸的径向线。它可以用不平衡同轴电缆馈电，激励内导体与垂直辐射器的底部相连，而电缆的接地外屏蔽则与水平径向线相连。每条水平径向线在最靠近垂直辐射器的一端连接到一起。由于地面天线只在它们的两端受到支撑,故可能下垂。这种天线能在高于 7 MHz 以及高达 300 MHz 的频率上产生垂直极化波。

ground potential **地电位** 在系统或电路中,当施加和测量电压时使用的零电平参考点。大地是一个电阻非常低、电容量非常大的物体,拥有吸收无限电荷的能力,而且在吸收大量电荷后仍能保持电位不变,因此适合作为电气系统中的参考电位体,称为地电位。

ground-reflected wave **地面反射波** 传输路径某处从地面反射的无线电波。

ground remote sensing **地面遥感** 以高塔、车、船为平台的遥感技术系统。将地物波谱仪或其他传感器安装在这些平台上,进行各种地物波谱测量、探测和采集地物目标信息。参见 remote sensor technology。

ground resistance **接地电阻** 接地极或自然接地极的对地电阻和接地线电阻的总和,称为接地装置的接地电阻。接地电阻的数值等于接地装置对地电压与通过接地极流入地中电流的比值。按通过接地极流入地中工频交流电流求得的电阻,称为工频接地电阻;按通过接地极流入地中冲击电流求得的接地电阻,称为冲击接地电阻。

ground return **地回路** (1)在有线通信中,一种电路安排,电路导线对中的一根导线用大地代替,这样,导线对中原来一根用作前向通路,另一根用作后向通路,现在两根都可用作前向通路。(2)在任何电子系统中,电源和信号配线的一种安排,其中,所有的电流返回通路都经过一条公共线,如一条铜带、机箱、机架或仪器机壳,或地。

ground return circuit (GRC) **地回路** 利用地或底板作为传输线的返回路径。同 ground return。

ground return signal **地面返回信号** 在雷达运行中,从地面的树、建筑物、或其他固定物体,或从地面移动物体反射产生的波或回波。同 ground clutter。

ground rod **接地棒** 插入地下提供良好接地连接的黄铜或青铜等金属棒。

groundscatter propagation **地面散射传播** 沿发射站与接收站之间除大圆路径以外的多反射电离层无线电传播。发射机的辐射首先从电离层反射回大地,然后从地面向多个方向上散射。也称"非大圆传播"。

ground segment **接地部分** 电气装置的接地部分则为外露导电部分。外露导电部分为电气装置中能被触及的导电部分,它在正常时不带电,但在故障情况下可能带电,一般指金属外壳。有时为了安全保护的需要,将装置外导电部分与接地线相连进行接地。参见 exposed conductive part, extraneous conductive part。

ground sheet **接地页** 通过将线路的一端接地来从一个用户电话向交换机传输信令的方法。

ground start **接地启动** 检测在另一端电路被接地的信令方法。

ground state **基态** 原子或分子以及由它们组成的系统都有许多特定的、各不相同的能量状态,其中最低的能量状态称为基态。也称"常态"。

ground station **地球站** 一组包括信号发生器、发射机、接收机和天线的向通信卫星发送信号或从通信卫星接收信号的通信设备组合。

ground system **接地系统** 在规定区域内由互相连接的多个接地装置组成的系统。

ground term **基本项** 不含变元的项。不含变元的原子称为基本原子

ground to air communications **地对空通信** 从固定或移动的地面电台到机载电台的单向通信。

ground wave **地波** 在地上方传播且不被电离层折射的无线电波。地波包括除电离层波和对流层波以外的所有地上方的无线电波成分。由于对流层介电常数的变化,其中包括称为表面波道的状态,受其影响,地波将产生折射。也称"地表面波"。

ground wave propagation **地波传播** 地面上主要受地形和地面电磁特性影响的无线电波的传播。当发射点和接收点都在地面上,且天线高度比工作波长短得多时,无线电波在两点间有一种沿着地面传播的模式。

ground wire **接地导线** 将电气设备或电子设备与接地棒或其他接地物体相连的导体。

group **群,组,机组** (1)一串逻辑上连接在一起的记录。参见 print data set, transaction data set。(2)在绘图程序中,转换一系列对象到一个对象,使得这个组能够作为一个整体移动和传输。(3)在微软视窗中将若干应用程序编在一起称为组。(4)在微软 Windows NT 中,一个包含其他账户的账户,赋予组的权力和许可也赋予组中的各成员,使得组成为一个管理一群用户账户的方便的方法。

group access **组访问** 一个同时赋予若干用户以相同的访问权利使其能访问目录的方法,而不是逐个地对用户赋予权利,网络管理员可以对一组用户进行这样的操作。

group address (GADDR) **成组地址** (1)分配给共享一个通信信道的一组终端的地址。(2)在 SDLC(同步数据链路控制)中,除指定地址以外的一种地址。该地址可供两个或两个以上的辅助站共用。

group addressing **成组编址[寻址]** (1)数据网络的一种编址方法。在这种方法中,数据站的接收设备只对应于自己的地址(字符组),各数据站可通过向所有站的"组播"地址进行访问。(2)一种功能,多点线路上的所有站都利用这种功能来识别寻址

字符,但其中只有一个站响应。

group address message　组地址信息　具有传送给预先确定的一组目的地的一个地址的信息。

group alerting and dispatching system　群报警和调度系统　一种电话网络服务设施,能控制电话同时呼叫一组特定数目的电话,如果任一被叫电话线忙,能够保留呼叫一直到该忙线空闲。

group authority　组权限　用户在一个组内所能执行的一类功能的权限。例如,组权限包括 USE、CRAT、CONNECT 和 JOIN。

group box　组框　在窗口软件的对话框中,指一个包含若干输入控制的矩形区域。

group busy hour (GBH)　群忙时　一个中继线群忙的时间。参见 busy hour。

group carry　(成)组进位,小组进位　一种可以对先行进位的并行加法电路,是一种提高进位速度的技术。

group channel　基群通道　电话载波(复用)系统上的一个单位。一个全基群是一个相当于 12 个话音级信道(48 kHz)的信道带宽,半个基群是一个相当于 6 个话音级信道(24 kHz)的带宽。基群通道可以被用于高速数据通信。

group classification codes　成组分类码　对于不同范畴的系统分类,每一类赋予不同的后续数字。用于各类产品、账目、项目的编码,其中在主标题下划分的组是主要目标。

group code　群码　一种纠错检查码。用来检查两个终端设备之间传送的一组字符的正确性。这种码的代码字满足代数中群的性质,所以称为群码。参见 group。

group code A (GCA)　十位成组编码　表示二进制信息的一种信道编码。其编码规则是把输入信息序列按 8 位字长分组,然后逐组地把 8 位信息变为 10 位码字,最后再把编码序列用逢"1"变化不归零制规则调制。这种编码是具有自同步能力的按组、固定长度、游程长度受限码。在计算机中,主要用于数字磁记录。

group coded recording (GCR)　成组编码记录　游程长度受限码(RLLC)的一种。是一种面向块的代数纠错码,能够从突发性错误中恢复。

group code entry　群码输入项　预先确定的一组具有群码特征的终端上含有信息的终端表项目。它有助于通过说明一组独特的地址字符,同时将信息传送给群码中的所有元素。

group coding　群编码　对频分复用(FDM)信号进行脉冲编码调制的方式。

group control　群控　用一台电子计算机同时对多台机器进行自动控制,完成预定的生产活动,而各机器之间则无基本联系,甚至可以是互不相关的。

group counting method　群计数法　一种校错方法。要传送或存储的二进制数据中"1"的个数用二进制表示,附在数据后边,接收或读取数据时,再一次数"1"的个数,与数据后边的个数比较,如不一致,表示有错。

group data area　组数据区　在某些操作系统中,一个在交互式作业成为组作业时自动建立的数据区,这个数据区被组中所有的作业共享,但不能被组外的作业使用。

group decision support system (GDSS)　群体决策支持系统　(1)把有关同一领域不同方面或相关领域的各个决策支持系统集成在一起,使其互相通信、互相协作,形成一个功能全面的决策支持系统。这是软件集成化技术应用于决策支持系统的产物。与分布式决策支持系统强调各子系统在地理位置上的分布不同,群决策支持系统则注重各子系统在功能上的相互协同与配合。GDSS 是当前计算机、通信和决策科学相互交叉、延伸出的一个新的前沿研究课题,是结构理论在信息中的一种应用,对提高决策质量、加快决策过程具有重要意义。GDSS 也称"集体决策支持系统"。可以通过这个系统,按照一定的手续和规则,共同解决半结构化和非结构化的问题。(2)指用以支持完成联合决策活动的决策支持系统。它是一个涉及不同的个人、地点、时间、通信网络、个人偏好和各种技术的复杂联合体。为决策者的协作活动提供支持并改善决策过程和提高决策质量,并适应于不同组织层次的群决策活动。它有多种体系结构,如决策室、局域决策网、远程决策和远程会议。参见 decision support system。

group delay　群时延　一个各单个频率相差很小的波群,经过传输媒介传播时,总相移随角频率的变化关系。群时延是线性失真,可以表征线性时不变系统对信号造成的时延失真。同 envelope delay。

group delay distortion　群时延失真　信号传输中由传输介质引起的一种失真,这是因为信号中不同频率成分的传播速度不同,因而各频率成分的传输时间也不同,导致信号不同成分到达的时间顺序相对于发送时的时间顺序有所不同。可以减小或补偿这种失真,方法是安排不同的频率成分以不同长度的路程传播;在光纤和光集成回路(OIC)中,调节折射率分布,可以使信号中较高速度的成分比其他成分行进的路程长些,这样它就可以和行进路程较短的速度较低的成分同时到达终点,补偿失真。

group delay frequency distortion　群时延频率失真　传输过程中各种频率成份的传输延时不同,形成所谓群延时,简单地讲,即在终端的波形会形成较大后延失真,在载波及其调制信号之间产生不希望有的频率和相移变动。

group delay spread　群时延展宽　不同波长的群时延变化会使信号的不同频率成分延迟不同的量,在光脉冲沿着光纤传送时,会使光脉冲展宽,从而限制了比特速率和传输距离。

group delay time 群时延时间 在一个有不同频率成分的波群中，波峰或其他特征传播所需要的时间。

group distribution frame (GDF) 群配线架 在频分复用(FDM)中，一个提供终端和互连功能的配线架，用于工作于基频 60 ～ 108 kHz 的群转换设备的调制器输入和解调器输出电路。

grouped-frequency operation 群频工作 在双线载波制中，对相反方向的信道采用不同的频带。

grouped record 成组记录 一个记录组中包含的若干个记录。用一个记录(通常为第一个记录)的首标作为识别该记录组的标记，这样可以节省存储空间和存取时间。

group entry 组表目 在某些通信系统软件中，与一组逻辑单元相关联的一种终端表目。

group field 群栏，群域 在源编码中，应用于较低级的各数据项目的某一级的一识别码号。

group format identifier (GFI) 群格式标识符 X. 25 分组交换网络中，分组报头中的头 4 位，包含 Q 位、D 位和模数值。

group frequency 群频率 传输线波导管或传播路径中同一连续波内的各频率分量的总称。

group function 组函数 在数据库中，一个对查询选择的各列或表达式操作的函数，计算出一个值。

group hub 工作组集线器 配合综合布线系统使用的一种集线器。工作组集线器安置在配线室内，无论采用总线型还是环形逻辑拓扑的站点，都以星形布线方式连线到集线器上。采用这种布线方式，网络站点增加、减少和位置转移都比较容易。如果出了故障，可以在集线器上分段隔离，便于故障查找。

group icon 群图标 在微软 Windows 的图形用户界面中，用来表示“群”的图标。用鼠标器快速双击此图标，将打开一个窗口，在窗口内包含着多个图标。

group identification 组识别 在模式识别时，读入一群信息后，利用群信息的相关性，提高识别正确率的一种方法。

group index 群折射率 光波导中传输的电磁波的给定模的一个比率，它等于真空中的光速与给定模的群速度的比率，由关系 $N = C/Vg$ 给出，N 为群折射率，C 是真空中的光速，Vg 是波导中的模光速。

grouping isolation 分组隔离 各电气电路之间的电气分隔。

grouping of records 记录分组 为节省存储空间或缩短存取时间而将记录按组排在一起称为记录分组。

group inspection 成组检验 将被传输的信息划分成组，并且在传输前加上校验码。在接收端将分别对这些信息分组进行检验。

group item 组(合)项 多个相关初等项的命名序列。例如，工资项可分为基本工资和职务工资，则工资是组项而基本工资和职务工资是初等项。

group layout 群组布局 在计算机辅助设计中，应用群组技术安排各设施的布局，以便使它们处于便于操作和协同的位置。

group length 组长度 在分组数据传输时，一个组内包含的有效字符数。在不同的传输协议中，对组长度可有不同的规定，可以视线路及设备情况选择。

group link 群链路 用特定宽度的频带(一般指 48 kHz)连接终端装置，链路的末端就是群配线架上终端装置连接的点。基群链路可以包括一个或一个以上的基群段。

group machines 群组机器 由多部计算机或处理器组成的分布式信息处理系统。

group mark (GM) (数据)组标志 (1)一种标志，用于标识一组数据的开头或结尾。这组数据可以包括数据块、字符集和其他项目。(2)一种用户定义的字符，用于 CICS(用户信息控制系统)的 SDF(屏幕定义程序)的映像编辑程序的字段定义操作功能中，以标志该组的开始。

group material handing 群组物料搬运 在计算机辅助生产控制流程中，应用群组技术确定各加工点之间物料搬运作业的最佳路径及运输设备利用方案。

group material planning 群组物料规划 在计算机辅助加工与制造中，应用群组技术来制定生产线上各个阶段与不同时刻物料需求与供应计划的作业。严格并且合理的群组物料规划，是实现“零库存”生产过程的基本保证。

group message queue 组消息队列 在某些系统中，一个与一个作业组相关的消息队列。

group method 群组法 在计算机辅助设计中，建立群组技术的各种方法(如视检法、分频法等)。参见 group technology。

group modulation 群调制 在载波通信中，把一群已经分别被调制到规定频段的子通道信号汇集后再进行调制，从而使一个群信号整群移到另一频段的过程。例如，将一个基群(60 ～ 108 kHz)调制到超群(312 ～ 552 kHz)的某个频段上，用 5 个被群调制的基群构成一个超群。

group name 组名 (1)赋予具有共同属性的一群事物的通用名称。例如，对所有的磁盘驱动器都命名为 DISK，在可能发生混淆时，再加上具体的识别代号。(2)在 RACF(资源访问控制设施)中，以字符 #、$ 或 > 开头，用于标识一个组的一种由 1 ～ 8 个字母数字组成的字符组。

group network 群网络 运行群件，可供多个成员实时地和交互式地在成员间进行讨论和决策，可以协作完成同一任务的不同部分的网络。例如，非线性视频节目编辑可以借助于群网络，由不同的编辑人员完成同一节目的不同片段编辑。

group object　群组对象　在面向对象的图形软件中，指一次被选中，作为一个临时整体看待的若干个对象。若对群组对象中的某一对象施行某种操作，便对群组中的所有对象施行了同样的操作。若只希望对其中的一个特定对象施行这种操作，则只有在群组解散之后才可能。

group of logical unit　逻辑单元组　在TCAM(远程通信访问法)中，与同一个组表目相关的一组外部逻辑单元定义。参见 group entry。

group of pictures layer (GOPL)　图像组层　在MPEG(活动图像专家组)-2视频流层结构里，GOPL是图像序列层(VSL)中若干图像组的一组图像，由数据头和若干幅图像组成，用于支持解码过程中的随机存取功能。图像分组是从有利于随机存取及编辑出发的，不是MPEG-2结构组成的必要条件，可在分组与否之间灵活选择。其中，数据头给出了图像编码类型、码表选择、图像组头部开始码、视频磁带记录时间及控制码等。参见 video sequence layer (VSL)。

group organization for manufacture　群组制造组织　在计算机辅助设计与制造中，为了实现群组技术的功能而建立的集合体，其中包括设计人员、加工人员和设备等。

group policy　组策略　将策略应用到活动目录容器中的计算机组和/或用户。所包括的策略类型不仅是出现在 Windows NT 服务器中的基于注册的策略，还可以是目录服务所允许的用来存储策略数据的多种类型，如文件配置、应用程序配置、登录和注销脚本、启动和关机脚本、域安全、因特网协议安全等。参见 local group policy object (LGPO)。

group policy container (GPC)　组策略容器　GPC是一个活动目录对象，存储版本信息、状态信息和其他策略信息(如应用程序对象)。

group policy object (GPO)　组策略对象　策略的虚拟集合。它有一个唯一的名称，如一个全局唯一标识符(GUID)。GPO在两个位置存储组策略设置：组策略容器(GPC)和组策略模板(GPT)。一个GPO可以与一个或多个活动目录容器相关，如站点、域或组织单元。多个容器可以与相同的GPO相关联同时一个容器可以与一个或多个GPO相互关联。

group policy templet (GPT)　组策略模板　GPT用于基于文件的数据并且存储软件策略、脚本和配置信息。GPT位于域控制器的系统卷文件夹上。

group polling　组轮询　一个将单个询问送到一组站中一系列站点上的过程，请求来自组中任一含有需要数据发送的站的回答。

group product design　群组产品设计　在计算机辅助设计与制造中，以创建一个能适应不同需求的多规格产品系列为目的的处理。为此，可先建立一产品的模型，然后在此基础上考虑各种应用环境与条件的不同，以及客户可能提出的不同要求，对产品模型进行局部修改，产生一个系列型号。

group production control　群组加工控制　在多工序、多参与者协同的生产过程中，应用计算机辅助群组管理技术，制定生产过程中有关物料流通、计划供应、工序安排等规划及生产实施的管理。

group profile　组轮廓文件　一种用户开工文件，它提供一组用户的所有成员以相同的权限。文件中的信息包括组名、拥有者和组中的用户。

group records　组记录　为节约存储空间与存取时间而合并为一个处理单位的一组记录。

group section　基群段　利用至少一条链路来连接两个相邻的群配线架，构成一个基群信号(带宽为48 kHz)传输的链路段。

group selective dissemination of information (GSDI)　成批定题情报服务　也称"团体定题情报服务"。按照标准课题而不是个人提出课题，对数据库中新增加内容进行检索的一种定题服务形式。它由数据库提供者提供一套标准提出课题，用户预约其中一个或数个课题进行查询。这种方法没有个人提出课题所能检索到的资料准确，但收费较低。

group selector　群选[线]器　在拨号数字信号的控制下，能接通多组中继线，从所在组内自动选出所需的一条空闲中继线，构成通路连接的选择器。

group select slave　群选择从属　多机系统中使用的一种特殊终端群结构。当某一终端由主计算机发出的特殊群地址寻址时，才能成为主计算机的从属终端机，可以从主计算机那里接收数据。没有此特殊群地址的终端机，即使它们是在同一个通信网络中，也不能接收数据。

group separator (GS)　组分隔符　一种用于逻辑上分离并核准数据的控制符；通常分隔被称为组的数据项。

group separator character　组分隔字符　用于标识组间逻辑边界的信息分隔符。

group set of data　数据的群集　数据库物理设计中为改善系统性能、提高处理效率常采用的一种方法及技术。它把某一些数据在物理介质中聚集地存放在一起。

group signature　群签名　群体密码学中的一个问题，1991年由Chaum和Van Heyst提出。它有下述特点：①只有群体中的成员才能代表群体签名；②接收到签名的人可用公钥验证群签名，但不可能知道由群体中的哪个成员所签；③发生争执时可由群体中的成员或可信赖机构识别群签名的签名者。

group source record　组资源记录　在某些计算机系

统中,资源安全文件中的一种记录,用于保护一组文件或程序库。

Group Special Mobile (GSM) 移动通信特别小组 1982 年,欧洲邮电主管部门会议(CEPT)设立的"移动通信特别小组"提出的数字蜂窝移动通信系统,其特点为用数字技术开发全欧统一的蜂窝系统以取代欧洲各种模拟蜂窝系统,后来又易名为"全球移动通信系统"。1989 年制订了 GSM 标准;1991 年 GSM 系统正式在欧洲问世,网络开通运行。参见 global system for mobile communication (GSM)。

group switching center (GSC) 群交换中心 英国电话局的名称,它构成全国用户拨号网络的进入点。

group synchronization 群同步 在数据通信中,脉冲序列通常是以字、句、群的方式一组一组地传送的。从收到的脉冲序列中识别与恢复群同步信号的过程称为群同步,其作用是使接收端能精确地判定每群码字的起点。群同步可分为两种:一种是外同步,在发送的脉冲序列中插入群同步脉冲或群同步码组,接收端检出这些同步码组后即可得到群同步信息。另一种则是内同步,利用数字序列本身所具有的特性来恢复群同步信息。

group technology (GT) 成组技术 是计算机集成制造系统(CIMS)中一种重要技术,它是基于存在于部件、设备和过程中的相似性,首先进行编码,然后按其工作特性分类,通过数据库提供的设计检索功能找出相似的分类归组,组成若干个群。每一群包含相似的零件,即使零件在最后的成品中可能需要分隔开,加工时也先把它们放在一起,用计算机鉴别相似之点,从而使小批量生产获得与大批量生产相似的经济效益。

group technology database 成组技术数据库 应用于成组技术的数据库。它按照成组技术的要求存储和管理有关部件设计、装配设计、生产工艺和材料需求等方面的数据。它的用户能以经常使用的特征为基础找到所需的信息,这些特征可以是:物理尺寸和配置、对加工机器的需求、制造工艺、部件或零件的类型和设想的用途等。利用它可以充分发挥成组技术的特长,提高产品生产各个环节的效率。

group theory 群论 系统地研究群的理论和应用的一门学科。它是代数学的重要组成部分。群论的概念理论和方法,在形式语言与自动机理论中得到广泛应用。

group translating equipment 群转换设备 在载波电话中,将 5 个基本群(频带 48 kHz,12 个话路组合)转换成 312 ~ 552 kHz 的基本超群,或者把基本超群转换成基本群的设备。

group velocity 群速(度) (1)由两个或更多个在同一方向自由地传播的、频率稍有差别的平面正弦波叠加而成的拍的位移速度。据此定义的群速度,等于频率对波数的微商。参见 plane sinusoidal wave, wave number。(2)峰包波是由多频率分量形成的复合波,其上任一点电磁能量的传播速度,均为该点上各频率分量速度的合成,故称为群速。它略低于相速,但波形上并不产生明显的失真。在波导传输的情况下,群速等于相速。

group velocity dispersion (GVD) 群速度色散 在高速大容量的光纤通信中,由于光纤介质表现出非线性,光脉冲包络的形状会发生变化,这种影响光信号接收的变化就称为群速度色散,群速度色散会引起传输波形的展宽。

groupware 群件,组件 利用计算机支持一群人进行共同作业的各种系统的总称。群件这一术语最初是美国一些大学在研究个人机通信的电子会议系统时提出,随着近年来局域网和综合业务数字网(ISDN)等的普及,使利用计算机系统进行集体工作的环境日益完善。在此背景下人们盼望办公工作能从个人发挥作用转向由一群人共同发挥作用,以支援某一团体或组织的活动,提高其工作效率、管理水平和决策能力。群件涉及的内容极其广泛,它包括电子邮件、大量集体活动(如会议)等的日程安排、会议支援系统、共同研制软件、决策支持系统等。Lotus Notes 和微软 Windows 的 Exchange 就是两种成功的群件软件包。

group window 组窗口 微软视窗中组织程序项图标的窗口,其中可包含多个程序项图标。

group 3 (G3) (传真)组 3 标准 采用 ITU-T(国际电信联盟-电信标准化部门)建议 T.4 的传真标准,传输率 9.6 kbps。G3 支持一维空间黑白图像的压缩。在一个标准的传真机上,G3 使用冗余压缩来提高速度,能够达到在一分钟内或者更少的时间内发送一页的内容。对于文档,G3 能够达到 10∶1 的压缩率,对于工程上的制图可以达到 15∶1,且分辨率是 200 dpi(每英寸点数)。G3 有时也称"V.29 标准"。

group 4 (G4) (传真)组 4 标准 采用 ITU-T(国际电信联盟-电信标准化部门)建议 T.6 的传真标准,它支持二维空间图像的压缩,既要压缩宽度又要压缩长度。对于 office 文档,G4 可以达到 15∶1 的压缩率,对于工程制图可以达到 20∶1 的压缩率,图像分辨率为 400 dpi(每英寸点数)。与 G3 不同的是,G4 可以用 ISDN(综合业务数字网)进行发送。

grown-diffused transistor 生长扩散型晶体管 一种由在生长结附近扩散杂质形成的结型晶体管。

grown junction 生长结 熔融态半导体在生长晶体过程中,通过改变添加的施主杂质和受主杂质的类型和数量而形成的结。

growth factor 增长因子 高斯消去法及矩阵三角分解稳定性的一种标志。在分解 $A=LU$ 中,矩阵 L 和 U 中元素的最大模与 A 中元素的最大模之比

G

称为该分解的增长因子。增长因子大则计算误差积累较快,算法不稳定。当矩阵阶数 n 增加时,全主元高斯消去法的增长因子上升很慢,故可认为该算法稳定;对部分主元法可以找到矩阵增长因子为 2^{n-1},但在实际应用中部分主元法的增长因子都不大,因此可认为部分主元法在实践中是稳定的;乔列斯基(Cholesk)分解增长因子为1,是稳定的算法。

growth power **升级能力** 系统的扩展和升档的方便程度。系统通过简单增加CPU、存储器和IOP插件后,使整个计算机系统性能增长了许多倍。系统的升级性能保证用户在低档机上开发的应用软件能方便地移植,绝大部分硬件继续可用,继承性和兼容性均很好。

GRTS **通用电气远程终端监视器** GE remote terminal supervisor 的缩写。

GS **组分隔字符** group separator 的缩写。

GSAM **通用顺序存取法** generalized sequential access method 的缩写。

GSC **群交换中心** group switching center 的缩写。

GSDI **成批定题情报服务** group selective dissemination of information 的缩写。

GSI **巨大规模集成电路** giga scale integration 的缩写。

GSL **全局业务逻辑** global service logic 的缩写。

GSM (1)全球移动通信系统 global system for mobile communication 的缩写。(2)移动通信特别小组 group special mobile 的缩写。

GSM ANSI-136 interoperability team (GAIT) **GSM ANSI-136 互操作组** GAIT是一项能够让GSM(全球移动通信系统)和TDMA(时分多址)网络实现互操作的技术。它必须使用特制的手机(通常称为"GAIT手机"),并与GAIT网络配合使用。

GSM PLMN **GSM公共陆地移动网络** GSM public land mobile network 的缩写。

GSM public land mobile network (GSM PLMN) **GSM公共陆地移动网络** 遵循GSM(全球移动通信系统)建议的公共陆地移动网络。

GSMP **通用交换管理协议** general switch management protocol 的缩写。

GSM service area **GSM业务区** 不需知道移动用户的实际位置,固定用户可建立与GSM(全球移动通信系统)移动用户间通信的区域。业务区可包括多个PLMN(公共陆地移动网)。业务区可包括一个国家,部分国家或多个国家。参见 global system for mobile communication (GSM), public land mobile network (PLMN)。

GSN (1)通用分组无线业务支持节点 GPRS supporting node 的缩写。(2)千兆字节系统网络 gigabyte system network 的缩写。

GSR **全局共享资源** global shared resources 的缩写。

GSS **作图标号集** graphics symbol set 的缩写。

GSTN **通用电话交换网络** general switched telephone network 的缩写。

GSVC trace **通用管理程序调用跟踪程序** generalized supervisor calls trace 的缩写。

G/T **天线增益与噪声温度之比** antenna gain-to-noise-temperature 的缩写。

GT **成组技术,成组工艺** group technology 的缩写。

G/Te **天线增益与噪声温度比** antenna gain to noise temperature 的缩写。

GTF **通用跟踪程序** generalized trace facility 的缩写。

GTFM **通用平滑调频** generalized tamed frequency modulation 的缩写。

GTGOOGS **产生面向对象图形规范的图形工具** graphic tool for generating object-oriented graphic specification 的缩写。

GTK **GIMP工具箱** GIMP Toolkit 的缩写。

GTL **射电收发逻辑电路** gunning transceiver logic 的缩写。

G to B **政府与企业** government to business 的缩写。又称G2B,电子政务的一种模式。

G to C **政府与公众** government to citizen 的缩写。又称G2C,电子政务的一种模式。

G to E **政府与雇员** government to employee 的缩写。又称G2E,电子政务的一种模式。

G to G **政府与政府** government to government 的缩写。又称G2G,电子政务的一种模式。

GTP (1)通用分组无线业务隧道协议 GPRS tunnel protocol 的缩写。(2)通用数据传输平台 general data transfer platform 的缩写。

guaranteed bit rate (GBR) **保证比特率** 用户需要的最小速率。通过恒定的分配网络资源,保证该承载上的比特率,这个承载就称为GBR承载。参数GBR代表了预期能够由GBR承载提供的比特速率。

guard **保护(信号)** (1)在计算机中,为防止硬件资源受损坏或者软件资源被非法使用和遭到破坏而采取的措施。(2)防止寄生信号引起意外操作或避免可能发生歧义性的信号。

guard band **保护频带[间隔]** (1)在使用频分多路复用技术的通信系统中,为防止各相邻频带相互干扰,在它们之间插入一很窄的非使用频带,称之为保护频带。(2)在数字磁记录媒体表上,相邻两条磁道之间的未记录信息的空白区域。它把相邻的两条磁道隔开,以保护每条磁道上的记录信息不受邻道信息的干扰。

guard bit 保护位 用来指示存储器中字或字组的状态的位。可用来通知硬件或程序,某存储单元的内容是否可以由程序来改变,或指示磁盘中存储的字是否要装入文件或加以保护。

guard channel 保护(频)带 为了避免相邻频道之间的串台干扰,各相邻电视频道之间都留有几MHz的空白频带。

guard condition 警戒条件 要激发关联关系的转移而必须满足的条件。

guard digit 保护数位 在单字节浮点算术加减法操作中,附加在每个操作数低端的十六进制"0"称为保护数位。

guarded command language (GCL) 卫士式命令语言 一种非确定性程序设计语言表示方法的核心部分。其语法有如下几部分组成:①原子语句集;②布尔表达式集;③卫士式命令集,包括若干个以布尔表达式为条件的语句,该语句称为卫士式命令,其中的布尔表达式称为卫士;④语句集。

guarded frequency 受保护频率 一个没有被干扰的频率,并且在这个频率不产生干扰。

guarded input 受保护输入 将未接地的输入端进行电屏蔽和隔离,以使干扰耦合最小的放大器或其他电路。

guard expression 护卫表达式 一个放在布尔表达式起始位置的表达式,用于检查其他可进行的操作。

guard frequency 保护频率 (1)用于表示一条线路准备发送数据的单频载波信号音。(2)频分复用(FDM)系统中的子信道之间用于防止相邻信道干扰的频率,也称"防护频带"。参见 guard band。

guard mode multiprogramming 保护方式多道程序设计 系统工作于多道程序或多重处理环境中,为了启动和维持这种操作方式,执行程序必须完全控制整个系统。这一功能可利用专门硬件来实现。系统的多道程序和多重处理能力基于保护方式操作,以便独立使用执行程序,安排某些指令、寄存器和存储单元,以防止无关程序之间的相互作用。

guard ring 保护环 电子管或其他器件中的环形辅助电极,用于改变电场或降低绝缘漏电。

guard signal 保护信号 数字-模拟转换器或模拟-数字转换器中的一种信号,它保证只有在稳定状态下,才有输出信号。

guard time 保护时间 在时分复用(TDM)和时分多址(TDMA)系统中,一个短脉冲串结束与下一个短脉冲串开始之间的时间。

guard watch 保护监视 任何一个通信网络中,对发送到另一电台的电话或报文的监视、复制和转播。

Gudden-Pohl effect 古登-玻尔效应 当电场加到事先被紫外辐射激发的磷光体上时所产生的瞬时照明。

guess 猜想 对历史经验进行分析的总结、提出假设,然后有目的地设计实验或收集实例对假设加以验证。猜想是一种综合了归纳和演绎的知识获取方法。

guest real storage 客人实存 在某些操作系统的迁移辅助程序中,对于运行在虚机上的操作系统而言,呈现为实存方式的存储器。比较 guest virtual storage。

guest station 客站 HDLC(高级数据链路控制)协议中的从站。

guest virtual storage 客人虚存 在操作系统的迁移辅助程序中,对于运行在虚机上的操作系统而言,呈现为虚拟方式的存储器。比较 guest real storage。

GUI 图形用户接口[界面] graphical user interface 的缩写。

guidance code 制[引]导码 参见 operator guidance code。

guidance radar 制导雷达 用于跟踪移动物体(如飞机、宇宙飞船、轮船、导弹和地面汽车)的雷达,用来获得位置信息,与其他位置信息一起制定指令,指挥目标从当前位置转移到要求的固定或移动位置。

guidance system 制导系统 用于引导物体如飞机、宇宙飞船、船舶、导弹和汽车,从当前位置转移到要求的固定或移动位置。

GUIDE GUIDE 用户协会 大型 IBM 计算机用户组成的一个国际组织。英文 Guidance for Users of Integrated Data-processing Equipment 的缩写。1956 年成立。1970 年,作为一个非赢利的组织,其主要宗旨是:在会员中交换并传播相互感兴趣和有价值的信息,促进电子数据处理实践的健康发展;向 IBM 公司传播各有关技术领域的用户需要,交换、评审关于 IBM 大型计算机产品和服务方面的信息,对计算机工业标准的制定施加影响;就有关数据处理工业问题发表看法。

guided 制导的 可以由运载工具中的预设机构、无线电指令或内置的自动反应电路进行方向控制。

guided missile control 导弹控制 导弹的控制包括:①通信设备的应用,即飞行控制;②导弹组织元件的控制,即命令控制;③购买、运输、接收、存储、维护和抢修导弹、导弹系统和元件的控制,即后勤控制;④修理和置换部件的控制,即供应控制。

guided ray 导行射线 光纤中的一条射线,它基本上限制于纤芯中。同 bound ray, trapped ray。

guided wave 导波 一种波,其中能量集中在边界附近或在用不同性质材料分隔的平行边界之间,传输方向与这些边界平行。

guide edge 基准边 在某一数据媒体上,用一在其

G

位上建立规格或度量的那一边缘。

guidelines for the definition of managed objects (GDMO) 管理对象定义指南 国际标准化组织(ISO)提出的用于管理对象定义的标准化模板,是一种形式化描述语言。ITU-T(国际电信联盟-电信标准化部门)建议 X. 722 定义了 9 类标准化模板,所有管理对象都参照模板来定义。按 GDMO 定义的管理对象可通过工具自动转换成 C 或 C++代码。但是,GDMO 仍采用自然语言描述模板的行为,因而有可能对行为的理解产生歧义性。

G

guide media extensions (GME) 指导媒体扩展 OWI 国际公司推出的一种多媒体编辑软件包。它集动画制作、文本和声音的功能于一体。软件中还包括一个图像顺序编辑器,可用于捕捉和放映图像,GME-β 是 1990 年 12 月推出的改进版。

gulp 字节组 在程序中定义,可作为一个整体来处理的多个字节(必要时也可以分解成较短的组),它类似于一个字或一条指令。

Gunn amplifier 耿氏放大器 一种利用耿氏二极管的微波放大器。当将耿氏二极管跨接到一个微波源的两端时,它起负阻放大器的作用。因此,反射功率大于入射射频功率。

Gunn diode 耿氏二极管 一种将耿氏效应用于产生微波振荡或放大外加微波信号的二端半导体器件。振荡频率取决于畴渡越时间,且可能超过 50 GHz。其工作采用渡越时间方式。耿氏二极管是转移电子二极管。

Gunn effect 耿氏效应 1963 年,由耿氏(J. B. Gunn)发现的一种效应。当高于临界值的恒定直流电压加到一小块 N 型砷化镓相对面的接触电极上时,便产生微波振荡。依据半导体块的尺寸和另一些因素,振荡频率范围从 500 MHz 到远高于 50 GHz。

gunning transceiver logic (GTL) 射电收发逻辑电路 逻辑电路的降压摆幅(小于 1 V)、漏极开路/集电极与差动输入 JEDEC(电子设备工程联合委员会)标准,与 TTL(晶体管-晶体管逻辑)器件相比,在点对点与轻负载存储接口总线应用中,可提供更高的频率操作。

Gunn oscillator 耿氏振荡器 一种利用耿氏二极管来产生频率可以超过 50 GHz 的振荡器。耿氏振荡器可能具有机械调谐、变容二极管调谐或 YIG(钇铁石榴石)调谐以满足各种应用,如本振、低功率发射机和微波实验室设备的需要。

GUN process 图形用户接口进程 微软视窗的进程,入口点是 WinMain 函数。

gutter 隔条,中缝距离,侧边空白 (1)在文字处理系统中进行多栏排版时,栏间的距离。(2)为输出的稿页预留的侧边空白区域,以满足装订的需要,有时上面还加一条装订线。考虑到装订时的实际操作,通常将偶数页的空白留在右边,奇数页的空白留在左边。

GVD 群速度色散 group velocity dispersion 的缩写。

GVM 客户虚拟机 guest virtual machine 的缩写。

GVPN 全球虚拟专用网络 global virtual private network 的缩写。

GVPP 常规视觉处理器 generic visual perception processor 的缩写。

gyrator 回转器 一种能引起信号极性对一个传播方向倒转,而对其他传播方向不倒转的器件。它属于线性、无源、二端口电路元件,对一个传输方向实际上比对相反传输方向长半个波长。有微波回转器和光学回转器两种型式。

gyrator filter 回转滤波器 一种高选择性的有源滤波器。它包含一个用电容器端接的回转器,因而具有感性输入阻抗。所形成的合成电感器可以用另一个电容器调谐。供滤波器用的回转器可以做成单片集成电路形式。

gyrofrequency 回旋频率 在恒定磁场,如地球磁场的影响下,带电粒子旋转的固有频率。

gyromagnetic 旋磁的 旋转电荷,如在原子内部运动的自旋电子的磁性质。

gyromagnetic coupler 旋磁耦合器 一种带有单晶 YIG(钇铁石榴石)谐振器的耦合器,在所要求的低信号电平上提供两个交叉带线谐振电路之间的耦合。这类耦合器用于信号限幅器和电子可调谐滤波器中。

gyromagnetic effect 旋磁效应 一个物体因其磁化改变而感生的旋转或由旋转引起的磁化。

gyromagnetic ratio 旋磁比 在闭合轨道中运动的带电粒子的磁矩与角动量之比。

gyromagnetic resonance losses 旋磁谐振损耗 与发生旋磁谐振有关的损耗。

gyrotron 回旋管 也称"回旋振荡管",一种结构上包含阴极、收集极和渐变直径的圆波导的回旋谐振脉泽。阴极发射的电子由电场加速并由静磁场引导。这种非均匀感应场使电子呈螺旋运动,并在回旋脉泽互作用中将能量交给圆波导内的微波场之前形成群聚。回旋管振荡器在 28 GHz 已达到 212 KW,在 100 GHz 已达到 1 MW 的脉冲功率。

. gz gzip 压缩格式文件名后缀 一种文件扩展名,用于标识已用 UNIX Gzip 压缩程序压缩过的文件,该文件需用相应的 gunzip 解压缩程序解压缩恢复。

G2C 政府与公众 government to citizen 的缩写。又称 G to C,电子政务的一种模式。

G. 703 G. 703 建议 国际电信联盟的标准建议,关于层次数据接口的物理/电气特征。G. 703 是在数字载波(如 T1 和 E1)上传送语音时所用的一个标准。它为数据速率在 64 kbps 和 2. 048 Mbps 之间的脉冲编码调制提供了规范。G. 703 服务比较典型的作用就是通信设备（如网桥、路由器以及多路复用器）之间的连接。G. 703 工作在平衡电缆（120 Ω 双绞线）或者在非平衡电缆（75 Ω 双同轴电缆）上，它是平衡的还是非平衡的取决于它的物理位置以及提供服务的载体，其中平衡服务是最为普遍的。在数据速率为 64 kbps 的平衡线上有三种传输方式：协同指向、集中指向和反向指向。协同指向使用四根电缆，两根用于发送，另外两根用于接收，数据和调速在相同的线上同方向的发送。集中指向是很少用到的，假如各个线路上的时钟信号是由统一时钟来提供的，这时集中指向可以使用六根或八根线来双向或单向地发送一个时钟信号。六线版本使用两根线来发送时钟信号，四根线用于发送数字信号，八线版本使用四根线来发送时钟信号，其余四根用于数字信号的发送。反向指向是一个八线版本，它的发送和接收分别用两条线，另外还有两对就用于时钟信号的发送和接收。

G. 704 **G. 704 建议** 国际电信联盟的标准建议，关于用于第一层和第二层的同步帧接口。

G. 727 algorithm **G. 727 语音编码标准算法** 这种算法具有 16 kbps、24 kbps、32 kbps、40 kbps 四种速率，适用于在分组网络中传输语音，当网络节点的瞬时负荷过重时，这种算法允许丢失样值的次要比特，保留核心比特，以避免语音分组的丢失。

G. 728 algorithm **G. 728 语音编码标准算法** 这种算法在 CELP（码激励线性预测）算法的基础上，采用后向自适应线性预测、50 阶合成滤波、短激励矢量（5 个样值）等改进方法，从而达到高质量和低时延的目的，总的编码时延小于 2ms。参见 code excited linear prediction（CELP）。

G8 **八国首脑集团** A Group of Leaders From Eight Countries 的缩写。八国首脑集团也称“八国首脑会议（G8 峰会）”，是指现今世界八大工业国的联盟。它始创于 1975 年，始创国有 6 个，包括法国、美国、英国、西德、日本、意大利，其后加拿大于 1976 年加入，成为七国首脑高峰会议（G7 峰会）。第 8 个成员国是俄罗斯，该国于 1991 年起参与 G7 峰会的部分会议，至 1997 年，被接纳成为成员国，从而演化成 G8 峰会。上世纪末 G8 为推动研究解决进入 2000 年后出现的千年虫问题，向世界银行信托基金会和经济合作与开发组织提供 1 600 多万美元用于帮助国际研究机构研究解决千年虫的问题。

H

H　亨利　电感单位 henry 的符号。

HA　归属代理　home agent 的缩写。

hack　修改,粗糙产品　(1)作为一个动词,指通过对程序代码的修改,而不是通过运行程序和选择选项,来改变应用程序或操作系统的某些方面性能。对代码的修改有时指有动机的犯罪活动,如密码盗窃,信用卡诈骗,各种敏感信息的窃取等。(2)也称"拼凑件",指花费不多精力,把产品略加改造就推向市场,用于新的用户。由于改造并不彻底,这样的软件产品在使用中可能会遇到许多不便之处。参见 kludge,patch。

hacker　黑客　原指具有计算机专长的人,但现指未经批准非法存取计算机系统的人。黑客往往为了恶作剧或窃取敏感数据的目的,采用回避、对抗系统访问控制机制的方法,通过网络对计算机进行非授权访问。黑客不同于骇客,后者指窃取或破坏数据的犯罪分子。比较 cracker。

hacker attack　黑客攻击　黑客破解或破坏某个程序、系统及网络安全,或者破解某系统或网络以提醒该系统所有者的系统安全漏洞的过程。

hacker ethic　黑客伦理(观)　计算机黑客所持有的共同观点,他们认为:信息、技术和决窍都应该由所有用户共享,而不是储藏起来。但是,对他人数据的任意破坏、改动将造成对其拥有者的伤害并给他人带来损失,这种行为是不符合道德规范的。

hacker jargon　黑客行话　在计算机黑客之间使用的术语。

Hadamard transform encoding　哈达玛变换编码　一种变换编码方法。首先对输入数据施行哈达玛变换,然后对变换系数进行量化和编码。这种变换编码比余弦变换编码性能稍差,但比余弦变换编码容易用硬件实现。

hadron　强子　参与强互相作用的基本粒子,包括介子和重子两大类。

Hagelbarger code　黑格巴哥码　一种卷积码,用于通过电话网进行数据传输的纠错,它在数据传输中插入了按时间分散的奇偶校验位,所以受突发差错影响的有奇偶校验的码组不会多于一个,则这些突发差错都能够纠正。

HAGO　就此搁笔　have a good one 的缩写。用于电子邮件和其他在线论坛的结束语。

hairline　极细线　传统的文字排版中所能制作出的最细的线条。在计算机排版软件里也有该设置,同样指一种极细的线。

hair pin coil　发夹式线圈　开口线圈的一种特殊形式,用于插入半闭口或全闭口的槽。

HAIT　散列算法信息表　hash algorithm information table 的缩写。

HAL　(1)硬件抽象层 hardware abstraction layer 的缩写。(2)硬逻辑阵列 hard array logic 的缩写。

halation　晕影,光晕　(1)显示器荧光屏上亮点周围的一种辉光区。这是由于荧光体的散射或在玻璃片前后面多次反射引起的晕光作用产生的效果。(2)拍摄亮物时,在影像周围显现出的一种晕圈,主要由于反射光影响而形成。

half-add　半加　也称"按位加"。执行逐位半加操作的一种指令。可用不带进位的异或操作执行半加功能。半加时,两组数据的对应位进行加法运算,不计低位向高位的进位。

half-adder　半加器　一种一位加法器。它有两个输入端和两个输出端,输入端为 A 和 B,接收参加相加的两个数,输出端为 S 和 C,S 为半和输出,C 为进位输出。半加器也称"二输入端加法器"。半加器的真值表如下:

输　入		输　出	
A	B	S	C
0	0	0	0
0	1	1	0
1	0	1	0
1	1	0	1

两个半加器和一个"或门"可以组成一个全加器,第一个半加器求被加数与加数产生的半和,第二个半加器将这个半和与低位来的进位相加求总的和数,两个半加器的进位通过"或门"相加或作为向高位的进位。

half-adjust　舍入　对要取的数字最低位后面的数位进行处理的一种方法。当最低位以后的数位小于基数的一半时,则直接删去这些位;当大于或等于基数的一半时,则删去这些数位后,在最低位上加 1。在十进制中称为"四舍五入"。对于二进制就是"0"舍"1"入。例如 188.474 舍入后,可为 188.47;188.478 舍入后,则为 188.48。

half-airborne electromagnetic method　半航空式电磁法　航空电磁法的一种设计方案。它是采用铺设在地面的两端接地的长达几十 km 的长导线或 3×3 ～ 10×5 km 的闭合回线作为一次场源。接收线圈放在直升飞机的吊仓中,用一条长 30 m 的电缆吊在机外,也可以设置在机外特制的装置上。地面的长导线可借助直升飞机铺设,测量参数有振幅比、相位差等。这种方法的优点是一次场干扰小,勘探深度大。参见 induced pulse transient method。

half-amplitude basic pulse width 半振幅基本脉宽 在数字磁记录系统中,指读出脉冲幅度超过峰值一半的部分所对应的持续时间,是表示数字磁记录系统位密度高低的一个参数。

half-angle 半角 编辑中文信息和英文、数学符号时,一个汉字需占用两个普通英文或数学符号的宽度,称为全角;英文或数学符号既可以占用一个汉字的位置(称为全角字符),也可以占用半个汉字的显示位置,此时即称为半角。全角字与半角字混合打印输出时如果仍保持相同高度,半角字便显得瘦长。

half-ASCII 半 ASCII 码 一种 64 个字符的 ASCII(美国信息交换标准代码)编码,包含数字、字母及符号字符的代码,但不包含键盘操作代码。

half-baud bipolar coding 半波特双极性码 一个改进的全波特双极性码,其中双极性脉冲序列中的零电压电平表示 0;双极性序列中交替的正或负脉冲表示 1;脉冲在波特中点,即单位间隔的中点回到零电平。

half-bridge 半桥 (1)通信网络中完成信道的一半桥接功能的设备。实际上是远程网桥的另一个名字。因为远程网桥必须成对使用的,其中的任何一个远程网桥都是一个"半桥"。(2)不传送路由选择信息,通过调制解调器便可把局域网络接到通信链路的一种设备。

half-bridge converter 半桥变换器 一种开关电源结构,它像正向变换器那样工作,但有一个由两个开关晶体管组成的用来激励变压器初级的电桥电路。

half-bubble 半磁泡 在磁性材料中,一种特定的磁畴结构,其高度小于材料(薄膜或薄片)的厚度,而只在材料的一个表面出现磁泡。对磁泡存储器而言,半磁泡是一种不正常的磁畴结构。

half-byte 半字节 一个字节的一半,通常指的是 4 位,可以用来表示一个十六进制或十进制的数。

half-card 半长插板 可以被安装在一个系统扩充槽上的插板,只占用全部扩充槽长度的一半。同 short card。

half-carry 半进位 8 位加法中低 4 位串相加时产生的进位。半进位在 8 位微处理机中进行十进制加减运算时有重要的意义。二进制编码的十进制(BCD)码中,每一个十进制数字通常用一个 4 位串表示。8-4-2-1 码的十进制数进行加、减时,在每个 4 位串内(即十进制数的一位)按二进制加法进行,但最后要根据 4 位串的进位情况进行加 6(或减 6)修正。加 6(或减 6)修正规则与采用的算法有关,有的是先对其中一个操作数的每个 4 位串进行加 6 操作,然后再根据 4 位串的进位情况进行减 6 修正,有的是只根据最后和数及每个 4 位串的进位情况进行加 6 修正。不管采用哪种算法,其修正都和 4 位串的进位有关。

half-coil 半线圈 整个线圈的任何一半,各自具有一个线圈边和相应的端部,拼起来就成为一个完整的线圈。

half connection (HC) 半连接 数据拥塞控制协议(DCCP)中采用的一种连接方式。这种连接由两个相互独立的半连接组成,发起 HC 的一端称为 HC 发送器,接收 HC 一端称为 HC 接收器。由于两个连接相互独立,因此可以实现灵活部置拥塞控制机制以及上下行速率不同的线路传输数据。参见 datagram congestion control protocol (DCCP)。

half control of convertor 变流器半控 可控主臂占总数之半的非均匀连接的对称控制。比较 fully control of convertor。

half current 半电流 当平面显示阵列上的显示单元只被一个方向上的选择信号选中时所产生的驱动电流。

half cycle 半周期 相应于一个周期½的时间间隔。正弦波电压从一个过零点到下一个过零点之间的时间即为一个半周期。

half cycle transmission 半周传输 在发射端和接收端都使用 60 Hz 电源作同步源的一种数据传输的控制方式。两个接收机继电器中的任一个,都可选择 60 Hz 发射机电源的半周期极性来激励。

half-duplex (HD, HDX) 半双工 一种通信方式。可以在两个方向上传输信息,但两个方向的传输只能交替进行,每次只能在一个方向上传输信息。通过单一的信道就可实现半双工的通信方式。半双工适用于会话式的通信。

half-duplex channel 半双工信道 一种采用半双工通信方式进行通信的信道。能够双向传送数据但每次只能按一个方向传送的信道。参见 half-duplex。

half-duplex circuit 半双工电路 一种设计用于每次单向传输的单环路双工设施,它能进行双向不同步操作。

half-duplex communication line 半双工通信线路 在数据通信中,一种具有单个数据通路的通信线路,通过该线路,数据可沿任一方向传送,但不能同时双向传输。比较 duplex communication line。

half-duplex contention 半双工争用 点对点通信中采用的一种传送模式。在此模式下,当两个协同工作的应用软件试图在同一时间发送信息时,只有当一个应用软件赢得发送信息权利的时侯才允许发送。

half-duplex equipment 半双工设备 同 half-duplex facilities。

half-duplex error protocol 半双工差错规程 在数据传输系统中,在发送一个数据块之后,发送端要等待接收端的响应信息,以便确定是重发已发生传

H

输错误的数据块还是发送下一个数据块。

half-duplex facilities 半双工设备 能按半双工体制发送和接收数据的设备。设备的工作方式可以转换,如果与计算机相连,也可以用软件控制其自动转换。半双工操作比全双工困难一些,但半双工的设备比全双工的便宜,而且能满足许多场合的应用。半双工的主要问题在于优先级和信息接收应答处理。

half-duplex line 半双工线路 传输信息的一种线路。这种线路只是一个物理信道,在这个物理信道上可以在两个方向上传输信息,但每一时刻只能在一个方向上传输信息(即不能同时在两个方向上传输信息)。

half-duplex mode 半双工方式 点对点通信时,任何时候都只允许双方中的某一方发送,而另一方接收的通信方式。当一方发送完毕时,允许另一方转为发送方式。

half-duplex operation 半双工操作 一种数据链路的操作方式。用此方式可以在两个方向上传输数据,但某一时刻只能在一个方向上进行数据传输。同 either-way operation。

half-duplex repeater 半双工转发器 用户电报线路为单流环路,而交换机则为双流四线制回路。实现这两者间相互转换的电路称为半双工转发器。

half-duplex service 半双工服务 一种能传输和接收信号,但不能同时和独立进行传输和接收信号的通信信道服务。

half-duplex system 半双工系统 按半双工方式传送信息的系统。参见 half-duplex, half-duplex transmission。

half-duplex transmission 半双工传输 可以双向传送数据,但一次只能在一个方向上进行的数据传输。其传输方向选择由数据终端设备(DTE)控制。

half echo suppressor 半回波抑制器 在回波抑制器中,仅用一条路径上的语音信号去控制另一条路径的回波抑制损耗,由于这种作用是不可逆的,因此在一条远距离的四线式电路两端都必须装一个半回波抑制器。

half-gateway 半网关 (1)网络互联时使用的设备。其功能是将报文分组从一种协议要求的格式转换为互联网络要求的格式。它可看作是将网关从逻辑和物理上分成两半,每个半边既与自身网络相连,又与另外半边相连。(2)为了管理上的方便,可以将一个网关分成两半,每半个网关称为半网关,中间通过通信线路互联。它们可以分置在两个网络中,两个网络的拥有者各自管理自己的半网关,且采取共同商定的标准协议。这种对等性适合于两个网络分别属于地理位置上分开的不同部门的情况。

half-height drive 半高驱动器 高度为大约 1.5 英寸的磁盘驱动器,相当于先前的磁盘驱动器高度的一半。

half-inch tape drive 半英寸磁带机 在磁记录设备中,以 0.5 英寸磁带作为记录媒体的一种磁带机,其记录密度有 800 bit/in, 1 600 bit/in, 6 250 bit/in 和 38 000 bit/in;记录方式有不归零制、相位编码制和成组编码制;记录磁道数有 7 道和 9 道两种。

half intensity 半亮度 一种终端屏幕特性,它允许特定的字符以标准字符的半亮度进行显示。

half-interval search 折半查找 一种快速查找文件或数据库中所需数据项的方法。使用此法前,应把文件内的记录按关键字上升或下降的顺序排列。检索时,首先从中间一项开始比较,检查中间项是否为查找项,若是,则查找成功;若不是,则判断查找项是在中间项的前面,还是在后面。若在前面(后面),则取前(后)半段的中间项进行比较,直到查找到所需记录为止。对于由 N 记录组成的文件,用这种方法查找到所需记录的最大次数为 $\log_2 N$。

half-life 半衰期 放射性元素由于衰变而使原有质量的一半成为其他元素所需要的时间称为半衰期。每种放射性元素都有自己固有的半衰期,长短差别很大。例如,钍 212 变为铅 208 的半衰期短到 3×10^{-7} 秒,铀的半衰期长到 45 亿年。

half line 半高线 字符框内处于字形上线和基线之间的水平线。对同一字体的一个水平字符串,它将出现在垂直方向的正中间。同一字体中的所有半高线都处于字符框中同一位置。

half LSB 二分之一最低有效位 最低有效位的一半。此术语常用在模拟-数字转换器中,表示量化误差的最大值。LSB 是 least significant bit 的缩写。

half-modular cable 半模块式电缆 一端是模块插座,而另一端是扁平接线片的电缆。

half-open connection 半开连接 通信发起方发出连接请求,但还没有得到对方应答的状态,也就是连接尚未完全建立起来,双方还无法进行通信交互的状态,这样的连接就称为半开连接。参见 three-way-handshake。

half path 半通路 在交换网络中,建立在电话和连接器之间的一种连接。

half physical model 半物理模型 既有数学模型,又有物理模型的系统模型。也称"数字-物理模型"。

half-power frequency 半功率频率 放大器响应曲线两侧电压为频带中心或其他参考值的 70.7%的两个频率值之一。

half-power point 半功率点 在给定系统或部件中,该点的功率被确定为某一参考点处功率的一半。

half-power width 半功率宽度 天线波束宽度的角度参数。在包含最大辐射波瓣方向的平面内,半功率宽度是指在辐射强度为波瓣最大值的一半所在平面内两个方向之间的夹角。

half rate (HR) **半速** 用户数据在相同的时隙上，以半速率在交替帧内发送的一种传送方式。

half-rate traffic channel (TCH/H) **半速率业务信道** 采用半速率话音编码方式的业务信道。总速率为11.4 kbps的信息，包括语音业务信道和数据业务信道。使用全速率信道所用时隙的一半，就可得到半速率信道。参见 traffic channel (TCH), full-rate traffic channel (TCH/F)。

half reflection **半反射** 在一种传输媒质和另一种传输媒质的分界面上产生的反射，这时入射波光功率的一半被反射而另一半被透射。半反射耦合器可让光能的一半从光纤、光纤束或光缆中耦合出来，而另一半则通过耦合器供传输之用。

half-session **半会话** 在SNA(系统网络体系结构)中，一种网络可访问单元(NAU)的会话方式，为一次会话提供功能管理数据、服务程序、数据流控制和传输控制的一个组成部分。

half speed **半速** 设备最高速率的一半。

half-structured data model **半结构化数据模式** 所谓半结构化数据，就是介于完全结构化数据(如关系型数据库、面向对象数据库中的数据)和完全无结构的数据(如声音、图像文件等)之间的数据。HTML(超文本标记语言)文档就属于半结构化数据。它一般是自描述的，数据的结构和内容混在一起，没有明显的区分。半结构化数据存在一定的结构，但这些结构或者没有被清晰地描述，或者是经常动态变化的，或者过于复杂而不能被传统的模式定义来表现。半结构化数据模式与传统的关系或面向对象数据模式不同，它主要有以下一些特点：①对半结构化数据来说，是先有数据，后有模式；②半结构化数据的模式用于描述数据的结构信息，而不是对数据结构进行强制性的约束；③半结构化数据的模式是非精确的，它可能只描述数据的一部分结构，也可能根据数据处理不同阶段的视角不同而不同；④半结构化数据的模式可能规模很大，甚至超过源数据的规模，而且会由于数据的不断更新而处于动态的变化过程中。由于没有强制性模式的限制，使半结构化数据具有很大的灵活性，能够满足网络这种复杂分布环境的需要，但同时也给数据处理带来了很大的困难。半结构化数据模式在实际的数据处理中有着很广泛的用途，主要有如下几方面：①用户界面。由于半结构化数据没有明确的模式，给用户查询带来了很大的困难。模式信息有助于用户了解数据的结构，从而提出更精确和有效的查询；②查询优化处理。模式信息有助于查询处理器对查询计划进行优化，大大缩减查询的搜索空间；③改进数据存储。了解模式信息，可以更好地设计数据的物理存储结构以及索引，从而提高查询执行的效率；④异构数据源的集成。了解不同的数据源的模式信息，有助于选择适当的集成模式和定义转换规则。

half-subtracter **半减器** 具有两个输入端(减数H、被减数G)和两个输出端(差为U、借位为V)的一种组合电路。它用以实现一位不带借位的减法。半减器的真值表如下：

输入		输出	
G	H	U	V
0	0	0	0
0	1	1	1
1	0	1	0
1	1	0	0

half-tone **半色调** 在图像处理技术中，使二值图像输出设备产生有中间灰度色调的图像的一种方法。其作法是，把图像分成等距的小网格，每个网格可看作是一个像素，用网格中黑点(物理设备的成像点)的密度来表示灰度等级，所得到的图像在宏观效果上和多级灰度的浓淡图像相似。典型的应用是用点阵式打印机输出有灰度等级的图像。

half-tone image **浓淡相间图像** 三维对象消除隐藏面后所显示输出的图像，或者是指在两级灰度的显示器上使用浓淡相间的技术达到多级灰度效果所得到的图像。

half-tone original **半色调原件** 文件复制器中的一种原件。通过疏密网点分解其题材，以便给出色调渐变的感觉。

half-tone picture **半色调图** 其灰度的色调或范围处在图片黑白界线之间的图片。参见 half-tone。

half wave **半波** (1)在描述天线和传输线时，与半波长的意义相接近，如具有等于工作波长一半的电长度。(2)在描述整流器、电源和测试仪器时，与半周期的意义相接近，即指在电路或器件工作频率上一个周期的一半。参见 half-wavelength, half-cycle。

half-wave antenna **半波天线** 电长度通常为所发射或接收波长一半的天线。

half-wave bridge **半波电桥** 由变压器次级电路中一个二极管组成的整流电路，次级电路的输入频率即正或负直流半波脉冲的频率。纹波可以通过在负载两端增加滤波电容来减小。

half-wave control **半波控制** 在整流电路中，半波控制只对每个交流周期的一半起作用。例如在单向半波整流电路中它能使负载功率从零变化到全波最大值的一半或在全波整流电路中它能使功率从半功率变化到满功率。控制元件可能是可控硅整流器或其他固态功率控制器件、晶闸管和其他充气管。

half-wave dipole antenna **半波振子天线** 一种长

度为工作波长一半的天线采用中点馈电，以便两半有相同的电流分布；当垂直安装时，产生一个立体环形辐射图形，水平平面上呈圆形，在穿过天线长轴的垂直平面上为双波瓣。

half-wavelength **半波长** 与传输线、天线辐射元或器件工作频率上半波长的电长度相对应的距离。

half-wave line **半波线** 电长度为所传输信号波长一半的传输线。

half-wave rectification **半波整流** 一种交流变直流的整流技术，电流只在交变的半周期内流过。

H

half-wave rectifier **半波整流器** 交流电是一个正弦波，在一个周期内，它的幅度值可取正或负，只取半个周期内的正(或负)值幅度进行整流的整流器称为半波整流器。

half-wave voltage **半波电压** 当加在晶体上的电场表现为电压时，使得晶体中两光束产生 180°相位差的外加电压，称为半波电压，它只与晶体的电光性能和几何尺寸有关。

half-word **半字** (1)其长为计算字长的一半的一串字符或一串二进制位，在存储器中可当作一个存储单元，如某台计算机的字长是 32 位，则其半字为 16 位。半字的长度称为半字长。(2)通常计算机中的字是两个字节或者四个字节，其半字分别为一个字节或者两个字节。参见 word。

halide glass **卤化玻璃** 一种特殊玻璃，含有卤素(如氟)，与重金属(如铅、钡或锆)的化合物，能传输电磁波谱中的红外线与可见光区的光，波长可达 7 μm(微米)；具有超低光纤衰落率，可用于遥感系统，夜视设备和光纤系统。

Hall angle **霍尔角** 在有霍尔效应的情况下，存在于合成电场强度和电流密度之间的角度。参见 Hall effect。

Hall coefficient **霍尔系数** 同 Hall constant。

Hall constant **霍尔常数** 磁场中载流导体方程的比例常数。该常数等于横向电场(霍尔场)除以电流密度与磁场强度的乘积。多数载流子的符号可以由霍尔常数的符号导出。

Hall device **霍尔器件** 由半导体霍尔片、信号放大处理电路和输出缓冲电路等集成在一起的一种器件。霍尔器件的输出有模拟量和数字量两种。霍尔器件广泛应用在测磁、汽车和无刷电机中。

Hall effect **霍尔效应** 一种电磁效应，其中，在插入磁场中的载流导体(其电流垂直于磁场)的两端面间将建立横向直流电压，它与磁场方向和导体中的电流方向都垂直。霍尔效应可能在金属、晶体和半导体中发生，霍尔电压的大小能直接估计半导体中的载流子浓度。参见 Hall voltage。

Hall-effect Gaussmeter **霍尔效应高斯计** 一种带有接在一对软导线末端的霍尔效应传感器(HET)的磁场计，它可以插在磁体的磁极之间测量磁场强度。电池或直流源提供流过传感器的电流，而仪器外壳内的电压表经校准，以给出与磁场强度成正比的电压。

Hall-effect gyrator **霍尔效应回转仪** 它是一种非互易器件，在输入和输出互换时，利用霍尔效应使信号极性颠倒的回转仪。简称霍尔回转仪。

Hall-effect sensor **霍尔效应传感器** 根据霍尔效应制成的传感器，其输出电压随磁场强度变化。同 Hall-effect transducer (HET)。

Hall-effect switch **霍尔效应开关** 一种磁驱动的开关，它包括霍尔效应传感器(HET)、在硅片上集成的带触发电路的晶体管放大器和一个小型永久磁铁。按键式霍尔效应开关工作情况如下：当集成电路由直流电流供电并按下按键时，永久磁铁顶着弹簧接近集成电路，由于霍尔效应，使其成为导通状态；松开按键时，开关又返回它的断开位置。

Hall-effect transducer (HET) **霍尔效应传感器** 一种通常由掺杂半导体芯片制成的传感器，当将它放在磁场中且电流在垂直于磁场方向流过时，在它的相对面两端将产生霍尔效应电压。在面对芯片两端建立的霍尔电压与磁场强度成正比。参见 Hall type displacement transducer, Hall type pressure transducer。

Hall generator **霍尔发生器** 利用霍尔效应产生正比于磁场强度的输出电压的发生器。

Hall gyrator **霍尔回转仪** 同 Hall-effect gyrator。

Hall mobility **霍尔迁移率** 导体或半导体的电导率与霍尔常数之积。它是半导体中电子或空穴的迁移率的测度。

Hall probe **霍尔探头** 利用霍尔效应传感器制成的一种器件，它能检测磁场。同 Hall device。

Hall sensor **霍尔传感器** 同 Hall-effect sensor。

Hall switch **霍尔开关** 同 Hall-effect switch。

Hall type displacement transducer **霍尔式位移传感器** 它的测量原理是保持霍尔元件的激励电流不变，并使其在一个梯度均匀的磁场中移动，则所移动的位移正比于输出的霍尔电势。磁场梯度越大，灵敏度越高；梯度变化越均匀，霍尔电势与位移的关系越接近于线性。霍尔式位移传感器的惯性小、频响高、工作可靠、寿命长，因此常用于将各种非电量转换成位移后再进行测量的场合。

Hall type pressure transducer **霍尔式压力传感器** 基于霍尔效应的压力传感器。它将霍尔元件固定于弹性敏感元件上，在压力的作用下霍尔元件随弹性敏感元件的变形而在磁场中产生位移，从而输出与压力成一定关系的电信号。

Hall voltage **霍尔电压** 在某规定磁场的条件下，当半导体或金属导体中流过某规定的控制电流值时，由于霍尔效应在半导体或金属导体两侧端面间建立的无负载电压。参见 Hall effect。

halt 暂停,停机 在计算机运行过程中,程序停止执行的一种状态。指令停机、意外停机或中断均为停机状态,它只能在一条程序指令执行完毕后发生。当出现一条暂停指令、一个意外停机或一个中断请求时,计算机工作就会暂停。除完全停机外,其他情况下程序仍可以继续运行。参见 breakpoint halt, background program。

halt burst mode (HBM) 暂停成组传输模式 直接存储器存取(DMA)的一种。在这种传送方式中,CPU 暂停,由 DMA 控制器管理内存与外围设备之间的成组数据传送,并且在数据传送结束后,将总线使用权交还给 CPU。在数据传送过程中,CPU 就不能再执行指令。与此对应的是周期挪用传送方式。参见 cycle stealing。

halting problem 停机问题 是判断任意一个程序是否会在有限的时间之内结束运行的问题。如果这个问题可以在有限的时间之内解决,可以有一个程序判断其本身是否会停机并做出相反的行为。这时候显然不管停机问题的结果是什么都不会符合要求。所以这是一个不可解的问题。

halting problem of Turing machines 图灵机的停机问题 给出字母表 $V=\{a,b\}$ 上任意一台图灵机 T 及由 a,b 组成的字 W,试问对于输入 W,T 是否停机?该问题称为图灵机的停机问题。图灵机的停机问题是不可解的。也就是说,不存在算法 A,它以图灵机 T 及字 W 为输入而能判断 T 对于输入 W 是否停机。

halting state 停机状态 CPU 处于不执行任何指令,除了重新启动中断外也不执行任何其他中断的状态。通过停机操作,可以使 CPU 从操作状态转变为停机状态。在进入停机状态之前,CPU 要处理完所有允许挂起的中断,而此时 CPU 仍处于操作状态。这些中断都把旧的程序状态字 PSW 保存起来,取出新 PSW,然后才进入停机状态。如果 CPU 处于停机状态,则中断条件一直保持挂起。当执行启动操作时,或者发生重新启动中断时,CPU 就从停机状态变为操作状态。

halt instruction 停机指令 停止程序继续执行的指令。停机指令执行完毕后,停机指示灯亮,运行灯灭,保留机器现场供维护分析人员使用。系统人员可使用停机指令,用户不能使用停机指令。现在,在许多机器里已不设置停机指令。

halt switch 暂停开关 计算机控制面板上的一种控制开关。扳动暂停开关后,处理机停止当前指令的执行。这时指令计数器(或程序计数器)中保存着要执行的下一条指令的地址。

HAM 业余无线电爱好者,火腿 直译成中文就成了"火腿",它是业余无线电爱好者在非正式场合的自称。是指纯粹出于对无线电技术的爱好,不涉及任何盈利的,得到国家主管部门正式批准使用他们自己的业余无线电台的人。参见 amateur radio service。

Hamilton cycle 汉密尔顿回路 在连通图中,以某个顶点为始点,经过每个顶点一次且仅一次,再回到该顶点的回路称汉密尔顿回路。如果是一条经过图中每个顶点一次且仅一次的通路,就称为汉密尔顿通路。

Hamilton graph 汉密尔顿图 具有一条汉密尔顿回路的图。如果是具有一条汉密尔顿回路的有向图,则称该图为有向汉密尔顿图;如果是具有一条汉密尔顿通路的图,则称该图为半汉密尔顿图。

Hamilton path 汉密尔顿通路 在图 G 中,若存在一条路经过图中每个节点恰好一次,则这条路称为汉密尔顿通路。

Hamming algorithm 海明算法 海明网络的分类算法。它等价于优化最小误差分类,即计算每个分类与模式的海明距离,选择距离为最小的类作为网络的输出。

Hamming check 海明校验 一种既能检错又能纠错的代码校验方法。它兼有多重校验和奇偶校验的优点。具体方法是将传送的数码按一定规则形成若干附加位,并与数据一起传送。读出时,根据数码读出的结果按同一规则形成新的附加位,与原来的附加位进行比较,从而判断误码的准确位置并予以纠正。

Hamming code 海明码 一种能自动纠正单个错误的校验码。它是一种线性码,可以校正一位错,发现多位错,代码间最小距离等于 3,由贝尔实验室的 R. W. Hamming 发明。二进制海明码具有如下参数:信息位数 k、校验位 $r=n-k$、代码长度 $n=2^{r-1}$。海明码可以推广到 q 进制的情况,特别当 $q=2^b$ 时,q 进制海明码能够纠正 b 邻接突发错误。它特别适用于计算机磁带系统和按字节组织的半导体存储器。

Hamming distance 海明距离 两个字长相同的二进制数的对应位可能不同,不同位的数量称为海明距离。例如 1100100 和 1000101 的海明距离为 2,因为第 2 位和第 7 位上的值不同。

Hamming net 海明网络 一种两层神经网络,其低层网络计算输入模式与标准样本的匹配分值,高层网络通过迭代选出最大匹配分值类别。海明网络实际上是优化最小误差分类器的硬件实现。当误差具有随机性和独立性时,用海明网进行分类的效果较用 Hopfield 网的效果好,且所需的连接数目也较少。

Hamming weight 海明权 在一个二进制数中,"1"的个数称为海明权。例如 101110 的海明权为 4。

HAN 高可用性网络 high-availability network 的缩写。

hand computer 手摇计算机 手摇计算机是 1878 年由瑞典发明家奥涅尔制造的,这是一种齿数可变的齿轮计算机。在 20 世纪最初的三四十年间,手

H

摇计算机是人类主要的一种计算装置。

hand eye machine 手眼机器 一种具有机械手和计算机视觉系统的机器。可以只有单手，也可以有能互相协调动作的双手；可以只有单眼，也可有双眼，像人一样具有能判别物体的远近及深度等立体感的能力。

hand free telephone (HFT) 免提电话 用户可以不用拿起送受话器就可以进行拨号和通话的电话机。

handheld calculator 手持计算器 一种不用交流电源供电就可操作的计算器。体积小，重量轻，可以放在手中使用。

handheld computer 手持式计算机 一种可用一只手把持用另一只手操作的计算机，用于随身携带和野外工作，显示器较小，其运行的软件常存储在ROM(只读存储器)中，一般含有通信设备，使其能够与中央计算机连接。参 palmtop, portable computer。

handheld device 手持设备 可以握在手中的电子设备，如个人数字助理(PDA)、电子图书(E-book)、MP3 播放器、掌上电脑(PPC)、WAP 手机等。

handheld devices markup language (HDML) 手持设备标记语言 也称"无线标记语言"。它是由无线星球(Unwired Planet)公司设计的开源语言。HDML 允许通过无线访问的方式，使网页的文本部分出现在手机和个人数字助理(PDA)上。参见 wireless markup language (WML)。

handheld game console 掌上游戏机 简称"掌机"。一类方便携带的小型专门游戏机，现在有些手机也具有掌机功能。掌机游戏一般具有流程短小，节奏明快的特点，其目的是供人们在较短时间内(如等车、排队的过程中)娱乐。掌机的视频游戏软件的存储介质有 ROM(只读存储器)卡带、SD(安全数码)存储卡、MMC(多媒体卡)和 UMD(通用媒体光碟)等。参见 secure digital memory card, multi media card (MMC), universal media disc (UMD)。

handheld personal computer (HPC) 手持式个人计算机 一种比笔记本电脑更小的便携式个人计算机，可以拿在手上使用，通常配有快擦写 RAM(随机存取存储器)，预装常规的套装应用软件，能以键盘或笔书写方式输入数据，配有串行及红外通信端口，能方便地与台式机保持数据同步，可以无线方式与因特网连通，能进行电子邮件、网页浏览等在线服务。参见 personal digital assistant (PDA)。

handle 句柄，把柄 (1)在程序设计中，句柄是一个指向另一个指针的指针，指向包含另一个变量地址的指针变量的存储位置，运行于某些操作系统的程序使用句柄指向一个动态分配的数据结构，从而操作系统可以进行存储管理而不需要使指针无效。(2)在高级 DOS 和 OS/2 操作系统中的一个由系统建立的二进制数值，识别驱动器、目录和文件以使得文件能够被发现和打开。(3)一个可用于访问一个设备、资源或者一个对象的数，对象如文件、窗口、对话框、出错信息、绘图环境等，是识别一个对象的唯一方法。(4)在微软视窗中，指一种程序数据对象的指针，它提供对已分配的微软视窗资源的访问。由微软视窗应用程序操纵的每一个项几乎都是通过句柄来寻址的。每个窗口、内存区域、文件、计时器等对象都有相应的句柄。(5)在图形用户接口(GUI)中，一个句柄是出现在被选择目标四周的一个小黑方框，可用于对被选择目标进行各种操作，如移动位置、修改属性等。

Handler classification schema 汉德勒分类法 汉德勒于 1977 年提出的对计算机系统进行分类的一种方法。该方法考虑高性能处理机的特点，特别注意到流水线处理机的特殊性。一个计算机可用下式表示：

t(系统型号) = (k, d, w)

式中 k 表示控制部件的个数，d 表示算术逻辑单元的个数，w 表示算术逻辑单元中逻辑线路的套数。例如：

t(MINIMA 机) = (1,1,1)—— 传统的串行计算机。

t(PDP-11 机) = (1,1,16)—— 普通并行计算机。

t(ILLIAC-Ⅳ 机) = (1,64,64)—— 并行阵列处理机。

t(MPP 机) = (1,16384,1)—— 位平面式阵列处理机。

t(C. mmp 机) = (16,1,16)—— 包括 16 台 PDP-11 的多小型计算机系统。

为了反映流水线处理的特殊性，又引入了下列表示法：

t(系统型号) = $(k \times k', d \times d', w \times w')$

其中 k' 表示宏流水线中程序控制器的个数，d' 表示指令流水线中算术逻辑单元的个数，w' 表示运算流水线中逻辑线路的套数。

handler routine 处理例行程序 在计算机操作系统中一种软件例行程序。通过该程序，CPU 可以与一个或多个和系统 I/O 总线相连的外部设备进行通信并控制其操作。例如打印机处理程序，又称"I/O 驱动程序"。

handoff 切换 当移动台在通话期间从一个小区进入另一个小区时，将呼叫在其进程中从一个无线信道转换到另一个信道的过程。参见 soft handoff。

handover 切换 (1)在无线电话中，同 handoff。(2)把某一元部件或一组元部件临时性地或永久地转移到另一应用的过程。

handprint data entry terminal 手写数据输入终端 它是本地终端或远程终端，在写的过程中获取手写的数据并同时加以鉴定。这种设备将手写的字母数字字符转换成 ASCII(美国信息交换标准代码)，再经一标准接口把这码传送到任一主计算机中去。这个终端包括一个压敏书写板、一个内装微处理器和字符行显示器。

handset　手持装置　泛指一般的手持电子装置，如电视机的遥控器等。

hand shaking　握手　也称"信号交换"。两个设备为建立通信连接而互相传递信号和确认的过程，用来协调连接的建立、数据的发送和连接的退出。硬件握手使用 RS-231-C 的控制信号，软件握手通常使用 XON 和 XOFF 控制信号。

handshaking procedures　握手规程　两个实体(如用户与计算机、计算机与计算机、程序与程序)间，为了彼此之间识别和证实所进行的一系列的对话。

handshaking protocol　握手协议　两个通信设备在通信之前，必须有一套方法和步骤来相互标识自己和协调传输以保证传输能正确进行。握手协议就是通信双方需遵守的这一套方法和步骤。参见 hand shaking。

handwriting recognition　手写字体识别　计算机识别手写字体的能力，尤其是识别签字的能力。

handwriting signature verification　手写签名识别　一种分析个体手写签名来进行身份认证的一种生物识别技术。手写签名识别技术是通过计算机把手写签名的图像、笔顺、速度和压力等信息与真实签名样本进行比对，以实时鉴别手写签名真伪的技术。参见 dynamic signature verification (DSV)。

hang　挂起，死机　计算机系统不期望的中止工作，一些未经过仔细检测的程序易在某个不可预测的时候停止运行，并且使计算机挂起。这意味着用户除了关机并且重启动外，不能做任何别的事情。任何从最近一次保存文档以后所输入的数据都会被丢失。挂起的计算机的特点是不能对输入进行响应，从而使得用户难以进行干预，故也称"死机"。死机与崩溃的区别只是视觉上的。死机的机器的屏幕看上去是正常的，而崩溃的机器显示出黑色或者错误信息。参见 crash。

hanging indent　悬挂式缩排　在计算机文本编辑过程中，对第一行之后文本块中的所有行进行缩排，而不对第一行作相同空格数目的缩排。参见 left-hand indent，right-hand indent。

hanging paragraph　挂段　一个字处理和文本排版方面的术语，指第一行从左边缘开始，而以后其他行都缩进几个空位的一段文字。

hang up　停机　处理机执行非法操作、反复执行同一程序或非正常停止执行等状态。可能由指令错误、死循环或使用不当的代码引起。

hang up prevention　意外停机的预防　计算机的一种功能。它使计算机避免因执行某条有效或无效指令而进入暂停或无休止循环状态，如无限制的嵌套或不停地间接寻址。

.hap　HAP 压缩文件名后缀　由 HAP 生成的压缩存档文件名的扩展名。HAP 程序是一种小巧的，对系统资源要求不高的压缩程序，它适用于对大量的图像和文字文档进行压缩。

happened-before relation　先期发生关系　操作系统(尤其是分布式操作系统)中用于描述事件先后顺序的一种约定。称事件 A 与事件 B 是先期发生关系(即 $A\rightarrow B$)，如果：① 若 A、B 为同一进程中的事件，且 A 在 B 之前执行；② 若 A 为某一进程中发送消息的事件，B 为另一进程中接收该消息的事件；③$A\rightarrow C$，$C\rightarrow B$。

HAPS　高空平台电台　high altitude platform stations 的缩写。

hard　生硬　通常指 3 kHz 一带的中频高段过多而让声音变得尖锐。

hard adder　硬加法器　在增量计算机中，一种由数字积分元件组成的加法器。

hard address　硬地址　LAN(局域网)适配器卡的地址，固化在卡中。

hard array logic (HAL)　硬逻辑阵列　一种掩膜编程的可编程阵列逻辑(PAL)，即 ROM(只读存储器)版本的 PAL。参见 programmable array logic (PAL)，read-only memory (ROM)。

hard automation　硬自动化　一种控制系统，其设备是为某一生产线专门制造的。程序的算法"固化"在硬件设计中。

hard bubble　硬泡　一种由布洛赫壁和奈耳壁交替排列构成的非正常磁泡。不同于基本由布洛赫壁构成的正常磁泡。硬泡对于磁泡存储器件的应用妨碍很大，往往造成磁泡传输失误，应设法避免其出现。

hard bubble suppression　硬泡抑制　一种防止硬泡产生的技术措施。抑制硬泡的方法有离子注入法、外延多层磁膜法、蒸发薄坡莫合金法以及控制材料配方或工艺等方法。

hard card　硬插件板　早期个人计算机中使用的一种扩充板，含有硬盘驱动电路，并借助一条扩展总线用于电源、数据和控制信号，可以把它安装在个人计算机的扩充槽上。参见 hard disk card。

hard clad silica optical fiber　硬包层硅光纤　一种具有硅纤芯和一个硬聚合塑料包层的光纤，包层紧包在纤芯外。

hard copy　硬拷贝　机器输出的打印记录，如打印结果报告和程序文本清单。硬拷贝可直接供人阅读，而不是像磁盘等那样供机器阅读。

hard-copy log　硬拷贝记录　(1)在具有多个控制台支持或一个图形控制台的系统中，一种对系统活动所做的永久性记录。(2)在网络通信控制中，硬拷贝设备(如一台打印机)上所记录的一种文卷。该文卷连续地记录通过网络通信控制程序的全部消息，而这些消息通常与某个或若干个操作员有关。

H

hard-copy printout 硬拷贝打印输出 由计算机控制的打印机在纸张上产生的数据。它与发光二极管、显示监视器、电视显像管等显示的数据不同，后者在修改或断开电源时可能消失，而打印输出的硬拷贝则可保存，以供将来使用。

hard-copy task (HCT) 硬拷贝任务 网络通信控制程序的一个子任务，控制在网络通信控制程序和硬拷贝记录设备之间的数据流通。

hard-copy video interface 硬拷贝视频接口 在图形或图像系统中，将视频源上的有关信息以硬拷贝形式在静电印刷机或静电绘图机上输出的一种装置。

hard disk 硬(磁)盘 利用高速旋转的磁性材料构成的硬质圆盘，作为计算机系统的外部存储器。硬磁盘由盘基(基片)及附着在它两圆面上的底层、磁性记录层、保护层、润滑层构成。读/写头在高速旋转时，可以从硬盘中读出和写入数据。最常见的硬盘是温彻斯特(Winchester)硬盘。硬盘分为固定式与移动式两种。参见 Winchester，flexible disk。

hard disk card 硬盘卡 控制硬盘驱动器的适配卡。

hard disk drive 硬磁盘驱动器，硬盘机 通常指温式磁盘机(Winchester disk)。严格地说，凡盘片不可随时取出、方便携带的磁盘机均属此类。它对高速旋转的公共轴心上的一个或多个硬盘读写数据。随机存取的数据由每个硬盘表面所属的读/写头进行写入和读出。磁头在涂敷磁盘上方的微英寸高度上"飞过"而不与磁盘表面接触。

hard disk separated card 硬盘隔离卡 通过控制硬盘及切换网线，在内外网的环境中使一个硬盘仅对应一个网络有效，从而实现单机在两个网络之间真正的物理隔离。有两种硬盘隔离卡：单硬盘隔离卡通过将一台电脑上的硬盘分隔为两个分区，形成安全区和公共区；双硬盘隔离卡需要两块硬盘，一块作为安全区，另一块作为公共区。参见 network security separated card。

hard drive 硬盘驱动器 同 hard disk drive。

hard drop 硬故障 泛指硬件发生的故障，如一个RAM(随机存取存储器)的某一位置发生故障，导致RAM的一个不可分开的位值冻结为1或0，此时需更换此RAM芯片。

hardened circuit 硬性电路 一般指用经过各种抗辐射处理过的元件制成的电路。它能提高对强辐射的耐受力。等同于 radiation hardened circuit。也可以指对其他因素(如对振动、温度、湿度等)进行强化处理过的电路。

hardened optical fiber 硬性光纤 有保护性能的光纤，能免遭外力(如闪电、爆炸、震动、过分摆动、过分潮湿、自然灾害、高强度的电离电磁波辐射或它们的任意组合)的破坏。

hard error 硬差错 (1)网络上的一种严重的出错状态，出现该状态要求重新配置该网络，或排除出错的根源，网络才能恢复正常服务。(2)计算机系统的某物理部件，如存储器芯片出现永久故障而造成的错误。比较 soft error。

hard-error rate 硬件故障率 在计算机系统中，硬件发生的故障占整个故障发生数(包括软件故障数和硬件故障数)的百分比。

hardest-first strategy 最难优先策略 软件系统设计中安排设计次序的策略。在安排模块或软件包等的设计次序上，主观上认为最困难的部分最先设计。

hard facility 硬设备，硬件 同 hardware。

hard failure 硬故障 同 hard error。

hard fault 硬事故 网络中的一个点上的传输完全破坏或中断的事故。例如由发送器或接收器的失效引起的故障，或者由接线断开引起的故障。比较 soft fault。参见 beacon frame，beaconing node。

hard font 硬字体 一种写入 ROM(只读存储器)的打印机字体。硬字体有两类：一种是常驻型字体，嵌在打印机中；另一种为卡片型字体，可以置换。

hard format 硬格式化 一种通过盘面的定位孔对软磁盘扇区进行划分的方法。用光电元件检测定位孔来确定扇区划分。对扇区划分的另一种方法是软格式化。在每个磁道上顺序记录若干个区段，通过读每个区段的标识地址来确定扇区的划分。

hard handoff 硬切换 移动台在从一个小区进入另一个小区时，先断掉与原基站的联系，然后再寻找新进入的小区基站进行联系的切换方式。参见 soft handoff，more softer handoff。

hard hyphen 硬连线 英文中拼写或者表示式需要的连线符，与其在行中的位置无关，同 embedded hyphen，required hyphen，对应于 soft hyphen。

hard-limited repeater 硬限幅转发器 通信中使用的转发器。其信号在很低的电平上被削波，然后进行放大、滤波、变频再转发所得到的信号。不管输入功率电平如何，转发器的输出功率都维持不变，而线性转发器的输出功率将随输入功率而变化。

hard limiter 硬限幅器 一种由非线性元件构成，可以限制电量变化范围的电路。当其输出在被限制范围内时，输出变化可以忽略。而软限幅使输出在被限定范围内时，输出变化仍可察觉。

hard macro 硬宏元 在门阵设计中，以固定连线做成的宏单元。具有一定的功能和特性，其设计值和实测值十分一致。

hard real-time 硬实时 一种对系统反应的时间约束，在不满足响应时限、响应不及时或反应过早的情况下都会导致灾难性的后果。对应于 soft real-time。

hard return 硬回车 (1)给程序的一个表示移动光

标到下一行的信号。(2)能够自动地在页边界内断行的文字处理程序中，硬回车表示段落的结束。比较 soft return，参见 wordwrap。

hard sector **硬扇区** 物理上建立在磁盘上的一种扇区，如软盘上第一扇区开始的索引孔，或在软盘预定位置上所写的扇区。参见 soft sector。

hard sectored disk **硬扇区磁盘，硬分区盘** 磁盘片记录区间利用某些物理的标记完成分区的磁盘。如在磁盘钻一系列的索引孔来标记不同的扇区。与之对应的为软分区，即将磁道利用软件格式程序进行的分区。一般 5.25 英寸的软盘都采用软扇区，8 英寸的软盘既有硬扇区的，又有软扇区的。

hard sectored format **硬扇区格式** 在磁盘(硬磁盘或软磁盘)表面上，一种按固定扇区长度和固定扇区数目存储信息的格式。通常用机械方法(硬磁盘多在保护盘片边沿上开口，而软磁盘则多在盘片索引孔的同一半径上打孔)给出扇区标志。其优点是控制器和格式器的结构比较简单，成本也较低；缺点是扇区长度和扇区数不能改变。

hard space **硬空格** (1)一个由字符串中特殊符号代表的空格，文本处理程序将不隔断这个字符串，硬空格也可以通过一个嵌入的命令实现，同 non-break space。(2)在字处理软件中，指由作者在行中插入的间隔，不管该行将如何重新组成，这一间隔将保留在文本中原来的位置上。参见 soft space。

hard stop **硬停机** 立即终止程序的执行。

hardware **硬件** 一个计算机系统分为硬件部分和软件部分，硬件就是指计算机系统中的物理构成部分，如显示器、主板、CPU、内存、各种插卡等，这些都称为硬件。参见 software。

hardware abstraction layer (HAL) **硬件抽象层** HAL 是在计算机的物理硬件和软件(操作系统)之间的一个抽象层，它是用软件实现的。其目的是对操作系统的内核隐蔽硬件上的差异，这样可以做到操作系统内核的大部分代码不用改变就可以在不同硬件的系统上运行。

hardware accelerator **硬件加速器** 计算机上用专门硬件执行高速模拟等应用的系统。随着 LSI(大规模集成电路)的集成规模增大，处理设计的信息量巨增，要求工程设计工作站提高处理能力；另外，LSI 化的专用硬件系统的性价比改善，有利于在工程设计工作站推广应用，导致硬件加速器的不断开发。目前已有逻辑模拟、故障模拟、芯片布设等专用的高速硬件加速器。

hardware address **硬设备地址** 在计算机网络中，由生产商对网络接口卡分配的地址。如果接口卡是可配置的，则由网络管理员分配地址。硬设备地址为 6 个字节长，通常用 12 位 16 制进位数表示。这个地址向网络的其余部分指明本地设备的地址，允许信息寻找正确的地址。也称“物理地址”、“介质访问控制(MAC)地址”或者“以太网地址”。

hardware architecture **硬件体系结构** 也称“硬件架构”，指系统的物理部件的构成和相互间的关系，它为软件的设计和系统的集成提供重要的信息。

hardware architecture of intelligent computer **智能机硬件体系结构** 面向知识信息处理的智能计算机的硬件体系结构。这种结构与现行传统机的体系结构有着形象上的对应关系。

hardware assembler **硬件汇编程序** 一种做在可编程只读存储器中的汇编程序，用来对用户程序进行汇编。由于这种具有软件功能的汇编程序被固化在只读存储器中，以硬件方式出现，因而称为硬件汇编程序。

hardware association method **硬件联想法** 联想处理中的主要方式。它使用专门的器件或设备来进行联想处理。其主要的硬件联想器件或设备有：联想存储器、联想处理机以及某些专用器件。参见 associative memory，associative processor。

hardware cache **硬件缓冲存储器** 驱动控制器或磁盘驱动器上的缓冲存储器。这种缓冲存储器存储频繁存取的程序指令和数据，计算机可从硬件缓冲存储器中以比磁盘中快得多的速度存取所需的数据，然后就以扩展总线所能传输的速度来传送这些数据。

hardware check **硬件校验** 为检测计算机系统中机器运行时可能出现的故障而进行的检验，不同于编制在计算机程序内的检验与控制。这种检验是为了查出系统内数据传输中的错误：譬如，当出现字符不具有正确的二进制数位数的情况，这是用硬件奇偶校验检测出的。

hardware compatibility **硬件兼容** 不同制造商制造计算机的一种方法，它使得每台计算机都可以使用不同厂家的硬件配件而不需要做任何改变。

hardware control **硬件控制** 对计算机系统各部件的控制及部件之间的通信。

hardware debugging **硬件调试** 查找和维修电子设备的故障。

hardware dependent **硬件相关的** 与特定的计算机系统或者配置密切相关的程序、语言或者计算机部件和设备，如汇编语言是硬件相关的，因为它为特定 CPU 设计，只能在特定的计算机上运行。

hardware description language (HDL) **硬件描述语言** 一种类似于程序设计语言的人工语言。硬件描述语言可以用来描述电路并形成相应的表示该电路的文件，然后可以将该文件作为 HDL 功能仿真软件的输入或逻辑综合设计软件的输入，前者用来检查逻辑功能是否正确，后者是对电路进行优化设计并输出相应电路文件，从而帮助实现硬件设计的自动化。代表性的硬件描述语言有 ABEL(高级布尔方程语言)、VHDL(超高速集成电路硬件描述语言)等。参见 very-high-speed integrated circuit hardware description language (VHDL)。

hardware design system (HDS) 硬件设计系统 电子CAD(计算机辅助设计)工具软件的一个选件,使用户在设计时能够用有限精度的硬件资源快速有效地实现一个算法,可将方框图表达的电子系统转换成所需的格式。

hardware diagnostic 硬件诊断程序 用来确定计算机各部分能否正常工作的计算机程序。

hardware encryption 硬件加密 一种通过硬件来实现的、将信息换位和信息替换的数据库保密的方法。这种硬件装置通常称为硬件码产生器,其输入端为明码,输出端为密码。常见的基本密码装置是换位盒和替换盒。

hardware error control 硬件错误控制 在调制解调器中而不是在通信程序中实现纠错协议。硬件错误控制使中央处理器无需再负责捕捉和纠正错误。

hardware error recovery management system 硬件错误校正管理系统 用于校正硬件故障的程序。它由机器检验处理程序和通信检验处理程序组成。

hardware failure 硬件故障 同 hard failure。

hardware filtering 硬件过滤 将用于内容过滤的关键词匹配功能集成在控制有大量流量的交换机或路由器中,以对网络中的流量进行监控。交换机或路由器中的硬件过滤模块可对来往的数据报头的源地址、目的地址、协议号、端口号、分片数、连接请求方向、服务请求的类型等基本信息进行过滤,允许或禁止其通过。参见 content filtering, software filtering。

hardware firmware software trade-off 硬件固件软件权衡 由于硬件价格的急剧下跌和软件价格的不断上涨,从而改变了过去对硬件和软件的作用的看法。目前已有不少个人计算机中的一些语言处理程序均存储在只读存储器中,构成所谓"固件"。对于特定的计算机系统而言,哪些功能用硬件实现,哪些功能用固件实现才能使系统的性能价格比最好,就要在总体设计中有一个权衡问题。这就是所谓硬件、固件、软件权衡。

hardware handshake 硬件握手信号 在两台计算机或其他设备之间进行通信或传递信息时的一系列相互识别信号。硬件握手信号指的是一种通过专用线而不是数据线进行的信号交换,用于表明参与握手的设备已做好发送或接收数据的准备。软件握手信号是由通过同样的线路传输的信号组成,如用调制解调器通过电话线进行通信。

hardware-in-loop simulation 硬件在回路中的仿真 系统的部分部件接入回路进行的仿真试验。这种仿真试验除计算机外要求有相应的形成传感器测量环境的各种物理效应设备。这种仿真试验无需做整个系统样机就能对回路中的部分部件进行评定。接入系统部件如各种传感器、机载计算机、伺服机构等,仿真试验实时地进行。参见 man-in-loop simulation。

hardware interface 硬件接口 用于把两台设备在电气上连接起来的物理接口。

hardware interrupt 硬件中断 为输入输出设备所设置的中断。它使输入输出操作与处理机的运算能同时进行。

hardware interrupt facility 硬件中断设备 在中断控制下,可以对输入输出操作进行调度的一种硬件。当每次中断设备接通时,某装置就中断处理程序,准备好接收传送数据。采用中断设备可以实行计算与输入输出的并行操作。

hardware key 硬件锁 一个用于保证计算机系统不被非法使用的物理设备,如使用机箱钥匙以防止他人擅自使用机器。又如有的软件,必须在计算机的 USB(通用串行总线)口中插入特制硬件才能使用,从而防止非法使用这种软件。参见 copy protection。

hardware logic 硬件逻辑 在数字硬件功能设计中,一种用硬件实现的随机逻辑设计的方法与实践,与用编程序或软件解决问题的方法不同。

hardware logic diagrams (HLD) 硬件逻辑图 底板上的插件逻辑图、电源逻辑图和电源/热敏子系统示意图的一种综合逻辑图。

hardware mirroring 硬件镜像 利用磁盘阵列提供镜像配置。硬件镜像与软件镜像不同,后者通过操作系统工具程序完成的。

hardware monitor 硬件监视器 用来监视计算机系统运行性能的一种硬件设备。通过监视计算机中控制触发器的状态,指示系统运行情况。使用硬件监视器可以不影响被测系统的正常工作,而且几乎不占用系统资源。

hardware multiply/divide 硬件乘除 一种设施,代替软件进行乘法和除法。为加快运算,固件用作任选的代用品。固件包括存储在 ROM(只读存储器)中的微程序。参见 firmware。

hardware neuro computer 硬件神经计算机 在针对具体应用问题的神经网络模型中,神经元及连接与物理上的处理单元及通信通道一一对应,每一神经元及每一连接都有与之对应的物理器件的神经计算机。器件可以是数字式的或是模拟式的。硬件实现的神经计算常用于专用神经网络计算机,其速度快,可满足实时要求,但缺乏通用性、灵活性和可编程性。

hardware platform 硬件平台 由中央处理机、输入输出处理机、主存储器、外围设备等各部件组成的计算实体。硬件平台是组成计算机系统的物质基础。在硬件平台上装上操作系统以及网络服务、应用服务和用户界面等各种功能后,它们便组成为一个完整的计算机系统。硬件平台有时也简称平台。

hardware priority interrupt 优先级硬件中断 同时发出几种中断时能分辨出优先级的硬件中断系统。优先级硬件中断可以自动生成中断向量，并提供快速响应。

hardware process control block (PCB) 硬件进程控制块 一种数据结构。当一个进程不执行时，它存放硬件关联值，一个进程的硬件进程控制块驻留在它的进程的首部。

hardware programming language 硬件程序设计语言 一种硬件描述语言。它在 APL 语言的基础上，采用与 APL 相同的符号，扩展成能处理并行控制时序和异步操作的语言。参见 hardware description language, A programming language (APL)。

hardware redundancy 硬件冗余法 为了检测或校正故障引起的错误，系统所采用的一种冗余方法。该方法利用附加硬件来校验错误。硬件冗余主要有三种：①硬件堆积冗余；②待命储备冗余；③混合冗余。混合冗余既可获得较高的可靠性又可实现较长的无故障时间。比较 software redundancy。

hardware reliability 硬件可靠性 硬件功能单元在正常或恶劣环境下继续完成其预定功能的一种能力量度。

hardware resources 硬件资源 计算机系统中所使用的全部硬件。参见 hardware。

hardware security 硬件安全 在数据处理系统中，用于阻止对数据和系统资源非授权访问的计算机设备属性。

hardware timer 硬件计时器 计算机中使用的一种计时功能部件。同 physical timer。

hardware tree 硬件树 在微软 Windows 95 中，指由即插即用子系统创建并管理的系统当前硬件配置的逻辑表现形式。

hardware trouble interrupt 硬件故障中断 电源掉电，内存读写校验错，运算线路校验错，数据通道校验错，以及其他硬件故障引起的中断。一般说来，这类故障是应紧急处理的。其处理方法如程序复执（可排除偶然性故障），切除故障部件、向操作员发出警告或呼叫信号、要求人工干预等。

hard-wired 硬(连)线的 (1)为完成特定任务而设计的不易改变的电路，也指紧密结合在一起的设备，如硬连线终端是不需要通过通信网或控制器直接与 CPU 相连的终端。(2)用于指出计算机电路是用"导线"连接的，是永久不变的，是属于硬件而不属于软件的。可熔性只读存储器(FROM)是硬线电路的例子之一，除非用物理的方法，否则它的内容是不可能更改的，它既有软件的内容又有硬件的形式，所以又被称为固件。今天，支配计算机工业的集成电路已经从技术上废弃了传统的"导线"连接，但"硬线的"这一术语仍继续在沿用。(3)指一种物理连接，如插头到插头的线连接，电缆连接，或通过固定地址到某辅助设备的连接。(4)在因特网上，硬连线则是指一则在线广告位于页面的某一固定位置，且当该页面被发送时，此广告也跟随着一起发送。

hard-wired circuit 硬连线电路 一种若不对布线连接进行脱焊和重焊或拆开和重新缠绕，便不能改变的电路。

hard-wired FEP 硬连线前端处理器 不可编程的前端处理器，也称"线路适配器"。参见 front-end processor (FEP)。

hard-wired logic 硬连线逻辑 (1)根据设备的互联方式而形成的逻辑功能，是控制部件的一种实现方式，对应于可编程逻辑阵列。(2)在计算机硬件中，采用印制线、焊接或绕接线来完成逻辑电路之间互联的一种硬连线逻辑。(3)一种利用硬件技术固化了的程序。

hard-wired numerical control 硬连线数控器 通过改变逻辑判定单元和存储器电路的连接关系，以改变该装置的数据输入特性、数据处理次序及控制功能的一种数控装置。

hard-wired gate array 硬连线门阵列 一种门阵列芯片，在不改变设计的情况下实现了用门阵列代替现场可编程门阵列(FPGA)的方案，面积减小而且成本降低，内部结构与相应的 FPGA 芯片相同，只是用固定连线代替原来的编程元件，适合于大批量生产。参见 field-programmable gate array (FPGA)。

harmful interference 有害干扰 在无线电通信、广播和导航中，严重损害系统工作的干扰信号。比较 accepted interference。

harmful out-of-band components 有害带外成分 在载波通信系统中，由话音、导频或附加测量频率产生的转移电流，这个转移电流的频率在载波系统有用频带之外，可对导频或附加测量频率形成干扰。

harmonic 谐波 在通信系统中，由于传输线的非线性特性所产生的一种谐波。当把正弦激励信号加到输入端时，其输出就有谐波频率出现（谐波频率是基本频率的整数倍，如频率为基本频率两倍的波称为二次谐波）。频率为基本频率整约数的振荡称为分谐波。

harmonic analysis 谐波分析 (1)任何对形成电压、电流或某些其他变化量的复杂波形的谐波进行识别和评估的方法。(2)将非正弦周期信号按傅里叶(Fourier)级数展开成一系列谐波，以考察信号中各次谐波的幅值与相角等参量，研究其统计规律和特征。

harmonic antenna 谐波天线 电长度为发射机或接收机工作频率半波长的整数倍的天线。

harmonic attenuation 谐波衰落 对发射机输出中不希望的谐波分量的衰落，如利用并联电抗调谐到

H

在被抑制的谐波频率上具有零阻抗的 π 形网络。

harmonic average 调和平均数 同 harmonic mean。

harmonic characteristic 谐波特性 谐波特性一般用谐波失真系数来表征。失真系数定义为总谐波电压(或电流)的有效值与基波电压(或电流)有效值之比。

harmonic component 谐波分量 将周期性非正弦量分解成傅里叶(Fourier)级数时,频率为基波频率整数倍的任一正弦分量。

H

harmonic content 谐波含量 从复杂波中除去基频之后余留下的分量。参见 relative harmonic content。

harmonic conversion transducer 谐波变换器 输出信号频率为输入频率的倍数或分数的变换器,如分频器和倍频器。

harmonic current 谐波电流 非正弦周期电流中以基波以外的频率形式表现的电流分量的统称。谐波电流就是将非正弦周期性电流函数按傅里叶级数展开时,其频率为原周期电流频率整数倍的各正弦分量的统称。频率等于原周期电流频率 k 倍的谐波电流称为 k 次谐波电流,k 大于 1 的各谐波电流也统称为高次谐波电流。参见 high order harmonic component。

harmonic distortion 谐波失真 在通信中,由于传输系统的非线性而产生原信号中没有的谐波,从而使信号波形产生失真。它通常用百分数来表示。参见 total harmonic distortion (THD),intermodulation distortion (IMD)。

harmonic emission 谐波发射 发射机发出频率为载波频率整数倍的但不是信息信号组成部分的一种电磁辐射。

harmonic factor 谐波因数 非正弦交流电压或电流的谐波含量的方均根值与交变量的方均根值之比。同 distortion factor。

harmonic filter 谐波滤波器 一种调谐到对电路的不希望谐波进行抑制的滤波器。

harmonic function 谐波函数 一种数学函数,可以用来表示波的曲线;在横坐标的特定常数间隔上幅度不变,亦即与横坐标变量(如时间、距离)和频率无关。

harmonic generator 谐波发生器 除基频外还产生强谐波的发生器。

harmonic interference 谐波干扰 由无线电台输出端存在谐波引起的干扰。

harmonic mean 调和平均数 也称"倒数平均数",调和平均数是给定数据的倒数之算术平均数的倒数。有简单调和平均数和加权调和平均数两种。

harmonic output power 谐波输出功率 由于发射机功率输出级的非线性,因而在发射功率信号中含有一定的谐波功率成分。谐波输出功率会对正常的无线电通信产生干扰。

harmonic suppressor 谐波抑制器 在发射机天线输出电路中加入低通滤波器,以清除信号之外的谐波分量。这种低通滤波器就称为谐波抑制器。

harmonic telephone ringer 谐波电话铃 在电话通信中,只对很窄的频带内的交流电产生响应的一种电话铃。在一条多部门的用户专用线上所用的选择振铃系统中,有许多这样的铃,分别响应不同频率的信号。

harmonic test 谐波试验 直接从电机的周期参量的波形中确定一个或几个谐波分量对基波值之比的试验。

harmonic vocoder 谐波声码器 一种声码器。首先将受限的语音分析频带看成是周期性包络函数,并对此包络函数按傅里叶级数展开,最后用展开的傅里叶级数的系数作为声码器的参数。

harmony 协调 在图形系统中,指配置一均匀图形图像色彩的系统选择或有序选择。在色盘上,互补色、相邻色和相等间距的色彩一般称为协调色彩。

harmony theory 和谐理论 在神经计算中,P. Smolensky 提出的利用给定的部分信息去恢复原来的全部信息,且使结果与给定的部分信息最和谐的理论。

harness 线束 被捆扎在一起、可以作为一个整体来使用的光缆、电缆或电线,有时也称"电缆"。

Harol transform 哈尔变换 以哈尔矩阵为变换核的一种离散变换。图像处理中,多波段图像在波段方向上的哈尔变换是不同波段的某些差值组合图。

HARQ 混合自动重发请求 hybrid automatic repeat request 的缩写。

harsh 尖刺 中频高段过多。在频率响应的 2～6 kHz 之间有尖峰值或是在数字式录音机的低通滤波器中有过多的相位移。

HART 高速可寻址远程传感器 highway addressable remote transducer 的缩写。

Hartley 哈特利 在信息论中,信息的一种对数测量单位,等于 10 个互斥事件集合的判定量,用以 10 为底的对数表示,如八个字符组成的字符集的判定量为:$\lg 8 = 0.903$ 哈特利。同 information content decimal unit。

Hartley oscillator 哈特利振荡器 一种决定频率的谐振回路包含有抽头线圈的感容(LC)振荡器。集电极和基极处于调谐电路的相对端,以提供所需的 180°相移和反馈。哈特利振荡器可以产生直到超高频的正弦波频率。

Hartley's law 哈特利定律 一个信道在给定时间可能传输的信息位总数与信道带宽和传输时间之积成正比。

Harvard architecture 哈佛结构 一种处理机系统结构,采用分离的代码地址总线和数据地址总线,通过允许系统在读取指令时同时读写数据而增加了系统的吞吐率,这种结构还优化了存储器的管理,因为指令代码访问具有顺序的特征,而数据的读写则比较随机。

hash 无用信号,无用信息,无用数据,散列,杂凑 (1)由外部或者设备本身的零部件所造成的无用信号。(2)产生干扰的噪声信号或带入存储器中不需要的和无意义的信息。(3)表示无用数据,如若系统有一个最小的字块长度的要求,那么就得用毫无意义的数据应答这些要求,诸如用间隔符号或零填充等。在数据控制中,无用数据总和常用来检测误差或数据丢失,故也称"检验和"。参见 check sum。(4)一种快速构造符号表的方法。它利用关键字进行某种计算后直接确定记录项的存储位置。(5)通过散列函数可以把一个数值映射成另一个数值。散列法可用来将一个标识符或键值转换成一个结构中对应数据位置的值。参见 hash function。

hash addressing 散列寻址 对于按散列法建立起来的文件,若从中查找所需记录时,给出记录的关键字,由系统按散列函数计算出此记录的存储地址,不需要进行关键字的比较,只需极少的查找次数便可确定目标地址。

hash algorithm information table (HAIT) 散列算法信息表 用散列法建立起来的关于数据项存储位置的信息表。

hash code 散列码 经散列变换后获得的、表示数据项在所分配区域上的实际存放位置的代码。

hash coding 散列编码 将数据项的关键字值转换为散列码的过程。

hash conflict 散列冲突 如果两个以上的不同关键字经过散列函数运算后得到相同的函数值,则在数据存取时就会发生冲突。在数据项写入时,若发生冲突,则可能使新的数据项得不到存储位置;查找时发生冲突,则有可能查不到所要的数据项。因此,散列冲突必须得到解决,常用的方法有线性探测法、随机探测法等。

hashed bit array 散列化位阵列 采用散列位阵列执行半连接运算,克服关系数据库连接运算时间长的问题,以提高数据处理速度的一种技术。它在数据库计算机中被采用。

hashed file organization 散列文件组织 一种存储系统,其中每个记录的地址是使用一个散列算法来决定的。

hashed message authentication code (HMAC) 散列信息验证码 IPAH(IP 验证报头)协议中采用的加密算法。它是采用密码散列函数对报文进行认证的函数,可用于判断信息的完整性和对身份进行认证。常用的密码散列函数有 MD5 和 SHA-1。完整性判断的方法是对拟发送的报文用散列函数产生一个定长的报文摘要,再将其用密码进行加密,之后将该摘要附加在拟发送的报文后一起发送。收方再用同样的密码对报文摘要解密并进行所收报文的完整性判断。参见 IP authentication header (IPAH)。

hashed random file 散列随机文件 一种在随机存取记录媒体上建立的文件,文件中各记录的存放位置是由关键字按某种散列函数计算得到的,可按散列法快速确定其存储位置。

hash file 散列文件 如果关键字与记录地址之间存在一种直接关系(这种直接关系是通过关键字的变换来建立的),那么,利用这种关系,实现记录存取的文件称为散列文件或随机文件。这样的文件只有按散列法查找时才有较高的存取效率。

hash function 散列函数 一种能够把变化范围很广的、可识别的关键字尽可能混杂起来,映射到散列向量的合适位置的函数。对散列函数的要求是:①随机性要好,指散列函数应当尽可能均匀地将关键字映射到散列向量的元素中;②尽可能避免冲突,也就是尽量使得关键字不共享散列向量的同一元素。构造散列函数的常用方法有:①平方取中法:先算出关键字内部代码的平方值,再取它的中间几位作为内存地址。如果算出的散列函数值不在存储区的地址范围内,则需要乘上一个比例因子,把散列函数值放大或缩小,使其落在符号表的存储区范围内;②除留余数法:将关键字的内部代码用一个小于符号表长度的素数 P 来除,所得余数作为数据项存储地址。为了防止由于关键字值相近而引起的冲突,可将关键字内码先进行移位运算后再除;③数字分析法:对各个关键字内部代码的各个码位进行分析,若第 i 个码位上各关键字中出现的码元种类较多,则可选中该位上的值作为散列函数值的一部分。需选多少位来组成散列函数值,则视存储区地址范围来确定;④分段叠加法:把关键字的机内代码分成几段再进行叠加而得到的一个随机数。

hash index 散列索引,哈希索引 用散列方法组织的索引。其思想就是将索引键的属性值作为散列函数的一个参数,散列函数的返回结果是数据的存储位置。

hash index table 散列索引表 文件组织的一种形式,使用散列方法将键映射到索引表中的一个位置,在该位置存放指向对应于散列键的实际数据记录的指针。

hashing 散列(法) (1)一种数据结构,使用一种算法将关键值转换成存储地址,以直接访问存储器和检索信息。(2)也称"杂凑法"或"hash 法"。一种造表和查表的技术。散列法描述:首先将要登记的名字看作一个变量 K,然后寻找一个确定的函数 $I(K)$,映射到表中某个地址,如果在此位置上尚未登记别的名字,就将此名字登记在该位置上;如果

H

此位置上已登记有其他名字，那末，再根据另一函数 J，映射 $J(I(K))$ 到表中另一地址，查看此位置上是否已登记过别的名字。如此继续下去，直到找到还未登记别的名字的位置为止，这时，将该名字登记在此位置上。查表的过程是造表的逆过程。

hashing algorithm　散列算法　一个将主键值转换到相对记录号(或相对文件地址)的算法。

hash key　散列键，散列关键字　将数据项的关键字经散列函数运算后得到的值，可作为快速存取的查询键值。

H

hash lookup　散列查找法　一种搜索策略，当搜索关键字被转换成地址时搜索就开始。

hash method　散列法　设计一散列函数 $H(X)$，它把变量名 X 映射为表存储区中某一单元的地址，并要求 X 不等于 Y 时，$H(X) = H(Y)$ 的可能性较小，即单元冲突的可能性较小。这样在利用散列函数填表时，就能使被填名字比较均匀地分散在整个存储区中，偶尔也有可能发生单元冲突。散列函数也称“名字地址转换函数”，简称“名址函数”。参见 hashing。

hashnet interconnection　散列互联　网络互联时，快速选定连接目标的方法。通过散列计算，可在多条路径中迅速确定查找路径。

hash search　散列搜索　一种搜索算法，用散列的方法寻找一个目标单元，由于散列搜索能够直接或几乎直接地访问目标单元，因此散列搜索效率比较高。参见 binary search, hashing, linear search, search algorithm。

hash table　散列表　利用散列法在连续的存储器空间中建立起来的符号表。用散列表可优化平均搜索时间，使得程序能够快速搜索数据。

hash total　无用数据总和，散列总和　一种检测错误方法。将某些不作为计算对象的数据加在一起。数据处理之后，再重新计算散列总和，并与先前计算所得的散列和进行比较。若两者不相符，则表示原来的数据已由于某种原因而被改变了。

hash transformation　散列变换　一种将关键字值变换为在存储空间上具有均匀分布特点的地址值的操作。参见 hash addressing。

HASP　休斯顿自动假脱机程序　Houston automatic spooling program 的缩写。

HAT　混合接入终端　hybrid access terminal 的缩写。

hatch　阴影线　由填充区图元指定的多边形内部的一种填充方法。多边形内部用一组或多组平行线进行填充。

hatching　画阴影线　在多边形围成的区域内画满平行线或交叉线表示阴影。

hatching time　策划时间　在离散事件模型上，仿真程序由包含下次时标时间的下次事件序列驱动。而在这些时标时间内，对各个分量经历某种状态的变化加以安排。安排这一事件的时间称为策划时间。

Hayes-compatible　贺氏兼容的，Hayes 兼容的　1978 年，Hayes 在开发成功世界上第一台用于个人电脑的智能调制解调器的同时推出了 Hayes AT 命令集，这实际上就是调制解调器的工业标准。执行这个标准的调制解调器就称为 Hayes 兼容的调制解调器，它们之间可以畅通无阻地交换信息，并接受电脑的控制。

hazard　冒险，险态　(1)当开关线路的两个输入处于不同的逻辑状态，并同时向相反的逻辑状态变化时，称此线路有竞争存在。如由于输入信号间的竞争使输出端出现尖峰，则称此线路为冒险。(2)在采用重叠或缓冲技术的计算机中，连续执行指令“送 A”和“取 A_1”时，当第一条的结果还未送到内存，而第二条取 A_1 的命令可能早已发出。若 A_1 不是 A，则没有问题；但当 A_1 为 A 时，若硬件不“卡”住，则取出的值是不确定的。这种不确定性称为相关危险。(3)由于电路中信号通过的路径不同带来了时间延迟的不同，因而引起一种虚假的输出信号现象。险态是一种有害的现象，电路设计中应设法消除它或避开它所造成的影响。

hazard or threat identification　灾难或威胁识别　对潜藏着造成人员伤亡、财产损失和对环境造成破坏的形势或环境进行识别的过程。

hazards of electromagnetic radiation to fuel (HERF)　电磁辐射对燃料的危险性　电磁辐射引起点火或点燃可燃物(如飞机燃料、氢、丙烷、一氧化碳、粉末和灰尘等)的可能性。

hazards of electromagnetic radiation to ordnance (HERO)　电磁辐对军械的危险性　电磁辐射具有对炸药(如军火，甘油炸药、三硝基甲苯(TNT)、引信和雷管)，特别是电子爆炸装置存在有害影响的可能性。

hazards of electromagnetic radiation to personnel (HERP)　电磁辐射对人的危险性　电磁辐射产生的对人有害的生理影响的可能性。

HBA　主机总线适配器　host bus adapter 的缩写。

HBB　半波特双极性　half-baud bipolar 的缩写。

H bend　H 型弯头　对于一个在波导中传播的横向电磁波(TEM)在波导管轴向发生平滑的变化，即一个渐变，在整个变化过程中，轴始终和磁场(即 H 场)的横向极化方向保持在同一个平行平面中。同 H-plane bend。

HBI　水平消隐间隙　horizontal blanking interval 的缩写。

HBM　暂停成组传输模式　halt burst mode 的缩写。

HBT　异质结双极晶体管　heterojunction bipolar transistor 的缩写。

HC **半连接** half connection 的缩写。

HCD **头部耦合显示器** head-coupled display 的缩写。

HCF **主(机)命令程序** host command facility 的缩写。

H-channel **H信道** ISDN(综合业务数字网)宽带中用于传送高速的用户信息信道。有三种标准速率:H0:384 kbps、H11:1 536 kbps、H12:1 920 kbps。

HCP **主机命令处理机** host command processor 的缩写。

HCSS **大容量存储系统** high capacity storage system 的缩写。

HCT **硬拷贝任务** hard-copy task 的缩写。

HCTDS **大容量地面数字业务** high capacity terrestrial digital service 的缩写。

HD (1)半双工 half duplex 的缩写。(2)分级管理 hierarchic direct 的缩写。(3)高密度 high density 的缩写。

HDA **(磁)头(磁)盘组合件** head disk assembly 的缩写。

HDAM **层次直接存取法** hierarchical direct access method 的缩写。

HDB **高密度双极性** high density bipolar 的缩写。

HDBMS **层次式数据库管理系统** hierarchical database management system 的缩写。

HDB3 **三阶高密度双极性码** high density bipolar of order 3 code 的缩写。

HDCD (1)高解析度 CD high definition compact disc 的缩写。(2)高解析度兼容数码 high definition compatible digital 的缩写。(3)高密度数字光碟 high density compact disc 的缩写。

HDD **硬盘驱动器** hard disk driver 的缩写。

HDDI **主机显示书写器文件交换** host-display-writer document interchange 的缩写。

HDDSS **层次分布式决策支持系统** hierarchical distributed decision support system 的缩写。

HDF **层次型数据格式** hierarchical data format 的缩写。

HDL **硬件描述语言** hardware description language 的缩写。

HDLC **高级数据链路控制** high-level data link control 的缩写。

HDLC station **高级数据链路控制站** 位于链路端点按照 HDLC(高级数据链路控制)规程发送和接收 HDLC 帧的站点。

HDM **分层开发方法** hierarchical development methodology 的缩写。

HDML (1)宿主型数据操纵语言 host data manipulation language 的缩写。(2)手持设备标记语言 handheld devices markup language 的缩写。

HDPLD **高密度可编程逻辑器件** high-density programmable logic devices 的缩写。

HDR (1)标题,首部 header 的缩写。(2)高动态区域 high dynamic range 的缩写。(3)高数据速率 high data rate 的缩写。

HDS **硬件设计系统** hardware design system 的缩写。

HDSL **高位速率数字用户线路** high-bit-rate digital subscriber line 的缩写。

HDT **局用[主机]数字终端** host digital terminal 的缩写。

HDTV **高清晰度电视** high-definition television 的缩写。

HDX **半双工** half duplex 的缩写。

HD2 **二次谐波失真** second harmonic distortion 的缩写。

head **磁头** 存储设备的一个器件,它通过电磁方法读出、写入或消除诸如磁带和磁盘等文件存储媒体上的数据。读写磁头实际上是些小电磁体。当它从记录媒体上方经过时,按照编制的程序指令正确地进行工作(如读出记录、写入记录、读出一个字块和写入一字块等)。

head actuator **磁头驱动器** 负责磁盘读写头在盘片上移动的装置,有步进马达和音圈式的两种。

head amplifier **前置放大器** 一种安装在作为信号源的前部附近的放大器,用于在微弱信号经电缆馈至主放大器之前对其进行放大。

head band **耳机头环[带]** 在通信设备中,将受话器固定在人耳朵上的一种装置。

head-cleaning diskette **磁头清洗盘** 一种经过特殊处理,可以清洗磁头的磁盘。

head clogging **磁头堵塞** 在接触式磁记录中(如磁带机和软磁盘机等),灰尘或从记录媒体上刮下的磁粉聚在磁头上的一种现象。该现象造成读写信息错误,使读写操作无法正常进行下去。

head-coupled display **头部耦合显示器** 虚拟现实中用的一种戴在头上的显示器。头部耦合显示器在两眼前有两块显示屏和将显示屏图像传递到眼睛的光学系统,提供了一种虚拟世界的立体感。当头部运动时传感器感知头部的运动,使所看的东西也跟着变化,为使用者提供了很好的沉浸式感觉。

head crash **磁头碰撞** 磁盘机磁头装置的物理损坏。由于磁头的失调或灰尘颗粒的污染造成读/写头同磁盘表面碰撞划伤,甚至严重毁坏读/写头和磁盘记录面。有时也称"盘损坏"。磁头碰撞可能是由驱动器机构的震动或损坏所引起,也可能是由磁盘的弄脏所引起,或者是由于旋转速度降低导致气垫隙减少所致。正常情况下,磁头浮动在磁盘表面。

head disk assembly (HDA) **(磁)头(磁)盘组合件** 在固定式硬磁盘中,一种采用温彻斯特技术的磁盘存储模件。音圈电机和小车与读/写磁头臂、磁盘组组合安装在密封罩内,从而消除了影响磁头定位精度的一些机械变动因素。把写放大器、读出前置放大器、磁头选择开关电路和保护电路等制成集成电路,并安装在磁头臂上,从而改善了读/写信号的高频传输特性。

head drum **磁头鼓** 在采用旋转磁头的海量磁带存储装置中,一种装载并带动磁头进行高速旋转扫描以存取信息的鼓筒。

headend **头端** (1)宽频带局域网络中使用的一种设备,主要用于接收来自各数据站的信号,然后再把信号转发到所有数据站去。(2)宽带总线网和树形网络的控制中心,工作站的发送信号总是送给头端器,而工作站的接收信号总是来自头端器,在头端器中进行各种传输转换和控制。(3)在有线电视网络上,负责放大上级信号并插入本地广播电视和其他信号的信号分配中心。

headend unit **头端单元** 在局域网技术中,一个在单线或双电缆宽带网络上使用分离频带提供多项服务的硬件。头端使网络上的设备得以在单线电缆上收发信号。

header (HDR) **标题,首部,报头** (1)在通信中,包含报文控制信息的报文部分,诸如,一个或多个目的地字段,发报站名,输入序列号,指示报文类型的字符串,以及报文的优先级。(2)在一个数据介质上,数据记录之前的数据块。它包括标识文件用的指示性信息,如文件名、卷名、文件长度、起始时间等。(3)在程序设计中,用于识别程序函数或过程的行。在可执行程序中,一个包含尺寸、位置和其他细节信息的块。(4)在设备管理中,设备头是一个描述该设备信息的块,出现在程序(设备驱动器)的开头。(5)在Apple Macintosh中,一个区域头是一个在存储块中包含计算机存储管理信息的块。(6)排版系统中在页面顶部设置的文字栏。头部信息。(7)在电子邮件中,位于信件正文前面的部分。包含信件发出者、时间和日期。参见 block control header, message header, transmission header, packet。

header address **头地址** 磁盘设备里用来选择工作磁头的控制参数。该参数可以从多个磁头中选择相应的磁头去进行读写操作,通常由二进制数组成。

header buffer **首部缓冲器** 在某些通信系统软件中,含有报文首部的全部或其中第一部分的一种缓冲器。比较 text buffer。

header card **首(标)卡(片)、标题卡片** 记录标识文件用的特征信息的卡片。特征信息与随后出现的卡片上的数据有关。

header entry **标题项,首标项** 参数列表中的一种登记项,标识请求和控制块的类型,且给出有关请求的其他一般信号。

header error control (HEC) **头部错误控制** 在ATM(异步传输模式)头部中的15个字节,ATM设备可用它检测错误并纠正头部的内容。检测特征是以循环冗余检验(CRC)算法计算的,可纠正头部中的单个错误以及检测多个错误。参见 asynchronous transfer mode (ATM)。

header file **标题[头]文件** (1)在信息检索系统中,标题文件包括特定数据库的完整记录,通常按存取顺序排列。(2)在程序设计中,一个信息文件,包含程序中使用的数据类型和变量的定义。

header label **标题,首部** (1)一种文件的内部标号,通常紧靠在文件第一个记录的前面,标识该文件并包含用于文件控制的数据。同 beginning-of-file label。(2)在磁带开始标志的后面,磁带文件上有一个首部标签,上面记录有诸如文件名称、磁带卷号、保留期、世代号等文件细目。为了确保使用正确的文件和决定保留期过后该文件是否重写,这些细目都需经过程序的检验。参见 file label, generation number。

header line **标题行** 写在源程序头上的项目。它能对接在它后面的一组语句提供说明信息。

header positioning system **磁头定位系统** 动头磁盘设备的主要部件之一。通常由音圈电机、速度传感器、位置传感器和其他控制电路组成。其主要功能是将磁头正确地定位到指定存取数据的磁道上,还要具有校正由机械振动、安装误差等因素造成的磁道偏摆的功能。

header record **标题记录** 一组记录之前的记录,包括与这组记录有关的数据。例如一卷磁带的第一个记录可以是标题记录,它包括日期、磁带编号、程序编号等。

header segment **标题段** 报文中含有报头的任何部分的信息段。

header statement **标题语句** 同 header line。

header table **标题表** 同 header record。

head gap **磁头缝隙,头面间隙** (1)在磁面存储装置中,读写头铁芯留的缝隙。在写操作时,磁头磁通由此缝隙散出,流过记录面实现写操作。在读操作时,磁记录面上的磁信号由此缝隙进入磁头,转变成电信号送入读出线路。(2)磁面记录设备中磁头与磁面间一定要有极小的缝隙才不致使头面直接摩擦而损坏。

head global spring **磁头万向弹簧** 磁盘机磁头安装在磁头臂上所用的弹簧。此弹簧不仅保持对盘面气垫的压力,保持与盘面的极小距离,而且可以使磁头向任意方面倾斜,从而保持对盘面的良好追随特性。

heading **标题,报文首部** (1)用规范化了的自然语言表示某种分类法(如标题法)的类目或子类目的名称、单词或词组。(2)在数据通信中,报文开始处的字符串,用以指出路由和目的地。(3)常出现在页面或显示器顶部的一种常数或字段,用于标识页面或显示面上的信息。

heading area 首部[标]区,标题区 用来记录首部信息的区域。参见 heading。

heading area coating 标题区胶膜 一种应用在缩微胶片标题区上的胶膜。使用这种胶膜,可以在标题区内继续写标题信息,或者使原标题更加清晰可见。

heading control 标题控制 出现在每一组记录之前的记录控制组的题目或简短的定义。

heading information 标题信息 由数据和控制信息组成的报文,控制信息包含在标题部分。标题信息一般包括:原始站的标识,发送和接收设备或过程的标识;报文的优先级;分配报文的路由;有关状态数据或状态控制的报文处理信息。

heading record 报头记录 用于标识或描述输出报告的记录。它保证随后的其他文件记录与报告的正文有关。

heading sense 指向,进向 与给定进向,即一个给定的航向或方向,相联系的两个相反方向之一,由一个或多个无线电测向台决定。

head landing zone 磁头启停区 参见 landing zone。

head line 标题行 (1)在一页、一章或一本书上最开始部分,用来表示该页、该章或该书内容的信息。(2)在程序的开始部分,用来表示程序相关功能和要求的信息。

head loading 磁头加载 磁头在加载机构驱动下,以额定负荷力压向盘面的过程。

head loading mechanism 磁头加载机构 在磁盘机中,把规定的负载力加于磁头上,使之与磁盘表面保持一定浮动间隙的一种机构。

head loading zone 磁头加载区 参见 loading zone。

head load pad 磁头加载垫 在单面软磁盘机中,以一定的负载力把软磁盘压向磁头,使磁盘表面和磁头保持良好接触的一种机构。

head module 磁头块,头模块 (1)多个磁头组装在一起的部件。磁带机的磁头多使用这种组装形式。磁盘机当有多个磁头时常采用单个磁头架或称为磁头定位器。(2)一种喷墨打印机的喷头模块,包括发热元件阵列的头芯片、喷嘴的喷嘴板、用于形成液体墨水层的阻挡层、模块框架和缓冲罐等。

head-mounted display (HMD) 头盔式显示器 虚拟现实技术中的显示设备,用于显示交互式计算机图形并且将现实世界与虚拟环境分隔,头盔上的两个显示器分别覆盖住人的双眼,可产生立体的效果。头盔中还有头戴位置传感器,有遮挡式和透视式两种。

head of bus function 总线引导功能 在数据总线中,数据开始流动的总线点上生成信息管理和空总线时隙的功能。

head-on collision 冲突争用 (1)当两个或多个用户几乎同时在信道中进行发送时,在信道中所发生的冲突。(2)当两组或多组实体,如节点、选线器、交换机,几乎同时到达电路一端或企图同时发送时,发生在电路中的一种状态。

head-per-track disk drive 每道一头磁盘机 一种磁盘机,每个磁道有一个读写磁头,由于在读写数据时不需要移动磁头,因而速度较快,但价格较高。

headphone 耳机,头戴式收话器 戴在头上的声音接收装置。耳机根据其换能方式分类,主要有动圈式、静电式和等磁式;从结构上分开放式,半开放式和封闭式;从佩带形式上则有耳塞式,挂耳式和头戴式。

headphone amplifier 耳放 耳机放大器的简称,是为耳机专门设计的功率放大器,主要用于推动高阻抗耳机。普通耳机的阻抗一般为 16 ～ 32 Ω,中高级耳机为了获得较好的低频响应,往往采用高密度线圈长冲程设计,这时耳机的直流阻抗会高至 200 ～ 600 Ω。耳放能适应这些高阻耳机,同时可以在提高输出功率的基础上,对音质音色进行修饰。

headplate 磁头板 在固定头磁盘机中,安装磁头的部件。每个盘面上有一个磁头板,如果盘面有 64 道,板上就装有 64 个磁头。板内有充气机构。当盘片转速达到规定值时,磁头板充气,把磁头压向盘面并使其浮动在盘面上。这时,头与盘面距离很小(40 微英寸)。盘片转速低于规定值,磁头板放气,磁头靠弹簧抬起,离开盘面距离较大(0.005 英寸)。

head positioning mechanism 磁头定位机构 动头磁盘机中把磁头送到指定磁道上的机构。定位过程分为两个阶段;粗定位把磁头移到指定的磁道上,细定位保证磁头在指定磁道上不偏离中心线。

head-positioning time 磁头定位时间 在采用移动式磁头的磁盘机或盒式磁带机中,磁头在定位机构驱动下,从原来位置移动到目标磁道位置所需的时间。

head related transfer function (HRTF) 头部相关传递函数 用于描述人的听觉系统对不同方向的声音产生不同频谱特性的一种数学关系。已在虚拟环绕声方面获得应用。

headset 耳麦 一种耳机与麦克风的整合体。参见 headphone,microphone。

head stack 磁头组 在磁盘机、磁带机和软磁盘驱动器中,一种组装在一起的一组磁头。可以同时访问一组磁道,每一磁头对应一条磁道。

head step setting time 磁头步进稳定时间 在软磁盘机中,磁头从上一位置到达新的磁道位置并稳定下来所需的时间。

H

heads up display (HUD)　飞行仪表盘　飞行模拟游戏中的常见词，常提供给游戏者诸如弹药状况、速度、目标跟踪等作战信息。

head support arm　磁头支撑臂　口述听写设备中的一种装置。它支撑记录磁头、放音磁头、擦除磁头，或者组合磁头，使其在记录媒体表面自由移动。

head switching　磁头切换　用电子方法对磁性媒体的读写操作时，从一个读写头改变到另一个读写头的过程。

head unloading　磁头卸载　磁头在加载机构驱动下，去掉压向盘面的负荷力的过程。

heap　堆(阵)　(1)一种数据结构，它是一棵具有某些特殊性质的二叉树。T 是一个堆，当且仅当它满足下列条件：①所有内节点(可能有一点除外)的度数为 2，第(d−1)层的所有叶子在内节点的右边，第(d−1)层最右边内节点的度数可能为 1；②在任何一个节点上的键大于或等于在它的每一个儿子上的键。(2)在相邻存储器单元中存放数据，很像一种堆栈操作。但是，堆阵指针保持指向堆阵的第一个单元，而不是下一个可用的堆栈单元。(3)一个键序列 $h_1, h_2, \cdots, h_i$，其中 $h_i \leqslant h_{2i} \leqslant h_{2i+1}$ 对一切 $i = 1, 2, \cdots$[SX(]N[]2[SX)] 成立。h_1 是堆中最小元素，通常称为堆顶。(4)在 XL Pascal 中，一个动态分配变量的集合。参见 current heap，subheap。

heap allocation　堆式分配　内存临时分配的一种方法。先把它分成若干个长度可变的子存储区，有些用于存放数据，有些则可自由使用。当创建了一个数据项目时，便需要从可自由使用的存储区中选出一个足够大的自由区，把该数据项目存入其中。当该数据项目不再需要时，便释放相应的存储区。

heap construction　堆构建　将一组数据项组织成一棵二叉树，并且将树中各节点的位置按堆的规则进行调整的过程。

heap sort　堆排序　一种利用堆结构的排序算法。每次从堆中移去最大键(它在根上)，将某片叶的键移至根上，删去该叶，然后再将该树构造为新的堆。此过程重复下去，移出的键就以下降次序排列。其优点是整个过程不占用新的存储单元而在原地进行。堆阵排序算法在最坏情况下需要 $n\log_2 n$ 数量级的步骤，平均情况是 $12n\log_2 n$。对于堆阵排序，排序元素个数 n 越大效果越好。

hearing threshold　听力阈值　听力计中的一个声音能级，低于它，听力正常的人会听不见声音，高于这一阈值，听力正常的人可以听到声音。

heat coil　热电线圈　一种电气保护装置，用于保护设备免受不按电压极限操作设备的外来电压在导体上引起的过热，典型的结构是一个内含由低熔点合金焊起来的管脚的黄铜管外面绕上线圈，当发生不正常电流时，线圈加热铜管，使焊点软化，这样，装有弹簧的管脚就会伸向接地板，把电流引向大地。

heat conduction　热传导　热量从系统的一部分传到另一部分或由一个系统传到另一个系统的现象称为热传导。热传导实质是由大量物质的分子热运动互相撞击，而使能量从物体的高温部分传至低温部分，或由高温物体传给低温物体的过程。热传导的机理很复杂。固体内部的热传导是由于相邻分子在碰撞时传递振动能的结果。在流体特别是气体中，除分子碰撞外，连续而不规则的分子运动是导致热传导的重要原因。此外，热传导也可因物体内部自由电子的转移而发生。热传导是热传递三种基本方式之一，另两种是对流和辐射。比较 heat transfer。

heater　灯丝　向电子管中的旁热式阴极提供热量的电加热元件。

heater current　灯丝电流　流过电子管中旁热式阴极灯丝的电流。

heater voltage　灯丝电压　加到电子管中灯丝两端的电压。

heat exchanger　换热器　用来把热量从热流体传至冷流体的一种换热装置，如在计算机的强迫空气冷却系统中，为了使风路中不出现过大的温度梯度，常在风路中加一级或几级通冷水的换热器，将经过前排的热空气降低温度后再去冷却后排的插件。

heat filter　滤热器　一种滤热器，用于吸收使物体发热的红外线。在一些复印机、打印机、印刷机以及阅读器上往往装有这种滤热器。滤热器要求吸收红外线而不吸收其他光线。

heating conductor　发热导体　与电源连接，用来把电能转变成热能的导体。

heating element　加热元件　由发热导体及其附件所组成的独立的组合件，它是可拆卸的或固定的。

heat loss　热损耗　由电能变换成热能所引起的功率损失。

heat pipe　热管　一种用来冷却插件上的组件的大功率管，其内壁衬有一层灯芯结构(即毛细管组织)材料，管内是真空的，并在灯芯结构材料内注入液体。热端置于热源，液体受热蒸发，大量吸收热量，通过管道输送到冷端放出热量，又变成液体回到热端，其传热能力很大，比同样截面的铜要大几十倍，是一种高效冷却装置。

heat-sensitive printer　热敏打印机　靠热能直接获得可见图像的非击打式打印设备。它是不需要显影、定影过程的全干式装置。它有两种打印方式，即利用热敏纸的 CPC 型直接印字方式和用热能活化色带等外部发色源，并转印于普通纸上的 PPC 型间接方式。热敏打印机具有噪声低，固态干式印字，易于维护和小型化等特点。也可实现彩色打印。

heat sink　散热器　具有扩展表面以增强电子元器件或设备散热的器件。散热器通常用金属制成，并常用散热片帮助将热传送到空气中。参见 shape heat sink，staggered heat sink。

heat transfer 热传递 热从温度高的物体传到温度低的物体，或者从物体的高温部分传到低温部分的现象。在热传递过程中，物质并未发生迁移，只是高温物体放出热量，温度降低，内能减少（确切地说是物体里的分子做无规则运动的平均动能减小），低温物体吸收热量，温度升高，内能增加。因此，热传递的实质就是内能从高温物体向低温物体转移的过程，这是能量转移的一种方式。具体又包括热传导、对流和热辐射三种形式：①热传导是固体中热传递的主要方式，实质是由大量分子、原子或电子的相互碰撞，而使热能（内能）从物体温度较高部分传到温度较低部分的过程；②对流是流体（气体、液体）中热传递的主要方式，实质是流体中较热部分和较冷部分在流体本身的有序的循环流动下的相互搀和，使温度趋于均匀从而达到热能（内能）传递的过程；③热辐射，它是指受热物体以电磁辐射的形式向外界发射并传送能量的过程。比较 heat conduction。

Heaviside layer 亥氏层 电离层的别名，以发现电离层的英国科学家亥维赛（Heaviside）命名。即高出地面约 80 km 以上的反射电波的大气层，那里由于阳光辐射导致气体电离，存在大量离子和电子，足以引起电磁波的反射。同 Kennelly-Heaviside layer。

heavy-duty 繁重任务，重载 使设备空闲时间极少，一直工作在"忙"状态的工作任务，如当网络上持续传送大量信息时，线路一直被占用，对网络来说即为一个繁重任务。

heavy duty connector 大功率连接器 在光纤系统中，设计用于互联箱外，即分线箱外的连接器。

heavy weight process (HWP) 重权进程 一种代价较大的操作系统执行与调度单位。在建立、终止、相互通信、同步与切换等方面的开销较大。如 UNIX 操作系统中的进程。参见 light weight process (LWP)。

Hebb learning law Hebb 学习规则 由 Hebb 于 1949 年提出的人脑学习模型。人的学习过程最终发生在神经元之间的突触部位。突触的联系强度随突触前后神经元的活动而变化，当两个神经元都处于兴奋状态时，它们之间的连接应加强。

HEC 头部错误控制 header error control 的缩写。

hecto (h) 一百 表示百(10^2)的前缀。

hectometer (hm) 一百米 等于 100 m 或 109.36 码。

hectometric wave 百米波 一种电磁波，在频谱中的中频段内，在 300 ～ 3 000 kHz 之间，波长范围为 100 ～ 1 000 m 的无线电波。

hedge tree 篱笆树 在数据结构的二叉 B 树中，所有的端点都出现在同一层次上的树。

height balanced binary tree 均高二叉树 同 height-balanced tree。

height-balanced tree 高度平衡树 设 T 是一个非空的二叉树，TL 及 TR 分别是它的左右子树，若符合下列两条件，则称 T 是高度平衡树：①TL 及 TR 也是高度平衡树；②TL 与 TR 的树高差小于等于 1。在高度平衡树中，根到任意叶节点的距离都是最远的。参见 AVL tree。

height of a tree 树高 根树的数量属性。在根树中，从树根到某顶点的路径中边的条数称为此顶点的路径长度。一树中各顶点路径长度的最大值称为树高。

held terminal 挂起[保持]终端 同 intercepted terminal。

helical antenna 螺旋形天线 外形像一个螺旋体，即像一个螺管的天线。同 helix antenna。

helical ray 螺旋射线 在渐变型光纤中，一种射线，当它沿光纤传播时，沿一条围绕光纤轴的路径，传输期间它的极化平面旋转。参见 axial ray。

helical scan 螺旋扫描 (1)在海量磁带存储装置中，旋转磁头沿与磁带运动方向构成某一角度（既不平行，也不垂直）的方向旋转以进行存取信息的一种工作方式。(2)录像机中一种获得高速磁带速度以满足磁头读取视频信号要求的方法，螺旋扫描使用两个安装在旋转磁鼓相反位置上的视频磁头，磁鼓以每帧转一圈的速度旋转，当磁带卷动通过磁鼓时，磁头在磁带上形成螺旋形扫描线。

helical winding 螺旋式线圈 若干根扁线沿辐向叠在一起，再沿轴向绕成一个螺旋线式的线圈。

helicon wave 螺旋波 (1)一种存在磁场时在固体材料中受自由载流子支持的携载能量的横电磁波。(2)横向的电磁波与纵向的磁场发生耦合形成所谓的螺旋波，而当螺旋波的波长与天线的长度相同时，便可产生共振。

heliograph 日光仪，回光仪 可视信号系统中的一种装置，通常用反射太阳光线用作信号，它包含一个反射表面（如镜子），并依据一种代码（如国际莫尔斯码），将反射表面快速遮蔽和去遮蔽。

helitron oscillator 螺线管振荡器 一种静电聚焦低噪声返波振荡器。通过改变加在阴极与相关射频电路之间的电压，可以在宽范围内对微波输出信号频率快速扫描。

helium-neon laser 氦氖激光器 基于氦和氖气体组合的原子气体激光器。应用之一是在销售终端上用来阅读条形码标志。通常，它工作在三个不同的波长上，即 0.6328、1.15 和 3.39 μm。

helix 螺旋线 一种伸展开的单层导线线圈，或是缠绕在支持柱体周围，或是由自身支持的足够硬的导线做成。

H

helix antenna **螺旋形天线** 由一根金属螺旋线构成,因此天线在轴向具有最大单方向辐射的方向特性,一般称之为轴向式模块辐射态,并设有左、右旋之分,分别接收左、右旋的极化波。同 helical antenna。

helix waveguide **螺旋状波导** 由密集缠绕的绝缘铜线匝并用有损耗外壳罩住构成的波导。

hello packet **问候包** 在 ATM(异步传输模式)中,一种 PNNI(专用网间接口)路由包,在局部节点的邻接节点之间交换。参见 asynchronous transfer mode (ATM), private network to network interface (PNNI)。

hello screen **问候屏幕** 用户启动一个应用程序时在显示屏幕上显示的第一个图像。参见 LOGO screen。

Helmholtz equation **赫姆霍兹方程** 赫姆霍兹是19世纪德国的物理学家和生理学家。赫姆霍兹方程用于描述在一个无界、无损,即在无吸收、无源媒质(如光纤)中,传播的均匀平面极化的电磁波。

Helmholtz resonator **赫姆霍兹谐振器** 一种声波吸声器,由于在板上开有许多小孔,会使空气在某些特定频率上产生谐振,从而吸收声波。

help balloon **帮助气球** 计算机屏幕上的一种气球状的弹出信息,对用户提供解释性帮助信息。

help command **帮助命令** 为操作人员或用户提供的一组命令。该命令为使用者提供系统中使用的主要命令及实用程序的格式、选择项、使用方法、典型例句等内容,在用户遇到困难时,可以用它来帮助解决。

help for help **关于帮助信息的帮助信息** 窗口软件中的一个提供使用帮助信息窗口方法的帮助动作。

help function **求助[帮助]功能** 一种或多种显示图像,说明怎样使用应用软件,或者怎样进行系统操作。

help index **帮助信息索引** 在具有帮助信息的窗口式软件中,一个提供帮助信息目录索引的动作。

help key **帮助键** 计算机终端键盘上的一个特定按键,它链接至正在使用的软件中的帮助系统。常用 F1 功能键作为标准的帮助键。在任何时候按下这个键,该软件都会显示解释性的文本,来帮助用户理解正在困扰的功能或者命令。

help menu **求助菜单** 当用户遇到一个系统问题或应用问题时,能帮助用户解决这些问题的一种具有交互作用的、描述可能遇到的问题的菜单。

help panel **帮助显示屏面** 响应用户的求助请求,由系统显示的信息。

help pop-up **弹出式帮助信息** 一个包含帮助信息的弹出式窗口。

help program **求助程序** 一种对没有经验的使用者提供学习和指导的程序。通常在用户使用一个新型或复杂的软件时,只要遇到困难即可调用求助程序,即可在屏幕的菜单提示下寻求帮助,找到解决问题的办法。较好的求助程序是在窗口环境下,用自然语言的形式提供的。

help screen **帮助屏幕** 给出怎样使用应用软件简要说明的一种显示屏幕,通常包括各种功能键所执行的操作的说明。

help support **帮助支持** 参见 system help support。

help system **求助系统** 软件系统中的一个子系统,即向用户介绍如何使用相应软件的程序及文字、图形数据。

help view **帮助视图** 一个提供对象使用帮助信息的对象视图。参见 composed view, contents view。

help window **帮助窗口** 一个包含帮助用户操作信息的窗口。

Helsinki principle **赫尔辛基原理** 在概念模式语言中,任何发生的有意义的交换,取决于事先存在的词法和句法规则的约定。

hemispherical resonance gyroscope **半球谐振陀螺** 振子为半球形的陀螺仪。利用振动物体振动平面方向的改变来产生陀螺力矩的原理,以测量物体的角速度。

HEMP **高空电磁脉冲** high altitude electromagnetic pulse 的缩写。

HEMS **高级实体管理标准** high-level entity management standard 的缩写。

HEMT **高电子迁移率晶体管** high-electron-mobility transistor 的缩写。

HeNCE **异构网络计算环境** heterogeneous network computing environment 的缩写。

henry **亨利** 电感的单位,符号为 H,一个每秒变化 1 安培的电流将在一个电感为 1 亨利的电感器上产生 1 伏特的电势,电感的实用单位是毫亨(mH, 10^{-3}亨利)和微亨(μH, 10^{-6}亨利)。参见 inductance。

HEO **高地球轨道** high earth orbit 的缩写。

heptode **七极管** 一种包含阳极、阴极、控制极和通常为栅极的四个辅助电极的七极电子管。

Herbrand interpretation **海尔勃朗解释** 为了证明一阶谓词公式永真,就要证明它在任何解释下都为真。但这是很难做到的,因为一个谓词公式的所有可能解释多得不胜枚举。海尔勃朗指出,无需一一检验所有的解释,只需证明该谓词公式在下列解释为真即可:①解释的基本区域限于海尔勃朗全域;②解释把公式中的所有常数映为它们自己;③令 f 为 n 目函数符号,$h_1, \cdots, h_n$ 为海尔勃朗全域中的元素,则 f 的定义是:它把$(h_1, \cdots, h_n)$ 映射为 $f(h_1, \cdots, h_n)$。这种解释称为海尔勃朗解释。注意海尔勃朗解释并未对谓词符号的映射作出规定。

Herbrand universe **海尔勃朗全域** 对一阶谓词公

式的任何解释都包含一个基本区域 D,在海尔勃朗解释中用的基本区域称为海尔勃朗全域,常以 H 表示。它的构造可递归定义如下:令 H_0 是公式中出现的全部常数的集合,若公式中没有常数,则任选一个常数,例如 a。对于 $i=0,1,2,\cdots,H_{i+1}$ 是 H_i 加上所有形如 $f(t_1,\cdots,t_n)$ 的项,其中 f 是公式中出现的 n 目函数符号,$t_1,\cdots,t_n$ 都是 H_i 的元素。H_∞ 就是海尔勃朗全域 H。

Herbrand's theorem 海尔勃朗定理 子句集 S 是不可满足的,当且仅当存在一个 S 中子句的基例的有穷集合 S',S' 是不可满足的。这就是著名的海尔勃朗定理。当需证公式 F 永真时,可证 $\sim F$ 永假,从而可证相应于 $\sim F$ 的子句集 S 是不可满足的。根据海尔勃朗定理,只需逐个考虑 S 中子句基例的有穷集合,直至找到一个不可满足的这种集合 S'。因此,海尔勃朗定理是定理机器证明的理论基础。

Hercules graphics card (HGC) 大力神图形适配卡 由 Hercules 公司于 1982 年推出的一种视频适配卡,以代替 IBM PC 的单色显示适配器(MDA),HGC 与 MDA 兼容并提供了 720×348 像素的较高显示分辨率。

herd behavioral model 羊群行为模型 由于受其他投资者采取某种投资策略的影响而采取相同的投资策略。该模型认为投资者羊群行为是符合最大效用准则的,是"群体压力"等情绪下贯彻的非理性行为,有序列型和非序列型两种模型。人类由于其社会性而存在一个非常普遍的现象:经常在一起交流的人由于互相影响,他们往往具有类似或者相近的思想。

HERF 电磁辐射对燃料的危险性 hazards of electromagnetic radiation to fuel 的缩写。

hermaphroditic connector 同性接插件 在计算机和电子设备中,一种不分插头和插座,能保持正确的对接、密封、机械和电气性能匹配的接插件。即接插部分完全相同的接插件。

hermetically sealed crystal unit 密封晶体单元 通常由焊接密封到玻璃或金属座内,不受除振动和温度以外的所有外部条件影响的晶体单元。

hermetically sealed relay 密封继电器 通过熔解或焊接,永久性地密封到金属、玻璃或陶瓷外壳中的继电器。

HERO 电磁辐射对军械的危险性 hazards of electromagnetic radiation to ordnance 的缩写。

HERP 电磁辐射对人的危险性 hazards of electromagnetic radiation to personnel 的缩写。

Hertz (Hz) 赫兹 频率的单位,以物理学家赫兹的名字命名。1 Hz 等于每秒钟一个周期。在美国,市电频率为 60 Hz 或者每秒种电压的极性变化 120 次;在我国和欧洲,市电频率为 50 Hz 或者每秒钟电压的极性变化 100 次。

Hertz antenna 赫兹天线 一种天线系统,其中地线不是必需的部分。该天线的谐振频率取决于其电气长度,大约是波长的一半。

Hertzian wave 赫兹波 以德国物理学家海因里希·鲁道夫·赫兹命名的一种电磁波,赫兹波除微波波段兼用厘米表示它的波长外,一般均用频率代替波长,其单位为赫(Hz)。频率范围约在 30 kHz～30 000 MHz 之间。当赫兹发现电磁波以后,首先被用于无线电信之传递试验。

hesitation 暂停,停顿 (1)计算机在运行过程中,主程序为了进行其他操作,如从(或向)外部设备接收(或传送)数据,而自动进行的停顿。(2)计算机在操作顺序中,为执行另一序列的全部或部分操作,而使本操作暂时停止或暂时中止的一种状态。

Hessenberg matrix 海森贝格阵 具有某种排列形式的矩阵。若矩阵 A 的下三角部分除对角线下面那条次对角线外。其余元素都为零,即当 $i>j+1$ 时 $a_{ij}=0$,则称矩阵 A 为一个上海森贝格阵。类似地,可以定义下海森贝格阵。对称的海森贝格阵是一个三对角矩阵。海森贝格阵在矩阵特征问题中对减少运算量具有重要意义。

HET 霍尔效应传感器 Hall-effect transducer 的缩写。

heterarchical approach 异分层结构方法 一种图像解释控制结构方法,其中没有一个处理阶段专用的命令,而只有在需要时,每一个阶段都可以控制其他阶段。

heterochronous 异步的 如果两个信号的对应有效瞬间无需以同样速率出现,则这两个信号为异步的。具有不同标称数字速率,并且不由同一时钟或不由同步时钟发出的两个信号一般为异步的。

heterodyne 外差 通过在一个非线性设备(如真空管、晶体管或二极管混频器),对两个或多个信号进行混频,用以产生这两个电磁波频率的和频与差频。参见 self-heterodyne。

heterodyne detector 外差检波器 将已调载波频率与频率略微不同的本振信号组合,产生用扬声器或耳机便能听到的音频差拍信号的检波器。它主要用于编码接收。

heterodyne frequency 外差频率 由外差作用得到的两个新频率中的任何一个频率,其中,一个是两个输入频率之和,另一个则是两个输入频率之差。

heterodyne frequency meter 外差频率计 这种频率计利用已知可调频率与未知频率进行外差,直到得到零差拍为止。另外,未知频率也可以与已知固定频率进行外差,产生通常处于音频范围的频率较低的信号,其值用其他方法测量。也称"外差式波长计"。

heterodyne harmonic analyzer 外差式谐波分析仪 能产生与可变频率振荡器输出进行混频的复合输入电压的谐波分析仪,每个输入谐波的和频或差频的大小可以用仪表测量。

heterodyne oscillator 外差振荡器 能产生供编码接收用的外差检波器所需第二个频率的独立可变频率振荡器。参见 heterodyning, beat frequency oscillator。

heterodyne reception 外差接收 将输入射频信号与本地产生的不同频率信号相组合,随后再检波的无线电接收。所得到的拍频可以听见或像超外差接收机中那样处于较高的中频。也称"拍频接收"。

heterodyne repeater 外差式中继器 无线电接收机中,把已接收的信号转换成中频以备接收机进一步处理(如检波,即解调、放大和转换成声音)的中继器。同 intermediate frequency repeater。参见 frequency, repeater。

heterodyne whistle 外差啸声 在调幅无线电接收机中,当与载频相差很小的两个信号进入接收机并外差产生音频差拍时出现的人耳可听见的持续高音调声。

heterodyning 外差作用 一个频率的电磁波与另一个频率的电磁波混合,以产生一个或多个附加频率。

heteroepitaxial optical waveguide 异质外延光波导 一种光波长电磁波波导,包括一种光学性质晶体衬底,在它上面沉积着一层或多层具有不同折射率的物质;具有严密的晶格结构、折射率小于衬底的沉积层,这样沉积层自身就不能作为具有内部全反射的普通波导;泄露模的传输衰耗与波长平方成反比。

heterogeneity 异构 群集计算机系统的一种常见组态。通过交换网络互联的一组计算机,型号、功能、配置和软件环境各不相同。在异构系统中,实现任务迁移是比较困难的。要求并行计算环境不仅能准确地评价各节点的处理能力、负载状况,还能提供正确的数据通信机制,完成不同数据表示法之间透明的转化。

heterogeneous computer 异构型计算机 包含多个相对独立的不同类型处理器的多处理器系统。这些处理器为了同一任务而并行工作,但分别执行系统赋予的不同子功能。同 functionally distributed computer system。

heterogeneous computer network 异构型计算机网络 由多种不同类型硬件、不兼容软件,甚至不同的操作系统的计算机和网卡构成的计算机网络。为了使这些计算机互通信息,需要复杂的协议转换,实现起来比同构网络要困难得多。比较 homogeneous computer network。

heterogeneous computer system 异型计算机系统 同其他计算机系统特性不同(如结构不同、电信号不同和操作不同)的计算机系统。

heterogeneous database management system 异构数据库管理系统 提供对异构数据库系统的成员数据库的受控的和协调的操纵的软件。

heterogeneous database system 异构数据库系统 异构的多数据库系统,即组成它的成员数据库具有的硬件、系统软件(如操作系统)或通信支持不同,或者成员数据库具有不同的 DBMS(数据库管理系统)或具有不同的数据语义。DBMS 的不同表现在表达(结构和限制)和语言两方面。不同的数据模型提供不同的结构原语(如相同的信息在关系模型中用关系表达,而在网络模型中用记录类型表达);不同的数据模型可能支持不同的约束。不同的数据模型通常对应不同的数据库语言,即使数据模型相同也可以有不同的语言(如 QUEL(查询语言)和 SQL(结构化查询语言);或不同的 SQL 版本)。数据语义的不同指不同的成员数据库的相同或相关数据在含义解释或用途方面的不同。

heterogeneous distributed database 异构型分布式数据库 指不同的节点有不同的模式,使用不同的 DBMS(数据库管理系统)软件。由于各节点的模式不同,它们可能彼此并不了解,在事务处理过程中,它们仅能为合作提供有限的功能。模式的差别成为查询处理中的主要问题,DBMS 软件的差别成为访问多节点事务处理的障碍。现有的分布式数据库技术尚不能解决异构数据库系统的许多问题。异构分布式数据库技术还有待进一步研究。比较 homogeneous distributed database。

heterogeneous distributed database system 异构型分布式数据库系统 构成分布式数据库系统的计算机网络上各节点是由不同类型的计算机组成,并采用不同类型的操作系统和数据库管理系统。该术语又可称为非同构型(异质)分布式数据库系统。

heterogeneous distributed knowledge base management system 异构分布式知识库管理系统 在分布式系统同一节点上采用不同的知识库管理系统(多种知识表示、多种推理机制)和它们管理的知识库,为访问和处理各种知识,协调各种不同的知识库管理系统的联合工作的系统称为分布式知识库管理系统。参见 homogeneous distributed knowledge base management system。

heterogeneous information 异质信息 在面向对象程序设计中,指异质语法和语义、异质数据库或异质软件。

heterogeneous multiplex 异类复用 一种多路复用结构。对所有工作于不同二进制速率下的分信道的复用。

heterogeneous multiplexing (HM) 异速复用 (1)两个或多个工作在不同的数据信号发送率的信息承载通道多路复用,亦即参与多路复用的信息承载通道的数据信号速率(DSR)不相同。(2)多路传送系统中,信息在不同的传输速率下进行操作的一种传送方式。

heterogeneous multiprocessor 异构型多处理机,异机种多处理机 同 functionally distributed computer system。

heterogeneous network 异构(型)网络 一种由不同主计算机构成的计算机网络。例如使用不同生产厂家制造的、不同电特性、不同机械性能和运行不同操作系统的计算机构成的网络。这种网络要适应不同传输媒体、不同通信协议等。参见 DECnet, Internet protocol (IP), internetworking packet exchange (IPX)。比较 homogeneous network。

heterogeneous network computing environment (HeNCE) 异构网络计算环境 建立在并行虚拟机(PVM)上的基于 X Window 系统的一个图形用户界面工具,可帮助用户编制高效应用程序,要求用户通过绘制任务有向图以描述计算任务的并行性,有向图中包括子任务节点、简单相关有向弧、条件结构、循环结构、扇出结构及并行结构,在工具包中包括建立有向图、建立有向图所对应的可执行代码、建立 PVM、执行有向图以及跟踪分析有向图运行情况等工具。参见 parallel virtual machine (PVM)。

heterogeneous network environments 异构网络环境 是由不同制造商生产的计算机和系统组成的,这些计算机系统运行不同的操作系统和通信协议。开放式软件基金会(OSF)的分布式计算环境(DCE)是一个使用公用的工业工具、标准、协议,为共同工作的不同平台建立应用程序的异构网络环境。Sun 微系统公司的开放网络计算(ONC)和 Apple 计算机公司的开放协作环境(AOCE)都是类似的环境。比较 homogeneous network environments。

heterogeneous network roaming 异网漫游 与某家通信运营商签约的 SIM(用户识别模块)卡也可以用于另外一家通信运营商的网络。进行"异网漫游"的运营商双方的 HLR(归属位置寄存器)必须相互开放鉴权,使得一个运营商签约的 SIM 卡能够在另一个运营商的 VLR(漫游位置寄存器)里完成注册,从而实现异网漫游。

heterogeneous structure 异类结构 由不同类型的节点(记录)组成的数据结构。

heterogeneous virtual machine 异构虚拟机 异构虚拟机的任务是指令集(ISA)的模拟,故也称指令集虚拟机。它依靠引入的中间层来解释指令,为上层软件提供不同于底层真实硬件的指令集,从而能够在真实主机上运行为其他指令集设计开发的操作系统和应用程序。参见 homogeneous virtual machine, hardware abstraction layer (HAL)。

heterojunction 异质结 两种不同半导体材料之间,或者是惨杂了 P 型和 N 型材料的相同半导体材料的两部分之间的突变结。它们在以下几方面不同:①掺杂级;②电导率;③原子或合金成分。比较 homojunction。

heterojunction bipolar transistor (HBT) 异质结双极晶体管 一种由砷化镓(GaAs)层和铝镓砷(AlGaAs)层构成的双极晶体管。

heteropolar machine 异极电机 使不同极性的有形磁极等效磁极作交替布置的电机。

heterostructure 异质结构 至少包含化学成分不同、但结晶结构相似的四个相邻层的半导体结构。

heuristic 试探的,启发式 (1)指求解问题的探索方法。通过一步一步地计算趋向最终结果,来寻找答案。比较 algorithmic。(2)一种凭经验的知识,限制在大问题空间中的搜索范围,可以帮助简化和加快求解问题的过程,但并不保证得到最优解或任一解。(3)由经验中导出的知识。常指经验法则或所获取的智慧学问,是一种定义模糊型知识的模糊术语。不基于定义的事实集合,而是基于根据相似或相关场合的经验所作的推理。

heuristic algorithm 启发式算法 也称"试探算法",在决策时根据人的直觉来决定解题步骤的一种算法。依照这种算法所得到的解不一定是最优的。例如下棋中以吃子最多为准则就不一定能得到最优解。

heuristic AND/OR tree search 启发式与/或树搜索 引入启发规则的与/或树搜索。启发使树的相当一部分节点及其后继节点封闭,起了大量删枝的作用。因而可以较迅速地完成搜索。

heuristic approach 试探法 同 heuristic method。

heuristic function 试探函数 在人工智能的图解搜索中,从现行节点至目标节点的最小耗散路径的耗散估计称为试探函数。

heuristic inference 启发式推理 利用启发式信息选择推理假设和推理路径的推理方法。它可以大大减少无用推理,提高推理效率。

heuristic information 启发信息 使用与任务有关的信息,以利于减少搜索时间的信息。

heuristic knowledge 启发式的知识 专家系统中一种经验性、判断性的知识,是构成专家系统基础的知识。它是决定一个专家系统的性能是否优越的重要因素。

heuristic method 试探法 求解问题的任一种探索方法,该方法使用一系列近似结果逐步逼近可接受的最终结果。

heuristic power 启发能力 启发函数对求解问题的启发性大小。$h \leqslant h*$ 时,搜索算法是可采纳的,但若 h 很小,(如 $h=0$),虽然可采纳,但效率很低,扩展节点非常多,无启发能力;当 $h=h*$ 时,可采纳,效率高,启发能力又强。当 $h>h*$ 时,不可采纳,但启发能力很强,这对于很复杂的问题搜索常常是有用的。h 大小与启发能力成正比。

heuristic program 试探程序 同 heuristic routine。

heuristic routine 试探例程 使计算机尝试各种方法以逼近所需的解的例程。根据这种例程,计算机解题不是按明确的算法,而是逐步尝试,错了再改,最终求得解答,中间包含着计算机学习的过程。

heuristic routing 试探式路由选择 一种由 Baran 提议的路由选择方法,其中某个数据(如时延数据)是在特定时段和不同的路由从输入信息中提取的。用来决定最佳路由,向发信源回传数据。

heuristic rule 启发式规则 在人工智能的问题求解时,为了减少搜索而使用的经验性知识等信息或规则。这些规则有助于使搜索过程向最有利于达到目标的方向进行。

heuristic rule of algebraic optimization 代数优化的启发式规则 启发式规则包括:选择运算应尽可能先做;把投影运算和选择运算同时进行,以避免重复扫描关系;把投影同其前或其后的双目运算结合起来,以避免重复扫描关系;把某些选择同在它前面要执行的笛卡尔积结合起来成为一个连接运算,以大量减少中间结果集的大小;寻找公共子表达式,避免公共子表达式的重复计算。关系代数的等价变换规则保证了运用这些启发式规则进行等价变换的正确性。参见 query optimization, algebraic optimization。

heuristic search 启发式搜索 一种优先求解方法,在问题的状态空间中对解进行搜索时,利用一些启发信息来引导搜索过程,减少搜索空间,提高问题求解的效率。

heuristic technique 试探法 某些问题因其本身的复杂性,不存在求得最优解的算法。或者有些实际问题有最优解的算法,但用的计算时间太长,因而无法在实际中使用。所以人们往往用一种近似方法求问题的解。这种近似方法不是解析法,而是依赖于人的直觉知识,是一种试探性的、逐步近似的方法。它能求得问题的近似最优解。这种方法称为试探法。

HEV 混合动力汽车 hybrid electric vehicle 的缩写。

Hewlett-Packard graphics language (HPGL) HPGL 语言,惠普图形语言 由惠普公司为存储图形信息而开发的语言,最初用于绘图仪图像处理,它将图形转换成图元文件,包含程序可用于重建图像的指令,HPGL 图像文件能够被理解 HPGL 格式的程序使用。HPGL 语言由一组命令集组成,用于控制 HP 的打印机,它能控制输出的格式与色彩,这种语言的使用在打印机中正越来越普遍。

Hewlett-Packard interface bus (HP-IB) 惠普接口总线 1965 年惠普公司设计了惠普接口总线(HP-IB),用于连接惠普的计算机和可编程仪器。在当时,由于其高的传输速率(通常可达 1 MBps),这种接口总线得到普遍认可,并被接受为 IEEE 488-1975 和 ANSI/IEEE 488.1-1987。后来,GPIB(通用接口总线)比 HP-IB 用得更广泛。参见 general-purpose interface bus (GPIB)。

HEX 十六进制(数) hexadecimal 的缩写。

hexadecimal (HEX) 十六进制(数) (1)具有 16 种可能的不同值或状态选择、挑选或条件。(2)基数是 16 的一种数系。在十进制数系中,左边的每位数以 10 的幂增加,而十六进制数则以 16 的幂增加。在该数系内有 16 个数字,即 0 ～ 15。为了要用一位符号表示这 16 个数值,0 ～ 9 按十进制数系来表示,而 10 ～ 15 这 6 个数字则规定用字母表示,即:

10	11	12	13	14	15
A	B	C	D	E	F

每个十进制数的数字都规定有一个相等的十六进制数数字,在二进制数里,则用从头数起的每四个二进制数表示一个十六进制数。用这种方法,则计算机系统内便有了记录数据的简单方法。譬如,十六进制数 AF=175,即:

$16^1\times A+16^0\times F$

$=16\times 10+1\times 15$

$=175$

hexadecimal base 十六进制基数 以 16 作为基数的一种数制。即十六进制用 16 个数字:0,1,2,3,4,5,6,7,8,9,A,B,C,D,E,F。

hexadecimal digit 十六进制数字 十六进制数所使用的数字符号。它们分别为:0,1,2,3,4,5,6,7,8,9,A,B,C,D,E,F,共 16 个符号。

hexadecimal notation 十六进制记数法 参见 hexadecimal (HEX)。

hexadecimal number 十六进制数 参见 hexadecimal (HEX)。

hexadecimal numbering system 十六进制 一种以 16 为基数的数制。它有 16 个数字:0,1,2,3,4,5,6,7,8,9,A,B,C,D,E,F。十六进制数与二进制数之间相互转换很方便,每 4 位二进制数等于一位十六进制数,如二进制数 0000 等于十六进制数的 0,二进制数 1111 等于十六进制数的 F。由于十六进制数比二进制数短得多,而且它与二进制数转换非常方便,因此广泛地用于计算机内部处理的外部表示。

hexadecimal numeral 十六进制数 同 hexadecimal number。

hexadecimal point 十六进制小数点 十六进制数中所使用的小数点。该小数点将一个十六进制数分成十六进制的整数部分和十六进制的小数部分。

hexchange format 十六进制交换格式 在系统或设备之间进行数据交换时,软盘中使用的一种标准格式。

hex pad 十六进制键区 以十六进制记数法向微处理机输入数据的键盘。

HF 高频 high frequency 的缩写。

HFAARS 高频自适应天线接收系统 high frequency adaptive antenna receiving system 的缩写。

HFC 混合光纤同轴 hybrid fiber coax 的缩写。

H-floating point datum H 型浮点数据 含有按任意字节边界排列的 16 个相继字节串(128 位)长的一种浮点数据。H 浮点数据的值大约在(±)0.84 $\times 10^{-4932}$ 到 0.59 $\times 10^{4932}$ 范围内。精度大约为 2^{112} 分之一或 33 位十进制数字。

HFRDF 高频中继配线架 high frequency repeater distribution frame 的缩写。

HFS 层次化文件系统 hierarchical file system 的缩写。

HFT (1)高功能终端 high function terminal 的缩写。(2)免提电话 hand free telephone 的缩写。

HGC 大力神图形适配卡 Hercules graphics card 的缩写。

HI address byte 高位地址字节 8 位微处理机的地址长度通常为 16 位,地址的高 8 位称为高位地址字节。

hibernation 冬眠,休止 过程处于非活动期的一种状态,而系统了解该过程的全部现行状态。当发生唤醒请求时,处于冬眠状态的过程再次变为活动过程。在冬眠之前,它可以安排唤醒请求,其他过程也可以发出对它的唤醒请求。一个处于冬眠状态的过程如果有足够的时间响应它可以接受的异步系统陷阱时,该过程也可变为活动过程。

hiccup 打嗝,暂时小故障 常指网络或应用程序中不会引起工作中大的中断,也不会循环出现的瞬时问题。可能由于瞬间的电压变化,在非常特殊的环境中出现的程序小故障。如还会引起别的小故障,也可能升级为问题。

HICLASS 等级分类法 hierarchical classification 的缩写。

HIDAM 层次索引直接存取法 hierarchic indexed direct access method 的缩写。

hidden bus arbitration 隐含的总线仲裁 PCI(外围部件互连)总线中采用的一个总线仲裁技术,允许在当前 PCI 主设备执行数据传送的同时进行下一事务的仲裁,不需要专门花时间执行仲裁操作。

hidden character 隐藏字符 一个不是正常地打印或显示的字符(如控制字符)。

hidden codes 隐含码 隐含文本格式化码,由屏上格式化程序嵌入文档中。所见即所得字处理程序通过格式化命令在文本中生成代码并嵌入文档中。因为屏幕影像技术可能与用来生成打印机输出的技术无任何连接,所以编码是必要的。大多数字处理程序隐藏着这些代码。

hidden edges 隐藏边 在三维物体的二维投影图中,被前面的面遮挡住而无法看到的那些边称为隐藏边。

hidden field 隐(藏)字段,隐式域 (1)显示文件中来自某程序并可传回给该程序的一种字段,但不显示在屏幕上。(2)站点访问者看不见的一种表单域,但它可为表单处理器提供数据。每个隐式域都是作为名称值对实现的。当一个表单由站点访问者提交时,其隐式域以及每个可见表单域的名称值对就被传送到表单处理器中。

hidden file 隐藏文件 一种特殊的磁盘文件。用户一般不能查看、修改或删除这类文件。为了防止非法用户存取某些重要的系统文件或用户文件,或用于防止被删除或者修改,通常可以将这些文件的属性或状态设为隐藏的。

hidden level 隐藏关卡 游戏中隐藏的部分。即不玩到这部分也能够通关,但玩到隐藏关卡后可能会使情节起变化。

hidden line 隐藏线 当显示或绘制三维立体图形时,从观察点看去应当是看不见的那些表示被遮挡部分的线条。图形系统可根据使用者的要求,让这些隐藏线出现或消失。消除在正常情况下对观察者来说不可见的线条(即隐藏线)以增加立体图形真实感的处理方法,称为隐藏线消除。由于一个三维物体投影到二维平面后,线段之间的相交十分复杂(特别是当存在凹形面时),这时的计算和判断都很复杂,因此,它是三维图形处理中一个比较困难的问题。消除在正常情况下对观察者来说不可见的细节,实现隐藏面的消去以增加立体图形真实感的处理方法,称为隐藏面消除。参见 hidden line removal, hidden surface elimination。

hidden line elimination 隐藏线消除 同 hidden line removal。

hidden line removal 隐藏线消除 在计算机制图中,消除隐线的一种技术。为了得到三维物体的一个比较逼真的透视图,必须从图面上移去那些被遮蔽的线段(或用虚线表示),这就是隐线消除。由于一个三维物体投影到二维平面后,线段之间的相交情况十分复杂(主要是当存在凹面时),这时的计算和判断都十分复杂,因此,它是三维图形显示中一个比较困难的问题。

hidden Markov model 隐式马尔可夫模型 描述连续符号序列的条件概率的一个统计模型,是马尔可夫模型的扩展。该模型由两个随机变量序列组成:一个是观测不到的马尔可夫链,另一个是可以观测到的随机序列。

hidden objects 隐藏物体 在三维空间中,一个物体由于被其他物体遮挡住而不能被观察者所见,称为隐藏物体。它不应该在投影图中出现。

hidden refresh 隐含的刷新 动态存储器芯片的一种刷新方式,控制器在系统访问一个存储器以外的设备时使用存储器总线进行刷新操作。这种刷新方式不影响系统的性能。

hidden surface 隐藏面 三维物体中有一些面由于被同一物体中的其他面所挡住,或者被其他物体所

H

挡住而无法见到，称为隐藏面。隐藏面一般不应在显示出来的图形中出现。

hidden surface elimination　隐藏面消除　在图形处理中，将被其他图形遮住部分的平面或曲面删除，使其不显示出来。

hidden surface removal　隐藏面消除　同 hidden surface elimination。

hidden text　隐藏文本　一种字符格式，可用于显示或隐藏特定的文本，通常用于注释、不打印的字符、目录表和索引代号等。

H

hidden unit　隐藏单元　神经网络中，指中间层次的单元，它不与外界直接接触。

hide option　隐藏选择(性)　一些 CRT(阴极射线管)所具有的限制某些格式的显示，或在排版机上限制某些命令符号显示的一种特性。

HIDS　基于主机的入侵检测系统　host intrusion detection systems 的缩写。

hierarchical　分层　系统中多级的上下主从关系。

hierarchical addressing　层次编址　地址的一部分给出有关位置信息的一种编址方法，如电话号码是分层的，前面是区号，后跟交换机号。

hierarchical chart　层次图　任何以模式图或以图形表示层次关系的图。参见 hierarchical control system。

hierarchical clustering　系统聚类　也称“层次聚类”，聚类分析的一种，在数据点分类过程中按照某种距离模式对数据点类型归属一次性判别。参见 cluster analysis。

hierarchical computer network　分级计算机网络　由若干级处理机和控制计算机组成的计算机网络。每级计算机专用于完成特定的功能。例如工厂自动化和实验室自动化中使用的网络。

hierarchical control system　分级控制系统　典型的分级控制系统有四级：公司级、工厂级、管理级和控制级。①公司级计算机是主计算机，它负责公司总财会、数据处理、管理信息和规划等；②工厂级计算机一般为大型计算机，它负责整个工厂的生产调度、数据处理和制定报表；③管理级计算机一般为小型计算机，它一方面把控制数据送到控制计算机；另一方面把生产概况上报到厂级计算机；④控制级计算机接受来自管理级计算机的命令，按一定的控制规程或数学模型执行控制。

hierarchical cut　层次分割　为解决机器感知上所存在的困难，在语音识别和图像理解方面所提出的一种方法。它把全局的理解过程划分为可管理的段。它对所分析的语言样品或图形的过程通过数字化、平滑、分段加标签和分析这四个阶段来进行处理。最后把这些过程结合成一个单一系统，即所谓的黑板结构。如语言理解系统 HEARSAY-Ⅲ的黑板中，就包含了几个成分的分析结果。

hierarchical database　层次数据库　在一个数据库管理系统中，若要求所有的数据类型在相关联时遵守下述限制，则称其为层次型数据库：①每个记录类型与其上级只可以涉及一种关系；②在任何两个记录之间只允许一种关系存在。参见 network database，relational database。

hierarchical database language　层次数据库语言　用于定义层次数据库的逻辑数据结构和物理存储结构、对层次数据库进行操纵的语言。包括：①外模式数据定义语言；②模式数据定义语言；③层次数据操纵语言。参见 subschema data definition language，schema data definition language，hierarchical data manipulation language。

hierarchical database management system (HDBMS)　层次数据库管理系统　一种支持层次型模型的数据库管理系统。HDBMS 是管理层次数据库并使数据库管理员和用户能方便快速地建立、维护、访问和处理层次数据库的软件系统。层次数据库系统和网状数据库系统是最早出现的数据库系统，被称为第一代数据库系统。参见 hierarchical model。

hierarchical database storage organization　层次数据库存储组织　层次数据库存储组织主要涉及记录以及记录与记录之间联系的存储组织。共有四种存储组织：①层次顺序存取法(HSAM)；②层次索引顺序存取法(HISAM)；③层次直接存取法(HDAM)；④层次索引直接存取法(HIDAM)。参见 hierarchical sequential access method (HSAM)，hierarchical indexed sequential access method (HISAM)，hierarchical direct access method (HDAM)，hierarchical indexed direct access method (HIDAM)。

hierarchical data format (HDF)　层次型数据格式　一种用于存储和分发科学数据的一种自我描述、多对象文件格式。HDF 是由美国国家超级计算应用中心(NCSA)创建的，以满足不同群体的科学家在不同工程项目领域之需要。HDF 可以表示出科学数据存储和分布的许多必要条件：①自述性：每一个数据对象有关于该数据的综合信息，在没有任何外部信息的情况下，允许应用程序解释 HDF 文件的结构和内容；②通用性：符号、数字和图形数据可以同时存储在一个 HDF 文件里；③灵活性：HDF 允许用户把相关的数据对象组合在一起，放到一个分层结构中，向数据对象添加描述和标签；④扩展性：HDF 极易容纳将来新增加的数据模式，并与其他标准格式兼容；⑤跨平台性：HDF 是一个与平台无关的文件格式，无需任何转换就可以在不同平台上使用。

hierarchical data manipulation language　层次数据操纵语言　在数据库系统中，指用于层次数据库中的数据运算的子语言。如 IMS(信息管理系统)中的数据子语言(DL/1),它可以用于直接检索唯一事件、顺序检索下一事件、在当前层事件中顺序检索下一事件、插入新事件、删除现存事件、修改现存事件。

hierarchical data structure 层次数据结构 一种在数据库文件中安排记录的方法,使得文件中每个记录的各部分都分裂成不同的片段。在这种数据结构中,各个片段以不同的层次建立它们之间的相互关系。

hierarchical decomposition 层次(结构)分解 一种设计系统的方法。使用该方法时,用一系列自顶向下求精的方法将系统分成若干部分。参见 functional decomposition, modular decomposition, stepwise refinement。

hierarchical design method 层次设计法 程序设计中把系统分解成若干层进行设计的方法。各层之间单向相关,减少了循环。其优点是:①系统内部结构简单,有利于减少设计上的逻辑错误;②系统易于了解;③由于减少了循环,因此减少了死锁;④易于调试。

hierarchical development methodology (HDM) 分层开发方法 构造理论的一种。它将复杂的系统变换成一组抽象机,其中每个抽象机都易于驾驭。抽象程序的形式规范称为上层抽象机,其函数被抽象程序引用的形式规范称为下层抽象机。抽象程序称为用下层抽象机去实现上层抽象机的函数。这个理论也包括映射函数,它涉及抽象机间的状态迁移。

hierarchical diagram 分层图,谱系图 表征样品或集群之间亲疏关系(相似程度)的一种直观图表。例如树状结构是最常用的一种分层图。在图像处理中,集群分析的最后结果就是用这种树状层图表示各集群间的相似程度。

hierarchical direct access method (HDAM) 层次直接存取法 (1)一种数据库存取方式。其特点是:①同一数据库记录中各节段按前序用分层指示字和子/孪指示字相连;②根节段用散列法存取;③节段存取次序可以任意。(2)IMS(信息管理系统)中的一种存储结构。它用散列法确定根片段的地址,用指引元确定物理数据库记录中各片段的层次顺序。HDAM 是在操作系统所提供的两种低级存取方法,即 OSAM(溢出顺序存取法)和 VSAM(虚拟存储存取法)的支持下实现的。

hierarchical distributed decision support system (HDDSS) 层次分布式决策支持系统 一种将决策任务分解成树形层次结构的分布式决策支持系统。

hierarchical distributed processing system 分级分布式处理系统 也称"中央主机系统"或"主机/卫星系统"。一种分布式处理系统,其中将中央处理机的处理功能分配给外部的智能终端控制器或卫星信息处理机。

hierarchical encoding 层序编码法 这是一种分层的编码方法,将视频信号分解成不同的成分段,每段使用不重叠的频率。再将每个成分段分别进行编码和打包处理,在信号还原过程中,其高频成分就能够容忍较大的包丢失率。但低频率成分对包丢失率还是非常敏感。

hierarchical file 分级文件 (1)具有原始、现用、更新三级结构的文件。(2)具有祖、父、子三级结构的文件。

hierarchical file system (HFS) 层次化文件系统 (1)在 Apple Macintosh 中自从 MacintoshPlus 模式推出后使用的树形文件系统,其中文件夹可以相互嵌套,早期的 Macintosh 文件系统(MFS)中只支持平面文件系统,没有文件夹或子目录。(2)采用自上到下、分层组织的方式来管理数据和文件的文件系统。数据的存取将从最上层开始,该层称为根目录,然后进入下一层,即子目录。

hierarchical graph 层次图 通常对有向图的扩充,使其直观性和形式化简明性均较理想,可用于直接建立程序和数据结构的模型。

hierarchical image understanding model 分级图像理解模型 数字图像处理中的一种图像识别模型。典型的模型由图像特性抽取、图像特征的符号表示和语法分析组成,并据此作出最后的判断。

hierarchical indexed direct access method (HIDAM) 层次索引直接存取法 (1)一种数据库存取方法。它与层次直接存取法类似,所不同之处在于:①根节段用一个顺序索引存取;②开始时结节段须按前序装入数据库。(2)一种类似于层次直接存取法(HDAM)的存储结构。所不同的是 HDAM 采用散列(Hash)法查找根片段,而 HIDAM 是用顺序索引存取根片段,此外在初建数据库中所有根片段需按层次序列的升序连续存放,并用指引元链接起来。HIDAM 可由 ISAM(索引顺序存取法)、OSAM(溢出顺序存取法)和 VSAM(虚拟存储存取法)存取方法支持。

hierarchical indexed sequential access method (HISAM) 层次索引顺序存取法 层次数据库系统中的一种存储组织结构。是层次顺序(HS)存取方法的一种。HISAM 是指对根片段采用稀疏索引存取方法,对从属片段采用邻接(顺序)方法,并用指引元法加以补充。HISAM 是在操作系统所提供的两种低级存取方法的支持下实现的。一种是 ISAM(索引顺序存取法)和 OSAM(溢出顺序存取法),另一种是 VSAM(虚拟存储存取法)。

hierarchical intelligence 分级智能 通信系统的一种属性。在该系统中,一个被授权的智能站比其他智能站具有启动和控制事务处理的优先权。

hierarchically synchronized network 分级同步网络 一种互同步网络。其中某些时钟控制另一些时钟，而网络的工作频率是所有时钟频率的加权平均值。

hierarchical method **层次方法** 一种传统的聚类算法。创建一个层次以分解给定的数据集。该方法可以分为自上而下(分解)和自下而上(合并)两种操作方式。为弥补分解与合并的不足，层次合并经常要与其他聚类方法相结合，如循环定位。典型的这类方法包括：使用层次的平衡迭代分解与聚类(BIRCH)方法，它首先利用树的结构对对象集进行划分，然后再利用其他聚类方法对这些聚类进行优化；使用代表性的聚类(CURE方法，它利用固定数目代表对象来表示相应聚类；然后对各聚类按照指定量(向聚类中心)进行收缩。参见 cluster algorithm，partitioning method，density-based method，grid-based method，model-based method。

hierarchical memory **分级存储器** 虚拟存储器中的一个概念。在最简单的形式中，存储器类型的排列是从"大而慢"到"小而快"。然而，重要的思想是使程序员只使用一种类型的逻辑存储器(典型地是"主"存储)，通过实现"虚存"技术，使这个存储器显得既快又大。

hierarchical menu **层次式菜单** 一种具有子菜单的菜单。

hierarchical model **层次模型** 主要反映现实世界中实体间的层次关系的模型。现实世界中许多实体之间的联系本来就呈现出一种自然的层次关系，如产品组成、企业行政机构、家族关系等。因此层次模型可自然地表达自然界数据间具有层次规律的分类关系、概括关系、部分关系等，但在结构上有一定的局限性，且缺乏操作代数性质。层次模型中数据的逻辑结构是按层次划分的，用指针建立记录与记录之间的联系。层次模型可用图来表示，图中的节点代表记录型，记录之间的联系用弧来表示，则层次模型是一棵树。通常把满足如下两个条件的"基本层次联系"的集合，称为层次模型：①有且仅有一个节点无双亲，此节点即树的根；②其他节点有且仅有一个双亲。因此，层次模型就是一棵树，这与图论中树的定义是一致的。

hierarchical name **层次名字** 为事物或实体取的具有多层分级结构的名字。使用层次分级名字命名法的典型例子是邮政编码编号、汽车牌子编号、以及电话号码编号等，如电话号码编号通常分为国家码、地区码、交换机码和用户码四个码段。在计算机网络中计算机需要命名，有时使用平面名字命名法，有时使用分级名字命名法。在 TCP/IP(传输控制协议/网际协议)网络环境中，计算机的全名使用分级名字，别名使用平面名字。两种命名法相比各有优点和缺点。平面名字命名法命名简单，名字空间小，但容易出现重名；分级名字命名法命名复杂，名字空间大，全名不容易出现重名。

hierarchical namespace **层次式名字空间** 一个名字空间，如域名系统(DNS)名字空间和活动目录名字空间，都是层次式结构，并且提供划分名字空间的规则。参见 namespace。

hierarchical network **分级网络** (1)互联网中不同网络属于不同管理级别和行政所属级别的网络级别划分形式。例如，CHINAPAC 属于国家级网络，由国家级的网络管理部门进行管理；某个部委的网络连接到 CHINAPAC，可以通过 CHINAPAC 与其他单位的计算机网络通信，连到 CHINAPAC 上的这个网络的拥有权、管理权及使用权都属于这个部委。再往下，这个部委的一个部门所建立的局域网络，管理权和使用权可能都属于这个部门，可以通过上级部委网络与部委内外其他部门的计算机网络通信。(2)由多台计算机在几个层级上完成处理和控制功能的一种网络，而这些计算机特别适用于实现这些功能，如用于工厂自动化或实验室自动化的网络。(3)一种信道和节点被看作属于不同层次的网络，每一层有各自特点的连接方式，如最低层可能是星型连接，而较高层是网状连接，最高层是全连接。(4)网络拓扑结构及通信能力具有不同级别结构的网络，如在干线部分使用速率为 100 Mbps 的 FDDI(光纤分布数据接口)环形网或速率更高的 ATM(异步传输模式)网络，而各个分支部分使用速率为 10 Mbps 的总线式以太网。

hierarchical network node **分级网络节点** 在分级网络中，最顶端的处理节点通常是大型主机，而在最低端的节点，通常仅有有限的智能或根本没有，但中间的节点，诸如一个远程工作站，可具有有效的处理和数据库的能力。

hierarchical network structure **分组网络结构** 功能被划分为若干层次，每个层次有一个特定功能的网络结构。参见 open system interconnection (OSI)。

hierarchical path **层次[分层]路径** 层次数据库系统中的术语。一个片段沿着它的各级亲体片段到根片段所经过的路径，称为此片段的分层路径。在层次数据库系统中，每个片段型按分层结构自上而下、自左向右的次序编号。一个片段值的分层路径上各片段的序号与相应的各片段值的排序码连接而成的字符串，称为此片段的分层序列码。它唯一地标识了此片段值。

hierarchical PCI buses **层次结构 PCI 总线** 一种 PCI(外围部件互连)总线的组织结构，当一个 PCI 总线从属于另一个 PCI 总线时，它们是以层次关系安排的，有一个 PCI 到 PCI 的桥来互联这两条总线。参见 peripheral component interconnect (PCI)。

hierarchical planning **层次[分层]规划** (1)在程序设计中，把整个规划分成若干个等级来处理的一种方法。最高一级包含最主要的内容；次一级则考虑其高一级下面的一些细节；再次一级则考虑其上一级下面的更多细节。(2)在问题求解过程中,为保证形成问题求解的最优途径,先考虑问题的重要方面,安排出主要步骤,再将各主要步骤详细化以至完善的规划方法。按照序列化的层次规划可以减少在每一层的搜索空间,快速形成序列途径,提高问题求解的效率。

hierarchical pointer 层次[分层]指针 在使用层次直接存取法(HDAM)或层次索引直接存取法(HIDAM)时,在任一片段中所存在的指针,它按前序指示同一数据库记录(DBR)的下一个片段。故层次指针,也称"前序线索"。

hierarchical query language 层次查询语言 在数据库系统中,指一种用于查询多路径层次数据结构的语言。用户在使用该语言时,必须明确指出簇中段操作的每一个动作。而在进行投影操作时需要将选择表达式放在投影操作说明之前。

hierarchical relation 等级关系 程度深浅不同的两个叙词或类目之间的关系,包括类属关系、整体与部分关系和包含关系。具有等级关系的叙词,彼此处于上位概念(词)地位与下位概念(词)地位。所以等级关系也称"属分关系"。等级关系是用"属"和"分"两个对照符号来显示的。"属"用于从下级叙词指向上级叙词;"分"则用于上级叙词指向下级叙词。

hierarchical routing 分级路由选择 基于分级地址编码的依层次进行路由选择的路由方式。其特点是把通信子网中的节点划分成不同的区域,每个节点只知道本区域内节点的情况而不知道其他区域的情况。大多数网际路由选择都是以两级地址编码方案为基础的。该方案把一个网际地址分为网络部分和主机部分。网关只使用网络部分地址传送数据报,直到该数据报到达一个可以直接邮递的网关。子网概念的引入使得分级路由选择增加一个附加级别,如 IP(网际协议)路由选择算法使用 IP 地址,而 IP 地址包含网络地址号、子网号和主机号三个层次地址。对于更大的网络,分为两级进行路由选择可能还有很多困难,因而要分为三级或四级。一个世界范围的网络可能分为大区、中区、小区和群。对于使用 TCP/IP(传输控制协议/网际协议)的网络,子网可以分为多级(如一级子网、二级子网、甚至三级子网)。

hierarchical routing network (HRN) 分级选路网 按大区、省、地(市)、县的次序分区,并按"直达路由——迂回路由——基干路由"顺序选路的原则建立的电路交换分级网。

hierarchical sequence 层次序列 层次模型数据库系统中一个重要概念。层次数据库系统中,每个片段型按层次结构自上而下、自左而右的次序编号。一个片段值的层次路径上各片段的序号与相应的各片段值的排序码连接而成的字符串称为此片段值的层次序列码。它唯一地标识了此片段值。

hierarchical sequential access method (HSAM) 层次顺序存取法 数据库系统中的一种存储结构。它按片段值的层次序列码的升序依次存储各片段值,亦即用物理邻接法表示数据库的层次顺序。这同文件组织中的顺序文件类似,可保证逻辑和物理顺序的一致。在这种存储结构中,一个存储记录是定长的,其中可以放若干片段值,但一个片段值不能跨多个存储记录。HSAM 组织的存储空间最省,又无附加的索引或指引元存储空间开销。它常用于顺序批量处理和组织磁带数据库,或将按其他组织建立的数据库转储为用 HSAM 组织的后援副本,用于数据库的故障恢复,作为保护数据库免遭破坏的手段。

hierarchical sequential (HS) organization 分级顺序组织(结构) 信息管理系统中的一种物理结构,该结构中代表物理数据库记录的有关数据库记录段是以相邻的关系组织起来的。

hierarchical serial ordering 分层串行排序 在分层结构的数据中,对数据的排序方法采用先自顶向下,而后自左向右的顺序来排。称它为分层串行排序。

hierarchical signaling network 分级信令网 也称"水平分级信令网"。是引入信令转接点的信令网。二级信令网是采用一级信令转接点的信令网;三级信令网是具有二级信令转接点的信令网,第一级信令转接点称为高级信令转接点(HSTP)或主信令转接点,第二级为低级信令转接点(LSTP)或次信令转接点。分级信令网的一个重要特点是每个信令点发出的信令消息一般需要经过一级或 n 级信令转接点的转接。比较无级信令网,分级信令网所容纳的信令点数多;增加信令点容易;信令路由多、传号传递时延相对较短。比较 non-classified signaling network。

hierarchical storage management (HSM) 分级存储管理 它是一种很经济的使用存储设备进行备份和存档的管理策略,用户无需知道什么时候从备份介质中获取文件。它可以应用于单一系统或企业的分布式网络环境中,存储介质可以是 RAID 系统、光碟、磁带等,每种代表不同的访问速度和费用。使用 HSM 产品,软件通过设置可以代替管理员自动管理各种事情,存取和备份文件,自动地把很少使用的文件或指定的文件从主磁盘上移到辅助的光碟或磁带上。这种过程称为迁移。由于辅助存储设备仍然和主系统相连,因此如果用户查看已经被迁移的原来信息和文件时,数据还可以反迁移到主磁盘上。管理员也可以设置硬盘容量来控制移植的频率,但可执行文件不能移植。

hierarchical structure 层次(数据)结构 一种数据集或数据记录的结构。它分成若干级,类似树形结构,各级之间以一对多关系为基础。

hierarchical structured query 分层结构查询 具有

分层结构数据的逻辑结构查询,称为分层结构查询。它的段和逻辑链路形成了数据库中的分层结构。

hierarchical system 层次系统 (1)一种知识表示系统,对各种知识进行分层,不同层次的知识采用不同的表示方法和推理策略。(2)一种分布式系统。在此系统中,某些被授权的智能站具有优先权,可较其他站优先获得对线路的访问。

hierarchical virtual machine 分层虚拟机 在物理计算机的基础上叠加功能软件,使计算机在概念上成为一个新的功能更强的计算机,使计算机与用户的界面变得更能为用户所理解,更方便地被使用,即虚拟的概念。改造和扩充虚拟机的过程是分层进行的,即从最低层的物理机开始,相继地在每一层虚拟机上编制程序去构造层次更高的虚拟机,重复这一过程,直到构造出所需要的系统为止。这种改造和扩充虚拟机的方法即分层虚拟机的方法。

hierarchic data base model 层次数据库模型 用有根的定向有序树层次结构逻辑表达数据库中的实体或实体间关系的模型。参见 hierarchical data base。

hierarchic direct (HD) organization 层次直接组织(结构) 某些信息管理系统中的一种物理存储组织,其中代表物理数据库记录的数据库各记录段由该前缀内的直接地址指针互相联系。参见 hierarchic sequential (HS) organization。

hierarchic sequence 层次序列 同 hierarchical sequence。

hierarching 分类 在很多应用问题中,把个体和集合的结构化事物形成分类体系,如把动物按树状分类划分为种、属、目等。

hierarchy 层次[级,结构] (1)用来描述一个机构或信息结构的关系的方法。各个关系以不同的层号表示。层次关系常用层次图或树形结构表示。(2)在 Usenet(网络新闻组)中的分层是指新闻组的目录或其组织方法。通常新闻组被组织成普通的区域、标题、子标题。(3)对于对象,指一个继承结构。参见 data hierarchy。

hierarchy chart 层次图 结构化设计技术 HIPO(分层结构加输入、处理和输出技术)中的 H 图(层次图)。层次图由若干层次的功能模块组成。下层次模块的功能总和就是上层次的功能。它便于从功能上进行自顶向下的设计。参见 hierarchy plus input, process, output technique (HIPO)。

hierarchy naming 层次型命名机制 在因特网中,指在域名中加入结构信息,而这种结构是层次的。将域名空间分成若干部分,每一部分授权给某个机构管理。

hierarchy nesting 层次嵌套 在类层次中,指子类层次的数量。

hierarchy of computer application 计算机应用层次 电子计算机的应用分为三层:①第一层以办公室自动化、数据库和各种计算机辅助设计(CAD)为代表;②第二层是建立在人工智能初步成果基础上的知识库、各种知识的应用系统(包括各种专家系统、自然语言翻译系统等)和各种智能 CAD;③第三层是不仅仅能象专家系统那样进行推理,还能够进行创造性思维活动的自学习和自适应系统。

hierarchy of operations 操作层次 给必须执行的算术运算或逻辑运算分配的相对优先级。

hierarchy plus input, process, output technique (HIPO) 分层结构加输入、处理和输出技术 一种用于设计、开发和编制程序的技术、方法和工具。也是一种结构程序设计技术,由系统的功能设计开始,自顶向下逐步求精地分解功能,每个分层次又划分为输入、处理和输出三个部分,每一部分的下一层次也可划分为输入、处理和输出三个子部分,依次类推,最后达到较为详细的程度。参见 hierarchy chart。

Hi-Fi 高保真 high fidelity 的缩写。

Hi-Fi audio 高保真音响 重放的音响效果比普通的音响器材更好的优质重放系统。

high accurate scheme 高精度格式 差分格式的一种。在微分方程离散化过程中,利用方程本身,或尽可能少地增加补充节点以及选择某些网格方程的参数(网格比 r,权因子 σ 等),来提高差分格式的截断误差阶 $O(h^{\alpha})$,使 $2 < \alpha < 6$ 成立。这样构造的差分格式称为高精度格式。

high address 高位地址 具有较高数值的地址。可以看作无符号的整数。例如在 64 KB 存储器中,其最高地址用十六进制表示则为 FFFF。

high altitude electromagnetic pulse (HEMP) 高空电磁脉冲 微型核弹在平流层做高空引爆,将造成瞬间电磁脉冲,产生巨大的空间电场,以瘫痪、破坏电信通信、雷达传输、网络系统、光电侦测光谱等信息系统。

high altitude platform stations (HAPS) 高空平台电台 位于平流层的高空电台。高空平台电台高度在距地面 17 ~ 22 km。高空平台电台可以安装在充氦飞艇、气球或飞机上。参见 stratospheric communication。

high availability (HA) 高可用性 需要非常高的可靠性和可用性的系统或应用。通常情况下,高可用性系统都保持全天 24 小时运行状态,具备冗余措施以减少由于硬件或通信失效而造成的风险。

high-availability network (HAN) 高可用性网络 HAN 是保障网络可用性的企业级概念。HAN 目的在于减少网络的崩溃与性能下降所带来的潜在的灾难性影响。高可用性意味着整体系统应用、网络资源以及网络本身一起工作时所实现的快速、可靠的性能。高可用性网络具有三个关键特性:灵活性、冗余性与可管理性。

high band 高频带 从 174 MHz 延伸到 216 MHz 的电视频带，它包括 7 ～ 13 频道。

high birefringence optical fiber 高双折射光纤 一种偏振拍长约 1 毫米的光纤。拍长 LB 由以下关系式给出，$LB=2\pi/(\beta x-\beta y)$，这里 βx 和 βy 是由双折射引起的两路偏振波的传输常数，这两个传输常数差别很大。

high-bit-rate digital subscriber line (HDSL) 高位速率数字用户线路 HDSL 是一种宽带技术，由 BellCore 制定，使用 2B1Q 调制技术。在上、下行两个方向上均能提供 T1 速率(1.5 Mbps)的一种数字用户线，可在不用中继器的情况下，利用两对双绞线实现全双工 T1 速率访问，支持双向 1.5 ～ 6.1 Mbps 的速率。HDSL 的工作距离限于 12 000 英尺(3 658.5 m)，它主要用于专用交换分机(PBX)网络连接、数字环路载波系统、因特网服务器和用户终端到网络的数据通信。

high byte 高位字节 在 16 位二进制数中指 8 ～ 15 位。

high capacity service 大容量业务 通常用于指等于或大于 T1 的数据速度(1.544 Mbps)的收费数字传输业务的术语。

high capacity storage system (HCSS) 大容量存储系统 NetWare 4.x 中的 HCSS 提供了一种把文件从快速磁盘存储系统迁移到辅助存储系统的方法。一般地，辅助存储系统是一个大容量光碟系统，但也可以是磁带系统。用户仍然可以使用迁移到辅助存储系统上的文件，当用户访问这些文件时，系统可以把它们迁回到磁盘系统。除了在访问时有点延迟外，用户甚至不会意识到文件保存在辅助存储系统上。

high capacity terrestrial digital service (HCTDS) 大容量地面数字业务 AT&T 用于其 T1 业务的最初名称，在 1983 年被“ACCUNET T1.5 SERVICE”取代。

high-contrast 高对比度 在图像处理中，指图像资料具有十分明显的黑白色调。

high-cut filter 高截止滤波器 能滤除高频能量的滤波器。

high data rate (HDR) 高数据速率 一种高速移动接入技术，可用于提供非对称的、非实时的、高速分组数据业务。

high definition compact disc (HDCD) 高解析度 CD 一种改善 CD 音质的编码系统，它采用一种新的录音技术，在将母带上的模拟音频信号送入 HDCD 编码器的时候，以超过传统 CD 制式 44.1 kHz，16 位的高解析度编成数码信号，再将此数码信号分成传统的 CD 音轨所能容纳的部分和超出的信号部分，HDCD 编码器将后一部分信息放在传统 CD 的隐藏式指令轨里面，以便能与现有的 CD 系统相兼容。因此 HDCD 解码器包含有两个部分：一部分是数字滤波，另一部分是 HDCD 解码。在播放普通 CD 时，HDCD 解码部分是不工作的，当播放以 HDCD 方式录制的 CD 片时，HDCD 解码器会自动检测到 CD 片隐藏式指令轨中的信号，并将之还原成高分辨率信号，经数模转换输出。参见 high definition compatible digital (HDCD)。

high definition compatible digital (HDCD) 高解析度兼容数码 1993 年由美国 REFENENC RECORDS 公司推出。它采用一种新的录音技术，在将母带上的模拟音频信号送入 HDCD 编码器的时候，以超过传统 CD 制式 44.1 kHz，16 位的高解析度编成数码信号，此时产生的信号将多于普通 CD 所能容纳的信号。参见 high definition compact disc (HDCD)。

high-definition television (HDTV) 高清晰度电视 比普通广播电视具有更高清晰度和更好的视觉效果(如彩色鲜美、立体感强、景物逼真等)的电视技术。通常认为，当观看距离为屏幕高度的三倍时，HDTV 系统的垂直和水平方向的空间分辨率为现行电视系统的两倍，其宽高比为 16∶9，并配有多声道的优质伴音。

high-density assembly 高密度装配 在计算机或电子设备中，把各种元器件(如集成电路芯片、电阻、电容以及各种开关和插头座)根据最佳方案装配而成的一种紧凑的微型结构。

high density bipolar of order 3 code (HDB3) 三阶高密度双极性码 HDB3 码是传号交替反转(AMI)码的改进型。为了防止电路长时间出现无脉冲状态，HDB3 码的编码规则是：当没有四个或四个连续的“0”码时，就按 AMI 码规则编码；当出现四个或四个连续的“0”码时，每四个连续“0”的第一个“0”的变化应视它前面相邻的“1”的情况而定，如果它的前一个“1”的极性与前一个破坏点的极性相反而本身就是破坏点，则四个连续的“0”的第一个仍保持“0”；如果它的前一个“1”的极性与前一个破坏点的极性相同而本身就是破坏点，则第一个“0”改为“1”。这一规则保证了相继破坏点具有交替的极性，因而不会引入直流成分。参见 alternate mark inversion code (AMIC)。

high density bipolar (HDB) code 高密度双极性码 一种避免长时期无脉冲，因而有利于定时复原的修正的双极性码，有许多版本。当码组中不存在长串“0”时，则按交替变换脉冲极性的规则来传送“1”；当存在长串“0”时，则用含有某些定时成分的码组来取代长串“0”，并利用插在码组中的某种标志来识别它。

high density compact disc (HDCD) 高密度数字光碟 采用 MPEG(活动图像专家组)-2 标准的光碟。单面容量 4.7 GB，双面容量高达 9.4 GB。参见 digital video disc。

high density disk 高密度磁盘 一种比双密度磁盘

存储更多信息的磁盘。在IBM及兼容PC机中,指5.25英寸的1.2 MB的磁盘或者3.5英寸的1.44 MB的磁盘。随着技术的改进,后来也有存储容量数百倍于此的软盘出现,由于U盘的问世,这种高密度磁盘已不常见了。参见 double-density disk。

high density electronic package **高密度电子组装** 包括了前级组装的微型组件和后级的大规模高密度插件、分机组装等。

high-density programmable logic devices (HDPLD) **高密度可编程逻辑器件** 集成度超过1 500个等效门,引脚数超过40个的PLD(可编程逻辑器件),包括复合型PLD和现场可编程门阵列(FPGA)。参见 programmable logic device (PLD), field-programmable gate array (FPGA)。

high-dimensional data **高维数据** 需用多个变量抽象描述的复杂数据对象称为高维数据。对于复杂事物或现象,如天气状况,蛋白质基因序列以及多媒体信息等,为了实现从不同角度描述这些复杂对象,就需要从各个方面的特征及特征间的关系,以多变量组成的矢量数据来共同描述数据对象,因此称为高维数据。

high-dimensional index **高维索引** 基于高维度的一种数据索引,它和传统的数据索引最主要的区别在于它的高维度。随着技术的进步使得数据收集变得越来越容易,导致数据库规模越来越大、复杂性越来越高,如各种类型的多维地理信息系统、多媒体数据等,它们的维度(属性)通常可以达到成百上千维,甚至更高。常用的高维索引是树型空间索引。

high dimensional pattern grammar **高维文法** 子模式之间以及基元之间的连接关系多于一维(头尾相连或左右相连)的各种文法的统称。

high dynamic range (HDR) **高动态区域** 可以表现可见世界的整个动态区域。一幅真实世界中的场景,所有的流明值都会存储在一个HDR图像中,并被均衡地表现出来,调整一幅HDR图像的曝光度就像在真实世界中摄影时调整曝光度一样。这种能力使我们可以创建看上去非常真实的模糊效果及其他真实世界的光照效果。目前,HDR图像被广泛应用于电影、特效、三维作品以及一些高端摄影。参见 dynamic range。

high earth orbit (HEO) **高地球轨道** 轨道高度在20 000 km以上。

high electric area **强场区** 某一带电体其电场强度最高的区域称为强场区。

high electron mobility transistor (HEMT) **高电子迁移率晶体管** 这是一种采用分子束外延制作技术,在砷化镓材料上制作成选择掺杂异质结构的晶体管,由日本高速计算机研究机构和实验室开发。在室温下,它的电子迁移率是肖特基栅晶体管电子迁移率的1.5～2倍。用HEMT构成的门电路,延迟仅数十微微秒,是一种超高速器件。

high end **高端** 公司提供的高端、昂贵的产品,包括只有最挑剔的用户或专业人员才需要的特性和功能。

high-end audio **顶级音响** 重放的效果已同实际的现场演出相当接近的一类音响。在用于指音响器材时,则指性能已臻顶尖而售价也极为昂贵的那些音响器材。

high-end microprocessor **高档微处理机** 使用容量较大的主存储器和直接存储器存取的微处理机系统。高档微处理机适合过程控制等应用。许多高档微处理机要求组合的数据和程序存储器为2 GB以上。其中断和直接存储器存取的能力可直接在中央处理机芯片上实现,或通过外部芯片实现。

high-energy tape **高能磁带** 一种矫顽力和剩磁(相对于广泛使用的r-Fe_2O_3磁带而言)都很高的磁带,主要适用于高密度数字记录。其品种有掺钴的r-Fe_2O_3磁带、CrO_2磁带、合金磁带等。

higher layer functions (HLF) **高层功能** 在OSI(开放系统互连)参考模型内,主要与消息处理、信息存储和信息进行(程序)处理有关的那些功能。

higher level **较高层次** 在数据站的层次结构中,高于数据链路层次上控制或处理逻辑的概念性层次,它决定诸如设备控制、缓冲器分配、站管理等数据链路层次诸功能的性能。参见 data link level, packet level, physical level。

higher-level designation **高层代号** 系统或设备中任何较高层次(对给予代号的项目而言)项目的代号。参见 item, location designation, kind designation, terminal designation。

higher level operation **高级操作** 计算机硬件一般只能执行简单的基本操作,能实现较复杂动作的一串这样的基本操作称为高级操作。

higher level programming language **高级程序设计语言** 一种用于计算机程序设计的语言。高级程序设计语言比汇编语言有更高层次的抽象。其语句通常含有一些类似英语的关键字,如"if"、"for"、"while"、"write"等。高级程序设计语言使得编程、调试和维护更加容易,程序也更容易看懂。

higher-order logic **高阶逻辑** 参见 higher-order predicate calculus。

higher-order Markov chain **高阶马尔可夫链** 如果在特定情况下,系统在时间t的状态与其在时间t−N,…,t−1(N>2)的状态均相关,则该系统构成一个离散的高阶马尔可夫链。

higher order path adaptation (HPA) **高阶通道适配** HPA功能通过处理支路单元(TU)指针及用组合/分解整个虚容器(VC-3/4)的方式把低阶虚容器(VC-1/2/3)适配成高阶虚容器(VC-3/4)。其中,TU指针用来指示VC-1/2/3通道开销相对于VC-3/4通道开销(POH)的相位。

higher order path connection (HPC) 高阶通道连接 HPC功能为高阶VC(VC-3/4)之间提供灵活的分配或互联。

higher order path termination (HPT) 高阶通道终端 HPT功能采用在高阶通道源端产生和加入适当虚容器(VC)通道开销(POH)到相关容器,并在通道宿端用去除和读取VC POH的方式来终结高阶通道。

higher-order precedence grammar 高阶优先文法 一个上下文无关文法G称为(m,n)高阶优先文法:①G是适定文法;②G是无空产生式;③G中任何两个产生式的右部都不相同;④在长度为m和n的任意两个符号串α和β之间,至多存在一种(m,n)高阶优先关系。

higher-order predicate calculus 高阶谓词演算 (1)即二阶谓词演算。(2)有时间概念的谓词演算。

higher than high-level language 更高级的语言 一种面向特定应用的程序设计语言。例如应用开发语言、报表程序或财务计划语言。这种语言较之普通程序设计语言的使用要方便得多。

highest priority first 最高优先级优先 一种最常用的进程调度算法。在这种算法中,把处理机分配给具有最高优先级的进程。进程的优先级包括静态优先级和动态优先级两部分。

highest significant position 最高位 一个数最左边的数位,如在一个4位十进制数1 808中,最左边的数位1便是该数的最高位。

highest voltage for equipment 设备最高电压 根据设备的绝缘条件及其他性能,允许长期运行的最高相间电压有效值。

highest voltage of a three-phase system 三相系统的最高电压 系统在正常运行条件下,任何时间及任一点上出现的最高相间电压有效值。它既不包括瞬态电压(如由系统操作引起的),也不包括异常情况下(如故障或突然甩负载)出现的各种暂时电压。

high fidelity (Hi-Fi) 高保真 用于描述能逼真再现现场演出的声音效果的质量的术语。

high fidelity color 高画质彩色 由美国Davis公司所提倡的一种彩色制版印刷工艺,它利用FMS(调频加网)技术,在CMYK四色印刷的基础上,增加RGB专色,进行高精度七色印刷或更多色同时印刷,可以获得色再现域更广、色相更纯的精美印刷品。参见frequency modulation screening (FMS)。

high frequency (HF) 高频 在IEEE 802建议使用的单缆制宽带网络系统中,分配给前向通路传送信号使用的频段,一般为160～400 MHz,我国因受电缆限制,通常采用160～300 MHz。

high frequency adaptive antenna receiving system (HFAARS) 高频自适应天线接收系统 一个能抑制干扰通信信号的接收天线系统。

high-frequency biased 高频偏置 (1)在广播电视系统中,利用超声信号来降低磁带录音机失真的一种技术。(2)在磁记录介质上,一个正弦信号与被记录的信号混合,以提高被记录信号的线性和动态范围。通常,偏置频率应该是被记录的最高信息频率的3～4倍。

high-frequency capacitance 高频电容 电容器在高频范围内的某一给定频率下由其固有电容和自感的影响所形成的等效电容。

high-frequency compensation 高频补偿 在给定频带,如在视频频带或音频频带内,相对于低频和中频的放大系数提高高频处的放大系数。

high frequency Chinese character 高频汉字 使用频度较高的汉字,也称“高频字”。为了提高汉字的输入速度,有人直接将高频字引入键盘,实现一键一字。还有人在大键盘方案中设高频字区,或者对高频汉字用较短的编码,而对频度低的汉字用较长的编码,这样可以获得较短的平均编码。

high frequency converter 超高频变频器 将UHF(超高频)信号转换成VHF(甚高频)接收器能够接收的低频信号的电子电路。它转换UHF电视信号成VHF信号,使VHF电视能够接收。

high frequency ground 高频地 作为频率高于30 kHz,有些情况下高于300 kHz的电流或电压公共参考的互联金属网络。

high frequency ground wave radar 高频地波雷达 利用垂直极化高频电磁波沿海面绕射传播原理实现超视距探测海上目标和超低空目标的雷达。它的探测距离可达300 km。

high frequency radio 高频无线电波 一种频率高于3 MHz的无线电波,依靠电离层的反射可为远距离通信用。同shortwave radio。

high frequency repeater distribution frame (HFRDF) 高频中继配线架 中继站内供调配基础基群、基础超群等基础群用的机架。

high-frequency trimmer 高频微调电容器 在超外差接收机调谐范围的高频端,对调谐电路的校准进行调节的微调电容器。

high-function form factor 高功能形状因子 在PCI(外围部件互连)总线中,指一种扩展板,这种板比按照标准形状因子或空间和能耗节省(SES)形状因子的PCI扩展板大,而且连接更多的电源引脚。因为尺寸大,在板上可实现更多的功能。参见peripheral component interconnect (PCI), SES form factor。

high function terminal (HFT) 高功能终端 在AIX操作系统中,一个虚拟终端,除显示和键盘外,支持定位、求值、加亮的可编程键以及声音生成。

high gain antenna 高增益天线 一种通过把辐射功率限制在一个比其他天线立体角更小的立体角内

H

来获得功率增益的天线。参见 antenna power gain, directive gain。

high impedance state 高阻态 电路的一种输出状态，相当于隔断状态。电路分析时高阻态可做开路理解。

high intensity 高亮度 显示字段的一个属性，该字段中的数据比屏幕上显示的其他数据更亮。

high layer compatibility (HLC) 高层兼容 在电信系统，在主叫用户和被叫用户之间，为了检测 OSI (开放系统互连)参考模型中第四层以上高层协议的兼容性而使用的信息。

high level 高电平 一个只有两种状态的逻辑系统中所提供的较高的电压或最正的那一级电平称为高电平。通常，高电平用二进制"1"表示，相当于电路中开关接通；而低电平用二进制"0"表示，相当于电路中开关断开。

high level assembler 高级汇编程序 一种汇编语言。它把寄存器和存储器中的灵巧控制与反映程序整体性的结构(如重复循环、条件语言以及函数和过程等)结合在一起。它一般有以下功能：①具有关联类型的符号名(标识符)；②适用于机器寄存器的保留标识符；③分程序结构；④条件语句和复合语句；⑤一维数组；⑥过程和函数(通常可能只有一个参数)；⑦简单表达式；⑧具有基本汇编语言。

high level compiler 高级编译程序 能将高级语言写的语句转换成相应的机器语言指令的程序。

high level control 高级控制 在一次或二次数据传输系统的分层结构中，控制或处理逻辑的概念层，①在链路层之上；②控制链路层功能，如设备控制，缓冲器配置和站管理。

high-level data link control (HDLC) 高级数据链路控制(协议) 国际标准化组织(ISO)制定的链路协议标准，后来国际电报电话咨询委员会(CCITT)采用这个协议作为自己的链路访问协议(LAP)，并且用于 X. 25 网络。HDLC 是 IBM 的同步数据链路控制(SDLC)的一个超集。SDLC 是由 BISYNC (二进制同步通信)协议发展成功的，起初是通过 IBM 的系统网络体系结构(SNA)产品推出。HDLC 的另外一个名字称为高级数据通信控制规程(ADCCP)，这个名字是由美国国家标准协会(ANSI)命名的，但是 HDLC 却更为广大用户接受。由于供应商的不同，SDLC 和 HDLC 之间存在不兼容性。HDLC 是面向位的，这意味着数据是一位一位地监控的，传输的数据以二进制数据组成，不存在任何特殊的控制代码，但帧中的信息包含了控制和响应命令。HDLC 支持全双工传输，适合于点对点和多点(多路播送或一对多)连接。HDLC 的子集被用来向 X. 25、ISDN(综合业务数字网)和帧中继网提供信令和控制数据链路。由 CCITT 为 X. 25 定义的平衡链路访问协议(LAPB)是 HDLC 的子集。LAPB 是为点对点的连接设计的，所以不必用地址字段来标识从站。它为异步平衡模式会话提供了帧结构、错误和流控机制。HDLC 的另外一个子集是链路访问协议 D 信道(LAP-D)协议，该协议与综合业务数字网(ISDN)相联。D 信道是信令信道，用来控制数据流通过两个 B 信道。可以把 B 信道看作为两条独立的电话线，而把 D 信道作为建立呼叫的线路。参见 high-level data link control procedure。

high-level data link control adapter (HDLCA) 高级数据链路控制规程适配器 满足 HDLC(高级数据链路控制)标准的通信适配器。可以接入计算机系统内，在软件的支持下构成计算机之间的数据通信。

high-level data link control packet assembler/disassembler (HPAD) 高级数据链路控制分组装/拆设备 它采用双向交替传输方式(逻辑上半双工)支持同步数据链路控制(SDLC)设备。

high-level data link control procedure 高级数据链路控制规程 在数据通信中，按照国际标准 ISO 3309 帧结构和 ISO 4335 规程大纲，使用指定的一串二进制位来控制数据链路的控制规程。这是一种面向比特的高可靠性、高效率的数据通信规程。该规程是为了在链路级实现同步和透明的数据传输而设计的。它由帧结构、规程要素和规程类型三部分组成。该规程适用于点-点、多点链路结构，可用于交换线路或非交换线路，其工作方式有半双工和全双工两种。它具有如下特点：①透明性好，采用独立编码操作；②适用性强，以同一方法适用各种应用、结构；③全双工通信、双向交换、双向同时传输数据；④效率高；⑤可靠性好。

high-level data link control station 高级数据链路控制站 在数据通信中，位于通信链路一端的信息处理机构，按照高级数据链路控制(HDLC)发送和接收控制帧。按 HDLC 的协议，分为主站、从站和复合站。主站的主要功能是发送命令帧，接收响应帧，并负责整个链路的控制；从站接收主站命令帧，发送响应帧，并且配合主站参与差错恢复等链路控制；复合站既能发送、又能接收命令帧和响应帧(即同时具有主站和从站的功能)，并能负责整个链路的控制。当工作在平衡方式下时，每个站都可以看成一个复合站；当工作在不平衡方式下，只有一个站可以指定为主站，其余站都是从站。

high level design 高层次设计 一种计算机硬件设计方法，用 VHDL(超高速集成电路硬件描述语言)文本描述设计对象，利用综合优化器将描述文本转化成电路图，从而提高工作效率。

high level digital interface 高电平数字接口 两套站设备，如数据终端设备(DTE)和数据电路终端设备(DCE)之间的接口，工作于相对较高的电流和电压下。

high-level entity management standard (HEMS) 高

级实体管理标准　子网访问协议(SNAP)的替代标准。参见 subnetwork access protocol (SNAP)。

high level format　高级格式　也称"逻辑格式",在磁盘上建立启动记录、文件分配表和启动目录的过程。

high-level goal　高级目标　一个给定问题空间的最终目标。参见 low-level goal。

high-level language　高级语言　即高级程序设计语言,一大类具有完全符号形式表示的且完全独立于具体计算机的程序设计语言。常见的程序设计语言如 FORTRAN, Pascal, C, BASIC 等都属于高级语言。其指令与英语语句相似、易为人们所理解的程序语言。在高级语言中,每个语言都对应若干个机器代码指令。高级语言程序不能直接在计算机上执行,它们必须经过编译程序翻译成机器语言程序后方可执行。实现高级语言的另一种方式是通过一个在计算机上运行的语言解释程序直接解释执行该高级语言的程序。

high level language application program interface (HLLAPI)　高级语言应用程序接口　为与高级语言的使用而设计的应用程序接口。

high-level language machine　高级语言机　高级语言和汇编语言一一对应的机器。在传统机器上运行的高级语言与机器语言在语义上差距很大,因此解释的份量比翻译的少得多。如果进一步增大解释的比重,直至几乎不存在高级语言与机器语言的语义差距,则可使高级语言成为机器的汇编语言。它与直接执行高级语言机的最大差别就是高级语言还不是计算机的机器语言,因此,它也称"间接执行高级语言机"。

high-level language pointer　高级语言指针　一个程序员在用户程序中说明的源指针。

high-level message　高层信息　在某些计算机系统中,发送到接受请求的程序信息队列去的一种消息。这些消息还显示或提供给发出该请求的用户。比较 low-level message。

high-level microprogramming language (HLML)　高级微程序设计语言　一种面向过程的微程序设计语言。该语言广泛采用高级程序设计语言中的各种语法结构,数据类型不受硬件的限制,可以采用数组一类的数据类型。在这种语言中,语句与微指令间的对应关系完全消失。微程序设计人员利用此语言可以不必详细了解硬件结构,从而为用户微程序设计创造了条件。用高级微程序设计语言编写的微程序要通过编译才能生成微码。高级微程序语言有独立于机器的和依赖于机器的两种,前者便于移植,后者易于实现。

high-level modulation　高电平调制　在功率电平接近系统输出电平的发射机末级的阳极电路中产生的调制。

high level programmer interface　高级程序员接口　由数据库系统提供、通过高级程序设计语言使用数据库的工具。它包括面向某种语言的子模式数据描述语言(DDL)和数据操纵语言(DML)两个方面。子模式 DDL 是用户用来定义他所使用的局部逻辑数据结构,这与数据库管理员用来定义数据库全局逻辑数据结构的模式 DDL 不同。DML 是提供给应用程序员用以存储、检索、修改、删除数据库中数据的工具。

high level programming interface (HLPI)　高级编程接口　数据子语言(DL/1)中的一种功能程序,通过命令为用 COBOL 语言或 PL/1 优化语言编写的应用程序提供服务。

high level programming language　高级程序设计语言　同 high-level language。

high level protocol　高级协议　在分布式计算机网络中,允许网络用户执行比传输数据块和流更高级功能的协议。它用于引导或控制以完成所分配任务为目的的通信资源和数据处理资源。

high level scheduler　高级调度程序　一种主调度程序。参见 master scheduler。

high-level source code　高级源(代)码　程序员在使用诸如 BASIC、COBOL 等高级语言时,用作原始命令的语句或语句行。

high level system parallel input/output　高级系统并行输入/输出　在计算机系统中,利用一个并行输入输出接口,通过编写有关的程序与多个外部设备进行信息交换的一种技术。

highlighting　加亮,高亮度(显示)　(1)在显示三维图像时,通过标出物体的可视边线来提供深度信息。具体方法是:将各条直线按其深度进行排序,可视的直线用更强的亮度显示,或者用更粗的线条显示。(2)用修改图元或图段的视觉属性的办法,如使其加亮或闪烁,使该图元或图段在画面上显得不同一般,引人注意。(3)窗口式软件中将被选择的信息用另外一种颜色突出显示。

high loss fiber　高损耗光纤　同 high loss optical fiber。

high loss optical fiber　高损耗光纤　一种其中传播的光波在光纤的每单位长度有高能量损耗的光纤。同 high loss fiber。

high-low bias test　调偏测试[试验]　设备的一种预防性维护手段。使工作条件在正常值的上下变动,以便找出有缺陷的部件。例如改变供电电压。

high-low limit　高低限值　一个程序在执行之前,预先估计数据的最小值和最大值。用这些值来检验程序的运行结果。

high memory　高存储器　存储器中高端的存储位置,在早期 IBM PC 机中,地址空间是 0 ～ 1 MB, 0 ～ 640 KB 为保留内存区,高存储器位置主要指扩充内存中的第一个 64 KB 的区域(1 024 ～ 1 088 KB),它由 HIMEM. SYS 建立和管理。比较 low memory。参见 high memory area (HMA)。

high memory area (HMA) **高位内存储区** 运行 DOS(磁盘操作系统)的 IBM PC 兼容机中 1 MB 以上存储区域中第一个 64 KB 的段,在 DOS 第 5 版中引入了文件 himem. sys,使得用户可以使用高位内存区域,DOS 可将自身一部分程序移到这个区域中,从而增加常规存储区域中应用程序可使用的空间。参见 conventional memory, expanded memory。

H

high-noise immunity logic (HNIL) **高抗扰度逻辑** 在集成电路中,一种双极型逻辑电路。直流抗扰度比 TTL(晶体管-晶体管逻辑)电路好,如电压抗干扰值是 3.5 V 而不是 0.4 V,还能抑制那些使 TTL 电路出错的交流瞬态干扰。此外,它的输出驱动能力强,可保护 CMOS(互补金属氧化物半导体)存储器的输入,使其免受静电和瞬态干扰的影响。

high order bit **高位** 计算机字中具有最高位值的位称为高位。高位一般为一个字中的最左面的一位。

high-order character **高位字符** 数据项中最左的字符位置,不管该位置是否含有一个字符。

high-order digit **高数字位** 一个数中最左边的数位,如在 796 中,7 是高数字位。

high order harmonic component **高次谐波** 将非正弦周期信号按傅里叶(Fourier)级数展开,频率为原信号频率两倍及以上的正弦分量。

high-order mode **高次模** 电磁波在波导中传播的一种模,①对应于波方程中较大的本征值解,与它是否为横电波模(TM)、横磁波模(TM)、横电磁波模(TEM)无关;②其中只有极少个整波长在波导内横向配合,因此可以用波导来支持。

high-order position **高数位** 一串字符中最左边的位置。

high pass **高通** 滤波器、其他类型的器件或电路的一种工作特性。允许高频信号通过,而对低频信号有很强的抑制能力。

high pass filter (HPF) **高通滤波器** 理想的高通滤波器可使截止频率以上的所有电信号能够无衰落地通过,而对于截止频率以下的所有电信号则给予较大的衰落,阻止其通过。

high performance computing and communications (HPCC) **高性能计算和通信** 高级计算、通信和信息技术,包括科学工作站、超级计算机系统、高速网络、专用的或实验系统、新型大规模并行系统以及能集成这些设备的应用软件和系统软件。

high performance equipment **高性能设备** 能产生高质量信号的一种装置,这种信号适合电话线路和电传打字电报机线路传输。

high-performance file system (HPFS) **高性能文件系统** 个人计算机中的一个可安装的文件系统,使用高速缓存提供大磁盘卷的快速访问,文件系统还为一个具有多个不同存储设备的多个活跃文件系统共存提供支持。文件名可多达 254 个字符。文件系统使得称为扩展属性(EA)的自由格式的信息能够与文件和目录相关。在 Microsoft 的 LAN Manager 和 IBM 的 LAN Server 中,它是 HPFS 386,这是 HPFS 的改进版本。HPFS 386 增加了对 HPFS 文件系统的 32 位访问,另外还增加了容错和安全性功能。HPFS 386 可以在处理器的较高特权级别上运行,这样就在普通的 HPFS 文件系统上改善了文件系统的稳定性和性能。参见 FAT file system, NT file system (NTFS)。

high-performance file system 386 (HPFS 386) **高性能文件系统 386** 在 LAN Manager 网络软件中,对 HPFS 文件系统的一种增强,为 386 微机系统设计,包括一个增强的磁盘高速缓存,并且实现局部安全性。参见 high performance file system (HPFS)。

high performance parallel interface (HPPI) **高性能并行接口** 由美国国家标准协会(ANSI)设计的接口标准,定义了 32 位和 64 位数据的并行接口,数据传输率可达 800 ~ 1 600 Mbps。该接口使用多对双绞线电缆,数据在其中的 32 根双绞线上传输,每根双绞线的速率达到 25 Mbps,因此整个吞吐量达到 800 Mbps。接口支持 32 位的总线操作,也可以用双电缆来实现 64 位的总线操作(吞吐量达到 1 600 Mbps)。双绞线的实际传输距离被限制在 25 m 以内,但是如果使用光纤作为传输介质时,可以延长到 2 km。它适用于高性能外围设备和计算机的直接连接,但是现在已经被更快的标准接口(如 SCSI(小型计算机系统接口)和 FC(光纤信道)取代。

high performance routing (HPR) **高性能路由选择** HPR 是一个由 IBM 公司制订的网间互连协议,它是高级对等联网(APPN)协议的升级版。最初,HPR 称为做 APPN+,但现在正式把它称为 APPNHPR 或简称为 HPR。HPR 通过绕过故障节点进行路由选择以及避免由网络节点处理数据分组辅助操作,从而改善了网络的性能。参见 advanced peer-to-peer networking (APPN)。

high-persistence phosphor **高余辉荧光粉** 某些 CRT(阴极射线管)中使用的荧光材料,被电子束点亮后保持较长的时间。参见 cathode ray tube (CRT), direct view storage tube。

high potential **高电位** 对两个以上的电位而言,处于较高的电位称为高电位。

high-power workstation **高功能工作站** 高性能的工作站系统,计算性能相当于超级小型机,包含用于设计复杂系统的硬、软件。

high-precedence message **高优先级消息** 通常用

于指优先处理或具有较高优先级的消息。

high-priority record queue 高优先级记录队列 某些操作系统中的一种先进先出队列。该队列指出处于高优先级准备好调出执行的诸程序。

high probability of intercept receiver 高截取概率接收机 一种在设计覆盖频率范围内，对任何辐射到它的天线上的电磁波能量有较高检测概率的接收机。

high rate packet data (HRPD) 高速分组数据 基于CDMA(码分多址)的高速无线数据技术，国际标准编号为IS-856。HRPD在空中接口上采用了新的调制技术并增加了数据速率控制、调度优化以及时分复用等方法，使得空中接口上的数据传输速率有了很大提高。它可以在一个CDMA载频(1.25 MHz)上采用专用的数据信道支持高速分组数据业务，前向最高数据速率可达2.4576 Mbps，反向支持单个用户峰值数据速率153.6 kbps。

high-recombination-rate contact 高复合率接点 半导体之间或金属与半导体之间接点，在此，热平衡载流子密度基本上与电流密度无关。

high reflective coating 高反射涂层 为了大大提高光学表面对一个特定波长范围的波的反射能力而用的单层或多层涂层。

high resistive fault 高阻故障 故障时呈现高阻抗的接地故障。

high resistivity shielding 高阻屏蔽 在电阻率法深部勘探工作中，当表层为高电阻率的地层时，由于接地电阻极大，电流无法流进地下，这种地层成为电阻率法勘探的高阻屏蔽层。在沙漠戈壁的干旱区、冻土地带、地表满布沙砾石的干旱河谷以及高电阻率基岩出露的山区应用电阻率法时，虽然供电电压高达800～900 V，但输进地下的电流仍然只有零点几毫安，观测到的测量电极间的电位差很小。在这种地区应用电阻率法进行深部勘探十分困难。改善的办法是尽可能加大电压(在保证安全的情况下)，或进一步增大仪器的输入阻抗(达10兆欧以上)，或减小接地电阻。参见low resistivity shielding。

high resolution 高分辨率 图形显示系统或打印机能以很高的精度重现图像细节的一种特性。

high resolution continuous tone image 高分辨率连续图像，高画质图像 TIFF/IF标准中所定义的一种图像信息形式，它采用印前处理领域独特的信息压缩方式进行记录。参见tagged image format file (TIFF)。

high resolution digital audio 高解析率数字音频 通常指那些采样率高于48 kHz而量化精度高于16位的数字音频。

high-resolution graphics 高分辨率图形 可以在屏幕上表示或显示图示字符的精细程度，它关系到字符的鲜明性和清晰度。分辨率用像素(图像的元素)来测量，如可在显示屏幕上显示的典型分辨率有320×200，640×480，800×600，1 024×768等。参见color graphics adapter (CGA)，video graphics adapter (VGA)。

high-risk areas 高风险区域 高度公共化的区域，特别是那些易遭受地震、洪水、海啸或其他灾难影响的区域，应急响应就应对灾难事件而言就显得特别重要。

high selectivity 高选择性 在通信系统(如使用光纤的波分复用光纤通信系统)中，借以选择、分隔和放大所需信号，并抑制不需要的信号(如串话、噪声及干扰)的一种性能。

high sensitivity 高灵敏度 (1)电子设备接收微弱信号并使它们重新变得有用的能力。(2)电子设备选择、分离和放大所需信号，抑制不需要的能量如串音、噪声和干扰的能力。参见high selectivity。

high sierra format (HSF) 高西拉格式 一种由高西拉集团开发的CD-ROM(只读碟)的标准格式，用于将文件和目录放入CD-ROM中。

high sierra group 高西拉集团 一个计算机厂商、软件开发商和CD-ROM(只读碟)系统集成商组成的委员会，1985年在内华达州的高西拉旅馆举行首次会议，制定了与CD-ROM规格相关的一套逻辑格式标准。

high sierra specification 高西拉规范说明 CD-ROM(只读碟)的工业化格式的规范说明，定义了CD-ROM盘的逻辑结构、文件结构和记录结构，是CD-ROM国际标准ISO 9660的基础。参见high sierra group。

high speed automatic circuit breaker 快速自动开关 分断时间短得足以使短路电流在达到其最大值前分断的直流自动开关。

high-speed buffer 高速缓冲器[区] 一种高速缓冲存储器或者一组逻辑分区块，存取指令和数据比中央存储器快得多。

high-speed buffer memory 高速缓冲存储器 位于大型主存储器和高速处理机的寄存器之间的存储器，保存运行中的数据。

high-speed carry 高速进位 一种用于加法器中快速产生各位向高位进位的技术。最常用的一种技术称为先行进位，它用一定的逻辑线路预先产生各位向更高位的进位，这就避免了进位在进位链上传送所造成的时间延迟。

high speed circuit service data (HSCSD) 高速电路数据业务 将多个业务信道(TCH)复用在一起供一次数据业务使用，以提高无线接口数据传输速率的一种方式。

high-speed circuit-switched data (HSCSD) 高速电路交换数据 一种无线数据传输的电路交换，能够透过多重时分同时进行传输，而不是只有单一时分，因此能够将传输速度大幅提升到平常的若干

H

倍。适用于移动用户，速率高达 57.6 kbps，是GSM(全球移动通信系统)向第三代移动通信(3G)过渡的一种技术。1997 年 2 月这项技术通过了欧洲电信标准协会(ETSI)的验证和确定。

high-speed communication interface (HSCI) 高速通信接口 Cisco 公司开发的一个单端口接口，它以高达 52 Mbps 的速率提供全双工同步串行通信能力。参见 high-speed serial interface (HSSI)。

high-speed data acquisition 高速数据采集系统 一种监控设备，用于对系统测试中获得的数据进行收集、处理和记录。

H

high speed downlink packet access (HSDPA) 高速下行链路分组接入 HSDPA 是为解决 WCDMA(宽带码分多址)系统覆盖与容量之间的矛盾、消除干扰、提升系统容量、满足用户业务需求而产生的技术，是 3GPP(第三代移动通信项目组织)在 R5 协议中为了满足上/下行数据业务不对称的需求而提出的一种调制解调算法。高速下行分组接入在下行链路上能够实现高达 14.4 Mbps 的速率。HSDPA 采用的关键技术是自适应调制编码(AMC)、混合自动重发请求(HARQ)、快速小区搜索(FCS)及多输入多输出(MIMO)天线等。参见 high speed packet access (HSPA)。

high-speed downlink shared channel (HS-DSCH) 高速下行链路共享信道 用于承载 HSDPA(高速下行链路分组接入)的实际用户数据。在物理层，HS-DSCH 映射到高速物理下行共享信道(HS-PDSCH)；HS-DSCH 采用链路自适应技术选择适当的码组合、编码率和调制方式；在 TTI(传输时间间隔)分配周期内能够动态地共享资源。

high-speed local network (HSLN) 高速局部网(络) 一种专用局部网。用以在各种昂贵的高速设备之间，如主机和大容量存储器之间提供高吞吐量。具有以下特点：①高传输速率，可达 50 Mbps 甚至更高；②高速接口；③分布式访问控制；④较近的传输距离。它通常使用同轴电缆或光纤作为传输介质。

high-speed loop 高速环 磁盘存储设备中可快速访问类似延迟线存储器的一种存储区。将读头和写头相隔一定距离放在同一磁道上，写头写的数据被读头在很短时间内读出并返送到写头，这样就形成了一个固定长度的数据循环，环中数据可以通过门加以改变。

high-speed memory 高速存储器 存取时间比较短的一种存储器。目前主要指射极耦合逻辑存储器。

high speed Morse 高速莫尔斯码 以超过每分钟 80 个字符速度传送的莫尔斯电码。参见 Morse code。

high speed OFDM packet access (HSOPA) 高速 OFDM 分组接入 是高速下行分组接入(HSDPA)的下一代演进技术，与 HSDPA 相比，HSOPA 引入了两种关键技术，提出了 OFDM(正交频分复用)技术和 MIMO(多输入多输出)技术的结合。它通过 MIMO 多根收发天线可以提供较大的系统传输容量，同时利用空时编码技术可以明显改善数据传输的可靠性，提高系统容量和可靠性；另外使用 OFDM 技术，可以克服多径衰落，从而无需复杂的均衡技术，提高频谱效率。参见 high speed downlink packet access (HSDPA)。

high speed packet access (HSPA) 高速分组接入 采用快速链路自适应控制和快速物理层重传及传输合并以及快速分组调度等技术实现分组数据业务的高速接入。高速分组接入具体又可分为高速下行分组接入(HSDPA)和高速上行分组接入(HSUPA)。参见 high speed downlink packet access (HSDPA), high speed uplink packet access (HSUPA)。

high speed packet switched data (HSPSD) 高速分组交换数据 采用分组方式实现高速数据交换的技术。

high-speed printer (HSP) 高速打印机 一种每分钟打印 600 行以上的行式打印机。有的打印机每分钟可打印 2 000 行。

high-speed processing technology 高速处理技术 提高数据库系统处理大量数据效率的一种技术和措施。它是评价数据库计算机的一项指标。常用的高速处理技术有：旋转处理技术、散列化的位阵列、流处理和联想处理。

high-speed reader (HSR) 高速阅读器 能快速地将信息从一种存储形式转换成另一种可阅读形式的一种设备。

high-speed regulator 高速稳压器 一种没有输出电容器的电源稳压器，从而能对输出电压变化作出快速响应，主要用作电流源。

high-speed serial interface (HSSI) 高速串行接口 一种短距离的通信接口，常用于局域网的路由或交换设备与广域网的高速线路相连。它的最高数据传输率为 52 Mbps，最远的传输距离为 15 m。它属于 OSI(开放系统互连)的物理层，使用 50 针的连接器，传输技术使用差分射极耦合逻辑电路。它还提供四种回路测试方式来诊断故障，第一种通过发送信号到数据终端设备然后返回来测试电缆；第二种和第三种测试本地的数据通信设备和远程的数据终端设备；第四种回路测试数据终端设备的数据通信设备端口。HSSI 要求数据电路可用的前提是两种控制信号 DTE(数据终端设备)和 DCE(数据电路终端设备)可用。

high speed uplink packet access (HSUPA) 高速上行(链路)分组接入 HSUPA 通过采用多码传输、混合自动重发请求(HARQ)、基于 Node B 的快速调度等关键技术，使得单小区最大上行数据吞吐率达到 5.76Mbps，大大增强了 WCDMA(宽带码分多址)上行链路的数据业务承载能力和频谱利用率。

参见 high speed packet access (HSPA)。

high technology industry 高技术产业 用当代尖端技术(主要指信息技术、生物工程和新材料等领域)生产高技术产品的产业群。是研究开发投入高、研究开发人员比重大的产业。高技术产业的竞争力在于技术创新。加强科技投入、鼓励人们创新是高技术产业发展的依靠。参见 knowledge industry, information industry。

high temperature rectifier diode 高温整流(二极)管 一种 PN 结工作温度比较高,通常额定工作结温在 175 ℃或更高温度的整流管。

high temperature superconducting material 高温超导材料 具有高临界转变温度,能在液氮温度条件下工作的超导材料。已制备出的高温超导材料有单晶、多晶块材,金属复合材料和薄膜。高温超导材料的上临界磁场高,具有在液氮以上温区实现强电应用的潜力。参见 superconductor。

highter cutoff frequency 上限截止频率 截止频率在高端的极限频率。同 upper cutoff frequency。参见 cutoff frequency。

high than high-level language 超高级语言 像应用开发语言、报告程序、财政计划语言那样,针对某一特殊应用而设计的编程语言。在某个特殊应用中,超高级语言具有比通用高级语言更高的效率,使用更方便,但通用性不强。

high-threshold logic circuit 高阈值逻辑电路 在电子技术中,一种抗干扰能力强、阈值电压较高的二极管-晶体管逻辑电路。

high threshold of occupancy 占用高阈值,占用上限 在数据设施分级存储器管理程序中,在该程序管理的主卷体上所用空间的上限。比较 low threshold of occupancy。

high-usage group 高利用(率)组 (1)在通信中,用作主要传输或能够传输最大信息量的几条主干线组成的干线组。(2)作为两个交换系统之间主要线路的中继线组。

high-usage trunk 高利用(率)干线 备有替代路径的一组干线。干线的数目根据干线效率和经济性考虑决定。

high voltage 高压电 线路交流电压在 1 000 V 以上或直流电压在 1 500 V 以上的输配电线路。在工业上,交流电压为 380 V 或以上的称之为高压电。

high voltage capacitor 高电压电容器 电容分压器中的接于高电压端子与中间电压端子之间的电容器。

high voltage direct current generator 直流高压发生器 产生直流高电压的试验设备。

high voltage electric power equipments 高压电力设备 高压电力系统中所需发电和输变电设备的总称。

high voltage rectifier stack 高压整流堆 一种反向能承受千伏以上电压的半导体整流堆。

high voltage standard capacitor 高压标准电容器 在规定条件下,电容值准确而变化很小且介质损失率也很小的测量用高压电容器。

high voltage technique 高电压技术 高电压下的有关技术问题,如高压电场、高压绝缘、过电压和绝缘配合、高电压试验技术等。

high voltage terminal 高电压端子 用来连接到高电压母线上的端子。主要指分压器的线路端子。

high-voltage test 耐电压试验 在绝缘体上施加高电压以确定绝缘介电强度是否符合要求的试验。

high voltage testing equipments 高电压试验设备 研究和检验各种绝缘材料和电力设备的绝缘结构在各种高电压下绝缘性能所用设备的总称。

high volume time-sharing (HVTS) 大容量分时 按分时体制在一条线路上传输多路数字信号的方式。为实现大容量分时,要求线路的带宽能满足传输的需要。

high water mark 高水位标志法 实现数据库更新中的运行记录优先规则的一种方法。在运行记录中,对其中的每一个记录设置一个唯一的顺序号 N,而在每一个需要记入运行记录的数据中设置一个高水位标志字 M。由于运行记录不断增加,其顺序号也不断增大,设最新的一个运行记录号为 $N=k$,如果这时某个被修改的数据正要被写回磁盘,则先将该数据的高水位标志字 M 置为 N 的值(即 k)。当要把该数据写回磁盘时,系统先检查并比较当前的运行记录号 N 和该数据的高水位标志字 M,如果 $N>M$,则允许该数据写回磁盘;否则必须先写回运行记录。

highway 高速信息公路[通路],公用通道 (1)在过程(控制)计算机系统中,连接计算机系统和过程(控制)接口系统的通路。(2)计算机系统中信号流动所经过的通道,其作用是使输入信号和输出信号传入存储器及其他外围设备或由其传出。

highway addressable remote transducer (HART) 高速可寻址远程传感器 也称"可寻址远程传感器高速通道"。HART 通信协议通常用于数字信号传输,它采用频移键控(FSK)技术,数字"0"调制为 2 200 Hz正弦信号,数字"1"调制为 1 200 Hz 正弦信号,波特率为 1 200bps。这两个频率信号可以很容易地叠加到模拟电流环的信号上,两者不会相互影响。HART 协议的特点在于通过同一线路同时传输模拟和数字信号。

highway protocol 数据公路协议 指定数据公路操作和通道格式的一组规则。

highway unit 数据公路单元 数据站的一部分,它根据数据公路协议调整、监控和管理数据公路的操作。数据公路单元可以包含管理、监控、请求、启动应答与收听等功能。

Hilbert's tenth problem 希尔伯特第十问题 这是一个有名的不可解问题。1900 年德国数学家 D·希尔伯特在第二届国际数学家代表会议上提出了向数学家挑战的 23 个问题，其中第十个问题是找一个算法，以整系数的多项式方程作为输入，要决定该方程是否有整数解。该问题提出后的 70 年中一直未得到解决，直到 1970 年由前苏联数学家马提雅什维奇(Matiyasevich)证明了这种算法不存在。换言之，希尔伯特第十问题是不可解的。

H

hill-climbing method 爬山法 以寻求目标函数极大值(或极小值)而不是最大值(或最小值)为目的的近似算法。用这种算法解题有如在浓雾中爬山，为了达到最高点，可采取向东、西、南、北各走一步，将所达到的点与现在所在点逐一比较，选择较高者作为新点，即相当于沿梯度最大的方向前进。这种方法只能保证达到一个高峰(可行解)，而当有多个高峰时，就不能保证达到最高峰(最优解)。以爬山法命名就是因为爬山技术讲究之字形前进，即迂回前进，暂时增加距离但一步步向目标靠近。

HIN 超立方体互联网络 hypercube interconnection network 的缩写。

hint (攻略)提示，关键点提示 (1)电脑游戏中简单的攻关提示，帮助游戏者解决游戏中出现的特别棘手的难题。(2)西文轮廓字模设计中最重要的技术之一，采用关键点提示技术的字模数据不仅包含文字几何方面的描述资料，还包含文字的笔划宽窄、形状及相互位置等结构资料，以保证在给定的输出条件(输出设备的分辨率等)下，能够生成最贴近文字轮廓的、最优美的文字。关键点提示一般可分成字库级、字符级等级别，用于描述不同应用范围的字形特征。

HIO 停止输入输出 halt input/output 的缩写。

HiperLAN 高性能局域网 802.11b 的无线局域网标准竞争者，HiperLAN/1 可以在 5G Hz 上提供高达 20 Mbps 的数据传输率；而 HiperLAN/2 在相同的无线频段上提供最高 54 Mbps 的数据传输率。

HIPO 分层结构加输入、处理和输出技术 hierarchy plus input，process，output technique 的缩写。

Hirschberg's bucket sorting 荷思彻贝格桶排序 这是一种并行排序算法。该算法假定 n 个待排序的数 c_i，$0\leqslant i\leqslant n-1$ 满足 $0\leqslant c_i\leqslant m-1$，这样在公共存储器中设置 m 个称为桶的存储区，并且假设处理器从零开始编号，然后将待排序的第 i 个数送到处理器 p_i，同时将号码 i 送到号码为 c_i 的桶。在排序过程中这个号码可以用来激活相应的处理器以给出排好序的文件。为避免存储冲突，算法要求待排序的队列中没有重复元素。若存在重复元素，该算法采取删除重复元素的方法达到上述要求。

HIS 医院信息系统 hospital information system 的缩写。

HISAM 层次索引顺序存取法 hierarchical indexed sequential access method 的缩写。

hiss 嘶嘶声，噪声 (1)可听频率范围内的噪声，具有和英语发音中的如"sister"中的"s"，"fish"中的"sh"以及"zoo"中的"z"相同的声音。(2)一种急促的噪声。参见 frequency，interference，noise。

histogram 直方图 统计学中的一种图表。将测定值的范围分成若干个区间，以区间为底，各区间内测得次数为高，构成若干个长方形，由这些长方形排列而成的图称为直方图。

histogram equalization 直方图平坦[均衡]化 在计算机图像处理中，常用直方图平坦化对图像灰度进行增强处理。直方图平坦化的过程是重新指定图像各像元的灰度等级，以较小的灰度等级数取代较大的灰度等级数，并把原图像的灰度变化按新指定的灰度等级数重新分配。设影像有 $M\times N$ 个像素，每个像素可取 J 个灰度等级中的一个灰度值。每个灰度等级的像素数目 $H(j)$ 的分布图称为影像灰度分布的直方图。当 $M\times N$ 足够大时，像素取灰度值 f_i 的概率 $P(f_i)$ 近似等于 $H(f_i)/(M\times N)$。直方图平坦化的过程是把像素的灰度等级重新指定为 K 级($K<J$)，把原来的 J 个灰度 $f_1,f_2,\cdots,f_J$ 按原来的大小次序，重新分配到 K 个灰度值 $g_1,g_2,\cdots,g_k$ 上去。

histogram flattening 直方图平坦化 同 histogram equalization。

histogram linearization 直方图线性化 同 histogram equalization。

histogram modification 直方图修正 按照某种关系或函数改变原直方图分布形态的一种技术，常用于数学图像处理中的图像增强。直方图修改的方法有两类，一类是规范化的，如直方图均衡，直方图正态化等。另一类是由用户规定的直方图形式。

histogram normalize 直方图正态化 按照正态分布形式修改原直方图分布的一种处理技术，通常用于增强图像对比度或者调整彩色合成图像各种颜色的比例等处理上。

histogram specification 直方图规定化 按照指定的直方图形式修改原直方图分布的一种处理方法。通常用于增强图像的对比度处理。指定直方图的形式可以由用户任意选择处理系统事先准备好的一些函数、曲线或参数，也可以由用户自行构造。

histogram thresholding 直方图阈值化 直方图调整的一种技术，即根据指定的阈值或门限值重新安排直方图的分布。其目的是通过直方图的阈值化(门限化)修改原图像的像素亮度分布结构，通常用于合并某些亮度值区间或扩展部分区域的动态范围，以达到增强图像的目的。其中直方图分段线性变换就是一种阈值化的应用。

historical analogy 历史的类推 一种预测方法。

由事件发展的历史过程,类推出与该事件相似的其他事件的发展可能性。

historical data 历史性数据 在数据库系统中,指按照反映事件发生发展次序的、能在一定程度上反映事物发生发展规律的连续的事件信息的集合。

historical database 历史数据库 也称"历史的多媒体数据库"。从考虑数据库对象随时间发展的观点出发,提出处理多媒体历史数据库的周期性、修改和持续期的概念。目前实现定义、存储和操纵多媒体历史数据库机制的目标是:①保证对当前数据库的快速访问;②提供不同级别的历史数据;③扩展数据定义与数据操纵语言以处理历史数据;④考虑概念模式随时间的变化。

historical version 历史版本 设计版本的一种,它是通过修改一个已经存在的设计对象而产生的,同一个设计对象的不同历史版本实质上是相似的。

history file 历史文件 一种归档文件,其中保存的记录包含系统运行情况,如作业运行、事务处理和操作员动作等。同 history log。参见 archive file。

history log 历史日志 一种日志文件,它保存系统活动(如系统和作业信息)、设备状态、系统操作员信息和系统中的程序临时修复活动等。同 history file。

history run 历史运行 为了读取或记录的目的而打印出处理过程的所有记录。

hit 点击,选中,瞬时干扰 (1)从 Web 站点上检索一个文件的鼠标动作。点击指由浏览器发送到服务器的单项请求,从 Web 页面上访问的每个单个文件,包括 HTML(超文本标记语言)文档和图形都作为一次点击计算。(2)从文件中找到了所需要的数据或数据项。(3)在文件维护中,从主文件中找到细目记录。(4)对通信媒体的瞬时干扰。一般持续时间小于 1ms。参见 light-pen hit。

hit and run 打和跑战术 电脑对战类游戏战术之一。主要目的不是给对方造成伤害,而是干扰对方进行判断和操作的能力和效率,以达到消耗对方兵力拖垮对方的一种战术。

hit detection 击中检测 使用图形输入设备进行挑拣操作时,把与挑拣器所指处最近的图元名及其属性的段名作为输入数据,这个过程称为击中检测。

hit file 命中文件 情报检索中,特别是在成批提问的顺序检索中,检索结果会命中大量相关文献。由于不能实时输出,所以这些命中记录往往不是存储在内存中,而是存储在磁盘或磁带上,形成命中文件。同存储方式相适应,这些命中记录必须加标识,以便同提问、错误信息和其他有关数据连在一起。命中文件的记录结构一般为:

提问号	记录号	字段号	相关文献记录或错误信息

hither plane 内平面,里平面 三维物体进行裁剪时,为了定义一个裁剪体,在 Z 方向上所使用的靠近观察者的一个裁剪平面。

hit indicator 接通指示器 电报信号检测板上的一种指示灯。当与指示灯相连的线路接通后,该灯就会发亮。

hit noise 击打噪声 在宽行打印机中,打印锤子击打字符链时所产生的一种噪声。降低击打噪声的办法是设计合理的消声性能好的机罩或外壳。

hit-on-the-fly printer 飞击式打印机 计算机系统中的一种高速行式打印机。使用高速旋转的字符轮和快速动作的打印锤,打印速度很快,一行字符就好像被同时打印出来似的。

hit-on-the-line 线路瞬时干扰,瞬时开路 在通信线路中,由于外界的干扰,使得传送的信息发生错误的一种现象。

hit point (HP) 生命力 在电脑游戏中,指人物或作战单位的生命数值。一般 HP 为 0 即表示死亡,甚至游戏结束。

hit ratio 命中率[比] (1)从检索系统中检出的相关文献数与文献总数之比。(2)在多级虚拟存储体系结构中,每当引用一次数据时,从第 i 级($i=1,2,3,\cdots$)存储器找到该数据的概率就是第 i 级的命中率。它是存储系统的主要性能指标。

Hi8 8mm 高带宽录像带制式 high-band 8mm 的缩写。

HLC 高层兼容 high layer compatibility 的缩写。

HLD 硬件逻辑图 hardware logic diagram 的缩写。

HLF 高层功能 higher layer functions 的缩写。

HLL 高级语言 high-level language 的缩写。

HLLAPI 高级语言应用程序接口 high-level language/application program interface 的缩写。

HLML 高级微程序设计语言 high-level microprogramming language 的缩写。

HLPI 高级编程接口 high level programming interface 的缩写。

HLR 归属位置寄存器 home location register 的缩写。

HLS color model HLS 色彩模型 (1)使用色调、亮度和饱和度(HLS)三种成分来描述色彩的一种方法,它用图形表示成一个双六棱锥体。(2)一种适合于程序员和用户的调色方法。该模型是 HSV(色调饱和度值)的一种变形,即从 $V=1$ 平面把白色向上提,产生一个双六面锥体子空间。与 HSV 一样,任何一种色彩的互补色都位于绕该六面锥轴向前转过 180° 的位置上。从竖直轴线开始,可以辐射形地度量,取值范围从 0 至 1。L 表示"亮度",相当于 HSV 中的 V 值,$L=0$ 为黑色,$L=1$ 为白色,取值范围在 0 至 1 之间。

H

HLS format **HLS 格式** 一种彩色数据格式，用色调、亮度和饱和度(HLS)表示颜色。

hm **百米** hectometer 的缩写。

HMA **高位内存储区** high memory area 的缩写。

HMAC **散列信息验证码** hashed message authentication code 的缩写。

HMD **头盔式显示设备** head-mounted display 的缩写。

HMI (1)金属卤化碘 Halogen-Metal-Iodine 的缩写。(2)集线器管理接口 hub managment interface。

HMIC **混合微波集成电路** hybrid microwave integrated circuit 的缩写。

HML **人类标记语言** human markup language 的缩写。

HMMA **超媒体管理框架** hypermedia management architecture 的缩写。

HMMP **超媒体管理协议** hypermedia management protocol 的缩写。

HMMS **超媒体管理机制** hypermedia management schema 的缩写。

HMOM **超媒体对象管理者** hypermedia object manager 的缩写。

HMOS **高密度金属氧化物半导体** high-density metal-oxide semiconductor 的缩写。参见 metal-oxide semiconductor (MOS)。

HMP **主机监督协议** host monitoring protocol 的缩写。

HMS **家用多媒体系统** home multimedia system 的缩写。

HMSC **归属移动交换中心** home mobile switching center 的缩写。

H network **H 型网络** 由 5 个支路组成的衰落网络。两个支路串联在输入端与输出端之间。两个支路串联在另一个输入端与输出端之间。第 5 个支路则从前两个支路的节点连到后两个支路的节点。也称"H 型固定衰减器"。

HNIL **高抗扰度逻辑** high-noise immunity logic 的缩写。

HNIL/CMOS combination **HNIL/CMOS 组合电路** 计算机和电子设备中采用 HNIL(高抗扰度逻辑)电路与 CMOS(互补金属氧化物半导体)器件的一种逻辑组合电路。在接口处使用 HNIL 后，系统的抗干扰性能显著提高，而且能保证最佳的系统性能功耗比。HNIL 电路与 CMOS 器件可以在 HNIL 的供电范围内(即 10 ～ 16 V)直接接口。

HNIL interface device **高抗扰度接口器件** 在电子设备中，一种由高抗干扰度逻辑电路构成的接口器件。常与 MOS(金属氧化物半导体)或 CMOS(互补金属氧化物半导体)微处理器及存储器一起使用。

HO **呼叫保持** call hold 的缩写。

Hoare system **霍尔系统** 描述形式语言语义的一种公理系统。

hobby computer **业余(爱好者)计算机** 由业余爱好者自己组装并供自己和其他业余爱好者使用的一种廉价微型计算机。

hobbyist **业余爱好者** 一种人，他装配和使用计算机完全出于兴趣而不是商业应用。这种用法可包括开发机器代码程序和个人游戏。

hockel **扭曲** 电缆中的一个环或扭曲，对电缆施加一个转矩产生扭转时形成，通常当电缆从电缆盘或电缆车放出时，受到张力，则会发生扭曲，扭曲可导致电缆损坏。

Hogg horn antenna **Hogg 喇叭型天线** 一种地面电台喇叭型天线，具有较高的天线效率。比较 horn antenna。

hold **保持** (1)在一定时间内，使某系统或电路暂停操作并保持暂停前的状态，以便用户进行研究。(2)存储器中的数据不因对它进行取数访问而丢失的一种特性。这通常靠存储器对数据进行复制而实现。

hold delivery **保持传送** 把消息传送到消息队列，当用户请求时，可从消息队列中取出的一种方法。当消息到达保持传送的消息队列时不通知用户。

holddown timer **抑制计时器** 一种避免路由环路的技术。抑制计时器用于阻止定期更新的消息在不恰当的时间内重置一个已经坏掉的路由，抑制时间通常比更新信息发送到整个网络的时间要长。当路由器从邻居接收到以前能够访问的网络现在不能访问的更新后，就将该路由标记为不可访问，并启动一个抑制计时器，如果再次收到从邻居发送来的更新信息，包含一个比原来路径具有更好度量值的路由，就标记为可以访问，并取消抑制计时器。如果在抑制计时器超时之前从不同邻居收到的更新信息包含的度量值比以前的更差，更新将被忽略，这样可以有更多的时间让更新信息传遍整个网络。抑制计时减少了路由的浮动，增加了网络的稳定性。参见 routing loop。

hold facility **保持能力** 计算机在运算过程中，当计算被中断时，计算机保持现场的一种能力。

hold-in frequency range **保持频率范围** (1)锁相环内能保持锁定频率的范围。(2)本机振荡器或时钟频率与锁相环基准频率发生差异时，锁相环使本机振荡器或时钟向着减小频率差异的方向缓慢改变频率，如果没有中断，它们的频率最终会达到锁定频率和相位锁定。参见 capture range。

holding beam **保持电子束** 在静电存储器中，用来维持屏幕上存储电荷的一种电子束。

holding current **维持电流** 使开关器件在激励或

触发之后维持闭合态或导通态所需的最小电流。

holding screen status 保持屏幕状态 当某些操作系统将显示终端用作虚机控制台时，位于屏幕右下方的一种指示符。该指示符表示将当前显示的内容一直保持在屏幕上，直到用户请求抹去该内容为止。当按 Enter 键时，这个状态就能出现，它还可以由屏幕上显示的消息或警告信号来触发。

holding time 占线[保持]时间 在通信过程中，进行一次传输所需的时间，包括报文时间和操作时间两部分。

holding torque 保持力矩 在使用步进电机时，为了制动而在电机一相绕组中通入一定的维持电流所产生的一种力矩。

hold instruction 保持指令 (1)一种计算机指令。它使微型计算机的内部工作寄存器保持在此指令执行前的状态，以便观察或等待下一步处理。(2)一种计算机指令，它使数据从存储器中取出后，在原来的存储单元里仍保持此数据。(3)将数据从存储器读出后存入一个新位置，但并不改变原数据的指令。

hold mark 保持传送符号 在起停式打字电报机中，用于表示无信号状态的一种连续信号。

hold mode 保持方式[状态] (1)模拟计算机的运算方式。处于此方式时就停止积分，而所有的变量保持原有的值。(2)也称“收容状态”或“间断状态”，是计算中断后的一种状态，当计算停止后，所有变量仍然保持为计算中断时的值。(3)在某些操作系统中，把作业提交给系统后它所处的状态。

hold-off interval 关断间隔 在变流器中，由阀的通态电流下降到零的瞬间开始到能承受断态电压的瞬间止的时间间隔。比较 conduction interval。

hold page queue 保持页面队列 某些操作系统中的一种队列，开始时就已通过诸如页面调入、页面收回等操作把实存中的页面分配给该队列。参见 active page queue, available page queue。

hold queue 保持队列 准备运行并等待操作员释放的作业排队。参见 intercepted station, intercepted terminal。

hold time 保持时间 为了成功地锁存一个信号到接收端，器件必须要求数据信号在被时钟沿触发后继续保持一段时间，以确保数据被正确操作。这个最小的一段时间就是保持时间。

hold-up capacitor 保持电容器 该电容的储能可在输入电压中断后的一段时间内，保持输出电压。

hold-up time 维持时间 交流输入电源发生故障后，其输出电压仍处在技术指标范围内的时间。通常，脱机开关电源有较长的维持时间，其值取决于高压电容器中储存的能量。为了延长维持时间，可以降低输出负荷或提高线路电压。

hole 空穴，漏洞 (1)当把足够的能量加到半导体材料晶格中时，使电子从其晶格位置中撤出所产生的一种正电荷载流子，该载流子就称为空穴。当一个电子冲破电场的束缚离去时，产生一个空穴，该空穴能被邻近的电子填上，按相反方向运动的邻近电子又产生另外一个空穴，这个空穴同样能被邻近另一电子填上。按顺序产生的一些空穴与自由电子流动的方向相反，这就为正电荷的流动建立了一条导电通路。(2)漏洞是指系统中的安全缺陷。漏洞可以导致入侵者获取信息并导致不正确的访问。

hole conduction 空穴导电 在半导体中，当电子在外加电压的影响下移入空穴形成新空穴时所产生的导电。空穴的视在运动朝向更负端，因而等效于正电荷在该方向的流动。

hole-electron pair 空穴-电子对 正载流子(空穴)与负载流子(电子)成对出现。

hole injection 空穴注入 当电压加到与材料表面相接触的尖锐金属点上时，在 N 型半导体中产生的空穴。

hole mobility 空穴迁移率 空穴通过半导体的难易程度的能力的度量，等价于空穴的平均漂移速度除以半导体中的电场强度。

Hollerith punched code 霍勒瑞斯码 美国 Herman Hollerith 发明的用穿孔卡片存储数据的代码。霍勒瑞斯码与一组字母数字字符相对应，它包括英文字母表的 26 个字母，十进制数字集、标点符号集和特殊标记和符号集(如美元符号、连字符等)，卡片上的每一列与一个字符对应。并首次在 1890 年的美国人口普查中使用。霍勒瑞斯建立了制表机公司，后来他的公司发展成了 IBM 公司。

hollow brush 空刷子 微软视窗中的涂色刷子，其位图与窗口的背景色位图相同。

hollow insulator 空心绝缘子 也称“绝缘套”。从一端到另一端是穿通的一种绝缘子。通常，术语空心绝缘子不包括紧固器件。参见 solid-core insulator。

hologram 全息照相，全息 全息术中使用的一种特殊照相底板。当这个负片显影并由相干气体激光束从背面辐照时，便产生三维空间图像。

holographic bar-code reader 全息条形码阅读器 用于识别商品的条形码阅读器。这一系统包括一个小功率激光器和一个带有各种 π 形全息透镜的马达驱动的全息扫描圆盘。圆盘的每个小平面包含具有焦距、斜角和仰角独特组合的不同全息图，以使不同路径的激光束发生偏转。在这些扫描中，至少有一次扫描将使激光束到达包装上的通用商品码条纹并被反射。探测器将光信号变换成电脉冲送入计算机处理。

holographic memory 全息照相存储器 (1)一种以激光器为光源，利用全息照相技术，实现信息存储的装置。通常由光源、光偏折器、组页器、存储媒体、光电检测阵列、光学系统及逻辑控制系统等 7

个部件组成。需要存储的二进制电信号进入组页器变成二进制光信号，控制系统使用光偏折器寻址，在存储媒体的给定地址上实现全息记录。读出时，由控制系统使激光束经光偏折投射在存储媒体的给定地址上，便获得重构原存图像，通过光学系统，使该像落在光电检测阵列上，变成二进制电信号。这种存储器是页式存储器，根据存储媒体的物理或化学特性的不同，可以做成只读存储器或可存取存储器。(2)一种光学存储器系统，这种系统可把来自参考光束的激光同从物体(携带有待记录的信息)上射出来的激光相混合，从而把全息图形记录到光敏片上。在整块底片上，全息图内的数据实际上是模糊不清的，在系统内稍存有冗余信息，因此乳胶上的尘埃和划痕对记录的信息影响极小。重构的图像内数据排列成点的阵列，一个比特一个点。把激光束照射到所需的全息图上，使重构图投射到硅片上的光电二极管阵列上后，就可读出信息。参见 optical memory system。

holography 全息照相术 在信息处理系统中，把物体上发出的光信号信息，包括光波的振幅和相位全部记录下来，当此摄影物体再现时，就能得到物体三维立体图像的一种技术。全息照相是利用光的干涉原理把相位变化转化为振幅变化，从而记录下物体的全部信息，又利用光栅衍射效应重构原物的波阵面。

hololens 全息透镜 在信息处理系统中，用于全息照相的一种透镜。它将入射光束分裂为相干的两组光束，即物光束和参考光束，并使由偏转器来的任一位置光束都能照射到组页器的所有光阀上，以便读写。

holy war 圣战 (1)指在计算机专业人员中对计算机领域某些方面进行的广泛而语言尖刻的辩论，如程序设计中有关使用 GOTO 语句之类的辩论。(2)在网上新闻组或其他论坛就某些引起争论的主题展开的辩论。发起一场偏离论坛主旨的圣战被认为是对网络礼节的扰乱。参见 newsgroup。

home address 起始地址，宿主地址 (1)一个写入直接访问卷的地址，指明一个磁道相对于卷起点的地址。(2)在数据库中，一个键值散列的地址，称宿主地址。

home agent (HA) 归属代理 是移动用户归属网络的路由器，它维护移动节点目前注册的位置信息，并且将原始的数据信息包用 IP 隧道技术转发给新地址。参见 foreign agent (FA)。

Home and End keys Home 键和 End 键 一对光标控制键。在字处理时，Home 键可使光标移到当前屏幕的左上角，End 键将光标移动到屏幕的右下角或者列表文件的尾部。它们还可与替换键、控制键、换档键配合使用完成光标的移动。如 Ctrl-home 可移动光标到文件的启始点，Ctrl-end 可移动光标到文件的结束位置。

home automation 家庭自动化 泛指家庭保安(防盗、防灾)、家用电器自动控制(电气、煤气的自动控制，自动计测仪器和自动烹调设施)、节能系统(能量管理、照明、空调、热水供应的管理)、家庭银行等。

home bank 家庭银行 银行为方便个人客户提供的一种服务项目。客户不必出门而只要在家里就可以自己办理诸如转账、付款、个人理财、资料查询等银行业务。有的还可提供商店购物、图书馆服务、新闻(报纸)服务、天气预报等其他服务等。典型的家庭银行通过客户自己的个人微机、电视、电话、调制解调器、读卡机和打印机等组成客户家庭银行终端工作站。

home banking service 家庭银行服务 随时向用户报告银行户头的存取情况的服务。附带的服务是提供经济新闻和物价的信息，将来的服务包括会计账、簿记账、纳税计划、电子邮件、金融收支等。参见 home bank。

home block 标识块，引导块 (1)索引文件中的一种数据块，它含有卷标识数据(如卷标号及保护标识)。(2)也称“起始块”。在磁盘上存储磁盘初始信息和引导系统所需要信息的存储块。若该块信息遭到破坏，则整个磁盘将无法使用，必须重新进行初始化才能使用，但磁盘上的信息被全部破坏。

home brew 家庭制造，自用产品 (1)指业余计算机爱好者、学生或技术人员设计并制造用于家庭或个人使用的计算机或其他设备。(2)指公司为满足自身需要而非作为商业产品而开发的硬件或软件。

home carrier 本地运营商 在蜂窝通信中，用户电话注册的电话公司，该公司每月向用户收取接入费和使用费。

home computer 家用计算机 20 世纪 70 年代出现的价格低廉的微型计算机。主要用于家庭娱乐(如电子游戏)，也包括一些学习和处理功能，也可用作家庭记账或开发有兴趣的程序。这种计算机可用来存储文件和运行程序，但不需要磁盘后备存储器，也可以不要打印机。参见 office computer，personal computer。

home computerization 家庭计算机化 一般家庭由于使用计算机而带来的各种自动化的统称，如字处理、家庭 CAI(计算机辅助教学)、个人计算机情报服务、家庭日常设备实时控制、家庭保险等。

home directory 初始[私人]目录 操作系统中用户登录时设置的初始工作目录。它为用户提供了一个建立子目录、存放文件以及安装个人应用程序的地方。用户可以控制私人目录的访问级别，管理员也可以阻止赋给用户生成目录结构的权力和为它们定义安全性。但是，超级用户仍然能超越用户加在私人目录上的安全性措施。

home environment 内部环境 在某些操作系统中，一条线索所联系的环境。该线索可以在不同的环境中运行,但其内部环境保持不变。

homegrown software 家(庭化生)产软件 在家庭中而不是在专业环境中生产的软件,某些通用微机软件最初是家庭化生产的,大多数共享软件也是家庭化生产的。

home information system 家庭信息系统 这种系统使家庭成为一个电子控制和通信中心。在这一概念下,人们设想许多家务工作采用微机来完成:如家庭财务管理、家庭教育、家庭档案、能源管理、电子购物和电子银行存取款等。

Home key Home 键 IBM PC 及其兼容机增强键盘上的一个键,用于将光标移动到当前行的起点、屏幕的左上角或者到文件的开头,在苹果机的增强键盘上也有这个键。

home location register (HLR) 归属位置寄存器 用于移动用户管理的数据库。主要存储有关用户的参数和有关用户目前所处位置的信息。每个移动用户都应在其归属位置寄存器注册登记。

home loop 本地环路 (1)只使用与本地终端有关的输入输出装置的一种操作(环路)。(2)端接到本地中心电话局的电话线对。

home mobile switching center (HMSC) 归属移动交换中心 移动用户开户登记时所归属的移动交换中心。

home multimedia system (HMS) 家用多媒体系统 HMS 是集计算机、DVD(数字影碟)、VCD(影碟)播放、电话/传真、家庭影院(杜比 AC-3 环绕)于一体并可实现 VOD(视频点播)及因特网联网等功能的家电产品。参见 video on demand (VOD)。

home network 家庭网络 在有限范围(如家庭内部、办公室)内通过有线或无线方式将多个设备连接起来而形成的网络。家庭网络是为了满足用户的某些需求而组建的,为用户提供一定的业务与应用。用户的需求可以是有限范围内多个设备之间的信息流通,也可以是有限范围内的多个设备与公共网络之间的信息流通,甚至可以是有限范围内的所有设备之间以及这些设备与公共网络之间的信息流通。

home office 家庭办公 信息时代出现的新的工作方式,工作人员不必去办公室而在家中完成定量的工作。条件是其家里必须安装个人计算机及有关设备,并通过计算机网络与工作单位计算机系统相连。家庭办公的优点是可节省工作人员去办公室路途的时间,把全部精力用于工作,从而提高工作效率,降低行政费用开支,此外还可以减少城市交通拥挤的现象。目前,家庭办公已在国外部分公司试行,引起广泛重视和欢迎。

home on 直接连线 (1)为了减少电话呼叫的延迟时间,电话用户的话线与中心交换局直接相连。(2)指小的电话交换台通过主干话线直接与大的电话交换台连接。

home optical transceiver 家用光收发机 一种设置在家庭内的光纤光电检波器(接收机及发送机)光源组件,用来将光波信号通过光纤传送至光纤分线盒,并从光纤分线盒通过光纤接收光波信号。

homeostasis 动态平衡[静止] 在数据传输系统中,使输入和输出保持动态平衡的一种系统状态。总体上看好像系统没有改变。参见 cybernetic control process。

home page 主页 在因特网中,指浏览器登录到某网站上所看到的第一页。该信息页可以包含图像和文本以及对其他信息的索引。主页上带有各种表示超链接的小图标,浏览者点击这些小图标,便可以进入更深浏览层次。通常一些网上的用户和每个组织都会有一个单独的主页。

Homeplug Powerline Alliance (HPA) 家庭插电联盟 成立于 2000 年的 HPA,在全球拥有 75 个成员,是开发全球互联电力线通信规格的开放标准组织。

home position 起始位置 一个文件的起始位置或显示屏幕上活跃窗口中开始显示的位置。

home public land mobile network 本地公共陆地移动网 移动用户注册登记的公共陆地移动网。参见 public land mobile network (PLMN)。

home record 原位记录 在链接文件组织中,记录链中的第一个记录。参见 header record。

Home Radio-frequency Working Group (HRWG) 家用射频工作组 由美国家用射频委员会领导,成立于 1997 年,其主要工作任务是为家庭用户建立具有互操作性的话音和数据通信网。它推出 HomeRF 的标准集成了语音和数据传送技术,工作频段为 10 GHz,数据传输速率达到 100 Mbps。

HomeRF HomeRF 无线标准 该标准由 HRWG(家用射频工作组)制定,是用于个人计算机、外设和无绳电话等设备之间的无线连网的开放性工业标准,其目的是使复杂的无线 LAN(局域网)的家庭应用变得简单。HomeRF 网络的主要系统参数如下:①网络跳频:50 次/秒;②工作频率:2.4 GHz;③发射功率:100 mW;④传输速率:2FSK(频移键控)调制为 1 Mbps,4FSK 为 2 Mbps;⑤有效范围:约 50 m;⑥支持站点:每个网络约 127 个设备;⑦话音连接:6 个全双工通话信道;⑧数据安全:采用 Blowfish 加密算法。HomeRF 无线网络有以下特点:①通过拨号、DSL(数字用户线路)或电缆调制解调器上网;②传输交互式话音数据采用 TDMA(时分多址)技术,传输高速数据包分组采用 CSMA/CA 技术;③数据压缩采用 LZRW3-A 算法;④不受墙壁和楼层的影响;⑤通过独特的网络 ID 来实现数据安全;⑥无线电干扰影响小;⑦支持近似线性音质的语音和电话业务。参见 shared wireless access protocol (SMAP), digital European cordless telecommunication (DECT), bluetooth。

home robot **家用机器人** 未来家庭的忠实"仆人"和"管家"。各种家庭劳动和家务可由它来料理。

home shopping **家庭购物** 在家里收看和订购商品的一种方法。在有线电视上有几个家庭购物频道，用户可观看显示器上的产品，听商品介绍，并通过打免费电话来订购。可在线通过显示器浏览产品并输入信用卡信息来订购，所选的产品将被送到家中。

home terminal **家用终端(设备)** 装设在家庭里的计算机终端或附属于电视或传真的高性能、廉价的家用终端机。家庭主妇或小孩均可自由操纵它，以接受各种信息服务。

home theater **家庭影院** 性能优异的视听器材组合，用来在家里营造出类似于影剧院中那种声像感受。家庭影院的组成往往包括大屏幕的视频监视器、LD激光影碟机、DVD(数字影碟)播放机、Hi-Fi录像机等节目源设备和杜比定向逻辑(DPL)以及杜比数字(DD)和数字化影院系统(DTS)这类数字环绕声装置(音频/视频功放接收机和多路音箱系统)。

home THX **家庭THX** 为了在家中重放电影或音响而特地使用的一些专利、技术和重放的标准。THX是Tomlinson Holman Experiment的缩写。参见THX identification。

home window **初始窗口** 在AIX操作系统中，一个完全显示存储在显示缓存中的内容的窗口。

homing guidance **寻的制导** 利用目标辐射或反射的信号获取信息，自动形成制导指令，控制飞行器飞向目标的制导技术。

homing guidance system **寻的制导系统** 能对目标的特定特征发射起反应的的导弹制导系统。特征发射包括热发射、光发射、声发射、反射雷达回波或其他电磁辐射。寻的制导可能是主动式、半主动式或被动式。

homing sequence **引导序列** (1)用于时序电路功能测试的一种输入输出检查序列。从时序机两个不同的初始状态开始，分别加上同样的引导输入序列，根据所得到的不同输出序列，可以确定序列结束后所对应的不同最终状态。(2)在数据传输系统中，为了便于识别所传输数据的起始和终止，加在数据前面的一组标识序列码。

homing tree **自寻树，引导树** 产生自寻序列的树，后继状态树的一种。若满足下列条件之一则此树节点变成端节点：①节点的不定态向量包含非齐次不定态分量并且与前级的节点分量相同；②节点属平凡不定态向量或齐次不定态向量。

homochronous **恒步的** 如果两个信号的对应有效瞬间相互间具有恒定的但不加控制的相位关系，则这些信号为恒步的。

homodyne **零拍，零差** 两个同频率波。例如，如果用户使用电台想与某人联络的话，则要使电台的频率与对方"零拍"(即频率调到一致)，然后呼叫对方的呼号。同zero beat。

homodyne detection **零拍检波** 检波即解调，用基于两个同频率信号混合获得基带信号的技术。参见heterodyne，homodyne，self-heterodyne。

homogeneous cladding **均匀涂层** 一个由均匀介质，尤其是折射率始终为常数，即各向同性组成的涂层。

homogeneous computer network **同构型计算机网络** 一种由相同或可兼容计算机组成的网络。比较heterogeneous computer network。

homogeneous computer system **同构型计算机系统** 一个计算机系统，它与一个或多个其他计算机系统具有相似的分层结构。这种系统便于对应的相同层互联。参见architecture layer。

homogeneous coordinate **齐次[同性]坐标** 在图形操作中，为了使各种几何变换都能统一地使用矩阵的形式进行处理，而把二维对象用三维坐标的形式表示，把三维对象用四维坐标的形式表示，这种把n维对象用$n+1$维坐标来表示的形式就称为n维对象的齐次坐标。例如齐次坐标中的一个点(x,y,z,w)用于代表一个在三维空间坐标中的点(X,Y,Z)，其中$X=x/w, Y=y/w, Z=z/w$。

homogeneous distributed database **同构型分布式数据库** 指所有的节点都使用相同的DBMS(数据库管理系统)，如都是Oracle关系数据库管理系统。各个节点上的计算机硬件和操作系统可以不相同，因为硬件和操作系统的不同将由通信软件来处理和管理。在这样的系统中，由于各节点都使用相同的操作模式，它们彼此了解，合作处理用户的需求。比较heterogeneous distributed database。

homogeneous distributed database system **同构型分布式数据库系统** 构成该系统的计算机网络上的各节点由相同类型的计算机所组成，并采用相同类型的操作系统和数据库管理系统。

homogeneous distributed knowledge base management system **同构分布式知识库管理系统** 在分布式系统的各节点上采用相同的知识库管理系统(支持一种知识表示及多种推理机制)实现对知识进行处理的知识库管理系统。参见heterogeneous distributed knowledge base management system。

homogeneous environment **同构环境** 通常在一个机构内的一种计算环境。在此环境中只使用相同制造商的硬件和软件。

homogeneous expression **同类表达式** 表达式组成部分属同一类型。

homogeneous medium **均匀介质** 在光学系统中，一种传输介质，它的光传输参数，如本质关系参数，它们在空间的幅度和方向为常数，即不是空间坐标的函数，虽然它们在整个介质中会均匀变化，成为其他参数的，如时间、温度、压力、湿度和传播的电磁波波长的函数。

homogeneous multiplexing **同速多路复用** 多路复用系统中，所有信道都具有相同的传输速率的一种复用方式。

homogeneous multiprocessor **同构型多处理机** 由多个同等类型或同等功能的处理机所组成的多处理机系统。这种系统中的各处理机并行地分别处理同一程序的多个子任务。因此，各处理机之间按平等的原则分工，执行大致相同的处理功能。整个系统按多指令流多数据流方式工作，共同完成一个或几个任务，从而提高处理速度和系统可靠性。

homogeneous network **同构(型)网络** 包含相同类型的计算机、网络接口卡、同一操作系统，各节点使用一种通信协议构成的网络。比较 heterogeneous network。

homogeneous network environments **同构网络环境** 同构网络环境中的网络部件是由同一个供应商供应的或者是兼容设备，它们运行在同一个操作系统或者是网络操作系统下。比较 heterogeneous network environments。

homogeneous radiation **均匀辐射** 具有极窄频带或一种类型的单能粒子束，因而辐射的所有组成部分都相似的辐射。

homogeneous virtual machine **同构虚拟机** 一个硬件平台上模拟多个独立的和实际硬件相同指令集结构的虚拟硬件系统。同构虚拟机也称硬件抽象层虚拟机。由于同构虚拟机的指令不需要翻译或解释就可以在底层硬件上直接执行，所以，同构虚拟机的性能要远高于异构虚拟机，实际应用也广泛得多。参见 heterogeneous virtual machine, hardware abstraction layer (HAL)。

homogenous structure **同类结构** 由同一类型的节点(记录)组成的数据结构，如家族树就是一种常见的同类结构。

homogenous multiplexing **同类多路复用** 一种所有的信息承载通道工作在同一数据发送速率的多路复用。参见 heterogeneous multiplexing, multiplexing。

homographs **同形词** 在数据库系统中，指具有相同形态不同含义的数据元素。它们可以是同音词，在数据词典中分别列出其不同含义。

homojunction **单质结，同质结** (1)两个半导体之间的结，它们的原子或合金成分相同，但它们的掺杂级不同，电导率不同。(2)激光二极管中的单一结，即掺杂中的多数载流子从正转变到负(或相反)的一个单一区，而且在一个边界产生折射率变化，因此也有能级的转变，势垒和折射率的转变。比较 heterojunction。

homomorphic encryption **同态加密** 一种密码学技术。对经过同态加密的数据进行处理得到一个输出，将这一输出进行解密，其结果与用同一方法处理未加密的原始数据得到的输出结果是一样的。同态加密允许人们对密文进行特定的代数运算得到仍然是加密的结果，与对明文进行同样的运算再将结果加密一样。换言之，这项技术可以在加密的数据中进行诸如检索、比较等操作，得出正确的结果，而在整个处理过程中无需对数据进行解密。

homomorphic filter **同态过滤器** 同态滤波器是把频率过滤和灰度变换结合起来的一种图像处理方法，它依靠图像的照度和反射率模型作为频域处理的基础，利用压缩亮度范围和增强对比度来改善图像的质量。

homomorphic deconvolution **同态反褶积** 一种非线性滤波方法。应用同态滤波理论，将一种函数域映射至另一函数域，使以褶积关系组成的信号先变换为相乘的形式，再把相乘关系组成的信号转换为相加的形式(复倒谱)。是在复倒谱域内进行滤波运算后，经过反函数转换到原始函数域的广义线性滤波系统。参见 complex cepstrum。

homomorphic filtering **同态滤波** 利用广义叠加原理对同态系统进行滤波。同态滤波处理系统在输入和输出运算相同的情况下，可分为相乘信号的同态滤波处理和褶积信号的同态滤波处理两种。参见 homomorphic system。

homomorphic filter restoration **同态滤波复原** 运用矢量空间之间的同态(即线性)映射，选取同态滤波器进行图像复原的方法。它使信号从原始空间被映射到另一空间，在新的空间上更容易运算和估计未知的复原点扩展函数或传递函数，从而得到新空间上的解，再同态变换回原空间而得到复原图像。例如，当图像受到乘法性干扰或退化时，表示为

$$G(x,y)=F(x,y)\cdot E(x,y)$$

式中 $G(x,y)$，$F(x,y)$，$E(x,y)$ 分别为退化图像、复原图像、干扰因素。对上式取对数变换得

$$\log G(x,y)=\log F(x,y)+\log E(x,y)$$

很容易用线性滤波技术估计 $\log F(x,y)$，再做指数变换得 $F(x,y)$。

homomorphic signal processing **同态信号处理** 对符合广义迭加原理的非线性系统的信号处理。在信号处理中，经常碰到不属于迭加性组合的信号，如乘积性信号和褶积性信号，对这一类特殊的非线性系统的信号处理，就称为同态信号处理。在语音、图像、雷达、声呐、地震勘探以及生物医学工程等领域中，同态信号处理获得广泛的应用。

homomorphic system **同态系统** 一类特殊的非线性系统，它遵从广义的叠加原理。在代数上，这类系统用输入和输出的矢量空间之间的线性变换来表征，因而称为同态系统。

homomorphism **同态** 是由系统的同一性所决定的状态。同态概念意味着：①系统的同一性及其差异源于系统的状态及其差异；②同态是用同一性来

H

确定并根据同一性差异来区别的系统状态；③同态的综合形成系统结构；④同态的变化体现为系统状态变化。因此，同态就普遍、具体、确定存在于系统之中，并且同态的确定使系统的结构特性和运动特性得以实现，因而同态就必然成为科学研究的对象。

homonym 异义，同项 (1)可能有多种含义的属性。(2)在概念模式语言中，两个或多个指向不同实体的相同的项之一。

homonyms 异义词 在信息系统中，指具有相同标识，但含义不同的数据元素。对应于 synonyms。

homopolar machine 同极电机 通过气隙全部面积的磁通都呈同一极性的电机。

homopolar power 零序功率 三相系统每相的电压的零序分量与相对应的电流的零序分量所形成的功率。比较 positive sequence power，negative sequence power。

honeycomb 蜂窝式通风板 一种屏蔽器材，通常是用许多并列的六角形金属管焊在一起构成，其中每一个金属管都起着波导衰减器的作用，通常用于设备通风口的屏蔽。

hook 钩，挂钩 (1)软硬件产品中的一种特性，允许业余爱好者和程序员根据需要或个人喜好增加自己特制的功能，它为扩充功能提供了一个良好接口。(2)微软视窗系统中消息处理机制中的一个点，在这个点上应用程序能够用子程序处理消息。(3)一种编程技术，在设计标准计算机绘图系统时，为了提高系统的效率，允许程序员往原有程序中插入新代码。有挂钩的程序可执行任何附加代码。挂钩功能使建立在该系统上的其他高级模块能提取该系统的内部特征。

hook chain 钩链 一个指向与挂钩相关的子程序的指针表。在出现一个由勾处理的消息时，Windows 调用表中的第一个过程进行处理。

hookerware 诱饵软件 一种仅包含着有限功能，但可以良好地表演的软件，免费向用户发行。设计者发行这种软件的目的，是引诱用户购买功能更齐全的正式商品软件。

hook ID 钩连标识符 程序中编译器插入允许用户以后用设置断点的方法中断程序的指令以进行程序调试的一个位置。

hooking 挂钩 在设计标准计算机制图系统时，为了提高系统的效率而提供的一种功能。它使建立在该系统上的其他高级模块能提取该系统的内部特征。

hookup wire 布线用电线 用于进行低功率电路连接的镀锡和绝缘实心或绞合软拉制铜线。

hop 跳跃，跳数 (1)无线电波在从一处行进到另一处时，从电离层反射回地面称跳跃。此术语可以用形容词修饰，如一次跳跃，二次跳跃和多次跳跃。跳跃次数称为反射级。(2)将数据分组从一台服务器或者路由器传输到另外一台上时所经过的路径。在因特网上发送信息时，数据可能必须经过几台服务器或路由器的传输才能到达目的地。

hop-by-hop route 逐跳路由 在 ATM(异步传输模式)网络中，指通过拥有沿路径的每个交换机使用其各自路由知识而建立的一个路由。假定所有的交换机都能选择一致的路径使数据到达所需的目标，则 PNNI(专用网间接口)不使用这种路由。参见 private network to network interface (PNNI)。

hop count 节点数，跳数 在网络中，指一个通路所经过的网关数量，用于表示网络上两站点之间距离的量度。例如，跨越计数为 n 时，表明网际网上从源站点到目的站点要跨越 n 个网关。

hop count limit 跨跃数限制 在令牌环型网络中，一帧信息传送到终点的途中可以通过的桥接器最大数量。

Hopcroft-Karp's algorithm 霍普克罗夫特-卡普算法 一种求二部图最大匹配的算法。其基本思想是使用与匹配 M 有关的最短路径来扩充现有的匹配，直到求得最大匹配。算法最初可从空匹配 M 开始，若 M 不是最大匹配，那么构造一个新的有向图 G^*，使得其中有向路径与 M 有关的最短增广路径一致；然后构造 G^* 中不含公共顶点的有向路径极大集，这些路径即为所求的与 M 相关的最短增广路径，将其与原匹配合并成一个新的匹配；重复上述过程，直到找到最大匹配为止。

Hopcroft-Tarjan's algorithm 霍普克罗夫特-塔金算法 一种图的平面性测试算法，其时间复杂性为 $O(n)$。它的基本方法是先产生图的所有路，然后逐步施行路径嵌入。该算法的最大特点是充分利用可平面图边的稀疏性(n 个顶点的可平面图至多 $3n-6$ 条边)，用邻接表表示图，用深度优先搜索策略产生所有的路径，在一个称为孪生栈堆的数据结构上表示和处理路径的嵌入情况。该算法不仅有理论价值，而且易于实现，实际执行也很快。

Hopfield model 霍普菲尔德模型 一种人工神经网络系统模型，由美国加州理工学院的物理学家 Hopfield 在 20 世纪 80 年代提出。1982 年他提出了离散的神经网络模型，其中引入李雅普诺夫函数(计算能量函数)，给出了网络稳定判据。1984 年，他又提出了连续神经网络模型，其中神经元动态方程可以用运算放大器来实现，为神经元计算机的研制奠定了基础，可解决复杂条件下的系统优化问题，应用于自动控制领域中的优化控制。模型中 n 个单元间相互有对称的连接。网络上定义有评价函数，依赖于单元组的状态，称为能量函数。网络更新的算法总使网络的能量函数下降。这样从任何初值出发，经过单调有界的更新，最终达到某个稳态，称为吸引子。稳态吸引子是局部极值，可能有多个，可看作存储的信息，通过初态进行检索，可以通过模拟退火法达到总体极值。

Hopfield network model　霍普非尔德网络模型　由相同的处理单元彼此相互连接形成的单层网络，具有联想记忆、模式识别、分类和误差自校正等功能，但无学习能力。Hopfield 证明，当处理单元对称连接且异步工作时，此网络一定收敛。参见 Hopfield model。

hop limit　跳数限制　IPv6 新增字段，8 位无符号整数，类似于 IPv4 的 TTL(生命期)字段，TTL 字段包含一个秒数，指示数据包在销毁之前在网络中逗留的时间。与 IPv4 用时间来限定包的生命期不同，IPv6 用包在路由器之间的转发次数来限定包的生命期。包每经过一次转发，该字段减 1，减到 0 时就把这个包丢弃。参见 hop count，Internet protocol next generation (IPng)。

hopping spread spectrum　跳频扩频　一种扩展频谱的技术。同 frequency hopping spread spectrum (FHSS)。

HOPS　邻近主机服务　host proximity service 的缩写。

horizon　视界　从发射天线位置看去的地面与天空呈现的交界。视界以无线电台直射波所达到的地球表面部分为界。

horizon angle　水平角　在一个垂直平面中，从天线的中心延伸出来的水平线和从同一点延伸到无线电地平线的直线之间的夹角。

horizontal amplifier　水平放大器　阴极射线管中使电子束产生水平偏转的信号放大器。

horizontal architecture　横向系统结构　同等关系上分配处理资源的系统结构。相互连接的每一个处理机与其他处理机具有同等控制。

horizontal blanking　行[水平]消隐　在阴极射线管等显示器中，电子束来回扫描时水平回扫期间对电子束加以抑制的过程。

horizontal blanking interval (HBI)　水平消隐间隙　视频显示器系统中，当一个扫描过程从行尾回扫到下一行开头的回扫时间间隔。参见 vertical blanking interval (VBI)。

horizontal blanking pulse　水平消隐脉冲　一种在有效行扫描之间的复合电视信号中形成的矩形脉冲。这个脉冲引起显像管的电子束电流在回扫期间截止。也称“行频消隐脉冲”。

horizontal cabling　水平布线　工作区通信插座或连接器和水平交接点之间的布线。包括通信出口、连接头和水平配线架之间的线缆。

horizontal check　横向校验　对记录在介质上的二进制信息进行检查的一种方法。即在与介质运动方向相垂直的方向上进行校验。参见 horizontal parity check。

horizontal cross connect　水平交叉连接　水平布线与其他布线，如垂直布线、主干网布线、设备线等的交叉连接。参见 horizontal cabling。

horizontal deflection electrodes　水平偏转电极　通过静电偏转，使电子束在阴极射线管荧光屏上来回水平移动的一对电极。

horizontal deflection oscillator　水平偏转振荡器　在水平同步信号控制之下产生锯齿电压波形的振荡器。锯齿电压波形经放大，再馈至显像管的水平偏转线圈。也称“水平振荡器”。

horizontal distributed processing system　横向分布处理系统　一种分布式系统，把两个或两个以上逻辑上等价的计算机连接在一起，没有分级或主从关系。

horizontal flow chart　横向流程图　表格、穿孔卡片和其他记录媒体在一个组织内运动的图形表示。它表示出各种上述媒体运动过程中的开始使用的时间和销毁的时间。

horizontal flyback　水平回扫　显像管电子束从一个扫描行结束到下一个扫描行开始的回扫。参见 horizontal retrace。

horizontal formatting　水平格式化　在文字处理中，对每行字符数进行的自动控制。参见 vertical formatting。

horizontal fragmentation　水平片段，水平分片法　分布式数据库中的一种全局关系的逻辑划分，将全局关系按元组的集合划分成若干子集所形成的片段。在水平分段中必须保持系统的完全性、重构性和非交性，完全性即全局关系的全局数据必须映射到片段上，不允许有一个数据仅属于全局模式而不属于任何片段。重构性即对于一个全局关系，必须可由它所分割的片段重构。非交性即片断之间不能相交。参见 vertical fragmentation。

horizontal group counting method　水平群计数法　一种数据检错编码方法。把要传送或存储的二进制数据排成一个方阵，计算数据方阵中每一行中“1”的个数，并把这个个数附在该行数据后边。接收或读取数据时，再计算每一行“1”的个数，与后边附带的个数比较，不一致则表示有错。

horizontal instruction　横向指令　并行地或以明确时序方式对各操作数执行独立操作的机器语言指令。

horizontal justification　水平调整　为了用文句完全填满横向宽度，在一行正文的末尾到该行诸字或诸字母之间的间隔进行空白的重新分配。

horizontal link　水平链路　在 ATM(异步传输模式)网络中，在属于同一平等组中的两个逻辑节点之间的一个链路。

horizontal market software　通用[横向市场]软件　一种通用的应用程序(如字处理软件)，与针对特定行业开发的软件不同，它可用于各种类型的业务。比较 vertical application。

H

horizontal microinstruction 水平微指令 一种能发出多个并行微命令以控制计算机多个部件并行微操作的微指令。一般地说，水平型微指令的字段较多，微指令字较长，但微操作的并行性较好。具有执行速度快、效率高、灵活性强、微程序短等优点。参见 vertical microinstruction, diagonal microinstruction。

horizontal microprogramming 水平微程序设计 用水平型微指令进行的微程序设计。

H

horizontal mode 横向排列方式 在缩微技术中，缩微影像并行拷贝到一定长度的胶片上的一种方式。

horizontal optical raceway 水平光纤通道 在机架上方或机架同一水平之间，用于光缆及跳纤路由的导引和保护的专用通道。参见 vertical optical raceway。

horizontal parallelism 水平并行处理 单指令流多数据流和多指令流多数据流计算机中采用的并行机制。参见 single instruction stream-multiple data stream (SIMD), multiple instruction stream-multiple data stream (MIMD)。

horizontal parity check 横向奇偶校验 一种奇偶校验。把一组二进制数据，纵向排列起来，便成为一个二进制数据矩阵，如：

二进制数据	奇偶位(奇校验)
10011010	1
01110011	0
00111001	1
10000110	0

对矩阵中每一行二进制位求奇偶和，并设置奇偶位，进行奇偶校验。在磁带上使用这种校验时常称为横向校验。参见 horizontal check。

horizontal partitioning 水平分割 将表的行分布到几个单独的文件中。

horizontal pointer 横向指针 在某些数据存取方法中，顺序集索引记录中的一种指针。它指明该顺序集中下一个顺序集索引记录的位置，这种指针用于键控制顺序存取。

horizontal polarization 水平极化 (1)电磁波的电场矢量与地面平行的极化方式。(2)电力线呈水平而磁力线呈垂直的无线电波的发射。利用这种极化时，发射和接收偶极天线均处于水平面内。参见 vertical polarization。

horizontal raster count 横向光栅数 在电真空器件中，阴极射线管横向可定位的光栅数，也就是光栅中水平分割数。

horizontal redundancy check (HRC) 水平冗余校验 同 horizontal-vertical redundancy check (HVRC)。

horizontal retrace 水平回扫 在光栅扫描显示器中，电子束不断地从 CRT(阴极射线管)屏幕的左方起点起水平地扫描到右面终点，然后切断电子束流并从右回到左面以便再一次进行扫描，这种把电子束流切断并重新定位到下一次扫描线起点的过程称为水平回扫。水平回扫与水平消隐不同，回扫时能看到一条回扫线。

horizontal reuse 横向复用 也称"水平复用"，是指软件复用的范围跨越了几个不同的应用领域。复用的软件产品主要包括数据结构、通用算法、人机界面等软件元素。比较 vertical reuse。

horizontal scanning frequency 行频 行频是显示器的基本电路性能，指电子枪每秒在屏幕上扫描过的水平线数，等于"行数×场频"，以 kHz 为单位。行频数越大就意味者显示器可以提供的分辨率越高，稳定性越好。如要达到 800×600 分辨率、85 Hz 的场频，显示器的行频至少应为 600×85＝51 kHz。

horizontal scroll bar 水平滚动条 显示在窗口底部的滚动条。它表示在该窗口水平方向还有更多信息有待显示，可以通过水平地移动它或点击滚动条两端的箭头按钮来显示其余的信息。

horizontal scrolling 横向移动，横向滚动 在显示终端或图像处理中，水平移动屏幕上显示的内容。这种功能对编制大表格很有用。

horizontal spacing 水平间距调整 在一些打印设备中，对字符与字符之间间隔大小进行调节的一种方法。

horizontal synchronization 水平同步 在光栅显示器中，由控制电子束扫描移动信号产生的定时作用。

horizontal table 横向表 在索引中，其项目按顺序方式存储的表，即表中排列为：项目 1，字节 1；项目 1，字节 2 等。

horizontal tabulation (HT) 横向制表 (1)在打印机或打字机上，沿书写行方向使打印位置移动预定数目的字符间隔。(2)在显示设备上，光标沿显示行移动预定数目的显示位置。参见 vertical tabulation。

horizontal tabulation character 横向制表字符 一种格式控制字符。它可使打印字位置或显示位置沿着同一打印行或显示行在预定的一连串位置内迅速移到下一个位置。在 ASCII(美国信息交换标准代码)中，该符号用二进制数 00001001 表示。

horizontal tabulator key 横向[水平]制表键标 在打字机上，实现横向制表功能的一种控制键标。

horizontal-vertical redundancy check (HVRC) 纵横冗余校验 把数据信息先以适当长度划分成组(长度为 m)，并把组内的各个码字(字长为 n)按行组织，在垂直方向上逐个排列成方阵，并在每行的末尾加上奇偶校验码元，同时将方阵中各个码字同一位在垂直方向上形成奇偶校验，得到的校验码元形成一个奇偶校验行。传送时仍按行进行，将各个字符依次传送，最后再传送奇偶校验行。这种校验方法能发现长度$\leqslant n$的突发错误。对于一位的错误,根据垂直和水平两个方向的判断,可以确知出错位置,自动予以纠正。采用这种方法,能使误码率降低2～4个数量级。

horizontal wiring subsystem 水平布线子系统 在结构化布线系统里,水平布线子系统是指在一幢大楼的某一层楼的房屋配线系统,它包括把主干子系统和设备布线系统通过交叉接口(管理子系统的组件)与信息出口连接的电缆分配元件。相对地,垂直布线子系统是指把电缆从每层的配线室铺设到大楼的地下室或某一层的主设备房。

horizontal wraparound 横向绕回 在显示器上,光标从一行的最后一个字符位置连续移到下一行的第一个字符位置的过程,或从一行的第一个字符位置连续移动到上一行的最后一个字符位置的过程。

horn antenna 角状天线 用于微波传输的设备。

Horn clause Horn(霍恩)子句 至多只含有一个正文字的子句称为Horn子句。可以是规则、事实子句或者是询问子句。Horn子句有很好的逻辑解释和过程解释,可用于逻辑程序设计。Prolog语言正是以Horn子句为基础而设计的。

horseshoe magnet 马蹄形磁铁 铁芯呈马蹄形或有些像字母U一样的平行侧面,使两个磁极相互靠近的永久磁铁或电磁铁。

Horspool algorithm 豪思布尔算法 一种采用后缀搜索方法的字符串匹配算法,实际上是简化的贝叶-莫尔(BM)算法。假设执行由正文中s_k起向前的一段与模式的自右至左比较,当发现不匹配时,该算法不像BM算法那样进行复杂的处理,而只是简单地根据s_k在模式中的最右出现来移动模式(不考虑不匹配字符的位置)。当输入串中的字符在模式中出现的可能性较小时其运算速度特别快。参见Boyer-Moore algorithm, Knuth-Morris-Pratt (KMP) algorithm。

HOS 高级命令软件,较高级软件 higher order software的缩写。

host 主机,宿主 (1)多机系统中起主要作用和控制作用的计算机。它还为别的计算机准备程序,并对其他系统所用的程序进行编译、编辑、连接和测试。如:联机检索系统的经营者、情报加工商或联机资料供应商。他们利用自己的计算机(主机)提供数据库服务。通常,用户向他们交付一定的数据库检索费,即可联机查找相关的数据。(2)在TCP/IP(传输控制协议/网际协议)网络中,任何具有至少一个相应的因特网地址的系统,一个带有多个网络接口的宿主可具有多个相应的因特网地址。(3)在FORTRAN语言中,一个程序单元直接包含一个内部过程,在嵌套的内部过程的情况下,宿主是直接包含内部过程的程序单元,如如果A包含B并且B包含C,A是B的宿主并且B是C的宿主,但A不是C的宿主。

host access method 主存取方法,宿主访问方法 在数据库系统中,控制与某一区域通信的存取方法。

host address 主机地址 标识一台主机的数字形式的IP(网际协议)地址,其构成为数字-点格式,如128.100.81.101。参见Internet address。

host apparent address 主机显地址 在ATM(异步传输模式)网络中,指网络层地址,主机将直接解析为低层地址。

host application program 主机应用程序 在主机上执行的应用程序。

host-based support program 主机支持程序 具有下列性质的主机系统支持程序:①使用合适的系统生成宏语言和宏定义库,产生面向应用与装置的系统配置;②在产生新的系统配置时用来汇编用户编写的信息处理程序、新设备驱动程序、与应用有关的模块汇编程序和连接编辑程序;③在请求主机系统或通信处理机时,允许传送诊断测试程序和原来生成的操作软件的装入程序;④帮助查找和纠正错误的转储程序。

host bus adapter (HBA) 主机总线适配器 (1)能插入计算机、服务器或大型主机的板卡,通过光纤信道或SCSI把计算机连接到存储器或存储器网。(2)网络服务器中处理机和硬磁盘控制器之间起接口作用的板,也称"磁盘协处理器板"。

host command processor (HCP) 主机命令处理机 在计算机网络结构中,一种SNA(系统网络体系结构)的可编程序存储系统存储控制器的逻辑单元。

host computer (宿)主(计算)机 (1)在计算机网络中,向终端用户提供诸如计算资源和数据库服务以及通常执行网络控制功能的一种计算机。(2)多机系统中的主要计算机或控制计算机。(3)用于准备在另一台计算机或另一个数据处理系统上使用的程序的一种计算机,如用于编译、连接编辑或测试将在另一系统上运行的程序的一种计算机。同host processor。(4)在多道程序系统中,每道程序都有一台虚拟计算机,而实际的计算机则称为主机。虚拟机的程序实际都由主机执行。(5)在微程序系统中,仿真别的计算机的计算机。参见master computer, slave computer。

host configuration 主要配置 在系统生成中使用的列表设备及存放执行程序和驱动程序的映像设备的配置。

host data language 主数据语言 参见data manipulation language。

host data manipulation language (HDML) 宿主型数据操纵语言 数据库操纵语言(DML)的一种。它必须嵌入到某种程序设计语言之中方能进行数据库操作,而不能独立使用。该语言有三种使用方式:①它与(宿主)语言融为一体,没有界限,DBTG(数据库任务组)系统中常采用这种方式;②在程序中采用CALL subroutine方式,即调用子例程的方

H

式;③预编译方式。比较 self-contained data language。

host digital terminal (HDT) 局用[主机]数字终端 提供 HFC(混合光纤同轴)传输系统与本地交换机接口的设备,在电信局中把电话业务和数字业务混合为一个数字流。参见 hybrid fiber coax (HFC)。

hosted software 托管软件 一种软件应用模式,客户根据自己实际需求,通过互联网向托管软件供应商定购所需的应用软件服务,按定购的服务多少和时间长短向厂商支付费用,并通过互联网获得厂商提供的服务。参见 software as a service (SaaS)。

host environment 宿主环境 计算机软件赖以生存的环境。宿主环境可以是操作系统、服务器程序或应用程序。参见 host language。

host ID 宿主标识符 在 TCP/IP(传输控制协议/网际协议)中,定义宿主在因特网地址的部分,宿主标识符的长度取决于网络的类型或者网络类。参见 Internet address, network ID。

hosting 托管 以外包方式包揽企业和消费者的信息技术应用、相关的硬件系统、网络服务等。

host interface 主机接口 数据处理网络和主计算机之间的接口。它可以是前端机或一台通信计算机,在传输信息时,使用一定的通信协议,并对数据有一定的加工能力和存储能力。

host intrusion detection systems (HIDS) 基于主机的入侵检测系统 运行在被检测的主机或单独的主机上的安全防卫系统,检测的目标主要是主机系统和系统本地用户,检测原理是根据主机的审计数据和系统日志发现可疑事件,作出记录、报警、阻断等相应的措施来报告、制止入侵活动,从而提供实时的入侵检测。

host language 宿主语言 用于开发宿主环境的程序语言称为宿主语言。例如,在数据库系统中,指一种能同宿主式数据操纵语言结合使用的程序设计语言。如 Java、C++等。在宿主系统中,宿主式数据操纵语言嵌入到这种语言中实现对数据库中数据的操作,其他由宿主语言完成。参见 self-contained language, host environment。

host language database management system 主语言数据库管理系统 一种数据库管理系统,从程序员观点来看,它是现有程序设计语言的扩充。

host language system 宿主语言系统 数据库管理系统(DBMS)的一种类型。1971 年 CODASYL(数据系统语言会议)系统委员会分析当时流行的许多 DBMS 之间最主要的不同就是对用户提供的能力和使用的方法的不同,从而提出了两类不同的 DBMS 类型,即宿主语言系统和自含式系统。宿主语言系统是面向程序员用户的,可实现复杂的应用,数据的存取由程序控制,用户使用的语言嵌套在系统提供的宿主语言(如 Java、C++等)之中。自含式系统自身包含了程序设计语言,用户可以直接键入 SQL 命令对数据库进行操作。参见 host environment, host language。

host logical unit (host LU) 主机逻辑单元 位于主处理机中一种 SNA(系统网络体系结构)逻辑单元,如通信系统软件应用程序。

host master key 主机主键标 它是对主机主键标进行加密的键标,存储于主机处理器中。建议使用 master cryptography key。

host master key variant 主机主键标变量 程序加密设施和密码设备支持系统中,由主机主键标派生出的一种加密键标,用于对主处理机上的操作键标加密。

host master key variant 1 主机第一主键标变量 在程序加密设施中的一种加密键标。主要用于对将在主处理机上使用的操作键标加密。

host master key variant 2 主机第二主键标变量 程序加密设施中,一种由主机主键标派生出的加密键标。在主处理机上用来对远程键标和跨域键标进行加密。

host monitoring protocol (HMP) 主机监督协议 为因特网操作中心监督、控制因特网主计算机而设计的协议。

host name 主机名 在因特网内,指定网络上的特定服务器名,位于全称域名的最左侧。参见 fully qualified domain name (FQDN)。

host node 主机节点 主处理机所在的一种节点。主机节点是一个提供应用程序接口(API)和公共应用程序接口的网络节点。参见 boundary function, boundary node, node type, peripheral node, subarea host node, subarea node。

host number 主机号 在因特网中,指 IP(网际协议)地址中表示节点的地址部分。参见 host address。

host/PCI bridge 主机/PCI 桥 在主机处理器总线和 PCI(外围部件互连)总线之间提供桥接的一个设备。桥提供了两个方向的事务转换,能为主机处理器提供数据缓存以及/或者二级高速缓存。

host personnel 主机操作员 在主计算机现场负责把终端和个人计算机连接到主计算机网络的人员。

host processor (HP) 主处理机 (1)控制用户应用网络的全部或一部分的处理机。(2)在计算机网络中,执行网络存取法的处理机。(3)在 SNA(系统网络体系结构)中,含有一个 SSCP(系统服务控制点)的处理装置。

host proximity service (HOPS) 邻近主机服务 因特网工程任务组(IETF)于 1997 年推出的一项服务,可以将用户的访问请求送往最近的因特网主机。作为 HOPS 服务器的设备中保留了一个 IP(网际协议)地址和资源的列表,当客户机提出访问请求时，该设备便计算该客户机与多个主机资源之间的距离，然后将该客户机引向最近的主机。这样可加快接通速度，减少网上无效信息的流动。

host real storage 主机实在存储器 操作系统中使用的一种存储器，对控制程序呈现实地址方式；如果操作系统独立运行，则为实存储器，如果操作系统在虚拟机中运行，则为虚拟存储器。比较 host virtual storage。

host-satellite system 宿主机-卫星机系统 一种CAD/CAM(计算机辅助设计/计算机辅助制造)硬件系统的配置方法。其特点是图形工作站与大型计算机相连；图形工作站拥有自己的计算机，可以进行显示及一般的计算；大型计算机则负责完成复杂的计算任务及数据管理工作。参见 computer aided design/computer aided manufacturing (CAD/CAM)。

host structure 宿主结构 在 SQL(结构化查询语言)应用程序中，一个由嵌入的 SQL 语句指定的结构。参见 structured query language (SQL)。

host subarea 宿主子区 在计算机网络中，一种包含一个主机节点的子区。

host support 宿主机支持程序 (1)在操作系统中，主处理机为连接诸终端、终端控制机和其他设备所使用的若干程序。如，问题确定辅助程序和数据库管理程序。(2)PSS(可编程存储系统)中的若干程序，用于维护系统程序库，把"来自主处理机的终端和存储控制器的"程序及数据经过裁剪并传送到另一个存储控制器上，并提供问题确定辅助手段等。上述服务程序包括控制器配置程序、数据库程序、数据通信程序、终端配置程序等。

host system 宿主系统 计算机网络中的一种数据处理系统。用于准备程序和操作环境，以便在另一台计算机或控制器上使用。

host table 宿主表 在 TCP/IP(传输控制协议/网际协议)的计算机网络中，指将主机名转换为数值地址所用的文本文件，以便标识网络上的主机。

host timed out 主机超时 在 TCP/IP(传输控制协议/网际协议)的计算机网络中进行数据交换期间，当远程系统在规定的时间内(几分钟)响应失败时引起的一种错误状态。这种状况意味着远程系统已经崩溃或已与网络断开。

host-to-host protocol 主机到主机协议 在计算机网络通信中，为了使计算机与计算机之间能按一定规约进行通信而制定的一种通信协议，允许主机去初启和保持运行在分散计算机上进程之间的通信。本地计算机上运行的进程要与远程计算机上运行的进程进行通信，本地计算机的管理程序根据主机到主机协议初启并保持通信链路。

host transfer file 主机传送文件 在连接了具有可编程工作站的 VSE(虚拟存储扩展)操作系统中，一个由主机系统 VSE 管理的 VSAM(虚拟存储存取法)数据集。该数据集用来存放可编程工作站的用户所拥有的文件。

host transit time 宿主转变时间 在 NPM(NetView 性能监控器)中，宿主机花费在所有事务上的平均时间(秒)，包括 VTAM(虚拟远程通信访问法)和应用时间，为一个逻辑单元事务的平均值。

host unreachable 主机不可访 用户希望在 TCP/IP(传输控制协议/网际协议)网络上连接的一台特定计算机由于故障或未与网络连通而不能被访问时所引发的一种错误状态。

host variable 宿主变量 在宿主语言系统中，宿主语言的变量。例如，在数据库应用程序中，一个嵌入的 SQL(结构化查询语言)语句引用的变量。参见 host language system。

host virtual storage 主机虚拟存储器 在操作系统中，对控制程序呈现为虚拟方式的存储器。比较 host real storage。

hot backup 热备份 同 hot standby。

hot carrier 热载流子 一种相对于通常存在于多数载流子器件(如薄膜晶体管中的载流子)中，具有相当高能量且可能为电子或空穴的载流子。热载流子可以越过金属-半导体结上的势垒注入，也可以通过极薄绝缘层的隧道效应注入。

hot carrier diode 热载流子二极管 一种应用于混频器和检波电路中的整流元件。这种形式的电路是威廉姆·肖特基在 1938 年研究多数载流子的整流现象时提出的。所以又名肖特基二极管。参见 Schottky diode。

hot docking 热坞站，热装卸 膝上型计算机在运行时连至坞站上，并且自动激活坞站的视频显示和其他功能的过程。参见 docking station。

hot-electron 热电子 超过热平衡数量的电子。对于金属，热电子具有大于费米能级的能量。对于半导体，这一能量必须是高于导带边缘能量的一个确定量。热电子(或热空穴)产生的原因包括：光致激发、量子力学隧道效应、对正偏置 PN 结的多数载流子注入、非金属材料中的强场加速以及正偏置金属-半导体结的肖特基发射。

hot-electron injection 热电子注入 在半导体电擦除存储器中，利用垂直电场将电子注入存储单元的浮动栅中，从源极-漏极沟道的强电场中获得电子的多余能量。

hot fix 热定位，热修补 (1)一种容错技术，将硬盘的一部分空间划分成热定位重定向区，其余大部分称为硬盘主体。如果硬盘主体的存储区损坏，那么数据块可以被"重定向"到热定位重定向区安全存储。它为随时可能出现的硬盘坏块提供安全可靠的替代空间。(2)热修补是一段程序代码，用于修正软件产品中的错误。用户可由电子邮件获得通知，或者从软件厂商的网站获得最新的热修补信息并可下载热修补程序。

H

H

hot fix area 热修补区 安装网络文件服务器磁盘上的一块区域,被文件服务器用来跟踪磁盘格式化以来产生的坏块。

hot image 热图像 超文本文档中的图像,可作为链接到其他文件的元素。

hot insertion 热插入 能在系统通电情况下插入设备或扩展卡的特性。

hot I/O 热输入/输出 由一种破坏系统操作的输入/输出中断引起的严重出错情况。

HotJava HotJava 浏览器 由 Sun 微系统公司开发的一种因特网主页自动检索软件。这种软件利用 Java 语言以双向实时方式自动地检索主页面,在访问信息的同时通过表现该信息的小应用程序,使信息在程序的控制下动态变化,可适用于各种操作系统。参见 Java language,Applet。

hot key 热键 用于改变工作站中执行程序的组合键,通常用在常驻内存的程序中,如 IBM PC 中常用 Ctrl 键和 Alt 键与其他键组合构成热键。

hot line 热线 该词始于 1963 年的古巴导弹危机,当时美国和前苏联决定在两国之间设立热线电话,以便在出现情况后双方能马上联系到对方。后来一些公司或机构对其提供的技术支持或面向公众的服务也称之为热线,包括电话、传真或网络上的联系等。

hot link 热链接 从一个文件(源文件)向另一个文件(目的地文件)拷贝信息,以便当源文件的信息改变时目标文件的信息也自动更新的一种方法。在微软 Windows 95 应用软件中,用户可以用 Paste/Link 命令建立一个热链接。

hot list 热表 一个存放需要经常访问的 WWW 站点地址的列表。热表又被称为书签。参见 bookmark。

hot pluggable 可热插拔 一种不需要关闭系统电源就可允许新设备加入或移去,并且能被操作系统自动识别的特性。USB(通用串行总线)及 FireWire 总线支持可热插拔。

hot potato routing 热土豆式路由选择 将信息分组尽快地从一个节点传送到另一个节点的路由选择算法,如不能采用较好路由就选取不好的路由来发送。

hot-pressed ferrite (HPF) 热压铁氧体 在电子元器件中,由氧化铁和其他金属氧化物粉末经高温高压烧结制成的一种软磁铁氧体材料。主要用于制作常规磁头。其特点是磁性好、硬度高、孔隙率小和加工性好等。

hot side 热方 在计算机安全中,一个全副装备的计算机中心,提供一个交替计算能力以备灾难时使用,如在洪水和火灾的情况下,对应于 cold site。

hotsite 热站点 商业系统的备份设施。由开发商提供的一整套设备,包括计算机主机硬件、通信硬件和相关人员,用于帮助客户在发生正常业务中断时恢复关键的业务应用。

hot snapshot copy 热快照拷贝 快照拷贝的一种使用方法。在热快照拷贝状态下,发生的所有的写操作都立即同时写到一个虚拟硬盘上,以保持文件系统的高度的一致性。参见 snapshot,cold snapshot copy,warm snapshot copy。

hot spot 热区,亮点,热点 (1)超文本文档中的文本或者图像中的一个区域,当鼠标箭头移动到上面时,通常鼠标形状改变为手的形状,鼠标键按下时将激发一些动作。(2)显示屏幕上的接受用户输入的区域,同 touch area,trigger。(3)鼠标器指针指向的一个起作用的点,在鼠标键按下时这个点在窗口中的位置决定了将进行的操作,通常对应于一个箭头形的鼠标器指针,热点是这个箭头的顶点。(4)安装在诸如机场、火车站、宾馆以及咖啡馆里的公众访问无线局域网,每个热点一般提供 100~300 英尺距离的网络接入。借助含有无线功能的笔记本计算机或 PDA(个人数字助理),它可以为移动用户提供对因特网的高速访问。

hot-spot contention 热点冲突 (1)在多处理机系统的互联网络中发生的冲突现象。(2)由于内存访问引起的冲突。

hot spot microcell 热点微蜂窝 移动通信中,业务量集中的小蜂窝区域

hot standby 热备份 热备份用于保障业务的连续性,备用单元已经通电、准备使用和作好连接,一旦主用单元失效,该备用单元能立即投入使用。

hot standby router protocol (HSRP) 热备份路由器协议 提供网络可用性并提供几乎立即完成的故障解决而无需管理员介入的一个协议。HSRP 的设计目标是支持特定情况下 IP(网际协议)传输失败转移不会引起混乱、并允许主机使用单路由以及即使在实际第一跳路由器使用失败的情形下仍能维护路由器间的连通性。实现 HSRP 的条件是系统中有多台路由器,它们组成一个"热备份组",这个组形成一个虚拟路由器。在任一时刻,一个组内只有一个路由器是活动的,并由它来转发数据包,如果活动路由器发生了故障,将选择一个备份路由器来替代活动路由器,但是在本网络内的主机看来,虚拟路由器没有改变。所以主机仍然保持连接,没有受到故障的影响。

hot swap 热调换,带电插拔 (1)在笔记本型 PC 机中采用的一种技术,调换电池时不必关掉系统。(2)在通电的系统中将电源插入或拔出。

hot text 热文本 超文本文档中的文本,作为链接到其他文件的元素。

hot-wire ammeter 热线式安培计 一种使交变电流或直流电流通过细金属丝来测量电流大小的安培计。由热引起的金属丝伸缩或下垂将使仪表指针产生偏转。

hot-wire microphone 热线式麦克风 依据当金属丝由声波中的变化粒子速度引起冷却或发热时热丝电阻的变化进行工作的振速传声器。

hot zone 可用区,热区 (1)在文字处理系统中,显示或打印的信息中每一行右边没有记录内容的区域。(2)热区是由多个相互靠得很近的热点组成的无线接入区域。可以用不同的技术,如网状网技术和光纤骨干网技术,将热点连接起来形成覆盖区域。参见 hot spot。

hourglass pointer 沙漏指针 在窗口软件中的一个沙漏形状的鼠标器指针,表示机器正在进行费时的操作,在进行的操作完成时鼠标器指针自动改变为原来的形状。

house cable 室内电缆 分布在一栋建筑物内的用于连接通信设备与外线的全部电缆。

house corrections 厂内校对 对键盘操作或排字设备操作不当引起的打印错误,由排字人员进行校正称为厂内校对。

housekeeping 内务处理 在操作系统中,无助于直接求解问题,但确实直接有助于计算机操作的一些操作或例行程序。内务处理包括:清内存、设立控制标志、接通辅助存储器、初启外部设备、读入需要处理的第一个记录、插入常数、调整参数、重置地址、设置检验操作等。

housekeeping information 内务信息 附加在数字信号上的一些信号。用这些信号使与该数字信号相关的设备正常工作,并在可能情况下提供一些辅助功能。

housekeeping routine 内务处理例行程序 在操作系统中,程序开始时负责进行内务处理且只执行一次的若干条指令组成的例行程序,如清除存储器、预置指令地址、对特征寄存器装入信息等。

horsepower 马力 功率单位,1 马力等于每秒钟把 75 kg 重的物体提高 1 米所作的功。参见 power。

howl 啸声 在无线电接收机或音频放大器系统中,由电反馈或声反馈引起的不希望的拖长声。

howler 蜂鸣器 一种能发出音频信号噪鸣声的电磁装置。

hownet 知网 知网是个中文信息结构库。包含 268 种信息结构模式,附带着一万多实例,是个经典语料。它通过对中文信息结构的揭示,可以认识到中文是如何描述诸如万物、部件、属性等概念的,或如何由简及繁地表达意义的。知网也可认为是以汉语词语所代表的概念为描述对象,揭示概念之间以及概念属性之间关系的语言知识库。

HP (1)主处理机 host processor 的缩写。(2)惠普公司 Hewlett-Packard Crop. 的缩写。(3)生命力 hit point 的缩写。

HPA (1)高阶通道适配 higher order path adaptation 的缩写。(2)家庭插电联盟 Homeplug Powerline Alliance 的缩写。

HPAD 高级数据链路控制分组装/拆设备 high-level data link control packet assembler/disassembler 的缩写。

HPC (1)高阶通道连接 higher order path connection 的缩写。(2)手持式个人计算机 handheld personal computer 的缩写。

HPCC 高性能计算和通信 high performance computing and communications 的缩写。

HP DeskJet HP DeskJet 打印机 惠普公司喷墨打印机的一个系列,包括几种彩色喷墨打印机。参见 DeskJet。

HPF (1)高性能 FORTRAN 语言 high performance FORTRAN 的缩写。(2)热压铁氧体 hot-pressed ferrite 的缩写。(3)高通滤波器 high pass filter 的缩写。

HPF forum 高性能 FORTRAN 论坛 由工业界、学术界和用户代表组成的 HPF 协会。

HP font cartridge HP 字体卡 一个可插入激光打印机插槽内的字体卡,带有惠普公司所有的字库,包括八种符号集、100 种字体(包括条形码)和多种打印字体。

HPFS 高性能文件系统 high performance file system 的缩写。

HPFS 386 高性能文件系统 386 high-performance file system 386 的缩写。

HPGL language HPGL 语言,惠普图形语言 Hewlett-Packard graphics language 的缩写。

HP-IB 惠普接口总线 Hewlett-Packard interface bus 的缩写。

H-plane bend H 平面弯头 同 H bend。

HP LaserJet HP LaserJet 打印机 惠普公司的激光打印机系列的商标。LaserJet 自己的语言称为打印机控制语言(PCL),它用来定义字符和图形在页面上的打印方式。该语言已经成为将数据从计算机发送给激光打印机的两种标准之一。另外一种语言称为 PostScript。许多激光打印机是 LaserJet 兼容的。

HPO 高性能选择 high performance option 的缩写。

HPPI 高性能并行接口 high performance parallel interface 的缩写。

HPR 高性能路由选择 high performance routing 的缩写。

HPT 高阶通道终端 higher order path termination 的缩写。

.hqx 编码文件名后缀 一种采用二进制-十六进制编码的文件的扩展名。参见 Binhex。

HR 人力资源 human resource 的缩写。

HRC (1)水平冗余校验 horizontal redundancy check 的缩写。(2)混合环控制 hybrid ring control 的缩写。

HRC cycle **HRC 轮转环** 由于 HRC(混合环控制)采用分布式访问控制方案,所有的站点平等地访问和控制环路,但为了得到等时服务,也就是使每个站准确地每隔一定的时间将信息送到环形网中,HRC 的协议数据单元(PDU)必须是一轮转环。为此,在环形网中设一个特殊的监控站,称为轮转环主站,负责产生 HRC 轮转环。HRC 轮转环具有一定数目的时隙,每个时隙有 8 位长,用以传输电路交换和分组交换的数据。轮转环主站每秒发送 8 000 个 HRC 轮转环,即每隔 125μs 发送一个。由于每个 HRC 轮转环的长度为 12 500 bit,每秒发 8 000 个 HRC 轮转环,所以总数据率为 100 Mbps,除去额外开销后,实际数据率为 DPG 和 WBC 数据率之和,为 99.072 Mbps。HRC 轮转环由四部分组成:前同步码(PA)、轮转环首部(CH)、专用分组数据群(DPG)和宽带信道(WBC)。参见 preamble (PA),cycle header (CH),dedicated packet data group (DPG),wide band channel (WBC)。

HRWG **家用射频工作组** home radio-frequency working group 的缩写。

HRIS **人力资源信息系统** human resource information system 的缩写。

HRN **分级选路网** hierarchical routing network 的缩写。

HRPD **高速分组数据** high rate packet data 的缩写。

HRS **高光谱分辨率遥感** hyperspectral remote sensing 的缩写。

HS **层次[分级]顺序** hierarchic sequential 的缩写。

HSAM **层次顺序存取法** hierarchic sequential access method 的缩写。

HSB **色(调)饱和(度)亮度** hue saturation brightness 的缩写。

HSCI **高速通信接口** high-speed communication interface 的缩写。

HSCSD (1)高速电路数据业务 high speed circuit service data 的缩写。(2)高速电路交换数据 high-speed circuit-switched data 的缩写。

HSDPA **高速下行(链路)分组接入** high speed downlink packet access 的缩写。

HS-DSCH **高速下行链路共享信道** high-speed downlink shared channel 的缩写。

HSF **高西拉格式** high sierra format 的缩写。

HSG **高西拉集团** high sierra group 的缩写。

HSI **色(调)饱和(度)强度** hue saturation intensity 的缩写。

HSLN **高速局部网(络)** high-speed local network 的缩写。

HSM **分级存储管理** hierarchical storage management 的缩写。

HSOPA **高速 OFDM 分组接入** high speed OFDM packet access 的缩写。

HSP **高速打印机** high-speed printer 的缩写。

HSPA **高速分组接入** high speed packet access 的缩写。

HS-PDSCH **高速物理下行共享信道** high-speed physical downlink shared channel 的缩写。

HSPSD **高速分组交换数据** high speed packet switched data 的缩写。

HSR **高速阅读器** high-speed reader 的缩写。

HSRL language **HSRL 语言** 卡内基-梅隆大学机器人研究院研制的具有逻辑编程功能的知识工程语言,它是 SRL 的扩充,被嵌入 SRL 中,并将逻辑与框架有效结合起来。其支持环境具有产生、编辑和运行 HSRL 程序的交互式机制。

HSRP **热备份路由器协议** hot standby router protocol 的缩写。

HSSI **高速串行接口** high-speed serial interface 的缩写。

HSUPA **高速上行(链路)分组接入** high speed uplink packet access 的缩写。

HSV **色(调)饱和(度)值** hue saturation value 的缩写。

HSV color model **HSV 色彩模型** 一种适合于程序员和用户的调色方法。该模型定义一个六面锥体的子空间。H 是色调。用绕垂直轴(V 轴)旋转的角度来量度,范围从 0°～360°。$H=0$ 为红色,再加 180°,为它的补色,即青色。S 是饱和度是一个比值,取值由 0(中心线)至六面锥三角形边的 1。V 是表示灰度的值。$V=0$,在六面锥体的顶点,表示黑色;$V=1$ 是六面锥体底面与 V 轴交点,表示白色。V 在 0～1 之间,则表示不同的 S 值时某种色调的灰度。

HSV color space **HSV 色彩空间** 使用 HSV 色彩模型来描述色彩时,将图形表示成为一个六棱锥体,锥体表面及其内部任何一点都表示一种色彩。这个六棱锥就是 HSV 色彩空间。圆锥的顶面对应于 $V=1$,它包含 RGB 模型中的 $R=1, G=1, B=1$ 三个面,所代表的颜色较亮。色调 H 由绕 V 轴的旋转角给定。红色对应于角度 0°,绿色对应于角度 120°,蓝色对应于角度 240°。在 HSV 色彩空间中,每一种颜色和它的补色相差 180°参见 HSV color model。

HT **横向制表** horizontal tabulation 的缩写。

.htm **HTML 文件名后缀** 用于标识超文本标记语言(HTML)格式文件的扩展名。由于 DOS 和

Windows 3. X 操作系统不能识别多于三个字符的扩展名，所以 Windows 95 支持的 html 扩展名在这种环境下则被截短成三个字符的 htm。参见 hypertext mark-up language (HTML)。

. html　HTML 文件名后缀　一种文件的扩展名，用于标识超文本标记语言(HTML)格式文件。参见 hypertext mark-up language (HTML)。

HTML　HTML 语言，超文本标记语言　hypertext mark-up language 的缩写。

HTML table　超文本标记语言表　在超文本标记语言(HTML)中，该表用来显示列表信息或用来控制文本、图像和其余对象在超文本标记语言页中的布置。在表中还能创建表。

HTML validation service　HTML 验证服务　一种根据最新标准，验证一个 Web 页是否正确以及其超级链接是否有效的服务。HTML(超文本标记语言)验证服务在 HTML 编码中可检查出偏离 HTML 标准的语法错误。

HTTP　超文本传输协议　hypertext transport protocol 的缩写。

HTTP client　HTTP 客户端　为发送 HTTP(超文本传输协议)请求而建立连接的程序，来自于 HTTP 协议的客户程序的定义。

HTTPD　超文本传输协议常驻程序　hypertext transport protocol daemon 的缩写。

HTTP next generation (HTTP-NG)　下一代超文本传输协议　由万维网联盟(W3C)制定的这个标准正在进一步完善中，其目的是为了提高网页性能，并增加一些如安全保护的新特性。目前版本的 HTTP 每收到一个请求就会建立一个连接，而 HTTP-NG 则是在整个工作期建立一个特定客户机和特定服务器之间的连接，这个连接由几条分离的信道组成，分别为控制信息和数据服务。参见 hypertext transport protocol (HTTP)。

HTTP-NG　下一代超文本传输协议　HTTP next generation 的缩写。

HTTP payload entity　HTTP 载荷实体　作为在 HTTP(超文本传输协议)请求和响应过程中传送的载荷的信息，一个 HTTP 载荷实体包括实体头部的元信息和实体主体部分的内容信息。

HTTP proxy　HTTP 代理　既作为客户端又作为服务器端存在的一个中间程序，为其他客户端建立请求连接，一个 HTTP(超文本传输协议)代理必须能够根据 HTTP 请求的特点，可能需要也可能不需要解释就将它从客户端传送到服务器端。"透明代理"是不对 HTTP 请求和 HTTP 响应作修改，而"非透明代理"是为了给用户端提供一些附加的服务，如分组注释服务、介质类型转换和匿名过滤等而修改 HTTP 请求和 HTTP 响应。除了有些情况明确说明需要"透明代理"或"非透明代理"，大多数 HTTP 代理是以上两种代理的结合使用。参见 hypertext transport protocol (HTTP)。

HTTP representation　HTTP 表示　包含在 HTTP(超文本传输协议)响应中的载荷实体的传送形式，需要根据响应的状态的改变而改变。

HTTPS　超文本传输安全协议　hypertext transfer protocol over secure socket layer 的缩写。

HTTP server　HTTP 服务程序　使用 HTTP(超文本传输协议)的服务器程序。当客户程序(如网络浏览器)发出请求时，服务程序会提供相应的 HTML(超文本标记语言)文档和相关文件及脚本。一旦提供完所要求的文档或文件，客户机和服务器之间的连接就会被切断。HTTP 服务程序用于 WWW 网和局域网络的站点上。参见 hypertext transport protocol (HTTP)。

hub　集线器　作为网络中枢连接各类节点，以形成星状结构的一种网络设备。集线器将多个数据源的数据线集中到相对较少的物理传输介质中以减少用户接触网络硬件的机会，从而提高线路的使用效率。它能对网络进行动态管理，使得网络线路能够延长或者增加工作站，并提供连接和控制功能，所有可更换部件都可进行热切换。网络集线器有三种类型：①对被传送数据不做任何添加的称为被动集线器；②能再生信号，监测数据通信的称为主动集线器；③能提供网络管理功能的称为智能集线器。按工作方式可分为共享式和交换式两种，共享式集线器工作在 OSI(开放系统互连)第一层，使接入集线器的所有工作站共享一个最大频宽；交换式集线器则类似于多端口网桥，为分段的 LAN(局域网)提供交换连接功能，向网络上的工作站提供所需要的专用带宽。参见 concentrator。

hub board　集线器板　位于 1BASE5 局域网星型拓扑中心的一个电子线路板，检查各连接站的传输并进行相应的动作，在输入端发现到达信号时重新传输信号到它的输出，如果集线器发现其输出端的非法传输时，则发出冲突信号。

hub card　集线器卡　一个 PC 扩充卡，是一种集线器和网络接口的控制器。集线器卡使用主机的底座、电源和处理器，从而使其成本更低。

hub go-ahead　向内(探询)　在 SDLC(同步数据链路控制)中，主站在双工信道上首先探询最远的次站，然后从远到近依次探询其他次站的一种轮询技术。在轮询序列进行的过程中，主站仍可以发送数据。

hub layout　插孔布局，集线器布局　在语音频带多点网络中，指每一支线的布局。每一支线为接至公共中心站的特定工作站提供服务，以便进行相应的桥接和测试。中心站称为服务测试中心。

hub management interface (HMI)　集线器管理接口　由 Novell 公司推出的集线器标准。HMI 向第三方厂商提供一种平台、开发硬件和集线器管理工具，使其容易地集成到 NetWare 网络中。

H

hub polling 传递轮询,集线器轮询 将控制权按顺序从一个站转到另一个站。这实际上就是令牌传递环所采用的方法,不同的是这里采用的是主机集中控制。传递轮询可以采用多点线路,也可以采用总线和环型拓扑。比较 roll-call polling。

hub server 集线器服务器 一种向网络提供服务的集线器模块,提供数据库管理、E-mail 网关、网络路由等功能。

hue 色调 颜色按其波长所表征的一种特性。不同波长的颜色有不同的色调。这是纯色的一种主要属性,纯色是没有添加白色或者黑色的色彩。

hue component 色彩成分 由色轴上的角度决定的单色成分。

hue saturation brightness (HSB) 色(调)饱和(度)亮度 (1)计算机图形中为描述色彩而使用的一种模式,也称"色亮度饱和(HLS)"或"色饱和值"。比较 CMY color model,参见 color model。(2)HSB 色空间是 Adobe 公司的 PostScript 色彩处理技术中所使用的对应于 CIE Lab 颜色参照系统的表示方法之一。与 CMYK 色彩空间相比,其特点是可以根据操作者的色觉,在 HSB 色空间中选择特定的色调和饱和度的值,更加方便地进行图像的色修正,而不会影响其他的颜色。

hue saturation intensity (HSI) 色(调)饱和(度)强度 一种在三维色彩空间中描述颜色的方法。

hue saturation value (HSV) 色(调)饱和(度)值 见 HSV color model。

Huffman-Clowes line label Huffman-Clowes 素线标号 在平面上显示三维立体图形时,为了表示凸凹而定义的一套素线走向标号系统。

Huffman code 霍夫曼编码 一种不等长格式的信息编码方案,在各字符出现频率不均匀的情况下用最短的二进制码表示出现频率最高的信息,而用较长的代码表示出现频率较低的信息,从而使平均代码长度较短。例如在数字图像处理中,常用于压缩图像数据量。其编码步骤如下:①将要编码的符号按出现频度的次序排列;②把出现频度最小的两个符号合并,并将其频度相加,按相加后的频度次序重新排列;③继续过程②,直到剩下两个频度;④对最后两个频度分别指定代码 0 和 1;⑤若某一频度由两个频度相加而成,则分别指定此后两频度的第二个代码 0 和 1;⑥继续过程⑤,直到所有符号均已指定代码为止。这样,频度越大的符号,指定的代码越短;频度越小的符号,指定的代码越长。因而使代码所包含的信息熵值变大。

Huffman model 霍夫曼模型 研究异步时序电路理论的一种最常用的电路模型。它是由组合逻辑电路和具有延迟或存储元件的反馈环构成的。时序电路的内部状态用状态变量 $y_1, \cdots, y_n$ 表示;下一状态用状态变量 $Y_1, \cdots, Y_n$ 表示;变量 $X_1, \cdots, X_m$ 和 $Z_1, \cdots, Z_k$ 分别表示电路的输入和输出。

Huffman tree 霍夫曼树 一种数据结构。由霍夫曼算法求得的最佳加权增长树。

Huffman's algorithm 霍夫曼算法 一种构造最小赋权路径长度树的算法。首先以 n 个节点构成 n 棵树的森林 F,其权值按非增序从左向右排列,然后合并 m 个权值较小的子树构成一个新的子树,计算出权值并按原序将这个值插入到原来的序列中,删除原 m 个值,重复上述过程直到 F 成为一棵树为止。其中 m 为树权数。

huge model 巨型模式 Intel 80X86 系列处理器的一种存储模式,允许程序和代码都超过 64 KB,但在大多数情况下两者的总和不超过 1MB,单独的数据结构存储量可超过 64 KB。参见 memory model。

huge pointer 巨指针 巨指针为 32 位指针,指针的段地址和偏移量都在指针内。可用于任意编译模式。巨指针寻址的目标可以超过 64 KB。比较 far pointer,near pointer。

hum 交流哼声 变压器铁芯由于铁片松动或磁致伸缩效应所产生的声音。这种声音的频率为电源频率的 2 倍。

human centered computing 以人为中心的计算 由 IBM 公司提出的一个概念,力图使计算机的使用变得更为简单,使用户把注意力放在要完成的工作上而不是放在操作上。它要求计算机理解范围广泛的自然方式的输入(如声音输入和手写体输入、笔输入、触摸输入等),且能对输入的内容进行推理。

human-centered interface 以人为中心的接口 一种通过键盘和鼠标器与计算机相互操作的方式,以及通过电子公告牌程序和电视会议经计算机与他人通信的能力。

human-computer interaction system 人机交互系统 支持人和计算机系统直接进行交互通信的系统,其主要功能是完成人机之间的信息传递以提高计算机系统的友善性和效率。人机交互系统要实现用户与计算机之间的人机交互,要考虑三个因素:人的因素、交互设备和实现人机交互的软件。人机交互系统可以大致分为命令语言交互系统、菜单驱动交互系统、直接操纵交互系统和多媒体交互系统。人机交互系统的研究内容主要有:人机交互系统模型的建立与分析、工作方式和设计原理、设计方法、评估。

human-computer interaction techniques 人机交互技术 通过计算机输入、输出设备,以有效的方式实现人与计算机对话的技术,是计算机用户界面设计中的重要内容之一。常用的交互技术可分为:构造技术、命令技术、拣取技术和直接操纵技术。

human engineering 人机工程学 研究人与机器的关系的一门学科。例如,为了使人机系统工作得好,既要研究人机系统中人的因素,又要研究机器,特别是要研究人和机器如何协调配合等问题，以使机器有效地为人所操作且能达到高度的自动化。人机工程学要考虑操作人员的能力、习惯和爱好等因素。

human engineering design criteria 人机工程设计标准 在测试、操纵、维护、控制系统或设备时，所确定的人类能力特性和能力极限的所有数据资料以及在工程设计时，为使设备以及人类行为特性达到最佳组合所采用各种资料的总和。

human factor 人员因素 (1)在涉及人及其行为的系统中应用心理学和有关的社会科学。(2)指人的特性、局限、身体要求和心理需要，在设计开发易于使用的系统、程序和设备时必须加以考虑，并希望它们适用于预定的各项任务和工作环境。参见 ergonomics, usability utility。

human flesh search 人肉搜索 利用人工参与来提纯搜索引擎提供的信息的一种机制。人肉搜索首先是在一个网上社区里面提出一个问题，部分基于用人工方式对搜索引擎获得的结果逐个甄别真伪；部分又基于通过匿名知情人公开数据方式搜集信息，以查找人物和事件的真相。参见 human flesh search engine。

human flesh search engine 人肉搜索引擎 一种利用人工参与，突出显示网民互动作用的搜索引擎。之所以以"人肉"命名搜索引擎，是因为它与传统利用机器搜索技术不同，它更多的利用人工参与来分析处理搜索引擎提供的信息，它通过网络论坛，能聚集各地的不同阶层、不同知识背景的人共同完善搜索所获得的信息。

human information processing 人类信息处理 人类思索问题的观点、看法由计算机通过对问题信息处理来得出。这种信息处理方法是先用心理学方法针对人类应用的信息得出某些结论，然后由计算机设计人员进行程序设计。

human language 人类语言 同 natural language。

human-machine interface 人机接口 人类与机器接触和使用的界面，对于操作系统和应用程序也称"用户接口"。

human markup language (HML) 人类标记语言 人类标记语言用于通信，它是通过基于图形或文本来表示的，包括领域和概念，如思想、感情、行为、举止神态和脸部表情。它的范围远超过了情感图标。

humanoid 人形机器人 一种形象酷似人类的机器人。

human-oriented language 面向人的语言 在计算机算法语言中，与机器语言相比，更类似人类语言的一种程序设计语言。

human resource (HR) 人力资源 一定时期内组织中的人所拥有的能够被企业所用，且对价值创造起贡献作用的教育、能力、技能、经验、体力等的总称为"人力资源"。人力资源是具有智力劳动和体力劳动能力的人们的总和，包括数量和质量两个方面。通常来说，人力资源的数量为具有劳动能力的人口数量，其质量指经济活动人口具有的体质、文化知识和劳动技能水平。

human resource information 人力资源信息 反映人力资源状态及其发展变化特征的各种消息、情报、文字、语言、符号、图像等具有一定知识性为内涵的信息总称。

human resource information system (HRIS) 人力资源信息系统 一种用于组织机构内的人事管理，以提高职工劳动生产率为目的的信息系统。

human simulation 人工智能仿真 用人工方法制造能够模仿人类活动，特别是人脑活动的系统的过程。这种仿真过程包括用电子线路做成的一种可以表示脑细胞生理组织及信息传输机构的模型以及进行解题、记忆、判定等人类智能活动的分析并使之程序化。

human threats 人为威胁 由于人的行为(如不满意的员工、恐怖分子、黑色邮件、罢工等)而可能造成的对操作的破坏。

human translation 人工翻译 相对于机器翻译而言的，完全由人工完成的翻译。

human vision 人类视觉 人通过眼睛接受外界的刺激信息，并由大脑对这些信息进行解释，形成外界事物的知觉形象，产生对外界事物的认识的机制。人类视觉的基本功能包括：感受外界的光刺激，对空间刺激物的空间分辨能力，对光刺激的时间辨别能力，以及人眼为了看清楚刺激物的运动能力等。这些基本功能使人能够接纳外界丰富的信息，并在此基础上形成更复杂的图形和空间知觉。

humanware 人件 控制系统中考虑人的技术因素等所用的词。

human window 人类窗口 也称"用户窗口"，可进行人-系统对话的系统。它包括系统提示、人机对话、能书写规则的语言及释放等部分。

hum-bucking coil 哼声抑制线圈 缠绕在励磁扬声器的励磁线圈上并与音圈反向串联，使音圈中感应的哼声电压被哼声抑制线圈中感应的哼声电压抵消的线圈。

hum modulation 哼声调制 哼声对射频信号或已检波音频信号的调制。只有在将无线电接收机调准电台时，才能在接收机中听到这种哼声。

hum polling 轴心轮询 数据通信时，中央处理机向多点线路上最近的终端或集中器发送一个轮询报文。若该终端没有报文可发送，它便代表中央处理机对邻近的下一个终端发一个轮询报文；若该终端有报文发送，它便可发送报文，然后在报文发送完时代表中央处理机对邻近的下一个终端发一个轮询报文。每个被轮询的终端都按此原则办理，直到把轮询报文传回中央处理机为止。它比点名轮询的轮询开销少，传播时延短。

H

hum slug 哼声短路线圈 放在励磁扬声器铁芯周围与音圈相邻的铜环，用作对励磁线圈感应的哼声电流的单匝短路线圈。

hung 挂起 一种系统不对输入进行回答似乎停止运行的状态。

Hungarian notation 匈牙利命名法 一种根据首字母来标志变量类型的命名方法。例如，变量 aName 可能是一个 Name 数组。该方法最初是由微软公司的 Charles Simonyi 设计的，并已经过修改以适应多种程序设计语言的要求。

hung system 挂起系统 一种出现系统故障并且不能再处理数据的计算机，尽管光标可能仍闪烁在屏幕上。在大多数情况下，唯一的选择是重新启动系统，这意味着将丢掉任何未保存的工作。

hung terminal 挂起终端 一个不能接收和发送命令的通信崩溃的终端。

hunt group 寻线群 在分组交换公用数据网(PSPDN)中，电话公司交换设备自动地将之接通寻线群中的一条线路。参见 hunting。

hunting 寻线 一次呼叫通过一系列相关线路的动作。如果呼叫不能与寻线群中的第一条线路连接，它就移到第二条，然后第三条等等。

hunting service 查寻服务 在数据库系统中，通过建立地址指针查寻不连续记录文件的一种服务。当用户使用其中一个记录之后，就可以根据地址指针知道下一个记录文件。

Hu-Tucker algorithm 胡-图克算法 一种构造最优字母树的算法。它首先进行组合，对于权重分别为 $W_1, W_2, \cdots, W_n$ 的 n 个顶点的序列将最小的一对相邻叶节点(中间可能有非叶节点)组合成一个父节点，并用该节点代替它的左儿子，从序列中去掉其右儿子，从而组成一个含有 $n-1$ 个节点的新序列，重复上述过程直到仅有一个权值时为止，然后给每个叶节点标上层次，最后再进行重构，即按照第二步所得到的层次组合成一棵树，即为所求。

Huygens's principle 惠更斯原理 惠更斯是荷兰物理学家、天文学家、数学家。他推导出了光的反射和折射定律，圆满地解释了光速在光密介质中减小的原因，同时还解释了光进入冰洲石所产生的双折射现象，认为这是由于冰洲石分子微粒为椭圆形所致。惠更斯原理是近代光学的一个重要基本理论。它虽然可以预料光的衍射现象的存在，却不能对这些现象作出解释，也就是它可以确定光波的传播方向，而不能确定沿不同方向传播的振动的振幅。因此，惠更斯原理是人类对光学现象的一个近似的认识。直到后来，菲涅耳对惠更斯的光学理论作了发展和补充，创立了“惠更斯-菲涅耳原理”，才较好地解释了衍射现象，完成了光的波动说的全部理论。

HVRC 纵横冗余校验 horizontal-vertical redundancy check 的缩写。

HVTS 大容量分时 high volume time-sharing 的缩写。

HWID 硬件标识符 hardware identifier 的缩写。

HWP 重权进程 heavy weight process 的缩写。

hybrid 混合(技术) 在传输系统中，一个用于在电路段之间桥接(如把主干多点线路与单点线路连接)的无源电气元件。

hybrid access method 混合访问方法 局部网使用的多路访问技术的一种混合方式。在重载时使用时间分配方式，而在轻载时使用随机访问方式，从而提高了介质利用率。

hybrid access terminal (HAT) 混合接入终端 能同时支持两种制式的接入终端。

hybrid algebraic manipulation language 混合代数操作语言 一类最具二义性的代数操作语言。它能接受最广泛的数学表达式，但只对特殊的一类表达式具有特殊的表示和特殊的算法。

hybrid analog-digital simulation 模拟-数字混合仿真 用模-数转换器和数-模转换器作为模拟式装置和数字式装置的连接手段，以实现同时使用模拟量和数字量的仿真。这种仿真技术兼有模拟仿真和数字仿真的优点和功能。

hybrid automatic repeat request (HARQ) 混合自动重发请求 第三代移动通信(3G)中的一项技术。它是自动请求重发(ARQ)和前向纠错(FEC)相结合的一种链路自适应技术，通过 FEC 把最常见的一些错误进行处理，对少数不能纠正的错则通过 ARQ 重传来纠正。参见 automatic repeat request (ARQ)，forward-error correction (FEC)。

hybrid bubble generator 混合型磁泡产生器 参见 bubble generator。

hybrid circuit 混合电路 在电子线路中，一种由两种以上不同类型电路组成的电路。例如，模拟电路和数字电路组成的电路。

hybrid cloud 混合云 业务分别运行在私有云或行业云上，并可与公有云之间交互迁移的云。比较 private cloud，public cloud。

hybrid coil 混合线圈 (1)一个单一的变换器，它有三个线圈，设计用来连接四个分支电路，使它们成对地共轭。混合线圈主要用于两线和四线通信电路之间的转换。混合线圈会抑制由两线或四线转换的阻抗不匹配引起的回声。(2)在通信中，使用一个或多个变压器接成平衡电桥，为长距离远程通信线路提供二至四线转换的一种装置。

hybrid computer 混合计算机 用硬件实现的一种能同时处理模拟量和离散量的计算机。混合计算机兼有两者的优点。这种计算机适用于科学和技术方面的应用，但不适用于商业系统。

hybrid computer system checkout 混合计算机系统检查程序 为硬件、模拟线路和计算机程序等提供检查功能的程序。

hybrid control 混合控制 综合利用数据驱动控制和目标驱动控制进行推理的推理控制策略,也称"双向控制"。混合控制通过数据驱动选择目标,通过目标驱动求解目标,它可以大大缩小搜索空间,提高推理效率。但其难点是如何把数据驱动和目标驱动有机地结合起来。

hybrid coupler 混合耦合器 一种四端口器件,其作用是:将从任一端口馈入的功率,均等地分配到其他的两个端口,而不将功率传送到第四个端口。

hybrid coupling 混合耦合 一种数据项的某一范围值的不同部分能够设定用于不同的各不相干的目的。

hybrid distributed processing system 混合分布处理系统 既包括水平分布又包括分级分布的一种分布处理系统。

hybrid document 混合文档 使用不止一种 XML(可扩展标记语言)命名空间的文档,即在一个文档中同时使用几种不同的数据类型。

hybrid electric vehicle (HEV) 混合动力汽车 采用传统燃料的,同时配以可再充电能与能量储存装置的汽车。混合动力汽车根据动力系统结构形式又可分为三类:串联式混合动力汽车(SHEV),结构特点是发动机带动发电机发电,电能通过电机控制器输送给电动机,由电动机驱动汽车行驶;并联式混合动力汽车(PHEV),结构特点是并联式驱动系统可以单独使用发动机或电动机作为动力源,也可以同时使用电动机和发动机作为动力源驱动汽车行驶;混联式混合动力汽车(CHEV),同时具有串联式、并联式驱动方式的混合动力,结构特点是可以在串联混合模式下工作,也可以在并联混合模式下工作,同时兼顾了串联式和并联式的特点。

hybrid electromagnetic wave 混合电磁波 在传播方向上既有电场分量又有磁场量的电磁波。

hybrid error control (HEC) 混合差错控制 FEC(正向纠错)和 ARQ(自动重发请求)相结合的差错控制方式。发端发送的码不仅能检测出错误,而且还有一定的纠错能力。收端收到后,首先检测错误情况,如果错误在码的纠错能力以内,则自动进行纠错;如果错误很多,超过了码的纠错能力,但能检测出来,则收端通过反馈信道要求发端重新发送有错的信息。其中 FEC 用来纠正最常出现的差错,减少重传次数,以增加系统通过率。而对不大经常出现的差错则由 ARQ 请求重传,以增加系统可靠性。故其性能优于单独的 FEC 和 ARQ 方式,但设备要复杂些。参见 forward-error correction (FEC), automatic repeat request (ARQ)。

hybrid error correction 混合纠错 见 hybrid error control。

hybrid fiber coax (HFC) 混合光纤同轴 由传统有线电视网引入光纤后演变而成的一个双向的媒体共享式的宽带传输系统。在前端与光节点之间使用光纤干线,而光节点至用户驻地则沿用同轴电缆分配网络。

hybrid fiber coaxial access network 混合光纤同轴接入网 以光纤作为传输骨干,采用模拟传输技术,以频分复用方式传输模拟和数字信息的网络。光纤传输系统的终端节点经同轴电缆分配网连接到用户终端。

hybrid fire control computer 混合式发射控制计算机 在计算机系统中,一种把数字计算技术和模拟计算机技术结合起来的指挥仪。既具有数字技术精度高、逻辑功能强的优点,又具有模拟技术连续快速得出结果的长处。

hybrid input/output 混合式输入/输出 对模数/数模转换设备及其他特殊设备(如示波器或数模绘图仪等)所进行的操作。该操作是由混合式输入/输出程序组完成的。

hybrid integrated circuit 混合集成电路 多数情况指将多个晶体管管芯或集成电路芯片以及用薄膜工艺或厚膜工艺制作的互联线和无源元件,组装在同一个绝缘基板上构成的集成电路。其衬底是一种无源材料(如陶瓷)。有源芯片则附在衬底表面上。多数是用来构成大功率集成电路、微波集成电路等。

hybrid interface 混合接口 连接模拟器件和数字器件用的接口。

hybrid interface structure 混合接口结构 带标号的信道和定位信道相混合的接口结构。

hybridized life cycle model 混合生存期模型 软件开发生存期的一种模型。它将其他生存期模型结合使用,并根据特定的情况强调某个阶段的作用。参见 software development cycle。

hybrid junction 混合接头 一种具有四端对的变压、电阻器或波导电路和器件。它的排列使得进入一个端对的信号分开,并从两个相邻端对出来,但不能到达相对的一个端对上。也称"桥接混合连接"。

hybrid knowledge representation 混合知识表示 多种知识表示有机结合起来的知识表示方法,也称"多种知识表示"。例如,一阶谓词、产生式、过程相结合、框架。混合知识表示对多知识源及知识类型多的情况是有必要的。参见 analogical representation of knowledge, object-oriented knowledge representation, declarative knowledge representation, logic knowledge representation, non-normal logic knowledge representation, production knowledge representation。

hybrid local network 混合局域网 一种一体化局部网络,由多种类型的局域网组成。

hybrid logic 混合逻辑 以符号逻辑作为推理骨架,以随机函数作为推理骨架的登记项的逻辑。它可以充分利用形式推理与随机推理两者的优点。

美国人 Nilsson 也研究了类似的方法，但他将其称之为概率逻辑。

hybrid logic simulation with real chip 混合实芯片逻辑模拟 把用软件的方法难以实现的模拟模型的功能(如通用微处理器之类)，用实际微处理器芯片代替和其他的软件模型组合进行完整的模拟。在 ASIC(专用集成电路)发展中，出现以通用微处理器为核心的专用化趋向，为适应这种 ASIC 的设计，在工程工作站开发出附加实芯片的专用装置，以进行混合实芯片的逻辑模拟。

H

hybrid microcircuit 混合微电路 一种微电子线路，组合各种微型化的元件和集成元件。

hybrid microstructure 混合微型结构 由一般的元器件与大规模集成电路组合而成的一种微型结构。采用这种方法制作的控制板和插件具有元器件密度高、体积小、可靠性强等优点。

hybrid microwave integrated circuit (HMIC) 混合微波集成电路 用厚膜技术或薄膜技术将各种微波功能电路制作在适合传输微波信号的介质上，然后将分立有源元件安装在相应位置上组成的微波集成电路。所用的介质有高氧化铝瓷、蓝宝石、石英、陶瓷和有机介质等。电路形式有分布参数电路和集中参数电路两种。有源器件使用封装的微波器件，或直接用芯片。参见 microwave integrated circuit (MIC)，monolithic microwave integrated circuit (MMIC)。

hybrid division multiple access (xDMA) 混合多址 将时分多址(TDMA)、频分多址(FDMA)和码分多址(CDMA)这三种多址方式中的两种或三种结合起来的多址技术。混合多址技术可以增加系统的灵活性、更好地满足移动通信用户迅猛增长时对系统容量增长的要求。

hybrid model 混合式模型 包含不同尺度机制的模型，其中宏观层次的变量受到微观层次变量的调制，但是微观变量部分地表现出参数化特征。

hybrid (N. S) modular redundant system 混合(N. S)模块冗余系统 在系统的可靠性设计中，对 N 模块系统增加 S 个备用件、一个非符合监视器及切换部件。非符合监视器对 $n+1$ 个工作模块的相对性能进行监视，若其中有一个发生故障，就激励切换部件，切入备用模块，切出有故障的工作模块。这就是混合(N. S)模块冗余系统。

hybrid network 混合网络 由不同的拓扑(如环状与星状)构建的网络。

hybrid object-oriented language 混合型面向对象语言 一种既具有类和对象等面向对象特征又具有基本类型等非面向对象特征的语言。

hybrid object-oriented programming language 混合型面向对象程序设计语言 将面向对象范例与另一种或多种范例(如函数型、逻辑型、过程型等)相结合而构成的面向对象程序设计语言或环境。目前将 OOPL(面向对象程序设计语言)与 AI(人工智能)语言相结合的研究有两种趋势：一是在已有的人工智能语言环境中引进(加入)面向对象的程序设计风格；二是在基于面向对象的程序设计方法的基础上，把多种 AI 程序设计语言的特性(甚至包括多种知识表示等)有机地结合在一起，构成各种新型的 AI 语言或知识工程工具。

hybrid office system 混合办公室系统 实现办公室自动化的计算机系统，包括字处理和数据处理。它能够处理文字和面向数字、文件的数据。

hybrid optical fiber cable 混合光缆 一根光缆中包含两种或多种光纤类型(如多模和单模)。

hybrid problem analysis 混合式问题分析 一种分析问题的程序，可协助混合式程序设计员决定问题的哪一部分要在数字计算机上解决以及需用什么数学技巧。例如多变量函数在模拟计算机上可能很难执行，却非常适合用数字计算机求解。

hybrid redundancy 混合冗余 静态冗余和动态冗余的组合。静态冗余除了屏蔽故障模块外，还用作故障检测。当发生故障时，可选用一个备份模块切换故障模块。

hybrid redundancy system 混合冗余系统 将堆积冗余和待命储备冗余结合运用而构成的系统。当堆积冗余中有一模块发生故障时，立即将其切除，并代之以无故障的待命模块。这种冗余系统既可提高可靠性又可延长无故障运行时间。

hybrid ring 混合环 一种对四个波导段起混合接头作用的环行波导。在某些条件下，可以用同轴线代替波导。

hybrid ring control (HRC) 混合环控制 FDDI-Ⅱ标准中的混合环控制协议在国际标准化组织(ISO)中的编号为 ISO/IEC9314-5。HRC 包括一个混合复用器(H-MUX)和一个等时介质访问控制(I-MAC)。I-MAC 提供分开的传输通道来传送用户的等时数据流，H-MUX 在 HRC 实体中负责管理基本方式和混合方式的数据传输。参见 fiber distributed data interface (FDDI)，FDDI-Ⅱ。

hybrid search 混合搜索 混合搜索是布尔搜索与自由文本搜索的组合。参见 Boolean search, free text search。

hybrid simulation 混合仿真 一种能够同时对系统中的连续量和离散量进行仿真的过程。例如对一个化学产品的生产过程的仿真。

hybrid simulation method 混合仿真方法 模拟仿真和数字仿真相结合的一种仿真方法。它以模拟计算机、数字计算机以及信息转换和传输的接口组成的混合计算机系统作为仿真工具。

hybrid software 混合软件 混合计算机中事先编好的各种程序的总称。有两种构成方式：①在原有数字计算机软件基础上扩充而成，扩充内容是一些混合子程序及专用的混合语句；②组成独特的模拟-数字统一的程序系统。

hybrid spreads spectrum modulation 混合扩谱调制 几种不同的扩频方式混合应用，如直扩和跳频的结合(DS/FH)，跳频和跳时的结合(FH/TH)，以及直扩、跳频与跳时的结合(DS/FH/TH)等。参见 frequency hopping spread spectrum (FHSS)，direct sequence spread spectrum (DSSS)。

hybrid switching 混合交换 指在一个数据网络中同时采用电路交换和分组交换。网络采用动态时分复用技术，将一部分带宽分配给电路交换用，而将另一部分带宽分配给分组交换用，这两种交换所占的带宽比例也是动态可调的，以便使这两种交换都能得到充分利用，提供多媒体传输服务。例如，异步传输方式(ATM)、分布队列双总线(DQDB)等均属混合交换，同时提供等时电路交换和分组交换服务。参见 circuit switching，packet switching。

hybrid system 混合系统 (1)由数字计算机和模拟计算机组合而成的计算机系统。这种系统兼有两类计算机的优点，既有模拟计算机速度快、适应性强、可直接通信的特点，又有数字计算机存储容量大、精度高的特点。(2)也称"混杂系统"。系统同时具有几种类型状态变量，这些变量来自不同标度层次(如宏观、微观层次)的，而且其中至少一类变量受到另一类变量调制，但是前者对后者不可约化。参见 complex system。

hybrid telecommunication 混合远程通信 兼有交换线路和租用线路两者的某些特征的远程通信。它是一种增值网络业务，是公共载波业务的一个重要范畴。

hybrid topology 混合拓扑 网络体系结构是星型、环型和总线型等拓扑类型的混合。

hybrid transmission 混合传送 一种传送方式，即在同一介质上传送语音信号和数字数据。

hydraulic turbine-driven synchronous generator 水轮同步发电机 一种由水轮机驱动的同步发电机。

hydrogen bond 氢键 一个与电负性高的原子 X 共价结合的氢原子带有部分正电荷，能再与另一个电负性高的原子(如 Y)结合，形成一个聚集体的化学结合作用。X、Y 原子的电负性越大、半径越小，则形成的氢键越强。氢键可以在分子内形成，称为内氢键；也可以在两个分子之间形成。分子间的氢键可使很多分子结合起来形成链状、环状、层状或立体的网络结构。氢键的形成对物质的性质有显著影响，例如使熔点和沸点升高；溶质与溶剂之间形成氢键使溶解度增大；在核磁共振谱中氢键使有关质子的化学位移移向低场；在红外光谱中氢键的形成使特征振动频率变小并伴有带的加宽和强度的增加等。

hydrogen laser 氢激光器 一种用氢产生真空紫外区中接近 0.6 μm 相干波长的分子气体激光器。可得到超过 100 KW 的峰值输出功率。

hydrogen thyratron 氢闸流管 在阴极和阳极之间有一个或多个栅极、具有控制特性的热阴极充氢气管。栅极加上正向电压后，阴极发射出的电子便在电场的作用下向栅极运动。在阳极电场的作用下产生"雪崩式"放电，使闸流管导通。闸流管与一般真空管相比，主要的优点是在传导大电流时管内损耗很低，开关效率很高。参见 thyratron。

hydronic radiation 水声辐射 用于水下通信的一种水下电磁辐射形式，能在相隔 250 m 的带潜水呼吸器具的潜水员之间实现通话。

hydrophone 水听器 对水上声波起响应并给出基本等效电波的电声传感器。它可以用于水下探测。

.hyp HYPER 压缩文件名后缀 由 HYPER 生成的压缩存档文件名的扩展名。

HYP 必要连字符 required hyphen character 的缩写。

hyperacoustic zone 超声区 地面上方 100 ～ 160 km 的大气层上方区域。在此，稀薄空气分子之间的距离大致等于声波波长。声波传播时，强度比下面的大气层要低。在这个区域之上，声波不能传播。

hyperboloid of spring wire socket connector 双曲面线簧插孔连接器 由内套、外套和弹性金属丝构成双曲面的线簧插孔与配对的插针以及绝缘基座组成的连接器。这种线簧式连接器，啮合性好、插拔力小、接触电阻低、可靠性高，其失效率为 10^{-8}～10^{-9}，适用于抗恶劣环境条件的计算机的组装设计。

hyper color 超彩色 Crosaeld 等公司倡导的一种彩色制版印刷工艺。其基本原理与 Hifi Color 新工艺相类似，不同点是根据实际需要才增加 CMYK 以外的专色，而不一定印刷所有的 CMYKRGB 等七色。参见 high fidelity color。

hypercube interconnection network (HIN) 超立方体互联网络 二进制 n 维立方体网络的扩展，对于一个 d 维的网络，网络在各维的上限分别为 $R1$，$R2$，…，Rd，每个节点与同维的其他各节点全互联。

hypercube structure 超立方体结构 一种计算机体系结构，其中诸处理机作为节点按多维方式排列，在相邻节点之间用直接通道通信。n 维超正方体结构有 2^n 个节点。参见 parallel processor architecture。

hyper data system 超数据系统 视觉数据处理系统。将数据通过视觉网络与系统数据库相连，并可根据需要自行处理，因而可得到自己认为有意义的新的图形数据。

hyper-exponential distribution 超越指数分布 其分布具有一个大于均值的标准方差的一类分布。

H

hyper-frequency wave 超高频波 微波的波长范围为1 cm～1 m时的非正式名称。

hyperlink 超链(接) 超链接规定了如何从用户的浏览器向Web站点服务器发送指令以读取被请求的Web页面。超链接可以是一个词、短语及图片,当用户点击时,它能够使用户进入另一个页面或本页面的另一个位置。判断超链接的方法有:带有下划线的词,具有彩色边界的图片以及当鼠标滑过其表面时光标变为一只手的形状。

hypermedia 超媒体 一种用连接的分离单位或称节点表现信息的方法。表现的信息可以是各种媒体的信息(如文本、音频、视频、动画、照片或可执行文件等),用于交互式环境中,其中的选择由用户控制,按照提供一个人类进行并行思维的工作和学习环境的思路组织,也就是使用户能够任意地访问关联的信息主题,而不是只能顺序地依次访问信息,因此超文本中的各个主题以一种使用户能够从一个主题跳到另一个相关主题的方法进行组织。如果信息主要是文本形式则被视为超文本。参见hypertext。

hypermedia application 超媒体应用 一种具有超文本和/或超媒体功能的信息处理应用程序。

hypermedia management architecture (HMMA) 超媒体管理框架 HMMA由超媒体管理协议(HMMP)、超媒体管理机制(HMMS)和超媒体对象管理者(HMOM)三者组成。参见hypermedia management protocol (HMMP), hypermedia management schema (HMMS), hypermedia object manager (HMOM)。

hypermedia management protocol (HMMP) 超媒体管理协议 HMMA(超媒体管理框架)三种核心组成标准之一,定义了管理数据发布和访问的方式,从而使管理解决方案独立于平台,并可以在企业范围内物理上分布。参见hypermedia management architecture (HMMA)。

hypermedia management schema (HMMS) 超媒体管理机制 HMMA(超媒体管理框架)三种核心组成标准之一,定义了一个可扩展、独立于实现的通用数据描述,允许从不同的来源描述、实例化和访问数据。参见hypermedia management architecture (HMMA)。

hypermedia object manager (HMOM) 超媒体对象管理者 HMMA(超媒体管理框架)三种核心组成标准之一,为管理应用程序综合了管理数据和一个或多个协议,给使用HTML(超文本标记语言)的浏览器定义了一个统一的表示方法。HMOM是与实现相关的,可用现有的开发平台来实现。参见hypermedia management architecture (HMMA)。

hypermedia time-based structuring language (HyTime) 时基超媒体结构化语言 一个代表超文本链接、时间调度和同步的标准的超文本结构语言,提供基本的识别和寻址机制,独立于对象数据内容标记、链接类型、处理和表现功能和语义。HyTime用于表示超文本、多媒体、超媒体和时基文献的逻辑结构,有很强的表达能力。HyTime是1986年由美国国家标准协会(ANSI)的一个工作组开发,1992年成为ISO/IEC国际标准10744。参见hypermedia。

hypernym 上位词 概念上外延更广的主题词。例如,"花"是"鲜花"的上位词,"植物"是"花"的上位词。上位词是相对某主题词的,也有它自己的等同词、上位词、下位词、同类词。一个主题词所表达概念的任何一种属性、任何一种归类方式,都可以是它的上位词。例如,"鲜花快递"的上位词可以是"鲜花"、"快递"、"网上购物"、"鲜花礼仪"、"鲜花店"、"礼品公司"等。比较hyponym。

hyperplane method 超平面法 一种对程序中嵌套DO循环进行并行化的技术。其基本思想是将每个DO循环视为一维空间,因而嵌套DO循环即为多维空间,而位于该空间中任何超平面的循环可以同时执行,因而该算法是在循环空间中找具有上述性质的平面簇。这种方法适用于嵌套循环,但不适用于简单循环。

hyperrectangular netware 超矩形网络 一种超立方体网络结构,每个网络节点与同维中相邻的节点连接。

hyperresolution 超归结,超消解法 语义消解的一个特例。它又分为两种:一种称为正超消解法,在它使用的解释I中所有的谓词函数恒取假值;另一种称为负超消解法,在它使用的解释I中所有的谓词函数恒取真值。这两种消解法都是完备的。参见semantic resolution。

hyperspace 超级空间 (1)指多维空间,如空间加上时间的四维世界。(2)在因特网中,可通过多种超级链接进行访问的一套文档。

hyperspectral remote sensing (HRS) 高光谱分辨率遥感 从紫外到中红外波段范围内,划分成许多非常窄且光谱连续的波段来进行探测的遥感系统。与多波段遥感相比,其光谱分辨率较高。比较multispectral remote sensing (MRS)。

hypertape unit 高速盒式磁带机 使用盒式磁带的一种高速磁带机。

hypertext 超文本 (1)自然语言文本与计算机交互、转移或动态显示等能力的结合。它是一种非线性文本,不便于按常规在一页上打印。超文本系统允许用户构造任意连接,可从文档中的某个选定点连到文档中的另一个点,也可连到用户范围内任何其他文档的某个点。从简单的意义上说,超文本文档可由"目录表"和对文件的联机连接组成。(2)一种信息管理方法。将数据与信息以节点的形式组成网络数据库,屏幕上窗口的各种选择项皆对应于数据库中的客体,用户可在任何时候从任一节点很方便地移到另一个节点上。浏览器以图形方式给出节点信息间的上下文关系，能在应用时呈现给用户，帮助用户在复杂的超文本网络中找到要查询的信息节点。以超文本方式组织对交互式多媒体系统的控制，就构成了超媒体。(3)一种电子文献信息的管理技术，以节点为基本单位，节点中的信息可以是一段文本、一批数据、一幅图片、一段音乐等，它们通过链连接成网状结构。这种节点间的网状结构类似于人类的联想式的记忆结构。在存储次序上，它没有固定的顺序，不要求读者按某个顺序来阅读信息内容，而是可按人的联想进行自由选择，超文本为文本之间的交叉引用和联想查找提供了手段。

hypertext link 超文本链接 超文本中信息块之间的链接。

hypertext mark-up language (HTML) 超文本标记语言 在WWW中用于指定一个超文本的内容和格式的一种计算机语言。HTML是标准通用标记语言(SGML)的简化版本，是使用超级链接的经过正式定义的文档系统。用HTML编写网页时，它控制着Web页面的布局和结构，成为因特网上描述网页内容和外观的标准。HTML包含了一对“打开”和“关闭”的标记，其中含有属性和值。标记描述了每个在网页上的组件，如文本段落、表格或图像。HTML描述的是文件各部分内容的结构，而不是文件内容在页面或显示器上出现的具体形式，只有这样才能保证网页是跨平台的，可以在任何计算机系统上正确显示。也就是说HTML文档应该在不同的浏览器和操作平台之间都能很好使用。参见standard generalized markup language (SGML)。

hypertext technology 超文本技术 一种用于将信息连接在一起的技术，即将单词和其他单词或解释以用户不可见的方式连接起来。这个概念由Ted Nelson提出，作为一种以人类思维的方式来获取计算机中信息的方法。

hypertext transport protocol (HTTP) 超文本传输协议 该协议用于管理超文本与其他超文本文档之间的链接，在万维网(WWW)上支持信息交换的因特网标准，是定义Web服务器如何响应文件请求的因特网协议。通过规定URL(统一资源定位器)以及怎样用来在因特网的任何地方检索资源，HTTP可使Web作者将超级链路嵌入Web文档。当用鼠标点击它时，超级链路启动一个存取和检索文档的数据传输过程，而无需用户的任何进一步干预(或根本无需知道文档来自何方或如何进行访问)。所以，它为存取因特网奠定了基础。虽然HTTP是因特网网址的组成部分，但在输入网址时可省略，系统在查找网址时会自动加上HTTP。

hypertext transfer protocol over secure socket layer (HTTPS) 超文本传输安全协议 超文本传输协议的安全版。即HTTP下加入SSL(安全套接层)层，提供了身份验证与加密通信方法，用于安全的HTTP数据传输。参见hypertext transport protocol (HTTP), secure socket layer (SSL)。

hypertext transport protocol daemon (HTTPD) 超文本传输协议常驻程序 在每个网页服务器中，都有一个超文本传输协议常驻程序在运行，等待处理用户请求，然后调用合适的进程去处理。

hyper threading 超线程 一个处理器上整合了两个逻辑处理器单元，使得拥有这种技术的CPU具有能同时执行多个线程的能力，这是一种同步多线程(SMT)技术，它使CPU能在同一物理处理器资源下同时执行两个程序，或者是一个程序的两个线程，从而使物理处理器资源利用率至少提升40%。超线程做法是复制一颗处理器的架构指挥中心变成两个，使得Windows操作系统认为是在与两颗处理器沟通，但这两个架构指挥中心共享该处理器的工作资源，架构指挥中心追踪每个程序或线程的执行状况，使得物理处理器被视为两个分离的“逻辑”处理器。

HyperTransport (HT) HT超高速技术 美国AMD公司开发的一种能适用于各种高速2度芯片组之间的传输技术，其前身称为闪电数据传输(LDT)，2001年2月改名为HyperTransport，发表了HyperTransport的技术白皮书。它除了可以将芯片间数据作高速传输之外，它还具有封包传输技术、双条单向数据流及点对点的数据连接方式、弹性数据带宽等。它可以改善系统数据传输的瓶颈，可以为系统设计人员制造更高效能的系统设备提供基础，加快整个系统性能运行效能，传输峰值可以达到6.4 GBps。参见lightning data transport (LDT), peripheral component interconnect (PCI)。

hyphenate 加连字符 在一行的末尾，写不下一个完整的字时，在字的某个音节之后，插入一个连字符来分开该字，并把该字的剩余部分移到下一行的起始位置。

hyphenation 连字(技)术 在排版和文字处理中，当在一行内无法排完一个字时，将该字分为两部分进行排版的操作。文字处理系统中设计有各种加连字符的功能，其中的一种方法需要使用例外词典。在文字处理和桌面排版程序中，连字术的使用将由以下几种方式来决定：①参考一个磁盘文件形式的连字术词典，该词典由带破折号的单词组成；②使用一组内含的规则；③同时采用①和②的方法。用户可向连字术词典中添入自己所需的词，并将连字符放在他们希望出现的地方。

hyphenation program 加连字符程序 一种程序，常常是文字处理程序的一部分，能够对多音节单词加连字符以进行单词的断行操作。

hyphen drop 连字符消除 在文字处理中一种机器功能。当有关的字随后出现在文本中的另一处，不

H

H

再需要用连字符连接时，判断确保不打印连字符。大多数机器自动地实现连字符清除，但保留必需的连字符。

hyphenless justification 消除连字符调整 在文字处理系统中，可改变行内各字间隔，以不加连字符调整行尾的一种技术。

hyponym 下位词 概念上内涵更窄的主题词，如"鲜花速递"的下位词包括"上海鲜花速递"、"深圳鲜花速递"、"网上鲜花速递"。下位词是相对某主题词的，也有它自己的等同词、上位词、下位词、同类词。比较 hypernym。

hypothesis 假设，假说 在分析型决策问题中，作为候选结论的项目或命题。例如医学诊断决策支持系统中的病名。

hypothesis testing 假设检验 数理统计学中根据一定假设条件由样本推断总体的一种方法。假设检验用来判断样本与样本，样本与总体的差异是由抽样误差引起还是本质差别造成的统计推断方法。其基本原理是先对总体的特征作出某种假设，然后通过抽样研究的统计推理，对此假设应该被拒绝还是接受作出推断。参见 statistical inference，sample inference。

hypothesis-verification knowledge acquisition 假设-验证式知识获取 一种综合采用归纳与演绎、综合与分析、联想与类比等高级思维活动在内的知识获取方法。它符合人类认识世界的过程：即许多知识都是通过猜想（或假设）得以验证而获取的。这种假设-验证方法进行的知识获取往往不可能一次成功，常需多次反复修正才能逐步完成，这就要采用所谓的反馈修正式知识获取。

hypothetical reference circuit 假设参考电路 一种有一定长度，并具有一定数量的终端和中间设备的假设电路，这里所说的数量是相当大的，但不是极端值。这一概念有助于研究长距离电路的某些特征。

hypothetical reference circuit for telephone 电话假设参考电路 这是一种建立在假设国际电话载波系统上（在音频终端之间）的完整电话电路。它具有一个特定长度和一定数量的基群、超群和主群调制与解调。这里所说的数量是相当大的，但没有达到其最大可能值。假设参考电路必须反映出一般所设想的系统的实际应用。

hypothetical reference connection (HRX) 假设参考连接 一种规定结构、长度和性能（在一个电信网络中）的假设连接。这一概念有助于研究多路长距离连接的某些特性（如噪声、传输质量等）。假设参考连接是为进行系统性能研究，ITU-T（国际电信联盟-电信标准化部门）建议中提出的一个数字传输参考模型。最长的 HRX 是根据综合业务数字网（ISDN）的性能要求和 64 kbps 信号的全数字连接来考虑的。假设在两个用户之间的通信可能要经过全部线路和各种串联设备组成的数字网，而且任何参数的总性能逐级分配后应符合用户的要求。

hypothetical reference digital path 假设参考数字通道 一种有一定长度、并具有一定数量的终端和中间设备的假设数字通道，这里所说的数量是足够大的，但不过量。它形成研究某些长距离数字通道特性（如差错、抖动）的基础。

hypothetical reference digital path at 64 kbps 64 kbps 的假设参考数字通道 这是一种建立在假设国际数字系统上（在 64 kbps 的接口之间）的完整数字通道。它具有特定长度和一定数量的复用和分路设备，这里所说的数量是相当大的，但不是其最大可能值。

hypothetical reference digital section (HRDS) 假设参考数字段 即为具有一定长度和性能规范的程度模型，可用作指标分配的参考模型。对于 SDH（同步数字系列）数字段，有 420 km，280 km 和 50 km 三种长度。参见 synchronous digital hierarchy (SDH)。

hypothetical syllogism 假言三段论 由假言判断和直言判断构成的三段论。其肯定式是：

$$\frac{\begin{array}{l}P \rightarrow Q \quad (\text{如果 } P \text{ 则 } Q)\\ P \qquad\quad (P)\end{array}}{Q \quad (\text{故 } Q)}$$

其否定式是：

$$\frac{\begin{array}{l}P \rightarrow Q \quad (\text{如果 } P \text{ 则 } Q)\\ \bar{Q} \qquad\quad (\text{非 } Q)\end{array}}{\bar{P} \quad (\text{故非 } P)}$$

假言推论的根据是充足理由律，在大前提的表述中，充足理由是存在的。

hypothetical world 假想世界 一种基于知识的系统中构造知识的方法，可以定义所应用的事实和规则的环境。

hysteresis 磁滞，滞后 (1)铁磁体在反复磁化的过程中，它的磁感应强度的变化总是滞后于它的磁场强度，这种现象称为磁滞。(2)系统部件的响应落后于信号强度增减变化的现象。

hysteresis coupler 磁滞耦合器 电耦合器的一种，借助铁磁材料中已建立的磁场重新取向时所产生的阻力传递转矩。

hysteresis curve 磁滞曲线 描述材料的磁感应与产生该磁感应的稳态交变磁场强度之间的稳态关系的曲线。

hysteresis distortion 磁滞失真 在包含磁性元件的电路中，由于磁滞的非线性引起的失真。

hysteresis error 磁滞误差 被测变量向高标度端指示与向低标度端指示之间由于磁滞引起的最大差别。

hysteresis heater 磁滞加热器 主要由磁性材料中变化磁通引起的磁滞损耗加热的铁磁类装载容器的感应加热器。在正常感应加热中，热量由涡流损耗引起。

hysteresis loop　磁滞回线　在磁场中，铁磁体的磁感应强度与磁场强度的关系可用曲线来表示，当磁化磁场作周期的变化时，铁磁体中的磁感应强度与磁场强度的关系是一条闭合线，这条闭合线称为磁滞回线。

hysteresis loss　磁滞损耗　位于交变磁场中的铁磁体，因磁滞现象而产生一些功率损耗，从而使铁磁体发热，这种损耗称为磁滞损耗。

hysteresis material constant　材料的磁滞常数　工作在瑞利区的磁性材料的磁滞损耗的一种表达方式，它等于磁滞损耗因数除以磁通密度的峰值。参见 hysteresis loss。

hysteresis motor　磁滞电动机　具有磁性材料（最好是高矫顽力材料）制成的光滑圆柱形转子，且无直流励磁的同步电动机。它借助于初级绕组产生的旋转磁场在次级组件中感应的磁滞损耗影响而启动，并借次级铁芯的矫顽力以同步转速正常运行。

HyTime　时基超媒体结构化语言　hypermedia time-based structuring language 的缩写。

Hz　赫兹　频率的单位，Hertz 的缩写。

H0 channel　H0 信道　一种 384 kbps 的信道，由 6 个连续的 T1 的 DS0（64 kbps）线路构成。北美 ISDN（综合业务数字网）一次群速率线路能够承载高达 4 条 H0 信道；欧洲 ISDN 一次群速率线路能够承载高达 5 条 H0 信道。

H1 channel　H1 信道　北美 ISDN（综合业务数字网）中的 1.536 Mbps 数字信道，用于一次群速率业务对终端用户的高速数据、图像或视频传输。H1 信道占据了一次群速率信道的整个带宽。

H10 channel　H10 信道　北美的以 T1 或基本速率载体为基础的 1 472 kbps 信道，相当于 23 个 64 kbps 信道。

H11 channel　H11 信道　北美的基本速率信道，用于作为单个 1 536 kbps 信道。这种信道除 8 kbps 成帧模式外，使用 24 个连续的 DS0 或整个 T1 线路。

H12　H12 速率　欧洲的基本速率信道，用于作为单个 1 920 kbps（30 个 64 kbps 信道）或整个 E1 线路，除了 64 kbps 成帧和维护信道外。

H. 222　H. 222 标准　国际电信联盟-电信标准化部门（ITU-T）第 15 研究组提出的标准，阐述在 ATM（异步传输模式）网络中多媒体数据的多路复用。

H. 245　H. 245 协议　国际电信联盟-电信标准化部门（ITU-T）提出的多媒体通信系统框架协议。H. 245 是用于两个或多个端点之间的控制协议，主要作用是管理 H. 323 参与者之间的媒体流。确保一个实体只发送能够被另一个实体接受和理解的媒体。H. 245 运行在端点之间的一条或多条逻辑信道上。这些逻辑信道在参与者之间传递媒体流，有许多特性。

H. 261　H. 261 编码　H. 261 是第一个实用的数字视频编码标准，由国际电报电话咨询委员会（CCITT）于 1988 年提出。H. 261 也称"PX64"，其中 P 为 64 kbps 的取值范围，是 1 ～ 30 的可变参数。H. 261 使用了混合编码框架，包括了基于运动补偿的帧间预测，基于离散余弦变换的空域变换编码、量化、zig-zag 扫描和熵编码。实际的编码算法类似于 MPEG（活动图像专家组）算法，但不能与后者兼容。H. 261 在实时编码时比 MPEG 所占用的 CPU 运算量少得多，此算法为了优化带宽占用量，引进了在图像质量与运动幅度之间的平衡折衷机制，也就是说，剧烈运动的图像比相对静止的图像质量要差。因此，这种方法是属于恒定码流可变质量编码而非恒定质量可变码流编码。

H. 263　H. 263 编码　H. 263 是国际电信联盟-电信标准化部门（ITU-T）的一个标准草案，是为低码流通信而设计的。但实际上这个标准可用在很宽的码流范围，而非只用于低码流应用，它在许多应用中可以用于取代 H. 261。H. 263 的编码算法与 H. 261 一样，但做了一些改善和改变，以提高性能和纠错能力。H. 263 标准在低码率下能够提供比 H. 261 更好的图像效果，两者的区别有：①H. 263 的运动补偿使用半像素精度，而 H. 261 则用全像素精度和循环滤波；②数据流层次结构的某些部分在 H. 263 中是可选的，使得编解码可以配置成更低的数据率或更好的纠错能力；③H. 263 包含四个可协商的选项以改善性能；④H. 263 采用无限制的运动向量以及基于语法的算术编码；⑤采用事先预测和与 MPEG（活动图像专家组）中的 P-B 帧一样的帧预测方法；⑥H. 263 支持五种分辨率，即除了支持 H. 261 中所支持的 QCIF（四分之一通用媒介格式）和 CIF（通用媒介格式）外，还支持 SQCIF（亚四分之一通用媒介格式）、4CIF 和 16CIF，SQCIF 相当于 QCIF 一半的分辨率，而 4CIF 和 16CIF 的分辨率分别为 CIF 的 4 倍和 16 倍。1998 年 IUT-T 推出的 H. 263＋是 H. 263 建议的第 2 版，它提供了 12 个新的可协商模式和其他特征，进一步提高了压缩编码性能。如 H. 263 只有五种视频源格式，H. 263＋允许使用更多的源格式，图像时钟频率也有多种选择，拓宽应用范围；另一重要的改进是可扩展性，它允许多显示率、多速率及多分辨率，增强了视频信息在易误码、易丢包异构网络环境下的传输。另外，H. 263＋对 H. 263 中的不受限运动矢量模式进行了改进，加上 12 个新增的可选模式，不仅提高了编码性能，而且增强了应用的灵活性。H. 263 已经基本上取代了 H. 261。

H. 264　H. 264 编码　H. 264 是国际电信联盟-电信标准化部门（ITU-T）视频编码专家组（VCEG）

提出的一个高度压缩数字视频编解码器标准，ITU-T的H. 264标准和ISO/IEC MPEG-4第10部分(ISO/IEC 14496-10)在编解码技术上是相同的，这种编解码技术也被称为AVC(高级视频编码)。H. 264最大的优势是具有很高的数据压缩比率，在同等图像质量的条件下，H. 264的压缩比是MPEG-2的2倍以上，是MPEG-4的1.5～2倍。H. 264压缩技术将大大节省用户的下载时间和数据传输流量。此外，H. 264还拥有高质量流畅的图像，因此，经过H. 264压缩的视频数据，在网络传输过程中所需要的带宽更少，也更加经济。H. 264适应性强，该编解码器能够在一个很广的范围内使用(如包含高码率也包含低码率，以及不同的视频分辨率)，并且能在各种网络和系统上(如组播、DVD存储、RTP/IP包网络、ITU-T多媒体电话系统)工作。

H. 320 standard　H. 320标准　由ITU(国际电信联盟)为数字电视网上的电视会议所建立的一组标准。它建立在对声频和视频压缩及解压缩标准基础上，核心是规定信息压缩方式的H. 261。

I

I 同相的 in phase 的缩写。

IA (1)间接地址 indirect address 的缩写。(2)间接寻址 indirect addressing 的缩写。(3)信息电器 information appliance 的缩写。(4)信息架构 information architecture 的缩写。(5)信息保障 information assurance 的缩写。(6)国际电码表 international alphabet 的缩写。(7)身份关联 identity association 的缩写。

IaaS 基础设施即服务 infrastructure as a service 的缩写。

IAB 因特网结构委员会 Internet Architecture Board 的缩写。

IAC (1)应用程序间通信 inter-application communication 的缩写。(2)交互激活与竞争 interactive activation and competition 的缩写。

IACB 索引存取控制块 indexed access control block 的缩写。

IAC network model IAC 网络模型 interactive activation and competition network model 的缩写。

IACS 综合存取和交叉连接系统 integrated access and cross-connect system 的缩写。

IAD 综合接入设备 integrated access device 的缩写。

IAEA 国际原子能机构 International Atomic Energy Agency 的缩写。

IAGC 瞬时自动增益控制 instantaneous automatic gain control 的缩写。

IAM (1)索引存取方法 indexed access method 的缩写。(2)ATM 上的反向复用 inverse multiplexing over ATM 的缩写。(3)初始地址消息 initial address message 的缩写。

IANA 因特网分配号码管理局 Internet Assigned Numbers Authority 的缩写。

IANAL 我不是律师 I am not a lawyer 的缩写。网络上提供准法律建议之前的一个否认声明。

IAP (1)因特网接入提供商 Internet access provider 的缩写。(2)入侵警报协议 intrusion alert protocol 的缩写。(3)工业应用程序 industry application programs 的缩写。

i APX 432 microprocessor i APX 432 微处理器 Intel 公司于 1980 年推出的一种准 32 位微处理器。其处理能力可达每秒 200 万次。这种微处理机采用积木式结构，具有两个指令系统：一个是基于 Ada 语言为操作系统服务的专用指令系统；另一个是基于 Pascal 语言的通用指令系统。

IAR 指令地址寄存器 instruction address register 的缩写。

IAS (1)立即存取存储器 immediate access storage 的缩写。(2)智能自动化系统 intelligent automation system 的缩写。(3)因特网接入服务 Internet access service 的缩写。

IA-64 64 位英特尔架构 Intel 公司提出的 Intel architecture (IA)服务器的目标，兼收原有的大型主机性能可靠、高可用性、高可扩充性和可管理的优点，及 PC 机廉价、标准化、高兼容性的特点，称为标准化大批量的服务器。作为此基础的微处理器是由 Intel 和 HP 公司合作开发的 64 位芯片架构 IA-64，具体的芯片是 Merced。IA-64 架构具有清晰并行的指令结构，处理能力和吞吐能力将有较大的提高，具有很强的浮点运算和整数运算能力。

IB 智能建筑 intelligent building 的缩写。

I-beam pointer I 形指针 图形用户界面中形状像大写字母 I 的一种特定指针，用来指示文本编辑的插入点。

IBG 块间间隔 inter-block gap 的缩写。

IBI (1)智能大楼集成 intelligent building integration 的缩写。(2)政府间信息科学局 Intergovernmental Bureau for Informatics 的缩写。

IBM 国际商(业)用机器公司 International Business Machine Corp. 的缩写。

IBM ACS IBM 先进布线系统 IBM advanced connectivity system 的缩写。

IBM advanced connectivity system (IBM ACS) IBM 先进布线系统 IBM ACS 是一套主要面向计算机网络和电话系统的综合布线系统。它完全符合 1995 年发布的国际布线标准：ISO/IEC IS 11801、欧洲标准：EN50173 及 1990 年发布的美国标准：EIA/TIA 568。它从计算机网络系统的角度出发，结合了电话系统的特点，向用户提供完整的、高质量的布线结构。它具有很强的适应性、扩展性、可靠性和长远效益。

IBM compensation IBM 补偿技术 由 IBM 公司提出的在数字磁记录写入信道过程中，通过改变写入电流波形形状来压缩读出脉冲，以提高位密度的一种电路技术。主要应用在标准 0.5 英寸的磁带机中，在写入电流主阶跃之后的适当时候，引入一个大小合适的小阶跃脉冲，使读出脉冲宽度变窄，且比较对称。

IBM operating system/2 (OS/2) IBM OS/2 操作系统 IBM 个人计算机上的一个操作系统，具有多任务管理的功能。OS/2 是 IBM 和微软共同开发的运行于 80286 PC 的 16 位操作系统。1987 年末的第一版 OS/2 1.0 只有最简单的字符界面，1.1

版已引入图形用户界面(GUI),1.2 版引入了高性能文件系统(HPFS),1994 年 IBM 独立开发的 OS/2 Warp 是 32 位操作系统。IBM 在 2005 年 12 月底已正式终止 OS/2 的商业销售。对于已经出售的软件的售后服务也将于 2006 年 12 月 31 日全面停止,在此之后,客户只有根据其 SE 或 TCO 服务计划付费才能得到技术支持。

IBM PC　IBM 个人计算机　IBM personal computer 的缩写。

IBM PC/AT microcomputer　IBM PC/AT 微型计算机　由 IBM 公司于 1984 年 9 月推出的 16 位高档微计算机中央处理器采用 6 MHz 时钟的 Intel 80286;可配置 80287 协处理器以提高数值计算能力;配有 1.2 MB 的 5.25 英寸的软盘驱动器,可读 IBM PC 微计算机上的 360 KB 软盘中的信息;基本型的只读存储器为 256 KB,增强型为 512 KB,还可配 20 MB 的温式硬盘。这种计算机的最大内存可扩充到 3 MB。该机由于采用了与 8086 微处理机兼容的实地址和保护虚地址工作方式可执行 8086 中的所有指令。配有 DOS(磁盘操作系统)操作系统,也可运行 XENIX 操作系统。

IBM PC-compatible computer　IBM PC 兼容机　一台计算机如果可以运行为 IBM 个人机开发的所有或几乎所有软件,并能接受 IBM 计算机的插卡、适配器以及外设(如打印机、键盘等),这台计算机即被称为 IBM PC 兼容机。

IBM PC-DOS　IBM 个人计算机磁盘操作系统　20 世纪 80 年代初期由微软公司为 IBM 编写的、广泛运行于 IBM-PC 及其兼容机的磁盘操作系统。它是一种单用户单任务微型计算机操作系统。它支持 BASIC 解释程序、一组基本文件与磁盘管理的命令。参见 Microsoft disk operating system (MS-DOS)。

IBM PC network　IBM PC 网络　一种廉价网络,用以实现通信和资源共享。它允许连接的计算机 IBM PC/AT、IBM PC/XT 和 IBM 手提式个人计算机等,使用总线或菊花链形星型的拓扑结构。可作为同轴电缆上的宽带网络或双绞线上的基带网络。

IBM PC/XT microcomputer　IBM PC/XT 微型计算机　IBM 公司 1983 年 3 月推出的 PC 机扩展型号。基本硬件部分包括系统单元,键盘、软盘机,硬盘机等。主要外部设备有显示器、打印机、异步通信适配器等。系统单元包括系统板、8 个扩展槽、电源、喇叭和装软盘与硬盘的空间等。系统板上主要有处理器子系统(8088CPU,8087 协处理器及其他芯片)、ROM(只读存储器)和 RAM(随机存取存储器)等。ROM 容量为 8 KB,固化系统程序 BIOS(基本输入输出系统)。RAM 可扩到 1 MB。软盘容量格式化后为 360 KB,传输率 250 kbps。硬盘为温氏盘,容量 10.4 MB,传输率 5 Mbps。显示器可为单色或彩色两种。单色显示器 12 英寸,可显示 80 列 25 行字符。字符点阵 7×9。分辨率为水平 720 点,垂直 350 点,不能用光笔。彩色显示器 13 英寸,用红绿蓝 3 原色,显示 16 种颜色。分辨率为垂直 200 行,水平 640 行。字符用 7×7 点阵,可用光笔。通信适配器有异步和同步两种,异步通信用于两台微机或微机与打印机等外设之间,传输率为 50 ～ 9 600 波特。同步通信适配器支持 IBM 的 SDLC(同步数据链路控制)规程,传输率 9 600 波特。通常配有针式打印机,还可以增加其他外设。PC/XT 操作系统使用 DOS(磁盘操作系统),主要包括磁盘处理程序、其他外设处理程序、命令解释程序及应用程序。

IBM personal computer (PC)　IBM 个人计算机　IBM 公司推出的个人计算机,这类计算机及与其兼容的其他厂家计算机是世界上广泛使用的计算机。尽管这些计算机在特定应用中可用于多用户方式,但它们仍是典型单用户计算机。IBM 第一代个人计算机使用 16 位 AT 总线,有 PC,XT,AT 及便携式计算机等,统称为 PC 计算机。IBM 第二代个人计算机使用 32 位总线,又统称为 PS/2 计算机。PS/2 系列机与 PC 系列机的主要区别是采用微通道总线结构,因此硬件与 PC 系列机有诸多不兼容之处。IBM 公司在个人计算机上使用了开放式体系结构,从而向第三方厂商打开了一条通路,使其迅速开发各种附加部件(如视频显示卡,内存板以及其他硬件)来支持该系统。

IBM public license (IPL)　IBM 许可证　IBM 许可证在满足开源软件许可证认证标准的前提下,IBM 许可证还有如下一些细节性规定:①明确了专利授权。一般的开源软件都明确源代码的版权人将自己的修改权、复制权等版权权利向公众许可,但保留署名权,而 IBM 许可证在此基础上还明确假如源代码中含有专利权,源代码专利权人将复制、使用的专有权利向公众许可。②细化了该许可证终止的情形,包括不按该许可证的要求发布和使用源代码、发生专利侵权诉讼等。③明确了独立承担责任原则,即假如按该许可证使用源代码的使用者将获得的源代码应用于商业使用,那么他就要对在商业应用中出现的、由于使用该源代码程序而产生的侵权诉讼承担完全责任。

IBM Technical Disclosure Bulletin　**《IBM 公司技术发明公报》**　IBM 公司内部技术交流刊物。1958 年创刊,每年 12 期。发表该公司科技人员的技术发明的简要说明,类似简短的专利公报,均附有图表。内容新颖,涉及范围较广,对计算机领域的科研人员颇有参考价值。

IBM token ring　IBM 令牌环　IBM 公司开发的使用环状拓扑的局域网技术。在这种网络中,有一种专门的帧称为"令牌",在环路上持续地传输来确定一个节点何时可以发送包。

IBM token ring network IBM 令牌环网 IBM 在1984 年推出了适合安装在所有 IBM 计算机和计算环境中的 IBM 令牌环网络版本。IBM 令牌网络的设计目的是使用双绞线电缆将计算机和网络通过墙上的插座连接起来,主要的连线位于一个集中的位置,以此来提供一个简单的布线结构。1985 年,IBM 的令牌网络成为美国国家标准协会(ANSI)标准。典型的令牌环网体系结构是一个物理环。但在实现方法中,令牌环网是所有的计算机连接到中央集线器上的星型连接环。当第一台令牌环计算机联机时,网络产生一个令牌。令牌是允许计算机将数据发送到电缆上的预先给定的格式帧。令牌绕环传输,轮询每一台计算机,直到有一台计算机发出请求发送数据的信号,并且取得该令牌的控制权。计算机如果没有取得对令牌的控制权,就不能发送数据。当一台计算机使用令牌时,其他任何计算机都不能发送数据。

IBT 中断位表 interrupt bit table 的缩写。

IC (1)初始条件 initial condition 的缩写。(2)指令计数器 instruction counter 的缩写。(3)集成电路 integrated circuit 的缩写。(4)智能卡,IC 卡 intelligent card 的缩写。

ICA (1)国际通信协会 International Communication Association 的缩写。以前称为工业通信协会(Industrial Communication Association)。(2)集成通信适配器 integrated communication adapter 的缩写。

I-cache 指令高速缓存 参见 cache。

ICAD 智能计算机辅助设计 intelligent computer aided design 的缩写。

ICADS 智能计算机辅助设计系统 intelligent computer aided design system 的缩写。

ICAE 智能计算机辅助工程 intelligent computer aided engineering 的缩写。

ICAI 智能计算机辅助教学 intelligent computer aided instruction 的缩写。

ICAM (1)集成化计算机辅助制造 integrated computer aided manufacture 的缩写。(2)智能计算机辅助制造 intelligent computer aided manufacturing 的缩写。

icand register 被乘数寄存器 同 multiplicand register。

ICANN 互联网名称与数字地址分配机构 Internet Corporation for Assigned Names and Numbers 的缩写。

I-CASE 集成的计算机辅助软件工程 integrated computer aided software engineering 的缩写。

ICB (1)中断控制块 interrupt control block 的缩写。(2)索引存取控制块 indexed access control block 的缩写。

ICC 国际计算中心 International Computation Center 的缩写。

IC chip package 集成电路芯片封装 封装集成电路芯片的方法。早期计算机使用双列直接式封装(DIP)芯片。将 DIP 上的管脚插入到电路板上的孔,然后将管脚和电路通道焊在一起,管脚从头部开始按逆时针方向编号,头部标志可能是一个半圆、圆点缺口或者是涂色圆点,PC 机中经常使用的塑料 DIP 电路,其管脚间距为 0.1 英寸,通常是镀锡管脚。近年的计算机系统采用表面安装封装方式的器件,使用焊料垫,这样电路板的两面都可以安装芯片。同时,这种封装因为四边都有管脚,因此体积更加小。包含同样的电路时,SMD 的表面积可以比 DIP 的少 40 ～ 60 %。一种称为载体封装(CP)的 SMD 就是专为焊垫设计的,其管脚是可弯曲的,和真正的脚类似,制作电路板时,将管脚弯到焊垫上并加热,焊剂熔化后,两者就焊在一起了,这种连接是物理和化学意义上的真正连接。相对 DIP 而言,SMD 技术使电路速度更快、更经济。另外 SMD 使用的管脚式样有翼形和 J 形两种。参见 dual in-line package (DIP), surface mount device (SMD)。

ICCP 计算机专业人员鉴定学会 Institute for the Certification of Computer Professionals 的缩写。

ICD 国际代码指派者 international code designator 的缩写。

ICDS 输入命令数据集 input command data set 的缩写。

ICE (1)联机仿真器 in-circuit emulator 的缩写。(2)信息与内容交换(协议)information and content exchange 的缩写。(3)智能概念抽取 intelligent concept extraction 的缩写。

ICES 综合土木工程系统(语言),ICES 语言 integrated civil engineering system 的缩写。

ICF (1)系统间通信函数 intersystem communications function 的缩写。(2)信息转换功能 information conversion function 的缩写。

ICFS 国际通信设施服务业务 International Communication Facility Services 的缩写。

ICG 交互计算机制图技术 interactive computer graphics 的缩写。

ICI (1)信道间干扰 interchannel interference 的缩写。(2)接口控制信息 interface control information 的缩写。(3)载波间接口 inter carrier interface 的缩写。(4)输入呼叫识别 incoming call identification 的缩写。

ICIC 联合国科教文组织国际版权信息中心 International Copyright Information Centre, UNESCO 的缩写。

ICIS 内部控制集成系统 internal control inte-

I

grated system 的缩写。

ICIMS 智能化计算机集成制造系统 intellectualized CIMS 的缩写。

ICM 图像颜色匹配 image color matching 的缩写。

IC memory systems 集成电路存储系统 用集成电路做成的存储器。集成电路系统除费用较低外，还具有其他优点，如一个集成电路存储器的内部包括了读写控制、芯片选择、驱动和地址译码电路，因此设计存储板只需要很少的附加电路，用于控制少量的控制信号、字节控制器、数据和地址缓存器、读出放大器和芯片驱动器等。

ICMP 因特网控制信息协议 Internet control message protocol 的缩写。

ICMP router discovery protocol (IRDP) ICMP 路由器发现协议 可以使主机确定路由器地址是否可以作为默认网关地址的协议。这个协议与 ES-IS 类似，但用于 IP(网际协议)地址环境中。参见 Internet control message protocol (ICMO)。

ICNCB 智能控制器节点控制块 intelligent controller node control block 的缩写。

iCOMP Intel 微处理机性能比较指数 Intel comparative microprocessor performance 的缩写。

icon 图标,图符 在图形用户接口(GUI)中，一种在屏幕上代表用户可操纵对象的小图形，包括简单的说明性文字。图标可以代表应用程序、文档、嵌入链接对象、驱动器或其他设备，也可以代表一组应用程序或者一组图标。视窗管理程序允许将一个窗口缩小成一个图标，以节省显示空间，通过用鼠标器点击图标，又可打开窗口或开始运行图标所代表的程序。一些常用图标一起组织成图标条(屏幕上按钮排)，通常就位于文档窗口之上，使用户不必使用菜单即可选择经常访问的菜单选项。在每个按钮上有一图标，表示该按钮的功能。

icon box 图标框 在 AIXwindows 程序中，一个作为用图标表示缩小化的窗口的视觉存储区的窗口。

iconic interface 图标界面 以图标作为操作对象的图形化用户交互界面。由于不需要记忆和输入字符串命令，因而便于人机交互。图标界面最早是在 Apple 的个人计算机中提出的，现已为许多软件系统所采用。参见 graphical user interface icon。

iconic representation 图标表示 计算机图形系统中所生成的图形，能够真实地表达出它所代表的对象的几何特性，如大小、外形、结构等，这种图形表示法称为该对象的图标表示。

iconize 图符化 用一图符来替代一窗口。

icon layout policy 图标布局策略 在 AIXwindows 程序中，一个决定代表最小化的窗口的图标是否位于根窗口中或者在图标框中的说明。

icon menu 图标菜单 显示屏幕上包含表示供用户使用的主要功能任选项的区域。每个插图都有相应的编号。

iconographic model 图示模型 描述一个系统的总体功能以及与外部的联系或者描述该系统内各部件之间的功能关系的图形表示法。

icon resource 图标资源 微软视窗中的一种系统资源，其用途是用图标来标识一个正在运行而其窗口已被关闭的应用程序。微软视窗不仅提供了一些标准的图标，而且还提供了专门工具-图标编辑器来设计用户自己的图标图案。

I conversion I 转换 FORTRAN 语言中整型数据的转换。

ICP (1)帧内编码图像 intra coded picture 的缩写。(2)因特网内容提供商 Internet content provider 的缩写。

IC packaging IC 封装 集成电路的外壳样式。IC 封装不仅起着安放、固定、密封、保护芯片和增强导热性能的作用，而且还是沟通芯片内部世界与外部电路的桥梁，芯片上的接点用导线连接到封装外壳的引脚上，这些引脚又通过印制电路板上的导线与其他器件建立连接。封装形式可大约分为:①插入式，如双列直插式封装(DIP)、双侧引脚扁平封装(DFP)、球栅阵列封装(BGA)等;②表面安装式，如扁平封装(FP)、四侧引脚扁平封装(QFP)、无引脚芯片载体(LCC)等;③直接粘结式，如板上芯片封装(COB)、倒装芯片封装(FC)等。参见 dual in-line package (DIP), through hole technology (THT), surface mount, direct bonding, flip-chip (FC)。

ICQ 网络寻呼机 I seek you 的缩写。

ICR (1)独立成分释放 independent component release 的缩写。(2)初始信元速率 initial cell rate 的缩写。

ICS (1)因特网连接共享服务 Internet connection sharing 的缩写。(2)应急命令系统 incident command system 的缩写。

IC storage system 集成电路存储系统 一种将地址缓冲器、地址译码器、数据缓冲器、存储器控制电路、刷新电路(如果是动态存储器的话)和存储单元全部集成在一起的电路。

ICU (1)指令控制单元[器]instructions control unit 的缩写。(2)交互式图形实用程序 interactive chart utility 的缩写。

ICV 初始链接值 initial chaining value 的缩写。

ICW (1)初始控制字 initial control word 的缩写。(2)接口控制字 interface control word 的缩写。

I-cycle I-周期 参见 machine cycle。

ID (1)标识符 identifier 的缩写。(2)标识 identification 的缩写。

I-D 因特网草案 Internet-draft 的缩写。

IDB 智能数据库 intelligent database 的缩写。

IDBS 教学数据库系统 instructional database system 的缩写。

IDC (1)国际文献资料中心 International Documentation Centre 的缩写。(2)智能磁盘控制器 intelligent disk controller 的缩写。(3)因特网数据库连接器 Internet database connector 的缩写。(4)因特网数据中心 Internet Data Central 的缩写。

IDCB 立即设备控制块 immediate device control block 的缩写。

IDCT 离散余弦反变换 inverse discrete cosine transformation 的缩写。

IDD (1)国际直拨 International Direct Dialing 的缩写。(2)综合数据词典 integrated data dictionary 的缩写。

IDDD 国际直通长途电话 International Direct Distance Dialling 的缩写。

IDDS 国际数字数据服务机构 International Digital Data Service 的缩写。

IDDU 交互数据定义实用程序 interactive data definition utility 的缩写。

IDE (1)集成设备电路 integrated device electronics 的缩写。(2)集成驱动器电路 integrated drive electronics 的缩写。

IDEA 国际数据加密算法 international data encryption algorithm 的缩写。

ideal amplifier 理想放大器 一个有源两端口网络,其中输出功率大于输入功率,并且输出电压或电流瞬时值与输入电压或电流瞬时值之比是固定的。比较 ideal attenuator。

ideal attenuator 理想衰减器 一个无源两端口网络,其中输出功率小于输入功率,并且输出电压或电流瞬时值与输入电压或电流瞬时值之比是固定的。比较 ideal amplifier。

ideal capacitor 理想电容器 其瞬时电流与电压对时间的导数成正比的理想二端电路元件。

ideal circuit element 理想电路元件 用一个单一参数来表征器件的抽象表示。

ideal current source 理想电流源 通过的电流(称为电源电流)不随端电压而变化的有源元件。

ideal filter 理想滤波器 在一个或一个以上频带内的所有频率下,能无衰落地传输信号,而将其他频率范围内的波形全部抑制掉的一种滤波器。

ideal gyrator 理想回转器 一个无功率损耗的非互易无源两端口网络,其中每个端口的瞬时电压与另一端口的瞬时电流成正比。从一个端口看的阻抗与另一端口的终端导纳成正比。

ideal impedance convertor 理想阻抗变换器 输入阻抗是负荷阻抗的固定倍数的互易或非互易两端口网络。上述倍数如为负实数时,则此两端口网络即称为负阻抗变换器(NIC)。

ideal inductor 理想电感器 其瞬时电压与电流对时间的导数成正比的理想二端电路元件。

ideal instants 理想瞬间 在某些条件下与有效瞬间相符合的瞬间。在各个特殊的情况下有必要说明这些理想瞬间是如何确定的。①在起止式调制中:起始码元的理想瞬间是该码元开始时的瞬间,其他码元的理想瞬间等于同一信号起始码元理想瞬间之后 n 倍理论单位的时间间隔,n 为该码元信号中的顺序。标准单位时间间隔应用为理论单位时间间隔。相应于实际平均调制速率的时间间隔在说明以后也可做为理论单位时间间隔。相应于信号的起始码元开始的瞬间可做为该信号的参考理想瞬间;②在等时调制(同步调制)中:一个理想参考瞬间可任意选择。所有其他理想瞬间均可按照其时间间隔等于相应的理论有效时间间隔从理想参考瞬间推算得到。在没有其他理由时,参考理想瞬间将按照相对于该参考理想瞬间的平均偏差值为零来选定。

idealized system 理想化系统 用来作为检测其他系统的标准。

idealized value 理想化值 一种参数的期望值。

ideal no-load direct voltage 理想空载直流电压 整流器和逆变器在无相控条件下的空载直流电压,此时忽略门槛电压和负载很小时的电压突升增量。

ideal resistor 理想电阻器 其瞬时电压与瞬时电流成正比的理想二端电路元件。

ideal synchronizing 理想同步 在使同步电机与另一同步电机或电源进入同步时,调节电压、频率和相位角,使该同步电机的电状态尽可能与对方一致的同步过程。

ideal testing 理想测试 程序设计方法学中的一种程序测试方式,由程序所有合法的初始状态的子集 T 定义,如果对所有 $D0 \in T$ 的初始状态,从程序 P 的成功执行中能得出程序正确性的结论,则 T 就构成了理想测试。参见 syntactic unit correctness。

ideal transformer 理想变压器 一个无功率损耗的互易无源两端口网络,其中一个端口的瞬时电压与另一端口的瞬时电压成正比。从一个端口看的阻抗是另一端口的终端阻抗的固定的正倍数。

ideal voltage source 理想电压源 其端电压(称为电源电压)与通过的电流无关的有源元件。

idea processor 概念处理程序 允许用户以提纲形式组织想法,并按需要去修改、扩充、压缩以及重新组织某些细目的一种个人计算机应用软件。

IDEF (1)集成化计算机辅助制造的定义方法 ICAM DEFinition method 的缩写。(2)入侵检测交换格式 intrusion detection exchange format 的缩写。

IDEF1 information model IDEF1 信息模型 一种建立信息模型的方法,能清晰反映信息模型中实体

I

问题的联系，并由条件规范化转换成数据库设计。这种模型与 ER 信息模型对功能模型都有较大的依赖性，若功能模型发生变化，则要重新构造其信息模型。参见 ER information model，ICAM DEFinition method 1（IDEF1）。

idempotent　幂等　集合的一种运算方式，设 * 为在集合 X 上的一种二元运算（操作）符，若元素 $a \in X$，存在 $a * a = a$ 的关系，则称 a 对于 * 是幂等的，并把 a 称为幂等元。上述的关系式称为幂等律。

I

identification　标识，识别　（1）用编码名或符号名等来标识一个数据单元、一个文件名或计算机系统中的一个实体的约定。（2）主体为访问客体向系统出示能表明其身份的名字、标识符、终端号、地址码等标志的过程。（3）在计算机信息安全中，指在允许用户进入信息系统开始任何活动时判断其身份。每个允许进入系统的用户必须有唯一的身份以便记账。

identification card　标识卡（片）　在某些金融通信系统中，一种类似于信用卡的写有客户标识号的磁卡或 IC 卡。客户将这种标识卡片插入客户事务处理装置上让系统识别自己。参见 personal code。

identification card reader　标识卡片阅读器　在某些客户事务处理装置中，用于从客户标识卡片上读出编码信息的一种部件。

identification character　标识字符（串）　在通信网络中，由交换线路上的某个工作站发送的、用于标识该工作站的一串字符。TWX（电传打字交换机）、BSC（二进制同步通信）和 SDLC（同步数据链路控制）等工作站都要使用标识字符串。

identification code　标识码　用于确认和限制用户或外部人员对计算机设施和信息访问而采取的保密编码。

identification field　标识信息组，标识字段　在采用软扇区记录格式的软磁盘上写有扇区地址的部分。在格式化时写入，而在格式化以外的操作中只读不写。在通常使用的 IBM 记录格式中，标识信息组由同步信息组、地址标记、标识信息、循环冗余校验信息和间隔等几部分组成。

identification number　标识号　参见 customer identification number。

identification on outward dialing（IOD）　向外拨号标识　当用户（直接）向外拨号，不需电话交换中心的转接，只要预先拨某一号码（标识）即可，这个号码就是向外拨号标识。

identification systems　识别系统，标识系统　用于监控运行目标的位置的系统。

identifier（ID）　标识符　（1）程序设计语言中的一种词汇单位，用以命名语言中的对象。如变量、数组、记录、标号、过程、函数、文件、磁盘驱动器、资源的名字。标识符通常是一个字符串，其中第一个字符必须是英文字母，其后的字符可以是字母、数字或其他字符。（2）用以命名、指示或定位的符号。标识符可以和数据结构、数据项或程序位置相关联。（3）程序设计语言中作为程序对象的名字而使用的字符串。不同的语言对标识符的形式有不同的要求，但大都要求它们的形式是以字母开头的由字母和数字组成的符号序列，其中不允许出现空格和其他特殊字符。有的语言允许标识符中出现下划线符或连字符等。

identifier list　标识符表　由词法分析产生用于说明源程序中出现的全部标识符的表。表中为每个标识符建立一个表目，词法分析产生表目并将标识符名字置入那个表目中。为了存储的有效性，词法分析在该表中引入一个指示器，其指针指向表中的名字，然后对应地填入与每个标识符相关的数据和地址。

identifier table　标识符表　同 identifier list。

identifier word　标识符字　用于标识一项设备、程序或数据单元的一个全长计算机字，它与搜寻或搜寻读取功能有关。一般将它存储在通道同步装置中的一个特别寄存器中，并且要与某些系统外围设备读取的每个字进行比较。

identify　标识　给存储器中的文件、数据或数据项分配标号名称的动作。

identity association（IA）　身份关联　通信系统分配给客户端的地址集合。每个 IA 都有一个相关的 IAID（身份关联标识符）。一个客户端可能有多于一个的 IA，每个 IA 持有一种类型的地址，一类是非临时地址的身份关联（IA-NA），另一类临时地址的身份关联（IA-TA）持有临时地址。

identity authentication　身份验证　对申请访问的用户进行合法性确认的手工或自动化过程。

identity-based access control　基于标识符的访问控制　在计算机安全中，基于访问的主体和客体识别的访问控制，对应于 resource-based access control。

identity element　单位元素，幺元　（1）一种基本逻辑元件。该元件具有两个输入端和一个输出端，只有当两个输入逻辑信号值相同，即全为“1”或全为“0”时，输出才是“1”，否则，输出为“0”。也称“等值元件”。（2）代数结构中的一种特殊元素，称幺元。也称“单位元素”。

identity gate　“全同”门　一种逻辑门。“全同”门有多个输入端和一个输出端，当输入端的状态相同时，输出端有一特定值（如“1”），反之，输出端有另一特定值（如“0”）。“全同”门也称“符合门”。

identity matrix　单位矩阵　对角线上的每一个元素都为 1，而对角线以外的元素均为零的方阵，称为单位矩阵。任何矩阵乘以单位矩阵或被单位矩阵乘，都恒等于这个矩阵本身。同 unit matrix。

identity operation　“全同”操作　（1）一种布尔运算，当且仅当所有操作数都具有相同的布尔值时，其操作结果才取布尔值“1”。对两个操作数的“全同”操作乃是一种“等价”操作。比较 nonidentity operation。(2)确定两个位或位模式是否全同的逻辑运算。

identity palette **对等调色板** 在 Windows 95 中，指一个逻辑调色板，与系统调色板一一对应。

identity ring **幺环** 乘法运算具有幺元的环。设〈S，+，*〉是一个环，且半群〈S，*〉具有幺元，则〈S，+，*〉称为幺环。

identity token **标识符令牌** 在计算机安全方面的一个设备(如灵巧卡、金属键)或其他系统用户的允许用户标识验证的物理令牌。

identity unit **“全同”部件** 一种具有若干个输入端和一个输出端的装置，仅当所有的输入信号都相同时，才产生一个指定的输出信号。

identity validation **标识符验证** 在计算机安全方面，指一种测试的性能(如检查一个口令)。参见 authentication，design verification，implementation verification。

identity verification **身份验证** 为身份的真实性提供保证而对人或实体的身份进行鉴别。

ideogram **表意文字[符号]** 自然语言中的一种图形字符，用以表示某个物体或概念及其相应的发音。例如，一个汉字或日本汉字。同 ideographic character。

ideogram entry **表意文字输入法** 一种表意文字的输入方法，采用基于发音的、表意特征、字法规则等的多个键的组合。

ideographic **表意文字[字符]的** 由象形文字、符号字符以及其他类型的符号构成的双字节字符。

ideographic character **表意字符** 同 ideogram。

ideographic character set **表意字符集** 基本的和扩充的表意字符的集合。参见 basic ideographic character set，extended ideographic character set。

ideographic session **表意文字会话** 一种显示站操作会话，在此会话期间操作员与系统使用表意文字数据进行通信。

ideographic sort utility **表意文字分类[排序]实用程序** 一种将表意文字数据分类或排序的程序。

ideographic support **表意文字支持设施** 可以对表意文字数据进行处理的那一部分硬件和软件。

IDF (1)中间分配帧 intermediate distributing frame 的缩写。(2)信息设计设施 information design facility 的缩写。(3)国际数字对象识别号基金会 International DOI Foundation 的缩写。

IDG **国际数据集团** international data group 的缩写。

idiot tape **“傻子”带** 计算机使用的纸带或磁带。由于使用纸带或磁带时，不需专门的指令，故称“傻子”带。

IDL **接口定义语言** interface definition language 的缩写。

IDLC **综合数字环路载波** integrated digital loop carrier 的缩写。

idle algorithm **idle 算法** 一种网络通信路由算法，在多维超立方体网络中以固定方式在网络中建立通道，从高维到低维网络的顺序，在遇到忙的链路时则改变顺序走另一条通路，可能会发生死锁。

idle character **空转字符** 一种控制字符。在同步工作方式中，当不传输数据时，为维持发送和接收端的同步而传送的字符。空转字符在目的端接收到的消息中不出现。参见 synchronous idle character。

idle communication mode **空闲通信方式** 一种通信方式。当两站之间不传送报文时，便传送空闲信息。空闲信息有以下三种模式：①全“1”；②同步字符(SYN)或其他事先规定好的字符；③检测信息模式。空闲信息的传送方式是：先从 A 站传送至 B 站，传送一段时间后，再以 B 站传送至 A 站。只有在传送空闲信息期间，才能开始一个报文的传送。与主从系统通信方式相比，空闲通信方式有下面两个优点：①A 站和 B 站的优先级相同；②可以连续检测两个站的性能和通信链路的可靠性。

idle condition **空闲状态** 设备或电路的不繁忙状态，表示它们不在运行或没准备好使用。

idle device **空闲装置** 没有涉及或不处于忙态的、可以使用的设备。

idle interrupt **空闲中断** 某个装置或过程转为空闲时发生的中断(即给微处理器的一个信号)。

idle line **空闲线** 同 inactive line。

idle-line indicator **空闲话线指示器** 安装在电话交换台上的一种指示系统，通过该系统可以知道哪些话路可以使用、哪些话路正在被占用。

idle line termination **空闲线路终止** 当终端处于空闲状态时，为了维持中断线或线路终端所需要的阻抗，用开关控制的电气网络。

idle link **空闲链路** 参见 inactive link。

idle list **空闲表** 网络上一个次站表，比主站轮询的频率较低。

idle RQ **空闲 RQ(协议)** 具有差错控制的数据链路协议的一部分。如果一个帧(报文)在传递过程中破坏了，它确保对该报文重发。当发送方发送完一个帧之后，会等待直到收到正确接受的指示或者到达一定时间后发送另一帧，也被称为发送(或停止)并等待。

idle search **空闲查寻** 在计算机通信中，为传输信息而选择空闲信道的过程。

idle signal **空闲信号** (1)由 802.3 节点在传输结束时发出的一个信号。(2)在通信中表示信道空闲的信号。

idle signal unit **空闲信号单元** 在无信号消息可供发送时，通过信令链路发送的信号单元。在许多系统中，空闲信号和同步信号的功能是合在一起的。

idle state **空闲状态** 在某些印刷子系统中，指设备不在使用的那段时间。在空闲状态下，一些部件自动关闭，以延长部件寿命。

idle thread **空闲线程** 在微软 Windows NT 中，一个仅在没有其他线程准备好执行时才执行的系统线程，空闲线程执行延迟过程调用(DPC)，并且当其他线程准备执行时启动描述表切换，在多处理器系统中每一个处理器有一个空闲线程。参见 deferred procedure call (DPC)。

idle time **空闲时间** (1)一段运行程序结束到下一段程序开始之间的间隙。(2)装卡片、纸带、磁带卷轴和控制台询问下一步计算机操作的时间。(3)设备处于正常状态，但未加以使用的时间。(4)其他工作间隙造成的机器空转时间。为了提高计算机的工作效率，应尽可能减少机器的空闲时间，如采用连续处理或多道程序等。

IDM **智能数据库机** intelligent database machine 的缩写。

IDMEF **入侵检测消息交换格式** intrusion detection message exchange format 的缩写。

IDMS **综合数据库管理系统** integrated database management system 的缩写。

IDN **综合数字网** integrated digital network 的缩写。

IDNs **国际域名** international domain names 的缩写。

IDP (1)工业数据处理(过程、技术)industrial data processing 的缩写。(2)集中[综合]数据处理 integrated data processing 的缩写。

IDPM **数据处理管理学会** Institute of Data Processing Management 的缩写。

IDR **智能灾难恢复** intelligent disaster recovery 的缩写。

IDS (1)综合数据存储 integrated data storage 的缩写。(2)智能磁盘存储器 intelligent disk storage 的缩写。(3)入侵检测系统 intrusion detection system 的缩写。

I/D split **指令数据分离(法)** 在某些小型计算机系统中，将指令和数据分离，以便将它们分别存放在不同的地址空间中的一种技术。

IDSS **智能决策支持系统** intelligent decision support system 的缩写。

IDT (1)中断描述符表 interrupt descriptor table 的缩写。(2)中断分配表 interrupt dispatch table 的缩写。

IDTV **改良清晰度电视** improved definition television 的缩写。

IDU (1)交互式数据库实用程序 interactive database utilities 的缩写。(2)接口数据单元 interface data unit 的缩写。

.idx **索引文件名后缀** 在 Dbase、Foxbase、Foxpro 数据库系统软件环境下，索引文件的扩展名。

IDXP **入侵检测交换协议** intrusion detection exchange protocol 的缩写。

IE (1)信息抽取 information extraction 的缩写。(2)指令元素 instruction element 的缩写。(3)信元 information element 的缩写。

IEA **国际能源机构** International Energy Agency 的缩写。

IEC (1)国际电工技术委员会 International Electrotechnical Commission 的缩写。(2)交互运营商 inter exchange carrier 的缩写。

IEC-488 **IEEE 标准总线接口** 同 IEEE standard bus interface。

IEDB **集成式工程数据库** integrated engineering database 的缩写。

IEEE **电气与电子工程师学会** Institute of Electrical and Electronic Engineers 的缩写。

IEEE-CS **电气与电子工程师学会-计算机学会** Institute of Electrical and Electronic Engineers Computer Society 的缩写。

IEEE floating point standard **IEEE 浮点标准** 即 IEEE 754 标准，说明了如何在计算机中实现 32 位、64 位和 80 位运算符规格的运算。

IEEE/IEE Electronic Library (IEL) **美国电气与电子和英国电气工程师学会的电子期刊数据库** 该数据库提供 1988 年以来美国电气与电子工程师学会和英国电气工程师学会出版的多种 IEEE 和 IEE 的出版物(包括期刊、会议录和标准)的全文信息。用户通过检索可以浏览、下载或打印与原出版物版面完全相同的全文、图表、图像和照片等。

IEEE Micro **《IEEE 微处理机与微型计算机杂志》** 美国电气与电子工程师学会(IEEE)计算机学会编辑出版。刊载微处理机和微型计算机领域从集成芯片到整个系统的技术应用文章。主要包括硬件的设计和研制、处理机的通信、模拟信号、软件设计、数值软件、过程控制、数字滤波、快速傅里叶变换以及外围设备等。

IEEE standard bus interface **IEEE 标准总线接口** 1974 年通过的一种连接多个设备(如计算机、电源、频率发生器等)的总线标准接口。它规定了接口的机械性能、电气性能和功能特性。不仅可用作测量系统的接口，还可用作计算机及其外部设备的接口，特别是微机及其外部设备的接口。连接在总线上的设备数量最多为 15 台，电缆全长不超过 20 m。信号线分为三组：数据总线(由 8 根信号线组成)，数据字节传输控制总线(由 3 根信号线组成)

及接口管理总线(由 5 根信号线组成)。信号的最大传输速率为 1 MB ps。

IEEE Transactions on Computer-Aided Design of Integrated Circuits and Systems **《IEEE 集成电路与系统的计算机辅助设计汇刊》** 美国 IEEE(电气与电子工程师学会)电路与系统学会编辑出版。刊载原始性研究论文、问题、公开讨论、札记等。论题范围包括硬件描述语言、模型化过程模拟、计算机辅助设计系统、布局与指令、测试、模拟与最优化等。

IEEE Transactions on Computers **《IEEE 计算机汇刊》** 美国电气与电子工程师学会(IEEE)所属计算机学会机关刊物。1952 年创刊,每年 12 期。论题范围包括数字模拟计算与信息处理的设计、理论和实践;数字模拟系统的组件和电路;开关理论、符号逻辑、数值方法、数码的表示系统、理想机和自动机理论、学习机及图像识别等;数字和模拟系统的生产、测试、操作和可靠性;与设计和操作有关的数字模拟计算装置和信息处理系统的应用和程序编制等。

IEEE 1394 **IEEE** 1394 **标准** 一项具有视频数据传输速率的串行接口标准。又称 FireWire。同 USB(通用串行总线)一样,1394 接口标准也支持外设热插拔、同时可为外设提供电源,并支持同步数据传输。IEEE 1394 可以在一个端口上连接多达 63 个设备,设备间采用树形或菊花链拓扑结构。IEEE 1394 标准定义了两种总线模式,即 Backplane 模式和 Cable 模式。其中 Backplane 模式支持 12.5 Mbps 的传输速率;Cable 模式支持 100 Mbps、200 Mbps、400 Mbps 的传输速率,将来达到 800 Mbps,1 Gbps;由于数据传输率高,可让原来由外设自己处理的数据改为传输给主机去处理,这样可降低外设的成本。

IEEE 488 **IEEE** 488 **总线标准** 关于通用接口总线(GPIB)的电气定义。IEEE 488 标准规定了该总线中的各类数据线和控制线以及该总线使用的电压和电流值。IEEE 488 通常用于把检测仪器与计算机连接的并行接口。参见 general-purpose interface bus。

IEEE 696/**S**-100 **IEEE** 696/**S**-100 **总线标准** 以 Intel 8086,Zilog E80 和 Motorola 6800 微处理器为 CPU 的早期个人计算机系统所用的 S-100 总线的电气定义。S-100 计算机在早期计算机爱好者中非常流行。这种计算机具有完全开放的体系结构,系统配置允许使用的计算机的扩展板范围很广。

IEEE 729 (*software engineering terminology*) **IEEE729《软件工程术语》** 该标准定义了软件工程领域中通用的术语,适用于计算机软件开发、使用、维护、科研、教学和出版等方面。对应的国家标准 GB/T11457 是该标准的等效采用,因与国家标准 GB 5271《数据处理词汇》定义的术语有重复的地方,并且有些词汇增加了补充说明。

IEEE 802 **committee** **IEEE** 802 **委员会** 于 1980 年 2 月成立的局域网标准化委员会,制定了以 802 开头的标准,目前已有十多个与局域网有关的标准,例如,IEEE 802.1—— 通用网络概念及网桥等、IEEE 802.2—— 逻辑链路控制等、IEEE 802.3——CSMA/CD(载波监听多路访问/冲突检测)访问方法及物理层规定等、IEEE 802.4——ARCnet 总线结构访问方法及物理层规定等、IEEE 802.5——Token Ring 访问方法及物理层规定等、IEEE 802.6—— 城域网的访问方法及物理层规定等、IEEE 802.7—— 宽带局域网、IEEE 802.8—— 光纤局域网(FDDI)、IEEE 802.9—— ISDN(综合业务数字网)局域网、IEEE 802.10—— 网络的安全、IEEE 802.11—— 无线局域网。

IEEE 802 **standards** **IEEE** 802 **标准** 定义局域网(LAN)访问和控制方法的一系列标准。IEEE 802 标准对应于已被广泛采用的国际标准化组织(ISO)开放系统互联(OSI)模型的物理层和数据链路层,但 IEEE 802 标准将数据链路层细分成两个子层。如下图所示:

ISO/OSI 模型

应用层
表示层
会话层
传输层
网络层
数据链路层
物理层

逻辑链路控制(LLC)子层适用于所有的 IEEE 802 标准,内容包括站-站连接、报文帧生成和出错控制等。介质访问控制(MAC)子层在 IEEE 802 各标准中有所不同,内容有网络的访问和冲突检测。主要有三种 IEEE 802 标准:①802.3 标准,用于采用载波侦听多重访问/冲突检测(CSMA/CD)的总线型网络;②802.4 标准,用于采用令牌传递来调节网络访问和流量控制的总线型网络;③802.5 标准,用于采用令牌传递的环型网络(令牌环网)。其他的 802 标准还有 802.1、802.2 和 802.6 等标准,其中 802.1 标准详细说明了 IEEE 802 标准和 OSI(开放系统互连)模型两者的关系,802.2 标准定义 IEEE 逻辑链路控制协议,而 802.6 标准是用于在大于 5 km 区域传输数据、声音和视频信号的城域网(MAN)的一个新标准。参见 bus network,ring network,token passing,token ring network。

IEEE 802.1 **standard** **IEEE** 802.1 **标准** (1) IEEE 的一个负责制定 IEEE 802.1 标准的工作组。主要做以下工作:①802 系列的局域网、城域网、个人网的体系结构;②802 系列局域网、城域网和其他广域网网络之间的互连；③802 系列网络链路的安全；④802 系列网络的管理；⑤媒体接入控制层(MAC)及逻辑链路层(LLC)之上的协议层。(2)一组协议的集合。在 IEEE 802.1 后面加上不同的字母，就代表某个协议。例如，802.1d 即生成树协议，802.1q 是虚拟局域网协议，802.1s 即多生成树协议，802.1w 为快速生成树协议，802.1x 是基于端口的网络访问控制协议。

IEEE 802.1x standard　IEEE 802.1x 标准　该标准定义了基于端口的网络访问控制协议，可用于为以太网络提供经过身份验证的网络访问。基于端口的网络访问控制由申请者、身份验证者和验证服务器三个实体组成，使用交换局域网基础结构的物理特征来对连接到交换机端口的设备进行身份验证。如果身份验证过程失败，使用以太网交换机端口来发送和接收帧的能力就会被拒绝。该标准原来是为有线以太网络设计的，但是其已经过改编以便在无线局域网上应用。参见 supplicant，authenticator，authentication server (AS)。

IEEE 802.11 standard　IEEE 802.11 标准　(1)是 IEEE 最初制定的一个无线局域网标准，主要用于办公室、楼宇和园区局域网范围，解决用户与用户终端的无线接入，业务主要限于数据存取，速率最高只能达到 2 Mbps，载波频率 2.4 GHz。(2)无线局域网系列标准。主要包括：① 802.11a，是 802.11 原始标准的一个修订标准，载波频率为 5 GHz，基于正交频分多路复用技术，最大原始数据传输率为 54 Mbps，根据环境距离情况，传输数据率可降为 48、36、24、18、12、9 或者 6 Mbps；② 802.11b，载波频率 2.4 GHz，采用直接序列扩频技术，最大原始数据传输率 11 Mbps；③802.11g，基于正交频分多路复用技术，最大原始数据传输率为 54 Mbps，载波频率 2.4 GHz，向下与 802.11b 兼容；④802.11i，一种增强的无线安全标准，其中定义了基于 AES(高级加密标准)的全新加密协议 CCMP(计数器模式密码块链信息认证码协议)；⑤ 802.11n，载波频率使用 2.4 GHz 和 5 GHz，采用 MIMO(多输入多输出)与 OFDM(正交频分复用)相结合的技术，最大原始数据传输率 300 Mbps，甚至可达 600 Mbps，向下兼容 802.11b、802.11g，并把覆盖距离从 100 m 扩大到约 250 m。

IEEE 802.14 standard　IEEE 802.14 标准　该标准是用于协调混合光纤同轴(HFC)网络的前端和用户站点间数据通信的协议，具体包括物理层上实现通信的方式和媒体接入控制层(MAC)上通信规程的协调。

IEEE 802.15 standard　IEEE 802.15 标准　是无线个人区域网络(WPAN)标准。主要用于个人电子设备与 PC 的无线自动互联，这类设备包括手机、MP3 播放器、便携媒体播放器、数码相机、掌上电脑等。目标是为在个人操作空间(POS)内相互通信的无线通信设备提供通信标准。POS 一般是指用户附近 10 m 左右的空间范围，在这个范围内用户可以是固定的，也可以是移动的。该标准工作由四个工作组负责，分别制定适合不同应用的标准：①IEEE 802.15.1 标准，又称蓝牙无线个人区域网络标准，这是一个中等速率、近距离的 WPAN 网络标准，通常用于手机、PDA 等设备的短距离通信；②IEEE 802.15.2 标准，研究 IEEE 802.15.1 与 IEEE 802.11 的共存问题；③ IEEE 802.15.3 标准，高传输速率无线个人区域网络标准，该标准主要考虑无线个人区域网络在多媒体方面的应用，追求更高的传输速率与服务品质；④802.15.4 标准，针对低速无线个人区域网络(LR-WPAN)制定标准。该标准把低能量消耗、低速率传输、低成本作为重点目标，旨在为个人或者家庭范围内不同设备之音的低速互连提供统一标准。

IEEE 802.16 standard　IEEE 802.16 标准　(1)一种宽带无线城域网标准(WiMAX)，主要与用户收发站和基站间的无线接口相关，用于远距离、高速度的通信环境。标准工作由三个工作组负责：① IEEE 802.16.1 负责制定频率为 10 G 到 60 G 赫兹的无线接口标准；②IEEE 802.16.2 负责制定宽带无线接入系统共存方面的标准；③ IEEE 802.16.3 负责制定频率范围在 2 G 到 10 G 赫兹之间获得频率使用许可的应用的无线接口标准。(2)IEEE802.16 包含 802.16 和 802.16a 两项子协议，前者的作用距离为 2 km，传输速率在 30 Mbps 至 130 Mbps 之间，而 802.16a，将在 2 ～ 11 GHz 之间的频率范围运行，传输距离可达到 50 km，速率也能达到 75 Mbps。

IEEE 802.2 standard　IEEE 802.2 标准　局域网逻辑链路控制(LLC)子层的标准，与 ISO 8802/2 相对应。其主要内容包括：①网络层/LLC 子层接口服务规范；②LLC 子层/MAC 子层接口服务规范；③LLC 子层协议数据单位(PDU)结构；④规程的类型、要素和详细说明。

IEEE 802.20 standard　IEEE 802.20 标准　IEEE802.20 与 802.16 在特性上有些类似，都具有传输距离远、速度快的特点。而 802.20 是一项移动宽带接入技术(MBWR)，更侧重于终端设备的可移动性，在高速行驶的火车、汽车上都能实现数据通信，但 802.16 无法满足高速移动通信的要求。

IEEE 802.3 standard　IEEE 802.3 标准　定义了局域网物理接线标准和向网络上发送数据并控制接入电缆的规格。物理层标准在总线拓扑局域网上采用 CSMA/CD(载波监听多路访问/冲突检测)接入方法，与 ISO 8802/3 相对应。其中物理层规定了 PLS(物理层服务)规范、AUI(访问单元接口)规范、MAU(介质附接部件)、基带介质规范、宽带规范、转发器规范等；MAC(介质访问控制)子层则规定了 MAC 服务规范、介质存取控制方法、介质存取控制帧结构、相邻层接口、网络管理等。按数据传输率有以下三种类型：①IEEE 802.3 中所定义的标准局域网，速度为 10 Mbps，传输介质为同轴电缆；②IEEE 802.3u 中所定义的快速以太网，速度为 100 Mbps，传输介质为双绞线；③ IEEE 802.3z 中所定义的千兆以太网，速度为 1 000 Mbps，传输介质为光纤或双绞线。

IEEE 802.3 10BASE1　IEEE 802.3 10BASE1 标准　一种双绞线以太网传输协议标准，是宽带传输，数据传输率为 10 Mbps，允许的网络电缆最大长度为 100 m。

IEEE 802.3 10BASE2　IEEE 802.3 10BASE2 标准　一种以太网传输协议标准，是基带传输，数据传输率为 10 Mbps，使用的是阻抗为 50 Ω 的同轴细缆，允许的网络电缆最大长度为 185m。

IEEE 802.3 10BASE5　IEEE 802.3 10BASE5 标准　一种以太网或 Starlan 网传输协议标准，是基带传输，数据传输率为 10 Mbps，允许的网络电缆最大长度为 500 m。这是最早的媒体规范，它使用的是阻抗为 50 Ω 的同轴粗缆。但由于同轴粗缆的缆线直径大，所以比较笨重，不易铺设。

IEEE 802.4 standard　IEEE 802.4 标准　令牌传送总线式局域网的物理层和介质访问控制（MAC）子层标准，它与 ISO 8802/4 相对应。其主要内容包括：①介质，单信道总线介质规范、宽带信道总线介质规范；②物理层，单信道总线物理层规范，宽带信道总线的物理层规范；③MAC 子层、帧格式，MAC 子层操作要素、MAC 子层定义和要求、MAC 子层接口服务规范。

IEEE 802.5 standard　IEEE 802.5 标准　定义令牌环式局域网的物理层和介质存取控制（MAC）子层的标准。它与 ISO 8802/5 相对应，其主要内容包括：①介质，站与介质连接的规范、信号特征、介质接口连接器；②物理层，符号编码与译码、数据信号速率（1 或 4 Mbps）、符号定时，物理层到网络管理的服务、物理层到 MAC 子层的服务；③MAC 子层，帧格式，令牌环协议、服务规范。

IEEE 802.6 standard　IEEE 802.6 标准　关于城域网访问法和物理层技术规范的标准。它与 ISO 8802/6 相对应。将城域网作为局域网的一种形式，扩展了"局域"的意义。城域网使用宽带电视电缆、光纤和分组无线电，提供的服务有成批数据传输、数字化语音、压缩视频、事务业务等。

IEEE 802.9 standard　IEEE 802.9 标准　IEEE 综合数据语音网络小组（IDVNG）关于将语音、数据和视频图像综合入局域网和 ISDN（综合业务数字网）的工作报告。是一种多媒体局域网标准，它支持三种信道：IDSN 基本速率信道，包含三个 64k bps B 信道和一个 16 或 64k bps D 信道；一个 802 局域网分组业务信道；一个或多个宽带等时信道。

IEEE 829（*specification for computer software test documentation*）　**IEEE829《计算机软件测试文件编制规范》**　该规范为计算机软件开发过程规定了一组描述测试行为的测试文件，并定义了每一种基本文件的目的、格式和内容。这些基本文件是：测试计划，测试设计说明，测试用例说明，测试规程说明，测试项传递报告，测试日志，测试事件报告和测试总结报告。该规范的目的是为了提高测试过程的每个阶段的能见度，提高测试工作的可管理性，对应的国家标准为 GB 9386。

IEEE 830（*guide to computer software requirements specifications*）　**IEEE 830《计算机软件需求说明编制指南》**　该指南为计算机软件开发过程中的软件需求实践提供了一个规范化的方法。给出了软件需求说明的基本要求、环境、特点、改进和编制工具以及表达软件需求的方法和大纲。本指南的主要目的是提高软件开发效率，在软件产品完成目标方面为客户和开发者建立共同协议创立一个基础。对应的国家标准为 GB 9385。

IEL　美国电气电子和英国电气工程师学会的电子期刊数据库　IEEE/IEE electronic library 的缩写。

IEN　（1）因特网工程备忘录 Internet engineering note 的缩写。（2）因特网实验备忘录 Internet experiment note 的缩写。

IEPG　因特网工程和计划组　Internet engineering and planning group 的缩写。

IERE　（英国）电子学与无线电工程师学会　Institution of Electronic and Radio Engineers 的缩写。

IESG　因特网工程管理组　Internet Engineering Steering Group 的缩写。

IETF　因特网工程任务组　Internet Engineering Fask Force 的缩写。

IF　（1）指令取 instruction fetch 的缩写。（2）接口 interface 的缩写。（3）中频 intermediate frequency 的缩写。（4）影响因子 impact factor 的缩写。

IFA　集成文件适配器　integrated file adapter 的缩写。

IFAC　国际自动控制联合会　International Federation of Automatic Control 的缩写。

IF amplifier　中频放大器　超外差接收机的一部分，用来放大经变频器业已转变为固定中频值的信号，位于变频器和第二检波器之间。

IF harmonic interference　中频谐波干扰　在超外差接收机中因射频电路接收了中频（IF）信号的谐波而造成的干扰。

IF rejection　中频抑制　无线电接收机抑制工作于或接近该接收机中频（IF）值的电台信号的能力。

IF response ratio　中频响应比　中频频带内规定频率上的场强与所要求频率上的场强之比。而每个场要在规定条件下施加，以产生相等的输出。

IF signal　中频信号　频率为超外差接收机中频

(IF)值的调制波或连续波信号，它由解调前的频率变换所产生。对于广播波段的无线电接收机而言，通常其频率值为 455 kHz；对于调频(FM)无线电接收机则为 10.7 MHz；而对于电视接收机的图像信道来说，约为 45 MHz；对声音信道则为 4.5 MHz。

IF stage **中频级** 超外差接收机中频放大器中的一个放大级。

IF transformer **中频变压器** 超外差接收机中频放大器级的输入和(或)输出端的变压器，用来提供耦合和选择性。

I

IF-AND-ONLY-IF **当且仅当** 在逻辑运算中的一个条件语句。即当某条件满足，而且只有当此条件满足时，才可能进行某项操作或者某项逻辑关系才能成立。

IF-AND-ONLY-IF element **“等价”元件，“当且仅当”元件** 同 IF-AND-ONLY-IF gate。

IF-AND-ONLY-IF gate **“等价”门，“当且仅当”门** 可以实现等价(或称为“同”)布尔操作的一种逻辑元件。同 IF-AND-ONLY-IF element。

IF-AND-ONLY-IF operation **“等价”操作，“当且仅当”操作** 同 equivalence operation。

IFC **接口清零线** interface clear 的缩写。

IF clause **“如果”子句** 高级编程语言中的一种判断语句，在 IF(如果)之后带有一个布尔表达式，根据布尔表达式的真假值，确定是否执行 THEN (则)后面的语句(或命令表达式)。如果语句或命名表达式中所包括的子句称为如果子句。

IFD **国际文献汇编联合会** International Federation for Documentation 的缩写。

IFEN **公司间文件交换网络** intercompany file exchange network 的缩写。

.iff **互换文件格式文件名后缀** 用于标明使用互换文件格式文件的扩展名。此种格式通常用于 Amiga 平台，Amiga 是一种功能齐全、处理效果逼真的图像处理系统，可支持几乎任意数据类型，在其他平台上，以 iff 为扩展名的文件多用于存储图像和声音。

IFHO **频间切换，异频点切换** inter-frequency handoff 的缩写。

IFIP **国际信息处理联合会** International Federation for Information Processing 的缩写。

IFIPS **国际信息处理学会联合会** International Federation of Information Processing Societies 的缩写。

IFP **IMS/VS 快速路径** IMS/VS fast path 的缩写。

IFR **内部函数寄存器** internal function register 的缩写。

I frame **信息帧** information frame 的缩写。

IFRB **国际频率登记局** International Frequency Registration Board 的缩写。

IFS (1)可安装文件系统 installable file system 的缩写。(2)迭代函数系统 iterated function system 的缩写。

IFS manager **IFS 管理程序** installable file system manager 的缩写。

IF statement **如果语句** 最基本的一种选择型语句。它的语义是根据判断表达式的真假值决定执行不同的语句序列。在一布尔表达式取值为真时就执行一代码块的一种控制语句。IF 语句有时采用 IF Condition THEN Code 的形式，这里的 Condition 是一个布尔表达式，而 Code 是如果条件为真时执行的代码。大多数编程语言也支持附加的 ELSE 子句，它指定的代码仅在布尔表达式取值为假时才执行。

IFT **纯平面显像管** infinite flat tube 的缩写。

IF-THEN element **“蕴含”元件** 同 IF-THEN gate。

IF-THEN-ELSE statement **如果-则-否则语句** (1)谓词演算中的谓词之一，称为条件连接词。其空位必须由合式公式填入，而成为如下表达式：

IF〈wff〉THEN〈wff〉ELSE〈wff〉

该表达式也是合式公式。IF A THEN B ELSE C (其中 A，B，C 都是合式公式)的含意是：若 A 为真，则该合式公式的真值由 B 决定；若 A 为假，则其真值由 C 决定。亦即该合式公式与$(A \to B) \wedge ((\sim A) \to C)$等价。(2)在软件的计算语言中表示条件转移语句。IF A THEN B ELSE C 表示：若 A 为真，则执行语句 B；否则执行语句 C。

IF-THEN gate **“蕴含”门** 一种实现“蕴含”布尔操作的逻辑元件。同 IF-THEN element。

IF-THEN operation **蕴含运算** 一种二元布尔运算，运算符号记为“→”。相当于逻辑连接词蕴含。两布尔变元 p、q 经“蕴含”运算得到“$p \to q$”。“$p \to q$”的布尔值为“0”当且仅当 p 的布尔值为“1”，q 的布尔值为“0”。参见 implication，inclusion。

if-then rule **if-then 规则** 一个规范化的规则，指定一系列事实之间一个局部关系，由一个代表前提或者条件的 if 部分以及一个代表目标或者在 if 部分为真时进行的动作的 then 部分。

IF-THEN statement **如果-则语句** 如果语句的一种形式，其完整形式是：“if〈表达式〉then〈语句〉”。其语义是先求值〈表达式〉，若它的值为“真”，则执行〈语句〉，然后按确定的顺序向下执行；若值为“假”，则立即开始执行该如果语句后面的语句。

IGBT **绝缘栅双极型晶体管** insulated-gate bipolar transistor 的缩写。

IGES **初始图形数据交换规范** initial graphics exchange specification 的缩写。

IGFET **绝缘栅场效应晶体管** isolated gate field effect transistor 的缩写。

IGMP **因特网组管理协议** Internet group management protocol 的缩写。

ignore **忽略,不起作用** (1)一种不起作用的打印机字符,用来指示不进行任何动作。(2)禁止计算机工作的一种命令,它区别于空操作和不执行程序的操作,一般是外部强制性命令。

ignore character **无用[取消]字符** 本身不起作用的字符。例如穿孔纸带上一排全部穿上孔时,此字符则不起任何使用。同 cancel character。参见 block ignore character。

ignore specification **舍弃说明** 用于情报检索中的一种逻辑运算符。英语构词复杂多变,有时因截断规定,可能误检出许多无关的文献。这时可有针对性地对可能被误检出的词给出舍弃说明,截断后遇到这种词时不予理会,以免误检。

IGP **内部网关协议** interior gateway protocol 的缩写。

IGRP (1)因特网网关路由协议 Internet gateway routing protocol 的缩写。(2)内部网关路由协议 interior gateway routing protocol 的缩写。

IGS **交换组分离符** interchange group separator 的缩写。

IIA **(美国)信息工业协会** Information Industry Association 的缩写。

IIB **中断信息字节** interrupt information byte 的缩写。

IIC **国际通信协会** International Institute of Communications 的缩写。

I. I. I. I. (4I) **4I 方向** information service(信息提供或信息服务)、interactive & interface(人机对话与人机界面)、intelligence(智能化)、integration(集成化)的合称。4I 反映了当代信息技术的新方向,说明在信息化社会中,人们对信息资源及信息处理设备的利用达到一个新的阶段。

IIIL **等平面集成注入逻辑(电路)** isoplanar integrated injection logic 的缩写。

IIL **集成注入逻辑** integrated injection logic 的缩写。

IIN **综合智能网** integrated intelligent network 的缩写。

IINREN **IINREN 网** interagency interim national research and education network 的缩写。

IIOP **互联网内部对象请求代理协议** Internet inter-ORB protocol 的缩写。

IIRF **无限冲激响应滤波器** infinite impulse response filter 的缩写。

IIS (1)交互式教学系统 interactive instruction system 的缩写。(2)因特网信息服务器 Internet information server 的缩写。

IISP (1)信息基础架构标准讨论组 information infrastructure standards panel 的缩写。(2)临时交换机间信令协议 interim inter switch protocol 的缩写。

IKBS **智能知识库系统** intelligent knowledge base system 的缩写。

IKE **因特网密钥交换** Internet key exchange 的缩写。

ikon **图标** 同 icon。

ikonography **图标** 参见 icon。

IL (1)中间语言 intermediate language 的缩写。(2)林登梅耶相关系统 Lindenmayer system with interaction 的缩写。

ILBT **中断级转移表** interrupt level branch table 的缩写。

ILD **注入式激光二极管** injection laser diode 的缩写。

ILF **亚低频** infralow frequency 的缩写。

ill-conditioned **病态(坏)条件** 计算问题的一种属性。一个计算问题被称为病态条件的,如果它的计算结果对初始数据变化敏感,即初始数据的微小变更能引起计算结果的巨大变化。

ill-conditioned problem **病态问题** 数据或后面计算结果中的小误差会引起最终结果中大得多的误差,称为病态问题。

ill coupling **病态耦合** 参见 content coupling。

illegal **非法的** 计算机技术中用于形容一个不允许的元素或过程的形容词。不允许的原因可以是不可能使用或产生无效结果。例如一个非法字符可能是程序不能识别的字符,而非法运算或操作是程序或系统因受其内部限制不能执行的一种运算或操作。比较 invalid。

illegal address error **非法地址错误** 在主存储器或存储接口输入输出没有设置的地址上进行读写时所发生的错误。

illegal character **非法[禁用]字符** 与正确的位结构不一致的字符,是通过奇偶校验检测出来的。参见 forbidden-character code, bit structure, parity check。

illegal code **非法[禁用]代码** 一种不能用的代码,通常是由错误引起的,它会使计算机以某种方式给出出错信息。例如二-十进制数中大于 1011 的六种 4 位二进制组合即为非法代码。它在执行时,或按错码处理,或使机器指示出现故障。

illegal instruction **非法指令** 一种不允许的且计算机不能理解的指令。

illegal operation **非法操作** 无法执行或执行后可能产生错误结果的操作。非法操作可能由程序编制错误或硬件错误引起,如当作除法操作时,除数

(分母)为零则除法无意义。

illegal user 非法用户 在多用户计算机系统创建时,所有用户都必须在操作系统管理下进行登记注册,并由注册程序为用户分配进入系统的密码口令,对每个用户存取系统数据的权限做出了明确的规定。如果有未注册的用户进入系统,或者用户企图存取规定范围之外的数据,都可被系统视为非法用户。

illuminance 照度 光照在一表面区域的量。当表面受到均匀照射时,它等于光通量除以表面面积,其 SI(国际单位制)单位为勒(克斯)。也称"光通量密度"。比较 luminance。

illumination model 光照模型 表面上单个点的光强度计算模型。光照模型对场景的对象进行透视投影,然后在可见面上产生自然光照效果,可以实现场景的真实感显示。为可见对象的颜色和光照效果建立模型,是一个非常复杂的过程,它同时包含物理学和心理学的内容。从根本上来说,可以用一个表示场景对象表面电磁能量的模型来描述光照效果。物理上的光照模型包含许多因素,如材料特性、对象相对于光源及其对象的位置以及场景中的光源属性等。一旦确定出对象表面的光学属性参数,场景中表面的相对位置关系,以及光源的颜色、位置和观察平面的位置、朝向等信息,就可以根据光照模型,计算出对象表面上某点在观察方向上投射的光强度值。参见 reflectance model。

illumination sensitivity 照射灵敏度 摄像管或光电管的信号输出电流除以入射照度。

ILM 信息生命周期管理 information lifecycle management 的缩写。

ILMI (1)临时局部管理接口 interim local management interface 的缩写。(2)集成链路管理接口 integrated link management interface 的缩写。

ILS (1)智能学习系统 intelligent learning system 的缩写。(2)仪表着陆系统 instrument landing system 的缩写。

ILU 初始化逻辑单元 initiating logical unit 的缩写。

IM (1)智能管理 intelligent management 的缩写。(2)呼叫变更 in-call modification 的缩写。(3)即时消息 instant message 的缩写。

image 图像 狭义地说,图像是指具有连续的密度变化的画面;广义地说,密度不连续的线条画(文字也可被认为是一种特殊的线条画)、图形等也可作为一种特殊形式包括在图像之中。在计算机图像处理中,指一帧画面在输出时的一种可视性表示。图像分黑白和彩色两种,在计算机上用点阵或矢量表示,输出时,总要表示成为若干像素的二维阵列。一个彩色像素需用代表三基色(红、绿、蓝)不同成分的数据项合成表示。

image activator 映像激活 为映像的执行作好准备的一组系统过程。映像激活程序所建立的存储管理数据结构,应同时满足把映像的虚页面映射到实页面和执行调页活动的需要。

image admittance 镜像导纳 镜像阻抗的倒数。参见 image impedance。

image algebraic operation 图像代数运算 图像之间对应像素亮度值的代数运算。其运算式如下:

$$C(x,y) = A(x,y) \oplus B(x,y)$$

式中 $A(x,y)$ 和 $B(x,y)$ 为输入图像即原始图像,$C(x,y)$ 为输出图像即运算结果图像,$\oplus$为代数运算算子,如+,-,×,÷等。

image amplifier 图像放大器 图像显示器中可把图像信号放大,使显示部件获得足够强度的驱动信号的放大器。

image analysis 图像分析 (1)为从图像中提取信息所作的一系列计算机图像处理工作。(2)在计算机图像处理中,识别图像中目标物体或者获取图像中某些特性参数(如直方图)的过程。图像分析的一般顺序是:①从图像中提取目标物体的边缘,以实现图像分割;②求出被提取的图像特征的属性及其之间的关系;③利用已获得的信息判断目标的具体特征。参见 image processing。

image AND operation 图像"与"运算 一种图像处理操作。对于两个大小相同的图像,逐点进行逻辑"与"运算,得到一幅大小相同的图像。对每一点,当两图像的像素值相同时,该值是结果图像的像素值,而当两图像的像素值不同时,以某特定值(通常是零)作为结果图像的像素值,对于用不同方法得到的两幅分类图像,可以用"与"运算进行调整,在每一类别中留下在两幅分类图中都划入同一类别的点,筛掉没有划入同一类别的点,减少分错的概率。

image annotation record 图像注释记录 在计算机图像处理中,附在图像数据文件前面或后面的注释记录。用于说明有关图像来源(如何时、何地、用何种方式摄取),图像数据类型(黑白、彩色、多光谱等),数据记录格式,何时,何人,因何种程序在何系统中进行过处理等内容。

image antenna 镜像天线 实际天线的虚拟电气对应物,数学上其作用就好像在实际天线正对着的地下存在一样,并用作为被实际天线从地面反射的直接波源。

image applications 图像应用程序 DEC 系统中的一种 ULTRIX 程序,它为硬件拷贝输出制作图像(图形数据)。

image area 像区[域] (1)在缩微图形学中,胶片格中为存放图像而保留的那一部分。(2)在文字处理中,能够显示字符的显示设备的显示区。(3)在计算机制图技术中,同 display space。

image arrangement 影像排列 在缩微胶片或者缩微卡片上影像的排列(格式)。

image averaging 图像取均值 在计算机图像处理中,提高图像信噪比的一种处理方法。由于图像在摄取或传输过程中,往往由于处理因素或本机的背景噪声,使原始图像含有噪声干扰。为了减少这些干扰,有时就采用对原始图像进行多次叠加的方法,即将多张图像在相应的图像点上对其灰度或颜色值进行相加运算,而后再取其平均值,所得的图像就是失真度较小的图像。因为外界干扰的噪声是随机的,不可能在同样的图像点上作多次重复的同样干扰。经过多次叠加之后,其最大的噪声干扰幅值并不按比例增加,因而取平均值之后就减少了噪声。叠加取平均值的次数愈多,一般说来图像的信号信噪比也会愈高,但增加了时间耗费以及运算的复杂性。

image binaryzation 图像两值化 按照某一域值把图像的浓度变换成黑白两值的处理方法。图像两值化之后,每个原图像中的像素只需一个二进位即可表示,大大减少了数据量。但图像经两值化处理后,丢失了许多信息,不可能利用两值图像再恢复原图像。

image bit map 图像位图 图像的一种数字表示方法。图像中的每一个像素都用一个或多个二进位来表示。使用多个二进位表示一个像素时,其值直接或间接地表示该像素的彩色或灰度。

image bitsperpel 图像每点位数 表示屏幕上的一个像素需要的二进制位数。最简单的情况下,每个像素只需一位数即可表示,但只能显示黑白两色。真彩色图像要求每个像素用 16 位、24 位甚至 32 位来表示。

image block 图像块 原始图像中截取下来的一个局部区域。即图像数据全集中的一个子集。

image cache 图像高速缓存 建立在高速存储器上的,用于存储图像数据的区域。

image capture device 图像采集设备 在某个时刻或某段时间内捕捉静态或动态图像,把图像的灰度或颜色转换成电信号以便记录在某种物理介质上的装置。主要包括单色或彩色图像扫描仪、摄像设备等。

image cell 像素,图像单元 图像处理时被视为一个基本单元的图像部分,可以是一个像素,也可以是由若干相邻像素组成的块。它可以通过执行指令而被单独修改。若一个图像单元赋予固定的内容,并且重复地填入一个指定区域,实际上就起了着色的作用。

image classification 图像分类 根据各自在图像信息中所反映的不同特征,把不同类别的目标区分开来的图像处理方法。图像分类属于模式识别的范畴,其主要内容是图像经过某些预处理(增强、复原、压缩)后,进行图像分割和特征提取,从而进行判决分类。图像分类常采用经典的模式识别方法,有统计模式分类和句法模式分类,近年来新发展起来的模糊模式识别和人工神经网络模式分类在图像识别中也越来越受到重视。

image coding 图像编码 用尽可能少的比特数表示图像的信源编码。用以压缩图像数据,传输图像和提取特征等。图像编码系统的发信端基本上由两部分组成。首先,对原始数字图像进行去相关处理,去除信息的冗余度;然后,根据一定的允许失真要求,对去相关后的信号编码。一般用线性预测和正交变换进行去相关处理;与之相对应图像编码方案也分成预测编码和变换域编码两大类。参见 predictive coding, transform domain coding。

image color matching (ICM) 图像颜色匹配 微软 Windows 操作系统的一个子系统,它以某种方式来操纵与设备无关的颜色信息,使得输出的图像颜色和输入或扫描获得的图像颜色相一致。

image communication 图像通信 网络中传输静态或动态图像信息的过程。电视广播、静态图像传真、可视电话、会议电视、图文电视、交互型可视图文等皆属图像通信。

image comprehension 图像概括 通过某一功能单元对给定图像的描述及其所表示的内容的产生。

image compression 图像压缩 利用各种算法和编码方案,减少图像文件占用的存储空间,节省图像传输时间。图像压缩分无损压缩和有损压缩两类,前者能完全恢复原图像,后者有较高的压缩比。现已有多种图像编码标准。两值图像常采用 JBIG(联合二值图像编码专家组)编码标准;彩色静止图像常采用 JPEG(联合图像专家小组) 编码标准;而运动图像则常采用 MPEG(活动图像专家组)编码标准。许多图像压缩算法是不对称的,即压缩过程所需时间远大于解压缩的过程。在要求实时压缩的情况下,通常采用硬件方法实现。参见 image data compression。

image compression encoding 图像压缩编码 图像压缩编码方法有许多种,从不同的角度出发有不同的分类方法,如从信息论角度出发可分为两大类:①冗余度压缩方法,也称"无损压缩"、"信息保持编码"或"熵编码"。就是解码图像和压缩编码前的图像严格相同,没有失真,从数学上讲是一种可逆运算;②信息量压缩方法,也称"有损压缩"、"失真度编码"或"熵压缩编码"。也就是讲解码图像和原始图像是有差别的,允许有一定的失真。从压缩编码算法原理上可以分类为:①无损压缩编码类,如哈夫曼编码、算术编码、行程编码、Lempel-zev 编码等;②有损压缩编码类,如预测编码(DPCM、运动补偿)、频域方法(正文变换编码、子带编码)、空间域方法(统计分块编码)、模型方法(分形编码、模型基编码)、基于重要性(滤波、子采样、比特分配、矢量量化)等;③混合编码类,如 JBIG(联合二值图像编码专家组)、H261、JPEG(联合图像专家小组)、MPEG(活动图像专家组)等技术标准。参见 joint

I

bi-level image coding experts group (JBIG), Joint Photographic Experts Group (JPEG), Moving Picture Experts Group (MPEG)。

image content 图像内容 图像数据及其相关的图像数据参数。

image contract 图像缩小[抽取] 一种图像处理操作,用增大每个像素点覆盖的景物面积的方法缩小图像。缩小后的图像保存了原始图像的基本特征,并且有可能全部或部分恢复原图像。最简单的图像缩小是对原始图像均匀抽样获得的,但不能利用缩小图像完全恢复原图像。

image conversion 图像亮[辉]度 经由光学系统在其成像面上所看到的图像的可视亮度,它由物体亮度、传输效率及仪器放大率等决定。

image converter tube 图像变换管 一种可将在一个电磁频谱范围所得到的图像转变为另一频谱范围图像的电子管,如将在紫外线(UV)或近红外线(IR)区捕获的图像转变为可见光的图像。这种管子的结构类似于图像增强管,是有源与无源红外成像系统中的一个部件。参见 image intensifier tube。

image converting 图像转换 图像处理软件应具备的基本功能。源图像能转换成的目标图像类型是有限制的,而且转换过程中并不会使图像中增加更多的信息。例如,灰度图像转换成索引 16 色图像时,并不会使之变成彩色图像,而只是使它满足索引 16 色图像的格式,以便能够与另一幅索引 16 色图像拼接。

image copy 图像复制 (1)图像的全部或者部分的再现。(2)在 DB2 程序中,表空间的全部或者部分的再现,DB2 提供进行图像全复制和增量式复制的实用程序。

image correction logic 图像校正逻辑 静电绘图仪里,用于控制写头和纸移动方向与速度的电路。其作用可以消除或减少由于走纸不匀,纸张力不均等原因造成的绘图误差。

image cosmetic processing 图像修饰处理 在计算机图像处理中,运用各种滤波手段和光线控制,使得原始数字图像的灰度增强、反差增强、边缘增强、除去各种干扰和噪声,使图像更柔和或特征更鲜明,提高图像的再现质量的过程称为图像修饰处理。

image creation system 图像建立系统 光栅扫描显示器中根据显示命令及有关的坐标数据,在帧缓冲器中生成直线、多边形填充区域、文字、图案等基本图形元素的位图信息的功能部件。

image data 图像数据 (1)表示图像中各元素的亮度、颜包等特性的数据。它一般取二维数组的形式,数组中的每一个元素代表着图像的一个像素。(2)用整数值表示的数字图像各像素的灰度值的集合。较普遍使用的是一个像素的灰度值用一个字节来表示。这一般指二维灰度图像数据。彩色图像的图像数据常用三基色分量的图像数据表示。多光谱图像数据由各谱段图像的图像数据组合而成,不同的组合方式可得到不同的多光谱图像(如比值图像、彩色合成图像等)。三维图像数据除包含灰度成分外,经常还包含有彩色、纹理、深度等成分。所以随着图形和图像处理技术的发展,把图像数据看作是数字图像各像素值的集合更为恰当,这里,像素值包含了多种特征(如灰度、颜色、纹理、深度等)的度量。参见 binary image data, gray-scale-image data, thresholding。

image database 图像数据库 (1)与图像有关联的数据的集合。每幅图像作为数据库中的一个记录或元素,其中包括各像素的灰度、颜色等数据,还包括像素间的逻辑关系、结构关系以及对各子图像的检索方法等。为了节省存储空间,存入时需对某些图像信息给予压缩;而在检索与重现时,又必须将被压缩的信息予以恢复,使重新显示的图像特征与原图像一致或高度逼近。(2)简称图像库。多媒体数据库中的一种,数据库中存储的是与图像有关联的数据集合。它包括图像的特征、图像内某一对象的意义、图像之间的逻辑关系等。图像数据库与通常的事件处理用数据库不同,它为用户提供的是图像数据,并提供对图像数据的检索方法。

image database management system 图像数据库管理系统 组织和管理以图像信息为主要资源的数据库的软件系统。较之通常的数据库管理系统,它有如下特点:①除属性数据外,其主要管理对象是各种不同形式或结构的图像及图像内的图像实体、实体间的关系等;②查询一般要同时涉及到属性数据操作和图像操作两种截然不同的处理,图像数据库管理系统要解决两者有机结合的问题;③既可输出文字和报表,还可输出图像,并且允许将这些信息结合在一起输出;④针对某种专门应用而生成的图像数据库管理系统,往往依赖于问题的扩充部分,如特殊的图像理解算法和特殊的相似检索算法等。

image data compression 图像数据压缩 为了节省存储空间,节省传输通道和时间,以减少图像数据量的一种重要技术。常用的图像数据压缩方法有:①采用 Huffman 码、B 码、差值码等非等长编码,以加大代码的信息量,减少图像数据的数据量。这种方法不会造成图像数据的信息丢失,如采用差值方法,就是只存入相邻图像点的灰度值之差。由于相邻图像元素的灰度变化中突变较少而缓变较多,因而差值是一个很小的数值,可以用短码表示,从而大大减少数据量,并且可以完全恢复图像信息;②在图像数据的信息损失不超过一定容限的条件下,设法减少图像数据量,例如利用 K-L 变换及利用其他各种正交变换的方法保持绝大多数信息,而较明显地减少图像数据量;③在彩色电视的数字传输中,利用人的感官特点,保持亮度信号的分解率,但降低色调信号的分解率。虽然明显地降低了数据量，但并不造成降低图像质量的感觉。典型的压缩算法如 MPEG(活动图像专家组)；④利用线性抽样的方法减少图像的数据量，这种方法实现时最简单，但会使图像的有效信息受到损失，不能完全恢复原来的图像。

image data format 图像数据格式 为了提高计算机对图像数据的处理效率，而在磁带或磁盘上保存图像数据所采取的数据格式。一般的图像数据可以看成是一个很大的矩阵，矩阵的每列由一个扫描行组成。它构成计算机中的一个记录段，而整个矩阵构成一个文件。它以各种不同的格式记录在磁带或磁盘上。常用的记录格式有：各谱段两像素交替记录格式；各谱段扫描行交替记录格式；各谱段顺序记录格式及各谱段子图像矩阵交替记录格式等。彩色图像由三基色分量组成，可以作为三个谱段的图像数据来处理。

image data of resource information 资源信息影像数据 通过航空和航天或其他遥感方式所获得的资源影像数据。采用拍摄，扫描或其他方式获得的资源对象的形象再现，以及经过处理后具有视觉特征的选择性数字记录。如航空遥感、航天遥感影像数据等。

image data structure 图像数据结构 图像数据库或图像数据文件中，图像数据的表示和组织方式。由于图像数据量大，采用什么样的数据结构非常重要，依据图像数据压缩程度、图像运算和分析处理的方便程度及有效性，出现了不同的图像数据结构。常用的有四元树、线性四元树、八元树等表示的数据结构。

image data tablet 图像数据板 参见 data tablet。

image degradation 图像质量下降，图像退化 在计算机图像处理中，因种种原因所引起的图像质量的下降。例如摄影时目标或相机移动可造成图像模糊，散焦或镜头不良可使图像不清晰，叠加了概率分布已知的噪声使图像质量下降等。可以采用各种图像复原的方法来恢复这些图像的质量。图像质量下降可用下面的数学模式表示。设 F 为理想的图像，G 为质量下降后了的图像，则

$$G = HF + N$$

其中 H 表示造成像质下降原因的算子，N 为叠加的噪声。如果已知 H 和 N 的数字模式，则可由 G 求得 F，这一过程称为图像复原。

image description 图像描述 图像中对象本身以及它们之间的关系的数学或符号表达。它是计算机视觉研究的重要内容，是图像识别和理解的基础。作为最简单的两值图像可采用其几何特性描述物体的特性，一般图像的描述方法采用二维形状描述，它有边界描述和区域描述两类方法。对于特殊的纹理图像可采用二维纹理特征描述。对于三维物体描述的研究，提出了体积描述、表面描述、广义圆柱体描述等方法。通常研究最多的内容有：区域描述，即二维几何结构的表示；物体三维形状描述，即三维几何结构的表示等。

image diagnostic system 图像诊断系统 也称“图像分析系统”。由日本德岛大学和大阪大学联合研制的用于医学诊断的计算机系统，可看清人体内各种微量物质的分布状况，并可全面观察用肉眼看不到的早期癌细胞的分布状况。

image digitizer 图像数字化仪 通过对图像进行扫描的方法，把图像信息离散化、数字化的一种图像输入设备。

image directory 图像目录 已建立的全部图像文件的目录。内容包括各个文件的名字、类别和特征。行数和列数、数据结构、数据类型以及波段数目、时相数目等项，还包括文件占用磁盘空间的大小和位置等信息。

image dissector 图像分析器，析像器 (1)也称“图像读出器”。光符识别中使用的一种机械的或电子的传感器。它能顺序检测所取样照明区的不同点的光强度。(2)一种光电扫描式图像输入器件。其原理是：被摄物体光学图像经透镜成像于光电面上，光电子从光电面上飞出，经电场或磁场聚焦后，在屏蔽板上形成电子图像，屏上开一小孔，与图像一部分对应的电子从该孔飞出，经电子倍增管放大后作为信号取出。扫描是通过偏转电极或磁场实现的。这种器件使用方法类似电视摄像机，使用方便，但由于灵敏度低、黑斑效应大、几何精度不高，因而除特殊用途外很少使用。

image distortion 图像失真 在接收机中本应与摄像机所扫描图像相同的重现图像呈现的问题。

image editor 图像编辑器 能够编辑、改变一幅图像或绘制其新组成部分的软件。例如，可以使用图像编辑器从一张照片上去掉扫入的小污点；也可以使用它为网页创作艺术图片。

image editor command 图像编辑命令 在图像处理系统的终端上修改图像数据的计算机操作命令。执行该命令时，被修改的图像显示于荧光屏，可以移动光标指出修改位置，操纵按键进行修改。

image element 像素 在数字图像处理中，将组成图像的各点按其几何位置排成数字矩阵时，矩阵中的每个元素称为像素。同 pixel。

image encoding 图像编码 用较少的二进制位表示图像或图像中所包含的信息的技术。在图像处理领域中，一般应用于下面三个方面：图像数据压缩、图像传输、特征抽取和模式识别。图像编码的主要方法有：预测编码、金字塔编码和变换编码等。预测编码压缩率低，变换编码效率高，但计算相对复杂。金字塔编码计算上比变换编码简单，而比预测编码的压缩率高。

image enhancement 图像增强 将原来不清晰的图像变得清晰或强调某些关注的特征，抑制非关注的

特征，使之改善图像质量、丰富信息量，加强图像判读和识别效果的图像处理方法。图像增强通常包括灰度增强、边缘增强、彩色增强等。图像增强主要采用频率域法和空间域法。参见 frequency domain method，spatial domain method。

image exclusive OR operation 图像“异”运算 一种图像逻辑运算操作。对于两个大小相同的图像，逐点进行逻辑“异”运算。对每一点，当两图像的像素值相同时，以某特定值(通常是 0)作为结果图像的像素值；而当两图像的像素值不同时，以另一特定值(通常是 1)作为结果图像的像素值。得到一幅大小相同的结果图像。对于用不同方法得到的两幅分类图像，可以用“异”运算筛选出分类结果不同的点。参见 exclusive OR。

image file 镜像文件，图像文件 (1)镜像文件是一种压缩文件，它是将特定的一系列文件按照一定的格式制作成单一的文件，它最重要的特点是可以被特定的软件识别并可直接刻录到光碟上。镜像文件是无法直接使用的，需要利用一些工具软件进行解压后才能使用。常见的镜像文件的扩展名主要有：iso、bin、nrg、vcd、cif、fcd、img、ccd、c2d、dfi、tao、dao 和 cue 等。(2)由图像数据按照某种排列规则组成的一个数据文件，通常存放在磁带或磁盘上，执行处理命令时读入内存。一个图像文件可以包含一个矩形区域内多波段及多时间的图像数据。一个图像文件由类型相同的数据组成，数据类型可以是字节型(取 0 ～ 255 范围的整数值)、整型或实型以及两值(0 或 1)图的形式。

image format file 图像格式文件 存储计算机图像任一种格式的文件。参见 graphic file format (GFF)，graphics interchange format (GIF)，photo CD (PCD)。

image frame grabber board 图像帧采集板(卡) 插入计算机(主要指微型机)，以实现图像输入和显示的电子线路板(卡)。其功能是：接收全电视信号或 R(红)、G(绿)、B(蓝)信号输入；把经视频 A/D 采样和输入查找表变换后所得的数字图像数据送入帧存储器；由帧存储器读出图像数据，经输出查找表变换后，通过视频 D/A 转换成模拟信号，由图像监示器显示。主机可通过程序操作采集卡或访问帧存储器。一般分为伪彩色型和真彩色型两种。伪彩色型输入的是黑白灰度图像，输出可以是黑白灰度图像或伪彩色图像。真彩色型输入的是 R，G，B 图像或多波段图像，输出可以是真彩色、伪彩色或彩色合成图像。

image frequency 图像频率，镜像频率 (1)在电视中，每秒扫出完整图像的数目。(2)在使用频率变换技术的无线电接收机中，以第一本地振荡器的频率为参考，与输入端的射频信号的频率对称的频率。本地振荡器的频率至少要等于输入信号频率的一半才存在输入信号的镜象频率。

image fusion 图像融合 图像融合是将多源信道所采集的同一目标的图像经过一定的处理，提取各信道的数据，综合互补信息而形成新图像的过程。例如由几个二维图像经融合后得到三维图像；或者利用不同信息源得到的图像经融合后产生新的图像。图像融合是战场可视化、预警系统、医学图像处理、机器人视觉等领域非常需要的先进技术。图像融合又分为像素级融合、特征级融合及决策级融合等。参见 multi sensor information fusion。

image geometric distortion 影像几何畸变 影像中的几何图形与该实物在所选定的投影中的几何图形的差异。几何畸变主要由于传感器姿态角的变化，物镜系统的光学畸变，扫描速度不稳定、地球自转、地球曲率、地面起伏及地图投影等因素所引起。几何畸变使图像产生几何形状或位置的失真，主要表现为仿射、偏扭、弯曲以及其他更高阶的歪曲。几何畸变表现为像素相对实物实际位置发生挤压、伸展、扭曲或偏移。

image graphics 图像图示技术 把像素形式(位图形式)存储的数据转换成可见图像的技术，包括通过对位图数据作各种处理而进行图像操作的各种技术。

image iconoscope 图像光电摄像管 一种可将光学图像投影到半透明光电阴极上的摄像管。由光电阴极另一侧发射得到的电子图像聚焦在一独立的存储靶上，在同一侧用高速电子束对该靶进行扫描，对基本电荷的中和将在存储靶上顺序产生摄像输出信号。这种摄像管的灵敏度远高于普通光电摄像管。

image impedance 镜像阻抗 当将一个阻抗连接到变换器的输入端和输出端时，将使输入端和输出端处两个方向上的阻抗对等。因此，变换器的负载阻抗和其等效内阻抗互为镜像，这种条件下将有最大的功率传输。当两镜像阻抗相等时，其值与特性阻抗相同。

image input area 图像输入区 图像显示的左下角区域，键盘输入的数据出现在这个区域。

image input device 图像输入设备 在计算机图像处理系统中，能把外部图像(包括景物)信号输入给计算机的设备的总称。图像处理系统有两类图像需要输入。一类是数字图像(如记录在磁带上的卫星遥感图像数据)。另一类是模拟图像(如照片、录相磁带、电视摄像等)。因为数字图像一般可以用通用外部设备(如磁带机、磁盘机、光碟机等)输入，所以图像输入设备主要是指用于接收模拟图像并把模拟图像数字化为数字图像输入给计算机的设备。有时也称“图像数字化设备”。如 TV 摄像机、CCD(电荷耦合器件)摄像机、CCD 扫描仪、飞点扫描器、激光扫描仪等。

image intensifier tube 图像增强管 一种可接受微弱光线并通过电子放大的方法使其增强的真空管，

利用扫描它可在目镜实时产生能够直接观察的情景图像。这种管子可由自然的背景夜光中获得足够的光线而无需来自红外线发射器或激光器的附加照明,因此是无源的。由玻璃透镜将被观察物体的微弱光线加以会聚,然后通过由光纤束形成的透镜,送到砷化镓(GaAs)光电阴极的表面,这种结构将其工作范围扩展到近红外波段。

image interference 镜频干扰 (1)电磁波在传播过程中,产生的折射超过了正常的范围而对正常的探测形成的一种干扰。(2)在超外差接收机中,当在镜像频率上广播的电台与所要求的电台一道被接收时所出现的干扰。如果接收机电路没有足够的选择性来抑制镜像频率信号,就可能发生镜频干扰。对于标准的无线电广播接收机而言,镜像频率将比所要接收的电台频率高 910 kHz。

image interference ratio 镜频干扰比 超外差接收机所采用的一种比值,它表明其预选器抑制镜频信号的有效性。

image magnification 图像放大 增大图像比例尺的操作。对不需要几何纠正的像片,只要在投影面上控制像片边缘尺寸比例即可实现;遥感图像放大的常规方法在纠正仪上,即通过所选择的控制点与像片上对应点在投影面上重合,经晒像和摄影处理后,获得所需比例尺的像片;另一种方法是在电子计算机上通过几何纠正及放大的数字模型处理后,输出到成像设备,获得所需比例尺的图像。

image map 图像锚点 超文本中的一种图片,分成若干个区域,每个区域都与一个 URL(统一资源定位器)关联。鼠标点击某个区域就使浏览器访问相关 URL 指定的文档。同 clickable image map。

image mixing 图像混合 两幅或多幅图像混合在一起组成一幅新的图像的过程。这种技术经常用于彩色图像处理,把红、绿、蓝三基色图像混合在一起,就可以构成各种颜色的图像。利用图像混合还可以进行图像拼接和编辑,以创建出更好地满足人们观赏和判释需要的新图像。

image mode 映像方式 在某些光学字符阅读机中,用户为数据记录选择的两种数据格式的一种。映像方式不允许空格或字符编辑、字段调整以及字段的空格和零填充;数据正确性和字段长度不是固定的。结果输出记录包含表明每个所读字段长度的两个字节的字段,后面跟着数据本身。

image mosaic 图像镶嵌 将经过几何校正的多幅遥感图像,按地图图幅和制图要求严格拼接成整幅影像图的技术。其方法有:切割镶嵌、光学镶嵌、数字镶嵌即计算机镶嵌。

image name 图像名 存储一幅图像的文件的文件名。

image object 图像对象 一个包含图像数据的对象。参见 object。

image object content architecture (IOCA) 图像对象内容体系结构 一系列交换和表现图像的构件的有机组合。

image OR operation 图像“或”运算 一种图像逻辑运算操作。对于两个大小相同的图像。逐点进行逻辑“或”运算。指定某个特定值(通常是零),以第一个图像为主。对于每一点,若第一个图像的像素值不等于特定值,则以第一个图像像素值作为结果图像的像素值;如果第一个图像的像素值等于特定值,则以第二个图像的像素值作为结果图像的像素值。得到一幅大小相同的结果图像。对于用不同方法得到的两幅分类图像执行“或”运算,可以利用第二个分类结果补充第一个分类结果,扩充第二个分类图像中各个类别的范围,减少漏分的概率。

image output device 图像输出设备 在计算机图像处理系统中,能将已输入的图像或经处理过的结果图像进行输出的设备总称。大致可分为在胶片或纸面等介质上记录输出的硬拷贝装置和显示输出的软拷贝装置。前者如静电印刷机、喷墨式绘图机、扫描鼓记录仪、激光印刷机、缩微胶片输出机等,后者如光栅扫描图形显示器、矢量图形显示器、液晶显示器、等离子显示器等。

image overlay 图像覆盖 参见 overlay image。

image plane 图像平面,像平面 (1)含有一幅输入图像的平面。(2)在使用多个存储阵列的视频系统中,一个存储阵列对于一幅显示的图像的贡献,见 bit plane。

image preprocessing 图像预处理 在图像分析和识别中,为了使特征提取和识别容易进行,首先对原图像进行去噪声和去畸变,把图像具有的信息变得人们容易观看或把图像变换成某种标准形式的一类图像处理操作。一般包括对比度增强、两值化处理、噪声去除、几何畸变校正等。

image printer 图像印刷机 一种数据处理或文字处理的硬拷贝印刷机。它通过激光技术或光纤技术,将输入的数据组成一幅完整的图像,然后将它印在纸上。

image privilege 映像特权级 分配给已链接映像的特权级。参见 process privilege。

image processing (IP) 图像处理 (1)运用光学、电子光学、数字处理方法,对图像进行复原、校正、增强、统计分析、分类和识别等的加工技术过程。(2)运用计算机对图像数据进行的各种运算。一般包括预处理、图像恢复、图像增强、图像配准、图像分割、采样、量化、图像分类和图像压缩等。广义的图像处理是一个系统工程,包括图像获取与量化、图像存储和图像数据压缩、图像处理、图像生成、图像分析与识别、图像输出和图像传输等。参见 image analysis,image enhancement,video digitizer。

image processing of resource remote sensing 资源遥感图像处理 以资源调查、研究、应用等为目的,将获得的资源遥感信息进行图像处理的过程,主要有光学处理和计算机数字图像处理。

image processing operation system 图像处理操作系统 用于数字图像处理的计算机软件系统。通常是计算机操作系统之下的一个两级子系统。在操作系统之下使用有关命令进入这个子系统之后，用户可以在该子系统管理之下，输入各种图像处理命令，实现各种输入输出操作、图像处理操作及有关的辅助操作。它实际上是为了适应计算机图像处理系统特定功能的需要而对操作系统的扩充。

image processing system 图像处理系统 (1)用计算机进行图像处理的装置。其中包括：①图形控制台，包括显示器、控制按钮和指示灯、字母数字键盘和位置指示笔；②飞点扫描器或其他扫描器以及允许用计算机控制胶片图像的扫描；③显示适配器；④一组程序，用于对比度调节、图像平滑化、图像压缩以及其他图像处理操作。(2)用于进行图像的输入输出和处理的计算机系统。一般包括如下部分：带有通用外部设备的通用计算机，图像输入输出设备，专用图像处理机(卡)，图像处理软件包等。一般来说，大、中、小、微型计算机都可作为图像处理系统的主机。到底采用哪种机型，配套哪些输入输出设备，配用和开发什么样的软件包，这取决于图像处理系统的需求指标和系统集成技术上的难易程度。就应用方式而言，图像处理系统大致可分为三种类型：①面向某些特殊用途的实用系统(如印制板缺陷自动检测装置、细胞自动检测分类装置等)；②面向终端用户的交互式图像处理系统(如遥感图像数据处理分析系统、医用图像处理分析系统等)；③面向实验、研究用的通用图像处理系统等。

image processor graphics 图像处理机图形 一种图形覆盖数据。它通常存在半导体刷新存储器中，图形数据能与图像数据同时进行检查与显示。图形覆盖数据是以每个像素数据为一位构成的矩阵。图形覆盖数据可以用来识别和标志字母数字符号、外形线、网状线等。几个图形覆盖数据彼此独立，且与图像数据独立。可以任意覆盖在显示图像上。在某些系统中，为了解决图像亮度和图形间的矛盾，可以增加显示图形覆盖数据的逻辑。

image quality 图像质量 衡量一个像与成像物体的近似程度的一种尺度。影响图像质量的透镜或光学系统的特性主要包括分辨率和对比度。

image random distortion 图像随机畸变 形变的大小和方向不恒定，因而也不能预测的几何畸变。它的产生取决于图像形成中一系列不可能严格控制的随机因素。例如航天器的姿态变化(滚动、俯仰和偏航)与飞行高度和速度的变化，将引起扫描图像方位变化和变形，比例尺改变及扫描线疏密变化。

image recognition 图像识别 模式识别的一种，如文字符号识别、指纹鉴定、癌细胞识别等。其主要特点是输入的是图像，输出的是对图像中所含内容的描述、分类和解释。一个图像识别系统主要包括三部分：①图像信息获取；②图像信息预处理(如自适应阈值、噪声消除)和特征抽取；③图像分类、描述和解释。图像识别方法主要有：统计方法、结构方法、模糊方法等。有时也称“图像分析与理解”。

image reconstruction 图像重建 (1)通过对离散图像进行线性空间内插或滤波，重新获得连续图像的方法。可以表示为 $f_c(x,y)=f_D(x,y)\times h(x,y)$ 式中 $h(x,y)$ 为内插函数的脉冲响应，$f_c(x,y)$，$f_D(x,y)$ 分别为重建图像和离散图像。(2)由探测数据经计算机按一定算法进行处理后产生图像的方法。它是构成X线、CT、超声CT、核磁共振成像等图像的基本技术。以前采用的算法有代数法、迭代法、傅里叶反投影法和卷积反投影法等，现在几乎全部都采用卷积反投影法，此法计算量小、速度快。随着图像处理技术的发展，人们能够把二维的CT图像合成一个三维CT图像，称为三维图像重建。其方法有线框法、表面法、实体法、彩色分域法等。彩色分域法与前三种不同，它无需进行边缘检测及表面法矢量计算，仅是利用深度比较实现隐藏面消去。算法简单，重建速度快，对任意形状的组织(如弥散体)均可进行重建，使用范围广。

image recorder 图像记录装置 彩色处理系统中用于图像输出的记录装置。其主要类型如下：①按记录媒体分：相纸(老式照排机等)、制版软片(激光照排机的输出等)、彩色软片(数字照相机等)、彩色印制品、激光直接制版等；②按图像形成方式分：银盐照相方式、电子照相方式、感热方式、喷墨方式、光聚合方式、磁记录方式；③按输出光源分：激光(氩离子激光、氦氖激光、半导体激光等)、发光二极管(LED)、放电型电极等；④按输出光学结构分：单束光扫描、多束光同时扫描；⑤按扫描方式分：平面扫描(摆镜式、转镜式、机械式、固体器件阵列式等)、滚筒外表面扫描、滚筒内表面扫描等。参见 image scanner, imagesetter, inner drum type imagesetter, drum type scanner。

image regeneration 图像生成 从图像的内部表示到生成可见图像所需要进行的一系列操作称为图像生成。参见 regeneration。

image registration 图像配准 不同时刻或同一时刻用不同仪器摄取的同一对象的图像，常常存在位置差别，消除它们之间的位置差别，使这几张图像尽量能重叠起来，这就是图像配准。常用的计算机图像配准方法是找出均匀分布在图像上的位置差别，推导出反映这些位置差别的数字模式，然后进行图像的几何纠正，使一张图像与另一张图像上的所有位置按均方差最小的原则进行配准。

image rejection 镜像干扰抑制 在超外差接收机中对镜频信号的抑制。

image rejection mixer (IRM) 镜像抑制混频器 用于接收输入信号和正交信号对，并且产生基于输入信号和正交信号对的输出信号，它的两个边带可以当成互为镜像。当本振频率变化时，由于镜像抑制混频器电路内部相位配合关系，被抑制的镜频范围也将随之改变，使其仍能起到镜频抑制的作用，镜像（边带）抑制能力取决于移相器精度。参见 mixer。

image resolution　图像分辨率　指的是图像中存储的信息量，这种分辨率有多种衡量法，典型的是以每英寸的像素数来衡量。图像分辨率和图像尺寸一起决定图像文件的大小及输出质量。

image response　镜频响应　超外差接收机中的一种接收信号的干扰形式，来源于当所要求信号频率等于本振（LO）频率加中频（IF）频率时，混频器对频率等于本振频率减中频频率的信号产生响应；而当所要求信号频率为本振频率减中频频率、混频器对频率等于本振频率加中频频率的信号产生响应时，也会出现镜频干扰。

image restoration　图像复原　在计算机图像处理中，针对造成图像质量下降的已知原因，采用一定的处理方法，使图像恢复的处理过程。例如因目标移动、相机移动、镜头聚焦不良造成的图像模糊，若已知移动或散焦的规律，便可通过图像复原处理技术，使图像变得清晰。图像复原一般包括：把图像退化数学模型化，再采用某种滤波方法，恢复或重建原来的图像；用一定的准则来判定是否得到图像的最佳复原。

image retention　图像滞留　在某些摄像机中，不希望的图像暂留现象，使得移动的亮点产生拖拽，同 lag。

image reverting film　图像反转片　按某一种方法处理过的胶片。这种胶片上的像和色调都与实像相反，如实像中的色调是白色，则在这种片上是黑色。

image roam　图像漫游　在计算机图像或图形处理系统中，通过人机对话装置或程序控制，使图像在显示屏幕上作上下左右的移动，图像的一侧在显示屏幕上逐渐出现，另一侧逐渐消失的处理操作。它特点适合观看一个满屏显示不完的一幅大的图像。

image rotation　图像转动　缩微胶片阅读机为了能很好地阅读缩微资料，而使装在它上面的胶片转动的过程。

imagery　成像　在显示系统中，以电子、光学等方式在显示器件的胶片、屏幕、绘图器或其他显示面上产生物体的显示和再现。

image scale　图像比例尺　遥感图像上的线段与地面上相应线段长度之比。对比静态传感器图像，当传感器水平且地面平坦和水平时，该比例尺等于传感器主距 f 与航高 H 之比，即 $\frac{1}{M}=\frac{f}{H}$；但实际比例尺随着线段位置不同而变化，故通常指的比例尺是所摄地区平均高度上的比例尺。当传感器不水平时，其平均比例尺也只是一个近似值。对于动态传感器图像其比例尺既是平均值又是近似值。

image scanner　图像扫描仪　采用逐点扫描的方式，将图形、照片等图像进行光电转换、模数转换等处理之后，传送给电子计算机等图像处理设备的一种图像输入装置。按照扫描方式可将图像扫描仪分为两大类：一类是旋转滚筒扫描方式，采用这种方式，输入精度较高，光学系统结构比较简单，但是扫描速度有限。这种扫描方式中又有滚筒移动型和光学扫描头移动型两种，滚筒移动型是原稿滚筒在径向旋转的同时，又作轴向移动，实现逐点扫描，采样光源和光学扫描头固定不动；而光学扫描头移动型则是原稿滚筒仅作径向旋转，由光学扫描头和采样光源同步横向移动实现逐点扫描。另一大类是平面扫描方式，一般是以电荷耦合器件（CCD）为光电转换器件进行逐点扫描，也有使用激光作为扫描光源，利用激光束的偏转进行逐点扫描。该方式的特点是采样扫描速度快，便于设备小型化。图像扫描仪的发展趋势是在装置中配备对数据压缩处理、基本校色、光学虚光蒙版（USM：un sharp masking）功能，以减轻主机的工作量，提高处理速度。

image scrolling　图像卷起　在计算机图像分析处理中，常要进行显示和人机对话处理。图像在显示器的屏幕上从上到下或从左到右缓慢地消失，好像卷起一幅图像的操作，称为图像卷起。

image section　映像段　具有相同属性（如读/写访问、绝对地址是和可重定位等）的一组程序段。它是对映像进行虚存分配的单位。

image segmentation　图像分割　把图像中各相同特征（灰度、彩色、纹理等）的区域提取出来以备以后分析、识别之用的图像处理方法。图像分割是将图像中有意义的特征部分提取出来，其有意义的特征有图像中的边缘、区域等，这是进一步进行图像识别、分析和理解的基础。虽然目前已研究出不少边缘提取、区域分割的方法，但还没有一种普遍适用于各种图像的有效方法。因此，对图像分割是目前图像处理中研究的热点之一。

image sequence　图像序列　多帧二维图像的有序集合。有空间图像序列和时间图像序列之分。空间图像序列可用于重构三维物体。时间图像序列可用于研究目标的运动过程，反映出目标随时间变化的状态和位置。两者结合可进一步研究三维物体的运动过程。图像序列的研究成果广泛用于动态目标的识别、检测和跟踪。

image server　图像服务器　一个高容量光学存储设备或计算机，网络上每个计算机和图像工作站都可用它访问连接的计算机和工作站中可共享的图像对象。参见 file server。

image setter　激光照排机　在计算机上作编辑、排版处理后，由扫描激光束对感光材料曝光以获得图文版面的装置。激光照排机是在胶片或相纸上输出高精度、高分辨率图像和文字的打印设备。主要有四种结构类型:外滚筒式、内滚筒式、绞盘式和虚鼓式。不同结构的激光照排机在性能参数及操作使用上都有所不同。参见 external drum imagesetters,internal drum imagesetters,capstan imagesetters,virtal drum imagesetters。

image sharpening 图像锐化 去掉引起图像质量低下的原因之一的"模糊",并把图像变得轮廓分明、易于观看的一种数字图像处理方法。高频增强滤波处理是通常采用的方法。可通过改善物体的照明、聚焦、波前控制、过滤,图像卷积等增强图像空间光强梯度和诸组成部分轮廓线对比度等方法实现。

image signal 图像信号 雷达探测目标时,电磁信号多由主波瓣接收,形成真目标信号。但还有少量信号会从旁波瓣进入雷达,或经地面发射后以一定的角度进入雷达,于是形成了酷似真目标的假信号。假信号的运动规律、速度特性与真目标完全相同,只在信号强度、方向或仰角上与真目标有固定的差,这个假信号就称为目标的镜像信号。

image smoothing 图像平滑化 图像处理中使图形平滑的一种技术。它可以减少图像传输中由于质量较差的抽样系统而引起的寄生效应。常用的图像平滑化方法,有邻域平均法、低通滤波法和多图像平均法等。

image solid transducer 固体图像传感器 采用固体图像敏感器件将二维图像变换为电信号的光电式传感器。固体图像传感器由物镜、固体图像敏感器件、驱动电路和信息处理电路组成。物镜使图像在敏感器件的光敏区清晰地成像。固体图像敏感器件有一维和二维两种,它是图像传感器的核心,可分为电荷耦合器件、光电二极管阵列、电荷耦合光电二极管阵列和电荷注入器件等类型。参见 self scanned photodiode array (SSPD), charge-coupled photodiode array (CCPD), charge injection device (CID)。

image space 像空间 在世界坐标系中所定义的视平面称为像空间。

image specificity 声像定位 对乐器或人声的声像能够准确地进行定位甚至能清晰地确定声场的特征。

image stack 图像栈 为图像文件建立的一个内部表(或存储单元)。它记录已建立的图像文件目录及各文件有关的特性等。

image storage 图像存储 在显示系统和计算机图像处理中,用来存储编码图像或编码图像占据的存储位置。

image storage array 图像存储阵列 具有图像敏感单元的固态薄板或硅基片,图像敏感单元可能是金属-氧化物半导体或电荷耦合光敏器件,它们以高密度排列方式制造出来。

image space 图像存储空间 在计算机制图技术中,一幅编码的图像所占据的存储空间。同 coded image space。

image storage tube 映像存储存储管 一种借助于辐射(通常是光)引入信息的存储管,该信息以后作为可视的输出被阅读。

image subsection 图像子区 一幅图像的一部分,也称"子图像"。通常是矩形区域,可以是多波段和多时间的。一幅图像可从四个方面选取子区:在平面范围内的子区;再抽样;选取部分波段(波段子区)和选取部分时间(时间子区)。

image symbol set (ISS) 图像符号集 某些计算机制图系统中的一种图形符号集。其中的每一个字符都作为一个小图像来处理并且由像素的一个矩形阵列来描述。图像符号集中的字符是以固定的尺寸画出的。比较 vector symbol set。参见 graphics symbol set。

image systematic distortion 图像系统畸变 形变的大小和方向均呈系统规律性,并且事先能够预测的几何畸变。由于传感器的形式和构像方式不同,产生系统畸变的原因各异。静态传感中,系统畸变主要原因有:大气折光,镜头畸变,摄影底片不均匀变形,地球曲率及地图投影等。动态传感的 MSS 图像中,产生系统畸变的主要原因有:扫描镜旋转速度不均匀,扫描仪畸变及地球旋转引起的扫描线歪斜等。

image transducer 图像传感器 能感受光学图像信息并转换成可用输出信号的传感器。根据所用元件的不同,可分为 CCD(电荷耦合器件)和 CMOS(互补金属氧化物半导体)两大类。参见 charge coupled device, CMOS image transducer。

image transfer 图像转印 在复印机中,将图像原版直接或间接地转印到纸上的过程。

image transformation 图像变换 按一定规则从一帧图像转化生成另一帧图像的处理方法。一般称原始图像为空间域图像,称变换后的图像为转换域图像,转换域图像可反变换为空间域图像。主要图像变换分类有:①正交变换。用于图像的复原、增强、去杂、信息压缩、特征抽取等;②几何变换。在保留图像原有的浓度信息的条件下,对图像所进行的几何处理;③灰度变换。用于变换图像的浓度。

image transmission 图像传输 (1)远距离传送被摄物信息的技术。它是把经信号源编码器和通信线路编码器处理的图像信号利用通信线路送到目的地,然后经过通信线路译码器和信号译码器处理,使图像再现的过程。一般分模拟传输和数字传输两种。模拟传输是把连续的图像信号进行调幅或调频后再传送。如当前 NTSC(美国国家电视制式委员会)制式、PAL(逐行倒相制)制式等彩色电视图像信号传输所广泛采用的方式。数字传输是把要传送的图像信号抽样,并把各像素量化,变换成有限个离散电平的信号后再进行编码传送。如各国现正在发展的高清晰度电视(HDTV)所采用电视图像传输方式、传真(FAX)的数字传输方式等。(2)在计算机网络(广域网或局域网)环境下传输数字图像信息的过程。按传输图像的运动状态可分为静止图像传输和活动图像传输。静止图像传输对实时性要求低,与一般数据文件传送差别不大。活动图像传输对实时性要求高,需要宽带通信网的支持。数字图像传输在商业往来、军事通信指挥、新闻传播和办公自动化等领域有着愈来愈广泛的应用。

image understanding 图像理解 应用几何模型和人工智能技术研究图像信息的景物理解。

image workstation 图像工作站 一个可编程序的工作站,可通过使用对象分配管理器和 ImagePlus 工作站接口进行图像处理。

image zoom 图像变焦 在计算机图像处理系统的显示和人机对话装置中,通过人工或计算机控制,使显示屏上的图像缓慢地放大,使某一块地方的图像得到更高的分辨率而舍去周围不要的图像;或使图像逐步缩小,使显示屏上出现范围更大的图像,好像电影摄影机逐渐朝向某一对象或远离某一对象时的情形,称为图像变焦。

imaginal thinking 形象思维 用直观形象和表象解决问题的思维。形象思维是用典型化的方法进行概括,并用形象材料来思维,是一切高等生物所共有的。形象思维是与神经机制的连接论相适应的。模式识别、图像处理、视觉信息加工都属于这个范畴。参见 abstract thinking, perception thinking。

imaginary line 虚线 在某些计算机的制图系统中,一种用于形成圆角的结构线。虚线的起点和终点是确定的,但是这些线本身并不作为图像的一部分出现。

imaging 成像(技术),图像处理,声像 (1)图像摄取、存储、显示和打印的整个过程。成像技术涉及复杂的、高度精细的一些过程。在 CD-ROM(只读碟)技术中尤其如此,可包括图片的扫描和数字化,它们决定着图像的最佳尺寸和分辨率,也包括对图像的数字描述进行压缩以节省存储空间。(2)声像是指重放音乐时,能够听出各种乐器和不同的人声在空间的所在位置的那种感受。

imaging system 成像系统 能够形成物体的像的系统。例如透镜系统、光纤系统、计算机控制的阴极射线管或纤维镜终端及影片系统等。

IMAP (1)交互式邮件访问协议 interactive mail access protocol 的缩写。(2)因特网信息访问协议 Internet message access protocol 的缩写。

IMBE 改进的多带激励编码 improved multiband excitation 的缩写。

imbedded code 嵌入码 嵌入高级语言源程序中的一段或多段符号语言或汇编语言代码,嵌入可以减少所需存储单元的数量。有时需要用嵌入代码的方法来实现一些不能用高级语言来表达的功能。

imbedded controller 内嵌控制机 一种嵌在较大的计算机系统内专门用于控制任务的微型计算机。

IMC (1)(美国)测量与控制协会 Institution of Measurement and Control 的缩写。(2)因特网邮件联盟 Internet Mail Consortium 的缩写。

IMD 互调失真 intermodulation distortion 的缩写。

IMDS 国际缩微版本分配机构 International Microform Distribution Service 的缩写。参见 microform。

IMEI 国际移动设备识别码 International Mobile Equipment Identity 的缩写。

.img 镜像文件名后缀 镜像文件扩展名。它是由多个文件通过刻录软件或者镜像文件制作工具制作而成的。参见 image file。

IMGI 国际移动组标志 international mobile group identity 的缩写。

IMH 节点间报文处理程序 internodal message handler 的缩写。

IMHO 以鄙人之见,恕我直言 in my humble opinion 的缩写。在电子邮件中常用的一个缩写。用于表明作者是在陈述个人意见。

IMIA 国际医学信息协会 International Medical Informatics Association 的缩写。

IML (1)初始微程序装入 initial microprogram load 的缩写。(2)机器初始加载 initial machine load 的缩写。

immediacy index 立即指数 一种学术期刊评价数据,是用某一年中发表文章的被引用次数除以发表文章的总数得到的指数。由此可确定某一特定期刊被引用的速度,从而评估那些新成长起来的研究领域中的专业期刊的影响力。参见 impact factor。

immediate 直接感 当音乐演出有直接感时,听起来便会感到生动和声像前推。与之相反的则为"后挪"。参见 laid-back。

immediate access 立即存取 (1)计算机不经延迟而立即输入和检索存储器中数据的能力。(2)从存储器或者寄存器取出或存入数据时,不牵涉其他存储单元的存取过程。其存取速度很快,通常在计算机指令系统中使用。参见 direct access, random access。

immediate-access storage 立即存取存储器 与其他操作时间相比,存取时间可以略而不计的一种存储器。参见 internal memory。

immediate address 立即地址 指令的地址部分就是指令的操作数,而不是操作数的地址。

immediate addressing 立即寻址 一种寻址方法。依照这种寻址方法,指令的地址部分必须包含一个立即数。

immediate address instruction 立即地址指令 其地址部分是操作数本身,而不是操作数的地址的指令。某些微处理机中的立即地址指令包括加法、减法、取数、比较等。

immediate checkpoint 立即检验点 在某些信息管理系统中,写简单的检验点信息而不需要终止信息处理程序的一种功能。

immediate constraint 直接约束 在数据库系统中,指当数据库状态改变时,只要插入、更新或删除过程一旦执行,就要立即对数据所应满足的约束条件进行检查的一种约束。这个约束要求数据库在任何时刻的状态都必须与这些约束相一致。

immediate data 立即数据,直接数据 (1)一种包含在指令中而不是存放在独立的存储单元中的数据。(2)一种指令操作数的自定义项。其内容可以是计算机直接处理的数、信息或值。它不作存储器的其他数据的地址或指针使用。(3)从数据源发生之后的数据。这是时间上既没有延迟,也没有受到外部任何处理的原来的数据。

immediate device control block (IDCB) 立即设备控制块 某些小型计算机系统中一种描述输入/输出操作的控制块。通道在执行输入/输出操作时使用这种控制块。

immediate environment termination 立即环境终止 某些操作系统中的一种紧急环境终止。这种环境终止并不进行资源恢复。

immediate instruction 立即指令 指令的地址码部分包含的是操作数值,而不是操作数地址,此操作数可直接参于本指令的运算。如立即数传送指令,是把指令地址部分的数码直接送到寄存器里,用于修改寄存器值。立即指令的地址码称立即地址。使用这种技术寻址称为立即寻址。

immediate maintenance 立即维护 在某些计算机系统中,一种维护数据库文件的用键标确定存取路径的方法。每当改变这种存取路径中的数据时,这种维护方法都更新此存取路径。比较 delay maintenance, rebuild maintenance。

immediate message 立即消息 在某些系统中,一个在发送时建立的消息,对应于 predefined message。

immediate mode 立即方式 (1)指令寻址方式的一种。指在指令的地址部分含有操作数。通常,指令的地址部分指示存放操作数的存储单元的地址,而在立即方式中,地址部分本身则成为操作数。(2)在 AIX 图形中,一种图形命令立即运行而不是编译成一个原语或者显示表的模式。

immediate operand 立即操作数 指令的操作数不是数据地址,而是数据值本身的操作数。

immediate printing 立即打印 文本和打印命令直接送往打印机打印的过程。它不需要将文本和打印命令作为打印文件存储,也没有用到中间页组成过程和含有打印机配制命令的文件。

immediate processing 立即处理 参见 demand processing。

immediate-request mode 立即请求方式 SNA(系统网络体系结构)中的一种操作方式。发送端的信息流(正常信息流或加速信息流)上发送出一个请求/应答单元(RU)之后,就停止在该信息流上发送请求单元,直到这个请求单元被响应为止。比较 delayed-request mode。参见 immediate-response mode。

immediate-response mode 立即应答方式 SNA(系统网络体系结构)中的一种操作方式。接收端按照接收顺序,即先进先出的顺序,响应给定的正常信息流上的请求/应答单元(RU)。比较 delayed-response mode。参见 immediate-request mode。

immediate task 立即任务 由网络控制程序赋予次最高调度优先级的任务。它可以启动空闲线路上的输入输出操作。

immersion 沉浸 虚拟现实技术的一个特征,要求计算机创建的三维虚拟环境能使参与者得到全面的置于该环境中的体验。参见 virtual reality。

immersion cooling 浸泡冷却 将发热电子元件浸泡在电气绝缘的液体中,通过液体对流或蒸发来实现冷却的一种技术。

immersion plating 浸镀 制作印制电路板的一种技术,是利用被镀金属与溶液中金属离子间电位差的关系,在浸入的瞬间产生置换作用,使被镀金属表面原子抛出电子的同时,让溶液中的金属离子收到电子,而立即在被镀金属表面产生一层镀层。

immersive display VR 沉浸式显示虚拟现实 使用头盔式显示器和附着于身体上的传感器来使用户完全沉浸到虚拟世界中的一种虚拟现实技术。

immittance 导抗 表示阻抗或导纳的一个术语。一般用于传输线、网络以及某些类型的测量仪器。参见 impedance, admittance。

immunize 免疫 反病毒软件在可执行文件上增加一个自我病毒检测的代码以防止病毒的感染。

IMN 互调噪声 intermodulation noise 的缩写。

imp 脉冲 impulse 的缩写。

IMP 接口信息处理机 interface message processor 的缩写。

impact avalanch transit time diode (IMPATT) 碰撞雪崩渡越时间二极管 一种具有负阻特性的固态微波二极管,其特性系由薄基片中的碰撞雪崩击穿效应和载流子渡越时间效应结合产生,而基片通常由砷化镓或硅制成。当将这种二极管适当地安装在可调谐腔体或波导中时,它便可以成为工作在千兆赫频段上的振荡器或放大器。

impact-damping effect 碰撞-阻尼效应 当超声波在金属内通过的时候，金属内的电子能量状态不再是晶格静止时的费米分布状态，而是电子随时都力图偏离该时刻的离子速度的费米分布，这种现象称为碰撞-阻尼效应。碰撞-阻尼效应是金属吸收超声波时呈现的效应之一，金属的电导率越高，吸收声波的能力越强，效果越好。

impact factor (IF) 影响因子 国际上通行的期刊评价指标。可以衡量某一年中期刊发表的文章被引用的平均频率，用来评估同一研究领域不同期刊的相对重要性。影响因子的计算方法：某期刊前两年发表的论文在统计当年的被引用总次数除以该期刊在前两年内发表的论文总数。影响因子是相对统计值，可克服大小期刊由于载文量不同所带来的偏差。一般来说，影响因子越大，其学术影响力也越大。参见 immediacy index。

impact paper 压敏纸 一种用于获得印刷、打印或手写信息的一份或多份拷贝而不需要色带或其他上墨装置的带涂层的纸。每张纸的正面为碳化层。在一叠压敏纸的最上层纸上用力书写或打印时，能使那张纸的正面和它下面的纸的正面出现字符，这样在各层纸之间不需要复写纸。

impact printer 击打式打印机 一种已淘汰的行式打印机，它具有一种或多种字型、一条色带或其他供墨组件、纸传送机构以及某种在纸上击打出所要字符或字符元素的装置。这类打印机包括电传打字机、串行打印机、宽行打印机、针式点阵打印机和菊花轮打印机等。参见 dot-matrix printer, daisy-wheel printer。

impairment 减损 在数字通信系统中，信道的输出信号和输入信号往往不同，这种现象称为减损。造成减损的原因是噪声、回波、瞬断、衰落、畸变、非线性畸变等。

IMPATT 碰撞雪崩渡越时间 impact avalanch transit time 的缩写。

IMPATT amplifier 碰撞雪崩渡越时间放大器 一种基于碰撞雪崩渡越时间二极管的二极管放大器。这种放大器的工作频段约为 5 ~ 100 GHz，其功率输出可高达约 20 W(连续波)或 100 W(脉冲调制波)。

IMPATT diode 碰撞雪崩渡越时间二极管 一种具有负阻特性的固态微波二极管，其特性系由薄基片中的碰撞雪崩击穿效应和载流子渡越时间效应结合产生，而基片通常由砷化镓或硅制成。当将这种二极管适当地安装在可调谐腔体或波导中时，它便可以成为工作在千兆赫频段上的振荡器或放大器。

IMPCA 装配综合管理、计划与控制系统 integrated manager, planing and control for assembly system 的缩写。

impedance 阻抗 在电阻、电感和电容的电路中，对交流电流所起的阻碍作用，单位为欧姆。阻抗是电阻 R 和电抗 X 的综合效应，由 R 与 X 的平方和的平方根来计算。还可以按公式 $Z = E/I$ 计算阻抗，这里 E 是所施加的交流电压，而 I 是由此导致的电路中的交流电流。在计算中，阻抗按电压与电流的复数比处理。

impedance angle 阻抗角 交流电路中，相电压与相电流之间的相位差。阻抗角也称功率因数角。

impedance bridge 阻抗电桥 一种可以测量或比较阻抗的桥路。

impedance component 阻抗元件 装置中反映或检测某一电力线路阻抗的器件或组件。

impedance coupling 阻抗耦合 两个具有阻抗的信号电路(常为扼流圈)的耦合。阻抗耦合常用于音频放大器要求高增益和有限通带的场合。

impedance drop 阻抗压降 电流与内阻抗之积，也就是电机端电压与感应电势的矢量差。

impedance feedback 阻抗反馈 利用无源阻抗网络从运算放大器的输出端向输入求和点提供的反馈。

impedance matching 阻抗匹配 负载阻抗与电源内阻抗或与传输线阻抗之间的特定配合关系。阻抗匹配是指负载阻抗与激励源内部阻抗互相适配，得到最大功率输出的一种工作状态。对于不同特性的电路，匹配条件是不一样的。①在纯电阻电路中，当负载电阻等于激励源内阻时，则输出功率为最大，这种工作状态称为匹配，否则称为失配；②当激励源内阻抗和负载阻抗含有电抗成分时，为使负载得到最大功率，负载阻抗与内阻必须满足共扼关系，即电阻成分相等，电抗成分只数值相等而符号相反。这种匹配条件称为共扼匹配；③从能量的传输角度看，为使在传输系统中无反射产生，就要求负载阻抗等于传输线或四端网络的特性阻抗，即电阻成分和电抗成分分别相等，而不是共扼相等。这种匹配条件称为无反射匹配或对象匹配。

impedance matching network 阻抗匹配网络 由两个或多个电阻、线圈和(或)电容组成的、使两个电路耦合的网络。这种耦合使每个电路的阻抗都等于向对方看过去所呈现的阻抗。

impedance matching transformer 阻抗匹配变压器 使在给定的信号源和与其阻抗不同的负载间获得阻抗匹配的变压器。

Impedance relay 阻抗继电器 特性量为阻抗，具有两个输入激励量——电流和电压的量度继电器。

impedance triangle 阻抗三角形 一种由各边分别正比于交流电路的电阻和电抗的直角三角形所构成的图形。斜边表示电路的阻抗；电阻与阻抗线间夹角的余弦等于电路的功率因数。

impedance voltage 阻抗电压 (1)双绕组变压器当一侧绕组的端子短路，以额定频率的电压施加于多相变压器另一侧绕组的线路端子上或单相变压器另一侧绕组的端子上,并使其中流过额定电流时所施加的电压。(2)多绕组变压器以任意一对绕组组合为准。当该对中的一侧绕组短路以额定频率的电压施加于多相变压器该对中另一侧绕组的线路端子上或单相变压器同一对中另一侧绕组的端子上,并使其中流过相当于该对中最小功率的额定电流时所施加的电压。

imperative language 命令性语言 一种基于操作命令顺序的语言。参见 declarative language。

imperative macroinstruction 强制宏指令 能转换成目标程序指令的一种宏指令。

imperative operation 强制操作 需要由计算机处理数据的指令。

imperative statement 命令语句,强制语句 (1)在COBOL语言中,以强制动词开始的语句。它由动词和操作数组成,通常表示一个完整的程序过程。(2)指要无条件执行某一动作的一种语句。(3)源程序中被编译或汇编为实际机器代码指令的语句或指令。同 instruction。

impersonation 模仿,冒名顶替 (1)微软 Windows NT 中一个进程中的线程承接另一进程中某一线程的安全标识并代表那个进程完成操作,用于环境子系统为客户程序存取远程资源。(2)一种计算机犯罪方式,在以窃听或其他非法手段取得口令或其他授权项目之后,以合法用户身份访问信息。

impersonation token 顶替令牌 微软视窗中的一个访问令牌,用于捕获客户进程的安全信息,在得到安全信息后,顶替令牌可以与服务器进程结合,使服务器进程能够代替客户进程进行某些操作。

IMPI 国际微波能学会 International Microwave Power Institute 的缩写。

IMP-IMP protocol 接口机-接口机协议 IMP 是接口信息处理机(interface message processor),简称接口机的缩写。接口机-接口机协议是 ARPA(阿帕网)协议体系中最低一级的协议。目的是维护接口机之间的实际通信,其软件的任务包括信息传输、差错处理、路由选择、以及流控制和拥塞控制等。再高一级是主机-接口机协议,它维护接口机和主机之间的信息往来,构成主机之间的虚拟通信。第三级是主机-主机协议,目的是为双方操作系统上的进程规定一套相互通信的规则,构成进程之间的虚拟通信。最高一级是用户级协议,包括分时系统协议(TSP)、文件传输协议(FTP)、远程作业录入协议(IREP)等。参见 advanced research project agency network (ARPAnet)。

IMPL 初始微程序装入 initial microprogram load 的缩写。

implantation 注入 离子注入的简称。使用粒子加速度计把发射杂质注入到纯硅片中。它替代了扩散工艺,注入对于芯片独立加工的工艺来讲更易控制,但是成本较高。

implanted atom 掺杂原子 通过离子注入技术引入到半导体材料中的原子。

implanted device 植入器件,注入器件 (1)通过外科手术植入人体的心脏起搏器或其他的医疗电子器件。(2)通过离子注入在硅或其他半导体材料的基片中所制造的电阻器或其他器件。

implementation 实施 (1)以一些较为具体的条款来体现一抽象的概念;特别是用硬件、软件或两者一起来体现一抽象的概念。(2)与计算机系统的安装和运行相联系的若干步骤。这些步骤包括:可行性论证、应用研究、设备选择、系统分析、所建议的新系统的设计、设备安装场地的选择、运行分析以及系统评价等。(3)程序的一种机器可执行形式,或者是某种能被自动地翻译成机器可执行形式的程序。(4)软件设计人员利用一种具体程序语言编写程序,并在程序编写完以后进行调试直至满足设计要求的过程。

implementationally real-time system 任务实时实现系统 系统中由每一事件产生一个响应。仅当事件的响应是在一时间周期内预期产生,则响应在系统的环境中的效应是正确的,当且仅当一个事件和后一个事件是在后一时间周期内预期产生后一事件的响应,而且仅当前一事件响应之后预期产生,那么这种系统就是任务实时实现的系统。

implementation architecture 实现体系结构 计算机体系结构的两个基本方面之一。实现体系结构是指影响计算机系统费用和性能的那些特性以及与半导体设计者或电子工程师有关的那些特性(如电路工艺和逻辑设计)。参见 architecture。

implementation environment 实现环境 同 implementation。

implementation expert 执行专家 负责将有关领域信息翻译成编码的专业人员。

implementation inheritance 实施继承 较为特殊的元素的实施的继承。包括对接口的继承。比较 interface inheritance。

implementation language 实现语言 也称"系统程序设计语言"。用来实现系统程序(如操作系统、编译系统等)的算法语言。它是研制系统程序的有用工具。系统程序包括操作系统、编译系统等。早期使用的实现语言有机器语言、汇编语言、以及 PL/1、Pascal, ALGOL 60, FORTRAN 等,目前已有专门的高级语言用作实现语言。

implementation mandatory 实现必备 描述了需要在所有 GKS(图形核心系统)实现的工作站上一致地实现的特性。

implementation mechanism 实施机制 实施过程中使用的构架机制。实施机制是对设计机制的改进,这种机制指定确切的实施模式,而且在其构建过程中很可能运用多种实施模式。

implementation model 实施模型 实施模型是构

件与包含这些构件的实施子系统的集合。

implementation module 实现性(程序)模块 给出在模块外部不可见的信息的模块,如模块内部定义的子例程说明的子例程体。实现性模块和定义性模块可以分别编译。

implementation of a system 系统的实现 如下的系统开发阶段:在该阶段结束时,所考虑系统的硬件、软件和过程即可运行。

implementation phase 实现阶段 软件生存周期中的一段时间。在此时间内,主要工作是根据设计文件制造软件产品,并排除其中的错误。

implementation plan 实现计划 在现场(工作环境)安装计算机系统的计划。主要考虑:确定安装系统的位置,培训计算机系统的使用和维护人员,改变不适合计算机工作情况的工作方法和按合同规定条款现场测试验收整个系统。

implementation process 实现进程 软件开发进程之一。工作目标是把一项软件产品的详细设计规格转化成具体的程序源代码,数据库以及面向用户的运行文档,并把它们集成为一个软件产品。

implementation requirement 实现需求 对软件设计的实现产生影响或限制的任何需求。例如设计描述、软件开发标准、程序、设计语言需求及软件质量保证标准等。

implementation study 实现研究 (1)确定计算机系统对一个组织所产生影响的研究。包括工作人员如何受系统的影响和要求改动哪些过程等问题。(2)对计算机系统实施效果所进行的调查分析。其项目主要有系统的使用率,系统的可用性、可靠性和可维护性,系统的经济效益和社会效益等。

implementation subsystem 实施子系统 构件和其他实施子系统的集合,通过细分实施模型对其进行构建。

implementation tool 实现工具 软件生存期中实现阶段所使用的工具,包括各种实现性语言(程序设计语言)、编译程序、解释程序和编辑程序。还有一些其他工具(如汇编程序、反汇编程序、交叉编译程序、模拟程序、仿真程序等)。

implementation verification 实现验证 在计算机安全中,验证技术的使用,通常是采用计算机辅助的手段,以显示系统的一个形式描述和它的实现在数学上的对应。参见 design verification。

implementation view 实施视图 和实施模型有关的一种构架视图,它就打包和分层以及配置管理(所有权、发布策略等)等方面对开发环境中静态软件元素(代码、数据和其他补充工件)的组织进行说明。

implementor name 设备名 在 COBOL 语言中,由系统规定的一个名字。它表示计算机系统中的一个具体对象,可以是软件也可以是硬件。

implicant 蕴含 (1)在表示开关函数的卡诺图中,每个最小项(函数值为"1"的小格子)以及 2^i 个邻接最小项的集合称为函数的蕴含。(2)命题逻辑中表示两个命题公式中的一种关系,如果 $A\rightarrow B$ 为永真式,则称 A 蕴含 B,记为 $A\Rightarrow B$。例如 $(P\wedge Q)\Rightarrow(P\vee Q)$。

implication 蕴含(式) 逻辑连接词。常用"→"表示。它连接两个逻辑公式 α、β 得到一个新的逻辑公式"α→β",读作"α 蕴含 β"或"如果 α,那么 β"。"α→β"为"假"当且仅当 α 为"真"而 β 为"假"。

implication operation 蕴含运算 一种二元布尔运算。当且仅当第一个操作数具有布尔值 0,而第二个操作数具有布尔值 1 时,该运算的结果才为布尔值 0。参见 conditional implication operation, IF-THEN operation。

implicator 蕴含符 一种二元布尔运算操作符,当且仅当第一个操作数具有布尔值"0"和第二个操作数具有布尔值"1"时,结果为布尔值"0"。

implicit action 隐含动作 在 PL/1 中,描述一个条件的动作,在程序启动并且保持在整个程序中,除非被一个相同条件的 ON 语句覆盖,对应于 ON-statement action。

implicit address 隐式地址 汇编程序中使用的一种参考地址。通过规定它为一个绝对地址表达式。汇编程序先选择适当的基地址寄存器并算出变动位置,然后根据这个变动位置由隐式地址产生显式地址。

implicit address instruction format 隐地址指令格式 一种不包括地址部分的指令格式,即其操作数的地址隐含在指令中的指令格式。

implicit attribute 隐含属性 对一数据项来说,如果没有明显指定某种属性,该属性就往往接受某种缺省规则。这种属性就称为隐含属性。例如在 COBOL 语言中,一个数据项的用法未予以指明,就假定其为显示型。因此,显示型用法就是隐含属性。

implicit computation 隐含计算 使用自动清零原理的模拟计算或数字计算。例如在这种计算中,假定第一个所求的变量存在,然后根据方程求出合成变量,并将其同已知变量相比较,用合成变量与已知变量的差来校正假定的变量。

implicit congestion notification 隐式拥挤通知 一种测量网络上存在拥挤的方法,特定的传输协议,如来自因特网 TCP/IP(传输控制协议/网际协议)的 TCP,能够在网络发生拥挤时发通知。这种通知方法与显式通知方法相对应。

implicit connection 隐含连接 在 LAN Manager 网络软件中,对服务器的共享资源的链接,建立时不是将其连接到本地设备上。

implicit declaration 隐含说明 在程序设计语言的上下文关系中,没有明显地说明标识符赋予的属性,称隐含说明。例如在 FORTRAN 语言中,凡是

I

以 I,J,K,L,M,N 之一开头的标识符,虽未经专门的类型说明也自动认为是整型量。这种属性是由编译系统设定规则来确定。比较 explicit declaration。

implicit dimensioning 隐含维数 在 BASIC 中,通过上下文指定一个字符变量的长度,而不是显式地定义在 DIM 语句中的变量。

implicit-explicit scheme 隐-显格式 一类交替使用隐式格式和显式格式的差分方法。

implicit identification 隐式标识 在自适应控制系统中,把特定的输出变量与所希望的性能进行比较,再用比较所得的误差函数去变更控制器的参数,以使控制器适合系统的要求。这种技术称为隐式标识。

I

implicit knowledge 隐式知识 不使用语言、文字或符号表达的知识(如经验和技能)。

implicitly parallel 隐式并行 计算机语言语义中隐含的可并行处理的独立操作成分,不需要用户用程序设计语言显式地描述独立的能够并行执行的操作。隐式并行语言的编译器必须推断或证明操作中的独立性,以便使用并行硬件。

implicit opening 隐式打开 在 PL/1 语言中,由输入语句或输出语句而不是由 OPEN 语句来打开文件,称为隐式打开。

implicit reference 隐式引用 在 COBOL 语言中,当过程部的一个语句引用一个项,而该语句中未写出引用项的项名时,称为隐式引用。

implicit storage 隐式存储 把与问题有关的局部状态空间图存入知识库。

implied addressing 隐式编址 一种编址方法。按照这种方法,指令的操作码部分隐指了操作数的地址。

implied CP command 隐式 CP 命令 在 CMS(会话监督系统)环境下,被调用的命令行前面没有"CP"打头的一种 CP 命令。

implied EXEC 隐式 EXEC 一种 CMS(会话监督系统)的 EXEC 过程。它不使用规定的命令名 EXEC,而是像 CMS 命令一样直接调用。

implied interrupt instruction 中断隐指令 由硬件机构产生的实现程序状态转换的一条中断指令。指令系统中没有这种指令,程序也无法事先安排。执行这条隐指令,处理机中止现行程序的运行,即现行程序执行完第 k 条指令(在第 k 条指令周期内发现有中断请求)后,停止进入第 $k+1$ 条指令周期。这需要封锁某些操作信号。清除某些寄存器信息(如指令寄存器清"0"以及建立隐指令所需要的状态信息等),保存旧程序状态字,将旧程序状态字写入约定的固定单元并清除中断寄存器(其内容已被保存),以接收新的中断请求;从存储器某固定单元取出相应的新程序状态字,它的指令计数器内容就给出了该中断处理程序的入口,处理机将执行中断处理程序。至此隐指令完成了程序状态转换工作。中断隐指令实质上是一条硬件机构产生的转管指令,其指令格式可以是机器标准指令格式,也可以是非标准指令格式。对于多级中断系统,每级中断都有各自的管理程序入口,因而每级中断都对应有各自的中断隐指令。它们之间的主要区别是由硬件形成的存取程序状态字的地址不同,转入管理程序的入口地址也不同。

implied memory addressing 隐式存储寻址 访问存储器指令利用程序计数器对存储单元进行寻址的方法。使用程序计数器,将存储器寻址的方法分以下两个过程:首先必须将所要求的存储器地址送入程序计数器,然后执行访问存储器指令,而被程序计数器访问的存储器含有存储单元的地址。

implies 隐含 逻辑中的连接字,如果第一个语句为真,则在它后面的语句也为真。

imply 蕴含 同 inclusion。

import 输入,导入 将信息从一个系统或程序送入另一个系统或程序的过程。输入数据的内部格式或结构,尤其是含图形的文档,必须以某种方式得到接收信息的系统或程序的支持。有一些常规约定,如用于图形文件的 TIFF(标记图像文件格式)和 PICT 格式,可使许多种类型的数据输入变得容易。比较 export。

import-dependency 导入依赖关系 设计中的一种赋予构造型的依赖关系,以某一设计包为源,以另一设计包为目标。导入依赖关系允许目标包的公共内容可从源包引用。

import/export 输入/输出的 从一个系统或 IRD(信息资源词典)获得信息以及由另一个系统或信息资源词典接受信息。

import library 输入库 一种编译时使用的库,也称"导入库"。动态连接库(DLL)一般都有对应的导入库,方便程序静态载入动态连接库。导入库只包含了地址和符号表等,是确保程序找到对应函数的一些基本地址信息,函数实际的执行代码位于动态连接库中。有了导入库,只需要连接导入库后按照头文件函数接口的声明就可调用函数了。参见 dynamic link library (DLL)。

improvement threshold 改善阈值 载波噪声比的上限值。在此限值以下,信噪比要比载噪比下降得更快。

impregnated coil 浸渍线圈 在绝缘导线各圈之间的空间填充绝缘漆或塑料材料的线圈。

imprinting 压印 (1)使用压印器的过程。(2)任何压印器的输出。

imprint position 印记位置 印刷媒体上印刷或打印字符的位置。

impromptu message 即席报文 一种只在需发送时才进行建立的报文。比较 predefined message。

improved D-algorithm 改进 D 算法 具有自激励

与响应的D算法，比D算法更广泛地用于自动测试生成。其测试生成算法类似于D算法中的逐行确认操作。使用这种算法的系统称自动激励和响应逻辑系统(LASAR)。

improved definition television (IDTV) 改良清晰度电视 改良清晰度电视是指一类电视发送机和接收机，它们的性能超过标准的NTSC(美国国家电视制式委员会)标准，并且保留通用的NTSC发射参数，其性能的提高与原NTSC系统是兼容的。IDTV的改进可以在发射机或接收机上改进。性能提高或改进可以在以下方面，编码的增强，数字滤波，内插扫描和重影消除等。IDTV的改进必须允许以4∶3的宽高比的普通电视信号的发送和接收。

improved multi-band excitation (IMBE) 改进的多带激励编码 INMARSAT-M系统中的6.4 kbps语音编码标准采用IMBE算法，其中语音编码的净速率为4.15 kbps，其余用于纠错编码。

improved programming technology 改进的程序设计技术 一组有关描述应用开发规范方法的技术，它包括结构程序设计、成组协同工作方式、自顶向下开发、HIPO以及开发支撑库。合适地使用这些技术可改进程序设计项目的可管理性和生产效率，还可提高程序质量和可维护性。

improved spool file recovery 改进的假脱机文件恢复 在某些操作系统中，恢复磁盘检验点数据的过程。检验点数据是以前为关闭的假脱机文件记录的。如果系统不能热初启，系统操作员可以采用检验点初启或强制初启。参见checkpoint start，force start。

improved third normal form 改进第三范式 在关系式数据库系统中，指对第三范式数据库模式概念的改进。第三范式数据库模式中的每一关系虽然都是第三范式，但未排除从其他关系模式中导出一个关系模式中的表达函数依赖。关系数据库模式$\{R_1,\cdots,R_n\}$中的关系模式R_i若有一传递函数依赖$X\rightarrow Y\rightarrow A$是由该数据库模式中的其他关系模式导出的，则属性$A$称为$R_i$的冗余属性，因为把$A$从$R_i$中删去不会影响原数据库模式的依赖性、保持性和连接无损性。

improvement threshold 改善阈值 载波噪声比的上限值。在此限值以下，信噪比要比载噪比下降得更快。

IMP throughput 接口信息处理机吞吐量 接口信息处理机(IMP)每秒传送的主数据的比特数。它等于数据位数与每个报文的计算量的比值。所涉及的主要参数包括每个报文的包数，每个包的程序处理时间，包和报文应答的时间以及各种周期性IMP过程(如路由计算)所花的时间。

IMP-to-host interface 接口信息处理机到主机的接口 在APRA网络中，接口信息处理机(IMP)和主机之间通过全双工位串装置构成的接口。接口的数据传输率可达10^5 bps，进行异步传送，并由准备接收下一报文的联络过程控制。接口信息处理机通过50 kbps的宽带租用线路互相连接起来。

IMP-to-host protocol 接口信息处理机到主机的协议 在ARPA(阿帕网)网络中，为了在主机和接口信息处理机(IMP)之间传送报文而使用的通信协议。它与IMP到IMP协议一起，可以建立主计算机之间的虚拟信道。该协议包括一组规程，允许一主机将报文发送给网络上的其他主机，并接收这些发送报文的状态信息。这些规程使主机限于网络内传输，这样可有效地利用现有的通信能力，而不会妨碍别的主机利用此通信能力。

I

impulse 脉冲，冲激 (1)一种电信号，波形快速上升到最大尖峰又迅速降到0的脉冲。当它通过计算机电路时，代表二进制中的1。没有脉冲通过时则表示二进制中的0。不同的脉冲模式代表输入进来等待处理的特定字符的二进制码。(2)电压(居多)或电流的一种无方向的短暂突发称为冲激。

impulse current 冲击电流 非周期性瞬态电流，有两种波形。第一种波形是：电流从零值以很短时间上升到峰值，然后以指数律或阻尼正弦形下降至零。第二种波形近似于方波，称方波冲击电流。

impulse current generator 冲击电流发生器 产生冲击大电流的试验设备。

impulse emission 脉冲发射 由重复频率不超过所用接收机脉冲带宽的脉冲所产生的发射。

impulse factor of an arrester 避雷器的冲击因数 避雷器的冲击放电电压与工频放电电压峰值之比。

impulse frequency 脉冲频率 周期脉冲单位时间内出现的次数。

impulse mechanical strength 冲击机械强度 物体承受冲击机械载荷能力。

impulse noise 冲击噪声 具有瞬时短期扰动特性的噪声，基本上均匀分布在传输系统的有用通带上。

impulse radio (IR) 脉冲[冲激]无线电 IR是一种超宽带技术之一。IR信号由极窄的脉冲串组成，这些脉冲在时间上伪随机出现。伪随机性依靠跳时码实现，跳时码的作用是让发射信号随机化，有利于用户分隔和谱成形，以避免窃听。信号的调制方式可以用脉冲幅度调制(PAM)或脉冲位置调制(PPM)。为了确保低成本的超宽带设备，所有脉冲都具有同一波形。参见ultrawideband (UWB)。

impulse relay 脉冲继电器 一种存储短脉冲的能量并主脉冲结束时才动作的继电器。

impulse response 冲激响应 电路或设备对冲击脉冲的响应。

impulse solenoid 脉冲螺线管 工作在脉冲功率下的螺线管，速度可高达每秒数百个冲程。其应用有高速分类选通和快门驱动等。

impulse sparkover voltage of an arrester 避雷器冲击击穿放电电压 以一定波形和极性的冲击电压，施加到避雷器上，在其放电之前所达到的电压最大值。它只适用于有间隙避雷器。

impulse sparkover voltage time cure of an arrester 避雷器冲击放电的伏秒特性曲线 避雷器冲击击穿放电电压与放电时间的关系曲线。

impulse test 冲击电压试验 在绝缘件上施加一个非周期性瞬变电压的试验。试验电压的极性、幅值及波形均须符合预先的规定。

impulse voltage generator 冲击电压发生器 产生雷电冲击电压波或操作冲击电压波的高电压试验设备。

impulse width 脉冲宽度 在电子领域中，脉冲所能达到最大值所持续的周期。

impulsing power source 脉冲电源 为负载提供断续加电的电源。脉冲电源按照一定的时间规律，向负载加电一定的时间，然后又断电一定的时间，通断一次形成一个周期，如此反复执行。

impulsive noise 脉冲噪声 (1)通信线路上的一种高振幅短持续时间的干扰，这种类型的干扰可能由闪电、电火花或通/断动作或开关等引起。(2)在声学中，一个具有脉冲特征的噪声，其声级由动态特性声波的声级测试仪确定。

impurity 杂质 诸如硼、磷或砷之类的物质，在半导体材料中掺入这些化学元素，其作用是增加半导体内的电子或空穴。

impurity level 杂质能级 因掺杂原子的存在而产生的能级。

impurity scattering 杂质散射 晶体中掺杂原子的电子的散射。

impurity semiconductor 掺杂半导体 具有由外来原子所产生杂质能级导致的特性的半导体。

IMR (1)中断屏蔽寄存器 interruption mask register 的缩写。(2)因特网月度报告 Internet monthly report 的缩写。(3)强模式记录 intensive mode recording 的缩写。

IMS (1)综合制造系统 integrated manufacturing system 的缩写。(2)信息管理系统 information management system 的缩写。(3)智能制造系统 intelligent manufacturing system 的缩写。(4)交互式多媒体系统 interactive multimedia system 的缩写。(5)IP 多媒体子系统 IP multimedia subsystem 的缩写。

IMSI 国际移动用户标志 International Mobile Sbscriber Identity 的缩写。

IMSO 国际海事卫星组织 International Maritime Satellite Organization 的缩写。

IMSP 独立制造商支持计划 independent manufacturer support program 的缩写。

IMS/VS 虚存信息管理系统 i nformation management system/virtual storage 的缩写。

IMS/VS fast path (IFP) region 虚存信息管理系统快速路径区 IMS/VS(虚存信息管理系统)快速路径中的一种联机环境。在这种环境下可以运行报文驱动程序和数据输入数据库联机实用程序。同 fast path dependent region。

IMS/VS hierarchical database management system IMS/VS 层次数据库管理系统 IMS/VS 是 information management system/virtual storage(虚存信息管理系统)的缩写，IBM 公司研制的最早的虚拟存储器上的层次数据库管理系统，该公司 1968 年推出 IMS-1，支持 HSAM(层次顺序存取法)和 HISAM(层次索引顺序存取法)存储结构，1971 年推出 IMS-2，在 IMS-1 基础上又增加了 HDAM(层次直接存取法)和 HIDAM(层次索引直接存取法)存储结构以及逻辑结构以及逻辑数据库名，1974 年推出 IMS/VS，有批处理检验点、重新启动、并发操作、辅助索引等功能。

IMTC 国际多媒体通信协会 International Multimedia Telecommunications Consortium 的缩写。

IN 智能网 intelligent network 的缩写。

inactive link 非活动链 在 Web 浏览器中，从来没有被访问过的或长时间没有被选择过的链。一般的 Web 浏览器具有 cache 功能，可以把访问过的页保存在内存或本地硬盘中，达到快速进入页面的功能。而非活动链所指示的页面必须从该页所在的原始资料中下载。

inactive page 不活动页 在虚拟存储器的操作系统中，在预定的一段时间内没有被引用的实际存储器中的页。

inactive program 非现用程序 在操作系统控制下，已装入但未准备好执行或尚未装入的程序。

inactive record 不活动记录 在某些计算机系统中，一种不能由 put 操作加到一个子文件中或者初始化为不活动状态的子文件记录。

inactive signaling link 待用信号链路 已经停用而不能传送信号的链路。

inactive state 待用状态，关闭状态 SNA(系统网络体系结构)中的一种状态，处于该状态的节点中的部件不能执行其设计的功能。比较 active state。

inactive station 非现用(工作)站 目前不能输入或接收报文的站。比较 active station。

inactive subfile record 非活跃子文件记录 在某些系统中，一个不通过写操作加入子文件或者由数据描述说明(DDS)的关键字 SFLINZ 和 SFLRNA 描述的子文件记录，对应于 active subfile record。

inactive volume 不活动卷 在 MSS(海量存储系统)中，不能由操作系统安装使用的海量存储器卷。

inactive window **非活动窗口** 在多屏幕窗口显示环境中,除当前正在使用和工作的窗口以外的任何窗口都是非活动窗口。非活动窗口可以被活动窗口部分或全部遮蔽。在被用户选择之前它一直保持不活动状态。比较 active window。

inadvertent disclosure **无意泄密,疏忽泄密** 在计算机安全中,敏感信息意外泄露给无权的用户。

INAS **综合网络激活系统** integrated network active system 的缩写。

in band **带内[的]** 使用传输用户信息的频带之内的频带的。

in-band signaling **带内信令** 一种信号传输技术。控制信息和数据在同一通路上交换,带内信令是呼叫带宽内发送的呼叫控制信令。

inbetweening **中间运动,插画** 在动画片制作中,给定的一个初始和一个结束画面之间产生若干中间画面以形成动画的技术。用计算机实现插画时,是以其处理坐标序列的算法为根据生成插画,要用到三个方面的数据:描述开始形体和结束形体的坐标数据,确定变换百分值的一个参数。

inblock subgroup **按块分组** 报文处理程序(MH)输入组部分。它先对报文标题分组,然后将几个物理报文组成一个较长的逻辑报文块或将一个物理报文块分解成较短的逻辑报文。

inbound **入界、入站** (1)在双缆制宽带系统中,通常把传送向着头端信号的电缆称为入界电缆。它起着相当于宽带系统中返向通路的作用。(2)在SNA(系统网络体系结构)中,指输入或接收,建议使用 incoming,receiving。

inbound path **入站路径** 在宽带局部网络上,工作站用来向始端传输包的传输路径。

InBox **收件箱** 在微软 Windows 95 中桌面上的一个文件夹,其功能是存储其他计算机用户传输来的邮件。它可以收集所有的电子邮件报文,包括在网络上发送的邮件、传真报文和在因特网上发送的邮件。

inbuffer subgroup **输入缓冲分组** MH(报文处理程序)输入组部分,它对输入报文的每个段进行操作。

INC **增量,递增,加 1** increment 的缩写。

in-call modification (IM) **呼叫变更** 在不中断由某一传输能力(高层或低层)所确定的端到端连接的情况下,变更呼叫业务种类的功能。

inception **先启** 软件开发的一个阶段。在此阶段中,上一阶段的基本构想(方案征求)工作就绪,可以进入精化阶段。

inch **英寸** 一种英制长度单位。1 英寸等于 2.54 cm。英寸的符号为 in。

inches per second **英寸/秒** 磁带通过读/写磁头时的移动速率。缩写为 inps。

inching **渐动,点动** (1)以电能使电机作角移动或慢速旋转的过程。(2)在很短时间内多次通断电动机或线圈电路,使被驱动的机构得到小的移动。

incidence angle **入射角** (1)在光学中,入射光线和参考平面(如反射面或折射面)的法线之间的夹角。(2)在波(如电磁波、声波和水波)的传播中,传播方向同参考平面(如光缆芯线束包层表面、机身表面、电离层、山腰或海岸线平面)的法线之间的夹角。同 angle of incidence,incident angle。

incidence calculus **产生率计算** 一种采用集合描述证据的不确定性的方法,可描述证据之间的相关性。

incidental amplitude modulation **寄生调幅** 调频和/或调相过程中并非有意造成的幅度调制。

incidental frequency modulation **寄生调频** 调幅过程中并非有意造成的频率调制。

incidental phase modulation **寄生调相** 调幅过程中并非有意造成的相位调制。

incidental time **杂用时间** 同 miscellaneous time。

incident command system (ICS) **应急命令系统** 综合了共同组织结构中的基础设施、设备、人员、流程和通信操作的系统,负责对意外事件做出及时有效的响应,负责管理和安排资源以实现有效的指挥和控制。

incident light **入射光** 在计算机图形学中,指射落在物体上的光线。物体的色彩可以认为是被它反射或吸收的入射光波长的函数。

incident manager **意外事件管理人** 在恢复程序中本地应急操作中心(EOC)受命向上汇报的高级管理层,享有调用本地恢复计划的权力。

incident record **(偶然)事件记录** (1)某些通信系统软件中的一种检验点记录。它记录外部 LU(逻辑单元)或应用程序状态的变化以及最后一个环境记录建立以来发生的任选字段内容的变化。在系统关闭或系统故障后重初启时,它用于更新包括在环境记录中的信息。参见 checkpoint request record,control record,environment record。(2)在DPPX(分布式处理设计执行程序)中,一种用户定义的记录。它包含 14 个字节的标题,存放在系统运行记录数据集中。用户还可以将涉及事件(错误除外)的信息包括进去。

incident response **应急响应** 组织对灾难或其他可能对该机构、人员或其生产能力造成严重影响的重要事件做出的响应。应急响应可能包括撤离设施、启动灾难恢复计划、执行损害评估和其他能使组织维护更稳定状态的措施。

incident response plan (IRP) **应急响应计划** IRP 建立了处理针对机构的 IT 系统攻击的规程。这些规程用来协助安全人员对有害的计算机事件进行识别、消减并进行恢复,这些事件的例子包括:对系统或数据的非法访问、拒绝服务攻击或对硬件、软件、数据的非法更改等。

incipient failure 初发故障 一种正在发生但尚未造成后果的故障。

incipient wave 入射波 行进在传输线上由始端向终端传播的电波称入射波。

in-circuit emulation 联机仿真 用于实时输入输出调试的硬件和软件的一种功能。

in-circuit emulator (ICE) 联机仿真器 也称"联线仿真器"。按照实际工作环境来模拟用户样机和微型计算机产品的一种装置。用这种仿真器可以在样机组装完成之前对用户系统进行研究。用户可在实时环境中，对系统进行询问、修改和调试。

in-circuit post assembler testing 组装后联机测试 将元器件装配在印制板上以后，对元器件和组装过程的一种综合测试。主要是防止元器件在插入印刷板和进行波峰焊等过程中受到的损伤。此外，插件版的故障还可能由于焊锡飞溅、元件倒装、导线间短路和导线开路以及漏装元件等因素引起。因此，对制造厂来说，组装后进行联机测试是十分重要的。

in-circuit tester 电路联机测试仪 一种自动电路测试设备，完成对待测电路的测试。它包括待测芯片插槽、CRT(阴极射线管)显示屏、键盘、选择开关及显示灯等。

in-circuit testing 线路内测试 一种测试方法，按这种测试方法将线路板上的每个元件作电气上的隔离，测试元件自身的特性而不管它在整个线路中的功能如何。

include directive 包含伪指令 在程序设计中，源程序中的一个语句，使另一个源程序文件中的内容读入该语句的位置，这种插入可以在编译时进行或者在运行时进行，使用这种语句可使得大的程序文件分解成较小的程序文件，也使得程序段能够在不同程序之间共享。

include file 包含文件 一个包含在一组函数、程序和用户中使用的说明的文本文件，同 header file。

include function 包含操作,"引用"功能 某些操作系统中的一种操作或功能。它检索出某个库成员使其包含在程序输入中。

include member 包含成员 在某些计算机系统中，库的源或过程成员，来自这些成员的语句将由源输入公用程序输入时使用。

include-relationship 包含关系 包含关系是从基本用例到包含用例的关系，它指定如何采用显式方式，将为包含用例定义的行为插入到为基本用例定义的行为中。

include set 包含集 在某些计算机系统的分类程序中，标识要被分类的一个或多个记录类型的说明语句。

include statement 包含语句 (1)一个计算机语言预处理语句，指导处理器读取某个包含程序所需的指令和数据的文件。参见 include file。(2)在 C 语言中，一个预处理语句，使预处理器用指定文件中的内容代替这个语句。(3)在 FORTRAN 语言中，一个使编译程序用指定文件中的内容代替这个语句的编译语句。(4)在 PL/1 等语言中，用来把外部文件中的一些行编入正在构造的程序文本内的语句。在 OS/400 应用程序接口中，一个使编译程序用指定头或文件代替包含语句的语句。

inclusion 蕴含 一种逻辑运算符。若 P,Q 为语句，则只有当 P 为真，Q 为假时，P 蕴含 Q 为假；否则为真。P 蕴含 Q 表示为：$P \supset Q$ 或 $P \rightarrow Q$。

inclusive-OR "或" 一种逻辑运算，按照下述定则由两个输入信号 A 和 B，产生一个输出信号 R。

A	B	R
0	0	0
1	0	1
0	1	1
1	1	1

同 OR 逻辑运算。

inclusive-OR element "或"元件 同 OR gate。

inclusive-OR gate "或"门 同 OR gate。

inclusive-OR operation "或"运算 同 disjunction。

inclusive reference 相容引用 主存中的一个段对一个段的外部符号的引用，而不引起该引用段的覆盖。

inclusive segment 相容段 (1)采用覆盖技术时可以同时驻留在主存储器中的程序段。(2)在同一通路上一个覆盖程序的同一区域中的程序段。这些程序段能同时驻留在主存储器中。

incoherent scattering 非相干散射 粒子或光子的散射，在这种散射中散射元彼此无关地起作用，因此在散射束的不同部分之间没有确定的相位关系。

incoherent waves 非相干波 没有固定相位关系的波。

incoming 入局 电信业务从另一点来到某一给定点的呼叫方向。

incoming call 到达的调用 一个到达数据终端设备的调用，与 outgoing call 对应。

incoming call identification (ICI) 输入呼叫识别 一种交换机功能，使话务员得以从听觉上识别和打入话务员所在处的呼叫相联系的业务或干线群的类型。

incoming call packet 呼入包 一种由 DCE(数据电路终端设备)传送的呼叫管理包，通知某一被呼叫的 DTE(数据终端设备)，另一 DTE 已请求一次呼叫。

incoming degree 入度 参见 indegree of node。

incoming event 入事件，外来事件 OSI（开放系统互连）参考模型中，对于发送方（或接收方）的某层来说，来自相邻上层（或相邻下层）的事件，与此对应，送给相邻下层（或相邻上层）的事件称为外出事件。特别地，应用层的上层是用户，物理层的下层是物理介质。

incoming group 输入组 在某些通信系统软件中，报文处理程序的一部分。它用于处理 MCP（报文控制程序）的输入报文。比较 outgoing group。

incoming message 输入报文 （1）从某一数据的传输到计算机的一种报文。比较 outgoing record。（2）由外部 LU（逻辑单元）或应用程序发送到 MCP（报文控制程序）的一种报文。

incoming trunk 输入中继线 一种进入中心电话局的中继线。

incompatibility 非兼容性 一个系统的硬件或软件产品不能与其他类似系统硬件或软件产品配合工作的特性。比较 compatibility。

incompatible data 不兼容数据 在 COBOL 语言中，其过程部所引用的数据项，当它的内容和该数据项的字形子句所说明的类型不相同时，则称为不兼容数据。所有使用不兼容数据的操作是无定义的。

incomplete induction 不完全归纳法 也称普通归纳法。根据某类事物部分对象作出概括的推理方法。不完全归纳法是从一个或几个（但不是全部）特殊情况作出一般性结论的归纳推理。参见 complete induction，induction method。

incomplete information 不完全信息 绝对或相对意义上的不完全信息。不完全信息不仅是指那种绝对意义上的不完全，即由于受认识能力的限制，使人们无法获得完全的信息，人们不可能知道在任何时候、任何地方已经发生或将要发生的任何情况；而且是指相对意义上的不完全信息，即所谓的信息具有不对称性。因为获取信息需要成本，如果寻找信息的成本过于高昂，或者有些人不愿意为获取信息支付成本，而愿意支付这种成本的一方就形成了对另一方的信息优势，由此导致信息不对称。

incomplete information description 不完全信息描述 当前数据库技术研究的一个重要方向，亦即所谓的空值问题。传统的关系数据库理论是在假定不存在任何未知信息的情况下定义的。这一假定在很大程度上限制了关系数据库的表达能力和应用范围。事实上，在现实世界中，不完全信息是普遍存在的。

incompletely specified function 不完全确定函数 对于输入变量的某些组合，函数值不确定的一种开关函数。在这种开关函数中存在着无关条件。

incomplete model 不完全模型 在制模过程中，由于不可能设想到所有可能发生的情况，所以不可能使该模型对实际系统提供一个完全的描述，这样的模型称为不完全模型。

incomplete parameter checking 不完全参数检查 在计算机安全中，一个系统出错现象，存在于操作系统没有检查所有参数的精度和一致性时。这种缺陷使整个系统容易遭受侵人。

inconnecter 内接符 在流程图中，表示断开的流程线被接起来的连接符。

inconsistent formula 全假公式 在谓词演算中，如果一个合式公式关于解释 I 的各种可能取值全都为假，则称为全假公式。

inconsistent knowledge 不一致知识 对知识库中的问题求解时，形成了两个或者两个以上的结论，若结论截然相反，则称为知识库中存在不一致性知识。

inconsistent read problem 不一致读问题 当一个用户读到已被其他用户部分更新的数据时，所出现的数据不一致读取现象。

INCR 增量 increment 的缩写。

increductor 增量电感 具有饱和磁芯的可变电感，用于某些高频电路。

increment 增量，加 1，递增 将计算机中某单元的内容加 1 的一种操作。例如，INCA 表示将累加器 A 的内容加 1。在许多微型计算机中设有专门的堆栈指示器加 1 指令。数据出栈时，堆栈指示器自动加 1，入栈时自动减 1。

incremental 递增 一种符合迭代式开发策略的构建方式，采用此方式构建系统时，将在每次迭代过程中逐渐增加更多的功能。

incremental backup 增量式备份 一种数据备份方式，只备份从上一次全备份之后改变过的文件以及新文件。参见 full backup。

incremental commitment 增量提交 系统开发项目中的一种策略，它在每个阶段后进行检查，在每次检查后重新调整项目的后续部分。

incremental compaction 增量精简法 在存储或传输数据时，只用数据的初值及其变化量表示数据的方法。例如用 102，+2，+1，−2，−3，+4，+2 分别表示 102，104，105，103，100，104，106。用增量精简法可以节省时间和空间。

incremental compiler 增式编译，逐句编译（程序） （1）一种编译程序。可以对每个输入或扫描的完整源语句进行尽可能多的翻译。通常用于联机计算机程序的开发和检验。（2）随着会话分时系统的发展而发展起来的一种编译技术。它能对用户依次送入系统的一个或一组语句依次生成代码。其优点是用户在终端上可边编写程序边进行编译和检查。

incremental computer 增量计算机 一种处理变量的变化而不是处理变量本身的计算机。

incremental coordinate 增量坐标 把上一次寻址

I

I

的点作为参考点的一种相对坐标。

incremental data 增量数据 表示新值和前一数值的变化量的数据。在整个过程中，每个数据字或数值总是以前一状态作为参考。

incremental development 增量式开发 软件开发的一种方法，每一次重复开发的工作与实现连接的更多特定要求的技术条件是相连的。

incremental dimension 增量尺度 一种定义坐标位置的方法。在以增量方式表示一个点序列时，当前点是用相对于前一点的增量来表示的。

incremental display 增量显示 不是按变量的全值而是按变量的增量在阴极射线管屏幕上进行的显示。

incremental encoder 增量式编码器 一种光电编码器，也称"增量式旋转编码器"。它是将角位移转换成周期性的电信号，再把这个电信号转变成计数脉冲，用脉冲的个数表示角位移的大小。参见 photoelectric encoder，absolute encoder。

incremental execution 增量执行 语句或者程序段在没有提交完整程序时的执行。

incremental extract 增量抽取 一种数据获取方法，只获取自上次数据提取后源数据发生变化的部分。

incremental frequency shift 增量频移 通过将振荡器中心频率移动一预定值使增量信号与其他信号相重叠的方法。

incremental hysteresis loop 增量磁滞回线 在存在共线静磁场时得到的磁性材料的非对称磁滞回线。参见 normal hysteresis loop。

incremental implementation 递增实现 建立软件环境所依据的原则之一。环境的实现应分阶段进行，根据用户反应对环境不断进行修改，逐步完善。

incremental integrator 增量积分器 一种经过修改的数字积分器，它的输出信号在输入值是负值、零或正值时为最大负值、零值和最大正值。

incremental learning 渐近式学习 能够利用随时增加的新示例来修改已有规则或生成新规则，使变化后的示例空间得到完备的归纳学习方法。其特点是能够把大示例空间分成许多子空间并用规则做反例集归纳。渐近学习的这个特点使它不仅可以大大加快学习速度，而且可用于维护规则的完备性和一致性，以及可解决专家系统中知识脆弱性问题。因此，渐近式学习在专家系统知识库中有非常重要的作用。

incremental magnetic permeability 磁导率增量 磁通密度变化量(ΔB)和磁场强度变化量(ΔH)之比的极限。对材料中的某点，磁场强度的变化引起的该点磁通密度的变化可表示为：$\Delta inc = dB/dH$，式中 Δinc 为该点的磁导率增量，dB/dH 是磁化曲线在该点的变化率(斜率)。参见 absolute magnetic permeability，field strength，magnetic permeability，relative magnetic permeability。

incremental parameter 增量参数 在 FORTRAN 语言的 DO 语句中的一种参数，每当循环体重复一次，应按该增量参数的值增加控制变量的值。

incremental parser 增量式语法分析程序 能够仅处理被修改的部分以及受此修改影响的部分便完成对新输入串的语法分析的程序。它与普通语法分析程序的不同之处在于：一个已经过语法分析的输入串被修改后，增量式语法分析程序能够利用原来的分析结果，而不必从头至尾对新输入串重新分析一遍，便得到新的语法分析树。

incremental permeability 增量磁导率 (1)当磁场强度围绕一特定的静态值随时间作周期性变化时，在磁场强度或磁通密度一个规定的振幅下，从磁通密度的峰-峰值和外加磁场强度的峰-峰值所得到的相对磁导率。(2)当平均磁感应强度大于零时，磁感应强度的一个周期变化与相对应的磁化力周期变化之比。

incremental plotter 增量绘图机 按增量进行绘图的装置。

incremental plotter control 增量绘图机控制 绘图机的程序控制，绘图机所绘出的点、连续曲线、图形符号、字母和数字等都是通过许多线段来逼近的。而用程序控制绘图机做线段逼近来绘制几何图形或符号，可以收到较好的效果。

incremental process 增量过程 软件开发的一个步骤，不断提供应用程序的功能，在测试版 1 中提供最终用户函数，在测试版 2 中提供一些附加的最终用户函数，依此类推，指导建成整个应用程序。

incremental printer 增量打印机 在每一行中逐字符顺序打印的打印机。

incremental prototyping 递增式原型 在设计系统时，首先基于总体设计构造系统核心部分，然后再增加其他部分功能，系统构造是递增式的，直至最后完成整个系统。

incremental representation 增量表示法 表示变量的一种方法，即用变量的增值而不用其本身的值来表示数值。

incremental rotary encoder 增量式旋转编码器 简称增量式编码器。同 incremental encoder。

incremental size 增量大小 显示表面上相邻可寻址点之间的距离。

incremental system 增量系统 在控制系统中，输入和反馈的每一个坐标位置都可从前一个位置得出，而不是像绝对坐标系统那样，需要通过公共基准点产生。这种控制系统称为增量系统。

incremental tape unit 增量磁带机 能够一次记录一个字符且仅在明确要求时才建立记录间隔的一种磁带机。

incremental tuner 增量调谐器 带有天线、射频放大器和射频振荡器的电视调谐器，其振荡器的调谐线圈连续或分成小段串联相接。转动开关使连接接到给定频道所要求的总电感部位，或者短路掉除给定频道所要求之外的所有电感。

incremental vector 增量向量［矢量］ (1)也称“相对向量”。其终点是用它与起点之间的位移量来表示的一种向量。(2)在计算机图形学中，一条有向直线段，它的起始点是前一线段的终点，再加上本次位移即得到本次线段的终点。

incrementer 增量器 自动执行加1功能的硬件。

increment factor 增量因子 向量数据地址增量间距。向量指令对主存中数组或向量数据进行访问时，操作数地址反复与保存增量间距的寄存器内容相加，得到相邻的操作数地址。若增量因子为1，则得到的操作数地址是顺序的，若大于1，得到的操作数地址是跳跃的，所以增量因子也称“跳跃间距”。

increment relay 增量继电器 当特性量值从某一数值突然变化，其突变量达到规定要求则动作的量度继电器。

incubation 潜伏性［期］ 计算机病毒传染之后的隐藏性，即计算机病毒在攻击系统之后不易为人们发现的特点。也就是说病毒的潜伏性越好，其潜伏期就越长，相应的传染范围就可能越大。

IND 指示器 indicator 的缩写。

indefinite blocking 非确定性阻塞 因采用优先级调度算法使得一些优先级低的作业长期得不到处理的现象。采用动态优先级调度算法可避免这种现象。有时也称这种现象为“饥饿”。

indegree of node 入度 在有向图G中，以节点v为终点的有向弧的条数称为v的入度，记为$\deg(v)$。

indent 缩排，缩进，缩格 (1)文字处理中的一种功能。它使记录的正文块按不同的边线缩排，同时仍然保持原来的(固定的)边线设置。(2)一个字处理方面的术语，指从左边缘的右边几个空位之后开始排列文本。(3)作为动词，指相对于页边或同页内其他文本块的边缘，移动文本块的左边缘或右边缘的过程。也指移动段落首行的过程。作为名词，指文本块边缘移动后所留下的空格，或指该文本块本身的边缘。通过缩排，可使某些文本行显得与其他文本行有所区别。另外有一种缩排方式称为倒挂缩排，也称“突排”。采用这种方式时，段落首行比其余各行向左突出若干字符位置。

indent tab character 缩进制表符 字处理中的一种格式化方式控制字符。它要求设备在每次出现回车符后执行横向制表功能。在每次回车符后，所执行的自动横向制表数等于最后重新设置缩进制表方式后键入的缩进制表符的个数。

independence number 独立数 最大(点)独立集中所含的顶点个数，也称“点独立数”。

independence number of points 点独立数 参见 stability number。

independency 独立性 公理化系统的一种性质，即公理之间相互独立，没有任一公理是由其他公理可导出的定理。独立性并非公理化系统必须具备的性质，它只是从数学意义上对公理化系统提出的一个要求。

independency of knowledge 知识的独立性 知识K1既不和知识集{K}矛盾，也不被{K}所证明。K1被称为是{K}的独立知识。证明K1独立于{K}的过程称为独立性检查。

independent analysis 独立分析 自动翻译中在语言媒体术语方面进行的文字分析。

independent check 独立性检查 在知识库中，由于知识的范畴宽广，分类复杂，因此知识库总是面向某一类具体问题或对象的，这类知识库就具有一定的独立性，不受其他类型知识库的影响，独立性还反映在分布式处理环境下，在由多个知识库组成的系统中，每个知识库本身要有一定的独立性，即其自身能独立进行知识的操作，包括知识的增删、修改、检索与查询。

independent compilation 独立编译 不使用相关编译块的接口和上下文信息的一种编译块的编译。当独立编译块最后组合时，为了验证，可能需要检验接口和上下文信息。

independent content provider 独立信息供应商 为了将信息转卖给信息服务机构的客户而向联机信息服务机构提供信息的商家或组织。

independent current source 独立电流源 可以用一个不受电路中所有电流和电压影响的理想电流源和一个无源电路元件相并联来表示的有源电路元件。参见 ideal current source。

independent data communication 独立数据通信 参见 code-independent data communication。

independent data item 独立数据项 在COBOL语言中，一个位于工作存储段中的与其他数据项没有关系的数据项。

independent data mart 独立数据集市 一种数据集市，它的数据是从运作环境中提取的，而不是从数据仓库中提取的。参见 data mart，data warehouse。

independent demand 独立需求 当对某项物料的需求与对其他物料的需求无关时，则称这种需求为独立需求。例如对成品或维修件的需求都是独立需求。

independent logical unit 独立逻辑单元 系统网络体系结构(SNA)中，一个不依赖于SSCP(系统服务控制点)以建立其会话的逻辑单元。要成为独立单元，逻辑单元必须满足下列要求：①必须是6.2型逻辑单元；②它所在的物理单元节点必须是2.1

型的；③必须能够发出"连接"请求；④它必须支持并行会话；⑤其节点必须能发出一个 XID（交换标识），包括控制点名向量。参见 system services control point (SSPC)，SSCP-independent LU，exchange identification (XID)。

independent manual operation 无关人力操作 一种储能操作，能量来自人力，在一次连续操作中存储和释放，操作的速度和力与操作者的动作无关。曾称为人力储能操作。

independent manufacturer support program (IMSP) 独立制造商支持计划 由 Novell 公司发起、HP、AT&T 等多家公司参加，其主要目的是向硬件厂商提供工程支持，发展 NetWare 兼容性产品。该计划包括两个子计划，即策略性工程支持计划。和 NetWare 就编计划。

independent modularity 独立模块化 系统的一种特性。利用此特性，无需对系统重新进行程序设计，就能对系统作相应的修改和调节处理，以便充分利用系统的所有模块。具有该特性的系统适用于多重处理。为了实现系统的独立模块化，计算机系统采用主控程序来实现高度的自动控制。

independent operation 独立操作 在计算机中，可以同时进行的彼此不相关的操作。

independent optimization 与机器无关的优化 在源程序或其他的内部表示级上进行的优化，主要包括：合并常数和隐常量运算；消除公共表达式；外层循环中的不变表达式；强度削减等。

independent overflow area 独立溢出区 存放逻辑索引顺序文件所有溢出记录的区域。独立溢出区可以和主数据区在同一卷上，或在不同的卷上。但它的整个区域必须在同一卷上。

independent process 独立进程 不受系统中正在执行的进程的影响，也不影响其他进程的执行的进程。这类进程的执行结果只依赖于其输入，其执行过程是可再现的。

independent processor interrupt 独立于处理机的中断 一种与处理机无关的中断。例如，引起独立于处理机的中断的条件是，当输入输出操作已完成时，输入输出设备所产生的输入输出完成条件。

independent program loader 独立程序装入程序 能使操作系统的用户从操作系统的文件设施中输入非本系统程序的程序。

independent request control 独立请求控制 挂接在总线上的各功能部件均有自己独立的"总线请求"和"总线可用"信号，当某部件发送"总线请求"信号到总线控制器并被批准时，控制器发送"总线可用"信号到该部件，让该部件占用总线作传输数据工作。

independent routine 独立例程 不依赖于操作人员的控制，仅在满足某一程序条件，或在某一进程时刻才执行的一些例程。

independent segment 独立段 程序的一部分。它可以覆盖固定可覆盖段或另一独立段，也可被固定可覆盖段或另一独立段所覆盖。独立段中的过程不被经常引用。

independent set 独立集 点独立集的简称，也称"稳固集"。图 G 顶点集合 V 的子集 S，如果 S 中任意两顶点都不相邻，则 S 称为 G 的独立集。如果 S 是 G 的独立集，对于任意顶点 $v \in V, v \notin S$，把 v 加到 S 中后就不再是独立集，则称 S 为极大独立集。如果在 G 中不包含顶点个数比 S 的顶点个数更多的独立集，则 S 称为最大独立集。

independent set of a hypergraph 超图的独立集 超图顶点集的子集，它不包含任意一条多于一个顶点的边。设超图 $H = \langle V, E \rangle$，S 是 V 的一个子集，对于任意的 $E_i \in E$，$|E_i| > 1$，S 不包含 E_i，则 S 称为超图 H 的一个独立集。超图 H 的所有独立集中所含顶点的最大数称为超图的点独立数，也称"超图的稳固数"。

independent set of points 点独立集 参见 stable set。

independent sideband (ISB) 独立边带 描述这样一种传输或发射，其中调幅所产生的下边带和上边带分别对应独立的两调制信号。

independent sideband modulation 独立边带调制 在上、下两个边带携有信息完全不同的信号的调制。载波可能被传输，也可能被抑制。

independent software vendor (ISV) 独立软件供应商 也称"第三方软件开发者"。指既非某计算机硬件设备或软件环境的研制生产厂家也非其用户本身的其他软件开发机构或个人。参见 application service provider (ASP)。

independent-time measuring relay 自定时限量度继电器 在规定范围内，其时限可以认为与特性量值无关的定时限量度继电器。参见 dependent-time measuring relay，non-specified-time relay。

independent utility program 独立实用程序 一组支持但不属于主计算机操作系统的实用程序。主要供程序员用来对操作系统控制下的直接存取存储器进行准备和初始化。

independent variable 独立变量 独立的量或条件，通过控制系统自动控制器的作用，引导受控变量按照预定关系变化。

independent verification and validation 独立验证和确认 (1)由某机构对软件产品进行的验证和确认。该机构在技术上和行政管理上都与负责开发该软件产品的机构分开。(2)由个人或小组对软件产品进行的验证确认，这些个人或小组不是软件产品的原始设计人，但可以和后者同属一个机构。

independent voltage source 独立电压源 可以用一个不受电路中所有电流和电压影响的理想电压源

和一个无源电路元件相串联来表示的有源电路元件。参见 ideal voltage source。

independent WLAN 独立式无线局域网 整个网络都使用无线通信的无线局域网。它是由带无线射频(RF)网络适配卡的 PC 机所构成,结构上相当于对等网(peer to peer)的形式,通过使用无线桥接器(AP),可有效地加大无线设备的移动范围。参见 wireless local area network (WLAN)。

independent work station (IWS) 独立工作站 能够独立于主系统工作但也能与主系统通信的一种工作站,如一种显示书写器。

indeterminacy 不确定性 客观世界的不确定性。现实世界的许多事物和现象都具有不确定性。这种不确定性可分为两类:一类是随机所产生的不确定性,像"明天有可能下雨";而另一类则是由概念的外延本身的模糊而产生的不确定性,像"这个人个子高",到底多高才算个子高,没有明确的定义。不确定性产生的根源在于现实世界表露的不完全性,因而在数据库及知识库中引入不确定性描述(模糊数据)是一种客观需要,否则就不能更精确和合理地表示现实世界。

indeterminate fault 不确定性故障 处在边缘,时而出现时而消失的故障。这种故障一般难于检测,有时可用边缘检验测出。此类故障也称"不固定故障"或"间歇故障"。

indeterminate state 不确定状态 临界竞争或振荡引起存储单元的未知逻辑状态。这种状态或者出现在接通电源之后,或者出现在初始化之前。有些模拟器可以模拟不确定状态。通常用 x 表示不确定状态。

index 下标,索引 (1)用于标识数组元素的符号或数字。例如,$x_1, x_2, \cdots, x_{100}$ 为数组元素,则 1,2,…,100 分别为其下标。(2)索引是这样一种数据结构:它以记录的特征(通常是一个或多个字段的值)为输入,并能快速地找出具有该特征的记录。索引有两种:聚族索引和非聚族索引。一个数据库表只能有一个聚族索引,可有多个非聚族索引。使用聚族索引查询数据要比使用非聚族索引快。参见 clustered index, non-clustered index。

indexable 可变址的,可加索引的 (1)通过变址寄存器修改指令地址部分的技术。(2)可按某一顺序编排文件内容的参考目录。索引中包括标志这些内容的关键字。

index array 变址寄存器组 与缓冲寄存器一一对应的一组寄存器。每个寄存器中存放相应缓冲器中数据的主存地址。

index block 索引块 索引文件中一种存放控制信息(16 个字节的索引标题)和索引项的存储区。其大小为 256 字节或其整数倍。

index build 索引建立 通过存取方法服务程序来建立一个替换索引的自动处理过程。

index character (INX) 换行字符 字处理中的一种格式控制符。它将打印点或显示点直接移到下一行,而不作横向移动。同 line feed character。

index component 索引部分 在某些数据存取方法中,键顺序数据集、目录或替换索引的部分,用于建立它检索的目标内数据记录的顺序。索引用于根据记录的键标值去定位目标数据部分中的每个记录。

index constraint 下标约束 数组类型的下标约束,规定了该数组类型的每个下标的下限和上限。

index database 引文数据库 根据文献之间的引证关系建立起来的数据库。引文是指一篇学术论文中所引用的参考文献,通常是以脚注或尾注的形式出现。利用文献之间的这种相互引证关系不仅可以检索到一系列内容相关的文献,还可以揭示科学文献之间的内在联系。引文数据库查找文献主要采用循环法。即从一篇较早的论文开始,寻找所有引用此篇论文的文章,再以这些引用论文作为新的检索起点,寻找引用这些论文的文章。

index data item 下标数据项 COBOL 语言中的一个数据项。在它的描述中包含一个 USAGE IS INDEX(即用法是下标)短语。与下标名一致的值能存放在下标数据项里。在其数据描述中,不能含有同步子句、对齐子句、字形子句、值子句或遇零置空子句等。

indexed access 索引化访问 通过一个指向存储的记录的位置的分离的索引,对一个存储结构记录的组织和访问。

indexed access control block (IACB) 索引存取控制块 使应用程序和索引文件建立联系的一种控制块。

indexed access method 索引存取方法 通过使用记录的键标,对定长记录进行直接或顺序处理的一种存取方法。

indexed address 变址地址 (1)通过对变址寄存器的内容进行修改或用类似技术进行地址修改后形成的地址,称为变址地址。在 M6800 系列微型计算机中,变址地址是用指令的第二字节和变址寄存器的内容相加而形成的,它是实际操作数所在的地址。(2)指通过将基地址和存储在变址寄存器中的变址值相加而产生的某一特定数据。变址寄存器是专门用于保存变址值的高速存储电路。

indexed addressing 变址寻址,索引寻址法 (1)计算机的一种寻址方式。它利用变址寄存器的内容来修改指令中的地址值以形成操作数的真实地址。操作数的真实地址将随变址寄存器的内容改变而改变。由变址寻址形成的地址称变址地址。(2)建立一张索引表,每存储一个记录时,便把其地址和关键字一起登记入此表。当查找一个记录时,便根据关键字在索引表里查到相应地址。这种方法,特别是对一个大的随机存取的文件,可以大大加快查找速度。

indexed component **下标成分** 在程序设计语言中,下标成分代表一个数组的一个成分或入口簇中的一个入口。

indexed data name **索引数据名** 在COBOL语言中,用一个或数个下标名作为下标的数据名标识符。

indexed data set **索引型数据集** 在一数据集中,各记录都包含一些键,以键为基础,对记录进行存入和检索,这种数据集称为索引型数据集。

indexed file **已索引文件** (1)在数据库中,其存取路径建立在键标值上的一种文件。文件中的每个记录是由键标字段标识的。(2)一种基本的文件组织。这种文件在存储时分为两个区:数据区和索引区。按文件记录到达时间先后顺序存放在数据区。记录主键标上建立的索引存放在索引区。索引为每一记录设一索引项,并按主键标顺序排列。另外还可以为记录的其他属性建立辅助索引。对于辅助索引可以给出记录的机器地址或符号地址。

indexed file organization **索引文件组织** 一种文件组织,它允许通过键标值对记录进行随机检索,和通过键标值对记录按存储顺序进行顺序检索。

indexed indirect addressing **变址间接寻址** 计算机的一种寻址方式,将指令的第二个字段加到变址寄存器的内容中,构成有效地址。参见 addressing mode。

indexed instruction **变址指令** 使用变址地址的一种指令。

indexed I/O **索引输入/输出** 大容量存储文件采用的一种输入/输出。在索引文件中,每个记录由它所包含的一个数据项唯一地标识,该数据项称为主记录键标。主记录键标是在文件控制段中的记录键标子句中定义的。主记录键标提供文件的每个数据记录的逻辑路径,在修改记录时主记录键标不改变。

indexed I/O module **索引 I/O 模块** COBOL程序设计语言中的一个功能模块。它提供了定义海量存储文件的能力,其记录由一个键值来标识并通过索引来存取。这个模块含有作为最低级的空集和两个处理级。低处理级提供一些基本设施。高处理级提供更为完备的设施,包括次键和在同一COBOL程序中既可顺序地又可随机地存取文件的能力。

indexed key **索引关键字** 建立索引的字段或字段组合称为索引关键字。

indexed non-sequential file **索引非顺序文件** 记录可以放在任何可用单元的文件。这种单元可由顺序保存在索引中的关键码存取。每个记录有一个索引项。

indexed organization **索引组织** (1)一种逻辑文件结构。在此结构中,每个记录由该记录中的一个或多个关键码值标识。(2)在COBOL语言中,一个永久性的逻辑文件,其中的每个记录由一个或者多个记录中的键识别,对应于 relative organization, sequential organization。

indexed search **索引检索** 在使用索引表(数据项目及其位置的清单)的内存或存储装置中检索数据的方法,通过索引检索可以减少寻找某一特定数据项目的时间。

indexed segment **索引(目标)段** 同 index target segment。

indexed sequential access **按索引顺序访问** 通过一个存储在任意分区的顺序文件按键的索引对记录的组织和访问。

indexed sequential access method (ISAM) **索引顺序存取法** (1)一种存取方法,又可分为基本索引存取和排队索引存取两种。参见 basic indexed sequential access method。(2)存储和检索数据的一种方法。用一组索引标明记录在磁盘中的位置,每个记录都有"关键码"信息,如用户的名字,用它来检索整个记录。

indexed sequential data set **索引顺序数据集** 一种数据集,其中每个记录都包含一个决定其位置的键标,记录的位置就用它来计算。

indexed sequential file **索引顺序文件** 记录按标识码的顺序存放,而带有索引的文件称为索引顺序文件。它的一种实现方法是:文件分成三个区:①数据基本区中按标识码顺序存放文件中的记录;②数据溢出区存放新增记录,用链地址法表明记录码的顺序;③索引区为记录的标识码建立主索引,主索引通常是多级的,并且常常是面向硬件的。

indexed sequential organization **索引顺序组织** 一种文件的组织方式,其文件中的记录按逻辑顺序排列,这种排列根据键来进行。按这些键的索引可以直接访问每一个记录。

indexed structure **索引结构** 用于检索的数据集合及其组织方式。在计算机中进行数据检索的方法是根据索引结构中的记录是何种结构而确定的,对于用不同方式组织起来的索引结构,应采用不同的检索方法。索引结构常使用索引表格,即一些关键码以及包含这些关键码的记录的存储地址的对应表。查阅索引表即可由给定的关键码找到其对应的记录所在地址。当需要插入或删除记录时,索引表应及时加以修改。

indexed zero page addressing **变址零页寻址** 某些微型计算机中的一种寻址方式。通常与变址寄存器一起使用。指令的第二字节作为零页地址,与变址寄存器内容相加,得到有效地址。在这种寻址方式中,没有进位进到存储地址的高8位,不会出现跨越页界的情况。

index entry **索引款目,索引项** (1)文献数据库(如目录,文献目录或索引)中代表一篇文献的一组数据(著录项目)。(2)某些数据存取方法中,描述目录的索引部分或键标顺序簇的索引部分的一种目录项。索引项包括该索引部分的属性、口令、保护属性、信息的地址分配、范围及统计信息。

indexer **标引员** 从事文献分类和标引工作的人员。有时将标引员与分类员看作相同的概念,因为分类和标引的过程实际上是同时进行。

index fast full scan **索引快速扫描** 一种数据库查询方法,快速扫描索引中的所有的数据块,与全索引扫描很类似,但是一个显著的区别就是它不对查询出的数据进行排序,即数据不是以排序顺序被返回。在这种存取方法中,可以使用多块读功能,也可以使用并行读入,以便获得最大吞吐量与缩短执行时间。参见 index full scan,full table scan。

index file **索引文件** (1)由具有类似属性的索引项组成的一种文件。在计算机情报检索中,经常是建立一些索引文件以便查找。(2)一种关键字段表。用来标识另一永久磁盘文件中的特定磁盘记录。参见 indexed file。(3)在数据库系统中,一种只包含数据库文件中排列过次序的关键字段的内容以及它们在原文件中的记录序号的文件,实际上是一个简单的两列表,第一列以关键字段的值作为数据库文件中记录的参照,第二列是指向记录位置的唯一记录号,指明一个关联的数据库文件中记录的显示次序,数据库文件中记录的物理次序不变。

index frame **索引帧** 对缩微胶卷中的缩微资料进行标识的一种索引。它一方面标明缩微资料的名称,另一方面还给出每一缩微资料在缩微胶卷中所处的位置。

index full scan **全索引扫描** 一种数据库查询方法,请求的全部列必须驻留在索引树中,即 SELECT 和 WHERE 字句中的所有数据列必须存在于索引中,全索引扫描的结果排序返回。参见 full table scan,index fast full scan。

index hole **索引孔** 在软盘上,用来标明第一个扇区的起点并用于检验旋转速度的一种圆孔。

indexing **标引** 通过对文献的分析,选用确切的检索标识(类号、标题词、叙词、关键词、人名、地名等),用以反映该文献的内容的过程。标引可按使用检索语言的类型区分,使用分类检索语言时,称为分类标引;使用主题检索语言时,称为主题标引。主题标引又分为受控标引与非控标引。受控标引指须由事先指定的叙词表(主题词表)中选用相应规范词,对文献进行标引。非控标引又称自由词标引,指不设规范词表而由标引人员直接选用文献内自然语言词,对文献进行标引。参见 thesaurus。

indexing language **标引语言** 文献数据库中由字符、词汇和语法组成的可检索字段中所有有效使用的字符串的集合,情报科学家称为标引语言。单词、有共同词根的词族、单词加同义词、单字加其他相关词、原文中的词组、主题词表中的主题词、年代和日期、地名、规定的概念号等都是标引语言。标引语言可以采用自然语言,如文摘或标题;也可以同原语法规则不同,采用人工语言。例如主题词表或概念号。

indexing segment **索引指针段** 在某些信息管理系统的索引数据库中,包括一个指向含有数据的段(索引目标段)的指针的段,称为索引指针段。

indexing system **标引系统** 标引语言及其在某一文献工作系统内应用的规则。

index key **索引键(标)** (1)记录中的一种字段,它用于标识索引文件中的这个记录。(2)在 SQL(结构化查询语言)中,在表中的一组列,用于决定索引项的顺序。

index level **索引层** 某些数据存取方法中的一组索引记录。它给出在下一个较低的索引层中这些索引记录的位置;或在数据集层上,它控制文件或数据集中的控制间隔的位置。

index mark **索引标记** 一种视频信息定位器,通常是一条线或者条形图。

index marker **索引标志** 磁盘上每个磁道起始和结束的标志,它由磁盘机中特殊的读出设备识别。

index modification **变址修改** 处理迭代或循环程序时,在每次完成循环后,必须使存有循环次数的变址寄存器的内容减 1 或减某一值,直到其内容为 0 时,才结束循环程序的执行。这种修改变址寄存器内容的过程称为变址修改。

index name **下标名** 在 COBOL 语言中,由程序员定义的一个名字,它命名了一个与指定表相关联的下标。下标名至少有一个字母,长度为四个字节。

index notation **索引表示法** 用于标识数组中单个元素的方法。例如数组标识符为 X,则 X(i)表示数组的第 i 个元素。

index of cooperation **合作系数** 在传真信号传输时,每秒扫描鼓轮的英寸数与每秒扫描行的乘积值。

Index of Patents **《专利索引》** 由美国专利局出版的普查美国专利的主要工具书。

index of refraction **折射率** 真空中波速与给定媒质中波速之比。参见 refractive index。

index of ring systems **环系索引** 这是美国《化学文摘》(*Chemical Abstract*)中使用的一种索引。它根据环的数目进行编制,在各环系下列出一系列母体化合物的名称。使用者可以通过环系索引查出母体化合物的名称。然后根据化合物母体的名称,再查出主题索引获得文摘号。

index point **索引点** 磁盘或磁鼓上的物理参考标记。

index pointer segment **索引指针段** 在某些信息管理系统数据库中,一种包含数据和用于检索索引目标段的指针的段。

index pulse **索引脉冲** 磁盘设备里用于标志磁道起始点的脉冲信号。通常由硬件采用光电,电磁等技术产生这个脉冲信号。

index range scan **索引范围扫描** 索引范围扫描能用一个索引存取多行数据。它有以下三种情况都会导致查询出多行:①在唯一索引列上使用了range(范围)操作符;②在组合索引上,只使用部分列进行查询;③对非唯一索引列上进行的任何查询。参见 index unique scan。

index record **索引记录** 在某些数据存取方法中,被作为一组检索和存储的一种索引项的集合。参照 data record。

index-record header **索引记录标题** 在VSAM(虚拟存储存取法)数据存取方法的索引记录开始的前24个字节组成的字段。它含有该记录的控制信息。

index register **变址寄存器** (1)用来修改即将执行的指令的地址部分的寄存器。有时也用作计数器。变址寄存器可用来控制程序的循环和数组的使用,还可用作查表的开关,或作为指示器使用。(2)在汇编语言程序设计中,可作为其内容与基地址和位移量组合形成的操作数地址相加的寄存器。(3)用来存放变址量(值)的寄存器。该寄存器的内容常在循环执行的指令之前预置好,并在执行指令时不断地被修改。变址寄存器内的值称为变址值。该变址值被用来对地址进行修改,从而产生新的有效地址。

index replication **索引重复** 在某些数据存取方法中,用索引重复来减少磁盘旋转定位延迟时间的一种方法。它使用直接存取存储器的一个整磁道以尽可能多地放置一个索引记录的多份拷贝。

index return character (IRT) **索引返回字符** 一种文字处理多功能控制字符,用于格式控制和设备控制。作格式控制使用时,它产生的效果与在打印或显示正文中请求回车的相同。作设备控制时,当在同一磁道上记录多行信息时,它用作不结束当前磁盘片磁道上记录的行定界符。比较 required carrier return character。

index scan **索引扫描** 一种数据库查询方法,通过索引先找到满足条件的元组主键或元组指针,再通过元组指针直接在基本表中找到元组。参见 full table scan。

index segment **索引段** 同 index pointer segment。

index sequential **加下标顺序** 这种组织文件的方式广泛地用于存储在磁盘上的主文件中,适用于商业系统。这种技术允许有顺序的文件在不受事务影响时,可以通过直接存取、旁路记录来处理。这些记录以升序方式写入磁盘表面的数据道内。须编辑一个索引用于指明每一柱面中的最高记录编号(关键码)和每条磁道中的最高记录关键码。为了存取某一具体记录,将记录关键码同柱面下标比较,根据其结果是高于或等于,即可指出存储记录的柱面。用类似的方法可确定相应的磁道。然后按序读出磁道,以定位所需记录。

index sequential file **索引顺序文件** 随机存取存储器中的一种文件。该文件中的记录在物理文件中的地址用含有记录键的索引来表示。

index set **索引集** 在VSAM(虚拟存储存取法)数据存取方法中,顺序集上面的索引层的集合。索引集和顺序集一起构成索引。

index slip **索引条,标签** 口述记录设备中的一张可更换纸条。在这种纸条上面,口述记录机的标记机构可以标上可见记号,并且可以做与口述有关的人工注释。

index source segment **索引源段** 某些信息管理系统数据库中的一种段,索引指针段就是根据这个段中的数据建立起来的。它可以和索引目标段或它的一个从属段相同。

index target segment **索引目标段** 在某些信息系统数据库中,由辅助索引项指向的那种段,即由索引指针指向的段。同 indexed segment。

index target set **索引目标集** 在某些操作系统中,一个目标数据集和一个或多个指向它的索引的集合。

index term **标引词,索引字** (1)标引语言的基本单位。它包括能用于标引文献主题内容的词、短语或其他符号。与检索词不同,它是文献的加工处理用语,而检索词是表达用户情报需求和使用索引的用语;但两者必须一致,才能进行情报检索。(2)用于数据库中文献或项目分类的词。

Index to Classification **《分类专利》** 美国专利局编印的一种指导人们利用专利分类手册的辅助工具书。它是按字母顺序排列的主题一览表,用数字表示其相关类和小类。利用它,可按主题词或叙词的英文名称查出相应的分类号,从而能较快地确定所要查的课题在分类系统中的位置。以便进一步查找有关专利。

Index to Scientific Reviews (*ISR*) **《科学评论索引》** 美国科学信息研究所(ISI)编辑出版,于1974年创刊。ISR收录的文献来源有两个方面:一是评论性期刊和出版物,收录其中全部文献条目;二是普通期刊中的综述性的文献条目,这是从SCI(科学引文索引)数据库中通过计算机自动抽提出来的。这种抽提出来的文献除一般意义的综述外,还包括另外两种"综述型"文献:文献主题中含有关键词"发展"(advances)、"综述"、"评论"(review)和"进展"(progress)等的文献;列有55篇以上参考文献的文献。ISR收录文献的来源出版物来自世界上40多个国家与地区,每年收入3 000多种,覆盖了自然科学、医学、工程技术、农业和行为科学等100多个学科。参见 Science Citation Index (SCI)。

Index to Scientific & Technical Proceedings (ISTP) **《科技会议录索引》** 美国科学情报研究所(ISI)编辑出版，于1978年创刊。ISTP是专门检索会议文献的权威性检索工具，每年收录报道4 000多种会议录及其论文20多万篇，约占每年全世界主要会议论文的75%以上，它报道的学科几乎囊括了科学和工程方面的所有领域。

index track 索引道 在包含在同一媒体上为其他道上的数据定位所需的信息的道。

index unique scan 索引唯一扫描 通过唯一索引查找一个元组，结果仅返回单个ROWID(行标识)。如果该唯一索引有多个列组成(即组合索引)，则至少要有组合索引的引导列参与到该查询中。参见index range scan。

index upgrade 索引更新 在某些数据存取方法中，更新一个替换索引，以使其反映对它的基。本簇的内容所做的修改的过程。

index value 标值 某受控量的理想预置值。它在自动控制系统中作为目标值。

index word 变址字 用于计算机指令的地址部分的变址修改量。参见modifier。

index word register 变址字寄存器 在计算机控制下，其内容用来修改指令的地址部分的寄存器。

in-dialing network 互联拨号网 将不同拨号电话网连接在一起的一种网络。如一个商务电话网与专用电话网连网；长途电话网和地区电话网连网。

Indian parallel grammar 印度并行文法，IP文法 一种四元组$G=(V_N,V_R,P,S)$文法。所生成的语言称为印度并行语言或IP语言，记为$L(G)$，定义如下：

$$L(G)=\{X\in V_T^*\mid S\overset{*}{\underset{G}{\Rightarrow}}X\}$$

式中记号$\overset{*}{\underset{G}{\Rightarrow}}$是关系$\underset{G}{\Rightarrow}$的自反传递闭包。$\underset{G}{\Rightarrow}$的定义是：在文法G中，令$x,y\in V^*$ $(V=V_N\cup V_T)$，如果$A\rightarrow\alpha$是P中的一个产生式，且$x=x_0Ax_1A\cdots Ax_k$，$y=x_0\alpha x_1\alpha\cdots\alpha x_k$，式中$k\geqslant1$，A是没有在$x_0$，$x_1$，…，$x_k$等串中出现过的符号，则，$x\underset{G}{\Rightarrow}y$。即在文法G中，x直接导出y。

indicating device 熔断指示器 指示熔断器是否已动作的熔断器部件。

indication 指示 被叫方收到的由主叫方发来的请求。

indication primitive 指示原语 在开放系统互连(OSI)系统结构中，一个由提供服务者发出的原语，以调用一个过程或者指示一个过程以被在平等服务访问点上的服务器用户调用。

indicative abstract 指示性文摘 一般是用几句话介绍文献探讨问题的范围和目的，以使读者对文章内容不产生误解的文摘。它没有具体技术内容或有关数据，目前文摘中这种类型的较多。如美国《工程索引》(*The Engineering Index*)。

indicator 指示器[项] (1)一种可以置成预定状态的装置，通常是根据前面的处理结果或当设备出现某种特定条件时置位。指示器一般以可以直接观看或其他形式表示预定状态的存在。有时可以根据它来选择下一步的处理方案。例如溢出指示器。(2)字段的特征信息，一般用来鉴别和描述可变长字段的数据成分，包括字段的种类、性质及其所属关系。参见switch indicator。

indicator area 指示符区 在COBOL语言中，源程序卡片中第7列的字符位置。在这个指示符区中能够出现的字符有：D(调试行)、-(接续行)、*(注解行)和/(页排出)。

indicator chart 指示符图 程序员在程序的逻辑设计和编码过程中使用的一种指示图表，它用来指明程序中指示符的用途。指示符图是程序文件的一部分。

indicator light 指示灯 标志状态的改变或某一预定条件出现的一种灯。早期的计算机控制台有许多指示灯以显示寄存器和存储单元的内容，及其他类似的系统消息。参见light-emitting diode (LED)。

indicator term 指示语句 自动编制文摘所用的语句。在每篇文献的起始或结尾，常有一些结论性的语句，其结构近于规范化，可以填入或取代一些词。这些词、短语或句子指明文献的主要内容。例如

the aim of this paper is……

这类句子结构规范化，既能指明文献的主要内容，又有利于计算机自动判别。若能在原文中发现三个或更多的这类句子，就可由计算机自动编出文摘。

indicator variable 指示变量 在SQL(结构化查询语言)中，一个用于代表应用程序中空值的变量，如如果结果列的值为空，则指示符变量的值为负。

indigenous fault 原有缺陷，内在故障 计算机程序中存在的一种缺陷，它不是作为缺陷撒播过程的一部分插入的。

indirect absolute addressing 间接绝对寻址 计算机的一种寻址方式，在指令的一个字段中包含存储器中的有效地址。

indirect access 迂回访问 在计算机安全中，一种用非授权数据代替用户访问的授权数据，从而导致用户产生非授权信息的威胁形式，也称“间接访问”。

indirect a. c. convertor 间接交流变流器 具有中间直流环节的交流变流器。比较direct a. c. convertor。

indirect address 间接地址 地址码指示存储单元中的内容不是直接参加本次操作的数据，而是操作数地址。通过间接地址寻找操作数的技术称间接

I

寻址。间接寻址存在一个间接过程,先按指令中的地址码访问主存取出的不是操作数,而是操作数的地址,然后再按此地址再次访问主存才能取到操作数。含有这种间接地址的指令称为间接指令。参见 indirect addressing, indirect instruction。

indirect address computation 间接地址计算 用以指定间接地址或其他间接地址存储单元的地址计算。

indirect addressing 间接寻址 计算机的一种寻址方式。指令的地址部分所规定的存储单元中所存放的内容不是操作数,而是操作数的地址或间接地址的地址。间接寻址可为任意级,而直接寻址只有一级。用间接寻址可以组成计算机交叉引用系统。

indirect binary n-cube network 间接二进制 n 方体网络 一种多级立方体互联网络。由 n 级单级立方体网络构成。对于有 N 个输入端与输出端的网络来说,其级数 $n=\log_2 N$,每级有 $N/2$ 个双功能交换开关。在第 i 级,每个开关的两个输入端标号的二进制代码只是第 i 位的值不同,其他各位都相同。级的排列次序是从 $0\sim n-1$。这种网络采用单元控制方式,从而获得灵活的互联特性。

indirect calculation of efficiency 效率的间接测定法 由测出的损耗求效率。

indirect command file 间接命令文件 (1)通过显示(提问)一系列问题,从终端支持操作员输入的文件。(2)由命令语言组成的文件。在某些系统中,使用专门的命令语言将常用的操作过程组合在一起而形成的文件。执行该间接命令文件,就相当于单独执行指定的一串命令。

indirect commutation 间接换相 变流器借助一个或多个辅助臂,由一个主臂到另一个主臂或回到原主臂的一系列换相过程。比较 direct commutation。

indirect contact 间接接触 人或动物与故障情况下变为带电的外露导电部分的接触。比较 direct contact。

indirect cooling 间接冷却 使用热转移媒质传递设备部件产生的热量至冷却媒质的冷却方法。比较 direct cooling。

indirect cycle 间接周期 指令周期的一部分,在此期间 CPU 完成将间接地址转换成直接地址的存储器访问。

indirect d. c. convertor 间接直流变流器 带有交流环节的直流变流器。比较 d. c. chopper convertor。

indirect deactivation 间接释放 在某些通信系统软件中,资源层次结构中低层资源的释放,这种释放是由命名较高层资源的释放命令引起的。比较 direct deactivation。参见 indirect activation。

indirect electric heating 间接电加热 热能间接地传递给被加热材料的电加热。

indirect electrostatic process 间接静电处理 在复印机中,在机内形成图像并随后将其转移到非感光复制材料上的一种电处理。比较 direct electrostatic process。

indirect encoding microinstruction 间接编码微指令 间接编码微指令是在字段直接编码法的基础上,用来进一步缩短微指令字长的方法,它的含义是,一个字段的某些编码不能独立地定义某些微命令,而需要与其他字段的编码来联合定义,因此也称"隐式编码"或"多重定义编码"。参见 two level encoding microinstruction。

indirect index 间接索引 凡是索引都有一个输入,一个输出。输入就是关键字的值,输出就是与关键字值对应的记录位置。记录位置若用记录的间接地址或符号地址表示,就是间接索引;反之,为直接索引。

indirect indexed addressing 间接变址寻址 计算机的一种寻址方式,其第二个字段是一个零页地址。该零页地址的内容加至某个变址寄存器上形成有效地址的低位部分。

indirect inference 间接推理 依据一种或多种统计值来推导出想要的结果是间接推理。间接推理包括求和推理、计数推理、取中值推理、追踪者推理和线性系统推理等。比较 direct inference。

indirect input 间接输入 把数据准备成机器可读形式后,再输送给计算机系统。如穿孔卡片、条形码等输入数据的方法。

indirect instruction 间接指令 含有执行其操作所需操作数的间接地址的一种指令。参见 indirect addressing。

indirection 间接指定 明确不同框架间信息相互关联的一种方法。例如,框架 f_1 的 f_{1s}槽和框架 f_2 的 f_{2s}槽具有某种关系,且 f_{1s}的值主动变化,则间接指定就把 f_{1s}和 f_{2s}的这种约束从 f_{2s}指向 f_{1s}。间接指定构成框架不同层次间的链接,形成由关联知识相连的网络,因而使框架系统的功能得以扩展。

indirectly controlled variable 间接控制变量 在反馈控制系统中受相关控制变量的控制、且不直接在控制中被测量的量或条件。

indirectly-coupled system 间接耦合系统 也称"松耦合系统"。通常通过通道或通信线路实现机间联系,通过消息传递方式来实现处理机间的相互通信,信息传送的速度较慢,而且每个处理机是一个独立性较强的计算机模块。同 loosely-coupled system。比较 tightly-coupled system。

indirectly heated cathode 旁热式阴极 在热阴极电子管中由独立的加热元件加热的阴极,因此,在这种阴极的整个表面具有相同的电位。与此相反,沿直接加热灯丝的电位从一端到另一端是变化的。也称"等电位阴极"、"灯丝型阴极"或"单电位阴极"。

indirectly ionizing particles 间接电离粒子 可直接释放电离粒子或激发核转变的不带电粒子,如中子和光子。

indirect network 间接网络 终端节点与开关元件有区分的互联网络,而直接网络中,终端节点包含开关元件。参见 interconnection network。

indirect output 间接输出 计算机的一种脱机输出。

indirect over-current release 间接过电流脱扣器 由电器主电路电流通过电流互感器或分流器激励的过电流脱扣器。比较 direct over-current release。

indirect referencing 间接引用 在程序设计语言中,通过数据目标进行引用的一种机制,该数据目标的值指向被引用的语言目标。这种引用可能是通过一个数据目标链来实现的,在这个链中,除了最后一个目标外,每一个数据目标都指向其下一个。最后一个数据目标指向被引用的语言目标。

indirect searching optimization 间接寻优 根据普通极值的充分必要条件来寻优,它是控制系统的参数最优化问题的解决途径之一。

indirect segmenting encode 分段间接编码 在分段直接编码的基础上,进一步缩短微指令字长的一种编码。在这种编码方法中,某些参与编码的微指令不能由一个控制字段直接定义,而需要两个或两个以上的控制字段来定义。即,一个控制字段的某些微操作需要另外一个控制字段来解释才能确定。间接编码的特点是以减少操作并行性和降低速度为代价来换取微指令字长的缩短。一般情况下,在局部的微操作中,采用分段间接编码才是有效的。因此,间接编码只作为直接编码的辅助手段。

indium 铟 一种金属元素,其原子序数为 49,相对原子质量为 114.82。它是半导体的重要掺杂物,且与硼、铝及镓等元素在周期表的同一族中。

indium antimonide (InSb) 锑化铟 由铟和锑形成的二元合金半导体,具有极高的迁移率。可用来制造红外检测器、红外滤光片、磁控电阻器和霍尔效应器件。

indium arsenide (InAs) 砷化铟 一种具有半导体性质的金属化合物,用于霍尔效应传感器。

Indium-Gallium-Arsenide (InGaAs) 铟-镓-砷-化合物 一种用于光缆系统光探测器和发射器的半导体物质。

individual 个体 (1)实体中的一级,指单个的能相互区别的特定实体。(2)人工智能中,指逻辑上不能再分割的非变量元素。

individual accountability 个别可记账性 计算机安全方面的术语,指识别一个用户访问系统的时间、方法和程度的能力。

individual address 单[个]地址 计算机安全方面的术语,指与网络中某个站有关的地址,与 group address 对应。

individual distortion 单个畸变 用代数值表示的从理想瞬间到有效瞬间的位移与单位时间间隔之比。当有效瞬间出现在理想瞬间之后时位移为正值。单个畸变度用百分比表示。

individual line 专(用电话)线 专门为某一电话用户建立的一种电话线路。

individual variable 个体变量[元] (1)在谓词逻辑里,一个变量的值总是为一个有界范围中的个体,称此变量为个体变量。它在表达式里可以自由出现或受限出现。(2)以论域为取值范围的变元,通常简称为变元。

individual VM event profile 个别 VM 事件轮廓文件 一个能够用于为某个用户定义有关 VM(虚拟机)事件的监听和控制设置的资源轮廓文件。

indivisible operation 不可分操作 不能中断的操作,通常处于系统中的低层。

indoor bushing 户内套管 两端均设计用于周围空气中但不暴露在户外大气条件下的套管。参见 outdoor bushing, insulator。

indoor covering system 室内覆盖系统 为解决由于建筑物自身的屏蔽和吸收作用,避免无线电波较大的传输衰耗的系统。室内覆盖系统原理是利用室内天线分布系统,将移动基站的信号均匀分布在室内每个角落,从而保证室内区域拥有理想的信号覆盖。一个完备的室内覆盖系统应该能够通过一个特定的接口,取得基站的下行信号,将其均匀地分布到指定的每一处,同时又将基站的上行信号收集后,均匀地送到特定的接口,该系统主要由信号源、合路系统、室内分布系统等部分组成。

indoor external insulation 户内外绝缘 设计用于建筑物内运行,因而不处于露天的外绝缘。比较 outdoor external insulation。

indoor-immersed bushing 户内-浸入式套管 一端设计用于周围空气中但不暴露在户外大气条件下,另一端浸在不同于周围空气的绝缘介质(如油或气体)中的套管。参见 outdoor-immersed bushing, insulator。

indoor type 户内式 不能适应户外大气条件,只能安装在户内使用的产品结构型式。

in-doubt work unit 可疑工作单元 在操作系统中,指一个在提交过程中延误的工作,如果在系统轮询之间提交过程失败,则必须根据工作单元的状态决定是否执行这个提交和恢复工作。

induced attenuation 诱发衰落 由外部因素(如环境变化,机械作用和浸入液体等)原因引起的部件或系统的衰落,或衰落率与在外部因素作用于部件或系统之前所测得的衰落或衰落率之差。同 change in transmittance, transmittance change。参见 fiber optic dosimeter。

induced charge 感应电荷 物体上由电场产生的静电荷。

induced current 感应电流 由于时变电磁场而在导体中产生的电流，如闭合电路的一部分导体在磁场中做切割磁感线运动，则会产生感应电流。

induced electric field 感应电场 变化磁场激发的电场。也称"涡旋电场"。感应电场的电场线是闭合的，没有起点、终点。闭合的电场线包围变化的磁场，属于非保守场。参见 vortex electric field。

induced electromotive force 感生电动势 固定回路中的磁场发生变化，使回路中磁通量变化而产生的感应电动势。参见 motional electromotive force。

induced emission 受激发射 粒子由较高能级受激跃迁到较低能级时的发射。受激发射特点是原子或分子所发射出来的光，在频率、位相、偏振与传播方向上都是一致的。比较 spontaneous emission。

induced electron emission 感应电子发射 由于X射线照射在被分析材料样品上所产生的电子发射，发射出来的电子的能量范围取决于材料的化学成分。这一效应用于能谱仪。

induced failure 诱发故障 由环境因素所导致的设备故障。

induced jitter 感应跳[抖]动 由显示设备外部的磁场引起的图像跳动。

induced over voltage withstand test 感应耐压试验 按要求在任一绕组两端施加额定频率正弦波的电压，通过励磁方式，在受试绕组两端感应出所需的试验电压，以考核绕组内部、各个绕组之间和各绕组对地的绝缘强度。

induced polarization effect 激发极化效应 在人工电流场(一次场或激发场)作用下，具有不同电化学性质的岩石或矿石，由于电化学作用将产生随时间变化的二次电场(激发极化场)。这种物理化学作用称为激发极化效应。它包括电子导体的激发极化效应和离子导体的激发极化效应。参见 induced polarization effect of electronic conductor，induced polarization effect of ionic conductor。

induced polarization effect of electronic conductor 电子导体激发极化效应 主要指电极极化作用。电极极化作用是在激发场源(一次场)作用下，破坏了原有的电偶层形成的具有新的电势的电偶层。其特点是：电子导体两端具有势差。在电子导体的电流流入端产生负电性或称阴极，在其电流流出端产生正极性或称阳极。

induced polarization effect of ionic conductor 离子导体激发极化效应 离子导体激发极化效应是离子导体产生激发极化效应的原因。离子导体是指以带电离子进行导电的岩石。这类岩石的导电性能都较差。当岩石孔隙种充满水溶液后，溶液中的带电离子会改变岩石的导电性。常见的不含电子导电矿物的岩石、土壤和水等都属于离子导体。有关离子导体激发极化效应的假说较多，目前较集中的看法有电偶层形变和薄膜极化两种。它们的共同特点是：离子导体的激发极化效应发生在岩石颗粒与溶液之间。对离子导体整体来说，是属于体积极化。极化效应的强度与极化单元的物质、离子浓度、人工电流场的大小、作用时间等有关。

induced polarization method 激发极化法 根据岩石、矿石的激发极化效应来寻找金属和解决水文地质、工程地质等问题的勘探方法。它又分为直流激发极化法(时间域法)和交流激发极化法(频率域法)。常用的电极排列有中间梯度排列、联合剖面排列、固定点电源排列、对称四极测深排列等。也可以用使矿体直接或间接充电的办法来圈定矿体的延展范围和增大勘探深度。

induced pulse transient method 感应脉冲瞬变法 也称"过渡场法"、"瞬变场法"等。是用脉冲电流产生脉冲式一次场(偶极场或定源场)，在断电间隙测量地下导体感应产生的瞬变二次场的一种地面和航空电磁法。工作时与其他地面电磁法不同的是只测量纯二次场。在接收机上多道取样，记录同一点上不同时间的场强，按道(即断电后不同时间)绘出剖面曲线。该方法的优点是可加大勘探度，可以发现低阻覆盖层下的良导体；可根据导电性差的物体瞬变二次场峰值大，衰落快和良导电体的瞬变二次场峰值相对较小、衰落慢的特点来区分异常。参见 half-airborne electromagnetic method。

induced pulse transient system 感应脉冲瞬变系统 航空电磁法中感应场音频脉冲波系统中常用的方案。主要特点，是其发射的一次磁场不是连续的正弦波，而是一系列窄而强的脉冲。脉冲宽度约1毫秒，脉冲峰值电流达百安培以上。脉冲电流通过环绕于飞机头、翼、尾的水平环线型发射线圈中，接收线圈放在位于飞机后下方一百多米的吊舱中。在一次脉冲的间歇期间(一次磁场为零的时间间隔内，约为两毫秒半)，通过接收线圈测量由地下导体引起的涡流衰变磁场，即二次磁场。对良导体来说，二次磁场衰落慢，弱导电体(如覆盖层)的二次磁场衰落快。这个系统观测的是纯二次场的衰落特性，灵敏度高，又能区分覆盖层影响，因而探测深度大，能发现低阻覆盖下的良导体。

induced radiation 诱导辐射 原子从高能级向低能级跃迁的一种形式，也称"受激辐射"。参见 stimulated radiation。

induced subgraph 导出子图 由图的顶点集的一个非空子集合 V' 及两端点均在 V' 中的图的全体边所组成的子图。

induced voltage 感应电压 在一闭合路径中，由于通过该路径的磁通量发生变化而产生的电压。例如，当导体周围的磁力线圈匝数变化时，导体两端将产生感应电压。

inductance 电感 以磁场的形式存储能量的能

力，自感与互感的统称，它是电路或电路元件抵抗电流流动变化的特性。电感引起的电流变化滞后于电压的变化。电感用亨利、毫亨和微亨来度量。

inductance approach switch 电感接近开关 一种有开关量输出的位置传感器。电感接近开关由LC高频振荡器和放大处理电路组成，利用金属物体在接近这个能产生电磁场的振荡感应头时，使物体内部产生涡流。这个涡流反作用于接近开关，使接近开关振荡能力衰落，内部电路的参数发生变化，由此识别出有无金属物体接近，进而控制开关的通或断。

inductance bridge 电感电桥 一种类似惠斯顿电桥的仪器，可通过与已知电感相比较的方法测量未知的电感。

inductance-capacitance (IC) 电感-电容 电路既含有电感又含有电容的电路，如由线圈和电容器所构成的电路。

inductance of an ideal inductor 理想电感器的电感 理想电感器的电压除以电流对时间的导数所得的商。参见 ideal inductor。

inductance switch 电感转换开关 一种低温二级可变电感器，可通过控制电流从一级转换到另一级。

induction 感应 感应是一个物体(如电导体、可磁化体、电路)内部由于另一类似激发物体的接近或者由于磁通的变化而产生电压、静电荷或磁场的过程。

inductional inference 归纳推理 一个从部分到整体，从特殊到一般，从个体到主体的推理过程。同 inductive reasoning。参见 deductive inference，inductive learning。

induction coil 感应线圈 将直流变为高压交流电流的器件，其初级线圈只有相当少的几圈粗导线，而次级线圈是绕在初级线圈之上的许多圈细导线。利用振动触点装置切断初级线圈中的直流电流，即可在次级感应出高压电流。

induction compass 感应式罗盘 利用线圈在地球磁场中的旋转产生电流来决定指示方向的罗盘。

induction coupler 感应耦合器 电耦合器的一种，借助于一个旋转件上的磁极所产生的磁场与另一旋转件中的感应电流之间的相互作用而传递转矩。其中，利用次级绕组或笼形绕组的耦合器称为转差耦合器或磁耦合器。利用涡流的称为涡流耦合器。

induction electrification 感应起电 感应起电是物体在静电场的作用下，发生的电荷再分布的现象。感应起电是物体带电的三种方式之一，其他两种是接触起电和摩擦起电。参见 contact electrification，electrification by friction。

induction field 感应场 携有交变电流的线圈的电磁场，此交变电流将在线圈自身或临近线圈中感应出电压。

induction frequency convertor 感应变频机 一种变频用的绕线转子感应电机，其变频作用是通过相对旋转运动的初级绕组和次级绕组之间的感应作用实现的。次级绕组输出电能，其频率正比于初级绕组磁场与次级绕组组件之间的相对速度。参见 frequency convertor。

induction generator 感应发电机 作为交流发电机运行的感应电机。在不致引起误解或混淆的情况下，一般可称感应发电机为异步发电机。

induction heating 感应加热 由电磁感应电流产生热能的电加热。将材料置于交变电磁场中，材料中感应的涡流会产生热，恰如电流流过电阻器而发热一样。视被加热物体的大小与形状的不同，所采用的频率范围为 60 ～ 500 000 Hz 以上。也称“涡流加热”。

induction machine 感应电机 异步电机的一种，其磁路匝链两个或两个以上互相之间有相对运动的电路，能量由静止部分通过电磁感应传递到运动部分，或由运动部分传递到静止部分。在不至于引起误解或混淆的情况下，一般可称感应电机为异步电机。

induction method 归纳法 一种由个别到一般的论证方法。归纳法通过许多个别、典型的具体事例，然后归纳出它们所共有的特性，从而得出一个一般性的结论。它是由已知真的前提，引出可能真的结论。它把特性或关系归结到基于对特殊的代表的有限观察的类型；或公式表达基于对反复再现的现象的模式的有限观察的规律。参见 complete induction，incomplete induction。

induction motor 感应电动机 当旋转磁场与电路或线圈中感应电流相交时产生转矩的交流电机。在不至于引起误解或混淆的情况下，一般可称感应电动机为异步电动机。

induction principle 归纳原理 通常指自然数集合上的归纳原理，它有两种表达形式：第一归纳原理：若一元谓词(性质) $P(x)$ 满足：$P(a)$ 真(a 是任一自然数)，且如果 $P(x)$ 真，则有 $P(x+1)$ 真，那么 $P(x)$ 对一切大于等于 a 的自然数均成立。第二归纳原理，若一元谓词(性质) $P(x)$ 满足：$P(a)$ 真(a 是任一自然数)，并且对任意 $y, y < x, P(y)$ 真蕴含 $P(x)$ 真，那么 $P(x)$ 对一切大于等于 a 的自然数均成立。可以证明归纳原理的两种表述形式是等价的，并且可将第二归纳原理推广到一切良序集合之上。

induction relay 感应式继电器 利用交变磁场与该磁场中可动导体(圆盘、鼓、环)所感应的电流间相互作用而工作的继电器。

induction system 归纳系统 一种具有实例组成的知识库的知识系统。系统以一种归纳算法来构造实例的决策树，但是，归纳系统不便于层次规则的开发。

induction variable 归纳变量 若 I 是循环中的基本归纳变量，J 是循环中的变量，且 J 可表示为 I 的线性函数，即 $J = C_1 * I \pm C_2$，式中 C_1、C_2 为循环不变量，则称 J 为循环中的归纳变量。

induction voltage regulator 感应调压器 这种调压器结构和感应电机相似。变化转子和定子间的相对角位移，来改变感应电势的相位(三相)或幅值(单相)以达到调压目的。

inductive assertion 归纳断言 在归纳学习中，学习系统从输入的背景知识、试验性事实中寻找某些假设，使这些断言能似真地或弱蕴含事实，且满足背景知识。

inductive assertion method 归纳断言方法 Floyd提出的一种进行程序正确性证明的方法。它以一阶谓词演算为工具，方法大致如下：①在程序框图上建立割点。在起始语句处建立起始割点，在停机语句处建立停机割点，并在每一循环上至少建立一个割点；②对每一割点赋予所谓归纳断言。对起始割点处赋予输入谓词，表示输入应满足的条件。对每一停机割点赋予输出谓词，表示输出被要求满足的条件；③对任意两个割点间的通路建立验证条件，并进行验证。若所有验证条件为真，那么该程序是(部分)正确的。

inductive bias 归纳偏向 只使用训练示例的那些被假定与描述所学概念有关的共有特性方面的知识进行归纳学习的策略。

inductive circuit 电感性电路 含有比容抗更高的感抗的电路。

inductive coupling factor of two circuits 两个电路的感应耦合系数 两个电路之间的互感与这两个电路的电感的几何平均值之比。

inductive coupling 电感耦合 两个电路通过变压器提供的互感形成的耦合。由两个电路共同的自感应所产生的耦合称之为直接电感耦合。

inductive definition of propositional forms 命题公式的归纳定义 命题演算的命题公式可以归纳定义为：①(基础)单个命题变元是命题公式；②(归纳)如果 A 和 B 是命题公式，那么 $(\neg A)$，$(A \wedge B)$，$(A \vee B)$，$(A \rightarrow B)$ 和 $(A \leftrightarrows B)$ 都是命题公式；③(界限)当且仅当能够有限次地应用①，②所得到的包含命题变元、连接词和括号的符号串是命题公式。例如，如果 A、B、C 是命题变元，那么 $((A \wedge B) \rightarrow C)$，$(A \leftrightarrows C) \rightarrow (B \vee (C \wedge A)))$ 都是命题公式。

inductive definition of set 集合的归纳定义 集合 S 的归纳定义为：① 基础条款，确定 S 具有某些基本的元素；② 归纳条款，给出从已知 S 的元素产生新 S 的元素的若干规则；③ 终极条款(或称最小性条款)，确认 S 中除有限次使用①、②条款所能确定的元素外没有其他成员。

inductive diaphragm 电感性膜片 波导中的一种谐振窗，在所传输的频率上提供等效的感抗。

inductive direct voltage regulation 感性直流电压调整率 换相电感引起的直流电压调整率。比较 resistive direct voltage regulation。

inductive feedback 电感反馈 能量通过电感或电感耦合从放大器的输出电路向输入端的反馈。

inductive induced polarization method 感应激发极化法 也称"不接地激发极化法"，属于频率域激发极化法。它是一种供电和测量系统都不用接地电极，而采用不接地的供电线圈和测量线圈来发射和接收低频交变磁场。参见 induced polarization method。

inductive kick 感应冲击 当线圈电流突然中断时，铁芯线圈中所感生的电压冲击。感生电压可能比施加电压大许多倍。

inductive knowledge acquisition 归纳式知识获取 采取归纳推理来获取新知识的一大类知识获取方法，它包括外延式知识获取、类比式知识获取等。

inductive learning 归纳学习 机器学习采用的方法，一种由已知事例证明一般原理的推理的学习。归纳学习首先要收集资料，对个别事物加以观察、测量及记录，然后分析收集到的资料，找出事例的共同属性，最后根据分析结果得出一般性的结论。归纳学习的基本操作是泛化和特化。泛化是使规则能匹配应用于更多的情形或实例。特化操作则相反，减少规则适用的范围或事例。归纳学习包括实例学习、概念聚类、发现学习等。参见 inductive inference，analytic learning。

inductive load 感性负载 电感性占主导地位的负载，此时交变的负载电流滞后于交变负载电压。也称"电感性负载"。

inductive logic 归纳逻辑 从特殊到一般的逻辑推理。归纳逻辑是以一系列经验事物或知识素材为依据，寻找出其中的基本规律或共同规律，并假设同类事物中的其他事物也服从这些规律，从而将这些规律作为预测同类事物的其他事物的基本原理的一种认知方法。归纳逻辑按其发展的不同阶段，又可以分为古典归纳逻辑和现代归纳逻辑两大类型。参见 classical inductive logic，modern inductive logic。

inductive method 归纳法 在逻辑学中，归纳法指一种从特殊到一般的推理方式。应用归纳法可以从个别性知识推理出一般性知识，由已知真的前提推理出可能真的结论。参见 inductive inference，deductive inference。

inductive post 感性销钉 延伸到波导内与电场平行的金属杆或螺钉，从而可附加一与波导平行的感性电纳，用于调谐或匹配的目的。

inductive proposition 归纳命题 形式为{P}S{Q}的命题。其中 S 为程序，而 P 称为程序的前置条件，表示程序 S 执行前程序变化应满足的条件，Q

称为程序的后置条件,表示执行完程序 S 后程序变元应满足的条件。前置条件和后置条件均为断言,断言所在的形式数学系统称为断言语言。由给定的后置条件经演算得到程序满足此后置条件的必要前置条件称为最弱前置条件(WP);假如该条件能保证不产生错误,则称其为最弱富足前置条件(WLP),而不依赖任何后置条件的前置条件称为常量最弱前置条件。

inductive reactance 感抗 (1)交流电流过具有电感的电路时,电感有阻碍交流电流过的作用,这种作用称为感抗。其数值是电感和角频率的乘积。(2)由于线圈或电路的电感引起的电抗。感抗用欧姆来度量,且等于 6.28 fL,这里 f 是以赫兹为单位的频率,L 是以亨为单位的电感。

inductive read/write head 感应式读写磁头 利用电磁感应原理读写信息的磁头。其中通过写入线圈的电流所产生的记录磁场和记录媒体上的磁通变化在读出线圈两端产生的读出电压均遵守法拉第电磁感应定律。

inductive reasoning 归纳推理 从个别性知识推出一般性结论的推理。根据前提中是否考察了一类事物的全部对象,可以将归纳推理分成完全归纳推理和不完全归纳推理。完全归纳推理是根据某类事物中每一对象都具有某种属性,推出该类事物对象都具有某种属性的推理。不完全归纳推理是根据一类事物中的部分对象具有某种属性,推出该类事物对象都具有某种属性的推理。根据前提中是否考察了事物对象与其属性之间的内在联系,不完全归纳推理分为简单枚举归纳推理和科学归纳推理。简单枚举归纳推理是以经验认识为主要依据,根据一类事物中部分对象具有某种属性,并且没有遇到反例,从而推出该类所有对象都具有某种属性的推理。科学归纳推理是以科学分析为主要依据,根据某类事物中部分对象与其属性之间的内在联系,推出该类事物的全部对象都具有某种属性的推理。同 inductional inference。

inductive tool 归纳工具 能从已知事例中归纳抽象出较高概括性知识的智能软件系统。

inductive tuning 电感调谐 利用可变电感实现的调谐。

inductive window 电感窗 从波导的一个或两个侧壁伸入波导的导电膜片,具有与波导平行的感性电纳的作用。

inductor 电感器 具有一定电感量的元件,通常是一个线圈,对于交流电具有一定阻抗。

inductor frequency convertor 感应子变频机 一种变频机,其定子的交流输入绕组起励磁作用;另一级极数不同的定子输出绕组在带齿轮转子旋转时,因磁场磁阻变化而产生对应于输出频率的电压。参见 frequency convertor。

inductor generator 感应发生器 一种交流发生器。通过有齿铁磁转子的转动可改变其固定绕组和磁通耦合。它可以在直到几千赫兹的频率上产生很高的功率,以用于感应加热。

inductor machine 感应子电机 同步电机的一种,通常其转子没有绕组,只有若干有规则分布的凸出部分,而其定子装有相互间适当排列的主绕组和励磁绕组。也可用永久磁铁而不用励磁绕组。

inductor type synchronous motor 感应子同步电动机 作为电动机运行的感应子电机,其转矩由定子磁极与转子凸齿之间的作用力产生。

inductosyn 感应同步器 感应子同步电动机 利用电磁原理将线位移和角位移转换成电信号的一种装置。也称"感应整步机"。它与多极旋转变压器相似,借助于定、动片上绕组之间的电磁耦合,使输出电压随定、动片相对位移呈正(余)弦函数规律变化。根据用途,可将感应同步器分为直线式和旋转式两种,分别用于测量线位移和角位移。参见 linear inductosyn, angle inductosyn。

industrial control 工业控制 在工业生产中,对机器、工艺装备和生产过程的控制。

industrial control module 工业控制模块 一种针对工业控制应用而设计的控制部件。例如一个控制模块可以包括模拟多路转换器、读出放大器、模数转换器、数模转换器、采样保持电路等。

industrial data processing 工业数据处理 用于工业目的的数据处理。即工业控制系统中对用终端和外部设备采集的数据进行记录、整理、计算和判断,加工成可供使用的新信息,并将相应的控制信息送到有关控制设备上,在需要时还可将结果通过终端送出。

industrial dynamics 工业系统动力学 把控制理论应用到工业系统中,以研究像产品价格和产品供应情况的波动或临时出现对生产控制失灵等问题,以便能预测或提出合理化建议,以改善工业活动。研究这类问题的一门学科称为工业系统动力学。

industrial interference 工业干扰 由输电线、电网以及各种电器或电子设备工作时引起的电磁干扰。

industrial microcomputer 工业微型计算机 专门针对工业应用设计的微型计算机系列。工业微型计算机需要针对某种应用配备足够的存储容量和接口设备,在程序员的安排下进行过程管理和传递控制信号。典型应用包括污染控制、资源利用控制、机床控制和材料控制等。

industrial process control 工业过程控制 利用计算机对工业生产进行协调、管理和控制的过程。工业过程控制系统是广泛和多变的,其应用领域包括金属加工、水泥生产、环境控制和石油冶炼等众多领域。通过控制系统,极为方便地获取各种不同类型的数据并进行数据处理,输出各种信息和数据表格。

industrial robot 工业(用)机器人 一种具有较高

自由度行动功能的自动化机器人。工业机器人一般都由操作机及控制系统组成，操作机由机械结构（包括机座、手臂、手腕和工具机械接口）和驱动装置组成；控制系统由硬件和软件组成，硬件又分操作控制部分、计算机部分、伺服驱动电路及外部输入输出接口，软件包括机器人语言、操作系统、手臂运动控制、通用编辑、出错及故障处理模块。有些机器人还可能有行走机构、感觉系统或人工智能系统。

industrial robot for repeat/memory 记忆再生工业机器人 具有记忆功能的工业机器人，即根据规定的作业内容，先由人对机器人示教，而机器人则把这个作业的顺序、位置和其他有关信息进行记忆（即存储），最后把这些信息再生，重复人教的动作。

industrial robot with fixed program 固定程序工业机器人 按照预先编制的程序，使在一定条件和位置上的动作均按固定步骤进行的机器人。其程序设计简便，但改变程序则较困难。

industrial robot with tactile sensing 有触觉的工业机器人 机器人手上装有触觉传感器，并能把触及到的信息传到计算机进行比较和识别，尔后进行工作的机器人。

industrial robot with variable program 可变程序工业机器人 按预先编制的程序在一定条件和位置上工作，虽也按一定步骤但却受附加程序控制的机器人。

industry cloud 行业云 云计算基础设施由某行业组织拥有，并为其成员单位服务的云。比较 public cloud，hybrid cloud。

industry standard architecture (ISA) 工业标准体系结构 IBM PC 机上的一种非正式总线标准，使系统中可以用插卡的形式加入各种适配器，包括一个8位基本插槽和一个扩展插槽，扩展插槽将总线扩展到16位。地址总线增加到24线，足以对16兆内存寻址。向下兼容性是通过在原8位62引线连接器上增加一个附加的连接器而得到保证。还增加了若干新的中断请求（IRQ）线和直接存储器存取（DMA）控制线。参见 extended industry standard architecture (EISA)，micro channel architecture。

industry standard architecture (ISA) expansion bus 工业标准体系结构(ISA)扩展总线 20世纪80年代早期开发的一种现已过时的16位扩展总线设计。ISA扩展总线可以每秒8 MBps的速度传输数据，并适用于将适配卡连至中央处理器（CPU），到90年代初，ISA扩展总线标准成为微处理器性能的瓶颈，逐渐被PCI（外围部件互连总线）标准取代。参见 peripheral component interconnect (PCI) bus。

industry standard user interface 工业标准用户接口 一种在屏幕上显示程序的IBM标准，是IBM公司系统应用结构（SAA）的一部分。这种公共用户访问（CUA）标准可调用许多图形用户接口的特性（如下拉式菜单、对话框以及快速键盘选择命令的高亮度加速键等）。

Industry Warehouse Studio (IWS) 行业数据仓库 美国Sybase公司2001年推出的IWS是适合不同行业商务智能与分析型客户关系管理的数据仓库解决方案。IWS包含了完整的数据仓库设计方法学，为各行业数据仓库实施建立了核心的业务数据模型与客户关系分析模型，已经成功应用于保险、银行业、证券、电信、医疗卫生、零售和政府部门。IWS的基本结构由IWS核心模型、垂直行业模型以及商务智能应用三个级别构成，并且允许开发商在其基础上进行再加工，从而保护了用户投资，提高了软件的可用性与灵活性。

inediting 中编辑 在数据处理过程中，为明确数据之间的关系以及防止数据的歧义中所做的编辑。它主要用于需要人辅助的机器翻译系统中。

inequivalance gate 异门 完成"异"操作的电路。

inevitability reasoning 必然性推理 从真前提能够必然地推出真结论的推理。包括：各种直接推理，三段论，关系推理，假言推理，选言推理，完全归纳推理，科学归纳推理。比较 probable reasoning。

inert 不活跃的 计算机中很少被使用的文件或信息。

inert gas laser 惰性原子气体激光器 以惰性原子气体为激光工作物质的气体激光器。包括氦氖激光器、氩激光器等。氦氖（H-Ne）激光器诞生于1962年，属四能级系统，工作气体是氦气和氖气。其中氖原子产生激光，氦原子把它的激发能共振转移给氖原子，用以提高泵浦效率。

inertial guidance 惯性制导 利用惯性原理控制和导引导弹或运载火箭飞向目标的技术。惯性制导是以自主方式工作的，不与外界发生联系，所以抗干扰性强和隐蔽性好。

inertial guidance system 惯性制导系统 利用惯性来控制和导引运动物体驶向目标的制导系统。这种系统通过惯性测量装置测出物体的运动参数，形成制导指令进行控制。组成惯性制导系统的设备都安装在运动物体上，工作时不依赖外界信息，也不向外辐射能量，不易受到干扰，是一种自主式的制导系统。

inertial measurement unit (IMU) 惯性测量装置 输出确定导航参数如姿态（航向，俯仰，横滚）、速度和位置的设备。

inertial navigation computer 惯性导航计算机 用于惯性导航系统实时控制的一种数字计算机。

inexact breaking method 不精确断点法 一种保留中断断点的方法。对于流水线机器，在处理第 i 条指令的中断时，由于流水线机器是同时解释多条指令，可能使第 $i+1$，$i+2$，$i+$，…，条指令都已进入流水线被解释了，这使得如何取得断点现场及在中断处理后如何恢复复杂了。不精确断点方法是指：无论第 i 条指令在流水线的哪一段发出中断申请，那时还未进入流水线的后续指令就不再允许进入，但已在流水线内的所有指令都仍然执行完毕，而后才转入中断处理程序。这样，虽然中断处理程序是对第 i 条指令发出的中断申请进行处理，但给它的断点现场都不全是对应第 i 条的，即断点是不精确的。

inexact reasoning 不精确推理 也称“近似推理”，在这种推理中，使用确定和不确定的知识，证据不一定是确定的，而是给予某种“权重”(可信度)；推理的规则也不是确定的，也给予某种“权重”，推导出一个可能是不精确的结论。对于多个证据或多条规则的推理要进行“权重”的组合。非精确推理基于非精确逻辑理论，如模糊逻辑、确定性理论、贝叶斯概率论、Dempster-Shfer 证据理论等。比较 exact reasoning。

INFDL language INFDL 语言 美国数据控制公司在 CDC 3600、CDC 3800 上研制的一种信息处理语言。这是早期的自含式系统，可处理具有可变长度的顺序文件，也用于生成格式化报告。

infected disk 受感染磁盘 被病毒传染后的磁盘。通过它在不同系统中的使用，病毒得以从一个系统扩散到另一个系统。

infection 传染 计算机病毒的一种特性，即病毒(程序)从一个系统进入另一个系统的过程。计算机病毒传染主要有四个步骤：①入侵本系统的内存；②在本地系统中的磁盘存储器中进行传染；③在共享文件系统中广为扩散；④最后传染给系统广泛使用的可移动存储媒体(如磁盘、U 盘等)。

infection carrier 传染载体 携带计算机病毒(即有害的计算机程序，亦称为害群程序)从一个计算机系统到另一个计算机系统的媒介。通常指计算机网络中的通信系统与通信线路，可移动的存储媒体(如磁盘、U 盘、光碟等)。

infection density 传染密度 计算机病毒的传染密度，即病毒传染率的高低，它与计算机系统的普及程度成正比，与安全措施成反比。计算机病毒传染密度＝ K_m ·(计算机病毒的普及范围/计算机系统的安全措施)，K_m 是与计算机病毒传染以及与人为因素和偶然因素相关的一个参数。

infection success rate 传染成功率 计算机病毒传染的成功率，通常分为广义和狭义传染成功率。前者指一种特定病毒出现之后对计算机系统能实施攻击并获成功的计算机系统数与总的计算机系统数之比。它反映了某一地区或某个单位的计算机系统安全管理措施的严密性。计算机病毒广义传染成功率＝(实际被传染的系统数/特定范围内被攻击系统数)×100%，而狭义传染成功率是指一种计算机系统利用病毒载体进行数据共享次数的倒数。

infection vector 传染媒介 计算机病毒在载体之间传播的媒介。例如在单机系统中不同磁盘之间的传染，总是先将磁盘上的病毒模块读入 RAM(随机存取存储器)中，然后再伺机写入其他磁盘，这时 RAM 即为传染媒介。

infection way 传染方式 计算机病毒的传染方式，即以有“毒”代码作为载体，通过网络或用户磁盘等进行扩散。其中以电子邮件方式传染病毒危害最大。

inference 推理，推断 在人工智能中，指从一组初始命题出发，应用形式逻辑规则，对一系列观察结果进行统计综合，与知识库中的事实作匹配比较，直到获得结论的整个过程。推理过程常通过应用逻辑规则或通过一系列观察的统计概括而进行。复杂的系列推理方法有称为数据定向推理的前向链接控制处理方法，以及称为模型定向推理或目标定向推理的后向链接控制处理方法。

inference by count 计数推理 计数推理是一种常用的间接推理。一般把计数推理与求和推理结合起来以揭示更多的信息。例如，已知计数值与求和值，很容易就能推出平均值；反之，如果已知计数值与平均值，也可以推出求和值。参见 inference by sum，indirect inference。

inference by median 取中值推理 取中值推理过程较为复杂，要寻找那种按顺序排列并恰巧在中间有交叉点的两个查询结果项，才能推导出想要的结果。取中值推理是一种常用的间接推理。参见 indirect inference。

inference by sum 求和推理 通过求和值进行推理，从而得到所需要的值。求和推理是一种常用的间接推理。参见 indirect inference。

inference chain 推理链 以规则为基础的系统为得出问题结论所采用的一系列步骤或规则应用。

inference clause 推理子句 在自动定理证明的归结原理(消解原理)中，对子句集中的某两个子句，应用归结原理而产生归结式。因归结式是原子句的逻辑推论，故称该归结式为该两个子句的推理子句或推论子句。

inference data-directed 数据引导推理 一种正向推理。它从现行可信的前提条件出发，应用推理规则推导出某些新的命题，再将原先的前提和这些新确认的结论作为新的前提条件，进一步推导出更新的结论。

inference engine 推理机构[引擎] (1)在人工智能中，起推理作用的部分称为推理机构。它是整个专家系统的核心，管理与用户的交互和推理结论的策略。推理机中含有各种已知事实和某专业领域中的各种规则。它根据这些事实和规则对输入进行权衡，从中得出推理(结论)。专家系统再根据这个推理采取行动。(2)软件结构或外壳结构，作用于知识库的信息，以便得出有关该信息的诸多关系和判断。

inference hierarchy 推理层次 语义网络或框架系统的一种层次结构。在此结构中，低层的框架或语义网络允许从高层中继承同一事物的特性。

inference knowledge 推理知识 处理知识的知识。可从已有的知识中推出新知识，是获取知识和运用知识的重要方法。推理知识种类很多。如：演绎推理、归纳推理、非精确推理、非单调推理、联想、类比、猜想等。

inference machine 推理机 专家系统的一部分，其功能是驱动系统。它尝试用一个或多个规则去匹配一个特别问题的已知事实。当找到一个成功的匹配时，就用规则的后体来更新已知事实的数据库。

inference method 推理方法 存取和应用领域知识的推理所采用的技术。例如后向链接和前向链接。参见 forward chaining，backward chaining。

inference mode-directed 面向模式的推理 利用现有的数据和判据，对尚未观察到的事件系统性地提出假设，并且对如何证实或否定这些假设提出解决问题的方法。

inference net 推理网 由基于规则系统中的规则产生的所有可能的推理链。

inference network 推理网络 把事实、结论和中间结论当作推理点，把规则的使用看成是连接各推理点的有向弧，利用这种方式描述的推理过程称为推理网络。

inference node 推理节点 在语义树中，如果某节点本身不是失效节点，但其两个子节点是失效节点，则称该节点为推理节点。

inference procedure 推理过程 根据前提或判据得到结论的思维过程。

inference programming 推理程序设计 一种程序设计方法。采用这种设计方法时，程序根据逻辑推理从一组事实和规则中得出结果。直接支持推理程序设计的一种编程语言是 Prolog 语言。参见 Prolog。

inference rule 推理规则 一种语义规则。为从现有的信息集合推导出进一步信息服务的推理规则。

inference system 推理系统 一个由一串逻辑推理得出结论的程序设计系统。

infiltration electrical field 渗透电场 也称“过滤电场”，是由于流动的地下水经过多孔岩石或裂隙时，岩石颗粒吸附负离子作用形成的自然电场。同 electrofiltration potential field。

infiltration threat 渗透威胁 一种网络安全威胁。主要的渗透威胁有：①假冒：即某个实体假装成另外一个不同的实体，这个未授权实体以一定的方式使安全守卫者相信它是一个合法的实体，从而获得对资源的访问权限；②旁路：攻击者通过各种手段发现一些系统安全缺陷，并利用这些安全缺陷绕过系统防线渗入到系统内部；③授权侵犯：对某一资源具有一定权限的实体，将此权限用于未被授权的目的，也称“内部威胁”。

InfiniBand (IB) InfiniBand 技术 IB 是用于高性能计算和企业数据中心的交换结构通信链路。其特点包括高吞吐量、低延迟、服务质量和故障转移策略，以及具有可扩展性。IB 体系结构规范定义了处理器节点和高性能 I/O 节点（如存储设备）之间的连接。一个 IB 链路是一条串行链路，运行数据速率可以是单数据速率（SDR）、双数据速率（DDR）、4 倍数据速率（QDR）、14 倍数据速率（FDR）或增强数据速率（EDR）。SDR 连接的信号速率每个方向是 2.5 Gbps，DDR 则是 5 Gbps，QDR 是 10 Gbps，FDR 是 14.0625 Gbps，EDR 是 25.78125 Gbps。SDR、DDR、QDR 交换芯片的延迟分别为 200 纳秒、140 纳秒、100 纳秒。此外，IB 可以实现 4 组或 12 组链路汇聚，从而达到 4 倍或 12 倍的链路速率。

infinite attenuation 无限衰落 使加到滤波器输入端的电压不产生输出电压的极大衰落。此术语规定了一个频率，在此频率上，若线圈和电容器具有零损耗，则滤波器将产生无限衰落。

infinite automata theory 无限自动机理论 研究存储量无限的离散数字系统功能和结构以及两者关系的理论，是自动机理论的次级学科。离散数字系统按照存储量分为两大类：存储量有限的和存储量无限的。后者的数学模型为各种无限自动机。在无限自动机理论中，主要研究信息加工系统和计算过程的数学模型、模拟、计算、识别和限制等问题。主要研究对象为算法和理想计算机这种存储量不受限制的自动机。研究的问题包括探索计算机和计算过程的数学模型，以及各种模型之间的关系。一个重要研究问题是，在计算时间、存储空间和机器规模等资源受限制的情况下，自动机所计算的函数类和识别集的类的刻画、包含关系和代数性质。另一个重要研究领域是，将自动机识别集作为形式语言的一种刻画方法，对各种限制类型自动机的功能的研究。参见 automata theory，infinite automata theory。

infinite clipping 无限限幅 以极小的门限电平所表征的限幅特性，结果输出波形基本上是方波。

infinite-duration impulse response filter (IIRF) 无限长单位冲激响应滤波器 同 infinite impulse response filter (IIRF)。

infinite flat tube (IFT) 纯平面显像管 IFT 所采用的新技术使显示器的屏幕表面达到完全的平坦，改善了传统屏幕失真及反光的现象，还能提高 45%以上的对比度，增加了 30%以上的亮度，使表现出来的图像更细腻，色彩也更锐利逼真而且层次分明。

infinite-impedance detector　无限大阻抗检波器　其输入电路具有无限大阻抗的检波器。

infinite impulse response filter (IIRF)　无限冲激响应滤波器　对单位冲激的输入信号的响应为无限长序列的数字滤波器。这类数字滤波器相位是非线性的，且选择性越好，相位非线性越严重。但是，由于其采用递归型结构，其系统函数的极点可以位于单位圆内的任何地方，因此可用更低的阶数获得更高的选择性，使用更少的存储器。比较 finite impulse response filter (FIRF)。

infinite line　无限长线　一种假设的传输线，其特性与无限长的普通传输线的特性一致。

infinite loop　无限[死]循环　由于存在语义或逻辑错误而不能通过正常方法终止的循环；也指有意编写的一种循环过程，它没有明显的终止条件，但能因为某种副作用的结果而终止。有时特意安排一个无限循环等待中断信号的到来，中断信号出现时就暂离或终止该循环过程。参见 loop，side effect。

infinitely configurable ballistic mice (ICBM)　分辨率可自动改变的弹道鼠标器　一种具有弹道跟踪(即动态跟踪)功能的鼠标器，随着鼠标器移动速度的增加而增加对应的增量像素点数，由鼠标器的突然运动触发，动态跟踪将鼠标移动比增加到用户设置的值。

infinite pad method　无穷反衬法　在光符识别中，测量纸料反射系数的一种方法。它使同样纸料的底板数加倍，而不改变所测得的反射系数。

infinite resolution　无穷分辨力　在数值上提供无级连续变化或输出上可在器件的全部量程上变化的能力。电位差计电阻的变化是一个实例，其接触臂在一无隙塑料覆盖的金属电阻元件上移动。

infinity　无穷(大)　对一台计算机而言，若一个数大于该计算机所能表示的最大数，则认为这个数是无穷。

infix form　中缀式　表达运算的一种形式。运算符放在参与运算的两个运算量之间。这种形式有时要利用括号才能表达清楚。比较 parentheses-free notation，postfix notation，prefix notation。

infix notation　中缀表示法　同 infix form。

infix operator　中缀运算符　出现在两个运算对象之间的运算符。例如 $A+B$ 和 $A-B$ 中的“+”和“−”。

info　因特网顶级域名　是于 2001 年 7 月 25 日正式启用的因特网新顶级域名，注册者仅限于商标拥有者。从 2001 年 9 月 12 日开始，服务商标和商品商标的拥有者可以向指定的域名注册公司申请注册新的域名。美国宾夕法尼亚州的阿非利亚斯公司被授权管理 info 数据库。

Infobahn　信息巴恩，信息高速公路　也可简写为“I-Bahn”或“I-way”，是对信息高速公路的一种称谓。该信息高速公路是一种高速信息系统，将家庭、学校和办公室与高带宽本地传送系统和主干系统(如因特网)相连。Infobahn 由单词 information 和 Autobahn(德国的一条高速公路，以司机可在该路上合法地高速行驶闻名)混合构成。参见 information superhighway。

Info-Gen DBMS　Info-Gen 数据库管理系统　由 Info-Pros 公司研制的小型的面向非计算机专业用户的数据库管理系统，每个字段最多允许含有 70 个字符，每个记录最多允许含有 50 个字段，每条记录最多允许含有 1020 个字符，系统具有数据校验措施，但无安全保密措施，文字处理能力较差，系统采用类似 SQL(结构化查询语言)的语言和菜单驱动方式。

INFOL　面向信息的语言　information-orientated language 的缩写。

informal information system　非正式信息系统　组织内部工作人员为满足人事与职业等的需要，或为互相帮助解决工作中的问题而建立的信息系统。它通过一些间接的渠道汇集信息。

informal review　非正式评审　一种缺乏正式评审的多项特征的同级评审方式。例如临时评审、同级检查以及轮查等。

informatics　信息学　过去称为情报科学。指研究计算机和统计学技术在信息处理中的应用的学科。内容包括信息及信息处理的研究(信息的形态、传输、处理和信息的存储理论与研究等)，特别是利用新的信息技术来处理信息。

information　信息，情报　(1)信息是指具有一定含义的事物或概念。信息有五个重要的性质和特征。①信息的普遍性：信息普遍存在于自然界和人类社会的各个领域之中，只要事物存在、有变化、有差异就有信息；②信息的无限性：不论是过去、现在和将来都存在着信息，客观世界不仅存在着我们已经认识、掌握的信息，还大量存在着我们没有认识和掌握的信息；③信息的永恒性：客观世界某种物种会消失、某种能源会用尽，但信息不会消失和用尽；④信息的转移性：信息可以在时间上和空间中转移，知识的积累、交流和传播就说明了这一点；⑤信息的共享性：一个物化的产品，因为受时空条件的限制性，不可能同时有多人共享，一般情况下，信息可以同时被多人共享，这种共享不受客观条件的限制。(2)信息是有关客观世界的一切真知，它向人们提供有关现实世界新的事实和知识。而数据是信息的具体物理表示(指数字、符号、声、光、图像等)，它是载荷信息的各种物理符号。数据经过处理、组织并赋给一定意义后即可成为信息。信息和数据是不可分离而又有一定区别的概念。在信息系统中的信息可定义为经过加工后的数据，它对接收者有用，对决策或行为有现实或潜在价值。信息普遍存在于自然界、人类社会和思维领域，它和材料、能源合为现代科学技术的三大支柱，是人类生存和发展所不可缺少的宝贵资源。参见 measure of information，mutual information，transferred information，transmitted information。

information abstract　信息文摘　对文献的主要内容、论点、方法、结论、有关数据等方面，以简洁文字做摘要叙述，浓缩全文的主要内容的一种文摘。

information accessibility　信息可达性，信息无障碍　指任何人(无论是健全人还是残疾人，无论是年轻人还是老年人)在任何情况下都能平等的、方便地、无障碍地获取信息、利用信息。

information activities　信息活动　人类社会围绕信息资源的形成、传递和利用而开展的管理活动与服务活动。信息资源的形成阶段以信息的产生、记录、收集、传递、存储、处理等活动为特征，目的是形成可以利用的信息资源。参见 information resources。

information acquisition　信息采集　将系统所需信息测定出来，变成数据形式，经传输线路或不经传输线路送给处理装置。

informational cluster　信息簇　一组模块，具有对特定项或数据存取的专有权。

informational message　信息(性)消息[报文]　一种提供信息但不要求应答的消息，如给出一个作业或操作的状态的消息。

informational strength　信息强度　信息强度是指有公共数据结构或资源的模块组合成一个更大的模块，使得公共数据结构或其他连接元素"隐匿"在模块中。参见 module strength。

information analysis　信息分析　根据特定问题的需要，以定性和定量研究方法为手段，通过对信息的收集、整理、鉴别、评价、分析、综合等系列化的加工过程，形成新的、增值的信息产品的信息劳动过程。它是情报研究流程的一个重要环节。侧重于对信息进行精加工，既与研究对象有关，又与研究目标和任务相连。

information analysis centre　情报分析中心　(1)一种对文献内容进行分析、浓缩、综合、汇编和提供使用的机构。(2)一种主要对实验、研究、研制、试验和工程中产生的情报的价值进行鉴定、浓缩、传播、摘录并报道这种评价结果的机构。

information analyst　情报分析员　(1)情报分析中心或情报评价中心进行数据分析与评价的人员。(2)研究计算机产生的信息的利用和改善的专家。随着办公室的自动化，为了使计算机产生的各种形式内容的信息更加有效，对此进行分析研究，从而产生了这种新的职业。

***Information and Computation*　《信息与计算》**　美国 1957 年创刊，全年 16 期，Elsevier Science 出版社出版，SCI(科学引文索引)、EI(工程索引)收录期刊。主要刊载计算机科学理论的各个方面和信息理论的计算方面的研究论文。

information and content exchange (ICE)　信息与内容交换(协议)　这是一种基于可扩展置标语言(XML)的协议，旨在使万维网上内容的散发实现自动化。基于内容经营者(发布者)和用户(接收者)的概念，ICE 规定了所涉及各方的责任以及交换内容的格式和手段，以便使数据可以容易地传送和复用。该协议已由 Adobe 系统公司、CNET、微软、Sun 微系统和 Vignette 等公司提交给万维网组织，其目的是帮助内容的发布和交换。ICE 提供了交换内容的机制，但描述该内容的正式方法由工业标准元数据的出版需求(PRISM)说明。参见 Publishing Requirements for Industry Standard Metadata (PRISM)。

***Information and Control*　《信息与控制》**　美国 1957 年创刊，月刊。美国学术出版公司出版。主要刊载有关通信、计算机和自动控制理论等方面的研究论文和述评。

***Information and Software Technology*　《信息与软件技术》**　荷兰 1959 年创刊，全年 15 期，Elsevier Science 出版社出版，SCI(科学引文索引)、EI(工程索引)收录期刊。刊载有关信息系统软件技术问题的论文，涉及软件工程应用与方法、软件质量控制、数据库设计等。

***Information and Vision Computing*　《图像与视觉计算》**　荷兰 1983 年创刊，全年 14 期，Elsevier Science 出版社出版。刊载对电视摄像、X 射线装置、电子显微镜、超声传感等图像的判读、分析和处理方面的研究论文，涉及机器人遥控、资源遥测、生产监控、音像播送以及在医学、冶金学、天文学方面的应用等。

information appliance (IA)　信息电器　一种手持计算设备，它融合了计算机、通信和消费电子类产品的特点，操作简单、方便易用、成本低廉，可以随时随地上网。

information architecture (IA)　信息架构　也称"信息构建"或"信息体系结构"。信息架构的主体对象是信息，由信息架构师来设计信息结构，决定信息组织方式以及信息的表达和传递形式。信息架构的重要理念是以用户为中心，信息体系是信息用户、信息内容与信息组织三者的交集。信息架构的核心组件包含：组织系统、标签系统、导航系统、搜索系统等方面。参见 knowledge architecture (KA)。

information area　信息区　窗口中显示有关光标对象或者选择的部件，信息区中还可包含进程正常结束的消息。

information assets　信息资产　拥有或者控制的能够带来未来经济利益的信息资源。其本质是信息作为一种经济资源参与经济活动，并预期带来经济利益。信息资产既具有一般物质资产的特征，又兼有无形资产和信息资源的双重特征。信息资产特有的特征主要表现在以下几个方面：①共享性，即使用的非排他性，因而信息资产可以被反复交换、反复使用；②高附加值，信息资产能创造出巨大的潜在价值，其所产生的经济利益的规模，通常不是受到生产规模的约束，而是受到市场规模的约束；③时效性，信息资产比其他任何资产更加具有时效性，如果不能在最恰当的时机加以开发利用，机会就会稍纵即逝，甚至可能会完全失去其效用。

information assurance (IA)　信息保障　一种保证信息和信息系统能够安全运行的防护性行为。信息保障的对象是信息以及处理、管理、存储、传输信息的信息系统；目的是采取技术、管理等综合性手段，使信息和信息系统具备机密性、完整性、可用性、可认证性、不可否认性，以及在遭受攻击后的可恢复性。

information asymmetry　信息不对称　在社会政治、经济等活动中，一些成员拥有其他成员无法拥有的信息，由此造成信息的不对称。信息不对称会产生交易关系和契约安排的不公平或者市场效率降低问题。

information awareness　信息感知性　信息能够通过人的感觉器官被接受和识别。其感知的方式和识别的手段因信息载体不同而各异：物体、色彩、文字等信息由视觉器官感知，音响、声音中的信息由听觉器官识别，天气冷热的信息则由触觉器官感知。参见 information timeliness, information dependent, information hyperplastic。

information bank　情报库　计算机在人文科学方面的应用。它包括应用于模式识别或模式生成(或两者)的数据和规则。当前应用的情报库类型有：书目、文章、词典和历史档案等。

information base　信息基　相互一致并与概念模式一致的，表达对特定实体界成立的命题的句子的一种汇集。

information basic law　信息基本法　信息化社会所需要的立法。其核心问题是保护私人秘密。对国家或地方团体、企业处理个人信息的系统规定：①必须本人同意；②公开记录内容；③禁止造成社会差别的信息；④不采用公民的总编号；⑤禁止转用等。为此还要设立个人信息处理监察机构。

information bearer channel　带控制信息的信道　一种数据通信信道，它带有为传送用户数据所需要的全部信息(如控制信号和同步信号)。

information behavior　信息行为　人们在信息心理驱使下，在适当的信息环境中，从事信息活动的行为过程。信息行为包括了信息主动行为、被动行为和潜意识行为三种。主动行为是指一种有目的、有计划、自觉的信息行为，它可以是个体的行为，也可以是群体行为；被动行为是指无计划、无目的、无预见的信息行为；潜意识行为是一种高层次的信息行为，只有知识结构极其合理、信息心理极其强烈、信息实践经验极其丰富、头脑机敏者才有可能达到这种境界。参见 information consciousness。

information bit　信息位　数据传输中由数据源产生，用来表示信息的数位。信息位不用于错误控制或校验。

information broker　信息经纪人　所谓信息经纪人就是充当信息生产者(信息资料公司)与信息产品消费者(信息产品用户)中介的中间商人，它是联络信息生产者和消费者的中介，并按信息生产者的要求推销信息产品和招揽信息用户。

information browsing service　信息浏览服务　在因特网中，允许用户通过重复扫描和选择来浏览信息的一种服务。它显示给用户一组菜单选择或一个信息页。用户阅读完信息并选择某一菜单项后，信息浏览服务将按照引用检索新的信息。

information capability　信息能力　信息能力概括为：获取信息的能力、识别信息的能力、储存信息和整理信息的能力以及运用信息的能力。同 information competence。

information center　信息中心　一个有大量计算机用户的机构或部门。信息中心的首要目标是使此机构中各用户的信息计算机化。信息中心的职能还有：①培训机构中各部门的人员和小组使用各种现有技术存取信息；②为用户“裁剪”文件。信息中心的任务之一是让其他部门，特别是没有处理信息技能的用户，能完成他们自己对信息的需求。许多机构的信息中心还兼顾负责微型机的应用和培训。

information channel　信息通道　网络中的终端与计算机之间或若干计算机之间的传输链路。例如，通过电话线路连接到计算机上的直观显示部件，或用通信线路把大量的传输终端连接到远程接收终端上。除终端和电话线路外，信息通道还需要诸如调制-解调器、多路转换器和/或前置处理机等数据传输设备。参见 channel。

information classifying　信息分类　就是把具有某种共同属性或特征的信息归并在一起，把不具备有这种共同属性或特征的信息区别编码的过程。信息分类的基本原则一般可归纳为科学性、系统性、可延性和兼容性。①科学性即稳定性。为了获得一个稳定的分类体系，至关重要的是要在确定分类对象时，选准信息稳定的本质属性，作为分类的基础和依据。例如学生信息管理系统中的学号是稳定的；②系统性即合理的顺序排列。为了便于对信息进出口适时的收集、处理以及查询、检索，在完成了对信息的分类之后，就要将它们进行系统化，即将它们按照一定的顺序进行排列，使其形成一个比较合理的分类体系，每一个分类对应在这个体系里占有一个唯一的位置，既反映出它们之间的区别，又反映出彼此之间的联系；③可延性要求具有足够的空位。为满足一物或概念不断出现或变化的需要，要求在建立信息分类体系时留有足够的空位，以便安置新出现的信息，而不至于打乱已建立的分类体系或推倒重来。与此同时，还应考虑到低层级子系统的延拓、细化的可能性；④兼容性即相关的信息分类体系间的协调性。要求信息分类的原则及类目设置有可能经过技术性的处理后满足不同系统间信息交换的要求。参见 standard of information classifying and coding。

information coding 信息编码 把对某一类信息赋予代码的过程称为编码。信息编码就是将表示信息的某种符号体系转换成便于计算机或人识别和处理的另一种符号体系；或在同一体系中，由一种信息表示形式改变为另一种信息表示形式的过程。信息编码的目的在于提高信息处理的效率。参见 standard of information classifying and coding。

information cognition 信息认知 人脑加工、储存和提取信息的能力。信息认知是人们对信息、信息环境和信息活动的了解，以及对信息知识的掌握和看法，其中最重要的是评价性的看法和认识。信息认知影响信息意识的水平高低。参见 information consciousness。

information common service industry 信息公用事业 向城市居民提供商店、水、电、气、公共交通、邮电、娱乐设施等城市生活所必需的各种信息和各种公共事业服务。目前已发展了多种形式的信息公用事业服务项目。如联机售货服务、电子邮递、联机情报、商店及市场信息检索服务、电子银行转账和网络大学等。

information communication 信息传递 参见 information transfer。

information community 信息共同体 信息网络与信息技术的综合发展，形成了看不见的信息空间。于是出现了以信息空间为中心的新型共同体。它与目前的地区性共同体不同。以这种信息共同体为中心，在此基础上正在形成新的政治和经济体系。

information competence 信息能力 人获取信息、处理信息、利用信息、管理信息和信息创新的能力。

information conformity of resources 资源信息整合 通过各种有效的手段和工具将已有资源信息集合在一起，生成满足不同用户需求的新的资源信息集合体。

information consciousness 信息意识 信息在人头脑中的客观集中反映，是社会人在信息活动中产生的认识、观点和理论的总和。信息意识是人对信息敏锐的感受力、判断能力和洞察力。信息意识是人们利用信息系统获取所需信息的内在动因，具体表现为对信息的敏感性、选择能力和消化吸收能力。信息意识含有信息认知、信息情感和信息行为倾向三个层面。参见 information cognition，information emotional，information behavior。

information consultant 信息咨询 一种基于各种信息的收集、加工、传递有效利用和反馈的业务活动。信息咨询业是通过利用各种信息处理技术，对各类信息开展搜集、加工、整理、分析、传递，向客户提供解决问题的方案、策略、建议、规划或措施等信息产品的知识型产业。

information consumption 信息消费 直接或间接以信息产品和信息服务为消费对象的消费活动。信息消费的过程包括信息需求、信息获取占有、信息吸收处理和信息创造四个阶段。信息消费始于信息需求，终结于信息创造。参见 information requirements，information occupy，information processing，information create。

information content 信息量 在信息论中，一种因具有确定概率的事件发生而传送的信息的量度。令事件为 x_i，事件发生的概率为 $P(x_i)$，则信息量 $I(x_i)$ 为 $P(x_i)$ 的倒数的对数。即：

$$I(x_i)=\log\frac{1}{P(x_i)}=-\log P(x_i)$$

参见 average conditional information content，average information content，character average information content，character mean information content，conditional information content，joint information content。

information content binary unit 信息量二进制单位 同 Shannon。

information content decimal unit 信息量 10 进制单位 同 Hartley。

information content natural unit (NAT) 信息量自然单位 在信息论中，一种用自然对数表示的信息量的对数量度单位。例如，八个字符的字符集的判定量等于 ln8＝2.079＝3ln2 信息量自然单位。假定 a、b、c 是由三个元素组成的字符集中的字符，在任何来自某一给定报文源的报文中它们出现的概率为：

$$p(a)=\frac{1}{2}\quad p(b)=p(c)=\frac{1}{4}$$

①这个字符集的判定量是：

$$H_0=\begin{cases}\log_2 3=1.580\ \text{香农(Shannon)}\\ \log_{10}3=0.477\ \text{哈特利(Hartley)}\\ \ln 3=1.098\ \text{自然单位}\end{cases}$$

②这些字符的信息量是：

$$I(a)=\begin{cases}\log_2 2=1.000\ \text{香农}\\ \log_{10}2=0.301\ \text{哈特利}\\ \ln 2=1.86\ \text{自然单位}\end{cases}$$

$$I(b)=I(c)=\begin{cases}\log_2 4=2.000\ \text{香农}\\ \log_{10}4=0.602\ \text{哈特利}\\ \ln 4=1.386\ \text{自然单位}\end{cases}$$

③如果这三个字符在任何报文中的出现是相互独立的，则这个报文源的熵是

$$H=\frac{1}{2}\log 2+\frac{1}{4}\log 4+\frac{1}{4}\log 4$$

$$H=\begin{cases}1.500 & \text{香农}\\ 1.5\times 0.301=0.452 & \text{哈特利}\\ 1.5\times 0.693=1.040 & \text{自然单位}\end{cases}$$

④报文源的裕度为

$$H_0-H=\begin{cases}0.080 & \text{香农}\\ 0.025 & \text{哈特利}\\ 0.058 & \text{自然单位}\end{cases}$$

information context 信息上下文 微软视窗中的一种设备上下文，用于获取数据，不能用于输出数据。

information conversion function (ICF) 信息转换功能 信息转换功能在中间系统里使用，它把一个接口的信息模型变换成另一个接口的信息模型。

information costs 信息费用 花费在获取数据上的费用。包括花费的时间在内。

information create 信息创造 也称"信息再生"。作为创造客观知识的活动，是信息消费过程的终结，也是信息消费者所要追求的目标。从根本上看，信息创造是在信息消费者主观的知识结构中进行的。主观知识结构决定人的信息认知加工能力，影响信息处理量而又直接决定信息创造量，信息创造量所代表的创造性知识是消费者主观知识结构中一个部分，即知识创造者主观知识集合中的子集。信息创造必须以消费者信息处理后发生变化的主观知识结构为基础。参见 information consumption, information requirements, information occupy, information processing。

information database 情报数据库 情报数据库是在情报检索系统中起支撑作用的数据库。它是至少由一种文档组成、能满足特定目的或特定数据处理系统需要的数据集合。根据情报数据库内容的形式可以将其划分为四大类：①书目文献数据库；②事实型数据库；③数值型数据库；④全文数据库。在四类情报数据库中，书目文献数据库与事实型数据库提供的信息通常不完备，用户在这些数据库中获取有关文献替代物的信息后还需进一步查找原始文献。数值型数据库与全文数据库提供的信息则相对完备，用户一般不必再检索其他信息源即可满足信息需求。参见 bibliographic database, factual database, numeric database, full-text database。

information dependent 信息依附性 信息的表示、传播和存储必须依附于某种载体，语言、文字、声音、图像和视频等都是信息的载体。而纸张、胶片、磁带、磁盘、光碟，甚至于人的大脑等，则是承载信息的媒介。参见 information timeliness, information create, information hyperplastic。

information display 信息显示 信息的一种表现方式，如向用户显示当前的系统状态。但它很少要求回答。

information dissemination 信息传递性 信息具有可传递性。信息传递可以是面对面的直接交流，也可以通过电话、书信、传真来沟通；还可以通过报纸、杂志、广播、电视、网络等来实现。参见 information timeliness, information dependent, information hyperplastic。

information economics 信息经济学 关于信息价值的产生、流通和利用的科学。信息经济学是经济学和信息科学的交叉学科。它运用微观经济学分析框架，研究信息分别作为生产要素和产品及服务，在社会生产、交换和消费过程中反映出来的经济关系及客观规律（包括信息资源配置、信息的成本和价格、信息经济效益、信息产业的形成与发展等）。参见 information system economics, micro information economics, macro information economics。

information economy 信息经济 以信息资源为基础，现代信息技术为手段，通过生产知识密集型的信息产品和信息服务来把握经济增长、社会产出和劳动就业的一种经济结构。信息经济被认为是继农业经济和工业经济之后最现代化的经济形态。参见 knowledge economy。

information element (IE) 信元 信元是异步传输模式（ATM）的基本信息单位，每个信息段称为一个元素，含有 48 个字节的信息。参见 asynchronous transfer mode (ATM)。

information engineering 信息工程(学) 以现代计算机技术为基础，研究信息处理理论、技术和工程实现的专门学科。

information emotional 信息情感 指人们在社会实践和信息活动中逐渐形成的对信息的某种持久的、稳定的、反映信息本质需求关系的内心体验（如支持感、赞成感等）。参见 information consciousness。

information environment 信息环境 社会中由个人或群体接触可能的信息及其传播活动的总体构成的环境。信息环境具有社会控制的功能，是制约人的行为的重要因素。

information explosion 信息爆炸 也称"信息激增"。指信息的数量以惊人的速度急剧地增加。除了广播、电视、电话、报纸、各种出版刊物之外，又出现了电子计算机、通信卫星等新的信息传递手段，从而使信息的数量爆炸性增加。有用的信息将增加经济效益促进社会发展，但信息无秩序地增长甚至泛滥成灾，将会带来信息犯罪和信息污染等各种严重的社会问题。

information extraction (IE) 信息抽取 利用计算机从一段非结构化或半结构化的文本中抽取指定的一类信息（如事件、事实），并将其形成结构化数据，填入一个数据库中供用户查询使用的过程。

information feature coding of Chinese character 汉

字信息特征编码　选择汉字的音、形、义等的信息特征，构造码元集和选择所用键盘的键元构造键元素，确定汉字集到其码元串集的映射以及其键元串集的映射。

information feedback　信息反馈　为了进行检查，数据从终端输出送回发送终端的过程。

information feedback system　信息反馈系统　在数据传输中，使用回波校验法来检查传输正确性的一种数据传输系统。

information filtering　信息过滤　根据某些特定的要求，截流或删除某些敏感信息的过程。信息过滤是根据用户的信息需求，运用一定的标准和技术，从大量的动态信息流中将与用户无关的信息滤掉，从而减轻用户的认知负担，提高用户获取信息的效率。常用信息过滤的类型主要有两种：内容过滤和协作过滤。参见 content filtering，collaborative filtering。

information flow analysis　信息[情报]流分析　情报组织和分析技术的发展，目的是获得与整个企业或组织有关的报告的真实事件和情报。

information flow chart　信息流程图　一种在信息系统中表示操作顺序和信息流向的图形表示方法。程序的流程图表示了在一个程序或子例程中指令的执行顺序；而信息系统的流程图则用来表示数据是怎么从原文件流经计算机而到达用户的。

information flow control　信息流控制　在计算机安全系统中，用于控制计算机系统中的信息流和来自系统的信息流的任何一种手段。参见 access control。

information flow model　信息流模型　办公自动化系统中的一种模型，用来描述企业中各办公室内和办公室间办公信息的相互传递状况。

information format　信息格式　用于信息传输的格式。

information function　信息函数　一种描述信息源的数字函数。

information fusion　信息融合　也称"数据融合"。由多种信息源，如传感器、数据库、知识库和人类本身获取有关信息，并进行过滤、相关和集成，从而形成一个表示构架。这种构架适合于获得有关决策，如对信息的解释，达到系统目标（如识别、跟踪或态势评估），传感器管理和系统控制等。

information gap　信息差距　国家之间的信息技术和信息拥有的差距。过去存在着发达国家与发展中国家之间的工业技术差距。现在又增加了信息差距的新问题。必须充分认识到，同时解决这双重技术差距的重要性。

information handling　情报处理　情报的存储、处理及向用户的传递，但不包括情报的产生与使用。

information hiding　信息隐藏　（1）把机密信息隐藏在大量信息中不被发觉的一种方法。信息隐藏的方法主要有隐写术、数字水印技术、可视密码、潜信道、隐匿协议等。（2）信息隐藏保证了系统模块、内部信息或数据的封闭性和独立性。使用户只能通过接口中所给出的外部特征对其进行有限制的或受控操作。模块内部信息或数据以及操作的实现过程对于用户是不透明的。因而信息隐藏原则的实现提高了系统可维护性。

information hyperplastic　信息增殖性　信息产品是信息经济时代人们消费的主要对象，而信息具有累积性和非消耗性。信息本身在使用过程中并不服从越用越少的规律，而是服从越用越多的规律，所以从总体上来说，随着消费信息化的提高，信息将不断增加。另一方面，信息消费的过程中，消费者要将已有的信息投入其中作为消费的基础，把已有的信息与消费过程中获取的信息产品进行有机的结合与相互撞击，即进行知识处理与知识创造。因此信息消费的过程，实质也是一个信息不断创新和增值的过程。参见 information consumption，information create，information timeliness。

information indexing　信息标引　在分析文献内容的基础上，用某种检索语言把文献主题以及其他有意义的特征标识出来，作为文献存储与检索依据的一种文献处理过程。依照标引的依据可以将信息标引分为分类标引和主题标引。参见 classified indexing，subject indexing。

information industry　信息产业　将信息转变成商品的行业。具体是指国民经济活动中，为经济发展和公共社会需求，以信息为主要资源，从事信息资源的研究、开发与利用，以信息及其设备、设施等产品为主要产出，生产信息产品和提供信息服务的各个部门的集合。参见 information service industry (ISI)，knowledge industry。

information infrastructures　信息基础设施　能以交互方式传送话音、数据、文本、图像和视像（多媒体）信息的高速通信网及相关设施。信息基础设施包括电信网、广电网、计算机网、大型数据库、支持环境等。可分为企业信息基础设施(EII)、国家信息基础设施(NII)与全球信息基础设施(GII)等。

information input　信息输入　信息送入计算机的过程。

information insurance　信息保险　对计算机和程序等由于火灾、事故、爆炸而受到的意外损失进行保险。分为正式的对计算机的综合保险和对信息处理人员承担赔偿责任的保险两种。

information integrity　信息完整性　信息在输入和传输的过程中，不被非法授权修改和破坏，保证数据的一致性。信息完整性需要防止数据的丢失、重复及保证传送秩序的一致。

information interaction　信息交互　自然与社会各方面情报、资料、数据、技术知识的传递与交流活动。

information interchange 信息交换 在数据传输中,不改变信息内容或数据含义的发送和接收过程。

information island 信息孤岛 相互之间在功能上不关联互助、信息不共享互换以及信息与业务流程和应用相互脱节的现象。就企业而言,信息孤岛是指各个部门之间由于种种原因造成部门与部门之间完全孤立,各种信息无法或者无法顺畅地在部门与部门之间流动。企业在信息化过程中存在各种类型的信息孤岛。大体可分为数据孤岛、系统孤岛、业务孤岛、管控孤岛四种类型。

information language 信息语言 信息处理系统进行信息检索或问答时所使用的语言。参见 documentation language。

information law 信息法律 由相应的立法机关制定的法律条例。信息法律是由立法机关制定和认可的,其实施受到国家强制力量的监督,任何违反信息法律的行为都必然受到惩罚。

information lifecycle management (ILM) 信息生命周期管理 ILM 不是一个具体的产品,而是一个管理理念,强调从企业级别的视角,对信息进行更有效的管理、更有价值的开发和利用的全过程。信息(或数据)生命周期管理是,信息在存储媒介网络之内流动的过程,而这种过程需要确保企业获取需要的商业信息,并向客户提供一个良好的服务水平,同时把单位成本降到最低。ILM 还要满足日益增长的对于成熟和自动化存储管理的需求,这可以在保持企业对于商业环境变化做出快速反应的能力的同时,提高个人的工作效率。ILM 作为一种信息管理模型,认为信息有一个从产生、保护、读取、更改、迁移、存档、回收的周期、再次激活以及退出的生命周期,对信息进行贯穿其整个生命的管理需要相应的策略和技术实现手段。信息生命周期管理的目的在于帮助企业在信息生命周期的各个阶段以最低的成本获得最大的价值。

information literacy 信息素质 对信息社会的适应能力。作为具有信息素质的人,必须具有一种能够充分认识到何时需要信息,并能有效地发现、检索、评价和利用所需要的信息,解决当前存在的问题的能力。信息素质的内涵包括三个方面:①信息意识:是指人们对信息的敏感程度;②信息能力:发现、评价、利用和交流信息的能力;③信息道德:在信息活动中应遵循的道德规范。参见 information consciousness, information capability, information morality。

information management (IM) 信息管理 人类为了有效地开发和利用信息资源,以现代信息技术为手段,对信息资源进行计划、组织、领导和控制的社会活动。信息管理的过程包括信息收集、信息传输、信息加工和信息存储。

information management database 信息管理数据库 一个系统管理工具,帮助对问题及其解决方法的收集、组织和跟踪。

information management system (IMS) 信息管理系统 MIS 是一个以人为主导,利用计算机硬件、软件、网络通信设备以及其他办公设备,进行信息的收集、传输、储存、加工、维护和使用的系统。它能利用数据库技术及管理科学、运筹学、统计学和各种最优化技术,为经营管理和决策服务。

information management system for virtual storage (IMS/VS) 虚存信息管理系统 IBM 公司的一种数据库数据通信(DB/DC)软件产品,具有管理复杂数据库和网络的能力,支持层次结构的数据库和联机事务处理。

information market 信息市场 提供各种信息来满足用户需要的信息交换的场所。信息商品的特殊性决定了信息市场的特点,表现为:①多次性:由于信息交易并不是让渡所有权而是使用权,因此同一信息商品可以在其有效时间内反复出卖;②间接性:需求者不一定通过直接交易方式获得信息,而是可以通过广播、电视、报刊等获得信息;③时效性:随着科技的发展和人们知识水平的提高,某一特定的信息商品会逐渐丧失作用,表现为价值下降或失去价值。参见 information product。

information materials 信息材料 信息材料属于功能材料,是为实现信息探测、传输、存储、显示和处理等功能使用的材料。按功能分,信息材料主要有以下几类。①信息探测材料:对电、磁、光、声、热辐射、压力变化或化学物质敏感的材料属于此类,可用来制成传感器,用于各种探测系统,如电磁敏感材料、光敏材料、压电材料等。这些材料有陶瓷、半导体和有机高分子化合物等多种;②信息传输材料:主要是光导纤维。它重量轻、占空间小、抗电磁干扰、通信保密性强,可以取代电缆;③信息存储材料:包括磁存储材料、磁光记录材料、铁电介质存储材料、半导体存储材料等;④信息处理材料:是制造信息处理器件(如晶体管和集成电路)的材料。

information measure 信息量度 在信息论中,常把一系列可能事件中的一个特定事件发生的频率的适当函数作为对这个事件发生时传送的智能相对值的量度。在信息论中,术语事件的含义与在概率论中的含义相同。例如,一个集合中的某一给定元素的存在,在一条信息中某一指定字符或字的出现等。参见 measure of information。

information message 信息 对发送者和接收者具有一定意义的信息。它与监视信息或控制信息不同。

information modeling 信息模化 以独立于任何特定计算机实现的方法,识别和表示信息实体、基准、性质、关系、约束和时间。

information morality 信息道德 信息领域中用以

规范人们相互关系的思想观念与行为准则。信息道德包括:信息行为人必须了解信息与信息技术使用的相关法律、法规、伦理道德体系;在存取、使用信息资源时能够遵守法律、法规、信息资源提供的规定以及约定俗成的一些规则;对引用的信息成果用一定的方式表示感谢等。

information network 信息网 信息网是信息基础设施的重要组成部分,它由大量相互作用的信息技术要素(主要包括电信网、广电网、计算机网、信息源和信息处理系统)构成,是一个开放式综合网络。该网络能以高速率传递信息,以先进的技术采集信息,处理信息,并供社会成员方便地利用信息。

I

information network system 信息网络系统 一种高速信息传输系统。其主要内容有:①将采用声音的连续变化信号的通信网络转换成采用数字形式的数字通信网络;②同时进行电话与数据通信、传真通信、视频通信等非电话性的传送业务,并提高其效率;③发射通信卫星;④价格体系从时间单位过渡到传送信息的单位,并对远近的价格差作大幅度的调整。

information objectivity 信息客观性 信息是客观存在的,它不是由意志所决定的,但它与人类思想有着必然联系。信息的客观性也就是信息的真实性。比较 information subjective。

information occupy 信息占有 (1)在信息时代,信息的获取占有成为人们生存的必要条件。信息占有水平,很大程度上决定了人们适应社会的水平,决定了在市场中人们的竞争能力和利益实现可能。(2)信息占有通过获取信息物质载体形态而最终获取信息精神内容,是信息消费的重要环节。信息占有行为的发生并不直接来源于信息需求量所确定的信息需求,这是因为它是一种客观需求。支配信息消费占有行为的是用户的信息需求的主观性和认识性,即外在于认识和表达状态的信息需求。认识和表达不是事先确定的,而是在信息占有行为中动态形成的,取决于信息需求双重构建本质:信息占有越多,信息需求越明确;信息需求越明确,信息占有越多。由于这一本质认识和表达在信息占有行为中不断改变,它的最终确定意味着占有行为的中止。参见 information consumption。

information of science of resources 资源学科信息 反映资源学各子学科研究对象、方法、理论等内容的,可以用数字、文字、符号、声音、图像、图形、遗迹和比特等表征它们的信号和消息的总称。

information operation 信息作战 信息环境下,以信息和信息系统为作战对象的军事行动。信息作战的主要目的是保护己方的信息和信息系统,干扰和破坏敌方的信息和信息系统,从而获取并保持信息优势,并有效地将其转换为决策优势。

information-oriented language (INFOL) 面向信息的语言 由美国控制数据公司开发的一种高级程序设计语言。是用于磁带文件的形成、修正和检索的一种语言系统。文件中包含若干个元素,每个元素由数据项构成。文件的形成、检索、修正以及文件记述的变化等,分别可以作为特殊过程进行。数据的记述和检索的标准等,可以使用不受字段限制的语言。此外还可以求出最大、最小、总计以及平均值。

information outlet 信息输出口 一种设计用于固定位置的(通常公室内的墙上)的连接装置,水平布线子系统电缆对在其上端接,并且可以插入插头,是位于水平布线子系统和工作站布线子系统之间的管理点,尽管这类装置也被称为"插座",但"信息输出口"这个词包括了话音、数据和其他能够通过房屋中的配线系统得到支持的其他通信业务的综合。

information packet 信息包 网络上发送的数据包。信息包的大小及组成由协议来决定。参见 packet。

information path 信息通路 信息从一个数据源单向传送到另一个数据源的通道。这种通路是功能性的。

information payload 信息净负荷 信息净负荷就是网络节点接口上码流中可用于电信业务的部分,通常包括信令。

information policy 信息政策 由国家、地区或者国际组织的行政机关制定的有关信息的行政手段。信息政策是不同的行政部门就信息活动的某些方面所制定的规范,是在一定时期内的行为准则。

information pollution 信息污染 由于信息无秩序的泛滥而对社会造成的危害。利用商业报刊、杂志、电视的发展,出于低级趣味而暴露个人隐私成为社会性问题,描写色情和暴力小说的泛滥是严重的污染。

information processing 信息处理 (1)使用计算机对信息进行的各种处理,如信息的存储、检索、制表、交换、计算、文字处理等。(2)也称"数据处理"。指对信息(即各种形式的数据)进行收集、储存、加工与传播的一系列活动的总和。其基本目的是从大量的、杂乱无章的、难以理解的数据中抽取并推导出对于某些特定的应用来说是有价值、有意义的数据,借以作为决策的依据。该术语还可以指使用计算机处理数值数据和非数值信息方面的十分广泛的领域。包括数据处理(信息管理)、数据通信、过程控制、模式识别等。(3)信息消费活动的信息处理是对信息内容的理解、吸收和消化过程,是智能系统对信息的认知加工过程,涉及人脑认知与思维过程。

***Information Processing Letters* 《信息处理快报》** 荷兰 1971 年创刊,全年 24 期,Elsevier Science 出版社出版,SCI(科学引文索引)、EI(工程索引)收录期刊。刊载研究成果简报与评论,涉及计算机和

系统程序设计理论以及与软件生产有关的硬件设计等方面的问题。

information processing management 信息处理管理 信息处理方面的管理工作。通常包括:性能测量和评价、管理和成本核算、软件管理与系统管理等。

information processing psychology 信息加工心理学 用信息加工的观点和术语来说明人的认知过程。信息加工心理学的基本观点:①人的心理活动是在一定的信息结构中进行加工的过程,强调已有知识和认知结构对当前认知活动的影响;②强调认知过程的整体性;③研究范围包括注意、知觉、心象、记忆、思维和语言等认知过程。参见 cognitive psychology。

information processing system 信息处理系统 包括计算机系统和有关人员的一种系统。它连同数据处理操作一起实现对信息的操作。例如,办公室自动化操作。参见 data processing system。

information processing theory 信息处理理论 描述处理过程以及在处理信息和求解问题时人们采用的各种方法和机制。

information processor 信息处理器 在概念模式语言中,根据一个命令执行一个概念模式或者信息库中的动作的机制。

information product 信息商品 用来交换的信息产品。信息商品是人们通过搜集、加工、传递和存储所形成的,并且用来交换的信息。信息商品是一种特殊的商品,具有一系列不同于一般物质商品的特征,在生产、分配、流通和消费等再生产各环节具有许多与物质商品不同的特点。参见 information market。

information provider 情报提供者 也称"信息提供者",是指有偿提供信息的企业,也可称为信息厂商。

information psychology 信息心理 人们对信息的需求、获取、吸收和利用等在信息活动方面的心理。信息心理是信息意识的重要组成部分。人们对信息的心理需求越强,意识就越明确,自觉性、能动性就越大。参见 information consciousness。

information pull 信息拉取 信息拉取是信息获取和传送两种模式之一。信息拉取模式指由"用户"主动从"信源"中拉取信息。常用的、典型的信息拉取技术,如数据库查询是由用户主动查询数据库,从数据库中拉取所需信息。因特网上的信息拉取技术也称"网查",此时用户面对的不只是一个数据库,而是拥有海量信息的因特网环境。网络信息拉取的工具称"搜索引擎",不同的搜索引擎有不同的功能和用途,且各有其特点。它可分为两类:①目录分类式搜索引擎。这类搜索引擎提供按类编排的网站目录,有站名、网址及摘要信息。用户可按信息类别查询,进行网站检索。在文字框中输入要查询的关键词,点击按钮,便可将有关网站站名、网址及摘要信息拉取出来。特点是比较简单,可有效地查询到所需的站点,适用于目录查询。"雅虎"(Yahoo)、"搜狐"(Sohu)等都属于目录分类搜索引擎;②全文检索式搜索引擎。这类搜索引擎提供全文检索功能。用户通过输入关键词、点击按钮,可将与关键词相关的各个网页的地址和相应的一段全文信息拉取出来。特点是比较复杂,可自动检索WWW站点的最新网页,适用于文档检索。HotBot、Altavista 等就属全文搜索引擎。参见 information push。

information push 信息推送 信息获取和传送方法及技术,从"信源"与"用户"的关系来看,可分为两种模式:信息推送模式和信息拉取模式。信息推送模式指由"信源"主动将信息推送给"用户"。传统的、典型的信息推送模式,如电台广播,作为"信源"的电台主动向广大听众及时地播送各种信息。在因特网上,也被称为"网播",具体又可分为:①频道式推送。这是目前普遍采用的一种模式,它将某些页面定义为浏览器中的频道,用户可像选择电视频道那样接收有兴趣的网播信息。目前还没有一个统一的技术标准。Microsoft、Netscape、Pointcast 都有各自的频道定义格式。例如,Microsoft 提出的"频道定义格式(CDF)"是一种为现有站点信息内容建立的目标索引文本文件,它提供了独立于信息格式的基于内容的索引结构,允许个人化定制的信息推送,可优化安排推送时间,以提高信息推送的效率;Netscape 提出了一种"元内容格式(MCF)"是基于"元内容"的网播方式;②邮件式推送。用电子邮件方式主动将所推送信息发布给各用户;③网页式推送。在一个特定网页内将所推送的信息提供给用户;④专用式推送。采用专门的信息发送和接收软件,信源将信息推送给专门用户。对数据库系统而言,信息推送又分为两种:①操作式推送,也称"客户推送式"。由客户数据操作启动信息推送。当某客户对数据进行操作时,把修改后的新数据存入数据库后,即启动信息推送过程,将新数据推送给其他客户;②触发式推送,也称"服务器推送式"。由数据库中的触发器启动信息推送。当数据发生变化时,出现增加、删除、修改操作时,触发器启动信息推送过程。信息推送按方式可分为:①直接推送式,直接将信源中的信息本身(数据、图表、图像等)送给用户;②间接推送式,只将有关信息的目录或索引通知发送给用户,由用户根据通知去查询相应的信源。参见 information pull。

information push-pull 信息推拉 信息推拉是信息推送与信息拉取两种模式灵活相结合的技术,是当前网络、数据库系统及其他信息系统为用户提供主动信息服务的一个发展方向。按采取的方式可分为:①先推后拉式:先及时地推送最新信息(更新的动态信息),后有针对性地拉取所需的信息,这样便于用户浏览信息变化的新情况和趋势,从而动态地选取需要深入了解的信息;②先拉后推式:用户先拉取所需信息,然后根据用户的兴趣,再有针对性地推送相关的其他信息;③推中有拉式:在信息推送过程中,允许用户随时中断、定格在所感兴趣的网页上,作进一步的搜索,主动拉取更丰富的信息;④拉中有推式:在用户拉取信息的搜索过程中,根据用户输入的关键词,信源主动推送相关信息和最新信息。参见 information push, information pull。

information quality 信息质量 信息产品反映各种事物的变化、特征和规律的优劣程度。信息质量包括了信息的准确性、时限性、有效性以及用户需求的满意度。

information rate per character 每个字符的信息率 一个平稳消息源的全部可能消息的熵的字符平均值,即平均熵 H'。用数学记数法表示:

$$H' = \lim_{m \to \infty} H_m / m$$

式中 H_m 为消息源发出的由 m 个字符组成的全部序列的集合的熵。如果一个消息源不是平稳的,则 H_m/m 的极限可能不存在。

information reception 信息接收 沿着某一信道,利用某种接收器从一个具体的信源处获取信息的过程。

information redundancy 信息冗余 为了增加计算机系统的可靠性,使用比实际需要多的信息,如采用检错码和纠错码。

information repository 信息库 一种用来存储元数据的组件。它描述组织的数据与数据处理的资源,管理总体的信息处理环境,并把该组织的业务信息及其应用软件包组合在一起。

information repository dictionary system (IRDS) 信息库词典系统 用于管理和控制对信息库访问的一种计算机软件工具。

information requirements 信息需求 (1)向信息系统提出的实际或预期的问题。它反映某人、某集体或某系统对信息的需要。这种信息与他们的活动或工作性质有关。(2)信息需求是信息消费的四个基本阶段之一,信息消费的过程包括信息需求、信息占有、信息吸收和信息创造四个阶段。信息消费始于信息需求,信息需求是引发信息消费的原动力,是人的基本需求,是信息消费者必备的要素。参见 information consumption, information occupy。

information resources 信息资源 可供利用并产生效益与社会生产和生活有关的各种文字、数字、音像、图表、语言等一切信息的总称。信息资源广泛存在于经济、社会各个领域和部门。是各种事物形态、内在规律、和其他事物联系等各种条件、关系的反映。信息同能源、材料并列为当今世界三大主要资源。信息资源对国家和民族的发展,对人们工作、生活至关重要,成为国民经济和社会发展的重要战略资源。它的开发和利用是整个信息化体系的核心内容。参见 information resource management (IRM)。

information resource dictionary (IRD) 信息资源词典 在数据库中,实体、属性和关系的集合,通常由某个组织用来描述数据库的信息。

information resource dictionary schema 信息资源词典模式 信息资源词典的逻辑结构模式,词典中包含实体类型、关系类型和属性类型等描述子。

information resource dictionary system (IRDS) 信息资源词典系统 数据和信息资源管理的一个重要工具,它提供了对一个组织机构有意义的数据和信息资源进行记录、存储和处理描述的设施。

information resource management (IRM) 信息资源管理 是以计算机和现代通信技术为核心的信息技术的应用所催生的一种新型信息管理理论。信息资源管理有狭义和广义之分。狭义的信息资源管理是指对信息本身即信息内容实施管理的过程。广义的信息资源管理是指对信息内容及与信息内容相关的资源,如设备、设施、技术、投资、信息人员等进行管理的过程。

information resource sharing 信息资源共享 各种信息资源共同利用之意。在自愿、平等、互惠的基础上,通过建立信息拥有者之间的各种合作、协作、相互协调关系,利用各种技术、方法和途径,开展共同建设和共同利用信息资源,以最大限度地满足对信息资源需求的全部活动。

information retrieval 信息检索 (1)信息按一定的方式组织起来,并根据信息用户的需要找出有关的信息的过程和技术。信息检索的四个要素:①信息意识,是人们利用信息系统获取所需信息的内在动因,具体表现为对信息的敏感性、选择能力和消化吸收能力。信息意识是信息检索的前题。②信息源,按文献载体分:印刷型、缩微型、机读型、声像型等;按文献内容和加工程度分:一次信息、二次信息、三次信息等;按出版形式分:图书、报刊、研究报告、会议信息、专利信 息、统计数据、政府出版物、档案、学位论文、标准信息等。信息源是信息检索的基础。③信息获取能力,包括了解各种信息来源、掌握检索语言、熟练使用检索工具、能对检索效果进行判断和评价。这是信息检索的核心。判断检索效果有两个指标:查全率(被检出相关信息量/相关信息总量)和查准率(被检出相关信息量/被检出信息总量)。④信息利用,获取信息的最终目的是通过对所得信息的整理、分析、归纳和总结,将各种信息进行重组,创造出新的知识和信息,从而达到信息激活和增值的目的。(2)信息的收集与加工,存储与检索以及向用户提供的一整套计算机技术的信息工作。它是信息科学与计算机科学相交叉的一门新兴的应用学科。广义的信息检索包括文献检索、数据检索和事实检索;狭义的信息检索指计算机化的文献检索。信息检索的核心是信息的内容分析、信息存储与检索结构、信息检索评价三个理论和技术问题。信息检索的流程分为四个步骤,即信息的分析与加工,信息的存储,信息的检索和信息的提供与分发。

information retrieval file 信息检索档 按一定顺序排列的、记录在某种存储设备上的信息特征集合体(或库)。用于在文献资料库或事实信息库中实现主题和/或专题检索。

information retrieval language 情报检索语言 根据情报检索的需要而创制的人工语言,专门用于各种手工的和计算机化的文献情报存储检索系统,表达文献主题概念和检索课题概念。情报检索语言实质上是表达一系列概括文献情报内容的概念及其相互关系的概念标识系统。它可以是从自然语言中精选出来并加以规范化的一套词汇,可以是代表某种分类体系的一套分类号码,也可以是代表某一类事物的某一方面特征的一套代码,用以对文献内容和情报需要进行主题标引、逻辑分类或特征描述。情报检索语言按其结构原理,可分为分类检索语言(分类法)、主题检索语言(主题法)和代码检索语言;按其标识的组合使用方法,可分为先组式语言(文献标识在编表时就固定组合好,也称列举式语言)和后组式语言(文献标识在检索时才组合起来,也称组配式语言)。此外,还可按其包括的学科或专业范围、适用范围等划分类型。

information retrieval system 信息检索系统 根据特定的信息需求而建立起来的一种有关信息搜集、加工、存储和检索的程序化系统,其主要目的是为人们提供信息服务。信息检索系统由硬件(计算机系统和通信网络)、软件(系统软件和应用软件)、各种数据库、系统管理者与信息用户(信息的吸收源)五个要素构成。

information retrieval technique 信息检索技术 信息检索中文献数据库的处理技术。检索的基本过程是,以系统规定的处理形式所表示的提问标志与存储于文献库中的各种信息标志进行比较处理,由检索程序自动完成。它涉及提问的表达式和判读;文献库的查找方法;索引词之间的比较方法等。检索方法分为:顺排文件检索、倒排文件检索、混合检索等。

information retrieval theory 情报检索理论 对研究情报存储和检索的规律性以及情报检索系统的设计、运行与评价等问题进行研究所得的概念与认识。一般包括 6 个研究领域:①情报检索语言;②情报检索文档;③情报检索策略;④情报检索效率;⑤情报检索系统;⑥情报加工自动化。

information revolution 信息革命 以电子计算机为中心的第四次信息革命。迄今人类已经历了语言、文字和印刷等三次信息革命,而第四次信息革命是指电信、电话、电视等与电子计算机相结合的计算机-通信革命。第四次信息革命的本质在于对人类智能劳动的代替和扩大,它比过去以蒸汽机和电机为中心的动力革命对体力劳动的代替和扩大、对人类社会的影响要深刻得多。它将以解决综合问题和创造新体系、新制度的具体形式表现出来。参见 information explosion。

information science 信息科学,情报科学 (1)以信息为主要研究对象,以信息的运动规律和应用方法为主要研究内容,以计算机等技术为主要研究工具,以扩展人类运用信息的功能为主要研究目标的一门新兴的、边缘的、横断的综合性科学。信息科学研究范畴包括:探讨信息的本质;研究信息的度量;阐明信息的运动规律;揭示利用信息进行控制的原理和方法;寻求利用信息实现最优系统的途径。信息论、控制论、系统论是信息科学的三大支柱。(2)情报科学也称"情报学",是研究情报的产生、传递、利用规律和用现代化信息技术与手段使情报流通过程、情报系统保持最佳效能状态的一门科学。它使人们正确认识情报自身及其传播规律,充分利用信息技术和手段,提高情报产生、加工、存储、流通、利用的效率。

Information Sciences **《信息科学》** 美国用英、法、德、西班牙文出版的期刊。1968 年创刊,全年 36 期,Elsevier Science 出版社出版,SCI(科学引文索引)、EI(工程索引)收录期刊。1996 年前刊名为 *Information Sciences - Applications*,刊载信息科学理论、实验和应用的研究论文。涉及工程学、数学、统计学、计算机科学、图书馆学、物理学、管理学等领域。

information security 信息安全 (1)阻击信息的非授权泄露、操作、破坏、更改等的系统辨识、控制和过程。(2)为保证信息系统的精确性、完整性、操作连续性而需要的管理、控制、过程的总称。(3)信息在采集、传输、处理和存储过程中,应做到信息的机密性以防止信息的非法泄漏、信息的完整性以防止信息被非法修改、信息的可用性以防止信息重用与拒绝服务、信息的安全可控性以提高信息的合法监督。参见 confidentiality, integrity, availability, controlability。

information security operation management system 信息安全运行管理系统 实现信息安全管理体系(ISMS)的技术支撑平台,信息安全运行管理系统以信息以及信息系统风险管理为核心,为安全运营和管理提供支撑。

information security risk assessment 信息安全风险评估 依据有关信息安全技术与管理标准,对信息系统及由其处理、传输和存储的信息的保密性、完整性和可用性等安全属性进行评价的过程。评估资产面临的威胁以及威胁利用脆弱性导致安全事件的可能性,并结合安全事件所涉及的资产价值来判断安全事件一旦发生对组织造成的影响。

information security risk assessment service provider 信息安全风险评估服务提供者 具备一定的风险评估能力,按照合同或协议,为信息系统所有者提供信息安全风险评估服务的组织。

Information Security Technical Report **《信息安全技术报告》** 英国1996年创刊，全年4期，Elsevier Science 出版社出版，EI(工程索引)收录期刊。有关计算机及计算机安全方面的学术刊物。

information selection systems 信息选择系统 一种信息处理系统，它执行一系列操作，查找存储器中具有指定特性的一个或多个信息项，并直接或间接地、全部或部分地检索出这些项目。

information separator (IS) 信息分隔符 用于对那些按层次排列数据的数据单元进行定界的任何字符。分隔符的名字不必指出它所分隔的数据单元。同 separating character。

information service 信息服务 信息服务是信息管理活动的出发点和归宿，是信息管理学研究的重要内容和领域，是用不同的方式向用户提供所需信息的一项活动。信息服务活动通过研究用户、组织用户、组织服务，将有价值的信息传递给用户，最终帮助用户解决问题。从这一意义上看，信息服务实际上是传播信息、交流信息、实现信息增值的一项活动。参见 information management (IM)。

information service industry (ISI) 信息服务产业 为用户提供信息而生产信息产品和提供各种形式服务的产业，主要由数据库处理业、信息提供业、软件业、系统集成业以及其他服务业构成。参见 information industry。

information sharing 信息共享 不同层次、不同部门信息系统间，信息和信息产品的交流与共用。信息共享就是把信息资源与其他人共同分享，以便更加合理地达到资源配置，节约信息成本。

information society 信息化社会 以信息的生产为中心，使社会和经济迅速发展起来的社会。在信息化社会里，信息将成为比材料或能源更为重要的资源，大容量高速电子计算机、新型通信手段(包括通信卫星所组成的全球通信系统)，把世界联成一个整体，各种信息可以畅通无阻。在信息化社会里，不断扩大人们的智力，大量产生知识，已成为发展生产力和加快经济增长的关键因素。参见 social informatization。

information society science 信息社会科学 一门跨信息科学和社会科学领域的边缘科学，这门学科的对象是从搞清信息科学的基础到对社会科学领域的计量化、统一化的动向，对社会体系的基础理论和手法以及信息化社会进行分析等。

information sociology 信息社会学 同 information society science。

information source 信息源 简称“信源”，信息或信息序列的产生源。信息源是人们在科研活动、生产经营活动和其他一切活动中所产生的成果和各种原始记录，以及对这些成果和原始记录加工整理得到的成品都是借以获得信息的源泉。信息源内涵丰富，它不仅包括各种信息载体，也包括各种信息机构；不仅包括传统印刷型文献资料，也包括现代网络电子资料；不仅包括各种信息储存和信息传递机构，也包括各种信息生产机构。信息源可分为无记忆信息源和有记忆信息源两种，前者产生的信息互不相关；后者产生的信息存在某种统计意义上的相关。参见 message source，data source。

information source coding 信源编码 按信息源的统计特性将信息源送出的信号变为数字的编码信号的过程。其主要任务是解决模拟信号的数字化及提高数字信号的有效性。例如在一定精度要求下，如何用最小的码元数来表示信号以及如何压缩频带以提高信息传输的效率等。信源编码的主要方法有三种：①概率匹配编码，简称匹配编码。根据编码对象的概率分布分别给予长短不同的代码；②变换编码。先对信号进行变换，然后针对变换后的信号进行编码。根据变换方式的不同，变换编码分为预测变换和函数变换两种；③识别编码。根据信号的特点压缩其冗余度。按其对象的不同有文字识别、语音识别等。例如声码器中的编码即为一种识别编码。参见 channel coding。

information standardization 信息标准化 研究、制定和推广应用统一的信息分类分级、记录格式及其转换、编码等技术标准的过程。信息标准化利于实现不同层次、不同部门信息系统间的信息共享和系统兼容。

information storage and retrieval 信息存储和检索 将信息按一定的方式组织和存储起来，并根据信息用户的需要找出有关的信息过程。同 information retrieval。

information storage and retrieval language 文献语言，信息存储与检索语言 文献数据库系统以标引、存储与检索为目的使用的一种人工语言。

information storage and retrieval system 信息存储和检索系统 一种信息处理系统。它用于存储数据或文件，并根据询问进行检索。参见 information system。

information structure 信息结构 各个数据元素之间逻辑关系的一种表示方法。在软件需求分析中起着重要作用，直接影响软件的最后设计。

information subjective 信息主观性 也称“信息的非客观性”。它的实质是以人的思维为出发点，脱离客观，因人们对自然规律和社会规律在认识上的有限性，因而很可能出现偏离真实性的问题。比较 information objectivity。

information superhighway 信息高速公路 也称“国家信息基础设施”。信息高速公路是一个包罗万象的术语：它可以是因特网、电话、蜂窝电话、有线电视、卫星系统等，还包括各种无线系统和数字化大容量光纤通信网络，用于把政府机构、企业、大学、科研机构和家庭的计算机联网。所以，信息高速公路实际上是以光纤为基础，集计算机、电视、电话为一体，传输以各种图、文、声为形式的多媒体信息。参见 information infrastructures。

information symbol　信息符号　也称“信息码元”。数字信道所传送的信息流中代表原始信息的符号。

information system abuse　信息系统滥用　影响信息系统资源的可用性、保密性、完整性的蓄意或随机行为。它包括对信息系统的诈骗、盗用、偷窃、恶性损坏、非授权使用、服务否认和侵占等行为。

information system analyst　信息系统分析师　确定用户需求和资源限制等条件，并将它们变成具体信息系统实施方案的人员。

information system base language (ISBL)　信息系统基础语言　一种基于关系代数运算的数据语言。该语言的每个询问语句都近似于一个关系代数表达式。因此，称为“纯”关系代数语言。它是由IBM公司英格兰底特律科学研究实验中心为实验性的彼得里关系测试工具 PRTV(Peterlee relation test vehicle)系统而研制的一种查询语言。

information system development methodology　信息系统开发方法学　规定并格式化了信息系统开发周期的一系列步骤。它定义了每一步必须达到的精确目标和结果。系统开发周期还为每一步提供了准备各种文档的特定格式。信息系统开发方法学当前主要涉及的课题有：信息系统理论、软系统方法论、参与、原型法、形式化方法、结构化方法、数据流分析、计划等传统方法和自动工具研究。

information system economics　信息系统经济学　以信息管理、信息系统的经济学问题为研究对象，对信息系统的建设与管理中有关的经济问题进行研究。如信息系统建设中的成本问题、信息系统的效益问题、信息系统管理中的费用、信息产品与信息服务等问题，以及在信息化决策过程中的政策、市场、成本和收益等。

information system for synthetical evaluation of resources　资源综合评价信息系统　汇集资源信息、资源评价方法和模型，在单项资源评价基础上，从总体角度对资源进行的综合鉴定和分等定级处理的应用系统。

information system life cycle　信息系统生命周期　信息系统典型的生命周期模型分为计划组织、开发采购、实施交付、运行维护、废弃五个阶段，以及变更应用于系统产生的闭合循环周期结构。

information systems　信息系统　用于采集、处理、存储、传输、分发和部署信息的整个基础设施、组织结构、人员和组件的总和。信息系统有如下6个共同特点：①信息系统必须经历设计、制造、运行和维护等过程；②在信息系统开发和运行阶段，程序和数据库都很重要，两者缺一不可；③由于信息系统开发成本高，因此，节约的办法是共享硬件、文件和软件；④从发展趋势看，信息系统将越来越大，因而，开发、运行和维护的成本也越来越高；⑤由于系统涉及各种级别的人机通信，因此，文件编制非常重要；⑥系统的使用和系统开发的技术会继续不断地变化，使用系统的机构也会不断改变，但系统本身不会有太大的变化。参见 functional information system, distributed processing, database 和 management information system。

Information Systems　**《信息系统》**　英国1975年创刊，全年8期，Elsevier Science 出版社出版，SCI(科学引文索引)、EI(工程索引)收录期刊。刊载数据库的设计、建立、管理、应用，以及程序设计和数学模型等信息系统领域的研究论文、评论、报告和书讯。

information systems architecture (ISA)　信息系统体系结构　表示组织中信息系统的结构的概念性蓝图或规划。

information systems assurance level (ISAL)　信息系统安全保障级　通过综合技术、管理和过程等安全机制所推荐的对抗各种安全威胁的保护组织机构信息和信息资产，从而保障组织机构使命的强度和保障度级别。

information system security (INFOSEC)　信息系统安全　使用合理安全措施，保护信息系统中的信息在存储、处理或传输等过程中不会被未授权用户访问，并保障授权用户能够正常使用系统。

information technique (IT)　信息技术　运用计算机技术、微电子技术、通信技术等现代化手段对信息进行采集、加工、处理、存储、传输的综合技术。包括对组成各类信息应用系统，如数据库、知识库、各类检索系统、人工智能系统、计算机辅助作业的研究与应用。

information technique outsourcing　信息技术外包　企业以长期合同的方式委托信息技术服务商向企业提供部分或全部的信息功能。常见的信息技术外包涉及信息技术设备的引进和维护、通信网络的管理、数据中心的运作、信息系统的开发和维护、备份和灾难恢复、信息技术培训等。

information technique standardization　信息技术标准化　围绕信息技术开发、信息产品的研制和信息系统建设、运行与管理而开展的一系列标准化工作。其中主要包括信息技术术语、信息表示、信息处理技术、媒体、软件工程、数据库、网络通信、电子数据交换、办公自动化、电子卡、家庭信息系统、信息系统硬件、工业计算机辅助技术等方面标准化。

information technology (IT)　信息技术　同 information technique (IT)。

information technology equipment (ITE)　信息技术设备　用于以下目的的设备：①接收来自外部源的数据(如通过键盘或数据线输入)；②对接收到的数据进行某些处理(如计算、数据转换、记录、建档、分类、存储和传送)；③提供数据输出(或送至另一设备或再现数据与图像)。这个定义包括那些主要产生各种周期性二进制电气或电子脉冲波表,并实现数据处理功能的单元或系统:诸如文字处理、电子计算、数据转换、记录、建档、分类、存储、恢复及传递,以及用图像再现数据等。

information technology infrastructure library (ITIL) 信息技术基础架构库 它是一套关于信息技术服务管理(ITSM)的统一标准文件,它是英国原国家计算机和电信局于80年代中期开始开发的一套针对信息技术行业的服务管理标准库。自发布以来,一直被业界认为是信息技术服务管理领域事实上的管理标准,直到2000年11月,英国标准协会(BSI)正式发布了以ITIL为核心的国家标准BS15000。2005年5月,国际标准组织(ISO)通过了批准它为ISO 20000标准的决议。

information technology security evaluation criteria (ITSEC) 信息技术安全性评价标准 1991年,西欧四国(英、法、德、荷)提出了信息技术安全评价准则(ITSEC),ITSEC首次提出了信息安全的保密性、完整性、可用性概念,把可信计算机的概念提高到可信信息技术的高度上来认识。它定义了从e0级(不满足品质)到e6级(形式化验证)的七个安全等级和十种安全功能。参见 trusted computer system evaluation criteria。

information technology service management (ITSM) 信息技术服务管理 在IT服务管理领域,是一种结合已验证方法的步骤,如程序管理和业界已知最好实践方法等。它使任何组织能够发送高质量的满足客户需求的IT服务,并满足在服务级协议中指定的性能目标。

information technology systems 信息技术系统 作为信息系统一部分的执行组织机构,用于采集、创建、通信、计算、分发、处理、存储和/或控制数据或信息的计算机硬件、软件和/或固件的任何组合。

information theft 信息窃取 行为人未经授权或超越授权对数据、计算机程序、公式及其他类似的信息进行访问并拷贝,或者将该信息取走。

information theory (IT) 信息论 关于信息量度量和信息编码、信号处理和分析的科学理论。信息论是运用概率论与数理统计的方法研究信息、信息熵、通信系统、数据传输、密码学、数据压缩等问题的应用数学学科。信息论的研究范围极为广阔,除一般信息论外,还有狭义信息论和广义信息论两种类型。参见 narrowly informatics, broadly informatics。

information timeliness 信息时效性 信息在一定的时空中运动,其效能与时间成反比。信息的时效性是指信息的效能依赖于时间,它既表明了信息的时间价值,又表明了信息的经济价值和社会效益。客观事物总是在不断变化,呈现出错综复杂的现象,每一个变化都产生出大量信息,且具有十分强烈的时效性。客观事物变化越快,信息的时效性就越强。时间的延误,将导致信息价值的衰落,乃至完全消失。参见 information consumption, information create, information hyperplastic。

information transfer 信息传送 也称"信息传播"。沿着某一通信信道,信息从信源到信宿传递的过程。

information transfer channel 信息传送信道 数据源和数据宿的数据终端设备之间在功能上的连接。它包括数据电路和相应的数据通信设备。

information transfer phase 信息传送阶段 DCE(数据电路终端设备)能够接收和传输(I)格式信息帧和(S)格式管理帧的阶段。参见 disconnected phase。

information transmission theorem 信息传输定理 将信源编码定理和信道编码定理综合,就得到信息传输定理。在一般数字通信系统中,信源编码和信道编码可以分开考虑。信道编码定理给出无差错的速率上限,信源编码定理给出无失真或限失真的速率下限。参见 source coding, channel coding。

information transmission 信息传输 信息的接收和传送过程,其间不改变信息内容。

information transmission system 信息传输系统 转发信息的通信系统。例如,报文分组交换网内的一个通信节点就是一个信息传输系统。这种系统只能转发收到的信息,不能对信息作任何更改和处理。

information value 信息价值 利用接收到的信息所获得的效益。信息价值有明显的相对性和时效性。相对性指同一信源发出的同一信息,对不同的接收者的价值是相对的。时效性指信息价值随时间递减。

information visualization 信息可视化 信息可视化是利用计算机支撑的、交互的,对抽象数据的可视表示来增强人们对这些非物理抽象信息的认知。这种技术将为人们发现规律、辅助决策,解释现象提供了强有力的工具。

information warfare (IW) 信息战 现代军事意义上的信息战,是指综合运用信息技术和武器,打击敌人的信息系统,特别是侦察和指挥系统,使敌人情况不明,难以做出决策,或者给以虚假的信息,使之做出错误的决策;与此同时,采取一切措施保护自己的信息系统不受敌人的干扰和破坏,各种功能得以充分发挥。

information word 信息字 供计算机运算的数据字,如加法的操作数。信息字也可用来修改指令。信息字和指令字不同,指令字一般送到控制器,而信息字一般送到运算器。

information world 信息世界 也称"观念世界"。是现实世界在人们头脑中的反映。现实世界中的事实反映到人的大脑中来,人的大脑对这些事实有个认识的过程，经过选择、命名、分类之后进入信息世界。信息世界的主要对象是实体以及实体间的相互联系。

Information & Management **《信息与管理》** 荷兰1978年创刊，全年8期，Elsevier Science出版社出版，SCI(科学引文索引)、SSCI(社会科学引文索引)、EI(工程索引)收录期刊。刊载信息与数据处理技术和计算机系统在人类各种经济与社会活动的管理中应用方面的研究论文和评论。

informative abstract 资料性摘要 对文件论点、结论或重要的数据所做的摘要。

informative elements 资料性要素 标准化术语。标识标准、介绍标准和提供标准的附加信息的要素，分为概述要素和补充要素。

informatization of enterprise management 企业管理信息化 在企业管理的各个活动环节中，充分利用现代信息技术建立信息网络系统，使企业的信息流、资金流、物流、工作流集成和整合，不断提高企业管理的效率和水平，实现资源的优化配置，进而提高企业经济效益和竞争能力的过程。

informetrics 信息计量学 采用定量方法来描述和研究信息的现象、过程和规律的一门学科，它是数学和统计学与信息学广泛结合而形成的信息学的一个定量性分支学科。信息计量学主要是研究情报信息(或文献情报)的计量问题，它的主要内容是应用数学和统计学等定量方法来分析和处理信息过程中的种种矛盾，从定量的角度分析和研究信息的动态特性，并找出其中的内在规律。参见bibliometrics，scientometrics，webmetrics。

Informix DBMS Informix关系式数据库管理系统 美国Informix软件公司于1981年推出的关系式数据库管理系统，是以RD-SQL为基础的关系数据库管理系统，RD-SQL与美国国家标准协会(ANSI)标准相符合，带有ESQL/C开发工具，允许在C语言中嵌入SQL语言，也可在INFORMIX-SQL中调用C函数，主要特征是：①整个系统由许多功能独立的程序组成；②允许用户对每个数据库文件用数据模式语言中的LOCATION语句定义数据存放位置；③支持并发处理，以锁控方式确保多用户环境下数据的完整性，多种相同或不同的应用程序可同时运行，共享数据；④可动态增删索引，使整个系统实现快速录入和检索的高效率。

informix object-oriented and distributed DBMS Informix面向对象和分布式数据库管理系统 由Informix软件公司开发的数据库管理系统。其面向对象的特性改变了用户存储数据和检索数据的方法，使用户能存储图表、传真数据化图像等信息，用户能规定任意长度的字段，消除了定长字段的限制，用户能把记录、信件和合同等信息放入数据库字段，扩充了SQL功能，采用了自由原文检索技术，改善了对信息的共享，提供多用户并发控制机制以确保数据完整性和安全性以及网络的最佳效率。

Informix-4GL Informix-4GL关系式数据库系统 Informix关系式数据库软件的一个版本，增加了第四代语言，可通过对话建立用户菜单和屏幕表格，从屏幕表格录入的数据自动检查其合法性，在嵌入库中时保证数据的完整性。

Inforstar DBMS Inforstar数据库管理系统 由Micropro公司于1982年研制成功的面向非计算机专业用户的数据库软件产品，包含Formsort、FormGen、Datastar和Reportstar四个部分，和Wordstar兼容，用户不需要建立命令语句就可查询信息，源程序用汇编语言编写，每个字段最多允许含有255个字符，每个记录最多可含有255个字段，每个记录中最多可有65025个字符，每个文件的记录条数不受系统限制，一次可打开24个文件，无保密功能。

INFOSEC 信息系统安全 information system security的缩写。

infradyne receiver 低外差接收机 一种为获得高选择性而使其中频高于信号频率的超外差接收机。

infralow frequency (ILF) 亚低频 波段为300～3 000 Hz的频率，对应的波长在100～1 000 km之间。

in-frame 帧内 包含在一个帧内的对象。

infrared (IR) 红外线 电磁波中频率比可见光低的部分，具有热效应，因此也称“热辐射”，物理发出的热辐射与其温度成正比，根据波长，红外线可分为三种：近红外：波长为770～3 000 nm；中红外：波长为3 000～30 000 nm；远红外：波长为30～1 000 μm。

infrared absorption spectrum 红外吸收谱 一种由红外辐射的分子吸收所产生的频谱。

infrared angle tracker 红外角跟踪器 机载红外接收机上的一个设备，它能给出：①对红外辐射源(如飞机、导弹、导弹发射器、火、工厂、发电厂)或太阳的视角；②视角的变化率，即角速度；③接收到的红外辐射的强度。

infrared beacon 红外信标 一种可建立地理参考点的红外辐射源，根据它能够确定方位。

infrared camera 红外摄像机 一种采用高分辨扫描技术与红外检测器相结合的摄像机，所获得的热记录可展示由红外能量产生的影像。在绝对零度以上的所有温度上，一切物体都会自然辐射红外能量。

infrared communication set 红外通信装置 使一种双路电子系统运行所需要的单元，这种系统以红外辐射作为携带信息的媒质。

Infrared Data Association (IrDA) 红外线数字协会

IrDA是由150多家厂商共同开发建立的工业标准，适合于廉价、短距离、交叉平台的应用，在广泛的速度范围内进行点对点的通信。IrDA标准包括三个基本的规范和协议：红外物理层连接规范（IrPHY）、红外连接访问协议（IrLAP）和红外连接管理协议（IrLMP）。IrPHY规范制订了红外通信硬件设计上的目标和要求；IrLAP和IrLMP为两个软件层，负责对连接进行设置、管理和维护。在IrLAP和IrLMP基础上，针对一些特定的红外通信应用领域，IrDA还陆续发布了一些别的红外协议：微小传输协议（TinyTP），它提供了应用层的流控制和应用数据单元的分割组合，使得数据移动平稳，TinyTP被支持IrDA结构的应用程序广泛应用；红外目标交换协议（IrOBEX），制定了文件和其他数据对象传输时的数据格式；红外通信端口模拟协议（IrCOMM），模拟串行或并行口，使应用程序使用红外线端口就如串行口或并行口一样；红外局域网访问协议（IrLAN），能够将笔记本电脑和其他嵌入式设备通过红外线设备访问局域网。参见infrared physical layer link specification (IrPHY), infrared link access protocol (IrLAP), infrared link management protocol (IrLMP)。

infrared detector 红外检测器 将入射的红外辐射信号转变成电信号输出的器件。红外检测器通过测量物体表面红外辐射来确定其存在和方位。按探测器工作机理区分，可分为热探测器和光子探测器两大类。光子型红外检测器具有高灵敏度和短的时间常数，但它只对近红外区中窄的波长范围灵敏，且要求低温工作温度；热能型红外检测器吸收红外能量，造成可改变电特性（如电阻）的温度升高。

infrared-emitting diode (IRED) 红外发射二极管 也称“红外发光二极管”，在近红外区有最大发射的二极管，对于PN砷化镓而言，典型情况下是在0.9 μm附近。它可用于工业控制、光调制器、逻辑电路、光学开关、位置编码器及磁带阅读机等方面。

infrared guidance 红外制导 利用目标的红外辐射能获取制导信息，控制导弹飞向目标的制导技术。红外制导技术分为红外成像制导技术和红外非成像制导技术两大类。

infrared heating 红外加热 用红外辐射传递热能的加热。

infrared homing 红外导航 对目标发射的红外辐射进行跟踪的导航。

infrared high output optical fiber 红外光高功率输出的光导纤维 一种为传输高功率输出的红外光而设计的光导纤维。普通的光导纤维用一种纤维玻璃包绕着石英玻璃芯，其中纤维玻璃的折射率比玻璃芯的低。而用于红外光传输的光导纤维则要求芯是空心的，外层物为氧化锗，这样就能有效地减少功率损失。

infrared image 红外图像 将介于可见光与微波波段之间的电磁波辐射图像，经红外成像器件转换成的可见光图像，也称“热像”。广泛用于军事侦察、遥感技术和医学疾病诊断中。

infrared image converter 红外变像管 一种将不可见的红外照射情景变为荧光屏上可见图像的电子管。在管子的输入端，由红外透镜将所要的情景聚焦到一光电阴极上，从光电阴极的背面可得到正比于每个点照度的发射电子束，此电子束通过电子透镜聚焦到在管子另一端的荧光屏上，从而给出可见的图像。

infrared imagery 红外成像 通过感受来自目标表面发射或反射的红外电磁辐射，用电子学方法产生的图像。

infrared link access protocol (IrLAP) 红外连接访问协议 该协议是建立基本可靠的红外连接的条件。IrLAP是在高级数据链路控制（HDLC）协议的基础上，针对IrDA所需作必要修改而成。它支持以红外为媒介的控制访问，提供了设备到设备的连接，以获得可靠有序的数据传输。它定义了发现节点的过程。它将帧封装，并确保不同IrDA设备之间的通信不会冲突。在数个IrDA设备通信中，只有一个是IrDA主设备，其余都是次设备，它们都是使用半双工通信设备。此外，IrLAP负责红外线的连接建立和关闭，以及对次设备编号。参见infrared data association (IrDA)。

infrared link management protocol (IrLMP) 红外连接管理协议 用于在IrLAP（红外连接访问协议）连接基础上的多服务和应用程序的管理。IrLAP负责检测外围的其他IrDA设备、检查数据流量、并充当多任务器。它提供IrLAP层的多路复用并支持IrLAP连接上的多信道。参见infrared data association (IrDA), infrared link access protocol (IrLAP)。

infrared night vision 红外夜视 借助于光电成象器件实现夜间观察的一种光电技术。红外夜视技术分为主动红外夜视技术和被动红外夜视技术。主动红外夜视技术是通过主动照射并利用目标反射红外源的红外光来实施观察的夜视技术，对应装备为主动红外夜视仪。被动红外夜视技术是借助于目标自身发射的红外辐射来实现观察的红外技术，它根据目标与背景或目标各部分之间的温差或热辐射差来实施观察，其装备为热成像仪。

infrared physical layer link specification (IrPHY) 红外物理层连接规范 红外物理层提供设备间的红外数据信号传输，IrPHY规定了红外线光学特性、数据编码、帧的传输速度等。参见infrared data association (IrDA)。

infrared polarizer 红外偏振镜 一种由热解石墨薄膜组成的偏振镜，它可在4 μm处及超出红外区的波段提供对入射光高达98%的偏振。

infrared port 红外端口 一种光学端口,不需要使用电缆就能使计算机与具有红外功能的便携式计算机或外围设备交换数据的端口。红外端口一般是通过在串行端口上连接一个软件狗建立的,可以以大于 115 Mbps 的速度传输数据。

infrared radiation 红外辐射 在红外频谱中的电磁辐射,波长范围为 0.75 ～ 1 000 μm。

infrared receiver 红外接收机 一种可接收和解调携载信息的红外辐射的设备。

infrared remote control 红外遥控 红外遥控的发射电路是采用红外发光二极管来发出经过调制的红外光波,红外接收电路由红外接收二极管、三极管或硅光电池组成,它们将红外发射器发射的红外光转换为相应的电信号,再送控制器。红外遥控是一种无线、非接触控制技术,具有抗干扰能力强,信息传输可靠,功耗低,成本低,易实现等显著优点,被诸多电子设备特别是家用电器广泛采用。

infrared remote sensing 红外遥感 遥感器工作波段限于红外波段范围的遥感。

infrared scanner 红外扫描器 一种基于机械或电气技术的扫描器,它可利用一个或多个红外检测器提供对视场的逐行扫描。在一种装置中,一个由电机驱动的扫描反射镜与一个电机驱动的凸轮同时俯仰运动,从而实现水平和垂直两个方向的扫描。

infrared spectrum 红外光谱 在波长 0.75 ～ 1 000 μm之间所放射的能量被定义为红外辐射(波长在 100 ～ 1 000 μm 之间为毫米波)。红外线是由温度在绝对零度以上时任何材料内原子和分子的振动与旋转所产生的电磁辐射。红外光谱可分为四部分:近红外区(NIR,0.7 ～ 3 μm);中红外区(MIR,3 ～ 6 μm);远红外区(FIR,6 ～ 15 μm)和极远红外区(XIR,15 ～ 1 000 μm)。前三个区域所含光谱间隔称为大气红外窗口,在该窗口中,地球的大气是比较透明的。8 ～ 12 μm 波段最适宜距离超过 900 m 的热成像,而较短波长 3 ～ 5 μm 则适于短距离的热成像。

infrared touch screen 红外触摸屏 由装在触摸屏外框上的红外线发射与接收感测元件构成。红外触摸屏在框的四边排列了红外线发射管及接收管,在屏幕表面形成一个红外线网。用户以手指触摸屏幕某一点,便会挡住经过该位置的两条红外线,传感器即可算出触摸点位置。参见 touch screen。

infrared transmission 红外传输 红外传输是在相当小的范围内,利用红外元件发送和接收信号的无线通信方式。红外传输使用的频率在可见光谱以下。这些光波用于无线网络中,但在发射机和接收机之间或在发射机、接收机与公用单元或目标之间需要有一条在视野内的连接线路。

infrared transmitter 红外发射机 所发射能量处于红外光谱的发射机,它可以用信息信号进行调制。

infrared-transparent material 红外透明材料 可传送红外辐射的光学材料,如氯化钠(0.25 ～ 16 μm)、碘化铯(1 ～ 50 μm)和高密度聚乙烯(16 ～ 300 μm)等。

infrared window 红外窗口 红外波段的范围在 0.7～1 000 μm 之间,因地球大气中不同分子吸收红外线波长不一致,造成红外波段的情况比较复杂。实际上常用的红外窗口有:近、中红外的0.3～1.3 μm、1.5～1.8 μm、2.0～2.6 μm、3.0～3.6μm、4.2～5.0 μm 和远红外的 7.0～15.0 μm。参见 atmospheric window。

infrasonic 次声 也称"亚音"。人耳能听到的最低频率的声音是 20 Hz,低于 20 Hz 的声音就是次声。

infrasonic frequency 次声频率 也称"亚音频率"。低于音频范围的频率,一般是指频率在 0.0001 ～ 20 Hz 之间的频率。

infrasonic wave 次声波 频率小于 20 Hz 的声波。次声波不容易衰落,不易被水和空气吸收。而次声波的波长往往很长,因此能绕开某些大型障碍物发生衍射。

infrasonic weapon 次声武器 就是一种能发射频率低于 20 Hz 的次声波,使其与人体发生共振,致使共振的器官或部位发生位移、变形、甚至破裂,从而造成损伤以至死亡的武器。次声武器具有隐蔽性强、传播速度快、传播距离远、穿透力强、不污染环境、不破坏设施等特点。

infrastructure as a service (IaaS) 基础设施即服务 通过因特网可以从完善的计算机基础设施获得服务,如网络存储和数据库服务。用户通常只是一个浏览器或其他简易客户端。IaaS 分为两种用法:公共的和专用的。公共的 IaaS 是作为一项共享的服务,根据需要提供计算(如虚拟化的服务器、存储和网络);专用的服务是使用企业内部数据中心的一组公用或专用服务器池。参见 cloud computing。

in full operation game 正式营运游戏 经过一系列的测试和改善后,游戏面向公众,而且开始采取一定模式进行收费的游戏。

InGaAs 铟-镓-砷-化合物 Indium-Gallium-Arsenide 的缩写。

INGRES relational database management system INGRES 关系数据库管理系统 由 Ingres 公司推出的数据库系统,是在 1973 年加洲大学伯克莱分校研制成功的试验性关系式数据库系统,1980 年由关系技术公司(RTI)商品化,可在 UNIX、VAX/VMS 操作系统下运行,支持多用户运行方式,系统提供了 EQUEL 查询语言和字处理软件包。INGRES 数据库系统是 20 世纪 80 年代技术上最有影响的数据库。

inheader subgroup 输入标题分组 报文(消息)处

理程序(MH)输入组的一部分,它对整个报文标题或部分输入报文标题进行操作。

inherent closing time **固有闭合时间** 开关电器从闭合操作开始瞬间起到所有极的触头都接触瞬间为止的时间间隔。比较 inherent opening time。

inherent direct voltage regulation **固有直流电压调整率** 不考虑交流系统的阻抗效应和电压稳定措施的校正效应时的电压调整率。参见 voltage regulation。

I

inherent error **固有错误** 存在于假设、设计、逻辑或算法上的错误。它使程序不能正常工作,而不管该程序写得如何好。例如,编写成使用并行口的串行口通信程序中含有固有错误。

inherent inductance of a capacitor **电容器的固有电感** 电容器导电系统所具有的电感。

inherent regulation **固有调节** 系统调节的一种形式:在没有补偿控制元件调整的情况下,系统受到干扰而又恢复到其平衡状态。

inherently ambiguous language **固有多义语言** 一个语言可以用很多种文法来描述,其中有些可能是多义性文法。设 L 是一个上下文无关文法,如果所有能够描述此语言的上下文无关文法都是多义性文法,则语言 L 称为本质多义性语言。例如 $L=\{a^ib^jc^k \mid i=j$ 或 $j=k\}$ 就是一个本质多义性语言,因为 $a^ib^jc^k$ 显然属于此语言,但对它的语法分析既顺着 $i=j$ 的思路走,也可顺着 $j=k$ 的思路走,因此必然是多义的。

inherently concurrent **固有并发** 不通过交互作用而同时接收事件的两个对象。

inherent opening time **固有断开时间** 开关电器从断开操作开始瞬间起,到所有极的弧触头都分开瞬间为止的时间间隔。比较 inherent closing time。

inherent recovery voltage **固有恢复电压** 也称"回路瞬态恢复电压",仅由特定线路参数所决定的恢复电压,一般用幅值因数及上升率(或自然频率)来表示。

inherent transparency **继承透明性** 不需要特殊控制字符的数据传输方式。

inheritance **继承** (1)面向对象的程序设计语言的重要特征之一,实现程序和变量重用的基本设施。一个类 A 继承类 B,那么类 A 不仅具有自身定义的变量和方法,而且也自动拥有类 B 的所有变量和方法。类 A 继承类 B,则类 A 称为类 B 的子类;类 B 称为类 A 的超类。继承关系可以将类组成树型关系或有向图关系。(2)知识表达中的一种常用方法,在层次性的知识表达中,上层定义的属性可以由下层结构所继承。它使信息连续传递,用于实体或框架以层次方式互相联系的部分,低层次的实体或框架可以呈现高层实体或框架的特性。

***inheritance* code** **继承码** 在面向对象的程序设计中,一组属于对象拥有的结构和过程属性。这些属性从导出该目标的分类项或目标传递到该目标上。参见 object oriented programming。

inheritance hierarchies **继承层次** 在知识处理系统中,当知识按层次表达时,上级目标的特征由下级目标来继承。

inheritance preemption principle **继承占先原则** 较特殊的信息优先于较一般的信息。它是不完全知识继承推理的基本控制策略。占先性是对继承的直观理解。它有两种最基本形式:径上占先表示一继承路径占先另一继承路径,若后者具有冗余继承,则缩短了前者一部分;而径外占先表示后者包含相交而阻碍前者一部分尽可能作出可占先路径。

inheritance reasoning **继承推理** 决定一个主体在继承系统中做出直观上合理的继承关系及其结论的推理形式,也称"继承"。继承推理是一种非单调推理,其形式化的结果称为继承逻辑。通常,又把自底向上的继承称为正向继承,自顶向下的继承称为逆向继承。正向继承可计算,而逆向继承则为完全 NP 问题。

inheritance relationship **继承关系** 在计算机网络管理系统中,指对象之间的导出关系。即扩展定义新的对象的一种方法,所扩展的新对象为原对象类的子类,子类具有原对象类的全部属性,还具有其自身的特有属性。子类的这种继承关系构成继承关系树。参见 managed object relationship。

inheritance system **继承系统** 根据概念以及概念之间的从属关系分层地表示知识的无环有向图。其中,具有树状结构的继承系统称为单重继承系统,否则称为多重继承系统。继承系统的最基本特征是继承性,低层概念继承较高层概念的属性。继承系统描述客观世界的知识可能是不完备的,甚至可能包含或导致矛盾。

inherited attribute **继承属性** 属性翻译文法中使用的一种属性。它的计算规则是"由顶向下"执行,即语法规则右部的语法符号的某些属性根据语法规则左部的语法符号的属性(或右部的其他符号的某些属性)计算而得。

inherited error **继承误差** (1)计算开始时即存在的误差。它是从前面的逐步计算中累积起来并遗留下来的,也可能是实际数值不能正确测得而引入的。(2)多级计算中一个步骤内的错误。它作为一个初始条件传递到下一个计算步骤。

inherited rights filter (IHF) **继承权过滤程序** 在 NetWare 中,控制用户能够在父目录和容器对象中继承权力的机制。继承权允许在一点所加的授权适用于在文件和目录构造中这点以下的每件事物。对于任何文件、目录或对象,IHF 是 NetWare 的访问控制信息的一部分。参见 filer, inherited rights mask。

inherited rights mask (IRM) **继承权屏蔽** 在 NetWare 中,控制用户能够继承的机制。由约定,IRM

允许继承所有的权力。文件目录都有个别的 IRM 控制。参见 inherited rights filter。

inhibit 禁止 (1)一种计算机操作。它禁止其他操作进行。禁止可以用在总线系统中,封锁某一通道,使其他通道可以使用此总线。(2)防止某装置或逻辑元件产生特别的输出。例如禁止外部设备中断,就使外部设备不能发送任何中断信号。

inhibit gate 禁止门 一种逻辑门。禁止门一般有两条输入线和一条输出线,输入线有一条称为控制线,另一条称为信息线。当控制线加上某种控制信号时,禁止门开启,信息线的信息就通过禁止门往前传输,当所加的控制信号撤消后,禁止门就关闭,信息线上的信息就无法通过禁止门。加在控制线上的控制信号取决于禁止门的特性和使用的场合,它可以是脉冲,也可以是电平。可以是 1 信号,也可以是 0 信号。与门、与非门、或门、或非门都可以用来作禁止门。

inhibiting input 禁止输入 逻辑门的一种输入。当它处于预定的状态时,逻辑门就没有输出。

inhibiting signal 禁止信号 使某种操作或现象不发生的信号,如"与"门上的禁止信号可使"与"门不开启,尽管"与"门的其他输入信号都存在。

inhibition rule 禁止规则 在分时系统中,为解决所发生的竞争而使用的一种规则。它常与优先级结合使用。当同时发生两个中断时,或者是在前面的中断没有完成之前,若有第二个中断发生,则优先级和禁止规则就可以帮助解决这两个中断的竞争问题。

inhibitory neuron 抑制性神经元 处于抑制状态的神经元,无神经冲动产生。

inhibit pulse 禁止脉冲 (1)使一个动作不发生的脉冲。例如,禁止脉冲可使门不打开、计数器不计数等。(2)带有磁芯存储器的计算机显然需要读出其所存储的内容,但是,读出是破坏性的;读出之后,存储单元即置值为 0。要更换存储器内的数据,比特 1 必须重新存储到先前存储 1 的那些单元中,而包含有 0 的磁芯则必须保持 0 状态。计算机将在所有单元中除了那些需要记录 0 的单元以外都记录 1,因此必须进行清除。清除是通过禁止脉冲完成的。

inhibit signal 禁止信号 同 inhibiting signal。

inhomogeneous problem 不同质问题 问题中包含不同类型的成分。不同质问题的特点是不规则的,但并非同质问题的特点就一定是规则的。

in-house 内部的 一个机构本身所进行的工作。例如一个机构的成员所进行的自己使用的系统开发。

in-house line 内部线路 与公用通信网相连,但内部独立使用的私有线路或租用线路。

in-house system 内部通信系统 某个组织专用的通信系统。所有的通信设备只供组织内部人员使用,而不是像公用通信系统那样供公众使用。

.ini 配置文件后缀名 微软视窗中的配置文件扩展名。它告诉微软视窗如何装载并运行一个应用程序。该文件包含工作目录、用户姓名以及用户设置。

init 初启 initiate 的缩写。

initial address 起始地址 分配给程序的起始单元的地址。

initial address message (IAM) 初始地址消息 在呼叫建立过程中,作为第一个消息而发送的信号消息,它含有足够的地址消息以便能开始确定呼叫路由;它也可能含有全部的地址信息。

initial alias file 初始协同文件 在网络载体互联管理程序中,指由配置交换例程在收到来自载体管理系统的配置数据时建立的文件。

initial bias 初始偏差 在对系统的仿真中,用仿真程序所描述的系统的初始状态往往与实际待研究的系统状态不一致,把两者间的差别称为初始偏差,它会影响仿真结果的正确性。

initial boundary value problem 初边值问题 微分方程定解问题的一种。它的解往往与时间有关,需要给出解在初始时刻状态(初始条件),及解在求解区域边界上的状态(边界条件)以确定解。有时可将初边值问题化为纯初值问题求解。

initial cap 开头大写字母 短语中某个单词用大写字母出现的第一个字母。

initial cell rate (ICR) 初始信元速率 在 ATM(异步传输模式)网络中,指一个可用位速率服务参数,单位为每秒信元数,是源端应初始发送的速率。

initial chaining value (ICV) 初始链接值 系统网络体系结构(SNA)中的一种 8 位组成的伪随机数。用来验证密码会话两端是否具有相同的会话密钥。此值还用来作为数据加密算法的输入,以对密码会话进行加密和解密。也称"会话种子"。

initial condition 初始条件 计算开始时的变量值。

initial condition mode 初始条件方式 模拟计算机的一种运行方式。在这种运行方式下,积分器不工作,机器设置初始条件。同 reset mode。

initial condition of relay 继电器初始状态 继电器为了在给定的输出电路中完成其指定作用而离开的那种规定状态。本术语主要用于某些量度继电器和定时限继电器,在此状态下,继电器可能已有适当激励。比较 final condition of relay。

initial connection protocol 初始连接协议 ARPA(阿帕网)中为解决寻址和建立连接而使用的一种协议。它给每一个为远程用户提供服务的主机建立了一个进程管理程序,负责寻址和建立连接。

initial control word (ICW) 初始控制字 中央处理机中的第一个微码控制字,用于初启执行一条指令。

initial costs 初始费用 为实现一个计算机系统或服务项目，在初始时间内用于设备、工具软件和设计开发的费用。

initial cycle error 初始周期误差 当定时器在指定周期内不起作用时，与所希望的定时周期的偏差。晶控定时器和脉冲计数定时器一般不会发生初始周期误差。

initial error 初始误差 自变元的实际值与计算时所用的近似值之差。

I

initial excitation system response 励磁系统初始反应 主机作正常额定运行时的励磁系统电压突然以尽可能短的时间转变到该系统顶值电压的初始增长率。此增长率也可以用与主机在额定运行时的励磁电压之比来表示。

initial graphics exchange specification (IGES) 初始图形数据交换规范 由美国国家标准学会(ANSI)所支持的计算机图形的一种标准文件格式，这种文件格式用于在CAD/CAM(计算机辅助设计/计算机辅助制造)系统之间交换图形和非图形、几何和非几何信息。它是此类标准之中产生最早，也是当今使用广泛的一个。它源自于1979年美国空军的集成化辅助制造程序所开发的数据交换方式。1981年9月ANSI正式采纳它作为国家标准。利用IGES通信的系统必须…将其内部格式的产品定义数据转换成IGES文件格式，或作反向转换。IGES规定了用于数据传输的文件格式，这是可以用ASCII(美国信息交换标准代码)或二进制来表示的顺序文件，由标志段、初始段、全局量段、目录表段、参数段和结束段组成。基本信息单元是实体，实体分为几何与非几何两类，几何实体表示图形的定义，非几何实体有注释实体和结构实体。注释实体用于进行尺寸标准、定义制图标号及在图纸上标写注解；结构实体注解则提供标准视图方式、视图投影规则、实体间的逻辑关系等信息。

initial instructions 起始指令 存储器中用于辅助程序装入的一种程序。

initialization 初始化 (1)系统、设备或程序运行的准备工作。(2)为使用而做准备工作的过程。对于存储媒介如磁盘或磁带，初始化涉及媒质表面的测试、对存储块的标记、写引导(启动)块信息和建立文件分配表(存储单元索引)。(3)在编制计算机程序时，起始有一段做准备工作的程序。它用来清除某些工作单元和寄存器，设置堆栈起始位置，设置可编程序外围芯片的控制字，准备中断入口等。这种作用称为初始化。参见 initial machine load, initial microcode load, initial microprogram load, initial program load。

initialization vector (IV) 初始化向量 加密技术中的一种二进制向量，用于在CFB(密码反馈)和*OFB*(输出反馈)操作方式下的初始输入块，并且作为CBC(密码块链接)操作方式下第一个数据块的随机化块。

initialize 初始化 同 initialization。

initialize a variable 给变量赋初值 将一初始值写入指定变量的存储单元。有时在使用该变量之前进行。

initialize button 初启按钮 某些计算机面板上的一种按钮开关。当按下它时，就初启了监控程序。例如，从磁带装入用户程序时需用它。

initialize routine 初始化(例行)程序 (1)在计算机程序运行之前，需由某一程序设置初始状态，这一程序就称为初始化(例行)程序(如将数据装入内存中的某一区域的程序)。(2)在信息输入计算机之后和应用程序开始处理之前对信息进行错误校验的例程。

initial loading 初始装入 在数据库系统中，指在数据库使用之前，把数据从慢速存储介质(如磁带、卡片、纸带等)上转储至快速存储介质(如硬盘、软盘)上的过程。

initial machine load (IML) 初始机器加载 使设备准备投入使用的过程。

initial magnetization curve 起始磁化曲线 对开始处于热致中性化状态的材料施加一个磁场强度从零渐增的磁场所得到的磁化曲线。参见 thermally neutralized state。

initial microcode load (IML) 初始微代码装入 启动时装入计算机的有效存储域中的一组程序的操作。同 initial microprogram load。

initial microprogram load (IML) 初始微程序装入 将微程序装入计算机存储器的操作。

initial mode 起始方式 在某些计算机系统中，在通信控制程序接受注册前，命令终端的一种操作方式。

initial period 初始期 (1)指工程开始之前的准备时期。(2)长途电话收费用的初始时间单位，通常为3分钟。

initial permeability 起始磁导率 当磁化力和磁感应强度两者皆接近0时所存在的正常磁导率。参见 amplitude permeability。

initial point 起始点 字符框的左上角。

initial problem 初始问题 同 original problem。

initial procedure 初始过程 执行PL/1程序时首次引用的外部过程。

initial program loader (IPL) 初始程序装入 计算机通电后首先输入的一种实用程序。它可用来装入操作系统或监督程序的初始部分。这个初始部分可以引导其后的程序。这样，程序就在其自身的控制下将操作系统或其一部分从磁盘等直接存取设备上读入主存。

initial seed 初种子 在整数 $\{S_i\}$ 中，$i=0$ 时的 S_0 为初种子。

initial signal unit (ISU)　初始信号单元[块]　多单元报文中的第一个信号单元[块]。

initial symmetrical short-circuit current　对称短路初始值　初级绕组在突然短路瞬间的方均根电流。若有非周期分量,应不计在内。

initial uncertainty　初始不定态　用状态表核实法检查时序电路时,时序机在检查实验开始时所处的状态。这种状态是不定的,可为时序机全部状态的任何一种。包括当前状态在内的一组状态称为时序机的不定态,是时序机状态的任一子集。对于指定的时序机和给定的初始不定态,对各种可能的输入序列的后继不定态,用图表示出来形成一种结构,这种结构称为后继状态树。

initial value　初始值　作为常数或变量定义的初始数据。比较 default value。

initiate　初启　在 SNA(系统网络体系结构)产品中,从一个 LU(逻辑单元)发送到 SSCP(系统服务控制点)请求建立 LU-LU(逻辑单元之间)会话的一种网络服务请求。

initiate-transaction-sequence indicator (IS)　初启事务序列指示符　标志新的功能请求开始的一种指示符。

initiating LU(ILU)　初始逻辑单元　网络中第一次请求建立会话的逻辑单元。

initiating task　初启任务　控制作业的选择和为作业步的执行做准备的一种作业管理任务。

initiation　初启　参见 LU-LU session initiation, session-initiation request。

initiator of MML input　人-机语言输入初启者　人-机语言术语中的"人"。初启人员能借助一个键盘或类似装置输入信息,并能在可视介质上观察输出。

initiator procedure　启动过程　一种控制启动程序的编目过程。

initiator task　启动任务　一种作业管理任务。用于控制作业的选择和准备执行的作业步。

initiator/terminator　启动终止程序　操作系统中的一种专用程序。用来选取准备执行的作业和作业步,为它们分配输入输出设备,把它们放在任务控制下,且在作业完成时,为了把作业的输出结果写在系统输出设备上提供控制信息。

injection　注入　在半导体中使少数载流子的密度上升超过均衡值的过程,这可以用在整流势垒上加正偏压的方法产生,或者用光照射或其他贯穿辐射的方法产生。

injection laser diode (ILD)　注入式激光二极管　利用半导体材料 PN 结制造的一种激光器。可用于实现电光转换。

injection rate　缺陷率　一个工作产品在其开发过程中创建的每单元规模内(每页代码或每千行代码)的缺陷数量。

injury due to electromagnetic field　电磁场伤害　人体在电磁场作用下吸收能量受到的伤害。

ink cartridge　墨水盒　一种包含墨水的一次性容器,用在喷墨式打印机中。

ink droplet　墨滴　墨水在静电、振动等外力作用下,克服墨水表面张力而由喷嘴喷出所形成的液滴。其大小与墨水性能、激励振幅及频率有关。

inked ribbon　色带　用于输出设备的一种着墨连续的织带。

inking　留迹　用操纵定位设备在显示器的表面上留下光迹的方法来产生线条,就好像用笔在纸上画线一样,这是一种徒手画曲线或轮廓线的方法。

ink-jet cartridge　喷墨盒　喷墨打印机上的打印头和墨水槽。打印头的喷嘴数量和尺寸决定着打印机的打印质量。某些喷墨打印机为热敏式,其墨水通过加热被推进到喷墨嘴喷出。

ink-jet plotter　喷墨绘图机　利用墨喷枪作为记录头,通过图形数据控制其喷射强度或单位面积点密度的办法实现图形绘制的一种装置。

ink-jet printer　喷墨打印机　一种非冲击式打印机,它通过加热发泡等压力方式将带电油墨微滴从微细的喷嘴射出,则喷出的油墨会形成雾化喷墨,经过受到输出信号控制的电磁场之后,喷墨就会带电,带电的喷墨因静电作用而发生偏移,可以改变这种偏移使油墨在纸上打印出文字或图像。

ink-jet printing head　喷墨印刷头　喷墨式印刷机的印字头。可使墨水从喷嘴喷出,形成墨滴。按其喷射方式,可分为连续喷射和断续喷射两种。在喷射原理上,有靠静电吸引的,超声振动的,也有靠电致伸缩挤压的。其结构各不相同。

in-line　直接插入式,直插式　计算机中的一种处理方法。利用此方法,将所有单个事务一起处理,而不经过记录编组或排列。

in-line checks　内校验　软件系统的可靠性可以经过每次系统程序处理时检查数据结构的有效性而获得改善。内检验指数据在未用前即加以检查,使任何由系统组件所引入的错误可以检查出来而不至于传播出去。如果数据结构在修改后即加以检查,则程序所造成的错误也可以检查出来。

in-line code　内部代码,直接(插入)代码　(1)程序中顺序执行的一些指令。在这些指令中没有向例行程序、子例程或其他程序转移的指令,或者说是一组顺序执行而不转向其他程序或子例程的指令。(2)在高级语言源码中间嵌入的汇编语言或机器指令代码。直接插入代码依赖于编译程序的特性,它所采取的形式对于不同的编译程序变化很大。

in-line coding　内编码,直接编码　存储在程序或过程的主路径上的部分编码。

in-line compiler　内编译程序　将源程序翻译并立

即执行的编译程序。

inline data file 直接插入数据文件 在某些计算机系统中，当作业由阅读程序从输入设备读入时，作为该作业的一部分的一种数据文件。

inline exit routine 直接插入出口例程 在一个程序的主线代码的预定点上执行的出口例程。比较 asynchronous exit routine。

inline expansion 内联展开 一种编译器优化技术。在程序被编译时，其中的函数用函数体直接替换，这样可减少程序运行时函数调用的有关开销。主要的缺点是扩展通常导致更多的二进制代码，而且不是任何函数都适应内联展开，有些函数的内联展开可能涉及存储位置冲突或超出了资源限制。

inline function 内联函数 引入内联函数的目的是为了解决程序中函数调用的效率问题。函数的引入可以减少程序的目标代码，实现程序代码和数据的共享。但是，函数调用要有一定的时间和空间方面的开销，于是将影响其效率。特别是对于一些函数体代码不是很大，但又频繁地被调用的函数来讲，解决其效率问题更为重要。在程序编译时，编译器将程序中出现的内联函数的调用表达式用内联函数的函数体来进行替换。显然，这种做法会增加目标程序代码量，进而增加空间开销，而在时间开销上不如普通函数调用时那么大，可见它是以目标代码的增加为代价来换取时间的节省。在使用内联函数时，应注意如下几点：①在内联函数内不允许用循环语句和开关语句；②内联函数的定义必须出现在内联函数第一次被调用之前；③在类声明的内部声明或定义的成员函数是内联函数。

inline image 联机图像 在 WWW 文档中与文本一起出现的图像。HTML（超文本标记语言）中，联机图像由 IMG 标记定义，用来指明图像的来源、图像位置（顶部、中部及底部）以及如果文件仅以文本的形式被浏览时所显示的文本信息。

in-line macro 直插式宏指令 必要时，不受事先分类和编辑的约束就可进行编码的宏指令。

inline margin 行向（起始）边界 正文的每一行第一个字符出现的位置。

in-line procedure 内部过程 在 COBOL 语言中，构成计算机程序的主要部分或控制流程部分的一组语句。它不包括在异步控制系统控制下执行的一些语句。

in-line processing 联机处理 也称“请求处理”、“事务处理”或“直接存取处理”。在所有处理阶段，事务在它们发生时即时处理。不需要像批处理那样在事务处理前将它们分批和分类。这种处理通常利用终端通过通信线与计算机连接进行，因而常规称为联机处理。参见 interactive processing。

in-line recovery 联机恢复 一种出错恢复方法，从错误发生之前的某一点开始恢复受错误影响的进程。

in-line subroutine 直接插入子例程，内（部）子例程 在每一个调用位置其代码都完整地直接插入程序中的一种子例程。直接插入子例程的使用与插入子例程调用语句的常规方法不同。常规方法中程序将执行转给子例程的唯一拷贝。直接插入子例程提高了性能，但也增加了代码长度。显然直接插入子例程与普通子例程实现方式不同，但它们都遵循相同的语法和语义规则。

INM 综合网络管理 integrated network management 的缩写。

INMARSAT 国际海事卫星组织 International Maritime Satellite Organization 的缩写。

INMS 综合网络管理系统 integrated network management system 的缩写。

inner drum type imagesetter 内筒扫描式图文输出机 将软片自动吸附在有缺口的圆筒内壁上，采用空气垫轴承的记录振镜的最高转速可达 15 000 转/分，从而实现了高速、高质量的图文扫描输出。它有效地兼顾了平面扫描式激光照排机（扫描速度快，但重复定位精度低）和滚筒扫描方式图像输出设备（重复定位精度高）的特点。

inner join 内连接 在数据库管理中，一种经常在关系代数中实现的操作。内连接在作用于两个关系（表）时产生第三个表，第三个表由第一个表的各项记录与第二个表中各个记录按某种标准组合连接而成，等效于对两个表的乘积进行选择的结果，比较 outer join。

inner macroinstruction 内部宏指令 嵌套在宏定义中的宏指令。

I-NNI 内部网络-网络接口 interior-network to network interface 的缩写。

INOC 因特网网络操作中心 Internet network operations center 的缩写。

inoculating 预防登记 反病毒软件在扫描时将文件的某些信息存储在磁盘上，在以后的扫描中核对这些信息，如果发生了变化则进行报警。

i-node i 节点 UNIX 等操作系统中各个文件的内部数据结构，每个文件有一个 i 节点，它包含了 UNIX 文件系统中文件的信息，它是在生成系统时生成的，它用 i 节点编号来识别。一个 i 节点包含文件节点、类型、拥有者和位置信息，i 节点表存储在文件系统的开头位置附近。参见 system node，v-node，i-node number。

i-node number i 节点编号 在 UNIX 等操作系统中，一个指明文件系统中某个 i 节点文件的编号。

i-nodetab i 节点标记 AIX 等操作系统中的一个核心参数，在内存中建立存储所有活跃文件 i 节点的表。

inoperable time 不可工作时间 一种停机时间，在此期间全部环境条件都满足，但因某一功能部件故障而不能产生正确的结果。

inoperative 不再可操作 资源曾经活跃到不再活跃的状态，这个资源可能已经失效、收到了一个NOP请求或者在处理重新活跃命令时被挂起。

in opposition 反相，对交 两个正弦量的频率相同而相位差为π弧度时称为反相或对交。

inorder traversal 中序遍历 也称"对称遍历"。是遍历二叉树的方法之一。其递归算法定义：①中序遍历左子树；②访问根；③中序遍历右子树。

inorganic liquid laser 无机液体激光器 一种含有诸如铷-硒氯氧化物或掺铷的氯化磷之类无机液体作为活性材料的液体激光器。这些液体具有很强的毒性与腐蚀性，但不需要致冷或脉冲工作。

INPADOC 国际专利文献中心 international patent documentation center 的缩写。

in-phase 同相 具有相同频率且在同一瞬间通过对应值的特征波形。

in-place activation 就地激活 对象连接与嵌入(OLE)中的一种技术，使用户能够使用文档内的数据对象上的服务器应用程序。就地激活取代了传统的程序调用技术而成为更加通用的技术，通过它用户能看见屏幕显示画面转移到另一个应用程序上的转换过程。

in-place algorithm 原地算法 使用附加存储单元(即除去程序本身和输入所占的单元)的个数为常数的一类算法。

in-place migration method 原位转移方法 Novel NetWare 把现有的 NetWare 4.01，4.02 或 3.1x 服务器升级到 NetWare 4.1 的方法。

in-place upgrade 就地升级 就地升级是在较简单的版本上进行安装的一种技术。由于早期版本的文件在使用这种升级时将被破坏，首先做好硬盘文件的备份是极其重要的。

in-plant system 在场系统 系统的所有部分，包括远程终端，都位于一幢大楼或某个区域内的系统，也指覆盖几幢大楼(甚至相距很远)但不含有共同的载波设备的通信系统。

in-process inventory 在制品清单 在工厂加工过程中，各个不同加工阶段的在制品清单。

input 输入 用于有关接受能量或信号的量(电压、电流、阻抗……)或元件(端子、引线……)的限定词。与输出对应。

input area 输入区，输入缓冲区 计算机内存储器中预定用以接收来自输入或存储设备的数据的区域。在请求处理之前，数据都保存在输入区内，接到请求后，输入区必须把数据传送到运算器进行运算。参见 input buffer。

input assembly 输入装配 计算机的输入控制器或外围处理机组装多个不是以计算机字为传输单位的字节(四分之一字或二分之一字)成为一个计算机字的过程。并称这个传输单位为外围处理机字(PPW)。输入装配的相反过程是输出拆卸，它把一个计算机字拆开成多个 PPW，供输出传送使用。

input assertion 输入断言 一逻辑表达式。它规定了程序输入必须满足的一个或多个条件。

input attributes 输入属性 在对象历史模式中，指不能由被处理对象本身的历史推断，而必须由系统外部输入信息的属性。

input block 输入块 计算机内存储器中保留的区域，也称"输入缓冲区"，用来作为输入数据处理时使用。同 input area。

input-bound 输入范围 参见 input/output-bound。

input buffer 输入缓冲区 存储器中用以接收来自输入设备的数据的区域。采用这种缓冲区后，就可避免其他设备在操作中的延迟，即在输入过程中，这些设备的操作不中断。同样地，向缓冲器输入时，处理机也不空闲，而是继续处理其他数据。这是多道程序设计(见 multiprogramming)的一项基本的要求。

input buffer register 输入缓冲寄存器 从纸带或磁盘一类输入设备接收数据。然后传送到内存储器中去的寄存器。用来补偿低速输入设备和高速主机之间的速度差距。

input-capable field 接收输入字段 显示文件中用户可以输入信息的任何字段。

input capacitance 输入电容 当互联若干器件形成电路时，在输入端与所有其他连接在一起的端子(输出端除外)之间存在的短路跨路电容，其电容值等于其输入电极和除输出电极外所有其他电极之间的极间电容之和。场效应晶体管中，输入电容由栅到源电容(Cgs)、栅到漏电容(Cgd)和栅到本体电容(Cgh)组成。双极晶体管的输入电容由射基结和集基结的耗尽层电容以及与基区中存储电荷有关的扩散电容组成。

input channel 输入通道 只作数据输入的通道。数据从该通道进入计算机。若规定只作数据输出的通道，则称输出通道。像这种只具单方向传输的通道，完成传送任务时需要同时启动输入和输出通道，就称它们为通道对。

input command data set (ICDS) 输入命令数据集 某些小型计算机系统中的一种顺序数据集。命令阅读程序或命令处理程序可以从这种数据集中获得命令或数据。

input cursor 输入游标 一种数字化设备上与图形板配套用于图形输入的装置。它上面带有一可见的用于定位的十字线和一些功能键，通常用于需要精确定位的图形输入。

input data 输入数据 (1)完成一个或多个基本操作所需要的数据。这些基本操作可以是编码、分类、计算、摘要报告、记录及通信等。(2)某一功能部件或功能部件的任何部分接收到的或将接收到的数据。

input data set **输入数据集** (1)含有将被处理的数据的一种数据集。(2)某些通信系统软件中的一种数据集。它包括从单一处理队列中发送到一个应用程序中的所有报文或记录。比较 output data set。

input data validation **输入数据合法性** 一种输入控制技术。用来检查输入数据是否正确、完全和合理。

I

input device **输入设备[装置]** 可将字符、图形以及声音转换成二进制电信息输入到计算机的外部设备,包括穿孔卡片阅读机、磁带输入机、光字符阅读机、磁墨水字符阅读器、终端设备的键盘、光笔、条形码阅读器、游戏操纵杆、图形扫描设备、图形输入板和鼠标器等。特别是那些可将记录与程序从后备存储输入到处理机存储器的磁盘机和磁带机,在这些情况下,磁盘机和磁带机可列入输入设备,尽管它们实际上是输入/输出设备,因为它们也接收计算机的输出信号。参见 input unit。

input document **输入文档** 输入到计算机系统中的数据文档。通过输入设备可以直接读此文档。

input driver **输入驱动器** 参见 device driver。

input editing **输入编辑** 将输入数据转换成便于处理和存储的格式所进行的操作。就许多不同的输入而言,在数据还未进入系统前可以编辑转换成更适合的处理和存储的格式,并检查数据格式是否完全正确。通常输入必须由操作员准备为最适当的形式,但要重新设计其格式,以便计算机使用。输入数据常以便于人们识别的格式书写,变成机器可接受的形式,才能在机器上有效地运行。

input energizing quantity of relay **继电器的输入激励量** 在规定条件下,继电器预定要对其反应的激励量。对通或断继电器,输入激励量满足要求时则起预期反应。对量变继电器,输入激励量构成或藉以构成特性量。参见 energizing quantity of relay。

input equipment **输入设备** 参见 input unit。

input feature vector **输入特征向量** 输入模式经过特征抽取后而得到的特征测度。

input field **输入区(域)** 计算机图形或文字编辑器显示屏面上的一个未加保护的区域。该区允许数据输入、修改或擦除。

input file **输入文件** (1)在数据处理中文件有多种用途,而用于输入方面的称为输入文件。通常指由输入的初始数据形成的文件。(2)一种为读出记录而打开了的文件。比较 output file。

input focus **输入焦点** (1)在窗口式软件中,用户可以用键盘或者鼠标器与系统进行对话的窗口区域。(2)在某些图形环境中,一个定义处理键盘输入的范围的窗口,缺省时键盘输入送到用户用鼠标器箭头操作的窗口中或它的后代,但有时要根据输入焦点确定焦点窗口,甚至可将输入焦点设为丢弃所有键盘事件或从指针指向的任意窗口动态选择焦点窗口。

input function **输入函数** 在 GKS(图形核心系统)中,将输入设备的初始化、设置输入设备中的操作方式、请求输入、采样输入、事件输入等功能函数。也称"输入功能"。而在 CGI(计算机图形接口)中,指从一个虚拟图形设备中获得图形输入信息的 CGI 函数。

input gap **输入隙** 引发电子束中变化的互作用隙缝。在速调管中,这种隙缝位于聚束谐振腔中。

input handler **输入处理程序** 文本编辑系统中执行硬件/软件接口功能的部分。根据输入设备的类型和特定编辑程序的交互语法,输入处理程序保存定位值、从文本设备中占有一个字符缓冲、读出和处理中断保持光标移动轨迹、发现哪个功能键被按过以及存储文本命令行等。

input image **输入图像** 一幅经数字化的图。

input immittance of two-port network **两端口网络的输入导抗** 从施加信号的端口处看的导抗。它的数值是其他各端口的终端导抗的函数。

input impedance **输入阻抗** (1)电路的输入端电压与输入端电流的相量之比。输入阻抗包括电阻、感抗和容抗。(2)当放大器或传输线的输入端子间未接信号源时所存在的阻抗。

input inhibit **输入禁止** 某些信息显示系统中的一种状态。在这种状态下,来自键盘或其他输入设备的操作输入不被接受。

input instruction code **输入指令码** 便于程序员记忆且计算机能翻译成机器语言的指令码。例如用 DIV 表示除法,用 SHL 表示左移等。

input job **输入作业** 作业队列中的作业。

input level **输入电平** 当信号馈入一给定的阻抗时,其音频输入信号功率与 1 mW 参考功率电平以分贝表示的比值,单位为 dBm。

input list **输入表** (1)列出输入时需赋值的变量名、数组名和数组元素名的表。它可写在输入语句中。(2)一种输入数据的打印清单。

input loading **输入加载** 原始信号源所能加之于输入设备的负载总量。

input loading factor **输入负载率** 在一逻辑电路系列中,用有代表性的电路的输入功耗作为基准单位来量度该系列中的其他各种逻辑电路的输入功耗时,所得到的值称为输入负载率。

input magazine **送卡箱** 同 card hopper。

input manager **输入管理器** 在 AIX 图形环境中,指一个控制键盘输入的对象,通常是窗口管理器的一部分。

input medium **输入媒体** 用于存放输入数据的各种存储媒体。如磁盘、磁带、卡片等。

input message **输入信息** (1)任何通过最终用户送入系统、终端或工作站的信息。(2)在某些信息管理系统中,有效的命令、事务和信息转接。

input module **输入模块** 执行输入功能的模块的总称。它可以是一种输入设备和输入器件,或一组输入器件、输入通道、处理输入信息的器件或程序。

input of a generator **发电机的输入功率** 从发电机轴端输入的机械功率。

input of a motor **电动机的输入功率** 从电动机线端输入的有功功率。

input offset voltage **输入补偿电压** 在直流放大器中,一种将没有输入信号时的无用直流输出换算到输入端去的电压。

input/output (I/O) **输入/输出** 数据或其他信息进入或离开某种设备的过程。输入指数据从外界送入计算机、modem(调制解调器)或终端设备的过程,输出指上述设备的反过程。一次信息传输,常常是某个设备的输入,同时又是另一设备的输出。

input/output adapter **输入/输出适配器** 用于连接输入输出设备与中央处理机的逻辑电路装置。通过适配器来实现设备与处理机之间的通信控制和数据传输的目的。

input/output appendage **输入/输出附加程序** 一种由用户编写的程序。这种程序在通道程序操作期间提供输入输出操作方面的附加控制。

input/output area **输入/输出存储区** 主存储器中保存输入输出信息或工作信息的区域。参见 input/output buffer。

input/output board **输入/输出(插件)板** 计算机上的一种扩充功能板,可使计算机通过总线连接更多的输入输出接口或通道,从而使系统得到扩充。

input/output-bounded **受输入/输出限制的** 同 input/output-limited。

input/output buffer **输入/输出缓冲器(区)** 计算机内存中为输入和输出的信息的临时存储所保留的一个部分。因为输入/输出装置可以向缓冲区写数据,而减少与 CPU 的冲突,因此程序可以在缓冲区填充过程中继续执行,使执行速度加快。参见 buffer。

input/output bus **输入/输出总线,I/O 总线** 连接计算机之间或连接计算机和它的外部设备之间的通路或传输线。输入/输出总线用于传送数据、命令、设备地址、状态和控制信息。此种方式可以避免分时使用数据线和地址线所带来的定时问题并使得接口更简单、更快、更便宜,但要增加总线的条数。存储器和输入输出接口直接连到主总线上,各按自己的节拍工作。在直接存储存取控制下,外部设备和存储器可以不经中央处理机直接交换信息。

input/output cable **输入/输出电缆** 连接主机和输入/输出设备的一种电缆。

input/output channel **输入/输出通道** (1)在数据处理系统中,一种用于处理内部和外围设备之间的数据传输的功能部件。(2)从 CPU 到输入/输出总线的硬件通路。信息沿着这些硬件通路在微处理器和各种输入输出设备之间传送。输入输出通道一般具有多路转接能力,从而使速度较慢的外设能多台同时工作。通常包括选择通道、字节多路通道和数组多路通道。输入输出通道可减少主机直接与设备通信的操作,并允许数据处理与输入输出并行操作。参见 bus,data communication channel。

input/output channel bus **输入/输出通道总线** 中央处理机的通信路径。由高速数据总线、外部设备使用的高速输入输出总线和低速处理设备的低速总线缓冲通道组成。

input/output channel controller **输入/输出通道控制器** 一种控制输入输出设备的功能部件,其本身受程序控制。它可以接受、解释和执行从通道送来的输入输出命令。一般由时序应答线路、地址选择线路、命令码寄存器、外部设备状态寄存器、通道状态寄存器、判定字节寄存器、扫描传送线路和保护设备等构成。

input/output connector **输入/输出连接器** 计算机系统中主机与外设(磁盘机、磁带机、显示终端、数字化仪、绘图机、各种打印机等)、监控台、通信控制器等设备相互之间的一种信息传输、电缆互联转接用的连接件。这种连接器一般是圆形和矩形结构,它要求接插方便、连接可靠,具有屏蔽外壳、锁紧装置和夹线机构。其连接触点的位数、编号、方向已有严格的标准化、规范化要求。

input/output control **投入/产出控制** MRPⅡ中的一种能力控制技术,它将工作中心的实际产出与由能力需求计划(CRP)产生并由生产部门批准的计划产出相比较。并监控投入,以检查是否与计划一致,这样,当工作中心不能得到加工作业时,也不期望它有产出。参见 manufacturing resource planning-Ⅱ(MRP-Ⅱ)。

input/output control block (IOCB) **输入/输出控制块** 一种存放终端信息的控制块。其内容包括终端的符号名、屏幕的尺寸和形状、打印的规格或对用户提供的缓冲区的任选访问信息。

input/output controller (IOC) **输入/输出控制器** (1)控制和管理输入输出设备的控制器。在执行输入输出操作时,它能做数码转换、检查数据、缓冲数据和控制传输数据等。(2)与输入或输出装置或输入输出端口有关的控制电路。输入/输出控制器构成输入/输出装置和微处理器之间的硬件界面。它的另一名称为设备控制器。输入/输出控制器监控与接收输入、传输输出有关的各种操作和执行有关的任务,从而为微处理器提供了与外围设备通信的一种手段,并使微处理器有更多时间完成其他工作。例如,键盘中可以有一个很小的微处理器及其相关电路，负责各种按键动作的登记，并将其转变成二进制代码，告诉计算机中的微处理器有什么键已按下过。类似地，磁盘驱动器靠驱动器控制器来工作，驱动器控制器在读写头定位，在旋转磁盘上寻找特定存储区域，读写磁盘表面以及对错误作奇偶校验等方面完成各种高速而复杂的任务。大多数控制器都需要软件配合，才能使计算机接收和处理控制器提供的信息。

input/output control program 输入/输出控制程序 控制所有输入输出操作的管理程序。

input/output control section 输入/输出控制段 一种输入输出程序段。其功能类似于一小型处理机。已编辑好的输入输出指令装入存取控制字的位置，并建立外部设备所需的活动。此时输入输出控制段能自动扫描输入输出通道，以设备的固有速度接收由外围子系统送出的数据。

input/output control system (IOCS) 输入/输出控制系统 (1)在某些操作系统中，由产品供应商提供的用于处理主存和辅存设备之间数据传输的一组例行程序。(2)计算机操作系统中用于执行输入输出操作的部分。其主要功能是：①解释输入输出请求；②一旦解释后，执行输入输出请求；③确定要传送数据的位置和数据要传送到的位置；④传送参数初始化。

input/output control unit 输入/输出控制装置 同 input/output controller。

input/output device 输入/输出设备 计算机的输入设备和输出设备的总称。用来把数据输入计算机或把计算机处理过的数据记录下来。微型计算机常用的输入输出设备有键盘、鼠标器、数码显示器、盒式磁带机、电传打字机、阴极射线管显示器、扫描仪、软磁盘机等。

input/output device controller 输入/输出设备控制器 为实现和充分发挥输入输出设备的功能而设置的一种器件。它为输入输出设备与主机交换信息提供接口和控制信号。不少控制器可以控制多种输入输出设备的工作。

input/output driver (IOD) 输入/输出驱动程序 驻留在输入/输出处理机中的程序，它同特定类型的测量仪器通信并将仪器信号标准化，以便传送到高级控制系统中。一个输入/输出驱动程序能够处理同种类型的多个接口。

input/output equipment 输入/输出设备 通常以计算机系统为中心，根据信息流动方向对计算机外部设备的一种分类方法，如键盘是输入设备，而打印机是输出设备。同 input/output device。

input/output executive 输入/输出执行程序 一种管理和支持外围输入输出设备的模块化程序系统。它使用户能给标准的外部设备编写关键的、与时间有关的输入输出服务程序。同时还提供严格定义的通信协议，支持用户编写的专用设备处理程序。

input/output expander 输入/输出扩展电路 在某些数字电路中，为了增加其逻辑输入或输出端口数的一种特定电路。

input/output file 输入/输出文件 在 COBOL 语言中，指一个以 I/O 模式打开的文件。

input/output instruction 输入/输出指令 中央处理器(CPU)用于控制和管理主存和外设之间交换信息的指令。例如，启停外设、取外设状态等操作都是通过 CPU 执行 I/O 指令来实现的。

input/output interface 输入/输出接口 将主机和外部设备连接起来实现数据交换的设备。它为主机和外部设备之间的信息交换提供数据传送通道、数据格式变换和数据传送控制(如数据传送方向控制)、中断方式选择、直接存储存取控制等。典型的输入输出接口可以具有两个输入输出通道：一个处理机输入输出通道；一个直接存储存取通道。微型计算机的输入输出接口基本上都是用大规模集成电路制作为通用接口电路，可以适用于多种外部设备。参见 input/output controller。

input/output interface module 输入/输出接口模块 微型计算机和外部设备之间的接口功能块，典型的输入输出接口模块包括：①磁带机接口；②两路 RS-232C 接口；③晶体控制实时时钟；④8 位并行输入输出通道；⑤256 字节的可编程只读存储器。

input/output interrupt 输入/输出中断 由终端设备、输入输出操作及操作员操纵输入输出设备所引起的中断。可分为两种：①错误性中断，即当设备或其控制部件发生某种错误时发生的中断；②报告性中断，即当设备或其控制部件由于某种原因(如操作完成或人工干预等)向中央处理机请求操作系统予以处理而发生的中断。例如，设备出现故障，则发出错误性中断；传输数据完毕时，则发出传输结束中断。CPU 对这些中断逐个处理，并及时发回指示设备的下一步操作。

input/output interrupt identification 输入/输出中断识别 查明引起某次具体输入输出中断的计算机设备和通道的状态。引起中断的设备或通道的识别码存入先前的程序状态字，除此之外，这些设备和通道的状态也存于某固定位置。

input/output interrupt indicator 输入/输出中断指示器 输入输出指令用以判定引起中断的输入输出设备及测试每个输入输出通道的指示器。用来确定发生中断的原因，在中断原因确定之后，如必要时则采取校正动作，然后复位指示器，并恢复被中断的程序。这些指令能提供设定、重设定及测试被禁止的输入输出中断指示器。

input/output interrupt inhibit 输入/输出中断禁止 程序状态字中的一位。用以表示是否禁止所有的输入输出内部中断。

input/output interruption 输入/输出中断 参见 input/output interrupt。

input/output library **输入/输出(程序)库** 一组输入/输出程序。程序员输入必要的指令便可调用其中的程序,对不同的外围设备执行不同的操作。

input/output limited **输入/输出限制** 因I/O设备输入/输出数据慢而产生的对计算机系统的限制。这种情况一般是因为要作大量的输入输出数据操作,使得输入输出花费的时间超过其他操作的时间。

input/output list **输入/输出表** 在某些操作系统提供的FORTRAN语言中,输入/输出语句中的变量表。该表指出数据写入存储器或从存储器中读出数据的存储单元。

input/output medium **输入/输出媒体** 保存计算机的输入/输出数据并能在输入/输出设备中进行传送的媒体。例如,磁带、磁盘、打印机、缩微胶片等。

input/output operation **输入/输出操作** 计算机存、取外围设备数据的任何操作。例如,对磁盘、磁带或打印设备的操作。I/O操作速度往往比主机的处理速度要慢得多,常常使用缓冲器技术匹配它们之间的速度差异。

input/output parity interrupt **输入/输出奇偶中断** 由于输入/输出数据不能通过奇偶校验而引起的一种中断。

input/output peripheral **输入/输出外围设备** 与数据处理系统有关的所有输入/输出设备。典型的外围设备包括磁盘机、终端、磁带机、打印机等。

input/output port **输入/输出端口** 在输入或输出设备与微处理器之间进行数据传输的通道。输入/输出端口是使不同的外围设备得以与计算机连接的插入位置。端口对于CPU来说好像是CPU可用来发送或接收数据的一个或多个内存地址。有一些专用硬件(如外加的电路板等),将来自设备的数据存放在内存地址中,并将来自内存地址的数据送往设备。有些端口只用于输入或只用于输出。参见port。

input/output port control **输入/输出端口控制** 在某些系统中,微处理机的数据和地址总线经由两组系统总线与输入输出设备相连,一组是8位双向数据总线,另一组为16位地址总线。高速数据传送都以并行方式进行,但对慢速外部设备则以串行方式进行。

input/output process **输入/输出过程** 在外围设备与中央处理机之间传送数据的过程。

input/output processor **输入/输出处理机** (1)计算机系统中的一种辅助处理机。专门用来进行主存储器和输入输出设备之间的数据传送,使主机能集中时间进行数值计算、数据处理和系统管理。它是输入输出通道功能的扩充。(2)以减轻主处理单元负担的一种硬件电路。例如,数字信号处理机可对声音模式进行长时间的复杂的分析和合成而不需要CPU的额外开销。参见front-end processor。

input/output program communication block (I/O PCB) **输入/输出程序通信块** 在IMS/VS(虚存信息管理系统)中,自动提供给在具有数据通信功能的系统中运行的应用程序的一种数据通信程序通信块(DC-PCB)。I/O PCB是程序赖以从终端获得输入信息并对发出输入信息的终端做出应答的一种机制。

input/output queue (IOQ) **输入/输出队列** 子系统支持服务程序中的两个主队列之一。子系统程序库用它来建立例行程序及对其他功能所需数据进行排队。参见task input queue。

input/output referencing **输入/输出标识** 在程序内部,分配符号名用来帮助标识输入/输出设备,做到能在运行时,将真正分配给程序的输入/输出设备标识出来。

input/output register **输入/输出寄存器** 中央处理机(CPU)里用作缓冲输入或输出数据的寄存器。输出时,数据从输出寄存器发到外围设备,输入时,数据从外围设备送到输入寄存器,然后送入主存。它是一种缓冲寄存器。

input/output request word **输入/输出请求字** 输入输出请求所使用的控制代码。在输入输出操作完成之前,该请求字一直存在信息引用区中。它决定输入输出中断请求的实现方式。

input/output routine **输入/输出例程** 一组能够简化标准输入输出设备的输入和输出功能设计的例程。

input/output section **输入/输出节** COBOL语言环境部中的一个节。它包括文件控制和输入输出控制两个段。它命名文件和指定目标程序所要求的外部介质;目标程序执行时,为传送和处理数据提供所需要的信息。

input/output standard interface **输入/输出标准接口** 主机与外部设备相连接的标准接口。它一方面可使主机的设计与所接外部设备的种类和数量无关,有利于提高系统的灵活性、可靠性和扩充性。另一方面也使外部设备的设计与所接通道或主机的类型无关,有利于实现外部设备的产品系列化、标准化和各种机器软件的一致性。

input/output statement **输入/输出语句** 指示有关输入输出操作的语句。在FORTRAN语言中有READ语句和WRITE语句等。

input/output storage **输入/输出存储器** 计算机中数据和指令保留的特定存储空间。计算机通过输入/输出存储器与外部输入/输出设备或另一特定存储区进行数据交换。

input/output subsystem (IOS) **输入/输出子系统** 连接主机与外围设备的前端处理机系统。IOS由多台输入输出处理机组成。它们是主机与外部设备的分界面,主机利用IOS集中数据(供输入)和分发数据(供输出)。主机通过 IOS 控制、管理外设,分担主机和减轻主机管理外设的任务。

input/output switching　输入/输出转接　某些输入输出设备不只是连接到一个通道上,而是接到数个通道上,使一设备即使在一个或数个可用通道占用时仍能利用其他通道。单一的设备可以在工作处理开始时与某通道连接而在工作处理完毕后接到另一通道。

input/output symbol　输入/输出符号　程序流程图中用来标识输入/输出过程的一种符号。

input/output system subroutine　输入/输出系统子例程　一种输入输出格式控制例程。在 FORTRAN 语言中,它提供各种格式语句。这些子例程常被其他程序使用。

input/output terminal　输入/输出终端　以各种联机计算机系统诸如实时处理系统、分时计算机和信息检索(随机询问)系统等发送和接收数据的设备。在这些情况中,所使用的主要终端是直观显示部件或电传打字机。用通信线路将这些终端连接到计算机上。但是,其他类型的终端却不与计算机连接,通常这些终端为成批传输终端(如磁带输入机/发送机)。参见 communication terminal。

input/output traffic control　输入/输出流量控制　设备管理中的一组程序,它能使不同的外围设备与中央处理机分时使用内存,控制中央处理机的计算和多达 8 个输入/输出同时操作。

input/output transfer block (IOTB)　输入/输出传送块　在某些计算机系统中,含有处理传送到由输入/输出连接器控制的设备或从该设备传送出来的数据所需信息的存储区。

input/output trunk　输入/输出总线　连接输入/输出设备的总线。

input/output unit　输入/输出装置　数据处理系统中的一种设备,通过它把数据送入系统,或从系统接收数据,或两者兼而有之。同 input/output device。

input overload　输入过载　当激励输入的信号电平过高时,器件(通常为前置放大器)便会产生严重的失真。例如,在将高输出的动磁式(MM)唱头接到前置放大器的动圈式(MC)输入端时,便会使前置放大器的输入过载,从而产生失真。

input panel　输入面板　建议使用 menu。

input paramodulation　输入替换　要求两个父辈子句中至少有一个是输入子句(即原始子句集 S 中的子句)的替换称为输入替换。

input port　输入端口　参见 input/output port control。

input power　输入功率　对一个器件或器件组合所提供的全部功率。

input power range　输入功率范围　当一个器件的输出信号功率在规定的输出功率范围内、使其满足性能规范要求时,输入信号功率所在的功率范围。

input predicate　输入谓词　输入谓词是表示程序输入变量应满足的条件的谓词。参见 inductive assertions method。

input primitives　输入基元　图形应用软件从诸如键盘、选择器、定位器、挑选器等输入设备上所取得的输入数据,它们可以是位置编号、图段及图元名、数值或字符串。

input problem　输入问题　一个在形式上比停机问题简单,但也是不可判定的问题。在停机问题的表述中把任意字符串 a 换成一个事先取定的常值串 c 就得到输入问题的表述。

input procedure　输入过程(程序)　一组语句。它每执行一次,就释放一个记录给排序文件。

input process　输入(处理)过程　(1)功能部件或功能部件的任何部分接收数据的过程。(2)从外围设备或外存储器向内存储器传输数据的过程。(3)在数据处理系统中,最终用户将信息输入计算机系统的过程,包括信息从人类语言到系统能明白的语言的转换。(4)将数据送入一个数据处理系统或它的任一存储或处理部件的过程。比较 output process。

input processing equipment　输入处理设备　对输入数据进行处理,并将处理结果送给文字处理中心的一种设备,如语音处理设备是将输入的语音信息进行处理,形成对应代码,将形成的代码送到主机进行处理。

input program　输入程序　在程序和数据读入计算机的过程中,起引导和控制作用的程序。输入程序可以固化或存储在内存里,并且可以作为整理内务和进行控制的引导操作。

input protection　输入保护　在模拟输入通道中,对瞬态或稳态过压的保护。在任何两个输入接头及任何输入接头和地之间都能施加这种输入保护。

input queue　输入排队　一组作业定义,按作业运行时执行的次序安排,一般放在磁盘上。

input receiver　输入接收器　在数字处理器中,用于输入 S/PDIF 数据流的芯片或电路将会以数据流为基础而产生一个新的时钟,提取音频数据并将音频数据加到数字滤波器。将 S/PDIF 数据流变换为音频数据,对数据和时钟进行控制。参见 SONY/PHILIPS digital interface format (S/PDIF)。

input redirect　输入转向　在某些操作系统中,非标准输入源的说明。

input reference　输入参考值　用来和所测变量进行比较的参考值。比较的结果产生一种偏移量或误差值。它是一种可选择的值,可以作为一种设定值或理想值。

input register　输入寄存器　一种接收并保护输入

数据的寄存器。参见 manual input register。

input-restricted deque **输入受限双端队列** 节点只能在其一端插入而允许在任一端删除的线性表。

input routine **输入例程** 用来组织计算机的输入过程的实用例程。

input scheme of the coded Chinese characters (keyboard) **汉字编码(键盘)输入方案** 用击键方式向计算机输入汉字(词语)的编码规则、码本以及实施方法。

input semantics **输入语义** 在某些操作系统中,用户输入必须遵循的次序和格式。

input optical reflectance **输入光反射** 在标称工作条件和工作波长情况下,从输入端口被光放大器(FA)反射的入射光功率与总入射光功率之比,以dB表示。

input specification **输入说明** 设计计算机系统时,要考虑记录事务数据文件的设计以及穿孔卡片或用于输入的其他媒体的方案。输入说明包括数据段的名称、内含字符的类型与数量、字段顺序、识别事务的方法(卡片码或事务码)、时间周期或日期等。对于作为联机指令入口的这种系统而言,需要说明以直观显示部件作为数据入口的荧光屏的情况。

input stacker **输入箱** 穿卡机的卡片输入箱。

input state **输入状态** 所指定的输入通道的状态。

input station **输入站** 参见 data input station。

input storage **输入存储区** 同 input area。

input stream **输入(作业)流** (1)一种从输入设备提交给系统的控制语句和数据的序列。(2)在程序中用作与某一特定任务或目的地有关的字节序列的信息流。在程序设计中,输入流可以是从键盘读入到内存的一系列字符串,或者可以是从一特定磁盘文件所读取的数据块,或是向一特定磁盘文件所写入的数据块。同 input job stream。比较 output stream。(3)在某些操作系统中,一组作为批作业提交的记录,包含控制语言命令,为一个或多个作业和来自一个或多个联机数据文件的数据。

input stream control **输入(作业)流控制** 同 JES reader。

input subsystem **输入子系统** 过程接口系统的一部分,它负责将来自技术过程的数据传送给处理这些数据的计算机系统。

input system **输入系统** 在某些信息管理系统的多系统环境下,连接有输入终端的系统。同 origin system。

input tape **输入带** 能从上面读字符但不能往上写字符的带,也称"只读带"。只往上面写字符且带头不能向左移动的带叫输出带。既不是输入带也不是输出带的带叫工作带。

input terminal **输入终端** 在某些信息管理系统的多系统环境下,发出原始请求的终端。

input text type **输入文本模型** 自然语言处理系统所处理语料的体裁和风格。如技术手册、专利文献、文摘等。

input-to-output approach **输入至输出方法** 研制计算机和非计算机系统的一种方法。先考虑其输入,然后再考虑产生特定输出所需的各道处理操作。重点放在系统输入部分上,但是这一方法的缺点是只能根据现有的数据而不是可能有的数据产生输出。在一个新的系统中,当前输入的或考虑输入的数据可能同实际的输出要求无关,因此该系统将不会具有应有的效果。

input translator **输入翻译程序** 将输入的程序指令转换成计算机可理解的运算符和运算数的一段程序。在输入时,此程序还同时检查输入项目是否满足某些特性,如果输入的特性不遵循正确的语法,则输出适当的错误信息。

input transient **输入瞬变过程** 电路的输入线路中所出现的尖峰脉冲或阶跃变化(通常为电压)。

input transformer **输入变压器** 为信号源与电路或器件输入端之间提供适当的阻抗匹配的变压器。

input validation attack **输入验证攻击** 针对程序未能对输入进行有效的验证的安全漏洞,使得攻击者能够让程序执行指定的命令。

input work queue **输入作业队列** (1)准备提交给计算机进行处理,但尚未开始处理的作业顺序表。通常按先进先出原则输入这些作业。例如,输入排队由输入作业流中正等待着的程序、数据及控制卡片组成。调度程序和特殊的操作系统则以不同方式控制这些排队。(2)在某些操作系统中,在直接存取存储器中分配给一类作业并按分配的优先级排列的一种作业定义队列。同 input job queue, input queue, job queue。

in quadrature **正交** 两个正弦量频率相同而相位差为$\pm\pi$弧度时称为正交。

inquire by file **按文件询问** 高级语言 FORTRAN 77 中,辅助输入输出语句里有一种询问语句,用来询问特定的已命名文件的有关特性,或者询问到特定部件上的文件的有关特性。前者称为按文件询问,后者称为按部件询问。

inquire by unit **按设备询问** 高级语言 FORTRAN 77 中,辅助输入/输出语句中的一种询问语句,用来询问连接到特定设备上的文件的有关特性。

inquiry and communication system **查询与通信系统** 一种利用通信网络进行远程查询的系统。

inquiry and response system **询问与应答系统** 一种远程终端处理系统。在这种系统中,计算机作为大容量存储器使用,许多终端用户通过通信网络可存取它。用户在终端上发出一个询问,计算机便检索它的文件并给出回答信息。文件可以自动更新,也可由用户更新。飞机订票系统、文件检索系统和库存管理系统等都是典型的询问与应答系统。

inquiry and subscriber display 查询与用户显示器 同 inquiry-terminal display。

inquiry and transaction processing 询问和事务处理 远程数据处理的一种应用。在这种应用中，利用从若干个终端接收到的询问和事务记录来查询或修改由中央系统所保存的一个或多个主文件。

inquiry application 查询应用(系统) 对存储在计算机中的信息进行查询的所有的应用系统，如计算机情报检索系统。

I

inquiry character 询问字符 一种传送控制字符。用来请求连接询问站的回答。

inquiry courseware 咨询型课件 一种课件。其教学活动的方式是：学生提出请求或问题，计算机给出相应的响应与回答。实质上是一个应用于教学活动的情报检索系统，但其检索对话简便，呈现内容包括图形、动画、文字阐述的规律、概念及例证等，易于为学习者所掌握。与指导型课件相结合，成为对话型课件，其教学活动的方式是：计算机环绕一个专题进行引导和提问，学生有一定的咨询权，从而可以深化该专题的学习。

inquiry logical terminal 查询逻辑终端 某些信息管理系统中的一种类型的逻辑终端。它是由信息管理系统自动建立的，并且仅限于作非更新事务、查询逻辑终端是为非虚拟远程通信存取方法交换线路建立的。参见 logical terminal。

inquiry message 询问报文 传送信息并请求回答的一种报文。

inquiry mode 查询方式 一种工作方式，在这种工作方式下，来自显示站的当前正在运行的作业被中断，从而能够完成其他工作。操作员通过按中断键可将显示站设置成查询方式。

inquiry program 查询程序 (1)能使操作员获得所请求的信息的一种程序。(2)当系统处于查询方式时运行的一种程序。

inquiry reply 询问应答 一个设备信息处理程序从某一询问站接收信息，然后将信息传送至应用程序，对信息中的数据进行处理，并产生应答；此应答再由该设备信息处理程序传送到询问站。

inquiry/response 查询和响应 查询和响应的交换，一方要求信息(查询)，另一方则提供信息(响应)。

inquiry/response communication 查询和响应通信 网络中报文和响应的交换。一次交换通常包含一次对信息的请求和提供此信息的响应。比较 batched communication。

inquiry/response operation 查询和响应操作 网络通信中的一种操作。操作员输入对信息的请求，被请求的信息发送回来并在终端上显示。

inquiry station 询问站 用来对一个数据处理系统进行询问的数据终端设备。

inquiry terminal display 询问终端显示器 利用键盘进行询问的显示装置。信息通过键盘送入计算机时，立即在屏幕上显示出来。然后，在屏幕上显示出对询问的回答。信息显示的速度比打印的速度快得多。在询问得到回答之后，如果要重新使用显示器，需要按清除按钮。

inquiry transaction 查询事务 不更新数据库的一种联机事务。参见 recoverable transaction，unrecoverable transaction。

inrush current 启动电流 当电路首次开启时所提取的最大瞬时输入电流。

inrush transient current of a capacitor 电容器的涌(入电)流 在并联电容器投入电力网络时的过渡过电流。

insert 插入，使插入 在已存在的数据中增加正文记录或其他数据。例如，在一个文件中增加一个新记录，即为插入一个记录至该文件之中；如果在一个文献中增加一段正文，即称为将该段正文插入至该文献中。

insert/delete capability 插入/删除功能 一些显示终端所具有的一种功能。该功能允许用户插入或删除一个字符、一个字段或一行，或者用另外一些数据信息取代要修改的数据信息。

insert editing 插入编辑 视频或者音频生成中的编辑，将新的视频或者音频材料插入已记录的材料中的任一位置，代替以前的记录的内容而不影响已记录的轨迹(磁道)。

inserted mode 插入方式 大部分文字处理程序(如 Word)，在输入文字后，文字会插入到原有文字的中间，则称为插入方式；如果文字会取代目前位置的文字，则称为替换方式。这两种模式可以通过键盘上的 Ins 按键来进行切换。

inserted pilot frequency 插入导频法 也称“外同步法”，载波同步的一种实现方法，发送端在发送信息的同时还发送载波或与其有关的导频信号。插入导频法又有频域插入法和时域插入法。参见 frequency domain interpolation，time domain interpolation，directly extraction method。

inserted subroutine 插入子例程 使用该子例程时，必须在用到该子例程的每一处都对子例程重新安排地址，并插入到主程序中。

insertion character 插入字符 在显示或打印时为了更容易阅读而插入在一个字段值中的一些字符。

insertion gain 插入增益 系统装上放大器后的输出功率与未装上放大器时的输出功率之比(单位以分贝表示)。

insertion head 插引头 一种将有引线元件插入到印刷线路板孔中的机械装置，这种装置还可能带有某些自动工具，以便将每个元件的引线切断、成形与紧固。

insertion loss 插入损耗 也称“介质损耗”,将某些器件或分支电路(滤波器、阻抗匹配器等)加进某一电路时,能量或增益的损耗。插入损耗通常用插入该装置以前负载所接受的功率与插入以后负载所接受的功率之比来表示。单位为分贝。

insertion loss of optical fiber junctions 光导纤维结的插入损耗 评价一个光导纤维结的效率的最重要的参数。这个损耗值表示了通过两根光导纤维的连接时光功率的下降,是以分贝来度量的。一个低插入损耗值代表了一个有效的光导纤维结。

insertion method 嵌入法 把新的语言成分(如一组专用语言)嵌入到已有的语言系统中,达到把原有语言加以扩充目的的一种方法。在内部(编译程序及运行系统),尽量利用已有的系统功能,特别是控制部分和通用语句(如计算语句)以达到功能全、工作量小之目的。从外部(语言方案)看,又有一组表达能力强,简单易行的专用词句供用户使用。

insertion picture character 插入图像字符 在 PL/1 语言中,在将有关数据赋给字符串时,插入指定位置的一种图像说明字符。当用于图像格式项作为输入时,插入图像字符用作检查图像字符。

insertion point 插入点 (1)在 Apple Macintosh 机器中和一些 PC 机应用程序中,屏幕上用来标志文本插入位置的一条垂直闪烁线条。参见 cursor。(2)文本编辑窗口中插入新字符的位置。

insertion sort 插入排序 一种排序法。要求将 n 个元素 $A[1], A[2], \cdots, A[n]$ 按非递减次序排序。令 $A[0]=-\infty$,第一次将 $A[0]$、$A[1]$ 排序,使 $A[0] \leqslant A[1]$;第二次将 $A[1]$、$A[2]$ 排序,使 $A[1] \leqslant A[2]$;第三次将 $A[1], A[2], A[3]$ 排序,使 $A[1] \leqslant A[2] \leqslant A[3]$。依次类推,第 n 次将 $A[1], A[2], \cdots, A[n]$ 排序,使 $A[1] \leqslant A[2] \leqslant \cdots \leqslant A[n]$,过程结束。插入排序算法最坏情况下的比较次数是 $\frac{1}{2}(n^2+n)-1$。平均比较次数是 $\frac{1}{4}(n^2+n-2)$。例如初始数组为 4,3,5,1,2,插入排序的过程如下:

4	3	3	1	1
3	4	4	3	2
5	5	5	4	3
1	1	1	5	4
2	2	2	2	5
第一次	第二次	第三次	第四次	第五次

插入排序对于数组来说不太适合(因为要不断地对表项进行混洗),但很适合链接表的排序。比较 bubble sort,quick sort;参见 sort algorithm。

insertion voltage gain 插入电压增益 当一个放大器插入到源端和输出端之间时,跨接于系统输出端的电压交流分量与源端和输出端直接相连时的输出电压之复数比。

Insert key 插入键,Ins 键 多种键盘上都有的一个按键。在 IBM 键盘上,位于数字小键盘中(与数字键“0”合用);在增强型键盘和 Apple 计算机的扩展键盘上,位于主键盘和数字小键盘之间的一组编辑键中。在增强型键盘的编辑键组中的插入键标记为“Insert”。在 Apple 计算机扩展键盘中,插入键以“Ins”标记。在不同的应用程序中,插入键执行不同的功能。不过,在大多数应用程序中,插入键使程序的编辑环境在插入方式和改写方式之间进行切换。

insert method 分类插入法 一种内分类技术。利用此方法,可以移动记录,以便在文本中插入记录。

insert mode 插入方式 (1)某些计算机系统中的工作站实用程序应用方式。在这种方式下,操作员能将记录插入到事务文件中。(2)PC 机修改屏幕上显示内容的一种方式。在这方式下,键盘上键入的字符或数字将插入到屏幕当前光标位置。通常在键盘上有一个插入键(ins)完成插入方式和重写方式的转换。在重写方式中键入的内容取代当前光标所在位置内容。

insert switch 插入开关 将数据或指令送入计算机的手动开关。

in service monitoring (ISM) 带业务监测 在网络运行和维护过程中对正在传输的业务的流量、延时、帧抖动以及突发故障进行实时的网络监测。

inside global address 内部全局地址 一个由网络信息中心(NIC)或因特网服务提供商(ISP)所分配的合法的 IP 地址,对应一个或多个本地 IP 地址。参见 inside local address,outside global address。

inside link 内部链路 也称“水平链路”。同 horizontal link。

inside local address 内部本地地址 一个网络内部分配给网上主机的 IP 地址,此地址通常不是因特网上的合法地址,即不是网络信息中心(NIC)或因特网服务提供商(ISP)所分配的 IP 地址。参见 inside global address,outside local address。

inside plant 内站 在数据通信系统中,不使用公用载波系统的内部站。

inside wiring (IW) 内部布线,内部导线 (1)客户住所内布线。一种简单的双线对,可以用于房间内的接线。(2)以接线端子为界,端子以里的各种导线称之为内部导线,以外的导线称之为外部导线。

insignificant digit 无效数位 有效数位左边的零,如 000002345 中的各个“零”是无效的。但是,如果零前面有小数点,即 0.000002345,情况却大不一样,其中的“零”是有效的。

INSIS 机构间综合信息服务系统 inter-institutional integrated services information system 的缩写。

Ins key 插入键,Ins 键 参见 Insert key

I

I

INSPEC database 英国《科学文摘》数据库 英国电气工程师学会(IEE)编辑出版的《科学文摘》创刊于1898年,1967年1月,IEE下设的"物理、电子电气、计算机与控制及信息服务部"(Information Service in Physics、Electro-technology、Computer and Control)建立了电子数据库,简称INSPEC。该数据库收录了4 000多种期刊和2 000多个会议录以及为数众多的书籍、报告和学术论文等。

inspection 审查 (1)一种正式的评定技术。由除作者之外的某人或某一小组仔细检查软件需求、设计或代码,以找出缺陷、违反开发标准或其他一些问题。比较 walk-through。(2)质量管理的一个阶段。在此阶段借助检查和测量来确定材料、零部件、系统、过程或结构是否符合预定的质量需求。

inspection earthing 检修接地 在检修设备和线路时,切断电源,临时将检修的设备和线路的导电部分与大地连接起来,以防触电事故的接地。

inspection effectiveness 审查有效性 由审查所发现的一个工作产品的缺陷占该工作产品固有的缺陷的百分比。

inspection efficiency 审查效率 每个审查人工小时所发现的平均缺陷数量。

inspection hole 视察窗 为便于观察设备内部情况或接线等操作,在设备的适当部位开设的观察孔。

inspection package 审查包 由工作产品的作者和评审组长在审查会之前分发给审查人员的一组材料,包括被审查的工作产品及定义其规格要求的文档、标准、必要的表单、检查表或规则集以及测试文档等。

inspection summary report 审查总结报告 一份关于被审查的工作产品描述、审查参与人员及其角色分配、对该工作产品的评价及关于审查持续时间、所耗费成本数据的总结报告。

inspector 审查者 在一个审查过程中担当检查工作产品缺陷的人。他(她)可能还担当诸如读者、记录者或评审组长等指定的角色。工作产品的作者也是一个审查者。

install 安装 (1)在系统中,连接一个硬件、增加一个程序、程序选项或软件,使其能运行。(2)指建立和准备操作环境的过程。各种操作系统和应用程序常有一个磁盘或光碟上的安装程序,由该安装程序完成建立有关程序,并使其能配合计算机、打印机和其他设备一起工作的大部分工作。通常,这样的安装程序能对连到系统的设备进行核对,要求用户从一系列选项中进行配置选择,在硬盘上为其自身安排空间,需要时还对系统的启动文件进行修改。安装过程也指将程序从无法按常规拷贝方法拷贝的防拷贝程序盘传送到硬盘或软盘的过程。

installable device driver 可安装的设备驱动程序 可嵌入操作系统内的设备控制程序,通常要覆盖已存在的功能较弱的服务程序。设备驱动程序的目的是使数据能在打印机、监视器、磁盘驱动器等设备中传入和传出。

installable file system (IFS) 可安装文件系统 可动态地装入操作系统中的文件系统,微软 Windows NT 和微软 Windows 95 中可同时支持多个可安装文件系统,包括 FAT 文件系统、NTFS、PHFS、CD-ROM 文件系统(CDFS)等,操作系统能够自动确定存储介质的格式并以正确的格式读写文件。

installable file system manager (IFS manager) IFS 管理程序 微软 Windows 95 中,在应用程序请求和应用程序功能寻址的特定文件系统之间提供接口的组件。

installation and checkout phase 安装验收阶段 软件生存周期中的一个阶段。将研制出的软件安装到用户提供的使用环境中,并解决因开发环境和用户环境不同而引起的问题,然后经过验收,以确认是否已经达到在需求阶段所规定的目标。

installation charge 安装费用 安装用户机房设备和系统软件的一次性费用。

installation date 装就日期 新设备在现场安装完毕可以开始使用的日期。

installation diskette 安装软盘 某些设备厂商提供的一种软盘,其中含有一个系统或系统的一部分,并且通常还包括安装所需要的其他数据。

installation exit 安装出口 某些设备厂商软件产品文档中描述的一个方法,用户可改变或扩展软件产品的功能,这种改变由软件产品中的退出例程构成。参见 user exit,installation exit routine。

installation exit routine 系统安装出口例程 某些通信系统软件中的一种出口例行程序。该例程能实现与对话的初启和终止有关的功能,并能作为该通信系统软件的一部分而不是应用程序的一部分来运行。例如记账、授权、注册解释和虚路由选择的出口例程。比较 application program exit routine。

installation performance specification (IPS) 安装性能说明 在某些操作系统中,由工作负荷管理程序使用的一组为系统安装提供的控制信息。IPS 包括性能确定、性能目标和用于建立服务率的系数。参见 service rate。

installation process 安装进程 软件产品开发后,在本进程中要运送到目标地进行安装并在目标环境中检查交付,可能还需进行一些旨在适应实际运行环境的修改。

installation processing control 安装过程控制 在系统安装过程中,控制自动建立应用项目和作业调度的步骤。

installation profile 安装轮廓文件 参见 profile。

installation program 安装程序 为在特定计算机

系统上使用的定制软件包。它执行许多任务,从要求用户为标识目的键入有效序号到定制特定监控器或打印机的程序。安装程序能帮助用户完成针对特定计算机、打印机和显示器来设置应用程序的复杂过程。安装程序也使用在应用程序防拷贝措施而不能用常规的操作系统命令进行拷贝的场合,这样的安装程序常有限制可安装的拷贝份数,要将安装在一台计算机上的程序副本移到另一台计算机上时,用户必须将该副本从计算机上卸下,然后重新安装在另一台计算机上。这个拆卸和重新安装过程与初始安装过程通常使用同一安装程序。

installation script　安装手稿　某些操作系统中的一个界面过程或者应用程序开发者为安装程序建立的可执行文件,这个手稿文件必须遵循特定的规则,以便与操作系统提供的程序安装工具兼容。

installation time　安装时间　安装、调试硬件或软件所花费的时间。

installation verification procedure (IVP)　安装验证过程　与某些操作系统一起分发的一种编目过程,它用于测试新生成的操作系统,以检验操作系统的基本功能程序是否正确。

installation-wide exit　安装退出　同 installation exit。

installer　安装程序　由 Apple 公司随每一种新版本 Macintosh 操作系统提供的一个程序。它使用户能完成系统升级以及生成可引导的系统盘。

installing testing　安装测试　确保该软件在正常情况和异常情况的不同条件下,如进行首次安装、升级、完整的或自定义的安装都能进行安装。异常情况包括磁盘空间不足、缺少目录创建权限等。核实软件在安装后可立即正常运行。安装测试包括测试安装代码以及安装手册。安装手册提供如何进行安装,安装代码提供安装一些程序能够运行的基础数据。

install program　安装程序　同 installation program

instance　实例　满足类或类型说明的单个实体,是面向对象的程序设计方法中的一个对象。参见 class, instance variable, instantiate。

instance ID　事例标识　(1)在 ATM(异步传输模式)网络中,指唯一定义 MIB 事例的对象属性的一个子集。(2)在某些系统的查询管理中,一个通信区中的标识符,用于识别应用程序中不同的查询。参见 query instance。

instance of a clause　子句的例　在对一子句实施代入后所得到的子句称为原子句的例。

instance transformation　引出变换　在图例符号引出使用时,为了确定它在画面上的位置、大小和方向所需要进行的变换。

instance variable　实例变量　面向对象的程序设计方法中与对象有关的一种变量,该变量是一个类的一个实例。如果一个类定义了某一变量,那么该类的每一实例都有了属于其自己的该变量的拷贝。实例变量分为可读、可写和可初始化三种类型。能被所有类的所有实例共享的变量称为全局变量。仅能被一个类的所有实例共享的变量称为类变量。被一组类的所有实例共享的变量称为池变量。

instancing　引出,引用　在交互式作图的过程中,画面上可反复使用一种符号(往往是图例符号),每一次使用就称为该符号的一次引用。

instantaneous access　立即存取　同 zero access。

instantaneous automatic gain control (IAGC)　瞬时自动增益控制　雷达系统的一部分,其作用是针对每个脉冲自动调节放大器的增益,以便在不同的输入脉冲峰值幅度情况下,获得基本上恒定的输出脉冲峰值幅度,调节速度快得足以在脉冲通过放大器期间起作用。

instantaneous availability　瞬时可用性　某设备在给定条件下和给定的时刻能完成其要求功能的概率。

instantaneous code　立即码　在按位接收输入编码的比特序列时,每收到一个码字,就立即进行译码,这种码称为立即码。

instantaneous companding　瞬时压(缩)扩(展)　有效增益随信号波的瞬时值而变化的压扩。

instantaneous contactor relay　瞬时接触器式继电器　用接触器作为控制继电器且瞬时动作的称为瞬时接触器式继电器。它是中间继电器的一种型式。参见 auxiliary relay。

instantaneous description (ID)　瞬时描述　为某一时刻自动机的各种资源的状态的完整描述。包括:①对于双向确定型自动机,其 ID 的形式是 wqx,含义为:wx 是输入串,q 是当前状态,且输入头当前正扫描 x 的第一个字符;② 对于下推自动机,其 ID 的形式是 (q,w,γ),含义为:q 是当前状态,w 是输入串,γ 是栈中存放的符号串。

instantaneous interference　瞬时干扰　瞬时干扰主要在电气设备操作时发生(如合闸或分闸),有时也在伴随雷电发生或无线电设备工作瞬间产生。

instantaneous peak power　瞬时峰值功率　音频放大器的额定功率,由于它夸大了放大器的能力,因此,实际功率值要小很多。

instantaneous power　瞬时功率　一个端口的瞬时电压值与瞬时电流值的乘积。

instantaneous power output　瞬时功率输出　在特定瞬间提供给负载能量的速率。

instantaneous release　瞬时脱扣器　没有任何人为延时动作的脱扣器。参见 release。

instantaneous sampling　瞬时取样　获得被取样对象的一系列瞬时值的过程。

instantaneous sound pressure　瞬时声压　在声学中,在某一特定瞬间介质的某一个点上存在的声压与其静态压力之差。参见 effective sound pressure, static pressure。

instantaneous speech power 瞬时语言功率 在任何给定的瞬间由语音源所辐射声能的速率。

instantaneous system 即时系统 应用任何方法都不能使过去的激发影响现在和将来的响应系统。

instantaneous unavailability 瞬时不可用性 某设备在给定条件下和给定的时刻不能完成其要求功能的概率。

I

instantaneous value 瞬时值 可变量在给定瞬间的值。

instantiate 事例创建 (1)产生一个事例,复制。(2)在面向对象程序设计中,指用一个类的实际事例表示一个类。

instantiation 例示,事例化 一个将常数代替变量的公式或者模式规则。在产生式系统中,例示是成功地匹配规则和数据存储器内容的结果。可以表达为一个有序对偶,对偶中的第一部分是已认定合适的规则,第二部分是匹配规则条件元素的工作存储器元素列表。

instant message (IM) 即时消息 通过因特网为用户提供的一种方便快捷的交流方式,通过它人们可以在线交谈、互传文件、语音对话及进行视频会议,甚至用手机双向交流。

instant-on switch 瞬时接通开关 一种可连续地将减低了的灯丝电压加到电视接收机的所有管子上的开关,这样当打开电视机时,画面几乎会立刻出现。这种开关加入了一个与电源变压器初级串联的降压扼流圈,并断开高压次级绕组,从而使灯丝电压降低到约正常值的一半。

INSTARS 信息存储与检索系统 information storage and retrieval system 的缩写。

Institute for Computer Sciences and Technology (ICST) 计算机科学技术学会 美国标准局内的一个机构。ICST 负责制定联邦计算机标准并在使用这些标准中给其他政府部门提供帮助。

Institute for the Certification of Computer Professionals (ICCP) 计算机专业人员鉴定学会 美国一个专业组织,它提供各种数据处理规定的测试和鉴定服务。

Institute of Data Processing Management (IDPM) 数据处理管理学会 英国的一个组织。这个组织对当前的或潜在的 DP(数据处理)经理人员进行审查,通过考试以及具有经验使他们成为合格的专职人员。

Institute of Electrical and Electronic Engineers (IEEE) 电气与电子工程师学会 美国的专业认证机构。其前身是美国电气工程师学会(AIEE),1963 年与无线电工程师学会(IRE)合并为 IEEE。世界上 150 多个国家有 IEEE 会员,50 多个国家设有 IEEE 分部。IEEE 下设 33 个专业学会,588 个专业组。IEEE 出版多种定期刊物,其中许多被公认为电气电子方面的核心刊物,具有重要参考价值。

Institute of Electrical and Electronic Engineers Computer Society (IEEE-CS) 电气与电子工程师学会-计算机学会 1951 年成立,原名为美国无线电工程师学会计算机组(The Computer Group of Institute of Radio Engineers)。1963 年 1 月 IRE 和 AIEE 合并组成 IEEE。该学会遂于 1971 年 1 月改为现名。其宗旨是促进计算机和信息处理技术理论的发展和实践,促进会员之间的合作和技术信息的交换。为此目的,该学会举办学术会议、出版技术杂志、通过会员大会和技术委员会研究并满足会员提出的需要。该学会的活动范围包括计算机和信息处理的设计、理论和实践等各个方面。

institutional repository (IR) 机构仓储 也称"机构知识库",是某机构为员工提供的一套服务系统,是用于管理和发布由其所收集并保存的知识资源的数据库。机构仓储具有以下三个特点:一是综合性,机构仓储收录的资源具有综合性,弥补了部分学术数据库的缺陷,而且可以全面系统地反映所属学术机构的科研成果。二是开放性,基于开放存取的机构仓储支持用户随时通过互联网不受限制地合理利用其中的知识资源,有利跨学科、跨地域的学术交流。三是动态性,机构仓储资源的提交者可以根据自己的最新研究随时修改、更新之前提交的信息。

in-stream procedure 流内过程 放在输入(作业)流中的一组作业控制语句。在一个作业执行期间可以通过在执行(EXEC)语句中命名该过程来多次使用它。

instruction 指令 (1)一种用代码信息表示的计算机语句。在数字计算机中,它是对计算机发布命令的基本单元。每条指令使计算机执行一步或多步操作,它一般包含一个或多个地址,规定专门的算术操作,也可以执行数据处理控制操作。按指令的功能可以分成下面各类。寄存器与寄存器间的数据传送;转移操作;输入输出控制;对累加器存取;寄存器和累加器的重新存入;跳转与堆栈操作;二进制和十进制算术运算;设置和消除中断;寄存器和存储器的增量和减量。(2)任何一种计算机语言(机器语言,汇编语言和高级语言)中的执行语句都是一种指令,不过大多数情况下指汇编语言程序。大多数程序都可分成两种类型的语句:指令语句和说明语句。参见 declaration, statement。

instruction address 指令地址 存放指令的存储单元的地址。在处理机的控制器内有一个指令寄存器。它以处理指令的顺序接收来自存储器的指令。参见 Address。

instruction address register (IAR) 指令地址寄存器

处理器中的一个专门的寄存器，用于保存下一条执行指令的地址，同 program register，instruction pointer register。

instruction address stop 指令地址符合停机 一种指令地址，当取出该指令地址时会导致执行停止。

instructional CAI 教学式 CAI 一种计算机辅助教学形式。把课程分成许多小部分，学生在计算机的指导下依次学习每一部分。形式上包括教学对话和练习等。

instructional constant 指令型常数 以指令形式出现，但并不作为指令执行的一个常数。形式之一就是伪指令。参见 pseudo-instruction。

instructional design 教学设计 教学中的一个研究建立工具方法的领域，如建立计算机程序以提高学习效果。

instructional software 教学软件 用于辅助教学和培训的计算机软件。一般采取对话方式传授知识，使学生掌握有关材料，并能响应学生提出的问题，识别和纠正学生可能的错误概念。

instruction area 指令区 存储器中用来存放程序指令的区域。

instruction breakpoint 断点指令 (1)使计算机停止操作或以某种标准方式交给能监督中断程序进行的监督程序的指令。(2)在某特定开关设定之后，能使计算机停止或采取特别步骤的指令。

instruction buffer 指令缓冲区 为使高速的处理机与低速的主存之间速度匹配，许多计算机设有一个可存放几条到几百条指令的缓冲存储器。为提高缓冲器的效率和灵活性，把它分成若干页，每次从主存调进新的一页去更换已失效的一页。有了指令缓冲器就可减少或避免由于存储器冲突所引起的等待，使处理机能连续不断地工作。若缓冲器能容纳下程序循环段的全部指令，则可减少访问主存次数和提高系统效率。它同义于指令栈。

instruction cache 指令高速缓存 用于存储指令的高速缓存。由于计算机系统主内存的速度较慢，当 CPU 读取指令的时候，会导致 CPU 停下来等待内存传输。指令缓存就是在主内存与 CPU 之间增加一个快速的存储区域，即使 CPU 未要求读取指令，主内存也会自动把指令预先送到指令缓存，当 CPU 要求读取指令时，可以直接从指令缓存中读出，无需再存取主内存，减少了 CPU 的等待时间。参见 cache。

instruction character 指令字符 用来启动、改变和终止某种控制操作的字符，如 CR 回车字符。

instruction code 指令码 一种可由计算机执行的、用来描述或表达指令的人造语言。通常每个指令字都含有指示要执行的操作和一个或多个地址，用来识别存储器中的特定位置或用于其他目的。

instruction constant 指令常数 同 instructional constant。

instruction control unit (ICU) 指令控制单元[器] 计算机中用来将指令码转换成微操作信号的功能块。所产生的微操作信号控制算术逻辑单元、内部寄存器和内外总线的运算、数据传送等动作。指令控制单元由指令寄存器、指令译码器、时序脉冲发生器电路和微操作形成电路等部分组成。

instruction counter 指令计数器 指出下一次要执行的指令所在存储单元地址的计数器，每执行一条指令，计数器即加 1。参见 instruction register。

instruction cycle 指令周期 执行一条指令所需要的全部时钟周期数目。指令越复杂需要的周期数目越多。完成一条指令周期通常要四个步骤：从主存取指令，取操作数，在指令的操作码译码信号的控制下执行操作和存操作结果数。完成一条指令周期所需要的时间称指令周期时间或指令时间，它等于时钟周期数目乘以周期时间。

instruction deck 指令卡片组 一种数据处理系统所要执行的操作的穿孔卡片组。

instruction decode 指令译码 指令字的操作码通过逻辑电路译成控制信号，控制指令操作的全过程。完成指令译码的部件称指令译码器。

instruction decode cycle 指令译码周期 计算机执行指令中的一个阶段。在这期间检查指令，同时产生执行该指令所需要的控制信号。

instruction decoder 指令译码器 中央处理机的一个组成部分。它将二进制机器指令译成运算器、寄存器和控制总线所需要的控制信号。

instruction dependency 指令相关(性) 在程序运行中，如果必须等前一条指令执行完后，才能执行后一条指令，则这两条指令是相关的。在流水线处理机中，指令的处理是重叠进行的，同时可有多条指令在机器中处理，因此存在指令相关性问题。指令相关性对计算机中流水线处理的效率有很大影响。

instruction diagnostic 指令诊断 用硬件和软件对各种中央处理机指令进行全面测试的过程。参见 instruction testing。

instruction element (IE) 指令部件 处理机的一部分。它执行某些指令并生成操作数地址和指令请求。它还控制进入机器的指令序列。通常由微码来控制它。

instruction execution 指令执行 执行某种指令所规定的操作。严格地说，不包括从存储器取指令的动作。

instruction execution logic 指令执行逻辑 使每条指令能从存储器取出并被译码执行的逻辑电路。它可以包含程序计数器、地址寄存器、指令寄存器和通用寄存器以及这些寄存器和存储器相互间的许多传送电路。

instruction execution time 指令执行时间 完成某

条指令所需要的时间。即完成一条指令所需要的时钟节拍数乘以时钟周期。对具有先行取指能力的计算机而言，该时间是从本指令取指到下一条指令取指开始之间的时间间隔。多数微处理机的指令执行时间都是随指令的不同而各有长短。将各种执行时间综合得到的指令平均执行时间是衡量计算机速度的重要参量。

instruction execution unit 指令执行单元 虚拟DOS(磁盘操作系统)机器中的一个依赖于处理器的代码块。在Intel处理器上它用作为一个陷阱处理程序，而在MIPS处理器上它用作Intel指令的仿真器。参见virtual DOS machine。

instruction fetch 取指令 从存储器中取一条指令并将它装入正确的寄存器的过程。

instruction flowchart 指令流程图 (1)用特定的几何图形、符号或文字说明对计算机指令系统中每条指令应执行的微操作序列加以描述。其形式类似于程序流程图，但其中一框仅表示一个或一组能够同时执行的微操作。(2)根据指令功能要求和设计的CPU组织所提供的功能部件与数据通路，将各指令的微操作序列选定适当节拍信号而构成的流程图。

instruction format 指令格式 指令的操作码和操作数地址(或操作数本身)代码排列的方式。指令格式一般分为两部分。规定指令操作性质(做什么操作)的称为操作码或称为操作部分；规定参与该操作有关的地址(如操作数的地址或转移地址)称为地址码或地址部分。操作码和地址码组成指令码。

instruction format optimizing 指令格式优化 用最短的二进制位数来表示尽可能多的操作信息和地址信息的方法。优化的目的是为了缩短指令字的长度，减少程序的存储量。它是指令系统设计的关键。操作码字段的优化通常采用扩展码的办法，根据各类指令对地址要求的不一致性及各类指令的使用频度，在指令格式中采用几种不同长度的操作码字段，通过各自的扩展码点，按等长或不等长进行扩展。地址码字段紧缩的方法，通常采用隐式地址、通用寄存器地址等方法尽可能减少地址个数和每个地址的位数。然后利用各类指令要求的地址个数的不同以及不同寻址方式的地址位数的不同与扩展操作码相结合，以获得冗余量尽可能小的指令字。

instruction groups 指令组 一组指令。主要包括：数据存储器与存储器转移、输入输出操作、直接送入和存储累加器、存储累加器与标识、间接转移、二进制运算、逻辑操作、十进制运算、栈指示器修改等。

instruction length 指令长度 代表一条指令的所有二进制位数称为指令长度。例如若用两个字节来表示一条指令，则这条指令的长度为16位。随着计算机存储容量的不断扩大，指令长度也随之增加。

instruction marker control 指令标记控制器 在口述记录设备中，一种用于指示给定的指令在索引条上或记录媒体上位置的装置。

instruction mix 指令混合比例 对程序中所含指令的类型比例进行估计，如赋值指令、数学(浮点或整数运算)指令、控制指令、索引指令等各占多少比例。知道典型程序中的指令类型混合比例对于CPU的设计人员非常有用，因为这可以告诉设计人员哪些指令应该缩短，以此产生最快的速度；相类似地，了解指令混合比例对于设计测试程序的人员来说也很有用，因为这可使设计人员编制的测试程序更符合计算机的实际任务。

instruction modification 指令修改 修改指令中的操作码或操作数地址。当再执行这条指令时，计算机将执行不同的操作或转向不同的地址。

instruction modifier 指令修改量 指令修改中用来使地址递增或可能用来改变指令执行操作的数值。

instruction operation code 指令操作码 参见operation code。

instruction operation time table 指令操作时间表 机器所有指令的微操作序列在各个时序信号上的分配表。它是指令流程的进一步具体化。

instruction phase 指令阶段 参见instruction cycle。

instruction pipeline 指令流水线 指令处理过程中(其中包括取现行指令、指令译码、地址操作等)使用的流水线技术。一般所说的流水线处理机首先是指在指令部件中使用流水线技术的计算机。另外，指令流水线也可指在微指令处理过程中使用流水线技术。现在高性能的计算机均设有指令流水线。

instruction pointer 指令指针 (1)在某些计算机系统中，为程序中的机器接口指令提供的一种可寻址性指针。参见program counter。(2)计算机中指向当前正在运行的指令的指针。

instruction prefetch 指令预取 在指令对译码器进行指令译码以前，事先从主存取来指令放在指令缓冲寄存器里，也称“指令先行”。若为顺序执行程序，预取的指令100%地得到使用。若遇到转移指令，如转移所指向的新指令在缓冲器内，则缓冲器里的指令仍有效；如转到缓冲器外，则缓冲器里的指令失效。当缓冲器足够大时，失效率将很小。指令预取可减少存取冲突和提高存取速度，增加处理机的利用率。

instruction prefetch unit 指令预取部件 计算机中的一个部件，负责从内存读取程序指令。

instruction processing unit 指令处理部件 中央处理机极重要的一个组成部分。主要由指令缓冲器，指令部件和指令队列组成。指令缓冲器用来接收从主存取来的指令。指令部件逐条对指令进行译码，计算操作数地址，修改程序计数器内容，检查中断和执行取操作数，在指令部件内完成与指令流出有关的所有判定，接收各部件发回来的工作信号，并对这些信号进行判定，以便发出新的控制信号，协调各部件间的正常工作。

instruction queue 指令队列 准备执行的指令按执行顺序排列。队列里的指令按先进先出原则工作。通常用寄存器做成指令队列的存储区。在 $I+1$ 条指令发出的同时，$I+K+1$ 条指令送入指令队列存储区。其中 K 为指令队列存储区的大小。

instruction register 指令寄存器 保存正在执行或即将执行的指令的寄存器。参见 instruction address，address register。

instruction repertoire 指令表 计算机程序设计语言语句的操作符全集，并带有可以标志其操作数的类型和含义的说明。包含在程序设计语言内的各种命令和语句。

instruction retry 指令重试[复执] 计算机容错措施之一。计算机在运行过程中，如果某指令执行不正确可自动重复执行一定遍数，在规定遍数之内执行成功，则程序顺序执行。若超过规定遍数仍不成功，则转出错处理或停止运行。

instruction scheduling 指令调度 从顺序指令系列中识别可并发成分，并合理安排指令的执行顺序的过程。在具有多条指令可重叠或并行执行的硬件系统中，由于程序中指令间的各种相关性，致使这种硬件系统效率不能充分发挥。指令调度的目的就是为了最大限度地发挥这类计算机所提供的处理机能力。指令调度分为人工调度、用硬件实现的动态调度和用软件实现的静态调度三种，也可把几种手段结合起来实现指令的合理调度。

instruction set 指令集，指令系统 用来规定一台计算机各种操作，决定机器功能的全部指令的集合。通常把全部指令按字母顺序排列成表称指令表。每一种处理器都有不同的指令集，但同一系列的处理器有相同的指令集，如 Intel 的 X86 与 Motorola 的 68K 系列。指令集依照数量与复杂程度分为精简指令集（RISC）与复杂指令集（CISC）两种。指令条数和它的复杂程度与计算机的系统结构、字长和主存容量等有关。一台计算机的性能如何，与该机的指令系统有很大关系，一般可用下面三点来衡量：①指令系统的完备性；②指令系统的有效性；③指令系统的规整性。

instruction set architecture (ISA) 指令集架构 指令集架构是与程序设计有关的计算机架构的一部分，包括本地数据类型、指令、寄存器、地址模式、内存架构、中断和外部 I/O。ISA 表征着计算机的基本功能和使用属性，是计算机系统设计中的核心问题。它的格式与功能不仅直接影响到机器的硬件结构，而且也直接影响到系统软件，影响到机器的适用范围。常见的指令集架构有以下几种：复杂指令集计算（CISC）、精简指令集计算（RISC）、显式并行指令集计算（EPIC）、超长指令字（VLIW）。参见 complex instruction set computing (CISC)，reduced instruction set computing (RISC)，explicitly parallel instruction computing (EPIC)，very long instruction word (VLIW)。

instruction set design 指令系统设计 计算机系统结构设计的核心内容之一。其中包括：操作类型和操作内容的设计；指令格式及寻址方式的选择；指令字的优化；软件和硬件的功能分配等。

instruction set processor language (ISPL) ISPL 语言 一种计算机硬件设计语言。主要用来描述寄存器传送系统和数字计算机的系统结构。

instruction stack 指令栈 指令流水线处理机中的一个部件。处理机的指令处理部件不断地从主存储器取来指令，并传送给执行部件执行。为了使这一过程能快速、平稳地进行，在指令处理部件中设置一组寄存器。它存放从主存储器陆续取来的多条指令，再依次发给执行部件执行，这组寄存器称为指令栈。在主存储器不忙时，可以多取几条指令放在指令栈中，以便在主存储器忙时指令处理部件仍能源源不断地向执行部件发送指令。如果执行的循环程序不大，其所有指令可全部存在指令栈中，那么执行时就不必访问主存储器。这样，可减少访问主存储器的次数，降低访问冲突的概率，提高系统的工作速度。

instruction statement 指令语句 参见 instruction。

instruction storage 指令存储器 同 instruction area。

instruction stream 指令流 计算机系统中处理操作（或执行）的指令序列。若一台机器只有一个处理机，但可以有多个处理部件，只在一个控制器的监督和控制下执行单个指令序列，则称单指令流。若一台机器有多个处理机，多个控制器分别控制各自的指令序列，则称多指令流。

instruction stream control 指令流控制 计算机各部件在控制器的控制下执行指令序列。具体说来应包括如下一些控制：①指令流出的控制，实质上是对取指令的控制。由控制器给出流出指令的地址（空间控制），向存储器发出读指令控制时序信号（时间控制）；②指令分析与执行的控制指的是控制器对指令流中每条指令进行分析，分析指令的操作性质、寻址方式和形成操作数地址，向存储器发出调用操作数的控制信息，以及执行该操作所必需的操作控制时序信号送往有关各部件，并确定下条要执行的指令等；③指令流向的控制即对程序计数器 PC 内容操作的控制。一般情况下，指令是顺序执行的，由程序计数器 PC 决定要执行指令的地址，顺序执行意味着 PC 的内容从小到大顺序增加。

但当执行的指令是转移类型的指令时，就会改变指令流的顺序，即改变了指令的流向，由控制器控制改变 PC 的内容；④程序运行环境的建立与保护，在控制器控制下建立运行环境，并当指令流向改变时能保护运行环境，使程序能继续运行。

instruction tape 指令带 同 program tape。

instruction testing 指令测试 计算机自带的一种检验程序。用来检查机器指令，通常在计算机正式工作前或出现故障后检查主机时使用。

instruction time (I-time) 取指(令)时间 微处理器从内存取得一条指令所需的时钟节拍(计算机内部定时脉冲)数目。指令时间是指令周期的前半部分，其后半部分是执行时间(翻译和执行时间)。参见 execution time。

instruction trace 指令跟踪 参见 trace。

instruction word 指令字，指令长度 机器语言指令的长度或指令本身。对计算机要执行的操作加以规定的字母或数字。它可以是一个完整的计算机字，也可以是计算机字的一部分。一般包括操作部分、地址部分和特征位等。

instrument 装置，设备，仪器 在远程通信中，指任何发送或接收信号的设备。例如计算机终端，电话机等。

instrumentation amplifier 仪器用放大器 一种可接受电压信号作为输入并在输出端产生与这一信号成线性比例的信号的放大器。它是一种闭环固定增益放大器，且通常是差动放大器，在宽广的频率范围内具有高输入阻抗、低漂移及高的共模抑制，广泛用在应变仪电桥、热电偶和其他类型换能器中放大毫伏级的信号。

instrumentation tool 探测工具 一种软件工具，它是在另一程序中的适当位置上产生并插入的程序语句，起计数器或其他探头作用，以提供有关程序执行情况的统计数字。可了解某程序代码是否能达到彻底执行的程度。

instrument case 工具角色 在英语的自然语言理解系统的角色文法中，当名词组在句中所起的作用是描述主动者所使用的东西时，称该名词组为工具角色。常伴随着介词 with 一起出现。

instrument landing system (ILS) 仪表着陆系统 使用 VHF(甚高频)和 UHF(超高频)频段的无线电导航系统。ILS 对即将着陆及着陆过程中的航空器提供水平与垂直引导，并在某些固定点上，指示出距着陆参考点的距离。

Instruments and Control Systems **《仪表与控制系统》** 美国刊物，1959 年创刊。分技术文章、仪表应用论坛、和工业报告三个栏目。另辟有计算机控制语汇解释、新产品与新技术文献等专栏。

instrument security factor 仪表保安因数 额定仪表保安电流与额定一次电流之比。万一系统发生故障时，电流互感器的一次绕组中有故障电流流过，当仪表保安因数越小时，由互感器供电的仪器的安全程度越高。

instruments for measuring partial discharge 局部放电测试仪 测量绝缘结构和绝缘材料局部放电特性的仪器。

insulant 绝缘体 用以阻止传导电流的材料，一般是介质。

insulated-gate bipolar transistor (IGBT) 绝缘栅双极型晶体管 一种将功率 MOSFET(金属氧化物半导体场效应晶体管)和晶体闸流管的特性结合起来的四层分立的功率半导体器件。由一个 PNP 晶体管推动在复合晶体管对中的一个 N 沟道 MOSFET，内部的 JFET(结型场效应晶体管)传导了大部分电压，从而使内部的 MOSFET 具有比类似的标准 MOSFET 更低的漏极至源极“导通”电阻，于是这种器件可用在额定值为 300 V 以上的电路中。

insulated metal substrate (IMS) 绝缘金属衬底 一种电路板，包含涂敷一层绝缘层的金属基，然后是电路板铜层。它的优点在于可以从表面安装的 IC 直接通过衬底传导热。

insulating bushing 绝缘套管 用于穿过非绝缘隔层组成一个导体的绝缘子。参见 insulator。

insulating material 绝缘材料 用来使器件在电气上绝缘的材料。

insulating oil 绝缘油 电气设备中使用的，具有良好的介电性能的油。

insulating part 绝缘件 单个绝缘零件或多个这种绝缘零件永久地连接在一起的装配物，但它不带金属附件。由陶瓷、玻璃或有机绝缘材料制作的绝缘件分别称为瓷件、玻璃件或有机材料件。

insulating tool 绝缘工具 主要由绝缘材料制成的工具。

insulation co-ordination 绝缘配合 综合考虑系统中可能出现的各种过电压、保护装置特性及设备的绝缘特性，确定设备的绝缘水平及其使用，从而使设备绝缘故障率或停电事故率降低到经济上和运行上可以接受的水平。

insulation fault 绝缘故障 绝缘电阻的不正常下降。

insulation level 绝缘水平 在规定条件下，一个电器的绝缘按照设计能承受的试验电压。此定义适用于输变电设备。

insulation material 绝缘材料 所有用于使器件绝缘的材料。

insulation monitoring and warning device 绝缘监视和报警装置 对地绝缘电阻下降时发出信号的装置。

insulation property 绝缘性能 导体绝缘后所获得的全部性能。

insulation resistance 绝缘电阻 用绝缘材料隔开

的两个导体之间，在规定条件下的电阻。绝缘电阻是加在与绝缘体或试样相接触的两个电极之间的直流电压除以通过两电极的总电流所得的商。它取决于试样的体积电阻和表面电阻。

insulation resistance of capacitor 电容器的绝缘电阻 加在电容器两端子之间的直流电压与通过端子的总泄漏电流的比值。

insulation resistance test 绝缘电阻测定 在规定条件下测定绝缘电阻的试验。

insulation system 绝缘结构[系统] 一种或几种绝缘材料的组合。根据电气设备的特点和尺寸要求，将它与导体部件设计成为一个整体，用以隔绝有电位差的导电部分。

insulator 绝缘体 一种材料，导电性很差，常用于将导体之间隔开，或是用于保护电工安全。绝缘体的实例有二氧化硅（玻璃）、氮化硅、橡胶、塑料、陶瓷和木材等。比较 conductor，semiconductor。

insulator string 绝缘子串 两个或多个串接在一起的绝缘子串元件，作架空线路导线的可挠支持用。绝缘子串主要承受拉力。参见 rigid insulator，insulator。

insulator with external fittings 外胶装绝缘子 金属附件均胶装于绝缘件外部的绝缘子。参见 insulator with internal fittings，insulator。

insulator with internal and external fittings 联合胶装绝缘子 一端附件内胶装，另一端附件外胶装的绝缘子。参见 insulator with external fittings，insulator with internal fittings。

insulator with internal fittings 内胶装绝缘子 金属附件均胶装于绝缘件内部的绝缘子。参见 insulator with external fittings，insulator。

in-system programmable（ISP） 系统内可编程的 一种逻辑器件中采用的技术，这种技术使得在电子产品的生产和供货之前、期间和之后，对它的器件、线路板乃至整机系统的逻辑功能进行重新定义的能力。使硬件设计像软件一样灵活而易修改，该技术简化了设计生产流程，也为产品的升级服务带来方便，它允许设计、测试和生产工程师在器件安装前时重新定义系统的功能。它支持多功能逻辑设计，以减少系统部件的数量和成本。

INT （1）内部 interior 的缩写。（2）内部跟踪表 internal trace table 的缩写。

intact of instruction set 指令系统的规整性 一个完善的指令系统的要求之一。指令系统除了要求规整性外，还应满足完备性、有效性和兼容性。指令系统的规整性又可细分为指令操作的对称性、匀齐性和指令格式与数据格式的一致性。指令操作的对称性是指在运算时，所有寄存单元或存储单元都可同等对待，不论哪一个操作数或运算结果都不受约束地存于任一单元。指令操作的匀齐性，是指一种性质的操作可适用于各种数据类型。这种操作的匀齐性可使汇编程序设计与编译程序无需依赖数据类型而选用指令，以缩短程序空间和加快程序执行速度。指令格式与数据格式的一致性主要是指指令字长与数据字长有一个规整的关系，便于程序的加工处理。如机器的基本字长为 32 位，长指令选 32 位，短指令选 16 位，在这个字长条件下，来选择指令的地址格式。参见 completeness of instruction set，effectiveness of instruction set，compatibility of instruction set。

integer 整(型)数 不带小数成分的数字。整数可以是符号数（正或负数），也可以是无符号数（正数）。根据其存储所用内存字节数，整数又可描述为长型整数或短型整数。短型整数的覆盖范围（如 −32768 ～ 32767）要比长型整数的范围（如 −2147483648 ～ 2147483647）小。

integer attribute 整数属性 由目标代码形式出现的定点、十进制和浮点常数的整数部分所占据的数字位数的一种属性。

integer BASIC 整型 BASIC 一种 BASIC 版本。它只包含整数计算、整数类型，没有浮点数。

integer constant 整常数 用十进制数字 0，1，…，9 写的数。它不包含小数点。整常数可以加前缀符号“+”或“−”，无符号的整常数为正。

integer expression 整型表达式 一个具有整数值的数学表达式。

integer number 整型数 不带小数成分的数字，包括正整数、负整数和零。同 integer。

integer part 整数部分 在 FORTRAN 语言中，基本实常数的小数点以前的部分，以数字串表示。

integer performance 整数性能 CPU 对整数运算的处理能力。机器的整数性能是衡量机器速度的极其重要的技术指标。

integer programming 整数规划 在运筹学中，求具有整数值变量的函数的最大值或最小值的问题称为整数规划问题。如果规划中的待求变量全部限于取整数值，则称为纯整数规划；否则，称为混合整数规划。如待求的整数变量仅限于取 0 与 1，则称为 0-1 规划。计算机设计、系统可靠性、信息编码、工序安排、厂房选址等一系列实际问题都可从某种角度上看作是整数规划。它的适用范围很广，从 20 世纪 50 年代继线性规划理论发展之后，一直是数学规划论中的主要研究对象之一。

integer variable 整型变量 一般指取整数值（如 7，−3，0 等）的变量。在 FORTRAN 语言中，整变量名字由 6 个以下的一串字母数字组成。其第一个字符为字母，可以是 I，J，K，L，M 或 N，也可为其他字母；当第一个字母不是 I，J，K，L，M，N 时，要在类型语句中说明它是整型。

integral action 积分作用 其校正力的变化率正比于偏移的一种控制作用。

integral action limiter 积分作用限制器 一种程序

或装置。它使由积分作用产生的输出信号值限制到预定的值。

integral boundary 整数边界 主存中的一种存储单元,一个定长字段(如半字或双字)必须定位在这种单元上。整数边界的地址是该字段长度(用字节数表示)的整倍数。参见 boundary alignment。

integral control 整数控制 一种控制方法,其驱动传动装置的信号等于输入与所测试实际输出之差的时间整数。

integral keyboard 组合键盘 一种文字处理器,或有输入键盘的光学排字器。

integral modem 内置式调制解调器 装在计算机内部的调制解调器,通常是一块插件板,对应于外部调制解调器。参见 external modem, internal modem。

integral slot winding 整数槽绕组 分布绕组的一种,其每极每相槽数为整数,而且各极均相同。参见 distributed winding。

integrated 集成的,综合的,整体的 一种功能部件特性,该功能部件为设备的一个组成部分。同 build-in。

integrated access and cross-connect system (IACS) 综合存取和交叉连接系统 一种基于国际传输开放协议的 AT&T 宽带分组产品。IACS 可以被用于话音、传真和数据的压缩。IACS 由被称为综合存取终端(IAT)的传输终端和被称为综合存取控制器(IAC)的网络管理系统组成。

integrated access device (IAD) 综合接入设备 一种支持多种接入方式和多种业务,并能将用户接入到不同网络的接入设备。

integrated adapter 整体适配器 处理机的一个整体组成部分。它为设备提供直接连接,既不使用单独的控制器也不使用标准输入/输出接口。参见 integrated communication adapter, integrated file adapter。

integrated AI 集成人工智能 一种人工智能技术,将试探性计算技术与常规计算技术结合起来。例如将知识库与常规的数据库结合起来。

integrated amplifier 合并式功放 将前置放大器和功率放大器合装于一个机箱内的那种功率放大器。

integrated attachment 集成配件 一种连接配件,它是基本硬件的一种整体部件。

integrated automatic test system 综合自动测试系统 由常规通用设备单元通过接口电路和程控设备互相连接组合而成的一种自动测试系统。可以根据系统要求灵活地插入或更换不同的常规设备单元以改变测试功能。从而适应种类繁多又经常变化的测试环境。其程控设备可以是微型或小型计算机或程序控制器。

integrated building distribution network (IBDN) 综合大楼布线网络 由加拿大北方电信公司(NORTEL)推出的一种智能大楼综合布线系统。

integrated CAD/CAM system 集成化 CAD/CAM 系统,计算机辅助设计制造一体化系统 能够提供多方面应用功能的 CAD/CAM(计算机辅助设计/计算机辅助制造)系统。集成化系统的特点,是通过 CAD 数据库将相互有关的设计数据组织在一起,并为系统中多个应用程序提供服务。该系统还可以把产品的整个分析、设计及制造过程都统一起来,以支持从设计构想到生产最终产品的整个过程。具体地说,系统的集成化体现在两个方面:一是集成度,即要求在整个设计过程的各个阶段都要用上 CAD 技术,功能比较齐全;另一是信息流的集成,指设计的各个阶段,即从设计数据的输入,设计结果的生成,直到与生产的接口构成一个完整的信息流通过程,也应包括统一友好的用户界面和方便灵活的操作方法。

integrated catalog facility 综合目录功能程序 DFP(数据功能程序产品)中的一种功能程序,为综合目录功能程序提供目录。

integrated catalog facility catalog 综合目录功能程序目录 在 DFP(数据功能程序产品)中,由基本目录结构所组成的一种目录。其中包括有关 VSAM(虚拟存储存取法)数据集和非 VSAM 数据集的信息。它至少有一个"其中仅包含关于 VSAM 数据集信息的"VSAM 卷数据集。

integrated circuit (IC) 集成电路 也称"芯片"。在电子学中,指将晶体管、电阻等电路元件封装在一单片晶体硅或其他材料上所得到的器件。集成电路以其所含的元件数目而分成以下几类:小规模集成电路(SSI)——少于 10 个;中规模集成电路(MSI)——10 ~ 999 个;大规模集成电路(LSI)——1 000 ~ 99 999 个;超大规模集成电路(VLSI)——多于 100 000 个;特大规模集成电路(ULSI)——多于 1 000 万个;巨大规模集成电路(GSI)——多于 1 亿个。显然,封装在一定区域内的电路元件数目越多,元件尺寸越小。在最密集的封装中,每个电路元件的尺寸只允许几个原子那么大。

integrated circuit card IC 卡 即集成电路卡,也常被称为智能卡。将具有存储、口令检验或加密和其他数据处理能力的集成电路芯片镶嵌于塑料基片中,便成为通常见到的 IC 卡。按 IC 卡的结构,即卡片中所嵌的集成电路及外围电路等的不同,通常可分为四大类:①存储器卡:卡中 IC 大多数为标准的串行 EEPROM(电可擦可编程序只读存储器);②逻辑加密卡:卡中 IC 为带保密逻辑的串行 EEPROM;③CPU 卡或微处理器卡:在上述基础上增加 CPU,有的还带专用的协处理器(如模乘法处理器);④非接触式 IC 卡:卡面无金属电触点,与外界的能量及数据交换通过调制电磁波实现。

integrated circuit card identity (ICCID) IC 卡识别码 固化在手机 SIM(用户识别模块)卡中的唯一识别号码,由 20 位数字组成。

integrated circuit package 集成电路封装 含有许多有源元件(二极管和晶体管)及无源元件(电阻器、电容器和电感器)并起着一个完整电路作用的单片半导体器件。

integrated circuit memory (IC memory) 集成电路存储器 一种由晶体管和其他电路元件组成的存储设备,在一个晶体材料片基上制造。

integrated civil engineering system (ICES) 综合土木工程系统(语言),ICES 语言 由美国麻省理工学院(MIT)土木工程系于 1961 年完成的一种程序设计语言。主要用于结构分析和设计,及道路工程学、土壤工程学等土木工程学的解题。它拥有土木工程设计所需要的子系统(如土木建筑图形数据库)。具有可用于子系统开发的内部语言,并包含诸如 COGO(坐标几何学程序设计)和 STRVDL(结构分析)等语言,是供工程师用的通用系统。

integrated communication adapter (ICA) 集成通信适配器 一种通信适配器,是宿主机上的一部分,比较 external communication adaptor。

integrated communication system 综合通信系统 由两个或更多个原有独立通信系统合并而成的一个不保持原来自主性的单一通信系统。各个系统之间完全相互结合和合作。

integrated component 集成元件 渗入进集成电路基片中或淀积在基片上的电路元件。

integrated computer aided manufacture (ICAM) 集成化计算机辅助制造 计算机辅助制造技术的进一步发展。要先开发一个可实行分批加工的通用模式,以表达分批加工的多级控制结构及其有关设计、加工机具、工艺流程等之间的相互关系。根据这种模式设计的系统可按原始设计自动选定加工工艺、自动编程序、自动调度和及时传送等。

integrated computer aided software engineering (I-CASE) 集成的计算机辅助软件工程 一种具有各种软件工程功能的软件,包括程序设计、编写代码、测试程序等。

integrated computing 综合计算技术 两个或多个共享数据的软件应用的并行使用,如文字处理系统和计算机绘图系统,电子表格和文件管理的并行应用。

integrated concept 集成化概念 当前为解决软件开发中各种问题而提出的构造集成化软件开发环境的思想。如计算机辅助软件工程(CASE)、欧洲的集成化工程支撑环境(IPSE)等都采用了这种思想。所谓集成化可以指不同软件工具的集成化、不同技术的集成化(如 20 世纪 60 年代的编译技术、70 年代的数据库技术、80 年代的 AI 技术、面向对象技术和计算机交互图形技术等)和不同理论和技术的集成化,概括起来集成化的概念的逻辑表征是指软件工程开发的概念、方法和技术的集成;它的物理表征指工具、信息库和用户界面的集成。逻辑集成与物理集成彼此关联、相互支持。逻辑集成机制决定了物理集成设施,物理集成设施则有效支持和体现了逻辑集成机制。从系统论角度看,集成化系统追求综合性(comprehensiveness)、完备性(completeness)、连续性(conerency)和整体性(integrity),即所谓 C^3I 特性。

integrated database management system (IDMS) 综合数据库管理系统 最早按 DBTG(数据库任务组)报告设计的网状数据库管理系统,1971 年由美国化学公司的 B. F. Goodrich 研制,于 1973 年成为 Cullinane 公司和 ICL 公司的程序产品,系统把全局视图表示在模式中,用户视图表示在子模式中,数据的逻辑表示与物理表示之间的映射由模式 DDL(数据定义语言)中的区域定义、文件描述和设备介质控制语言 DMCL 共同完成。模式、子模式和 DMCL 模块的目标形式都存放在数据词典中。系统向用户提供了并发操作、安全保护、数据通信、联机查询、报表生成、数据词典、分布式处理等一系列强有力的操作措施。宿主语言包括 COBOL、PL/1、FORTRAN、RPG Ⅱ 和汇编语言等。

integrated database system 集成数据库系统 满足用户的数据管理的集成需求的数据库系统,但集成的范围和数据共享的程度在不同的用户系统中可以是不同的。它的高级形式可以使用户共享整个企业中的管理、工程和制造数据,它向用户提供在任何瞬时通过适当授权的访问共享个人或企业的最新的数据的能力。而它的较低级形式也许只能让用户访问按周期(如每天一次)更新的工程和制造数据。CIMS 用户访问集成数据库系统的一个例子是当用户向数据库输入零件族或零件号码后,能够得到它的造型图像、图纸、工程分析结果、文字说明、材料清单和制造程序等。

integrated data dictionary (IDD) 综合数据词典 物理地并逻辑地集中到数据库中的数据词典。它由 Cincom 公司的 R. Weeks 提出。综合数据词典可为数据提供许多功能:①整理数据元素;②识别数据元素和应用程序之间的关系;③维护各数据元素的定义,并可通过例行程序对此定义直接存取。综合数据词典通常与数据库管理系统(DBMS)的设计相结合。

integrated data dictionary system 综合数据词典系统 为一个特殊的应用,在一个通用的数据库管理系统中加进数据词典系统,并利用数据库管理系统来存储和获取数据,由此组成的新系统称为综合数据词典系统。

integrated data processing (IDP) 综合数据处理 也称"统一数据处理",一种广泛使用于商业数据处

I

理系统中的处理方法，是数据处理的一种类型。集中式数据处理包含有数据流连续地不间断的通过计算机系统的概念。这种技术避免了多次的输入数据，并允许数据储存在一个物理设备上。这种处理需要一个用于多种目的的数据库。集中数据处理还意味着使所得到的数据和数据处理的其他各阶段互相配合。例如，在商业处理系统中，可把订货和购买的数据结合起来，以完成调度、开发票和结算等功能。

integrated data storage (IDS)　综合数据存储　霍尼威尔通用电气公司开发的一种用于综合数据存储的信息处理系统。这是一种商用的数据库软件，它以COBOL作为宿主语言，在操作系统支持下提供采用主记录和明细记录的层次型结构。IDS2是该公司在IDS基础上研制的改进版本，它遵从CODASYL(数据系统语言会议)建议，并提供了充分的子模式设施、保密控制、并发存取和数据库恢复等功能。

integrated development environment (IDE)　集成开发环境　用于提供程序开发环境的应用程序，一般包括代码编辑器、编译器、调试器和图形用户界面工具。就是集成了代码编写功能、分析功能、编译功能、调试功能等一体化的开发软件功能，有的还融合了建模功能。所有具备这一特性的软件都可以称为集成开发环境。不同的技术体系有不同的IDE。例如visual studio. Net可以称为C++、VB、C#等语言的集成开发环境。同样，Borland的JBuilder是Java的集成开发环境。

integrated device electronics (IDE)　集成设备电路　一种磁盘驱动器。这种驱动器上带有控制电路，因而不需要单独的适配卡，只需少量译码电路支持。也称"集成驱动器电路"。参见integrated drive electronics (IDE)。

integrated digital loop carrier (IDLC)　综合数字环路载波　IDLC是宽带有源光网络，是以SDH(同步数字系列)或PDH(准同步数字系列)为传输平台，针对集中用户区可提供PSTN(公用交换电话网)、ISDN(综合业务数字网)、B-ISDN、DDN(数字数据网)、LANE(局域网仿真)、因特网和数字视频等业务的接入，也是宽带综合接入的理想方式。

integrated digital network (IDN)　综合数字网　一些数字节点和数字链路的集合。它综合了数字传输和数字交换，能在两个或更多个规定节点间提供数字连接，建立电信联系。参见integrated services digital network (ISDN)。

integrated discs　集装磁盘　早期小型计算机中，把磁盘和处理机与存储器装在同一机柜里。这样的集装盘安放在一个可拉式磁盘机上，一个单轴磁盘机装一个固定式双面盘和一个可卸式双面盘。

integrated disk　综合性磁盘　可编程存储系统中存储控制器的一个组成部分，用于存储文件、应用程序、控制器存储内容和诊断程序。

integrated drive electronics (IDE)　集成驱动器电路　把控制器与盘体集成在一起的硬盘驱动器。IDE是一种微机硬盘接口标准，主要由Compaq公司开发，其传输率为7.5 MBps以上，接口采用单一的信号插头，由40根命令线和数据线电缆组成，它的控制器直接放在驱动器上，可同时支持两个驱动器，接口通常和软盘驱动器、串并口集成在一块卡上形成多功能卡。

integrated emulation　集中仿真　一台计算机(称为主机)仿真另一台计算机(称为目标机)时，指在主机上具有运行目标机的用户程序的能力。通常，主机是微程序控制的机器，可以增加适当的硬件来达到这个目的，当控制存储器采用只读存储器时，为了实现仿真目标机，使主机从原来的指令系统运行的模型改变为目标机的模型，往往需要通过人工干预的办法来实现。当控制存储器完全或部分采用可写的控制存储器时，改变模型是通过命令而不是通过人工干预来完成的，具有这种能力的主机称为集中仿真目标机。

integrated emulator　综合仿真程序　在多道程序环境中，由操作系统控制运行的一种仿真程序。比较standalone emulator。

integrated engineering database (IEDB)　集成式工程数据库　比工程数据库狭义定义而言其含义更为广泛的数据库。广义地看，集成式工程数据库应能为CAD(计算机辅助设计)、CAM(计算机辅助制造)和CIMS实现一体化服务，即不但可作为CAD的支撑工具，而且还应能支持CAD和CAM过程中的计算机控制、管理和决策事务，把工程项目的设计、制造、管理乃至经营业务在一个统一的数据库基础上实现集成。通常IEDB应该是多媒体的，应允许将各种数据存入到(或取自于)各种方便的媒体中，并以多媒体方式与用户进行信息交互。

integrated environment　集成化环境　支持与软件开发有关的所有过程和方法的软件工具的集成。它实现在软件生命周期内不同阶段中使用的工具配合操作，以产生整个软件产品。通常，一个集成化环境由许多工具和工具的集成机制组成。集成化环境可细分为：①以语言为中心的环境，它全面地支持特定的语言的编程；②面向结构的环境，它通过提供一个交互式设施，全面地支持编程，可使用户独立于特定语言而直接对结构化对象进行加工；③基于方法的环境，它由支持一组特定的过程或方法的工具所组成；④工具箱式的环境，它由一组通常独立于语言的工具组成。以上四类均面临以下四个问题：①一致的用户界面；②数据交换；③可移植性；④数据库集成。

integrated file adapter　综合文件适配器　一种可以连接多个磁盘存储器到处理装置的综合适配器。

integrated file store 集中文件存储器 在某些虚拟存储系统中，以页和/或段形式保存在快速存取磁盘装置上的后备存储器部分。

integrated file structure 整体文件结构 为满足几种功能的需要，以整体文件建立的数据库。理想的办法是有一个大数据库，以满足整个业务的需要，但在确定数据关系方面将会很复杂。这同功能要求的分离结构文件不同，分离结构文件会导致重复和模糊。参见 database，functional information system，total information system。

integrated fuse logic 集成熔丝逻辑 集门阵列产品开发的知识和经验，与熔丝型可编程只读存储器相结合，采用"与"、"或"、"非"可编程概念的一种可编程逻辑器件系列。集成熔丝逻辑包括现场可编程门阵列、现场可编程逻辑阵列和现场可编程逻辑时序器。

integrated head 集成磁头 同 film head。

integrated information 集成信息 存储在一个产品中并且能在该产品中显示的信息。

integrated injection logic (IIL, I2L) 集成注入逻辑(电路) 由倒置结构的纵向 NPN 多集电极管起逻辑"非"门作用，共基极接法的横向 PNP 管起负载电阻和电流源的作用，向 NPN 管基区注入电流，组成的逻辑电路。它把两种晶体管合并到集中的器件区，故也称"合并晶体管逻辑电路"。与 TTL(晶体管-晶体管逻辑)电路相比较，它的主要优点是集成度高而功耗低，因此特别适于制造大规模集成电路。具体一点，可解释如下：由一个倒置结构的纵向 NPN 多集电极管 BG_1 和一个共基极连接的横向 PNP 管 BG_2 组成的一种逻辑电路。其中 BG_1 起非门作用，BG_2 起负载电阻和电流源的作用，实现对 BG_1 基区的注入，故称集成注入逻辑。在结构上，该逻辑电路有单一的输入和多路输出，而不是更常见的多路输入和一个输出。

integrated intelligent network (IIN) 综合智能网 同时叠加在所有的通信网之上的智能网。综合智能网可以同时处理来自固定、移动、数据网络的信令消息，在智能网平台上同时运行各自的、或者综合的智能网业务，实现多种基础网络在智能网上的融合。参见 intelligent network (IN)。

integrated Internet services 集成化因特网服务 把因特网提供的多种服务加以集成为用户提供的综合性服务。

integrated IS-IS 综合 IS-IS，综合中间系统到中间系统协议 以 OSI(开放系统互连)路由选择协议 IS-IS(中间系统到中间系统)为基础，又支持 IP(网际协议)和其他网络的路由选择协议的协议。综合 IS-IS 的实现只发送一组路由选择更新信息，比两组分别实现更加有效。综合 IS-IS 协议在 IS-IS 协议分组格式中增加用来支持更多网络层协议的字段。这些增加的字段通知路由器如下信息：到其他协议族网络地址的连通性、路由器所能支持的协议类型、以及特定协议所要求的信息。

integrated link management interface (ILMI) 集成链路管理接口 一个 ATM(异步传输模式)论坛定义的网络管理功能规范，定义最终用户和公共或专用网络之间，以及公共网络与专用网络之间的网络管理功能。它基于 SNMP(简单网络管理协议)的有限能力。

integrated manager, planning and control for assembly system (IMPCA) 装配综合管理、计划与控制系统 美国 Northrop 公司在制造 F/A-18 大黄蜂战斗攻击机中采用的装配网络。它免去了工厂车间工人处置书面文件的需求，同时给装配线上的监管人员更好更快地提供各自管辖范围内机械工人的工作表现与进度的最新情况。

integrated manufacturing software system 综合生产[制造]软件系统 适应综合生产系统用的一种模块式带接口且兼容的软件系统。它具有自动选择加工顺序、加工设备、最佳加工条件、保证加工精度及整个生产系统的合理管理等功能，以控制生产过程的最佳化和实现全工厂的综合自动化。

integrated manufacturing system 综合生产[制造]系统 (1)由计算机辅助设计(CAD)和计算机辅助制造(CAM)相结合的生产系统。它由控制系统的硬件、软件和加工设备构成。旨在实现生产过程的最优化。该系统的输入是关于产品的要求和设计，输出是经过检验的合格产品。其功能有产品设计、生产计划、监督、加工与装置、联机检测、成品试验及生产管理等。(2)由多级计算机组成的，将设计、制造和管理综合为一个整体的软、硬件系统所构成的自动化系统。

integrated modem 集成调制解调器 一种调制解调器。集成在信息产品(如终端或计算机)内部使用的，而不是在其外部以电缆方式与之接通使用的调制解调器。比较 standalone modem。

integrated navigation computer 组合导航计算机 组合导航系统中所使用的一种数字计算机。它使飞行器上各种导航子系统组合成统一的有机整体，以提高系统的总精度。并利用计算机所具有的故障检测和定位以及自动切换工作模式等能力来提高系统的可靠性。

integrated network active system (INAS) 综合网络激活系统 一个支持本地网全部接入型业务网络激活的支撑平台，提供固话、固网智能化、智能网等以及今后新增接入型业务的网络激活功能。综合网络激活系统将业务流程平台的网络激活功能剥离出来，并对现有多套网络激活系统进行整合，形成通用流程和可灵活配置的业务规则，解决现有的各网络激活孤立分散的问题，实现运维部门对网络激活进行统一有效、精确的管控，加快了新业务的开通，从而提高了运营效率及客户满意度。

I

I

integrated network management (INM) 综合网络管理 综合网络管理提供了一种统一的方法，可用来对不同系列产品和网络进行管理，支持包括多厂商计算机、软件包以及通信公司的综合网管方法。

integrated network management system (INMS) 综合网络管理系统 实现国际标准化组织(ISO)网络管理模型所建议的五项网络管理任务，对网络进行全面监视、控制和管理的系统。

integrated network processor 集中网络处理机 某些系统中的一种前端处理机，用来控制外部传送线路和通信线路。

integrated open hypermedia (IOH) 集成开放超媒体 超媒体连接的模式，允许在任何时候与任何地方的任何设备进行连接。

integrated operational amplifier 集成运算放大器 利用集成电路做成的运算放大器，通常由差放输入级、恒流电路、电平转移电路和输出级构成。用它可以构成加法器、微分积分运算器、函数发生器等，可在模拟计算机中执行各种运算。

integrated optical circuit (IOC) 集成光学电路 可工作在光波波长、由有源和无源的电、光和(或)光电元件组成具有信号处理功能的单片的或混合的电路。对实现通信功能的光波系统中的光起作用，生成、检测、转换和传送光信号。

integrated optical device 集成光学器件 工作在光波波段且可构造在半导体基片上的器件，就像在集成电路中所用的器件一样。

integrated optics (IO) 集成光学 以集成电路的形式，并可在光波波长上作为一个系统工作的研究。应用实例如光波导元件、表面激光器和光通信系统等。

integrated processes 集成进程组 软件集成，狭义而言，把一个软件系统中的各功能部分在它们分别开发出来之后逐步集成为一个完整的软件。广义而言，还包括有关文档和有关人员组合成整体。因此，应包括验证确认、配置管理、文档开发和人员培训四类进程。

integrated production line 综合生产线 以数据处理机、存储部件、外部设备、接口及工艺设备的控制装置等对生产线的各道工序实行计算机控制的一种技术。它是自动生产线的高级阶段，为生产、检验、运输等工序的综合自动化创造了必要条件。

integrated programming system environment (IPSE) 综合程序设计系统环境 一种由操作系统、编译程序、编辑程序、文本格式编排程序和其他应用程序组成的，有良好结构的系统，这种系统能够开发新程序和文件。

integrated project support environment (IPSE) 集成化工程项目支持环境 一种为提高软件质量开发效率和使软件产品设计达到一致性而建立的软件开发环境。它包括以下研究课题：①环境的集成化技术：以一种统一的结构，将各种工具、方法等集成于一体形成一个开放式环境并为加入新工具提供方便；②环境信息库技术：将软件开发过程中的各种信息存放在一个信息库中，用统一的方式进行管理，以提供存取的访问过程；③各种工具接口的标准化，便于将不同厂家或用户开发的软件工具能不加修改或稍加修改后即可集成到统一的环境中。欧洲 Esprit 信息战略计划中的可移植通用工具环境(PCTE)就是软件工程环境走向集成化、标准化的重要一步。

integrated service control point (ISCP) 综合业务控制点 ISCP 具有业务控制功能(SCF)，作为综合智能网的核心设备，它可以直接或通过信令网和信令传输协议(SIGTRAN)连接到 ISSP(综合业务交换点)，控制 ISSP 进行呼叫接续。参见 integrated intelligent network (IIN)。

integrated service data point (ISDP) 综合业务数据点 ISDP 是综合智能网的数据库，提供用户和网络数据。参见 integrated intelligent network (IIN)。

integrated service digital broadcast (ISDB) 综合服务数字广播 一种新型数字广播系统，由 NHK 公司开发，它将各种信号，包括静止图像和活动图像、声音、文件、字符和其他类型的数据等综合在一起，以一种统一的通用数字格式进行处理，在同一个通道上以位流的形式进行多路传输。可通过改变编码和引入新的服务，使系统具有扩充性。

integrated services digital network (ISDN) 综合业务数字网 在各用户网络接口(UNI)之间提供数字连接的，一个可提供多种不同电信业务的综合业务网。ISDN 提供和支持的多种电信业务包括话音、数据、图像和视频等业务。ISDN 的主要特点是：从 UNI 到另一 UNI 是端到端的全数字连接，采用时隙交换的电路交换技术；用户通过单一的接入可以获得话音业务和从 64 kbps 到 2 Mbps 的数据业务，或在 2 Mbps 速率以下的多媒体业务；从用户端到交换局端提供了用户终端共用的信令信道和低速数据信道，不仅可以方便地向用户提供多媒体业务，而且方便了用户对业务的控制；局间采用 NO. 7 公共信道信令，并采用 ISDN 的用户部分(ISUP)，可以方便地向用户提供各种补充业务。参见 integrated digital network (IDN)。

integrated service generation environment point (ISGEP) 综合业务生成环境点 ISCEP 的功能是根据客户的需求生成新的业务逻辑，所以 ISCEP 具有输出业务逻辑和业务数据模型的能力。参见 integrated intelligent network (IIN)。

integrated services line unit (ISLU) 综合业务线路单元 一种采用 ISDN(综合业务数字网)标准的专用交换分机(PBX)。

integrated services local network (ISLN) 综合业务

局部网　一种能够传输语言、数据、视频信号等各类信息的高速局部网。

integrated service management point (ISMP)　综合业务管理点　ISMP是一个综合智能业务管理系统,它能配置和管理智能网业务,并支撑正在运营的业务,包括对ISCP(综合业务控制点)中业务逻辑的管理和对业务用户数据的增删、修改等。在综合业务生成环境(ISCE)中创建的新的业务逻辑由业务提供者输入到业务管理系统中,系统将其转入到ISCP,就可以在综合智能网中提供这项新业务了。另外,完备的ISMP系统还可以接受远端客户发来的业务控制指令,修改业务数据,从而改变业务逻辑的执行过程。参见integrated intelligent network (IIN)。

integrated service management access point (ISMAP)　综合业务管理接入点　ISMAP是一个具有业务管理接入功能的设备,ISMAP为业务管理操作员提供接入到ISMP(综合业务管理点)的能力,并通过ISMP来修改、增删业务用户的数据及业务性能,并提供至ISMP的接口,包括审核访问功能的权限。参见integrated intelligent network (IIN)。

integrated service switching point (ISSP)　综合业务交换点　ISSP是连接现有通信网与综合智能网的连接点,提供接入综合智能网功能集的功能。ISSP可检验出综合或传统智能业务的请求并与ISCP(综合业务控制点)通信,对ISCP的请求做出响应,允许ISCP的业务逻辑影响呼叫处理。在不采用独立的智能外设的情况下,ISSP还应包括部分的专用资源功能(SRF)。参见integrated intelligent network (IIN)。

integrated service unit (ISU)　综合业务单元　一个综合了信道业务单元(CSU)和数据业务单元(DSU)功能的单一装置。

integrated setuives network (ISN)　综合业务网　提供或承担一系列各种各样电信业务的电信网。

integrated software　集成(化)软件　集中多种软件功能,采用并行处理并使用相同命令和术语的程序集合。这种软件的综合主要体现在以下两方面:它将数据从一个应用程序传送到另一个应用程序以及给用户提供一个一致的界面,就是说,以相同的方式来选择命令、管理文件以及在需要时与程序发生交互作用。通过有效的数据传递,集成软件帮助用户来协调各项任务以及合并用不同软件工具生成的数据。此外,由于提供了单一的界面,集成软件使用户不必掌握多种(一般是很不相同的)程序。然而,集成软件包中的各种应用程序,设计上并不能提供与独立运行时的应用程序一样多的功能,也不一定包含在一个特定环境中所需要的所有应用程序。集成软件所追求的目标是:①把多种广泛使用的软件功能(如电子数据表、文字处理系统、数据库系统、图形软件、通信软件、电子邮件等)集中在一起;②容易生成应用程序,不需要高级语言和用户编程,只要输入参数、公式和命令即可运行;③易学易用;④数据传递是面向程序产品,而不是面向过程,因而各功能部分间较容易传递数据。

integrated software development environment　集成化软件开发环境　开发方法、开发技术以及各种开发工具和管理工具的有机结合。在此环境中,有丰富的软件工具对开发进行支持;各开发工具与管理工具之间有很强的通信能力,支持各工具直接转换;通过信息库,实现各种信息的共享,使软件生存期中每道工序都具有对需求的可追溯能力;能实现配置管理的自动化。

integrated software engineering environment (ISEE)　集成化软件工程环境　ISEE意指按照软件过程模型对支持软件开发的计算机系统软件、工具集、信息库、网络管理、人员与场地设施等全部开发资源进行有效灵活的集成,使其系统地支持基于软件工程理论、技术、方法和规范所进行的软件开发的全部过程和所有活动,在提高软件生产力的同时全面保证软件质量。其最终目的是实现软件生产的工业化和自动化。ISEE的实质是集成在一起的一组工具集,这些工具分别支持软件生存周期的不同阶段,能够很好地协同工作来支持软件生存周期的活动,并且将软件工程的思想贯穿于始终。ISEE中不仅包含支持软件生存周期中不同阶段的工具,还包含横跨整个软件生存周期的工具,即不仅有需求描述、软件建模、性能模拟、代码生成和测试等工具,还有质量保证和配置管理等工具。ISEE的“集成”主要分为数据集成、控制集成、表达集成与过程集成等四个方面。其中数据集成考虑环境中数据的共享和重用能力;控制集成体现在工具间的通信和互操作能力;表达集成主要体现在提供统一友好的用户界面和高度透明的用户操作;而过程集成则是集成的核心,它解决的是集成的目的问题(Why)、集成的内容问题(What)以及何时集成的问题(When)。ISEE是一个开放式的、松散的软件工具集合。它通过网络技术和群集体系结构,通过“过程”这一线索将分布于各处的软件工具集成在一起。ISEE可以是一个小范围的软件工具集,也可以是一个分布式系统,通过因特网甚至可以遍布全球。它从工具之间的关系来看是一个松耦合环境,但从过程需求的角度来看则是一个紧耦合环境。因此总的来说,它是一个“动态”集成的、实际规模也是“动态”变动的环境。在这样的环境中,过程模型成为重要的集成因素,而相应的过程支持技术也就成为其成败的关键。参见integrated system engineering environment (ISEE)。

integrated software engineering support environment (ISESE)　集成化软件工程支撑环境　以支持完整的软件生命周期为目标,把软件开发过程各个方面的工具(如需求分析工具、设计工具、编码和调试工具、测试工具和逆向工具等)联系在一起,即工具集成的问题。实现集成化软件工程支持环境要解决软件的集成化和开放性问题。所谓集成化就是要把开发过程中的各种工具集成在一起成为一个有机整体，以获得“整体大于各部分之和”的整体功效。所谓开放性，就是要求支撑环境具有开放式结构。这意味着环境的支持能力是可剪裁和可扩充的。亦即要求环境系统具有自身进化的能力，以适应外部环境的变化而保持其功效。

integrated software infrastructure 集成化软件基础结构 成功的软件生产所依靠的多层基础结构。例如依靠特定的应用技术、通用支持技术、软件工艺技术、教育与技术转让能力与管理技能。这些软件单元通过使用快速原型设计、需求辅助、可重用的软件部件库等领域内开发新的技术和新的软件能力，使之构成全集成的环境，可大大提高软件生存期的生产率。

integrated software line 组合软件系列产品 将多种功能组合在一个软件系统里的概念，各功能块可以并行处理又可交互作用。如用户既可以建立和查询数据库中的数据又可利用这些数据进行计算和分析，还可打印报表和绘制各种图形等。

integrated switch/router (ISR) 集成交换/路由器 也称“交换路由一体机”。运行 IP(网际协议)路由协议、ARIS(基于聚集路由 IP 交换方式)控制协议的两级交换机，能够将包在第三层上发送，在第二层上交换包。一个 ISR 在可以并行支持 ATM (异步传输模式)标号和路由。参见 aggregate route-based IP switching (ARIS)。

integrated system 集成(化)系统 根据数据处理的需要，将几个有关的系统组合起来，以避免不必要的数据输入，即为了满足不同的功能要求，同一数据在分离结构系统中要输入若干次。设计人员认识到，一种业务范围内的许多子系统在不同程度上都相互有关，因此能形成一个大的或总的系统。

integrated system development strategy 综合型系统开发策略 一种先进行自上而下的系统分析，再进行自下而上的系统设计的信息系统开发方法。

integrated system engineering environment (ISEE) 集成化系统工程环境 ISEE 是运用系统工程原理，在技术上将系统工程环境、软件工程环境与软件质量保证系统有机地结合在一起，从系统工程的全局来考察硬件系统、软件系统与非计算机部件的功能和性能要求，更有效地提高系统(硬件、软件及非计算机部件的组合)的研制质量，减少系统的研制投资，缩短系统的研制周期，即从质量、费用和周期三个方面同时改善系统的研制进程，更好地满足现实要求。在信息技术迅速革新、系统需求和软件需求经常变动、系统算法和软件算法不断进化、系统和软件差错的不时发现和不时排除的情况下，系统原有的结构和程序描述需要在很短的周期内进行改造、更换、增补和革新，所有这些无疑对系统工程环境和软件工程环境提出了更加复杂的严格的需求。研究可直接执行的需求规格说明语言，开发一个相应的包含系统模拟、需求映射、软件重用、代码生成和软件质量评测在内的集成化系统工程环境，将是未来发展的一大趋势。参见 integrated software engineering environment (ISEE)。

integrated test system 综合测试系统 带有微型计算机或可编程序计算器的一种多功能测试仪。不仅能综合测试多种参数，而且测试精度很高，并能进行高速自动操作。

integrated user interface 组合用户接口 在组合软件中，给用户表示信息的一种常见形式。数据(如数字或文本)在不同的程序中可用同一形式表示。

integrated vector processor 一体化向量处理机 向量处理机的一种，由与宿主标量处理机紧密结合的协处理机构成，两者成对出现。这种标量处理机专门设计成可支持它的向量协处理机，而向量协处理机指令集是作为宿主机本原指令集的一部分来实现的。两个处理机共用同一内存，并在专用内部高速通道上传送数据。两者可共享专门的 CPU 资源(如快速暂存器或转换缓冲器)。因为两个处理机共用内存，不需要通过 I/O 传输数据，因而这种向量处理机比附加式向量处理机效率更高。一体化向量处理机与宿主标量处理机之间可以同步运行，也可异步运行，取决于硬件实现。当标量处理机取出并译出是一条向量指令时，就把此指令交给向量处理机。标量处理机可以在此等待向量处理机完成这条指令，也可以继续执行，过一会再与向量处理机同步。把标量处理机与向量处理机一体化，既可处理标量也可以处理向量，因而有更好的性能。但配置不像附加式向量处理机那样灵活。

integrated video terminal 综合视频终端 20 世纪 80 年代初一种把电话、电视、磁带录像、个人计算机组合成一体的综合视频终端。这是信息机器的一种模式。

integrated voice data 合成声音数据 现代通信系统中的一种数据。随着数据通信量的不断增长，传送声音和数据的网络将完全合成一体。它将更好地使用通信和计算机，以处理所有形式的数据，而不仅仅是处理数值信息。用于办公室自动化的通信系统将能把声音和数据合成一体。

integrated voice data local area network (IVD_LAN) 综合声音数据局域网 在 IEEE 802.9 委员会研制出的一种利用两对电话电缆一起传送声音和数据的局域网。

integrated voice/data terminal (IVDT) 综合话音/数据终端 一组包含了终端键盘、显示和话音电话的装置，用在一特定厂商的数据专用交换分机(PBX)上。

integrated word processing equipment 综合字处理设备 在机器本身内部含有相应控制部件的字处

理设备。

integrating A/D converter 积分型 A/D 转换器 间接地把电压转变成时间间隔，然后再用一个计数器测量这段时间间隔。常见的形式有：单斜率、双斜率和三相式转换器。

integrating bar 整体光棒 一种长条型的漫射光源。例如用漫射玻璃制成的荧光管。

integrating circuit 积分电路 输出电压与输入电压的时间积分近似成正比的电路。在该电路的最简单形式中，由电阻器、电容器以及与电压源串联的开关组成。当开关闭合时，电路中有电流流动，被积分的信号作为跨接在电容器两端的输出电压来测量。这种电路也称“积分器”。

integrating filter 积分滤波器 当对输出电容器施加连续的电压脉冲时，在该电容器上积累电荷的滤波器。

integrating motor 积分电动机 输出轴转速与输入信号的比为一给定常数的电动机。这样，相对于某一基准点来说轴的转角与所加信号的时间积分成比例。

integration 集成，集成化 (1)分立环境融合的过程或者把分散的资源连接成一个功能系统的能力。在计算机科学中，指把多种不同的功能、程序或硬件部件结合成一个功能单元的过程。参见 integral modem，integrated software。(2)在电子学中，把许多电路元件封装在单个芯片中的过程。参见 integrated circuit。(3)把多种信息处理功能的部件和机器组合成为一个系统，并使之商品化。(4)把影响软件产品质量和开发软件的生产率的各种因素有机地结合在一起的方法。如各种不同工具的集成化，不同支持技术的集成化，理论和技术的集成化等。

integration build plan 集成构建计划 定义在特定的迭代中实施和集成构件所要采用的顺序。附带在迭代计划中。

integration level 集成度 一块半导体芯片或一个组件内组装的线路数。前者称为芯片的集成度，后者称为组件集成度。对于单芯片组件，这两种集成度相等。对于多芯片组件，则组件集成度为各芯片集成度之和。对逻辑集成电路，以芯片上集成的电路元件数或门电路数表示。对半导体存储器，以表示存储容量的位数表示。

integration of resource information 资源信息集成 在一定的计算机软、硬件环境下，通过对各种资源信息数据的规范化处理，形成统一的数据标准和体系，并把它们有机地融合在一起，进行有效管理。

integration testing 集成测试 一个应用系统的各个部件的联合测试，以决定它们能否在一起共同工作并没有冲突。部件可以是代码块、独立的应用、网络上的客户端或服务器端程序。这种类型的测试尤其与客户服务器和分布式系统有关。集成测试是单元测试的逻辑扩展。它的最简单的形式是：两个已经测试过的单元组合成一个组件，并且测试它们之间的接口。从这一层意义上讲，组件是指多个单元的集成聚合。在现实方案中，许多单元组合成组件，而这些组件又聚合成程序的更大部分。测试方法是测试片段的组合，并最终扩展到进程，将模块与其他组的模块一起测试。最后，将构成进程的所有模块一起测试。

integrator 积分器[电路] 其输出模拟变量是输入模拟变量对时间的积分的一种功能部件。一个信号的积分实际上是输入波形下方的面积。对于某些积分器，积分变量可能不是时间参数。参见 incremental integrator。

I

integrity 完整性 (1)数据库中数据的正确性、相容性。它反映了现实世界中实体的本来面貌。确保数据完整性是为防止数据库中存在不符合语义的数据(如人身高 5 m，年龄 500 岁等)，防止错误信息的输入和输出，即所谓垃圾进垃圾出所造成的无效操作和错误。除上述一般完整性以外，还应防止结构完整性亦即函数依赖受到破坏(如一个人有两个年龄)。数据的完整性与安全性是两个不同的概念，后者是指保护数据库防止有意的破坏和非法的存取。但是两者又是密切相关的。(2)描述系统逻辑正确性、系统操作可靠性、软硬件保护机制逻辑完全性、数据结构一致性以及存储数据精确性的系统特性或状态。(3)确保计算机资源正确操作以及数据正确存储的计算机安全性质。此性质能阻止对系统蓄意或无意的非授权操作，保证和维护任意条件下的计算机系统安全。(4)计算机系统在实用条件下的程序、数据等保持完整准确的精度，即不因硬件或软件问题使数据突然改变或丢失的程度。它是评价计算机系统性能的一个指标。(5)在计算机安全中，指防止信息被非法修改的能力。参见 information security。

integrity and security of database 数据库的完整性与安全性 评价数据库系统质量的一个重要指标，是数据库设计的重要内容。通常对数据库的完整性和安全性，将采用各种策略和硬件、软件方法来实现。完整性和安全性是两个不同的概念。前者是为了防止数据库中存在不符合语义的数据，防止错误信息的输入和输出造成的无效操作和错误结果，而后者是防止数据库被恶意的破坏和非法的存取。完整性和安全性是密切相关的。特别是从系统实现的方法来看，某一种机制常常既可以用于安全保护亦可用于完整性保证。

integrity control 完整性控制 为保护信息的一致性而提供的控制，用以防止干扰或故障对所存储数据的影响。

integrity management system 完整性管理系统 为维护知识库中知识的完整性，保证知识在形式上、语义上以及知识间关系上的正确性的管理系统。

完整性管理要在建立某类知识的知识库时，通过规定相应的完整性约束，并在知识获取与更新过程中进行完整性检查，出现不完整情况时，进行相应的维护处理。

integrity of knowledge 知识完整性 在知识获取的过程中，所获得的新知识不确切、不完整、有明显的缺陷，要进一步地补充才能得到利用，以保证知识库所提供的知识的正确性和完整性。参见 consistency of knowledge。

integrity subsystem 完整性子系统 在数据库系统中，指负责对数据库中的数据进行完整性保护的机构，是数据库管理系统的一部分。

Intel 英特尔公司 美国英特尔公司是全球著名的芯片制造商，同时也是计算机、网络和通信产品的领先制造商，它成立于 1968 年。1971 年，英特尔推出了全球第一款微处理器，这一举措不仅改变了公司的未来，而且对整个计算机工业产生了深远的影响。

Intel communications application specification (ICAS) Intel 通信应用规范 Intel 公司为将传真和调制解调器功能合并成一块接口板，而研制提出的一套通信标准。目的是使个人计算机用户更容易使用 FAX 机进行数据交换。

intel comparative micriprocessor performance (iCOMP) Intel 微处理机性能比较指数 Intel 公司的微处理机性能比较指数，是一个衡量 CPU 性能的简便指标，1993 年提出，用于反映一种 Intel CPU 相对于另一种 Intel CPU 的性能差异，使用四套企业界标准基准测试程序，分别测试整数运算、浮点运算、图形和视频显示操作的性能，比较 16 位和 32 位 CPU 的性能，以加权方式评分，并以占用 CPU 时间为准。指数值越高，表示性能越好。

intellectualized CIMS (ICIMS) 智能化计算机集成制造系统 一种 CIMS 系统，采用新的协议进行智能化网络通信，用专家系统参与设计复杂的控制系统，用人工智能实现包括制造工程中生产控制和计划管理的智能化，还包括采用机器人技术。

intellectual property 知识产权 被认为是独一无二的和原创的、并且具有市场价值的人类知识的内容，它受到法律授权保护。知识产权包括但不局限于思想、创新、文化作品、化学、商业，或计算机处理以及公司或产品名称和徽标。知识产权保护细分为四大类：版权（文学作品、艺术和音乐）、商标（公司和产品名称和徽标）、专利（创新和工艺流程）以及贸易秘密（配方、编码和过程方法）。

intellectual science 智能科学 研究智能化、人脑、思维活动三者之间的关系的学科。它已不受现有科学概念、体系的约束，而涉及自然科学、技术科学和社会科学中的许多方面。

intellectual space technique 智能空间技术 一门新出现的空间工程科学分支，是综合性的智能技术。它直接关系到空间技术的发展。

intelligence 智能 (1)用于硬件时，指处理信息的能力。智能是所有计算机和具有内部处理能力的外围设备的一个特征。没有智能的设备称为“哑”设备，如连到大型计算机的“哑”终端能接收输入信号和显示输出内容，但不能独立处理信息。用于软件时，指程序监视其环境并采取适当的行动来达到所需状态的能力。例如程序在等待数据从磁盘读入的同时，可以执行其他任务以获得高工作效率。用于逻辑和推理时，指程序模拟人类思维的能力或指某种机器（如机器人）对刺激（输入）变化做出正确反应的能力。参见 artificial intelligence。(2)人类在认识与改造客观世界的活动中，由思维过程和脑力劳动所体现的能力。它包括：①感知：通过视觉、听觉、触觉等，感知客观世界，获得感性知识的能力；②思维：通过脑的思维活动（如记忆、联想、推理、计算、分析判断、决策、规划、学习、探索等）对各种输入信息进行加工处理，将感性知识上升为理性知识及经验的能力；③行为：通过效应器官对外界刺激做出反应和采取行动的能力。

intelligence base 智能库 人工智能工作者对人工智能开发的一种设想。将来在知识信息处理系统的基础上建成的智能库，除了提供知识和信息外，还具有智能，它将能同用户对话，从对话中推断用户真正想要的是什么，用户可以提一个问题，从而推断用户的要求，检验用户的假设，证实用户的预感，予以解释，直到用户真正理解为止。

intelligence simulation 智能模拟 用计算机或其他自动机以及光电器件来模拟人脑的理论、方法和技术。有人把 AI 称为智能模拟。

intelligent agent 智能(型)代理软件 也称“软件代理人”或“自动代理软件”，是一种可根据用户的需要工作的程序。智能代理软件就好比是我们现实生活中的行政秘书、数据收集人员或采购员等，它负责接受来自用户的要求，代表用户去完成所要执行的工作。例如用户要求智能代理软件去搜集网络上所有同类产品的价格并加以比较，最后才将价格最低的同类产品的相关数据送回给用户。智能代理软件可分为静态智能代理软件和动态智能代理软件两大类。参见 static intelligent agent，dynamic intelligent agent。

intelligent assistant 智能助理 在人工智能中，一种用于帮助用户完成一项事情的专家系统。

intelligent automation 智能自动机 参见 learning automation。

intelligent automation system (IAS) 智能自动化系统 一种具有人工智能功能的分散控制系统，通常由人工智能控制层、基础控制层和现场总线层以互联网连接而成，它将模糊控制、神经元网络控制组合成智能控制模块生成器，使专家控制程序很方便地嵌入运用控制程序中，能够实现非线性，实时性的复杂的工业控制。

intelligent backtracking 智能回溯 能排除无用回溯、提高回溯效率的回溯策略。其做法是:①利用启发式信息来确定回溯路径,这种方法需采用具体领域的专门知识;②利用推理规则中变量之间的约束关系确定回溯点。

intelligent building (IB) 智能建筑 也称"智能大楼"。通过对建筑物的结构、系统、服务和管理四个基本要素以及它们之间的内在关联的优化组合来提供一个投资合理、具有高效、舒适、便利的环境。智能建筑又被称为"3A"大楼。通常由楼宇自动化(BA)系统、办公自动化(OA)系统和通信自动化(CA)系统等组成。后来又将"3A"增加到"5A",新增的SA(保安自动化)、FA(防火自动化)实际上是原IB系统中的子系统。参见 building automation (BA), office automation (OA), communication automation (CA), premises distribution system (PDS)。

intelligent building integration (IBI) 智能大楼[系统]集成 在智能大楼中,指楼宇自动化系统、办公自动化系统和通信自动化三部分的集成。参见 building automation (BA), office automation system (OAS)。

intelligent cable 智能电缆 一种使用带状电缆并有智能接口的系统。智能电缆由一种体积很小、速度很高的微程序处理器控制。它能传送数据、控制设备操作、监控设备的状态以及产生和响应计算机的中断。它用于采用分布式输入输出系统的大规模集成电路计算机中。这种系统使初始设备制造(OEM)系统设计者能避免许多复杂的问题,并且节省了与外部设备接口有关的昂贵的开发时间。其主要功能有:①与TTL(晶体管-晶体管逻辑)兼容,采用负逻辑;②采用低功耗肖特基工艺;③抗干扰性好;④用交接信息或选通信息进行输入输出控制;⑤可控制多个设备;⑥单工或半双工工作;⑦用微程序进行接口控制;⑧自动检测错误;⑨两种标准的输入输出程序编制方式。

intelligent cable feature 智能电缆特性 参见 intelligent cable。

intelligent cable interface 智能电缆接口 通用接口系统的一部分。它能将处理器和八个标准的或专门设计的输入/输出设备连接起来。每条智能电缆受它自身的微处理器的控制。一个微处理器是一个高速的小型微程序控制处理器,周期一般为250 ns。它能传送数据,处理设备控制信号,监视设备状态,向计算机发送中断和对来自计算机的中断进行应答。智能电缆通常与输入/输出分配器一起使用。输入/输出分配器可以对八个以内的智能电缆进行接口,提供中断处理,时钟和缓冲器等。

intelligent cable processor 智能电缆处理器 通过标准的三态接口电路与智能电缆连接的一种处理器。它嵌在靠近外部设备的电缆中,装在一个3×8英寸的长方盒中。把这个处理器放在靠近外部设备处,而不是放在计算机机柜内,解决了由于外部设备不同和电气特性不同所引起的电缆敷设问题。

intelligent CAD system 智能CAD系统 应用人工智能和专家系统等先进技术的CAD(计算机辅助设计)系统。智能CAD系统与常规CAD系统的区别是具有知识库和推理机制,可以获得专业方面的设计知识,并能提出设计意见或做出设计决策。同 intelligent computer aided design system (ICADS)。

intelligent CAI (ICAI) 智能CAI,智能计算机辅助教学 将人工智能理论和技术应用于计算机辅助教学,为学生提供一个新型的学习环境的系统。它能根据学生的学习特点、学习历史和学习风格,采用不同的教学方法和教学策略,能更好地满足不同学习者的不同需要,诊断学习者的错误,判断错误产生的原因并产生相应的校正策略。能更好地因材施教和开展个性化的教学。

intelligent card 智能卡,IC卡 一般是指一张名片大小的塑料卡片,其间封装了集成电路芯片,用于存储和处理数据,它可广泛用于金融、电信、交通、医疗、电子钱包、政府部门或社团、机构的内部管理。IC卡分接触式和非接触式两种,近来又产生了接触式和非接触式的融合——双界面IC卡。

intelligent Chinese character terminal 智能型汉字终端 具有处理能力(如文件管理功能、表格处理功能和图形处理功能等)的终端设备。硬件方面除了配有简单型终端的配置外,还配有汉字打印机,软盘驱动器、硬盘驱动器等。软件方面配有操作系统、文件管理系统、高级语言等。它可以脱机作为汉字工作站使用。

intelligent communications terminal 智能通信终端 一种适用于与主计算机进行通信的智能终端。通信时只要用另一台主计算机改变或启用终端协议,而不是使主机适应终端。协议指终端与外部设备,如联机打印机之间所需要的一系列信息和响应。大多数典型的智能终端均采用RS-232C接口。利用大规模集成电路,可以对智能终端的通信接口进行程序控制,使之工作于异步方式或同步方式。每个字符的位数、奇偶校验和波特率也可用程序控制。

intelligent computer 智能计算机 能处理知识、会学习、能推理可以进行发明创造的新一代计算机。也称"智能机"。它是现代计算技术、通信技术、人工智能和仿生学等学科有机结合的产物。对智能计算机的定义有很多,争论也很大。日本人称为"第五代计算机系统(FGCS)";有人称为"知识信息处理系统(KIPS)";或称其为"人工智能机"等。这类新型计算机与传统计算机有重大区别。它采用分布式、并行处理、数据或目标驱动的非冯·诺依曼体系结构，它不仅能处理信息，而且能处理知识；不仅有计算能力及一定的演绎推理能力，而且能在一定程度上进行创造性思维(如类比推理、科学发现等)。这就需要研究创造性思维过程能否用计算过程进行模拟；需要用计算模型来研究定量及定性知识的获取、表示、处理和应用。与传统计算机相比，智能计算机具有以下特殊功能：①有较高的智能和良好的人/机接口，较高的系统效率，能成为人的得力助手；②有代表人的劳动的能力，支持人类对未来领域的开拓；③使用方便、可靠性强、能自动修复，可进行并行和预处理；④能适应多样业务化的柔性结构(部件适应能力广，可积木化构成多样化系统)的能力，能模拟未知状态，扩大人类智能，帮助人们建立新观点。智能计算机有基于符号主义的和基于连接主义的两种类型。基于符号处理为中心的智能计算机，如 LISP 机和 Prolog 机；基于连接主义的，如人工神经网络计算机。

intelligent computer aided design (ICAD) **智能计算机辅助设计** 引用了人工智能技术的计算机辅助设计。其中，广泛使用了自动问题感知理解技术、自动设计中的决策推理技术、图形的自动预测插补技术以及人-机交互作用中的智能接口等。目前这种技术广泛用于计算机容错系统设计、超大规模集成电路及其掩膜设计、飞机与导弹的结构力学设计、科研规划设计、遗传工程实验规划设计等方面。其目的在于尽量发挥机器自主设计能力以简化对用户的要求、提高设计速度与质量。

intelligent computer aided design system (ICADS) **智能计算机辅助设计系统** 采用智能计算机辅助设计技术与应用设计技术所构成的自动设计系统。

intelligent computer aided engineering (ICAE) **智能计算机辅助工程** 智能计算机辅助设计、制造、教学及其他引用人工智能技术的计算机辅助工程的统称。这些智能辅助工程用于规划、控制、检索、医学诊断与治疗、管理工程、美术制图、作曲等各个社会生活领域。重要的特点是用于国防中的指挥、决策、火力控制与通信系统，并使之高度自动化。现有的战场支援系统及大规模"星球大战防务系统"主要是以智能计算机辅助工程为核心的。

intelligent computer aided instruction (ICAI) **智能计算机辅助教学** 采用计算机系统进行的教学活动。主要包括人工智能与专家系统及其教学应用软件。其研究领域包括系统构建、知识表示、基本结构及实现方法、模块(教师模块、学生模块、知识库模块)设计等。同 intelligent CAI, intelligent tutoring system。

intelligent computer aided instruction system **智能计算机辅助教学系统** 应用性 ICAI 系统。在教学中可以对学员提问或接受学员提问，并且在学员提问时可以给以正确答案及解释。在向学员提问时，可以针对学员的答案利用推理技术指出学员错误、校正学员错误并给出正确评分。其中，针对教学应用领域使用智能化计算机系统来完成上述任务。

intelligent computer aided manufacture system (ICAMS) **智能计算机辅助制造系统** 使用智能计算机辅助制造的制造工艺系统。主要用于工艺及检验规范的自动设计，制造和检验设备工位的自动调整，自动加工及检验，工、装、卡、模具的自动校核与更换等环节的智能化计算机支持。

intelligent computer aided manufacturing (ICAM) **智能计算机辅助制造** 将人工智能技术引进制造工业所产生的更主动的计算机支持制造系统。其中主要使用人工智能技术去感知、理解制造要求，自动排列工艺流程，自动选择检验方法及冷热处理方法，自动决策进行曲线或型面的插补及支持制造流程中人-机交互作用的互相理解功能(如自动理解人类自然语言指令，用人类可理解的声、光方式汇报情况等)。机器人在其中作为有机环节也参与各种动作的执行(接受智能控制系统的控制)。这种方式特别适宜于迅速转产及快速实时响应生产系统。

intelligent computer architecture **智能计算机体系结构** 这里指以符号处理为中心的、面向知识信息处理的智能计算机体系结构。这种计算机与传统计算机相比，在计算机内部有三个明显的演变：数据演变为知识、算法演变为推理、数据结构演变为知识表示。通常，这种智能机是由应用技术系统(包括书面自然语言、口头语言、图像/图形等人机接口)、软件技术系统(包括知识库子系统、推理子系统和智能接口子系统)和硬件技术系统(包括知识库机、推理机、智能接口机)这三大系统所组成。

intelligent computer assisted instruction (ICAI) **智能计算机辅助教学** 参见 intelligent computer aided instruction system。

intelligent concept extraction (ICE) **智能概念抽取** 由 Excite 公司拥有的一项技术，用于从万维网上检索文档。智能概念抽取像其他查找技术一样，能够按照用户输入的一个或多个关键词定位来索引万维网文档。然而，由于基于专有查找技术，尽管找到的文档不含有用户指定的关键字或多个关键字，智能概念抽取通过查找相关信息，仍可从概念上匹配文档。因此，由智能概念抽取找到的文档清单可以包括含有规定的查找检索词的文档和那些含有相关查找检索词的替代词的文档。

intelligent control **智能控制** 包括人工智能和智能机器人等内容的一个新的科学领域。大体包括两个方面：研究和模拟人类智能活动及其控制与信息传递过程的规律；研制某些仿人智能的工程控制系统和信息处理系统。它是在控制论、信息论、计算机科学、仿生学等若干学科互相渗透的基础上，汇集这些方面的研究成果,进行综合性研究的一个新领域。

intelligent controller 智能控制器 具有问题求解和高层决策功能的一些学习控制系统,如拟人控制系统、自主机器人控制系统、人-机结合控制系统以及具有自寻优、自校正、自适应、自学习、自镇定、自组织、自修复、自协调和自生成等功能的控制系统。

intelligent control system 智能控制系统 以智能化计算机为核心的控制系统。控制系统可应用于工业、军事等领域。例如智能机器人是一种智能控制系统,可用于空间探测、深水排雷等复杂工作。

intelligent copier 智能复印机 一种利用微处理器自动控制和排除故障的复印机。它能按所编程序完成复杂的复制和校对任务。先进的智能复印机能从一个文字或数据处理系统中读出数字信息,并用这些信息作为输入在页面上合成图像。利用这种机器可以成批地复制文献资料。参见 intelligent printer。

intelligent database (IDB) 智能数据库 又称人工智能数据库。将人工智能技术引进到传统数据库系统中,以改进和扩充数据库的性能和执行效率而形成的新型数据库。其性能体现在演绎(推理)能力的扩充、语义知识的引入、知识的获取、知识和数据的有效组织及管理等方面;而效率则指数据库对用户查询的快速响应上。智能数据库是数据库技术与人工智能技术相结合的产物,是当今世界各国计算机界广泛研究的热门课题,如演绎数据库、专家系统数据库、人工智能数据库和数据库自然语言界面等。

intelligent decision support system (IDSS) 智能决策支持系统 以模型为主体的决策支持系统,可进行定量分析,以提供专家系统的知识为主体的决策支持。它由数据部件、模型部件和知识部件构成,知识部件包括知识库、知识管理系统和推理机,知识库中包含了决策领域中的专业知识和决策者的经验。系统对知识进行形式化表示,采用产生式规则、谓词逻辑、框架、语义网络、过程性知识等知识表示形式。知识库管理系统包括对知识的输入、增加、删除、修改以及对知识的一致性检查,还包括知识编辑、编译以及知识获取。

intelligent disaster recovery (IDR) 智能灾难恢复 就是在系统出现崩溃的时候,能够用非常少的步骤,将系统重建。IDR 通过使灾难恢复流程自动化并与备份和恢复技术集成,可以防止系统灾难和减少恢复关键网络系统所需的时间。IDR 的主要优点包括:①使用时间点恢复,使恢复流程最小化;②自动化的逐步向导,简化了恢复流程。

intelligent disk controller (IDC) 智能磁盘控制器 一种可用于大规模查找非索引文件的磁盘控制器。它可以处理更大、更高级别的数据请求。内容地址文件系统(CAFS)能在该控制器中处理布尔谓词,并能将满足谓词的记录送回主处理机。IDC 能平行地查询一组磁道(柱面),对每个流经读写头的记录用谓词进行检查,因而可用于更复杂的查询(关系的投影和连接运算)。

intelligent disk storage (IDS) 智能磁盘存储器 一种由自身管理数据库的磁盘系统。主机仅向系统控制器发出命令和传送数据段的信息。所有检索、搜寻、分块等任务均由盘系统控制器承担。

intelligent display device 智能显示器件 在显示系统中,由计算机、处理机或其他能在自身内执行某些局部操作的算术或逻辑单元组成的一种显示器件。这些局部操作包括:产生字符;通过移动器件的坐标来移动显示元素;显示组或显示图像;在缓冲器中存储数据。

intelligent editing system 智能编辑系统 以人工智能技术为基础的编辑系统,具有复杂程序开发、编辑和维护的工具。其目的在于减少生成和维护程序的信息量,即这些信息量由系统提供,从而增加结果代码的可靠性。

intelligent editor 智能编辑程序 以人工智能技术为基础的编辑程序。这种编辑程序通过数据库提供程序正文、语法、语义和结构模式的显式表示,并配以屏幕美化格式显示,是一种功能很强的工具。

intelligent home 智能家居 也称"智能住宅"。同 smart home。

intelligent hub 智能集线器 智能集线器除了主动集线器的特性外,还提供了集中管理功能,如果连接到智能集线器上的设备出了问题,可以很容易地识别、诊断和修补。智能集线器另一个特性是增加了支持多种介质类型和桥接这些介质的功能,并可以为不同设备提供灵活的传输速率。智能集线器还包括搜集集线器中有关模板以及每个端口的统计信息的功能。

intelligent information push-pull 智能信息推拉 智能信息推拉技术是在人工智能、知识工程与因特网、数据库技术相结合的基础上,将机器学习与知识发现方法引入并应用于信息的推送和拉取的过程中,从而可以提高因特网、数据库的智能水平,为用户提供高效率的主动信息服务,发现有用的知识。智能信息推拉技术具有以下特点:①智能信息推送。应用人工智能、机器学习方法,可以识别和预测各种用户的兴趣或偏好,从而有针对性地、及时地向用户主动推送所需信息,以满足不同用户的个性化需求;②智能信息拉取。应用知识工程的知识推理搜索方法,可提高搜索引擎的快速性和准确度,用户可以更及时地拉取所需的最新动态信息;③信息推拉结合。信息推送与信息拉取相结合,可取长补短,既可及时地、主动地将最新信息推送给用户,又可有针对性、选择性地满足用户个性化需求;④知识发现功能。采用知识发现的方法和技术,可从所"推送-拉取"的信息中提取有用知识,发现隐藏在大量数据中的内在规律。参见 information push,information pull,information push-pull。

intelligent information retrieval system 智能信息检索系统 通过智能化计算机针对知识库所存内容按用户要求进行快速推理检索,从而迅速完成信息提取的系统。其设计原理相当于定理证明中的B类问题(即回答 WHAT IS? WHERE IS? HOW? 等问题)。

intelligent instrument 智能仪器 微处理机与仪器相结合并具有智能的测试仪器。它能适应被测参数的变化来自动选择量程、自行校准、自寻故障、自动进行指示判断与分选以及按程控进行操作等。该仪器能较方便地与接口总线连接,并能进行多参数的测试,可起到类似于测试系统的作用。

intelligent interfacing 智能接口 引入智能的人-机接口。把模式识别技术中的自动视觉与语义网理解系统,以及图形、图像识别系统,自动听觉中自然语言理解系统引入计算机中,作为输入手段,使机器可以"看懂"文献、图形及图像、"听懂"自然语言,即能够直接对机器用事实方法输入,同时采用声综合设备使机器可用自然语言输出。

intelligent I/O (I^2O) 智能输入/输出技术 智能输入/输出技术规范由 Intel 公司提出,其基本目标在于提供一种 I/O 设备驱动程序结构,它既独立于受控的特定设备,也独立于主机操作系统,这样,管理设备的驱动程序部分变得可在各操作系统之间移植。

intelligent I/O module 智能 I/O 模块 基于微机的完成处理或复杂闭环应用功能的模块。

intelligent keyboard system 智能键盘系统 同 intelligent key system。

intelligent key system 智能键盘系统 能对各种字母和数字进行键入、编辑、计算、存储、压缩和打印等操作的一种键盘系统。

intelligent knowledge base system (IKBS) 智能知识库系统 采用推理方法用人工智能软件来执行各种任务的系统。它将人的思维与活动的许多方面(如医疗诊断、复杂的工程设计、石油地质勘探、军事战略、民事咨询等)进行智能处理。这种系统的发展是扩大利用信息技术,将其应用于目前计算机技术所不能到达的领域的一种最好手段。智能知识库系统由知识表达、用户接口、推理机、知识库等部分组成。

intelligent learning system (ILS) 智能学习系统 依据人工智能的学习原理和方法,应用知识表达、知识存储、知识推理等技术,设计和构成的具有知识获取功能,并能逐步改善其性能的系统。系统可以采用示教式或自学习式。学习过程中可以采用指导、示例、类比等方法,进行演绎式、归纳式、联想式等学习。系统中具有知识库,知识库具有增删、修改、扩充和更新等功能。

intelligent machine 智能机器 一种具有智能系统的机器。

intelligent mail 智能邮件 由创建人或发件人用某种特定的语言描述的电子邮件类可运行程序。在发送过程中,该类程序不仅能传输信息,而且可与收件人主动会话,从而达到及时收集信息并进行必要处理的目的。

intelligent management (IM) 智能管理 人工智能与管理科学、知识工程与系统工程、计算技术与通信技术、软件工程与信息工程等多学科、多技术相互结合、相互渗透而产生的新兴技术和科学,它研究提高计算机管理系统的智能水平的方法,以及智能管理系统的设计理论、方法与实现技术。

intelligent management system (IMS) 智能管理系统 在管理信息系统(IMS)、办公自动化系统(OAS)、决策支持系统(DSS)的基础上进行功能集成、技术集成,应用人工智能、知识工程、模式识别、人工神经网络等方法和技术,进行智能化、集成化、协调化而设计和实现的计算机管理系统。它注重在计算机管理系统中加入有效的灵活的人工智能技术和专家知识,使整个系统不仅具有分类统计、报表输出等日常事务处理功能,还在效益预测、故障诊断、规划等方面引入人工智能技术,完成高层次的分析决策活动。

intelligent manufacturing system (IMS) 智能制造系统 一种智能的 CIMS 系统,由日本提出,旨在把制造业中的经营管理、设计、生产、售后服务等集成在一起,在 CIMS 的基础上增加了人工智能在生产控制、质量控制和设计中的应用等内容。参见 computer-integrated manufacturing system (CIMS)。

intelligent multimedia 智能多媒体 多媒体技术和人工智能相互融合,相互渗透,相互促进而形成的技术,它包括多媒体技术、人工智能技术、可视化技术、虚拟现实技术、分布式计算技术、面向对象的知识工程技术、神经计算技术、新型系统结构等。

intelligent multimedia database system 智能型多媒体数据库系统 多媒体数据库系统发展的更高级形式。它不但要完成对多媒体数据的存取和管理,还要支持对多媒体数据的理解、知识获取、知识引导下的查询和智能型的操作和处理。

intelligent network (IN) 智能网 一个以计算机和数据库为核心的提供业务的网络体系。利用该网络体系可以向用户提供智能网业务。典型的智能网是由业务控制点(SCP)、业务交换点(SSP)、业务数据点(SDP)、智能外设(IP)、业务管理点(SMP)、业务管理接入点(SMAP)和业务生成环境点(SCEP)组成。智能网的主要特点是:智能网是一个公共的业务平台,可以向各种业务网提供智能业务;把呼叫处理功能与业务的提供功能分开;可以方便地生成新的业务;可以对业务进行管理,特别客户还可以通过业务管理点管理自己的业务;由于有集中的业务控制和数据库,因此可以方便地提供传统的交换机难以提供的业务。

intelligent office automation system (IOAS) 智能办公室自动化系统 在常规办公室自动化系统中,改变核心环节,使之成为智能计算机支持的可以提高功能与速度的系统。

intelligent peripheral (IP) 智能外设 智能网中的一类物理实体,它提供可以支撑用户和网路间的信息交流用资源。例如:语音合成和识别装置、双音多频(DTMF)数字信号收发器等。

intelligent printer 智能印刷机 一种由计算机或磁带机控制的复制系统。它能在没有人工干预的情况下完成许多印刷功能。这种系统在一台机器上能双面印刷、校对、装订、生产整本的书或进行文献排版、印刷。参见 intelligent copier。

intelligent printer data stream (IPDS) 智能打印数据流 (1)在系统网络体系结构(SNA)环境中,提供访问高级功能打印(AFP)性能的打印模式,如同时在一台打印机上输出文本、图形和彩色的能力。(2)一个所有点可寻址的数据流,允许用户在打印页面上将文本、图像和图形定位在任何位置。(3)在图形数据显示管理器中,一个用于管理和控制打印过程的结构化的数据字段流,允许向打印机发送数据和控制信号。

intelligent programming 智能程序设计 一种新型的程序设计,与传统的程序设计有明显区别。它运用符号形式对知识信息进行处理,有比较、选择、分类、匹配、逻辑运算、传递闭包、检索和存取等操作;能进行非确定性推理,包括模糊性和随机性推理;在问题求解过程中,需要动态调用和存储知识,增加和修改知识,执行时动态分配和释放存储空间;能对确定性信息进行"与/或"并行性处理;对知识信息合理存储及有效管理,设计相应的知识库及其管理系统;系统性能和结构可以不断修改、扩充、完善。采用的语言有 LISP 和 Prolog 等。

intelligent question-answer system 智能问答系统 该系统拥有知识库管理系统,能接收用户的提问,并做出满意的回答。其智能体现在两个层次:在与用户交互中,提问和结果的回答要以自然语言的形式,这就要进行自然语言的处理;在底层处理中,要充分利用库中的知识,针对问题进行智能化查询、启发式搜索、推理求解,并能对求解过程进行解释,回答用户各种疑问。

intelligent residential district 智能小区 城市内在一个相对独立的区域,统一管理特征相似的住宅楼群构成的住宅小区。智能小区包含的系统有综合布线系统、有线电视系统、电话交换机系统、门禁系统、楼宇对讲系统、监控系统、防盗和联网报警系统、集中抄表系统、小区能源管理系统、宽带网络接入系统、停车管理系统、公共广播系统、物业管理系统等。

intelligent retrieval 智能检索 数据库技术和人工智能技术相结合的产物。它提供数据库中的事实和知识演绎出正确答案,进行推理,从而实现对数据库的智能检索。它涉及到自然语言用户接口、逻辑演绎功能和数据库语义模型等问题的研究。近年来知识库管理系统和演绎数据库的研究就是在这方面开展探索工作。

intelligent retrieval from database 数据库的智能检索 用人工智能技术解决大存储容量数据库的优化存取问题。它通常由 AI 和数据库两种技术的有效结合来实现。一个智能信息检索系统应具有以下功能:①能理解自然语言,允许用自然语言提出各种询问;②具有推理能力,能根据存储的事实和知识来推理,演绎出所需的答案;③系统拥有一定的常识性知识,以补充学科范围的专业知识,并能根据这些常识,演绎出更一般询问的某些答案来。数据库的智能检索涉及自然语言用户接口、逻辑演绎功能和语义数据模型等研究课题。如 20 世纪 70 年代末所开始的知识库管理系统和演绎数据库的研究。

intelligent robot 智能机器人 发展到具有智能特征的高级阶段的机器人。指能独立决策并进行自适应动作的机器人。它们往往根据感觉和识别机制而自行确定其行动。通过感知仪器以发现输入信号和环境状态,带有可执行计算的反应或制导机构,存储必要的程序以产生最终的自控运动。总的说来,它是可编程的、通过知识程序起作用、执行管理任务或机械运行的部件。人给予某种具体的指令以后,它就能认识其工作环境、工作对象及状态,并根据给出的指令和认识结果决定工作方式方法。

intelligent science 智能科学 研究人类和各种智能系统(自动机)中知识信息的处理规律,探讨智能的机理及利用各种智能系统去模拟人的某些思维过程和智能行为,以揭示人类思维奥秘的科学,它包括理论研究和工程研究两部分。理论研究涉及自然科学和社会科学的几乎所有学科,远远超出了计算机科学的范畴。工程研究也称仿智学,目的在于探讨模拟智能的各种理论和方法、制造各种智能机器。

intelligent system 智能系统 可以模仿、延伸和扩展人类智能的系统,可实现某些机器思维。根据其知识和处理方式可分为:①单领域知识单处理范型智能系统,系统具有单一领域的知识,并且只有一种处理范型(如早期的专家系统和智能控制系统);②多领域知识单处理范型智能系统,系统具有多种领域的知识,而处理范型只有一种;③单领域知识多处理范型智能系统,系统具有单一领域的知识,而处理范型有多种(如混合型的智能系统);④多领域知识多处理范型智能系统,系统具有多种领域的知识,而且处理范型也有多种(如综合决策系统、综合知识系统等)。

intelligent teletex 智能用户电报 用字处理计算机为终端的文字信息传输服务。它与用户电报的区别在于用计算机而不是用电传打字机作为终端。它通过公用电报网将各个字处理机器连接起来,在相容的终端之间传送文字信息。

intelligent terminal 智能终端 本身具有存储器、处理器和固件,能不依赖其宿主处理机而执行某些功能的终端。借助于终端仿真或通信软件,个人计算机也可以成为一种智能终端。然而,大多数智能终端只具有将输入的数据重新选择路由送往打印机或显示屏的能力。智能终端也称"灵巧终端",对应的有"哑终端"。

intelligent terminal applications 智能终端应用 智能终端能提供存储区与一个存储程序给用户作数据处理使用。由于大规模集成电路的发展而增强了这种终端的能力。其发展趋势是:能同时达到有最多的局部处理并与中央数据库有更多的交互作用。已经标准化的终端有通用异步接收器/发送器、智能销售点终端、自动银行出纳员终端等。

intelligent time division multiplexer (ITDM) 智能时分多路复用器 一种根据需求而不是以固定的子信道方式分配时隙的装置。

intelligent tutoring system 智能辅导系统 具有教学能力的专家系统,是一种知识信息处理系统。

intelligent videodisc player 智能视盘机 一种具有内装处理能力和存储能力的视盘播放设备,同 level two player。参见 levels of interactive systems。

intelligent voice terminal 智能语音终端 利用人的声音来操作的智能终端。终端内部存有使用户能修改的程序,它接受人的声音作为输入数据来进行工作。

intelligent workstation 智能工作站 以智能终端独立地执行各种功能为特点的一种工作站。通过网络可以把单一的智能工作站与其他智能终端和大型计算机相连接。它可以执行各种字处理和数据处理功能,包括数据库存取、联机数据录入以及电子邮件等。

intelligibility 可读性,可理解性 具有领域知识,母语为目标语言的评价人员,在不参照输入源语言的基础上,对机器译文的可理解程度进行定量评估时所制定的一种标准。

intellimirror 智能镜像 微软 Windows 2000 中同步多台计算机上的资料功能。智能镜像可以让多台计算机在以下情况下都能够保证资料同步:安装了新软件,数据发生改变,用户新定义的情况。通过智能镜像能让任何一台计算机都具有相同的软件配置,甚至是连开始菜单和桌面看起来都相同。智能镜像功能对移动用户非常有用,因为如果用户带着笔记本出差,在用户离开前将本地的文件保存到网络上,当用户修改资料后回到公司只要连上网络,系统将自动同步网络和本地计算机上的文件。

intellisense 智能感知 微软公司在文本处理软件中采用的技术,能够随时检测用户的操作,提示用户更好地操作,如在 EXCEL 5.0 中,其自动求和功能可自动求出范围和,自动填充功能可使经常性的数据输入更加省时省力,自动格式化功能可使工作表格更加专业化,自动过滤功能可查看所提供信息中的任何部分,自动分类功能使数据分类更加简单灵活,自动轮廓功能可快速生成详细程度不同的报告。

Intel network Intel 局部网 Intel 公司根据 OSI(开放系统互连)参考模型提出的七层模式局部网络。借助于局部网通信控制器、以太网串行接口芯片的简易可行的收发器,用户就可以解决物理层和数据链路层的控制问题,从而构成以太网。在七层模式之外,还提出了网络管理功能,它负责操作规划(查错、通信量、运行统计信息的收集等)、网络初始化、网络维护(故障检测与隔离),并与每一层都有接口。

Intel OverDrive Intel 加速驱动芯片 Intel 公司为原来 80386SX 和 80386DX 用户设计的可自行安装的升级产品,而 Pentium OverDrive 则是 486 系统计算机的替代品。OverDrive 芯片提高系统性能的技术与 Intel 80486DX-2 和 DX-4 芯片的时钟倍频技术相同。安装 OverDrive 后,应用系统性能可提高 40%到 70%。

Intel P6 Intel P6 微处理器,奔月(微处理器) Intel 公司继 Pentium 芯片后发布的芯片。P6 采用超标量结构、超级流水线、精简指令集计算(RISC)技术、并具有推测执行、寄存器更名以及无序执行的能力。P6 芯片具有两倍于 Pentium 芯片的整数处理能力。

INTELSAT 国际通信卫星(组织) (1) international telecommunications satellite 的缩写。指国际通信卫星组织。为了进行全球商业性卫星通信,1964 年以美国为首成立了"国际通信卫星财团",到 1973 年成为常设机构,改名为"国际通信卫星组织"。目前已有一百多个成员国。卫星的技术水平不断提高,现已形成全球通信网,承担全世界跨洋通信业务量的三分之二。除国际通信外,该组织业务范围还包括:①国际电视传输;②海事通信;③商业服务(如采用数字方式综合提供电传、数据、传真、视频会议等);④国内通信。国际通信卫星组织估计它的业务量年平均增长率为百分之十五左右。(2)指国际通信卫星组织发射的通信卫星。

Intel single board computer (ISBC) Intel 单板机 Intel 公司单板机系列的名称。每块插板尺寸为 12×7.5 英寸,均采用 multibus 总线,其主插头为 86 线,辅插头为 60 线。系列中既有 8 位的(以 8080,8085 等微处理器为基础),又有 16 位的(以 8086,

80186,80286 等微处理器为基础)。带有微处理机的微型计算机插件有多种型号。其中有 ISBC 板带有较多的 RAM(随机存取存储器)和 PROM;有的带有较多的 I/O 端口。还有专用存储板、智能通信控制器板、并行接口板、软盘控制器板等多种模块。因此,利用不同的 ISBC 板可以方便地构成有不同用途的单机系统或多机系统。

Intel 4004 microprocessor Intel 4004 微处理器 Intel 公司于 1971 年宣布的 4 位微处理器。它采用 P 沟道 MOS(金属氧化物半导体)工艺,其芯片尺寸为 10.6 mm²,主要是为满足台式计算器的需要而研制的。它是世界上最早的微处理器,由 F. Faggin 设计。

Intel 8008 Intel 8008 微处理器 Intel 公司于 1972 年制成的 8 位微处理器。它能执行 45 种指令。其芯片尺寸为 13.8mm²。Intel 8008 同 4004 一样,均属第一代微处理器,即采用 P 沟道 MOS(金属氧化物半导体)工艺,通常仅中央处理器实现大规模集成电路化,外围电路多用中规模集成电路,组成一个微型计算机系统一般要用 50 ~ 60 片组件。

Intel 80186 microprocessor Intel 80186 微处理器 8086 微处理器的改进型。采用 68 只引脚的四列直插式封装,芯片上包含有时钟发生器、中断控制器、计时器、DMA(直接存储器存取)控制器和可编程选片电路。从而可大大减少微机系统的器件数目。80186 的处理能力比 8086 强一倍,其地址/数据总线和某些控制线的驱动能力也比 8086 增加一倍。80186 在 8086 指令系统的基础上,增加了立即数压入与弹出、全部压入与弹出、带符号立即乘除法、按计数值移位/循环移位、串输入和输出、进入和退出过程以及检测数值是否超出范围等指令。

Intel 80286 microprocessor Intel 80286 微处理器 Intel 公司于 1982 年推出的一种超大规模集成的微处理器。是 8086 的改进型。80286 采用 68 只引脚的四列直插式封装,有 8 MHz 和 10 MHz 两种规格。80286 把改进了的 8086CPU 与分段存储器管理和保护逻辑制作在一块芯片上,80286 的速度是 8086 的 6 倍,有 24 条地址引脚,在受保护的虚拟地址方式下能对容量高达 16 MB 的存储器进行寻址。80286 的指令系统不但包括 8086 的所有指令和 80186 新增加的指令,而且在此基础上又增加了 16 条用于存储器管理的指令。这些性能使 80286 具有支持大系统的能力,主要用于运行多用户、多道程序和实时多任务系统中。由于提供了存储器管理和虚拟存储能力,每个作业可以利用高达千兆字节的虚拟地址空间,使系统的程序数目和规模几乎不受限制。80286 指令系统与 8086/8088 相兼容,为 8086/8088 编写的程序不作修改或稍作修改,经过重新汇编后便能在 80286 上执行,使 8086/8088 的应用程序能利用 80286 的存储器管理和保护性能。Intel 公司为 80286 提供了一整套支援电路,能简化硬件系统的结构。这些器件包括 82284 时钟发生器、82288 总线控制器、82289 总线仲裁器和 82287 数字数据处理器等。

Intel 8031/8051 single-chip 8-bit microcomputer (ISCB) Intel 8031/8051 单片 8 位微计算机 由 Intel 公司研制的高性能 8 位单片微计算机。系统结构包括:一个固化在片内的微处理机;4 k 只读存储器(仅 8051 有);128 字节随机存取存储器;32 根输入输出线(四个 8 位端口);三个 16 位定时/计数器;可编程的全双工串行通道;218 个用户位寻址单元;外部可接 128K RAM 等。该单片机在控制和典型的计算应用中是有效的。中央处理机(CPU)时钟 12 MHz,最长的指令操作 4μs。采用 HMOS(高速金属氧化物半导体)工艺,40 脚封装。

Intel 80386 microprocessor Intel 80386 微处理器 Intel 公司于 1985 年 10 月推出的 32 位微处理器。时钟频率为 16 MHz、20 MHz 和 33 MHz。持续执行速度达 3 ~ 4 百万条指令每秒,芯片密度大于 275 000 个晶体管。386 微处理器具有 32 位宽的外部和内部数据通道,8 个 32 位通用寄存器。其指令集支持 8 位、16 位、32 位数据类型。处理器直接输出 32 位物理地址,最大可支持 4 GB 的物理内存空间。386CPU 采用了流水线结构以便达到高速处理要求,它能并行地完成指令的读取、译码、执行和内部管理等功能,总线与外部接口等六级并行流水线。386CPU 开始引入高速缓冲存储器,也是其性能提高的因素之一。把内存管理功能和流水线做在同一芯片上。386SX 和 386DX 内部功能完全一样,只是前者使用 16 位而不是 32 位数据并且价格便宜。

Intel 8048 microcomputer Intel 8048 微处理器 Intel 公司 1976 年底推出的 8 位单片微处理器。它以提高集成度(针对 Intel 8080A)和改进功能为设计目标。其主要特点是,指令系统使累加器可与所有寄存器操作,寄存器都有减量或增量指令。具有独特的位操作能力,除操作"标志位"和"进位位"外,还能测试累加器条件与累加器的任何一位。片内集成了 1 KB 的只读存储器,64 KB 的随机存取存储器,三个 8 位输入输出通道,时钟发生器(2 MHz),中央处理器等。随机存取存储器包括两组通用寄存器和 8 级堆栈。有两个用于中断的固定向量地址,一个作内部定时,一个用于外部中断。70% 的指令是单字节指令,最短指令执行时间为 2.5μs,电源采用单一 5 V 电源,40 脚封装,采用 NMOS(N 沟道金属氧化物半导体)工艺。该微处理器主要是为控制用途而设计。

Intel 80486 microprocessor Intel 80486 微处理器 Intel 公司 1989 年 4 月推出的芯片。168 引脚 PAG 封装。它与 386™ CPU 百分之百的二进制兼容,它有 100 万只晶体管,芯片集中了 RISC(精简指令集计算)整数核心,8 KB 高速缓冲存储器、浮点硬件和存储管理部件。RISC 整数核心使常用指令的执行只要一个时钟周期，达到极高性能。486CPU 的结构和特征：Intel 80486 把两个重要部件，数值协处理器和高速缓存及高速缓存控制器加到 386 中。它比 386 快，而且和 386 完全兼容，原来的程序不必修改，而运行速度提高了。实际上 486 类似于 386＋387(协处理器)＋cache(高速缓存)。486 的技述特征：①优化的指令技术，即在更短时间周期内完成指令；②地址流水技术，即 CPU 在处理当前指令的同时，解码下一条指令的地址；③突发模式总线，它用于 CPU 到内存读写操作，采用 4 位一组的数据传输，通常在 5 个周期内完成；④电源管理功能，即系统管理模式 SMM，利用它可以有效降低 PC 的功耗。

I

Intel 8080 microprocessor　Intel 8080 微处理器　Intel 公司于 1973 年研制成的 8 位微处理器。它是应用很广的 8 位微处理器，采用 N 沟硅栅 MOS(金属氧化物半导体)工艺制成。8080 微处理器与输入输出端口(最多可达 256 个)以及任何类型的半导体存储器连接可以构成一个完整的微型计算机系统，并具有十进制运算能力。该机设有一种堆栈结构，其中央处理器的外部存储器的任何部分都可用作后进先出栈。还设有一个 16 位的堆栈指示器，用来控制外部堆栈的寻址。该处理器具有一组 16 位的地址总线和一组 8 位双向数据总线，允许与存储器和输入输出端口直接相连。控制信号直接由微处理器提供，无需译码。

Intel 8085 microprocessor　Intel 8085 微处理器　Intel 公司于 1976 年投放市场的一种 8 位微处理器。采用硅栅 NMOS(N 沟道金属氧化物半导体)工艺，只需用＋5 V 电源，是 8080 微处理器的改进型。8085 的软件与 8080 完全兼容，且速度有所提高。

Intel 8086 microprocessor　Intel 8086 微处理机　Intel 公司于 1978 年推出的 16 位单片微处理机芯片，在 Intel 8080 的基础上增加了 16 位的运算能力、可中断的字符操作、位处理能力、再入代码、浮动地址码和动态可重新定位的程序设计能力，芯片采用 40 脚 DIP(双列直接式封装)封装，有 20 位地址线，最大寻址能力为 1 MB，数据线宽度为 16 位，数据线和地址线采用多路复用。允许有 64 k 个输入端口和 64 k 个输出端口。

Intel 8087 numeric data coprocessor　Intel 8087 数值处理器　Intel 公司研制的高性能数值处理机，采用 HMOS(高速金属氧化物半导体)工艺制成，其指令系统除兼容 8086 全部指令外还增加了 68 条数值处理指令，能处理的数据类型有八种：8 位、16 位、32 位、64 位整数、32 位、64 位、80 位浮点数以及 18 位二-十进制数。它与 8086/8088 组成的系统能将 8086/8088 的数值运算能力提高 100 倍。由于 8087 具有 18 位十进制运算、浮点运算、指数运算和三角函数运算等极强的运算能力，所以广泛地应用在数值控制、事务数据处理、过程控制、数据采集、图形显示终端以及机器人等领域。

Intel 8088 microprocessor　Intel 8088 微处理器　一种软件与 Intel 8086 兼容、硬件与 8088A/8085A 兼容的 16 位微处理器。系 Intel 公司于 20 世纪 70 年代末投入市场的一种单片微处理器。硬件方面包括 8 个寄存器组成的通用寄存器组，按高和低字节分开的四个组成一组，其中包括累加器(A)、基址的基页寄存器(B)、指令或移位数的寄数器(C)和 I/O 端口地址寄存器(D)。有 1 MB 的直接寻址能力，24 种寻址模式，并与 multibus(多总线)适配。软件方面在汇编一级与 8086 兼容，软件开发系统与 8086 的 MDS-311 兼容。除外部数据总线改为 8 位，内部指令流字节队列从 6 个字节改为四个字节之外，其体系结构基本与 8086 微处理器相同。状态标志与 8086 微处理器相同，地址生成机制也与 8086 微处理器相同。时钟频率为 5 MHz。这种处理器的处理能力是 8085 微处理器的两倍，是 8080 微处理器的 5 倍。

Intel 8096 microcontroller　Intel 8096 微处理器　Intel 公司研制的 16 位单片微型计算机。属 MCS-96 系列。片内有 232 字节的寄存器堆(随机存取存储器)，8 个中断源，5 个 8 位输入输出口，一个全双工的串行口，四个 16 位软件定时器，一个监视定时器，一个脉冲宽度调制器。其中央处理器提供位、字节和字操作，并提供 32 位双字长指令。8096 用于高速控制，片内有一个高速输入/输出部件(HSIO)，所有的输入/输出处理都要经过这一部件。当主振频率为 12 MHz 时，执行一次 16×16 位乘法操作或 32÷16 位的除法操作仅需 6.5μs。属于同一系列的 16 位单片机还有 Intel 8396(片内带有 8 KB 的只读存储器)以及 Intel 8097 和 Intel 8397(片内有一个 10 位模数转换器)，8096 及其同系列其他产品可配有 C 语言，FORTH 语言以及 PL/M 语言，用于工业控制更为方便。

intended performance　预期性能　也称“预期使用期”。一种产品在规定的运行条件下的典型性寿命，预期使用期不作为商业上的保证值。其度量单位以时间或操作次数来表示。

intensified field　增亮字段　在显示屏面上，其中的数据以比其他数据更高的亮度显示的一种字段。

intensifier electrode　加速电极　电子束偏转后接近其轨迹末尾处使束中电子速度提高的电极。

intensifier ring　增光环　阴极射线管中靠近荧光屏的玻璃壳内侧上的金属环形涂层，当正高压加到此环上时，可提高电子束中电子的速度，因而也就增强了屏幕上画面的亮度。

intensify　增强，(光)亮度　(1)使一部分或全部显示图像的亮度增强。(2)在计算机制图技术中，表示在某一显示点发出的光量。参见 blackness。

intensional database (IDB) **内涵数据库** 由演绎数据库中的公理(规则集),以一阶谓词逻辑为基础演绎、推理而导出新数据和新关系所组成的数据库。参见 deductive database (DDB)。

intensional logic **内涵逻辑** 应用内涵和外延算子将一个词项与它在上下文中的具体意义加以区别的一种逻辑。

intensional meaning **内涵意义** 语义学中区分出来的一种意义类型,与"认知意义"相对。指语言单位所反映出的人们对事物的非本质特征的认识,是语言单位通过所指事物传递的意义。

intensity **强度** 如同电流、磁化强度、辐射、放射性之类的(物理)量的强度或大小。电流的符号 I 即是由此词得来。

intensity level **反差等级,声强级** (1)CRT(阴极射线管)上图像明暗对比度分级。通常可以由硬件调节和软件选择完成反差等级控制。(2)声学术语,指一个声音相对另一个声音的关系。声强级用分贝表示,且等于 10 乘以强度比的普通对数。

intensity modulation (IM) **亮度调制** (1)光通信系统中的调制,信源输出的光功率随调制信号的某些特性的变化而变化,(2)阴极射线管中使电子束强度按所接收信号的幅度进行的调制,于是荧光屏上示迹的亮度将随信号的强度而变化。也称"Z 轴调制"。

intensity red green blue (IRGB) **亮[强]度红绿蓝编码** 一种彩色编码类型,最初用于 IBM 的 CGA(彩色图形适配器),而后用于 EGA(增强型图形适配器)和 VGA(视频图形阵列)。它在标准的 3 位 RGB 彩色编码(指定八种颜色)中增补了第 4 位来统一表示红绿蓝信号的亮度,总共可得到 16 种颜色。参见 red green blue (RGB)。

intensity resolution **亮度分辨率** CRT(阴极射线管)显示器所能区分的亮度等级的数目。

intensive mode recording (IMR) **强模式记录** 一个网络控制程序(NCP)函数,强化对指定源临时错误的记录。

intent propagation **意图传播** 某些信息管理系统中的一种状态,依据该状态,根据处理的类型及其相关的种类,将对一个段的处理意图传播给其他有关的段,它决定是按并行还是按串行方式调度处理一些应用程序。

interacting control **相互控制** 消除过程变量间动态相互作用的一种控制。例如,在一个多层蒸馏塔中,产品提取、分馏泵旋转和再蒸馏锅负载之间相互作用,并受原料供给阶跃变化的影响。相互控制用来消除这些影响,并减少由于送料速率的阶跃变化对蒸馏塔产生的影响。

interacting goal **相制目标** 在机器人问题求解系统中,在递归地将目标分解为子目标之后,往往会出现某些目标互相牵制。称这些目标为相制目标。

Interaction **交互** (1)交互说明如何在实例间发送激励来执行特定任务。交互是在协作环境中定义的。(2)人机通信的过程。即系统接收终端的输入,进行处理,并把数据(若有的话)返回到终端的过程。

interaction analysis **交互分析** (1)能够使知识工程师用以指定系统所要求的重要交互活动的任务分析方法。(2)在推理机控制下,调查和分析独立软件模块的过程。

interaction-circuit phase velocity **互作用电路相速** 行波管中无电子流的情况下通过其互作用隙的波的相速。

interaction crosstalk **互作用串扰** 由于两路线间通过第三条路线相互耦合而造成的串扰。

interaction design **界面设计** 人机信息交换设计重要部分,包括显示器、控制器的选择与设计,以及显示和控制之间的协调设计。

interaction diagram **交互图** 用于强调对象交互的若干种图的统称。交互图展现了按一定的目的进行的一种交互,它由在一个上下文中的一组对象及它们间交互的信息组成。交互图包括:强调时间顺序的序列图、强调收发消息的对象的组织结构的协作图、强调对象活动状态的活动图、强调对象的状态转化的状态图等。参见 collaboration diagram, sequence diagram, activity diagram, stage diagram。

interaction fault **交互故障** 在系统工作或维护期间,由于操作员的误操作,通过人机接口使系统发生的故障。

interaction gap **互作用隙** 在微波管中电极间的互作用空间。

interaction space **互作用空间** 电子管中电子与交变电磁场相互作用的区域。

interaction syntax **交互语法** 在文件编辑系统中,一种用户与系统交互作用的方法。交互语法可以是类似英文或类似 Pascal 的,也可以是从显示菜单挑选出来的校对符号。不管怎样,交互语法用以指定一串预定的指令。它应便于用户学习和记忆。

interaction time **交互作用时间** 在分时系统中,系统从一个终端接收一行输入到能再从该终端接受下一行输入的时间间隔。

interactive **交互(式)** 允许用户与计算机系统交换信息的术语。这是一种与时间有关的(实时的)操作,即操作者可以控制应用程序的运行,同时可以从系统获得指导和验证的反馈信息。如果用户正运行一个交互程序,用户输入一条命令,并且示出结果。如果结果不是用户要的,则可以输入一条不同的命令以获得不同的结果。计算机游戏是交互式的,用户做出动作,计算机便会做出响应,然后用户根据响应再做出下一个动作。现在大多数处理都是交互式的,但批处理在过去占统治地位。

interactive activation and competition (IAC) network

I

I

model 相互激活与竞争网络模型 一种神经网络模型，用离散近似的方法来模拟连续的相互激活与竞争网络的处理过程。它由许多被划分成不同集合的单元组成，在每个集合内所有的单元都是相互抑制的。在不同的集合之间，单元也许具有兴奋性连接。这个模型假定这些连接是双向的，因此不管何时，只要存在从单元 i 到单元 j 的兴奋性连接，就一定还存在着单元 j 返回到单元 i 的兴奋性连接。IAC 网络中存在两类单元：一类可以直接接收来自网络外部的输入，称可见单元；另一类则不能直接接收这种输入，称隐单元。在该模型中，用户可以对可见单元指定输入模式，但不允许对隐单元指定外部输入。在 IAC 模型中，时间是不连续的。时间被划分成离散步长或循环周期的序列。每个循环周期开始于所有单元前一个周期终止时所确定的激活值。第一步计算每个单元的输入，然后更新所存单元的激活值。两步处理方法保证了对这些单元的激活值的更新是同步的，即在对所有单元的激活值全部更新完毕之后，新的激活值才起作用。

interactive advertising 交互式广告 通过计算机通信网络进行的广告服务。在网络上促销产品，用户在这里选择所需要的产品说明和订单。通过使用超级媒体、虚拟现实、三维图形和仿真技术，用户可很快在适合用户特殊要求的个人虚拟购物中心购物，可以在更宽范围的商品中选购。对广告客户而言，交互式广告提供一种创新的方法展示产品，更精确地瞄准目标用户以及在消费者优先选择物中获直接反馈。参见 video on demand。

interactive application 交互式应用 在以交互对话方式工作的微型和小型计算机上处理各种事务的技术，也称"事务驱动处理"。参见 interactive processing。

interactive batch processing 交互式成批处理 也称"面向键盘的成批处理"。成批处理的一种形式。数据从键盘或类似设备输入，输出时立即检查数据的合理性及语法正确性。合格时存入缓存，等待集中成批处理。这种方式主要用于订票、记账和盘存等服务项目。

interactive broadcast TV 交互式广播电视 用电视节目双方实时对话，将广播电视与另一种通信部件——通常是电话相结合。观众以通过调制解调器将其意见送入中心计算机的方法参加，类似于交互式广告以及交互式电影。目前迅速发展的与光纤分布通道相连的高清晰度系统和电视计算机将很快替代交互式广播电视。

interactive cable TV 交互电缆电视 具有交互能力的新型完善的电视服务业务。其特点是电视观众可对所观看的电视节目做出响应。例如，就某个争论问题进行投票，或就某个问题或局势做出反应。与可视图文、用户电视电报不同，交互电缆电视只能收看电视台播放的画面和动画等。这种电视应在电缆接口处安装解码器，为了交互式使用，还应配置键盘或数字小键盘。

interactive chart utility (ICU) 交互式图形实用程序 图形数据显示管理器中提供的例程，允许基本的图形处理能力和菜单驱动的各种形式的图形的生成。

interactive communications feature (ICF) 交互式通信程序 在某些计算机系统中，SSP(系统支持程序产品)中的一种程序。它允许一个程序与其他程序或系统交互通信。

interactive computer graphics 交互式计算机制图 计算机制图中一种很重要的制图方式。从系统的硬件配置上看，除了配备一般的绘图输出设备(如绘图仪或静电绘图设备或显示设备)外，还必须配置绘图输入设备(这些设备可实现选图功能、输入图形定位信息、输入标量值信息、输入字符信息以及输入控制程序运行的按钮型信息等)。交互式计算机制图系统不仅可使用户能获取图形形式的信息，而且能直接和系统交互作用，以便能产生和修改所需的图形对象并对它进行操作。

interactive computer system 交互式计算机系统 在用户和计算机之间提供联机通信的计算机系统。交互的过程一般为：用户向计算机输入命令或请求，系统立即将结果反馈给用户，如此反复。

interactive computing 交互计算处理 计算机处理模式之一。以实时方式开发和操作程序，一旦计算机检测出错误，要立即纠正。程序和数据不管在输入、检查语法或建立与前面程序一致性，还是在执行变量值区域测试时都可得到确认。

interactive data definition utility (IDDU) 交互式数据定义实用程序 在某些计算机系统中，系统支持程序产品的一部分，用于定义数据和文件目录的特性。

interactive debug 交互式调试 某些操作系统中的一种操作方式。在该方式下，可以通过使用 DEBUG，PGM 命令及其子命令对程序的执行进行监督。

interactive debugging 交互式排错 交互式排错程序通常将存储器内容以十六进制形式显示在整个显示屏上。在多数系统上，其命令包括：显示、存储、执行、改变存储器内容、打印存储器内容、恢复、显示断点等。

interactive debugging system 交互排错系统 能使用户逐条语句跟踪程序执行的一种程序排错系统。一般说来，程序排错需要知道绝对二进制机器语言、汇编语言和排错语言的语法和语义及排错控制系统。交互排错系统能立即产生全屏幕十六进制存储器转储显示。系统命令包括：显示、存储、执行、改变存储器、转储存储器、查找存储器数据、置位、复位及显示断点等。

interactive design 交互式设计 与分时批处理方

式完成 LSI(大规模集成电路)设计不同,实时交互式设计指 LSI 设计师可以向工程设计工作站输入命令,并从工作站获得信息,实时地往返操作,修改并完成 LSI 设计。这样,可大大提高 LSI 设计师的工作效率。

interactive display system 交互式显示系统 能够使用对话方式的显示系统。即用户可送入显示指令或询问,而系统则能像对话那样,由显示器的显示元素、显示组或显示图像的变化来做出回答。交互显示系统通常由计算机或数据处理系统,显示集合、显示指令和显示器件来充任。

interactive editor 交互式编辑程序 某些操作系统中的一种服务性程序。在键盘显示器或键盘打印机上,通过使用 EDIT 命令及其子命令,可以对数据进行重新组织、修改和删除。

interactive environment 交互环境 在某些操作系统中,终端用户与系统之间交互作用的环境。现在多数操作系统具有交互环境。

interactive graphical input 交互式图形输入 用手动装置将信息传送给计算机,从而以联机交互方式画出图形。其中计算机作为具有独特能力的绘图助手,能将输入笔或光笔等的徒手粗略运动,转变成精确的图形元素。

interactive graphics 交互式图形 计算机的一种使用形式。采用这种形式时,用户可改变和控制图形显示。其方法通常是借助指点装置和鼠标器或操纵杆等对图形进行处理。交互式图示技术用于从游戏到 CAD(计算机辅助设计)系统等一系列计算机产品中。

interactive graphics and retrieval system (INGRES) 交互式图像和检索系统 美国加里福尼亚大学伯克利分校电子研究实验室于 1973 年研制的一种关系型数据库管理系统。它最早在 PDP-11 计算机上实现,并在 UNIX 操作系统支持下运行。该系统为用户提供了一种基于关系演算的非过程完备查询语言 QUEL,其主要功能是查询和更新。在 QUEL 语句中还允许嵌入包括算术、逻辑、关系比较及聚集在内的多种运算。QUEL 也可以嵌入到主语句(如 C 语言)中,这时将其称之为 EQU-EL。INGRES 作为最早实现的实用 RDBMS(关系型数据库管理系统)之一,体现了一个通用 RDBMS 的许多重要思想,如数据独立性、完整性、安全性控制,并发控制和恢复功能等。INGRES 的实现技术,对后期数据库管理系统的发展产生了重要的影响。

interactive graphics system 交互图形系统 一种用人机对话方式对图形进行处理的系统。系统中的硬设备除计算机外,主要有显示器、光笔、图形输入板、记录笔、数字化仪等。操作者能以与计算机对话的方式,对图形进行放大、缩小、变换、旋转、修改和增删,并将结果图形用绘图仪画出或用打印机打出。这种系统广泛用于计算机辅助设计中。

interactive image processing 交互图像处理 在图像处理过程中,在不能全由计算进行自动处理时,需要操作者参与。这种为了取得预期的结果而采取的人机协同动作的工作方式,称为交互图像处理。

interactive information processing system (IIPS) 交互式信息处理系统 用户软件工程(USE)的研究课题,旨在为用户和程序设计人员提供双方都能理解的语言来描述人机对话。IIPS 由数据库、操作系统和用户界面所组成。它与通常的程序设计方法不同的是采用自顶向下与自外向内、软件生命周期与界面原型演化的程序设计方法。IIPS 一般都是面向非专业人员用户的,如航空预定系统、图书检索系统、医疗档案管理和银行管理系统等。

interactive job 交互型作业 一种作业,其处理活动是根据工作站用户提供的输入进行的。在作业运行期间,用户和系统之间保持着对话。

interactive keyboard printer 交互键盘打印机 在字处理中,与键盘配合用来打印键入字符的打印机。

interactive knowledge acquisition 交互式知识获取 在知识获取过程中,用户或知识工程师通过知识获取工具提供的知识库的情况及提出的各种问题,采用人机交互方式确定对知识库中知识做修改、补充或删除操作的知识获取过程。交互式知识获取对用户或知识工程师有较大的透明度,易控制知识获取过程,适用于从专家大脑中提取知识。

interactive language 交互式语言 支持使用者与计算机系统用交互应答方式实现计算任务的语言,即会话式语言。这类语言一般是通过解释方式执行的。典型的一类交互式语言是计算机操作系统的命令语言。也有一些交互式的程序设计语言(如 LISP,APL)也是解释执行的。

interactive mail access protocol (IMAP) 交互式邮件访问协议 IMAP 是为一个用户拥有多台计算机的状况设计的,如他可以在家中,在办公室里,甚至在路途中都有机器可供使用。采用 IMAP 允许 E-mail 服务器能为上述各处的 PC 提供服务,用户可用 IMAP 去访问和管理其在 E-mail 服务器上的邮件。与 POP(邮局协议)不同,IMAP 允许多个用户同时访问单个信箱。

interactive media 交互式媒体 (1)从观察者获得输入以决定消息内容和显示时间的媒体技术,以实现个性化的程序材料。(2)一种媒体产生类型,充分利用随机访问技术、计算机控制的录像机和视频盘机。

interactive mode 交互方式 在显示系统中,显示装置以类似于两人对话的方式,在装置与用户之间交替地进入和回答的一种工作方式。此方式使用户可以变动该装置显示面上显示空间中的显示元素、显示组或显示图像，或与之相互作用。参见 conversational mode。

interactive mode operating sequence 交互式工作序列 由一个任选结束语句结尾的单一连续式工作序列，或由一组连续式工作序列或特别动作所组成。后一种情况是机器部分地执行某个功能的结果，要求操作员采取行动向它提供进一步的信息或需要操作员判断或决定进一步的命令。

interactive movie 交互式电影 一部电影由观众确定动作的进程。这是通过在关键点做出决定或在一个固定的故事中，选择具体人物的观察点而进行的。这种技术将最终支持超级电影，即集虚拟现实、专家系统以及实时计算机图形于一体以提供一种观众在电影中可随意漫游并与演员对话的环境。

interactive multimedia 交互式多媒体 基于计算机的，把音频、视频、动画、图像、照片以及文本结合在一起的程序，所有这些都由用户来控制。参见 interactive media。

interactive multimedia service 交互式多媒体服务 一种至少在一个方向上的多媒体实时服务，就用户的需求做出回应，如电话银行服务、联机数据库检索服务等。

interactive multimedia system (IMS) 交互式多媒体系统 由计算机控制多种传播媒质共同传播信息的系统。通常由计算机连接录像机、可视光碟机、录音机、幻灯机等声像传播媒质或其一部分组成的系统。系统通过计算机输入设备接收用户的请求、选择或反馈，经分析处理后，控制所接收的多种媒质之全体或一部分向用户传播必要的信息。所传播的信息包括图文声像的多种感官刺激，且能通过交互问答选择最合适的内容，因而是一种日益发展的教育手段。

interactive news television 交互式电视新闻 参见 video on demand。

interactive partition 交互分区 某些操作系统中的一种动态分配的虚存区，用于处理从终端以交互方式提交的作业。

interactive personality television (IPTV) 交互式网络电视 一种利用宽带有线电视网，集互联网、多媒体、通信等多种技术于一体，向家庭用户提供包括数字电视在内的多种交互式服务的技术。它的系统结构主要包括流媒体服务、节目采编、存储及认证计费等子系统，主要存储及传送的内容是采用高效的视频压缩技术的流媒体文件，基于 IP(网际协议)网络传输，通常要在边缘设置内容分配服务节点，配置流媒体服务及存储设备，用户终端通常是配置数字机顶盒的电视机。它除了实现电视按需观看外，还能提供互联网游览、电子邮件以及多种在线信息咨询、娱乐、教育及商务功能。

interactive processing 交互(式)处理 与对话方式同义。这是一种计算方法，用户通过终端提出询问，计算机立刻在终端上将信息显示或打印出来。计算机和用户事实上是在进行会话。交互处理常称事务驱动处理，因事务在不定的时间间隔进行处理的。如随机询问系统一样，分时和实时系统也是交互的。

interactive program 交互式程序 与用户相互作用的一种程序。运行这种交互式程序时，用户常常(但非一定)坐在某种类型的显示器旁，使用某种类型的输入设备(键盘、鼠标器、操纵杆等)，对程序做出各种响应。例如，计算机游戏就是一种交互式程序。比较 batch program。

interactive proof system 交互式证明系统 有效可验证性的一种形式化描述。设 L 是一种语言，A 和 B 是概率图灵机，A(证明者)具有无限的计算能力(可理解为 A 知道其手中所有信息的逻辑结果)，B(验证者)是多项式时间的，A 和 B 共享同样的输入，且能相互通信。A 与 B 通过数次交换消息(B 先发送)，若对任意的输入 $x \in L$，证明者 A 能使验证者 B 以相当大的概率相信 $x \in L$；而对任意的 $x \notin L$，任意证明者 A' 使验证者 B 相信 $x \in L$ 的概率微乎其微(此即证明者 A 无法对验证者进行基金欺骗)，则称(A,B)是 L 的一个交互式证明系统。所有具有交互式证明系统的语言形成 IP 语言类。已证 NP⊆IP⊆PSPACE。IP 是 NP 在概率意义下的推广。

interactive restoration 交互复原 在数字图像处理中，利用人机对话方式的一种图像复原技术。它能根据人的直接感觉对图像进行控制、处理和复原。

interactive robot 交互式机器人 采用各种传感器及其他先进技术，具有感觉实际环境和/或自主控制等能力的机器人。

interactive routine 交互例程 一种程序设计例程，它反复执行一串操作直至达到并满足预先指定的条件为止。

interactive searching 交互查找 使用交互系统的人机对话的一种情报检索方式。用户通过终端向系统提出检索要求，系统立即回答结果，并显示在终端屏幕上。用户根据结果修改检索要求再次输入。实现中分为若干阶段，每个阶段都依前一阶段的结果而定，由用户来控制查找，以获得满意结果。

interactive session 交互式会话 一种处理会话的形式，采用这种形式时，用户可或多或少地连续干预和控制计算机的活动。比较 batch processing。

interactive simulator 交互式模拟程序 一种作为交互式例行程序运行的模拟程序。

interactive smart grid 互动(智能)电网 在开放和互联的信息模式基础上，通过加载系统数字设备和升级电网网络管理系统，实现发电、输电、供电、用电、客户售电、电网分级调度、综合服务等电力产业全流程的智能化、信息化、分级化互动管理。互动电网可以通过电子终端将用户之间、用户和电网公司之间形成网络互动和即时连接，实现电力数据读取的实时、高速、双向的总体效果，实现电力、电信、电视、智能家电控制和太阳能等的多用途开发，实现用户富裕电能的回售；可以整合系统中的数据，完善中央电力体系的集成作用，实现有效的临界负荷保护，实现各种电源和客户终端与电网的无缝互连，优化电网的管理，将电网提升为互动运转的全新模式，提高整个电网的可靠性、可用性和综合效率。参见 smart power grid。

interactive software 交互软件 也称“会话软件”，该软件能与用户进行连续对话，即对该软件有一个输入，立即有一个响应输出。

interactive subsystem 交互子系统 一种子系统，用于处理交互式作业。

interactive system 交互系统 实时环境下工作的一种计算机系统。交互系统属分布式计算机系统的一种类型，通过终端与计算机连接。数据的处理类似于对话方式交互地进行，用户用终端直接与系统对话。例如仓库自动管理系统、飞机订票查询系统等。

interactive system simulation 交互式系统仿真 在仿真过程中，程序系统通过终端显示出一些中间结果，用户可以通过会话的方式，中断不适当的仿真操作或要求系统显示其他的变量。这种具有交互作用方式的仿真语言能加速获取所需的仿真结果。

interactive television 交互电视 一种视频技术，收视者与电视程序互动。交互电视的典型应用包括因特网接入、视频点播以及视频会议。参见 video on demand (VOD), interactive VOD。

interactive terminal 交互式终端 能使操作员与计算机进行交互式通信的终端。它的工作速度较慢，一般由一台电传打字机或键盘显示装置加一个调制解调器组成。其工作方式较简单，只具有输入信息和输出信息的功能。

interactive terminal facility (ITF) 交互终端装置 在某些系统中，一个异步通信功能，允许系统与能够发送和接收数据的应用程序进行通信，这种应用程序如电子邮件、备忘录、库成员和数据文件。

interactive terminal processing 交互终端处理(程序) 提供系统和本地或远程终端设备之间交互通信的程序。其功能包括辅助多用户或应用程序的接口、交互式文件编辑、远程作业输入及工作状态读取等。

interactive testing 交互式检测 通过用户和系统通信进行的检测。系统对从键盘上输入的请求或者在数据线路上探测到的状况做出反应。

interactive time sharing system 交互式分时系统 用户与主机通过询问-回答方式进行工作的多用户分时系统。使用该系统的用户，在多用户共享计算机资源时，每个用户都感到自己在独占系统资源。该系统可提高主机的利用率。

interactive video 交互式电视 一种双向电视，用户能通过这种电视屏幕上的信息窗对信息作出回应，使观众和电视机屏幕上的信息或节目建立一种双向联系。

interactive videodisk system (IVS) 交互式视频磁盘系统 一种系统，在这种系统中，用户通过键盘设备或在触摸屏上直接接触特定的点向计算机输入命令以与视频磁盘显示图像相互作用。

interactive video games 交互式视频游戏 用户可以通过交互式问答，可自选游戏模式，定制独特游戏环境，扮演特殊的角色，选择特定主题和故事情节的视频游戏。参见 video on demand。

interactive videography 交互图文视传 利用电信网传输用户的要求以及对其请求回答的一种电信方式。参见 videography。

interactive visualization 交互式可视化 直接与计算机交互作用的一种节目。当用户与计算机下棋的时候，用户就是在进行交互式可视化。用户输入一条命令，显示器显示出结果。计算机做出应答，然后用户根据该应答走出下一步棋。

interactive VOD 交互式视频点播 具有交互能力的视频点播服务，这种服务增强了客户在信息服务领域中的主动地位。按点播服务过程中所提供的交互能力的强弱与多寡可分为广播服务、有偿收视频服务、半视频点播服务、近视频点播服务、纯视频点播服务等。参见 video on demand, pay-per-view, quasi video on demand, near video on demand, true video on demand。

interactive voice response (IVR) 交互式语音应答 IVR 是一种能让用户通过电话自动获得有关信息的系统。主叫方可以通过使用触摸音频数字或发出语音命令查询信息，并可以听到电子合成的声音读出所查到的信息。

interactivity 互操作性 用户或计算机控制一个多媒体表现的能力，不仅在选择表现的内容，而且包括影响内容的表现方式。

inter-application communication (IAC) 应用程序间通信 某些操作系统软件功能之一，能让独立应用程序共享交换信息。IAC 有两种主要的形式：一种称 publish-and-subscribe，允许用户将多个应用程序产生的文档综合成一个文档。另一种称 apple events，让一个应用程序控制另一个应用程序。例如，两个程序共享数据，一个程序可要求其他程序执行某些操作等。

inter-arrival time 内到达时间 一种描述到达模式的常用术语，即两次相邻到达的时间间隔。

interassembler 交互汇编程序 这类汇编程序采用解释程序的方式，接受逐行键入的程序、正文，并进行逐行的语法分析，解释执行，得出结果。

interband transmission 带间传输 一种利用话路频带之间的窄频带来传输其他信号的传输方式。

I

interblock gap 块间间隔 在磁带上用来隔开记录的字组(字块)的空白带长度。该间隔常常为 0.75 英寸长,允许磁带在这一距离内在走带机构上停止与启动。参见 inter-record gap, interblock space。

interblock space 组间间隔 在记录介质上,用来隔开两个不同数据组的间隔。

interbuilding cable 楼间电缆 作为布线子系统一部分的楼间通信电缆。

inter carrier interface (ICI) 载波间接口 ICI 是提供交换式多兆位数据服务(SMDS)的两个载波网络间的接口或边界。典型网络是局间载波(IEC)和本地交换载波(LEC),以交换接入 SMDS 服务。参见 switched multimegabit data services (SMDS)。

I

intercell handover 小区间切换 在不同小区无线信道之间交换一个正在进行中的通话,而不使其中断的操作。

intercept 交错方式 在图形数据显示管理器的图形中,一个描述一个轴相对于另一个轴的位置的方法,如可指定水平轴使其与垂直轴在图形绘图区的底部、中部或顶部相交。

intercepted resource 被截资源 一种外部逻辑单元,在指定的时间区间内,或在操作员命令或应用程序宏指令发出释放报文之前,不能把报文送给它。被截站可以输入报文,但不能把指定给它的报文送给它。

intercepted station 被截站 某些通信系统软件中的一种工作站,在指定的时间区间内,或以发出释放保存报文的操作员命令或应用程序宏指令之前,不能把报文送给它。被截站可以输入报文,但送给该站的报文被中止。

intercepted terminal 被截终端 一种不能接收报文的终端。

intercepting 截听技术 抽取或调谐到电话或无线电的信息而不让收听者知道。

interceptor 内部感知器 通常用于生理学的一种内在传感器。

interchange 互换 一种构造流程图的技术。两个或多个相邻汇集的输入行和输出行都可任意互换。

interchangeability 可换性 对两个系统不作任何调整和改动,就可以互相处理对方生成的记录或文件,使用对方的程序等。例如,若一台标准 0.5 英寸磁带机不经调整就能正确无误地读出另一台磁带机所记录的信息,则这两台磁带机具有信息互换性。

interchange box 交换开关,交换盒 互联网络中的一种标准器件。它有两个输入端和两个输出端,并具有四种工作状态。若将上面和下面的输入、输出端分别标以 i 和 j,则这四种工作状态为:① 直送:输入端 i, j 分别与输出端 i, j 相连;② 交换:输入端 i 与输出端 j 相连,输入端 j 与输出端 i 相连;③ 下播:输入端 j 同时与输出端 i 和 j 相连;④ 上播:输入端 i 同时与输出端 i 和 j 相连。

interchange format 交换格式 一个打印描述符命名规范,用于在系统之间发送一个打印描述符。参见 document interchange format。

interchange group separator (IGS) 交换组分隔符 某些计算机系统中的一种字符,用于指示已从数据串中删除的空格应被重新插入。

interchange key 交换密钥 在密钥管理中,把一个备用密钥用于作为密钥公证分类表中的一种密钥加密密钥的基础。交换密钥与节点或节点对有关,它与用户身份标志符结合以形成一个公证密钥,其本身又被用作对数据加密的密钥。

interchange node 交换节点 虚拟远程通信访问法(VTAM)中的一个节点,即作为 APPN(高级对等联网)网络节点又作为 5 型子区节点以在子区协议与传输 APPN 协议之间进行通信协议转换。比较 migration data host。

interchange record separator (IRS) 交换记录分隔符 同 record separator。

interchange transmission group (TG) 交换传输组 在交换节点与一个至少包含一个跳数的节点之间的逻辑连接,上述节点为了会话设置而请求 SSCP-SSCP(系统服务控制点)会话。交换传输组的下层物理连接可以遍历多个子区和 APPN(高级对等联网)子网。

interchannel interference 信道间干扰 (1)在给定传输信道里,由其他一路或多路信道中的信号所导致的干扰。(2)在频分制多路通信中,由于任一信道的调制信号分布到其他信道中去,造成该信道内出现与传输信号无关的杂乱信号的现象。(3)在时分制多路通信中,由于某一信道传输失真,其脉冲后沿拖长而延伸到其他信息的时间间隔内,对该信道造成干扰的现象。

intercharacter increment 字符间增量 在印刷系统中,字符框之间的空间。

intercharacter rest condition 字符间静止状态 在不含时钟的数据系统中,在两次相继的数据字符传送之间存在一段静止时间的特殊状态。

intercharacter space 字符间空白 两个大写字母基体之间的横向空白。参见 interline space。

intercommunicating system 内部通信系统 没有交换台的专用通信系统。它能进行双向通信。通常限于一个单位、一个建筑物或者一个工厂的内部应用。其中每个站可以装有也可以不装呼叫设备,但它们都能回答任何呼叫。

interconnect 互联 互联是指不同物理实体在物理上的互相连接,包括网络间的连接和设备或物理媒质间的连接。两个网络互联点也称"接口点(POI)",接口点必须符合相应的标准。光/电接口参数包括：光/电气特性参数、物理(机械结构和几何尺寸)参数以及接口功能和接口规程。其他接口(如空中接口)需要其他参数。物理上相互连接是否可行的最终表徵是能否互通。能够互通的基本要求是做到不告警、不失步、不倒换、不发生影响正常运行的其他事件。

interconnect delay **互联延迟** LSI(大规模集成电路)芯片中，随着集成度增加，互联线长度和布线电容也增加。由布线电容和扇出数造成门电路的延迟称为互联延迟。这是设计大规模集成电路，特别是CMOS(互补金属氧化物半导体)高速LSI电路要注意的。

interconnecting device **连接器** 将设备从一个系统转接到另一系统的互联转接装置。例如，①在计算机双工系统中，将外部设备从一个系统转接到另一个系统的装置；②在计算机系统中，通信控制器与外系统通信的多路互联转接装置。

interconnecting transformer **联络变压器** 变电所或发电厂用以连接两个不同输电系统，并可根据电力潮流的变化，每侧都可以作为一次或二次侧使用变压器。

interconnection **互联** 不同物理实体在物理上的互相连接(包括网络间的连接和设备或物理媒体间的连接)。

interconnection diagram **互联接线图** 表示成套装置或设备的不同单元之间连接关系的一种接线图。

interconnection function **互联函数** 反映不同互联网络的连接特性的函数。若将互联网络的 N 个输入端和 N 个输出端分别以 $0,1,\cdots,N-1$ 来表示，则互联函数可表示相互连接的输出端号和输入端号的一一对应关系。

interconnection network **互联网络** (1)在并行处理机与多处理机系统中，实现处理机与处理机之间、处理机与存储器之间互相连接以交换信息的硬件网络拓扑结构。并行处理机和多处理机系统的性能与信息传输的速率，能否实现信息的无冲突传输有很大的关系，因此互联网络就成为这些系统的重要结构特性。在数量很大的处理机与存储器的系统中，要实现高速、无冲突互联网络十分复杂，其设备甚至可能占去整个系统的一半以上。互联网络的设计已成为并行处理计算机系统结构中的一个重要课题。(2)多处理机系统内用于处理机间互相通信和互相同步的控制网络。它是由多组共享寄存器和相应的控制逻辑组成。在操作系统控制下，共享寄存器可以被置成一、两或多台处理机工作方式，它取决于系统的结构，任何处理机均可存取寄存器的内容，以判别别的处理机的现状。在系统工作方式时，任何处理机也可中断别的处理机，使它从用户态转到系统态，以便通信。它同互联部件同义。

inter-connection network model **相互连接网络模型** 一种人工神经元模型，其中任何两个神经元都有可能连接。信号在神经元之间往返传递，网络处于一种不断改变状态的动态之中，最终达到某种平衡状态。

interconnect line width **互联线宽** 大规模集成电路中重要的互联参数之一。随着集成度的增加，要求缩小器件几何尺寸及互联线宽。缩小互联线宽必须考虑互联图形、电迁移及互联线阻抗等多种因素。互联线的电阻随线宽缩小而增加；互联线的分布电容随线宽减小而降低。但一般情况，互联线间距相应地随线宽减小而减小，当互联线间距减小到一定程度时，线间耦合电容成为互联线总电容的支配因素，实际上导致每单位长度总电容增加。

interconnect materials **互联材料** 在器件和电路之间提供互联的金属(铝、镍、金等)、难熔金属(钨、钼)、硅化物和多晶硅等材料。具体材料的使用取决于材料性质、工艺兼容性、器件特性、电路要求和可靠性等因素的折衷。

interconnect panel **互联面板** 同 distribution panel。

interconsole message program **控制台间信息控制程序** 在多个用户控制台之间用来控制信息传送的程序。用户还可以通过这个程序请求操作员做一些操作，如请求操作员挂带或卸带。

intercontinental circuit **洲际电路** 一种连接位于不同洲不同国家的两个交换局的电路。

interdiction **封锁** 阻止或拒绝用户使用计算机系统资源的一种行动。同 denial of service。

interdigital pause **数字间的间歇** 电话拨号时，两个号码字之间的间歇时间(约为600 ms)。

interdigital structure **叉指式结构** 一对梳齿状电极带有多个齿或“手指”，它们互相交错形成弯曲的S形路线。在行波管(TWT)中，这种结构起着延迟线的作用：当电子束从阴极向集电极渡越时，它使行进的射频波多次与电子束发生接触，在这些互作用节点上，能量被从电子束转移给射频波。叉指式结构也可以薄金属层的形式沉积在压电基片上，作为表面声波(SAW)器件中的变换器使用。当用化学方法加工成微小型调节器中的独立结构时，它可将能量传送给谐振结构。这种结构也可以构成功率晶体管的栅极与漏极结构，用以延长互作用表面的长度。该结构也称“交叉指形结构”。

interdigital transducer **叉指换能器** 加到诸如石英或铌酸锂之类压电基片上的两个交错的梳齿状金属结构，用来将微波电压转变为表面声波或反之。

interdimensional routing **维间路由** 一种通信网络中的自适应电路转接路由算法，在多维超立方体网络中以固定方式通过每一维的通道，从高维到低维的次序建立通路，如果其中一个链路忙则通向另一维的节点，为防止路径过长，通常设置一个路径长度上限。

interdisciplinary science　交叉科学　在两个或两个以上不同学科的边缘交叉领域生成的新学科的统称。交叉科学的生成一般有两种情况：一是某些重大的科研课题涉及两个或两个以上学科领域，在研究过程中，便在这些相关领域的结合部产生了新兴学科，如物理化学、生物力学、技术经济等；二是运用该学科的理论和方法去研究另一学科领域的问题，也会形成一些交叉科学，如射电天文学和天体物理等。也称"边缘科学"。同 boundary science。

inter exchange carrier (IEC)　交互运营商　也称"长途交换运营商"。提供本地电话公司之间互联交换服务的公司。

interexchange channel　内部交换信道　连接两个不同交换区的一种信道。

interface　接口，界面　(1)不同系统或设备之间的一个共有界面。例如两种硬设备之间的接口装置，两个程序块的接口程序。两个或多个程序共同访问的存储区等。计算机各部分之间、计算机与计算机之间、计算机与通信设备之间的连接设备都称为接口。为了满足接口所连接的两个系统或设备的要求并使之相互作用，接口应具有代码、格式、速度及其他变换功能。两种著名的工业标准接口是 RS-232 C 和 IEEE 488。(2)在计算机中，有许多不同类型的接口或界面，而且其可见程度也大不相同。高度可见的用户界面使用户得以和程序进行会话；而往往是看不见的却又必需的种种硬件接口则在计算机内部连接着各种设备和部件。用户界面包括图形设计、命令、提示以及使用户能够和程序交互作用的种种其他措施。计算机有三种基本类型的用户界面(三者之间并不一定互斥)：①命令行界面。以 DOS(磁盘操作系统)的"A)"或"C)"提示符为典型，响应用户所键入的命令；②菜单式界面(也称"菜单驱动界面")。为 Lotus 1-2-3 等许多应用程序所采用，这种界面提供用户一系列命令字选项，用户只需键入单个字母，按一下方向键或用鼠标器指点一下，就可激活该命令选项；③图形界面。它是 Apple Macintosh 机器和窗口类程序的一个特点。(3)在网络中，指网络通信标准，如 OSI(开放系统互连)模式中结合硬件和软件使整个系统及其相关设备能够相互连接。(4)功能单元之间的一个共享的边界，用功能特征、信号特征或其他适当的特征进行定义，这个概念还含有两个不同功能的单元之间连接方式的定义的意思。

interface adapter　接口适配器　(1)一种信号终端设备和数字信道之间所需的设备，它用于保留时钟、帧定位标识，并在必要时进行时钟和数据速率的转换。(2)为测试器和被测试设备提供内部的机械电气连接的部件。包括测试器的特殊激励、度量、安装和针对一个设备或一类设备的开关电路。

interface bus　接口总线　在计算机各模块，如中央处理机模块和存储器模块、中央处理机模块和输入输出之间、计算机与计算机之间、终端控制模块和服务主机之间、计算机和仪表通信等系统之间的信号连线。接口总线按一定规则排列，包括数据传送线、地址线、控制线和电源线。

interface card　接口板[卡]　一种设备与其他设备相连接的电路板。例如，在局部网里，每一个计算机和外围设备要求有一块通过网络发送和接收信息的接口板。接口板通常由装在一块板上的若干集成电路和元件组成。参见 adapter。

interface clear (IFC)　接口清零线　一类并行的外总线(如 IEEE 488)上进行握手联络用的接口管理控制线。IFC 线的状态由控制器建立，并作用于所有设备。当它为有效低电平时，整个总线停止工作，发送器停止发送，接收器停止接收。使系统处于已知的初始状态。它类似于复位信号 RESET。可用计算机的复位键来产生 IFC 信号。

interface computer　接口计算机　分组交换网络的介于网络用户和高级网络或干线网络之间的部分，可以认为它包含局域网交换终端处理器。

interface control　接口控制　在软件工程中，接口控制是指描述有关由一个或多个部门提供的两个或两个以上的配置项接口的所有功能特性和物理特性的过程。在实现之前，要确保对这些功能特性和物理特性所建议的修改已经过评审和批准。

interface control information (ICI)　接口控制信息　在 OSI(开放系统互连)参考模型中，为了协调(N+1)实体和(N)实体之间的联合操作，而在两者之间传送的信息。

interface coupling　接口耦合　对象之间只通过消息协议的相互作用。

interface data　接口数据　在 OSI(开放系统互连)系统中，为了通过(N)连接传送给对等(N+1)实体而从(N+1)实体传送(N)实体的信息；或者反之，当(N)实体经(N)连接从对接(N+1)实体接收到信息后，从该(N)实体传送到(N+1)实体的信息。

interface data unit (IDU)　接口数据单元　(1)在 ATM(异步传输模式)网络中，指在单个跨越服务访问点的交互作用中与上层之间传输信息的单位。它包含接口控制信息并可包含服务数据单元的全部或部分。(2)OSI(开放系统互连)参考模型中，在(N+1)实体和(N)实体之间，穿越(N)服务访问点，在一次单交互中传送的信息单位。每个(N)接口数据单位都包含(N)接口控制信息，也可能包含全部或部分(N)服务数据单位。

interface debugging　接口排错　有些微程序控制的接口可以用一短程序检查它的工作情况。例如要检查读带机的接口，可以写一个短的循环程序，检查纸带上的数据。此循环程序可以单步执行。短程序可以确定接口电路的工作,并发现故障。

interface definition language (IDL) 接口定义语言 IDL的核心思想是:在网络的任意位置,凡是可供使用的对象(服务、构件等)都有清晰、严格的接口定义,这些接口可以被认为是客户与服务器之间的一种约定,一个用IDL说明的约定。IDL接口语言只描述接口,而不描述实现。它不是一种程序设计语言,只是一种以独立于程序语言的方式来描述对象的接口,其语法类似于Java和C++,并加入了Modules, Interfaces, Attributes, Methods, Exceptions等一些新特征。IDL可以被映射到每一种程序设计语言中,为程序语言提供对对象接口的自然访问。用IDL语言定义的实体对象只有通过映射到机器上的具体语言才能够被执行,为不同类型实现语言所定义的对象提供了一种公共的通信接口形式。IDL接口规范独立于任何实现语言和环境,即实现了语言的无关性。在CORBA(公共对象请求代理体系结构)中IDL语言得到了广泛应用,所有CORBA服务对象都有IDL的接口。参见common object request broker architecture (CORBA)。

interface design 接口设计 对于像联机设备这种需要特殊输入输出设备的独特应用来说,工程部门可以设计一些必要的接口电路,作为对用户服务的一部分。然后在接口电路设计人员的严密监督下制造这些接口电路。这些工作称为接口设计。

interface function 接口功能 能够连接微型计算机和输入输出设备的功能。外围接口适配器能提供灵活的方法,以连接微处理机和按字节工作的外部设备。微处理机和外围接口适配器之间通过系统数据总线传送数据。

interface inheritance 接口继承 对较为特殊的元素的接口的继承。不包含对实施的继承。比较implementation inheritance。

Interface Integrated Circuits D. A. T. A. Book **《接口集成电路手册》** 美国推导与制表联合公司(Derivation and Tabulation Associates Inc)出版的刊物。1977年创刊,半年刊。内容包括驱动电路、转换电路、开关电路、多路转换器、接收器和专用传感器等的特性数据。

interface I/O module 接口输入/输出模块 为并行外设提供的具有四个8位数据输入/输出端口的典型设备,它连接着8条控制中断线。每个输入/输出端口都可通过三态TTL(晶体管-晶体管逻辑)兼容I/O线,像一个存储设备那样可供系统独立选择。

interface latch 连接锁存器 计算机系统用于连接流水线站与站之间的锁存器。连接锁存器用于保存中间结果,既起连接作用又起分隔作用。

interface latch chip 接口锁存器芯片 利用锁存器作为接口的大规模集成电路。该芯片可以用作双向输入输出端口、专用输入端口或专用输出端口。控制信号多数由用户提供。独立的控制线可以启动输入输出端口。锁存器可以是高阻抗器,即出现启动信号时,才给系统总线加负载。

interface logic 接口逻辑 在数字信息处理系统中,连接不同的系统或设备的逻辑网络。

interface message processor (IMP) 接口信息处理机 简称"接口机"。在计算机网络系统中,在主计算机和通信网络之间起数据传送的接口作用的处理机。接口机的功能是进行数据格式转换和信息交换,对传送的信息进行差错控制,控制信息的流量,起缓冲作用等。其实接口机是一台小型或微型计算机。它可以连接几台主计算机,是信息进出的通道,因此要求它具有很高的可靠性。

interface message processor throughput 接口(报文处理)机吞吐量 每秒钟通过接口通信处理机的主机的数据位数。它和下列参数有关:每个报文内的信息包的个数、每个包的处理时间、对信息包和报文进行确认的输入/输出时间、以及接口机的各种定期处理所需的开销(如路由计算)。

interface module 接口模块 (1)在计算机总线和用户的外部设备或仪器之间提供接口的硬件单元。它提供地址选择、中断控制和字节输入输出传送等功能。(2)在软件的模块结构方式中,有一种方式是通过接口模块来使模块间发生联系,这种接口模块是完成模块间接口的程序模块。

interface processor 接口处理机 专门用于处理计算机和终端与网络的接口功能的处理机。处理机和网络系统之间的数据传送,通过接至处理机输入通道的输入数据线以及接至处理机输出通道的输出数据线进行。接口处理机除了数据线外,还有控制线用以控制数据流。

interface rate 接口速率 (1)完成所有处理之后通过接口的总比特速率标称值。(2)又称接口信息传输速率或简单地称为波特率,指的是基带数据接口端每秒钟传递的数据速率,同样可以用比特传输速率或码元传输速率表示。

interface requirement 接口需求 规定一个系统或系统组成部分必须与之接口的硬件、软件或数据库元素的需求,或由该连接引起的对格式、时间关系或其他因素提出的约束条件。

interface requirements specification (IRS) 接口需求规范说明 DOD-STD-2167A中定义的一个规范说明,包含主要软件子系统之间的接口描述及在各自的SRS中描述。

interface routine 接口例程 (1)在系统内向所有处理机提供一个简单标准接口的例程。它最适用于源语言语句的输入和二进制浮动码结果的输出。(2)两个系统之间的链接例程。

Interfaces in Computing **《计算机接口》** 瑞士

I

Elsevier 出版社出版的刊物。1982 年 5 月创刊，季刊。主要发表计算机硬件和软件的接口标准及其发展的技术论文。用英文发表。

interface software 接口软件 作为系统与用户、子系统与子系统之间媒介的软件。

interface specification 接口规格说明 规定系统或系统组成部分的接口需求的规格说明。

interface standard 接口标准 使两个或多个单元、系统或程序的特征信号能互相匹配或兼容有关的要求的标准。

I

interface subsystem 接口子系统 专家系统中用于联系建立专家系统的知识工程师与使用专家系统的终端用户的接口系统。参见 interface。

interface testing 接口测试 为确保程序或系统组成部分被彼此正确地传递信息或进行控制而做的测试。

interface vector 接口向量 在某些系统中，微控制系统和用户设备之间的输入输出通道。微控制器和用户可以同时存取每一位，进行读写操作。接口的位可按接口向量 8 位字节分组，以简化用户对接口的控制及程序对接口的存取。

interference 干扰 对所要信号的接收构成妨碍的任何不希望有的能量。人为干扰来源于对电气设备的不适当运行，使得干扰信号或是作为电磁波通过空间被辐射，或是通过电源线被传送。大气现象如闪电也可能造成辐射干扰。无线电发射机在某些位置上可能会彼此干扰。

interference checking 干涉检查 一种 CAD/CAM（计算机辅助设计/计算机辅助制造）能力。它使工厂或机械设计者能够自动地检查一个三维数据模型，能够非常精确地指出管路、设备、结构或机器间的干涉情况。计算机分析生成在容差范围内的干涉一览表。

interference filter 干扰滤波器 (1)衰落通过电源线进入接收机的人为干扰信号的滤波器，也称“干扰抑制器”。(2)衰落接收机调谐电路中不需要的载频信号的滤波器。

interference fringe 干扰带 在光学系统中，由于两个或多个电磁波(通常是光波)相互干扰而产生的亮或暗的条纹、带或区域，在这些带或区域内各个波相互增强或相互抵消。

interference generator 干扰发生器 可产生幅度不稳定的随机频率信号调幅或调频的射频信号的发生器，用于模拟大气天电干扰。

interference guard band 干扰防护频带 以核准的通信频段和台站容限为边界的两个频带之一，使台站间相邻信道的干扰最小。

interference limit value 干扰极限值 由国家指定的权威组织规定并经主管机关批准的、所允许的无线电干扰最大值。

interference pattern 干扰图像 通常由重复性干扰引起的，出现一个扫描线或密度变化的叠加的规则图样。

interference source 干扰源 任何产生电磁干扰的文件、器件、设备、分系统、系统或自然现象。

interference threshold 干扰门限 为基本实现无差错的信息发送和接收所需要的最低限度信噪比。

interfering signal 干扰信号 对有用信号的接收造成损伤的信号。

interferometry 干涉量度学 泛指光学干涉仪的设计和应用。应用方面包括波长的精确测定，极短距离及极薄厚度的测量，谱线超精细结构的研究，折射率的精确测定，双星间隔的测定和巨大星体直径的测定等。

interfix 相关 用于信息检索系统中的一种方法，对不同记录中关键字之间的关系进行无歧义的描述，以避免那些好像有关而实际无关的字被检索的技术。

inter frame coding 帧间编码 (1)预测编码的一种，要用到前后帧像素处理，可得到较大的码率压缩。主要用于对运动图像处理的 MPEG(活动图像专家组)就使用了帧间编码方法。(2)在视频信号传输中，一个视频压缩的方法，通过间隔地丢弃摄像机帧信息的方法使得图像中一半的信息被消除，在播放时每一帧显示的时间增加一倍。

interframe compression 帧间压缩 帧间压缩是基于许多视频或动画的连续前后两帧具有很大的相关性，或者说前后两帧信息变化很小的特点。也即连续的视频其相邻帧之间具有冗余信息，根据这一特性，压缩相邻帧之间的冗余量就可以进一步提高压缩量，减小压缩比。也称“时间压缩”，它通过比较时间轴上不同帧之间的数据进行压缩。帧间压缩一般是无损的。比较 intraframe compression。

interframe time-fill 帧间时间填充 在数据通信中，在帧之间顺序传递的标志序列。

inter-frequency handoff (IFHO) 频间切换，异频点切换 在 WCDMA(宽带码分多址)当前频点信号质量小于设定门限值的时候，对异频点信号进行测量，若异频点信号质量比当前频点信号质量好，就会产生 IFHO 切换。参见 mobile assisted inter-frequency handoff (MAIFHO)。

Intergovernmental Bureau for Informatics (IBI) 政府间信息科学局 由联合国成员国或联合国教科文组织成员国(UNESCO)或联合国其他专门机构之一的成员国组成的一个组织。其宗旨是：促进发达国家和发展中国家之间科学研究、计算机教育和培训以及知识交换，开展主要面向促进信息科学发展，尤其是发展中国家信息科学发展的活动。IBI 是于 1961 年 11 月根据联合国教科文组织支持下的经济和社会委员会(ECOSOC)推出的协议作为一个自主的机构而建立的，当时名为国际计算中心(International Computation Center),1969 年在原名上加进了现名,1975 年去掉了名中的国际计算中心,完全改用现名。

Inter-IC sound (I2S) IC 交互式音频(接口) I2S 是在 20 世纪 80 年代首先由 Philips 公司针对消费类音频产品提出来的,它使用一个称为 LRCLK (left/right clock,左/右时钟)的信号将两个音频通道复用到一条数据线上。当 LRCLK 为高电平时传输左通道的数据,当 LRCLK 为低电平时传输右通道的数据。I2S 接口的每个通道所需的数据线仅仅是 PCM(脉码调制)接口的一半,从而更适用于采用单一采样速率的立体音响系统,而且不需要复杂的控制机制,如便携式 CD 播放机。参见 pulse code modulation (PCM)。

interim inter switch protocol (IISP) 临时交换机间信令协议 IISP 协议是 ATM(异步传输模式)论坛所制定的信令协议,在 ATM 网络中提供静态路由。它是 ATM 中的 NNI(网络间接口)规范的子集,其中管理员需要手动配置路由。参见 asynchronous transfer mode (ATM) network, network to network interface (NNI)。

interim local management interface (ILMI) 临时局部管理接口 这是一个限制性简单网络协议功能组,负责在用户网络接口中查看 HIB 地址表。

interim site 过渡站点 在腾空一个恢复站点并在原有的或新主站点投入使用前,被临时用于业务功能持续执行的站点。如果恢复站点与受灾难影响的业务站点距离太远,或长时间留在恢复站点不可行时则需要使用过渡站点。由于过渡站点的临时性,将关键业务功能从过渡站点移回常规业务站点也至关重要。

inter-institutional integrated services information system (INSIS) 机构间综合信息服务系统 一个被推荐可用于连接通信电子委员会(CBC)到国家政府各部和议会的信息系统。系统提供下面几种综合服务:电话、用户电报、用户电视电报、传真、电子邮件、电子会谈和字处理。

interior/exterior box 室内/室外接线盒 一种用于具有室外布线的环路装置上的电缆终端装置和避雷保护设备。

interior gateway 内部网关 在某些操作系统中,一个只与其本身自主的系统进行通信的网关。参见 active gateway, passive gateway, neighbor gateway。

interior gateway protocol (IGP) 内部网关协议 因特网中网关之间的路径信息交换及网关获取路径信息的刷新机制,用于自治系统内部的路径信息交换。因特网中有一簇这样的协议,各协议采用不同的距离制式和路径刷新算法。参见 exterior gateway protocol (EGP)。

interior gateway routing protocol (IGRP) 内部网关路由协议 IGRP 是 Cisco 公司开发的一种协议,用于一些网关间路由信息的协调。IGRP 的目标是大型网络稳定的路由、对网络拓扑变化的快速响应以及低开销。参见 interior gateway protocol (IGP), Internet gateway routing protocol (IGRP)。

interior label 内部标号 与所标识的数据一起记录的标号。例如磁带上的内部标号可用来标识磁带上的数据。内部标号可由机器阅读。

interior-network to network interface (I-NNI) 内部网络-网络接口 I-NNI 是指同一网络内部或网络与可信网络实体之间的信令接口。这种情况通常发生在运营商的管理域之内,负责支持在网络中进行连接的建立与控制。I-NNI 将提供网络内部的拓扑等信息,其所传递的信息将被用来进行选路和路由。其传送的主要信息包括资源发现、连接控制、连接选择和连接选路。通过这个接口信令,可以实现域内的端到端的连接控制。比较 exterior-network to network interface (E-NNI)。

interior switch 内部交换器 全交换网络中只与其他的全交换器连接,而不与主计算机连接的交换器。

interlace 隔行 显示器上用两遍扫描在整个屏幕上构成一幅图像的方法,每遍隔行显示,每遍扫描在较短的时间内只显示信息的一半,而不是一遍显示完整的信息。隔行显示器在低分辨率下其实也是逐行扫描的,只有在分辨率增高到一定程度才改为隔行扫描。在相同的刷新频率下,隔行扫描的图像会比逐行扫描的闪烁和抖动得更为厉害。不过如今生产的显示器几乎已没有隔行扫描的了。比较 non-interlace。

interlaced video 隔行扫描视频 一种视频信号,将一个完整的帧分成两场,每场包含帧中的一半行信息,第二场中的各行正好嵌入第一场中的各行之间。参见 field, scan line。

interlace flicker 场间闪烁 在多媒体应用中,当双扫描图像的一个场的光线比另一场的光线强而产生的明显闪烁。

interlacing scan 隔行扫描,双扫描 某些光栅扫描显示器中采用的一种技术。其电子束在一次屏幕扫描中刷新所有的奇数扫描线,而在下一次屏幕扫描中刷新所有偶数扫描线。隔行扫描利用了以下两方面有利条件:一个是屏幕上的磷粉能在图像消退前保持图像一段时间;另一个是人眼具有平均或调和亮度上的微小差异的能力。通过对显示器的两组扫描线交替地进行刷新,隔行扫描使每一次屏幕扫描中须刷新的扫描线数减少一半,也使任何时刻显示信号需携带的信息量减少一半。因此,隔行扫描对屏幕上的每一条扫描线每秒钟仅刷新 30 次,却能提供每秒 60 次刷新率相仿的效果。比较 non-interlaced。

interlanguage 内语言 经修改后将其翻译成计算机可执行语言的通用语言。

interleave　交错(因子),交替　(1)从具有相同特征的多个序列中,交替取出部分元素形成新的事物或事件序列,并且每一个序列保留其同一性。例如在多道程序设计中,计算机可以交错地执行多个程序,在具有多个存储体的存储器中,可以交错地存取多个存储体。(2)在硬盘驱动器交错磁道上存储数据的一种方法,用来降低数据传输的速度,以配合速度较慢的微处理器。许多硬盘在磁盘不连贯的扇区上存储信息,所跳过的扇区数目称为交错因子。例如,磁盘驱动器将文件保存在扇区4,6,8,10上面,那么它的交错因子就是2。速度较快的计算机所运行的硬盘没有交错因子,它们可以处理与硬盘之间的高速数据流。

I

interleave code　交错码,交织码　把长突发错变成多个短突发错或单个错进行检纠错的编码方法。如把(n,k)码的i个码字排成i行码阵(称为交错度i),每一行是能纠正t个随机错或单个突发错的码字。若一个(n',k')码能纠正长度$\leqslant b$的单个突发错(或t个随机错),则交错度为i的交错码(n'_i,k'_i)能纠正长度$\leqslant ib$的单个突发错。也译做交织码。

interleaved and continuous winding　纠结连续式线圈　按设计要求将部分纠结式与部分连续式线圈相联而组成的线圈。

interleaved array　交错数组　在PL/1语言中,其名字涉及非连接存储器的一种数组。

interleaved code　交织码　一种分组码:在长度为N的码组中有K个信息位和R个监督位,监督位的产生只与该组内的信息位有关。

interleaved memory　交错存取存储器　一种使用交错存取技术来减少等待时间的RAM(随机存取存储器)存储系统。一般的做法是,存储器以一行一行的芯片组成,总数或达256 KB或1 MB。在访问过某一行芯片中的一个单元之后,处理器必须等待一个完整的存储周期才能访问同一行中的另一个单元。双向交错存取技术将奇数地址单元和偶数地址单元放在不同的芯片行中,因而如果处理器访问了一个偶数地址单元之后,仍然能立即访问奇数地址单元,而没有必要再作等待。因为代码的执行通常是顺序使用奇数和偶数地址单元,所以交错式存储技术得以使大多数程序执行过程中的等待时间减至最少。参见access time,wait state。

interleaved subscripts　交错下标　在PL/1语言中,与下标定位名一起使用的下标表示法。其中并不是所有必要的下标都紧跟在相同的元素名之后。

interleaved winding　纠结式线圈　在线圈的相邻数序线匝间插入了不相邻数序的线匝,形成了交错纠连的纠结线段而组成了纠结式线圈,从而使线圈的纵向电容增加,这样沿线圈的轴向高度上冲击梯度分布特性就得到了很大的改善,所以在各种高电压线圈上得到了广泛的应用。

interleaved 2 of 5 bar code　五分之二交错条形码　一种广泛应用于仓库管理和重工业部门,尤其是自动化程度较高的部门的条形码。这种条形码在两条形之间包含着信息,条形表示奇数数据,空白表示偶数数据。该码包含着开始字符,由两对窄条形和窄空白相间组成;而结束字符则由一个宽条形、窄空白和一个窄条形组成。其中,宽条形和宽空白的宽度是窄条形和窄空白宽度的2～3倍。每一个字符均嵌入检查出错,可见,这种条形码又是自检码。

interleave factor　交叉系数　磁盘中扇区物理位置的安排,使其访问速度最高。

interleaver　衬垫　在双面打印系统中,打印页间插入一衬垫以防止打印的字出现在另一页上。

interleaving　交叉(存取法),交错插入　(1)从不同存储单元中同时交替存取多个字节或数据流。(2)两个存储器控制器中交替地分配邻接的实存储器地址。(3)将一个程序插入另一程序中,使两段程序实际上能同时执行。(4)通过交叠使用计算机设施,交替地执行多种操作或功能。

inter-library loan (ILL)　图书馆馆际互借　在图书馆之间硬拷贝或缩微印刷品的情报交换。

interline space　行间空白　在一显示屏幕上,大写字母基体行的下印刷行与下一行大写字母基体行的上印刷行之间的空白。行间空白可以由光标、下行字符、区别标记、字符间空白、符号超大部分和底线所占用。参见intercharacter space。

interlingua　中间语言　独立于任何特定自然语言的中介表达式。在机器翻译领域,指利用概念、概念间的关系和附属于概念的属性等表示不依赖于任何一种特定的自然语言的表层结构,借助它可建立多种文字间机器翻译互译的桥梁。

interlingua approach for translation　中间语言翻译法　实现机器翻译研究的策略之一。它采用一个完全不依赖源语言和目标语言的中间语言来表示源语言的分析结构。中间语言翻译法也称"概念依存方法"。中间语一旦构成,即可实现多语言间的互译。

INTERLISP language　INTERLISP语言　一种面向过程表达的程序设计语言。是LISP的一种方言,具有标准LISP的所有特征,加上一个编程环境。环境中包含跟踪和条件断点的调试功能,具有面向LISP的编辑器。

INTERLISP-D language　INTERLISP-D语言　一种面向过程表达的程序设计语言。在Xerox 1100计算机系统上运行,提供所有标准的INTERLISP特征和连接图形监控器的高级支持环境。

interlock　互锁　(1)一种用硬件或软件实现的技术。它使一个计算机系统中两个或多个操作能彼此协调进行。互锁技术通常能保证在一个操作达到合适的状态后,再开始另一个操作。当两个操作要同时使用公共资源(如存储器)时,互锁保证在一个时刻只响应一个请求。(2)一种数据库安全策略,用于防止越权存取或非法变更数据,如注册过程。

interlock circuit 互锁电路 在一个或多个另一动作尚未发生之前,不会发生某一动作的电路。这种联锁作用一般用继电器获得。

interlock code 联锁码 分组交换中的一个标明封闭用户组(CUG)身份的数值。联锁码在呼叫请求分组中传送。

interlocked 互锁的 读后紧跟着写入相同的数据而不能被第二台处理机或I/O设备插入访问的一种性质。如按位转移互锁指令和对齐加互锁指令。

interlocking device 联锁机构 在几个开关电器或部件之间,为保证开关电器或其部件按规定的次序动作或防止误动作而设的机械的连接机构。

interlock relay 联锁继电器 由两个或多个线圈所组成、且每个线圈都有其自己的衔铁和相关触点的继电器,由于这样的设计安排,一个衔铁的运动或线圈的励磁将取决于另一衔铁的位置。

interlock switch 联锁开关 安装在门、抽屉或盖上的一种开关,当门或其他部分打开时它会自动打开。

interlude 中间程序 一种辅助子例程。用来进行初始计算或数据组织。例如某些参数值的计算或清除部分存储区等。这个程序在用过以后已不再起作用,所以通常被覆盖掉。

INTERMARC 国际机器可读目录 international machine-readable catalogue 的缩写。

intermediary mode 中间人方式 决策者通过中间人使用系统,由中间人从事分析和解释工作,并向决策者提交结果报告。

intermediate block check 中间块检验 在BSC(二进制同步通信)中,当接收的报文块很大时,应对每一块内的每个记录进行检验,而不是只对整个缓冲区的内容进行检验。

intermediate-block-check character 中间块检验字符 一种中止中间块传输的控制字符,其后通常接一个块检验字符(BCC)。采用ITB使用户得以进行更小传输块的差错检验。参见 intermediate text block character。

intermediate buffer 中间缓冲器 在字处理中,用来保存原始文件,直至命令使系统修改文本为止的缓冲器。

intermediate code 中间代码,中级编码 参见 intermediate language。

intermediate cycle 中间循环 一种按本身的地址寻址的无条件转移指令。它是一种程序的"陷阱"。

intermediate dialing center 中转拨号电话中心 使操作人员能进行远距离拨号的设施,它能直接拨远方被呼电话的号码。

intermediate distributing frame (IDF) 中间配线架 通过采用接线板连接通信设备的装置。通常用于把本地中心局的线路连接到用户专线线路上。

intermediate document 中间文件 在企事业单位事务处理过程中,为原始文件和诸如细目表、开支一览表、存货细目、购物金额、销售金额等记录之间提供联系的文件。

intermediate equipment 中间设备 一种辅助设备,可以插在数据终端设备和信号转换设备之间,用以在调制之前或解调之后完成某些附加功能。

intermediate error 间歇错误 计算机中间歇产生的一种错误。它不一定能用诊断程序和诊断子例程检出。

intermediate file 中间文件 一种临时性文件,用于作业步与步之间,或者在作业与作业之间传递信息。

intermediate frequency (IF) 中频 在超外差式接收机中通过被接收信号与本振信号混频所产生的频率。

intermediate host node 中间主机节点 在通信系统软件中,扩展路由上的一种主机节点,处理扩展路由中传送的报文流,但它本身不拥有这些报文的发端资源和目的地资源。在通信系统软件扩展网络中,中间主机节点所作的处理包括由节点间报文处理程序(IMH)的输入组所作的处理,每个报文在节点间收信端队列中排队以便由扩展路由由上而下一个主机节点使用以及由IMH的输出组进行处理。参见 host node。

intermediate language 中间语言 介于源语言和机器语言之间的语言。中间语言根据其用途的不同可以比较接近于源语言或比较接近于机器语言。中间语言的主要用途包括:①作为多遍编译程序相邻的两遍之间的程序表示语言;②在不同计算机上实现同一程序设计语言时,先用一个通用的前级处理程序进行词法、语法分析和一些相关处理,生成一个通用的中间语言程序表示。这部分处理程序和不同的代码生成程序(完成从中间语言到不同计算机的机器语言的转换)相结合就构成不同计算机的编译系统;③同一计算机上不同的编译系统生成同一中间语言表示的程序,这样一方面可以使用同一个代码生成程序,也便于用户使用不同语言书写同一系统的不同部分,然后把它们组合成一个应用系统。

intermediate loops 中间环路 在一耦合环路的串联链上,具有主级和辅级功能的控制环路。

intermediate materials 中间材料 在视频生成中,所有选择用于装配主盘或者主磁带的媒体,如16mm胶片、录像带、幻灯片等。

intermediate memory 中间存储器 参见 high-speed buffer memory。

intermediate network node 中间机节络节点 在APPN(高级对等联网)中的一个节点,是原始LU和目标LU之间的路由器的一部分,不包括原始LU和目标LU,也不为原始LU和目标LU进行网络服务。

intermediate node 中间节点 一种不是端节点的节点。一种能够把路由通路信息单元转换到另一个子域,而且既不包含原来的网络可访问单元(NAU),也不包含目的NAU以及与这些NAU有关的边界功能的节点。

I

intermediate object program 中间结果程序 将源程序翻译成等价的目标程序往往要经过若干次转换,每次转换均得到一个中间状态的程序,称为中间结果程序。

intermediate pass 中间扫描 合并操作的一部分。由于字符串数及其他原因,中间扫描不能使文件压缩到一个顺序串。

intermediate protocol driver (IPD) 中间驱动程序 位于网卡驱动程序和协议驱动程序之间,它向上提供小端口(Minport)函数集,向下提供协议函数集。因此,对于上层驱动程序而言,它是小端口驱动程序;对于底层的驱动程序,它是协议驱动程序。

intermediate routing function 中间路由选择功能 在SNA(系统网络体系结构)中,分区节点中的一种通路控制功能。它能够接收和引导通路信息单元。这些单元既不起源于该分区节点的网络可寻址单元,也不以该分区节点的网络可寻址单元为其收信端。参见 boundary function。

intermediate routing node (IRN) 中间路由选择节点 SNA(系统网络体系结构)中的一个带有中继路由功能的分区节点,具有中间路由选择功能。根据它在网络中使用的情况,一个分区节点可以是边界节点,中间路由选择节点,或两者都是或两者都不是,取决于它在网络中如何使用。

intermediate session routing (ISR) 交互会话路由 一种具有提供会话级流控制和中间路由输出报告的APPN(高级对等联网)网络节点的路由函数。

intermediate state 居间态,中间状态 当将适当强度的磁场加到低于其临界温度的超导材料上时所发生的不完全超导性的状态。

intermediate storage 中间存储器 专门用于暂时存储处理的中间数据或结果的存储器。初期是在主存里设置一个专用的工作区。由于系统的需要专为此目的设计了高速便笺式存储器。

intermediate subcarrier 中间副载波 可被一个或多个副载波调制、且可用来调制其他载波的载波。

intermediate system (IS) 中间[中介]系统 (1)在ATM(异步传输模式)网络中,指为一个专门的连接提供前向功能或中继功能的系统,能够生成或接收操作监管和维护(OAM)信元。(2)在某些信息管理系统的多系统环境中,在输入系统和目的地系统之间传递报文的系统。它除实现路由选择外不作其他处理。(3)在因特网中,指一个OSI(开放系统互连)系统,进行网络层的传递。它不是一个服务端点系统,而是一个在端点系统之间进行信息传递的系统,类似于一个IP(网际协议)路由器。

intermediate system-intermediate system (IS-IS) 中间系统到中间系统(协议) 一种链路状态协议,类似于TCP/IP(传输控制协议/网际协议)网络的开放最短路径优先(OSPF)协议。IS-IS协议由国际标准化组织(ISO)制定的。在该协议中,中间系统(IS)负责交换基于链路开销的路由信息并决定网络拓扑结构。网络包含了终端系统、中间系统、区域和域。终端系统指用户设备,中间系统指路由器。路由器形成的本地组称之为"区域",多个区域组成一个"域"。IS-IS被设计来提供域内或一个区域内的路由。参见 open shortest path first interior gateway protocol (OSPFIGP), interior gateway protocol。

intermediate TCAM node 中间TCAM节点 IBM的通信软件系统上TCAM(远程通信访问法)扩充网络中的一种TCAM节点,它处理沿扩展路由的报文流,但它本身不提供这些报文的发送端资源或目的地资源的排队。中间TCAM节点处做的处理包括由节点间报文处理程序的输入组所做的处理,每个报文在节点间收信队列中排队,以便由扩展路由的下一个TCAM节点使用,并由节点间报文处理程序的输出组处理。

intermediate text block (ITB) 中间文本块 在二元同步通信中,用来结束中间字符块的一个控制字符。

intermediate text block (ITB) character 中间文本块字符 (1)用于结束中间字符块的一种控制字符。块检验字符紧跟ITB之后送出,但不发生线路换向。跟在ETB或ETX后面的响应也适用于所有由ETB或ETX终止的块前面的ITB检验。(2)BSC(二进制同步通信)规程中的一种传输控制字符,用于把正文块划分成较小的正文组,以便作中间块的检验。

intermediate text language 中间文本语言 一种介于自然语言和程序设计语言之间的语言。它既有自然语言的交际能力,又消除了妨碍利用自然语言编写机器指令的不精确性和不一致性。

intermediate total 中间总和 在电报机使用中,在求和由非最大组和非最小组的改变结束时得到的结果。

intermediate voltage 中间电压 当一次电压加到电容分压器的高电压端子与接地端子之间时,分压器的中间电压端子到地之间的电压。

intermediate voltage capacitor 中间电压电容器 电容分压器中的接于中间电压端子和低电压(或接地)端子之间的电容器。

intermediate voltage terminal 中间电压端子 从分压器上按比例抽取电压的端子。

intermessage delay 信息间延迟 终端上接收到系统的响应与键入一个新的事项之间所经历的时间。同 think time。

intermetallic compound 金属间化合物 仅由金属键结合起来的金属原子所组成的半导体，其基本的晶体结构由两种不同的金属元素构成。当这两种金属的共同贡献恰好使足够的电子填充满价带时，金属间化合物呈半导电性，如碲化铋、砷化镓、磷化镓、锑化铟、磷化铟和碲化汞等。

intermittence flow 断续流通 直流电流的周期性间断流通。比较 continuous flow。

intermittent 间歇，断续 非连续出现的，时隐时现的。例如断续出现的误差或故障。

intermittent duty 断续工作制 有载时间和空载时间相交替的工作制。

intermittent-duty rating 间歇工作额定值 基于设备在指定时间间隔内而非连续工作状态下工作的输出额定值。

intermittent error 间发错误 设备偶然故障或软件系统中极少遇到的异常情况造成的错误。

intermittent fault 间歇[发]故障 一种时有时无的设备故障。这种故障难于检测，因为在诊断时，故障可能不发生。如果接触不良或元件老化等自身原因引起的，最终将导致永久性故障。如是温度、湿度或振动等外界原因引起的，当这种条件出现时就进入故障活动状态，否则就处于故障非活动状态。间歇故障是随机的，只能用概率方法来描述。

intermittent periodic duty 反复短时工作制 电机按一系列相同的工作周期运行，每一周期由一段恒定负载运行时间和一段停机并断能时间所组成。但在每一周期内这些时间较短，均不足以使电机达到热稳定，且每一周期的启动电流对温升无明显的影响。

intermittent periodic duty-type 断续周期工作制 电机在不同负载下的允许循环时间的工作制分为10类：S1 ～ S10。本工作制简称为S3，按一系列相同的工作周期运行，每一周期由一段恒定负载运行时间和一段停机并断能时间所组成。但在每一周期内这些时间较短，均不足以使电机达到热稳定，且每一周期的启动电流对温升无明显的影响。比较 continuous periodic duty-type。

intermittent periodic duty-type with electric braking 包括电制动的断续周期工作制 表明电机在不同负载下的允许循环时间的工作制分为10类：S1 ～ S10。本工作制简称为S5，按一系列相同的工作周期运行，每一周期由一段启动时间、一段恒定负载运行时间、一段快速电制动时间和一段断能停机时间所组成。但在每一周期内这些时间较短，均不足以使电机达到热稳定。比较 continuous periodic duty-type with electric braking。

intermittent periodic duty-type with starting 包括启动的断续周期工作制 表明电机在不同负载下的允许循环时间的工作制分为10类：S1 ～ S10。本工作制简称为S4，按一系列相同的工作周期运行，每一周期由一段起运时间、一段恒定负载运行时间和一段停机并断能时间所组成。但在每周期内这些时间较短，均不足以使电机达到热稳定。

intermittent reception 间歇接收 无线电接收机的一种故障，这时接收机在某些时间内正常工作，而在另一些时间内出现故障，这种过程在有规律或无规律的时间间隔内自身重复发生。

intermodal dispersion 模间色散 多模光纤中因各传导模式的传输常数不一致引起的色散。

intermodulation 互调（制） 由两个或两个以上的信号在一非线性元件中混频而产生一种频率为原输入信号基波或各次谐波频率的和与差的信号，此现象称为互调制。

intermodulation distortion（IMD） 互调失真 一种以在非线性的器件或传输媒体的输出信号中出现的互调产物来表征的非线性失真。当系统中两个（或更多）的载频信号通过一个无源器件（如天线、电缆、滤波器和双工器）时，由于其机械接触的不可靠，虚焊和表面氧化等原因，在不同材料的连接处会产生非线性因素，引起了数据信号失真。这种由于干扰之间互相调制作用对有用信号引起的失真称为互调失真。互调失真是来自于两个频率 $F1$ 与 $F2$，在 $F1+F2$ 与 $F1-F2$（取绝对值）之间所产生的谐波，这些谐波彼此之间又能继续组合出和、差、乘积。测量这些位置的谐波大小，就是互调失真。比较 harmonic distortion。

intermodulation interference 互调干扰 当有多个不同频率的信号加到非线性器件上时，非线性变换将产生许多组合频率信号，其中一部分可能落到接收机带内，成为对有用信号的干扰，则为互调干扰。

intermodulation noise（IMN） 互调噪声 由于互调产物存在而引起的电磁噪声。

intermodulation product 互调产物 互调形成的每一频谱分量。当多个不同频率的信号同时加入非线性器件上时，经过非线性变换，会产生许多新的频率分量（输入频率的一些线性组合），称为互调产物。

intermodulation suppression 互调抑制 也称为“互调抗扰性”接收机抗拒与有用信号频率有特定关系的两个无用输入信号，因互调在接收机输出端造成干扰的能力，它表示为使高出灵敏度 3 dB 的有用信号的信噪比降回原标准信噪比的二个等电平无用信号之一的电平与实测参考灵敏度之比，以dB为单位表示。参见 reference sensibility。

intern 拘留 LISP 语言中的一种用于程序包的技

术。使用该技术,在程序包中可以存取,并且这种存取为该程序包独用。而别的程序包只有通过在该程序包中的这一技术才可以在该程序包中存取。当该符号受拘留时,LISP用户能够发现在程序包中的该符号。而在该符号不受拘留时就不能发现它。

internal analog transmission 内部模拟传输 一种网络传输,它所传输的信息是模拟信息。

internal arithmetic 内部运算 在计算机的运算器和逻辑单元中进行的运算。

internal bias 内部偏移 电传打字机接收机构中产生的符号或空格偏移称为内部偏移。符号偏移是由于符号-空格转换提前,使得定符号脉冲拉长而产生的。空格偏移是由于空格-符号转换滞后,使得定空格脉冲拉长而产生的。

internal block 内分程序 包含在另一分程序中的分程序。算法语言PL/1包含两种分程序,一种称为过程分程序,也称过程;另一种称为开式分程序。过程可以独立于其他的过程或开式分程序而存在,这样的过程称为外过程,否则就称为内过程。开式分程序总是或者含于别的过程中,或者含于别的开式分程序中,故开式分程序总是内分程序。

internal bus 内(部)总线 计算机系统内部的传输线。也称"局部总线",指从微处理器对其支持电路和存储器的数据和控制通路。计算机内部总线的设计没有标准,各厂家都有自己的设计方法。相反地,外部(扩展)总线则是标准化的总线。

internal clocking 内部时钟 在数据通信中,由适配器提供的数据时钟,与外部时钟对应。

internal cloud 内云 云用户拥有云计算的全部资源,且由用户独享的云。比较 public cloud。

internal command 内部命令 在DOS(磁盘操作系统)中,指启动时装入存储器的命令。内部命令包含在COMMAND.COM文件中,而不是以文件形式存在于硬盘上。内部命令是最简单、应用也最广泛的命令。

internal conjunction 内部合取 在带注释的谓词演算中,项之间的合取运算。传统谓词演算中的合取运算是对合式公式进行,而不对项进行。若对两个项进行合取运算,则该运算在合式公式的"内部"进行。内部合取运算可扩大谓词的表达能力。

internal control 内部控制 (1)适用于组织机构内部,保证资源、信息的可靠性和准确性以及规则和策略的安全执行,从而提高操作经济性或有效性的所有方法、措施和计划。(2)减小由系统漏洞或故障引起损失和危害可能性的所有过程、方法、策略。

internal control integrated system (ICIS) 内部控制集成系统 在优化企业内部控制流程的基础上,将企业的内控管理流程与先进的信息技术融为一体,用软件固化企业内控流程,实现科学、规范、细致的流程管理,提升企业管理水平和增强企业竞争力。

internal control system 内控系统 系统中用以管理计算机操作流程的程序控制系统。

internal conversion electron 内转换电子 原子核从高能级跃迁到低能级,可以直接把激发能交给核外的轨道电子,使它从原子中发射出来,成为自由电子,这种现象称为内转换,发射出的电子称为内转换电子。

internal coupling 内部耦合 对象之间的相互作用,包括管理另一个类的数据。

internal data 内部数据 在COBOL语言中,在一个程序段中描述的数据,不包括所有的外部数据项和外部文件连接器,在程序连接段中的描述的项作为内部数据处理,与 external data 对应。

internal data definition 内部数据定义 对一个出现在块首的变量的描述,指导系统为该变量分配存储器并使该变量能够被当前块访问。

internal data item 内部数据项 在COBOL语言中,一个在运行单元程序中描述的数据项,一个内部数据项可具有一个全局名。

internal data transfer 内部数据传送 中央处理机CPU内各寄存器之间、中央处理机与主存储器之间传送数据的过程。

internal DDL 内部数据描述语言 在数据库系统中,指一种数据定义语言。用于定义数据库的内部模式。内部模式也称"物理模式"或者"存储模式",即数据库的物理存储结构。用它不仅可以定义各种类型的存储结构,而且还可以规定索引的组织方法、存储字段的表示形式以及存储记录的物理顺序等。早先的内部DDL还包含定义内部模式到概念模式的映像。参见 data description language (DDL), external DDL。

internal decimal item 内部十进制项 参见 packed decimal item。

internal discharge 内部放电 在绝缘体内部空隙里也包括绝缘体内部与导体交界处发生的局部放电。

internal disjunction 内部析取 在带注释的谓词演算中,项之间的析取运算。传统谓词演算中的析取运算是对合式公式进行,而不对项进行。若对两个项进行析取运算,则该运算在合式公式的"内部"进行。内部析取运算可扩大谓词的表达能力。

internal down time 内部停机时间 因设备本身故障引起的那部分停机时间。比较 external down time。

internal driver 内置驱动器 安置在计算机系统单元(机箱)内的磁盘驱动器。

internal drum imagesetters 内滚筒式照排机 一种激光照排机。也称"内鼓式照排机"。内滚筒式照排机的工作方式是将记录胶片放在滚筒的内圆周上面,滚筒和胶片不动而由激光光束扫描记录,因

此没有走片不匀造成的误差。激光光束位于滚筒的圆心轴上,激光器可以绕圆心轴转动,每转一周记录一行,同时激光器沿轴向移动一行。这种结构的记录光束到胶片任一点的距离都一样。因此光斑没有变形,又可有效避免因胶片传动不稳定所造成的记录精度降低的问题,这是它具有非常高重复精度的原因。另一方面,由于滚筒不动,靠棱镜的转动来偏转光束,因此转速可以达到很高,使得记录速度也很快。所以,高档照排机几乎都采用这种结构。参见 image setter, external drum imagesetters, capstan imagesetters, virtal drum imagesetters。

internal event 内部事件 在概念模式语言中,一个因信息系统中某些许可的动作的终止而发生的事件,与 external event 对应。

internal file connector 内部文件连接器 在 COBOL 语言中,一个只能访问运行单元中一个对象程序的文件连接器,与 external file connector 对应。

internal file ID 内部文件标识符 在 OS/2 操作系统中,一个由操作系统提供的双字节的值,指向一个文件或者设备。

internal font 内部字型 出厂时已加载在打印机存储器中的字型。因为大多数打印机都能接受附加的字型,所以内部字型仅指始终存在的那些字型。内部字型存储在 ROM(只读存储器)中。切断计算机电源时,ROM 中的内容也不会丢失。比较 downloadable font, font cartridge。

internal format 内部格式 数据或指令写入存储器或从存储器读入中央处理器时所表现出来的结构。

internal forwarding 内部转运 一种执行指令的方法,它将一些指定的寄存器临时赋予具体功能,用于存储操作数,同时等待执行指令,以减少由于对计算机资源的争用而产生的冲突。

internal fragmentation 内部碎片,内部分段存储 (1)当数据要求的存储区域比主存储器可用区域小时,在主存中剩下的小块未使用的区域称为碎片。(2)当数据要求的存储区小于可用的存储区时,主存储器的一种数据分配方式。这称为内部分断存储。

internal function register 内部操作寄存器 保存正在运行的程序状态字的寄存器。在程序执行过程中,其内容随时被更新,在中断时,保存现行程序的工作状态。

internal fuse 内部熔丝 电器单元内部和元件或元件组相串联的熔丝。

internal home network 室内网络 家庭中用于计算、通信、声像、影视、家电等方面的各类终端设备相互连接而成的网络。人们可以灵活方便地利用各种文字、数据、声音、图像等多种形式信息,以便陶冶情操、减轻家务劳动,提高物质、精神和文化生活的素质和品位。室内网络还应与公用网络接口,保持与外界的联系,并提供防护、报警等功能。

internal hotsite 内部热站点 由机构拥有并实施操作的配备完善的替代处理站点。

internal initiated trap 内启动陷阱 中央处理机操作由于数据通道上现有调度活动而发生中断称为内启动陷阱。

internal insulation 内绝缘 电力设备内部绝缘的固体、液体或气体部分。它基本上不受大气、污秽、潮湿、动物等外界条件的影响。比较 external insulation。

internal interrupt 内部中断 由中央处理机内部事件引起的中断。执行算术操作时的溢出、存储器的奇偶错和电源故障等均能引起内部中断。程序中的错误(如页故障、违章保护或执行非法指令)也能引起内部中断。内部中断使程序从正常工作状态转向中断源所对应的处理程序。比较 external interrupt。

internal label 内部标号 记录在数据介质上的机器可读标号。它提供记录在介质上的一组数据信息。

internal level 内部级 在数据库中,与对用户透明的信息处理系统中信息表示的各方面。

internal library definition 内部库定义 一种数据体。例如,字符组定义,代码页定义或页格式定义,它们只能通过印刷子系统的打印管理功能程序访问或编辑。打印管理功能程序把内部库定义建成外部库成员后,可以由其他特许程序使用。

internally-stored program 内存储程序 这是计算机很重要的一个方面,即能在内部存储程序,因而可依照要求的顺序直接存取指令。正是这一因素使计算机以非常快的速度进行操作,消除了存取指令时的延迟现象。通过寻找它们在存储器内的位置来存取指令。程序不是永久地存储在内存储器里的,而是在要求处理某一具体应用(如工资单)时,从后备存储器传输过去的。

internal manipulation instruction 内部处理指令 改变计算机系统中数据的格式或位置的计算机指令。

internal memory 内存(储器) 与"快速存取存储器"和"内存储器"同义。它是构成处理机整体组件的存储器,因而可称为计算机的工作存储器(暂时存储器)。内存储器用来存储操作系统程序、应用程序、待处理的数据、处理结果等。它能以极高的速度存取数据和指令,因此又称"快速存取存储器"。目前使用最多的内存储器的类型是半导体存储器。参见 primary storage。

internal model 内(部)模型 在数据库中,表示概念模型和外部模型的实体集合。它可以存在数据处理系统中。定义内模型的模式称为内模式。

I

internal modem **内置调制解调器** 安装在计算机系统单元内部的调制解调器,内置调制解调器由一块扩展卡构成,插在计算机系统内部用来安装附加电路的扩展槽中。

internal name **内部名(字)** 一种包含在程序、模块或程序的一部分(如分程序或控制段)内的名字。

internal node **内点** 参见 branch node。

internal photolectric effect **内光电效应** 区别于外光电效应的一类光电效应,是被光激发所产生的载流子(自由电 子或空穴)仍在物质内部运动,使物质的电导率发生变化或产生光生伏特的现象。内光电效应按其工作原理又分为光电导效应和光生伏特效应两类。比较 external photoelectric effect。参见 photoconductive effect,photovoltaic effect。

internal procedure **内(部)过程** 一个包含在程序的一个块中的过程,也指包含在别的子程序之中的过程。

internal program unit **内部程序单元** 在 FORTRAN 语言中,一个包含在另一个程序单元中的程序单元。

internal reachable address **内部可达地址** 在 ATM(异步传输模式)网络中,指目标的一个地址,直接连接到地址说明的逻辑节点。

internal resistance **内电阻** 内电路的电阻。通常称为电源的内电阻,简称内阻。

internal router **区域内路由器** 该类路由器的所有接口都属于同一个 OSPF(开放最短路径优先)区域。

internal routine **内部例行程序** 一个只在说明的句法范围内可访问的例程。

internal schema **内模式** 数据库三级模式之一。也称"物理模式",它给出了数据库物理存储结构与物理存取方法。内模式包括文件名或文件定位、访问方法以及各种实际的或潜在的数据推导方式等。通常一个数据库只有一种内模式。而分布式数据库则可能在每一处都有一种不同的内模式。参见 conceptual schema,external schema。

internal schema description language **内部模式描述语言** 在数据库系统中,指用于描述内模式或存储模式的语言。用它可描述存入的数据记录级如何被实现;描述存入记录的格式、索引、散列算法、指示字以及规定存储块的大小和存储介质。

internal searching **内部查找** 从内存中寻找所要的信息。研究内部查找的目的在于减少探查次数和提高运行效率。

internal security audit **内部安全审计** 被审计机构内的管理人员负责实施的一种安全审计。

internal security controls **内部安全控制** 限制非授权主体访问系统硬件、软件等资源的内部属性。

internal sensor **内部传感器** 测量机器人内在位移、力或其他变量的传感器。

internal signal **内部信号** 从某个功能块中的某个进程到同一功能块的另一进程之间的信号。

internal sort **内分类** (1)主存中对两个或多个数据项进行分类的一种分类程序。(2)一种建立记录或键标顺序的分类技术。通常,它在合并程序段的开头,在合并过程中,通过外合并使所建立的序列减少到一个。

internal sorting **内部排序** 仅在内存储器中进行的排序过程。

internal storage **内存(储器)** 不通过输入、输出通道,而是直接由计算机访问的存储器。参见 internal memory。

internal stored program **内存储程序** 存储在计算机内部的程序。其数据可存在相同的存储区,或存在高速联机辅助存储器内。所以中央处理机能立刻存取其数据。

internal table **内部表** 编译程序在处理源程序过程中为它自己的工作而建立起来的一批内部的表格形式的数据结构,这些表中记录了源程序中某些上下文相关信息,提供给编译过程中的后续阶段使用。

internal text **内(部)正文** 在 PL/1 语言中,包含在一个分程序中的全部正文,另一分程序中所包含的正文除外。所以,内分程序的正文(除它的入口名以外)对包含它的分程序来说不是内部的。

internal thermal resistance **内热阻** 半导体器件从节点到管壳参考点的热阻。

internal trace table **内部跟踪表** 同 CP trace table。

internal transition **内部转移** 表示响应事件但并未改变对象状态的转移。

internal translator (IT) language **IT 语言** 一种数值计算语言。它是在较小的计算机上实现的第一种语言,对编译程序的研究起了很大的作用。

internal writer **内部写程序** 作业输入子系统(JES_2 或 JES_3)中的一种功能程序,允许用户自己写的输出写程序将数据写到不是由作业控制管理程序直接支持的设备上。

international atomic time (TAI) scale **国际原子钟时标** 由 BIPM 的国际报时局 BTH 在协作机构提供的原子钟数据基础上制定的时标。采纳以下定义代替秒的天文定义:一秒为铯-133 原子基态两个超精细能级间跃迁辐射 9192631770 周所持续的时间。BIPM、TAI 和 BIH 为法语缩写。BIPM 是 the Bureau international des Poids et Mesures 的法语缩写,TAI 是 Temps Atomique Internation 的法语缩写,BIH 代表 Bureau international del' Heuve。

international access code **国际接入码** 也称"国际呼叫前缀码"或"国际直拨码"。必须在国家代码、

当地城市代码之前拨的号码，拨国际直拨电话时，应拨：国际接入码＋国家代码＋当地城市代码。各国有规定的国际接入码，中国的国际接入码是0086。

international algebraic language 国际代数语言 1958 年苏黎世 ACM-GAMM(美国计算机协会和联邦德国应用数学与力学协会)会议讨论后提出的一种计算机程序设计语言。它通常称为 ALOGL58，后来发展成 ALGOL 60。

international alphabet (IA) 国际电码表 一种国际上定义的通信电码，Baudot(博多码)码是第 2 号国际电码表，ASCII(美国信息交换标准代码)是第 5 号国际电码表。

international alphabet number 5 (IA5) 国际字符编号 5 国际电信联盟(ITU)定义的标准字符码，也是国际标准化组织(ISO)的推荐标准。它同 ASCII(美国信息交换标准代码)是相同的。

International Association for Computer Information Systems (IACIS) 国际计算机信息系统学会 IACIS 成立于 1960 年。作为非营利组织，致力于信息系统的完善以及信息系统与计算机人员的教育。IACIS 每年都举办国际性会议，期间提出和讨论技术性、学术性及应用性论文。IACIS 每个季度出版一期《计算机信息系统杂志》(JCIS)，同时在 EBSCO 学术期刊电子数据库中收录全文索引。IACIS 每年还表彰一批在学术、研究、出版、课程及项目开发方面对信息系统领域做出突出贡献的个人。被提名人可以是该学会的会员，也可以不是。IACIS 专门有指导委员会进行各轮选拔并在每年秋季的国际会议上予以表彰。

International Association for Mathematics and Computers in Simulation (IAMCS) 国际数学与计算机模拟协会 1955 年成立。1976 年前称国际模拟计算协会。

International Atomic Energy Agency (IAEA) 国际原子能机构 1954 年第九届联合国大会通过决议，要求成立一个专门致力于和平利用原子能的国际机构。经过两年筹备，有 82 个国家参加的规约会议于 1956 年 10 月 26 日通过了国际原子能机构的规约。1957 年 7 月 29 日，规约正式生效。同年 10 月，机构举行首次全体会议，宣布机构正式成立总部在奥地利维也纳。

International Atomic Time (IAT) 国际原子时 以遵从国际单位制(SI)时间单位的秒定义工作的原子钟为基准的时间。

international code 国际电码 莫尔斯电码的别称(常用于美国)。

international code designator (ICD) 国际代码指派者 在 ATM(异步传输模式)网络中，指定一个国际机构的 2 字节的字段，其注册权为不列颠标准协会。

international communication facility services (ICFS) 国际通信设施服务业务 建设并出租、出售国际通信设施的业务。国际通信设施主要包括：国际陆缆、国际海缆、陆地入境站，海缆登陆站、国际地面传输通道、国际卫星地球站、国际传输通道的国内延伸段，以及国际通信网络带宽、光通信波长、电缆、光纤、光缆等国际通信传输设施。

International Council of Scientific Unions (ICSU) 国际科学联合会理事会 简称国际科联，是国际上最大的国际学术组织之一，前身为国际研究理事会(International Research Council)，1931 年在布鲁塞尔成立。1998 年 4 月国际科联特别大会后改为现名，现法定住所和秘书处设在法国巴黎。ICSU 宗旨是鼓励和促进国际间科学技术活动；协调和组织其成员和国家会员的国际科学活动；激励、设计、协调或参与国际间跨学科科学计划的实施；担当涉及全球范围科学问题的顾问；鼓励加强全球范围、特别是发展中国家的人类与物质的科学资源研究；促进公众理解科学；组织和协调与上述内容相关的活动。ICSU 每 3 年召开一次全体大会。发起、设计和协调主要国际多学科研究计划，如近年启动的国际地圈生物圈计划，与世界气象组织合作的世界气候研究计划等；实施若干会员共同关心的研究计划，如南极、空间和水资源研究，环境问题和遗传实验等；注意研究有关科学家普遍关注的问题，如科学教育、数据、发展中国家的科学技术、科学家自由交流以及科学的责任和伦理问题等。主要出版物为《年鉴》(*ICSU Year Book*)、《年度报告》(*Annual Report*)、《国际科学》(*Science International-Newsletter of ICSU*)等。

international conference on virtual systems and multimedia (VSMM) 虚拟系统与多媒体国际会议 由国际虚拟系统和多媒体协会组织的国际学术会议，会议的议题包括多媒体技术、三维视觉、触觉接口、工程中的虚拟现实、建模、农业中的虚拟现实、医学中的虚拟现实等，涉及数学、医学、农业、教育、心理学、艺术等领域。

international data encryption algorithm (IDEA) 国际数据加密算法 由 Xuejia Lai 和 James Massey 提出的分组密码算法。它基于 64 位的明文块运算，密钥长为 128 位。同一算法既可用于加密，又可用于解密。IDEA 所依据的设计原则是一种“来自于不同代数群的混合运算”，有三个代数群：XOR(异或)、模 216 加(加法运算，溢出忽略)、模 216＋1 乘(乘法运算，溢出忽略)，将其运算进行混合，无论用硬件还是软件，都易于实现。

International Data Group (IDG) 国际数据集团 1964 年在美国波士顿成立的 IDG 是世界上著名的计算机专业出版发行公司和计算机市场调查与研究公司。在全世界 85 个国家和地区设有子公司和分公司，采用电子邮件、数据库、电传及联机服务等现代化信息处理和传递手段，建立了快速而全面的世界性信息网络。公司每年发表 9 万余篇市场研究报告和技术发展预测报告，用 25 种语言出版 300 多种有关杂志；每年举办近 600 场各种国际性和地区性的学术报告会、市场分析会和产品展示展览会。所提供的信息服务是计算机界各级管理人员决策时的重要参考资料和了解计算机与信息产业动向的重要渠道。

international data service 国际数据远程通信业务 在国际性业务中，数据远程通信仅用来指使用公用电话或用户电报系统进行的数据传输。通过为用户提供的专用租用电报或电话线路同国外安排数据传输。

International Direct Dialing (IDD) 国际直拨 由具有国际直拨功能的电话用户，直接拨叫世界上各开放此项业务国家或地区的用户进行通话的业务。

International DOI Foundation (IDF) 国际数字对象识别号基金会 IDF 是成立于 1998 年的国际组织，它是数字对象唯一标识符(DOI)系统的行政主体，目的在于保障与 DOI 系统相关的知识产权，推广 DOI 的运用，并确保 DOI 系统的一切改进(如创造、维护、注册、解析与相关决策)能为全体注册者使用。参见 digital object unique identifier (DOI)。

international domain names (IDNs) 国际域名 同 international top level domain names (iTLD)。

International Electretechnical Commission (IEC) 国际电工技术委员会 一种权威的国际标准化组织，成立于 1906 年 6 月，是联合国社会经济理事会的甲级咨询机构。IEC 的宗旨是促进电气、电子工程领域中标准化及有关问题的国际合作，增进国际间的相互了解。为此，IEC 出版包括国际标准、技术规范、技术报告、技术趋势评估等在内的各种出版物，并希望各成员国在本国条件允许的情况下，在本国的标准化工作中使用这些标准。IEC 现在有技术委员会(TC)89 个、分技术委员会(SC)88 个。IEC 现有 65 个成员团体，包括了世界上绝大多数工业发达国家及一部分发展中国家。凡要求参加 IEC 的国家，应先在其国内成立国家电工委员会，并承认其章程和议事规则。被接纳为 IEC 成员后，该电工委员会就成为这个国家的委员会，代表本国参加 IEC 的各项活动。我国是在 1957 年 8 月参加该组织的，并是 IEC 理事局、执委会和合格评定局的成员。我国分别于 1990 年在北京承办了 IEC 第 54 届年会，2002 年在北京承办了 IEC 第 66 届年会。

International Energy Agency (IEA) 国际能源机构 IEA 是石油消费国政府间的经济联合组织。1974 年 2 月召开的石油消费国会议，决定成立能源协调小组以指导和协调与会国的能源工作。同年 11 月 15 日，经济合作与发展组织(OECD)各国在巴黎通过了建立国际能源机构的决定。同年 11 月 18 日，16 国举行首次工作会议，签署了《国际能源机构协议》，并开始临时工作。1976 年 1 月 19 日该协议正式生效。总部设在法国巴黎。其宗旨是协调成员的能源政策，发展石油供应方面的自给能力，共同采取节约石油需求的措施，加强长期合作以减少对石油进口的依赖，提供石油市场情报，拟订石油消费计划，石油发生短缺时按计划分享石油，以及促进它与石油生产国和其他石油消费国的关系等。

International Federation for Information Processing (IFIP) 国际信息处理联合会 与信息有关的专业技术团体的联合会，每个加入国可以加入一个团体。IFIP 建立了几个技术委员会，而且这些委员会都成立了工作组。例如，数据通信技术委员会是 TC6，成立于 1971 年，其下属的工作组之一是 WG6.1，也称“国际网络工作组”，主要处理人机通信业务。

International Federation of Automation Control (IFAC) 国际自动控制协会 1957 年 9 月于巴黎成立，旨在促进各国的自动控制科学的发展。该协会下设理论、应用、系统工程学、计算机、空间、元件及仪表、经济和管理系统、自动化社会影响、教育、名词术语、控制数学、生物医学工程、生产技术等 13 个委员会。

International Frequency Registration Board (IFRB) 国际频率登记局 为国际电信联盟(ITU)组织中的三大组织之一。IFRB 负责国际间使用的无线电频率登记和标准化工作。

International Institute of Communications (IIC) 国际通信协会 该协会建立在英国，但设有国际理事会、高级职员和咨询委员会。IIC 分析有关通信、社会、政治、文化和法律方面的，特别是电子通信出版方面的问题。它的目的是帮助政府和工业界制订对待新信息技术的政策。

***International Journal of Computers & Information Science* 《国际计算机与信息科学杂志》** 美国 Plenum 出版公司出版的刊物。1972 年创刊，双月刊。刊载计算机与信息科学理论和实践方面的论文。内容包括程序设计、系统程序、图像处理、计算机图形、情报检索、自动化理论、计算机控制、生物信息处理及语言处理等。

International Maritime Satellite Organization (IMSO, INMARSAT) 国际海事卫星组织 1979 年成立的负责组织新的海事通信网，促进海上船舶通信业务的发展，提高船舶航行安全与效率的国际组织。

International Medical Informatics Association (IMIA) 国际医学信息协会 国际信息处理联合会(IFIP)所属的一个特别专业协会。它每三年召开一次医疗信息科学国际会议(MEDINFO)。会上宣读和探讨有关计算机在医学方面应用的研究论文和成果。

International Mobile Equipment Identity (IMEI) 国际移动设备识别码 是区别移动设备的标志，储存在移动设备中，使用0～9的15位数字组成。

International Mobile Group Identity (IMGI) 国际移动组标志 识别移动用户组的标志。

International Mobile Subscriber Identity (IMSI) 国际移动用户标志 国际上为唯一识别一个移动用户所分配的标志号码。它存储在SIM(用户识别模块)卡中，使用0～9的15位数字组成，用于识别移动用户的有效信息。

international mobile telecommunication 2000 (IMT-2000) 国际移动通信2000 国际电信联盟(ITU)制定系列标准的第三代移动通信系统(TGMS)。是工作在2 GHz频段，且用户比特率要求达2 000 kbps，因此定名为IMT-2000。主要特点：①全球统一频段，全球无缝覆盖和漫游；②支持高质量话音、分组数据、多媒体业务、多用户速率通信和按需分配带宽的能力；③保密性好；④可与各种移动通信系统融合；⑤终端相对简单，便于携带。

international Morse code 国际莫尔斯电码 一种由点和划组成的信号编码体制，每个代码表示一个特定的字母、数字或标点符号。

International Multimedia Telecommunications Consortium (IMTC) 国际多媒体通信协会 1994年9月，通过合并Audiographics电话会议标准联盟公司(CATS)和多媒体通信利益共同体(MCCOI)，在美国加利福尼亚州成立。IMTC侧重于启动和开展丰富的多媒体产品和服务供应商之间的互操作性测试。

International Network Working Group (INWG) 国际网络工作组 成立于1972年，作为讨论国际标准和协议的一个论坛。1973年，它被接纳为IFIP TC6的工作组，名称是“国际计算机共享分组交换”工作组。它大约有100个成员，组成四个研究组。这个工作组逐渐将它的研究范围分为协议、交互和网络研究等领域。

International Nuclear Information Service (INIS) 国际原子核情报服务 由维也纳国际原子能管理局编制的包括所有核科学和技术方面(技术、经济、社会和政治)的数据库，可提供联机和脱机检索服务。

International Olympic in Informatics (IOI) 国际信息奥林匹克竞赛 国际性青少年计算机解题能力竞赛。由联合国教科文组织(UNESCO)支持举行，自1989年开始，每年一次。

international online information retrieval service 国际联机信息检索服务机构 在国际信息检索系统中，用户通过终端向计算机键入检索词来查找所需要的文献资料。检索系统采用卫星通信等现代通信手段，终端可以分布在世界各地。用户可以在世界各地的终端的屏幕显示器旁操作键盘，以人机对话方式从国际联机信息检索系统的几百个数据库中查找所需要的数据或文献资料的线索。查到的线索可以在终端打印机上联机打印下来。

International Organization for Standardization (ISO) 国际标准化组织 ISO是目前世界上最大、最有权威性的国际标准化专门机构。1946年10月，中、英、美、法、俄等25个国家的64名代表集会于伦敦，正式表决通过建立国际标准化组织。1947年2月23日，ISO章程得到15个国家标准化机构的认可，国际标准化组织宣告正式成立。参加1946年10月14日伦敦会议的25个国家，为ISO的创始人。ISO是联合国经社理事会的甲级咨询组织和贸发理事会综合级(即最高级)咨询组织。其宗旨是促进世界标准化工作的发展，以利国际物质和文化的交流与服务，并发展在知识、科学技术和经济领域内的合作。其主要任务是制订国际标准，协调世界范围内的标准化工作等。按照ISO章程，其成员分为团体成员和通信成员。团体成员是指最有代表性的全国标准化机构，且每一个国家只能有一个机构代表其国家参加ISO。通信成员是指尚未建立全国标准化机构的发展中国家(或地区)。ISO的工作语言是英语、法语和俄语。ISO现有成员143个。我国于1978年参加。ISO现有技术委员会(TC)186个和分技术委员会(SC)552个。ISO的最高权力机构是每年一次的“全体大会”，其日常办事机构是中央秘书处，设在瑞士的日内瓦。

International Organization for Standardization Open Systems Interconnection model (ISO/OSI model) 国际标准化组织/开放式系统互联模型 一个有关计算机利用通信网络交换信息的标准化的服务层次和交互类型的分层体系结构。模型把计算机之间的通信分为七个层次。除最低层外每一层次都以其下面各层次所包含的标准为基础。最低层是硬件连接层，最高层是应用程序级软件，各层的功能是：应用层：程序间信息传递；表示层：文本格式化和显示，代码转换；会话层：建立、维护、和协调通信关系；传输层：调节提交和服务；网络层：传输例程，消息处理和转换；数据链路层：编码、寻址和传输信息；物理层：硬件连接。参见application layer, data link layer, network layer, physical layer, presentation layer, session layer, transport layer。

International Patent Documentation Center (INPADOC) 国际专利文献中心 世界上最大的计算机化专利数据库。根据奥地利政府和世界知识产权组织之间达成的一项协议，于1972年成立的一家完全由奥地利政府拥有的公司，总部在维也纳。该中心在维也纳建立了一座收藏有世界上大部分已公布的专利文献著录项目数据计算机数据库，它向各国提供通过国际专利分类识别专利文献和识别同族专利的服务项目。估计它拥有世界上

I

已出版的专利文件的 98%。每年的收藏数目约 100 万条。1991 年 1 月以后归属欧洲专利局,称欧洲专利局维也纳分局。从此 INPADOC 改名为 EPIDOS,即欧洲专利信息和专利文献服务中心。

international prefix 国际前缀 当主叫用户呼叫另一国家的用户时,为接入到自动出局国际设备所拨的一组数字组合。

International Softswitch Consortium (ISC) 国际软交换协会 成立于 1999 年 5 月的国际软交换协会,是一个非盈利性的工业组织。其主要宗旨是通过开放的成员政策和标准协议,促进世界范围内多厂商软交换设备的兼容性和"无缝"的互操作性。ISC 通过对软交换的组成和功能进行标识、讨论和定义,并通过其成员间的密切合作来促进下一代多媒体通信网络的普遍采用。

International Special Committee on Radio Interference (CISPR) 国际无线电干扰专门委员会 由国际电工技术委员会(IEC)建立的一个国际专业组织,它为电信设备制定标准,特别是有关控制无线电干扰方面的标准。CISPR 是法文"Comite International Special des Perturbations Radioleetriques"的缩写。

International Standard (IS) 国际标准 由国际标准组织(ISO)制定的标准方案规范。形成一个国际标准大致分为三个阶段:首先提出建议草案(DP),它是国际标准的初步方案;其次提出国际标准草案(DIS),它是 DP 的修正方案;最后经过充分酝酿成熟后,形成国际标准 IS。国际标准一经形成不再作大的改动。

International Standard Book Number (ISBN) 国际标准书号 国际标准化组织第 46 技术委员会制定的国际标准(ISO 2108)所规定的标准化书号。该标准由 10 位数字组成,分为四段:第一段:地域编号(指国家、地理、语言);第二段:出版社编号;第三段:书名编号;第四段:校验码。书写或印刷国际标准书号时,书写前冠以 ISBN 字样,书写的每段之间用空格或连字符连接。

International Standardized Profile (ISP) 国际标准化轮廓文件 信息技术国际标准化轮廓文件建议草案,在反复研究、讨论,充分酝酿成熟的基础上,按国际标准组织所规定的程序和步骤,经投票表决通过后最终所形成的轮廓文件。国际功能标准划分成六类:①T 类,提供连接方式传输服务;②U 类,提供无连接方式传输服务;③R 类,在 T 类和 U 类功能标准之间或更高层层次之间实现中继;④A 类,采用 T 类的应用;⑤B 类,采用 U 类的应用;⑥F 类,信息交换格式和表示。

International Standard Serial Number (ISSN) 国际标准连续出版物号 一种识别连续出版物的国际标准代码。其国际标准号码为 ISO 3297-1975 (E)。这种代码具有简明、独特与明显的特征,用于国际、国家或地区进行连续出版物的信息交换。所谓连续出版物是指连续发行的,一般有期次或年月顺序标志且意欲不断出版下去的出版物。包括期刊、报纸、年鉴、年报、杂志、纪要、汇刊、会刊、丛刊等。标准代码由 8 位数字组成,它们是 0 ~ 9 阿拉伯数字,只在末位(校验位)有时使用 X,书写或印刷时中间加连字符。例如 ISSN 1234-5679。最后一位数字 9 是校验字符,它是用加权值 8 至 2,以模数 11 为基础计算而求出的。国际连续出版物数据系统(ISDS)负责 ISSN 的分配和国际登记。

International Telecommunications Satellite Consortium (INTESAT) 国际通信卫星联盟 一个国际组织。加入者共同拥有一个全球卫星系统,COMSAT(世界通信卫星组织)是美国在 INTESAT 中的一部分,美国占 53%的所有权,所以由美国任经理。

International Telecommunication Union (ITU) 国际电信联盟 ITU 的历史可以追溯到 1865 年。为了顺利实现国际电报通信,1865 年 5 月 17 日,法、德、俄、意、奥等 20 个欧洲国家的代表在巴黎签订了《国际电报公约》,国际电报联盟(ITU)也宣告成立。1934 年 1 月 1 日起现名改称为"国际电信联盟",1947 年 10 月 15 日成为联合国的一个专门机构。1993 年 3 月 1 日在芬兰首都赫尔辛基举行的第一届世界电信标准大会(WTSC-93)上,对原有的三个机构 CCITT(国际电报电话咨询委员会)、CCIR(国际无线电咨询委员会)和 IFRB(国际无线电频率登记局)进行了改组,取而代之的是国际电信联盟的电信标准化部门(ITU-T)、无线通信部门(ITU-R)和电信发展部门(ITU-D)。ITU 现有会员 150 多个国家和地区。ITU 使用中、法、英、西、俄五种正式语言,工作语言为英、法、西三种。按 ITU 基本法定义,其宗旨如下:①保持和发展国际合作,促进各种电信业务的研发和合理使用;②促使电信设施的更新和最有效的利用,提高电信服务的效率,增加利用率和尽可能达到大众化、普遍化;③协调各国工作,达到共同目的,这些工作可分为电信标准化、无线电通信规范和电信发展三个部分,每个部分的常设职能部门是"局",其中包括电信标准局(TSB)、无线通信局(RB)和电信发展局(TDB)。ITU 每年召开一次理事会;每 4 年召开一次全权代表大会、世界电信标准大会和世界电信发展大会;每 2 年召开一次世界无线电通信大会。

International Telecommunication Union-Radiocommunication Section (ITU-RS) 国际电信联盟-无线通信部门 简称 ITU-R。无线通信部门研究无线通信技术和操作,出版建议书,还行使世界无线电行政大会(WARC)、国际无线电咨询委员会(CCIR)和国际无线电频率登记局(IFRB)的职能,包括:①无线电频谱在陆地和空间无线电通信中的应用;②无线电通信系统的特性和性能;③无线电台站的操作;④遇险和安全方面的无线电通信。无线通信部门的研究小组(SG)有:频率管理、业务间的兼容和频率共用、移动业务、固定业务、广播业务、科学业务、无线电电波传播。

International Telecommunication Union-Telecommunications Development Section (ITU-TDS) 国际电信联盟-电信发展部门 简称ITU-D。电信发展部门由原来的电信发展局(BDT)和电信发展中心(CDT)合并而成。其职责是鼓励发展中国家参与ITU(国际电信联盟)的研究工作,组织召开技术研讨会,使发展中国家了解ITU的工作,尽快应用ITU的研究成果;鼓励国际合作,向发展中国家提供技术援助,在发展中国家建设和完善通信网。ITU-D主要由三个部分组成:即世界电信发展大会和区域性的发展大会、电信发展研究组、电信发展局。电信发展局负责ITU-D的组织和协调工作;电信发展研究组主要研究发展中国家普遍感兴趣的具体电信问题;而世界电信发展大会在ITU-D中是最具权威性的机构,每隔4年举行一次。

International Telecommunication Union - Telecommunications Standardization Section (ITU-TSS) 国际电信联盟-电信标准化部门 简称ITU-T。由原来的CCITT(国际电报电话咨询委员会)和CCIR(国际无线电咨询委员会)从事标准化工作的部门合并而成。其主要职责是完成有关电信标准方面的目标,即研究电信技术、操作和资费等问题,出版建议书,目的是在世界范围内实现电信标准化,包括在公共电信网上无线电系统互联和为实现互联所应具备的性能。其标准化工作都是由很多研究小组(SG)来完成的。每个SG都负责电信的一个领域,SG又可分成许多工作组(WP),WP可以再细分成专家组,甚至可以分得再细。各个SG制定自己领域内的标准,标准的草案只要在SG会议上被通过,便可用函信的方法征求其他代表的意见,如果80%的回函是赞成的,则这项标准就算获得最后通过。ITU-T制定的标准被称为"建议书",意思是非强制性的、自愿的协议。

international testing 国际化测试 国际化测试的目的是测试软件的国际化支持能力,发现软件的国际化的潜在问题,保证软件在世界不同区域中都能正常运行。国际化测试使用每种可能的国际输入类型,针对任何区域性或区域设置检查产品的功能是否正常,软件国际化测试的重点在于执行国际字符串的输入/输出功能。国际化测试数据必须包含东亚语言、德语、复杂脚本字符和英语(可选)的混合字符。

international top level domain names (iTLD, iTDs) 国际顶级域名 互联网名称与数字地址分配机构(ICANN)管理的、供特定性质机构使用的域名。例如,表示工商企业的com、表示网络提供商的net、表示非盈利组织的org等。参见 the internet corporation for assigned names and numbers (ICANN)。

internet 互联网 泛指由多个计算机网络相互连接而形成的网络,它是在功能和逻辑上组成的大型计算机网络。互联网一词与英文第一个字母小写的"internet"对应,泛指一般网际互联,不强调采用的技术和协议。因特网一词与英文第一个字母大写的"Internet"对应,因特网是互联网的一种。参见 Internet。

Internet 因特网 因特网特指全球最大的、开放的、由众多网络相互连接而形成的计算机网络。它由美国阿帕网(ARPAnet)发展而成,主要采用TCP/IP(传输控制协议/网际协议)。因特网可提供全球范围的通信,如信息检索、电子邮件、话音、数据和图像等通信。因特网的核心部分由许多互联的路由器构成,完成用户信息的选路转发功能。因特网用户可以采用电话拨号方式,各种专线方式,如DDN(数字数据网)、FR(帧中继)及无线方式接入因特网。

Internet access provider (IAP) 因特网接入提供商 IAP为用户提供因特网接入服务,通过租用或自建通信网接入因特网。用户可以利用调制解调器通过电话线接入,也可以通过DDN(数字数据网)专线、X.25数据通信线路、同轴电缆等接入。IAP为用户建立账号,给用户访问因特网的通信权限,并为用户提供E-mail服务等。通过用户的网络流量、使用时间等向用户收取费用。同 Internet Service Provider (ISP)。

Internet access service (IAS) 因特网接入服务 IAS利用接入服务器和相应的软硬件资源建立业务节点,并利用公用电信基础设施将业务节点与因特网骨干网相连接,为各类用户提供接入因特网的服务。用户可以利用公用电话网或其他接入手段连接到其业务节点,并通过该节点接入因特网。

Internet account 因特网账号 用来描述在因特网接入服务商(IAP)处所使用的注册用户名的通用术语。因特网账号通过使用用户名和密码来访问。ISP(因特网服务提供商)向因特网账号拥有者提供以点对点协议(PPP)拨入方式进行因特网访问以及电子邮件等服务。

Internet address 因特网地址 (1)用于TCP/IP(传输控制协议/网际协议)网间通信的计数系统,指定网络上一个特定的网络或特定的宿主机,地址包含两部分:一部分是网络号,另一部分是主机号。因特网用户的地址格式为 someone@abc.def.xyz,其中 someone 是用户名或用户名的一部分,abc 是该用户的联网计算机,def 是主机所属单位的名字,最后三个字母注明用户的类型:com——商业单位,edu——教育单位,gov——政府部门,int——国际组织,mil——军事单位,net——网络,org——非赢利组织。(2)在NetWare的环境中,软件地址由四个字节的网络地址和 6 个字节的节点地址组成。节点的网间地址指明工作站所处在的网络和设备的物理地址。标准的因特网地址形式是带点的十进制数。如 202.120.5.100。参见 IP address。

Internet Architecture Board (IAB)　因特网结构委员会　一个因特网网络设计、工程和管理的协调委员会,负责制定因特网标准和发展规划,主要为支持因特网的科研与开发者提供服务,最初由美国国防高级研究计划局(DARPA)于 1983 年成立。IAB 由十几个任务组组成,IAB 的每个成员都是一个因特网任务组的主持者,分管研究某个或某几个系列的重要课题。IAB 主席被称为因特网设计师。该委员会监督 TCP/IP(传输控制协议/网际协议)维护工作以及颁布其他因特网标准,提供委员会级的因特网技术开发监督和调解在标准设置进程中出现的争议,不断出版描述各种因特网协议标准化状况的文件。IAB 有两个主要的附属机构:因特网工程任务组(IETF)和因特网研究任务组(IRTF)。参见 Internet Engineering Task Force (IETF), Internet Research Task Force (IRTF)。

Internet Assigned Numbers Authority (IANA)　因特网分配号码管理局　因特网结构委员会(IAB)下属的一个机构,监督因特网上 IP(网际协议)地址和端口地址以及其他数值标准的分配。根据 IANA 的需要,将部分 IP 地址分配给地区级的因特网注册机构 IR(Internet registry),地区级的 IR 负责该地区的登记注册服务。全球共有三个地区级的 IR 分别负责欧洲、亚太地区、美国与其他地区的 IP 地址资源分配与管理。它们是:设在比利时的 RIPE(Reseaux IP Europeens),负责整个欧洲地区的 IP 地址资源分配与管理;设在澳大利亚的 APNIC(Asian Pacific Network Information Center),负责亚洲与太平洋地区的 IP 地址资源分配与管理;设在美国的 ARIN(American Registry for Internet Numbers),负责美国与其他地区的 IP 地址资源分配与管理。另外,许多国家和地区都成立了自己的域名系统管理机构,负责从前述三个机构获取 IP 地址资源后在本国或本地区的分配与管理事务。

Internet broadcasting　因特网广播　在因特网上广播音频或音频加视频信号。因特网广播包括将它们的信号发送到因特网上的传统无线广播站和因特网专门站。因特网广播的一种方式是 MBONE。参见 Webcast, multicast backbone (MBONE)。

Internet cache　因特网高速缓存　因特网 cache 的实现原理和 cache 的实现原理一样。因特网 cache 存储最近访问过的信息,它实时监视 Web 对象请求,并加以解析提取,接着将这些信息存储起来,当有相同对象请求时,这些用户的后续请求将由本地因特网 cache 来提供服务,而无需由初始 Web 服务器提供,因而大大提高了用户的访问速度。

Internet connection sharing (ICS)　因特网连接共享服务　针对家庭网络或小型网络提供的一种因特网连接共享服务。ICS 实际上相当于一种网络地址转换器,就是当数据包向前传递的过程中,可以转换数据包中的 IP(网际协议)地址和 TCP/UCP 端口等地址信息。通过 ICS,家庭网络或小型网络中的电脑就可以使用私有地址,并且通过网络地址转换器将私有地址转换成 ISP(因特网服务提供商)分配的单一的公共 IP 地址。

Internet content provider (ICP)　因特网内容提供商　ICP 通过自己的 Web 服务器为用户提供实时新闻、搜索引擎、各种定制的信息服务和多种免费的信息资源,通过收取广告费、会员费、信息咨询费和交易佣金等获得收益。参见 Internet Service Provider (ISP)。

Internet control message protocol (ICMP)　因特网控制信息协议　在因特网中的一个关于 IP(网际协议)差错与控制协议。它是 TCP/IP(传输控制协议/网际协议)协议族的一个子协议,用于在 IP 主机、路由器之间传递控制消息。当中间网关发现传输错误时,立即向信源机发送 ICMP 报文,报告出错情况,以便信源机采取相应的纠正措施。

Internet database　因特网数据库　在传统关系数据库技术之上,融合网络技术、存储技术和检索技术的最新成果,在数据模型、存储机制和检索技术等方面做出重大改进,以全面面向因特网的功能结构来适应以因特网为基础的应用。该数据库采用子字段、多值字段和变长字段的机制,允许创建不同类型的非结构化的或任意格式的字段,以多维处理方式突破了关系数据库那种严格的二维表结构,并具有独特的变长存储方式,突破了传统关系数据库的访问方式,采用 B* 树倒排索引技术,支持目前所有的索引方式,并采用布尔逻辑检索方式,支持包括全文检索在内的复杂检索方式。将非结构化和结构化数据都定义为资源。使非结构化数据库实现了数据库系统从数据属性管理到内容管理的转化,从而为管理复杂的网络数据奠定了坚实的基础。

Internet database connector (IDC)　因特网数据库连接器　IDC 是集成在 Internet Server API (ISAPI) 的 Web 数据库访问技术。这些 API(应用程序接口)都处于 Web 服务器的最内层,因此用它们写出的应用不存在 CGI(公共网关接口)应用程序的性能开销问题。它采用了一些高级程序设计方法提高处理速度。使用 ISAPI 可改进程序本身的内部结构,让服务器完成诸如用户身份验证、处理错误以及如何将信息记录到系统等。而且,IDC 可与其他应用程序集成,使应用程序能灵活地访问数据库,处理数据库数据。但是,由于 IDC 技术在同一时刻,只有一个实例在运行,要求能运行在安全的多进程环境中,在同一时间运行多个进程,多个请求同时到达,每一个函数在争用同一文件或同一数据块的内容时,必须多加小心,而设计多进程的代码是很困难的。参见 common gateway interface (CGI)。

Internet Data Central (IDC) 因特网数据中心 IDC 为因特网内容提供商(ICP)、企业、媒体和各种网站提供大规模、高质量、安全可靠的专业化服务器托管、空间租用、网络批发带宽以及应用服务提供商(ASP)等业务。IDC 服务就像一个银行,企业会把大量的数据存到这里。与银行不同的是,使用、管理和开展业务的还是用户自己,IDC 并不介入到用户的业务里去。同时,IDC 的另一个作用就是用于提供功能软件运营的物理平台和通信线路。因此,IDC 是为满足网站系统托管外包服务需求而建设的基础设施,这个设施包括稳定可靠的宽带互联网接入和安全可靠的机房环境。数据中心以外包服务租用的方式将网络资源提供给用户,除了提供基础设施,还提供运营服务器系统所需的各种服务。IDC 的出现,是数据服务趋向集中化管理的市场变化的具体反应。参见 application service provider (ASP)。

Internet digital subscriber line (IDSL) 因特网数字用户线路 一种高速数据传输服务,使用它在标准电话线上访问因特网的速率可高达 1.1 Mbps。IDSL 综合使用了 ISDN(综合业务数字网)和数据传输线技术。

Internet-draft (I-D) 因特网草案 因特网工程任务组的工作文档。是草案性的文档,有效期最长为 6 个月,任何时候都可能被其他文档更新、代替或者淘汰。参见 Internet Engineering Task Force (IETF)。

internet economy 网络经济 建立在计算机网络基础上的生产、分配、交换和消费的经济关系。网络经济以信息为基础,以计算机网络为依托,以生产、分配、交换和消费网络产品为主要内容,以高科技为支持,以知识和技术创新为核心。从经济形态上,它是信息经济或知识经济的主要形式。参见 information economy, knowledge economy。

Internet Engineering and Planning Group (IEPG) 因特网工程和计划组 因特网的一个服务操作员的论坛,旨在帮助服务操作员协调管理因特网服务的操作,促进全球因特网的技术协作。

Internet engineering note (IEN) 因特网工程备忘录 关于并行开发因特网工程的一套备忘录,其中包括因特网工程的设计思想、实现技术、总体构架、方案策略、调试测量以及运行结果等方面的资料。

Internet Engineering Steering Group (IESG) 因特网工程管理组 一个因特网组织,提供因特网标准的技术评论并负责日常管理因特网工程任务组。参见 Internet Engineering Task Force (IETF)。

Internet Engineering Task Force (IETF) 因特网工程任务组 也称"互联网工程任务组",因特网(网络)结构委员会属下的一个机构,成立于 1985 年底,是互联网最具权威的技术标准化组织,主要任务是负责互联网相关技术规范的研发和制定。IETF 是一个大型的网络设计者、操作者、厂商和研究人员的开放性社团,根据技术领域进行组织、协调因特网的运作、管理和改进。它进行协议的工程实现、开发和标准化工作。IETF 的组织结构主要划分为八大领域,其下又有 120 多个工作组,每一个工作组负责一个主题。IETF 的八个领域分别是总体领域、用户服务领域、路由领域、应用领域、安全领域、传输领域、因特网领域以及网络运行和管理领域。总体领域负责 IETF 的总体协调和运作。用户服务领域的研究主题是从用户角度出发如何使用因特网。路由领域研究的主题有 OSPF(开放最短路径优先)、MPLS(多协议标记交换)等。应用领域重点关注如何在因特网平台上开发更多的应用(如 Web 应用、电子邮件等)。安全领域主要解决用户的识别和加密问题。传输领域的研究大多和话音有关(如网络电话),其中还包括用 IP 传图像、服务质量和 7 号信令等问题。因特网领域主要研究的内容有 IPv6 以及 IP 在各种介质(如 IP over ATM、IP over Frame Relay 等)上的运行。网络运行和管理领域的主要工作则是确保整个网络的运行正常。在因特网工程管理组的管理下,IETF 每年召集若干次会议和出版自己的会刊。

internet exchange architecture (IXA) 互联网交换架构 一种为适应数据通信而设计的芯片架构,构筑了 OSI(开放系统互连)模型中的 1 ～ 4 层网络结构。

Internet experiment note (IEN) 因特网实验备忘录 现已过时的一系列与因特网开发相关的报告。

Internet firewall 互联网防火墙 置于一个组织内部网络与组织外部网络连接处的安全机构,防火墙限制对组织内的计算机和服务的访问。

Internet gateway routing protocol (IGRP) 因特网网关路由协议 由 Cisco 公司定义的专有协议,并且其最新版本 EGRP(增强型 GRP)也是由该公司研制的。IGRP 是一个距离向量家族的路由协议,类似于 RIP(路由信息协议),它以周期性多点广播一个路由器到其所有邻机的路由选择更新信息为基础,它与 RIP 不同之处是它的运行的频率比较低(更新的发送间隔默认值为 90 s,而 RIP 为 30 s)。参见 routing information protocol (RIP)。

Internet group management protocol (IGMP) 因特网组管理协议 因特网协议中用于在多点传送中使用的协议,用于数据报的多路传输,其中含有接收用户的地址,在多路传输路由器之间使用,服务器使用它来通知路由器哪一个工作站属于多点传送组。参见 Internet protocol (IP), Internet control message protocol (ICMP)。

I

Internet header length (IHL) 因特网标题长度 在一个IP(网际协议)数据报文或数据分组中的一个字段。该字段中的4位指明了数据报文标题长度。

Internet information server (IIS) 因特网信息服务器 IIS是允许在因特网(Internet)或企业内联网(Intranet)上发布信息的Web服务器。

Internet information service 因特网信息服务 因特网中的一个基本的服务功能,用于帮助网络用户寻找所需的信息。它可以通过因特网把信息从一个用户传输到另一个用户。参见Internet。

Internet inter-ORB protocol (IIOP) 互联网内部对象请求代理协议 也称"因特网对象代理间通信协议"。IIOP协议是CORBA(公共对象请求代理体系结构)中至关重要的一个部分,是为了实现在因特网上互联而定义的对象请求代理(ORB)之间的通信机制,在TCP/IP(传输控制协议/网际协议)的基础上实现了GIOP(通用对象请求代理间通信协议)。IIOP使得由不同语言编写的分布式程序在因特网中可以实现彼此的交流沟通。CORBA和IIOP协议假定在计算机的客户端/服务器端模式中,客户端的程序总是提出各种请求,服务器端的程序则处于等待和接受客户端请求的状态。通用对象请求代理间通信协议(GIOP)可以实现网络传输层之间的映射,而IIOP就是其中最重要的映射之一,它应用传输控制协议(TCP)借助因特网的传输层来传递请求或者接收答复。如果客户端需要在网络中传送一个程序命令,就必须为程序提供一个目标地址。这个地址就是可互操作对象引用(IOR),由服务器端口数据和IP地址共同构成。参见common object request broker architecture (CORBA), object request brokers (ORB), general inter-ORB protocol (GIOP), interoperable object reference (IOR)。

Internet key exchange (IKE) 因特网密钥交换 IPSec(因特网协议安全性)在安全会话间交换密钥的方法。同Internet security association and key management protocol (ISAKMP)。

Internet Mail Consortium (IMC) 因特网邮件联盟 一个企业和厂商的国际会员组织,从事有关因特网电子邮件传输的业务活动。因特网邮件联盟的目标是推进和扩展有关因特网邮件的业务,包括从简化新用户因特网邮件发送到推进新邮件技术和把因特网邮件所起的作用扩展到诸如电子商务、娱乐等领域。

Internet message access protocol (IMAP) 因特网信息访问协议 IMAP是指从邮件服务器上获取E-mail的信息或直接收取邮件的协议。传统的POP3(邮局协议)在收信时用户首先与邮件服务器进行连接,在验证完用户名和密码后,用户将得到有关所有邮件的信息(如邮件的数量和大小)。然后,就开始将服务器上存储的邮件下载到本地的硬盘上,每传完一份,服务器便对该邮件作一个删除记录,等待全部传输完毕后,存储在服务器上的所有邮件将被清空。也就是说在整个收信过程中,用户是无法知道那些信件的具体信息,只能照单全收。IMAP可以在邮件下载前预览全部信件的主题和来源,即时判断是下载还是删除。IMAP还具备智能存储功能,可使邮件保存在服务器上。

Internet network operations center (INOC) 因特网网络操作中心 美国BBN公司网络操作中心NOC的下属机构,其任务是管理、控制网际网中的所有网关。

Internet number 因特网号 参见Internet address。

Internet of things 物联网 物联网的概念最早于1999年提出,指的是将各种信息传感设备,如射频识别(RFID)装置、红外感应器、全球定位系统、激光扫描器等种种装置与互联网结合起来而形成的一个巨大网络。其目的是把任何物品与互联网连接起来,进行信息交换和通信,以实现智能化识别、定位、跟踪、监控和管理。

Internet PCA Registration Authority (IPRA) 因特网公共密码学注册机构 因特网的一个管理机构,专用于在因特网上全面实施公共密码学应用,以达到鉴别和保密的目的。

Internet phone 因特网电话 也称"IP电话",也就是通过因特网来传送语音的一种新兴的通信方式,其基本原理是把语音经过压缩后形成IP(网际协议)包,然后通过因特网传送到特定的服务器上,再由服务器传送到对方进行解压还原成声音,从而实现语音的传送。IP电话的通话方式有三种:①PC-PC:这种通话方式通过拨叫方和接听方的计算机上网完成;②PC-phone:这种方式是拨叫方通过计算机,而接收方使用普通的电话;③phone-phone:这种方式采用IP电话卡在电话上完成。IP电话的最大优点是降低了长途通话的费用;缺点是在网络拥挤时,通话质量得不到保证。同IP phone。

Internet Policy Registration Authority (IPRA) 因特网政策注册管理机构 因特网的一个管理机构。因特网的证明机构(CA)由IPRA负责,作为全球的"根CA",并管辖所有下属区域的CA组织。它由因特网社团赞助主办,下属CA组织也称政策认证管理机构(PCA),分别负责各下属CA的注册工作。参见certification authorities (CA), policy certification authorities (PCA)。

Internet presence provider (IPP) 因特网平台提供商 IPP为企业或个人用户提供Web服务器的维护,或在自己的服务器上建立并维护委托客户的主页。同时提供对服务器平台的安全、性能、资源、维护与备份、应急、扩展等方面的服务,是一种外包资源服务。参见Internet Service Provider (ISP), Internet access provider (IAP)。

Internet protocol (IP) 网际协议,因特网协议 在

因特网上的计算机进行通信时，规定应当遵守的最基本规则的通信协议。IP是TCP/IP(传输控制协议/网际协议)协议组的一部分，一种表示网间互联的网络协议，对应于OSI(开放系统互连)七层协议中的网络层，从阿帕网(ARPAnet)发展而来。TCP/IP是一个分组交换协议，信息被分成多个分组，在网上传输，到达接收方后把这些分组重新组合成原来的信息。TCP是一个面向连接的协议，而IP是无连接协议，它定义了非连接数据报文的传输。非连接表示发送和接收的计算机不是通过直接电路连接，而是通过数据报文在网络上不同主机之间传输，通过路由选择来实现通信。IP使用的目的地辨识方式是对每一个网络及每一台主机给予一个识别编号(ID)，合并称为IP address。网际通信以数据报为单元进行的，网际协议IP精确定义了数据报的组成格式，一个数据报由报头和数据组成。报头中包含着网络通信的控制信息，数据部分包含着用户的数据。IP协议还详细规定了计算机应该如何处理和转递数据报直至数据报到达它的目的地。参见 transmission control protocol (TCP), IP address。

Internet protocol multicasting (IPM)　IP多(路广)播　这是局域网多路广播技术向TCP/IP(传输控制协议/网际协议)网络的延伸。主机发送和接收多路广播数据报，数据报的目的地址字段指定的是IP主机组地址而不是单个IP地址。一台主机用因特网组管理协议(IGMP)指明是群组的成员。参见 Internet group management protocol (IGMP), IP multicast technology。

Internet protocol (IP) network　IP网　IP网指的是所有使用IP(网际协议)的网络。IP网不仅包括目前最流行的因特网，还包括各种各样的基于IP协议的局域网、城域网和广域网。IP网可以建立在任何底层物理网络之上，支持各种链路层协议，对于上层应用，底层网络是未知的。这样就可以完全以IP协议为基础开发应用。IP网支持的应用包括电子邮件、IP电话、网络消息查询、目录服务、文件传送和数据库检索等。

Internet protocol next generation (IPng)　下一代IP协议　因特网中正在发展和完善的新一代IP(网际协议)协议，是未来商业计算机网络技术的基础，目前使用的IP地址(4字节)为1995年9月引入的IP协议第4版本(IPv4)，IPng作为下一代IP协议的提议，是指IP第6版(IPv6)，IPv6对原版本IP协议的改进包括提供更好的安全性和将IP地址扩展为16字节。它将改变名字服务，改变程序的界面，改变路由协议。它还将支持ATM(异步传输模式)传输方式。

Internet reference model　互联网参考模型　描述TCP/IP(传输控制协议/网际协议)协议组中协议概念的四层模型。自顶向下依次为应用层、传输层、互联网层(或称IP层)和网络接口层。与OSI(开放系统互连)参考模型相比，TCP/IP参考模型没有表示层和会话层。互联网层相当于OSI模型的网络层，网络接口层相当于OSI模型中的物理层和数据链路层。这个体系结构在它的两个主要协议出现以后，被称为TCP/IP参考模型。参见 open system interconnection (OSI)。

Internet registry (IR)　因特网登记处　因特网中的负责标识码审批的组织。标识码包括IP(网际协议)网络号、自主系统号等。维护标识码的任务由因特网分配号码管理局(IANA)委派，并由美国国防部数据网络信息中心(DDN NIC)执行。

Internet relay chat (IRC)　因特网中继对话　一种基于因特网的实时对话业务，通过这种业务，一个人可寻找来自全球的直接现场参加者。这项因特网中继对话(IRC)业务要求使用一种IRC客户程序，它显示了一个当前IRC“通道表”。由具有必要技术知识的参加者建立并命名的每个通道的名称，有时显示了该通道的兴趣所在。在加入了一个通道后，用户在屏幕上可以看到其他参加者正在键入的内容，并且可以键入自己的应答。

Internet Research Steering Group (IRSG)　因特网研究管理组　因特网研究任务组的政府部分。参见 Internet research task force (IRTF)。

Internet Research Task Force (IRTF)　因特网研究任务组　因特网研究管理组(IRSG)属下的一个机构，是一个网络设计者的社团，由工作在因特网协议、应用程序、体系结构和技术领域中的各类研究组织组成。考虑因特网的长期性的理论问题，负责研究和开发因特网上的一系列协议。参见 Internet architecture board (IAB), Internet Research Steering Group (IRSG)。

Internet router　因特网路由器　一个使因特网协议(IP)宿主机能够作为一个网关以在不同的网络之间传递数据的采用专门适配器的设备。

Internet security　因特网安全性　一个涉及范围非常广泛的主题，包括在网络上所进行的事务处理中的数据认证、私有性、完整性以及数据校验等诸多方面。例如，通过WWW浏览器购买信用卡时，需要给予特别关注以保证信用卡号码不会被因特网入侵者拦截或从存储该号码的服务器上复制，并且还要验证该号码正是由声明发送的人发送的。

Internet security association and key management protocol (ISAKMP)　因特网安全连接和密钥管理协议　ISAKMP协议是IPsec体系结构中的一种主要协议。该协议结合认证、密钥管理和安全连接等概念来建立因特网上的通信所需要的安全服务。这些安全服务包括IP(网际协议)层服务、传输或应用层服务，以及协商流量的自我保护服务等。ISAKMP定义包括交换密钥生成和认证数据的有效载荷。这些格式为传输密钥和认证数据提供了统一框架，而它们与密钥产生技术，加密算法和认证机制相独立。参见 IPSec, IP authentication header (IPAH), IP encapsulation security payload (IPESP), Internet key exchange (IKE)。

Internet server application program interface (ISAPI) 因特网服务器应用程序接口 由微软提供的一套面向因特网服务的 API(应用程序接口)接口，它能实现公共网关接口(CGI)提供的全部功能，并在此基础上进行扩展，如提供了过滤器应用程序接口。ISAPI 有其自己的动态链接库，较 CGI 技术具有明显的性能优势。参见 common gateway interface (CGI)。

I

Internet Service Provider (ISP) 因特网服务提供商 提供对因特网访问服务的商业公司机构。ISP 作为中介机构投入资金建立中转站，租用国际信道和当地电话线或通信线路，购置一系列计算机设备，通过集成使用、分散压力的方法，向本地用户提供服务。有的 ISP 是通过自己拥有的专业网络和国际出口，将用户计算机与因特网相联。有的则提供将用户计算机连接到已有的与因特网相联的网络上的服务。除了网络接入服务外，ISP 提供的信息服务主要还有：用户网页制作——这是用户发布网上信息的一种工具；用户网络站点建设——使用户能与因特网的其他用户进行直接交流；对用户应用网上信息资源提供各种服务。ISP 是 IAP 和 IPP 的总称。参见 Internet access provider (IAP), Internet presence provider (IPP)。

Internet shopping network (ISN) 因特网购物网 把因特网作为电子市场中各种商品的销售渠道的网络系统。参见 electronic marketplace。

Internet short message gateway (ISMG) 短信网关 ISMG 为 SP(服务提供商)与短消息中心(SMSC)之间数据交换提供一条安全、快捷的通道，以便手机用户采用短信方式与 SP 双向通信，接收 SP 提供的信息服务，同时完成相应计费采集、业务管理、网络管理等功能。

Internet small computer system interface (iSCSI) 因特网小型计算机系统接口 是一种由 IBM 公司研究开发的、可以在 IP 协议上运行的 SCSI 指令集，可以理解成 SCSI over TCP/IP，即网络上的 SCSI。iSCSI 实际是将 SCSI 命令嵌入到 TCP/IP 包中，从而使数据块在 IP 网络上传输。这种新的储存技术，使计算机等设备能够与 SAN(存储区域网络)设备在低成本的 IP 网络环境中连接起来，互相交换数据，解决了异地、远程数据高速传输、交换的问题。2003 年 2 月 11 日，iSCSI 成为 IETF(因特网工程工作组)的一个存储网络标准。

Internet Society (ISOC) 因特网协会 一个国际性非盈利组织，总部设于美国弗吉尼亚的雷斯顿(Reston)并在美国华盛顿和瑞士日内瓦设有办事处。协会的目标是保证因特网的开放发展并为全人类服务。该机构创建于 1992 年，由选择产生的理事会管理。成员包括个人和组织(包括服务提供商、产品提供商、因特网企业经营者、教育机构、计算机专业机构、国际条约组织以及政府机构)。该机构主办年度会议，并有大量出版物。以国际互联网技术操作和开发为先导，因特网协会协调体系结构委员会(IAB)、因特网工程任务组(IETF)、因特网工程管理组(IESG)、因特网工程与规划小组(IEPG)、因特网分配号码管理局(IANA)以及因特网注册管理委员会。

Internet Software Consortium (ISC) 因特网软件联盟 一家非营利组织，通过因特网或 FTP(文件传输协议)开发可免费获取的软件和拟定因特网标准(如动态主机配置协议)。

internet storage name service (iSNS) 互联网存储命名服务 因特网工程任务组(IETF)的标准草案，提供对 iSCSI(小型计算机系统接口)设备的自动发现和认证支持。

Internet talk radio (ITR) 因特网无线电对话 一套在因特网上发布，与无线电广播相似的高质量音频程序，可在因特网用多址传播骨干网(MBONE)发布，每条程序都能够用文件传输协议(FTP)下载的音频文件传播。欲求详细信息，可通过 E-mail 地址 info@radio. com 询问。

Internet telephone 因特网电话 点对点话音通信，使用因特网而不是公共交换电信网连接呼叫方和被呼叫方。发送方和接收方均需要一台计算机、一个调制解调器或网卡、一个因特网连接以及一个因特网电话软件包用来拨打和接收电话。

Internet transport service 因特网传输服务 因特网中的一个基本的服务功能。包括实际传送规程和域名服务。从而保证每个与因特网相互连接的网络用户都有一个特定的地址。E-mail、Usenet(网络新闻组)和 FTP(文件传输协议)是三个典型的传输服务。

internetwork address sub-group (IASG) 网间地址子组 一个网络层地址范围，在网络层路由协议中介绍。

internetworking 网际互联，联网技术 (1)在具有不同协议的数据网之间传送数据的方法或技术。(2)一种由特殊网桥型硬件和软件连接的两个或多个相同或不同硬件类型网络的技术。

internetwork packet exchange (IPX) 网络互联包交换协议 一种在 Novell NetWare 中使用的网络协议，允许消息包在互联的网络之间的交换，基于施乐(Xerox)公司的 IPP，用这种协议运行于 NetWare 工作站上的应用程序能够利用 NetWare 网络驱动直接与网络上其他工作站、服务器或设备进行通信。参见 sequenced packet exchange (SPX)。

internetwork packet exchange/sequenced packet exchange (IPX/SPX) 网络互联包交换/顺序包交换

(协议) 主要用于 Novell 网的协议,可以通过路由器访问其他网络,能运行通常需要 NetBEUI 支持的程序。

Internet worm 因特网蠕虫 表面上作为无害试验而设计的一种流氓程序,并于 1988 年在整个因特网上传播,致使全世界成千上万台计算机系统过载并停止运转。该程序编写者为康奈尔大学计算机科学系毕业生小 Robert Morris,根据 1986 年的"计算机欺诈与滥用法规"被定罪,判处 3 年缓刑、400 个小时社区服务和 1 万美元罚款。

Internet 2 第二代因特网 由 120 多所美国大学、40 多家公司和 30 多个其他组织共同发起的下一代因特网研究项目。其主要技术目标是创建一个可伸缩、可交互操作和可管理的服务质量(QoS)体系,以便能够支持新的、不断涌现的高级连网应用。一些新的连网应用有:远程学习、远程设备的访问和控制、高级科学可视化研究以及连网协作等。为此 Internet 2 提出了相应的解决方案:①搭建超高速光纤网;②提供有千兆位传输能力的节点;③修改 IP(网际协议),将原来的 32 位地址 IP 协议称为 IPv4,新的扩展为 128 位地址的 IP 协议称为 IPv6。IPv6 应允许通过设置作用域来辅助多信道的传播。IPv6 应该提供更好的安全性,在新的 IPv6 协议中含有数据包头论证和安全包头封装。Pv6 更重视服务的类别,特别是实时的数据处理,能够进行优先权的分级和流量标记等。2001 年 7 月 6 日,中国高速互联研究试验网络(NSFCNET)在清华大学通过国家自然科学基金委员会组织的项目验收和技术鉴定。NSFCNET 首次实现了与 Internet 2 的连接,它是我国第一个采用了国产设备的高速密集波分复用光网。

InterNIC 因特网网络信息中心 Internet network information center 的缩写。

internodal 节点间的 在电信网络中,关于在网络的任何两个或多个节点间发生的事件,如传输或消息交换。

internodal awareness 节点间了解功能 通信系统软件为了共享信息而使用的一种功能。这些共享的信息包括:TCAM(远程通信访问法)的状态,该系统软件中的应用程序的状态以及选择键表项的内容。该功能由彼此相互通信的各 TCAM 系统中的节点通路系统服务程序提供。

internodal delay 节点间延迟 由于通过一个多路复用器节点的旁路通道而导致的数据延迟。

internodal destination queue 节点间目的地队列 在某些通信系统软件的扩充网络中,一种外部逻辑单元的目的地队列,它是实用(程序)通话中的合作者。

internodal message handler (IMH) 节点间报文处理程序 某些通信系统软件的扩充网络中的一种报文处理程序,它处理实用(程序)通话中的报文流。

internodal sequence number synchronization 节点间顺序号同步 通信系统软件的扩充网络中某一特定的系统服务程序的一种功能。它与节点间报文处理程序一起运行。当来自任何 TCAM(远程通信访问法)通信系统软件节点的顺序编号报文在实用(程序)通话中未被接收时,通过使用节点间顺序号同步请求复送;在实用(程序)通话中,当通过另一 TCAM 通信系统软件节点或扩充的操作员命令请求时,重新传输顺序编号报文流。

internodal sequence prefix 节点间顺序前缀 某些通信系统软件的扩充网络中的一种控制块,含有实用程序通话中报文流所用的顺序号信息。

internode routing 节点间路由 将 PIU(路径信息单元)从半会话到数据连接控制和从数据连接控制到半会话以建立不同节点中 NAU(网络可访问单元)之间会话的路径控制的能力。

intern procedure 内部过程 在某些操作系统中,定义一个原子的过程。

interoffice trunk 局间中继线 在同一交换系统中,本地中心局之间的一种直接中继线。

interoperability 互用性,互操作性 (1)衡量软件质量的一个重要指标。它指一个软件系统接收与处理另一软件系统所发送信息的能力,反映该软件系统是否易于与另一软件系统快速接口。评价标准通常有三个:①模块化;②通信通用化;③数据通用化。(2)两个或多个系统交换信息并相互使用已交换信息的能力。比较 compatibility。(3)互操作性是指不同的计算机系统、网络、操作系统和应用程序一起工作并共享信息的能力。

interoperable object reference (IOR) 可互操作对象引用 一个 CORBA(公共对象请求代理体系结构)对象的引用称为可互操作对象引用。在 CORBA 应用中,对对象的访问其实是通过对对象的引用来实现的,对象本身是不能被传递的。对于客户程序来说,对象引用是不透明的。也就是说,客户程序可以通过对象引用直接指向所请求的对象,但不能访问和修改对象引用的内容。IOR 能唯一标识一个 CORBA 对象,包含对象标识、接口类型以及其他信息。IOR 由 ORB(对象请求代理)创建、使用并维护。参见 common object request broker architecture (CORBA), object request brokers (ORB)。

interoperate 互操作 不同厂商提供的各种计算机系统之间,其硬件和软件能在实现相同协议标准,具有完全相同的意义下彼此操作、相互访问各类资源的能力。计算机系统通常要经过权威机构的严格审核和互操作测试后才可被确认为具有互操作能力。

interpacket gap 分组间隙 一个分组发送或接收的完成与下一个数据组发送或接收的开始之间的

时间。

interpenetration 交截 在计算机图形学中，指一个面穿透另一个面而引起面的相互覆盖。也称“穿插”或“贯穿”。当这种现象发生时，隐藏线消去算法就应设法处理这种冲突，一种办法是把穿透面从交线处分解成两部分。

interpersonal communication 人际传播 个人与个人之间的直接的面对面的信息沟通和情感交流活动。基于人际传播媒体形式的差异，还可以进一步划分为直接传播和间接传播两种形式。所谓直接传播，指的是传播者和受体之间无需经过传播媒体而面对面的直接进行信息交流的过程。直接传播主要是通过口头语言、类语言、体态语的传递进行的信息交流。间接传播是指在现代社会里的各种传播媒体出现后，人际传播不再收到距离的限制，可以通过这些传播媒体进行远距离交流。如网络传播。参见 network communication，mass communication。

interpersonal intelligence 人际智能 能很好地理解别人和与人交往的能力。这项智能善于察觉他人的情绪、情感，体会他人的感觉感受，辨别不同人际关系的暗示以及对这些暗示做出适当反应的能力。参见 multiple intelligences。

interpersonal messaging service 人际消息传递业务 电信系统的基于消息传送业务，在属于同一管理域的用户之间或属于不同管理域的用户之间，利用消息处理的消息传递业务。

interphase transformer 相间变压器 (1)当两个或多个大功率整流器并联工作且具有反向脉动电压时所给定的自耦变压器或互耦扼流圈组。(2)用以保证由不同相供电的多个换相组并联工作的电抗器。

interpolate 插值，内插 数学中，指根据一系列数值中的两个已知数值来估计位于其间的中间数值的过程。

interpolated resolution 内插式清晰度 借助软件算法改善扫描仪输出的方法。与完全依赖于电荷耦合器件(CCD)不同，使用内插式清晰度的扫描仪平均每对相邻 CCD 的读出并在它们之间插入一个额外的像素。虽然给定的内插式清晰度还不如光学分辨率那么好，但它改善扫描质量的性能价格比较好。

interpolation 内插法 (1)在两个已知值间找出一值并确定已知值和观察点值之间函数关系的过程。有很多方法可以实现内插，包括线性内插和三次样条内插。(2)当采用重定义尺寸、颜色减薄、变性或其他特殊效果使图像发生变化时，用来确定像素彩色值的算法。

interpolation error 插值误差 插值函数与被逼近函数的偏差。它可以用某种方式(如最大模、平方平均模等)来度量。

interpolation method 插值法 函数逼近的一种方法。常用来计算某一点的函数值。设给定函数 $f(x)$ 在 $[a,b]$ 上若干个互异点处的函数值或导数值，这些事先给定的点称为节点。据此构造一个简单函数 $\varphi(x)$，使其在节点处与 $f(x)$ 取相同的函数值或导数值，则 $\varphi(x)$ 称为 $f(x)$ 的插值函数。在 $[a,b]$ 上，用 $\varphi(x)$ 作为 $f(x)$ 的近似。当 $\varphi(x)$ 为 n 次多项式时，该插值称为 n 次多项式插值。

interpolation search 内插查找 有序表的一种查找方法。假定关键码值是数字且在下标区间里是均匀分布的，并且给定的关键码 K 在 K_i 和 K_r 之间，则下一次的探测位置大约位于 i 和 r 之间的 $(K-K_i)/(K_r-K_i)$ 这一点上。

interpolator 插补器 一种计算机算法或硬件电路，用于在一线段或轨迹线的两给定端点之间插补几个中间点，并向控制回路发送引用命令以协调这些插补点的动作，获得所要求的路径。

interposition trunk 座席间中继线 连接大交换台的两个座席之间的中继线，使一个座席上的线路得以与另一个座席上的线路接通。

Interpress language Interpress 语言 由施乐(Xerox)公司推出的一种页面描述语言。参见 page description language。

interpretation 解释 逻辑系统的语义：①对命题演算系统而言，解释即赋值，一种解释就是对命题变元的一种可能的赋值状况及对真值连接词的语义做出规定；②对一阶谓词演算系统而言，它由两个部分组成：一个是论域，常记为 D；另一个是映射，常记为 σ，使常元、函词、谓词分别对应 D 上的个体、函数及性质、关系。对给定解释 $I=\langle D,\sigma\rangle$，若公式 α 中所有自由变元已取得指派，那么 α 即可判定其真值。如果公式 α 在解释 I 下恒取真值，便称 I 为 α 的一个模型；如果公式集 Σ 中所有公式均以 I 为模型，则称 I 为公式集 Σ 的模型。

interpretation execution 解释执行 同 interpretive execution。

interpretation-guided segmentation 解释引导的分段 通过扩充部分的匹配过程，利用模型来帮助引导图像分割。

interpretation of a formula 公式的解释 设 F 为一公式，公式 F 的解释由一个非空域 D 以及对 F 中常值符、函数符、谓词符所作的如下指派之一所组成：① 对每一个常值符指派 D 中一个成员；② 对每一个 n 元函数符，指派从 D^n，即 n 次笛卡儿积，亦即 n 个 D 相乘 $(D\times D\times D\times\cdots\times D)$ 到 D 的一个映射；③ 对每一个 n 元谓词符，指派一个从 D^n 到真值集的一个映射。公式 F 在本解释下为真。

interpretation of electrical sounding curve 电测深曲线解释 对电测深曲线进行定性、定量分析和推断的过程。它包括研究地电断面、定性解释和定量解释三方面工作。研究地电断面，需要测定各岩层的电阻率数值,了解电性分层的特点。电测深定性解释是将测区所有曲线综合在一起,绘出各种定性解释图,用来分析地下构造的总轮廓。电测深定量解释主要是求出各层的厚度、深度,可绘出相应的地电断面。解释方法有对比理论曲线法、渐近线法和经验法等。

interpreted binary data **解释二进制数据** 存储字的内容解释为单独存在的二进制数,或者当作更大数据的一个组成部分。例如对于16位数据,可以看作有两组8位的存储字,即各8位的存储字内容可以看作一个16位字的高8位和低8位。在微型计算机中,这种数据的高8位和低8位不必连续存放,但连续存放可以简化处理。

interpreted language **解释性语言** 以解释方式执行(一个一个语句地解释和执行)的一种语言,而编译的程序则在执行前必须对所有语句进行翻译。BASIC、LISP 和 APL 语言是解释性语言。参见 compiled language interpret。

interpreter **解释程序** 用解释方式执行源语言(一般为某种高级程序设计语言)程序的软件系统。解释程序不把源程序翻译为可执行代码,而是由它自身依照程序中语句和控制所指定的意义直接进行对数据的处理和加工。用解释方式实现程序设计语言通常执行效率比较低,但这种方式可以提供更大的灵活性。有些语言(如 LISP, SMALLTALK),由于其内部机制的特点,只能用解释程序的方式实现,BASIC语言也大多用解释程序实现。

interpreter semantic model **解释程序语义模型** 也称"运算语义模型"。其含义是输入和执行序列之间的关系。参见 semantic model。

interpreting **解释技术** 当翻译和执行完计算机程序的每一条源语言语句之后,才去翻译和执行下一条语句的技术。

interpretive execution **解释执行** 源程序不是经编译程序全部翻译成目标程序后再开始执行,而是每个语句一经解释就立即执行,称为解释执行。由于它允许保留用户源语句中的全部信息,因而可以在源语言级上进行排错、修改等。解释执行加上多道程序设计可以实现对话式的操作。解释执行又可分为两种:①直接在源程序上解释;②将源程序转换为一种与它直接对应的但又便于解释的内部表示,然后在这种内部表示上解释执行。许多解释程序采用后一种实现方式。

interpretive executive **解释执行** 同 interpretive execution。

interpretive instructions **解释指令** 各种编译程序的程序段,能由旧的程序代码重新自动生成的程序,或在一台新的机器上解释旧的程序代码。

interpretive program **解释程序** 同 interpreter。

interpretive programming **解释性程序设计** 用伪机器语言编写程序。这种程序在计算机执行以前,通过计算机正确地转换成实际的机器语言指令。

interpretive routine **解释性例行程序** 对用伪代码书写的指令进行译码后并立即执行的一种例行程序。比较 compile。

interpretive trace program **解释跟踪程序** 一种解释程序,能提供源程序所转换成的机器码及该程序的每一步或所选定步的结果的记录。

interpretive translation program **解释翻译程序** 一种说明和处理程序执行的专用程序。它在执行下一条指令之前需将源语言的每条指令翻译成一串机器指令,并使之执行。即每当要执行指令时就对指令进行解释。

I

interprocess communication (IPC) **进程间通信** (1)指由多任务操作系统所提供的一个任务或过程与另一个任务或过程交换数据的能力。常见的进程间通信方法有管道、信号标志、共享内存、队列、信号和信箱等。(2)在某些操作系统中,程序之间进行数据通信以实现同步的进程,常用的进程通信方式是信号量、信号和内部消息队列。(3)网络上局部或者远程进程之间传输数据和消息以及提供服务的能力。通信可以是在程序的不同进程之间进行,也可以在各运行程序一部分的不同计算机之间进行,或者在两个协同的程序之间进行。

interprocess communication facility **过程间通信设施** 一种公用事件标志、信箱区或全局段,用于在两个或多个过程间传送信息。

interprocessor communication **处理机间通信** 在多机系统中,处理机之间的信息交换或它们在运行时相互之间的控制。它可以分为三级。①软件级通信,一个处理机的内存储器中的信息可以被另一个处理机所访问;②固件级通信,一个处理机中的微命令可用来产生另一个处理机的内部中断;③输入输出总线级通信,两个处理机的字节输入输出总线通过接口设备连在一起。

interprocessor interference **处理机间干涉** 处理机或输入输出设备同时存取主存储器而产生的存储器存取竞争,因存储器存取速度较慢而使得处理机的工作速度降低,称为处理机间干涉。

Interprogram **交互节目** 交互电视系统中提供视频点播的一种功能。

interprogram communication **程序间通信** 程序之间的信息交换或相互控制。它通过公用缓冲区、信号灯、信箱等形式进行。在多机系统中,并行运行的程序之间的通信除采取上述方式外,还采用执行相应的指令使相应的程序产生中断的方式。运行的程序受到交换信息或外部中断的制约。

interprogram communication module **程序间的通信模块** COBOL 程序设计语言的一个功能模块。它提供了使一个程序能和另一个或多个程序进行通信的能力。这个模块由一个空集和两个处理级组成。低处理级提供把控制转向另一个编译时已知的程序的能力，以及两个程序都能存取某一公共数据项的能力。高处理级增添了把控制转向到编译时未被标识的程序的能力，以及判定被调用的程序在目标运行时存区是否可用的能力。高处理级还可释放由被调程序所占用的存区。

interral arithmetic　间隔运算　由变量的取值范围表示运算精度。若 $a \leqslant x \leqslant b, c \leqslant y \leqslant d$，则间隔运算的四则运算规则如下：

$a+c \leqslant x+y \leqslant b+d$

$a-d \leqslant x-y \leqslant b-c$

$\min(ac, ad, bc, bd) \leqslant x \cdot y \leqslant \max(ac, ad, bc, bd)$

$\min(a/c, a/d, b/c, b/d) \leqslant x/y \leqslant \max(a/c, a/d, b/d, b/d)$（只要 $cd>0$）。

inter-record gap (IRG)　记录间间隔　(1)磁带上各个记录之间未用来记录信息的部分。如果记录不是分组的，也即是分开写在磁带上的，那么分隔它们的空白磁带称为记录间隔。它与分组记录的组间间隔有相同的使用目的。(2)介于数据项之间或数据记录的记录部分之间特别保留的一段空白或时间间隔。用来防止由于数据丢失或过量写入所产生的错误，并且允许停止及启动磁带操作。因为在驱动器操作中，磁盘或磁带转动速度往往稍有波动，所以新的数据不能很准确地恰好写入老的数据所占空间，如果磁盘、磁带没有记录间间隔，新数据就有可能会覆盖邻块的部分数据。

interrecord-separator character　记录间分隔符　二进制同步通信(BSC)规程中的一种传输控制字符，用于分隔数据块内的记录。

interrecord structure　记录间结构　数据库中各种记录型之间的联系。

interrelated databank　相关数据库　在人工智能机中，为了灵活存储和检索而存入表明各个事物和事件之间关系的数字的一种数据库。

interrogate　查询，询问　(1)指希望得到立即响应的一类查询过程。例如，网络中的主计算机通过询问其附连终端来确定终端的状态(准备好传输或准备好接收)。(2)在数据通信中，主站用来请求某一从站表示它的标识或其状态的过程。

interrogator　询问器　可引发应答器回答的无线电、雷达或声纳发射机。

interrogator-responsor　问答器　一种发射机和接收机的综合体，用来发出询问雷达信标的脉冲和接收与显示所得到的回答。

interrupt　中断　(1)程序运行中出现某种紧急事件而必须中止现行程序，转到指定的处理程序去处理此事件，然后再恢复原运行程序。这个过程称为中断。微型计算机通常能同时容纳若干个中断，按中断优先级顺序依次处理。此外，在执行重要的程序时，也能够禁止中断。(2)在数据传输时，接收站发出一个信号，使发送站停止传输的过程。引起中断的事件称中断源。识别中断源的代码称中断码。使某种中断暂时不起作用的措施称中断屏蔽。中断也称“自动中断”。(3)进程的挂起，程序由外部事件引起的可恢复的暂停。

interruptable instruction　可中断指令　在指令部分完成之后就允许中断的指令。对于大部分指令，完整执行一条指令就是一个操作。只能在两个操作之间允许中断，即中断只能发生在一个操作之后，和其后面那个操作开始之前。可以把执行一条可中断指令看成有若干个单位操作，而在两个单位操作之间允许发生中断。如果与一条可中断指令有关的所有单位操作都执行完成时，则该指令执行完成。如果指令在执行完某些单位操作之后，但不是全部单位操作之后发生中断，则在中断点以前的所有单位操作都已完成，该指令未完成的单位操作等处理完中断后继续执行。

interrupt acknowledge　中断应答[确认]　(1)在微型计算机中，连接外部系统总线的控制线，用来接受中断请求的一种中断信号。外部设备为了要将数据传送到输入输出接口，而将此中断应答信号当作恢复信号使用。此外，外部设备一旦接收到中断应答，则必须立即撤消该中断应答信号。(2)在PCI(外围部件互连)总线中，主机处理机通过产生两个背对背的中断确认总线周期来响应中断请求。如果中断控制器驻留在 PCI 总线上，那么就由主机/PCI 桥将这两个周期转换一个 PCI 中断确认总线周期。为了响应中断确认，中断控制器必须把与产生请求的最高优先级设备相对应的中断向量发回给处理器。参见 interrupt controller。

interrupt analysis　中断分析　对旧程序状态字中的中断码或中断寄存器保存的内容从左至右逐位地进行分析。当第一次遇到的中断位为“1”时，它就是引起本次中断的中断源，管理程序将使程序转入相应的处理程序。

interrupt capability　中断能力　在许多应用方面，通常要求非同步、或无法预测的事件的控制或中断能力。

interrupt class　中断级　参见 interrupt level。

interrupt code　中断码　识别中断源的代码。不同的中断码存放在不同的主存单元中。

interrupt code checking　中断码检查　引起中断的中断源处理完毕后检查还有没有中断需要处理的过程。即检查中断码是否为全“0”，若不全为“0”，说明还有中断等待处理，这时要去重复执行中断分析与中断处理，即找出待处理的中断位是哪一位，用其相对应的中断处理程序来处理。一直到中断码为全“0”时，本次进程处理中断才算结束。

interrupt confirmation packet　中断确认包　在 X.25 通信中，一个用于在收到中断消息包之后的回答消息包。

interrupt control block (ICB)　中断控制块　在某

些计算机系统中,含有中断信息(如链接信息和计数信息)的控制块。

interrupt controller 中断控制器 在PCI(外围部件互连)总线中,指一种总线设备。要求主机处理器进行服务的设备向中断控制器发出请求,中断控制器再向主机处理器发出请求,当主机处理器用中断确认作响应时,中断控制器就对未决的请求按优先级排队,把最高优先级设备的中断向量提供给处理器。

interrupt control routine 中断控制程序 中断发生后引出的程序。主要任务是保留现场,把被中断现场的各种参数如存储器的基地址、界地址、增量地址、向量长度和主要寄存器内容等存入规定的存储区,并初步分析中断源和中断的性质,根据其性质调入相应的中断处理程序,待查明原因后,恢复被中断的现场,再继续执行被中断的程序。

interrupt count pulse 中断计数脉冲 一种中断电平信号。它受时钟脉冲触发而改变状态。每个脉冲使计算机执行一条计数脉冲单元中的指令。

interrupt descriptor table (IDT) 中断描述符表 在Intel 386以上的RAM(随机存取存储器)系统中设置有一个IDT,专门用来存放256个中断服务、故障处理和陷阱程序的调用地址。在IDT中包含有服务门、中断门和陷阱门与之对应。参见general descriptor table。

interrupt device 中断设备 请求中断的外部设备,如通信装置或时钟信号生成器。

interrupt dispatcher 中断调度程序 微软Windows NT中内核陷阱处理程序的一个子模块,确定中断的来源并将控制交给处理该中断的程序。参见interrupt。

interrupt dispatch table (IDT) 中断分配表 在微软Windows NT中,当中断发生时内核用来定位中断处理程序的数据结构,这种数据结构在每个处理器中都有。参见interrupt dispatcher。

interrupt-driven 中断驱动 (1)由于外部事件引起的中断而激发的程序功能。(2)现代操作系统的主要特征之一。操作系统中各种事件的发生都是以中断或陷阱来通知操作系统的,没有中断,操作系统将处于静止状态。

interrupt-driven transfer 中断驱动传送 不需要等待就可以使一个装置传送数据,且允许不同的处理机继续执行一个程序(有时称为后台程序)的中断。当装置未准备好时,则执行中断处理机的后台程序,并启动中断服务程序的执行。当服务程序执行之后,后台程序恢复原程序。中断服务程序执行之后,后台程序恢复。

interrupted isochronous transmission 中断同步[等时]传输 同burst transmission。

interrupt enable 中断允许[启用] 一种程序指令,用于置位中断触发器,使得外部设备能够来中断处理机的当前工作。

interrupt enable and interrupt disable 中断开放和中断封锁 用来使中断控制触发器置位和复位的一些指令。一旦需要时,这些指令可用来封锁中断请求。在某些微处理机中没有这种功能,为了获得这种功能,可采用一个外加的选择开关来选通中断信号。选通开关可由微处理机的一条常规的输出指令来控制。

interrupt-enable flip-flop 中断启用触发器 由CPU使用的一种触发器,可以启用或封锁所连外部设备的中断请求。要使CPU能处理中断,就将中断启用触发器置位,否则,就对它复原。

interrupter 断续器 一种可周期性地阻断直流电流的流动,以便产生脉冲的、电气的、电子的或机械的设备。

interrupt filp-flop 中断触发器 为记录中断事件是否发生,所使用的具有存储功能的触发器。当一个中断源有中断请求时,其相应的中断触发器应置成“1”状态。多位中断触发器则构成中断寄存器。其中每一位对应一种中断源,称为中断位。中断寄存器中的内容称为中断字或中断码。处理机在进行中断处理时,根据中断字和中断位确定是什么性质的中断,以便用对应的服务程序来处理。

interrupt freeze mode 中断冻结状态 模拟计算机采用的一种术语。它表示系统处于维持状态,也称“冻结状态”。在这种状态下,计算机被中止运行,所有变量维持在运行中止时的值。

interrupt handler 中断处理程序 一个特定中断发生时执行的特殊例程。每一种中断类型都对应于一种特定的中断处理程序(如系统时钟更新或读键盘等)。当前运行的程序并不一定要调用这种中断,除非该中断是软件产生的中断或陷阱。在低存储区中存有包含每一种中断对应的服务程序入口地址的一个中断地址表,这些入口地址称为指针(有时又称矢量),因为它们指向中断处理程序的起始点。程序员可编写中断处理程序来取代或增补系统中已有的中断处理程序。例如,可用每次按键时都执行的一个程序来产生按键咔嗒声。中断处理的功能是:将被中断的程序停在指令周期的适当点上;保存中断现场;将中断条件记录在指定的存储单元之中;按照优先次序,转去执行中断子例程,并在执行完毕后恢复被中断的现场并返回中断点。

interrupt handling 中断处理 计算机对于中断的处理。当中断发生时,控制程序将被中断程序的寄存器及状态保存起来,然后将控制权转给中断处理例程。当中断处理完后,将被中断程序的寄存器及状态恢复成中断前的状态,并将控制返回该程序,使程序从中断点处继续执行。参见interrupt processing。

interrupt handling routine 中断处理例程 中断发生后用来处理中断的例程。它是管理程序或操作系统的一个重要组成部分。计算机响应中断后转入管理状态。首先保护被中断的现场,然后查询中断源,判明原因,决定转入相应的处理程序。中断处理完毕后,恢复现场,再继续执行被中断的程序。

interrupt identification 中断识别 各种输入输出中断是由于输入输出操作已结束或需要系统进行处理时产生的。通常将中断设备及通道的识别码存放在先前的程序状态字(PSW)中,并将设备及通道的状态存放在一个固定单元中。

I

interrupt information byte (IIB) 中断信息字节 多终端管理程序中的一种字。它包含先前向终端发送的或来自终端的输入/输出请求的状态。

interrupt inhibit 中断禁止 参见 interrupt mask。

interrupt inquiry 中断查询 处理中断请求进行的中断扫描。为了尽量减少中断等待时间,一般是在一条指令周期内查询一次是否有中断发生,一旦发现有中断请求就要响应。对于大多数中断请求,在每条指令执行结束时进行查询是比较合适的,由本条指令执行结果所产生的中断也可以及时查询。但对于某些性质的中断(如非法操作码、地址越界或自愿进管)指令等应更及时处理,一般在取指令阶段结束时就应查询和响应。因此,中断查询实质上是在指令周期内响应中断请求的一种时间选通。

interrupt interface 中断接口 能为中央处理机提供子例程地址并取得总线控制权的接口电路。中央处理机调用此地址的子例程,为外部设备提供中断服务。

interruption determinated microaddress 断定型微地址 后继微地址可由微程序设计者指定,或者根据微指令所规定的测试结果直接决定后继地址部分或全部地址值。这种微地址结构打破了顺序地址物理分配方式,也打破了顺序执行微指令的控制方式。每条微指令的地址必须由上一条微指令给出,每条指令对应的微程序段也不是连续的微程序块。断定型微地址一般分为两部分:一部分为非测试地址,可由设计者直接指定,占高位部分;另一部分为测试地址,由测试结果确定其地址值,占低位部分。测试地址位数多少与并行转移功能强弱是相互联系的。有 n 位测试位,微程序就可能有 2^n 路转移功能。断定型微地址结构的优点是能以较短的控制字段配合实现多路并行转移,提高微程序执行速度。其缺点是形成后继微地址机构比较复杂。一般大、中型计算机以及快速小型机中广泛使用断定型微地址结构。

interruption mask register (IMR) 中断屏蔽寄存器 在某些计算机系统中,一种 4 位(二进制位)的硬件寄存器,每一位对应一个中断优先级。根据各个位的设置状态,规定是否能识别该级中断。

interruption network 中断网络 连续不断监督计算系统运行的电路网络。该网络检测通常要求管理程序干预和指示的事件,并初启中断。

interruptive ratio of an arrester 避雷器的切断比 避雷器工频击穿放电电压的最小值与其额定电压之比。

interrupt latency 中断等待时间 从中断请求开始到请求得到响应之间的时间间隔。

interrupt level 中断级 由中断优先级相同的中断源所组成一个中断级。通常由硬件保证它们具有相同的优先级和统一的中断控制程序入口。当中断源很多时,可由硬件把各种中断源分为若干级(如分为一级、二级、三级等),且规定各级中的中断源同时发生且没有屏蔽时,中断系统先响应一级,然后才响应二、三级等。这样便于软件处理,同一级中断源的优先次序可由软件来安排或由中断位的左右次序决定。

interrupt level branch table (ILBT) 中断级转移表 在某些计算机系统中,一种含有各个中断级入口地址的表,按子级升序排列,用于中断该级和子级的服务例程。

interrupt level status table 中断级状态表 一种中断处理的管理表。发生中断时,根据其优先级转至中断处理程序。

interrupt lockout time 中断封锁时间 在实时操作中,迭代周期的那部分时间,在此期间禁止中断发生。

interrupt logging 中断记录 监视一个系统或调试一个程序时,对产生的中断所进行的记录。

interrupt log word 中断记录字 中断记录中设置某些位以说明中断的性质和原因等,这些位组成中断记录字。

interrupt mask 中断屏蔽 使某种中断暂时不起作用的措施。虽然出现了该种中断的条件,但不予处理,而中断源仍保留,直到解除屏蔽后才响应中断,中断屏蔽的具体办法很多。常用的方法是给每一个设备配备一个中断屏蔽触发器,当该触发器置“1”(或置“0”)时,表示相应的设备处于被屏蔽的状态,不允许提出中断请求;当该触发器置“0”(或置“1”)时,表示相应的设备未被屏蔽,可以提出中断请求,当中断处理机响应某一设备的中断请求之后,便通过屏蔽指令把中断优先级不高于该设备优先级的全部设备的中断请求屏蔽起来。

interrupt mask bit 中断屏蔽位 用来防止中央处理机响应中断请求而设置的一个特殊位。只有当该位被程序定为无效状态时,中央处理机才能响应中断请求。它也可由专门的屏蔽字来改变。

interrupt mask word 中断屏蔽字 在计算机系统中,用来开放或封锁中断而使用的字。该字中的每一位与一个请求源相对应。它是用来允许或禁止该中断的,这些标志位称中断屏蔽位。中断屏蔽位中为某种状态(如为“1”)表示不响应相应的中断(即该中断源暂不起作用),此时称为中断屏蔽,反之为中断开放。

interrupt mode 中断方式 一种基本分时系统的处理方式，中断驱动程序在后台透明地运行，而前台可以不断地为其他用户所用。

interrupt module 中断模块 起着许多优先级指定字段连接点的监督程序的作用，并在这些外部优先级请求已产生时通知计算机的装置。

interrupt nesting 中断嵌套 当微处理机正在处理一个中断时，如果又出现较高级的中断请求。这时微处理机就禁止正在处理的中断，转向处理后来的较高级的中断，这称为中断嵌套。

interrupt network 中断网络 计算机系统中连续监视操作的电路网络。网络能检测通常要求管理程序干预和定向，并启动中断的事件。

interrupt object 中断对象 微软 Windows NT 中一个允许设备驱动程序将中断服务程序与中断请求级相关联的内核对象，是一个控制对象，包含中断服务程序的地址、设备中断时的中断请求级、以及内核中断分配表(IDT)中与中断服务程序有关的入口。参见 interrupt dispatch table, interrupt request level, interrupt service routine。

interrupt oriented 中断导向 利用中断使系统检查指令不妨碍程序的执行，称为中断导向。中断信号可由处理机及所有输入输出设备产生。

interrupt packet 中断包 在 X.25 通信中，一个允许接受正常数据包的消息包，按顺序方式提交。

interrupt priority 中断优先级 响应中断请求的优先次序。各类中断的出现是随机的，有可能同时出现多个中断要求中断系统予以处理，为此根据中断源出现的性质，按轻重缓急对多个中断源进行排队，称之为中断排队，根据排队结果将中断源分成若干级，最高级中断优先得到响应。

interrupt priority level 中断优先级 同 interrupt priority。

interrupt priority system 中断优先级系统 每一类中断各有一个指令优先级的系统。当某一类中断发生时，其他较低优先级中断不被响应，直到这一类较高优先级中断处理完为止。但若较高优先级中断在较低优先级中断处理尚未完成时发生则将立即得到响应和处理。

interrupt priority table 中断优先级表 为计算机提供完整的中断处理能力而设立的表。表中列有处理和测试中断的优先次序。

interrupt processing 中断处理(技术) 不同的计算机对中断的处理各具特色。但一般都具备下述功能：①被中断的程序停在指令周期的某一适当的点上；②将中断时的现场(包括寄存器、程序状态字等内容)保存在指定的存储单元中；③将中断条件(如中断级别、通道或设备号码等)记录在指定存储单元中；④按照一定的优先次序，转去执行某一中断子例程，并在执行完毕后恢复被中断时的现场并返回到中断点。

interrupt program time-out 中断程序超时 有些系统允许用户设置中断系统无效的时限，超过此时限后，若一程序或系统的错误欲禁止中断，则产生不可禁止中断以进行修改程序。这一过程称为中断程序超时。

interrupt register 中断寄存器 一个专用于存放处理中断所需数据的寄存器。

interrupt request (IRQ) 中断请求 中断源要求处理机为之服务而发出的请求信号。每个中断源都在其内部或与主机的接口中设置一个中断请求触发器。当请求中断时将其置“1”，否则置“0”。各种故障中断一般用故障标志触发器兼做中断请求触发器。各种输入输出设备要提出请求中断信号，一般须具备如下条件：①设备工作已经完成，可以接收或输出下一个数据；②该设备未被屏蔽；③没有更高级的中断源同时请求中断。

interrupt request (IRQ) conflict 中断请求[IRQ]冲突 两种不同的外部设备在 Wintel 计算机中央处理单元中使用相同的 IRQ(中断请求)请求服务的状况。IRQ 冲突将阻止系统正常工作；IRQ 冲突可以通过使用即插即用硬件和软件避免。

interrupt request level (IRQL) 中断请求级 由优先级决定的中断顺序。参见 masking interrupts。

interrupt request lines 中断请求线 各种外部设备，如输入/输出端口、键盘、磁盘驱动器等藉以将中断(服务请求)信号送给微处理器的硬件导线。中断请求线是计算机的内部硬件，赋有不同的优先级，因而微处理器可确定到来的各个中断服务请求的相对重要性。需关心中断请求线的主要是处理低层硬件操作的程序员。

interrupt request signal 中断请求信号 当发生中断时，由中断源产生的信号。该信号可立即暂时停止程序的正常执行，请求系统处理中断，并将控制交给相应的中断处理程序。

interrupt response 中断响应 当某个设备提出中断请求后，中央处理机在适当的时候予以响应，并暂停原程序的执行而转去为该设备服务。这个响应称为中断响应。中央处理机响应中断的条件通常是：①一条指令已执行完，而不是在执行的中途；②当前执行的不是停机指令，并且控制台上没有按下停机按钮。如发生此情况，应先执行停机；③当前的程序允许中断，即处于开中断的情况下。中断响应之后，通过执行一条中断隐指令，完成关中断，保存现场，将中断服务程序的入口地址送入程序计数器，然后转去执行服务程序。

interrupt response time 中断响应时间 由发出中断信号至启动中断处理子例程所需的时间。

interrupt return 中断返回 中断处理完毕，返回到被中断的原程序的过程。它一般是在中断服务子例程末尾安排一条返回指令，将原程序被中断的断点送到 CPU 的程序计数器中，继续执行原程序。

interrupt service routine 中断服务例程 （1）一种专用例程。用来将机器的目前状态正确地存入堆栈中，以响应中断请求、执行中断所要求的工作、恢复机器原有状态，然后重新开始被中断程序的执行。（2）在微软 Windows NT 中，指当设备发生中断时，内核中断处理程序调用的设备驱动程序中的一个例行程序，这个程序阻止设备产生中断，保存设备状态信息，然后把设备驱动程序延迟过程调用(DPC)排队完成中断服务。参见 deferred procedure call (DPC)。

I

interrupt service task (IST) 中断服务任务 某些小型计算机系统中的用户任务或系统提供的任务，它连接到一个 I/O 中断上，当发生中断时，由第一级中断处理程序(FLIH)调度。

interrupt serving 中断服务 使中断能立即引起计算机注意的能力。这种能力在多数通信控制器中十分重要。中断可由控制器的不同条件所产生，包括检测到错误条件或读到要求立即采取动作的特殊字符。可以产生中断的典型条件是在接收和发送信息，时接收到报文结束(EOT)或块结束(EOB)。利用中断能力，可以减少计算机检测这些特殊条件所使用的费时的扫描操作。有些控制器在收到每一字符后便给处理机发出中断。有些控制器则面向报文，仅在报文或传输结束时才给处理机发中断。

interrupt signal 中断信号 （1）通知计算机本身和过程的状态发生了变化，需要进行处理的信号。（2）管理主计算机输入/输出动作及外围辅助系统的控制信号。该信号用来要求主计算机立即响应，并使程序控制转到与中断启动事件相连的特殊地址。

interrupt source 中断源 引起中断的事件称为中断源。一般有以下几种：①硬件故障，如电源掉电，奇偶校验错等；②程序事件，如定点溢出、除法错、非法操作、程序要求启动外部设备等；③输入输出事件，如输入输出操作完成，或发生错误；④用户要求进入管理状态；⑤外部事件，如计时器满，控制台置某个控制开关等。

interrupt spot 中断现场 中断时的各种软件状态（如作业名称、级别、上、下界值，各种软件状态和标志等）和硬件状态（如现行指令地址、条件码等状态信息、各种控制寄存器内容以及能被所有程序使用的通用寄存器内容）。

interrupt stack 中断栈 中断服务执行时所使用的系统栈。任何时刻，处理机或者以用户方式、管理方式、执行方式、核心方式在进程关联中执行，或者以核心方式在系统范围的中断服务关联中执行。究竟是在哪种关联中执行，由中断栈和处理机状态字决定。中断栈是不进行关联转换的。

interrupt system 中断系统 计算机内部自动处理中断的系统。它包括记录中断请求的寄存器，产生中断隐指令的逻辑线路及其他逻辑网络。其基本功能有：①按中断优先级高低处理中断；②决定中央处理机何时检测中断请求信息；③决定中央处理机响应中断的条件和方式；④保存中断现场；⑤确定中断源；⑥决定如何执行中断服务程序，如何返回被中断的子例程。中断的概念早在 20 世纪 50 年代就已经提出来了。当时仅局限用于控制输入、输出设备，解决主机与外部设备之间速度不匹配的矛盾。现在，中断系统已成为整个计算机系统必不可少的极其重要的组成部分。当今计算机应用如此之广泛与中断系统是分不开的。没有中断系统，通道的工作是难以执行的；多道程序和交互式的运行方式是很难用分时实现的。另外在实时处理、故障处理、程序的监视和跟踪、目态程序和操作系统的联系和多处理机系统中各 CPU 之间的联系等都离不开中断系统。所以，中断系统的设计质量是衡量机器性能的一项重要技术指标。

interrupt trap 中断捕获，中断陷阱 在程序控制下设置的一个开关，用于表示停止或允许中断。

interrupt trigger signal 中断驱动信号 用以中断中央处理机内的正常操作序列。

interrupt vecting 中断向量化 为提高中断处理速度而采用的一种中断方法。在某些系统中，中断的处理是个软件查询问题，一个查询序列通常有一个对应的程序，此种查询方式是识别中断的最简易的方式，但在某些应用中速度太慢。

interrupt vector 中断向量[矢量] 为各种中断提供唯一的中断服务程序的起始地址和中断后的处理机的状态字。中断请求被响应后，先保存部分现场，然后送出相应的向量地址，使程序转到相应的中断处理程序入口。所有入口地址和状态字合在一起称为中断向量。不同级的中断具有不同的中断向量地址。

interrupt vector table 中断向量表 参见 dispatch table，interrupt vector。

interrupt waiting time 中断等待时间 从中断发出请求开始到得到中断响应之间的时间。在此期间，处理机判别中断源，并根据中断寄存器和中断屏蔽寄存器的信息及排队判优逻辑来决定是否响应中断。

interrupt word register 中断字寄存器 在计算机的中断系统中，按照中断源的性质而分成级，每级包括若干种中断原因。例如在程序性中断里，包括定点溢出、除法出错、地址超界等。用二进制来表示各种中断所组成的信息组称为中断字。存放这些中断字的寄存器称为中断字寄存器。

intersatellite link 卫星间链路，星际链路 通信卫星之间的信息传输（不是卫星和地面站之间的传输）。

intersect 相交，交集 数据库管理所用的关系代数中的一种运算符。给定两种可求并的关系（表格)A 和 B,对应的字段具有相同的数据类型,这样 A 与 B 的相交(INTERSECT A,B)建立了第三个关系,该关系只含有 A、B 关系均包含的那些行。

intersection **"与",逻辑乘** 同 conjunction。

intersection data **相交数据** (1)数据库管理系统用语。当两个数据段之间存在着一种联系时,就可能有一些与此种联系有关但与任一段本身无关的数据,称为相关数据。(2)现实世界中绝大部分实体的属性是只依赖于某个确定的实体的,但也有一些实体的属性,既不单独取决于实体甲,也不单独取决于实体乙,而取决于实体甲和实体乙两者的结合。反映这些属性的数据称为相交数据。对这种数据要用网状结构来表示。

intersection gate **"与"门** 同 AND gate。

intersection of sets **集合之交** 由既属于集合 A 又属于集合 B 的元素组成的集合称为 A 和 B 之交,记为 $A \cap B$。集合之交满足交换律、结合律和幂等律。

intersection of two graphs **两个图之交** 给定两个图 $G_1 = \langle V_1, E_1 \rangle$ 和 $G_2 = \langle V_2, E_2 \rangle$,如果 G_1 和 G_2 至少有一个公共节点,由节点集之交和边集之交构成的图称为 G_1 与 G_2 之交,记为 $G_1 \cap G_2$,即 $G_1 \cap G_2 = \langle V_1 \cap V_2, E_1 \cap E_2 \rangle$。

intersection searching **交叉搜索** 利用语义网表达知识进行问题求解的一种早期的方法。它从两个节点的每一个节点同时开始搜索,观察它们的交叉节点,以寻找对象之间的关系。

intersection set **交集** 由两个集合的所有共同元素组成的集合。设两集合为 A、B,集合 A、B 的交集 C 记为 $A \cap B$,则交集 C 就是 A、B 经交运算所得到的集合,"∩"是交运算符号。其形式定义为 $A \cap B = \{x \mid x \in A \text{ 且 } x \in B\}$

interstage transformer **级间变压器** 供两级之间耦合用的变压器。

interstation interference **台间干扰** 从另一发送机送来的,波长相同或相近的信号所构成的一种干扰。在短波通信中,由于电台十分拥挤,这种干扰经常出现。

inter storage **内存储器,内存** 可由运算器直接访问的存储器。一般用来存放指令与数据,受中央处理机控制。例如主存储器和各种缓冲存储器。它是计算机的一个重要组成部分。

inter switching system interface (ISSI) **交换系统间接口** ISSI 是交换式多兆位数据服务(SMDS)中两个交换机间的接口或两个城域网交换系统(MSS)之间的接口,该接口允许在一个城域网之内或以外扩展 SMDS 的服务。其规范基于 ISSI 协议。ISSI 协议体系结构由三级组成,但与 OSI(开放系统互连)的分层无对应关系,它的最低两级是基于分布式队列双总线(DQDB)城域网协议(由 IEEE 802.6 标准定义)。第一级定义传输链路的特性和连接传输链路的方法,使传输系统子层的服务适配于一般的物理服务;第二级为可变长度的第三级数据单元提供位差错检测和组帧等功能,将可变长度数据分成 4 四个字节的 SMDS 信元和重新组装数据;第三级提供重组、转发、接收分组以及路由管理和拥塞管理等功能。参见 switched multi-megabit data services (SMDS)。

intersymbol dependence **码间相关性** 在密码学中,指密码间的一种性质:一个密文块的每一位都是输入明文块以前所有位的充分复合函数。密码块链接显示了码间相关性。

intersymbol interference (ISI) **符号间干扰** 在数字通信中,由于脉冲扩展引起的各信号元之间的干扰。符号间干扰是由无线电波传输多径与衰落,以及抽样失真引起的。

intersync mode **互同步方式** 在多道并行读写的数字磁记录系统中,利用磁道之间的信息相关性来产生公共读出时钟信息的一种外同步方式,如在采用逢"1"变化不归零制的 7 道或 9 道标准 0.5 英寸磁带机中,采用了横向奇数奇偶校验,因此,每一行信息中至少有一位是"1"。于是可以采用对横向同一行信息求和的方法来产生每一行信息的公共读出时钟信息。此方法不需占用专门的磁道来记录读出时钟。

intersystem communication **系统间通信** (1)通过数据交换或数据互换的方法,在系统间进行的数据传输。(2)两个或两个以上的计算机系统共享输入输出设备和存储器,并利用共享输入输出通道或直接与中央处理机相连接的通道彼此传送信息。

intersystem communication function (ICF) **系统间通信函数** 在某些操作系统中,一个允许程序与另一个程序或者系统进行交互式通信的函数。

intersystem electromagnetic compatibility **系统间的电磁兼容性** 给定系统与它运行所处的电磁环境或与其他系统之间的电磁兼容性。影响系统间电磁兼容性的主要因素是信号及功率传输系统与天线之间的耦合。

intertask communication **任务间通信** 不同计算机上的用户任务之间交换数据信息和/或控制信息。

intertoll trunk **长途局间中继线** 在不同的电话交换系统中,长途电话局之间的中继线。

inter-turn insulation **匝间绝缘** 相邻匝之间的绝缘。

interturn test **匝间试验** 为检查匝间绝缘的完好情况而进行的试验。试验时,以规定幅值的电压施加于绝缘导体的相邻匝之间。

interval arithmetic **区间运算** 一种数值计算方法。其中指定的每个变量均在某一闭区间内,而且每次算术运算的区间包含了从对应于操作数的区间中所选任何操作的所有值。

interval estimation **区间估计** 参数估计的一种形

式。依据抽取的样本,根据一定的正确度与精确度的要求,构造出适当的区间,作为总体分布的未知参数或参数的函数的真值所在范围的估计。参见 parameter estimation,point estimation。

interval graph 区间图 令 $I_1=[a_1,b_1], I_2=[a_2,b_2],\cdots,I_n=[a_n,b_n]$ 是 n 个非空的闭区间。构造节点集为 $\{I_1,I_2,\cdots,I_n\}$ 的简单图,当且仅当 $I_i\cap I_j\neq\varnothing$ 时,I_i 与 I_j 有边相连,这样得到的图称为区间图。在区间图中,任意一个长度>3 的回路必存在一条边连接回路中两个非相邻的节点,这种图也称"三角形化图"。

I

interval migration 区间迁移 在分层存储管理程序中,在指定的时间间隔内,当初始卷的占用达到或超出高阈值时自动产生的迁移。从该卷上先移去最老的数据集,直至占用率达到低阈值。

interval mode 区间方式 在 MSS(海量存储系统)中,系统初启的暂存功能的一种操作方法。它允许选择卷上的非虚拟存储存取方法(non-VASM)数据集暂存在用户定义区间内,并且不在用户定义区间上编目。参见 continuous mode。

interval-oriented method 面向间隔法 一种基本的修改仿真程序系统的时钟时间方法,其原理是由程序确定一个最小的时间间隔 Δt,每次把时钟时间向前拨一个间隔 Δt,再扫描察看有无事件将在该时刻发生,如没有,就再往前拨一个 Δt,一旦发现到达某事件发生的时刻,就对该事件进行仿真。

interval service value 区间服务值 在系统资源管理程序中,包含在周期定义中的信息的类别,周期定义规定在任何区间内有关作业将要接收的最小服务量。

interval timer 间隔计时器 (1)计算机内部的一种计时器。它经过预定的时间间隔,可以发出信号产生中断。时间间隔的大小由程序设置。(2)一种可在预定时间期满时发出信号的仪器,它可在该时间间隔的末尾激励一个开关。也称"定时器"。

intervention-required check 请求干预校验 某些印刷子系统中的一种意外的不同步条件。它需要通过外部干预清除,如打印纸或增色剂出了问题等。

interword blank 字间空格 同 word space。

interword gap 字间间隔 在串行计算装置中,字和字之间的时间或空间间隔。如磁盘、磁带或磁鼓上的字之间所允许的时间或空间间隔。

interword space 字间隔 同 word space。

interwork (交)互工作 不同计算机系统上的用户程序或用户进程能够在满足互联和互操作性的网络环境中,在相同的操作意义下彼此合作、相互协调一致工作的能力。

interworking 互通 互通是指不同物理实体(网络或设备)在互联后业务信息能够透明传输,各项性能满足规定的要求,各种功能能够相互协调工作。互通的范围包括网络的互通和设备的互通等。互通的基本内容包括提供预先规定的业务、性能和功能等,互通的内容根据网络、设备以及开放的业务不同而有所不同。互通可以分层次,如可以分业务上的互通、功能上的互通和协议上的互通等。网络的互通的前提条件是设备的互通。

interworking function (IWF) 互通功能 可提供互通(网络互通,业务互通,补充业务互通或信令互通)的网络功能实体,它可以是一个或多个逻辑或物理实体。它是通过把状态和协议变换或映射成一致的网络和用户业务的手段,来隐蔽在物理链路和网络技术上的差异的装置。

interworking unit 互通设备 网关的另一个名称。

interzone call 区间呼叫 大城市被划分成许多交换区,两个区域之间的呼叫称区间呼叫。

INTESAT 国际通信卫星联盟 International Telecommunications Satellite Consortium 的缩写。

intonation 声调,语调 在单个字或短语上的主音调。

intrabuilding network cable 楼内网络电缆 从楼入口点连接到设备间、交叉连接点或楼内其他配线点,并延伸到外部配线架的电缆。

intracell handoff 小区内切换 在同一个小区的无线信道之间交换一个正在进行中的通话,而不使其中断的操作。

intra coded picture (ICP) 帧内编码图像 也称"I图",帧内编码图像为不用基准图像编码作为基准所产生的图像。ICP 特点是:数据量最大;帧内中等程度压缩;无运动预测,可采用自相关性,即帧内相邻像素、相邻行的亮度、色度信号都具有渐变的空间相关性,可作静止图像处理,无条件传送;图像可随机进入压缩图像数据序列,进行编码。参见 intra picture。

intraconnection 内连 在一个芯片内或一个功能模板内元件之间的连线,如插件内部或组件内部的连线。

intradimensional routing 维内路由 一种通信网络中的自适应电路转接路由算法,在多维超立方体网络中以固定方式通过每一维的通道,从高维到低维的次序建立通路,如果其中一个链路忙则通过另一维的节点绕回原路径。

intra frame coding 帧内编码 预测编码的一种,只用到帧内像素的处理。主要用于对静止图像处理的 JPEG(联合图像专家小组)就是使用帧内编码方法。

intraframe compression 帧内压缩 也称"空间压缩"。当压缩一帧图像时,仅考虑本帧的数据而不考虑相邻帧之间的冗余信息,这实际上与静态图像压缩类似。帧内一般采用有损压缩算法,由于帧内压缩时各个帧之间没有相互关系,所以压缩后的视频数据仍可以以帧为单位进行编辑。帧内压缩一般达不到很高的压缩。比较 interframe compression。

intramodal dispersion 模内色散 在光纤中由光源有限宽度产生的色散。

intramodal distortion 模内畸变 在光纤的给定的模内，由色散引起的畸变。

Intranet (企业)内联网 (1)使用因特网技术，为企事业单位的内部业务处理和信息交流而建立的专用网。通常采用一定的安全措施与企事业外部的因特网用户相隔离，对内部用户在信息使用的权限上也有严格的规定。(2) Intranet 这个词及其技术，首次出现是在 1995 年 4 月美国《数据新闻与评论》的一篇文章中，它是因特网技术在企业内部的实现。它能够以很少的成本和时间将一个企业内部的大量信息资源透明地传递到企业的雇员的“桌面”。有时也可授予其商业伙伴和其他公司具有安全保证的访问权限。Intranet 技术主要用于如下领域：发布企业文档，访问共享目录，企业内部通信，简单群件功能，电子邮件，软件发布，建立最终用户舒适界面。Intranet 的建立很容易，如一个公司只需要在它的 LAN(局域网)或 WAN(广域网)中放置一台 Web 服务器，提供用户“Web 浏览器”，或者如果需要，建立防火墙并在网络中实现 TCP/IP(传输控制协议/网际协议)。参见 Extranet。

intranode routing 节点内路由 在节点内部各 NAU(网络可访问单元)之间传递 PIU(路径信息单元)以建立会话的路径控制的能力。

intrapartition destination 分区内目的 一个用于作为 CICS(用户信息控制系统)区内部另一个任务的输入数据的临时数据队列，与 extrapartition destination 对应。

intrapersonal intelligence 自我认知智能 自我认识和善于自知之明并据此做出适当行为的能力。这项智能能够认识自己的长处和短处，意识到自己的内在爱好、情绪、意向、脾气和自尊，喜欢独立思考的能力。参见 multiple intelligences。

intra picture (I picture) I 图像，帧内图像 编码时采用类似 JPEG(联合图像专家小组)的帧内 DCT 编码，I 图像的压缩率是几种编码类型中最低的。参见 bidirectional predictive picture (B-picture)，predicted picture (P-picture)。

intrarecord data structure 记录内数据结构 在 COBOL 语言中，全部由连续数据描述项子集定义的局部记录组和元素项的集合，这些数据描述项包括所有描述记录内数据结构的级号大于第一个数据描述项的项。

intrarecord structure 记录内结构 一种记录型中各种数据项之间的联系。

intra-site automatic tunnel addressing protocol (ISATAP) 内部站点自动隧道寻址协议 ISATAP 是点到点的自动隧道技术，通过在 IPv6 报文的目的地址中嵌入的 IPv4 地址，可以自动获取隧道的终点。ISATAP 可以用于在 IPv4 网络中 IPv6 路由器-IPv6 路由器、主机-路由器的连接。由于不要求隧道节点具有全球唯一的 IPv4 地址，可以用于内部专用网络中各双栈主机进行 IPv6 通信，所以 ISATAP 适用于在 IPv4 网络中的 IPv6 主机之间的通信或 IPv4 网络中 IPv6 主机接入到 IPv6 网络的通信。

intrasystem communication 系统内部通信 一个允许运行在同一系统中两个不同的作业内的两个程序通过 ICF 文件进行通信的函数。

intra-system electromagnetic compatibility 系统内的电磁兼容性 在给定系统内部的分系统设备及部件相互之间的电磁兼容性。影响系统内的电磁兼容性的主要因素是耦合。耦合方式有导线间的电感、电容、电场及磁场耦合，还有系统内公共阻抗耦合及天线与天线之间的耦合。

intrasystem wiring 系统内接线 用于连接系统元件的接线，如连接 PBX(专用交换分机)和其工作站。

Intraware 内协软件 公司的专用内联网使用的群件或中间件。内协软件通常包括电子邮件、数据库、工作流以及浏览器应用程序。

intrinsic-barrier diode 本征阻挡层二极管 具有分隔 P 型区和 N 型区的本征材料薄层的 PIN 二极管。

intrinsic carrier density 本征载流子密度 本征半导体材料中空穴和自由电子的平均密度。

intrinsic characteristic 本征特性 材料自身与杂质无关的特性。

intrinsic coercive force 固有矫顽力 为使处于对称和周期性磁化条件下的磁性材料的固有感应降到零所需要的磁化力。

intrinsic condition 本征状态 仅由那些在原始半导体材料(不是由杂质元素所产生)中存在的空穴和自由电子的运动所导致的导电性。

intrinsic coupling loss 固有连接损耗 光纤系统中两根光纤连接时，由于光纤参数的差异(如光纤直径、折射系数和波形场半径等的不匹配)而引起的插入损耗。同 intrinsic joint loss。参见 extrinsic coupling loss。

intrinsic flux 固有磁通量 均匀磁化的磁性材料中的固有磁通密度与横截面的乘积。

intrinsic font 固有字型 在 Macintosh 计算机中，有现成位映图像存在，不加修改就可以使用的一种字型。固有字型是计算机可在内存中找到并照搬使用的一种字型。比较 derived font。

intrinsic function 内(蕴)函数 由程序提供的一种函数，与编译程序提供的函数不同。比较 external function。

intrinsic hysteresis loop **固有磁滞回线** 表示在磁场于相等的正负值间周期性变化的条件下固有磁通密度和磁场强度间相互关系的曲线。磁滞回线表现为回线的上升与下降路线不重合。

intrinsic image **本征图像** 表示景物的重要物理特性的"图像",或称参数矩阵。本征图像记录了图像中像素的重要物理特性(如表面反射率、深度、方位、表面不连续性、封闭轮廓、速度等)。表示这些特性的参数称为本征参数。

I

intrinsic induction **固有感应** 在给定的磁介质中存在的附加磁感应,如果该介质是真空,则对相同的磁化力在相同的位置将有更大的固有感应。也称"固有磁通密度"。

intrinsic joint loss **本征连接损耗** 当两根光纤连接时,因光纤参数不匹配而引起的光纤本征的光功率耦合损耗。同 intrinsic coupling loss。

intrinsic-junction transistor **本征结型晶体管** 一种在基极和集电极各层之间夹有 I 型半导体层的四层晶体管,如 PNIP、NPIN、PNIN 和 NPIP 晶体管。

intrinsic layer **本征层** 半导体材料的一层,其性质基本上与无掺杂纯净材料的性质相同。

intrinsic mobility **本征迁移率** 在本征半导体中的电子的迁移率。

intrinsic noise **固有噪声** 由设备或传输路径所产生的噪声,与调制无关。

intrinsic permeability **固有磁导率** 固有感应与对应的磁化力之比值。参见 intrinsic induction。

intrinsic procedure **内部[固有]过程** 高级语言中的过程分为两类,一类是系统已有的,称为内部过程或称为固有过程;另一类是程序员写的,称为外部过程。使用前者时,程序员只要调用即可。

intrinsic property **固有特性** 具有理想晶体特性的半导体之特性。

intrinsic region **本征区** 其电流由近似相等数量的电子和正的空穴构成的半导体区域。

intrinsic semiconductor **本征半导体** 也称"I 型半导体"。一种热平衡下,导电电子和可动空穴密度几乎相等的高纯半导体,或完全相等的理想半导体。比较 extrinsic semiconductor。

intrinsic temperature range **本征温度范围** 半导体的电荷-载流子浓度基本上与理想晶体的电荷-载流子浓度相同时的温度范围。

introductive review **介绍性评审** 在软件工程中,在每个阶段的开始时实施的工作,将上阶段的工作"介绍"给本阶段,并对本阶段的任务做到心中有数。审查本阶段的功能目标,明确本阶段中各人的职责分工,检查移交给本阶段的材料,找出潜在的问题并对之调查研究。

introspection **自我训练** 软件心理学中最简单的研究形式。训练的方法是根据每个程序中各式各样的个性进行的自我反省。要求软件设计人员在设计和开发系统时,关心和琢磨如何编写、研究和调试程序,怎样编写文档资料以及方便查询等问题,并将它们的考虑和想法放到各自的实践中去体验,然后回到一个共同的小组来交流它们的文件说明、注释技术、助记变量名、框图、模块、调试工具等。

intruder **入侵者** 搜寻和非授权使用数据通信系统。通常指在计算机或计算机网络上,怀有恶意企图的未经授权的用户或未经授权的程序。

intrusion **入侵** 未经授权进入他人信息系统的行为。广义上可表示系统内部发生的任何违反安全策略的事件,其中包括如下的威胁类型:①外部入侵者:系统的非授权用户;②内部入侵者:超越合法权限的系统授权用户;③违法者:在计算机系统上执行非法活动的合法用户;④恶意程序:如病毒、特洛伊木马程序、恶意 Java 或 ActiveX 程序等;⑤探测和扫描系统配置信息和安全漏洞,为未来攻击进行准备工作的活动。同 invasion。

intrusion alarm **入侵报警** 一种光电的、电容控制的、电气的、声学的或其他的系统,用来发出警报,宣告入侵者出现在防护区边界或内部。

intrusion alert protocol (IAP) **入侵警报协议** IAP 用于交换入侵警报信息,是运行于 TCP(传输控制协议)之上的应用层协议。参见 intrusion detection working group (IDWG)。

intrusion detection **入侵检测** 对入侵行为的检测。它通过收集和分析网络行为、安全日志、审计数据、其他网络上可以获得的信息以及计算机系统中若干关键点的信息,检查网络或系统中是否存在违反安全策略的行为和被攻击的迹象。入侵检测作为一种积极主动地安全防护技术,提供了对内部攻击、外部攻击和误操作的实时保护,在网络系统受到危害之前拦截和响应入侵。

intrusion detection exchange format (IDEF) **入侵检测交换格式** 一种由 IDWG 负责定义的通信格式。它为 IDS(入侵检测系统)各部分之间甚至不同 IDS 系统之间的通信提供了统一标准。参见 intrusion detection working group (IDWG)。

intrusion detection exchange protocol (IDXP) **入侵检测交换协议** IDXP 是一个用于入侵检测实体之间交换数据的应用层协议,能够实现入侵检测消息交换格式(IDMEF)、非结构文本和二进制数据之间的交换,并提供面向连接协议之上的双方认证、完整性和保密性等安全特征。参见 intrusion detection working group (IDWG), intrusion detection message exchange format (IDMEF)。

intrusion detection message exchange format (IDMEF) **入侵检测消息交换格式** IDMEF 描述了

表示入侵检测系统输出信息的数据模型,并解释了使用此模型的基本原理。该数据模型用 XML(可扩展标记语言)实现,并设计了一个 XML 文档类型定义。自动入侵检测系统可以使用 IDMEF 提供的标准数据格式对可疑事件发出警报,提高商业、开放资源和研究系统之间的互操作性。IDMEF 最适用于入侵检测分析器和接收警报的管理器之间的数据信道。参见 intrusion detection working group (IDWG)。

intrusion detection system (IDS) **入侵检测系统** 所有能够执行入侵检测任务和功能的系统,其中包括软件系统以及软硬件结合的系统。对 IDS 进行标准化工作的两个组织:作为国际互联网标准的制定者(IETF)的入侵检测工作组(IDWG)和通用入侵检测框架(CIDF)。入侵检测系统主要利用审计记录识别出任何不希望的活动,从而达到限制这些活动,保护系统的安全的目的。参见 intrusion detection working group (IDWG), common intrusion detection framework (CIDF)。

intrusion detection working group (IDWG) **入侵检测工作组(** IDWG 发起制订了一系列建议草案,从体系结构、API(应用程序接口)、通信机制、语言格式等方面规范 IDS 的标准。定义数据格式和交换规程,用于入侵检测与响应(IDR)系统之间或与需要交互的管理系统之间的信息共享。IDWG 提出的建议草案包括:入侵检测消息交换格式(IDMEF)、入侵警报协议(IAP)、入侵检测交换协议(IDXP)以及隧道轮廓。参见 intrusion detection message exchange format (IDMEF), common intrusion detection framework (CIDF)。

intrusion tone **干扰音频,扰音,串音** 第三者加入通话时出现的一个附加在会话中的可听见的信号。

intrusive viruses **入侵型病毒** 在入侵型病毒侵入到现有程序中,实际上把病毒程序的一部分插入到目标程序中。此类病毒的插入方式分为物理插入式和逻辑插入式。入侵型病毒难以编写清除,当病毒程序入侵到现有程序后,不破坏主文件就难以除去病毒程序。

int specifier **整型指示符** 在 XL C 编译程序中,单词 int, short, short int, long, long int, unsigned, unsigned int, unsigned short, unsigned short int, unsigned long, unsigned long int 之一,表示一个变量的类型。

intuition **直觉** 人脑对客观世界的感知或下意识,也称"直感"。直觉是当前人工智能学家和认知心理学家对一个专家系统是否真正达到专家级水平的争论热点。因为现存专家系统即使遇到过去解决过的问题,仍需要重新一步步推理。而机器学习可以把一个专家系统过去的求解经验积累起来,进行分类和抽象,使知识进一步结构化,以达到直觉的功能。

intuitionistic logic **直觉主义逻辑** 一种不接受排中律的逻辑系统。在直觉主义逻辑系统中,$A \vee \neg A$, $\neg\neg A \rightarrow A$, $(A \rightarrow B) \rightarrow (\neg A \vee B)$ 等通常命题逻辑中的永真式不再成立; $\forall x \neg\neg A(x) \rightarrow \neg\neg\exists x A(x)$ 等通常谓词演算中的永真式也不再成立。直觉主义逻辑是构造性数学及构造性推理的逻辑基础,日益受到计算机科学界的重视。

invalid **无效的** 由于输入出错或推理缺陷而产生的错误的或不可设别的结果。例如,如果程序中的逻辑有错,就会采生无效结果。比较 illegal。

invalidate **使无效** 通过将高速缓存的目录入口转换成空入口而使之无效的过程。

invalid character **无效字符** 参见 forbidden-character。

invalid exclusive reference **无效互斥引用** 一种互斥引用,公用段中不包含对该互斥引用所使用的符号。

invalid index **无效下标** 下述两种情况引起的程序异常终止:①引用一个超出数组边界说明范围的数组元素;②对一个子界类型变量赋值,但其值超出了子界类型说明的范围。

invalid instruction **无效指令** 参见 illegal instruction。

invalid key condition **无效键条件** 在目标程序运行时,与某个索引文件或相对文件有关联的键。它的值确定为无效时就产生无效键条件。

invalid message sequencing **非法的消息顺序** 计算机信息安全学中的一个概念,指用非法修改、删除、重排序、重放等手段使正常传送的消息打乱。

invariance thesis **不变性论题** 复杂性理论的基本假设。所有"合理"的机器模型可以互相模拟,而且所用操作的附加时间为多项式量级,附加空间为一个常量因子。虽说这是无法给出严格数学证明的论题,但对于常见的典型模型,已经证明是正确的。

invariant **不变式** 程序中变量和数据结构的一种谓词。在多个程序接口的出口处仍保持有效,如循环不变式就是在程序每次执行后都保持有效(即不变式总被设定为"真")。不变式在程序正确性证明中起着十分重要的作用。

invariant assertion method **不变断言法** 参见 inductive assertion method。

invariant routing **恒定路由** 某些通信系统软件中的一种报文路由,来自相同发信端的报文总是送到同一收信端。参见 affinity-based routing, transaction-based routing。

invasion **入侵** 在非授权的情况下,试图存取信息、处理信息或破坏系统以使系统不可靠、不可用的故意行为。同 intrusion。

inventory control system **存货控制系统** 用于库存管理与控制的数据处理系统。其功能是根据企业的生产、运输、财务等部门提供的数据,控制库存的数量、品种及价格,并根据需要向采购、计划等部门发出信息。

inventory file 存货文件 存货中的所有零件和材料的净数量的记录。

inventory records 存货记录 为了对文件功能和活动做出正确评价,由一组记录及足够的辅助信息构成的文件内容的完整清单。

inventory stock report 清单存货报告 表示存货中每一项目手头所拥有的现有库存量的专门报告。

I

inventory turnover 库存周转次数 一年中存货流动或循环的次数,是对为支持一定水平的销售活动的库存投资的度量。计算方法是用全年售出货物成本除以平均存货价值。

inverse assemble 反汇编 将用机器语言指令形式表示的目标程序翻译成用汇编语言书写的符号程序的过程,称为反汇编。其过程恰好与汇编相反,执行这种反汇编变换的程序称为反汇编程序。利用反汇编功能可以印出程序清单,便于程序员阅读。

inverse check sum code 反检查和码 按 b 位一字节分段的数据的一种错误检验码。每组信息的末尾附加一个校验字节,使之与该组中所有信息字节的模 $2b$ 之和等于零。反检查和与检查和一样,可用于检测数据错误。

inverse color highlighting 反转色加亮 窗口软件中使显示的内容更加醒目的方法,通过将前景和背景色取反,常用于表示被选择的文本。参见 marquee select。

inverse current 反向电流 接触整流器或半导体器件中由反向电压所引起的电流。

inverse direction 反向 整流器中较大电阻的方向,即从正极到负极的方向,它与导电方向相反。

inverse discrete cosine transformation (IDCT) 离散余弦反变换 MPEG(活动图像专家组)通过离散余弦变换(DCT)把空间域的信息变换到频域的信息,完成压缩编码。在解压缩编码从 MPEG 流中提取出空间域的信息时,需要使用离散余弦反变换(IDCT)来抵消编码时做的离散余弦变换。参见 discrete cosine transformation (DCT)。

inverse eigenvalue problem 反特征值问题 根据矩阵的特征值和特征向量的信息来确定矩阵元素的计算问题。

inverse electrode current 反向电极电流 以与电子管设计电流方向相反的方向流过管子电极的电流。因此,对于反向阳极电流而言,电子将从阳极流向阴极。

inverse feedback 负反馈 反馈信息与控制信息的作用性质相反的反馈。负反馈是受控部分发出反馈信息,抑制或减弱了控制部分的活动。

inverse feedback filter 负反馈滤波器 连接到具有负反馈的高选择性放大器输出端的可调谐滤波器电路。调节此滤波器使在所要求谐振频率上的负反馈输出为 0,但随着信号频率离开此值,负反馈迅速增大,使放大量下降。

inverse filter restoration 反向滤波复原 一种利用线性滤波技术做图像复原的方法。

inverse function 逆函数 将给定函数的因变量与自变量互换所得到的函数。

inverse interpolation 逆插值 由被插函数值求自变量的方法。设已给若干个插值条件,并构造出插值函数 $\varphi(x)$。若又给出被插函数值 y,则可通过解方程 $\varphi(x)=y$,求 y 所对应的自变量 x。此即逆插值。

inverse kernel 反向核 对一个给定变换,如果存在另一个变换,它能够将前一变换的变换结果反过来变换成为原来的函数,则称前一变换是可逆的。称它为正变换,而将后一变换称为它的反变换。反变换的核称为反向核,或反变换核。

inverse limiter 反向限幅器 对于给定范围内的瞬时输入值,其输出恒定不变的限幅器。在该范围以上与以下,它是线性的,或对某种其他规定的输入作用做出响应。这种限幅器用于从输出波中去除信号的低电平部分,如串音的扰动效应。

inverse mapper 逆映像器 将物理地址转换成逻辑地址的设备。参见 virtual memory。

inverse matrix 逆矩阵 两个矩阵间的一种关系。设 A 是一方阵,如果存在矩阵 B,且 B 满足

$$AB=BA=E \qquad (E \text{ 是单位矩阵})$$

则称矩阵 A 是可逆矩阵,也称"非退化矩阵或满秩矩阵"。A 和 B 互为逆矩阵。

inverse move 逆移动 在人工智能的正向产生式系统中,也可从目标状态出发向着起始状态进行操作,这称为逆移动。每倒逆移动一次,就产生一个子目标。

inverse multiplexing 逆复用 将高速数字信号组织在几个低速通道中传输的复用方式。逆复用采用先分用、后复用,不同于常规的先复用、后分用的方式。

inverse multiplexing over ATM (IAM) ATM 上的反向复用 允许多个 T1 或 E1 通信机制与单个宽带 ATM(异步传输模式)信元机制结合的一个过程。

inverse parallel connection 反并联连接 将两个整流元件中第一个的阴极与第二个的阳极相连、第一个的阳极与第二个的阴极相连的连接方法。

inverse peak voltage 反峰电压 由电路中反电动势产生的电压。电感元件、变压器等单元有一个特性,就是当在电路中加入一个电压或者去掉一个电压时,其单元会产生一个反电动势阻止这个电压的变动。那么当开机一个电压加在电感元件上时,它

就产生一个反电动势阻止这个电压的建立，但是电源电压的能量源源不断，所以这个反电动势只是起一个电压阻尼作用，对电路影响不大。但是，在关机时情况就不同了，当关机时，电路中产生一个反电动势没有任何的阻挡，这个电压就是反峰电压，它是正常电压的数倍，容易对设备造成损害。

inverse photoelectric effect 逆光电效应 运动电子在碰撞时其动能转化为辐射能的效应，如 X 射线的产生。

inverse piezoelectric effect 反压电效应 压电晶体在电场作用下的压缩与膨胀效应，如在晶体耳机中所发生的情况。

inverse residue code 反剩余码 利用剩余数概念的一种错误校验码。其信息部分与校验部分相加，所得和的模 N 之剩余数应等于零。利用这种码可检测算术错误。

inverse-square law 反平方律 当来自点源的电磁、热或核辐射在所有方向上均匀发射时，在距离此源的任意给定距离处单位面积上所接收到的量(假设无吸收)反比于距离的平方。

inverse time-delay overcurrent protection 反时限过流保护 保护装置的动作时间随短路电流的增大而自动减小的保护。参见 overcurrent protection。

inverse time-delay overcurrent release 反时限过流脱扣器 经一定延时后动作的过电流脱扣器，延时动作时间与所通过的过电流值有关，电流值愈大，则动作时间愈短。参见 release。

inverse time-delay overcurrent relay 反时限过流继电器 反时限是指保护装置的动作时间与短路电流的大小成反比。当流过继电器的电流越大时，其动作时间就越短；反之动作时间就长。具有这一特性的继电器称为反时限过流继电器。参见 overcurrent relay。

inverse time relay 反时限继电器 继电器的动作时间与电流成反比关系。反时限继电器的动作电流越大，动作时间就越短；反之，动作电流越小，动作时间也就相应的变长了。根据反时限系数的不同，可分为一般，非常，极端三种，三种最大的区别在于反映电流和动作时间关系的曲线的陡峭程度不一样，曲线越陡峭的，在同样的电流下动作的时间就越短。参见 inverse time-delay overcurrent relay。

inverse transformation method 逆变换法 一种生成非均匀的连续随机数的方法。这种方法使用在 $0\sim1$ 区域内均匀分布的随机序列 $U_i(i=1,2,\cdots)$，再根据要生成某种分布的分布函数 $f(x)$ 求出其逆函数 $F^{-1}(x)$，用 U_i 代入加以计算，求出的随机数 $x_i=F^{-1}(U_i)$ 即为所要生成的满足分布函数 $f(x)$ 的随机数。

inverse voltage 反向电压 在阳极为负且通常没有电流流动的半周期内，整流管或半导体整流器上所存在电压的有效值。

inverse Walsh transform 沃尔什反变换 沃尔什变换的逆变换。其公式为

$$f(x)=\sum_{u=0}^{N-1}W(u)\prod_{i=0}^{n-1}(-1)^{b_i(x)\times b_{n-1-i}(u)}$$

式中 $N=2^n$，$b_k(z)$ 是 z 的二进制表示的第 k 位值。

inversion 反转，反演，逆变 (1)出于保密目的使声音信号与一固定的、且频率不同的较高音频相拍频，从而对声音信号进行扰频的过程。这样，原来是低的音频变成了较高的音频，原来较高的音频则变低了。(2)改变操作数内每一位的磁化状态，使二进制数位换位的过程，即把 1 位换到 0 位的过程。由于计算机是通过加入反演的二进制数表示减算的，因此反演变换是必需的必须。(3)逆变是由直流到交流的变流。比较 rectification。

inversion circuit 逆变电路 将直流电能变换为交流电能的变换电路。比较 rectification circuit。

inversion factor 逆变因数 基波功率对直流电压与直流电流平均值乘积之比。参见 conversion factor，rectification factor。

inversion layer 反型层 有掺杂半导体材料的表面层，它的传导性业已发生变化，与邻近区域的传导性相反。这一结果来源于表面电离、表面钝化材料以及感应电场。

invert 反相，翻转，反转，倒置 (1)将双态中的一种状态变为另一种状态的过程，如将高电平变为低电平，将"1"信号变为"0"信号。(2)双态时序电路从一种状态变为另一种状态的过程，如单稳态电路从稳定状态变为不稳定状态或从不稳定状态变为稳定状态，双稳态电路从其中的一种稳定状态变成另一种稳定状态。(3)将物理的或逻辑的两态值变成它的相反状态，如反转单色显示器的颜色即指将亮的变成暗的，将暗的变成亮的。相类似的，将电信号反转的数字电路输出一个与输入信号反相的信号。后一种操作类型等价于布尔 NOT 运算，如假定 A 为真，NOT A 就为假。

inverted 逆置 将电机的定子和转子的正常作用互相对换。例如，在感应电动机中将初级绕组放在转子上并通过集电环与外电源连接，而将次级绕组放在定子上。

inverted access 反向访问 一个存储结构的组织和访问的方法，保持一个分离的索引，这个索引的项按存储记录的搜索键排序。

inverted backbone 倒逆主干网络 以集线器(Hub)为中心的网络结构。在这种结构中重要计算机可以直接连到 Hub 上，其他子网通过网桥或路由器和信道连到 Hub 上。

inverted document 倒排文档 倒排文档就是将记录中所有的可检字段或属性值(如作者、题名、主题词等)抽出，按某种顺序重新加以组织后所得到的一种文档。参见 streaming document，sequential

I

document。

inverted file 倒排文件 (1)情报检索档的一种组织方式。倒排文件是以检索词为依据,把包括在同一检索词下的不同文献编号集中在一起,构成检索词与文献号的一对多关系,然后按检索词的某种次序排列而成的资料档。(2)一种从链式文件派生出来的文件组织形式。通常按主关键字组织的索引称为主索引,而按非主关键字组织的索引称为倒排索引,它实际上是把具有相同字段值的所有记录的指针放在一起,或链接起来。按这种方式组织起来的并带有这种索引(倒排表)的文件,称为倒排文件。建立倒排文件的目的是为了提高查找速度,缩短响应时间。倒排文件的组织方法有多表方式、倒排表方式和位图方式等。对全部非主关键字都建立索引,这种组织方式称为全倒排文件。参见 inverted list。

inverted index 倒排索引 一种根据属性的值来查找记录的索引。这种索引表中的每一项都包括一个属性值和具有该属性值的各记录的地址。由于不是由记录来确定属性值,而是由属性值来确定记录的位置,因而称为倒排索引。

inverted index file 倒排索引文件 带有倒排索引的文件称为倒排索引文件,简称倒排文件。

inverted list 倒排表 辅关键码上建立的索引,即把具有同一属性的所有记录的指针放在一起或链接起来组成的索引。这种表对提高检索速度有重要意义。

inverted list database 倒排表数据库 一种数据库,类似于关系式数据库但有以下不同之处:①倒排表中的行按特殊的物理顺序排序,与索引的顺序无关;②在对表规定了专门的逻辑合并准则时,整个数据库也可以进行排序;③可定义任意数量的简单的或者复合的搜索键;④不强调完整性和唯一性的限制;⑤索引和表都不对用户透明,由于这些区别,通常倒排表数据库管理程序更难以保证数据的一致性、完整性和安全性。

inverted magnetron 反磁控管 一种内部几何结构与传统的磁控管同轴阴极结构相反的磁控管,其阴极在它的阳极外面。

inverted sequence 逆序 排列中元素之间一种性质。在由 $1,2,\cdots,n$ 形成的 n 个元素的排列中,如果一对数的前后位置与大小次序相反,即大的在前小的在后,则称为一个逆序。一个排列中逆序的总数称为这个排列的逆序数。逆序数为偶数的排列称为偶排列,逆序数为奇数的排列称为奇排列。

inverted structure 反向结构 一个文件结构,其中的记录键分别地由记录本身进行存储和管理。

inverted tree 倒置树 根在顶上的树结构的框图。它是用图表示树结构的常用方法,常用于表示体系结构和数据结构。

inverter 反相器 一个功能部件,接收到某一个输入信号后转成相反的输出状态。如将 0 信号变成 1 信号,1 信号变成 0 信号。非门(NOT gate)就是一种反相器。

inverter transformer 倒相变压器 一种变压器(通常有四个绕组),与功率晶体管相结合时可将低压的直流转变为较高电压的交流。

inverting amplifier 倒相放大器 一种运算放大器,由于负反馈的作用,不管其两个输入电压幅度如何,其倒相的或负的输入保持着与地接近,输出电压的变化与输入电压的变化相反。

inverting function 倒相功能 一种使输入信号倒置从而输出与输入反相的逻辑电路。倒相功能由放大器符号的输出端上画一小圆圈来表示。

inverting terminal 倒相端 运算放大器的负输入端,在倒相端的正向电压将给出一负向的输出电压。

invert on zero 零翻转,零反相 一种传输编码方法。使用这种方法,数据终端设备(DTE)改变信号为相反状态时送出一个二进制零;保持同一状态时送出一个二进制 1。

invertor 逆变器 将单向电流转换成交流电流的电能转换器。它是利用振荡器或斩波器将低的直流电压转变为很高的交流电压的电路或设备,其后跟随一个升压变压器。当附加一整流器时,可给出直线输出电压,则这种组合便成为了换流器。比较 rectifier。

invigilator 监视器 一种设备,用于监视某一种状态是否在指定的时间内出现。当出现不正常状态时,则发出报警信号。

invisible index 隐藏索引 隐藏索引是索引的可设置属性。隐藏索引的创建过程和标准索引一样,但当一个索引被设置为隐藏后,应用程序就看不到它了,也不能在任何数据库管理操作中使用它了。但仍然可以通过 INSERT、UPDATE 和 DELETE 进行维护。

invitation 邀请 处理机与某工作站取得联系以使该站在准备好时发送信息的过程。

invitation delay 邀请[准许]延迟 在某些通信系统软件中,一种指定的时间周期内,主处理机可以把输出报文送给被探询的非交换站(对这类站的主机接收优先级高于主机发送优先级)。对于某一传输线上所有这样的站,当查找到该线上的邀请表结束端时,就可以知道它们的延迟。对这些站不管主机是否有信息送给它们,都保持一个轮询延迟。如果对这些站不指定邀请延迟,则不能给它们送任何信息。

invitation list 邀请表 与某一传输线上的站有关的一组轮询字符集系列或标识序列;指定的一组轮询字符集顺序决定该线上被轮询站允许输入信息的顺序。参见 polling list。

invite 邀请,请求 请求从显示站或 SSP-ICF(系统支持程序-交互通信特性)通话输入数据。

invite program device operation 请求程序设备操作 一种输入/输出操作。它请求已获得的程序设备把输入送给程序,并将控制返回给程序而不必等待输入完成。

invocatable control strategy 不可挽回式控制策略 控制策略的一种。其中,对规则的使用,可不考虑应用某些规划失败后再回溯其他备用规则。

invocation 启用,调用 一个程序或过程的激活或执行。

invocation of subschema 子模式启用 在DBTG(数据库任务组)数据库中,子模式是用户所看到的数据模型。应用程序要存取数据库中的数据时,必须先进行子模式启用。例如若用COBOL语言的应用程序启用子模式,就在程序的数据部中指出所用子模式的名称。那么这个启用就给那个应用程序提供了用户工作区的定义。

invocation stack 调用栈 一个程序表,作为程序调用同一作业内其他程序的结果而相互连接,同 program stack。

invoke 调用,请求 在程序设计语言中,通过调用使子例程或过程开始执行的过程。

invoked procedure 被调用过程 程序中调用某一过程时,该过程称为被调用过程。

invoking block 调用程序块 在程序设计语言中,含有使别的程序块处于工作状态的语句的程序块。即含有调用别的子例程或过程语言的程序块。

involuntary interrupt 强迫中断 在程序运行过程中,由于外部设备结束、发现信息到达、出现故障和程序出错等原因迫使中断运行,待中断管理程序处理完后再返回继续运行。这种并非程序设计人员事先安排的中断称为强迫中断。

inward wide-area telephone service (INWATS) 内部大范围电话服务 一种能直接拨号呼叫用户而不收长途台电话费用的电话业务。参见 wide-area telephone service (WATS)。

INWATS 内部大范围电话服务 inward wide-area telephone service 的缩写。

INWG 国际网络工作组 International Network Working Group 的缩写。

INX 索引字符 index character 的缩写。

I/O 输入/输出 input/output 的缩写。

IOA 输/入输出适配器 input/output adapter 的缩写。

I/O appendage 输入/输出附加程序 input/output appendage 的缩写。

I/O area 输入/输出存储区 input/output area 的缩写。

IOAS 智能办公室自动化系统 intelligent office automation system 的缩写。

IOB 联合国信息系统及有关活动国际组织局 inter-organization broad for information system and related activities, UN 的缩写。

I-Object I-Object 工具 由美国 Intelligenceware 公司开发的面向对象的软件开发工具,使用面向对象的结构,具有窗口处理功能和处理表型及卡片型数据库的功能。这些功能以对象(群)的形式提供,用户能够简单地通过追加新对象的方法做成利用该功能的应用软件系统。使用顺序为数据库的定义、表示数据库内容的窗口画面设计、已做成的数据库和画面的关系的定义、菜单和按钮等的定义、依据各种定义的C源代码的生成以及对已完成的C源码进行编译和连接。

I/O-bound process I/O 密集型进程 对 I/O 的需求远远多于 CPU 的需求的进程。即输入、输出操作多于运算的进程。有时也称"I/O 密集型作业"。

I/O buffer 输入/输出缓冲器(区) input/output buffer 的缩写。

I/O bus 输入输出总线, I/O 总线 input/output bus 的缩写。

IOC (1)输入/输出控制器 input/output controller 的缩写。(2)集成光学电路 integrated optical circuit 的缩写。

IOCA 图像对象内容体系结构 image object content architecture 的缩写。

I/O cable 输入/输出电缆 input/output cable 的缩写。

I/O card licensed internal code I/O 卡许可内部码 在控制器中或者适配器中许可的内部码。

IOCB 输入/输出控制块 input/output control block 的缩写。

I/O cell 输入输出单元 配置于门阵列芯片周围,以较大尺寸的晶体管构成的单元电路。对直接进入封装的信号保持缓冲功能;为驱动封装外部的元件,具有大电流驱动大负载电容的能力。同时,输入输出单元担负芯片内部和外部接口的任务,如具有电平转换,三态输出等功能。

I/O channel 输入输出通道 input/output channel 的缩写。

I/O configuration program (IOCP) 输入/输出配置程序 一种定义系统中所有可用的输入/输出设备和通道通路的程序。

I/O coprocessor 输入/输出协处理器 在个人计算机中,扩充板上的一种微处理器。它增强系统中的处理机操作。例如,处理输入/输出中断和实现输入/输出操作与其他操作并行执行。参见 math coprocessor, networking coprocessor。

IOCP 输入/输出配置程序 I/O configuration program 的缩写。

IOCS 输入/输出控制系统 input/output control

system 的缩写。

IOD (1)输入/输出驱动程序 input/output driver 的缩写。(2)向外拨号标识 identification on outward dialing 的缩写。

I/O function 输入/输出功能 一种由操作系统解释的输入/输出操作,并导致一种或多种实际的输入/输出操作。

IOH 集成开放式超媒体 integrated open hypermedia 的缩写。

IOI 国际信息奥林匹克竞赛 International Olympic in Informatics 的缩写。

I/O indicator 输入/输出指示灯 操作员或维修用的面板上的一种灯。当任何输入/输出设备[除 SCA(系统控制适配器)以外]正在运行时,该灯处于亮状态。

I/O interrupt request vector (IOIRV) 输入/输出中断请求向量 在某些信息处理系统中,用于为输入/输出设备产生一种中断请求的规格化信息。

IOIRV 输入/输出中断请求向量 I/O interrupt request vector 的缩写。

IOL 到达质量级 incoming quality level 的缩写。

I/O lockdown 输入/输出锁定 把页面锁定在主存中的一种特殊情形,页面不能够从主存中调页出去或交换出去时所处的状态。

I/O manager I/O 管理程序 微软 Windows NT 中统一 I/O 系统各部分的执行体部件,定义一个有序的机制,用于接受 I/O 请求,并把 I/O 请求递交给文件系统及设备驱动程序。它还提供多个驱动程序公用的代码。

ion 离子 带有电荷的原子或分子,或组合在一起的原子或分子团。带正电荷的离子称"正离子",带负电荷的离子称"负离子"。参见 ionization。

ion acoustic wave 离子声波 在等离子体的离子密度中纵向压缩波,它能够在高的电子温度和低频率情况下产生,是由离子惯性和电子压力的结合引起的。

ion backscattering 离子反向散射 在硅或某些其他的多薄层系统内,指向金属化薄膜的束中单能离子的大角度弹性散射。离子由硅表面势垒检测器检测,产生正比于反向散射离子能量的脉冲。这一现象用于对金属化后原子深度分布的无损测定。

ion beam 离子束 通过在真空中的高压从单一的源中引出的离子束。

ion beam milling 离子束研磨 一个通过离子轰击物理去除半导体表面不需要(未保护的)材料的过程。

ion beam scanning 离子束扫描 在质谱仪中,通过改变其电场或磁场、或是利用移动探针的方法,分析离子束的质量谱的过程。

ion charging 离子充电 由于离子冲击电荷存储管的存储表面所导致的电荷动态减少。

ion crystal structure 离子晶体结构 离子晶体是由正负离子通过离子键,按一定方式堆积起来而形成的。离子晶体的基元是离子而不是原子了,这些离子化合物的晶体结构必须确保电中性,而又能使不同尺寸的离子有效地堆积在一起。多数盐类、碱类(金属氢氧化物)及金属氧化物都形成离子晶体。

ion-deposition printer 离子注入打印机 一种电子页面打印机,类似于激光打印机但采用更复杂的技术,主要用于大容量数据处理的场合,典型的打印速度是每分钟 30 ～ 90 页。它采用离子束方法对静电鼓进行充电,通常将色剂聚合到纸张上面因而速度快而且不需要加热。

ionic bond 离子键 离子键是通过异性电荷之间的吸引产生的化学结合作用,也称"电价键"。电离能小的金属原子(如碱金属)和电子亲合能大的非金属原子(如卤素)接近时,前者将失去电子形成正离子,后者将获得电子形成负离子,正负离子通过库仑作用相互吸引。当这种吸引力与离子的电子云之间的排斥力达到平衡时,形成稳定的以离子键结合的体系。离子键的特征是作用力强,而且随距离的增大减弱较慢,作用不受方向性和饱和性的限制。以离子键结合的体系倾向于形成晶体,以便在一个离子周围形成尽可能多的离子键。

ionic current 离子电流 由于离子的运动所产生的电流。参见 electronic current。

ionic polarization 离子(位移)极化 离子晶体中,无电场作用时,离子处在正常节点位置并对外保持电中性,但在电场作用下,离子间的键合被拉长,正、负离子产生相对位移,破坏了原先呈电中性分布的状态,电荷重新分布,相当于从中性分子转变为偶极子产生离子位移极化。

ionic radius 离子半径 反映离子大小的一个物理量。离子可近似视为球体,离子半径的导出以正、负离子半径之和等于离子键键长这一原理为基础,从大量 X 射线晶体结构分析实测键长值中推引出离子半径。离子半径的大小主要取决于离子所带电荷和离子本身的电子分布,但还要受离子化合物结构型式(如配位数等)的影响。

ion implantation 离子注入 半导体工艺中的离子注入,是把要掺入的杂质电离,然后在静电场中加速,使电离的杂质达到所需能量,强行轰入半导体中,经适当热处理后,使半导体材料内的状态发生变化。离子注入工艺已在半导体集成电路制作中获得广泛应用。

ion implantation gate MOS integrated circuit 离子注入金属氧化物半导体集成电路 采用离子注入工艺的金属氧化物半导体集成电路。

***ion implanted* resistor 离子注入电阻器** 用杂质的离子注入方法在半导体表面产生的集成电路电阻器。

ionization **电离** 从中性原子除去一个电子或给它增加一个电子，从而产生一个离子的过程。利用粒子的碰撞、辐射或其他方法都可能产生电离。此术语通常也用在从部分电离原子中除去电子的过程。参见 ion。

ionization by collision **碰撞电离** 由于高速电子或离子与中性原子或分子的碰撞所造成的电离。

ionization constant **电离常数** 电离常数描述了一定温度下，弱电解质的电离能力，记作 K_i，是电解质的重要特性之一。电离常数描述了弱电解质溶液中弱电解质电离达到平衡时，已电离的离子与未电离的分子浓度的关系，电离常数越大，表示该弱电解质越强。强电解质没有固定的电离常数。同 ionization equilibrium constant。参见 electrolyte，weak electrolyte，strong electrolyte。

ionization energy **电离能** 基态的气态原子或气态离子失去一个电子所需要的最小能量。电离能常用符号 I 表示。电离能可以定量的比较气态原子失去电子的难易，电离能越大，原子越难失去电子，其金属性越弱；反之金属性越强。影响电离能大小的因素是：有效核电荷、原子半径和原子的电子结构。

ionization equilibrium **电离平衡** 在一定条件下，弱电解质的离子化速率等于其分子化速率时，电离的过程就达到了平衡状态。强电解质不存在电离平衡而弱电解质存在电离平衡。参见 electrolyte，weak electrolyte，ionization equilibrium constant。

ionization equilibrium constant **电离平衡常数** 弱电解质在一定条件下电离达到平衡时，溶液中电离所生成的各种离子浓度以其在化学方程式中的计量为幂的乘积，跟溶液中未电离分子的浓度以其在化学方程式中的计量为幂的乘积的比值，即溶液中的电离出来的各离子浓度乘积与溶液中未电离的电解质分子浓度的比值是一个常数，称为该弱电解质的电离平衡常数。同 ionization constant。参见 electrolyte，weak electrolyte。

ionization potential **电离电位** 将电子从中性原子中移去所需要的能量，以电子伏特(eV)表示。

ionization time **电离时间** 在充气管中导电条件初创和在管子电压降的某一状态值下导电状态确立之间的时间间隔。

ionization vacuum gauge **电离真空计** 通过测量待测气体在控制条件下，电离所产生的离子流来测定压力的一种真空计。

ionization voltage **电离电压** 为将电子从某特定种类原子中移到无限远的距离所需要的每单位电荷的能量，通常以伏特(V)表示。

ionized radiation resistance **耐电离辐射性** 绝缘材料耐受各种电离辐射场(如电磁波、中子、电子等)作用的能力。

ionizing energy **致电离能** 当在气体中产生一离子对时，致电离粒子所失去的平均能量。对于空气而言，其致电离能约为 32 电子伏特(eV)。

ionizing particle **致电离粒子** 当通过物质时可直接产生离子对的粒子。粒子的动能必须显著大于媒质的致电离能。

ionizing radiation **电离辐射** 电磁辐射射线或微粒子可取代原子或分子周围的电子，这样就产生了带有电荷的原子、分子或离子。可导致电离的常见射线是 X 光、伽马射线、阿尔法粒子和贝塔离子，可导致电离的射线对全部的生命形式都是非常有害的。电离层和同温层保护了地球生命免受来自于太阳和其他天体的该类射线的影响。

ionosphere **电离层** 有大量离子和自由电子，足以反射电磁波的部分大气层。电离层距地面高度 70 ～ 500 km。电离层由于阳光强烈的辐射，导致稀薄气体发生电离，由于光电离作用而产生的离子和自由电子具有足够的密度使某些频段的无线电波产生反射、折射、吸收或其他影响传播的效应。电离层吸收了阳光中较高频率的射线(X 光和以上的频率)，保护地球生物免受有害的影响。电离层可从低到高依次分为 D 层、E 层和 F 层等，其中 F 层还可分为 F-1 层和 F-2 层。

ionospheric absorption **电离层吸收** 由电磁波与电离层气体分子和离子之间的相互作用而产生的吸收。参见 absorption，ionosphere。

ionospheric propagation **电离层传播** 利用电离层的无线电波传播。

ionospheric reflection **电离层反射** 无线电波入射电离层后，因电离层折射效应累积，使入射波方向改变。在足够远的距离上这一现象可视为等效于一个假想反射面的反射。

ionospheric scatter **电离层散射** 由于电离层电离度的不规则性或不连续性而引起的散射的无线电波传播。当采用约 25 ～ 100 MHz 的频率范围时所允许的通信距离可达 1 000 ～ 2 250 km。参见 tropospheric scatter。

ionospheric storm **电离暴** 电离层 F 层(150 ～ 400 km)中的一种扰动，通常是由于来自太阳的突然性辐射脉冲串所造成。伴随着电离暴，将有电离密度降低和该区域垂直高度增加的现象。在 3 ～ 30 MHz 波段的较高频率上，对无线电通信暂时中断的影响最大。

IOP **输入输出处理机** input/output processor 的缩写。

IOPCB **输入/输出程序通信块** input/output program communication block 的缩写。

IOPD **输入输出问题确定** 、input/output problem determination 的缩写。

IOP multiplexer **输入输出处理多路转换器** 能够执行主存储器和标准速度外部设备之间双向数据传送的输入输出处理机。它允许多个设备同时工作。

I/O privileged instruction 输入/输出特权指令 在某些多用户的计算机系统中，为了统一管理所有的外部设备，输入输出指令也作为特权指令，不允许用户直接使用。需要输入输出时，必须通过系统调用，经由操作系统来完成。参见 privileged instruction。

I/O processor 输入/输出处理机 input/output processor 的缩写。

IOP selector 输入/输出处理选择器 能够执行主存储器和高速外部设备之间双向数据传送的输入输出处理机。最多可连接 32 个外部设备，但与设备有关的高数据传输率在给定时刻只允许一个设备工作。

I/OQ 输入/输出队列 input/output queue 的缩写。

I/O queue element (IOQE) 输入/输出队列元素 在某些小型计算机系统中，输入/输出请求与设备处理程序任务之间通信的一种控制块。

IOR 可互操作对象引用 interoperable object reference 的缩写。

I/O request packet (IRP) I/O 请求包 (1)输入/输出数据基中的一种数据结构。它描述了一个具体的 I/O 请求。I/O 请求系统服务为每个 I/O 请求建立一个 I/O 请求包，操作系统和目标设备的驱动程序使用 I/O 请求包中的信息，处理对应的 I/O 请求。(2)微软 Windows NT 中，用于表示一个 I/O 请求并控制其处理的数据结构，由 I/O 管理程序创建，然后顺序地交给一个或多个驱动程序，一旦驱动程序完成操作，I/O 管理程序就删除这个 IRP。

IOS (1)输入/输出子系统 input/output subsystem 的缩写。(2)集成办公室系统 integrated office system 的缩写。

I/O slot 输入/输出槽 PC 机中一个位于母板上的连接器，使外部设备电路能够插入到母板上，提供各种进行接口所需要的信息。

I-O status I-O 状态 在 COBOL 语言中，一个包含双字符值的概念实体，表示一个输入输出操作的结果状态，程序可通过在文件控制项中用 FILE STATUS 子句访问这个值。

I/O status block 输入/输出状态块 存放与队列输入/输出请求系统服务有关信息的一种数据结构。系统服务有选择地把状态码、传输的字节数及与设备和功能有关的信息返回到输入/输出状态块中。这些信息不是从服务调用过程中返回，而是在输入/输出请求完成时装入块中。

IO. SYS IO. SYS 文件 DOS(磁盘操作系统)启动盘上两个系统隐藏文件之一。在 DOS 的 IBM 版本中，io. sys 为 ibmbios. com，含有显示器、键盘、软硬盘驱动器、串行口、实时时钟等各种外围设备的驱动程序。

IOTA 输入/输出事务处理区 I/O transaction area 的缩写。

I/O tag 输入/输出标记 某些信息处理系统中的一种信号，用于通知系统和 I/O 控制逻辑单元。此时通道输入/输出操作或编程输入/输出操作正在开始。

IOTB 输入/输出传输块 input/output transfer block 的缩写。

IP (1)网际协议，因特网协议 Internet protocol 的缩写。(2)智能外设 intelligent peripheral。(3)图像处理 image processing 的缩写。

IP access IP 接入 在 IP(网际协议)用户和因特网服务提供商(ISP)之间，提供用户终端接入到 IP 业务网络的实体的实现。

iPad iPad 平板电脑 美国苹果公司在 2010 年发布的一款平板电脑。iPad 定位介于苹果的智能手机 iPhone 和笔记本电脑产品之间，通体只有四个按键，提供浏览互联网、收发电子邮件、观看电子书、播放音频或视频等功能。参见 iPhone。

IP address IP 地址 标识网络节点的地址，可单独并准确地识别出因特网上一个具体的计算机地址。这个地址定义在 IP(网际协议)中，并由该协议进行处理，因而这种地址称为 IP 地址。在因特网中 IP 地址是一个 32 位的二进制数。这种 32 位的 IP 地址后来也称 IPv4 地址。由于二进制数码很难读出，IP 地址就以四部分十进制数码给出，每一部分代表 32 位地址中的 8 位。IP 地址由网络识别编号和主机识别编号两部分组成，每一部分包含两组数，每组数均在 0 ～ 255 之间取值，如：188. 94. 10. 87，其中 188. 94 两组数为网络识别编号，10. 87 两组数表示主机识别编号。另外网络识别编号中首组数在 1 ～ 126 之间称为 A 类地址，128 ～ 191 之间称为 B 类地址，192 ～ 223 之间称为 C 类地址，上例中 188 即 B 类地址。参见 Internet address，domain name。

IP address mask IP 地址屏蔽 一组 IP(网际协议)地址，定义为只有具有在该范围内的 IP 地址的计算机才被允许访问网络服务。若要屏蔽 IP 地址的一部分，可用星号通配符(*)来取代这部分，如 192. 44. *. * 代表因特网上以 192. 44 开始的 IP 地址的每一台计算机。

IP address spoofing IP 地址欺骗 一种网络攻击形式，攻击者使用一台计算机上网，而冒充另外一台计算机的 IP(网际协议)地址，即伪造数据包的源 IP 地址，以便冒充某个合法节点的 IP 地址对服务器进行攻击。

IPAH IP 验证报头 IP authentication header 的缩写。

I/PAR 偶然事件/部件活动报告 incidents/parts activity report 的缩写。

IP authentication header (IPAH)　IP 验证报头　IPSec(因特网协议安全性)协议的一种加密方式。IP 验证报头提供 IP(网际协议)数据报无连接的(每一报文)数据一致性和数据初始性验证,同时也提供了数据重播保护方式。IPAH 有两种应用模式,即传输模式和隧道模式。参见 IPSec, IP encapsulating security payload (IPESP), Internet security association and key management protocol (ISAKMP)。

IP-based SAN　基于 IP 存储区域网　基于 IP(网际协议)存储较现已广泛使用的光纤通道技术具有明显的优势,它能让数据在任何地点都能被存储和访问(而光纤通道的最大的距离极限是 100 km),并且让网络管理人员将其存储区域网与企业网络的其余部分相集成,从而减少了管理成本。参见 storage area network (SAN)。

IPC　(1)国际产品编码 International Product Code 的缩写。(2)集成保护电路 integrated protective circuits 的缩写。(3)进程间通信 interprocess communication 的缩写。(4)展示的部件编目 illustrated parts catalog 的缩写。

IP-CAN　IP 连接访问网络　IP connectivity access network 的缩写。

IPC index　**《国际专利分类索引》**　《世界专利索引》(*WPI*) 中四种索引之一。它用于按国际通用的专利分类法来查找特定专业的专利文献的一种检索工具。

Ipconfig command　Ipconfig 命令程序　Ipconfig 用来检验主机上 TCP/IP(传输控制协议/网际协议)配置的参数,这在判定配置是否被初始化或者是否配置了重复的 IP 地址是有用的。此命令语法:ipconfig/all。

IP connectivity access network (IP-CAN)　IP 连接访问网络　IP-CAN 是通过 IP 实现 UE(用户设备)与 IMS(IP 多媒体子系统)实体之间的连通的网络实体和接口的集合。该术语的引入,表示任何基于 IP 的访问网络,都需注重接入与服务网络的分离。

IPCS　交互问题控制系统　interactive problem control system 的缩写。

IP datagram　IP 数据报　能跨越因特网传递的基本信息单位。每个 IP(网际协议)数据报至少包含源地址、目的地址和数据三方面信息。

IPD　中间驱动程序　intermediate protocol driver 的缩写。

IPDS　智能打印数据流　intelligent printer data stream 的缩写。

IP encapsulating security payload (IPESP)　IP 封装安全载荷　IPSec(因特网协议安全性)标准的核心安全协议之一,IPESP 提供了数据保密性,数据初始性验证,无连接数据一致性和数据重播保护功能。IPESP 加密算法使用对称性共享密钥,即:加密、解密算法共用同一个密钥。IPESP 提供数据验证功能采用与 IPAH 协议相同的 HMAC 算法,但两者的数据覆盖程度是不同的。同 IPAH 一样,IPESP 可工作在两种模式。在传输模式中,IPESP 的验证功能只保护初始的 IP(网际协议)载荷,不保护初始的 IP 报头。在隧道模式中,IPESP 验证功能将保护全部的初始 IP 报头和负载,但不保护新的 IP 报头。IPESP 可独立应用,也可同 IPAH 一起应用,或者嵌套在另一个 IPESP 实例中。通过不同的各种联合方式,可以提供通信主机对之间、通信防火墙之间以及主机和防火墙之间的数据验证。参见 IPSec, IP authentication header (IPAH), Internet security association and key management protocol (ISAKMP)。

IPESP　IP 封装安全载荷　IP encapsulating security payload 的缩写。

IP Fax　IP 传真　一种存储转发的方法。传真服务器接收(传真)起始的桌面系统的整个图像,对它格式化,并像电子邮件那样将它从 IP(网际协议)网上发送。远地的传真服务器接收文件,通过当地电话网把文件送到远地传真机上,这样就避开了长话的费用。为了最佳地实现 IP 传真,传真服务器需要有能全面支持 T.30 和 T.37 标准的智能传真卡。参见 T.30 standard, T.37 standard。

IP gateway　IP 网关　IP(网际协议)电话系统的主要设备之一,是建立 PSTN(公用交换电话网)与 IP 网通信的桥梁。用户的话音经 PSTN 进入 IP 网关,IP 网关对话音进行编码、压缩、分组,到达被叫所在地的 IP 网关后,对方的 IP 网关对 IP 语音数据包进行相反的处理,恢复成用户的话音,经 PSTN 转到被叫的电话。

IP group multicast　IP 组播　IP 组播仅对所有需要相同数据的用户发送一次信息,并且在传递的过程中在网络关键节点处不断进行信息的复制和分发,因此信息能被准确高效地传送到每个需要它的用户。IP 组播技术非常适合视频会议、远程教育和实时训练等应用。

iPhone　iPhone 掌上设备　美国苹果公司在 2007 年推出的一种结合照相手机、个人数字助理、媒体播放器以及无线通信设备的掌上设备。iPhone 是一部 4 频段的 GSM(全球移动通信系统)制式手机,支持 EDGE 和 802.11b/g 无线上网。iPhone 没有键盘,使用触摸屏界面,手指轻点就能实现移动电话、宽屏 iPod 和无线上网三大功能。参见 iPod, iPad。

I picture　I 图像,帧内图像　intra picture 的缩写。

IPL　(1)IBM 许可证 IBM public license 的缩写。(2)初始程序装入 initial program loader 的缩写。(3)信息处理语言 information processing language 的缩写。

IPLS　只支持 IP 的局域网业务　IP-only LAN-like

service 的缩写。

IPM IP 多(路广)播 Internet protocol multicasting 的缩写。

IP multicast IP 多播 一种路由选择技术，它允许 IP(网际协议)业务量从一个信源向一个目的端传播，或者从许多信源向许多目的端传播。它可以将一个数据包传送给由单独的 IP 目的端组地址进行识别的组播组。同 Internet protocol multicasting (IPM)。

IP multicast service IP 组播业务 点对多点业务的一种，信息在 IP(网际协议)组播参与者之间进行传送。

IP multicast technology IP 多(路广)播技术 将单一 IP(网际协议)封包透过多址传送骨干网络(MBONE)一次同时传送给许多节点的技术。多播技术可以用于同时一对多或多对多发送数据，如流式媒体、股票报价或库存更新等，不管是服务器对客户机或者应用程序对应用程序。与传统的点对点单播技术不一样(单播为每个用户使用单独的连接)，多播的所有用户都用一个连接。此技术通过消除对同一内容的冗余访问能减少公司网络上的流量。多播也能减少网络服务器上的负荷，并且改善了传送数据的质量，尤其是需要大量带宽的多媒体(如音频、视频)应用。

IP multimedia subsystem (IMS) IP 多媒体子系统 一种全新的多媒体业务形式。IP 多媒体子系统(IMS)是第三代移动通信项目组织(3GPP)提出的支持 IP 多媒体业务的子系统，它主要由呼叫会话控制器(CSCF)、出口网关控制器(BGCF)、媒体网关控制器(MGCF)、归属用户服务器(HSS)、签约定位功能(SLF)、多媒体资源功能控制器(MRFC)和多媒体资源功能处理器(MRFP)等组成。它提供了基于 IP 协议的下一代多媒体业务平台，为电信系统向全 IP 网络以及多网络融合演进，实现全 IP 移动业务提供了通路，也是解决移动与固网融合，引入语音、数据、视频三重融合等差异化业务的重要方式。

IPN 信息处理网络 information processing network 的缩写。

IP network IP 网 Internet protocol (IP) network 的缩写。

IPng IPng 协议 Internet protocol next generation 的缩写。

IPOA ATM 上的 IP 传输 IP over ATM 的缩写。

iPod iPod 播放器 美国苹果公司推出的一种大容量音频和视频播放器。iPod 采用 1.8 英寸盘片硬盘作为存储介质，高达 10 ～ 160 GB 的容量，除了音频和视频播放，还可以作为高速移动硬盘使用，*可以阅读电子书和聆听有声电子书以及玩游戏*。iPod 配件包括内存卡读卡器、FM 调谐器和录音模块等。参见 iPhone。

IP-only LAN-like service (IPLS) 只支持 IP 的局域网业务 一种特殊的 VPLS(虚拟专用局域网业务)业务，只支持 IP 数据包的传送。参见 virtual private LAN service (VPLS)。

IPOS SDH 上的 IP 传输 IP over SDH 的缩写。

IP over ATM (IPOA) ATM 上的 IP 传输 通过 ATM(异步传输模式)交换来构造 IP(网际协议)网络的核心网，以提高 IP 网络的性能。此技术是 IP 技术与 ATM 技术的结合，可以综合利用 ATM 速度快、容量大、多业务支持能力的优点与 IP 简单、灵活、易扩充和统一性的优点，从而达到优势互补的目的。IPOA 规定了利用 ATM 网络在 ATM 终端间建立连接，特别是建立交换型虚拟连接(SVC)进行 IP 数据通信的规范。IPOA 的主要功能有两个：地址解析和数据封装。地址解析就是完成地址绑定功能。对于 IP 数据包的封装问题，目前有下面两种封装形式可以采用：①VC(虚拟通道)封装：一条 VC 用于传输一种特定的协议数据(如 IP 数据和 ARP(地址解析协议)数据)，传输效率很高；②多协议封装：使用同一条 VC 传输多种协议数据。

IP over SDH (IPOS) SDH 上的 IP 传输 将 IP(网际协议)包经过简单的链路层协议直接加到 SDH(同步数字系列)的链路上传输，这样省掉了中间的 ATM(异步传输模式)层，从而简化了网络体系结构，提高了传输效率，降低了成本，易于兼容不同技术体系和实现网间互联。IP over SDH 主要适用于以 IP 数据业务为主的大容量 IP 核心网络而不适用于多业务应用。IP over SDH 标准是由武汉邮电科学研究院提出的，直接针对因特网核心层和边缘层的技术创新，也是国际电信联盟第一次采纳中国专家提出的电信标准重大提案。

IP over WDM (IPOW) WDM 上的 IP 传输 直接利用波分复用(WDM)的光传输系统来传送 IP(网际协议)数据包，省去了复杂的 ATM(异步传输模式)与 SDH(同步数字系列)两个层次，通常称为光互联网。这是一种最直接、最简单、最经济的 IP 网络体系结构，简化了层次，减少了网络设备，从而减少了功能重叠，减少了网管特别是网络配置的复杂性。IP over WDM 技术额外开销很低，传输效率很高，它最主要的特点在于它的巨大的带宽资源与简化的网络体系结构，以适应对带宽不断增加的需求，有利于提高网络的服务质量，很适用于超大 IP 骨干网。

IPOW WDM 上的 IP 传输 IP over WDM 的缩写。

IPP 因特网平台提供商 Internet presence provider 的缩写。

IP-PBX IP 专用交换分机 IP private branch exchange 的缩写。

IP phone IP 电话 可以在因特网上实现实时的语

音传输服务，IP(网际协议)电话不仅可以提供计算机-计算机的实时语音通信，而且可以提供计算机-电话、电话-电话的实时语音通信，并在此基础之上可以实现语音、视频、数据合一的实时多媒体通信。和传统的电话相比，IP电话有以下优点：①能够更加高效地利用网络资源。IP电话采用了先进的数字信号处理技术，可以将原先64 kbps的话音信号压缩成8 kbps或更低码率的数据流，能够在同一条线路上传输比采用模拟技术时更多的呼叫，使得网络资源的利用效率更好，大大降低运营商的成本；②可以提供更为廉价的服务。IP电话服务价格低廉，可以比传统的电话低40 %～70 %；③和数据业务有更大的兼容性，IP电话不仅包含传统的话音业务，还涵盖了其他一些多媒体实时通信业务。

IP private branch exchange (IP-PBX)　IP专用交换分机　一种基于IP的专用电话系统。IP-PBX使用TCP/IP(传输控制协议/网际协议)，利用包交换的原理，将话音通信集成到企业的专用数据网络中，从而建立能够连接分布在全球各地办公地点和员工的统一话音和数据网络。参见private branch exchange (PBX)。

IPR　隔离整步响应　isolated pacing response的缩写。

IPRA　(1)因特网政策注册管理机构Internet policy registration authority的缩写。(2)因特网公共密码学注册机构Internet PCA registration authority的缩写。

IPS　(1)安装性能说明installation performance specification的缩写。(2)每秒英寸数inches per second的缩写。

IPSE　(1)综合程序设计系统环境integrated programming system environment的缩写。(2)集成化工程项目支持环境integrated project support environment的缩写。

IPSec　因特网协议安全性　由因特网工程任务组(IETF) IP安全工作组所制定的网络安全协议标准。IPSec基于端对端的安全模式，在源IP和目标IP地址之间建立信任和安全性。IPSec协议支持数据初始性验证，数据一致性判断，数据保密性，密钥管理以及安全会话管理等安全性功能。互联网IPv4和IPv6协议的实现将完全支持IPSec标准。IPSec协议主要包括鉴别报头(AH)、封装安全净负荷(ESP)和因特网安全连接和密钥管理协议(ISAKMP)三个子协议。AH协议为IP包提供信息源验证和完整性保证；ESP的基本思想是对整个IP包或更高层协议的数据进行封装并对ESP的数据进行加密；ISAKMP提供双方交流时的共享安全信息。IPSec安全协议的优点在于：它不仅可以提供完全的端对端网络层安全性，而且也可以根据给定路径中任意不同段之间的具体特性选择合适的安全功能应当覆盖的安全范围。参见authentication header (AH)，encapsulating security payload (ESP)，Internet security association and key management protocol (ISAKMP)。

IPSS　国际数据包交换服务机构　International Packet Switching Service的缩写。

IP switch　IP交换　IP(网际协议)交换是高性能网络发展的下一步，其特色为高IP吞吐率、基于IP协议的快速交换决定、动态存储和转发路由，以及开辟IP交换、支持标准IP管理工具、可伸缩体系结构和性能、低端口成本下的高带宽性等。IP交换大大扩展了网段数而同时恢复桥路器环境下的平面拓扑结构，因此广播风暴机会倍增。传统路由器不适应日益增强的高速交换的信息量，从而产生新的网络瓶颈。IP交换提供一种路由-交换结构，将路由技术的智能与ATM(异步传输模式)的高速转发性能结合在一起，利用快速处理器，在ATM(异步传输模式)硬件的基础上运行IP路由软件，用软、硬件结合的方法处理IP报文转发，以减少IP报文通过路由器的延迟。IP交换是成百上千万因特网和公司用户的选择，避开了困扰ATM网络和其他高速网的配置、操作和兼容性问题。IP交换可容易地集成到现有网间。路由决定是基于IP协议的，因此IP交换像其他IP节点一样工作，可与现应用程序和网络管理工具互操作。IP交换在纯IP环境，或在采用开通和封闭非IP协议的地方使信息流达到最佳。IP交换正快速成为高速IP网络解决方案的选择。

IPTV　交互式网络电视　interactive personality television的缩写。

IPTV middleware　IPTV中间件　介于资源层和应用程序之间的一层软件，它包含一组由多个可以运行在一个或多个设备上且与系统进行交互的功能所构成的服务。

IPTV service　IPTV业务　通过IP承载网络向用户提供能够支持交互能力的电视节目的直播、点播和时移播放等业务的总称。通过IPTV业务，用户可以得到高质量的数字媒体服务，可以自由地选择视频节目，实现媒体提供者和媒体消息者的实质性互动。

IP-UMTS　全IP通用移动通信系统　all IP universal mobile telecommunication system的缩写。

IPv4　IPv4地址　现在因特网所用的32位IP(网际协议)地址。参见Internet address。

IPv6　IPv6地址　Internet 2中所用的128位IP(网际协议)地址称为IPv6地址。在IPv6中将对带宽进行管理，IPv6可把数据包标识为一个特殊的信息流，如那些具有实时多媒体图形信息的数据包将可按最高优先级加以处理。在IPv6网络中采取了新的安全机制，即IPSec(因特网协议安全性)协议，它能够较好地封装数据包头。参见Internet

2。

IPX 网络互联包交换 internetwork packet exchange 的缩写。

IPX external network number IPX 外部网络数 用于标识网络电缆段的十六进制数，当 NetWare IPX（网络互联包交换）协议被加到在服务器中的网络接口板时分配。IPX 外部网络数可有 1 ～ 8 个 16 进制数字。

IPX internal network number IPX 内部网络数 标识 NetWare 服务器的十六进制数。在网络上的每个服务必须有唯一的 IPX（网络互联包交换）内部网络数。这个数可有 1 ～ 8 个 16 进制数字，在 NetWare 安装时对服务器分配。

IPXODI 网间分组交换的开放数据链路接口 Internet packet exchange open datalink interface 的缩写。

IPX/SPX 网络互联包交换/顺序包交换 internetwork packet exchange/sequenced packet exchange 的缩写。

IR (1)中断请求 interrupt request 的缩写。(2)情报检索 information retrieval 的缩写。(3)因特网登记处 Internet registry 的缩写。(4)红外线 infrared 的缩写。(5)机构仓储 institutional repository 的缩写。

IRC 因特网中继对话 Internet relay chat 的缩写。

IRD 信息资源词典 information resource dictionary 的缩写。

IrDA 红外线数字协会 Infrared Data Association 的缩写。

IRDP ICMP 路由器发现协议 ICMP router discovery protocol 的缩写。

IRDS (1)信息资源词典系统 information resource dictionary system 的缩写。(2)信息库词典系统 information repository dictionary system 的缩写。

IRE 美国无线电工程师协会 Institute of Radio Engineers US 的缩写。

IRF 中间路由函数 intermediate routing function 的缩写。

IRFT 因特网研究任务组 Internet research task force 的缩写。

IRG 记录间间隔 inter-record gap 的缩写。

IRGB 亮[强]度红绿蓝编码 intensity red green blue 的缩写。

Iridium 铱系统 由美国 Motorola 公司 1991 年提出、设计、制造的由 77 颗卫星覆盖全球的低轨道卫星移动通信系统。铱系统最初设计是 77 颗在轨卫星。*其结构正好和金属元素铱的结构相同，因而得*名铱系统。虽然后来设计中将铱系统整个星系卫星数量减少到 66 颗，但仍然保留了原来的铱系统的名称。星上采用先进的数据处理和交换技术，并通过星际链路在卫星间实现数据处理和交换、多波束天线。铱系统最显著的特点就是星际链路和极地轨道。星际链路从理论上保证了可以由一个关口站实现卫星通信接续的全部过程。极地轨道使得铱系统可以在南北两极提供畅通的通信服务。铱系统最大的优势是其良好的覆盖性能，可为地球上任何位置的用户提供带有密码安全特性的移动电话业务。

iris 光圈 (1)在照相机的镜头上可调节的开口，控制光线进入照相机的量。(2)在多媒体技术中，一个模拟照相机光圈的螺旋形部件。

iris diaphragm 可变光圈 透镜圆筒中可调节的孔径，可以控制进入的光束。

iris recognition 虹膜识别 生物统计学虹膜识别技术是通过使用照相机取得一个虹膜图像，经与数据库中已有指定样本进行比对并加以判别的生物统计识别技术。

IRL 信息检索语言 information retrieval language 的缩写。

IrLAP 红外连接访问协议 infrared link access protocol 的缩写。

IrLMP 红外连接管理协议 infrared link management protocol 的缩写。

IRM (1)信息资源管理 information resource management 的缩写。(2)镜像抑制混频器 image rejection mixer 的缩写。(3)继承权屏蔽 inherited rights mask 的缩写。

IRN 中间路由选择节点 intermediate routing node 的缩写。

iron-core coil 铁芯扼流圈 一种线圈，其实心的或叠片的铁芯或其他磁性材料构成与其绕组连接的部分或全部的磁路。

iron-core transformer 铁芯变压器 一种变压器，其铁或其他磁性材料的叠片构成与其绕组连接的部分或全部的磁力线路径。

IRONMAN language requirement “铁人”语言要求 美国国防部 1977 年 7 月提出的关于计算机高级程序设计语言的要求。为统一语言的设计，早在 1975 年就提出“草人”和“木人”计划。1976 年改为“锡人”计划，后来在 1978 年又改为“铁人”计划。根据这些要求，最后产生了 Ada 语言。该语言要求主要从技术上提出一般设计准则，一般语法以及对各个具体语法单位（如类型、表达式、控制结构）和部分处理（如并行处理、异常处理等）的要求。

IRP (1)应急响应计划 incident response plan 的缩写。(2)I/O 请求包 I/O request packet 的缩写。

IrPHY 红外物理层连接规范 infrared physical layer link specification 的缩写。

IRP stack location IRP 堆栈存储单元 微软 Windows NT 中 I/O 请求包中的一个数据区，其中包含一个特定驱动程序，完成 I/O 请求时与它相关部分所需的信息，每一个驱动程序在处理请求时在 IRP 中分别有各自不同的堆栈存储单元。参见 I/O request packet。

IRQ **中断请求** interrupt request 的缩写。

irrecoverable error **不可恢复错误** 如不使用计算机程序或运行以外的恢复技术就不可能恢复的错误。同 unrecoverable error。

irreducible module **不可约模型** 在数据库系统中，指将数据表示为原子事实而不是一般事实的集合，以简化操作的数据类型。因为原子事实不可分解，故称为不可约。这类模型有二元关系模型、不可约关系模型、函数模型等。参见 binary relational model, irreducible relational model, functional model。

irreducible polynomial **不可约多项式** 数域 P 上的多项式。它不能表示成数域 P 上次数比自己低的两个因式的乘积。

irreducible unit **不可简化单元** 在数据库系统中，指一个关系不能再用关系代数中的投影运算去作更小关系的无损分解的单元。

irregular problem **不规则问题** 描述几何上不规则域的问题，域中包含许多相似项，如有限元节点。

irrelevance **不相关，偏离度** 也称"弥散度"。在信息论中，报文接收器中特定报文出现的条件熵，它给出了经指定信道连接到该报文接收器的报文源中特定报文的具体值。如果 X_i 是报文源的输入信息，Y_i 是报文接收器的输出信息，则不相关性 $H(Y/X)$ 由下列公式表示：

$$H(Y/X)=\sum_{i=1}^{i=n}\sum_{j=1}^{j=m}P(x_i,y_i)\times\log\frac{1}{P(Y_i/X_i)}$$

irreversible code **不可逆代码** 不能使传输信息的代码完全恢复到原始形式的一种代码。

irreversible encryption **不可逆加密** 密码学中，指一种将明文变换成密文的数据加密算法，密文除穷举法外无法破译。

irreversible process **不可逆过程** 凡不满足可逆过程条件的过程均称不可逆过程。自然界一切实际过程都是不可逆过程。参见 reversible process。

irrevocable control strategy **不可撤回的控制策略** 人工智能中的一种控制策略。该策略是不加改进地选择一条合适的规则应用于每一个状态的描述，而不必为以后重新考虑作准备。有人认为不可撤回的控制策略不适用于产生式系统。实际上，持这些主张的人忽视了局部知识和隐含的全局知识之间的差别。

irrotational field **无旋场** 其旋度在各处均为零的矢量场。静电场中环量恒等于零，所以是无旋场。参见 rotation of a vector field。

IRS (1)交换记录分隔符 interchange record separator 的缩写。(2)接口需求规范说明 interface requirements specification 的缩写。

IRSG **因特网研究管理组** Internet research steering group 的缩写。

IRSS **智能远程站支持(程序)** intelligent remote station support 的缩写。

IRT **索引返回字符** index return character 的缩写。

IRTF **因特网研究任务组** Internet research task force 的缩写。

IS (1)信息分隔符 information separator 的缩写。(2)中间系统，中介系统 intermediate system 的缩写。(3)国际标准 International Standard 的缩写。

ISA (1)工业标准体系结构 industry standard architecture 的缩写。(2)信息系统体系结构 information systems architecture 的缩写。

ISAKMP **因特网安全连接和密钥管理协议** Internet security association and key management protocol 的缩写。

ISAL **信息系统安全保障级** information systems assurance level 的缩写。

ISAM **索引顺序存取法** indexed sequential access method 的缩写。

ISAM interface program **ISAM 接口程序** 一组例行程序，它允许用户编写的处理程序使用 ISAM(索引顺序存取方法)去访问 VSAM(虚拟存储存取法)的键顺序文件或数据集。

ISAPI **因特网服务器应用程序接口** Internet server application program interface 的缩写。

ISAR **信息存储与检索** information storage and retrieval 的缩写。

IS-A relationship **IS-A 关系** 属于抽象-具体关系，具有继承性质。在层次性的知识表示中，抽象性较强的对象位于上层，具体性较强的对象位于下层。上、下层对象可通过 IS-A 关系联系起来。

isarithmic control **等量控制** 分组交换中对数据流的一种控制，即传送中的分组的数目保持恒定。

ISATAP **内部站点自动隧道寻址协议** intra-site automatic tunnel addressing protocol 的缩写。

ISB **独立边带** independent sideband 的缩写。

ISBC **Intel 单板机** Intel single board computer 的缩写。

ISBL **信息系统基础语言** information system base language 的缩写。

ISBN **国际标准书号** International Standard Book Number 的缩写。

ISC (1)集成存储控制器 intergrated storage control 的缩写。(2)因特网软件联盟 Internet software consortium 的缩写。(3)国际软交换协会 International Softswitch Consortium 的缩写。

ISCCC　中国信息安全认证中心　China Information Security Certification Center 的缩写。

ISCP　综合业务控制点　integrated service control point 的缩写。

iSCSI　因特网小型计算机系统接口　Internet small computer system interface 的缩写。

iSCSI extensions for RDMA (iSER)　因特网小型计算机系统接口远程直接存储器访问协议　是对使用远程直接存储器访问(RDMA)的 iSCSI 扩展的计算机网络协议。通常,RDMA 可以由带有 RDMA 服务的传输控制协议或 IB SAN(InfiniBand 存储区域网)协议提供。允许数据在计算机与 SCSI 存储器缓存之间直接进出,而不需中间数据复制。2007 年 10 月,iSER 由 IETF(因特网工程工作组)的 RFC 5046、RFC5047 发布。

ISDN　综合业务数字网　integrated services digital network 的缩写。

ISDN multi-button key system set　ISDN 多按键式电话机　一种装备有一排按键的数字话音电话,其中许多按键可以由用户编程,只要按一下就可以启动包括呼叫等候、电话转接和电话会议等选定的功能。它还包括信息显示,如呼叫进行情况、输入呼叫识别码、时间和留言等。

ISDN terminal　ISDN 终端　一种使用户得以使用网络的 ISDN(综合业务数字网)功能的数字话音/数据通信装置。ISDN 终端有两种主要类型:一种采用两线 U 形接口,另一种采用四线 T 型接口,两者都是基本速率接口(BRI)的组成部分。

ISDN user part (ISUP)　综合业务数字网用户部分　ISDN(综合业务数字网)内的公共信道信令方式的用户部分,它是在电话用户部分(TUP)上附加 ISDN 特有的信令以及通信规程(用户-用户信令、中断、恢复)等部分后构成的。

ISDP　综合业务数据点　integrated service data point 的缩写。

ISEE　(1)集成化软件工程环境 integrated software engineering environment 的缩写。(2)集成化系统工程环境 integrated system engineering environment 的缩写。

I seek you (ICQ)　网络寻呼机　一种免费的因特网寻人及通信软件,使用者可通过 ICQ 服务器登录取得 ICQ 编号,并可使用姓名或电子邮件账号查询其他登录的使用者以及能直接或通过服务器来与其他使用者传递信息。

iSER　因特网小型计算机系统接口远程直接存储器访问协议　*iSCSI extensions for RDMA 的缩写。*

I-series recommendations　I 系列推荐标准　国际电信联盟(ITU)有关 ISDN(综合业务数字网)的建议为 I 类,称为 I 系列推荐标准。I 系列推荐标准共有 I. 100 ~ I. 600 六个子系列,分别是:I. 100 系列:内容为 ISDN 基本概念、建议的结构、术语、一般方法等;I. 200 系列:内容为 ISDN 业务特性;I. 300 系列:内容为网络结构的运行;I. 400 系列:内容为用户与网络接口特性;I. 500 系列:内容为网间接口;I. 600 系列:内容为测试、维护与操作。

ISF　信息系统加工线　information system factories 的缩写。

ISGEP　综合业务生成环境点　integrated service generation environment point 的缩写。

ISI　(1)符号间干扰 intersymbol interference 的缩写。(2)信息服务业 information service industry 的缩写。(3)科学信息协会 Institute for Scientific Information 的缩写。美国《科学引文索引》的编辑单位。

IS-IS　中间系统到中间系统(协议)　intermediate system-intermediate system 的缩写。

island effect　孤岛效应　(1)电子管中当栅极电压低于某一定值时,阴极发射限于其中某一小区域的现象。(2)无线通信的服务小区由于各种原因(无线传输环境不好、基站位置过高或天线的倾角较小),导致覆盖太大以至于将邻小区覆盖在内,造成在某些小区的覆盖范围出现一片孤独区域,此孤独区域在地理上没有邻区,类似于"孤岛"。如果移动台在此区域移动,由于没有邻区,移动台无法切换到其他的小区导致掉话发生。

ISLU　综合业务线路单元　integrated services line unit 的缩写。

ISM　带业务监测　in service monitoring 的缩写。

ISMAP　综合业务管理接入点　integrated service management access point 的缩写。

ISMF　交互式存储管理装置　interactive storage management facility 的缩写。

ISMG　短信网关　Internet short message gateway 的缩写。

ISMP　综合业务管理点　integrated service management point 的缩写。

ISN　(1)因特网购物网 Internet shopping network 的缩写。(2)综合业务网 integrated setuives network 的缩写。

ISO　国际标准化组织　International Organization for Standardization 的缩写。

ISOC　因特网协会　Internet Society 的缩写。

isochronous　等时的　一种数据传输形式,其中字符由位长整数倍的间隔隔开。

isochronous distortion　等时失真　由同步调制解调器中的时钟抖动引起的失真,抖动可能是提前的(正抖动,即位太短)或者延迟的,即位太长(负抖动),等时失真是两种抖动的峰值之和与理想脉冲宽度之间的百分比：等时失真＝(正抖动＋负抖动)/整个脉冲宽度×100%。

isochronous network 同步网络 同步网络也称"综合服务局域网(ISLN)"，这是 IEEE 802.9 技术规范中的一种网络，该技术规范将 ISDN(综合业务数字网)和 LAN(局域网)技术结合，以使网络能传送多媒体。参见 IEEE 802.9 standard, integrated services digital network (ISDN)。

isochronous service 等时服务 一种能基本上保证一个通信信道内确定带宽的服务。音频和视频这样的实时服务的传送需要等时服务。具有可变长度分组的网络，不能有效地提供等时服务，除非使用优先分级方法将一部分带宽分给音频和视频通信专用。由于 ATM(异步传输模式)的信元都具有同样的大小，所以能提供等时服务。无论某通信信道是否使用，等时服务对其带宽进行预留待分配或预分配，使带宽具有很低延迟的时间同步传送。当信息源产生的信号或事件是已知周期间隔出现时，等时服务是必需的。

isochronous transmission 等时传输 (1)一种数据传输过程。在这种过程中，任何两个重要时刻之间总有整数个单位区间。其传输间隔为单位时间的固定整数倍。(2)一种数据传输方式，用于实时数据的传送。在进行等时传送时，在每一总线时钟周期之内，确保必定传送一次视频和音频实时数据。等时传送是传送多媒体信息所必需的。

isoelectronic 等电子的 其原子核外具有相同电子数的原子。

isoelectronic trap 等电子俘获 半导体中由于加入杂质原子而引发的束缚状态。俘获既可束缚电子，也可束缚空穴。在某些发光二极管中，由掺杂所引入的杂质原子决定了所发的光的颜色。

IsoEthernet 等时以太网 能够进行等时传输的以太网，标准为 IEEE 802.9a，可与 10 base-T 网结合在一起，支持视频和音频数据流的传输。网络采用等时以太网集线器，使得广域网与局域网之间的数据传输同步。网络上能建立虚拟工作组，实现完全协调的计算。

ISO/IEC JTC1 (Joint Technical Committee 1 on Information Technology) ISO/IEC JTC1(信息技术联合技术委员会) 信息技术委员会是国际标准化组织(ISO)和国际电工技术委员会(IEC)的第一个联合技术委员会，下设 18 个分技术委员会，部分分委员会又设若干工作组。通过 JTC1 技术委员会及其所属的分委员会(SC)和工作组(WG)，并按一定的程序制订一系列的信息技术领域方面的国际标准。我国也成立了与之对口的标准化技术委员会，即全国计算机与信息处理标准化技术委员会。委员会受国家技术监督局和电子部共同领导，秘书处设在电子部电子标准化研究所。委员会负责本专业的我国国家标准和行业标准的制修订工作和其他重要的标准化技术工作。该委员会下设 14 个分技术委员会。

ISO/IEC 10646 (*information technology universal multiple-octet coded character set* (*UCS*)) **国际标准 ISO/IEC 10646《信息技术通用多 8 位编码字符集》** 这是一个统一的中日韩(CJK)汉字集 V2.0，它包括 CJK 20 902 个汉字，可用于世界上各种语言的书面形式以及附加符号的表示、传输、交换、处理、存储、输入及显现。其中第一部分，即 ISO/IEC 10646.1-规定了通用多 8 位编码字符集的体系结构与基本文种平面。对应的国家标准是 GB 13000.1—93。参见 universal character set (UCS), multioctet character set。

isolated adaptive routing 孤立[隔离式]自适应路由选择 一种路由选择方法，即只基于每个节点本身占有的可用信息做出路由选择决定的方式。

isolated digital output module 隔离数字输出模块 为了保护计算机并使之与外部工作条件匹配，在微型计算机和过程控制部件或外部设备之间提供电气隔离和输出接口的模块。它为微型计算机在外部的高压或大电流工作条件下提供隔离和保护，并对外界的高压信号和微型机的 TTL(晶体管-晶体管逻辑)兼容电平进行相互转换。

isolated digit recognition 孤立数字识别 对孤立的 10 个数字 0 ～ 9 的语音识别。此类系统的词汇表只有 0，1，…，9，而且不需要系统事先训练。在一般计算机房的说话环境，可用一个高质量的话筒输入语音，说话人不限。每次识别只输入一个孤立的数字，数字与数字之间要有休止时间。

isolated gate field effect transistor (IGFET) 绝缘栅场效应晶体管 也称金属氧化物半导体场效应晶体管(MOSFET)。根据导电沟道的不同可以分成 N 沟道与 P 沟道两大类，N 沟道硅 MOS(金属氧化物半导体)场效应晶体管在 P 型硅衬底上有两个 N^+ 区，分别称为源极和漏极，两极之间不导通。栅极上加上相当大的正电压(源极接地)时，栅极下面的 P 型硅表面上出现 N 型反型层，成为连接源极和漏极的沟道。改变栅压，可以改变沟道中电子密度，从而改变沟道电阻。这种 MOS 场效应晶体管称为 N 沟道增强型场效应晶体管。如果 P 型硅衬底表面上不加栅压就已存在 N 型反型层沟道，加上适当偏压，可使沟道电阻增大或减小。这样的 MOS 场效应晶体管称为 N 沟道耗尽型场效应晶体管。若上述 MOS 场效应晶体管的衬底是 N 型硅，则同样可以有 P 沟道增强型及耗尽型 MOS 场效应晶体管。MOS 场效应昌体管具有很高的输入阻抗，在电路中便于直接耦合，容易制成规模较大的集成电路。

isolated input/output 分离输入输出 对输入输出端口的寻址与内存寻址不同的计算机寻址方式。参见 memory-mapped input/output。

I

isolated location 隔离单元 利用硬件加以保护的存储单元。可以防止用户程序访问这些单元,并保护其内容免受偶尔改变。

isolated node 孤立节点 与别的节点不邻接的节点称为孤立节点,独立节点的度数是0。

isolated pacing response (IPR) 隔离整步响应 在SNA(系统网络体系结构)中,对于通话层的整步请求响应,它的发送独立于任何特定请求(没有任何相关顺序号),并通知接收端准备接收一个附加整步组。IPR可以随加速流或正常流发送。当无其他有效的响应可用时,IPR是非常有用的。例如在非响应协议下运行。

isolated power system 孤立电力系统 电力系统中与其他电力系统间失去互联的一部分或独立运行的系统。

isolated speech 分离式话语 话音识别输入的一种方法,仅能理解一个个单独说出的词或发音。

isolated system 孤立系统 与外围环境没有物质、能量交流的系统。

isolated vertex 独立点 图中没有关联边的点。

isolated word recognition 孤立单词识别 对对象是孤立的单词的语音识别。识别时,单词与单词之间需有停顿时间,前一个单词识别完成后才能接收下一个单词的识别任务。

isolated-word system 分离式字系统 一种话语理解系统,其输入必须是独立发音而不是连续发音的单词,以使系统易于鉴别。

isolation 分隔 (1)在计算机安全中,系统中主体和客体受到侵染后使得它们相互隔离,并与操作系统的保护控制隔离。(2)在视频生成中,一种记录一个摄像信息在一个录像机上而另一个摄像机信息在第二个录像机上然后一起进行编辑的技术。

isolation amplifier 隔离放大器 可在输入和输出信号通道之间提供完全隔离的单位增益放大器。在工业应用中,它用在存在着危险高压的情况下必须传送毫伏信号的场合。这种放大器还用在医疗电子设备中,通过隔断的回路和漏电流路径来保护病人的安全。

isolation diffusion 隔离扩散 一种通过扩散来达到隔离的方法,这种连接是集成电路中为使有源器件彼此隔离所必需的必须。

isolation loss 隔离损耗 一般指无源器件(包括定向耦合器、分支器等)从输出端到分支端对信号的衰落量。

isolation network 隔离网络 插入到电路或传输线中防止互作用的网络。

isolation test routine 分离测试例程 一种诊断测试例程。

isolation transformer 隔离变压器 用以对两个或多个有耦合关系的电路进行电隔离的变压器。隔离变压器的初、次级之间均用屏蔽层隔离,减少其分布电容,以提高抵抗共模干扰能力。

isolator 隔离器 (1)把内部电路同外部电路隔离开来,使内部电路在接收或传送信号时免受外部电路影响的电子器件,如电磁继电器、光电耦合器、光导纤维管和脉冲变压器等。(2)也称"单向器",它只允许信号从一个方向通过,反方向则被大大吸收。可以用来隔离信号源与负载,以免除负载变化而引起信号源工作不稳定。其实例是用于波导的铁氧体隔离器。

isomagnetic line 等磁线 通过具有相等磁力但不一定与垂直线有相等偏角的各点的连线。

isometric projection 等轴测投影 轴测投影的一种。它的特点是:对垂直的线段不变换,而把水平线绕横轴旋转30°。等轴测投影具有一些有用的性质,如沿三个坐标轴方向具有相等的变形系数,线段的平行关系不变,因此没有透视计算,且由于投影的规则性,使得隐线计算速度比透视投影快。也称"等角投影"。

isometric view 平行立体视图,等轴视图 计算机图像中的一种立体显示方法,不具有立体透视的特征,即远处的图形并不显得比近处的图形小,在这种三维图形中各维的线条长度都保持其原有的比例,比较 perspective view。

isomorphic representation 同构表达 在景物及其表达之间的一一对应关系的表达方法。

isomorphism 同构 设 f 是从 $\langle A,*\rangle$ 到 $\langle B,\Delta\rangle$ 的双射,对于任意 $a_1,a_2\in A$,如有 $f(a_1*a_2)=f(a_1)\Delta f(a_2)$,称 f 是同构映射,简称同构,并称 $\langle A,*\rangle$ 与 $\langle B,\Delta\rangle$ 是同构的,记为 $A\cong B$。

isomorphism of linear space 线性空间的同构 两个线性空间之间的一种映射。设 V,V' 是数域 P 上的两个线性空间,σ 是从 V 到 V' 的一个一一对应,具有性质:

① $\sigma(\alpha+\beta)=\sigma(\alpha)+\sigma(\beta)$

② $\sigma(k\alpha)=k\sigma(\alpha)$

其中 α,β 是 V 中任意的向量,k 是 P 中任意的数,则此映射 σ 称为 V 到 V' 的一个同构映射,而 V 与 V' 称为是同构的。

isomorphism problem 同构问题 对任何一个解释 I 和任何一组输入变量值 ξ_i,如果两个相容的框图模式执行同一个语句序列,即走同一条计算路线,则称这两个框图模式是同构的。框图模式的同构问题是:是否存在一个确定的算法,使得对任何两个相容的框图模式都能在有限步之内确定它们是否是同构的。已经证明,这个问题是不可解的,也不是部分可解的。

ISO network management model ISO网络管理模型 国际标准化组织(ISO)为了指导网络管理研究和网络管理标准制定而提出的网络管理模型。该模型由故障管理、性能管理、配置管理、记账管理和安全管理几部分组成：①故障管理：用于检测、控制、隔离和修复网络故障，保证网络正常有效运行；②性能管理：用于收集网络统计信息，分析网络的流量、延迟时间、出错频率等性能指标，以便改进网络性能；③配置管理：用于记录或更改网络的物理配置和逻辑配置；④记账管理：分门别类收集、记录、管理各种网络资源的使用情况；⑤安全管理：控制网络存取权限，防止人为破坏和病毒感染。

ISO/OSI model 国际标准化组织/开放系统互连模型 International Organization for Standardization Open Systems Interconnection model 的缩写。

isoparametric finite element 等参有限元 一种有限元技术。当数学物理问题的求解区域的边界是曲线(或曲面)时，为了更好地逼近该区域，采用与试探函数同一类型的分段多项式作为区域边界的近似。因此，在把标准单元(它的边通常是直的)变换为区域剖分时，采用与试探函数同一类的多项式作为坐标交换。这种有限元称为等参有限元。

isoplanar integrated injection logic (I^3L) 等平面注入逻辑电路 一种采用等平面工艺及离子掺杂工艺以提高电路性能的注入逻辑电路。

isopotential line 等势线 也称“等位线”，在有势场中，势的数值相等的各点所联成的线。同 equipotential line。

isopotential path 等电位路径 通过具有相等电位或场强的各点的连线。

isopotential surface 等势面 也称“等位面”，在有势场中，势的数值相等的各点所联成的面。同 equipotential surface。

ISO reference mode ISO 参考模式 国际标准化组织(ISO)对网络开放系统互连(OSI)系统所提出的体系结构，即所谓七层参考模式。这七层是应用层、表示层、会话层、传输层、网络层、数据链路层和物理层。

ISO standard 国际标准化组织标准 国际标准化组织(ISO)推荐或采纳的标准。国际标准化组织标准通常采用美国国家标准学会所采纳的标准。例如 ASCII(美国信息交换标准代码)字符集在欧洲为 ISO 字符集。

isosynchronous 等同步 一种同步与异步串行协议兼而有之的串行通信技术，它保留了同步协议的时钟互连，但并不产生同步字符。起始位如同步协议中那样产生。

isotropic antenna 全向天线 一种理论上的天线，它能从一个点源在所有方向上以球面辐射的形式辐射信号能量。这种天线用作为标准，也称“单极天线”或“无方向性天线”。

isotropic dielectric 各向同性电介质 其介电常数与所加电场方向无关的电介质。

isotropic gain 全向增益 同 absolute gain。

isotropic mapping 各向同性映射 方向保持不变的映射。即正交表示的所有空间维方向有相等的定比值。这里所说的映射是指把图像从一个坐标系转换到另一个坐标系。

isotropic medium 各向同性媒质 其性质在所有方向都相同的媒质。

isotropic plasma 各向同性等离子体 其性能(如压力)与测量方向无关的等离子体。

isotropic radiator 各向同性辐射器 在所有方向发出相等能量的辐射器。

ISO/TR 1672 (*hardware representation of ALGOL basic symbols*) **国际标准 ISO/TR 1672《ALGOL 语言基本符号的硬件表示法》** 该标准规定了 ISO 1538《程序设计语言 ALGOL 60》的基本符号与 ISO 646《信息处理-信息交换用的 7 位编码字符集》(有关内容)之间的一种对应关系——硬件表示法。这种硬件表示法使得 ALGOL 语言便于实际应用及互换。对应的国家标准为 GB 3178。

ISO 1073/Ⅰ (*alphanumeric character sets for optical recognition-part* Ⅰ*:character set OCR-A-shapes and dimensions of the printed image*) **国际标准 ISO 1073/Ⅰ《光学识别用字母数字字符集-第一部分:OCR-A 字符集-印刷图像的形状和尺寸》** 该标准规定了用于光学字符识别的字母数字字符、图形和符号的印刷图像的形状和尺寸。它既符合人们阅读的习惯，又适用于机器的读出。标准为用于 OCR 互换应用的印制设备和光学扫描设备建立了一个共同的基础。为满足需要和促进推广 OCR 的应用，规定了两套字符集。这两套字符集分别称为 OCR-A 和 OCR-B。OCR-A 字符集包括一个数字子集，字符形状是为适合于多种 OCR 的应用而设计的，OCR-A 的字符大小用三种尺寸给出。等效采用该国际标准的国家标准为 GB 12053。

ISO 1113 (*information processing-representation of the 7-bit coded character set on punched tape*) **国际标准 ISO 1113《信息处理-7 位编码字符集在穿孔纸带上的表示方法》** 该标准规定了 7 位编码字符集在 25.4 mm 宽的穿孔纸带上的表示方法。并对穿孔纸带、磁道布局、字符集的确定、编码字符的表示方法、校验方法等都给出了相应的技术要求。等效采用该国际标准的国家标准为 GB 1991。

ISO 1155 (*information processing-use of longitudinal parity to detect errors in information messages*) **国际标准 ISO 1113《信息处理-用纵向奇偶校验检测信息电文中的差错》** 该标准规定了信息处理中，使用纵向奇偶校验来检测信息电文中的差错。

ISO 1177 (*information processing-character structure for start/stop and synchronous character oriented transmission*) **国际标准 ISO 1113《信息处理-面向传输的起止和同步式字符的字符结构》**

I

I

该标准规定了信息处理中，用于按位串行的起止式和同步式数据传输系统的字符结构。这种数据传输系统使用七单位编码字符集、八单位编码字符集和对这两种编码字符集的扩充。本标准还规定了使用七单位编码字符集的奇偶检验特性。本标准适用于经过数据终端设备(.DTE)和数据电路终接设备(DCE)间的接口面进行的信息传送。

ISO 1538（*programming languages ALGOL 60*） **国际标准 ISO** 1538**《程序设计语言 ALGOL** 60**》** 该标准定义了程序设计语言 ALGOL 60 及其子集的语法和语义。其目的是：在数据处理系统之间，便于 AOGOL 60 程序的交换，增进其可移植性。等效采用国际标准的国家标准为 GB 1500。

ISO 1539（*programming language FORTRAN*） **国际标准 ISO** 1539**《程序设计语言 FORTRAN》** 该标准规定了用 FORTRAN 语言表达的程序的形式和确立对这种程序的解释。本标准定义了两个集合即全集和一个子集。本标准的目的是提高 FORTRAN 程序的可移植性，以便在各种各样的数据处理系统上使用。等效采用该国际标准和国家标准为 GB 3057。

ISO 1682（*dimensions of 80 columns punched paper cards for information processing*） **国际标准 ISO** 1682**《信息处理用** 80 **列穿孔卡片的尺寸》** 该标准规定了穿孔纸卡片的外形尺寸、孔的位置和尺寸以及穿孔卡片的使用环境条件、存储环境条件和存储方法。卡片长为 187.3 mm，宽为 82.55 mm。穿孔卡片有 12 行。可在 80 列上穿孔。对应的国家标准为 GB 3908。

ISO 1703/Ⅱ（*alphanumeric character sets for optical recognition-part* Ⅱ：*character set OCR-B-shapes and dimensions of the printed image*） **国际标准 ISO** 1703/Ⅱ**《光学识别用字母数字字符集-第二部分：OCR-B 字符集-印制图像的形状和尺寸》** 该标准规定了用于光学字符识别的字母数字字符、图形和符号的印制图像的形状和尺寸。它既符合人们的阅读习惯，又适用于机器的读出，也适用于一般的用途。为了满足需要和促进推广 OCR 的应用，规定了两套字符集，这两套字符集分别称为 OCR-A 和 OCR-B。所设计的 OCR-B 的字符形状，既适用于 OCR 系统，且在更广泛的应用范围内也适用于普通的用途，而不至于造成过分的不方便。OCR-B 的字符大小用三种尺寸给出。等效采用该国际标准的国家标准为 GB 12508。

ISO 1863（*information processing-9-track*, 12.7 *mm wide magnetic tape for information interchange recorded at 32 ftpmm NRZ1*） **国际标准 ISO** 1863**《信息处理-交换用** 9 **磁道** 1.27 **mm 宽** 32 **行/mm 记录磁带》** 该标准规定了磁带宽度为 12.7 mm(0.5 英寸)，采用不归零制(NRZ1)记录的数字磁带的名词术语、绕带方法、始末端标记、磁道配置、信息格式、记录方法和校验方法。共有 9 条磁道，其中第 4 道作为行的奇校验用。记录密度为 32 ftpmm(800 ftpi)。对应的国家标准为 GB 2020。

ISO 1989（*programming language COBOL*） **国际标准 ISO** 1989**《程序设计语言 COBOL》** 该标准规定了 COBOL 语言的形式及其解释。其目的是在这样的程序中提高和机器无关的程度，以便在各种自动数据处理系统中均可使用它们。本标准定义了如下 11 个功能处理模块：核心、顺序 I-O、相对 I-O、索引 I-O、程序间的通信、排序-合并、源正文管理、报表编制、通信、排错和程序分段。其中 9 个模块分为一级成分和二级成分。同一模块的一级成分是二级成分的子集。另外有两个模块仅包含一级成分。等效采用该国际标准的国家标准为 GB 4092。

ISO 2014（*representation of calendar dates in all-numeric form*） **国际标准 ISO** 2014**《全数字式日期表示》** 该标准规定了以数字形式表示阳历日期的方法。它适用于表示时间元素——年、月、日的任何日期。“年”用 4 位数字表示，当省略世纪时则用两位数字表示；“月”用两位数字表示；“日”用两位数字表示。按年、月、日的顺序排列。对应的国家标准为 GB 2808。

ISO 2022（*information processing-7-bit and 8-bit coded character sets-code extension techniques*） **国际标准 ISO** 2022**《信息处理-**7 **位和** 8 **位编码字符集-代码扩充技术》** 该标准作为编码技术的核心和基础，分别规定了 7 位和 8 位代码在 7 位和 8 位环境中的扩充方法以及 8 位代码体系的结构和 7 位代码与 8 位代码之间的关系。标准还针对不同的情况给出了几类不同的扩充方法供用户选用。该标准适用于以标准体系结构构造的字符集的扩充或单个控制功能、图形字符的扩充。等效采用该国际标准的国家标准为 GB 2311。

ISO 2033（*information processing-coding of machine readable characters* (*MICR and OCR*)） **国际标准 ISO** 2033**《信息处理-机器可读字符编码(磁墨水字符识别和光学字符识别的字符)》** 该标准规定了阅读设备识别的印制字符的编码表示。印制字符共有下列四种字体：

①E13B——磁墨水印刷的字体之一；

②CMC7——磁墨水印刷的字体之二；

③OCR-A——光学字符识别的字体之一；

④OCR-B——光学字符识别的字体之二。

阅读设备识别字符后生成的编码信息可通过各种媒体(如磁带)、数据传输或者直接联机的方式，传送给接受装置。印刷设备亦可采用这种编码表示印刷出供阅读的信息。该标准不用于一般的信息交换。等效采用该国际标准的国家标准为 GB 7515。

ISO 2047 (*information processing-Graphical representations for the control characters of the 7-bit coded character set*) **国际标准 ISO 2047《信息处理-用 7 位编码字符集控制字符的图形表示》**

该标准规定了国际标准 ISO 646《信息处理信息交换用 7 位编码字符集》中控制字符的图形表示。对于通常不打印和不显示的空隔字符(SP)和删除字符(DEL),也给出了它们的图形表示。标准中对每个控制字符分别给出两种表示方式:特殊符号表示方式和字母数字表示方式。当不打印和不显示的控制字符需要以图形表示时,便可利用标准提供的可视图形进行表示,它适用于纸带穿孔机、打印机和显示器等设备,可在监控和诊断等各种不同的情况下应用。等效采用该国际标准的国家标准为 GB 3911。

ISO 2110 (*information technology-data communication-25-pole DTE/DCE interface connector and contact number assignments*) **国际标准 ISO 2110《信息技术-数据通信-25 插脚数据终端设备/数据通信设备接口连接器和插脚号分配》**

该标准规定了数据通信中 25 芯数据终端设备/数据通信设备接口接线器和引线分配。它与 EIA(美国电子工业协会)的 RS-232-C 本兼容。

ISO 2375 (*data processing-procedure for registration of escape sequences*) **国际标准 ISO 2375《数据处理-转义序列的登记规程》** 该标准规定了申请字符集的登记以及登记处在制订、维护和公布转义序列和由它们标识的字符集的登记表时所应遵循的规程。本标准适用于 ISO 2022《信息处理-7 位和 8 位编码字符集-代码扩充技术》中所规定的转义序列的登记,但不包括该标准中说明用于表示单个增补控制功能的部分转义序列及部分作为标识专用图形字符集的转义序列。参照采用该国际标准的国家标准为 GB 12054。

ISO 2382 (*data processing-vocabulary*) **国际标准 ISO 2382《数据处理-词汇》** 该系列标准包括信息处理领域中各专业常用的一些概念,总计有 2 千多个词条,目前有如下 19 个部分:

01 部分 基本术语;
02 部分 算术和逻辑运算;
03 部分 设备技术;
04 部分 数据的组织;
05 部分 数据的表示法
06 部分 数据的准备和处理;
07 部分 计算机程序设计;
08 部分 控制、完整性和安全性;
09 部分 数据通信;
10 部分 操作技术和设施;
11 部分 控制器、运算器和有关设备;
12 部分 数据媒体、存储器和有关设备;
13 部分 计算机图形;
14 部分 可靠性、维修性和可用性;
15 部分 程序设计语言;
16 部分 信息论;
18 部分 模拟计算;
21 部分 过程计算机系统和技术过程间的接口;
22 部分 计算器。

对应的国家标准为 GB 5271 和 GB 12118。

ISO 2593 (*data communication-34 pin DTE/DCE interface connectors and pin assignments*) **国际标准 ISO 2593《数据通信-34 插针 DTE/DCE 接口连接器和插针分配》** 该标准规定了连接器插针号的分配和连接器的某些相互配合的主要尺寸,以保证在数据终端设备(DTE)和数据电路终端设备(DCE)之间的接口处具有机械兼容性,此接口适用于符合 GB 9412 和 GB 11599 的设备。该标准以列表的形式给出了与电路对应的插针分配。对应的国家标准为 GB 9951。

ISO 2711 (*representation of ordinal dates for information interchange*) **国际标准 ISO 2711《信息交换用顺序日期表示法》** 该标准规定了顺序日期的表示方法,由时间元素年和年内的顺序日期组成,年内顺序日期用三位数字表示。它用于信息处理和信息交换。例如,1990 年 8 月 1 日的顺序日期表示为"1990213"。对应的国家标准为 GB 2810。

ISO 2864 (*physical and magnetic characteristics of interchangeable magnetic six-disk pack*) **国际标准 ISO 2864《6 片可换磁盘组的机械性能和磁性能》** 该标准规定了 6 片可换磁盘组的结构尺寸、环境条件、物理性能、头盘配置、磁道几何参数、磁性能和测量方法。盘片的外径为 356 mm(14 英寸),厚度为 1.27 mm(0.05 英寸)。每个盘组由 6 片盘片组成。对应的国家标准为 GB 2309 和 GB 2949。

ISO 3166 (*codes for the representation of names of countries and regions*) **国际标准 ISO 3166《世界各国和地区名称代码》** 该标准对世界上的各个国家和地区规定了统一的代码。它有字母代码和数字代码两种类型,而字母代码又分二字符和三字符两种表现形式,数字代码用三位数字表示。三种形式都可任意选用,它们适用于信息处理和国内外的信息交换。例如"中国"的两字母代码表示为:"CN",三字母代码为"CHN",数字代码为"156"。中国的台湾省、香港、澳门作为地区也给予了代码。对应的国家标准为 GB 2659。

ISO 3275 (*information processing-implementation of the 7-bit coded character set and its 7-bit and 8-bit extensions on 3.81 mm magnetic tape cassette for data interchange*) **国际标准 ISO 3275《信息处理-数据交换用 7 位编码字符集及其 7 位和 8 位**

I

扩充在 3.81 mm 盒式磁带上的实现方法》 该标准规定了数据交换用 7 位编码字符集及其 7 位和 8 位扩充在 3.81 mm 盒式磁带上的表示方法。等效采用该国际标准的国家标准为 GB 7419。

ISO 3307 (*representation of time of the day for information interchange*) **国际标准 ISO 3307《信息交换用日的时间表示法》** 该标准以 24 小时记时制为基础，规定了用数字形式表示当地时间和国际通用时间的统一表示法。时、分、秒各用两位数字表示，按时、分、秒的次序排列。它适用于信息处理和信息交换。对应的国家标准为 GB 2809。

ISO 3309 (*information processing systems-data communication-high level data link control procedures-frame structure*) **国际标准 ISO 3309《信息处理系统-数据通信-高级数据链路控制规程-帧结构》** 该标准为采用面向比特的高级数据链路控制(HDLC)规程的数据通信系统规定了帧结构。它定义了帧的各部分的相对位置和作帧定界序列(标志)用的比特组合，还定义了一种使帧内比特模式具有独立性的机制。此外还规定了两种帧检验序列(FCS)，即 16 比特或 32 比特的 FCS。还定义了地址字段的扩充规则及编址约定。本标准是七层模型中的链路层标准，也是 HDLC 系列标准之一。对应的国家标准为 GB 7496。

ISO 3562 (*physical and magnetic characteristics of interchangeable magnetic single disk cartridge*) **国际标准 ISO 3562《顶装式单片可换盒式磁盘的机械性能和磁性能》** 该标准规定了顶装式可换盒式磁盘的结构尺寸、环境条件、物理性能、头盘配置、磁道几何参数、磁性能和测量方法。盘片的外径为 356 mm(14 英寸)，厚度为 1.27 mm(0.05 英寸)。对应的国家标准为 GB 2308 和 GB 2948。

ISO 3564 (*physical and magnetic characteristics of interchangeable magnetic eleven-disk pack*) **国际标准 ISO 3564《11 片可换磁盘组的机械性能和磁性能》** 该标准规定了 11 片可换磁盘组的结构尺寸、环境条件、物理性能、头盘配置、磁道几何参数、磁性能和测量方法。盘片的外径为 356 mm(14 英寸)，厚度为 1.27 mm(0.05 英寸)。每个盘组由 11 片盘片组成。对应的国家标准为 GB 2310 和 GB 2950。

ISO 3788 (*information processing*。*-9-track*, *12.7 mm wide magnetic tape for information interchange recorded at 63 rpmm*, *phase encoded*) **国际标准 ISO 3788《信息处理-交换用 9 磁道 12.7 mm 63 行/mm 调相制记录磁带》** 该标准规定了磁带宽度为 12.7 mm(0.5 英寸)，采用调相制(PE)记录的数字磁带的名词术语、绕带方法、始末端标记、磁道配置、信息格式、记录方法和校验方法。共有 9 条磁道，其中第 4 道作为行的奇校验用。记录密度为 63 行/mm(160 行/in)。对应的国家标准为 GB 6550。

ISO 4335 (*information processing systems-data communication-high level data link control procedures-consolidation of elements of procedures*) **国际标准 ISO 4335《信息处理系统-数据通信-高级数据链路控制规程-规程要素汇编》** 该标准定义了高级数据链路控制(HDLC)规程要素，诸如命令/响应、三种操作模式(正常响应模式、异步响应模式和异步平衡模式)、三种非操作模式(正常断开模式、异步断开模式和初始化模式)、控制字段和参数、数据链路信道状态以及异常状态的报告和恢复等。数据站(源)和数据站(源)之间的数据顺序的完整性用各自独立的以帧为单位进行编号的方法来实现，其编号在模数 128 内循环。该标准的应用范围广泛，如应用在具有缓冲能力的数据站之间进行的单向、双向交换或双向同时的包括在不同类型(如多点/点对点、全双工/半双工、交换/非交换)的数据链路上工作的数据通信。HDLC 规程适用于不平衡的和平衡的数据链路。标准定义的 HDLC 规程要素可以作为建立不同类型的控制规程的共同基础，但不应将它看作某个特定数据通信的规范。该标准是七层模型中的链路层标准，也是 HDLC 系列标准之一。对应的国家标准为 GB 7575。

ISO 4902 (*data communication-37 pin and 9 pin DTE/DCE interface connectors and pin assignments*) **国际标准 ISO 4902《数据通信-37 插针及 9 插针 DTE/DCE 接口连接器和插针分配》** 该标准规定 37 插针和 9 插针连接器及其在数据终端设备(DTE)和数据电路终端设备(DCE)之间接口处插针分配。此接口适用于符合 GB 3454 以及 GB 7618 和 GB 7619 的设备。当接口处要实现反向信道能力时，才采用 9 插针连接器。本标准指出了插针及其配合插孔的尺寸，其连接器规范的机械特性与 IEC(国际电工技术委员会)连接器规范的机械特性相兼容，并以列表的形式给出了与电路对应的插针分配，同时给出了电气特性混合使用的互联配置。对应的国家标准为 GB 9950。

ISO 4903 (*data communication-15pin DTE/DCE interface connectors and pin assignments*) **国际标准 ISO 4903《数据通信-15 插针 DTE/DCE 接口连接器和插针分配》** 该标准规定 15 插针连接器及其在数据终端设备(DTE)和数据电路终接设备之间的接口处插针分配。此接口适用于符合 GB 11594、国际电报电话咨询委员会(CCITT)建议 X.26 和 X.27 的设备。标准示出了插针尺寸以及配合插孔尺寸，其连接器规范的机械特性与 IEC (国际电工技术委员会)连接器规范的机械特性相兼容，并以列表的形式给出了与电路对应的插针分配，同时给出了 X.26、X.27 和 GB 3455 的电气特性混合使用的互联配置。对应的国家标准为 GB 9952。

ISO 5653 (*interchangeable magnetic twelve-disk pack* (200 *Mbytes*)) **国际标准 ISO 5653《12 片可换磁盘组(200 MB)》** 该标准规定了 12 片,记录容量为 200 MB 的可换磁盘组的结构尺寸、环境条件、物理性能、磁道几何参数、磁性能、伺服面、数据道的预置和测量方法。记录盘盘片的外径为 356 mm(14 英寸),厚度为 1.905 mm(0.075 英寸)。每个盘组由上保护盘片、下保护盘片和 10 片记录盘片等组成。每个数据面有 815 条磁道,即一个盘组有 815 个柱面。对应的国家标准为 GB 6651。

ISO 5807 (*information processing-documentation symbols and convention for data, program and system flowcharts, program network charts and system resources charts*) **国际标准 ISO 5807《信息处理-数据流程图、程序流程图、系统流程图、程序网络图和系统资源图的文件编制符号及约定》** 该标准规定了数据流程图、程序流程图、系统流程图、程序网络图和系统资源图中的图形符号及使用约定。对应的国家标准为 GB 1526。

ISO 6160 (*programming languages PL/1*) **国际标准 ISO 6160《程序设计语言 PL/1》** 该标准通过规定一个翻译和解释 PL/1 程序的概念机器来完成 PL/1 语言定义。本标准给出了概念机器与实际实现之间的关系、语言定义方法、表示法的详细说明及定义主体。本标准的目的是提高 PL/1 程序的可互换性。等效采用该国际标准的国家标准为 GB 9542。

ISO 6373 (*programming language minimal BASIC*) **国际标准 ISO 6373《程序设计语言最小 BASIC》** 该标准规定了全 BASIC 语言的一个最小子集,其目的是为了在多种自动数据处理系统中促进 BASIC 程序的可互换性。等效采用该国际标准的国家标准为 GB 4144。

ISO 6429 (*additional control functions for character imaging devices*) **国际标准 ISO 6429《文字和符号成形设备用的增补控制功能》** 该标准依据国际标准 ISO 2022《信息处理-7 位和 8 位编码字符集-代码扩充技术》规定一些增补的控制功能。它包括一个 C1 集及其引申出来的控制功能以及若干单个控制功能。该标准适用于文字和符号成形设备。当标准规定的控制功能夹在文字和符号成形设备进行交换的字符编码数据中时,它们可与 ISO 646《信息处理-信息交换用 7 位编码字符集》中规定的 C0 集配合使用。该标准的目的是为了便于数据交换,而不是对设备进行标准化。我国参照采用国际标准 ISO 6429-1983 制定的国家标准 GB 5261 在完全兼容 ISO 6429 的基础上,对 ISO 6429 进行了必要的修改和扩充,共增加了处理汉字信息的 14 种控制功能和三种模式。

ISO 646 (*information processing-7-bit coded character set for information interchange*) **国际标准 ISO 646《信息处理-信息交换用 7 位编码字符集》** 该标准规定了一个由 128 个字符(包括控制字符和图形字符)组成的字符集及其编码。本字符集主要用于数据处理系统与有关设备之间以及数据通信系统内的信息交换,并考虑了数据处理中所需的图形字符和控制功能,是最基本的拉丁字符集。我国制定的国家标准(GB 1988)等效采用国际标准 ISO 646,并根据该国际标准中提供的指南,对留给各国使用的代码位置,按我国的需要规定了具体的图形字符。

ISO 6522 (*programming languages PL/1 general purpose subset*) **国际标准 ISO 6522《程序设计语言 PL/1 通用子集》** 该标准是国际标准 ISO 6160《程序设计语言 PL/1》的一个真子集。本子集与全 PL/1 相比,容易学习和理解,实现的代价小,并能更经济地利用计算机资源,用本子集编制的程序比用全语言编制的程序更易于移植。等效采用该国际标准的国家标准为 GB 9543。

ISO 6936 (*conversion between the 7-bit coded character set of information processing interchange and the 5-unit code for the telegraph service*) **国际标准 ISO 6936《信息处理交换用 7 位编码字符集与电报用 5 单位电码之间的转换》** 该标准规定 58 个字符(包括控制字符)组成的电报用五单位电码(国际第 2 号电报电码或数字保护码)与 128 个字符组成的信息处理交换用的 7 位编码字符集(ISO 646)之间的转换规则。本标准的目的是为了便于电报网和数据网中需要电报字符的终端之间互通。等效采用该国际标准的国家标准为 GB 7514。

ISO 6937 (*information processing-coded character sets for text communication*) **国际标准 ISO 6937《信息处理-文本通信用编码字符集》** 该标准规定了文本通信用的图形字符总表和控制功能总表以及它们的编码表示。它适用于以二进制编码来表示图形字符和控制功能的文本通信,主要用于公用通信网、专用通信网和诸如磁带和磁盘的互换媒体。它适用于在编码界面处的由字符组成的文本的通信。该标准目前由下述三部分组成:

第一部分　总则;

第二部分　文本通信用图形字符集;

第三部分　按页成像格式用控制功能。

第二部分和第三部分既可以相互配合使用,也可以单独使用,但它们总是与第一部分配合使用。对应的国家标准为 GB 8565。

ISO 7065 (*information processing-data interchange on 200 mm flexible disk cartridges using modified frequency modulation recording at 13262 ftprad, 1.9 tpmm, on both sides*) **国际标准 ISO 7065《信息处理-数据交换用 200 mm 改进调频制记录的位密度为 13 262 磁通翻转/弧度、道**

密度为 1.9 道/mm 的双面软磁盘》 该标准共有两个部分：第一部分规定了盘片外径为 200 mm(8 英寸)软磁盘的名词术语、结构尺寸、环境条件、物理性能、磁性能和测量方法；第二部分规定了在软磁盘上记录信号的质量、磁道配置和磁道格式。除零面零零磁道用双频制记录外，其他各道均用改进调频制（MFM）记录。对应的国家标准为 GB 11384 和 GB 11385。

ISO 7185（*programming language Pascal*） **国际标准 ISO 7185《程序设计语言 Pascal》** 该标准通过规定处理程序和相符程序的要求来定义程序设计语言 Pascal 的语法和语义。对处理程序和程序均定义了两级规格。等效采用该国际标准的国家标准为 GB 7591。

ISO 7297（*information processing-magnetic disk for data storage devices-96000 flux transitions per track, 200 mm outer diameter, 63.5 mm inner diameter*） **国际标准 ISO 7297《信息处理-数据存储设备用磁盘盘片-外径 200 mm、内径 63.5 mm、每道 96 000 次磁通翻转》** 该标准规定了盘片外径为 200 mm(7.9 英寸)、盘片内径为 63.5 mm(2.5 英寸)的温盘盘片的机械尺寸、环境条件、物理性能和磁性能。盘片厚度为 1.905 mm，实际位密度为每道 95 840 次磁通翻转，磁道宽度为 40 μm，使用转速为每分钟 3 600 转。对应的国家标准为 GB 9415—2。

ISO 7298（*information processing-magnetic disk for data storage devices-15800 flux transitions per track, 210 mm outer diameter, 100 mm inner diameter*） **国际标准 ISO 7298《信息处理-数据存储设备用磁盘盘片-外径 210 mm、内径 100 mm、每道 158 000 次磁通翻转》** 该标准规定了盘片外径为 210 mm(8.3 英寸)、盘片内径为 100 mm(3.9 英寸)的温盘盘片的机械尺寸、环境条件、物理性能和磁性能。盘片厚度为 1.905 mm，实际位密度为每道 158 368 次磁通翻转，磁道宽度为 40 μm，使用转速为每分钟 3 600 转。对应的国家标准为 GB 9415—3。

ISO 7299（*information processing-magnetic disk for data storage devices-83000 flux transitions per track, 130 mm outer diameter, 40 mm inner diameter*） **国际标准 ISO 7299《信息处理-数据存储设备用磁盘盘片-外径 130 mm、内径 40 mm、每道 83 000 次磁通翻转》** 该标准规定了盘片外径为 130 mm(5.12 英寸)、盘片内径为 40 mm(1.57 英寸)的温盘盘片的机械尺寸、环境条件、物理性能和磁性能。盘片厚度为 1.905 mm，实际位密度为每道 83 332 次磁通翻转，磁道宽度为 85 μm，使用转速为每分钟 3 600 转。对应的国家标准为 GB 9415—1。

ISO 7487（*information processing-data interchange on 130 mm flexible disk cartridges using modified frequency modulation recording at 7958 ftprad, 1.9 tpmm, on both sides*） **国际标准 ISO 7487《信息处理-数据交换用 130 mm 改进调频制记录的位密度为 7 958 磁通翻转/弧度、道密度为 1.9 道/mm 的双面软磁盘》** 该标准共有三部分。第一部分规定了盘片外径为 130 mm(5.25 英寸)软磁盘的名词术语、结构尺寸、环境条件、物理性能、磁性能和测量方法。第二部分和第三部分规定了分别以两种记录方式在软磁盘上记录信号的质量、磁道配置和磁道格式。第二部分规定的记录方式是除零面零磁道用双频制记录外，其他各道均用改进调频制(MFM)记录。第三部分规定的记录方式是在所有磁道上均用改进调频制(MFM)记录。对应的国家标准为 GB 9416。

ISO 7498（*information processing systems-open system interconnection-basic reference model*） **国际标准 ISO 7498《信息处理系统-开放系统互连-基本参考模型》** 该标准从开放系统互连体系结构方面规定开放系统在分层、对等实体间的通信、标识符、服务访问点、数据单元、层操作、管理等方面的基本元素，做出与其组成和功能有关的某些关键决定，并从逻辑上把每个开放系统划分为功能上相对独立的七个有序子系统。所有互联的开放系统中，同一行的各子系统合起来构成开放系统互连基本参考模型中的一层。因此，把所有互联的开放系统划分为功能上相对独立的下列七层：

第一层：物理层；
第二层：数据链路层；
第三层：网络层；
第四层：传输层；
第五层：会话层；
第六层：表示层；
第七层：应用层。

对应的国家标准为 GB 9387。

ISO 7809（*information processing systems-data communication-high level data link control procedures-consolidation of class of procedures*） **国际标准 7809《信息处理系统-数据通信-高级数据链路控制规程-规程类别汇编》** 该标准定义了三种 HDLC(高级数据链路控制)规程类别，即一种平衡类别和两种不平衡类别。平衡类别适用于专用或交换的数据传输设施上点对点配置，不平衡类别适用于专用或交换的数据传输设施上点对点和多点两种配置。因此，HDLC 规程的类别是描述数据链路操作的一种方法，它允许在各种逻辑结构和物理结构的数据站之间进行同步的透明的数据传输。对于每种类别都定义了基本命令/响应表以及用于修改数据链路能力的可选功能表。本标准是七层模型中的链路层标准，也是 HDLC 系列标准之一。对应的国家标准为 GB 7421。

ISO 7846（*industrial realtime FORTRAN*

application for the control of industrial processes) **国际标准 ISO** 7846《**用于工业过程控制的实时 FORTRAN**》 该标准描述了一种任务模型和一组有关的子例行程序,使得能控制以 FORTRAN 作为程序设计语言的多任务系统。标准规定了用于工业计算机控制系统的外部过程引用。这些外部过程引用提供了对时间和日期信息的存取;提供了程序与执行系统以及与过程输入和输出功能的接口,允许位串处理,并提供了文卷处理的方法。标准适用于要求多任务特性的所有 FORTRAN 系统。等效采用该国际标准的国家标准为 GB 9362。

ISO 7901 (*information processing-unrecorded, hard-sectored, 130 mm flexible disk cartridges, one or two-sided use-dimensional, physical and magnetic characteristics*) **国际标准 ISO** 7901《**信息处理-130 mm 未记录的分扇区单面或双面软磁盘尺寸、物理性能和磁性能**》 该标准规定了盘片外径为 130 mm(5.25 英寸)分扇区单面软磁盘或双面软磁盘扇区标志的数量、孔径和位置。扇区标志数量分为 A、B 型两种,A 型有 10 个扇区标志,B 型有 16 个扇区标志。软磁盘的其他结构尺寸、物理性能和磁性能与相应的单面软磁盘标准或双面软磁盘标准一致。对应的国家标准为 GB 11386。参见 hard sectored format。

ISO 7942 (*information processing system-computer graphics-graphical kernel system* (*GKS*) *functional description*) **国际标准 ISO** 7942《**信息处理系统-计算机图形-图形核心系统(GKS)的功能描述**》 该标准规定了一组称为图形核心系统(GKS)的、用于计算机图形程序设计的功能。GKS 是一个为应用程序服务的基本图形系统,将它连接在图形输出设备或光栅图形输出设备上产生计算机生成的二维画面,GKS 定义了一个与语言无关的图形系统的内核。为了和程序语言集成在一起,GKS 将嵌入到一个语言依赖层中,并遵从该语言的具体约定。等效采用该国际标准的国家标准为 GB 9544。

ISO 8072 (*information processing systems-open systems interconnection-transport service definition*) **国际标准 ISO** 8072《**信息处理系统-开放系统互连-传输服务定义**》 该标准是为了便于计算机系统互联而制订的一组标准之一。该标准定义了在会话层与传输层之间的边界上向会话层提供的服务。这些服务是传输协议使用网络服务来提供的,并可被任何 OSI(开放系统互连)会话协议使用。对应的国家标准为 GB 12453。

ISO 8073 (*information processing systems-open systems interconnection-connection oriented transport protocol specification*) **国际标准 ISO** 8073《**信息处理系统-开放系统互连-面向连接的传输协议规范**》 该标准是为了便于计算机系统互联而制订的一组标准之一。该标准与传输服务标准(ISO 8072)联系最为紧密,并处于其应用范围之内。它还使用和参考网络标准,以便实现传输协议的目标。本标准规定了五类规程:零类——简单类;一类——基本差错恢复类;二类——复用类;三类——差错恢复和复用类;四类——差错检测和恢复类。其主要目标是为了提供一组通信规则,以实现实体之间的通信。对应的国家标准为 GB 12500。

ISO 9000 **国际标准化组织 ISO 9000 标准** ISO 9000(含 ISO 10000)系列是 ISO 针对企业对产品质量管理和质量保障体系所专门制定的标准。由于 ISO 是非单一国家性的独立标准机构,所以能通过 ISO 制定的质量管理和质量保证标准规范比任何企业自行公布的产品质量管理和保证标准更有权威性和说服力。但由于 ISO 暂时还没有专用的认证机构,所以不少企业是委托国际上一些著名的标准认证机构(如 SGS、TUV、BSI 和 FCC 等)对自己进行测试、考评,并在通过 ISO 9000 系列标准认证后由这些机构为其出具认证书。ISO 9000 设计了一组通用的质量管理常例和描述这些常例的常用词汇(包括内部和外部)。ISO 9000 标准实际包括五个系列:9000,9001,9002,9003 和 9004。参见 International Organization for Standardization (ISO)。

ISO 9281 (*information processing-identification of picture coding methods*) **国际标准 ISO** 9281《**信息处理-图片编码方法的标识**》 该标准规定了标识以数字形式表示的图片信息的编码方法。这些编码方法提供了在图片编码环境中的不同图片编码方法之间的转换以及该图片编码环境与 ISO 2022《信息处理-7 位和 8 位编码字符集-代码扩充技术》的编码系统或与其他图片编码系统之间的转换。本标准用作许多标准的基础,与这些标准中的一个或多个配合使用,利用一种或多种编码方法所得到的数字形式的图片信息可以建立一个可直观理解的文件。按照其他的国家标准编码的图形字符也可与这种图片信息组合。由这种文件得到的编码信息可进行处理,并可通过远程通信进行传送。等效采用国际标准草案 ISO/DIS 9281 的国家标准为 GB 10022。

ISO 962 (*information processing-implementation of the 7-bit coded character set and its 7-bit and 8-bit extensions on 9-track* 12.7 *mm* (0.5 英寸) *magnetic tape*) **国际标准 ISO** 962《**信息处理-交换用 7 位编码字符集在 9 磁道 12.7 mm 磁带上的表示方法**》 该标准规定了 7 位编码字符集及其 8 位扩充,在 9 磁道、12.7 mm 磁带上的表示方法。本标准适用于宽度为 12.7 mm (0.5 英寸)的磁带和与此有关的磁记录设备。等效采用该国际标准的国家标准为 GB 1989。

I

ISO 963 (*information processing-guide for the definition of 4-bit character sets derived from the 7-bit coded character set for information processing interchange*) **国际标准 ISO 963《信息处理-从信息处理交换用 7 位编码字符集中派生 4 位字符集的导则》** 该标准给出了从信息处理交换用 7 位编码字符集中派生 4 位字符集的规则。按此规则能从 7 位编码字符集中选择给定的字符，并唯一地安排在 4 位字符集中；而且各子集之间能够尽可能地相似和彼此兼容；并能保证以最小的开销使 4 位字符集与 7 位编码信息相互进行转换。等效采用该国际标准的国家标准为 GB 7420。

I

ISP (1)因特网服务提供商 Internet Service Provider 的缩写。(2)国际标准化轮廓文件 International Standardized Profile 的缩写。

ISPL language ISPL 语言 指令集处理语言 instruction set processor language 的缩写。1971 年在 DCE PDP-10 上开发的为计算机硬件设计用的语言。用来描述通用寄存器传送系统和计算机体系结构的。

ISR (1)《科学评论索引》*Index to Scientific Reviews* 的缩写。(2)信息存储与检索 information storage and retrieval 的缩写。(3)交互会话路由 interactive session routing 的缩写。(4)集成交换/路由器 integrated switch/router 的缩写。

ISS 图像符号集 image symbol set 的缩写。

ISSI 交换系统间接口 inter switching system interface 的缩写。

ISSN 国际标准连续出版物号 International Standard Serial Number 的缩写。

ISSP 综合业务交换点 integrated service switching point 的缩写。

issue log 问题日志 所发现的可能缺陷及其改进建议、其他问题的列表。

IST 中断服务任务 interrupt service task 的缩写。

ISTRACTR 内部踪迹记录例程 internal trace recording routing 的缩写。

ISU (1)综合业务单元 integrated service unit 的缩写。(2)初始信号单元[块]initial signal unit 的缩写。

ISUP 综合业务数字网用户部分 ISDN user part 的缩写。

ISV 独立软件供应商 independent software vendor 的缩写。

IT (1)缩排标记字符 indent tab character 的缩写。(2)信息论 information theory 的缩写。(3)信息技术 information technology 的缩写。

ITA 国际原子时 international atomic time 的缩写。

italic 斜体 一种字型风格。采用这种字型风格时，字符一律匀称地向右倾斜。斜体常用来强调语气，突出外来语、文学和其他作品的标题及引用语。比较 roman。

Itanium Itanium[安腾]微处理器 于 2000 年 5 月 29 日发布的名为 Itanium 的芯片是英特尔公司历经 7 年才研制成功的 64 位微处理器，中文名为“安腾”，它包含 2540 万个晶体管，使用 64 位 266 MHz 系统总线，拥有 4 MB L3-cache 后端总线，采用 0.18 μm 工艺，速度 800 MHz，六层金属加工。它是基于 EPIC(清晰并行指令计算)设计，可同时执行多达 20 个操作，浮点性能每秒最高可执行 64 亿次操作，尤其适合业务数据挖掘应用中的快速分析和高性能计算。它的数据处理量最多可达 16 万亿字节。它通过增强机器校验架构的可靠性设计，使其具有进行错误的检测、修改和记录功能，还具有 ECC(错误修改指令)和奇偶校验的特性。

ITB 中间文本块 intermediate text block 的缩写。

ITC 国际电报代码 international telegraph code 的缩写。

ITCA (1)国际印刷排字协会 International Typographic Composition Association 的缩写。(2)(英国)独立电视承包商协会 Independent Television Composition Association 的缩写。

ITDM 智能时分多路复用器 intelligent time division multiplexer 的缩写。

iTDs 国际顶级域名 international top level domain names 的缩写。

ITE 信息技术设备 information technology equipment 的缩写。

item 项目，项，物料项目 (1)可当作一个信息单位来处理的一组数位或一组字符。(2)在图上通常用一个图形符号表示的基本件、部件、组件、功能单元、设备、系统等。如电阻器、继电器、发电机、放大器、电源装置、开关设备等，都可称为项目。(3)在 MRPⅡ中，指物料项目，任何一种自制或采购的零部件或组装件，如最终产品、部件、子部件、零件或原材料。参见 manufacturing resource planning-Ⅱ (MRP-Ⅱ)。

item advance 按项目进行 对存储器中的记录进行连续处理的一种方法。这种处理按项目进行，而不管数据所在的位置。

item code 项目代码 在 PSS(可编程商店系统)中：分配给项目的一个编号，它可以表示生产厂商以及该厂商的产品生产线的特定项目；可将项目的编号编入用户文件。

item design 项目设计 对一个项目的组成所作的规定。例如项目中包含哪些字段、字段的记录次序、字段中字符的数量等。

item designation 项目代号 用以识别图、图表、表格中以及设备上的项目种类，并提供项目的层次关系、实际位置等信息的一种特定的代码。参见

item, higher-level designation, location designation, kind designation, terminal designation。

item record　项目记录　在物料需求计划(MRP)中即物料项目的主记录，一般包括标识数据和描述数据以及控制参数(各种提前期、订货批量等)。也可能还有库存状态、需求及计划定货数据。项目记录通过物料清单(或称产品结构文件)联系在一起。参见 manufacturing resource planning-Ⅱ(MRP-Ⅱ)。

item separation symbol　项目分隔符　表示某一项目开始的控制符号。

item size　项的大小　项目中字符、字或数据块的数量。

iterated function system (IFS)　迭代函数系统　若干个收缩仿射变换(CAT)的组合称为迭代函数系统(IFS)。分形几何学中有一个定理：每一个迭代函数系统都定义了一个唯一的分形图形，这个分形图形称为该迭代函数系统的吸收子。这个定理称为收缩影射不动点原理。采用迭代函数系统的图像压缩方法称为分形图像压缩。参见 fractal image compress, fractal image format (FIF)。

iterate logic array testing method　迭代逻辑阵列测试法　测试时序电路故障的一种方法。描述同步时序电路的一般模型称为时序机或有限状态自动机，它的输出由其输入和其中各触发器当前状态所决定。把多个这样的组合电路级联起来便构成时序电路。这样时序电路中的故障就演变成一维阵列的多个相同组合电路的故障，于是时序电路中的故障便可以当作组合电路中多故障来处理。此方法不适于过分复杂的情况。

iteration　迭代，重复　反复执行一个或多个语句或指令的过程。以这种方式执行的语句或指令构成一个循环体。参见 iterate, iterative statement, loop。

iteration diagram　迭代图　参见 structured flowchart。

iteration factor　重复因子　在 PL/1 语言中规定下述两项内容的表达式：①在 INITIAL 属性说明中，以给定常数进行初始化的相继数组元素；②在格式表中，连续使用的给定格式项的次数。

iteration routine　迭代例程　重复执行一系列操作，直至达到指定条件的例程。

iteration statement　迭代语句　用于控制一个语句序列重复执行的语言结构。

iteration time　迭代时间　计算机在执行一个实时程序周期中全部指令所需要的时间。

iterative array　迭代阵列　由大量相同的处理模块互连组成的阵列。在电路中，指每个单元的逻辑功能都固定不变的一种阵列。在计算机中，迭代阵列能够实现大量的同时并行操作。这种技术允许采用较慢的低成本电路用于个别的操作，同时仍能保证所要求的较快的总执行时间来解决问题。

iterative do group　迭代循环组　在 PL/1 语言中，其循环语句指定控制变量 WHILE 任选项或两者的循环组。

iterative earthing　重复接地　零线上的一处或多处通过接地装置与大地再次连接。

iterative impedance　累接阻抗　(1)联机线路或网络输入端接入一个合适的阻抗，使输入和输出阻抗相等。(2)当将其接到四端变换器的一对端子上时，将使该变换器其他两个端子呈现相同阻抗的阻抗。均匀传输线的累接阻抗与其特性阻抗相等。当四端变换器是对称的时候，两端对的累接阻抗相等，且等于其镜像阻抗和特性阻抗。

iterative optimization method　迭代优化方法　采用迭代算法进行参数寻优的方法。常见的有梯度法(非直接法)和随机法(直接法)。

iterative placement algorithm　迭代布局算法　一类试探性的布局算法。交换法、松弛法等都属这类算法。该算法常与构造性布局算法结合使用，广泛用于印制板和集成电路的设计中。

iterative process　迭代过程　通过重复的循环运算使产生的结果越来越接近所要求的结果，从而计算出所要求结果的数学过程。迭代过程在程序设计语言中被普遍使用。参见 recursion。

iterative statement　循环语句　能使程序重复执行某一个或一组语句的一种语句。例如 BASIC 语言中的循环语句有 FOR, DO, REPEAT……UNTIL 和 DO……WHILE 等。参见 control statement。

ITF　交互终端装置　interactive terminal facility 的缩写。

ITFB　成批接口状态记录文件　batch interface log file 的缩写。

ITIL　信息技术基础架构库　information technology infrastructure library 的缩写。

iTLD　国际顶级域名　international top level domain names 的缩写。

ITM　信息转换组件　information transfer module 的缩写。

ITR　因特网无线电对话　Internet talk radio 的缩写。

ITSEC　信息技术安全性评价标准　information technology security evaluation criteria 的缩写。

ITTRC　内部跟踪表　internal trace table 的缩写。

ITU　国际电信联盟　International Telecommunication Union 的缩写。

ITU-RS　国际电信联盟-无线通信部门　International Telecommunication Union -Radiocommunication Section 的缩写。也简称 ITU-R。

ITU-TDS　国际电信联盟-电信发展部门　International Telecommunication Union -Telecommunications Development Section 的缩写。也简称"ITU-D"。

ITU-TSS 国际电信联盟-电信标准化部门 International Telecommunication Union -Telecommunications Standardization Section 的缩写。

I-type semiconductor I 型半导体 同 intrinsic semiconductor。

Iub interface Iub 接口 在一个 RNC(无线网络控制器)和一个 NodeB 之间的逻辑接口。Iub 接口的目标是规范不同厂商的 RNC 和 NodeB 的内部连接。标准化的 Iub 接口部分包括:①用户数据传送;②处理用户数据的信令;③NodeB 逻辑操作和维护。Iub 接口允许 RNC 和 NodeB 之间协商无线资源,如增加和删除 NodeB 控制的小区,以支持在 UE 和 SRNC(服务无线网络控制器)间专用连接上的通信。

IUCV 用户间通信载体 inter-user communication vehicle 的缩写。

IUMA 因特网地下音乐存档 Internet underground music archive 的缩写。

IUP 已安装的用户程序 installed user program 的缩写。

IV 初始化向量 initialization vector 的缩写。

IVD-LAN 综合声音数据局域网 integrated voice data local area network 的缩写。

IVDT 综合话音/数据终端 integrated voice/data terminal 的缩写。

Iverson notation 埃威逊记号 为描述计算机语言的形式结构而采用的一组特殊符号。它是由埃威逊(K. Iverson)于 1962 年提出的,用在 APL 中。它的运算符特别多,能对整个数组直接进行各种各样的运算。

IVOD 交互式视频点播 interactive VOD 的缩写。

IVP 安装验证过程 installation verification procedure 的缩写。

IVS 交互式视频磁盘系统 interactive videodisk system 的缩写。

IW 内部布线 inside wiring 的缩写。

IWF 互通功能 interworking function 的缩写。

IW indicator IW 指示器 参见 work-session-initiation indicator。

IWS (1)独立工作站 independent work station 的缩写。(2)行业数据仓库软件 industry warehouse studio 的缩写。

IXA 互联网交换架构 internet exchange architecture 的缩写。

I18N 国际化 internationalization 的缩写。原文第一个字母 I 与最后一个字母 N 之间有 18 个字母,故得名 I18N。

I2S IC 交互式音频(接口) inter-IC sound 的缩写。

I2S enhanced interface I2S 增强接口 利用计算机用的电缆来传送数字音频的一种方法。在这种电缆中,已将音频数据和时钟信号分开。参见 Inter-IC Sound (I2S)。

i486 microprocessor 486 微处理器 也称 80486 或 486,是 Intel 公司在 1989 年推出的一种微处理器。与 80386 一样,486 是一种每一位都能独立操作的处理器,具有 32 位寄存器、32 位数据总线和 32 位编址能力。不过 486 比 386 有多方面提高,包括内部 cache 控制器、内部等效的 80387 浮点协处理器和多处理能力,此外,486 采用流水线执行方案,将指令分成多个阶段来执行,从而使许多常用的数据和整数数学运算具有更高的工作效率。

i486DX microprocessor i486DX 微处理器 Intel 于 1989 年推出的一种微处理器芯片,具有 32 位寄存器、32 位数据总线和 32 位寻址能力,有片内的 cache 和浮点协处理器,支持多机处理,内部采用流水工作方式,从而性能比 80386 更高。

i486SL microprocessor i486SL 微处理器 一种省电型的 i486DX 微处理器,主要用于便携式计算机,除了具有 i486DX 的特征外,i486SL 工作于 3.3 V 的工作电压,支持 3.3 V 或 5 V RAM(随机存取存储器)和 ISA(工业标准体系结构)适配器、影子寄存器和系统管理模式(SMM),SMM 模式是 Intel 的减速和停机技术,在系统处于空闲状态或者处于非 CPU 密集的作业时降低工作速度或者停止系统的工作,从而延长计算机电池的工作时间。参见 i486DX,shadow memory。

i486SX microprocessor i486SX 微处理器 Intel 公司于 1991 年推出的微处理器,作为一种廉价的 486 芯片,其中不含浮点协处理器,同样具有 80486DX 的 32 位数据总线。

I2L 集成注入逻辑 integrated injection logic 的缩写。

I^3L 等平面集成注入逻辑(电路) isoplanar integrated injection logic 的缩写。

I^2O 智能输入/输出技术 intelligent I/O 的缩写。

J

J　焦耳　Joule 的符号。

jabber　超时传输，无意义数据流　(1)数据站进行超出规约所允许的时间间隔的传输。(2)网络适配器的一种状态，由于某种故障致使在网络上传输的不间断随机数据流。

jabber control　超时传输控制　在 LAN(局域网)中，媒体存取装置能自动中断传输的能力，用来禁止异常长的输出数据流。

jabber frame　超时帧，无用帧　LAN(局域网)上的一个帧，其长度超过最大允许帧长，接触不良的连接器可能是造成超时帧的主要因素。

jabbering　无效传送　在 LAN(局域网)技术中，随机数据(无用信息)的连续发送；通常用于描述工作站(其电路或逻辑失效)因其持续的数据发送而锁死网络的动作。

jabbering procedure　超时过程　一个使节点因传输超过了规定的时间而不能继续进行传输的过程。

Jabber open source license (JOSL)　Jabber 开源许可证　由美国 Jabber 公司开发提供。Jabber 许可证在源代码的复制、发行规定方面基本上和其他许可证没有什么特别，但有以下一些细节规定：①可以将通过该许可证获得的源代码及修改过的源代码与其他类型的不受该许可证约束的代码结合，以新产品的形式发布，只要其中经该许可证获得的源代码及修改过的源代码能以与该许可证的要求类似的、符合 OSI(开放系统互连)认证的其他开源软件许可证的方式发布。②明确了需将源代码置于公众可以得到的状态的时间至少应为 12 个月。③第三方对法定权利的声明。假如使用者发现通过本许可证获得的源代码及应用程序接口中有一方拥有的知识产权，应单独在源码的发布时冠以“LEGAL”为抬头的声明，写明知识产权权利要求的细节，提请源代码的接收者知道自己获得了哪些知识产权的授权，让源码的接受者知道如何与知识产权权利人联系。④细化了该许可证终止的情形，包括不按该许可证的要求发布和使用源代码、发生专利侵权诉讼。

jack　插座，插孔　一种凹形连接器件，插头可以插入其中，可以连接电路的一条或多条导线。插座也可以带有触点，当插头插入或拔出时可以接通或断开，实现开关功能。

jack-ended　端末塞孔　在电信技术中，一种交换台上的塞孔，包括塞孔连接线、占线灯和接线用的塞绳电路。

jacket　(缩微)胶卷盒，套罩，外壳　(1)一种用来装一帧或多帧缩微胶片的塑料盒。(2)由塑料、橡胶或其他材料覆盖在光纤或电缆的最外层保护层。同 sheathing。

jacket filler　(缩微)装卷器　一种用来把缩微胶卷切割成既定大小(通常称为一帧)，然后装入(缩微)胶卷盒的装置，通常还带有一个确定帧中图像的取景器。

jack in　登录，接入　(1)登录到某台计算机。同 login。(2)指连入网络或联机公告板系统，尤指最终目的是为了进入 IRC(因特网中继对话)或诸如 MUD(多用户“地牢”游戏)等虚拟现实的模拟环境中。

jack out　注销，退出　(1)从一台计算机上退出登录。(2)断开与网络或联机公告板系统的连接。

jack panel　插孔板　一种具有许多插孔的控制板。可以用带有插头的短线将某些孔连接在一起，以实现不同的电路功能，如可以控制计算机或卡片机的操作。

jackplug　插头　参见 jack。

Jackson graph　杰克逊图　杰克逊结构程序设计的表达方法。Jackson 图既可以表达程序的结构，也可以表达程序产生的数据结构，从而使该方法成为在需求分析和程序设计阶段均可以使用的一种通用的表达手段。Jackson 图包含方框、框内文字、连线和一些符号，能够表达比较复杂的数据结构。参见 Jackson structured programming (JSP)。

Jackson structured programming (JSP)　杰克逊结构程序设计　杰克逊于 1976 年提出的一种面向数据结构的应用软件开发方法。它按输入输出以及内部存储信息的数据结构来进行设计，亦即把数据结构的描述映射为软件结构的描述。Jackson 结构设计方法的要点是：若数据结构具有重复性，则用循环来控制；若数据结构具有可选择性，则用条件语句来控制。通过揭示出数据结构与程序结构的内在联系来设计出控制结构完全依赖于数据结构的软件系统，以适应大多数应用软件需要处理大量信息的事实。JSP 采用信息→数据结构→程序结构的求解过程可克服设计决策上的盲目性，但该法只适用于开发小型的软件系统。

Jackson system development (JSD)　杰克逊系统开发　由 Michael Jackson 公司开发的一种技术。系统用一系列自治的进程建模，通过消息或者状态共享进行通信。参见 Jackson method。

Jade　Jade 语言　一种并行计算语言，用于设计任务级并行性的程序，可设置成与计算机结构无关的模式或者与计算机结构有关的模式，通信方式可以是共享存储器、消息传递等方式。

JAI　作业记账接口　job accounting interface 的缩写。

J

jam **阻塞** LAN(局域网)中的一种碰撞强化技术,目的在于使碰撞被所有工作站探测到。

jammer **干扰机** 利用电磁波的辐射或再辐射干扰无线电或雷达传送的发射机。

jamming **干扰** 利用电磁波的辐射或再辐射方法,人为地制造干扰源,使系统、电子器件或传输线路不能正常工作的方法。

jam signal **阻塞信号** (1)由数据站发送的一种二进制位信号,通知其他站不能传送信息给它。参见 collision enforcement。(2)在 CSMA/CD(载波监听多路访问/冲突检测)网络中,阻塞信号表示碰撞已发生。在 CSMA/CA 网络中,阻塞信号表示发送站企图传输。参见 carrier sense multiple access/collision avoid (CSMA/CA),carrier sense multiple access/collision detection (CSMA/CD)。

Janus antenna array **杰纳斯天线阵列** 可提供正向与反向波束的一种天线阵列,用于机载多普勒导航系统。它以罗马神话中的天门神命名,该神负责守护入口并在他头部的每一侧面都有一张脸。

jargon **行话** 同业人员之间所使用的一些专用词汇。

JAT **作业记账表** job accounting table 的缩写。

Java Applet **Java 小应用程序** 由已经运行的 Java 应用程序(如 Web 浏览器)加载和运行的 Java 类。Java 小应用程序可被能够翻译 Java 的 Web 浏览器下载和执行。Java 小应用程序常被用来增加多媒体效果和与 Web 页的交互(如视频显示、动画、计算器、实时时钟以及交互游戏)。每当含有小应用程序的页面在 Web 浏览器显示时,或者站点访问者点击页面的一个部件时,小应用程序便自动被激活。

JavaBean **JavaBean 软件构件** 由 Sun 微系统公司于 1994 年底提出的一种用 Java 编写的构件模型,独立于平台,可移植,是沟通各种软件构件模型的桥梁。它与 COM(组件对象模型)和 CORBA(公共对象请求代理体系结构)类似,是能够在构造工具中进行可视化操作的可重用软件,并且可以与这些标准共同工作。JavaBean 是可以用于任何一个 Java 平台的部件。可以使用它们建立 Java 小程序,也可以把它们集成在称为容器的大型应用里。JavaBean 可以相互通信,使 Java 具有类似 OLE(对象连接与嵌入)的综合文件功能。JavaBean 的组件模型包含组件和容器两个基本要素。作为一种典型的组件模型,JavaBean 具有属性、方法、事件、自我检查、定制和永久性等六个方面的特征。其中前三种特征(属性、方法、事件)是面向对象的组件必须…满足的基本要求,属性和方法保证 Bean 成为一个对象,而事件可以描述组件之间的相互作用以及组件与容器之间相互感兴趣的事情。通过事件的生成、传播和处理,构件相互之间关联在一起,共同完成复杂的任务。后三种特征(自我检查、定制和永久性)主要侧重于对 JavaBeans 组件性质的刻画。内省用于暴露与发现构件接口。使用内省机制,可以使构件的使用者了解到构件的属性、方法和事件。由于一个构件通常是具有一定性质和行为的对象的抽象性,它往往有很大的通用性。为了在一个具体的应用环境中使用构件,必须…对构件进行定制。JavaBean 的定制通常在一个可视化生成工具中进行,通过构件的内省机制,发现构件的属性、方法和事件,然后利用生成工具提供的属性编辑器实现定制。永久性是将构件的状态保存在永久存储器中并能够一致恢复的机制。Java 通过序列化实现定制构件的永久性存储,通过反序列化可以实现构件状态的恢复。JavaBean 构件的本地活动是在与其容器相同的地址空间内进行的。在网络上,JavaBean 构件可以以三种方式进行活动:JDBA,JavaIDL,JavaRMI。参见 component model。

Java-compliant browser **支持 Java 的浏览器** 支持 Java 编程语言的 Web 页浏览器。目前大多数 Web 页浏览器都可支持 Java。

Java database connectivity (JDBC) **Java 数据库连接** Java 平台与各种数据库之间独立于数据库的连接的业界标准。JDBC 是基于 SQL(结构化查询语言)标准 Java 数据库连接,是执行 SQL 语句的 Java 应用程序接口,其基本功能和设计与 ODBC(开放数据库互连)相似,访问 SQL 数据库,实现对给定数据库中的表操作,完成相应的业务逻辑。但 JDBC 是专门为 Java 程序设计的,而 ODBC 是独立于语言的。由于几乎所有的关系数据库管理系统支持 SQL,并且 Java 自身可在大多数平台上运行,JDBC 的应用使得可以写单个的数据库应用程序就能在不同的平台上运行,与不同的数据库管理系统进行交互。JDBC 由 Sun 微系统公司的子公司 JavaSoft 开发。

Java development kit (JDK) **JDK 软件包** 由 Sun 微系统公司开发的 Java 程序开发环境。

Java dynamic management kit (JDMK) **Java 动态管理工具** JDMK 是 Sun 微系统公司所提供的一系列用于网络和系统管理领域的 Java 管理类和开发工具,简化了动态可扩展、智能型的网络管理代理和管理控制台的实现过程。这些代理可以应用于网络管理、系统管理、应用程序管理和服务管理。JDMK 的主要构件包括核心管理框架、管理适配器、被管对象 M-Bean 和相关的核心管理服务。

Java foundation classes (JFC) **Java 基础类库** 由 Sun 公司为 Java 程序提供的类库,它提供应用程序设计框架和图形用户界面例程。

Java IDL **Java 接口描述语言** Java interface definition language 的缩写。

Java interface definition language (Java IDL) **Java 接口描述语言** Java IDL 是 Sun 微系统公司纯 Java对象请求代理(ORB)系统，是一个Java版的CORBA(公共对象请求代理体系结构)对象请求代理。它为在因特网上传输企业客户机/服务器应用提供了必需的软件基础。使用Java IDL的应用程序能与非Java程序和其他厂商提供的程序进行无缝集成。通过它可以实现一个JavaBean和一个CORBA服务之间的互操作，基于Java IDL的Java构件互操作模型完全等同于CORBA的思想。Java IDL是一种IDL编译器，它将Java对象映射到CORBA对象代理上，以达到Java对象与使用其他语言、运行在其他机器上的对象间的互操作。开发者必须在Java内遵循CORBA对象的命名协议，反之亦然。这样使得用户可以方便地实现Java系统与遗留代码(非Java代码)的集成，并改善其性能。Java IDL基于最新CORBA和IIOP(互联网内部对象请求代理协议)工业标准，提供了与CORBA标准的连接性和互操作性。Java IDL包括：①纯Java对象请求代理结构；②IIOP的完整实现；③CORBA 2.0标准的IDL到Java的映射；④CORBA 2.0标准的命名服务。参见common object request broker architecture (CORBA), object request brokers (ORB)。

Java language　Java语言　由Sun微系统公司的James Gosling等开发的一种跨平台、适合于分布式计算的和面向对象的程序设计语言。它类似于C++，但去除了C++中容易影响软件质量的指针操作、操作符重载、多重继承等因素，具有前期错误检查、自动废区收集的功能。Java的设计是面向异构网络分布式环境，基于Java的应用程序实现了平台无关的性能。Java程序采用编译成中间代码后解释执行的方式，与机器指令系统无关，并且，网络安全特征是Java语言和其运行环境所特有的属性。通过引入Java虚拟机(JVM)，它从另一个角度实现了对象对具体机器、操作系统的中立性。另外，可移动对象的特征使其在诸如浏览器等环境中得到了广泛的应用。由于它简单、面向对象，不依赖于机器的结构，可用于编程面向网络的小应用程序。它适用于广域网，特别是因特网对编程语言的要求，与WWW(万维网)的结合获得成功，已成为一种广泛使用的网络编程语言。

Java management application program interface (JMAPI)　Java管理应用程序开发接口　为了能够利用功能强大的Java计算环境解决系统管理的问题，Sun微系统公司扩充了Java基础类库，开发了专用的管理类库JMAPI。JMAPI是一种应用编程接口，是可扩充对象和方法的集合体，可以用于跨越一系列不同的异构操作系统平台、系统体系结构和网络传输协议，便捷灵活地开发无缝集成的系统、网络和服务管理应用。JMAPI侧重于解决分布式系统管理，根据不同的环境进行伸缩是关键所在。这通过两种方式来实现，首先是使设备可以管理的程序部件比较小，执行管理操作的代理对象可以安全地下载和执行也方便了管理操作的修改和扩充。其次，Java虚拟机驻留在要管理的关键平台上。管理对象是JMAPI应用程序开发的核心。管理对象代表一个系统或网络实体或者一个器件，如一个网络节点、计算机系统或用户账号，进而组成了一个管理域。在最高层次上，JMAPI结构包括支持Java的Web浏览器、管理对象服务器和器件。目前，这一管理开发接口已经进一步发展为Java管理扩展(JMX)。

Java management extensions (JMX)　Java管理扩展　Sun微系统公司最新所推出的JMX产品是在对JDMK(Java动态管理工具)和JMAPI(Java管理应用程序开发接口)应用的基础上，通过总结网络和系统管理成功和失败两方面的教训而提出的应用成果，并得到了众多管理产品厂商的广泛而有力的支持。这一产品已经成为了当前企业网络管理论坛上关注的热点。JMX提供了一个标准的、统一的、使得任何基于Java技术的对象可在被管理的语言环境中扩充的方法，一系列管理这些对象的核心服务的定义，以及能和已有管理方案连接的方法。JMX管理方案本质上是动态的，能够适应异质网络和平台上服务驱动管理的要求。JMX为管理方案的设计者和开发者提供了工具，为各行业的Java开发者提供了装配Java代码、创建智能Java代理、实现分布式管理中间件及管理者、以及将这些解决方案平滑地集成到现有管理系统中的一种方法。为了充分利用现有的管理技术，JMX还给出了一系列相应的API(应用程序接口)，这些API独立于上述三层模型，提供了和其他管理环境交互的方法，它使得用Java语言编写的JMX应用程序可以和已有的管理技术连接起来。

Java message service (JMS)　Java消息传递服务　企业消息传递是构建企业应用程序的一种最基本的工具，JMS服务通过将Java技术与企业消息传递机制的结合，为企业客户提供了一种新颖的、具有强大功能的企业计算问题解决工具，为应用程序开发者定义了一套消息传递概念和编程策略公共集合。

Java naming & directory interface (JNDI)　Java命名和目录接口　JNDI是对Java平台的标准扩充，为应用Java技术的应用程序提供了在企业应用中多种命名和目录服务的统一接口。作为Java企业API(应用程序接口)集合的一部分，JNDI提供了对异构企业命名和目录服务的无缝连接，开发者可以使用它编制强大功能、可扩展的目录服务应用程序。

Java OS　Java操作系统　一种高度压缩、动态可伸缩的、专为直接运行Java应用程序而设计的操作系统，它可在NC(网络计算机)、PDA(个人数字助理)、蜂窝电话以及其他微处理器上运行。其两种设计方案是：既可以在它本身的内核之上、也可以在其他系统上运行，并已成为现有 Java 平台上最小和最快的系统之一。

JavaPOS Java 销售点系统 使用 Java 技术实现的跨平台、跨网络运行的销售点系统。参见 point-of-sale。

Java remote method invocation (Java RMI) Java 远程方法调用 Java RMI 机制是 Javasoft 为对象间的互操作而引入的机制，是构成 Java 分布对象模型的基础结构，它使分布在网络不同地址空间内的两个构件之间实现互操作，构件之间的调用方式采用经典的客户机/服务器计算模型。RMI 用面向对象的思想继承和发展了远程过程调用(RPC)。RMI 只能在不同系统上的各种 Java 程序之间实现交互。RMI 的使用不是无缝的，即必须显式地声明远程类，并执行一些必需的过程，其缺省方式是 RMI 直接与 Java 的 Socket 接口。这种方式可以在任何的 Java 系统上实现用户的系统，并可与用户现有的、安全的分布式设施进行通信。同时 RMI 可以充分利用 Java 的安全功能，通过 Java 虚拟机(JVM)方便地把 RMI 移植到任何系统上。目前 RMI 技术已经可以与 CORBA(公共对象请求代理体系结构)完全兼容，并采用了 CORBA 的互操作结构。CORBA 开发环境和与 Java 语言的高度集成，使得分布对象计算的性能得到了强有力的支持。参见 common object request broker architecture (CORBA)。

Java RMI Java 远程方法调用 Java remote method invocation 的缩写。

JavaScript JavaScript 语言 由 Netscape 公司推出的用于开发因特网应用程序的基于对象的脚本语言。主要用于识别和响应某些用户事件(如鼠标的操作及页面浏览等)。JavaScript 程序可直接嵌入 HTML(超文本标记语言)文档中，而且比较简单，没有 Java 的类和继承的概念，它也不是一种真正的面向对象语言。由于它不经过编译，因此和 Java 相比，它的功能有限。一个 Java 小程序是自包含的程序文件，由网页分别下载，并且在用户的计算机上运行；而一个 JavaScript 程序是包含在网页 HTML 文件中的一系列命令，并且由网络浏览器执行。

Java server page (JSP) Java 服务器页面 一种基于脚本的直观、快速、高效的应用开发手段，与 ASP(活动服务器页面)一样，也是用来设计基于服务器应用的交互式页面的。JSP 技术采用 Java 语言作脚本，与 ASP 技术相比，更易于开发和维护大规模、复杂的应用。它提供基于 JavaBean 技术的组件或 JSP 标签。参见 JavaBean。active server pages (ASP)。

Java servlet Java 服务器小件 Web 服务器调入和激活的 Java 类，处在服务器端，与浏览器端的应用小件 Java Applet 相似，它使得 Web 服务器具有信息交换的功能，又不损失速度与可靠性。servlet 和 CGI(公共网关接口)程序都用于服务器的功能。但是同 CGI 相比，Java servlet 性能更好，功能更强。servlet 可以同服务器运行于同一进程，一旦 servlet 装载入服务器，就一直保持。因此，仅被调用一次，而不是在每次请求时都要调用，从而消除了不必要的响应客户请求的启动、初始化时间，大大地改善了服务器的执行性能。并且，大多数具备 servlet 的服务器都允许服务器小件运行在一个黑匣中，与其他服务器相隔离，从而提高了稳定性、安全性和透明性。参见 common gateway interface (CGI)。

Java terminal Java 终端 一种精简了部件数目的个人计算机。这种终端主要提供 Web 访问服务，包括下载 Java 小应用程序在内。通常，这种机器上没有可本地寻址的硬盘或可安装的程序，而是通过网络得到包括 Java 小应用程序在内的必要软件。从资源中心获取的软件通常更便宜，但需要花费时间等待下载。Java 终端从概念上讲，它类似于 NetPC(网络计算机)。

Java virtual machine (JVM) Java 虚拟机 Java 平台的核心部件，是建立在硬件平台和操作系统基础之上，用 C 语言编写的符合 POSIX(可移植操作系统接口)标准的一个执行 Java 代码的解释器。它为应用程序提供了硬件和软件系统的无关性，容易移植。

Java workshop Java 开发环境 由美国 Sun 公司开发的第一个全部适用 Java 语言编写的、集浏览器和大量程序库于一体 Java 开发环境，可为用户建立一个动态的因特网应用程序和 Web 页面，可用直观的图形工具对所建立的应用程序进行编辑、编译、调试、跟踪并通过 Web 与其他用户共享软件。Java 开发环境具有很强的移植性。

JBIG 联合二值图像编码专家组 joint bi-level image coding experts group 的缩写。

JBIG1 JBIG1 标准 JBIG1 是二值图像无损压缩的标准，由联合二值图像编码专家组(JBIG)开发，1993 年被采纳为国际标准，标准号为 ISO 11544。这个标准的原意是作为无损和渐进(有损到无损)编码。虽然它也能进行有损编码，但其质量比原始图像相差太大。因此，JBIG 又决定开发一个新的标准，明确要求用于有损、无损以及有损到无损的图像压缩，并在 1999 年 7 月成为最终的委员会标准(FCD) 14492。为了区别于 11544，此标准被称为 JBIG2，而前者则被称为 JBIG1，或 JBIG。JBIG1 是一种先进的传真标准。JBIG1 采用顺序传输模式来适应浏览技术(数字信息检索和恢复)的要求。JBIG1 结合了预测建模、自适应和无损编码等技术。它选择算术编码作为数字压缩的基础。

JBIG2 JBIG2 标准 JBIG2 是二值图像的压缩标准，由联合二值图像编码专家组(JBIG)开发，2000

年成为正式国际标准，标准号为 ISO 11492。它被设计用于简洁的有损和无损编码，大大增强了压缩性能(一般比 JBIG1 少 2 ～ 4 倍)。JBIG2 使用的是分割和类型指定编码。所谓分割，指的是区域分割，即 JBIG2 文件的一页被分成不同区域，区域可以交叠。不同区域采用不同的编码方法。纹理区域采用符号压缩，中间色区域采用基于栅格的编码，其他区域则采用算术(类似 JBIG1)或 MMR(改进的 MR 压缩算法)。区域可以是有损或无损的。精细的区域允许有损至无损的渐进过渡。

JCB　作业控制块　job control block 的缩写。

JCL　作业控制语言　job control language 的缩写。

JCL mask　JCL 掩码　由联机请求各种功能的批量执行时所使用的一种 JCL(作业控制语言)掩码。同 SDF/CICS(用户信息控制系统屏幕定义程序)一同发行的 JCL 掩码，可以由各使用单位的主操作员进行修改，也可以由各用户自行定义。

JCM　作业柱面映像　job cylinder map 的缩写。

J conversion　J 转换　在 PCL(打印机控制语言)中，双精度整型数据的转换。

JCP　作业控制程序　job control program 的缩写。

JCR　《期刊引用报告》　Journal Citation Reports 的缩写。

JCT　日志控制表　journal control table 的缩写。

JD　作业描述，作业说明书　job description 的缩写。

JDBC　Java 数据库连接　Java database connectivity 的缩写。

JDK　JDK 软件包　Java development kit 的缩写。

JDMK　Java 动态管理工具　Java dynamic management kit 的缩写。

JEC　作业输入子系统　job entry subsystem 的缩写。

JECL　作业输入控制语言　job entry control language 的缩写。

JECS　作业输入集中服务　job entry central services 的缩写。

Jeffreys-Matusita distance　杰弗里斯-松下距离　在模式识别或自动分类中，按随机向量的概率分布函数来量度两个类别的相似性的一种距离表达式，它定义为

$$d_{\mathrm{JM}} = \left\{ \int_{-\infty}^{\infty} (\sqrt{g(x)} - \sqrt{f(x)})^2 \mathrm{d}x \right\}^{\frac{1}{2}}$$

式中 x 为随机向量，f 和 g 为两组随机向量的概率密度函数。

jellyware　胶件　同 liveware。

JEPS　作业输入外围服务(程序)　job entry peripheral services 的缩写。

JES　(1)作业输入系统 job entry system 的缩写。(2)作业入口子系统 job entry subsystem 的缩写。

JetSend protocol　JetSend 协议　JetSend 是一种与设备无关、与系统平台无关的设备间信息交换协议，于 1999 年由 HP 公司提出。该协议允许两个智能化设备间无需任何中间设备介入，而直接进行连接、交换信息、协商交换数据格式、传输各自的运行状态，最终实现两个设备间的数据交换。

jewel box　盘盒　用来包装和存放磁盘或光碟的透明塑料容器。

JFC　Java 基础类库　Java foundation classes 的缩写。

JFET　结型场效应晶体管　junction field effect transistor 的缩写。

JFIF　JPEG 文件交换格式　JPEG file interchange format 的缩写。

JIN　准时制，零库存　just-in-time 的缩写。

Jini　Jini 技术　是 Sun 微系统公司的一种基于 Java 的分布式网络系统体系，它不是网络操作系统，而是用来建立 Java 虚拟机(JVM)联合体的网络基础结构。其目的是使用户能够通过网络共享服务和资源；允许用户简单访问网络中任何地方的资源，同时用户在网络中位置不受限制；为程序员构筑安全的分布系统提供现成工具和设计模式；简化包含设备、软件和用户的网络管理工作。其核心是服务与接口。在 Jini 系统中，网络中的一切，包括软件、硬件设备和用户都可看作是一种服务，都可以不需要复杂的安装与设置就能简单地连入网络，做到即插即用，同时共同提供某种接口的 Java 对象，可以用一致的方式来操作。Jini 自动管理网络上的服务。客户需要服务时，向 Jini 系统发出请求，Jini 会分配一个服务，为客户与服务提供者建立通道。Jini 系统将 Java 应用环境从单一虚拟机扩展为网络虚拟机。Java 应用环境为分布计算提供了一个很好的平台，它的代码和数据可实现不同机器间的无缝移植，内置的安全性允许可靠地运行从另一台机器下载的代码，并能执行网络对象。因而，其中的 Java 对象可根据需要在网络中迁移，任意调用网络中其他对象。同时，Jini 利用 Java 的特性简化了分布系统的结构，并允许分布系统构件在整个网络系统中自由流动。

JIRA　日本工业机器人协会　Japan Industrial Robot Association 的缩写。

Jiro　Jiro 平台　一种基于 Java 的开放式存储管理平台，通过 Jiro 平台可以将存储管理变成一个网络资源，原来复杂棘手的存储管理可以变成一套平台独立的、易于定制的、易于访问的软件服务。

jitter　抖动，不稳定性　(1)数字信号短时间的不稳定扰动。其中包括幅度或相位的不稳定扰动。是数字信号重要的传输特性之一，其定义为数字信号各有效瞬间相对于理论规定时间位置的短期偏离。引起抖动的主要原因是电磁干扰等。抖动是造成数字器件误动作的主要因素之一。(2)数字通

信中脉冲序列间隔的不稳定变化。其定义为数字信号的各个有效瞬时相对于其理想时间位置的短期非累积性偏移。引起这种变化的主要原因是,脉码调制信号在长距离传输时调谐电路失谐、脉冲波形失真、门限检测器失调或传输过程中混入了噪声等。

jitter accumulation 抖动积累 将若干数字通信设备级联时,各设备所接收的抖动与其自身的抖动相加的过程。

jitter limit 抖动限值 允许输出的信号抖动的最大值。

J

JK flip-flop JK 触发器 触发器的一种。这种触发器有三个输入线:J 线、K 线和脉冲线。当脉冲线上无脉冲时,J-K 触发器的状态不变。当脉冲线上有脉冲时,J-K 触发器的状态由脉冲到达时的 J 线和 K 线的信号决定:J 线和 K 线均无信号时,触发器的状态不变;J 线有信号而 K 线无信号时,触发器变为 1 状态;J 线无信号而 K 线有信号时,触发器变为 0 状态;J 线和 K 线均有信号时,触发器改变原来的状态。

JMAPI Java 管理应用程序开发接口 Java management application program interface 的缩写。

JMS Java 消息传递服务 Java message service 的缩写。

JMX Java 管理扩展 Java management extensions 的缩写。

JNDI Java 命名和目录接口 Java naming & directory interface 的缩写。

job 作业 用户请求计算机完成的一个计算任务。它由用户程序及其所需的数据和命令组成。一个用户作业一般可以分成若干顺序处理的作业步。各步可以是一组相关程序的执行,如编辑、编译和打印等。执行作业所涉及到的内容一般包括操作系统程序、子例程出入连接指令、文件等。在操作系统控制下,作业一般可分为成批作业和分时作业两类,成批作业包括后台作业、非会话作业和脱机作业等;分时作业包括联机作业、前台作业和会话型作业等。在批处理环境下,一批作业有序地排在一起形成一个作业流。选择一个可执行的作业步,并为之分配输入输出设备的过程称为作业步初启。用户根据系统所提供的手段,对他的作业在系统中的整个运行过程所进行的控制称作业控制。作业调度和命令处理功能总称为作业管理。

job accounting 作业记账(程序) 一种功能(程序),用来收集有关一个作业如何使用系统资源的信息。

job accounting interface (JAI) 作业记账接口 (1)在某些操作系统中,对每个作业步进行累计记账信息的一种功能程序,这种信息可用于系统收费、计划新应用以及更有效地管理系统运行。(2)在磁盘操作系统(DOS)支持下,完成对各作业步的累加功能。这种累加信息可供系统加载、规划新应用及调度系统操作等参考,从而提高系统操作的效率。

job accounting table (JAT) 作业记账表 在某些操作系统中,管理程序中的一种区域,用于累计用户的记账信息。

job action 作业活动 在某些系统中,一个通过 SNA(系统网络体系结构)分配服务网络或者通过远程通信子系统(RSCS)控制从远程提交的作业的网络属性。

job aids 作业辅助程序 辅助用户执行任务的程序。可免除操作者的记忆负担,从而更快、更准确地执行作业。是一种在职培训工具软件。同 performance aids。

job analysis 作业分析 一种分析方法,它必须构造作业的多项功能及对作业所包含的各项任务的简单说明。

job batch 成批作业 一组存放在一起,可以连续处理的作业。成批作业使处理作业的延时最小,即可一次性将一组作业处理完毕,在处理期间不允许用户与机器之间发生交互作用。成批作用使作业的处理效率大为提高。

job catalog 作业目录 (1)OS/VS 操作系统中的一种目录,通过 JOBCAT DD 语句(作业目录控制语句)或 STEPCAT DD 语句(作业步目录控制语句)供作业或作业步使用。(2)在 VSE(虚拟存储扩展)操作系统中的一种目录,通过有关的 DLBL 语句(数据集标号控制语句)中的文件名 IJSYSUC(用户目录名标识符)使得一个作业可以使用。

job class 作业级[类别] (1)可以定义的许多种类型中的任何一类。通过对作业分类,并指挥初启/结束程序去初启各类别的作业的处理,从而能控制各类作业的混合并行运行。(2)作业按操作系统的要求所进行的分类。对不同的操作系统,作业有不同的分类方法。例如有的操作系统把作业分为联机和脱机两种。通过对作业的分类,可实现对作业的合理调度,提高作业的处理效率。(3)运行过程中对某种或某组系统资源有类似需求的作业的集合。通常将作业按其输入和输出操作的多少而划分为输入作业类和输出作业类。

job class queue 作业分类队列 在输入队列中,一种作业定义的等待表。其中分配给相同类别的作业按其优先级顺序排列,而相同类别和相同优先级的作业则按先进先出的次序放置。

job control 作业控制(程序) (1)在某种操作系统中,一种被调入存储器中准备要运行的作业或作业步的程序。其主要功能是为符号名分配 I/O 设备,设置程序使用的开关,登录(或打印)作业控制语句以及调入每个要运行的作业步的第一个程序段等。(2)通过输入某种控制信息控制作业或作业步运行的过程。输入控制信息的内容可以包括:作业的输入方式,编辑、编译的工作方式,出现故障后的处理方式及算题结束时怎样进行善后处理等。

作业的控制方式有两种：脱机作业控制和联机作业控制。对脱机作业控制，用户将其对作业运行的控制意图变成输入信息，此信息连同程序和数据一起输入到系统中，由系统根据其意图来控制作业的运行；对联机作业控制，用户在作业运行过程中通过终端或控制台打入命令，用这些命令直接控制作业的运行。

job control authority　作业控制授权　在某些系统中一个专门的授权，允许用户在输出队列中改变、删除、显示、保存和释放所有文件，在输出队列中保存、释放和清除作业队列，向输出队列启动写操作，保存、释放、改变和终止其他用户的作业，改变作业的类属性，终止子系统和启动系统。参见 all object authority，save system authority，security administrator authority，service authority，spool control authority。

job control block (JCB)　作业控制块　一种表示作业存在的标志。用于记录与该作业有关的信息，其具体内容视作业调度要求而定，不同的操作系统所建立的作业控制块的内容不同。一般包括：作业名字、该作业对系统资源的要求、资源使用情况、作业类型、作业状态及优先级等。

job control flag　作业控制标志　NetWare 队列服务中，指示作业状态的标志位。该区标志位的典型用法如下：当服务自动开始位置 1 时，和作业服务器的连接中断后，即使客户并未明确指示，作业就开始运行；当服务重新开始位置 1 时，作业在被作业服务器中止运行后继续留在作业队列中（当前位置）；当用户挂起位置 1 时，作业保持在队列最前端，但不运行，除非客户运行该程序或操作员清除该位；操作员挂起位和前者一样阻止程序运行，所不同的是，只有操作员才能对该位操作。

job control language (JCL)　作业控制语言　(1)一种面向问题的语言。用于描述作业的特性及其对操作系统的要求。通过使用这种控制语言，具体地给出该作业的执行步骤，告诉操作系统如何处理该作业。作业控制语言具有四种功能：确定“作业步”，执行所要求的先后次序和优先条件；把“作业步”标出的文件编到用户目录中；把由程序产生的文件插入到目录中；确定控制文件的格式。较为典型的作业控制语言是早期的 FORTRAN 监督系统中所用的语言。(2)可定义为一系列指令，计算机操作员用这些指令可同操作系统（主控制程序）联系，以便控制对各种作业进行处理的过程。用这种方法，可指定作业的名称、要用的文件、所需的外围设备、优先权和中断过程等。

job control processor　作业控制处理程序　一种读入和解释作业控制语言的专用处理程序。可使用指定的资源来执行这一专用程序。

job control program (JCP)　作业控制程序　作业管理过程中用来控制作业的程序。它将准备要执行的作业调入内存，为作业指定输入/输出设备，给出某些符号命令和指定使用的开关值等。

job control record　作业控制记录　在某类计算机系统的工作站实用程序中，事务处理文件中的第一个记录。

job control rights　作业控制权　在某类计算机系统中，对修改、取消、显示、冻结和释放所有的作业以及对作业和输出队列或队列中的任何一项做上述处理的一种权力。

job control statement　作业控制语句　作业中标识作业或向操作系统描述作业处理要求的语句。参见 job control language。

job count　作业数　一次打印或作业队列中的作业输入数。

job cylinder map (JCM)　作业柱面映像　在 RTAM（远程终端存取方法）中，为每个作业假脱机处理空间分配的描述。每个活动的作业都有一个作业柱面映像。

job data program　作业数据程序　为计算机处理一件工作而规定的一组任务，包括全部必需的程序、连接程序和文件等。

job date　作业日期　一个与作业有关的日期，通常是系统日期，但可以由用户改变。参见 creation date，system date。

job definition　作业定义　定义一个作业的一串作业控制语句。

job description (JD)　作业描述，作业说明书　(1)某一类计算机系统中的一种软件目标码，其中包含有定义一个作业的各种属性的信息。同 job definition。(2)一种描述作业对操作系统要求的程序，如在脱机成批作业处理时，通过作业说明将处理要求及遇到例外情况时应采取的措施预先告诉操作系统，以此指导操作系统的操作。

job dividing　作业分解　将一个作业分解成几个部分的过程。经分解的作业中的一部分可以同时执行，而另一部分需要顺序执行。由此可提高作业的处理效率。

job entry　作业录[输]入　参见 remote job entry。

job entry central services (JECS)　作业输入集中服务　在 OS/VSI 配置中，作业输入子系统提供集中存储和检索的功能部分。它可对下列内容实现存储和检索：①各作业的系统输入输出数据；②描述作业，使其形成一工作队列的控制表；③在作业执行期间使用的作业表。

job entry peripheral services (JEPS)　作业输入外围服务(程序)　作业输入子系统的一部分。用于调度、执行读程序和写程序的操作。

job entry subsystem (JEC)　作业输入子系统　一组用于假脱机、作业排队和管理 I/O 的系统功能程序。

job entry time 作业输入时间 NetWare 队列服务中,依据文件服务器上的系统时钟所记录的作业输入队列的时间。

job file 作业文件 在作业运行时使用的一种文件,作业结束后它就不存在。

job file handle 作业文件句柄 在 NetWare 队列服务中,由队列调度系统为相应的作业生成的文件句柄。

job file name 作业文件名称 在 NetWare 队列服务中,由队列调度系统为相应的作业生成的文件名。

J

job flow control 作业流控制 (1)系统运行的人工监督,包括初启计算机、装入程序、规定执行单位、指定操作方式,并检查作业和作业段之间的转换。该术语也用于简单和并行操作的远程信息处理。(2)为了充分利用中央处理机及其控制下的各种设备,对计算机所处理的作业顺序进行控制,称为作业流控制。

job header 作业首标 打印输出中的第一页,表示一个用户作业的开始。

job information block 作业信息块 与作业有关的一种数据结构。它包含作业中的所有进程共享的资源限量。

job input device 作业输入设备 由操作员分配的、用于读入作业定义以及有关的作业输入数据的一种设备。

job input file 作业输入文件 由一系列作业定义和相应的附属数据组成的数据文件(数据集合)。

job input stream 作业输入流 包括作业指示符的开头、指示及程序的信息流。

job journal 作业日志 在某些操作系统中,作业输入子系统(JES2 和 JES3)初始时所建立的一种日志,用于为每个执行中的程序保留重初启的信息。

job-level field 作业级字段 某些计算机系统工作站实用程序(WSU)中使用的一种字段,它保留在主存的字段区中。使用 WSU 程序的任何活动的显示工作站都可访问该字段。比较 mode-level field,session-level field。

job library 作业库 一组由用户定义的分区数据集合。其作用是为一给定作业的装入模块提供基本来源。

job log 作业运行记录 (1)在指定的时间周期内,提交给系统的有关作业的一种记录。(2)某些计算机系统中的一种记录,含有由一个作业提交给系统的请求,及与该请求有关的信息和系统对该作业新完成的各种动作。作业运行记录由控制程序来管理。

job management 作业管理 操作系统的主要功能之一。负责系统中所有作业提交到完成期间的组织和调度。通常,一个作业被提交给系统之后,将按某种规则放入某一作业队列中,并被赋予某一优先级,作业调度程序则根据作业的状态及其优先级按某种算法来决定从作业队列中选择哪个作业运行。作业调度有多种算法(如先来先服务、多级队列调度等)。因此作业调度包括:作业的调进调出、作业的排队处理、作业的调度等。

job management procedure 作业管理过程 完成作业提交、资源分配、作业启动、执行管理和作业终止等功能的过程。在该过程中,处于活动状态的作业数目,取决于系统中可使用资源的数目。

job message queue 作业信息[消息]队列 为每个作业建立的一种信息队列。作业信息队列用于接收请求(如要处理的命令),并发送该请求的处理结果信息。一个作业信息队列就是一组程序信息队列。参见 external message queue, program message queue。

job migration 作业迁移 在分布式系统中,一个作业提交时根据系统中各工作站的负荷、作业可并发执行的程度、作业对硬件的特殊需求和对软件的特殊需求将作业分配到合适的工作站上处理的过程。

job mixing 作业混合 供计算机处理的各类作业相互间的比例和分布情况。各类作业的比例与分布情况不同,将直接影响计算机处理的效率,为充分发挥计算机及系统中其他设备的功能,选择适当的作业类别比例和分布是一个十分重要的因素。

job name 作业名 为作业语句所指定的名字,它向系统标识该作业,以区别系统中的其他作业。对于交互型作业,作业名可以是初启作业的工作站名。对于批量作业,作业名在提交该作业的命令中指定。

job networking 作业联网处理技术 一种分布式的数据处理方法,使用这种方法,在一台处理机上提交的批处理作业可以送到另一台处理机上去执行,经处理后得到的结果仍可以返回到原处理机,也可以访问另一台处理机上的程序或文件。这种方法可以平衡网络中处理机的利用率。

job number 作业号 当一个作业进入系统时,为便于作业之间互相区别,而给每一个作业所指定的一种编号。

job offset 作业交叠 在某类印刷子系统中,纸按锯齿形方式堆放,以便送到裁纸-修剪-叠纸式打印机上的各个作业或拷贝容易识别。

job-oriented language 面向作业(的)语言 (1)一种与要处理的作业类型有关的程序语言,通常是面向设备的通信指令。(2)为特定作业要求而设计的语言。

job-oriented terminal 面向作业(的)终端 (1)为特殊应用而设计的终端,如为飞机航班订票业务、机床实时控制作业等应用设计的专用终端。(2)在作业处理环境中,一种专门设计用来接收和执行源数据,并能在所在的系统中传输数据的终端。

job output device 作业输出装置 一种由操作员控制分配的作业输出装置。该装置在对一系列作业记录输出数据时是公用的。

job output file 作业输出文件 由一系列作业产生的输出数据所组成的数据文件(或称为数据集合)。

job output stream 作业输出流 见 output stream。

job pack area (JPA) 作业装配区 (1)在任务数可变的多道程序设计(MVT)和 OS/VS2 的配置环境下,一个存储区段中的两个子存区。这种子存区用于装入可执行程序模块,不包含链接装配区中的模块。(2)一种存储区,存放一些不在连接装配区中,但在作业执行时必须使用的模块。

job position 作业位置 在打印或作业队列中,作业所处的位置。

job priority 作业优先级 (1)分配给作业的一个值,它与分配的作业类别一起决定对该作业进行调度和资源分配的优先权。(2)在任务数可变的多道程序设计(MVT)和 OS/VS2 的装置环境下,对每个作业分配的优先处理权。该优先处理权与指定的作业类别一起决定对该作业进行调度和资源分配时的优先权。

job processing 作业处理 对作业的处理过程。其方法是,先从一输入流中读入作业控制语句和数据,并启动由这些语句所定义的各作业步,然后给出系统的输出信息。

job processing control 作业处理控制 见 job management。

job processing control program 作业处理控制程序 用于启动作业操作,指派输入输出操作,控制从一个作业至另一个作业的转换等的程序。

job processing monitor system 作业处理监督系统 监督系统的一部分。它含有完整的基本操作系统程序,其中有监督程序、执行程序、系统装入程序、系统准备程序和输入输出程序。此外,这个系统还可包括专门的编译程序、汇编程序、实用程序和库子例程。

job processing system 作业处理系统 由一个监督系统和一系列作业合在一起形成的操作系统的一部分。它包含操作系统的主要部分,即监督程序、系统加载程序、系统后备程序、输入/输出程序、编译程序、连接程序、应用程序及程序库子例程等。有时把作业处理系统看作是监控系统的一部分。

job program mode 作业程序方式 一种具有读/写和转移、存储保护功能的程序执行方式。在这种方式中,程序的执行仅局限于分配的区域内。如果这种程序读出、写入或转移超出限定的区域之外,则将出现出错中断,并返回到初始化程序。

job queue 作业队列 (1)一种等待系统处理的作业队列表。(2)某些计算机系统中的一种软件目标码,它含有提交给系统的一组批处理作业队列表,由控制程序从该队列表中选择有关批处理作业进行运行。参见 input work queue。

job queue entry 作业队列表项 在某些计算机系统中,一种子系统描述中指明作业队列的工作项目表,子系统可以从该队列中接收批量处理的作业和要进行传送的作业。

job recovery control file 作业恢复控制文件 见 backup-file。

job region 作业区域[运行区] 在某些计算机系统中,由系统支持程序产品保留给一个作业所使用的主存空间。

job related output 作业相关输出 一种输出,既没有被挂起,也没有被丢弃,也没有经用户编写的写程序处理过。

job-request selection 作业请求选择 根据作业请求的信息,由作业调度程序选择下一个要处理的作业。选择的原则是:先根据作业的优先数顺序进行选择,对同优先数的作业则根据排列顺序进行选择。

job scheduler 作业调度程序 为完成作业从后备状态到运行状态的转变和从运行状态到完成状态的转变,为了能有效地进行处理,在操作系统中就必须装有自动作业调度程序,从而能确定待处理作业的顺序并使整个系统的运行情况处于最佳状态。这是由作业调度程序运算系统的一部分所完成的。这种程序具有以下四种功能:①记录已进入系统的各作业情况,以便在进行中进行管理;②从后备作业中挑选作业以投入运行;③为被选中的作业做好运行前的准备工作(如分配内存储器、外部设备等)及建立作业步进程;④当作业结束时完成善后工作。

job scheduling 作业调度 通过作业调度程序对系统中的作业进行有效调度的过程。其方法是,从系统已接纳的一批作业中挑出若干可运行的作业,并为其分配所需的系统资源,如内存储器、输入输出设备等,以达到较佳的系统效率和更好地为用户服务。参见 job scheduler。

job scheduling algorithm 作业调度算法 一种规定从已接纳的后备作业中选择运行作业原则的算法。设计该算法应考虑的主要因素是:用户要求与系统效率之间的矛盾;系统各部分资源的均衡使用及是否与整个系统的目标相一致。常见的作业调度算法有"先到先服务"、"优先数调度"等。

job scheduling executive 作业调度执行体 用户通过系统指令来控制调度程序按顺序装入和执行程序。控制方式可以是输入指令或由用户程序发出命令。

job selection 作业选择 通过保存在作业请求调度表中的信息,对下一个要执行的作业所进行的选择过程。选择原则取决于分配给每个系统已接纳的作业的优先数。如果出现优先数相等的情况,则选择原则取决于作业的次序和作业所要求的设备的可用性。

job separation 作业分隔 在某些印刷子系统中，设置在打印纸外折边上的一串标记，用标志格式命令打印这些标记。这种指示作业结束的方法在连续格式堆纸打印机中使用。在裁纸-修剪-叠纸式打印机中，用作业交叠方式指示作业结束。

job separator page data area (JSPA) 作业分隔页数据区 一个包含数据集的作业水平信息的数据区域，该信息被用于产生作业报头、作业尾部或数据集报头页。

J

job separator pages 作业分隔页 那些界定作业打印的输出页。

job shop 作业工场 以成批方式、少量生产不同产品为特征的离散零件制造工场。

job stacking 作业堆积 通过将作业定义和数据按其处理的顺序放入作业输入设备而建立作业队列。

job statement 作业语句 标识一个作业开始的特定作业控制语句。一般应包括作业名字、估计运算时间、最迟完成时间、所需的外部设备类型及台数、内存容量、作业类型和分配给该作业的优先数。

job statement control 作业语句控制 用于控制操作系统的各个语句。它与作业处理所需的信息不同，并不直接供操作系统使用。

job step 作业步 (1)由一作业控制语句明确标识出的一个计算机程序的执行。一个作业可以分成几个作业步执行。(2)由单个程序或具有单个程序的过程所表示的一种工作单位。一个作业可以由一个或多个作业步组成。(3)用于表示一个作业处理过程中各个阶段的单位。通常包括输入、编译、计算和输出步。每个作业步还细分为作业任务。作业步一般由作业控制语句标识。

job step initiation 作业步初始化 选择一个可执行的作业步，并为之分配输入输出装置的过程。它是作业调度中的一个基本操作。

job step restart 作业步重启动 同 step restart。

job step task 作业步任务 (1)根据执行(EXEC)语句的说明，由作业调度程序中的启动/终止程序启动的任务。在某些操作系统的控制程序配置中，一个作业步任务可以初启任何数目的其他任务。(2)由作业步细分而成的操作单位。它由作业调度程序中的启停程序来启动。每个作业步任务通常是若干个程序的执行过程，如读文件、数据翻译和打印组成一个作业步任务。在一任务数可变的多道程序设计(MVT)控制程序配置下，一个作业步任务可以启动任何数目的其他作业步任务。

job stream 作业流 (1)等候启动和处理的输入作业队列。同 input stream，run stream。(2)在某些计算机系统中，保存在软盘、磁带上的一个或多个库源成员或过程成员。参见 input stream，output stream。

job stream processor 作业流处理程序 在某些计算机系统中，读入和解释作业控制语句并满足这些控制语句请求的那部分程序。

job support task 作业支持任务 一种支持作业操作的执行功能。其操作范围包括：读出和解释作业定义或将作业输入输出数据从一个输入输出介质转换到另一个输入输出介质。

job table (JT) 作业表 在页式存储管理中，操作系统设置的一个表。它用来记录每个作业的作业号、页表长度、页表始址及作业状态等。

job trailer 作业尾部 表示用户作业结束的一页打印输出。

job transfer and manipulation (JTM) 作业传送与处理 OSI(开放系统互连)应用层中的一个协议实体，提供用于达到某种目的、在多个开放系统之间定义和执行作业以及支持用户构成分布式处理系统所需的各种管理功能。它采用一种称为工作规范的概念性数据结构表示开放系统之间要交换的所有信息。工作规范中存放表示作业内容和有关传送方法等管理信息。JTM 用户可以自由地决定表示作业内容的信息。

job turnaround 作业周转时间 从作业输入计算机系统到提交者得到打印结果所需的时间，只适用于批处理方式。

job type 作业类型 在 NetWare 队列服务中，表示作业输入类型的数字。

jogging 点动 在很短时间内多次通断电动机或线圈电路，使被驱动的机构得到小的移动。

Johnniac open shop system (JOSS) 琼尼阿克开放系统 参见 Joss language。

join 连接 关系数据库中关系间的二目运算。连接运算是将两张具有公共域的表合并成为一张表或视图的关系操作。参见 join dependence。

join class 连接类 具有多个超类的类。参见 leaf class，metaclass。

join dependency 连接依赖[相关] 设 R 是属性集 T 上的关系，$X_1, X_2, \cdots, X_n$ 是 T 的子集，$T = \bigcup_{i=1}^{n} X_i$。若 R 在 $X_1, X_2, \cdots, X_n$ 上的投影具有无损连接分解的性质，则 $X_1, X_2, \cdots, X_n$ 之间具有 n 目连接相关的关系，记作：

$$*[X_1][X_2]\cdots[X_n]$$

$n = 3$ 时的连接相关称为互联相关。

join field 连接字段 一个从需要合并为一个记录的两个文件中识别记录的比较字段。

join index 连接索引 创建在来自于多个表的列上的一个索引，这些列有相同的值域。如果两个关系 R(RID, A) 和 S(B, SID) 在属性 A 和 B 上连接，则连接索引记录包含(RID, SID)对，其中 RID 和 SID 分别来自 R 和 S 的记录标识符。连接索引可识别可连接的元组,而不必执行连接操作。

JOIN instruction 汇合指令,JOIN 指令 (1)多处理机系统中的一种并行控制指令。常与派生指令配合使用。该指令附有一计数器,在指令执行过程中相应变化。(2)DOS(磁盘操作系统)的一个外部命令,将物理或逻辑驱动器同另一个驱动器的子目录连接起来,以便得到单一的目录结构。(3)数据库管理系统 Foxbase 的 JOIN 命令用于将两个数据库按指定条件连接从而产生一个新的数据库。

join of graph 图的联合 图 G 中取两个不邻接的节点 a 和 b,在 G 中加入连接 a 和 b 的边所得到的图称为 G 的联合,记为 G/ab 。

join of two graphs 两个图的联合 设图 G_1 与 G_2 没有公共节点。对于 G_1 中任一节点与 G_2 中任一节点都用边相连,将这些边加入到图 G_1+G_2 中所得的图称为 $G1$ 与 $G2$ 的联合,记为 $G_1 \vee G_2$ 。参见 disjoint union of two graphs。

join optimization 连接优化 连接操作通常是数据库查询中开销最大、最费时的操作,因而也是查询优化的重点对象。连接操作的优化主要包括确定多表连接操作的连接顺序(包括内表外表选择)和每个连接操作符的操作算法。连接顺序的常用表达方式是连接树。通用的连接树形式是浓密树。参见 bushy tree。

join program 连接程序 在数据库系统中,将一个数据库文件同被访问目标数据库文件连接成一个大的数据库文件的工具程序。

joint 接合,连接,焊接 (1)连通两根或多根导线。(2)把导线焊接在端子上。

joint access cost 连接存取成本 在网络中,与局部通信和远程通信连接有关的所有成本。其中包括:基本终端、设备的安装劳务费用、内部的连线、用户的环路和所有局部中央事务处理装置的费用。此外,还应包括商业上的和指导性的开支等。

joint bi-level image coding experts group (JBIG) 联合二值图像编码专家组 JBIG 于 1988 年成立,是一个由国际标准实体和主要公司提名产生的专家组,负责制定二值通信和低像素精度图像的无失真压缩标准。JBIG 对于灰度图像和彩色图像的无失真编码的方法是统一的,这种编码方法既可用于二值图像(如采用比特面迭加的方式),又可用于灰度和彩色图像、图形等。JBIG 除具有较大的压缩比外还具有逐级性,逐级编码是一种多清晰度编码算法。一幅被采集的图像可分解为一幅低清晰度的压缩图像和一系列的"增量"文件,顺序地使用每个"增量"文件,就可以逐步加倍编码图像的清晰度。当一幅逐级编码图像被解码时,由原图像分解出的低清晰度图像首先被解出,随着更多的"增量"数据被解出,图像的清晰度也逐步加倍。比较 Joint Photographic Experts Group (JPEG)。

joint denial gate "或非"门 同 NOR gate。

jointed-arm robot 有臂关节的机器人 对应于人类臂的肩、肘和腕关节而设置转动接头的机器人。

jointed-spherical robot 有球面关节的机器人 参见 jointed-arm robot。

joint electronic payments initiative (JEPI) 联合电子支付动议 由万维网联盟(W3C)和商务网络(CommerceNet)倡导的这项动议旨在使支付谈判标准化。在买方(即客户方),JEPI 的作用相当于一个接口,使用各种支付协议来启动万维网浏览器和钱夹。在卖方(即服务器方),JEPI 在网络与传输层之间将进入的交易传送到适当的传输和支付协议中。

joint gate "或"门 同 OR gate。

joint information content 联合信息量 在信息论中,通过两个确定联合概率事件出现所传输的信息的一种量度;用数学方法表示为 $I(x_i, y_j)$,其中两个特定事件 x_i, y_j 来自两个集合 $X_1, X_2, \cdots, X_n$ 和 $Y_1, Y_2, \cdots, Y_n$, $I(x_i, y_j)$ 等于两个事件同时出现的联合概率的倒数之对数:

$I(x_i, y_j) = \log$ [SX( ]1[ ]$p(x_i, y_j)$[SX)]

jointly managed device 联合管理设备 在某些操作系统中,由作业输入子系统和操作系统共同管理的设备。只有其卷不能物理移动的直接存取设备才可以联合管理。参见 JES3-managed device, MVS managed device, shared device。

Joint Photographic Expert Group (JPEG) 联合图像专家小组 (1)由国际标准化组织(ISO)和国际电报电话咨询委员会(CCITT)共同进行标准化的彩色静止图像的压缩规范(编码方式)。把数据压缩到 1/10 ~ 1/30,可以实现实时图像再生,符合这一规范制造出的电路插件板称为 JPEG 插板。(2)关于压缩编码的标准。1992 年成为 ISO/IEC 10918 标准,JPEG 适于彩色静止图像的压缩方式。该标准的主要内容有:①基本系统提供扫描重建的图像,实现信息有丢失的图像压缩,②扩展系统选用累进工作方式,编码过程采用具有自适应能力的算术编码,③无失真预测编码,采用帧内预测编码及霍夫曼编码或算术编码,压缩算法是可逆的过程,实现压缩的软硬件可设计成对称结构。尽管 JPEG 格式字节数较大,但它在处理图片阴影渐变及混和方面优于 GIF(图形交换格式),其成像清晰度高于 GIF 格式。(3)JPEG 标准规定了基本系统和扩展系统两部分,符合 JPEG 标准的编解码器至少要满足基本系统的指标。在基本系统中,每幅图像被分解为相邻的 8×8 图像块。对每个图像块采用离散余弦变换(DCT),再用一个非均匀量化器来量化变换系数,减少可能出现的电平的个数。量化后的 DCT 系数再经 Zigzag 描成一维符号序列,对其中的非零幅值和零游程长度再进行 Huffman 编码。在解码器中,为了重建图像,其过程和编码器相反。JPEG 的扩展系统可提供更多的算法(如算术编码),更高的像素值,更多的 Huffman 码表。它还可以提供更多的编码算法(如逐级传送的编码、独立无失真编码等)。在 JPEG 扩展系统的逐级传送方式中,有三项技术已经标准化:①逐级近似,从低位到高位顺序地传送量化后的 DCT 系数,使图像逐步清楚;②特别选择,即顺序地传送量化后的 DCT 系数的某一段;③等级模式,即逐步地增加图像的清晰度。JPEG 标准是一种帧内编码技术,它只考虑图像的空间冗余度,比较适用于静止图像。对于视频序列,它的每一帧都不是一个独立的过程,帧内 DCT 的压缩能力就比不上把空间和时间冗余度都除去的帧间技术。参见 Moving Picture Experts Group (MPEG)。比较 joint bi-level image coding experts group (JBIG), graphics interchange format (GIF), JPEG 2000。

joint probability 连接概率 两个事件同时出现的可能性。假如两个事件相互独立且互不影响,则连接概率是它们各自出现的概率的乘积。

join tree 连接树 用于表示数据库多表连接操作的连接顺序的数据结构。通用的连接树形式是浓密树、左深连接树和右深连接树。参见 bushy tree, left deep join tree, right deep join tree。

joint requirement planning (JRP) 联合需求计划 在软件工程中,指开发应用系统时,挑选关键性主管开发的技术人员和用户参加专门小组制定的用户需求计划。

joint space 关节空间 相对多自由度链接的每一关节的基准位距,指定每一关节的角位移或直线位移的矢量。

joint use 连接用法 一个极点、一根线或一个面可同时有两种或多种用法的情况。

joint users group (JUG) 联合用户集团 由一些数字计算机用户集团组成的一个团体。成立于 20 世纪 50 年代末期。其宗旨是:在数字计算机用户集团间建立联系,从而促进共同感兴趣领域里的信息交换和合作。该集团最有意义的一项活动是在 1971 和 1974 年出版了"计算机程序目录"(*Computer Programs Directory*)。它还是 ANX1X3 标准活动的一个积极成员。成员包括几乎所有大的用户集团,从 SHARE, GUIDE, DECUS 大型机用户集团到 TI-MIX(得克萨仪器公司)和 SWAP(王安实验室)等小型机用户组织。由于组织上的原因,加之缺乏明确宗旨,1975 年解体。

Jonzy's universal gopher hierarchy excavation and display (JUGHEAD) Jughead 服务 一种通过关键字检索,帮助用户在 Gopher 空间中定位目录的因特网服务。Jughead 服务器仅对 Gopher 顶级菜单中的目录标题中所出现的关键字进行索引,而不对目录中的文件进行索引。

Josephson effect 约瑟夫逊效应 是超导体的一种量子干涉效应。1962 年正在英国剑桥大学攻读博士学位的年仅 20 多岁的实验物理研究生约瑟夫逊在著名科学家安德森指导下研究超导体能隙性质,他发现将超导体放在磁场中,磁场透入氧化层,这时超导结的最大超导电流随外磁场大小作有规律的变化。约瑟夫逊的这一重要发现为超导体中电子对运动提供了证据,使对超导现象本质的认识更加深入。约瑟夫森效应成为微弱电磁信号探测和其他电子学应用的基础。参见 superconductor tunnel effect。

Josephson junction 约瑟夫逊结 实现约瑟夫逊效应的实际结构。典型的结构为:在两块超导体电极间插入数纳米厚的绝缘膜,形成夹层结构。当在两电极间加一定的偏压时就有电流通过,且电流在一定范围内时,约瑟夫逊结上没有电位降。利用约瑟夫逊结可制成超导电子干涉器、超导晶体管和集成电路等超导电子器件。参见 Josephson effect。

Josephson junction memory 约瑟夫逊结存储器 一种内存单元,包括两个约森夫逊结和一个检测器。一个写电流会暂时改变电流的幅度,并允许检测器决定电流的初始幅值和方向。顺时针表示为 1,逆时针表示为 0。实验表明,使用这种技术,可以制造高速度、低能耗的内部寄存器。

Josephson tunneling logic circuit 约瑟夫逊隧道逻辑电路 利用超导体的隧道效应产生开关功能,完成逻辑操作的电路。开关速度极快,功耗极低,但需要低温来维持超导态。

Josephson tunneling logic device 约瑟夫逊隧道逻辑器件 利用超导体的隧道效应产生的一种快速开关器件。它的结构是两个超导体层之间夹一层极薄的绝缘膜。在温度为 1 ~ 3 K 时,电流可以通过此绝缘层而无电压降;当电流加大到临界值以上或外加磁场时,则产生隧道电导,两超导层之间有电压降,这两种状态可分别表示为"0"和"1"。这种器件的开关速度的理论极限为 20 微微秒。

JOSL Jabber 开源许可证 Jabber open source license 的缩写。

Joule (J) 焦耳 一种能量单位,符号为 J,1 牛顿的力在力的作用点处沿着力的方向移动 1 米所作的功。1 焦耳=1 牛顿×1 米。

Joule effect 焦耳效应 电流以正比于材料电阻率和电流密度平方的速率在材料中产生热的现象。这种现象是 1842 年由焦耳发现的,所以称为焦耳效应。同 magnetostriction effect。

Joule's law 焦耳定律 以热的形态在一个均匀导体中发生的功率,与此导体的电阻和通过此电阻的电流的平方的乘积成正比。

journal 日志 (1)一种对数据集的变更按时间的顺序所作的记录。使用这些记录可以重新构成该数据集的原来版本。同 log。(2)一种专用文件或数据集，用于提供对操作员和系统活动的审查追踪或用于恢复修改过的数据。参见 system error log。

Journal Citation Reports (**JCR**) **《期刊引用报告》** 美国科学情报研究所(ISI)每年出版 JCR。JCR 对《科学引文索引》收录的期刊之间的引用和被引用数据进行统计、运算，并针对每种期刊定义了影响因子(IF)等指数加以报道。一种期刊的影响因子，指的是该刊前两年发表的文献在当前年的平均被引用次数。一种刊物的影响因子越高，也即其刊载的文献被引用率越高，一方面说明这些文献报道的研究成果影响力大，另一方面也反映该刊物的学术水平高。参见 Science Citation Index (SCI)，impact factor (IF)。

journal code 日志码 在某些系统中，在日志入口中的一个字符码，识别日志项的编目。例如，F 表示对文件的操作，R 表示对记录的操作。参见 journal entry。

journal control table (JCT) 日志控制表 描述系统日志和用户日志及其通过日志管理的访问特征。

journal entry 日志项 在某一特定时间内，有关一个文件变化的一种记录。

journal file 日志文件 记录数据库每一次更新活动的文件。日志文件的记录包括：事务标识、开始时间、发出完成信息的时间、结束时间、更新前数据的旧值、更新后数据的新值等。日志文件一般是双副本的，一份保存在磁带上供外存破坏时恢复用；另一份保存在磁盘上供内存破坏时恢复用。

journaling 日志 将物理文件成员的变化情况记录到日志文件中的过程。日志记录自最近一次全备份后数据库变更或更新的过程。日志可在更新开始前被用于将文件恢复至其上一版本，或者若该过程是通过远程方式实现，则其可用于灾难恢复设施中，将文件恢复至最近一次安全备份状态。

Journal of Automated Reasoning **《自动推理杂志》** 荷兰 1985 年创刊，全年 8 期，Kluwer Academic 出版社出版，SCI(科学引文索引)、EI(工程索引)收录期刊。刊载自动推理(目的是设计与实现一种作为解决和回答问题的辅助手段的计算机程序)，包括定理的自动论证、逻辑程序设计、程序验证与合成、专家系统、计算逻辑以及某些人工智能问题等方面的理论与应用研究论文。

Journal of Circuits, Systems, and Computers **《电路、系统与计算机杂志》** 新加坡 1991 年创刊，全年 6 期，World Scientific 出版社出版，SCI(科学引文索引)、EI(工程索引)收录期刊。刊载有关电路、系统和计算机领域的研究论文、研究快报以及展望和说明性文章，内容涉及数理基础及实际工程设计。

Journal of Combinatorial Designs **《组合设计杂志》** 美国 1993 年创刊，全年 6 期，John Wiley 出版社出版，SCI(科学引文索引)、EI(工程索引)收录期刊。刊载组合设计理论领域最有影响的研究论文，论述设计理论及其在计算机科学、实验设计与编码理论等方面的应用。

Journal of Computer-Aided Materials Design **《计算机辅助材料设计杂志》** 荷兰 1993 年创刊，全年 3 期，Kluwer Academic 出版社出版，SCI(科学引文索引)收录期刊。论述材料设计的进展，并突出介绍计算机在材料开发中的作用。

Journal of Computer-Aided Molecular Design **《计算机辅助分子设计杂志》** 荷兰 1987 年创刊，全年 12 期，Kluwer Academic 出版社出版，SCI(科学引文索引)收录期刊。刊载运用计算机方法进行分子分析和设计的理论和应用研究论文，涉及理论化学、计算化学、计算机和分子图形学、专家系统、化学数据库开发和应用等。

Journal of Computer and System Sciences **《计算机与系统科学杂志》** 美国 1967 年创刊，全年 8 期，Elsevier Science 出版社出版，SCI(科学引文索引)、EI(工程索引)收录期刊。刊载计算机科学和系统科学的研究论文，侧重于数学理论及其应用。内容涉及形式语言与形式系统理论、算法理论、计算机程序设计理论、系统的数学理论及优选法等。

Journal of Computing in Civil Engineering **《土木工程计算杂志》** 美国 1987 年创刊，每年 4 期，American Society of Civil Engineers, USA 出版社出版，SCI(科学引文索引)、EI(工程索引)收录期刊。刊载计算技术在土木工程领域应用方面的研究论文。涉及软件(包括新的程序设计语言、数据库管理系统、计算机辅助设计和专家系统)、机器人硬件、条型码、遥感、数据采集、计算机资源管理与实施策略等。

Journal of Cryptology **《密码学杂志》** 德国 1989 年创刊，全年 4 期，Springer-Verlag 出版社出版。SCI(科学引文索引)收录期刊。刊载密码学理论研究论文，涉及多种学科，包括密码分析、信息理论、计算数论、密码管理等。

Journal of Digital Imaging **《数字成像杂志》** 德国 1988 年创刊，全年 4 期，Springer-Verlag 出版社出版。SCI(科学引文索引)收录期刊。论述计算机应用于放射治疗的实际问题，阐释电子操作技术与数字成像的作用，包括图像存档和传递。

Journal of Digital Systems **《数学系统杂志》** 美国计算机科学出版社出版。刊载原始性研究论文，主要涉及数字计算机结构、数字设计自动化、计算机性能鉴定、故障分析、超大规模集成电路设计的自动化进展、可测试性的数字发生与试验、体系逻辑设计系统、模拟计算机的设计程序和分布计算机系统。

Journal of Geotechnical & Geoenvironmental Engineering **《土工技术与地质环境工程杂志》** 美国 1956 年创刊，每年 12 期，American Society of

Civil Engineers, USA 出版社出版，SCI(科学引文索引)、EI(工程索引)收录期刊。刊载土壤力学与基础方面的研究论文，侧重地质环境与人工设施之间的关系以及计算机在土木工程中的应用。

Journal of Global Optimization **《全局最优化杂志》** 荷兰 1991 年创刊，全年 12 期，Kluwer Acdemic 出版社出版，SCI(科学引文索引)、EI(工程索引)收录期刊。刊载全局最优化及其在科学、工程、管理等方面应用的理论和计算问题及其应用研究论文和书评，内容涉及非线性、随机和组合规划控制、对策与近似及并行结构算法等。

Journal of Heuristics **《试探法杂志》** 荷兰 1995 年创刊，全年 6 期，Kluwer Acdemic 出版社出版，SCI(科学引文索引)、EI(工程索引)收录期刊。刊载优选技术领域试探法方面的研究论文，涉及实际应用、理论开发、判定分析、智能模拟、计算实验等。

Journal of Intelligent and Robotic Systems **《智能和机器人系统杂志》** 荷兰 1988 年创刊，全年 12 期，Kluwer Acdemic 出版社出版，SCI(科学引文索引)、EI(工程索引)收录期刊。刊载学习理论与知识获取、人工智能编程语言、智能数据库体系结构、专家系统、机器人运动学、柔性制造系统等方面理论与应用研究论文。

Journal of Intelligent Information Systems **《智能信息系统杂志》** 荷兰 1992 年创刊，全年 6 期，Kluwer Acdemic 出版社出版，SCI(科学引文索引)、EI(工程索引)收录期刊。提供人工智能与数据库管理技术相结合方面的研究与开发成果。刊载研究论文、会议报告、综论、辅导资料、书评及会议消息等。

Journal of Intelligent Manufacturing **《智能化制造业杂志》** 荷兰 1990 年创刊，全年 6 期，Kluwer Acdemic 出版社出版，SCI(科学引文索引)、EI(工程索引)收录期刊。发表关于人工智能在制造业应用的研究论文，着重介绍人工智能应用于工业制造业的新方法、新进展和实例研究，涉及智能系统的设计、应用、开发等。

Journal of Network and Computer Applications **《网络与计算机应用杂志》** 英国 1978 年创刊，全年 4 期，Elsevier Science 出版社出版，SCI(科学引文索引)、EI(工程索引)收录期刊。刊载微计算机软件与硬件设计技术和微计算机在科研、医学、工程、工业、商业的应用方面的研究论文和简报，兼载问题讨论和书评。

Journal of Process Control **《工艺过程控制杂志》** 英国 1990 年创刊，全年 8 期，Elsevier Science 出版社出版，SCI(科学引文索引)、EI(工程索引)收录期刊。刊载控制理论、运筹学、计算机科学和工程原理在解决化工、石化、炼油、纸浆与造纸、制药、生化、食品加工、矿物加工、农业化工等工艺过程控制问题的研究论文和评论。

Journal of Robotic Systems **《机器人系统杂志》** 美国 1984 年创刊，全年 12 期，John Wiley 出版社出版，SCI(科学引文索引)、EI(工程索引)收录期刊。刊载自动化机器人系统、任务设计与执行方面的学术讨论和实例研究论文、评论和简讯。

Journal of Scheduling **《调度杂志》** 英国 1998 年创刊，全年 6 期，Kluwer Acdemic 出版社出版，SCI(科学引文索引)、EI(工程索引)收录期刊。计算机类期刊，为各种形式的调度研究提供探讨园地。

Journal of Scientific Computing **《科学计算杂志》** 荷兰 1986 年创刊，全年 4 期，Kluwer Acdemic 出版社出版，EI(工程索引)收录期刊。刊载科学计算的发展及其在科学与工程中的应用方面的研究论文、评论和简讯。

Journal of Software Maintenance and Evolution: Research and Practice **《软件维护和发展杂志：研究与实践》** 英国 1989 年创刊，全年 6 期，John Wiley 出版社出版，SCI(科学引文索引)、EI(工程索引)收录期刊。刊载计算机软件维护和发展方面的理论和实用文章，涉及软件寿命评价、软件维护原理、软件管理、环境和测试、软件制作程序、质量保证及新软件维护等。

Journal of Symbolic Logic **《符号逻辑杂志》** 美国刊物。1936 年创刊，每年 4 期。内容包括：符号逻辑的技术性原始论文；符号逻辑及其方法运用的理论性文章；符号逻辑学的叙述性文章；近代符号逻辑史的研究。此外还兼载书评。

Journal of System and Software **《系统与软件杂志》** 美国 1979 年创刊，全年 15 期，Elsevier Science 出版社出版，SCI(科学引文索引)、EI(工程索引)收录期刊。刊载程序设计方法论、软件工程以及相关硬件、软件系统问题的研究论文、综论和实例报告。

Journal of Systems Architecture **《系统结构杂志》** 荷兰 1975 年创刊，全年 15 期，Elsevier Science 出版社出版，SCI(科学引文索引)、EI(工程索引)收录期刊。1997 年前刊名为《*Microprocessing and Microprogramming*》，刊载有关微机及其系统与网络的数据处理和程序设计包括理论、研究与开发、语言、模拟、硬件与软件综合设计、应用、产品、评价与诊断方法、系统、教学辅助手段、个人计算、相关社会与经济问题方面的研究论文、综论、书评及学术动态报道。

Journal of Telecommunication Networks **《电信网络杂志》** 美国计算机科学出版公司出版的刊物。1982 年创刊，季刊。刊载通信网络方面的研究论文。内容涉及各种网络的结构、分析与设计技术、网络规程与标准、网络服务、网络软件、传输设备、网络控制及办公室自动化等，兼载会议消息和书评。

Journal of the American Society for Information Science and Technology **《美国信息科学与技术学会杂志》** 美国1950年创刊,全年14期,John Wiley出版社出版,SCI(科学引文索引)、SSCI(社会科学引文索引)、EI(工程索引)收录期刊。探讨信息科学的理论与应用,反映最新进展。涉及计算机技术、运筹学、图书馆学、通信、管理、信息的存储与检索、复印和系统设计。

Journal of the Association for Computing Machinery **《ACM杂志》** 美国ACM机关刊物。1954年创刊,季刊。刊载研究论文,内容涉及计算机数学、运算系统、程序语言、模拟、计算机原理等。

Journal of Visual Communication and Image Representation **《可视通信与图像显示杂志》** 美国1990年创刊,全年4期,Elsevier Science出版社出版,SCI(科学引文索引)、EI(工程索引)收录期刊。刊载可视通信与图像显示技术的理论与应用研究论文。主要涉及生物视觉系统的数字、模拟、信息处理、通信等方面的问题。

Journal of VLSI and Computer Systems **《超大规模集成电路与计算机系统杂志》** 美国1976年10月创刊,季刊。原名(*Journal of Design Automation & Fault-Tolerant Computing*),1980年第1期改称(*Journal of Digital Systems*),1983年第1期改为现名。主要刊载超大规模集成电路(VLSI)、计算机结构、数字系统以及自动化、VLSI设计自动化、分布计算机系统、容错计算和设计等方面的论文。

journal receiver 日志接收程序 某些计算机系统中的一种目标程序。当需记录日志的数据库文件发生改变时,生成一个日志项,并将该日志项存放在这种目标程序中。

JOVIAL 国际算法语言朱尔斯文本,JOVIAL语言 Jule's own version of the international algebraic language的缩写。一种面向过程的多用途算法语言,在命令编制和控制过程中使用,它是专门为政府部门、军事指挥部门和控制过程而研制的。JOVIAL的改进版本JOVIAL/J 73业已研制出来,这种版本将会成为命令编制和控制过程中的标准语言。在JOVIAL的名字中J是指Jules Schwartz,他是语言的关键性设计师之一。在命名了语言OVIAL (Our Version of the International Algebraic Language)之后,决定JOVIAL的发音更好听。

joybox 操纵盒 一种带有滑尺的具有三个自由度的操纵杆,是一种老式的三维输入设备。

joystick 操纵[控制,游戏]杆 (1)一个至少有两个自由度的活动手柄。它通常用作定位设备。(2)连接到图形显示设备上的电子机械式输入装置。它能控制屏幕上光标的移动,用户对操纵杆一方加压,便能使光标在屏幕上任意位置定位,并将该位置坐标数据送给控制程序。(3)用来玩飞行、赛车等模拟类游戏的外接操纵杆。

JPA 作业装配区 job pack area的缩写。

.jpe JPEG格式文件名后缀 标明图像文件是以JPEG(联合图像专家小组)压缩格式编码的文件扩展名。参见Joint Photographic Experts Group (JPEG)。

JPEG 联合图像专家小组 Joint Photographic Expert Group的缩写。

JPEG file interchange format (JFIF) JPEG文件交换格式 一种使用JPEG(联合图像专家小组)图像压缩技术存储摄影图像的方法。JFIF代表了一种"通用语言"文件格式,它是专门为方便用户在不同的计算机和应用程序间传输JPEG图像而设计的。

JPEG 2000 联合图像专家小组规范2000版 JPEG 2000在2001年正式成为国际标准。与JPEG(联合图像专家小组)相比,JPEG 2000作了大幅改进,其中最重要的是用离散小波变换(DWT)替代了JPEG标准中的离散余弦变换。在文件大小相同的情况下,JPEG 2000压缩的图像比JPEG质量更高,精度损失更小。参见Joint Photographic Experts Group (JPEG)。

JSD 杰克逊系统开发 Jackson system development的缩写。

JSP (1)杰克逊结构程序设计 Jackson structured programming的缩写。(2)Java服务器页面 Java server page的缩写。

JSPA 作业分隔页数据区 job separator page data area的缩写。

JT 作业表 job table的缩写。

JTM 作业传送与处理 job transfer and manipulation的缩写。

J-tree J-树 参见junction grammar。

JTS Java事务处理服务 Java transaction service的缩写。

j-type defects J型缺陷 缩微胶卷的一种缺陷,表现为直径约10～150 μm的小斑点。

JUGHEAD Jughead服务 Jonzy's universal gopher hierarchy excavation and display的缩写。

jukebox 连接光碟,音乐箱 (1)DEC公司采用可擦除光碟在联网环境下,实现文件图像处理、医学成像和预印刷/出版系统的一种技术。(2)在多媒体系统中的一个设备,像一个投币唱机,可保存并播放若干张视盘或激光唱片。

Julian date 朱利安日期 一种日期格式,第一至第二位置为年,第三至第四位置为日期。用1～366表示日期,右对齐,高位不足时补零。

Julian day number 儒略历日(天)数 把公元前4713年1月1日正午(儒略历零时)作为起点计算天数得到的。它是说明哪一天的一种最小可能模

糊性的方法。儒略日期还可以有其他用途。儒略历也称“凯撒历”，是一种计算天数的历法，由裘力斯·凯撒在公元前46年颁布使用，主要用在欧洲和美国，一直沿用到被现在的格雷高里历法所取代为止。

jumbo group 巨群 一种频分复用(FDM)载波系统的多路复用水平，它包括3 600个音频(VF)或电话信道(6个主群)，也称“超群”。参见 frequency division multiplexing (FDM)。

J

jump 转移，跳转 使执行离开指令执行顺序的过程。通常由一条指令实现。转移分为条件转移和无条件转移两种。它是程序执行中实现判断、选择功能的一种必要手段。参见 conditional branch, unconditional branch。

jump address 转移地址 转移指令执行转移时转移到下一条指令的地址。它可以是转移指令的地址码指定的地址或根据运算结果形成的地址。

jump condition 转移条件 实现条件转移的一种依据。它是条件转移指令中的一个必不可少的成分。

jump cut 跳跃剪接 在视频或影片生产中，一个非自然或者突发的编辑方式，用于产生特殊效果但常常导致不希望的摄像视角的偏移、画面尺寸或物体的移动。

jumper 跨接(线)，跳线器 一种导线(一根或一对)，用于附加插件中两个电路或管脚之间的任意连接。跨接常常是为了临时性的测试和诊断。

jumper block 跳线块 印刷板上的一组跳线脚，用于改变硬件配制。

jumper cable 跳线[跨接]电缆 一种金属线或光学线，提供两个设备或一个设备和一个分配面板之间的物理连接，同 jumper，与 trunk cable 对应。

jumper wire 跳线，跨接线 跳线实际就是连接电路板两需求点的金属连接线。因产品设计不同，其跳线使用材料、粗细都不一样。大部分跳线是用于同等电势电压传输，也有用于保护电路的参考电压。

jumping characteristic 跃变特性 由一种特性跃变到另一种特性(如改变稳定器件的给定值)的设备性能。

jump instruction 转移指令 (1)一种实现转移操作的指令。(2)为控制程序的执行顺序而设计的指令。它无条件地或根据运算结果或某些指示的状态，选择下一条要执行的指令。

jump operation 转移操作 计算机离开正常指令序列的执行，而转去执行另一个例行程序或程序，甚至是一些先前的指令，以改变控制、重复或循环等动作。

jump routine 转移例程 一种例程，它能使微型计算机离开正常的指令执行序列，而跳到另一程序，甚至跳到前面的指令，以改变控制，重复某一过程或循环等。

jump step search 跳步查找 一种对顺序文件的查找方法。查找时跳过文件的一部分使查找局限在文件的一小部分之中，然后用顺序扫描或更小的跳步找到目标。

jump to subroutine 转子例程 使程序由主程序转到子例程的起始地址的指令。在转移前，必须把主程序中的返回地址存到堆栈中。

jump to subroutine instruction 转子指令 实现主程序到子例程的转移并且将返回地址存放到寄存器中去的指令。子例程结束时，可按寄存器中存放的返回地址返回到主程序中转子指令的下一条指令继续运行。

junction 结 在半导体中或金属与半导体之间，具有不同电特性两区域之间的过渡区域。结有四种类型：合金型、扩散型、电化型及生长型。

junction capacitor 结电容器 一种利用反向偏置PN结电容的集成电路电容器。它可与晶体管的发射级结或集电极结同时形成，其最大电容值限于几百微微法。

junction field effect transistor (JFET) 结型场效应晶体管 一种固态器件。控制栅极是反向偏置的P-N结的一种场效应晶体管。有两个欧姆型接触连接导电的沟道，一个欧姆型接触作为载流子的源，另一个欧姆型接触作为漏。栅与沟道形成反偏整流结。栅极电压改变与P-N结有关的耗尽层宽度，耗尽层宽度的变化导致沟道电导的调制。参见 field effect transistor (FET)。

junction grammar 结语法 机器翻译中分析句子用的一种语言结构的模式。它能把每个句子分解成句法成分(主语、谓语、宾语等)，把这些成分排列成语族树(J-树)，然后根据J-树中各个成分的意义之间的关系推导出句子的意义。参见 machine aided translation。

junction isolation 结隔离 集成电路中利用PN结将有源元件在电气上彼此隔离的一种制造技术。一般是使N型外延层生长在P型基片上，而P型隔离阱则围绕电气上与其他电路隔离的每个区域扩散。

junction temperature 结温 基于半导体器件的热电校准关系，通过电测量得到的结温。结温是通过热阻、瞬态热阻抗，在各种应用中计算电流允许值的基准温度。

junction transistor 结型晶体管 一种双极晶体管，它的中间的基区处于发射极区和集电极区之间，并用PN结将它们分隔开。结型晶体管的主要种类有生长结型、合金结型、扩散型(台面式和平面式)和外延型等。

junctor 连接器 在交换网络中，交换矩阵把两条待连接的线路引进连接器，在连接器中有连线所需公共设备。

junk **无用信号** 数据通信中的不可理解的信号，也称垃圾和废物。

junk mail **垃圾信件** 对广告信、误发信件，只要是用户不想要的信件就可以把它称为“垃圾信件”。

justification **对齐，码速调整** (1)为了适合规定的格式，将字符向左或右进行调整、排列或移位的动作。参见 automatic justification，horizontal justification，vertical justification。(2)以受控方式改变数字信号的数字速率的处理过程。这种过程不丢失或损伤信息。其目的是使与复用设备不同步的各支路得到复用。

justification range **调整范围，整版间隔** (1)在一行内两个字之间允许插入的最小和最大空格之差。它是数位调整的一项重要指标。(2)一行字的字与字之间嵌入字楔形成允许的最大或最小的字间间隙。

justified clause **对齐子句** 在 COBOL 语言中，用来说明一个数据是右对齐的子句。若不用此子句说明的数据，则一律被认为是左对齐的。右对齐是指寄存器中的内容向右移位，使其右端字符在一特定的位置。而左对齐则是指寄存器中的内容向左移位，使其左端字符在一特定的位置。

justified margin **边缘调整** 数据或符号在打印页面上的排列方式。其排列形式是，所有行的左端或右端对齐。为实现边缘对齐，需调整字和字之间的间隔。

justify **调整** (1)控制页面上字符的打印位置，使得打印出的页左右两边排列整齐。(2)将寄存器或字段中的内容移位，以使数据尾端的有效字符放置在指定位置上。(3)在水平或垂直方向调整字符，使之满足所需格式的定位限制。(4)使打印文件或者左边对齐，或者右边对齐，或者左右边都对齐。参见 left-justify，right-justify。

just-in-time (JIT) **准时制，零库存** 也称“及时制”或“及时生产”。一种使库存减至最低并改进制造过程的管理方法，即要求元件和原材料仅在需要时才小批量提供，并且在产品交付前短时间内生产出来。是 20 世纪 80 年代初日本丰田汽车公司副总裁 TAIICHI ONHO 创立的一种企业管理模式。它的概念很简单，即在正确时间、正确地点、干正确的事情，以期达到零库存、无缺陷、低成本的理想的生产模式。为此，主张精简产品结构、简化加工过程，消除一切不增加价值的活动，视这些活动为垃圾并将它消除在萌芽状态。上述概念和目标虽然简单，但绝非易事，技术上面临两个方面的困难：一是市场需求和企业能力这两种不确定因素的处理，二是维数巨大的离散事件动态过程的优化。JIT 是以短期装配计划为基础，按天或小时为尺度，以拉方式分散控制为主的生产管理系统。MRP Ⅱ 则相反，是以长期产品系列计划及主生产计划为基础，按月或年为尺度，以推方式集中控制为主的生产管理系统。JIT 要求有责任感、技术全面、全局观念的高素质的人员及良好的供应线。参见 manufacturing resource planning-Ⅱ(MRP-Ⅱ)。

just-in-time manufacturing schedule **零库存制造进度表** 一种在顺序制造过程中使库存量减至最低的进度表。

juxtaposition **并置，并列** 将各数据项逐个相邻放置或定位的过程。

JVM **Java 虚拟机** Java virtual machine 的缩写。

K

k　千, 1 000　系 kilo 的词头。通常使用小写字母 k。在电子电路中,计量电容量、电阻值、电压、电流、功率、频率等参数时,1k=1 000。

K　千, 1 024　二进制中的 2^{10},即十进制中的 1 024。通常使用大写字母。用于表示存储器容量,如 1 KB,即 1 024 字节。参见 Kilobyte。

KA　(1)知识架构 knowledge architecture 的缩写。(2)知识获取 knowledge acquisition 的缩写。

Ka band　Ka 波段　电磁频谱的一部分,其频率大约在 18 ～ 30 GHz 的电磁波频段。

Kalman filtering　卡尔曼滤波　一种计算算法,通过处理测量数据以推得线性系统的过去、现在或将来的最佳估计值。该方法最初用于空间技术等实时控制系统上,随着计算机运算速度的提高和容量的增加,其应用范围不断地扩大。与最小二乘法相比,其优点是:它是一个递推逼近过程,并在对测得的数据进行处理时,考虑了运动规律和观测规律。卡尔曼滤波适合于对非平稳随机信号的过滤。这种滤波器既可用硬件实现也可用软件实现。

Kanji　(日语)汉字　由日语表意字母表中使用的符号组成的一组形象字符集。每个形象字符用两个字节表示。参见 extended graphic character set, hiragana, katakana。

Kanji character　(日语)汉字字符　(日语)汉字表意字符集中的一个字符。

Kanji character set　(日语)汉字字符集　同 extended graphic character set (EGCS)。

Kanji information processing system (KIPS)　(日语)汉字信息处理系统　日本的计算机汉字信息处理系统,是汉字图形库、编码体制、汉字信息的识别与传输、汉字在高级语言中的定义、汉字的比较与排序、汉字的显示与打印的总称。

Kanji utility　(日语)汉字信息处理公用程序　日本的计算机汉字信息处理公用程序的统称。如文字生成程序、汉字的画面编辑与画面控制程序、汉字属性辞书维护程序等。

kansei engineering　感性工学　将感性与工程结合起来的技术,是在感性科学的基础上,通过分析人类的感性,把人的感性需要加入到商品设计、制造中去,它是一门从工程学的角度实现能给人类带来喜悦和满足的商品制造的技术科学。

KAPSE　核心 Ada 程序支持环境　kernel Ada programming support environment 的缩写。

Karaoke　卡拉 OK　*日本发明的一种多媒体娱乐*系统。其基本系统由话筒和音频系统、背景音乐源和闭路电视等组成,可以唱歌或随所录制的音乐表演,该系统也可用于教育和培训目的。

Karnaugh map　卡诺图　表示布尔函数的一种图解法。它将布尔变量分为两组,这两组变量的组合分别列在纵和横两个方向上,利用它们的交叉以形成表格,每个小格表示一种布尔函数。卡诺图在布尔代数的化简上有着广泛的应用,是设计数字逻辑电路的一种有用工具。图 1 和图 2 分别是三个变量和四个变量的卡诺图。三个变量可以构成 8 个最小项,它分别由图 1 中的 8 个小格表示,如第 1 小格表示最小项 $\bar{A}\bar{B}C$,第 5 小格表示 $A\bar{B}C$。四个变量可以构成 16 个最小项,它分别由图 2 中的 16 个小格表示,如第 5 小格表示最小项 $\bar{A}B\bar{C}D$,第 14 小格表示最小项 $ABC\bar{D}$。

C \ AB	00	01	11	10
0	0	2	6	4
1	1	3	7	5

图 1

CD \ AB	00	01	11	10
00	0	4	12	8
01	1	5	13	9
11	3	7	15	11
10	2	6	14	10

图 2

Karn's algorithm　卡恩算法　判定通信信道好坏的一种算法,这种算法可以使传输层协议根据传输信号的来往时间判定信道状况的好坏,增强对往来传输时间的估计。

K-ary n-cube　K 的 n 次方网络,K 进制 n 维网络　一种超立方体网络结构,网络中由 K 的 n 次方个相互连接的节点,任一节点有一个 n 位 K 进制地址。在各维中的长度相等,每个节点在网络中与地址相差一个正负 1 的节点相连。

KAS　知识获取系统　knowledge acquisition system 的缩写。

KAT　知识获取工具　knowledge acquisition tool 的缩写。

Katmai　Katmai 微处理器　美国 Intel 公司 Pentium Ⅱ 家族的一款 CPU。它运用改良后的 0.25

μm 技术，2.0 V 内核电压。它增加了 SSE(单指令多数据流扩展)指令，还增加了一些 MMX(多媒体扩充)指令设置，提高了存储流。工作时钟频率为 450 ～ 600 MHz。其 512 KB 的二级缓存位于主板上。支持的总线频率达到 100 ～ 133 MHz。

KB (1)千字节 kilobyte 的缩写。(2)知识库 knowledge base 的缩写。

Kb **千位** kilobit 的缩写。

K band **K 波段** 电磁频谱的一部分，其频率大约在 10 ～ 12 GHz 波段，用于卫星通信。

KBE **基于知识的工程** knowledge-based engineering 的缩写。

Kbit **千位** kilobit 的缩写。

KBM (1)知识库机 knowledge base machine 的缩写。(2)知识库管理 knowledge base management 的缩写。

KBMS **知识库管理系统** knowledge-based management system 的缩写。

KBps **千字节/秒** kilobytes per second 的缩写。也可写成 KB/s。

kbps **千位/秒** kilobits per second 的缩写。也可写成 Kb/s。

KBS **知识库系统** knowledge base system 的缩写。

K character per second (KCS) **每秒千字符** 一种测量数据传输速率的单位。

KCL **基尔霍夫电流定律** Kirchhoff's current law 的缩写。

k-connector **k-连接符** 从一个节点出发，连接到它的 k 个子节点的 k 条弧线。也称"超弧"。当 k-连接符所连接的 k 个子节点均成立(或均被求解)时，其父节点才成立(或被求解))因此，一个 k-连接符所连接的 k 个子节点，对于它们的父节点称为与节点。由同一个父节点发出的不同的 k-连接符所连接的节点称为或节点(OR node)。其意义是只要一个 k-连接符所连接的与节点成立，其父节点即成立。

KCS **每秒千字符** K character per second 的缩写。

KDC **密钥分配中心** key distribution center 的缩写。

K-density **K 稠密性** (1)一种描述条件/事件系统 S 中节点集合状况的术语。在一条件/事件系统 S 中，设 $X = \{X_i\}$ 为一节点集合，如果 X 中任意两个节点 $\{X_i, X_j\}(i \neq j)$ 之间均有某种关系 R，且对 $S-X$ 中任一节点 y，必可找到 X 中一节点 x，使 x 和 y 不具备关系 R，则 X 称为具有关系 R 的一不可扩集。具有因果关系的一不可扩集称为一条连线，具有并发关系的一不可扩集称为一个截面。若在 S 中，每个截面与每条线都相交，则 S 称为 K 的稠密性。(2)出现网的每个切面和每条线都恰有一个交点的性质。有限的出现网都具有 K 稠密性。

K-dimensional tree **K 维树** 树节点中存放 K 维关键码的一种二叉树。

KE **知识工程** knowledge engineering 的缩写。

KEA **密钥交换算法** key exchange algorithm 的缩写。

KEE **知识工程开发环境** knowledge engineering environment 的缩写。

keep alive circuit **保弧电路，保持电离电路** 主要在一些气体放电管中所用的电路，用来产生剩余电离和缩短主放电的启动时间。

keep alive interval **保持活跃间隔** 网络设备发送的每个"保持活跃"报文之间的时间周期。

keep alive message **保持活跃报文** 网络的一个设备向另一个网络设备发送的一种报文，这个报文告诉它彼此之间的虚拟电路依然活跃。

keep-out areas **禁区** 印制电路板上由用户指定的一种区域。CAD/CAM(计算机辅助设计/计算机辅助制造)的布局和布线程序不得在该区域中放置器件或走线。

KEL **知识工程语言** knowledge engineering language 的缩写。

Kelvin temperature scale **开尔文温标** 国际单位制(ISU)中对温度的度量，用℃K表示。温度 0 ℃K称为绝对零度，相当于摄氏温度－273.16 度，摄氏 0 度则相当于 273.16 ℃K，而摄氏 100 度则相当于 373.16 ℃K。

Kelvin balance **开尔文平衡** 两个线圈串联，一个固定在另一个的下面，用一个电流表测量流过线圈的电流，将它们接到一个平衡臂上。结果线圈之间的力与平衡臂另一端作用在一已知重量的重力相平衡。

Kelvin bridge **开尔文电桥** 一种可用来比较两个四端电阻器或网络的四端电阻的七臂电桥。也称"双电桥"或"汤姆逊电桥"。

Kendall effect **肯德尔效应** 在传真系统记录拷贝中，一种由于载波信号的传输而产生的寄生图像或其他的畸变。它是基带整流后非期望的调制产物，它干扰载波的下边带。

kengine **知识引擎** 来源于 knowledge engine。一种智能化的汉语知识管理系统。利用这一系统，企业可以将分散在各部门乃至各位员工脑中的知识、技能、诀窍、规则、价格、政策、经验等各类信息组合成一个具有本企业全面知识的、虚拟的超级客户服务专家。客户无需学习任何规则，可以通过互联网在自己的家里或单位，用直白的自然语言向千里之外的虚拟专家提出问题，虚拟专家将通过与客户平易友善的对话摸清客户的问题与需求，并给出确切

的答案，同时对在客户服务过程中所积累的反馈信息和经验进行分析处理，使客户服务系统的知识越来越全面、深化。

Kennelly-Heaviside layer 肯涅利-海维西特层 电离层的别名，这个名称是按照首先发现它的两个人的名字命名的。参见 ionosphere。

Kerberos Kerberos 协议 Kerberos 是由美国麻省理工学院(MIT)开发的一个协议，其命名是根据希腊神话中守卫冥王大门的长有三头的看门狗做出的。它提供许多服务。其中一项服务是在数据库中安全地存放私人密钥。这些密钥仅有 Kerberos 和密钥拥有者知道。另一项服务是当两方需要交换密钥时作为可信任的第三方。Kerberos 还提供了身份验证和密钥交换的方法，它使用 DES(数据加密标准)加密方法。Kerberos 是一种网络认证协议，允许一台计算机通过交换加密消息在整个非安全网络上与另一台计算机互相证明身份。一旦身份得到验证，Kerberos 协议给这两台计算机提供密钥，以进行安全通信对话，并通过使用密钥密码为用户间的通信加密。参见 data encryption standards (DES)。

kern 靠拢，压缩字距 有选择地改变相邻两个字母之间距离的过程，可使阅读更为方便，且使字母之间的打印间隔更加平衡和更成比例。一些需要靠拢的典型字母对有 AV，WA 和 YU 等。

kerned character 出格字符 一种字符，其总的图像尺寸大于它的字符框格。着色图元可以在字符的任何一边扩展到字符框格之外。

kerned font 出格字模 具有一个或多个出格字符的一种字模。

kernel 核心(程序)，内核 (1)根据结构设计方法设计的操作系统，最靠近硬件的第一层软件称为操作系统的核心或内核。内核通常包含进程控制和调度、进程的通信原语、中断和中断处理、时钟处理、外部设备驱动等。在某些系统中，把文件系统和设备管理也包括在内核中。内核是与硬件机器直接打交道的部分，始终驻留内存。在 UNIX 操作系统中，内核主要由两部分组成：一个是进程管理部分，管理进程调度，并受理进程所需要的服务；另一个是设备管理部分，管理内存到外部设备之间的数据传送。核心程序在一个用户进程不可访问的内存地址空间中运行。(2)在操作系统中，常驻在主存中的那部分内容，主要包括一些经过严格测试而准确无误的例行程序，能实现基本的装入和管理功能。参见 bootstrap, initial program load (IPL), root segment。

kernel Ada programming support environment (KAPSE) 核心 Ada 程序支持环境 它是 Ada 语言程序设计支持环境(APSE)的组成部分。它为 Ada 程序(可能包括工具)的执行提供数据库通信和运行支持功能，代表一个或一组独立于机器的可移植的接口。

kernel code 内核码 操作系统或其他程序核心部分的代码，如 TCP/IPUNIX 操作系统的内核码的主体是用 C 语言编写的。

kernel data structure 核心数据结构 在 UNIX 操作系统之下，当任一进程在执行期间为之建立，表示进程状态和一些控制信息的一张入口表。表中通常包括：①进程状态栏，表示现时进程的状态；②进程与客户本地信息区，此栏在进程状态改变时作为页定序或页交换；③有特权使用该进程的客户标识名；④与该进程相关联的进程标识名(PID)；⑤当进程进入休眠状态时所创建的事件描述子栏；⑥一个信号事件计数器，对那些接收到的还未进行处理的信号保持跟踪；⑦由核心进程定序演算，计账进程、运行时间进程以及核心资源利用所使用的各个定时器栏等的入口。

kernel dump 核心转存 在某些操作系统中同 system dump。

kernel language 核心语言 计算机语言的最基本部分，是同一语言不同版本中基本相同的部分，该语言的其他部分都是在此基础上扩充的。核心语言只能提供程序设计所必需的必须少数命令，用这些命令可以编写出实用的程序，但程序质量不高，而且有些高级功能还无法实现。例如，COBOL 语言的核心部分，分成一级核心和二级核心，取它的一级核心，加上一级表处理和一级顺序文件处理，可以构成最小的 COBOL 编译系统。

kernel level thread model 内核级线程模型 并行进程运行环境模型的一种。可以认为是 UNIX 进程的自然改良。它把内核作为虚拟处理机并产生线程，把用户的动作一对一地转换成线程来执行，用户可容易地看到用户动作在内核当中的活动，但也有效率不高、灵活性差和冗余度过大等缺点。

kernel mode 核心方式，核心态 (1)计算机系统中的最高特权的处理机存取方式。操作系统最高的特权服务程序，如 I/O 驱动和页面分配程序就是以核心方式运行的。与 user mode 对应。(2)微软 Windows NT 中系统代码运行时的特权处理状态，运行在核心态下的线程可访问系统内存以及硬件资源，对应于 user mode。(3)一种硬件模式。在这个模式下，系统可以执行所有的机器指令。

kernel module 核心模块 构成一个操作系统或语言编译系统的最基本部分，称核心模块。例如，COBOL 语言分为 12 个模块，每个模块分为一级和二级，核心只是这些模块之一，但对构成语言编译系统是不可缺少的。

kernel object 内核对象 微软 Windows NT 中一个内核定义的抽象数据类型的运行实例，内核为内核对象的行为定义特别的语义，并执行 NT 执行体为操作内核对象所能调用的内核程序。内核对象可分为两类：控制对象及调度程序对象。这两类内核对象都可以被用作微软 Windows NT 执行体对象的基础。参见 control object，dispatcher object，executive object。

kernel of multiprocessor operating system 多处理机操作系统内核 适用于多处理机的操作系统内核部分。为了满足多处理机分布运行的需要，内核代码不一定只驻留在某一个处理机所管理的本地内存中，而是可能在各个处理机的本地内存中分别保存一个内核的副本。

kernel parameter 核心参数 在某些操作系统中，一个指定核心如何分配某些资源的变量，同 system parameter。

kernel primitive 核心原语 操作系统核心部分执行的原语。例如，UNIX 操作系统提供的核心原语主要有三个：fork、exit 和 wait。fork 的作用是为调用者建立一个子进程与自己独立地并行地运行；exit 原语是用来自行终止一个进程运行，同时通知父进程；父进程在建立子进程之后，可以立即调用 wait 原语使自己进入等待状态，等待子进程终止，然后撤销子进程，自己继续运行。

kernel process 内核进程 操作系统启动时，由操作系统直接创建的进程，称为核心进程。核心进程执行的代码编译在核心模块中，并且以核心特权方式执行。UNIX 的核心进程主要有：对换进程负责在系统资源不足时实现所有进程在内存与外存之间的迁移调度；页面管理进程是 UNIX Berkeley 版本(BSD)中特设的，它负责把进程地址空间的若干部分回写到辅助存储器上，以支持虚拟存储系统中的换页功能。

kernel process object 内核进程对象 微软 Windows NT 中一个进程的内核表示，是一个控制对象，其中包含装入进程地址空间及跟踪进程资源和缺省属性所必需的信息。参见 control object。

kernel program method 核心[内核]程序法 把应用程序(有的也包括系统软件)中用得最频繁的那部分核心程序，作为评价计算机系统性能的标准程序。直接在不同机器(或是在其模拟机)上运行，测定其执行时间，以此作为性能评价的依据。核心程序法比等效指令速度法更能反映计算机的软件结构性能和实际的运行速度。它的缺点是只限于量度 CPU 和主存，不涉及输入输出操作。

kernel technology 内核技术 内核技术仅设计出基本的功能，一般是在模块方式中。它是操作系统的核心，是系统中管理内存、文件和外设，维护时间和日期，发出应用程序以及分配系统资源的部分。内核也支持安全和容错功能。不管它是单个程序还是可执行文件的集合，内核所有部件都是以"内核方式"运行，访问系统数据和硬件。与此相反，应用程序以"用户模式"运行，此方式允许应用程序访问属于它们自己的那部分存储器。参见 kernel。

kernel thread object 核心线程对象 微软 Windows NT 中一个线程的内核表示，是一个调度程序对象，其中包含调度此线程执行所必需的基本信息。参见 dispatcher object。

kerning 出格法 图形字符的一种设计方法，使它们的字符框可以覆盖。字符的着色图元可出现在字符框格之外。出格法允许覆盖字符框并且诸字符一起出现，字符可以设计为草写、连体或多于一个字符框的任何其他种类的字符。它也可以用于设计按比例隔开的字型。通过覆盖字符框，字符之间可以紧挨一起或者通过使用覆盖空白字符框可以使字符之间松散开。参见 kerned character。

K

Kerr cell 克尔盒 通常是液体的一种物质，其折射率正比于外加电场强度的平方。它通常可用于构成另一系统的光通路或用于光通路中光线的调制。

Kerr effect 克尔效应 将通常情况下不具有双折射性的物质置于电场中，通过外加电场感生出一个旋转角度正比于电场强度平方的双折射的电光效应。1875 年由英国物理学家克尔(John Kerr, 1824-1907)发现。参见 electro-optic effect。

Kerr effect sensor 克尔效应传感器 一种双折射光纤传感器，当有外加电场时，寻常射线的相位将超前或滞后异常射线的相位，导致入射光束分成两束以不同的相速度传播，引起偏振面的旋转，相移量正比于外加电压的平方，偏移方向取决于外加电压的极性。

Kerr magneto-optical effect 克尔磁光效应 平面偏振光从磁化介质的表面反射时变为椭圆偏振光，其偏振面相对于入射光产生旋转的现象，即椭圆长轴相对于原偏振面旋转一定的角度，旋转的方向与磁化方向有关，这种现象称为克尔磁光效应。

KES 知识工程系统 knowledge engineering system 的缩写。

key 键，关键词，关键字，密钥，钥匙，键入，键码，键标 (1)在键盘上，指由一个塑料键帽(帽面上通常印有键名字符)、支撑键帽而又允许其按下的弹性机构以及记录压键和放键动作的电子装置所组成的一个整体。键用于产生代码和符号，作为输入设备向系统输入代码或符号。(2)在数据库管理中，指数据文件中的一个记录或一组记录的识别名。大多数情况下，这种关键词都定义为一个独立字段的内容，有些数据库管理系统程序称这种字段为关键词字段；另一些数据库管理程序则称之为索引字段。在大多数数据库管理系统中，所有关键词(意指关键词字段的内容)都放在关键词表内，该表经过特殊的索引处理，以此加快记录的检索速度。在许多数据库管理系统中，这些关键词表称为索引文件。参见 B-tree，hashing，index，inverted list。(3)用于记录和识别项目的一个或一组字符。例如对由一批数据信息所组成的文件，可用若干个字符(如文件名或内容提要)来标识该文件或描述这个文件的主要内容，用户可根据这些关键字来查找文件。(4)加密处理中所使用的一个参数,通过密钥的选择可以得到大量的不相同密码。在大多数加密机制中,密钥是不公开的,因为持有密钥就可以访问相应的数据或文本。在公共密钥加密系统中,加密密钥是公开的,只有解密密钥不公开。

key activity 关键活动 制订工程计划时,在关键路径上执行的活动。缩短关键活动所需的时间,将会加快整个工程的进度。

key address 关键字地址 在数据检索时,指定作为关键字的数据项所处的地址。

key-address-transformation 关键字地址转换 为了对关键字及其有关信息(一般指记录)存储或检索而通过某些映射把关键字映射为地址的操作。用这种转换来实现记录存取的方法称为散列法,而直接把关键字(指其内部代码)作为记录存取地址,或通过一种简单算法把关键字转换为记录存取地址的方法称为直接寻址法。

key amount 密钥量 密钥量与密钥熵密切相关。其中,密钥量是表示密钥单元空间内可产生密钥数量的一种衡量。若密钥量太小,那么相应的密码体制的密钥熵也小,即该种密码容易被破译,不很安全。

key architecture 密钥体系结构 一种数据的密钥分配与保护过程中的分级结构。除少量密钥以明码形式存于密码装置外,其他均用主密钥保护。用主密钥保护密钥加密密钥,后者又进一步保护了数据加密密钥,而数据加密密钥再用来保护大量数据。

key argument 键变元,关键字变量 程序中指定作为数据记录排序或查找时的关键字的那个变元。

key assignment 功能键设定 在应用软件中,对键盘上的功能键和一些复合控制键赋予特定的功能。

key authentication code 键验证码 一个键测试模式。

key autokey mode 密钥自密钥型 也称"输出反馈型",即利用密钥的输出自行产生新的密钥,是密码运行的一种形式。将作为密钥的分组密码的部分位反馈到输入端,作为输入的部分明语,以产生足够长的伪随机位序列。然后,把这个伪随机位序列与明语信码的二进制序列按模二和相加,产生全系统的密码文。

keyboard 键盘 一种由一定数量的键组成的盘状输入设备。使用者通过击键向计算机输入程序、命令、数据等,是人对计算机进行控制的重要工具。计算机键盘的键数,少的有 83 个,多的可达 105 个。键盘有三个区:中央为打字键盘区,右侧为数字键区,第三个区是 10 ～ 12 个特殊功能键。由键盘输入的内容通常由显示器屏幕即时显示出来,键盘和显示器组成了计算机的控制台。所有的键盘都还有一些非文字控制键(如 Ctrl,Alt 和 Shift 等键)。参见 AZERTY,Dvorak,QWERTY。

keyboard buffer 键盘缓冲区 为了平缓较慢的键盘输入速度与较快的处理机工作速度之间的差距,在主内存中设置的一小段区域。键盘输入的内容先存储在缓冲区内,在处理机有空闲时才按先进先出的顺序从中取出处理。这种缓冲区常称为超前键入缓冲区。有些应用程序提供附加的键盘缓冲区,还添加了编辑和重新使用新近键入字符的能力。

keyboard computer 键盘计算机 用键盘作输入装置的计算机。

keyboard console 键盘控制台 一种利用键盘键入数据的控制台。

keyboard controller 键盘控制器 安装在键盘内部的一种微处理器,其基本作用是等待和报告击键动作。键盘控制器及其相关电路通过接管处理一些原来需要计算机主处理器处理的任务而提高计算机系统的工作效率。

keyboard definition 键盘定义 对于可变键盘,为了定义一个修改的键盘排列的用户定制过程。大多数字符、符号和功能都能够在几乎任何一种键盘位置上再定位、复制或删除。

keyboard device 键盘部件 用户输入字符或其他键入数值的图形输入器。

keyboard editing display station 键盘编辑显示站 键盘显示站是联机程序调试或编辑的重要工具。程序可以用与程序员程序纸中相同格式的记忆码和存储单元在键盘显示站上显示出来,每次显示一页。键盘显示站的编辑功能用于校正程序。键盘显示站可以迅速显示测试数据或测试结果。计算机能够对显示站屏幕上的单元进行寻址。

keyboard emulator 键盘仿真器 连接到或者驻留到计算机内并且从功能和性能上仿真计算机键盘的设备。

keyboard encoder 键盘编码器 一种电路,能够识别每个键的功能并产生一个与该功能对应的二进制编码。若键盘编码器使用可编程序的只读存储器,则用户通过对可编程序只读存储器编制程序,便可对键盘的每个键自行编码。键盘编码器的电气特性与晶体管-晶体管逻辑电路完全兼容。

keyboard enhancer 键盘增强程序 也称键盘实用程序、宏程序或宏实用程序。该程序监测击键情况,并可用来重新定义某些单键或组合键的含义。键盘增强程序用于创建和存储宏,即一系列击键动作、鼠标操作、菜单选择或赋予键的其他一些命令。

keyboard entry 键盘输入 利用键盘把数据送入内存或某一寄存器的过程。

keyboard features 键盘特性 设计终端键盘时考虑的特性,如键的布局、键的滚动、编辑键、功能键、数字健和控制键等。

keyboard file 键盘文件 在 UCSD Pascal 软件系

统中,KEYBOARD是与标准输入文件等价但无回答的文件名。

keyboard function key 键盘的功能键 键盘上的一组键,其功能可以是已编程的,能选择字符串及格式,向计算机传送表示某数据量的代码,或者驱动某种外围设备。

keyboard grabbing 键盘占用 在某些增强X-Window程序中,一个客户机可主动地控制键盘的过程,按键事件送到这个客户机程序中而不是按一般方式处理。参见 activegrab, button grabbing, key grabbing, passive grab, pointer grabbing, servergrabbing。

keyboard inquiry 键盘询问 利用键盘对程序的执行情况、存储器的内容或其他有关的信息进行的询问。

keyboard layout 键盘布局 为了适合特定的目标,对键盘上的各键所作的一种排列。

keyboard lockout 键盘锁定 键盘的一种工作特性,一种与远程打印机共同使用的内锁功能,它使计算机在分支传送器或另一个工作站在一条线路上发送数据时不与键盘在同一条线路上发送数据,这个功能被用于在同时发送时避免中断传输。

keyboard mapping 键盘映射 一个通常在轮廓文件中的表,建立键盘上每个按键与显示器上每个字符或者程序的动作之间的对应关系。

keyboard number 键盘号 一个出现在某些键盘上的识别数,在美国以外的地方使用,以帮助用户识别键盘布局。

keyboard overlay 键盘覆盖板 设置在键盘上的一种模板,为特定应用程序或键盘程序标识每个键的功能。

keyboard perforator 键盘穿孔机 带有键盘的穿孔机,按键能够根据相应字符或函数的代码在纸带或卡片上穿孔。

keyboard printer 键盘打印机 与电传打字机一样,具有键盘的一种低速打印装置。一般用作控制台。

keyboard processor 键盘处理器 键盘里的一个处理器,用来判定动作键的位置,找出存储器(键盘只读存储器)中相应的字符代码,并将该代码送上数据总线。参见 keyboard controller。

keyboard program 键盘程序 一种改变键盘布局的个人计算机的应用程序,如从QWERTY布局改变成AZERTY布局。

keyboard punch 键盘穿孔机 同 keyboard perforator。

keyboard ROM 键盘只读存储器 键盘里的一个小容量只读存储器,里面存有代码对照表,供键盘处理机使用,结果在数据总线上可以找到所需要的代码。

keyboard select routing (KSR) 键盘路由选择 呼叫信道在交换系统(如一个数据专用交换分机或交换复用器)中选择其目的信道或信道群的能力。

keyboard send/receive (KSR) 键盘发送/接收(器) 只有通过键盘才能进行传输的一种组合发送接收器。

keyboard send/receive mode 键盘发送接收模式 某些操作系统中的一个模式,在输入和输出操作时虚拟终端仿真一个标准ASCII(美国信息交换标准代码)终端。

keyboard send/receive teletypewriter 键盘发送/接收电传打字机 一种包括电传发送机和电传接收机的组合设备。它通过键盘向通信系统输入数据,通过打印机从系统中提取数据。

keyboard send/receive terminal 键盘发送/接收终端 使用键盘输入又具有接收数据功能的终端设备。与之对应的是只读终端,即没有键盘和打印功能的计算机终端设备,也称RO终端。参见 receive-only terminal (RO terminal)。

keyboard shift 键盘转移 在AS/400数据描述说明(DDS)中,一个可在显示文件中指定的字符,它自动转移显示站键盘以控制显示站用户可在该区域输入的内容,在交互式数据定义实用程序(IDDU)中和DDS中键盘转移还可在数据库中指定,但只应用于显示文件指定的文件中。

keyboard template 键盘模板卡 一种塑料卡或者硬纸卡,放在键盘周围,特别是放在功能键的边上,印有相应键的含义,作为在某种软件下键盘特定功能的提示。

keyboard type 键盘类型 键盘物理按键的安排和定义。

keycard 键卡 一个安装在文件服务器上的电路板,匹配网络硬件和NetWare软件的顺序操作,为软件复制提供保护。

key change 关键码改变,键变换 (1)在根据关键码已存入存储器并正读入计算机的记录的文件中,出现其关键码与直接前趋块的关键码不同的记录。(2)当记录的一个文件正在被读取时,常被排序成由键限定的顺序。当同一个键的输入记录结束时,就移动与它邻近的下一个键,因此两键不相同而发生键变换。

key class 键种类 键盘上按键的分类。按功能划分,主要分为字母数字键、专用符号键、编辑键、及特殊功能键。按操作方式划分,可分为单次操作键和组合键。

key-click filter 电键咔嗒声滤波器 使电键声衰落的一种滤波器。

key code 键码 赋给计算机键盘上每个键的一个唯一性代码编号,用于告诉计算机按下或放开的是哪一个键。键码与印在键帽上的字母、数字或符号

不同,与该键产生的字符也不同。它是用于识别键本身的一种专用代码,对于一特定的键来说其键码始终是相同的。键码的含义有两种:一种是键位置码,也称"键扫描码",对一个现成的键盘来说,这是固定不变的;另一种是计算机将接收到的键位置码当作信息来处理,其代表的内容可由软件进行解释。比较 character code, scan code。

key code table 键码表 计算机内将接收到的键位置码变成对应的操作码的一个转换表。改变这个表的内容,相当于对键盘功能进行了重新定义。

key component 密钥成分 在加密技术中:①至少两个具有密钥格式的字符中的一个,它与一个或多个类同的参数进行"异"操作形成的一个密钥;②多元素的任何一种组合,这种组合构成一种密钥。

key compression 键标压缩 减少键标中的位数所使用的技术。在 VSAM(虚拟存储存取法)的索引记录中,把一个键标中那些无需与相邻键标区分的前后字符删除掉的一种做法。键标压缩可减少索引记录的存储空间。

key data element 关键数据元素 用来链接文件的数据元素。

key distribution 密钥分发 将加密密钥分送给密文接收者的问题。

key distribution and control 密钥分配和控制 在密钥管理中,与密钥的分配和控制有关的处理包括:①任命编码人员;②明确编码人员的责任;③运送和接收密钥载体;④存储密钥载体和加密/验收设备的物理密钥;⑤密钥载体的使用;⑥密钥载体的销毁;⑦密钥归档。管理人员的职责包括对密钥载体的接收、验证、存储、记录、输入、更换和销毁,这些操作都应当在有两人在场的情况下进行。

key distribution center (KDC) 密钥分配中心 在密钥管理中,为收发双方提供密钥而建立的密钥分配中心,其提供服务的对象有:①想建立保密通信,而没有密钥的一方;②当收方和发方都要数据加密密钥时,则由发方向密钥分配中心申请数据密钥。此时密钥分配中心则产生两组数据密钥,用发方的密钥加密密钥并传送给发方。第二组密钥由密钥中心用与收方的密钥加密密钥加密后传给收方,故收发双方都有传送密钥的加密密钥,以后发方将第一组密钥用第二组密钥加密传送给收方作为双方传送数据的加密密钥。

key driver 键驱动器 将操作员所按字符键翻译成机器可读形式信息的一种装置。

keyed access 按键访问 在 FORTRAN 语言中的一个文件方式,允许根据键以任何顺序读写文件中的记录,与 direct access, sequential access 对应。

keyed automatic gain control 键控自动增益控制 一种自动增益控制(AGC)技术,对电视接收机中的 AGC 晶体管加以偏置使其截止,仅当有正水平同步脉冲的峰值作用于其基极时才导通。这一技术可防止同步脉冲之间出现的噪声脉冲影响 AGC 电压。

keyed direct access 按关键字直接存取 (1)一种检索或存储数据记录的方式。在这种方式中,通过使用一个记录关键字在文件、数据集或在一组相关记录中相关位置的索引来实现检索或存储数据记录。(2)在 VSAM(虚拟存储存取法)数据存取方法中,通过索引或相对记录号对数据记录进行检索或存储。索引使记录的键标和记录在文件或数据集中的位置相关联,而相对记录号同以前所检索过或存储过的记录位置无关。参见 addressed direct access, addressed sequential access, keyed sequential access。

keyed file (带)键标文件 PSS(可编程商店系统)中的一种间接寻址文件,用来对存储在直接存取存储设备上的逻辑记录提供快速存取的手段。参见 randomizing。

keyed sequence 键标顺序,按键标定序 存取路径中出现的诸记录的次序。存取路径以记录中所含一个或多个键标字段的内容为基础。

keyed sequence access path 键标顺序存取路径 在某些计算机系统中,通向数据库文件的一种存取路径,而文件则根据其各个记录所含键标字段的内容进行排序。参见 access path, arrival sequence access path。

keyed sequential access 键标顺序存取 在某些数据存取方法中,按键标或相对记录顺序(相对于前一个被检索或存储的记录)对数据记录进行检索或存储。参见 addressed direct access, addressed sequential access, keyed direct access。

keyed sequential access method (KSAM) 按键顺序存取法 一种文件结构。用户可以通过一组程序库例程,根据关键项的内容,直接从文件中读取记录,或根据关键项内容的次序,顺序读取文件中的记录。

keyed sequential file 关键字顺序文件 一种数据目录,它是按关键字的逻辑关系编制而成的,用以实现指定关键字的直接存取和按关键字逻辑顺序存取。

key element 键元 计算机键盘键位名称的统称。从功能上,键元可分为字母键、数字键及功能键。在键盘输入方法中,它们大多可用来代表码元。一个键元可代表一个或多个不同的码元。在输入汉字(词语)的过程中,各键元所组成的一个线性序列(其中包括分隔符和选择符键元),称为键元串。

key element set 键元集 汉字编辑(键盘)输入方法所用的键元的集合。

key-encrypting key 密钥的键,密钥加密密钥 在密钥管理中,指一种用于对数据加密的密钥或用其他密钥进行加密或解密的密钥。有时也指除用于加密和解密密钥之外的密钥。也称"次主密钥"

"辅助密钥"或"密钥传送密钥"。比较 data encrypting key。

key-entry 键入(的),键输入 (1)指利用键盘通过手动按键方式输入数据。(2)加载密码键标的过程。

key escrow 密钥托管 一种加密方法。密钥发放给经政府代理机构许可的第三方,以保证政府能够读取任何加密信息。比较 key recovery。

key escrow agency 密钥证书管理机构 负责保存私有密钥的机构。

key exchange 密钥交换 同 key distribution。

key exchange algorithm (KEA) 密钥交换算法 该算法适用于密钥交换,但不适用于数据保密。KEA 是基于 Diffie-Hellman 算法的有关修订版本,使用 1 024 位密钥。

key-exchange key 密钥交换密钥 在计算机安全中,一个用于密钥传输加密的密钥。

key field 索引信息组,键标字段,关键字段 (1)记录的一部分,它用相关的代码数,如账号、雇员号或存货号等标志一特定事务。(2)在某些数据存取方法中,位于文件或数据集中每个记录的同一位置的字段,其内容用作该记录的键标。(3)在关系式数据库的记录或者属性中的一个字段,被指定为关键字段(键)的一部分。参见 attribute, field, primary key。

key field level specifications 键标字段级说明 在某些计算机系统中,在最后字段说明之后的一些行上编码的数据描述说明。键标字段级说明只允许用于物理文件或逻辑文件。参见 field level specifications, file level specifications, record level specifications, select/omit level specifications。

key folding 键标折合法 同 hashing。

key frame animation 关键帧动画 在动画序列中,指作为依据,用于生成一组相继的中间帧画面,其中活动对象的位置、形状等相互略有改变,从而产生动画效应。

key frames 键帧 (1)在多媒体应用中,动画序列中一个单移动的启动和终止帧。(2)在多媒体应用中,图像流中周期性的全帧图像,允许从这些帧启动。

key generation 密钥产生 密码学中产生一个密钥或一组特殊的密钥。

key generator 密钥产生器 在密码学中,一种用于产生加密密钥的设备,这种设备有报警和自测试等功能。

key grabbing 键获取 在 AIX 增强 X-Windows 程序中,客户机被动的按键信息的获取。参见 button grabbing, pointer grabbing, server grabbing, active grab, passivegrab。

key gun 密钥枪 在密钥管理中,一种采用电子存储密钥输送的设备。有的像袖珍式计算器,它包括一个接收来自密钥产生器的密钥的连接器,并把密钥转送给目的设备。密钥枪与目的设备的连接可采用光/电耦合。密钥枪必须有机械装置进行保护,以防止:①由破译者装载一个密钥;②由破译者读取装载的密钥;③把密钥装载到破译者的终端。密钥枪口令字能保证有授权的密钥产生器和目的终端与密钥枪进行通信,存储的密钥的破坏性读出和密钥枪的防篡改模块能有效地防止破译者窃取密钥。

keyhole bubble generator 键裂磁泡发生器 一种磁泡发生器。当旋转磁场旋转时,将种泡环绕圆盘延伸,当到达断裂点时可将种泡分裂为两个磁泡:一个留下继续作为种泡,另一个供器件使用。

key in 键入 按压键盘上的键来输入信息到计算机中的过程。

keying 键控,发报,按[击]键 (1)通过断开或接通直流电路或者在某些离散值之间调制载波而形成信号的过程,如电报传输中所用的信号。(2)为了传输信息,对文字或数字手稿进行编码,并通过键或键盘发送出去的击键动作。

keying chirps 电键吱喳声 由于发送器不稳定和轻微的频移,每次闭合发送键时,伴随着代码信号的一种响声。

keying head 键控头 一种读取设备,即检测纸带上的孔的模式,并将这种模式转化成电子脉冲串的设备。该脉冲串代表与孔的模式含义相同的信息,通常每一行孔形成一组并行位,可并行传输,也可串行转换后以单线传输,其中时间序列的脉冲串仍包含带有相应的数据定界符,如起始和终止码元。

keying line 键控线路 (1)用键控电极信号向远距离发送的有线或无线电路。(2)用声音信号调制无线载波的有线或无线电路。(3)用接收机将远距离无线电传至中心控制点的有线或无线电路,键控线路还可用作遥控线路。

keying material 密码资料 在密码系统中,密码资料描述用于加密和解密的密码设备的安装及调整,描述用于命令、控制和鉴别的报文和信号代码序列,包含密钥表和有关密码资料应用的说明等。

keying off 切断 停止接通的过程。比较 keying on。

keying on 接通 通过按下键或开关启动并发送信号。比较 keying off。

keying relationship 密钥关系 在加密技术中,存在于通信对之间的一种状态,在此期间,它们至少可以共享一个数据密钥或密钥的密钥。

keying slot 键槽 保证印制板只能插入与之匹配的插座的印制板中的槽口。

keying wave 键控波 在电报通信中,当传送信息部分的代码字符时产生的一种发射波。同 marking wave。

key interlock 键联锁(装置) 在某些设备上,使被按的键保持在闭锁状态下的锁闭杆,当按下另一个键时就送放这个键。

keyless cryptography 无密钥的密码学 密钥管理中用于建立通信密钥的一种方法。运用这种密钥,在建立密钥的通信双方之间交换的信息是不保密的,但通信起始后是保密的。

key letter in context (KLIC) 上下文内关键字母,题内关键字母 为提高检索效果使用的几个相连字母检索词。例如,要检索关键字母为 ch 的英语单词,则至少可找到以下几个词:punch, chaieve, chip。

key loader 密钥装入器 在密码技术中,至少可以存储一个密钥,并把该密钥传送到密码设备中的一种自含式电子装置。

key lock 键锁 在打字机上,阻止按键动作的一种装置。

keylock feature 键锁特制件 在计算机上,一种由一个锁和一把钥匙组成的用于限制对计算机使用的安全特制部件。

keylock switch 锁键开关 控制面板中的一个开关,可设置为不同位置之一以建立系统允许的加电或关电模式。

key management 密钥管理 是处理密钥自产生到最终销毁的整个过程中的有关问题,包括系统的初始化,密钥的产生、存储、备份/恢复、装入、分配、保护、更新、控制、丢失、吊销和销毁等。与密钥管理各个方面有关的问题取决于密码技术、环境和应用等领域。

key management facility 密钥管理设施 一种物理上受保护的围栏,如储有诸如密码硬件和软件之类的密码文件的设备或房间,而且密钥管理过程就在那里进行。

key mapping 键位映射 在汉字编码设计中,将确定的码元集映射到给定的键元集的过程。

key mapping table 键位表 在汉字编码方案中,码元与键元的对照表。

keymat 键标套 一种预先冲制好的塑料薄片,由用户加上标签后,盖在键盘上,用作键的标识。

key matching 键标匹配 通过对两个或多个记录的键标进行比较,而为某一特定处理阶段选择有关记录项或排除无效记录的一种技术。

key notarization 密钥公证 在密钥管理中,把附加安全应用到密钥的一种方法。密钥公证应与网络中每个节点上的加密设备配合使用,交换密钥与网络中每个节点和节点对有关,它是组成密钥加密的密钥的基础,常用于对本地数据加密的密钥进行加密。而 IK_{ij} 被定为从节点 i 到 j 的通信时数据加密的密钥,实际的密钥加密的密钥是交换密钥和用户(一个或多个)标识符的函数,它用于本地和通信数据加密。如采用 DES(数据加密标准)加密,则从 i 到 j 的通信就分配一个 64 位的交换密码(IK_{ij}),假如 X 和 Y 分别为节点 i 和 j 上的用户,并配置 28 位标识符 X 和 Y,这样,通过对 IK_{ij} 与标识符 X 和 Y 的数学运算就产生了一个 64 位密钥加密的密钥 IK_{ijxy},它可用作从用户 X 到 Y 的通信时数据密钥的加密。对特定节点上为用于特殊目的的特殊用户,密钥公证可限制它们对密钥的使用。在节点上的每个用户 X 把自己与一个身份号(ID_x)和通行字(PW_x)视为一致,并将通行字经公证密钥(IK_{ijxy})加密后存在辅助存储器中。用同样的方法对用户输入的通行字进行加密并与原存储器中的数值进行比较,在用户认证的基础上,将公证设施装进对用户能有效工作的状态中,此后执行加密、解密、验证、解密/再加密等操作。按用户请求,公证密钥设施也含有用于通信节点上的交换密钥 IK,但要求在收/发两节点上都有这种密钥。而且,必须在安全保密的情况下,由授权的工作人员把这些密钥装入公证密钥设施中。参见 data encryption standards (DES)。

key object 关键字对象 微软 Windows NT 中一个代表系统配置信息的执行体对象,有关信息存放在配置登记程序中。参见 configuration registry, executive object。

key offset 密钥补偿 密钥管理中与一种密钥的计数器进行"异或"运算的过程。

key of reference 引用关键字,参考键 索引文件中对记录进行存取时所使用的关键字。

key pad 键组,小键盘 一组键盘上的键(如数据小键盘、方向键小键盘),作为 ASCII(美国信息交换标准代码)键盘的扩充。

key pair 密钥对 在密钥管理中,通常用于加密数据的一对密钥。在加密过程中,一个密钥通常用于对明文加密,第二个密钥对用解密算法的密码块加密,再用第一密钥对其结果再加密。这种技术可以免受窃取者的攻击,同时,也保证了密钥对系统与一个单密钥系统的兼容性。

KeyPal 键友 因特网上与通过使用键盘输入的方式,而不是以说或写的方式进行交流的人。

key partitioning 密钥分割 密钥管理中使用主密钥和其变量对副密钥和基本密钥编码的技术。这种技术确保了由一种密码运算所定义的密钥不被滥用或者不可能被另一种密码运算所操纵。从而在不同的应用之间以获得隔离和独立。

key phrase 键短语 在字处理中,单个键对应的一种短语代码。这种短语是字处理中常用的短语,不包括可以用作完整段落的短语或句子。按下单个键就在内部引起一个字块的响应。

key phrase in context 题内关键词组索引 类似于题内关键词和题内关键字母的一种标引系统,但是不用字母或词,而用词组作为基本单元。

key pulse 键控脉冲 一种用键控装置传送地址、优先数或路由信息的信号脉冲。同 pushbutton dialing。

key punch 键控穿孔机 在信封大小的纸质卡片上，预先设定的位置处穿孔的一种以键盘控制的装置，用来给早期的计算机提供程序和数据。作为20世纪初期到70年代中期数据处理的主要设备，键控穿孔机一般使用80列的卡片，不过也有45、90和96列的卡片。随着1964年键盘磁带写入设备和70年代初期键盘磁盘写入设备的发明，键控穿孔机逐渐失去其重要性。随着光学字符阅读机、条码读入机和联机交互式计算机的使用，键控穿孔机实际上已成一种古董。

key range 键标范围 某些数据存取方法中与某一数据集的一个或多个控制范围有明确联系的一种特定的键标范围（如 A ～ F）。

key recovery 密钥恢复 一种私钥加密方法。授权方（如政府代理机构）使用专用软件可以从加密数据中恢复密钥。按目前的法律，自1998年后从美国出口的任何加密软件都必须能实现密钥恢复。这条规定代替了早期提出的任何出口加密软件必须实现密钥托管的规定。

key routing 键路由选择 通信系统操作中的消息路由选择，它以消息中固定的报头中的键为基础。通过消息管理设备的处理以确定最终的收信局、收信用户或消息收件人。

key row 键行 打字机键盘上的一行按键。

key scan 键扫描 用键盘输入程序或数据时，要找出动作键与该键所对应的 ASCII（美国信息交换标准代码）或 EBCDIC（扩充的二进制编码的十进制交换代码），将其送入指定的存储单元的过程。

key search 关键字检索 识别关键字的过程。其方法是用关键字与文件或数据集中的特殊数据部分、标号或标识符进行比较。

key sender 键盘发送器 存储从键盘键入的数字并自动发送直流脉冲给交换装置的一种设备。

key sequence 键标顺序 在某些数据存取方法中，由每个数据记录内键标字段的值决定的数据记录的排列顺序。记录的键入顺序与记录项的顺序可以相同，也可以不同。

key-sequenced data set (KSDS) 键序数据集 一个虚拟存储法（VSAM）文件或者数据集，其记录在键序列装入并由一个索引控制，NetView 性能监控器（NPM）用这个文件类型作为会话统计文件和网络观察文件。

key-sequenced file 键标排序文件 一种数据存取方法文件或数据集，其记录按键标顺序装入并由索引控制。通过键标存取或寻址存取去检索和存储记录。借助于分布的自由空间，可按键标顺序插入有关的新记录。由于控制间隔或控制区的分裂，记录的相对字节地址可能改变。

key sequencing 排序标记 属于记录中的一个域，通常放在记录的开始处。用于确定文件中记录顺序的标记。

keyset 键控装置 由10 ～ 16个按钮组成的一种装置，在电话系统中，用来发送地址、优先级或路由信号等。有时就称为按键电话机。

key-set tabulator 键设置制表机构 通常利用键盘上的一个制表设置键（Tab），按所要求的位置设置和释放的一种制表定位机构。

key sorting 分类标记 属于记录中的一个域。用于确定文件中记录的位置和顺序的标记。

key space 密钥空间 密码学中一种密钥所有可能取值范围的集合。密钥空间通常以位为单位，即以位的多少来对独特密钥进行计数。密钥的位越长，其密钥空间也就越大。在一个密钥系统中，必须有足够大的密钥空间，以阻挠密钥穷举的破坏攻击。

key-specified model 键刻画模型 统计数据库的数学模型之一。在键刻画模型中，把数据库看成是 N 个记录的集合。每一个记录有一个编号 i，称为键。可以根据键值来查找记录。可以把这种模型的数据库看成由键 $i=\{1,\cdots,N\}$ 到实数 R 的全函数 DK：

$$\mathrm{DK}:\{1,\cdots,N\}\rightarrow \mathrm{R}$$

若 $1\leqslant i\leqslant N$，则 DK(i)是一实数，代表查询(i)的结果。

key station 键站 在一个多用户系统中，用于输入数据的那些终端。

keystone distortion （光栅）梯形失真 光学或视频系统中，两个垂直边收敛不均而产生的梯形失真。

keystore file 密钥库文件 密钥库文件是一种数据库文件，它包含作为签署者证书存储的公用密钥以及存储在个人证书中的私用密钥。

key stream 密钥流 由密钥产生器生成的密钥序列。

key stroke 击[敲]键 为执行或释放某一机器功能，击打某键的动作。参见 alternate key stroke, repeat key stroke, single key stroke, typematic key stroke。

keystroke counter 击键计数 文本处理中的一个设备，对击键动作进行计数。

key-stroke verification 击键验证 验证输入数据正确性的一种方法。要验证的数据是通过键盘输入的，被验证的数据应在击键验证之前已在主机中。验证结果通过显示屏显示。这是一种直观、简易的数据验证方法。

keyswitch debouncing 键开关防跳 一种键盘防信号抖动技术，敲击一个不太好的键时，会发生机械接触，键与金属连接件形成闭合电路，产生几毫秒的电压振荡，直到连接结束。在此期间，键转换电压在两种电压之间跳动。当释放该键时，也会发生类似情况。非编码键盘利用一个电阻和一个电容构成的滤波器以减小这种振荡的影响。而为大多数微机系统所使用的编码键盘则采用在键编码之前通过一个程序循环来延时几毫秒。这种克服键转换跳动影响的方法称为"防跳"。

key system 按键系统 在电话系统中,为用户提供多路电话线路的电话系统类型,装备有使用户得以选择适当的进入或打出电话的线路的按钮,用于呼入或呼出,外部线路直接与电话连接而不需通过接线员转接的,就像在私有分叉转换网络中一样。参见 key telephone system (KTS)。

key system features 按键系统设备 包含所有服务于标准按键电话机必需的线路和控制单元的自动交换机交换设备。

key table 键标表 (1)一种存放有关键标及其定义的表。它含有与各键相关的报文将要执行的路由选择和特定处理的信息。参见 key。(2)在通信系统软件扩展网络中的一种主存表,它把为某报文控制程序定义的每个键标与在其主节点中定义的资源联系起来,或者与另一主节点中定义的节点标识符和传输类别联系起来。当另一主机节点在该扩展网络中可用时,位于另一主机节点中的各站、各LU(逻辑单元)和各应用程序的键标表表目可通过另一主机节点中的节点间交互了解 SSP(系统服务程序)动态,并填入该键标表中。

keytape 键盘磁带写入器 一种用于将记录数据直接写入磁带的装置。由磁带驱动器、键盘、控制和逻辑电路组成。有时还包括其他一些输入设备(如纸带读入机等)。

key telephone set 按键式电话机 备有用于选择入局或出局业务线路的按键式电话。

key term 关键词组 与主题内容关系密切的词组。一般由两个或多个单词组成,用作检索。关键词组与关键词的区别在于,关键词仅是表达文献主题内容;而关键词组则与主题内容密切相关。从原文中选择关键词组的方法有非用词表法、选择"课题句"法和置短语法。

key-to-address-transformation 代码地址转换 通过计算将代码字段的值置换到数据存储区的地址空间的一种寻址方法。计算的算法有两种,确定过程的算法和随机过程的算法。用确定过程算法实现代码地址转换时,代码字段对应唯一的地址;用随机过程算法实现代码地址转换,有可能从不同的码值产生相同的地址。

key-to-cassette 键盘盒式磁带机 键盘盒式磁带机是数据输入终端的基础。它可使待编码的数据直接由源文件传至放置在磁带盒内的磁带上。数据通过终端上的键盘输入,并在阴极射线管的荧光屏上显示出来。

key-to-tape system 键盘磁带(输入)系统 通过键盘直接将数据送到磁带上去的数据输入系统。通常包括磁带驱动器、键盘、控制和逻辑电路以及一些其他的输入装置,用此将数据直接记录在磁带上。

key transformation 关键词转换 将一组关键字映像到一组可经算术处理的整数中去的功能。经算术处理后即可确定相应的数据元素的位置。

key translation center (KTC) 密钥转换中心 在密钥管理中,类似于密钥分配中心。所不同的是:密钥分配中心的始发方有产生数据密钥的能力,而密钥转换中心则把接收到的密钥进行解密,通过公证设施,用密钥转换中心和接受端之间的共享的密钥加密的密钥,对解密的密钥进行再加密,并送给始发方。然后,始发方把再次加密的密钥传送给最终接收者。

key tree 关键码树 树中的每个节点都是关键码节点(指节点的信息是关键码)。

key verify 键校对 利用校孔装置对所穿的孔是否正确进行校对。

keyword 键标,关键字(词) (1)在编程语言中,一个词法单位,某些上下文中,表征某种语言构造。它们一般形式上是英文字母串,与标识符相同,但却具有特殊的结构性意义。词法分析中把关键字作为特殊字符处理。(2)标题或文件中描述文件内容最重要、最有用的字。(3)文献题目中(或数据库中的其他条目)能够用于对内容进行分类的本质字。当它们用作检索词时,通过这些字可以存取到该条目。

keyword and context index 关键词和上下文索引 内容与上下文键标索引大致相同,但编排形式不同。为了提高索引的醒目性和易读性,关键词和上下文索引将关键词排列在前边醒目的位置上,下边跟有一条条上下文,关键词在每条上下文中照样出现,上下文后注明文献号以便找到出处。

keyword and UDC index 键标字和通用十进制分类法索引 一种分类与键标查找相结合的索引。先按通用十进制分类法将文献记录的条目分类,根据索引的特点和需要确定所需分类类目的级别,一般分到大类即可。每个 UDC 大类内的文献条目,再按键标字序排列。检索时,先按 UDC 大类查找,大类找到后,再查键标字序。UDC 为 universal decimal classification 的缩写。

keyword density 关键字密度 在一个页面中,关键字占所有该页面中总的文字的比例,该指标对搜索引擎的优化起到关键的作用。参见 keyword stuffing。

keyword from title index 标题关键词索引 也称"排列索引",即从标题中提取关键词的方式。该方法比从原文中提取关键词的方式来得简便。例如上下文关键词型索引就是这种索引。

keyword functions 关键字函数 在 AS/400 数据描述说明(DDS)中,以操作指定的记录格式处理

DDS关键字的结果。

keyword in context (KWIC) 上下文内关键词 (1)文献资料的题目或引用句子中最重要或最有意义的部分。它可对文献资料分类并列成明细表。在明细表的每一行中,关键字列在中央,而题目或引用的句子则排列在其左右两边。如果题目太大,可以分行。主要用于情报检索系统中。(2)一种自动标引形式。当条目加入到数据库中时,可从它们的题目(或从摘要或文本的若干部分)中抽取一些关键字。非内容的普通字,如 and, of, the 等采用非用词表除去。参见 automatic indexing。

keyword in context index 上下文内关键词索引 关键词索引进一步发展的一种形式。其特点是在索引中列出关键词的同时,还保留了上下文短语,以便明确各个关键词在上下文内的含义,从而克服了一般关键词索引中关键词含义不清的缺点。这里的上下文为文本或标题中在关键词前后使用的词或词组。参见 keyword and context index。

keyword index 关键词索引 从文献的题目、摘要或全文中提取关键词的方式。主要用于标识或检索文献。用这种索引文献时只提供文献号,因此十分容易出错。以后发展的上下文内关键词索引、题外关键词索引和双重上下文关键词索引等克服了这方面的缺点。

keyword message 关键字消息 由接收者和一个或多个关键字和自变量对所组成的序列。关键字消息的选择符由该消息的关键字序列组成。

keyword operand 关键字操作数 由一个关键字以及一个或几个值组成的操作数。与 positional operand 对应。参见 positional operand, definition statement。

keyword out context (KWOC) 上下文外关键词 文献资料的题目或引用句子中最重要或最有意义的部分。与上下文内关键词的分类方法相似。所不同的是,应用此关键词时,重要的关键词与所含的文献题目分列在左右两边,这对于较长的文献需要多行时比较容易处理,但在索引时打印量要增加。

keyword out of context index 上下文外[题外]关键词索引 上下文关键词索引的一种改进索引方式。在这种方式中,将关键词从上下文中提取出来,排在前面醒目的位置上,检索到的上下文逐条排列,在上下文中关键词的位置上用 * 号代之,上下文后注明文献号。具有上下文关键词索引更为醒目、易读。

keyword parameter 关键词参数 由一个关键词及其后跟随的一个或多个值组成的参数。参见 positional parameter。

keyword root 关键词词根 情报检索中常用的一种方法。由一组字母字符串和一个截断符号组成的有效字根。用于表示数据库中具有同样字母字符串的全部关键词。

keyword statement 关键字语句 程序设计语言中的一个简单语句,以一个关键字开始,表示语句的功能。

keyword stuffing 关键字堆砌 网页中关键字的出现不是根据内容的需要而安排,而是为了讨好搜索引擎人为堆砌关键字。搜索引擎把关键字堆砌归入恶意行为,常会降低这类网页的搜索排名,或者完全忽略这些关键字。参见 keyword density。

Keyword subject index 关键词主题索引 美国《化学文摘》(CA)使用的一种索引。它是将所收集的文献资料篇名中或文摘中各个能表示文献内容的那些词作关键词,然后把它们组合起来,按字顺编成的索引。

K factor K 系数 对流层无线电波传播中的比率,等于地球有效半径对地球实际半径的比,约为 4/3。也称"增值系数",是距离和电离层无线电波反射点的实际高度的函数。

kg 千克 kilogram 的符号。

Khornerstone Khornerstone 基准程序 用于测试 UNIX 工作站的浮点运算性能的一种基准测试程序。参见 benchmark, Dhrystone, Whetstone。

kHz 千赫兹 kilohertz 的符号。

kickback 反冲 当电流截断因而磁场消失时,电感两端的电压变化。

kill 删除,结束,取消 (1)在文本编辑期间删除若干行或若干个字符的操作。在文件管理中,指删除文件的一个副本,而且通常不能再将其恢复。(2)停止而且经常是放弃的过程或操作。例如,假脱机取消命令可以停止假脱机操作。在多处理系统中,终止一个进程并将控制权归还给父进程的命令称为结束子进程。

killer 断路器,删除程序 (1)电子电路中的断路开关或限幅器。(2)某些操作系统中,用于删除文件的实用程序。

kilo- 千 公制中意思为 1 000 的前缀。在计算机术语中,因为采用 2 的乘幂运算,所以 Kilo 常用来代表 1 024(2^{10})。为了区别这两种意思,小写 k 常用来表示 1 000,而大写 K 则表示 1 024,如 kHz 表示 1 000 Hz,而 KB 表示 1 024 B。

kilobaud 千波特 用以量度数据传输速率或衡量通信信道传输能力的单位,即 1 000 bps。参见 baud。

***kilobaud Microcomputing* 《千波特微计算》** 美国 Wayne Green 出版的微型计算机综合性杂志,其主题大致包括微型计算机和微处理机的设计、软硬设备、存取技术、程序设计、数据处理、微型计算机在各种模拟中的应用。每期类目分为应用、数据通信、硬构件调制与设计程序、计算机语言、接口以及书评、教育和新产品介绍等。

kilobit (Kb) **千位** 2^{10}或1 024比特(1 024 b),用于表示数据传输速率。

kilobits per second (kbps) **千位/秒** 也可写成Kb/s。指在网络中以1 024 bps的倍数计量的数据传输速率,如AppleTalk局域网的传输率大约为230 kbps。

Kilobyte (KB) **千字节** 计算机中用于表示存储容量的一种单位。一千字节为1 024(2^{10})个字节,为简单方便起见,人们习惯称它为1 K字节。写成1 KB。

K

kilobytes per second (KBps) **千字节/秒** 也可写成KB/s。常用于表示传输数据的速率。

kilocycle **千周** 1 000周。信号频率(即信号振荡的速度)用每秒周数或每秒千周数来测量。这是已作废的术语,现在用的术语是千赫兹。在国际制(SI)单位中,每秒1周就是1赫兹或1 Hz,每秒1千周就是1千赫兹(1 kHz)。

kiloelectronvolt (keV) **千电子伏特** 1 000电子伏特,是为使电子加速通过1 000 V电压差所需要的能量。

kilohertz (kHz) **千赫(兹)** 1 000赫兹,以前称为千周。

kilomegacycle (kmc) **京周,千兆周** 每秒10^9周波。该术语已作废,已被千兆赫(gigahertz)所取代。

kilometer **千米** 1 000米(m),符号为km,1km等于0.62英里(mile)。

kilopulses per second (kpps) **千脉冲每秒** 1 000 pps的脉冲重复频率的单位。pps是脉冲秒单位。

kilosegment **千段,千节** 一种数据业务量单位,等于64 000个字符,包括基于发送和接收的千段的数目的几个分组交换载波。

kilovolt (kV) **千伏(特)** 1 000伏(V)。

kilovolt peak **千伏峰值** 所加电压波形以千伏为单位的最大正峰值。

kilovolt peak-to-peak **千伏峰-峰值** 所加电压波形以千伏为单位的最大正与负峰值间的电压。

kilowatt (kW) **千瓦** 1 000瓦特(W)。

kilowatthour (kWh) **千瓦(特小)时** 1 000瓦(特小)时。

kind designation **种类代号** 主要用以识别项目种类的代号。种类代号中项目的种类同项目在电路中的功能无关。组件可以按其在给定电路中的作用分类。如可以根据开关用在电力电路(作断路器)或控制电路(作选择器)而赋予不同的项目种类字母代码。参见higher-level designation, location designation, terminal designation。

kinesis ergonomic keyboard **人类工程学键盘** 一种按照人类工程学原理设计的键盘,用于减少长时间键盘操作时的疲劳,这种键盘是可编程的,键的定义可以改变,用户可以建立和存储宏键而不需要应用软件或者操作系统进行管理,还可安装踏脚板,使脚也能输入常用的键或者输入用手较难到达的键。

kinetic control system **动态控制系统** 一种控制受控对象的位移、速度、加速度等运行状态的系统。

kinetic filter **动态滤波器** 利用回路的暂态特性进行工作的一种匹配滤波器。动态滤波器是数字通信中经常采用的一种器件。在对数字调相信号解调时,亦可作为相位记忆元件使用。

kinoform **开诺式** 一种仅有相位的全息图。

kiosk **信息亭** 一种通常通过多媒体显示向公众提供信息的独立的计算机或终端。常用于购物指南并提供其他交互式信息和商品展示。

KIPS (1)知识信息处理系统knowledge information processing system的缩写。(2)日语汉字信息处理系统Kanji information processing system的缩写。

Kirchhoff's current law (KCL) **基尔霍夫电流定律** 通常用来分析和解决网络瞬间状态的定律。该定律表明:流向某一点的所有电流瞬时值的代数和等于从该点流出的所有电流的代数和。

Kirchhoff's laws of electric network **电网络的基尔霍夫定律** 第一定律:在网络中流向任一节点的电流的代数和等于零。第二定律:在网络中,任一闭合回路的每个导体中的电流与电阻乘积的代数和等于该回路中电动势的代数和。这两个定律适用于电流和电动势的瞬时值,但用"相量和"代替"代数和"及用"阻抗"代替"电阻"后,也可扩展到正弦电流和电动势的相量等效值。

Kirchhoff's voltage law (KVL) **基尔霍夫电压定律** 通常用来分析和解决网络瞬间状态的定律。该定律表明:围绕闭合回路在同一方向所取之电压上升的代数和等于电压降落的代数和。

Kirkman's schoolgirls problem **柯克曼女生问题** 1850年R. T. P柯克曼提出一个问题:一位女教师每天带领班上15位女生散步,她把这些女生按三人一行排成5行,这样每个女生每天有2名同伴。能否做出一个连续七天的散步计划,使得没有一个女生和她的任何同学同在一个三人小组的次数多于一次,这就是著名的柯克曼女生问题。同年得到一个如下的解:

第一天	第二天	第三天	第四天
(1,2,3)	(1,4,5)	(1,6,7)	(1,8,9)
(4,8,12)	(2,8,10)	(2,9,11)	(2,12,14)
(5,10,15)	(3,13,14)	(3,12,15)	(3,5,6)
(6,11,13)	(6,9,15)	(4,10,14)	(4,11,15)
(7,9,14)	(7,11,12)	(5,8,13)	(7,10,13)

第五天	第六天	第七天
(1,10,11)	(1,12,13)	(1,14,15)
(2,13,15)	(2,4,6)	(2,5,7)
(3,4,7)	(3,9,10)	(3,8,11)
(5,9,12)	(5,11,14)	(4,9,13)
(6,8,14)	(7,8,15)	(6,11,12)

KIS　知识机器人信息服务　Knowbot information services 的缩写。

KISS　"开思"　Keep it simple, sir 的缩写。计算机行话:"请简单一些,先生",指程序设计业务。句中的"先生"有时可用 stupid(傻瓜)代替。

kit　套件　一种为用户组装的系统。具有完全独立的功能。其硬件配置一般包括:微处理机、存储器、数字显示器、键盘、盒式磁带和输入输出接口等。软件配置一般包括:监控程序、编辑程序、调试程序和汇编语言的处理程序及其他软件包等。利用成套部件可以组装一个功能简单的微型机开发系统,用来对微处理机编制程序、调试程序和执行程序。它对学习这种微处理机的指令系统和程序设计以及利用这种微处理机设计功能更强的微型机提供了方便的条件。

kit assemblers　成套汇编程序　典型的成套汇编程序是指由外部设备的源程序读取,并以二进制形式转换到存储器的汇编程序。

kit software　成套软件　支持多种高级或低级语言工作的组合软件系统。一般应包括多种语言的监控程序、编辑程序、解释程序或编译程序。

KK　密钥加密密钥　key encrypting key 的缩写。

Klamath　Klamath 微处理器　美国 Intel 公司 Pentium Ⅱ家族的第一款处理器。用的是 0.35 μm 制造工艺,它的处理器时钟频率也只有 233 ～ 300 MHz,系统总线频率为 66 MHz,带有 512 KB 的二级缓存,工作速率只能是处理器时钟频率的一半。第一款产品所用的二级缓有 256 KB 及 512 KB。而它的一级缓存则为 32 KB。工作电压是 2.8 V。它也是第一个采用 Slot 1 架构的处理器,它的发布日是 1997 年 5 月 7 日。

Kleene's theorem　克林定理　(1)关于不动点的克林定理是偏序集理论中的一个定理,在程序设计语言的指称语义学中有着重要的应用。(2)关于正则表达式的克林定理是形式语言理论中的一个定理。一个语言可由正则表达式定义的充分必要条件是该语言可由有限状态自动机识别;通过解线性联立方程组,可以看到有限状态自动机和正则表达式等价。

KLIC　上下文内[题内]关键字母　key letter in context 的缩写。

kludge　拼凑件,不成熟产品　在计算机中,指用于描述一块基本上可正常工作但性能不高的硬件或者软件。对于计算机硬件,指一种解决某个问题的临时措施或者设备的组合。对于软件,指一种缺乏规划和长远设计的程序,通常是为了急用而写的程序,其他人很难对这种软件进行维护。比较 brain-damaged, hack, spaghetti code。

klystron　速调管　一种速度调制的电子管,它的电子束馈送给可调谐的空腔谐振器,使腔中产生所希望的微波频率振荡,用作超高频放大器或振荡器。

klystron frequency multiplier　速调管倍频器　将输出腔调谐到基频的倍频上的双腔速调管。

klystron repeater　速调管放大器　将速调管直接插进波导所构成的微波放大器。由输入波对管子阴极所发射的电子束进行速度调制,第二个谐振腔将速度调制的电子束转变回幅度大为增加了的电磁波,并将其馈送给输出波导。

km　千米　kilometer 的符号。

KMP algorithm　KMP 算法　Knuth-Morris-Pratt algorithm 的缩写。

knapsack cipher　背包密码　在公共密钥的密码学中,指 1978 年由 Merkle 和 Hellman 提出的一种公共密钥密码系统的早期形式。

knapsack problem　背包问题　一个组合最优化问题。一个徒步旅行者随身带有一个背包。有可能放入背包的物品具有一定的重量和价值。问在总重量不超过某个数值的条件下放入哪些物品才能使装入的物品的价值最大?假设有 n 种物品 $1,2,\cdots,n$ 可装入背包,$w_j(>0)$,$v_j(>0)$ 和 $x_j(\geqslant 0)$ 分别表示第 j 种物品单个的重量、价值和放入背包中的数量。设放入背包中的总重量不超过 $b(>0)$,则背包问题可表示为

$$\begin{cases} z = max \sum_{j=1}^{n} v_j x_j // (v_j > 0) \\ \sum_{j=1}^{n} w_j x_j \leqslant b //// (w_j > 0) \\ x_j \geqslant 0 \text{ 是整数 } (j = 1,2,\cdots,n)\text{。} \end{cases}$$

k-nearest neighbor rule　K 最近邻规则　一种分类规则,它将 X 分类为 K 个最近邻样本中出现次数最多的那个类。即检查 X 的 K 个最近邻的所属类别,若某类为出现次数最多类,就指定 X 为该类。

knee frequency　截止频率　这是表征数字电路中集中了大部分能量的频率范围,一般认为超过这个频率的能量对数字信号的传输没有任何影响。

knife edge effect　刀刃效应　在电磁波传播中,衍射使电磁波或光束进入视距盲区,产生衍射的原因,是在波的传播路径中存在诸如突出的山顶、建筑物边缘、树叶边缘或剃刀状边缘等障碍物。

knife switch　刀开关　带有刀形动触头,在闭合位置与底座上的静触头相楔合的开关。

Knight's tour　骑士巡游　一种不按固定算法,而是通过尝试与纠正错误来处理的算法。在一块 $n\times n$ 格的棋盘上,按国际象棋规则让一骑士从初始坐标

x_0, y_0 开始移动。要求找到一种可以走遍整个棋盘的方案,若此方案存在的话,即计算一个 n^2-1 次移动巡游,使盘上每一格恰好被访问一次。

Königsberg bridges problem　哥尼斯堡七桥问题　最早提出的图论问题。在18世纪东普鲁士的哥尼斯堡城,有一条 Pregel 河。河中有两个岛屿,河两岸与两个岛屿之间由七座桥连接。问能否从任意一块陆地出发,走遍七座桥一次且仅一次,再回到原出发的陆地。这个长期未解决的问题被欧拉(Euler)在1736年解决,用点和点间弧线论证了这一问题无解,从而开创了图论的研究。

K

knob insulator　鼓形绝缘子　具有圆柱形外形的一种小型绝缘子,它有一个固定导线的圆周槽,由胶装于绝缘件孔内的螺钉或穿过绝缘件轴向孔的螺钉安装在支持结构上。参见 insulator。

knockout　抹去　在多色打印机中,从一图像中移走要以不同颜色打印的文本或图形的重叠部分,使得墨水颜色不会混杂的过程。例如,如果要将文本以黄色墨水打印在蓝色的背景上,那么黄色文本就会变成绿色。为了避免这种情况,该文本打印时就要先抹去其蓝色的背景图像。比较 overprint;参见 spot color。

knot complexity　节点复杂性　在测量程序复杂性中的一种复杂性测度。在程序编码表和伪编程表中,用线条表示程序的流向或控制的流向,其中的箭头表示流动的方向。由于程序段控制转移等的复杂性,所以这些线条就可能会相交。其相交的节点越多,则反映该程序越复杂。

knowbie　大虾　谐音是"大侠",形容网络高手,比较 newbie。

Knowbot　知识机器人　因特网中的一个目录服务软件。知识机器人查找专用信息并将其传送至需要这些信息的用户。目前的知识机器人,如 San Jose Mercury 的 NewsHound、Compuserve 的 Executive News Service,只可查找有限的信息源。未来的知识机器人可望用更先进的算法虚拟地查找整个因特网。

Knowbot information services (KIS)　知识机器人信息服务　KIS 是网上的一种试验性信息服务,旨在起到机器人图书馆管理员的作用,可查找数据库,其他作用还包括帮助查找 E-mail 地址。

know-how　技术诀窍　一般文献资料中不作介绍的机密技术。主要涉及具体生产过程中的细节,通常需通过技术转让得到。

knowledge　知识　(1)知识工程的主要研究对象,指以各种方式把一个或多个信息关联在一起的信息结构。信息的这种关联具有方向性,含义可多种多样,它反映事物的现象、本质及联系。(2)人类对自然现象的认识和从中总结出的经验,是以各种方式把一个或者多个信息关联在一起的信息结构,知识产生于人类的实现和思维活动,从逻辑抽象角度可分为以下类型:①对象知识,是关于客观事物及其联系的知识;②元知识,是关于知识的知识;③过程知识,是从事活动或关于事态发展的知识;④常识,即普遍存在的而且被普遍认识了的事实。参见 object knowledge, meta-knowledge, processes knowledge, common sense。

knowledge access　知识存取　知识库中有关知识存储、调用及与其密切相关的知识结构、存储、调用及转换操作的总称。

knowledge accomodation　知识调节　在知识库更新过程中,对新旧知识不一致时进行的处理方法的一种方法,认为新的知识是正确的,以新知识取代原来在知识库中的知识,并对知识库进行相应调节,保持整体一致性。参见 knowledge assimilation。

knowledge acquisition (KA)　知识获取　(1)把已有的知识从大脑或书本中总结和抽取出来并转换为某种表示形式,以及总结已获取的实例归纳为新知识存入知识库,同时调试和精炼知识库,使知识库中的知识具有相容性和达到语义要求。实现知识获取功能的系统称为知识获取系统。知识获取方法可分为主动获取和被动获取两大类。主动获取是指根据领域专家给出的数据与资料,利用知识获取工具自动获取或产生并装入知识库,主动获取也称"直接知识获取"或"自动知识获取";被动获取指通过知识工程师和领域专家的交谈获取知识,并采用知识编辑器之类的工具把知识送入知识库系统,被动获取也称"间接知识获取"或"手工知识获取"。目前,自动知识获取的技术水平还较低,大多数实用的知识系统都是采用手工知识获取方法把知识存入知识库中。手工知识获取是一项耗资耗时的工作,已成为建造专家系统和其他知识系统的"瓶颈"问题。知识获取的实质,可以看作机器学习的问题。机器学习是解决自动知识获取的根本途径。(2)对知识进行选择、抽取、汇集、分类和组织,并存入计算机系统。分为主动获取和被动获取。主动获取指根据领域专家给出的数据与资料,利用知识获取工具自动获取或产生知识并装入知识库。被动获取指通过知识工程师和领域知识的交谈获取知识,并采用知识编辑器之类的工具把知识送入知识库系统,知识获取的实质,可看作是一个机器学习过程。

knowledge acquisition from instruction　教学式知识获取　也称"传授式知识获取",指知识工程师通过知识编辑器给计算机直接传授知识。知识编辑器是知识工程师的一种软件工具,它能协助知识工程师将知识转换成机器上要求的格式。通常知识编辑器具有知识管理、知识的相容性检查和完整性检查、知识的同化与适应和解释等功能。知识编辑器采用交互工作方式。

knowledge acquisition system (KAS)　知识获取系统　对知识进行选择、抽取、汇集、分类和组织,并存入知识库而实现的系统。知识获取可分为四个部分:①确定,包括确定问题、目标、资源等。②概念化阶段,包括问题定义、规范化描述、术语确定等。③形式表示与实现,对已抽取的知识进行适当组织,形成合适解释机构及规则。④测试阶段,对知识正确性、一致性进行检查点,并对错误经验修正完善,按策略机理,知识获取可分为机械式、推理式、知觉式、知觉感应式、记忆式、解释式和外适式等,在具体实现一个系统时,可多种选择。

knowledge acquisition tool (KAT) 知识获取工具 通过人机对话,能够获取专家知识的软件系统。不同的KAT由于其知识模型的不同差别较大,最简单的KAT是通用的知识表示语言,如框架、产生式等的表示语言。

knowledge assimilation 知识同化[消化] 在知识库更新过程中,对新旧知识不一致时进行的处理方法的一种方法,认为原来在知识库中的知识是正确的,以原知识为标准对新知识进行适当修改,成为一致的新知识加入到知识库中。知识同化以知识库(KB)为基础,如果要新增入知识库的知识K独立于KB,则认为K对于KB是可同化的。通常,知识同化都经历可证明性检查、矛盾性检查、冗余检查等过程。

knowledge architecture (KA) 知识架构 也称"知识构建",是基于信息架构(IA)基础之上的信息的构建形式,它具有知识组织、知识导航、知识标识和知识检索的功能,是使知识更易于理解和吸收的工作理念、工作过程和工作方法。参见 information architecture (IA)。

knowledge atom 知识原子 知识的最小构成单元,描述属性取值结构。其BNF(巴科斯范式)描述为

〈知识原子〉::=〈属性名〉=〈属性值〉|〈属性名〉∈〈属性值〉|〈属性名〉=〈变量名〉

knowledge attribute 知识的属性 知识本身所固有的特性。例如知识的域特性与描述特性等。知识的域特性指的是知识的应用特性,即有助于求解的所有问题,而知识的描述特性是针对描述性知识而言,指的是它所描述的对象。在工程上,知识的属性的合理应用对系统的成功带来极大帮助。

knowledge base (KB) 知识库 (1)系统存储的各种知识的集合。它不仅有书本知识,而且包括专家的直觉、非正式的规则及经验的知识。还有较高层次的关于知识本身如何构造的知识,即知识的知识。知识库的内容分为长期记忆、中期记忆、短期记忆三类。长期记忆的知识指事物的基本定义、公理、知识的知识等。中期记忆的知识指各种专业知识或规则的集合等,这些知识一般可以进行修改、增添和删除,也可以通过学习加以改进。短期记忆知识指事态变化的数据或中途决策等。(2)用来存储大量知识的规则库与事实库,具有语义处理与推理求解功能,可以根据不同需求进行知识管理和问题求解,以提供知识的共享,能够进行知识采集、知识管理、问题求解,由知识库和知识库管理系统组成,其基础是知识表示。知识库系统由数据库、规则库和学习模块等组成。知识库系统以自然语言作为人机接口。

knowledge base automated testing 知识库自动测试 一种检测知识库合理性的策略,它自动地向知识系统提出大量问题,如果该知识库能较好地解决这些问题,则认为该知识库是合理的,满足用户要求。

knowledge base consultative system 知识库咨询系统 也称"专家咨询系统",也就是拥有人工智能的计算机系统。这种计算机系统事先将有关领域专家的知识总结出来,分成事实及规则,以适当的形式存入计算机中,即建立起知识库。根据这样的知识库(已编码成符号形式的知识),采用合适的控制系统,按输入的原始数据选择合适的规则进行推理、演绎,作出判断和决策,从而达到模拟人类专家作决定的过程来解决复杂问题的目的。至今,国际上已建立起一批可以自动推导工程设计、化学分析、医疗诊断等各方面应用的人工智能软件,并成功地应用于化学、医学、地质勘探、遗传工程、空中交通控制、军事、教育和商业等领域。在某些应用中,"专家系统"甚至还超过了人类专家的水平。

knowledge-based coding 基于知识的编码 一种数据编码技术,在多媒体数据压缩中,对于可用规则描述的图像,利用知识形成一个规则库,根据规则用参数描述对象,以实现高效的图像编码与解码。

knowledge-based engineering 知识工程 在计算机上建立专家系统的技术。由于在建立专家系统时所要处理的主要是专家的或书本上的知识,所以它也称"知识处理学"。其研究内容主要包括知识的获取、知识的表示以及知识的运用和处理等三大方面,或者说是构成知识工程的三大要素。①知识的获取:研究的主要问题包括:对专家或书本知识的理解、认识、选择、抽取、汇集、分类和组织的方法;从已有的知识和实例中产生新知识,包括从外界学习新知识的机理和方法;检查或保持已获取知识集合的一致性(或无矛盾性)和完全性约束的方法;尽量保证已获取的知识集合无冗余的方法。②知识的表示:知识表示的方法很多,如谓词逻辑表示,关系表示(或称特性表表示),框架表示,产生式表示,规则表示,语义网表示,与或图表示,过程表示,Petri网表示,H网表示,面向对象表示,以及包含以上多种方法的混合或综合表示等。这些表示方法各适用于表示各种不同的知识,从而被用于各种应用领域。③知识的运用和处理:研究各种具体的知识运用中都可能用到的一些方法或模式,主要包括推理、搜索、知识的管理及维护、匹配和识别。推理指各种推理的方法与模式的研究,研究前提与结论之间的各种逻辑关系及真度或置信度的传递规则等;搜索指各种搜索方式与方法的研究,研究如何

从一个浩瀚的对象(包括知识本身)空间中搜索满足给定条件或要求的特定对象;知识的管理及维护包括对知识库的各种操作(如检索、增加、修改或删除),以保证知识库中知识的一致性和完整性约束等的方法和技术;匹配和识别指在数据库或其他对象集合中,找出一个或多个与给定"模板"匹配的数据或对象的各种原理和方法,以及在仅有不完全的信息或知识的环境下,识别各种对象的原理与方法。

knowledge-based inference 基于知识的推理 根据语言知识或客观世界的知识,从某些已知事实依照推理规则得到另外一些结论的过程和方法。

knowledge-based integrity constraint 基于知识的完整性约束 用基于知识的方法解决关系数据库约束检验的有效性问题。其基本思想是利用应用领域和数据库组织的知识,给出一种变换技术,把完整性约束改写成另一种表达式。这是知识工程在数据库技术中的一个具体应用。

knowledge-based programming 基于知识的程序设计 把所收集的大量知识以规则的形式组织起来,连同应用能在适当时机选用适当规则的程序设计技术。专家系统是使用基于知识的程序设计所建立的计算机系统中的主要形式。

knowledge-based programming environment 基于知识的程序设计环境 将人工智能及知识工程中的思想、方法和技术应用于软件工程而建立的只要求程序员考虑"做什么",而毋需顾及"如何做"的智能化软件开发环境。该系统通常以知识库为核心,将各种工具(如编辑器、解释器、分析器、控制器、综合器、一致性处理器等)构成一个有机整体。该环境应支持从(非常高级语言的)问题描述到(一般高级语言的)应用程序的直接翻译或变换,以减少程序员开发程序时所需的信息量、形式化和机械化的程序编制过程,降低软件开发成本,提高软件生产率和可靠性。

knowledge-based system 基于知识的系统 (1)能够进行知识获取、知识管理、问题求解的智能系统,是数据库理论研究和人工智能理论研究相结合的产物。知识库系统由知识库和知识库管理系统所构成,其基础是知识表示。知识库用于存放已数据化了的关系、命题、规则等知识,这些数据及知识由知识库管理系统统一管理。知识库系统和数据库系统一样,具有共享性、安全保密、完整性约束、存取效率等问题。同时,它还是数据库系统的延伸,能够控制策略处理,如关系、规则等具有内涵的知识。运用知识求解问题的能力和效率也是知识库系统的性能指标之一。知识库系统能提供操作语言供用户操纵知识库,也可利用知识库中的知识来完成各种任务。知识库系统是在关系数据库管理技术的基础上,利用人工智能的知识表示、基于知识的推理、归结原理、自然语言理解、学习等技术来构造的。知识库系统由数据库、规则库和学习模块等组成。数据库由数据库管理模块处理,规则库由规则管理模块处理,学习模块为知识库自动增加新知识或修改原来不合理的知识。知识库系统以自然语言理解作为人机接口,并以基于知识的推理、演绎推理模块实现对知识库中知识的运用,并回答用户提出的问题。(2)一种应用专门化知识来解决问题的计算机程序。其中的域知识是显式的,并且与本程序的其他知识分开。

Knowledge-Based Systems **《知识库系统》** 荷兰1987年创刊,全年8期,Elsevier Science出版社出版,SCI(科学引文索引)、EI(工程索引)收录期刊。刊载有关第五代计算机、专家系统、知识获取、知识表达、知识库实现技术、软件工具、语言与程序设计条件以及有关应用问题的研究论文。

knowledge-based vision 基于知识的视觉 充分利用关于景物的知识(如识别对象的形状模式和识别过程的控制信息)来有效地分析复杂景物。

knowledge-based vision system 基于知识的视觉系统 一个包含了专家系统的所有特征,且除了依赖于符号知识信息外,还依赖于空间知识和图像知识信息的计算机视觉系统。也可称为基于知识的图像理解系统。它代表着计算机视觉系统的发展方向。

knowledge base editor 知识库编辑器 一种手工知识获取辅助工具。良好的知识库编辑器具有友好的用户界面,为知识工程师或领域专家向知识系统输入知识提供方便;能检测输入知识的语法错误以及新、老知识语义不一致等问题。

knowledge base machine (KBM) 知识库机 专门研制的、支持大量数据和知识的存储、更新、使用和管理的机器。知识库机是以关系数据库和关系代数为基础,研究具有并行处理、数据流处理、推理机、层次存储器控制、路径网络的先进结构的大型知识数据库机。具有知识库的一致性、冗余性检查、快速搜索等。目前,知识库机是通过关系数据库机实现的。在日本的第五代计算机系统计划中,将固化的知识库及其管理系统称为知识库机。

knowledge base management (KBM) 知识库管理 知识存取、知识库编辑、知识利用过程和增殖过程中对知识的追踪、记录与校核等功能的总称。实现知识库管理功能的系统称为知识库管理系统(KBMS),它是知识库系统的重要组成部分。

knowledge base management system (KBMS) 知识库管理系统 实现知识库关系功能的系统,是知识库系统的重要组成部分。该系统通过自动组织、控制、传送和更新存储的知识来管理知识库,并能主动地寻找与推理有关的知识。它包括对知识库的结构化存储控制机制、知识操作语言和向用户提供的接口工具,知识库一致性、完善性、安全性等维护机制,以及日常的系统管理功能,是知识库系统的核心部分。

knowledge base system (KBS) 知识库系统 知识库系统包括硬件、软件、信息及人员。具体包括:①知识库及相应存储机构;②知识库管理系统及相应的机器;③知识获取机构及相应的工程人员;④知识库管理人员。

knowledge cliff 知识悬崖 推理需用的知识稍稍超出知识库的范围,系统就变得无效的现象。知识悬崖是人工智能技术的一个难点,如果在知识库中存放的各种知识很多,那么推理效率会很低;如果各种知识存得太少,系统则表现出脆弱性。研究机器学习是解决该问题的一条途径。

knowledge communication 知识传播 一部分社会成员在特定的社会环境中,借助特定知识传播媒体手段,向另一部分社会成员传播特定的知识信息,并期待收到预期的传播效果的社会活动过程。

knowledge compilation 知识编译 与传递人类知识或某一任务环境知识至计算机有关的翻译学习。同 operationalization。

knowledge compiler rapid prototype (KCRP) 知识编译快速原型 将符号的逻辑推理功能与关系数据库的集合功能及并行处理功能相结合,而建立的一种知识库-数据库实验系统。系统对用户的查询生成具有集合特征的关系代数程序(RAP),执行 RAP 能生成"答案"的集合,而且能报告推理过程。

knowledge compiling 知识编译 把用户易理解的知识表示形式转换成机器内部表示形式的过程。具有知识编译、解释、知识管理等功能的软件工具称为知识编译器。

knowledge complexity 知识复杂性 证明系统中对传送的知识的度量。设 L 是具有交互式证明系统的语言,若将输入限制在 L 中,对任意输入 $x \in L$,为验证 $x \in L$,证明者和验证者之间需进行通信。证明者为此目的而需传送知识的多少的度量,称为 L 的知识复杂性。需注意的是,对知识的度量不是以传送信息的长短为标准,而是在概率多项式时间可计算的意义下进行度量。直观地说,概率图灵机在多项式时间内能计算出的结果均不含有任何知识。

knowledge creating 知识创建 知识库中存储知识时维护一定的语义关系、逻辑关系以便于对它的使用,描述知识的语义,建立起结构化表示,并针对这种表示建立相应的结构化存储结构,这样对知识的各种操作都将在各种结构上进行。

knowledge dictionary 知识词典 知识库管理系统的重要工具,存放有关知识库的各种描述信息。

knowledge discovery 知识发现 是在人工智能、机器学习与数据库、在线数据分析等相结合基础上,近几年迅速发展起来的从数据中发现知识的方法和技术。知识发现的过程一般可分为三个步骤:①数据准备:包括三个子步骤;数据选取:从数据源中选取感兴趣的目标数据。数据预处理:消除噪音、估算缺损数据、删除重复数据等。数据变换:连续数据的离散化、数字化等;②知识提取:根据知识发现的目的和要求,选用适当的数据挖掘算法,从数据中提取有用知识;③解释评价:对所提取的知识进行解释和评价,并根据评价结果对数据准备、知识提取进行反馈校正,如重选目标数据、采用其他数据挖掘算法等。

knowledge-driven DSS 知识驱动的 DSS 一种决策支持系统(DSS)。知识驱动的 DSS 可以就采取何种行动向管理者提出建议或推荐。这类 DSS 是具有解决问题的专门知识的人-机系统。"专门知识"包括理解特定领域问题的"知识"以及解决这些问题的"技能"。与之相关的一个概念是数据挖掘,一类在数据库中搜寻隐藏模式的用于分析的应用程序。数据挖掘通过对大量数据进行筛选,以产生数据内容之间的关联。构建知识驱动的 DSS 的工具有时也称"智能决策支持方法"。参见 decision support system (DSS)。

knowledge economies 知识经济学 运用经济学的方法研究知识价值的产生、转化和应用过程,探索知识的经济属性和商品化途径,确定知识经济价值的标准和方法,以及研讨知识发展对社会经济结构变化的影响等问题的新兴学科。

knowledge economy 知识经济 是"以知识为基础的经济"的简称。1996 年,经济合作与发展组织(OECD)基于重新认识知识和技术在当代经济合作与发展组织成员国经济中的地位而提出的这一术语,并把知识经济定义为:一种直接依据知识和信息的生产、分配和使用的新的社会经济形态。还进一步将"知识"具体划分为:①"知道是什么"的知识,即关于叙述事实方面的知识(即信息);②"知道为什么"的知识,即关于自然规律和原理方面的知识;③"知道怎么做"的知识,即关于做某事的才能和能力方面的知识,包括技术、技能和诀窍等;④"知道是谁"的知识,即关于占有或了解"谁"知道什么和知道怎么做的信息,并通过与之接触来有效使用其知识的知识。参见 smart economy。

knowledge element 知识元 不可再分割的具有完备知识表达的知识单位。从类型上分,包括概念知识元、事实知识元和数值型知识元等。知识元有如下特性:①知识元是显性知识的最小可控单位;②知识元是完备的,即一个知识元在逻辑上是完整的,能表达一个完整的事实、原理、方法、技巧等;③知识元是有一定结构的,而且由于这种结构性,知识元是可以表达的;④众多的知识元通过一定的语义连接在一起,可以导致知识价值的增值,甚至催生新的知识。参见 explicit knowledge。

knowledge elicitation 知识提取 确定和获取知识的过程,包括与具有领域专业知识的专家详细的集中的交谈。

knowledge encoding 知识编码 对知识编码通过两种方式完成：一是学习书本知识；二是通过实践积累经验或向有经验的人学习经验。用状态空间来说，对公理定律的学习是能掌握发展状态空间的办法和手段，而经验的积累则帮助有效地缩小状态空间，以提高搜索效率。

knowledge engineer 知识工程师 开发专家系统或知识库系统的计算机专家。他们的主要任务是从问题领域的专家处获取专业知识，并建立起知识库和运用知识库的系统等。他们通常是在应用人工智能方法上有经验的计算机科学家。

knowledge engineering (KE) 知识工程 研究知识信息处理的学科，提供开发知识系统的技术。知识工程是为了科学合理地设计、开发、生产、分配和使用知识资源，促进知识资源的优化配置，而采用的规划、组织、协调等技术方法和手段的总和。它是人工智能、数据库技术、数理逻辑、认知科学、认知心理学等学科交叉的结果。分为内向收敛型知识工程(如专家系统)和外延型知识工程(如机器自动发明)。同 knowledge-based engineering。

knowledge engineering language 知识工程语言 专门用来构造和调试专家系统的语言。它与那些用于开发专家系统的通用编程语言(如 C、Pascal、LISP 和 Prolog 等)不同，这是为开发专家系统专门设计一些特殊的高级工具，由结合在外围支持环境中的专家系统建造语言组成。知识工程语言分为骨架系统和通用型知识工程语言。骨架系统提供了结构和内在的工具，使得系统的开发变得容易和快速。但它缺少通用性和灵活性，只适用于某些问题类型及狭窄的领域，因而减少了专家系统设计选择的自由。通用型知识工程语言能处理许多不同领域和类型的问题，与骨架系统相比，它对数据的存取和查询提供了更多的控制手段。近年来，在推出的众多的通用型知识工程语言中，已出现综合采用多种人工智能语言(LISP、Prolog 和面向对象语言)、多种知识表示方法(逻辑、框架、语义网、过程等)和多种推理控制策略实现的组合工具，使这种语言具有更大的通用性和灵活性。参见 skeletal system。

knowledge engineering system (KES) 知识工程系统 基于规则和框架的知识工程系统。它允许开发者从产生式规则(KES. PR)、静态模式分类(KES. BAYES)和假设测试(KES. HT)这三种推理技术之中挑选一种，KES 自动组成含有纲要、关联行为和自由文本等各种信息的知识库。建好知识库后，最终用户可用问答方式同系统交互，并可随时键入 KES 命令，以实现在不同窗口下分析知识库结构、要求解释提问与结论等。

knowledge expression 知识表达式 符号名和知识项的一个集合构成的点对。符号名称为知识表达式的名，知识项集称为知识表达式的外延。知识表达式是一个通用知识表达形式，它包含多种知识表示，具有表达力强、层次分明、结构统一的优点。

knowledge factor 知识因子 一个因子名及一组知识原子构成的点对，用于描述事物的属性取值情况，也可描述谓词。例如[Fs ·(父亲＝ x，儿子＝ y)]表示谓词 x 是 y 的父亲。在知识因子上可做各种一元运算，如～，∀，∃，copy……to 等。

knowledge fuzzy representation 模糊知识表示 能够表达出知识模糊性的知识表示方法。一般模糊知识表示是对一些精确表示方法进行模糊化来实现的，如模糊逻辑、模糊规则、模糊框架等。参见 analogical representation of knowledge, object-oriented knowledge representation, declarative knowledge representation, logic knowledge representation, non-normal logic knowledge representation, production knowledge representation, relation representation, direction representation, function representation, procedural knowledge representation, hybrid knowledge representation。

knowledge handbook 知识手册 在背景研究和专家商讨期间知识工程师所需要的全部知识概要。主要包括易于理解的领域列表、与目标有关的说明性知识、面向规则的过程性知识以及词语。它是将知识送入专家系统的基本信息源。

knowledge incompleteness 知识的不完备性 缺少问题解答所需的知识信息。这主要由两个方面的因素引起：其一是知识获取时所获得的知识不完全，另一是知识(信息)加工系统(如推理系统)的功能不完善。

knowledge industry 知识产业 进行知识生产和服务的产业。对知识产业范围的界定和分类有不同的说法。按知识产业具有较为密集的技术和人力资源投入的角度出发，可将其分为五类：①教育；②科学研究；③通信和网络；④信息机械；⑤信息服务。知识产业发展的直接结果，是减少社会经济发展所需要的基本物质资源，知识产业对物质资源具有明显的替代作用。参见 information service industry (ISI), information industry。

knowledge inference 知识推理 在计算机或智能机器中，以符号化的知识表达为基础进行机器思维和求解问题。

knowledge information handling 知识信息处理 知识的获取、表达、精炼、推理、外延、转换等一系列知识工程中各环节的通称。

knowledge information processing system (KIPS) 知识信息处理系统 (1)研究有关知识处理性质和方法的科学，其主要研究课题有：知识的表示、知识的利用和知识的获取等。其代表性的系统结构是具有知识库和推理机构的知识库系统。(2)也称"知识信息处理机"，是日本关于第五代计算机系统的设计方案，其目标是要研制用于知识信息处理的、基于知识库和推理机的智能计算机。KIPS包括推理求解系统、知识库系统、智能接口系统和智能编程系统等主要部分。它试图突破冯·诺依曼体系，采用分布式结构和并行工作方式。但系统仍采用了二进制和二态逻辑，仍是软、硬分离的刚性连接的计算机。实际上，KIPS可能只是一种Prolog机。参见 fifth generation。

knowledge management（KM） 知识管理 以系统的方法发现、选择、组织、摘取信息，并向需要知识的人传递有用的知识。知识管理是一种对知识的组织和再组织，以及对人的显性和隐性知识进行管理，实现知识共享和知识创新，提高组织的创新能力、反应能力、生产率以及技术技能，增加核心竞争力。参见 ontology-based knowledge management。

knowledge manipulation 知识操作 知识信息处理系统对知识库进行的种种功能性工作进程。一般有：结构表达；学习与精炼；内码转换；建库与校核；追踪与记录；知识编辑；知识存取；知识调用与解决问题途径生成；知识外延增殖与校核，以及应用知识工程系统全局生成等功能运行进程。

knowledge model 知识模型 (1)在计算机管理系统中，指采用人工智能知识工程的知识表达方法，如产生式规则、语义网络、框架等以及心理学、社会学和行为科学等方面的知识，利用模糊逻辑所建立的知识模型，用于定性表达专家知识、专家经验和语言、行为。(2)知识体的结构化表示。作为专家系统的知识和推理基础而研制，可独立于任何计算机系统。

knowledge operation language system 知识操作语言系统 为完成对知识的各种操作而实现的系统，通常包括检索、增加、删除、修改以及重建、撤销、重组等。知识库操作语言既可以嵌入到程序设计语言中，称为宿主式知识操作语言，也可单独使用，成为一个完整的语言，称为自含式知识操作语言或查询语言。

knowledge operation system（KOS） 知识操作系统 一种基于知识处理的操作系统，具有知识通信软件系统和面向分布问题的求解的支撑机制，提供知识源的自动分析、基于黑板的知识源间的通信、树形求解结构、求解树剪枝源语、多用户分布式系统中终端与对话控制以及菜单式管理界面，还包括智能化的人机接口和基于知识库的操作系统管理，提供自然语言的人机交互方式，具有自适应和学习能力的分布式任务调度。

knowledge-oriented object language（KOOL） 面向知识的对象语言 (1)贝尔(Bell)人工智能服务部研制的一种面向对象的知识表示语言，它将面向对象、产生式规则和函数型等三种程序设计汇集在一起，并采用了框架、幽灵、交互作用和粒状表示等概念。KOOL主要用于建立专家系统开发环境。(2)法国Bull计算机公司AI服务部开发的一种专家系统开发工具，被称为面向知识的对象语言。它将对象程序设计与基于规则及函数型程序设计融为一体。KOOL与KEE(知识工程开发环境)类似，它最早用Le-LISP编写，目前已推出C语言版本。

knowledge processing 知识处理 把人类知识的整体与计算机技术结合，进行知识分类、知识结构、知识获取、知识存取、知识表示、知识管理、知识扩展等问题的研究，研究用计算机进行问题求解、推理和学习，知识处理主要是符号处理和逻辑处理。

knowledge processing language（KPL） 知识处理语言 人类与知识处理计算机系统交互的一个界面或工具，或称知识工程语言，功能包括知识的表示、知识库的构造、知识的一致性和完整性的描述、推理、查询、图形操作和常规语言的功能。参见 knowledge engineering language（KEL）。

knowledge production 知识产生 在原有知识库的事实、规则与策略下，通过外延性演绎、归纳或其他概率规则衍生新的知识的过程。

knowledge reasoning 知识推理 在计算机或智能系统中，模拟人类的智能推理方式，依据推理控制策略，利用形式化的知识进行机器思维和求解问题的过程。知识推理的过程就是问题求解的过程，检查已有的事实和规则，并在可能的时候增加新的知识，同时决定推理的顺序，知识推理技术就是使问题从初始状态转移到目标状态的方法和途径。

knowledge redundancy 知识冗余 一种数据冗余形式。如图像数据的理解与知识有相当大的相关性。人脸的图像就有其固定的结构，如嘴的上方有一个鼻子，鼻子位于正脸图像的中线上等。这类规则性的结构可由先验知识结构和背景知识得到。

knowledge refinement 知识求精 根据已知结论检测专家系统的初始知识库，并对知识库中的知识做必要的修改、删除和补充等操作，使该知识库达到满意的运行效果的过程。实现对知识库做知识求精的软件工具称知识求精系统。

knowledge representation（KR） 知识表示 (1)用形式化的表达方式表示常识、知识和推理过程。目的是让计算机能够自动分析自然语言中体现的常识知识及特定的语言交际环境中出现的具体知识。它包含两层含义：用给定的知识结构，按一定的原则、组织表示知识；解释所表示的知识的意义。就其形式而言，知识表示就是用于组织求解某问题所需知识的数据结构。因而，同一知识可以有不同的表示形式，但不同的表示形式可能产生不同的效果。知识表示是知识工程中的一个核心研究领域，是知识系统有效地表示知识、运用知识和管理知识的关键之一。知识表示方法种类繁多，各有千秋。其中一个共同的问题是这些表示方法都缺乏严格的理论体系，表达不确定性的常识还较困难。因此，知识表示目前研究的主要问题还是知识的形式

表示方法,以及知识表示与知识工程中其他领域的关系。(2)在人工神经网络系统中,指利用神经网络的分布式信息存储特点,将某一问题有关的知识表示在同一网络中,使知识隐含地表示于网络的各处理单元的连接中,以有利于知识的自动获取、组织和管理。神经网络知识表示分两种:面向专家、知识工程师和用户的外部知识,一般以学习模式表示;面向知识库的内部知识,以网络的动力系统形式表示。参见 analogical representation of knowledge, object-oriented knowledge representation, declarative knowledge representation, logic knowledge representation, non-normal logic knowledge representation, production knowledge representation, knowledge fuzzy representation, hybrid knowledge representation, procedural knowledge representation。

knowledge representation in neuron network 神经网络知识表示 与传统人工智能的知识表示思想完全不同的隐式知识表示。知识并不是以独立的规则出现,而是将某一问题有关的知识表示在同一网络中。神经网络知识表示分两种:面向专家、知识工程师和用户的外部知识,一般以学习模式表示;面向知识库的内部知识,以网络和动力系统形式表示。利用神经网络的分布式信息存储特点,可使知识隐含地表示于网络的各处理单元的连接中,这有利于知识的自动获取、组织和管理,便于实现并行处理。

knowledge representation language (KRL) 知识表示语言 (1)XEROX PALO ALTO 研究中心利用 INTERLISP 开发的一种基于框架和过程知识表示的知识工程语言。它具有过程从属特性,允许对单个对象附有不同的视图描述。(2)为方便用户在知识工程系统中表达知识而由系统提供的支持语言。如 HPP 80 系统的 UNITS 及日本 ICOT 的 KL-0、KL-1 语言中关表达部分。

knowledge representation system (KRS) 知识表示系统 (1)用来表示知识的形式化系统,包括语言学知识(如句法、语义等)和外部世界知识(如常识和领域知识等)。通常,知识表示系统具有很好的用户接口、知识编辑、调试、管理和组织设施,甚至还有辅助的知识获取工具。不同的知识表示系统可适用的领域和范围也较固定。(2)AI 工作者从工程角度和实现技术出发建立的各种知识表示语言的实用系统。知识表示系统的类型有:①混合系统:把几种不同的知识表示方法统一在同一推理模式下。如 HSRL、Krypton 和 Krine 等系统;②组合系统:包含不同的知识表示方式,并对不同的表示方法提供不同的推理策略。如 AGE 系统;③层次系统:对各种知识进行分层,不同层次的知识采用不同的表示方法和推理策略。如 G. Guida 提出的二级层次结构系统;④改进系统:通过改进已存在的系统而获得新的各种系统。参见 hybrid system, combinatorial system, hierarchical system, modified system。

knowledge response 知识响应 知识工程中的一个重要环节。它使对应于规划所需之知识库内事实及规则自动对应于进程发生,以有助于集结最有用、最优动态的知识体。

knowledge retrieval 知识检索 信息或知识,采用一种从语义上标引的技术,按照一定的方式组织、存储,形成知识库,并根据用户的需求找出相关信息和知识的过程。知识检索由于做到了语义和概念层次上的标引工作,因此提高了查全率和查准率。参见 information retrieval。

knowledge science 知识科学 一门作为知识工程学的理论基础的学科。包含对人工智能、认知科学、逻辑学、符号逻辑、学习等方面的研究。

knowledge sharing 知识共享 系统将获取的知识提炼加工成知识工程易使用的准确形式,并取消无信息部分、不一致(有矛盾)部分的过程。

knowledge source 知识源 人类专家及其他形式的知识来源。在知识工程中原始知识库内容的建立以及以后在工作时对不完善知识的完善化,最终解决问题的质量评价及增殖知识的校核等都需要人类专家或以往通过各种形式(如文献、图表)累积的知识。

knowledge space 知识空间 一种知识体系。由一组概念、若干条公理、若干条推理规则、一组问题求解方法和环境约束组成。

knowledge structure 知识结构 知识所具有的内在性质及关系。是表达知识内容的工具。用于表示目标、事实、规则、关系、过程和属性的结构。与传统的数据结构、框架、语义网等数据结构一起开发。例如,产生式规则的知识结构反映了规则本身所具有的“如果……,则……”的结构。这种结构有利于知识的内容意义的解释。

knowledge system 知识系统 使用知识和推理过程来解决困难问题的计算机系统。其推理过程能够体现出有经验的专业人员解决问题的思维模式。与专家系统不同,它通常用于解决小而难的问题。

knowledge system with multiple knowledge representation 多知识表示的知识系统 同时使用多种知识表示形式的知识系统。在一个多知识表示的知识系统中,可以根据领域知识的特点和使用情况,用与其相应的知识表示方式来表达这些知识,以最大限度提高知识使用的方便性和效率。

knowledgeware 知识件 一种辅助思维的工具,对计算机进行程序训练,使它能够借用人类的智慧。

knowledge & resource management (KRM) 知识与资源管理 知识与资源管理系统摆脱了企业对知识拥有者个体的依赖,用体系保证企业的生存性。KRM 不是一个独立的系统,而是将企业的整个管理体系通过知识的共享与传递有效的结合在一起，从而弥补以往 ERP(企业资源计划)为核心的企业管理系统的缺陷。

known plaintext attack 已知明文攻击法 一种密码的破译方法。在这种攻击法中，攻击者事先已拥有一些密文与明文，攻击者再根据密文和明文配对进行分析，并能由此确定加密密码。参见 chosen plaintext attack，chosen ciphertext attack。

knowware 知件 (1)知件就是独立的、计算机可操作的、商品化的、可被某一类软件调用的知识模块。知件的主要功能：①知识编译：读懂深奥的知识，在消化吸收后做到深入浅出；②知识析取：在浩瀚的知识海洋里找到需要的内容；③知识结晶：把知识的要义提炼出来，形成公式；④知识更新：保持知识的新鲜度；⑤知识生产：像搭积木那样组合成模型，这样就能源源不断地生产；⑥知识管理：分门别类地登记是谁需要这些信息，在提供服务的同时保护知识产权。(2)知件是一个只读知识模块，具有如下属性：①独立于硬件和软件；②可被硬件或软件调用；③已经商品化；④遵循工业标准；⑤有完备的文档。知件和软件的主要区别：①在开发技术上，前者只需要领域知识，而后者既需要领域知识，又需要软件技术；②在生命周期上，前者既取决于用户需求的变化，还取决于知识的积累和发展，而后者主要取决于用户需求的变化；③在种类划分上，前者仅存在应用知件一种类型，而后者一般可分为系统软件和应用软件两类；④在开发人员上，前者以各行各业的领域专家为主，而后者以专业的软件工程师为主；⑤在知识产权上，前者体现为知识专利权，后者体现为软件著作权。

Knudsen effect 努森效应 通常气体与固体相互作用，气体都要吸附于固体之上。当用吸附测量装置测量此吸附量时，如果该气体压力较低并且吸附测量装置的管内壁与气体的平均自由行程大体相等时，则可产生因温度不同造成的压差，这种现象称为努森效应。

Knuth-Morris-Pratt (KMP) algorithm 克努思-莫锐斯-帕罗特算法，KMP 算法 一种被普遍采用的字符串匹配算法，简称 KMP 算法。它采用前缀搜索方法，模式和文件进行前缀匹配，一旦发现不匹配的现象，则通过一个构造的数组索引模式确定向前滑动的距离。这个算法相对于常规的逐个字符匹配的方法的优越之处在于，它可以通过数组索引，减少匹配的次数，从而提高运行效率。KMP 算法的时间复杂性为 $O(n+m)$，是目前在最坏情形下比较次数最少的串匹配算法，而蛮力算法为 $O(nm)$。参见 Aho-Corasick (AC) algorithm。

KOOL 面向知识的对象语言 knowledge-oriented object language 的缩写。

Korean double-byte character set 韩[朝鲜]文双字节字符集 由 IBM 定义的韩[朝鲜]文双字节字符集(DBCS)，由韩[朝鲜]文中非 Hangeul 和非 Hanja 字符集以及最多 1 880 个和用户可定义字符构成。参见 ISO/IEC 10646。

Korean Hangeul character set 韩[朝鲜]Hangeul 字符集 韩[朝鲜]文 DBCS(双字节字符集)的子集，由 2 672 个 Hangeul 字符和 52 个 Jamo 字符构成。

Korean Hanja character set 韩[朝鲜]Hanja 字符集 韩[朝鲜]文 DBCS 的子集，由 5265 个 Hanja 字符构成。

Korean non-Hangeul/non-Hanja character set 韩[朝鲜]文非 Hangeul 和非 Hanja 字符集 韩[朝鲜]文双字节字符集(DBCS)的子集，由韩[朝鲜]文中非 Hangeul 和非 Hanja 字符集构成，如希腊文、俄文、罗马数字、英文及其符号、katakana、Hiragana 和特殊符号，共有 940 个字符。

Korean standard of information interchange codes 韩国信息交换代码标准 韩国于 1987 年颁布的标准，编号为 KSC-5601，共收文字编码 8 192 个，有 2 350 个韩[朝鲜]文符号，4 888 个汉字，其余是英文、数字、日文假名、俄文、希腊文、标点符号等，采用 7 位双字节编码。参见 ISO/IEC 10646。

KOS 知识操作系统 knowledge operation system 的缩写。

k-out-of-n code n 中取 k 码 一种计算机系统使用的代码。含 n 位二进制，正常情况下规定 n 位中只有 k 位为"1"($n>k$)，其余位都为"0"。如一个代码的 k 位不为"1"，则认为是一个错误代码。这种代码具有一定的抗干扰性。

k-out-of-n system n 中取 k 判决系统 (1)一种判决系统。若在 n 个判决点上，有 $k(n/2\leqslant k\leqslant n)$ 个点的逻辑值为真，则判决结果为真。(2)一种带有冗余的信息处理系统。在组成系统的 n 个单元中，不失效单元数若不少于 $k(1\leqslant k\leqslant n)$ 个，系统就能正确地判决信息的性能与内容。

k-out-of-2k checker 2k 取 k 检测器 n 取 m 检测器的一个特例。它对单故障是故障安全的，因为它有两个子电路，而一个单故障只能影响一个子电路输出。所以对所有单故障，本检测器是完全自校验的。若此检测器是用与-或逻辑实现的，对单向多故障也是完全自校验的，因为其中没反相器的反相作用。在单向多故障情况下输出端只会有 1 故障或 0 故障，不会同时既有 1 故障也有 0 故障。

Kowalski representation 科瓦尔斯基表示法 一种演绎规划的实现方法。它把格林表示法中的谓词当作项来处理，从中用一阶谓词逻辑表示法获得某些二阶逻辑的功能。科瓦尔斯基表示法的主要优点是每个操作只需用一个框架来描述。参见 deductive planning，Green representation。

K-parallelism K-并行性 算法可同时执行 K 个进程的性质。若 $K\geqslant1$ 为固定的正整数，则为有限并行性。若有一个确定的多项式使得对规模为 n

的输入问题存在 $K \leqslant P(n)$ 个并行进程,则称其具有多项式界并行性,否则称为多项式无界并行性。后两种情况属于无限并行性。

K pattern　K 图　在以天波为主要传播途径的短波无线电通信中,当等效地球半径系数 K 变化时,反射点就要改变,入射波和反射波的路径差也要变化。收信电场强度相对于这个 K 的变化曲线称为 K 图。

KPL　知识处理语言　knowledge processing language 的缩写。

k-PRAM　k-并行随机访问机器　一种类似于 RAM(随机存取存储器)的机器,但它可激活 k 个和自己功能相同的子机器。激发者在继续计算的同时,被它激活的子机器也并行在各自的局部环境中进行计算。每个子机器还可以激活它自己的子机器。主机器在激活子机器时将相关数据送到子机器的寄存器中,子机器回送的数据直接写到激活它的主机器的只读特殊寄存器中。

KR　知识表示　knowledge representation 的缩写。

Kraemer system　喀拉姆系统　绕线转子感应电动机中用以在低于同步转速下控制转速的一种系统。它能在整个转速范围内输出恒定功率,其转差功率通过单独安装的旋转变流机进行回馈。旋转变流机在电气上与感应电动机的次级绕组和与感应电动机同轴的辅助直流电动机相连接。

k-rating　k 评价指数　对电视信号质量或效果的评价指数,表示从主观印象出发评价图像质量损伤的程度。它包含一套对大量人员进行调查后建立起来的 K 指数,不同的 K 指数用于测试不同的损伤内容。

Kripke semantics　克里伯克语义　直觉主义逻辑系统和模态逻辑系统的语义,它由一个由可能世界组成的空间及一个可能世界间的关系所组成。可能世界则由一个论域和一个解释所组成。对模态逻辑而言,该解释除了与命题演算、一阶谓词演算解释相一致外,还须对模态词作出解释。

KRL　知识表示语言　knowledge representation language 的缩写。

KRS　知识表示系统　knowledge representation system 的缩写。

KRT　KRT 工具　一种系统建造辅助工具,帮助大型工程开发人员在与其他队的成员一起设计时进行记录、通信和综合工作。工程队成员利用这一系统能够描述某一特定工程系统的目标功能、结构组织、构成部分之间的相互关系。工具中包括提供概貌的数据流图、指示输入数据如何转换成输出数据的进程技术说明和提供数据分层描述的数据词典。该工具由美国 McDonnel Doug 公司开发,用 ZETALISP 和 FLAVORS 实现。

***Kruskal's algorithm*　克鲁斯卡算法**　构造带权图的最小生成树的一种算法。其步骤为:①选定一条权最小的边 e_1;② 假设已选定边 $e_1, e_2, \cdots, e_i$,则从余下边中选出 e_{i+1},且 e_{i+1} 是一条与 $e_1, e_2, \cdots, e_i$ 诸边不构成回路的具有最小权的边;③当②不能执行时停止。

krypton discharge tube　氪放电管　一种含有氪气的阴极放电管。主要用作为高压开关器件,具有很的延迟时间和极快的上升时间。

KSAM　按键顺序存取法　keyed sequential access method 的缩写。

KSDS　键序数据集　key-sequenced data set 的缩写。

KSR　键盘发送/接收(器)　keyboard send/receive 的缩写。

KSR teleprinter　键控收发电传打字机　一种电传打字机。它包括一个键盘和一台打字机,能进行双向通信。参见 teleprinter。

KSR terminal　键盘发送/接收终端　keyboard send/receive terminal 的缩写。

Ku band　Ku 波段　电磁频谱的一部分,其频率位于 12 ~ 14 GHz 波段,用于卫星通信。

Kuck classification schema　库克分类法　D. J. 库克在 1978 年提出的、按指令流和数据流对计算机系统进行分类的一种方法。这种分类方法是以计算机的控制方式为出发点的。指令流是指总控制器输入端接收的指令序列;数据流是指总控制器经指令译码、分配而产生的操作控制信号序列,并以同时执行的不同类型的操作来定义。具体分类如下:①单指令流单数据流(SISD):传统的单处理机;②单指令流多数据流(SIMD):带有多操作部件的处理机;③多指令流单数据流(MISD):带有指令级的多道程序的单处理机;④多指令流多数据流(MIMD):典型的多处理机系统。

KuGoo　酷狗　酷狗是基于中文平台专业的 P2P 音乐及文件传输软件。通过酷狗,用户可以方便、快捷、安全地实现国内最大的音乐搜索查找,支持高音质音乐文件共享下载;提供在线试听功能,方便用户进行选择性的下载;拥有强大的网络连接功能,支持局域网、外网等各种网络环境,支持断点续传,实现超高速下载;文件共享让用户可以与朋友间相互传输影片、游戏、音乐、软件、图片。

kVA　千伏安　功率单位 kilovolt ampere 的缩写。

KVL　基尔霍夫电压定律　Kirchhoff's voltage law 的缩写。

kW　千瓦　kilowatt 的符号。

KWIC　上下文内关键字　keyword in context 的缩写。

KWOC　上下文外关键词　keyword out of context 的缩写。

Kyoto protocol　京都协议　二氧化碳等温室气体排放量大量增加,导致了全球气候急剧恶化。这些气体主要是工业化过程中产生的副产品，它们引起了全球气候变暖，而且还可能为我们后代生存的气候环境带来灾难性影响。为解决这些问题，1997 年 12 月，149 个国家和地区的代表在日本召开《联合国气候变化框架公约》缔约方第三次会议，通过了旨在限制各国温室气体排放量的京都协议。协议中规定削减排放的六种气体是二氧化碳、甲烷、氮氧化物以及其他三种用于取代含氯氟烃的卤烃。为了促进各国完成温室气体减排目标，协议允许采取下列四种减排方式：①两个发达国家之间可以进行排放额度买卖的“排放权交易”，即难以完成削减任务的国家，可以花钱从超额完成任务的国家买进超出的额度；②以“净排放量”计算温室气体排放量，即从本国实际排放量中扣除森林所吸收的二氧化碳的数量；③可以采用绿色开发机制，促使发达国家和发展中国家共同减排温室气体；④可以采用“集团方式”，即欧盟内部的许多国家可视为一个整体，采取有的国家削减、有的国家增加的方法，在总体上完成减排任务。中国于 1998 年 5 月 29 日签署了京都协议。

K5 microprocessor K5 微处理器 美国 AMD 公司于 1995 年推出的一种 32 位微处理器芯片，可与 Intel 公司的 X86 处理器系列兼容，采用发出 4 条指令的超标量体系结构，有 5 阶段流水线，有 5 个并行功能单元：ALU、ALU/移位器、FPU、转移以及装入/存储，片上有 16 KB 的指令高速缓存、8 KB 的双端口数据高速缓存，而它的二级缓存则位于主板上与系统的总线频率同步工作。具有非顺序执行、转移预测以及推测执行的特征，最初时钟速率为 100 ～ 120 MHz，片上集成了 410 万个晶体管，工作电压为 3.3 V，最初版采用 0.5 μm 技术的三层金属全静态 CMOS（互补金属氧化物半导体），与 Intel P54C 奔腾芯片管脚兼容，支持 Socket 5 架构。又称 Krypton 5。

K6 microprocessor K6 微处理器 AMD 公司于 1997 年 4 月份推出的处理器芯片，这是在 Intel 推出 Pentium Ⅱ 的前一个月发布的。此处理器采用 0.35 μm 的制造工艺（后来推出的 233MHz K6 处理器中采用了 0.25 μm 的制造工艺），内置 880 万个晶体管，它的超标量 RISC（精简指令集计算）结构可同时发出 6 条指令。此处理器的工作频率从 166 ～ 233 MHz 之间不等。此 CPU 是基于对 686 处理器的研究而开发的。与其前代产品相比，在这款 CPU 增加了 MMX（多媒体扩充）指令，对其一级缓存进行了扩充，达到了 64 KB，32 KB 用于存储指令，另 32 KB 用于存储数据。因其高内核时钟频率使得 AMD 放弃了 PR-rating 模式，由于 K6 CPU 的先进性，这样即使位于同一时钟频率下工作，K6 CPU 将带来更高的系统性能。此后不久 AMD 又推出了 K6-7 型（即笔记本版）的处理器，其工作于 266MHz 及 300 MHz，前端总线速度（FSB）为 66MHz，采用 0.25 μm 的制造工艺。

K6-Ⅲ microprocessor K6-Ⅲ 微处理器 AMD 公司于 1999 年 2 月份推出的处理器芯片，又名 Sharptooth。这是 AMD 第一款将二级缓存整合到处理器芯片中的产品，其采用 Socket 7 架构，带有 64 KB 的一级缓存（其中 32 KB 用于指令，另 32 KB 用于数据），而其位于 CPU 内 256 KB 的二级缓存也是与 CPU 的时钟频率同步。在主板上还有与系统总线频率同步的三级缓存，其容量大小从 512 KB ～ 2 MB 之间。此款处理器有 400 MHz 和 450 MHz 两种版本。

K7 microprocessor K7 微处理器 AMD 公司于 1999 年 6 月推出的处理器芯片，又名 Athlon。此款产品相对于 AMD 的以前产品来说可算是革命性的进步，它采用了与 Intel 公司 Slot 1 不兼容的 Slot A 架构，使用了先进的一级缓存，其大小为 128 KB（其中 64 KB 用于指令而另 64 KB 用于数据），及 512 KB 的二级缓存。K7 所采用新的系统总线为 Digital 公司的 Alpha 总线协议 EV-6，理论上允许主板支持 2 颗处理器。它的系统总线频率为 200 MHz，而且还有可能达到 400 MHz 或者更高。其 MMX（多媒体扩充）的指令集是对 K6-Ⅲ 3DNow! 指令系统进行了扩展。现在时钟频率有从 500 ～ 850 MHz 之间。AMD K7 使用“点到点拓扑”技术，处理器和芯片组可分开使用主内存总线，所以可以使用不同规格和速度的内存（如 PC-100、PC-133 以及 Direct RDRAM 等）。参见 Athlon。

L

LA 线路放大器 line amplifier 的缩写。

label 标号,标签 (1)用来标识、指定或描述一个文件或文件中的数据项、信息或记录的一组符号。(2)用来标识程序语句的地址的标识符或数字串。可以从程序中的某个位置转移到用标号标识的这个语句处。(3)一个磁带或磁盘文卷的标识记录。(4)在计算机信息安全中,指为主体与客体(用户、进程、文件)标上敏感度标识,以便于实行强制访问控制时作为安全级别判断的依据。为输入一个无标识的数据,需要授权用户接收一个数据的安全级,并对此活动进行审计。(5)DOS(磁盘操作系统)的一个外部命令,用于修改或删除磁盘的卷标识符。(6)在数据库管理系统中,指利用数据库文件建立并打印的各种卡片、名片等,称标签。

label data 标号数据 用作标号的数据。指出程序中的一些有关位置。

label distribution protocol (LDP) 标记分发协议 MPLS(多协议标记交换)网络的应用协议,LDP 可以和标准的网络层路由协议一起使用,它主要用于在 MPLS 网络中标记交换路由器(LSR)和标记边缘路由器(LER)之间分发标记信息。LDP 提供了 LSR 之间以及 LSR 和 LER 之间交换标记信息的方法。边缘 LER 和核心 LSR 使用标准的路由协议,如 OSPF(开放最短路径优先)、IS-IS(中间系统到中间系统)、BGP(边界网关协议)等,建立起它们自已的路由数据库。然后邻接 LSR 和边缘 LSR 使用 LDP 协议互相分发标记信息,并存储在标记信息库(LIB)中。参见 multiprotocol label switching (MPLS)。

labeled channel 标号信道 在综合业务数字网中,一个所有块有效负载的时序集,其标号包含同样的信息,即包含同样的标识符。参见 hybrid interface structure。

label edge router (LER) 标记边缘路由器 MPLS(多协议标记交换)网络的主要组成元素,位于服务提供者网络的边界位置,LER 主要执行增值的网络层服务,并将标记应用到数据报文。从不同的多个源站点发往同一目的站点的数据流可以共享标记,这样可避免当前 IP(网际协议)交换实现中出现的标记“爆炸”问题。参见 multiprotocol label switching (MPLS)。

labeled graph 标定图 也称“标号图”,顶点或边标有名称的无向图或有向图。

labeled interface structure (LIS) 带标号的接口结构 在综合业务数字网中,提供电信业务及通过标号信道发送信号的接口结构。

labeled multiplexing 带标号的多路复用 采用并接以不同标识符标号的信道块的方法实现的多路复用。

labeled security protection (LSP) 标记安全保护 美国国防部可信计算机系统评价标准(TCSEC)中的 B 类安全级别。B 类属强制保护,标记安全保护是 B 类中的最低子类,属于 B1 级。标记安全保护要求系统在其生成的数据结构中带有标记,并要求提供对数据流的监视。参见 trusted computer system evaluation criterion (TCSEC),B1 class。

labeled statistical channel 带标号的统计性信道 综合业务数字网中带标号的信道,其中块有效负载,或每个相继块的时长,都是随机的。

label expression 标号表达式 在 PL/1 语言中,产生标号值的一种表达式。

label field 标号字段 在汇编程序中,为了区别语句而填进符号名的字段,通常用左边的第 1 列到第 8 列作为标识一程序语句的标号字段。

label format record 标号格式记录 PSS(可编程商店系统)中的一种记录,用来定义货架标号的大小、标号中各字段的位置和长度、以及各字段中每个要打印字符的字体。

label information area 标号信息区 在某些操作系统中,直接存取存储设备上的一种区域,用于存储从作业控制语句或命令中读取的标号信息。同 label area。

label information cylinder 标号信息磁道组 在 DOS(磁盘操作系统)支持下,存储系统常驻文件标号信息的一组磁道。这种标号信息可由作业控制语句或命令读出。

labelled graph 标记图 标记图是在每条边上加注了标记的图。

label list (of a label variable declaration) (标号变量说明的)标号列表 在 PL/1 语言中,直接跟在 LABEL 之后,用括号括起的一个或多个语句标号常数列表,用于指定被说明变量的取值范围;列表中名字用逗号隔开。对于标号数组来说,标号列表指出数组中的各元素可以取表中列出的任意值。

label multiplex 标记复用 在传输的信息块上加上标志,即加上地址、顺序号等报头信息。标志复用又分为固定长度复用和可变长度复用。其中可变长度复用的典型例子是 X. 25 协议通信模式;固定长度复用的典型例子是异步传送模式(ATM)。

label prefix 标号前缀 参见 label。

label processor 标号处理程序[器] 某些数据站中使用的一种处理程序,在程序翻译前它将符号标号转换成步号,以便在程序调试时进行顺序追踪。

label record 标号记录 (1)一种用于识别文件或磁

带内容的记录。它包括所要识别文件或磁带的有关信息，但不包含文件或磁带中的任何数据。用户在源程序中能够定义和访问自己的标号记录。(2)一种文件记录。它包含该文件有关的信息，但不包括文件中数据的任何部分。这类似于文件柜上的标签。

label swapping 标识交换 由第二级交换执行的向前发送技术，报文头中定长的标识在输入端口上被认出，然后在输出端口上与一个相关标识交换。这个过程在交换机硬件中执行。标识交换表的大小与分配给通过交换机的连接的标识数量一致。参见 multiprotocol label switching (MPLS)。

label switch router (LSR) 标记交换路由器 MPLS(多协议标记交换)网络的主要组成元素，LSR 对基于标记的 IP(网际协议)报文或数据元进行交换。除了标记交换以外，LSR 同样也支持完整的第三层路由或者第二层交换。参见 multiprotocol label switching (MPLS)。

label variable 标号变量 程序设计语言中一种特殊类型的变量，其值是语句的标号，用以方便地改变语句的执行顺序。

laboratory automation system 实验自动化系统 计算机与各种实验用测试仪器连在一起工作的系统。可实现自动测量、检查和实验等功能，是计算机应用的一个重要领域。

laboratory instrument computer 实验设备用计算机 一种在功能上可代替某些由外部设备或人工操作的计算机。常见的功能包括：数据记录、模-数转换、实验监督和分析等。这种专用计算机给研究人员的工作带来了很大方便。

ladder network 梯形网络 由若干 L 形网络串级组成的二端口网络。

LabVIEW language LabVIEW 语言 由美国国家仪器(NI)公司研制开发的 LabVIEW (laboratory virtual instrument engineering workbench)是一种图形化的编程语言的开发环境，它广泛地被工业界、学术界和研究实验室所接受，视为一个标准的数据采集和仪器控制软件。LabVIEW 集成了与满足 GPIB(通用接口总线)、VXI、RS-232 和 RS-485 协议的硬件及数据采集卡通信的全部功能。它还内置了便于应用 TCP/IP(传输控制协议/网际协议)、ActiveX 等软件标准的库函数。LabVIEW 使用的是图形化编辑语言(又称 G 语言)编写程序，产生的程序是框图的形式。LabVIEW 也有传统的程序调试工具，如设置断点、以动画方式显示数据及其子程序的结果、单步执行等，便于程序的调试。利用它可以方便地建立用户自己的虚拟仪器。

LACP 链路聚合控制协议 link aggregation control protocol 的缩写。

ladder adder 梯形加法器 一种数-模转换器。它具有一个电阻梯形网络和高速低阻晶体管开关，可产生正比于二进制或二-十进制数字输入的模拟输出值。

ladder attenuator 梯形衰减器 一种具有串联对称段的衰减器，这些段的阻抗在两个方向上随衰落量的变化基本保持为常数。

ladder network 梯形网络 由 H、L、T 或 π 形网络顺序串接而成的网络。某些类型的梯形网络含有压电陶瓷元件，具有梯形滤波器一样的阻抗。这种网络用于窄通带滤波器和模-数转换器中。

LADN 库赋予的文档名 library-assigned document name 的缩写。

lag 延迟 (1)两个事件之间的时间差。(2)在系统中，发送设备开始操作到接收设备给出响应所经过的时间。(3)在电子学中，指输入变化到输出变化之间的时间差。

lagged variable 延迟变量 任何变量如能以其当前值和前几个时间间隔的值来计算，就称为延迟变量。这里要求时间间隔是固定的。

lagging current 滞后电流 落后于产生它的电压且达到其 90°最大值的交变电流。滞后电流仅在以电感性为主的电路中流动。

laid-back 后挪 音乐演出时让人听来会感到轻松愉快。聆听者和声场之间有一些间距。后挪式的演出让人有似乎坐在演出厅后面几排的感觉。相反的词为“前推”和“直接感”。参见 forward, immediate。

LAMA 本地自动通话记账 local automatic message accounting 的缩写。

Lambda calculus λ 演算 一种对逻辑公式中约束变量[项]的值进行代入为主要运算的演算，用于程序理论，尤其是程序设计语言的语义理论。记号 λ 由 A. Church 首先引入。程序设计语言 LISP 就是以 λ-演算为理论基础的。

Lambda-list λ-表 λ-表达式的形参表。程序设计语言 LISP 的形参表由五部分组成：必要的形参(调用时，对这些形参必须提供相应的实参进行约束)；可选的形参(调用时，对这些形参可提供相应实参进行约束，也可不提供实参)；用于约束多余实参的单个形参(调用时，将多余的实参做成一调用时，按键来选择相应实参，进行约束)；辅助性形参(相当于局部变量，调用时不必给出相应实参)。这种 λ-表的引入，拓宽了函数的表达能力。同时也突破了线性顺序约束的限制。

Lambert 朗伯 亮度单位，物体表面垂直方向上每平方厘米反射或辐射 1 流明(lumen)的亮度。

Lambertian distribution 朗伯分布 一种在各方向均匀的射线分布。同 uniform Lambertian distribution。

Lambertian radiator 朗伯辐射器 射线角度遵循朗伯余弦律分布的辐射器或辐射源。同 Lambertian source。

Lambertian reflector **朗伯反射器** 射线反射器，其中射线角度遵循朗伯余弦律分布。参见 Lambert's cosine law。

Lambertian source **朗伯辐射源** 同 Lambertian radiator。

Lambertian surface **朗伯表面** 一种具有简单反射特性的表面类型。这种表面的粗糙度恰到好处，使得发光强度 L 与视角余弦成正比。在均匀或准直光照条件下，无论从什么角度对它进行观察，它都显得同样明亮。这是因为表面的发光强度 L 和观察角度（视角）余弦成正比，而所观察到的表面面积则和观察角度的余弦成反比，因此产生了这样的观察效果。

Lamb wave **兰姆波** 在固体表面传输的一种波，固体的厚度与该波的波长不相上下。

lamer **不懂行者** 网上操作较笨的用户，通常用来指一个网络新手。

laminated core **叠片铁芯** 用于线圈、变压器、电枢或其他电磁器件的铁或特殊钢芯子，由薄的铁或钢片冲压叠层制成。这种叠层薄片一般通过浸漆而彼此绝缘。叠层结构可使涡流电流的影响最小。

LAN **局域网** local area network 的缩写。

LAN access **局域网接入** local area network access 的缩写。

LAN adapter card **局域网适配卡** 安装在微型计算机上的电路板，用于控制微型计算机对网络的访问。它可将发送的数据变成网络所要求的格式，还具有校验功能。

LAN administrator **局域网管理员** 负责维护运行网络的人员，有权增删网络用户和应用软件。参见 supervisor。

LAN broadcast **局域网广播** 从局域网上发出传输帧的过程，它要求该网上所有其他的数据站都能接收到这一帧信息。参见 limited broadcast。

LAN broadcast address **局域网广播地址** 计算机网络中一个表示一系列数据站的地址，同 LAN global address。

land **焊接点，小岛，平地** (1)印刷电路板的印刷线上用来焊接元件、比导线直径稍大的一种平面。(2)在光学记录中（如 CD 激光唱片），在两个记录坑之间的一个区域，称小岛或平地，数字数据便是编码在小岛与凹坑以及凹坑与小岛之间的过渡转换处的。参见 pit。

land grid array (LGA) **平面栅格阵列封装** 一种集成电路封装技术，即在底面制作有阵列状态电极触点的封装，装配时插入插座即可。

LAN description **局域网描述** 在 NetWare 中，一个以空(null)结尾的文字串，它列出由驱动器支持的局域网硬件。

landing pad **着陆区** 在视盘系统中，指一个帧范围，在这个范围中播放器可从其他位置上定位一个帧或者帧序列。

landing zone **停放[起降]区** 当磁盘停止转动时，停放读写头的磁盘区。当磁头与磁盘数据区表面接触时（磁头碰撞）会破坏磁化表面，从而使数据丢失，停放区用于避免这种事故的发生。

landline **陆地线** 线路架设于陆地和内陆水域的区域内，包括传统的双绞线、同轴电缆和光缆。陆地线可用于架空或直埋地下，还包括微波的应用，但不包括卫星、无线电和海底传输系统。

landline facility **陆线设施** 利用架空、直埋和地下传输线的通信设施，包括陆地微波系统，但不包括卫星、无线电和海底传输系统。参见 landline。

landline service **陆线业务** 以陆线设施提供的业务。参见 landline facility。

land mobile satellite service (LMSS) **卫星地面移动通信业务** 移动地球站在地面上的卫星移动通信业务。参见 earth station。

land mobile service (LMS) **陆上移动通信业务** 在基地台与陆上移动电台之间或在陆上移动电台之间的移动通信业务。

land mobile station (LMS) **陆上移动电台** 陆上移动通信业务中的移动电台，能够沿地面移动，通常局限于国家或大陆的地理区域内。

land resource information **土地资源信息** 表征土地资源学科研究对象、理论、方法、数量、质量以及开发、利用、保护等的信号和消息。

landscape **风景画，横向版面** (1)指宽度大于高度的显示图像或硬拷贝。比较 portrait。(2)一种文本页面的安排方式，其宽度大于高度，同 landscape format，horizontal format。

landscape left **偏左横向版面** 一种页面方向，使得打印图像的左边位于纸张的左边缘。

landscape mode **横长模式** (1)一种横向的打印方向，对应于 portrait mode。(2)传真系统中，扫描线平行于矩形物体（即矩形原物）长边操作的方式。参见 landscape orientation。

landscape monitor **横向监控器** 一种宽度大于高度的显示器，宽高比大约是 4∶3，与一般电视机相同，对应于 full-page display，portrait monitor。

landscape orientation **横长定向** 在计算机制图中，水平方向长度较大的页的定向。

landscape printing **风景式打印** 沿一页的垂直方向逐行打印的过程，与肖像式打印（沿水平方向逐行）相对，“风景画”这个词来自风景画，它们通常是水平格式的。

landscape right **偏右横向版面** 一种页面方向，使得打印图像的右边位于纸张的右边缘。

land station (LS) **陆地电台** 移动业务中的电台，

通常用于通过二级基站与固定电台或其他同类陆地电台之间进行通信。

LANE 局域网仿真 LAN emulation 的缩写。

LAN emulation (LANE) 局域网仿真 也称“MAC over ATM”，即在 ATM(异步传输模式)网上进行局域网的模拟。LANE 是用 ATM 作为主干提供局域网仿真的一系列服务、功能和协议，用于在与 ATM 连接的局域网和终端系统之间建立连接。在 LANE 网络体系结构中，ATM 终端或计算机通过 ATM 网卡与 ATM 交换机相连，现有局域网工作站通过 LAN/ATM 转换器(网桥)与 ATM 交换机相连。LAN/ATM 转换器收到传统局域网 MAC 帧后，经过适当处理交给 ATM 适配层的协议处理，再传送给 ATM 交换机送到目的地。在 ATM 终端中，一些高层协议(如 TCP/IP(传输控制协议/网际协议)，IPX(网络互联包交换)协议等)的数据单元都经过类似处理。其中的核心是一个称为局域网仿真软件的功能块，该功能块工作于 OSI(开放系统互连)的数据链路层，独立于上层协议。对传统局域网上的用户来说，整个系统的 ATM 呼叫建立、信元拆装等都是透明的，其运行环境和原局域网相同。局域网仿真软件由局域网仿真客户机(LEC)和局域网仿真服务器(LES)两部分组成。参见 media access control (MAC), LAN emulation client (LEC), LAN emulation server (LES), ATM adaptation layer (AAL)。

LAN emulation address resolution protocol (LE-ARP) 局域网仿真地址解析协议 在 ATM 网络中，指由一个局域网仿真客户机发出的消息，以征求另一个单元的 ATM 地址。

LAN emulation client (LEC) 局域网仿真客户机 在 ATM(异步传输模式)网中，进行数据传递、地址解析和其他控制功能的实体。LEC 安装在 ATM 网的终端系统(包括主机、网桥等)中，它是以代理的身份加入仿真局域网的。当它安装在插有 ATM 网卡的 ATM 主机中时，它代理该主机接入 ATM 网，有一个 ATM 地址、一个 MAC(介质访问控制)地址；当它安装在 LAN/ATM 转换器(如 ATM 网桥)中时，它将代理整个传统局域网中的所有工作站接入 ATM 网，有一个 ATM 地址，多个 MAC 地址标识。比较 LAN emulation server (LES)。

LAN emulation server (LES) 局域网仿真服务器 LES 负责仿真网络的配置、地址解析和广播服务，在逻辑功能上分三部分：①配置服务器(LECS)：提供 ATM(异步传输模式)网的配置信息，并为 LEC 提供 LES 的地址，负责将 LEC 分配到不同的仿真网络中去；②局域网仿真服务器(LES)：提供 LAN 仿真地址解析协议(LE-ARP)的服务器，LEC 向 LES 注册自身的 ATM 和介质访问控制(MAC)地址，LES 由 ATM 地址唯一地进行标识；③广播和未知服务器(BUS)：用于 ATM 网上的广播和组播服务。参见 LAN emulation。

LAN emulation user network interface (LUNI) 局域网仿真用户-网络接口 LUNI 由 ATM(异步传输模式)论坛制定。通过这个接口，传统局域网的用户可以通过 ATM 网和其他传统局域网用户以及 ATM 网上的服务器、网桥和路由器互通互操作，不仅传统的应用程序及操作系统均无需改动便可在 ATM 网上运行，而且数据的传输速率大大提高了，传统局域网的广播和组播业务以及虚拟网络均得以顺利实现。

LAN gateway 局域网网关 连接两个使用不同协议的局域网的一种功能设施。参见 bridge, gateway, relay, SNA network interconnect, figure at backbone。

LAN global address LAN 全局(广播)地址 同 LAN broadcast address。

LAN group address LAN 组地址 计算机局部网络中一个标识一个数据站组的地址。

language 语言 一种用于传递信息的表示方法和语法规则的集合。表示方法指的是组成语句的单字的音和形；语法规则指的是用单字构成具有确定含义的语言的规则。不同的语言其表示方法和语法规则不同，如汉语、英语、BASCI 语言、COBOL 语言等。在计算机范围内，这个术语通常指与计算机进行通信时用的程序设计语言或机器代码语言。参见 high-level language, low-level language。

language-automatic coding 自动编码语言 一种由计算机参与编码的计算机语言。

language-centered environments 以语言为中心的环境 一种软件开发环境。以语言为中心的环境是围绕一种语言而构成的，可以提供一套适合于这种语言的工具集。这类环境是高度交互式的，通常对系统合成的支持是有限的，也不支持项目管理。换句话说，它基本上属于程序设计环境。例如，以 Mesa/Cedar 语言为中心的 Cedar 环境、以 Smalltalk 语言为中心的 Smalltalk 环境及 Ada 语言为中心的 Rational 环境等属于以语言为中心的环境。参见 software development environment (SDE)。

language construct 语言结构 在程序设计语言中，一种语法上允许的程序或子例程，这些程序按照构成该语言的文法规则(集合)就可以构造出来。

language conversion program 语言转换程序 将一种语法规则的计算机语言转换成另一种语法规则的计算机语言的程序。例如将 FORTRAN 语言变换成 COBOL 语言的转换程序。

language converter 语言转换器 为了把数据的某种形式(如缩微胶卷、条形图表等)转变成另一种形式(如穿孔卡片、纸带等)而设计的数据处理设备。

language-description language 语言描述语言 研究语言本身时所使用的语言或符号。参见 metalanguage。

language digit 语言标志位 在国际长途电话呼叫中，一种提示操作人员采用何种语言进行对话的数字位。数字位自动加在呼叫国代码与被呼叫国代码之间。

language engineering 语言工程 利用现代语言学的研究成果，开发、研制计算机识别、理解、生成人类语言系统的技术和领域。

language features 语言特点 编译程序或解释程序工作所要了解的语言的几个方面。其中包括：①语言的数据结构特点，它们的描述方式、属性、分组情况及存储等，这相当于自然语言中的名词和形容词；②操作数据的操作符和命令，这相当于自然语言中的动词和副词；③规定控制流程或操作顺序的控制结构，这相当于自然语言中的建立语句和条件短句、划分段落和形成章节等。

language formalization 语言形式化 使语言作为某些结构的和数理逻辑的运算。

language generation 语言生成 将计算机内部以某种形式存放的需要交流的信息，以自然语言的形式表达出来。语言生成从某种意义上讲是自然语言理解的逆过程，它包括：①建立一种结构，以表达出需交流的信息；②以适当的词汇和一定的句法规则，将要交流的信息以句子形式表达出来。

language information processing 语言信息处理 用计算机对自然语言的音、形、义等信息进行处理。即对字、词、句、篇章的输入、输出、识别、分析、理解、生成等的操作与加工。

language interpreter 语言解释程序[器] 一种逐条将源程序中的语句转换成目标语句并立即执行的语言转换执行程序。而语言编译程序则在将全部源程序中的语句统统转换成目标语言后才执行。参见 compiler，translator。同 interpreter，interpretive program。

language knowledge base 语言知识库 计算机内存储的语言知识的集合。它是计算机从语音、文字、词汇、句法、语义、语用等角度对语言进行信息处理的基础。

language level 语言级别 关系数据语言评价标准之一，它是对该语言复杂性和过程化程度的衡量。语言表达式的过程化程度低、语句精炼、逻辑结构简单，则语言的级别就高。关系数据语言都是高级非过程化语言，而关系演算比关系代数的过程化程度更低，因关系代数还要写上投影、连接等操作细节。目前对语言级别定量测定较困难，只能按定性分析来确定。

language model 语言模型 语言客观事实的形式化模拟。语言模型是可从最终一组元素和规则出发描述特定语言无限多的语句的演算或算法。语言模型是语言客观事物的近似物，语言模型与语言客观事物之间的关系，与数学上的抽象直线与客观世界中存在的各种各样的直线之间的关系类似。

language name 语言名 一个系统名，用于指明特定程序设计语言。例如 COBOL 语言。

language-oriented DSS tool 语言类决策支持系统开发工具 提供了一套 DSS 开发语言的 DSS 开发工具。这些语言包括用户接口语言(UIL)、模型库管理语言(MBL)、建模与分析语言(MBAL)、数据库管理语言(DLL 及 DML)等。

language pair 语言对 机器翻译中参与翻译的一种源语言和一种目标语言的合称。参见 source language，target language。

language preprocessor 语言预处理器 一个对计算机程序进行准备性预先处理的功能单元，如宏生成器程序可作为解释程序的一个预处理器。

language primitive 语言原语 不能用语言的概念来解释的基本单元。原语只能用直觉、经验、信念及不包含这个原语的某种形式系统来定义。

language processor 语言处理程序[器] 一类计算机系统软件。用于处理与程序设计语言有关的任务(如程序语言的翻译、解释等)，如 FORTRAN、Pascal 的编译系统、BASIC 解释程序等都是语言处理程序。

language program 语言加工程序 对用程序语言(如汇编语言或其他高级语言)进行通常处理的程序，语言加工程序的目的在于将汇编语言或高级语言书写的源程序翻译成机器可以执行的目标语言程序。语言加工程序有翻译程序、解释程序(对高级语言)和汇编程序(对汇编语言)。

language reduction 语言归约 自动机的读头自左向右扫描输入串，一边把输入符号移入栈内，一边检查位于栈顶部的一串符号是否与某产生式右部相同，如相同就把栈顶的符号替换成相应的产生式左部非终结符，这种替换称之为归约。

language redundancy 语言冗余 信息论术语，用来分析造成语言学中对立的各种特征。一个特征(语音的、语法的等)如果为识别一个语言单位所不必出现的，就是冗余的。不被认为是冗余的特征是区别性特征。

language-report program generator 报告程序生成语言 一种用于商业编程的面向问题的通用语言。该语言与 COBOL 语言相似，具有功能很强的、相对简单的输入输出文件管理(包括查表)和报告建立能力，但算术运算能力较差。

language rules 语言规则 (1)在程序设计语言中，词法规则和语法规则的统称。(2)使用计算机语言所要掌握的基本规则，其内容是：①不要使用计算机系统中未经定义的或不允许使用的语句；②允许简化经常使用的语句。

language shift 语言切换 在多换挡键盘上，一种从一种语言到另一种语言的切换。

language statement 语言语句 一种由编程员、操

作员或其他计算系统用户编码组成的语句。用于传送信息给一处理程序,如一语言翻译程序、服务程序或控制程序。这种语句可请求进行一次操作或包含送到处理程序的数据。

language structure 语言结构 同一系统中各种语言成分之间的有机联系。语言系统中结构的等级称为语言层次,语言结构中相互关系的不同层级称为语言层面。例如,可以有语音层面、语法层面、语义层面和语用层面等。

language subset 语言子集 语言的一部分,能独立于该语言的其余部分使用。

language tool 语言工具 一种使程序设计语言易于实现的程序系统。例如,有两个这种系统:①LALR语法分析程序的生成程序,它将上下文无关的文法变为句法分析程序;②使用确定有限自动机的正规表达式识别程序的生成程序。

language translation (LT) 语言翻译 将一种语言的信息翻译成另一种语言信息的过程。该过程是通过运行语言翻译程序来完成的。

language translation feature 语言翻译特性 参见 national requirements feature。

language translation language 语言转换语言 将用一种语言写的语句转换成另一种语言的语句的程序,通常指在两个高级语言之间转换的程序。

language translator 语言翻译程序 接收一种语言的语句并产生另一种语言等价语句的汇编程序、编译程序和其他有关例程的通用术语。参见 language interpreter。

language understanding system 语言理解系统 用于理解自然语言的软件系统。它可实现语法分析、语义分析、上下文有关知识的分析和相应的语言处理等操作。一般有四种类型:专用形式系统;以文本为基础的系统;有限制的逻辑系统;一般演绎系统。

language variant 语言变体 在一定语境中,同一语言成分的若干形式之一。

language variant table 异体对照表 在域名注册和管理时用到的字符表。表的格式分为三栏,第一栏为有效字栏,第二栏为建议字栏,第三栏为异体字栏。异体对照表是域名注册和管理的基础。

LAN individual address 局域网个别地址 在局部网络中,指一个标识某个特定数据站的地址。

LAN multicast 局域网多路发送(技术) 一种发送传输帧的过程,要求该局域网上若干指定的数据站都能接收到这帧信息。参见 LAN broadcast, limited broadcast。

LAN pathname 局域网路径名 在 LAN Manager 网络软件中,一个带有一个共享名和目录名的计算机名。参见 computername, directory name, filename, sharename。

LAN recovery 局域网恢复 灾难事件中专用于恢复局域网设备并重置关键数据和软件的业务连续性组件。

LAN segment LAN段 由一个或多个桥与LAN的其他部分隔开的局域网(LAN)部分。

LAN support center 局域网支援中心 局域网管理系统所用的实时维护及报警系统,可获得用户和硬件的信息,可利用由设备记录、用户记录、报警和故障信息组成的关系式数据库来跟踪支援的实施。

LAN switch 局域网交换机 在数据链路段间转发包的高速交换机。大多数局域网交换机基于MAC(介质访问控制)地址进行转发,这种类型的局域网交换机有时称为帧交换机。局域网交换机通常按照进行转发的方法分类:直通包交换或存储转发包交换。

LAP (1)链路访问规程 link access procedure 的缩写。(2)链路存取协议 link access protocol 的缩写。

LAPB 平衡链路访问协议 link access protocol-balanced 的缩写。

LAPB frame format LAPB帧格式 平衡链路访问协议(LAPB)传输数据时所使用的帧格式。LAPB帧分为三种类型:信息帧、监视帧和无序帧。信息帧用于传输用户信息,信息帧的发送方和接收方都保持帧的序号。监视帧提供控制信息,包括请求和挂起通信进程、报告状态及确认信息帧接收等。无序帧也用于控制,不编序号,用于连接初始化、切断连接、报告协议错误等。参见 link access protocol-balanced (LAPB)。

LAP-D 链路访问规程D link access procedure D 的缩写。

lapel microphone 佩带式麦克风 可附着在说话者衣服的翻领或口袋上的小型传声器,从而能够在说话时自由活动。

Laplace's law 拉普拉斯定律 给出一个放在磁场中的载流元所受的力。由于载流导体元的存在,在给定点的磁场强度正比于电流强度和该导体元的投影长度,且反比于导体元距所讨论点的距离的平方。

Laplacian mask 拉普拉斯掩模 根据拉普拉斯算子建立的具有水平和垂直等多个梯度方向的滤波矩阵。用于检测图像各方面的边缘特征。

LAPM 调制解调器链路访问规程 link access procedure for modems 的缩写。

lapping 搭接 在光传输系统中,利用切向耦合以使光波从一个光学元件传输到另一光学元件。例如将光波从一根光纤传输到另一根光纤。

laptop computer 膝上型计算机 一种便携式个人计算机,通常重量不超过15磅,可用电池作电源,在旅馆房间、飞机上都可运行。这种计算机带有键盘和 LCD(液晶显示器)。

lap winding 叠绕组 通常为多极的分布绕组，其线圈的两个线端相互靠近，相串联的两个线圈处在磁场中相近的位置上。参见 distributed winding。

large area synchronized CDMA (LASd5CDMA) 大区域同步码分多址 LASd5CDMA 是一种智能扩频码，通过建立“零干扰窗口”，产生强大的零干扰多址码，可以减少或完全消除干扰，包括符号间干扰(ISI)、多址干扰(MAI)和相邻小区干扰(ACI)，提高频谱利用率，从而降低了网络设备费用和维护费用。参见 code division multiple access (CDMA)。

large effective area fiber (LEAF) 大有效面积光纤 单模非零色散位移光纤，工作在 1 550 nm 窗口；与标准的非零色散位移光纤相比，具有较大的有效面积，有效面积增大至 72 Ÿ^{2} 以上，因而有较大的功率承受能力，适于使用高输出功率掺铒光纤放大器(EDFA)和密集波分复用技术的网络之用。参见 erbium doped fiber amplifier (EDFA), dense wave length division multiplexing (DWDM)。

large grain 大颗粒 (1)把计算机应用、功能或任务进行分解成较大的模块进行并行处理。(2)一种并行计算机结构，处理机的数量较少但功能较强。对应于 small grain。

large internet packet (LIP) 网间大数据包 在 NetWare 中，指允许网间数据包的大小从默认的 576 字节增大。这样增大了网桥和路由器上的吞吐量。

large keyboard 大键盘 汉字整字键盘的一种通俗说法。它的优点是直观性强，一字一键输入，无重码。缺点是速度慢、设备笨重，使用不方便。因此，现在已很少有人使用。

large message performance enhancement output (LMPEO) 大信息性能增强输出 VTAM(虚拟远程通信访问法)中的一个机制，其中 VTAM 重新形成超过最大请求/应答单元(RU)尺寸的功能管理数据(FMD)到一个请求/应答单元链中。参见 virtual telecommunications access method (VTAM)。

large model 大模式 Intel 80X86 处理器系列的一种存储器模式，允许代码和数据都超过 64 KB，但两者的总和小于 1MB，每个数据结构必须小于 64 KB。参见 memory model。

large optical cavity (LOC) diode 大光腔二级管 一种注入式激光二极管，其中 p-n 结位于两个异质结中间，激光可活动的光腔很宽阔，这种较宽阔的腔比腔两侧的物质具有更高的折射系数，输出光束较宽，输出功率也较大。

large scale expert system 大型专家系统 一种具有大量复杂领域知识和综合运用各种人工智能(AI)推理技术构成的计算机智能程序系统。通常这种系统涉及的领域知识繁多而复杂，并采用多种知识表示和多种问题求解方法。系统应是一个由多个子系统有机结合起来的协作分布式系统，且在系统中需将数据处理、模型处理和知识处理相结合，并需对整个系统进行有效的管理，以使系统真正达到专家的水平。

large scale integration (LSI) 大规模集成电路 含有 100 ～ 999 个等效门电路或 1 000 ～ 99 999 个元件数的集成电路。参见 integrated circuit (IC)。

large scale system 大系统 泛指规模庞大、结构复杂和功能齐全的系统。这类系统可实现各种控制和信息处理功能，如现代化企业的多级计算机控制与管理的综合自动化系统；区域性大规模电网的电力系统；城市交通的调度管理和控制系统；资源分配与开发系统；生态系统等。

large screen display 大屏幕显示设备 能将图表、图像等内容显示在 1 平方米以上面积屏幕上的设备。

Larmor frequency 拉莫尔频率 磁场中旋转的带电质点的进动角频率，该频率正比于磁场强度和回磁比。

Larmor orbit 拉莫尔轨道 带电质点在均匀磁场中的圆周运动。虽然质点的运动沿磁场不受阻碍，但垂直于磁场的运动却总伴随有垂直于运动和磁场方向的力，因而运动路线是螺旋状的。

LARP 本地和远程打印 local and remote printing 的缩写。

laryngaphone 喉头送话器 一种压紧在说话者咽喉处的传声器，它可直接检拾语音的振动而不对背景噪声有所响应。

LASd5CDMA 大区域同步码分多址 large area synchronized CDMA 的缩写。

LASCR 光激活可控硅整流器 light activated silicon controlled rectifier 的缩写。

LASCS 光激活可控硅开关 light activated silicon controlled switch 的缩写。

laser 激光 最初为 LASER, light amplification by stimulated emission of radiation(受激辐射光频放大器)的缩写，现已成为一个单词，指一种利用某种效应产生同步光的设备所产生的光，同步光只有单一的频率和单一的相位，光线传播时具有很小的发散性。

laser-acoustic delay 激光-声学延迟 激光束与透明的声学延迟线相互作用的一种延迟，用于提供对射频和微波信号的可变时间延迟。

laser basic mode 激光器基模 激光器所发射的光波的最基本或最初级的横向传播模式。

laser beam 激光束 由经历激光作用的物质发射出，并具有零扩散或近乎零扩散和异常高辐射度的平行的、高方向性的单色射线光束。

laser beam printer 激光印刷机 采用激光和电子照相技术的高速印刷机。其印字速度高达 20 000

行/分。它由电激光图像发生器、扫描多面转镜、感光鼓、显影器、定影器和输纸系统组成。印刷时,计算机输出信息激光束,并照射到旋转着的扫描多面转镜上,再由镜面反射到感光鼓面上使其感光。在感光鼓面上受到光照的部分,充电电荷就会消失,而未被光照的部分仍保留充电电荷,这样就形成了静电潜像。以后经显影器,把静电潜像变成色粉图像,再进入定影器加热记录纸,使色粉溶化形成永久性记录。

laser beam recorder 激光束扫描仪 扫描绘图仪的一种。它与电子束扫描仪类同,区别在于扫描光源采用激光束。

laser beam rotating mirror image recorder 转镜式激光影像记录仪 一种高精度计算机影像输出记录装置。激光器的输出经调制后用多面转镜进行一个方向扫描,而另一方向用机械扫描,适用于成卷胶片的记录。特别适合作图像输出量大的图像处理系统的影像输出装置。

laser beam sweep 激光束扫描 在激光打印机中,激光束从左向右通过光电导体的动作。

laser Chinese character printer 激光汉字打印机 一种综合激光、电子照相、机电控制等多方面技术的汉字打印机,由光-电-机结合的打印机构和控制电路组成,其核心部分是激光器,将载有汉字的激光束投影到旋转的记录硒鼓面上,再经磁刷进行干式显影,鼓面呈现带有墨粉的汉字图像,最后经过定影处理,完成汉字印刷。

laser chirp 激光线性调频脉冲 单个脉冲期间出现的激光中心波长的突然变化。

laser COM 激光计算机输出缩微胶片 laser computer output microfilm 的缩写。

laser communication 激光通信 利用激光传输信息的通信方式。按传输媒介的不同,可分为大气激光通信和光纤通信。

laser communication system 激光通信系统 包括发送和接收两个部分。发送部分主要有激光器、光调制器和光学发射天线。接收部分主要包括光学接收天线、光学滤波器、光探测器。要传送的信息送到与激光器相连的光调制器中,光调制器将信息调制在激光上,通过光学发射天线发送出去。在接收端,光学接收天线将激光信号接收下来,送至光探测器,光探测器将激光信号变为电信号,经放大、解调后变为原来的信息。

laser connector 激光连接器 一种有源连接器,通过使用激光作为有源半导体器件把到来的电信号转变为光信号。

laser diode (LD) 激光二极管 可在一个频率上产生相干红外光束的半导体二极管,通常是由砷化镓(GaAs)或掺杂有铟和铝之类其他材料的砷化镓制成。这种二极管在结构上都使其发射集中于一狭窄的路径上,可用于光纤通信中的光源。它的优点是尺寸小,耦合效率高,响应速度快,波长和尺寸与光纤尺寸适配,可直接调制,相干性好。

laser diode coupler 激光二极管耦合器 耦合器可由环氧树脂粘接的尾纤组成,在光纤数据链路的发送端由激光二极管光源向光纤或光缆耦合光能。

laser disc (LD) 激光视盘 俗称镭射影碟。视盘的直径一般为 30 cm、也有 20 cm 的。根据其信号录制方式,LD 分为两种,一种是标准播放视盘(CAV),这种视盘单面播放时间为 30 分钟。另一种是长时间播放视盘(CLV),其单面播放时间为 60 分钟。LD 理论上的分辨率可达 425 线,通常有四个声道,即两路模拟声道和两路 PCM(脉码调制)的数字声道。由于价格低廉的 VCD(影碟)的大量涌现和性能更好的 DVD(数字影碟)的日益增多,LD 已淡出市场。

laser emulsion storage 激光乳胶存储器 一种数字数据存储媒体,它采用受控光束使感光表面的极小区域曝光,从而记录信息。

laser engine 激光机 参见 printer engine。

laser fiber-optic transmission system 激光光纤传输系统 由一个或多个激光发射机和相连接的光缆组成的系统。正常工作情况下,激光辐射被限制在光缆中。

laser frequency switch 激光频率转换开关 选择激光器输出频率,即输出波长的转换开关,它是通过电子学方法激励电光晶体以产生激光谐振腔长度的变化来控制激光频率。

laser guidance 激光导航 利用来自航空飞行器或其他处所的激光束连续照射目标的导航,从而使装备有适当寻的头的导弹、炸弹或其他弹体可以对被目标反射的激光能量进行自动瞄准。

laser hazard 激光伤害 激光器中导致或潜在地导致伤害的特性。

laser head 激光头 激光头包括活性激光媒质、谐振腔和其他的组成部分,封装在一个外壳内。

laser instrusion detector 激光入侵检测器 一种带有激光源的光电入侵检测器,激光源围绕被防卫区域周边产生极窄且不可见的光束。当这种低功率激光束被阻断时即报警,其工作原理类似于光电传感器。

laser interferometer 激光干涉仪 一种以激光器作为其光源的干涉仪。用于测量范围约达 5 m 的位移,其线性分辨力为 25 nm 左右,角度分辨力约为 0.1 弧度。

laser jamming 激光干扰 一种电子对抗技术。用连续波激光器的干扰能量对敌方的电子干扰。

laser jet printer 激光喷墨式打印机 一种点阵式打印机,利用来自墨盒,着色体,电子照相技术的喷墨,和来自于激光源的光,形成和定影图像,图像大小和形式可在程序控制下进行选择;可形成各种各

L

样的图像,包括字符,可通过混合墨水形成彩色,也可在纸上或在幻灯片上形成图像。

laser length measure 激光长度测量 利用激光精密测量长度。将激光和迈克尔逊干涉仪相结合,可得到激光干涉测长仪。测量时,干涉仪的一臂不动,另一臂从被测长度的起点移动到终点,记录下相应干涉条纹变化的数目,就可以计算出长度值。

laser line follower 激光线跟随器 一种图形信息的输入设备。激光束跟踪图形连续线,以计算机可读形式将其记录下来。它可以消除从计算机输入时一些不需要的信息,如硬拷贝上的标记和污点等。

L

laser line width 激光线宽度 激光器工作中,激光束能量的一规定值,如90%的总能量所分布的频率范围。

laser machine 激光器 也称"光激射器"或"莱塞"。利用受激辐射原理使光在某些受激发的工作物质中放大或发射的器件。由激励系统、激光物质和光学谐振腔三部分组成。目前使用的激励手段,主要有光照、通电或化学反应等。可用作光源。

laser memory 激光存储器 一种大容量存储设备,用受控激光束作用于光敏的或其他的表面上独立且极小的区域,以便存储和以后读出数字数据或其他类型的信息。参见 laser optical videodisc。

laser optical videodisc 激光录像盘,录像唱片 一种形如唱片的高密度存储装置,不仅可用于存储计算机系统的数据和程序,也可用于存储有图像、声音和文字的档案资料。由于采用激光"唱头"(读信息的装置)等特点,其寿命长,查找速度快,画面放映灵活。

laser platemaker 激光制版机 在一地点用激光器扫描一个页面,将结果发送到另一地点,且用另一激光器制成印刷版,它是一种传真发送式的制版装置。

laser plotter 激光绘图仪 用激光以光栅或向量方式在胶片上生成显示图像的绘图仪。

laser printer 激光打印机 一种非击打式打印机,它控制激光束扫描光电导体的印刷媒体建立潜像,然后再使增色剂粉末吸附在充电的潜像上,就可以变成可见图像。

laser print head 激光印刷头 激光印刷机上的一个部件,它可以发射出经过调制的相干光束,这种光束对光电导体进行扫描从而形成静电图像。

laser protective housing 激光器保护罩 激光的保护罩,防止人们暴露于超过允许的,或法定的辐射极限。

laser pulse duration 激光脉冲持续时间 脉冲激光器所发射的电磁波能量突发的持续时间。同 laser pulse length, laser pulse width。

laser pumping source 激光泵浦源 使激光工作物质达到粒子数反转的外界能源称为激光泵浦源。激励方式以电抽运和光抽运最为常见。电抽运常见于气体激光器,光抽运几乎用于所有的固体和液体激光器,此外还有化学抽运、核抽运、热抽运等。

laser radiation detector 激光辐射检测器 一种主要对相干的可见光、红外或紫外光的激光束做出响应的光电检测器。其一种应用是警告坦克和其他军用车辆的驾驶者,他们正被激光目标选择器所照射,因而易于受到激光制导武器的攻击。

laser rangefinder 激光测距仪 激光雷达的一种简化型,主要用来精确地测量目标距离。它利用数字计数器确定在发射激光脉冲和被目标反射的返回脉冲之间所经历的时间,用光速乘以单程行进时间即可得到距离。

laser remote sensing 激光遥感 运用紫外、可见光和红外的激光器作为遥感仪器进行对地观测的遥感技术。参见 remote sensor technology。

laser scanner 激光扫描器 通过激光扫描的方式,使激光束聚焦在一块极小的区域上,用以记录或读入数据的一种设备。激光光束的相干性可以使光束聚焦到很小面积上,因此激光扫描器同时可用来记录数据和读数据。利用这种特性就可作为存储器用来读出字符,如同文字识别一样。

laser scanning power 激光扫描功率 在激光印刷机中,激光束的功率级,用毫瓦(mW)表示。

laser seismometer 激光地震仪 一种激光干涉仪系统,它通过测量位于一真空管道相对两端的两个花岗岩台墩间距离的变化来检测地球内部的地震应变。激光器的光束在管道中往返行进,可以检测出小至80 nm的移动。

laser sonar 激光声纳 一种测距系统或通信系统。其中调制的激光光束射入传播媒质以激发声波或光子,用来检测与其他地方的通信,或获得物体的反射以测距。

laser spectrum 激光光谱 以激光为光源的光谱技术。常见的激光光谱包括以下几种:①吸收光谱,激光用于吸收光谱,可取代普通光源,省去单色器或分光装置。激光的强度高,足以抑制检测器的噪声干扰,激光的准直性有利于采用往复式光路设计,以增加光束通过样品池的次数。所有这些特点均可提高光谱仪的检测灵敏度;②荧光光谱,高强度激光能够极大地提高荧光光谱的灵敏度,以激光为光源的荧光光谱适用于超低浓度样品的检测;③喇曼光谱,激光的高强度极大地提高了包含双光子过程的喇曼光谱的灵敏度、分辨率和实用性;④高分辨激光光谱,是研究原子、分子和离子结构的有力工具,可用来研究谱线的精细和超精细分裂、光位移、碰撞加宽、碰撞位移等效应;⑤时间分辨激光光谱,能输出脉冲持续时间短至纳秒或皮秒的高强度脉冲激光器,是研究光与物质相互作用时瞬态过程的有力工具,如测定激发态寿命以及研究气、液、固相中原子、分子和离子的弛豫过程。参见 absorption spectrum, fluorescence spectrum, Raman spectrum。

laser storage 激光存储器 利用极细的激光束存取数据的一种大容量存储器。参见 laser memory。

laser storage technology 激光存储技术 20 世纪 70 年代中期出现的一种全新的记录信息的光电子技术,它是光学、光电子学、计算机技术和信息存储新材料技术综合集成的产物。激光存储技术将光束聚焦到直径只有 0.6 微米左右的焦斑上,使记录介质受高功率密度光的烧蚀形成小孔,被烧蚀的小孔就成为二进制的"1",而未烧蚀处为"0"。这样,使得存储信息调制的光束在记录介质上产生光化学作用,记录下相应的信息,形成光碟。

laser technology 激光技术 激光技术是光学、光谱学与电子学发展到一定程度以及这些学科相互结合的必然产物。激光技术应用广泛,如激光保鲜、激光育种、激光医疗、激光美容等。目前日益广泛地应用于通信、医疗、材料加工、检测与计量、军事、农业、同位素分离和可控核聚变等诸多领域。

laser threshold 激光阈值 激励电子或分子产生激光所需要的最小激励功率或能量,在这种能级上激光器可正常工作。

laser-triggered switch 激光触发开关 一种由利用激光束触发导通的放电器组成的高压大功率开关。在电力系统中,这种开关控制的电压范围可从几千伏到过几百万伏。

laser velocimeter 激光测速仪 一种具有连续波激光器的速度测量仪表。激光器对目标发出相干的光束,目标与光束成直角运动。由运动目标反射的针状衍射波瓣扫过接收机中的光栅,从而在光电倍增器中产生一连串的脉冲,由此即可确定速度并读出。在另一种类型的测速仪中,利用光电检测器检测散射光与非散射光之间的差拍信号,测量来自运动目标的散射光的多普勒频移。该差拍频率正比于目标的速度。它也称"衍射测速仪"或"光学衍射测速仪"。

lasing 光激射 通过泵激或激励电子到更高的能态,在激光光谱的某一频率产生辐射的过程。该频率是所用激光材料特有的。

LASINT 激光情报 laser intelligence 的缩写。

last-in-chain (LIC) 链尾 一个请求/应答单元(RU),其请求头部(RH)结束链指示符被打开,并且其 RH 开始链指示符关闭。参见 RU chain。

last-in first-out (LIFO) 后进先出 (1)处理数据序列的一种规则。其内容是排在数据序列最后面的项目最先得到处理。该规则在编译程序技术中广泛采用,是堆栈技术中的基本工作规则。(2)编译技术中的基本概念。处理信息顺序的有效的存储原则,即在存储区里,后存入的信息总是先取出来,相反,先存入的信息总是后取出来。

last mile services 末端服务,最后 1 英里服务 用于连接城市之间的电缆、微波系统和客户现场的链路、设施或服务。

last number dialed 拨上次号码 一种使用户得以迅速重拨前一个拨号的交换机或电话机功能。

last priority level 最后优先级,当前优先级 在某些信息处理系统中,在发送当前程序状态向量之前,活动的最新优先级的优先数。

Las Vegas algorithm 拉斯维加斯算法 一类概率算法。此类算法不会输出错误的解,但有时可能根本找不到一个解。虽然如此,但在同样输入上通过足够多次运行同一算法可使失败(即找不到解)的概率任意地小。

LATA 本地接入和传输区域 local access and transport area 的缩写。

latch 锁存器,门闩电路 (1)一种具有开关功能和寄存功能的电路。锁存器有两个输入线,一个称为信息线 D,一个称为控制线或脉冲线 C。当 C 线上有信号时,锁存器开启,起着开关作用,D 线上的信息可以通过锁存器往下传送。这一点并不是所有的 D 触发器都能做到的,因为有些 D 触发器输出的并不是当时信息线 D 上的信息而是它原来保存的信息。当 C 线信号撤销时,锁存器就把 D 线上的信息保存起来直至下一次开启。这一点也不是所有的 D 触发器都能做到的,因为有些 D 触发器保存的不是控制信号撤销时 D 线上的信息而是控制信号开启时 D 线上的信息。锁存器也称"暂存器"。(2)由适当的输入信号来进行置位和复位的一种双稳态电路。

latch-down key 锁下键 打字机上的一种控制键,在操作时,保持其位置不变,直至将它翻起。

latched device 锁扣机构 操作力消失后,开关电器的可动部分被锁住,不能由于弹簧或重力作用而返回至起始位置的机构。

latching 闩锁,闭锁 一种开关作用,它需要特殊的力或信号将开关置于某种状态,并保持其状态不变,直至另有激励力或激励信号施加为止。

latching circulator 闩锁环行器 一种可开关的环行器,在利用电磁铁或永久磁铁对铁氧体铁芯完成开关作用后,不需要保持电流来维持所要求的微波路径。这种环行器用于带状传输线和波导中。

latching current 擎住电流 晶闸管刚从断态转入通态,并移除触发信号之后,能维持通态所需的最小主电流。擎住电流值与工作条件有关。

latching-in relay 保持继电器 撤除激励量后,仍保持激励时状态的继电器。以机械作用保持激励时状态的称为"机械保持继电器"。以硬磁或半硬磁材料的磁力作用保持激励时状态的称为"磁保持继电器"。参见 monostable relay, bistable relay。

latching phase shifter 闩锁移相器 一种在器件利用磁力作用转换到新的数值后、无需保持电流来维持所要求相移的移相器。这种移相器用在微带传输线和波导中。

latching reed relay 闩锁舌簧继电器 一种衔铁式继电器，在由其线圈中反极性脉冲或加到单独的释放线圈的脉冲释放之前，其保持线圈一直使继电器的触点保持闭合。

latching relay 闩锁继电器 一种在手动或电动重置前，其触点都锁在其激励或释放位置，或两者皆锁的继电器。闩锁作用由机械锁完成。与此相反，闭锁继电器的闭锁是由手动或电动方法完成。比较 lock-up relay

L

latching switch 闭锁开关 (1)一种开关，它需要特殊的力或信号将开关置于某种状态，并保持其状态，直至施加其他的激励力或激励信号为止。(2)光导纤维中的一种开关，当对它施加激励力或激励信号时，可选择性地将光信号从一个光纤转换至另一个光纤，并且在该激励力或激励信号撤销后仍继续传送信号直到另外施加其他激励力或激励信号为止。

latch-in relay 自锁继电器 一种即使线圈没有通电也保持其触点在所呈现的最后位置的继电器。

latchup 锁住，闭锁超载 一种不希望出现的状态，在此状态下，无论是 PNPN 型还是 NPNP 型可控硅整流器都接通在 ON 状态，因而使器件旁通或短路而不能被栅极断开。

late distortion 滞后畸变 由信号的某些部分延迟到达而引起的畸变。

latency 延迟时间，潜伏期 (1)泛指数字计算机与它的存储器之间在传送信息时所需的延时。例如计算机发出读(写)命令到正式开始读(写)操作之间的延迟时间。常用在计算机与磁鼓、磁盘等存取装置间的信息传送中。(2)指令控制器初启一次数据调用的时刻到实现开始数据传送时刻之间的时间间隔。工程上相当于定位时间。同 waiting time。参见 ring latency。例如为了存取磁盘上的特定字块(记录)而把读写头移动到盘面上特定的磁道上所费的时间，加上盘面旋转到所要求的位置所费的时间。(3)潜伏期表示完全执行一个指令所需的时钟周期，潜伏期越少越好。严格来说，潜伏期包括一个指令从接收到发送的全过程。现今的大多数 x86 指令都需要约 5 个时钟周期，但这些周期之中有部分是与其他指令交迭在一起的(并行处理)，因此 CPU 制造商宣传的潜伏期要比实际的时间长。

latency time 延迟时间 在信息传送中，是指信息传送的延迟时间。

latent image 潜像 存在于经过曝光但未显影的感光物质上的影像。

lateral offset 横向偏移 在光导纤维的接头处(如两个光纤对接处)，沿光纤轴的径向的偏移。

lateral offset loss 横向偏移损耗 在光纤系统中，由于在连接器或接头处(如在光纤与光纤接头处、光源与光纤接头处或光纤与光检测器接头处)，没有很好对准而产生的横向偏移，即横向偏移所引起的功率损耗。参见 angular misalignment loss, longitudinal displacement loss。

lateral photoelectric effect 侧向光电效应 属于一种光生伏特效应，是当光电器件敏感面受光照不均匀时，受光激发而产生的电子空穴对的浓度也不均匀，电子向未被照射部分扩散，引起光照部分带正电、未被光照部分带负电的一种现象。参见 photovoltaic effect, barrier effect。

lateral PNP transistor 横向 PNP(型)晶体管 在 N 型区扩散两个靠近的 P 型区，分别作为发射极和集电极，而以夹在其间的 N 型区作为基极的晶体管。在这种情况下，载流子的流动方向是横向的。这种晶体管的基极和集电极间电流放大系数较低。

lateral redundancy check 横向冗余校验 同 transverse redundancy check。

lateral reversal 横向反转 图像由右到左改变方位，就像在镜子中看到的那样。

lateral tell 横向通信 发生在具有相同的工作级或命令级的设备之间的信息传递。

lateral transistor 横向晶体管 其发射极-基极结和集电极-基极结在分离的区域形成的晶体管，其结间流动的电流处在平行于其表面的平面内。

Latin square 拉丁方 由$\{1,2,\cdots,n\}$组成的n阶矩阵，如果每个数在每行、每列恰好出现一次，则称为n阶拉丁方。下面分别是 2 和 3 阶拉丁方的例子。

$$\begin{pmatrix}1 & 2\\ 2 & 1\end{pmatrix},\begin{pmatrix}3 & 2 & 1\\ 2 & 1 & 3\\ 1 & 3 & 2\end{pmatrix}$$

latitude effect (宇宙线)纬度效应 宇宙线强度因纬度不同而有所变化，且距赤道越近其强度越低。称此现象为宇宙线纬度效应。

lattice 晶格 结晶材料中原子的有序排列。

lattice-like structure 网状结构，格状结构 一种树型结构，其中每个节点只有一个父节点(仅有一个节点而没有父节点的，即为根节点)及若干个子节点，这些子节点都不重合。如果一个节点有多于一个的父节点，或许多子节点中有重合的，则为网状结构。如果整个结构仅有一个节点没有父节点，也仅有一个节点没有子节点，即所有的节点的后继节点最后都重合到一个节点，称为格状结构。

lattice network 格型网络 由四条支路串联组成的网络。其中两个不相邻的连接点作为输入，另两个连接点作为输出。也称"桥式网络"或"X 形网络"。

lattice scattering 晶格散射 晶体的晶格中电子因与振动的原子发生碰撞而产生的散射，这将降低晶体中载流子的迁移率，从而影响到它的电导率。

L-attribute grammar L 属性文法 适用于实现自顶向下文法处理的属性翻译文法。其属性赋值规则是:①令P是出现于语法规则右部的某语法符号S的一个继承属性,则P的值由语法规则左部的继承属性和语法规则右部某引起符号T的任意属性来确定;②令P是出现于语法规则左部的一个综合属性,P的值由在右部出现的某些继承属性和在右部出现的任意属性来确定;③令P是语法规则中任一输出符号S的综合属性,P的值仅由S的继承属性确定。该文法具有边读入符号边计算的属性,且避免了循环定义的特点。

LAU 瓣接入单元 lobe access unit 的缩写。

launch angle 发射角 (1)从表面出射光线与法线的夹角。(2)在光纤端面处,入射射线与光纤轴之间的夹角。同 departure angle。

launching fiber 发射光纤 与光源连在一起,具有规定的特性和长度,以便按特定形式激发光纤中的模式的一段光纤。通常用于测试系统中,其作用是使注入到被测光纤中的光,保持重现原来的条件,并尽可能地接近稳态情况。发射光纤又称注入光纤。

launching optical fiber 发射光纤 附属于光源并用以与其他元件(如耦合器或光纤)相连接的光纤引出线。

launch loss 发射损耗 一种辐射功率损耗,在光源输出与光波导耦合点产生的,如光纤引出线与光源连接处产生的损耗。通常是由孔径失配、角错位、纵向位移、横向偏移和弗朗斯涅尔(Fresnel)反射引起的损耗。

launch numerical aperture (LNA) 发射数值孔径 将功率耦合(发射)进入光纤内的光学系统的数值孔径。

launch spot 入射光斑 一种光斑,当光束入射至一横向表面,即垂直于光学元件光轴的屏幕上时,由从光学元件(如透镜或光纤)的输出端面发出的光束所产生,它的直径取决于出射角,即发射角和横向表面与元件之间的距离而定。

lawful interception gateway (LIG) 合法拦截网关 支持合法拦截功能的网关,也称"监听网关"。对LIG部署监听配置,能从网络获取监听内容,并向监听管理中心传送监听内容。

law of absorption 吸收律 两个二元运算满足的一种规律。设"∗"、"+"是定义在非空集合S上的两个二元运算,如果对于任意的$x,y\in S$,都有

$$x*(x+y)=x$$
$$x+(x*y)=x$$

则称这两种运算满足吸收律。例如,集合的并与交运算满足吸收律。设A,B是任意两个集合,则

$$A\cup(A\cap B)=A$$
$$A\cap(A\cup B)=A。$$

law of association 结合律 一个二元运算满足的一种规律。设"∗"是定义在非空集合S上的一个二元运算,如果对于任意的$a,b,c\in S$,都有

$$(a*b)*c=a*(b*c)$$

则称运算"∗"满足结合律。

law of commutation 交换律 一个二元运算满足的一种规律。设"∗"是定义在非空集合S上的一个二元运算,如果对于任意的$a,b\in S$,都有

$$a*b=b*a$$

则称运算"∗"满足交换律。

law of conservation of charge 电荷守恒定律 在任何物理过程中,各个物体的电荷可以改变,但参于这一物理过程的所有物体电荷的代数和是守恒的,也就是说:电荷既不能创造,也不能被消灭,它们只能从一个物体转移到另一个物体,或者从物体的一部分转移到另一部分。例如中性物体互相摩擦而带电时,两物体带电量的代数和仍然是零。这就是电荷守恒定律。

law of conservation of momentum 动量守恒定律 如果一个系统不受外力或所受外力的矢量和为零,那么这个系统的总动量保持不变,这个结论称为动量守恒定律。动量守恒定律是自然界中最重要最普遍的守恒定律之一。

law of contradiction 矛盾律 形式逻辑的基本定律之一:在同一时间、同一条件下,对同一对象所作的两个矛盾的判断不能同时都真,其中必有一假。它要求在同一议题中不能把两种互相矛盾的属性归于同一对象,即不能断定某对象是什么,又断定它不是什么。遵守矛盾律能使思维具有一贯性、不矛盾性,否则就会犯"自相矛盾"的逻辑错误。其公式表示为

$$A\wedge\neg A\Leftrightarrow F$$

意为A与$\neg A$不可能同时为真。

law of distribution 分配律 两个二元运算满足的一种规律。设"∗"、"+"是定义在非空集合S上的两个二元运算,对于任意$a,b,c\in S$,若

$$a*(b+c)=a*b+a*c$$

或

$$(a+b)*c=a*c+b*c$$

则称运算"∗"对于"+"满足左或右分配律,若左右分配律都满足,称满足分配律。

law of electric charges 电荷定律 同性电荷相斥,异性电荷相吸。

law of electromagnetic system 电磁系统定律 电磁系统具有改变其配置的倾向,使得磁感应通量趋于最大。

law of idempotence 幂等律 一个二元运算满足的一种规律。设"∗"是定义在非空集合S上的一个二元运算,若对任意的$a\in S$,都有$a*a=a$,则称运算"∗"满足幂等律,或称"∗"是幂等运算,且称元素a是幂等元。

law of identity 同一律 形式逻辑的基本定律之一。在讨论或考虑某一对象的过程中,必须指的是同一个对象,这个对象是什么就应当把它看成什么,不

能用另外的对象来代替它。换言之,在同一思维过程中,每个概念、判断必须具有确定的同一内容。违反同一律就会产生“偷换概念”等的逻辑错误。此定律的公式表示为

$A \Leftrightarrow A$

意为 A 等价 A 。

law of magnetism 磁性定律 同极性相斥,不同极性相吸。

law of sufficient reason 充足理由律 形式逻辑的基本定律之一:任何思想或论断只有当它具有充足理由时才能被认为是对的,也即任何真实的论断,都要有充足的理由。在推理和论证中,对于任何一个真实的结论或论题而言,其前题或论据必须是它的充足理由。其公式表示为

$B \Rightarrow A$

意为所以有 A,是因为有 B。

layer 层 (1)在网络体系结构中,一组概念上完整的服务操作和协议的集合,它们构成功能层次结构中的一个层次,同一层中的功能通过协议协调其活动,相邻层中的功能通过接口协调其活动。把计算机网络作为一个层次化的结构来看待,便于设计人员采用分而治之的策略。设计人员一次只需考虑一个层,精心设计该层的协议及相应的程序。一旦在概念上划分出各个层次,各个层次的功能也就明确了,标准也就随之产生。这样,上层便可以以一种有序、预知的方法将数据递交给下一层。从用户角度来看,位于顶上的是应用层,应用层产生一些数据,便传递到下一级的传输层;传输层将数据作适当处理后,传送到负责将数据从计算机中发送到网络中的网络层;而后由数据链路层通过物理层(实际的电线、光纤、同轴电缆等)负责将数据完整地传送到接收方。当数据到达目的地后,以相反的顺序从底向顶方向传送。网络层接收数据,将它们向上传递到传输层,并最终到达正确的应用程序。参见 application layer, data link layer, network layer, physical layer, presentation layer, session layer, transport layer。(2)在模块化系统中,功能上相对独立的部分。一层内部的变化不会影响到其他层,而且其功能也只能由其相邻层看到。

layer discrimination 层辨别 在 CRT(阴极射线管)上,对不同层的数据从图形上辨别。这些不同层的数据已被有选择地安排了不同的颜色,或通过灰度等级强调它们是不同的实体。

layered interface 层次化接口 在程序设计中,在应用与硬件之间的一级或多级程序,根据任务的类型分离各层的功能,层次化的接口使每一层的程序能够假定和利用下一层提供的功能,因而上层的程序不必直接管理有关的硬件的操作,也使程序能够较容易地进行移植或者与不同的设备进行匹配。

layered organization 层次结构 一种操作系统的结构组织方式。它将某个功能层次分解成一个新的抽象的层次结构,其中 i 层的功能实现根据 $i-1$ 层所提供的功能而定。

layered protocol 分层协议 在开放系统网络体系结构中,分布于网络的两个或更多的层上的协议。

layered system 分层系统 一种系统,其中各部件是按照分层体系结构组合起来的,底层提供的功能和服务支持上层的功能和服务。

layer entity 层实体 在 ATM(异步传输模式)网络中,指层内的一个活跃元素。

layering 分层(法) (1)CAD/CAM(计算机辅助设计/计算机辅助制造)数据库中一种数据的逻辑组织方法。功能不同的数据类被分别放置在不同的层上。在进行设计时,设计人员可以对每层的数据分别显示,也可以把多个层组合起来显示。例如在多层印制板设计中,可以把印制板不同层上的连线及丝网图等放在不同的逻辑层上,以使设计人员比较容易区别不同的设计数据。(2)在音乐或声音制作中,结合许多声音生成器以产生丰富音响的技术。

layering model 分层模型 用来解释一系列协议之间相互关系的概念框架。分层对协议设计者是有用的,且一旦实现,协议能够使用而不需要了解分层情况。

layer management 层管理 与特定层的管理有关的功能,OSI(开放系统互连)参考模型中,与(N)层管理有关的功能。其中有一部分是由(N)层本身按照该层的协议执行的,另一部分是作为系统管理的子集执行的。

layer protocol 层协议 在网络体系结构中,适用于某一层的一组功能的协议。

layers 分层 用户定义的 CAD/CAM(计算机辅助设计/计算机辅助制造)数据库中的逻辑子集。它们既可在 CRT(阴极射线管)终端上单独显示,也可以重叠在一起显示多层。

layer 2 DHCP relay agent 二层 DHCP 中继代理 位于 DHCP(动态主机配置协议)中继代理和客户机之间的二层网元(桥接设备)。二层 DHCP 中继代理功能可以改 DHCP 报文中继代理信息选项。参见 DHCP relay agent。

layer 2 forwarding (L2F) 第二层转发协议 由 Cisco 公司定义的隧道协议,可以在多种介质,如 ATM(异步传输模式)、帧中继、IP(网际协议)网上建立多协议的安全虚拟专用网。此系统通过使用数据链路层协议来实现隧道,L2F 要求所有数据流通过的路由器和服务器都要支持 L2F。在这种情况下,隧道的配置和建立对用户是完全透明的。

layer 2 switching 第二层交换 第二层交换技术是在局域网络中仅以第二层(MAC 层)的信息作为传输与数据交换的依据,通常此类交换机先以学习的方式在每一个端口纪录该区段的 MAC(介质访问控制)地址,再根据 MAC 层数据包中的目的地地

址(DA)传送该数据包至目的地的端口,其他端口将不会收到该数据包,若目的地地址仍然在,则数据包将不会被传送。

layer 2 tunneling protocol (L2TP) 第二层隧道协议 因特网工程任务组(IETF)所定义的一种隧道协议,L2TP扩展了PPP(点对点协议)连接的覆盖范围:虚拟的PPP链接包括从远端主机开始,到主机所要连接的企业网关之间通过的所有路径,而非传统的终止于本地的ISP(因特网服务提供商)访问点。实际上,远端主机就好像同企业网关处于同一个子网中。由于主机和网关共享共同的PPP连接,因此可以利用PPP的能力传送包括IP(网际协议)在内的多种协议,如:L2TP隧道既可用于支持远程LAN(局域网)访问,也可支持远程IP访问。L2TP访问方式十分经济有效,支持多种协议的数据传输和远程的LAN访问方式,具有优良的特性,是一种优秀的解决方案。然而,其缺点是没有提供保密性好的安全特性。因此,IETF PPP扩展工作组制定了一系列的草案来弥补这些缺憾,所提出的解决方案主要是利用IPSec(因特网协议安全性)安全框架模型来解决L2TP隧道的安全性。参见point-to-point protocol (PPP)。

layer 3 switching 第三层交换 第三层交换技术将交换与路由选择集成在一起,可得到非常高的路由选择吞吐率,每秒可达数百万个信息包。目前常用的交换机为第二层交换机,它在功能层次上等价于网桥,升级到第三层交换机后,可增强那些大型的、平面(即非层次型)的网络交换性能,改善因遭受广播风暴,生成树循环和地址限制等引起的问题。第三层交换技术从广义上可以分为两大类:第一类被称为"一包接一包",在此方法中,每个数据包的处理就像它是在一个标准的路由器上,只是速度要快得多,通常是通过使用极快的硬件、专用集成电路以及用流水线技术而获得的;第二类被称为"开通式",这里,序列中的第一个包选择路由,而子序列包被交换,在此情况下,经常会用到某些包标记形式。

layer 4 switching 第四层交换 第四层交换技术不仅应用了第三层交换中的IP(网际协议)交换技术,更重要的是它站在更高层次上,可以查看第三层数据包头源地址和目的地址的内容,可以通过基于观察到的信息采取相应的动作,实现带宽分配、故障诊断和对TCP/IP(传输控制协议/网际协议)应用程序数据流进行访问控制。显然,第四层交换机在通过任务分配和负载均衡的同时,完全可以优化网络/服务器界面,提高服务器的可靠性和可扩充性,并提供详细的流量统计信息和记账信息,从而在网络应用层水平上解决网络拥塞、网络安全和网络管理等问题。

lay length 绞距 螺旋形卷绕的电缆中的指定元件,如导线、加强件或光纤,被扭绞或相互绕转,结果围绕电缆轴线绕转,该元件围绕这电缆轴线绕一周所需的纵向距离,即沿电缆的距离是绞距。

layout 布置,布局,布线,设计方案 (1)文档系统的总体规划和设计,如在图形、文字处理和排版程序中,对应版面的安排。参见page layout。(2)在程序设计中,指输入和输出的顺序。(3)在计算机设计中,指电路和其他系统成分的安排。(4)在CAD/CAM(计算机辅助设计/计算机辅助制造)中,指某个区域内,根据一定的约束条件把一组图形符号以交互方式或自动方式进行定位,以满足应用的要求。例如室内的平面布置,印刷电路板元件的布局,集成电路的布线等。(5)方案的设计和规划的全过程。包括方案的确定、原理图和流程图的设计、程序的总体设计及编制文件说明书等。(6)寻求元器件在插件板上(或元件在芯片上)满足某些约束条件的最佳位置的过程。布局的最优标准一般是使某一目标函数达到最小,如使器件间连线总长度最小。(7)IC芯片设计中对扩散、多晶硅喷涂等各种区域进行几何设计。

layout character 格式符,布局控制符 同format effector。

layout file interface 布设文件接口 以文件形式划分开的用户和厂家所承担工作的界面。从LSI(大规模集成电路)芯片的逻辑设计,一直到芯片布设完成,所有的设计工作由用户完成,半导体工厂只负责试制样品和生产。这种开发定制或半定制LSI产品、用户和半导体厂家划分工作界面的方法,是ASIC(专用集成电路)发展到高级阶段的必然趋势。参见application specific integrated circuit (ASIC)。

layout parameter extraction (LPE) 布设参数提取 在LSI(大规模集成电路)芯片布设设计完成后,从掩模布设中提取器件参数及互联参数,对电路设计进行实际模拟,以确定所设计的LSI芯片是否具有所要求的性能。

layout setting 页面格式设置 字处理软件的一种功能。允许在文档中任一处重新设置页边界、行距、缩排及字型等。另外,也允许打印具有下划线或黑体字的文本。

layout versus schematic (LVS) 布设对照电路图 芯片布设完成后,检查掩模图形与逻辑电路图的等价性。

lays 扭绞 两条单线互相扭绞形成线对,通过变化扭绞的长度或扭绞方法,线对之间的潜在信号干扰就会降低。

lazy commit 惰性提交 事务完成时不是立即记录日志,而是将提交信息送入到调整缓存,然后作为后台进程写入文件系统登记。

lazy evaluation 惰性求值 一种程序设计机制,允许在提供了其所有参数的同时却不作任何实质性的计算,求值动作推迟到其结果被要求的时候才进行。这种机制使得程序能够避免所有不必要的计算和不必要的错误。

lazy programming **惰性编程** 一种将对函数或请求的处理延迟到真正需要结果时进行的概念。惰性编程可以消除代码中不必要的计算,提高程序效率。

L band **L 波段** 电磁波频谱的一部分,常用于卫星和微波应用,其频率大约在 1 ～ 2 GHz 范围,从 1.53 ～ 1.66 GHz 的频谱被用作移动卫星业务。

LBG **负载均衡组** load balancing group 的缩写。

LBN **逻辑块号** logical block number 的缩写。

LBO **假线,线路补偿** line build out 的缩写。

LBS **移动位置服务** location based service 的缩写。

LBT **先听后讲,对话前监听** listen before talk 的缩写。

LCA **逻辑单元阵列** logic cell arrays 的缩写。

LCB **线路控制块** line control block 的缩写。

LCC (1)链路连接元件 link connection component 的缩写。(2)无引线芯片载体 leaderless chip carrier 的缩写。

LCCC **(美国)国会计算机编目图书馆** Library of Congress Computer Catalog 的缩写。

LCCM **链路连接元件管理器** link connection component manager 的缩写。

LCD (1)液晶显示 liquid crystal display 的缩写。(2)链路控制定义器 line control definer 的缩写。

LCD printer **LCD 打印机,液晶显示打印机** liquid crystal display printer 的缩写。

LCD projector **液晶投影电视** 采用三个液晶板和一个白炽灯光源的一种前投式投影电视,但屏幕又是前投式投影电视中最小的。有些好象在观看者面前放了个放大镜,但却仍有较多的细节。LCD 投影电视的主要优点是勿需进行会聚调整,缺点是会产生跳幅现象。

LC filter **LC 滤波器** 也称"无源滤波器",就是该装置不需要额外提供电源。LC 滤波器一般是由滤波电容器、电抗器和电阻器适当组合而成,与谐波源并联,除起滤波作用外,还兼顾无功补偿的需要。参见 passive filter。

LCGN **逻辑信道组号** logical channel group number 的缩写。

LCH **逻辑通道队列** logical channel queue 的缩写。

LCID **局部字符集标识符** local character set identifier 的缩写。

LCN (1)逻辑通道号 logical channel number 的缩写。(2)松散耦合网络 loosely-coupled network 的缩写。

LCP (1)链路控制协议 link control protocol 的缩写。(2)链路控制规程 link control procedure 的缩写。(3)最长公共前缀 longest common prefix 的缩写。

LCS (1)链路连接子系统 link connection subsystem 的缩写。(2)局部概念模式 local concept schema 的缩写。(3)松散耦合系统 loosely-coupled system 的缩写。

LCSM **链路连接子系统管理器** link connection subsystem manager 的缩写。

LCSS **局部概念子模式** local concept subschema 的缩写。

LCT (1)(运行)记录控制表 log control table 的缩写。(2)级控制表 level control table 的缩写。

LCU **环路控制器** loop control unit 的缩写。

LD (1)激光视盘 laser disc 的缩写。(2)激光二极管 laser diode 的缩写。

LDA **逻辑设备地址** logical device address 的缩写。

LDAP **轻量目录访问协议** lightweight directory access protocol 的缩写。

LDB **局部数据库** local database 的缩写。

LDBMS **局部数据库管理系统** local database management system 的缩写。

LDC (1)本地设备控制器 local device controller 的缩写。(2)低差别编码 low disparity code 的缩写。(3)链路数据信道 link data channel 的缩写。

LD-CELP **低时延码激励线性预测(编码)** low delay code excited linear prediction 的缩写。

LDDI **局部分布式数据接口** local distributed data interface 的缩写。

LDL (1)基于逻辑的数据语言 logic-based data language 的缩写。(2)长途线路 long-distance line 的缩写。

LDM **有限距离调制解调器** limited distance modem 的缩写。

LDNCB **局部设备节点控制块** local device node control block 的缩写。

LDO **逻辑设备指令** logical device order 的缩写。

LDP **标记分发协议** label distribution protocol 的缩写。

LDR **光敏电阻** light-dependent resistor 的缩写。

LDRI **数据低速输入** low data rate input 的缩写。

LDT (1)逻辑设备表 logical device table 的缩写。(2)闪电数据传输 lightning data transport 的缩写。

LE **局域网仿真** LAN emulation 的缩写。

lead **引脚** 在电子学中,一个描述某种元件的金属连接部分的术语,是一个未绝缘的线,从元件的一端引出以便与印刷板或其他元件连接。

leader **引导,头标,导带,引线** (1)一卷磁带上记录数据之前的一段空白段。(2)在正文格式化过程中:①目录中用于水平地引导视线的一组点或连字符或其他类似字符;②一页上正文和脚位之间的分隔符,通常由短划线构成。(3)位于一组详细记录之前的一种特殊记录。用于给出该组详细记录的有关标识信息,如第十批信息由此开始。(4)文献数据库中位于每个记录开始的一固定区段。用于描述一条逻辑记录在磁带上的总体结构的一组管理信息,包括记录长度、记录状态、指示符长、标志符长、数据基地址和目次安排等。

leaderless chip carrier (LCC) 无引线芯片载体 一种封装方式的芯片,芯片的边上有接触导体而不是引脚,在芯片插座上有相应的接触片使其连接到印刷板上,是一种成本较低的封装方式,比较 dual in-line package, pin grid array。参见 plastic leaderless chip carrier。

leadership priority 领导权优先级 在 ATM(异步传输模式)网络中,一个本地节点希望成为平等组领导的优先级。通常在平等组的各个节点中,具有最高领导权优先级的成员将被选为组领导。

leading character 前导字符 字符串中一个或多个位于最前面的字符。例如 C 是字符串 CBMSD 的前导字符,如经扩充,也可认为 CB 或 CBM 为前导字符。主要用于字符串检索。

leading current 超前电流 比产生它的电压领先 90°达到其最大值的交变电流。超前电流流动在任何以电容性为主导的电路中。

leading decision 前导判定 在循环体之前执行的一种循环控制语句。比较 trailing decision。

leading edge 前沿,前缘,上升沿 (1)字符识别中的读入操作期间第一个遇到的前沿。(2)穿孔卡进入读卡机时首先进入的边沿。(3)磁记录媒体运行时首先遇到的那一半磁头铁芯极顶。(4)在序列基线上,出现在图形字符前面并最靠近该图形字符的字符框的边缘。(5)电子信号的初始部分,在数字电子信号从一个逻辑电平转换到另一个逻辑电平然后再回到原来的电平时,前一个转换边沿称为前边沿,后一个转换称为后边沿。

leading-edge pulse time 前沿脉冲时间 脉冲瞬时幅度达到脉冲峰值幅度所规定部分的时间。

leading load 超前负载 电容性占主导地位的负载,故其电流超前于加到负载上的交变电压。

leading zero 先行零,前导零 (1)在一个数的第一个非零数位左边的一个或一些零。用来指出假定的小数点的位置。(2)用作填充符的数值零。出现在一个数的最高有效位的左边。

leading zero suppress 前导零删除 将一个数的有效数字左边的无效零(前导零)删除的过程。

lead in pages 引导页 在信息传输系统中,指用户到达所需数据库区域的路径选择。

leadless chip carrier (LCC) 无引线芯片载体 四边无引线,有金属化焊端并采用陶瓷气密封装的表面组装集成电路。同 leaderless chip carrier。

lead limit switch 行程限位开关 也称"限位开关",用于控制机械设备的行程及限位保护。将行程限位开关安装在预先安排的位置,当装于生产机械运动部件上的模块撞击行程开关时,行程限位开关的触点动作,实现电路的切换。行程限位开关按其结构可分为直动式、滚轮式、微动式和组合式。参见 limit switch。

lead on chip (LOC) 芯片上引线封装 集成电路封装技术之一,引线框架的前端处于芯片上方的一种结构。芯片的中心附近制作有凸焊点,用引线缝合进行电气连接。

lead time 研制周期,交付周期,提前期 (1)产品从最初设计到正式投产所需的时间。(2)商品从订货合同签订到交付给用户所需的时间。(3)MRP(制造资源计划)中的提前期指完成一项活动所需要的时间。这种活动通常指物料和产品的获得。无论是从外面购入的还是用自己的设备制造的。提前期可由下列各种时间或它们的总和组成:订单准备时间、排队时间、加工时间、搬运时间或运输时间、接收和检测时间。

lead time offset 提前期逆推 MRP(制造资源计划)计算提前期的一种技巧。依据某一作业所需的时间,由订单完成的时间往回计算订单发出的时间。例如某项作业预计在第 85 工作日完成,作业所需的时间是 10 天,则订单应于第 75 工作日发出。

LEAF 大有效面积光纤 large effective area fiber 的缩写。

leaf 叶,张 (1)在分枝结构(树形结构)中,一种没有"后代"的元素(终结元素)。该元素在结构上不可再分。(2)文档中一个空白的或者打印的页面,其两面都是一个页。

leaf class 叶类 一种无子类的类,它必须是具体类。参见 metaclass, join class。

leaf node 叶节点 (1)结构图中不再有较低级的那个方框图。(2)按逻辑树构成的结构图中末端的节点。

leaf setup request (LSR) 叶建立请求 在 ATM(异步传输模式)网络中,当一个叶节点请求与已有的一对多连接或者请求建立一个新的多点连接时使用的建立消息。

leakage 泄漏 某种(物理)量的不希望的或逐渐的漏出或进入,如电磁辐射通过屏蔽接合面的泄漏、电通过绝缘材料的流动以及磁力线超越其有效工作的区域等。

leakage current 漏电流 在没有故障的情况下,流入大地或电路中外部导电部分的电流。此电流可以包括由于使用电容器而引起的容性分量。

leakage current of arrester 避雷器的漏电流 对不

带串联电阻的有间隙避雷器施加规定的电压时，流过避雷器的电流。

leakage current of capacitor 电容器的漏电流 在直流电压下通过电容器端子之间的电介质和其他绝缘的稳态电流的总和。

leakage current of filter 滤波器的漏电流 在额定交流电压下滤波器外壳到交流进线任意一端的电流。如果滤波器的所有端口与外壳之间是完全绝缘的，则漏电流的值主要取决于共模电容的漏电流。

L

leakage flux 漏磁通 磁路中不经过预定通道的部分磁通。

leakage inductance 漏电感 由于变压器中漏磁通而产生的自感应。

leakage power 泄漏功率 通过被电离了的发射机-接收机(TR)保护放电管或前置保护放电管发射的射频功率。

leakage radiation 泄漏辐射 来自于某物体而非预定的辐射系统的辐射。最常见的例子是通过屏蔽接合面或不完善处泄漏出来的电磁辐射。

leakage reactance 漏电抗 由于耦合变压器初级绕组的漏磁通所造成的感抗。

leakage resistance 泄漏电阻 泄漏电流流过路径上的电阻，一般情况下具有很大的数值。

leaky bucket 漏桶(算法) 一种常用的信源整形和带宽监控技术，可以将突发信源流转化为平缓传输流，并确保用户的传输流遵守用户在建立连接时的规定。漏桶算法思想是：到达的数据包被放置在底部具有漏孔的桶中(数据包缓存)；漏桶最多可以排队 n 个字节，漏桶的这个尺寸受限于有效的系统内存。如果数据包到达的时候漏桶已经满了，那么数据包应被丢弃；数据包从漏桶中漏出，以常量速率注入网络，因此平滑了突发流量。

leaky coaxial cable 泄漏同轴电缆 通常简称"泄漏电缆"或"漏缆"，泄漏同轴电缆是一种在同轴电缆外导体纵长方向，以一定的间隔和不同形式开槽的特制同轴电缆。开槽的目的是为了使其电信号能量能从电缆槽口辐射出来，以达到向外传播和接收外来无线电波的目的。开槽的形式则取决于所使用的无线电波的频段。

leaky coaxial cable communication 泄漏同轴电缆通信 简称"泄漏电缆通信"或"漏缆通信"，是以泄漏同轴电缆作无线电台的天线所进行的通信。漏缆是一种按一定的间隔开有不同形式槽的特制同轴电缆，电磁波在漏缆中纵向传输的同时通过槽孔向外界辐射电磁波；外界的电磁场也可通过槽孔感应到漏缆内部并传送到接收端。漏缆的频段覆盖在450 MHz直至2 GHz以上，适应现有的各种无线通信体制频率要求。漏缆通信不受周围环境的影响，也不存在通信盲区，接收电平稳定，特别适合无线传播受限的地铁、铁路隧道和公路隧道等场合。

leaky mode 漏损模 光纤中的一个模式，它具有一个场强在光缆芯线束外横向方向的有限距离的单调衰落的渐逝场，而在这有限距离之外变成振荡并向四周传递能量。它与几何光学中的泄漏光线相对应。即使波导各方面都完美无缺，它仍产生衰落。参见 bound mode, cladding mode, optical fiber, radiation mode, unbound mode。

leaky ray 泄漏射线 在光波导中，如光纤中，光线在纤芯与色层交界面产生全内反射，但是因为交界面有微弯曲，并且因为交界面是曲面，即纤芯横截面是圆的或椭圆的，所以光线会从纤芯逸出进入色层，导致在传播信号中的功率损失。

leaky wave 泄漏波 在波导(如光纤)中，电磁波耦合到或者传播到波导外面的传播媒质中，如从光纤包层内到包层外。因为它不再与波导内的模耦合，所以不再是导模。漏波通常来源于波导入口有很大偏离成分的入射波，在一段短距离即在波导传播中的几个波长以后，开始从波导分离和辐射开来，在达到均衡长度，即稳态模式功率分配长度之前，已全部泄漏。

leaky-wave antenna 漏波天线 所辐射之窄波束的方向可随频率变化的一种宽带微波天线。它基本上是一被穿孔的波导，薄得足以能被嵌装，适于航空飞行器和导弹上的雷达应用。它能够以所要求的扫描速率在两个频率限之间实现扫描。

leaky-wave waveguide 开槽波导 开有狭窄纵向槽缝的波导，能量可通过此槽缝不断漏出。

lean 清瘦 用于描述在重放音乐时，缺少低音中段的专业术语。相同的术语有"单薄"(thin)、"轻飘"(light weight)、"欠阻尼"(under damped，用于音箱)，而反义词有"加重"(weighty)、"丰满"(full)以及"过重"(heavy)。

lean operation 精益运营 电信管理论坛(TMF)提出的概念，并已经成为电信运营企业发展所必需的一种战略。其根本目标是运用精益原则，建立更适合企业的运营体系，简化企业的内外部运作机制，提高企业生产效率，加速核心业务流程，从而快速响应市场需求，为客户提供更符合其消费需求的、标准化的产品和服务，提升客户价值，提高客户满意度。参见 telemanagement forum (TMF), telecom operations benchmarking (TOB)。

leapfrog testing 跳步检查，循环测试 测试计算机内部存储器的例程。其功能是，对一组存储单元中的数据进行一系列算术运算或逻辑运算，然后将数据传送到另一组存储单元，并对传送结果作相应的校验。接着再对该单元中的数据进行运算，如此重复，直到所有单元都被测为止。

leap second 跳秒 在协调世界时(UTC)中加上或减去一秒钟的临时调整，以与建立于地球旋转基础上的世界时近似同步。

learning 学习 (1)计算机根据以往的经历改进自

身各种性能的程序。(2)一个有特定目的的知识获取过程,其内部表现为新知识结构的建立和修改,外部表现为性能的改善。

learning automaton 学习自动机 一种可以对其进行"训练",以学习新的知识的自动机。通过这种学习过程,不断丰富它的判断、识别能力,改变"接受"或"拒绝"的对象。

learning bridge 学习桥 一种智能化的网络设备,一个通过对它所处理的流量进行分析而自适应性地创建其网络拓扑的桥,用于将具有相同协议的两个局域网相互连接起来。

learning by analogy 类比学习 机器学习中的一种方法。采用类比推理比较源域和目标域,发现目标域中的新性质。类比学习过程分两步:首先归纳找出源域和目标域的公共性质;然后演绎地推出从源域到目标域的映射,得出目标域的新性质。

learning by being told 讲授学习法 同 learning from instruction。

learning by doing 干中学习法 通过评判问题求解过程的每个步骤来修改问题求解策略以获取有效的问题求解方法的学习策略。

learning by experimentation 实验学习法 机器学习的一种方法,随机或动态地做实验。

learning by understanding analogy 理解类比学习法 利用已理解和类比源的信息对目标概念提出新的猜想的类比学习方法。和其他类比学习不同,理解类比的学习并不是寻找两个类比物之间的最大相似性,而是根据给出的类比源的理论和类比提示后,寻找关于类比目标的有用的猜想。

learning constraint by analogy-driven 类比驱动约束学习 已知两个不同领域,源域 S 和目标域 O,S 和 O 具有相同或相似的约束,则得出 S 中的分约束也可能在 O 中成立的学习方法。

learning control 学习控制 适应控制的进一步发展。适应控制是在环境变化时能作出最优反应,进行修正;而学习控制则是在新的环境中找出与过去环境的类似性,根据当时记忆下来的经验进行最优动作。一般说来,它是一种根据经验,改变行动方式使之合乎目的要求的控制。

learning control system 学习控制系统 一种具有记忆能力的并能对系统性能变化进行管理的自适应控制系统。

learning curve 学习曲线 (1)一种以假设为前提的规划性技术计算曲线。(2)一种随着累积的生产量增加,生产成本下降的经验法则。对于集成电路,累积的生产量增加一倍,生产成本下降 70%。

learning from books 书本学习法 以书本资料作为知识源的机器学习方法。它以书本资料作为专家知识的书面表达。为使机器从书本资料中抽取知识,先应将书本资料放入资料库中,然后通过资料检索、理解文本、抽取要素、编辑整理、形成知识库和精练等过程达到学习目的。

learning from example 示例学习法 从大量的实例中自动地归纳产生描述这些实例的一般规则,再用这些规则去指导问题求解过程。提供给示例学习系统训练的实例集合称为例子空间,例子空间所潜在的事物的规律称为规则空间。示例学习就是选择训练实例指导规则空间的搜索过程,以搜索出例子空间所包括的事物的本质。

learning from instruction 讲授学习法 一种机器学习方法。对环境提供的知识和建议进行选择或形式化,并编码成机内表示的学习方法。讲授学习是目前大多数专家系统所采用的建知识库的方法。

learning from observation 观察学习法 将已知事例分类,同时产生每一类的一般概念的学习方法。目前,概念聚类和概念形成是观察学习的两种主要方法。通过观察专家的问题求解过程及对其所用的方法进行抽象和学习的学习系统称为学徒系统。参见 conceptual clustering, concept formation。

learning from observation and discovery 观察-发现学习法 根据一组观察到的事例,构造一个一般的概念来覆盖所有大多数事例的学习方法,是一种无教师归纳学习法。它具体又可分为观察学习和机器发现两个分支。这种学习形式包括概念聚类、结构分类、数据拟合、发现自然定律和建立系统行为的理论等。参见 learning from observation 和 machine discovery。

learning from solution path 解题路径学习法 一种决策学习方法,开始时仅是一组操作的合法条件,只能用于探索问题空间。找到某个解时对其进行评价和标记。从中学习到调用每个操作的条件的启发信息。

learning of neuron 神经元学习 神经元接收神经刺激后,能够改变突触的传递作用,记住所经历的事情的功能。

learning program 学习程序 一种根据自己的经历来改进其程序功能的程序。在程序运行结束之前,程序的功能和运行结果都是未知的。

learning rule of Boltzman machine 波尔兹曼机学习规则 根据模拟退火的统计方法,给出隐节点的偏差定义和修改权值,使网络能学习复杂的非线性可分函数的学习方法。该学习规则学习速度较慢。

learning simple conception 学习简单概念 使用框架形式来描述其学习模式的方式。以"房子"概念为例,先给一个正确的样本,机器对其建立一个模型,然后再给一些似是而非的例子或新样本,机器即可对其原来的模型进行修改。经过几次修改,使模型更加完善。

learning system (LS) 学习系统 对环境的改变能做出恰当的反应的适应性系统。这种系统具有学习能力。

LE-ARP 局域网仿真地址解析协议 LAN emulation address resolution protocol 的缩写。

leased channel 租用信道 一种租给用户使用的信道，既可按时间租用(如电缆系统中)，也可全日包租(如包租的点对点信道)。

leased circuit (LC) 租用[专用]电路 将公用电信公司设施和信道设备供给特殊用户作为专用线路服务。

leased circuit connection 租用电路连接 根据用户与电话公司的合同，在合同有效期间内使某些通信节点保持连接的通信连接。

leased circuit data transmission service 租用线路数据传输服务 一种服务方式，它使得公用数据网的一条或多条数据线路可以为一个用户或不同时使用线路的若干用户所用。

leased facility 租用设施 一种用户可以独占使用的公共电话网络电路。

leased line 租用线(路)，专线 用户为了自己专用而从电信公司租来的通信线路，供客户独家使用并且不用局间交换设备，以代替普通的公用交换电话线。一般的专线有电话专线、分组网专线、DDN(数字数据网)专线、ISDN(综合业务数字网)专线、帧中继专线。同 nonswitched line。

leased-line modem 租用线调制解调器 一种中速调制解调器，适用于四线(全双工)、AT&T3002 和 M1040 租用线，甚至包括无规则线路。它能以点对点方式或多点方式工作，并与 Bell 201 和国际电报电话咨询委员会(CCITT) V.26 兼容，同步时间为 9μs。

least commitment principle 最小承诺原则 一种推理控制策略决策原则。它在未获得足够的信息之前，不随意做任何决策。

least-cost routing 最小成本路由选择 一种选择最小花费的长途载波发送呼叫的方法。

least element 最小元 设 $\langle A, \leqslant \rangle$ 是偏序集，对于 $B \subseteq A$，若有 $b \in B$ 使得对每一 $X \in B$ 均有 $b \leqslant X$，称 b 是子集 B 的最小元。

least frequently used (LFU) algorithm 最少使用算法 段式和页式存储管理中，决定段或页的状态及其调入调出的一种算法。即将最不常用(被访问次数最少)的段或页调出内存。

least-loaded path 最小负载通路 一种常用的选路策略，可平衡网络负载，减少新用户呼叫阻塞的概率。

least model 最小模型 逻辑系统中的模型论概念，一组逻辑公式的最小模型是满足所有逻辑公式，在模型比较意义下又最小的一个解释，最小模型如果是存在的话则是唯一的。

least privilege 最小特权 对于系统中的每一个主体，在保证其完成授权任务的情况下，对它的特权进行最大限制的方法。应用此方法可减少由于意外事故、错误、非授权使用所带来的系统损失。

least square method 最小二乘法 也称"最小平方法"，是一种数学优化技术。它通过最小化误差的平方和寻找数据的最佳函数匹配。利用最小二乘法可以简便地求得未知的数据，并使得这些求得的数据与实际数据之间误差的平方和为最小。最小二乘法还可用于曲线拟合。其他一些优化问题也可通过最小化能量或最大化熵用最小二乘法来表达。参见 point estimation。

least recently used (LRU) 最近最少使用(算法) (1)在页式存储管理中，决定页面状态及其调入调出的一种算法。即将最近最少使用的活动页面变成不活动页面，从而保证系统有一定量的可分配空间。(2)在超高速缓冲存储器中，确定替换缓存中信息块的一种算法。即总是替换那些最近未使用的或最少使用的页面。这种算法将保证有效地使用缓存中的信息块。

least recently used replacement 最近最少使用替换策略 一种页替换的算法，它替换过去最长时间未用的载入页。

least significant bit (LSB) 最低有效位 一组数字最右边的位。在由二进制位组成的一串数字中，最低位是指最右端的那一位。例如，一个数 0001，从左向右数第 4 位的 1 是最低位。相反，一组数字最左边的那一位称最高位。

least significant character (LSC) 最低有效字符 一组有效字符中位于最右边的那个字符。指按数值升序(即个、十、百、千……)排列的一串数字中最靠右边的数字。例如在数 2567 中，右边的数字比左边的数字有较低的值，因此是较为次要的。

least significant digit (LSD) 最低有效位数 一个数中权最小的那一位数字。最低位数字一般在数的最右边。

least square method 最小二乘法 一种近似计算方法。它的计算前提是：自变量 X 与因变量 Y 之间暂不知其确切的函数关系，但测得一组表示它们之间关系的数据 (Y_0, X_0)，……，(Y_n, X_n)。计算目的是：求得它们之间的近似数学关系式。计算规则是：首先假定该函数关系式是某一系数未定的多项式，然后根据命名各实测值与计算值间的差的平方和为最小的原则来计算各系数，最终得到近似的函数关系式。

least upper bound (LUB) 最小上界 设 $\langle A, \leqslant \rangle$ 是偏序集，$S \subseteq A$ 是子集，a 为 S 的上界。如果对 S 的所有上界 b 均有 $a \leqslant b$，则称 a 为 S 的最小上界。

least-weight route 最轻路由 在 APPN(高级对等联网)中，由拓扑学和路由服务设施(TRS)计算的一个路由，使得在 TRS 比较各可能路由中各中间节点特征和拓扑图特征之后获得最低总重量，最轻路由在两个给定节点之间计算之后，结果可存储起来以防止以后的路由选择计算中重复这种计算。

LEC (1)局域网仿真客户站 LAN emulation client 的缩写。(2)本地电话公司 local exchange carrier 的缩写。

LECS 局域网仿真配置服务器 local area network emulation configuration server 的缩写。

LED 发光二极管 light-emitting diode 的缩写。

LED printer LED 打印机,发光二极管打印机 一种电子成像打印机,类似于激光打印机,使用静电成像的充电鼓将图像的灰度信息转移到纸张上。比较 ion-deposition printer, laser printer, LCD printer。参见 electrophotographic printer, nonimpact printer, page printer。

Lee's algorithm 李氏算法 由 C. L. Lee 于 1961 年提出的一种布线算法,也称"迷路法"。计算过程主要由三部分组成:布线起点、终点标志及迷路和回找。其过程是,利用波传播原理找两点之间的一条连线,只要存在连线,它定能找到,而且找到的是最短连线。该算法对多层印制板布线效果较好,但要用较多的计算时间并占用较多的计算机存储器空间。

LEF 词典式的评价函数 lexicographic evaluation function 的缩写。

left-adjust 左调节 放置或移动一个数据项,将该数据项最左连接字符放在一个字段的最左边位置上。比较 right-adjust。

left-adjusted 左调节的 同 left-align。

left-align 左对齐 (1)控制字符在页面上的显示或者打印位置使得左边缘整齐。(2)移动一项或多项的最左面的字符到指定位置。同 left-adjust,对应于 right-align。参见 justify。

left-aligned 左对齐的 同 left-align。

left coset 左陪集 设 $\langle H, *\rangle$ 是群 $\langle G, *\rangle$ 的子群,$a \in G$,称集合 $\{a * x \mid x \in H\}$ 是由 a 确定的 H 在 G 中的左陪集,记为 aH。

left deep join tree 左深连接树 一种连接树数据结构。$n+1$ 级左深连接树是一棵满足下列条件的查询树:具有 $2n+1$ 个节点;每个内节点有且仅有两个子节点;每个内节点($n-1$ 级内节点除外)的左子节点是一连接操作,右子节点是一关系;$n-1$ 级内节点的两个子节点皆为关系。左深连接树常用于连接顺序选择,因为它比其他非左深树的连接更高效。参见 right deep join tree。

left grouping 左组合 在算术或代数表达式中,如果所有操作符优先级相同,则从左向右进行计算。

left-hand circular polarization 左旋圆极化[偏振] 电磁波的圆极化,其中当观察者以电磁波传播方向观察时,电场向量沿逆时针方向旋转。

left-handed coordinate system 左手坐标系 以左手食指、中指和拇指分别作为 X 轴、Y 轴和 Z 轴的三维直角坐标系。

left-hand helical polarization 左旋螺旋极化[偏振] 电磁波的螺旋极化,其中当观察者沿传播方向观察时,电场矢量在沿传播方向前进的同时沿逆时针方向旋转,电场矢量的顶点像左旋螺丝螺纹上的点一样前进。

left-hand margin indent 左侧边缘空格 在字处理系统中,对记录的文体字组所加的固定空格。加入空格使左侧边缘可以不同。加后不管对文本怎样修改,其左侧边缘总是保持不变。

left-hand margin stop 左边缘停止档 打印机左面限制打印行长度的一种装置。参见 right-hand margin stop。

left-hand polarized electromagnetic wave 左旋极化电磁波 椭圆极化或圆极化电磁波,当观察者从垂直于传播方向的固定平面沿传播方向观察时,电场向量是沿左旋方向,即逆时针方向旋转的,传播方向与左旋螺丝旋进固定螺母时的前进方向是相同的。同 anticlockwise polarized wave, left-hand polarized wave。

left-hand polarized wave 左旋极化波 在任何一垂直于传播方向的固定平面上,顺着传播方向看去,其电场向量随时间向左(逆时针方向)旋转的椭圆极化波或圆极化波。比较 right hand polarized wave。同 left-hand polarized electromagnetic wave。

left-hand rule 左手规则 如果左手的四个手指握着携载电流的导线,使拇指指向电子流的方向,则四个手指将指向由该导线所产生之磁场的方向。

left hand side (LHS) 产生式规则左部,左手方 (1)一种产生式系统规则,规定了在规则要被应用时必须满足的前提。(2)条件元的序列,其中第一个条件元必须是非否定条件元,另外,在产生式规则左部的一个非否定条件元中只能带有一个元变量。(3)在 if-then 规则中 if 部分中的一系列事实或者语句,对应于 right-hand side。

left helical polarization 左旋螺旋极化 同 left-hand helical polarization。

left identity 左幺元 在代数系统 $\langle A, *\rangle$ 中,如果存在 $e_1 \in A$,使得对所有 $a \in A$,均有 $e_1 * a = a$,则称 e_1 是左幺元。

left inverse 左逆元 在代数系统 $\langle A, *\rangle$ 中,e 是幺元。对于 $a \in A$,若有 $b \in A$,使 $b * a = e$,则称 b 是 a 的左逆元。

leftist tree 左偏树 具有优先队列顺序的二叉树。它们的左枝通常比右枝高度大。

left-justified 向左对齐的,向左调节的 (1)文本处理软件中的一种排版方式,指将文本的左边界对齐。(2)在存储单元、地址或者寄存器中,左边没有 0 的数据域。同 left-aligned。

left justify (向)左对齐 (1)指对印刷版面进行调

整,即每行字向左版心边对齐,与 flush left 同义。参见 justify。(2)在打印纸上将字母或字符靠左对齐的过程。(3)寄存器中的内容按特定方式左移的过程。该过程使装入的字符移到左端点的一个特定位置。

left linear grammar 左线性文法 形式文法的重写规则限于如下形式:

$$A \rightarrow \Lambda, A \rightarrow c, A \rightarrow cB$$

式中 Λ 为空字,A,B 为任何非终结字母。c 为任何终结字母。此类文法称为左线性文法。左线性文法与右线性文法统称为正则文法。

L

left list layout 左表布局 树状结构的一种顺序存储组织,先列出根节点,再从左至右地按顺序列出各子树的节点。

left margin 左边缘 显示屏或打印机的左边界与最左边字符位置之间的区域。

left most derivation 靠左推导 推导句子时,总是扩展重写规则右部(RHS)的第一个非终极符号的推导。比较 right most derivation。参见 right-hand side (RHS)。

left shift 左移 数位向左移动的操作。数值数据向左移时具有乘法的效果。因为在二进制计数系统里,每向左移一位即可使数值按 2 的幂增加。通常意义下的左移,即循环左移可用来使直观显示屏幕上的字符向左移动。这种位移是通过光标控制键控制的。算术移位则由计算机控制。参见 radix。

left truncation 左截断 也称"后方一致"。三种检索词截断方式的一种。截断的是整个词的前缀,以便能归并或连接词族,提高查全率。例如现规定左截断的标识为在字符串前加 * 号,则对 * form,可以检索到 form 或 uniform,但不能查找 forming。

left zero element 左零元 给定代数系统 $\langle A, * \rangle$,如果存在 $Q_L \in A$,对任意 $a \in A$,有 $Q_L * a = Q_L$,则称 Q_L 为左零元。

leg 路径,分支,支路 在程序中,由转移指令指定的一条通路。

legacy data 遗留数据 新系统安装前使用的系统所包含的数据。遗留数据常常驻留在主机系统中,该系统已经被客户机/服务器系统或 Web 系统所替代。

legacy system 遗留系统 在安装了新的系统后,仍然被保留继续使用的计算机、软件程序、网络或其他计算机设备。遗留系统潜在的问题有:①遗留系统经常运行荒废(而且通常是低效的)硬件,而且这些硬件的备件变得日益难以获得;②遗留系统很难去维护、提高和扩展;③遗留系统的设计者可能已经离开了这个单位,没有人能解释它是怎样工作的;④与更新的系统的整合可能也很困难,因为新的系统可能使用完全不同的技术。

legal retrieval 合法检索 使用信息检索系统来获得合法信息的过程。

legend 符号表,图例 (1)在计算机制图技术中,一种关于符号、线段和显示图像其他元素的说明表。(2)描述或解释图形的文本,通常打印在图的下部,在地图中表示图中各种符号的意义。

legibility 清晰度 字符能否被清晰读出的一种指标。

legislative session 立法会议厅 面对面的大群体 GDSS 类型。当决策室容纳不下太多成员时可采用这种形式。每个成员通过输入和控制设备表达意见,当成员太多,可采用层次方式表达意见。

Leibniz's machine 莱布尼茨机 1672 年德国人莱布尼茨提出不用连续相加的机械乘法的设想,1673 年他在巴黎科学院表演了这种机器。该机由不动的计数器和可动的置位机构两部分组成。它是第一台不仅能加减而且能乘除的机械计算机。

Leighton diagram Leighton 图 一种表示软件系统结构的图。它采用易读、易理解的格式,避免了使用树形图表形式时存在的既复杂又烦琐的联系问题。图上显示输入源、处理级、前后关系和输出目的地等。

Lempel-Ziv coding Lempel-Ziv 编码 一种编码算法,建立从固定的源信文集到固定的码字集的一种映射关系,它的源信文集和码字集是在算法的执行过程中确定的,这里的代码由自适应方法动态生成,而源信文由字定义方法确定,这种编码的特征在于其自由分析,在分析信文时定义一个源信文集,算法由一个符号串分析规则和编码方法组成,这个分析规则把一个字母表分解成子串或者字,其长度不超过预定长度,编码时就把这些子串顺序地映射成具有固定长的可唯一译解的码字,选择的串具有近似相等的出现概率,因此频繁出现的符号组成长的串,不常出现的符号构成短串,这种算法适用于减少因符号的出现频率、字符重复度及高使用模式所引起的冗余度,该算法于 1977 年由两位以色列教授发明。参见 LZW compression。

LEN 低入口连网 low-entry networking 的缩写。

LEN connection 低入口连网连接 一个使用低入口连网(LEN)协议的链路。

LEN end node 低入口连网终端节点 low-entry networking end node 的缩写。

Lengauer-Tarjan's algorithm 伦高-塔金算法 一种确定程序图中支配树的算法。首先对程序图施行以起始顶点为根的深度优先搜索,计算出各顶点的深度优先数,然后按深度优先数递减顺序逐个顶点地计算所有顶点的半支配顶点,再确定直接支配顶点,最后按支配顶点给出支配树。

length 字长,记录长度,块长 (1)一个字中的位数或字符数。参见 word length。(2)一个记录中的字数、字符数或位数。参见 record length。(3)一信息块中的记录数、字数或字符数。参见 block length。

length field **长度字段** 机器指令中的操作数项或子项,它指明由于该指令的执行而受影响的字节数。

length of a chain **链长** 链表中所包含的单元或节点的个数。

length of a walk **通路长度** 一条通路的序列中所出现的边的条数。

length of field **段长度** 一段物理范围。指在穿孔卡中的列数。段长度可用来量度字段的长度。

length of register **寄存器长度** 一寄存器可寄存的数、字符或位的数量。

length of variable field **可变字段长度** 一种数据字段的字符可变化数。

length of word **字长** 由字母组成的串称为字。字 w 中的字母数称为字 w 的长度,记为|w|。

length-pulse modulation **脉宽调制** 在一脉冲期间,对调制波的各瞬时采样值的调制。在脉宽调制中,调制波可改变脉冲的前沿、后沿或前后沿的出现时间。

length specification **长度说明** 在 FORTRAN 语言中,使用一种格式来指出由一个变量或数组元素占用的存储单元数(字节数)的一种说明。

LEN node **低入口连网网络节点** low-entry networking node 的缩写。

lens **透镜** 一种光学元件,具有弯曲表面,由一种或多种诸如玻璃或塑料等透明的光线可穿透的材料构成。透镜能够形成物体的,即光源的实像或者是虚像。它通常是球面的,具有至少一个凸或凹的曲面,使其能改变传输光线会聚或发散的量。但有时也可以是非球面的。

lens antenna **透镜天线** 一种带有介质透镜的微波天线,该透镜置于偶极子或喇叭形辐射器之前,用来将被辐射能量聚集成一窄束。它也可用来将接收到的能量聚焦到接收偶极子或喇叭天线上。

lens coupling **透镜耦合** 在光波导中,电磁能量通过在信源与信宿之间放置透镜而从源向波导,或从波导向波导的转移。

lens system **聚焦系统** 控制阴极射线管中的电子束聚焦的一组磁元件或静电元件。

Lenz's law **楞次定律** 感应电动势的方向趋于产生一电流,此电流的方向趋于抵消产生此感应电动势的磁通的变化。参见 electromotive force (e. m. f)。

LEO **低地球轨道** low earth orbit 的缩写。

LE-OpS **本地交换运行系统** local exchange operation system 的缩写。

LEOS **地球低轨卫星** low earth orbit satellites 的缩写。

LEP (1)本地增强点 locol enforcement point 的缩写。(2)发光聚合体 light-emitting polymers 的缩写。

LEQ **线路均衡器** line equalizer 的缩写。

LER **标记边缘路由器** label edge router 的缩写。

LES (1)局域网仿真服务器 LAN emulation server 的缩写。(2)局部外模式 local external schema 的缩写。

let-go current **摆脱电流** 人能忍受并能自主摆脱的最大电流。

letter **字母** (1)一个图形字符,当单独使用或者与其他字符一起使用时,主要代表书写语言中的一个或者多个概念或者口述语言中的声音元素,字母不包括单独使用的区分标记或者标点符号。(2)从 A 到 Z 之间的大写或者小写字母。

letter bomb **信件炸弹** 企图对接收人的计算机造成损害的电子邮件消息。一些控制字符系列能够锁死终端,信件的附带文件可能含有病毒或特洛伊木马,一个足够长的信件能令邮箱溢出或使系统崩溃等。

letterbox mode **信箱模式** 将宽屏幕幅形比的图像在标准幅形比的普通电视机上显示时画面所将会现的情况。画面的上方和下方皆会有黑色条带。

letter code **字母代码** 博多码中的一种功能代码。主要用于擦除带子上的错误。

letter quality (LQ) **字母质量** (1)适合于商业文书并且对应于办公室电子打字机的文本的打印质量。(2)在点针式打印机上的一种打印质量,比草稿方式的打印质量高,比较 draft quality,near-letter-quality。参见 print quality。

letter-quality printer **信函质量打印机** 能够打印出与打字机相同质量字符的打印机。

letter quality (LQ) print mode **字母质量打印方式** 点阵打印机上的一种打印方法,可以增加用于形成每个字母的点数以提高打印质量;但是,过多的点会降低打印速度。

letter row **字母行** 键盘上主要由字母键组成的一行按键。参见 lower letter row, middle letter row, upper letter row, numeral row。

letter shift (LTRS) **换字母档** 电传打字机上多功能键的一种性能。按下字母键后,印字机构打印出的是字母;相反,打印出的是数字或其他符号。

letter shift signal **换字母档信号** 发报机发送的一个信号,控制收报机按字母档(一组主要代表字母和机器功能的信号)解释以后收到的全部信号,在换字母档信号出现之前使用的是数字档。参见 letter case。

level **层,电平,级别** (1)一个数据项在分层结构中的从属关系。①一个项目在某一层次排列中下属的级数;②层次结构中的等级。若一项目没有从属项,则属最低级;若没有比它高的项,则为最高级。(2)电平就是指电路中两点或几点在相同阻抗下电量的相对比值。这里的电量自然指电功率、电压、电流并将倍数化为对数,用分贝表示,记作“dB”。(3)电脑游戏中级别是游戏角色水平的综合指数。在游戏中可以通过不断地杀敌、修行来提高级别。

level alignment 电平调整 在传输系统中,为防止系统中元件的过载、过激励或欠激励而在系统中不同点所作的功率、电压或电流电平的调整。

level checking 级别检验 某些计算机系统的一种功能,它将要打开的文件的记录格式级别标识符与编译过的程序中该文件的说明进行比较,确定自该程序编译以来,这记录格式是否被修改过。

level compensator 电平补偿器 用于电报电路中接收设备上的一种自动增益控制装置。

level compounded 平复励 同 flat compounded。

level converter 电平变换器 将非标准的正或负逻辑输入电压变换为标准 DTL(二极管-晶体管逻辑)或其他逻辑电平的放大器。参见 diode-transistor logic (DTL)。

level indicator 层指示符 在 COBOL 语言中,用来标识指定类型的文件或层次结构中最高位置的两个字母字符。层指示符有:FD,SD,RD。

level key 杠杆开关 一种多级电气开关,通过向前或向后推动控制杆进行操作。这种开关可以有两个位置或三个位置,也可以是锁定的或不锁定的。

level matching 电平匹配 为了能够准确地进行评判而在重放两种音乐时设法让音量保持一致的调整措施。

level-number 层号 (1)在 COBOL 语言中,层号是一个用户自定字。它指明逻辑记录层次结构中的数据项的位置或者数据描述款中的特性。层号用一位数字或两位数字来表示。1 ~ 49 的层号指明逻辑记录层次结构中数据项的位置,层号 66,67 和 88 标识数据描述款的特别特性。(2)在 PL/1 语言中,用来指定结构体中的名称层次的号数。它是无符号的十进制常数,写在名称的左边,与名称之间用空白隔开。(3)在某些数据存取方法的键顺序数据集的索引中,索引记录头标中的一种二进制数,指明该记录所属的索引层。

level of access 存取[访问]级 同 access level。参见 logical access level。

level of addressing 地址级数 指令寻址的方式。一般包括三种:①零级地址,这种方式中指令的地址部分是操作数,如移位指令的地址部分直接以数据形式出现;②一级地址,在这种方式中指令的地址在存储器中,指令可通过操作数来取出或存入;③二级地址(也称间接地址),在这种方式中,指令的地址部分在存储器中,由指令操作数的地址来取出。

level of confidence 置信度 也称为“可靠度”,用以描述测量结果的误差处于某一范围内的可靠程度的概率。置信度采用一种概率的陈述方法,也就是数理统计中的区间估计法,即估计值与总体参数在一定允许的误差范围以内,其相应的概率有多大,这个相应的概率称作置信度。其值在 0 ~ 100% 之间。

level of documentation 文档说明的级别 对所需文档说明的描述。

level of GKS GKS 级别 依照绘图软件包包含的输入输出功能差别,GKS(图形核心系统)标准为其规定的相应等级。GKS 国际标准定义了 9 个级别。GKS 的美国国家标准协会(ANSI)版本定义了 12 个级别,这 12 个级别由四个输出功能的级别和三个输入功能的级别组合而成。四个输出功能的级别是:m 具有最小输出,0 具有所有输出图元和属性,1 具有基本的图段,2 具有与工作站无关的图段存储器。三个输入功能的级别是:a 无输入,b 仅有请求方式输入,c 具有全部的输入方式。

level of performance 性能等级 性能等级就是需求得到满足的程度,由一组质量特性的特定值来表示。

level of repair (LOR) 修理级别 进行修理的地点和所需要修理的设备的级别,典型的级别有:操作员级、现场技师级、维修站级和工厂级。

level one load power supply 一级负荷供电 一级负荷是指中断供电将造成人身伤亡,或将损坏主要设备且长期难以修复,或对国民经济带来巨大损失。对一级负荷,要求供电系统当线路发生故障停电时,仍保证其连续供电。一级负荷供电系统由两个电源组成,当发生任何一种故障且保护装置正常时,有一个电源不中断供电,并且在发生任何一种故障且主保护装置失灵以至两电源均中断供电后,应能通过各种必要操作,迅速恢复一个电源供电。

level-one variable 一级变量 在 PL/1 语言中,一种主结构体的名称。在这种变量中,不得包含任何非下标变量。

level one video application 第一级视频应用 基于手工键盘功能、图像停止、和章节停止的交互式多媒体应用。

level saturation method 级饱和法 一种利用分解原理组成集合的方法。其原理是,先将子句集 S 中的子句作为原始集合 S^0 的成员,再由 S^0 中每两个成员求出一可能的预解式,由此组成集合 S^1。这样一直计算下去,可将第 i 级的集合 S^i 的每个成员与 S^0 ~ S^i 中的成员都求出可能的预解式,以组成集合 S^{i+1},条件是在第 i 级推到空子句,否则仍将继续下去。

level sensitive circuit 电平灵敏电路 对允许的输入状态改变的稳态响应与该电路的延迟无关的逻辑电路。

level sensitive scan design (LSSD) 电平敏感扫描设

计 (1)IBM公司采用的一种增强LSI(大规模集成电路)易测性的设计技术。它集合了扫描设计和电平灵敏设计的优点。采用LSSD技术,可使包含时序电路的逻辑网络的测试,简化为类似组合逻辑网络的测试;而且避免了延迟故障,可简化测试模式的生成。由于LSSD技术改善和增强LSI设计的可控制性和可观测性,它广泛应用于LSI芯片测试、电路板测试、LSI系统测试以及现场维护测试。(2)一种使用触发-锁存相结合的技术:①作数据流或控制电路中的逻辑装置用,如寄存器或控制锁存器;②作移位寄存器的锁存器用,通过串行扫描,可以初启或读该硬设备的内容。

level shift diode 电平转换二极管 在直接耦合的半导体集成多级放大器中,越接近输出级,信息输出端的电平就越高。为了能按所加电源电压进行多级连接,需要对直接电平进行转换。用于这个目的的二极管称为电平转换二极管。

level three videodisc application 第三级视盘应用 由使用视盘播放器外部计算机控制的交互式多媒体应用。

level translation buffer 电平转换缓冲器 CMOS(互补金属氧化物半导体)门阵中,由输入保护器件和接口电路组成的缓冲器。输入保护器件防止静电损坏;接口电路完成不同逻辑电路类型之间的电平转换,如CMOS→TTL(晶体管-晶体管逻辑),CMOS→ECL(射极耦合逻辑)电平转换。

level triggered 电平触发 时钟输入的方式,可以是逻辑"0"或逻辑"1"。它实现信息的转换或完成一种动作。

level two video applications 第二级视频应用 由键盘和视盘播放器内部计算机控制的交互式多媒体应用,控制程序记录在视盘本身中。

level 0 volume 第0级卷 一种主卷或不受DFHSM(数据设施分层存储管理程序)管理的卷。

level 1 第一级 通信中硬件接口级基准。这是从OSI(开放系统互连)七层参考模型引导出来的概念。第一级规范指物理连接规范,包括接插头针脚配置和导线上的电压。

level 1 volume 第1级卷 一种属于DFHSM(数据设施分层存储管理程序)拥有的卷,其中包含从第0级迁移来的数据集。

level 2 第二级 链路层通信(如帧格式)或从OSI(开放系统互连)七层参考模型中引申出的链路层连接的一种基准。对于远程网来说,第二层指的是网络中计算机与网络报文分组交换机之间的通信协议。对于局域网来说,指物理报文分组的传输协议,因而一个第二级地址是一个物理硬件地址。

level 2 volume 第2级卷 一种由DFHSM(数据设施分层存储管理程序)控制的卷,其中包含从第0级或第1级卷迁移来的数据集。

level 3 第三级 从OSI(开放系统互连)七层参考模型中引申出的通信的一种基准。对于因特网来说,第三级指的是IP(网际协议)和IP数据报格式。因而第三级地址是IP地址。

lexeme 语义 写入的字、词缀或词干所表示的含义。

lexical affinity 词法亲缘关系 词法亲缘关系表示文档中意思相互接近的搜索词的关系,在相关性搜索中用来计算结果的相关性。

lexical analysis 词法分析 词法分析阶段是编译过程的第一个阶段。这个阶段的任务是从左到右一个字符接一个字符地读入源程序,即对构成源程序的字符流进行扫描,然后根据构词规则识别单词(也称单词符号或符号),并把它们变换成内部表示形式传输给编译程序的其他部分(如语法分析)。

lexical analyzer 词法分析器 编译程序的基本组成部分。它读入源程序的字符,通常从左到右扫描源程序中的各个字符,构造源程序中的单词或符号,然后再将这些符号传送给分析程序,同时删除注解。扫描程序还能把标识符存放到符号表中,也能执行一些不需要分析源程序就能完成的各种简单任务。针对只允许原原本本进行代入的宏功能来说,扫描程序还能做这种宏功能的很多加工工作。

lexical closure 词法闭包 带有一个环境的函数对象,该函数对象中的自由变量,在闭包的环境中取、存值。该环境最初是在建立闭包时的词法变量的约束。如果闭包的环境是动态变量的约束,则称为动态闭包。

lexical divergence 词汇分化 词汇分化是这样一种语言现象,即一个语言中的主动词在翻译成另一个语言时却使用了意义不同的另一个动词。

lexical-free variables 词法自由变量 在LISP语言中,一个环境中能找到而在其他若干个环境中找不到的值。参见dynamic-free variable。

lexical function 词法功能 一种命令语言结构,命令解释程序在对命令串执行表达式分析前判断和代换命令语言结构。词法功能返回有关当前过程的信息,如UIC(用户标识码)或系统设定的目录以及关于字符串的有关信息,如字符串长度或子串的位置等。

lexical functional grammar 词汇功能语法 一种语言学理论。其中词库起中心作用,各种语法功能作为基元。句子的句法结构包括一个成分结构(C-结构)和一个功能结构(F-结构),后者表示表层的各种语法关系。参见functional grammar。

lexical functional grammar (LFG) 词汇功能文[语]法 当代语法理论之一,它对一种语言的描写由一组短语结构规则以及一组说明短语句法功能的功能方程组成。LFG对一个句子的分析结果也由两部分组成:一个成分结构,相当于一棵句法树,树上的节点用短语标记来标注;一个功能结构,相当于

L

一个复杂特征集。它由功能方程生成,用来描写句法树上每个节点的语法功能和谓词-变元关系。LFG 重视词信息的描写,是一种词汇驱动的语法。

lexical information base **词语信息库** 为计算机处理自然语言服务的电子词典。

lexical level **句法级** 相互嵌套的深度,它决定了在这些例程中说明的标识符的范围。

lexical object **句法对象** 在概念模式语言中,一个表示基本含义元素的简单语言学对象。

lexical scan **词法扫描** 一个编译步骤,其中利用类型标识源代码语句元素,并可识别其重复部分。

lexical scope **词法范围,词法域** (1)在 Pascal 中,程序中或者段单元中说明所作用的部分,在例程中说明的一个标识符在该例程中以及嵌套的例程中可见,如果一个嵌套的例程说明一个具有相同名字的项,外部的项在嵌套的例程中不可访问。(2)在 LISP 中,自由变量在定义时按词法封闭的一个域。

lexical token **词法标记** 同 lexical unit。

lexical transfer **词汇转换** 在采用转换法翻译策略的机器翻译系统中,把源语的词语置换为目标语的词语的过程。参见 structural transfer。

lexical unit **词法单位,词法单元** 程序设计语言中的一种语言结构,按照该语言的约定,可以代表某种意义的基本单位,同 lexical token。词法单位有标识符、数字、字符、串、定界符或注解等。

lexicographic **词典式的** 按字符的次序及其在排序序列中的位置对字符串(通常为符号地址)进行识别。

lexicographic evaluation function (LEF) **词典式的评价函数** 在机器学习中,指一系列判据-容限对。

lexicographic length-increasing order **词典长度增长序** 同 canonical order。

lexicographic order **词典序** 字排列的一种顺序。给定字母表 V,它的字母已有次序。设有 V 上的两个字 $\alpha=a_1a_2\cdots a_m$,$\beta=b_1b_2\cdots b_v$;如果存在 j,使得 $a_1=b_1,\cdots,a_{j-1}=b_{j-1}$,$a_j$ 在 b_j 前面,则称字 α 按词典序在字 β 前面。

lexicographic scan **词典式扫描** 一种字符分析方法。每次只分析一个字符,有时也可能考虑与之直接相邻的字符的情况。

lexicographic sort **词典排序** 一种排序方法,将项目安排成词典的顺序,比较 alphanumeric sort。

lexicographic strategy **词典策略** 从冲突集中选择一条规则的词典式策略。具体算法如下:①从冲突集中先消去曾被激活过的规则;②比较时标,选择大者:将满足一条规则的所有工作存储元的时标按递减的顺序排成一个向量,并将此向量与该规则联系起来,取消时标向量小的规则。③若还有冲突,则比较要满足规则左部所需的测试次数,取消测试次数少的规则。④若还有冲突,则任选一条。

lexicographic tree **词典树** 一种检索后的列表形式。对检索中收集到的所有正文单词生成一张按单词字母顺序排列及行号序列排列的表。

lexicon **字典,词典** (1)一种语言中的字及其定义的书。(2)在程序设计中,一个程序设计语言的词典将是标识符、关键字、常数和其他构成"词汇"的成分,词典中的单词的结合使用方式则是语言的词法,见 syntax。

lexicon-driven **词汇驱动** 一种分析语句的方法,根据机器词典提供的词汇信息来控制操作流程。比较 grammar-driven。

LF (1)换行字符 line feed character 的缩写。(2)低频 low frequency 的缩写。

LFAP **轻型流量记账协议** lightweight flow accounting protocol 的缩写。

LFG **词汇功能文法** lexical functional grammer 的缩写。

LFS **逻辑文件结构** logic file structure 的缩写。

LFSID **局部形式会话标识符** local-form session identifier 的缩写。

LFSM **链接函数状态机** link function state machine 的缩写。

LFU **最少使用算法** least frequently used 的缩写。

LGA **平面栅格阵列封装** land grid array 的缩写。

LGN (1)逻辑组号 logical group number 的缩写。(2)逻辑组节点 logical group node 的缩写。

LGPO **局部组策略对象** local group policy object 的缩写。

LH **寻线** line hunting 的缩写。

. lha **压缩文件名后缀** 使用 LHARC 程序压缩后文件的扩展名。

LHC **长途通信** long-haul communications 的缩写。

LHCN **长途通信网** long-haul communications network 的缩写。

LHS **产生式规则左部,左手方** left hand side 的缩写。

liaison **联络** 在两个传输站之间可能建立的虚拟连接(如一个虚拟环路)。这是国际网络工作组(INWG)所定义的端-端传送协议中的概念。

liar paradox **说谎者悖论** 这是由古希腊人在公元前 6 世纪提出的一个有名悖论。克利特(Crete)岛上的埃皮明狄斯(Epimenides)说:"克利特岛上的人是说谎话的人。"试问这句话是谎话还是真话?

如果这句话是真话,那么由于他本人也是克利特岛上的人,可知他是说谎的人,这句话是谎话;如果这句话是谎话,那么这句话的反面为真,他本人是克利特岛上的人,可知他说真话。这是一个悖论。

LIB 线路接口母板,行接口基础 line interface base 的缩写。

Li benchmark Li 基准程序 一种 SPEC 基准测试程序,程序用递归算法对一个匹配的连接表进行搜索,用 C 语言写成,是定点密集型的计算程序,不包括浮点运算。参见 SPEC, Matrix 300 benchmark, TOMCATV benchmark。

libname 库名 同 library name。

librarian (程序)库管理程序,库管理员 (1)用来组织、维护和利用构成操作系统的一组程序、例程和数据的程序。其功能还有系统生成和系统编辑。(2)在成组协同工作方法中,直接负责照管库的关键项目任务的工作人员。按照项目程序员的要求,它汇编、编译、连接编辑和测试运行程序。(3)在某些操作系统中,维护、服务和组织系统程序库及专用程序库的一组程序。(4)在某些计算机系统中,维护、服务和组织源程序库及目标程序库的一组程序。

librarian program 库控制程序,程序库管理程序 (1)用于控制库存程序的程序。它对提供操作系统一部分功能的库存程序进行维护,如在必要时加入、删除和修改库存程序数据。可将用户应用程序与子例程、自控制程序、编译程序、分类/归并程序和实用程序一起存放在程序库中。允许库存程序存放在一个两级存储器中,或分布在多个存储器中。(2)在操作系统中,用来维护和管理程序库的程序。它可对程序进行加入、删除、修改和更新。用户所写的应用程序与子例程也可通过管理程序加入程序库中。

librarian program sequencing 库程序排序 由一组指令对程序库输入程序排序和复制的过程。其功能包括选择和复制。实现选择的前提是输入两个以上的处理程序,由穿孔卡、纸带与磁带或磁盘组合输入程序。复制功能是将经排序的程序复制到程序库磁带上。这些操作都由相应的指令来实现。

library (程序)库 (1)可供引用的、经验证的标准程序和子例程的有序集合。通常具有相关存储和符号编码的特点,存储媒体一般为磁带或磁盘。库中可包括各种标准程序、例程,如浮点运算、双精度运算等例程;也可包括各类文件及其目录等。(2)磁盘上可存储程序和有关信息(不是文件)的一种有名字的区域。一个库由若干不同的称为库成员的段组成。(3)在某些操作系统中,存储在磁盘上子库中的一种数据的集合。一个库至少由一个子库组成,子库中存放不同类型的库成员,如可执行程序段,目标模块或源程序段。参见 data library, job library, link library, private library, production library, program library, test library。

Library and Information Science Abstracts (LISA) 图书馆和情报科学文摘 建在英国的一个图书、科学文摘数据库,每两周更新一次,可由美国 DIALOG 系统第 61 文档和系统开发公司检索。

library-assigned document name (LADN) 库赋予的文档名 在某些系统中,一个唯一的名字,包括一个时间戳和一个系统名,当文档填入文档库时由系统在办公室网络中赋予该文档,文档名的时间戳部分包括在一个 10 字符名字中。参见 document name, document object name。

library automation 图书馆自动化 以电子计算机系统为基础,在程序自动控制下,使图书馆中各项业务操作处理自动化、编目分类标准化、记录格式化、管理工作自动化、实时联机检索和数据传输网络化,以达到资源共享和充分发挥图书馆效益的目的。图书馆自动化已成为一门新的学科分支,它是图书馆学、目录学与计算机科学相结合的产物。

library automation system 图书馆自动化系统 在计算机系统人员和图书馆工作人员共同参与下,将计算机系统和图书业务系统有机地组合成一个完整的图书馆管理系统,以完成和代替图书馆中的各项(传统)业务活动(如采编,编目分类,流通,检索,咨询和管理等)。

library basic software 基本软件库 一种早期的可供各种微型计算机使用的实用软件综合库。一般应包括装入调试程序、文本编辑程序、常驻汇编程序、浮点处理软件包、交叉汇编程序、PROM 编程软件、带转换程序和乘除法计算软件包等。

library block 库数据块 在某些操作系统中,一种存储在子库中的数据块。

library call 库调用 对库存程序的调用。

library character set 库字符集 一种存储在主机系统库中命名的图形字符集,要指定作打印用。

library control sector 库控制区 库目录中的第一个区段,其中存有该库已用空间和可用空间的记录。

library control system 库控制系统 在对象访问方法中,一个在光碟存储器上读写对象并管理对象所在的光学盘卷的软件。

library database 图书馆数据库 实现图书馆计算机联网所要用到的全部数据文件的集合。它具有可供多机共享的特点,其中也有局部文件仅供指定用户存取。

library data processing 图书馆数据处理 由计算机处理图书馆中的数据的过程。它具有如下特点:①需永久存储的数据量大;②文件类型多;③文件结构复杂;④输入输出频繁,且流通的信息形式多样;⑤要求实时联机查询,及时回答各个读者所提出的任何问题。

library description file 库描述文件 在某些系统中,一个列出关键字、文档类和与其他文档库有关的访问码的文件。

library directory 库目录 (1)库中的一个区域,其

中存放该库中每个成员的信息，如成员名、存放位置等。(2)某些操作系统中的一种索引，系统可通过它找到被访问库中某些特定的子库。

library facility 功能库 一种由厂商提供的通用软件库。其作用是完成公共作业，用户也可将自己常用的程序和例程存入库中。库中的程序可通过使用宏指令方便地汇编成目的程序。

library function 库函数 存于计算机中的一组事先编好的指令，以解决公共的计算，可供多个程序多次调用。

library member 库成员 (1)一种存放在库中的一组记录或语句的命名的集合。(2)在某些操作系统中，能存入子库或从子库中检索出来的数据的最小单位。

library member subtype 库成员子类型 在某些计算机系统中，库成员类型的一种分类。例如源程序成员可再分成 COBOL 源程序成员或数据文件实用源程序成员等。

library migration table 库迁移[移植]表 在某些操作系统中，存放在虚存中的一种用户定义的控制块，用于协助系统从第一版的操作系统向高版操作系统的过渡。

library module 库模块 具有复制库存文件功能的模块。它可将用户指定的库存文件复制下来，以交编译程序使用。

library-name 库名 对一个 COBOL 库所起的名字，编译程序在对给定的源程序进行编译时使用这个库。它是一个用户自定义字。

library network 图书馆网 一种将许多图书馆连在一起的计算机网络。它是现代数据处理和通信技术的一种应用，主要实现采购、编目、馆际互借、情报交换、业务讨论和交流等功能。该网络通信一般应依据网络协议、用户级别协议和标准查询协议来实现。目的是使一个图书馆的资源为各图书馆共享。

library object 库对象 存储在主库系统中的一种命名资源。

library of parameterized module (LPM) 参数化模块库 由 30 多个主要的可编程逻辑集成电路(PLIC)生产厂家和 PLIC 设计工具开发厂家联合拟定的数据接口标准，作为 PLIC 设计过程中与工艺无关设计阶段和与工艺相关的设计阶段之间的数据接口。其核心是定义用于描述设计的 25 个参数化模块。参见 programmable logic integrated circuit (PLIC)。

library partition 库分区 (1)库的范围。(2)用来保存共享代码或数据的主存区。

library program 库(存)程序 (1)一种存放在程序库中，并经验证的标准程序和子例程。(2)在图书馆中不对图书进行排架而是用数据处理系统存放装有程序的磁带卷和磁盘。程序库常常是永久性地与计算机相连接，这样就可随时输入任何程序以供使用。程序库通常应用于分时系统。这样，即可使用户存以求解问题(如线性规划、折扣现金流动、网络分析、预测、统计库存管理等)的程序。“库存程序”一词简单的意义是指库中的程序。

library routine 库存例程，程序库例程 (1)一种存放在程序库中，并经验证的可合并到较大程序中去的例程。(2)预先写定的子例程。它是宏或函数库的一部分。

library subroutine 标准子例程，库存子例程，库子例程 (1)利用预先编好的算法编写计算机解题用的一套子例程。(2)用于检验和验证存放在子例程库中的子例程。

library tape 程序库磁带 一种含有许多程序的磁带。它可供计算中心或特定的系统使用。其上的程序可以是通用程序，也可以是相对专用的程序。

library text 库文字，库正文 (1)库中所含有的正文。它由一系列字符串和分隔符组成。(2)COBOL 库中的字符串和分隔符的序列。

library track 目录道，参考道 磁盘、磁带或磁鼓中存放参考数据的磁道。通常可包括标题、关键字、文件号和文件容量等。它为便于检索而设。

library word area 库工作区 在某些操作系统中，一种由库例行程序使用的存储区，用于存储临时数据和例行程序间的通信。

LIC (1)链尾 last-in-chain 的缩写。(2)特许内部码 licenced internal code 的缩写。

licenced internal code (LIC) 特许内部码 存储器中的用户程序不可访问的特许内部代码，用于在产品中实现各种作为代替硬连线电路的功能。参见 model-unique licensed internal code, vertical licensed code。

license 许可，许可证 (1)一种协定。程序、计算机手册、版权或专利的拥有者通过协定的签订，允许他人使用、复制、出版或对被保护项目进行处理。(2)某种非所有人都有权涉及受限制的行为或事件，相关权利机构授予的相关权利的书面证明。对电信而言，许可证是电信业务经营者经营电信业务的法定凭证。分为电信业务经营许可证和电信设备进网许可证两种。

license agreement 许可协议(书) 软件的供应商和用户间的法律合同，规定了用户对该软件的权利。通常许可协议自用户打开零售软件包装时生效。

licensed application program 特许应用程序 用于执行特定的数据处理任务的一组特许程序。如分配管理或工作管理程序。

licensed material 特许资料 厂商根据许可证协议中有关条款提供的资料，作为特许程序的一部分。特许资料包括基本资料和任选资料。

licensed optional materials 特许任选资料 厂商指

定的某些资料，程序许可证持有者根据需要可以得到这些资料。它们是机器可读资料和印刷资料。这些资料不一定需要额外付款。

licensed program 特许程序 版权归厂商所有，在厂商特许程序协议所规定的条款和有关条件下，可提供给用户的任何单独计价的程序及有关资料。其中包括程序产品(PP)、工业应用程序(IAP)、领域开发程序(FDP)、用户安装程序(IUP)和程序报价单(PRPQ)等。参见 programming request for price quotation (PRPQ), program offering。

licensed publication 特许出版物 有关特许程序或软件的出版物(指技术资料、文档等)，其中含有特许信息，因此它本身也是需要许可证的。

license key 许可密钥 在安装具有许可协议的商用软件时作为密码应用的短字符串。许可密钥作为一种安全机制，其目的是为了减少对有许可协议的软件的非法复制。

lifecycle 寿命周期 在通信、计算机、数据处理和控制系统中，一个实体在其存在时期呈现的全部阶段的集合。通常从早期的概念和定义阶段，到最终的处理和清理阶段，包括诸如设计、原型、制造、检验、安装、操作和检修等阶段。

life-cycle cost 生存期成本 在开发和使用的整个期间，对一个计算机程序或其他系统进行开发、实现、操作、升级和维护的成本。

life cycle of database system 数据库系统的生命周期 数据库系统从开始规划到最后为新的数据库系统取代而停止使用的整个周期。一个数据系统的生命周期大致可划分为规划、需求分析、概念设计、逻辑设计、物理设计、实现和运行维护七个阶段。其中每个阶段(尤其是生存期的前几个阶段)结束前应进行必要的评审，它对提高数据库系统的开发效率和质量极为重要。

life cycle of information 信息的生命周期 信息的产生、处理、传输、使用直至失效的整个过程。

life cycle of system development 系统开发生命周期 开发一个软件系统的全过程，它包括需求分析、可行性研究、系统分析、系统设计、系统实施和系统评价与维护等阶段。

life cycle phase 生命周期阶段 信息资源词典的系统生命周期中的一部分，用于作为信息资源词典项的逻辑分区的基础。

life science 生命科学 近代逐渐兴起的一门集人体科学、心理学、医学、哲学、遗传学和人工智能等多种学科为一体的边缘科学。它以人脑组织与思维活动规律研究为基础，其研究对未来的计算机模式和新一代计算机的研制及发展具有重大影响。

life test 寿命试验 一种可靠性测试。将器件、电路或系统置于加速条件下工作，时间超过规定的周期，以模拟它们的预期寿命。

lifetime 寿命 在一些程序设计语言中，语言对象的寿命指该对象存在期间的那部分执行时间。

life type software 生命型软件 为了减少软件研制与开发成本，特别是维护软件而研制的一种软件。对于故障应具有自己发现、检测的能力，故障定位功能以及自维护、自改善、自适应的功能。这些功能与生命体的末梢神经系统、大脑中枢神经系统之恢复治愈力、适应、进化能力相对应。因而称之为生命型软件。

LIFO 后进先出 last-in first-out 的缩写。

lift-off point 起飞点 由数字化仪绘制的定位设备从触摸敏感表面移去的位置。

LIG 合法拦截网关 lawful interception gateway 的缩写。

ligature 连字 为了方便排字，将两个或多个字符铸在一起，如 fl。

light 光，光线 能被人类视觉所感知的电磁波波谱的一个区域，波长从 0.3 ～ 0.8 μm。光速与无线电波速度相同，即 299 792.4562 km/s。有时也将由激光器产生的不可见红外辐射称为光。

light absorption 光吸收 光通过传播媒质会引起光能向其他形式的能的转换，使传输的光束受到衰落。

light acceptance cone 接收光锥区 来自激光器的光纤入射光的园锥面约束空间。在该空间内全部入射光都会在纤芯与包层界面上反射，使全部光回到纤芯内传播。

light activated thyristor 光控晶闸管 以光信号或电信号触发使之进入通态的晶闸管。

light activated silicon controlled rectifier (LASCR) 光激活可控硅整流器 一种具有可接受入射光的玻璃窗的可控硅整流器。入射光取代或补充门电流的开关作用。也称“光电可控硅整流器”或“光控晶闸管”。

light activated silicon controlled switch (LASCS) 光激活可控硅开关 具有交替掺杂有受主和施主杂质的四层硅的半导体器件(如同光激活可控硅整流器那样)，四个 P 与 N 层都有引线端。当光束打到有效的光敏表面时，光子将产生电子-空穴对，使器件导通。去掉光线并不能使这种响应逆转，只能通过撤销或反转其正偏置断开开关。

light adaptation 光适应 眼睛随着光强度，即辐射度级的改变而调节自身的能力。

light amplification by stimulated emission of radiation (laser) 激光 激光的英文全名。激光器通过激励电子、离子或分子跃迁到较高能级，以至于当电子、离子或分子回到较低能级时发射能量来产生强烈的、相干的、方向性好的光射束。

light amplifier 光放大器 其输入与输出信号皆为光的放大器。

light analyzer 光分析器 用于入射光，能围绕其光轴旋转的偏振元件，可控制传输量，即入射平面偏振光的传输系数，或确定入射光的偏振面。

light antenna 光天线 由反射和折射元件构成的系统，用以引导或指引光束。

light attenuation 光衰落 在光波的传播过程中，通常由于光的吸收、反射和折射而引起的光波能量的衰落。参见 attenuation，propagation medium。

light bar 光条带 为了突出在屏幕菜单上的某一被选择项所采用的彩色或与背景相反的视频图像，如若正常的显示是黑色背景中的白色，那么被选择的项就被显示成白色背景中的黑色。

light button 光(按)钮 屏幕上出现一组图形符号，由鼠标光标或光笔选定其中一个，而系统就执行该选定符号所对应的一个操作。由于它模拟了按钮的功能，所以称为光按钮。

light communication 光通信 利用光传输信息的通信。包括激光通信和光纤通信。

light conduit 光导管 用纤维来传输光的软线。同 light pipe。

light-controlled oscillator 光控振荡器 其输出频率可随入射光变化的振荡器。

light coupled device 光耦合器件 直接利用光点的产生、传输、接收和消失过程来完成传统电路功能的半导体器件。用光耦合器件可实现“与”、“或”、“非”等逻辑门及存储电路、触发电路等。

light current 光电流 由于入射光照在器件的 PN 结上而在诸如二极管和晶体三极管之类半导体器件中流动的电流。

light-dependent resistor (LDR) 光敏电阻 利用半导体的光电效应制成的一种电阻值随入射光的强弱而改变的电阻器。入射光强，电阻减小，入射光弱，电阻增大。光敏电阻器一般用于光的测量、光的控制和光电转换。

light detection and ranging (LIDAR) 光检测和测距 应用位于光谱中的电磁波频率以类似于雷达的方法来检测和测定物体，即目标的距离的系统。

light duty connector 光负载连接器 在光纤中，设计并预定作为互联箱内部，即分线箱或分线柜内部应用的连接器。

lighted programmable function keyboard 亮灯式可编程功能键盘 一种输入设备，主要用于图形应用，具有应用程序控制的亮键。

light-emitting diode (LED) 发光二极管 在半导体 PN 结或与其类似结构上通以正向电流时，能发射可见或非可见辐射的半导体发光器件。光可以从结带边缘发出，也可以从其表面发出(取决于装置的结构)。主要为红色，但也可以为黄色、绿色和蓝色，有些类型，其颜色随电压而变化。发光二极管可分为普通单色发光二极管、高亮度发光二极管、超高亮度发光二极管、变色发光二极管、闪烁发光二极管、电压控制型发光二极管、红外发光二极管和负阻发光二极管等。参见 indicator light。

light-emitting diode coupler 发光二极管耦合器 在光纤数据链路发送端将发光二极管光源的光能耦合到光纤的耦合器。

light-emitting diode display 发光二极管显示器 由发光二极管(LED)管芯阵列组成的一种平面显示装置，这些管芯安装在坚硬的绝缘基片或金属引线架上，后者具有可使每个 LED 独立发光的外部连接。当给适当的管芯加电时，即可形成发光的数字、字母或其他字符。它特别适合用于制作大幅、无闪烁电子广告显示板。

light-emitting polymers (LEP) 发光聚合体 由日本 Seiko Epson 与英国 CDT(Cambridge Display Technology)合作开发的显示器技术。采用 CDT 的发光聚合体技术和 Seiko Epson 的喷墨打印技术。显示器由红、绿、蓝三种不同颜色的聚合体材料构成，在生产上使用喷墨打印技术，使每个独立的像素都由红、绿、蓝三种不同颜色的聚合体材料直接喷到基片上，相比目前的 LCD 显示器的生产过程，消除了逆光、色彩过滤、起偏振镜和复杂的多重阴影技术。LEP 显示器原型机面积 2.5 平方英寸，图像分辨率达到 250×250 点像素，16 级灰度。LEP 可应用于移动电话、PDA(个人数字助理)等设备显示。

light face 轻体字，淡体字 一种变体字，其线条比标准文本中字体颜色较淡，笔划较细。

light flux 光通量 人眼所能感觉到的辐射能量，它等于单位时间内某一波段的辐射能量和该波段的相对视见率的乘积。由于人眼对不同波长光的相对视见率不同，所以不同波长光的辐射功率相等时，其光通量并不相等。光通量的单位为“流明”，通常用 φ 来表示。参见 relative vision rate，luminous flux。

light frequency 光频 在 100 ～ 1 000 THz 之间的电磁波的频率。

lightguide fiber 光导纤维 一种纯净、微细的玻璃纤维。能像导线传输电子那样传输光子。同 optical fiber。

lighting model 照明模型 为了产生比较真实的三维图形显示，物体的每一个面都需要进行一定的明暗处理，以便反映该物体各个面的方向和深度，为此所使用的各种假想光源就称为照明模型。

lighting protection subsystem 防雷系统 保护设施以免受雷电影响的部件的总和，通常包括空中终端、避雷线、地电极系统、空气隙、避雷器及它们的互联部分。

light leakage loss 光泄漏损失，漏光损失 光能在诸如光导、光缆、光纤连接器或集成光路等光传输系统内的损失。任一种光泄漏，如不理想的纤芯包层边界、外壳破裂、光纤弯曲引起的光泄漏都会造成光能损失。

light level 照度水平 在视频或影片制作中，用烛光衡量的光的强度。

light meter 照度计 一种测量照明、光反射或照度的仪器。

light modulator 光调制器 也称"电光调制器"。是高速、长距离光通信的关键器件。它是通过电压或电场的变化最终调控输出光的折射率、吸收率、振幅或相位的器件。

light-negative 负光电导 当受到光照时由于传导性下降(电阻增大)而表现出来的负的光电导特性。比较 light-positive。

lightning 闪电，雷电 静电电压的突然放电，这种静电形成于云团之间及云团与地面之间，通常电闪伴随有雷声。

lightning arrester 避雷器 为击中天线或传输线的雷电提供对地放电通路的装置。通常，它有一个在常规电路电压下为高电阻的火花隙。在雷电的高压浪涌的冲击下，这个火花隙被击穿而变为低电阻。

lightning current 雷电流 用于防雷计算的雷电直击于低接地阻抗物体时流过雷击点的电流。

lightning data transport (LDT) 闪电数据传输 LDT是AMD公司K8处理器采用的数据总线，外频在200 MHz以上。AMD公司于2000年5月正式推出了LDT的1.0版，制定了针对Ultra DMA(超速直接存储器存取)66/100传输性能的运行规格，在1.01C版本中完善了电气规格方面的制定。现已被AMD公司HyperTransport技术取代。参见 HyperTransport。

lightning down conductor 避雷线 将空中终端，即地面上空的导体，与地电极子系统连接的导体。

lightning electromagnetic impulse 雷电电磁脉冲 雷击放电在空间产生的电磁场效应，以脉冲形式出现在导体或电气、电子设备上。

lightning induction 感应雷 雷电放电的强大电磁场作用在邻近的导线或电子、电气设备系统内产生的静电感应过电压和过电流以及电磁感应过电压和过电流。雷电感应对设备的损害可能不会立即发现，但在感应雷电电磁脉冲发生后经过一段时间，可根据被影响信号设备内功能不正常的元器件来确定这种损害。这种类型的损害还可能具有间歇的性质。

lightning generator 闪电发生器 可产生类似闪电的浪涌电压的高压电源，用于测试绝缘体和其他高压元件。

lightning over-voltage 雷电过电压 雷电放电在系统中引起的相对地或相间过电压。这种过电压通常为单极性，持续时间很短。

lightning-proof power outlet 防雷电源插座 在插座内部加入了防浪涌保护器件的可移动式防雷电源插座、固定式防雷电源插座、多功能组合式防雷电源插座。防雷电源插座既符合电源插座的通用技术要求，同时又可抑制来自电源线路的雷电感应高电压、操作过电压。

lightning-proof signal socket 防雷信号插座 保护包括各种音频射频设备、电话线路、计算机网络传输信号的防雷插座。参见 lightning-proof power outlet。

lightning-proof video signal socket 防雷视频信号插座 专门保护视频信号的防雷插座。参见 lightning-proof power outlet。

lightning protection zone (LPZ) 防雷区 将一个易遭雷击的区域，按照通信局(站)建筑物内外、通信机房及被保护设备所处环境的不同，进行被保护区域的划分。

lightning protector 防雷(保安)器 防止感应雷过电压和过电流破坏电子或电气设备系统的保安装置，是电涌保护器(SPD)的一种。它可分为电源线防雷器和信号传输线防雷器两大类。参见 surge protective device (SPD)。

lightning rod 避雷针 由截闪器、引下线和接地装置组成的防雷保护装置。截闪器安装在构架上并高于被保护物，用于拦截雷击使之不落在避雷针保护范围内的物体上，通过引下线和接地装置将雷电流释放到地中。

light of sight propagation 视距传播 (1)从发射机到接收机的直射线不被阻碍的电磁波的传播。(2)电磁波在大气中的传播，因为波能按平方率倍数大面积地扩散，所以场强减小，相对来说，大气的组合成分和结构的影响则较小。

light on 亮动 也称"受光动作"。它是指进入受光器的光束增加到一定量时，输出晶体管导通且有输出。比较 dark on。

light-operated switch 光控开关 由光束或光脉冲控制工作的开关。参见 photoelectric switch, light activated silicon controlled switch (LASCS)。

light pen 光笔 也称"电子笔"。外形类似铅笔的一个光敏感装置，在它的末端装有光电池。光电池用导线连接到显示器的控制电路。顺序扫描即可在屏幕上产生可见数据，光点和光线段的显现和擦除是非常迅速的。由于显示是依靠扫描实现的，受控电路在所有的时间内能确切地知道在扫描顺序中已经到达哪一部分的光点。因此，当光笔接触到显示的光点时，光笔的光电池所产生的电信号在时间上就和显示的某一点相重合。

light pencil 光束 在光学中，从点光源扩散出的窄光线束，或向像点会聚的窄光线束。

light-pen detection 光笔检测 用光笔检测显示屏上显示元素产生的光。同 light-pen hit, light-pen strike。

light pen system 光笔系统 采用光笔作输入的计算机系统,它包括硬件和软件两部分。光笔的功能就是检测可视区域内光的存在并产生一个窄脉冲,这个脉冲能够作为中断信号而输入计算机。在计算机存储器中有一个显示文件,它表示一个图形实体,该文件由计算机顺序读出,其输出又输入到图形控制台,其中每一个记录都被解释为绘图命令,适当的偏转信号输入阴极射线管后便形成了图像。

light pen tracking 光笔跟踪 (1)一种光笔工作方式。其过程是让显示屏上的光标跟踪光笔的移动。光笔跟踪可用于画电路图、印刷线路板图、机械结构设计图和写字等作业或任意图形的输入。(2)跟踪显示屏上光笔移动的过程。

L

light pipe 光导管 无源光学器件,诸如光纤、平板介质波导、定位或非定位光纤束或带有内反射壁,能从一点向另一点传导光的中空导管,允许光以最小的损耗从一端传输到另一端。

light-positive 正光电导 当受到光照时由于传导性增强(电阻减小)而表现出来的正的光电导特性。比较 light-negative。

light quantity 光通量 光功率与时间的乘积,即考虑时间在内的总的光通量。

light quantum 光量子 简称光子,电磁辐射的量子,传递电磁相互作用的规范粒子。其静止质量为零,不带电荷,其能量为普朗克常量和电磁辐射频率的乘积,在真空中以光速运行,其自旋为 1,是玻色子。参见 photon。

light ray 光线 用于代表光波本身。在几何光学中,光线路径以光能传播方向上每一点的连贯的切线来描述。

light request 光请求 可视信号系统发出的一种特殊消息,请求激活某种供作特殊用途的导航光线,诸如识别、消息交换、路线指示和安全性等。

light-sensitive 光敏 一些材料或器件在光线照射下发生变化的特性。

light-sensitive cell 光敏电池 也称"硅光电池",是太阳能电池的一种。由半导体材料"硅"制成,可以将光能转换成电能。

light-sensitive resistor 光敏电阻 也称"光导管",为纯电阻元件,其工作原理是基于光电导效应,其阻值随光照增强而减小。

light source 光源 产生或发射光波的器件。

light stability 光稳定性 在光字符识别中,图像的色彩不随辐射能量的照射而改变的性质。

light transmission error (LTE) 透光错误 磁带因物理损伤,如磁粉脱落、穿孔、边缘断裂、折痕、划伤、部分拉伤等原因而产生的可以使光线透过的一种永久性错误。

***light* valve array** 光阀阵列 在全息光存储器中,由电信号控制的光开关单元所组成的阵列。它对要存储的数据进行电控光字编码。

light velocity 光速 单色光波的速率和方向,即相速度。光子的运行速度是 299 792 458 m/s。物体越接近光速,质量就越大。如果达到了光速,则会变成无限大。这样的物理法则决定了人们不可能把任何传统意义的交通工具加速到光的程度,因为如果那样做,就需要无限大能量。

light visible radiation 光可见辐射 人的视觉可见的光辐射。在激光和光通信领域中,习惯和实际上,这个词已扩大使用到更宽的电磁波范围,包括能用可见光的基本光学技术来处理的电磁波范围。这个范围虽然还没有明确规定,但可认为是从 300 mm 的近紫外区,经过可见区,直到 3 000 nm 的中红外区。

light wave 光波 波长在 0.3 ~ 3 μm 之间的电磁波。光波是一种电磁波。根据光波传播方向上有无电场分量或磁场分量,可分为三类,横电磁波、横电波和横磁波。任何光都可以这三种波的合成形式表示出来。参见 transverse electromagnetic wave, transverse electric wave, transverse magnetic wave。

light wave communications 光波通信 科学技术的一个分支,以通信为目的,研究、开发和应用那些利用位于或接近电磁波谱中可见光区的电磁波的设备,包括光电检测器、光电转换器、集成光路以及用于产生、处理、传输和接收光波的设备。

light wave spectrum analyzer 光谱分析仪 能够确定光束中不同波长的存在,并能测量其能级的仪器,通常具有一可调滤光器,能够检测光束中光谱的每一部分。

lightwave system 光波系统 一种用光学方法通过光导纤维传送光脉冲传输信息的光学系统,如光纤通信系统。

light weight 轻飘 音乐重放时低音欠缺。

lightweight access point protocol (LWAPP) 轻量级接入点协议 LWAPP 是可以即时控制多个无线接入点的协议,随着 WLAN(无线局域网)规模的扩大,特别是 AP(接入点)数量的增多,WLAN 出现了向集中智能和控制发展的趋势。在此新架构中,使用 WLAN 控制器来为大量轻型接入点创建和执行策略。通过分离接入点和控制器的功能,利用集中这些设备的智能特性,能够减少网络管理员耗费在配置、监控或调试大型无线网的时间,并能使 WLAN 运行极为重要的安全性、移动性、服务质量和其他功能都可得到有效管理。

lightweight directory access protocol (LDAP) 轻量目录访问协议 LDAP 是因特网上用于访问目录服务的一个开放标准网际协议。它以 X. 500 为基础,提供了一种在因特网数据库中组织、定位以及使用资源的方式,初步解决了目录结构间的不兼容问题。LDAP 和 X. 500 的主要区别有:①LDAP 在

TCP/IP(传输控制协议/网际协议)上运行,而X.500 DAP则需要OSI(开放系统互连)栈;②LDAP提供绑定命令的简化版;③LDAP不提供读取或列表命令;④LDAP客户机一次只能连接一个服务器;⑤LDAP采用更简单的数据编码方法。参见 directory enabled network (DEN)。

lightweight flow accounting protocol (LFAP) **轻型流量记账协议** LFAP的功能是提供了一种手段,用于了解详细的网络资源使用情况,为网络分析、计费提供依据。在交换机中驻留的LFAP获取流经该交换机的流量信息,流量信息中包括每个通信流建立的时间、源地址、目的地址、协议、源协议端口、目的协议端口、源物理端口、目的物理端口、收发字节数、收发包数等信息。

light weight process (LWP) **轻权进程** 一种代价较小的操作系统执行与调度单位。在建立、终止、相互通信、同步与切换等方面的开销较小,如Sun OS操作系统中的轻权进程,可用于中等程度的并行计算。参见 heavy weight process (HWP)。

LILO **后进后出** last-in last-out 的缩写。比较 last-in first-out。

LIM/EMS **LIM扩页内存规范** Lotus-Intel-Microsoft expanded memory specification 的缩写。

limit check **极限检查** (1)对某种数值作的一种检查,判断其是否超过规定的上、下界限或正好在界限值上。(2)类似于范围检查,但是只有上限受到详细研究。这种极限检查在许多商业上有应用。例如,信贷控制用以检测什么时候个别用户超过他的信贷极限。又如预算控制系统用以检测并且报告开支的预算水平超过预算许可限度等。

limit count **极限计数** 在某些信息管理系统中,在调度过程中用来确定一个事务是否被分配给了正常的或极限的优先级数值的那个数。参见 limit priority,normal priority。

limit cycle **极限环** 在系统过程结构中,系统正向或逆向演化趋向的状态周期轨道。在动态系统的概念里,二维流形或平面中的极限环是相平面中的一段闭合的轨迹。当时间趋于正无穷或负无穷时,有至少一段其他的轨迹与其旋转相交。极限环在非线性系统中经常能看到。在时间趋于正无穷时附近所有的轨迹都逐渐靠近极限环的时候,这种极限环被称为稳定的极限环。如果所有附近轨迹在时间趋于负无穷时逐渐靠近极限环,这个极限环是不稳定的极限环。所有的极限环只有稳定和不稳定两类。

limited-access data **有限访问数据** 只允许有访问权的用户访问的数据。

limited broadcast **有限广播** 在令牌环型网络中,只能由允许传送它们的桥路器来发送的专门设计的广播信息帧。参见 LAN multicast。

limited broadcast address **有限广播地址** 在使用TCP/IP(传输控制协议/网际协议)的网络中,无盘工作站启动时为了获得自己的IP地址而使用的一种广播地址。这种广播地址为32位全"1"地址,广播范围只限于本局域网内,而且作为无盘工作启动过程的一部分来执行。因此这种广播地址也称"局域网广播地址"或"全1广播地址"。真正进行信息广播时要使用定向广播地址。参见 directed broadcast address。

limited compute **有限计算** 一种限定计算时间的计算。

limited contention protocol **有限竞争协议** 综合竞争协议和无冲突协议两种协议优点的一类协议。每种协议策略都希望既保持少延迟,又实现高效率。在竞争协议中,如CSMA协议,低负荷时延迟少,但是随着负荷增加,冲突加剧,延迟急剧增加,冲突加剧到一定程度后信道效率也将下降;在无冲突协议中,负荷时延迟较大,信道效率低,随着负荷增加延迟没有大的变化,信道效率确有很大改善。于是希望能够在低负荷时使用争夺法,在高负荷时使用无冲突法。这便是有限竞争协议。把共享信道的多个站分成M个组,每个组中有H个站。在争夺发送权的周期中,第0组的站在第0时隙争夺,第1组的站在第1时隙争夺,第$M-1$组的站在第$M-1$时隙争夺。组内站数越少,组内发生冲突的概率越小。最少时每个组内1个站则不会发生冲突。组数M减少,组内站便增多。组数最少为1组,所有站都在同一组内。较著名的有限竞争协议有自适应树步进协议和壶球协议。参见 collision-free protocols, adaptive tree walk protocol, urn protocol。

limited current circuit **限流电路** 在正常条件和在某种可能的故障条件下,其所流过的电流都不会发生危险的电路。

limited distance adapter **有限距离适配器** 供短距离内使用的一种调制解调器。该种调制解调器不对数据做复杂调制,而把数据输入(或对其作简单变换)加到传输信道上,它只用于短距离传输。

limited distance modem (LDM) **有限距离调制解调器** 一种调节并提升数字信号的信号转换器,使信号得以比标准的RS-232信号传输远得多。

limited-entry decision table **有限表目判定表** 一种判定表。其中条件名是一个明确的限定式,如$A<20$,而相应的表目只是"满足"、"不满足"或"没关系"三种。

limited protection voice equipment **有限防护语音设备** 以保密性和专用性为目的的提供话音信息的有限防护的设备。

limited-purpose computer **专用计算机** 参见 special-purpose computer。

limited-resource link **有限资源链接** 一个由节点操作符作为一个有限资源定义的链接,即一个在使

L

用时保持活跃的资源，有限资源链接在一段时间内没有检测到会话活动时被禁止。

limited-resource session　有限资源会话　一个只有有限资源链接的会话，这个会话在一定时间内没有检测到会话活动时终止。

limited round robin scheduling　受限轮转调度　一种进程调度的方式。在该方式中，作业按轮转调度法运行一定数目的时间量，然后只有在系统中没有其他作业时，它才能再运行。

limited scanning　有限扫描　传真传输中的扫描，以标称扫描行距整数倍的速率扫描，如两倍或三倍于扫描行距的速率。有限扫描可以缩短传输时间，但它可能降低图像质量。

limited space-charge accumulation (LSA) diode　限制空间电荷积累二极管　一种微波二极管，其空间电荷系在半导体中通过施加电场产生，每个周期内在其明显地累积之前即被耗散，因此限制了渡越时间并提高了最高振荡频率。

limited space-charge accumulation (LSA) mode　限制空间电荷积累模式　电子传递二极管的三种工作模式之一。在这种模式下，每一工作周期的一部分时间内整个结构成为负阻，振荡频率由外部电路决定，并且与载流子的渡越时间无关。其他两种工作模式是猝熄域模式和渡越时间模式。参见 transferred electron diode, quenched-domain mode, transit-time mode。

limiter　限幅器　一种用于防止信号在传输中出现的过载或不良瞬变发生的功能部件。

limiter circuit　限幅电路　限制其输出信号幅度为某一预定阈值电平的电路，它可以对正的或负的、或正负两者的信号强度变动起作用。

limiting　限幅　将信号某种特性(如电压、电流、功率)超过预定门限值的所有瞬时值减弱至接近此门限值，而对其他所有的瞬时值予以保留的操作。

limiting current of a capacitor　电容器的极限电流　能定期或偶然加于电容器的最大峰值电流。

limiting frequency　截止频率　同 cutoff frequency。

limiting operation　权限操作　在一完整系统中没有替代路径选择的最小容量操作。通过简单的调度权限操作可有效调度整个系统。

limiting resolution angle　极限分辨角　从观察或测量点来看的角度，它正好允许光学系统将两个足够远点或两条足够远的平行线分隔开来。与分辨力成反比。光学器件分辨两点或两条平行线的能力称为“分辨力”。

limiting value　极限值　规范中一个量值的最大或最小的允许值。

limiting voltage of a capacitor　电容器的极限电压　周期性地或偶然地施加于电容器的端子上的最大峰值电压。

limit priority　极限优先级(权)　(1)在某些操作系统的多任务运行中，对应于每个任务的优先级说明，表示可以分配给每一任务或其任何子任务的最高调度优先级。(2)在某些信息管理系统中，当进入队列并等待处理的事务数大于或等于极限计数数值时，而提高某一事务达到的优先级。参见 limit count, normal priority。

limit priority level　极限优先级　同 limit priority。

limit register　界(地址)寄存器　多道程序运行的计算机系统中采用的一种硬件存储保护机构，用来存放各个程序使用主存储器的上下界地址，超过该上下界时将产生“越界中断”，从而达到存储保护的目的。

limit switch　限位开关　也称“行程开关”，当运动物体到达其行程限度时利用电子方法自动切断其能源的开关。参见 travel switch。

limit test　限值测试　为确定一个值是否落在限值或边界之内或之外所做的测试。

LIN　局部互联网总线　local interconnect network 的缩写。

lincompex　链接的压缩和扩展　linked compression and expansion 的缩写。

Lindenmayer system　林登梅耶系统，林氏系统　把形式语言理论应用到发育生物学中而创立的一种并行重写系统。它由字母表(表示细胞状态符号的有限集合)、产生式(描述细胞的发育规则)的集合和公理三部分组成。其主要特点是：①字母表中的所有符号都可重写，由公理出发所导出的任何串都属于该系统的语言；②并行重写。由公理出发，作并行重写所导出的串表示生物机体各阶段的发育情况。参见 Lindenmayer system with interaction。

line　线路，行，流线　(1)用于传递能量、信息或信号的导电的线路，如电源线、电话线或控制线。(2)在通信中，一种连接两个或多个点的通信媒介，通常是电缆等某种物理的线路。(3)流程图中表示流向和连接功能框的线。参见 flow line。

line adapter　线路适配器　一种将计算机与通信线路相连接，用于将内部数字信号转换为适合于通信线路上传输的模拟信号或者实现逆转换所用的设备。这种设备应具备并到串和串到并转换功能以及调制解调器功能。

line amplifier (LA)　线路放大器　(1)中继线路上补偿光纤损耗的光放大器。(2)安装在主电缆的中间位置，用于减少损耗的放大器(通常为宽带型的)。

line analysis　线路分析　测量电信电路(线路)参数并且分析电路状况和质量的过程。

line analyzer　线路分析器　监视并分析通信线路上信息传输工作状况所用的设备。用作故障诊断和负荷监视。

linear 线性的 (1)一个函数正比于另一函数的相互关系,当作图表示时为一倾斜的直线。(2)在数学和电子学中,指两个直接成正比的量或者变量,如线性放大器的输出信号波形与输入的信号波形成正比。

linear absorption coefficient 线性吸收系数 光子或粒子束横越单位距离时强度的相对降低数。

linear accelerator 线性加速器 一种具有排列成直线的环形电极的加速器。当电极的电位幅度在超高频上适当变化时,通过各电极的粒子能量逐级增加,从而沿基本上是直线的路径被加速。

linear actuator 线性传动 将电能转变为线性的机械运动的传动装置。

linear address 线性地址 线性地址是逻辑地址到物理地址变换之间的中间层,是处理器可寻址的内存空间(称为线性地址空间)中的地址。

linear addressing architecture 线性地址系统结构 一种计算机系统结构,允许程序用一个地址值访问任何存储器地址,使整个存储空间有唯一的地址表示方法,而在分段的地址系统结构中,则需要一个段地址和段内地址两部分。参见 flat address space,segmented address space。

linear algebra 线性代数 代数学的一个分支。它以研究线性问题为主要对象,如线性方程组、线性空间、线性变换、矩阵等。它的应用非常广泛,是学习掌握很多其他科学知识的基础和工具。

linear amplifier 线性放大器 输出电流的变化正比于其所加输入电压的放大器。

linear analog control 线性模拟控制 同 linear analog synchronization。

linear analog synchronization 线性模拟同步 一种同步,其中用于达到同步的函数关系具有简单的正比例线性关系,即直接成正比。

linear audio 线性音频 在多媒体应用中,在视频磁带上的线性轨迹模拟音频,可用于记录而不擦除已有的视频记录,用于在视频编辑之后进行音频复制。

linear backward-wave oscillator 线性回波振荡器 利用电流流过位置邻近阴极的、称之为基底的电极来产生所要求磁场的回波振荡器。

linear beam tube 线性束管 工作于直流磁场平行于直流电场环境的微波电子管,直流磁场只聚焦电子束。这种类型的管子包括双腔速调管和反射速调管、螺旋线行波管、耦合腔行波管、前向波放大器(FWA)以及返波管放大器与振荡器等。

linear block code 线性分组码 一种用于差错校验的编码,通常它用于前向纠错。任何一个(n,k)分组码,如果其信息元与监督元之间的关系是线性的,即能用一个线性方程来描述的,就称为线性分组码,简称线性码。对k个信息元,加上r个监督元(也称校验位),其中每个监督元都是k个信息元中某些信息元的线性模 2 和,这样得到长为$n=k+r$的线性分组码,用(n,k)表示。若$r=1$,且对所有k信息元按模 2 求和,便是常用的奇偶校验码中的偶校验码;若把和取反作为监督元,便是奇校验码。

linear bounded automaton (LBA) 线性界限自动机 线性界限自动机像图灵机一样具有一个带有读写头的控制器和一条带,但它的带长被限定为输入字长的k倍,而k是一个预定的常数。注意,它已经不再是图灵机了。可以证明,它的计算机能力比图灵机要弱得多。

L

linear carriage head-positioning actuator 直线移动磁头定位器 动头磁盘机中一种磁头定位装置。此装置用直线马达驱动磁头部件,沿磁盘径向前后移动,把磁头送到指定磁道上。

linear circuit 线性电路 一种放大电路,其输出信号和输入信号之间的关系是线性的。

linear circuit element 线性电路元件 其端电压和进入端内的电流之间的关系由线性算子决定的电路元件。

linear classifier 线性分类器 用线性判别函数来作为分类准则的非参数决策理论分类器。最小距离分类器是一类重要的线性分类器,它采用输入模式与参考向量集合之间的距离作为分类准则,模式属于距离最近的模式类。

linear code 线性码 按照一定的规则在信息码组中加进的一些检测码元,各检测码元的值均由码组中的某些码线性相加而得则称之为线性码。线性码中检测码元与信息码元之间的关系是线性关系(满足线性叠加原理),否则称为非线性码。比较 nonlinear code。

linear combiner 线性组合器 一种分集式合并器,其输出是两个或更多信号的简单相加。

linear control system 线性控制系统 一种系统部件或环节中不包括非线性元件的系统。这种系统的输入输出可用线性方程来描述。受控条件和指令信号之间的传递函数与指令信号的幅值无关。

linear descriptor 线性描述(函数) 在机器学习中,指完全可排序的集合或者能够将一个集合映射到一个全序集的函数。

linear detector 线性检波器 其输出信号电压正比于输入载波幅度的变化(对幅度调制而言)或输入载波频率的变化(对频率调制而言)的检波器。

linear device 线性器件 器件具有与输入直接成正比例关系的输出,其中输出不含有输入中未出现的成分,即不含有新的波长或调制频率。

linear difference operator 线性差分算子 网格函数空间上的线性映射。将函数u的定义域划分为网格,用u^n表示其中一个网格点的函数值。若变换B使Bu^n为u^n所在网格点邻近格点上函数值的线性组合,则称B为一个线性差分算子。将差分方程写为算子形式可以在抽象空间上更深入地讨论差分方程的稳定性、相容性和收敛性。

linear differential transformer 线性差动变压器 将物理运动转变为其幅度与相位皆正比于位置的输出电压的机电变换器。在其一种型式中,一可动的铁芯定位于两绕组之间,相对于其零位的铁芯位移将导致一个绕组中电压增加,而同时另一绕组中电压下降,此两电压之差值随铁芯位置线性地变化。

linear discriminate function 线性判别函数 线性模式识别系统中的一种判别函数。该判别函数是输入模式测度的线性组合。

linear displacement transducer 直线位移传感器 把直线机械位移量转换成电信号的传感器。为了达到这一效果,通常将可变电阻滑轨定置在传感器的固定部位,通过滑片在滑轨上的位移来测量不同的阻值。传感器滑轨连接稳态直流电压,允许流过微安培的小电流,滑片和始端之间的电压与滑片移动的长度成正比。参见 linear variable differential transformer (LVDT)。

linear distortion 线性失真 线性双端口网络或线性传输媒体所产生的失真。线性失真常指线性滤波器或放大器引起的失真现象。线性滤波器失真的原因主要是由其带通滤波非线性引起的。线性放大器失真的原因主要是由其高、低频放大失真引起的。

linear diversity combining 线性分集组合 其中工作在分集模式下的两个或多个接收器输出在相加器中的分集组合。

linear element 线性元件 电流跟电压成正比的电学元件。做线性元件的伏安特性曲线是通过坐标原点的直线。参见 linear device。

linear electric motor 线性电动机 一种实际上是在切开并铺展后成为两个平面图形的电动机;其定子与转子之间的运动是线性的而非转动的。无论是定子还是转子都可以伸展开来形成轨道,其中之一沿着它像火车一样运动。如果激励线圈中的电流依次地通断,则感应电流便能够产生单一方向的力,作用于运动的定子或转子上。

linear feedback control system 线性反馈控制系统 在系统信号的相关测量之间具有线性关系的反馈控制系统。

linear feedback shift register 线性反馈移位寄存器 移位寄存器具有模 2 反馈,产生伪随机二进制序列,与线性网络和线性电路情况大致相同,可适用于数学和信息理论。

linear feedback shift register circuit 线性反馈移位寄存器电路 用移位寄存器实现的一种具有反馈的线性时序电路。

linear grammar 线性文法 一种上下文无关文法,其中任何产生式的右端不能多于一个变量。由这种文法产生的语言称为线性语言。

linear hashing 线性散列 当记录插入或删除时允许散列表增长或收缩的一种方案。

linear information processing language 线性信息处理语言 信息处理语言的一种版本。它是一种高级编程语言。

linear inductosyn 直线式感应同步器 用电磁感应原理把直线位移准确地转换成电信号的一种位移传感器,由定尺和滑尺组成。参见 inductosyn。

linear input form strategy 线性输入型策略 每个归结式的归结父节点至少有一个来自基本集。线性输入型策略归结效率很高,但它是一种不完备的策略。

linear integrated circuit 线性集成电路 输出是其输入的线性放大形式、或者输出是其输入的可预见变化的集成电路。这种集成电路的实例有运算放大器、比较器、电压基准和模拟乘法器等。它与主要用于处理二进制数据的数字集成电路有所不同。

linear interpolation 线性插值 (1)控制轮廓线绘制的一种方式。使用信息组中的信息控制其轮廓线的绘制。(2)在两个节点上所做的一次多项式插值。

linearity 线性 (1)在规定工作范围内,器件、网络或传输媒介符合叠加原理的工作属性。(2)线性指量与量之间按比例、成直线的关系,在数学上可以理解为一阶导数为常数的函数。比较 nonlinearity。

linearization 线性化 将动态系统的非线性模型变换为线性模型,用于近似表示非线性系统行为。

linear language 线性语言 用线性表示法表达的语言。例如 FORTRAN 是线性语言,流程图则不是。

linear list 线性表 (1)一种具有相同结构并在存储器中用顺序分配位置的方法保持其顺序的数据元素的线性有序集合。(2)可用数据结构 (K,R) 描述线性表。其中,K 是表元素的集合,R 是满足下列条件的关系:① 确有一个表元素,$k' \in K$,没有前启,称为表首;② 确有一个表元素,$k' \in K$,没有后继,称为表尾;③ 所有其他的元素都含有一个前启和一个后继。不含任何元素的表称为空表,记为 $K = \Phi$。表元素的个数称为表长。假定表长为 n,于是线性表可表示为 $n(\geqslant 0)$ 个节点 $x[1], x[2], \cdots, x[n]$ 的集合。其结构性质仅涉及诸节点的线性(一维)的相对位置,即如果 $n>0$,则 $x[1]$ 是头一个节点,当 $1<k<n$ 时,则第 k 个节点 $x[k]$ 是在节点 $x[k-1]$ 之后,在 $x[k+1]$ 之前,而 $x[n]$ 是最后一个节点。

linear load 线性负载 当施加可变正弦电压时,其负载阻抗参数(Z)恒定为常数的那种负载。比较 nonlinear load。

linear logarithmic intermediate frequency amplifier 线性对数中频放大器 一种中频放大器,具有以下

的增益特性：①当是低输入信号幅度，较小频率变化或较小相移时，呈线性变化；②当是高输入信号幅度，大的频率变化或相移时，呈对数变化。线性对数中频放大器可用于增加雷达接收装置的动态范围，以保证在接收器的输出端有一个恒定的误报警率。

linearly polarized mode **线性偏振模式** 在具有线性偏振的电磁波中的一种模式。在诸如弱导光纤等的弱导媒质中传播，在传播方向（即纵向方向）上，与横向幅度分量比较而言，具有较小的电场和磁场分量。用于电信系统的光纤通常是弱导光纤。

linearly polarized wave **线偏振波** 其电场矢量总是沿一固定直线的横电磁波。

linear machine **线性机** 在模式识别中，应用线性判别函数工作的模式识别系统。线性机中含有多个输出神经元。这些神经元相互竞争以确定谁为获胜者。获胜者的输出得以加强，处于兴奋态，而其他神经元处于抑制态。

linear matrix transformation **线性矩阵转换** 在视频系统中，通过信号加法或减法的组合方法将一组视频信号从一种类型转换到另一种类型的过程，用于如将 RGB 转换到 YUV 制式的场合。

linear model **线性模型** 软件工程中的需求工程所使用的一种传统模型。

linear modulation **线性调制** 一种包络的幅值与所有频率的调制波的幅值成正比关系的调制。广义的线性调制，是指已调制波中被调参数随调制信号成线性变化的调制过程。狭义的线性调制，是指把调制信号的频谱搬移到载波频率两侧而成为上、下边带的调制过程。此时只改变频谱中各分量的频率，但不改变各分量振幅的相对比例，使上边带的频谱结构与调制信号的频谱相同，下边带的频谱结构则是调制信号频谱的镜像。狭义的线性调制有调幅（AM）、抑制载波的双边带调制（DSB-SC）和单边带调制（SSB）。

linear motor **直线电机** 一种在驱动电流控制下电枢产生直线运动的电机。有的磁盘设备在磁头定位系统中应用它。直线电机也称“音圈电机”。

linear network **线性网络** 一个网络，具有正好两个端点节点、任何数量的中间节点并且在任两个节点之间只有一个路径。

linear optimization **线性优化** 同 linear programming。

linear order **线序** 偏序 $\langle R, \leqslant\rangle$ 中任两个元素 a 和 b，或有 $a \leqslant b$，或者 $b \leqslant a$，称偏序关系 $\leqslant$ 是线序关系。例如整数集上的“小于等于”关系就是线序关系。

linear pipeline **线性流水线** 由一串级联的处理站组成的流水线。数据顺序地（线性地）通过各站，每站由一高速的连接锁存器（L）分开，信息在公共时钟控制下，由第一站 S 顺序地通过锁存器流到第二站 S_2，然后 $S_2 \to S_3 \to S_4 \to \cdots S_K$。公共时钟同时加到所有锁存器上，实现同步操作。

linear planning **线性规划** 可以按顺序为每个子目标生成子规划序列的规划方法。可用线性规划求解的目标，必存在适当的控制策略能将以目标分解出的子目标做适当的排序，排序后的各子目标可不考虑它们之间的相互作用依次做出子规划。同 linear programming。

linear play **线性放像** 一盘录像带从头到尾放送，中间没有停顿或跳越。

linear polarization **线极化，线性偏振性** （1）电场的水平分量与垂直分量的相位相同或相差 180°时的正弦电磁波。（2）电场矢量 E 或者磁场矢量 H，保持固定的空间方向和幅度变化的电磁波偏振。（3）在电磁波传播中，偏振使得电场矢量的顶点描绘成在垂直于传播方向的固定平面上的一条直线段。

linear power amplifier **线性功率放大器** 信号输出电压正比于信号输入电压的功率放大器。

linear predictive coding (LPC) **线性预测编码** 用线性预测原理降低编码数码率的信号编码。信号一般是时间的函数，具有前后相关联的性质，后面的信号是由前面的信号渐变而来的，知道前面的信号就能对即将到来的信号进行预测。线性预测的基本原理是：一个语音的抽样能用过去若干个语音抽样的线性组合来表示，即：

$$S(n)(\text{预测值}) = \sum_{k=1}^{P} a_{n-k} S(n-k)$$

其中 a_{n-k} 为适当的系数，$k = 1, 2, \cdots, P$，称为线性预测系数。

linear probing **线性探查** 一种简单地顺序检查同一表中其他项的方法。在这种检查方法中，把表看成是环形的，并逐一试探下一个地址中的项，直至找到所需的项或遇到空地址为止。

linear program **线性程序（设计）** （1）一种算法程序。用于求满足一组解的问题中最合适的解。（2）根据预定的（或更复杂的）顺序步骤来编程的方法。参见 computer aided instruction。

linear programming (LP) **线性规划** （1）在运筹学中，一种解决问题的方法，用线性等式关系来发现多变量问题的最佳解决途径。（2）比较 convex programming, dynamic programming, integer programming, mathematical programming, nonlinear programming, quadratic programming。（3）在运筹学中，用线性的目标函数和描述约束条件的线性方程求最优解的方法。处理方法是在给定条件下，求某个函数的最大值或最小值。给定的条件一般用线性方程组表示，取极值的函数（目标函数）为线性函数。一般借助计算机进行求解。

linear pulse amplifier **线性脉冲放大器** 输出脉冲

的峰值幅度正比于相应输入脉冲峰值幅度的脉冲放大器。

linear pulse code modulation (LPCM)　线性脉冲编码调制　一种非压缩音频数字化技术，是一种未压缩的原音重现，在普通 CD、DVD 及其他各种要求高音频质量的场合中得到广泛的应用。参见 pulse code modulation (PCM)。

linear receiver　线性接收机　线性接收机具有与输入信号成正比例变化的输出信号，即具有与输入信号的频率变化、相位变化或幅值变化无关的恒定的传递函数。参见 transfer function。

linear rectifier　线性整流器　输出电流或电压所含之波具有与外加信号波包络相同形状的整流器。

linear refractive index profile　线性折射率分布　在介质波导的芯子中，如光纤中的折射率分布。其中折射率随距波导轴的距离均匀地变化，即从在波导轴上的一个值到芯-包层界面表面的另一个值之间均匀变化，当折射率分布参数是 1 时产生线性折射率分布。

linear-regulated power supply　线性调节电源　其调节器电路可对负载变化提供线性响应以保持电源输出电压稳定不变的模拟电源。

linear representation　线性表示法　用一维空间安排图形的方法。

linear search　线性搜索[查找]　检索文件的一种简单但效率不高的方法，按照这种方法，从头到尾顺序查找文件的每一项，直至找到所需要的项或全部查遍为止。

linear separator　线性分离器　一种用于图像识别的系统。其工作原理是：用加权计算的办法，把输入图像分割成输入矩阵。根据每个矩阵元是否获得输入来决定其所得的值，然后将该值代入线性可分离函数，并求得总值。最后与事先输入的图像阈值函数比较，从而作出判断。

linear sequence code　线性序列码　通过扩谱码序列生成器产生的二进制数字序列，其扩谱码序列生成器应用线性相加组合电路元件，如模 2 相加器。

linear stopping power　线性止动功率　带电粒子通过媒质时单位距离上的能量损耗。

linear structure　线性结构　(1)在计算机中，数据按一定的顺序排列的结构。它是数据的一种组织形式。(2)事物严格按照顺序规则的排列方式，这种排列方式满足两个条件：如果 X 先于 Y 且 Y 先于 Z，则 X 先于 Z。如果 X 先于 Y 且 X 先于 Z，则 Y 先于 Z 或 Z 先于 Y。按照这些规则，树不是一个线性结构。

linear sweep　线性扫描　一种阴极射线的扫描，电子束以恒定的速度从屏幕的一侧扫向另一侧，然后突然在一瞬间回到开始扫描的一侧。

linear systems　线性系统　状态变量和输出变量对于所有可能的输入变量和初始状态都满足叠加原理的系统。线性系统的状态变量(或输出变量)与输入变量间的因果关系可用一组线性微分方程或差分方程来描述，这种方程称为系统的数学模型。作为叠加性质的直接结果，线性系统的一个重要性质是系统的响应可以分解为两个部分：零输入响应和零状态响应。前者指由非零初始状态所引起的响应；后者则指由输入引起的响应。线性系统通常有两类，常系数线性系统和变系数线性系统。常系数线性系统的线性微分方程的每一项系数都是常数，也称“线性定常系统”；如果这个系统是时间 t 的函数，称为变系数线性系统，也称“线性时变系统”。比较 nonlinear systems。

linear system inference　线性系统推理　线性系统推理是一种间接推理。它利用线性代数知识，加上数据库内容方面的巧合，有可能找出一系列查询，它们返回的结果与线性代数集合有关。例如，查询结果构成关于所期望数据项的一组线性方程组，解这个线性方程组就可以得到所期望数据项的值。参见 indirect inference。

linear systems theory　线性系统理论　以状态空间法为主要工具研究多变量线性系统的理论。线性系统理论初期是随着电机工程、控制理论和电子学的发展而发展的，它伴随着航空航天、过程控制、通信、电路和系统、控制和决策以及计量经济学等众多学科的发展而日益成熟，汇总这些学科具有共性的基本理论形成一门具有广泛应用性的独立学科。它主要研究线性系统在输入作用下状态运动过程的规律和改变这些规律的可能性与措施。建立和揭示系统的结构性质、动态行为和性能之间的关系。线性系统理论主要包括系统的状态空间描述、能控性、能观测性和稳定性分析，状态反馈状态、状态观测器及补偿的理论和设计方法等内容。参见 linear systems。

linear tape open (LTO)　线性开放式磁带(技术)　这是由 IBM、HP、Seagate 三大存储设备制造公司共同支持的高新磁带处理技术，它可以极大地提高磁带备份数据量。LTO 磁带可将磁带的容量提高到 100 GB，如果经过压缩可达到 200 GB。LTO 技术不仅可以增加磁带的信道密度，还能在磁头和伺服结构方面进行全面改进，LTO 技术采用了先进的磁道伺服跟踪系统来有效地监视和控制磁头的精确定位，防止相邻磁道的误写问题，达到提高磁道密度的目的。

linear time base　线性时基　阴极射线管中使电子束以恒定速度沿其水平时间刻度移动的时基。

linear time-invariant model　线性时不变模型　也称“线性定常模型”。一个动态系统线性模型的输出信号幅值与输入信号幅值成正比。如果动态方程不是时间的函数，则该动态系统的模型称为时不变模型。线性模型与时不变模型综合即为线性时不变模型，由于它很容易用数学分析技术研究，因此很有价值。这些模型也可以用于仿真，但它们会遗漏实际系统中的非线性。

linear time-invariant systems 线性时不变系统 也称"线性定常系统"。特性不随时间改变的线性系统。它是定常系统的特例，但只要在所考察的范围内定常系统的非线性对系统运动的变化过程影响不大，那么这个定常系统就可看作是线性定常系统。对于线性定常系统，不管输入在那一时刻加入，只要输入的波形是一样的，则系统输出响应的波形也总是同样的。线性定常系统的分析和设计均比时变系统或非线性系统容易得多，是自动控制理论中最成熟的部分。参见 time-invariant systems，linear systems，algebraic stability criterion。

linear transducer 线性换能器 其输出正比于输入的换能器。参见 transducer。

linear transform 线性变换 (1)线性空间V到V的一种映射。设V是域P上的一个线性空间，A是V到V的一个映射，若对于任意的α,β属于V和k属于P，都有

$$A(\alpha+\beta)=A\alpha+A\beta$$
$$A(k\alpha)=k(A\alpha)$$

则A称为由V到$V3$的一个线性变换。(2)在某一域上的两个空间(或集合)的对应关系是线性的，则两空间之间的变换(操作、运算)为线性变换。例如图像处理的叠加、卷积、酉变换、离散线性滤波等的运算都属线性变换，变换后的图像场是输入图像场各像素矩阵的线性组合。

linear two-terminal circuit element 线性二端电路元件 端电压与电流之间的关系由线性算子决定的二端电路元件。

linear unit 线性装置 一种输出端的变化与某一输入端的变化成正比，且与其他输入端无关的装置。例如加法器就是一种线性装置。

linear variable differential transformer (LVDT) 线性可变差动变压器 一种直线位移传感器，它由一个初级线圈、两个次级线圈、铁芯、线圈骨架、外壳等部件组成。在这种传感器内，通过等值反向地改变差动变压器线圈的电感，其膜片或其他传感元件使线圈内的电枢线性地运动，从而改变其输出电压。这种传感器应用于加速度、力、压力的测量。

linear version model 线性版本模型 一种简单的版本模型，只是以版本出现的先后次序进行排列。它反映对象的历史，能很好反映一个设计过程的各个阶段生成的设计版本。其特征是：①版本不可能平行存在；②对于某一版本来说，不可能有多个起始版本。这种模型的缺点是不能反映不同版本之间逻辑上的关系。

o→o→o→o

$V0$ $V1$ $V2$ $V3$

线性模型示例图

linear video 线性视频 在多媒体应用中，一系列动作图像的脚注，从头到尾无间断无分支地播放，像播放电影一样。

line-at-a-time printer 行式打印机 同 line printer。

line balance 线路平衡 传输线的导体之间、或相对于其他导体和地之间具有相同的电特性的一种电气状态或条件。

line balancing problem 生产线平衡问题 工厂的生产作业，常由各种不同功能机器做各种加工处理，顺序生产零件，再由零件装配成产品。使整个生产流程能顺利进行，没有停顿、等待或闲置现象，便是生产线平衡问题。

line-based browser 文本浏览器 基于文本而非图形的 Web 浏览器。

line buffer 线路缓冲区，行组缓冲区，线缓冲区 (1)信息传输过程中，用于存放传输信息的缓冲区。通信线路上传输的信息在计算机或路由器的缓冲器中暂时存储一下，经验证无误并且在下一个相邻节点可以接收信息的情况下把信息发送出去。线路缓冲区按传输信息的单位划分，通常可分为四种方式，即位缓冲方式、字符缓冲方式、码组缓冲方式和报文缓冲方式。(2)在 PCI(外围部件互连)总线中，指设备中能保存从存储器中预取的整个行组信息的缓存。(3)线缓冲器是一种存储器，用来保留视频图像的一线。如果屏幕的水平分辨率是 640 个像素，并且以 RGB 作为色彩空间，则线缓冲器需有 640 位长×3 个字节宽的空间。这就相当于一个位置有一个像素和一个色彩平面。线缓冲器一般用在过滤算法中。

line buffer control program 线路缓冲区控制程序 管理线路缓冲区资源，控制它们的分配、使用、回收等操作功能的程序。

line buffer pool 线路缓冲区池 由一定数量的线路缓冲区所组成的集合。其主要作用是用于实现线路缓冲的动态分配和回收。当需要通过某条线路传送报文或信息时，便从缓冲区池中分配一个空缓冲区，使之与相应通信线路连接起来，用于完成报文或信息的发送与接收工作；当缓冲区不再需要时，就将其退回线路缓冲区池中，准备分配给其他通信线路使用。

line build out (LBO) 假线，线路补偿 (1)一种引起具有频率滚降特性的线缆损耗的衰减器，衰落量以分贝计。(2)对一段线路长度的一种电子仿真，用来降低信号功率，使之降落在某个确定的门限之内。在 T1 线路上，LBO 被用于降低 T1 传送器上的电势以"串入"同一条线缆束上的其他服务的接收器，并且容纳第一个延展线路重复接收器，通信承载系统会建立适当的 LBO 设置并且指示最终用户选择适当的频道服务单元设置。

line character (换)行字符 参见 new-line character。

line code 线路代码,行代码 (1)将终端输出信号转换成传输媒体上传播的脉冲信号而产生的一种代码。(2)程序中每行上的单条指令。一行代码可包括一个或单个寄存器地址或存储单元地址;可执行一个或多个操作。

line command 行命令 (1)一个操作命令。如在行编辑程序中,用C表示复制,M表示移动。(2)在某些计算机系统的源输入实用程序中,键入到显示记录的序号字段上的一些命令(如D删除,I插入,C复制),以请求对原记录执行相应的操作。

L

line commutation 电网换相 变流器借助电网提供换相电压的一种外部换相方式。参见 external commutation。

line commutation of convertor 变流器电网换相 借助电网提供换相电压的一种外部换相方式。参见 commutation of convertor。

line concentration 行集中,行聚焦,线路聚集 (1)将多行数据或来至多台设备的数据合并成较少行数据的方法。参见 cascading。(2)使较多的输入信道与较少的输出信道相互匹配的一种方法,输出信道的工作速度通常较高。参见 concentrator。

line conditioning 线路调节 线路调节是用于使传输损耗水平降到给定限制之内的过程。线路调节可以对数据传输线路附加以补偿电抗,在一定的频段上降低幅度和相位延迟,以改进传输质量。

line connection 线路连接 交换网上终端之间的物理连接,这种连接必须在数据传输之前建立。

line control 线路控制 在SNA(系统网络体系结构)中,控制数据链路的控制信号和运行步骤的方案,是数据链路控制协议的同义词。同 data link control protocol。

line control block (LCB) 线路控制块 (1)存放实现通信线路控制操作的控制信息的主存储器。通常可划分成几个存储段,数据通信系统中的每一条线路都对应一存储段。(2)一种存放调度和管理线路运行所需控制信息的存储区。在数据通信系统中,每一条线路保持一个LCB。

line control characters 线路控制字符,行控制字符 同 transmission control characters。

line control discipline 线路控制规程 同 link protocol。

line control procedures 线路控制规程 通信线路的发送端与接收端之间的一种约定,它规定了发送及接收的过程以及数据格式、控制符号的约定等。

line control program 线路控制程序 按照线路传输控制规程,实现线路的接续、断开与信息传输等控制功能的程序。

line control routine 线路控制例行程序 (1)在数据通信中,控制线路数据传输的例行程序。(2)一种用于数据通信或联机系统以实现线路控制的例行程序。其功能包括:①使通信线路的输入输出能最有效地进行;②使信息处理程序与线路的输入输出状态无关,从而能像批量处理程序那样从磁盘存储器中读出处理数据。

line copy 轮廓图副本 一种只包含线条立体轮廓图形的文件,图形没有中间的或连续的色调变化。

line cord 电源线 一种双导线软线,一端是两脚插头,另一端永久地连接到设备上,它提供了到电源的连接。某些电源线含有第三根导线和插头,目的在于实现对地的安全连接。

line cord resistor 电源线电阻器 一种绝缘的线绕电阻器,和两条标准导线合为一体构成电源线。

line counter 行计数器 在文字处理中,对每页的印刷行数进行计数并可能对其进行控制的一种装置。

line coupling 线耦合 耦合电容器、线路调谐电路和接入电路三者共同提供的在载波通信系统的电力线或电话线与发射机-接收机组件之间的连接。

line data set 行数据集 在具有分时的系统中,一个具有逻辑记录的可打印行的数据集。

line delete symbol 行删除符号,删行符 可删除一终端输入行上所有字符的终端控制字符。同 logical line delete symbol。

line-deletion character 行删除字符 同 line delete symbol。

line description 线路描述 某些计算机系统中的一种目标码,含有对系统的一条通信线路的描述。

line descriptor 行描述符 描述输入数据记录如何格式化成若干单独的打印行的控制符。在格式化的打印输出时由PSF(打印服务程序)解释行描述符。

line device 行式设备 一次打印一行正文(文本)的打印机。

line discipline 线路规程[协议] 用于调整传输系统中的操作参数,从而实现正确的或所需要的线路控制的有关规程。它包括线路争用、定时探询、排队优先权等处理。同 line protocol。

line disconnection 线路开断 线路连续性或传输能力的中断。

line display range 行显示区段 在某些小型计算机系统中,当文本编辑程序列出一行时,该行被显示出来的那一部分。

line distortion 传输线畸变,线路失真 在信号传输过程中,由传输线的传输常数引起的信号相位分布或幅度分布发生的变化。

line double 倍线器 也称"扫描变换器"。系一种专门用来将隔行扫描的信号变换为逐行扫描信号的器件。同时,还会将这些信号以标准NTSC(美国国家电视制式委员会)视频的倍频输给视频监视器。优点是可以不会再看到扫描线,特别是对大型投影电视的荧屏。

line drawing 线提取，绘线型，线框图 (1)在图像处理中，由专门设计的计算机程序实现的原始图像轮廓线提取方法。其过程是，先把图像点阵输入计算机，然后用差分法计算出可能为轮廓线的各点，再将各点连成轮廓线，最后整形得到理想的图形。(2)在计算机制图中生成的一种图形形式。这种图形由点、线段、字符或专用符号组成。(3)由实线构成的图，不具有能提供质感与轮廓的阴影或其他涉及大量运算的特征。

line drawing display 线型图显示器 一种阴极射线管图形显示器，在显示屏上可画出线条。这些线条可直接用图形板、光笔输入或通过键盘规定线条的末端输入。线条一旦输入即被延伸、旋转或改变。故线型图显示器为计算机辅助设计提供了一个有效工具。参见 computer graphics。

line driver 线路驱动器 一个基带传送装置，在逻辑电路与双线传输线间起接口作用的一种电路，通过放大信号来增加传输距离。

line drop 线路电压降 由于线路的阻抗作用而存在于电力线或传输线两点之间的电压降。

line editing 行编辑 数据在终端上一次显示编辑一行的编辑方式，此时用户只能通过键盘输入行编辑命令。比较 full-screen editing。

line editor 行编辑程序 一种计算机编辑程序。大多数命令(如删除、插入和移动等)仅作用于单行或几行。

line encoding 线路编码 用规定的规则处理原始的数字信号序列，从而得到称为线路信号的、新的数字信号序列的过程或技术。

line-end adjustment 行端[行尾]调整 在字处理系统中，打印输出时的一种调整功能。其方法是，用最初设置的边缘量或改变了的设置自动调节编辑文本在行端区的行端宽度。

line-end control key 行尾[行端]控制键 在文字处理中，一种能够激活或抑制行尾调整特性的控制(键)。

line-ending zone 行尾区，定行端宽度 (1)在字处理系统中，当机器自动开始另起一行或请求操作者介入时，在右端边缘前定义的字符位数。(2)相对于左端或右端边缘预先确定的可打印空格数。同 line-end zone。

line-end symbol 行结束符，行尾符号 同 logical line-end symbol，logical line-symbol。

line-end zone 行尾区 在文字处理中，到达一行自动结束的右边缘前，规定的字符位置数。同 hot zone，line-ending zone。参见 adjust text mode。

line equalizer (LEQ) 线路均衡器 一种用于改善传输以及调制解调器有效性的固定均衡器，LEQ消除本地金属线缆对的陡削高频滚降，该滚降是线缆长度的函数，LEQ 能够改善会发生较大损耗和滚降的长线缆上的传送。

line equipment 线路设备 安装在电话局中与一特定线路相联的一种用户线路继电器或桥式线路继电器。

line error 传输线误差 数据沿传输线传输时发生的差错。

line escapement 跳行 垂直于打印方向将打印纸移动一预定的距离。参见 expand escapement。

line feed 换行 在打印机或显示终端中，在打印一行后移到下一行的控制。

line feed character (LF) 换行字符 一种格式控制符。其功能是将打印或显示字符的位置移到下一行同一字符位置。在字处理系统中也称“变址字符”。在国际标准化组织的字符集中，这种字符编码为 0A(十六进制)。

line feed time 换行时间 打印机走纸机构使纸进一行所需时间。

line filter 线路滤波器 (1)插入到电源线和接收机、发射机或其他电子设备之间防止噪声信号通过电源线的滤波器，也称“电源滤波器”。(2)插入到用于载波通信目的的传输线或高压电力线之间的滤波器。

line finder 寻线机，行定位器 (1)设计用于一组线路中找出一条呼叫线并将其与设备接通的开关。(2)打印机上命令压轴卷筒自动转动，使预定的行被打印的设备。

line fitting 直线拟合 用一条直线逼近一组离散的点，称为直线拟合。

line folding 折行 当一个文件信息的行比打印机所允许的最大行长还长时必须采用的方法。超过的字符通过生成一个局部新行信息打印在下一行，看起来报文分开了，但含义不变。

line follower 线条跟踪器 一种图形输入设备，它能自动跟踪线条并把它转换成数字坐标形式。当遇到交叉点时，可以由软件进行决策或者由操作员进行干预。

line format page 行格式页 在某些印刷子系统中，一种由行数据和任选的结构字段组成的页。

line function 行操作功能 在格式化报文中，用报头，文本或报文末尾的一个特殊行表示的目的或应用。

line (display) generator 线(显示)发生器 同阴极射线管联在一起用来产生点、短划线或连续线条的设备。

line graphics 线图 同 coordinate graphics。

line group 线群，线路组[群] 一根或多根同类型的远距离通信线。性能相似的终端可通过它与计算机通信。它们可作为一个整体来激活或撤销。

line group data set 线路组数据集 在某些通信系

统软件中,一种报文控制程序数据集,其中包含一个线路组的所有线路上传输的报文。

line grouping 线路分群 一群具有共同特性的用户接到同一个接线器,使得每一个用户的线路与其他用户线路按这样的方式分成一群,即到达忙线的呼入可按优先顺序转到线路群的空闲线上;指向某一特定用户的呼叫被引导到这个用户;如果用户正忙,呼叫引导到下一个优先的空闲线;如果线路群中所有的线路都忙,除非请求预占或优先,则有一个忙音返回呼叫方;如果一个高优先权的呼叫发向线路群中的一个线路,并且该线路正忙,除非线路群中所有其他线路也正忙,则通常不请求预占。

line height 行高度 文本行的垂直尺度的度量,从一行的基线到下一行的基线,行高度通常表示为点数。

line hit 线路瞬击(干扰),传输线瞬断,线路命中 (1)一种导致在电路上产生寄生信号的电干扰,这种干扰也可能使线路瞬时中断。(2)传输上由电干扰所致的通信瞬断现象。瞬断对高速数字通信危害极大,即使时间很短的瞬断也会引起大量信息丢失。

line holding 线路保持 继续占用线路。

line hunting (LH) 寻线 给多个接口群分配一个特定的ISDN(综合业务数字网)号码(主号码),如果在呼叫主号码时,该接口群的B通路均处于忙状态,将选择空闲的接口群进行接收的功能。

line identification 线路识别 由通信网络根据被连接的两个用户的请求提供的线路识别。

line identification facility 线路识别设施 一种设施,即网络提供的一种服务功能,它是能使网络确定呼叫始发方、呼叫接收方或两者的验证的设施。

line identification request indicator 线路识别请求标志 一种标志,即信号,它前向发送则表示在应答消息中是否包含被叫线路的验证。它向后发送则表示是否应前向发送在主叫线路验证消息中的主叫线路验证。

line identification signal 线路识别信号 一种信号,即一系列字符,它发向呼叫数据终端设备,即主叫方,以允许被叫线路的识别,或发向被叫数据终端设备,即被叫方,以允许识别呼叫数据终端设备,即主叫方。

line identity 线路验证 一种信息,它后向发送则包含一系列表示被叫线路地址的信号,或它前向发送则包含一系列表示呼叫数据的终端设备,即主叫方地址的信号。

line identity message 线路验证消息 一种消息,它前向发送,表示主叫数据终端设备,即主叫方的验证,或它后向发送,表示被叫数据终端设备,即被叫方的识别。

line illustration 线型图 由划线组成的图形。

line impedance 线路阻抗 通信线路上的阻抗,它是线路的电阻、电感、电导和容抗以及信号频率的函数。同 characteristic impedance。

line interface base (LIB) 线路接口母板,行接口基础 一种通信控制器的硬设备,可以将多达16条远程通信线连接到通信控制器上。

line jack 插塞孔 在交换机上,连接用户线路的插孔。

line length 线路长度 (1)通信系统中的传输线路的物理长度,即线路始端与终端之间的距离。(2)在通信或电力传输线上,指线路的电长度,即线路两端的相位差。

line length compensation 线路长度补偿 改变电话中发送和接收路径中的增益,来补偿在不同长度线路终端的不同的信号电平。靠近中心局的短的线路将对信号衰落较小,故对增益的要求也低。

line level 线路(电平)级别 通信中,为了反映传输信道内信号强弱程度所规定的级别,通常采用分贝(Decibel)或奈培(Neper)为单位进行测量。

line load 线路负荷[负载] 通常指一段时间里线路实际使用的程度与线路最大容量的百分比。例如,峰值线路负荷。同 circuit load。

line load control 线路负荷控制 一种专用交换分机(PBX)或中央局的服务性能,它允许在对交换中心的服务要求过多时选择性地拒绝从发话端到某一线路的呼叫。

line load control designation 线路负荷控制选定 在通信系统中,可用来确定优先顺序,即一系列优先级的一种,其中特定用户群将会使其通信业务的级别降低,以向有更重要需求的用户提供全面服务。线路负荷控制用于在满负荷条件下或当设备有限时提供过荷自动保护。

line lock 线路封锁 在某些通信系统软件中,在发送询问报文和接收到回答期间,保持工作站与应用程序间连接的一种功能。联机线路封锁期间,该线路不能被其他站使用。参见 extended lock mode, lock mode, message lock mode, station lock。

line loop 通信线回路(操作) 远程通信线路上从一个终端的输入装置到远程终端的输出装置所执行的一组操作。

line loop resistance 线回路电阻 局部回路的金属电阻。同 loop resistance。

line mask 线框模 一种专用于画水平或垂直线框的二进制码格式。根据定义二进制位的"1"或"0",可以画出虚线、实线和长划线。

line merging 线路合并,行合并 (1)在兼容模式下,线路数据合并到一个打印数据线路上,或者在一页上打印不同列的数据,每个列以不同的字符风格或者字号。(2)在所有点可寻址方式下,同一行中图像元素的"或"操作,就像在打印机上重复打印一样。

line microphone 线列传声器 一种高定向性传声器，核心构件是由压电陶瓷圆环作换能元件的一个线列阵，阵元间距小于四分之一波长，每个紧靠的元件的一端都具有高度的定向性特性。

line-mode browser 行式浏览器 一种 HTML（超文本标记语言）浏览器，可在字符终端中显示浏览信息，如 Lynx。参见 browser。

line mode switching 线路方式切换 分区仿真程序设计的一种任选特性，允许一条指定的线路或作为网络控制程序线路或作为仿真程序线路运行。通过控制命令将该线路从一种方式切换成另一种方式。

line monitor 线路监听器 能够被动地监听数据传输并且根据正在使用的协议的已有知识和其他因素向操作员提供传输的显示和分析的装置。

line noise 线路噪声 来源于传输线的噪声，由诸如不良连接和电源线路的感应干扰等因素所造成。

line number 行(编)号 (1)打印输出时对每行所加的编号。用于区别机器执行的顺序。(2)分时系统中行式数据集的行编号。(3)照相排版校样，采用计算机打印文本的输出时通常有行编号，以便确定校对的位置。(4)在某些高级程序设计语言（如BASIC)中，行号用来确定每一条指令的执行顺序。

line number access 行号访问 文字处理中自动查找文件中特定行的一种功能。只要指出该行的标识号或相对于另一行的位置即可找出。

line of code (LOC) 代码行 程序长度的衡量单位。通常是汇编语言或高级语言程序中的源代码行数，包括可交付的工作控制语言(JCL)语句、数据定义、数据类型声明、等价声明、输入/输出格式声明等。一代码行的价值和人月均代码行数可以体现一个软件组织的生产能力。代码行常用于软件项目源代码的规模估算，常使用的单位有：SLOC（单行代码)、KLOC（千行代码)、LLOC（逻辑行代码)、PLOC（物理行代码)、NCLOC（无注释代码行)、DSI（交付源指令）等。参见 delivered source instruction (DSI)。

line of force 力线 假想的电场或磁场中的线，它的每一部分都表示该点的场的方向。

line of propagation 传播路线 无线电波通过空间所走的路径。

line of sight (LOF) 视距 直线可达空间。某些传输系统要求的一种特性，如用激光、微波、红外线等信号传输信息的系统，在发送器与接收器之间的直线路径空间必须直接可达，中间不能有遮挡物。

line of sight distance 视距距离 从发射机到水平线的距离，通常它代表了无线电台或雷达站的作用距离极限，一般在 320 km 以内。

line of sight link 视距链路 (1)在雷达、无线电、视频和微波系统中的链路，其中的视距存在于发射和接收天线之间。(2)在光学传输系统中，指点到点的直接的非引导光束的传输路径。(3)在可视通信中，在发射机和接收机之间的直接可视通路，如两只船的信号灯之间及日光反射信号器与观测员之间。

line of sight propagation 视距传播 利用超短波、微波作地面通信和广播时，其空间波在所能直达的两点间的传播。其距离同在地面上人的视线能及的距离相仿，一般不超过 50 km。

line of sight transmission 视距信号传输 在可视距离范围内，使用自由空间作为传输介质进行信息传输的方式和技术。视距信号传输的例子包括微波、激光和红外线的传输。参见 line of sight。

line-oriented editor 面向行的编辑程序 同 line editor。

line overrun 行超限 在某些印刷子系统印刷管理设施的相容方式下，发现送去的印刷行的图形字符个数超过一行允许的正常值，或在印刷该行时出现没有按时完成复制件修改的情况。

line pacing 行距，行定步 在计算机通信中，发送一个行之后的在继续传输之前的一个等待间隔。

line pad 线路衰减器 插入在放大器和传输线之间的衰减器，以便将该放大器与线路的阻抗变化隔离开来。

line pairing 搭行 在多媒体应用中，指一个错误的隔行扫描模式，第二场的行没有准确地插入到第一场的各行之间。

line post insulator 线路柱式绝缘子 由一个或多个永久地固定在底座上的绝缘件构成的一种刚性绝缘子，它通过装在其底座上的双头螺栓可以刚性地安装到支持结构上。参见 insulator。

line printer 行式打印机 与字符打印机、页式打印机相对应的一种打印机，每次打印一行字符，每分钟可打印 3 000 行。带式打印机，链式打印机都属此种。同 line-at-a-time printer。比较 character printer，page printer。

line printing 行式打印 以一行字符为单位的打印。

line print terminal (LPT) 打印终端接口 在 PC 机上，最常用的连接打印机、扫描仪或者数字照相机的并行端口。LPT 端口局限在 LPT1、LPT2、LPT3 等，但是每台计算机至少拥有一个 LPT 端口。如果需要更多的，可以通过安装并口卡来增加。

line private buffer 线路专用缓冲区 专门为每条线路设置的固定缓冲区，用于传送相应线路上的信息或报文。

line protocol 线路规程 一种对同步线路上信号传输进行控制的规则。用以规定正向应答方式、重新传送请求方式、接收器发送器超时约束、信息块在终端之间传输的顺序和线路报价解释。

line protocol handler (LPH)　线路协议处理程序　一种处理消息、中断和暂停,从事协议认定、误差状态恢复和其他通信功能的通信程序。

line quadrupler　四倍线器　将隔行扫描的信号变换为逐行扫描的信号后再以 NTSC(美国国家电视制式委员会)制式频率的 4 倍频送给视频监视器的专用器件。

line quality analysis (LQA)　线路质量分析　与调制解调器连接的在网络管理系统中运行的诊断软件,用于提供模拟线路参数的测量和显示。

L

line rate　线路速率　单位是 bps。指的是连接两个调制解调器之间的电话线(或专线)上数据的传输速率。常见速率有 28 800 bps、19 200 bps、14 400 bps、9 600 bps、2 400 bps。建议使用 modulation rate。

line receiver　线接收器　一种差动放大器,用于连接两台设备的数字信号线。线接收器一般具有两个输入端和一个信号输出端。两个输入端接收互补的信号。

line redundancy level　线路冗余级　链路的实际数与需连接网络所有节点的最小链路数之比。

line reference　线路标记　线路运行中出现某些情况时,指示控制应转到何处的一种标记或线路号。

line reflection　传输线反射　传输线反射就是在传输线上的回波。信号功率(电压和电流)的一部分传输到线上并达到负载处,但是有一部分被反射了。如果源端与负载端具有相同的阻抗,反射就不会发生了。源端与负载端阻抗不匹配会引起线上反射,负载将一部分电压反射回源端。如果负载阻抗小于源阻抗,反射电压为负,反之,如果负载阻抗大于源阻抗,反射电压为正。布线的几何形状、不正确的线端接、经过连接器的传输及电源平面的不连续等因素的变化均会导致此类反射。

line regulator　线路调节器　也称"电压调节器"。它可使系统的交流电源电压保持在基本不变的水平,因而可以解决电压过低的问题。同 voltage regulator。

line relay　线路继电器　一种由线路上的信号激活的继电器。

line rerouting　线路重路由　为响应原路由失效的情况,对电话流量进行的短期路由变更。许多传统的电话公司都提供将计算机中心的专线网络重路由至备份站点的服务。

line residual equalizer　线路补余均衡器　减小在其他的均衡器已调节到它们的最佳状态以后仍然残留在传播媒质中的衰落或频率畸变的电网络或电路。

***line response mode*　线路应答方式**　在某些信息管理系统中,应答方式的一个变种。处于这种方式时,在应用程序输出报文的产生过程中,通信线路上的所有操作均暂停执行。参见 response mode,terminal response mode。

line route map (LRM)　线路路由图　在信号通信中,传输线路的实际路由和构造类型以及电台和交换设备位置的图。如沿线路的中央局、交换中心、交换台和发报台的位置。

line routing algorithm　线段布线算法　用线段代替逐点探索来进行布线的算法。它所需要的计算时间较少,占用的存储空间较少。但使用这类算法时,有可能在实际存在路径的情况下找不到布线的路径,或找不到布线的最短路径。

line scanner　线路扫描器　参见 communication scanner。

line-scan pickup device　行扫描拾取设备　一种视频拾取设备,只向一个方向进行电子扫描,另一个方向的扫描通过拾取设备与图像的机械的相对运动完成。

line search　线性搜索　求解一元函数极小点的数值方法。它常常是最优化数值方法的子过程。

line section　线路段　由两端收发设备和其间的线缆构成的线路区间。

line security　线路安全性　通信线路的安全性,即通信线路上的数据保密性和完整性,线路上的数据不会被非法窃取,也不会被改变。

line segment　线段　由两个端点所确定的一段直线。

line segment scrambling　线段加密[加扰]　一种图像信号加密法,其中行上的线段被移到其他行上去,使图像完全无法辨认。

line seizure　线路占用　通信系统中,想进一步使用某一线路的用户阻止其他用户或话务员接入该线路。

line set　线架　一种控制器硬件装置,通过它可将一条或两条线路连接到线路接口座上。

line sharing　线路共享　一种形式的 X.21 交换线路共享,许多客户接入一条线路,但只有一个客户对任何单一呼叫有入口。

line shift register　线性移位寄存器　在计算机密码中,进入移位寄存器的第一级的数是寄存器其他各级现时值的线性函数,这类移位寄存器用于产生伪随机数或流密码中的加密位流。

line shuffle scrambling　混行加密法　一种图像信号加密方法,图像中的行被随机互换。

line side　线路侧　在通信站中,面向传输通路的设备的部分,即连接到通信站外围设施。如信道、环路或中继线,而不是通信站内部的接线器、接线板、检测架及监控设备。

line signal　线路信号(指示灯)　电信中与线路相连的指示灯,亮时表示有呼叫。

line signaling 线路信令 监视中继线上的呼叫状态的信令。它可以分为如下几类：①直流线路信令：主要用在纵横制电话局之间、纵横制局与步进制局之间、纵横制市话局与自动长话局和人工长话局之间、纵横制话局与特种业务台之间；②带内(外)单脉冲线路信令：局间采用频分多路复用的传输系统时，可采用带内或带外单脉冲线路信令，由于带外信令所能利用的频带较窄等原因，因此线路信令一般均采用带内单脉冲线路信令；③数字型线路信令：当局间采用PCM(脉码调制)设备时，局间的线路信令必须采用数字型线路信令。参见 channel associated signaling (CAS), register signaling。

line skew 行扭斜，行位偏斜 (1)行位置倾斜或歪扭。参见 line misregistration。(2)光符识别中相对于符号阅读器上一条实际存在或假设的基线以及一串字符发生位置偏斜的现象。

line slope 行斜率 传输线路在整个频谱上衰落相对于频率的变化率。通常在高频范围的衰落比在低频范围的衰落大。

line smoothing 线平滑 一种沿线性实体进行插值和增加附加点绘制地图功能。它可以产生一系列更短的线段，从而生成比原来的线段更平滑的曲线。在计算机中存储的仅是相对很少的点集，大量的附加点和线段都是在显示时才通过插值自动产生。这样就减少了数据的存储空间。

lines of code 代码行数 程序长度的衡量方式，一般包括程序语句(指令)行、注释行和空白行。参见 statement。

line source 线光源 发射一束或多束光束且每束具有非常窄的谱宽的光源，即不是谱宽很宽或有多个波长的连续光谱的光束。线光源也指具有与其长度相比非常窄的横截面及发射区(如注入式激光二极管的发射区)的光束。

line-source loudspeaker 线声源式音箱 声辐射图形高而窄的那类音箱。如高高的带式扬声器便是一种线声源的音源。另外，垂直放置的阵列式点源发音单元也是一种线声源的音源。与之相反的便是辐射图形短而宽的点声源式音箱。参见 point-source loudspeaker。

line space 行间距[隔] (1)用于特定操作的两个相继打印行之间的距离。它是基本行间距的整数倍或分数倍。参见 basic line space。(2)当前行底线与上一行底线的垂直距离。

line space mechanism 行间隔机构 打字机上一种控制行间距的部件，由操作人员设定。

line space selector 行间隔选择器 打字机上一种改变行间距的控制装置。

line spacing 行距 (1)两个相邻文本基准线之间的距离，通常用其间的空白行数表示。(2)用英寸表示的垂直行数。

line spectrum 线状谱 (1)当原子中束缚电子从高能级跳到低能级时，所自然发射的电磁辐射的频谱，每一不同的能级跳跃都有其自己的频率，这些频率便构成了该原子的线状谱。(2)光学中，包含一个或多个宽度非常窄的谱线的发射或吸收光谱，与连续光带情况相反。

line speed 行速，线路速度 通信线路上数据从一点到另一点的传输速率。通常用每秒比特数(b/s 或 bps)表示。

lines per inch (LPI) 每英寸行数 在打印机中，打印纸垂直方向上每英寸可打印行数的度量。

lines per minute (lpm) 每分钟行数 行式打印机的运行速度是以每分钟打印的行数(lpm)表示的。

line splitter 线路分割器 把一条单一线路在一组终端间分割的装置。

line stabilized oscillator 长线稳频式振荡器 带有一段高 Q 传输线的振荡器，该传输线起着频率控制元件的作用。

line status 线路状态 通信线路上所处的工作状态。例如是准备发送还是接收。

line stretcher 线扩充器 同轴传输线的阻抗匹配装置。用于扩充通信线路。通常是一段物理长度可变的波导或硬同轴线，长度变化用来改变它的电长度，实现此目的的装置一般是可伸缩的机械结构。

line structure language 行结构语言 所编写出的程序是行结构的一类语言。即一行中只能有一行语句或一条命令，反之，一行语句或一条命令也只能占一行，不允许分成两行或多行。

line style 线型，行风格 线图元的一种属性。它规定线图元在输出画面中的式样，如实线、虚线、锁线、点线等。同 line type。

line surge 线路冲击[电涌] 一种突然出现的高电压状态。线路冲击对没有冲击保护的设备会有极大的危害。

line switching 线路交换[转接] 在进线和出线之间建立的电流通路的交换，与消息交换(没有建立物理的路径)相对。同 circuit switching。

line temperature compensating equalizer 线路温度补偿均衡器 同传输线路一起使用，补偿由线路的温度变化引起的衰落和频率畸变的均衡网络。

line termination (LT) 线路终端 至少包含终结一个数字传输系统一端的发送和接收功能的功能群。

line termination unit 线路终端单元 数据设备适配器的替代名称。

line test set 线路测试装置 测量电路特性(电平、频率、噪声、信号/噪声比和平衡性)的模拟检测装置。

line-to-earth voltage 线对地电压 多相交流电路中在给定点的相线导体与参考地之间的电压。正常运行时线对地电压与相电压相同。

line-to-line voltage 线(间)电压 多相交流电路中

在给定点的两相线导体间的电压。同 line voltage。

line trace 线路跟踪(程序或表) (1)在网络控制程序中,记录联机诊断信息的一种任选功能。一次跟踪仅限于一条线路。(2)某些通信系统软件中的一种表格,在主存中提供有关指定线路上发生的输入/输出中断的顺序记录。

line traffic 线路通信量 一条通信线路上的传输次数和发送与接收的数据总量。它是衡量线路数据传输能力的一个指标。

line traffic load control 线路业务负荷控制 同 line load control。

line transformer 线路变压器 插入到系统中用于隔离、阻抗匹配或附加电路分支等目的的变压器。

line transient 线路瞬变 一种持续时间很短的多余电压脉冲。在电路设计中,如果未考虑到将这种干扰限制到最小程度,往往会引起传输失误。

line trap 线路陷波器 由串联电感和并联的调谐电容组成的滤波器,它以与载波电流系统的电源或电话线相串联的方式插入,使线路衰落变化的影响减至最低限度,并减小载波能量的损耗。

line triggering 线路触发 利用来自电源频率的脉冲对示波器或其他设备的触发。

line turnaround 线路换向 半双工通信中调制解调器的换向。其结果是使通信通道的传输方向相反。

line turnaround delay 线路换向延迟 对半双工线路实现换向所需的时间延迟。这是半双工通信中必须考虑的,也是最主要的延迟因素。

line type 线型 线图元的一种属性。它规定线图元在输出画面中的类型,包括实线、虚线、点线、点划线等。

line-type modulator 线型调制器 对磁控管发射机脉冲调制时最常用的调制器型式。通常它包括有一个高压电源。脉冲形成网络(PFN)在磁控管的阴极处产生一个矩形脉冲,同时电压与电流足以造成磁控管振荡。在脉冲之间 PFN 被充电,触发脉冲使闸流管开启,使 PFN 的输入短路,从而导致脉冲出现在变压器处。

line-unit-line termination (LULT) 用户-单元-用户终端 环路的网络侧终端,环路未接到公用电信公司设备。

line-unit-network termination (LUNT) 用户-单元-网络终端 环路的用户侧终端,环路未接到用户房屋。

line voltage 线电压 三相输电线各线(火线)间的电压称为线电压,在中国为 220 V 的交流电,在北美为 115 V 的交流电。比较 phase voltage。

line voltage regulator 线电压调整器 抵消电力线电压变化的调整器,为所连接的负载提供基本稳定的电压。

line width 线宽,行宽 (1)线条的外貌属性之一,它用来描述线的宽度。(2)指打印机的宽度。即在打印纸或计算机屏幕上从左边空白到右边空白的长度。

line winding of transformer 变压器网侧绕组 与交流电网直接或间接连接的变压器绕组。

linguistic intelligence 语言智能 有效的运用口头语言或及文字表达自己的思想并理解他人,灵活掌握语音、语义、语法,具备用言语思维、用言语表达和欣赏语言深层内涵的能力结合在一起并运用自如的能力。参见 multiple intelligences。

linguistic model 语言模型 对自然语言的数学描述。分为生成模型、分析模型和识别模型三种。

linguistic object 语言学对象 在概念模式语言中,一个词法上允许的构造。参见 lexical object。

linguistic search 语言搜索 搜索引擎的一种搜索类型,使用语言搜索时,需将词条还原为基本形态,如 mice 是老鼠的复数形态,在索引中还原为 mouse,或对于复合词使用基本形态进行词条扩展。然后才对文档进行浏览、检索和建立索引。

linguistics knowledge representation 语言学知识表示 语言学知识(如句法、语义等)和外部世界知识(如常识和领域知识等)的形式化表示机制。对于一种知识表示机制来说,应考虑以下四方面的特征:表达能力、推理能力、推理效率和获取效率。人工智能领域常把知识表示机制粗分成陈述性的和过程性的两大类。

linguistic string theory 语言串理论 用结构主义观点描述语言的自动句法分析方法。在语言串分析法中,每一个句子都可以看作由若干个基本串通过附加、连接和替换等方式组合而成。在组成句子的这些基本串中至少有一个是中心串,中心串代表句子的基干。每一个句子都由一个中心串加上零个或多个基本附加成分组成,从中心串出发,通过逐渐扩展的方式,可以生成语言中无限多的、任意复杂的句子。

link 连接,链路,链接 (1)在计算机程序设计中,在程序的不同部分之间传递控制或参数的部分程序,有时可能只是一条指令或一个地址。同 linkage。(2)数据或者一个或多个计算机程序一部分的连接项,如连接编辑器对目标程序的连接、用指针对数据进行的连接。(3)在网络中连接两个节点的一个实体。两个节点之间可存在多个链路。在这个意义上,链路有物理链路和逻辑链路两种。物理链路指要通信的两节点之间的通信介质及与在此介质上传输信息有关的设备(如发送设备、接收设备等);逻辑链路指发信点与收信点之间的一条逻辑通路。在无线通信中,链路指两个通信站点之间的无线通路,链路可以是单工的、半双工的、全双工的。在链路每一端都有相同的传输模式。(4)从一个网页到另外网页的超文本链接。这可以是热区(一幅图像),或者是文本的一部分(一般在网络浏览器中显示为蓝色并带下划线的文本)，在用户点击其上时会将用户的浏览移动到另外一个页面上。

linkable program　可连接程序　一种定义了内部和外部过程，可以和目标模块相连的程序。由连接编辑程序连接编辑成可执行程序。

link access procedure (LAP)　链路访问规程　X.25 接口标准中规定的数据链路级的协议；由 LAP-B 和 LAP-D 补充。同 link access protocol。

link access procedure D (LAP-D)　链路访问规程 D　由国际电报电话咨询委员会(CCITT)定义的一个第二层协议，在单个第一层链路上可靠地传输信息块并支持第二层不同连接的多路复用。LAP-D 定义信息帧的传输和接收，检测误差并通过重新传送纠正误差的标准，与国际电报电话咨询委员会(CCITT)的 ISDN(综合业务数字网)国际标准 Q.921 同义。

link access procedure for modems (LAPM)　调制解调器链路访问规程　由国际电报电话咨询委员会(CCITT)定义的调制解调器的调制和错误检测规程，使用 ARQ(自动重复请求)技术，在两台调制解调器间链路上实现 V.42 差错纠正协议。LAPM 规定每个数据帧包括最多 128 字节的数据和 16 位或 32 位的循环冗余检验(CRC)，在要求的确认收到之前最多能够发送 15 个数据帧(缺省的窗口大小为 15)，因而，必须保留 1 920 字节的内存以便存储未被确认的数据帧，因为这些数据帧可能需要重发。

link access protocol (LAP)　链路访问协议　X.25 协议中的链路级协议。它用于 DTE(数据终端设备)和 DCE(数据电路终端设备)之间的数据交换，其中，DTE 和 DCE 操作在国际电报电话咨询委员会(CCITT)推荐的 X.1 中规定的 8 ～ 11 用户服务类上。它所使用的术语的原理遵从 HDLC(高级数据链路控制)协议。

link access protocol-balanced (LAPB)　平衡链路访问协议　一种在链路层上用于访问 X.25 网络的通信协议。LAPB 是一种全双工、异步、平衡协议，用于点对点通信。它可用来把终端和计算机连接到分组交换网络中。它与高级数据链路控制(HDLC)的异步模式等效。在 HDLC 中，一个站点不经允许即可从一个控制站点传送信息。

link address　连接地址　一个在初始时赋值的地址，标识一个通道或者控制单元并允许它发送和接收传输帧以及进行输入输出操作。参见 port address。

linkage　连接，联系，磁链　(1)连接从主程序派生出来的闭合子例程入口与出口的一种技术。(2)在两个例行程序间传递控制和参数的编码技术。(3)磁链是线圈的匝数与穿过线圈的磁通之乘积。

linkage editor　连接编辑程序　(1)一种计算机程序，通过解决目标模块或装入模块间的交叉引用，把这些连接起来，建立装入模块。在必要时，应调整地址。(2)在某些系统中，从一个或多个单独翻译的目标模块，或从一个或多个已有的可执行程序段，或两者的混合，建立可执行程序段的程序。连接编辑程序把这些模块或程序段作为它的输入，解决它们之间的交叉引用。(3)将不同编译程序(或汇编程序)产生的某种格式的目标程序模块和装配模块连接编辑成一个装配模块的程序。这种模块一旦装到主存中即可执行。有些连接装配程序还能产生具有覆盖结构的装配模块。例如可用来把 BASIC 或 FORTRAN 编译程序或汇编程序输出的目标程序装入并连接到主程序中的软件系统。同 linker。比较 editor program。参见 overlay linkage editor。

linkage instruction　连接指令　(1)某些操作系统的 FORTRAN 语言中的一种指令，在计算机程序的不同部分之间传递控制和参数。(2)在处理过程中，将控制和参数从一个指令序列传送到另一指令序列的指令。

linkage section　连接节　在 COBOL 语言中，属被调程序数据部中的节。该节描述了调用程序可用哪些数据项，这些数据项可以由调用程序和被调用程序来引用。

link aggregation　链路聚合　也称“链路汇聚”。将两个或更多数据信道结合成一个单个的信道，该信道以一个单个的更高带宽的逻辑链路出现。链路聚合一般用来将具有相同传输介质类型、相同传输速率的物理链路段“捆绑”在一起，在逻辑上看起来好像是一条链路。链路聚合可以实现链路备份、增加链路带宽及其数据的负载。链路聚合按照聚合方式不同可分为静态链路聚合和动态链路聚合。

link aggregation control protocol (LACP)　链路聚合控制协议　是一种基于 IEEE 802.3ad 标准，实现链路动态聚合与解聚合的协议。LACP 协议通过数据单元与对端交互信息，对端接收到这些信息后，将这些信息与其他端口所保存的信息比较以选择能够聚合的端口，从而双方可以对端口加入或退出某个动态聚合组达成一致。

link analysis　链接分析　也称“链接流行度”，是搜索引擎如何进行网页的相关性排序的一个重要的要素。链接分析的原理是，一个网页拥有的反向链接越多，就越有可能是高质量网页，不然也不会有更多人愿意为其做链接。因此，在其他要素相同的条件下，反向链接越多的网页排名更靠前。

link-attached　依附于链路的　这个词用于描述与通信链路或电信电路接线的装置。与依附于信道相对。比较 channel-attached。

link-attached station　链路连接站　一种通过数据链路将其控制器连接到计算机上的站。同 remote station。比较 channel-attached station。

link-attached terminal **链路连接终端** 一种通过数据链路将其控制器连接到计算机上的终端。同 remote terminal。比较 channel-attached terminal。

link attribute **链路属性** RSCS(远程假脱机通信系统)中数据链路的一种特性,如它的线路地址、链路标识或它所需要的线路驱动器类型等。

link bit **链接位** 作为累加器扩充的一位寄存器。用来指示累加器或其他寄存器的溢出,在程序控制下可以测试其状态。

L

link budget **链路预算** 光纤系统中,链路预算是用于定义从光发送机到光接收机的通道中的最大许可光损失的术语,链路预算是以分贝度量的、发送机输出和光检测器的最大可用输入等级之差。

link button **连接按钮** 在 LinkWay 产品中,一种按钮对象,激活用户指定的文件夹页面。

link communication **链路通信** 为了发送和接收信息而把一个点与另一个点连接起来的物理方法。

link connection **链路连接(部件)** (1)在 SNA(系统网络体系结构)中,在一个链路站与一个或多个链路站之间提供两站通信的物理设施,如通信线路和 DCE(数据电路终端设备)。同 data circuit。(2)在 ATM(异步传输模式)网中,一个能够跨越一个链路透明地传递信息的连接,如用于监控的信元。

link connection component manager (LCCM) **链路连接成分管理器** 管理链路连接配置的事务程序。

link connection network **链路连接网络** 同 connection network。

link connection segment **链路连接段** 在业务点命令服务器(SPCS)查询链路配置请求表中依次列出的位于两个资源之间的配置的一部分。

link connection subsystem (LCS) **链路连接子系统** 属于一个链路连接的一系列链路连接成分(LCC),由链路连接子系统管理器(LCSM)管理。

link connection subsystem manager (LCSM) **链路连接子系统管理器** 管理属于一个链路连接的链路连接成分(LCC)序列的事务程序。

link control **链路控制** 决定终端与处理机之间信息数据传送方式的过程。其作用是确保信息在传送中的完整性,采用的规约是出错控制规约。

link control procedure (LCP) **链路控制规程** 一个标准规程,依据该规程,保证在任一条通信链路上传送数据的秩序的准确性。

link control program **链路控制程序** 控制通信链路上数据传送的程序。用它来控制数据传送的顺序和方式。

link control protocol (LCP) **链路控制协议** 用于在两台计算机之间创建链路以便传输信息的协议。它提供了与 PPP(点对点协议)类似的功能,但是其中包含了更好的安全性和认证。参见 point-to-point protocol (PPP)。

link coupling **环圈耦合** 由两个通过短长度传输线连接在一起的线圈所构成的耦合,每个线圈都可通过感应与单独的调谐电路的线圈相耦合。

link data channel (LDC) **链路数据信道** 在采用扩充超帧格式的 T1 信道中第 4、8、12、16、20、24 帧的成帧比特承载的一条 4 kbps 信道,AT&T 已经规定了在其电路上的链路数据信道应承载独有协议中的电路性能信息。国际电报电话咨询委员会(CCITT)推荐标准 G. 703 为限制 LDC 的内容。

linked compression and expansion (lincompex) **链接的压缩和扩展** 其中数据链路以及用于压缩扩展器的功能单元的互相连接。

linked file **链接文件** (1)存储在不是连续分配的磁盘扇区(簇)上的文件。文件长度可以改变,建立这种文件时不必规定其最大长度,不用索引,每个磁盘扇区(簇)有一指示字指向下一个扇区(簇)。(2)由一组数据块组成的文件。这些数据块用存放在每一块中的链接字或指针彼此相联。

link-edit **连接编辑** 用连接编辑程序建立可装入的计算机程序的过程。

link editor **链接编辑器** 一种转换工具,它将库中的模块代码与可重定位的目标模块代码结合在一起形成一个可以适合装入执行的绝对程序代码。

linked list **链表** 在每个记录内提供一指针,以链的形式接到另一记录所建立的表中。根据连接方式的不同,可分为向前链表、循环链表、广义链表等。同 link list。

linked list search **链表搜索** 同 chained list search。

linked object **链接对象** 在一个文件中插入另一个文件的信息,当这个信息在源文件中改变时,它在目标文件中也同时改变。

linked sequential file **链式顺序文件** 介于用户和各种顺序设备(如磁带、行式打印机、读卡机等)之间的中间文件。通过此链式顺序文件可以使顺序设备与磁盘之间协调一致地工作。

linked set **链式集** 由所有者及其一部分或全部成员组成的有关记录的命名集合。

linked subroutine **闭型子例程** 同 closed routine。

link encryption **链路加密** 用于保护两节点之间链路上传送数据安全而采用的加密技术和解密方法,从而实现整个通信链路的安全性。网络中通常采用的链路可以是明线、同轴电缆、微波、卫星、光纤等。链路加密方式比较简单、易于实现,只要把两台密码设备安装在两个节点的线路上,并使用同样的密钥即可,这种方式的特点是链路上传输的是密文,而节点上是未加密的明文。

link engineering circuit **链接工程电路** 同 link order wire。

linker **连接程序** 同 linkage editor。

linker/loader **连接装配程序** 参见 linking loader。

link escape character 链路换码字符 参见 data link escape (DLE) character。

link exchange 链路交换 通过尝试用一个链路替换另一个链路来改进网络拓扑的一种技术。

link field 连接字段 缓冲区的第一个字段，用于指出链中下一缓冲区的位置。

link grammar 链语法 用链的方式描写句子中相邻成分中心词之间的连接关系的语言自动分析方法，其生成能力等价于上下文无关语法。参见 context-free grammar。

link header 链路报头[标题] 在 SNA(系统网络体系结构)中，BLU(基本链路单元)头部控制数据链路的控制信息。

linking (to a disk) 连接(虚磁盘) 在 VM(虚拟机)操作系统中，共享其他用户拥有的虚磁盘。用户可以临时地或永久地共享该虚磁盘。通常虚磁盘的共享是只读方式的，访问时可能需要给出口令。

linking loader 连接装载[配]程序 能连接装配若干独立汇编的或编译的程序或子例程的程序。它由再定位装配程序和连接编辑程序组成。该程序解决了外部引用，即一个模块中的指令引用另一模块中指令的问题。它还将程序中符号地址替换为实际地址，因此即使只有一个程序也要用到连接装配程序。

linking protection (LP) 链接保护 在自适应高频无线电自动链接建立的链接功能中的保护，它旨在防止未受权链路的建立或越权操纵合法链路。

link integrity verification testing (LIVT) 链路一致性测试 由美国国家标准协会(ANSI)定义的在 DLCI(数据链路连接标识符)上传输的一系列操作过程和消息，为帧中继处理器(FRFH)和帧中继终端设备(FRTE)连接提供状态和结果提示。参见 data link connection identifier (DLCI)。

link layer 链路层 OSI(开放系统互连)模型中有关相邻网络节点间的数据传送的逻辑实体，这是 OSI 模型中的第二层处理，介于物理层和网络层之间。

link level 链路层 链路协议 X. 25 的一部分，通过全双工链路将用户计算机连接到网络节点上存取网络数据。LAP(链路访问协议)和 LAPB(平衡链路访问协议)是国际电报电话咨询委员会(CCITT)推荐的链路访问协议。参见 data link level, link access protocol-balanced (LAPB)。

link-level addressing 链路级寻址 输入输出接口中的两个寻址级之一，指向链路级函数并表示通道和控制单元之间的链路路径，对应于 device-level addressing。

link level 2 testing 链路二级测试 参见 link testing。

link library 连接程序库 (1)一种由按装配模块格式编制的程序所组成的程序库。连接程序可将库程序与目标程序模块组装成装配模块，以供目标程序调用。(2)一个分区数据集。当 EXEC(执行)语句以及 ATTACT、LINK、LOAD 和传递控制 XCTL 宏指令中引用装入模块时，从连接程序库中提取相应模块。

link list 链表 一种线性的数据结构。它使用指针来建立记录之间的联系，因此文件的逻辑排列与物理排列可以完全无关，在物理上可以任意放置记录，而用指针实现逻辑上的联系。

link loopback 链路环回 一种诊断技术，该技术中在数字链路(如 T1)的集合比特速率下传送的信号被回送到同一链路的相反方向的发送装置。链路环回检测可以由比特差错率测试器(BERT)进行，也可以由一些为诊断检测准备的信道服务部件进行。

link loss budget 链路损耗预算 参见 maximum allowable link loss。

link management 链路管理 数据链路层提供的功能之一，对链路层的建立、配置及通信量等链路状态所进行的管理。

link management protocol (LMP) 链路管理协议 GMPLS(通用多协议标记交换)网络模型中的链路管理协议。LMP 包括控制信道管理、链路所有权关联、链路连接性验证和故障隔离/定位。其中后两项为可选项。①控制信道管理：控制信道用于在两个邻接节点间承载信令、路由和网络管理信息，采用专用信道(与数据信道分离)承载控制信息，提高网络的可靠性和可管理性；②链路所有权关联：交换链路所有权可以动态改变链路的特性，可以增加链路、改变链路保护机制、改变端口标识符等；③链路连通性验证：这是一个可选的规程，在链路交换配置阶段会协商是否启用此规程。链路连通性验证规程主要用于验证数据链路的连通性，它通过发送 Ping 类的测试消息逐一验证所有数据链路(包括捆绑链路中的每一个组件链路)；④故障定位/隔离：快速的故障定位是实现快速自愈和快速人为响应的前提。故障定位分为两个阶段：故障检测和故障通告。在各种传输协议并存的 GMPLS 网络中，光信号丢失是最通用的检测手段。但在复杂的纯光网络中，光信号经历了众多器件环节，准确的定位仍然是一件非常困难的工程。参见 general multiprotocol label switching (GMPLS)。

link margin 链路余量 在光纤系统中，链路余量是用于定义在所有的路径损耗被扣除后能够得到的光功率超出在光检测器的最小可用输入等级的余量的术语。链路余量定义了光纤系统中出现接头和其他替换时的安全度。

link neutralization 连接环中和 通过输出与输入

调谐电路间的环节耦合的中和。

link order wire (LOW) **链接指令线** 也称"链接工程电路"。一种话音或数据通信电路,它作为由数据链路互联的相邻通信设备之间的传输链路,仅用于对链路活动和功能的协调和控制,如电路监控和业务量控制。

link pack **连接组合块** 在执行的某一阶段,主存中可重入码所构成的一组共享模块。

link pack area **连接装配区** 某些操作系统的主存储器中的一个区域,存放来自系统库的一些可重入例行程序。它们存放在主存中,可节省装入时间。

link pack area directory **连接装配区目录** 某些操作系统中的一种目录表。每个连接装配区模块的入口点在表中都占一项。

link pack area extension **连接装配区扩展(扩充程序)** 在某些交互系统中,连接装配区的扩充部分,存放仅在交互系统运行时作用的系统例行程序。当操作员初启交互系统时装入。

link pack area library **连接装配区程序库** 某些操作系统中的一种分区数据集,存放装入连接装配区的模块。

link pack area queue **连接装配区队列** 某些操作系统中的一种队列,存放当前使用的每个连接装配区模块的目录表入口以及连接装配更新区和固定连接装配区的每一模块的目录表入口。

link protocol **链路协议** (1)建立、保持和释放一逻辑数据链路在该链路上传送数据的一组规则。其中包括为使数据通过链路的传送控制信息格式及解释这种格式的规则。(2)在数据通信中,通信者之间在数据链路上传输数据时的约定或规则。它包括链路的建立、保持和翻译以及传输数据的控制信息格式和控制信息的语义。

link protocol converter (LPC) **链路协议转换器** 一个转换一种链路级协议信息到另一种链路级协议信息的设备。参见 protocol converter。

link protocol data unit **链路协议数据单位** 国际标准化组织(ISO)提出的开放系统互连的七层参考模式中第二层(数据链路层)的数据传送单位。它相当于 HDLC(高级数据链路控制)规程中的"帧"概念。

link quality analysis (LQA) **链路质量分析** 在无线链路中,对信号质量进行测量、评价和分析的全部过程。

link segment **连接段** 在 ESCON(企业系统连接)环境中,连接器之间光缆的任意部分,包括无源元件。

link service access point (LSAP) **链路服务访问点** 在 ATM(异步传输模式)网络中,第三层和逻辑链路控制(LLC)第二子层之间边界的逻辑地址。

link sort **连接分类** 参见 link sorting。

link sorting **连接排序** 一种磁盘排序。它采用随机归并的方式,在归并开始前,先将记录的排序键与记录本身分离开。当归并顺序块达到一定长度后,就不再进行内、外存储器之间的传送,而通过排序键的归并及指示方式完成最终的归并。这将大大减少排序的时间。

link spectrum efficiency **链路频谱效率** 净比特率(有用信息速率,不包括纠错码)或最大吞吐量除以通信信道或数据链路的带宽。参见 spectral efficiency, system spectral efficiency。

link-state database **链路状态数据库** OSPF(开放最短路径优先)路由器,或严格地讲是同一区域的 OSPF 路由器,都具有相同的链路状态数据库,并运行相同的最短路径算法。链路状态数据库中的每个记录代表网络的一条链路,它包含链路标识符(ID)以及描述链路状态的信息。链路状态的类型有五种:即路由器、网络、IP(网际协议)网络汇总、边界路由器汇总和外部链路。每种类型的记录都具有共同的链路状态广播报头,报头内包含链路状态 ID 和链路状态类型等信息。参见 open shortest path first (OSPF)。

link state **链路状态** 有关各条链路的状态的信息。这些信息包括:① 接口的 IP 地址和子网掩码;② 网络类型;③该链路的开销;④该链路上的所有相邻路由器等。

link state PDU (LSP) **链路状态协议数据单元** 为了交换有关各个系统相邻信息,路由选择算法使用的一种协议数据单元(PDU)。参见 protocol data unit (PDU)。

link state protocol **链路状态协议** 链路状态协议采用分布式的管理方式,各个网络节点只需维护一张网络图,在网络拓扑结构发生变化时,及时地进行更新。链路状态协议有国际标准化组织(ISO)制定的 IS-IS(中间系统到中间系统)协议和因特网工程任务组(IETF)制定的 OSPF(开放最短路径优先)协议。参见 intermediate system-intermediate system (IS-IS), open shortest path first (OSPF)。

link state routing algorithm **链路状态路由算法** 该算法中的路由算法和路由器到其相邻路由器链路的状态有关,与它们是否相邻或相邻的距离无关。这里状态是指是否可用。每个链路状态路由器都被分配给一个路由器 ID,每个在链路状态中的路由器需要了解它们和谁相邻,并通过称为"链路状态传播"(LSA)的信息包把这一信息传播给其他路由器。LSA 不仅包含相邻路由器的名字,而且包含到达邻居的开销(如带宽等)。每个路由器都保存最新的 LSA,并计算出到达目的地所需的最短路由。

link state routing protocol **链路状态路由协议** 链路状态路由协议是层次式的,网络中的路由器并不向邻居传递"路由项",而是通告给邻居一些链路状态。运行该路由协议的路由器不是简单地从相邻的路由器学习路由，而是把路由器分成区域，收集区域的所有的路由器的链路状态信息，根据状态信息生成网络拓扑结构，每一个路由器再根据拓扑结构计算出路由。

link station 链路站 (1)在SNA(系统网络体系结构)中，使得一个节点能够连接到链路上并且为链路提供控制的硬件和软件的组合。例如，如果节点A是一个多点线路的最初端点，连接到三个邻近节点，则节点A将具有三个代表与邻近节点连接的链路站。参见 adjacent link station。(2)在VTAM(虚拟远程通信访问法)中，一个APPN(高级对等联网)中或者子区域节点中的命名的资源，代表与其他APPN或者子区域节点的连接，在子区域网络的资源层次中，连接站从属于子区域链路。

link status (LS) 链路状态 局部和远程调制解调器维护的信息。

link support layer (LSL) 链路支持层 开放数据链路接口(ODI)的执行过程。它在NetWare服务器局域网驱动器和通信协议之间工作(如IPX(网络互联包交换)或TCP/IP(传输控制协议/网际协议)，并允许网络接口为一个或多个协议栈服务。

link testing 链路测试 在SNA(系统网络体系结构)中，一种链路运行测试。测试时，一个链路站把另一链路接收到的数据不加改变地送回以检测链路。根据在检测中专用的源不同有三种检测：水平0检测要求专用子域节点、链路和二级链路站；水平1检测要求专用链路和二级链路站；水平2检测只要求专用链路站。

link threshold power 链路门限功率 在卫星通信系统中，能使解调器接收信号保持在门限以上的地面站发射机载波的最小功率。

link time 连接时间 连接一个程序所需要的时间长度，是编译程序的最后一个步骤。参见 library, link, program creation。

link trace 链路踪迹 一系列发生在链路上的事件的日志，这个日志可帮助确定错误的源头。

link trailer 链路尾标 在SNA(系统网络体系结构)中，在一个BLU(基本链路单元)尾部的控制数据链路的控制信息。

lin-log amplifier 线性-对数放大器 其自动增益控制电路在小幅度输入信号时以线性方式工作、而在大幅度信号时按对数方式工作的放大器。

lin-log receiver 线性-对数接收机 对小幅度信号具有线性幅度响应、而对大幅度信号则为对数响应的雷达接收机。

LINPACK benchmark LINPACK 基准测试程序 用于测量各种计算机系统性能特性的工业上广泛使用的基准测试程序。它是一个子例程软件包，称为基本线性代数子例程(BLAS)。LINPACK基准测试程序用FORTRAN语言写成。程序所完成的是求解100个联立方程，主要操作是浮点加法和浮点乘法，并且能实现链接操作。LINPACK基准程序的测试结果用MFLOPS表示。MFLOPS值越大，性能越好。

Linux Linux操作系统 Linux是UNIX的一个变种，与UNIX的最大区别在于：UNIX是某公司的专有产品，而Linux则完全免费，系统的所有源代码都能够轻易获得。Linux是由芬兰赫尔辛基大学的Linux Torvalds编写，最终由世界各地成百上千的程序员共同努力完成的。目前较流行的版本有：Red Hat Linux、SuSe Linux、Turbo Linux等近十余种，其中最著名的有Red Hat的Linux套件。Linux具备了高级操作系统的所有特性：支持抢先多任务、对称多处理和完全的POSIX(可移植操作系统接口)兼容性。它得到了计算机著名厂商的支持。

Linux PC operating system Linux PC 操作系统 386以上PC机版本的一种类UNIX操作系统。源于1991年一位名叫Linus Benedict Torvalds的芬兰人。他设计了一套低价UNIX，即Linus的Minix，1991年10月发布了Linux 0.02版，1993年推出了0.95版。它是一个免费软件，符合UNIX国际标准，支持多用户。此软件通过分页进行虚拟存储器管理。

Linux standard base (LSB) Linux 标准基础 LSB是由开源软件支持者自由标准组织(FSG)制订的Linux标准，旨在规范Linux的工作，其目标是让软件厂商更容易地制作能够在许多公司不同版本的开源软件操作系统上运行的程序。LSB已成为开发Linux操作系统的事实标准。LSB建立了应用程序与运行时环境之间的二进制接口。LSB包括通用部分(gLSB)和特定架构部分(archLSB)。正如其名称，gLSB包含所有架构通用的内容，archLSB则包含每种处理器架构特定的内容，如机器指令集和C语言库符号版本。参见 free standards group (FSG)。

LIOCS 逻辑输入/输出控制系统 logical input/output control system 的缩写。

LIP (1)环路初始化协议 loop initialization protocol 的缩写。(2)网间大数据包 large internet packet 的缩写。

lip microphone 口唇式麦克风 麦克风置于说话者唇上的接触式麦克风，一种声学平衡装置消除了有一定距离的声音来源。这种麦克风在噪声极高的场合很有用。来自人唇部的声波只通过一个孔径进入并作用到麦克风上，而来自有一定距离声源的声波则从两个孔径进入并同时作用于膜片相对的两侧，从而使它们的作用相互抵消。

LIPS 每秒逻辑推理数 logic inferences per second 的缩写。

lip synchronization 声像吻合[同步] 声频信号同

相应的视频信号的同步,使得在它们之间不存在可感觉到的滞后或超前时间。

liquid 清澈 用于表示没有啸叫的那种音乐重放的声学术语。通常指中频。清澈便表示重放音乐的音色没有失真。

liquid cooling 液(体)冷(却) 通过流动液体传热以实现冷却的技术。在计算机中,一般与传导冷却结合使用。

liquid core fiber 液芯光纤 由制成管状的光学玻璃、石英或二氧化硅所组成的光纤。管内注满高折射率的液体。光纤的衰耗在 1.090 μm、1.205 μm 和 1.280 μm 时小于 8 db/km。高折射率的液体是在拉制后注入的。例如,将四氯乙烯用作光纤中的液芯。

L

liquid core optical fiber 液芯光纤 液芯光纤包含光学玻璃、石英或以高折射率液体充满的二氧化硅管,通常它的衰落率波长特性曲线大于 1.090 微米。

liquid crystal 液晶 呈液态的晶体。某些有机物在一定的温度范围内为混浊的液态。这时,有机物一方面具有液体的流动性,同时又具有晶体的光学特性和电学物性,也就是介于液体和固体之间的中间状态。液晶的许多物理性质对外界的激励是灵敏的。电场、磁场、热能和声能都能引起光学效应。液晶按照分子结构排列的不同分为三种:类似粘土状的近晶相液晶、类似细火柴棒的向列相液晶、类似胆固醇状的胆甾相液晶。这三种液晶的物理特性都不尽相同,用于液晶显示器的是第二类的向列相液晶。参见 liquid crystal display (LCD)。

liquid crystal digital display 液晶数字显示 利用液晶的电光效应进行数字显示。在液晶薄膜上加电压时,液晶的透过率和反射率会发生变化,这就是液晶的电光效应。液晶显示屏由两块平板玻璃喷镀上导电层,用光刻技术制出七段式或八段式电极,中间充满液晶,与相应的逻辑电路配合进行数字显示。

liquid crystal display (LCD) 液晶显示器 一种低电压功耗平板显示器件。其原理是利用液晶的电光效应,即当电场电流变化时,将改变液晶材料分子的排列,从而使其光学性质发生变化,显示出不同颜色。由于它具有功耗小、几乎无辐射、画面不会闪烁、平面结构等优点,因此被普遍用来作为电子产品的显示屏幕。液晶显示器按技术性质可分为:单纯矩阵驱动及主动矩阵驱动两种,其中,单纯矩阵驱动可分为 TN 型(扭曲向列型)、STN 型(超扭曲向列型)及 FLCD(强诱电型),但都存在在彩色不佳、速度较慢、视角较狭等问题。为了改进上述的缺点,开发出了主动矩阵驱动式液晶显示器,它可细分为 MIM 型(二极管型)、TFT 型(薄膜型)及 PD 型(聚合物分散型)。TN 型液晶显示器主要被应用于静态数字显示,并以 3 英寸产品为主。STN 型液晶显示器则朝着大型化发展,应用于信息处理、电子记事簿、便携式电脑等文字或绘图用的计算机产品。TFT 液晶显示器开发成功后,由于其具有反应时间快的特性,被广泛应用于电视投影机、彩色电视机、摄放录像机、工作站、便携式电脑等。现在 TFT 液晶显示器已成为发展的主要方向,它使液晶显示器进入高画质真彩图像显示的新阶段。参见 twisted nematic-LCD (TN-LCD), thin film transistor (TFT-LCD)。

liquid crystal display (LCD) printer 液晶显示打印机 一种电子成像打印机,类似于激光打印机,使用静电充电的鼓将色粉转移到纸张上,鼓是一种光敏器件,光线按照要输出的字符图形的形状照射鼓使其带电,与激光打印机的区别在于光源的类型,通常它使用卤素灯。比较 ion-deposition printer, laser printer, LED printer。参见 electrophotographic printer, nonimpact printer, page printer。

liquid crystal TV 液晶电视 采用超薄金属外型,6D 数字图像处理、数字图像运动检测和自适应运动补偿模式、5F 技术、具有 HDTV READY,彻底消除了行间闪烁使图像更加清晰稳定,让播放出的画面稳定、细腻,使图像清晰、自然,是最完美的多媒体显示终端。

liquid insulated bushing 液体绝缘套管 绝缘套内表面和固体主绝缘之间充有油或其他绝缘液体的套管。参见 insulator, gas insulated bushing。

liquid laser 液体激光器 一种激光器,其激光作用媒质是液态形式。这类激光器的激活物质是某些有机染料溶解在乙醇、甲醇或水等液体中形成的溶液。为了激发它们发射出激光,一般采用高速闪光灯作激光源,或者由其他激光器发出很短的光脉冲。

liquid magnetic bubble 液态磁泡 将高度均匀弥散的铁磁液体放于密度相同的基质液体中,再将这一液体系统置于两个玻璃片间形成的液态磁泡。

liquid phase epitaxial method 液相外延法 与半导体异质外延工艺相似的制备铁氧体单晶薄膜的一种方法。将一定比例的铁和稀土元素的氧化物和适量的助熔剂(如氧化铅加氧化硼或氧化钡)混合,在高温(通常在 1 000 ℃以上)下熔融成均匀的液相。当降到某一过饱和温度时,把抛光的单晶基片(一般用钆镓石榴石,简称"GGG"或"3G")浸入其中,就在基片上生长出一层石榴石单晶薄膜。这种工艺可用来制造磁泡器件、旋磁器件、磁声表面波器件以及磁光器件的铁氧单晶薄膜。

liquid phase epitaxy (LPE) 液相外延 半导体晶片上生长半导体薄膜的一种方法。使晶片通过熔化的元素或化合物的表面,对熔化温度加以控制,以适应基片上薄膜的结晶生长。

LISA LISA 微型计算机 苹果计算机公司开发和销售的一个创新系列的微型计算机。LISA 1983

年问世，其特点是对用户极其"友好"，采用集成软件，并采用鼠标器控制光标移动。LISA 还使用了用户易理解的图标来代表用户想执行的功能。苹果公司以后推出的 Macintosh 和 LISA 有许多相同之处。

LISP **LISP 语言** list processor 的缩写。

LISP environment **LISP 环境** LISP 约束的集合。从概念上讲，LISP 的环境与传统语言的状态空间相比，除无副作用之外，其作用是相同的。LISP 环境实现方法有深约束、浅约束和改进的浅约束三种。

list **表，表格，目录，列表** (1)数据的一种集合。其中每个数据可唯一地由一个名字及其在表中所处的位置或由其他方式来标识。(2)一种数据项的有序集。其中的每一项可由一个或多个自变量明确地加以定义。(3)一种先进先出或后进后出的存储结构。例如下推表或上托表。(4)一个多媒体数据结构，具有线性组织但允许元素以任何次序增加或移去，队列、双队列和堆栈都是加上附加约束条件的简单的表，比较 array。参见 deque，element，linked list，queue，stack。(5)在 LISP 中，一组在括号内的元素，如原子、函数或其他表。

list-based access control **基于表的访问控制** 在计算机安全中，指一种访问控制，其中所有主体的访问权利都出现在主体的访问控制表中。参见 ticked-based access control。

list box **列表框** 图形设备接口(GDI)中的一个控制，一定数目的用户可选择的选择项显示在一个列表中。在一个长列表中，可以使用滚动条在列表中滚上或者滚下。参见 combination box，drop-down combination box。

list-directed data **表定向数据** 在 FORTRAN 语言中，在主存和输入输出设备之间传输的数据，根据变量在输入输出表中的长度而定。参见 formatted data，unformatted data。

list-directed input/output **列表控制的输入/输出，表式输入输出** (1)在某些操作系统的 FORTRAN 语言中，格式化记录的数据传送。数据的格式由一个输入/输出列表中各数据项的类型和长度来控制。(2)一种数据传输方式。其主要特点是，要求指明与数据组中的数据相关联的存储区，但不指明数据组中数据的格式。

list-directed transmission **表式传输** 在 PL/1 语言中，一种面向数据流的传输。在这种传输中，数据流中的数据像由空格或逗号隔开的常量一样，并自动进行格式化。

list-drived **表驱动的** 在 XL FORTRAN 语言中，一个输入输出说明，使用一个数字表而不是 FORTRAN 说明。

list element **表元素** 表参数中指定的几个值之一。

listen **听** 在 X.25 应用程序接口中，准备好接收从指定的 X.25 端口到达的呼叫，满足在程序表中的项指定的衡量标准。

listen before talk (LBT) **先听后讲，对话前监听** 与载波监听多路访问(CSMA)相同的一种介质访问控制方法。参见 carrier sense multiple access (CSMA)。

listener **收听器** 一种接在通用接口总线(GPIB)上的控制器或运行设备，用于从总线上接收信息。

listening depth **收听深度** 潜艇能够在特定的通信系统或网络上接收到消息的深度，如从潜艇操作和呼叫网络上接收到消息的深度。

listening mode **收听方式** 工作站的一种工作方式。在这种工作方式中，工作站不得发送或接收报文，只允许监视线路上传送的报文。

listening silence **收听静寂** (1)网络中电台的一种状态，它正在或准备接收传送而不在发送。(2)在网络中接收机和发送机都不打开，以消除发射机和接收机辐射的电台状态。

listening station **收听台** 为监听值守的无线电台，被指定收听从其他电台，通常是移动电台来的特殊传输信息。

listening test **测听测试** 针对某一被测声音系统所进行的一次主观测试活动。

listening watch **监听值守** 无线电通信值守，要求话务员连续保持守听接收机，以便收听发往某一电台的消息，或者收听指定电台发出的消息。

listen while talk (LWT) **边听边讲，监听对话** 这种方法与带有冲突检测的载波监听多路访问(CSMA/CD)相同。参见 carrier sense multiple access/collision detection (CSMA/CD)。

list file **(列)表文件** 在某些计算机系统的数据文件实用程序中，一种为打印报告提供信息的文件。

list handling statement **表处理语句** 在表处理语言中，指明要在数据表上执行操作的可执行语句。例如将数据插入到表的中间，在表头或表尾增加数据，或者建立公共子表的语句。

listing **列表(文件)** 列出源语言和输出程序执行结果的一种打印输出。参见 compiler listing。

listing assembly **列表汇编** 由汇编程序产生的列表输出。它按指令序列列出所有详细的程序，这种列表在程序调试中十分有用。

list inserting **表插入法** 一种适用于链结构的古典算法。其特点是，利用链结构，通过变更记录指示字来调整记录的逻辑顺序，从而在不发生记录迁移的情况下完成分类。这种方法适用于项目的重组、重构或装填、更新等操作。

list insertion sort **表插入排序** 利用链表技术的一种插入排序方法。在每个项中增设一个指针字段，插入第 j 个项 R_j 时，前面 j－1 个项已经用指针按照排序码值的递减或递增次序链接起来，再用顺序

比较的方法找到 R_j 应插入的位置,然后作链表的插入,如此反复,直到把最后一个项插入链表,排序完成。

list parameter 表参数 (1)定义接收多个相似值或非相似值列表的一种参数。(2)一个为接收一系列多元组而定义的参数。

list pattern 表模式 包含变量的表的一种格式。如 $(a\ b \mid x)$ 表示第一第二个元素分别为 a,b 的任意表;$(x \mid y)$ 表示任意非空表;$((x \mid y) \mid z)$ 表示第一个元素为非空表的表;$(a\ x\ b \mid y)$ 表示至少含三个元素,其中第一第三个元素分别为 a,b 的表。

L

list processing (列)表处理 一种以表的形式处理数据的方法。通常所用的链表各项的逻辑顺序可以改变,但它们的物理位置是不变的。

list processing language (LPL) 表处理语言 为实现符号处理而设计的一种程序设计语言。其用途包括:表处理、模式识别、信息检索、数学验证、代数规划、符号处理和信息交换等。其特点是,在处理数据集时,能发挥高度的互换性,使数据在改变逻辑顺序时不改变物理位置。常见的表处理语言有LISP,IPL 等。

list processing program 表处理程序 具有特定的表处理能力的程序。例如,一种称之为 EULER 的特殊类型的程序,是 ALGOL 60 的扩展。

list processing structure 表处理结构 以表结构或数据项集合的形式组织计算机存储器中结构配置的程序设计技术。在表处理中,计算机存储器可组织成几种表或数据项结构。每个表都有各自的符号名、标题、起始记录和几个表目。在建表开始时,所有存储器组织成一张空格表,然后逐步移去空格。这是通过送存储器地址实现的。

list processor (LISP) 表处理语言 美国麻省理工学院(MIT)于 1958 年开发的表处理语言,是一种适于解决人工智能问题的高级语言。它使用最简单的词汇来表达非数值计算问题,"表"的表示方法是将所需的字符串及数值并列括起来,所以 LISP 程序中括弧用得最多。其程序由一些函数子例程组成,在函数的构造上与数学上递归函数的构造方法相似,是为数不多的递归型语言。因而一般机器运行 LISP 语言相当慢,于是便出现了专门运行 LISP 程序的计算机。该语言具有自编译能力,可应用于数学中的符号微积分计算、定理证明、谓词演算和博弈论等。

Flist sorting 表排序 在每个记录中增加一个指针字段,该指针指向下一个记录,使这些记录被链接在一起以形成一个直接的线性表。排序时只须改变这条链上的指针,不必移动记录本身。

list structure 表结构 (1)用来描述有连接关系的一组数据项之间的连接关系及每项的值的特殊数据项组合集。数据项中的每一项都包含后继项地址或该项的地址。当表的长度增加且受存储容量限制时,可以相当容易地在表结构中的任意位置插入或删除数据项。(2)编译程序中通常使用的一种数据结构。例如在词法分析程序中,为了把源程序的各个"单词"转换成统一的属性字,就必须建立常量表、名字表等各种表型数据。就名字表而言,它的项元由两部分组成:前半部分是名字,后半部分是其属性字,即呈以下形式:

名字	属性字

LIS 局部内模式 local internal schema 的缩写。

LIT (1)初始装入表 load initial table 的缩写。(2)局部初始表 local initial table 的缩写。

liter (L) 升,公升 一种容量单位。1 升(L)等于 1 000 cm^3,1 毫升(mL)等于 1 cm^3。

literal cipher equipment 文字密码设备 一种密码设备,它接受通常用于语言中,如字母表中的字母、空格字符、标点符号和从 0 ~ 9 的数字中的符号,产生通常仅包含字母表中字母的加密文本。

literal constant 文字常数 在 FORTRAN 语言中,用引号括起的或跟在 WH 说明之后的由字母数字字符、特殊字符或由两者合成的字符串。其中 W 表示字符串中字符的个数。

literal cryptosystem 文字密码通信系统 为文字通信,即其明语文本字符主要由字母组成的通信而设计的密码通信系统。

literal node 文字节点 在人工智能的图解搜索中,用文字描述的节点。

literal operand 文字操作数 源语言语句中的操作数。用于定义要存储常数的数值而不是地址。利用文字操作数编码比引用数据名操作数编码更简明。

literal pool 文字池[库] 汇编语言中用来集中由文字说明的值而存放的一段存储区。

literal translation 直译 在机器翻译中,指按字面把源语言机械地用译语表示,而不是按语法、语义、语用规律进行不同文字的对译。

literary and linguistic index 文字与语言索引 对文学或语言方面的重要词汇索引的过程。一般指由一种文学著作的全套或片断中的词汇编成的语汇索引,是研究文学作品、作家风格和语言发展变化的有效工具。其编制方法是,将著作的全文或片断输入计算机,用非用词表排除通用词,将剩下的重要词汇排序,以供索引时输出。

literature resource center (LRC) 文学资源中心 LRC 是一套专为文学研究者所设计的数据库,它提供检索传记、书目和各个时代不同文学风格的作家的评论分析。其收录超过 388 000 篇全文文学期刊资料,超过 90 000 位小说家、戏剧作家、诗人、评论家、新闻杂志业者及其他作者的传记、作品、事迹、文学评论等重要信息。

literature search **文献检索** (1)为某种目的,对已出版的文献进行系统和详尽的检索过程。通常要检索的是文献中的索引、略缩词和关键词等。(2)对文献库检索,查找特定范围的文献目录和摘要。通常使用大型计算机建立文献数据库,可作联机文献检索。

liteware **试用版** 也称"部分功能版",是一种通常比正式销售的完全版本功能少,但可以自由拷贝的软件。常常将之设计成产品的试用版或完全版的子集给那些潜在的用户试用。

lithiumion battery **锂(离子)电池** 它能将固体化学物质中的化学能转化为电能的能量存储介质。它能提供比镍镉电池和镍金属氢化物电池更多的能量。

lithium niobate integrated circuit **铌酸锂集成光路** 在铌酸锂芯片上完成光波的滤波、耦合、交换和调制的集成光路。

lithtning current **雷电流** 雷电直击于低接地电阻物体时流过该物体的电流。

little endian **从小到大,反向字节存储顺序** 计算机系统存储或传输数据的一种方法。将一个多字节数据中低位的数据存储在较低地址的位置,大多数的小型计算机和个人计算机就属于这样的系统。而从大到小的数据存储则是从最高有效位开始的。比较 big endian。

little smart wireless cityphone **小灵通** 也称"无线市话",是一种个人无线接入系统。它采用微蜂窝技术,通过微蜂窝基站实现无线覆盖,将用户端(即无线市话手机)以无线的方式接入本地电话网,可在无线网络覆盖范围内自由移动使用。随着无线手机的发展,小灵通已淘汰退市。

Litz cable **李滋线** 由若干各自绝缘的导线编在一起的导线,这样从整个导体的横截面上看去,每股线都相继占有一切可能的位置。这种导线降低了趋肤效应和射频电阻。

live data **活数据** 一种包含新计算机系统最后测试时所使用的实际数据。

live keyboard **工作键盘** 用户程序运行时能与系统进行联系的键盘。

livelock **活锁** 在数据库的多用户并行操作中,如果事务 T_2 等待事物 T_1 对数据 A 解除封锁时,又有优先度高于 T_2 的事务 T_3 也请求使用 A,因此,当 T_1 对 A 解除封锁时,A 又被 T_3 封锁。当 T_3 对 A 解除封锁时,可能又有优先度高的事务 T_4 请求使用 A,结果 A 又被 T_4 封锁。这样继续下去,就会使 T_2 永远处于等待状态。这种现象称为活锁。这也称"饿死"。解决活锁问题的一种简单方法是采用"先来先服务"的控制策略。比较 deadlock。

live operation **有效操作** 用来叙述计算机在一个操作容量中的运行,而不是测试运行的术语。在这种情况下,前系统将被删去,而计算机将在无后备条件下运转,如在测试阶段一样。

live part **带电部分** 正常使用时被通电的导体或导电部分,它包括中性导体,但按惯例,不包括保护中性导体(PEN)。

live system **活系统,实用系统** 实际工作使用的计算机系统。所有验收测试完成后,计算机系统交给用户投入运行。实用系统也称"生产系统"。

live testing **带电测试** 在不停电的条件下,作业人员对电力设备进行测试。

liveware **活件** 一种称从事计算机工作的人的行话。它是由"硬件"和"软件"意义推演而得。有人认为活件与硬件、软件一起,构成了影响计算机系统性能的三要素。参见 peopleware,wetware。

live working **带电作业** 对高压电气设备及设施进行不停电的作业。

live working **带电作业** (1)工作人员接触带电部分的作业或工作人员用操作工具、设备或装置在带电区域的作业。(2)对高压电气设备及设施进行不停电的作业。带电作业根据人体与带电体之间的关系可分为三类:等电位作业、地电位作业和中间电位作业。参见 equal potential working,earth potential working,midial potential working。

LIVT **链路一致性测试** link integrity verification testing 的缩写。

LLB **局部位置中介器** local location broker 的缩写。

LLC (1)逻辑链路控制 logical link control 的缩写。(2)低级代码 low level code 的缩写。

LLC/CC **低级代码/连续性校验(程序)** low level code/continuity check 的缩写。

LLC protocol **逻辑链路控制协议** logical link control protocol 的缩写。

LLC sublayer **逻辑链路控制子层** logical link control sublayer 的缩写。

LLF **低层功能** low level functions 的缩写。

LLG **逻辑线路组** logical line group 的缩写。

LL(1)method **LL(1)分析方法** 一种自顶向下的语法分析方法。使用这种方法的语法分析器从左边开始处理输入字符串(源程序),只根据一个单字就可以判定它是否为某一语法产生式产生的符号串的最左部分。

LL(K)method **LL(K)分析方法** LL(1)方法的推广,它根据读到的前 K 个单字做判断。对大于 1 的 K,使用该方法的语法分析器很少见。

LLP **低层协议** low level protocol 的缩写。

LL2 **链路二级** link level 2 的缩写。

LMDS **本地多点分配业务** local multipoint distribution services 的缩写。

LMI **局部管理接口** local management interface

的缩写。

LMP (1)链路管理协议 link management protocol 的缩写。(2)回送[环回]镜像协议 loopback mirror protocol 的缩写。

LMPEO 大信息性能增强输出 large message performance enhancement output 的缩写。

LM table 逻辑单元模式表 logical unit mode table 的缩写。

LNA 发射数值孔径 launch numerical aperture 的缩写。

L

load 装入,负载 (1)信息从外部存储器中取出并装入计算机内存的过程。或把数据从内存送到累加器的过程。(2)负载是指连接在电路中的电源两端的电子元件。

loadable character set 可装入字符集 在某些信息显示系统中,暂时存储在设备中的字符集。比较 nonloadable character set。

load address 装入地址 一个字或一串字的第一个字装入的绝对存储器地址。

load administration 装载监管 一种地址监管,其中所有的 LAN(局域网)个体地址在同一局域网中都是唯一的。

load-and-go 装入并运行 (1)一种自动编码执行过程。其过程是,先编译源程序并建立机器语言程序,紧接着执行该程序。它是操作系统的一种常用的处理方法。(2)在计算机程序的装入和执行两个阶段之间无停顿的一种操作技术,其间可能包括汇编或编译过程。

load-and-go compiler 装入并执行编译程序 将程序翻译和程序执行两个步骤合并在一起的编译程序。在教学式调试环境下,往往需要这种编译程序。典型的装入并执行编译程序有 WATFOR 和 WATFIV(滑铁卢大学 FORTRAN),PUFFT(普渡大学快速 FORTRAN 翻译程序)等。

load balancer 负载均衡器 一种采用各种分配算法把网络请求分散到一个服务器集群中的可用服务器上去,通过管理进入的 Web 数据流量和增加有效的网络带宽,从而使网络达到最佳性能的硬件设备。负载均衡器有多种多样的形式,除了作为独立意义上的负载均衡器外,有些负载均衡器已集成在交换设备中,置于服务器与因特网连接之间。参见 load balancing。

load balancing 负载均衡 (1)将负载(工作任务)进行平衡、分摊到多个操作单元上进行执行,共同完成工作任务。(2)在分布式处理中,对在两台或多台服务器上的工作进行分配,以避免任何一台服务器由于来自用户的太多请求而过载。负载均衡可以是静态的,也可是动态的。在静态情况下,通过把不同组的用户提前分配到不同服务器上来均衡负载。在动态情况下,软件把在运行时间的呼入请求提交给一台最有能力处理它们的服务器上。(3)在客户机/服务器网络管理中,通过将一个繁忙的网络段分成多个小段,或者通过利用软件在同时工作的多个网络接口插卡之间分配通信量将信息传送到服务器上的方法,来减少通信流拥挤的过程。参见 application load balancing, transaction load balancing。

load balancing group (LBG) 负载均衡组 在某些信息管理系统中,快速通路输入报文的编组方法。由快速通路程序的一个或多个拷贝对它们作均衡处理。对于每一个唯一的快速通路报文驱动的应用程序都有一个 LBG。

load balancing mode 负载均衡方式 一种作业均分处理方式。在这种方式中,用户通过终端向网络送出完整的作业,但作业在网络的哪些工作站上运行则由系统调度。一般由网络控制程序建立适当的作业控制序列,并将序列分配到网络上的各工作站。它是一种分布式处理方式。

load capacity 负载能力 在机器人学中,指机器手完全伸直时所能操纵的物体载荷。

load cell 负载传感器 用于测量压力的压电晶体。将压力加到压电晶体上,然后测量在晶体上所得到的电压。也可以用它测量张力和其他的力。

load characteristic 负载特性 表征输出电压与输出电流关系的特性曲线。

load characteristic curve 负载特性曲线 表征输出电压与输出电流关系的特性曲线。

load circuit 负载电路 为将功率从源传送给负载所需要的全部电路,如耦合网络、导线和连接到感应加热器输出端的负载材料。

load clear key 装入清除键 使系统执行清除复位操作和进行初始程序装入的按键。

load commutation 负载换相 变流器借助负载提供换相电压的一种外部换相方式。参见 external commutation。

load commutation of convertor 变流器负载换相 借助负载提供换相电压的一种外部换相方式。参见 commutation of convertor。

load delay slot 加载延迟槽 RISC(精简指令集计算)处理机中,紧随 LOAD 指令之后的指令,这条指令不使用上一条 LOAD 指令的数据,在执行时不需要延迟,使得指令处理流水线不会停顿,延迟槽指令由编译程序安排,有时用 NOP 指令作为延迟槽。

loaded antenna 加载天线 具有额外的串联电感以增加其电长度的天线。

loaded impedance 加载阻抗 当变换器输出端连接其标称负载时,它的输入端的阻抗。

loaded line 负载线路 在通信中,利用负载线圈减少失真的电话线路。使用负载线圈能恢复高端音频,使音频振幅失真减小到最低,但可能干扰数据传输。只可用于模拟信号。在这种线路上采用数字数据必然会引起数据信号的严重失真。参见 load coils。

loaded origin 装入起始地址 在将计算机程序装入主存时，该程序在主存中的起始存储单元的地址。

loader 加载程序 也称为"绝对加载程序"，一种将数据读入主存的例行程序。它从辅存中找到绝对程序模块，将模块转换成适合执行的形式，并且将最终可执行的映像载入主存中。参见 absolute loader, bootstrap loader, initial program loader, relocating loader。

loader Q 有载 Q 值 电路或器件在工作状态下的 Q 值。

loader routine 装入例程 (1)一种将数据或目标程序从脱机存储器传送到联机存储器的例程。(2)一种用于把经编辑的结果模块或连接装配模块装入主存并使之可执行的加工程序。装入程序需具备下列功能：①将字节串存入指定单元的存储器内；②用一定的方法(如奇偶校验)检验每个字节的正确性；③通过校验使每个字都有一条有效指令；④校验读入字节数；⑤转换浮动地址到绝对地址；⑥满足所有外部引用和符号要求。(3)将各个程序装入存储器，配置成可执行的机器语言程序的系统程序。它先把源程序的各程序块分别进行独立编译，再把所得的目标程序的各程序段以及库中的标准程序装配在一起。

load facility 程序装入设备 为能装入程序而设计的硬设备。

load factor 装载因子，负载系数 (1)文件中符号表初始装入时所占用的存储空间与它们填满时总存储空间之间的比例。在文件或符号表中通常留有一定数量的空闲空间，以备新记录或新登记项插入之用，该因子给允许插入量的多少提供了一定的参考。(2)实际存放的记录数与最多可以容纳的记录数之比值。它是散列法的一个重要参数，其大小与碰撞的发生频率有很大关系。(3)平均电负荷与峰值负荷的比值，通常以超过 1 小时的周期计算。

load fault 加载故障 磁带机加载过程中出现故障，使加载各步骤不能顺利完成，造成加载失败的现象。

load image 装入映像 一种已准备好传送给通信控制器的映像，它包含有多个映像；例如，一个配置映像连同一个或多个应用程序映像的组合，或一个配置映像连同一个或多个剪裁过的映像。参见 application program image, configuration image, customized image。

load immittance 负荷导抗 输出端口的终端导抗。

load impedance 负载阻抗 接在电路传输端的负载所具有的阻抗。

load impedance diagram 负载阻抗图 展示振荡器特性如何受负载阻抗变化影响的图。

loading 加感 传输线路上采用负载线圈增加电感以减少信号幅度失真。参见 lumped loading, downloading, uploading。

loading coil 加感线圈 (1)在规则的间隔内接入铁芯线圈到电话线路或电缆中，以减小电容的影响，降低失真。(2)与无线电天线串联插入的线圈，用来增加其电长度，从而降低谐振频率。

loading error 装入错误 当程序由输入/输出设备装入计算机时所产生的错误。

loading-location misuse error 装入地址误用错误 程序装入时，指定的起始地址不在存储区间内，则在特定位置上无法装入程序，或无法执行而出现的错误。

loading pattern 装填模式 在 MMS(海量存储系统)中，盒式数据磁带通过盒式磁带存取站装入盒式磁带箱的次序。

loading procedure 装入过程 以通常的方式装入系统子例程、目标子例程和库子例程。一段程序可以有固定的起点也可以重新定位。固定起点的程序被装入到指定的存储器地址。程序还可以由执行程序首先设定的基地址来重新定位。当主程序装入后，任何由它所调用的库程序和设备驱动程序也将装入存储器中。当所有的程序进入存储器后，装入程序就返回到作业处理程序中去。

loading state 装入状态 初始程序装入操作期间的状态。

loading zone 加载区 磁盘上不使用的磁道区域。初启时磁头在此区域提升起来产生间隙，对数据区进行读/写。参见 landing zone。

load initial table (LIT) 初始装入表 某些存储控制器使用的一种表，用来决定要把哪些模块和应用程序装入到可编程序终端中。

load leveling 负载均衡(法) 一种使负载在处理器、通道或设备之间均衡的工作方法。

load line 负载线 穿过电子管或晶体管的一系列特性曲线所画的一条直线，用来表示在给定的负载电阻下输出信号电流如何随输入信号电压而变化。

load map 装入映像，装入图 (1)含有控制段存储地址和程序装入存储器后的入口点地址的一种映像。(2)计算机生成的列表。它标识驻留在内存中的程序或数据的全部或选出部分的位置和大小。

load matching 负载匹配 使负载阻抗与其驱动系统的输出阻抗相等，从而使系统向负载输送的功率最大。

load matching network 负载匹配网络 感应加热和介质加热中用来实现负载匹配的网络。

load member 装入成员 在某些计算机系统中，存储在程序库中的一组指令，系统能够执行它们以完成特定的功能，这种功能是由操作员或由一条操作

L

控制语言语句规定的请求。比较 source member。

load mode　装载方式　在某些可变字长计算机中，表示数据界限的分隔符与数据一起移动的数据传送方式。参见 move mode。

load module　装入模块　能被装入的程序装入主存并使之成为可执行程序的模块。它通常由连接编辑程序输出，包括三个主要部分：外部符号表、正文及重定位表。参见 absolute load module。

load module library　装入模块库　一种用于存储、检索装入模块的分区数据集。参见 object module library，source library。

load-on-call　调用装入，转换暂存　(1)连接编辑程序的一种功能，允许一个模块中选定的一些段在其他段执行时驻留在磁盘上。当这些驻留段的任一入口点被调用时，它即被装入执行并得到控制。(2)当程序太长而无法一次送进内存时，将它分为若干子例程，把这些子例程暂存于磁盘上，在调用时才将它们装入内存。(3)在虚拟存储系统中，根据执行程序的需要，将页和/或段调入主存的一种功能。

load optimization　负载优化　以最优的方式处理 I/O 负载的过程。负载优化可以通过在几个组件之间进行负载平衡的方法实现，还可以通过重排序请求或交叉执行等其他方法实现。参见 load sharing。

load program block (LPB)　装入程序块　在某些小型计算机系统中，含有已装入程序的磁盘位置和程序大小的一种控制块。

load regulation　负载调节　对空载或满载之间系统中某种稳态量的变化所进行的调整。

load sharing　分载，负载共享　(1)计算机网络中的一种负载分配过程。分载使网络上的工作站都可获得一定的工作量。(2)将 I/O 负载或者任务分配到几个存储子系统组件上的过程。当某个存储子系统共享负载的时候，参与分配的部分组件可能会以其最高能力运行，达到其实际的负载极限，同时另一部分组件却未能得到充分利用。参见 load optimization。

load sharing computer network　均分负载计算机网络　计算机网络的一种形式。在这种网络中，委托的加工任务在网内多台工作计算机之间自动地实行负载平衡，或者由网络操作系统提供专门的支撑。工作计算机的兼容性可使负载均衡的实现更容易。

load test　加载[负载]试验　不同加载条件下对器件的试验。

load testing　负载测试　通过测试系统在资源超负荷情况下的表现，以发现设计上的错误或验证系统的负载能力。在这种测试中，将使测试对象承担不同的工作量，以评测和评估测试对象在不同工作量条件下的性能行为以及持续正常运行的能力。负载测试的目标是确定并确保系统在超出最大预期工作量的情况下仍能正常运行。此外，负载测试还要评估性能特征，如响应时间、事务处理速率和其他与时间相关的方面。参见 stress testing。

load time　装配时间　装配和配制一个可执行的目标程序所需的时间。

load transfer switch　负载转移开关　连接到发生器或电源的开关，用来选择两个负载电路中的一个。

lobe　插接瓣，环瓣　(1)数据站在插接瓣连接间的一对信道。从连接的数据站角度看，一个信道用于发送，另一个用于接收。(2)在星形或环型网络配置中的两对异线，分别为线路集中器和网络端口(如墙引线)间提供发送和接收通路。(3)IBM 令牌环型网络中的电缆段，用于将设备连接到存取装置上，电缆可由几段组成。(4)环网中的一种功能单元，用于把数据站连接到环网上去，或把它从环网上断开而不破坏网的操作。

lobe access unit (LAU)　瓣接入单元　在令牌环局域网中，允许将附加的工作站连接到网络中单瓣的装置。

lobe attaching unit　插接瓣连接器　用于将数据站连接到环型网上或从网上脱开而不影响网络运行的一种功能部件。参见 access unit。

lobe bypass　插接瓣旁路，环瓣旁路　插接瓣连接器的一种功能，它能使插接瓣以及和它连接的数据站从环型网络上脱开，以便更换、重新定位或修理等，而不破坏网络的运行。

lobe receptacle　插接瓣插座　在 IBM 令牌环型网络中，在存取装置上用来连接插接瓣的插座。

LOC　(1)代码行 line of code 的缩写。(2)芯片上引线封装 lead on chip 的缩写。

local　局部的，本地的　(1)在程序设计语言中，指语言对象和分程序之间的关系。这里指语言对象的范围包含在该分程序内。(2)指仅在计算机程序的一部分定义和使用的变量、标识符等。(3)指不需要经过通信线路而能直接访问的设备。(4)汇编语言编程中的一段程序。这种程序既可以是源模块调用的宏定义体，也可以是源模块的开型程序段。(5)在 ALGOL 60 语言中，分程序与标识行的一种关系。(6)用以衡量计算机网络中设备间距离远近的一种标志。

local access and transport area (LATA)　本地接入和传输区域　由单个当地电话公司提供电话拨号服务的地理区域。在 LATA 内的呼叫称为本地呼叫。

local address　局部地址　在 SNA(系统网络体系结构)中，一种用在外围节点上的地址，它代替 SNA 网络地址，并由子域节点的边界功能作 SNA 网络地址和局部地址间的转换。

local analysis　局部分析　建立在存在差异性条件下的统计分析方法，着眼于局部特征的分析而不是全局的规律性。

local and remote printing (LARP) 本地和远程打印 字处理中使用的术语,用来表示可以获得打印输出。这种打印输出既可以是本地的(靠近用户终端)也可以是远方的。

local area decision network 局域决策网 分散的小群体类型 GDSS(群体决策支持系统)。它不要求每个成员面对面而坐,甚至不要求在同一时间参加决策。每个成员只需在其办公室的工作站前,通过局域网相互传递信息。或将几个决策室通过远程网络相连。会议议程由协调员操纵。参见 group decision support system (GDSS)。

local area network (LAN) 局域网 局域网是一种小范围计算机网,覆盖较小地理区域(如一座大楼、几座大楼、一个校园等)的网络。LAN 通常归一个企业、组织或部门拥有、使用、维护和管理。LAN 通常用集线器将计算机主机和终端、数据库和外设等网络设备连接起来,通过共享介质技术实现网络资源的共享,并通过使用网桥、交换机、路由器等设备扩展网络规模。常用的局域网技术包括以太网、令牌环以及光纤分布式数据接口网等。

local area network (LAN) access 局域网接入 使用局域网标准化接口和典型的帧结构,实现接入网配线点到用户终端传输功能的接入技术。局域网接入的功能、定义、定界应符合接入网的说明。作为公用接入技术应用时(指非企业网、校园网应用),局域网接入必须具有用户信息安全、保证质量、以及具有电信网所需的管理功能。

local area network broadcast 局域网广播 向局域网中所有其他数据站传输帧。比较 local area network multicast。

local area network emulation configuration server (LECS) 局域网仿真配置服务器 该实体通过引导各个局域网仿真(LANE)客户到仿真局域网的 LANE 服务器,将各个 LANE 客户分配给各特定的仿真局域网。每个管理域逻辑上有一个 LECS,它为该域内的所有仿真局域网服务。参见 LAN emulation。

local area network interconnection 局域网互联 将一个局域网与其他网络进行互联的技术。由于局域网的地理范围和信息资源都是有限的,故需要采用这种技术,使得在更大的地理范围内进行信息传输、交换和资源共享。同种局域网互联,无需在协议和服务规范方面进行转换,只要使用网桥作为互联设备即可。异种局域网互联,需使用网关作互联设备,在网关中实现第一、第二层的协议转换。另外也可能需要在站或节点设备上实现更上层的协议转换。局域网与广域网互联,需使用网关作互联设备,在网关内实现第一、二、三层的协议转换,即在 LAN(局域网)协议与 WAN(广域网)协议之间进行转换。另外,也可能需要在站或节点设备上实现更上层的协议转换。

local area network multicast 局域网组播 向局域网中一系列指定的数据站传输帧。比较 local area network broadcast。

local area network standardization 局部网络标准化 建立局部网络标准的活动。目前的国际标准采用 IEEE 802 标准,其主要内容如下:①802.1(A 部分):综述与体系结构;②802.1(B 部分);寻址、网际互联和网络管理;③802.2 逻辑链路控制;④802.3:CSMA/CD(载波监听多路访问/冲突检测)存取方法和物理层技术规范;⑤802.4:令牌传递总线存取方法和物理层技术规范;⑥802.5:令牌传递环存取方法和物理层技术规范;⑦802.6:城市地区网存取方法和物理层技术规范。

local assistance 本地协助 特许协议中描述服务的类型之一,它可能是为某个特许程序规定的。提供这种服务时,厂商将根据需要并尽可能协助用户诊断问题,检查来自中心服务部门的临时程序修改的可用性,准备 APAR(特许程序分析报告 authorized program analysis report),若该程序不能运行的话,则协助用户局部修改或避开不用。本地协助由厂商系统工程师提供。参见 central service, local service。

local association 局部性相关 在机器同时解释多条指令之间出现了对同一单元(包括主存单元和通用寄存器)的写和读产生的相关。包括指令相关、访存操作数相关和通用寄存器相关及变址值相关等。重叠机器在处理这些局部性相关时可有两种办法:①推后对相关单元的读直至写入完成;②设置相关专用通路,经此而直接使用运算结果,可以省去写入和读出的那个存储周期。

local-attached 局部接触的 同 channel-attached。

local automatic message accounting (LAMA) 本地自动通话记账 用本地的事务设备进行自动通话记账的过程。用于记录客户的通话时间和金额。

local autonomy 本地自治 分布式数据库的一种设计目标,站点在连接其他节点失败时可以独立管理和操作其数据库。

local batch processing 局部成批处理 在一局部范围实现的成批处理过程。这是相对于远距离成批处理而言的。参见 batch processing。

local bus 局部总线 一种 PC 机总线,以允许适配器直接与微处理器通信的方式提高系统性能,总线功能集成在主机板上,与其他 PC 总线如 ISA(工业标准体系结构)和 EISA(扩展的工业标准体系结构)不兼容。市场上主要有两种这样的总线,一种是 VESA(视频电子标准协会)局部总线,另一种是 Intel 的 PCI(外围部件互连)总线。参见 PCI local bus, VL-bus。

local bypass 局部旁路 一种电话连接,连接不同的建筑但不经过电话局。

L

local call 本地呼叫 在本地电话服务范围内的任何呼叫。

local central office 地区中心局 为端接用户线路而设置的中心电话局，它使中继线与其他中心局建立联系。

local channel 本地通道[信道] 在专用线路服务中，电话局中信道的一部分，它提供主站与局内信道之间的连接。

local character set identifier (LCID) 局部字符集标识符 在某些信息显示系统数据流中，十六进制40和FE之间的值。应用程序或操作员用于识别该设备的字符集，并选择用于显示或打印数据的字符集。

local clock 本地时钟 位于相关设备，如通信电台、中心局或节点的邻近位置的时钟。它相对与其他某个设备而言，又是远地时钟。

local code 局部代码 在汇编程序设计中，由源模块调用的宏定义体部分或源模块的开型代码部分。参见 local。

local computer 本地计算机 用户正在操作的计算机。参见 remote computer。

local computer network 局部计算机网络 由通信信道及其连接的能相互通信的一组计算机或外部设备所组成的局部网。一般由计算机和外部设备、接口单元、电缆线或双绞线等三部分组成。

local concept schema (LCS) 局部概念模式 局部概念子模式的映射，从属于节点数据库管理系统，由节点的数据库管理系统进行管理。参见 global concept schema (GCS)。

local concept subschema (LCSS) 局部概念子模式 在分布式数据库中，指全局概念模式在某一节点上的映射。在异构的情况下，提供模式之间的转换，在同构的情况下只是全局概念模式(GCS)的一个子集。参见 global concept schema (GCS)，local concept schema (LCS)。

local control 就地控制 在被控设备上或近傍操作的控制。比较 remote control。

local controller 本地控制器 一种与通道相连的通信控制器，它可以通过通信线与一个或多个远程控制器连接。由本地控制器初启和控制所有在本地或远程通信链路上的通信传输。

local convergence 局部收敛 算法的小范围收敛性质。

local coordinate 局部坐标 任意有限区间向标准区间[−1,1]所做的变换。将区间 $[a,b]$ 剖分为若干单元后，在单元$[x_{i-1},x_i]$上做插值时为了讨论方便起见，可以用线性变换将$[x_{i-1},x_i]$变换为[−1,1]。[−1,1]称为标准单元。

local copy operation 本地拷贝操作 在某些信息显示系统中，当按打印键或应用程序初启打印时，将显示缓冲器的内容拷贝到打印机上的操作。

local data area 局部数据区 磁盘上的一个512字节的区域，可用来在一次对话中在作业和程序步之间传递信息。每个命令显示站有各自的局部数据区。

local database (LDB) 局部数据库 构成分布式数据库系统的分散在计算机网络上的不同节点或不同地理位置的计算机上的数据库。通常，每个局部数据库都有自己的局部数据模型和局部数据库管理系统。

local database management system (LDBMS) 局部数据库管理系统 在分布式数据库管理系统中，用于控制和管理局部数据库(LDB)的数据库管理系统。其功能包括：维护局部数据库中的数据(如删错、预防出错等)，保持数据库的完整性等。

local descriptor table (LDT) 局部描述符表 LDT 是保护模式下存储器寻址的一种数据表，它包含了与某个任务相关联的段描述符，在设计操作系统时，通常每个任务有一个独立的 LDT。LDT 提供了将一任务的代码段、数据段与操作系统的其余部分相隔离的机制。参见 segment descriptor，general descriptor table (GDT)。

local destination 本地收信方[端] (1)不需要远程通信线即可将数据送到的地点。(2)在某些信息管理系统的多系统环境中，本地系统的收信方。参见 remote destination。

local device 本地设备 一种设备，如一台终端，它的控制器直接与计算机的数据通道相连接。本地设备不用数据链路或控制器。比较 remote device。

local directory database 局部目录数据库 网络中某一节点所知道的一系列资源(LU)，包括在该节点中的资源以及任何缓存的资源。

local discard policy 局部废弃策略 用于主存储器(通常为一特定程序的地址空间)划分的一种废弃策略。

local distributed data interface (LDDI) 局部分布式数据接口 美国国家标准协会(ANSI)提出的局部网标准之一。它是对 DEC 公司建议的同轴电缆高速局部网标准进行修改、扩充而形成的。它采用星形拓扑，数据速率达 70 Mbps。

local distribution system 局部分布系统 在通信中，为一个具有固定的、本地联系的用户群服务的系统。例如为在一个单个办公楼内并使用一个单个用户小换机的所有用户服务的系统。

local domain name 局部域名 与局部系统相关的原始 TCP/IP(传输控制协议/网际协议)名，一个系统可具有多个系统名，但只有一个局部域名，局部域名包括两部分：域名和宿主名。

locale 场所 微软视窗中，指系统当前国际配置，包括国家语言和其他诸如日期和时间格式等内容。

local enforcement point (LEP) 本地增强点 LEP

也驻留在网络节点中，可以被编程，用于做基本的是/否决策。例如，是否接收来自给定子网的数据流。

local engineering circuit 地区联络线 在通信系统中，位于技术控制设备和系统内部选择终端或转发装置之间的通信电路。也称"市内联络线"。

local equal potential bonding 局部等电位连接 在建筑物局部范围内，将电气装置外露可接近导体和其他外露可接近导体互相连接，使建筑物在局部范围内发生电气故障时没有电位差或电位差小于接触电压限值。

local error 局部错误 由于输入输出设备处于局部状态(离开中央处理机的状态)，造成不能执行程序，从而显示出的错误状态称局部错误。

local exchange carrier (LEC) 本地电话公司 本地电话公司提供本地电话业务的公司。

local exchange loop 地区交换环路 在用户房屋设备与公用电话中心局设备之间的互联。

local exchange operation system (LE-OpS) 本地交换运行系统 位于本地交换中心并完成维护本地交换机用户接入的本地交换运行功能的系统。这个 OpS 可作为本地交换机的一部分来实现，这个 OpS 与在其他组织机构内的其他 OpS 的通信是为了便于用户接入和 ISDN(综合业务数字网)业务的管理。

local external schema (LES) 局部外模式 局部外模式提供局部视图，表达节点独立处理所涉及的外部模式，由节点 DBMS(数据库管理系统)管理。

local fault 局部性故障 只影响电路或系统部分功能的故障。若影响整个电路或整个系统都不能正常工作的故障则称为全局性故障。

local group 局部组 在微软 Windows NT 中的一个用户组，只允许有本地工作站上资源的使用权，一个局部组中包含工作站上用户的账户，如果工作站是一个领域的一部分，则可包含领域中或者可访问的领域的用户账户和全局组，局部组的安排方式使得对用户授权的管理更加方便。

local group policy object (LGPO) 局部组策略对象 在 Windows NT 活动目录容器中，每一个计算机接受一个只包含指定安全策略的局部组策略对象。管理员也可以在单个计算机上设置和应用不同的局部组策略。这对于那些不是域的成员或那些管理员希望删除从域中继承组策略的计算机的情况是有用的。参见 group policy。

local G statistic 局部 G 统计 空间自相关指标，用于测度在给定的阈值距离内某一面积单元和周围面积单元的相关程度。比较 general G statistic。

local host 本(地主)机 该名称用来表示发出 TCP/IP(传输控制协议/网际协议)消息的那一台计算机自身。发往本地主机的 IP 地址是 127.0.0.1，此包实际上并不发往因特网。

local identifier 局部标识符 某些印刷子系统的打印服务程序中，为便于处理分配给数据流诸部分的一种单字节的标识符。

local interconnect network (LIN) 局部互联网总线 一种低成本的串行通信网络。LIN 采用单主控制器/多从设备的模式，仅使用一根 12 V 信号总线和一个无固定时间基准的节点同步时钟线，用于实现汽车中的分布式电子系统控制。

local internal schema (LIS) 局部内模式 分布式数据库的物理存在模式，由分布式数据库管理系统定义，由节点数据库管理系统实施管理。参见 global concept schema (GCS), local concept schema (LCS), fragment schema, allocation schema。

locality 局部性 一种描述程序功能的特性。即在特定的时间区间内，程序执行时所涉及的页与它最近使用的页有关的特性。局部性往往是因对下标关联的数组或其他数据结构的循环访问而引起。

locality of reference 访问局部性 表示通信能按下述期望方式进行的术语：访问的空间局部性意思是计算机更希望与邻近的计算机通信，而不是与远程的；访问的时间局部性意思是计算机更希望与同一台计算机重复地通信，而不是每次与一台新的计算机通信。

locality set 局部数据集 一种现用数据集，即在程序执行的某一阶段由该程序引用的页或段。

localization 本地化 改变一个程序使其适合所使用的地区的过程，如将英语国家的软件加入汉字处理功能而进行汉化。

localization of faults 故障定位 为确定故障的确切部位而采取的各种措施。

localization service (LCS) 定位业务 使用上行时差、增强观察时差和全球定位系统三种方式对移动台进行定位，提供与位置相关的信息的服务。

localization testing 本地化测试 本地化测试的对象是软件的本地化版本。本地化测试的目的是测试特定目标区域设置的软件本地化质量。本地化测试的环境是在本地化的操作系统上安装本地化的软件。从测试方法上可以分为基本功能测试，安装/卸载测试，当地区域的软硬件兼容性测试。测试的内容主要包括软件本地化后的界面布局和软件翻译的语言质量，包含软件、文档和联机帮助等部分。

localizer sector 无线电信标区 在两个径向等信号无线电定位信标线之间所包含的扇形区，信标线具有相同的指定调制深度差。

localizer station 定位电台 无线电导航业务中的无线电导航陆地电台，它依据跑道中线为飞机电台的横向引导提供信号，引导着陆系统定位器。

local key 本地密钥 在编程加密设施中，主处理机上使用的一种密钥，在操作密钥被发送到终端前用

L

该密钥将其译成密码。在终端上,也用该密钥对该已加密的操作密钥进行解密。

local knowledge 局部知识 在人工智能系统中,从任一状态向着目标状态前进的知识。

local-local link 本地-本地连接[链路] 在某些操作系统中,由相同的SSCP(系统服务控制点)控制的两个本地通信控制器间的连接。

local location address 局部位置地址 在SNA(系统网络体系结构)中,逻辑单元的地址。

L

local location name 局部位置名 一系统在SNA(系统网络体系结构)网络上被其他系统所识别的名字,一个局部位置名字等效于SNA局部逻辑单元名字,对应于remote location name。

local lock 局部锁 一种中止锁,用以保护分配给一个特定专用地址空间的资源。

local lock management 局部锁管理 虚存信息管理系统(IMS/VS)的多系统环中的锁管理功能,它控制在同一联机IMS/VS系统中由几个应用程序对数据库记录的存取。

local loop 本地环路 (1)电话客户与电话公司交换中心之间所构成的通信线路。本地环路传统上采用模拟传输技术传输信息,但目前也逐渐采用数字传输技术进行传输。(2)把用户设备连接到中心局交换机线路端接设备上的一种信道。

locally administered address 局部监管的地址 在局域网中,一个适配器地址,用户可进行赋值以覆盖通用监管的地址,对应于universally administered address。

locally attached station 本地连接站 建议使用channel-attached station。

locally attached terminal 本地连接终端 建议使用channel-attached terminal。

locally one-dimensional scheme 局部一维格式 将高维方程化为若干个一维方程求解的方法。

local maintenance switch 本地维护开关 按下后能对系统加电并引导到初始状态的开关,这时可从本地(机房)的控制台终端口直接输入命令启动和引导系统。如果按下远程维护开关,系统只接收远程终端从调制解调器端口输入的命令,以此来引导和初始化系统,远程维护对于租用机器而不购买的用户是有用的。

local mapping transparency 局部映射透明性 分布式数据库中的一种透明性,为用户提供的视图是片段的具体分配,即使用这种透明度的访问数据库的用户,不但需要了解全局关系模式和片段的分割,而且要了解片段的具体分配。当需要实现冗余分配的一致性时,就必须由用户来完成相应的一系列操作,该透明度具备由系统来处理两个不同局部数据库管理系统之间的转换,即在异构数据库中应用程序不必去关心局部数据库管理系统之间的复杂的转换问题。参见distribution transparency,fragmentation transparency,location transparency,replication transparency。

local maximum 局部最大值 函数在某一区间内的最大值。

local memory 本地[局部]存储器 中央处理机专用的快速小容量存储器。本地存储器以成组方式与主存传送数据,处理机频繁地以计算机字为单位的方式访问它。本地存储器的存取周期远小于主存的存取周期,接近于计算机时钟周期。本地存储器的设置有利于改善主存与处理机的速度匹配。

local memory infection 入侵本系统内存 一种计算机病毒进入某个本地系统之中的过程。通常首先寻找一种在本系统内存文件系统之中的程序,并与其链接,一旦运行这个程序,就会出现病毒,计算机就无法正常运行了。

local minimum 局部最小值 函数在定义域某一子集上的最小值。

local model 局部模型 关于某种过程的部分过程、部分状态范围的模型。

local multipoint distribution service (LMDS) 本地多点分配业务 一种微波宽带通信业务,1998年被美国电信界评选为十大新兴通信技术之一。该技术利用高容量点对多点微波传输技术,能够实现高达200 Mbps的用户接入速率,且具有很高的可靠性。LMDS采用相移键控(包括差分四相相移键控(DQPSK)、正交相移键控(QPSK)等)和正交幅度调制相结合的调制方式。其工作频段在28 GHz,在10 km范围内,能点对多点地双向传送话音、视频及图像信号,支持ATM(异步传输模式),TCP/IP(传输控制协议/网际协议),MPEG(活动图像专家组)-2等标准。

local NCP 本地网络控制程序 local network control program的缩写。

local net 局部网 在无线电网运用中,一个无线电网,有一个电台,只在网内部工作。

local network 本地网,局部网 通过通信线路,把较小地理区域范围内的各种数据通信设备连接成的通信网。基本特点如下:①连网的基本目的是实现通信,因而它是通信网,而不是计算机网。如果要使它具备计算机网络的功能,则应增配高层协议软件和网络应用系统;②网中所要连接的设备应具备数据通信功能,亦即除了可以连接兼备数据通信和数据处理能力的计算机和终端设备外,还可连接其他数据通信设备(如数字化电话、数字化电视收发机、告警设备、温度湿度传感器等);③连网范围较小,通常限于一个建筑物内,或一机关大院内(范围0.1 ~ 25 km)。局部网可划分为局域网(LAN)、高速局域网(HLAN)和数字化专用交换机(DPBX)网三种主要类型。

local network control program 本地[局部]网络控制

程序 在某些通信系统软件中，驻留在直接经过通道连接到主处理机上的控制器中的一种网络控制程序。同 channel-attached network control program。比较 remote network control program。

local network reference model 局域网参考模型 IEEE 802 委员会根据 OSI(开放系统互连)七层模式提出的局域网结构参考模型。其物理层和数据链路层的介质访问控制(MAC)、逻辑链路控制(LLC)两个子层由局域网标准规定，其余各层则采用 OSI 的相应层的标准，参见 OSI 参考模型。

OSI 参考模型

应用层
表示层
会话层
传输层
网络层
数据链路层
物理层

local newsgroups 局域新闻组 面向诸如一个城市、一个学院等某一地理范围内的新闻组。这些新闻组发布的信息只限于该区域，其主题涉及事件、会议和销售信息等。

local node 本地节点 一个用户所在的正在其上进行操作的一种节点。可以是网络中的任何一个节点，它是用 PNODE 生成宏指令中的 LOCAL=YES 指定的本地节点。

local operation 局部运算 图像处理中的一种运算方法。即每个像素的运算是以该像素为中心的邻域(窗口)范围内像素的运算。使输出图像的每个像素亮度值除了与同名点像素有关外，还与其邻近像素有关。通常使用的卷积、酉交换、滤波处理等都是局部运算，与点运算方法相对应。

local optimization 局部优化 编译程序中的一种代码优化技术。在仅有一个入口、一个出口的线性程序块上进行的优化。这种优化处理起来简单，花费代价小，但取得的收效相对也较小。由于只有一个入口、一个出口且又是线性的，即顺序执行，所以不存在转进转出分叉汇合的问题。

local order wire 市内联络线 同 local engineering circuit。

local or own type 局部或固有类型 在 ALGOL 语言中，用于类型或数组说明的一种术语。它可以指定某一类型是局部类型还是固有类型。

local oscillator (LO) 本机振荡器 (1)一个电子设备中的振荡器，它通常用作与设备要处理的其他频率混合的频率源。(2)在超外差接收机中的一种振荡器，它的输出与收到的调制射频载波信号在混频器中混频，从而得到较低频率的中频信号。

local oscillator off 本机振荡断开 雷达工作的一种状态，使得本机振荡断开以降低干扰影响。

local oscillator tuning 本机振荡调谐 电子设备(如雷达、无线电或电视接收机)中对本机振荡器频率的调整，以适应不同的用途，如信号调谐可改善接收、降低干扰及干扰影响。

local partitioned index 本地分区索引 本地分区索引使用与表相同的分区键和范围界限来对本地索引分区。每个本地索引的分区只包含了它所关联的表分区的键和 ROWID(行标识)。这种类型的索引支持分区独立性，这就意味着对于单独的分区，可以进行增加、截取、删除、分割等处理，而不用同时删除或重建索引。本地分区索引又可以分为两种：有前缀的索引包含了来自分区的键，并把它们作为索引的前导。另一种无前缀的索引并没有把分区键的前导列作为索引的前导列。参见 global partitioned index。

local printer 本地打印机 在局域网中，指与网络打印机不同的一种打印机，它不通过通信信道而直接连到正在使用的计算机上。

local procedure call (LPC) 本地过程调用 微软 Windows NT 中允许同一台机器中两进程间通信的最佳信息传送机构。保护子系统使用 LPC 分别与其他保护子系统或各保护系统中的客户进程进行通信，LPC 是微软 Windows NT 远程过程调用(RPC)信息传递方法的变种，是本地使用的优化方案，比较 remote procedure call (RPC)。

local processor 局部处理机 在某些作业输入子系统控制下的复合处理机中，连接到全局处理机上的处理机，作业输入子系统通过全局处理机为它执行集中的作业输入、作业调度和作业输出服务。

local routing algorithm 局部路由选择算法 网络中各个路由器和网关，根据自己获得的网络信息对到来分组进行路由选择的算法。与此不同的是全局路由选择算法，即根据整个网络的状况进行路由选择的算法。因为局部路由选择算法是各个路由器或网关在各处分别进行的，因而也称“分布式算法”。参见 routing algorithms。

local security 本地安全性 在 LAN Manager 网络软件中，具有 HPFS386 文件系统的服务器上的一个安全保障方法，通过限制在服务器上用户的访问来保护服务器上的文件，用户必须具有 HPFS386 卷中的许可才能访问任何文件或目录，不管这些文件是否是共享的。

local segment 局部段 在虚拟存储系统中，保存不能共享的代码或数据的存储段。

local search 局部搜索 解决组合最优化问题的一种搜索方法。它首先找出一个初始可行解，然后在当前的可行解 S 的某邻域(即与 S 的关系符合某种特定条件的可行解的子集合)内搜索比 S 更好的解。若能找到，则用找到的可行解替代 S 并重复上

L

述过程;若找不到,算法终止。

local service 本地服务 (1)特许协议中描述的一种软件修复服务,它可能与某个特许程序有关。当规定了本地服务时,公司人员将诊断问题,检查来自中心服务部门的临时程序修改是否可用,准备APAR(特许程序分析报告),如果修改程序不可运行,则设法作局部修改或避开不用。参见 central service, local assistance。(2)在某些操作系统,为一个专用地址空间提供一种管理服务程序。

local service area 本地服务区 在电信中,电话局提供某种方式服务的区域,电话通信的直接呼叫范围。常以一电话局内通话范围作为一本地服务区。由该局统一收费的用户可以直接呼叫,不须另收服务费。

local shared resources 局部共享资源 虚拟存储存取法(VSAM)中的一种任选功能,在为一个分区或地址空间服务的资源池中,多个 VSAM 数据集共享输入/输出缓冲区以及与输入/输出有关的控制块和通道程序。

local ship-shore station 本地船对岸电台 一种海岸无线电台。它装备有低功率的发射机,通常工作在低频或中频,偶尔工作于甚高频或超高频,在局部区域内或其周围(如海港、港口、海湾及河口区)提供与船舶的通信。

local side 本机侧(端) 在电台中,面向电台设备,而不是面向传输通路的设备的部分,它们与电台内的接线器、接线板和监测设备相连接而不与电台的外部设备,如信道、回路或中继线路连接。

local signaling transfer points (STP) 本地信令中转点 在通信网络中负责信令中转、信令路由选择和全称地址解释的设备。参见 common channel signaling network。

local specifications 局部规格说明 描述单个程序模块或是一个数据抽象的可观察的状态的说明。常在关于形式规格说明的文献中出现。例如,栈的、集合的、阶乘的规格说明等,其明显特点是规模很小。通常在软件设计的关键步骤之后,即在把一个软件分解成较小的独立模块后由程序员、设计人员书写,写好后便可为局部决策提供文件并为独立模块的单元测试(或验证)提供必要信息。

local stability 局部稳定性 在动态系统中,考虑部分区域上的稳定性称为局部稳定性。在差分格式中,对于逼近变系数偏微分方程的差分格式,若把系数取定为自变量的一个小变化区域中某点的值后,就得到常系数格式。于是称满足冯·诺依曼条件的这个常系数格式的稳定性为变系数差分格式在这个小变化区域上的局部稳定性。

local station 本地站 其控制装置直接可与计算机数据通道相连的工作站。它是相对于远距站而言的。

local storage 局部存储器 计算机的中央处理器可寻址访问的一组寄存器。

local STP 本地信令中转点 local signaling transfer points 的缩写。

local switching center (LSC) 市话交换中心 与用户线相连的交换中心,并且提供到中继线的连接和从其他交换中心来的连接。

local system 本地系统 在某些信息管理系统的多系统环境中,多重配置中的一种特定系统。参见 remote system。

LocalTalk LocalTalk 连接器 Apple 公司使用的用于连接利用内置的 AppleTalk 网络硬设备的 Macintosh 计算机的屏蔽双绞线接线和连接器。

local telephone exchange 本地电话交换局 主要实现本地电话交换功能,构成本地电话网的电话交换局(包括端局与汇接局)。

local telephone network 本地电话网 简称本地网。本地电话网是全国电话网的一部分,是在一个长途编号区范围内所组成的电话网络。本地电话网由用户环路、本地电话交换设备、本地交换局间中继电路及本地交换局和长途交换局间中继电路组成。电话网由相应的支撑系统(如电信管理网、公共信道信令网和同步网等)来支持。本地电话网提供本地的电话业务、低速数据业务和传真业务,还可以接入国内长途电话业务和国际电话业务、移动电话业务以及可以在电话网上传输的其他业务(如寻呼业务)。

local terminal 本地终端 与主机在地理位置上相距较近的终端。这种终端与主机相连时不再需要经过调制解调器,距离一般在 100 m 以内。

local transaction 本地事务处理 分布式数据库系统中一个节点上的事务处理,它仅要求引用存放在发生该事务的站点的数据。比较 remote transaction。

local truncation error 局部截断误差 在没有舍入误差的情况下数值方法每完成一步所引进的误差。局部截断误差是由于数值方法未能完全真实地反映微分方程的情况而引进的局部性误差。

local variable 局部变量 只在程序的某局部范围内(如在某程序块内)有定义的变量。

local variable symbol 局部变量符 在汇编语言编程中,可与源模块中开型程序段或宏定义中的数值通信的变量符号。与之相反则为全局变量符。

local work station 本地工作站 一种不需要数据传输设施即可直接连接到系统的工作站。比较 remote work station。

locate 定位 (1)确定程序和数据在存储器或存储媒体中的位置。(2)使用定位设备提供坐标信息的操作。

locate chain 定位链 搜索启动器和搜索目标的控制点上的一个临时逻辑连接,覆盖一系列 CP-CP

(控制点-控制点)会话。在搜索启动时建立并在搜索完成时结束,用于传输目录搜索控制传输并允许路由输出到搜索结束点。

locate mode 定位方式 提供数据的一种方式,指出数据的位置而不传送数据。参见 move mode, substitute mode。

locate search 定位搜索 一个节点中用于发现一个资源不在节点上的目录服务的方法,一个定位搜索使目录服务能够询问其他 APPN(高级对等联网)节点的目录服务元件有关目标源的信息。参见 broadcase search, directed Locate search。

locate search reply 定位搜索回答 一个定位,一个找到资源和一个交叉领域启动 GDS 变量,用于在网络资源定位之后。

locate search request 定位搜索请求 一个定位,一个查找资源和一个交叉领域启动 GDS 变量,用于网络搜索请求。

locating 定位 显示系统中,在显示器显示平面的显示空间里,通过使用由人工控制设备,如控制球或鼠标引导的光标,交叉准线或光笔来产生与特定位置相对应的坐标数据。

location 存储单元 这个术语一般是指内存储器中的任何存储位置,有时也指一数据单位的特定位置。所有存储单元(位置)都有自己的地址,查找这些地址便可存取单元内的内容。参见 address, storage location。

location area 位置区 移动台可以在该区域内自由地移动而不需要进行位置更新。位置区可以由一个或若干个小区组成。

location based service (LBS) 移动位置服务 也称"基站定位",应用于手机用户的一项服务。移动位置服务是通过电信移动运营商的网络获取移动终端用户的位置信息(经纬度坐标),在电子地图平台的支持下,为用户提供相应服务的一种增值业务。

location broker 位置中介器 在 AIX 网络计算系统中,包括局部位置中介、全局位置中介和位置中介客户机构的软件。参见 location broker client agent。

location constant 单元常数 一种计算机高级语言中使用的常数。主要用作数字标号。在 ALGOL 60 和 PL/1 语言中,这种数字标号还允许扩充为字母数字串。

location counter 存储单元计数器 (1)一种计数器,其值指示机器指令或常数数据地址,或相对于控制段起点的保留存储区的地址。(2)一种用于指令存储地址的计数器。

location delimiter 存储器定界符 一种特定的界限限定符。它属于由其定界的存储区的一部分,可用来划分存储区。

location designation 位置代号 项目在组件、设备、系统或建筑物中的实际位置的代码。参见 item, higher-level designation, kind designation, terminal designation。

location drawing 位置图 表示成套装置、设备或装置中各个项目的位置的一种图。

location free procedure 与位置无关的程序 操作系统中的一种特殊用途的程序。这种程序可以在存储器内重新配置而不需要改变任何常数。它是一种在存储器任何位置上都可以马上执行的程序。

location identifier 存储单元标识符 计算机存储器中某一特定单元或特定区域的标号。

location name 位置名 在通信中,用于识别系统或设备的名字。

location registration 位置登记 公共陆地移动网(PLMN)保持跟踪移动台在系统区内位置信息的功能。

location tags 识别标识 识别标识如同每台机器、每个商品的身份证,使机器之间可以相互识别和区分。常用的技术如条形码技术、射频识别卡(RFID)技术等。识别标识技术已经被广泛用于商业库存和供应链管理。

location transparency 位置透明度 (1)分布式数据库的一个设计目标,也就是说,使用数据的用户(或用户程序)无需知道该数据所在的位置。(2)分布式数据库系统中的一种透明度,比片段透明度低一级。分布式数据库管理系统提供用户的视图是片段,应用程序对分布式数据库的访问是对片段的访问,用户必须了解全局关系的分段情况,但不必关心片段的分配及具体的存放位置。位置透明度具有复制透明性。参见 distribution transparency, fragmentation transparency, replication transparency, local mapping transparency。

location update 位置更新 公共陆地移动网(PLMN)将移动台在系统区内位置信息进行更新的功能。根据网络对位置更新的标识不同,位置更新可分为三种:正常位置更新(即越位置区的位置更新)、周期性位置更新和 IMSI(国际移动用户标志)附着分离。

locator sample rate 定位器采样率 从定位器设备输入的速率,同 sample rate。

lock 锁,封锁,加锁 与文件、临界区等资源相关联的标志,它表明该资源正在使用或者是有效的。(1)一种串行化资源控制机制,只有锁钥的持有者才可以使用某种资源。参见 exclusive lock, shared lock。(2)数据库系统进行并发控制时保护数据完整性不被破坏的主要措施之一。通常封锁的数据项越少,系统的开销就越小,其并行度就会提高;反之,封锁的数据项越多,系统开销就越大,其并行度就会降低。因此,选择封锁数据项时必须兼顾系统开销和并行度这两个因素。封锁的反义词为开锁。(3)防止多个用户同时访问或者改变相同数据或对象以保证数据一致性的方法。参见 advisory lock, data lock, enforced lock, file lock, process lock, read lock, record lock, text lock, write lock。

lock-and-key protection 锁-钥匙的保护 一种访问控制方法,使系统的一个口令对应一个特定的访问。即一把钥匙开一把锁。

lock code 锁定码 用于诸如通信、计算机、数据处理或控制系统等系统中的代码,以提供对系统内组件,如存储器、文件、输入输出信道或设备、通信信道和交换系统等的保护,防止不正确使用。

L

lock compatibility 锁的相容性 在知识库管理系统中,各种锁之间的一种关系。为了实现知识库的并发控制对事务处理的知识项加的锁。根据事务要求,可以有多种加锁方式,不同的加锁方式就存在相容性问题,即对于处在一定封锁方式下的知识项是否该接受某个事务对它的新的封锁要求,封锁方式之间的相容性关系可以用相容图或相容性矩阵来表示,封锁方式也可以根据相容性分为相容封锁方式和独立封锁方式。

locked field 封锁域[字段] 一个不能被用户修改的域或字段。

locked file 封锁的文件 一个不能进行修改操作的文件。

locked keyboard 封锁的键盘 一个不能接收输入的键盘。

locked oscillator 锁定振荡器 频率可被外部信号锁定的正弦波振荡器,它的频率为受控频率除以某一整数。

locked-oscillator detector 锁定振荡器型检波器 一种不对幅度调制起作用的鉴频器,因此在它前面无需限幅器。其电路有三种,每路电路都调谐到信号的载频(中心频率)并固定于此,从而使得平均的电流只随信号频率而变化。它的作用如同一个调频检波器。

locked-oscillator quadrature-grid FM detector 锁定振荡器正交栅网 FM 检波器 一种调频检波器,在强信号下其作用好像一个直接激励的正交检波器,而对于相当弱的信号,则其作用又像锁定振荡器型检波器。

locked page 被锁页面 虚拟存储器系统中禁止读出的具有固定长度的指令块或数据块。

locked pulse radar jammer 锁相雷达脉冲干扰机 向受干扰的接收机返回"回声"的中继干扰台,该"回声"在回声距离、方位和数目上不同于正常回声,因为干扰机返回的脉冲是同步于正在受干扰的雷达发送机,与正常回声同时到达受干扰的雷达,给出较大的目标影像。

locked record 加锁记录 (1)在某些通信系统中,索引数据集或相对数据集的一种记录,当一个程序更新它时,该记录标为不可用,以防止另一个程序进行相矛盾的更新。(2)在某些操作系统中,用户数据集中的一种记录,它不能被其他程序存取或限制其他程序的存取。

locked resource 被锁资源 在 CICS(用户信息控制系统)中,当前与某一事务程序相关的一种受保护的资源,作为同步工作单位的一部分。只要这种关联存在,资源只能被该相关联的事务程序修改。参见 unlocked resource。

locked-rotor current 止转转子电流 停转电动机所吸取的电流。

locked volume 封锁卷 一个不能被修改的磁盘等存储设备卷,封锁可以通过软件方法,也可以通过硬件方法或机械方法,如在苹果公司的 Macintosh 计算机上。

lock granularity 封锁粒度 封锁对象的大小。封锁对象可以是逻辑单元,也可以是物理单元。以关系数据库为例,封锁对象可以是属性值,属性值的集合,元组,关系,直至整个数据库;也可以是一些物理单元,如页(数据页或索引项),块等。封锁粒度与系统的并发度和并发控制的开销密切相关。封锁的粒度越小,并发度越高,系统开销也越大;封锁的粒度越大,并发度越低,系统开销也越小。

lock hierarchy 锁分层结构 在某些操作系统中,一种保护措施,防止请求加锁的各线之间发生死锁。这些措施根据它们所处的层次,被授予从低到高的次序。

lock-in amplifier 锁定放大器 与外部参考信号采取某种形式的自动同步的放大器,用来在存在极高噪声电平的情况下检拾并测量具有无线电或光波波长的极弱电磁辐射。在光电子学应用中,微弱的光信号可被斩波以便于无零点漂移交流放大,参考信号在与遮光转盘的同步中产生。对于无线电频率的应用,则利用相敏检波器,同时结合信号斩波器和外部频率参考源。对于极微弱的重复信号的锁定,将抑制噪声和其他的干扰频率信号。

lock-in frequency 同步频率 在闭合环路系统中,系统能够捕捉并跟踪信号的频率。参见 lock-in range。

locking 加锁,锁定 数据库中的一种并行控制技术。当多个用户使用数据库时,各用户可能对数据库进行并行操作。为了避免由于时间差别造成的操作错误,需对共享的数据进行加锁控制。比较 nonlocking。

locking a page in memory 锁定存储器中的一个页面 使映像的一个页面不能调页或交换,在被明确开锁之前,该页面存储器中一直保持锁定状态。

locking a page in the working set 锁定工作页面组中的一个页面 使映像中的一个页面不能为映像调出工作页面组,当进程被交换时,该页面可以被交换。在被明确开锁之前,该页面在工作页面组中一直保持锁定状态。

locking code extension character 锁定码扩充字符

代码扩充字符，它指示由该字符标记的字符变化加于所有后续字符，直到下一个合适的代码扩充或转义字符出现为止，即不加于后面仅有一个字符或后面有特定数目的字符。

locking level 加锁层次 数据库加锁操作时，每次锁定所包括的数据库资源的范围。

locking mechanical system 锁定机构 在按钮开关中，当按下某一按钮时，能使其他一定数量处于按下位置或正常位置的按钮锁定的机构。

locking protocol 封锁协议 封锁机制是并发控制的主要手段，在对数据对象运用锁时，还需要约定一些规则，这些规则为封锁协议。封锁协议有三级：①当某一事务在修改数据时加互斥锁，直到事务结束（提交或者回滚）释放。因为不能同时对某一数据进行修改，所以一级封锁协议可防止丢失更新；②在一级封锁基础上事务读数据时加共享锁，读取之后释放（共享锁范围是每次读取）。二级封锁协议可防止丢失更新和读脏数据；③在一级封锁基础上事务读数据时加共享锁，直到事务结束释放（共享锁范围是整个事务）。三级封锁协议可防止丢失更新、读脏数据和不可重复读。参见 exclusive locks，shared locks。

locking-shift character 封锁换码字符 一种控制字符，它使后面所有的字符移到一个不同的字符集中去，直至遇到新字符集的换码字符为止，系统又恢复成原来的字符集。

lock-in range 同步带 （1）最小同步频率与最大同步频率之间的频率范围。（2）闭合环路系统能够捕捉和跟踪信号的动态范围。参见 lock-in frequency。

lock key 锁键 在模块化系统程序中，由操作员键入的四个字母数字字符，防止非法使用由 OPTR 宏指令定义的某些操作员站的功能。

lock management 锁管理 在某些信息管理系统中，由程序对某一段所作的限制，在该程序中未用完该段前，不允许其他程序使用。参见 global lock management，local lock management。

lockout 封锁，切断 （1）在电话通信中，因噪声过大或用户占线而使一个或多个用户不能通话的情况。（2）计算机中的一种禁止数据输入的功能。通常是由于溢出或出错所造成的。（3）在数据通信中，多点线路上处于控制状态的终端无法收到发送的数据的情况。（4）多重处理中的一种编程技术。用于防止两个处理装置同时访问一个数据。参见 protection。

lock-out facility 封锁机制 当计算器在溢出时或者错误状态时阻止数据项进入计算器的机制。

lockout protection device of a series capacitor 串联电容器的锁定保护装置 在对电容器进行检查和维护时为防止旁路开关自动打开而将节段误投入的一种装置。

lockout-up table 加锁表 一种控制存储单元以实现转移或转换的方法。它专门被用于科学计算中具有大量函数计算的场合。

lock register 锁寄存器 在采用键标保护作存储保护手段的一类计算机系统中，一种存放存储保护键字的寄存器。

lock resolution 锁消解，锁归结 （1）消解法的一种特殊形式。其方法是，将参加消解的两个子句下标都是最小的那个句节消解掉。锁消解限制了参加消解的句节，因而提高了消解效率。（2）一种高效率的归结方式。其依据的概念是对相归结的子句各个变元，不论其文字是否相同，分别给以一定的下标次序。在归结过程中不允许与高下标（高序）文字归结。因此，比线性归结减少了很多中间子句，提高了归结效率。实际上体现了一种防止祖先子句变元成为今后反复归结产生的重复解的“策略”。

lock state 锁定说明 在某些计算机系统中，关于如何分配对象、如何读出和更新它以及该对象是否能被多个作业使用的定义。

lock table 锁定表 一种进程、文件和文件状态表，用于锁定例行程序，以安排一系列未定的文件请求。

lock/unlock facility 封锁/释放功能 某些操作系统中管理程度的一种功能，当出现缺页状态时，控制指令串的执行。

lock up 死机，锁闭 （1）计算机的工作似乎安全中止的一种情况，不再接收输入。参见 crash。（2）网络或计算机系统中资源不能使用的状态。当一个进程的两个元素互相等待动作或等待响应然后才能继续执行进程时就会出现这种现象。在网络环境中，当两个或多个缓冲器都已经装满，而且每一个节点都等着向下一个节点发出一个分组空出缓冲空间才能接收上一个节点到来的分组，彼此等待，形成一个等待环，出现锁闭。锁闭也称死锁。

lock-up relay 闭锁继电器 利用永磁偏置（仅在施加反向磁脉冲时才能被释放）或辅助接点（在电路断开前一直保持其线圈被激励）锁定在其激励位置的继电器。比较 latching relay。

lock value block 锁值块 一种与锁定状态有关的可选数据项。它能够被用来在共享资源的诸进程之间传递信息。

lockword 锁字 在数据安全中，与文件或一组数据有关的口令字。文件的创建者可能为一个文件或文件内的一组数据规定一个锁字。此后用户必须输入此锁字才能访问此文件或数组。

log （运行）记录，日志 所有有关计算机运行情况的记录。其中包括机器运行的标识情况、变更转换装置的记录、输入输出带的标识情况、所有暂停点的记录及用户或操作员的操作记录。它们通常由计算机系统定时地输出，供管理人员参考用。

L

logarithmic amplifier 对数放大器 其输出信号是输入信号的对数函数的放大器。

logarithmic companding 对数压缩扩展 其中发送信号是压缩扩展器的发送压缩部分的输入信号幅度的对数函数。

logarithmic complexity 对数复杂度 如果算法复杂度函数 $f(n)$ 是 $O(\log n)$，则称为对数复杂度。

logarithmic contrast 对数反差 反差(对比度)的测试方法之一，是图像或目标与背景间光亮度明暗差异程序的一种描述，反映人眼观察图像的效果。对数反差定义为 $C_l = \mathrm{LOG}(B_{max}/B_{min})$，式中 B_{max}、B_{min} 分别为光亮度的最大、最小值。

logarithmic decrement 对数衰落 当没有外力施加以维持振荡时，一次振荡与具有同一极性的下一次振荡的幅度比的自然对数。

logarithmic diode 对数二极管 在宽广的正向动态范围内，电流与电压之间具有精确的半对数关系的二极管。它可用于除法、乘法和对数变换以及信号压缩等电路应用。

logarithmic multiplier 对数式乘法器 其中的每个变量都被加到对数函数发生器的乘法器。它的输出被加在一起，并加到指数函数发生器，以获得正比于两个输入乘积的输出。

logarithmic receiver 对数接收机 在雷达、无线电、视频和微波系统中的接收机。它有很大的自动增益控制的动态范围，用于通信系统中抵抗各种形式的干扰，如降雨、杂乱回波、箔片和点干扰。

logarithmic transformation 对数变换 输入图像像素亮度值按对数函数关系变换为输出图像。设 $f(x,y)$、$g(x,y)$ 为输入、输出图像，则

$$g(x,y) = b\log[f(x,y) + a] + c$$

式中的 a、b、c 为可选常数，用于控制变换曲线的起点和变化速率。对数变换属于对比度非线性扩展技术，其效果是降低亮区对比度而扩展暗区对比度。

log control 日志控制 在计算机网络管理系统中，指用户对事件报告进行选择记录的功能。参见 system management function。

log control table (LCT) (运行)记录控制表 在某些小型计算机中，一种含有错误记录的完整描述的表。

log data set 运行记录数据集 在某些通信系统软件中，由运行记录程序记录在辅存的信息或信息段组成的一种数据集。

log file publication 日志文件发布 当开发人员把关于网络服务操作的数据具体化到日志文件时，日志文件发布就产生了。这些数据为观察技术的执行情况提供了一个途径，可能出了什么错误以及它的吞吐量。日志文件数据是非结构化的，这些数据通常同从网络服务到网络服务之间的发布的数据并不一致。日志文件发布是目前最流行的信息发布方式，因为开发人员能够比较容易地取出它们选定的数据，而不需要进行太多的工作。参见 message publishing。

logger 记录器 (1)记录事件和物理状态的一种功能部件，通常按时间顺序记录。(2)使用户实体能进入系统和退出系统的一种设备，如在进入系统识别用户身份、使用目的和进入系统时间，在退出系统时，给出有关数据，以便按操作系统执行记账手续等。

logging (事件)记录，日志 (1)有关特定事件的数据记录。参见 data logging。(2)在计算机安全学中，指用手工或计算机系统自动地记载的系统发生的所有的事件的记录。

logging in and out 注册和注销 在使用分时系统终端时，必须向系统注册和注销以便在开始使用前核实口令、建立账户。注册时间也是系统开始联机收费记账的时间。这种费用在用户与系统联机的整个时间内都要计算。因此，当处理结束时，用户必须向系统注销，费用到此停止计算。

logging list 填表 有关处理表型数据的重要方法之一。把新的项元登录到表中的过程。例如，对名字表而言，要根据说明把变量的名字(即标识符)及其属性字登录到名字表中，这就是填名字表的过程。

logging service facility (运行)记录服务程序 某些通信系统软件中的一种服务程序，它有选择地使往返的报文和报文段拷贝到磁带或磁盘上。由该服务程序产生的运行记录将提供通过报文控制程序的报文业务量的记录。

logic 逻辑(学) 关于思维形式及其规律的科学。逻辑学分为形式逻辑和辩证逻辑两部分，它研究概念、判断、推理和论证及其规律，以帮助人们正确地认识客观世界。17 世纪德国莱布尼兹用数学方法研究有关的逻辑问题，从而出现了数理逻辑。经典的逻辑学只讨论命题的“真”与“假”，称为二值逻辑，近代非经典的逻辑还处理更复杂的情况，如多值逻辑、模态逻辑、时序逻辑、模糊逻辑等。

logical 逻辑的 (1)指与实际的(物理的)结构或层次或地址相对的另一种结构或层次或地址，通常逻辑的结构或层次或地址更接近于人的思维逻辑。(2)指一个数据的与计算机的特征或者物理存储器无关的视图或者描述。(3)指基于 0 值和 1 值的运算操作。参见 Boolean algebra。(4)对应于 physical。

logical access control 逻辑访问控制 对信息和数据的访问进行逻辑控制的过程。

logical access level 逻辑存取层 (1)在某些小型计算机中，一种数据管理接口，通过执行 GET 或 PUT 操作，对设备存取一个或多个逻辑记录。(2)按逻辑记录访问数据集。

logical add **逻辑加,"或"** 布尔代数中的一种加操作。若两个或多个二进制数都为逻辑1或其中之一为逻辑1,则逻辑加的结果为逻辑1。若两个或多个二进制数都为逻辑0,则逻辑加的结果为逻辑0。逻辑"或"门的操作即是逻辑加。

logical addition **逻辑加法** "异"函数的执行,即二进制加法,只要其中一个数字为1,则结果为1,而忽略进位数字。

logical address **逻辑地址** (1)在某些通信系统中,每个设备在制造时伴随产生的一种地址,通过相应的设备处理程序将其转换成物理地址。(2)一种虚拟的存储地址。一般指程序中给指令设定的地址。它与程序在内存中实际存放的物理地址不同。通过地址变换技术可以实现逻辑地址和物理地址之间的转换。

logical analysis **逻辑分析** 对进程、程序或计算机运行中的一些特定步骤进行研究的过程。其过程是根据给定的输入数据对期望的输出进行验证和分析。常用此方法验证逻辑电路的功能和程序正确与否。

logical and mathematical semantics **数理逻辑语义学** 运用数学和逻辑运算符号即用数理逻辑方法来分析语义现象的交叉学科。

logical assignment statement **逻辑赋值语句** FORTRAN语言中的一种赋值语句。其形式为$V = e$,e为逻辑表达式,V为逻辑变量或数组元素,其作用是将e赋给V。

logical block **逻辑块** 在某些操作系统中,一种逻辑上连接的但不一定是连续的逻辑记录的存储区。逻辑块是输入/输出操作时在主存和辅存间传送数据集的单位。

logical block number (LBN) **逻辑块号** (1)在某些操作系统中,一种与数据集中各个逻辑块对应的编号。逻辑块号从1开始,顺序地按升序分配。(2)用于标识大容量存储设备上某一块的号码。该号码是卷相关相对地址号而不是物理地址(面向设备的)或虚拟地址(文件相关的)号。组成卷的那些块从逻辑块号0开始顺序标记。

logical bucket number **逻辑桶号** 在某些系统中,保存某个文件记录的每个存储桶的识别号。

logical channel **逻辑信道** (1)在通信系统中,由网络抽象资源构成的信道。(2)在两个或多个网络节点之间的非专用的分组交换通信路径。通过分组交换可以把一条物理信道分成多个逻辑信道。这些逻辑信道可以作为虚拟电路的一段链路,也可以作为线路交换方式的一段信道使用。在X.25虚电路服务中,每个与分组交换网相连接的DTE(数据终端设备)上都配置有一组逻辑信道,每次通信开始时,先由一方发送一个呼叫,其中给出呼叫者与被呼者的全称网络地址,以便在双方逻辑信道之间建立一个连接。该连接确定的路径由若干逻辑信道首尾相接组成,称为虚电路。

logical channel group number (LCGN) **逻辑信道组号** X.25分组级协议中,一个逻辑信道组的二进制编码号。为了使一个DTE(数据终端设备)能同时连接多个DTE,定义了0～4 095个逻辑信道。在对0～4 095个逻辑信道进行二进制编码时,采用12个二进制位,0到4 095又分为16个组,每个组256个逻辑信道。在分组格式中,逻辑信道组号指这12位中的高4位。

logical channel identifier **逻辑通道标识** 消息包头部的一个位串,关联该数据包与一个特定的开关的虚拟电路或者永久性的虚拟电路。

logical channel number (LCN) **逻辑通道号** (1)在包交换系统中,识别虚电路一端的号码。(2)X.25分组协议中,一个逻辑信道组内的一个逻辑信道的二进制编码号。采用12位二进制位,在分组格式中,逻辑信道号指这12位中的低8位。有时,也将12位的编码统称为逻辑信道号。

logical channel program **逻辑通道程序** 在某些系统中,控制一次数据传送操作(如读磁带)的基本命令和符号地址的序列。

logical character **逻辑字符** 某一代码中保持位组合字符所需的定界位的位数。

logical child **逻辑子女(段)** 在某些信息管理系统的数据库中,建立它的物理双亲段和逻辑双亲段之间存取路径的一种指针段。逻辑子女段是物理双亲段的物理子女,和逻辑双亲段的逻辑子女。

logical child segment **逻辑子女节段** 数据库的一种指示字节段。用于建立物理亲体节段与其逻辑亲体段之间的访问路径。参见logical parent。

logical circuit **逻辑线路** 建议使用logical channel。

logical cohesion **逻辑内聚** 逻辑内聚是聚合程度很低的一种模块内部结构。是一种多功能的模块,但具有相同或相似的逻辑。它与进程内聚的区别在于后者是处理一个问题,而逻辑内聚则是处理一类问题。这些不同的问题放在一个模块内并选择其一加以处理。所以逻辑内聚模块总是出现控制耦合。一个通用的输入模块就是逻辑内聚的例子。由于它总与控制耦合联在一起。所以应尽量避免使用。

logical comparison **逻辑比较** (1)一种逻辑操作。用以比较两个逻辑量是否相等。逻辑"异"门实现的逻辑功能就是比较功能。(2)逐位比较两组逻辑值并给出比较结果。若其各对应位完全相同,则给出"等同"信号;反之,只要其中有一个对应位不相同,则给出"不等同"信号。

logical completeness measure **逻辑完备性度量** 对系统安全集合、访问控制机制满足安全需求的程度或有效性进行评测的方法。

logical connective **逻辑连接符** 也称"真值连接

L

符”。连接命题的符号。常见有否定、合取、析取、蕴含、等价等。在数理逻辑中,这些连接符各用一个形式化的符号来表示。命题符号通过形式化的连接符号,按一定规则可连接成为复合命题。

logical data 逻辑型数据 一种仅有两种可能值的数据。其值为真或假。

logical database 逻辑数据库 在某些信息管理系统中,出现的一组逻辑数据库记录。它由一个或多个物理数据库构成,数据段之间表示成层次的结构关系,并且可以与这些段在装入时的物理结构不同。参见 physical database。

L

logical database record 逻辑数据库记录 在某些信息管理系统的数据库中,一种或多种段类型的层次相关段的集合。从应用程序的观点看,逻辑数据库记录总是一些段的多层树状结构。它由一个给定的根段和在层次上从属于它的所有其他的段组成。

logical data independence 逻辑数据独立性 当某一用户的逻辑数据文件发生变化而需要修改结构或增添新的用户而使全局逻辑结构改变时,其他用户的应用程序都无需修改的一种特性。

logical data link 逻辑数据链路 由虚拟电路建立的数据链路。逻辑链路的一个例子是在物理链路上,即实际硬件链路上采用时分复用或交织分组来建立的数据链路。

logical data mart 逻辑数据集市 由数据仓库的关系视图所创建的数据集市。参见 data mart, data warehouse。

logical data structure 逻辑数据结构 信息结构的一种描述形式。它只涉及有关信息领域对特定问题的联系。逻辑数据结构在概念上通常着重于如何使系统用户以简便的方式应用这种数据结构,因此它不包含面向效率的成分。所以在数据库中,从最终用户的观点看,逻辑数据结构是数据元素之间的关系。

logical data transfer 逻辑数据传送 在某些小型计算机中,从缓冲区来或到缓冲区去的逻辑记录的传送。它能导致或不会导致一个或多个异步输入/输出数据传送的发生。

logical decision 逻辑判定 对仅有两种可能选择结果的问题进行的选择操作。通常用于逻辑代数或逻辑电路中对逻辑量的判定。

logical dependency 逻辑相关 一个给定事实或断言对于前一事实或断言的依赖性。

logical design 逻辑设计 同 logic design。

logical design for database 数据库的逻辑设计 也称“数据库的模式设计”。指在一个特定的数据库系统下设计数据库,其目的是从概念结构导出特定的 DBMS(数据库管理系统)可处理的数据库逻辑结构。这时必须将独立于具体数据库管理系统下的视图定义中所生成的局部视图和全局视图,分别转换成相应的数据库管理系统下的外部数据模型和数据模型(亦即特定的 DBMS 所能处理的模式和子模式)。这时外部数据模型和数据结构将依赖于具体的数据库系统和数据库的逻辑结构。

logical destination 逻辑收信端[方] 参见 destination, local destination, remote destination。

logical device 逻辑设备 (1)一个在虚拟与实际设备之间映射用户输入输出的文件。(2)一个由软件系统命名的设备名,与设备和系统的关系无关,如逻辑磁盘名可以对应于任何物理的磁盘。

logical device address (LDA) 逻辑设备地址 工作站中用以表示终端或终端部件的一种号码。参见 physical device address。

logical device name 逻辑设备名 在为设备无关性的系统编写的源码中,标识外部设备的标识符(符号地址)。在编译时,该标识符转换成识别某类设备(如磁带机)的字符串;在运行时,和配置表一起,供操作系统用来选择运行时所用的实际设备。

logical device order (LDO) 逻辑设备指令 某些通信系统软件中的一组参数,它规定对本地信息显示系统和某种启停终端或 BSC(二进制同步通信)终端进行数据传送或数据控制操作。

logical device table (LDT) 逻辑设备表 在某些小型计算机中,一种用于把逻辑设备号变换成物理设备地址的表。

logical diagram 逻辑图 同 logic diagram。

logical drive 逻辑驱动器 同 logical device。

logical edit 逻辑编辑 在某些超级市场系统中,对子系统定义语句中编码的参数进行核对,检查编码的值是否在允许的范围内。比较 textual edit。参见 subsystem definition statement。

logical editing symbols 逻辑编辑符 某些操作系统中的一些符号,可用来纠正键入的错误,将多输入行合并成一物理行。逻辑编辑符可当作数据键入,并可由用户定义、重新指定或撤销。参见 logical character delete symbol, logical escape symbol, logical line delete symbol, logical line end symbol。

logical element 逻辑元件,开关元件 同 logic element。

logical equivalence 逻辑等价 (1)如果在任何情况下两合式公式 A 和 B 总取相同的真值,那么称公式 A 和 B 逻辑等价。在符号逻辑中常表示为 $A \Leftrightarrow B$,或 $A \equiv B$。例如,$P \rightarrow Q$ 逻辑等价于 $\sim P \vee Q$。(2)两个公式间的一种关系。若公式 α、β 为逻辑结果,则称 α, β 为逻辑等价的,记为 $\alpha \leftrightarrow \beta$。逻辑等价概念可以扩大到公式集合。若公式集 Φ 中任一公式都是公式集 Ψ 的逻辑结果,且公式集 Ψ 中任一公式都是 Φ 的逻辑结果,则称 Φ 和 Ψ 逻辑等价,记为 $\Phi \leftrightarrow \Psi$

logical escape symbol 逻辑换码[转义符] 某些操作系统中的一种特殊编辑符,通常是双引号,使得控制程序将直接跟在其后的字符看作是一个数据字符而不是逻辑编辑符。

logical expression 逻辑表达式 同 logic expression。

logical factor 逻辑因子 FORTRAN 语言中的逻辑初等值或 NOT 后面的逻辑初等量。

logical field descriptor 逻辑字段说明符 格式语句的格式说明中的栏说明符。其表示形式为 LW。W 为信息所占的列数。在输入输出的相应数据中要求为逻辑型。输入时，信息由空格和 T 或 F(分别表示真或假)构成。输出时，信息由 W－1 个空格，接以 T 或 F 构成。

logical file 逻辑文件 (1)从概念角度而言的文件，即不管其物理实现的文件。例如，一个逻辑文件或许由一系列相邻的记录组成，而在物理实现上却是被分割成若干块存储在一张甚至若干张磁盘上。(2)在某些计算机中，描述如何在程序中表示数据或者如何从程序中接收数据的数据库文件，它不包含数据，但为一个或多个物理文件提供排序和格式。比较 physical file。

logical file member 逻辑文件成员 在某些计算机系统中，一种数据记录的命名的逻辑分组。这些数据记录来自一个或多个物理文件成员。参见 member。

logical flowchart 逻辑流程图 (1)与逻辑操作的顺序、组织有关的图形。参见 flowchart。(2)解算一个问题时所需的主要逻辑步骤的框图。

logic algebra 逻辑代数 代数系统〈{0,1},＋,·,⁻〉中两个二元运算“＋”、“·”和一个一元运算“⁻”定义如下：

+	0	1
0	0	1
1	1	1

·	0	1
0	0	0
1	0	1

A	$\bar{A}$
0	1
1	0

这是一个布尔代数，称为逻辑代数。参见 Boolean algebra。

logical group 逻辑组 在 MVS(多重虚拟存储系统)操作系统中，相关页面的集合。一个地址空间可由多个页面组构成；一组作连接装配区，一组作调度程序工作区，一组作专用地址空间。

logical group instruction 逻辑组指令 存放在寄存器或存储器中的一组指令。通常应包括：AND、OR、exclusive-OR、比较、取补和循环指令。

logical group node (LGN) 逻辑组节点 在 ATM(异步传输模式)网络中，代表低级平等组的逻辑节点，以作为路由层次中一个层次的操作。

logical group number (LGN) 逻辑组号 在 MVS(多重虚拟存储系统)操作系统中，一种逻辑组的标识符。它是实存管理程序和辅存管理程序计算 LPID(逻辑页面标识符)的基值。例如，一个虚拟 I/O 数据集的全部页面可以用一个 LGN 表示。

logical image 逻辑图像 在图像数据库中，为了节省存储空间，提高查询效率，把其像素值视为灰度值、热辐射量等的物理图像转换成的像素值。逻辑图像也可以是由图像实体的特征关系表示的图像。

logical implication 逻辑蕴含 如果在使合式公式 A 取值真的任何情况下，合式公式 B 也都取值真，那么称 A 逻辑蕴含 B。在符号逻辑中常表示为 $A\Rightarrow B$，或 $A\models B$。例如 $P\wedge Q$ 逻辑蕴含 P。

logical input device 逻辑输入设备[装置] 实际输入设备在逻辑功能上的一种抽象。计算机图形学对图形输入设备从逻辑上进行的分类。如在 GKS(图形核心系统)中逻辑输入设备可以是下述类型：定位器，笔划器，选择器，拾取设备，字符串设备和定值器。

logical instruction 逻辑指令 同 logic instruction。

logical I/O function 逻辑输入/输出功能 一组输入/输出操作(如读/写逻辑块)，它允许使用逻辑块地址对设备一级进行受限制的直接存取输入/输出操作。

logicalized life cycle model 逻辑化生存期模型 软件开发生存期的一种模型。它将整个生存期分成分析、设计和编码三个阶段。每一阶段有明确的任务，有输入及输出的数据。这种划分法将解决方法和具体实现分开，使问题简化。缺点是使系统要求和逻辑设计之间产生隔阂。参见 software life cycle。

logical join 逻辑连接 在数据库系统中，当前已打开的数据库文件和另一个工作区数据库文件之间建立的连接，连接结果并未生成一个真正的库文件，而是按照关键字相等的原则移动具有用户给定别名的库文件的记录指针，被连接的非当前工作文件必须是建立了索引的。

logical leading end 逻辑前端 磁带记录顺序的一种区分方式。在磁带信息的记录中，为译码的需要，记录顺序是相反的。在译码过程中，第一个译出的端点称为逻辑前端，而实现信息和执行顺序则是相反的。

logical level 逻辑电平，逻辑层 (1)逻辑信号的电压幅度。例如 TTL(晶体管-晶体管逻辑)电路的逻辑"1"电平为 5 V,逻辑"0"电平为 0 V。参见 logic level。(2)PL/1 语言中,当所有层号正向排列时由一层号指示的深度。例如相邻层号都为 1 时的深度增量。

logical line **逻辑行** 在某些操作系统中,一种命令行或数据行,它能够用一个逻辑行结束符将同一输入行中的一个或多个命令或数据行分开。

logical line end symbol **逻辑行结束符** 某些操作系统中的一种特殊的编辑符,通常为符号 #,它使用户能在同一物理行上键入几个命令或数据行;亦即除最后一个逻辑行外的各逻辑行均用逻辑行结束符终止。

logical link **逻辑链路,逻辑连接** (1)不同计算机上的程序之间传送数据的通路,即通过网络软件和用户透明的物理链路的传送路径。(2)在某些信息管理系统的多系统环境中,把一个物理链路与能够使用该物理链路的事务和终端联系起来的手段。(3)在 ATM(异步传输模式)网络中,两个逻辑节点之间连接性的一个抽象表示。它包括各个物理链路、各个虚拟路径连接和并行物理链路。

logical link control (LLC) **逻辑链路控制(层)** IEEE 802 委员会提出的局部网模型中,数据链路层的子层之一。它是数据站的一部分,用以支持一个或多个逻辑链路上的逻辑链路控制功能。它为传输产生命令协议数据单位和响应协议数据单元,并对接收的这些数据单位进行解释。其特定的功能包括:①控制信号交换的初始化;②数据流组织;③对接收的命令 PDU 和相应的响应 PDU 进行解释;④LLC 子层的差错控制和恢复;LLC 对各种 MAC(介质访问控制)是共用的,其操作分为两类:第一类操作仅提供"数据链路无连接服务",第二类操作提供"数据链路面向连接服务"和"数据链路无连接服务"。

logical link control and adaptation layer protocol (L2CAP) **逻辑链路控制和适应层协议** 是蓝牙系统中的核心协议。L2CAP 位于数据链路层,向上层协议提供复用、分段、重组和组抽象等无连接和面向连接的数据服务。L2CAP 允许高层协议和应用程序收发长度最高可达 64 KB 的 L2CAP 数据包。

logical link control protocol **逻辑链路控制协议** 在局域网中,管理传送帧的装配以及数据站之间的数据交换的协议。它与介质访问控制协议无关。

logical link control type 1 (LLC type 1) **1 型 LLC** 逻辑链路控制层中一种不应答连接的网络操作模式。

logical link control type 2 (LLC type 2) **2 型 LLC** 逻辑链路控制层中一种面向连接的网络操作模式。

logical link control type 3 (LLC type 3) **3 型 LLC** 逻辑链路控制层中一种应答连接的网络操作模式。

logical link path **逻辑连接通路** 在某些信息管理系统的多系统环境中,任何两个系统间的通路。必须为每个逻辑连接定义一个或多个逻辑连接通路。

logical logging **逻辑登录** 在某些信息管理系统中,把运行记录移进运行记录缓冲区的处理过程。比较 physical logging。

logically connected terminal **逻辑连接的终端** 在虚机操作系统中,一种由交换或非交换线路连接的终端,或者通过 CP DIAL 命令由本地连接到多路存取虚机上的终端。参见 multiple-access virtual machine。

logically valid formula **逻辑永真公式** 无论在怎样的个体域上进行讨论,无论对合式公式中的谓词符作何种解释以及对变元作何种取值,该公式恒取真值。这样的合式公式称为逻辑永真公式。当一个逻辑永真公式为一命题公式时,又常称为重言式或永真式。

logical mathematical intelligence **逻辑数学智能** 有效地计算、测量、推理、归纳、分类,并进行复杂数学运算的能力。这项智能包括对逻辑的方式和关系、陈述和主张、功能及其他相关的抽象概念的敏感性。参见 multiple intelligences。

logical message **逻辑报文[信息]** (1)某些通信系统软件中用户定义的报文。在一次传送中,它由一个或多个彼此相关的数据单元构成,以一个报文结束码结尾。比较 physical message。(2)在某些信息管理系统中,与一逻辑终端而不是与一物理终端相联系的队列中的一种输入/输出报文。该报文队列可从一设备移至另一设备,而与应用无关。

logical multiplication **逻辑乘法** 逻辑"与"功能的执行,即二进制数字乘法,使得当且仅当所有数字为 1 时,结果才为 1。

logical multiply **逻辑乘** 同 AND。

logical name **逻辑名** 用户为一文件说明的部分或全部所指定的名称。例如,可以赋给一终端设备一个 INPUT 的逻辑名,程序可以从该终端设备中读取由用户输入的数据。逻辑名的赋值可以保存在每个进程、每个组及系统的逻辑名表中。可永久地或随机地建立逻辑名和对逻辑名赋值。

logical name table **逻辑名表** 含有一组逻辑名或它们的等价名的一种表,它是为特定的进程、特定组或系统建立的。

logical network **逻辑网络** 一种机器的子网络,它提供类似全网络和分离网络的功能,其通常的功能是作为较大的物理网络的子网络。

logical node **逻辑节点** 在 ATM(异步传输模式)网络中,一个平等组或者交换系统的一个抽象表示。

logical number **逻辑编号** 在自动输入或系统生成期间分配给一外部设备的数码。它与设备的实际物理号码不同,可在任何时刻方便地改变。

logical operation **逻辑操作** 完成逻辑功能的操作。

包括逻辑乘、逻辑加、比较、分类、移位和按位加等。

logical operator 逻辑算子,逻辑运算符 (1)用于布尔逻辑运算的符号。例如逻辑加、逻辑乘等符号。(2)施于操作数的逻辑功能,见 function。(3)一个按位处理二进制值的操作符,在某些程序设计语言中,逻辑操作符就是布尔操作符。参见 Boolean operator,mask。

logical order 逻辑顺序 数据记录从文件中读取的顺序。对于顺序文件和相对文件,逻辑顺序对应于记录在文件中的物理顺序。对于索引的文件,逻辑顺序基于文件索引中键的顺序。

logical output device 逻辑输出设备 对于行式设备来说,它是物理输出设备与逻辑变量(如页尺寸,在垂直方向每英寸行数)的组合。

logical overlap coefficient 逻辑重叠系数 一种衡量情报检索提问与实际文献间相似的测度。设提问表达式为 n_{01},文献属性表达式为 n_{10},则逻辑重叠的情况有四种:①准确匹配,$n_{01}=n_{10}=0$;②包括重叠,即两者不同时为零;③部分重叠;④不重叠。为此,逻辑重叠系数的表达式应为

$$R_0(x,y)=[SX(]n_{11}[]\min(n_x,n_y)[SX)]$$

logical overlay 逻辑覆盖 在公用区上设置覆盖区,使用映像重写方式,根据需要分配给指定的逻辑空间。

logical page 逻辑页(面) 一个概念上的实体,是逻辑连续的一个存储单位。逻辑页通常是物理页的整数倍。两者之间是由系统来实现映射的,因此用户不须知道数据在磁盘上的实际存放位置。

logical page identifier (LPID) 逻辑页面标识符 给定页面的唯一的标识符。

logical page number (LPN) 逻辑页号 一种逻辑组内的相对页号。把它加到逻辑组号上即产生一个唯一的逻辑页面标识符。

logical paging 逻辑分页 在某些信息管理系统的报文格式服务中,在格式化时将逻辑报文段分组的方法。参见 operator logical paging。

logical parent 逻辑双亲(段) (1)在某些信息管理系统数据库中,一种包含公共引用数据的段,逻辑子女段使用直接的或符号的指针指向它。逻辑子女段也可指向物理双亲段。(2)它是层次数据模型的专用术语。由于物理数据库(PDB)呈树状结构,即一个片段不能有两个双亲片段,因此,可以把其中一个双亲段视为逻辑双亲,而把本片段称为该双亲片段的逻辑子女。在层次结构中片段之间的联系只有逻辑双亲与逻辑子女片段之间的唯一的连接关系,所以对任何非根片段,只要指出其双亲片段即可,逻辑双亲和逻辑子女之间用逻辑指示字相连。

logical programming 逻辑型程序设计 基于一阶谓词的逻辑程序设计方法(如采用 Prolog 逻辑语言实现的程序设计)。这种程序设计范例代表了程序设计技术的一个巨大进步,从函数到关系,从确定性到不确定性的转折;人们只需说明所要求解的问题,而不必描述求解它的算法。

logical programming language 逻辑型程序设计语言 以逻辑公式形式的规则作为描述计算机过程的程序设计语言,最著名的是 Prolog 语言。在逻辑型程序设计语言中,计算是通过对表述程序的逻辑公式集的证明过程完成的。多数逻辑型程序设计语言使用一种称为 Horn 子句的公式形式,它是一阶谓词逻辑语言的一种变形。逻辑型程序设计语言写出的程序是说明性的,具有只讲“做什么”而不讲“怎么做”的性质。从这种意义上讲,逻辑型程序设计语言是一类更高级的语言。逻辑型程序设计语言一般是通过实现某种对“解”的搜索过程的方式在计算机上执行的,因此程序执行效率不太高,但由于它们强有力的描述能力,在人工智能等领域有广泛的应用。

logical reasoning 逻辑推理 以数理逻辑为基础,处理事实和结论之间存在确定的因果关系且事实也是确定的问题的过程,也称“确定性推理”或“精确推理”。它不会因为信息的增加而影响已存的正确的推理过程,即具有单调性。逻辑推理使用谓词逻辑、模糊逻辑、模态逻辑、时序逻辑、动态逻辑等来完成关于问题的求解的推理。通常,逻辑推理包括演绎推理、归纳推理、类比推理。参见 deductive reasoning, inductive reasoning, analogical reasoning。

logical record 逻辑记录 (1)从逻辑观点认为是一个记录的一组相关的数据或一组词,与实际环境无关。(2)着眼于记录的内容、功能和用途,而不是它的物理属性的一种记录,同一逻辑记录可放在不同的实际记录中。亦即根据它所包含的信息来定义的记录。(3)在某些数据存取方法中,通常指一个单一对象的信息单位,一个逻辑记录是请求数据管理程序处理的或是给予数据管理程序的一个用户记录。(4)由应用程序员根据需要,将某些逻辑上有关联的数据组织在一起的数据集合。这种数据的物理存储顺序不必与逻辑的排列相符合。

logical record access (LRA) 逻辑记录存取法 数据库设计的一种方法,也称“分阶段的逐步设计方法”。它从用户的信息要求和处理要求出发,分阶段进行数据库设计。LRA 方法的最大特点是它提供了一种定量估算方法,能对数据库的逻辑结构进行性能上的定量分析和估算。

logical resource 逻辑资源 在某些小型计算机系统中,代表为某种特定操作而使用物理资源的一种实体;例如程序、事件、队列或数据集。该实体可赋予一个对象名,并用对象名访问它。

logical ring 逻辑环 在令牌总线网络中,一个令牌从数据站到数据站之间的传递方式模拟在环形网络中控制的传递方式。

L

logical schema 逻辑模式 在数据库系统中，指一种独立描述数据的工具。可描述和规定存入数据库中的数据。参见 physical schema。

logical security 逻辑安全 由操作系统和其他基础软件提供的系统安全性。

logical segment 逻辑段 在虚拟存储系统中，考虑其内容和使用的存储段。

logical semantics 逻辑语义学 20 世纪发展起来的、主要从逻辑角度研究语义问题的一门学科。

logical semantic structure 逻辑语义结构 表示一个语言单位内全部逻辑语义关系的抽象表达式。

logical shift 逻辑移位 对寄存器中全部数位进行向左或向右或循环移位。逻辑右移时，右移出去的丢掉，寄存器左端补零。逻辑左移时，左移出去的位丢掉，寄存器右端补零。

logical signaling channel 逻辑信令信道 (1)提供在信息信道内部的信令通路的逻辑信道。(2)提供在物理信道内部的信令通路的逻辑信道。

logical station (LS) 逻辑站 由多路复用建立的，并位于逻辑数据链路终端或虚拟电路终端的数据站。参见 virtual circuit，logical data link。

logical storage 逻辑存储器 (1)在分布式处理设计执行程序(DPPX)中，存储空间的概念可看作是应用程序可寻址的主存储器，其中逻辑地址通过控制块映射到实际地址。(2)在某些小型计算机系统中，表示地址空间的概念上的机器存储器布局。

logical storage structure 逻辑存储结构 以逻辑数据库、逻辑文件、页、逻辑记录和数据项为元素的存储结构。这些概念之间的关系是：逻辑数据库由一个或多个逻辑文件组成，逻辑文件由一个或多个页组成，页由一个或多个逻辑记录组成，而逻辑记录又由多个数据项(或字段)组成。

logical strength 逻辑强度 模块完成一组相关的功能，每个功能都由单独传送到模块的参数启动。参见 module strength。

logical structure 逻辑结构 数据库中一种供用户理解的数据间的相互关系。这些关系可不同于存储数据的物理关系。

logical sum 逻辑和 (1)一种二进制加法操作的结果。(2)"或"操作的结果。

logical system 逻辑系统 关于逻辑的一个形式系统。通常由两部分组成：一个是它的组成部分，规定系统中的合法符号及合法表达式；另一个是它的公理系统，常在其中规定若干合法表达式为公理，规定若干由已知合法表达式推出新的合法表达式的规则为推理规则。为了对逻辑系统进行研究(它是否正确刻画人的逻辑思维规律)，还须对逻辑系统规定适当的语义模型或解释。

logical term 逻辑项 汇编语言编程中的一种逻辑项。它仅在逻辑表达式中使用。

logical terminal (LTERM) 逻辑终端 在某些信息管理系统中，一种与一个或多个物理终端相关的随意命名的收信端。

logical theorem 逻辑定理 一个有证明的逻辑公式，也称"形式定理"，简称"定理"。定理是可证的。

logical thinking 逻辑思维 逻辑思维是人们在认识过程中借助于概念、判断、推理等思维形式能动地反映客观现实的理性认识过程，又称理论思维。逻辑思维要遵循逻辑规律，这主要是形式逻辑的同一律、矛盾律、排中律、辩证逻辑的对立统一、质量互变、否定之否定等规律。参见 theoretical thinking。

logical threat 逻辑威胁 可能对软件或数据进行破坏、篡改的一种威胁形式。它是由系统逻辑操作引起的，而非物理攻击所致。例如，非授权用户的随意行为以及对本地或远地系统的访问都可导致逻辑威胁。

logical timer 逻辑计时器 其功用相当于硬件计时器的一种软件逻辑单元。

logical topology 逻辑布局 在网络中，不考虑元件的物理互联而反映网络功能、应用或实现的结构连接。

logical tracing 逻辑追踪 在执行跳转和转移指令时进行的追踪操作。

logical track 逻辑磁道 可单独进行寻址的一组磁道。

logical transient area (LTA) 逻辑暂驻区 在管理程序内用于执行管理例行程序的一种区域，仅在某些运行条件下根据要求才需要。例如，在例行程序处理操作员命令时，按要求从存储映像库取出可执行程序段装入 LTA 中。

logical twins 逻辑孪生 在某些信息管理系统的数据库中，具有公共逻辑双亲的一类逻辑子女的所有成员。参见 physical twins，twin segments。

logical type 逻辑型 一种数据类型。仅取逻辑真值或假值。

logical unit (LU) 逻辑单元[设备、部件] (1)IBM 开发的一套协议，用来控制系统网络体系结构(SNA)中的通信过程，使终端用户能彼此通信并获得对 SNA(系统网络体系结构)网络资源的访问。其要点如下：①LU0：利用 SNA 传送控制和控制流层；②LU1、LU2 和 LU3：控制主机会话；③LU4：支持外设节点之间的对等或主从式通信；④LU6.2：用于管理对等的 SNA 通信，支持分布式处理环境中程序之间的一般通信。其特点是综合性的点对点的故障处理以及通用化的应用程序接口(API)。(2)在操作系统中，一种表示某类物理设备的符号，使用这类符号之后，程序设计人员无需关心具体物理设备及其地址等。

logical unit name 逻辑设备名 在程序设计中，用于表示输入/输出设备地址的名字。

logical unit number 逻辑单元号 在自动装入或系统生成期间分配给外围部件的各种编号。这种编号在任何方便的时候都可相对于物理部件号而改变。

logical unit of work 逻辑工作单位 在某些信息管理系统中,在相邻同步点之间程序所完成的处理。

logical value 逻辑值 逻辑代数值。用真值或假值表示,也可用逻辑"1"或逻辑"0"表示。

logical variable 逻辑变量 表示逻辑值的变量。与数学中的连续变量和模拟量不同,逻辑变量只能取两个值:真或假,即0或1。

logical view 逻辑视图 一种从数据使用的观点来看待数据的方法。当用户只关心数据的逻辑关系而不关心其物理存储时,逻辑视图可看成数据库管理系统的一部分。例如,数据库可能包含成千上万个不同类型的数据项,但它的用户可能只对其中的几个数据项感兴趣。用户的逻辑视图即指定义和处理了的这几个特定的数据项,而数据库中其余的数据项将被忽略。

logical volume 逻辑卷 (1)被系统作为一个卷来看待的物理卷的一部分。(2)在AIX操作系统中,指若干物理分区的一个集,这些物理分区被组织在若干逻辑分区中,但它们都在一个单一的卷组中,逻辑卷是可扩展的并可横跨在一个卷组中的若干物理卷组。

logical volume manager 逻辑卷管理器 在AIX操作系统中,一个在逻辑级上管理磁盘空间的程序,它通过在逻辑和物理存储器之间映射数据控制固定盘资源,使数据能够不连续、横跨多个磁盘、复制和动态扩展。

logic analyzer 逻辑分析器[仪] (1)用来调试和检测数字装置的仪器。可用来跟踪逻辑状态和检查时间关系,可以产生触发信号,在所要求的瞬间停止数据采集,并在阴极射线管屏幕上显示出脉冲信号,用来分析电路或程序错误、排查假信号脉冲源、检测非法状态、绘制数据流图以及诊断其他的逻辑问题。(2)一种对程序和电路进行低层调试的硬件设备。能在执行时检测总线信号,在满足给定的条件时采集数据并将采集的数据存储起来。

logic base 逻辑库 知识库中的一个试探性构造、设计和实现的操作机制。

logic bomb 逻辑炸弹 一旦系统某个条件成立便引发破坏行为的程序。逻辑炸弹是隐藏在系统或程序中的一段编码,它对系统安全构成了潜在威胁。逻辑炸弹的触发条件可以是特定的时间、某个数据的出现或消失、磁盘的访问操作等。

logic build-in self-test (LBIST) 逻辑内建自测 LBIST通常用于测试随机逻辑电路,一般采用一个伪随机测试图形生成器来产生输入测试图形,应用于器件内部机制;而采用多输入寄存器(MISR)作为获得输出信号产生器。参见 build-in self-test (BIST)。

logic chart 逻辑流程图 计算逻辑问题时所需的主要逻辑步骤的框图。用以帮助理解计算过程。

logic chip 逻辑芯片 由逻辑电路进行信息处理的芯片,不是简单地进行信息存储。参见 logic circuit。

logic circuit 逻辑电路 由触发器和门组成的可通过执行逻辑操作处理信息的电路。是数字电路基本的电路,广泛用于计算机、自动控制系统等。参见 gate。

logic-controlled sequential computer 逻辑控制时序计算机 指令的执行顺序由计算机的内部逻辑所决定的时序计算机。

logic design 逻辑设计 为实现某一功能而连接所需逻辑电路(如逻辑门、触发器等)、逻辑部件(如算术逻辑单元(ALU)、总线等)和数字设备(如中央处理器(CPU)、存储器、外围设备等)的方法。利用基本逻辑单元或部件,根据一定的要求规定它们之间连接关系的过程。主要设计步骤是:①逻辑构思;②画操作时序图,导出各逻辑单元间相互联系的逻辑表达式;③用布尔代数或卡诺图化简逻辑表达式;④画出逻辑电路图。逻辑设计是计算机研制、计算机应用等过程中的重要环节。随着大规模集成电路的迅速发展,逻辑设计中基本逻辑单元的功能越来越强,这样便大大地简化了逻辑设计的过程。支持逻辑设计的CAD(计算机辅助设计)工具包括电路图输入、电路图输出、测试模式输入、模拟结果输出等的交互式模拟程序。

logic design automation 逻辑设计自动化 (1)借助计算机实现的逻辑设计。其过程是用一种专门的语言来描述被设计机器的结构和功能,将其输入计算机;然后再用专门的译码程序将其转换成逻辑方程,并根据逻辑方程作出逻辑图。逻辑设计自动化可大大减轻设计人员繁重的重复性劳动,并能消除逻辑不一致、时序冲突和逻辑错误等问题。(2)在设计计算机的过程中,根据指令系统排出操作表,再经逻辑化简,直到最后按给定的器件品种画出逻辑图,若全部工作都由计算机自动完成,则称之为逻辑设计自动化。

logic device 逻辑设备[器件] (1)实现逻辑操作的设备。(2)完成逻辑运算的半导体部件,如一块门电路、一片微处理器。

logic diagram 逻辑图 逻辑设计的一种图形表示。逻辑设计中用逻辑符号和符号之间的连线表示逻辑电路之间、逻辑单元之间和各种设备之间关系的示意图。

logic element 逻辑单元(元件) 能执行某一逻辑功能的硬件。典型的逻辑元件有门电路和触发器电路,逻辑元件又称"开关元件"。

logic equation simulation 逻辑方程模拟[仿真] 一

种以简化逻辑方程为主要目的的仿真过程。为了验证逻辑,对逻辑方程进行的一种与方程实现方式和相对时间常数无关的模拟。通过模拟可重新排列逻辑方程,以达到简化处理过程的目的。

logic error 逻辑错误 (1)程序逻辑中的错误。逻辑错误导致程序产生不正确的结果,但它并不妨碍程序的运行。因此逻辑错误较程序错误更难发现。(2)在某些通信控制软件中,由一个无效的请求产生的一种错误状态,即程序逻辑错误。

logic expression 逻辑表达式 关系数据语言中常采用的一种表达式。由逻辑常数、逻辑变量、逻辑函数、逻辑运算符及括号等组成的表达式。逻辑表达式只有真值或假值。

logic fault 逻辑故障 一种使电路元件的逻辑功能失常的故障。

logic file 逻辑文件 同 logical file。

logic file structured (LFS) 逻辑文件结构 美国加州伯克利分校开发的磁盘访问技术,通过连续向磁盘写入数据尽量减少磁盘访问和磁头寻道,提高写入操作的吞吐量。

logic function 逻辑函数 一类描述逻辑变量之间关系的函数。

logic gate 逻辑门 逻辑门是数字电路的基本单元模块。在理论上,在一个设备里使用的逻辑门的数量是没有限制的。但实际上,封装入一个物理空间的逻辑门的数量是有限的。

logic grammar 逻辑语法 用形式逻辑方法描述语言的句子结构的语言分析方法。

logic graphic function 图形逻辑函数 对图形区域施用布尔操作(如 AND,OR,NOT,XOR 等)的 CAD(计算机辅助设计)功能。它为设计人员提供了从已有的图像生成新图像的交互工具。

logic inferences per second (LIPS) 每秒逻辑推理数 一个衡量某种人工智能计算机和专家系统的指标。代表每秒可完成三段论式推理的次数。通常,一次三段论式推理等价于 100 ~ 1 000 条计算机指令。

logic isolation 逻辑隔离 被隔离的两端仍然存在物理上数据通道连线,但通过技术手段保证被隔离的两端没有数据通道,即逻辑上隔离。协议隔离一般使用协议转换、数据格式剥离和数据流控制的方法,在两个逻辑隔离区域中传输数据。协议隔离传输的方向是可控状态下的单向,不能在两个网络之间直接进行数据交换。参见 network isolation, protocol isolation。

logic instruction 逻辑指令 按逻辑运算规则进行操作的指令。如逻辑乘、逻辑加、逻辑比较和按位加等,它们主要用于代码转换、字段分离和合并等逻辑运算。

logic knowledge representation 逻辑知识表示 用数理逻辑来表示知识。逻辑知识表示简单、自然、灵活、模块化程序高、理论严格、描述易理解;但它表示的知识主要是表层知识,不易表达过程和启发式知识,且难以管理,其证明过程易发生组合爆炸。逻辑知识表示较多地用于问题求解和自动定理证明领域。

logic level 逻辑电平 在逻辑系统中,用以表示逻辑值 0 和逻辑值 1 的电平。电平高的称为逻辑高电平,电平低的称为逻辑低电平,这里所说的高电平和低电平都是指一个数值范围,而不是指一个数值。对于正逻辑系统,逻辑高电平代表逻辑 1,逻辑低电平代替逻辑 0;对于负逻辑系统,情况正好相反,逻辑高电平代表逻辑 0,逻辑低电平代表逻辑 1。

logic machine architecture 逻辑机系统结构 一个有层次的软件工具系统,使定理证明更加有效和灵活。它包括五个层次:第一层提供少量本元抽象数据类型;第二层给出数据类型目标,提供了表示和处理逻辑公式所必需的机制;第三层提供了为构造推理机所必需的操作和功能;第四层提供了构造整个定理证明器的软件;第五层是中间构成的通信软件。

logic map 逻辑图 逻辑设计员在逻辑硬件开发、简化或优化时使用的一种图表。例如卡诺图,马抗尼图。

logic/memroy chip 逻辑/存储芯片 将逻辑电路和存储器做在一起的芯片。

logic model 逻辑模型 (1)基于现有的逻辑系统描述现实世界的一种数据模型,这种模型中逻辑既可以作为表示知识的方法又可作为表达知识上的操作语言。逻辑模型是数据模型在逻辑层面对现实世界的一种抽象,也称逻辑层模型。其他的数据模型还有概念层模型和物理层模型。参见 concept model, physical model。(2)逻辑模型是一种数据抽象的模型。它是从实现角度对数据所建立的模型,它既要易于用户理解,又要便于系统实现。逻辑模型描述数据的整体逻辑结构,主要包括数据的结构形式、数据操作和完整性约束。逻辑模型主要有层次模型、网状模型、关系模型、面向对象模型以及对象关系模型等。参见 hierarchical model, network model, relational model, object-oriented model。

logic multicast 逻辑组播 以网络逻辑地址为基础实现的组播功能。这是与以硬件地址为基础实现硬件组播功能相对立的一种组播功能。这种组播功能的典型代表是以 IP(网际协议)逻辑地址为基础实现的组播功能。参见 hardware multicast。

logic numeric data computer (LND) 逻辑数值数据计算机 由逻辑推理机、数值计算机和数据处理机通过消息传递机制和局域网连接起来的分布式异构型多计算机系统。

logic of computer programming **计算机程序设计逻辑学** 应用数理逻辑的方法研究计算机程序的性质，为计算机程序的构造、调试、优化正确性证明以及自动化生成提供新的途径。现已取得一定成功的方面有：①证明程序的部分正确性和完全正确性；②将一个程序转换为一个更好的等价程序（优化）；③自动构造满足已给定说明的程序。

logic operation **逻辑运算** 可以把不包括算术运算的任何操作定义为逻辑操作。它包括记录的分类和排序以及逻辑算符"非"、"与"、"或"等的使用。这样的操作由逻辑电路实现。同 logical operation。

logic oscilloscope **逻辑示波器** 用来观察数字设备和数字电路的逻辑关系的示波器。它具有多个输入通道，可以同时观察多个观察点之间的逻辑关系。它有好几种显示方式，可以显示逻辑电平，可以显示被测点的二进制码，也可以显示存储器的内容。

logic partition **逻辑划分** LSI(大规模集成电路)中按一定的标准，把系统硬件划分、设计为大规模集成电路的过程。有时也称"系统划分"或"功能划分"。一般把构成系统的功能或 LSI 的门数、引线数等作为划分标准。例如，把系统逻辑划分为门阵时，要考虑准备采用的芯片所含门数及引线数；LSI 的重复性；以及芯片上供信号布线用的线道数、易测性、置临界通路于一个芯片内等因素。

logic probe **逻辑探头[探针]** 一种逻辑测试工具，能在实验室中或在现场服务中使用。它能直接读出逻辑电平的高低和脉冲信号的有无，而不像逻辑分析仪和示波器那样需要设定和变换量程，因此简化了逻辑测试。

logic probe indicator **逻辑探头指示器** 逻辑探头上的、用来指示数字信号线上的某一点是处于"1"或"0"，或处在翻转状态的一个或多个指示灯，有些设备使用三个指示灯，红的指示"1"，白的指示"0"，蓝的指示翻转。红灯与白灯的相对亮度可以粗略地给出信号占空比。所有灯都不亮指示没有逻辑信号。也有一些逻辑探头只用一个指示灯，接通为"1"，关断为"0"，按 10 Hz 的频率闪烁表示有翻转，固定的半亮状态表示无逻辑信号。

logic product gate **与门** 同 AND gate。

logic programming **逻辑程序设计** 将逻辑直接作为程序设计语言并将计算作为受控推理的一种程序设计技术。1972 年法国科莫劳埃小组实现了第一个逻辑程序设计语言 Prolog。1974 年以后科瓦尔斯基进一步阐明了 Prolog 的理论基础，并系统地发展了逻辑程序设计的思想。对于传统的程序设计来说，算法的逻辑意义往往被程序复杂的控制成分所掩盖，使程序的正确性难以得到证明。而且通常的高级程序设计语言属于过程性语言，需要在程序执行前详细规定运行步骤。科瓦尔斯基对传统的算法或对用通常高级语言编写的程序提出了一个著名的分析公式：算法＝逻辑＋控制。其基本思想是要从根本上改变程序设计的方法：用户只需要编写程序的逻辑部分（逻辑程序设计之名由此而来），而系统中的解释程序则实施控制部分的职能。这种将逻辑与控制分开的方法具有下列的优点：①可以在控制部分设计之前不断改进逻辑程序。②可以改进控制部分而无需变动逻辑程序本身。③可以从程序说明中生成逻辑程序，加以验证和变换，而无需考虑其控制部分。④只需在逻辑程序中规定目标和实现这些目标的现有条件，也就是只需告诉系统做什么（What to do），至于如何执行也就是说怎样做（How to do），则由系统的控制部分，即解释程序处理解决。

logic programming with sets **集合逻辑程序设计** 一种以多类逻辑中的二类逻辑为基础，能处理原子对象及原子对象的集合这类复杂对象的语言，它实际上是一阶逻辑和 Horn 子句逻辑的扩充。

logic record **逻辑记录** 同 logical record。

logic seeking printer **逻辑寻找打印机** 能够分析要打印的信息，即能从当前打印位置预测下一位置并将打印头直接移到将打印的下一位置，这样可以减少打印时间。当前大多数打印机都具有该功能。

logic shift **逻辑移位** 同 logical shift。

logic short fault **逻辑短路故障** 逻辑电路中的一种故障，在逻辑块之间存在的短路，好像其间存在一个附加的逻辑块。这附加逻辑块可能起逻辑"与"或逻辑"或"的作用。

logic simulation **逻辑模拟[仿真]** 利用计算机来检查设计出的逻辑线路正确性的过程。其方法是，先将各逻辑元件的布尔表达式、有关元件的延迟时间及有关的时间信息、存储单元的初始状态等数据送入计算机，通过编码、分析和模拟等程序对其进行分析和估值，从而判断逻辑线路能否实现预期的功能。通过仿真，可将设计中存在的逻辑错误在组装机器之前检查出来，某些线路上的错误（如竞争、冒险等现象）也可预先发现。通过仿真还可获得在每个仿真时间间隔里各元件的状态。

logics of program **程序逻辑** 能确切表达程序特性的语言，说明语言表达式含义的语义以及对这些表达式进行运算的规则。

logic sum **逻辑和** 计算机中的一种加法：当有一个输入变量为 1 时，结果是 1；当所有输入变量皆为 0 时，结果是 0。

logic sum gate **或门** 同 OR gate。

logic swing **逻辑摆动** 用于 1 和 0 的逻辑电平间的电压差。摆动幅度针对特定系统任意选择，一般都在 10 V 以内。

logic switch **逻辑开关** (1)二极管阵列或其他的开关结构，能将输入信号指向一个或多个输出。(2)在程序设计语言中用来控制动态实体流向而设置的逻辑开关。这种开关可以通过一些语句加以设置,也可以通过一些语句程序块加以测试,并按设定的两个出口进行转移,以控制动态实体的流向。

logic symbol **逻辑符号** 一个代表逻辑操作的符号(如AND或OR),如布尔代数中的逻辑符号+表示逻辑OR操作。

logic synthesis **逻辑综合** (1)由硬件描述语言、逻辑表达式或者真值表,自动生成逻辑电路的逻辑图、网表。逻辑综合必须反复进行逻辑简化、因子分解和平坦化操作,达到逻辑优化。是实现自顶向下设计方式不可少的重要手段。作为产品出售的逻辑综合程序,大多是从寄存器传送级的设计数据,生产依赖于半导体技术的网表;而把从行为级到寄存器传送级的生成称为行为综合加以区分。(2)一种集成电路设计技术,将行为模型和层次描述的设计自动而有效地转换成用结构化的门电路描述的设计的过程。

logic testing **逻辑测试** 利用计算机对逻辑电路实现的测试方法。它将被测电路与计算机连接,使计算机通过程序来控制被测电路,并测其中间状态或输出状态。

logic theorist system (LTS) **逻辑理论家系统** 数学定理机器自动证明系统。由西蒙、纽威尔及肖设计,具有机器自动推理、决策等智能。1956年用该系统成功地将罗素与怀特海所著《数学原理》中的52个未经证明的定理分两次在一台小型计算机上予以自动证明。从此,人工智能引起人们极大的关注。

logic trigger generator **逻辑触发生成器** 示波器的阴极射线管上触发横向扫描的一种装置。

logic variable **逻辑变量** Prolog程序中谓词的变元。分命名变量和匿名变量。命名变量可以同任何常量、变量及不包含它作为变量的项合一,其主要作用是实现子句内各谓词间的通信。匿名变量常用符号“—”表示,它能同任何Prolog成分合一,其作用仅表示在它出现的位置上必须有一个变元,无通信功能。

log-in **注册,登录,进入(系统),签到,挂号** (1)一系列键盘命令、响应和其他终端的交互操作,以建立用户与计算机操作系统之间的通信的过程。同log-on。(2)在输入程序或与机器对话之前插入数据的过程。插入的数据通常包括用户名字、作业名字、口令和标识行等,以便供系统了解当前用户是否合法。通常是终端用户和机器打交道的第一步工作。

log-in and log-out **注册与注销** 同logging in and out。

login directory **登录目录** (1)输入用户名和密码,以使计算机验证用户是计算机或者网络的合法用户,并允许用户使用这些资源。(2)在AIX操作系统中,指用户第一次登录到系统中时访问的文件目录。

login domain **登录领域** 当用户第一次登录到网络中时访问的资源的位置。

log-initiated checkpoint **登录启动的检查点** 参见simple checkpoint,system scheduled checkpoint。

login name **登录名** 在操作系统中,指一个唯一标识一个用户对系统的字符串。

login script **登录脚本** 在登录到网络时自动运行的一系列指令。例如,如果在早上用户输入名字和密码来登录到网络上,登录脚本可能会提醒用户一些重要的信息,或者只是显示“早上好”。

login session **登录会话** 在操作系统中,网络用户能够与一个交互式系统通信的时间段,通常就是从登录到退出之间的时间。

login shell **登录界面** 在操作系统中,当用户登录到计算机系统中时启动的系统界面。参见shell。

logistic delay time **后勤延迟时间** 由于某种原因而没有进行维护工作的那部分维护时间。延迟可由于等待备件、专家或测试设备的到达等引起。

logistics **物流** 供应链活动的一部分,是为了满足客户需要而对商品、服务以及相关信息从产地到消费地的高效、低成本流动和储存进行的规划、实施与控制的过程。

logistics activity **物流活动** 物流诸功能的实施与管理过程。物流活动包括运输、储存、装卸、搬运、包装、流通加工、配送、物流情报等项工作构成。

logistics information system (LIS) **物流信息系统** 由人员、设备和程序组成的、为物流管理者执行计划、实施、控制等职能提供信息的交互系统。其主要功能是进行物流信息的收集、存储、传输、加工整理、维护和输出,为物流管理者及其他组织管理人员提供战略、战术及运作决策的支持,以达到组织的战略竞优,提高物流运作的效率与效益。

logistics management **物流管理** 在生产过程中,根据物质资料实体流动的规律,应用管理的基本原理和科学方法,对物流活动进行计划、组织、指挥、协调、控制和监督,使各项物流活动实现最佳的协调与配合,以降低物流成本,提高物流效率和经济效益。现代物流管理是建立在系统论、信息论和控制论的基础上的。

logistics service provider (LSP) **物流服务提供者** 在供应链企业之间提供包括库存管理的物流服务。更正式的称呼是第三方物流(TPL)系统。参见third party logistics (TPL), vendor managed inventory (VMI)。

logistics system **物流系统** 在一定的时间和空间里,由所需输送的物料和包括有关设备、输送工具、仓储设备、人员以及通信联系等若干相互制约的动态要素构成的具有特定功能的有机整体。

LOGO language **LOGO语言** 由美国麻省理工学院西摩·佩泊特专为儿童研制的一种启发式计算

机语言。它具有以下特点:①会话式"海龟"图,即在进入绘图状态后让显示屏上出现一形似海龟的光标,用程序控制其绘图;②程序的细分化,即可将大程序化成几个小程序;③会话式处理,即使用解释程序,输入命令亦可立即执行;④变量的形式不用指定,即文字变量与数据变量使用同一变量形式;⑤可扩充性,该语言允许用户定义新的命令;⑥具有表格处理和重入功能。

log off **注销** 在终端处,关闭或终止通信、计算机、数据处理或控制系统的一个操作周期,即在规定的方式下结束对话。同 log out。

log-off **退出(系统),注销** (1)用户结束一次终端对话的过程。(2)在某些通信系统软件中,一种非格式化的通信终止请求。参见 sign-off。

logoff **注销,退出登录** 同 log-off。

log on **注册,登记** 在终端处,打开或开始通信、计算机、数据处理或控制系统的一个操作周期,即以规定的方式开始对话。同 log in。

log-on **注册,登录,进入(系统)** (1)用户开始一次终端对话的过程。(2)某些通信系统软件中,两个 LU(逻辑单元)之间开始一次非格式化会话的请求。(3)在 SNA(系统网络体系结构)产品中,在应用程序 LU(逻辑单元)之间开始一次会话。参见 sign-on。

logon **注册,登录** 同 log-on。

logon data **注册数据** 在某些通信系统软件中:①字段格式化或非格式化的开始会话请求的用户数据部分;②来自 LU(逻辑单元)的整个注册序列或报文。同 logon message。

logon domain **登录领域** 在 LAN Manager 网络软件中,在登录到局部网络中时指定的领域。

logon hours **登录时间** 在 LAN Manager 网络软件中,用户可访问和使用服务器资源的日期和时间。参见 logon restrictions。

logon-interpret routine **注册解释例行程序** 通信系统软件中设备出口例行程序,伴有一个解释表项,它翻译注册信息,也可验证注册的合法性。

logon message **注册信息** 同 logon data。

logon-mode **注册方式** 某些通信系统软件中,为与一 LU(逻辑单元)通信,而在注册方式表项中规定的一组通话参数。参见 session parameters。同 bind image。

logon mode table **注册方式表** (1)在某些通信系统软件中,一种或多种注册方式的一组表项。每一种注册方式都有一个注册方式名。(2)某些操作系统中的一种表,其中的每一表项定义了两个逻辑单元之间的会话特性。

log on/off **请求联机/脱机** 申请或停止与计算机联系。

logon process **登录进程** 一个微软 Windows NT 进程检测用户登录操作,在允许用户访问系统前与安全系统一起验证用户的登录信息。

logon request **注册请求** 同 logon。

logon restrictions **登录限制** 在 LAN Manager 网络软件中,指登录时间和工作站,在这个期间内用户可以访问服务器上的资源。参见 logon hours。

logon script **登录脚本** 在 LAN Manager 网络软件中,一个批程序,为一个或多个用户编写,其中包含用于配置工作站的 LAN Manager 和操作系统命令,当用户登录时,登录脚本自动在用户的工作站上运行。

logon security **登录安全性** 一个安全许可系统,限制对网络信息、设置和资源的访问,并在用户登录时验证用户的标识,管理用户账户数据库。参见 netlogon service, single system image (SSI), User accounts subsystem (UAS) database。

logon server **登录服务器** 在 LAN Manager 网络软件的领域中,主领域控制器和备份领域控制器。对于一个用户,指拥有用户登录请求的服务器。参见 Netlogon service, primary domain controller。

logo screen **标志屏面** 在用户终端或个人计算机上,一种问候屏面,其上标有若干应用软件产品的信息(如产品的名字和产品拥有者、该软件版本、推出日期等)。

logotype **(广告用)标识** 一种商标或类似商标的小图案。

log out **注销** 同 log off。

log-out **注销,退出(系统)** 终端用户退出系统的过程。方法是由用户通过终端打入"退出"命令,系统收到该命令后,便注销该终端用户,同时收回已分配给该用户的一切资源。

LogP **LogP 模型** 一种并行计算模型(Latency, Overhead, Gap, Processor),这种模型考虑了并行计算机中的通信延迟、通信开销、通信带宽和处理机个数,而不是像以前的模型中假设通信开销为零、带宽为无穷大等,因而分析的结果与实际情况更加接近。

log-periodic antenna (LPA) **对数周期天线** 一种宽带、多元件、单向、窄波束天线。它具有规律性重复的阻抗和辐射特性,依从激励频率的对数函数,天线元件的长度和距离从天线一端到另一端按对数增加。对数周期天线具有在频谱上相等间隔的频率点上重复的频响曲线,即响应特性曲线,其中频谱中频率间隔值由用于决定天线元件的物理长度和物理间隔的比值的对数来确定。

log-periodic dipole array **对数周期偶极天线阵列** 一种宽带天线阵列,其偶极子长度和间距随至源的距离而增加,同时传输线在相邻偶极单元间交叉跨接。其辐射图是朝向源的背射方向的单方向。

log-periodic folded-dipole array **对数周期折叠偶极**

天线阵列 一种单方向的宽带天线，其各单元按对数周期偶极天线阵列方式排列，但其所有的折叠偶极子都与传输线串联连接，而非并联。每个折叠偶极子的相移条要通过实验调整，以产生良好的背射束。

log-periodic folded-monopole array 对数周期折叠单极天线阵列 一种单方向宽带天线阵列，它基本上是对地平面馈接的半个对数周期折叠偶极天线阵列。

log-periodic folded-slot array 对数周期折叠槽式天线阵列 一种单方向宽带天线阵列，它是由一单张金属板上按对数周期折叠偶极天线阵列的图形切割成槽所构成。

log sheet 记录表，登记表 一种由用户准备并保存的、用来对所有要处理的工作做索引检查的文件。

log tape write ahead (LTWA) 超前写运行记录(带) 某些信息管理系统中的一种选择功能，它确保修改的数据写入数据库之前把有关该数据修改的运行记录写进系统的运行记录中去。

logtype entry 登录类型表目 某些通信系统软件中的一种终端表表目，它与等待传送到登录媒体的完整的报文驻留队列有关。如果只有登录报文段，则不需要登录表型表目。参见 cascade entry, group entry, line entry, process entry, single entry。

log write-ahead (LWA) 超前写运行记录 在某些信息管理系统中，在将完整的运行记录写到联机登录数据集之前，先把它们写到超前写数据集中的过程。

lone pair electron 孤对电子 分子中未成键的价电子对。

lone signal unit (LSU) 单一信号单元 传送一单元消息的信号单元。

long 长整数 用于定义一个变量为一个带符号的四个字节数据。

long board 长板 特指扩大到装配机柜整个长度的印制电路板。

long comment 长注释 在某些系统中，最多可达全屏幕的字段、记录格式或文件的描述，当字段、记录格式或文件在建立或改变时和从 IDDU 或查询中显示时，长注释是有类型的。

long constant 长常数 在 AIX 操作系统中，一个带字母后缀 l 或 L 的四个字节的整数常数。

long-distance call 长途呼叫 在电话系统工作中，在长途线路上的呼叫。长途呼叫是两个交换中心的中继线连接的呼叫，即始发呼叫向一个或多个中继线远端发出的呼叫。

long-distance direct current dialing system 长途直流拔号系统 *应用直流电来传输和发信的长途电话拨号系统。*

long-distance line (LDL) 长途线路 因其电路的长度、物理长度、话务负荷量或接续量的要求，通常需要经过长途交换局作多次转接的通信线路。

long distance loop 长途环路 从用户电话或专用交换分机(PBX)到长途电话交换台的直达线，用来加快长途电话的呼叫。

long distance telephone service 长途电话业务 不同长途编号区间的电话业务。用户通过拨长途电话号码可以呼叫另一个长途编号区的电话用户。

long distance network 长途网 长途电话网的简称。长途网是用传输设施把各个分散的电话局有组织地相互连接起来的电信系统实体。传输设施是指用以实现终端设备与交换设备、以及两交换局之间的连接，提供话音和信号的传输通路。传输设施包括架空明线、电缆、光缆、载波系统、脉码调制设备以及无线传输设备、数字微波等。长途网一般在每一个长途编号区设置一个长途电话交换中心，即长途电话交换局，简称长途局。汇集本编号区内的长途电话，进行长途电话的接续。

long end keyword 长尾关键词 一种非目标关键词，但也可以带来搜索流量的关键词。长尾关键词的特征是比较长，往往是几个词组成，甚至是短语。比较 targeted keyword。

long filename 长文件名 操作系统中可为文件赋予一个长文件名字(最长可以达到 254 个字符)的特性。

longest common prefix (LCP) 最长公共前缀 对两个字符串 u 和 v 定义函数 $lcp(u,v) = \max\{i \mid u = iv\}$，也就是从头开始顺次比较 u 和 v 的对应字符，对应字符持续相等的最大位置称为这两个字符串的最长公共前缀。

longest prefix match (LPM) 最长前缀匹配 也称最大前缀长度匹配。这是指在 IP 协议中，被路由器用于在路由表中进行选择的一个算法。因为路由表中的每个表项都指定了一个网络路由，所以一个目的地址可能与多个表项匹配。最明确的一个表项，即子网掩码最长的一个就称为最长前缀匹配，也就是在路由表中，与目的地址的高位匹配得最多的表项。

long format 长格式 在二进制浮点存储格式中，浮点二进制数、非数值或无穷大值的 64 位(二进制)表示法。比较 short format。

long-haul 远程 描述调制解调器或其他远程通信设备的副词，对应于 short-haul。

long-haul communications (LHC) 长途通信 在公用交换网络中，相距很长距离的电路，如国内和国际通信系统中的电路等。

long-haul communications network (LHCN) 长途通信网 长途通信网处理长距离上的通信业务，如国内或国际业务。它由长途中继线、大型的交换中心和中心局组成，提供高可靠性和高清晰度模拟(话音)和数字数据的传输。

long-haul fiber optic link 长途光链路 光纤上长距离传输光波信号的光纤链路，如在电话配线架之间或交换中心之间的光纤链路。

long-haul fiber optic transmission set 长途光链路 同 long-haul fiber optic link。

long-haul network 远程网 一种传输距离较远的计算机网络。用公共电话网、卫星通信等连接各个城市主机。一般可跨城市、跨地区，其覆盖范围可扩展到一个国家甚至全世界。例如，ARPA(阿帕网)就是一个远程网。远程网也称"广域网"。

long-haul optical link 长途光链路 同 long-haul fiber optic link。

long instruction format 长指令格式 两字节以上的指令格式。通常第二字节放操作数的地址或操作数。

longitudinal balance 纵向平衡 在平行线对中，指考虑接地时两根导线的电气对称，这种对称使得任何电学检测都不能将两根导线区别开来，如相同传输的波的阻抗或波形畸变一样。

longitudinal current 纵向电流 成对的两条导线中同一方向流动的电流，且利用地或其他导体作为返回路径。

longitudinal displacement attenuator 纵向位移衰减器 一种光纤衰减器，当它并行插入光纤通路中时，利用纵向位移损耗来降低光能级，用于防止元件的饱和或过驱动，如防止光纤接收机的饱和。

longitudinal displacement loss 纵向位移损耗 (1)光纤系统中的一种功率损失，它由纵向距离引起，即由在连接器或接头处，如在光源到光纤节点，光纤到光纤节点或光纤到光电检测器的节点处平行于光纤轴的长度引起的。(2)光功率损失发生在光信号从一个光纤传送到另一个光纤时，此时另一光纤与原光纤是轴向对准的，即没有角错位和光纤轴的横向偏移，只是在轴向上光纤端面是分开的。

longitudinal electrical effect 电气纵向效应 同 longitudinal Nernst effect。

longitudinal jitter 纵向抖动 在传真传输中，由于不规则的扫描速率而引起的影响。

longitudinally excited atmosphere laser 纵(向)激(励)大气压激光器 一种气体激光器，其工作物质的电场激励是纵向的与工作物质的流动方向一致，它工作在比横向激励较低的大气压范围内。

longitudinal magnetic recording 纵向磁记录 在记录媒体表面上的信息磁化方向与记录媒体运行方向一致的磁记录方法。

longitudinal magnetization 纵向磁化 磁记录介质在基本平行于行进线方向上的磁化。

longitudinal Nernst effect 纵向能斯脱效应 若在 x 轴方向上存在某一热流，并在太阳能传感器轴方向加以磁场，则与热流相同方向上将产生电场，因为电场与热流方向一致，故称其为纵向能斯脱效应或称电气纵向效应。电场强度大小等于纵向能斯脱系数乘磁场强度乘金属温度梯度(即热流)，方向相反。比较 transverse Nernst effect。

longitudinal-offset loss 纵向偏差损耗 在波导-波导耦合器件中，同 gap loss。

longitudinal parity check 纵向奇偶校验 对传送的信息进行纵向奇偶校验的过程。把一组二进制数据纵向排列起来，便成为二进制数据矩阵，对矩阵中纵向每一列二进制位求奇偶和，并设置奇偶位，进行奇偶校验。例如：

```
10011010 ┐
01110011 │
00111001 ├ 二进制数
10000110 ┘
10101001 奇偶位(奇校验)
```

这种校验也常简称为纵向校验、奇偶校验、垂直奇偶校验，简称垂直校验。

longitudinal piezoelectric effect 纵向压电效应 正压电效应中，如果所生成的电位差方向与压力或拉力方向一致，即为纵向压电效应。比较 transverse piezoelectric effect，tangential piezoelectric effect。

longitudinal redundance 纵向冗余 一种为进行错误检验而沿纵向加在记录上的冗余位。这种冗余位没有数据的含义，仅供校验之用。

longitudinal redundancy check (LRC) 纵向冗余校验 依据纵向各道分别对指定的字符串或多位串产生奇偶位而进行的差错校验方法。LRC 方法时常和垂直冗余校验 VRC 方法联合使用。

longitudinal redundancy check character (LRC) 纵向冗余校验字符 磁带上用于差错校验的一种特殊字符。在磁带机上，字节各位按横向排列，并沿纵向按各磁道求奇偶位，求奇偶位所形成的字节称 LRC 字符，排在数据块末尾，按字节传输的信息也常加 LRC 字符，这个 LRC 字符也称"纵向奇偶校验码"。这种校验码能发现多个字节中同一位出现的奇数位错。

longitudinal resolution 纵向分辨力 (1)在传真发送器中，沿在规定条件下，由发送器发送的最短信号所再生的图像的最小可分辨细节的扫描线方向上尺寸大小。(2)在传真接收机中，指沿在规定条件下能够激励起接收机的最短信号所产生的图像最小可分辨细节的扫描线方向上尺寸大小。

longitudinal scan 纵向扫描 在 MSS(海量存储器)中，磁头沿磁带运行方向运行以存取信息的工作方式。

longitudinal thermomagnetic effect 热磁纵向效应 若在 x 轴方向上存在某一热流，并在太阳能传感器轴方向上加以磁场，如果在原有热流方向产生新的热流 — 温度梯度，这一现象称为热磁纵向效应。它表明，与热流方向相垂直的外磁场可以改变热流

L

大小。其中新产生的温度梯度(热流)等于热磁纵向效应系数乘磁场强度乘 x 轴方向上金属温度梯度,方向相同。

longitudinal transmission check 纵向发送检验 数据发送期间,按固定时间间隔对纵向奇偶位进行校验的过程。它是由数据发送设备完成的。

longitudinal voltage 纵向电压 沿传播媒质长度方向,如一对平行导线、双绞线对或同轴电缆的长度方向上感生或出现的电压。

longitudinal wave 纵波 由一个与传播方向平行的矢量表征其特性的波。比较 transverse wave。

L

long line 长途线路 用于长途通信的物理导体,如明线系统、地下埋式或架空导线、光缆、同轴电缆和海底电缆。同 long-distance line (LDL)。

long line effect 长线效应 (1)信号经长线传输时的频率转移效应。它是由长线的导纳引起的。为避免频率转移效应,通常应在传输前考虑附加转移频率。(2)当振荡器与传输线以不良的匹配方式相耦合时所发生的现象。这时有两个或更多频率都同样适合于振荡,于是振荡器将随着其负载的变化从这些频率中的一个跳到另一个。

long lines 长线部 AT&T 公司总部的一个部门,提供公司内部贝尔体制的传输设施。

long local call 长本地呼叫 应用区外交换业务的呼叫。

Longman corpus Longman 语料库 Longman 语料库建于 20 世纪 80 年代,由三个大语料库构成,规模达到 5 000 万词级。包括 LLELC 语料库(Longman/Lancaster 英语语料库)、LSC 语料库(Longman 口语语料库)和 LCLE(Longman 英语学习语料库)。该语料库的主要目标之一是编撰英语学习词典。

long message 长报文 一种用于传送数据,且比通常的报文长的报文。它可由一个或多个信息块组成。

long packet 长包 在计算机通信中,指超过协议最大规定长度的信息包。

long-persistence phosphor 长余辉荧光体 一种阴极射线管,其荧光物质在电子束激发后能在较长的时间内发射光线。

long-persistence screen 长余辉荧光屏 含有磷光质化合物的荧光屏,它增长了余辉时间,因此在电子束产生图形后,可在若干秒内看到它。

long-playing record LP 密纹唱片 直径 12 英寸双面刻录有音乐节目的一种胶木唱片。每面播放的时间大约为 25 分钟。需在 LP 电唱盘上播放。

long precision 长精度 在 BASIC 语言中的精度级,数值以定点格式打印,最多可有 14 位有效位,打印的浮点数值可具有最多 15 位有效位,对应于 single precision。

long range laser sonar 远程激光声纳 用于远程的声纳设备,其中激光器用于形成分离且可分辨的波束,即用于形成脉冲编码频率调制波。

long range radar 远程雷达 能够在比普通雷达设备更远的距离上,测距和测向即测量物体的距离和方向及仰角的雷达。

long rod insulator 长棒形绝缘子 其绝缘件杆体为近似圆柱形的绝缘子。绝缘件两端具有外胶装或内胶装金属附件。参见 insulator。

long short 广角拍摄 在多媒体应用中,一种显示被摄对象及其环境的摄像的角度的拍摄,同 wide shot。

long status 长状态 在 AIX 操作系统中,一个详细的多行状态信息,包含更多的有关各作业的信息,同 long queue status,对应于 normal short status。

long string 长串 程序设计语言中的一种串,其最大长度大于 254 字节或 127 双字节字符。

long term fix area 长期固定区 在某些操作系统中,系统队列区、连接装配区和主调度程序区所占的空间。

long-term memory 长期记忆 记忆系统的重要部分。它是过去经验的存储,是多次学习的结果,为短期记忆提供了必要信息。

long-term memory of neural network 神经网络学习期 也称"神经网络的长期记忆"。通过样本训练或其他方法在神经元所处状态不发生变化的情况下,修改神经网络中的连接权值以记住自己的经历的过程。也称"自适应期"或"设计期"。心理学称此阶段为长期记忆。

long-term procedural language 长期过程语言 为实时数据处理系统研制的标准程序设计语言。其目的在于工业过程控制及图书馆的自动化、发电站、输电网等的控制。

long-term scheduler 长期调度程序 决定哪些作业提交给系统处理的程序,有时也称业调度程序。这种程序几分钟执行一次,其算法可以复杂些。参见 job scheduler。

long-term stability 长期稳定度 在振荡器中,当振荡频率总在相同外部条件下,如相同的外加电压、负载和温度下测量时,作为时间函数的振荡频率。长期频率变化由决定频率的谐振元件的变化引起的,如晶体漂移、电感或电容变化。

long term storage 长期记忆 从生理学观点描述记忆时限的理论。其基本理论是,对一短期记忆,经强化训练可变成长期记忆。理论依据是生物的神经末梢经反复使用后,其尺寸会加大,或形成一种特殊蛋白,从而改变细胞的阈值。因此,短期记忆神经元经反复刺激后,由于反馈作用的存在,会使阈值为零,从而成为长期记忆。

long time evolution (LTE) 长期演进 长期演进是

3GPP(第三代移动通信项目组织)启动的新技术研发项目,它改进并增强了3G的空中接入技术,采用OFDM(正交频分复用)和MIMO(多输入多输出)作为其无线网络演进的唯一标准。在20 MHz频谱带宽下能够提供下行100 Mbps与上行50 Mbps的峰值速率。它能在保持目前基站位置不变的情况下,改善小区边缘用户的性能,提高小区容量和降低系统延迟。

long-time interference 长时干扰 长时干扰是指长期存在的干扰,此类干扰的特点是干扰电压长期存在且变化不大,用检测仪表很容易测出(如电源线或邻近动力线)电磁干扰都是连续的交流50 Hz工频干扰。

long vector 长向量 因在向量部件和标量部件中处理时间不同而区分出的一种向量。在一台既有向量处理能力又有标量处理能力的计算机里,当由向量部件处理长度为I的向量所需时间小于由标量部件处理所需时间,而当由向量部件处理长度为$(I-1)$所需时间大于或等于由标量部件处理所需时间时,称长度大于或等于I的向量为长向量,而称长度小于I的向量为短向量。例如,对$I=5$,向量和标量部件分别用9和10个时钟周期做完,称长度大于等于5的向量为此台机器的长向量,长度小于5的向量为短向量。

Long wave 长波 频率低于300 kHz的电磁波,也即相应于波长大于1 000 m的波。参见middle wave,short wave。

long wave communication 长波通信 指利用波长1 000 ~ 10 000 m,也即频率为30 ~ 300 kHz的电波传输信息的无线电通信。

long wavelength 长波长 在光纤通信系统中,相对于波长大于1 μm的电磁辐射。光纤通信系统中,标准的波长是1.31 μm。

long-wire antenna 长线天线 长度超过其工作波长若干倍的天线,可给出定向的辐射图。

long word 长字 供计算机处理的、比通常的字要长的字。一般指由两个半字组成的全字,或由两个全字组成的双倍长字。

look-ahead 预先估计 操作系统在运行前,根据不同执行阶段的资源需求接收信息,因而可执行分阶段和其他管理功能,保证需要时即可得到资源。这一过程称为预先估计。

look-ahead analysis 先行分析 一种CAD/CAM(计算机辅助设计/计算机辅助制造)功能,使设计人员能够在实际制造零件之前预先检测和防止制造中的问题。

look-ahead carry generator 先行进位发生器 一种能预测运算器进位的高速电路,可以接收四对进位传送和进位生成信号以及一个进位输入信号,并提供跨越该四位的小组进位。该器件也具有进位传送和进位生成输出。

look-ahead control 先行控制(技术) 为解决部件之间的速率匹配而采用的一种技术。其方法是,通过"先行控制部件"提前从存储器取出指令,为指令部件提供指令流;提前向存储器取出操作数并及时地将其传送给运算部件;接收运算部件要求存放的信息,然后以正确的序列写入主存储器。这样可使处理机直接与先行控制部件相联系。机器的处理速度取决于先行控制部件提供信息的能力,从而较好地解决了高速运算部件与主存储器之间的速度匹配问题。

look-ahead field 先行字段 某些计算机中的一种字段,它允许用户可以看到下一个记录中的字段信息。这种处理除对控制台输入文件外,对任何其他输入或更新文件都是可用的。

look angle 视角 视线方向和参考方向间的夹角。

look-aside buffer 后援缓冲区 主存储器中用以存放常用索引登记项的缓冲区。

look facility 检查功能 使程序员能够有选择地列出编译过程中的单个指令或短的代码段的一种功能。

look-through 间断观察法 (1)在施放源干扰过程中,一种检验干扰效果的方法。其过程是,将干扰发射机的辐射随机地加以瞬时间断,以观察干扰信号的变化情况。(2)在干扰过程中,捕获信号的方法。

look-to-buy ration 查看与购买比 网页查看次数与网页上购买次数之比。

look-to-request ratio 查看与请求比 网页查看次数与网页提供的自由项(如文档、产品目录或样本)要求传送的次数之比。

lookup 查找,查表 在展开单程序中的一个常用函数,先前建立的数据表称为查找表,查找是在这个表中寻找有关的信息,查找表由数据的行列构成,查找函数可水平地或者垂直地进行,根据函数中的参数读取数据。

look-up table 对照表,彩色对照表,速查表 (1)一种便于快速查找大量数据的程序设计工具。键标以表格形式存储,而与键标相关的文件索引则是提供记录所在位置信息。(2)在计算机图形学中,指像素强度或色彩信息的表。能增强显示值的范围,避免对数据的重复计算。参见color look up table。

loop 循环,回路,环 (1)满足一定条件时重复执行的指令序列。(2)信号可在其中环流的闭合路径或电路,如反馈控制系统中的环路。(3)两个用户间闭合使用的通信线路或一个用户与本地交换中心间的闭合通信线路。

loop actuating signal 环路启动信号 通过将环路输入信号和控制系统的环路反馈信号相混合所得到的信号。

loop adapter 环路[循环]适配器 某些信息处理系

L

统中的一种电路,允许设备采用直接连接的环路与系统通信。

loop antenna 环形天线 由一个或多个完整的环形导体组成的天线,通常利用接到环的终端的可变电容将它调到谐振状态。辐射图是双向的,在环圈平面有最大的辐射或检拾,而与环圈成直角的方向辐射最小。

loop back 回送 (1)如果输入信息的插入与输出信息的取出是在内部的排队站上完成的,则整个系统并没有真正得到调试。为了有助于解决这个问题,研制了各种回送手段,这些手段允许一般程序在计算机内部运行时输出一些好似来自终端的返回数据。(2)泛指输出中间结果的过程。通常指计算机内部运行的中间结果的输出,它是由程序实现的。(3)一种校验功能,把发送出去的数据回送到发送端,与原来的数据进行比较,以确定数据传输的正确性。

loop back address 回送地址 网络上用于测试或调试的专门地址,发送到回送地址的包不在网上传送,但由网络协议实现。

loop back checking 回送校验 一种校验传送数据正确性的方法。一般是将接收端收到的数据再回送到发送端,并与原来的数据进行比较。

loop back mirror protocol (LMP) 回送[环回]镜像协议 一种使测试消息得以通过逻辑链路并且回送到发送节点的数字网络体系结构(DNA)协议。

loopback testing 回送测试 一种测试方法。其过程是,将信号从测试中心发出,通过数据装置或回送开关回送到测试中心,并对其测量。例如,从局域网计算机发送给调制解调器的任何信息都被马上发送回去,用来验证在计算机和调制解调器之间的连接工作状态。

loop body 循环体 一条或多条需反复执行的、由循环条件控制的指令或语句。每循环一次,在循环体内的参数可以修改也可以不修改。循环体有一个正常出口和一个正常入口,有时也可以有非正常出口,即可执行到不满指定的次数而中途退出循环。

loop check 循环校验 对通信线路和远程调制解调器所做的检查。分模拟循环校验和数字循环校验两种。

loop code 循环(编)码 (1)一种程序设计方法,它利用循环程序重复执行一系列指令。与直接程序设计相比,循环程序所要执行的时间较长,但可节约存储空间。(2)一种线性分组码。其性质是,一代码字进行任意次循环移位后仍为一代码字。常用于校验顺序传输的数据的错误。(3)也称"格雷(GRAY)码"。一种二进制循环代码。其特性是,码与码之间仅一位差异,并能循环。例如三位二进制循环码中,可有以下列式:000,001,011,010,110,111,101,100。循环码可用作测试码等,能较方便精确地确定故障的位置。

loop computing 循环计算 循环体内指令或语句实现的循环操作。它不同于设置循环初值和循环测试等操作。

loop configuration 循环设置 计算机网络中的一个通信链接,其中多个站连接到一个构成环状的线路上,一个数据站发出的数据被下一个站接收并转送,直到到达目的地。参见 ring network。

loop construct 循环结构 在某些程序设计语言中,规定重复执行某个程序段的结构。例如 FORTRAN 语言的 DO 循环,C 语言的 DO WHILE 循环。

loop control 循环控制 循环操作功能的一部分。其作用是修改循环控制变量,确定是否要执行循环和是否退出循环。

loop control instruction 循环控制指令 控制循环操作的指令。包括循环控制变量的操作和脱离循环条件的控制,它将一组指令重复执行,每一次循环时修改某些参数,包括修改变量或修改数据地址。循环次数越多,与用条件转移指令实现循环程序相比,利用循环控制指令的收益越大,它可以提高指令系统的有效性,提高软件的效率。因此,在指令系统中设置专门循环控制指令是很有必要的。但是对于程序中不能预知循环次数,只能给出循环控制逻辑的循环程序,还是要用条件转移指令实现循环。

loop-control statement 循环控制语句 一种可执行语句,用于指明循环控制下要用的语句、执行循环时要用到的参数、循环终止的条件及循环终止时控制转向何处。

loop control structure 循环控制结构 在高级程序设计语言中,一般指这样的结构:控制通过单入口点转入该结构,并在该结构中一直逗留到终结条件成立,结构内的语句序列被重复地执行,最后将控制通过单出口点转出。

loop-control variable 循环控制变量 由循环控制语句控制的变量。每经一次循环,其值就按某种规定作相应变化。

loop counter 循环计数器 一种计数器,当它达到某一指定值时,停止循环的执行。

loop coupling 环耦合 利用导线环的部分或全部与调谐电路、调谐腔体或其他调谐器件的磁场相耦合,以便馈入或提取射频功率。

loop current 环路电流 在用户环路中流动的直流电流,通常由中心局或专用交换分机(PBX)提供,一般为 20 ～ 120 mA。

loop difference signal 环路差值信号 一种环路激励信号。当将特殊的环路输入信号加到反馈控制环路的求和点时,在该点产生此信号。

loop disconnect system 环路断续制 使用人工交换

机的电话信令系统，其中手持送受话器的支架开关，如叉簧开关、挂钩或重力开关，当电话不用时给成对电缆线造成短路。

looped dual bus 环接双总线 两条总线的总线功能头部在同一位置的分布式队列双总线。

looped tape storage 环接磁带存储器 一种由连续闭合的磁带环路构成的存储器，阅读或记录数据通常可由快速正向或反向访问完成。环接磁带存储器可以有许多环路，它们可以并排放在一个盒中，并且每个环路有它自己的读/写磁头或一个磁头可在导轨上从一环路移向另一环路。

loop error 循环错误 循环输出信号出错的现象。主要是由循环控制结构或循环体的错误引起的。

loop extendor 环路延伸器 电话中心局使用的一种装置，在环路的每一边串接一个辅助电源，以增大环路电源电压从而延长线路信号的传输范围。

loop feedback signal 环路反馈信号 由环路输出信号得来且随它变化的信号，且馈回到混合点以用于控制目的。

loop filter 环路滤波器 在锁相环中，放置于相位检测器(即时间鉴别器)和压控振荡器(即移相器)之间的滤波器。它在鉴相器的输出端衰落高频误差分量，以提高抗干扰性能；在环路跳出锁定状态时，提高环路以短期存储，并迅速恢复信号。参见 phase locked loop (PLL)。

loop fission 循环分裂 一种程序编译器最优化技术。它是把一个大型的循环本体分成多个子循环，每个子循环承担这个循环本体的一部分功能，它的目标是达到更好的数据融合。循环分裂是循环合并的反向行为。参见 loop fusion。

loop frame 环路帧 在环路传输中围绕环路网发送的数据或消息的集合。

loop fusion 循环合并 一种程序编译器最优化技术。如果两个邻近的循环操作作用在同一个元素集上，为节省循环控制的开销，最好合并这两个操作部分，仅仅使用一个循环控制操作。循环合并是循环分裂的反向行为。参见 loop fission。

loop gain 环路增益 作用于通过闭合回路的信号的一系列增益值的乘积。在反馈控制系统中，它等于正向增益乘以反馈网络增益。在中继器、载波终端或整个闭路系统中，环路增益是在没有振荡或振鸣情况下可被使用的最大增益，因此它可能小于各增益值的乘积。

loophole 漏洞 (1)由软硬件的设计疏忽或漏洞导致的能避过系统的安全措施的一种错误。(2)在计算机安全中，指在硬件中或软件中的一个错误或疏忽之处，使得外部能够绕过访问控制。参见 bug, logic error。

looping 循环(技术) 同一语句或语句组的重复执行。

looping execution 循环执行 一组指令或语句重复执行的过程。每经一次循环操作都通过一定的方法(如用变址寄存器)来修改相应的参数，如修改变量或数据地址。

looping statement 循环语句 一种运行任意次数的语句，取决于指定表达式的值。

loop initialization 循环初始化 预置循环控制变量或其他参数初始值的操作。

loop initialization protocol (LIP) 环路初始化协议 光纤频道仲裁环网络在加电、故障之后重启或者其他以外情况发生之后初始化自身所使用的协议。在 LIP 期间，仲裁环路上的节点要做自我识别，并从环路获得用于通信的环路地址，在 LIP 完成之前，仲裁环路上不允许进行数据传输。

loop interchange 循环变换 一种程序编译器最优化技术。在不改变程序语义的前提下，交换程序中局部性不好的两个迭代变量的顺序的过程。循环交换的一个主要目的是为访问数组元素提高缓存性能。循环交换的效率取决于硬件使用的缓存模型和被编译器使用的数组模型。

loop invariant 循环不变式[量] 每次执行一个循环时始终为真的断言语句为循环不变量。

loop-invariant code motion 循环不变量代码移动 一种程序编译器最优化技术，通过执行循环不变量代码移动来提高程序执行速率。循环不变量代码是指程序设计语言中由陈述组成的代码，这些代码能够移动到循环前或循环后而不影响这个程序语义。循环不变量代码被移出循环后将仅仅执行一次。

loop inversion 循环反演 使循环控制变量反向变化的过程。通常是由循环条件发生变化引起的。例如把循环控制变量 I=1 ～ 10 变为 I=10 ～ 1。

loop jack switchboard 环路插座开关板 一种带有若干排插座的接插板，用于对本地环路的物理访问(最大容量为 90 条通路)，每列四个插座访问一个本地环路，由若干环路插座、一个设备插座和一个其他插座组成。

loop mode 循环方式 循环网络中处理数据传输的一种操作方式。

loop nesting 循环嵌套 多重循环中的术语。指一个循环控制结构套在另一个循环控制结构之外，从而形成内循环和外循环。对多级循环嵌套，则是由多个循环控制结构逐级嵌接。

loop network 环型网络 网络拓扑形式的一种。它将网上各节点串行联成环状。在这种网络中，源节点主计算机发出的信息是单向顺序地通过各节点而到达目的节点主计算机。这种网络的优点是，接口简单、成本低、无需考虑通信顺序、具有可扩展性(即通过网间连接器可与其他环形网络相连)，故有些局部网络采用这种拓扑形式，如剑桥环网等。环形网的缺点是，当网络中任一处发生故障时，将可能引起整个网络的瘫痪。此外，它还需考虑各节点

L

主机的信息传输率，以避免系统阻塞。

loop noise 环路噪声 电路的一个或两个环路对整个电路提供的噪声。

loop oscillator method 环形振荡器法 一种主要用于测试"与非门"电路平均延迟时间的方法。它将被测电路、匹配电路和延迟线组成一环形振荡器电路。由于振荡电路的振荡频率取决于上述电路的延迟时间参数，因此可根据振荡频率来推算得出被测电路的平均延迟时间。

loop prevention 环路防止 ARIS(基于聚集路由 IP 交换方式)协议所使用的机制，确保不会在两层上出现环路。这项技术引入到 ARIS 协议的原因是两级交换的技术主要是 ATM(异步传输模式)，而 ATM 单元无法预防和检测一个环路。参见 aggregate route-based IP switching (ARIS)。

loop program 循环程序 一串重复执行的计算机程序指令或语句。

loop reversal 循环倒换 多循环中嵌套次序的重排过程。

loop splice plate (LSP) 环路连接板 在某些信息处理系统中，连接两段室内电缆或为将来扩展环路提供连接点所用的硬件。

loop splitting 循环分割 也称"循环脱皮"，是一种程序编译器最优化技术。它通过分裂一个循环为几个循环，达到简化一个循环或消除循环依赖。

loop station connector (LSC) 环路站连接器 (1)一种环路附件，用于将一台控制装置或一台输入/输出设备连接到环路上。(2)在某些信息处理系统中，用于将系统部件、I/O 部件或环路控制部件连接到环路上的环路硬件。

loop structure 循环结构 参见 iterative statement。

loop system 环形系统 有固定数目端点的闭合串联传输电路的硬件配置。

loop termination 循环结束 满足循环结束条件而结束循环的过程。通常需在每次循环的末尾判断一下循环结束条件，以此决定是否再继续循环。

loop testing 环路测试 通信系统中的测试，采用闭合电路或闭合回路，通过测量不同的信号参数，确定工作状态、检测故障和定位故障。

loop tiling 循环分块 也称"loop blocking"，是一种程序编译器最优化技术。循环分块分割一个循环的迭代空间为更小的块。循环迭代空间的分割导致大型阵列被分割成更小的块，因而使得存储阵列元素的每一块缓存空间变小，增强了缓存再应用和消除了缓存块过大的请求问题。

loop transfer function 回路传递函数 一种数学函数。用于表示某一反馈回路系统的输出与输入之间的关系。

loop transformation 循环变换 计算机程序设计和编译中的一组循环最优化技术，它在改进缓存性能和串行处理性能的有效使用方面起重要作用。普通的循环变换包括：循环交换，循环分割、循环合并、循环分裂、循环展开、循环分块、循环偏移、循环反转、循环不变量移动、向量化、平行化。

loop transmission 回[环]路传输 一种闭环结构网络中的数据传输方式。在这种传输方式中，数据通过回路中的任一站送入环形回路。在沿回路传输时，回路中的每一个站都对其进行再生，直至送达目的地为止。

loop transmission frame 环路传输帧 作为一个整体沿环路传送的一组数据。

loop unswitching 循环外提 一种程序编译器最优化技术。它通过把部分循环实体移动到循环条件的外面，改善这个循环的并行化，提高操作速率。

loop unwinding 循环展开 最优化部分计算机程序的一种技术。展开循环能够消除循环中修改循环控制变量的开销，同时能避免管道时延、减少分支，并增加指令级并发。如果循环体足够小并且具有固定循环次数，可以通过复制循环体代码相应的次数被展开，并且循环控制部分可以被删除。如果循环的开销对整个程序来说占的比例很小，那么循环展开反而会增加代码量并降低程序执行的性能。

loop wiring concentrator (LWC) 回路连线集中器 某些信息处理系统中的一种环路硬件，用于将一组 I/O 装置连接到环路中，从而在主环路电缆上不用很多的分接器。

loop-shaped sounding 环形测深 同一个测深点上不同方位(通常是四个方位)的电阻率测深法。观测结果反映该测深点的不同方向的岩层视电阻率的变化。常用来研究岩石的各向异性，如确定断层走向、岩溶发育方向、岩层倾斜方向等。

loose cable structure 松结构光缆 一种将只有一次涂覆的光纤松散地放在一槽子或一个管子里的结构的光缆。

loose list 松弛表 表是单元的集合，文件记录存储在表的单元里。当表的所有单元都有文件记录时，这个表称为稠密表或紧凑表。当表中有单元不含有记录(即空)时，这个表称为松弛表。

loose tube cable 松管光缆 一种将光纤装在一个或分装在多个管子里的光缆。

loosely-coupled 松散耦合的 (1)一些利用通道适配器间隔耦合处理机的形式。(2)指用"信道到信道"适配器连接的处理部件，该适配器用于在处理部件之间传递控制信息。

loosely-coupled multiprocessing 松(散)耦合多重处理 某些计算机系统中的多重处理方式，两个或多个处理机共享直接存取存储器，并用通道对通道转接器耦合，以传递控制信息。参见 tightly coupled。

loosely-coupled network (LCN) 松散耦合网络 一种局部网络。目的是把不同厂家的计算机连接起来，其广播信道可以包括几个主干线。通过一个或几个适配器连接到广播信道上，采用具有优先级别的多路访问方式。其通信协议与OSI(开放系统互连)的七层协议相对应，其中低四层由适配器实现。

loosely-coupled system (LCS) 松散耦合系统 (1)一种多机结构的系统。在这种系统中，各处理机分别带有自己专用的主存储器。处理机之间分别把对方看作为输入输出设备。因此，它们可通过输入输出操作来传递信息。在这种连接方式下，各处理机之间相互独立。每台处理机受其自身的操作系统控制。(2)各台独立的计算机系统通过通道通信或网络通信相互连接在一起所形成的系统，可局部共享某些资源。不同类型的机器组成系统后，各机器按分工不同各尽所能发挥各自的效能，求得较高的系统整体效率。

loose synchronization 松散同步 并行处理机中的一种同步方式，各处理机之间通过通信操作进行周期性同步。

loose tube cable 松导管光缆 一种光缆，它由一个或多个导管形成单一电缆，每个导管中较松地安装一根或多根光纤，这些导管用铅封或充满冻胶以保护光纤。

loose tube splicing 松导管接头 松导管接头是一种低损耗的对接接头，它利用带有一个方形孔的导管来连接两根光纤。

LOR 修理级别 level of repair 的缩写。

Lorentz force 洛伦兹力 荷兰物理学家洛伦兹(1853～1928年)首先提出了运动电荷产生磁场和磁场对运动电荷有作用力的观点。运动电荷确实受到了磁场的作用力，这个力称为洛伦兹力，洛仑兹力的单位是牛顿，符号N。

LOF 视距 line of sight 的缩写。

loss 损耗，损失 (1)耗散在器件或系统中未做有用功的功率，它是输入功率与输出功率之差。(2)在计算机安全中，指因对重要系统资源的威胁行为而导致的破坏或损失衡量的一个量化指标。

loss angle 损耗角 (1)在正弦波的情况下，损耗角的正切是有功功率与无功功率的绝对值的比。(2)电容器或电感器中的电压和电流之间的相位角的余角。

loss factor 损耗因数 材料的功率因数与其介电常数的乘积。损耗因数随频率而变化，并决定了材料中所产生的热量。

loss index of a dielectric 电介质的损耗指数 相对复电容率中的虚部数值。

lossless compression 无损(失)压缩 一种数据压缩方式，用重新安排或重新编码来压缩数据。在数据解压缩时，没有原始数据的损失。无损失的压缩方法被用在文本及编码的压缩处理中。典型的无损失的压缩程序是Lempel-Ziv算法，它对冗余的数据串搜索文件并且把它们转换成较小的标记。当压缩的文件被解压缩时，这个过程被逆转。比较lossy compression。参见Lempel-Ziv coding。

loss of capacitor unit 电容器单元的损耗 电容器单元所消耗的有功功率。

loss of frame (LOF) 帧丢失 当帧失步状态持续3 ms后，SDH(同步数字系列)设备应进入帧丢失状态；而当N阶同步传输模式(STM-N)信号连续处于定帧状态至少1 ms后，SDH设备应退出帧丢失状态。

loss of pointer (LOP) 指针丢失 数据传输时，当连续8帧没有找到有效指针，或者监测到8个连续新数据标志(NDF)有效时，设备应进入LOP状态；而当监测到连续三个具有正常NDF的有效指针或级联指示时，设备应退出LOP状态。

loss of significance 有效位丢失 在寄存器中，由于运算结果特别是小数位数超出存储单元位数，使最右边的一个或多个数位丢失。参见overflow。

loss of synchronization 失步 成帧T1电路上的一种错误状态，它在两个或多个成帧位被错误接收时而被检测到。

loss reduction 损失削减 用于降低系统暴露于或遭遇某一特定风险所采用的技术。削减包括为减少事件影响而制定的计划和采取的响应措施。损失削减的例子包括喷淋灭火系统、保险策略和撤退流程。

loss tangent 损耗角正切 当介质或半导体材料处于高频电场或电磁场中时，由于发热所致功率损失的量度。

lossy circuit 高损耗电路 单位长度上的传输损耗超过正常值的电路。

lossy compression 有损压缩 一种数据压缩技术。为了达到大幅度压缩文件长度的目的，某些数据经过慎重地考虑后被删除。有损压缩意味着解压缩后的数据与压缩前的数据不一致。在压缩的过程中要丢失一些人眼和人耳所不敏感的图像或音频信息，而且丢失的信息不可恢复。几乎所有高压缩的算法都采用有损压缩，这样才能达到降低数据率的目标。丢失的数据率与压缩比有关。此外，某些有损压缩算法采用多次重复压缩的方式，这样还会引起额外的数据丢失。比较lossless compression。

lossy line 有损耗传输线 单位长度上具有故意引入的大衰落量的传输线，高损耗可用镍铬合金线作为中心导体来实现。

lossy medium 有损耗媒质 电磁波在其中传播时，单位距离内传播有明显的能量被吸收的传播媒质。

lost bit 丢失比特 在指定的端到端比特传送最长时间内，没有被送到用户处的比特。

lost block 丢失块 在规定的端到端块传送最大时间内未能将一个块传送到用户处。参见block, block misdelivery probability, block transfer fail-

L

ure。

lost call　丢失呼叫　呼叫过程中，除被叫方忙的情况外，没有完成的呼叫。

lost cluster　丢失簇　磁盘中被操作系统标记但不存在有效的文件存储链中的簇，通常由于操作系统的不完整的维护操作而导致(如程序的非正常退出)。

Lotka's law　洛特卡定律　一种预测科技文献中作者姓名出现频率的定律。其内容是：在某一时间内，撰写几篇文献的作者人数大约是撰写一篇文献作者人数的 $1/n^2$，即 $P(n) = k/n^2$。其中 P 为写出几篇文章的作者数，k 为主题范围内具有一定特性的常数。

L

Lotus-Intel-Microsoft expanded memory specification (LIM/EMS)　LIM 扩页内存规范　1985 年初，美国 Lotus、Intel 和 Microsoft 三家公司共同定义了 LIM/EMS，通常称 EMS 为扩充内存。EMS 采用了页帧方式，页帧是在 1MB 空间中指定一块 64 KB 空间(通常在保留内存区内)，分为 4 页，每页 16KB。EMS 存储器也按 16KB 分页，每次可交换 4 页内容，以此方式可访问全部 EMS 存储器。符合 EMS 的驱动程序很多，常用的有 EMM386. EXE、QEMM、TurboEMS、386MAX 等。DOS(磁盘操作系统)和 Windows 中都提供了 EMM386. EXE。

loudness control　响度控制　对音量和音调的综合控制。当控制设在小音量时，将提升低音频率。在小音量下，它针对人耳对低频响应的下降自动予以补偿。某些响度控制还对三倍频提供同样的自动补偿。也称"音量补偿控制"。

loudspeaker　扬声器，喇叭　可将音频电功率转变为声音功率，并将此声音功率在空气中有效地辐射到一定距离的电声转换器。

loudspeaker impedance　扬声器阻抗　扬声器音圈的额定阻抗。它应与扬声器所连接的放大器输出端的阻抗相匹配，以便获得额定的性能。通常阻抗值为 4、8 和 16 Ω。

LOW　链接指令线　link order wire 的缩写。

low activity data processing　低活动率数据处理　输入事务较少的数据处理。这是相对于很大的主文件而言的。

low address protection　低地址保护　防止指令向低地址存储区存数，以免破坏该区中数据的一种措施。只有在中断处理、修改间隔定时器、机器校验和通道记录、输入/输出中断或执行输入/输出指令后需要存通道状态字、执行存通道标志指令、装入初始程序或存状态时，才能开放低地址存储区。

low birefringence optical fiber　低双折射光纤　该光纤内，偏振拍长大于等于 50 m，拍长 LB 由以下关系式给出，$LB = 2\pi/(\beta x - \beta y)$，这里 βx 和 βy 是有双折射引起的两路偏振波的传输常数，这两个传输常数差别很小。本征双折射可以忽略不计，这样外力在光纤内诱发的双折射影响可以通过直接计算输出波的极化状态而求出。

low boy cabinet　卧式箱体　设备箱体形状呈卧式；有时指设备内主要部件呈平放式，如卧式磁带机，整体尺寸比例呈立式，但两个磁带盘在磁带机顶部呈平放式安装。

low byte　低字节　16 位二进制数的位 0 ～ 位 7。

low cost code　低成本码　一种剩余码。用于校验模 $N = 2^m - 1$，其中 m 为大于 1 的整数。在错误校验时，模 $2^m - 1$ 的加法器可以用一般带有循环进位的反码加法器来完成，以使剩余校验所需的硬件大大简化，所以称为低成本码。

low cut filter　低截止滤波器　用于滤去音频信号中的低频率成分的电路。也称"低通滤波器"。同 low pass filter (LPF)。参见 high pass filter (HPF)。

low delay code excited linear prediction (LD-CELP)　低时延码激励线性预测(编码)　LD-CELP 是在 ADPCM(自适应差分脉冲编码调制)的基础上进行的部分改进，它是实现满足短延迟编码算法的方案，由美国 AT&T BELL 实验室提出的，并被国际组织接受，成为 1992 年国际电报电话咨询委员会(CCITT) G. 7. XY 确定定点算法的 16 kbps 的标准。采用 LD-CELP 算法，其通信容量比 ADPCM 增加了二倍，而话音的质量接近于 ADPCM。参见 code excited linear prediction (CELP)，adaptive delta pulse code modulation (ADPCM)。

low detect ability electromagnetic wave transmission　低检波能力的电磁波传输　一种通信传输系统，它可在预定接收器端提供增强的信噪比，同时在潜在的窄带秘密窃听接收机上显示低信噪比或小于 1 的信噪比，即负的分贝值。

low disparity code (LDC)　低差别编码　表示二进制信息的一种信道编码。其编码规则是把输入信息序列按 m 位长度分组，然后逐组地把 m 位信息交换为"1"和"0"的位数差值 D 受到限制的 n 位码字，最后再将编码序列用逢"1"变化不归零制规则调制。具体方案有 $(m,n;D) = (4,6;0)$ 和 $(6,8;0)$ 等多种。这种编码是具有自同步能力且不含直流成分的按组、固定长度、游程长度受限码。在计算机中，它可用于数字磁记录中。

low earth orbit (LEO)　低地球轨道　轨道高度在 500 ～ 2 000 km。

low earth orbit satellites (LEOS)　地球低轨卫星　LEOS 是通过一组运行于地球低轨道的卫星，为地面用户提供话音、数据或其他业务的双向通信系统。

low-end　低端　系一家公司提供的最低端或接近最低端的价格便宜的产品，低端产品仅包括昂贵产品的少量特性，可依赖过时或接近过时的技术使价格保持低廉。

low-end microprocessor 低档微处理机 一般指有人机接口，如键盘、显示器、开关、指示器等的微处理机系统。其速度一般为 2 ～ 10 μs。人机接口要求具有二-十进制能力，以便处理数字数据。其他特点是：有大量的输入输出操作和位处理操作，转移指令用得较多，字长一般为 4 位或 8 位。

low entry networking (LEN) 低入口连网 IBM 公司为 IBM 系统连入 SNA(系统网络体系结构)网络环境而提出的连网技术。LEN 技术是基于 IBM 公司对等体到对等体通信机制实现的。

low-entry networking (LEN) end node 低入口连网网络终端节点 一种低入口连网(LEN)网节点，它从邻近的 APPN(高级对等联网)网络节点获得网络服务。

low-entry networking (LEN) node 低入口连网网络节点 在高级对等联网(APPN)环境中，与末端节点相似但不依靠网络节点(NN)提供 APPN 服务的末端系统。这种节点支持独立 LU 协议但不支持 CP-CP(控制点-控制点)会话，可以是一个连接子区域网边界节点的外设节点、一个连接到 APPN 网络节点的终端节点、或者直接连接到另一个 LEN(低入口连网)节点或者 APPN 终端节点的一个对等连接的节点。

lower bound 下界 数组下界，指数组在某个维上的下标允许取的最小值。

lower case 机箱下层 笔记本型 PC 机的机箱下层，即主机板、电源和插件板部分。

lowercase 小写的 与大写字母相区别的小写字母。例如，"a，b，g"是小写字母，"A，B，G"是大写字母。

lower cutoff frequency 下限截止频率 截止频率在低端的极限频率。同 lower limiting frequency。参见 cutoff frequency。

lower layer protocol 低层协议 在分层开放通信系统中，协议驻留在系统底层，如开放式互联系统参考模型中的一、二层。

lower limiting frequency 下限截止频率 同 lower cutoff frequency。

lower-order path adaptation (LPA) 低阶通道适配 LPA 功能采用把准同步数字系列(PDH)信号映射入或映射出同步容器的方式将其适配到 SDH(同步数字系列)网中。如果信号是异步的，则映射过程还应包括比特级的调整。参见 synchronous digital hierarchy (SDH)。

lower print line 低(亮度)显示线 在显示屏面上，贯穿大写字符阵列的最低行像素上低于 50%亮度轮廓的线。比较 upper print line。

lower sideband 下边带 含有调幅过程中产生的低于载频的所有频率的边带。

lower stream 下层流 在 UNIX 中，指在多路转接器伪设备驱动程序下面连接的流。低层流的远端在设备驱动程序或另外的多路连接器驱动程序处终止。

lower triangular matrix 下三角矩阵 主对角线以上的元素全为 0 的方阵。主对角线以下元素全为 0 的方阵称为上三角矩阵。

lower useful high frequency 最低可用高频 指定两点间无线电波在规定时间的电离层传播为有效时的最低高频，其频率值取决于吸收、发射机功率、天线增益、接收机特性、业务类型和噪声情况等因素。

lower window edge 窗口下边界 在数据通信中，窗口中最后数据包的顺序号。

lowest-order transverse mode 最低阶(次)横模 可以在能够支持多种的横电模或横磁模的给定的波导中传播的最低频率电磁波，模的数目的限制由边界条件和波导的几何形状及频率来决定。

lowest usable frequency (LUF) 最低可用频率 同 lowest useful frequency (LUF)。

lowest usable high frequency (LUHF) 最低可用高频 同 lowest useful high frequency (LUHF)。

lowest useful frequency (LUF) 最低可用频率 在射频电磁波传输中.如用于无线电波、视频、微波、卫星通信系统中的下限频率，该频率可用在两个指定方位之间以产生良好的效果，它传播的方式是通过常规电离层的反射。

lowest useful high frequency (LUHF) 最低可用高频 在指定周期内，接收机处电场强度足以提供所需信噪比的高频带的最低频率。

low frequency (LF) 低频 应用于某一技术领域中的最低频率范围。例如，无线电波段中，将 30 ～ 300 kHz 范围内的频率称低频；在整个人耳所能听到的声音中，低频是声音的基础，是声音的厚度，一般是指 20 ～ 160 Hz 这一段音频。

low-frequency compensation 低频补偿 将宽带放大器的频率范围扩展到较低频率的补偿。

low-frequency cutoff 低频截止 音箱输出的低频衰落为 3 dB 的点。

low-frequency high-voltage test 低频耐电压试验 在 0.1 ～ 1.0 Hz 低频下进行的介电强度试验。

low-frequency induction heater 低频感应加热器 通过在负荷中感应出以工业供电频率流动的电流来实现加热的感应加热器。

low-frequency oscillator (LFO) 低频振荡器 产生频率在 0.1 ～ 1.0 Hz 之间交流信号的振荡器。参见 oscillator。

low-frequency padder 低频微调电容器 与超外差接收机的振荡器调谐线圈串联连接的微调电容器，在调整期间通过对它的调节来校准调谐范围低频端的电路。

low level 低电平 数字逻辑系统中两个逻辑电平

或状态中其正值较小的那一个。当高与低两个电平皆为负值时,则采用相反的含义:较小的负电压(更大的正电压)被认为是低电平或低状态。

low-level code/continuity check (LLC/CC) **低级代码/连续性校验(程序)** 某些信息管理系统中的一种应用支持程序,可生成或修改数据库中的低级代码。

low level control **低层控制** (1)在通信系统中,发生在通信站或网络分层结构中数据链路层及其以下各层的控制功能,它包括多种数据处理功能,如填充比特、比特提取、地址解释、产生响应、帧校验序列计算等。(2)在通信网开放系统结构中,指发生在数据链路层和物理层的控制功能。

low level format **低级格式化** 硬盘机在投入使用之前的准备操作。把磁盘表面分割成一系列的磁道、柱面、扇区,并在每个扇区中建立地址标记和数据标记,地址标记中包括标识符、柱面号、磁头号、扇区号。

low level functions (LLF) **低层功能** 在 OSI(开放系统互连)参考模型内,主要与电信通道的建立、保持和释放有关的那些功能。

low-level language **低级语言** 机器语言和汇编语言的总称。这些语言是与特定计算机体系结构密切相关的。这种语言的每一条指令都有一一对应机器代码,用它们写的程序不必经过翻译或只经过简单的翻译后就可以在计算机上执行。低级语言由于其基本动作元(指令)非常低级,用它们构造复杂的程序会由于涉及到太多的琐碎问题而工作量太大且易出错。通常使用低级语言做程序设计是因为用它们可以写出执行速度更快且占用更小内存的程序。

low-level message **低层报文** 在某些计算机中,送到低层程序引用的程序报文队列的一种报文。低层报文通常不显示。比较 high-level message。

low level modulation **低电平调制** 信号在系统或设备(如无线电发射机)点上的调制,其中功率电平与输出功率比较低。

low level protocol (LLP) **低层协议** 通信系统的开放系统结构中位于系统的低层(如数据链路层和物理层)上的协议,低层协议特别强调通信过程和传输操作。

low level signaling **低电平信令** (1)在信号线路上,对低电平电压(如正负 6 V 之间)的使用,(2)在电报系统中,其中电流和电压在尽可能低的值上,通常在键控接点之间不超过 6 V。

lowlight **低亮度** 视频显示字符的通常亮度。

low loss FEP-clad silica optical fiber **低损耗全氟酸乙丙烯包层石英光纤** 低损耗全氟酸乙丙烯包层石英光纤具有折射率为 1.458 的纯熔凝石英纤芯和折射率为 1.338 的商用聚合物全氟酸乙丙烯包层,它的传输损耗低于 2 ~ 3 dB/km,在 0.546 μm 波长处有低于 360 dB/km 传输紫外线的能力。

low loss insulator **低损耗隔离器** 高射频频率上损耗可以忽略不计的隔离器。

low loss line **低损耗传输线** 每单位长度具有较低功率损耗的传输线。

low loss optical fiber **低损耗光纤** 相对于高损耗光纤的一种光纤,通常认为它的能量损耗低于 2 dB/km。

low memory **低存储区** 由低位地址寻址的存储器区域,在 IBM PC 机中,指 0 ~ 640 K 的存储器区域,用于存储 DOS(磁盘操作系统)操作系统和应用程序。参见 high memory。

low noise amplifier (LNA) **低噪声放大器** 一种位于放大链路输入端,针对给定的增益要求,引入尽可能小的内部噪声,并在输出端获得最大可能的信噪比而设计的放大器。

low order **低位** 数据中权值最低的位。

low order character **低位字符** 数据项中最右面字符位置上的字符。与之对应的是高位字符。

low order digit **低位数位** 数位中的低有效位或低权值位。在常规表示法中它是右方的数字,如 123 中的 3 就是低位数位。

low order end **低端** 字符串的最右一个字符。

low order mode **低次模** 在波导内传播的电磁波中,指对应于波动方程较小本征值解的模,低次模可以是模电模、模磁模或是横电磁模,低次模中只有少数几个波的全波长在横向上满足波导条件,因此波导予以支持。

low order position **低位位置** 数或字中的最右面的位置。

low paper indicator **缺纸指示器** 复印机中的一个装置,表示需要增加纸张供给。

low pass **低通** 滤波器或其他类型的器件或电路的一种工作特性。允许低频信号通过,而对高频信号有很强的抑制能力。

low pass filter (LPF) **低通滤波器** 理想的低通滤波器可使某一截止频率以下的所有电信号能够无衰落地通过,而对于截止频率以上的所有电信号则给予较大的衰落,阻止其通过。实际上,在截止频率以下的电信号仍有少量衰落,经过过渡频带后,才升至较大的阻带衰落。

low performance communications equipment **弱性能通信设备** 一种地空通信设备,它具有尽可能最小的尺寸、重量和复杂性特性,通常不能满足通信系统可靠性要求,不具有足够严格的特性使得能够在中继线和链路中使用。它通常能够满足环路性能要求,可用在环路中。

low performance equipment **弱性能设备** 通信系统、计算机系统、数据处理系统和控制系统中的一种设备,它具有不精确的特征,通常不能满足系统可靠性要求,它具有最小的尺寸、重量和复杂性特性,用于由具有相似的最低性能特征的部件组成的系统中。参见 low performance communications equipment。

low power communications device 低功率通信设备 一种用于信号传输的通信设备,由它发出的用于通信的电磁能量的发送电平是有限的。

low-priority ready queue 低优先级就绪队列 在某些操作系统中,一种先进先出队列,用于指示将在低优先级上被调度执行的那些程序已准备就绪。

low probability of detection (LPD) 低概率检测 对于一个信号,如射频信号,非法检测到这一信号的存在具有较低的概率。参见 low probability of interception (LPI)。

low probability of interception (LPI) 低概率截获 对于一个信号,如射频信号,非法截获或获取其中包含的信息具有较低的概率。参见 low probability of detection (LPD)。

low probability of intercept receiver 低概率截获接收器 一种使用方向天线、采用变频调谐的接收器。只有在发送器发送的时刻,接收器的频率、方向和偏振与发送器保持适当的协调才能检测到射入的电磁能量。

low-profile quad flat package (LQFL) 低厚度四侧引脚扁平封装 一种集成电路封装技术。指封装本体厚度为 1.4 mm 的四侧引脚扁平封装。参见 quad flat package (QFL)。

low res 低解析度 即粗糙的画面显示模式,但运行速度可稍微提高。

low resistance insulator 低阻(值)绝缘子 外形完好,但电阻值降低不能满足正常运行标准的绝缘子。

low resistivity shielding 低阻屏蔽 在使用电阻率法的过程中,当表层为高导电层时,绝大部分供电电流将从表层"短路",不能流向深部,这个高导电的表层成为一个低电阻率的屏蔽层,这种现象称为低阻屏蔽。在滨海地区、表土盐渍化严重的河网地区,有些矿化度较高的沙漠干旱区以及我国南方红层地区(含铁质成分较高)等都能形成一个高导电层。这些地区应用电阻率法极为不利,经常遇到供电电流高达数安培,电位差却十分小;而且由于电流只在表层流过,不能反映深部情况。在有这样屏蔽作用的地区可以把直流供电改成低频交流供电或采用其他勘探方法,如地震勘探等。参见 high resistivity shielding。

low resolution 低分辨率 在光栅式计算机显示器和打印机中,指比较粗糙的文字和图像,分辨率与像素的数量有关,像素越少[越稀疏]图像越粗糙,比较 high resolution。

low speed Morse 低速莫尔斯码 以低于普通速率传输的国际莫尔斯码。海上和航空无线电组织倾向于把低速莫尔斯码的信令速率限定到每分钟少于 18 个字。

low speed storage 低速存储器 存取速度慢的存储器,它使数据处理的速度受到限制。这意味着存取速度低于中央处理器的和/或外围设备的运行速度。

low speed transmission 低速传输 通常泛指速度不大于 600 bps 的数据传输。

low threshold of occupancy 占用(空间)的低限 由数据设施层次存储管理程序管理的主卷上占用空间的低限。比较 high threshold of occupancy。

low-voltage differential signaling (LVDS) 低压差分信号 1994 年由美国国家半导体公司提出的一种信号传输协议。它具有摆幅小、抗干扰强、辐射小等优点,广泛应用于高速数字信号的传输,它是电流驱动的,通过在接收端放置一个负载而得到电压,当电流正向流动,接收端输出为 1,反之为 0。

low voltage distribution 低压配电 低压配电是由配电变电所、高压配电线路、配电变压器、低压配电线路以及相应的控制保护设备组成的。

low voltage enclosed air circuit breaker switchgear 低压密封式空气断路器开关装置 一种为在低电压下切断和闭合电路而设计的开关设备。对交流电路,这一电压通常不超过 600 V,直流电路不超过 750 V;在各单个分隔间中包含具有受控接入的空气电路断路器;它受到来自距离较远的前端控制板的控制;所有的电源都在后端控制板上或远离控制区。

LP (1)线性规划 linear programming 的缩写。(2)链接保护 linking protection 的缩写。

LPA (1)低阶通道适配 lower-order path adaptation 的缩写。(2)连接装配区 link pack area 的缩写。(3)对数周期天线 log-periodic antenna。

LPAGE 逻辑页面 logical page 的缩写。

LPB 装入程序块 load program block 的缩写。

LPBUF 大页面缓存池 large pageable buffer pool 的缩写。

LPC (1)线性预测编码 linear predicative coding 的缩写。(2)链接协议转换器 link protocol converter 的缩写。(3)本地过程调用 local procedure call 的缩写。

LPC error 线性预测编码误差 信号的真实值与线性预测值之差。设真实值为 $S(n)$,预测值为 $s(n)$,则线性预测误差为 $e(n) = S(n) - s(n)$ 。

LPD 低概率检测 low probability of detection 的缩写。

LPDA 链路问题检测辅助程序 link problem determination aids 的缩写。

LPE (1)液相外延 liquid phase epitaxy 的缩写。(2)布设参数提取 layout parameter extraction 的缩

L

写。

LPF 低通滤波器 low pass filter 的缩写。

LPFK 亮灯式可编程功能键盘 lighted programmable function keyboard 的缩写。

LPH 线路协议处理程序 line protocol handler 的缩写。

LPI (1)每英寸行数 lines per inch 的缩写。(2)低概率截获 low probability of interception 的缩写。

LPID 逻辑页面标识符 logical page identifier 的缩写。

LPL 表处理语言 list programming language 的缩写。

LPM (1)每分钟行数 lines per minute 的缩写。(2)参数化模块库 library of parameterized module 的缩写。(3)最长前缀匹配 longest prefix match 的缩写。

LPN 逻辑页号 logical page number 的缩写。

lpp 每页行数 lines per page 的缩写。

LPS control routine 线性规划系统控制例程 一种排队远程通信访问法例程。其功能是,系统初始化,为处理特定的报文段而获取线性规划系统行组例程的地址。

LPT 在 DOS(磁盘操作系统)中,一个保留文件名,指并行口打印机设备。

LPX main board LPX 主板 LPX 是一种 PC 机主板的尺寸和结构工业标准。LPX 结构使用称为 RISER 的插槽来将扩展槽的方向转向与主机板平行,也就是说主机板上不直接插扩展卡,而是将扩展卡插在 RISER 上,使用这种方式可缩小计算机外形尺寸,但可用的扩充槽较少。由于 LPX 主板的维修、维护、升级不便,现已逐渐被 NLX 结构规范所取代。参见 NLX main board。

LQ 字母质量 letter quality 的缩写。

LQA 线路质量分析 line quality analysis 的缩写。

LQFL 低厚度四侧引脚扁平封装 low-profile quad flat package 的缩写。

LRA 逻辑记录存取法 logical record access 的缩写。

LRC 纵向冗余校验 longitudinal redundancy check 的缩写。

LR(0) grammar LR(0)文法 满足如下性质的上下文无关文法:①开始符号不出现在任何产生式的右端;②对于 G 中任何活前缀 γ,只要 $A\rightarrow\alpha$,是对 γ 有效的完全项,那么所有其他的完全项和在圆点右端有终结符的项对 γ 都不是有效的。已证 L 是由 $LR(0)$ 文法产生的语言当且仅当 L 是满足前缀性质的确定性上下文无关语言。对于 L 中的任意串 x,从左至右扫描 x(每次一个符号)可将它逐步归约(相当于派生的逆)到开始符号,且在此过程中不需要超前检查输入符。若在上述过程中需要超前检查 k 个输入符号来指导归约,产生此类语言的文法称为 LR(k)文法(LR (k) grammar),也称"从左至右文法"。该类文法非常适用于编译程序的语法检查,具有识别效率高、报错准确等优点。

LR method LR 方法 1965 年由克努斯(Knuth)提出的一种自底向上的语法分析方法。LR(k)表示从左到右扫描,每步向前看 k 个符号。LR(0)表示在语法分析中只根据当前分析栈情况即可决定分析动作;LR(1)表示只根据分析栈情况和输入流的当前一个符号(单字)即可决定分析动作。一般讲 LR(1)方法对于分析程序设计语言就够了。

LRO 2 language LRO 2 语言 Savie 大学在 LRO 之后研制,并由 CRIL 开发生产的产品。它把算法的、面向对象的、由数据控制及事件控制的各种不同形式及风格的程序设计方法组合起来,构成一种集合型软件开发工具。它具有人工智能语言及面向对象语言的显著特点。

LRS 局部资源共享 local resource sharing 的缩写。

LRU 最近最少使用 least-recently used 的缩写。

LS (1)链路状态 link status 的缩写。(2)广角拍摄 long shot 的缩写。(3)逻辑站 logical station 的缩写。(4)陆地电台 land station 的缩写。

LSA 限制空间电荷积累 limited space-charge accumulation 的缩写。

LSAP 链路服务访问点 link service access point 的缩写。

LSB (1)Linux 标准基础 Linux standard base 的缩写。(2)最低有效位 least significant bit 的缩写。

LSC (1)环路站连接器 loop station connector 的缩写。(2)最低有效字符 least significant character 的缩写。(3)市话交换中心 local switching center 的缩写。

LSD 最低有效位数 least significant digit 的缩写。

LSI 大规模集成电路 large scale integration 的缩写。

LSID 本地通话标识(符) local session identification 的缩写。

LSI general purpose tester 大规模集成电路通用测试仪 一种大型的高级自动测试系统。它主要用来对 MOS(金属氧化物半导体)器件和双极型器件以及随机逻辑大规模集成电路进行动态功能测试、直流参数测试和动态参数测试。通常由控制、测量、显示和电源等部分组成,由计算机控制并进行数据处理。它既可用于生产线,也可用于集成电路的研制和质量管理。这类仪器还可以测试逻辑电路插件或微型组件。

LSI interconnection technique 大规模集成电路的自动布线 用计算机控制大规模集成电路布线过程

的技术。其过程是，先由计算机控制对硅片上的基本电路单元的性能进行中间测试，接着将结果与所要实现的逻辑功能信息一起通过一定的算法在计算机中运算，由此得出该硅片的互联布线方案。最后，计算机再直接控制电子束对硅片曝光，产生互联线条，从而可以在很短的时间内制作出完整的大规模集成电路。

LSI memories 大规模集成电路存储器 用作存储器的大规模集成电路芯片，这些存储器有 RAM（随机存取存储器）、ROM（只读存储器）、PROM（可编程序只读存储器）和 EPROM（可擦写可编程序只读存储器）等。

LSI package LSI 封装 保护 LSI（大规模集成电路）芯片，在微米单位的芯片连接区和毫米单位的印制板连接区之间起中间连接作用的装配件。封装的种类很多，按主要使用的材料分为陶瓷封装和塑料封装；按使用条件有表面贴装型和插入安装型封装。适于表面贴装的有芯片载体、扁平封装等；适于插入安装的有双列直插封装，四边直插封装和针阵插入封装等。就价格、端子数、组装难易而言，各有其特点，应根据具体要求选用。

LSI processing LSI 工艺 在以硅晶片形式加工的半导体衬底上，利用一系列的半导体制造工艺来形成器件结构，制作出 LSI（大规模集成电路）电路的工艺过程。从粗硅晶片开始到完成芯片电路准备测试为止称为前工序；从划片到封装完成、最后测试称为后工序。

LSL 链路支持层 link support layer 的缩写。

LSP （1）链路状态协议数据单元 link state PDU 的缩写。（2）环路连接板 loop splice plate 的缩写。（3）物流服务提供者 logistics service provider 的缩写。（4）标记安全保护 labeled security protection 的缩写。

LSQA 局部［本地］系统队列区 local system queue area 的缩写。

LSR （1）本地共享资源 local shared resources 的缩写。（2）标记交换路由器 label switch router 的缩写。（3）叶建立请求 leaf setup request 的缩写。

LSSD 电平敏感扫描设计 level-sensitive scan design 的缩写。

L-string L 串，链串 描述数据库逻辑结构的三种基本串结构之一，用于提供顺序的访问路径，由不同的数据类型的集合组成。参见 A-string，E-string。

LSU 单一信号单元 lone signal unit 的缩写。

L-system L-系统，林氏系统 产生串的无限集合的一种方法。参见 Lindenmayer system。

LS-120 LS-120 软驱 由 Imation 公司生产的软盘驱动器。这种软驱使用的光学式定位技术称之为 Laser Servo（激光伺服），其缩写即是 LS，这就是 LS-120 名称的由来（120 指的是 120 MB 的容量）。该软驱由于磁头灵敏度的提高，扇区划分可以不同于传统的 3.5 英寸软驱（每道都是 18 个扇区）。所以，越外围的磁道，可划分更多的扇区。LS-120 的最内圈磁道有 51 个扇区，而最外围的高达 92 个扇区。传统的 1.44 MB 软盘仅有 80 条磁道，而 LS-120 有 1 736 条磁道之多。为了负担如此高密度的磁道数和扇区数，LS-120 盘片采用一种高密度金属粒涂料，用这种涂料作为数据的存储介质。但是，这种金属粒不能直接附着于聚乙烯的塑胶盘片上，必须以间接的方式来粘接，这时便采用了另一种称为双层涂敷技术，让金属粒与盘片能合为一体。

LT （1）线路终端 line termination 的缩写。（2）小于 less then 的缩写。（3）语言翻译 language translation 的缩写。

LTA 逻辑暂驻区 logical transient area 的缩写。

LDT 局部描述符表 local descriptor table 的缩写。

LTE 长期演进 long time evolution 的缩写。

LTE-Advanced（LTE-A） LTE 演进 LTE 的演进，正式名称为 further advancements for E-UTRA，2008 年 6 月，3GPP 完成了 LTE-A 的技术需求报告，提出了 LTE-A 的最小需求：下行峰值速率 1 Gbps，上行峰值速率 500 Mbps，上下行峰值频谱利用率分别达到 15 Mbps/Hz 和 30 Mbps/Hz。LTE-A 的关键技术，包括载波聚合、协作多点发送和接收、接力传输、多天线增强等。参见 long time evolution（LTE）。

LTERM 逻辑终端 logical terminal 的缩写。

LTO 线性开放式磁带（技术） linear tape open 的缩写。

LTRS 字母换档 letters shift 的缩写。

LTWA 超前写运行记录（带） log tape write ahead 的缩写。

LU 逻辑单元 logical unit 的缩写。

LUB 最小上界 least upper bound 的缩写。

LUCB 逻辑单元控制块 logical unit control block 的缩写。

Lucifer Lucifer 密码 由 IBM 公司开发的一种乘积密码，后成为数据加密标准（DES）的基础。它使用 128 位数据块和一个 128 位的密钥。参见 data encryption standards（DES）。

LU connection testing 逻辑单元连接测试 SNA（系统网络体系结构）产品中的一种诊断辅助工具，终端操作员用于检查 SSCP（系统服务控制点）和 LU（逻辑单元）之间的通路是否可以运行，同 end-user to SSCP echo check。

LUC session LUC 通话 使用 0 型 LU 协议在两个 NetView 程序的 LUC 任务之间进行的通信，类似于一个 LU 6.2 会话。

L

L

LUC task LUC 任务 一个 NetView 任务，由包含在 LUC 文字的 NetView 领域标识指定，作为 LUC 通话的终点。

LUD 逻辑单元描述 logical unit description 的缩写。

LU decomposition LU 分解 高斯消去法的等价形式。矩阵的一种三角分解。高斯消去法用一系列初等下三角矩阵将 $n \times n$ 矩阵化为上三角阵，因此任何可进行高斯消去的矩阵 A 皆可化为一个下三角阵 L 和一个上三角阵 U 的乘积 $A = LU$。该乘积称为矩阵 A 的 LU 分解。LU 分解存在的条件是矩阵 A 的前 $n-1$ 个顺序主子阵非奇异。

LUF 最低可用频率 lowest usable frequency 的缩写。

LUHF 最低可用高频 lowest usable high frequency 的缩写。

Lukasiewicz notation Lukasiewicz 表示法，前缀表示法 同 prefix notation。

LULT 用户-单元-用户终端 line-unit-line termination 的缩写。

LU-LU session LU-LU 会话 在 SNA(系统网络体系结构)中，两个 LU(逻辑单元)之间的会话。它提供两个端点用户之间，或一个端点用户和一个 LU 服务部件之间的通信。

LU-LU session initiation LU-LU 会话初启 在 SNA(系统网络体系结构)中，从 LU(逻辑单元)向 SSCP(系统服务控制点)发出会话开始请求到激活一个 LU-LU(逻辑单元之间)会话的过程。参见 session activation。

LU-LU session termination LU-LU 会话终止 在 SNA(系统网络体系结构)中，从 LU(逻辑单元)向 SSCP(系统服务控制点)发出会话结束请求到释放一个 LU-LU(逻辑单元之间)会话的过程。

LU-LU session type LU-LU 会话类型 在 SNA(系统网络体系结构)中，LU-LU(逻辑单元之间)会话按照 SNA 协议的特定子集和该会话中逻辑单元支持的选择项进行分类：①在会话激活请求中允许的强制值和任选值；②使用数据流控制、FM 报头、RU(请求/应答单元)参数和检测码；③表示服务协议，请求与使用 FM 报头有关的那些协议。LU-LU 会话定义了 0、1、2、3、4、6 和 7 等几种类型。在会话激活时，一个 LU-LU 会话端通过发送会话激活请求，选择会话类型以及是否包含该会话类型的任选协议。另一会话端发送肯定(或否定)应答来表示同意(或拒绝)该选择。在 LU-LU 会话类型 4 和 6 中，各会话端可以协商所有的会话任选参数。对其他类型由主会话端选择所用的协议，不与次会话端协商。

LU-LU session type 0 0 型 LU-LU 会话 在 SNA(系统网络体系结构)中，两个 LU-LU(逻辑单元之间)会话端之间的一种会话类型。它使用 SNA 定义的协议作传输控制和数据流控制，但使用端点用户或产品定义的协议扩充或替换 FMD(功能管理数据)服务协议。

LU-LU session type 1 1 型 LU-LU 会话 在 SNA(系统网络体系结构)中，在交互式的、成批数据传送的或分布处理环境中应用程序与单设备或多设备的数据处理终端之间的一种会话类型。

LU-LU session type 2 2 型 LU-LU 会话 在 SNA(系统网络体系结构)的交互环境中，应用程序与单一显示终端之间使用数据流的一种会话类型。

LU-LU session type 3 3 型 LU-LU 会话 在 SNA(系统网络体系结构)中，应用程序与单台打印机之间使用数据流的会话类型。

LU-LU session type 4 4 型 LU-LU 会话 在 SNA(系统网络体系结构)中，下列逻辑单元之间的会话类型：①在交互式、批数据传送式或分布式处理环境下，应用程序与单设备或多设备的数据处理或文字处理终端之间；②外围节点的逻辑单元之间。

LU-LU session type 6 6 型 LU-LU 会话 在 SNA(系统网络体系结构)中，分布式处理环境下两个应用程序之间进行的会话类型。

LU-LU session type 6.2 6.2 型 LU-LU 会话 在 SNA(系统网络体系结构)中，一种在对等系统之间通信的会话。

LU-LU session type 7 7 型 LU-LU 会话 在 SNA(系统网络体系结构)中，交互环境下应用程序与单个显示终端之间的会话类型。

lumen 流明 光通量的单位。发光强度为 1 坎德拉(candala)的点光源在单位立体角内发出的光通量为 1 流明。

lumen hour (lm · hr) 流明小时 光通量的国际单位制(SI)单位，等于 1 小时内通过 1 流明的光通量。

lumen second (lm · s) 流明秒 光通量的国际单位制(SI)单位，等于 1 秒内通过 1 流明的光通量。

lumen per square meter (lm/m²) 每平方米流明 光发射度的国际单位制(SI)单位。

lumen per watt (lm/W) 每瓦流明 发光效能的国际单位制(SI)单位。

lumerg 流末格 光通量的厘米-克-秒单位，等于 10^{-7} 流明秒。

luminance 亮度 单位面积上产生的或反射的光密度。亮度的国际单位制(SI)单位是每平方米烛光。

luminance compensation 亮度补偿 在图像传输(如传真、图像电报、光纤系统)中，由录像媒质在接收机中加入补偿，准确地再现物体呈现出的亮度范围。

luminance flicker 亮度闪烁 仅由于亮度起伏导致的闪烁。

luminance primary 基色亮度 彩色电视系统中传送的三基色之一,其量值决定了色彩的亮度。

luminance signal 亮度信号 专门控制图像亮度的彩色电视信号,由 0.30 红色、0.59 绿色和 0.11 蓝色构成,并可产生完全单色的图像。它也称"Y 信号"。

luminance range 亮度范围 直接由一个光源或由一个物体反射获得的最低和最高光强的差值。

luminance range compression 亮度范围压缩 在影像传输系统(如无线电传真、电传照片和光纤系统)中,减少传输媒质显示图像或记录复本中信号的亮度范围,使之低于诸如传输的文件或图画之类的物体的亮度范围,也即图像的亮度范围比物体的范围更小。

luminance range expansion 亮度范围扩展 在影像传输(如传真、无线电传真、电传照片和光纤系统)中,增大传输媒质显示图像或记录复本中信号的亮度范围,使之高于诸如传输的文件或图画之类的物体的亮度范围,也即图像的亮度范围比物体的范围更大。

luminance signal 亮度信号 图像信息中提供亮度信息的部分,只有亮度信息的图像就是单色的图像。

luminance temperature 亮度温度 与某一光源有相同亮度的理想黑体的温度。对这光源来说,亮度温度对某种窄频谱区是需要的。

luminescence 冷光 由低于白炽温度的材料因化学或电学作用、暴露在某种类型的辐射下或其他的非热能过程等原因而有的光发射。

luminescence threshold 发光阈值 使发光材料发光的最低辐射频率。

luminescent screen 荧光屏 阴极射线管的屏幕,当受电子束轰击时它会发光,且维持其亮度的时间以秒计。

luminophor 发光体 可将吸收的部分最初能量转变为可放出发光辐射的发光材料。

luminosity 发光度 在一个辐射光通量的试件中,光通量对辐射通量的比值。发光度可以用每瓦辐射能量的流明数(lm/W)来表示。同 luminous radiation efficiency。

luminosity coefficients 发光系数 任何色彩各自的三色值的标度因数,故其三个乘积之和即是该颜色的亮度。

luminosity curve 发光度曲线 把发光效率看作光波波长的函数而绘制出的曲线。

luminous density 发光密度 每单位体积光波的光能。

luminous efficiency 发光效率 光源发射的光通量与消耗的功率之比,此类光源有激光器、发光二极管(LED)、白炽灯、荧光灯等。发光效率通常用每瓦流明数来表示。

luminous emittance 发光度 与点光源和线光源不同,它是指单位面积上发射出的总的光通量。发光度通常用每单位面积的流明数表示。

luminous energy 光能量 (1)一段时间内光通量的总和。(2)包含在光通量所占的一定立体空间内的光能量。参见 luminous power。

luminous exitance 光发射度 离开单位面积表面的平均光通量,其国际单位制(SI)单位为每平方米流明(lm/m^2)。

luminous flux 光通量 光通量是可见光谱内的辐射通量。它是根据辐射发光效率求出的辐射通量,光通量用流明表示,1 烛光强度的光源发出的光通量是 4π 流明。

luminous flux density 光通量密度 单位表面面积的光通量。当所指是落于表面的光通量时,称其为照度;当所指是离开表面的光通量时,则称之为光发射度。

luminous intensity 光强度 光源或光源元件在给定方向的无限小锥体内发射的光通量和该锥体的立体角之比,通常用每单位立体角发出的光通量来表示。参见 luminous power。

luminous radiation efficiency 发光辐射效率 总光通量除以总辐射通量。国际单位制(SI)单位为每瓦流明(lm/W)。同 luminosity。

luminous reflectance 光反射比 物体入射面反射的光通量与入射光通量之比。参见 luminous power。

luminous responsivity 光响应度 输入到光源(如光电二极管)的每单位激励电流的光通量输出,如 0.10 lm/mA(流明/毫安)。

luminous sensitivity 感光灵敏度 光电管或摄像管的输出电流除以入射的光通量。

luminous transmittance 光透射比,光传通率 一个物体传输的光通量即透过入射面进入物体的光通量与入射光通量的比值。

lumped circuit 集中参数电路 能用有限个理想电路元件的组合来表示的电路。参见 ideal circuit element。

lumped constant 集总常数 电学上等效于在线圈或电路中所存在的各种分布常数总和的单一常数。

lumped impedance 集总阻抗 集中于单一元件而非在传输线长度上处处分布的阻抗。

lumped loading 集总加载 沿传输线按均匀的间隔加插电感线圈,因为连续分布的加载是不能实现的。参见 loading。

lumped parameter delay line 集总参数延迟线 由串联电感线圈和并联电容器多节级联而成的延迟线。

lumped parameter system 集中参数系统 也称"集

总参数系统”,状态变化可以用有限个变量描述的系统。集中参数系统的系统变量和参数与空间位置无关,系统方程常为常微分方程。比较 distributed parameter system。

LUNI 局域网仿真用户-网络接口 LAN emulation user network interface 的缩写。

LUNT 用户-单元-网络终端 line-unit-network termination 的缩写。

lurk 潜水 网络论坛中的流行语,指在论坛、聊天室等只浏览不发言的行为,这样的人好似“潜水员”,永远不浮出水面。长期“潜水”会导致人气不足,这样的潜水者最终会被管理员取消,但在刚刚加入某一论坛时为了了解风格和讨论的主题短时间的“潜水”是被接受和鼓励的。参见 lurker, necroposting。

lurker 潜水者 在因特网中,指只阅读在论坛、聊天室等上的文章,而不发表自己见解的沉默上网者。

lurking 沉默,旁听讨论 在因特网中,指只阅读 BBS(电子公告牌系统)或旁听电子邮件讨论组、网络新闻组和其他联机服务组的讨论。因特网鼓励新的加入者以这种方式参加。

LUS 逻辑单元服务 logical unit services 的缩写。

LU services manager LU 服务管理程序 SNA(系统网络体系结构)的组成部分,它为 LU(逻辑单元)提供网络服务,提供端点用户到端点用户的服务。LU 服务管理程序为 LU 内所有的会话端提供服务。

LUST 逻辑单元状态表 logical unit status table 的缩写。

Lux 勒克司 照度的国际单位,1 勒克司等于每平方米 1 流明。

Luxembourg effect 卢森堡效应 当两个无线电信号通过电离层时,由于空间中自由电荷传输特性的非线性所造成的两信号间交叉调制现象。由于这一效应,当将接收机调谐到某一较弱电台时,可以听到不同频率上强信号电台的声音。

LVDS 低压差分信号 low-voltage differential signaling 的缩写。

LVS 布设对照电路图 layout versus schematic 的缩写。

LWA 超前写运行记录 log write-ahead 的缩写。

LWAPP 轻量级接入点协议 lightweight access point protocol 的缩写。

LWC 回路连线集中器 loop wiring concentrator 的缩写。

LWP 轻权进程 light weight process 的缩写。

LWT 边听边讲,监听对话 listen while talk 的缩写。

.lzh 压缩文件名后缀 一种表示由 Lempel Ziv 和 Haruyasu 算法压缩后的文件,其扩展名为 lzh。参见 LZW compression, LHARC。

LZW compression LZW 压缩 一种二进制数据可逆压缩方法,以该方法的创始人 Lempel, Ziv 和 Welch 的名字命名,它把可变长度的数据换成固定长度的代码,所选符号串几乎都具有相同的出现概率。非二进制图像数据文件可以通过对所存图像每个平面,使用 LZW 方法来进行压缩。GIF(图形交换格式)和 TIFF(标记图像文件格式)文件格式都是基于 LZW 压缩法的简单扩充。

L1 cache 一级高速缓冲存储器 嵌入微处理器的一种高速内存,也称“on-chip cache”。通常,微处理器各含有两个一级缓存,一个用于存放指令,另一个存放数据。参见 cache。

L2 cache 二级高速缓冲存储器 安装在计算机主板上的高速内存,也称板上缓存(COB),由静态 RAM(随机存取存储器)构成,它比系统的动态 RAM 快,但比 CPU 内的一级缓存慢。随着 CPU 集成度的提高,二级缓存也被嵌入 CPU,此时,主板上的高速缓存被称为三级缓存(L3)。参见 L1 cache。

L2CAP 逻辑链路控制和适应层协议 logical link control and adaptation layer protocol 的缩写。

L2F 第二层转发协议 layer 2 forwarding 的缩写。

L2TP 第二层隧道协议 layer 2 tunneling protocol 的缩写。

M

m (1)毫 milli 的缩写。千分之一。10^{-3}。(2)米 meter 的缩写。

M 兆,百万 mega 的缩写。十进制表示法为 10^6。当用来表示存储容量时为 2^{20},即十进制表示法为 1 048 576。

MA (1)多址接入 multiple access 的缩写。(2)移动代理 mobile agent 的缩写。

mA 毫安 该符号作为电流的一种计量单位,是 milliampere 的缩写。

MABR 多路并合比特率 multiplex aggregate bit rate 的缩写。

MAC (1)介质访问控制 media access control 的缩写。(2)报文鉴别码 message authentication code 的缩写。(3)强制访问控制 mandatory access control 的缩写。(4)多路访问控制器 multi-access controller 的缩写。(5)多址通信 multiple access communication 的缩写。

MAC address 介质访问控制地址 介质访问控制(MAC)地址是以太网协议使用的地址。它是网络接口卡(NIC)上的地址,48 位长。每个网络接口卡厂家必须向 IEEE(电气与电子工程师学会)组织申请一组 MAC 地址,在生产网卡时,将 MAC 地址固化于网卡上的 EEPROM(电可擦可编程序只读存储器)中。参见 media access control (MAC),Ethernet,token ring。

MacBinary protocol MacBinary 协议 也称为"Mac 二进制传输协议"。在 Macintosh 中,保证 Macintosh 文件通过调制解调器正确传输的文件传输协议。

MAC frame 介质访问控制帧 在令牌网和其他环形网络中,一个控制操作的传输帧。

machine 机器 在信息技术中,"机器"一词常用作计算机的同义词。参见 machine code,machine language。

machine address 机器地址 计算机存储器的绝对地址。参见 absolute address。

machine address instruction 机器地址指令 一种机器代码指令。其地址使用机器地址,即绝对地址。

machine-aided recognition 机器辅助识别 机器辅助识别的实质是抽取被识别对象的特征,即所谓模式,与事先存在于计算机中的已知对象的特征进行比较与判别,主要通过识别函数和模式校对来实现。参见 artificial intelligence (AI)。

machine-aided translation (MAT) 机器辅助翻译 (1)计算机对特定的词或措词以其快速的翻译给翻译员提供帮助。这种辅助作用与纯机器翻译系统和人助机译(HAMT)不同而称为机器辅助翻译。同别的全自动或半自动的翻译系统相比,机器辅助翻译能否成功与下列问题有关:首先是关于难度大的翻译内容的处理;其次是对容易实现自动化的翻译内容的处理。(2)人利用机器词典(或字库)将一种语言(如英文)翻译成另一种语言(如俄文)的过程。

machine available time 机器可用时间 机器的总运行时间与机器故障时间的差值。

machine check handler (MCH) 机器检查处理(程序) 一种检查并处理机器运行故障的程序。其功能是,对故障进行可能性分析;重新执行故障点测试指令来试图恢复机器运行;如仍不成功,则试图纠正机器的错误功能,或隔离其他将受影响的任务。

machine check interruption (MCI) 机器检查中断 计算机检查故障的手段之一。其方法是:在计算机中设置一些校验电路,当这些电路发现机器故障时,便产生中断信息,从而引起计算机中断。提供信息以帮助程序确定故障源的位置和破坏的程度。

machine check masking 机器检查屏蔽(法) 使系统不执行机器检查中断的一种措施。是否进行机器检查中断由程序状态字中的机器屏蔽位来控制。当不希望产生机器检查中断时,只需将该位置"0"。

machine check recording and recovery (MCCR) 机器检查、记录和恢复 在某些操作系统中,当发生机器故障或通道出错时,在系统记录文卷上记录有关数据,并试图从错误状态恢复正常。

machine class 机器类 具有某一个共性的机器模型的全体。例如,对于合理的机器模型,重要的有下面两类:第一类是相对于传统的图灵机来讲满足不变性论题的那些串行机器模型;第二类是相对于传统的串行图灵机满足并行计算论题的并行或串行设备。

machine code 机器(代)码 特定计算机专用的功能代码。计算机的任何语言或指令最终都被转换成机器代码,它是计算机唯一可直接识别并执行的指令码。

machine code instruction 机器代码指令 一种可使机器直接识别并执行的指令,它的表现形式是二进制编码。机器代码指令通常由操作码和操作数两部分组成,操作码指出该指令所要完成的操作,即指令的功能,操作数指出参与运算的对象,以及运算结果所存放的位置等。

machine code programming 机器代码编程 直接用机器代码指令编写的程序。它具有工作量大、不直观、易错等缺点。

machine cognition 机器认知[识别] (1)指某个系统能够从许多实例中归纳出新概念,或者从中得到启发而有新的发现,或者有触类旁通的类推智能等。(2)机器对字符、图形、语音等对象进行识别的能力。

machine computation 机器计算 由机器完成的计算。一般分为三类,第一类为接受语言,机器 M_i 接受的语言 $D(M_i)$ 由存在完整的终止计算的所有输入组成。第二类为识别语言,M_i 识别的语言 $L(M_i)$ 由存在可构造出接受计算的所有输入组成,而且 M_i 的所有完整计算都终止。第三类为计算关系,M_i 计算的关系 $R(M_i)$ 由所有这样的序对 $\langle x, y\rangle$ 组成:对输入 x 存在接受计算,且 y 为计算终止时输出的内容。

machine configuration 计算机配置 根据工作任务的需要,选择计算机系统内各种资源的类型、数量和安排方法。例如选配处理器种类、磁盘驱动器的型号和数量、内存容量、通信端口地址等。

machine configuration record 机器配置记录 在某些计算机系统中,用以描述硬件配置的一系列数据组,存放在非易失性存储器,如 CMOS(互补金属氧化物半导体)中,可在机器启动的初期阶段对其进行修改。

machine cycle (MC) 机器周期 时钟脉冲发生器产生的用于同步机器工作的时钟脉冲间隔时间或机器执行操作(通常是 NUP 指令,即空指令)所经过的最短的时间间隔。执行一条指令可能需要一个或多个机器周期,其数目多少与指令的复杂程度和执行部件结构有关。

machine cycle time 机器周期时间 机器周期的时间值称机器周期时间,常以纳秒(ns)表示,它是衡量计算机速度快慢的重要指标。有时也称它为"计算机时钟周期"。

machine data bank 加工数据库 能为材料的加工提供恰当的加工条件的一种信息系统。在此系统中收集了有关的加工方法、被加工材料、刀具、夹具、机床、加工条件等现场数据,并将它们分类,制成加工数据文件,供用户使用。

machine data bank system 加工数据库系统 一种较大型的数据库。含有各种加工数据和实验数据。它可通过检索取出需要的加工数据,具有标准化和系统化的特点,并可降低生产成本,提高生产效率。

machine-dependent 与机器有关的 用于修饰或说明只适合某些特定机器的过程、程序或代码。它的反义词是与机器无关的。

machine dependent optimization 与机器有关的优化 针对特定的计算机配置,在目标程序这一级上进行的优化。主要包括寄存器分配和使用的优化;多处理机的优化;特殊指令的优化;无用代码的消除等。

machine diagnostic testing 机器诊断测试 为发现机器部件故障或可能的故障所进行的测试。它用程序或例程的运行来确定故障位置或可能位置。

machine dictionary 机器词典 以人用词典为基础,通过对词法、句法、语义等信息的规范化和形式化描述做成的、存储在计算机中的词典。可为各种用途的自然语言处理系统提供语言知识资源。

machine emotion 机器情感 机器情感研究如何用机器(如计算机、机器人等),识别或模拟类似于人或动物的自然情感。如虚拟电视节目主持人或虚拟电影演员的喜、怒、哀、乐、爱、恨、恩、仇等人工情感。参见 artificial emotion。

machine equivalence 机器等价 两个抽象机器可以互相模拟的关系。

machine error 机器错误 由于设备故障而引起的数据错误。

machine execution priority 机器执行优先级 在某些计算机系统中,当一个路由选择步与其他路由选择步发生机器资源竞争时各路由选择步执行的优先级别。

machine function 机械操作功能 (1)设备完成的一项操作。(2)使设备完成一项操作的信号。

machine hearing 机器听觉 模式识别中一个分支。如果针对的模式是自然语言或音响过程,则指机器对这种模式进行感觉与理解的技术,称为机器听觉技术。目前用于各种自然语言声控机器及根据音响过程由机器自动判别声源信息的系统中。

machine identification 机器标识 一个代码,执行的程序能够根据这个代码识别计算机及其他设备的个性和特征。

machine independent 与机器无关的 程序员编写程序时,可以不考虑机器资源的情况。通常是指利用面向问题而不是面向机器的高级程序设计语言编写程序。即是说,这种程序是用一种能在任何型号计算机上使用的语言写出的。条件是,这个计算机配有它的编译程序。因此,这种程序乃是独立于将要处理数据的计算机而准备的。参见 problem-orientated language, machine-orientated。

machine independent complexity theory 与机器无关的复杂度理论 既不依赖于具体机器的复杂度度量方法,也不依赖于具体的计算机结构的复杂度理论。

machine independent language 与机器无关的语言 也称"面向过程"或"面向问题的语言",不依赖于特定的计算机。一种可在各类计算机或数据处理系统上通用的语言。例如高级语言中的 COBOL、FORTRAN、BASIC 等都属于与机器无关的语言。

machine independent operating system 独立于机器的操作系统 不是专为某种计算机设计,具有良好移植性的操作系统。此类操作系统具有相同或基本相同的外壳,仅内核部分的少量代码视具体机器而进行少量修改,就可移植到另一种机器上。典型的独立于机器的操作系统为 UNIX。

machine independent optimization 与机器无关的优化 可在源程序或它的内部表示级上进行的优化。主要包括:合并常数和隐常量运算;消除公共子表达式;外提循环中的不变表达式;强度削减等。这种优化主要对程序代码中的算法,而与计算机本身的特性无关,因而优化结构对多种不同类型的宿主机都适用。

machine independent solution 与机器无关的解 一种按问题的逻辑属性设计的过程或程序所求得的解。这种过程或程序与解算和处理它们时所用的计算机设备特性无关。

machine inference 机器推理 也称"自动推理",它是人工智能主要研究内容之一。推理是人工智能最基本的功能。因此,要实现人工智能,就必须将推理的功能赋予机器,实现机器推理。

machine infinity 机器无穷大 计算机内部格式中所能表示的最大数。

machine instruction 机器指令 一个可以由计算机或者处理机直接执行的指令,是机器语言的基本成分。它是一串二进制数字。当机器工作时,通过硬件的解释使计算机状态发生事先规定的改变。更确切地说,是使寄存器或存储器单元的内容发生事先规定的改变。同 computer instruction。

machine instruction code 机器指令代码 参见 machine code。

machine instruction set 机器指令集 一台计算机能够识别和执行的指令的集合。同 computer instruction set。

machine instruction statement 机器指令语句 汇编语言中的一种语句,与机器指令直接一一对应。典型的语句包括特征位、操作码、操作数或操作数地址及各种符号。

machine intelligence 机器智能 (1)计算机科学的一个分支,主要研究用机器模拟人类的某些智力活动。如图形识别、学习过程、探索过程、推理过程及环境适应等有关理论和技术。(2)在比较计算机与人类大脑的智能时使用这个术语。一般而论,说计算机不可能比人更有智慧是合理的,因为计算机最初是由人设计的,处理各种问题的计算机程序也是由人准备的。然而,在某种程度上,计算机有它内在的智能,因为它能(借助于程序)学会下棋和在某些有限的方面模拟人的思维。当然,计算机本身不能进行通常意义下的思考,在这个意义上可以说它并无智力。因为它不能像人那样从自己的经验中学到什么。一个这样的例子是,人一旦把一件事做了几次,他(她)就记住了怎么做,而毋需什么指示了。而计算机从来不能学会做什么,每次要它做同一件事时,都必须编制程序。

machine interface (MI) 机器接口 使设备、程序、用户或系统与计算机互相联系的装置。例如,命令、指令、显示指针、选项屏(即菜单)、键盘等。

machine interruption 机器中断 由于机器本身发生的故障所引起的中断。在计算机运行过程中,由于机器中设置的检验部件发现了机器某部件存在故障而导致的中断。

machine language 机器语言 在传统上,机器语言指所述机器硬件能立即解释的指令和数据的具体表示形式,一般是二进制代码。用机器语言编写程序十分困难,人几乎无法使用,但其优点在于用机器语言写的程序可以直接在计算机上执行,而不需要经过中间翻译,因此执行速度极快。每类 CPU 都有其特定的机器语言,互相不能通用。由于微程序设计的广泛使用等原因,机器语言现泛指所述机器能立即执行的程序设计语言,其典型语句由一个操作码和一个操作数组成。

machine language coding 机器语言编码 用"1"和"0"组合的机器指令来编制程序的过程。

machine learning 机器学习 研究学习的计算理论、建立学习的计算机模型,模拟或实现人类的学习行为,使计算机具有学习能力,这是人工智能领域的一个重要分支。机器学习是根据生理学、认知科学等对人类学习机理的了解,建立学习模型,发展学习理论和方法,建立具有特定应用的学习系统。参见 model of cognition。

machine model 机器模型 一类结构相似称为机器的抽象设备,通常可用集合论的术语表示成数学对象。例如,标准单带图灵机可定义成由三个有限集、一个有限关系和三个特殊元素组成的七元组。一般来讲,机器模型中包含有穷控制器和存储结构。在任一时刻,有穷控制器都处于某种状态,但不同的状态数目是有限的。有穷控制器有时也称程序,它作用于存储器上。存储器是一个无限的离散结构,用于存放由符号构成的信息。机器模型是形式上与当代计算机比较接近的计算模型。

machine name 机器名字 在计算机网络领域中,为计算机和一切网络连接设备,如集线器、网桥、路由器、网关等所起的名字。在使用 TCP/IP(传输控制协议/网际协议)的网络环境中,机器名字加上域名就构成节点名。

machine object 机器对象 在某些系统中,一个没有定义存储形式的程序对象,在机器内部定义。用户不能访问机器对象。对应于 data object。

machine operation 机器操作 计算机响应机器指令而完成的一个基本功能,同 computer operation。

machine-oriented 面向机器的 程序设计语言可以分为面向机器的或面向问题的。面向机器的语言是某种型号的计算机所专用的,并且这种程序设计语言称为汇编代码。面向机器的程序比那些用源代码即高级语言如 COBOL 或 BASIC 等写的程序运行得快,因它们是专用的因而能更好发挥计算机中某些特别硬件的优势。

machine-oriented language　面向机器的语言　为特定的计算机而设计的语言,也称"面向计算机的语言",其典型代表是汇编语言,也称"符号机器语言"。其基本思想是用符号形式表示机器指令,用助记码代替机器的操作码,用标识符代替地址码和变址码。用这种语言编制的程序比用高级语言写的程序运行快,节省内存。参见 computer-oriented language。

machine-oriented programming system　面向机器的程序设计系统　使用面向特定机器的内部语言的一种程序设计系统。汇编系统和宏汇编系统都是面向机器的程序设计系统。

machine-readable　机器可读的　(1)说明计算机可以通过其阅读装置从存储设备、数据媒体或其他来源获得或进行解释的数据。(2)一些装置的可读特性。例如磁盘、卡片、磁带、光碟等都是可供阅读装置阅读其上信息的媒体。

machine readable catalogue (MARC)　机器可读目录　美国国会图书馆使用的一种书目记录磁带格式。其基本格式为 MARC-Ⅱ,于 1971 年被美国国家标准学会定为"美国磁带书目信息交换国家标准——ANSI Z 39.2"。这种格式包括:各类图书、资料和以及微缩胶卷的记录格式。

machine readable character　机器可读字符　可供特定的设备(如光字符识别机等)识别的字符。被识别的字符可以是印刷、打印或手写的字符。

machine readable data　机器可读数据　可供特定的设备阅读的数据。被读数据可存放在磁带、磁盘、光碟等媒体上。

machine readable data media　机器可读数据媒体　一种可直接输入机器的信息编码形式。

machine readable dictionary　机器可读词典　通常指供人使用的电子词典。同印刷形式的词典相比较,它具有节省空间、查找迅速、应用方便、修改容易等优点。词典内容用自然语言表达。开发自然语言处理系统时,可用机器可读词典作为获取语言知识的来源。

machine readable form　机器可读形式　计算机可读的所有数据存储媒体。

machine-readable information (MRI)　机器可读信息　程序中包含的所有的文本信息,MRI 包括所有的递交给用户界面或者从用户界面接收的信息。如菜单、提示符、消息、报告、命令等。MRI 可在打印机或显示器上输出。参见 soft copy。

machine-readable medium　机器可读媒体　可以将数据传送给某一个阅读装置的一种媒体。同 automated data medium。

machine recognition　机器识别　机器识别字符的过程。包括阅读显示的字符并从字符集中选出与显示字符形状最接近的字符。如显示的字符与所选出的字符间的差别超过一定限度,则将该显示字符作为一个新字符送到字符集中去。参见 artificial intelligence。

machine room　机房　安装计算机的房间。特别是中型以上的计算机,对环境条件有一定的要求,如机房内温度(通常要保持在 23 ℃左右)、湿度(保持在 55%左右)、供电、防尘、防雷、防震等要求。但微型机对机房的要求就低得多,甚至可放在条件一般的办公室或家庭中使用。

machine run　机器运行　计算机执行一个程序的过程。运行过程无需人工干预,如运行一个解题程序等。

machine self organizing　机器自组织　一种自组织机器的组织过程。它将可变网络和部件按特定要求自行组织起来。

machine-spoiled time　机器浪费时间　在机器通电运行期间,由故障所造成的无效机器时间。例如由于故障造成程序丢失,当故障修复时,需重新输入程序,这段输入过程称为机器浪费时间,它是故障时间的一部分。

machine spoiled work-time　机器浪费的工(作)时(间)　同 machine-spoiled time。

machine storage pool　机器存储池　在某些计算机系统中,由机器和某些高度共享的控制程序设备管理程序使用的一种存储池。

machine system　机器系统　参见 man-machine system。

machine theorem proving　机器定理证明　也称"计算机辅助证明",它利用机器的高速度和大容量,把证明定理的过程变成一系列能在计算机上自动实现解答演算的过程,亦即把表现智能特点的推理演绎过程机械化。机器定理证明不仅可帮助完成手工证明中难以完成的大量计算、推理和穷举,而且证明过程中所得的大量中间结果,又可形成新的思路,修改原来的判断和证明过程,逐步前进直至定理得证。

machine time　计算机时间　一个电子计算机或其他机器运算一个特定任务所需要的时间的总和。

machine translation (MT)　机器翻译(学)　在语言学、数学和计算机科学基础上建立起来的一门边缘性科学。它的任务是利用电子计算机模拟人的语言翻译活动,通过对输入语言的分析和对输出语言的综合,实现从一种自然语言(源语言)到另一种自然语言(目标语言)的翻译。目前已有两种可行的半自动机译系统,一种是机助翻译系统。这种系统中翻译的连续进行是受人干预的;另一种是人助机译系统,计算机在人的帮助下完成翻译工作。

Machine Translation　**《机器翻译》**　荷兰 1986 年创刊,全年 4 期,Kluwer Acdemic 出版社出版,EI (工程索引)收录期刊。刊载机器翻译和机器辅助

翻译的理论、描述和计算方面的技术论文。

machine translation supporting system (MTSS) 机器翻译支援系统 机译系统中特定的子系统。通过译前、译后的编辑或译间的人机交互，来解决目前难以由机器自动解决的翻译问题。

machine translation system (MTS) 机器翻译系统 用计算机实现将一种自然语言翻译成另一种自然语言的系统。通常包含机器词典、规则库、源语分析器、目标语生成器及翻译支援程序等部分。机器翻译系统可分为转换型、语义型、知识型三种，实际开发中，往往是多种技术的结合。

machine vision 机器视觉 在机器人学中，用摄像机摄取视觉图像，将其转变为模拟电信号，然后将模拟电信号转变成数字的或灰度图像数据进行处理的技术。在诸如机器人控制、自动化检验及质量控制等应用领域中往往使用二维和三维机器视觉。参见 computer vision。

Machine Vision and Applications **《计算机视觉与应用》** 德国 1988 年创刊，全年 4 期，Springer-Verlag 出版社。SCI(科学引文索引)、EI(工程索引)收录期刊。刊载计算机视觉研究与研制的技术论文，涉及图像数据计算在科研、工程、工业、商业、军事、生物医学等领域的应用问题。

machine zero 机器零点 机器系统的坐标原点。

Mach number 马赫数 一种数，是某个运动物体的速度与相同条件下的声速比。由关系式 $M = Vb/Vs$ 给出，式中 M 为马赫数，Vb 是物体的运动速度，Vs 是在与之相同媒质中和相同条件(如温度、压力和湿度)下的声速。在海平面上干燥的空气中，1 马赫约等于 1 192 km/h。

Mach-Zehnder fiber optic sensor 马赫-曾德光纤传感器 一种干涉传感器，其中一个电磁波(如光波)被分成两半，这两半中每个各环绕一半环传播，方向相反。一半经过一个分束器和一面固定的平面镜；另一半经过一个可移动的平面镜和一个分束器。这两半在一根光纤中或在一个光检测器探测表面上合并，在这里它们的相位将相加或相消。该传感器能测量短到 10^{-13} 米的位移。

Macintosh computer Macintosh 计算机 Apple 公司于 1984 年推出的使用 Motorola 68 CPU 的 32 位个人计算机系列，以其图形用户接口(GUI)的特点而著名。由于该接口利用窗口、图标和鼠标器使得初涉计算机的人相对容易，因而受到客户热烈欢迎，无数软件厂商生产出类似的接口。例如，IBM 公司的 OS/2 操作系统和微软公司的视窗中都使用类似的图形用户接口。Mac 机还开创了即插即用外部设备的概念，内部小型计算机系统接口(SCSI)设备以及内部连网技术。

Macintosh user interface Macintosh 用户界面 Macintosh 计算机上采用的一种图形化操作方法，具有简便易学、直观形象的特点。这种方法最初是由 Xerox 公司开发的，在 Macintosh 计算机上得到发展、普及和推广，并且被后来的微软视窗等系统软件所采用。它的基本思想是尽量避免在操作中涉及专业术语，用图形操作代替字符串命令，减少软件开发者为设计用户界面而花费的劳动。它将通常用到的程序、文件、文件夹和磁盘等用一些小图标表示。使用鼠标器移动光标，选择某个图标并点击之，就能执行某个规定的操作，而不必通过键盘输入命令串。

Mac OS Mac 操作系统 Mac OS 是由 Apple 公司开发的、适用于 Macintosh 机器的操作系统。Mac OS 具有直观、易用的图形界面，可支持几十种不同的语言文字。配有全新的 Sherlock 搜索引擎，集成了因特网和本地搜索功能，可按用户要求定制基于 Web 的新闻频道，方便网上购物。它采用高速的火线(FireWire)接口技术，使数字音频和视频设备连接更加方便和快捷，传输速率可达 400 MBps。它还支持最新的 USB(通用串行总线)外设接口规范，连接外设数量可大幅提高。

MacPaint MacPaint 格式 苹果公司的 Macintosh 机所用的图像格式。多数是黑白的，并且具有固定的大小。它的水平方向总是 576 个像素，垂直方向总是 720 个像素，带有 38 个图案。这种格式文件中的图像数据位于 MacBinary 文件头和图案数据之后，并且经过压缩存储。

MAC protocol 介质访问控制协议[规约] medium access control protocol 的缩写。

macro 宏，宏功能 (1)在汇编或翻译期间，要插入到程序中每一个出现宏指令的地方去的一个预先定义的指令序列。(2)程序设计语言中的一种描述计算片段的机制，宏与常见的子例程或过程类似，都是把一段较长的代码集合在一起，定义一个较短的命令代表这段代码。而后就可以在程序中用这个命令来指明这段代码的使用。

macro-architecture 宏观系统结构 从程序设计者角度看到的计算系统结构，包括的特征有：地址流、数据流、是否具有全局地址空间、同步方式、通信方式、输入输出方式等。

macroargument 宏变元 带参数的宏指令中的实在参数。在宏调用过程中替换相应宏定义中的形式参数。它提供了有限改变的能力，使宏指令具有更大的灵活性。

macroassembler line editor 宏汇编行编辑程序 在宏汇编程序第一次扫描时完成编辑工作的程序。它在宏汇编操作之前工作。对简单的编辑，不再需要程序员装入编辑程序。

macroassembler processor 宏汇编处理程序 一种多功能语言处理程序。其功能是，对分段程序的各部分进行单独检查，提供扩充的程序分析和辅助调试。

macro assembler program (MAP) 宏汇编程序 实

现具有宏功能的汇编语言(宏汇编语言)的系统程序。除了具有一定汇编语言的功能外,它能处理程序中的宏定义与宏调用,实现宏展开,产生相应的机器代码程序。

macro assembly language **宏汇编语言** 具有宏功能的汇编语言。它使程序设计者可以把程序中公共的代码块提取出来编成宏定义,从而提高程序的清晰性和软件开发效率。

macro assembly language program **宏汇编语言程序** 用宏汇编语言编写的程序。

macrobend **宏弯曲** (1)在光纤中,光纤轴对一直线的宏观偏移产生的弯曲。宏弯曲半径必须大于最小弯曲半径,否则光纤会折断,还必须大于临界半径,否则会产生明显的辐射损耗。(2)光纤中弯曲半径相对比较大的弯曲,如在接头集合器支架中或已弯曲的光缆中可能产生这种弯曲。如果弯曲半径足够大,宏弯曲就不会产生明显的辐射损耗。在用户建筑物中使用的光纤,通常纤芯直径为62.5 μm,数值孔径也较大,约为0.27,弯曲半径可容许小到2.5 cm。(3)在光波导中,光轴对一直线的宏观偏移。参见 curvature loss,macrobending,microbend loss。

macrobend attenuation **宏弯曲衰落** 在光纤中由于宏弯曲引起的辐射功率损耗。参见 curvature loss,dielectric wave guide。

macrobending **宏折射** 在光纤中,由宏观弯曲而导致的曲光现象。对应于 microbending。

macrobend loss **宏弯曲损耗** 光纤的曲率半径比光纤直径大得多的弯曲(宏弯)引起的附加损耗,主要原因有:路由转弯和敷设中的弯曲;光纤光缆的各种预留造成的弯曲(预留圈、自然弯曲);接头盒中光纤的盘留、机房及设备内尾纤的盘绕等。同 curvature loss。

macroblock layer (ML) **宏块层** 在 MPEG(活动图像专家组)-2 视频流层结构里,宏块层是宏块条层中一系列宏块中的一块,由附加数据、亮度块和色度块共同组成。其中,亮度为16×16像素块,称为宏块。宏块是码率压缩中运动补偿的基本单元,由四个8×8像素块构成,用于消除P图像与B图像之间的时间冗余度。色度块由多少个8×8像素块构成,取决于亮度与色度之间取样频率的比例格式。如 MPEG-2 有4:2:0、4:2:2、4:4:4三种宏块结构,所谓4:2:0是由四个8×8亮度(Y)像素块、两个8×8红色(Cr)像素块及零个8×8蓝色(Cb)像素块构成的,或4:0:2是由四个8×8亮度(Y)像素块、零个8×8红色(Cr)像素块及两个8×8蓝色(Cb)像素块构成的,4:2:0与4:0:2是交替进行的,使垂直分解力降低(类似4:1:1使水平分解力降低),只含有1/4的色度信息。4:2:2是由四个8×8亮度(Y)像素块、两个8×8红色(Cr)像素块及两个8×8蓝色(Cb)像素块构成的,只含有1/2的色度信息。4:4:4是由四个8×8亮度(Y)像素块、四个8×8红色(Cr)像素块及四个8×8蓝色(Cb)像素块构成的,是全频宽 YCrCb 视频。宏块层包含P帧及B帧的运动矢量(MV)。附加数据包含的信息有:表明宏块在宏块条层中位置的宏块地址、说明宏块编码方法及内容的宏块类型、宏块量化参数、区别运动矢量类型及大小、表明以场 DCT(离散余弦变换)还是以帧 DCT 进行编码的 DCT 类型。参见 discrete cosine transformation (DCT),slice layer (SL)。

macro call **宏调用** 用宏指令对宏定义所进行的调用。在调用过程中,如宏定义带有形式参数,则将其替换成实在参数。参见 macrodefinition。

macrocell **宏小区** 传统的蜂窝式网络由宏小区构成,每小区的覆盖半径大多为1 ~ 25 km。由于覆盖半径较大,所以基站的发射功率较强,一般在10 W以上。

macro cell **宏单元** 在 LSI(大规模集成电路)门阵设计中,预先组合并以不同方法内连若干基本单元,完成一组标准的逻辑功能,如译码器、寄存器、计数器、全加器等,这种具有确定的性能特性的功能块称为宏单元。其布局设计数据可方便地用于整个芯片的设计。

macro cell design **宏单元设计方法** 一种集成电路设计方法,被设计的电路划分许多个相对独立功能的模块,而每个模块则可以用完全不同的设计方法来完成,这些模块对整个芯片表现为有一定尺寸、长宽比,对外连接端位置的多边形,然后再通过自动布局程序、自动布线程序、版图面积压缩程序来完成整个芯片的设计,这种设计方法灵活性强,每个单元都可采用最优的方法来设计,芯片的利用率比用户定制方法更高。

macro code **宏代码** 一种编码系统。用于将一组计算机指令汇编成单个代码字。

macro command **宏命令** 一种控制标准行程序的命令。可用它来操作这种程序行程序。任何在程序中频繁使用的命令组或例程都可组合成一条宏命令。多条指令也可由一条宏命令来代替。

macro complexity **宏指令复杂性** 由于宏指令和执行宏指令的微程序容量成函数关系,因此执行宏指令的操作是很复杂的。简单的微型计算机是一种小型控制装置,因此只能执行比较简单的宏指令。

macro cross assembler **宏交叉汇编程序** 在分时系统中,作为通常程序运行的一种交叉汇编程序。

macro declaration **宏陈述[说明]** 同 macro definition。

macro definition **宏定义** (1)在执行宏生成程序时,用以替代一条宏指令的指令语句序列。(2)为了从一个源语句生成一组汇编语言语句而规定名字、格式和条件的一组语句。参见 library macro definition,source macro definition。

macro definition library　宏定义库　存放宏定义(如监控程序和数据管理程序的宏定义)的程序库。

macro economy base model　基础宏观经济模型　关于产出、消费、储蓄、投资、税收、进出口和福利效用相互关系的模型。通常采用消费率、税率等为参数。最简单模型只有产出、消费,储蓄因子和效用。

macro element　宏单元　可作为一个单元处理并可用一个数据标识符标识的两个以上的有序单元。

macro exerciser　宏检查程序　为了检查程序错误,可在不同条件下反复操作的监督程序或其他宏指令序列。

macro expansion　宏扩展,宏展开　对宏调用命令实施展开的过程。处理过程包括:①找出宏的定义代码段;②依照宏调用的实际参量对该代码段进行加工,得到宏展开的代码段;③把这个展开代码段嵌入程序中取代原来的宏调用命令。由于可能有嵌套的宏定义,对宏的展开要一个层一个层地进行。同 macro generation。

macro expansion instruction　宏扩展指令　符号源语言中的一条宏指令。由汇编程序扩展为一条或数条机器语言指令,以减小程序员所必须写出经常出现的指令系统。

macro flowchart　宏流程图　在设计一个特定的程序逻辑时所用的图表。它在各种程序段及子例程中以段来表示。

macro function　宏函数　在 LISP 语言中,指一种函数,用作解释 LISP 型语言结构的样板。在调用宏命令时,它将被其他形式的原代码取代。

macro generating program　宏生成程序　同 macro generator。

macro generation　宏生成　通过对由宏指令调用的宏定义的处理,使汇编程序产生一组汇编语言语句的操作。宏生成在预汇编时进行。同 macro expansion。

macro generator　宏生成程序　一种特殊类型的生成程序。它用源语言程序中所定义的指令序列代替源程序中的宏指令,从而实施宏指令的展开,生成一个新的不含宏定义与宏指令的与原来源程序等效的新源程序。同 macro expression。

macro information economics　宏观信息经济学　也称"信息工业经济学",是以信息产业为研究对象,从整个国民经济的大系统角度,探讨信息经济发展的测度、道路、方向及策略等问题。其主要研究国家和世界的信息产业、信息贸易等经济问题。比较 micro information economics。

macro instruction　宏指令　(1)汇编语言中的一种汇编语言语句。它使汇编程序调用一个宏定义。宏指令的引入使源程序的书写更加简洁、明了。(2)当用高级语言写程序时,常常结合使用一些功能很强的宏指令。宏指令在编译时将转换成多条机器代码指令。利用宏指令技术,也能在处理过程的适当时刻将子例程调入内存。

macro instruction design　宏指令设计　为确保宏指令系统在格式上与各微型计算机兼容及得到最简微程序流而进行的设计。设计中要考虑面向寄存器或堆栈,可采用原有的指令或其他机器上的指令。一般要考虑指令执行的高效率。对计算机来讲,应保留三个专用寄存器和少量通用寄存器用于内务操作。宏指令中的操作码一般不应超过 8 位,否则使解释变得十分复杂。此外,还应考虑在基本硬件中加入适当的逻辑电路。

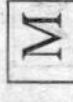

macro instruction exit　宏指令出口　一种管理程序宏指令,放在应用程序的末尾,用以标识处理结果。管理程序通过其标识而转去执行其他功能,如翻译工作存储器块和返回控制其他处理过程等。

macro instruction link　宏指令链　一种操作系统指令。其功能是将定名的程序模块定位到外部程序库,并将其装到一个可供使用的存储器中。

macro instruction operand　宏指令操作数　汇编程序设计中的一种操作数。它用于对宏指令调用的宏定义中的相应符号参数进行赋值。

macro instruction sorts　宏指令分类程序　一种为分类存储在随机存取磁盘和磁鼓上的数据的程序。其功能是:对磁盘或磁鼓上的数据查找关键字,并对关键字进行分类,然后将其存放到磁盘或磁鼓上的一张含有关键字和相应文件项地址的表中。

macro instruction storage　宏指令存储器　一种存放宏指令的存储器。这种存储器一般是只读存储器,宏指令由微指令序列定义。

macro instruction system　宏指令系统　控制翻译过程的各种宏指令。这种指令无需变换成可用的机器语言程序或指令。

macro language　宏语言　一种全部或大量使用宏指令调用的程序设计语言,或者说是一种大量使用宏命令的字符串处理和操作的语言。

macro library　宏程序库　(1)供宏扩展时使用的一种宏定义库。(2)一套专用程序。一般存放在大容量存储器中,由汇编程序调用,可以用具体参数代替通用参数,将库中程序逐一列出并编入程序中。

macro-modular computer　宏模块计算机　同 modularized computer。

macro-op fusion　宏操作融合　处理器缩短执行时间的技术,它可以让处理器在解码的同时,将同类的指令融合为单一的指令,这样可以减少处理的指令总数,让处理器在更短的时间内处理更多的指令。参见 micro-op fusion。

macro parameter　宏参数　宏指令操作数部分的参数。宏指令能对语句中可替换参数进行赋值。

macro pipeline　宏流水线　程序执行过程中使用的流水线技术。其方法是:让各条指令分别在流水线的各功能块上同时重叠地执行，如用微处理机作为流水线的功能块所组成的流水线处理机可称为宏流水线处理机。

macro pipeline parallel algorithm　宏流水线并行算法　适用于由多个微处理机组成的宏流水线上运行的一种并行算法，具有方法规整、便于用多处理机或超大规模集成电路（VLSI）实现、性能比较高等优点。它适合于向量处理，在数字信号分析、图像处理等领域有着广泛应用前景。

macro preprocessor　宏预处理程序　处理宏指令的预处理程序。

macro processing instruction　宏处理指令　在宏定义中使用的一种汇编程序指令，在预汇编时对这种指令进行处理。

macro processor　宏处理程序　在某些计算机系统中，它是程序预加工子系统的一个组成部分，它将汇编程序中的宏指令转换成经过预处理的宏程序，宏汇编程序使用这些宏程序来代替宏指令本身。

macro programming　宏程序设计　使用宏指令的计算机程序设计。

macro prototype　宏(指令)原型　宏指令说明的记述方式的模型。宏指令一般由宏定义和宏参数构成，宏原型则用来记述、说明宏定义和宏参数的方式。同 macro prototype statement。

macro prototype statement　宏原型语句　一种汇编语言语句。其功能是：给宏定义赋名字，并向调用宏定义的宏指令提供模型。

macro recorder　宏记录器　一个记录并存储键盘宏的程序。

macro skeleton table　宏骨架表　一个宏汇编程序的内部表。它包含一个程序中所有宏定义的原型。

macrostatement　宏语句　同 macroinstruction。

macrostatement number　宏语句号　与一个宏语句有关的编号。它可供该语句参考。

macro substitution　宏指令置换　在格式化期间，对宏指令的控制字、符号和正文进行的置换。

macro system　宏系统　(1)大量单元合成并且单元总体表现出稳定统计规律的系统。参见 complex system。(2)具有汇编系统符号表示功能和“一对多”或宏指令扩展功能的编程系统。

macrotime variable　宏加工时变量　一种由宏汇编程序或编译程序提供的变量。作为置值符号由置值语句赋值。它使宏加工具有执行简单整数运算的能力。

macrotrace　宏追踪　一种对错误进行测试的方法。它通过主存及文件的转储、记录和仿真实现测试。此外，这种方法可打印出宏指令的记录。

macro virus　宏病毒　与传统的病毒有很大的不同。它不感染扩展名为 exe、com 的可执行文件，而是将以 VB 编写的病毒代码以“宏”的形式潜伏在微软 Word 文件中。当采用 Word 打开这些染毒文件时，这些代码就会被执行并产生破坏作用。微软的 Word 打开文件时，它首先要检查文件内包含的宏是否有自动执行的宏（AutoOpen 宏）存在，假如有这样的宏，Word 就启动它。当然，如果 AutoClose 宏存在，则系统在关闭一个文件时会自动执行它。通常，宏病毒至少会包含一个以上的自动宏，当 Word 运行这类自动宏时，实际上就是在运行病毒代码。宏病毒的内部都具有把带病毒的宏移植到通用宏的代码段，当 Word 系统退出时，它会自动地把所有通用宏（当然也包括传染进来的病毒宏）保存到模板文件中（通常是 Normal. dot）。这样，一旦 Word 系统遭受感染，则以后每当系统进行初始化时，都会随着 Normal. dot 的装入而成为带毒的 Word 系统，继而在打开和创建任何文档时感染该文档。防御宏病毒的根本，在于打开 Word 文档时禁止所有自动宏（以 Auto 开头的宏）的执行。由于宏病毒的肆虐，微软公司在 Word 97 版本中提供了此项功能，用户只需将其激活即可。但它有两个很大的缺陷：一是它拒绝了所有宏的执行，包括正常宏和病毒宏，这会造成某些文档在打开时出现错误。二是宏病毒防护无法阻止启动 Word 时 Autoexec. dot 中的宏和 Normal. dot 中的宏的自动执行。

MAC sublayer　介质访问控制子层　medium access control sublayer 的缩写。

MAD　平均管理延迟　mean administrative delay 的缩写。

MADT　平均累积不可用[宕机]时间　mean accumulated down time 的缩写。

MAF　管理应用功能　management application function 的缩写。

Mag　磁性的　magnetic 的缩写。

magic cube　幻方存储单元　一种三维存储单元，形状像一个每边大约 0.5 英寸的立方体，能存储 1 Tb (10^{12} 比特)数据，大约与 240 万张软盘容量相当，具有随机访问功能。

magic name　魔术名　一个使公告牌系统结构化，识别哪一部分向查询者提供了特定的一个或一组文件的命令。

magic number　幻数[魔数]　在 AIX 操作系统中，指文件中表示文件类型的一个数字或一串常数。

magic square　幻方　一种最古老、最流行的数学游戏。n 阶幻方就是把 $1,2,\cdots,n^2$ 排列成 n 阶方阵，使得每行中的各数之和，每列中的各数之和以及两条对角线中的各数之和都相等，即等于 $\frac{1}{2}n(n^2+1)$，则该数称为幻和。2 阶幻方不存在，所有 $n\neq2$ 阶幻方是存在的，如 3 阶幻方为

4	9	2
3	5	7
8	1	6

maglev transportation system 磁悬浮运输系统 一种用磁力而不是驱动轮子将大型运输车悬浮、控制和推进。在磁悬浮列车和它的导轨之间不存在实际接触，因此将比用轮子支承的交通工具行驶得更快。磁悬浮系统可分为超导磁悬浮系统和普通电磁磁悬浮系统。

magnatization 磁化强度 描述磁介质磁化状态的物理量，常用符号 M 表示。定义为单位体积内分子磁矩 m 的矢量和。在国际单位制(SI)中，磁化强度 M 的单位是安培/米(A/m)。

magnet 磁铁 一种能在其外围产生磁场的物体。它具有能吸引其他有磁性物体(如铁)的性能，以及吸引或排斥其他磁体的性能。永久磁体产生永久磁场，而电磁体只有当其绕组中流过电流时才具有磁性。

magnetically blown spark-gap of an arrester 避雷器磁吹放电间隙 借助磁场力的作用，驱动电弧，以提高避雷器灭弧能力的一种放电间隙。

magnetically operated solid-state switch 磁控固态开关 将霍尔发生器、触发电路和放大器组合在一个集成电路中，它可以通过移动磁体或改变磁场做到每秒钟打开或关闭达 10 000 次。由于没有接触磨损，因而也没有接触跳动。

magnetic amplifier (magamp) 磁放大器 一种基于饱和电抗器非线性特性的放大器，单独使用或与其他电路元件结合使用来提供放大作用。当直流或交流输入信号加到控制绕组上时，改变了铁芯的饱和度，于是在输出绕组中产生更大的交流电流变化。

magnetic anisotropy 磁各向异性 某些材料的磁性与方向的相关性。

magnetic anomaly 磁异常 磁场的预期和正常图案的变化，如地球的磁场。它可以由任何大型铁类物质(如水下潜艇)引起。

magnetic anomaly detector (MAD) 磁场异常探测器 测量水下物体(如潜艇)的磁强计。直流通过绕在高磁导率磁芯上的线圈，抵消掉地球磁场对磁芯的作用。交流电使磁芯饱和的正负摆幅相等，水下物体的磁场则产生不等的摆幅，从而产生输出信号。

magnetic armature loudspeaker 舌簧式扬声器 一种由铁磁衔铁驱动振动膜的扬声器，该衔铁由于永磁磁场和衔铁上所绕线圈中通过的音频电流产生的磁场的相互作用而交替吸合和推斥。也称“电磁扬声器”或“动片式扬声器”。

magnetic axis 磁轴 一个磁体的磁矩的轴线。

magnetic bead 磁珠 由氧磁体组成，电感由磁心和线圈组成。磁珠把交流信号转化为热能，电感把交流存储起来，缓慢的释放出去。磁珠专用于抑制信号线、电源线上的高频噪声和尖峰干扰，还具有吸收静电脉冲的能力。

magnetic bearing 磁方位，磁浮轴承 (1)与测量本地磁场方向有关的方位，如可以把一个磁性罗盘放在场中来测量。(2)一种轴承，通过电磁体和永磁体组合产生的磁场在自由空间支撑传动轴。

magnetic bias 磁偏置 一种施加在继电器或其他磁装置磁路上的稳定磁场。

magnetic biasing coil 磁偏置线圈 饱和电抗器上的绕组，它在大小和极性两个方面形成基本的磁芯磁化。

magnetic blow-out 磁吹，磁性灭弧 利用磁场对电流的作用来熄灭或变更电弧。参见 electric arc。

magnetic bottle 磁瓶 一种中间弱两端强的磁场，这一磁场区域的两端就形成了两个磁镜，平行于磁场方向的速度分量不太大的带电粒子将被约束在两个磁镜间的磁场内来回运动而不能逃脱。这种能约束带电粒子的磁场分布称为磁瓶。参见 magnetic mirror。

magnetic brake 磁制动器 由电磁方式控制的摩擦制动器。

magnetic bubble 磁泡 在一些磁性材料中，磁性是各向异性的。如果把这种材料制成薄膜，使它的易磁化轴垂直于膜面，在无外加磁场的稳定状态下，会形成许多蛇形的条状磁畴。在外加磁场时，与外加磁场方向一致的磁畴部分将扩大，而与之相反方向的条状磁畴会逐渐缩小。当磁场到达一定值时，条状磁畴会缩小成一个点状的圆柱形磁畴，它能受外界磁场的吸引而运动，好像水面上的气泡一样，因此称之为“磁泡”。当外加磁场超过一定值时，磁泡就会消失；当外加磁场降低到一定值时，磁泡又会生长成连续的条状。因而外加磁场稳定于一定范围时，磁泡也就稳定地存在。这时由于磁泡本身具有磁性，通过控制加在薄膜两边的磁场，可以实现磁泡的产生、消失、传输、复制、交换等功能。

magnetic bubble memory 磁泡存储器 制备磁泡常采用的材料是外延石榴石膜，用这种材料制成的磁泡直径小，存储密度高。磁泡存储器结构多为主从环形式，用某一位置上有无磁泡表示“1”或“0，检测有无磁泡常用磁变阻效应法和霍尔效应法。可用一种专门的传感器来检测磁泡，这种传感器发射一个电子脉冲代表通过读头的每一个磁泡。由于采用磁存储技术，失去电源后仍能保持原有信息，重新加电可立即恢复工作，因而消耗功率小。它可做成双列直插等封装结构，使用方便。又因采用串行输出，接口简单。由于磁泡存储器无机械旋转结构问题，一般使用于震动、冲击较剧烈的恶劣环境中。

magnetic card 磁卡(片) 一种存储信息的磁性卡片。尺寸和名片差不多，上面有宽约 5 mm 的磁

M

条。磁卡可以作为计算机输入/输出数据介质，或作为信用卡，起有价证券的作用。由于磁卡的防伪性能不够高，因而逐渐被 IC 卡代替。

magnetic card file (MCF) **磁卡文件** 一种后备存储器。一批磁性卡片保存在卡片箱中，当一个存储在卡片上的数据被调用时，卡片上的数据很快通过读/写头而被输送，从而完成数据的直接存取。

magnetic card storage **磁卡存储器** 一种磁性存储器，数据以磁记录方式存储在这些薄的柔性卡片的表面上。

M

magnetic cell **磁(存储)单元** 一个磁存储单位，能够以 0 或 1 的状态存储一位信息。同 static magnetic cell。

magnetic character **磁性字符** 用磁性墨水打印在文件上的字符。参见 magnetic ink character。

magnetic character reader **磁字符阅读机** 能阅读用磁墨水字符印刷的文件的一种设备。

magnetic circuit **磁路** 磁力线的完整通路，它具有限制通路中由磁动势产生的磁通量的磁阻。

magnetic circuit breaker **磁断路器** 一种断路器，当保护电路中由于过载电流引起螺线管的磁吸力增加时，其触点自动断开。也称"电磁断路器"。

magnetic circuit breaker time delay **磁断路器延时器** 一种磁断路器中的阻尼延时机构，防止由于因保护电路中短暂过载产生的低电流瞬变信号而引起的不希望的断路响应。阻尼延时器的动作推迟了触点的闭合。

magnetic clutch **磁性离合器** 通过磁极间的吸引将一根旋转轴上的运动传递给另一根旋转轴的离合器。

magnetic code **磁码** 以某种磁记录作为符号的代码。

magnetic core (MC) **磁芯** 将磁性材料与载流导线排列成一定的空间关系，用以集中感应磁场，就像变压器的感应线圈或转子那样，保持磁化状态以存储数据，或利用它的非线性性质用作逻辑元件。磁芯可以用铁、铁的氧化物、铁淦氧材料制成线形、带形、圆环形、杆形或薄膜形。

magnetic core storage **磁芯存储器** 以磁芯的极性可被选择的性能来存储数据的一种磁性存储器。磁芯存储器早已被其他存储技术所代替。

magnetic current sheath **磁流包层** 浸没在磁场中的等离子表面上生成的包层。空间电荷可以为正或为负。净电流沿着垂直于磁场的包层表面流动。

magnetic damping **磁阻尼** 由磁场和在磁场中运动的线圈中产生的电流之间的反作用引起的机械运动阻尼。

magnetic declination **磁偏角** 真正的北极(地理概念上的)和磁北极(罗盘指南针的方向)之间的夹角。该角度对不同位置有不同数值且逐年变化。

magnetic deflection **磁偏转** 由磁场造成的电子束的偏转。

magnetic delay line **磁延迟线** 其工作基于电磁波传播时间的一种延迟线。它主要由金属媒质组成。在这条线上磁能的传播速度比光速慢。

magnetic dipole moment **磁偶极矩** 在一个载流回路中，磁偶极矩是磁常数与载流回路的磁矩的乘积。

magnetic discriminator **磁鉴别器** 带有变压器和其他元件的磁放大器，可以对编码脉冲的极性和大小进行检测。

magnetic disk **磁盘** 在恒速旋转的圆形磁性媒体表面沿同心环形轨迹，通过磁头电磁转换器件进行数据记录的直接存取存储设备。磁盘按基片材料分为硬磁盘(硬盘)与软磁盘(软盘)两类。

magnetic disk file **磁盘文件** 将需要记录的信息按一定的要求记录在磁盘上所形成的文件。同 disk file。

magnetic disk layout **磁盘布局** 磁盘盘面上常用空间分配格式的简要说明。

magnetic disk memory **磁盘存储器** 一种磁性存储器，在一个或多个转动的磁盘的盘面上以磁记录方式存储数据。也称"直接存取存储器"。其中的盘片俗称"硬盘"，以区别于"软盘"。它是由铝合金制作的圆盘片，表面涂覆上极薄的一层磁性材料作为存取信息的介质。信息按照一条一条同心圆的轨迹记录在盘面上，每条轨迹称为一条磁道，磁道由盘的外缘往圆心顺序编号，这就是磁道地址号。信息在磁道上是一位一位地顺序排列着，每一条磁道上都包含有地址信息、数据信息和其他一些信息。这些信息在磁道上的布局称为记录格式。工作时由电机带动盘片高速旋转，磁头在盘片上作径向移动，根据地址寻找磁道读出或写入信息。参见 magnetic-disk memory。

magnetic disk unit **磁盘机** 包括磁盘驱动器、磁头及相应控制装置的一种设备。这是一种随机存取的存储装置，数据记录在磁道上，磁道在盘面上形成数百个同心圆，存取数据时可将磁头移至所需的磁道上。磁头与高速旋转的磁盘表面保持一微小间隙以进行信息的存取。磁盘机是一种工艺要求很高的外部设备，对环境的洁净度等要求也较高，所以此类产品把磁头部件和盘片密封成一体。磁盘机按其磁盘片的数量和形成可分为单片磁盘机、多片组合磁盘机及可更换盘组磁盘机等多种。

magnetic document sorter reader **磁性文件分类阅读机** 能对磁墨水印刷文件进行分类，并将文件上的数据送到计算机存储器中的一种设备。

magnetic domain **磁畴** 磁性材料内自发磁化区域，在该区域内自发磁化强度在大小与方向上基本是均匀的。也称"畴"。

magnetic doublet **磁偶极子** 量值相等、符号相反

的磁特性分别集中在无限靠近的两点上的一微型磁性组合体。或一个可以用无限小的电流回路来代替的磁体。或一个在距离远大于其自身尺寸的其他各点上所产生的磁场。

magnetic drum (MD) **磁鼓** 表面涂有磁性材料，并以一定速度旋转的圆柱体。它主要是由鼓轮和磁头两部分组成。鼓轮是一个不导磁的金属圆筒，磁头用于写入或读出数据。当需写入或读出数据的相应磁鼓位置转到磁头下面时，便可立即进行读写。磁鼓通常用作计算机的外存储器。随着磁盘存储器技术的逐步完善，磁鼓已不再使用。

magnetic drum unit **磁鼓机** 包含一个磁鼓、移动磁鼓的机械、磁头和相关控制器的设备。

magnetic energy **磁能** 在磁路中，磁通密度(B)与达到这个磁通密度所需要的磁化力(H)两者的乘积。

magnetic field **磁场** 在磁性物质周围形成的与力有关的作用场。想像成由流线构成，每一条线从北磁极出发到达南磁极。磁场可以由载流线圈或导体、永久磁体或地球本身产生。

magnetic field component **磁场分量** 在电磁波中，这样一部分波，①由时变磁场组成；②与电场相互作用并进行能量互换；③从而引起垂直于两场方向的力场或能量场的传播。

magnetic field strength **磁场强度** 磁场中某点的强度。它是一个有方向的量(矢量)，用 H 表示，一般的单位为安匝，或奥斯特。参见 electric field strength。

magnetic field vector **磁场矢量** (1)一个点上用于表示该点磁场强度大小和方向的矢量。(2)在电磁波中，如无线电波或光波中，用来表示传播该波的媒质中的任一点上的瞬时磁场强度的大小和方向。

magnetic file stripe **磁文件带** 一种文件存储设备。采用条形材料，表面进行磁化，以存储数据。

magnetic film **磁(性薄)膜** 一种内存媒体。它是由很薄的磁性材料做成的膜，而磁性材料附着在一块非磁性的薄板上(通常用玻璃板)。

magnetic film memory **磁膜存储器** 一种用磁膜元件存储数据的存储器。能通过真空沉积、电镀、化学腐蚀或其他集成电路生产技术做到每平方英寸几千个元件。

magnetic flaw detector **磁探伤器** 一种裂纹探测器，铁类物体在其中被电磁体或永磁体磁化，并用含有细小铁颗粒的墨水喷在上面，于是表层或邻近表层的裂纹便显出黑线。如果将被检表面首先涂成白色，裂纹就能很容易看见。

magnetic flowmeter **磁流量计** 一种依赖于液体或稀浆中含有磁性成分的流量计。使用时必须预先对每单位体积中磁性材料的含量进行校准。

magnetic fluid **磁流体** 载流中的铁微粒或胶状铁氧体微粒的悬浮体。这种胶状悬浮体可以通过磁场来控制其状态、位置、形状、相对密度、外观、轨迹或速度。

magnetic fluid clutch **磁流体离合器** 一种摩擦离合器，通过对安装在输入和输出轴上极片之间的铁粉的液体悬浮体磁化实现啮合。

magnetic flux **磁通** 穿过某一个截面 S 的磁感应强度 B 的通量，即穿过某截面 S 的磁力线的数目，称为磁感应通量，简称磁通。某截面 S 的磁通等于磁感应强度 B 在该面上的面积分。在国际单位制(SI)中，磁通的单位是韦伯(Wb)。

magnetic flux density **磁通密度** (1)通过垂直于磁力线的单位面积上磁力线的数目，即 $B=\Phi/A$，式中 B 是磁通密度矢量，即单位面积上磁力线的数目，是一个点函数，Φ 是磁通量矢量，A 是垂直于磁力线方向上磁力线通过的面积的大小。(2) 在一个点上：在该点上磁性材料的磁导率乘以该点的磁场强度，即 $B=\mu H$，式中 B 是磁通密度矢量，μ 是磁导率，H 是磁场强度矢量。

magnetic focusing **磁聚焦** 通过磁场的作用对电子束聚焦。

magnetic forming **磁成形** 用强磁场将金属挤压进模具中得到所需的形状。先给大的电容组充电，然后在百万分之一秒内将所存储的能量释放至电感线圈内，从而产生所需的磁场。此方法也称“电磁成形法”。

magnetic friction clutch **磁摩擦离合器** 利用磁性器件使摩擦面啮合或脱离的摩擦离合器。

magnetic gap **磁隙** 磁路中的非磁性截面，如空气隙。

magnetic grating transducer **磁栅式传感器** 利用磁栅与磁头的磁作用进行测量的位移传感器。磁栅式传感器由磁栅、磁头和检测电路组成。参见 position transducer。

magnetic grid **磁栅** 在不导磁材料制成的栅基上镀一层均匀的磁膜，并录上间距相等、极性正负交错的磁信号栅条制成的。

magnetic hand scanner **手握式磁扫描器** 一种手握式装置，它可以从磁条上读取经过预先编码的信息。参见 magnetic stripe reader。

magnetic head (MH) **磁头** 可以对磁性数据媒体进行读、写及清除数据等的一种或多种功能的电磁装置。硬盘磁头的发展先后经历了“亚铁盐类磁头”、“MIG(金属夹层)磁头”、“薄膜磁头”和“MR(磁阻)磁头”等几个阶段。前三种传统的磁头技术都是采取了读写合一的电磁感应式磁头，在设计方面因为同时需要兼顾读/写两种特性，因此也造成了硬盘在设计方面的局限性。第四种磁阻磁头在设计方面引入了全新的分离式磁头结构，写入磁头仍沿用传统的磁感应磁头，而读取磁头则应用了 MR 磁头，即所谓的感应写、磁阻读，针对读写的不同特性分别进行优化，以达到最好的读/写性能。参见 pre-read head, read head, read/write head, write head, giant magneto resistive (GMR) heads。

magnetic hysteresis 磁滞 在铁磁性或亚铁磁性物质中，磁场强度变化时，磁通密度的不可逆变化。

magnetic hysteresis loop 磁滞回线 当磁场强度周期性地变化时，表示物质磁滞现象的闭合磁化曲线。

magnetic induction 磁感应 由磁场在导体中产生或感应电流或电压的过程，一般说来，磁场必须是变化的或者导体和磁场之间必须有相对运动。

magnetic induction line 磁感线 为了形象地研究磁场而人为假想的曲线。磁感线上任何一点的切线方向都跟这一点的磁场方向相同，磁感线是闭合曲线。规定小磁针的北极所指的方向为磁感线的方向。磁铁周围的磁感线都是从 N 极出来进入 S 极，在磁体内部磁感线从 S 极到 N 极。参见 electric field line。

magnetic ink 磁墨水 含有磁性物质微粒的一种墨水，它的存在可由磁检测设备检测出来。

magnetic ink character 磁性墨水字符 用含有铁磁性物质的墨水和一套特殊形式的铅字印在银行支票上的字符。人和机器都能理解这些字符。

magnetic ink character recognition (MICR) 磁墨水字符识别 机器对磁墨水字符的识别过程，包含磁性物质颗粒的打印字符被扫描器阅读并被转换成一种计算机可读的数字格式。

magnetic ink character recognition (MICR) code 磁墨水字符识别代码 美国银行家协会制定的一个代码标准。它由 10 个数字符号和 4 个特别符号组成。标准代号为 Font E13B。这种代码可供各种磁墨水识别设备(即磁检测器)阅读。

magnetic intensity 磁感应强度 任何物质在外磁场作用下，除了外磁场外，由于物质内部原子磁矩的有序排列，还要产生一个附加磁场。在物质内部，外磁场和附加磁场的总和称之为磁感应强度，是矢量，常用符号 B 表示。在国际单位制(SI)中，磁感应强度的单位是特斯拉，简称特(T)。

magnetic latching relay 磁保持继电器 一种对电路起着自动接通和切断作用的自动开关。磁保持继电器的常闭或常开状态完全是依赖永久磁钢的作用，其开关状态的转换是靠一定宽度的脉冲电信号触发而完成的。参见 electromagnetic relay。

magnetic leakage 磁漏 泄漏在能做有用功路径以外的磁通量。

magnetic leakage factor 漏磁因数 总磁通量与有用磁通量之比。

magnetic lens 磁透镜 一种由电磁体或永磁体排列成的透镜，这些磁体产生的磁场可以聚焦带电粒子束。

magnetic levitation 磁悬浮 利用磁力将地面车辆稳定地悬浮在相应导轨的上方或下方。一种概念是铁磁吸力。车辆上的交流或直流磁体铺在铁磁导轨下方，提供吸力将车辆从导轨上悬浮起来。另一种概念是超导感应，悬浮力来自于导轨导体的感应电流和车上超导磁线圈之间斥力的互作用。悬浮列车通常由直线型电动机或其他形式的动力驱动，以实现高速地面运输。

magnetic lines of force 磁力线 这是人为想象的、表示磁场的线，磁力线上的每一点都有一个方向，它是磁通在该点的方向。

magnetic loading 磁负荷 气隙表面每单位面积的平均磁通量。

magnetic losses 磁损耗 磁性物质从时变磁场中吸收，并以热的形式耗散的功率。磁损耗包括磁滞损耗和涡流损耗。参见 hysteresis loss, eddy current loss。

magnetic material 磁性材料 磁导率远大于空气和真空的材料。铁磁材料是强磁性的，顺磁材料是弱磁性的。

magnetic medium 磁介质 任何一种数据存储介质，包括磁盘和磁带。

magnetic meridian 地磁子午线 地球表面的每一点沿该点地球磁场水平分量方向的水平线。

magnetic mirror 磁镜 一种中间弱两端强的磁场。制作磁镜的方法有很多，比较简单的是用两个电流方向相同的线圈产生一个中间弱两端强的磁场，这一磁场区域的两端就形成了两个磁镜。另一种磁镜结构由很多匝线圈绕成直线管形状的管室，两端线圈密度比中间大，从而两端磁场比中间强。参见 magnetic bottle。

magnetic modulator 磁调制器 用于雷达磁控管上根据电感器磁饱和特性制成的阴极脉冲调节器，它不需要闸流管或开关设备。电感器通过 π 型网络中的并联电容器谐振方式将其能量传给磁控管的阴极。

magnetic moment 磁矩 由磁化强度的体积积分所得到的一个矢量。平面电流环路的磁矩等于其电流、环路面积与垂直于环路平面的正向单位矢量之乘积。

magnetic moment of a constant current 恒定电流的磁矩 与载流回路关联着的一个轴矢量，其在任何方向轴线上的投影，等于电流乘以这个电路在垂直于此轴线的平面上的投影所包围的面积。

magnetic moment of a magnet 磁体的磁矩 与磁体关联着的一个矢量，当磁体被置于一个均匀磁场中时，加在磁体上的机械作用可用一个力偶来表示，力偶的机械力矩等于磁体的磁矩与磁感应的矢积。此磁矩等于产生此磁化的各电流的各元磁矩的矢量和。

magnetic north 磁北 当只存在地球磁场的影响

时，指南针北极所指的方向。由于地球子午线经常沿着之字形轨迹走向，因此任何一点的指南针都不一定指向磁极。

magnetic particle coupling 磁性粉末耦合器 电耦合器的一种，利用集聚在耦合件之间的磁场内的磁性粉末作为媒介而传递转矩。

magnetic path length 磁路长度 在磁路中磁通流过的闭合路径的长度。磁路长度由安培定律来决定。

magnetic permeability 磁导率 一种材料在磁性方面的参数，磁导率 μ 可用下述关系式表示 $\mu = B/H$，式中 B 是磁通密度，H 是磁场强度。

magnetic playback head 读出磁头 同 read head。

magnetic pole 磁极 (1)磁体两极之一，在磁极附近磁场强度最大，磁极被称为北极和南极。(2)地球表面上指南针所指的两个位置，磁北极在地理北极附近，并吸引指南针的南极。

magnetic poles of a magnet 磁体的磁极 接近磁体两端的存在着两种磁质量的这样两个点，它们在远处各点的总磁场与磁体在这些点的磁场是大约相同的。

magnetic potential 磁位，磁势 把单位强度的磁极从参考点(通常是无穷远)移至所考虑的一点时为反抗磁场而必须做的功。

magnetic potential difference 磁位差 两点间磁场强度的线积分。

magnetic random access memory (MRAM) 磁性随机存取存储器 它是一种非易失性存储器。MRAM工作的基本原理与硬盘驱动器相同，和在硬盘上存储数据一样，数据以磁性的方向为依据，存储为0或1。这就是非易失性的原因，除非被外界磁场影响，才会改变这个磁性数据。MRAM存储元件的结构和普遍使用在硬盘中的GMR(巨磁阻)读取头自旋阀薄膜类似。此元件为一个非磁性层夹在两个强磁薄膜中，当两个强磁薄膜的磁化方向一致时，数据为0，否则为1。利用薄膜阻抗根据方向是否一致而变化的特性，系统可以判别数据位为0或者为1。由于在GMR薄膜下0和1之间的阻抗变化非常小，改用隧道式磁阻(TMR)薄膜后上述问题解决了，但在产品化的路上还要解决很多难题。

magnetic read/write head 读/写磁头 兼有读出和写入功能的复用磁头。

magnetic recording 磁记录 一种利用电和磁的方法将可转换为电信号的信息输入、记录和存储于磁性介质内，并又能从其中取出和重现该信息的过程称为磁记录。

magnetic recording head 记录磁头 同 magnetic head。

magnetic recording materials 磁记录材料 磁记录材料是主要被用于磁记录的一类材料，其原理是利用磁头气隙中随信息变化的磁场将磁记录介质磁化，即将随时间变化的信息磁场转变为磁记录介质按空间变化的磁化强度分布，经过相反的过程，可将记录的信息经磁头重放出来。磁记录材料是作为硬磁材料来应用的，但它与传统硬磁材料不同，它往往不是以块状形态使用。

magnetic recording medium 磁记录媒体 用来存储信息的具有磁性表面涂层的媒体，如磁盘、磁鼓、磁带和磁卡片等。

magnetic recording mode 磁记录方式 磁介质中用不同磁化翻转状态表示二进制信息“1”和“0”的方式。基本上有归零制和不归零制两种。

magnetic reluctance 磁阻 磁通量流过的也即建立的通路的阻值，可用下面两个关系式给出：① $R = mmf/\Phi$，式中 R 是磁通量所起的磁通路的阻值，mmf 是加在这一个通路上产生磁通量的磁动势，Φ 是这一个通路中的总的磁通量；② $R = L/\mu A$，式中 R 是磁阻，L 是通路长度，μ 是构成通路的材料的磁导率，A 是通路横截面积。同 reluctance。

magnetic remanence 顽磁 当外施磁场强度从磁饱和状态单方向地减小到零时的剩余磁通密度数值。参见 remanent magnetic flux density。

magnetic reproduce head 再生[回放]磁头 同 magnetic read head。

magnetic resonance imaging (MRI) 核磁共振成像 通过磁场检测人体内部氢原子核的密度分布的一种成像技术。将人体被检测部位置于一个强磁场中，体内的氢原子核(质子)的自旋方向在强磁场的影响下变得一致，且自旋轴以某一个固有频率运动。如果在强磁场的垂直方向加入一束射频波，当射频波的频率与质子的进动频率相同时，质子的自旋轴就会因共振吸收能量而偏离原来的方向；当撤去射频波后，质子自旋轴又会回到原来方向，并放出能量。这种释放出的能量产生的微弱的信号被感应线圈检测到，送入计算机，并经计算机按一定的算法运算处理，即可在显示屏上得到人体被检部位的断层图像。因为人体内不同组织和器官或同一组织出现病变时，氢原子核的密度分布有所不同，因而检测到的信号也就不同，从而可以得到各器官和组织清晰区分的图像，或发现器官和组织出现的病变。MRI是当今最新的一种无损伤性人体检查方法，广泛用于诊断脑、肝、肾、心脏、神经、脊髓等器官和组织的疾病。

magnetic resonance spectrum 磁共振谱 由改变叠加在稳定磁场或缓变磁场上的射频电磁场所产生的频谱。材料中的原子在稳定磁场或缓变磁场周围旋进，当其吸收或释放无线电波的量子时，能使分子改变它们的磁量子数。它是用于医疗诊断的磁共振成像的基础。

magnetic rigidity 磁刚度 粒子动量的测度，等于与粒子路径垂直的磁场强度和粒子路径总曲率半径的乘积。

magnetic rod storage **磁棒存储器** 数据存储在小棒或棒状磁性材料中的磁性存储器。同 magnetic slug storage。

magnetics **磁学** 也称"铁磁学",是现代物理学的一个重要分支。现代磁学是研究磁、磁场、磁材料、磁效应、磁现象及其实际应用的一门学科。

magnetic saturation **磁饱和** 当磁场强度增大时,磁化强度不能随之而显著增大的铁磁性物质的状态或亚铁磁性物质的状态。它是磁性物质的最大可能磁化。

magnetic screen **磁屏** 用以减弱磁场对规定区域的穿透的铁磁材料制成的屏障。

magnetic sheet **磁片** 在文字处理中,一种以磁记录方式存储数据的矩形宽条记录媒体,它可以将数据记录在它的一个或两个面上。

magnetic shell **磁壳** 其任何处的磁化强度与表面垂直,并与厚度成反比的无限薄的一个磁体。

magnetic shield **磁屏蔽** 由高磁导率材料制成的外罩,以保护仪器和电子组件不受杂散磁场的影响。

magnetic shunt **磁分路** 一片磁性材料,能够对空气隙缝周围的磁通量进行一定量的调整,一般作为校正用。

magnetic slot reader **磁槽阅读机** 当磁条通过阅读机中的槽时,可以从磁条上读取经过编码的信息的一种设备。参见 magnetic stripe reader。

magnetic slug storage **磁棒存储器** 同 magnetic rod storage。

magnetic storage **磁性存储器** 利用材料的磁特性所做成的存储器。磁性材料中的每一个磁性单元具有两种不同的磁化状态,可分别表示二进制数字"0"或"1"。

magnetic storm **磁暴** 引起地球磁场强度迅速和异常变化的扰动,影响无线和有线通信。它是由太阳黑子活动性引起的。

magnetic stripe **磁条** 一种条状磁性材料,在它上面可记录通常用来表示信息的数据,也可以从它上面读取数据。磁条通常贴在信用卡、证件或其他可携带物品上。

magnetic-stripe card **磁条卡** 银行发给储户的一种结算卡。它是一张薄塑料卡片,正面以浮雕凸字形式印有持卡人的姓名、账号、开户银行行号以及发卡行标记等,背面贴有磁条和持卡人的签字样本。磁条用以记录持卡人的保密账务信息。

magnetic-stripe ledger card **磁条账卡** 直观记录计算机上使用的一种账卡。这种计算机可以自动地记录阅读账卡磁条上的数据。也能把数据打印在这种卡片上。这是一种人和机器都可读的双重可读记录。这种账卡可用于日常应用中,如用于销售分类账、购货分类账、工资结算单、库存物品分类账和成本核算等。

magnetic stripe reader **磁条阅读机** 从磁条上阅读经过编码的信息的一种设备。该设备可以是手握式或固定式。参见 magnetic hand scanner, magnetic slot reader。

magnetic stripe reference card **磁条参考卡** 一个标识卡,配备进行验证的磁性条带,用于标准编码器和阅读器。

magnetic stripe system **磁条系统** 能用于某种目的,存入有关信息的磁条处理装置。在需要时,采用终端或条形码识别阅读和修改磁条上的数据。磁条广泛用于银行信贷和借方卡片系统,以识别某一位用户。它们也用于商品出售的产品标记或用于超级市场自动结账。

magnetic substance **磁性物质** 其磁化强度能由磁场来感生或改变的物质。

magnetic surface memory **磁表面存储器** 泛指在介质上涂覆薄层磁性材料而构成的存储器。一般通过相对于存取磁头运行来实现信息的存取。常有磁带存储器、磁鼓存储器、磁盘存储器、磁卡存储器等。其共同的优点是:存储容量大、可靠性高、具有非易失特性和成本较低。

magnetic surface recording **磁表面记录(技术)** 以磁表面(磁盘、磁带等)作为记录媒体的一种信息存储方法。

magnetic susceptibility **磁化率** 其与磁场强度之乘积等于磁化强度的一个标量或矩阵。

magnetic system **磁系统** 主要由两个相对运动的铁芯及气隙等所组成的具有闭合磁路的电器组件。

magnetic tape **磁带** 一种表面涂有磁性材料的带状记录媒体。参见 magnetic tape storage。

magnetic tape adapter **磁带适配器** 用它在处理机和一台或多台磁带机之间传送数据一种硬件设备。

magnetic tape cassette **磁带盒** 一种通常是用塑料做的容器,有两个可以被驱动以放带和卷带的轮子,它使得磁带不用移出容器,便可用于读写数据。

magnetic tape cleaner **磁带清洁器** 用来清掉磁带表面尘埃或其他附粘物的设备。磁带表面不洁净会造成信息读错,也增加对磁头的磨损。有一种清洁器是磁带机走带路径上的一个部件。清洁器上有许多小孔,磁带经过清洁器,表面上的灰尘等被小孔中的吸气流吸掉;另一种清洁器是一种专门清洁磁带的设备。此设备也兼做磁带倒带设备。

magnetic tape cleaner/tester **磁带清洁测试设备** 一种可对计算机用磁带进行清洗并测试其性能的设备。它可测试磁带的长度、单磁道错、双磁道错、三磁道错的数量、因物理损伤而产生透光错误的数量及其位置、BOT(磁带开始标志)、EOT(磁带结束标志)迷失、带头过短等各种不正常现象,并将测试结果显示或打印出来。

magnetic-tape code **磁带编码** 数据作为磁化点,称为二进制数字或位,沿着平行的磁道记录在磁带上。磁道个数可以是7或9,取决于使用的是字符还是字节,带宽方向排列的几个磁道记录一列数据。这些数据表示一个字符或字节。它们可以是一个数字、字母和特殊符号。字符是由0和1(即位)组成的代码。

magnetic tape density **磁带密度** 1英寸(2.54 cm)长的磁带上记录的字符数或字节数(以BPI或B/in表示)。磁带常用的记录密度有800 BPI,1 600 BPI,6 250 BPI等。

magnetic tape drive **磁带驱动器** 一种控制磁带移动的机构,通常用于移动磁带使其通过读头或写头,或使磁带自动倒带。同magnetic tape deck, magnetic tape transport mechanism。

magnetic tape encoder **磁带编码器[机]** 一种数据转录装置。基本构成包括:一个字母数字键盘、一个标准的半英寸磁带机、一个用作缓冲器的存储器以及控制逻辑电路。数据从键盘输入,进入内存,经校验后送入磁带。这种装置可用来将数据直接送入磁带,又可通过通信线路实现不同地点的带到带的传输。

magnetic tape file **磁带文件** 存放在磁带上的文件。它是一种顺序文件。

magnetic tape file check **磁带文件检验** 对故障磁带进行的硬件检验。检验是自动进行的,不需要人工干预,也不损失计算时间。

magnetic tape format **磁带格式** 数据记录在磁带上的格式,它主要由格式结构,标记符号和文献记录数据等组成。磁带格式因系统而异,也在逐步走向标准化。

magnetic tape handler **磁带机** 同magnetic tape unit。

magnetic tape label **磁带标号** 位于磁带开始处的一段记录。包括名字编号、记录格式和卷号等。用于标识或描述磁带上的数据记录情况。

magnetic tape leader **磁带引带** 磁带开始标记前的那一段磁带,在上带时使用。

magnetic tape loading **磁带加载** 把磁带盘装到磁带机内,磁带机进行一系列动作,直到磁带置于加载点位置,做好执行来自计算机命令的准备工作的整个过程。

magnetic tape master file **磁带主文件** 存放在磁带上的主文件。

magnetic tape parity check **磁带奇偶校验** 利用奇偶位对磁带上记录的数据进行校验的一种技术。在磁带进行写操作时,将奇偶位一起写入磁带,当数据读出时,用以检查读/写操作是否正常。

magnetic tape storage **磁带存储器** 利用数字磁记录原理,通过电磁变换传感器件(通常称为磁头)在稳速传动的带状磁性媒体表面进行数据记录的顺序存取存储设备。它通常可分为半英寸带宽磁带机,盒式磁带机和大容量磁带机。其中半英寸带宽磁带机按其传动方式结构又可分为单主动轮式,双主动轮式和真空主动轮式几种。按其磁带缓冲机构的特点可分为真空积带箱式、摆杆式和大型真空积带箱式。如果按其记录方式可分为不归零制(NRZ1),调相制(PE)和成组编码(GCR)几种。此外还有一种称为数据流磁带机,它是将数据连续写在磁带上,磁带在数据块间不起停,故大大简化了磁带机的结构。

magnetic tape unit **磁带机** 包含磁带驱动器、磁头及相应控制装置的一种设备,可对记录在磁带上的信息进行读取或写入。

magnetic thin film **磁膜** 一种用磁性材料做成的薄膜,其厚度通常小于1 μm,常用作逻辑元件或存储元件。

magnetic thin film storage **磁膜存储器** 一种磁性存储器,数据以磁记录方式存储在磁性材料涂层上,涂层附在某种基底上,其厚度仅一个分子的量级。

magnetic track **磁道** 磁表面存储器记录信息的磁化轨迹。在磁带上,磁道是顺着磁带记录的,常用9条磁道。在磁盘上是大量同心圆状磁化轨迹,在磁鼓上则是大量同轴圆。

magnetic unit **磁单位** 测量磁学量的单位,国际单位的磁单位有安匝、安/米、特斯拉和韦伯。

magnetic variometer **磁变记录仪** 一种测量磁场相对于空间或时间差异的仪器,与磁强计不同,后者用来测量磁场强度的绝对值和磁场方向。参见magnetometer。

magnetic vector **磁矢[向]量** 规定磁通量方向和大小的一种表示法,如表示电磁波中磁场建立的磁通量。

magnetic vector potential **矢量磁位** 其旋度等于磁通密度的矢量。

magnetic viscosity **磁粘滞性** 铁磁质的磁化强度的变化虽跟随着产生磁化的磁场而变化,但有时间滞后,滞后的程度与磁场的变化速度有关。这种现象称磁粘滞性。

magnetic wave **磁波** 由一个能产生磁场的源(如通有电流的线圈)发射的一种波,磁波传播距离较短,当大小发生变化或极性反向的时候,在处于磁波作用的线圈中便产生电流,如在变压器线圈和点火线圈中。

magnetic wire **磁场导线** 在磁性组件(如电感器和变压器)中,用于产生磁场的导线。磁场导线几乎全部是用铜材质做的,并且必须是接近100 %的纯铜。它外面覆盖一层有机聚酯膜。

M

magnetism **磁性** 铁、钢和某些其他磁性材料所具备的性质。这些材料能够产生或传导磁力线,从而与电场或其他磁场相互作用。

magnetization curve **磁化曲线** 表示物质的磁通密度与磁极化强度或磁化强度与磁场强度的函数关系的曲线。

magnetization strength **磁化强度** 磁性材料体积的总磁矩除以该体积所得的矢量。如果是对物体的整个体积求和,得到的则是整个物体的磁化强度,一般说来,物体内部各点的磁化强度是不同的,各个点的磁化强度可以通过对该点附近的小体积内的磁矩求和而得到。

M

magnetizing current **磁化电流** 用以产生磁场的电流。也称"起磁电流"。当电源变压器次级绕组未接负载时,初级绕组中流过的电流,该电流在铁芯中产生磁场并提供铁芯中空载功率损失的能量。

magnetizing field **磁化场** 用以产生磁化的磁场。参见 to magnetize。

magnetoelastic energy **磁致弹性能** 在铁磁材料磁化过程中与其尺寸变化相关的能量。

magneto electric effect **磁电效应** 将材质均匀的金属或半导体通电并置于磁场中产生各种物理变化,这些变化统称为磁电效应。这些效应包括霍尔效应、艾廷豪森效应、能斯特效应和磁致电阻。

magneto-electric transducer **磁电传感器** 测量导体在磁场中运动所产生电压的传感器。

magneto-electric relay **磁电式继电器** 利用永久磁铁(通常是固定的)与载流导体(通常是可动的)间相互作用而工作的继电器。

magnetograph **磁强记录仪** 一种通过分析光谱来测量炽热气体,如太阳或其他星体的炽热气体中磁场强度的仪器。

magnetographic printer **磁性图形打印机** 一种非打击式打印机,用磁头在金属鼓的操作来建立一个图像然而转印到纸张上。

magnetohydrodynamics (MHD) **磁流体动力学** 专门研究和应用处于电场、磁场和电磁场影响下的导电流体流(如金属蒸汽和金属液体)的科学技术分支。

magnetoionic double refraction **磁双离子折射** 一个进入电离层的线性极化波,由于受到地球磁场和大气电离层的共同影响,以致该波分成两个不同的部分,称为"正常波"和"异常波"。这些波沿不同的路径传播,产生的衰落不同,相速度也不同,并且通常沿相反方向椭圆极化。

magnetoionic wave component **磁电离波分量** 由于地球磁场的作用,入射到电离层中的线性极化波被分离成两种椭圆极化波分量中的一种。

magnetometer **磁强计** 测量磁场(如地球磁场)的大小和方向的仪器。参见 magnetic variometer。

magnetomotive force (m·m·f·) **磁通[动]势** 磁场强度沿一个闭合回路的线积分的标量。是作用在整个闭合磁路上的总磁化力,与电路中的电压(电动势)相对应。如果是由于线圈中的电流所形成,则磁动势与安匝数成正比。磁动势的厘米-克-秒制单位是吉伯(Gb),相应的国际单位制为安匝(At),1 Gb=0.795 775 At。

magneto-optical (MO) **磁光存储技术** MO 是利用激光和强磁场同时作用于记录介质来实现数据存取的。MO 利用聚焦激光照射在光碟记录层上形成极小的光斑,当光斑温度上升到居里点时,磁畴随外加磁场的作用而改变磁化方向(用 0 或 1 表示)。当磁畴温度恢复到环境温度时,磁畴呈高矫顽力,从而实现数据的写入;擦除时,只需翻转外加磁场的方向即可。光碟的记录层很薄,通常是夹在透明聚碳酸脂或玻璃之间的一层磁合金。

magneto-optical effect **磁光效应** 处于磁化状态的物质与光之间发生相互作用而引起的各种光学现象。包括法拉第效应、克尔磁光效应、塞曼效应和科顿-穆顿效应等。这些效应均起源于物质的磁化,反映了光与物质磁性间的联系。

magneto-optical material **磁光材料** 一种光学特性可以通过施加磁场来改变的材料,是在紫外到红外波段,具有磁光效应的光信息功能材料。利用这类材料的磁光特性以及光、电、磁的相互作用和转换,可制成具有各种功能的光学器件,如调制器、隔离器、环行器、开关、偏转器、光信息处理机、显示器、存储器、激光陀螺偏频磁镜、磁强计、磁光传感器等。

magneto-optical modulator **磁光调制器** 一种将光束通过钇铁石榴石单晶进行调制的装置,它通过引起磁场产生光旋转来提供光强度调制。

magneto-optical recording **磁光记录** 一种记录技术,用于光碟。用一束激光加热盘上磁性物质的一小部分,着重加热使磁场改变方向,从而记录信息。这种技术可改写盘上的数据。

magneto-optic disc **磁光碟** 一种可擦写的或半可擦写的存储盘,类似于 CD-ROM(只读碟)盘,具有高密度。用激光束加热记录表面,从而改变该区域的磁极。参见 compact disc-read only memory (CD-ROM),magneto-optics。

magneto-optic effect **磁光效应** 置于外磁场中的物体,在光和外磁场作用下,其光学特性(如吸光特性,折射率等)发生变化的现象称为磁光效应。

magnetooptic modulator **磁光调制器** 用磁光效应调制光载波的调制器。

magneto-optic memory **磁光学存储器** 一种用于存储信息的媒体,只在高温下对磁性敏感。用一束激光加热媒体上的一个小点进行数据记录。存储的密度取决于光束聚焦的能力。

magnetooptics **磁光学** 专门研究和应用下列两

者之间相互关系的科学技术的分支:磁场和处于电磁波谱可见光区域的电磁波。

magnetoresistance 磁致电阻 磁致电阻是对载流的导体或半导体加上磁场时所产生的电阻变化。磁致电阻是磁场电效应的一种。它在磁场平行于和垂直于电流时都可观察到。电阻的变化通常与磁场成正比。在半导体中,磁致电阻非常大(特别在锑化姻中),并且相对于单晶体中电流的方向具有大的各向异性。后一性质对于确定带结构很有价值。对磁致电阻的测量还可提供有关载流子迁移率的知识。

magnetoresistance multiplier 磁致电阻倍增器 一种模拟倍增器,在倍增器磁心的空气隙内安装了薄膜磁致电阻器。加到绕在倍增器磁芯上的线圈上的输入信号在两个磁致电阻器上产生推挽电阻变动,因而使它们所连接的电桥失衡。这类倍增器在控制系统和模拟计算机中用于测量功率和提供诸如除、乘、平方和取平方根这样一些功能计算。

magneto resistive extended (MRX) head MRX 磁头,扩展型磁阻磁头 它是在磁阻(MR)磁头基础上进行一定的技术改进而来,但性能提高不大。

magneto resistive (MR) head MR 磁头,磁阻磁头 由磁阻元件(即磁阻随外加磁场的变化而变化的元件)构成的一种磁头。它是一种更精密的薄膜磁头,它与传统的薄膜磁头相比体积更小,重量也更轻,而且 MR 磁头将读、写分成两部分,因此可以按读、写分别进行优化以达到最佳的工作姿态。最重要的一点是 MR 磁头的读单元采用的是检测阻抗变化而不是像传统磁头检测感应电流的工作方式,这种检测阻抗变化方式可以使读取数据的灵敏度大为提高。所以采用 MR 磁头可以进一步提高硬盘盘片上的数据密度,因此也就提高了同一规格硬盘的存储容量。比较 thin film magnetic head。

magnetoresistor 磁控电阻器 一种电阻值随着外加磁场强度而变化的电阻器。它们通常成对用于电桥电路,并带有一个永久磁体提供磁偏置。流过反向串联绕在磁极上的线圈的电流,将减少一个电阻器的磁通而增加另一个电阻器的磁通,使电桥失衡从而产生输出电流。

magnetosphere 磁层 地球上方延伸至大约几倍地球半径范围的区域。它由地球磁场所引起,包括范艾伦辐射带,由被俘获的粒子(主要是电子和中子)组成,绕着从一极到另一极的磁力线呈螺旋状。

magnetostatic field 静磁场 一种力场,它是由运动电荷,即由恒定的或缓慢变化的电流产生的。静磁场磁场强度的大小可用一个放在磁场中通有直流电的导线所受的力来度量。静磁场不能与其他任何场耦合,如电磁波的电场。同 staticmagnetic field。

magnetostriction 磁致伸缩 由于磁化而导致的磁性物质的弹性变形。又可细分为:体伸缩指体积的相对变化;线伸缩指长度的相对变化。强磁体自发磁化时,由于磁性原子间的相互作用,点阵发生自发畸变,磁畴发生自发形变,称为自发磁致伸缩,包括自发的体磁致伸缩及线伸缩。前者主要来源于交换作用,后者与磁晶各向异性密切相关。强磁体受到外磁场磁化时,由于磁畴结构的变化和相应的磁畴自发形变的变化,出现了整个物体的线磁致伸缩(简称磁致伸缩)。由强磁体交变磁化状态引起交变磁致伸缩或其逆效应导致磁声效应,已用于超声换能器等技术中。

magnetostriction effect 磁致伸缩效应 某些铁磁体、合金及铁氧体,其磁场与机械变形相互转换的种种现象称为磁致伸缩效应。一般说磁致伸缩效应即指正向的磁致伸缩效应。磁致伸缩效应是1842年由焦耳发现的,故也称“焦耳效应”。参见 positive magnetostriction effect。

magnetostriction hydrophone 磁致伸缩水听器 能够对水下声波起响应的磁控传声器。

magnetostriction loudspeaker 磁致伸缩扬声器 一种扬声器,其机械位移来源于具有磁致伸缩性能的材料的变形。

magnetostriction microphone 磁致伸缩麦克风 一种传声器,其工作依赖于具有磁致伸缩性能材料的变形所产生的电动势,超声波和水下发声是其主要的应用。

magnetostriction oscillator 磁致伸缩振荡器 这种振荡器的阳极电路通过磁致伸缩元件与栅极电路呈电感耦合,其振荡频率取决于耦合元件的磁力学性能。

magnetostriction transducer 磁致伸缩换能器 一种声纳转换器,将交流电转换为同频率的声能并将其聚成一束。大量的镍或镍合金的管和线圈以串、并混联的方式排在一起,每个管子的一端贴在与海水接触的薄膜上,该转换器也被用作反射回声的传声器。

magnetostrictive delay line 磁致伸缩延迟线 一条遵循磁致伸缩原理的延迟线。它由加有磁场时会改变尺寸的材料构成,可通过下面的方式来存储数据:插入一个可在一端增加一个较短的长度的磁场脉冲,从而产生一个在这段线上传送的机械脉冲或振动。在另一端通过一个传感器(可以是磁性的或微音的)来检测所传播的那个脉冲。

magnetostrictive relay 磁致伸缩继电器 根据磁性材料受到磁场作用后所发生的尺寸变化进行工作的继电器。

magnetostrictive resonator 磁致伸缩谐振器 一种铁磁棒,在施加交变磁场时可以以一个或多个确定的谐振频率振动。

magnetostrictor 磁致伸缩体 一种采用磁致伸缩性能将电振荡转换为机械振荡的设备,该设备包括一个磁性棒,一端固定,绕上线圈,通以振荡电流。

M

为了得到最大能量，该系统必须以等于或近似等于其自然频率来驱动，它可用于产生超声波。

magneto switchboard 磁石式交换机 由用户和话务员用磁石发电机进行呼叫和拆线的人工电话交换机。其中磁石发电机用作信令功率源，即呼叫和拆线功率源。同 magneto exchange。

magneto-telluric method 磁-大地电流法 通过测定地表任意一点上，由大地电流产生的电场和磁场的比值(即阻抗)来探测地质构造的方法。由于电场和磁场是随时间同步变化的，所以，它们的比值可以消除大地电磁场随时间变化这一个因素的影响，它不需要设置基点，也不需要供电设备，勘探深度又大，是一种很有前途的探测地质构造的方法。磁-大地电流法又可分为大地电磁测深和大地电磁剖面两种方法。大地电磁测深法是通过观测同一个测点不同频率的电场与磁场的比值，研究不同深度地电断面情况，低频反映深部，高频反映浅部。大地电磁剖面法是观测同一个频率不同测点的电场与磁场的比值，研究同一深度、不同测点的地电断面情况。

magnetothermolectric single crystal 磁热电单晶体 固态致冷器的晶体材料，当载有电流的晶体在超过 1×10^5 Gs 的横向强磁场的作用下时，能够冷却到低于室温 100 ℃。

magnetotransistor 磁控晶体管 带有两个集电极、被设计用作磁场传感器的横向双极晶体管。有两种类型：纵向磁晶体管(VMT)依靠纵向流动的载流子来进行磁操作；横向磁晶体管(LMT)依靠横向流动的载流子进行磁响应。当对两种器件施加磁场时，洛伦兹力作用于载流子，引起其偏转。

magnetron 磁控管 一种用来产生微波能的电真空器件。磁控管实质上是一个置于恒定磁场中的二极管。管内电子在相互垂直的恒定磁场和恒定电场的控制下，与高频电磁场发生相互作用，把从恒定电场中获得能量转变成微波能量，从而达到产生微波能的目的。磁控管由于工作状态的不同可分为脉冲磁控管和连续波磁控管两类。

magnet steel 磁钢 具有高矫顽力的钢，通常含有钨、钴、铬和锰，属于永磁材料。

magnet wire 电磁线 各种尺寸的涂有绝缘清漆的铜线，通常用来绕制变压器、继电器和其他电磁设备的线圈。

magnifier 放大镜 一种光学系统，能产生置于前焦点附近的物体的放大的虚像。

magnifying power 放大率 当像大于物体时，放大率是像的线性尺寸与相应的物体尺寸之间的关系。在一个光学系统中，它等于入射光瞳的直径除以出射光瞳的直径。望远镜系统的放大率等于目镜的焦距。

MAI (1)多址干扰 multiple access injterence 的缩写。(2)《国际硕士学位论文文摘》*Masters Abstracts International* 的缩写。

MAIFHO 手机辅助载频间切换 mobile assisted inter-frequency handoff 的缩写。

mail bomb 邮件炸弹 对电子信箱发送大量电子邮件信息或巨大数据的一种骚扰形式，它会导致收方邮箱超载甚至崩溃。

mail box 信箱，邮箱 计算机网络中为放置电子邮件而在主计算机或服务器上设置的存储装置。如果用户使用通过因特网发送的电子邮件，邮箱就会位于因特网服务提供商(ISP)的邮件服务计算机上。在电子邮件系统中，每个信箱都有一个唯一的地址，每个用户必须有一个信箱才能接收邮件。邮件通过联机终端进入系统，经过传输后，放入接收者的邮箱。接收者对信箱中的邮件可以浏览，拷贝到文件中，转送给另一个用户，删除它，也可以将邮件打印出来。参见 electronic mail。

mailbox facility 信箱设备 用于存储一个来自发端用户的消息直至收端用户要求传送这一个消息为止的一种设备。同 mailbox-type facility。

mailbox name 信箱名 在一个因特网电子邮件地址中两个基本部分之一：@标记的左侧部分规定了用户的邮箱的名称。@标记的右侧部分是装有邮箱的计算机的域名。

mailbox service 邮箱服务 电子邮政的一个名称，特别用于交互式视频电报系统。

mailbox system 信箱[邮箱]系统 (1)指计算机信息从一个用户(或机构)向另外一个外存传输以便集中的系统。例如，它可以转送主机的计算机向文献编辑机构提出的文献请求(用联机检索完成)。参见 ADRS，DIALORDER 和 electronic maildrop。(2)计算机信息从一个用户(或组织)传输到等待收集这些信息的另一个用户的任何文件系统。此术语的使用超出了电子邮政，而包括使文件(由联机检索完成)从一个主机转发到请求文件的机构。

mailbox-type facility 信箱设备 同 mailbox facility。

mail bridge 邮件(网)桥 一个邮件网关，在两个或多个网络之间传递电子邮件并保证它传递的邮件符合某种管理要求。邮件桥是一种专用化的邮件网关，对传递的邮件强化了管理策略。参见 electronic mail，mail gateway。

mail delivery agent (MDA) 邮件投递代理 电子邮件系统的组件之一。MDA 就是将邮件传输代理(MTA)接收的邮件依照邮件的流向进行本地投递，可以投递到一个本地用户、一个邮件列表、一个文件或是一个程序。参见 electronic mail system (EMS)。

mail exploder 邮件分发器 因特网电子邮件系统中提供的一种服务机制。其功能是允许用户指定一张地址表作为输入，然后根据表中给出的地址，向所有对应的站点发送电子邮件的复制件。参见

electronic mail，email address，mailing list。

mail filtering 邮件过滤 这是一种对电子邮件进行整理、添加、删除、排序的程序，它可以按时间、字母顺序把来信进行排序，拒收垃圾邮件和特定的邮件，或把不同类型的邮件进行分类。

mail folder 邮件夹 用于存放由用户发送和接收的文件的一种文件夹。

mail gateway 邮件网关 用于连接两个或多个邮件网络的硬件软件设备。也指用于连接不同网络上的两个异质邮件系统的硬件软件设备。邮件网关的主要工作过程是：从源邮件系统获取整个电子邮件；然后，按照目的邮件系统的规则，对此邮件重新格式化，并在因特网中继续向前存储转发，直到送到目的站为止。

mailgram 邮递电报 用电报将消息发往邮局，再由邮局送往收报者的手里的电报。

mailing list 邮件列表 一系列电子邮件的地址，用于邮件分发器传递消息到一组用户。通常，一个邮件列表用于讨论不同的专题，由具有共同兴趣的人组成，所有这些人可接收发送或邮寄到该列表上的全部邮件。在这点上，邮件列表与新闻组的用途相近，其主要区别在于必须到新闻组中检查人们已经说了些什么，但是通过订阅邮件列表，最新的稿件会通过电子邮件发送给订阅者。参见 news group。

mailing merge 邮件合并 字处理系统所提供的功能，用户合并两个不同文件中的信息。例如，在给很多人写相同内容的信件时，先建立两个文件，一是信件的正文，二是收信人的姓名与地址的清单。利用该功能，将姓名、地址写到正文中。

mail path 邮件路径 由一系列机器名组成的一条从发送者到接收者的途中必须通过的地址表，用于引导电子邮件从一个用户到另一个用户。这种电子邮件编址系统曾主要用于 UUCP(Unix 到 Unix 复制程序)网络。虽然一般不再需要指定用户的邮件将要通过的路线，但是邮件头仍然常常包含返回到发送者的整个邮件通路。参见 bang path，email address，UNIX-to-UNIX copy。

mail program 邮件程序 也称“邮件阅读程序”，用户读出、回答、发送和保存邮件用的程序。常用的 UNIX 邮件程序包括 mail、elm 和 pine。Eudora 是 PC 和 Mac 机上的通用邮件程序。

mail queue 邮件队列 参见 communication queue。

mail reader 邮件阅读程序 使用户得以选择未读邮件，并将其下载供离线阅读的软件。大多数邮件阅读程序还使用户得以离线应答并且根据需要装载。

mail reflector 邮件反射器 一种特殊形式的电子邮箱，当它收到一个消息后就立即把它再发送到一组其他邮箱中去。邮件反射器提供了产生一个网上讨论的能力。

mail server 邮件服务器 (1)一种类似于供一群人存取邮件的邮政信箱功能的计算机系统及相关软件，用户可以向该系统所服务的任何人发送或转送电子邮件。(2)一种在因特网上的利用电子邮件查询信息的检索工具。用户想要查询时，向其指定的电子邮箱发送一封含有信息查询命令的电子邮件。邮件服务器程序将自动读取、分析收到的电子邮件中的命令，并将检索结果以电子邮件的形式发回到用户的电子邮箱。

mailslot 信槽 (1)微软视窗中的一个伪文件，用于进程之间的单向通信。(2)在 LAN Manager 网络软件中，一个能够存储和转发数据的对象。

mail transfer agent (MTA) 邮件传输代理 电子邮件系统的组件之一。管理电子邮件在网络上传输方法的软件。MTA 执行以下功能：①接受来自邮件用户代理的邮件；②解析邮件目标地址；③选择正确的传送代理来传送邮件；④接收从其他邮件传输代理传入的邮件。参见 electronic mail system (EMS)。

mail transfer protocol 邮件传递协议 当前常用的是简单邮件传输协议(SMTP)标准。有很多邮件传输工具，如 outlook express、fox mail 等，都遵守 SMTP 标准并用这个协议向邮件服务器发送邮件。SMTP 协议规定了邮件信息的具体格式和邮件的管理方式。参见 simple mail transfer protocol (SMTP)。

mail user agent (MUA) 邮件用户代理 电子邮件系统的组件之一。MUA 是用户和邮件系统的接口部分软件，用户使用它来创建、阅读、管理自己的邮件。参见 electronic mail system (EMS)。

main beam 主束 同 main lobe。

mainboard 主板 微计算机构件中最主要的印制电路板，它是制造微型计算机的基础。主板采用开放式结构，板上一般集成有芯片组、各种 I/O 控制芯片、键盘和面板控制开关接口、指示灯接插件、扩展槽、主板及插卡的直流电源供电接插件等元器件。常见的主板结构规范主要有 AT，Baby AT，Full AT，ATX，Mini ATX，Micro ATX，LPX，NLX，Flex ATX 等结构。参见 motherboard，boards and cards。

main body 主(体)程序 在计算机程序中的一部分语句，程序的执行从这部分语句开始并转向子例程。大多数程序设计语言要求程序具有一个主程序。

main circuit 主电路 连接完成主要功能的电路。

main contact 主触头 开关电器主电路中的电器触头，在闭合位置时承载主电路的电流。

main control unit 主控制器 在有多个指令控制器的计算机中，在给定的时间间隔内起主要作用的指令控制器。其他的指令控制器从属于该指令控制器。可以由硬件或者硬件与软件联合指定某指令控制器作为主控制器。某一个时间间隔的主控制器在另一个时间间隔内可能成为从控制器。

main database file 主数据库文件 两个数据库文件连接操作时的当前工作区中的数据库文件,也称"父数据库文件"。如果两个数据库文件用一个字段连接起来,就可以使记录指针自动指向第二个工作区中的记录,就像在第一个工作区中确定指针的位置一样。

main distributing facility (MDF) 主配线设施 它是建筑中主要的通信室设施组成部分。是星形布线拓扑结构中的中心点,接线板、集线器和路由器都位于此。

main distribution frame (MDF) 主配线架 (1)一种配线架,其中一部分是不变动的进入设备终端的外线,另一部分是电缆(如用户线复接电缆、中继线复接电缆)和接线端子,用于将下列两者交叉互联起来:任一不变动的外线,和接到任何需要的复接电缆的终端或任何其他外线。它作为线路和中心局之间的测试点。在专用交换机中,其功能与中心局中的配线架相似,可以有包含无线信道或电路的外线。(2)网络布线系统中一个重要的组件,是实现垂直干线和水平布线两个子系统交叉连接的枢纽。配线架通常安装在机柜或墙上。通过安装附件,配线架可以全线满足 UTP、STP、同轴电缆、光纤、音视频电缆的接线需要。常用的配线架有双绞线配线架和光纤配线架。

main earthing bar 主接地排 将保护导体,包括等电位连接导体和工作接地的导体(如果有的话)与接地装置连接的接地排。

main earthing terminal 主接地端子 将保护导体和工作接地的导体与接地装置连接的端子。

main entry point 主入口点 在具有多个入口点的程序中,通常为执行开始的入口点,即为第一个序列中第一条指令的地址。

main equal potential bonding 总等电位连接 在建筑物内将电气装置总配电箱内的 PE(地线)母线排以及建筑物内的外露可接近导体、电气装置外露可接近导体,在靠近总配电箱处用连接线连通。使电气装置及建筑物内的外露可接近导体各导电部分电位相等。

main exciter 主励磁机 励磁机的一种,用以供给一台或多台主电机所需的全部或部分励磁能量。

main file 主文件 参见 master file。

main folder 主文件夹 在 LinkWay 产品中,指启动 LinkWay 时自动打开的文件夹,当用户不指定其他文件夹时,系统自动打开这个文件。

mainframe micro 微主机 这个术语是由 Intel 引用来描述它的 32 位、3 芯片的处理器。

main function 主函数 (1)计算机程序的主体。(2)在 C 语言中,指名为 main 的函数。每个程序必须具有一个这样的函数。主函数是当程序运行时首先执行的函数。

main gap 主放电隙 辉光管主阴极和主阳极之间的传导路径。

main heading 主标题 在字顺主题分类法或使用这种分类法建立的字顺主题目录或索引中用于标识主题的词、词组或自然语言句子。

main index build 主索引构建 主索引构建指在搜索系统中构建整个索引的过程。

main insulation 主绝缘 隔离电位起主要作用的电介质。参见 supplementary insulation。

main internal memory 主存储器,内存 同 main memory。

mainkey 主键 关系式数据库中的一种键,定义为:设关系模式 R 及 R 的子集 $K=\{B_1,B_2,\cdots,B_m\}$,如果对于 R 上的任意关系 r,在 r 中的任意两个不相同元件组 t_1 和 t_2,有 $t_1[K]\,!=t_2[K]$ 成立,但对任何 K 的真子集 K' 不满足上述条件,那么称 K 是 R 上的主键。参见 key,superkey。

mainline program 主(干)线程序 执行主要功能的一种程序,为完成更多的特定功能,它将控制权交给例行程序或子例程。

main lobe 主瓣 (1)对所需极化,包含辐射强度最大值方向在内的天线辐射瓣。(2)天线辐射图中包含最大辐照度方向,即包含具有最大辐射密度那个方向的一个波瓣。它与其他任何波瓣相比,通常包含最大辐射功率。同 main beam,major lobe。

main loop 主循环 (1)程序多重循环中循环次数最多的部分。(2)嵌套循环中的最外层循环。(3)程序主函数中的循环。参见 event-driven programming,main body。

main loop cabling 主环路电缆连接 在某些信息处理系统中,以电缆将所有环路集线器及环路站连接器互联起来。

main machine interface (MMI) 主机接口 在多机系统中,处于核心地位的计算机(主机)与其他外围计算机之间构成信息传递的接口设备。

main memory 主存储器 主机中用来存储数据(包括指令),并在中央处理机直接控制下进行读、写操作的存储器。该存储器一般装在机箱内主机板上,故也称内存,用于将它和外部大容量存储设备(如硬盘)区别开来。目前主存多选用高速的半导体存储器件,某些大型机还采取多体交叉技术以设计成具有足够带宽和极短存取周期的存储器,用它来支持高速的中央处理机和输入输出操作。主存储器有时也称"中央存储器"、"内部存储器"、"实际存储器"或"真实存储器"等。

main memory database 内存数据库 通过内存储器直接实现的数据库。对内存数据库的直接访问,将极大地提高对数据库的存取速度和效率。

main-memory mapping 主存储器映射 一种存储分配方法。在某些系统中,为了保护信息及重定位，主存储器被分为四种独立的形式：系统数据、系统代码、用户数据、用户代码。当系统检测到存储冲突或不可恢复的错误时，通过存储映射自动地将用户代码或非临界的操作系统代码进行重定位，以改变它在内存中的实际位置。

main memory stack 主内存堆栈 在计算机的主内存中指定区域建立起来的堆栈，可以为多个作业所使用，也可以专门为一个作业而建立。对每个堆栈，都应提供堆栈指针、上下限检测器。在作业中，则需要建立堆栈故障向量和指向用户的诊断与恢复程序的故障向量。

main memory unit (MMU) 主内存单元 构成系统主内存的单元部件或模块。可以是一个内存芯片或一组这样的芯片。

main module 主模块 在多模块程序中，程序开始执行的模块。它一般在整个程序中起主程序的作用。

main network address 主网络地址 在通信系统软件中，这种网络地址用于 SSCP-LU(系统服务控制点与逻辑单元)及某些 LU-LU(逻辑单元之间)的会话。

main page pool 主页(面)池 在某些操作系统中，实存储器没有分配给管理程序或某一个物理分区的那些页面。

main path 主路径 在执行一个例程时，计算机所采取的主要工作路径。它取决于程序的逻辑和数据类型。

main power distribution cabinet 主电源配电箱 对电力机房与通信设备机房之间及通信设备机房内各种用电进行分配和管理、并具备保护功能的机柜，是电源配电箱的上一级设备。

main program 主程序 (1)一项任务中的最高级别程序，主程序可调用子例程，它本身不被其他子例程调用。(2)在多个程序或子例程的各层次中，当程序运行时，首先接受控制的程序。

main quantum number 主量子数 指定电子轨道尺寸的正整数。主量子数 n 是用来描述原子中电子出现几率最大区域离核的远近，或者说它是决定电子层数的。n 相同的电子为一个电子层，电子近乎在同样的空间范围内运动，故称主量子数。主量子数的 n 的取值为 1,2,3,… 等正整数。例如，$n=1$ 代表电子离核的平均距离最近的一层，即第一电子层；$n=2$ 代表电子离核的平均距离比第一层稍远的一层，即第二电子层。余此类推。可见 n 愈大电子离核的平均距离愈远。

main relay center 主中继中心 连有两条或两条以上中继线路的转换中心，可提供不同的通信业务。

main ring path 主环路径 在环网结构中，由存取设备及连接它们的电缆所组成的那部分环路。

main routine 主程序 同 main program。

main segment 主程序段 在苹果公司的 Macintosh 机上，指程序的基本代码段，这个段必须在程序执行期间一直驻留内存。

main sequence 主序列 表示程序的结构，并在转移之后控制要返回的指令序列。

mains frequency 工频，电网频率 交流公共供电电网的频率，在我国等于 50 赫。

main station 主站，总站 具有唯一的呼叫号码并直接和中央局相连的一种电话站。在用户设备的专线连接中，它是将用户设备连接到本地回路上的主要站点。参见 extension station。

main storage 主存储器 同 main memory。

main storage database (MSDB) 主存数据库 在某些信息管理系统中，一种根段式数据库，常驻在主存中，可按字段进行存取。

main storage partition 主存(储器)分块 在任务数固定的多道操作系统环境下，动态存储区的一个子部分。它可为其分配一个作业或一个系统任务。

main storage processor 主存处理器 执行主存储器中机器语言指令的硬件装置。

main storage region 主存区域 在某些操作系统中，分配给一个作业步或一个系统任务的动态区域中一个可变大小的子区。

main system 主系统 当某个系统是由若干个子系统组成时，构成其核心部分者称为主系统。

maintainability 可维护性 在给定条件下使用规定的程序和资源进行维护时，在规定使用条件下设备保持在或恢复到能执行要求功能状态的能力。

maintain system history program (MSHP) 维护系统历史程序 在虚拟存储扩展系统中，用于对系统进行各种安装、剪裁和服务活动的控制及使之自动化的程序。参见 virtual storage extended (VSE)。

main task 主任务 同 major task。

maintenance 维护，维修，修理 (1)为排除故障或使功能部件保持良好工作状态而采取的所有行动。如：测试、测量、更换、调整、修理等。(2)使系统软件及应用程序保持良好运行状态所采取的行动。如定期转储、重储，或在必要时变更相应的参数等。参见 corrective maintenance, deferred maintenance, emergency maintenance, preventive maintenance, scheduled maintenance。

maintenance analysis procedure (MAP) 维护分析规程[程序] (1)一种维护手册，为有关维护人员提供追踪故障征兆的步骤。(2)一种维护程序，它给出了从故障症状查找到其起因的逐步逼近过程。

maintenance contract 维修合同 计算机安装后，通常即与计算机厂家订立维修合同。根据合同可以由厂家派出常驻现场工程师或进行周期性的预防性巡视检修。

maintenance control circuit (MCC) 维护控制电路

在通信、计算机、数据处理和控制系统中,供维护人员之间联系用的电路。通常操作或技术控制人员不能使用维护控制电路。

maintenance control panel **维护控制面板** 同 maintenance panel。

maintenance control unit (MCU) **维护控制部件** 启停、监控、检测、诊断计算机系统的控制部件。系统程序通过 MCU 加载,加载成功后,MCU 通过运行诊断程序提供信息给系统人员,以分析判断系统运行情况。

maintenance echelon **维护等级** 对装备实施规定程度维护的机构与场所所作的等级划分。

maintenance engineering **维护工程** 解决软件在运行中所发生的各种故障以保证其正常运行的工程。它在整个软件设计、生产过程的成本中占的比重最大。在设计工程中,设计维护是一个重要的课题,是增强软件生命力的最重要途径。

maintenance entities (ME) **维护实体** 维护实体由下列原则规定:组成各 ME 的电信网的各种设备在相邻的和易于识别的接口点上互联,在接口点上,为这些设备规定的接口条件适用于这些点,并且这些点具备检测维护事件和失效的手段;若该电信设备支持双向传输它正常地包括两个方向传输的电信设备,因此,两个方向都被认为是同一个 ME 的一部分;当在网络内发生失效时,希望维护告警信息指示出现在失效所在的维护实体上。当这不能实现时,指示应当出现在尽可能邻近的实体上;在实体中的维护告警信息指示不应在其他实体上引起相关的告警信息指示。倘若允许出现这种指示,则它们应清楚地指明失效发生在上游,而不是发生在显示信息的其他实体中。

maintenance entity assembly (MEA) **维护实体组** 维护实体组由下列原则规定:MEA 包含用于附加维护目的而集合的各维护实体(ME)群;适用于 ME 的原则也适用于 MEA;MEA 可以检测失效,并可检测不能由 ME 检测的维护事件信息;MEA 可以提供 ME 不能提供的端到端维护告警信息。端到端的信息可由使用附加的监控手段来收集。

maintenance event information (MEI) **维护事件信息** 因为总性能没有受到危害,而不需要维护工作人员立即行动时,作为事件的结果,必须产生本信息。维护行动可在排定日程的基础上或在维护事件信息指示积累之后去执行。

maintenance hook **维护钩** 在计算机安全方面,指软件的一个陷阱门,使得用户能够方便地进行维护和开发新的功能,能够进入代码的非寻常入口而不经过通常的检查。

maintenance man-hours (MMH) **维护工时** 对于给定类型的维护工作或在给定的时间间隔内,所有的维护人员所耗费的各个单项维护时间累积的持续时间,计量单位为小时。

maintenance mode **维护模式** 数字数据通信报文协议(DDCMP)中,由维护运行协议使用的运行模式。参见 digital data communication message protocol (DDCMP)。

maintenance operation protocol (MOP) **维护操作协议** 通信网中的一种管理维护协议,可以通过低层通信对正在运行的系统进行测试与维护管理。使用该协议,甚至对一些高层功能已经不能正常运行,但低层通信仍可进行的系统进行测试与维护。参见 digital data communication message protocol (DDCMP)。

maintenance panel **维护面板** 同 service panel。

maintenance phase **维护阶段** 参见 operation and maintenance phase。

maintenance philosophy **维护准则** 组织和实施维护的基本原则体系。

maintenance plan **维护计划** 用来标识管理和技术途径的文件,供软件产品维护时使用。典型的维护计划包括:工具、资源、设施、日程等。

maintenance point **维护点** 企业为有效实施通信网络运维服务管理而设置的、具备通信网络运维服务管理和故障修复作业职能的场所。

maintenance policy **维护方针** 在一个项目维护中,用于描述维护等级、维护服务合同等级和维护程度之间的相互关系的原则。

maintenance process **维护进程** 当发现软件产品中有较大错误,运行中发生故障甚至失效或需增强时,需进入本进程,研究并形成维护建议。

maintenance program (MP) **维护程序** 维护计算机时用于支持维护工作的程序。

maintenance programmer **维护程序员** 维护程序的编码、调试及保持计算机软件系统正常工作的人员。

maintenance program procedures **维护程序步骤[过程]** 厂家或软件公司为诊断和消除计算机故障、人为错误或程序员错误而设计的分析检查和测试程序。维护人员利用这些程序检查、测试、调整计算机系统使之能正常工作。

maintenance release **维护性版本** 改正少量错误或者增加几个小的特点的软件升级版本。这种版本的编号通常是增加原版本号的小数部分,如从 3.0 版到 3.1 版。

maintenance services **维护服务** 在 SNA(系统网络体系结构)中,SSCP(系统服务控制点)和 PU(物理单元)中的一种网络服务形式。维护服务提供测试链路及节点和收集并记录出错信息的各种设施。参见 configuration services, management services, network services, session service。

maintenance software **维护软件** 支持硬件和固件维护的计算机程序、例行程序、子程序或工具,它们识别和报告已有故障的设备、不能有效工作的设备、不再与系统相连的设备或已掉电的设备。

maintenance standby time 维护备用时间 总的维修时间与安装、维修时间之差。

maintenance strategy 维护策略 组织和实施维护的计划。

maintenance sub-entity (MSE) 维护子实体 维护子实体由下列原则规定:组成维护实体(ME)的MSE的各不同部分在相邻的并易于识别的接口点上互联;当失效发生在一个MSE内时,希望维护告警信息指示出现在包括该MSE的失效的维护实体;一个失效的MSE应当由故障定位过程识别为失效;但只应由监控过程来导致失效ME的标识;一个MSE通常相应于在失效事件的例行操作中可重新替换的部件。参见 maintenance entities (ME)。

maintenance support performance 维护支持性能 一个维护组织在给定条件下提供维护功能部件所需资源的能力。

maintenance test 维护试验 定期对器件或设备进行的鉴定试验。如有必要进行适当的调整以保证其性能保持在规定的极限内。

maintenance time 维护时间 维修保养机器的软件和硬件所需要的时间。维护包括正确性维护(包括排除故障)和预防性维护(运行系统程序、例行诊断程序),维护时间也称"维修时间"。

maintenance tree 维护树 一个逻辑图,显示功能单元的元件维护工作的永久性替换顺序以及选择的条件。

main trunk 主干线 在通信系统中,从顶端到下属分支的主要链路,有时用于表示中心交换局之间的中继线。

main winding of motor 电机主绕组 单相感应电动机的初级绕组。

MAIO 跳频序列偏移量 mobile allocation index offset 的缩写。

major 多焦镜片 光学中将两块不同折射率的镜片熔接以制成多焦透镜。

major alarm 紧急报警 任何一种引起两个或多个信道的客户数据损失的报警状况。

major class field 一级字段 某些计算机系统的查询实用程序中的一种字段,它的内容决定或只决定第一级记录类别。在表格准备期间,查询实用程序处理一个记录。比较 minor class field。

major control change 主要控制变化 一种控制特性发生重要的改变或相对而言为变化较大的现象。

major control data 主控数据 一种用于选择、执行、区别或修改其他例程、记录、文件、操作或数值的数据。

major control field 主控制(字)段 一个记录中最重要的控制字段。这是根据排序对记录进行分类时首先要考虑的字段。

major cycle 大周期 循环存取存储器信息的最长时间,如串行存取数据的磁盘转一圈所需的时间。

major device number 主设备号 在AIX操作系统中,指各种设备或设备类型的一个系统标识号。主设备号、次设备号和通道号唯一地识别一个硬件设备。参见 minor device number。

major disjunctive normal form 主析取范式 特殊的析取范式。当把一个公式A化为析取范式时,要求范式中每一个析取项含有A中所有原子命题(公式)或其否定恰一次。

major event code 主事件代码 在OS/2操作系统中,赋予主操作系统时间的一个代码。如打开文件或写文件。主事件代码值的范围为0～255。

majority 参数逻辑,多数表决 一种逻辑运算,它具有下述性质:若 $P, Q, R, \cdots$,为语句,如果其中一半以上的语句为真,则 $P, Q, R, \cdots$,的多数逻辑运算为真;如果只有半数或少于半数的语句为真,则多数逻辑运算的结果为假。

majority carrier 多数载流子 在半导体区域内,大于载流了总浓度半数的一种载流子。多数载流子可以是空穴或电子。另一种类型的载流子则称为少数载流子。在N型材料中,电子是多数载流子。在P型材料中,空穴是多数载流子。比较 minority carrier。

majority decoder 多数解码器 输出是几根输入线上的占多数的码值的解码器。

majority element 多数表决逻辑元件 能执行多数逻辑表决运算的逻辑元件。多数表决逻辑元件有时也称"多数表决逻辑电路"、"多数表决逻辑门"。常用的多数表决逻辑电路有"三中取二电路"和"五中取三电路"。三中取二电路有三个输入端和一个输出端,三个输入端全部或有二个输入为"1"时,输出才为"1",否则输出为"0"。

majority emitter 多数载流子发射极 发出多数载流子流入晶体管极间区域的电极。

majority gate 多数表决(逻辑)门 执行多数表决逻辑运算的一种逻辑元件。同 majority element。

majority logic 多数逻辑 一种以输入中大多数的状态来确定输出的逻辑。

majority operation 多数表决(逻辑)运算 以操作数的多数值为其结果的阈运算。多数表决逻辑运算的操作数的个数一般是奇数,只有过半数的操作数取值为"1",结果才为"1",若过半数的操作数取值为"0",则结果就为"0"。

major key 主关键字 记录中最主要的一种关键字。

major lobe 主瓣 包含最大辐射方向的辐射波瓣。同 main lobe。

major state **主状态** 计算机中的一种控制状态。在一些系统中,它包括取指、延迟和执行指令等状态。

major structure **主结构** 在PL/1语言中,名字用级1来表示的数据类型结构。一个结构类型的数据除有一个主结构外,还可以有几个子结构。一个子结构还允许包含几个属于它的子结构。这些结构都有一个名字和级别数,通过级别数可反映各结构之间的从属关系。主结构的名字是一个独立结构中唯一的级别数为1的结构名字。

major task **主任务** 在程序开始执行时就具有控制作用的任务。它贯穿程序执行的全过程。

major time slice **主时间片** 在具有分时选件的系统中,一个终端作业存放在主存储器中的那一段时间。参见 minor time slice。

make-break capacity **通断能力** 开关电器在规定的条件下,能在给定的电压下接通和分断的预期电流值。

make-before-break contact **先合后断触点** 设置成在旧触点断开之前,使活动触点先接通新电路的双掷触点。

make-break time **通断时间** 从电流开始在开关电器一个极流过瞬间起到所有极的电弧最终熄灭瞬间为止的时间间隔。

make contact **动合触点** 继电器中的常开静触点,当继电器通电时,其电路闭合。

make or buy decision **制造或购买决策** 经过对有关自行制造能力和销售商品能力的相关因素的仔细研究、评价得出的一种逻辑决策,考虑的因素常常包括产品的成本、交货时间、能力、质量和专利性质及管理思想。

make-time **接通时间** 开关电器从闭合操作开始瞬间起到电流开始流过主电路瞬间为止的时间间隔。

makeup time **补算时间** 由于操作中的故障或出错而进行重复执行使用的那段时间。比较 development time。

making capacity **接通能力** 开关电器在规定的条件下,能在给定的电压下接通的预期接通电流值。参见 make-break capacity。

making-current release **接通电流脱扣器** 在闭合操作期内,如接通电流超过整定时值时,使开关电器瞬时断开的脱扣器。但当开关电器处于闭合位置时,它将不会动作。参见 release。

male connector **插头** 一种有针脚以插入插座的接插件,由插针构成。在产品型号上通常带M(male)或P(plug),如DB-25插头可能标为DB-25M或者DB-25P。对应于 female connector。

male-to-female connector **阳-阴连接器** 常用于连接数据终端设备(DTE)接口和调制解调器或多路转换器,或连接多路转换器的网络端和其干线调制解调器,或连接调制解调器和数字接插仪的连接器。

malfunction **故障** 硬件或软件的失效。从系统的角度来说,故障既有因设备中具体部件(硬件)的缺陷和性能恶化所引起的,也有因软件,如自控装置中的程序错误等引起的。此外,还有因为操作人员操作不当而引起的损坏故障。

malfunction alert **故障报警(中断)** 在多处理机系统中,由于机器出错处理失败或电源掉电,当其他处理机进入检查停机状态时,为了恢复而由一个处理机产生的中断。

malfunction detection system (MDS) **故障检测系统** 信息处理系统中的一个子系统。在处理信息的运行过程中,它随时监视系统的工作状态,当发现故障时即报告其位置和类型。

malfunction routine **定[检]错例程** 查找计算机故障的所在位置或帮助查找程序错误的程序。也称"诊断程序"或"查障程序"。

malicious logic **恶性逻辑** 故意引起系统硬件、软件、固件损坏或危害的非法事件或行为。

malicious viruses **恶性病毒** 直接破坏计算机系统和用户的文件或数据,或者引起计算机系统死机、打印机停止工作、磁盘空间无效等严重妨碍计算机系统运行的计算机病毒。

mal-rule **失误规则** 在计算机辅助教学中,将学生的学习过程中可能犯的某些错误,形成若干条产生式系统的规则。其中包括探查学生错误之所在、错误原因以及解决方法的功能。

Maltron keyboard **Maltron键盘** 用于减少腕部综合症的键盘。它于1970年开始使用,特点是将键分布在两个形状与人手掌相似的凹形区域内,从而使手指能更自然舒适地接触键钮并使手臂与手腕平行。

MAMI **改进的传号交替反转** modified alternate mark inversion 的缩写。

MAN **城域网** metropolitan area network 的缩写。

managed children **受控子窗口** 在AIC增强X-Windows中,指管理域具有True值的子窗口。受控子窗口可以改变自己的布局,并且能够移动或者放大缩小。

managed data network services (MDNS) **管理数据网络业务** 一项欧洲邮政电报电话联合会提出的连接方案。MDNS提供一套管理工具,用于监视、通告及保留内部成员以及通过欧洲的国家分组网络进行内部成员之间的通信。

managed entity **被管实体** 被管理的物理的或逻辑的资源。

managed object (MO) **管理对象** 那些能经过代理(器)进行管理的通信资源。SDH(同步数字系列)

管理对象的例子有设备、接收端口、发送端口、电源、插板、虚容器、复用段及再生段。参见 synchronous digital hierarchy (SDH)。

managed object class (MOC)　管理对象类别　享有相同属性和管理操作,以及某些共性的管理对象,如设备和组成设备的电路插板有共同的特性,可归为一类。

managed object relationship　被管对象关系　在计算机网络管理系统中,指被管对象之间的继承关系、注册关系、包含关系。参见 inheritance relationship, registration relationship, containment relationship。

managed objects　被管对象　在计算机网络管理系统中,指网络系统的节点机、主机、通信线路和网络设备。

managed system　管理的系统　在计算机网络中,被一个或多个管理系统所管理的实体,管理系统可以是元素管理系统、子网管理系统或网络管理系统等。

managed windows　受控窗口　同 managed children。

management　管理　对事务进行管制和处理的含义,它运用组织、计划、指导、控制和协调等基本行动,来有效地利用人力、材料、资金、设备和方法等各种资源,发挥最高的效益,以实现一个组织机构所预定的目标和任务。管理不仅是一门正在发展的科学,而且还是一种艺术,一种技能,它包含了人类从事生产活动的一些基本原则,并为其提供某些理论指导思想。管理科学的发展经历了五个阶段:20 世纪 20 年代以"泰协制"为代表的科学管理阶段;30 年代以美国迈约为代表的"行为科学学派";40 年代以前苏联康托纳维奇为代表的"数学管理学派";50 年代以工资管理作为开始的"计算机管理学派";60 ～ 70 年代以美国卡斯为代表的"系统工程学派"。目前已进入了综合运用经济管理理论、系统工程、统计学与运筹学、计算机科学的现代管理科学的新阶段。参见 computer assisted management, data management。

management agent　管理代理　在计算机网络管理系统中,指访问被管理对象的有关信息并将其转换成服务于管理应用的模式的程序。管理应用的模式如故障管理、配置管理、性能管理、安全管理和计费管理。

management application function (MAF)　管理应用功能　MAF 是参与系统管理的应用进程。它包含一个代理(器)(被管理)及/或一个管理器。每个 SDH(同步数字系列)网元(NE)及操作系统或者协调装置(OS/MD)必须支持至少包含一个代理(器)的管理应用功能。对所有 TMN(电信管理网)消息来说,管理应用功能既是始端,又是终端。参见 synchronous digital hierarchy (SDH), telecommunications management network (TMN)。

management application software　管理应用软件　在计算机网络管理系统中,指用于协助网络管理人员监视网络实施各种管理任务的软件。网络管理人员是通过交互用户接口或管理信息库信息对管理应用软件包进行访问的。

management automated　管理自动化　借助数据处理装置实现的各种类型的管理,如用数据处理装置实现的生产流水线管理。

management by objectives (MBO)　目标管理　以预定的最佳结果为目标展开各项管理,而允许工作人员在完成任务的过程中选择自认为恰当的方法的一种全面综合性管理。其依据是系统论和控制论的思想。

management class　管理类　一个命名的管理属性系列,描述存储层次中一组对象备份和类型转换等特征。

management complex　管理集合　参见 administrative management complex, customer management complex。

management control integration (MCI)　管控一体化　采用计算机、网络、数据库、自动控制和接口通信等技术,以生产过程控制系统为基础,通过对企业生产管理、过程控制等信息的处理、分析、优化、整合、存储、发布,运用现代化企业生产管理模式建立覆盖企业生产管理与基础自动化的综合系统。管控一体化将企业生产全过程的实时数据和生产管理信息有机集成并优化,实现企业信息共享和有效利用,实现企业生产经营过程的整体优化。

management control island　管控孤岛　智能控制设备和控制系统与管理系统之间脱离的现象。管控孤岛影响控制系统作用的发挥。参见 information island。

management decision system　管理决策系统　专门用于决策的经营信息系统,也称"经营决策系统"。该系统主要为企业或部门的经理和管理人员提供决策。

management domain (MD)　管理领域　被管对象的集合。简称管理域。它被安排满足下列组织要求:按若干个功能用途,诸如按安全、计费、故障管理等划分管理环境;或者按每一个管理用途,诸如按地理、技术或组织结构划分环境。

management entity　管理实体　能提供管理功能(如运行、管理、维护和预防措施)的实体。管理实体是一些能力群,它是提供管理功能的集合。例如,运行、管理、维护和保障。对于网络部分,该功能可由网络单元和运行系统的能力组合来实现。对于用户部分,管理功能可包含在用户装置内。

management environment　管理环境　解决由于软件产品的规模大、生存期长而引起人们交往之间所造成的问题所需的环境。它必须处理三个问题:误

M

解、缺乏信息、利益冲突。

management event notification protocol (MEN) 管理事件指示协议 用于事件分配器和事件接收器之间通信的数字网络体系结构(DNA)形态中的应用层管理协议。

management file 管理文件 一种用于建立和维护文件的程序。

management information (MI) 管理信息 专门为某种管理目的和管理活动服务的信息。管理信息是那些以文字、数据、图表、音像等形式描述的,能够反映组织各种业务活动在空间上的分布状况和时间上的变化程度,并能给组织的管理决策和管理目标的实现有参考价值的数据、情报资料。

management information base (MIB) 管理信息库 管理信息库是一个开放系统内的信息,使用OSI(开放系统互连)管理协议,可以变换或影响这些信息。MIB是一个开放系统里被管对象的集合。这对于信息来说并不暗示着物理存储或逻辑存储的任何形式,它的实施是本地关心的事情而不在标准范围以内。管理信息可以在管理进程之间共享并且按照这些进程的要求构成。MIB既不把管理数据的解释限制到预先定义的集合,也不限制到数据是否以处理过的形式存储。然而,是MIB中一部分的信息的抽象句法和语义两者都被定义,以便它们在OSI(开放系统互连)协议交换中能被表示。

management information catalogue (MIC) 管理信息目录 管理信息目录是管理信息定义的一个摘要集合,它与原国际电报电话咨询委员会(CCITT)建立中的定义是完全一致的。

management information system (MIS) 管理信息系统 一个由人、计算机、通信网络及其他外围设备等组成的能进行信息的收集、传递、存储、加工、维护和使用的系统。对企业而言,其主要任务是最大限度的利用现代计算机及网络通信技术加强企业的信息管理,通过对企业拥有的人力、物力、财力、设备、技术等资源的调查了解,建立正确的数据,加工处理并编制成各种信息资料及时提供给管理人员,以便进行正确的决策,不断提高企业的管理水平和经济效益。一个完整的管理信息系统应包括:辅助决策系统(DSS)、工业控制系统(IPC)、办公自动化系统(OA)以及数据库、模型库、方法库、知识库和与上级机关及外界交换信息的接口。

management information tree (MIT) 管理信息树 确定各级管理的树型层次结构。

management layer 管理层 用来把每层边界内的管理活动性限制到明确定义的等级,而这个等级与总的管理活动性的子集有关的层。

management network 管理网 参见 telecommunications management network。

management-office information system (MOIS) 管理型办公信息系统 在办公事务管理中,包含有TOIS功能及中层管理功能的OA系统。通常,它要进行经济管理(财会、金融、税收等)、社会管理(人口、劳动、资源等)、技术管理(工农业、交通、能源等)、行政管理等。

management operating system (MOS) 管理操作系统 也称"管理工作系统"。美国IBM公司早期发展的标准管理系统。它包括销售预测、资财计划、库存管理、生产顺序、日程负荷计划、生产实施、评价研究等内容。这些内容由计算机来进行处理。目前这种系统已由管理信息系统(MIS)所代替。

management point (MP) 管理点 一种参考点。在此点处,原子功能输出受单元管理功能输入的影响,或者单元管理功能的输出受原子功能输出的影响。管理点MP不是电信管理网Q3接口。

management science 管理科学 为优化管理功能和商业数学模型而开辟的计算机处理技术领域。其主要任务是:为实现优化而处理控制变量,对复杂的模型用简单的方法、矩阵代数和计算机来处理。所使用的计算方法有线性规划、博弈论、排队论、仿真、统筹法、目标评估和审定技术等。

Management Science **《管理科学》** 美国刊物。1954年创刊,每年12期。发表运筹学、经济数学以及电子计算机在生产组织与管理上的运用方面的研究文章。逢单月为"理论版",逢双月为"应用版"。

management service control 管理服务控制 在计算机网络管理系统中,指允许用户指定事件报告的目标应用实体。参见 system management function。

management service provider (MSP) 管理业务提供者,管理服务提供商 (1)给用户提供管理业务的组织机构。MSP包括人员和运行系统。它们在一起承担职责并对ISDN(综合业务数字网)提供有限管理业务的能力。(2)管理服务提供商是一种云计算服务形式,也是一种云内Web服务,这种形式下,管理服务基本上是提供给IT用户而不是最终用户的一项应用,如电子邮件病毒扫描服务或者应用监控服务。参见 Web service in cloud。

management services 管理服务(程序) (1)通过数据处理服务系统为会计或管理部门服务的过程。它一般提供特定的参考目录或其他辅助目录。(2)在SNA(系统网络体系结构)中,这是SSCP(系统服务控制点)和LU(逻辑单元)中的各种网络服务(程序)类型之一。它对诸如出错统计之类的网络数据的请求响应并发送这些数据作回答。参见 configuration services, maintenance services, network service, session services。

management services focal point (MSFP) 管理服务焦点 对任何给定的管理服务规则,负责某一层控制的网络管理数据的控制点。功能包括收集、存储和显示数据。

management system 管理系统 (1)一种在管理工作中应用的计算机化的全局信息系统。这种系统的特点是有集中使用的数据库,进行分时处理的计算机网络,并充分利用数理统计、运筹学等数学方法和现代管理技术,从而能迅速提出一切有效信息供各层主管人员决策之用。(2)计算机网络中,一个管理一系列系统的实体,被管理的系统可以是网络元素、子网或其他管理系统。

management theory 管理理论 在完成某种任务的过程中,研究如何最佳组织、调配、安排、使用和管理人力、物力以提高质量、缩短周期、节约资金等问题的一种理论。

management tool 管理工具 提供管理人员使用的自动管理工具。

management work element 管理工作单元 一种控制数据块,它含有直接数据设备分级存储管理功能所需要的必要信息。

manager 管理程序,管理者 (1)为完成某种计算机操作管理功能设计的程序,如文件管理程序、窗口管理程序、字体管理程序等。(2)管理者指的是从事网络管理活动的网络管理程序。它接收网络管理人员下达的网络管理指令,向网络代理发出网络管理请求,并接收网络代理的应答数据,保存该数据,供网络管理人员或其他应用程序读取。

manager class 管理类 在AIXwindows程序中,一个提供资源和功能以实现某种特征的元类。如键盘接口。它建立在核心类、复合类和受限类的基础上。

manager management system 经营型管理系统 一个公司或企业为实现某个特定目标,而由人员、机器、材料和服务设施组成的系统。现代企业从经营上看至少可分为三个层次:①执行层,负责完成研究、工程、生产、销售、采购和推销等具体工作;②控制层,由管理人员协调进度、控制执行层进行各项工作;③计划层,由行政主管做出预测和计划,并负责判断计划目标是否实现。

manager of systems analysis 系统分析管理程序 为新的应用和系统设计提供可行性研究的程序。其研究结果将提供给系统的其他部门,并报告给数据处理管理程序。

managers of managers (MOM) 管理的管理者 源于AT&T产品Accumaster Integrator的一个概念,用于网络管理。MOM可以集合网络拓扑结构、网络事件、来自初级网络管理者和远程监视器的信息,以及由初级的网管平台收集的不同网管者的数据。

Manchester code 曼彻斯特码 曼彻斯特编码所得的码字。参见Manchester encoding。

Manchester encoding 曼彻斯特编码 信息传输和信息存储中所使用的表示二进制信息的一种编码方式。它利用相位表示信息,用0°相位表示二进制的"1",180°相位表示二进制"0"。由于这种编码具有自同步能力等优点,被广泛应用于数字磁记录领域中,如大多数磁带、磁盘等记录设备所采用的二进制位编码方式都是曼彻斯特编码,也称"相位编码"。参见phase encoding。

mandatory access control (MAC) 强制访问控制 在计算机信息安全学中,指对于多级安全的系统,把主体与客体分割为不同的保密层次。仅当一个主体的安全级高于一个客体的安全级别时,这个主体才可读取这个客体。仅当一个主体的安全级低于或等于一个客体的安全级别时,这个主体才可写这个客体。为了实现以上原则,需要进行身份验证和识别。参见discretionary access control (DAC)。

mandatory cryptographic session 强制加密通话 一种强行加密的通信方式,在通话时所有发生的数据全被加密,收到的数据经过解密后才可被用户理解。参见clear session, cryptographic session, selective cryptographic session。

mandatory entry field 强制输入字段 用户必须输入至少一个字符的字段。

mandatory fill field 强制填充字段 用户必须全部填满或使其完全保留空白的一种字段。

mandatory protection 强制保护,强制访问控制 美国国防部定义的安全操作系统的B级标准,该等级的安全特点在于由系统强制对客体进行安全保护,在该级安全系统中,每个系统客体(如文件、目录等资源)及主体(如系统管理员、用户、应用程序)都有自己的安全标签,系统依据用户的安全等级赋予其对各个对象的访问权限。参见trusted system, discretionary protection, minimal protection, verified protection。

mandatory standard 强制性标准 国家通过法律的形式明确要求对于一些标准所规定的技术内容和要求必须执行,不允许以任何理由或方式加以违反、变更、这样的标准称之为强制性标准。强制性标准一经颁布,必须贯彻执行。否则对造成恶劣后果和重大损失的单位和个人,要受到经济制裁或承担法律责任。比较recommended standard。

mandrel wrapping 芯轴绕接 在纤维光学中,在一个直径约为1 cm的芯轴上绕几圈光纤以滤除射入光纤的多余的高次模。

MANET 移动自组织网络 mobile ad hoc networks的缩写。

man-in-loop simulation 人在回路中的仿真 操作人员、飞行员、宇航员等人员在仿真系统中进行操作的仿真试验。这种仿真试验要求有相应的形成人感觉环境的各种物理效应装置,而被控对象的动态特性仍需通过建立数学模型在计算机上进行。人在回路的仿真必须实时运行,既能对系统本身的性能,也能对回路中的操作人员的技能和素质作出评价。参见hardware-in-loop simulation。

manipulated directly controlled variable 被操纵的直接被控变量 一种随直接控制变量的改变而变化的特定量或条件。

manipulating industrial robot 管理工业机器人 一种自动控制的、可编程的、多用途管理机器,具有多个自由度。可以固定,也可以移动,可用于工业自动化。

manipulation indexing 对应[变换]索引 将复合概念拆开成单一概念的主题词收入词表,再将这些主题词进行组配,以检索出复合概念。

M

manipulative communications deception (MCD) 人为通信欺骗 通常指下列几种方式实现的通信欺骗:①将欺骗信息有控制地插入通信系统中,以显示出虚假的业务模式;②通过在通信线路和信道中传输伪数据来欺骗通信监控器;③变换或模拟电磁通信辐射来伪造通过分析此辐射可得的信息。参见 manipulative electronic deception (MED)。

manipulative electronic deception (MED) 手控电子欺骗 利用电磁辐射来伪造通过分析辐射可得的信息。为达到欺骗的目的,可采用的电子欺骗方法很多,如可用变换、模拟电磁辐射或再辐射以及吸收或反射电磁辐射等方法。

man-machine communication 人机通信 在计算机运行过程中,用户、操作员或其他人员与计算机交流信息的过程。计算机主要通过显示屏输出信息,用户通过输入设备(如键盘打字机、光笔显示终端、绘图板和操纵杆等)输入信息。随着各种新型外部设备(如声音识别装置)的不断出现和强有力的软件支持,使人们对计算机的干预变得更加直接、迅速和有效。

man-machine dialogue 人机对话 同 man-machine communication。

man-machine engineering 人机工程 由人、机器、环境三要素组成的工程系统。为了追求一个工程设备系统的最佳工作效能和可靠性,在对系统进行分析、评估时,常常采用模糊数学和集合等理论,把人、机器、环境三要素集合群中表示最佳工作效率和可靠性的共集求出来,作为定性、定量分析和评估人机工程的一个指数。这个指数可根据建立的数学模型,利用计算机进行模拟、计算求出。人机工程主要包括:人体特性、最佳作业区域和响应性能,人的耐受力与舒适感条件,色彩、温度、作业环境对人和设备的影响关系,人、机器、环境三要素结合的条件和影响结合的因素,设备造型、使用操作特性、可维护性与人的亲和性的关系,人的心理、心理特性对机器设备、环境条件的适应性要求,以及人、机器设备、环境最佳结合和高效高可靠工作的条件等。从上述可以清楚地看出,人机工程本身就是一个系统工程;它是近代工程技术领域中获得迅速发展的一门新兴综合性边缘学科。目前,各国计算机系统设备的厂商,在机械物理结构设计和制造过程中都十分重视人机工程方面的研究工作,且把它作为增强竞争力的一个重要决策加以考虑。

man-machine-environment system 人-机-环境系统 将"人"、"机"、"环境"看作系统的三个要素,通过这三要素之间的信息传递,信息加工和信息控制等作用所组成的一个非常复杂的系统。在此系统中"人"是指作为主体工作的人;"机"是指所控制的一切对象的总称;"环境"是指人、机器(计算机)共处的特殊条件,它既包括物理因素效应,又包括社会因素的影响。"人"、"机"、"环境"三者总是相互作用,彼此依存。

man-machine interactive (MMI) 人机交互 在人工智能中,人与机器相互配合共同完成一项任务的过程。它包括机器通过输出或显示设备给人提供大量有关信息及提示请求等,人通过输入设备给机器输入有关信息、回答问题等,人机交互工具除一般的输入输出显示打印设备外,还要配备具有模式识别及自然语言理解等功能的设备。

man-machine interface (MMI) 人机接口 (1)在计算机和人之间实现相互通信的硬、软件系统。在人工智能中,强调的是人机接口的智能性及自动化,如具有计算机视觉能力的景物自动获取与分析机等设备。(2)用户与之联系的专家系统(或任何计算机系统)的一个子系统。其目的是要做到尽量"自然",使用的语言要尽量接近普通语言(或规定范围的例程化语言),并以人感到完全舒适的自然的速度进行工作。专家系统的另外两个子系统是知识库管理子系统和推理子系统。

man-machine interface for Chinese 汉语人机接口 沟通用户和计算机系统的一种专用程序,目的是把用户输入的汉语语句翻译成为计算机系统能识别的指令序列。执行这些指令序列,用户便可以从计算机系统获得所要求的各种响应。人机接口分为专用接口和通用接口两种。

man-machine package (MMP) 人机软件包 一种先进的人机软件接口,它为转换、增加和变换集成话音和数据变换提供数据管理,通过终端对其进行访问,采用简单的英语语言指令。

man-machine simulation 人机仿真 一种有人参与的机器模型的仿真过程。

man-machine system 人-机系统 将操作员和机器的功能综合为一体的系统。在这种系统中,人和机器共同工作以期达到预期的目的。狭义地说,人机系统就是以人机通信为前提的系统。在人机系统中,人同机器总是相互作用、相互配合与相互制约和发展的,但起主导作用的始终是人。

man-made fault 人为故障 由于人的失误而导致的系统故障。失误因素包括设计错误、说明书编写不完善和人机交互故障等。

man-made interference 人为干扰 由电气和电子设备正常或非正常工作所形成的电磁干扰,如发射机的谐波或杂散信号。

man-made noise 人为噪音 通信中由机电设备或其他人工装置产生的电磁噪声。

man-made static 人为静电(干扰) 由电子电路中瞬态放电所造成的高频噪声信号。当人为静电干扰被无线电接收机接收时,将引起嗡嗡声或爆裂声。

man-made system 人工系统 由人制造的系统,与自然系统同样具有整体性、可分性和独立性,如生产系统、通信系统、电力系统和计算机系统等。

man month 人月 用于评估编写程序或设计一个系统成本的工作量,是指一个人在一个月中所能完成的工作量。相应的还有人年。

mantissa 尾数 (1)对数表达式的正小数部分。(2)数字计算机中使用的浮点数的一部分。在浮点表示法中,乘以隐含浮点基数的幂以确定所表示的实数的那个数。例如,一个数0.0001234的浮点表达式是0.1234—3,这里,0.1234是定点部分。—3是指数。定点部分0.1234称为尾数。同fixed-point part。参见floating-point。

manual analysis 人工分析 由测试工程师或技术人员生成系统输入输出测试模式的过程。可用来管理逻辑电路的功能或结构。

manual answering 人工应答 只有当被呼叫的用户以人工操作方式发出"准备就绪,可以接收呼叫"的信号时,该呼叫才被建立的那种应答。比较auto-answer。

manual answering facility 人工应答设备 只有呼叫接收器通过人工操作或人工产生的信号表明可以接收呼叫时才用于建立呼叫的设备。

manual backup 手动[人工]支持 一种控制方法。当系统出现故障时,最终控制的一些单元可以用人工方法加以调整。

manual calling facility 人工呼叫设备 由发送呼叫者人工操作的一种设备。它以非固定(即非特殊的)数据传送率接收来自发送呼叫者的选择信号,接收数据终端设备(DTE)或数据电路终端设备(DCE)产生的信令字符。

manual control 人工控制 人操作的控制。

manual data access arrangement 人工数据存取装置 一种供AT&T公司开关网络用的保护设备。用来连接调制解调器。

manual data entry module 人工数据输入模块 用于监视来自一个或多个操作控制台和远距离输入设备的手工输入的信号。

manual data input (MDI) 人工数据输入 用人工方式把数据插入控制系统的一种方法。该数据同借助磁带可能插入的信息是完全一样的。

manual device backup 人工设备后援 在某些小型计算机系统中,允许操作员将连续的输入/输出请求转接到设备上的或从其他设备转接到基本设备上的一种特性。

manual entry 人工输入 通常指通过键盘或控制台打字机向计算机输入数据。

manual exchange 人工交换 完全由操作员完成呼叫的一种交换方式。

manual exchanger 人工交换机 完全由操作员进行转接的交换机。

manual file rotation 人工文件循环 由作业控制语言的语句控制的文件保存操作。

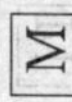

manual function 手动功能 由机器操作员实现或初启的一种功能。

manual information management system 手工操作式信息管理系统 全部处理工作由手工完成的信息管理系统。其信息存储装置为卡片箱、写字台和文件柜等。

manual input 人工输入(数据) 由人工将数据送入设备的输入过程。

manual input generator 人工输入设备 一种可以接收和保存人工输入数据的设备。所保存的数据可由计算机、控制设备或其他设备阅读。

manual input register 人工输入寄存器 一种寄存器,可以通过人工方式将数据送入到该寄存器中。

manual mode 手控方式 (1)计算机的一种非自动工作方式。在这种方式中,操作人员通过键盘打字机或其他控制台键入命令而使计算机工作。(2)数控机床的一种操作方式。采用这种方式,数控机床完全能由以人工方式起始运行或由人工方式起始周期来控制。

Manual of Classifications **《分类手册》** 由美国专利局出版,它是从分类途径查找美国专利所必须查阅和使用的工具书。

manual operation 人力操作 完全靠直接施加人力来操作,操作的速度和力取决于操作者的动作。比较power operation,stored energy operation。

manual record locking 人工记录加锁 允许用户同时对文件中的多个记录进行加锁的能力。用户可以明显地控制对记录的加锁和解锁。在执行"得到"、"寻找"或"放置"宏指令时,实现对记录的加锁。一旦记录被人工加锁,在通过释放服务对它明显地解锁或终止之前,这个记录一直处于加锁状态。

manual relay system 人工中继系统 消息在点与点之间由人工中继的通信系统。

manual retrieve 人工检索 一种传统的检索方法,即以手工翻检的方式,利用工具书(包括图书、期刊、目录卡片等)来检索信息的一种检索手段。

manual spot jammer 人工点干扰机 一种点干扰机,通过人工选频可将其传输功率集中于一个既定的频率或信道,其中的频率通常可由人工在一个较

宽的频谱上连续改变。

manual start 手工初启 系统必须由操作人员的动作才能初启。

manual switch storage 手动开关存储器 以一系列置位开关(如触发器开关)来存储数据的存储器,其中的开关由人工置位,通常用于输入数据,控制数据流或表示指令。

manual telephone switchboard 人工电话交换机 用人力接续用户电话的电话交换机。

manual toning control 人工调色控制器 使操作员可对静电资料复制机的显影系统人工增加调色剂的装置。

manufacturers' customer engineer 制造厂家的客户工程师 制造厂家派往各地为用户装配机器并保证其正常运行,负责机器的定期维护或预防性维护,以及在出现问题后寻找问题的根源并加以解决的工程技术人员。

manufacturing 制造 涉及产品设计、材料选择、计划、生产、质量保证、管理、及至销售等一系列的相关活动和工作。

manufacturing automation protocol (MAP) 制造自动化协议 由美国通用汽车公司(GM)支持开发的一种应用协议。目的是提高生产制造的自动化水平,减少工厂需要支持的不同通信协议的数目。其低层采用 ISO 8802/4 标准(令牌总线),高层采用 OSI(开放系统互连)高层标准,物理层采用 IEEE 802.4 标记总线协议,传输速率达 10 MBps,也采用 IEEE 802.3 和 IEEE 802.6 作为介质,网络层分为四个性质不同的子层:网间网络子层、协调子层、内部网络子层、访问子层。参见 manufacturing automation protocol/technical and office protocol (MAP/TOP)。

manufacturing automation protocol/technical and office protocol (MAP/TOP) 制造自动化协议/技术办公协议 由 MAP/TOP 协会制订的工厂制造自动化和办公室自动化领域的规程,基于 OSI/RM(开放系统互连参考模型),有七层结构,其中相当部分符合 OSI 标准。总线协议的数据链路层分为两个独立的子层:介质存取控制采用 IEEE 802.4,逻辑链路控制采用 IEEE 802.2 一级服务,网络层完全采用 OSI 的无连接网络互联协议,并有 X.25 的任选功能。传输层采用与 OSI 兼容的 NBS CLASS 4 传送协议,会话层包括建立和释放连接的核心功能以及双向同时通信的全双工功能,表示层无数据转换文件压缩等功能,应用层采用 FTAM(文件传送存取与管理)标准,提供 FTAM、目录服务和网络管理,并提供计算机图形功能 CGM(计算机图形元文件)和 IGES(初始图形数据交换规范)。参见 manufacturing automation protocol (MAP), technical and office protocol (TOP)。

manufacturing cell 制造单元 由几台 CNC(计算机数控)机床及一个机器人组成的一个系统,用来产生某种专门的零件族或具有几何相似的几种零件。单元中的计算机分别与机器人和 CNC 相连接,它接收来自机床的各种作业信息,并向机器人发送零件装卸信息和换刀信息。

manufacturing database 制造数据库 一个与 CAD/CAM(计算机辅助设计/计算机辅助制造)一体化的数据库。它包括设计期间所形成的与产品有关的全部数据(几何数据、材料清单及其规格,以及零件的各种技术规格等)以及制造所需要的其他数据,这些数据中的大多数是依据产品设计而定的。

manufacturing execution system (MES) 生产执行系统 工厂基本信息系统,如:资源分配、操作/详细进度、生产单位调度、文件控制、数据收集和查询、劳动管理、质量管理、工艺管理、产品跟踪、产品系列划分等各项能力以及性能分析等。可以根据工厂基本情况提供实时反馈并与财务和资源规划系统相连。

manufacturing management workstation 生产管理工作站 一种用于向生产计划和管理人员提供库存情况和工厂生产能力方面数据的工作站,同时也提供销售及竞争情况的最新报告。

manufacturing message format standard (MMFS) 制造报文格式标准 MAP(制造自动化协议) 2.1 版应用层协议之一。它规定了 CNC(计算机数控)控制器、可编程控制器和机器人的通信的句法和语义元件。MAP 3.0 版用其他标准取代了 MMFS。

manufacturing message service (MMS) 生产消息服务 应用层中的一个协议实体,专门用于制造或工业控制中。它使监管计算机能够控制分布式基于计算机的设备的操作。

manufacturing message specification (MMS) 工业制造报文规范 MAP(制造自动化协议)应用层协议之一,关于将自动化工厂中各种制造设备与生产管理计算机连接起来的报文规范标准。目的在于将工厂内各种"孤立"的制造设备互联起来,将生产控制与企业管理结合起来,组成一个计算机综合制造系统(CIMS)。

manufacturing resource planning (MRP) 制造资源计划 也称"制造资源计划-Ⅰ"。一种旨在保证在预定时间内完成应完成的量的规程。制造资源计划(MRP)已被广泛采用并替代了也简称为 MRP 的物料需求计划。参见 material requirement planning (MRP-Ⅰ)。

manufacturing resource planning-Ⅱ (MRP-Ⅱ) 制造资源计划-Ⅱ 20 世纪 80 年代初在 MRP-Ⅰ基础上发展起来的制造企业管理应用,是工厂级的核心软件,与企业内的财务、经营、生产、制造等部门,包括人力、设备、物料、财务等数据,根据产品市场预测和实际定货合同编制生产计划,结合企业的生产能力，进行需求平衡，按照产品零件和所需材料、产品交货期及现有库存等信息进行物料需求计划、分解、计算出计划产品对各种物料的净需求，编制出采购计划，提出最佳的采购物料时间、数量等，以充分发挥企业的各种资源的生产潜力。参见 material requirement planning (MRP-Ⅰ)。

many passes compiler 多遍扫描编译器 把词法分析、语法分析、语义分析、代码生成、优化五方面的工作分开完成的编译程序。每一步可重新对原程序或者中间代码进行扫描，从而可减少所需的存储空间和提高目标程序的质量。

many-to-many medium “多对多”媒体 多人均可制作、多人均可使用的媒体。如使用电话，打电话和接电话人之间便是这种“多对多”通信型的媒体。

many-to-one 多对一 一个集合中的两个或两个以上的元素与另一集合中的一个元素相互对应。例如，如果一种源语言中的多个表达式与目标语言中的一个表达式等价时，则称它们之间存在着多对一的关系。

many-to-one alias array 多对一相关向量 某些程序语言，如 FORTRAN 语言中，一个具有多个相关元素的向量。

many-to-one language 多对一语言 如 COBOL, FORTRAN, APL 等高级语言都为多对一的语言，因为它们取一个单一功能的指令，并将它翻译成一系列机器语言指令或子例程。而符号汇编语言则是一对一的语言。

many-to-one vector subscript 多对一向量下标 多个元素具有相同值的向量下标。

many-valued logic 多值逻辑 命题的真值不限于“真，假”二值的逻辑系统。最早期的，也是最典型的多值逻辑系统是三值逻辑系统，它们以 $\{t, f, u\}$ 为其真值集，其中 t、f 分别表示真、假，u 表示“真值间隙”或“不确定真值”或“无定义”。多值逻辑中还有“四值逻辑”、“五值逻辑”等，甚至有以区间[0，1]为其真值集的多值逻辑系统。多值逻辑的一个显著特点是，排中律不复成立。参见 three-valued logic。

MAP (1)维护分析规程 maintenance analysis procedure 的缩写。(2)制造自动化协议 manufacturing automation protocol 的缩写。(3)宏汇编程序 macro assembler program 的缩写。(4)多相联处理器 multi-associative processor 的缩写。(5)移动应用部分 mobile application part 的缩写。

map 映像，映射，变换 (1)与另一组量值具有确定对应关系的一组值。(2)使一组与另一组量值具有确定的对应关系。例如，在评估某一个数字函数时，即建立因变量的值和自变量的值或直接有关值之间的关系，如编译程序为程序员提供的一种清单中，数据名与程序中主存地址的一一对应关系。(3)在用户信息控制系统的基本映像支持程序中，在程序变量名与其值在显示设备上出现的位置之间有一种确定的对应关系。这种映像还含有其他格式化信息。(4)设 A 与 B 为两个集合，如果按某种对应法使 A 中的每个元素在 B 中有一个或几个确定的元素与之对应，则这种对应法称为从 A 到 B 的映射，A 中元素 a 所对应的 B 中的元素 b 称为 a 的映射，a 称为 b 的原像。如果 A 中的不同元素有不同的映像，而 B 中的每个元素有各自的原像，则称这种映像为 A 到 B 一对一映像。(5)图形学中，把二维图像从其定义的空间投射到平面称映射。如果图像空间平行于投射到的表面，结果图像就称表面映射；如果图像空间平行于一水平面并被映射表示成地形的各种边形，结果图像就称为地面映射。(6)将一种信息形式变换为另一种信息形式的过程。

map editor 映像编辑程序 用户信息控制系统屏幕定义程序的主联机操作程序，用于建立、显示及编辑 BMS(基本映像支持程序)的映像。

map generalization 地图概括 通过减少已有地图上的图形及非图形信息，来自动绘制新地图的过程。这一技术经常用于从一系列大比例地图生成综合性地图的过程。这一过程中包括使用线段过滤、符号修正、重新分类及其他归纳性技术。

MAPI 通信应用程序接口 messaging application program interface 的缩写。

map-matching guidance 图像匹配导航 飞机或导弹的一种导航方式，将事先记录的所要经过的地形的雷达图与导航飞行期间所接收的雷达回波相比较。

mapped bitmap 映射位图 像素值只取前景和背景两个抽象值的位图。操作时这两个值映射成客户选择的实际颜色。

mapped buffer 映像缓冲区 一种显示缓冲区。该区上的每个字符与显示面上的字符显示位置一一对应。

mapped conversation 映像会话 在 IBM 计算机系统的 APPC(高级程序间通信)协议中，在应用程序与 APPC 会话之间的一种临时连接，在 APPC 会话中，系统提供全部通信协议信息。比较 unmapped conversation。

mapped file 映射文件 (1)一个可以通过直接存储器操作进行访问的文件，它不需要每次都从磁盘上读取。(2)Windows NT 中装入内存区域对象的文件，通过将该区域的视图映射到进程的地址空间中，进程可以将此文件作为虚拟内存中的一个大数组进行访问，虚拟内存管理程序从文件中将页面换进换出，要使用页面时将页面从磁盘中装入，页面修改后将页面写回磁盘。参见 map, paging file。

mapped physical storage 映射的物理存储器 同 addressable storage。

mapped storage 映像存储器 在某些计算机系统

M

中,在系统生成时,由 SYSTEM 语句所定义的处理机存储器。

mapped system **映射系统** 一种小型操作系统。在该系统的存储管理中,机器的虚拟地址空间和物理地址空间是不相重合的。如 PDP-11 的高档机就是采用映射系统。

mapped window **映射窗口** 在 AIX 增强 X-Windows 中,如果对窗口进行了映射调用就说窗口被映射了。未被映射的窗口和它的后代都是不可见和不可访问的。

mapping **映像** 两个集合元素之间的一种对应规则。

mapping device **映像[变换]装置** (1)两组数据之间一一对应关系的建立。(2)将某一个设备中的数据变换成另一个设备中数据的一种装置。例如,将虚拟地址变换成实存地址的地址变换器。

mapping function **映射功能[函数]** 把在某个坐标系统中定义的一个图像转换到另一个坐标系统中去的操作。

mapping language **映像语言** 泛指以关系的映像操作为基础的数据库查询语言。

mapping mode **映像方式** 计算机存储器操作的一种方式。通过这种操作,可将虚拟地址变换成实际的主存储器地址。

mapping problem **映像问题** 并行算法实现的一个问题。当一个理论算法要在一个具体并行机上实现时,可能会出现如下问题:①并行机的互联网络与算法背景网络不同,这种差异称为拓扑差异;②算法所需要的处理器个数多于实际机器中处理器的个数,这种差异称为基数差异。

mapping table **变换[址]表** 可存取项目及其位置所构成的表,如在主存中保存页地址的页表,保存在磁盘存储区开头的索引文件的索引表。

map program **映像表程序** 编译程序或汇编程序中具有生成装入映像表功能的部分。

map specification library (MSL) **映像说明库** 一种 VSAM(虚拟存储存取法)文件,用户定义的目标程序和系统定义的目标程序保存在该文件中,该文件还含有状态及所有目标程序的保护信息。一个 CICS(用户信息控制系统)屏幕定义程序可能有多个映像说明库。

MAP/TOP **制造自动化协议/技术办公协议** manufacturing automation protocol/technical and office protocol 的缩写。

MAR **存储器地址寄存器** memory address register 的缩写。

MARC **机器可读目录** machine readable catalogue 的缩写。

marching cube shading algorithm **渐进立方体浓淡算法** 一种图像染色算法,用分而治之的方法,每次考虑由 8 个顶点构成的一个立方体。由立方体的 8 个定点的 0,1 值可构成一个 8 位二进制码,此代码共有 256 种组合,对应等值面与立方体元 256 种相交的情况。用立方体元顶点值取反及体元旋转的方法,可把 256 种情况压缩为 14 种情况并存于一个表中,由查表完成匹配。在求出立方体元中的三角形后,可由梯度法计算各三角形顶点的梯度值,然后用传统的物体空间浓淡算法绘制等值面。参见 distance shading,contexture shading,gradient shading。

margin **页边空白,边界,容差** (1)一页文稿的上、下、左、右所留的空白区,正文在相对边界之间。(2)实际工作点与错误工作点之间的差值。凡是在该差值范围内的工作点都认为是允许的。

margin-adjust mode **余量(版心边)调整方式** (1)字处理中的一种减小余量的方法。该方法通过现有的文本来帮助余量调整。(2)用于某些字处理系统的术语。指为扫描下一个正文提供的方便条件,作为调整版心边的辅助手段。

margin-adjust zone **边缘调整区** 在文字处理中,指通常为 5 ~ 7 个字符的区域,这个区域的右边缘通过加短划或者进到下一行的方法进行设置。同 hot zone,line-end zone,line-ending zone。

marginal **边缘,临界的** (1)经济学中使用的术语。它讨论与数量有关的函数变化率或导数形式。(2)说明工作区域已接收工作电压、电流或失真度的容许极限值。工作在临界状态时,参数的很小波动都可能使设备发生故障。

marginal check **边缘检验** (1)在标称值附近,改变工作点以检测可能出错的过程,如改变一个设备的电源电压、信号幅度或频率来测定该设备出现故障的情况。(2)将计算机置于允许范围的边缘状况下工作进行故障检查,如电源变化±7.5%,主时钟频率适当正负变化,借此发现某些即将失效部件的检验办法。此检验也称"拉偏检验"。

marginal discharge **尖端放电** 带电导体尖端的电场最强,以至于空气被电离。由于离子间的作用力,带电离子不断散开,使带电导体放电。

marginal error **边缘错误** 磁带上随机出现的一种错误。随着写入带的稍微变化,这种错误将随之消失。

marginal test **边缘检测** 同 marginal check。

margin bell **边缘[换行]铃** 用于手工输入和输出设备上,如手工操作的打字机、键盘、电传打字机和打印机的一种机器功能,控制一个铃(即有声信号)去表明打印或打字行接近行尾。

margin control **边缘控制** 在文字处理中,对左右边缘位置的自动控制。同 range finder。

margin indent **边缘缩进** 在字处理中,一行或者多行临时性的缩进安排。

margin-release control **极限释放控制器** 在文字

处理中，一种人工控制器，用于扩大左右极限范围，以便在规定的极限之外打印信息。

margins　边缘　打印页面顶端、底端、左边、右边的空白部分。

margin text　页边文本　印刷在一页资料的上、下边缘位置的信息。

marine broadcast station (MBS)　海事广播电台　设在岸上用于预报时间、气象和水文消息的电台。

marine radiobeacon station　海上无线电信标电台　一种用于海上无线电导航的陆上电台，它传输信标信号，让船舶电台能够确立自己相对于海事无线电信标电台的方位(即方向)。同 maritime radiobeacon station。

marine resource information　海洋资源信息　表征海洋资源学科研究对象、理论、方法、数量、质量以及开发、利用、保护等的信号和消息。

marine utility station (MUS)　海上公用电台　在海上移动服务中的一种电台。它由一个或多个经专门机构特许的手携无线电话组成，随身携带即可进行操作。同 maritime utility station。

maritime air communications (MAC)　海上航空通信　在飞机电台和船舶电台之间用于信息业务的通信系统、规程、操作和设备。

maritime air control authority　海上航空控制管理机构　一个负责控制航空和海上单位所进行的航空操作的组织机构。

maritime air telecommunications organization　海上航空电信系统　一种系统，用于满足控制和报告海上巡逻机操作的、传输航空安全消息的通信要求。

maritime broadcast communications net　海上广播通信网　用于国际遇险呼叫的通信网，包括国际救生航空和救生飞机用的高频(HF)、航空应急用甚高频(VHF)、救生用超高频(UHF)、国际呼叫营救甚高频等。

maritime broadcast station　海上广播电台　同 marine broadcast station。

maritime distress communications net　海上遇险通信网　同 maritime broadcast communications net。

maritime mobile service (MMS)　海上移动业务　发生在陆上电台和船舶电台之间、两船舶电台之间或相关的两船上通信电台之间的一种移动业务，其中救生飞机电台和应急位置标识无线电信标电台也可参与。

maritime patrol air broadcast net　海上巡逻对空广播网　用于控制海上飞机巡逻设备和向飞机电台传输信息的广播网。

maritime radiobeacon station　海上无线电信标电台　同 maritime radiobeacon station。

maritime radionavigation satellite service (MRNSS)　海上无线电导航卫星业务　地球站在船上的无线电导航卫星业务。

maritime radionavigation service (MRNS)　海上无线电导航业务　为了船舶的方便和安全操作的无线电导航业务。

maritime satellite　海事卫星　用于海上和陆地间无线电联络的通信卫星。

maritime telecommunications network　海事远程通信网络　一种商业卫星通信系统。能提供多个陆基地点的链接，使船只的通信服务扩大到远距离医疗诊断、图像观察、电视会议、远程数据访问以及为船员提供长途电话服务。

maritime utility station　海上公用电台　同 marine utility station。

mark　标记，传号，标志　(1)数据处理中的一个或多个符号。其本身没有数据信息的含义，仅用来表示字、字段、数据项或记录等数据集的开始和结束。(2)通信中用以表示信号出现的标志。(3)在虚拟终端的上下文中，一个标记是由虚拟终端插入到一个输出数据流中的信号，以便告之一个所关心的或中断输入的信号已被接收完毕。(4)在菜单式程序中，指菜单中的一个勾等记号，表示菜单项的当前选择。

mark active　传号有效的　电报系统中的一个信号，传号用脉冲或开通状态表示：如有直流电流在流动，有固定频率的声音发出，电路闭合且其中有事件发生；空号用无脉冲或关状态来表示：如无电流流动，无固定频率的声音发出，电路关断且其中无任何事件发生。

mark coding　传号编码　参见 diphase mark coding。

mark detection　标志检测　从纸张或卡片的规定区域中检测标志的符号识别系统。

marked access line　加标访问线路　电话系统中的一种线路，设置有用于特殊接入控制的标志，可用加标记的方法向交换台话务员(如小交换机话务员)提供先占能力。按照优先等级(如按“急”、“加急”或“特急”)标记线路，这样话务员就可按呼叫的相应等级来使用线路。

mark encoding　标记编码，写标记码　在文件预定位置上做标记，以便在进行数据处理时取得数据，如作业时间或所要求的特定产品的数量等数据。标记可以用铅笔手写，也可以用打印机自动打出。标记的位置代表了它们的数值。

mark end　标尾　一种指示字结束或数据单元结束的信号。

marker　标记，标志符　(1)具有特定形状的一种符号，如在计算机制图技术中，一种具有规定形状的符号，用于标识某一特定位置。(2)用以表示某些数据组，如记录、数据块、字段、文件等的开始和结束的符号。同 mark。

marker beacon　标志信标　无线电航空导航业务中

垂直发射出一个清楚的辐射图像以给飞机提供位置信息的发射机。

marker field 标记段 一种指示一些数据组的开始与结束的符号。

marker generator 标志(信号)发生器 一种能产生具有精确幅度、形状、持续时间和重现特性脉冲的射频发生器,由扫频振荡器在阴极射线示波器屏幕上产生的图形上插入一个或多个频率识别脉冲,被用来调节调谐电路的响应频率。

M

market basket analysis 购物篮分析 对某个客户的购买行为进行研究。

market models 市场模型 用以研究货源和市场极限、售货速率、剩余市场和商品售出之间关系的模型。

market space 市场空间 一个开展电子商务业务的市场新词。它包含由物理定义的市场到基于信息和受信息控制的市场。

market survey and selling forecast 市场调查与销售预测 对以前或当前市场产品需求情况进行搜集、记录、整理和分析研究的过程,称为市场调查,其内容包括:企业市场经营政策、消费情况、竞争对手现状与打算等。主要方法有三种:询问、观察和实验。在市场调查的基础上,综合历史和当前资料,用数学的方法估算未来的销售趋势的过程称为销售预测。

mark hold 传号保持,无通信标记 一种标准非通信状态。它通过持续发送的传号来维持线路状态。

mark impulse 传号脉冲 一种电报通信中表示关闭状态或电流流通的信号。它等效于二进制中的"1"状态。

marking 作标记,传号 (1)在电话业务中,通过一系列交叉点在网络中建立一条路径。(2)在电报电路上传送报文时的两种状态之一。在这种状态下,电键闭合、电路接通、收报机发音或打印。另一种状态为空号。由这两种状态组成报文。

marking bias 标记偏置 一种偏置失真现象。它是由空号与传号提前转换而使标记脉冲延长所致。

marking class 标记类 一种位置/迁移网中的标记集。例如对某个位置/迁移网给定一个初始标记 M_0,随着每个迁移的发生,即可得到一个新的标记 M_i。通常将由初始标记出发,通过各种迁移所得到的所有标记称为 M_0 的向前标记类。相反,如设 N 也为该网的标记,且 M_0 包含在 N 的向前标记类中,则所有这样的 N 构成的标记称为 M_0 的向后标记类。两类标记的并称为完全标记类。

marking end distortion 标记结束失真 一种延迟失真现象。由空号与传号延迟转换而使标记脉冲延长所致。

marking matching 标记匹配 一种光符识别技术。其过程是:将一组标记表示的字符逐个与样品字符比较。

marking panel 标记屏 一片为实现地面对飞机的可视通信的显示用材料。

marking wave 传号波 同 keying wave。

mark inversion code 传号反转码 参见 modified alternate mark inversion code。

mark of word segmentation 分词标记 分词时可以利用的标记。书面语的分词标记主要有两种,一是自然的分词标记,如标点符号等;另一种是非自然的分词标记,如没有构词能力的单音节单纯词。

Markov algorithm 马尔可夫算法 也称"规范算法",是一种基于符号串代替的计算模型,一般可用代换公式表示如下:

$$M=\begin{cases}S_1\to S_1{}'\\ \cdots\cdots\\ S_n\to S_n{}'\end{cases}$$

其中 S_i,$S_i{}'$ 是定义在字符集 A 上的字符串。对于一个字符串 α,计算结果 $M(\alpha)$ 定义为:顺序地用 S_1,$\cdots$,S_n 与子字符串进行比较,若找到第一个 S_i 在字符串中的出现,则将这个子串替换为对应的 S'_i,并对得到的新字符串重复上面的动作,直到匹配全部失败。若 f 为定义域和值域为非负整数子集的函数,马尔可夫可计算函数(*Markov computable function*)的充要条件是存在一个规范算法,对于任何非负整数 n,如果 u_0 是 n 的二进制表示后加一个 $\$$ 符号,那么,① 如果 n 在 f 的定义域,那么序列 U_0,U_1,$\cdots$ 终止在某一个 U_k,U_k 是 $f(n)$ 的二进制表示;② 如果 n 不属于 f 的定义域,序列 U_0,U_1,$\cdots$ 不终止。已证马尔可夫算法是与图灵机等价的计算模型。

Markov analysis 马尔可夫分析 对马尔可夫链或马尔可夫过程可能产生的演变加以分析,以观察或预测其未来变化趋势的研究工作,称为马尔可夫分析。

Markov chain 马尔可夫链 一种事件的概率模型。常用于确定事件的顺序。一个事件的概率完全取决于以前的事件。

Markov constraint 马尔可夫限制 对路由选择方式的一种限制,即数据组的将来路由与其过去的历史,如其源和过去路由无关。目录路由选择通常采取这种限制。

Markov diagram 马尔可夫图 表示简单的马尔可夫过程的流程图。

Markov inequality 马尔可夫不等式 此式给出一个非负的随机变量超过某给定常数 α 的概率的上限:$P(x>\alpha)\leqslant E(x)/\alpha$ 式中 $E(x)$ 为随机变量 x 的均值。

Markov model 马尔可夫模型 用马尔可夫分析法把问题模型化,称这样的模型为马尔可夫模型。

Markov process 马尔可夫过程 某个可以重复试验的过程。其特点是:如果现在的试验结果只与过

去有限次试验有关，而与在此以前的经过无关。

mark scanning　标记扫描　一种标记的光学自动读出过程。通常指用于测试人工记录的标记。

mark-sense　感读标记，标记读出　(1)一种识别由电记录笔所作标记的方法。用电记录笔在卡片或文件上作标记，以后由变换装置将它们变换成电信号作为计算机的输入。如需要可在该处穿孔。(2)读出在穿孔卡片或基本文件上表示数据的标记。

mark-space signaling　传号-空号信令　参见 digital mark-space signaling，double current mark-space signaling。

mark-to-space ratio　标记占空比，传号空号比　矩形波正半周与负半周的脉宽之比。其中正半周为标记，负半周为空白号。

mark-to-space transition　传号空号转换　从传号脉冲到空号脉冲的转换。

markup　标记　文档中的特殊代码，指定文档的某一部分被应用程序处理的方式。在字处理文档中，标记指定文档的排版格式；在 HTML(超文本标记语言)文档中，标记指定文本的结构功能，如头部、标题、段落等。

markup language　标记语言　一种用一系列约定好的标记来对文档进行标记，以实现对文档的语义、结构、及格式的定义的语言。也称"置标语言"。广泛应用于网页和网络应用程序的标记语言是超文本标记语言(HTML)和可扩展标记语言(XML)。参见 hyperTtxt markup language (HTML)，extensible markup language (XML)。

mark verification　标记核对　在处理用标记表示的数据之前，确保标记记录准确的过程。

MARK Ⅰ　Mark Ⅰ计算机　也称 IBM 自动顺序控制计算机(IBM automatic sequence control calculator)，是历史上第一台大规模自动数学计算机。它是 1944 年 8 月 IBM 公司赠给哈佛大学的礼物，标志着现代计算机时代的开始。该机由霍华德·艾肯(Howard Aiken)设计，长 51 英尺，高 8 英尺，重近 5 吨。它使用了 IBM 的许多标准部件，如继电器、计数器、打印机、穿孔机等。基本时间周期为 300 ms。能根据指令进行四则运算。它在哈佛计算实验室用了 15 年以上。许多计算机的先驱者都在该机上算过题，这台机电式计算机虽然不久被电子计算机超过，但它是历史上第一台完全运行的、自动的、通用数字计算机，在计算机历史上写下了光辉的一页。

marquee　滚动字幕　在屏幕上缓慢移动的文本，用作网页的一个特性。许多网页设计应用软件提供了可以产生这种效果的 Java 小程序，也可以使用 JavaScript 程序来显示滚动字幕效果。

marquee select　标记选择　图形窗口中的一种醒目表示方式，用于表示选择的图标和位图。参见 inverse color highlighting。

marriage problem　配偶问题　某市有多位未婚女士与先生，每位女士都有一张可成为她配偶的对象表，问是否存在一种配偶方式，使得每位女士都与她中意的先生结为伉俪，这就是有名的配偶问题。

配偶问题的数学模型为：

令 $A_1, A_2, \cdots, A_n$ 是集合 E 的 n 个子集。取 $e_1 \in A_1, e_2 \in A_2, \cdots, e_n \in A_n$ 称 $e_1, e_2, \cdots, e_n$ 是 $A_1, A_2, \cdots, A_n$ 的代表组。如果 $e_1, e_2, \cdots, e_n$ 两两不相同，则称 $e_1, e_2, \cdots, e_n$ 是相异代表组。配偶问题对于工作任务的分配、棋盘的覆盖以及拉丁方的构造等均有应用。

married documents　配对文档　在 ImagePlus 系统中，指一种特定的文档，以相同客户标识索引。一个文档可包含作为其他文档输入所需要的信息。

marshal　编组，引渡　(1)为了在网络之间进行传输而用特定的格式来排列及包装过程参数。参见 remote procedure call。(2)在 AIX 网络计算系统中，指复制数据到一个远程过程调用包。由承接程序进行。参见 unmarshall，stub。

Martians　不速分组，"火星人"　该英语单词原意"火星人"，用以表明网络中出现预先未意料到的分组("不速之客")。这种现象通常是由错误路由选择表引起的。

m-ary　M 进制，M 态　涉及两种以上状态或条件的装置和操作。

m-ary full regular tree　m 元完全正则树　每个叶片的路径长度都相等的 m 元正则树。

m-ary signaling　m 元信号传输　一种数据传输模式。它可以提供 m 个稳定状态，分别具有相同的传输概率，且每一个传输瞬间只传输与其中之一相对应的脉冲信号。

m-ary tree　m 元树　每个分支点最多有 m 个儿子的根树。若一棵 m 元树的每个分支点都恰有 m 个儿子，则称此树为 m 元正则树。当讨论的都是有序树时，则上面两种情况分别称为 m 元有序树和 m 元有序正则树。

MAS　大众呼叫　mass calling service 的缩写。

maser　微波激射器，脉泽　(1) microwave amplification by simulated emission of radiation 的缩写。微波激射器是通过将原子或分子激励到不稳定的较高能级来进行放大的放大器。微波输入信号与原子或分子相互作用，以激励发射与激励波有相同频率和相位的过剩能量，因而提供波长由谐振腔或谐振结构决定的相干放大。为放大或振荡所需加入外部能量称为泵浦激励。辐射能量远远超过泵浦信号的能量。(2)脉泽是音译。后来用"光"代替"微波"而得出的"laser"就是激光。在天体系统中已经发现了好些天然的脉泽。脉泽和激光都产生于电磁辐射和原子的相互作用，它们的差别在辐射的波长，微波的波长比光波长得多。在激光和脉泽两种情况下，如果一个原子或分子处于合适的能态

(激发态),则给定波长的电磁波通过它时,就能触发它放出更多的波长完全相同的电磁辐射。这样就增强了通过它的波,后者又能与更多激发态原子相互作用,于是产生一个具有极其一致的单一频率的强大辐射脉冲。

MASIF 移动代理系统互操作环境 mobile agent system interoperability facility 的缩写。

MASK 多进制幅移键控 multiple amplitude shift keying 的缩写。

mask 掩膜,掩码,屏蔽 (1)用照相的方法产生掩膜,在制造半导体芯片时用它控制金属化图形。(2)计算机安全中,指在传输中增加数据,使数据更难于被非法用户理解。(3)在多媒体技术中,指以电子方式产生在图片上加上透明薄膜的视觉效果。(4)一个二进制值,用于选择性地显示或者过滤掉某些内容。屏蔽的方法是将屏蔽字与数据值进行逻辑操作(与、或等)。参见 logic operator, mask bit。

maskable interrupt 可屏蔽中断 一种可以利用计算机指令改变中央处理机中某些标志位(称之为屏蔽位)的状态,以决定是否响应该中断请求的中断。外部中断一般都是可屏蔽中断。

mask bit 屏蔽位 屏蔽字中的一个位。用于显示或者过滤掉数据值中的相应位。

mask design 掩膜设计 集成电路设计的最后阶段。用多层掩膜实现集成电路的多重层次。

masked programmed ROM 掩膜程序只读存储器 同 mask-program read-only memory。

masked threshold 掩蔽阈值 一个不可辨信号能够与其他信号或噪声区别开来的值。声学中掩蔽阈值通常用 dB 表示。

masking 屏蔽 使用位模式,从一个数据字节内选出某些位的过程。

masking character 掩码字符 掩码字符用于指定可以输入数据的位置以及数据种类。

masking-pattern universal sub-band integrated coding and multiplexing (MUSICAM) 掩蔽模型通用子带综合编码和复用 MUSICAM 利用人耳的掩蔽效应,只对在掩蔽门限以上的声音信号进行编码传输,从而避免了对许多人耳感觉不到的在掩蔽门限以下的声音进行编码,使比特率大为减少,仅为 CD 的 1/7 左右,而音质可与 CD 相仿。原理上它是一个子频段编码压缩系统。该系统中的音频编码器利用一组适当的多相滤波器,把数字音频信号分割为 32 个子频段信号,每段 75 Hz 形成 2 400 Hz 声音信号带宽,然后以选定的足够的量化精度在各子频段合成,并按子频段结构恢复成原来带宽的时间域信号,这种编码方法可将信源编码的码率从原来每声道 768 kbps 降到 100 kbps。MUSICAM 已经作为数字电视伴音标准以及卫星传输数字广播节目的标准。

masking redundancy 屏蔽冗余 采用附加元器件屏蔽掉故障元器件的冗余方法,也称静态冗余。实现故障屏蔽主要有两种方法:三模冗余和采用纠错码。

masking register 屏蔽寄存器 在位模式中,用于实现屏蔽的寄存器。参见 masking。

mask matching 掩码匹配 一种字符识别方法。其过程是:将一组掩码所对应的字符逐个与样板字符比较。

mask-programmable logic array (MPLA) 掩膜可编程逻辑阵列 一种可编程逻辑阵列(PLA),其电路互连在出厂前就已按用户要求掩膜编程。参见 programmable logic array (PLA)。

mask-programmable read-only memory 掩膜编程只读存储器 同 mask-program read-only memory。

mask-program read-only memory 掩膜程序只读存储器 一种固定程序只读存储器,在这种存储器中,每个存储单元的数据内容是在制造时使用掩膜技术设定的。

mask word 屏蔽字,掩码字 在屏蔽操作中,任何作屏蔽用的计算机字。

MASM 微软宏汇编 Microsoft macro assembler 的缩写。

masquerade 冒充 在计算机安全中,指威胁数据安全的手段。表现在非法假冒或盗用合法实体的身份、攻击合法进程的签名进程、伪造合法实体安全参数、假冒合法实体的管理者身份、假冒其他网络用户等。

MASS 多路存取顺序选择法 multiple access sequential selection 的缩写。

massage 数据按摩 用于数据处理的俚语,表示进一步处理或精处理数据。

mass data 海量数据 形容由于数据量大而无法一次存入主机的数据量值术语。亦指需存储在大容量外部存储器中的数据。

mass calling service (MAS) 大众呼叫 一种适合于广播、电视等媒体对听众、观众开放的一种业务。大众呼叫是一种类似热线的业务,它主要的特征是具有有效地防止在瞬时大话务量时出现的网络阻塞现象。通过向电信部门申请一个热线电话号码,听众在拨此号码时,系统会将呼叫者接到节目支持人热线电话,也可以设置一段录音通知,呼叫者通过按键选择得到相应的服务。

mass communication 大众传播 一种信息传播方式,是特定社会集团利用报纸、杂志、书籍、广播、电影、电视等大众媒介向社会大多数成员传送消息、知识的过程。

mass data processing 海量数据处理 由多处理器系统进行的大量数据处理,一般由一台处理器控制执行,使 CPU 利用率大大提高。海量数据处理系统一般为分时系统。

massively parallel computer 大规模并行计算机 参见 massively parallel processing (MPP)。

massively parallel processing (MPP) 大规模并行处理系统 由成百个同类型处理器组合而成的一种高速并行处理机,可望实现极高的运算速度。MPP一般采用松耦合体系结构,即各处理机以使用自己的局部内存为主,处理器之间进行同步通信。结构突破了传统程序设计时只看到一个统一的存储空间的方式,用户必须看到并行处理机的分布内存,要引进数据的分配布局,运算过程中考虑数据在节点之间的传送,并使之保持正确的同步关系,此类计算机的规模可伸缩性比较好,对数据量大而任务分割性好的题目有很大的优势,但是,处理机间同步通信的开销大。

mass matrix 质量矩阵 用有限元方法求解与时间变量有关的问题时,所得到的与介质的密度函数有关的矩阵。

mass migration 质量迁移 当高电流密度通过截面积很小的导体(如集成电路中的导体)时,发生的金属腐蚀。

mass spectrometer 质谱仪 一种根据物质组成的质荷比来分析材料的仪器。用电子轰击气体或呈气态的化合物,得到的离子按其质荷比被加速和分离,最常见的一类质谱仪是组合的电磁场将物质的离子偏斜并将每类离子依次聚焦在输出电极上供检测和测量;另一类质谱仪是根据离子在被电场加速时通过漂移管的飞行时间来对离子分类。

mass storage (MS) 海量存储器 具有特大存储容量的存储器,如磁盘阵列、磁带库或光碟库等大容量存储设备。它们相对计算机的主存能够存储更大量的数据。同 bulk storage。

mass storage control (MSC) 海量存储控制器 在海量存储系统中,海量存储装置中微程序控制的那一部分,它给存取控制器传送信息并控制分级驱动器上的数据与空间。

mass storage control system 海量存储控制系统 一种输入输出控制系统。它指挥或控制海量存储文件的处理。

mass storage device 海量存储设备 具有很大存储容量的设备,如磁盘阵列、磁带库或光碟库的驱动器及其存储介质。

mass storage dump/verify program 海量存储转储/校验程序 一种允许用户将一个特定存储区上的信息转储到海量存储器中去的程序。

mass storage file 海量存储文件 海量存储介质上的记录的汇集。

mass storage file segment 海量存储文件段 海量存储文件的一部分。其开头与结尾由文件存储容量范围项定义。

mass storage system (MSS) 海量存储系统 对大量数据可迅速存取的一种存储器系统。多用于多媒体节目库资料存储。这种存储系统通常分为许多相对独立的存储单元,利用机械系统可实现存储单元的转换,将它们移送到备份位置或读写位置。由于存储单元可更换或可扩充,存储容量几乎可以认为是无限的。

mass storage system communicator (MSSC) 海量存储系统通信程序 在由海量存储装置和海量存储控制器等构成的存储系统中,处理系统控制程序与海量存储控制器之间通信的一种程序。其中的海量存储卷控制程序,可帮助空间管理程序进行海量存储卷和海量存储卷组的管理。

mass storage volume (MSV) 海量存储卷 在海量存储系统中,其容量相当于一个直接存取卷再加上两个关联数据盒式磁带的一种虚拟卷。

mass storage volume control (MSVC) 海量存储卷控制程序 在海量存储系统中,驻留在海量存储系统通信程序中的一组功能,用于支持管理海量存储卷及海量存储卷组的空间管理程序。

mass storage volume control journal 海量存储卷控制日志 在海量存储系统中,含有送往空间管理程序的信息及用于重建海量存储卷编目数据集的信息的一种数据集。

mass storage volume group 海量存储卷组 海量存储系统中的一组海量存储卷。空间管理程序可以定义一个组,海量存储系统通信程序可以定义一个系统设定的海量存储卷组。

mass storage volume inventory 海量存储卷目录清单 一组描述大容量存储卷容量和大容量存储卷分组情况的数据集,其中包括描述对象的存储位置信息。

master 母版,原件,原版带[盘] (1)适合于对所用文件进行复制的一种文件。在有些情况下可能是原件,在另一些情况下,它可能需要专门制作。同 intermediate。(2)可以复制的原版,由它产生复制件或中间件。这些原版可以是原版磁盘、原声带或唱片等。

master abort 主设备中止 在 PCI(外围部件互连)总线中,如果始发者启动了一个 PCI 事务,而该事务在 5 个 PCI 时钟周期之内未被目标设备申请,则始发设备就中止该事务,不传送数据。

master address 基本[主]地址 某些在操作系统中,相对于基本地址空间原点的一种地址。比较 local address。同 universal address。

master address space 基本地址空间 (1)在某些操作系统中,由主调度任务使用的虚拟存储空间。(2)在某些操作系统中,指整个逻辑编址范围。所有的地址空间全部嵌套在基本地址空间中。

masterboard 母板 同 mother board。

master boot record (MBR) 主引导记录 在 DOS(磁盘操作系统)环境之下,个人计算机硬盘上的第一个扇区。其中包含有一个硬盘分区表和一个按此表运作的启动程序。分区表指向硬盘的一个活动分区，当计算机被引导启动时，先进行一系列的自检，然后再把主引导记录读到内存。

master browser 主浏览器 Windows NT 网络浏览器系统中负责建立网络资源表、收集维护网络资源表并把网络资源表分配给客户机的计算机。

master clock (MCLK) 主时钟 计算机系统中起主同步作用的时钟。其他各部件中使用的时钟可以是它的分频或倍频获得的。

master clock frequency 主时钟频率 主时钟在一秒内发出的脉冲数。

master configuration record 主配置记录 在计算机系统中，存储在磁盘上的一种信息，它描述系统的特性。如，系统的数据格式、磁盘容量、主存储器容量等。

master console 主控(制)台 在具有多个控制台的系统中，用于操作员和系统间通信的基本控制台。计算机操作员或系统程序员由此向计算机系统发命令。主控台能执行普通终端不能完成的任务，它与系统控制台同义。

master control code (MCC) 主控代码 在某些操作系统中，处理任务管理、存储管理及其他管理服务程序的代码。

master-control interrupt 主控中断 由输入输出设备或由于操作员的错误或由于处理机的需要而产生的中断。

master control program (MCP) 主控程序 控制系统运行的一种计算机程序。它提供如下功能：调度和初启程序，控制输入/输出操作，动态分配内存，向操作员发送命令以确定他的哪些动作是正确的，在程序或系统出错时，要做哪些纠正动作等。参见 executive program。

master control routine 主控例程 同 master control program。

master coordinate system 物主坐标系 在交互式作图中，每一个例图的定义都有其各自的坐标系，称为该例图的物主坐标系。在使用时，必须对其作引出变换才能把它定位到指定位置处。参见 instance transformation。

master cryptography key 主密钥 在系统网络体系结构(SNA)产品中，将某个节点上运行的密钥进行加密的一种密钥。参见 master key。

master data 主数据 一组主文件中的不常变化的数据。在数据处理中用作基本数据。例如，在工资管理程序相应的文件中所保存的姓名、工资级别、代号、基本工资等数据。在人事数据中的姓名、职工号、出生日期、籍贯等。

master driver 主驱动程序 在 UNIX 中，由伪终端子系统支持的基于 STREAMS 的程序。它是伪终端子系统的控制部分。参见 STREAMS。

master file 主文件 (1)对某一个作业具有权威性，且信息不常改变的文件，如用户地址文件等。主文件中的程序可分为四类：①系统程序(监督程序、执行程序、系统装配程序、编译程序和汇编程序等)；②输入输出启动程序；③实用程序；④库存子例程。(2)存储在后备存储媒体(如磁带或磁盘)上的一批有关的记录。构成主文件的记录可经常更新，以反映当前的状况，如库存、成本、借方、贷方等的当前状况。

master file directory block 主文件目录块 同 CMS file directory。

master file inventory 主文件清单 永久保存以供将来使用的一种信息清单。

master file job processing 主文件作业处理 作业处理是通过主文件中的程序完成的。在主文件中含有作业处理所必需的程序，它们是：①输入/输出驱动程序；②系统程序；③应用程序；④子例程库。

master file tape 主文件带 存放主文件的磁带。

master file update program 主文件更新程序 参见 master program file update。

master file utility routine 主文件实用例程 一些用于数据转换、编辑方面的实用例程。它由主文件通过执行控制语句而装入或执行。常用的目标程序也可作为实用例程加入系统。

master frequency generator 主频率发生器 在频分多路复用中，提供系统端至端载频同步和信号音频率校准的设备。同 master frequency oscillator，master oscillator。

master frequency oscillator 主频率振荡器 同 master frequency generator。

master gate control block 主选通控制块 某些计算机系统中的一种控制块，它为选通控制块链接提供通路。

mastergroup 主群 电话信道频分复用中的超群组合，它由 5 个超群经变频后组成。各超群变频的载频分别为 1 364，1 612，1 860，2 108，2 356 kHz。取下边带，得到频谱为 812 ～ 2 044 kHz 的主群信号。参见 supergroup，pregroup，primary group。

master history file 主履历文件 一种源语言的集合，现已成为二进制计数法顺序的源模块名称。模块名称中有汇编源程序模块和 FORTRAN 型源模型两种系统。由于它具有由源模块构成的文件，因而源模块的保存管理和更新处理均比较方便。

master import file 主输入文件 在网络载体互联管理程序中，一个包含配置数据的宿主文件，这些数据来自一个载体管理系统。

master index 主索引 其元素是其他索引的索引。

master-initiated termination 主设备始发的终止 在 PCI(外围部件互连)总线中，如果等待计时器的计时超过而没有其他 PCI 主设备请求使用总线时，仲裁器将不撤销其总线准许信号，事务可以继续进行。而当当前主设备的事务仍在进行之中时，另一个总线组设备可能会请求使用总线。在仲裁器移去它的准许信号之后，当前总线主设备必须在对目标设备的当前数据传送结束时始发事务终止信号，这就是主设备始发的终止。参见 master latency timer。

master instruction tape 主程序带 一种记录所有系统运行时所用程序的磁带。

master international frequency register (MIFR) 国际频率总登记表 一个总登记表，由世界范围内所有发射台站用的所有频率注册组成，它由国际电联的一个常务组织国际频率登记委员会来维护。

master I/O control block (MIOCB) 主输入/输出控制块 某些计算机系统中的一种控制块，为设备输入/输出控制块的链接提供通路，并为无效中断处理程序提供指针。

master key 主密钥 (1)密钥管理中的一种加密密钥。在分层加密密钥中，主密钥将是高级加密密钥。(2)在密码学中，一个具有密码功能的长寿命密钥，用于长期数据或其他密码密钥的加密。

master key concept 主密钥概念 在程控密码装置中用到的一项概念，即在密码装置里只能有有限数量的明码密钥(未译成密码的密钥)存在。

master key data set (MKDS) 主密钥数据集 在程序密码设施中，用来加密和解密的密码键集合。

master key variant key data set (MKDS) 主密钥的变形密钥数据集 在程控密码装置中，一种非 VSAM(虚拟存储存取法)数据集，它含有主机密钥变形 1，变形 2 及系统鉴别密钥。

master latency timer 主设备等待时间计时器 在 PCI(外围部件互连)总线中，每个总线主设备都具有的一个功能部件，服务于当前总线主设备以及在当前总线主设备执行事务时可能请求访问总线的任何总线主设备。它保证：如果 PCI 总线仲裁器指明有另一个主设备正在请求访问总线，当前总线主设备不会长期占据总线不放。同时也保证当前主设备有一个占用总线的最短时间，在此之后它就必须将总线让给另一个主设备。

master library 主库 存放软件和文件说明的正式公布版本的软件库。比较 production library。

master library tape 主程序库带 一种含有数据处理中所需要的程序和重要子例程的磁带。

master log 主日志 参见 aeronautical station master log。

master mask 主屏蔽 在某些操作系统中，最常见的允许或禁止方式，除请求程序运行的级别外，它对所有级别都起作用。

master menu 主菜单 小型或微型计算机上的对话式处理往往利用显示屏幕显示菜单的方法。利用这种方法可从菜单所列的许多供选择方案中挑选出所要求的例行程序，如建立基本记录、删除文件中的记录、修改记录等。

master mode 主(状)态 在某些信息处理系统中，可以执行全部指令并可以超越存储保护和执行保护存取控制的特权方式。参见 application mode，I/O mode，supervisor mode。

master net control station (MNCS) 网内主控站 一个控制站，①管理网络运行的各个方面；②管理网络控制站；③控制网络设备，通常是包括公共用户或专用设施的独特的或特定的通信系统。

master node 主节点 在某些环型网络或回路控制系统中，可以初启所有数据传输的一种节点。

master node control 主节点控制器 在回路或环形网络中，一种控制方式，用这种方式，单一主节点可以初启所有的数据传输。在环路中，主节点轮询分布在环路上的其他节点，并允许每一个节点发送数据。参见 register insertion，slotted-ring control，token-access control。

master of computer science (MCS) 计算机科学硕士 计算机学科中的一种学位。

master oscillator 主控振荡器 通信系统中用于控制频率的振荡器。

master output tape 标准输出幅度磁带 标准半英寸数字磁带机的一种二级标准空白磁带。其磁性和机械参数是标准的，因而可提供读出信号幅度标准，可以用来检查磁带机及所用各种磁带的性能。

master payroll file 基本工资单文件 包含一个单位中各工作人员的工资信息的文件，如姓名、代号、工资级别等。

master production schedule (MPS) 主生产计划 由制造资源计划(MRP)系统生成的一整套有关制造企业生产的计划，反映企业准备生产什么产品和生产的进度。在主生产计划中，必须考虑客户定单和市场预测、未完成定单、可用物料的数量和供应情况、现有生产能力和管理方针等因素。

master program 主程序 同 main program。

master program file 主程序文件 (1)记录系统运行的全部程序的文件。(2)由主程序带输出的程序文件。

master program file update 主程序文件更新 在原主程序文件的基础上建立新的主程序文件的过程，在该过程中对原主程序文件进行部分或全部修改，或把事务文件的一些程序加进来作为新程序，也可改变程序作业的分配。

master record 主记录 (1)主文件中的一个记录。通常记录说明性的数据。(2)后继文件处理中使用的基本更新记录。通常是文件中的一项。

master routine 主例行程序 (1)控制装入和程序

M

再定位的程序。(2)处理和控制其他各组代码指令的一组代码指令。(3)用于实现自动编码的一组代码指令。(4)一组主要的编码指令。

Masters Abstracts International (**MAI**) **《国际硕士学位论文文摘》** 美国国际大学缩微复制品公司(UMI)编辑出版,1962年创刊,双月刊。原称《Master Abstracts》(硕士学位论文文摘),1985年后改为现称。主要报道美国和加拿大数百所大学的硕士论文,报道范围包括自然科学、社会科学和应用科学等各个方面。每年的第4期附有年度累积主题索引和著者索引,第1—3期只附有单期著者索引。每隔5年单独出版一次累积版。

master scheduler (MS) 主调度程序 一种控制程序的例行程序。它能响应操作人员的命令,合理地管理任务或进程的执行和系统资源的分配。在过程的开始或结束时以及在进程中需要改变某些条件时,主调度程序还能向操作人员提供进行干预的机会。

master scheduler address space 主调度程序地址空间 (1)在某些操作系统中,由主调度程序使用的虚拟存储空间。(2)在某些操作系统中,指全部逻辑寻址范围。所有地址空间均在主地址空间内。

master scheduler task 主调度任务 某些操作系统中的命令处理任务,它控制挂起命令队列的搜索,并提交执行这些命令的任务。

master skew tape 主[标准]扭斜磁带 标准半英寸数字磁带机的一种二级标准带。磁带上所有磁道均连续记录全"1"信息,且同一行信息的位置精确地排列在一条与磁带基准边相垂直的直线上。可用这种磁带校正磁头的方位角或调整逢"1"变化不归零制的读写抗扭斜量,以保证磁带机的信息互换性。

master-slave computer system 主从计算机系统 由一台主处理机和一台或多台从处理机组成的复合计算机系统。其特点是:操作系统中对整机的控制和管理全部在主处理机上执行,主处理机负责对进入系统的任务进行调度,并根据需要将它们分配给各个从处理机去执行。这种系统管理比较简单,但灵活性较差,一旦主处理机出现故障将导致整个系统瘫痪。为了克服这种缺点,现已研制出一种备份式的主从系统,即当主处理机出现故障时,让一台从处理机自动替代主处理机工作。

master-slave flip-flop 主从触发器 两个触发器的组合,其中之一(主触发器)在时钟脉冲的前沿接收信号,另一个(从触发器或输出触发器)在脉冲后沿接收信号。它能防止在几乎同时加入两个或多个门输入时产生误触发。

master-slave mode multiprogramming 主从式多道程序设计 为防止用户程序破坏或访问共享存储器中其他程序所采用的程序设计技术。其方法是将计算机操作分为主和从两类:主操作包括输入输出、设置时钟、设置存储保护边界及影响计算机控制的指令等;用户程序作为从操作执行。

master slave relation 主从关系 一种系统结构术语。用于描述系统中设备的相互关系。在有的系统中,某一个设备可以控制另外的设备,故将被控设备称为从设备,控制设备称为主设备。最常见的例子是,中央处理机作为主设备,并从作为从设备的存储器中存取数据。

master/slaver replication 主从结构复制器 复制器结构的一种,其中数据是一个特定的数据拷贝(主拷贝)。数据复制的目标是其他数据拷贝(从属拷贝)。修改只能在主拷贝上进行,然后复制给从属拷贝,从属拷贝是只读的。这样可有效地防止冲突的发生。由于对从属拷贝的修改总是由系统完成,用户启动的只读事务可以得到优化,该结构的缺点是当修改来自非主拷贝所在节点时,系统必须通过一个特殊的步骤,首先把修改命令传送到主拷贝,执行完成之后再将结果复制回去,因而增加网络的通信负担。当整个数据库中有一个特定拷贝专用于大量读写事务而其他拷贝用于只读事务时,采用主从结构的复制器最为有效。参见 real-time replication, store-and-forward replication, time based replication, cascade replication, peer-to-peer replication。

master-slave scheduling 主从调度 也称"紧密耦合多重处理"。在多处理机系统中,用一台主处理机保持系统中所有进程的状态并调度所有从处理机的工作。例如,主处理机选择一个进程去运行,寻找一台可用的处理机并发出一条启动处理机指令,从处理机就从指定的存储单元开始执行。当从处理机完成了任务或遇到异常事件时,它就向主处理机发一个中断,并停下来等待进一步的调度命令。

master-slave system 主从系统 一个设备(通常是计算机)控制有与其相连的其他设备的系统。同 master-slave computer system。

master-slave timing 主从同步定时 通信系统内的一个站或节点向所有其他互联的站或节点提供一个参考时间的定时方式。

master-slave timing system 主从定时系统 通信系统中的一个站或节点对所有其他互联的站或节点提供一个参考时间的定时系统。

master source program 主源程序 在系统使用其他程序时,被持续保存的源程序。程序更新时,该源程序也需更新。

master station (MST) 主站 (1)在数据链路控制规程中,按某一个要求将数据传送到一个或多个从站的数据站。主站具有数据链路控制权,每一个时刻只允许一个主站控制数据链路。(2)用于控制所有其他终端的装置。(3)在信息传输过程中,用来发送命令帧,接受响应帧,负责整个链路控制的工作站。例如,①在 SDLC(同步数据链路控制)数据链路上负责该数据链路控制的数据站,一条数据链路上每时刻只能有一个主站,其上的全部通信是在主站和一个次站之间进行的。②在轮询总线和多点线路方式的网络中,对其他站进行轮询和选择的控制站。

master switch 主令开关电器 用作闭合或断开控制电路,以发出命令或作程序控制的开关电器。

master synchronizer 主同步器 一种标准时间信号源,通常由一个与晶体控制振荡器同步的环形计数器组成。同 master clock。

master system tape 主系统带 包含有监督程序、控制程序等主要系统程序的磁带。

master terminal 主(控)终端 (1)专门用于监视或控制计算机系统的终端。这类终端通常放在靠近计算机的地方,并局限于少数人使用。(2)某些信息管理系统的逻辑终端,在联机操作期间,具有对信息管理系统资源的全部控制权。

master terminal formatting options 主终端格式化选件 某些信息管理系统的信息格式服务选件,它为信息显示系统的主终端提供信息格式。

master timer 主时钟 同 master clock。

master timer control block (MTRCB) 主时钟控制块 某些计算机系统中的一种控制块,它含有日时钟的完整描述并指向时钟请求单元。

master trace 主跟踪程序 主调度程序的集中数据跟踪程序,用于对某些操作系统的报文处理部分进行服务。

MAT 机器辅助翻译 machine-aided translation 的缩写。

match 匹配 一种比较检查过程,通常用于确定两个或多个数据项是否相等。

matched cladding 匹配包层 在介质波导中,由单一的同类绝缘材料层构成的包层。

matched diodes 配对二极管 两个具有完全相同外形尺寸和电特性的二极管。一个可以具有正向极性,而另一个具有相反极性,或者两者具有相同的极性。

matched filter (MF) 匹配滤波器 滤波器的性能与信号的特性取得某种一致,使输出端的信号瞬时功率与噪声平均功率的比值最大。匹配滤波器对信号做两种处理:①去掉信号相频函数中的任何非线性部分,因而在某一时刻可使信号中所有频率分量都在输出端同相叠加而形成峰值;②按照信号的幅频特性对输入波形进行加权,以便最有效地接收信号能量而抑制干扰的输出功率。

matched junction 匹配连接 波导中一个接头,有四个或更多个端口,即支路。除某端口外的其他所有端口都接以适当的阻抗,当沿此未终接阻抗的端口馈入时,接头无能量反射。

matched load 匹配负载 其阻抗值使对信号源的能量吸收达到最大的负载。

matched power gain 匹配功率增益 当负载阻抗和与之相连的放大器有效输出阻抗相匹配时的功率增益。

matched termination 匹配终端 波导或其他传输线的任何横截面上不产生波反射的终端。

matched transmission line 匹配传输线 具有匹配终端的传输线。

matched waveguide 匹配波导 具有匹配终端的波导。

matching 匹配 将两个电路或部件连接起来使其阻抗相等或者通过耦合器件使其阻抗相等,以便得到最大能量转移。

matching cell 匹配盒 参见 refractive index matching cell。

matching criterion 匹配准则 模式成分和模板匹配程度的衡量。一般选用求相关函数或把各种距离和误差定义作为匹配准则。

matching device 匹配器件 使不相等的阻抗实现匹配的器件,如无线电接收机的输出变压器。

matching diaphragm 匹配膜片 薄金属片上有一个狭长裂缝的膜片,被横放在波导内用来进行匹配。裂缝相对于波导宽边尺寸的取向决定了膜片起的是容抗作用还是感抗作用。

matching of a hypergraph 超图的对集 超图的边集中没有两边相邻的边的子集。含有边数最多的对集称为最大对集。设 M 是超图 H 的一个对集,若 M 中再加一条原来不属于 M 中的边,就不再是对集,则 M 称为极大对集。超图的对集也称"超图的边独立集"。

matching threshold 匹配阈值 网络算法中的一个参数,用于衡量新输入样本是否属于某一个已存在网络中的样本类,也称"警戒值"。匹配阈值取值于 0 和 1 之间,取值越大,分类越严。

matching transformer 匹配变压器 插入不平衡阻抗之间用于实现匹配的变压器,以便得到最大能量转移。

match-merge 符合归并 用关键字比较两个文件的方法。

match sorting 比较分类 一种分类程序的内部操作技术。两组记录的比较结果存储起来以备将来使用。

match substitution 匹配置换 即机器人问题求解系统中的条件符合现象。当出现匹配置换时,系统操作的先决条件公式与现行环境的某些描述公式之间可找到一致置换关系。

match-terminated 匹配端接 用一个等于传输线特性阻抗的负载接在传输线终端。

material dispersion 材料色散 (1)由作为电磁波

波长函数的传播媒质的折射率变化所引起的电磁脉冲在时间和空间上的加宽，即色散。(2)在光纤中，由传播速度和纤芯材料折射率随波长变化，及光源频谱中不同成分折射率不同引起的色散。同 chromatic dispersion, intramural dispersion。

materialized view　物化视图　也称"实体化视图"。在数据库技术中，动态视图只将视图的定义存在数据词典中，这种视图不对应实际数据存储。物化视图则不仅存储视图的定义，而且存储视图对应的数据，一些查询可以直接用物化视图中的数据回答，从而加快了查询速度。但物化视图中的数据属于冗余数据，是由基本表中的数据转换得到的，因而当基本表更新时，物化视图必须使用有效手段进行维护。显然物化视图更适合以查询为主的应用。比较 dynamic view。

material management　物料管理　离散型制造业的物料流的管理与控制，是企业管理的重要组成部分，涉及企业的整个生产经营活动。MRP(制造资源计划)是常用的一种管理模式，其目标是根据市场需要安排生产，力图降低库存量，缩短加工过程，提高企业效率。而引入企业能力反馈形式闭环的 MRP，称为制造资源计划，即 MRP-Ⅱ，则将问题空间从物料扩大到整个企业的资源。参见 manufacturing resource planning-Ⅱ (MRP-Ⅱ)。

material planning　材料计划　根据更高一级的装配要求对元件需求提出计划。通过使用材料单掌握生产进度，使用材料情况要和库存进行核对。

material requirement planning (MRP-Ⅰ)　物料需求计划　MRP-Ⅰ是工厂自动化的第一步，从 20 世纪 50 年代起应用，以往的产品组织生产方式为以零部件组织生产的方式，工厂在销售订货前先将零部件生产出来或从市场上订购回来，存放在仓库中，在接到用户订单后才组装成品，这种方式必须以正确的预测为保证，否则会造成零部件积压或供应不足，MRP 借助于计算机技术进行材料需求计划的制定，它以优先计划为核心，逐步增加了优先计划、优先计划管理、能力计划、能力计划管理等闭环系统。参见 manufacturing resource planning-Ⅱ (MRP-Ⅱ)。

material requisition　材料需求　也称"材料订单"，指经核准从库存中提取一定种类和数量的材料。

material scattering　材料散射　(1)电磁波的传播过程中由传播材料的内在特性导致的散射，如电磁波在大气中传播时的大气压散射、电离层散射和瑞利散射，在光纤中由传播速度和纤芯材料折射率随波长变化，及光源频谱中不同成分折射率不同引起的色散。(2)制造波导的基本材料每单位体积散射的电磁波功率。材料散射损失通常用每千米分贝(dB/km)表示。同 bulk material scattering。

materials engineering　材料工程　材料工程属技术的范畴，目的在于采用经济的、而又能为社会所接受的生产工艺、加工工艺控制材料的结构、性能和形状以达到使用要求。

materials science　材料科学　材料科学是一门科学，它从事于材料本质的发现、分析方面的研究，它的目的在于提供材料结构的统一描绘或给出模型，并解释这种结构与材料的性能之间的关系。

materials science and engineering　材料科学与工程　材料科学与工程是研究有关材料的成分、结构和制造工艺与其性能和使用性能间相互关系的知识以及这些知识的应用，是一门应用基础科学。材料的成分、结构、制造工艺、性能及使用性能被认为是材料科学与工程的四个基本要素。

math chip　数学芯片　一种专用微处理器。它高速执行算术运算、对数运算、三角函数运算、快速傅里叶变换和浮点运算等功能。许多数学芯片常用于以软件计算太慢太繁的数学函数计算。数学芯片可用来提高系统速度，改善运算精度。典型的数值数据处理机执行各种算术运算，同备有浮点运算部件小型机和主机中的中央处理机用软件完成同样的功能相比，其速度和精度要提高 100 倍。

math coprocessor　数学协处理器　可完成高速浮点操作的数学电路。在早先计算机中，它是被插在母板上的一个特殊插座上的单芯片。它可以很好地改善系统的性能。现在的微处理器都将这个功能加入芯片里。

mathematical analysis　数学分析　算术和代数分析。其内容包括：数的处理分析、数与数之间的关系分析及由这些关系实现的操作分析。

***Mathematical and Computer Modelling*　《数学与计算机建模》**　英国 1980 年创刊，全年 26 期，Elsevier Science 出版社出版，SCI(科学引文索引)收录期刊。刊载数学模型理论及数学模型在工程、生物、医学、社会科学、环境科学等领域的应用方面的研究论文、评论、讲座以及书评与消息报道。

mathematical control mode　数学控制方式　一种特定的数学控制关系式，如比例、积分或求导等控制方式。

mathematical foundations for computer science　计算机科学的数学基础　用于计算机科学的基本数学方法，可分为基础数学和离散数学两大部分。基础数学包括解析几何、微积分、代数、概率论等；离散数学包括数理逻辑、集合论、抽象代数(代数结构)、图论与组合论等。由这些方法引出了理论计算机科学中的新领域，如形式语言理论、程序全局分析法、语法分解方法、程序变换与验证法及算法分析等。

mathematical function　数学函数　描述两个或多个变量间关系的数学表达式。

mathematical function library　数学函数库　存放标准函数子例程的程序库。一般指高级语言中的由内部函数子例程组成的库，如三角函数、指数函数等。

mathematical induction 数学归纳法 一种证明有关自然数的命题的有力方法。若要证有关自然数 n 的一个命题 $M(n)$ 对任意的自然数 $n \geqslant k_0$ 成立，①只要首先证明 $M(k_0)$ 成立，再在 $M(k)(k \geqslant k_0)$ 成立的假设下，证明 $M(k+1)$ 成立，此称为第一数学归纳法。②只要首先证明 $M(k_0)$ 成立，再在 $M(n)$ 对所有合适 $k_0 \leqslant n < k$ 的自然数 n 成立的假设下，证明 $M(k)$ 成立，此称为第二数学归纳法。一般常用的是第一数学归纳法，有些情况则必须用第二数学归纳法。

mathematical linguistics 数理语言学 语言学的一个分支，用数学思想与方法研究语法现象的学科。它包括三方面的内容：①代数语言学，主要研究语言的形式结构进行严格的数学描述；②应用数理语言学，主要指机器翻译、信息传递等方面的数学理论；③统计语言学，主要指词素或词在概率方法和信息论方法等研究语言中出现的频率与概率。目的是为机器翻译和通信技术设备提供有关语言结构的精确资料。参见 algebraic linguistics, statistical linguistics。

mathematical lofting 数学放样 利用插值或曲线拟合（曲面拟合）等数学方法所给出的工件（如船体）外形设计。根据设计要求，先给出工件外形的一组型值点，通过数学方法求出一条（或一片）简单易算的曲线（或曲面），使之尽量好地拟合于这些型值点，并保持工件的凹凸性，以作为工件外形的理论曲线（或曲面）。

mathematical logic 数理逻辑 （1）用数学方法研究的逻辑或形式逻辑。所谓数学方法是指数学采用的一般方法，包括使用符号和公式，使用已有的数学成果和方法，特别是使用形式的公理方法。数理逻辑采用完全形式化了的公理系统，即形式系统。模型论、公理集合论、递归论和证明论构成了现代数理逻辑的主要内容。从广义的角度看，数理逻辑还包括归纳逻辑、模态逻辑、多值逻辑、时态逻辑等。（2）也称“符号逻辑”，数学的一个分支，是用数学方法研究逻辑的学科。它使用人工语言和形式化方法研究语句、推理、论证等。数理逻辑的内容大致形成三个层次：①狭义的数理逻辑：命题逻辑和一阶谓词逻辑。②较广义的数理逻辑：模型论、公理集合论、递归论（可计算性理论）和证明论，简称四论。③最广义的数理逻辑：除上述内容外还包括归纳逻辑、模态逻辑、多值逻辑、时态逻辑等。

mathematical matrix extension (MMX) 数学阵列扩充指令 Intel 公司开发的一组新的数学阵列处理指令，共有 57 条。MMX 采用单指令流多数据流(SIMD)技术和四种新的数据类型，使用 8 个 64 位 MMX 寄存器。MMX 指令集主要的目的是加快处理多媒体信息。另有一种说法 MMX 是 multimedia extensions 的缩写。参见 multimedia extensions (MMX)。

mathematical model 数学模型 （1）根据对研究对象所观察到的现象及实践经验，归结成的一套反映其内部因素数量关系的数学公式、逻辑准则和具体算法。用以描述和研究客观现象的规律。数学模型包括静态和动态两种模型。静态模型是表征系统处于相对静止或平衡状态时各参数和输入输出量之间关系的模型；动态模型是表征系统在运动和变化过程中各量之间关系的模型。建立数学模型的方法是：先分析对象的物理、化学等规律，建立起初步的关系式；再经实际测量和检验，确定其精确的形式和具体的参数值。建立数学模型的主要目的是供计算机处理和计算。（2）在计算机管理系统中，指采用运筹学、计量经济学、系统动力学中的管理数学模型，如线性规划、非线性规划模型、回归预测方程、系统动力学方程等，用于定量描述管理系统的静态或动态特性。

mathematical model of resource information 资源信息数学模型 用数学概念、数学理论体系、各种数学公式以及由公式系列构成的算法表达模型。

mathematical operator 数学(运)算符 （1）一种指示算术运算过程，描述一系统输入输出变量之间存在的关系和限制的符号。（2）表示各种数学运行的符号。如“+”(加)、“*”(乘)、“/”(除)、“tg”(正切)、“log”(对数)等。

mathematical optimization 数学优化 对某个函数（称为目录函数），在给定条件下（称限制）找到（或接近）给出最佳（最大或最小）值的方法。通常有动态优化和静态优化两种方法。

mathematical-physical simulation 数学-物理仿真 也称“半物理仿真”。它是把仿真模型和物理模型联合起来进行仿真试验的过程。

mathematical procedure 数学过程 用于执行某个或某类数学计算的程序（通常为库存程序），如开方、对数计算、随机数生成、编制三角函数关系等。

mathematical programming (MP) 数学规划 （1）在给定约束条件下求目标函数最大或最小，常用于线性规划、非线性规划。（2）在运筹学中，找出受约束函数的极大值或极小值的过程。比较 convex programming, dynamic programming, integer programming, linear programming, nonlinear programming, quadratic programming。

mathematical semantic model 数学语义模型 一种语义模型。其含义是输入和输出之间的关系。数学语义模型本身又可分为标志语义模型和公理语义模型两种。参见 semantic model。

mathematical simulation 数学仿真[模拟] （1）用数学方法仿真实际系统的过程。其方法是：把实际系统遵循的数学方程和特性曲线全部在计算机上实现。（2）一种通过建立数学模型实现的仿真技术。用一组数学方程来表示系统的各种元素并验证改变其中一些参数会对系统产生什么影响的一种方法。通过建立反映实际系统的数学模型,再编制和运行仿真程序,进行仿真试验,并在建立数学模型的基础上进行研究和试验。以达到研究实际系统的目的。数学模型的精度不仅取决于计算机精度,而且还取决于实际系统进行描述的数学方程和特性曲线的准确度。

mathematical simulation system 数学仿真系统 用一套计算机作为各种不同物理本质的实际系统的模型进行仿真试验的计算机系统。

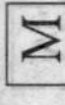

mathematical software 数学软件 (1)用实用算法编制程序并调试通过,这些程序连同其说明称之为数学软件。其概念和应用软件差不多,主要与系统软件相区别。(2)处理数学问题的应用软件。用于求解一个数学问题或实现一个数学思想。这种软件由算法标准程序发展而来,于20世纪70年代初期形成,为计算机解决现代科学技术各领域中所提出的数学问题提供了求解手段和工具,并成为许多应用软件的基本构件。它大体可分为三类:①数值软件,依靠数值方法解数学问题的软件;②数学演算软件,利用计算机作数学符号演算的软件;③分析工具软件,对数学软件进行分析、试验和性能评价的工具性软件。

mathematical software library 数学软件库 执行科学和工程基本数学计算的软件的集合。包括综合性数学和统计程序库、优化程序库等。

mathematical subroutine 数学子例程 实现标准初等函数计算功能的子例程。它至少包括正弦、余弦、平方根、指数和对数等常用函数。

mathematical theory of computation 计算的数学理论 讨论用数理逻辑和可计算机性理论解决计算机软件问题的基本理论。该理论侧重于程序正确性的证明,故在一定程度上弥补了数理逻辑与计算机科学应用间的脱节。

***Mathematics and Computers in Simulation* 《系统模拟中的数学与计算机》** 荷兰1959年创刊,全年18期,Elsevier Science 出版社出版,SCI(科学引文索引)收录期刊。刊载系统的计算机模拟方面的研究论文与简报,涉及系统模拟用数学手段、系统模拟在科学与工程中的应用、数值分析及模拟用算法、模拟用硬件、专用软件与编译程序、系统模拟一般原理等。

mathematics statistics 数理统计学 研究有效地运用数据收集与数据处理、多种模型与技术分析、社会调查与统计分析等,对科技前沿和国民经济重大问题和复杂问题,以及社会和政府中的大量问题,如何对数据进行推理,以便对问题进行推断或预测,从而对决策和行动提供依据和建议的应用广泛的基础性学科。用数理统计方法去解决一个实际问题时,一般有如下几个步骤:建立数学模型,收集整理数据,进行统计推断、预测和决策。参见 statistical inference, statistical prediction, statistical decision。

matrix assessment 矩阵评价法 研究未来及其评价的方法。常用的有要素展开法、目标展开法及未来形象描述法。其中最有代表性的是德尔菲法要素展开法。其缺点是得不到归结为整体的形象和无法分析各要素间的关系。为了弥补这些缺点而发展了几种矩阵法。

matrix band width 矩阵带度 带状矩阵的一个指标。矩阵每一行中对角线最右边的非零元素的列号与对角线最右边非零元素的列号之差加一,称为矩阵在该行的带宽。所有各行的带宽的最大值称为矩阵的带度。

matrix display panel 矩阵显示板 一种显示单元排成方阵的显示器。显示单元的一端按行连在一起,另一端按列连在一起。如同时只对一条竖线与一条横线加电,则只有这两条线的交叉点上的显示单元发光。根据一定的控制方法对相应的横竖线加电,可以得到需要的光点、字符或图形。显示单元可以由小灯泡、发光二极管、液晶或等离子体等组成。

matrix keyboard 矩阵键盘 一种键盘,各个按键以行和列排列成一个方阵。

matrix of relation 关系矩阵 一种以0,1为元素用来表示关系的矩阵。设有限集合 $A=\{a_1,a_2,\cdots,a_m\}$, $B=\{b_1,b_2,\cdots,b_n\}$, R 是 A 到 B 的一个二元关系,令 $M_R=(m_{ij})$ 是 $m\times n$ 阶矩阵,式中 m_{ij} 取1,当 $(a_i,b_j)\in R$ 时; m_{ij} 取0,当 $(a_i,b_j)\notin R$ 时, M_R 就称为 R 的关系矩阵。

matrix parity check 矩阵奇偶校验 既有横向奇偶校验又有纵向奇偶校验的奇偶校验方法。只有横向或纵向奇偶校验,可以发现奇数位差错。矩阵奇偶校验可以发现多位错并能纠正一位错。

matrix printer 矩[点]阵式打印机 一种用点阵表示字符的打印机。同 dot printer。

matrix processor 矩阵处理器 一种光神经计算机的基本功能器件,完成代数的光学处理。美国斯坦福大学在1978年首先提出用非相干光学方法实现向量和矩阵的并行和快速的乘法,这是世界上第一个光学向量/矩阵乘法器。

matrix stack 矩阵集 在AIX图形中,一系列具有硬件和软件支持的矩阵。其中顶部的矩阵为活跃矩阵。通过图形的所有点都与该矩阵相乘。

matrix storage 矩阵存储器 使用二维或多维坐标确定数据存储单元的存储器。坐标通常用行或列来表示,磁芯存储器是属矩阵存储器的一种形式。目前,芯片上的存储单元通常也被组织成像矩阵一样的阵列,称存储器阵列。

matrix table 矩阵表 一种按精确的数学处理过程和设计过程,且以矩形数组形式排列的一组数。

Matrix 300 benchmark Matrix 300 基准程序 一

种 SPEC 基准测试程序,用 FORTRAN 语言编写,进行浮点运算,程序用 Linpack 数学软件包中的 SGEMV,SGEMM 和 SAXPY 子例程对 300 阶矩阵求解。程序代码高度向量化。参见 system performance evaluation cooperative consortium (SPEC)。

MAU (1)多站访问单元 multistation access unit 的缩写。(2)媒体访问单元 media access unit 的缩写。

MaxCR 最大信元速率 maximum cell rate 的缩写。

maxdata 最大数据长度 数据链路上一帧允许的最大数据长度。不同链路因为链路状况和性能不同会有不同最大数据长度。

max-flow min-cut theorem 最大流最小割定理 图论中的重要核心定理之一:在任何网络中,最大流的值等于最小割的容量。该定理不仅在网络流理论中有用,而且对于图的许多结果,在适当选择网络之后都可由此定理推出。

Maxicode Maxicode 二维条码 美国 UPS 快递公司在 1992 年时推出的一种二维条码。美国自动辨识协会(AIMUSA)制定统一的符号规格时,于 1996 年称其为 Maxicode,它是一种中等容量、尺寸固定的矩阵式二维条码,它由紧密相连的六边形蜂巢式结构模组和位於符号中央位置的定位图形所组成,这种排列方式使得 Maxicode 可从任意方向快速扫瞄。参见 two-dimensional bar code, QR Code, PDF417 two-dimensional bar code。

maxicomputer 大型计算机 一种比计算机大,能容纳更多用户和处理较大程序的速度较快、内存很大的计算机。

maximal characteristic description 最大的特征描述 同 maximally specific conjunctive generalization。

maximal conjunctive generalization 最大合取概括 同 maximally specific conjunctive generalization。

maximal edge 极大边 超图 H 中不被其他边所包含的边。所有的极大边构成的集合称为极大边集。

maximally general conjunctive generalization 最一般的合取概括 机器学习中的一种合取概括。与最具体的合取概括相反,是最短的合取概括式。参见 maximally specific conjunctive generalization。

maximally specific conjunctive generalization 最具体的合取概括 机器学习中的一种合取概括,是对某类对象的最细致的描述。由于必须细致地列出该类的许多事实,所以是描述所有训练例子最长的合取概括式。

maximal planar graph 极大平面图 一种简单平面图。在它的任意两个不相邻的顶点间加上一条边,所得到的图不再是平面图。

maximal ratio combining (MRC) 最大比值合并 分集技术接收端各个不相关的分集支路合并时采用的方式之一。最大比值合并在接收端只需对接收信号做线性处理,然后利用最大似然检测即可还原出发送端的原始信息。其译码过程简单、易实现。合并增益与分集支路数 N 成正比。参见 diversity technique。

maximal value 极大值 局部最大的值。在整个取值范围内,极大值可以有多个,且它们可以是不相等的。

maximin 最大最小 在 i,j 博弈双方,i 的赢得就是 j 的损失(纯策略零和博弈)。因此每一对行动 (a_i,a_j) 对应的得益 $G(a_i,a_j)$,i 方总希望采取行动 a_i 使其最大,而 j 方则希望采取行动 a_j 使其最小。在理性的博弈中,i 方应认为可能平衡在"最大的最小 G"上,即 $\text{maxmin}G(a_i,a_j)$,而 j 方应认为可能平衡在"最小的最大 G 上",即最小最大 $\text{minimax}G(a_i,a_j)$。参见 MAX node, maximin algorithm。

maximin algorithm 最大最小算法 在双方纯策略零和博弈中,在所有的增益 $G(a_i,a_j)$ 中,找出 $\text{maxmin}G(a_i,a_j)$ 及 $\text{minimax}G(a_i,a_j)$,并鉴定是否两项值相等。如相等,则相应的 G 对应的 a_i,a_j 即为双方的理性必然行动。也存在无平衡状况,则算法转入"混合策略零和博弈",以找到解。参见 MAX node。

maximize button 最大化按钮 微软 Windows 等窗口软件的窗口右上角中带向上三角或者含有较大方框的小按钮框,用于放大窗口到全屏幕。

maximize icon 最大化图标 窗口中的一个将窗口放大到其可能的最大尺寸的图标,通常位与窗口的右上角。对应于 minimize icon。参见 maximize button, restore icon。

maximum 最大值 变量在其取值范围内可取的最大的值。一个变量的最大值是唯一的。

maximum allowable common mode overvoltage 最大允许共模过压 允许加到输入子系统的共模电压的最高值,以此值供电不会损坏电路,但有可能暂时丧失电路功能。

maximum allowable link loss 最大允许链路损耗 用分贝数表示的链路允许的最大损耗。对应于 calculated link loss。

maximum allowable normal mode overvoltage 最大允许常模过压 常模电压的最高值,以此值送向一个输入子系统时不会损坏电路,但有可能暂时丧失电路功能。存在下列关系:"最大允许常模电压"低于"最大允许运行常模电压",而"最大允许运行常模电压"又低于"最大允许常模过压"。

maximum burst size (MBS) 最大突发长度 网络中的服务参数,是在峰值信元速率(PCR)下能够连续发送的最大信元个数。当连续发送的信元超过该数值时,必须以可持续信元速率(SCR)发送。参见 peak cell rate (PCR), sustainable cell rate (SCR)。

maximum call area **最大呼叫区** 同 maximum calling area。

maximum calling area **最大呼叫区** 处于专用线路所容许的地理呼叫限制之中的一个地理区域。在最大呼叫区域内用户不需专门授权或安排即可建立一个呼叫。同 maximum call area。

maximum cardinality **最大基数** 与某实体的每一个实例相关联的另一个实体实例的最大个数。

maximum cell rate (MaxCR) **最大信元速率** 在ATM(异步传输模式)网络中,某个特定服务类型的连接所能使用的最大传输能力。

maximum claim **最大需求** 计算机操作系统的一个进程在它的事务中请求的资源数量的界限。最大需求用于死锁避免策略中。

maximum comentropy principle **最大信息熵原理** 对一些随机事件,从全部相容的分布中挑选这样的分布,它是在某些约束条件下(通常是给定的某些随机变量的平均值)使信息熵达到极大值的分布。这是因为信息熵取得极大值时对应的一组概率分布出现的概率占绝对优势。这就是最大信息熵原理。

maximum common mode voltage **最高共模电压** 共模电压的最大值,一个子系统根据其技术指标在此电压下将仍能运行。存在下列关系:"最高共模电压"低于"最高运行共模电压","最高运行共模电压"低于"最大允许共模过压"。

maximum element **最大元素** 具有偏序关系的集合中的一个元素。设 X 是有偏序关系"$\leqslant$"的集合,Y 是 X 的一个子集,如果存在一个元素 $y_0 \in Y$,使得对于每一个 $y \in Y$ 均有 $y \leqslant y_0$,则称 y_0 是 Y 的最大元素;如果对于每个 $y \in Y$ 均有 $y_0 \leqslant y$,则称 y_0 是 y 的最小元素。

maximum fault current **最大故障电流** 在限定大小及波形的脉冲峰值电流注入后,仍不会造成损坏的额定最大电流值。

maximum flow **最大流** 网络 N 中的一个特殊流。设 f 是 N 的一个流,如果不存在流 f_1,使得 f_1 的流值大于 f 的流值,即 $(f_1^+(X) - f_1^-(X)) > (f^+(X) - f^-(X))$,则称 f 为最大流,式中 X 表示 N 的源点集合。在任意网络中确定最大流的问题都可以借助一个简单的方法转化成只有一个源点和一个汇点的网络的情形,因此对最大流的研究仅限于单一源点和汇点的网络即可。

maximum frequency operation **最高工作频率** 参见 maximum operating frequency。

maximum hop count **定义最大跳数** 一种避免路由环路的技术。定义一个最大跳数,如跳数16。也就是说,路由更新信息可以向不可到达的网络的路由中的路由器发送15次,一旦达到最大值16,就视为网络不可到达,存在故障,将不再接受来自访问该网络的任何路由更新信息。参见 routing loop。

maximum likelihood estimator (MLE) **最大似然估计** 一种统计方法。最大似然估计用来求一个样本集的相关概率密度函数的参数。就是要求出一个最有可能接近实际观测的估计值。参见 probability density function (PDF)。

maximum likelihood method **最大似然法** 一个比较成熟的参数估计的统计学方法,使样本观测值的似然函数达到最大的统计量作为总体参数的估计量的方法。参见 mathematics statistics, point estimation, parameter estimation。

maximum match **最大匹配法** 数据库查询中的一种分词方法,是基于字符串匹配原理的一种机械匹配方法。每次从字串中取长度为最大词长的子串与词表中的词匹配,若成功则该子串为词,然后继续匹配,否则子串长度逐次减1进行匹配,直至成功为止。该方法的原理简单,易于在计算机上实现,实现复杂度比较低。缺点是最大词长难于确定,如果定得过长,则算法时间复杂度显著提高,如果定得太短,则不能切分长度大于它的词,导致切分正确率降低。比较 minimum match, reverse maximum match (RMM)。

maximum normal mode voltage **最高常[差]模电压** 常[差]模电压的最高值,一个子系统根据其技术指标在此电压下仍能正常运行。

maximum observed frequency (MOF) **最高观测频率** 在给定两点间,斜入射电离层探测期间,观测到电离层传播的最高频率。

maximum operating common mode voltage **最高运行共模电压** 共模电压的最高值,以此电压送向一个输入子系统时,该子系统将仍能运行,但会降低其性能。

maximum operating frequency **最高工作频率** 在最坏工作条件下,模块能连续工作的最高时钟频率。

maximum output **最大输出** 在不考虑失真的情况下,向接收机或放大器上额定负载提供的最大平均输出功率。

maximum output resistance **最大输出电阻** 在额定电压时,电器组件的电阻值。

maximum parsimony method **最大简约法** 一种常用于系统发生学计算的构树算法,利用简约信息位点,对给定分类单元所有可能的树进行比较,选择其中长度最小、代价最小的树作为最终的系统发生树,即最大简约树,进而建构出一棵反映分类单元之间最小变化的系统发生树。参见 phylogenetics, parsimony informative site。

maximum permissible current of a capacitor **电容器**

的最大允许电流　在规定的条件下，电容器能够负担一个规定时间的最大交流电流方均根值。

maximum permissible voltage of capacitor　电容器的最高容许电压　在规定条件下，电容器能承受一个给定时间的最高交流电压的方均根植。

maximum picking out　最大值检出　在某一个邻近区域内，许多神经元的突触连接都有强化的趋势。但只有输出最大的神经元才发生突触连接的强化，其他神经元不强化。最大值检出是日本学者福岛帮彦提出的，并应用于他所设计的认知机中。

maximum power dissipation　最大功耗　在一定环境温度下，电器工作在最大电流时，它能够承受的热量。用瓦(W)或者毫瓦(mW)表示。它决定于电器的面积、所用的材料。有时是否有屏蔽也会影响最大功耗。

maximum power point tracking　最大功率跟踪　控制器在直流稳压工作模式下，运用设置在系统输入端的一套功率比较电路，在负载需要大功率输出时，自动跟踪最大功率工作点，使系统达到最大输出功率。

maximum principle　极大值原理　最优控制理论中的一种求最优控制函数的方法。它使求最优控制的一大类泛函极值问题的解法大为系统化。用极大值原理求得的最优控制函数是一个时间函数，该函数是最优控制的必要条件，给出的解是一种开环控制解。极大值原理不仅可用于解决连续形式的受控系统的最优控制问题，而且还被推广到处理离散形式的受控系统的最优控制问题。离散最优控制问题的极大值原理称为离散极大值原理。极大值原理对求解分布参数系统的最优控制问题也很有效，相应的方法称为分布参数系统的极大值原理。在理论上，极大值原理还是最优控制理论形成和发展的基础。参见 optimal control theory。

maximum prospective peak current　最大预期峰值电流　在交流电路中，当电流开始发生在导致最大可能值的瞬间的预期峰值电流。

maximum pulse rate　最大脉冲速率　传导媒体中允许脉冲信号的最高重复速率。

maximum segment size (MSS)　最大分段大小　TCP(传输控制协议)里面的一个概念，MSS 就是 TCP 数据包每次能够传输的最大数据分段。为了达到最佳的传输效能，TCP 协议在建立连接的时候通常要协商双方的 MSS 值，这个值在 TCP 协议实现的时候往往用最大传输单位(MTU)值代替。参见 maximum transmission unit (MTU)。

maximum SSCP rerouting count　系统服务控制点最大重定路由计数　在请求搜索目的地 SSCP(系统服务控制点)之前，一次会话请求将中间 SSCP 重定路由的最多次数。该计数用于防止会话初启请求无休止地重定路由。

maximum storage time　最大存储时间　在存储管理中，写入以后到能正确读出所需迟延的时间长度。

maximum stuffing rate　最大填充率　串行信息传输时，可以从单位长度的数据流中加入或删去的最多二进制位数。

maximum supported configuration　最大支持的配置　对于一个给定的操作平台，允许配置的最大资源量，包括内存容量、磁盘驱动器容量及数量、可连接的通信设备数目等。超过最大支持配置的资源，即使装入系统，实际上也不起作用。

maximum switching current　最大切换电流　在安全无损情况下，电器组件切换的最大电流。

maximum transfer rate　最高传送率　(1)通道上每秒最多可容纳的二进制数。对于一个双工通道，这种传送率一般仅指一个方向。(2)在数据或信息传输中，每秒钟所能传送的最大字符数或位数。

maximum transmission unit (MTU)　最大传输单元　MTU 表示允许在通信协议的某一层上面所能通过的最大数据包大小(以字节为单位)。如在以太网上的 MTU 为 1 500 字节。参见 fragmentation。

maximum undistorted output　最大不失真输出　当一个放大器输入正弦波且失真不超过规定限度时，其额定负载上的最大平均输出功率，也称“最有用输出功率”。

maximum usable frequency (MUF)　最高可用频率　当无线电波通过电离层传输时，可在某一特定时间上用于两指定点间传输的最高频率。

maximum usable viewing time　最大可用观察时间　在规定衰变发生之前，不必重写而能观察到存储管可见输出的时间长度。

MAX node　最大节点　博弈树中的一种节点。博弈中，将先走的一方称为 MAX，后走的一方称为 MIN。在博弈树中，处于偶数深度的节点应该由 MAX 走，故这些节点称为最大节点。相应地，处于奇数深度的节点称为最小节点(MIN node)。在博弈树中有一个约定，所谓输赢都是指 MAX 的输赢。

maxterm　最大项　逻辑代数中的一种项。其定义为：n 个逻辑变量的“逻辑和”中的每一个变量以原变量或反变量的形式出现一次且仅出现一次。通常用在逻辑形式的化简等方面。

maxterm expression　最大项表达式　由若干个最大项之乘积构成的逻辑表达式。

Maxwell (Mx)　麦克斯韦　在厘米-克-秒(CGS)单位制中计量磁通量的单位。1 麦克斯韦等于 10.8 韦伯。

Maxwell inductance bridge　麦克斯韦电感电桥　比较电感的四臂交流电桥，电桥的平衡与频率无关。

Maxwell mutual-inductance bridge　麦克斯韦互感电

M

桥 根据自感来测量互感的交流电桥，电桥的平衡与频率无关。

Maxwell triangle 麦克斯韦三角形 色度图等边三角形，三原色位于三角形的顶点。

Maxwell-Wien bridge 麦克斯韦-维恩电桥 广泛用于精密电感测量的四臂交流电桥，它取决于电容标准而不是电阻，电桥的平衡与频率无关。

MB (1)存储器总线 memory bus 的缩写。(2)兆字节，百万字节 megabyte 的缩写。1 048 576 字节。

MBC 流星突发通信 meteor burst communications 的缩写。

MBCS 多字节字符集 multi-byte character set 的缩写。

MBE (1)多带激励编码 multi-band excitation 的缩写。(2)分子束外延 molecular beam epitaxy 的缩写。

MBGA 微型球栅阵列封装 micro ball grid array package 的缩写。

M-bit M 位 在 X. 25 通信中，在数据包中的表示在后继数据报中有更多数据的位。参见 D-bit，Q-bit。

Mbit 兆位，百万位 megabit 的缩写，也可写为 Mb。

MBMS 多媒体广播多播业务 multimedia broadcast multicast service 的缩写。

MBO 目标管理 management by objectives 的缩写。

MBONE 多址传播骨干网 multicast backbone 的缩写。

Mbps 每秒兆位 million bits per second 的缩写，也可写为 Mb/s。

MBR (1)主引导记录 master boot record 的缩写。(2)存储基础推理 memory based reasoning 的缩写。(3)最小弯曲半径 minimum bend radius 的缩写。

MBS 最大突发长度 maximum burst size 的缩写。

MBT 内存分块表 memory block table 的缩写。

MBus M 总线 由 Sun 微系统公司为其 SPARC 工作站设计的双层总线结构之一，另一层为 S 总线，MBus 为 SPARC 模块互联总线，是一种高性能多处理机总线，数据宽度为 64 位，与 S 总线通过一个控制接口互联。参见 SBus。

MC (1)监督程序调用指令 monitor call instruction 的缩写。(2)磁芯 magnetic core 的缩写。(3)机器周期 machine cycle 的缩写。(4)兆周 megacycle 的缩写。(5)移动商务 mobile commerce 的缩写。

MCA (1)微通道结构 micro channel architecture 的缩写。(2)多信道选取 multi-channel access 的缩写。

MCAD 微软认证应用程序开发人员 Microsoft certified application developer 的缩写。

MCAI 多媒体计算机辅助教学 multimedia computer assisted instruction 的缩写。

MCC (1)磁卡片代码 magnetic card code 的缩写。(2)主控制代码 master control code 的缩写。(3)移动云计算 mobile cloud computing 的缩写。

MC-CDMA 多载波码分多址 multi-carrier code division multiple access 的缩写。

MC-TDMA 多载波时分多址 multi-carrier time division multiple access 的缩写。

McCulloch-Pitts model M-P 模型 由 McCulloch 和 Pitts 于 1943 年提出的第一个神经网络模型。这是第一个用数理语言明确描述脑信息处理过程的模型。该模型给出了形式神经元的数学描述和网络的结构方法。

MCDBA 微软认证数据库系统管理员 Microsoft certified database administrator 的缩写。

MCDN 微蜂窝数据通信网 micro cellular data network 的缩写。

MCF (1)消息通信功能 message communication function 的缩写。(2)磁卡文件 magnetic card file 的缩写。

MCGA 多色图形阵列 multi-color graphics array 的缩写。

MCH (1)机器检查处理(程序)machine check handler 的缩写。(2)内存控制器片组 memory controller hub 的缩写。

MCI (1)机器检查中断 machine check interruption 的缩写。(2)多媒体控制接口 multimedia control interface 的缩写。(3)管控一体化 management control integration 的缩写。

MCLK 主时钟 master clock 的缩写。

Mclure law 麦克卢尔定律 关于对美国计算机软件工作人员需求的一条经验定律，即预测在若干年内，软件技术所需的工作人员会增加若干倍。

MCM (1)多芯片组件 multi-chip module 的缩写。(2)多载波调制 multi-carrier modulation 的缩写。

mconnect mconnect 程序 因特网中的一个程序，能够与远程发信方进行交互会话，以处理邮件递交问题，运行于 UNIX BSD 4. x 环境。

m-Commerce 移动电子商务 利用移动通信手机进行的商务活动，例如利用手机签合同、炒股票和做支票转账等商务活动。

MCP (1)主控程序 master control program 的缩写。(2)报文控制程序 message control program 的缩写。(3)微软认证专家 Microsoft certified professional 的缩写。(4)信息[报文]控制程序 message control program 的缩写。(5)多流对话协议 multi-stream conversation protocol 的缩写。(6)运

动补偿预测 motion compensated prediction 的缩写。(7)媒体内容提供商 media content provider 的缩写。

MCP definition 报文控制程序定义 一组宏语言语句，它为远程通信存取方法报文控制程序的资源定义部分定义一个网络。

MCPS 微软产品专家认证 Microsoft certified products specialists 的缩写。

MCR 最小信元速率 minimum cell rate 的缩写。

MCRR 机器检查、记录与恢复 machine check recording and recovery 的缩写。

MCS (1)多控制台支持程序 multiple console support 的缩写。(2)微(型计算)机系统 microcomputer system 的缩写。(3)多媒体通信系统 multimedia communication system 的缩写。

MCSD 微软认证解决方案开发专家 Microsoft certified solution developer 的缩写。

MCSE 微软认证系统工程师 Microsoft certified system engineers 的缩写。

MCT (1)金属氧化物半导体可控晶闸管 MOS controlled thyristor 的缩写。(2)微软认证培训师 Microsoft certified trainer 的缩写。(3)监控表 monitoring control table 的缩写。

MCU (1)多系统通信设备 multisystem communications unit 的缩写。(2)多点控制单元 multipoint control unit 的缩写。(3)维护控制部件 maintenance control unit 的缩写。(4)中近景 medium close-up 的缩写。(5)微程序控制器 microprogram control unit 的缩写。(6)微控制单元 micro control 的缩写。

MCVFT 多路音频电报 multi-channel voice-frequency telegraphy 的缩写。

MC 6800 microprocessor MC 6800 微处理器 美国摩托罗拉公司生产的 8 位微处理器。有 7 种寻址方址。其寄存器有两个累加器而无通用寄存器。此外有一个变址寄存器、一个程序计数器、一个堆栈指示器和一个条件码寄存器。有一组 16 位地址总线和一组 8 位数据总线和一组控制总线。有 72 条基本指令。MC 6800 的系统结构特点是，存储器和输入输出端口具有统一的地址空间，因此可用访问存储器指令来完成输入输出操作。

MC 68000 microprocessor MC 68000 微处理器 美国摩托罗拉公司生产的 16 位单片微处理器。其集成度高达 68 000 器件。内部结构是 32 位的，可以不分段地直接寻址 16 MB 的内存空间。有 18 个 32 位寄存器。MC 68000 有六种寻址方式，可支持五种基本数据类型(位、二-十进制数、字节、字和长字等)，总共可提供 1 000 多种有用的指令。它有 16 位独立的数据总线和 24 位地址总线。它为外部设备和存储器提供一条同步总线和一条异步总线，还提供了硬件和软件的中断能力，可实现对软件调试跟踪，并支持多重处理。该机无专门的输入输出指令，只要使一个输入输出设备的地址位于存储空间内，就可相应地访问存储器来执行其输入输出操作。其时钟频率为 8 MHz，每秒可执行 200 万条简单指令。

MC 68020 microprocessor MC 68020 微处理器 美国摩托罗拉公司于 1984 年宣布的 MC 6800 系列器件。它是一个带有 32 位数据和地址总线的全 32 位微处理器，一个片内指令高速缓存。动态总线扩展和协议从处理机接口。它与 MC 68000 系列早期产品在目标码上兼容，但在支持高级语言方面有新的寻址方式。MC 68020 用高速互补金属氧化物半导体(HCMOS)制成，在 375×350 平方密尔(mill)的芯片上集成约 20 万个晶体管。以 16.67 MHz 时钟频率工作，功耗小于 1.5 W。MC 68020 由执行部件、控制部件、时序器、总线控制器、指令高速缓存部件、指令预取和译码部件等组成。其中控制器和时序器相互配合实现片内管理，它们控制内部总线和执行部件；执行部件包括程序计数器、地址和数据寄存器；总线控制管理高速缓存和外部存储器地址；指令预取和译码部件用来取出指令并译码，供执行部件执行；指令高速缓冲有 256 字节，用来减少访问主存次数和减少占用总线周期，从而提高了系统性能。

MC 68060 microprocessor MC 68060 微处理器 美国摩托罗拉公司的 MC 680X0 系列微处理器芯片中的一种，是 MC 68040 的更新产品，采用超标量技术，每个时钟节拍可启动 2 条指令，带有高性能浮点运算部件、8 KB 片内高速缓存和程序分支缓存，运算速度比 68040 高 3 倍左右，总线控制部件有检测功能，支持多处理机系统，提供电源管理功能以节省功率消耗和减少散发的热量，可在 3.3 V 电源下工作，芯片中共有 240 万个晶体管组成，集成电路采用 0.5 μm 技术。参见 M88000，M88110。

MC 6809 microprocessor MC 6809 微处理器 美国摩托罗拉公司于 1979 年推出的 8 位微处理器。采用 NMOS(N 沟道金属氧化物半导体)工艺制成。是 MC 6800 微处理器的改进型。在硬件方面与所有 MC 6800 微处理器的外围设备兼容。该处理器有两个 16 位变址寄存器(X，Y)和两个 16 位堆栈指示器(U，S)，备有可向全部存储区直接寻址的直接页面寄存器。两个 8 位累加器可作为一个 16 位累加器使用。有很强的指令系统，助记符从 MC 6800 微处理器的 72 种减少到 59 种，将一些功能合并，其中包括 16 种 16 位指令。有 MC 6800 的所有寻址模式，还有相对于增量 PC(程序计数器)、扩充间接、变址间接和相对于 PC 间接等寻址模式。时钟频率为 1.0 MHz。MC 6809 的体系结构与美国 DEC 公司生产的小型机 PDP-11 相似。

MD (1)磁鼓 magnetic drum 的缩写。(2)元文件

描述符 metafile descriptor 的缩写。(3)管理领域 management domain 的缩写。(4)中介装置 mediation device 的缩写。

MDA (1)单色显示适配器 monochrome display adapter 的缩写。(2)邮件投递代理 mail delivery agent 的缩写。

MDBMS 多媒体数据库管理系统 multimedia database management system 的缩写。

MDBS 多数据库系统 multidatabase system 的缩写。

M

MDBW 模畸变带宽 modal distortion bandwidth 的缩写。

MDC 修改检测码 modification detection code 的缩写。

MDE 微内核开发环境 microkernel development environment 的缩写。

MDF (1)主配线架 main distributing frame 的缩写。(2)主配线设施 main distributing facility 的缩写。(3)报文摘要函数 message digest function 的缩写。

MDI (1)媒体相关接口 medium dependent interface 的缩写。(2)多文档界面 multiple-document interface 的缩写。

MDLP (1)微型光碟长时间播放 MiniDisc long play 的缩写。(2)最小描述长度原理 minimum description length principle 的缩写。

MDN 移动目录号码,手机号码 mobile directory number 的缩写。

MDNS 管理数据网络业务 managed data network services 的缩写。

MDOS 微型计算机磁盘操作系统 microcomputer disk operating system 的缩写。

MDR .(1)混杂数据记录 miscellaneous data record 的缩写。(2)存储器数据寄存器 memory data register 的缩写。

MDRAM 多组(存储体)动态 RAM multibank dynamic RAM 的缩写。

MDS (1)微型计算机开发系统 microcomputer development system 的缩写。(2)故障检测系统 malfunction detection system 的缩写。(3)多点式分配系统 multipoint distribution system 的缩写。(4)管理决策系统 management decision system 的缩写。

MDT (1)修改数据标记 modified data tag 的缩写。(2)平均不可用时间 mean down time 的缩写。

MDX 多维表达式 multi-dimensional expressions 的缩写。

ME (1)维护实体 maintenance entities 的缩写。(2)移动设备 mobile equipment 的缩写。

MEA 维护实体组 maintenance entity assembly 的缩写。

Mealy machine 米勒机 一种时序机的数学模型。它用 5 元数学模式表示:$M=(X,Q,Z,\delta,W)$ 式中,X 为输入符号的有限非空集 $x_1,x_2,\cdots,x_m$;Q 为状态的有限非空集 $q_1,q_2,\cdots,q_n$;Z 为输出符号的有限非空集 $Z_1,Z_2,\cdots,Z_k$;δ 为下一状态函数,表示映像 $Q\times X\rightarrow Q$;W 为输出函数,表示映像 $Q\times Z\rightarrow Z$。

mean access time 平均访问时间 设备通常操作的平均访问时间。

mean accumulated down time (MADT) 平均累积不可用[宕机]时间 给定的时间间隔内,累积不可用时间的期望(值)。

mean accuracy 平均精度 实际值与规定环境条件下的读数值的算术平均值或平均值之间的差值。它不包含重复和的影响。

mean administrative delay (MAD) 平均管理延迟 管理延迟的期望值。

mean available time 平均可用时间 在规定的时间内,系统或设备可以正常使用的时间,或指设备经一段维护之后,可正常连续工作的平均时间。可用以描述系统或设备之可靠性。

mean carrier frequency 平均载波频率 对应于调频系统中载频的发射机平均载波频率。

mean conditional information content 平均条件信息量 同 conditional entropy。

mean down time (MDT) 平均不可用时间 系统或设备各次不可用时间的期望值。

mean entropy 平均熵 信息论中,对于一切来自一个稳定信息源的可能信息而言,每单位信息所含的平均信息量。参见 character mean entropy。

mean forward current 正向平均电流 正向电流在一个周期内的平均值。

mean forward power loss 正向平均损耗功率 瞬时正向电压与瞬时正向电流的乘积在一个整周期内的平均值。

mean free error time 平均无故障时间 在计算机应用的一个相当长的时间段(如 3 年)内,机器运行时间除以出错次数。这是衡量计算机质量的一项重要指标。同 mean time to failure (MTTF)。

mean free path 平均自由程 (1)粒子在两次碰撞之间行经的平均距离。(2)声波在一个封闭范围内连续两次反射之间行径的平均距离。

mean free time 平均自由时间 粒子两次碰撞之间的平均时间。

mean gate power 门极平均功率 在规定条件下,门极正向所允许的最大平均功率。

meaning domain 意义域 知识工程中能引起知识评价值与优先数发生变化的有含义的划分。

mean launched power 平均发射光功率 发射端发出的光,耦合进光纤的伪随机序列的平均功率。同

mean output optical power。

mean life 平均寿命 原子或其他系统以一种特殊形式存在的平均时间。对于放射性原子核,平均寿命是衰变常数的倒数,是放射性半衰期的 1.443 倍。半导体中,平均寿命是注入的过量载流子使与其符号相反的载流子复合所需的时间。

mean logistic delay (MLD) 平均后勤延迟 后勤延迟的期望值。

mean microinstruction cycle 平均微指令周期 一个时间段内多条微指令执行所需的平均周期。特别是当相邻微指令在时间上有重叠的时候,计算单独的一条微指令的执行时间不能真实地反映处理器执行微指令的速度,必须按平均微指令周期来计量微指令的执行时间。

mean on-state current 通态平均电流 通态电流在一个整周期内的平均值。

mean on-state power loss 通态平均功率损耗 瞬时通态电压和瞬时通态电流的乘积在一个整周期内的平均值。

mean opinion score (MOS) 主观平均得分 ITU-T (国际电信联盟-电信标准化部门)建议 P.830,是一种评价中、低速率语音编码质量的主观评价方法。根据 P.830 建议的要求,特定的发话者与听话者在特定的环境下,通过收集测试者在各种不同情景下的主观感受,采用 5 分制评价,其中 5 分为很好(excellent),4 分为好(good),3 分为中(fair),2 分为差(poor),1 分为不可接收。

mean output optical power 平均发射光功率 在光发射侧参考点所测得的光模块发射端耦合进标准光纤的伪随机序列光信号的平均光功率。由于受到光接收机饱和光功率和灵敏度的限制,光发射模块平均光功率分为最大平均光功率和最小平均光功率。最大平均光功率为光接受机所允许的饱和光功率;最小平均光功率为光接收机灵敏度限制的光功率。同 average launch power (ALP)。

mean pulse time 平均跳变时间 脉冲信号从一个状态转换到另一个状态的过渡时间。跳变时间包括前沿脉冲时间和后沿脉冲时间,跳变时间的算术平均值即为平均跳变时间。

mean power 平均功率 也称"有功功率"。同 average power。

mean received signal strength indication 平均接收信号强度指示 取多个样值的接收信号强度平均值。

mean repair time (MRT) 平均修理时间 修理时间的期望值。

means-end method 手段-目的法 一种基于目标的问题求解方法。也称"差异归约"。该方法试图通过不断使用能缩小当前状态和目标状态之间的差别的操作来解决问题。手段-目的方法由 Herbert A. simon 提出,并成功地运用于著名的 GPS(全球定位系统)系统中。

means-ends analysis 中间-目的分析 人工智能中一种基本的问题求解方法。用它求解问题时,每一步选取操作,均以最大限度地减少当前状态与目标状态之间的差别作为选取原则。一旦分辨出这两个状态之间的差别后,就应找出缩小这种差别的操作符。但有可能无法直接将该操作符运用于当前状态,因而需要建立另一个状态,使操作符可以发生作用。但由此引起的问题是,对新状态用操作符作用所产生出的并不是目标状态。于是,为缩小当前状态与目标状态的差别,又引出了新的子问题,即减少操作符作用后得到的状态与目标状态间的差异。这样,逐渐形成一个由差别组成的序列。理想情况下,序列增大,新状态应逐渐接近目标状态,差别逐渐减少,最终为零,得到问题的解。差别的顺序对有效地求解问题很关键。为使系统集中注意主要问题,可给差别赋予优先权,优先考虑缩小优先权高的差别。

means-goal staircase 手段-目标阶 一种系统连接,它将较低层次的单位或个人之目标连接到较高层次单位或个人之目标。

mean sort 平均分类法 一种快速分类算法。它不选择任何关键字来控制分区过程,而是用一个平均值来控制分区过程。参见 partition exchange sorting, quick sort。

mean square error 均方误差 也称"标准差"。总体各单位标志值对其算术平均数离差平方的算术平均数的平方根。均方差是度量样本离散程度的标准统计指标。同 standard deviation (SD)。

mean time between failures (MTBF) 平均故障间隔时间 不修复产品可靠性的一种基本参数,其度量方法为:在规定的条件下和规定的时间内,产品的寿命单位总数与故障总次数之比。同 mean free error time, mean time to failure (MTTF)。

mean time between failures of auxiliary equipment (MTBFA) 辅助设备平均故障间隔时间 辅助设备相继两次失效间工作时间的期望。其值为可用小时与非计划停运次数的比值。

mean time between outages (MTBO) 平均停机时间间隔 一个系统的设备失效的平均间隔时间,这种失效是指系统不能继续工作或系统性能下降到不能接受的程度。MTBO 用下面公式计算:MTBO=MTBF/(1-FFAS),式中 MTBF 是无冗余的平均故障间隔时间,FFAS 失效设备自动旁路的百分比。参见 mean time between failures (MTBF)。

mean time to detection (MTTD) 平均故障检测时间 出现故障到发现故障所需的平均时间。它是描述计算机测试故障能力高低的指标。

mean time to diagnose (MTTD) 平均诊断时间 从机器出现故障,到确定故障的具体位置所需时间的平均值。

mean time to failure (MTTF) 平均失效时间 不修

复产品可靠性的一种基本参数,其度量方法为:在规定的条件下和规定的时间内,产品寿命单位总数与故障产品总数之比。

mean time to first failure (MTTFF) 平均首次失效前时间 首次失效前时间的期望值,即发生第一次故障的累积平均工作时间。

mean time to recovery (MTTR) 平均恢复时间 在设备或部件寿命的规定期间,正确性维护所需的平均时间。

mean time to repair (MTTR) 平均修复时间 在功能部件寿命的规定期间,进行修复性维护所需的平均时间。以总有效维护时间除以此时间间隔内的故障总次数,即为修理该系统的故障的平均时间。

mean time to respond to repair 平均修复响应时间 从机器发生故障报告给有关单位时起,到有关人员实际在机器上开始修理工作为止所需时间的平均值。

mean transformation content 平均信息传送量 信息论中,在已知另一个互斥事件集合中的事件出现的条件下,由有限数目的共同穷举的互斥事件的任何一个事件出现来传送和转移的信息量的平均值。同 average transformation content, character mean transformation content。

mean transformation content (per character) (每个字符的)平均转移信息量 一个平稳消息源全部可能消息的平均转移信息量的字符平均值。每个字符的平均转移信息量

$$T' = \lim_{m\to\infty} \frac{T_m}{m}$$

其中 T_m 为对应的 m 个字符的输入序列与输出序列的所有序列对的平均转移信息量。

mean up time (MUT) 平均可用时间 可用时间的期望值。即系统或设备处于可操作状态的时间平均值。

mean value of a periodic quantity 周期量的平均值 一个量在一周期内的平均值。

measurand 被测对象 仪器仪表所要测量的变量,具体例子包括温度、压力、流速、频率、电压、电流和功率等。

measure 度量 计量长短和容积的标准,现泛指用某种计量单位来测量某几何量或物理量。

measured variable 测量变量,被测变量 一种被测的物理量、状态或特性。常见的被测变量有压力、温度、流量和电压等。

measurement error 测量误差 测量中可以预料的误差。主要由于下列三种原因:①抽样不适当或可变性;②样品准备可变性;③读出或转换器系统中的可变性或缺乏精密度。

measurement reproducibility 测量再生能力 在一个规定时间间隔内和在相同的测量条件下为被测设备输入同样的输入值时,反复测得的输出值的偏差程度。可用其衡量被测设备的重复稳定性、静带、漂移等特性。

measurement technique 测量技术 按照定量和质量标准比较和评价软件产品的技术。这涉及有关量度和量度标准、测量方法与工具等。

measure of central tendency 集中量数 一组数据中大量数据集中在某一点或其上下的情况说明了该组数据的集中趋势,描述集中趋势的统计量数称为集中量数。有多种集中量数,包括算术平均数、中数、众数、加权平均数、几何平均数、调和平均数等。参见 arithmetic mean, mean, mode, geometric mean, harmonic mean。

measure of information 信息测度(量度) 在信息论中,通常取一组可能的事件中某一个特定事件发生频率的适当函数,作为由此事件的发生所传递信息量的相对值的量度。在信息论中,"事件"这个术语的含义与在概率论中的含义相同。例如,事件可以是一个集合中出现某一给定元素或在一个报文给定位置出现规定的字符或规定的字。

measuring relay 量度[测量]继电器 在规定条件下,当具有规定准确度的输入特性量达到动作值时,电气输出电路发生预定阶跃变化的继电器。

mechanical ageing test 机械老化试验 将试样暴露于某种形式的强化了的或加大作用频率的机械应力下,测量其某些性能随时间的变化,以评定绝缘材料的机械老化寿命的试验。

mechanical dictionary 机器翻译词典 一种语言翻译机的组成部分,用以提供一种语言间替换的字。在自动检索系统中,可以是一种替换代码的部分,用于替换编码操作期间使用的字或短语。

mechanical failing load 机械破坏负荷 器件(如绝缘子)在规定的试验条件下作机械破坏试验时试品所能达到的最大负荷。按负荷种类,有拉伸、弯曲、扭转、压缩、剪切和内压等破坏负荷。参见 electromechanical failing load。

mechanical filter 机械滤波器 由成型的金属棒构成的滤波器,当它与压电或磁致伸缩输入和输出传感器一同使用时起耦合机械谐振器的作用,用于高选择接收机的中频放大器。

mechanical joint 机械连接 通过机械方式将一个导体同另一个导体或接线端夹在一起而不是焊在一起所进行的连接。

mechanical modulator 机械调制器 通过移动电路元件的某个部分来改变载波的设备,如电动电容器极板和电动斩波器。

mechanical mouse 机械鼠标 一种鼠标器,底部有一个滚球,球的运动轨迹转化成光电信号,让计算机能识别,其中转化的器件即编码器是机械的。与光电式鼠标器相比,机械鼠标器可在任意平台上滑动使用,这是一个突出的优点。但此类鼠标器精度低、容易磨损、寿命较短。参见 optomechanical mouse, optical mouse, mouse, trackball。

mechanical noise 机械噪声 那些不同频率和不同强度无规律的杂乱的对人身心有害的混合声音。它或者妨碍说话,影响信息的清晰度和准确度,或者引起耳痛,损伤听力等,对人的工作效率影响很大,使人操纵失误。因此,在系统设计时应加以避免和限制。

mechanical scanning 机械扫描 采用由旋转扫描盘、旋转反射镜或其他机械设备控制的光束,将场景或图像分解成能迅速连续出现的窄线,如转换成电脉冲所需的窄线的一种扫描方法。

mechanical segmentation method 机械分词方法 一种分词方法。主要基于字符串匹配的原理进行,即以"足够"大的词表为依据,采用一定的处理策略将汉语文本中的字串与词表中的词逐一匹配,若成功,便认定该字串为词。参见 unit of word segmentation。

mechanical synchronization 机械同步 指令发送端与指令接收端的时分开关采用机械连接实现的同步。

mechanical theorem proving 机器定理证明 使用计算机进行定理证明的过程。其证明方法有:试探法、判定法、证明算法和机器辅助法等。试探法采用多途径论证的手段实现证明;判定法是在要证的命题所属理论的判定问题已解决的基础上来证明;证明算法是将要证的命题表示为谓词演算中的合式公式,且已证明此命题是定理时再根据算法用机器证明表示它的合式公式的不可满足性。机器辅助法则主要是在机器的辅助下实现证明。

mechanical translation 机器翻译 借助计算机将一种语言翻译成另一种语言的过程。在这种过程中,计算机在程序支持下自动模拟人的语言翻译方法,即先将大量的单词存入计算机。在翻译时,计算机一边查词典一边进行语法分析。

mechanic dictionary 机器词典 一种语言翻译机的部件,借以将一种语言逐字翻译成另一种语言。在编码操作中,用代码代替字和短语的部件。

mechanic management information system 机械操作式管理信息系统 数据的记录和处理由机械装置完成的管理信息系统。这类机械装置通常包括打字机、收款机、开支票机和自动记账机等。

mechanism 机制 某物的机械作用、结构方式,现泛指产生某种作用的结构、组织或原理。

mechanized data processing system 机械化数据处理系统 早期的数据处理系统,即用机械方法(如用人工分类、编码、誊写、抄表)进行数据处理的系统。该系统促进了后来的批处理及联机数据处理系统的发展。

mechanized housekeeping 机械化事务处理 (1)数据处理设备用在图书馆传统业务活动中的处理过程。其主要内容包括:选书、订购、编目、装订和流通等。(2)采用机械工具或设备来完成企业或工厂中的传统业务工作或活动。如数据的分类、编码、誊写、平衡、穿孔验孔、最后形成报表清单。

mechatronics 机械电子学,机电一体化 大规模集成电路和微型计算机等电子技术与机械相结合的学科或技术,研究机械、电子、信息技术相互结合所构成的产品或系统以及实现这类产品或系统的方法。

media 媒体,媒介,介质 (1)信息传输的路径或道路,如同轴电缆、光导纤维、电线,以至传播无线电波的空气等。(2)一种可表示数据的特定物理变化的物质,如磁带、磁盘等。(3)用作存储的材料,如磁带、软盘、硬盘和光碟等。(4)存储或者传递信息的载体。

media access control (MAC) 介质访问控制 管理台站接入共享传输媒体的一个本地网控制协议,如令牌传递和载波检测多址(CSMA)。参见 carrier sense multiple access (CSMA)。

media access control (MAC) frame 介质访问控制帧 在星形及环形网络中:①一种地址分辨请求帧,它具有目的地址的独特部分及全部环路地址。发送设备发出这一个请求以确定目录节点所在的环路及该节点是否工作。②从一个激活的目录节点向发出请求的源节点所作的回答,表示它具有完整的地址及环路号。

media access control (MAC) protocol 介质访问控制协议 网络中使用的一种通信协议,它以和媒体的物理特性无关的方式管理传输媒体上的通信,但要考虑网络的拓扑特征,以便使数据站之间可以进行数据交换。在因特网中,指数据链路层下半部分的协议,在不同的物理媒体上各不相同。参见 MAC address, Ethernet, logical link control (LLC), token ring, logical link control protocol。

media access control (MAC) sublayer 介质访问控制子层 介质访问控制子层位于 OSI(开放系统互连)七层协议中数据链路层的下半部分,主要负责控制与连接物理层的物理介质。在发送数据的时候,它可以事先判断是否可以发送数据,如果可以发送将给数据加上一些控制信息,最终将数据以及控制信息以规定的格式发送到物理层;在接收数据的时候,它首先判断输入的信息并是否发生传输错误,如果没有错误,则去掉控制信息发送至逻辑链路控制(LLC)子层。参见 logical link control (LLC)。

media access unit (MAU) 媒体访问单元 也称"收发器"。在以太网上连接网络传输媒体的装置。它提供了工作站的 AUI(访问单元接口)端口与 Ethernet 的公共通信媒体之间的接口。MAU 可内建于工作站中,也可作为一个分开的设备,执行物理层的功能,MAU 转换 Ethernet 接口上的数字数据,进行冲突检测,将位流注入到网络或从网络接

M

收位流。

media attachment unit **媒体连接设备** 在局域网中，数据站中使用的一种设备，它将 DTE(数据终端设备)和传输媒体耦合在一起。

media center edition (MCE) **媒体中心(版本)** 一款基于 Windows XP Professional 操作系统，整合到家庭影院电脑的应用程序，是多媒体中心个人电脑(Media Center PC)的软件核心。MCE 也称 WinXP 媒体中心操作系统。透过 MCE 所提供的整合界面，可以轻易的实现播放音频和视频文件、浏览和管理照片、收看及录制电视节目等功能。这些功能需要配有 MCE 专用的遥控器、遥控器的红外接收器、特殊的带硬件编码功能的电视调谐设备以及支持多种输出接口的显卡才能够实现。参见 media center PC。

media center PC **多媒体中心个人电脑** 微软于 2003 年推出的一种家电化多媒体电脑系统。Media Center PC 和普通的家用电脑最主要的区别就是它是软件、硬件和在线服务的完美整合。在硬件方面，它采用了高性能的处理器，大容量的内存和硬盘，并配合了专用的遥控器、电视调谐器以及具有多种输出接口的高性能图形加速卡等多媒体设备；在软件方面，它采用了微软专门为其研发的 media center edition (MCE)，一个专门对数字家电的理念进行了增强和优化的媒体中心操作系统，具有更丰富的多媒体功能和更简便而人性化的操作界面；再配合各个国家地区的电视节目提供商、互联网内容服务商提供的电视、音乐等在线服务，就构成了 Media Center 的全新数字化家电理念。参见 media center edition (MCE)。

media code **媒体代码** 一组分配到媒体上的代码。

media compatibility **媒体兼容性** 来自不同系统或不同厂家的信息媒体可以共享设备的能力。

media content provider (MCP) **媒体内容提供商** 建立多媒体信息库，采集、加工、存储多媒体信息，并通过公用计算机信息网向用户提供多媒体信息服务的单位。

media control interface (MCI) **媒体控制接口** 用于控制多媒体文件和驱动程序的标准接口。每个设备有它自己的设备驱动程序，它完成一组标准的 MCI 功能，如停止、演示和记录。

media conversion **媒体转换** 信息从一种媒体转换到另一种媒体的过程。这在多道程序设计的机器中是十分重要的工作方式。

media drive **媒体驱动器** 在文字处理中，用于将信息记录到记录媒体上或从记录媒体上读出信息的装置。

media drive selector **媒体驱动选择器** 在具有多个媒体驱动器的设备中，用于选择某一个特定记录媒体驱动器的一种控制。

media eraser **媒体删除器** 一种设备，能够整体移去存储媒体上的数据，通常以写入无意义数据去覆盖原有的数据。参见 bulk eraser。

media files **媒体文件** 存储多媒体信息的文件。

media filter **媒体滤波器** 一种可将令牌环网网卡的输出信号转换成适合于某种类型连接线形式的设备。例如，它可以将 16 MBps 的令牌环网网卡连在非屏蔽双绞线上，从而节省了添置附加电缆的费用。媒体滤波器是一种滤波设备，主要用来消除不良的高频辐射。

media gateway (MG) **媒体网关** 将一种网络中的媒体转换成另一种网络所要求的媒体格式的设备。其主要功能有：与 MGC(媒体网关控制器)之间通过 MGCP(媒体网关控制协议)或 H.248 通信，总是有主/从关系；可能对媒体进行一些处理，如媒体格式转换，媒体打包，回声消除，抖动管理，包丢失补偿等；可对媒体进行一些插入功能如产生呼叫进程音，DTMF(双音多频)、噪音抑制等；可实现信号和媒体事件侦测功能，如 DTMF 产生，摘机、挂机侦测等；语音激励检测；管理媒体处理资源；为 MGC 提供端点的状态，能力查询机制。媒体网关涉及的协议有：RTP/RTCP(实时传输协议/实时传输控制协议)，TDM(时分多路复用)，H.248 以及 MGCP。参见 media gateway control (MGC)。

media gateway control (MGC) **媒体网关控制器** 因特网工程任务组(IETF)在 RFC 2805 中，描述了分布式软件系统中 MGC 的功能。其主要功能有：维护媒体网关每次呼叫的呼叫状态；媒体网关功能，实现 IP phone 之间的通信；媒体格式协商；发起和终止来自端点、其他 MGC 以及外部网络的信令消息；与后台应用服务器配合为用户提供特征服务；管理 MG 端口，带宽等网络资源；提供路由、鉴权、计费功能等。媒体网关控制器涉及的协议有：SIP(会话初始化协议)，BICC(与承载无关呼叫控制协议)；H.323，Q.931，ISUP(综合业务数字网用户部分)以及 TCAP(事务能力应用部件)等。

media gateway control protocol (MGCP) **媒体网关控制协议** 规定媒体网关和媒体网关控制器之间通信方法的协议。媒体网关控制协议包括简单网关控制协议(SGCP)和 IP 设备控制协议(IPDC)。SGCP 协议是一个简单的远程控制协议，用于控制语音网关和网络接入服务器。IPDC 协议用于使 PSTN(公用交换电话网)能够与 IP 网络的第三层进行无缝连接。

media independent interface (MII) **介质无关接口** 以太网网络控制器芯片与相应的通信介质接口芯片之间的接口标准规范。

medialess **无媒体** 一个不能直接访问外存储器的计算机，作为网络工作站使用，依赖于其他网络上的计算机向它提供数据和程序。

median **中值，中位数** (1)对应于概率密度函数 $f(x)$ 的积分值为 0.5 时的 x 值。它表示该随机变量落在该值左面的概率和落在右面的概率相等。(2)一组数据按从小到大的顺序依次排列，处在中间位置的一个数或最中间两个数据的平均数(此时中位数不一定在这组数据中)。中位数是样本数据所占频率的等分线，在频率分布直方图中，中位数左边和右边的直方图的面积应该相等。比较 mode。

media oriented system transport (MOST) 媒体定向系统传输 MOST 是以光纤为载体进行数字信号的传输，通常是环型拓扑。MOST 是将音响装置、车载电视、全球定位系统及车载电话等设备相互连接组成的网络，广泛地用于汽车信息娱乐系统中。

media player 媒体播放器 微软视窗中的一个应用窗口。包含在 Accessories 群组之下，可用来作为多媒体设备的控制程序，能用来播放多媒体文件，如声音文件(WAV)、电子合成器音乐文件(MID、RMI 等)。它还能与支持媒体控制界面(MCI)的应用程序相联系，如如果安装了支持 VCD(影碟)播放程序 Xing MPEG，在媒体执行程序中也能播放 VCD。

media-stored formal 媒体存储格式 某些系统的一种可用特性，即将信息格式(如表格式、边界、段标识、记录长度等)与文本一起存储在媒体上，在读写操作、文本打印或按格式显示时要用到这些格式信息。

mediation device (MD) 中介装置 中介装置是执行中介功能的独立装置，中介装置能用一系列级联的装置来实现。

mediation function 调解功能 能在网元、中介设备和网络运行中心之间共享的功能。

mediation function block 中介功能块 中介功能块对在 NEF(网元功能)和 OSF(运行系统功能)之间通过的信息起作用，以完成平稳而有效的通信。多数中介功能块包括通信控制、协议变换和数据处理、原语功能的通信、包含判决的进程和数据存储。参见 network element function (NEF)，operation system function (OSF)。

media type 媒体类型 现实世界中媒体的种类。通常可归纳为如下几种形式：①字符或文本媒体：其信息由字母、数字或它们的组合所构成；②表格媒体：其信息由各种形式的表格信息组成；③图形媒体：其信息由像素所构成的各种二维或三维图像所组成；④声音媒体：其信息由语音组成。

medical computer language 医学计算机语言 供医学领域计算机应用中使用的语言。它具有医学数据处理等方面的特点。

medical database 医用数据库 可供存放、查询病历、病案和各种医学文献的数据库，能用于临床诊断、医学资料分析和各种统计。医学诊断系统与医学数据库相结合，可提高医学诊断的质量。如 MEDLARS(医学文献分析与检索系统)是美国国家医学图书馆编制的最大的医学文献库，可通过计算机网络在全美和欧洲等处对它进行联机检索。

medical telemetry 医用遥测 医疗事业中应用的遥测技术。分为无线与有线两种。一般应用较广的有：(1)对病员的集中监护，如对重病员的脉搏、呼吸、心电图、体温和血压等的遥测；(2)对活动对象的生理参数进行远距测量。

medicine information 医学信息学 一门涉及医学实践、教育、科研中信息加工和信息交流的学科。医学信息学是医学、计算机学、人工智能、决策学、统计学和信息管理学的交叉学科。医学信息学研究的领域，包括电子病历、医院信息系统、决策支持系统、影像信息技术、远程医疗与互联网以及数据标准等。

medium band 中频带 对于被连接到视频显示终端和相似设备上的话音电话传输和数据传输使用的一个术语，中频带也称“话音频带”。

medium close-up (MCU) 中近景 在视频制作中，指摄像机的拍摄角度，比中景近而比标准特写远。

medium data rate 中速数据传输率 速率在 150～2 400 波特之间的数据传输率。

medium dependent interface (MDI) 媒体相关接口 在局域网中，传输媒体和媒体连接设备之间的材料和电路接口。在粗缆以太网络中，MDI 常常配置在同轴电缆上。在双绞线以太网中，MDI 是一种八针的连接器，此 8 针插座接有 4 根双绞线，可用于传输 10 Mbps 速率的网络信号。

medium frequency 中频 美国联邦通信委员会对 300～3 000 kHz 范围频率的规定，相当于 100～1 000 m 范围的百米波。

medium interface connector (MIC) 媒体接口连接器 (1)数据站与通信干线耦合单元之间的连接器。在此连接器处，所有发送与接收信号均被明确规定。(2)不同介质相互连接的设备，如电缆连接部件、光缆连接部件、光纤信号和电缆信号转换设备等。

medium keyboard 中键盘 采用字根式编码方案，输入汉字所用的一种键盘。一般中键盘的编码方案是根据汉字的字根、部首、字元、偏旁等进行编码。由于对汉字的划分不同，编码方案也有所不同。

medium map 媒体图 在印刷服务设施中，一种按格式规定的内部结构。它标识所使用的涂复层及规定页面布局并对格式进行修改。

medium model 中模式 Intel 80X86 处理器系列的一种存储器模式。媒体模式允许 64 KB 用于数据，1 MB 用于代码。参见 memory model。

medium overlay 媒体覆盖 同 overlay。

medium scale integration (MSI) 中规模集成电路 集成度在 10～99 个门电路，或集成元件在 100～

M

999 个之间的集成电路。参见 integrated circuit (IC)。

medium shot **中景** 在多媒体应用中，指一个摄像机的拍摄角度，比特写镜头宽，但比广角镜头窄。同 mid-shot。

medium speed **中速** 通常指数据传输速率在 600 波特到话音传输设备的极限速率之间的数据传输速率。

medium-technology robot **中级技术机器人** 用伺服机构进行精确定位和速度控制的机器人。它以微处理机或小型机作为基本控制部件。由于计算机控制的灵活性，机器人操作序列的重新编程十分容易。

M

medium-term scheduler **中级调度（程序）** 分时和虚拟存储系统中，负责作业在主存和二级存储器之间输入输出的程序。

medium-term scheduling **中项调度** 调度算法的一种功能。其起始和终止调度是由面向用户的计算机管理策略决定的。

medium-wave communication **中波通信** 利用波长 1 000 ～ 100 m(频率 300 ～ 3 000 kHz)的电波传输信息的无线电通信。

medium wave propagation **中波传播** 利用波长为 1 000 ～ 100 m(频率 300 ～ 3 000 kHz)的无线电波的传播。中波是利用较早的波段之一，主要用于广播、导航和通信等方面。中波传播兼有长波和短波传播的某些特点。它既可以沿地表面绕射传播，也可以通过电离层反射传播。

MEDLARS **医学文献分析与检索系统** medical literature analysis and retrieval system 的缩写。

meet **“与”** 布尔算符。当用该算符连接的所有变量均为真时，输出才为真。参见 AND。

meet operation **“与”操作** 实现逻辑“与”功能的操作。例如对 P=110110，q=011010 实现“与”操作得 010010。

MEF **城域以太网论坛** Metro Ethernet Forum 的简写。

mega **兆，百万** 英文百万的词头，即 10^6。例如 megacycle，即 10^6 周；megavolt，即 10^6 伏。在二进制系统中代表 2^{20}，即 1 084 576 兆字节的简写。

megabar (Mbar) **兆巴** 气压的绝对单位，等于一百万巴(bar)，一兆巴差不多正好等于标准大气压。

megabit (Mb) **兆位** 计算机中用于表示存储容量的一种单位。一兆位为 1 048 576(2^{20})位，为简单方便起见，人们习惯称它为一百万位或一兆位。符号为 Mb。

megabits per second (Mbps, Mb/s) **每秒兆位** 在数据通信中，衡量信道容量的单位。信道容量通常是以传输速率为依据。它是当前通信系统中一种常见的度量单位。符号为 Mbps。

megabyte (MB) **兆字节** 计算机中用于表示存储容量的一种单位。目前常用于描述主存储器、磁盘或磁带的容量。一兆字节等于 1 048 576(2^{20})字节，符号为 MB，但为了简单方便，人们习惯地称它为一百万字节或一兆字节。

megacycle (MC) **兆周** 每秒一百万周，现在称为兆赫(MHz)。参见 megahertz。

megaeletronvolt (MeV) **兆电子伏** 一百万电子伏。

megaflops **百万次浮点运算** 每秒钟一百万次基本浮点运算。mega floating-point operations per second 的缩写。建议使用 MFLOPS。

megagauss (MG) **兆高斯** 一百万高斯。

megagauss physics **兆高斯物理学** 兆高斯场的产生、测量和应用，兆高斯场通过电容器组放电或极迅速的磁通压缩技术产生。

megahertz (MHz) **兆赫（兹）** 频率的度量单位。符号为 MHz，1 MHz=1 000 000 赫兹。衡量计算机速度的时钟频率以兆赫为单位。一兆赫表示每秒出现一百万个周期。

mega macro **巨宏元** 采用标准单元方式的 LSI(大规模集成电路)设计中，把构成系统使用频度高的大规模功能电路，如 ROM(只读存储器)，RAM(随机存取存储器)，CPU，UART(通用异步收发器)等，按一定的性能和工艺要求，预先定制成的标准单元。各种巨宏元采用相同的设计规则和制作工艺，是实现单片计算机的一种有效途径。

megampere (MA) **兆安** 一百万安培。

megapixel display **百万像素显示器** 一种至少可以显示 100 万个像素的视频显示器，如分辨率为 1 280×1 024 的显示器。

megarad **兆拉德** 辐射剂量，等于 10^6 拉德。

megascience **大科学** 随着基础研究在科学前沿全方位拓展以及在微观和宇观层面的深入发展，许多科学问题的范围、规模、成本和复杂性远远超出一个国家的能力，必须开展双边和多边的科技合作，“大科学”概念由此而被提出。如国际空间站计划、国际热核聚变实验研究 I、人类基因图谱研究、全球变化研究等。参见 big science。

megavolt (MV) **兆伏特** 一百万伏特。

megavoltampere (MVA) **兆伏安** 一百万伏安。

megawatt (MW) **兆瓦特** 一百万瓦特。

megawatthour (MWh) **兆瓦时** 一百万瓦时。

megohm (MΩ) **兆欧（姆）** 一百万欧（姆）。

MEI **维护事件信息** maintenance event information 的缩写。

Meissner effect **迈斯纳效应** 当超导体被冷却到超导性所需温度以下时，材料表现出完全的抗磁性，其感生磁场与外加磁场相反，以致材料内部实际上没有磁场。

member 成分,成员 (1)一个可寻址数据组中的实体,它可通过数据组目录寻址。(2)程序中的一个单元,可独立于其他程序执行。(3)分区数据集的一部分。(4)在某些计算机系统中,对物理文件或逻辑文件中记录的一个命名子集的一种描述。每个成员都与文件的特性相一致,并具有自己的存取路径。所有的输入/输出请求都指向一个数据库文件的指定成员。(5)在某些操作系统中,将数据存入子库或从子库中取出来的最小单位。同 element。参见 library member。

member condition 成员条件,成员命题 一种命题。它根据数据中的一个系统是否有该命题来决定其真值。

member list display 成员列表显示 某些计算机系统中的一种显示方法,它列出一个文件中的成员名,以便选择这些成员进行处理。

member name 成员名 (1)在 CICS(用户信息控制系统)的屏幕定义程序中,映像说明库中的一个目标程序的辅助标识,成员名可以是映像名,轮廓文件名及页面名。(2)在数据设备分级存储管理程序中,存储在程序库中的文件的名字。

member server 成员服务器 在 LAN Manager 网络软件中,在领域中的一个服务器,保存和使用一个领域用户账户数据库的副本,但不确认登录请求。参见 backup domain controller, primary domain controller。

membership class 属籍类别 属记录与系的关系。它包括两方面的内容:①属记录加入系的原则,也称"插入类别"或"存储类别",它用插入子句来定义;②属记录从系中移去的原则,也称"移去类别"或"留置类别",用留置语句来定义。插入类别分自动与手工方式两种,移去类别分固定、强制与任意(FIXED/MANDATORY/OPTION)三种。

membership function 蕴含度函数 模糊逻辑中的术语,表示一个确定元素属于集合的可能性的模糊集的公式。

membership problem 成员资格问题 建立查寻算法所涉及到的问题。其内容是:对一个已知的文法系统 G 和已知的一串 X,通过寻找一个适当的算法来判断 X 是否在 G 所产生的语言中。

membrane keyboard 膜片式键盘 一种键盘,其键上覆盖一层塑料或者橡皮外壳。按键使用压敏式区域。这种键主要用于打印机或者恶劣环境(如粉尘或液体)中使用的设备。

membrane polarization 薄膜极化 离子导体激发极化效应的假说之一。当岩石颗粒间的孔隙截面积接近于散漫层的厚度时,则整个孔隙都处在离子散漫层内。孔隙内的正离子吸引负离子,排斥正离子。在外电场作用下,正离子沿电场方向运动较快;由于过剩正离子的吸引,负离子则移动较慢。这样的窄孔隙称为正离子分选带或薄膜。在外电场作用下,电流流过薄膜时。过剩的正离子移动速度快。负离子在宽孔隙中比在窄孔隙中移动速度要快。这样,正负离子由于在宽窄孔隙中的移动速度不同,形成离子浓度沿孔隙变化。最后,在窄孔隙(正离子分选带或薄膜)两端形成极化。当外电场切断后,离子分布又重新恢复原来的状态,即形成离子导体的二次场。参见 induced polarization effect of ionic conductor。

memo field 备注型字段 数据库中的一种字段,能够存放非结构的文本,其文本长度可长可短。

memory (M, MEM) 存储器,内存 (1)程序可寻址的存储器,指令和其他数据可直接从存储器中装入寄存器,然后执行或处理。同 main storage。(2)计算机用于保存数据或程序的部件或装置。主机里的存储器(如主存储器)一般用 memory,而外部设备中的存储器(如磁盘、磁带)一般用 storage,不过,当外部存储器是作为主存储器的扩展时(虚拟存储器),则 memory 和 storage 可互换使用。以不太严格的观点看,memory 和 storage 有时可以作同义词用。以精确的和更实用的观点看,memory 属于 storage 的一个部分,指令在其中执行,它是主存储器或执行空间。它不包括外部存储器,如磁盘、软盘、海量存储器和磁带等。

memory access time 存储器存取时间 将一个字送入存储器或从存储器读出一个字所需的时间。

memory address 存储器地址 为了对存储器进行有效的管理和高效的利用,将它分成许多小的单元并给每一个单元一个唯一的编号,这个编号就是存储器地址。

memory addressing 存储器寻址 按指定的存储地址来寻找对应的存储器单元的过程。

memory address register (MAR) 存储器地址寄存器 处理机中的一种寄存器,它存放正要访问的存储单元的地址。

memory allocation 存储分配 一种对计算机的主存储器以及辅助存储器使用进行分配和控制的技术。这种技术与程序无关,它是由操作系统自动管理的。

memory-allocation overlays 存储分配覆盖 一种装入程序区的复用技术。该区可由公共存储器覆盖,其中一部分也可由库子例程覆盖,但目标程序不得占用该区。

memory area 存储区 存储器中的特定区域,可用于存放程序、常数,或用作输入/输出数据的缓冲区。

memory bandwidth 存储(器)带宽 每单位时间内能存取存储器里的计算机字的数目。它与存储器位数、地址结构、总线宽度和存储器周期等因素有关。存储器带宽必须与处理器带宽、通道带宽相匹配。

memory bank 存储体[库] 对应于邻接地址的存

储单元的数据存储块。

memory based reasoning (MBR) **存储基础推理** 存储基础推理是数据挖掘中的一项技术。是运用人工智能的方式，以现有数据库为基础，对新数据进行分类和预测。其进行的方式，是先找出新数据的邻近数据，然后根据邻近数据，对新数据进行分类和预测。参见 data mining, classification, prediction。

memory block table (MBT) **内存分块表** 在页式存储管理中，操作系统设置的一个表。它用来记录整个内存中每一块的使用情况，系统根据此表进行分配和回收存储块。

memory board **存储板** 安装存储器件及相应控制电路、接口电路等的印制电路板。

memory-bound **内存限制** (1)一种程序运行受内存限制的情况。一般指内存处于满载状态时，程序运行将受到可用内存空间的限制。(2)中央处理机计算速度因存储器的存取速度太慢，赶不上 CPU 的要求，致使程序运行受到限制的现象。现代的存储器，因存取周期大大地缩短及采用多体(多至 128 个体)交叉存储等技术，并用多路支持 CPU 数据和高速缓存技术，这样的内存限制目前已有极大改善。

memory build-in self-test (MBIST) **存储器内建自测** MBIST 只用于存储器测试，典型的 MBIST 包含测试电路用于加载、读取和比较测试图形。另有一种称为 Array BIST，它是 MBIST 的一种，专门用于嵌入式存储器的自我测试。参见 build-in self-test (BIST)。

memory bus (MB) **存储器总线** 中央处理机(CPU)与存储器和输入输出设备进行通信的总线。在不同的计算机中其名称不一，包括输入输出总线、数据总线或其他专用总线。存储器总线实际上由三条总线组成：第一条用于传送存储器地址；第二条用于向 CPU 传送数据；第三条用于把 CPU 数据传送给存储器。通常，这三条总线分时使用一条总线。

memory bus width **存储器总线宽度** 存储器缓冲寄存器中的位数。

memory capacity **存储(器)容量** 存储器所能容纳信息的总量。通常以兆字节(MB)后吉字节(GB)表示，它是衡量计算机性能的一个很重要的技术指标。

memory cartridge **存储卡** 一种包含存储器芯片的插卡模块，可用于存储数据或程序。体积小、重量轻，但价格较高，主要用于便携式计算机中代替磁盘。存储器芯片一般使用非挥发性的 RAM(随机存取存储器)或者在一般 RAM 上带一个电池。

memory cell **存储单元** (1)半导体或磁性存储器中存放数据的基本单元。(2)可以存储一位二进制数位的双稳态装置或元件。(3)在计算机系统中，具有特定地址的机器字的存储场所。

memory character format **存储器字符格式** 同 character format memory。

memory chip **存储(器)芯片** 可暂时或永久地存放程序或数据的半导体芯片，主要可分成 RAM(随机存取存储器)和 ROM(只读存储器)。

memory compaction **存储压缩** 存储管理中重新整理和组织内存空间，使所有零散的空闲空间组合成一个大的空闲空间的技术。

memory conflict **内存冲突** 在同一存取周期内，有两个或多个请求源企图访问内存的同一个体时所产生的冲突。此时只允许其中一个请求源获准进行存取操作，其他只能等待。内存冲突也称“存取冲突”。

memory contention **存储争用** 存储模块间交互访问时所出现的冲突现象。此时，存取某一个模块的第一个存取周期还未结束又出现另一个存取周期。

memory control **记忆控制** 也称“经验控制”，是一种应用广泛的控制方式。记忆控制把由随机控制得出的结果用于指导下一次控制，凡被证明不是目标的状态就不能再当作选择对象，这些状态将从下一个可能性空间中排除出去，从而一步一步地缩小可能性空间，使得每次控制实施后的成果有利于总的控制过程，达到提高控制效率的目的。比较 stochastic control, reasoning control, fuzzy control。

memory controller **存储器控制器** 对存储器的操作进行控制的逻辑部件。

memory controller hub (MCH) **内存控制器片组** 配合 CPU 工作芯片组中的一个部件，除了负责内存控制外，通常还包含图形控制与通信功能。

memory cycle **存储(器)周期** 在连续两次访问存储器时，从第一次开始访问到允许下一次开始访问所需的最短时间间隔。即存储器进行一次完整的存取操作所需的时间，也称“存取周期”。存储器周期通常以微秒($1\mu s=10^{-6}$秒)和纳秒($1ns=10^{-9}$秒)为单位。

memory cycle time **存储器存取周期时间** 同 memory cycle。

memory data register (MDR) **存储器数据寄存器** 一个装有准备写入存储器的数据或读出存储器操作后得到数据的寄存器。

memory deallocation **存储器释放** 将使用的一部分存储器区域释放。

memory decoder **存储器译码器** 一种支持存储器工作的译码电路。其功能是将地址寄存器中的地址译成对应于这个地址码的控制量(如电压的高低或电流的有无)，以便控制驱动线路，使输出信号只送到地址码指定的存储单元中去。

memory diagnostic **存储器诊断程序** 利用一组最坏情况下的测试码模式。检查存储单元功能是否正常的一种例程。将诊断程序装入存储单元便可以对存储器进行测试。

memory dump 存储(器)转储 (1)将存储器的部分或全部内容打印或显示出来。(2)将存储器中的全部或部分内容转录到另一个存储器中的过程。如果转储是在程序运行期间进行的,则称为动态转储;如果转储是在程序运行结束后进行的,则称为静态转储。

memory dump routine 存储器转储例程 通常在作业结束或执行过程中工作,将某一个个主存空间中的信息存到另一个空间或打印出来的例程。被存入的空间可以是主存的另一个空间或另外的存储器空间。

memory effect 记忆效应 电池因为使用而使电池内容物产生结晶的一种效应。记忆效应一般只会发生在镍镉电池,镍氢电池较少,锂电池则无此现象。发生的原因是由于电池重复的部分充电与放电不完全所致。

memory error 存储器错误 从存储单元中读出的数据与原来存放该单元的数据不一个致的错误。存储器错误可以分为硬件错误、介质错误和软件错误三种。

memory expansion option 存储器扩充选购件 在个人计算机中,可以以扩充板的形式增加内存空间,扩充板上含有存储模块及接插件,用户可将扩充板装入系统的扩充槽里。目前,这种存储器扩充板已被内存条所取代。

memory fault 存储器故障 存储器所发生的故障,如地址错、数码错、读写操作错等。

memory file 备注文件 在数据库系统中,指用来存放数据库文件中备注型字段内容的辅助文件。备注字段的类型是 memo。

memory hierarchy 存储器分级体系(层次) 依照不同的容量和速度及其与中央处理机的逻辑关系将存储器所划分成的若干级别,其目的是和处理机速度相匹配,获得相对平衡的系统。在有三级存储器的层次里,第一级用存储容量最小,存取速度最快的高速缓冲存储器,它直接与处理机匹配;第二级是主存储器,它的容量较大,但速度较慢,它作高速缓存的后缓存储器;第三级是磁盘作为海量存储器,容量可以很大,但存取速度最慢。

memory image 记忆表象 保存在人头脑中的曾感知过的客观事物的形象。记忆表象是同形象记忆有关的回忆结果。

Memory Integrated Circuits D. A. T. A Book **《存储器集成电路手册》** 美国推导与制表联合公司出版的刊物。1972 年创刊,半年刊。原名《*MSI/LSI Memory D. A. T. A Book*》,《*MSI/LSI Semiconductor Memories D. A. T. A Book*》,1980 年改为现名。主要刊载 ROM(只读存储器)、RAM(随机存取存储器)、字符发生器、代码转换器、移位寄存器及专用器件等的特性数据。

memory integrated vector processor 存储器一体化向量处理机 一体化向量处理机的一种,是以存储器到存储器体系结构为基础的向量处理机。向量数据从存储器直接取到向量处理机的功能部件中,处理之后,结果再直接返回到存储器之中。这种结构很适应于长向量处理,如有数千个数据元的向量,向量处理的开始阶段完成之后便可以每个周期一个数据元的速率产生结果。数百数千向量元的特长向量应用实际很多,如石油地震数据处理等。

memory interleaving 存储器交叉存取 (1)一种存储操作的方式。在这种方式中,系统可以一次存取二个、四个或八个存储模块。(2)主存储器逻辑、物理排列的一种技术。根据这种技术,存储器的地址按顺序被交错分配到存储器的各个存储体中,这样,当按地址顺序访问存储器时就可交错访问各个存储体。交叉存储允许各存储体操作交叉重叠进行,从而提高了整个存储器的带宽。

memory latency time 存储器等待时间 把存有要读出数据的存储媒体从一个物理位置移到另一个能读出的位置所需要的时间。

memory leak 存储泄漏 程序(应用程序或者部分操作系统)在运行过程中会向系统暂时申请一部分存储容量,使用完后进行释放,而如果释放操作重复失败时,就会造成可用存储容量的不断减少,这种现象称之为存储泄漏。它的结果是,此程序可用的存储容量越来越少直至最后无法运行。对于一个频繁打开、调用或连续运行的程序来讲,那怕是非常少的存储泄漏也会最终造成这个程序或系统的终止。存储泄露是程序错误的结果。

memoryless property 无记忆性 也称"遗失记忆性",指可以忽略已经使用的时间。无记忆性是指数分布的一个重要特征。无记忆性认为:已知一个元件已经使用了 s 小时,至少再使用 t 小时的概率与从一开始就至少使用 t 小时的概率相等。参见 exponential distribution。

memory location 存储单元 计算机存储器中可以存储一个机器字,并有确定地址的存储位置。参见 internally stored program 和 internal memory。

memory lockout 存储(器)封锁 利用某种指令,使存储器某一区域中的信息保持不变的操作。一般用以保护存储区中有用的信息,如可以用加锁命令对磁盘上某一个区域上的文件加锁,这样就禁止了信息写入该文件。

memory management 存储管理 操作系统的主要功能之一。其职责为合理、有效地分配和使用系统中的存储资源。操作系统中的存储资源主要包括:内存、高速缓存、外存等。存储管理就是在上述三者之间合理地组织程序中数据,实现由逻辑地址空间到物理地址空间的映射,使系统的运行效率达到满意的程度,并提供一定的保护措施。存储管理所

M

采取的主要技术有:界地址管理、段式管理、页式管理、段页式管理等。

memory management unit (MMU) **存储器管理单元** 一种支持虚拟存储器到物理存储器之间映射的硬件。早期的微处理器中,MMU制成一个独立的芯片,在当今的微处理器中,存储器管理通常集成在CPU中。参见 physical address, virtual address。

memory map **存储(变换)图(表)** (1)一种特殊类型的地址列表或地址的符号表示。这种变换图规定了一个程序或一组程序占有的存储器地址空间的范围。通常,存储变换图可以由高级语言,如APL,FORTRAN等产生。(2)这是一种列有存储单元及其功能和用途的组合表。变换的目的是防止重写某些单元和同一个单元多次使用。对外围设备的输入输出口指定了存储地址,监控程序RAM(随机存取存储器)暂存空间、ROM(只读存储器)监控程序空间、用户EPROM(可擦写可编程序只读存储器)空间和用户RAM空间也都占有主存地址。后者是存储程序的主存区。计算机的说明书通常是包括表明内存单元的存储变换表。(3)计算机内存中各程序(如操作系统、语言编译程序、绘图程序等)存储单元的地址指南。通常用16进制码标识内存地址。

memory map list **存储变换[映像]表** 在某些系统中,编译时可以任意提供的存储变换图。它是程序使用的所有变量名、数组名和常量以及相对地址分配的列表。

memory-mapped display **存储器映像显示** 一种实现计算机图形显示的方法,把显示器的荧光屏区域分成若干编了号的像素的数据。采用直角坐标来确定像素的位置。存储的数据决定了像素的颜色、亮度等。

memory-mapped I/O **存储器映像输入/输出** 一种能取代输入输出指令的输入输出方法。它使用存储器数据传送指令与输入输出设备进行通信。用户可以指定一组专用的存储地址作为输入输出设备的地址。这种方法常用于许多微型计算机系统中。这种方法虽然缩小了可用的存储空间,但可降低程序对存储器的要求,缩短程序执行时间。存储器映像输入输出所用的存储器指令是装入数据指令和存储数据指令,前者输入信息数据或状态字,后者输出信息数据或命令字。

memory model **记忆模型,存储器模式** (1)人工智能系统中研究、实现的知识信息存储方法。例如Quillian研究的"语义记忆模型"可被认为是一个图,节点表示概念,直线表示节点之间的关系,一个概念在语义图中的意义由它与其他节点的连接表示。(2)一种用于对计算机程序的代码和数据进行寻址的方法。存储器模式决定多少存储器可用于程序的代码,多少可用于存储数据。大多数具有线性地址的计算机中只有一个存储器模式。具有分段地址空间的计算机中通常有多种地址模式。参见 compact model, huge model, large model, medium model, small model。

memory module (MM) **存储(器)模块** 构成存储器的硬件装置。它由逻辑网络、控制线路、时钟线路和存储阵列组成。每个模块可由一块或多块存储器板组成。

memory operation **存储操作** 各类存储器的操作过程。

memory organization **记忆组织** 知识的存储组织。在数据结构、数据库领域中已广泛地研究了索引、分类、散列数据组织技术。在人工智能系统中也研究了知识存储组织方法,如层次性、索引等知识存储方法,目的是减少知识存储所占内存空间,提高知识搜索效率。

memory page **存储器页面** 一种存储器段。通常以256字作为一读写单位。

memory parity interrupt **存储器奇偶中断** 一种控制中断的方式。由硬件监视存储器是否发生奇偶错。如发现奇偶错,即发中断信号,把控制转到管理程序,并进行出错处理。此外,还可接通控制台奇偶错指示灯。

memory plane **存储平面** 在位映像图形技术中,与显示器的荧光屏具有一一对应关系的存储区域,一个图形系统可能有8位或更多的存储平面。每个存储单元控制着位于荧光屏上某个特定点的像素的颜色、亮度等。

memory pool **内存池** 一种内存分配方式。内存池是在真正使用内存之前,先申请分配一定数量的、大小相等(一般情况下)的内存块留作备用。当对象需要内存时直接从内存池取一块内存,对象撤销后归还给内存池,这个过程免去了从堆分配内存和释放内存的性能损失,也消除了内存碎片现象,另一个好处是使分配的内存在空间上连续,减少了缓存开销,并且不存在内存泄露的问题。

memory protection **存储(器)保护** 对多用户系统或多道程序运行环境下的存储信息采取的保护措施。一般方式是将存储空间分成两个程序段,一段供操作系统用,另一段供用户程序用。如用户程序要修改系统空间时,即发生中断。常见的存储保护手段有界地址保护、键式保护和环状保护等。

memory protect violation error **存储保护违约错误** 对采取存储保护的主存储器执行写入操作时发生的错误。

memory protect violation program **避免存储器混乱程序** 一种特殊程序。当检测到受保护的存储器程序段的内容被变更或修改时启用该程序,以便禁止变更或修改。

memory reference instruction **存储器访问指令** 操作中需访问存储器的指令,如存储数据的算术指令、逻辑指令和存储器堆栈操作指令等。

memory refresh 内存刷新 由于动态随机存取存储器的信息位都是由 MOS(金属氧化物半导体)单元栅极分布电容上存储的电荷表示的,因此需要定期地进行刷新操作,以保证所存储的数据信息在计算机运作期间被一直保存下来。在有些低挡微型计算机中,内存刷新控制信号是由 CPU 提供的。现代计算机中普遍采用 DMA(直接存储器存取)控制器的一个通道实现刷新控制,可进一步减轻处理器的负担。

memory register (MR) 存储器寄存器 计算机主存储器中存放一个字的寄存器。

memory-resident program 内存驻留程序 也称"中断驻留内存程序"。参见 terminate and stay resident program。

memory-resident viruses 内存驻留病毒 随感染程序进内存运行后驻留内存的病毒类型。此类病毒都修改中断向量,从而当发生某一个中断时(如读盘访问)病毒即开始传染过程。

memory resource sharing 存储资源共享 在并行处理机和多处理机系统中,几台处理机和外部设备通过互联网络共同使用主存储器的情况。在这种情况下,共享存储器常组成多个并行存储体,以保证足够高的数据传输率。

memory stick 记忆棒 Sony(索尼)公司推出的存储媒体标准,是一种使用闪存芯片的存储媒体,它与驱动器的连接采用排列在单侧的 10 针接口,这些针都藏在独立的槽中,即使频繁插拔也不会影响接触精度,更不会发生针之间的短路或是由指纹等污渍导致的腐蚀或接触不良,而且记忆棒上还有一个像软盘写保护一样的开关,可方便地保护重要的数据。

memory swapping 存储交换 操作系统中存储管理的一种方法。其基本思想是,在内存中存放若干个现运行的作业,并组织好预先交换,使下一个要执行的作业总存放在内存中,而暂时不运行的用户程序则转储到外存。

memory test system software 存储器测试系统软件 一种支持测试系统工作的软件,包括所有必要的操作程序、实用程序和诊断测试程序。

memory timing parameter 内存时序参数 内存的时序参数一般简写为 2/2/2/6/1 的格式,分别代表 CAS/tRCD/tRP/tRAS/CMD 的值,单位是时钟周期。其中 CAS 意为列地址选通脉冲,它控制着从收到命令到执行命令的间隔时间,通常为 2、2.5 或 3 这几个时钟周期。tRCD 是行地址选通至列地址选通延迟,tRP 是行预充电时间,tRAS 是行有效至行预充电时间,CMD 是首命令延迟,这个参数的含义是片选后多少时间可以发出具体的寻址的行激活命令。参见 column address select (CAS), tRCD, tRP, tRAS。

memory transfer 转储 参见 dump。

memory transparency 存储器透明性 主存储器操作速度和微处理器逻辑线路的操作速度。

memory type 存储器类型 存储器从层次结构上可分成四个主要类型:主机存储器、高速缓冲存储器、高速寄存器组和海量存储器。海量存储器目前主要是磁盘库、光碟库和磁带库存储器,作为后援存储器。从存储特性上可分成两大类:①随机可读/写与随机只读型的,如 DRAM(动态随机存取存储器)、SRAM(静态随机存取存储器)、ROM(只读存储器)、EPROM(可擦写可编程序只读存储器)和磁芯存储器;②顺序读/写型的,如磁盘、磁带、磁泡存储器。按存储媒体分类,可分为半导体存储器、磁表面存储器和光存储器等。

memory typewriter 存储式打字机 一种具有一定字处理能力并通常使用液晶显示器的增强型打字机。它可以将存在存储器中的文本内容按照一行或二行的形式显示阅读,并允许进行编辑和一些文字处理。当它配有磁盘存储设备时,功能可以进一步得到提高。

memory wall 内存墙 由于内存技术与处理器技术发展的不同步,内存性能严重限制电脑处理器(CPU)性能发挥的现象。

memory word length 存储器字长 存储器一次读写的信息长度。即存储器的一个单元的位数。

memory workspace 存储器工作空间 运行一个程序及其本身所需占用的存储器空间。它通常用作输入输出设备缓冲区和执行程序期间所需的各种其他存储单元。

memristor workspace 忆阻器 由 memory(记忆)和 resistor(电阻)两词的合并组成。忆阻器是一种被动电子元件,忆阻器的电阻会随着通过的电流量而改变,在关掉电源后,仍能"记忆"停留在之前的值,直到接受到反向的电流它才会被推回去。

MEMS 微机电系统,微型电子机械系统 micro-electromechanical system 的缩写。

MEN 管理事件指示协议 management event notification protocol 的缩写。

Mendocino Mendocino 微处理器 美国 Intel 公司于 1998 年 8 月 8 日正式发布的 Pentium Ⅱ 面向低价市场的处理器。Mendocino 也是 Celeron(赛扬)家族的成员,但不像其前代产品,它有 128 KB 的二级缓存,CPU 的时钟频率为 300 ～ 533 MHz,总线频率为 66 MHz。使用的是 0.25 μm 的制造工艺,对于 Socket 370 系列采用的是 0.22 μm 的制造工艺,这使其超频性更好。核心电压为 2.0 V。首先推出的产品是 Slot 1 架构的(300A-433 MHz),而后推出为 Socket 370 版的产品(300Ak-533 MHz)。

mental imagery 心象 形象思维中的形象,是人脑长期记忆中事物的形象,心理学家将其称为表象或

M

记忆表象。心象是通过对外部事物的感知和通过形象思维这两种途径来获得的。人脑对外部事物刺激的直接反映产生感觉，感觉所产生的一组刺激值称为刺激后象；人脑对外部事物整体的综合反映则产生知觉，知觉映像是外部事物感知的瞬时结果，这种形象比较明显具体；心象是经过保持、遗忘和干扰的记忆，并且是多次感知和形象思维的结果。由于心象是长期记忆中对形象的一种概括，它是不明显、不具体的。

mental models **思维模型** 在试图理解某一个问题时，专家所使用的符号网络和关系模式。通常指专家在考虑问题开始时所采用的简化模拟和比喻形式，有时可转化为产生式规则。

menu **菜单，选单，项目单** 屏幕上显示出来的一组可供选择的操作命令或操作对象，供用户使用选择设备进行选择。这是交互式系统中常用的一种人机会话方式。

menu bar **菜单条** 窗口式软件的窗口中显示菜单名的横条。

menu-driven **菜单驱动** 允许用户从一个或多个菜单中选择操作而无需输入键盘命令的有关应用软件。学习使用菜单驱动式程序比学习命令驱动式程序容易，因为使用后者用户还要学习一种语言。

menu-driven software **菜单驱动软件** 参见 menu，menu-driven。

menu item **菜单项** 菜单中的一个选择项，可以用键盘或者鼠标器进行选择。有时菜单项是不可选择的，这时菜单项为暗淡显示。

menu operation **菜单操作** 交互式系统的一种操作方式。在这种方式中，程序在终端上显示任选项，并根据终端操作者所选的任选项进行处理。

menu parameter **菜单参数** 一种可以输入到屏幕参数区的 CICS(用户信息控制系统)屏幕定义程序的屏幕的参数。通常，该参数是轮廓文件中给定的系统设定值。

menuprompt **菜单提示** 一种交互式处理，系统在显示屏上显示出一个可供选择的菜单，操作人员可以从中选择所需要的功能。当操作人员选定一种功能后，屏幕可进一步显示细目或提出某种问题或显示某种符号，供操作人员进一步操作参考。

menu selection **菜单选择** 用户通过某种方式选择菜单中某个项目的过程。有些软件包允许用户通过键盘命令或操作鼠标器选择，也有些软件包直接允许用户通过光笔在显示屏上显示的菜单上加以选择。对于红外屏幕可以通过手指菜单项来选择菜单。

MEO **中地球轨** middle earth orbit 的缩写。

mercury arc **汞弧** 通过电离的汞蒸气放电，并发出含有强紫外线辐射的明亮浅蓝色绿光。

mercury cell **汞电池** 一种低电压原电池，通常做成手表、助听器和其他低功率便携式电路的纽扣电池。它的定电压是 1.3 V，能量密度为 100 Wh/kg，因为汞有毒，故它已经被其他纽扣式电池(如氧化银电池)取代。

mercury delay line **水银延迟线** 以水银为声传输媒介的声延迟线。

mercury relay **水银继电器** 含有水银的继电器，在磁性活塞的推动下，水银使继电器的触点接通。

mercury storage **水银存储器** 利用水银的声学特性进行存储数据的一种存储器。是计算机历史上最早的内存储器。它使用的水银延迟线是一根直径 10 mm、长 150 cm 的管子，内部充满水银，两端各有一个转换器分别进行电-声转换和声-电转换，这样，脉冲信号从管子的一端进入，转换成超声波，960 ms 后超声波到达管子的另一端，然后再转换成电信号输出，由变换器接收后，经检测、放大、整形和再生，重新反馈到发送端。这样一个延迟线电路大约可存储 1 000 个脉冲信息。1954 年后被磁芯存储器取代。

mercury switch **水银开关** 电路开关的一种，和电极连接的小容器中存储了一小滴水银，容器中多数注入惰性气体或真空。因为重力的关系，水银珠会向容器中较低端移动，接触到两个电极而将电路闭合，开启开关。

mercury-wetted reed relay **水银浸湿舌簧继电器** 用水银作闭合接触材料的一种继电器。它是一种舌簧继电器，其触点上覆盖着水银薄膜。

mercury-wetted reed switch **水银浸湿舌簧开关** 一种一端包含水银槽且正常情况下以竖直方式工作的舌簧开关盒。通过毛细管作用，水银与覆盖水银薄膜的舌簧保持接触。开关的每次工作都使这个水银薄膜更新，因而使开关的工作寿命增加许多倍。

merge file **合并文件** 一种临时性文件，它含有所有要组合的记录。由多个文件中的记录，经执行合并语句后而组成的一种文件。这种文件只允许由合并语句访问，如在 COBOL 语言中，由 MERGE 语句合并成的记录的汇集。合并文件只能由合并功能创建和使用。

merge match **合并比较** 一种对两个文件进行比较的方法。其过程是：按关键字和事先组织好的顺序将文件记录加以排列；然后将这些记录与任意选定的关键字比较；最后将不匹配的记录组合在一起或分送到两个不同的地方。

merge order **合并级[阶]** (1)可用来表示待归并的数据集的数量。(2)能在一遍合并中，由合并程序并成一个字符串的字符串数目。

merge pass **合并传送，合并扫描** 在分类中，使序列数目减少到原来数目除以规定的合并阶所进行的记录处理。①在合并三个或三个以上的数据集时，将两个数据集作为一步进行合并的操作。②在检索中，为减少序数而通过等于规定合并数的因子进行记录处理的过程。

merge sort 合并[归并]排序 (1)一种分类程序，它将一个集合中的项目分成若干子集，再对每个子集中的项目进行分类，然后把分类后的子集进行合并。(2)一种排序技术，在当前可以取用的元素间重复地进行选择，以便将两个有序的序列合并成一个有序的序列。参见 balanced mergesort，unbalanced merge sort。

merge-splitting sorting 归并分拆排序 一种并行排序算法。其基本思想是将输入序列分为 P 份，然后各处理器并行工作。首先由 P 个处理器将各个子序列进行串行排序；然后每个奇数号处理器 P_i 将其子列和处理器 P_{i+1} 中的子列进行归并，将归并结果的前一半保留在自己的存储器中，而后一半送到 P_{i+1} 中；接着每个偶数编号的处理器再作上述工作；重复上述过程$\lceil P/2\rceil$次，算法结束。

merging 合并，归并 把两个或更多个具有相同序的集合中的项，按原序合并成一个集。

merging of data item and frequency 数据项与频度归并法 局部视图通过数据项、数据项之间的联系，以及在处理中数据项及其联系所使用的频率等信息进行描述的方法。在本方法的归并过程中，将最经常使用的数据项给予最高的优先权。在结构中，优先权最高的数据项则分布在离入口点最近处。

merging of data item and functional dependency 数据项与函数依赖归并法 局部视图通过数据项以及数据项的单向联系来描述的一种归并方法。单向联系可分为简单联系、复杂联系和条件联系。这里的简单联系就是数据项之间的函数依赖关系。

merging patterns 合并模式 一种使合并扫描次数减至最少的处理方式。

MERP 移动企业资源计划 mobile enterprise resource planning 的缩写。

MES (1)生产执行系统 manufacturing execution system 的缩写。(2)市场营销百科全书系统 marketing encyclopedia system 的缩写。

mesa 台面 锗或硅圆片中的一个区域，在侵蚀过程中被保护，因而比周围部分突出。

mesa diffusion 台面扩散 一种生长 PN 结的方法，即在整个半导体薄片的表面形成单一的基区，然后将发射极之间的凹谷腐蚀掉，留下所处理材料的台面用作晶体管元件。

mesa transistor 台面晶体管 一种晶体管，其锗或硅片被腐蚀成台阶状，使基区和发射区作为物理平台出现在集电区上方。

MESFET 金属半导体场效应晶体管 metal semiconductor field-effect transistor 的缩写。

mesh 网络，网格 (1)一个复杂网络分支中的完整闭合通路。(2)对所研究的连续区域 G 进行的矩形网或三角网的划分。这些有限个节点的集合 G_h 称为网格，也称“网格区域”。单个节点称为网格的节点。相邻两节点间的直线距离称为网格间距，也称步长。微分方程将在网格节点上进行离散化，节点上离散方程的解即为微分方程的数值解。

mesh network 网状网络 网状网络是指这样一种网络拓扑结构：网络中的设备是通过网络节点之间的众多冗余互联连接起来的。在真正的网状网络(有线或无线)当中，每个节点与网络中的另一个节点相连，包括直接连接和通过中间节点跳接。对于无线网状网络而言，这些网络实际上是真正的交换式无线网络，而不是那种使用所谓的无线 LAN(局域网)交换机的网络。在网状网络当中，一方面，信息包在节点之间以无线的方式传送。另一方面，被称为 WLAN(无线局域网)交换机的产品实际上并不支持任何无线接口。然而，网状体系结构并不排除使用 WLAN 交换机或网络的有线方面的其他集中式管理体系结构。

MESI protocol MESI 协议，修改、互斥、共享、无效协议 MESI 是 modified、exclusive、shared、invalid 的缩写。MESI 是为保持 cache(高速缓存)一致性的协议。MESI 不仅可在单个 Pentium 处理器的结构中使用，而且设计成支持多处理器系统对 cache 一致性的要求。MESI 的含义如下：修改是 cache 槽数据已经被修改(不同于主存储器)，只在这个 cache 中有效。互斥是 cache 槽数据与主存储器一样，不可以在其他 cache 中出现。共享是 cache 槽数据与主存储器一样，而且可以在其他 cache 中出现。无效是 cache 槽没有有效的数据。

message (MSG) 报文，消息，信息 (1)在信息论中，用于传递信息的有序字符序列。(2)报文的正确定义随其着眼点不同而不同。对于电子邮件而言，报文是以备忘录形式组织并由电子信箱接收的公文。对计算机或通信网络而言，报文是有严格结构的信息单元，并根据共同遵循的某些规则(协议)传输。通常一个报文由实际要传输的数据、标识报文传送目的地的控制数据、以及报文开始部分和结束部分所组成。错误校正和错误检测信息也被看作报文的一部分，如奇偶校验位等信息。(3)微软视窗定义的一种结构。在每个消息结构中，描述了该消息是发往哪个窗口，并给出消息号来标识该消息的种类、消息发出的时间以及鼠标器在窗口中的定位点。消息结构中还给出长参数和短参数。这些参数往往提出要一个对象执行一个操作的要求。视窗消息可分为三类：①由键盘或鼠标器输入事件产生的；②在视窗处理过程中产生的；③由视窗中其他应用发送到本应用中的。

message address 电报地址 电报中的地址部分，通常由一个或多个用于表示发信人、受命收信人、信息收信人和免税收信人的标识符组成。

message alias 消息别名 在 LAN Manager 网络软件中,一个登记的名字,用于接收消息。

message alignment 消息定位 在一个媒体中或媒体上放置消息或其某些部分时,在所有的各种数据媒体之间,时间和空间关系的定位。

message alignment indicator (MAI) 消息定位标记 信号消息中消息用户部分和传输部分之间的数据,用以标识消息各部分之间的界限。参见 signal message。

message authentication 信息验证 确认以下四个方面正确性的过程或方法:①信息来源的合法性;②信息内容没有被蓄意或偶然更改、重新排列;③信息已按原定顺序接收;④信息接收者合法。

message authentication code (MAC) 报文鉴别码 为了确保报文传输的可靠性,在传输中某一预定点插入的一组字符。报文鉴别码使得通信的接收方能够验证所收到的报文(发送者和报文内容、发送时间、序列等)的真伪。生成报文鉴别码的过程与加密的过程十分相似,用一个密钥生成的一个小的数据块追加在报文的后面。但区别是,鉴别算法不进行反向的计算。

message available at action office time 收信局消息有效时间 收信局(即收信人所在的局)接收信息的时间。

message available for delivery time 消息有效投递时间 通信接收中心将收到的消息分配给受命收信人的时间。

message backlog 消息积压 通信设备中等待传输或处理的所有消息或数据。同 message queue。

message block 报文组,信息块 通信链路中,一次性传输的几个连续的报文。

message blocking 信息模块化,信息编组 将若干报文连接成一个传输块的过程。信息模块化的结果减少了由于改变通信传输方向所产生的延时频度,从而降低传输开销。

message box 消息框 一种向用户显示消息的对话框。参见 dialog box。

message broadcast 消息广播 一种电子邮件会议功能,其中利用数据终端。[注]消息广播控制由用户或网络完成。

message broker 消息代理 消息代理作为面向消息中间件(MOM)的一部分,是一种在数据源与目的地之间移动数据,使信息处理流畅的软件技术。消息代理主要提供应用集成所必需的数据的递送、收集、翻译、过滤、映射和路由等功能,屏蔽不同的硬件平台、数据库、消息格式、通信协议之间的差异,提供应用到应用之间的高效通信能力。消息代理连接需要交互的各个应用系统,减少了应用系统接口的数量、相互的技术依赖性。消息代理中间件的基本特征:①构件化的结构,它通常由一组构件组成,可以根据需要配置不同构件;②具有数据转换设施,其核心是一个消息的路由程序,它接收和分发消息,并基于预先定义好的消息处理流确保转发给正确的应用;③可靠高效的通信,它支持数据报和可靠传输通信方式,支持基于内容的消息路由,能够根据消息的内容把消息路由到不同的目的点;④多样的管理能力,多个消息代理分布在多处,但可以通过一点进行统一的管理;⑤丰富的应用开发环境,提供结构化的消息处理脚本语言和其他面向对象的设计工具,消息处理脚本语言包含流控制、例外处理、数据抽取等机制,能够灵活地构造高效的数据转换、校验、翻译和条件逻辑;⑥完备的安全机制,内置的数字签名功能能识别冒名顶替者的消息,对来自接口、进行数据转换过程中的消息执行身份验证、授权和防抵赖处理。参见 message-oriented middleware (MOM)。

message buffer 信息[消息]缓冲区 操作系统中存放信息的区域。通常每个缓冲区包含一个信息记录,所有缓冲区都在系统缓冲区内(在进程地址空间之外),各缓冲区大小一样,便于处理。

message buffering 信息缓冲 将正文信息假脱机送入磁盘,以便可以用任何设备输出。

message buffering synchronization 消息缓冲同步 通过消息同步原语来实现进程间的通信同步的技术。发送消息的进程通过发送消息原语将消息送到消息缓冲区,并用等待回答原语等待接收进程的回答,而接收进程则通过等待消息原语,将消息缓冲区的消息移至接收区。

message buffering synchronization facility 消息缓冲同步机构 发送消息的进程将消息放在发送区中,并用发送消息原语发送消息。该原语将消息从发送区送至缓冲区。若接收者正等待消息,则唤醒之。接收者用等待消息原语接收消息,并将其从缓冲区移至接收区。接收者把消息处理完后,用发送回答原语回答发送者;发送者则用等待回答原语等待回答。

message center 消息中心,报文中心 通信中心的一部分,负责①接受和传输消息发送者发出的消息;②接受进入的消息并投送给消息收信人。参见 telecommunication center。

message channel 信息信道 多任务操作系统中进程间通信的一种形式。进程间的通信使得一台机器上运行的两个程序能共享信息。

message character 消息字符 参见 end of message character。

message circuit 公用电话电路 一种长途电话电路,它为公众提供常规长途电话或收费电话服务。本术语用以和专线电话电路相区别。

message class 报文级别 在某些信息管理系统中,用户分配给某一个事务代码的级别。此代码确定某一个程序将在其中处理该事务的报文区。参见

region class。

message communication function (MCF)　消息通信功能　消息通信功能在 MAF(管理应用功能)和 TMN(电信管理网)之间提供传送消息以及消息转运的手段。对高层协议来说,消息通信功能不生成或终止消息。参见 management application function (MAF), telecommunications management network (TMN)。

message control flag　消息控制标志　一种指示发送的信息是控制信息还是数据的标志。

message control program (MCP)　信息[报文]控制程序　(1)在某些通信系统软件中,实现远程通信存取方法的程序。它包括初始化及结束例程、资源管理例程、报文处理例程及服务设施。(2)对远程终端间的报文传送进行控制的程序。

message control system (MCS)　消息控制系统　在 COBOL 语言中,一个支持消息处理的通信控制系统。

message data set　信息数据集　磁盘存储器上的一种数据集。它含有等待传送给指定终端操作员或主系统的信息队列。

message decoding　信息译码　将已编码的信息转换成原始符号体系的过程,或将信息按规定的符号还原。

message delete option　报文删除任选项　某些信息管理系统中的一种任选项,使用该任选项可以避免将不必要的报文送往某些特定终端。这一个任选项有助于保护使用特殊格式或依赖于格式调整的打印机。

message description　报文说明　描述一个特殊报文的信息。报文说明存放在报文区中。

message digest　报文摘要　报文摘要是一种算法操作,通常在文本上执行,将文本的各位作为一种哈希(Hash)函数的输入,产生一个固定长度的散列值,因为散列函数很难转化,所以称为报文摘要。报文摘要算法事实上保证了散列值是独一无二的,经报文摘要操作后产生对文本的唯一数字签名。

message digest algorithm　报文摘要算法　20 世纪 90 年代初由 Rivest 发明的三种报文摘要算法,分别为 MD-2、MD-4 和 MD-5。MD-2 在 RFC 1319 中描述,MD-4 在 RFC 1320 中描述,MD-5 在 RFC 1321 中描述,每一种都产生一个 128 位的散列值,这一串散列值也称“数字指纹”,它有固定的长度,且不同的报文摘要的数字指纹总是不同的,而同样的报文其数字指纹必定一致,这样该摘要便可成为验证报文是否是“真身”的“指纹”了。三者的区别在于它们的运算速度不一样,抗密码分析攻击的能力也不一样。参见 message digest。

message digest function (MDF)　报文摘要函数　报文摘要函数是把信息集合提炼为一个固定长度数字串的单向不可逆数学函数。参见 message digest。

message dispatch time　消息发送时间　一个消息的发送日期和时间,①接收通信中心发送给收信人;②发送通信中心发送到接收通信中心;③消息发送者发送至发送通信中心。

message drafter　消息拟稿人[机]　人或机器,拟成一个供发信者或消息发布管理员认可和发布的消息。

message drain　信息泄出　接受存储器溢出信息的一种方式。

message-driven program　报文驱动程序　在某些信息管理系统中,在快速路径区域用加快报文事务处理方法进行操作的一种程序。

message editing　报文编辑　在某些信息管理系统中,为给应用程序或终端提供报文而对报文进行格式化的过程。用户可以编写附加的报文编辑例行程序。参见 basic edit, message format service。

message editor procedure　报文编辑程序工作过程　在报文编辑程序的控制下报文交换的编辑过程,如从网络上收到的报文需经过拆卸、再分段、标题解释和控制字符删除等过程。送发到网络上去的报文需经过装配、加标题和插入控制字符等过程。如一个网络含有各种类型的终端,则这种编辑操作将取决于终端的特性、字符编码和报文的发送协议。

message element　消息元(素)　消息的一个部分。消息元素的例子有计算符号、地址标志符、路由标志组、地址群、日期时间群、地址标志组、呼叫标志、发信人标志等,消息拟稿人或发信者所写的报文正文和结束标志。

message error record　报文出错记录　同 error record。

message exchange　报文交换(装置)　同 message switching。

message exhaustion　报文穷举　在密码分析中,对密文进行攻击的一种方法。将所有可能的明文组合进行加密,与其相关的密文将被存储起来以便将来参考使用。在公开密钥密码中,加密密钥可被解密者所识别,因此接收到的密文可通过对照存储的明文-密文对照文来进行匹配检查。如果不能识别加密密钥,将对所有可能的密钥进行处理,以确定明文的子序列碎片和与其相对的密文是否可用,然后搜索存储的明文-密文对照文并确定与其相关的密钥。

message expression　消息表达式　在面向对象系统中,一个对象执行与该对象相关的操作必须执行程序语言的一个语句。包括接收消息的对象、选择符和参数。类似于普通的函数调用,带有参数,可以有返回值,但在执行时相应对象必须根据消息表达式中选择符来动态选择相应的操作。

message feedback　消息反馈　将收到的消息送回到发送端,并通过和发送端存储的原始消息相比较来检验消息传输的准确性。

message field (MFLD)　报文[信息]字段[区]　(1)在显示设备屏幕上显示报文的区域。(2)在某些信息管理系统的报文格式服务子系统中,报文输入/输出描述符的最小区域,其内容和结构由用户规定。(3)在某些操作系统中,在按字段处理时,显示屏最底行的四个区域中的第三个区域。该区域通知操作员有一个报文正处于等待状态。

message file time　消息提取时间　(1)消息被带至消息中心进行处理的时间。(2)在自动远程输入系统中消息发送至通信系统以进行传输的时间。同 time of file。

message filtering　消息过滤　网络中为保护内部网络的安全而采取的一项措施。根据预先制定的规则,对通过网关的消息进行检验,以决定是否允许对此消息进行转发,还是将其丢弃。大多数路由器提供了消息过滤的功能。

message filtering gateway　消息过滤网关　网络中使用的一种最简单的防火墙通常设置在路由器上。当收到消息时,先扫描报头,检查报头中的消息类型、源 IP(网际协议)地址、目的 IP 地址和目的 TCP(传输控制协议)或 UDP(用户数据报协议)端口等域的内容,然后应用规则库中的规则,对消息进行检验,决定是否允许通过网络边界。消息过滤网关通常对于进入网络边界与发出网络边界的消息分别制定不同规则。对于外部用户来说,消息过滤是透明的。

message format　报文格式　组织一个报文的特定规则。它使得报文能精确而又完整地传送到正确的目的地。报文格式包括标识报文开始和报文结束的标识部分,以及接收该报文的终端、打印机或其他设备的逻辑地址,也包括要传送的数据部分。

message format service (MFS)　报文格式服务(程序)　在某些信息管理系统中,一种编辑程序,它允许应用程序处理简单的逻辑报文以代替和设备有关的数据,从而简化了应用程序的开发过程。

message handler (MH)　报文处理程序　在某些通信系统软件中,用户指定的宏指令和基本汇编语言指令序列,它调用例行程序检查和处理报文首部的控制信息,并在报文向目的地传送前对报文完成必需的功能准备。参见 application message handler, device message handler, internodal message handler (IMH)。

message handling　消息处理　消息处理在通信中的功能是将数据组织成块或者将数据块分解,以满足传输的需要。

message handling protocol　消息处理协议　开放系统互连(OSI)参考模型应用层的一组协议。由以下三个主要部分组成:①消息传输协议。提供消息中继功能,规定消息传输代理(MTA)之间的交互作用(如发送和接收消息、发出探询或投递报告等)。②消息传输系统(MTS)访问协议。用户访问消息传输代理时使用的协议,用户代理(UA)把消息提交给消息传输代理,或从消息传输代理回收消息时,需依据此协议操作。③消息库访问协议。用户代理访问消息库时使用的协议。

message handling service (MHS)　消息处理服务　应用层中的一个协议实体,为在系统之间交换电子消息提供通用机制。

message handling system (MHS)　报文处理系统　在报文终端和用户进程诸实体之间传送报文的系统。用户准备和接收报文是通过用户代理(UA)的协助来进行的,用户间的报文则是通过一个或多个相互合作的报文传送代理(MTA)所组成的报文传送系统(MTS)来进行的。MTS 提供通用的独立于应用的存储转发报文传送服务。这些 UA 和 MTA 便组成了报文处理系统。

message header (MH)　报头,报文首部(标题)　在网络通信中,报文的一个组成部分。它含有建立通信所必需的必须全部信息,如报文类型、报文长度、发送者、接收者、报文的顺序号、收到报文的回执等。

message header interpretation　报头解释　翻译报头含义的过程。一般采用方便的表驱动技术。

message heading　报头　报文的一部分或几部分,①在正文(即报文主体)之前,根据已制定的规约按时间或空间排列;②可包括数个报文元素,如地址群、路由指示符、受命收报人标志符、信息收报人标志符、免税收报人标志符、通信略语、电台业务通信代字、拆线指示符、日期时间组、始发者指示符、专用指令和协议符号。同 message header。

message help　消息辅助信息　有关一个消息的附加信息,如消息类型、发送时间等。

message identifier (MID)　消息[报文]标识符　(1)在 ATM(异步传输模式)网络中,用于关联携带高层数据包的段的 ATM 信元的标识符。(2)标识一个预先定义的报文的一种 7 个字符的代码,用以从报文文件中检索它的报文说明。

message indicator　消息指示符　通知消息控制系统有一个特定的条件成立的字符。共有三种类型:EGI(消息组指示符末端)、EMI(消息指示符末端)和 ESI(段指示符末端)。

message input descriptor (MID)　报文输入描述符　某些信息管理系统中的一种报文格式服务控制块,用来描述送往应用程序的数据格式。

message intercept　消息截取　数字通信网络的一种功能,用以阻截通向非认可终端的信息传输。

message intercept processing　报文截取处理　在队列传送中,对无法正常送往目标的报文进行处理的一种方法。每当不能实现线路连接、线路不起作用、终端不能对选择码作出反应或信息无法确认时,需要作这种处理。一般的规律是:截取的报文回到相应的用户后备输入队列，或回到选中终端的报文交换器里，或在以后重新发出。

message intercept table　信息留录表　在海量存储系统中，供信息日志使用的规定信息标识及相应动作的一种列表。

message interpolation　消息插入　在不影响正常话音传输的情况下，利用通话间隙或音节之间的间隙进行数据传输，此时数据传输和话音传输共用同一通道。

message journaling function　信息日志功能　海量存储系统中提供的一种单一数据集，在一台或多台松耦合处理装置中，运行的海量存储系统通信程序可在该数据集中记录某些数据操作系统的信息。信息日志功能保存、更新及检索来自信息记录日志数据集的信息。

message lock mode　报文锁定方式　某些通信系统软件中的一种锁定方式，用这种方式，在单纯查询或应答期间，外部 LU(逻辑单元)保持锁定状态。比较 extended lock mode。参见 line lock，lock model，station lock。

message log　消息日志　在 LAN Manager 网络软件中，一个文件包含计算机接收的所有消息。

message logging　消息记载　在 LAN Manager 网络软件中，在文件中保存所有到达消息的过程。

message loop　消息循环　微软视窗应用程序中处理消息的循环程序段，从线程的消息队列中获取消息并进行相应的处理。视窗应用程序的主要特征就是"消息循环"。消息循环从应用程序队列中检索输入信息，并把它们发送给相应的窗口。

message management program　报文管理程序　根据用户应用程序或报文处理程序提出的请求，实现报文的接收、发送等管理功能的程序。报文管理通常由报文接收、报文发送、报文记录以及报文的差错处理和开始结束处理等五部分组成。

message member　报文成员　某些计算机系统中的一种库的成员，它规定每个报文的正文及相应报文标识码。

message metering service　计费通话业务　给专用自动电话小交换机提供的一种以计算机为基础的电话通信业务，每个电话局将已完成的计费中继线呼叫次数，用通话寄存器总计，有的同时计算通话时间和距离，两者相乘，得出总的通话费用。

message mode　报文方式　(1)数据网络的一种工作方式。它通过消息交换方法使各个独立单元互相配合工作。(2)一种工作方式，在这种工作方式中，将键入到一个显示控制台的数据作为报文发往另一控制台。参见 multiple message mode，single message mode。

message numbering　报文编号　通信系统中对每一个报文进行编号的过程。其目的是为了便于标识各报文。

message-oriented middleware (MOM)　面向报文的中间件　一种可用于分布式应用的系统软件。通过对报文的发送及排队，实现分布式计算资源之间的通信。MOM 不必标准化报文格式，允许使用不同的客户机。中间件确保把报文传送到适当的目的地，并且只传送一次。MOM 有两种基本的工作模型，分别是报文排队以及发表和预定。在前一种模型里，报文发送到一个队列里，目的地可以在任何时候查看该队列。发表和预定模型把报文广播到多个收件人，并且常常使用多址广播作为基本传输手段。报文发送到一个特定队列，客户机可以随时预定该队列。对于实时数据显示来说，发表和预定是一种很好的工作模型。

message-oriented text interchange system (MOTIS)　面向消息的文本交换系统　国际标准化组织(ISO)制定的一种关于电子邮件的协议。

message output descriptor (MOD)　报文输出描述符　在某些管理系统中的一种报文格式服务控制块，描述应用程序产生的输出数据格式。

message part　报文部分　在无线电话系统报文中，一个报文的三个主要部分(称为报文头、正文和报尾)中的一个。

message passing　消息传送　大规模并行计算机的一种体系结构。在这样的并行处理系统中，各处理机之间没有共享内存，但通过专用的内部网络连接在一起，以消息传递的方式实现各处理机之间的协作。内部网络带宽通常都在数百 Mbps 以上，并采用专用的通信协议。

message passing interface (MPI)　消息传递接口　由 MPI 委员会在 1992 年到 1994 年举行的一系列会议上逐渐产生的一个消息传递标准。这个标准能用于大多数并行计算机、群集系统和异构网络环境，能达到较高的数据传输速率，同时还具备了公共软件包和厂家专用软件包的优点。MPI 支持 C 语言和 FORTRAN 语言，其主要特点如下：①提供了缓冲区管理函数；②能运行于异构网络环境中；③利用通信上下文提供通信的安全性；④实现了两个任务间的多种通信方式；⑤实现了组内所有任务之间的通信、数据交换和处理；⑥提供了可靠的数据传输机制，发送的消息总能被对方正确接收，用户不必检查传输错误、超时错误或其他出错条件。

message passing system　消息传递系统　以消息传递的形式实现单元间协作的巨量并行处理计算机系统，允许高达成千上万个处理机的并行计算。目前能实现每秒万亿次运算的超级计算机都是采用了这种结构。

message pattern　消息模式　由一个消息选择符和一组用作形式参数的变量名组成。

message pending　报文挂起　在某些通信系统中，表明操作员报文队列没有空闲的状态或指示。当程序非正常结束时，系统给起控制作用的操作员一个附加的报文队列，其内容和上述的报文挂起指示相同。

message polling 报文轮询 (1)多点式或多信道网络中主控站向其他各站发送呼叫或报文以确定收发设备准备情况的一种方法。(2)通过指定的主站向多点站系统或多通道网络中的其他站发送信号或调用信号的一种方式。

message pop-up 弹出式消息 在某些IBM系统中，指屏幕上的一个具有边框的区域，用于显示消息。

message preparation time 报文准备时间 (1)从通信系统操作员的角度看，是一个报文为进入通信系统所需的处理时间，包括：①对于人工操作系统，准备数据媒介(如磁带)以及准备好传输所经历的时间；②对于自动终端(如远程输入终端)，报文被自动报文处理设备读写所经历的时间。(2)从报文始发者角度看，是在数据媒介上(如在一个报文表格上)写报文或在一个远程终端上打印报文以便通信系统报文中心或通信系统接收所需的时间。

message priority 报文优先级 在通信系统软件中，向某目的地发送目的地队列中报文的排列次序。较高优先级的报文先于较低优先级的报文发送。参见 route transmission priority, station transmission priority。

message processing program (MPP) 信息[报文]处理程序 (1)处理或响应从终端接收的信息的一种程序。(2)在某些信息管理系统中，一种由事务处理(即交易)驱动的应用程序，可以对联机数据库和报文队列进行存取。参见 batch message processing program, batch processing program。

message processing time 信息处理时间 在下列两者之间的全部时间：①报文正文被报文始发者完成的瞬间至②收件人开始阅读报文的瞬间。

message publishing 信息发布 信息发布指的是网络服务直接发布信息，特别是关于网络服务本身的信息：网络的性能，使用状况，操作和状态等。这需要开发者直接使用网络服务同特定服务进行通信并发布这些信息。这种类型的发布已经在比较低的层次(如日志文件)开始了，但是更深层次的应用将不仅仅要有数据结构的管理标准，还要出现关键的方法，而管理工具本身也要进行可观的改造。参见 log file publication。

message queue 信息[报文，消息]队列[排队] (1)一种等待处理或等待送往终端去的报文列表。(2)在某些信息管理系统中，在应用程序处理或发送给一个终端之前报文在其中排队的数据集。(3)微软视窗中系统定义的存储器对象，按次序存放等待处理的消息，系统消息队列中存放鼠标器消息和键盘消息，这些消息将传递给线程处理，线程消息队列中存放由线程的消息循环处理的消息。

message queue data set 报文队列数据集 某些通信系统软件中的一种数据集，它含有一个或多个目标队列。报文队列数据集含有由报文处理程序输入部分处理过的，并等待通信系统软件将其从队列中取出，将它们导向报文处理程序的输出部分并将它们送往目的地(即收信方)的报文。至多可为通信系统软件信息控制程序规定三个报文队列数据集(一个在主存中，一个在可重复使用磁盘中，一个在不可重复使用的磁盘中)。

message rate 报文速率 单位时间内传送报文的数量，其量度单位随报文的种类而异，如，传送文字时，单位为每秒字。

message readdressal 电报改址 由电报始发者、最初收件人或另一机构向一个电报主增加一个新的收件人，而不改变先前传输的电报的收件人或其正文。同 double heading。

message-record-log data set 信息记录录入数据集 在海量存储系统中，直接存取存储设备上的一种数据集，此集可由松散耦合的处理机共享。这些松散耦合的处理机还共享含有选中的操作系统信息的海量存储系统，而这些操作系统信息是在海量存储系统运行期间写入的。

message recovery point 报文恢复点 在某些信息管理系统中，信息管理系统返回确定响应前的最后的输入信息，或信息管理系统请求对其有一个确定响应时的最后输出信息。

message reference key 报文引用键标 在某些计算机系统中，分配给报文队列中每个报文的键标，用于从报文队列中去掉一个报文，接收一个报文或对某一个报文作回答。

message relay 报文中继 即转发一个接收到的报文。

message release time 报文发出时间 有权的报文发出管理员核准发送一个报文的时间(即瞬时)。

message response time 报文响应时间 在数据通信系统中，从发送方发送报文起，到收到接收方对该报文的回答为止所花的时间。

message resynchronization 报文再同步程序 在某些信息管理系统中，如果网络发生故障，可检测并校正报文丢失条件的一种程序。

message retrieval 报文[信息]检索 (1)重新获得输入到信息系统中去的报文的过程。(2)远程数据处理系统的一种信息检索方式。当报文送入一个信息系统以后的某个时刻，能重新获得它的过程。

message routing 报文路由选择 (1)在某些通信系统软件中，一种主要的报文控制程序。它为来自站点、逻辑单元或应用程序的每条报文确定正确的目的地，并把它们放入相应的目的地队列中。参见 affinity-based routing, invariant routing, transaction-based routing, routing by destination, routing by key。(2)为报文传送选择正确的路由，或改变报文传送路由的过程。(3)通过决定后继节点而为报文选择适当的传输路径的过程。当存在多条路径时，必须作出这种选择。

message segment 报文[信息，消息]段 (1)在通信系统软件中，包含在单一请求/应答单元(RU)中的报文部分。(2)在某些信息管理系统中，发往或来自终端的报文存取单位。(3)在 SDLC(同步数据链路)传输中，由传输控制块中两个相邻入口所控制和标识的报文的一部分。(4)构成消息的一组具有完整逻辑含义的数据。一般在数据组结束处放有段结尾指标符(ESI)或消息结尾指示符(EMI)，以指示此消息段结束。

message sequencing 消息排序 参见 address message sequencing。

message service 消息业务 一种提供给公众的交换业务。它包括交换转接业务和由局间电话公司提供的、并由本地电话公司访问业务完成的所有交换业务，用其他方式提供的(如专线业务)除外。同 message toll service。

message sink 报文接收器，报宿，信息宿 通信系统的一部分，用以接收报文。参见 data sink。

message slot 报文槽 在数据通信中，一个能保存完整报文的位序列，并且它在一个环形局域网络上不断循环。一个槽可能是空的，也可能是满的，当任意一个节点探测到一个空槽时，它便可以将这个空槽标记成"满"，然后将报文放进去。

message source 报(文)源 通信系统的一部分，报文可视作从此发送出去。同 information source。参见 data source。

message store (MS) 报文存储 在报文处理系统(MHS)中，指一个可选部件，用于存储投递给用户的信件，并允许用户对它进行检索。

message switching 报文交换 数据通信网中所使用的一种信息交换技术。①当网络上的一个通信节点收到一个报文后，将该报文暂存起来，并查看报文中所携带的源地址和目的地址，在得到适当的设施后，将该报文传送到该节点所连主机或传递路由上的下一个通信节点；②通信网上的一个节点收到一个报文后，在转发该报文之前，通过一个中心站对该报文进行路由选择；③也称"分组报文交换"，报文通常由报文交换中心拆成分组，每一个分组含有它的目的地址。它从目前节点传送到另外一个报文交换中心，这个报文交换中心将收到的分组再组装成报文。因为，由共享线路所带来的经济性，由冗余校错、检错带来的高可靠性和所用设备的高质量，所以，分组报文交换给用户提供了很多优点。

message switching center 报文交换中心 通信网中进行报文交换管理的地点。处理报文并自动选择路径将其送到目的地，还可能执行其他功能，如可以将报文存储起来，直到传输设施可用，也可以将报文分成分组，以使传输更为有效。

message switching computer access 报文交换计算机访问 网络中报文交换计算机的一种工作方式。其过程是：当用户通过网络通信设备拨号，拟与某一特定的计算机建立连接并通信时，网络为它们提供报文交换计算机，并由该机执行存储转发功能，即接收它们之间传输的报文，并加以存储，直至有适当的输出线路可供使用时，再将其发送出去。

message switching concentration (MSC) 报文集中转发 一种对报文集中处理的方法。其过程是：用缓冲器队列累加报文组，直到组装成一个报文，并且有高速传输线可供使用为止。因此，要求在高速传输线上所传输的数据帧长度是可变的。其缺点是需要存储程序的计算机和缓冲器。优点是提高了远程线路控制、编码转换、差错校验和选择路径的能力。

message switching concentration techniques 报文交换集中技术 将多路报文或长报文中的各个部分进行归类的技术。通常，报文缓冲队列存放在缓冲区的各个报文块中，将其集中并组成可高速传送的报文。

message switching data service (MSDS) 报文交换数据服务 加拿大用于电传打字和 TMX 存储-转发的一种报文交换服务。

message switching network 消息交换网络 一种用来提供通信服务的网络。在网络中，消息源提供消息(通常是数字形式的)以及至少一个目的地的地址，然后由网络将消息传送给各不相同的目的地。网络中的任一个用户可以与接收同种网络业务的其他用户进行通信。这种网络业务是由公共载波公司提供的。

message switching node 报文交换节点 报文交换网络中的节点，在该处设置了一个中心局，即交换中心。

message switching procedure 报文交换[处理]过程 报文交换系统接收、发送和传递报文的过程。在报文交换系统中，源与目的之间没有专门的物理路径。源站上的各报文在开始处都含有一个目的站地址。报文交换系统使用这些地址来引导各报文通过网络到达目的站，并可提供差错控制能力等。

message switching system 信息交换系统 一种信息处理系统。它将信息通过传输线从始地传送到目的地。参见 information system。

message switch node 报文交换节点 一种通过终端和系统中的其他网络节点，为送入的报文选定路径的网络节点。

message telecommunication service (MTS) 信息远程通信服务 一种由公共电话网提供的服务。包括公共电话服务、移动的无线电话服务等，但不包括私人单线服务。

message text 消息[报文]正文 发送给终端用户或程序的消息中的实际信息部分，即报文中除去报头和控制信息的部分。

message time objective 客观报文时间 报文的处理时间。在一个报文在通信设备处被接收以供分发的瞬间与可投递时间的瞬时或被收件人接收的瞬时之间测量所得的时间。

message toll service 长途直拨业务 同 message service。

message transfer (MT) 消息传送 作为中间媒体而在使用计算机的各方之间,非实时运载信息客体,它是消息处理的一个方面。

message transfer agent (MTA) 消息[报文]传送代理 (1)消息传送系统(MTS)的一个构成体,作为功能客体,它把信息客体真正地运送到用户和分发表。参见 message transfer system (MTS)。(2)因特网中的一个 OSI(开放系统互连)应用进程,用于存储和传递 X.400 消息处理系统的消息,相当于一个电子邮件代理,提供存储转发服务。参见 privacy enhanced mail。(3)在个人间报文通信中,构成报文传输系统的一部分,它通过提交对话与始发用户代理模块进行交互,根据接收者的地址把报文传递给别的报文传送代理模块,通过交付对话与接收用户代理模块进行交互。

message transfer part (MTP) 消息传送部分 公共信道信令系统的一部分,其作用为:传递所有用户需要的信号,并完成一些必要的辅助功能,如:差错控制及信令安全措施。

message transfer state 报文[信息]传送状态 这是在 BSC(二进制同步通信)中的一种状态,在此状态下,请求交换已经完成,可以发送数据。

message transfer system (MTS) 消息[报文]传送系统 (1)由一个或多个消息传送代理组成的功能客体,它在用户代理、消息存储单元和访问单元间提供存储转发消息传送。参见 message transfer agent (MTA)。(2)在个人间报文通信中,指提供基本的报文传输服务的报文代理模块的集合。

message transfer time 报文[信息]传送时间 也称"网络延迟时间"。即信息从信源发出到信宿接收所需的时间。用于衡量通信网络传送信息的速度和能力。影响该时间的因素包括:终端的能力(尤其是缓冲能力)、信息的容量、信道操作方式(全双工还是半双工传输)以及信息的可靠性和网络的忙闲程度等。

message transmitting hyper-parallel computer 消息传输型超级并行计算机 超级并行计算机的一种松耦合结构形式。每个处理机均拥有独立的内存,各处理机独立执行一部分程序,不共享内存。各处理机之间依靠通信通道进行消息传送。按通信通道的拓扑结构,又可分为平面型和超立体型两大类。

message transmitting procedure 报文传输过程 泛指计算机网络中报文的一般传输过程。其具体过程是:通信子网首先接收主计算机送出的报文。子网的接口通信处理机接收到报文后,再将其分成若干个报文分组。如果某一个接口机收到发送端送出的报文分组后,即送出应答信号,表示该报文分组收到无误。发送端收到该信号后,即取消此报文分组。若在规定的时间内未收到应答信号,则认为该报文分组在传输中有误或丢失,因而重发此报文分组,直至收到应答信号为止,接收端接口通信处理机收到所有报文分组后即将其组合成报文,并送接收端主计算机。此后,接收端主计算机向发送端主计算机送出准备送下一个报文的信号。

message type (MT) 消息类型 在 ATM(异步传输模式)网络中,指资源管理信元中的位标志。

message type pipe 消息类型管道 微软视窗中的一个命名管道,其数据是一个消息串。

message unit 报文单元 在系统网络体系结构中,可由任一层次进行处理的数据单元。如 BIU(基本信息单元),PIU(路径信息单元),RU(请求/应答单元)等。

message verification 报文校验 对报文全部或特定部分的有效性的确认,如果接收方认为所接收到的正文并非报文始发者想要发送的内容,则整个报文的校验要求重发整个报文,部分报文的校验仅要求重发可疑部分。

message waiting indication 消息等待指示灯 PBX(专用交换分机)的一个指示灯,告诉用户何时有新消息到来。参见 private branch exchange (PBX)。

messaging application program interface (MAPI) 通信应用程序接口 一种微软的信息传递应用程序接口标准,用以保证信息传递应用程序独立于系统类型,是 WOSA(Windows 开放式服务体系结构)的一部分,提供客户机接口和服务器接口。它能为开发人员提供利用消息的服务,允许应用程序使用一致性的接口来与有关的子系统进行通信,这些子系统包括那些处理电子邮件的信息、声音邮件以及传真数据的子系统。提供的一个应用程序接口,能够使不同的电子邮件应用程序(要求是可以提供 MAPI 接口的)一起协调工作。有两种不同的 MAPI,早期的一种是用 C 语言编写的,基于 MicrosoftMail(微软邮件程序)的 MAPI,而现在的 MAPI 则是指"simple MAPI"(简单 MAPI),也称扩展 MAPI(XMAPI),它既包括了与早期软件相兼容的接口,又可以用于对象连接与嵌入技术。参见 simple MAPI,extended MAPI (XMAPI)。

messaging service 报文传送业务 在综合业务数字网(ISDN)中,借助于存储转发、电子邮件或报文处理功能在用户间提供信息交换的一种交互式电信业务。

messenger service 信使服务 在 LAN Manager 网络软件中,一个允许消息别名接收局部网络用户消息的服务程序,这个服务程序也可在文件中存储消息。参见 message alias,services。

metaassembler 元汇编程序 可提供其他汇编程序共性规则和个性规则的汇编程序。各种不同类型计算机的汇编程序有许多相同之处，诸如组织符号表、计算表达式(某些汇编程序无此功能)以及从一些符号字段生成二进制字符等。这种汇编程序与常规汇编程序的不同之处在于，它能借助于对一个特定机器描述的汇编规则，提供具有上述共同功能的系统。它接收这种描述之后，仍起常规汇编程序的作用。

metabolomics 代谢学 代谢学是一门新兴的学科，涉及到在特定时间和特定条件下对有机体分子中的代谢物(如糖和脂肪)定量测量与分析。代谢学的范畴覆盖了生物学、化学、数学和计算机科学。

metacharacter 元字符 (1)嵌入到程序源代码或数据流中的携带其他字符信息的字符，本身并不代表一个字符，如在C语言中使用的反斜杠(\)，表示后继字符是一个转义字符。(2)对其他相关字符起控制作用的字符，如在交互语言中，从终端打入的表示结束的字符可用来控制输入字符串的结束，而其本身并不是输入字符。又如，算术表达式中的定义符具有词法分析的控制作用，用来区分表达式中的各操作对象。

metaclass 元类 (1)类的类。在面向对象语言中，指用来描述其他类的类。如在Smalltalk中，每一个类都伴有一个元类，该类是它的元类的例示。所有元类是Metaclass的例示，而元类是它自身的例示。Class是一个抽象超类，它是除元类之外，所有类的超类。元类和超类都是系统提供的。(2)在AIXwindows程序和增强X-Windows中的一个对象类，它不事例化窗口部件，但能够在下层子类型中传递唯一的继承资源子类集。每一个窗口部件子类具有该子类共同的特征，并向其子类提供新的特征。这些子类如按钮、菜单区域等。

metacode 元代码 一种用来描述其他代码的代码。

metacognition 元认识 智能系统思考或回顾自身思维过程的能力。即关于认识的认识，它是认识自身的认识过程。

metacompiler 元编译程序 用于支持构造编译程序的翻译程序或解释程序。用它可编写其他的编译程序。这种编译程序通常是面向句法的，不能用于编写通用程序。

meta-computer 元计算机 以网络为宿主，选择单台计算机的内存、CPU及外部存储器资源而实现的一个计算机系统。根据元计算机的概念，将有可能利用低成本的台式计算机和ATM(异步传输模式)网络的功能，取代巨型计算机或大规模并行机，使拥有大量分布数据的机构从这项技术中受益。但是元计算机发展的一个重要制约因素是系统开销比较大，特别是CPU，它将许多工作时间消耗在来往传送信息上。

meta-control 元控制 利用元知识控制推理。首先将元知识显式表示构成元知识库，元推理机利用元知识引导目标推理机对问题的求解。采用元控制，可以根据不同的问题选择不同的推理策略。

metadata 元数据 描述数据的性质或特征的数据。也就是通常所说的关于数据的数据，描述性是元数据的根本特征。只有当用数据描述其他对象时所用的数据才称之为元数据，元数据的出现需要特定环境、特定目的和一定的语境。当一个元数据脱离它的语境时就不再是元数据了，但还是数据。元数据的主要作用是建立数据文档，提供有关数据生产单位数据存储、数据分类、数据内容、数据质量、数据交换网络及数据销售等方面的信息，便于数据生产单位有效地管理和维护数据。

metadatabase of resource information 资源信息元数据库 存储资源信息元数据的数据库，其目的是便于计算机管理。

metadata registries (MDR) 元数据注册 元数据注册是注册管理元数据的系统，它主要用于解决数据语义、数据表示和数据描述的注册，通过数据描述可以获取对数据语义的正确理解和对数据有用的信息。元数据注册需要实现标识、数据源和质量三个目标。

metadata standard of resource information 资源信息元数据标准 编制资源信息元数据时必须遵循的规则，它是数据生产者和用户在处理元数据的交换、数据共享和数据管理等诸多问题时的共同语言。参见resource information metadata。

metafile 中介文件，元文件，图元文件 (1)一个包含或定义其他文件的文件。许多操作系统使用元文件来包含给定设备中其他文件的目录信息。(2)用于存储图形数据的一种与设备无关的"标准"文件，其目的是为了在不同系统之间传递和交换系统所生成的图形数据。(3)由一系列存储图像数据的与设备无关的数据结构组成，有两种文件格式：视窗格式和增强格式。

metafile bits 图元文件位 图元文件的二进制表示，数据位中包括头、可选的调色板、可选的关于图元文件内容的文本描述以及图元文件记录。

metafile descriptor (MD) 元文件描述符 计算机图形元文件(CGM)中一组描述元文件说明、数据类型、数据精度、颜色索引值范围、字符集表、字体表、元文件缺省值等内容的元文件元素。

metafile device-context 图元文件设备上下文 微软视窗中的一种设备上下文，用于图元文件操作。

metafile generator 元文件生成程序 在图形核心系统(GKS)中，把GKS函数或其他图形系统语句翻译成相应元文件的记录格式，并输入到外部文件中形成图形文件的功能程序。

metafile interpreter 元文件解释程序 通过GKS(图形核心系统)或其他图形系统，把由GKS或其他图形标准产生的存储图形数据的元文件，以元文件记录为单位逐位读入内存，并翻译成相应的GKS函数或其他图形系统函数的过程。有时也称“元文件解释器”。与此相反，元文件生成程序的功能是把GKS函数或其他图形系统语句译成相应元文件的记录格式，输入到外部文件中以形成图形元文件。有时也称“元文件产生器”。

metafile record **图元文件记录** 一个可变长度的数据结构，一般代表建立存储在图元文件中图像的GDI(图形设备接口)函数调用。

metafile translator software **元文件翻译软件** 一个标准的一次性处理软件，它把元文件图像绘制到系统的图形设备上。元文件翻译软件的主要任务就是把独立于设备的元文件命令转换成能被目标图形设备所理解的命令。复杂一点的元文件翻译软件允许用户根据应用程序的需要而定位、按比例绘制、剪裁或把多个元文件图像叠加到一个图形设备上。

meta grammar **元语法** 可以用来生成一个语法的一组元规则的集合。通过元规则来揭示语法中规则之间存在的规律。

meta-heuristics **元启发式** 关于启发式的启发式。将人工智能中的启发式搜索也看作为一个知识领域进行搜索，发现新的启发式或者修改现有的启发式。

meta-implementation **元实现过程** 在系统网络体系结构中，按类似于一个体系结构实际实现的形式进行的体系结构描述或设计描述。例如，人们用程序设计语言确定一个用人工或机器执行的模型，该模型遵循体系结构法则，因此，也就定义了这些法则。

meta-knowledge **元知识** 关于知识的知识，也称“超知识”。例如，关于某特定话题的知识量和知识源、某信息的可靠性、某种知识对某具体问题的重要性等。元知识在计算机进行的推理控制中得到重要应用。参见 knowledge。

meta-knowledge system **元知识系统** 一种由元级系统和目标级系统组合而成的两级系统。元级系统包括元知识库和元推理机，目标级系统包括目标知识库和目标推理机。元级系统组织利用元知识进行高层推理、指导目标级系统的运行，目标级系统完成具体问题的求解。

metalanguage **元语言** 一种用来描述另一种语言或其他多种语言的语言。被描述的语言称为对象语言，如在学习英语时常常用汉语来描述其语法规则。在这里英语是对象语言，而汉语则是元语言。在计算机软件里通常是用巴科斯范式来描写算法语言的语法，所用的巴科斯范式即称算法语言的元语言。当用其描写语法时，常采用以下符号：

符号	意义
::=	定义为
〈 〉	生成项
|	或

例如一个语言的数字可定义为：

〈数字〉::=0|1|2|3|4|5|6|7|8|9。

整数可定义为：

〈整数〉::=〈数字〉|〈整数〉〈数字〉。

metal core printed board **金属芯印制板** 用金属芯基材制成的印制板。

metal detection door **金属探测门** 同 security door。

metal-ferroelectric-semiconductor field effect transistor (MFSFET) **铁电场效应晶体管** 也称“铁电介质栅极场效应晶体管”，它是在MOSFET(金属氧化物半导体场效应晶体管)的基础上，把栅极绝缘材料更换为高介电常数的铁电材料，从而增大器件的电流，增强器件的驱动能力，使工作速度提高，得以实现超高速的集成电路。参见 metal-oxide semiconductor field-effect transistor (MOSFET)。

metal-film resistor **金属膜电阻器** 金属的、金属氧化物的或合金的膜涂敷在绝缘基材上形成积分电路或不连续的电阻而制成的电阻器。

metal foil capacitor **金属箔电容器** 电极为金属箔的电容器。

metal-glaze resistor **金属釉电阻器** 一种厚膜电阻器。制作方法是将细小的金属颗粒和粉状玻璃混合后，通过浸渍、刷或喷涂在陶瓷基片上然后烧制得到釉。通过在上面研磨出螺旋沟槽，可以调节和增加电阻值。

metalinear language **元线性语言** 一种可由有限次转折下推自动机接收的语言。该语言类对集合的并、与正则集的交、并置、同态和逆同态运算封闭，它包含了线性语言类。

metalinguistic **元语言(符号)** 描述元语言的符号。例如，BNF(巴科斯范式)表达式中的尖括号，它们不是被定义语言的某一部分。

metalinguistic bracket **元语言括号** 用来说明算法中语法的元语言公式中的括号。一般用尖括号“〈 〉”表示。

metalinguistic connective **元语言连接词** 算法语言中元语言公式所用的一种符号，如符号“|”表示“或”。参见 metalanguage。

metalinguistic formula **元语言公式** 算法语言中用来说明语法的公式。一般包括元语言变量、元语言连接词及其他符号。公式左边是一元语言变量，右边是元语言变量和元语言连接词及其他符号。若公式中出现的既不是元语言变量也不是元语言连接词，则表示其自身。若公式右边没有元语言连

接词"|",则符号::=左边的元语言变量值就代表右边的那个项目。若右边有元语言连接词,则该值就代表由连接词分开的符号列中的任意一个。

metalinguistic variable 元语言变量 元语言公式的尖括号"〈 〉"中的字符序列。

metal-insulator semiconductor (MIS) 金属绝缘体半导体 一种半导体结构,在制作金属接点图形之前,在半导体基片上沉积一层通常只有几分之一微米厚的绝缘层,它可以在半导体材料表面上形成场效应区域。MIS的应用有电容器、二极管、场效应晶体管、发光二极管、微带器件、变容二极管和其他半导体器件。

metallic bond 金属键 使金属原子结合成金属的相互作用。金属原子的电离能低,容易失去电子而形成正离子和自由电子,正离子整体共同吸引自由电子而结合在一起。金属键可看作高度离域的共价键,但没有饱和性和方向性。金属键的显著特征是成键电子可在整个聚集体中流动,这使金属呈现出特有的属性:良好的导热性和导电性、高的热容和熵值、延展性和金属光泽等。

metallic circuit 金属线路 一种使用了金属导体的电路。

metallic circuit current 金属线路电流 一种流动于一金属线路中的电流。当电路包含一对导线时,在其中一根导线中按某一方向流动,在另一根导线中按相反方向流动。参见 metallic circuit。

metallic insulator 金属绝缘体 一个四分之一波长短路传输线段,在对应于其四分之一波长的频率呈现极高的阻抗,它也可以用作机械支撑。

metallicity 金属性 也称"金属活动性",指元素的原子失去电子的能力。对于主族元素来说,同周期元素随着原子序数的递增,原子核电荷数逐渐增大,而电子层数却没有变化,因此原子核对核外电子的引力逐渐增强,随原子半径逐渐减小,原子失电子能力逐渐降低,元素金属性逐渐减弱;而原子得电子能力逐渐增强,元素非金属性逐渐增强。

metallic short 金属性短路 两种不同电位导体相接触而短路。金属性短路是导线各相之间没经过任何电阻或负荷性电气设备直接接在一起,其特点阻抗特小,短路电流特大。

metallic voltage 金属电压 金属导体间的电压,与金属导体和地之间的电压相对立。

metallized capacitor 金属化电容器 电极为沉积于电介质上的金属层的一种电容器。

metallized resistor 金属化电阻器 由在玻璃、陶瓷棒或管子表面涂敷高阻抗金属薄膜而做成的电阻器。

metal-nitride-oxide semiconductor (MNOS) 金属氮化物氧化物半导体 具有双绝缘层的半导体结构(取代了在金属氧化物半导体结构中常见的二氧化硅栅绝缘层)。通常是一层二氧化硅(SiO_2)紧贴着硅基片,再用一层氮化硅(Si_3N_4)覆盖在上面。双绝缘层存储电荷的能力使得它在存储晶体管阵列、电容器和其他半导体器件中非常有用。

meta-logic 元逻辑 用于研究逻辑系统的逻辑法则,为了区别作为对象的逻辑系统而取此名。例如,通常用于研究模糊逻辑的元逻辑是二值逻辑。

metal oxide film resistor 金属氧化膜电阻器 在绝缘棒上沉积一层金属氧化物。由于其本身即是氧化物,所以高温下稳定,耐热冲击,负载能力强。

metal-oxide semiconductor (MOS) 金属氧化物半导体 基于某些金属氧化物(如锗氧化物和硅氧化物)的绝缘性的半导体材料。MOS(金属氧化物半导体)广泛用于分立元件和集成电路中。

metal-oxide semiconductor field-effect transistor (MOSFET) 金属氧化物半导体场效应晶体管 使用金属氧化物层来使门与导电沟道绝缘的场效应晶体管。它的输入阻抗极高,容易做成高元件密度、高速和低能耗的集成电路。参见 MOS memory, negative-channel metal oxide semiconductor (NMOS), positive-channel metal oxide semiconductor (PMOS)。

metal-oxide semiconductor (MOS) memory 金属氧化物半导体存储器 用金属氧化物半导体(MOS)集成电路制作成的存储器。MOS存储器具有集成度高、功耗小、成本低、工艺简单等优点,缺点是速度较低。

metal-oxide silicon device 金属氧化物硅器件 以金属氧化物(如二氧化硅)为绝缘层的二极管、电容器或其他半导体器件。

metal-oxide varistor (MOV) 金属氧化物变阻器 也称"金属氧化物压敏电阻器"。一种可变电阻器,用来保护交流电路不受瞬态尖峰信号或过压的损害。用氧化锌成型后在炉内烧成一个整体。MOV具有显著的非线性特性,能够在电路受到过电压、过电流冲击之时,抑制过电压,分走过电流,起到保护电路的作用。MOV等效于两个背靠背的齐纳二极管,可以封装成带放射状引线的盘状或带终端接线柱的块状。

metal semiconductor field-effect transistor (MESFET) 金属半导体场效应晶体管 金属栅极直接在半导体沟道上形成的场效应晶体管,实际上是一个肖特基二极管;它与MOSFET(金属氧化物半导体场效应晶体管)不同,后者的栅极由绝缘的氧化物层与其沟道相隔离。它由砷化镓(GaAs)或磷化铟(InP)制成。参见 metal-oxide semiconductor field-effect transistor (MOSFET)。

metal-tank mercury-arc rectifier 金属箱汞弧整流器 一种阳极和汞阴极都封闭在金属容器或小盒里的汞弧整流器。

metamagnetism 变磁性 外加一个适当的磁场使反铁磁性物质转变成铁磁性物质的现象。

M

metamathematics 元数学 也称"证明论"。它的研究对象是数学证明本身。希尔伯特首先强调了它的重要性。这个理论很早已在数学中使用,且对数学系统的相容性证明是非常有用的。

metameta language 元元语言 用来描述元语言的语言。

meta model 元模型 元模型是用来描述模型的模型。元模型的实例则称为元数据,用来描述模型,元数据与模型等价,根据元数据可以创建模型。

M

metanetwork 元网络,超越网络 自己不建立通信信道,依靠其他网络提供的信道,在其上统一增加网络协议所形成的计算机网络。

meta-rule 元规则 一种描述规则使用的条件、顺序和方式的规则。也就是关于规则的规则。也称"超规划"。

metaschema 元模式,总体模式 描述和定义数据库内容和结构的一组数据。

metasignaling 元信令 在ATM(异步传输模式)网络中,管理不同类型的信令和半永久虚拟通道的ATM层管理过程。

metasymbol 元符号 用于描述语言的语法所用的元语言自身使用的符号,如常用的BNF(巴科斯范式)的::=,|,等。

meta-synthetic engineering 综合集成(工程)技术 也称"从定性到定量的综合集成技术"。思维科学的一项应用技术,主要由钱学森、戴汝为等在研究处理开放的复杂巨系统中提炼出来的。在研究这一个系统时,由于定量方法的理论不成熟,纯定量模型脱离实际较远,需要采用大量的经验性判断,充分利用专家的形象思维和直觉,并采用计算机技术对这些定性的方法进行综合,形成定量方法。因此,综合集成技术就是借助现代计算机技术把专家群体、数据和各种信息与计算技术有机结合进来,把各种学科的科学理论和人的知识结合起来,形成人机统一的工作环境,充分发挥整体优势和综合优势。在这个人机环境中,计算机不断地获取专家的经验判断,以获得计算机目前不能实现的直觉和形象思维产生的结论;同时计算机采用适当的计算技术综合这些经验判断,并上升到定量方法。一般来说,智能问题大多是结构不良,因此,综合集成过程必然是一个带反馈的循环过程。综合集成和知识工程也并不是相互独立的,综合集成技术的发展会启发和诱导知识工程的研究,研制综合各种模型的知识系统也会有力地支持从定性到定量的综合集成技术。

metatheorem 元定理 在讨论某一理论系统(对象理论)时所得到的一些事实。它不是这一理论系统里的定理,但可以是讨论这一理论系统诸定理的定理。例如关于一阶谓词演算系统有重要的元定理—演绎定理。它确认,$A \rightarrow B$是由Γ可演绎的,当且仅当B是由$\Gamma \cup \{A\}$可演绎的。

meta-theory 元理论 (1)采用分层理论的办法,把理论分为两层,一层是需要证明其相容性的那个系统,称为对象理论;另一层是作为证明工具的那个系统,称为元理论。元理论必须简单清晰,正确可靠,没有任何疑问。(2)用元语言表达的关于对象系统研究结果(元定理)的总体。参见metatheorem。

meta variable 元变量 (1)一种元级设施,或者元变量设施。它允许头部谓词中的变元,又出现在体中谓词符号的位置,或者出现在单个谓词的位置,或者出现在体的尾部。这种设施称为元变量设施。引入元变量,使其能处理某些高阶谓词演算。(2)描述计算机中所用的一种元素,用于构成某种语言形式的基本成分,如在算术表达式的语法中的元变量是常数、变量和运算符等。

meteor burst communications (MBC) 流星突发通信 通过电离的流星余迹反射传播无线电信号而进行的通信。进入地球大气层的流星,被地球引力场捕获,具有产生电离的碰撞能,形成长而细的抛物体余迹,可用来传播无线电波。

meteoric scatter 流星散射 一种散射传播形式,其中流星余迹将无线电波散射回地球。使用两个相反方向工作的无线电链路。在其中一条链路上传输的任何信息在另一条链路上被送回,因此发送者可以检验接收是否令人满意。根据流星的大小和路线,发送可以持续几分之一分钟到几分钟的时间。

meteoric trail communication 流星余迹通信 利用流星在大气层形成电离痕迹反射或散射电波而达成的无线电通信。流星在掠过空中时会发出大量的光和热,它会使周围的气体电离,并很快扩散形成以流星轨迹为中心的柱状电离云,这种电离云具有反射无线电波的特性。这就是所谓的"流星余迹"。流星余迹通信常用的波段为30 ~ 100 MHz。同meteor burst communications (MBC)。

meteoric trail radio wave scattering 流星余迹电波散射 以流星在大气层中形成的电离余迹作为散射体而实现的电波散射传播。流星余迹散射的主要应用是瞬间快速通信和水文、气象等遥测数据的传输。其优点是传输距离远、隐蔽和可靠,但平均容量较小。

meteorological satellite earth station 气象卫星地球站 一种从事气象卫星服务的地球站。

meteorological satellite service 气象卫星业务 (1)一种用于气象目的的地球勘测卫星业务。(2)在卫星通信中,一种遥测空间业务,其中气象观测的结果,由地球卫星上的设备得出,观测结果通过卫星上的空间站发送到地球站上。

meteorological satellite space station 气象卫星空间站 一种遥测空间站:①进行气象卫星业务,②位于一地球卫星之上。

meter (m) 米 长度单位,等于1.0936码(yard)或

3.2808 英尺(feet)。

metering pulse 计费脉冲 一种在电话线路上周期性发送的以确定呼叫持续时间和电话费的脉冲,通过计算这样的脉冲的数目即可得出通话费用。

method and model supported DSS 提供方法和模型支持的决策支持系统 除了提供数据支持外,还从方法和模型的角度来辅助决策者进行决策的决策支持系统。

method base 方法库 具有特定功能的模块化程序单位的可扩充集合,由代码库、源库、说明库和分类库组成,用于对数据库的数据提供分析手段,为模型提供方法上的支持。方法库的特色在于设计时就预先考虑到要给用户提供尽可能多的帮助。

method-based environments 基于方法的环境 一种软件开发环境。这种环境支持一种特定的软件开发方法。这些方法可分为两类:①支持软件开发周期特定阶段的;②管理开发过程的。前者包括规格说明、设计、确认、验证和重用。方法不同,形式化的程序有很大不同,从非形式化到准形式化到形式化。后者又可细分为两个部分:支持产品管理与支持开发和维护产品的过程管理。产品管理包括版本、配置和投放管理。开发过程的管理包括项目计划和控制、任务管理、通信管理及加工过程建模。参见 software development environment (SDE)。

method base system 方法库系统 由方法库和方法库管理系统构成的系统。参见 method base, method base management system。

method caching 方法隐藏 (1)方法的优化方法,通过它可查到方法的地址,先将操作应用于类中一个对象,然后将它存储到一个表中并入该类。(2)将一个对象上的操作与适用于该对象类上的方法相匹配的过程。

method of false position 试位法 求非线性方程根的一类方法。若在求根迭代 $x_{n+1}=\varphi(x_n, x_{n-k})$ 的过程中,所选用的 x_n 和 x_{n-k} 使

$$f(x_n)f(x_{n-k})\leqslant 0$$

总保持成立,则这类迭代称为试位法。

method of fractional steps 分步法 一种过渡计算方法。其方法是:当已知定常方程解的前几次迭代值或非定常方程前几步的解后,下一次迭代值或下一步的解可由前几次迭代值或前几步的解通过若干次中间过渡计算来得到。

method of revolution surface 旋转面法 由一条二维曲线围绕一根轴旋转生成曲面的方法。旋转面法是生成对称于垂直轴的一类物体(如瓶子、玻璃杯等)的有效方法。

method of state space 状态空间法 从问题的初始状态开始,不断地应用规则或算符,从一个状态改变为另一个状态,最后达到问题的目标状态为止。这种问题求解过程称为状态空间法。

method of three bending moments 三弯矩法 计算三次样条插值函数 M 表达式的方法。在该方法中出现了节点上二阶导数值 M_i 所满足的线性方程组。在力学上,M_i 可解释为细梁在 xi 截面处的弯矩,且它只与相邻两截面的弯矩有关,故这种算法称为三弯矩法。

method of three turning angles 三转角法 计算三次样条插值函数 m 表达式的方法。在该方法中出现了节点上的一阶导数值 m_i 所满足的线性方程组。在力学上,m_i 可解释为细梁在 x_i 截面处的转角,且它只与相邻两截面的转角有关,故这种算法称为三转角法。

method of transition matrices (状态)转移矩阵法 编译程序中常用的一种编译、检查方法。它将源程序按一定的语法规则排成包含有关状态的矩阵。对于任一当前状态 Ai 与源程序当前被读出的符号 X_i,对应着状态矩阵中一个状态元素 M_{ij}。若 M_{ij} 为零,则表示源程序语法出错;若非零,则表示源程序合乎语法和要做的动作以及下一次可取的状态。该方法具有编译速度快的特点。

methodology of resource informatics 资源信息学方法论 运用资源信息学的观点,把资源学研究的对象看作是一个资源信息流动的系统,通过对信息流程的分析和处理,达到对资源学研究对象运动规律认识的一种科学方法。

metre 米 同 meter。

metric quad flat package (MQFP) 公制四侧扁平封装 按照 JEDEC(电子设备工程联合委员会)标准对 QFP(四侧引脚扁平封装)进行的一种分类。指引脚中心距为 0.65 mm、本体厚度为 3.8 ~ 2.0 mm 的标准 QFP。参见 quad flat package (QFP)。

metric system 米制,公制 一种基于米、千克和秒(即 MKS)制的重量和测量的十进制。

metric wave 米波 一种电磁波,其波长介于 1 ~ 10 m 之间,即具有处于下列范围的频率:从 30 ~ 300 MHz。

Metro Ethernet Forum (MEF) 城域以太网论坛 一个专注于解决城域以太网技术问题的非盈利性组织。MEF 主要从四个方面开展技术工作:城域以太网的架构、城域以太网提供的业务、城域以太网的保护和 QoS、城域以太网的管理。MEF 的目的是要将以太网技术作为交换技术和传输技术广泛应用于城域网建设。

metro mirror 城域镜像 城域镜像模式允许在相距 10 km 之内的主系统和辅助系统之间建立同步镜像。每一服务器写命令在向本地主逻辑驱动器进行一次写操作的同时,也向辅助逻辑驱动器执行一次写操作。当确认主系统和辅助系统都完成了写操作以后,才会向发出写命令的主机服务器返回写完成指示。城域镜像旨在提供最高形式的保护,主卷和辅助卷都能够保持最近更新的状态,但执行远程写入的固有延迟可能会导致应用性能的下降。

参见 global mirror。

metropolitan area network (MAN) 城域网 地理范围约在 10 ～ 50 km 的计算机网络，其特性接近于局域网，但误码率和传输延迟时间较局域网稍高。它可以为一个单位所有，但通常为几个单位公用，也可以作为一个地区的公共设施使用。参见 local area network (LAN)，switched multimegabit data service，wide area network (WAN)。

metropolitan area transport network 城域传送网 承载城域范围内的固定、移动和数据等多种业务的基础传送网络。

metropolitan broadband telecommunication network 城市宽带电信网 覆盖城市及其郊区的、宽带的电信网。城市宽带电信网是由若干节点和连接节点的链路构成，能支持高速数据、多媒体等业务，并能支持多种通信协议的新一代公用电信网。城市宽带电信网以一个物理媒质网为基础，该物理媒质网定界在一个城市和郊区的光缆网上组建的传输网，即"城市传输网"。参见 metropolitan transmission network。

metropolitan broadband network 城市宽带网 配置在一个城市地域内(包括市区、郊区和辖区)的宽带网。

metropolitan transmission network 城市传输网 配置在一个城市地域内(包括市区、郊区和辖区)的传输网。它是支持一个城市地域内的各种业务网的传输平台。不推荐使用术语"城域传输网"以避免和城域网混淆；不推荐使用术语"本地传输网"以避免和本地电话网混淆。

MF 匹配滤波器 matched filter 的缩写。

MFC (1)微软基础类库 Microsoft foundation classes 的缩写。(2)多功能一体机 multifunction center 的缩写。

MFD 多功能一体机 multifunction device 的缩写。

MFDD 微型软盘机 microfloppy disk drive 的缩写。

MFLD 报文[信息]字段[区] message filed 的缩写。

MFLOPS 每秒百万次浮点运算 million floating-point operations per second 的缩写。

MFM 改进(型)调频制 modified frequency modulation 的缩写。

MFN 多频网 multiple frequency network 的缩写。

MFP 多功能一体机 multifunction peripheral、multifunction product 或 multifunction printer 的缩写。其英文也称为 multifunction device (MFD)、multifunction center (MFC)。

MFR (1)改进型频率记录 modified frequency recording 的缩写。(2)多频接收机 multifrequency receiver 的缩写。

MFS 报文格式服务 message format service 的缩写。

MFS dynamic directory 报文格式服务动态目录 在某些信息管理系统中，当在某些操作系统控制下运行联机信息管理系统控制程序以管理存储在扩充的专用存储器中的格式控制块时，由联机信息管理系统控制程序使用的一种目录。

MFSFET 铁电场效应晶体管 metal-ferroelectric-semiconductor field effect transistor 的缩写。

MFSK 多进制频移键控 multiple frequency shift keying 的缩写。

mg 毫克 milligram 的符号。

MG 媒体网关 media gateway 的缩写。

MGA 单色图形适配器 monographic adapter 的缩写。

MGC 媒体网关控制器 media gateway control 的缩写。

MGCP 媒体网关控制协议 media gateway control protocol 的缩写。

MGD 金属氧化物半导体门电路驱动器 MOS gate driver 的缩写。

MH (1)磁头 magnetic head 的缩写。(2)报头，报文首部(标题)message header 的缩写。(3)消息处理 message handing 的缩写。

mH 毫亨 millihenry 的符号。

MHEG 多媒体和超媒体信息代码专家组 multimedia and hypermedia information coding experts group 的缩写。

MHPW 多跳伪线 multi hop pseudo wire 的缩写。

MHS (1)消息处理服务 message handling service 的缩写。(2)报文处理系统 message handling system 的缩写。

MHz 兆赫(兹) megahertz 的缩写。

MI (1)机器接口 machine interface 的缩写。(2)分子智能 molecular intelligence 的缩写。(3)管理信息 management information 的缩写。

MIB 管理信息库 management information base 的缩写。

MIB attribute 管理信息库属性 在计算机网络中，关于配置、管理或统计信息的属性。

MIB object 管理信息库对象 在计算机网络中，可用于配置、管理或分析实体操作特性的一系列属性。

MIC (1)链中间单元 middle-in-chain 的缩写。(2)报文标识码 message identification code 的缩写。(3)微波集成电路 microwave integrated circuit 的缩写。(4)单片集成电路 monolithic integrated circuit 的缩写。(5)媒体接口连接 medium interface connector 的缩写。(6)管理信息目录 management information catalogue 的缩写。

MICE 管理信息控制和交换 management information control and exchange 的缩写。

Michelson fiber optic sensor 迈克尔逊光纤传感器 一种高分辨力干涉仪传感器,其中一束电磁波(如单色光)分成两束,一束从固定反射镜反射回来,经过分束器到光电检测器,另一束直接经过分束器到可动反射镜,再反射回分束器,然后被分束器反射到同一光电检测器;两束波会相互增强或抵消,从而在光电检测器上根据输入信号,它以可动反射镜位移的形式出现,调制辐射度,即光强。可动反射镜位移可能是由声波或压力、应变或温度变化引起的;如果使用光纤,则光纤端面构成反射面;一端相对于另一端的移动产生与移动反射镜相同的效果。

mickey 米鼠 米鼠是计量鼠标运动速度和方向的单位。鼠标的速度是游标在屏幕上经过了多少像素与鼠标在鼠标垫上移动了多少厘米之比。一个米鼠大约为两百分之一英寸。

MICR 磁性墨水字符识别 magnetic ink character recognition 的缩写。

micro 微(型的) (1)来源于希腊语的前缀,意指小。数学中用来表示百万分之一,即 10^{-6},常用前缀符号 μ 表示。(2)通常用来表示一个很小的量(如在缩微胶片或微处理中经常使用)。(3)常用作微型计算机(microcomputer)的缩写。

microampere 微安 一百万分之一安培(10^{-6} A)。符号为 μA。

microarchitecture 微体系结构,微观系统结构 (1)计算机总体结构中包含微程序设计组织部分的体系结构。(2)计算系统结构中可对程序员透明的部分特征。

microassembler 微汇编程序 一种能将符号微程序翻译成微程序指令代码的编译程序。

Micro ATX Micro ATX 架构 Intel 公司的 PC 机主板架构标准。是依据 ATX 规格所改进而成的一种新标准,它是一款更加节省成本的设计:①高性能 AGP(图形加速端口)接口;②结构更小的主板尺寸;由 ATX 的 9.6×12(英寸)变成了 9.6×9.6(英寸)。③功率更小的电源;只需 90 W 就够了,而原来 ATX 需要 200 W。④更小的机箱尺寸;由原来 ATX 的 17×18×8(英寸)变成了 12 ~ 14×13×8(英寸)。但是 Micro ATX 主机板上可以使用的 I/O 扩充槽也相对减少了,它支持最多四个扩充槽。Micro ATX 主机板可以使用 ATX 机箱与电源。

micro ball grid array package (MBGA) 微型球栅阵列封装 一种芯片封装技术。MBGA 的外形呈正方形,内存颗粒的实际占用面积比较小。由于采用这种封装方式内存颗粒的针角都在芯片下部,连接短,电气性能好,也不易受干扰,故能够带来更好的散热及超频性能。参见 ball grid array (BGA)。

microbend 微弯 在光波导(如一根光纤)中,微弯是由在光纤芯线轴向上几个微米的位移或光轴方向上波长最大可达几毫米的波浪形引起的尖锐的弯曲。微弯会引起光功率的损耗。微弯通常是在成缆、或在线轴上缠光纤、在卷轴上缠绕光纤、布缆、包装和安装时引起的。

microbending 微折射 在光纤系统中,由微观弯曲或错位而导致的曲光现象。对应于 macrobending。

microbending loss 微弯损耗 同 microbend loss。

microbend loss 微弯损耗 在光纤系统中,由微弯(即在光纤轴向在芯线包层界面或两者上的小弯曲、纽结或突然不连续)引起的光功率的损耗,微弯通常是在成缆或在线轴上缠光纤和在卷轴上缠绕光纤引起的。同 microbending loss。参见 core, cladding, critical angle, curvature loss, micro bend, total internal reflection。

microbend sensor 微弯传感器 一种光纤传感器,它让光纤通过两块带齿的板,将力加在板上使之挤压光纤造成在光纤中产生微弯。在光纤中传播的电磁波(如光波)在弯曲处产生泄漏,随着加到板上压力的增加泄漏也增加,即进入包层的光增加引起主光束的衰落变得更多,此时用光检测器检测出射光,会发觉其输出随压力的增加而减少。传感器的输出信号为外加的力或压力的函数。

microbiological cell 微生物电池 一种由微生物组成的电池,其原理是当微生物使糖类发酵所产生的氢和甲酸等被氧化时会产生电流。

micro blog 微博(客) 微博是一个基于用户关系的信息分享、传播以及获取平台,用户可以通过 Web、手机、即时通信软件(gtalk、MSN、QQ、Skype 等)向微博发布消息并实现即时分享。微博与博客的最大区别是"微",所能发布信息的大小与手机短信容量相当(约 140 字)。参见 blogger, podcaster, Twitter。

microcard 缩微卡片 一种不透明的卡片。缩微出版物用照相的方法以许多行和许多列的形式复制到卡片上。这种卡片像一张缩微胶片,但是有其正面印刷的图像。

microcassette 微型盒式磁带机 某些电子会计计算机中用的一种小型盒式磁带,用于存储程序和信息,如存储名字、地址和用户会计账目。它最少有 64 KB 的存储量。这是一种比卡型盒式磁带更小的微型盒式磁带。

microcavity laser 微腔激光器 谐振腔尺度在光波波长量级的激光器。它具有低阈值、高转化效率、高速调制等特点。目前,其主要结构、形式有垂直腔面发射激光器和微盘激光器。这种激光器比传统的半导体激光器有明显的优越性，在光集成、光互联、光神经网络以及光通信等方面有着广泛的应用前景。

micro cellular data network (MCDN) 微蜂窝数据通信网 一种通信网络，采用扩频异步跳频系统，通过网状的智能网络基站传送数据包，利用无需申请许可的频段 902 ～ 928 MHz 随机选择信道发送数据，用户可用便携式调制解调器与各种 PC 机和 PDA(个人数字助理)连接，便能与本地网、国家网和国际网双向传递语言、文字、图形等多媒体信息。

micro channel 微通道 IBM PS/2 个人计算机系列的总线。它与 XT 机和 AT 机的总线不同，微通道允许计算机进行多处理，即两个或多个微处理器可同时完成数据处理。另外，插入微通道的插板不需要像 XT 和 AT 插板那样进行人工开关设置，这是因为板内有可识别通道功能的内部标识。PS/2 的软件可确定它们的功能并建立起操作系统，因此它们之间不会发生冲突。微通道插板不能与 PC 系列插板互换。

micro channel architecture (MCA) bus 微通道结构总线 IBM 公司于 1987 年推出它的 PS/2 微型计算机时采用的用作信息传送的通路。MCA 是具有 32 位字长的高性能微型计算机总线。MCA 支持两类插槽。16 位插槽支持 8、16 位数据传送和 32 位地址线(4 GB)。MCA 最初版本的最大数据传输速度为 20 MBps，16 位时为 10 MBps，而第二版的速度几乎是初版的两倍。设计 MCA 的目的是代替老的 AT 总线，但由于 MCA 总线与 AT 总线不兼容，IBM 的九个竞争厂商联合设计了 EISA(扩展的工业标准体系结构)总线作为 MCA 的替代产品。参见 extended industry standard architecture (EISA) bus。

microchip 微型芯片 一种很小的片状半导体材料，通常是硅材料，其上有微形电子电路。参见 microprocessor。

microcircuit 微电路 微型化的电子线路，如半导体工业中微处理器和其他产品所特有的在锗圆片和硅圆片上蚀刻的电路。微电路由相互连接的三极管、电阻和其他元件构成。与一般电子设备不同，它不是由晶体管和其他元件通过导线连接在一起，而是作为一个整体制造的。同 integrate circuit。

microcode 微(代)码 直接控制处理器如何操作的非常低级的代码，甚至比机器代码的等级还要低。它规定了执行一条机器代码指令时所做的动作。微代码固化于 ROM(只读存储器)，接通电源即可运行。

microcode compaction 微码压缩 减少微码数量、提高微码效率的优化技术。它是固件工程的一项重要内容。微码压缩分为局部微码压缩和全局微码压缩。

microcoding 微码设计 (1)为执行类似于加、减、乘、除那样的“高级”指令，对微指令格式和微指令序列所进行的设计。因为微码设计非常繁琐，所以一般利用计算机来完成。(2)使用微指令进行编程的技术。

microcommand 微命令 (1)以微代码形式发出的命令。其功能是指定在一个基本机器周期内执行一个基本机器操作。(2)微程序中的微指令所发出的控制微操作的命令。一般情况，一条微指令包括若干个微命令，一个微命令对应一个微操作。

MicroCom networking protocol (MNP) MicroCom 连网协议 由美国 MicroCom 公司开发并为许多高速调制解调器所采用的网络通信协议。MNP 将协议分为 10 个级别。MNP-1 至 MNP-4 定义了硬件差错控制，用于监视线路工作情况，并按线路当前质量改变传输速度。MNP-5 定义了数据压缩方法，压缩比为 2∶1，并提供较高的传输吞吐率。MNP-6 是一种通信协议，它以 V. 22bis 开始，可能的时候自动切换到 V. 29，寻求另一端调制解调器的最高传输速度，并按相应速度进行传输。MNP-7 定义了更快的数据压缩方法，压缩比为 3∶1。MNP-8 则在 MNP7 的基础上引入了 V. 29 技术，从而能够使半双工的调制解调器以全双工的方式来工作。MNP-9 则含有一项专利技术，使得在各种链路上都能够获得良好的性能。MNP-10 是一种特别严格的差错控制协议，适用于噪音较大的链路，目前主要用于蜂窝式调制解调器。MNP 现在已成为差错纠正和数据压缩等方面的事实标准。

microcomputer 微型计算机 以微处理器为中央处理器而组成的计算机系统。简称微型机或微机。微型计算机的历史是从 1971 年美国 Intel 公司推出 4004 微处理器开始的，已经广泛用于家电、生活用具和仪器仪表，正在向智能化发展。微型计算机不仅处理数据、文字、图形、图像、语言和声音，还能和通信结合作为网络的终端机。使多台微型机并行工作，可以实现性能价格比高的高性能计算机系统。

microcomputer aided design 微型计算机辅助设计 用微型计算机实现的辅助设计过程。包括机械设计、逻辑电路设计、印刷电路板布线设计和集成电路掩膜版设计等领域。通常均建立有单元模型数据库。

microcomputer aided testing 微型计算机辅助测试 用微型计算机实现的辅助测试过程。被测对象包括数字或模拟信号。主要用在集成电路和微型计算机的生产中。

microcomputer backplane 微型计算机底板 面向总线的一种底板。通常装有 CPU 以及用作存储器和输入输出模块间的高速数据通路。大多数底板的配置允许插入模块。模块有自己的地址，用户可以互换机箱里的存储器模块和输入输出模块。一块典型的底板有多用途的可编址插槽，可供用户插入各种接口模块。

microcomputer-based word processing 微机字处理 利用软件在微机上进行字处理工作。这种软件具有处理上标或下标文字、重新编页号、文件汇编能力和标准化编辑功能。

microcomputer bus 微型计算机总线 微型计算机系统中用来连接系统部件的通信线路。有些微型计算机至少使用三种总线：局部总线、系统内总线和系统间总线。局部总线用来连接微处理器及其支持芯片；系统内总线用于系统和外界的通信；系统间总线用于连接构成微型计算机系统的电路板，其中包括存储器地址线、共享数据线和控制信号线。

microcomputer card cage 微(型计算)机插件盒[箱] 包含微型计算机系统电路插件的一种壳体装置。

microcomputer communication 微型计算机通信 微型计算机内部或其之间的信息交换过程。一般包括以下四种形式：①CPU与存储器间的信息交换过程；②CPU与外部设备间的信息交换过程；③同一个微型计算机网络中的各微型计算机间的信息交换过程；④一个局部网络上的一台微型计算机与另一个局部网络上的一台微型计算机间的信息交换过程。

microcomputer CPU 微型计算机中央处理单元[器] 微型计算机中的中央处理单元(CPU)。系微型计算机的中枢，通常由下列功能部件组成：程序计数器(PC)、指令寄存器(IR)、指令译码及执行逻辑、存储器地址寄存器(MAR)、通用寄存器(GPR)组和算术逻辑单元(ALU)等。

microcomputer development peripherals 微型计算机开发用外围设备 一组能加速微型计算机系统开发的外围设备。微型计算机开发系统将硬件和软件设计工具结合起来，与许多外围设备联用，从而加快软、硬件的开发。这些外围设备包括：磁盘系统、高速输入机、打印机、阴极射线管显示器等。

microcomputer development system (MDS) 微型计算机开发系统 开发和调试微型计算机硬件和软件的工具。硬件部分通常包括各种微型机模板，如CPU、存储器、I/O以及通用寄存器板，并带有电传打字机、磁盘机等。软件部分包括微型机的各类系统软件和各种诊断程序等。应用开发系统可简化产品设计并缩短产品的设计周期。

microcomputer disk operating system (MDOS) 微型计算机磁盘操作系统 驻留在磁盘上，具有文件管理及程序生成、调试、存储和修改等功能的程序系统。它可支持开发各种应用程序和实时操作的程序。当机器在它的控制下运行时，用户程序可以利用其服务和I/O控制功能。这种操作系统还能支持外围设备工作，如磁盘、磁带、纸带、打印机和键盘等。此外，还能为各种格式文件提供文件管理功能。

microcomputer execution cycle 微型计算机执行周期 微型计算机执行一条指令所需要的时间。其中包括：①从存储器中取出二进制代码的指令并存入指令寄存器所需的时间；②对取出的指令进行译码所需的时间；③执行该指令译码后规定的操作所需的时间。

microcomputer function organization 微型计算机功能组织 微型计算机硬件与信号功能的总称。一般微型计算机的内部都含有可编程的8位累加器、程序计数器、状态寄存器、堆栈指示器、变址寄存器、若干通用寄存器。此外，还应包括一定数量的存放数据的随机存取存储器和存放程序的只读存储器。微型计算机的总线和控制信号一般可分成四种：数据、地址、控制和监控。

microcomputer image processing system 微机图像处理系统 以微型计算机为主机的图像处理系统。一般包括：微型计算机和必要的输入输出设备；一块或多块图像处理线路板(卡)，如帧采集卡、邻域处理器卡、符点处理器卡等；图像处理软件包。

microcomputer kit 微型计算机成套组件 供用户组装专用微型计算机用的一组硬件与软件，如单板机套件。硬件包括：微处理机、随机存取存储器、可擦除可编程只读存储器、输入输出接口器件、时钟电路、面板控制电路和显示装置等。软件至少应包括：监控程序、编辑程序和相应的汇编程序。

microcomputer kit assembler 微型计算机套件汇编程序 能将汇编程序转换成目标程序的汇编程序。汇编程序大多采用两次扫描来处理源程序。第一次扫描用来读入汇编程序的源程序，在存储器中生成符号表；第二次扫描将符号表中的符号指令转换成二进制数据。这种汇编程序除可汇编出标准汇编指令外，还可汇编出许多伪指令。

microcomputer kit system software monitor 微型计算机成套系统软件监控程序 微型计算机成套系统中的一个标准支持程序。通常存放在磁带上，需要时由PROM引导装入程序装入到存储器的4 k存储区中，该区是不允许用户程序访问的。监督系统工作时可在CRT(阴极射线管)上以十六进制形式显示存储器内容。当程序的执行由断点指令中断时，监控程序存储和显示CPU机器状态(寄存器的内容和标志位的状态)。

microcomputer language editor 微型计算机语言编辑程序 用于联机修改和建立源程序的程序。它通常驻留在磁盘上。要编辑的源程序可直接从键盘输入，也可从磁盘输入。它可对存储器中的程序文本任意地改动、删除和重新格式化。

microcomputer local area network 微型计算机局部网络 把几台至几十台微型计算机和计算机外围设备用网络通信协议连接起来的系统。连接距

M

离一般在数百米至数千米，比远程通信网络连接要方便。它简单灵活、不占用邮电通信线路，保密性好，适用于机关、学校、工厂、医院、仓库、银行等单位各业务领域的管理、调度、控制和通信。

microcomputer master/slave operation 微型计算机主从操作 在微型计算机网络中，计算机间所采用的一种协同工作方式。在该方式中，各台从计算机只能与一台主机交换信息，主机实现对整个系统的管理。从计算机与主计算机的通信是通过 I/O 实现的，执行各种实时操作任务。当从机请求与主机通信时，主机根据优先级来应答。

M

microcomputer network intelligence 微型计算机网络智能 微型计算机智能分布系统的一种特性。用新一代的微型机可以更有效地构成智能分布系统。系统的计算和控制能力使网络中的每台微处理机执行专门的任务。利用公用存储器软件和硬件技术提供各子系统间的通信方式。在智能分布系统中，每个部件或处理机有专门的功能，如有的面向输入输出，尽量提高输入输出量，有的旨在尽可能减少处理机间的相互通信。

microcomputer point-of-sale system (MPOSS) 微机销售点系统 一种销售点系统，其现金出纳机为一台微机或专用的计算机终端，它直接管理和记录各种交易事务，进行信用校验和处理其他市场事务。

microcomputer prototyping system 微型计算机样机系统 供微处理机用户开发应用系统用的一种特殊样机系统。这种系统除处理机外，还包括底板、程序员控制面板、电源和几块 RAM(随机存取存储器)芯片。使用电传打字机时，系统还提供直接计算所需的各种设备和软件以及可使用的微处理机和 LSI(大规模集成电路)器件。这种系统主要用于应用软件和设备接口的开发。

microcomputer real-time software 微型计算机实时软件 用来区分各种不同的实时微型计算机系统，将处理机与系统的外围部件相联起来的软件。软件由两个主要的操作系统、程序开发和联机实时操作组成。

microcomputer software 微型计算机软件 微型计算机上使用的软件，除系统软件外，一般还包括功能单一的专用软件(如字处理、数据库与图形处理软件等)和集成软件。功能单一的软件通用性较强，但用分开的软件包实现，不能同时在机器上运行。集成软件把多种功能汇集在一个系统中，不同的功能之间可相互作用。集成软件通常采用并行处理而不是多重处理，但并不要求在并行操作系统上运行。

microcomputer support devices 微型计算机支持设备 能与微型计算机连接工作的设备，如打印机、软磁盘驱动器、PROM 程序写入器、终端和盒带机等。

microcomputer system (MCS) 微(型计算)机系统 用微型计算机作为主要成分的系统。它也有外围设备，如磁盘、磁带和打印机及终端等。在一个完整微型计算机系统中，操作系统、语言翻译系统、编辑程序及诊断工具等软件也是不可缺少的。

microcomputer system design aids 微型计算机系统设计工具 用于设计计算机系统的各种软件和硬件工具，如支持硬件(评价模块)、支持系统(专用开发与测试设备)、支持软件及系统设计工具。

microcomputer system monitor 微型计算机系统监督程序 系统中用以监控微型计算机操作的监督程序。监控命令提供调试功能及装入和执行程序所需要的所有功能。这些功能包括能检验和更改存储器或中央处理机的寄存器中设置的程序断点，启动程序从任意给定地址开始执行，用户经由调用系统监督程序的输入输出子例程的监督程序命令，可以动态地重新分配外部设备。

Microcomputer Systems D. A. T. A Book **《微型计算机系统手册》** 美国推导与制表联合公司出版的刊物。创刊于 1976 年，半年刊。原刊名为(*Microcomputers D. A. T. A Book*)，1982 年改为现名。内容涉及总线结构、CPU、存储器、控制器及数据转换装置等。

microcomputer system tester 微型计算机系统测试程序 用于对微型计算机系统进行功能检查的程序。它可对系统中的各个模块(诸如 CPU、RAM、ROM 模块和稳压电源部件等)进行独立地测试。该测试程序通过 PROM 编程，存放在各相应模块内。测试时，通过开关选择被测模块的号码，从而执行相应的测试程序。测试控制台根据测试程序的执行结果来指示被测模块是否正常。

microcomputer testing 微型计算机测试 对微型计算机进行功能检查的过程。一般指微型计算机在出厂前或用户在使用前所进行的测试。通过测试来检查系统中是否有失效的电路模块等。

microcomputer timing modules 微型计算机定时模块 一种供微型计算机时钟使用的电路模块，如实时时钟模块、可重调整的时钟模块、脉冲累加器、按日定时时钟模块等都属于专用定时模块。

microcontroller 微控制器 即单片微型计算机，通常包括微处理器、存储器和相应的 I/O 端口等。与用于处理数据的微型计算机的不同之处是，其控制的字长比较短，存储容量小。

microcontroller application 微控制器应用 微控制器有三类控制应用：①设备控制，它可使一台机床或计算机外围设备顺序执行不同的操作；②数据控制，控制一个或几个数据源与数据目的地之间的数据传送，或使多个低速数据通路汇集成一个高速数据通路；③过程控制，将测量过程变量的离散输入用于闭环控制系统中。

microcontroller characteristics 微控制器特性 即

微控制器的主要处理功能。其中包括具有存储和执行控制程序的能力、接收长度可变字段的能力、实现扩充的能力以及用统一的方法连接 I/O 设备的能力。

microcontroller control program 微控制器控制程序 一种控制微控制器操作的程序。一般由汇编语言编写。这种程序可用于样机开发以及将符号模式转换成输入到微控制器仿真器所需要的二进制模式等。

microcontroller machine compiler 微控制器机器编译程序 提供用户使用面向语句的符号编程系统的微控制器编译程序。其功能包括:将符号语言转换成机器语言、自动分配接口矢量和工作存储器、各种文件维护和编辑、程序存储器输出定位、错误列表、接口矢量和工作存储器数据定位等。

microcontroller serial bus 微控制器串行总线 由美国半导体公司和 IEEE(电气与电子工程师学会)提出的低价格,中距离的快速响应串行总线,作为系统的附加总线,称为 IEEE 1394 总线。

microcontroller simulator 微控制器仿真器 一种用于程序设计及其检验的专用设备。它为系统设计人员提供实时运行的微控制器,利用此模拟器,设计人员可完成下列功能:①修改程序和数据;②设置断点;③启动、停止或单步执行程序;④插入指令。

micro control unit (MCU) 微控制单元 又称单片微型计算机或者单片机,是将计算机的 CPU、RAM、ROM、定时计数器和多种 I/O 接口集成在一片芯片上,形成芯片级的计算机,为不同的应用场合做不同组合控制。

microcopy 缩微拷贝 从原来的尺寸缩小到不加以放大就无法用肉眼辨别的一种摄影拷贝。

microcrack 微裂纹 在光纤中,一微小裂纹或部分破裂,通常是沿包层外表面,但也可能足够深而进入纤芯;它可能因暴露在不利的环境条件(如潮湿、弯曲、扭绞、拉应力、热梯度、振动、冲击和腐蚀性大气)而扩大;它将反射、折射和散射入射光线,通常导致光线从光纤中泄漏。

microcycle 微周期 微处理机执行一条指令所需的几步机器操作中的一步。在微处理器中,取指令过程一般需一个微周期,存取数据用一个或几个微周期,执行指令则需要更多的微周期。它是微处理机的最小操作步。

microcylindrical lens 微圆柱面透镜 一种极小的透镜,它通常用腐蚀和晶体再生长方法制成;它被附加到单片基座上的光源或光电检测器中,如附加一个柱面透镜到一个整体透镜发光二极管上一样;它用于帮助控制光束在一个方向的发散。

microdiagnosis 微诊断 微程序计算机中利用微程序进行故障定位的一种技术。它可以对计算机的每个微操作进行精确的定位测试,把故障缩小到最小范围。当计算机检测电路发现故障时,即通过中断自动转入微诊断程序,由微诊断程序中的微指令进行精确的定位测试。

microdiagnostic loader 微诊断装入器 一种用来输入微诊断程序的输入设备,俗称硬加载。为了缩小微诊断的核心硬件,微诊断程序一般不通过通道进行输入,而是采用控制简单的输入设备直接输入到内存或可写控制存储器中。

microdiagnostic microprogram 微诊断微程序 在微诊断操作中使用的程序。参见 microdiagnosis。

microdiagnostic utility 微诊断实用程序 在数据设备分级存储管理程序中,由维修人员运行,用以测试机器的一种程序。

microdot 微点照片 一种缩微印刷品,由一片极小的作为数据媒介的胶片或照片组成,采用圆点或点的形式,如句子末尾的圆点或字母"i"上的点,它包含微型图像,如印刷图形或文本页。

microdrive cartridge 微型驱动器盒式磁盘机 参见 microdrive。

microelectromechanical system (MEMS) 微机电系统,微型电子机械系统 由细微硅加工技术制造的机电部件组成的微型机械系统,如在硅片上刻出的细微传感器、马达、阀门和泵等。是一项将计算机与植入半导体芯片上的细微机械装置结合起来的技术。

microelectronic circuit 微电子电路 微型组件和各种集成电路的统称。

microelectronic packaging 微电子封装 采用厚膜、薄膜和印制电路技术,把微电子分立元件、集成电路芯片等微电子器件在多层陶瓷(或其他材料)基片上,按照逻辑电路设计和热设计要求进行专用功能模块或组件的一种互联封装过程。

microelectronics 微电子学(技术) (1)关于微电子器件、元件电路和系统的研制、生产及工艺方面的一门新兴学科。主要研究领域包括:大规模集成电路、超大规模集成电路以及超导体等。(2)为完成电子系统功能的电子电路微小型化而涉及的材料、工艺、设计、测试、封装及应用等技术的统称。也称"大规模集成电路技术"。

microfacsimile 缩微传真 利用传真通信发送和接收缩微图像的过程。

microfarad 微法 一百万分之一法拉(10^{-6}F)。符号为 μF。

microfiche 缩微胶片 (1)一种胶片,以网格形式容纳多幅缩微图像。通常都包含一个无需放大就可以阅读的标题。(2)含有若干帧缩微图像的胶片。标准缩微胶片的缩减比为 20:1,胶片尺寸通常为 4×6 英寸,每片有 6 行、每行含 12 帧缩微图像,即一张缩微胶片可以存储 72 帧缩微图像。用缩微胶片阅读器可以整页读出。

microfiche reader 缩微胶片阅读器 将缩微胶片

M

图像投射到屏幕上的光学设备。能将图像放大，以便阅读。

microfile 缩微文件 记录有缩微图像或资料的高分辨率胶片。参见 computer output on microfilm。

microfilm 缩微胶卷 (1)记录有缩微图像的高分辨率胶卷。(2)媒体为一卷胶片的缩微印刷品，其中含有多幅按顺序排列的缩微图像。(3)一种颗粒极细、分辨率极高的胶卷，用于记录比原始文件缩小许多倍的图像。常采用的胶卷宽度为 16 mm，35 mm，82.5 mm，105 mm。参见 computer output microfilm。

microfloppy discs 微型软磁盘 磁盘被封闭在封套内可不易受大气灰尘的污染。8 英寸和 5.25 英寸磁盘在存储套上开有一个小缝隙，使磁盘表面可以露在外面；3.5 英寸磁盘装在有滑动活门的硬塑料套里，当磁盘从磁盘机里拿出来时，活门自动合上。

microfloppy disk drive (MFDD) 微型软盘机 3.5 英寸软磁盘驱动器。

Microfloppy Industry Committee (MIC) 微型软盘工业委员会 为制定 3.5 英寸软磁盘驱动器标准而组成的企业组织，包括 Shugart，Tandon，Apple，BASF 和 Atari 等公司。

microflow chart 微流程图 一种用来详细表示程序各执行步骤的流程图。

microfluidics technology 微流体技术 微流体技术是指在微观尺寸下控制、操作和检测复杂流体的技术，是在微电子、微机械、生物工程和纳米技术基础上发展起来的一门全新交叉学科。微流体技术不强调减小器件的尺寸，它着重于构建微流体通道系统来实现各种复杂的微流体操纵功能。微通道中的流体流动行为与人们在日常生活中所见的宏观流体流动行为有着本质的差别，因此微泵、微阀、微混合器、微过滤器、微分离器等微型器件往往都与相应的宏观器件差别甚大。

microfolio 缩微包 一种缩微出版物。将一片片缩微胶卷互相紧叠在一起，再把许多张醋酸盐胶卷贴于叠在一起的缩微胶卷两边，这就形成一个缩微出版物包。这种出版物包具有一样的大小，成为一种应用方便的缩微胶片。

microform 缩微出版物 用照相方法缩小的许多页文件复制成的缩微胶卷或缩微胶片或不透光卡片(缩微卡片)的总称。阅读任何形式的缩微出版物需要用各种特殊的放大设备。

microform holder 缩微印刷品托架 把缩微印刷品保持投影透镜目标平面上的一种装置。

microform in colour 彩色缩微出版物 大量缩微出版物制成单色，也有缩微胶卷和缩微胶片制成彩色(常用于彩色插图)。

microform reader 缩微印刷品阅读机 将缩微图像放大以供阅读的一种设备。

microform reader-copier 缩微印刷品阅读复制机 执行阅读和复印功能的一种设备，可对选中的缩微图像放大，而后复制硬拷贝。

microfreeze 微冻结 一种机器状态，在这种状态下，中央处理机停止运行。微冻结状态的建立是通过在一个选定的控制字中置微冻结位为 1 而实现的。此后，当该控制字被感读时，中央处理机就停在微冻结状态。

micrographics 缩微图形学 (1)与将信息转换成缩微印刷品或将缩微印刷品转换成信息形式的技艺有关的科学分支和技术。(2)把原始文件或图像缩小、拍摄并保存在缩微图像媒体上的一种技术。参见 computer micrographics。

micrographics/computer information display system 缩微图形/计算机信息显示系统 由数个阴极射线管显示器终端、绘图缓冲器、中央自动缩微胶片选择器、图像产生模块和已设计好的程序以及用于查找、索引和更新的计算机等部分组合而成的系统。

microhenry 微亨 一百万分之一亨利(10^{-6} H)。符号为 μH。

microhertz 微赫(兹) 一百万分之一赫(兹)(10^{-6} Hz)。符号为 μHz。

microhm 微欧 一百万分之一欧(姆)($10^{-6}\,\Omega$)。符号为 $\mu\Omega$。

micro information economics 微观信息经济学 也称"理论信息经济学"，是指从信息分布的非对称这一基本事实出发，对于传统经济学在完备信息假设下所提出的论点及命题进行重新思考。这些问题包括市场机制、资源配置、竞争均衡、统计决策、委托与代理人、风险与不确定性、不利选择与道德风险等。主要以个别市场主体为基本分析单位，考证信息对市场均衡、劳动市场供给、消费者行为以及市场机制等一系列微观经济问题的影响，分析信息资源配置和微观信息市场的效率问题。比较 macro information economics。

microinstruction 微指令 (1)一种由微程序控制的指令。用于控制机器指令操作中的一步。平时存放在控制存储器中，当读出并加到数据通路的控制线上时，即可实现对数据流和指令流的控制。其一般格式由地址段和控制信息段组成。(2)微程序所用的以微操作为控制目标的指令。一条微指令一般包括功能部分和地址部分，前者说明计算机或数字设备所应执行的微操作，后者说明下一条微指令的地址。

microinstruction cycle 微指令周期 微程序中从读微指令开始到执行完该微指令为止所需的时间。它主要取决于下列两个因素：一个是微程序存储器的读出周期，一个是执行微命令所需的最长时间。当前后两条微指令出现时间重叠(即前一条微指令尚未执行完毕，后一条微指令已开始启动读出)时，微指令周期是指平均微指令周期。例如,从读微指令开始到该微指令执行完毕所需的时间是 700 ns,若无微指令重叠,则微指令周期为 700 ns,若前后两条微指令重叠 200 ns,则微指令周期就是指平均微指令周期 500 ns。

microinstruction decode **微指令译码** 将计算机的每条机器指令分解为若干微指令,并按这些微指令规定的功能去执行相应操作的过程。微指令译码由微指令译码器来完成,它的输入信号是微指令字段的编码,它的输出信号是该微指令字段所表示的各种微命令。

microinstruction encode **微指令编码** 关于微指令字段的划分以及微命令在这些字段中的编码的一项设计技术。原则上说,微指令字应该包含两种信息,一种用于控制计算机各部件的微操作,另一种用于产生下条微指令的地址。微指令编码就是组织这些信息的综合性技术,它一方面要考虑如何缩短微指令字长度和微程序长度,同时又要考虑提高微程序的执行速度和计算机的运行速度。影响微指令编码的因素很多,如计算机的速度指标、指令系统的规模、数据通路的结构、微程序的控制范围、微程序存储器的容量、微指令字的长度等,因此,微指令的编码方法也很多。从微指令格式看,微指令一般分为三种:水平微指令,其并行性较好,但字段较多,微指令字较长;垂直微指令,其字段较少,微指定字较短,但并行性较差;对角线型微指令,其性能指标介于上述两者之间。参见 horizontal microinstruction, vertical microinstruction, diagonal microinstruction。

microinstruction field **微指令字段** 按预先约定的设计将微指令字划分成的若干字段。每个字段包含若干个二进制位,它代表一组相互排斥的微命令,如一个 4 位的微指令字段最多可表示 16 种相互排斥的微命令。微指令字按其所起的作用分为两大类:一类用于控制计算机本身微操作的,称为功能字段;另一类用于产生下条微指令地址的,称为寻址控制字段。

microinstruction register **微指令寄存器** 用于存放正在执行或即将执行的微指令的寄存器。从存储器的角度看,微指令是由微程序存储器读到微指令寄存器中再执行,因此,微指令寄存器可以看作是微程序存储器的数据寄存器。

microinstruction sequence **微指令序列** 从微程序中选出的,用于执行一条宏指令或控制命令的一串微指令。

microinterrupt **微中断** 微程序执行过程中产生的中断。在执行微程序过程中,当计算机中出现某些应急事件而暂停原微程序的执行,强行转入处理这类事件的例行微程序。当事件处理完毕后,根据所发生事件的性质,或者继续执行原来被暂停的微程序,或者转去执行其他的微程序。

microkernel **微内核** (1)由 IBM 公司推出的一种操作系统结构,以 Mach 操作系统为核心集,可在多种硬件平台上提供成套核心操作系统服务。其 1.0 版本是一套基于 AIX 的工具箱,称为微内核开发环境。可支持 PowerPC 系列芯片和 Intel x86 系列芯片。(2)微内核是操作系统中严格依赖硬件的部分,该部分试图能从一种计算机移植到另一种计算机中。微内核向操作系统的其余部分提供不依赖于硬件的接口,因此将操作系统移植到不同的平台时只有微内核需要重写。在微内核中,只有为数不多的关键功能以内核方式运行,如在应用程序和软件进程之间的通信中管理存储器和处理时间的分配。所有其余的部分(包括文件系统、联网和设备驱动程序)都以应用程序方式运行。这就使内核小而简单,使它维护起来更容易。微内核适合于大规模并行系统,这意味着系统使用很多处理器来运行一个应用程序。但是性能要受影响,因为文件系统和设备驱动程序不能直接访问应用程序所需的所有系统数据。

microkernel development environment (MDE) **微内核开发环境** 由 IBM 公司开发的一套工具箱,包括调试程序、接口定义语言发生器和一套 C 和 C++编译程序。

microkit **微型计算机套件** microcomputer kit 的缩写。

microlanguage **微语言** 一种微程序设计语言。它存放在控制存储器中。这种语言将微指令表示成一串二进制位,其形式与机器语言相同。

microlens **微透镜** 一种极小的透镜:①通常用处延晶体生长方法形成;②生长或粘合在形成光学系统的一部分的器件上。

microlink interface **微型连接接口** 一种装置,用于将很多种实验仪器与微计算机连接。它提供 25 种以上的模件,包括模拟输入和输出设备、数字输入设备、输出和控制设备、计时器和计数器。

microlock **微波锁相** 用压缩了频带宽度的无线电进行发射和接收信号的锁相环系统,被用于地面站跟踪卫星和遥测数据,视距可达到 5 000 km。

micrologic **微逻辑** 一系列电子逻辑或指令,以二进制格式存储,定义和支配微处理器内的操作。

microm **微程序只读存储器** microinstruction read-only memory 的缩写。用来存放微程序的只读存储器。一般用半导体集成电路实现。

micromachining **微机械加工** 用微米级集成电路加工方法来制造微小型传感器和执行器机构,包括光刻掩模、沉淀和化学腐蚀。已生产的实用产品有加速度计、压力传感器、燃料注射器和喷墨喷嘴。大多数用硅或在硅上沉积铝来制造,但也有用金刚石作为原料,加工方法分成整体微机械加工或表面微机械加工。

micromainframe **微型大容量计算机,微型主机**

具有大容量计算机计算能力的微型计算机。功能与大型计算机的中央处理机相当，且可用在大型计算机中。一般要求字长在32位以上，处理速度达每秒几百万次。例如美国Intel公司的IAPX432就是这种微型主机，它由三片集成电路组成，总共集成了20万个MOS(金属氧化物半导体)器件，能提供进程调度、进程发送等操作系统功能；同时支持模块化程序设计、可变长数据结构以及执行主计算机的全部或大部分功能。

M

micromerchants 微型商人 那些在因特网上提供商品以换取电子现金或数字现金的人。

micrometer (μm) 微米 一米的百万分之一。10^{-6}米，同micron。

micrometer electrode 测微计电极 在测量绝缘材料的高频介电性能时，为减小电极连线的电感，电容和接触电阻带来的影响，测量精确度而使用的一种可微调电极距离的电极装置。

micromicro- 微微 表示10^{-12}的前缀，也称皮(pico-)。

microminiaturisation 超小型化 对电子元件或组件减小体积、提高密度的过程。其目的是要使元件或组件减小体积、降低功耗、缩短信号传输的延迟。

micromodule 微模块，微程序模块 (1)用微电子技术制成的、具有标准尺寸的微型电子器件；(2)具有相对独立的功能，并有明确接口定义的一种微程序模块。

micron 微米 一种长度单位。等于千分之一毫米，或百万分之一米，10^{-6}米。同micrometer。

microoperation 微操作 微程序控制计算机中最基本的操作步。通常一条机器指令由一串微指令组成，而一条微指令则由若干个微操作组成。

microoperation exclusive 微操作互斥 不能同时出现的微操作。在计算机各种微操作中，互斥的微操作是大量存在的。如启动存储器读操作与启动存储器写操作是互斥的，否则存储器不能正常工作。将多信息源输入寄存器中，其微操作也是互斥的。

micro-op fusion 微操作融合 处理器缩短执行时间的技术。微操作融合将"融合"源自相同宏操作中的微操作，以减少需要执行的微操作数量。微操作数量的减少可使时序安排工作更加高效，从而实现更低的功率和更高的性能。参见macro-op fusion。

microphone 麦克风，传声器，话筒 一种将声压力的变化(即声波)转变为相应的电流或电压的换能器。

microphone mixer 传声器混合器 将两个或多个传声器馈入一个音频放大器输入端的混合器。它能够对每个传声器的输出电平进行独立调整。

microphone preamplifier 传声器前置放大器 一种音频放大器，在信号经传输线进入主音频放大器之前对传声器的输出进行放大。

microphone transformer 传声器变压器 一种将某类传声器连接到传声器前置放大器、传输线或主音频放大器的铁芯变压器。

microphonics 颤噪声 由于自身的机械震动而在电路元件或组件中引起电流或电压的产生或变化，如：①导体在磁场内以某种方式振动使得磁链变化而产生电压；②一个因振动而改变其容量的电容器可使它所连的外加电压的电路中的电流发生变化。颤噪声可以在音频系统中作为噪声被听到，在传真和电视中以不希望出现的干扰图像被看到。

microphotography 缩微摄影术 一种将文件或其他资料复制成缩微胶片的过程。

micro piezo technology 微针点压电喷墨技术 决定彩色喷墨打印机优劣的技术在于喷墨的控制方法。传统的喷墨技术，气泡式或热感式喷墨技术是将墨水加热，沸腾射出再冷却。因此水分子极不稳定，而造成墨点大小不一、分布不均、色彩不准确的缺点。微针点压电喷墨技术，利用晶体加压时放电的特性，在常温及稳定的状态下，均匀且准确地喷出墨水。惟有稳定的电压才能控制墨水微滴的大小，达到1 440 dpi(每英寸点数)超高分辨率。

micropower circuit 微功耗电路 在一个电路中，每一个元件的功耗都被降至微瓦或更低，极大地减少热的产生，使得易于进行高密度的封装，如微瓦电路和毫微瓦电路。

microprocessing unit (MPU) 微处理器单元 构成微型计算机硬件的主要部件。它主要包括微处理器电路，主存储器电路、输入/输出电路，时钟电路等。微处理单元不包含电源、机壳、控制面板等。

microprocessor 微处理器[机] 具有中央处理机功能的、且由一块或多块大规模集成电路组成的处理器。这种处理器大多为微程序控制。其配置有单片或多片形式，包括通用寄存器、堆栈、中断逻辑、接口逻辑和存储器选择逻辑等。它具有运算和控制能力，是组成微型计算机的主要部件。

microprocessor analyzer 微处理器分析仪 (1)测试和调试微处理器硬件和软件的数字诊断仪器。(2)使用微处理器设计、调试和测试系统硬件和软件的仪器。这种仪器在测试微处理机构成的系统时，一般不需要控制面板、诊断程序或其他数据处理设备。

microprocessor assembler simulator 微处理器汇编程序仿真器 一种仿真程序。接收汇编语言指令，允许用户进行文本编辑和程序调试。调试好的程序可固化到PROM中去。

microprocessor card 微处理器卡 一种包含一微处理器的智能卡，能提供一种或多种功能，如可用于金融领域的银行卡。

microprocessor chip 微处理器芯片 由微型计算

机的中央处理器所必需元件组成的芯片。它包括控制逻辑、指令译码和算术处理线路。微处理器芯片与存储器和 I/O 集成线路芯片组成微型计算机。

microprocessor classification 微处理器分类 微处理器一般可分为四种类型：计算处理器、控制处理器、数据处理器和通用计算机。计算处理器和控制处理器一般都用单片 CPU 实现。数据处理器和通用计算机有较强的功能和较强的灵活性。

microprocessor code assembler and simulator 微处理器代码汇编程序和仿真程序 由厂商提供的可进行微代码汇编和微程序测试的汇编程序和仿真程序。

microprocessor compiler 微处理器编译程序 一种将用高级语言编写的源程序翻译成机器语言程序的程序。

microprocessor data logging 微处理器数据记录 用微处理器控制的数据记录仪进行数据记录的过程。

microprocessor debugging program 微处理器调试程序 在应用程序开发时帮助调试操作的一种驻留在微处理器存储器中的程序。它允许通过键盘实现以下调试功能：信息装入、检查存储器、修改存储器、设置或撤除程序断点以及启动程序输出等。

microprocessor development system 微处理器开发系统 供研制微处理器系统硬件、软件的系统。通常，硬件包括处理机、可编程只读存储器、随机存取存储器、输入输出总线接口、带键盘的显示控制台、异步串行数据通信标准接口、磁盘以及打印机等。软件包括系统管理程序、宏汇编程序、文本编辑程序及跟踪程序、磁盘操作系统等。这种开发系统的特点是可将硬件与软件两者结合起来。参见 microcomputer development system。

microprocessor instruction set 微处理器指令系统 微处理器所具有的全部指令的集合。常见的微处理器指令包括：算术运算指令、逻辑运算指令、移位指令、转移指令、堆栈操作指令和输入输出指令。不同的微处理器所配置的指令系统不同。

Microprocessor Integrated Circuits D. A. T. A Book **《微处理器集成电路手册》** 美国推导与制表联合公司出版的《*DATA* 电子情报丛刊》之一。它收集世界上 100 余家厂商提供的关于微处理器集成电路 5 500 种产品的特性数据资料、系统示意图及零部件图等。产品包括微型计算机系统、软件产品、微处理器、集成电路芯片、读写存储器、只读存储器接口与辅助设备等。

microprocessor language assembler 微处理器语言汇编程序 一种功能很强的汇编程序。用于将源代码转换成二进制目标代码的工具。

microprocessor master-master operation 微处理器主-主操作 一种主-主微处理器系统中各处理机间的操作方式。一般处理机间的通信可直接进行，或通过公共存储器进行。各处理机按其优先级访问通信总线，并执行某一个特定的系统功能。

microprocessor master-slave system 微处理器主-从系统 一种具有明确层次结构的微处理器系统。在这种系统中，所有从处理机与一台主处理机进行通信，主处理机对系统的通信活动起控制作用。例如一台可带多块插件的仪器中，仪器主机控制各插件，每块插件作为一台从处理机工作。

microprocessor monitor 微处理器监控程序 一种系统监控程序。具有如下功能：检查和修改存储器或 CPU 寄存器的内容、设置程序断点。在任何给定的地址启动程序、调用系统监控系统的 I/O 例程、用户可对系统外部设备进行动态再分配。

microprocessor remote communications 微处理器远程通信 将数据传送至系统以外的目的地的远程通信系统。这些目的地可与大型主机接口，而通信链路与数据的传送率决定所占用的设备。通信功能可由系统中独占处理机来执行或合并于集中处理装置中。

Microprocessors and Microsystems **《微处理机与微型系统》** 荷兰 1978 年创刊，全年 10 期，Elsevier Science 出版社出版，SCI(科学引文索引)、EI(工程索引)收录期刊。刊载关于微处理机与微型系统的设计与制造、软件技术的设计与应用方面的原始论文和评论，同时报道有关的新装置。

microprocessor series (MPS) 微处理机系列 由同一个厂家随着技术发展而不断推出的一个系列微处理机产品。它们在技术上有继承性，应用上有兼容性。例如 Intel 公司推出的 X86 系列和 Pentium 系列。

microprocessor slices 微处理器位片 一种构成微处理器局部体系结构的芯片。多个位片可构成一个字长较长的微处理器。这类器件通常是一些高速 STTL(肖特基晶体管-晶体管逻辑)集成电路。

microprocessor software 微处理器软件 控制微处理器工作的软件。可使微处理器执行一些与系统功能有关的工作。在一个微处理器中，定义有固定字长的一组指令或运算，而且这些指令或运算使用中央处理机而与所用数据无关。

microprocessor software cross-product 微处理器软件交叉产品 微处理器系统中，各类汇编程序、模拟程序和编译程序的总称。它们用于开发程序在汇编、模拟或编译中使用的程序。例如交叉汇编程序在功能上与其他常驻汇编程序相同。编译程序是面向机器的系统程序设计语言，专用于生成各种内部代码。

microprocessor support software 微处理器支撑软件 有助于在产品设计中采用微处理器的支撑软件，包括硬件参考手册、交叉汇编程序、模拟程序及其说明书和样机系统。参考手册包括对微处理器内部组织和操作、指令系统、内部实现及外围芯片和应用的详细说明。

microprocessor system organization 微处理器系统组织 微处理系统的配置情况。一微处理系统的基本配置至少应包括中央处理机(CPU)和存储器。

Microprocessors & Microsystems **《微处理器与微系统》** 美国 Buterworth 出版的刊物。1976 年创刊，双月刊。原名(*Microprocessors*)，1978 年改为现名。刊载微处理器硬件、软件及微系统的设计、模拟、生产、调试与应用方面的研究论文。

M

microprocessor terminal 微处理器终端 一种用微处理器来提供智能的终端。常见的终端是带微处理器的键盘显示装置，这种装置具有信息加工能力，能删除、修改存放在系统存储器中的数据。

microprogram (MP) 微程序 一组相应于计算机操作的基本指令序列—微指令(见 microcode)。这些指令规定了硬件的动作，而与操作系统无关，也就是说，程序是以机器指令为基础，而微程序则以机器的微操作为基础，因此微程序能十分灵活地组织微操作序列以控制硬件细小部分的操作，这是微程序最重要特征。微程序一般保存在特殊的存储器里，这个存储器就称为微程序存储器。在微程序控制的中央处理器(CPU)中，微程序大多由送到指令寄存器的指令来启动执行，从这一点说，一条指令与一段微程序相对应。由于微程序利用微指令的有序组合去代替一部分硬线逻辑电路，这就为计算机的设计、生产及应用带来了许多方便，因此微程序在计算机中得到广泛的应用。

microprogram addressing 微程序寻址 决定下一条微指令地址的方式。常用的方式有两种：第一种方式，微程序按地址递增顺序执行，直到转移到别的微程序段时这一顺序才被打断，在新的微程序段仍然是顺序执行直到出现新的转移为止；第二种方式，由本条微指令及其对计算机各种状态测试的结果直接决定下条微指令的地址。微程序寻址也称“微程序顺序控制”。

microprogram assembly language 微程序汇编语言 基于微指令，利用符号化的形式进行微程序设计的一种计算机语言。由于采用符号化形式，避免微程序设计人员记忆大量的微码，因此用微程序汇编语言进行设计可以提高效率、减少差错。

microprogram branching 微程序转移[分支] 微程序执行中离开正常执行序列的过程。转移可分为无条件转移和有条件转移两种。无条件转移由微指令直接给出下一条微指令的地址；有条件转移将转移条件与微指令地址的相应位相“与”或相“或”从而实现多路转移。

microprogram control (MPC) 微程序控制 以 ROM(只读存储器)和计数器为基础由保存在 ROM 中的微程序来实现对计算机中各种微操作的控制。其过程是：用户对计数器置初始地址，并在每步执行后加 1。计数器的内容作为 ROM 的地址，从 ROM 的相应输出线读出控制信息。微程序由微指令序列组成，每条微指令都包含有若干微指令，当微指令由只读存储器中读出到微指令寄存器后，它所包含的微指令就发出各种控制信号以控制计算机的各种微操作。

microprogram control unit (MCU) 微程序控制器 以微程序存储器为中心，包括微指令寄存器、微指令地址寄存器、微指令计数器及微程序顺序控制逻辑等所构成的控制部件。从内部的角度看，微程序控制器是一个微程序的执行部件，从外部的角度看，微程序控制器是一个控制信号序列发生器。

microprogram debugging 微程序调试 调试微程序代码的过程。用试运行的方法发现并确定微程序设计中的错误。微程序调试是微程序开发中的一个环节。

microprogram description 微程序描述[说明] 在微程序设计中，以有关硬件的语句书写规则进行说明的过程。通常涉及到寄存器、存储器、开关、时钟、数据通路以及 ROM(只读存储器)等控制字的描述规则。

microprogram development 微程序开发 微程序的设计和编制过程。通常从问题描述、算法分析、流程图绘制、微程序编制、微码生成到微程序调试的全过程。

microprogram diagnosis 微程序诊断 利用微程序对计算机各部件、元件的功能进行测试。微指令的微命令控制的是计算机的微操作，与计算机的指令相比，它要细小得多，采用微程序诊断可将计算机分割成更小独立部分，因此故障的定位较精确，诊断的时间也较短。微程序诊断有时也称“微诊断”。

microprogram display 微程序显示 程序调试过程中对微程序进行显示的过程。

microprogram efficiency 微程序效率 对要完成的某种功能，微程序一次执行所需的微指令周期数。该指标与微程序的设计有关，它直接关系到计算机的运算速度。

microprogram emulation 微程序仿真 通过改变微程序的微代码来实现对多种计算机的仿真。以一台计算机的一段微程序描述另一台不同的计算机的一条指令的过程，前者称为宿主机，后者称为目标机(有时也称虚机器)。微程序仿真的用途主要有两个，一个是在研制新计算机时，对新计算机指令系统的功能进行研究，以便得到较好的指令系统，另一个是用来解决程序兼容问题，即在一台计算机上能够运行指令系统不同的另一台计算机上的程序。

microprogram field 微程序字段 规定一种微操作的微指令的一部分。微指令中通常包括地址段和控制信息段。地址段给出转移地址或下一条微指令的地址。控制信息段给出数据通路的控制电平。

microprogram indexing　微指令变址　一种在微程序执行过程中使用的技术。在计算操作次数和存储器内数据定位时使用,可用来指出数据清单中的数据项。

microprogram instruction set　微程序指令系统　可供汇编语言编程员使用的所有面向机器的微指令的集合。

microprogram looping　微程序循环　重复执行某一段微程序的过程。采用微程序循环可缩短微程序长度并大量地节省微程序存储器的容量。

microprogrammability　微程序可编程性　一台计算机对微程序的编写、修改和扩充的方便程度。主要取决于微程序的执行速度以及简单性、灵活性、经济性和保险性。

microprogrammable　可编微程序的　可以由用户编制微程序。如果说某台计算机或某个数字设备是可编微程序的,则是说用户可以根据自己的需要来编制全部或其中一部分微程序,以使这台计算机或这个数字设备的功能适合用户的要求。

microprogrammable instruction　可编微程序指令　用户可以改变可写控制存储器中的微程序来构成自己所需的指令。

microprogrammable minicomputer　可编微程序小型计算机　具有可编微程序能力的小型计算机。

microprogrammable processor　可编微程序处理器　一种微程序控制的处理器。其微程序的一部分或全部可由用户根据自己的需要进行编制。由于它的微程序可由用户编制,所以它的指令系统是可变而不是固定的。可编微程序处理器使用灵活,适应性强,但掌握较为困难。

microprogrammed　微程序控制的　计算机或其他数字设备采用微程序控制方式,如微程序控制的计算机,微程序控制的外围设备等。上述这些微程序一般是由厂家直接提供,用户无法改变。

microprogrammed diagnostics　微程序诊断程序　在某些计算机系统中,存储在只读存储器中的诊断程序。利用只读存储器易于实现系统控制部分的诊断程序和服务辅助程序。这是诊断程序和服务程序的一种发展趋势。大部分控制网络可利用控制存储器的输出奇偶位进行检查。微处理器可设定和测试不能为机器语言设计员所用的内部控制状态。

microprogrammed picoprocessor　微程序控制的微微处理机　一种可编微程序的微微处理机。这种处理机只需三种基本形式的接口,几乎可与任何设备连接。这三种基本接口电路的形式是:①TTL(晶体管-晶体管逻辑)并行接口;②串行电流环路;③串行接口。这种处理机的特点是,可提供一个灵活的接口方法,避免为单个用户所使用的硬件接口进行专门设计。

microprogrammed processor　微程序控制处理器　采用微程序控制方式而不是采用常规控制方式的处理器。

microprogrammed subroutine　微程序控制子例程　为其他微程序所用,实现特定功能的例程。一般对微程序中使用相同逻辑时序的部分都可归结为子例程,以供各微程序调用。

microprogram memory　微程序存储器　用于保存微程序的存储器。它一般由高速的只读存储器或可擦写只读存储器构成。微程序存储器也称"微程序控制存储器"。

microprogrammer　微程序设计员　一般指专业的微程序计算机系统的设计人员。其职责主要是对要设计的系统定义指令类型,并画出流程图。用符号语言编制实现指令功能的微子例程,最后通过显示调试装置观察和诊断其微代码在可写控制存储器中的执行情况。随着用户微程序设计技术的推广,已涌现出一批对现成系统微编程的设计人员。

microprogram microassembler　微程序微汇编程序　将微程序以类似于汇编语言的符号形式,转译成二进制形式,以供随后装入控制存储器的程序。同 microprogram assembly language。

microprogramming　微程序设计　(1)一门设计计算机控制器的技术。它利用普通的程序设计思想,把需要设计每一条机器指令的执行过程分解为一组基本微操作,并按一定的顺序和方法编成微程序。最后将微程序以二进制形式存入 ROM(只读存储器)中。执行某条件机器指令时,便读出相应微程序中的各条微指令,以实现对计算机的控制功能。(2)一种利用微指令来进行的程序设计。大部分计算机的微程序设计都由原厂家完成,但为了增加计算机的灵活性和适应性,有一部分计算机允许用户进行微程序设计,以便用户根据本身的需要去发展或扩充计算机的指令系统。

microprogramming language　微程序设计语言　微程序设计中所使用的便于人们阅读、编写、理解的各种符号语句。人们利用这些符号语句编写的微程序要通过编译才能生成微码。微程序设计语言分为两类:一类称微程序汇编语言它是面向微指令的;另一类称高级微程序设计语言,它是面向过程而不是面向微指令的语言。

microprogramming parameterization　微程序参数化　一种编微程序技术。该技术使用存储的参数表示程序状态的特征,这些参数可作为一程序状态字来存储。

microprogramming support software　微程序设计支持软件　微程序开发过程中所使用的软件工具,如各种微程序设计语言和它们的编译程序。

microprogram optimization　微程序优化　通过动态地调整微程序,改变计算机的体系结构,使计算机能有效地处理某类问题的一种方法。

microprogram routine **微例行程序** 单独设计的供其他微程序调用的微程序段。在微程序设计中,对某些公用的微程序单独设计,以便其他微程序调用。

microprogram sequencer **微程序时序器** 双极位片型微处理机系列中的一种器件。典型的微程序时序器是一种可以串穿起来的四位位片。这种器件包含一个四输入的多路开关,微指令的下一个地址可以来自以下四个源:指令寄存器、转移输入、微程序计数器或寄存器组。

microprogram simulation **微程序仿真** 用微程序的方法在一台计算机上仿真另一台计算机指令系统的过程。除了仿真计算机功能外,还可仿真字长、算术与逻辑计算等细节。

microprogram software **微程序软件** 用微程序实现的软件。微程序不但可以用来控制计算机,解释执行机器指令,而且还可以直接代替一部分软件功能。例如操作系统和编译中某些经常使用的功能可由微程序来表示。甚至有些应用程序例如查表、排序、文字编辑等也可以用微程序来实现,以提高执行速度。这种用微程序实现的软件称为微程序软件。

microprogram specification **微程序说明书** 为帮助编写、阅读、理解和使用,以语言文字、流程图或其他形式对微程序的规范、功能和相互关系等所作的详细描述。

microprogram subroutine **微子例程** 供微主程序调用的例行微程序。同 microprogram routine。

micropump **微型泵** 用微机械加工技术制造的超小型泵,微型执行机构的一种。其隔膜可以通过嵌入的压电薄膜、静电力或热膨胀来移动,该泵已在生物医学中得到应用。

microrecording **缩微出版物复制** 一种复制技术。利用这种技术可以将拷贝缩小到只能用光学设备才能阅读的缩微拷贝。拷贝可以是胶片、不透光卡片或纸片。

microrobotics **缩微机器人** 由微处理机控制的小型便携设备(特指小型的机器人手臂)。参见 robotics。

microroutine **微例行程序** 在微程序设计中,将计算机某些操作共同的微程序抽出来单独放置而组成的微程序段。同 microprogram routine。

microscope **显微镜** 一种光学系统,通常由下列各部分组成:①一个或多个物镜,可调节以得到不同的放大倍数;②一个或多个目镜,对一种或多种放大能力可互相转换;③一种照亮物体的方法,如一旋转镜或光源;④一种沿光轴放置和调节物体或目标的位置的方法,以在观察者眼睛的视网膜上得到一幅聚焦的图像。

microscopic image processing system **显微图像处理系统** 以处理显微镜视野下的图像为主要目的的数字图像处理系统。系统配置除微型计算机和必要的通用输入输出设备外,应具有显微摄像输入装置(包括摄像机、显微镜、可移动的 x-y 载物台以及自动聚焦机构等)和针对应用对象的应用软件包、发现乳腺癌细胞分析软件包、动植物染色体识别分析软件包、金相显微图像统计分析软件包等。

microsecond **微秒** 一百万分之一秒(10^{-6} s)。符号为 μs。

microsensor **微型传感器** 用微机械加工技术制造的超小型传感器,微型执行机构的一种类型。例如,利用微型膜片的机械形变产生电信号输出的微型压力传感器和微型加速度传感器。

Microsoft certified application developer (MCAD) **微软认证应用程序开发人员** MCAD 证书是入门级程序设计证书。该证书授予具备下列条件的开发人员:能够使用 Microsoft Visual Studio. NET 和 Microsoft. NET 框架,开发、部署和维护用于视窗操作系统和网络的部门级应用程序和组建,可以打造整合数据服务和 XML(可扩展标记语言) Web 服务的企业解决方案。2009 年该证书需通过核心考试科目二门:一门是针对 Web 应用程序开发或 Windows 应用程序开发的考试,另一门是 Web 服务与服务器组件考试。另需通过一门任选考试科目。

Microsoft certified database administrator (MCDBA) **微软认证数据库系统管理员** MCDBA 证书适合于进行数据库结构设计、发展逻辑数据模型、创建物理数据库、创建使用 SQL(结构化查询语言)的数据服务、管理和维护数据库、配置和管理安全、监控和最优化数据库,以及安装和配置 SQL Server。这个证书需要通过三门核心考试和一门任选考试。2009 年该证书核心考试科目是 SQL Server 的管理考试、SQL Server 的设计考试和网络系统的考试,可供选择的任选考试科目有 11 门。

Microsoft certified professional (MCP) **微软认证专家** MCP 是微软认证体系中最低级别的入门认证,只需要通过一门任意的当前微软认证考试即可。获得任意高级的微软认证都可同时获得 MCP 认证,MCP 认证同时也是获得更高级认证的必经之路。

Microsoft certified solution developer (MCSD) **微软认证解决方案开发专家** MCSD 证书是由微软提供的最高级别的程序设计证书。为了履行这个证书的需求,总共需要通过四门核心考试和一门任选考试。持有认证的专业人员,能够使用微软开发工具、技术、平台和 Windows 体系结构设计和开发前沿的商业解决方案,包括从商业需求分析到解决方案维护的各项任务。

Microsoft certified system engineers (MCSE) **微软认证系统工程师** MCSE 是微软认证中的高级认

证之一，通常需要通过四门核心考试和二门任选考试。持有认证的专业人员，对微软的服务器、网络技术、系统管理的部署以及维护等工作具有相当的经验与知识，适合网络工程师、系统管理员、系统工程师或网络管理师等职务。

Microsoft certified trainer (MCT)　微软认证培训师　由微软公司授予证书证明能够讲授微软专业证书课程的人员。

Microsoft Corp.　微软公司　美国的计算机软件公司，由 Bill Gates 和 Paul Allen 创建于 1975 年，主要产品包括 PC 机操作系统 MS-DOS、OS/2、PC 机图形窗口操作系统微软 Windows、文字处理软件 Word、电子表格软件 Excel、C 语句编译程序 MS C、网络操作系统 LAN Manager 和办公自动化套件 Office 等。

Microsoft disk operating system (MS-DOS)　微软磁盘操作系统　微软公司为 IBM PC 设计的磁盘操作系统。1981 年 10 月发布以单面软盘为基础的 DOS 1.0 版；1982 年支持 PC/XT 硬盘的 MS-DOS 2.0 问世，该版本首次具有多级目录管理功能，在人机界面上部分吸收了 UNIX 操作系统的优点；1984 年 8 月 3.0 版公布，内存管理能力适应于 IBM PC/AT 及其兼容机；1989 年采用实地址方式运行的 4.0 版上市，支持 2 GB 硬盘分区，支持 EMS 4.0 扩充内存；1991 年 6 月推出的 5.0 版支持 3.5 英寸 2.88 MB 软盘，支持完善的 DOS Shell、全屏幕编辑器和 Qbasic；1993 年 6.0 版提供了更丰富的外部命令，如反病毒程序 Antivirus、内存优化程序 MemMaker 等；至 1995 年 8 月，随着 Windows 95 的亮相，MS-DOS 终极版 7.0 推出。最基本的 MS-DOS 系统由一个 BOOT 引导程序和三个文件模块组成。这三个模块是输入输出模块(IO. SYS)、文件管理模块(MSDOS. SYS)及命令解释模块(COMMAND. COM)。MS-DOS 一般使用命令行界面来接收用户的指令，不过在后期的 MS-DOS 版本中，DOS 程序也可以通过调用相应的 DOS 中断来进入图形模式，即 DOS 下的图形界面程序。早先版本的 MS-DOS 不支持 FAT32、长文件名和大硬盘。从 MS-DOS 7.0 开始，尤其是 MS-DOS 7.10 版本则已全面支持这些特性。

Microsoft foundation classes (MFC)　微软基础类库　微软公司为 Windows 程序员提供的一个面向对象的 Windows 编程接口，它大大简化了 Windows 编程工作。MFC 是 C++类库。这些类或者封装了 Win32 应用程序编程接口，或者封装了应用程序的概念，或者封装了 OLE(对象连接与嵌入)特性，或者封装了 ODBC(开放数据库互连)和 DAO(数据访问对象)数据访问的功能等。MFC 按照功能应用划分为基类、应用程序结构类、文档相关类、框架相关类、控制条相关类、属性单相关类、对话框类、视图相关类、控件类、异常类、文件类及文件管理类、绘制图像相关类、数据库类、OLE 相关类、简单数据类、基本数据结构类、套接字和网络相关类、同步化类、网络服务 API(应用程序接口)类、支持类以及其他类。

Microsoft macro assembler (MASM)　微软宏汇编　针对 X86 家族微处理器的一个汇编程序，它支持各种宏设备和结构化程序设计语言。2005 年发布的 8.0 版是支持 64 位计算机的版本。

Microsoft management console (MMC)　微软管理控制台　MMC 是 Windows 2000 中提供的系统管理界面。可以通过 MMC 来完成所有的管理任务，因为 MMC 是所有管理工具的宿主。MMC 有两种模式：用户模式，可以使用已经安装的管理软件包；管理模式：可以修改并添加新的管理软件包。MMC 并没有提供任何的管理功能，它只是为其他管理工具的运行提供框架。MMC 还允许制作自己的管理插件，这些插件可以是运行在 HTML(超文本标记语言)页面中的 ActiveX 控件，也可以是 C 或其他开发工具开发的 DLL(动态连接库)。

Microsoft real-time compression (MRCI)　微软公司实时数据压缩技术　微软公司在应用程序和数据压缩工具之间存取信息的接口标准，该公司首先在 DOS(磁盘操作系统) 6.0 版本中引进了该接口，MRCI 也规定了存储压缩数据时的格式，以保证兼容性。

microsoftware　微软件　为在个人计算机(PC)中安装和使用而设计和组装的软件，通常存放在软磁盘上。微软件的一些例子有 WordPerfect, Volkswriter, Lotus 1-2-3, Framework, Harvard Total Project Manager, dBASEⅢ, Dr. Halo 和 MS Windows，以上均为注册商标。微软件一般可简称为“软件”。

microspace justification　微空间版面调整　在版面调整时，为使行边对齐而在字母之间添加细小的空格，而不是在字之间添加空格。使版面更加美观整齐。同 microjustification。

microspacing　加微空格　在打印中，通过添加细小空间来调整字符位置的过程。

microstatement　微语句　微程序设计中用于描述微操作的一种符号化语句，如加、减、传送、移位、计数、赋值等。

microtext　缩微原文　经缩微处理的信息原文。

micro to mainframe connection　微机到主机连接　将个人计算机与大型主机组成的网络进行互联，实现微机与主机之间的通信。其主要功能如下：①个人计算机仿真主机终端，并类似其他主机终端那样与主机进行交互会话；②利用个人计算机软件包，从主机数据库中提取有关内容到个人计算机进行分析与处理。微机到主机连接又可记作微机/主机连接。

microtransparency　透明缩微印刷品　印刷在透

明基片上的缩微印刷品。

micro virtual circuit service 微虚电路服务 Omininet 网络传输器提供的一种服务。是虚电路与数据报两种服务的折衷:有关信息只保留几个微秒,并且提供许多与虚电路相同的服务。它保证了通过网络发出的信息能被目的主机正确接收。其实现采用立即肯定应答方式,即目的站对每个正确接收的分组立即给出肯定回答。

microvolt 微伏 一百万分之一伏特(10^{-6} V)。符号为 μV。

M

microvolts per meter 微伏每米 无线电发射机在指定点产生的信号强度的测度,等于接收天线处信号强度(微伏)除以天线有效高度(米)。较强的信号用毫伏每米表示。

microwatt 微瓦(特) 一百万分之一瓦(特)(10^{-6}W)。符号为 μW。

microwave (MW) 微波 在射频频谱中,指频率为 300 MHz ~ 300 GHz 的电磁波,是无线电波中一个有限频带的简称,即波长在 1 米(不含 1 米)到 1 毫米之间的电磁波,是分米波、厘米波、毫米波的统称。微波的基本性质通常呈现为穿透、反射、吸收三个特性。对于玻璃、塑料和瓷器,微波几乎是穿越而不被吸收。对于水和食物等就会吸收微波而使自身发热。而对金属类东西,则会反射微波。

microwave acoustics 微波声学 研究固体中微波超声的产生、检测和传播特性,以及它与各种微观结构和物理过程的相互作用的学科。是超声学的发展和继续。微波声学保留了传统声学和超声学的基本原理和方法,但连续介质的经典理论须由量子理论来代替。微波声学广泛应用于声子与光子、电子、自旋、杂质、缺陷等微观结构相互作用的研究。

microwave amplification by simulated emission of radiation (maser) 微波激射器 一种发生微波信号的装置,其噪声很低。它利用分子和电磁波的相互作用,通过受激辐射式微波放大产生微波,即超高频(UHF)无线电波(3 ~ 30 GHz)。

microwave antenna 微波天线 工作于米波、分米波、厘米波、毫米波等波段的发射或接收天线,统称为微波天线。微波主要靠空间波传播,为增大通信距离,天线架设较高。在微波天线中,应用较广的有抛物面天线、喇叭抛物面天线、喇叭天线、透镜天线、开槽天线、介质天线、潜望镜天线等。

microwave circulator 微波环行器 一种无损耗接头,用于在一个方向上将天线耦合到一个发送器,而在另一方向上将该天线耦合到一个接收器上。

microwave communication 微波通信 利用发送和接收天线(抛物面天线等)基于电磁辐射的通信类型,使用波长 1 m ~ 1 mm(频率 300 MHz ~ 300 GHz)的电波传输信息,微波通信可以用于地面链路或卫星链路。

microwave communication system 微波通信系统 由微波发信机、收信机、天馈线系统、多路复用设备及用户终端设备等组成的通信系统。

microwave computer 微波计算机 一种将微波技术用于计算机的装置。它的运算电路采用微波载波技术,传输系统采用微带。

microwave diode 微波二极管 工作在微波频段的二极管。属于固体微波器件。微波二极管的基片材料由锗、硅发展到砷化镓。微波二极管具有体积小和可靠性高等优点,用于微波振荡、放大、变频、开关、移相和调制等方面。

microwave filter 微波滤波器 一种由置入微波传输线上的谐振腔或其他元件组成的滤波器,用以使需要的频率通过而抑制或吸收其他频率。

microwave heating 微波加热 非导电材料在 300 MHz ~ 300 GHz(波长 1 m ~ 1 mm)超高频电磁波作用下,主要由分子运动和离子传导产生热能的电加热。

microwave integrated circuit (MIC) 微波集成电路 工作在微波波段和毫米波波段,由微波无源元件、有源器件及微带传输线,在绝缘基片上构成的,具有某种功能的整体电路。微波集成电路可分为混合微波集成电路(HMIC)和单片微波集成电路(MMIC)。电路是根据系统的需要而设计制造的。常用的微波集成电路有微波混频器、微波低噪声放大器、功率放大器、倍频器、相控阵单元等各种微波电路。参见 hybrid microwave integrated circuit (HMIC), monolithic microwave integrated circuit (MMIC)。

microwave landing system (MLS) 微波着陆系统 一种无线电导航系统,在该系统内有利用微波信号并带有测距仪器的无线电信标,向航空器提供其位置信息,从而保证航空器在下降和着陆过程中沿预定轨道飞行。

microwave mixture joint 微波混合接头 用来分配或合成微波信号功率并具有隔离性能的四端口微波元件,用作分配器时输出同相或反相的等幅信号。

microwave multiplier phototube 微波光电倍增器 能对微波频率调制的光束解调的光电倍增器。穿透式二次发射倍增板将光电阴极发射的光电子进行放大,在管内最终聚束的光电子由螺旋线产生的轴向磁场聚焦。该电子束在螺旋线上激发出射频波,而螺旋线则通过管子的玻璃外壳与连接输出同轴连接器上的另一短段螺旋线相耦合。

microwave network 微波网络 各类电子系统中用于检测、传输、处理信息或能量的微波电路。复杂的微波网络由许多简单的微波网络所组成,后者有不同的分类方法。如按网络外接的传输线端口数可分为一端口、二端口、多端口的微波网络;按电路元件的性质可分为有源和无源的微波网络、线性和非线性的微波网络、可逆和非可逆的微波网络等。参见 active microwave network，passive microwave network。

microwave oven 微波炉 用微波能迅速加热食物的电器，适于解冻食物和烹调大多数均质食物。以 2.4 GHz 频率振荡的磁控管辐射通过波导直接进入炉腔发射微波能，微波辐射能引起食物内部的分子振动，从而产生热量。

microwave protection equipment 微波保护装置 在被保护线路两端间利用微波进行信息联系的保护装置。

microwave relay communication 微波接力通信 也称"微波中继通信"。利用微波的视距传输特性，采用中继站接力的方法达成的无线电通信。

microwave relay tower 微波接力塔台 在长途电话网，如那些具有穿越高山、沙漠和水体的长链路的电话网中，其上有微波设备(包括接收器、中继器和发送器)的高塔，这些设备在各塔台间进行信号接力。

microwave remote sensor 微波遥感器 远距离检测地物和环境的微波辐射或反射的遥感器。带有微波发射源，能产生微波并把它发射出去探测远处的景物，再接收从景物反射或散射回来的微波的遥感器，称为"有源微波遥感器"，如侧视雷达、微波散射计、微波高度计等。不带有微波发射源，不能产生和发射微波，只接收景物自身辐射出来的微波的遥感器，称为"无源微波遥感器"，如各种类型的微波辐射计。参见 remote sensor。

microwave repeater 微波中继站 一种无线电中继站，在微波频率上形成高方向性无线电波束，使相距达 80 km 的塔架形成链路。每个塔架的每个方向有一台接收机和一台发射机，用来接收、放大和传送信号。

microwave spectroscopy 微波波谱学 通过射频或微波电磁场与物质的共振相互作用，研究物质的性态、结构和运动的物理学分支学科。研究对象可以是原子、分子及其凝聚态，也可以是中子、质子、电子、原子核和等离子体。实验观测既可在稳定状态，也可以在动态甚至在短暂的瞬态进行。微波波谱学以测量频率为主，利用振荡器、磁控管、调速管等产生单频微波，通过平行金属线、同轴线或波导管透过含有被分析物质的共振腔，探测物质在随时间缓慢变化的电场或磁场下所造成的辐射衰落响应。利用微波波谱方法，准确测定了一些原子的超精细结构、兰姆移位、电子和 μ 子的反常磁矩、分子键长等。微波波谱学的发展，导致微波量子放大的出现、激光的问世、原子钟的发明和频率基准的建立，开辟了量子电子学这一新兴科学。频率的准确测量导致物理常量准确度大幅度提高，对自然科学、应用科学和工程技术的发展起了重要的推动作用。

microwave transistor 微波晶体管 工作在微波频率上的晶体管。双极型和场效应型晶体管都可以在微波频段很有效地工作。微波晶体管是平面式的 NPN 硅或砷化镓场效应晶体管，尺寸在微米级。

microwave transmission 微波传输 利用微波作为载波传输信号的方式。微波传输主要用于远程通信中，由于微波具有易于聚集波束、高度的定向性、直线传播等特性，因此微波传输常用于点到点通信。

micro Winchester 微型温盘 早期指直径小于 8 英寸的温彻斯特硬盘驱动器，现在指直径为 3.5 英寸的温彻斯特硬盘驱动器，它采用薄膜磁头、电镀磁盘片和负压空气轴承悬浮系统，记录密度高。

microworld 微型世界 用计算机按思维模型和学科规律模拟现实世界而产生的结构化、理想化的学习环境。学生在这种可感知的环境中模仿专业人员的工作和研究，进行观察、设想、探试、查错、归纳等，从而在学习知识的过程中掌握学习和研究的基本方法。

MID (1)报文输入描述符 message input descriptor 的缩写。(2)消息[报文]标识符 message identifier 的缩写。

midamble 训练序列码 TD-SCDMA(时分同步码分多址)系统物理信道突发结构中的训练序列。在同一小区内，同一时隙内的不同用户所采用的训练序列码由一个基本的训练序列码经循环移位后而产生。一个时隙中各个部分的发射功率必须一致，即训练序列码部分的发射功率和数据的发射功率必须一致。

mid-batch recovery 中等批量恢复 在某些通信系统软件中，表示在多块或报文中跟在第一块之后的任意数据块在遇到正文永久性出错时的恢复能力。

midial potential working 中间电位作业 人体通过绝缘棒等工具进入高压电场中某一区域，但还未直接接触高压带电体。人体处于接地体和带电体之间的电位状态，使用绝缘工具间接接触带电设备来达到其检修目的的方法。中间电位作业即要对接地体保持一定的安全距离，又要对带电体保持一定的安全距离。此种作业方法主要适用于作业点离大地较近，或作业点设备复杂采用地电位作业完成较困难，用等电位作业又具有一定危险性的场合。参见 live working，equal potential working，earth potential working。

middlecomputer 中型计算机 一种规模和计算能力介于小型计算机和大型计算机之间的计算机。

middle earth orbit (MEO) 中地球轨 轨道高度为距离地球 5 000 ～ 20 000 km。

middle-in-chain 链中间单元 一种请求单元，该单元没有请求标题开始链指示符和标题结束链指示符。参见 RU chain。

middle infrared　中红外线　在电磁频谱中，属于处在近红外区的长波长端与远红外区的短波长端之间的范围，约 3 ～ 30 μm。

middle letter row　中间字母行　键盘中间的字母行。参见 lower letter row, upper letter row, numeric row。

middle potential working　中间电位作业　带电作业时作业人员处于带电体电位与地电位之间电位上的作业。

middle-square method　平方取中法，中平方法　一种较通用的散列函数。先把关键码值 K 平方，然后取其中间部分作为杂凑函数 $H(K)$ 的值。中间部分的长度(或位数)取决于指定区域的大小。

middle tier　中间层　也称“应用服务层”，是用户接口或网络客户端与数据库之间的逻辑层。典型情况下网络服务器位于该层，业务对象在此实例化。中间层是生成并操作接收信息的业务规则和函数的集合。它们通过业务规则完成该任务，并由此被封装到在物理上与应用程序逻辑本身相独立的组件中。

middleware　中间件　(1)操作系统与应用程序之间层次的软件。(2)在异种机型之间自动完成数据转换的软件。(3)在客户机/服务器体系结构中的关键组成部分，把平台的专用码从应用程序中分离出来，把开发者从平台间的不一致性和网络协议中解脱出来。中间件使开发者免除了处理多平台和操作系统的复杂工作，大部分中间件是单独的产品，适用于多种不同的应用开发环境。

mid-fiber meet　光路中间衔接　允许不同厂家的设备在光纤级互联的特性。

MIDI　乐器数字接口　musical instrument digital interface 的缩写。

midicomputer　中型计算机　中等大小和中等计算能力的计算机，介于大型计算机和小型计算机之间。同 middle computer。

MIDI file　MIDI 文件　一种包含了音符和声音信息的文件，它们可以通过 MIDI(乐器数字接口)接口卡发送给乐器。MIDI 文件也可以像包含音符一样，包含描述所播放声音类型的信息。例如，它可以告诉合成器按照钢琴或者小号的声音来发声。参见 musical instrument digital interface (MIDI)。

MIDI mapper　MIDI 映射器　Windows3.1x 提供的一个程序，它使得用户可以改变连接到计算机的每件乐器的音符发送方式。例如，可以使用 MIDI(乐器数字接口)映射器来将鼓的所有音符重新定向给电子琴。

MIDL　微软接口定义语言　Microsoft interface definition language 的缩写。

midpoint subdivision　中点再分法，折半法　为了使用硬件进行裁剪操作而提出来的一种求直线与裁剪边框交点的方法。

mid-run explanation　运行中解释　专家系统中的一种特性。终止计算机程序并解释当前位于何处、正在做什么、接着将做什么。

mid-shot　中景　同 medium shot。

midsplit　中分　一种单缆制双向宽带通信系统中的频率分配方式。一般规定向头端传送的返向通路信号的频率范围是 5 ～ 116 MHz。由头端向全网传送的信号其频率范围是 168 ～ 400 MHz，保护带为 116 ～ 168 MHz。IEEE 802 局域网络标准建议，以这种频率分配方式做为单缆制宽带计算机局域网的标准频率分配方式。

mid-square generator　中平方生成程序　一种特定的随机数生成程序，其方法是：将一个随机数取平方，然后取其中间数位组成一个新随机数。例如对一个随机数

45 086 273，

取平方后得

2 032 772 013 030 529，

则新随机数为

77 201 303。

Mie scattering　米氏散射　在一传播媒介中(如在一条光纤的玻璃中)，尺寸约等于或大于波长的粒子对电磁波的散射。米氏散射是由于粒子和传播媒介折射率的差异而引起的。

MIFR　国际频率总登记表　master international frequency register 的缩写。

mightiness testing　强力测试　验证软件的性能在各种极端的环境和系统条件下的承受能力，如在最低的硬盘驱动器空间或系统存储容量条件下，验证程序重复执行打开和保存一个巨大的文件 1 000 次后也不会崩溃或死机。

migrate　转移，移植，迁移　(1)将数据从存储器的某一级中转移到另一级中去。(2)将系统移到一个改变了的操作环境中，通常是移到一个新版本上。

migration cleanup　迁移清除　在数据设备分级存储管理程序中，日常空间管理的第一个阶段。它清除不必要的记录和迁移的副本。

migration control data set　迁移控制数据集　在数据设备分级存储管理程序中，一种数据存取方法的键标顺序数据集，它含有统计记录、控制记录、用户记录、已迁移的数据集记录等数据集以及在数据设备分级存储管理程序的迁移控制下的卷记录。

migration data host　迁移数据宿主　一个 VTAM(虚拟远程通信访问法)节点，既作为一个 APPN(高级对等联网)终端节点，又作为 5 型子区域节点。参见 interchange node, virtual telecommunications access method (VTAM)。

migration volume　迁移卷　在数据设备分级存储管理程序控制下含有迁移数据的卷。

MII　介质无关接口　media independent interface

的缩写。

MIL 管理信息定义库 management information library 的缩写。

mil 军事机构域名 在因特网的域名系统中，标识军事机构网址的最高层域名。

mile 英里 一种英制长度单位，1 英里等于 1.6093 km。

milestone 里程碑 设计人员或管理人员负责的一个在时间上预定的事件，用来测量工作进度。例如正式的复审、规格说明的颁布、产品的交付等。

milestone in software development 软件开发里程碑 计划和控制软件开发的工具。管理者规定的软件开发过程中有重要意义的事件的时间点。由于软件开发周期长，预见性差，为了对开发过程进行控制而设立。它应建立在人们重视的可以测量的东西上。各阶段内部还应有一些里程碑。

milestone state 里程碑状态 在人工智能的问题归纳方法中，如果在初始状态 S 过渡到目标状态 G 时，能够找到必须经过的某些状态，并利用这些状态可将问题归纳为若干个较易解决的子问题，则这些状态称为里程碑状态或关键状态。

military call sign 军用呼号 一种军方控制的单位所用的呼号。

military communications system 军事通信系统 一种由军事组织建立且只能由其使用的用以进行军事通信的通信系统。

military network (MILNET) 军事网 因特网的前身阿帕网(ARPAnet)网的一部分起的名字，是指定给美国的机密军事部门使用的。1983 年 MILNET 从 ARPA 网分离出来。mil 这种最高等级域名仍然专供美国军事机构使用。参见 advanced research project agency network (ARPAnet)。

mill 密尔 一种英制长度单位，1 密尔等于千分之一英寸(0.001 in)。

Miller capacitance 密勒电容 跨接在放大器(放大工作的器件或者电路)的输出端与输入端之间的电容。具体来说，对电子管，是屏极与栅极之间的电容；对晶体管，是集电极与基极之间的电容；对场效应管，是漏极与栅极之间的电容。密勒电容对于器件或者电路的频率特性的影响即称为密勒效应。参见 Miller effect。

Miller code 密勒码 表示二进制信息的一种代码，其中二进制的“1”由在一个位单元中央翻转(向上或向下)来表示，二进制的“0”由跟在二进制“1”后面的不翻转来表示，各位之间的翻转代表连续的“0”。在这种代码中，不发生翻转的可能最长间隔是两位时间。

Miller effect 密勒效应 在真空管中，由于阳极通过栅-阳电容在栅极上静电感生电荷而使有效栅-阴电容增加。1920 年密勒在研究真空管三极管时发现了这个效应，但是这个效应也适用于现代的半导体三极管。密勒效应是通过放大输入电容来起作用的，即密勒电容可以使得器件或者电路的等效输入电容增大(1＋Av)倍，Av 是电压增益。因此很小的密勒电容即可造成器件或者电路的频率特性大大降低。

Miller integrator 密勒积分器 带有与电容并联的高增益放大器的电阻-电容充电网络，用于产生线性时基电压。

Miller^2 code 密勒平方码 表示二进制信息的一种信息编码，系密勒码的改进型。其编码规则是把输入信息序列依次分成如下三种不同类型的信息组：①任意数量的连续“1”；②连续两个“0”的或两个“0”之间插有奇数个连续的“1”；③一个“0”后面跟着偶数个“1”。然后把①、②类信息组按密勒码规则变换，并把③的信息按末位“1”变为“0”，其余位保持不变的规则加以变换。最后再把编码序列用逢“1”变化不归零制规则调制。这种编码具有同步能力，主要用于数字磁记录。

milli (m) 毫 千分之一。

milliampere (mA) 毫安 千分之一安培(10^{-3} A)。符号为 mA。

milliampere-hour (mAh) 毫安时 千分之一安时(10^{-3} Ah)。符号为 mAh。

milligram (mg) 毫克 千分之一克(10^{-3} g)。符号为 mg。

millihenry (mH) 毫亨 千分之一亨利(10^{-3} H)。符号为 mH。

milliliter (mL) 毫升 千分之一升(10^{-3} L)。符号为 mL。

millimeter (mm) 毫米 千分之一米(10^{-3} m)。符号为 mm。

millimeter wave 毫米波 波长为 1 ～ 10 毫米的电磁波称毫米波，它位于微波与远红外波相交叠的波长范围，因而兼有两种波谱的特点。

millimicron (nm) 纳米，毫微米 10^{-9} 米，符号为 nm。参见 nanometer。

millimicrosecond (ns) 纳秒，毫微秒 10^{-9} 秒，符号为 ns。参见 nanosecond。

million floating-point operations per second (MFLOPS) 每秒百万次浮点运算 中央处理机每秒钟能对浮点数据执行操作的次数。它用于衡量微处理机的处理速度，由于这些机器采用高速流水线多功能部件和并行处理技术，用“每秒百万条指令”(MIPS)已不能很好的反映其性能，故多用 MFLOPS。一般可把一个浮点操作当成 3 ～ 5 条指令处理。

million instructions per second (MIPS) 每秒百万条(次)指令 以百万条(次)作为单位，中央处理机每秒钟执行的指令条数。MIPS 是衡量计算机处理速度和能力的一项重要技术指标。MIPS值主要用于表征计算机的整数性能或整数处理效率。MIPS值越大,机器的性能越好。

million operations per second (MOPS) 每秒百万次运算 以百万次作为单位,中央处理机每秒钟执行操作的次数。这些操作包括数组传送、数组移位、数组比较和向量浮点运算等。次数可以是单个功能部件每秒钟完成的操作次数,也可以是单条指令控制下由多个功能部件每秒钟同时完成的操作次数。MOPS是衡量计算机性能的一项重要指标。

M

millisecond (ms) 毫秒 千分之一秒(10^{-3} s)。符号为ms。

millivolt (mV 毫伏 千分之一伏特(10^{-3} V)。符号为mV。

milliwatt (mW) 毫瓦 千分之一瓦特(10^{-3} W)。符号为mW。

MILNET 军事网 military network 的缩写。

MIMD 多指令流多数据流 multiple instruction stream-multiple data stream 的缩写。

MIME (1)多媒体因特网邮件扩展 multimedia Internet mail extensions 的缩写。(2)多用途因特网邮件扩展 multipurpose Internet mail extensions 的缩写。

MIMO 多进多出 multiple in multiple out 的缩写。

MIN (1)移动智能网 mobile intelligent network 的缩写。(2)移动标志号码 mobile identification number 的缩写。

min-cut placement method 最小切割分布法 一种元件在印制电路上最优位置的布局方法。该法在元件间设置一些水平切割线或垂直切割线,并按一定的规则反复交换元件位置,使之能与切割线相交的元件的连线最短。

mind bus 共识总线 一种虽尚未被定为标准,但事实上已被众多用户所接受并广泛应用的总线。

Minds and Machines **《脑与计算机》** 荷兰1991年创刊,全年4期,Kluwer Acdemic出版社出版,SCI(科学引文索引)、EI(工程索引)收录期刊。论述人工智能、计算机科学的哲学问题和认知科学等领域的进展。

mind share 意愿份额,思想倾向份额 产品、服务或公司在用户或消费者脑海中的闪现和熟知度。与市场份额(由特定产品、服务或公司赢得的市场百分比)不同,意愿份额量化的成分少些,但在吸引客户注意力和引发销售方面仍然是重要因素。该术语经常用于(但又不限于)计算机工业。

mineral resource information 矿产资源信息 表征矿产资源学科研究对象、理论、方法、数量、质量以及开发、利用、保护等的信号和消息。

mini-access code 最小存取码 使系统或指令在存储器或其他机器部件间传送的延迟影响减至最小的编码系统。

miniassembler program 小型汇编程序 在许多微处理系统中,为简化机器的分级程序设计而设计的一种典型的汇编程序。它允许程序员直接在终端上以汇编语言打入程序助记符。当此程序产生正确的目标码时,将其置入适当的存储区,同时在终端上打印出来。有关的转移由绝对地址计算出来,存放转移指令之后。

miniature hand-held scanner 袖珍手提扫描器 一种供销售点终端系统中使用的光学阅读器。它可以通过光笔读出物品上的条形码数据。

miniature rectangular connector 小型矩形连接器 插针或插孔的间距小于0.10英寸的矩形接插件。例如间距1.27mm的80针带状电缆插头、插座等组成的连接器。

miniature unit coupling 微型单元耦合器,MU连接器 一种单芯光纤连接器。该连接器采用1.25 mm直径的套管和自保持机构,其优势在于能实现高密度安装。MU连接器系列有:用于光缆连接的插座型连接器(MU-A系列);具有自保持机构的底板连接器(MU-B系列)以及用于连接光发射及光接收模块与插头的简化插座(MU-SR系列)等。

minicassette 小型盒式磁带 盒式磁带的小型化产品,其体积和容量介于标准盒式磁带和微型盒式磁带之间。

minicomputer 小型(计算)机 规模介于微机与中型计算机之间的计算机。小型机出现于20世纪60年代中期,此后小型机的处理能力大大增加,DEC公司是当时最大的小型机制造公司。小型机字长与微机相当,但功能比微机强得多。小型机应用广泛,如在分布系统中可作为数据汇集点,在计算机网络中又可做通信协议处理机。

minicomputer communication processor 小型计算机通信处理器 连接小型中心计算机与通信网络,使中心计算机执行通信控制功能的一种设备。

minicomputer concentrator 小型计算机集中器 小型计算机在用作远距离集中器时,担任的工作相当于具有输入/输出能力的存储缓冲器。它除了调整线路上的消息流动外,还可变更通信速率。可同时从数个低速终端机接收消息。其功能可用程序设计来执行,包括:字符对消息组合与分解、通信线路控制、消息缓冲、码变换、检错和自动回答。

minicomputer software 小型计算机软件 支持小型计算机工作的软件。小型计算机的软件在前几年发展很快,大多数小型机都可支持各种高级语言和汇编语言。小型机的操作系统现也大多具备高性能的实时、多道程序设计、多任务处理、分时、联网及批处理的功能。

MINIDASD function 虚盘初始化操作 同 virtual disk initialization function。

MiniDisc (MD) 微型光碟,迷你盘 1993年Sony公司开发的小型数字光碟,其直径只有6.4 cm,存储容量达140 MB,可播放74分钟的CD质量的音乐节目。

MiniDisc long play (MDLP) 微型光碟长时间播放(功能) Sony(索尼)公司在1999年发布的新技术。MDLP是Sony通过采用其建立在自适应变换声音编码(ATRAC)的基础上,最新开发出来的ATRAC3编码器,使用更高的压缩比率,提供了两种模式:两倍的LP2模式和四倍的LP4模式,最长提供比存储媒介本身容量高出四倍的时间。如一张80分钟的MD光碟在LP2模式进行录音的话,可以录制160分钟的立体声;而在LP4模式的模式下可录下360分钟的立体声。

MiniDisk 微型磁[光]盘 直径比常规磁盘小的磁盘或光碟。同 minifloppy。

minidiskette 小(型)软(磁)盘 用在微型计算机上的小型软盘。参见 diskette。

minidiskette-2 (HD) 小型双面高密度软盘 直径为5.25英寸的软盘,其矫顽力为600奥斯特,每面有80条磁道、每片软盘的未格式化容量为1.6 MB。

minidiskette-2 (MD-2) 小型双面双密度软盘 直径为5.25英寸的软盘,其矫顽力为300奥斯特,每面有40条磁道、每片软盘的未格式化容量为0.5 MB。

minidisk table 虚盘表 历史控制文件的一部分,它含有与可装入单元有关的所有虚盘的虚地址和拥有者标识符。

minifloppy 小型软磁盘 同 minidisk。

minifloppy disk 小型软盘 参见 minidiskette。

minifloppy disk drive 小型软盘机 采用直径为5.25英寸、3.5英寸或2英寸等的软盘片作为记录媒体的一种软磁盘机。

mini-four-electrode array on outcrops 露头小四极法 在野外露头上测定岩石、矿石,电性的一种方法。测定时要选择新鲜岩(矿)石面,在范围大于AB极距2～3倍的平面上布置供电电极(AB)和测量电极(MN)。它的优点是设备简单,操作方便,测定结果容易反映野外实际情况。

mini-icon 小图标 一种小型图标。图标和小图标代表对象。参见 icon, object。

minimal access coding 最快访问[存取]编码[技术] (1)一种编码技巧。许多计算机中数据的存取时间与它在存储器中的位置有关。采用这种编码方法能使存取时间减到最短。(2)一种程序设计方法,它使数据存放位置的存取时间最小,从辅助存储器向主存储器传送数据所需时间也最小。

minimal access programming 最快访问[存取]编程设计 一种编程技巧。使访问存储器所需的等待时间最短。主要用在具有串行存储器的计算机中。

minimal access routine 最快访问例程 使访问存储器所需的等待时间最短的例程。

minimal constraint 最小约束原则 NLAG中选择类比源的一种策略。最小约束原则要求最大限度地选择对类比目标加入最小猜想的类比。

minimal cover 最小覆盖 关系数据库中函数依赖集的依存关系。对某一关系模式的函数依赖集F,设F'为其上的一个覆盖。若F'满足条件:① F'中每个函数依赖的右部仅含一个属性;② F'中不存在这样的函数依赖$X \to A$,使F'与$F' - \{X \to A\}$等价;③ F'中没有这样的函数依赖$X \to A$,使得F'与$(F' - \{X \to A\}) \cup \{Z \to A\}$等价,式中$Z \subset X$。此时,$F'$为$F$的一个最小覆盖。

minimal discriminate description 最小判别描述 在机器学习的判别描述中的最短表达式。其描述符数量最少,但足以从别类客体中辨别出某给定类的所有客体。

minimal element 极小元(素) 设a是偏序集$\langle A, \leqslant \rangle$的一个元素,如果不存在$b \in A$使$b \neq a$且$b \leqslant a$,则称$a$是极小元。

minimal latency coding 最少等待编码 计算机程序设计的一种方法。能使数据存取时间减至最少的快速访问编码方法。数据存取时间与它在存储器中的位置有关,而位置的选择必须使存取时间最少。参见 minimal access coding。

minimal machine 最小机器 在接受同一语言的某种机器类中,其状态数最少的一种机器。对于任何有限自动机或串行机存在在同构意义下的唯一的一个最小机器,它可以识别同一个语言(在有限自动机情况下)或同样的响应函数(在串行机情况下)。这个性质对于状态集为无限时亦成立。状态q成为多余状态有两种可能,第一种是不能访问的,即任何输入串都不能到达q,第二种是状态q与另一个状态q'等价。所谓最小机器就是去掉不能访问节点,归并所有等价节点所得到的机器。

minimal model 极小模型 逻辑系统中的模型概念,一组逻辑公式的极小模型是在这一逻辑系统中满足所有公式,且不存在任何一个模型比它更小的解释,在一个逻辑系统中,一组逻辑公式可以有许多个不可比的极小模型,如果只有一个极小模型,则它也是这组公式的极小模型,带有否定的DATALOG规则集一般情况下就有多个极小模型。

minimal nonplanar graph 极小非平面图 去掉其任意一条边都得到一个平面图的非平面图。

minimal polynomial 极小多项式 刻画矩阵性质的一个多项式。设A是数域P上的方阵,$f(x)$是数域P上的多项式,如果有$f(A) = 0$,则称矩阵A是$f(x)$的根。以A为根的多项式中次数最低,且首项系数为1的多项式称为矩阵A的极小多项式。

minimal product-of-sums 极小和之积 组合布尔函数的一种表示形式。其特点是所含的和项最少。当和项数目相同时,所含的变量或它的"非"的个数最少。可通过某种布尔代数化简法使其和之积化简到最小。

minimal protection 最低保护 美国国防部定义的安全操作系统的最低保护标准,该级不具备安全特征。参见 trusted system, discretionary protection, mandatory protection, verified protection。

minimal value 极小值 局部最小的值。在整个取值范围内,极小值可以有多个,且它们可以是不相等的。

minimax algorithm 极小化极大值算法 即能使求解问题所需步数的最大值达到极小的算法。如果求解过程用判定树来表示,则树的高度就是解决问题所需步数的最大值。因此,该算法对应一棵高度最小的判定树。

minimax approximation 极小极大逼近 也称"最佳一致逼近"。即使最大误差趋近于最小的过程。在连续的情况下,指的是使逼近结果与被逼近对象在所考虑的区域内的最大误差为最小。在离散的情况下,指的是逼近结果与被逼近对象在所考虑的点集上的最大误差为最小。参见 optimal uniform approximation。

minimax criterion 极小化极大准则 在概率决策中,选择可能发生的最大损失化为最小损失的策略的准则。

minimax procedure 最小最大过程 MAX 在假定 MIN 总会选择最优策略的情况下,至少能赢多少的策略。具体过程如下:MAX 对于他找到的每种可能的着法,都计算出 MIN 各种可能着法的静态估价函数值,取其最小值作为 MAX 各种着法的倒推值,当 MAX 各种着法的倒推值都得到之后,再往上倒推一步,取所有倒推值的最大值,作为上一级节点的倒推值,一直倒推上去,最后,MAX 就可以选定自己最有利的着法。博弈树搜索就是基于最小最大过程的搜索。

minimax search 最小最大搜索 一种双人博弈策略。*A* 方以自己的标准移到有最大值的位置,*B* 方则以选择对 *A* 来说是最小值的位置作为反应。

minimicro 小型(计算)机 同 microcomputer。

Mini-Micro Systems **《小型-微型系统》** 美国 Cahners 出版公司出版的刊物。1968 年创刊,月刊。原名(*Modern Data*),1976 年 7 月改为现名。主要刊载美国小型和微型计算机在商业数据处理、工业控制、科学与工程、军事与空间系统及数据通信等方面的应用文章。

minimize 最小化 将窗口缩小为一个图标表示,使得该应用程序仍旧在后台运行,但它不再是一个活动的窗口。最小化一个应用程序使用户能同时运行好几个应用程序,只要将不在使用的程序最小化即可。在微软 Windows 3.x 中,被最小化的应用程序显示为屏幕左下角的一个图标。在 Windows 95/98 中,应用程序缩为状态栏上的一个图标,可以单击这个图标,就可以切换回到该应用程序。

minimize button 最小化按钮 微软视窗的窗口右上角中带向下三角的小按钮框,用于缩小窗口的图标。在 Windows 95 及其以上的版本中是一个带有一个负号的按钮。

minimum 最小值 变量在其取值范围内可取的最小值。一个变量的最小值如有多个,则它们必须是相等的。

minimum acceptable receive level 最小可接受接收级 在 ESCON(企业系统连接)环境中,用分贝表示的计算级,表示在链路指定点接收到的信号强度。这个值用作为一种测量实际值的阈值。

minimum bend radius (MBR) 最小弯曲半径 当一条光纤或光缆弯曲时,允许最小的弯曲半径。在安装后的运行中光缆的弯曲必须小于临界半径(CR)以使光功率在弯曲处不产生损耗。MBR 随光纤或光缆的不同而不同。最小弯曲半径通常还是拉应力的函数,当光纤或光缆绕在绞盘或滑轮上,尤其当光缆受拉时会出现拉应力。如 MBR 未标明或未知,一个安全的常识是长期拉应力半径不小于光缆直径的 15 倍。参见 critical radius, curvature loss。

minimum cable cutoff wavelength 光缆最小截止波长 成缆波导(如成缆的光纤)能支持的单模的最小波长。

minimum cell rate (MCR) 最小信元速率 异步传输模式(ATM)中的基本业务量参数,MCR 是一个在端用户与网络之间可以协商的速率,表示一个 ATM 连接上保证传输质量的信元传输速率,单位为信元/秒。MCR 采用连接控制信令进行协商,MCR 值可以从 0 一直到网络允许的信元率(ACR),这个允许的信元率也可以是 0,如果主叫端用户没有指定 MCR,则 MCR 缺省值为 0。若主叫端用户指定的 MCR 大于 0,则该用户可以大于 MCR 而小于 ACR 的速率发送信元。参见 allowed cell rate (ACR)。

minimum command interval 最小指令间隔 发出相邻两条指令所允许的最短时间间隔。这个要求与被控对象的动作时间及指令连发等因素有关。

minimum-cost flow algorithm 最小代价流算法 求出图中传送一定量流的最小代价的算法。采用福特和福克森的思想,首先对顶点进行标号,如果汇点在标记过程中被标记,那么说明存在一条可增路径,可使网络最大流增加。如果汇点没有标记,那么完成如下两项工作:第一,如果前一次标记有增加流,那么检查当前流是否为网络最大流,若是则终止;否则作第二项工作:修改图中顶点号以修改标记过程中参数，重新开始标记过程。

minimum-cost spanning tree 最小代价生成树 若要在 n 个顶点之间建立连通图，至少要有 $n-1$ 条边来连接这 n 个顶点，将这 $n-1$ 条边上的权值之和定义为连通图的代价。如果满足：①这 $n-1$ 条边和图的 n 个顶点构成一个连通图；②该连通图的代价是所有满足条件①的连通图的代价的最小值。这样的连通图被称为网络的最小代价生成树。

minimum delay coding 最小延迟编码 在存储器与其他机器部件之间的数据传送中，使延迟减到最小值的编码系统。参见 minimal access coding。

minimum delay programming 最小延迟程序设计 一种程序设计方法，用这种方法设计程序，所选的指令和数据的存储位置，能使存取时间减至最少。

minimum description length principle (MDLP) 最小描述长度原理 判断数据描述方法优劣的准则。描述一组数据的最好的理论是使下列和为最小的理论：①理论的长度(以二进制形式表示)；②编码的数据长度(以二进制形式表示)。

minimum discernible signal 最小可辨别信号 雷达系统中功率电平的下限。它由下列两方面决定：①接收天线输出端的信噪比，②信号特性和天线及接收器系统的性能。

minimum dispersion slope 最小色散斜率 在多模光纤中，指在最小色散波长时的材料色散的变化率。

minimum dispersion window 最小色散窗 (1)在光纤衰落对波长的特性曲线中，一个窗口(即凹槽)，在该处材料色散与其他波长处的材料色散相比是较小的。(2)单模光纤中的窗口或在双包层或四包层情况下的光纤中的窗口，在该处材料色散和波导色散相互抵消，从而产生极低的接近于零的色散，因而导致在光波长极窄范围上极宽的调制带宽。

minimum distance 最小距离 在线性分组全部(2^k 个)码字集合 c 中，任意两码字的最小距离 d_{min}。d_{min} 越大，码字的抗干扰能力越强。

$$d_{min}=\min\{d(c_i,c_j)\}\qquad c_i\neq c_j。$$

minimum distance classification 最小距离分类法 (1)一种数字模式识别方法。其内容是，在建立的样本空间中，让每个样本在样本空间中占一个点，并各自对应一样本向量，由此引入一样本向量集合。接着，用求样本空间中任意两点(或两向量)间距离的算法计算。在进行识别时，计算被识别点和各样板点的距离，并求出与该点距离最小的样板点，从而作出分类。(2)求出未知类别向量到要识别各类别代表向量中心点的距离，将未知类别向量归属于距离最小一类的一种图像分类方法。最小距离分类是按照模式与各类代表样本的距离进行模式分类的一种统计识别方法。在这种方法中，被识别模式与所属模式类别样本的距离最小。参见 statistical pattern recognition。

minimum distance classifier 最小距离分类程序 一种比较分类程序。其功能是将输入模式 X 与有关的参考向量 $R_1,\cdots,R_m$ 加以比较，找出与 X 距离最小的向量 R_i，并将 X 判定为与 R_i 相关的 ω_i 类。

minimum distance code 最小距离码 一种用于错误检测和校正的二进制代码。其信号间距不低于某一个规定值。

minimum distance rectangular path 最小距离直角通路 在只允许沿水平和垂直两个方向走线时两点间距离最短的通路。

minimum feature 最小特征尺寸 由集成电路制作工艺使用的光刻设备确定的最小线条尺寸。光学系统的成像能力取决于所使用光的波长。例如，有的集成电路生产厂家常用的最小特征尺寸大约 1 μm。这样水平的半导体工艺技术常常称为 1 μm 工艺。

minimum frequency shift keying (MFSK 最小相位频移键控 比特率正好是频率偏移四倍的频移键控。

minimum implementation model 最小实现模型 在多输入多输出系统中，使得内部状态的维数最少的仿真模型。

minimum interval 最小时间间隔 两个相邻事件发生之间的最短时间间隔。例如在数据传输中，指信号码元在连续两次状态转换之间占据的最小时间。信号中的所有码元都是按最小时间间隔的整倍数来形成的。

minimum latency routine 最小等待时间例程 要求从存储器以外的部分获得信息所需要等待时间最短的那种例程。

minimum loss window 最小损耗窗 光纤中的传输窗，在该处衰落系数是(或接近)理论最小值，即量子受限瑞利散射窗。

minimum-matching algorithm "最小权匹配"算法 "沿生成树走两次"算法的一种改进形式。其步骤是：①找一棵最小生成树；②在生成树的奇度数点之间找一个边权之和最小的完全匹配，将这些边加到生成树中形成一个欧拉图；③找此欧拉图的一条欧拉回路；④利用抄近路的方法将它变成一条哈密顿回路。对满足三角不等式的旅行商问题，该算法找到的回路长度不超过最小长度的 1.5 倍。该算法也称"克里斯托费兹算法(Christofides' algorithm)"。

minimum match 最小匹配法 数据库查询中的一种分词方法，是基于字符串匹配原理的一种机械匹配方法。每次从字串中取长度为最小词长的子串与词表中的词匹配，若成功则该子串为词，然后继续匹配，否则子串长度逐次加 1 进行匹配，直至切分完毕。比较 maximum match。

minimum mean square error filtering 最小均方误

差滤波 同 minimum mean square error (MMSE) restoration。

minimum phase frequency shift keying (MSK) 最小相位频移键控 调制指数等于 0.5 的频移键控，其相位变动是连续的。

minimum phase shift function 最小相移函数 复平面的右半面既无极点又无零点的传递函数。

minimum picture interval 最小图像时间时隔 在被选来进行编码的电视图像之间的最小时间间隔。

minimum shift keying (MSK) 最小频移键控 调制指数 $h = f; Tb = 0.5$（f 是频差，Tb 是比特宽度）的二进制频移键控，是连续相位频移键控（CP-FSK）的特殊情况。这里"最小"指的是能以最小的调制指数（即 0.5）获得正交信号，故名最小频移键控。也称"快速频移键控（FFSK）"，其优点为占据的射频带宽较窄，相干检测时的误码率性能较普通频移键控好 3 dB 以上。参见 frequency-shift keying (FSK)。

minimum spanning tree (MST) 最小生成树 某一个有限连通图的生成树中具有最小长度的生成树。即一个有 n 个节点的连通图的生成树是原图的极小连通子图，且包含原图中的所有 n 个节点，并且有保持图连通的最少的边，这样的生成树是最小生成树。

minimum support tree 最小支撑树 平面上的无圈连通图，其树枝的长度和为最小。

minimum truncation 最短截取，最简格式 在操作系统中，命令名、操作数或其他可键入数据的最短表示形式，这种形式仍能被操作系统所识别。例如，AC 是命令 ACCESS 的最短截取；字母 A 是 ASSEMBLE 的最短截取。参见 truncation。

minimum weighted path length tree 最小赋权路径长度树 一种有 n 片叶子的 m- 叉树。其中每个叶节点到根的长度用 m_i 表示，每片叶的权用 W_i 表示，则 $\sum$[DD(;M]n[]i=1[DD)]$W_i m_i$ 称为树的赋权路径长度。当所有叶节点到根的长度用 $\lambda = (m_1, m_2, \cdots, m_n)$ 表示时，称该向量为路径长度向量。对于给定的权向量 $(W_1, \cdots, W_n)$，使得 $\sum$[DD(;M]n[]i = 1[DD)]$W_i m_i$ 为最小的树即为最小赋权路径长度树，此时的路径长度向量 λ 为最优路径长度向量。当 $m = 2$ 时，称为最优二叉树，也称"霍夫曼树"。此类树可用于编码理论。

minimum weight routing 最小权重路由选择 在分布式计算机网络中，选择从数据源到数据宿之间各链路权重之和为最小的通路的路由选择方式。链路权重通常可以综合反映链路的延迟、误码率、费用等因素。

mini-neck CRT 细颈显示管 一种较标准显示管颈细的 CRT（阴极射线管）。主要用于 15 英寸显示器。标准显示管直径达 29 mm，细颈管只有 22.5 mm。由于管颈细，电子束控制方便，聚焦精细准确，图像更加清晰，且体积减小，发热减少，能耗可降低 15%左右。

minipad keyboard 小键盘 一种小键盘。与标准键盘（如那些和计算机、通信、数据处理站和终端一起使用的键盘）相比，按键比较少；通常附加在标准键盘上或者为标准键盘的一部分；用于增加附加的按键功能；在大多数个人计算机中该键盘是整个键盘不可缺少的一部分。

mini secure digital memory card 小型安全数码卡 简称"mini SD 卡"或"迷你 SD 卡"，一种尺寸更细小 SD 卡，只有 21.5 mm x 20 mm x 1.4 mm，重量只有 1 g。与标准的 SD 卡相比，它减少了 40% 印刷线路板和 60%的体积。迷你 SD 卡有 11 个针脚，利用转接器可以与那些普通 SD 卡存储设备相容，它的耗电量较低。参见 secure digital card。

minisupercomputer 小巨型计算机 性能指标介于巨型机和超级小型机之间的计算机，也称"普及型巨型机"。

mini-Winchester disk drive 小型温彻斯特磁盘机 利用温彻斯特技术的 8 英寸或 5 英寸硬磁盘机。

minor class field 次级字段 在某些计算机系统的查询实用程序中，其内容可以确定次记录类别的字段，在制表期间，查询实用程序用该字段处理某一条记录。比较 major class field。

minor control field 次控制字段 在分类操作中，任何比主控制字段次要的控制字段都称为次控制字段。

minor cycle 小周期 在串行存储设备中，相邻两字出现的时间间隔。一个大周期是由若干个小周期组成的。

minor device number 次设备号 在 AIX 操作系统中，一个指定有关特定设备的各种类型信息的数据，如识别同种类型打印机的号码。参见 major device number。

minority carrier 少数载流子 在半导体区域内，小于载流子总浓度半数的一种载流子。在 N 型半导体中，少数载流子是空穴；在 P 型半导体中，少数载流子是电子。比较 majority carrier。

minority carrier diffusion length 少数载流子扩散长度 少数载流子与多数载流子复合之前在固体中运动的平均距离。

minority carrier life time 少数载流子寿命 半导体中非平衡少数载流子的平均存在时间。

minor relay center 辅助电报转发中心 没有路由选择能力的电报转发中心。

minor structure 子结构 在 PL/1 语言中，变量和数组的有序集合称为结构，包含在另一个结构中的一种结构称为子结构。子结构的级别号大于 1。其层号在数值上应大于包含它的结构的层号。

错误。例如错误的运算和格式等。比较 error,failure,fault。

misuse detection **误用检测** 一种入侵检测技术,又称"特征检测",这一检测假设入侵者活动可以用一种模式来表示,系统的目标是检测主体活动是否符合这些模式。它可以将已有的入侵方法检查出来,但对新的入侵方法无能为力。该技术的查准率很高,并且可提供详细的入侵类型和说明,是目前入侵检测商业产品中使用的主要技巧。参见 intrusion detection,anomaly detection。

MIT **管理信息树** management information tree 的缩写。

mixed-base notation **混合基数[底数]表示法[计数法]** 一种多基数表示法。其中邻接位所表示数量的比不是常数。例如二五混合进制。

mixed-base number **混合基数数** 由两个或多个基数组成的数。

mixed-base numeration system **混合基数记数制[表示法]** 一种记数制。在这种记数制里,一个数表示为 n 个数据项的和,每个数据项都由尾数和基数组成。对应于给定的应用,一个特定项的基数是常数,但各项的基数之间并不要求存在整数比例关系。如基数为 b_3,b_2 和 b_1,尾数为 6,5,4,则该数表示为 $6b_3+5b_2+4b_1$。固定基数记数制也是混合基数记数制的一种特殊情况,在固定基数记数制中,数据项按基数由大到小排列,则相邻数据项的基数之间都具有相同的整数比例关系。因此,如果 b 是最小基数,x 表示整数,则在这种记数制中,数字 654 由表达式 $6x^2b+5xb+4b$ 给出。参见 fixed radix numeration system。

mixed cell address **混合单元地址** 一个既包含绝对单元地址又包含相对单元地址的单元地址。

mixed chart **混合图表** 多种类型图表的组合。

mixed control **混合控制方式** 既采用中央控制方式也采用局部控制方式的控制。一般对于大多数完成时间要求较短,并且它们之间完成时间的差别不大的一些指令采用中央控制,对于完成时间较长的指令则采用局部控制。

mixed cooling **混合冷却** 交替使用自然冷却和强迫冷却来移去热量的方法。

mixed data set **混合数据集** 在某些操作系统中,由操作系统预先定义的一种数据集。其索引在系统存储空间中,其记录在用户存储空间中。混合数据集有:打印数据集,程序数据集,事务数据集,传送数据集,显示屏数据集,报文数据集,远程作业输入数据集和非正常结束转储数据集等。

mixed data string **混合数据串** 在 SQL(结构化查询语言)中,指一个包含单字节和双字节字符的字符串。

mixed entry decision table **混合型表目判定表** 一种判定表。其中部分条件名属于有限表目判定表的类型,部分条件名则属于扩充型表目判定表的类型。

mixed environment **混合环境** 一种系统,在该系统中,某些通信系统和分时系统中的任务同时共享全部必要的系统资源。

mixed file **混合文件** 在某些计算机系统中,由用户建立的一种设备文件,以支持一个或多个显示站、通信设备或 BSC(二进制同步通信)设备。

mixed finite element method **混合有限元方法** 有限元方法的一种。求解弹性力学问题时,把弹性体的位移和应力同时取为独立的未知量,然后再用有限元方法求解,以获得较为精确的应力近似解。在一般的数学物理问题中,把未知函数和它的导数同时取为独立的未知量,以求得较为准确的导数值。

mixed format print data set **混合格式印刷数据集** 印刷业务系统中的一种数据集,它由行数据页面和复合文本页面组成。

mixed gas laser **混合气体激光器** 一种离子激光器,其中混合气体(如氩和氪)被用作激活激光媒质,即激光媒质。

mixed list **混合列表** 参数的一组非相似值,该参数接受一组分别定义的值。比较 simple list。

mixed load balancing **混合型负载均衡** 一种网络负载模式,可将各个服务器群内的差异平衡。混合型负载均衡主要用于大型网络,由于多个服务器群内硬件设备、各自的规模、提供的服务等的差异,可以考虑给每个服务器群采用最合适的负载均衡方式,然后又在这多个服务器群间再一次负载均衡或群集起来以一个整体向外界提供服务(即把这多个服务器群当做一个新的服务器群),从而达到最佳的性能。此种方式有时也用于单台均衡设备的性能不能满足大量连接请求的情况下。参见 load balancing。

mixed-media multilink transmission group **混合媒体多链路传输组** 包含不同媒体类型的多链路传输组,可包含令牌、SDLC(同步数据链路控制)和帧中继链路。

mixed-media system **混合媒体系统** 能够处理、存储及传送图形、文字、视频、音频和动画等多种媒体形态信息的系统。媒体与媒体之间可以是孤立的,相互间毫无关系的。例如,在因特网中 Web 服务可以有向用户提供声音、文本与图像的服务,但它们之间不存在同步机制,故这是一种典型的混合媒体系统服务方式。比较 multimedia system。

mixed mode **混合模式** 允许运行 Windows 2000 和 Windows NT 的域控制器同时存在一个域中。在混合模式下,以前版本的 Windows NT 中的域特性仍然有效,但是却有一些 Windows 2000 的特性是无效的。Windows 2000 服务器域的缺省安装是混合模式。在混合模式下,域中可能有现成 Windows NT 4.0 域控制器。混合模式下不支持嵌套小组。比较 native mode。

mixed mode expression 混合型表达式 表达式组成成分具有不同的类型。

mixed net 混合网 在无线电话通信系统中，一种网络，其中一个或多个站配备了密码电话或兼容的密码键功能；一个或多个其他的站未配备密码电话或兼容的密码键功能；有些站可能有过密码电话或兼容密码键功能，但不再具有以加密方式通信的能力。

mixed penalty method 混合惩罚法 一种惩罚函数法。使用障碍函数不易处理等式约束，因此考虑给出混合罚函数。

mixed processing online access 混合处理联机存取 在相同的计算机中所进行的联机实时服务和批处理过程。

mixed-radix notation 混合基数记数法 采用混合基数数制的记数方法。混合基数记数法允许对不同的数位或位段选用不同的基，即混合采用不同的基本符号集来表示。参见 mixed-base notation。

mixed reasoning 混合推理 一种综合利用正向推理和反向推理各自优点的有效方法。混合推理思想为：使用正向推理帮助选择搜索目标，然后通过反向推理搜索该目标。在搜索过程中又会得到用户提供的更多信息，再正向推理，搜索更准确的目标。如此反复正向推理和反向推理的过程，直至搜索到所需目标为止。参见 forward reasoning，backward reasoning。

mixed routing algorithm 混合路由选择算法 网络中各个路由器或网关根据自己获得的网络信息，并考虑整个网络的状况决定到来的分组应经哪条路径转发出去所使用的路由选择算法。

mixed string 混合串 一个由双字节字符集和单字节字符集混合组成的串。

mixed-type expression 混合型表达式 既含有实数的也含有整数的算术初等项的算术表达式。

mixer 混频器 产生的振荡频率为两个输入振荡或信号频谱分量中的频率的整数倍的线性组合的非线性器件。混频器通常由非线性元件和选频回路构成。同 converter。

mixer transistor 混频晶体管 超外差接收机中只起变频器的频率变换作用的晶体管。它由单独的本机振荡器提供电压或功率。

mixing 混合 (1)并行处理中的一种数据变换操作。其操作过程是：根据要求的模式，将一组可以是一位、一个字或一个位片的元素重新进行排列。(2)在计算机制图技术中，两种或多种色彩交织的结果。(3)在多媒体中，指混合音频和视频信息。

mixing amplifier 混频放大器 一种有两个或多个不同信号的输入端和一个给出合成信号的公共输出端的放大器。

mix instruction 混合指令 一种特殊的计算机指令，用来解决特定的问题。在绝大多数情况下，最佳的混合指令将决定执行的速度和精度。

M-JPEG 运动联合图像专家小组 Motion Joint Photographic Experts Group 的缩写。

MKDS (1)主密钥的变形密钥数据集 master key variant key data set 的缩写。(2)主密钥数据集 master key data set 的缩写。

mL 毫升 milliliter 的符号。

ML 宏块层 macroblock layer 的缩写。

MLCA 多路通信转接器与附件 multiline communications adapter/attachment 的缩写。

MLCC 多层陶瓷电容器 multilayer ceramic capacitor 的缩写。

MLD 平均后勤延迟 mean logistic delay 的缩写。

MLE 最大似然估计 maximum likelihood estimator 的缩写。

MLID 多链路接口驱动程序 multilink interface driver 的缩写。

MLM 多纵模 multi longitudinal mode 的缩写。

MLP 多链路规程 multi-link procedure 的缩写。

MLS (1)计算机情报检索 machine literature searching 的缩写。参见 information retrieval system。(2)微波着陆系统 microwave landing system 的缩写。

MLTG 多链路传输组 multilink transmission group 的缩写。

MM (1)存储(器)模块 memory module 的缩写。(2)多模 multi mode 的缩写。(3)移动性管理 mobile management 的缩写。

MMAC 多媒体访问中心 multi media access center 的缩写。

MMC (1)多媒体控制器 multi media controller 的缩写。(2)微软管理控制台 Microsoft management console 的缩写。(3)多媒体卡 multi media card 的缩写。

MMCD 多媒体光碟 multi media compact disc 的缩写。

MMD 多媒体域 multimedia domain 的缩写。

MMDS (1)多频道微波分配系统 multi-channel microwave distribution system 的缩写。(2)多信道多点分配业务 multichannel multipoint distribution services 的缩写。

MMF 多模光缆 multimode fiberoptic cable 的缩写。同 multimode optical fiber。

MMFS 制造报文格式标准 manufacturing message format standard 的缩写。

MMH 维护工时 maintenance man-hours 的缩写。

MMI (1)人机接口 man-machine interface 的缩写。(2)人机交互 man-machine interactive 的缩写。(3)主机接口 main machine interface 的缩写。

MMIC 单片微波集成电路 monolithic microwave integrated circuit 的缩写。

MMM 多媒体邮件 multimedia mail 的缩写。

MMMLTG 混合媒体多链路传输组 mixed-media multilink transmission group 的缩写。

MM patch bay MM 接线架 为工作在数据信号率(DSRs)超过 3 Mbps(兆比特/秒)的数字数据电路的接线和监视而设计的接线设备。

MMR 改进的读修改 modified modified read 的缩写。

MMS (1)缩微胶片管理系统 microfiche management system 的缩写。(2)制造监督系统 manufacturing monitoring system 的缩写。(3)工业制造报文规范 manufacturing message specification 的缩写。(4)生产消息服务 manufacturing message service 的缩写。(5)多媒体短信服务,彩信 multimedia message service 的缩写。

MMS conformance document MMS 一致性文档 2004 年 2 月,诺基亚、爱立信、摩托罗拉、西门子、逻捷克、CMG 等多媒体短信服务(MMS)领域内领导厂商制定的文档。规定了多媒体短信服务中内容的基本格式,以避免协议标准不规范造成的不同品牌产品互不兼容。根据这一文档,图片格式被规定为 JPEG(联合图像专家小组)、GIF(图形交换格式)和一种特殊的 BMP 格式,图片最大不能超过 160×120 像素而 MMS 的声音格式则被统一为 AMR 格式,AMR 由欧洲通信标准化委员会提出,并被 3GPP(第三代移动通信项目组织)采用为 3G 通信的语音标准。

MMU (1)存储器管理单元 memory management unit 的缩写。(2)主内存单元 main memory unit 的缩写。

MMX (1)多媒体扩充 multimedia extensions 的缩写。(2)数学阵列扩充指令 mathematics matrix extension 的缩写。

MMX data type MMX 数据类型 在 MMX(多媒体扩充)技术中采用的新数据类型,其中包括:①紧缩的字节类型,64 位中存储了 8 个 8 位数据;②紧缩的字类型,64 位中存储了四个 16 位数据(是 FMX 的核心数据类型);③紧缩的双字类型,64 位中存储了 2 个 32 位数据;④四字类型,直接处理 64 位数据。MMX 处理了包括 8 个 64 位通用寄存器,可用一个寄存器存储 8、4、2 或 1 个不同长度的数据项,用一条指令并行地处理这些数据项,实现了单指令流多数据流的处理。由于多媒体信息中大量使用 8 位或 16 位数据单元,因而 MMX 数据类型有助于提高处理速度。

MMX instruction set MMX 指令集 MMX(多媒体扩充)技术中采用的扩充指令集,包括 57 条指令。其中较有特色的是饱和式加、减法指令和乘加指令。这些指令只参与数据流的操作,而不参与程序控制的任何操作。MMX 不仅有自己的状态寄存器,也不把 MMX 运算的状态写到整数状态寄存器或浮点状态寄存器中。MMX 的比较指令把比较结果以全 1 或全 0 的形式写入目的寄存器中,并为作屏蔽位参与结果的生成。

M/M/1 queuing problem M/M/1 排队问题 一种被广泛引用的典型单服务系统模型的排队问题,模型中动态实体的到达服从泊松分布,服务时间是指数分布,排队规则是先进先出。

MNC 移动网络代码 mobile network code 的缩写。

mnemonic 助记的、助记符(码) 帮助程序员记忆的指令符号。一般用与操作含义相当的缩写英文字母构成。例如 Intel 8080 汇编语言中的 ADD B 指令,ADD 即为助记符,该指令表示将寄存器 B 中的内容与寄存器 A 中的内容相加,结果存放到寄存器 A 中。参见 mnemonic symbol。

mnemonic address 助记地址 一种简单的地址代码,利用缩写的助记名代表地址。如 MD 代表 Maryland(马里兰),NY 代表 New York(纽约)。

mnemonic address code 助记符地址码 一种便于记忆的目标地址的缩写符号。用于汇编语言或编译语言程序中。

mnemonic code 助记码 便于人们记忆的一般缩写词代码。同 mnemonic symbol。

mnemonic instruction code 助记指令码 同 mnemonic operation code。

mnemonic name 助记名 由用户定义的、用来帮助记忆的名字。

mnemonic operation code 助记操作码 由助记符组成的一种操作码,指明要执行的操作特征,使用数据的类型以及实现该操作的指令格式等。

mnemonics 助记符号,助记术 使用缩写符号或代码帮助人们记忆的一种方法。如汇编代码中"A"代表"add(加)","S"代表"subtract(减)"。

mnemonic selection 助记符选择 一种输入方法,用户可以通过键入选择项的助记符来选择该选择项。

mnemonic symbol 助记符(号) 同 mnemonic。

MNF 多系统网络设施 multisystem networking facility 的缩写。

MNP (1)MicroCom 连网协议 MicroCom networking protocol 的缩写。(2)移动号码可携性 mobile number portability 的缩写。

MO (1)磁光存储技术 magneto-optical 的缩写。(2)管理对象 managed object 的缩写。(3)移动发起 mobile originated 的缩写。

M

M

mobile 移动的,便携的 物品的特性:①它被永久地固定在一个载体上,如车辆、飞机或船舶;②如工作需要电源,它常有一个内含的电源;③在载体移动时它通常能够工作。

mobile ad hoc networks (MANET) 移动自组织网络 移动自组织网络是一种多跳的临时性自治系统,整个网络没有固定的基础设施,能够在不能利用或者不便利用现有网络基础设施(如基站)的情况下,通过中继的方式,在两个距离很远而无法直接通信的节点之间传送信息。

mobile agent (MA) 移动代理 按照用户的意图,传输到远程主机上去执行指定的任务的一段程序。除了具有一般代理程序的特性之外,显著的特点就是可移动性。这一特点为分布式计算提供了新的思路,可以广泛用于信息获取、智能网、主动网、电子商务等领域。

mobile agent server (MAS) 移动代理服务器 满足信息化程度高的集团客户通过移动终端实现移动办公、生产控制、营销服务等信息化需求,为企业提供的基于移动终端的信息化应用服务。移动代理服务器能使企业将自己的业务延伸到移动终端.。

mobile agent system interoperability facility (MASIF) 移动代理系统互操作环境 OMG(对象管理组)为移动代理制定的第一个国际标准,它保证各家厂商生产出来的移动代理平台具有互操作性,集成了RPC(远程过程调用)方法和移动代理技术,并建立于CORBA(公共对象请求代理体系结构)平台之上。参见 common object request broker architecture (CORBA)。

mobile allocation index offset (MAIO) 跳频序列偏移量 用于确定跳频的初始频点。一个跳频收发信机内的所有信道的MAIO必须相同,同一个小区内的不同跳频收发信机内的同一时间的信道的MAIO必须不同。

mobile application part (MAP) 移动应用部分 传送移动性管理的信令协议。它是7号信令系统的高层用户。

mobile assisted inter-frequency handoff (MAIFHO) 手机辅助载频间切换 一种移动通信多载波频间切换技术。MAIFHO需要手机发送异频导频强度测量报告,基站根据同频和异频的导频强度测量报告,判决载频切换。参见 inter-frequency handoff (IFHO)。

mobile business 移动商务 通过无线通信来进行网上商务活动。同 mobile commerce (MC)。

mobile cloud computing (MCC) 移动云计算 通过移动网络以按需、易扩展的方式获得所需的基础设施、平台、软件(或应用)等的一种IT(信息技术)资源或服务的交付与使用模式。

mobile commerce (MC) 移动商务 通过无线通信进行的商务活动。用户利用手机、PDA(个人数字助理)等移动通信设备,通过网络所进行的交易或是下载数据等都属于移动商务的范围。

mobile communication 移动通信 双方或一方处于运动状态的通信。迄今为止,移动通信已经历了三代发展。第一代为模拟移动通信,它使用模拟调制和频分多址技术,采用模拟信令(为了自动完成通话用户的连接和转接所需要的一套完整的控制信号便是信令),可提供区域性话音业务,其业务种类单一、频谱利用率低、用户移动范围有限。第二代为数字移动通信,出现于20世纪80年代中期,它使用数字调制和时分多址(TDMA)/频分多址(FDMA)技术,或码分多址(CDMA)/频分多址(FDMA)技术,采用数字信令,可提供广域话音业务和低速数据业务,频率利用率较高,在一定条件下用户具有全球范围的移动性。但是第二代的数字移动通信没有统一的国际标准。全世界存在三种标准:一是西欧16个国家共同制定的GSM(全球移动通信系统);二是北美标准;三是日本标准。以GSM应用最为广泛,我国也采用GSM标准。1999年3月19日,历时两周的国际电话联合会会议在巴西结束,确定了第三代移动通信技术大格局:全球漫游、接口开放,能与不同的网络互联,终端多样化以及能从第二代平稳过渡等。第三代移动通信目标之一是:第三代除了能提供窄带业务(如话音业务)外,还能提供最高速率达2 MBps的多媒体业务和多种用户速率通信、VOD(视频点播)带宽的能力以及根据不同业务对质量要求提供不同服务等级的能力。使用第三代移动通信的终端,用户能方便地在移动环境下上网漫游、收发电子邮件、收看交互式新闻、查阅股市行情和交通信息等各种信息,并实现移动环境下的虚拟办公室等。

mobile computer 移动式计算机 可随身携带的、体积很小的微型计算机。可分为笔记本计算机、手持计算机和笔输入计算机,都能通过无线或有线传输方式与通信网络连接,具有电话和传真的功能。移动式计算机的用途很广,而且有广阔的应用前景。它和移动式电话及移动式传真密切结合。当移动式计算机用于汽车时,可以显示汽车的位置和行使的路径;当和全球定位系统(GPS)相结合时,可使野外人员知道自己所在地点,如果计算机能接受语言输入,则可和总部通话。

mobile computing 移动计算 移动计算是随着移动通信、互联网、数据库、分布式计算等技术的发展而兴起的新技术。移动计算技术将使计算机或其他信息智能终端设备在无线环境下实现数据传输及资源共享。它的作用是将有用、准确、及时的信息提供给任何时间、任何地点的任何客户。

mobile cooperative office 移动协同办公 专为企业用户所开发的办公后台支持服务。移动协同办公为企业提供一套集协同办公、电话会议、企业邮局、手机终端应用等为一体的在线办公工具，利于提高企业协作效率、降低沟通成本，是实现企业信息沟通、资源共享的支撑平台。

mobile data communication 移动数据通信 利用移动通信系统进行的数据通信。

mobile digital signature 移动数字签名 数字签名技术在移动网中的应用。它是以公钥密码和PKI（公钥基础设施）技术为基础，利用手机作为数字签名载体和工具的一种技术。参见 digital signature。

mobile directory number (MDN) 移动目录号码，手机号码 移动用户作被叫时，主叫用户所需拨的号码。它采取E. 164编码方式，存储在HLR(归属位置寄存器)和VLR(漫游位置寄存器)中。MDN号码的结构如下：CC + MAC + H0 H1 H2 H3 + ABCD。其中：CC：是国家码，中国使用86；MAC：是移动接入码，即网络识别号；H0 H1 H2 H3：HLR识别码，由运营商统一分配；ABCD：移动用户号，由各HLR自行分配。

mobile earth station (MES) 移动式地球站 移动卫星业务中的一种地球站，是打算在移动或停留在非指定点期间被使用。

mobile enterprise resource planning (MERP) 移动企业资源计划 通过移动互联网将ERP的应用从电脑延伸到手机，帮助企业实现对异地终端的实时监控、重要信息的实时推送和重要审批业务的实时处理。MERP帮助企业管理者通过手机实时查询ERP系统的重要信息、审批企业关键业务、采集异地业务信息，并将重要信息发送到相关人员手机上，全面提升企业管理效率，是实现实时企业的必要技术。参见 enterprise resource planning (ERP)。

mobile equipment (ME) 移动设备 移动台除SIM（用户识别模块）卡外被称为移动设备。移动设备包括移动终端(MT)、终端适配器(TA)等部分。

mobile hard-disk 移动硬盘 移动硬盘是移动存储设备。它集固定硬盘与软盘的功能于一体，移动方便，便于携带，具有很好的灵活性。

mobile identification number (MIN) 移动标志号码 用于识别移动用户的号码

mobile information 移动信息化 在现代移动通信技术、移动互联网技术构成的综合通信平台基础上，通过手机等掌上终端的信息交互沟通，实现管理、业务、以及服务的移动化、信息化、电子化和网络化。移动信息化最终达到随时随地可以进行随身的移动化信息工作的目的。

mobile intelligent network (MIN) 移动智能网 一种用来在移动网中快速、有效、经济和方便地生成和提供新业务的网络体系结构。

mobile Internet 移动因特网 通过移动通信网提供因特网业务，也就是使人们可以在无线环境中或移动状态下接入因特网并享用因特网的服务。

mobile location center 移动定位中心 提供移动用户位置信息的数据库。

mobile management (MM) 移动性管理 无线接口三个功能层之一，其中定义了移动用户位置更新、定期更新、鉴权、开机接入、关机退出、临时移动台标识号重新分配和设备识别等过程。

mobile network code (MNC) 移动网络代码 用于识别不同移动网的代码。

mobile newspaper 手机报 依托手机媒介，由报纸、移动通信商和网络运营商联手搭建的信息传播平台，用户可通过手机浏览到当天发生的新闻。

mobile number portability (MNP) 移动号码可携性 当移动用户在同一个国家内改变签约网络时保持用户原有号码的能力。

mobile operator 移动运营商 提供移动通信业务的服务部门。

mobile originated (MO) 移动发起 从移动台发起呼叫或短消息等业务。

mobile recovery 移动恢复 用作业务恢复而购买或订约的移动资源。移动恢复中心可以包括：计算机、工作站、电话、电源等。

mobile satellite communication 卫星移动通信 卫星移动通信是指若干个卫星空间站和移动地球站一起工作，提供无线通信的系统。通常将包括交换的卫星移动通信系统称为卫星移动通信网。卫星移动通信系统通常是由卫星空间站、中心站、关口站以及移动地球站组成。卫星空间站可以是静止的，也可以是非静止的。移动地球站的运载体可以是人，也可以是其他的移动运载体。卫星空间站可以是“转发”式的也可以是交换式的。

mobile satellite communication services 卫星移动通信业务 地球表面上的移动地球站或移动用户使用手持终端、便携终端、车（船、飞机）载终端，通过由通信卫星、关口地球站、系统控制中心组成的卫星移动通信系统实现用户或移动体在陆地、海上、空中的通信业务。卫星移动通信业务主要包括话音、数据、视频图像等业务类型。

mobile satellite earth station (MSES) 移动卫星地球站 卫星移动业务中专供移动时或在非指定地点暂停时使用的电台。

mobile satellite service (MSS) 移动卫星业务 在下列几者间的无线通信业务：①移动地球站和一个或多个空间站；②被该业务使用的空间站；③借用一个或多个空间站的移动地球站。

mobile search 移动搜索 应用移动手机通过移动网络进行搜索信息的技术和业务。

mobile service (MS) 移动通信业务 一种在移动电台和陆地电台间，或在移动电台间的无线通信业务。

mobile services switching center 移动业务交换中心

M

移动业务交换中心执行交换、移动性管理、路由和呼叫控制功能以及计费等，并实现与固定网络的互通和结算。

mobile station (MS) 移动(电)台 (1)动态或静态下在特定点承载移动业务的终端设备。它包括用户识别模块(SIM)和移动设备(ME)。参见 subscriber identity module (SIM)。(2)移动业务中专供移动时或在非指定地点暂时停留时使用的电台。包括车(船)载台、便携台和手持机。

mobile station international ISDN number (MSISDN) 移动台国际 ISDN 号码 将移动台作为 ISDN(国际用户目录号)终端独立识别。它包括三部分：国家码、国内目的码和用户码。

mobile station roaming number (MSRN) 移动台漫游号码 移动电话网内的一个号码，用于建立漫游用户的路由。MSRN 是针对移动台的移动特性所使用的号码。每次呼叫发生时，HLR(归属位置寄存器)知道目前用户处在哪一个 MSC/VLR(移动交换中心/漫游位置寄存器)服务区内，为了向 GMSC(网关移动交换中心)提供一个本次路由选择的临时号码，HLR 请当前的 MSC/VLR 分配一个 MSRN 给被叫用户，此时 GMSC 就能根据此号码将主叫用户接至所在的 MSC/VLR。国际电报电话咨询委员会(CCITT)建议 E.213 规范 MSRN 的格式，它由以下三部分组成：CC＝国家号(中国为 86)；NDC＝国内目的地号；SN＝用户号，是 MSC 交换机的地址。

mobile streaming media 移动流媒体 流媒体技术在移动网络和终端上的应用，主要是利用移动通信网，为手机终端提供音频、视频的流媒体服务。参见 streaming media。

mobile streaming media service 移动流媒体业务 根据数据内容的播放方式可以分为三种业务类型：①流媒体点播：内容提供商将预先录制好的多媒体内容编码压缩成相应格式，存放在内容服务器上并把内容的描述信息以及链接放置在流媒体的门户网站上，用户可以通过访问门户网站，有选择的进行播放；②流媒体直播：流媒体编码服务器将实时信号编码压缩成相应的格式，并经由流媒体服务器分发到用户的终端播放器；③下载播放：用户将流媒体内容下载并存储到本地终端中，然后可以选择在任意时间进行播放。

mobile subscriber 移动用户 用车载、手持的话机或随身携带的通信设备在移动中进行通信的用户。

mobile switching center (MSC) 移动交换中心 移动网络完成呼叫连接、过区切换控制、无线信道管理等功能的设备，同时也是移动网与公用交换电话网(PSTN)、综合业务数字网(ISDN)等固定网的接口设备。

mobile system 机载[移动]系统 安装在舰船、飞机或汽车上的计算机、无线电设备或其他系统。

mobile telephone 移动电话 也称“手机”，早期又有“大哥大”的俗称，是可以在较广范围内使用的便携式电话终端。现在的移动电话除了典型的电话功能外，还包含了 PDA(个人数字助理)、游戏机、MP3、照相、摄像、录音、GPS(全球定位系统)等更多的功能。

mobile television 移动电视，手机电视 (1)在汽车等可移动物体内通过电视终端，以接收无线信号的形式收看电视节目的一种技术或应用。广义上，移动电视是指一切可以以移动方式收看电视节目的技术或应用，这就包括了狭义的移动电视、手机电视等。(2)手机电视就是利用具有操作系统和流媒体视频功能的智能手机观看电视的业务。

mobile terminal (MT) 移动终端 移动设备(ME)的一部分，是指能够执行与无线接口上的传输有关的所有功能的终端装置。包括的范围很广，按工作原理分，可分为模拟移动终端和数字移动终端，如模拟蜂窝手机、数字蜂窝手机；按应用领域分，可分为公众网移动终端和专用网移动终端，如 GSM(全球移动通信系统)手机、CDMA(码分多址)手机、寻呼机等属于公众移动终端，集群手持机、VHF/UHF(甚高频/超高频)调频手持机等则属于专用网移动终端。

mobile terminated (MT) 移动终止 传递给移动台呼叫或短消息等业务。

mobile trunked dispatch communication 集群调度移动通信 利用集群移动通信系统进行的专用指挥、调度等功能的移动通信方式。

mobile unit routing indicator 移动单元路由选择指示器 一种消息路由选择指示器，被指定给一个移动电台，如船载电台、机载电台或移动式地面站。

mobile video 移动视频 通过移动网络和移动终端为移动用户提供视频内容的通信服务，它的主要特征在于传送的内容是比文本、语音更加高级的视频图像，并可以伴有音频的信息。

mobile virtual network operator (MVNO) 移动虚拟网络运营商 MVNO 是指一个运营商可以向用户提供移动电话号码和呼叫服务但是并不拥有频率资源，它将部分或全部地租借移动网络商的网络，发展自己的客户及提供自己的服务。参见 virtual network operator (VNO)。

mobile virtual private network (MVPN) 移动虚拟专用网 在移动网上利用公众电路连接节点建立的，为移动用户提供类似固定网中小交换机的专用网络业务的逻辑专用网。

mobility 移动性 指从任何地点用户都能进入一个或多个通信网进行通信的特性。

mobility edge 迁移率边 定域态与扩展态间的能量边界。对于非晶态半导体，在每一个能带的中间区域的电子状态为扩展态，在带尾区中的电子状态为定域态，其分界能量称为迁移率边；在外电场作用下，定域态中的电子要从一个定域态转移（跳跃式）到另一个定域态而导电，由于需要有声子的帮助，则这种跳跃式导电的迁移率很低，而扩展态电子的运动恰恰相反，所以在定域态与扩展态的分界处必然存在有一个迁移率的突变，故有迁移率边之称。参见 mobility gap。

mobility gap　迁移率隙　非晶态半导体的相应导带和价带的迁移率边的能量差。迁移率隙是非晶态半导体的一个重要特征参量。参见 mobility edge。

MOC　管理对象类别　managed object class 的缩写。

mock disaster　仿制灾难　执行小组为测定其应对某一个特定灾难场景的能力而进行的测试方法。在压缩的时间限制（几小时或几天）中，在执行协调官的指导下，小组在一个或多个执行站点上全面检验或模拟执行每个计划。

MOD　（1）移动对象数据库 moving objects database 的缩写。（2）信息输出描述符 message output descriptor 的缩写。（3）电影点播 movies on demand 的缩写。

modal dialog　模式对话　AIXwindows 程序设计中的一种对话框部件，它中断正在进行的工作以获得用户的输入。对应于 modeless pop-up。

modal dispersion　模态散射　在光纤通信中，当光脉冲通过光导纤维时，光脉冲产生散射的现象。由于光线在接近入射角角度时要比与轴线平行或接近平行的光的反射多，因此，前者走过的路程长于后者，且在轴向光线之后到达光导纤维的输出端。光的散射随纤维的直径和总长度增加而增加。模态和材料散射限制了光纤的带宽，但效应的强弱随光纤类型而异。

modal distortion bandwidth（MDBW）　模畸变带宽　光纤通信中影响光纤传输特性的一种因素。

modal distribution　模式分布　（1）在光波导（如光纤）中，工作在一给定峰值波长，①被波导支持的模的数目，②在不同模间传播时间差的分布。（2）在同时工作于多个峰值频谱波长的光波导中（如出现在波分复用（WDM）中，波导所支持的模式之间的频率间隔的分布。

modalities　模态词　最基本的模态词有□，◇，它们可分别被解释为“必然，可能”，“知道，认可”，“应该，允许”，“一贯，偶然”等。模态词是模态逻辑系统中的联结词，但它们不同于真值联结词，因为□A，◇A 的真值并不能由它们的成分命题 A 的真值所确定。□A 永真当且仅当 □A 在一切可能世界 α 中真，而 □A 在可能世界 α 中真，当且仅当 A 在一切由 α 可达的可能世界 β 中真。◇A 永真当且仅当 ◇A 在一切可能世界 α 中真，而 ◇A 在可能世界 α 中真，当且仅当 A 在某一由 α 可达的可能世界 β 中真。□，◇的各种排列（允许重复），例如□◇□□◇□，仍为模态词。在一些模态逻辑系统中，这无穷多个模态词常可归约为有穷个模态词，就像命题演算中，16 个二元真值联结词可以归约为两个{¬，→}{¬，∨}{¬，∧}。

modal logic　模态逻辑　（1）研究必然、可能及其相关概念的逻辑性质。通常指模态命题逻辑，可以看作命题演算的扩充。它是应用数理逻辑的方法研究模态命题逻辑的结果。随着模态逻辑的发展，出现了许多新的系统，特别出现了许多非标准的模态逻辑系统。如认知逻辑、道义逻辑、时态逻辑等。（2）一种非传统逻辑。该逻辑结构是一个四元组，$\langle W,D,R,F\rangle$，其中，W 是“可能世界的” 非空集；D 是“个体” 的非空域；R 是一个 W 上“可接近” 的二元关系；F 是一个函数。给含有 n 目函词符号和 W 的成员 w 设定从 D^n 到 D 的函数；给含有 n 目关系符号和 W 的成员 w 设定一个 2^{D^n} 的成员。模态逻辑以动态逻辑的形式可用来简化程序的描述和证明。它将程序看成为状态之间的关系，而每个程序隐含地导出一个模态操作符，因而用自然的方法表达了程序的性能。

modal logic system on knowledge　关于知道的模态逻辑系统　模态词□与◇分别解释为“知道”、“认可”的模态逻辑系统。它通常用 S5-系统的某个扩充来表述。

modal logic system on necessary　关于必然的模态逻辑系统　模态词□与◇分别解释为“必然”与“可能”的模态逻辑系统，它通常使用 T-系统的某个扩充来表述。

modal logic system on obligation　关于应该的模态逻辑系统　模态词□与◇分别解释为“应该”与“允许”的模态逻辑系统，常用 D-系统的某个扩充来表述。

modal loss　模式损耗　在一个开波导（如光纤）中，由于波导外的突然变化、障碍物或其他的异常现象等造成波导中的波的传播模式的改变，从而引起的光纤中的能量的损耗。

modal noise　模式噪声　在光波导（如光纤）中，由以下几项综合产生的噪声：①与模式有关的光损耗，②导模间光能量分布的波动，③导模相对相位的波动，④模衰落差效应。同 speckle noise。

modal number　原型数　Ada 语言中实数值类型的严格表示值。一个实类型的运算根据它的原型数的运算定义。原型数和运算的性质是 Ada 类型的全部实现的基本性质。

modal partition noise　模式分配噪声　同 mode partition noise。

modal power distribution　模式功率分布　在波导中传播的电磁波中，各种模式间的功率分布。在单模光纤中，所有的传播光功率集中在一个模式。

mode　方式，众数，模　（1）操作的状态或方式。例如访问方式、解释方式、字节方式、会话方式等。（2）众数是一组数据中出现次数最多的数值。众数

M

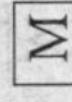

在统计分布上是具有明显集中趋势点的数值。比较 median。(3)在给定特定电磁特性的空间域中，具有可能结构的每一种电磁场定义为“模”。

mode-building language 模型构造语言 可用以构造课题模型的语言，如 BASIC 语言。这基本上是使用赋值语句来定义变量。例如，若一个计划的利润和亏损账是所需的模型，那么它可分解为四个部分，每部分可由销售额定义为第一部分 $S(1)$，第二部分 $S(2)$ 等等。同样，直接材料的价格可能是销售额的百分之几，因此模型构造语言可以把它定义为 $V(1)=S(1)\times M$，这里 $V(1)$ 是第一部分的直接材料的价格，而 M 是直接材料在销售额中的百分数。对每一部分，总可变成本(A) 可以定义为 $A=V+D+X$，这里 V 是直接材料的价格，D 为直接劳务费用，X 为可变杂项成本。

mode coupling 模耦合 光纤中各模之间的光功率交换。

mode field 方式字段 在某些操作系统中，在按字段处理时，显示在显示屏上通知操作员关于终端状态的四个字段中的第四个字段。

mode field diameter (MFD) 模场直径 (1)一种在单模光纤端面上辐照度(即光功率强度)的测度。(2)对于传播在单模光纤中的电磁波诸模式间的功率和能量的高斯统计分布(即钟形曲线分布)，在电场强度和磁场强度降到各自最大值的 $1/e$ 时的直径，也就是辐射功率降到最大功率的 $1/e^2$ 时(因为功率与电场强度或磁场强度的平方成比例)的直径。

mode filter 滤模器 用于选择、滤去或衰落电磁波中特定模式或某些模式的器件。

mode hopping 模式跳跃 由于从一个脉冲到下一个脉冲工作模式的变化而引起的磁控管振荡频率和功率输出的突然和不规则变化。参见 mode jumping。

mode indicator 方式指示器[符] 在某些计算机系统中，随操作方式改变而改变的一种指示器[符]。

mode interference 模式干扰 参见 common mode interference。

mode jumping 模式跳变 同 mode hopping。

model 模型、样机 初步研制的对处于试验模型或大致的实验形式的原理、器件、电路或系统的合理性及现实性进行研究、估计所用的实验或试验产品称为试验样机。

mode launching 模发射 参见 single mode launching。

model base 模型库 不同种类、不同规模、不同功能的模块化的教学模型软件的集合，用于描述、模拟社会过程。是信息系统的重要组成部分，为便于对库内模型的使用和管理，进入库的模型应当有统一的格式和结构。

model-based image coding 模型基图像编码 也称“知识基编码”，是运用计算机视觉与计算机图形学的技术来进行编码。根据使用模型的不同，模型基编码又分为两种不同的类型。一种是语义基编码，另一种是物体基编码。参见 knowledge-based coding，semantic-based coding，objedt-based coding。

model-based method 基于模型的方法 一种传统的聚类算法。为每个类假定一个模型，寻找数据对给定模型的最佳拟合。参见 cluster algorithm，partitioning method，hierarchical method，density-based method，grid-based method。

model-based native XML database 基于模型的原生 XML 数据库 基于模型的原生 XML(可扩展标记语言)数据库不是用纯文本存储文件，而是根据文件构造一个内部模型并存储这个模型。至于模型究竟怎样存储取决于数据库。该模型可存储于关系型和面向对象的数据库中，其他数据库需使用专为这种模型作了优化的专有存储格式。基于模型的原生 XML 数据库如果以文件的存储顺序读取文件，其性能与基于文本的原生 XML 数据库相似。参见 text-based native XML database。

model-based system 基于模式的系统 在人工智能中，指一种基于对象系统的结构和功能知识的专家系统。

model directed search 模型制导的搜索 一种间接的问题求解的搜索技术。从某些原始条件求出某些似真的解，并且用模型来测试。在这样形成的多个解中寻找可接受的解。

model driven 模型驱动 在人工智能中，指一种自顶向下的，使用基于问题求解者所使用的领域模型进行推理的方法。

model-driven DSS 模型驱动的 DSS 一种决策支持系统(DSS)。模型驱动的 DSS 强调对于模型的访问和操纵，如统计模型、金融模型、优化模型和仿真模型等。简单的统计和分析工具提供最基本的功能。一些允许复杂的数据分析的联机分析处理系统(OLAP)可以分类为混合 DSS 系统，并且提供模型和数据的检索以及数据摘要功能。一般来说，模型驱动的 DSS 综合运用金融模型、仿真模型、优化模型或者多规格模型来提供决策支持。模型驱动的 DSS 利用决策者提供的数据和参数来辅助决策者对于某种状况进行分析。模型驱动的 DSS 通常不是数据密集型的，也就是说，模型驱动的 DSS 通常不需要很大规模的数据库。模型驱动的 DSS 的早期版本被称为面向计算的 DSS。参见 decision support system (DSS)。

modeless dialog 无模式对话 AIXwindows 程序设计中的一种对话框部件，要求用户输入信息，但不中断正在进行的工作。

modeless editor 无模式编辑 一种文本编辑，它不要求用户在开始键入前执行一个进入插入方式的专用指令。大多数新的文本编辑程序都是无模式的。在 UNIX 系统上，pico 是无模式编辑程序，而 vi 是有模式编辑程序。

modeless pop-up　无模式弹出式窗口　AIX 增强 X-Windows 中的一个窗口，通常是可见的，由窗口管理器管理。参见 modal pop-up。

mode-level field　方式级别字段　在某些计算机系统程序中的一种字段，其值先被保存起来，然后，在操作方式改变时将其清除。比较 job-level field, session-level field。

model generator　模型生成程序　一种用于简便快捷地开发各类模型和决策支持系统的集成软件包。它包含模型定义、统计分析、模型与数据接口和生成所需用户交互界面等方面的工具程序。也称"决策支持系统生成程序"。

modeling　建模，造型　(1)对状态或物理物体的数学描述。例如，企业管理模型一般包括电子数据表和财务数据以及数学公式，用于制定计划和研究企业运转及对财务状况所产生的影响；又如 CAD(计算机辅助设计)程序中，用于描述两个或多个物体间的空间关系的几何模型。几何模型依赖数学方程产生直线、曲线或其他形状，并按其相互关系及与所处的二维或三维空间的关系来准确安置它们。(2)在仿真过程中，根据系统中的实体及其属性，把系统抽象成反映系统特性的数学公式或构造实验系统的过程，主要任务是确定模型的结构和参数。

modeling coordinates　模式坐标　AIX 图形中的坐标系统，用户可以通过转换、旋转、缩放等方式选择模式空间的位置和方向。参见 eye coordinates, screen coordinates, transformation, world coordinates。

modeling system　模型构造系统　为了用计算机来研究一个对象，必须预先为这个对象建立模型，即对该对象特性的形式描述。模型构造系统就是允许为被处理的对象定义模型，并可对模型进行各种变换操作的一种系统。

modeling transformation　造型变换　定义物体的坐标系下对物体进行旋转、缩放、平移等操作的几何变换以及在更高层的坐标系下建立图形的几何变换。

mode link control　模式链路控制　参见 basic mode link control。

model library　模型库　在电路分析中，由各种非线性电子元件的等效电路模型和参数所组成的电路系统资源。可作为电路系统的一部分来供用户使用。

modelling package　模型化程序包　为商业需要而准备的一套应用程序，用于财务和公司计划，包括资金流动和决算表等。这种程序包一般包括有建立模型用的语言、运行模型的语言、报表生成程序、回答"如果这样会如何"的程序以及数据分析用的统计子系统。用来描述模型的语言通常是简单直接的，非计算机专家也容易学会，因而允许会计、公司的计划人员和管理人员建立模型并在计算机上运行。

modelling technology　建模技术　也称"建模方法学"，指根据仿真目的、系统观测数据及先验知识而建立的，并能反映系统特性的模型的技术方法。

model loading　模型装载　将仿真模型输入到计算机中的过程。

model logic　模态逻辑　一种非经典逻辑。经典的逻辑是建立在陈述句上的，是不允许出现虚拟语句，而模态逻辑允许使用虚拟语句。如"可能"、"必然"等不确定的概念，因此模态逻辑是一种"不确定"逻辑，它将经典逻辑中无法反映与表示的不确定思想通过模态逻辑表达出来。参见 non-traditional logic。

mode locking　锁模　将脉冲激光器的内腔模式锁定在适当的相位和幅度，使每个输出脉冲分成一串极其尖锐的等间隔脉冲。

model of cognition　认知模型　人类认知过程的计算机模型。所谓认知，通常包括感知与注意、知识表示、记忆与学习、语言、问题求解和推理等方面。建立认知模型的技术常称为认知建模，目的是为了从某些方面探索和研究人的思维机制，特别是人的信息处理机制，同时也为设计相应的人工智能系统提供新的体系结构和技术方法。由于人类认知活动的复杂多样性，难以建立一个囊括一切的认知模型。通常根据模块性假设认为每一认知功能有其对应的结构原则，每一个认知模型一般只反映一个方面或若干方面的认知特征。

model of endorsement　认可模型　按照认识科学的基本原理提出的一种模型。可在办公室自动化和自动推理中应用。认可模型能将不精确推理转化为认可记录的推理。所谓认可记录是指描述事物或命题可相信或不可相信的条件和要求。

model-running language　模型运行语言　一种语言，当一个模型已用相关的模型构造语言建立后，通过模型运行语言在计算机上运行它以获得所需的计算结果。参见 model-building language。

model statement　模型语句　宏定义主题或开式代码中的一种语句，在预汇编时可由此生成汇编语言语句。在模型语句中的一个点或多个点上的值可以代换。在条件汇编循环的控制下，可由同一模型语句生成一条或多条相同或不同的语句。

model symbol　模型符号　方框、圆圈等一类符号，不表达任何信息且必须加以标识。它们区分模型中值得注意的地方，但常常只表达一般性的概念。所完成的模型必须包括适当的说明，以解释每一符号所代表的操作。还需用大量的脚注，以解释为什么不是直接的操作。

model theory　模型论　数理逻辑的主要分支之一。

模型论研究起源于 20 世纪 20 年代由斯柯林(Skolem)等人奠定基础并于 50 年代正式形成理论。在数理逻辑中，对形式系统的研究往往借助于满足这些系统的数学结构的研究来完成，这种数学结构称为模型。对模型进行统一研究的理论称为模型论。在模型论中形式语言一般采用一阶逻辑语言(简称一阶语言)，因此也称“一阶模型论”。在模型论的研究中还建立了一些非标准模型，如非标准算术、非标准分析。参见 mathematical，logic first-order language。

M

model transferring **模型变换** 在计算机仿真中，把数学模型转换成计算机能接受的仿真模型的过程。

model-unique licensed internal code **模式唯一许可内码** 一种许可的内码，与系统硬件一起提供，提供该模式的支持。参见 licensed internal code。

modem **调制解调器** modulator-demodulator 的缩写。一种将调制器、解调器组合在一起的设备。它主要用于远程数据通信中，通常它有与电话网和数据终端设备的接口。其中调制器利用改变载波幅度、频率和相位等方法将数字信息调制成模拟信号，而解调器将从相类似的已调信号中提取数据信息。

modem deliminator **调制解调器消除器** 在通信中，用于将两台计算机按近似紧密耦合方式连接在一起、而又免除使用调制解调器的设备。在异步系统中，当把两台个人计算机的串行口连接在一起时，调制解调器消除器将跨接在发送线和接收线上，其作用等同于无调制解调器电缆。在同步系统中，调制解调器消除器将提供有效智能，以实现线路的同步。

mode mixer **混模器** 同 mode scrambler。

modem patch **调制解调器通路** (1)通过使用背对背调制解调器而连接的若干电路。(2)两个调制解调器被背对背连接用于连接电路。(3)一个通过两个背对背连接的调制解调器而连接两点、两通路或两导体的临时电路。

modem server **调制解调服务器** 设置有多个调制解调器单元，可以为网络中的多台计算机同时提供远程通信服务的服务器。

modem sharing **调制解调器共享** 两个或两个以上的终端设备根据事先确定的优先级别交替使用同一调制解调器技术。

modem sharing unit (MSU) **调制解调器共享设备** 一种能使多个终端共用一台或多台调制解调器的设备。其中包括专用底座、调制解调器单元和管理软件等部分。终端计算机连接到共用单元的通信接口上，由管理机构为之分配可用的调制解调器。这种设备对具有多台远程终端的网络特别有用，这样可以减少调制解调器和传输线路的数量。

modem standards **调制解调器标准** 一种接口管理标准，使数字接口处的数据通信设备与模拟接口处的通信设备进行匹配的机器接口和协议。大多数数据处理设备制造厂家和服务软件与这些标准兼容，大部分调制解调器采用 ELA(美国电子工业协会)提出的 RS-232C 接口标准。

mode optical fiber **模式光纤** 参见 multimode optical fiber。

mode parameter **模式参数** 同 normalized frequency。

mode partition noise **模式分配噪声** 在光纤链路中，由光源模式跳动和模内失真共同作用而引起的相位抖动。同 modal partition noise。

mode purity **模式纯度** 所需模式前向行波的功率与所有模式前向行波的总功率之比。

moderate **仲裁[分检]** 检查提交给邮递清单或新闻专题组的文章，并且只让邮寄那些符合特定标准的文章。

moderated mail list **仲裁邮件列表** 邮件信息在发送到各个接收者之前，首先要送到的一个邮件列表，在那里由仲裁程序对提交上来的邮件进行筛选。

moderated newsgroup **已仲裁[分检]的新闻专题组** 网络新闻的一个讨论小组。该组中发布的每条新闻在公布之前由一个或多个仲裁员进行内容检查和编辑。

moderator **仲裁[分检]员，斑竹** (1)在网络新闻和邮递清单中，仲裁员将筛选那些已提交给仲裁邮递列表或新闻专题组的来稿。(2)斑竹是网络论坛中的流行语，指负责管理论坛的版主。

modern control theory **现代控制理论** 建立在状态空间法基础上的一种控制理论，是自动控制理论的一个主要组成部分。该理论运用现代数学方法，着眼于描述所要控制的系统在各个不同时刻的状态及其随时间演变的过程，从而达到从系统内部动态地控制系统的目的。在现代控制理论中，对控制系统的分析和设计主要是通过对系统的状态变量的描述来进行的，基本的方法是时间域方法。现代控制理论比经典控制理论所能处理的控制问题要广泛得多，包括线性系统和非线性系统，定常系统和时变系统，单变量系统和多变量系统。参见 automatic control theory，classical control theory。

modern inductive logic **现代归纳逻辑** 现代归纳逻辑的特征，是用概率论的定量分析和公理化、形式化的手段，探索有限的经验事实对一对范围内普遍原理的支持，构造出各种归纳逻辑的公理系统。现代归纳逻辑正处在深入研究的阶段，它与现代形式逻辑即数理逻辑的一些分支，以及与信息论、模糊数学和人工智能等学科密切结合、相互渗透，并以这些学科为工具，不断地开拓新的领域。参见 inductive logic，classical inductive logic。

modern typeface **现代字体** 打印机用“现代字体”这一术语表示可以用任何一种字体，不管书写笔划的粗细。

mode scrambler　搅模器　(1)在光纤系统中,一种包含一根或多根发生强模式耦合的光纤的设备。(2)一种用来促使光纤中诸模之间的功率转换,有效地搅乱模式的光器件。同 mode mixer。

mode separation　模式分隔　微波振荡器中振荡的谐振模式之间的频率差。

mode shift　模移　在脉冲间隔期间磁控管工作模式的变化。

mode stripper　剥模器　一种能促使包层模转换成辐射模,通常用折射率等于或大于光纤包层折射率的材料构成的器件。

MODFET　调制掺杂场效应晶体管　modulation-doped field-effect transistor 的缩写。

modifiability　可修改性　软件的一种性能。是软件工程难以达到和难以度量的目标。即某些部分或方面保持不变,只改变其他部分或方面,从而得到期望的新结果。

modifiable alternate program communication block 可修改替换程序通信块　在某些信息管理系统中,一种替换程序通信块,在执行期间,可通过应用程序改变目的地(即收信方)。

modification by program-self　程序自修改　运行时能自我修改的程序。这是程序设计的一种技巧,但从程序可靠性方面考虑,此类技巧不可多用。

modification detection code (MDC)　修改检测码　在密码学中,与数据流中全部位相关的数字或值,在解密时,修改数据流的任何一位都会产生一个新的修改检测码。

modification level　修改级　自前次修改后,所发布的全部临时修改。一个新的修改级通常不包括新的功能,也不改变这一版本适用的程序设计支持范围。参见 release, version。

modification loop　调整循环　需经修改指令地址或数据而形成闭环运行的现象。这种修改是通过一组指令来实现的。

modified alternate mark inversion (MAMI) code　改进的传号交替反转码　一种 T 载波传号交替反转(AMI)线路码,其中人为插入双极性破坏点以保持系统同步,插入方式依赖于信号模式。

modified chemical vapor deposition (MCVD) process 改进的化学汽相沉积(MCVD)法　一种制造光纤的改进的管内汽相氧化(IVPO)法。在这种方法中:①喷灯沿着玻璃管行进;②粉尘微粒是在管内形成而不是像管外汽相氧化法(OVPO)那样在喷焰中形成;③使化学反应剂,如四氯化硅、氧和掺杂剂在约一个大气压下流经旋转的玻璃管;④高温使得在管内表面形成氧化物(粉尘和玻璃质沉积);⑤沉积物决定了玻璃的折射率分布并形成纤芯;⑥由光纤拉制机将管拉制成实心纤维。同 modified inside vapor phase oxidation process。

modified data tag (MDT)　修改数据标记　(1)在显示记录中,与每个输入或输出字段有关的一种指示位,当数据键入该字段后指示位置。修改数据标记由显示设备保存,并可由使用该字段的程序使用。(2)在显示系统中,每个输入字段中的一位,当它被置位时,使该字段送往主机系统。

modified frequency modulation (MFM)　改进调频制　(1)一种具有同步能力的信道编码。其编码规则是:①逢"1"在位单元中央翻转一次;②逢单独的一个"0"不翻转;③连续两个"0"在其交界翻转一次。这种编码的编码效率为调频制的两倍。主要用于数字磁记录中。(2)"写"信号的幅度和频率按一定规则而变化的过程。改进调频制能增加存储在记录媒体上的字节数,以同样单位面积上能记录的字节数是单密度记录的两倍。同 double-dense recording, double-density recording。

modified frequency modulation recording　改进的调频记录　一种非归零制记录方式,其中磁性的改变发生在记录 1 的单元的中间以及两个记录 0 的单元之间。

modified-modified frequency modulation (M^2FM) 改进的改进调频制　高密度磁记录设备常用编码记录方式之一。一种具有同步能力的信道编码。其编码规则是:①逢"1"时在单元中央翻转一次;②逢单独一个"0"时不翻转;③逢连续两个以上的"0"时,除最前面的两个"0"是在其交界处翻转一次外,以后则每隔两个"0"翻转一次。这种编码是调频制的改进,数据鉴别窗口比改进调频制大。主要用于数字磁记录中。

modified modified read (MMR)　改进的 MR 压缩(算法)　改进的二维压缩编码。这种方法是在 MR 压缩系统的基础上改进而来,可提供 14 400 bps 的收发传真速率,即使在噪音很大的情况下也能有很高的传输速度,提供线路噪音信息,可对质量较差的电话线路进行补偿。

modified nonreturn to zero (MNRZ) level code　改进的不归零电平码　基本的不归零码的变种,其相应于 0 和 1 的二进制状态表示电压渡越,而不是像不归零电平码(如不归零传号码和不归零空号码)那样表示电压电平。

modified reflected binary code　改进的反射二进码　一种码:①在每个反射二进码最右端附加偶校验比特而形成;②因为它在某些算术操作中的错误检测特性而被使用;③比传统的二进加法器需要增多两到三倍的组合电路。

modified system　改进系统　一种知识表示系统,通过改进已存在的系统而获得新的各种系统。

modifier　修改量　(1)一种附加在指令上的修改,用以限制、定义或扩充指令的用法。(2)在程序设计中,用来修改指令的某些量。例如变址特征值,循环变址或基地址。修改量可以修改地址、特征位等，一般放在变址寄存器中。参见 address modification。

modifier keys　修改键　在 AIX 增强 X-Windows 中，指 Shift，Shift lock，Control，Alt，Caps Lock 和 Meta 等键。

modify　修改　改变一条指令或子例程中的一部分，使它的解释和执行部分发生变化的过程。

modify field (MF)　修改字段　信息显示系统的一种数据流命令，它规定字段的或扩充字段的要修改的属性，而无需再次规定该字段的全部属性。

modify instruction　变址指令　一种在最终使用前将经过变址的指令。

modify ticket　修改标签，修改票　销售点终端上的一种功能，使操作员能键入某商品数量的、价格的改变或两者同时的改变。这种功能只在用条形码阅读器读取商品标签时才需要这种功能。

modular　模块，模件　(1)指用一些标准模块或标准子部件构成一个系统。它们可以作出各种组合，设计灵活。当对系统的某些部分增、删或修改时，不必打乱系统的其他部分。(2)许多计算机系统可以根据积木式原理用一些标准外围设备进行配置。为了提高整个系统的功能，可把某些外围设备换成功能更强的型号，如换成更快的磁带机或打印机。对一定范围内的处理机，所有外围设备同它都是兼容的，因此能有效地设计系统，使之适应环境的改变。

modular construction　模块结构　(1)由各种模块组装成的系统。计算机组装的积木式结构一般分为三级，第一级是组件；第二级是插件；第三级是底板。由模块构成系统的最大优点是易于标准化，便于设计、生产、组装与检修。(2)封装在外壳中具有标准外形尺寸的器件、电路或系统，使其能与具有同类封装的其他产品直接互换。输入、输出和电源连接或者引脚具有同样的功能，使在其失效或内部电路设计改变时可以方便地移去和替换。实例包括固态继电器、混合电路、插入式计算机内存卡和电源。但是，具有相同封装的产品的特性和级别不一定相同。

modular decomposition　模块分解　借助于把系统分成若干模块来设计系统的方法。

modular design　模块化设计　在设备组装中先将零件组成标准模块，然后再组装成一台完整的设备。模块化设计的特点是标准化，且便于设计、生产、组装和维修。参见 modular construction。

modularity　模块性[度]　(1)由模块构成的硬件系统或软件系统的一种性能。对软件系统而言，模块性可以指逻辑模块性或物理模块性。对硬件系统而言，主要指物理模块性。(2)使得一个程序易于进行智能管理的软件基本属性。把软件分成一些单独命名和可编址的元素，称为模块。把这些模块组成整体以满足问题的要求。一个系统的实现必须是"整体的"，即可以进行模块化设计。应该并且可以把模块性作为起统率作用的软件设计的基本原则。

modularity of knowledge representation　知识表示的模块性　知识表示方法的一个评估标准。如果对用某种知识表示方法表达的知识进行增、删、改等操作，并且是独立于其他知识的，则称这种知识表示方法具有模块性。

modularization　模块化　使硬件系统或软件系统按功能模块构成的过程。如把一个程序按功能分解成若干个模块。模块是一种语言成分，在其中定义了类型、数据及对它们进行的操作，它像一座墙，隐匿了内部实现细节，而与外部的接口信息精确地被控制。模块化的好处在于程序结构清晰、层次分明，有利于把与机器有关和无关部分分开，有利于分工和控制程序复杂性。

modularization structure　模块化结构　把一个大的程序分割成较小的彼此相对独立的模块。这些模块都只含一个入口，一个出口，彼此不能互相修改。当任一模块被具有相同输入、输出的等价模块替换时，不影响程序中的其他模块。同 modular organization。

modularized computer　积木式计算机　把具有各种不同功能的模块(如存储器、运算器、寄存器等)以积木方式组成的一种计算机，其优点是：设计简单、研制周期较短、结构灵活、组装容易，便于改装和扩充，部件、组件可以标准化，从而降低成本。同 macro-modular computer。

modular jack　模块化塞孔　一种器件，符合《联邦管理法》标题 47、第 68 部分的规定，该法规规定了允许连接公共交换设备的所有单元的尺寸和构形。

modular microcomputer component　模块化微型计算机部件　微型计算机中采用的标准化部件。例如中央处理机、存储器、电源等。模块化部件是大规模集成电路技术的必然产物，用其构成微型计算机的优点是：设计新系统十分方便，可构成各种子系统，对系统中发生的故障处理起来也很方便。

modular organization　模块化结构　一种软件机制，它将功能分解成若干逻辑上独立的组成部分，在相关的模块间有定义的接口。同 modularization structure。

modular programming　模块化程序设计　(1)对各个程序单元编码使其执行各自特定功能的程序设计方法。(2)将程序(指较大的程序)按功能分成几个模块进行编制的过程。每一程序模块的编制可独立进行，也可独立地进行测试、修改和维护等。其优点是允许程序编制过程并行进行，从而缩短编程周期，而且查找和处理故障方便、简单。

modular programming language　模块化程序设计语言　以模块作为基本的程序组织结构的语言。一个模块一般包括一组数据类型和数据定义以及一组与这些数据有关的过程、函数定义。模块有定义明确的界面，说明哪些内部定义的东西是从模块外部可见的(可以使用的)。模块化的程序设计方法有利于大的复杂系统的开发，许多新的程序设计语言支持模块结构，著名的有 Ada，Modular 等。

modular spread spectrum code sequence generator 模块化扩频码序列发生器 扩频系统中一种扩频码序列发生器，其中码序列寄存器中每一个触发器后接一个模 2 加法器。

modular system 模块化[积木式]系统 由互相连接又可分别拆开的部件组成的一种系统，它允许改变系统容量及功能，并使维护方便。

modulate 调制 使一种波形(载波)按某种规律跟着另一种波形或信号(调制波)变化的过程。调制一般分为正弦波调制和脉冲调制。前者包括幅值调制、频率调制和相位调制；后者包括脉冲编码调制、脉冲位置调制。调制的目的是减少波形在信号传输过程中的干扰，且易于放大。参见 modulation technology。

modulated amplifier 受调放大器 发射机中的放大级，在此，引入调制信号对载波进行调制。

modulated carrier 已调载波 幅度或频率已按照所传送信息改变的射频载波。

modulated carrier wave 调制载波 可以在通信信道上携载信息的信号。对于许多类型的通信信道，如普通电话线，该信号必须处于模拟形式而不是数字形式。

modulated light 已调光 根据音频信号、传真信号或编码信号的变化使强度变化的光。

modulated oscillator 受调振荡器 其输入信号使输出频率改变的振荡器。

modulating signal 调制信号 被用于调制载波的携带信息的信号。

modulation 调制 有意或无意地使表征一振荡或波的量随着一信号或另一振荡或波的变化而变化的过程。在通信中，调制就是对信号源的信息进行处理加到载波上，使其变为适合于信道传输的形式的过程，就是使载波随信号而改变的技术。

modulation angle 调制角 在调制过程中，正弦载波随调制信号的变化而变化的相位角。

modulation capability 调制能力 在不出现有害失真的条件下可能做到的最大调制度。

modulation-demodulation linearity 调制-解调线性度 对调制解调过程产生的信号中调制信号频率的谐波存在与否的一种测度。

modulation depth 调制深度 在双边带调幅方式下，必须加以限制的峰值幅偏值。通常为已调波的最大振幅与最小振幅之差对载波最大振幅与最小振幅之差的比，用百分数表示。参见 modulation factor。

modulation-doped field-effect transistor (MODFET) 调制掺杂场效应晶体管 结构与金属氧化物半导体场效应晶体管(MOSFET)相类似的晶体管，是一种基于高载流子迁移率二维电子气的原理制成的一种场效应器件，在微波领域及超高速超大规模集成电路中得到重要应用。通过控制突变异质结两边的掺杂状况，即在窄能隙一边的半导体中不掺杂(即为本征半导体)，而在宽能隙一边的半导体中掺入施主，则在异质结界面附近的本征半导体一侧有电子势阱，而在掺杂半导体一侧有电子势垒；其中势阱中积累有二维电子气(都由另一边的掺杂半导体所提供)。在调制掺杂异质结中的二维电子气具有许多重要的性质。由于势阱中的二维电子气是处在本征半导体一边，而该处不存在电离杂质中心的散射作用，因此，这些二维电子气沿着平面方向运动的迁移率将非常高(特别是在较低温度下、晶格振动减弱时)，故又称这些电子为高迁移率二维电子气。MODFET 就是利用调制掺杂异质结势阱(沟道)中的高迁移率二维电子气来工作的。参见 metal-oxide semiconductor field-effect transistor (MOSFET)。

modulation envelope 调制包络 将表示已调信号波形的图形峰点连起来所画出的曲线。调制包络反映信号所携载信息的波形。

modulation factor 调制系数 在调制技术中，衡量调制深度的参数。在幅度调制中，已调信号的最大幅度和最小幅度之差与两者之和的比值。在角度调制中，由特定调制信号产生的峰值频率偏移或峰值相位偏移与对给定传输系统规定的最大偏移之比。在调频(FM)系统中，通常认为调制后信号占用的带宽与调制前信号占用的带宽之比为调制系数，也称“调频系数”。调频系统的调制系数都大于 1，如 FM 广播的调制系数为 5。

modulation frequency 调频 调频信号相对于载波频率的变化速率。

modulation frequency harmonic distortion 调制频率谐波失真 非线性失真的一部分：①包含频率为调制信号基频整数倍的正弦成分产物；②特别出现于设备对正弦已调载波输入的调制频率响应中。

modulation frequency intermodulation distortion 调制频率互调失真 非性线失真的一部分，包括有频率线性组合(即调制信号正弦成分频率的相加或相减)的正弦成分产物，即互调产物。

modulation improvement factor 调制改进系数 参见 frequency modulation improvement factor。

modulation index 调制指数 (1)在调频系统中，当施加一个正弦调制波时，调制指数是已调信号频率偏移与正弦调制信号频率的比值。(2)在双态频移键控中，以赫兹表示的频移与以波特表示的调制率之比。

M

modulation mode **调制方式** 按照调制信号的性质分为模拟调制和数字调制两类;按照载波的形式分为连续波调制和脉冲调制两类。模拟调制有调幅(AM)、调频(FM)和调相(PM)。数字调制有振幅键控(ASK)、移频键控(FSK)、移相键控(PSK)和差分移相键控(DPSK)等。脉冲调制有脉幅调制(PAM)、脉宽调制(PDM)、脉频调制(PFM)、脉位调制(PPM)、脉码调制(PCM)和增量调制(DM)等。在实际应用中,有适合有线电视电缆传输的正交幅度调制(QAM)、适合卫星广播的键控移相调制(QPSK)、适合地面广播的残留边带调制(VSB)和抗多径传播效应好(即消除重影效果好)的编码正交频分复用(COFDM)。参见 coded orthogonal frequency division multiplex (COFDM)。

modulation multiplexing **调制多路复用** 参见 pulse code modulation multiplexing。

modulation noise **调制噪声** 由调制信号引起的噪声,噪声电平随信号强度而变。

modulation product **调制产物** (1)当一信号调制另一信号时所得的一个或多个新的频率。(2)在调制器中,由调制所得的整个输出结果,包括信号和噪声。

modulation rate **调制速率** 信号码元理论最短持续时间的倒数。在电子通信领域也称"波特率",指的是信号被调制以后在单位时间内的波特数,即单位时间内载波参数变化的次数。它是对信号传输速率的一种度量,通常以"波特每秒"(Bps)为单位。同 baud rate。

modulation significant condition **调制有效状态** 一类有效状态,如电压、电流、频率或相位:①由设备设定;②与被选用来调制的特性的量化值相对应。

modulation suppression **调制抑制** 在接收一调幅(AM)信号时,由于检波器中出现强的无用信号而引起有用信号调制系数(即调制深度)的减小。

modulation technology **调制技术** 把基带信号变换成传输信号的技术。基带信号是原始的电信号,一般是指基本的信号波形,在数字通信中则指相应的电脉冲。在无线遥测遥控系统和无线电技术中调制就是用基带信号控制高频载波的参数(振幅、频率和相位),使这些参数随基带信号变化。用来控制高频载波参数的基带信号称为调制信号。未调制的高频电振荡称为载波(可以是正弦波,也可以是非正弦波,如方波、脉冲序列等)。被调制信号调制过的高频电振荡称为已调波或已调信号。已调信号通过信道传送到接收端,在接收端经解调后恢复成原始基带信号。解调是调制的反变换,是从已调波中提取调制信号的过程。在无线电通信中常采用双重调制。第一步用数字信号或模拟信号去调制第一个载波(称为副载波)。或在多路通信中用调制技术实现多路复用(频分多路复用和时分多路复用)。第二步用已调幅载波或多路复用信号再调制一个公共载波,以便进行无线电传输。第二步调制称为二次调制。用基带信号调制高频载波,在无线电传输中可以减小天线尺寸,并便于远距离传输,还能提高信号的抗干扰能力。

modulation threshold effect **调制门限效应** 所谓门限效应,就是当包络检波器的输入信噪比降低到一个特定的数值后,检波器的输出信噪比出现急剧恶化的一种现象。开始出现门限效应的输入信噪比称为门限值。这种门限效应是由包络检波器的非线性解调作用引起的。在小信噪比情况下,调制信号无法与噪声分开,而且有用信号淹没在噪声之中,此时检波器输出信噪比不是按比例地随着输入信噪比下降,而是急剧恶化,也就是出现了门限效应。参见 frequency modulation threshold effect。

modulation transfer function **调制传递函数** 在传播电磁波的光纤中,总的光纤传递函数中属于调制的部分。尽管光纤传递函数不能为零,调制传递函数却可以为零。同 sine wave response。

modulation types **调制类型** 通信中可使用的几种信号调制方式,包括频移键控(FSK)、正交幅度调制(QAM)、脉码调制(PCM)等。

modulator **调制器** (1)一种制约振荡或波的某一特征量,使其随着信号或者另一振荡波的变化而变化的非线性器件。(2)能够根据含有有用信息的调制信号的波形来改变载波信号幅度、频率、相位或其他特性的发射电路或设备。载波也可能是直流、脉冲串、光束、激光束或其他传输媒介。比较 demodulator。

modulator crystal **调制晶体** 一种人造透明材料,当高频脉冲引起晶体振荡时,可以使光线发生偏转。

modulator-demodulator (modem) **调制解调器** 具有调制和解调功能的装置。通常作为通信设备间的接口设备。参见 modem。

module **模件,组件,模块,模** (1)计算机中任何能独立完成某一特定功能的硬件独立块。模块是一种可以更换的有一定标准的部件,如集成电路组件、安装电子元件的印制电路插件板、磁盘存储模块等。(2)具有独立功能的一段程序。可与其他功能独立的程序接口,实现更高级的功能。(3)程序结构中的标准单元。把这些模块组合成较大的程序时,不要求了解各个模块的内部工作细节,而各个模块的正确性也不用置于整个程序中就可以检查。(4)在程序设计语言中,一种语言结构,由过程或数据说明构成,能与其他模块相互作用。参见 standard module。

module board **模块[件]板** 含有微型计算机系统全部功能或部分功能的印制电路板。模块板具有标准的插脚规格,含有若干集成电路的功能组件。例如中央处理机模块板,存储器模块板。

module body **模块体** 模块说明中的一部分。它列出了模块外部不可见的信息。参见 module declaration。

module coupling **模块耦合** 在模块化程序设计中，各个模块间相互依赖的程度。模块耦合有 7 种类型：无直接耦合、数据耦合、标记耦合、控制耦合、外部耦合、公共耦合和内容耦合。

module declaration **模块说明** 一种用来定义模块的软件。一般包括模块体和模块说明两部分。它们由一组说明(如类型说明、常量说明、子例程说明等)和一组相应的语句及移出表、移入表等组成。

module definition file **模块定义文件** 微软视窗中的一个扩展名为 DEF 的文件，包含描述可执行模块各种属性的语句，动态连接库必须在模块定义文件中说明其名字以及其输出的函数。

module design **模块设计** 将系统按层次划分为模块的设计方法，是结构设计中重要的一步。它包括外部设计和逻辑设计。外部设计可看作模块接口的设计，决定模块的外部特征，是模块设计的最初阶段，描述调用该模块时所需要的一切信息。外部规格，包括以下信息：模块名，参数列表，输入/输出，对外部影响(指执行该模块时所需要的一切信息)。逻辑设计指数据的定义、算法选择等，是模块设计的最后阶段，包括语言选择、模块外部规格的验证、算法和数据的选择、编写模块的最初和最后的语句、定义接口数据、逐步求精编出程序。

module extender board **模块扩展板** 系统测试或维修时使用的一种印刷电路连接板。使用时，将此板插在模块板和相应板之间，就可在不影响模块板工作的条件下将各信息通路和电气线路接出机箱，以便于测试或维修。

module independence **模块独立性** 具有"专一"功能并与其他模块不过多交互作用的模块的一种性质。要设计由这种模块所构成的软件，就要限制这种模块只涉及要求的一个特定的子功能，并且从软件结构的其他部分观察该模块时都具有简单的接口。具有模块独立性的软件，由于功能可以划分，接口得到简化，因此易于开发和维护，减少错误传播。

module library **模块程序库** 含有经过选择的模块化程序的一种数据集，用作连接编辑程序的自动输入源。

module specification **模块指明** 模块说明中的一部分。它列出了在模块外部可见的信息。参见 module declaration。

module strength **模块强度** (1)在模块化程序设计中，用来表示控制程序和各个模块之间的关系。共有 7 种模块强度，它们是功能强度(最佳情况)、信息强度、通信强度、过程强度、分类强度、逻辑强度和巧合强度(最坏情况)。(2)模块内部的关联性的尺度。按强度从弱到强大体上划分五个级别：偶发性强度，逻辑强度，古典强度，过程强度，功能强度。在模块划分时，不可能要求每个模块均具有最强的功能强度，但应尽量使模块强度向强的方面靠近。

module testing **模块测试** 也称"单元测试"。它是整个软件测试工作的基础，从程序的基本单元开始测试以便于查找和纠正差错。通常使用静态分析和动态测试两种方法。

module 3 redundancy system **模三冗余系统** 为同一个功能模块配置三套相同的部件，使之同时工作的冗余形式。当其中之一发生故障时，将其屏蔽掉即可维持正常工作。

M

modulo **模** (1)产生除法操作余数的数学运算符，如 29 的以 4 为模的余数为 1。(2)复平面上的点到原点的距离称为复数的模。

modulo check **模(数)校验** 根据操作员输入给系统的值所执行的一种核算，用于检测最常见的键入错误。

modulo level **模级** 一个设备能够在等待响应之前发送的路径信息单元(PIU)的最大数量。

modulo-n arithmetic **模-n 算术** 常规算术：①按通常方式进行运算，但使用模值代替常规算术中的正常操作数；②其中 n 的值可为任何整数；③ 被操作数不允许大于$(n-1)$；④ 其中所有数字是循环的；⑤ 如一数与另一数分别被 n 除后余数相同，则两数模-n 同余；⑥用于数据存储、检索的校验系统和通信传输、计算机、数据处理和控制系统。

modulo n check **模 n 校验，同余项校验** (1)利用被校验数除以 n 所得的余数来校验信息传输过程中有无出错的方法。如设数 A 以 n 为模的余数记作 $A(\text{mod } n)$，当 A 与 B 进行某种算术运算 R 时，有

$$[ARB](\text{mod } n) = A(\text{mod } n)RB(\text{mod } n)$$

利用此式可对 ARB 的运算结果进行校验。(2) 用 n 除以一数所产生的余数，然后用前次计算所得的余数与之比较的一种校验方法。同 residue check。

modulo-N counter **模 N 计数器** 当计数到最大值 $N-1$ 之后，若再计数，则计数器的内容就变为以 0 开始的计数器。

modulo n residue **模 n 的余数** 一个数被另一个数 n 相除后得到的余数。例如 25 被 4 除后得到的余数为 1，即称 25 模 4 的余数为 1。

modulo-two addition **模-2 加法** 二进制量或信号的加法：①执行时无进位动作②用异门完成，当其中一个输入为 1 时输出 1，输入均为 0 或均为 1 时输出 0。

modulo-two sum gate **"异"门** 同 exclusive-OR gate。

modulo-11 technique **模 11 技术** 一种核对数字校验位的技术。其方法是，任取一个 0～9 组成的数字为号码，用 10 以前的数字的逆顺序与该号码的每位数对齐，按位相乘，把积相加，其和用 11 去除，然后由 11 减去余数，即得出该号码的校验码。例

如对数字号码 0012452 来说，其校验码的求法如下：

```
   0   0   1   2   4   5   2
×10   9   8   7   6   5   4
-----------------------------
0+0+8+14+24+25+8=79
      11 | 79
         |------
           7……2
```

11－2＝9(即 9 为 0012452 的校验码)

modulus 模数 (1)在模数校验中，用其去除和数的数。参见 modulo check。(2)一种数，如正整数，在关系式中，用它除两个相关数的差值其余数为零。如 9 和 4 的模数为 5(9－4＝5，4－9＝－5，用 5 去除 5 和－5 余数为零)。

modulus counter 模数计数器 一种计数器：①在外加了一定数目或该数目倍数的输入脉冲后产生一输出脉冲；②其可能的总的计数值以级的数目(即数字位数)为基础。

modulus of impedance 阻抗的模量 二端电路中的电压方均根值除以电流方均根值所得的商的一个标量。

modus ponens 假言推理 传统逻辑里一类有两个前提的演绎推理。其中一个前提是假言命题，另一个是此假言命题的前件，或此假言命题的后件的负命题。假言推理旧称假言三段论或混合假言三段论，现通称充分条件假言推理。假言推理包括两条规则：①承认前件就承认后件；②否认后件就否认前件。假言推理是根据假言命题的逻辑性质进行的推理。分为充分条件假言推理、必要条件假言推理和充分必要条件假言推理三种。参见 deductive reasoning，sufficient。

MOF (1)最高观测频率 maximum observed frequency 的缩写。(2)金属氧化膜 metal oxide film 的缩写。(3)微软操作框架 microsoft operations framework 的缩写。

moire 莫尔图形，波纹图形 在打印的图像中由于在每一色层上印刷半色调而产生的图形，通过改变半色调的打印点角度，可以减少或去除这种图形。

moire effect 波纹效应 在显示器技术中，在两个重叠的线条形态所产生的干扰会生成一种波纹团，称之为波纹效应。视频波纹是来自光罩形状和视频信号之间的干扰；扫描波纹则来自于水平线条与荫罩形态之间的干扰。波纹在屏幕上是以波形的状态显示出来的，当显示器的分辨率增加时，这一现象会更为明显。由于视频信号一直在变，视频波纹问题很难解决。扫描波纹视水平扫描频率而定，只要选择适当的频率，就能减少这种情况的发生。不过自动扫描显示器，由于扫描频率范围很宽，在某些显示模式下，可能会出现波纹效应。因此，一些高档显示器设计了先进的消除波纹失真功能。

MOIS 管理型办公信息系统 management-office information system 的缩写。

mol 摩尔 物质量的国际单位制单位，一摩尔任何物质所包含的结构粒子的数目都与 0.012 kg 碳 12 含有的原子的量一样多。把一摩尔物质的质量称为该物质的摩尔质量。使用摩尔时，必须指明粒子的类型(原子、分子、离子、电子等)或粒子群的类型。

MOLAP 多维联机分析处理 multidimensional online analytical processing 的缩写。

molded case circuit breaker 模铸机壳断路器 一种电路断路器：①在绝缘材料支承和封装的机壳中组装成一个完整单元；②常用于额定值在 600 V 以下的系统中。

molecular beam epitaxy (MBE) 分子束外延 制造集成电路用到的一个技术。在超高真空系统中，保持衬底在适当高温下，将薄组分元素和掺杂剂元素装在分离的喷射炉中，加热到蒸发温度产生相应的分子束，连续轰击衬底表面，淀积得到单晶薄层，这种外延工艺称为分子束外延。依靠这种技术可以得到外延层界面处杂质分布很陡的外延片，实现多层突变生长，并能精确控制生长厚度。

molecular biology 分子生物学 在分子水平上研究生命现象的科学。研究生物大分子(核酸、蛋白质)的结构、功能和生物合成等方面来阐明各种生命现象的本质。其主要研究领域包括蛋白质体系、蛋白质-核酸体系(中心是分子遗传学)和蛋白质-脂质体系(即生物膜)。

molecular gas laser 分子气体激光器 一种可以在千瓦输出功率范围内连续工作的气体激光器。激光作用来源于分子跃迁，泵浦激励可以是化学能、电能或光能。二氧化碳(CO_2)激光器是最常用的和最重要的分子气体激光器。

molecular graphics 分子图形学 一种表示分子结构的计算机图形技术。常用的表示方法有：球-球模型、球-棍模型、电子密度模型、溶剂可接触表面模型等。主要应用于作为教学模型、分子识别的工具和作为设计新型分子的工具。

molecular intelligence (MI) 分子智能 假设生物细胞中的细胞构造表示为分子级的认识和信息处理的一种研究。旨在生成生物逻辑和技术逻辑信息方式之间的接口，形成生物传感器、生物芯片和生物计算机产品。

molecular laser 分子激光器 激活激光媒质(即激光作用媒质)的是分子物质(即化合物)气体的激光器，如二氧化碳，氰化氢或水蒸汽激光器。

molecular microwave amplifier 分子微波放大器 一种固态放大器，其工作依靠不带电物质分子和微波场之间的作用来完成。实例包括受激辐射微波放大器(脉泽)和参量放大器。参见 parametric amplifier。

molecular neuroinformatics 分子神经信息学 神经信息学的分支,另一分支是系统神经信息学。分子神经信息学的基本载体是各种神经信息分子,包括各类神经递质、神经调质、神经肽、神经激素、神经配体、离子信道与受体分子、信号转导分子以及基因调控系统分子网络等。分子神经信息是系统神经信息的基础,同时也是生物分子信息学的重要组成部分。参见 molecular neuroinformatics, neuroinformatics。

molecular pump 分子泵 通过分子与快速旋转的圆盘或鼓之间的摩擦力,将要排出的气体分子带走的一种真空泵。

molecular stuffing (MS) process 分子填料法 用五个步骤,即玻璃熔炼、相位分离、浸滤、掺杂和固化,来制造渐变折射率(GI)光纤的一种方法。

molecule bond 分子键 惰性气体分子间是靠分子键结合的,其实质是分子偶极矩间的库仑相互作用,这种结合键较弱。其分子间相互作用力为范德华力。

MOM (1)管理者的管理者 managers of managers 的缩写。(2 面向报文的中间件 message-oriented middleware 的缩写。

moment testing 动态测试 通过运行系统来检验系统的动态行为和运行结果的正确性。根据动态测试在系统开发过程中所处的阶段和作用,动态测试可分为如下几个步骤:①单元测试;②集成测试;③系统测试;④验收测试;⑤回归测试。比较 static testing。参见 acceptance testing, regression testing。

momentary-contact switch 瞬态开关 当驱动力撤销时,马上从工作态回复到正常电路状态的开关。

monadic Boolean operation 一元布尔运算 只有一个操作数的布尔运算。例如"非"操作。

monadic Boolean operator 一元布尔算符 一种只有一个操作数的布尔算符。如,NOT。

monadic operation 一元[一目]运算 对单个操作数进行的运算。例如"非"。

monadic operator 一[单]元操作符 只对一个操作数进行运算的算符。同 unary operator。

moniputer 多媒体一体机 集计算机、电视、视听光碟为一体的设备,由 IBM 和 COMPAQ 等公司于 1995 年推出,面向家用市场。将计算机的显示屏与电视屏幕合为一体,一机多用。

monitor 监控[督]程序,管程,监视[控]器 (1)管理计算机系统的主控程序。其功能包括对 CPU 和外部设备的任务调度、中断处理、故障及出错处理、接收和执行控制命令、实现人机对话及指挥源程序的编译、装配、初启等,它是操作系统的重要部分。(2)管程是可被多个进程使用的抽象数据类型,管程在一个时间只允许一个进程来使用。(3)计算机显示器的别名,监视器又可分为单色和彩色两大类。(4)监视、管理、控制及检测系统运行情况的软件或硬件。(5)同 visual display unit。

monitored instructions 受监视指令 在监控程序控制下执行的输入、输出或成功转移的指令。当然也可以不在监控程序控制下进行。在监控情况下,传送完成后会产生一个内部中断,而不在监控情况下,并不产生中断。

monitored mode 监督状态 一种运行状态。在这种状态下,数据库控制系统将监视是否有一个并发运行单位来修改该记录。

monitor file 监督文件 脱机工作时详细记录操作过程的文件。一般包含以下几种监督信息:①所执行的命令;②作业工作时所发生的事件,包括命令执行的结果;③调试程序时的追踪信息;④文件的使用情况及改变情况;⑤脱机输出信息及编译程序输出信息;⑥作业工作时使用系统资源的情况。

monitoring agent 监视代理 在计算机网络管理系统中,指网络管理系统中支持管理代理对有关被管对象信息的访问程序。参见 management agent。

monitoring console 监控台 监视、控制和检测计算机系统、过程控制系统、通信系统、卫星(导弹)发射和飞行状态测控系统等工作状况的装置。它一般由平板显示器、指示灯、操作按钮、微机、彩显、键盘、调度电话、报警器、时钟等组成。当发现所监视的对象和系统发生偏差和故障时,它可以由人工或自动切换或发出指令自动修正。对于卫星(导弹)发射和飞行状态测控系统,当发生故障和失控时,还要求监控台有选择最佳方案,在安全区引爆的功能。

monitor jack 监听插孔 为了在不中断线路提供的业务的情况下,观察该线路的信号状态采用的接入通信线路的一种插孔。

monitor key 监听键[按钮] 为了在不中断线路提供的业务的情况下观察该线路的信号状态而使用的接入通信线路的一种按钮。

monitor mode 监控方式 (1)网络控制程序的一种工作方式。在这种方式中,当指定线路上出现"注意"信号,或出现终端联机断路和非正常状态时,主机将立即得到通知。(2)在某些信息处理系统环路中,一种次级站操作方式,在以该方式操作期间,通信站接收并分析环路通信,但不插入到环路中去。参见 inserted mode。(3)在某些计算机系统中的一种工作方式,在以该方式工作期间,通信适配器搜索 BSC(二进制同步通信)的同步字符。

monitor-operating system 监控操作系统 对组成操作系统的例行程序进行控制的监控程序系统。这种操作系统使计算机成为一个灵活的工具,可使

M

用户充分利用先进的硬件设计性能。

monitor printer 监控打印机 将与打印机连接的电路上传输的全部信息打印出来的那种打印机。

monitor set 监测集 不在激活集中，但是根据UTRAN(通用电信无线接入网)分配的相邻节点列表而被监测的小区，属于监测集。参见 active set。

monitor system 监控系统 一种能控制所有系统功能的程序。它保持业务之间的连续性及输入/输出设备的状态，同时自动地进行业务结算。

M

monitor task 监督任务 在具有对程序的执行状态进行监控的程序的操作系统中，使用系统调试功能来对程序或子任务进行监督的任务。

monitor terminal 监控终端 在具有对程序的执行进行监控的程序的操作系统中使用的一种终端。可以通过该终端选择系统调试功能，并初启要监控的某一任务或子任务，监控终端用于输入控制测试任务执行的命令。

monkey-banana problem 猴子-香蕉问题 一个通过观察模仿学习的著名人工智能问题，用这个例子可以形象地说明规划问题和学习问题。假定一只猴子想要取一串悬挂着的香蕉，但猴子个头不够高，摘不到。又假定悬挂香蕉的房间里有一些木块，足以帮助猴子取到香蕉。以何种形式描述猴子取香蕉的过程？这就是所谓猴子-香蕉问题。

monoalphabetic cipher 单字密码 数据安全系统中的置换密码。其字母表中的每一个字母均与另一个字母对应。加密时就用该字母置换明文所对应的字母。这种对应关系是由密码本定死的。

monoalphabetic substitution cipher 单表代替密码 将明文转换为密文的一种较简单的形式，全部的信息加密过程表现为明文字母表到密文字母的变换。同 monoalphabetic cipher。

monochromatic 单色 在光学中，由单一波长或纯色所组成的电磁辐射，对应于频谱上小到可忽略不计的区域。

monochromatic light 单色光 满足下列条件的电磁射线：①在可见或接近可见光谱范围内，②理想情况下仅有一种频率或波长。

monochromatic radiation 单色辐射 理想情况下只有一种频率或波长的电磁辐射，通常在可见光频谱内。尽管没有一种辐射是绝对的单色，但是它可以具有极窄的波长波段。分光仪中的单一光线被认为是单色辐射。

monochromator 单色仪 分离出频谱的一狭窄部分，用于分析、传输或其他目的的仪器，如分光仪。

monochrome display 单色显示器 就是黑白显示器，只显示黑白之间的灰色深浅度。同 monochrome monitor。

monochrome display adapter (MDA) 单色显示适配器 1981 年推出的一种视频适配器。只能以 25 行 80 字符的模式显示，每个字符字符由 9×14 单元内的 7×9 点阵产生。每个字符可以带下划线、闪烁和高亮度显示。

monochrome monitor 单色监视器 只用一种颜色显示图像的 CRT(阴极射线管)或其他显示部件，通常使用绿色、灰色或白色。

monocular 单眼的，单目的 从单一观察点观察的图像。

monocular instrument 单目镜 一种光学仪器：①有一个光轴，②有一个目镜，一次只能供一只眼睛观看，③没有必要适应两眼的需要而提供会聚性。[注]单目镜例子有手持望远镜、放大镜、各种单片镜、某些显微镜和珠宝放大镜。

monocular stereo vision 单目立体视觉 利用一个摄像机对同一景物点在不同位置的两个匹配点的像差求解景物点深度的方法。它用于由运行的序列图像求解景物的深度信息的场合。

monofiber cable 单纤光缆 参见 monofilament cable。

monofilament cable 单纤光缆 含有单股光纤的光缆。同 monofiber cable。

monographics adapter (MGA) 单色图形适配器 只能够显示单色文本和图形的视频适配器，或者与 Hercules 图形卡(HGC)兼容的卡。

monolingual dictionary 单语词典 词目和释义用同一种语言表达的词典。比较 bilingual dictionary。

monolithic driver 整体驱动器程序 一个程序中有一系列不同功能或者不同应用程序的驱动程序软件。

monolithic head 整体(结构)磁头 浮动块和磁头磁路合为一体的一种磁头。浮动块采用软磁材料，且兼作磁头铁芯的一部分。这种磁头广泛用于每道一头和浮动磁盘机中。

monolithic integrated circuit (MIC) 单片集成电路 在一块半导体衬底上，用半导体工艺制作的有源元件和无源元件所构成的集成电路。

monolithic integrated receiver 单片集成接收机 一种光接收机，其中：①一个正型-本征-负型(PIN)光电二极管在一个单独壳中与一个单片互阻抗放大器结合，②进行封装以使结合后的性能好于单独封装组件的性能。

monolithic microcomputer 单片微型计算机 把计算机的全部功能单元(不仅包括逻辑单元，而且还包括存储器和输入输出电路)都做在一片大规模集成电路上而组成的计算机。

monolithic microwave integrated circuit (MMIC) 单片微波集成电路 采用平面技术，将元器件、传输线、互连线直接制做在半导体基片上的微波集成电路。砷化镓是最常用的基片材料,电路设计分为集总参数和分布参数两种形式,分布参数主要用于功率电路和毫米波集成电路。应用较广泛的有:单片微波集成低噪声放大器、单片微波功率放大器、单片微波压控振荡器等。参见 microwave integrated circuit (MIC), hybrid microwave integrated circuit (MMIC)。

monolithic multilayer capacitor 单片多层电容器 一种带有多个金属化介电层的陶瓷电容器,体积只有约 1 mm^3,但具有大的等效表面积,通过在纸一样薄的陶瓷条上沉积金属薄膜,然后堆叠、压缩并焙烧形成一个单块来制成。它可以具有不同的介电性能和各种各样的电容值。金属化的端面允许将它焊到表面安装的电路板上。参见 multilayer ceramic capacitor (MLCC)。

monolithic organization 单块结构 一种软件结构,它将所有软件和数据结构放入一个逻辑模块中,在软件的各个部分间无明确的接口。

monolithic processor 单片处理机 由一片大规模集成电路做成的中央处理机。

monolithic programming 个体程序设计 一种在很大程度上不受约束和非正规的方法,允许程序设计员完全自由地行事。由此产生的程序反映一程序设计员自己的经验和想法。

monolithic storage 单片存储器 由单片集成电路构成的存储器。

monolithic technology 单片技术 将电路的所有电子元器件(如晶体管、二极管、电阻、电容等)都集成到一块芯片上的一种技术。例如,MST(单片系统技术)。

monomode optical fiber 单模光纤 仅容许单模光束传输的光纤。单模光纤的芯子很细,为 3 ~ 10 μm,可减除频宽及振模色散的限制。单模光纤相比于多模光纤可支持更长传输距离,在以太网可支持超过 5 000 m 的传输距离。同 single-mode optical fiber。

monophase microinstruction 单步微指令 在一个微指令周期中,仅执行单步微操作的微指令。

monopole radiated power 单极辐射功率 参见 effective radiated power。

monoprocessor 单处理机 具有单个 CPU 的传统计算机。

monopulse antenna feed system 单脉冲天线馈电系统 一种天线馈电系统:①产生两个或更多个部分交叠天线波瓣;②有两个或更多个馈电器和一个反射器;③相应天线波束之间有小角度位移;④在比较天线输出信号的幅度或相位的跟踪接收器中有“和”与“差”信道;⑤用于跟踪雷达获取方向信息,在跟踪雷达中,控制天线的误差信号是从偏移天线光束接收到的信号差值中得出的。

monopulse radar 单脉冲雷达 一种精密跟踪雷达。它每发射一个脉冲,天线能同时形成若干个波束,将各波束回波信号的振幅和相位进行比较,当目标位于天线轴线上时,各波束回波信号的振幅和相位相等,信号差为零;当目标不在天线轴线上时,各波束回波信号的振幅和相位不等,产生信号差,驱动天线转向目标直至天线轴线对准目标,这样便可测出目标的高低角和方位角,从各波束接收的信号之和,可测出目标的距离,从而实现对目标的测量和跟踪。单脉冲雷达通常有振幅比较单脉冲雷达和相位比较单脉冲雷达两大类。

monorail double-heterojunction diode 单轨双异质结二极管 具有双异质结和有变化而又返回原基准折射率分布的一种激光二极管,这种折射率分布在结两边的空间曲线为方波或阶跃函数。

monospace font 单间隔字体 固定间隔的字体。一种像打字机字体那样的字体,每个字符占据的宽度相同,而不管其实际宽度。例如字母 i 和字母 M 占据相同的宽度。参见 proportional font。

monospacing 单一间隔调节,单空格 (1)字符之间间隔不变的一种间距调节方法。比较 proportional spacing。(2)一种打印和显示的格式。在每一行中所有字符所占的水平宽度是一样的,而不是有的字符宽,有的字符窄。同 fixed-width, fixed-pitch, fixed-spacing。参见 proportional spacing。

monostable 单稳的 只有一种稳定状态的器件。

monostable circuit 单稳态电路 具有一个稳定状态和一个不稳定状态的电路。无触发脉冲时,它处于稳定状态,受到触发脉冲激励后,它就翻转到不稳定状态,但经过一定时间后它又自动返回到原来的稳定状态。单稳态电路也称“单稳态触发器”。

monostable multivibrator 单稳态多谐振荡器 具有一个稳定状态的多谐振荡器。当有触发脉冲作用时,电路从稳态翻转到另一个暂稳态,经过一段时间后,电路又自动翻转回到稳态。

monostable relay 单稳态继电器 这种继电器在预定的输入激励量作用下动作并改变其状态,当撤除该量后,又返回原来状态。参见 bisttable relay。

monostable timer 单稳态定时器 能控制调节输出脉冲的宽度或持续时间的单稳态多谐振荡器。

monostable trigger circuit 单稳态触发电路 同 monostable circuit。

monotone function 单调函数 函数值的变化方向与自变量的变化方向相同的函数。例如自变量增大时,函数值也随之增大。

monotonic 单调的 在推理中,指只能给知识库增加命题而不能将它们排除出知识库。

monotonic model 单调模型 一种逻辑推理模型,其特点是:已知事实的增加至少不会使得可推导出的事实少,Horn 子句逻辑在一阶谓词的证明论观点下就是典型的单调推理模型,单调模型的一个特征是:在所考虑的基是有限的情况下,推理会在有限步内达到一个最小不动点,该不动点可以看出是原始系统的合理解释。参见 non-monotonic model。

monotonic reasoning 单调推理 一种推理系统,规定一旦确定某一事实,则在推理过程中不能改变其假设。单调推理在推理过程中随着推理的向前推进以及新知识的加入,推出的结论呈单调增加的趋势,并且越来越接近最终目标,在推理过程中不会出现反复的情况,即不会由于新知识的加入否定了前面推出的结论,从而使推理又退回到前面的某一步。比较 non-monotonic reasoning。

M

montage 蒙太奇 在多媒体中,编辑成序列的一系列图像,用于产生一种特殊的效果,如时间的流逝。

Montague grammar 蒙德鸠语法 美国数理逻辑学家 Montague20 世纪 70 年代提出的一种用数理逻辑方法研究自然语言的理论。它用内涵逻辑模型论描述和计算句子的语义。强调句法与语义的同构对应原则、句法和语义规则的递归定义和组合原则以及合成语言成分时的数学运算原则。

Monte Carlo algorithm 蒙特卡罗算法 一类概率算法。此类算法总能输出解,但求出的解可能是错误的。通过有同样输入上多次运行同一算法可使得到正确解的概率增加。另外,此类算法一般难以判定所给的解是否正确。也有人用它泛指概率算法,特别是求数值计算问题近似解的数值概率算法。

Monte Carlo method 蒙特卡罗法 (1)也称"随机模拟法"或"统计试验法"。主要用于求解数学、物理、工程技术及生产管理方面的问题。其思想方法是:对具体问题先建立概率模型,使该模型的若干数学特征(如数学期望等)表示所需计算的量,随后用抽样试验和统计方法求这些数学特征的估值,以近似地代替所要求的量,并估计其误差与方差。(2)使用随机数对数值问题求得近似结果的一种方法。例如,随机走动法或用一随机数序列计算一个积分的过程。

Monte Carlo simulation 蒙特卡罗仿真 蒙特卡罗仿真是在相同的情况下实施大量仿真,每一次运行是将不同的伪随机数作为随机变量或随机过程。不同的伪随机数序列产生不同的性能变化。

MOO 面向对象的多用户网络游戏 MUD object oriented 的缩写。

MOOC 慕课,大规模开放在线课程 慕课(MOOC)这个术语是 2008 年由加拿大爱德华王子岛大学网络传播与创新主任与国家人文教育技术应用研究院高级研究员联合提出来的。"M"代表 Massive(大规模),与传统课程只有几十个或几百个学生不同,一门 MOOC 课程动辄上万人;"O"代表 Open(开放),以兴趣导向,凡是想学习的只需一个邮箱,就可注册参与;"O"代表 Online(在线),学习通过网络完成;"C"代表(Course),就是课程的意思。

Moore's law 摩尔定律 Intel 的创办人之一戈登·摩尔(Gordon Moore)在 1965 年所作的观察发现,集成电路(IC)上的元器件密度将会以每 18 个月翻一番的速度稳定增长,并在今后数十年内保持这种势头。摩尔所作的这个预言,因 IC 的发展得到证明被誉为"IT 业第一定律",即"摩尔定律"。后来,这经常被用来形容高科技产业发展的速度。

MOP 维护操作协议 maintenance operation protocol 的缩写。

MOPS 每秒百万次运算 million operations per second 的缩写。

more-data bit M 位 同 M-bit。

more softer handoff 更软切换 移动台在同小区两条不同的信号之间进行的切换。参见 handoff, soft handoff。

morpheme 词素 语言中一种基本单位:①表示语言中语义单位之间的关系,②不包含更小的有意义部分。

morphic function 形态函数 也称"形态布尔函数"。一种与普通布尔函数相对应的逻辑函数。其变量称形态变量,可由两个二进制信号组成。形态函数可直接用来设计自校验逻辑电路。

morphing 变形 用于多媒体和游戏中的一种特殊效果,它使得一幅图像逐渐地变为另外一幅。

morphographemics 字母结构学 研究单词的学说,用计算的方式对词的成分进行组合和重拼。如将单词进行分割,使它的成分可在词典中查到,为造词提供基础。

morphological ambiguity 词法歧义 由于形态学上的多重意义使得一个语言单位表达一种以上的意义。比较 syntactic ambiguity。

morphological analysis 词法分析 识别句子中每个词的词类及其结构的过程。前者要求划分词的语法类别,指出某词属于哪一类,有什么形态特征和语法功能等;后者要求分析语素及词的结构方式和类型。

morphological approach 形态学方法,相关树法 一种运用树形相关图来表示参数的组合状态并对系统进行解析的方法。

morphological information 词法信息 对词的结构属性或形态特征的描述。参见 semantic information, syntactic information。

morphology 形态学 在结构分析中,研究形态和形式的一门科学。一般指对模块层次和组织结构的分析。

morphology parsing 词法分析 在书面语的翻译中,对输入原文逐句逐词所进行的分析。词法分析时,切分出各个词素,指出该词在句中的词性和词的性、数、格、时态的变化，为句法分析作准备。词法分析中，常根据词典与邻接关系和一些算法来解决切分问题。

Morse code 莫尔斯(电)码 一种信号传输和电报传输中使用的编码系统。它由美国画家莫尔斯创建，它用一系列点和短划线来表示字符。

Morse code indicator 莫尔斯码指示器 在可视信号系统中，一种平板信号指示器：①用两块平板拼成一个张开的"V"型，②当平板放置在指示信号器之上时，表示使用莫尔斯码。

Morse flag signaling 莫尔斯旗信号方式 可视信号方式，其中：①使用莫尔斯码；②两手臂垂直举过头顶表示点；③两手臂平伸表示划；④两手臂置于胸前表示点划间隔；⑤两手臂放低与地面成45°角表示字母间隔；⑥手臂在头顶作圆周运动表示重复或删除；⑦手臂在体前迅速垂直运动表示传输结束。

Morse printer 莫尔斯打印机 一种可接收莫尔斯码信号并打印出相应于该信号的字符的设备。

Morse telegraphy 莫尔斯电报 电报，即电报系统操作，其中：①根据莫尔斯码形成信号，②包含国际莫尔斯码信号的发送和接收，③包括莫尔斯电报键的使用和与之相联系的半自动和全自动设备，④包括使用莫尔斯码的任何形式的字母电报。

MOS (1)金属氧化物半导体 metal-oxide semiconductor 的缩写。(2)管理操作系统 management operating system 的缩写。(3)多媒体操作系统 multimedia operating system 的缩写。(4)主观平均得分 mean opinion score 的缩写。

mosaic 马赛克 由于数字图像分辨率或视频信号传输速率较低，并且未能对其进行良好的平滑，而在屏幕上显示的一种质量不太好的效果。整个图像看上去像是由一个个小图块拼装而成的。有时为了获得某种特殊表现效果，要求把平滑的图像转换成具有马赛克效果的形式。

MOS controlled thyristor (MCT) 金属氧化物半导体可控晶闸管 将作为门电路的MOS(金属氧化物半导体)晶体管和作为电源的晶闸管结合起来的功率半导体器件。这种复合器件在所有压控电源中具有最小正向压降。

MOS dynamic random access memory MOS动态随机存取存储器 MOS(金属氧化物半导体)随机存取存储器的一种。它利用栅极与基底间的寄生电容存储信息。为防止电流泄漏而使电容上的电荷消失，必须周期性地充电，即所谓刷新。读/写操作与静态存储器相似。

MOSFET 金属氧化物半导体场效应晶体管 metal oxide semiconductor field-effect transistor 的缩写。

MOS gate driver (MGD) 金属氧化物半导体门电路驱动器 一种用于驱动在电源、电动机速度控制、UPS(不间断电源)系统和放大器中额定值达600 V的高电压 MOSFET(金属氧化物半导体场效应晶体管)或 IGBT 的集成电路，也可以驱动双晶体管正向转换器。

MOS integrated circuit MOS集成电路 以金属氧化物半导体(MOS)效应晶体管为基本有源元件构成的集成电路，称为 MOS 集成电路。以N沟道MOS器件构成的集成电路，称NMOS(N沟道金属氧化物半导体)集成电路；以P沟道MOS器件构成的集成电路称PMOS(P沟道金属氧化物半导体)集成电路；以N沟和P沟MOS器件互补构成的集成读写电路和控制电路的大规模集成电路存储器。

M

MOS memory MOS存储器 以MOS(金属氧化物半导体)场效应晶体管为基本元件组成的大规模集成电路存储器。按工作原理分为静态MOS存储器和动态MOS存储器。前者以MOS晶体管双稳态电路作为记忆单元，后者主要利用栅极与基底间的寄生电容来记忆信息。其特点是工艺简单、集成度高、功耗小，但存取速度较低。

MOSPF 多播开放最短路径优先 multicast open shortest-path first 的缩写。

mosquito noise 蚊噪声 视频系统中的噪声，即在活动图像四周可见明显的失真。蚊噪声具有以下特征：四周有运动假象；叠加在画面上的斑点状噪声图形；在视觉和听觉上类似一个或多个在人头肩四周飞绕的蚊子。

MOSS 维护操作员子系统 maintenance and operator subsystem 的缩写。

MOST 媒体定向系统传输 media oriented system transport 的缩写。

most general unifier 最广通代 满足一定条件的两个谓词的通代。通代一般在对两个谓词消解前进行，目的是要使消解双方的变元相同。如设 A 为一通代，对于任何其他通代 B 都存在一个代换 C，使 $B=A\circ C$，其中$\circ$表示两个代换的连续执行，则 A 即称为最广通代。

most significant bit (MSB) 最高有效位 计算机中一个二进制数权值最高的位。一般指计算机中一个字的最左边的位。

most significant character (MSC) 最高有效字符 位于一组字符中最左边的字符。

most significant digit (MSD) 最高有效数字 一个数中权最大的那一位数字。最高位数字一般在数的最左边。例如在十六进制数6A9F中6是最高位。

MOTEL bus MOTEL总线 一种总线，它可以用于 Motorola 和 Intel 公司处理器及芯片，即可以混合使用8080和6800部件。

mother board 母板 (1)可以装配一块或多块印制组装件的印制板。(2)一种具有插座的连接部件，其他印刷电路可插在它的上面。用以构成一个多板计算机系统。在计算机中它常连到各种系统总线上去。单板计算机是将所有的部件安装在主板上,而母板把相关的板与之连接,诸如I/O接口、显示器和盒式磁带机接口、存储扩展板和高分辨图形卡等。(3)也称"系统板"。通常带有CPU、主存储器、串行和并行端口以及控制标准外围设备所需的全部控制器,还含有总线和用于添加扩展板的连接器。

mother system of MIS **管理信息系统母系统** 也称"管理信息系统的生成工具",一类用于自动化开发管理信息系统的软件包。

M

motional electromotive force **动生电动势** 组成回路的导体(整体或局部)在恒定磁场中运动,使回路中磁通量发生变化而产生的感应电动势。动生电动势来源于磁场对运动导体中带电粒子的洛伦兹力。参见 electromotive force (EMF), Lorentz force。

motion compensated prediction (MCP) **运动补偿预测** MPEG(活动图像专家组)中采用的技术。运动补偿预测假定:通过画面以一定的提前时间平移,可以局部地预测当前画面。这里的局部意味着在画面内的每个地方位移的幅度和方向可以是不相同的。采用运动估值的结果进行运动补偿,以便尽可能地减小预测误差。运动估值包括了从视频序列中提取运动信息的一套技术,该技术与所处理图像序列的特点决定着运动补偿性能的优劣。与画面16×16像素宏块相关的运动矢量支持接收机解码器中的运动补偿预测。所谓预测,实际上是由前一($n-1$)图像帧导出当前(n)图像帧所考虑像素的预测值,而后由运动矢量编码传输n帧的实际像素值与其预测值之间的差值。

motion compensations **运动补偿** 一种描述相邻帧(相邻在这里表示在编码关系上相邻,在播放顺序上两帧未必相邻)差别的方法,具体来说是描述前面一帧的每个小块怎样移动到当前帧中的某个位置去。这种方法经常被视频压缩/视频编解码器用来减少视频序列中的空域冗余。

motion-control photography **运动控制摄像** 在多媒体应用中,一个使用计算机精确控制摄像机运动的系统。使得景象的不同成分能够合成。

motion estimation **运动估计** 运动估计的基本思想是将图像序列的每一帧分成许多互不重叠的宏块,并认为宏块内所有像素的位移量都相同,然后对每个宏块到参考帧某一给定特定搜索范围内根据一定的匹配准则找出与当前块最相似的块,即匹配块,匹配块与当前块的相对位移即为运动矢量。得到运动矢量的过程称为运动估计。参见 motion vector。

Motion Joint Photographic Experts Group (M-JPEG) **运动联合图像专家小组** 一种运动静止图像(或逐帧)压缩技术,广泛应用于非线性编辑领域。M-JPEG可以把运动的视频序列作为连续的静止图像来处理,这种压缩方式单独完整地压缩每一帧,在编辑过程中可随机存储每一帧,可进行精确到帧的编辑,此外,它的压缩和解压缩是对称的,可由相同的硬件和软件实现。但M-JPEG只对帧内的空间冗余进行压缩。不对帧间的时间冗余进行压缩,故压缩效率不高。参见 Joint Photographic Experts Group (JPEG)。

motion operation rate **运动工作速率** 参见 full motion operation rate。

motion picture coding expert group (MPEG) **活动图像编码专家组** 同 Moving Picture Experts Group (MPEG)。

motion response degradation **运动响应退化** 活动视频质量,通常是全活动视频质量的恶化,结果是可见的时空分辨率的降低。

motion vector **运动矢量** 在帧间预测编码中,由于活动图像邻近帧中的景物存在着一定的相关性。因此,可将活动图像分成若干块或宏块,并设法搜索出每个块或宏块在邻近帧图像中的位置,并得出两者之间的空间位置的相对偏移量,得到的相对偏移量就是运动矢量。

motion video **活动图像** 在多媒体中,显示实际运动的视频图像。

motion video capture adapter **运动视频捕捉适配器** 在多媒体应用中,指一种适配器,当连接到计算机时,允许通常的电视图片显示在屏幕的各部分,将高分辨率的计算机图像与视频图像混合在一起。参见 still video capture adapter。

MOTIS **面向消息的文本交换系统** message-oriented text interchange system 的缩写。

motor **电动机** 将电能转变为机械能的电机。

motorboating **低频寄生振荡** 系统或组件中的振荡,通常指发生在很低音频上的连续脉冲。一般是由过度的正反馈,如通过公共电源所引起。当扬声器连接到系统(如收音机)上时,脉冲将产生像汽艇那样的"扑扑"声。

motor convertor **电动变流机** 一台感应电动机与一台旋转变流机同轴耦合而成的机组,其电动机转子中产生的电流流过变流机的电枢。参见 convertor。

motor effect **电动机效应** 电流方向相反的两根邻近导线之间存在推斥力的现象。

motor-driven relay **电动机式继电器** 利用微型电动机带动机械部分而工作的继电器。

motor-generator set **电动发电机组** 一台或多台电动机与一台或多台发电机机械耦合而成的成套机组。用来将一种电源电压改变为其他所需的电压或频率。

motor running capacitor **电动机运转电容器** 与电

动机的辅助绕组相连接用于帮助电动机启动并改善在运转条件下的转矩的电容器。

motor starting capacitor **电动机启动电容器** 向一电动机的辅助绕组提供超前电流而当电动机启动之后即从线路中切除的电容器。

MOTSS **同性** members of the same sex 的缩写,用于指示是同一性别。

mountain effect **山地效应** 起伏不平的地势对无线电波传播的影响,所引起的反射使无线电测向仪的指示产生错误。

mountain potential field **山地电场** 过滤电场的一种。通常是指山坡上的潜水由于重力作用向山坡下渗透时,由于岩石颗粒吸附负离子作用形成的电场。其场的特征是,对应山坡顶处出现负电位。两侧坡上相对山顶电位趋正。

mount attribute **安装属性** 赋给文件卷的一种属性。它控制该文件卷何时可以卸载;安装属性有永久驻留的、保留的及可卸载的。

mount a volume **安装文件卷** 由操作员完成的一种操作。将磁带或磁盘组安装在驱动器上,并使此驱动器进入联机状态。

mounting cement **装配胶** 光学系统中的一种胶合剂:①可用来将光学元件固定在支架上,②可以是热塑料的、热固性的或化学硬化的材料。

mouse **鼠标(器)** 一种小巧的人机交互输入设备,形似老鼠而得名。起源于 1963 年,由 Douglas Englebart 于美国加州的斯坦福研究所发明。当时的构想是:当使用者移动鼠标时,鼠标会以一对滚轮来转动轴心,并计算出水平及垂直的位移,使屏幕上的游标随之移动,产生一个相对于屏幕的位置(X,Y),以取代键盘上的"↑"、"↓"、"←"、"→"键。因其外形轻巧、不占空间,握在手中能应用自如,且传统鼠标的尾端又有一根电缆与计算机相连,状似老鼠而得此名。它是便宜、灵活的人机会话和交互式作图的工具。参见 mechanical mouse, optomechanical mouse, optical mouse, trackball。

mouse button **鼠标键** 鼠标器上的按键,可用于进行选择或者启动某一个动作。一个鼠标器上装有三个或两个按键。

mouse miles **鼠标英里** 俚语,表示花费在计算机上的用户时间以及对计算机鼠标在一段时间中作出多少操作的实际测量。有种软件可以告诉用户,使用的鼠标已经走了多少英里,还在需要清洁鼠标的时候给出可视警告信号。

mouse pointer **鼠标器指针** 一个屏幕上的显示元素,其位置随着鼠标器的位置改变而改变。作为鼠标器操作位置的指示。其形状可以是一个十字,一个方块,或一个箭头等。

mouse scaling **鼠标比例** 光标移动量与鼠标器移动量之间的关系。通常为 1∶1 或 2∶1。

mouse sensitivity **鼠标器灵敏度** 鼠标器移动与屏幕光标移动之间的关系。鼠标器灵敏度的调整或换算有两种方法。一种是选择鼠标器的灵敏度。灵敏度高的鼠标器可以向计算机传送更多的有关鼠标器移动的每英寸"鼠标器运动"信号。第二种方法是调整应用程序或鼠标器驱动程序灵敏度。这样可以使光标对鼠标器的运动更加敏感,定位更加精确。

mouse threshold **鼠标阈值** 一个操作系统参数,确定鼠标指针在屏幕上移动所需的水平或垂直鼠标移动量。

mouse tracking **鼠标器跟踪** 参见 mouse sensitivity。

mouse type **鼠标器类型** 如果按鼠标器与计算机间通信方式不同可分为串行式鼠标、专用接口鼠标(PS/2)、并行式鼠标、USB(通用串行总线)鼠标四类。如果按鼠标器工作原理的不同可分为机械式鼠标、光电式鼠标、半光电半机械式鼠标。伴随计算机技术的发展,鼠标器也在技术上不断革新,目前市场上已出现的鼠标器将朝三个方向发展。第一种方向是无线鼠标也称"遥控鼠标",它使得用户即使不坐在计算机旁边,也能实现对命令的控制。第二种方向是采用光学感应技术的光学感应式鼠标,它采用激光技术,以类似视觉原理,如同用照相机连续拍照,来捕捉鼠标运动的轨迹。它的优点是具有抗污染性及操作的灵敏性和准确性。第三种方向是滚轮键鼠标,该鼠标与普通鼠标不同的是中间键不仅起中间键的作用,它还起到滚轮的作用,即上面附着一只轨迹球,使人们用起来更为方便。这种鼠标适用于网络(特别是在向前、向后翻页及使用浏览器时),人机交互功能较强的图形界面。

m-out-of-n checker **n 取 m 检测器** 使用 n 取 m 码设计的检测器。这种检测器由两个单独的子电路组成,每个子电路有自己的输出。对于正常的 n 取 m 码输入,检测器的输出必为 01 或 10。若输入端有无效编码,即输入端 1 的个数多于或少于 m,则输出分别是 00 或 11。为了使 n 取 m 检测器成为自测试的,码字中 1 和 0 的个数必须相同,即 $n=2m$。这种码称为 $2k$ 取 k 码(k-out-of-2k codes)。

m-out-of-n code **n 中取 m 码** (1) 一种权位固定的二进制代码。其特点是,数 n 中的 m 位总是处于同一种状态。(2) 编码的一种。全部有效码字必须有 m 个 1 和 $(n-m)$ 个 0,因为信息要嵌入有冗余的码字中,故这种编码称为非分离码。这种码具有检测单故障与单向多故障的能力。常见的有 5 取 2 码(2-out-of-5 codes)、4 取 2 码(2-out-of-4 codes)、6 取 3 码(3-out-of-6 codes)、和 10 取 1 码(1-out-of-10 codes) 以及 $(2m+1)$ 取 m 码(m-out-of-$(2m+1)$ codes) 和 2 取 1 码(1-out-of-2 codes)等。

.mov **电影文件名后缀** 一种电影文件扩展名,用于 Apple 公司多媒体软件 QuickTime 格式文件。

movable head disk **移[活]动头磁盘** 读写头可在

M

盘面上移动,寻找并定位在要进行读写的轨道上进行读写操作的磁盘机。包括软盘、温盘和多种可取磁盘都属这类。因为磁头随头臂移动而移动,因而也称移动臂磁盘,对应的有固定头磁盘。

movable head disk unit 活动头磁盘机 一种由一个或多个磁盘片组成的存储设备。读写磁头固定在一个可移动的存取臂上。存取数据时,活动臂通过机械装置把磁头伸向所需的磁道上,并在磁盘旋转时进行读或写。

move 移动、传送 (1)在程序编制过程中,将内存某些单元中的内容复制到同一内存中的其他单元中去的操作。(2)优化编译程序的一种操作。将一些量的计算移动位置。同 transfer。(3)在操作系统中,改变文件的目录位置。(4)改变窗口在屏幕上的位置。

move and copy 移动与拷贝 字处理软件的一种功能。可以对文本中的某一块注上标记,并把它移到文档中的另一处或者在文档中的任一处对该文本进行拷贝。

move command 移动指令 通信、计算机,数据处理和控制系统中的一种指令,将数据从一个或多个存储单元转移到一个或多个其他的存储单元。

move-compensation disturbance 动补干扰 干扰的一种。它是指那些与人工发射的交变电磁场有关的干扰。如飞机的金属可动部分对接收探头的相对运动、飞行中由于振动、气流冲击等原因使发射探头与接收探头之间的距离发生变化、接收及发射探头发生扭转等引起的干扰。它对仪器的影响是以调制工作频率的形式出现的。衡量动补干扰的大小;是把仪器的输出值换算到接收探头处的磁场强度与一次场的比值来表示。单位是 ppm。

movement key 移动键 参见 pointer movement key。

movement service 移动业务 参见 ship movement service。

move mode 移动方式 (1)在一些可变字长计算机中使用的数据传输方式。在该方式中,某些定界符不随数据的移动而移动。(2)一种把需要处理的记录移入一用户工作区的工作方式。

moves on demand (MOD) 电影点播 经由多媒体通信网络点播电影节目的服务。同 video on demand。

moving arm disk 移动臂磁盘 同 movable-head disk unit。

moving average 传送[流动]平均值[数] (1)一个时间段内搜集到的数据量的平均值或算术平均值。参见 weighted moving average。(2)最近观测结果的平均值。每当加入新的观测值时,旧值则被删掉。

moving-coil indicator 动圈式显示仪表 先用传感器将被测参数转换成电势或电阻,再由测量电路将其转换成流过动圈(可转动的线圈)的电流,此电流使线圈偏转,并带动指针在刻度盘上指示出被测参量数值的一种仪表。这是工业生产中普遍采用的一种模拟式显示仪表,应用极为广泛。

moving-coil loudspeaker 动圈式扬声器 一种纸盆式扬声器,其结构由三部分组成:①振动系统,包括锥形纸盆、音圈和定心支片等;②磁路系统,包括永久磁铁、导磁板和场心柱等;③辅助系统,包括盆架、接线板、压边和防尘盖等。当处于磁场中的音圈有音频电流通过时,就产生随音频电流变化的磁场,这一磁场和永久磁铁的磁场发生相互作用,使音圈沿着轴向振动。动圈式扬声器结构简单、低音丰满、音质柔和、频带宽,但效率较低。

moving-coil microphone 动圈式麦克风 利用电磁感应现象制成,当声波使金属膜片振动时,连接在膜片上的线圈(音圈)随着一起振动,音圈在永久磁铁的磁场里振动,就产生感应电流(电信号),感应电流的大小和方向都变化,变化的振幅和频率由声波决定,这个信号电流经扩音器放大后传给扬声器,从扬声器中就发出放大的声音。

moving communication 运动通信 人员徒步或使用交通工具进行口头或文件传递的通信。

moving cursor 转移指针 在某些操作系统中,一种柱面选择算法,当某一个用于页面槽分配的柱面已经分配完毕时,则由该算法选择下一个未满的柱面。

moving grating sensor 移动光栅传感器 一种光纤传感器,其中:①两光纤间有一小间隙,间隙中放置一对光栅,一个固定,另一个可动,②两光栅包含等宽的交替不透明和透明的平行元,③当两光栅透明元对齐时,光线由光源光纤传到光检测器光纤,④当其中一光栅的不透明元和另一光栅的透明元对齐时,光纤之间无光线传递,⑤从不透明元覆盖透明元(从而传输为 0)的对齐线开始,当可动光栅开始不覆盖透明元时,光线开始从光栅通过,并且当透明元对齐时,传光量增加到最大,⑥当可动光栅继续向同一方向移动时,传光量逐渐降为 0,并且在光栅继续沿同一方向移动时再次增加,直到光栅移动到终点,⑦达到最大传输次数的数目与移动距离成比例,⑧输出信号频率与移动速度成比例,⑨可动光栅的加速度和输出信号频率随时间的变化率成比例。

moving-iron instrument 动铁式仪表 依靠在一个或多个固定线圈中的电流对一个或多个软铁发生作用来工作的仪表,其中至少有一个软铁是可动的。

moving-magnet instrument 动磁式仪表 一种通过可动永磁铁将自身与外加总磁场排列一致的方式进行工作的仪表,外加总磁场可以是由固定永久磁铁和相邻线圈之间,或者载流线圈之间,或者是两个或更多的轴被移动了固定角度的载流线圈之

minor synchronization point service 次同步点服务 开放系统互连(OSI)体系结构中一种用于同步的服务。它允许会话服务用户把在此服务被调用前传送的 NSSDU(普通数据会话业务数据单元)、TSSDU(类型数据会话业务数据单元)流同后续的 NSSDU、TSSDU 流分离开。它的使用由次同步权标控制。

minor time slice 小时间片 在某些分时系统中,当终端作业获得最高执行优先级时,在主时间片中的部分时间。参见 major time slice。

minor total 小计 对最小有效变化分组求和后得到的结果。

Minsky's conjecture 明斯基猜想 并行计算机所能达到的加速将按处理器的数目对数增长。

minterm expression 最小项表达式 利用逻辑函数的基本公式,可以把任意一个逻辑函数化成若干个最小项之和的形式,称为最小项表达式。

minuend 被减数 一个数,从该数中减去另一个数(减数)以得到差值。

minus flag 负标志 微处理机的标志寄存器中的一种标志位,用来表示算术运算结果是否为负值。

minus lens 负透镜 同 diverging lens。

minus ones complement 减 1 补码 参见 radix minus ones complement。

minus zone 负区 带有负号的数域,如带符号的二进制数的最左位为符号位,符号位为 1 表示负数,则 1000 ～ 1111 为负区,0000 ～ 0111 为正区。

minxed dielectric capacitor 复合电介质电容器 电介质中至少含有两种不同的固体材料的电容器。

MIOCB 主输入/输出控制块 master I/O control block 的缩写。

MIP mapping MIP 映射法,MIP 贴图 (1)MIP 是 Multum in Parvum(拉丁语)的缩写,意思是"多合一"。这是一种根据其尺寸大小和深度,通过在同一个影像上,对不同物体加不同分辨率的纹理图来提高纹理图质量的方法。如果纹理图多边形较纹理图像本身小,则纹理图将在光栅化过程中抽样不充分,从而导致纹理图将产生杂纹和闪烁现象。MIP 映射法的目的就是消除这种现象。(2)MIP 是一项材质贴图的技术,它根据不同精度的要求,使用不同版本的材质图样进行贴图。如:当物体移近使用者时,程序会在物体表面贴上较精细、清晰度较高的材质图案,让物体呈现出更高层、更加真实的效果;而当物体远离使用者时,程序就会贴上较单纯、清晰度较低的材质图样,进而提升图形处理的整体效果。

MIPS 每秒百万条指令 million instructions per second 的缩写。

mirror 镜像 生成显示物体的反像。通常意义上的镜像,是指对某个事物保持它的一个复本。参见 specular reflection。

mirrored pair 镜像对 两个包含相同数据的单元,被系统作为一个实体看待。

mirrored protection 镜像保护 一个通过保存磁盘所有数据的双份拷贝的方法保护数据的功能。数据副本保存在另一个磁盘中。如果发生了磁盘故障则使用副本的数据。参见 mirrored pair, mirrored unit。

mirrored unit 镜像单元 镜像对中的两个单元之一。

mirror image 镜像 将所有坐标中某一个或某几个坐标分量都乘以 −1 后得到的映像。镜像在设计中有广泛的应用,如在双层印制板布线中,设计人员通常将底层(反面)的线路作关于 Y 轴的镜像,使之在屏幕上底层与面层的焊盘点完全重合。

mirror image switch 镜像开关 程序操作中的一个开关。当此开关打开时,该程序在处理坐标时将相应的坐标轴上的值乘以 −1 以生成所需要的镜像。

mirroring 镜像 (1)在计算机制图技术中,相对于一条直线或一个平面对图元作对称变换,如,将显示图像的一部分或全部沿显示平面中的某一轴线旋转 180° 的过程。(2)一种提高容错能力的技术。在镜像磁盘系统中,相同的数据向两个或更多而不是一个磁盘写入,生成和维持一个以上数据拷贝。

mirror language 镜像语言 (1)全部由对称字构成的语言。字由偶数个符号构成,且其左半部即其右半部的镜像(以字的中心为对称点)。(2)将一串字母的倒置构成的串称为逆串。由语言 L 中串的逆串组成的集合称为 L 的逆,记为 L'。如果 L=L',则 L 称为镜像语言。

mirror plot 镜像绘图 一种使绘图结果与普通结果比较产生左右相反绘图效果的绘图方法。

mirror server 镜像服务器 解决常规服务器模型中存在的速度缓慢和服务中断现象的一条途径。镜像服务器可以直接连到网络中的任何地方,也可放置在对其访问频率最高的本地网段,因此可缩短用户的访问时间并提高网络吞吐量。

mirror set 镜像集 它是数据完全冗余的副本。镜像集为选定的磁盘提供一个完全一致的副本,写入到主磁盘的全部数据也写入镜像磁盘中。这样,在一个磁盘出问题时,可以访问另一个磁盘中的备份信息。镜像集提供了容错。

mirror site 镜像站点 一种文件服务器,其上面存储的文件与某个网站的服务器上的文件完全相同。镜像站点目的是为了减少网络流量,确保此站点或文件的可访问性,或是让这个站点和下载文件能更快地到达离这个镜像站点相近的用户。镜像站点是原始站点的完全拷贝,而且经常予以更新,以确保它反映了原始站点的内容。参见 mirror website。

M

mirror transaction **镜像事务程序** 一种用户信息控制系统事务程序，它执行从另一个事务处理系统发送给它的请求，并向原事务处理系统发回一个响应码和控制字段及与请求有关的数据。镜像事务程序可使用户信息控制系统实现远程资源访问。

mirror website **镜像网站** 将一个完全相同的网站源程序放到几个服务器，分别有自己独立的 URL（统一资源定位器），在这些服务器上互为镜像网站。它和主站并没有太大差别，如果不能对主站作正常访问（如某个服务器出了意外），但仍能通过其他服务器正常浏览。相对来说主站在速度等各方面比镜像网站略胜一筹。参见 mirror site。

MIS (1)管理信息系统 management information system 的缩写。(2)金属绝缘体半导体 metal-insulator semiconductor 的缩写。

miscellaneous data record (MDR) **混杂数据记录** 网络硬件错误的一个记录，由 NCP（网络控制程序）记录并传送给 VTAM（虚拟远程通信访问法）宿主，然后由 VTAM 程序写入操作系统的错误数据集。

miscellaneous function **杂项功能** 数控机床具有的杂项功能，它用地址码“M”和后面的两位数字表示，如主轴的启停、冷却液的开关、夹紧、松开和程序停止等。

miscellaneous intercept **杂项截取** 在贝尔系统出租电报报文交换系统中，对含有无效呼叫定向码的单地址报文或没有正确的多地址码的多地址报文进行的截取。参见 willful intercept。

miscellaneous time **杂务时间** 非反复运行、非系统生产或非系统测试所用的那部分操作时间。杂务时间专门用于示范表演、操作员培训或其他类似用途。同 incidental time。

MISD **多指令流单数据流** multiple instruction stream-single data stream 的缩写。

misdelivered bit **误发比特** 被一个不是信源所要的信宿接收的比特。

misdelivered block **误发信息块[码组]** 被一个不是信源所要的信宿接收的信息块。

misdelivery probability **误传概率** 参见 bit misdelivery probability，block misdelivery probability。

misdelivery ratio **误传比** 参见 bit misdelivery ratio，block misdelivery ratio。

mismatch **失配** 信号源的阻抗和与之相连的负载或传输线的阻抗不匹配或不相等的状态。

mismatch of core radii loss **纤芯半径失配损耗** 在光纤中，由于光纤连接所引起的信号功率损耗，这时所连接的两根纤维的纤芯半径不相等。

misregistration **位置不正** 字符识别时，文件或字符相对于字符阅读器中的一条水平基线（实际存在或假设的）位置不正。

misregistration character **位置不正字符** 参见 misregistration。

misregistration file **位置不正文件** 参见 misregistration。

missed synchronization **丢失同步信号，漏同步** 接收端未能正确检出同步码而造成同步码丢失的现象。

missile fire control computer **导弹火控计算机** 用于指挥和控制战术导弹的计算机。它由目标坐标测定器输入目标的当前坐标，计算机对导弹运行情况和有影响的因素进行修正计算后，指令导弹发射和导航。

missing error **遗漏错误** 程序库中程序未发现要调用的子例程的现象。

missing page fault **缺页错** 当映射一个没有调入的页时，页转换机制发出的失败指示信号。参见 missing page interruption，page fault。

missing page interruption **缺页中断** 任务执行过程中，若当前需要的某个页面不在实存储器中，则会导致产生一种中断，使操作系统到虚拟存储器中找到该页，并把它装入实存储器。参见 page fault。

missionary and cannibal **传教士和野人问题** 传说有三个传教士和三个野人要过一条河，而只有一条能载两个人的船。他们都会划船，但是任何时候如果同一岸上野人数超过传教士数目，则野人就会把传教士吃掉。问应怎样安排过河才不至于出事。这个问题是人工智能初期常用来作为范例研究的若干古典难题之一。

mission bit stream **任务比特流** (1)在传输系统任何处器件中的输出流量，即输入线流量减掉由该器件产生的开销流量。(2)正在通过通信信道的用户信息比特总数。

mission critical **关键任务** 在正常业务中不允许出现失败的处理过程，某些过程（如电话系统）必须保证全天候和百分之百的正常运行时间。

mission-critical application **关键任务应用** 机构实施其业务功能所必需的关键应用。对关键任务应用的损失将从法律或行规上对组织的业务造成负面影响。

mission critical data **关键业务数据** 重要的数据或信息，如果丢失将给业务过程带来严重的影响，如银行的客户账目信息，医院的病人信息。

mission factor **误差因子** 文件中未检索到的记录与总的相关记录之比。

mission traffic **任务业务量** 设计、构建和装置通信系统来完成的业务量。

miss ratio **漏检率** 一种衡量情报检索系统的定量特征。即漏检的相关文献数量与检索档中符合情报提问要求的相关文献总数之比。

mistake **过失，错误，出错** 人为的过失所造成的间所产生。

moving objects database (MOD) 移动对象数据库 移动对象数据库是在数据库中高效地管理移动对象的位置及其相关信息。移动对象的特点是其地理位置随时间连续变化。由于移动对象随着时间而发生地理空间上的变化，因此移动对象数据库属于时空数据库的范畴，来源于描述地理空间的空间数据库和处理时间变化的时态数据库。参见 spatiotemporal database (STDB), spatial database, temporal database。

Moving Picture Experts Group (MPEG) 活动图像专家组 由国际标准化组织(ISO)和国际电报电话咨询委员会(CCITT)共同进行标准化的彩色活动图像的压缩规范(编码格式)。通常用于代表图像压缩和解压缩的国际技术标准，它使得多媒体设备中各种不同的压缩方法之间具有兼容性。算法采用运动补偿即预测编码和插补编码变换域(DCT)压缩技术，与JPEG(联合图像专家小组)不同，MPEG算法是把每帧图像内的信息进行压缩。MPEG算法除进行帧内压缩外还采用帧间压缩技术，即对帧与帧之间的冗余信息进行压缩，为此在其码流中定义了三种不同类型的帧：I帧、P帧和B帧。I帧是对整幅图像编码的帧，它是数据量最大的帧，包括全部图像的信息，使其可以成为实现随机存取的入口帧；P帧是参考前一帧得到的，P帧的前一帧可以是I帧，也可以是P帧，生成的P帧又可以作为其下一帧的参考帧。由于P帧只存储当前帧和参考帧的误差信号，因此P帧得到了极大的压缩；B帧是把它的前一帧和后一帧都作为参考帧编码得来的，它的压缩率是最大的，这也使得B帧不能作为其他帧的参考帧。MPEG使用运动补偿和运动矢量降低空间冗余度。通过使用一种称为离散余弦变换(DCT)的方法，把小块图像进一步分成8×8矩阵，并记录其颜色和亮度等随时间变化的轨迹。MPEG标准最初分为四个不同的类型，分别命名为MPEG-1 ～ MPEG-4。其中，MPEG-3的工作后来由于被MPEG-2所覆盖而被取消。参见 MPEG-1, MPEG-2, MPEG-4, MPEG-7, Joint Photographic Experts Group (JPEG)。

moving range 移动极差 两个或多个连续样本值中最大值与最小值之差。移动极差的计算：每当得到一个额外的数据点时，就在样本中加上这个新的点，同时删除其中时间上"最老的"点，然后计算与这点有关的极差，因此每个极差的计算至少与前一个极差的计算共用一个点的值。移动极差利用全部样本值的信息，能细致地反映样本值彼此相符合的程度。参见 range。

moving target indicator (MTI) 运动目标显示器 只显示在特定门限以上运动的对象，即运动目标的一种雷达显示器。

moving targets indication radar 移动目标显示雷达 通过消除来自固定目标的回波从而提高对移动目标的检测和显示质量的雷达。

moving travel 运动行程 机器人各自由度的变动量，即各自由度的工作距离或工作角度。

Mozilla public license (MPL) Mozilla 公共许可证 MPL是1998年初美国Netscape公司的Mozilla小组为其开源软件项目设计的软件许可证。MPL许可证的特性是：①MPL虽然要求对于经MPL许可证发布的源代码的修改也要以MPL许可证的方式再许可出来，以保证其他人可以在MPL的条款下共享源代码。但是，在MPL许可证中对"发布"的定义是"以源代码方式发布的文件"，这就意味着MPL允许一个企业在自己已有的源代码库上加一个接口，除了接口程序的源代码以MPL许可证的形式对外许可外，源代码库中的源代码就可以不用MPL许可证的方式强制对外许可；②MPL许可证允许被许可人将经过MPL许可证获得的源代码同自己其他类型的代码混合得到自己的软件程序；③对软件专利的态度，MPL许可证明确要求源代码的提供者不能提供已经受专利保护的源代码，也不能在将这些源代码以开放源代码许可证形式许可后再去申请与这些源代码有关的专利；④MPL许可证关于对源代码修改进行描述的规定，就是要求所有再发布者都得有一个专门的文件就对源代码程序修改的时间和修改的方式有描述。参见 GNU general public license (GPL), Berkeley software distribution (BSD)。

MP (1)维护程序 maintenance program 的缩写。(2)数学规划，线性规划 mathematical programming 的缩写。(3)微程序 microprogram 的缩写。(4)多道处理，多重处理 multiprocessing 的缩写。(5)管理点 management point 的缩写。

M patch bay M配线架 一种配线设备，设计用于配线和监控数据信号速率为1 ～ 3 MBps的数字数据电路。

MPC (1)多媒体个人计算机 multimedia personal computer 的缩写。(2)微程序控制 microprogram control 的缩写。(3)多路径通道 multipath channel 的缩写。

MPEG (1)活动图像专家组 moving picture experts group 的缩写。(2)活动图像编码专家组规范 motion picture coding expert group 的缩写。

MPEG chip MPEG芯片 遵循MPEG(活动图像专家组)标准制作的视频图像压缩及解压缩芯片。采用这类芯片，可以用计算机播放视频节目，或者把视频信号压缩成MPEG数据文件。

MPEG-1 活动图像专家组规范-1 MPEG(活动图像专家组)委员会对MPEG-1的解释是：在存储介质上保存和重获活动图像和声音的标准。MPEG-1标准是用于在低传输速率下，产生较好质量的图像和语音信号，它以525或者625解析线压缩影片，数据密度 1.5 MBps。MPEG-1 最适用于在 1.5 MBps 的传输速率下对 352×240 像素的 NTSC(美国国家电视制式委员会)制式的视频信号编码，其质量相当于 PAL(逐行倒相制)制式下的普通家用录像带 VHS 的图像质量。并可用 256 KBps 的速率传送 16 位、48 kHz 取样的立体声。MPEG-1 也可以用于在数字电话网上传输视频信号。在因特网上，MPEG-1 格式的文件也是一种标准的视频信号文件。参见 Moving Picture Experts Group (MPEG)，MP3。

MPEG-2　活动图像专家组规范-2　MPEG-2 是数字电视的标准，用于在高传输速率下，产生高质量的图像语音信号，用于制作 DVD(数字影碟)，首次于 1994 年被通过。MPEG-2 提供 720×480 像素和 1280×720 像素的解析度，每秒播放 60 帧。不能说 MPEG-2 比 MPEG-1 好，因为它们适用的场合不同。当使用 MPEG-2 在 MPEG-1 适用的传输速率下编码时产生的图像质量要比 MPEG-1 产生的质量差。但是 MPEG-2 在其适用的传输速率下(大约 3 ～ 10 MBps)可以产生 720×480 像素的、达到广播级质量的图像。MPEG-2 对 MPEG-1 兼容，MPEG-2 的解码器可以回放 MPEG-1 的码流。MPEG-2 在广播、有线电视等行业有广泛的应用。参见 Moving Picture Experts Group (MPEG)。

MPEG-4　活动图像专家组规范-4　MPEG-4 基于 QuickTime 格式。之前的 MPEG 格式大多只涉及压缩，而 MPEG-4 中加入了多种功能，如比特率的可伸缩性、动画精灵、交互性和甚至版权保护。MPEG-4 压缩算法的基础与 MPEG-1、MPEG-2 是相同的，它们都采用了离散余弦变换、高级运动预测、以及消除帧间冗余来提高压缩效率。不过，MPEG-4 并没有严格遵守 NTSC 制(北美地区的电视广播制式)每秒 30 帧画面的规定(欧洲的 PAL(逐行倒相制)制式是每秒 25 帧；而电影则是每秒 24 帧)，这使它在低带宽条件下的效率提高了不少。MPEG-4 还能够将视频信号与文本、图像以及二维和三维动画层融合到一起。MPEG-4 对静止图像采用了基于小波变换的压缩算法，它的压缩效率比 JPEG(联合图像专家小组)要高 3 ～ 5 倍。而且，由于它是渐进的，即先显示出一幅低分辨率图像，然后随着接收数据的增多，不断增加图像的细节，所以即使是大小相似的图像，MPEG-4 在浏览器中的显示速度也要更快一些。参见 Moving Picture Experts Group (MPEG)。

MPEG-7　活动图像专家组规范-7　MPEG-7 设计用于辅助媒体文件，作为影片和节目的助手。从 MPEG-1 ～ MPEG-4 都提供音频和视频的压缩和解压缩，而 MPEG-7 是一种多媒体内容描述界面(MCDI)。MPEG-7 文件基于 XML(可扩展标记语言)，可以容纳巨大的影片数据序列，无论是数字形式或者胶片形式，MPEG-7 实现了能方便计算机处理的内容描述。可以把 MPEG-7 看作和任何给定的视频捆绑在一起并提供有用元数据(如场景主题、字幕和对显示色彩的分析)的一整套检索卡片。这种描述性数据以类 XML 的格式存储，可以很方便地在网络中传输和在计算机系统上处理。MPEG-7 标准不包括用于创建内容描述数据的软件，也不包括用于搜索和管理的软件。MPEG-7 着重于描述本身的格式，而把创建相应软件系统的任务交给那些使用这一技术的部门。MPEG-7 也不依附于其他 MPEG 标准或数字文件，也可以为模拟媒体创建 MPEG-7 数据，如胶片、磁带或幻灯片。参见 Moving Picture Experts Group (MPEG)。

MPF　消息处理机制　message processing facility 的缩写。

.mpg　MPEG 格式文件名后缀　一种使用 MPEG(活动图像专家组)制定的格式的文件扩展名，用于识别含有压缩语音和视频信息的编码数据流。参见 Moving Picture Experts Group (MPEG)。

m-phase circuit　m 相电路　电路图具有循环排列重复 *m* 次的电路。

MPI　消息传递接口　message passing interface 的缩写。

MPL　Mozilla 公共许可证　Mozilla public license 的缩写。

MPLA　掩膜可编程逻辑阵列　mask-programmable logic array 的缩写。

MPLPC　多脉冲线性预测编码　multi pulse linear prediction code 的缩写。

MPLS　(1) 多协议标记交换 multiprotocol label switching 的缩写。(2) 数学证明学习系统 mathematics proving learning system 的缩写。

MPLS-TP　多协议标记交换传输协议　multiprotocol label switching transport profile 的缩写。

MPLS VPN technology　多协议标记交换虚拟专用网技术　MPLS VPN 技术是专门为虚拟专用网(VPN)所设计的，即在 VPN 应用中采用 MPLS(多协议标记交换)技术。将 MPLS 用于 VPN 是通过使用 ATM(异步传输模式)或帧中继永久虚拟线路(PVC)或各种形式的隧道来建立 VPN，以将客户的路由器互联起来。在 MPLS VPN 中，服务商为每个 VPN 分配一个唯一的标识符(32 位长)，并嵌入到 IP(网际协议)包中，形成一个 VPN-IP 地址。VPN 中的每个节点都对应一个 VPN-IP 地址，并存放在转发信息库(FIB)中。在 VPN 的 FIB 中，记录了与 VPN-IP 地址对应的标记，这些标记把路径信息传给 VPN 中的每个节点。在 MPLS VPN 中，采用 BGP(边界网关协议)进行多个 MPLS 域中 LSR(标记交换路由器)的路由信息交换，对 VPN-IP 地址进行路由寻址，并采用 MPLS 技术将有关 VPN 的数据包转发给相同的 VPN 成员。对于每一个 MPLS VPN 客户，服务提供商的网络似乎提供了一个虚拟专用骨干网,客户可以通过它与机构内的其他站点取得联系。从客户的角度而言,MPLS VPN模式的一个重要有利条件是,在很多情况下,相对于PVC模式,路由选择可以得到简化。MPLS VPN客户不是通过一个由许多PVC组成的技术复杂的虚拟骨干网来管理路由选择,而是可以使用服务提供商作为通往该公司的所有站点的默认路线。参见 multiprotocol label switching (MPLS)。

MP/M 多道程序监控程序 multi programming monitor 的缩写,一种操作系统,是CP/M的多用户版本,与CP/M保持兼容。由 Digital Research 公司于1979年为8位 Intel 8088 微处理机开发。参见CP/M。

MPM algorithm MPM 算法 由 Malhotra、Pramodh Kamar 和 Maheshwari 提出的一种求网络最大流的算法。首先定义通过每个顶点的最大流量即流势,具有最小流势的顶点称为参考顶点,这样就可以将参考顶点所具有的流量从源点送到汇点,然后删除与该流有关的所有饱和边(即在其上的流量等于容量的边),这是参考顶点可被删除。重复上述过程直到顶点被删完为止。

MPOA ATM基础上的多协议 multiprotocol over ATM 的缩写。

MPOSS 微机销售点系统 microcomputer point-of-sale system 的缩写。

MPP (1)信息[报文]处理程序 message processing program 的缩写。(2)大规模并行处理 massively parallel processing 的缩写。(3)大规模并行处理机 massively parallel processor 的缩写。

MPPI 消息传递程序员接口 message passing programmer's interface 的缩写。

MPR 多供应者路由器 multiple provider router 的缩写。

MP recovery 多重处理恢复 在多重处理系统中,将故障部件断开并自动切换到替代部件上,使系统从故障状态恢复,并重复执行已失败的操作过程。

MProlog language MProlog 语言 一个新的 Prolog 语言。它是在大量使用 Prolog 的基础上于1979年开始研制,1982年推出使用。MProlog 较之 Prolog 有较强的模块功能,更方便的执行机制,较少的运行时间和空间。

MPS (1)多分区支持程序 multiple partition support 的缩写。(2)多道程序设计系统 multiprogramming system 的缩写。(3)多重处理系统 multiprocessing system 的缩写。(4)微处理机系统 microprocessor system 的缩写。(5)多端口共享 multiple port sharing 的缩写。(6)微处理机系列 microprocessor series 的缩写。(7)主生产计划 master production schedule 的缩写。

MPSK 多值相移键控 multiple phase shift keying 的缩写。

MPST 存储处理调度表 memory process scheduling table 的缩写。

MPU 微处理器单元 microprocessor unit 的缩写。

MP3 MP3 音乐格式 MP3 的全称是 MPEG Audio Layer 3,它是 MPEG(活动图像专家组)于1992年11月提出的基于媒体转储的音频、视频流存放标准。它的特点是能以较小的比特率、较大的压缩比达到近乎完美的CD音质。CD要以1.4 MBps的数据流量来表现优异音质,而MP3仅需要112 KBps或128 KBps的数据流量就可以表现出CD的音质,其中原因是MP3是一种有损压缩方式,压缩过程中质量会有所损失。但这种压缩技术运用心理声学的理论去掉音频中人们不能感知或不需要的部分,从而达到感觉上的“无损”压缩。参见 Moving Picture Experts Group (MPEG)。

MP3 Player MP3 播放器 MP3 播放器,是一种支持MP3标准的声音播放设备,MP3音乐可以来自MP3光碟,或因特网上的网站,也可以把CD音乐转换成MP3格式。MP3播放器通常具有内置数码录音、FM收音、网络音乐下载等多种功能。

MP4 MP4 音乐格式 美国GMO公司推出的音乐格式。较之MP3,MP4具有如下的特点:①每首MP4都是执行文件,内嵌播放器,可直接运行播放音乐。②MP4采用了先进的音频压缩技术,即美国电话电报公司(AT&T)开发,并授权许可的a2b音乐压缩技术,使其音质更胜一筹,且文件大小只有MP3的四分之三,更适于在因特网上发行或传送。③每首MP4都内置版权信息,包括与作品、艺人或版权持有者有关的文字、图像、版权说明以及艺人或唱片公司的站点链接等,有助于版权保护。④MP4内含“Solana技术”的数字水印,并由版权持有者发行,不仅能追踪发现盗版(甚至在转换为AM/FM音频时仍可追踪),而且,各种未经合法授权的解压行为,都将导致原文件的彻底粉碎。此外,MP4还具有多种播放和定制功能。可支持多种彩色图像、网站链接及滚动文本显示,提供波形和分频动态音频显示以及独立调节的左右声道音量控制;可定制各种配色方案,使播放界面与音乐作品相得益彰;内置音乐管理器,可允许合法授权的用户进行各种编辑。比较MP3。

MP4 player MP4 播放器 采用MPEG-4压缩标准的播放器。也称“PVP(个人视频播放器)”。是一种能够装在上衣口袋中,随身携带的设备,通过USB(通用串行总线)或IEEE1394接口与电脑或摄像机相连接,很方便地将各种流媒体下载到设备中,并可以流畅地播放视频,观看图像和欣赏音乐的数码产品。

MQFP 公制四侧扁平封装 metric quad flat package 的缩写。

MQ register 乘商寄存器 multiplier-quotient register 的缩写。
MQW 多量子阱结构 multiquantum-well structure 的缩写。
MR (1)存储器寄存器 memory register 的缩写。(2)磁阻磁头 magneto resistive head 的缩写。(3)调制解调器插卡,MR 插卡 ModemRiser 的缩写。
MRAM 磁性随机存取存储器 magnetic random access memory 的缩写。
m-ray digit m 元数字 同 n-ray digit。
m-ray digital signal m 元数字信号 同 n-ray digital signal。
m-ray information element m 元信息元 同 n-ray information element。
MRC 最大比值合并 maximal ratio combining 的缩写。
MRCI 微软公司实时数据压缩技术 Microsoft real-time compression 的缩写。
MRDF 机器可读数据文件 machine-readable data files 的缩写。
MRI (1)机器可读信息 machine-readable information 的缩写。(2)核磁共振成像 magnetic resonance imaging 的缩写。
MR indicator 匹配记录指示符 matching recorder indicator 的缩写。
MRJE 多点传送远程作业输入 multi-leaving remote job entry 的缩写。
MRO 多区域操作 multi-region operation 的缩写。
MRP (1)物资需求计划 material requirement planning 的缩写。(2)制造资源计划 manufacturing resource planning 的缩写。
MRS 多光谱遥感 multispectral remote sensing 的缩写。
MRT (1)多路请求终端 multiple requester terminal 的缩写。(2)平均修理时间 mean repair time 的缩写。
MRX MRX 磁头,扩展型磁阻磁头 magneto resistive extended head 的缩写。
MRⅡ algorithm MRⅡ算法 一个用于 ADALINE 网络的学习算法。也称“尝试适应算法”。在 ADALINE 网络的学习过程中,当第二层网络的输出有错误时,MRⅡ算法根据最小扰动原理,选择第一层中置信度接近于零的神经元,改变其输出。然后重新计算,并检查网络输出错误数目。若数目减少,就接受尝试时变化的权值;否则放弃尝试适应,恢复网络原状态。如此反复直到全部输出错误得以改正。
MS (1)中景 medium shot 的缩写。(2)管理服务 management services 的缩写。(3)信报存储 message store 的缩写。(4)海量[大容量]存储器 mass storage 的缩写。(5)主调度程序 master scheduler 的缩写。(6)移动(电)台 mobile station 的缩写。(7)复用段 multiplex section。
ms 毫秒 millisecond 的符号。
MSA 复用段适配 multiplex section adaptation 的缩写。
MS-AIS 复用段告警指示信号 multiplex sections alarm indication signal 的缩写。
MSAN 综合业务接入网 multi-service access network 的缩写。
MSB 最高有效位 most significant bit 的缩写。
MSC (1)多系统耦合 multiple system coupling 的缩写。(2)海量存储控制器 mass storage control 的缩写。(3)报文集中转发 message switching concentration 的缩写。(4)移动交换中心 mobile switching center 的缩写。(5)最高有效字符 most significant character 的缩写。
MSCS 海量存储器控制系统 mass storage control system 的缩写。
MSD 最高有效数字 most significant digit 的缩写。
MSDB 主存储器数据库 main storage database 的缩写。
MS-DOS 微软磁盘操作系统 Microsoft disk operating system 的缩写。
MSDS 报文交换数据服务 message switching data service 的缩写。
MSDSL 多速率单线对数字用户线路 multirate single pair DSL 的缩写。
MSE 维护子实体 maintenance sub-entity 的缩写。
M sequence M 序列 可用一个 M 状态线性移位寄存器产生的一系列二进制数字(即位),M 可为任意整数。该序列具有以下性质:如输入二进制“1”,将在移位寄存期返回其初始状态和输出序列被重复前产生一个 2^m-1 位的伪随机二进制序列。
MSES 移动卫星地球站 mobile satellite earth station 的缩写。
MSFP 管理服务焦点 management services focal point 的缩写。
MSG 报文,消息,信息 message 的缩写。
MSHP 维护系统历史程序 maintain system history program 的缩写。
MSI (1)多址干扰 multi site interference 的缩写。(2)中规模集成电路 medium scale integration 的缩写。
MSISDN 移动台国际 ISDN 号码 mobile station international ISDN number 的缩写。
MSK (1)最小相位频移键控 minimum phase fre-

quency shift keying 的缩写。(2)最小频移键控 minimum shift keying 的缩写。

MSL 映像说明库 map specification library 的缩写。

MSN 多用户号码 multiple subscriber number 的缩写。

MSNF 多系统网络设施[机制] multisystem networking facility 的缩写。

MSOH 复用段开销 multiplex section overhead 的缩写。

MSP (1)多用户线路 multi-subscriber profile 的缩写。(2)复用段保护 multiplex section protection 的缩写。(3)管理业务提供者 management service provider 的缩写。

MSP-MF 管理业务提供者(MSP)管理功能 management service provider management function 的缩写。

MSP-Op 管理业务提供者(MSP)运行系统 management service provider operation system 的缩写。

MSPW 多段伪线 multi segment pseudo wire 的缩写。

MSR 多业务路由器 multi-service router 的缩写。

MSRJE 多重对话远程作业输入 multiple session remote job entry 的缩写。

MSRN 移动台漫游号码 mobile station roaming number 的缩写。

MSS (1)大容量存储系统 mass storage system 的缩写。(2)多光谱扫描器 multispectral scanner 的缩写。

MSSC 海量存储系统通信程序 mass storage system communicator 的缩写。

MST (1)单片系统技术 monolithic system technology 的缩写。(2)最小生成树 minimum spanning tree 的缩写。(3)复用段终端 multiplex section termination 的缩写。

MSTP 多业务传送平台 multi-service transport platform 的缩写。

MSU 调制解调器共享设备 modem sharing unit 的缩写。

MSV 海量存储卷 mass storage volume 的缩写。

MSVC 海量存储卷控制程序 mass storage volume control 的缩写。

MT (1)消息类型 message type 的缩写。(2)机器翻译(学)machine translation 的缩写。(3)消息传送 message transfer 的缩写。(4)移动终端 mobile terminal 的缩写。

MTA (1)多终端存取 multiple terminal access 的缩写。(2)消息[报文]传输代理 message transfer agent 的缩写。(3)邮件传输代理 mail transfer agent 的缩写。

MTAM 多点传送远程通信存取方法 multi-leaving telecommunication access method 的缩写。

MTBF 平均故障间隔时间 mean time between failures 的缩写。

MTBFA 辅助设备平均故障间隔时间 mean time between failures of auxiliary equipment 的缩写。

MTBO 平均停机时间间隔 mean time between outages 的缩写。

MTC 多点触摸屏 multipoint touch screen 的缩写。

MTP 消息传送部分 message transfer part 的缩写。

MTRCB 主时钟控制块 master timer control block 的缩写。

MTS (1)机器翻译系统 machine translation system 的缩写。(2)信息远程通信服务 message telecommunication service 的缩写。(3)消息[报文]传输系统 message transfer system 的缩写。

MTSS 机器翻译支援系统 machine translation supporting system 的缩写。

MTTD (1)平均故障检测时间 mean time to detection 的缩写。(2)平均诊断时间 mean time to diagnose 的缩写。

MTTF 平均无故障(失效前)时间 mean time to failure 的缩写。

MTTFF 平均首次出故障时间 mean time to first failure 的缩写。

MTTR (1)平均修复时间 mean time to repair 的缩写。(2)平均恢复时间 mean time to recovery 的缩写。

MTU 最大传输单元 maximum transmission unit 的缩写。

MUA 邮件用户代理 mail user agent 的缩写。

MUD (1)多用户"地牢"multi-user dungeon 的缩写。(2)多用户对话 multi-user dialogue 的缩写。(3)多用户检测 multi-user detection 的缩写。

mudbox 泥盒 足够坚固可经受不利环境的设备。

MUD object oriented (MOO) 面向对象的多用户网络游戏 一种多用户模拟环境,游戏参加者通过扮演一个角色来参与游戏。

MUF 最大可用频率 maximum usable frequency 的缩写。

mu-law μ律 一种数字和模拟信号之间进行转换的压缩扩展编码标准,用于脉冲编码调制的声音系统中。μ律主要用于北美电话网。参见 pulse code modulation (PCM),A-law。

mu-law algorithm μ律算法 一种标准的模拟信号压缩算法:①在北美系列的数字通信系统中使用,以便在模拟信号数字化之前优化(即修改)其动态范围;②因为宽的语音动态范围不适于高效的线性数字编码.因此降低模拟信号的动态范围,从而增加编码效率,将在给定比特数的条件下,具有比线性编码结果高的信噪比。

muldex **复用分用器** 在同一设备内,一个复用器与一个在相反传输方向上工作的分用器的组合。

multiaccess **多用户访问,多路存取[访问]** (1)多个相互联系的实体能同时访问其他有关联实体的工作方式。(2)总线式计算机网络中,总线上所连设备可以同时访问总线。(3)一个通信网络上的每一个站都可以同时访问该网络。

multi-access associative memory **多路访问相联存储器** 同 associative storage。

multi-access computing **多路存取计算** 一种处理方式,用户通过终端以交互方式输入和控制作业,计算机执行输入的每个语句,并向用户报告结果,以使用户决定下一步要做的工作。这种方式常用于程序开发和测试,它是计算机辅助设计和制图应用中常用的方法。

multi-access controller (MAC) **多路访问控制器** 在时分制多路存取系统中使用的一个集中控制设备。它控制各终端用户存取公用设施的时机,将它们轮流连通到公共通道上。

multi-access network **多路存取网络** 一种灵活的计算机网络,允许网上各个站在网络工作的任何时刻访问网络。为防止两个站试图同时访问而发生冲突,需要使用特殊的技术。

multi-address **多地址** (1)一种指令格式。该指令所含地址的数目大于1。(2)一种报文格式。在这种格式中,报头含有多个目的地址,由报文转换中心识别并转发到多个目的站。

multi-address calling **多地址呼叫[调用]** 允许用户访问多个数据站的呼叫过程。或一个用户调用多个数据站的过程。

multi-address calling facility **多址呼叫设备** 一设备或过程:①允许用户为同一消息或数据使用一个以上的地址;②允许呼叫发方同时呼叫一个以上的呼叫收方或数据站;③允许通信系统顺序或同时建立呼叫,可由用户选择,④对于一直接呼叫使用同样的呼叫过程,⑤允许使用特定的码或码字,以指定所有需要的目的地或为每一目的地用户指示单独的全长或缩略地址,⑥也可和延时处理过程一起使用。

multi-address instruction **多地址指令** 含有多个地址的指令,如二地址指令,三地址指令,n 地址指令等。同 multiple address instruction。

multi-address service **多址业务** 一种通信业务:①提供对一个以上收件人的消息传递;②和广播业务不同,多址消息无需被同时传到所有收件人处;③是收方选择的,即只有收件人能接收到消息,其他用户或台站则不能。

multianode tube **多阳极电子管** 具有两个或多个主阳极和单一阴极的电子管。这个术语主要用于汞弧阴极电子管。

multi-aperture core **多孔磁芯** 一种磁芯,一般用于非破坏性读出,具有两个或两个以上的孔,导线穿过孔眼,以建立多条磁路。多孔磁芯是一种已过时的技术。

multi-associative processor (MAP) **多相联处理器** 多个处理机经由互联网络构成的一个逻辑整体,可以实现工作任务的协作处理,特别是向量运算。

multiattribute retrieval **多属性查询** 在数据库系统中,需要检查存储在记录中的多种属性,以获得所需数据的查询。

multiband **多频段,多波段** (1)使用多个频段的技术。(2)也称"多光谱",是指对地物辐射中多个单波段的摄取。得到的影象数据中会有多个波段的光谱信息。对各个不同的波段分别赋予 RGB 颜色将得到彩色影象。参见 multiband remote sensing。

multi-band excitation (MBE) **多带激励编码** 这种编码方式在频域中以基音频率为间隔将语音划分为多个频带,对每个频带作清音和浊音判决,分别用白噪声和正弦信号进行合成。MBE 算法可以在低速率下获得较高自然度的合成语音。

multi-band radar **多频带雷达** 一种雷达:①同时在一个以上的频率上转换;②仅使用一根天线,③提供许多复杂形式的视频处理,④提供提高的性能,⑤消除某种形式的干扰,⑥作为一种电子对抗,通过使干扰发射机同时干扰所有频率(即所有信道),叠加一重负荷在干扰发射机上。

multiband remote sensing **多波段遥感** 也称"多光谱遥感",是利用具有两个以上波段通道的传感器对地物进行同步成像的一种遥感技术。其原理与"分色摄影"相似。通常利用多波段摄影机、多波段扫描仪或多波段电视摄像系统来实现。可获得多波段摄影影像或扫描影像,经彩色合成后形成假彩色像片。提供比单波段摄影更为丰富的遥感信息。通常利用可见光和近红外波段,且集两者各自的优点。在该波谱范围内,太阳辐射通量密度占总辐射通量密度的 85%以上,成像效果好。在航天遥感中得到广泛应用,如陆地卫星上的多波段扫描系统,是提供航天遥感数据的主要传感器。比较 hyperspectral remote sensing (HRS)。

multibank dynamic RAM (MDRAM) **多组(存储体)动态 RAM** 由 MOSYS 公司所开发的存储器结构,与传统结构不同的是 MDRAM 将整个存储器划分为多个独立的存储体,并使每一个存储体使用独立的总线输入输出口,使得 MDRAM 能同时存取数个数据块,使数据的读写速度加快。

multibus **多总线** 工业计算机用于传递信息的公共通路。它是 IEEE 796 标准。是 Intel 公司于

1974 年推出的。它具有 16 条数据线，24 条地址线（16 MB 寻址能力），16 位传输时，速率可达 10 MBps，可支持 8 级中断。支持 8 位和 16 位微处理器的这种总线称为多总线Ⅰ。支持 32 位微处理器的称为多总线Ⅱ。当总线用于连接外围设备的信息通道时，它由存储器地址线、双向传输数据线、设备地址线、信息控制线和中断请求线组成。输入输出处理机可连接多个多总线，每个多总线又可连接多个设备控制器。多总线系统按主从方式工作。参见 multibus Ⅰ，multibus Ⅱ。

multibus/multiport system　多总线/多端口系统　处理机与输入输出控制器通过独立的总线与主存储器的不同端口相连接的多处理机系统。

multibus multiprocessor　多总线多处理机　使用多总线结构的多处理机系统。多总线结构使每台处理机能异步工作。因此，速度较快的微处理机能独立运行，而与速度较低的微处理机的工作无关。这种技术可以实现硬件模块化，充分发挥各台微处理机的效率。

multibus parallel priority　多总线并行优先级　使用编码器和译码器结构的一种技术。这种技术将每个总线判优器的请求线接到编码器，编码器产生最高优先级的地址，地址译码器用来通过优先级线选择预先指定的、优先级最高的请求判优器。当系统总线不忙时，选定的判优器就使它的主控器存取总线。此技术虽然需要外部逻辑，但实现很简单。因此，总线上若有多个判优器，则用此技术十分有效。

multibus Ⅰ　多总线Ⅰ　Intel 公司于 1974 年提出的一种总线标准，支持 8 位和 16 位微处理器，已定为标准，在工业自动化、控制系统、远距离通信系统及分布式处理等方面得到广泛应用。它具有 16 条数据线，24 条地址线，可支持 8 级中断。在 16 位传送模式下，速率可达 10 MBps。比较 multibus Ⅱ。

multibus Ⅱ　多总线Ⅱ　在 multibus Ⅰ 总线上发展起来的 32 位总线。由 Intel 公司与其他公司合作，在 1983 年提出的。主要针对 Intel 的 80386 等 32 位微机系统。1985 年正式推出，1987 年成为 IEEE P1296 标准。它由五组总线复合构成，它们是 iPSB 并行系统总线、iSSB 串行系统总线、iLBX Ⅱ 局部扩展总线、iSBX 局部扩展 I/O 总线和多通道 DMA（直接存储器存取）总线。

multibyte　多字节　需要两个或多个字节来完整表示的二进制数据。

multi-byte character set (MBCS)　多字节字符集　用两个以上字节表示的字符集。参见 single-byte character set (SBCS)。

multibyte control　多字节控制　同 escape sequence。

multi-carrier code division multiple access (MC-CDMA)　多载波码分多址　第三代移动通信（3G）系统的主要技术，是一种将信号扩展到不同子载波上的重要方式。MC-CDMA 的基本思想是把现有带宽分成许多窄带子信道，在频域对每个数据符号在不同的相互正交的子信道上扩频，降低符号间干扰（ISI），每个子信道上呈现平坦衰落，通过引进频率分集来对抗信道的频率选择性衰落。MC-CDMA 结合了 OFDM（正交频分复用）和 CDMA（码分多址）的优点，具有很高的频谱利用率和分集增益，在高速数据传输时，其抗干扰和多径衰落的性能明显优于传统通信系统。参见 orthogonal frequency division multiplexing (OFDM)，code division multiple access (CDMA)。

multi-carrier time division multiple access (MC-TDMA)　多载波时分多址　一种共享多重低突发脉冲速率 TDMA 载波的通信系统。它对单载波 TDMA 的峰值功率不佳和 FDMA（频分多址）的通信管理不灵活进行了折衷。参见 time division multiple access (TDMA)。

multi-carrier modulation (MCM)　多载波调制　其原理是将所要传输的数据流分解成若干比特流，每个子数据流具有低的传输比特率，并用这些数据流去并行调制若干个载波。

multicast　多播，多路广[传]播　多播是网络上单个发送者与多个接收者之间的通信，是用于将单个分组复本向多个可选目的地站点播送的技术。例如，以太网允许网络接口属于一个或多个多点播送用户群，用以支持、实现多点播送服务功能。多播可以大大地节省网络带宽，因为无论有多少个目标地址，在整个网络的任何一条链路上只传送单一的数据包。比较 anycast，unicast。

multicast address　多点广播地址　参见 group address。

multicast backbone (MBONE)　多址传播骨干网　一种高速虚拟多播网络，它由若干个多播 LAN（局域网）及将它们互联起来的点到点虚拟隧道组成。也即是由 D 类 IP（网际协议）地址和一组 IP 多点传送可识别的路由器组成。它可以将信息同时发送到多个工作站，适用于音频和视频传送。因特网工程任务组（IETF）于 1992 年 3 月首先在圣地亚哥采用了 MBONE 的概念，把 IETF 的内容通过声音、图像向全世界进行了实时传播，这是它实用的开始。现在，它已在远程会议、网上比赛、游戏等方面得到广泛应用。

multicasting　多播　在数据网络中，相同数据向网络中一组特定收件人的同时传输。

multicast open shortest-path first (MOSPF)　多播开放最短路径优先　OSPF（开放最短路径优先）网络中使用的域内多播路由选择协议。在基本的 OSPF 单播协议上加以扩展以支持 IP（网际协议）多播路由选择。MOSPF 定义了三种级别的路由：①

MOSPF 区域内多播路由，区域内 MOFPF 利用了链路状态数据库，对单播 OSPF 数据格式进行扩充，定义了新的链路状态通告(LSA)，使得 MOSPF 路由器了解哪些多播组在哪些网络上。②MOSPF 区域间多播路由，用于汇总区域内成员关系，并在自治系统(AS)主干网上发布组成员关系记录通告，实现区域间多播包的转发。③MOSPF AS 间多播路由，用于跨自治系统(AS)的多播包转发。MOSPF 继承了 OSPF 对网络拓扑的变化响应速度快的优点，但拓扑变动使所有路由器的缓存的链路状态失效而需重新计算，因而消耗大量路由器 CPU 资源。这就决定了 MOSPF 不适合高动态性网络(组成员关系变化大、链路不稳定)，而适用于网络连接状态比较稳定的环境。参见 open shortest path first (OSPF)。

multicast packet 多播分组 一种被编址并传送到超过一个的不同收件人或一特定网络中所有用户的分组。多播组中的主机可以是在同一个物理网络，也可以来自不同的物理网络。

multicast transmission 多播传输 又称为“组播传输”，在发送者和每一接收者之间实现点对多点网络连接。如果一台发送者同时给多个的接收者传输相同的数据，也只要复制一份相同数据包。多播传输提高了数据传送效率，减少了主干网出现拥塞的可能性。

multicategory system 多范畴系统 一种自动机。其特点是输入给它的数据可以有 $n(n \geqslant 2)$ 种不同的回答分类。

multichannel 多通道 一种能将频谱分成若干频带，并分别发送和重新复合的系统。

multi-channel access (MCA) 多信道选取 在多个频率或信道供许多用户共享时从其中自动选取可用信道的技术。利用这种技术可提高频谱利用效率和通信服务质量。

multichannel-bundle cable 多信道束光缆 在光纤系统中，均包在同一外护套内的两股或多股单束光缆。[注]每一单通道单束光缆有一护套，它在多通道束光缆中被称为内护套。

multichannel cable 多信道光缆 在光纤系统中，以单一护套、捆束、加强构件、外罩或其他应用部件组合成的两股或多股光缆。

multichannel gain change difference 多信道增益变化差 对于某一规定的信道配置，在两个规定的信道输入功率设定值中，某一信道增益变化值与相关的另一信道增益变化值之间的差。

multi-channel microwave distribution system (MMDS) 多频道微波分配系统 采用 2.4 ～ 2.6 GHz 频率的微波传送电视信号的方式，可以定向或多向传输。

multichannel multipoint distribution services (MMDS) 多信道多点分配业务 (1)是网络结构呈点对多点分布，工作在低频段，提供宽带业务的一种无线系统。(2)MMDS 是通过微波传输，采用 MPEG(活动图像专家组)数字压缩技术，为具有微波接收设备的用户提供视频和数据业务的通信系统。工作频段一般在 2.5 GHz、3.5 GHz，MMDS 每个发射塔的覆盖范围为 30 ～ 70 km，一般只提供单向传输通道。其主要缺点是有阻塞问题且信号质量易受天气变化的影响，可用频带亦不够宽，最多不超过 200 MHz。

multichannel optical analyzer 多信道光学分析仪 一种能够分析光谱中电磁辐射分量或成分的设备。

multi channel per carrier (MCPC) 多路单载波 在卫星数字电视传送中，将多套电视节目的码流经复用器混合后，调制在一个载波频率上，然后进行发射。在地面接收站收到该频率后需解调，解码后的码流，经分路器后分别取出多套节目，再处理后可观看到多套电视节目。比较 single channel per carrier (SCPC)。

multichannel single-fiber cable 多信道单纤光缆 在光纤系统中，均包在同一外护套中的两根或多根单纤组成的光缆。

multichannel voice frequency telegraph (MCVFT) 多信道音频电报 一种使用两个或更多个具有音频范围(即 300 ～ 3 000 Hz 之间)的频率的载波电流信号的电报。

multi-channel voice-frequency telegraphy (MCVFT) 多路音频电报 在电话通路内使用频分复用传输的电报。

multi-chip module (MCM) 多芯片组件 将多块半导体裸芯片组装在一块布线基板上的一种封装。MCM 使用多层工艺，制作包括多层信号线、电源层、地线层以及工程改变层在内的具有高密度互联能力的多层基板，直接将芯片以倒扣、TAB(载带自动焊)等方式，装配在多层基板上，以回流焊或气相焊焊接起来，形成减少互联数目和互联线长度的多芯片组件。根据基板材料可分为 MCM-L，MCM-C 和 MCM-D 三大类。MCM-L 是使用通常的玻璃环氧树脂多层印刷基板的组件；MCM-C 是用厚膜技术形成多层布线，以陶瓷(氧化铝或玻璃陶瓷)作为基板的组件；MCM-D 是用薄膜技术形成多层布线，以陶瓷(氧化铝或氮化铝)作为基板的件。

multi code 多码 汉字集内，一个字所对应的两个或两个以上的输入码元。一个字的多码中，码元位数最少的输入编码称为简码。

multicollinearity 多重共线性 指线性回归模型中的解释变量之间由于存在精确相关关系或高度相关关系而使模型估计失真或难以估计准确。

multicolored symbol 多色彩符号 在信息显示系统中，在三重平面符号集内定义的多于一种色彩的程控符号。

multi-color graphics array (MCGA) 多色图形阵列 IBM PS/2 中的一种视频适配器。能够仿真CGA(彩色图形适配器),增加的显示模式是640×480双色、320×200的256色等。

multicolumnpage display 多列页显示 允许文本或数字进行多列页显示,同时还具有按列编辑能力的一种功能。

multicomputer system 多计算机系统 一种由若干台计算机构成的系统。用以扩大系统能力,提高系统可靠性。典型代表是双计算机系统。这种多计算机系统可以并行执行多个程序或一大型应用软件(即程序)中的不同部分。由于多机系统可使多台处理机并行运行,因此运算速度较快。在多机系统中一台处理机发生故障,其他处理机仍可正常工作。

multi-constant speed motor 多级恒速电动机 多速电动机的一种,其两个或多个规定转速都能在正常负载范围内保持恒定或基本恒定。

multi-core processor 多核处理器 多核处理器是单枚芯片内集成多个完整的计算引擎(执行内核),操作系统会利用所有相关的资源,将每个执行内核作为分立的逻辑处理器。通过在多个执行内核之间划分任务,多核处理器可在特定的时钟周期内执行更多任务。

multi-core technology 多核技术 在一个芯片中集成两个或多个完整的计算引擎(内核)。在多核技术下,每个核心被认为是一个处理器。

multicoupler 多路耦合器 将若干接收机连接到一个天线上并且将接收机阻抗与天线良好匹配的装置。

multicurrent-range diode 多电流范围二极管 一种在相当宽的工作条件范围内具有接近恒定系数的二极管,如硅平面二极管。

multicycle control 多周波控制 在变流器中,改变导通周波数对不导通周波数之比的控制过程。

multicycle control factor 多周波控制因素 在变流器中,导通周波数对导通和不导通周波数之和的比。

multi-database file 多重数据库文件 在数据库系统中,可供同时操作存放在不同工作区中的多个数据库文件。

multidatabase system (MDBS) 多数据库系统 由多个成员数据库系统组成的数据库系统(DBS),它支持在多个成员DBS之上的操作。每个成员DBS由相应的成员DBMS(数据库管理系统)管理。在一个MDBS中的成员DBS可以留驻在同一个计算机中或在多个由通信子系统互联的计算机中。这些计算机的硬件、系统软件和通信支持可以相同,也可以不同。一个系统若只允许和原先的基于非事务性质的多DBMS之间的数据交换,或在一次事务中只能访问多DBMS之中的一个(如不允许跨越两个数据的连接),则不能称为MDBS。前者只能称为数据交换系统;而后者称为远程DBMS界面。

multidigit 多位数字的 涉及多于一位数字的一种操作。

multidimensional analysis of resource information 资源信息多维分析 通过对资源信息二维地理要素及其相关的不同类型的z坐标值的计算、比较等,获得符合某种应用要求的数据和三维曲面图形的方法。参见synthetical analysis of resource information。

multidimensional array 多维数组 由多维列表组成的数组。较简单的个人计算机可能只支持一维数组,较复杂的处理机可以处理二、三、四或更多维(通常受存储容量的限制)的数组。

multi-dimensional expressions (MDX) 多维表达式 MDX是针对OLAP数据库的一种查询语言,支持多维对象与数据的定义和操作。MDX的格式和结构与SQL(结构化查询语言)类似,可以使用FROM子句来指定数据源,用WHERE子句来过滤数据,用SELECT子句来指定或计算结果集中的成员。与关系数据库中的SQL相比,使用多维数据库中的MDX要比使用SQL创建基本查询更加复杂和困难。SQL只检索二维格式的数据,而MDX检索的是多维数据,这使得业务分析员可以执行像上卷和向下钻取这样的任务,并且可以根据业务需求将数据切片和切块。参见online analytical processing (OLAP)。

multidimensional language 多维语言 (1)被编辑成多维表达式的一种语言。如流程图、逻辑图、原理框图、决策表等。比较one-dimensional language。(2)一种具有语句表示式且具有多维表达能力的语言。

multidimensional online analytical processing (MOLAP) 多维联机分析处理 一种联机分析处理工具,把数据装入一个中间结构,通常是三维或更高维的数组。参见online analytical processing (OLAP)。

multidimensional search algorithm 多维搜索算法 允许非原子搜索关键码或由几个子关键码组成的关键码的一种算法。

***Multidimensional Systems and Signal Processing* 《多维系统和信号处理》** 荷兰1990年创刊,全年4期,Kluwer Acdemic出版社出版,SCI(科学引文索引)、EI(工程索引)收录期刊。刊载研究论文和综论。涉及模糊与有噪图像处理、部分或不完全观测与投射的多维信号的再现、信号模拟、频谱转换与分析技术、多维过程的线性与非线性预测及滤波、多维频谱估计、遥感多维数据的快速处理、相关计算机技术等。

multidimensional Turing machine 多维图灵机

M

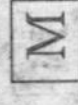

一类其工作带可看成由无穷多单元组成的 k 维数组的图灵机，并且带上的 $2k$ 个方向都是无限的，这里 k 为某个固定整数。这种图灵机的每条带上也只有一个读写头，但可以沿 $2k$ 个方向移动。如二维图灵机的工作带可看成一个平面，且在四个方向上都是无限延伸的。多维图灵机和一维图灵计算能力相同。

multi-domain vertical alignment (MVA) 多区域垂直排列 MVA 是由日本富士通公司开发的液晶显示技术。MVA 技术使可视角度可达到 160°，响应时间可达到 20 ms，对比度和响应时间有较大的提高，适合对视频和游戏的回放。比较 thin film transistor-LCD (TFT-LCD)，twisted nematic-LCD (TN-LCD)。

Multi-DOS V3.0 Multi-DOS V3.0 系统 一种 PC 操作系统，在硬盘的一个分区上增加多种 DOS(磁盘操作系统)，可以在启动时选择 MS DOS 6.2、DR DOS 6.0、PC DOS 6.1 或者 UNIX、Windows 95 等，具有预防引导型病毒的能力，解决了 DOS 版本间的不兼容问题。

multidrop 多点 一种术语，指使用一根电缆把几个输入输出设备与一台计算机连接起来。这种技术需要一个操作系统来决定与哪个终端或其输入输出进行通信。对网络而言，多点是指在同一个传输介质上支持多于两个站点的网络配置。multipoint(多点)有同样意义。

multidrop line 多点线路 由几个节点共享的通信信道。每一时刻只能有一个节点或外部设备占用多点线路和向计算机传送报文。而计算机能够同时向几个这样的节点或外部设备发送报文。

multidrop network 多点网络 一种网络结构。在这种网络结构中，中心节点与端节点之间的路径上有一个或多个中间节点。

multidrop station 多点站 在一个位置上连接到多点通道的若干站之一。

multidrop topology 多点拓扑 一种网络拓扑结构，允许多个控制单元共享一个公共的通道路径，因而减少通道和控制单元之间的路径数。对应于 switched point-to-point topology。

multielectrode tube 多极管 含有三个以上电极与单一电子束的电子管。

multielement dipole antenna 多元偶极子天线 一种包括若干个偶极子天线的布局，可以通过改变布局和激励方式，产生各种定向模式。

multi-endpoint connection 多端点连接 国际标准化组织(ISO)制订的开放系统互连(OSI)体系结构中，具有两个以上连接端点的连接。

multi-energy valley semiconductor 多能谷半导体 具有多个导带极小值的半导体。常见的 Ge、Si、GaAs 都属于这种半导体。

multifiber cable 多纤维光缆 一个包含两条或者多条纤维的光缆。参见 jumper cable，trunk cable。

multifiber joint 多纤接头 一种光学接头或光连接器：① 配接两根多纤光缆，② 提供各根光纤的同时光学对准。

multifilament cable 多纤光缆 同 multifiber cable。

multifilar winding 多线并绕 这是一种绕线方法，每一圈由两根导线或者更多根导线并排绕制而成。和用一根导线绕制的方法相比，可以减少一些二次效应(如趋肤效应)，而且绕线也比较容易。

multifile reel 多文件磁带盘 存储有多个文件的磁带盘。

multifile sorting 多文件分类[排序]法 在不需操作员参与下，基于各文件不同的参数，数据文件自动排序的过程。

multifile volume 多文件卷 一种含有一个以上数据记录文件的媒体，如一盘磁带或一个磁盘组。

multi flat package (MFP) 小形扁平封装 表面贴装型封装之一，引脚从封装两侧引出。材料有塑料和陶瓷两种。同 small out-line package (SOP)。

multifocal 多焦点 在光学中，有两个或多个焦点(或者以两个或多个焦点为特征的)一种系统或元器件，如透镜或透镜系统。

multiframe 复帧 在数字调制系统中，一组相继的帧。其中每一帧的位置可以用复帧定位信号为参考来加以识别。其特点是：① 每一帧和每一帧的位置可以用复帧定位信号为参考来加以识别，② 在每个帧中，复帧定位不一定要全部或部分地出现。

multiframe alignment signal 复帧定位信号 一种帧定位信号，作为一组特定的相继帧的定时信号(即参考信号)。

multiframe simulation 多帧仿真 多帧仿真是把仿真分解为不同帧速的多个部分。进行这种分解的目的是提高运行效率，允许模型低于需求速度运行。

multifrequency pulsing 多频脉冲 同 multifrequency signaling。

multifrequency monitor 多频监视器 一种可以接收多于一种频率信号的监视器。

multifrequency pushbutton set 多频按钮式电话机 用按钮拨号并产生多种频率信号的电话机。

multifrequency receiver (MFR) 多频接收机 一种解调器，它能对电话机或数据终端来的多频率信号进行译码。

multifrequency signal 多频信号 由几种频率的音调叠加起来组成的一种信号。

multifrequency (MF) signaling 多频信号方式 一种使用频率组合的信号方式。同 multifrequency pulsing。

multi-frequency system 多频系统 不同频率的电

流叠加在一起的系统。

multifrequency terminal 多频率终端 用多频率信号传输数据字符的一种终端。

multifrequency transmitter 多频发射机 利用预置调节能工作在两个或多个(一次一个)可选择频率上的无线电发射机。

multifunctional data transmission 多功能数据传输 一种进行同步及异步数据传输的方法,在某些系统中可以 57.6 KBps 的高速传送,也可以 9 600 Bps、4 800 Bps、2 400 Bps、1 200 Bps 的速率传送。

multifunctional pipeline 多功能流水线 一种具有可组合功能的流水线,分为动态和静态两种。静态多功能流水线在工作的任一瞬间只有一种组合工作;动态多功能流水线在工作的任一瞬间可有多种组合同时工作。对流水线上的各段站进行不同的组合可实现不同的操作或运算。静态多功能流水线能以较少的设备完成多种操作。动态多功能流水线比静态多功能流水线的效率高,但控制更为复杂。

multifunction board 多功能板 在个人计算机中,一种含有半导体器件的插件或板,以此提供多种选件。如为连接外部设备,可以提供并行端口、串行端口、以及一些特定的功能部件,如时钟与日历和附加的存储器等。

multifunction peripheral (MFP) 多功能一体机 一台具备打印、扫描、复印、传真等四项功能中的两项以上的机器,而且多项功能必须可以同时工作。随多功能一体机的软件一般有扫描软件、文字识别、图像处理、PC 传真、信息中心等。参见 multifunction printer (MFP)。

multifunction printer (MFP) 多功能打印机 一种具有扫描仪、复印机与传真机等功能的打印机。也有称为多功能一体机。参见 multifunction peripheral (MFP)。

multifunction rotary switches 多功能转动开关 在计算机或仪器设备中,安装在操作面板或维护面板上的一种开关。开关具有多个旋转位置,可顺时针转动,也可逆时针转动。

multigrid tube 多栅管 具有一个以上栅电极的电子管。

multigun tube 多枪电子管 具有一个以上电子枪的阴极射线电子管。

multihead Turing machine 多头图灵机 在一条带上有 k 个读写头的图灵机,K 为某固定整数。这种图灵机根据有限控制器的状态和各个读写头可独立地左、右移动或不动。多头图灵机和单头图灵机的计算能力相同。

multihole coupler 多孔耦合器 一种定向耦合器,在耦合器波导宽边上有相距四分之一波长的 2 排直径渐变的孔。从一个方向进来的功率经过主波导,通过耦合孔,只在辅助波导上的一个方向上激励出波。由于孔之间的距离,在反方向传送的波相位相反并且相互抵消。

multi hop 多跳 由发站到收站的传输,需经过多次卫星转发的方式。比较 single hop。

multi hop network 多跳网络 多跳网络中的每个节点都可以发送和接收信号,每个节点都可以与一个或者多个对等节点进行直接通信。比较 single hop network。

multihomed 多穴 任何与多个网络连接的主机。在大部分协议系统中,多穴计算机有一个以上的地址。

multihomed host 多宿(主的)主机 (1) 一个具有多路网络连接的主机,可通过多个链路发送和接收数据,但并不为其他节点转发数据。参见 host, router。(2) 在因特网中,指一个在连接的网络上具有多个 IP 地址的宿主。

multihop transmission 多反射传输 一种无线电频率传输,无线电波在行进到远远超出直接传输范围的接收机的路径上,在地球和电离层之间多次反射和折射,也被称为"多跃传输"。

multi hop pseudo wire (MHPW) 多跳伪线 又称多段伪线(MSPW),在两个面向用户的运营商边缘设备之间,经由交换点建立的仿真端到端伪线。交换点将整条仿真端到端伪线"分割"为若干"伪线段",这些"伪线段"动态或静态拼接起来,提供完整的连通性和一致性。参见 pseudo wire (PW), single hop pseudo wire (SHPW)。

multihost operation 多主机操作 一种包含多台主计算机的分布式处理系统的操作方式。

multi-index file 多重索引文件 在数据库系统中,指含有多个索引标记的索引文件。

multijob operation 多作业操作 操作系统中的一种操作方式。这种方式并行执行由两个或两个以上作业所引起的作业步的操作。

multijunction cell 多结电池 由多个 P-N 结形成的光伏电池,其中两种或多种不同的材料互相交叠地放置在一起,形成一个半导体电池。这类电池的光电转换效率较高,光谱响应有所改善。

multilanguage code page 多语言代码页面 一种 8 位代码页面,它在代码点上用国际图形字符表示 93 种字符的图形字符集,其他国家所用的图形字符则在其余的代码点上。

multilayer 多层 (1) 在印刷板设计中,指由多个导电层和绝缘层重叠构成的印刷板,每层有各自的金属线路。(2) 在计算机辅助设计(CAD) 中,指多个层次的图形,每一层含有不同的图形对象,从而使整个图形的各个部分能够相互独立地进行放大、缩小、隐去等显示和编辑控制。

multilayer ceramic capacitor (MLCC) 多层陶瓷电容器 也称"独石电容器",主要工艺是将内电极材料与陶瓷坯体以多层交替并联叠合,并焙烧成一

M

个整体。主要用于各类电子整机中的振荡、耦合、滤波等电路中。由于 MLCC 满足大容量、超薄层技术需求，大量取代了有机电容器和云母电容器，并开始部分取代钽电解和铝电解电容器。

multilayer dielectric reflector **多层介质反射器** 一组厚度和折射率受控的透明材料的薄层。由于从介质界面来的菲涅耳反射的相长干涉，而在某个波长上形成高反射率。这些反射器形成激光器的光学谐振器。

multi-layered knowledge base (multi-layered KB) **分级知识库** 具有若干层次(其中高层知识控制着低层知识的应用)的一种知识库。分级知识库有利于知识的利用。

multi-layered perception model **多层感知机模型** 由包括输入层、隐含层、输出层在内的三层基本网络连接而成的网络模型。其神经元之间的连接形式是层间神经元相互连接，层内神经元无连接，信息沿输入到输出单向流动。从网络的整体特性来看，它是一个可训练的能够做非线性分类的多层网络。

multi-layer microfiche **多层缩微胶片** 普通的缩微胶片(4×4 英寸)，共有 98 个页面。一篇长报告或一本书需要大量的胶片，多层缩微胶片为减少需要的胶片量提供了一种工具。两层的缩微胶片可采用极化技术制造，而四层缩微胶片则采用全息照相技术制造。

multilayer printed board **多层印制板** 加工好的多层印制电路或多层印制线路的通称。由多于两层导电图形与绝缘材料交替粘结在一起，并要求导电图形互联。多层印制板包括刚性、挠性和刚-挠结合的多层印制板。

multilayer printed-circuit board **多层印制电路板** 三层和三层以上导电图形和绝缘材料层压合成的印制板称为多层印制电路板。它是由几层绝缘基板上的连接导线和装配焊接电子元件用的焊盘组成，既具有导通各层线路又具有相互间绝缘的作用，其厚度一般为 1.2～2.5 mm。为了把夹在绝缘基板中间的电路引出，多层印制板上安装元件的孔需要金属化，即在小孔内表面涂敷金属层，使之与夹在绝缘基板中间的印制电路接通。目前，应用较多的多层印制电路板为 4～6 层板。

multi-layer wiring **多层布线** 在 LSI(大规模集成电路)芯片中，用多层金属化层实现单元电路间互联的一种方法。相邻两层上的布线一般采取一层横向布线，另一层纵向布线。

multileaving **多点传送法** 用于主系统和工作站之间进行通信的远程通信线路的一种通信协议。

multi-leaving remote job entry **多点传送远程作业输入** 使用二进制同步通信设施的两台计算机之间，不定数目数据流的全同步、双向传输。

multi-leaving support **多点传送支持** 使用二进制同步通信设施支持在计算机与多台终端之间，不定数目数据流的全同步双向传输。

multi-leaving telecommunications access method **多点传送远程通信存取方法** 支持某些计算机系统多点传送远程作业输入功能的一种存取方法。

multilength arithmetic **多倍长度运算** 一种高精度运算。可实现双倍精度或多倍精度运算，其运算对象存放在两个或多个机器字中。

multilevel address **多级地址** 参见 indirect address。

multilevel addressing **多级寻址** 参见 indirect addressing。

multilevel control system **多[分]级控制系统** 采用计算机进行过程控制的系统。通常用一台中型或大型计算机连接多台小型计算机组成两级控制系统，用它可控制一个工段、车间或一条生产线。对于大型工厂，还可实现三级或四级控制。

multilevel device **多级设备** 在无泄漏风险而允许同时处理两个或两个以上安全级别的数据时所使用的设备。为此，当处理数据时，敏感性标记要以同一形式(如机器可读或人可读)存储在同一个物理媒体上。对应于 single-level device。

multilevel encoding **多级编码** 数字数据的编码方法，在任一时刻，信号可假定为三种或多种大小级。

multilevel expert system **多级专家系统** 新一代大型专家系统的一种典型的体系结构方案，它以多学科、多专家协同工作的方式，采用“多级层次控制”的专家系统体系结构和机制来设计专家系统。

multilevel feedback queues **多级反馈队列** 允许进程在各级队列中移动的多级队列。例如，当一个进程属 CPU 密集型进程时，可以将其移至一个低优先级的队列中，使得 I/O 密集型进程和交互进程这些处于高优先级队列中的进程能及时得到处理。这也是防止非确定性阻塞的措施之一。

multilevel index **多级索引** (1) 文件索引的嵌套形式，即一文件索引需从另一索引中找到，通常在大量文件组成的库中使用。对多级索引进行查找时，需自顶向下逐级进行。(2) 文件的索引本身又含有大量数据，为便于查找，又可为索引建立索引，如此循环下去，便有了多级索引。

multilevel indirect addressing **多级间接寻址** 同 multilevel addressing。

multilevel information systems security initiative (MISSI) **多级信息系统安全动议** 美国国防部计划的工程：① 在国防消息系统(DWS)、综合战术战略数字网和多级安全系统内提供安全产品和业务以支持国防通信系统，如消息、分组、电子邮件和文件传输系统；② 处理从不保密到最高机密的多级安全保密信息；③ 提供区划；④ 为美国军方业务通信体系提供对多级安全(MLS)需求的支持；⑤ 确保传输是可靠的，信息由合法信源发出，仅被合法接收者接收而对非授权个人和系统无效。

multilevel interrupt structure 多级中断结构 通信接口和调制解调控制器的一种中断结构。通信接口和调制解调器能产生中断请求服务信号,以通知程序改变通信控制线上的状态,如数据载波、数据置位等。程序可屏蔽中断或有选择地修改引起中断的条件。

multi-level management information system 多层次管理信息系统 采用计算机网络技术将企业内各级计算机连成整体,把信息的收集、加工、传送、存储和使用进行统一规划,使不同需要的各类信息分别提供给各个决策层的管理信息系统。

multilevel modulation 多电平调制 同 n-ary signaling。

multilevel precedence (MLP) 多级优先级 有关通信和组件,能处理多个优先标记。

multilevel precedence and preemption (MLPP) 多级优先和预占 一种优先和预占方案,即优先级方案,① 为特定呼叫或报文指定一优先级以使系统按预定次序和时间范围处理它们,② 为得到对网络资源有控制的访问,只允许呼叫和报文中优先级高的呼叫和报文预占;③ 只能在预定范围内被识别,④ 在预定范围以外的呼叫优先级通常不予识别。

multilevel precedence capability 多级优先性能 在自动交换电话网中,以多个优先级标记处理话务的性能。

multilevel priority interrupt 多级优先级中断 中断的功能是用来协助选择各种子例程优先级。这些子例程的中断请求均由中央处理机依据其优先级来处理。如果有一个子例程发出中断请求,而其优先级均高于其他子例程,则原先请求中断的子例程须排在后面。

multilevel processing 多级处理 一种处理方法。这种方法对处理进行分级并判明操作的优先权。为处理高优先权操作,可暂时中断低优先权操作,待高优先权操作结束后,再返回到被中断的低优先权操作。

multilevel secure (MLS) 多级安全 可以处理多个不同密级的信息并保证它们的保密性安全的一种解决方案。

multilevel secure system 多级安全系统 一类包含不同等级敏感信息的系统,它既可供那些确有必要且具有不同安全许可和已知需要的用户同时访问,又能阻止用户去访问其无权过问的信息。

multilevel security 多级安全性 一种操作方式,当有某些用户对系统中的全部数据既不清楚也不需要知道时,能使处在各种安全级上的数据并行地在计算机系统中存储和处理。

multilevel security mode 多级安全模式 对于自动系统中当前存储和处理的不同级别或类型的数据,准许具有不同安全权限和有权可知的用户进行选择性访问的操作模式。

multilevel security policy 多级安全策略 将信息划分为不同秘密级别,从而采取不同的保护措施的一套规则。这些规则是由此安全区域中所设立的一个安全权力机构建立的,并由安全控制机构来描述、实施或实现的。多级安全策略通常按照安全级别的绝密(TS)、秘密(S)、机密(C)、限制(RS) 和无级别(U) 五级来划分。

multi-level transmission-3 (MLT-3) 多电平传输-3电平 MLT-3 是一种双极性的编码(+V、0、−V),信号可以在相邻两电平之间跃变,在数据位对应时间有跃变沿表示"1",无跃变沿表示"0"。使用 MLT-3 编码可以使信号频谱降低至 30 MHz,从而不要求更高带宽的传输介质。

multi-line communications adapter/attachment (MLCA) 多路通信转接器与附件 允许多条远程通信线路连接到系统上的一种功能部件。

multi-line laser 多谱线激光器 一种多模(即发射两个或更多不同波长)气体激光器。

multi-line representation 多线表示法 每根导线在简图上都分别用一条线表示的方法。比较 single-line representation。

multilingual code page 多语种码页 包含字母和专门符号的码页,用于欧洲、北美和南美的许多种语言。

multilingual information processing 多文种信息处理 在两种或两种以上语言和文字字符集编码体系基础上,实现对多文种信息处理的兼容处理。

multilingual information processing system 多文种信息处理系统 能处理由多种语言文字所表述的信息的系统,它们可分为两类:一类是在原有单文种系统基础上扩充而成,在这类系统中新纳入的文种应用的范围往往受到限制;一类是以能容纳多文种文字字符的大字符集为基础设计的系统,可不受上述限制。

multilingual MT system 多语种机译系统 能够处理多个语言对的机译系统。

multilingual word processor 多文种语词处理机 一种能处理两种及两种以上语言和文字信息的具有击键输入、显示、校改、文本编辑、印刷输出等功能的设备。该设备通常也具有简单的文档管理功能。

multilink 多链路 (1) 具有各自链路协议的两条或多条数据链路。多链路可以是多路复用链路。(2) 数据网络中由两条或多条数据链路组成的,属于两个节点的一个分支。

multi-linked list structures 多链表结构 链表的链接字段包括两个以上的指针的链表结构。

multilink operation 多链路工作 在分组交换网中,同时使用多个链路传输同一报文单元的不同部

分。多链路工作增加了报文传输的有效速率，但需要特殊的方法来控制复用和复用分路。

multilink PPP (MLPPP) 多链路点对点协议 由因特网工程任务组(IETF)制定的网络路由器协议标准。它弥补了点对点协议(PPP)一次只能处理一个实际链接的局限。利用 MLPPP，路由器和其他访问设备可以合并多条 PPP 链路到一个逻辑数据管道中。参见 point-to-point protocol (PPP)。

multilink procedure (MLP) 多链路规程 (1) 多链路规程是在一段时间内商定的分组交换业务的任选能力。它用于在 DTE(数据终端设备) 和 DCE(数据电路终端设备) 之间一条或多条单链路规程(SLP) 上进行数据的互换操作。(2) 在两个节点之间采用多条承载信息流链路传送数据的规程。目的是提高传输效率和可靠性。该规程的标准化工作于 1978 年由国际电报电话咨询委员会(CCITT) 确认为国际标准(ISO 7478)。

multilink transmission group (MLTG) 多链路传输组 一种包含两个或者多个链路的传输组。

multilist 多表列[目录] 一种链式文件结构。为了便于按主码值和辅助码值进行检索，对文件的每一个码的属性建立一个索引。对每一个索引来说，具有相同码值的记录组成一个链表列，为此，在具有多个索引的文件中，一个记录将不止属于一个列表。

multilist chain 多表链，链式多重表 分为若干段的一系列顺序项，其索引用来使保存在每段中的项数最小。这种方法可以减少查找长链中项目或相继组的时间。首先查找索引，找出待读的段或开始读的位置。

multi longitudinal mode (MLM) 多纵模 纵模是指沿谐振腔轴向的稳定光波振荡模式，对激光的输出频率影响较大，因此常常把激光器纵模的选取称为激光的选频技术。谐振腔内每一个允许的频率值，在腔内形成一列驻波。每列驻波代表腔内光场沿纵轴的一种分布，称它为一个模式，或称为一个纵模。腔内如果只有一种光场分布，称单纵模，否则称多纵模。参见 optical resonant cavity。

multiloop control system 多回路控制系统 一种控制多个被调量的调节系统。如采用不相关调节系统，则各被调量由单独的调节器来调节；如采用相关调节或多变量综合控制，则在调节回路间要引进动态联系装置。

multi-master replication 多主复制 活动目录的一个特征，它可以支持和维护在域中的多个服务器上目录的多份拷贝。由于给定目录分区的所有拷贝都是可写的，因此可以对其中任何一份拷贝进行更新。活动目录复制系统将一个副本中的变化传播到所有的副本中去。复制是自动和透明的。活动目录多主复制可以将任何域控制器创建的任何对象(如用户、小组、计算机、域、组织单元、安全策略等) 传播到其他相关的域控制器。如果域中的一个域控制器比较慢或出现错误，那么本域中其他的域控制器可以提供必要的目录访问，因为它们包含相同的目录数据。

multimedia 多媒体 也称“多媒质”或“多媒介”。多媒体是全面的综合性的信息资源，它结合了文字、资料、图形、影像、动画、声音、特殊效果，再经由电脑表现出来，它能用来表达信息传播中的任何媒体资源。

multimedia and hypermedia information coding expert group (MHEG) 多媒体和超媒体信息代码专家组 由 ISO(国际标准化组织) 和 CCITT(国际电报电话咨询委员会) 共同制定的用以记录图像和声音等各种多媒体数据(称为对象) 和多媒体数据间关系的标准规范。用这种标准格式记录的文档，可以由不同系统和应用加以利用。在 MHEG 中对多媒体数据之间的关系，可用将多个对象沿时间轴使其同步的方式再现(多媒体同步) 和超媒体链接这两种方法来定义。参见 hypermedia, standard generalized markup language (SGML), HyTime。

multi media card (MMC) 多媒体卡 也称“MMC卡”。由多媒体卡协会(MMCA) 开发的一种多功能存储卡，可用于手机、数码相机、数码摄像机、MP3、PDA(个人数字助理) 等多种数码产品。MMC 卡的尺寸为 32 mm×24 mm×1.4 mm，采用 7 针的接口，具有双电压特质，能同时兼容 1.8 伏和 3.0 V 的电压。在 2002 年推出的一种专为手机等多媒体产品而设计的 RS-MMC 比 MMC 小巧许多，尺寸为 24 mm×18 mm×1.4 mm，它可以配合专用的适配器而转换成标准的 MMC 卡使用。2004 年 9 月，MMC 协会又推出了 MMC PLUS 和 MMC moboile。MMC PLUS 卡尺寸与普通 MMC 卡相同，但具有更快的读取速度。MMC moboile 为了获得更好的节电性能，能在 1.65 ～ 19.5 V 和 2.7 ～ 3.6 V 电压两种模式下工作，理论传输速度最高可达 52 MBps。2005 年 7 月推出的 MMC micro 卡体积更小，尺寸为 12 mm×14 mm×1.1 mm。与 MMC moboile 一样都支持双电压，适用于对尺寸和电池续航能力要求较高的手机以及其他手持便携式设备。参见 multi media card association (MMCA)。

Multi Media Card Association (MMCA) 多媒体卡协会 成立于 1998 年的多媒体卡协会是一个开放性标准组织，为存储卡和半导体组件供应商、软件供应商和移动电子设备制造商提供了一个全球性论坛。MMCA 负责制定多媒体卡(MMC) 的物理、功能和接口规范。多媒体卡只有邮票般大小，是一种可移动存储卡，可用于移动电话、数字影像和便携式消费电子产品。MMCA 除了主要关注可移动存储卡以外，还支持其他嵌入式或可移动组件、子系统(如硬盘驱动器等) 采用 MMC 接口标准。参见 multi media card (MMC)。

multimedia broadcast multicast service (MBMS) 多媒体广播多播业务 手机电视标准之一。MBMS通过共享一条传输链路，把多媒体数据广播或多播到移动终端，既可以将多媒体视频信息直接向所有用户广播，也可以发送给一组收费的签约用户收看。移动运营商只需软件升级已有的WCDMA/HSPA(宽带码分多址/高速分组接入)网络即可大规模提供MBMS手机电视业务，开展多媒体广告、免费和收费电视频道、彩信群发等多种商业应用。

multimedia communication 多媒体通信 在系统或网络中，声音、图形、图像、数据等多种形式信息同步进行的交互式通信。

multimedia communication system (MCS) 多媒体通信系统 多媒体通信系统是指能够存储、传输、与显现多种表示媒体的信息(即多种媒体编码信息)，并且具有集成性、交互性和同步性三个特性的通信系统。① 集成性是指多媒体通信系统集多种编译码器，多种感觉媒体显现方式，能与多种传输媒体进行接口，并且能与多种存储媒体进行通信的系统。② 交互性是指通信系统中用户与系统之间互相通信与控制的能力。在多媒体通信系统中交互性包括有两个方面的内容。一是人与终端之间的交互通信，这是通过终端向用户提供符合人机接口(MMI)协议的操作界面来完成的；二是用户终端与系统之间的交互通信、控制，这是通过应用层通信协议来完成的。③ 同步性是指在多媒体通信终端上所显现的图像、文字和声音在时空上是同步的。这些图像、文字和声音可以来自不同的信息源(一般为数据库)，并可通过不同的传输途径传送过来，在用户终端中可将这些图像、声音、文字实现同步，从而将一个完全同步的多媒体信息显现在用户面前。

multimedia compact disc (MMCD) 多媒体光碟 以Sony和Philips公司研制的多媒体数字存储光碟标准。参见yellow book。

multimedia computer 多媒体计算机 采用多媒体信息处理技术的计算机系统，主要由音效卡、通信卡(如视频信息采集卡、视频信息转换卡、视频/音频压缩卡)、光碟机、光碟版多媒体软件及视频服务器等组成。把计算机与家庭娱乐技术组合于多媒体系统的消费类电子产品的出现，意味着多媒体技术将把PC机变成未来主要的消费类电子产品。参见multimedia。

multimedia computer assisted instruction (MCAI) 多媒体计算机辅助教学 MCAI是现代教育技术中的新秀，它突破了计算机与各种电教设备的界限，充分利用多媒体计算机具有数字信号处理、视音频信号高效实时压缩及大容量信息的存储能力，将文字、图形、音频、视频等各种媒体的教学信息全部集中到计算机中，并将这些信息进行综合加工处理。形成智能化的多媒体终端，为教学提供了高效、交互、实时的操作环境和良好的服务。MCAI媒体的集成性，使它比传统教育在相同的时间内表达出更多的信息，在提高学习效率方面具有许多传统教育所无法比拟的优势。MCAI力图通过多感知的知识表示(呈现技术)和人机交互操作功能(界面技术)来提供最大的信息量，从而使受教育者更有效地利用多种感官去接受知识、理解知识，这样在学习兴趣上就产生了愉悦感，从而能够更快更深刻地去掌握知识。

multimedia computer software system 多媒体计算机软件系统 多媒体计算机的组成部分，建立在多媒体硬件基础上，如视频信号I/O接口板、音频信号I/O接口板、视频和音频信号压缩编码和解压缩的硬件以及视频和音频信号处理设备。软件包括：① 连接驱动器的是驱动器接口模块，提供虚拟设备接口(软件登记项)，可定义实际设备的接口特性，虚拟设备的描述可与实际设备不同；② 连接驱动器接口模块的软件是视频支撑系统或视频/音频核心部件(AVSS/AVK)；③ 各种语言以及各种应用程序。

multimedia computer system 多媒体计算机系统 传统的计算机技术与大容量光碟技术、图像声音压缩技术以及面向对象技术等相结合的系统。它由配有主存储器、输入输出通道、控制器、外存储器(如磁盘、光碟等)以及多媒体信息输入输出装置(如图像扫描仪等)的中央处理器，加上多媒体软件，如多媒体系统、多媒体数据库管理系统等构成。

multimedia computing 多媒体计算(技术) 一种完全改变计算机目前主要以数值计算或以字符形式与使用者交流信息的状况，使计算机具有综合处理和管理文本、声音、图形、图像以至电视图像的能力，而使计算机能以人习惯的耳闻目睹方式提供信息服务的计算技术。多媒体计算涉及计算机科技的各个方面，其最大的特点是它的集成性和交互性。从信息形式看，它是以声、文、图并茂的形式来交流信息，这是人们喜闻乐见且效率很高的方式。集成性表现在用计算机对来自各种电子媒体和信息源的信息进行集成。如计算机可把来自摄像机或录像机的电视图像，与存储在图像库的照片，连同计算机产生的文本、图形和动画一起显示在屏幕，并可加上伴音和解说，还可通过网络进行传输等。交互性是指人们可与计算机进行对话，主动控制计算机的工作及媒体信息的内容和处理方式，这是传统信息交流媒体所不具备的。

multimedia computing technology 多媒体计算技术 使用计算机综合处理文本、图形、图像、声音、动画、视频图像等多种不同类型媒体信息的技术。多媒体计算技术起源于两个方面，一方面是计算机技术自身的发展，另一方面是视听技术的发展。包含数字音频和视频技术，多媒体软件平台技术，多媒体通信技术和多媒体数据库技术。它是人类处理信息手段的一大飞跃。

multimedia control interface (MCI)　多媒体控制接口　多媒体软件标准接口，支持与设备无关的多媒体接口软件，它定义了音频、视频、影片播放、激光视盘和录像机等主要多媒体产品的接口标准，提供了多媒体设备操作的标准命令，应用程序能够用open、play、close等简单命令控制多媒体设备。

multi media controller (MMC)　多媒体控制器　CD-I(交互式光碟)的组成部分之一，由音频信号处理器、视频信号处理器、微处理器、RAM(随机存取存储器)、ROM(只读存储器)、非易失性RAM以及定位装置组成。参见 compact disc-interactive (CD-I)。

multimedia data　多媒体数据　多媒体数据是除了常规数据之外任意的数据类型，如图像，音频和视觉数据。

multimedia database　多媒体数据库　包括文本、图形、图像、动画、声音、视频图像等多种媒体信息的数据库。它可以处理一般的数据库管理系统无法处理的图形、图像、声音等大量非结构化的多媒体信息。广泛用于办公信息系统、商业行销系统、地理信息系统、计算机辅助设计和计算机辅助制造系统、医疗信息系统等领域。

multimedia database management system (MDBMS)　多媒体数据库管理系统　管理多媒体数据库的软件系统。它的功能是实现多媒体数据库的定义、输入、输出、存储和查询等，保证多媒体数据库的完整性、一致性、可靠性和安全性。对多媒体数据库的管理主要有三种方式：一是基于关系模型，加以扩充，使之支持多媒体数据类型；二是基于面向对象(OO)模型来实现对多媒体信息的描述及操纵；三是基于超文本模型。多媒体数据库管理系统应具有针对多媒体信息特点的功能，应支持以下特殊功能：① 支持图形、图像、动画、声音、动态视频、文本等多媒体字段类型及用户定义特殊类型；② 支持定长数据和非定长数据的集成管理；③ 支持复杂实体的表示和处理，要求有表示和处理实体间复杂关系(如时空关系)的能力，有保证实体完整性和一致性的机制；④ 支持同一实体的多种表现形式(如一段视频在播放时可改变其帧率或变为一幅静态图像，在显示时改变其对比度等性质而不影响库中的内容等)。

multimedia database system　多媒体数据库系统　一种可适应扩充数据类型和多存储介质的数据库系统，它将多媒体数据(包括物理的和逻辑的两个方面)进行统一的处理和存取，使之能为多个用户所共享，同时又能保证多媒体数据的完整性。所谓多媒体数据库，是指数据库中的信息不仅涉及各种数字、字符的表达形式，而且可包含和处理图像、图形、声音等多种其他的信息表达形式。随着通信技术和语义模型理论的发展，特别是办公室自动化和计算机辅助设计等方面用户的需求，对该系统的研制日益活跃和受到重视。目前已提出多种不同的多媒体数据库体系结构方案：独立DBMS(数据库管理系统)、主-从DBMS和合作型DBMS等。根据多媒体数据库系统中所具体处理的多媒体数据的性质和形式的不同，可以将其划分为简单型、复杂型和智能型三类多媒体数据库系统。

multimedia data model　多媒体数据模型　多媒体数据模型是表示多媒体信息实体之间联系的模型。如关系模型、层次模型和网络模型。

multimedia data structure　多媒体数据结构　按某种关系组合的一批多媒体数据，按一定的方式存储并定义了一个运算集合，如图像的二、三维数组、声音的变长数组、复杂的嵌套图表结构等。

multimedia data type　多媒体数据类型　依据数据的逻辑关系和运算特征而对多媒体数据进行的一种抽象分类。多媒体数据类型有基本型(如图形、图像和声音等)，也可以是由基本型构造而成的有结构的类型，如动画(图像和声音的组合序列)等。

multimedia document　多媒体文档　包含文字、文本、声音、图形和图像等多种媒体数据的文档。它是现代办公自动化系统中的综合信息载体。用以准备、交换、管理多媒体文档的软件系统，称为多媒体文档管理系统。

multimedia domain (MMD)　多媒体域　一种独立于接入技术的基于IP的标准体系。多媒体域采用IP协议体系中的概念和原则，提供具有3G业务能力的无线网络，提供端到端的IP连接及IP多媒体呼叫业务。

multimedia editing tool　多媒体编辑工具　也称“超媒体软件”或“多媒体编辑软件”。是为用户提供多媒体生成系统或应用文档的编辑程序。多媒体编辑工具用以联系图像、文档、声音、图形、激光碟等各种多媒体数据和数据之间的关系。生成的文档可以在编辑工具上，或附属于这一编辑工具的运行时子例程上再现。多媒体编辑工具是在操作系统之上形成的另一种平台，它可在不同的操作系统支持下的窗口系统之间，使应用程序具有兼容性。

multimedia extensions (MMX)　多媒体扩充　MMX是Intel公司的一种技术专用名词和商标名。MMX是为加速多媒体和通信应用软件而开发的基于Pentium的技术。这项技术包含一套新指令集和数据类型。它发掘许多多媒体和通信软件中的内在并行性，但仍然保持和现有操作系统与应用程序的完全兼容性。MMX技术被设计为一套通用的基本整数指令集。其重点包括：① 单指令流多数据流技术(SIMD)；②57条新的指令；③8个64位MMX寄存器；④ 四种新的数据类型，它们是压缩型字节(8个字节压缩成一个64位数)；压缩型字(四个16位的字压缩成一个64位数)；压缩型双字

(2个32位字压缩成一个64位数);四字(一个64位数)。

multimedia information 多媒体信息 数据处理系统或数据库系统中的一种不同于一般格式化数据(传统数据)的处理对象。它是指诸如:文本、表格、图形、图像和声音等非格式化的非传统数据。随着计算机应用的普及和扩大,尤其是科学技术的飞速发展,从20世纪80年代以来,人们便致力于使声音、图形、图像等多种媒体所承载的信息,都能用计算机来处理,使计算机的应用更为直观、容易,与人更为友好。多媒体技术促进了多媒体数据库、办公室自动化、实时控制等技术的发展。

multimedia information capture device 多媒体信息采集设备 采集静态或者动态图像、录入声音并把这些多媒体信息记录在某种物理介质上的装置。主要包括单色或彩色扫描仪、摄像设备、摄影设备、录音设备等。

multimedia information input device 多媒体信息输入设备 接收图形、图像、声音、文字、数值等信息及其组合并送入计算机的装置。除键盘接收常规的文字和数值信息外,主要还包括与计算机相连的图形数字化仪板、图像扫描仪、摄像仪和录音设备等。

multimedia information retrieval 多媒体信息检索 根据用户的需求,对文字、图像、声音、动画等多媒体信息进行识别并获取所需信息的技术。主要分为两类:一是以全文检索作为基本和主要的手段,在文字和其他媒体之间建立连接,非文字媒体的检索通过全文检索实现;二是根据各种媒体本身的特征进行检索。多媒体信息检索技术主要包括各种媒体的获取、压缩、存取(本地存取和网络存取)和输出(显示和打印)。

multimedia information service 多媒体信息服务 一类应用较多的多媒体通信系统。如可视图文系统、科技情报检索系统、多媒体数据库等。这一类服务的业务就是多媒体信息的检索和查询,它能够使用户方便地查询所需的多媒体或超媒体目录和系统的有效信息,并能根据目录来检索各项具体的多媒体信息。

multimedia information storage device 多媒体信息存储设备 存储图形、图像、声音、文字和数值等信息及其组合的装置。包括磁盘、磁带、录像和录音带、光碟等。多媒体信息的特点是存储量大,一般需采用磁盘、光碟等大容量的设备来存储。

multimedia interface (MMI) 多媒体接口 有关界面系统,允许通信设备和各种现有通信系统、传播媒质和传输系统(如处理视频、音频和数字数据的无线、电话和电报系统)接口。

multimedia Internet mail extensions (MIME) 多媒体因特网邮件扩展 一种多媒体电子邮件协议,定义了一系列媒体类型和编码方法。它可将声音、图像和影视结合到电子邮件中,它要求邮件的发送端和接收端必须有解读MIME协议的电子邮件程序。

multimedia mail (MMM) 多媒体邮件 多媒体邮件系统除电子邮件可传送文件外,还具有传送声音、图像的功能。发送者可以建立、编辑并审定某个邮件,然后通过多媒体邮件系统将它传送到对方的邮箱中,接收者可以在他任何方便的时候取出这个“信件”,这个“信件”有可能只是一段文字,也可能是一段语音,甚至有可能是一段录像。

multimedia message service (MMS) 多媒体短信服务,彩信 俗称“彩信”。MMS是继SMS(文本短信服务)、EMS(增强型短信服务)之后的第三代短信服务。它支持语音、电子邮件、视频、会议电视等多种高速数据业务,实现即时的手机端到端、手机终端到互联网或互联网到手机终端的多媒体信息传送。MMS大大扩展了可收发的媒介类型和内容,MMS传输文本的长度在理论上不受限制,但受到手机允许输入多少文本和网络转输速度的限制;MMS支持标准的JPEG(联合图像专家小组)、GIF(图形交换格式)格式的图片,也支持GIF动画格式;MMS支持流媒体技术,可一边下载一边观看视频信息。

multimedia navigation system 多媒体导航系统 一种信息产品设计的工具,帮助设计者以各种方式连接各种数据,使用户能够在信息数据中非顺序地移动。

multimedia operating system (MOS) 多媒体操作系统 (1) 能支持多媒体设备和多媒体数据,可处理声音、图形、动静图像及其他视频图像的计算机操作系统或窗口软件环境。这种操作系统应具有以下功能:① 提供对应多媒体的应用程序接口(API)和设备驱动程序,以便应用程序操作各种媒体机;② 定义表现时间经过的新的文件格式,提供使用这些文件格式,同步管理及控制时间的机构;③ 管理由硬、软件实现的图像数据的压缩和扩展。(2) 指具有管理和控制图形、图像、声音、文字、数值等多种媒体的信息及其处理设备的软件系统,它是多媒体计算机系统的关键部件,如CD-I(交互式光碟)的光碟实时操作系统(CD-RTOS)。

multimedia personal computer (MPC) 多媒体个人计算机 能够处理声音、活动图像、静止图像、图形、动画片等各种各样的多媒体数据,还可以控制视像设备和MIDI(乐器数字接口)的个人计算机。为实现这一目标,需要装备声音芯片、CD-ROM(只读碟)等大容量存储装置,来丰富绘图功能。多媒体个人机的记录、传送媒体有:乐器、硬盘、CD-ROM、光碟、视像盘和网络等。

multimedia presentation system 多媒体演示系统 多媒体系统的组成部分,把文字、声音、动画、图像、特别是活动图像存放在光碟上,播放时通过交互操作接口进行选择。

M

multimedia query 多媒体查询 多媒体信息的查询可以归纳为如下三种类型:① 基于媒体外部特征的查询,采用的是传统关系型数据的查询方法,参见 database query;② 基于文本/描述的查询,应用文本来描述或注释多媒体数据,然后基于描述或注释对多媒体数据进行查询,所采用的核心技术,和基于文本内容的文本信息查询是一致的,参见 text database;③ 基于内容的查询,通过对多媒体数据的分析处理、提取特征、分类/聚类、索引、近似匹配,为检索用户提供按相关度排序的若干结果,参见 content based multimedia retrieval。

M

multimedia service 多媒体业务 多媒体业务是指能够处理多种表示媒体的业务。例如视频点播(VOD)、远程教学、远程医疗和视频会议等业务。

multimedia standardization 多媒体标准化 涉及多媒体数据压缩技术,由有关国际管理委员会制订的关于计算机、通信和电视行业使用多媒体信息的统一规范、协议和标准。目前除有美国的数字视像(含声音)交互标准 DVI 外,已制订了用于静止图像的 JPEG(联合图像专家小组)标准,用于活动图像及音频信号的 MPEG(活动图像专家组)标准,用于声音、图像、动画等资源交换的文档标准和适用于电视电话和电视会议的电视编码标准等。

multimedia system 多媒体系统 能够处理、存储及传送图形、文字、视频、音频和动画等多种形态信息的计算机系统。特别适用于教育及娱乐。在多媒体系统中,媒体之间是相互关联的,即以时空同步的方式存在的。比较 mixed-media system。

multimedia technology 多媒体技术 能够对文字、声音以及视频影像等信息形式进行综合处理,并能在计算机系统上输入、输出的软件和硬件技术。它集计算机技术、声像技术和通信技术于一体,以创造新的应用。

multimedia terminal 多媒体终端 具有综合性、交互性、同步性的多媒体通信终端。综合性是指终端至少可以对两种以上媒体(如话音编码、文体编码或图像编码等)进行处理;交互性是指终端与系统的交互通信能力;同步性是指终端显示的图像、声音、文档是以同步方式工作的。

Multimedia Tools and Applications **《多媒体工具和应用》** 荷兰 1995 年创刊,全年 9 期,Kluwer Acdemic 出版社出版,SCI(科学引文索引)、EI(工程索引)收录期刊。刊载多媒体开发与性能测量工具、用户接口,并包括应用启动软件、编辑软件、系统软件支援设备方面的研究论文和评论,以及多媒体应用实例分析。

multimedia user interface 多媒体用户接口 能够支持声音和视频图像的用户接口。

multimedia video processor (MVP) 多媒体视频处理器 由美国 TI 公司推出的一个多媒体套件,目的是建立一个多媒体的集成环境,把视频电视、文件处理以及声音集成在单一环境中,具有图像处理、图像生成和图像压缩等功能,系统通过可编程方法在 DSP(数字信号处理)芯片上集中解决。

multimedia windows 多媒体窗口 不但能操作数值、文字字符和图形,而且具有操作声音和图像数据及其相应输入输出设备的窗口软件。例如美国微软和 IBM 公司共同开发的 Windows 3.0 多媒体扩充版,可以通过 Windows 操作 CD-ROM(只读碟)和乐器数字接口(MIDI)。

multimegabit data service 多兆比特数据业务 参见 switched multimegabit data service。

multimeter 万用表 一种测试设备:① 用于测量数个不同量程内的电压、电流、电阻;② 有量程选择功能以满足测量精度;③ 必须小心操作,不使指针超过量程,通常开始测量时将量程开关置于最大。同 volt-ohm milliammeter。

multimicro processor system 多微处理机系统 由多个微处理机组成的系统。系统中每个微处理机都有自己的控制部件,可以执行独立的程序,共享一个公用的主存储器和外部设备。处理机之间可以通过互联网络实现通信,也可在指令、任务一级实现并行处理。从结构组成上,系统可分为同构型多处理机和异构型多处理机两种。从结构形式上,它有单总线结构、多总线结构、纵横交叉开关阵列结构及多端口存储器结构。整个系统在统一的操作系统控制下,按照多指令流多数据流的方式实现作业、任务、程序段和数组的并行处理。这种系统的优点是结构比较灵活、处理效率较高,但多处理机的资源分配和进程调度问题很复杂。

multimode (MM) 多模 光缆、传输线或波导以两种或多种模式传播信号的能力。

multimode distortion 多模失真 光波导中的失真:① 由不同模式时延引起;② 由于光信号中所有模式传播速率不同引起脉冲时间展宽,从而导致多模失真;③ 不是色散机制的结果,即不是一种色散形式。同 intermodal distortion, modal distortion。

multimode facility 多模式设备 在通信系统中,一种能处理多个传输模式(如电话、电报、无线电和传真)的设备。

multimode fiber 多模光纤 容许不同模式光束于一根光纤上传输的一种光纤。同 multimode optical fiber。

multimode graded fiber 多模渐变型光纤 带有渐变纤芯的光纤,支持一种以上光传输模式。光线以正弦形状沿纤芯中心轴线方向传播,特点是信号畸变小。

multimode group delay 多模群时延 同 differential mode delay。

multimode group delay spread 多模群时延展宽 在光波导内所维持的单一频率的诸传播模中,由于不同的群速度,使群时延发生的变化。同

differential mode delay。

multimode laser 多模激光器 发出包含两个或更多模式(即两个或更多不同波长)的射线的激光器。

multimode operation 多模式工作 在模拟系统中,为传输模拟和数字信号(如语音、二进制编码数据、传真、莫尔斯电码等)而使用一公共电路或单一传输媒质,两者都在同一电路上传输但并不一定同时传输。[注] 使用复用技术可实现同时以多种传输模式进行的同步传输。

multimode optical fiber 多模光纤 一种允许传输多模信息的光纤。其相对较大直径的芯线可使光脉冲在不同方向上沿 Z 字形传输。对应于 single-mode optical fiber。

multimode radar 多模雷达 具有两个或多个功能的雷达。

multimode step index fiber 多模阶跃折射率光纤 能够支持一种以上光传输模式的带有阶跃式突变纤芯的光纤。

multimode transmission 多模传输 光传输中,包含有两种或更多种不同类型的电磁波的传输。例如不同的频率或不同相位。

multimode waveguide 多模波导 能支持多种模式的波导。

multinational character set 多国字符集 一种任选功能,它是对 188 字符集的扩充,具有支持语言组的一些国家可使用该字符集。

multinode network 多节点网络 通信系统中一种网络,其中用户间可通过多个节点互联。

multipaired cable 多对电缆 一种有两个或更多对导体(如两个或更多双绞对)的电缆。

multipart forms 多联格式纸 计算机打印纸由一套多张叠层的打印纸组成,每一层打印纸间夹有复写纸。打印时可输出多份拷贝。

multiparty line 多部门线路 为多个部门服务的中心局线路。

multi party telecommunication 多方通话[通信] 允许一个用户和多个用户同时通话,并且这些用户之间也能相互通话。可以根据需要,暂时将与其他方的通话置于保持状态而只与单独一方通话。任何一方可以独立退出多方通话。

multipass compiler 多遍扫描的编译程序 把词法分析、语法分析、语义分析、代码生成、优化五方面的工作分开来,通过若干遍扫描完成编译的编译程序。例如,先进行词法分析,把源程序改造成为由属性字组成的中间程序;再进行语法分析,把由属性字组成的中间程序改造成为语法分析后的中间程序;再进行优化,把语法语义分析后的中间程序改造为优化后的中间程序;再进行语义分析和代码生成,把优化后的中间程序改造为目标代码。多遍扫描的结构可节省存储空间,提高目标程序质量。

multipass sort 多遍排序[分类]程序 (1) 一种分类程序。它可以对多于主存中存放的一次分类数据项进行多遍分类。(2) 为了对超出主存容量的数据进行排序而设计的排序程序。多遍排序需要暂时存储器,如磁盘、磁带等。

multipath 多径 一种传播现象,在无线信道中,由于反射或者折射,在发射机和接收机之间形成的多种不同的传输路径。大气层对电波的散射、电离层对电波的反射和折射,以及山峦、建筑等地表物体对电波的反射都会造成多径传播。多径会导致信号的衰落和相移。

multipath cancellation 多径抵消 由于通过不同路径到达的各分量的相对幅度差和相位差而使无线电信号被完全抵消。

multipath channel (MPC) 多路径通道 一种使用多个单向子通道进行 VTAM(虚拟远程通信访问法)到 VTAM 双向通信的通道。参见 virtual telecommunications access method (VTAM)。

multipath effect 多径效应 电波传播信道中的多径传输现象所引起的干涉延时效应。在实际的无线电波传播信道中(包括所有波段),常有许多时延不同的传输路径。各条传播路径会随时间变化,参与干涉的各分量场之间的相互关系也就随时间而变化,由此引起合成波场的随机变化,从而形成总的接收场的衰落。因此,多径效应是衰落的重要成因。

multipath fading 多径衰落 在电磁波(包括无线电波和光波)传播中,由于多径引起的衰落,其中:① 能量分散到各个路径上,导致失真;② 因为不同长度路径上的光波到达时间的差异导致在目的地信号增强或抵消,也带来失真。同 multiple path fading。

multipath I/O (MPIO) 多通道 I/O 微软公司的多通道 I/O 技术,它能使接在 iSCSI(因特网小型计算机系统接口)或光纤通道 SAN(存储区域网)上的主机实现多个通信通道,并能用于简化故障跳过或负载平衡。

multipath reception 多径接收 发射机信号通过两条以上的路径到达接收天线的信号接收,一条路径是直接的,其他路径是由建筑物或其他障碍物反射而来。例如电视图像的重影就可能是因为多径接收。

multipath transmission 多径传输 从一个发射天线发射的无线电波,经过两个或更多的不同途径到达一个接收天线的传输。

multiphase program 多相程序 一种需经多次取出和装入才能完成一次执行的程序。

multiphonon band 多声子频带 声音的、弹性的或振动的频率组或者范围,伴有能量在一给定范围的一群声子,这个范围通常包含许多不同频率因而不同能量的声子。

multiple **复接,多点** 在通信、计算机、数据处理和控制系统中,指这样的布线系统,它能使一个电路、一条线路或一组线路可以在若干点被访问。同 multipoint。

multiple access (MA) **多址接入** 处于不同地点的多个用户接入一个公共传输媒介,以实现各用户间通信的模式。

multiple access communication (MAC) **多址通信** 多个用户使用一个公共信道实现各用户间通信的方式,又称为"点对多点通信"。在多址通信方式下,一个地点的通信设备可以同时与另外多个地点的通信设备相连接,参与多址通信的各个地点的通信设备实际上构成了一个通信网。多址通信系统的关键问题,是既要使各用户能实时地使用信道,又要最大限度地提高信道利用率。多址通信技术的主要内容包括信道分配和信道复用。

multiple access interference (MAI) **多址干扰** 在多址通信网络中,各终端之间的干扰。CDMA(码分多址)系统采用的是不同的地址码来区分每个用户,但多个用户的信号在时域和频域上是混叠的,所以在频域产生一定的同频和邻频干扰,则为多址干扰。

multiple-access network **多路访问网络** 通过多路访问网络,每一个工作站可在任意时刻访问网络,当两台计算机同时需要传输信息时,则按照候选时间规则进行。

multiple access rights terminal **多访问权终端** 可由几个等级的用户(如对数据具有不同访问权的用户)使用的终端。

multiple-access system **多(路)存取[访问]系统** 允许多个用户在同一时刻以约定的方式同时访问[存取]一个主机或设备的计算机系统。实时系统和分时系统是多存取[访问]系统的两个典型例子。

multiple access techniques **多址技术** 在无线电广播信道中,多个不同地址的用户间建立通信链路的方法。多址接入技术是利用信号特征上的差异,如利用信号的工作频率、信号的出现时间以及信号具有的特定波形等来区分这些信号的,它要求各信号的特征彼此独立或正交(即任意两个信号波形之间的相关函数等于0)。多址接入技术依据信号在频域、时域波形以及空域的特征,基本可分为频分多址(FDMA)、时分多址(TDMA)、码分多址(CDMA)、和空分多址(SDMA)以及这四种基本方式的混合多址方式,如时分多址/频分多址(TDMA/FDMA)、码分多址/频分多址(CDMA/FDMA)等。频分多址是以不同的频率信道实现通信。时分多址是以不同的时隙实现通信。码分多址是以不同的代码序列实现通信。空分多址是以不同的方位信息实现多址通信。参见 frequency division multiple access (FDMA), time division multiple access (TDMA), code division multiple access (CDMA), space division multiple access (SDMA)。

multiple-access virtual machine **多路访问[存取]虚拟机** 支持数据通信终端的某些操作系统控制下运行的一种虚拟机。

multiple-access with collision detection **有冲突检测的多点访问** 参见 carrier sense multiple access with collision avoidance。

multiple address code **多地址码** 指定一个以上地址或存储单元的计算机指令代码,该指令能给出操作数的位置、结果的目的单元和下一个指令的位置。

multiple address computer **多地址计算机** 具有多地址指令系统的一种计算机。

multiple address instruction **多地址指令** 由一个操作码和两个以上地址组成的指令。

multiple address message **多地址报文** 一种可发送到多个目的站的报文。

multiple-address space **多地址空间** 在某些操作系统中,给每个用户提供一个专用地址空间的一种功能。

multiple-address space partition **多地址空间分区** 在某些小型计算机系统的一种分区,其逻辑存储器被映射成两个或多个地址空间。

multiple alternative decision **多选择判定** 可在多种判定中选择一种的判定。

multiple amplitude shift keying (MASK) **多进制幅移键控** 调制解调器中采用的一种调制技术。在二进制幅移键控调制中,载波只有两个取值,在多进制幅移键控中,载波可以取 M 个值,一般 $M = 2^L$。在载波幅度变化率相同的情况下,多进制调制的信息传输率可提高,但要求信道干扰较小。参见 *multiple frequency shift keying* (*MFSK*), *multiple phase shift keying* (*MPSK*)。

multiple aperture core **多孔磁芯** 同 multi-aperture core。

multiple association list **多向连接表** 从双向连接表结构引伸出来的一种表结构。表的每一项可以指向两个以上的项目。

multiple-attachment support **多重连接支持** 在某些通信系统软件中,允许多个主节点共享一局部网络控制程序节点及连接到该节点上的所有资源的一种设施。

multiple attribute retrieval **多属性检索** 一种按多个不同属性关键字查找信息的方法。通常分为主关键字和辅助关键字。

multiple axis chart **多轴图** 一种具有多个水平轴和垂直轴的图表。

multiple bar chart **多条图** 一种条形图,其中的

给定水平轴位置上的多个条形图并列地给出。

multiple beam antenna　多波束天线　能产生多个锐波束的天线。这些锐波束(称为元波束)可以合成一个或几个成形波束,以覆盖特定的空域。多波束天线有透镜式、反射面式和相控阵式等三种基本形式。此外还有以相控阵作为反射面或透镜馈源的混合形式。参见 multiple beam lens antenna, multiple beam reflector antenna, multiple beam phased array antenna。

multiple beaming　多波束传输　在雷达系统中,从一副天线发射两个或多个波束,每个波束在任何特定时刻都以不同方向传输。

multiple-beam klystron　多注速调管　具有若干个电子枪的速调管,每个电子枪都能产生电子注并与各自的高频隙缝依次相互作用。所有电子注最终都耗散在公共收集极上。因此,每一条电子注都起一个普通的速调管的作用,并且电子注以严格的锁相方式提供功率输出,这对于分离的速调管是不容易达到的。

multiple beam lens antenna　多波束透镜天线　一种多波束天线,利用透镜把馈源所辐射的能量汇聚起来形成一个锐波束,当透镜焦点附近设置多个馈源时,便相应形成指向不同的多个元波束。控制各馈源的激励振幅和相位,能使这些元波束合成为具有特定形状的成形波束。参见 multiple beam antenna, multiple beam reflector antenna。

multiple beam phased array antenna　多波束相控阵天线　一种多波束天线,它由许多辐射元排阵构成,用波束形成网络向阵列单元激励所需的振幅和相位,以形成不同形状的成形波束。它的优点是可对波束数目和形状进行灵活控制,并可控制波束作快速扫描。参见 multiple beam antenna, multiple beam lens antenna。

multiple beam reflector antenna　多波束反射面天线　一种多波束天线,它在反射面焦点附近有多个馈源来形成多波束。为避免馈源系统对反射面口径的遮挡,通常采用偏置单或双反射面形式。这类天线与多波束透镜天线工作情形相似,但较为轻便简单,是较常用的多波束天线形式。参见 multiple beam antenna, multiple beam lens antenna。

multiple-break contacts　多断开触点　触点被安排成当其打开时,电路在两处以上的位置中断。

multiple-bundle cable　多束光缆　置于一公共通常是柱面外护套内的许多有护套的光纤束。

multiple-bundle cable assembly　多束光缆组件　已装有终端器件,立即可安装的多束光缆。

multiple bus system　多总线系统　至少用一专用总线传送数据,用另一总线传送地址的微处理机系统。微处理机的规模和类型决定微型计算机中使用的总线结构,而总线结构又是影响系统性能的重要因素。常见的总线结构是用一条总线交替传送数据、地址和控制信号。但在多总线系统中,控制信号可以用专用总线传送,也可以不用;数据和地址可在同一周期内传送,而不必等待串行使用公用总线。

multiple call　多重呼叫　在电话交换台操作中,一种从一个用户到几个其他不同呼号用户的呼叫。同 bunched call。

multiple call message　多呼话传电报　一种包含要求在中继站进行分离的路由指示符的报文。

multiple chart　多线图　含有多条曲线的图。

multiple check　多重校验　一种外存储器与主机进行信息交换时使用的校验方法。这种方法对一信息位实行多道重写。例如三重校验就是在三条磁道上写同一位信息,读出时按"少数服从多数"的原则来确定信息的状态。

multiple-choice selection field　多项选择域　窗口中的一种选择区域,用户可以选择其中的多个选择项。参见 selection field。

multiple-choice selection list　多项选择表　窗口中的一种选择表,用户可以选择其中的多个选择项。

multiple classification　多重分类　一个对象是多于一个类的实例。

multiple computer system　多计算机系统　多台独立的计算机组成的系统。各计算机之间只在数组一级相互作用,它们之间相互以输入输出通道或外部设备看待。根据机间耦合程度的不同,可分为松散耦合系统(也称间接耦合系统)和紧密耦合系统(也称直接耦合系统)两种。

multiple-concept learning　多概念学习　(1)同时发现训练例集合中所包含的多个概念的学习方法。多概念学习是一个单步任务,它首先用分类规则对训练例进行分类,同时处理概念描述的重叠问题,然后采用单概念学习方法获取每一个类的概念描述。(2)在机器学习中,指学习的结果有多个概念。产生的原因有两种:一种是互斥的不同的描述;另一种是不同的描述有重叠,即一个事实可以满足多种描述。

multiple connection　多重连接　变流器电连接的一种,由多个相同而非同时换相组构成的电连接,其连接方式使直流电流相加。比较 series connection。

multiple connection of convertor　变流器多重连接　变流器电连接的一种,由多个相同而非同时换相组构成的电连接,其连接方式使直流电流相加。

multiple connector　多路流程图连接符　用在流程图中的一种符号,表示几条流线汇合成一条流线或一条流线分散成几条流线。

multiple console support (MCS)　多控制台支持　某些操作系统的一种可选软件,它允许选取报文路由通往多达 32 个操作员控制台。

M

multiple declaration 多种说明 在PL/1语言中，对具有同一限制的数据块内同一标识符进行的两种或多种说明，或对同一种中具有不同属性的同一标识符进行的两种或多种说明。

multiple DES encipherment 多重DES密码 在加密技术中，数据加密标准(DES)密钥的有效长度通过使用多重加密来增长。一个简单的两次加密是两个不同密钥生成的，但它能使密钥的有效长度从56位增加到112位。如果一个已知信息明文开始被加密成有两次加密的密文，则可用一个具有有效密钥范围的已知的明文密码来产生一次搜索。第二次搜索则有与其相关的明文密码来完成。每次检索的结果是单独区分和比较的。然后，检索中的一个匹配产生一个可能的密钥时，这个检索将产生一个候选密钥，而且第二次检索时使用这些候选密钥。参见 data encryption standards (DES)。

M

multiple device file 多设备文件 一种设备文件，在该文件中的程序设备数量大于一。它可以是显示文件，也可以是混合文件。比较 single device file。

multipled information and computing system (MULTICS) 多路信息和计算系统 MULTICS系统是一种通用的操作系统。其主要功能是：把有效的计算机资源分散给多个远程用户程序，服务方式类似于电信、电话服务，因而特别重视安全和保密问题。MULTICS的主要特点是：① 使用结构程序设计方法；② 采用软件工具；③ 使用高级语言编写了功能上独立于机器的全部系统程序。

multiple-document interface (MDI) 多文档界面 一种用户界面的风格，允许用户一次打开多个文档或工作单，使用户可同时观察主窗口范围内的许多对象。

multiple-domain network 多畴[域]网络 (1) 具有一个以上主节点的网络。同 multidomain network。(2) 在系统网络体系结构中，具有一个以上系统服务控制点的网络。比较 single-domain network。

multipled operation 多路操作 同时存在多种操作的现象。这些操作共用系统中的一个部件，但各个操作可以是独立的。

multiple explicit routers 多显式路由器 在系统网络体系结构(SNA)中，为适应网络条件改变，如路由故障，或传输负载发生变化以及为提供不同类型服务所使用的子区节点之间两个或多个显式路由器。

multiple faults 多故障 一台机器或一个功能部件中，同时存在多个故障。

multiple faults testing 多故障检测 对同时存在两个以上故障进行检测的过程。对已正常使用的系统或电路同时产生多个故障的概率很小。对新设计的系统或电路同时存在多个故障的现象却是常见的。对多故障直接检测非常困难。因而对多故障检测通常采用一些特殊方法，如故障压缩法、故障折合法和主故障法等。

multiple fiber cable assembly 多纤光缆组件 一种含有两根或更多根光纤的光缆，并已装有终端连接器件。

multiple frequency network (MFN) 多频网 其内可以有多个发射机，每个发射机采用不同发射频率的网络。

multiple frequency shift keying (MFSK) 多进制频移键控 调制解调器中采用的一种调制技术。选用 $M=2^L$ (L为正整数) 个发送频率，对频率干扰比二进制的FSK(频移键控)更加敏感，但可提高信息传输率。参见 frequency-shift keying (FSK), multiple phase shift keying (MPSK), multiple amplitude shift keying (MASK)。

multiple-function devices 多功能设备 在PCI(外围部件互连)总线中，指一种连接在总线上的设备，在一个物理的器件封装里集成有多个独立的PCI功能。

multiple gateway 多网关 作为两个相同SNA(系统网络体系结构)网络之间连接的多个网关。

multiple graph 多重图 含有平行边的图(或有向图)。如果两顶点间最多有p条平行边，则称此图为p-图。

multiple grid method 多重网格方法 在不同等级的网格划分上求解微分方程的方法。这个方法的基本思想是：将求解区域剖分成不同等级的网格。先在较粗的网格上用有限差分法求出方程的解，再将求得的结果做为初值用于较细的网格继续求解，直到求出最终需要的网格上的解。

multiple index 多级索引 多级索引是具有两层或两层以上的索引。

multiple inheritance 多重继承 (1) 子类可同时继承多个类的继承关系。若子类最多只能继承一个父类，这种继承称之为单一继承。纯面向对象语言只具有单一继承特性。因继承关系而形成的树状结构，称之为类树。(2) 某些面向对象的程序设计语言的一种特征，允许新类型从若干现有类型中派生出来，新类型可以有选择地继承某些特性而不继承另一些特性。参见 class, inherit, type。

multiple in multiple out (MIMO) 多进多出 为极大地提高信道容量，在发送端和接收端都使用多根天线，在收发之间构成多个信道的天线系统。利用MIMO技术可以提高信道的容量，同时也可以提高信道的可靠性，降低误码率。

multiple instruction stream-multiple data stream (MIMD) 多指令流多数据流 一类多控制器多处理机结构。MIMD的多个处理机相互作用，并分享同一存储器空间得到所有数据流。若一台MIMD计算机中多个处理机间相互作用很强，便是紧密耦合计算机，否则就是松散耦合计算机。

multiple instruction stream-single data stream (MISD) **多指令流单数据流** 一类多控制器多处理机。MISD的多个处理机接收不同指令对同一个数据流进行处理。一个处理机输出结果作为另一个处理机的输入数据,从而形成一条宏流水线。

multiple intelligence **多元智能** 人类的智能是多元化而非单一的,主要是由语言智能、逻辑数学智能、空间智能、身体运动智能、音乐智能、人际智能、自我认知智能、自然认知智能等组成,每个人都拥有不同的智能优势组合。参见 linguistic intelligences, logical mathematical intelligence, bodily-kinesthetic intelligence, musical intelligence, interpersonal intelligence, intrapersonal intelligence, naturalist intelligence。

multiple interrupt **多重中断** 由于中断源发出请求的随机性和处理某些中断请求的紧迫性,处理机在处理某一中断过程中又发生的中断。这种重叠处理中断的现象称为多重中断,也称嵌套中断。对于多重中断处理的一般原则:处理某级中断过程中,按中断优先级来分,同级或低级中断请求不予理睬;有高级中断请求时,优先转去处理高级中断,待高级中断处理完毕;返回继续处理被停止的低级中断。多重中断处理次序在一般情况下与中断级的响应次序是一致的。中断级的响应次序是由硬设备(排队线路)决定的。但是,在有屏蔽控制条件下,系统软件根据需要可以改变多重中断处理的次序,使其与中断响应次序不同。因为中断屏蔽码是由软件赋值的,改变屏蔽位的信息就可以改变多重中断处理次序。

multiple-job processing **多道作业处理** 同时执行多个数据处理作业的控制过程。

multiple key organization **多关键字[键标]组织** 记录中有主关键码和多个辅关键码的文件组织。

multiple-keyword pattern-matching problem **多键匹配问题** 一种字符串匹配问题。例如,已知模式P由一组关键字{$w_1, w_2, \cdots, w_k$}组成,输入字符串S=$s_1 s_2 \cdots s_n$;若某些键 w_i 是S的子串回答"*yes*",否则为"*no*"。

multiple knowledge sources **多知识源** 在人工智能系统中,人类专家及其他形式的多种渠道的知识来源。提供多知识源的目的是:① 保证所获得的知识尽可能地完备;② 精炼所获得的知识,包括知识的正确性验证及修改。

multiple length number **多[倍]字长数** (1) 操作数据长度超过一个字长的数。(2) 字长为正常字的两倍或多倍的数字。

multiple length numeral **多字长数** 同 multiple length number。

multiple-length working **多倍字长工作** 在以字为单位的计算机中,用两个或多个字存储一个数。

multiple level feedback variant on round robin scheduling **多级反馈变量轮转调度** 一种进程调度方式。在该方式中,当有新的进程进入时,先让它运行一段时间,该时间等于系统中所有其他作业运行的时间量,然后再让它按正规的轮转法运行。

multiple-line entry field **多行输入域** 窗口中的一种控制项,用户可向这个域中输入多行信息。

multiple-line inference **多路推理** 同时沿不同的推理路径找出各种支持结论的证据。它适用于较复杂的多知识源问题,但这类问题单方面的证据也许不足以判断结论的正确与否。如,医疗会诊。

multiple load module processing **多装入模块处理** 一种处理方法。使用这种处理方法,可在一个连接编辑作业步中产生两个或多个装入模块。

multiple match **多重符合** 对相联存储器查找时出现的一种符合现象。在这种情况中,一个比较字可查到多个符合条件的单元。

multiple match resolution **多重符合分解** 分解多重符合单元的方法。通常包括两种:一种是用算法和软件进行分解;另一种是用大规模集成电路构成分解网络。前者价格便宜但分解速度慢,后者的分解速度快,但造价高。分解速度的快慢与所用设备的多少是相联处理机设计中需考虑的一个主要技术问题。

multiple media transmission **多媒质传输** 一种传输方式,其中多种传播媒质(如光缆、有线和无线的结合)被用于传输点到点信息。

multiple modulation **多重调制** 一种连续的调制过程。在该过程中,一调制过程的输出波形又变成下一过程的调制波。在调幅脉位调制系统中,一个或多个信号对其各自的脉冲副载波进行位置调制,这些副载波在时间上相分隔,并用来对一个载波进行调幅。

multiple name space support **多名字空间支持** 一种允许各种工作站运行不同操作系统以建立其自己的名字习惯的方法。不同操作系统具有不同的命名文件的惯例,但在多名字空间支持下,一个卷上支持的命名空间是可配置的,从而使一个卷上的文件能被任何工作站所识别。

multiple operation **多重操作[运算]** 同时实现两个以上计算机操作过程的特性。

multiple original prints **多原始打印** 多原始打印是由HP公司开发的一种技术,该技术能以全速率打印多个文件拷贝,大大缩短了打印时间。在首次拷贝之后,打印机使用一个较快的存储图像打印其他拷贝,而不用考虑文件的复杂性。

multiple output switching function **多输出开关函数** 具有多个输出的布尔函数。对一个具有相同输入变量而又有多个输出的逻辑网络,如果只是孤立地化简单个输出函数并不能保证网络为最简,一般应尽量多化简公共因子。

multiple partition support (MPS) **多分区支持程序**

一种数据库软件，它允许几个在不同分区中运行的应用程序，在保持数据库完整性的情况下，对同一个数据库进行访问。

multiple-part message **多部分报文** 一种报文，其中各个部分被单独(分别)传输。

multiple-pass printing **多遍打印** 每打印一行文字，打印头要在纸上移动一遍以上的打印方式。第二遍打印重复第一遍的打印，可加深打印字迹，有的打印机可在第二遍打印前将打印纸稍稍上提，使字符的点阵重叠，字体更加清晰。

multiple pass program **多遍程序** 能产生中间输出并通过附加处理才能得到最终结果的程序。

multiple-path fading **多径衰落** 同 multipath fading。

multiple perception model **多层感知机模型** 由包括输入层、隐含层、输出层在内的三层基本网络连接而成的网络模型。其神经元之间的连接形式是层间神经元相互连接，层内神经元无连接，信息沿输入到输出单向流动。从网络的整体特性来看，它是一个可训练的能够作为非线性分类的多层网络。

multiple phase shift keying (MPSK) **多值相移键控** 取 n 个不同相移值的相移键控，通常这些取值是 $2\pi/n$ 弧度的整倍数。*MPSK* 可提高信息传输率，但对信道中的相位干扰更加敏感。

multiple photon absorption **多光子吸收** 一种非线性光学效应。在高强度激光束的照射下，物质有可能同时吸收几个、甚至几十个光子，这称为多光子吸收。这一现象可理解为多个光子同时被吸收，物质从初态跃迁到终态，而仅仅经过虚设的中间状态。多光子吸收可能会伴随多光子发射及电导、光电、荧光、离解、光化学反应等多光子效应，它在光谱学、物性研究、同位素分离和光化学等领域有着重要的应用。

multiple port sharing (MPS) **多端口共享** (1)一种短模式操作的安排，其中第一次调用一重新连接的调用传递给端口组中任何可使用的端口。(2)在 TCP/IP(传输控制协议/网际协议)中，一种将域名与因特网地址相联系的服务器应用。通常，所有的域名服务器安排成对应于域名层次结构的树形结构。

multiple precision **多(倍)精度** 为提高精确度，用两个或两个以上计算机字表示一个数的数据精度。多精度又分为双精度与长精度。

multiple precision arithmetic **多倍精度运算** 用两个或多个数据字来表示一个量或一个数值所进行的计算过程。

multiple precision notation **多倍精度记数法** 用两个或多个机器字表示一个数的记数法。

multiple processors real-time system **多处理机实时系统** 为了增加系统实时性，对可分布处理或并行处理的控制过程采用多台处理机构成分布处理或并行处理的实时系统。

multiple program loading **多程序加载** 一次可启动多个程序的操作系统，然而一次只有一个程序在运行。用户可以按键从一个程序切换到另一个程序。

multiple provider router (MPR) **多供应者路由器** (1) Windows NT 中的一个动态连接库，当应用程序用 Win32 网络应用程序接口(API)浏览远程文件系统时，用以确定要访问哪个网络。(2)为 Windows 95 网络操作系统选择路由的组件。它是一种 32 位保护模式的 DLL(动态连接库)，把网络操作实现为所有网络类型公用的操作。参见 print request router。

multiple punching **多次穿孔** 在卡片的一列上，通过多次击键穿两个或多个孔，这通常用以扩大穿孔表示的字符集。

multipler **多路复用器** 能使多路信息在一条通道中同时传输的装置。该装置对接收到的多路信息进行取样并产生可传输的数据信号。从多路信号中选择一路信号输出的门电路。

multipler and bus interface **多路转换器和总线接口** 用来给总线传送信息的接口。传送的信息包括总线地址、字数、数据或用户指定的命令和状态寄存器的内容。多路转换器一般由设备地址的最低两位控制。这两位经译码后用来选择传送的信息。当检测到设备地址时，就将选中的信息送到总线驱动器。

multiple inheritance **多重继承** 多重继承在面向对象编程语言中指的是一个类可以同时继承多个父类的行为和特征功能。相对应的单一继承是指一个子类只继承一个父类。

multiple recording **多重记录** 同时将数据写入主文件和后备文件的过程。

multiple recording medium word processing equipment **多重记录媒体文字处理设备** 可以对多种记录媒体进行写入或读出操作的文字处理设备。

multiple regression analysis **多重回归分析** 对两个以上度量间的回归曲线进行推导和判定的方法。

multiple requester terminal (MRT) program **多路请求终端程序** 在某些计算机系统中，使用一个单一的程序拷贝，可以同时处理来自多个显示站或 SSP-ICF(系统支持程序-交互通信特性)会话请求的一种程序。比较 single requester terminal (SRT) program。

multiple reuse pattern (MRP) **多重复用模式** 把所有可用的载频有规律的分成几组，每一组中的载频作为独立的一层。使用多重复用模式作频率规划时，各层频率可根据网络容量的需要采用不同的复用方式。MRP 技术相比于传统的固定频率复用模式，较大程度提高容量；载频配置更灵活，可释放出一些频率用于微蜂窝;采用基带跳频,较易实现。

multiple routing **多路由选择** 一种发送报文的方法。报文的标题中指定了多个目的地。

multipler polling **多路转接器轮询** 一种轮询技术。该技术允许每个远程多路转接器轮询其所连接的终端。由于多路轮询是并行操作的,且转接器包含的控制信息较少,因而它比中央计算机轮询效率更高。

multiple scattering **多重散射** 入射电子射向物质时,会多次受到物质中多个电子或原子核的散射,从而使得入射电子在遭到多次碰撞以后,其在各个方向上的散射概率趋于一致。由于散射截面与原子序数的平方成正比,因而对于轻元素,其散射的概率要小于重元素。

multiple selection **多项选择** 一种选择技术,用户可以选择任何数量的对象,或者不选择。

multiple session remote job entry (MSRJE) **多重会话远程作业输入** 系统支持程序产生的一种功能,它允许同时激活一个或多个远程作业进入会话。

multiple sound track **多重声道** 在同一基带上的一组相邻的声磁道,在性质上独立,但有共同的时间关系,如立体声录音。

multiple spot scanning **多点扫描** 在传真系统中,用两个以上的光点同时进行扫描的方法。每个光点分解物体的总扫描区域的一部分。

multiple step task **多步任务** 用多条规则组合成序列才能完成的任务,多步任务属于规则问题。如下棋。

multiple-string processing **多串处理** 在某些数据存取方法中,数据集或文件的处理来自某一处理程序,或其子任务的具有多个并发的顺序请求或直接请求或兼有两种请求。对数据集或文件进行的存取,存取时利用单一的控制块去定义该数据集或文件,对这些数据集和文件只需打开一次。

multiple subscriber number (MSN) **多用户号码** 与直接拨号相同,是能够在一个接口上分配多个号码的功能。

multiple systems coupling (MSC) **多系统耦合** 一种信息管理系统的特性,它允许地理位置分散的各个系统彼此之间进行通信。

multiple table cipher **多表密码** 在代替法加密体制中,使用了关键字字母表,它是由明语字母表和密码文字母表两个部分构成的。密码文字母表可以由一个字母表构成,也可以由多个字母表构成。凡由多个字母表构成的代替密码,称为多表密码。

multiple task management **多任务管理** 在多道程序设计中,一次管理多个数据处理任务的过程。主要功能包括:多个任务的控制、任务间的同步、程序管理、主存管理和时间管理等。

multiple terminal access (MTA) **多终端存取** 一种网络控制程序性能,该程序可以与不同类型的终端进行通信。通常用于连接在同一交换网络的启停式站点。

multiple transmission medium token-ring **多传输介质令牌环** 采用双绞线、光纤、宽带电缆等多种传输介质组成的令牌环网。目前提供四种电缆系统令牌环。类型1、2为屏蔽双绞线,可在环上接260台设备。类型3为普通电话双绞线,环路可接72台设备。类型5为光纤,目前仅作为环路站点之间的连接线。

multiple-trip echo **多次往返回波** 从遥远目标返回的回波,使雷达脉冲发往目标和返回接收机所需的时间长于两个相继脉冲之间的时间间隔。回波将出现在可识别的虚假距离上,因为当脉冲重复速率改变时,该距离也将改变。当回波在第二个和第三个脉冲之间到达时,则该回被称为二次往返回波。

multiple-tuned antenna **复调谐天线** 无需改动就能在若干个预置频带中的任何一个频带上工作的天线。

multiple-unit tube **复合管** 一个外壳内含有两组或多组与独立电子注相联系的电极的电子管,如双二极管、双三极管、二极管-五极管、双二极管-三极管、双二极管-五极管和三极管-五极管等。

multiple-value query structure **多值查询结构** 数据库中的一种简单的查询结构。如果限定部分指定一个以上属性的多值,则该查询的结果是多值查询结构。如果只是一个属性,则称它为单属性多值查询结构。

multiple variant counter (MVC) **多变量分析软件包** MVC的特点在于允许用户以类似ALGOL的语言书写规范说明,由MVC将规范说明翻译到可执行的程序。该系统允许用户输入、检查和加工调查中所获得的变量,然后可以制成表。

multiple viewports **多视区** 在计算机图形学中,用于表示一帧图像的不同部分的几个显示。参见viewport,world coordinates。

multiple wireless router **多路无线路由** 将传输数据经路由分为多路,在无线网络分路传输,然后再在中心端封装成原始数据。多路无线路由能提供性能接近专线的无线数据传输服务。

multiplex **多路操作** (1)一个信道上交替或同时传输两个或多个报文的方法。(2)在与计算机相连的单条通信线路上容纳的多个数据通道。把个别的信息分成段,组成较长的信息,这是由多路转接器来完成的。当信息到达其目的地时,就把它分开,并重新汇编成原来的分开的个别信息。

multiplex aggregate bit rate (MABR) **多路并合比特率** 时分多路调制器的比特率,等于供用户使用的输入信道数据信号速率之和再加上所需的开销比特而得的速率,由以下关系式给出:MABR=

$R(\sum n_i + H)$，求和从 $i=1 \sim i=m$，式中，MABR是多路并合比特率，R是输出信道帧的脉冲重复速率，n_i 是每复用帧(第i个信道的)比特数，m是多路调制器最大输入信道数(包括非工作信道，配置信道或两者兼有)，H是每输出信道复用帧的开销比特数。复用帧内的比特数设为常数。

multiplex baseband 复用基带 在频分复用中，多路复用设备和无线电设备或有线设备互联的线路上的信号集合所占的频带。

multiplex baseband receive terminal 多路复用基带接收终端 最靠近多路复用设备的基带电路中的点，通常从该点与无线电、视频、光纤、线路基带传输终端或中间设备相连接。

multiplex bearer call 多载呼叫 即每个呼叫由多个独立的单向无线连接的元素组成。

multiplex bus 多路复用总线 总线的一种。它能定时地多路切换地址、数据和控制信号。这种总线结构以一种适当的电路方式连接，可用于外部设备的数据传送。

multiplex channel 多路复用通道 一个同时在同方向是供两个或多个服务的载波通道。

multiplex communication 多路通信 用一条公共信道传输一路以上独立信息的通信。

multiplex data terminal 多路复用数据终端 在两台或多台输入/输出设备的数据传输之间进行调制、编码、解调与译码的一种设备。

multiplexed circuit 复用电路 参见 homogeneous multiplex circuit。

multiplexed device 多路复用设备 (1) 一种接收多路输入信号并将这些输入组合成单个输出的设备。(2) 一种能够重叠处理事件的设备，或者能够分发事件的设备。

multiplexed operation 多重操作 共同使用系统中一个部件所进行的多个独立操作。

multiplexer (MUX) 复用器 将来自若干单独分信道的独立信号复合起来，在一公共信道的同一方向上进行传输的设备。

multiplexer channel 多路复用[转接]通道 用于计算机与若干外设同时传输数据的通道。这些外设的操作速度相对较低，如终端和打印机等。多路转换器通道采用数据交叉的方法同时传输多台外设的数据。

multiplexer-demultiplexer (muldem) 复用-分路器 一种结合了数字信号复用和分路功能的设备。

multiplexer terminal unit 多路转接器端接设备 将中央处理机与多路终端站相连接的一种设备。

multiplex frog-leg winding 复蛙绕组 由复叠绕组和复波绕组所组成的绕组。

multiplex hierarchy 复用分级体系 频分复用中占用频带的等级。

multiplexing 多路复用 通过单条线路或单根电缆传输一个以上信号的过程。有两种形式：并行处理和串行处理。并行处理对物理信道按频率分离成几个窄频信道。多路输入的每一路共享可用带宽的一部分，串行处理则是对多路信号进行时间划分。在串行处理中，信号的速度非常快，以致可以用单一解码驱动器多路传输不同的编码信号。

multiplexing space 空分多路复用 共享资源的一种方法。它将资源分割成较小的部分分配给不同的进程，在任意时刻，各个进程分别单独控制使用分配的资源。

multiplexing time 时分多路复用 共享资源的一种方法。它将整个资源轮流分配给各个进程一个时间片使用，在任意时刻，某个进程单独控制使用整个资源。

multiplex interface 多路传输[复用]接口 DTE(数据终端设备)与DCE(数据电路终端设备)之间的一种接口，它通过时分多路传输方法可处理多个通道。

multiplex lap wing 复叠绕组 叠绕组的一种，其并联电路数为极数的整倍数。

multiplex link 多路复用[传输]链接 可使一台DTE(数据终端设备)在单一的线路上对数据网络具有几条存取通道的一种手段。有三种方法：成组交叉存取、字节交叉存取和位交叉存取。

multiplex link encryption 多路链路加密 (1) 使用单个密码设备加密一多路链路内所有信道中的数据的一种加密方式。(2) 使用单个密码设备加密多路链路中全部数据的一种加密方式。

multiplex mode 多路工作[复用、传输]方式 在多路转接器通道上，多个低速输入输出装置进行分时输入输出的一种工作方式。

multiplex operation 多路复用[传输]操作 一种操作模式，其中两个或者多个活动的事件相互交叉进行传输。

multiplexor 多线复用[转接、选择]器 同 multiplexer。

multiplex section (MS) 复用段 两个复用段路径终端功能之间(包括这两个功能)的路径。

multiplex section adaptation (MSA) 复用段适配 MSA功能处理管理单元指针AU-3/4，并组合/分解整个的N阶同步传输模式(STM-N)帧，其中的管理单元指针AU-3/4用来提示VC-3/4相对于STM-N中的段开销(SOH)的相位。参见 synchronous transport module (STM)。

multiplex section overhead (MSOH) 复用段开销 MSOH由N阶同步传输模式(STM-N)信号中段开销(SOH)的第五至第九行组成。参见 synchronous transport module (STM)。

multiplex section protection (MSP) 复用段保护 在同步数字系列(SDH)标准中,一种提供信号在两个复用段终端(MST)功能之间(包括这两个功能)从一个工作段倒换到保护段的功能。

multiplex sections alarm indication signal (MS-AIS) 复用段告警指示信号 N阶同步传输模式(*STM-N*)的一种信号。它包含一个有效的再生段开销(*RSOH*),其余比特位均为"1"。参见 *regenerator section overhead* (*RSOH*)。

multiplex section termination (MST) 复用段终端 MST功能在构成SDH(同步数字系列)帧信号的过程中产生复用段开销(MSOH),并在相反方向终结MSOH。参见 synchronous digital hierarchy (SDH), multiplex section overhead (MSOH)。

multiplex wave winding 复波绕组 波绕组的一种,无论极数多少,其并联电路数为2的整倍。参见 wave winding。

multiplicand register 被乘数寄存器 乘法中用来保存被乘数的寄存器。

multiplicating 多次重复 并行处理中的一种基本操作。其操作过程是:对一组元素进行复制,从而产生两份以上的副本,元素可以是一位、一个字或一个位片。

multiplication 倍增 由于载流子活性的增加而使流过半导体的电流增加。

multiplication circuit 乘法电路 一种专门用于产生两数之乘积的逻辑电路。

multiplication point 乘法点 在反馈控制系统中,输出通过输入相乘来得到的混合点。

multiplication shift 乘法移位 将一个数的各位按顺序移位,结果是该数乘以其基数的整数幂。

multiplication time 乘法时间 执行一次乘法操作所需的时间。

multiplicative decrease 加速递减 TCP(传输控制协议)控制信道拥挤的措施之一。是指每出现一次超时,就将门限窗口值减半。若超时频繁出现,则门限窗口减小的速率是加速递减的。参见 slow start, congestion avoidance。

multiplicity 阶元,多重性 (1) 阶元是一个类的实例数目,该类与一个相关的单个实例有关。(2) 多重性说明在一个给定的联系中有多少个对象参与。

multiplier 乘数,乘法器 (1) 一种模拟逻辑电路,其输出是两个输入信号的算术乘积。有些集成电路乘法器可以在所有四个象限运算乘法,也可以运算除法、平方和确定平方根。(2) 对两个数进行求积运算的部件。求积的方法是根据乘数中的各位数值来决定是否加被乘数。如乘数中的一位值为1,则乘法器将部分积移位后加被乘数,否则只移部分积,不加被乘数。

multiplier factor 乘数因子 在乘法操作中,与被乘数相乘的因子。

multiplier method 乘子法 求解非线性规划问题 *min*f(x),约束条件为 $h_j(x)=0, j=1,2,\cdots p$ 的一种方法。

multiplier-quotient register 乘商寄存器 乘法运算时用以存放乘数,而在除法运算时则用以存放商数的寄存器。

multiply-add instruction 乘-加指令 求乘积之和的指令。利用乘法器先计算乘积,接着由加法器链接乘法器做加法操作。

multiply-divide instruction 乘除指令 实现乘除法操作的指令。大多数16位和32位微计算机都具备这种指令。

multiply-divide package 乘除程序包 一种对带符号或不带符号二进制数能进行单精度或双倍精度乘除法操作的子例程集。通常以源程序的方式提供,为特定的微型计算机提供汇编列表。

multiply field 乘法区域 存储器中指定用于存放乘法运算结果的区域。

multiplying 多路 在通信系统的一链路或信道中,一次传送多组信号的过程。一般分为两种传送方法,即频分多路和时分多路。频分多路是将信号按频率划分为多路窄频带通道;时分多路是将信号按时间分割。

multiplying punch 计算穿孔 同 calculating punch。

multipoint 多点(通信) 在一条远程通信线路上两个以上站之间的通信。参见 multidrop。

multipoint access 多点访问 计算机网络中的一种多用户访问,其中一个网络终端支持多个终端设备。

multipoint circuit 多条线路 连接两个或更多个点的线路。同 multipoint line。

multipoint configuration 多点配置 多个站依次连接到同一通信线路上的通信链路。通信线路通常由主站点控制,连接到线路上的站点为次站点。

multipoint connection 多点连接 在数据通信中,两个或两个以上数据站间建立的连接。这种连接包括数据站间的转接装置。

multipoint control unit (MCU) 多点控制单元 多点会议电视网络节点的交换设备,将来自各会议现场终端机的会议电视数据汇总在MCU中,同步分离出图像、语音、数据,再将各个点的同类型信息送入同一处理器,完成混合、处理、切换等过程,最后重新组合送往各对应的会场,由网络接口模板、语言处理器、视频处理器、控制处理器、数据处理器构成。

multipoint distribution service (MPDS) 多点分布业务 一种由一固定台提供在微波频率上的单向

M

本地公共无线业务：①通常以一全向辐射模式传输，②传输至多个位于固定点的接收设备。

multipoint distribution system (MDS)　多点式分配系统　微波发射机将电视节目分配给通过接收天线收看电视的接收者(天线通常安装在屋顶)。

multipoint grounding system　多点接地系统　设备连接在一起且连到在离该设备最近的设备接地系统。

multipoint line　多点线路　连接两个或多个站的一种远程通信线路或电路。比较 point-to-point line，同 multipoint line。

multipoint link　多点链路　(1)一种连接多个终端的线路。这种线路不能支持各终端在任一瞬间同时工作，因而要求每个终端添加一定容量的缓冲存储器。(2)几个站之间互相连接的一种电路。同 multidrop。比较 point-to-point link。

multipoint network　多点网络　(1)一种网络，在该网络中，只有两个端节点及任意数目的中间节点，并且任意两个节点之间只有一条通路。(2)数据通信中的一种配置，它有两个以上互相连接的终端设备，网络中可以包括交换设备。

multipoint-to-multipoint connection　多点到多点连接　ATM(异步传输模式)网络中的一系列与虚拟路径和虚拟通道相关的链路以及相关的节点，所有的节点(称为端点)都作为一个点到多点连接的根节点，连接中每个端点都可直接向任意其他节点发送信息。

multipoint-to-point connection　多点到点连接　在通信系统中，多个始发终端与单个目的地终端之间建立的连接。

multipoint touch screen (MTC)　多点触摸屏　可以用多个手指甚至多个人同时操作的触摸屏。参见 touch screen，gestures。

multiport memory　多口存储器　进出存储器[尤其是指主存储器]的数据通路不只是一条[一口]，而是同时有多条[多口]的存储器。有些机器主存通路有 4 条，两条供向量读，一条供向量写，另一条供输入输出。多口存储器大大有利于提高主存的数据传输率。

multiport memory system　多端口存储器系统　一种具有多个访问端口的存储器模块。每个端口的访问独立进行。通常用于在多处理机系统中作为共享存储器。

multiport optical coupler　多端口光学耦合器　同 optical multiport coupler。

multiport register file　多端口寄存器文件　一种存放在随机存取存储器中，可同时读、写的文件。一种典型的多端口寄存器文件可供用户同时读取两个单元中的内容，并向一个单元写入内容。

multiport repeater　多端口中继器　数字网络中一种有源器件：①其中有复接的输入/输出(I/O)端口，②其中在任何端口输入端输入的信号将出现在每个端口的输出端，③通常实现再生功能，如放大、定时和信号整形，④根据不同应用可设计成不使信号返回到它被输入的端口。

multiprecision arithmetic　多倍精度运算　同 multiple precision arithmetic。

multipriority　多优先级　对等待处理的各项目的队列所赋予的优先顺序。就是将队列再按优先顺序进行排队。

multiprocessing (MP)　多道[重]处理　(1)一多处理机系统的多台处理机进行的并行处理过程。(2)一多处理机同时执行两个或多个指令序列的过程。(3)一计算机或计算机网络同时执行多个程序或程序段的过程。(4)在分时的基础上，能同时处理几个程序或程序片段。虽然在某一给定时刻，处理机只能执行一个程序，但在主控程序的控制下可交替并行执行几个需要进行输入输出操作的程序。

multiprocessing mass data　多重处理海量数据　由多处理机系统管理的大量公用数据。它们可供多台处理机共享。这些数据涉及工程、科学计算和商业等领域，或供产品分析、市场研究和其他方面应用。

multiprocessing organization　多处理机组织　多处理机系统的构成方式。多处理机组织有两种：松耦合方式和紧耦合方式。松耦合多处理机利用一条线路连接两个或两个以上的处理机系统，各个处理机能够彼此互相中断、互相交换数据。紧耦合的多处理机组织则共享一个存储器，而且各处理机在一个统一的操作系统控制下执行任务。

multiprocessing system (MPS)　多重处理系统　用两个或多个相互连接的处理装置同时执行多道程序的一种计算系统。

multiprocessor　多处理器[机]　(1)含有能对同一主存储器进行存取的两个或多个处理装置的一种计算机。(2)由两个或多个不需要人工干预能够相互通信的处理部件、算术逻辑单元或处理机所组成的一种系统。

multiprocessor system　多处理机系统　由两台以上处理机和一公共主存储器构成的系统。每台处理机有自己的控制器，可独立执行程序，共享公共主存储器及所有外部设备，处理机间可互联通信。按各处理机间的相互关系，多处理机系统可分成主从系统、对称系统和阵列系统。整个系统在统一的操作系统控制下，按多指令流多数据流模式操作。

multiprogrammed repeatable robot　多程序重复式机器人　在机器人的存储器内可存储多种工作程序，它根据指令选用相应的程序，并能重复地进行工作。

multiprogramming　多道程序设计　两个或多个程序的并行处理，借此可减少总处理时间和增加整个计算机系统的利用率。当按一个程序进行的处理中断时，如进行输入输出，处理机就立即处理另一个程序。于是，处理机和外围设备能够并行工作。缓冲技术(见 buffer)使处理机在输入或输出进行时能执行另外的指令，而不必等待输入或输出的完成。

multiprogramming dispatching 多道程序调度 在多道程序或多任务环境下，指定活动任务的优先权。当操作系统准备将控制转移到用户程序时，规定用户程序使用 CPU 的先后次序。

multiprogramming internal function register 多道程序内部功能寄存器 在一些大规模系统中，存放正在执行程序的有关各种状态和条件的一种内部寄存器。寄存器的内容在程序执行过程中由硬件不断更新。每当发生中断时，寄存器的内容存放到暂存器中，用于程序恢复时重建程序条件。在多道程序条件下，每道程序都有一个相应的内部功能寄存器字。当受控程序中断时，其寄存器字自动存入暂存器，从而保存了进位和溢出的当前状态及存储地址。

multiprogramming memory protect 多道程序存储器保护 对系统执行例程和其他所有程序提供保护的一种硬件功能。可用于保护处理机执行的程序和输入输出数据区。

multiprogramming priority 多道程序设计优先权 在多道程序设计环境中，每一作业程序所具有的优先次序。操作系统根据这种优先次序来选择即将运行的作业程序。

multiprogramming system 多道程序系统 控制多道程序运行的程序系统。可用来控制程序的交叉运行。

multiprotocol communications chip 多协议通信芯片 能支持一个以上数据链传输控制规程的一种芯片。利用此芯片，可以增加数据通信系统的数目，既支持面向字符型控制规程又支持面向比特型的控制规程。

multiprotocol label switching (MPLS) 多协议标记交换 因特网工程任务组(IETF)组织制定的一种 IP(网际协议)交换标准。MPLS 主要的优点就是采用了类似标记交换和 IP 交换的方式，可以充分利用 ATM(异步传输模式)交换网络的硬件优势，相对简化转发处理，提高 IP 包的转发效率。MPLS 具有许多特色：①具有面向连接的第二层网络的许多性能特性和第三层网络的多种网络业务；②提高了网络层路由的价格/性能比；③改进了扩展性能。使用 MPLS，PVC(永久虚拟线路)数目的增长数量级为 O(N)，而相似的传统路由网络增长数量级为 $O(N^2)$；④赋予了新的路由服务数据传输更大的灵活性；⑤改进了流量控制的可能性；支持具有服务质量(QoS)保证的服务传输方式；⑥不再需要协调 IP 和 ATM 地址分配以及路由信息。在 MPLS 中，具有某些相同特征的 IP 包被称为“转发等价类型”(FEC)。一个 FEC 通常是在两台主机之间传输一个应用流。应用流在进入 MPLS 路由环境时，边缘 LSR(标记交换路由器)识别出这是一个 FEC，为这个应用流选择路由，并为 FEC 的每个 IP 包加上“标记”。标记后的 IP 包在 MPLS 环境中通过 LSR 进行转发。标记相当于 IP 包的虚电路标记，从而在 IP(网际协议)的基础上，通过 MPLS 建立面向连接的路由平台。为无连接的 IP 提供更好的服务质量和 VPN 支持。MPLS 工作组已经把在帧中继、ATM 和 PPP(点对点协议)链路以及 IEEE 802.3 局域网上使用的标记实现了标准化。比较 general multiprotocol label switching (GMPLS)。

multiprotocol label switching transport profile (MPLS-TP) 多协议标记交换传输协议 MPLS-TP 是 ITU-T(国际电信联盟-电信标准化部门)和 IETF(因特网工程任务组)共同定义的，是 TMPLS 和 MPLS 融合发展的产物，是适应业务 IP 化、网络分组化的主流技术。MPLS-TP 的初衷是实现跨多个域的网络管理，网络范围包括接入网、汇聚网和核心网，每一个子网都可以运行自己的 MPLS 和 MPLS 变种(动态的或者静态的 MPLS)。参见 transport multiprotocol label switching (TMPLS), multiprotocol label switching (MPLS)。

multiprotocol over ATM (MPOA) ATM 基础上的多协议 由 ATM(异步传输模式)论坛定义的一个标准，允许在 ATM 上建立内部子网的简捷连接。该标准将使用其他若干规范，包括局域网仿真(LANE)、ATM 之上的经典 IP(网际协议)以及 NHRP(下一跳解析协议)。MPOA 集成扩展了 LANE 和 NHRP，将 LANE 的虚拟网络同 NHRP 的地址解析能力结合起来，支持多种网络协议，能在 LANE 环境下实现子网间的有效通信，主要解决了捷径式路由的问题，从而缓解了 LANE 和 IPOA 的路由器瓶颈问题，使基于路由的网络能充分利用 ATM 交换结构的优越性，提高了大型路由器的性能及效率。

multiprotocol routing 多协议路由 路由器在一条数据链路上依据多个协议转发数据包的路由方式。

multi-pulse linear predictive coding (MPLPC) 多脉冲线性预测编码 激励源一律采用多脉冲序列，在给定的一帧 N 个激励样本中，保留 M 个，其幅度和位置是确定的。使合成语音和原始输入语言之间的感知加权误差最小。MPLPC 必须进行量化编码，它传输的内容包括多脉冲激励的脉冲位置和幅度，长时和短时预测器系数，音调周期。MPLPC 产生的语音质量和数码率取决于脉冲的数目。一般认为在 9.6 kbps 的数码率上，有较高的话音质量。它可以应用于数字移动通信、数字保密通信。参见 linear predictive coding (LPC)。

M

multipurpose Internet mail extensions (MIME) **多用途因特网邮件扩展协议** 一个因特网电子邮件扩展的协议，提供传输非文本数据的能力，如图形、音频和二进制数据。MIME 标准现已成为因特网电子邮件的主流。它的好处是以对象作为包装方式，可将多种不同文件一起打包后传送。发信人只要将要传送的文件选好，它在传送时即时编码，收信人的软件收到也是即时解码还原。参见 electronic mail。

multipurpose Internet mail extensions (MIME) type **多用途因特网邮件扩展类型** MIME 中的一种代码，它定义多媒体文件的类型，由因特网注册编号权限(IRNA)控制。Web 浏览程序通过检查文件的扩展名检测 MIME 类型；例如，带有 *.mpg 或 *.mpeg 扩展名的文件含有一个 MPEG(活动图像专家组)视频。

multipurpose jammer **多用途干扰机** (1)一种能够同时干扰一宽频带内许多频率的干扰机。(2)一种能够将两个或更多的反电子对抗措施(如阻塞干扰和伪装干扰)结合起来的干扰机。(3)一种能够实现两种或更多种不同干扰(如定点干扰和同步干扰)的干扰机。

multiquantum-well structure (MQW) **多量子阱结构** 做成量子阱层堆叠的器件，每一个量子阱层按量子力学方式俘获电子或空穴。这些多层结构通常由非常薄(小于 20 μm)的砷化镓(GaAs)和铝砷化镓(AlGaAs)层交互形成。MQW 结构在固态激光器和类似于高电子迁移率晶体管(HEMT)的异质结 FET(场效应晶体管)中形成。

multi-queue scheduling algorithm **多队列调度算法** 具有多个进程就绪队列，并且每个队列采用独自的 CPU 调度规则的 CPU 调度算法。例如可以将作业分列到前台作业队列和后台作业队列中去，前台采用轮转调度算法，而后台则采用先来先服务(FCFS)的调度算法。

multirange amplifier **宽范围放大器** 一种具有可转换的，可编程的或可自动调整放大系数的放大器，使不同范围的模拟信号适合于规定的输出要求。

multirate single pair DSL (MSDSL) **多速率单线对数字用户线路** 仅使用一对铜线，支持从 272 KBps 到 2 320 KBps 的对称传输。

multireel file **多卷磁带文件** 需存放在多卷磁带上的一种文件。这种文件通常较大，需用多卷磁带存放。

multireel sorting **多卷分类** 无需操作员介入的文件自动排序。此文件为一卷以上的输入磁带。

multirefracting crystal **多折射晶体** 光在该晶体内不同方向的传播速率呈各向异性(即在不同方向上的折射率不同)的透明结晶物质。

multi-region operation (MRO) **多区域操作** 同一台计算机中，在不使用 SNA(系统网络体系结构)的网络设施的条件下，用户信息控制系统之间的通信。

multiresidue code **多剩余码** 一种可校正算术错误的代码。其特征是采用多个剩余数作为校验符号。

multirunning **多道运行** 在一个处理机上可同时运行多道程序。参见 multiprogramming。

multisatellite link (MSL) **多卫星链(线)路** 一种无线链路：①在一发送地面站和一接收地面站之间，通过两个或更多的通信卫星而没有任何中介的地面站形成；②包含一个上行链路，一个或多个卫星到卫星的链路和一个下行链路。

multiscan **多扫描** 一种计算机显示器的类型，能自动匹配来自视频适配器的同步信号，由于不同的视频适配器的同步信号是不同的，如 EGA(增强型图形适配器)，CGA(彩色图形适配器)，SVGA(超级视频图形阵列)等，所以多扫描显示器比单扫描显示器的适应范围广。

multi-scanning monitor **多频扫描监视器** 一种计算机监视器，可以以多种不同的视频频率扫描以适应不同的屏幕分辨率，并且支持不同的视频适配器和图形显示的方法。

multi-section coil **多单元线圈** 由各自绝缘的两个或多个的线圈单元所组成的线圈。

multisegment magnetron **多腔磁控管** 阳极被分割成两段以上的磁控管，通常是由平行于其轴的槽缝来分割。

multi segment pseudo wire (MSPW) **多段伪线** 又称多跳伪线(MHPW)，静态或者动态配置两个或多个相邻的伪线段(单跳伪线)，其行为和功能类似于一个点到点伪线，每个伪线段的建立和管理使用标准的 PWE3(边缘到边缘的伪线仿真)封装和信令方法。参见 pseudo wire (PW)，single hop pseudo wire (SHPW)。

multi sensor information fusion **多传感信息融合** 把多个传感器信息进行交融的过程。从广义角度讲，多传感信息融合普遍存在于自然界。例如，人类认知客观世界，就是通过视觉、听觉、触觉、味觉和嗅觉等感官获得信息，并经过大脑进行融合而得到认知结论。从狭义角度讲，以不同的传感器获得同一对象的不同量测数据，利用某种算法获得一个综合信息，这就是数据融合。同 multi source information fusion。

multisequencing **多序列** 程序的各个部分由多台中央处理机同时执行的过程。

multiserver network **多服务器网络** 使用两个或多个文件服务器的单个网络。

multi-service access network (MSAN) **综合业务接入网** 提供大容量、高速率、高质量的综合业务(语音、数据、视频和多媒体等)的接入网络。

multi-service optical transceiver 多业务光端机 是专为拥有光纤的专网用户设计的大容量、多业务、高扩展性、具有综合管理能力的光纤网络平台。多业务光端机可以将视频、音频、电话、以太网、数据、开关量等信号统一到同一传输平台。

multi-service router (MSR) 多业务路由器 一种多类型、多端口的路由器设备,它可以连接不同传输速率并运行于各种环境的局域网和广域网,也可以采用不同的协议。多业务路由器增加了部分OSI(开放系统互连)模型的部分四层以及四层以上功能,具备一定的业务感知和处理能力,能够提供安全和加密等方面的功能。

multi-service switch 多业务交换机 网络交换机的一种类型,多业务交换机能够提供数据交换,也可以对声频和视频进行交换。它是提供多种网络业务的网络设备。

multi-service transport platform (MSTP) 多业务传送平台 基于同步数字系列(SDH)技术,同时实现时分复用(TDM)、异步传输模式(ATM)、以太网等业务接入、处理和传送功能,并提供统一网管的多业务节点。

multiset 多重集 含有多个相同元素的集合。它是一般集合的推广,设在集合 S 中,有 n_1 个 a_1,n_2 个 a_2,…,n_k 个 a_k(n_1,n_2,…,n_k 正整数),则称 S 为一个多重集,记作$\{n_1 \cdot a_1, n_2 \cdot a_2, \cdots, n_k \cdot a_k\}$。

multi site interference (MSI) 多址干扰 在采用多台终端的通信网络中,各终端之间的干扰。同 multiple access interference (MAI)。

multi source information fusion 多源信息融合 把多个感官信息进行交融的过程。自然界中人和动物感知客观对象不是单纯依靠一种感官,而是多个感官的综合(视觉、听觉、触觉、嗅觉和味觉),通过不同感官获取客观对象不同质的信息,或通过同类传感器(如双目),获取同质而又不同量的信息,然后由大脑对这些信息进行交融,得到一种综合的感知信息。同 multi sensor information fusion。

multi-specification source map 多重说明源映像 在 CICS(用户信息控制系统)的 SDF(屏幕定义程序)中,具有多个说明的一种源映像。

multispectral 多光谱 也称"多波段",是指对地物辐射中多个单光谱的摄取。得到的影象数据中会有多个光谱信息,合成将得到模拟真彩色图像。多波段遥感影象可以得到地物的色彩信息,但是空间分辨率较低。参见 multispectral remote sensing (MRS)。

multispectral image 多光谱图像 从可见光到红外光的不同波段同时拍摄同一地区或对象所获得的图像。它的数据量庞大,因而包含的信息较一般黑白图像丰富得多。广泛用于遥感技术中。参见 remote sensor technology。

multispectral remote sensing (MRS) 多光谱遥感 也称"多波段遥感",是利用具有两个以上波谱通道的传感器对地物进行同步成像的一种遥感技术,它将物体反射或辐射的电磁波信息分成若干波谱段进行接收和记录。比较 hyperspectral remote sensing (HRS)。

multispectral scanner (MSS) 多光谱扫描器 人造卫星上一种用来获取地球表面图像信号的传感器。通过光学系统将地面的情况在光电转换检测器上成像,把内部平面反射镜的振动与卫星的运行相结合对地面进行扫描,可在约 185×185 km^2 的范围内,以 4 ～ 5 个不同的波段对地面进行摄像。一个波段的图像数据由横向 3 240 个像素、纵向 2 340 行组成,其数据量约为 7.5 MB。MSS 首次在 1972 年美国发射的陆地卫星上被使用。另一种称为专题测绘仪(TM)的传感器,是 MSS 的改进型,它在增加波段数的同时也提高了分辨率,与 MSS 相比它可得到更精确、清晰的图像。还有一种从飞机或人造卫星上发射微波,处理反射波以得到图像的有源传感器,称为合成孔径雷达(SAR),它可以得到覆盖层下面的对象的图像,且分辨率更高,在美国发射的海洋人造卫星上得到了成功的应用。

multispeed clock feature 多速率时钟功能部件 在某些信息处理系统中,一种可变速率的功能部件,它允许多条远程通信线路连接到信息处理系统上。

multi-speed motor 多速电动机 可以在指定负载下按两个或多个规定转速中的任意一个转速运行的电动机。如变极感应电动机,或具有转速调节整定装置的直流并励电动机。

multistage interconnection network 多级互联网络 一种互联网络的形式。其特点是:在空间上重复设置多套相互连接的单级互联网络,以达到各输入端与输出端互联的目的。

multistation 多站 具有多个数据终端的通信网络的特征。

multistation access unit (MAU) 多站访问单元 有时也缩写为 MSAU。在 IBM 令牌网络中,一个线路集中器,能够将最多 8 个端口连接到环上。

multistation keyboard-to-tape system 多站键盘到磁带系统 一种数据转录系统,由多个键盘工作站通过一个控制器连接到一个磁带装置上。控制器可以是一专用装置,或为一小型机。第一个这样的系统于 1969 年推出。但目前这种装置已很少使用。

multistation system 多站系统 具有共享存储器、处理机能力和外部设备的字处理系统。

multistep method 多步法 用以前若干步的计算结果指导当前步计算的一种计算方法。

multi-stream conversation protocol (MCP) 多流对话协议 一种用于 CSCW(计算机支持的协同工作)的传输协议。它可提供提供基于令牌的机制,用于多点连接参加者之间的并发控制和称为多流

M

对话的通信。一个对话可以由一个或多个连接组成，MCP 施加时间同步，在参加者的连接上传递信息流。

multistreaming **多(数据)流** (1)一种多道程序设计方法。在这种方法中，利用多个作业队列，根据作业优先级输入作业。(2)一种混合方式操作，如利用“分批流”和“事务处理流”进行的处理。(3)一种并行处理机方式，其运算逻辑部件接收多个数据流和/或指令流。(4)几个文件的多个部分并行传输，因此，小的文件可以不必挂起来等待大的文件传输结束。

multistroke character entry **多键字符输入** 一种字符输入方式，用于输入某些语言中需要多次按键输入的字符。

multi-subscriber profile (MSP) **多用户线路** 使移动用户只需一个用户识别模块(SIM)卡，就可以拥有多个线路。不同的线路有不同的签约选项，打电话时，移动用户可以选择不同的线路，不同线路的话费会分别计算。

multisync monitor **多频同步监控器** 能响应广泛范围内行频和帧频速率的监控显示器。可用于各种不同的显示适配器，因为它能够自动调节到视频信号的同步速率。

multi-system BCH code **多进制 BCH 码** 码元不是二进制而是多进制的 BCH 码。例如 2^m 进制码的码元，这时的码元可以用 m 重二进制数表示。

multisystem environment **多系统环境** 一种环境，在该环境中，两个或多个虚拟存储信息管理系统用一个或多个处理机可在支持它的任一操作系统中运行。多系统耦合设施就在该环境中运行。

multisystem mode **多系统方式[模式]** 某些多重处理系统的一种操作方式。在该方式中，两个处理部件共享主存和大多数辅助存储设备。

multisystem network **多系统网络** 网络用户可访问两台或更多台主机的通信网络。

multisystem networking facility (MSNF) **多系统网络设施[机制]** 某些通信系统软件的一种可选特性，它允许这个软件与网络控制程序一起共同控制一个网络。

multi-system tape **多系统磁带** 用于调整多台同类系统信息兼容性的标准磁带。包括标准扭斜带、标准速度带和标准幅度带。

multitail connection **多端连接** 通过一个或多个边界节点与子域网络的多个端同时连接，采用独立 LU(逻辑单元)协议。

multitailed **多端的** 一种连接到多个宿主处理机上的通信控制器。参见 fanout，tailing，twin-tailed。

Multi-Tap **多分支器** 由一个定向耦合器和一个具有多个输出端的分配器组成的无源信号分配元件。

multitape Turing machine **多带图灵机** 具有多条工作带的图灵机。这种图灵机的控制器上有同带数目一样多的读头。它们在同一控制器的指挥下，在各自的带上独立运行。已经证明，多带图灵机可计算的函数集等同于单带图灵机可计算的函数集。

multi-target language dictionary **多目标语词典** 机器翻译系统中描述两个或更多目标语言的语音、词法、句法、语义或用法的机器词典。用于一对多的机器翻译系统。参见 target language dictionary，source language dictionary。

multitasking **多任务[处理]化** 在操作系统控制多道程序设计环境下，一台计算机同时执行或交叉执行两个以上的任务。

multitasking multiprogramming **多任务多道程序设计** 将一程序分解为多个相关任务而获得程序执行并行性的特殊方法和系统，经分解的相关任务可共享相同的代码、缓冲器、文件和设备。

multitask operation **多任务操作** 一种不仅可同时执行两个或多个程序，而且多个任务可同时使用一项可重入程序的操作。

multitask system **多任务系统** 在任意给定的时间，都能有两个或多个任务在处理的系统。最简单的多任务系统要求所有的任务都是独立的，但许多系统允许实现优先约束，即要求某个任务的开始必须始终跟在其他指定任务的结束之后。

multiterminal computer **多终端计算机** 一种计算机：①有两个或更多远程终端与之相连；②可同时支持多个终端使得每个终端的操作不因其他终端的接入和使用而被明显延迟；③通常有一个对所有终端都很短的响应时间以致每个终端操作者不知道其他操作者也正在同时使用该计算机。

multithread application program **多线程应用程序** (1)同时可运行两个或多个线程(程序的独立部分)的程序。将程序细分成线程的优点是操作系统可以决定哪些线程可以获得最优先级处理。在单 CPU 系统中，系统把 CPU 的时间片按照调度算法分配给各个线程，因此各线程实际上是分时执行的；在多 CPU 的 Windows NT 系统中，同一个程序的不同线程可以被分配到不同的 CPU 上去执行。由于一个程序的各线程是在相同的地址空间内运行的，因此涉及到了如何共同使用内存以及如何通信等问题，这样便需要处理各线程之间的同步问题，这是多线程应用程序编程中的一个难点。(2)一种通信系统应用程序，它可以并行处理多个通话请求。比较 singlethread application program。

multithreaded processor **多线程处理器** 一种被分割成许多“虚拟”处理器的计算机处理器，它可以通过在等待早期提请处理的问题完成的过程中提请新的数据请求处理来同时处理多项任务。在提请了为完成一个任务所需的数据请求后，在等待获得所有数据过程中，部分执行其他任务。它将第一个任务放在一边,然后执行下一个,送出对数据的第二个处理请求。这个过程持续不断,直到所有数据的请求处理完成。然后,有关的任务重新开始。

multithreaded server (MTS) 多线程服务器 同时可运行两个或多个线程的服务器。这是相对于早期的低性能服务器而言,现在的服务器已都具有多线程运行的性能。

multithreading 多路执行的,多流,多线程 (1)指在一台计算机内有多条路线并行运行。(2)数据结构中的一种存取方式,它提供多个存取通路。(3)一个应用程序用多个线程在两个或两个以上的地方执行的能力称多线程。(4)在支持线程的操作系统中,同 multitasking。

multithread operation 多流操作,多线程操作 程序的一种操作方式。在这种方式中,程序有多个逻辑通路,可以同时执行。

multithread processing 多流处理,多线程处理 计算机处理某一信息所需的一系列事件。在单流处理中,先前的所有工作处理完后才开始处理新的信息。在多流处理中,许多信息同时被处理。

multitone realization 多音实现 它使用通常的频分复用技术,将整个射频带宽分割成若干个互补交叠的子载波信道来并行传递各个子数据流,在接收端用一组滤波器来分离各个子信道,是一种直接而简单的多载波调制技术。

multitrack head 多道磁头 由多个铁芯组成,并且能对多条磁道进行读写的磁头组合件。磁头上的每个铁芯各对应一条磁道。

multitrack Turing machine 多层(多道)图灵机 其工作带被分成若干层的图灵机。这种图灵机的读写头一次可同时访问同一位置处各层上的所有方格,并在那里书写或抹去符号(在各方格处的动作相互无关)。已经证明,多层图灵机可计算的函数集等同于图灵可计算函数集。

multiturn film head 多匝薄膜磁头 线圈匝数多于两匝的感应式薄膜磁头。

multi-unit message (MUM) 多单元消息 通过两个或两个以上的信号单元传送的一个信号消息。

multi-user 多用户(的) 两人或多个在给定的时间内同时使用一台处理机,除特别规定外,处理机的使用通常是串行的。参见 multi-access。

multi-user architecture 多用户体系结构 一个用来描绘计算机应用系统模型的术语。典型的多用户体系结构是一种采用大型主机和终端结合的系统,这种结构是将操作系统、DBMS(数据库管理系统)、应用程序和数据库等数据和资源放在主机上,业务由主机完成,终端只是作为一种输入/输出设备,可以共享主机的数据。在这种应用体系结构中,数据存储层和业务处理层都放在主机上,而界面表示层放在各个终端上。在这类系统中,多个用户在并发控制下访问数据库,主机支持所有用户的应用。

multiuser channel 多用户信道 输入集和输出集之中至少有一方多于一个的信道。区别于只有一收一发的单用户信道。

multi-user detection (MUD) 多用户检测 在传统检测技术的基础上,充分利用造成 MAI 干扰的所有用户信号信息对单个用户的信号进行检测,从而具有优良的抗干扰性能,解决了远近效应问题,降低了系统对功率控制精度的要求。

multi-user dungeon (MUD) 多用户"地牢"游戏 因特网上角色扮演的探险和推理游戏,俗称"泥巴"。这些游戏能够应用网络的虚拟现实形式,使每个使用者控制一个电脑化的角色在网络上和其他人聊天、对抗或结伴同行,探寻、解决谜题。它与一般电脑游戏最大的不同在于:它向参与者提供了一种以实时方式与其他计算机用户进行交互的机会。大多数 MUD 基于远程登录协议。现在 MUD 已基本被更为灵活的面向对象的 MUD(MOO)所替代。参见 telnet。

multiuser operating system 多用户操作系统 根据在同一时间使用计算机用户的多少,操作系统可分为单用户操作系统和多用户操作系统。如果在同一时间允许多个用户同时使用计算机,则称为多用户操作系统。另外,如果用户在同一时间可以运行多个应用程序(每个应用程序被称作一个任务),则这样的操作系统也被称为多任务操作系统。早期的 DOS 操作系统是单用户单任务操作系统,Windows 系统则是单用户多任务操作系统,Linux 、UNIX 是多用户多任务操作系统。参见 time sharing operating system。

multi-user simulated environment (MUSE) 多用户模拟环境 一种多用户网络游戏。同 multi-user dungeon (MUD)。

multiuser system 多用户系统 (1)可由多个用户使用的计算机系统。(2)可由多个用户通过网络进行访问的计算机系统。比较 single-user computer。

multivalued attribute 多值属性 在给定实体实例中可以带有多个值的属性。

multivalued dependency 多值依赖 关系模式中一部分属性的值决定另一部分属性应取的多个值。设 $R(U)$ 是属性集 U 的一个关系模式,X,Y 是 U 的子集,$Z=U-X-Y$,即不在 X,Y 中属性组成的集。多值依赖 $X \rightarrow\rightarrow Y$ 成立是指对 $R(U)$ 的任一关系 r,给定的一对(X,Z)值,有一组 Y 值,这组值仅仅决定于 X 值而与 Z 值无关。等价的形式化定义是:在 $R(U)$ 的任一关系 r 中,如果有元组 t,s 使得 $t[x]=s[x]$,那么就必然存在元组 w 使得 $w[x]=t[x]$,而 $w[y]=t[y]$,$w[z]=t[z]$,称 Y 多值依赖 X,记为 $X \rightarrow\rightarrow Y$。如关系模式 E(工号,姓名,职务)中,允许同一职工有多个姓名和多个职务,则其中有'工号 $\rightarrow\rightarrow$ 姓名'和'工号 $\rightarrow\rightarrow$ 职务'两个多值依赖。关系中由(工号,职务)确定的所有姓名事实上只由工号就可决定。

multivalued logic　多值逻辑　一种非经典逻辑。在经典逻辑中,一个逻辑变量只具有"真"、"假"两值。但在客观世界中,"三值"、"四值"以及"多值"的变量也是经常会有的,如在构成计算机的双稳态元件外,尚有三稳态元件、四稳态元件等,这说明在某些情况下传统二值逻辑是不够的,还需要有多值逻辑。其中最常用的是三值逻辑,它是由波兰数学家 Lukasiewicz 提出的。在三值逻辑中,除有 T(真)、F(假)两值外,还有第三个值 U,它表示既不能确定其为真,也不能确定其为假。参见 non-traditional logic。

M

multivalued logic simulation　多值逻辑仿真　逻辑电路中验证电路设计正确性或故障分析中使用的一种方法。其方法是:对要验证或分析的电路用两种以上的逻辑值进行仿真。

multivalued nonlinear loop model　多值非线性环节模型　一种非线性环节模型。它的特点是一个输入值对应多个输出值,如回环特性函数。如果一个输入值对应一个输出值,如'失灵区特性函数'和'饱和特性函数',称为单值非线性环节模型。

multivariate statistical analysis　多元统计分析　从经典统计学中发展起来的一个分支学科,是一种综合分析方法,它能够在多个对象和多个指标互相关联的情况下分析它们的统计规律。主要内容包括多元正态分布及其抽样分布、多元正态总体的均值向量和协方差阵的假设检验、多元方差分析、直线回归与相关、多元线性回归与相关、主成分分析与因子分析、判别分析与聚类分析等。

multi-variable statistic reasoning　多元统计推理　在人工智能领域中,应用数学的多元统计方法来进行问题求解及知识发现或学习的一种推理方法。

multi-variable stochastic inference　多元随机推理　在人工智能领域中,利用多元随机过程理论与方法,解决大量遇到的"非形式"问题的随机推理方法。"非形式"问题指的是需要凭经验来解答的问题。

multivariable system　多变量系统　泛指具有多个输入、输出控制变量的系统。也称"多输入多输出系统"。在多变量控制系统中,被控对象、测量元件、控制器和执行元件都可能具有一个以上的输入变量或一个以上的输出变量,它的每个输出量通常都同时受到几个输入量的控制和影响,这种现象称为耦合或交叉影响。交叉影响的存在使多变量系统很可能成为一种条件稳定系统。在多变量控制系统的设计中,对于交叉影响的处理,常采用两种方式:①通过引入适当的附加控制器,实现一个输入只控制一个输出,称为解耦控制;②协调各个输入和输出间的关系,使耦合的存在有利于改善系统的控制性能,称为协调控制。此外,也可采用其他形式的指标来设计多变量系统的控制器。参见 decoupling control, single variable system。

multivariate analysis　多元分析　统计学中研究多个随机变量间相互关系的一种方法。主要内容包括:方差分析、回归分析、判别分析、聚类分析、因子分析和规则相关分析等。判别分析和聚类分析用于数据的分类;因子分析主要用于数据结构的简化(如变量变换和降低空间维数等);规则相关分析用于两组变量间相关性的研究。

multivariate spline　多元样条　多变量函数的样条插值。

multivariate statistical analysis　多元统计　对多变量依据统计模型开展数据处理提取信息特征的方法总称。

multivendor network　多供应商网络　由不同供应商的设备构成的网络。

multiversion concurrency control　多版本并行控制　数据库管理系统中的一种并行控制技术,允许数据库中的实体同时保存多版本,每次执行写操作时不再用新的值覆盖原值,而是建立新的版本。对于读操作则由调度器选择某个适当的版本。这样,某些在单版本系统中相互冲突的事务可以在多版本系统中并行运行,整个系统的并行度也得到提高。

multiversion scheduler algorithm　多版本调度器算法　数据库管理系统中多版本并行控制技术的具体实现。其中一种是以多版本的正确性为依据,设计与单版本调度器相仿的多版本封锁方法、多版本时间戳方法以及多版本冲突图方法。另一种方法是以多版本调度器的能力为基础,采用保守方式,有预申报写集的多版本无回溯调度器和保守的多版本锁图调度器等,具有较高的并行度,一般采用等待而不是夭折的方法来解决事务的冲突问题。参见 multiversion concurrency control。

multivibrator　多谐振荡器　所产生振荡的谐波含量丰富的张弛振荡器。多谐振荡器利用深度正反馈,通过阻容耦合使两个电子器件交替导通与截止,从而自激产生方波输出。多谐振荡器是一种能产生矩形波的自激振荡器,也称"矩形波发生器"。"多谐"指矩形波中除了基波成分外,还含有丰富的高次谐波成分。多谐振荡器没有稳态,只有两个暂稳态。在工作时,电路的状态在这两个暂稳态之间自动地交替变换,由此产生矩形波脉冲信号,常用作脉冲信号源及时序电路中的时钟信号。

multiviewports　多视屏口　能同时产生两个或多个视屏的一种显示器。这些视屏邻接,但相互独立。参见 split screen。

multivolume file　多卷文件　(1)泛指记录在某种介质上的文件系统。例如多磁带文件、多磁盘文件等。(2)占据多片软盘的一种软盘文件。(3)一个文件存储在多个记录媒体上。

multiway tree　多元(多分)树　(1)一种具有两个以

上后续分枝的树形结构。(2)适用于查找大文件的树结构。把树分为若干个带有多个节点的块,这样,二叉树变成了每个块节点有多个分支的多分树。每次从磁盘上存取一个块节点,这样就大大地减少磁盘的存取次数,从而提高了查找速度。

multiword **多字** 需要两个或多个计算机字才能完整地表示的二进制数。

multually suspicious **互疑** 存在于两个交互处理(子系统或程序)之间的有关状态。每个处理中都包含敏感信息,既能保护自己的数据,又能从另一个处理中抽取数据。

MUM **多单元消息** multi-unit message 的缩写。

MUSE **多用户模拟环境** multi-user simulated environment 的缩写。

musical instrument digital interface (MIDI) **乐器数字接口** 由美国和日本的合成器制造商于 1983 年 8 月 5 日提出的,在乐器、音响合成器与计算机之间交换音乐信息的一个标准协议。它定义了音乐事件的代码,包括音符的起止、间隔、音长、音量、音色及音乐属性(如弦乐、管乐);也定义了用于音响合成器的各种按钮、拨盘、脚踏键调节的代码。MIDI 常用于同步各种合成器产生的音符。当各个合成器分别演奏乐谱中的不同部分时,它能利用控制消息使它们和谐地结合起来。带有 MIDI 接口的计算机能用于记录整个音乐会,但它不是记录模拟形式的声波,而是记录表现乐器操作的控制码,即音符码。

musical intelligence **音乐智能** 人能够敏锐地感知音调、旋律、节奏、音色等能力。这项智能对节奏、音调、旋律或音色的敏感性强,与生俱来就拥有音乐的天赋,具有较高的表演、创作及思考音乐的能力。参见 multiple intelligences。

MUSICAM **掩蔽模型通用子带综合编码和复用** masking-pattern universal sub-band integrated coding and multiplexing 的缩写。

MUT **平均可用时间** mean up time 的缩写。

mutation **变种** 在计算机病毒学中,计算机病毒程序以其原始版本为基础而进行不断修改的过程及其所产生的各个新版本。参见 program mutation。

mutation engine virus **变体生成器病毒** 一种能对病毒代码通过一定的运算或操作于运行时进行变换的可执行代码集,它能对其所遇到的病毒进行变换,从而逃避传统病毒检测程序的检测,变体生成器为所有的病毒作者提供一种由 obj 文件程序模块构成的工具,利用这些模块的功能,病毒在每次传染其他文件时可以复制与其本身不同的代码,使得以病毒特征串为依据的病毒检测软件对这些病毒无能为力。

mutex **互斥体** mutually exclusive 的缩写。微软视窗中进程间的一种同步机制,mutex 对象由带信号的和不带信号的两种,在不被任何线程拥有时为带信号的状态,在被某个线程拥有时为不带信号的状态,任何时刻只有一个线程能够拥有 mutex,线程用函数调用方式占有或者释放 mutex。同 mutual exclusion service。

mutual exclusion **互斥** (1)在多道程序环境中,指在同一时刻只允许一个程序访问某些资源。可通过信号等方法实现。参见 semaphore。(2)系统中多个进程不允许互相干扰的现象。例如在操作系统中,当某一进程正在修改某一存储区中的内容时,不允许其他进程读出或修改该存储器的内容。实现互斥的方法可以用硬件,也可以用软件。通常以封锁其他进程存取某一资源为指导思想。

mutual exclusion service (mutex) **互斥体** 一种软件技术,其目的是确保每一次只有一个线程可执行某个指令序列或获取操纵某个数据结构的能力。

mutual inductance **互感** 存在于两个线圈之间电感耦合量的测度。它与由另一个线圈中的电流在当前线圈中产生的磁通链有关。与电感的单位一样,互感用亨、毫亨和微亨加以测量。

mutual induction **互感应** 由一个回路的电流变化在另一个回路中所产生的电磁感应。

mutual induction phenomena **互感现象** 两只线圈互相靠近,则其中第一只线圈中电流所产生的磁通有一部分与第二只线圈相环链。当第一线圈中电流发生变化时,则其与第二只线圈环链的磁通也发生变化,在第二只线圈中产生感应电动势。这种现象称为互感现象。

mutual interference **互相干扰** 当设备与另一设备一起工作时,在前者中得到、产生或引入的干扰(即噪声),反过来也是这样。

mutually exclusive **互斥** 两个或多个进程使用临界资源的方式。当两个或多个进程使用临界资源时,在任一时刻,只能有一个进程存取该资源或称为进入临界区,其他进程则必须等到该进程操作完毕,才能进入临界区。此时,称这些进程对该资源是互斥的。参见 mutual exclusion。

mutually synchronized network **互同步网络** 一种网络,其中信号传输和接收的同步是通过某个网络时钟对所有其他的网络时钟产生某种程度的控制而实现的。

mutual suspicion **互嫌** 在计算机安全中,两个处理必须交换一部分数据而保护所有其他接收到的数据的状态。

mutual synchronization **互同步** (1)一种同步,其中在某一特定节点处的时钟频率被从邻节点收到的所有信号上的定时加权平均控制。(2)一种定时子系统,其中:①不使用有向控制;②在某一特定节点的时钟频率被从其他节点收到的所有定时信号的某种加权平均所控制。

mV **毫伏** millivolt 的符号。

MVA 多区域垂直排列 multi-domain vertical alignment 的缩写。

MVC 多变量分析软件包 multiple variate counter 的缩写。

MVNO 移动虚拟网络运营商 mobile virtual network operator 的缩写。

MVP 多媒体视频处理器 multimedia video processor 的缩写。

MVPN 移动虚拟专用网 mobile virtual private network 的缩写。

M

MVS 多重虚拟存储系统 multiple virtual storage 的缩写。

MVS/ESA 多重虚拟存储企业系统体系结构 multiple virtual storage/enterprise system architecture 的缩写。

MVS-managed device MVS 管理的设备 一种由 MVS(多重虚拟存储系统)操作系统分配给各个作业的设备。

MVS/XA 多重虚拟存储/扩充体系结构 multiple virtual storage/extended architecture 的缩写。

mW 毫瓦 milliwatt 的符号。

mximum permissible current of a capacitor 电容器的最大允许电流 在规定的条件下,电容器能够负担一规定时间的最大交流电流方均根值。

MX record MX 记录 mail exchange record 的缩写。

My Computer 我的电脑 Windows 95 桌面上一个图标的名称。双击此图标就显示出 My Computer 窗口。使用该窗口可以查看和操作用户计算机所有驱动器的文件,可以使用连接的打印机以及设置计算机的各种参数。

myocardium simulator 心肌模拟器 参见 fiber optic myocardium simulator。

myriametric wave 超长波 一种波长 10 ~ 100 km(频率 3 ~ 30 kHz)的无线电波。超长波传播时,具有传播稳定,受核爆炸、大气扰动影响小等优点。

myriametric wave communication 超长波通信 利用波长 10 ~ 100 km(频率 3 ~ 30 kHz)的电波传输信息的无线电通信。超长波通信的优点是它的地波传播距离远,传播稳定可靠,特别是在磁暴、太阳黑子爆发、核爆炸等极端恶劣的情况下仍然能使用。此外超长波还有很强的穿透海水和土壤的能力,一般能穿透海水 15 ~ 30 M,适合于水下通信。

M 88000 M 88000 处理器 由 Motorola 公司开发的 RISC(精简指令集计算)微处理器,由 CPU 芯片 MC 88100 和高速缓存与存储器管理部件芯片 MC 88200 两个芯片构成。有 51 条指令,七种数据类型,三种数据寻址方式,四种指令寻址方式和三种指令格式。全部指令都是单字长,操作在寄存器之间进行,有 32 个通用寄存器、64 个整数部件的通用控制寄存器和 64 个浮点处理单元寄存器。

m,n-evaluation problem m,n 评价问题 一种具有智能的问题。其内容是,假定 Y_i 为 n 维空间中的特征向量($i=1,\cdots,m$),Y_j 是给定的 n 维向量($j=1,\cdots,k$),C 是 n 维权向量给定 n 维空间中的 m 个选择物的一个集合{Y'_j 优于 Y_i},现要找一个权向量 C,使得对于尽可能多的 Y_i 能满足 $C \cdot Y'_j > C \cdot Y_i$。

m,(n−1)-pattern problem m,(n−1)模式问题 一种具有智能的模式分类问题。其内容是对给定的 $(n-1)$ 维空间中的 m 个向量 $X_{i,1}X_{i,2},\cdots,X_{i,n-1}$($i=1,\cdots,m$),其中有些是 A 类样本,其他是 B 类样本,现要找一权向量($C_1,\cdots,C_n$),使得对于尽可能多的样本 $C_1X_{i,1}+C_2X_{i,2}+\cdots+C_{n-1}X_{i,n-1}+C_n$ 为:① 当样本是 A 类样本时,取值为正;② 当样本是 B 类样本时,取值为负。

N

n **纳,毫微** 参见 nano-。

NA **游牧式接入** nomadic access 的缩写。

NAB **(美国)国家广播工作者协会** National Association of Broadcasters 的缩写。

NACA **(美国)国家航空咨询委员会** National Advisory Committee for Aeronautics 的缩写。

n-address instruction **n 地址指令** (1)含有 n 个地址的指令。(2)地址数目(用 n 表示)可变的指令。执行本指令需要访问 n 个存储单元。

n-address instruction format **n 地址指令格式** 计算机指令字的一种特定编排,这种指令字在执行时将引用 n 个存储单元,如 3 地址指令格式等。

n-adic Boolean operation **n 元[位]布尔运算** 对 n 个且仅对 n 个操作数进行的一种布尔运算。

n-adic function **n 元函数** 同 n-place function。

n-adic operation **n 元[位]操作** 仅有 n 个操作数的操作。

n-adic predicate **n 阶谓词** 同 n-place predicate。

NADN **最近活动下游站** nearest active downstream neighbor 的缩写。

NAEC **Novell 授权的教育中心** Novell Authorized Education Center 的缩写。

naive user **初级用户** 想用计算机,但对计算机的使用或编程了解不多的用户。

NAK **否定应答(信号),否认** negative acknowledgement 的缩写。

nak attack **无防备攻击** 一种渗透技术。它利用了操作系统不能适当处理异步中断的潜在脆弱性,使在这类中断发生时该系统处于无保护状态。

NAM **网络存取机** network access machine 的缩写。

name **名字** (1)用来标识一组数据、一个语句、一程序或一编目过程的字母项。名字的第一个字符必须是字母。(2)程序中用于指称程序对象(如变量、常量、类型、过程等)的字符串(标识符)。人们常常对名字和他们指称的对象不作严格的区分。如用说过程 P 代替说名字 P 指称的那个过程或以 P 为名的那个过程。这种说法通常不会引起混乱,但在有些严格的讨论中必须对这些加以区分。

name bind protocol (NBP) **名字绑定协议** 又称为"名字匹配协议",在 AppleTalk 局域网上用来对节点名和数字地址之间进行转换的协议,工作于传输层。在 AppleTalk 网格中,节点的地址是动态分配的,一个节点的地址可能会随时发生变化,因而在软件中无法直接配置网络地址以访问网络中的资源。名字绑定协议解决了名字转换为地址的问题;虽然节点的地址经常会变化,但机器名却不会经常变化。

name caching **名字暂存** 路由器发现远地主机名字暂时寄存的一种方式。这样寄存的远地主机名用于以后分组转发时快速判断要选择的路由。

name constant (NCON) **名字常数** 在某些小型计算机系统中的一种数据类型,用来说明该变量为某个对象的内部名。

named **已命名的** 用于修饰某个实体(如存储单元,盘卷、文件,外部设备)的词,说明该实体已被赋予某一个标识符,操作系统就是用这个标识符来识别(认识)该实体的。

named association **命名关联** 通过赋予名字位置来规定一个数据项在表中与一个或多个位置关联。

named common **命名公共块** 一种由符号定义的公共程序块。在 XL FORTRAN 语言中,一个分离的公共块,由各种变量和向量构成。

named constant **命名常数** 在程序设计语言中,一个代表专门值的名字,在程序运行时不改变。

named pipe **命名管道** 微软 Windows NT 中允许一个进程(服务器)向另一个或几个本地或远程进程(客户)发送数据的进程间通信机制,服务器进程在建立命名管道时指定一个名字,每个管道事例能够与一个客户进程连接,该客户进程可用管道名打开管道的句柄。参见 interprocess communication (IPC)。

named retention **名字保留** 微软 Windows NT 中,对象管理程序将对象名保存到对象名字的空间的过程。一旦指向此对象的句柄被关闭,对象管理程序就从名字空间中删除这个对象名,以防止以后再对这个对象进行打开操作。参见 object retention。

named stream **命名流** 在 UNIX 中,通过调用 fattach 带有一个与之有关的名字的流,一般是一种管道。它在两个方面与命名管道不同:命名管道是单向的,而命名流是双向的;命名流不一定表示一个管道,也可以是另外一种类型的流。参见 named pipe,STREAMS。

named system **命名系统** 在 VM(虚拟机)中,一个在 CP 系统命名、具有相应表目的系统。项中包括系统名和其他相关数据。参见 saved system。

name entry **名表目,名字入口** 在汇编语言程序设计中,汇编程序语句的名字字段中的表目,即汇编语言语句字段的入口。

name equivalence **按名字等价** 两个不同的类型均不等价,只有用同一类型名说明的两个变量(常量等)是类型等价的。

name field **名字字段** 在汇编语言、宏处理语言、高级程序语言及作业控制语言等各类语言中，可设置名字的字段。如汇编语言的语句中，第1～8列为名字字段，它可以表示一条语句、一个常数或一个单元的起始地址等。

name management protocol (NMP) 名字管理协议 PC网会话层协议之一，用于管理、登录应用程序的名字。

name parameter 换名参数 子例程的一种参数机制，在子例程调用时实际上将形式参数替换为对应实际参数，然后执行子例程体。换名参数是ALGOL-60语言引进的一种参数机制，因为其语义关系不太清晰，现在的语言中已很少使用了。

N

name qualification 名字限定法 在程序设计语言中，通过引用一个成分所属的目标码和该成分的标识符来引用这一个成分的一种机制。例如，引用记录中的成分(COBOL语言中的B OF A，即A中的B)、库的某一个成员或某些目标模块。参见uniform referencing。

name recognizer 名字识别器 对字符串形式从左至右进行扫描，直到识别出非字母数字符号为止的一种识别器。

name resolution 名字解析 将名字转换成为它所代表的对象或信息的过程。一个电话本组成一个名字空间，在这个空间中可以将电话用户解析到相应的电话号码。Windows NTFS文件系统组成一个名字空间，可以将文件名解析到文件本身。同样的，活动目录也组成一个名字空间，可以将目录中对象的名字解析到对象本身。

name server (NS) 名字[名称]服务器 是指提供域名服务协议的程序或服务器。它可以将符号形式的名字，映射为系统内部通常为数字形式的标识码。域名系统(DNS)服务器是最著名的名字服务器。名字服务器的资源记录用于标记被指定区域的权威服务器。通过在NS资源记录中列出服务器，其他服务器就认为它是该区域的权威服务器，并且能肯定应答区域内所含名字的查询。参见domain name server (DNS)。

name space 命名空间 (1)根据一定的命名规则定义的一个名字或一组名字，它们可以在一定的范围内被解析。(2)在因特网中，一个通常是分布着一系列名字的集合，其中所有的名字都是唯一的。(3)制定XML(可扩展标记语言)命名空间标准的初衷是为了解决XML文档中命名的冲突问题。不同行业和领域用XML制定了不同的语言标准，编写了不同的模块化处理程序。在重用现存的语言标准和处理程序时，解决名称冲突的较好方案是，给不同的语言赋以不同的命名空间，应用程序通过命名空间来区分一个元素到底来自于哪一个语言。XML命名空间解决命名冲突问题采用的方法是所谓“两段式命名法”，其中第一段是代表特定命名空间的命名空间前缀，第二段是元素或属性原来的名字，两段之间用冒号“:”分开。

name space valid 命名空间有效的 如果一个命名空间良构的文档符合XML(可扩展标记语言)1.1说明，除元素和属性外的所有标记都符合XML的名称产品，那么这个文档被称为命名空间有效的。参见name space well formed。

name space validating 命名空间验证 遵照规则对命名进行检查的XML(可扩展标记语言)处理器，能对命名的有效性作出报告。

name space well formed 命名空间良构的 良构是一个来自XML的概念。从技术角度而言，它表示文档遵循某种严格的约束。参见name space valid。

name table 名字表 词法分析程序的一类中间数据。也称“标识符——属性字表”，由词法分析产生，用来登录源程序中所用的全部标识符及其属性。名字表中的项元的形式是：

标识符	属性字

它根据源程序中的说明部分，标号定义部分，形参区部分等信息逐步构造出，存放在机内供词法分析程序查用。

name translation 名字翻译 将一个网络中使用的逻辑单元名字、登录模式表名字、服务类型名字转换成另一个网络中使用的相应的名字。参见alias name。

naming context 命名上下文 OSI(开放系统互连)网络中的术语，指一个目录信息树的子树结构。它从一个顶点开始，向下扩展到一个叶子或非叶子结构。

naming context tree 命名上下文树 一个树结构，其中每一个节点都代表一个命名上下文。

naming convention 命名约定 在对变量的类型缺乏显式说明的情况下，程序语言自动赋予变量确定类型的方法。例如，在FORTRAN和PL/1语言中，约定对说明中未规定类型的变量中以字母I～N开始的变量名字规定为整型，其值为定点数；而对以其余字母开始的变量名字规定为实型，其值为浮点数。

NAMPS 窄带模拟移动电话服务 narrow-band analog mobile phone service的缩写。

NaN 非数据 not a number的缩写。

NAND “与非” 一种逻辑算符。其作用参见NAND operation。

NAND circuit “与非”电路 与非功能的电路称与非电路，其逻辑关系的特点：只有当全部输入端都处于高电平时，输出端才呈现低电平；只要有一个输入端处于低电平，输出端就输出高电平。参见NAND operation。

NAND gate 与非门 与门后跟随一个反相器，当所有的输入信号都是“1”时，其给出的输出逻辑状态是“0”。参见 NAND operation。

NAND operation “与非”运算[操作] 有多个输入[命题]，有一个输出[结果]的逻辑运算。当各个输入[命题]都是真时，输出[结果]才是假，反之，在各个输入[命题]中只要有一个是假，则输出[结果]是真。“与非”的操作符写法有：↑，$\overline{\wedge}$。相当于逻辑联结词“非”合取。具有“与非”作用的逻辑门称与非门。与非门也称“与非元件”，符合与非门逻辑关系的电子线路称为与非电路。对于二元逻辑运算，假定输入为 A、B，则“与非”运算[操作]的真值表如下：

A	B	$A\uparrow B$
0	0	1
0	1	1
1	0	1
1	1	0

nano- 纳，毫微 一种前缀，或用其简写前缀 n，表示指定单位的十亿分之一(10^{-9})。

nanoampere (nA) 纳安 千分之一微安，10^{-9}A。

nano architecture 毫微结构 在具有毫微程序控制的微程序计算机中，有关毫微程序的硬件及固件的结构称为毫微结构。

nanoelectronics 纳米电子学 讨论纳米电子元件、电路、集成器件和信息加工的理论和技术的新学科。纳米电子学代表了微电子学的发展趋势并将成为下一代电子科学与技术的基础。最先实用化的三种器件和技术分别是纳米 MOS 器件，共振隧穿器件和单电子存储器。

nanohenry (nH) 纳亨 千分之一微亨，10^{-9}H。

nanoinstruction statement 毫微指令语句 在毫微指令结构的微程序计算机中，一种书写毫微指令的格式。用来方便地书写毫微指令，组成毫微程序，作为整个控制存储器内容的一部分。

nanometer (nm) 纳米，毫微米 一种长度单位，等于 10^{-9}米，符号为 nm，常用于光波长的度量。

nanometer fiber cable 纳米光缆 应用纳米技术制作的光缆。纳米光缆的光纤中加入了纳米材料，纳米级的内芯有导体、半导体和超导体多种，性能各异。它的抗腐蚀性、抗机械冲击性及使用寿命等均优于一般光缆。

nanoprocessor 毫微(级)处理机 工作频率在毫微秒级的处理机。其特点是：结构比通常的通用计算机简单，指令周期在 100 ns 内，通常采用双极型工艺，使 1K 内存的存取时间在 100 ns 内，内存容量不大于 1KB。

nanoprogram 毫微程序 用于解释微程序的一种微程序。通常，被解释的称为微程序，而解释的称为毫微程序，也有的把前者称为第一级微程序，把后者称为第二级微程序。第一级微程序一般采用垂直微指令结构。微指令字的主要功能并不是直接产生控制计算机微操作的微命令，而是控制微程序的执行顺序和调用第二级微程序(毫微程序)。毫微程序的微指令称为毫微指令，它一般采用水平微指令结构，计算机的各种微操作主要由毫微指令中的微命令来控制。存放毫微程序的存储器称为毫微存储器，它的存取速度一般都比较高。毫微程序技术的主要优点是灵活性强，主要缺点是对存储器速度的要求比较苛刻。

nanoprogram memory 毫微程序存储器 存放毫微程序的控制存储器。存取时间在毫微秒级，用在毫微处理机中。

nanoprogramming 毫微程序设计 (1)由 Nanodata 公司研制的 QM-1 计算机所使用的一种技术。与一般的微程序计算机不同，它由两级控制，即采用微程序控制及毫微程序控制。毫微程序设计的原则与微程序设计的原则相同，毫微程序存放在比微程序存取更快的存储媒体中。(2)一种二级的微程序设计技术。第一级微程序的主要作用是控制微程序的执行顺序和调用第二级的微指令，第二级微程序的主要作用是产生各种微命令以控制计算机的微操作。

nanoprogram store 毫微程序存储器 同 nanoprogram memory。

nanosecond (ns) 纳秒，毫微秒 一种时间单位。等于 10^{-9}秒。符号为 ns。计算机的机器周期时间常用纳秒表示，时间越短表明主时钟频率越高，机器速度越快。微秒(μs)也是计算机常用的时间单位，1 微秒是 10^{-6}秒。

nanosecond circuit 毫微秒电路 一种电路，能处理上升和下降时间为十亿分之一秒或更小的脉冲信号或波形。

nanotechnology 纳米技术 以纳米为单位的生产技术。当物质达到纳米的尺度以后，物质的电子、原子和分子内在运动规律和特性将会发生突变，从而显示出许多新的特性。纳米技术利用这些特性可以制造出有特种功能的器件或设备。

nanotubes 纳管 又名碳纳管，纳管是显微结构的管子，所具有的化学特性使其比钢硬、比塑料轻，是电与热的优良导体，可以用作电线、半导体或超导体。纳管有一个极低的场致发射电压，这意味着只需要较低的电压，就发射出能产生图像的电子。据称，研制中的纳管显示器将是很薄的，可以像招贴画那样挂在墙上。纳管能传送极高的电流，传送时电阻极低，并且能以量子极限传送，所以纳管还可能有其他的多种用途。有人已把纳管看作硅的替代品。

nanovolt (nV) 纳伏 千分之一微伏，10^{-9}V。

nanowatt (nW) 纳瓦，毫微瓦 千分之一微瓦，10^{-9}W。

N

nanowatt integrated circuit 毫微瓦集成电路 一种功耗在毫微数量级的各种门集成电路，也称"微功耗集成电路"，主要由MOS(金属氧化物半导体)电路组成，适用于航天电子设备。

NAP (1)网络接入点 network access point 的缩写。(2)网络访问定价 network access pricing 的缩写。(3)(美国)国家附属交换点 national attachment point 的缩写。

NAPT 网络地址端口转换 network address port translation 的缩写。

NAPT-PT 网络地址端口转换/协议转换 network address port translation-protocol translation 的缩写。

narrative 注释，叙述 对程序语句作用的文字叙述。它是属非执行性的，仅供修改或调试程序时参考。同 comment。

narrative information 解说信息 根据自然语言的句法提供的信息。对应于 formatted information。

narrow band (NB) 窄(频)带 (1)通信中，指频带宽度比音频带还小。一般用于传输率在 300 bps 以下的数据传输。(2)在某个宽频带中所包含的某个频率范围。通常指带宽少于 4 kHz 的频带，其含意和使用该频带的具体应用系统有关。如用于专用的系统或单用户系统。

narrow-band analog mobile phone service (NAMPS) 窄带模拟移动电话服务 由 Motorola 公司提出的一个标准，它结合 AMPS(高级移动电话服务)蜂窝式电话标准与数字信号信息，具有更高性能。

narrow-band code division multiple access (NCDMA) 窄带码分多址 第二代移动通信技术。窄带码分多址是将可用的频段分成若干个频道，如每个 1.25 MHz，在每个频道采用码分多址扩频技术。应用的技术标准称为 IS-95，是美国在 1993 年发布的 NCDMA 标准。参见 wideband code division multipleaccess (WCDMA)。

narrow band channel 窄带信道 (1)传送速度是 100～300 bps 的亚音频信道。(2)在数据通信中，一种传输信道，带宽相对地比较窄，传输数据的速率大约是 300 bps。

narrow band emission 窄带发射 带宽比测量仪器带宽小的一种发射。重复周期信号，如时钟信号，产生的发射是窄带发射。窄带发射通常不包含信息。但会产生较强的干扰。

narrow band frequency modulation (NBFM) 窄带调频制 同改进调频制(MFM)。因 MFM 码型功率谱密度在频率域上分布十分集中，频带很窄，故得名。

narrow band interference 窄带干扰 一种主要能量频谱落在测量接收机通带内的不希望有的发射。

narrow band line 窄带传输线 一种通信线，和通常的音频(级)线路相似，但工作的频率较低。通信线是计算机通信系统中的基本部件。为了满足特定的带宽要求，要根据系统的容量和传输率来选用适当的通信线。

narrow band pass filter 窄带滤波器 一种带通滤波器，其频带宽度远小于信号中心频率。

narrow bandwidth channels 窄带通道 只能以低速传输数据的通信通道。例如电报通道。

narrow beam antenna 窄波束天线 一种方向性增益高、旁瓣小、受干扰影响小的天线。

narrow beam radar 窄波束雷达 一种雷达，①发送信号能量限制在一个小的空间角度内，②使用一窄波束天线，③其天线辐射模式是旁瓣相对小于其窄主瓣，与那种从聚光灯或从抛物面反射器来的光线相似。参见 wide beam radar。

narrowcast 窄播 面向小群体或受限地区的成员而制作的更加专业化的电视或电台节目的播放。"窄播"与"广播"的主要区别在于"窄"和"广"字上，其目的是要解决基本通信媒体的个人化。

narrowly informatics 狭义信息论 以数学方法研究通信技术中关于信息的传输和变换规律的理论。它以编码理论为中心，主要研究信息系统模型、信息的度量、信息容量、编码理论及噪声理论等。比较 broadly informatics。

narrow SCSI 窄带 SCSI SCSI 接口的一种形式，数据宽度仅为 8 位，最大数据传输率为 20 MBps。参见 small computer system interface (SCSI)，wide SCSI。

NARTB (美国)国家无线电和电视广播工作者协会 National Association of Radio and Television Broadcasters (USA)的缩写。

n-ary n 元的，n 进制 (1)指有 n 种可能的不同值或状态的选择或条件。(2)指基数为 n 的固定基数记数制。

n-ary Boolean operation n 元布尔运算[操作] 建议使用 n-adic Boolean operation。

n-ary code n 元代码 一种代码，对数字数据，使其在任何给定时刻的信号都能取 n 个可能的物理状态之一的代码。

n-ary function n 元函数 集合 $S_1,\cdots,S_n,S_{n+1}$ 上的一个 $n+1$ 元关系 R，并满足对任何 $a_1\in S_1,\cdots,a_n\in S_n$，至多只有一个 a_{n+1} 使 $(a_1,\cdots,a_n,a_{n+1})\in R$，$R$ 称为 $S_1,\cdots,S_n$ 到 S_{n+1} 的一个 n 元函数，这里 a_{n+1} 称为 R 在点 $(a_1,\cdots,a_n)$ 的函数值。在微积分中讨论的函数是这里的特例。在这里也可类似地定义复合函数、反函数(仅对一元函数)等概念。若从关系的角度看，复合函数即复合关系，反函数就是某些特殊关系的逆关系。一个函数的反函数存在当且仅当不同点的函数值也不同。

n-ary operation n 元操作[运算] 参见 n-adic operation。

n-ary relation n 元关系 数据库的关系模型中的一种基本数据结构。在直观上，n 元关系可以看作一种具有 n 列的表。在数学上，n 元关系 R 可定义为 n 个集合 $D_1, D_2, \cdots, D_n$ 的笛卡儿积 $D_1 \times D_2 \times \cdots \times D_n$ 任意子集。$D_1, D_2, \cdots, D_n$ 称为关系 R 的定义域。关系的各列称为属性，关系的各行称为元组。

n-ary signal n 值信号 其中的每一个信号元都具有 n 个允许离散值中的某个值的数字信号。

n-ary tree n 叉树 根树中每个节点的出度 $\leqslant n$，称为 n 叉树。

NAS (1)网络接入服务器 network access server 的缩写。(2)网络附加存储 network attached storage 的缩写。(3)网络应用支持 network application support 的缩写。

NASA 美国国家航空与航天管理局 National Aeronautics and Space Administration of the USA 的缩写。

NASA report NASA 报告 也称为《国家航空与航天局报告》，美国四大报告之一。资料来源于美国国家航空与航天管理局(NASA)所属各研究中心、实验室、合同单位及大学研究所，包括一些国外研究机构。报告内容侧重航空航天技术领域，也广泛涉及许多基础学科和技术学科，如物理、化学、机械仪表、电子、材料等。NASA 报告的编号采用“NASA＋报告出版类型＋顺序号”的表示方法。例如“NASA-CR-167298”表示一份合同用户报告。在 NASA 编号系统中，由“TR”表示技术报告，“TN”表示技术札记，“TM”表示技术备忘录，“TP”表示技术论文，“TT”表示技术译文，“CR”表示合同用户报告，“SP”表示特种出版物，“CR”表示会议出版物，“EP”表示教学用出版社物，“RP”表示参考性出版物等。

NASI (1)NetWare 异步服务接口 NetWare asynchronous services interface 的缩写。(2)(美国)全国系统集成商协会 National Association of Systems Intergrators 的缩写。

NASS 网络附加子系统 network attachment subsystem 的缩写。

NAT 网络地址转换 network address translation 的缩写。

NAT-PT 网络地址转换/协议转换 network address translation-protocol translation 的缩写。

National Aeronautics and Space Administration of the USA (NASA) 美国国家航空与航天管理局 美国联邦政府的一个政府机构，负责美国的太空计划。

National Applied Information Technology Certificate (NIT) 全国计算机应用技术证书考试 NIT 是我国国家教育部考试中心推出并主办的计算机应用技能培训与考试系统。该系统借鉴了英国剑桥大学考试委员会举办的剑桥信息技术(CIT)的成功经验并与之接轨。该系统采用了模块化结构，精讲多练的个性化教学，测试技能的规范化考试等先进的系统要素。从而更适合各种行业人员岗位培训和个人的特定需求。NIT 的特点：①培训与考试设置的模块化。这里所谓“模块”，通常是针对计算机专业的某些技能或行业需要设置的；内容自成体系；与英国(CIT)所设模块基本上是相对应的。②重培训、重过程。NIT 规定，在一般情况下，学员应先参加培训，并在过程式考核与作业设计通过后，方能参加上机考试。③重技能、重应用。培训中，不强调理论，而注重实际操作技能；上机操作的时间比例，要求占整个培训时间的 70%以上。④NIT 证书与国际接轨。获得 NIT 证书的学员，可以申办相应的英国(CIT)证书。

N

National Association of Systems Integrators (NASI) (美国)全国系统集成商协会 成立于 1991 年，由 1 万多个成员组成的一个组织，专门交换它们最新的产品信息和服务。它出版的年度《计算机工业购买指南》包含供应商和技术服务公司的目录。

National Attachment Point (NAP) (美国)国家附属交换点 由美国国家科学基金会(NSF)资助的四个因特网交换点之一。各个因特网服务供应商都与某个国家附属交换点相连，以便和其他的供应商交换数据。

National Bureau of Standards (NBS) (美国)国家标准局 既是一个与制定标准有关的行政管理机构，隶属于美国政府商务部；更是一个大型的、综合性的高新技术研究基地，现已易名为美国国家标准和技术协会(NIST)。参见 National Institute of Standards and Technology (NIST)。

National Center for Biotechnology Information (NCBI) 美国国立生物技术信息中心 1988 年设立，为美国国立医学图书馆(NLM)和国立卫生研究所(NIH)下属部门之一。提供生物医学领域的信息学服务，如世界三大核酸数据库之一的 GenBank 数据库，PubMed 医学文献检索数据库等。

National Center for Supercomputing Applications (NCSA) 国家超级计算应用中心 位于美国伊利诺大学的国家超级计算应用中心为学术研究团体提供高速运算资源，同时开发新技术，促进科学探索。1997 年，NCSA 成为全美计算科学联盟的领导者；2001 年 8 月，NCSA 成为国家科学基金会的 TeraGrid 计划的四个基地之一。

National Computer Graphics Association (NCGA) (美国)国家计算机图形协会 由致力于发展和促进计算机图形工业、提高图形学在商业、工业、政府、科学和艺术界的应用水平的个人和大公司组成的一个团体。NCGA 鼓励计算机图形用户、咨询者、教育工作者和销售商彼此之间进行信息交流；增进潜在的计算机图形应用意识；提高国民生产率和鼓励对现有资源的有效利用;并提供一个交流产业信息的场所。

National Computer Network Emergency Response Technical Team/Coordination Center of China (CNCERT/CC) 国家计算机网络应急技术处理协调中心 CNCERT/CC 成立于 1999 年 9 月,是在中国工业和信息化部领导下的国家级网络安全应急机构,致力于建设国家级的网络安全检测中心、预警中心和应急中心,以支撑政府主管部门履行网络安全相关的社会管理和应急服务职能,支持基础信息网络的安全防护和安全运行,支援重要信息系统的网络安全监测、预警和处置,及时收集、核实、汇总、发布有关互联网安全的权威性信息,组织国内计算机网络安全应急组织进行国际合作和交流。参见 computer emergency response team (CERT)。

National Computer Security Center (NCSC) (美国)国家计算机安全中心 (1)隶属美国国家安全局,以鼓励美国政府各机构广泛使用可信计算机系统处理保密或敏感信息为主要目标的安全中心。它的前身是 1981 年 1 月成立的美国国防部计算机安全中心,在 1993 年 8 月,该中心颁布了著名的"可信计算机系统评价准则"。(2)美国国防部的 5200.28 标准,也称"黄皮书",规定以下的等级:D 为不安全的系统。C1 级要求个别登记,但允许集体标识。C2 级要求用口令作个别等级的登记,有审计的机制。B1 级是要求国防部的安全许可证的级别。B2 级具有在用户和安全系统之间的路径保证,并保证不改变许可证。B3 级必须是可行的基于数字模型的安全性。A1 级是能够保证的基于数字模型的最高级别的安全性。

National Information Infrastructure (NII) (美国)国家信息基础设施,信息高速公路 1991 年,后来成为美国副总统的戈尔首先在一份名为"高性能计算法案"的建议初稿中提出了全国性的数据高速公路的概念。其基本要点是将美国各地的超级计算中心连接到一个高速网络上,并使其他部门的工作也进入高性能计算领域。通过建立一条信息高速公路来刺激美国经济。美国 13 家主要计算机公司的执行总裁们联合起来进行游说,鼓吹美国现有的国家研究与教育网络(NREN)应当超越政府部门和大学的界限,进入遍及全国的办公室和家庭。在上述背景下,美国副总统戈尔和商业部长荣·布朗(Ron Brown)于 1993 年 9 月正式宣布了"国家信息基础设施 "(NII)计划,人们将其通俗地称为"信息高速公路"计划。NII 计划的基本原则是:鼓励私人投资,促进并保护竞争,为消费者和信息服务者提供对 NII 的公开访问,确保全方位服务的可靠性和灵活性,使信息系统能够跟上技术和市场的飞速发展。NII 的目标是:建成一个连接到各社会机构、团体和每个家庭的宽带高速网络,为全社会提供丰富多彩的信息,开展多样化的高级信息服务,全面满足人们在生产、工作、生活和人际交往中的信息需求。同 information superhighway。

national information network 国家情报网 一个国家所有固定从事情报工作的各情报机构及其分支的总和。但这些机构未必联合成为一个统一的系统。

National Institute of Standards and Technology (NIST) (美国)国家标准和技术协会 美国政府中协助制定标准的部门。以前称为国家标准局(NBS)。

national language character set 民族[自然]语言字符集 构成某一个国家或地区语言的字母、数字和专门符号。

national language support (NLS) 民族语言支撑能力 (1)供应者用程序访问特定地区信息的应用程序设计接口。参见 locale。(2)对于英语软件产品的修改或转换,以满足另一个语言的地区的需要,包括对于显示信息和文档信息的翻译。

National Micrographics Association (美国)国家缩微图形学协会 美国缩微出版商同业协会。该协会分设若干个委员会,分别主管缩微胶片、信息存储及检索、缩微胶片报纸、缩小率、计算机输出缩微胶卷规格及编码等标准。参见 national microfilm association。

national requirements 国定要求 影响部分设备和特许程序产品更改方面的特有要求。例如,对修改按键和开关排列的规定,对报文文本内容翻译的规定以及把美元符号变为英镑符号的符号转换的规定等。

National Semiconductor Corporation (NSC) (美国)国家半导体公司 成立于 1959 年的一个半导体制造公司,提供系统级电信产品、桌面计算机、汽车电子器件、消费电子产品和军用产品等。

national standard region-position code 国标区位码 中华人民共和国国家标准"信息交换用汉字编码字符集"中汉字的图形字符在码表中位置的表示,特指十进制表示的区/位:01 ~ 94/01 ~ 94。参见 GB 2312－80。

National Television Atandards Committee (NTSC) (美国)国家电视制式委员会 美国的一个工业组织,负责制订美国彩色电视制规范的机构,该电视制规范也可用于日本、南美。NTSC 信号为组合式,525 条扫描线,一千六百万种颜色,每秒传送 60 个交错式半画面。参见 phase alternate by line (PAL), sequential couleur avec memoire (SECAM)。

national terminal number (NTN) 国家终端号 在 X.25 通信协议中,指网络用户地址中在国家码之后的 1 位到 12 位的数据。

national top level domain names (nTLDs) 国家顶级域名 只能由国家政府注册的域名,这些域名即为该国的国内顶级域名。目前 200 多个国家和地区都按照 ISO 3166 国家代码分配了顶级域名，如中国是 cn、日本是 jp 等。

national use graphic character 国定制图专用字符 一种被一个或多个国家专门用于制图的字符，如一个带发音符号的字母字符。在 93 字符的 EBCDIC(扩充的二进制编码的十进制交换代码)串中，有 13 个代码点被指定为国家专用制图字符。

nationwide dialing 全国范围的拨号电话系统 一种由用户或话务员直接拨号呼叫的电话系统，无需中间话务员协助，就能完成长距离的电话呼叫。

native application 本机应用程序 专为特定类型的微处理器而设计的一种程序，也就是说，与处理器在机器码上兼容。本机应用程序通常比非本机应用程序运行速度快，因为后者必须在一个仿真程序的帮助下运行。

native code 本机编码 专用于某种特定机器或处理器的编码，如汇编语言编码。

native compiler 本机编译程序 一种类型的编译程序，它所产生的可执行代码须运行于该编程程序运行的同一个系统中。而交错编译程序则相反，其产生的代码是针对另一个系统或处理器的。大多数编译程序都是本机编译程序。比较 cross-compiler。

native file format 本软件文件格式 应用程序用来内部处理数据的文件格式。应用程序在处理其他格式的文件前必须先将其转换成本软件文件格式。例如，一个文字处理器可能识别 ASCII(美国信息交换标准代码)文本格式的文本文件，但在显示这种文件之前必须先将其转换成自己的本软件文件格式。

native language 本机语言 一种通信语言或计算机部件或模块之间的编码、它仅用于特定的设备，该语言也称这种类型计算机的“先天语言”。参见 host language。

native mode 本机方式，自然状态 (1)操作系统的一种运行方式，在这种方式下，该操作系统独立地在实机上运行，能充分利用某一个结构和型号的计算机的硬件功能；而不是在另一个操作系统的控制下作为第二级(即某台虚机的)操作系统而运行。(2)在密码术中，数据加密标准的工作状态。在此状态中，一个或多个 64 位输入块通过逐次提供该输入块来产生相应的 64 位密码块。对于一个给定的密钥，DES(数据加密标准)能够形成 2 的 64 次方个码-密码相配对的电子编码本。如果输入的待加密的信息是高度格式化的，那么密码块就会重复出现。

native signal processing (NSP) technology 本地信号处理技术 具备多种媒体功能和通信的微机平台内核新技术，可在 Intel 的奔腾处理器上用软件高速处理音频视频等信号。

native XML database (NXD) 原生 XML 数据库 原生 XML(可扩展标记语言)数据库使用非常适合描述半结构化数据的 XML 技术存储、查询和管理数据。原生 XML 数据库中的数据和元数据完全采用 XML 结构表示，与其底层的数据存储格式(如对象模型、关系模型等)无关。原生 XML 数据库是面向资源的，它可以使用 URI(统一资源标识符)标识数据库中存储的内容，以便通过 HTTP(超文本传输协议)使用相同的 URI(统一资源标识符)访问数据。参见 extensible markup language (XML)，uniform resource indentifier (URI)。

native XML database architectures 原生 XML 数据库结构 原生 XML(可扩展标记语言)数据库的结构可分为两大类：基于文本的和基于模型的。参见 text-based native XML database, model-based native XML database。

natural binary 自然二进制 一种基数为 2 的记数系统。

natural binary code 自然二进制代码 用标准的二进制记数系统表示的数。

natural binary coded decimal (NBCD) 自然二进制编码的十进制 一种特殊的用二进制编码表示的十进记数制，即用前 10 个 4 位二进制数来依次表示十进制数的 0 ～ 9。

natural boundary condition 自然边界条件 在变分问题中无需强加给未知函数的条件。在数学物理问题中，属于物理规律的一类边界条件，其特点是它不是外界条件对所求物理量的强制约束。只要函数满足方程(如虚功方程)，这类条件就自然满足。若用变分法求解这类数学物理问题，在允许函数类中不必包含自然边界条件。

natural characteristic 自然特性 由设备的基本部件所决定的负载特性。比较 forced characteristic。

natural convection cooling 自然对流冷却(法) 靠热空气上升，冷空气补充产生的空气对流来进行冷却的一种技术。一般用于冷却发热量小(即功率密度小)、温度要求不严格的设备。

natural deduction 自然演绎 (1)非形式的推理。(2)一种用于一阶谓词演算的演绎系统。由四个部分组成：公理和基本规则、联结词规则、量词规则、运算符规则。

natural deduction system 自然演绎系统，自然推理系统 一种用于一阶谓词演算的演绎系统，由四部分组成：①公理和基本规则；②联结词规则(和“与”、“或”、“非”等逻辑联结词有关)；③量词规则(存在量词和全称量词)；④运算符规则(相等运算符，条件运算符)。自然演绎系统对于一阶谓词演算是完备的。它是一阶逻辑的一种形式系统。由于它包含了非常丰富的公理(不讲究公理的独立性，将一些重要的定理当作公理)以及非常丰富的推理规则(把通常形式系统的一些重要元定理当作系统内的推理规则)，使得系统的演绎非常方便、自

N

然,因而被称为自然推理系统。现在常用的是Gentzen的自然推理系统是它的改进形式。

natural frequency 自然频率 (1)系统出现自由振荡的频率。(2)也称"固有频率"。由系统本身的质量和刚度所决定的频率。n 自由度系统一般有 n 个固有频率,按频率的高低排列,最低的为第一阶固有频率。

natural-function generator 自然(解析)函数发生器[生成程序] (1)一种设备,可以接收一个或多个输入变量,并对这些变量进行以某些物理定理为基础的数学运算,产生一个输出变量。(2)用物理模型的方法来解微分方程的模拟硬件机构或软件程序。

natural information 自然信息 一切自然物发出的信息,它包括来自无机界和生物界的信息。自然信息一般是以光、形、声、色、热等形式表达。参见 social information。

naturalist intelligence 自然认知智能 善于观察自然界中的各种事物,对物体进行辩论和分类的能力。这项智能有着强烈的好奇心和求知欲,有着敏锐的观察能力,能了解各种事物的细微差别。参见 multiple intelligences。

natural join 自然联结 与等值联结相同,其联结条件为相同列(字段)的值相等。这些相同的列将出现在结果表中,只是在结果表中不包括重复列。参见 equi-join。

natural language 自然语言 由自然界和人类社会的发展自然形成的语言。主要是指人类进行交际和交流信息所使用的各种口头语言和书面语言。如英语和法语都称为自然语言。比较 formal language。

natural language generation 自然语言生成 自然语言理解的逆过程,这是指通过机器说话或机器书写来产生口语或书面报告。通常它包括:语言生成、语言发生、语言效应。

natural language interface (NLI) 自然语言接口 一种完成自然语言与计算机通信的系统。

natural language processing (NLP) 自然语言处理 在人工智能中,使计算机能接受和处理自然语言,还能对自然语言进行信息加工以及能理解自然语言的过程。自然语言处理不仅是提高计算机智能水平的重要方面,还涉及人工智能的核心问题,而且也是使计算机普及、推广、应用的关键。自然语言处理包括:机器翻译、情报检索、语言的计算机辅助教学、自然语言查询和理解系统等。

natural language query 自然语言查询 一种数据库系统查询方法,使用的是自然语言(如英语和日语)的一个子集语言。查询时必须符合一定的语法规则限制,以使系统能对其进行分析。

natural language recognition 自然语言识别 参见 speech recognition。

natural language support (NLS) 自然语言支持(系统) 一种语音识别系统,允许用户用口头命令来操作计算机。

natural language synthesis 自然语言合成 研究人工智能的输出效应系统,它以自然语言形式向用户提供各种信息,以实现人机自然语言双向对话。其研究内容包括书面自然语言的生成系统和语音合成系统。

natural language system 自然语言系统 这是一种信息检索系统,在这种系统中,标引词是文件中实际使用的一些词。用自然语言标引通常比用规范文件或词库中的归类标引词标引更方便。

natural language understanding (NLU) 自然语言理解 研究人类如何使用自身熟悉的本族语言与计算机进行信息交流,并探索人类自身的语言能力和思维活动的本质,是人工智能的一个重要分支。从微观上讲,自然语言理解是指从自然语言到机器内部的一个映射;从宏观上看,自然语言理解是指机器能够执行人类所期望的某些语言功能。这些功能包括:①回答问题:计算机能正确地回答用自然语言输入的有关问题;②文摘生成:机器能产生输入文本的摘要;③释义:机器能用不同的词语和句型来复述输入的自然语言信息;④翻译:机器能把一种语言翻译成另外一种语言。自然语言理解发展到今天,已呈现出与人工智能、机器学习、知识工程、数据库技术、神经网络、认知科学、语言学、脑科学、思维科学等多门分支学科错综复杂、彼此依赖和相互支持的相对格局。而且以语义理解为特征的自然语言处理和机器翻译已取得突出的进展。

natural language understanding system 自然语言理解系统 对自然语言的输入,通过一定的语法及语义分析处理,以产生一定的行为动作的计算机系统。

natural law generator 自然定律发生器 一种模拟硬件部件或软件程序,用于解微分方程的设施,所采用的方法以物理定律为基础。参见 natural function generator。

natural noise 自然噪声 由自由电磁现象产生的电磁噪声。

natural number 自然数 人类最早认识的数。自然数是整数的一部分,一般地认为包括 1,2,3,…,即所有的正整数。

natural resource attribute 自然资源属性 自然资源所固有的自然和社会性质。自然属性是指组成、结构、功能和边界等自然资源系统的状态、关系等所具有的整体性、层次性、周期性、地域性等特性。社会属性是指自然资源作为人类社会生产的劳动手段和劳动对象的性质。

natural resource information 自然资源信息 表征自然资源学科研究对象、理论、方法、数量、质量以及开发、利用、保护等的信号和消息。

natural resource system 自然资源系统 各种自然资源在一定空间范围内构成的相互联系的统一整体。

natural resource type 自然资源类型 根据人类生存环境组成要素的自然属性差异，划分成一系列各具特色的物质形体。

nature language processing system 自然语言处理系统 为了完成自然语言与知识库内部表示之间的沟通而建立的系统，可分为自然语言理解和自然语言生成两个方面，自然语言理解包括词法分析、语法分析、语义分析，词法分析处理词性的各种变化与原词归类，语法分析检查句子是否符合语法，并生成句法分析树结构，语义分析在语法分析中利用语义测试筛选并在其后利用知识库语义限制规则，将句法分析树转化成知识库的内部知识表示形式。

NAU (1)网络可寻址单元 network addressable unit 的缩写。(2)网络可访问单元 network accessible unit 的缩写。(3)网络存取部件 network access unit 的缩写。

NAUN 最近活动上游站 nearest active upstream neighbor 的缩写。

nautical computer 导航计算机 一种用来计算高度、方向和速度等导航参数，以便引导飞行器按照预定的目标准确地到达目的地的计算机。按照导航的种类可以分为组合导航计算机、区域导航计算机、多普勒导航计算机、奥米伽导航计算机、惯性导航计算机和卫星导航计算机等。

navigate 漫游 表示在因特网中搜索信息的一个术语。

navigation 周游，导航 用定位设备或键盘将光标在屏幕上移动。用户接口定义鼠标器和键盘的周游。

navigational access method 导航存取法 根据数据库中记录间的逻辑关系来存取记录的一种方法。而记录之间的联系是通过 DBMS(数据库管理系统)提供的数据管理功能来实现。导航存取法主要有逻辑顺序法和从属存取法两种。前者按记录的逻辑顺序来存取记录，后者是按照两种记录型之间的主从关系来存取记录值(将一种记录型转到另一种记录型)。导航所遵循的逻辑顺序是两种类型记录之间的联系，它既可由首记录经由联系存取属记录，也可由属记录反过来存取首记录，其“从属”具有广义的含义。

navigation bars 导航栏 通往文档或站点最重要部分的连接的集合。

navigation keys 光标定位键 键盘上控制光标移动的键，包括四个箭头键和 Backspace，End，Home，Page Down 和 Page Up 键。

navigation mechanism 导航机制 任何指引用户到达一个网页或站点的方法。几种典型的导航机制包括：导航栏，参见 navigation bars；导航地图，提供某个网页或站点的整体组织图；内容表，列出(或连接到)一个文档最重要的部分。

navigation screen 周游[导航]屏幕 包含帮助用户寻找所需文档的信息的屏幕。参见 reading screen。

navigation window 周游[导航]窗口 包含帮助用户寻找所需文档的信息的窗口。参见 artwork window，reading windows。

Navigator 引航者 美国网景(Netscape)公司开发的因特网浏览器。

NA (1)网络地址 network address 的缩写。(2)数值孔径 numerical aperture 的缩写。

NB 窄(频)带 narrow band 的缩写。

NBCD 自然二进制编码的十进制 natural binary coded decimal 的缩写。

n-best forward pruning n 最佳正向修剪 人工智能中的正向修剪方法之一。其方法是：从浅显搜索而算得的评价函数值中找出 n 个最佳的后继节点，然后再继续搜索。由此，搜索深度每加深一级，所产生的节点便增长 n 倍。若使 n 随搜索深度的加深而减少，则成为锥形 n 最佳正向修剪方法。

NBFM 窄带调频制 narrow band frequency modulation 的缩写。

n-bit byte n 位字节 一种由 n 个二进制位组成的位串。

NBM 窄带调频制 narrow band frequency modulation 的缩写。

NBP 名字绑定协议 name bind protocol 的缩写。

NBS (1)(美国)国家标准局 National Bureau of Standards 的缩写。(2)数字退格符 numeric backspace character 的缩写。

NBS-SIS (美国)国家标准局-标准信息服务处 National Bureau of Standards-Standard Information Services 的缩写。

NC (1)正常闭合 normally closed 的缩写。(2)数字控制 numerical control 的缩写。(3)网络控制 network control 的缩写。(4)网络计算机 network computer 的缩写。(5)网络连接 network connection 的缩写。

NCB (1)网络控制块 network control block 的缩写。(2)节点控制块 node control block 的缩写。

NCC (美国)国家计算中心 National Computing Centre 的缩写。

NCCF 网络通信控制机制 network communications control facility 的缩写。

NCDMA 窄带码分多址 narrow-band code division multiple access 的缩写。

NCGA (美国)国家计算机图形协会 National Computer Graphics Association 的缩写。

NCH 通知信道 notification channel 的缩写。

N

N

N-channel **N 沟道** 一种单极性半导体(如场效应晶体管等)的源漏之间的主要通过 N 型硅多数载流子构成的沟道导电。

N-channel MOS (NMOS) **N 沟道 MOS** 一种 MOS(金属氧化物半导体)器件,其导电性是通过 N 型硅多数载流子构成的沟道来实现的。参见 negative-channel metal oxide semiconductor (NMOS)。

NCI **非编码信息** non-coded information 的缩写。

NCK **网络计算核心** network computing kernel 的缩写。

NCLOC **无注释的代码行** non-commented source lines of code 的缩写。

NCON **名字常数** name constant 的缩写。

n-condition frequency shift keying (n-FSK) **n 态频移键控** 取 n 个不同频移值的频移键控,通常这些取值有均匀的间隔。

n-connection **n 层连接** 为两个或多个($n+1$)实体建立的关系。使这些实体之间可交换信息。

n-connection multiplexing **n 连接多重复用** 在开放互连系统体系结构中,($n-1$)层连接端点和相邻上层,即 n 层连接端点之间的连接关系,有三种情况:一对一连接,多重复用连接和多重分用连接。

NCP (1)网络控制程序 network control program 的缩写。(2)NetWare 核心协议 NetWare core protocol 的缩写。(3)版权不受保护 not copy protected 的缩写。

NCP connectionless SNA transport (NCST) **NCP 无连接 SNA 传输** 一种 NCP(网络控制程序)功能,允许通信控制器用 TCP/IP(传输控制协议/网际协议)在 SNA(系统网络体系结构)子区域传输数据。NCST 函数使得 NCP 中的 NCST 逻辑单元之间以及 NCST 逻辑单元之间建立 LU 0 会话。

NCRP **网络计算机参考配置** network computer reference profile 的缩写。

NCS (1)网络通信服务器 network communications server 的缩写。(2)网络计算系统 network computing system 的缩写。

NCSA **国家超级计算应用中心** National Center for Supercomputing Applications 的缩写。

NCSC **(美国)国家计算机安全中心** National Computer Security Center 的缩写。

NCSI **网络通信服务接口(协议)** network communications services interface 的缩写。

NCST **NCP 无连接 SNA 传输** NCP connectionless SNA transport 的缩写。

N/C system **数字控制系统** 一种系统,根据要加工零件的有关数据预先录制相应的指令序列控制相应的机床或过程。这种数字控制系统包括控制系统的所有部件以及被控制的机构,实际上是一种伺服机构。

NCU **网络控制单元** network control unit 的缩写。

n-cube **n 维立方体** 开关理论中的一种术语。用以指示两个与相应点连接的 $n-1$ 维立方体。

NDA **不确定自动机** non-deterministic automaton 的缩写。

NDAC **未接收完数据** not data accepted 的缩写。

NDC **规格化设备坐标** normalized device coordinates 的缩写。

N-density **N 稠密性** 一条件事件系统中节点存在的一种特性。设系统中任意一个具有节点 (u, x, y, v) 的 N 型子系统,如果 (u,x),(x,y),(y,v) 之间均有因果关系,且 (u,y),(x,v),(u,v) 之间均有并发关系,则对 x 和 y 之间的一节点 z,使 (x,z),(z,y) 之间均有因果关系,而 (u,z),(z,v) 之间均存在并发关系。称该 N 型子系统为 N 稠密性。

NDF (1)未发现错误 no defect found 的缩写。(2)负色散光纤 negative dispersion fiber 的缩写。

n-dimensional vector **n 维向量** 数域 P 中 n 个数组成的有序数组,简称向量。设 $a_1, a_2, \cdots, a_n$ 是数域 P 中的 n 个数,由此 n 个数组成的有序数组称为一个 n 维向量,记录 $(a_1, a_2, \cdots, a_n)$,括号中每一个数 $a_i (i=1,2,\cdots,n)$,称为 n 维向量的一个分量。向量 $(-a_1, -a_2, \cdots, -a_n)$ 称为向量 $(a_1, a_2, \cdots, a_n)$ 的负向量 。分量全是零的向量称为零向量。

NDIS **网络驱动器接口规范** network driver interface specification 的缩写。

NDM **正常断开方式** normal disconnected mode 的缩写。

NDMP **网络数据管理协议** network data management protocol 的缩写。

NDPS **(英国)全国数据服务处** National Data Processing Service 的缩写。

NDR **非破坏性读出** non-destructive reading 的缩写。

NDRO **非破坏性读出** non-destructive readout 的缩写。

NDS **Novell 目录服务** Novell directory services 的缩写。

NDSF **无色散位移光纤** non-dispersion shifted fiber 的缩写。

NE (1)不等于 not equal to 的缩写。参见 relational operator。(2)网络元素 network element 的缩写。

NEA **(美国)全国电子协会** National Electronic Association 的缩写。

near-end cross talk (NEXT) **近端串扰[音]** 在一条链路中,处于线缆一侧的某发送线对对于同侧的其他相邻(接收)线对通过电磁感应所造成的信号耦合。通常,出现近端串扰的被干扰信道的一端和产生干扰的信道中的串扰源的一端接近或者重合,如在电缆的任何一端靠近连接器处出现。

near-end cross talk (NEXT) loss 近端串扰损耗 定义近端串扰值和导致该串扰的发送信号之差值为近端串扰损耗。越大的 NEXT 值近端串扰损耗越大。近端串扰与线缆类别、连接方式、频率值有关。

nearest active downstream neighbor (NADN) 最近活动下游站 在令牌环或 IEEE 802.5 网络中,下游方向离给定设备最近的仍然活动的网络设备。

nearest active upstream neighbor (NAUN) 最近活动上游站 在令牌环型网络中的一种工作站,由它直接把数据传送给该环型网络上某个指定的工作站。

nearest neighbor algorithm (NN) 最邻近法 适用于"旅行商"等问题的一种启发式算法。在给定 n 个城市及任意两城市间的距离后,依照这个算法,从出发的城市开始,总是在尚未到过的城市中,选一个距离最近的城市作为下一个到达的城市,直到最后回到原出发的城市。参见 minimum distance classification。

nearest neighbor interpolation 近邻取样插补 这是较简单的材质图像插补的处理方式。使用包含像素最多部分的图素来贴图,就是哪一个图素占到最多的像素,就用那个图素来贴图。这种处理方式速度快,材质品质较差。参见 bilinear interpolation, trilinear interpolation。

nearest point sampling 最近点采样 当纹理的大小与图元的大小差不多时,计算纹理像素的地址时,通常不是一个整数值,这时,可以简单的取一个与它最接近的整数地址来代替原地址,并使用这个整数地址上的纹理像素颜色。参见 point sampling。

near far effect 远近效应 由于接收用户的随机移动性,移动用户与基站之间的距离也是在随机变化,若各移动用户发射信号功率一样,那么到达基站时信号的强弱将不同,离基站近者信号强,离基站远者信号弱,甚至使弱者,即离基站较远的用户产生掉话(通信中断)现象。

near field 近区场 电磁辐射场区一般分为远区场和近区场。以场源为中心,在一个波长范围内的区域,通常称为近区场,也可称为感应场。近区场通常具有如下特点:近区场内,电场强度与磁场强度的大小没有确定的比例关系;近区场的电磁场强度比远区场大得多。比较 far field。

near field magnetic communication (NFMC) 近场磁通信 一种短距离无线通信技术,其通信距离只有 10 cm 左右。它是通过在设备之间耦合一个低功率、非传播的准静态磁场来实现无线通信的。

near field optics 近场光学技术 读写头和位(记录点或凹陷等)之间的距离小于位的直径的一种光记录技术。

near-field regions 近场区 (1)无功进场区:紧靠着天线的、无功场起主要作用的天线区。(2)辐射进场区:在无功近场和远场区之间的天线场区,该场区场随角度的分布与离天线的距离有关。比较 far-field regions。

near letter quality (NLQ) 近似信函质量 (1)文本打印质量,比全字体的菊花轮打印机差,但用于内部信件已足够好。(2)高点阵打印机上的一种打印模式,产生比通常打印字体更为清晰的字体。参见 letter-quality printer, print quality。

near-line store 近线存储 所谓的近线存储,定位于客户在线存储和离线存储之间的应用。就是指将那些并不是经常用到,或者说数据的访问量并不大的数据存放在性能较低的存储设备上,但同时对这些设备要求是寻址迅速、传输率高。例如,光碟塔和光碟库设备。参见 on-line store, off-line store。

near online 接近在线(设备) 在比较短的时间但不是立即可得的设备。磁带和磁盘库被认为是接近在线设备,因为在读数据之前需要花几秒的时间用于读写的定位。

near pointer 近指针 近指针为 16 位指针,它只含有地址的偏移量部分。近指针用于不超过 64 k 字节的单个数据段或代码段。在微、小和中编译模式下产生的数据指针是近指针。(默认状态)。比较 far pointer, huge pointer。

near-sing 邻近鸣叫 一种带有增音器[放大器]的声频电路,在 2.5 ～ 3.2 kHz 频带内发生的一种不稳定现象。

near video on demand 近视频点播服务 一种视频点播方式,用户具有部分控制能力,如模拟类似"前进"、"倒退"等功能,可每隔 5 ～ 15 分钟控制一次,但不能进行连续控制。参见 video on demand。

necessary condition modus ponens 必要条件假言推理 根据必要条件假言命题的逻辑性质进行的推理。必要条件假言推理的基本原则是:小前提肯定大前提的后件,结论就要肯定大前提的前件;小前提否定大前提的前件,结论就要否定大前提的后件。也可叙述为这样两条规则:①否定前件,就要否定后件;肯定前件,不能肯定后件。②肯定后件,就要肯定前件;否定后件,不能否定前件。参见 modus ponens。

necroposting 灌水 网络论坛中的流行语,指一些人为了获得积分在论坛里反复留言,在回别人帖子的时候不做实际性的评论,只是简单的表示同意。很多论坛把这种"灌水"认为是一种垃圾留言。参见 bump, lurk。

needle printer 针式打印机 一种击打点阵打印机。参见 matrix printer。

need-to-know 需知 计算机安全术语,指为完成

N

特定的任务或功能所必需的信息访问、信息知识、信息所有权等内容。

need-to-know principle　需知原则　操作系统中建立保护机制的原则之一。为了达到保护的目的，任何一个进程只能存取那些已被授权的资源，因此，在任意时候，进程都必须知道哪些资源是可用的（即已被授权的），且只能以何种方式使用资源。

need-to-know violation　需知违背　把机密或敏感信息泄露给工作中不需要此类信息的人的行为。

Neel point　奈尔点　一个温度点。在其下，物质呈现反铁磁性；在其上，物质呈现顺磁性的一个温度点。比较 Curie point of a magnetic substance。

NEF　网元功能　network element function 的缩写。

negate　"非"　实现"非"的逻辑运算，即把一个信号，状态取反。

negated condition　"非"条件　由"非"逻辑运算产生相反的状态为真或假的条件。

negate instruction　求补指令　一条 Motorola 系列微处理机的机器指令，对寄存器或存储单元中的数求 2 的补码，并将结果存放在同一寄存器或存储单元内。

negation　否定　(1)命题逻辑的一元联结词，记为"$\neg$"，它的真值表为

P	$\neg$P
F	T
T	F

(2) 逻辑联结词。常用"$\neg$"表示，它联结一个逻辑公式 α 得到一个新的逻辑公式"$\neg\alpha$"读作"非 α"。"$\neg\alpha$"为"真"当且仅当 α 为"假"。(3)在计算机中处理二进制数时，需要把 1 变为 0，0 变为 1，所以减法可以用加法解决。这很重要，因为一台计算机虽然有巨大的处理能力，却只能做加法。参见 TWO'S complement。(4)指将二态(二进制)信号或位模式转变成其相反状态的过程。例如从 1001 转变成 0110。

negation element　"非"元件　一种能把信号、条件、状态或一个事件变成相反的状态的电子元件或调制解调器件。

negation first variable　第一变量"非"(运算)　一种逻辑运算，如果两个输入中的第一个输入为"假"，则运算结果为"真"，如果为"真"则结果为"假"。

negation gate　"非"门　一种能把信号、条件、状态或一个事件变成相反的状态的器件。

negation second variable　第二变量"非"(运算)　一种逻辑运算，如果两个输入中的第二个输入为"假"，则输出为"真"，如果为"真"则输出为"假"。

negative acknowledgement (NAK)　否定应答(信号)，否认　(1)二进制同步数据通信时，接收器向发送器发送的一种"否定"应答信号。用以指出以前发送的字符或报文不符合规定，不能接收；因而接收器准备接收重新发送的字符或报文。(2) ASCII(美国信息交换标准代码)字符编号为 21(16 进制 15H)的一个控制代码，系接收器向发送器或计算机发送的一种"否定"应答信号，用以指出所传送的字符未能正确接收。发送和接收应答信号由软件实现，用户无需考虑应答信号的发送和接收。比较 ACK。参见 negative acknowledge character。

negative A-ignore-B gate　与 B 无关的 A 非门　一种有两个输入端的二进制逻辑组合电路或器件，能实现

$$F=\overline{A(A+B)}=\overline{A+AB}=\overline{A}$$

运算。在这种逻辑运算中，设 A 是一个命题，B 是一个命题，如果 A 为"假"则运算的结果为"真"；如果 A 为"真"则运算的结果为"假"。因此，这种逻辑运算结果只是 A 的"非"，而与 B 无关。

negative A-implies-B gate　A"与"B 非门　一种有两个输入端的二进制"与"电路，能实现 $F=A\overline{B}$ 逻辑运算。设 A 是一个命题，B 是一个命题。只有 A 为"真"且 B 为"假"时该运算的结果才为"真"，在 A 和 B 的其余三种组合情况下，该运算的结果均为"假"。

negative B-ignore-A gate　与 A 无关的 B 非门　参见 negative A-ignore-B gate。

negative B-implies-A gate　B"与"A 非门　参见 negative A-implies-B gate。

negative BIND　可协商 BIND　在 SNA(系统网络体系结构)中，激活会话时的一种功能，允许 LU-LU(逻辑单元之间)协商某些会话参数。

negative-channel metal oxide semiconductor (NMOS)　N 沟道金属氧化物半导体　一种制作场效应晶体管的工艺，利用了 n 型半导体材料(一般用掺杂硅)的性质，通电时产生负电荷载流子。N 通道 MOS(金属氧化物半导体)依靠电子而不是空穴的运动而导电，其导电速度比 P 通道 MOS 快，NMOS 的制作要比 PMOS(P 沟道金属氧化物半导体)困难和昂贵，但由于其速度快，因而常用于微处理器和存储器件中。比较 positive-channel metal oxide semiconductor (PMOS)。参见 N-type semiconductor。

negative conditional element　否定条件元　产生式规则左部的成分。由不带元变量的非否定条件元前加上一个否定词"一"构成。

negative disclosure　否定式泄密　在计算机安全中，指一种泄密的形式。推断出对象不具有的属性而泄露信息。

negative dispersion fiber (NDF)　负色散光纤　NDF 的零色散波长位于整个可用波段(1 280 ～ 1 625nm)之外，在整个可用波段内都保持负的色散。

这种特性在网络建设中采用,可以降低建设的成本费用,特别适用于城域网的建设。

negative edge　负向边沿,下降沿　时钟脉冲从逻辑“1”到逻辑“0”的转换区。

negative entry　负输入　在计算器中,为进入机器的数赋予负号的过程。

negative feedback　负反馈　对电路或设备,为降低畸变和噪声而将其部分输出以与输入信号相位相差 180°地馈入输入端的过程。比较 positive feedback。

negative ignore gate　无关非门　与 B 无关的 A 非门和与 A 无关的 B 非门的统称。

negative indicator　负指示符　在计算器中,表示一个数为负值的一种可见指示符。

negative ion　负指示符　带一个或多个负电荷的离子。也称“负离子”。同 anion。

negative logic　负逻辑　用高电平表示 0,低电平表示 1 的一种数字逻辑表示法。与负逻辑相对应的是正逻辑(正逻辑用高电平表示 1,低电平表示 0)。不论是正逻辑还是负逻辑,均为逻辑设计的需要而做出的人为约定。但是,为了避免混乱,在同一个数字系统中,一般只采用一种逻辑表示法。或者正逻辑,或者负逻辑。

negative modulation　负调制　磁盘记录介质的一项电磁记录性能数。指在每条磁道上按规定记录频率写入并读出时,检测到小于某一个基准频率幅度百分比的读出脉冲之后的规定时间间隔内,这类读出脉冲累计数超过规定值的读出信号。

negative polling limit　否定探询极限　通信控制器对起停式或二元同步通信终端的探询做出连续否定应答的最多次数。当否定应答达到该极限时,探询操作暂停。

negative pressure slider (NPC)　负压磁头浮动块　在磁盘转动时,能自动产生负压力,使磁头靠近盘面浮动的磁头浮动块。可以在不超过 2.5g 的轻负载力下,获得低于 0.4 μm 的浮动高度。

negative resistance　负(电)阻(特性)　(1)大多数放电器件所具有的一种电气特性,即器件两端的电压下降时电流反而增大的现象。例如,电弧、某些电子管及半导体器件均具有负阻特性。在调谐电路中,负电阻可以抵消正电阻造成在谐振频率下的连续振荡。例如磁控管和负阻管振荡器。(2)一种电路特性,其特点和通常的电路相反,即当电路两端的电压增加时,电路中的电流不是增加反而减少。

negative response　否定回答(响应)　(1)在数据通信中,由接收端发出的应答,表示数据未被正确地接收或者表示命令不正确或不能接收。(2)在 SNA(系统网络体系结构)中,由接收端做出的响应,表示请求没有成功地到达或者没有被接收机成功地进行处理。比较 positive response。参见 definite response, exception response。

negative sequence　负序　三相交流电分为 A、B、C 三相,所谓负序是:A 相落后 B 相 120°;B 相落后 C 相 120°;C 相落后 A 相 120°。比较 positive sequence, zero sequence。

negative sequence power　负序功率　三相系统每相的电压的负序分量与相对应的电流的负序分量所形成的功率。比较 positive sequence power, homopolar power。

negotiable BIND　可商谈 BIND　在 SNA(系统网络体系结构)中,指允许两个半会话方就建立会话的参数进行协商的能力。

negotiable link station　可商谈链接站　一个链接站假设主链接站或次链接站的作用并与合作链接站商谈的能力。

negotiate content　协商内容　经过内容协商后被选定的消息的内容。

negotiation　协商　在数据通信网中,通信的双方协商通信阶段中必须一致遵守的一组通信规则的过程。例如,在使用拨号方式进行连接时,调制解调器发出“滋滋”的声响,它这时就是在与另外一台调制解调器进行磋商,决定双方的通信速率及如何处理传输中的字节等规则,磋商好以后,计算机就可以从网上进行信息的交换了。有经验的网络用户可以从调制解调器发出的不同声音中辨别出磋商的进展程度。

negotiation metadata　协商元数据　在内容协商中,消息的发送者和接收者之间交流的信息,商定将来要传送的信息的形式。

neighbor acquisition　相邻搜索　外部网关协议的一项功能,借助于这项功能,一个网关要求另一个相邻网关互相传递可达性信息。

neighbor analysis　邻域分析　点状地理实体空间分布的测度,通过最邻近点的平均距离与已知点分布型的平均距离来比较判别空间分布型。

neighbor gateway　邻近网关　外部网关请求的对等方之一。各外部网关之间并不都建立通信关系,而是通过邻近网关进行通信。参见 exterior gateway, interior gateway。

neighboring routers　相邻路由器　在使用 OSPF(开放最短路径优先)路由选择算法的环境中,对一个共同网络都有接口的两个路由器。在多访问网络中,相邻路由器是由 OSPF 的 Hello 协议动态发现的。参见 open shortest path first (OSPF)。

neighbor node　邻近节点　通过一条逻辑链路直接连接到指定节点的节点。

neighbor notification　邻近方提示　在令牌环网中,每个数据站标识下一个活跃的站的过程,使得被硬件故障影响的站能够通知故障的发生。

neighbor-preserving contiguous set　保持相邻的连续集　在数据库检索中,指被存储在具有一定顺序

N

的连续存储区域中的记录序列。

neighbor set 相邻集 移动通信系统中，当前既不在有效集里也不在候选集里，但根据某种算法被认为很快可以进入候选集的小区集合。移动台对于列在该集里的小区要继续搜索和测量，但是认为在测量时间里导频强度还没有强到可以增加到有效集里。参见 candidate set。

neighbourhood averaging 邻域平均法 一种图像平滑化方法。通常做法是，对原图像上的每个像素选取一定大小的邻域，并用邻域中近邻像素的平均灰度值置换中间一点像素的灰度值。对全部像素逐点处理后即得一个经平滑化处理的结果图像。这种方法有消除图像噪声的明显效果，但也使图像边缘趋于模糊，这可以通过阈值处理予以改善。

neighbourhood effect 邻近效应 在计算机制图技术中，由于邻近像素的亮度变化引起该图像像素在亮度上的明显变化。

NEL 网络元素层 network element layer 的缩写。

nematic 向列型(液晶) 晶体和液态之间的线状型材料。例如，液态晶体。

N-entity 第 N 层实体 在层次式结构的计算机系统中，一种第 N 层中的可完成既定功能的逻辑设施(包括硬件和软件)、用以为第 $N+1$ 层的设施提供所需的、意义明确的服务。

NEP 噪声等效功率 noise equivalent power 的缩写。

neper 奈贝 度量功率增益的一种单位。奈贝数等于待测功率的比值取自然对数的 1/2。参见 decibel。

NEPHIS 嵌套短语标引系统 nested phrase indexing system 的缩写。这是一种自动排列主题标引系统。参见 automatic indexing。

nest 嵌套 把某一类的一个结构或多个结构合并到同一类结构中去的过程。例如，把一个循环嵌套到另一个循环中去；把一个子例程嵌套到另一子例程中去。参见 nested loop。

nested address space 嵌套地址空间 在主地址空间的某个区域建立的一种地址空间。

nested attribute index 嵌套属性索引 一种面向对象索引，一个类的嵌套属性上的索引称为嵌套属性索引。在面向对象数据模型中，在类的嵌套属性索引中，对属性的索引是间接的，是针对类的嵌套属性的。嵌套属性索引能够通过遍历一个单一索引来计算复杂的对象查询。嵌套属性索引特别适合于嵌套查询类型，这类查询包含了关于索引类的多重嵌套属性的谓词。

nested command 嵌套命令 一个或一组命令，根据前面的命令或相关联的命令的求值结果，有条件地执行。嵌套是分支的一种结构形式。

nested command list 嵌套命令表 一种由其他命令表调用的命令表。

nested loop 嵌套循环 泛指各种语言编写的循环程序中又有循环。亦即在大的处理循环中包含小的处理循环的程序，参见 loop。

nested loop join 嵌套循环连接 嵌套循环连接是数据库表常用的连接算法，它对内存要求较小，只要有两块缓冲区就能运转起来。嵌套循环连接采用一个双层循环来实现，它又分为基于元组的连接方法和基于块的连接方法。参见 based on tuple nested loop join，based on block nested loop join。

nested list 嵌套表 嵌套表是表中之表。一个嵌套表是某些行的集合，它在主表中表示为其中的一列。对主表中的每一条记录，嵌套表可以包含多个行。

nested macros 宏嵌套 通过调用宏指令中的其他宏定义而使宏指令功能能增强的过程。

nested model 嵌套模型 对模型 A 和模型 B，若存在关于 B 的参数的约束，使得在这些约束之下，模型 A 就简化为模型 B，则称模型 B 被嵌套在模型 A 中。若这种约束不存在，则称 A 与 B 为非嵌套模型。

nested procedure 嵌套过程 一种由另一个过程调用的过程。参见 procedure level。

nested query 嵌套查询 包含一个或多个子查询的查询称为嵌套查询。在嵌套查询中，一个查询语句的条件子句中嵌套另一个查询语句。参见 nested subquery。

nested record 嵌套记录 一个记录中含有一个或多个字段本身也是一个记录成为嵌套记录。

nested relational data model 嵌套关系数据模型 一种关系的属性值可以是关系的关系数据模型。因为它表中嵌套了表，不再满足第一范式的要求，故也称"非第一范式数据模型"。参见 non first normal form (2FN)。

nested routine 嵌套例程 包括在另一例程中的例程。当某一个例程根据内部调用或外部调用执行时，此术语通常指外部调用，特别是指由另一被调例程调用的例程。

nested scope 嵌套作用域 程序设计语言中的一个重要概念。对象的作用域指的是这样一段程序正文，其中该对象是有定义的，其含义是唯一的；在这段正文之外，这个对象是没有定义的。如果在一个作用域内部又定义了一个作用域，则这两个作用域便称为嵌套作用域。

nested subquery 嵌套子查询 在层次型的嵌套查询中，下层查询块称为内层查询或子查询。相对而言，上层的查询块称为外层查询或父查询。嵌套子查询又可分为相关嵌套子查询和不相关嵌套子查询。参见 correlated subquery，uncorrelated subquery。

nested transaction 嵌套事务 在程序设计中，出现

在一个较大事务处理中的一个或一系列操作。嵌套事务采用自顶向下的方法将一个复杂事务按照功能划分分解为若干子事务。嵌套事务中的各个子事务的异常中止不会导致整个事务的异常中止。即使这样，嵌套事务作为一个整体仍然保持全局隔离性和原子性。嵌套事务可以看成是具有存储点的事务的一个扩展。参见 save point transaction。

nesting **嵌套(法)** 在多层结构中，按层次组织数据以实现对重复性设计元素的有效存储和处理的方法。在嵌套法中，设计对象首先被分解为主要部件或构造块，然后再把他们细分为更小的部件。在嵌套式设计中，相同的部件只需要在数据库中表示一次，从而节省了存储空间并简化了对数据的检索和修改。

nesting level **嵌套级** (1)在汇编语言程序设计中，某个项或子表达式在表达式中出现的层次，或者由汇编语言处理含内部宏指令的宏定义的层次。(2)嵌套的次数或级数。例如在汇编语言程序设计中，一个项目或一个子表达式都按一定的嵌套级出现在语句中，包含一条内指令的一个宏定义也是按一定的嵌套级由汇编程序访问的。

nesting structure **嵌套结构** 将一个结构嵌入同类型的另一个结构中，如将一个循环嵌入另一个循环中，将一个子例程嵌入另一个子例程中。

net **网络机构域名** 在因特网的域名系统中，标识网络机构网址的最高层域名。

. NET **. NET 体系结构** 2000 年 6 月 22 日，微软公司宣布了. NET 体系结构。这是一种分布式运算的框架，以 XML(可扩展标记语言)为基础，以 Web 服务为核心，辅以其他各种技术实现，意在充分利用因特网上强大的计算资源和丰富的带宽资源，提高用户的工作效率。. NET 代表着从因特网浏览和静态网站世界到动态和智能数据交换世界的跨越。. NET 创建的新的编程模型，即因特网平台，它包含了两种不同的编程模型：一个是 Web 服务编程模型，另一个是系统编程模型。参见 . NET enterprise server。

net abuse **网络滥用** 在 Usenet(网络新闻组)中，任何干扰他人享用 Usenet 的行为，包括使用无用的信息来淹没新闻组，进行有组织的伪造活动，或以有组织的形式阻止对某一个主题的讨论等。

NetAnts **网络蚂蚁** 一种中国研制的网络下载工具，其网址为 http://www.netants.com，全中文界面，全中文帮助，具有断点续传、新任务添加及灵活的任务定制功能。

NetBEUI **网络基本输入/输出系统扩充用户接口** NetBIOS extended user interface 的缩写。

NetBEUI transport **NetBEUI 传输** 微软 Windows NT 中使用的主要局域网络传输协议。参见 NetBIOS interface。

netbies **网上新手** 因特网中，特指 Usenet(网络新闻组)新用户，通常他们对网络还很不熟悉，经常要去 FAQ(常见问题)中寻求帮助。参见 frequently asked questions (FAQ)。

NetBIOS **网络基本输入/输出系统** network basic I/O system 的缩写。

NetBIOS extended user interface (NetBEUI) **网络基本输入/输出系统扩充用户接口** 用在 Net BEUI 网、Lan Man 网、Windows for Workgroup 和微软 Windows NT 中的协议。该协议主要是为小型局域网(20 ～ 200 台工作站)设计的。微软从 20 世纪 80 年代中期一直在自己的联网产品中支持该协议。因其强有力的流控制功能，调谐参数和强大的错误检测能力，该协议非常适合为它规定的任务类型。微软 Windows 95 包括对 NetBEUI 的实模式和保护模式支持。NetBEUI 的潜在问题是无法路由寻径，即不能从一个局域网经路由器到另一个局域网。如果需要路由到另外的局域网，就必须安装 TCP/IP(传输控制协议/网际协议)或 IPX/SPX (网络互联包交换/顺序包交换)协议。

NETBLT **网络数据块传送** network block transfer 的缩写。

NetBook **上网本** 轻便和低配置的笔记本电脑，具备移动上网、收发邮件、播放流媒体以及即时信息等功能。上网本比较强调便携性，为了减轻重量，一般去除了光驱。上网本现已被性能更佳、更轻便的平板电脑取代。参见 tablet PC, iPad, iPhone。

NetBSD **网络版 BSD UNIX 操作系统** 由一些志愿者开发的一种免费的 BSD UNIX 操作系统版本。具有高度的协同操作性，可运行于多种硬件平台，并近乎遵从可移植 UNIX 操作系统接口。

netcast **网播** 同 Webcast。

net celebrity **网络名人** 在网上投入了大量时间，并且向很多的新闻讨论组投稿而出名的人。同 net personality。

net control station **网络控制站** 对所有使用通信网络的通信站进行协调的站。

net cop **网上警察** 通常带有贬义的色彩，指试图检查或控制 Usenet(网络新闻组)上其他用户的邮件的那种人。比较 net police。

NetDDE **网络动态数据交换** network dynamic data exchange 的缩写。

netdead **网上死亡** 用来指某人已经停止使用 IRC(因特网中继对话)，并且再也不能被联系上。

net distributed decision support system (NDDSS) **网状分布式决策支持系统** 一种将决策任务分解成网状结构的分布式决策支持系统。

. NET enterprise server **. NET 企业服务器** 微软公司于 2000 年 9 月发布的. NET 企业服务器是可扩展，可管理的，基于 Web 服务的企业应用的服务器软件，它使企业能够快速开发集成的协作的应用与服务，并将所有服务统一并整合到整个互联网上。.NET企业服务器是一个完备的服务器应用程序产品家族，它共包括八个各司其职的服务器软件：①Microsoft Windows 2000操作系统；②Microsoft SQL Server 2000，为可扩展的Web应用提供最完善的数据库系统与分析解决方案；③Microsoft Exchange Server 2000，将用户与知识集成到一起的，提供可靠的，容易管理的信息与协作解决方案；④Microsoft Commerce Server 2000，提供快速有效的网上商务服务；⑤Microsoft Biztalk Server 2000，用来协同企业内与企业之间的商业处理与Web服务；⑥Microsoft Application center Server 2000，用来部署与管理基于Windows 2000的高可用性的Web应用；⑦ Microsoft Host integration Server 2000，与主机系统作组件的集成；⑧Microsoft Internet Security & Acceleration Server 2000，集成的防火墙与Web缓存服务，使得基于Web的企业更安全、快速与更可管理。

.NET framework .NET框架 .NET框架的目的是便于开发商更容易地建立网络应用程序和Web服务，它的关键特色是提供了一个多语言组件开发和执行的环境。从层次结构来看，.NET框架又包括三个主要组成部分：①通用语言运行环境(Common Language Runtime)，在组件运行时，负责管理内存分配、启动和中止线程和进程、强化安全系数，同时还调整任何该组件涉及到的其他组件的附件配置。②服务框架(Services Framework)，它为开发人员提供了一套能够被任何现代编程语言调用的、统一的面向对象、异步、层次结构的可扩展类库，包括集合、输入/输出、字符串、图画、网络、线程、全球化、安全加密、数据库访问、调试相关服务等类库。③两类应用模板——一类是基于ASP(活动服务器页面)的网络应用程序模板，另一类是传统的Windows应用程序模板。参见.NET enterprise server。

NETGEN 网络生成 network generation的缩写。

net god 网神 网络俚语，在因特网社会中受到高度尊敬的人。他们在网络上的长期工作经验及有见识的联机行为使他们在网络界中有英雄般的地位。

net head 网络迷 使用因特网成瘾的用户。

net heavy 网络能手 对网络的运作了解很多，且其观点极有份量的一类用户。

NETID 网络标识 network identifier的缩写。

netiquette 网络礼仪 network etiquette的缩写。

netizen 网民 通过因特网或其他网络参加在线通信的人，尤其是会议和聊天服务，如热衷于网络新闻组(Usenet)或电子公告牌系统(BBS)的人。

net kook 网上怪人 经常向Usenet(网络新闻组)投递稿件的人，其稿件中通常表现了一种怪异、执拗的性格。

net list 网表 以计算机能够处理的形式，表示LSI(大规模集成电路)逻辑电路连接关系的设计数据。通常，为了使数据简洁紧凑，把这种连接关系分层次描述。把一个电路块的描述集中在一起称为电路描述。在门阵、标准单元等情况，输入这种网表能自动地生成布设数据。

netlogon service 网络登录服务 在LAN Manager网络软件中的一个服务，实现登录安全检查。当领域中的一个服务器运行这个服务程序时，LAN Manager检查各试图登录的用户提供的用户名和口令。所有具有登录安全性的服务器都运行这个服务程序。参见logon security，service，stand alone server，user accounts subsystem (UAS) database。

net loss 净损耗 电路两个端点之间增益和损耗的代数和，等于该两点的功率电平之差。

netmeeting 网络会议软件 微软公司的可与IE浏览器一起使用的会议软件。该软件支持在因特网上的点对点电话和电视会议以及多点白板和应用共享功能。从版本2.0开始，它支持H.323标准。

net monitor 网络监控程序 因特网中的一个实用程序，使用ICMP(因特网控制信息协议)监控网络周期性地测试宿主机是否可达，以图形方式显示信息。程序运行于UNIX环境和TCP/IP(传输控制协议/网际协议)之上。

net morphism 网同型 Petri网内各元素间的连接关系经同型映射后不发生变化的性质。其内容是，设$N_1=(S_1,T_1,F_1)$和$N_2=(S_2,T_2,F_2)$为两个广义*Petri*网，从$N_1\sim N_2$的一个映射M称为$N_1\sim N_2$的一个同型，若该映射具有下列性质：

①$S_2=M(S_1)$，

②$T_2=M(T_1)$，

③令$X=S_1\cup T_1$，x和y是X中的任意元素，则当且仅当F_1中存在x到y的有向弧时，F_2中也存在$M(x)$到$M(y)$的有向弧。

netnews 网络新闻组 因特网中的一个分布式计算机公告栏系统。是一个消息共享系统，在全球范围内以标准方式交换电子信息。交换的消息按专题分组，称为新闻组。许多非因特网上的计算机也加入这个系统，同Usenet。

NetPC 网络个人计算机 1996年由微软公司和英特尔公司制定的一种计算机平台规范。该规范定义的系统是使用基于Windows NT服务器的应用程序，而不是使用在客户端上的应用程序。

net personality 网络名人 网络俚语，在因特网上有一定名声的人。同net celebrity。

net police 网络警察 网络上一些自称为“警察”的人，他们试图维系他们对因特网管理规则的理解。其行动通常针对以下几种用户：违反网上礼节规则的用户，未经同意把广告以电子邮件的方式发送给他人或新闻组的用户以及在新闻组或邮件列表中张贴不正确言论的用户。比较 net cop。

netpopup service **网络弹出式服务** 在 LAN Manager 网络软件中的一个服务程序，当消息到达时在屏幕上显示消息。

netrun service **网络运行服务** LAN Manager 网络软件中的一个服务程序，使用户能够从各自的工作站上在服务器中运行应用程序。参见 services。

Netscape **Netscape 软件** 因特网上的一个信息浏览程序。Netscape(网景)公司编写 Netscape 软件的作者们在依利诺斯大学国家超级计算中心工作时编写了 Mosaic 程序，后来建立了 Mosaic 通信公司，1994 年 11 月，Mosaic 通信公司改名为 Netscape 公司。后来该软件改名 Netscape Navigator，即网络导航者。1998 年 11 月 24 日 Netscape 公司被 AOL(美国在线)公司收购。

Netscape ONE **网景开放式网络环境** Netscape open network environment 的缩写。

Netscape open network environment (Netscape ONE) **网景开放式网络环境** 网景公司提供的一种应用程序框架，用于构造基于标准因特网技术的可移植的分布式应用程序。其他组件包括：对象管理组(OMG)提供的互联网内部对象请求代理协议(IIOP)，用来从其他网页或软件对象中获取信息；网景的 LiveConnect 技术，用来在 Web 文档中使用多媒体和其他数据类型。网景公司还提供了一个开放式网络环境软件开发工具箱。这些技术和编程接口都是免费的。

Netscape server application programming interface (NSAPI) **网景服务器应用编程接口** 网景(Netscape)服务器和其他应用程序之间的一种接口规范。使用 NSAPI 的功能调用，允许使用 Web 浏览器通过 Web 服务器存取应用程序和数据库上的数据。它用来替换公共网关接口程序。

netspeak **网络语言** (1)在电子邮件、IRC(因特网中继对话)和新闻组里书写英文时的一组约定，包括一些缩写词(如 IMHO 或 ROFL)和一些小发明(如情感标记和情感图标)。使用时必须注意网络礼节。(2)与因特网的概念、功能和特性有关的词汇。

net structure **网(状)结构** 在一数据库中数据聚合或记录类型排列按多对多关系实现的一种结构。

net surfing **网络冲浪** 没有特殊目的地上网浏览。这个概念与浏览电视频道类似。

net top box **网络机顶盒** 一种简易的上网专用计算机，主要用作访问因特网的价格便宜的终端。这种机器一般不含有本地硬盘或可装载的程序，但可以从与该机相连的网上得到各项服务，如电子邮件、Web 访问和远程登录连接。

NetWare access server **NetWare 访问服务器** Novell 公司的基于 PC 机的应用程序服务器软件，使网络管理员向远程的和局域网的用户提供对所有 NetWare 局域网资源的访问，包括 SNA(系统网络体系结构)和 TCP/IP(传输控制协议/网际协议)应用程序。

NetWare asynchronous services interface (NASI) **NetWare 异步服务接口** Novell 公司的一种协议，用于连接通信服务器中的调制解调器。这是从 NCSI(网络通信服务接口)导出的协议，它比使用普通的中断 14 进行通信提供更高级的特性。它可选择特制的调制解调器和线路，释放环境的速度更快，传输数据更有效。参见 network communications services interface (NCSI)。

NetWare core protocol (NCP) **NetWare 核心协议** 当响应工作站的请求时由服务器使用的 NetWare 表示层的规程。它包括用于操作目录和文件、开启信号灯、打印、建立和解除连接的例行程序。

NetWare directory database (NDD) **NetWare 目录数据库** Novell NetWare 4.x 的数据库，常常涉及到目录，它在层次的树状结构中组织 NetWare 目录服务对象。

NetWare directory services (NDS) **NetWare 目录服务** Novell NetWare 4.x 的数据库。它保持在网络上的每个资源的信息和提供对网络上的每个资源的访问。这些资源包括用户、组、打印机、卷和服务器。NDS 管理所有的网络资源作为在 NetWare 目录数据库中的对象，而他们的实际位置是无关的。NDS 对网络是全局性的，而信息被复制，所以局部故障不能使整个系统瘫痪。

NetWare management system (NMS) **NetWare 管理系统** 负责管理 NetWare 网络的系统。它利用网络管理协议通信，并且建立网络资源的映像，它顺序地指出网络上的异常或者差错并向服务器送出信息。

NetWare network operating system (NOS) **NetWare 网络操作系统** 由 Novell 公司开发的可在个人计算机上运行的网络操作系统。在服务器启动时装入，控制所有系统资源和信息在整个网络和网间处理的方法。

NetWare users international (NUI) **NetWare 国际用户组织** 由分散的 NetWare 用户群体而建立的组织，在 20 世纪 80 年代中期形成。使用户能够向 Novell 提出联合的意见，给出对新产品的反馈信息。

network (NET) **网络** 网络是在物理上或/和逻辑上按一定拓扑结构连接在一起的多个节点和链路的集合。计算机网络一般在功能上划分为通信子网和资源子网，按拓扑结构划分有星形网、环形网、线形网、树形网等。多个电信节点和链路的集合称电信网。参见 telecommunication network，computer network。

N

network access control 网络访问[存取]控制 与网络管理有关的操作。包括系统操作的监视、实现数据完整性的措施、用户识别、系统存取、变化的记录以及允许用户存取的方法。

network access control strategy 网络访问控制策略 网络安全防范和保护的主要策略,其任务是保证网络资源不被非法使用和非法访问。各种网络安全策略必须相互配合才能真正起到保护作用,而访问控制是保证网络安全最重要的核心策略之一。访问控制策略包括入网访问控制策略、操作权限控制策略、目录安全控制策略、属性安全控制策略、网络服务器安全控制策略、网络监测、锁定控制策略和防火墙控制策略等。

N

network accessible unit (NAU) 网络可访问单元 一个逻辑单元(LU)、物理单元(PU)、控制单元(CP)或系统服务控制点(SSCP)。是路径控制网络信息的原点或目标点。同 network addressable unit。

network access machine (NAM) 网络存取机 用一台编程的计算机来帮助用户同计算机网络互相联系,如由许多台主机互相连接的网络。NAM 先产生需要存取的某些特殊过程,然后才允许信息以始终不变的方式被查找(即对指令进行必要的翻译)。用户可通过终端同 NAM 进行访问。

network access point (NAP) 网络接入点 ISP(因特网服务提供商)互相连接的点。可用作主要业务提供者的数据互换点。NAP 主要由仲裁组、交换设备和 ISP 的边界路由器组成。1999 年初 NAP 和城域交换局(MAE)被统称为公共因特网交换点(IXP)。

network access pricing (NAP) 网络访问定价 网络服务收费的一种规则。根据这种规则,一种网络服务的费用主要受提供该服务的网络部件(如工作站,环路等)成本的影响。

network access server (NAS) 网络接入服务器 主要完成用户信号的接入和调制解调,简单理解为调制解调器加 PC 机。

network access unit (NAU) 网络存取部件 在分布式计算机网络中,要通信的终端用户进入网络的入口。在 SNA(系统网络体系结构)网络中,所有要通信的终端用户都是通过逻辑部件入网的。逻辑部件给终端用户提供所有的网络通信功能。这种逻辑部件在 SNA 网中只是通信实体类中的一种通信实体。网络存取部件协调管理这些通信实体。

network accounting 网络记账[账单] 记录用户使用网络情况的详细清单,包括登录的次数和资源的使用情况等。

network adapter 网络适配器 把网络节点连接到通信媒体上使之与网中其他节点进行通信的一种接口部件。网络适配器分为局域网中使用和广域网中使用两大类。通常实现开放系统互连参考模型的最低两层。功能有:发送和接收、介质访问控制、数字信号的编码及译码、与媒体的物理连接。

network address (NA) 网络地址 (1)在网络中,用来表示节点、工作站或者设备单元的一种标识符。(2)在 SNA(系统网络体系结构)中,由子区和元素字段组成的一种地址,用于标识链路,链路站或 NAU(网络可访问单元)。子区节点使用网络地址,外围节点使用局部地址(本地地址)在与一外围节点相连的子区节点中的边界功能,将该外围节点的局部地址转变为子区的网络地址,反之亦然。参见 local address, TCAM network address, network name。(3)在 TCP/IP(传输控制协议/网际协议)中,指 IP 地址的网络号部分。对于 A 类网络,网络地址是 IP 地址的第一个字节。对于 B 类网络,网络地址是 IP 地址的前两个字节。对于 C 类网络,网络地址是 IP 地址的前三个字节。其余的都是主机的地址。在因特网中,网络地址是全球唯一的。参见 Internet, IP address, subnet address, host address, Internet registry。

network addressable unit (NAU) 网络可寻址单元 也称“网络可访问单元”。SNA(系统网络体系结构)中的一种逻辑单元、物理单元或系统服务控制点。它是通路控制网络传输信息的发信端或收信端。参见 logical unit (LU), network address, network name, physical unit (PU)。

network address port translation (NAPT) 网络地址端口转换 也称“动态网络地址转换”。主要是通过转换 TCP(传输控制协议)和 UDP(用户数据报协议)端口号和地址的方式来提供并发性,将多个内部 IP(网际协议)地址映射到同一个外部地址。同 dynamic translation。

network address port translation-protocol translation (NAPT-PT) 网络地址端口转换/协议转换 NAPT-PT 是 NAT-PT 的扩展。NAPT-PT 在地址转换时包含了端口的转换,因此对于 TCP(传输控制协议)和 UDP(用户数据报协议)等使用端口的协议可以用端口号区分不同的连接,这样使得地址池中的一个 IPv4 地址可以复用 64 K 个 TCP 或 UDP 会话,从而解决了 NAT-PT 中地址池用完时 IPv6 与 IPv4 网络不能通信的问题。参见 network address translation-protocol translation (NAT-PT)。

network address translation (NAT) 网络地址转换 完成局域网节点地址与 IP(网际协议)地址之间转换的一项因特网工程任务组(IETF)标准。NAT 服务置于局域网和公共网间的边界处,其功能是提供外网中可见的合法 IP 地址与内网所用的保留地址之间的相互映射。NAT 的具体工作过程如下:从外网流入的含公共网地址信息的数据包先到达 NAT,NAT 使用预设好的规则(其组元包含源地址、源端口号、目的地址、目的端口号、协议类型)

来修改数据包,然后再转发给内网接收点。同时,对于流出内网的数据包也须经过这样的转换处理。NAT 的实现方式有三种:静态转换、动态转换和端口多路复用。参见 static network address translation (SNAT),dynamic network address translation (DNAT),port address translation (PAT)。

network address translation-protocol translation (NAT-PT) 网络地址转换/协议转换 NAT-PT 技术将无状态 IP/ICMP 翻译(SIIT)协议、传统的 IPv4 下的动态地址翻译(NAT)以及适当的应用层网关(ALG)几种技术结合起来,将 IPv4 地址和 IPv6 地址分别看作 NAT 技术中的内部地址和全局地址,同时根据协议不同对分组做相应的语义翻译,从而实现纯 IPv4 和纯 IPv6 节点之间的相互通信。该技术的中心设备,是处于 IPv6 与 IPv4 网络交界处的 NAT-PT 网关,它完成地址转换和协议转换(包括网络层协议、传输层协议以及一些应用层协议之间的互相转换)的功能。它拥有一个 IPv4 地址池,用来在会话建立时完成 IPv6 地址与 IPv4 地址的映射。NAT-PT 简单易行,它不需要 IPv4 或 IPv6 节点进行任何更换或升级,它有效解决 IPv4 节点与 IPv6 节点互通的问题。但该技术在应用上有一些限制:首先在拓扑结构上要求一次会话中所有报文的转换都在同一个路由器上,因此较适用于只有一个路由器出口的存根网络;其次一些协议字段在转换时不能完全保持原有的含义;另外协议转换方法缺乏端到端的安全性。NAT-PT 可扩展至 NAPT-PT。参见 network address port translation-protocol translation (NAPT-PT),stateless IP/ ICMP translation (SIIT)。

network administrator 网络管理员 负责广域网或局域网运行的人员。对网络负有维护、管理职责,确保网络正常、有效运行。网络管理员的主要任务如下:①确保系统的所有用户均有足够的磁盘空间,使之有效地使用文件和数据库服务功能;②合理安排网络用户工作,保证网络平滑、有效、可靠运行;③日常的维护、管理和事务性工作,包括用户、口令、日志、记账等管理工作,以及硬件、软件、数据的转储、恢复、更新、扩充等维护工作。

network analog 网络模拟 (1)对电网络进行的模拟。其方法是:对电网络变量间的关系建立表达式,并用计算机及程序模拟。(2)用一个或若干个电路来表示变量之间数学关系的一种表达和求解方法。

network analysis 网络分析 关于网络的图论分析、最优化分析以及动力学分析的总称。网络分析是对网络中所有传输的数据进行检测、分析、诊断,帮助用户排除网络事故,规避安全风险,提高网络性能,增大网络可用性价值。网络分析一般包含以下分析情况:快速查找和排除网络故障;找到网络瓶颈提升网络性能;发现和解决各种网络异常危机,提高安全性;管理资源,统计和记录每个节点的流量与带宽;规范网络,查看各种应用,服务,主机的连接,监视网络活动;分析各种网络协议,管理网络应用质量。

network analyzer 网络分析器 (1)分析网络监控器提供的信息,对故障进一步跟踪定位,以查出故障原因和地点的硬软设备。功能强的网络分析器还可提供断点设置、实时分析、捕获指定类型故障、提示查找故障经验等高级措施。(2)模拟某种网络(如供电网络)所用的一种装置。

network application 网络应用 利用网络开展的应用,如数据收集或查询/更新。

network application support (NAS) 网络应用支持 数字设备公司为了在网络环境下,把自己的计算机与 IBM 机、IBM 兼容机、Macintosh 计算机等进行互连,而提出的一套工业标准。这套标准中还包括 X.400 电子邮件协议、X 窗口显示标准、SQL(结构化查询语言)数据库操纵语言等。

network architecture 网络体系结构 (1)网络的一组设计原则。包括功能组织、数据格式和过程的说明,以作为用户应用网络的设计和实现的基础。例如,ISO(国际标准化组织)的开放系统互连(OSI)结构、IBM 的系统网络体系结构(SNA)、DEC 公司的 DEC 数字网络体系结构(DNA)等。(2)指计算机网络的基础结构,包括硬件、功能层、接口以及用来建立通信链路和保证信息可靠传输的协议(规则)。因为计算机网络是硬件和软件的混合体,所以网络体系结构的设计要求能提供合理而实用的标准,使计算机和其他设备能处理和建立通信链路和不冲突地传输信息的复杂工作。参见 system network architecture (SNA),open network architecture (ONA),open systems architecture (OSA)。

network attached storage (NAS) 网络附加存储 也称"附网存储"。NAS 作为一种概念是 1996 年从美国硅谷提出的,其主要特征是把存储设备和网络接口集成在一起,直接通过网络存取数据。即把存储功能从通用文件服务器中分离出来,使其更加专门化,从而获得更高的存取效率,更低的存储成本。1999 年问世的第一代 NAS 产品,采用了瘦服务器技术,对设备要求低且易于维护。在 2000 年出现的第二代 NAS 产品,基本上都采用嵌入式技术设计专用控制板,支持 HTTP(超文本传输协议)、FTP(文件传输协议)、SMB(服务器报文块)、AFP、CIFS(公用网际文件系统)等多种访问方式,支持各种网络协议,并具有服务器级的安全体制,已经可以取代传统的文件服务器。2001 年开始的第三代 NAS 设备采用了比较先进的防崩溃文件系统,是专门针对海量数据存储而设计,自动日志、备份、恢复、存储索引等功能被集成到文件系统底层。高端 NAS 产品已使 SAN(存储区域网)和 NAS 两种存储解决方案之间的界限变得模糊,最终结果是面向网络存储成为一种能够满足各种级别数据存储需要的解决方案。比较 storage area network (SAN)。

network attachment sub-system (NASS) 网络附加子系统 在下一代网络(NGN)架构研究中,它是在用户接入层中设置的能够进行接入控制、标识和管理的一个子系统,是 NGN 中业务层重要功能结构之一。NASS 能对用户的接入完成连接认证和用户配置管理,并能进行用户的位置管理。

network attack 网络攻击 利用网络存在的漏洞和安全缺陷对系统和资源进行的攻击。

network-augmented pyramid 网络增强型金字塔系统 一种异构多机系统。以金字塔型多机系统为基础,连接多台独立计算机,信息可以从金字塔向外连接的计算机传输并继续进行处理。

network awareness 网络识别(态) 中央处理机的一种状态,此时处理机可识别整个网络的状况。

network bank 网络银行 也称"电子银行"、"虚拟银行"。普遍认为的第一家网络银行是 1995 年 10 月 18 日成立的美国安全第一网络银行。美国网络银行评价网站 Gomez 认为至少提供以下五种业务中的一种才可以称为网络银行:网上支票账户、网上支票异地结算、网上货币数据传输、网上互动服务和网上个人信贷。所以网络银行有狭义和广义之分,狭义的网络银行又可称为纯网络银行是指没有分支银行或自动柜员机,并提供以上五种服务中至少一种,仅利用网络进行金融服务的金融机构。广义的网络银行则包括纯网络银行、电子分行和远程银行。电子分行是指在同时拥有实体分支机构的银行中仅从事网络银行业务的分支机构。远程银行是指同时拥有 ATM 机、电话远程交易软件和纯网络银行的金融机构。

network basic I/O system (NetBIOS) 网络基本输入输出系统 为了支持 IBM PC 兼容机组成计算机网络,微软公司在 DOS 操作系统的基础上研制开发出的一个局域网通信的编程接口,支持 DOS, OS/2, UNIX, IBM Token Ring, 以太网, IEEE 802.2, TCP/IP(传输控制协议/网际协议)等,使应用程序可与设备进行通信,提供的功能在 OSI(开放系统互连)七层参考模式中处于表示层和会话层之间。NetBIOS 为应用程序提供了一套形式统一的命令,可用来请求各种低层网络服务,实现网络节点之间的会话以及来回传送信息。这套命令亦可由与 NetBIOS 系统兼容的网络控制程序或网络操作系统解释执行。参见 application program interface, basic input/output system (BIOS), ROM BIOS。

network block transfer (NETBLT) 网络数据块传送 网络中使用的属于传输层的一种协议,这种协议具有流量控制和成批传输数据的特点。在 NETBLT 控制下,可以形成一个稳定的高速数据发送速率。

network bottleneck 网络瓶颈 网络瓶颈指的是影响网络传输性能及稳定性的一些相关因素。例如,网络拓扑结构、网线、网卡、服务器配置和网络连接设备等。

network buffer 网络缓冲器 在计算机通信系统中,为解决接收和发送的数据流速差别而采用的存储设备。它存放输入信息和待输出的信息。

network calculator 网络计算器 由电阻、电感、电容和信号发生器等构成的一种装置,用于模拟发电系统,使不同工作条件变化的影响可以输入计算机中进行研究。

network capacity 网络容量[能力] 网络中每秒可传输数据组的最大数量。

network card 网卡 同 network interface card (NIC), network adapter。

network-centered computing 以网络为中心的计算 以微处理器完成原先由大型机、小型机的计算环境。它是以计算机网络为基础的计算机系统结构。

network chart 网络图 (1)在系统开发过程中,一种有向图,用来描述和规划项目控制中的事件,活动及其相互关系。(2)在数据通信中,用来说明网络拓扑结构的一种框图。参见 network planning。

network cheating 网络欺骗 一种网络安全防护的方法。将入侵者引向一些错误的资源,使入侵者不知道其进攻是否奏效或成功,同时可跟踪入侵者的行为,在入侵者之前修补系统可能存在的安全漏洞。

network class 网络类型 TCP/IP(传输控制协议/网际协议)网络中按 IP 地址类型划分的网络类型。如 A 型网络、B 型网络等。

network common carrier 网络公共载体,网络运营商 为公众提供包交换数据网络的任何组织形式。参见 communication common carrier。

network communication 网络传播 以计算机通信网络为基础,进行信息传递、交流和利用,从而达到其社会文化传播的目的传播形式。网络传播融合了大众传播(单向)和人际传播(双向)的信息传播特征,在总体上形成一种散布型网状传播结构,突破了人际传播一对一或一对多的局限,在总体上,是一种多对多的网状传播模式。参见 interpersonal communication, mass communication。

network communication control facility (NCCF) 网络通信控制机制 IBM 公司开发的通信控制程序。它可跨越多级网络工作,具有记录和报警功能,可支持多个网络管理员分工负责全网管理。

network communication processor 网络通信处理机 在网络环境下实现多重功能的处理机。例如,ARPA(阿帕网)的终端接口报文处理机既可用作远程集中器,又可用作报文转换计算机。TYM-

NET 网的 Base Tymsat 处理机既可用作前端处理机,又可用作报文转接计算机。

network communications server (NCS) 网络通信服务器 一种实现局域网与广域网互连的设备,能够在同一硬件平台上实现单元中继和线路转接,从而为信息组形式的传输业务提供互连通信,可根据用途选择传输方式。

network communications services interface (NCSI) 网络通信服务接口(协议) 处理网络上的串行端口通信的一种协议。NCSI 应用程序与 NCSI 驱动程序进行对话,而不是直接与通信端口进行对话,这样可与网络上的通信服务器进行数据的重定向。

network components 网络部件 在大型系统中,构成网络的主处理机,远程计算机系统,远程终端以及连接所有部件的传输线路或信道的统称。

network computer (NC) 网络计算机 NC 这个概念来自于 Oracle 和 Sun Microsystems 的一种用于商务网络的低价个人计算机,它是一种低廉、无需维护的装置,可让用户不费力气就能接到因特网和网络资源上。从这种装置上,他们就能分享到任何网络资源,完成任何和所有目前需要在 PC 机上进行的任务。网络计算机提供了简洁性,去掉了 PC 使用中复杂的软硬件、只留下网络访问与显示功能,网络计算机对软件、服务、处理、数据和资源几乎全部都依赖网络。这就消除了周而复始的软硬件升级,而是把这个负担放到了网络上。

network computer interface 网络计算机接口 主机和网络之间的接口。按硬件连接来分有三种不同的形式。第一,主机和通信网络构成一个整体网,主机可以为网络执行报文交换功能,报文直接送到主机自身或其他节点,这样就不需要专门的接口计算机;第二,主机通过报文交换计算机连接到网络上,在这种情况下,除了传输媒体外也不需要另外的硬件;第三,主机和一台前端计算机连接,该前端计算机就充当主机到报文交换计算机再到网络的一种接口,通过这种接口,截取并控制网络和主机之间的输入/输出的信息。

network computer reference profile (NCRP) 网络计算机参考配置 由 Oracle 制定并由 Sun、IBM 及其他公司支持的网络计算机规范。参见 network computer。

network computing architecture 网络计算系统结构 持分布式计算的一系列协议和系统结构。

network computing kernel (NCK) 网络计算核心 在 AIX 网络计算系统(NCS)中,远程过程调用运行库的通信,为运行分布式应用程序提供支持。

network computing system (NCS) 网络计算系统 一系列软件工具,由 Apollo 计算机公司开发。将网络上所有计算机资源融为一体并发挥其效能。软件包括远程过程调用运行库、位置承接程序和 NIDL(网络接口定义语言)编译器。参见 location broker。

network configuration 网络配置 (1)在 SNA(系统网络体系结构)中,组成数据处理系统、网络或通信系统的一组链路、节点、机器功能部件、设备和程序。(2)由许多小型计算机和微型计算机组成一个网络系统的方法。常见的有星形、环形和总线式三种拓扑结构。这三种方式都需要特殊的硬件和软件才可实现。

network congestion 网络拥塞[阻塞] 由于网络中出现流量高峰或过载等情况时,由于需要传送的数据量超过了网络处理能力,网络服务性能出现下降的现象。

network connection (NC) 网络连接 在终端连接点之间,由一系列相关的链路连接和/或子网连接形成的传送实体。

network constant 网络常数 网络中的电阻、电感、互感或电容值中的任何一种。

network control 网络控制 (1)数据网络中管理线路使用和信息交换的活动。(2)在 SNA(系统网络体系结构),一种请求或应答单元类型,用于物理单元之间交换请求和应答,目的是启用和停用显式路由虚拟路由以及送装入模块去调整外围节点。参见 data flow control, function management data, session control。

network control block (NCB) 网络控制块 在 LAN Manager 网络软件中,一块固定长度的顺序数据,包含一个表示操作类型的操作码和表示操作状态的数据元素。参见 opcode。

network control center 网络控制中心 计算机网络和专用通信网中控制和部分地监视网络状态的一个场所。在专用通信网中,在改善网络服务时,网络控制中心运行、维护、控制和监视专用网,以降低整个网的费用。它还负责运行和网络交换及中继,对不满意网络服务的网络用户进行回答。负责调整网络的功能,管理交换数据库的修改。负责监视和控制实时流量。负责收集信息的详细报告和流量数据报告,并且保证以有效的方式提供用户所希望的服务级别。

network control language 网络控制语言 向网络操作系统定义和传输任务的语言。类似于通常数据处理系统中的操作语言。它可分为两种形式:①命令语言。仅包含两种成分:一种是描述操作需要的;另一种是执行任务处理要求的。②专用语言。在命令语言基础上,另外附加一些高级程序设计语言成分,以表达执行的算法。网络控制语言既可在批处理方式下使用,也可在交互处理方式下使用。

network control language standards 网络控制语言标准 网络控制语言中的一些标准命令组,他们能实现普通的、简单的和中等规模系统的控制功能,这些功能与网络上正在使用的系统无关。例如,请求联机,文件列表及编目录等。除了某些中等功

N

能,如运行一般编译程序和执行作业等之外,那些简单的功能必须标准化。

network control mode 网络控制方式 (1)网络的一种工作方式,其中网络控制程序可以指挥通信控制器完成轮询、设备寻址、拨号和应答等通信活动。(2)同 network control phase。

network control phase 网络控制阶段 (1)即数据呼叫阶段。在该阶段中,通过在数据终端设备与网络之间交换数据网络控制信号,建立呼叫、断开或连接呼叫,或进行信号传输。(2)数据传输阶段的一种工作方式,此时用户可以恢复连接,以便得到网络服务。同 network control mode。参见 data transfer phase。

network control processor 网络控制处理机 通信系统中用以指示通信网络数据链路操作的处理机。它具有足够大的空间以存储所需的程序,并为所有线路提供适当的缓冲。其指令周期和存储访问周期应足够小,以使得各个线路不致因超载而丢失数据。其指令集合应面向传送和操纵数据的通信环境,它必须易于与大量不同的终端和数据设备接口,因而要有灵活的输入/输出结构。在某些情况下,可能还需要与大容量存储设备的接口(对于报文转接系统)以及与主机的接口(对于使用前端机的情形),后者允许主机和前端机之间进行数据传输。其基本功能主要有:串/并转换、代码转换、报文组装和简单编辑、错误修正、数据压缩、简单同步检测、数据缓冲、复用和集中、网络统计信息的自动收集以及网络诊断等。

network control program (NCP) 网络控制程序 计算机操作系统的一部分。其功能是:在处理进程之间的通信过程中,确定不同计算机的两个进程间的连接,控制数据传送的流量和拆除连接等。

network control program BSC or SS session 网络控制程序二进制同步通信或起停式通话 某些通信系统软件中定义的一种命令和数据交换序列,该序列在主机与通过网络控制程序连接到该主机的起停式(SS)或二进制同步通信(BSC)设备之间进行交换。网络控制程序通话的主要目的是使网络控制程序与多个 BSC 或起停式传输站之间交替传输。

network control program generation 网络控制程序生成 为产生一网络控制程序,在一处理机中对一宏指令程序进行汇编和连接编辑的过程。

network control program major node 网络控制程序大节点 在某些通信系统软件中,一组代表网络资源(诸如线路和外围节点等)的小节点,由网络控制程序进行控制。

network control program node 网络控制程序节点 在 SNA(系统网络体系结构)产品中,一种子区节点,其中包含 ACF/NCP(网络控制程序的高级通信功能)程序,但不包含 SSCP(系统服务控制点)。

network control program station 网络控制程序站 在某些通信系统软件中,一种二进制同步,起停式或 SNA(系统网络体系结构)站,该站和控制器相连,并由网络控制程序进行控制。

network control signaling unit 网络控制信令[发信]装置 一种控制电话网络操作的装置。其功能包括:初始化、拨号、交换和实现管理。

network control unit (NCU) 网络控制单元 无网络控制功能的专用线路通信终端利用公用网进行数据通信时使用的装置。

network convergence 网络收敛性,网络融合 (1)由于一个路由项的改变,网络中的所有节点全部更新它们的路由表所需时间。参见 routing network。(2)不同网络(如电信网、因特网和有线电视网)通过各种方式进行渗透和整合的一种趋势。网络融合带动了业务、市场和产业的融合。参见 triple play。

network coprocessor 联网协处理器 在个人计算机中,一种装在扩展板上的微处理器,和系统装置里的处理器协同工作,使个人计算机能和网络上的个人计算机及其他设备交互作用,共享主机资源,并且和其他的操作并行地使用通信服务。同 communication coprocessor,参见 I/O coprocessor, math coprocessor。

network database 网状数据库 信息管理中的一种数据库类型,在这种类型的数据库中,数据记录可以有不止一种链接(即互相建立关系)。网状数据库与层次数据库有一点是相同的,他们在一个记录与另一个记录之间都可有一种上下级关系。不同的是,网状数据库的结构较为灵活,其任何一个记录都可指向不止一个其他记录;反过来,也可以被一个或多个记录所指向。实际上,网状数据库允许在任何两个记录之间有不止一个通路;而层次数据库只允许有一个通路,也就是从父记录(高一级记录)指向子记录(低一级记录)。比较 hierarchical database, relational database。

network database language 网状数据库语言 网状数据库提供给用户的一种数据语言。主要有模式描述语言、子模式描述语言、物理数据描述语言和数据操纵语言。用它可描述网状结构数据库和它的完整性约束、数据库模式的用户视图以及可执行语句和数据库作业等。

network database management system (NDBMS) 网状数据库管理系统 网状数据库管理系统是管理网状数据库并使数据库管理员和用户能方便快速地建立、维护、访问和处理网状数据库的软件系统。网状数据库管理系统的其他功能包括维护数据库中数据的一致性、完整性和一旦出现故障情况下数据库的恢复,以及在多用户环境下多个应用程序同时存取同一数据单元时并发性的处理,以避免出现脏数据或丢失更新等不正常现象。

network database system (NDBS) 网状数据库系统 采用网状数据模型来描述数据库的数据库系统。1964年美国通用电气公司开发了第一个网状数据库管理系统(IDS),IDS奠定了网状数据库的基础。美国数据系统语言会议(CODASYL)下属的数据库任务组(DBTG)于1969年提出了网状模型、数据定义语言(DDL)和数据操纵语言(DML)的规范说明,并于1971年出版了被称为DBTG(数据库任务组)的正式报告。该报告描述的网状数据库系统被称为CODASYL或DBTG系统。在20世纪70年代和80年代,曾经出现过大量的网状数据库系统的产品,比较著名的有Cullinet软件公司的IDMS,Honeywell公司的IDSII,Univac公司的DMS1100,HP公司的IMAGE以及Oracle公司的Oracle CODASYL DBMS等。

network data management protocol (NDMP) 网络数据管理协议 一种开放协议,用于基于网络的文件服务器的备份,支持平台独立的数据存储器。

network data structure 网络数据结构 一种构造数据结构的方法,允许网络节点以一种多向方式连接。网络的每一个节点可由数个"拥有者",每个拥有者可拥有任意个其他数据单元。

network definition 网络定义 在某些通信系统软件中,定义网络中每个节点的共性和特性以及这些节点在系统中分布的过程。

network density 网络密度 网络中线路总长度与面积的比。

network design criteria 网络设计指标 网络设计指标包括:①功能;②配置;③容量;④语言;⑤媒体;⑥代码;⑦应急处理;⑧准确性;⑨成本等。

network device driver 网络设备驱动器 协调网络适配器卡和计算机硬件之间通信的软件以及其他一些控制网络适配器卡实际操作的软件。

network directory 网络目录 在局域网中,指计算机上的磁盘目录。和网络驱动器不同,用户只能访问相应的目录。能否访问磁盘的其他部分取决于他是否具有访问权。参见network drive, shared directory, shared folder。

network directory database 网络目录数据库 同distributed directory database。

network domain 网络领域 微软Windows NT中一系列共享一个安全账户管理程序(SAM)数据库的工作站及服务器,这些设备可以作为一个组来管理。一个在特定网络域中具有账户的用户可以从这个网络域的任何系统登录并访问其账户。参见SAM database。

network drills 网络演习 对实际系统进行的最后一级测试,让所有的节点传送数据,对设备、人员、接口和程序也加以综合测试。

network drive 网络驱动器 在局域网中,可被网中其他计算机使用的磁盘驱动器。对网络中其他用户,网络驱动器就和本地计算机的磁盘一样使用。但是网络驱动器并不是网络的所有用户都可访问的,许多操作系统包含有安全措施,网络管理员有权决定是否允许访问网络驱动器的各个部分。参见network directory。

network driver interface 网络驱动程序接口 在网络传输层和数据链路层之间的软件接口。该接口提供协议管理程序,在接收传输层的请求后激活网络适配器。使用兼容网络驱动程序的网络适配器可自由交换信息。这种方法允许在一个网络适配器上运行多种协议堆。例如,PC机可连接到运行IPX/SPX(网络互联包交换/顺序包交换)协议的NetWare网络和运行TCP/IP(传输控制协议/网际协议)的UNIX网络;也允许一个传输层协议在不同的网络适配器上运行,如在以太网和令牌网上运行IPX/SPX。两个主要的网络驱动程序接口分别是Novell公司的ODI(开放数据链路接口)和微软公司的NDIS(网络驱动器接口规范)。

network driver interface specification (NDIS) 网络驱动器接口规范 为网络适配器驱动程序提供的接口,所有的传输驱动程序都调用NDIS接口来访问网络适配器。NDIS为网络驱动开发提供了完整的抽象。对所有外部功能来说,NIC(网络接口卡)驱动都依赖于NDIS,这些功能包括与协议驱动的通信,注册,截获NIC硬件中断,与下层的NIC的通信。NDIS能为网络适配器使用的驱动器提供一种标准的"共同语言",它使一个网络适配器能支持多个协议,也能使一个协议与来自不同供应商的网络适配器共同工作。

network dynamic data exchange (NetDDE) 网络动态数据交换 NetDDE是微软Windows NT中计算机应用进程间通信(IPC)的机制,在应用程序之间共享信息。

network dynamics 网络动力学 关于网络系统的由网络流量作为状态量的动力学。网络动力学性质的基本研究对象是动力学模型在不同网络上的性质与相应网络的静态统计性质的联系,包括已知和未知的静态几何量。如果我们发现了某个模型在某一网络上有某种特殊的表现,那么可以认为是这一网络的某种特征影响了这个模型的表现。这种特征有可能是已经得到研究的这种网络的几何特性,也有可能是没有被发现的几何特征,那么前者将印证网络上这些几何量的重要性,而后者将会推动网络本身研究的发展。

network edge 网络边缘 网络的接入层(汇接层)。就是靠近用户端,用于汇聚用户网络的网络层面。网络边缘设备通常会配置路由控制列表,用于实现用户访问权限控制、安全策略控制等功能。

network element (NE) 网络元素 网络元素是指网络中具体的通信设备或逻辑实体。简称"网元"。

参见 network element function。

network element function (NEF) 网元功能 (1) SDH(同步数字系列)实体内的一种功能。它支持以 SDH 为基础的网络传送服务,如复用、交叉连接、再生。网元功能可由管理对象来模拟。(2)在 ATM(异步传输模式)网络中,指在一个 ATM 实体中的功能,支持基于 ATM 网络的传输服务,如多路复用、交叉连接。

network element function block 网络单元功能块 网络单元功能块可以包括电信功能和/或支持功能。它是一个为受监视和/或控制目的与 TMN(电信管理网)通信的功能块。

N

network element layer (NEL) 网络元素层 (1)与技术、厂商和网络资源相关的功能的抽象。(2)提供基本通信服务的网络元素的抽象。

network element rent 网络元素出租 将基本的电信网络元素,如交换机、用户线路、光纤等进行出租的业务。这项业务有利于优化资源配置、避免重复建设。

network encryption 网络加密 为了加强计算机网络中传送和存储信息的安全保密而采用的数据加密技术。通常采用的网络加密方法划分为链路加密、节点加密和端到端加密三种方式。

network equalizer 网络均衡器 联机线路中插入的一种网络器件,用来补偿信号经过线路所产生的幅度及相位失真。如果补偿合适,工作频带内在所有频率下的总衰落和时延都近乎相同。

network etiquette (Netiquette) 网络礼仪 一套在因特网上的礼貌规则,反映在电子环境(电子邮件和新闻组)中和睦相处的长期经验。违反网络礼仪规则会导致谴责并将其大名置于意向接收者的怪人过滤器中。非正当行为包括无缘无故的人身攻击;粘贴大量无关材料;没有事先通告便泄露电影、电视剧或小说情节;邮寄未加密的人身攻击材料;不管组成员是否感兴趣,超量向多个组成员交叉邮寄消息。

network extension unit (NEU) 网络扩展设备 星型拓扑结构局域网 StarLAN 的集中器和转发器。

network failure 网络失效[故障] 在网络中,由于网络本身或者某个重要部件不能正常工作而使某种网络服务失效的状态。

network file system (NFS) 网络文件系统 一种分布式文件系统网络协议,由 Sun 微系统公司开发,是一种在异种机型、操作系统及网络环境中共享文件的网络协议,采用基于客户机/服务器的服务方式进行通信,具有信息访问的透明性,用户可以直接获得远程文件的数据而不必了解网络信息。NFS 与 FTP(文件传输协议)的主要区别在于它们的传输数据方式不同。FTP 拷贝整个文件,而 NFS 只在需要时才访问文件的一小部分。NFS 优于传统文件传输协议的优点是通过把局部文件和远程文件放在同一个名字空间中而掩盖了这两种文件系统的差异。NFS 还只是一个协议族中的一员。这个协议族中的其他成员有 XDR(外部数据表示)、RPC(远程过程调用)等。这些协议是 Sun 微系统公司提出的开放网络计算(ONC)大体系结构的一部分。参见 file transfer protocol (FTP)。

network file system (NFS) implementation 网络文件系统实现 网络文件系统的实现方式和嵌入操作系统的方式。应用程序执行时,要求系统打开一个文件,或存储并检索文件内数据。系统把这个请求传给本地文件系统软件还是远程计算机 NFS 客户软件,取决于文件是在本地磁盘上还是在远程计算机中。如果要到远程计算机,则本地客户软件把这个请求通过远程信道传给远程计算机的 NFS 服务器软件去处理。实际上 NFS 协议在执行过程中还需要远程过程调用(RPC)和通用外部数据表示(XDR)两种协议。NFS、RPC 和 XDR 是三个独立开发出来的协议,但往往又作为一个整体来使用。参见 remote procedure call (RPC), external data representation (XDR)。

network function 网络函数 用以供研究网络端口特性的函数。它是电网络的响应函数与激励函数之比。

network gateway accounting (NGA) 网络网关记账 从网关 NCP(网络控制程序)接收流通信息的 NPM(NetView 性能监控器)子系统。

network general control protocol (NGCP) 网络通用控制协议 用于分布式网络分析器系统的控制台和服务器之间的通信协议。

network generation (NETGEN) 网络生成 执行网络节点计算机所需的,与网络有关操作系统功能的操作。

network harddisk 网络硬盘 简称网盘,又称网络 U 盘、网络空间等,是一种可以为用户提供寄存、上传、下载、共享信息数据等操作的网站。免费的网盘的可用空间较少,一般对文件大小、下载速度、存放时间等有限制;付费的网盘能提供大容量空间,文件大小、下载速度、存放时间及格式都不限制。

network identifier 网络标识符 在 TCP/IP(传输控制协议/网际协议)中,指因特网地址中定义网络的一部分。网络标识符的长度取决于网络的类型。参见 host ID, Internet address。

network information center (NIC) 网络信息中心 为用户提供网络信息资源服务的网络技术管理机构。其主要职责是对网上资源进行管理和协调,如域名管理、应用软件管理和提供、技术支持和培训。

network information services (NIS) 网络信息服务 在因特网中,指向网络用户提供的信息、帮助和服务。参见 network information center (NIC)。

networking 网络连接,联网 一定范围内互连各个计算机所使用的一种技术。将多个独立、分散的系统相互连接,组成更大规模的、能力更强的整体系统的过程。其目的是使他们能够彼此通信、交换信息、共享资源、相互合作等。联网范围大小不一,小至一个机箱、一个房间,大至一个城市、一个国家,乃至全球。联网可以通过公用的或专用的载波通信信道来实现,利用数据链路控制通信线路,管理报文处理及其他用户线路。联网技术(如同步数据链路控制)能以硬件自动实现大部分网络功能,而且在应用程序中只需增加几条数据链路控制命令。因此,用户完全看不到数据库和并行处理的分段过程。

networking protocol 联网协议 按照一定的顺序进行传输的一组记录,用于:初启网络通话;控制网络数据流;终止网络通话。网络协议是约定的"标准",网络中的所有成员都必须遵守。

network integrity 网络完整性 对局部远程通信网络进行规划、构造、操作和维护,以期获得整体网络功能的方法。

network intelligence 网络智能 用微型计算机可以更有效地建立分布智能系统。每台微型计算机有独立的计算和控制能力,在网络中各执行一项专门的任务,并可能在开销不大的前提下为整个网络提供充足的软硬件。公用存储器的软硬件技术为子系统间的通信提供了全新处理方法。在网络智能系统中,每个节点处理机都具有某一个专门功能,而且往往是面向输入输出的。

network interconnect 网络互连 参见 SNA network interconnect。

network interface 网络接口 在电信公司的网络与本地装置之间的连接处。

network interface card (NIC) 网络接口卡,网卡 NIC 是插在个人计算机或服务器扩展槽内的扩展卡,与网络操作系统配合工作,控制网络上的信息流。它按计算机总线类型可分为 ISA(工业标准体系结构)网卡、EISA(扩展的工业标准体系结构)网卡、PCI(外围部件互连)网卡等。常用的网卡接口有三种规格:粗同轴电缆接口;细同轴电缆接口;非屏蔽双绞线接口。一般的网卡仅提供一种接口,但也有提供两种甚至三种接口的。网卡具有一组配置选项以保证网卡能与工作站中其他外部设备共存并且正确地响应网络操作系统。支配网卡操作的两个最重要的参数是它的端口地址和中断。网卡地址是指网卡在整个网络中的标识值,而端口地址是工作站使用的十六进制数,常用的默认地址是 300H。工作站的端口地址必须配置成能正确发送数据,而网卡地址则必须被配置成当数据发送到该地址时能够对其进行识别。中断是另一个重要的参数,工作站利用中断暂时中止数据流动而允许其他数据通过系统。中断避免了不同的数据流同时使用同一个物理电路。网卡还有一些跳线开关,通过跳线设置,可以把网卡设置成所需要的工作环境,如设置选择使用不同的电缆(粗缆、细缆等),设置远程自举(从文件服务器或网络上的其他节点启动工作站)等。

network interface definition language (NIDL) 网络接口定义语言 一个说明性语言,用于定义具有两种格式的接口,一个类 Pascal 的句法和一个类 C 的句法。NIDL 是一个网络计算系统结构的元件。

network interface machine (NIM) 网络接口(计算)机 一种共享的通信控制器,可以使非智能终端访问数据包网络,对分组交换网络传输的从终端到数据包的数据进行格式化。其控制方法是:将非智能终端送出的数据装配成报文,再发送到 Datapac 报文转接网络。

N

network interface module (NIM) 网络接口模块 在某些系统中,通信链路控制器中一种设施,用于为特定的线路组完成某些操作。

network interface unit 网络接口部件 通信网络内由微处理器控制并提供网络与节点部分连接能力的设备。它取代了主机中诸如控制、信号交换和协议转换等功能,并且在执行操作中有存储能力。这类设备广泛用于局域网中。

network intrusion detection systems (NIDS) 基于网络的入侵检测系统 一种运行在被检测网络的硬件检测系统,通常放置在比较重要的网段内,不停地监视网段中的各种数据包。对每一个数据包或可疑的数据包进行特征分析,如果数据包与产品内置的某些规则吻合,入侵检测系统就会发出警报甚至直接切断网络连接。参见 host intrusion detection systems (HIDS)。

network isolation 网络隔离 把两个或两个以上可路由的网络通过不可路由的协议(如 IPX/SPX、NetBEUI 等)进行数据交换而达到隔离目的。由于其原理主要是采用了不同的协议,所以通常也称协议隔离。同 protocol isolation。

network job 网络作业 一个批输入流,由一个用户发送给网络中另一个或多个用户。

network job entry (NJE) 网络作业输入 网络作业表中的一个项,指明系统接收到达的网络作业所需的活动。每个项由发送方的用户标识符标识。

network latency 网络传输延迟时间 信息在网上的计算机之间传送所需的时间。

network layer 网络层 国际标准化组织关于开放系统互连七层参考模式的第三层,提供发信站和目标站之间的信息传输服务。该层为传输层(第四层)实体提供功能性和规程性手段。保证报文的正确传输,使传输层实体不必考虑路径选择和转接。其主要功能包括:路径处理、流量控制和建立或拆除网络连接。

network levels 网络层次 按功能确定的网络工作层次,每一层次都需要有规约。为避免各制造厂因规约互不兼容而引起的麻烦,国际标准化组织提出了一个标准化的层次规约参考模型。

network load analysis 网络负载分析 对工作站之间的信息流的各种参数进行列表，通过对文件容量、处理频率和特定要求等，来推断工作站的特性的过程。

network log 网络日志 一个包含 NetView 处理过的消息、命令和命令过程的文件，此外还包括命令输出结果和其他时间。

network logical data manager (NLDM) 网络逻辑数据管理器 也称会话监视器。它用于监视分布在不同地点的终端与某个应用子系统之间的交互作用，收集有关性能分析和故障定位信息。收集的信息可以分成以下几类：会话轨迹，关于会话实体的名字、类型和域名以及会话开始和结束的时间等。

network loop 网络环路 在网络部署和网络传输过程中由于路径的设置不当导致网络环路形成，相关的广播报文将沿着网络环路无休止地循环传播，继而形成广播风暴，最终耗尽所有的网络带宽，造成整个网络瘫痪。网络环路主要分为二层网络环路和三层网络环路。参见 second layer network loop, third layer network loop。

network management 网络管理 在计算机网络中，对网络资源的管理，使网络中的资源得到更加有效的利用。它负责维护网络的正常运行，当网络出现故障时能及时报告和处理，并协调、保持网络协调的高效运行。国际标准化组织(ISO)定义了网络管理的五大功能：故障管理、记费管理、配置管理、性能管理和安全管理。

network management center (NMC) 网管中心 执行网络管理和控制任务的机构。该机构对网络资源进行动态监督、组织和控制，以提高网络良好服务所需的功能。它通常带有若干个隶属于它的操作维护中心(OMC)。

network management console 网络管理控制台 网络管理软件的客户端部件，为用户提高界面和网络运行的控制室。

network management entity 网络管理实体 在 ATM(异步传输模式)网络中，指交换系统中提供管理 PNNI(专用网间接口)协议能力的软件。它与 PNNI 协议通过管理信息库进行相互作用。参见 private network to network interface (PNNI)。

Network Management Forum (NMF) 网管论坛 由 AT&T、BT、MCI、NTT、北方电信、DEC 等公司组成，在 OSI(开放系统互连) 七层模型上开发有关规程。

network management gateway (NMG) 网络管理网关 NetView 程序之间的一个网关，是 SNA(系统网络体系结构)的网络管理系统。

network management information gathering device 网管信息采集设备 部署于信息管理系统(MMS)中用于采集系统的运行状态信息和性能信息，并传输到网管系统的设备。

network management layer (NML) 网络管理层 计算机网络中，管理网络元素的系统提供的功能的抽象，这些功能如监控和控制网络的端到端通信。

network management model 网络管理模型 为研究网络管理系统中各部分之间的关系而建立的模型。包括功能模型、体系结构模型、信息模型和组织模型。网络管理的功能模型描述了实体的一般结构、实体间接口的通信方式，它由五部分组成：网络故障管理、性能管理、计费管理、配置管理和安全管理。网络管理信息模型主要是实现被管理虚拟资源、软件及物理设备的逻辑表示。网络管理的组织模型包括管理者、代理者和管理实体间的通信方法，规定了管理和被管理系统间的协议接口。

network management protocol (NMP) 网络管理协议 由 AT&T 设计的一组网络协议。它控制某些网络设备，如调制解调器的 T1 多路器。

network management station (NMS) 网络管理站 在因特网中，指负责管理网络的系统，与各被管理节点中的网络管理代理进行联系。参见 agent。

network management system (NMS) 网络管理系统 计算机网络中，一个实现网络管理层功能的实体，可包括元素管理层的功能。一个网络管理系统可管理一个或多个其他的网络管理系统。参见 network management layer。

network management system (NMS) architecture 网络管理系统的体系结构 网络管理系统中的网络管理实体代理和管理信息库之间的组织结构和联系方式。

network management tool 网络管理工具 协助网络管理员监测、控制、管理、维护网络运行的硬设备或软设备。按其功能强弱可划分物理层工具、网络监控器、网络分析器和综合网络管理系统四类。

network management vector transport (NMVT) 网络管理向量传输 一个管理服务请求/应答单元(RU)，在物理单元管理服务和控制点管理服务之间流动。

network manager 网络管理器 用于监控、管理和诊断网络问题的一个程序或一组程序。

network marketing 网络营销 以互联网为载体，以符合网络传播的方式、方法和理念实施的营销活动。

network meltdown 网络瘫痪 由于网络攻击、网络病毒、网络超负荷等原因使网络处于几乎要停止运行的一种状况。这种状况有可能是合法的、超负荷的有效数据引起的，也可能是由于非法的或路径选择有误的信息包引起的。

network model 网状模型 用网络式结构表示实体以及实体间联系的数据模型。网状模型中数据组织成有向图结构，图中的节点代表数据的记录表，即元组记录的集合；弧表述位于不同节点数据间的关系，这一关系也必须是一对多的关系。网状模型的有向图与层次模型的树结构不同，节点和弧构成的网状有向图具有较大的灵活性。与层次模型一样，网状模型也缺乏形式化基础和操作代数的性质。网状模型在实现记录间的联系时，常用链接法，其中包括单向链接、双向链接、环状链接。此外，还有指引元阵列法、索引法等。参见 hierarchical model。

network modem 网络调制解调器 一种网络上的用户可共享的调制解调器，以便用户呼叫因特网服务提供商(ISP)或其他在线资源。参见 modem。

network monitor 网络监控器 通过检验网中传输的控制信息和数据信息监视、控制网络运行情况的硬软设备。功能较强的网络监控器还可对收集的网络信息，如分组类型、故障种类、报文延迟时间等，进行分类统计和编辑打印等工作。

network name 网络名 用户对于指定子网络内可访问单元、链路或连接站时使用的符号标识。端点用户通过这种标识符来访问网络的可访问部件或数据链路。在 APPN(高级对等联网)网络中，网络名还用于路由选择。

network news 网络新闻组 因特网上的新闻组，尤其是指 Usenet(网络新闻组)中的新闻组。

network news transfer protocol (NNTP) 网络新闻传递协议 因特网中的一个协议，在 RFC977 中定义，用于分发、查询、获取和邮寄新闻稿。参见 Usenet。

network node 网络节点 (1)网络中独立自治的点，由一个或多个功能部件组成。他们通过链路、协议等彼此连接起来，构成网络系统。(2)网络中的网络单元。网络节点是计算机网络中的各种数据处理设备，数据通信控制设备以及数据终端设备。网络节点可分为转接节点和访问节点两类，支持网络连接性能的节点称为转接节点，它通过通信线路来转接和传递信息，如终端控制器，集中器等；访问节点是信息交换的源节点和目标节点，它起到信源和信宿的作用，如终端、主计算机等。参见 node。

network node domain 网络节点域 一个 APPN(高级对等联网)网络节点控制点，及其链路、网络资源。

network node interface (NNI) 网络节点接口 在一个网络节点中，用来与其他的网络节点互联的接口。在 ATM(异步传输模式)网络中，NNI 一般为两个交换机之间的接口，它定义了物理层、ATM 层等各层的规范以及信令等功能，但由于 NNI 接口关系到连接在网络中的路由选择问题，所以特别对路由选择方法做了说明。NNI 接口分为公网 NNI 和专用网间接口(PNNI)，公网 NNI 和 PNNI 的差别还是相当大的，如公网 NNI 的信令为 3、7 号信令体系，而 PNNI 则完全基于 UNI(用户网络接口)接口，仍采用 UNI 的信令结构。参见 private network to network interface (PNNI)。

network node server (NNS) 网络节点服务器 (1)一个 APPN(高级对等联网)网络节点，为其局部逻辑单元和客户节点提供网络服务。(2)网络节点服务器并不是单指某一种服务器。它由多个节点和管理装置整体的管理单元构成，用于减轻主服务器的负载。

network noise 网络噪声 电网络中两个信号交互作用引起的噪声。

network number 网络号 参见 network address。

network number exchange (NXX) 网络编号交换码 电话系统中由 3 位数字组成的地址码，表示地区中央交换局，N 为 2 ～ 9，X 为任意数字。该词的缩写曾经也有用 NNX 的。

network objective 网络目的 使用网络的用意。一般包括备份、装入共享和资源共享。例如 ARPA(阿帕网)网络的目的是资源共享。

network of resource information 资源信息网络 为资源信息交换所建立的组织和技术体系。在信息科学技术中，指为资源信息数据库之间、资源信息用户之间、应用系统间，以及它们相互间进行信息交换的基础设施。

network on chip (NOC) 片上网络 一种新型集成电路，是片上系统(SOS)的一种新的设计方法。NOC 使用包交换的直接网络结构，用以取代在复杂系统芯片上连续功能模块所使用的互联总线方法，每个节点通过双向通道连接到相邻的节点。NOC 适用于需要交换较大数据量的系统、数据转发传输处理等的芯片。

network operating system (NOS) 网络操作系统 (1)一种网络系统软件，是多道程序系统的扩展，可以支持由微型计算机和其他处理机组成的多个多机网络。他们之间可以通过 I/O 总线进行本地连接，内部连接，或者通过通信设施进行远程连接。该网络系统能提供 CPU 之间的通信，控制过程和操作系统的命令，以便支持“虚拟设备”的活动。这种软件允许本地 CPU 上运行的用户程序和远程在本地 CPU 上运行的用户程序和远程 CPU 上的用户程序和/或外部设备进行通信，通过充分利用后备部件，来提供高性能的模块冗余度，构成高可靠性的系统。(2)在网络环境下，大型、中型主机上运行的操作系统。它除了支持一般操作系统的功能外，还要根据相应网络体系结构实现各层协议软件，用以支持数据传输功能和各种网络服务、网络管理功能。(3)安装在局域网中网络服务器上的一种操作系统，它协调对连到网络内的计算机和其他装置提供服务的各项活动。它与单用户操作不一样。单用户操作系统执行的是保持一台计算机运行所需的各种基本任务；而网络操作系统则须应答和响应来自许多工作站的请求，管理诸如网络访问与通信、资源分配与共享、数据保护和出错控制等具体事项。网络操作系统可看作是插入在用户和系统资源之间的一种媒介物,用于提供对系统资源直接利用和控制的手段。(4)连接网络上所有设备并管理所有网络功能的系统软件。它使资源能力有效地得到共享,并使文件得以传送。网络操作系统通常分为服务器和客户机两部分,客户机部分将工作站置于网络中,必要时在网络上重新分配数据的路由。服务器根据请求将磁盘、软件、端口和其他设施提供给工作站。

N

network operating system (NOS) type 网络操作系统类型 当前网络操作系统按其功能可以分为以下三种常见结构:①对等式网络结构;对等式网络不需要专用服务器,每一台工作站都能充当网络服务的请求者和提供者,都有绝对自主权,也可以互相交换文件。这种类型的网络软件被设计成每一个实体都能完成相同或相似的功能。特点是使用容易,且工作站上资源可直接共享但数据的保密性差,文件管理分散。②服务器结构;网络以服务器为中心,严格地定义了每一个实体的工作角色,即网络上的工作站无法在彼此间直接进行文件传输,需通过服务器作为媒介,所有的文件读取,消息传送等也都在服务器的掌握之中。优点是对数据的保密性好;文件的安全管理较好;可靠性高。缺点是工作站上的资源不能直接共享;安装与维护比对等式网络困难;服务器的运算功能没有发挥。③主从式客户机/服务器结构;是指将需要处理的工作分配给客户端和服务器端处理,所谓的客户机和服务器并没有一定的界限,这取决于运行什么软件,简单地讲,是提出服务请求的一方,还是提供服务的一方。在主从式结构中服务器端所提供的功能不仅仅是文件、数据库服务,还有计算、通信等能力。工作时不只是工作站端点负担沉重的运算方式,而是改由客户端和服务端各自负担一部分计算或通信的功能,这种结构是当前最优的结构之一。优点是有效使用资源;成本降低;提高了可靠性;缩短响应时间。缺点是管理和开发环境较为困难。

network operation center (NOC) 网络运行中心 管理网络运行的机构。它负责网络的运行、操作、故障处理和维护等,以保证网络的正常运行。参见 network information center (NIC)。

network operation support system (NOSS) 网络运营支撑系统 电信行业运营管理支撑系统的核心,主要是体现由电信网络的业务经营、网络建设的策略和流程等,包括对企业的资源、物流、资金和工作流程的管理,是降低网络运营成本、提供资源利用率的保障。

network operator 网络操作员[程序],网络运营商 (1)控制整个网络或部分网络支持的人或程序。参见 domain operator, node operator。(2)网络运营商是网络提供商,网络运营商以服务角度提供网络运行和网络维护。

network operator/administrator 网络操作员/管理员 在 SNA(系统网络体系结构)中,代表客户系统进行管理的人员,他通过网络操作员服务程序负责控制网络的运行。

network operator command 网络操作员命令 由网络操作员使用的,对远程通信网络进行监督或控制的命令。

network operator console 网络操作员控制台 网络中的系统控制台或终端,操作员借此控制网络的运行。

network operator logon 网络操作员注册 从网络操作员控制台,用操作员命令,代表某个终端发出要求进入系统(即注册)的一种请求。

network operator service 网络操作员服务 SNA(系统网络体系结构)网络的一组功能。用来控制、监督网络的配置和运行。

network OS 网络操作系统 network operating system 的缩写。

network outage 网络失效 由于通信失效而影响依赖于网络的计算机终端、处理器和/或工作站,而造成系统可用性的中断。

network out dialing 网络向外(电话)拨号[呼叫] 一种让用户在本地系统拨号,自动进入长途系统的功能,或者从专用网络进入公用商业网络的功能。

network paralysis 网络瘫痪 网络丧失通信功能的状态。

network parameter control (NPC) 网络参数控制 ATM(异步传输模式)网络监控和控制 UNI(用户网络接口)通信的一系列动作。其主要目的是保护网络资源。

network performance analysis logical unit (NPALU) 网络性能分析逻辑单元 在 NetView 性能监控器(NPM)中,指网络子系统与之通信的 NCP(网络控制程序)中的虚拟逻辑单元。

network PC (Net PC) 网络个人计算机 它是一种低价个人计算机的工业规范,这种计算机专门设计用于商务和商务网络应用,采用集中控制方式,其本身没有磁盘驱动器、CD-ROM(只读碟)驱动器、或硬件扩展槽,有时人们称之为瘦客户机,它支持特殊的商务任务和应用。如在线交易处理(OLTP)、单项零售和银行服务。

network planning 网络计划[规划] (1)一种使用网络图表对项目进行计划、调度和控制的技术。(2)在数据通信中,指确定网络拓扑布局和功能特征。

network port 网络端口 网络中(就局部电路而言),与该网络外部的某些设备或电路的接口,如放大器的输入端口和输出端口。在某些多端口网络中,和特定的方向或部位相联的输入端和输出端的组合,总称为一个端口;例如,具有6路信号的6个端口,四线多点式桥。计算机和通信系统端口的连接点有时也称“端口”。

network prefix **网络前缀** 网络地址中与网络部分相对应的IP(网际协议)地址部分,用来唯一地标识着连入因特网的一个网络的网络号。

network printer **网络打印机** 连接到网络上的一种计算机打印机。

network problem determination application (NPDA) **网络问题判断应用程序** 用于分析网络问题的一种特许程序。用于帮助用户从中央控制点使用交互显示技术标识出网络的问题所在。它能够协助用户分析NCCF(网络通信控制机制)收集的数据,以便确定出现故障或导致失败的网络资源,并能提供几种详细程度不同的分析结果,指明错误的性质和原因。参见 network communication control facility (NCCF)。

network processing **网络处理** 在分布式处理系统中,由主计算机执行的一种处理。这些处理用于网络控制,也可能用于和计算机系统内某些事务处理有关的操作。

network processing and control **网络处理与控制** 通信处理机实现的综合功能和各种网络控制功能。包括支持局部数据库和用作节点开关。

network processor **网络处理机** 一种可完成复杂的算法、成本低廉的可编程序处理机。它很适合于代替硬接线与小型计算机连接。也可代替主计算机或前端处理机来实现某些功能。由于网络处理机的这些功能往往由专用芯片提供,所以也称“网络芯片”。

network product support (NPS) **网络产品支持(程序)** 网络通信控制机制(NCCF)的组成部分,为网络控制器提供操作控制,也为运行诊断程序,确定链路问题,以及改变产品的工作参数提供操作命令。参见 network communication control facility (NCCF)。

Network Professional Association (NPA) **网络专业人员协会** 1994年成立的设在美国伊利诺伊州的一个组织,专注于提高擅长网络的计算机专业人员的地位,开发并资助合格网络专业人员考试(称为NPA考试,是非销售商发起的网络技术考试)。

network protection schemes **网络保护机制** 利用节点之间预先分配的带宽资源对网络故障进行修复的机制,一般在工作路径建立的同时建立保护路径。参见 network survivability, network restoration schemes。

network protocol **网络协议** 计算机网络中互相通信的对等实体间交换信息时所必须遵守的规则的集合。网络协议具有和计算机语言几乎完全相同的定义,即协议为传输的消息定义严格的格式(语法)和传输顺序(文法),及消息的词汇表和这些词汇所表示的意义。协议共有五个部分:通信环境;提供的服务;定义协议所传输信息及其意义的词汇表;词汇表所规定的每个消息的编码格式;保证所交换信息和用户要求一致的各种时序、规则和过程。协议的功能包括连接管理、通信方式管理、协议数据包的发送和接收以及装配和拆卸、数据包的编码和解码、分解和组合、流量控制、拥塞控制、发送顺序控制、发送速度控制和差错处理等。

network provider (NP) **网络提供者** (1)在X.26通信中,指提供公共网络的组织,通常是邮局、电话和电报局。(2)网络服务供应者接口的实现程序。只能由多路供应者路由确定程序调用,绝不能由应用程序直接调用。NP能完成一些操作,如形成和切断网络连接,并返回网络状态信息等。

network-qualified name **网络验证名** 一个唯一识别某一个网络中的一个专门资源的名字。由一个网络标识符和一个资源名构成,网络标识符和资源名都是1~8个字节的字符串。

network recovery objective (NRO) **网络恢复目标** 容灾系统设计的指标。这里所指的网络也许不是一个电脑机房能够控制的,还要考虑外部环境。如果是地震可能整个城市的网络都瘫痪了,可能要在别的地区网络里面寻求支持。参见 recovery point objective (RPO), recovery time objective (RTO)。

network redundancy **网络冗余** 网络中除了连接所有节点需要的最少线路外,又加上若干线路和设备,这种网络的特性就称为网络冗余。

network resource **网络资源** 某些网络部件,如本地网络控制程序,SDLC(同步数据链路控制)数据链路或外围节点。大多域网中CDRM(跨域资源管理器)以及其他域中的LUS(逻辑单元)也是网络资源。

network resource directory **网络资源目录** 在某些计算机系统中,一种磁盘区域,其中含有可以用DDM(分布式数据管理程序)访问的远程系统的文件目录表。

network restoration schemes **网络恢复机制** 不进行预先的带宽资源预留,当网络发生故障后,利用节点之间的可用资源动态地进行重路由来代替故障路由的机制。参见 network protection schemes, network survivability。

network robust **网络健壮性** 即使在被管理的网络设备发生严重错误时,也不会影响网络管理者的正常工作。

Networks **《网络》** 美国1971年创刊,全年8期,John Wiley出版社出版,SCI(科学引文索引)、EI(工程索引)收录期刊。为促进各领域网络设计与使用的改进,发表应用和理论研究论文。包括计算机网络、电信、运输系统、高压电力网、配电系统和其他网络。

network security **网络安全** 网络系统的硬件、软

N

件及其中数据受到保护，不受偶然的或者恶意的破坏、更改、泄露，保证系统连续可靠地运行，网络服务不中断的措施。

network security separated card 网络安全隔离卡 隔离卡的功能是以物理方式将一台电脑虚拟为两个电脑，从而可在完全安全状态下连接内、外网。该卡实际是被设置在电脑中最低的物理层上，通过卡上一边的IDE(集成驱动器电路)总线连接主板，另一边连接IDE硬盘。内、外网的连接均须通过该卡。电脑硬盘被物理分隔成为两个区域，在IDE总线物理层上，在固件中控制磁盘通道，在任何时候数据只能通往一个分区。参见hard disk separated card。

network server 网络服务器[程序] (1)一般意义上的网络服务器即指文件服务器。文件服务器是网络中最重要的硬件设备，其中装有NOS(网络操作系统)、系统管理工具和各种应用程序等，是组建一个客户机/服务器局域网所必需的基本配置；对于对等网，每台计算机则既是服务器也是工作站。在Novell网中，还有其他两种服务器：一是打印服务器，用来管理和控制网络中的打印任务；二是异步通信服务器，主要用于进行远程通信和与其他异步主机进行网络连接。这两种服务器在一般的LAN(局域网)当中是比较少见的。(2)微软Windows NT中，响应来自客户机的请求的网络软件，可以实现为服务器进程或者驱动程序。参见server。

network service access point (NSAP) 网络服务接入点 OSI(开放系统互连)中，网络层为其上层提供服务的接入点。

network service protocol (NSP) 网络服务协议 一种DNA(数字网络体系结构)文件，其中含有信息包和路由选择信息。

network service provider (NSP) 网络服务提供商 网络的拥有者。(1)在电话网中，用户可能要和多个网络服务公司打交道。例如，当用户拨打长途电话时要用到两个网络提供商(本地电话公司和目的地电话公司)。(2)在有线电视网中，网络供应商同时提供网络和电视服务。(3)在线服务商一般并不拥有网络，只是通过网络服务供应商提供服务。(4)在因特网中，NSP提供高速中枢网服务的一种高层因特网提供者。ISP(因特网服务提供商)在NSP之下。

network services header 网络服务标题 在SNA(系统网络体系结构)中，FMD(功能管理数据)请求/应答单元(RU)中的三字节段，在SSCP-LU(逻辑单元)、SSCP-PU(物理单元)或SSCP-SSCP(系统服务控制点)会话过程中流动，主要用于标识该RU的网络服务种类。例如配置服务，会话服务以及在一种服务内的特定请求代码。

network services procedure error (NSPE) 网络服务过程错误 在SNA(系统网络体系结构)中，当某个逻辑单元请求的服务过程失败时，由系统服务控制点送给该LU的一种请求单元。

network session accounting (NSA) 网络会话记账 从NCP(网络控制程序)接收会话记账信息的NPM(NetView性能监控器)子系统。

network shared resource 网络共享的资源 可供网络上用户存取的资源。

network sharing 网络共享 对网络上的资源，包括硬件和软件，授权的任何网络用户都可以使用的特征。

network size 网络规模 网络中节点的数量和这些节点的分布或实际位置，可以分布在国内，也可以分布到国外。

network slowdown 网络减速 同system slowdown。

network software 网络软件 (1)实现网络协议的程序。用以对网络上的不同主机实现进程间统一。这种软件通常是附加在各主机的操作系统上，因而进一步扩充了各操作系统的功能。(2)计算机网络环境中，用于支援数据通信和各种网络活动的软件。目的在于可使本机用户共享网中其他系统资源，或把本机系统的功能和资源提供给网中其他用户使用。网络软件包括通信软件、网络协议软件、网络应用系统、网络服务管理系统以及用于特殊网络站点的软件等。

network stand-alone system 独立网络系统 一种专用的网络，其中包含本地和远程数据源。典型的是总部的计算机与各分支办公机构计算机相连的，或者在大型机构中为几个部门提供相互之间通信的系统。例如，提供动态数据库的询问/应答处理的系统。

network structure 网状结构 (1)在数据库中，按多对多关系安排的数据集合或记录(类)型的结构。(2)在特定网状模型中所用的记录组织格式。(3)一个用节点代表实体的数据结构，与树形结构不同，它允许除根节点以外的节点具有多个父节点。

network survivability 网络生存性 网络发生故障时，仍可继续提供服务的能力。网络生存性是指在网络发生故障后能尽快利用网络中空闲资源为受影响的业务重新选路，使业务继续进行，以减少因故障而造成的社会影响和经济上的损失，使网络维护一个可以接受的业务水平的能力。参见network protection schemes, network restoration schemes。

network synthesis 网络综合 确定网络的拓扑结构及其电路元件的数值，以获得具有特定电气特性(如输入阻抗、传输阻抗等)的网络的过程和方法。

network system integration (NSI) 网络系统集成 是在网络工程中根据应用的需要，运用系统集成方法，将硬件设备、软件设备、网络基础设施、网络设备、网络系统软件、网络基础服务系统、应用软件等组织成为一体,使之成为能组建一个完整、可靠、经济、安全、高效的计算机网络系统的全过程。网络系统集成是将计算机技术、网络技术、控制技术、通信技术、应用系统开发技术、建筑装修等技术综合运用到网络工程中的一门综合技术。

network terminating unit (NTU) **网络端接装置** (1)一种直接与数据终端相连的网络装置,在本地传输线路和用户接口之间工作。(2)在特定数据网上终端电路的一种简单化形式的数据终端设备(DTE)。它通常有一个键盘,用来选择呼叫,并且有指示灯或显示器用来指示呼叫过程中的信令。

network termination (NT) **网络终端** 即用户与网络连接的第一道接口设备。

network terminator type 1 (NT1) **一类网络终端** 主要实现OSI(开放系统互连)第一层的功能,包含用户线传输功能、环路测试和D信道竞争等。NT1有两个接口,即"U接口"和"S/T接口"。U接口与电信局电话线相接,S/T接口则为用户端接口,可为用户接入数字电话或数字传真机等TE1设备、终端适配器和PC卡等多个ISDN(综合业务数字网)终端设备。有些网络终端将NT1功能与ISDN终端集成在一起,它除了具备NT1所有功能外,还有两个普通电话的插口,一个可插普通电话机,另一个可插G3传真机。电话机和传真机的操作与现代普通通信设备的操作完全一样,并能同时使用,互不干扰。

network terminator type 2 (NT2) **二类网络终端** 也称"智能网络终端"。NT2具有OSI(开放系统互连)结构第二和三层协议处理和多路复用功能,还具有用户室内线路交换和集线功能,原则上ISDN(综合业务数字网)路由器、拨号服务器、反向复用器等都是NT2设备。因此,NT1设备是家用用户应用的网络终端,而NT2是中小企业用户应用的网络终端。

network theory **网络理论** 网络物理概念的一种运用,求解网络中的路径问题、流量问题或管理规划方面问题的理论。它以数学方法为基础,求最短路径、最大流量或最小规划实现时间。目前常见的网络理论有PERT,CPM等。参见 performance evaluation and review technique (PERT), critical path method (CPM)。

network time protocol (NTP) **网络定时协议** 使因特网上计算机维持相同时间,可借以实现网络上高精准度(毫秒级)计算机校时的协议。这个协议在RFC 1119中定义。

network timing **网络定时** 在交换线路中,从数据电路端接单元传送到某个数据终端设备的定时信号,用于控制发送和接收数据电路之间数字信号的传送。

network to network interface (NNI) **网络到网络接口** 也称"网络间接口"。ATM(异步传输模式)论坛定义的标准,它规定了两个都位于专用网内或都位于公用网内的ATM交换机之间的接口。而公用网ATM交换机和专用网ATM交换机之间的接口由UNI(用户网络接口)标准规定。同样,两个帧中继交换机之间的标准接口也满足相同准则。光网络的NNI被分为两种类型,即外部网络到网络接口(E-NNI)和内部网络到网络接口(I-NNI)。I-NNI指属于一个管理域或多个具有信任关系的控制面实体间的双向信令接口,负责支持网络中连接的建立与控制。I-NNI间信息完全交互,一般存在于运营商的管理域之内。由于I-NNI是用于同一厂商的设备组成的子网内部,因此不需要进行标准化。E-NNI上交互的信息通常是网络可到达性、网络地址概要、认证信息、策略功能等而并非完整的网络拓扑路由信息。E-NNI更多的是基于安全、策略考虑而不是如同I-NNI中所考虑的性能限制。E-NNI可应用于同一运营商的不同I-NNI区域的边界,也可以应用于不同运营商网络的边界。E-NNI需要定义合适的域间路由协议,实现不同厂商的互通。参见 user network interface (UNI)。

network topology **网络拓扑** 对网络的分支和节点的系统性安排。拓扑可以是物理的或逻辑的。

network topology database **网络拓扑数据库** 在APPN(高级对等联网)中,网络节点之间当前连接性的表示。包含各网络节点的项和连接他们的传输组,还包括各种虚拟路由节点。

network topology structure **网络拓扑结构** 网络拓扑结构是指用传输介质互连各种设备的物理布局。指构成网络的成员间特定的物理的即真实的、或者逻辑的即虚拟的排列方式。网络拓扑结构按布局可分为:星型结构、环型结构、总线型结构、分布式结构、树型结构、网状拓扑结构和蜂窝拓扑结构等。

network tort **网络侵权** 网络环境下所发生的侵权行为。网络侵权行为与传统侵权行为在本质上是相同的,即行为人由于过错侵害他人的财产和人身权利,依法应当承担法律责任的行为。

network transfer function **网络传递函数** 一种与频率有关的函数。它是网络的输入与输出之比。

network transmission **网络传输** 用一系列的线路(光纤、双绞线、无线电等)经过电路的调整变化依据网络传输协议来进行通信的过程。

network transmission medium **网络传输介质** 网络中传输信息的载体。不同的传输介质,其特性也各不相同,们不同的特性对网络中数据通信质量和通信速度有较大影响。常用的传输介质分为有线传输介质和无线传输介质两大类。参见 wired transmission medium, wireless transmission medium。

network transparency **网络透明性** 操作系统或其他服务的一种特性,可使用户通过网络访问远程资源时不必知道资源是远程资源还是当地资源。

N

N

network user address (NUA) **网络用户地址** 在X. 26通信中,指X. 121地址,包含最多15个二进制代码数。

network user identification (NUI) **网络用户标识** 在X. 26通信中,使传输数据终端设备(DTE)向数据电路终端设备(DCE)提供账务、安全或管理信息的机制。可标识一个网络用户,而与使用的端口无关。

network user interface (NUI) **网络用户界面** 连接到网络的计算机的一种用户界面。它用于远程应用程序,使传输文件就像在本机那样容易。

network video **网络视频** 由网络视频服务商提供的、以流媒体为播放格式的、可以在线直播或点播的声像文件。众多的流媒体格式中,FLV格式由于文件小,占用客户端资源少等优点成为网络视频所依靠的主要文件格式。参见flash video (FLV)。

network virtual terminal (NVT) **网络虚拟终端** 一种特定网络的虚拟的终端,这种网络允许用户独立选择在每个位置上使用的终端类型。该网络把许多种终端的代码、速度以及协议转换成NVT形式,这样,支持这个网络虚拟终端的用户计算机不需要附加的软件就能管理各种各样的终端。因此,终端用户可以从同一个终端访问多个系统,从而提高了终端的利用率。

network voice protocol (NVP) **网络声音协议** 因特网中的一个多媒体应用协议,是一个端到端的协议,直接被应用程序使用。

network weaving **网络编织** 在计算机安全中,指一种穿透技术,使用不同的通信网络用于获得对一个系统访问。

NEU **网络扩展设备** network extension unit的缩写。

neural computer **神经计算机** (1)一种基于人工神经网络原理的非传统计算机,也称"神经处理器"。神经处理器是在生物神经网络微观结构这一层次上模拟其刺激—反应自适应调整的信息处理功能。理论模型是MP—模型。这一模型反映了生物神经元受刺激(兴奋或抑制)而作出的反应。目前比较现实的研究开发途径是把神经处理器作为协处理器,在计算机系统或控制系统中发挥其特殊作用。神经处理器主要有三种实现方式:计算机仿真、超大规模集成电路专用并行处理器和线性专用集成电路器件。(2)模拟人脑神经信息处理功能,通过并行分布处理和自组织方式,由大量基本处理单元相互连接而成的系统。神经计算机本质上是一种处理单元互连的并行阵列,执行并发操作。每一个处理单元与其他单元高度互连,并行具有小容量局部存储器。神经计算机体系结构的特点是:①模块化的处理单元,可以复制,具有处理、通信和存储功能;②处理单元是元处理单元,允许许多这样的单元组装在一个芯片上以便构成大型神经计算机;③规则的通信结构,为了保持神经计算机的可扩充性,要求能够克服大规模集成电路中连接的限制;④各处理单元异步操作;⑤稳定性,处理和通信在所有情况下能提供固有的稳定性;⑥处理单元可编程,以支持大范围的神经模型,包括互联的可编程和处理单元功能的可编程;⑦虚拟处理单元,为了执行潜在的任何超并行神经网络,必须要有虚拟处理单元的概念,他们可以将后援存储以分页方式送到神经计算机,神经计算机的实现可以用全硬件方式或软件模拟方式。

neural computing **神经计算** 神经计算是一门新兴的信息处理学科,它从神经生理学和认知科学研究成果出发,采用数学方法研究平行分布的、非程序的、适应性的、大脑风格的信息处理的本质和能力。神经计算中主要的信息结构是人工神经网络。神经计算的发展与神经科学、认知科学、计算机科学、人工智能、信息科学、机器人学、微电子学、光计算、分子生物学等有关,它的主要研究目标是:①理解脑系统为何具有智能;②研究各种强调计算能力的神经网络模型;③研究大规模并行自适应处理的机理;④研究神经计算机的系统结构和实现技术。

neural computing language **神经计算语言** 用来描述神经计算机处理器功能和主机的接口。HNC公司为神经网络协处理器ANZA开发的AXON语言就是一种典型的例子。用户可以使用这种语言自由地描述神经网络模型中所包含的结构化知识,简化了编辑和修改,并且没有边缘效应。神经计算语言使神经网络应用系统的开发容易,效率提高。

neural expert system **神经专家系统** 神经专家系统是由神经计算和符号处理相结合而成的知识表示方式,可看作是一种隐式表示。知识不像在产生式系统中那样独立表示每一规则,而是将某一个问题的若干知识在同一网络中表示。神经专家系统中,知识库的建立是通过训练学习完成的。机器学习程序可从实例中提取有关知识,并通过矩阵及系统参数进行学习训练,将有关知识以网络或动力系统形式表示。多层神经网络的内部表示可用分块邻接权值矩阵和阈值向量描述。神经专家系统的推理机制基本上是数值计算过程,主要由三部分组成:输入逻辑概念到输入模式的变换、网络内的前向计算和输出模式解释。在神经网络专家系统中,不使用由清晰语言描述的分类逻辑标准,只根据系统目前接收的样本的相似性而确定分类标准且主要表现在网络的权值分布上。

neural fuzzy inference system **神经模糊推理系统** 将神经网络和模糊相结合而成的推理系统,其结构可分为五层。第一层是输入语言层,直接将输入值传送到下一层;第二层是输入语言词层,输出应该是隶属函数;第三层为规则层,实现模糊逻辑规则前提条件的匹配,执行模糊AND操作;第四层是输出语言词层,通过模糊OR操作,实现点火规则的综合；第五层是相当于去模糊器，形成语言结果输出。

neural information processing 神经信息处理 一种自适应的非编程的信息处理方式，在现代神经科学研究成果的基础上，利用大规模并行、分布存储、模拟处理和自适应组织方式，反映出人脑加工处理信息的某些基本特征。

neural information processing system (NIPS) 神经信息处理系统 泛指可以高效实现各种神经网络模型的计算机，也俗称为神经计算机。参见 neural information processing。

neural net 神经网络 神经系统的一种逻辑及数学模型，是一种具有学习和自组织能力的智能机构。模仿生物神经系统的神经元建立，试图模拟大脑处理信息、学习和记忆的方式，主要用于模式识别、语音识别和语音综合等领域。同 neural network。

neural net models 神经网络模型 各种能提供某些有价值的、专门的、类似大脑功能的神经网络结构的统称。它按并行方式进行操作，并由许多按生物神经元模式组织的非线性计算单元组成，计算单元由能够改善网络性能的连接权连接进来，其性能取决于网络拓扑学、非线性计算单元特征以及学习规则。网络通过一个初始训练集，利用学习规则自适应地修改连接权来达到每个计算单元应有的局部记忆，把具体的知识和信息转化为网络连接权而分布在整个网络中，对于一个网络模型而言，学习规则是其所具有的本能，提供的学习训练集是它所具备的经历。因此，它就像人类一样，通过自身的学习能力从自身的经历、前人的经验以及书本等吸取经验和教训，并用来解决将来所遇到的类似的问题。神经网络模型是神经网络领域的主要研究方向之一。目前已经有许多网络模型问世。就其使用的输入数据类型可分为二值输入网络、连续值输入网络，按学习规则又可分为有教师学习网络、无教师学习网络。另外，还可以按网络拓扑学、信息在网络中流动方式对网络模型进行分类。较典型的网络模型有 Hopfield 网络模型、多层感知机和 KOHONEN 自组织映射网络等。同 neural nets。

neural net system 神经网络系统 同 neural-network computer。

neural network 神经(元)网络 一种类型的人工智能系统，这种系统以生物神经系统中的神经元(神经细胞)为模型，可用来模拟大脑处理信息、学习和记忆的方式。神经网络设计成各个处理元件的互联系统，每一处理元件含有有限的输入端(相当于神经元上接收神经脉冲的树突)和输出端(相当于神经元上藉以向另一个神经元传递神经脉冲的轴突。这些处理元件不需要编程，可以通过接收加权的输入(粗略地说就是强弱或正负输入)进行学习，经过调整、延时和重复，进而产生恰当的输出。神经网络的实现可采用硬件电路(快速的方法)或利用模拟这样一个网络的软件(慢得多的方法)。与大多数具有很强计算能力的计算机应用不同，神经网络用来帮助计算机通过相关和识别进行学习。其使用领域为模式识别、语音分析和语音合成等。参见 artificial intelligence，pattern recognition。

neural-network computer 神经网络计算机 具有以人脑神经细胞的复杂互连为模式的电路的计算机。对某些应用可提供传统的计算机无法达到的速度。

neural network cooperative processor 神经网络协处理机 一种神经网络计算机结构。参见 electronic neural computer。

neural network expert system 神经网络专家系统 利用神经网络的并行分布式信息处理能力、容错能力、学习能力、自组织能力和实时处理能力等，来克服知识获取的瓶颈问题、克服组合爆炸和匹配冲突等推理困难，以实现具有自动获取知识，并行联想和自适应推理的高智能专家系统。也称“连接主义专家系统”。这种专家系统将更加接近于人类专家的水平。其基本结构为：知识库、人机交互界面、推理机制、知识工程、知识自动获取和输入输出系统等。

neural network modeling 神经网络模型 神经网络模型是利用数据建立模型的方法，与系统辨识很相似。一个神经网络模型是基于生物神经元的简单数学模型，神经元是人类大脑的基本单元。这个方法可以用于高度非线性的系统和系统模型未知的系统。

neural network programming environment 神经网络编程环境 神经网络计算的程序设计用户界面，可以满足各种神经网络软件开发及神经网络计算机硬件支持系统的开发的需要。一般由以下部分组成：①便于神经网络模型编程用的网络描述高级语言；②与机器无关的网络规范说明语言 NSL，在接近硬件级的低水平上描述所要模拟的神经网络模型；③含有各种常用神经网络模型的算法库；④将高级语言转换为 NSL 的编译系统以及将 NSL 转换为在某一个特定处理器上可执行的汇编系统；⑤由命令语言和图形管理系统构成的软件环境。

Neural Networks **《神经网络》** 英国 1988 年创刊，全年 10 期，Elsevier Science 出版社出版，SCI (科学引文索引)、EI(工程索引)收录期刊。刊载大脑和行为过程的模型研究以及在计算机和相关技术领域应用方面的研究论文。

Neural Processing Letters **《神经处理通信》** 荷兰 1994 年创刊，全年 6 期，Kluwer Acdemic 出版社出版，SCI(科学引文索引)、EI(工程索引)收录期刊。刊载国际人工神经网络领域最新研究成果和革新思想，包括理论开发、生物模式、软硬件开发、应用和展望等。

neurocomputer 神经(元)计算机 基于神经器件

和神经网络结构体系，用以实现信息加工的处理机。其基本思想是把相当于脑神经网络的多个处理单元连接成网络，多个神经元相互交换信息，使神经网络整体进行信息处理。这种计算机具有速度快、并行处理、学习、自组织、分布式存储等特征，能够模拟人类感知和智能活动。神经计算机以其特有的运算能力及解决问题的能力为计算机的发展开拓更加广阔的前景。实现神经计算机硬件可采用电子器件、光学器件、生物器件及磁性材料等，目前主要在脑科学领域、数理科学领域及工程科学领域三个方面广泛开展研究和研制。著名的美国星球大战计划、欧洲的尤里卡计划都把神经网络计算机列为重大研究项目。

neurocomputer hardware　神经计算机硬件　用神经元芯片、专用加速板、专用处理机、扩展板等设备和技术，建立的硬件支持系统。该系统能模拟神经网络的一些活动，并与软件一起完成神经网络的主要功能。

Neurocomputing　**《神经计算》**　荷兰 1989 年创刊，全年 28 期，Elsevier Science 出版社出版，SCI(科学引文索引)、EI(工程索引)收录期刊。刊载神经计算的理论(神经网络动力学、学习理论、生物神经网络模拟、神经生物学、认知科学、人工智能等)、实践(软硬件开发)及应用(信号与图像处理、计算机视觉、模式识别、自动控制、优化、调度、资源分配、财政预测等)研究论文。

neurocomputing　神经计算学　根据当前人们所了解到的生物神经的基本原理，结合电子技术和其他物理方法以及数学知识，企图解决现代计算机较难解决的信息处理、模式识别等问题的一门学科。它是一门有关非程序化的自适应信息处理系统的工程学科，本质上是一种全新的独特的信息处理范例。神经计算并不能代替算法程序设计，因为神经计算还处于雏形，其大量应用只限于几类问题。更为重要的是，从哲学角度看，神经计算与算法程序设计概念的不相容性值得人们怀疑。目前，几乎所有的自动信息处理都是基于冯·诺依曼的“加法机”概念，为了实现某个信息处理功能，就必须编写能执行该功能的程序并将其送入计算机。对于某些复杂问题，其算法设计是很困难的，如自动飞机驾驶、手写体字符读入、语音翻译、能识别敌机或敌船的系统、能识别连续谈话的系统等，这些问题在传统的计算机上用传统的算法程序很难解决。这些任务都有三个共同的主要特征：人知道如何去完成；可形成较大的解决该任务的范例集；每个任务都涉及到不同集合中的对象的相关性问题。20 世纪 80 年代初美国麻省理工学院人工智能实验室的 Dave Marr 对视觉信息加工过程提出一个完整的理论框架，将数理工具和方法引入复杂的感知过程的理论结构，形成视觉计算理论，进而发展出神经计算(科)学。

neuroinformatics　神经信息学　(1)是神经科学和信息科学相结合的边缘学科，其目的是利用现代化信息工具，将不同层次有关脑的研究数据进行分析、处理、整合与建模；建立神经信息学数据库和有关神经系统所有数据的管理系统，以便从分子水平到整体系统水平研究脑、认识脑、保护脑和开发脑。(2)神经信息学是研究神经系统信息的载体形式，神经信息的产生、传输与加工，以及神经信息的编码、存储与提取机理的科学。神经信息学可以分成两个层次：分子神经信息学和系统神经信息学。参见 molecular neuroinformatics，systematic neuroinformatics。

neuron　神经元，神经原　构成神经系统最基本的单元。神经元包括神经细胞体、轴突和树突三部分，突触是神经元之间或神经元与效应器细胞之间传递信息的结构。是细胞间传递信息的接触形式之一。它由突触前成分、突触间隙和突触后成分三部分构成。神经元可分为三类：直接与感受器相联系把信息传向中枢的称感觉神经元，或传入神经元；直接与效应器相联系，把冲动从中枢传到效应器的称运动神经元，或传出神经元；其余大量的神经元都是中间神经元，他们形成神经网络。参见 soma，axon，dendrites。

neuron network simulation　神经网络模拟　研究和模拟神经细胞和神经网络的一种方法，目的是用电子部件来建立有智能的系统。目前，已经有一些计算机被设计成神经系统模拟器。

neuron simulation　神经仿真　利用电子仪器或系统对神经细胞及神经网络进行研究和仿真的过程。其研究结果将为实现人工智能系统提供依据。

neutral line　中点地线　一种人为设置的接地线，用作电路、变压器、机器、设备或系统的中性导体或中性点。

neutral color　中性色　由黑色、白色及由黑白调和的各种深浅不同的灰色系列。之所以把黑白灰称为中性色，是因这几种颜色能与任何色彩起谐和、缓解作用。

neutral conductor　中性导体，中性线　简称“N 线”，与系统中性点连接并能起传输电能作用的导体。中性导体以符号 N 表示。

neutralization discharge　中和放电　当等量异种电荷相遇时，会互相分散开来，形成电流，使正—负电荷的作用相互抵消，不显电性，这实际上是电子的扩散。但当不等量异种电荷相遇时，它们中只有部分电荷(等量的那一部分)被中和，其他电荷则进行接触起电。当电路被闭合(即接通)时也在进行中和放电，只是有电源不断地分离电荷，所以闭合电路中始终有电流通过。

neutral line　中性线　简称“N 线”，三相电的星形接法将各相电源或负载的一端都接在中性点上，由中性点引出的导线称为中性线，形成三相四线制。参见 three phase four wire system。

neutral point 中性点 (1)多相系统中星形连接和曲折形连接中的公共点。例如,三相电源或三相负载连接成星形时出现的一个公共点,此点与外部各接线端间的电压绝对值均相等,这一点就称为中性点。(2)在对称系统中,在正常情况下电位等于零并常常直接接地的点。

neutral relay 中性[无极性]继电器 一种继电器,其衔铁的运动与控制电路中的电流方向无关。

neutral salt effect 中性盐效应 化学反应系统中加入中性盐(其水溶液既非碱性又非酸性的盐类)后,系统的离子强度将发生变化,从而影响系统的反应速度,这种现象称为中性盐效应。

neutral state 中性状态 (1)当一个物体或系统中的正负电的总量相等时,它处于中性状态。(2)还没有被磁化过的、或人为地使它恢复到这一状态的铁磁物质的状态。

neutral transmission 单极性传输 传输电传打字机信号的一种方法,线路中有电流表示"传号",无电流表示"空号"。扩展到音频信号设备,中性传输是发信号的一种方法,采用了两种信号状态,其中一种状态代表空格和没有信号的情况。同 unipolar。参见 polar transmission。

neutral zone 中性区(带) 某种空间区域或时间间隔,其中存在一种与执行状态不同的状态。例如,无控制动作发生的某个数值范围;发生某种转换动作时,字间的短暂时间间隔(类似于静区)。

neutrinos communication 中微子通信 利用中微子运载信息的一种通信方式。中微子是一种质量极小又不带电的中性基本微粒。它能以近似光速进行直线传播,并极易穿透钢铁、海水,以至整个地球,而本身能量损失很少。中微子通信的设想提出已有多年,但如何方便地发射和探测中微子,把信息有效地调制给中微子和解调出来,还都是有待解决的难题,目前尚在探索之中。

neutron bombardment resistance 抗中子轰击性 在光传输系统中,当受到高能中子作用时,光元件能够继续完成它的设计功能的能力。

newbie 菜鸟 形容一个人上网很"菜"(差),用来比喻网络新手。比较 knowbie。

new input queue 新输入队列 等待处理的队列。该队列由新输入的信息或新信息队列组成。调度程序将该队列和其他早以输入的队列一起进行检索,然后将他们按处理顺序重新排队。

newline character (NL) 新行字符 能使显示器上的光标或打印机的打印装置移到下一行起始位置的控制字符。其功能与回车(CR)和换行(LF)字符的组合相同。

new media 新媒体 数字世界中的通信方式,包括软磁盘、CD-ROM(只读碟)、DVD(数字影碟)和最值得注意的因特网。这意味着人们要使用桌面计算机、便携计算机和无线通信的手持装置进行通信。

new pack 新组合 一种标识,用于向系统指明:驱动器里当前的盘卷将发生变化。

newsfeed 新闻供应,新闻传送干线 (1) Usenet (网络新闻组)上的一种服务,能够使用户将当天的新闻组文章下载到自己的计算机上,或上传用户投递的文章。(2)一个节点向另一个节点发送网络新闻稿的协议和传输机制。一个节点可以有多个新闻传送干线以保证其中一个连接出现故障时也能接收到网络新闻。

newsgroup 新闻组 个人向新闻服务器所投递邮件的集合。这些邮件大多具有共同主题,如体育新闻组、幽默笑话新闻组等。新闻组是一个完全交互式的超级电子论坛,是任何一个网络用户都能进行相互交流的工具。

news server 新闻服务器 与新闻阅读器客户程序和其他服务器交换因特网新闻组的计算机或程序。

new sync 新同步 来自 DTE(数据终端设备)上的一种信号,可以使一个调制解调器向链路上的另一个调制解调器请求一序列串。在使用过程中,要求 DTE(数据终端设备)用仪器设备指示误码率,以监视信号的质量。

Newton rings 牛顿环 两个表面(其中至少有一个是透明的)接触时呈现的彩色光环,把两块玻璃或塑料紧靠在一起时就可以看到这种现象。

NEXT 近端串音 near-end cross talk 的缩写。

next event synchronous simulation 下一事件同步仿真 逻辑仿真中的一种表格驱动算法。这种算法不考虑信号的时间关系(不考虑元件延迟),把动作元件及其所有的负载元件看作下一事件来进行处理。用于验证逻辑关系的正确性。

next executable statement 下一可执行语句 计算机在执行当前语句时控制流所转向的语句。它是紧跟在当前执行语句后面执行的语句。

next-fit (NF) algorithm 下次适合算法 一种装箱问题的启发式算法。其基本思想是将要装箱的物品和箱子组成序列 a_i 和 B_i,将第一件物品装入第一个箱子,假设现在 a_{k-1} 已装到 B_i 中,那么对于 a_k 而言,如果 B_i 中可被放下 a_k,则仍将 a_k 放入 B_i 中,否则放入 B_{i+1} 中,并在以后即使 B_i 可以放下某件物品时也不再使用箱子 B_i,这个装箱规则称为下次适合规则。

next generation Internet (NGI) 下一代因特网 美国政府于 1996 年启动的一项关于下一代因特网的研究项目,其网络带宽及计算能力成倍增长,多媒体技术日益成熟,使计算机、通信及多媒体技术更趋向融合。

next generation network (NGN) 下一代网络 网络的下一个发展目标。一般认为下一代网络基于 IP (网际协议),支持多种业务,能够实现业务与传送分离,控制功能独立,接口开放,具有服务质量

N

(QoS)保证和支持通用移动性的分组网。

next generation network focus group (NGNFG) 下一代网络焦点工作组 国际电信联盟(ITU)于2004年6月成立的一个专门研究NGN(下一代网络)的工作组。NGNFG已完成的第一个NGN版本,主要是NGN的目标范围,重点内容是所有业务都由IP承载。

next generation operation support system (NGOSS) 下一代运营支持系统 电信管理论坛(TMF)提出的新一代OSS(维护支撑系统)体系。下一代运营支持系统从系统(即插即用规则)、过程(企业事务过程模型)、信息(共享信息数据模型)、产品四个方面保证OSS体系具备标准化、能够逐步演化、保证互连互操作、实现端到端的管理和高度自动化。NGOSS以ITU-T(国际电信联盟-电信标准化部门)的电信管理网框架模型为基础,以电信管理论坛的电信运营图或增强型电信运营图(TOM/eTOM)为管理需求的出发点,重新确定了运营支撑系统与软件所应具有的体系结构特征。参见telemanagement forum (TMF)。

N

next generation passive optical network (NG-PON) 下一代无源光网络 无源光网络的下一个发展目标。ITU-T(国际电信联盟-电信标准化部门)在2008年12月启动了NG-PON标准,并分配了G.987系列的标准号。

next generation service platform (NGSP) 下一代业务平台 基于IP技术的宽带网络实现通信的平台,采用云计算、云存储等技术构成多业务的平台。提供以IP终端为载体、融合语音、数据、视频的新型电信业务。

next header 下一头部 IPv6头部中的一个域,指明下一项的类型。

next-hop forwarding 下一站转发 使用类似IP(网际协议)转发一个包到最终目的地的技术。虽然某个给定路由器并不包含有数据包经过路径的全部信息,但一定知道该数据包应转发的下一个路由器。

next hop resolution protocol (NHRP) 下一跳解析协议 NHRP用于连接到非广播多路访问(NBMA)网络的源站(主机或路由器)到达目标站间的"下一跳"的互联网络层地址和NBMA子网地址。如果目的地址与NBMA子网连接,下一跳就是目标站;否则,下一跳是从NBMA子网到目标站最近的出口路由器。NHRP被设计用于第三层交换协议,通过路由器安排请求以获得目的地址,并将数据信息包经由第二层交换机发送出去。参见non-broadcast multiple access (NBMA)

next instruction register (NIR) 下一指令寄存器 一种含有下一条将要执行的指令地址的寄存器。

next record 下一记录 当前文件记录的逻辑后继记录。在执行完当前文件记录后依靠指示字建立。

next record pointer 下一记录指示字 在文件当前记录处指示后继记录的字。其功能包括:指示文件结束条件、建立后继记录。

nexus 连接(点),互连(点) 一种在系统中进行互连的点。

NE1000 NE1000以太网适配器 Novell公司开发的8位以太网适配器,是事实上的标准以太网适配器。

NE2000 NE2000以太网适配器 Novell公司开发的16位以太网适配器,是事实上的标准以太网适配器。

NFF 没有发现错误 no fault found的缩写。

NFMC 近场磁通信 near field magnetic communication的缩写。

NFS 网络文件系统 network file system的缩写。

n-FSK n态频移键控 n-condition frequency shift keying的缩写。

NFY 提示 notify的缩写。

NGA 网络网关记账 network gateway accounting的缩写。

N-gate thyristor N-门极晶闸管 一种门极接至紧靠阳极的N区的晶闸管,这种器件通常在门极-阳极间加一负信号,使之进入通态。

NGCP 网络通用控制协议 network general control protocol的缩写。

NGI 下一代因特网 next generation Internet的缩写。

NGIO 下一代输入/输出结构 next generation input/output architecture的缩写。

NGN 下一代网络 next generation network的缩写。

NGNFG 下一代网络焦点工作组 next generation network focus group的缩写。

NGOSS 下一代运营支持系统 next generation operation support system的缩写。

NG-PON 下一代无源光网络 next generation passive optical network的缩写。

NGSP 下一代业务平台 next generation service platform的缩写。

NHRP 下一跳解析协议 next hop resolution protocol的缩写。

NIB 节点初始化块 node initialization block的缩写。

nibble 半字节,4位字节(串) (1)由4位二进制数位组成的信息单位。(2)由8位二进制数位组成的信息单位的一半。故称为半字节。

nibble mode memory 半字节方式存储器 一种动态RAM(随机存取存储器),每次输出半个字节。

NIC (1)网络信息中心 network information center

的缩写。(2)网络接口卡 network interface card 的缩写。

NiCad battery 镍镉电池 参见 nickel cadmium battery。

NIC driver 网卡驱动程序 网卡与上层驱动程序通信的接口。网卡驱动程序负责接收来自上层的数据包,或将数据包发送到上层相应的驱动程序,同时它还完成处理中断等工作。

nickel cadmium (NiCad) battery 镍镉电池 一种使用碱性电解质的可充电电池。比类似的铅酸电池具有更大的存储容量和更长的寿命。也称"NiCad电池"。

nickel delay line 镍延迟线 一种延迟线,利用了镍的磁和磁致伸缩性质,用来延迟脉冲信号。

nickel metal hydride (NiMH) battery 镍金属氢化物电池 一种可充电电池。比类似的镍镉或其他碱性电池具有更长的寿命和更高的性能,也称"NiMH电池"。

NIDL 网络接口定义语言 network interface definition language 的缩写。

NIDS 基于网络的入侵检测系统 network intrusion detection systems 的缩写。

night alarm circuit 晚间报警电路 一种音响报警电路,工作时把它接通,在无人监视的交换台有呼叫时能给出信号,以便操作员将这个变换台与接收站接通呼叫。

night answering service 晚间回答服务[业务] 专用交换分机或专用自动交换分机(PBX/PABX)的一类业务。将中心局的中继线与预先确定的工作站(台)连通,当交换台没有人时,由工作站进行回答。

NII (美国)国家信息基础设施 national information infrastructure 的缩写。

nil pointer 零指示字,空指针 用于指示一链式表结束的字。参见 null pointer。

NIM (1)缩微报纸 newspapers in microform 的缩写。(2)网络接口(计算)机 network interface machine 的缩写。(3)网络接口模块 network interface module 的缩写。

NiMH battery 镍金属氢化物电池 nickel metal hydride battery 的缩写。

nimrod 计算机术语缩写狂 坚持将一个由多个单词构成的计算机术语转换为首字母缩略语的人。

nine's complement 十进制反码,九的补码 十进制记数法中的一种代码。其形式是:将十进制数的每一位对 9 求反,故又称之为"九的补码"。例如十进制数 542.31 的反码为 457.68。

ninja loot 不当获取 在游戏中拿取或者是以其他方式获得不属于自己的东西。这样的现象并没有违反游戏本身的规则。

ninja looter 不当获取的玩家 在游戏中拿取或者是以其他方式获得不属于自己的东西的玩家。

NIP 核心初始化程序 nucleus initialization program 的缩写。

NIPS 神经信息处理系统 neural information processing system 的缩写。

NIR 下一指令寄存器 next instruction register 的缩写。

NIS 网络信息服务 network information services 的缩写。

NIST (美国)国家标准和技术协会 National Institute of Standard and Technology 的缩写。

NJE 网络作业登录(协议) network job entry 的缩写。

N-key rollouter N 键解码器 能将 N 个同时按键输入转换成顺序按键信号输出的电路。

NLDM 网络逻辑数据管理器 network logical data manager 的缩写。

n-level address n 级地址 一种间接地址。规定了 n 级间接寻址方式。

n-level logio n 级逻辑 一种门电路,其中串联的门不超过 n 个。

NLI 自然语言接口 natural language interface 的缩写。

NLM (1)国家医学程序库 national library of medicine 的缩写。(2) NetWare 可装模块 NetWare loadable module 的缩写。

n load voltage 空载电压 在转换器的输出端未接负载时,在输出引脚上的电压。

NLP (1)自然语言处理 natural language processing 的缩写。(2)非线性规划 nonlinear programming 的缩写。

NLQ 近似信函质量 near-letter quality 的缩写。

NLS (1)民族语言支撑能力 national language support 的缩写。(2)自然语言支持(系统)natural language support 的缩写。

NLSP NetWare 链路服务协议 NetWare link services protocol 的缩写。

NLU 自然语言理解 natural language understanding 的缩写。

NLX main board NLX 主板 NLX(新型低侧面扩展)是 new low profile extension 的缩写,是一种 PC 机主板的尺寸和结构工业标准。NLX 通过将扩展槽从主机板上分割开,把竖卡移到主板边上的方法,为较大的处理器留下了更多的空间,使机箱内的通风散热更加良好,系统扩展和升级、维护也更方便。节约的空间可将更多的多媒体扩展卡直接集成到主板上,从而降低成本。在许多情况下,所有的电线和电缆,包括电源在内,都能被连到竖卡上,主板通过 NLX 指定的接口插到竖卡上。因此,可以不拆卸电缆,电源,就能拆卸配件。NLX主板需使用专用的 NLX 电源。

nm **纳米,毫微米** nanometer 的缩写。

NMC **网络管理中心** network management center 的缩写。

NMF **网络管理论坛** Network Management Forum 的缩写。

NMG **网络管理网关** network management gateway 的缩写。

NMI (1)非屏蔽中断 nonmaskable interrupt 的缩写。(2)网络节点接口 network node interface 的缩写。

NML **网络管理层** network management layer 的缩写。

n-modular redundancy (NMR) **n 模冗余** 一种模冗余方法。其特征是具有奇数 $n(n\geqslant 3)$ 个相同的模块,各模块同时工作,利用多数表决电路来屏蔽 $S(S\leqslant \frac{N-1}{2})$ 个故障模块。它是利用三模冗余推演得到的。

NMOS **N 沟道金属氧化物半导体** negative-channel metal oxide semiconductor 的缩写。

NMP (1)网络管理协议 network management protocol 的缩写。(2)名字管理协议 name management protocol 的缩写。

NMR **常模抑制** normal mode rejection 的缩写。

NMS (1)网络管理站 network management station 的缩写。(2)网络管理系统 network management system 的缩写。

NMVT **网络管理向量传输** network management vector transport 的缩写。

NN **网络节点** network node 的缩写。

NNCP **网络节点控制点** network node control point 的缩写。

NNI (1)网络到网络接口 network to network interface 的缩写。(2)网络节点接口 network node interface 的缩写。

n-n junction **n-n 结** 具有不同掺杂因而电特性不相同的 n 型半导体之间形成的一种结。

NNS **网络节点服务器** network node server 的缩写。

NNT **NetView-NetView 任务** NetView-NetView task 的缩写。

NNTP **网络新闻传递协议** network news transfer protocol 的缩写。

NNX code **NNX 代码** 一种 3 位数字表,用来标志特定的中心局,N 可以是 2 ~ 9 中的任一数字,X 可为 0 ~ 9 的任一数字。

no-address instruction **无地址指令** 可以在不指出存储器地址的情况下执行的指令。此类指令的操作与存储器无关,或者以某种隐含的方式给出存储器的地址。这种指令格式也称"无地址指令格式"或"隐含地址指令格式"。

no-break power unit **不间断电源设备** 一种电源设备,通过电压和频率传感装置控制专用的供电设备,以保持对负载不中断地供电。

no-buffer queue **无缓冲区队列** 在通信软件中,当缓冲池中没有缓冲区时,将 CPB(通道程序块)当作读操作队列。

NOC (1)网络运行中心 network operation center 的缩写。(2)片上网络 network on chip 的缩写。

no carbon required (NCR) paper **无碳复写纸** 一种用于打印多副本表格的特殊类型纸张,这种 NCR 纸浸渍有一种化学物质,当纸上加压时,这种化学物能使纸变黑,当打印机(或钢笔或铅笔)在一叠 NCR 纸的最上面一页打印或书写时,底下的每一页上也出现相同的字迹。参见 multipart forms。

no-charge machine fault time **机器故障免费时间** 由于计算机故障影响正常工作而免除用户交费的时间,这些故障包括没有转录、转录错误、输入/输出有错,或者由于不完全运行的机器故障等。

no-charge nonmachine fault time **不收费的非机器故障时间** 一种不向用户收费的误操作所引起的机器故障时间。

no-charge time **不收费时间** 不收设备的费用或租费的时间,通常是由于机器出现故障或其他原因。

no-consoles condition **非控制台状态** 在由多个控制台支持的系统中,一种不能由系统存取任何控制台设备的状态。

nodal attribute **节点属性** 计算机网络中,一个节点的状态参数,确定指定的节点是否可接受为承担给定的连接。

nodal constraint **节点限制** 计算机网络中,对于建立某个链接时选择路径时对节点使用的限制。

nodal function **节点功能** 网络节点所具有的功能。一般包括对通过节点的数据进行转接和集中。此外,还能够测量通过节点的信息量。

nodal metric **节点度量** 在计算机网络中,一个节点的参数,要求沿给定路径各节点参数的值结合起来以决定该路径是否可接受为承担给定的链接。

nodal state parameter **节点状态参数** 在计算机网络中,捕捉一个节点某种特征的信息。

nodal switching system (NSS) **节点转接系统** 在 NSFnet 主干上的主要路由节点。参见 backbone。

node **节点,结点** (1)在网络中,一个或多个功能部件与信道或数据线路互连的一个点或一个分支的端点。(2)在网络中,指一个可被计算寻址访问的网络上的设备。实际上,有 IP(网际协议)地址的任何东西都是节点。参见 host,router。(3)数据结构中的一个基本单位,如一个记录被称为一个节点或结点。(4)在树形结构中,若干个数据从属子项的一种发源点。(5)在图形中,用来表示一种状态或某个事件的一个点。(6)线路图中的一个交节点。

node address 节点地址 网络上识别主机、工作站、服务器、打印机或其他设备的标识符。

NodeB 基站 移动通信系统的功能块,主要由控制子系统、传输子系统、射频子系统、中频/基带子系统、天馈子系统等部分组成。NodeB是通过标准的Iub接口与RNC(无线网络控制器)互连,通过Uu接口与UE(用户设备)进行通信,主要完成Uu接口物理层协议和Iub接口协议的处理。

NodeB communication context NodeB通信上下文 由NodeB与一个特定的UE(用户设备)之间通信的必要信息组成。NodeB通信上下文由无线链路建立过程产生,并由删除NodeB通信上下文中最后的无线链路的无线链路删除过程删除,NodeB通信上下文由NodeB通信上下文识别来标识。

NodeB control port NodeB控制端口 用于NodeB的逻辑O&M(操作维护)的信令信息的交换,NodeB通信上下文的建立,NodeB提供给指定小区的公共传输信道的配置,在RNC(无线网络控制器)和NodeB之间的PCH(寻呼信道)和BCH(广播信道)控制信息。NodeB控制端口对应于CRNC(控制无线网络控制器)和NodeB之间的一个信令承载,每个NodeB有一个NodeB控制端口。

node computer 节点计算机 (1)网络节点上配置的计算机。(2)ARPA(阿帕网)网络用来存储或传送数据、信息和程序的一组计算机。每一节点计算机可接上几个主机,这些主机必须经由节点进入通信网络;经由高速通信链路,有些主机还可接上节点计算机;其他则需经过调制解调器或电话线方可连接。ARPA网络可按功能分布,许多不同种类的计算机可以互连。节点处理机对用户而言是看不见的。

node encryption 节点加密 为了使传输的数据经过中间节点时为密文而采用的加密技术。其基本思想是对每对节点设一共用密钥,并对相邻两节点间(包括节点本身)传送的数据进行加密。当数据通过中间节点向下一节点传输时,先用上一对节点的密钥解密,随即再换下一对节点的密钥且加密。由于这种解密再加密是自动且相继完成的,所以中间节点处的数据为密文。因为数据向对方传输时要使用目的地址选择路由,故不能对报头内容加密,只能对报文中的数据部分加密。

node identification 节点标识 用来唯一标识一个节点的一种字符串。

node name 节点名 在某些通信系统软件中,在网络定义时分配给指定的大节点或小节点的符号名。

node of a finite element 有限元节点 应用有限元方法时,通过三角剖分得到求解区域上的各种单元,在单元上选取某些点作为未知函数的允许函数类的插值节点。称这些点为有限元节点。

node operator 节点操作员[程序] 在SNA(系统网络体系结构)中,通过PUCP(物理单元控制点)负责控制节点运行的人或程序。参见domain operator,network operator。

node path control 节点路径控制 在SNA(系统网络体系结构)网络中,通信子网有两种节点:子域节点与外围节点,于是有两种路径控制:子域节点路径控制与外围节点路径控制。每个子域节点可以和多个外围节点相连。子域节点对每个相邻外围节点都分别有一个外围路径控制部件,用于对各个外围节点进行数据传输时执行路径控制。而外围节点有一个外围路径控制部件,用于与其连接的子域节点进行数据传输时执行路径控制;此外它还要另外有一个外围路径控制部件,专门用于对与其直接连通的外围节点数据传输时执行路径控制。

node processor 节点处理器 一种处理器,可以在一个节点上实现报文路由选择和/或多路复用功能,也可以执行本地处理功能。

node routing 节点路径选择 网络节点的工作。在这种方式中,节点具有多条输出通道。其方法是:先确定适当的输出通道,再对输出的数据装包确定适当的输出通道是网络控制机制的主要任务。

node switching 节点转接 某些网络中的一种节点,能把某些通道或派生的分通道和节点上的另一些通道直接连接起来,实现电路或直接通道的转换,这种转换可以由节点上的微型计算机来控制。

node table 节点表 某些通信系统软件扩展网络中的一种主存表,其中建立了每个节点标识符与节点间收信端队列的关系。

node type 节点类型 在SNA(系统网络体系结构)中,根据节点所支持的协议及其可包含的NAU(网络可访问单元)进行的分类。共定义了四种类型:5型、4型、2.1型以及2.0型。它们的类型属性和基本功能如下:5型是主机子域节点,功能是控制网络资源,支持应用程序,为网络操作员访问网络提供访问权,支持最终用户服务。4型是通信控制子域节点,功能是为数据流通过网络进行路由选择并进行控制。2.1型和2.0型都属于外围节点,它们的基本功能都是为最终用户访问网络提供访问权,并且提供最终用户服务。但是它们的结果不同,进而功能也有所不同。2.1型和2.0型节点所支持的逻辑单元类型不同:2.1型节点中的NAU可以直接和另一个相邻的2.1节点中的NAU连接,2.0型节点则不能,它们之间的直接通信必须借助于与它们相邻的子域节点才能进行。

node verification 节点验证 提供网络寻址机制的一个附加安全级。节点验证保证连接到达正确的远程站。

no-direct coupling 无直接耦合 在模块程序设计

中,两个程序模块彼此之间没有任何关系,但每个程序模块单独地依赖于主程序(即控制程序或调用程序),程序模块间的这种依赖关系称为无直接耦合,这是模块化程序设计中的最佳情况。参见 module coupling。

no-encoding microinstruction **不编码微指令** 一种微指令形式。它每位控制一个微操作。在执行这种微指令时,无需译码。其各位的利用率很低,所控制的微操作的类型也较小。主要用在简单控制中。

N

no-guard band recording **无保护带记录** 一种记录信息的方法。其方法是:在相邻两条磁道间不留空白区域,是一种高密度的磁道记录方法。

no-input zone **非输入区** 同 dead zone。

noise **噪声** (1)任何系统中不希望存在的干扰或杂散信号。其具体形式包括:电压、电流、声音或计算机位、字等电平的随机偏差。通常分为稳态噪声和脉冲噪声。稳态噪声包括高斯噪声、热噪声、白噪声和随机噪声;脉冲噪声主要以持续时间短、幅值大为特征。噪声的大小一般可用频率或幅值来衡量,幅值的大小可以用有效值或峰-峰值表示。(2)广义地说,任何干扰设备或系统正常运行的扰动。在通信中,噪声由自然产生或电路产生的随机电信号所组成。它能降低信道的质量或性能。参见 distortion。

noise bandwidth **噪声带宽** 对某一器件,由其输出功率-频率曲线下的面积,除以所关心噪声频率的功率幅度所得的商。

noise burst signal **噪声突[猝]发信号** 在令牌总线网络中,一个表示在传输媒体上有活动的信号。

noise cable **噪声电缆** 一种传送数字信号的电缆,由于脉冲上升和下降时间太快,各导线间会感应产生较大的噪声。因此用电缆把数字设备连接起来的时候,特别要注意防止导线间的串音。

noise emission **噪声发射** 在声学中,由声源发射出来的噪声。比较 noise immission。参见 noise power emission level。

noise equivalent power (NEP) **噪声等效功率** 已知调制频率、波长和有效噪声带宽情况下,在给定检测器的输出上,信噪比为 1 的辐射功率。

noise factor **噪声系数** 当某个四端网络的输入为标准信号时,输入端的信噪比与输出端信噪比的比值。噪声系数为 1 表示通过网络后,信噪比没有发生变化,或者说设备的内部噪声为零。噪声系数用于衡量设备内部的噪声,或用于说明信号通过有内部噪声的系统或网络后,信噪比变坏的程度。

noise filter **噪声滤波器** (1)一种接在交流电源线中的滤波器,用于消除噪声干扰,否则噪声会沿着电源线传播,影响接收机的工作。(2)一种在无线电接收机中使用的滤波器,用来消除噪声,通常是辅助的低通滤波器,可以接入音频系统,也可以从音频系统中断开。

noise generator **噪声发生器** 一种专用设备,用来产生数值已知的随机信号,通常用来测量设备的信噪比或其噪声系数。

noise immission **噪声注入** 在声学中,由观察者的耳朵接收到的噪声,该噪声可能是由附近或远处一个或多个噪声源发出来的。比较 noise emission。

noise immunity **抗(干)扰度** 在内部和外部干扰作用下,系统仍能在所规定的条件下保持其技术指标的能力。对于模拟系统,当输入信号噪声比一定时,可用输出信号噪声比的大小来表示抗扰度的高低。对于数字系统,则用其输入信号噪声比为恒定时的误码率的大小来表示。抗扰度包括直流抗扰度和交流抗扰度两种。

noise induction **噪声感应** 其他电路的噪声通过磁耦合或静电耦合进入通信电路的现象。例如电源、路灯、电话、电报,甚至大地电流均会产生这种感应作用。

noise killer **静噪器,噪声消除器** (1)一种接入电报线路中(通常是在发送端)的电气网络,用于减少与其他远程通信线路的干扰。(2)用来削弱传输中产生的干扰的电气设备。

noise level **噪声电平** 系统中干扰信号的强度。

noise limiter **噪声限制器** 一种限幅电路,能削除所有高于接收信号峰值的噪声峰值,从而减少了大气干扰或人为造成的干扰。

noise margin **噪声容限** (1)当电路在不利条件下工作时,不致引起误动作的稳态电平变化的量度。噪声容限也称"直流抗干扰度"。(2)它是数字系统的一个基本直流系数。不致引起电路误动作的最大稳态噪声电平。

noise mode **噪声方式** 与浮点数的规格化过程有关的一种浮点数运算方法。在这种方法中,将一些非零数字在左移操作中插入低位。此数似乎像噪声,但实际上是一个有用的数。

noise peak **噪声峰值** 在磁带复制中产生的一种短暂的杂散信号,其幅度大大超过一般系统噪声的平均峰值。

noise power emission level (NPEL) **噪声功能发射电平** 在声学中,用贝(bel)做单位的加权声功率电平,基准声功率单位是 1 微微瓦特(10^{-12}W)。

noise ratio **信噪比、误检率** (1)噪声电平与信号电平之比。由于噪声总是与信号同时存在的,因而衡量系统中的信息量时,应看信号与噪声的比值。当信号小于噪声时,信号淹没在噪声中。而当信号大于噪声时,就能较容易地从噪声中检测出信号。利用相关接收、匹配滤波器和统计方法等技术,也可将淹没在噪声中的信号检测出来。(2)一种衡量情报检索系统量,即检出的非相关文献的数量与检出的符合情报提问要求的所有文献总数之比,称误检率。

noise resistance 噪声电阻 一种等效电阻,其热噪声与实际存在的噪声信号相等,通常是在特定的频带内。

noise source 噪声源 任何产生不希望信号的来源。

noise suppressor 噪声抑制器 (1)一种电路,当接收机中无载波输入时自动地切断音频放大器,以消除背景噪声,也称"静噪电路"。(2)一种电路,放唱片时用来减少唱片表面噪声。一般是用一种滤波器阻止主要包含这种噪声的高频分量通过。

noise temperature (N.T.) 噪声温度 (1)用来表示电子设备系统或器件的噪声特性的参数,常用K来表示。(2)一种衡量设备或系统中的热噪声大小的量。噪声温度越低,设备越好。

noise type 噪声类型 电气噪声主要分为两大类:稳态噪声和脉冲噪声。稳态噪声也称"Gaussian(高斯)噪声"、"热噪声"、"白噪声"或"随机噪声"。这些噪声属于背景噪声,在所有的电子电路中都存在。脉冲噪声的特点是幅度大,持续时间短,脉冲宽度在毫秒级。脉冲噪声会阻碍数据信号,是出现数据错误的主要原因。特别是在高速数据传输系统中,在给定的时间内,会有更多的数据受到其影响。

noise weighting 噪声加权 一种噪声度量方法,它利用电气网络来得到噪声功率—频率的加权平均,以表示通信系统中各种频率下噪声的相对干扰影响。

no load operation 空载运行 器件或电路不输出功率的运行(但在其他方面,运行情况是正常的)。

nomadic access (NA) 游牧式接入 移动通信中,终端可以从不同的接入点接入到一个运营商网络中;不支持不同基站之间的切换;在每次会话连接中,用户终端只能进行站点式的接入;在两次不同网络的接入中,传输的数据将不被保留。

nomadicity 游牧性 移动通信中,用户或终端慢速移动,或无需跨区切换的特性。

nominal bandwidth 额定[标准]带宽 分配给某个信道的最大频带,包括保护带在内。

nominal bit stuffing rate 标称比特填充率 当输入和输出两者的位速率在其额定值时,插入(或删去)填充位的速率。

nominal speed 额定[标称]速度 设备、装置或电路的最大操作速度或数据(速)率。这种操作速度或速率并不考虑必要的延时功能,如校验、调整等。

nominal value 标称值 (1)用作基准点的理想值。一般它与实际测量到的数值不一样。(2)用以标识一个元件、器件或设备的合适的近似量值。

nominal voltage of a system 系统标称电压 用于标志或识别系统电压的给定值。系统标称电压与被保护系统的额定电压相符,在信息技术系统中此参数表明了应该选用的保护器的类型,它标出交流电压的有效值。标称电压通常指的是开路输出电压,也就是不接任何负载,没有电流输出的电压值。因此也可以认为这是该电源的输出电压上限。

nominal voltage of a three-phase system 三相系统的标称电压 系统所标称的并与系统某些运行特性有关的相间电压有效值。

nominative fair use 被提及的合理使用 被提及的合理使用的意义在于允许第三方合理地提及商标专用权人的产品或服务。它适用于只有运用某个商标才能对某一个特定事物或服务作出恰当的描述这一情形。这种合理使用必须满足三个条件:①如果不使用某商标,那么特定的商品或服务就无法被描述;②使用该商标对于特定的产品或服务的作出是合理的、必需的;③使用该商标不得使消费者误认为该使用由商标人发起或者得到其支持。参见 fair use,descriptive fair use。

nominative testing 指定测试 为建立性能标准而对对象进行的定量和定性测试。

non-acoustic coupler 非声音耦合器 通过对数据信号进行调制和解调的方法把终端或计算机连接到通信网络上的设备或部件。调制解调器就是一种这样的设备。目的是将数字信号转变为模拟信息(或者反之),以便使用普通的电话线携载数据。

non-adaptive algorithm 非自适应算法 路由选择算法的一种,这种算法对路由选择判据不是建立在对当前数据流量和拓扑结构的测量和估算基础上,而是对若干或全部路由事先计算好的,并把这些计算好的路由选择参数装到各个节点机中。因而这种路由选择算法也称"静态路由选择"。参见 routing algorithm。

non-alphanumeric sign 非字母数字符号 计算机字符集中既不是字母也不是数字的一类符号,如标点符号,算术运算符号等。

non-arithmetic shift 非算术移位 一种循环移位,即从一端移出的数字又从另一端进入的移位。例如寄存器容量为8位数字,假设为23456789,向左循环移两位后,寄存器的内容变为45678923。

non-associated CCIS 非结合式 CCIS 一种 CCIS(公共信道局间信号传输)数据链路和 STP(信号传输点)组成的网络。目的是使 CCIS 对小型中继线组的使用更为经济。信号经由两个或多个串接的共享数据链路传输、处理,并单向通过一个或多个 STP。信号传输的路径和实际建立的链接会有地理上的差别。

non-authorized access 非授权访问 在计算机信息安全学中,指入侵者违法地访问控制服务,或者合法用户进行非法修改控制文件内容,从而超越安全规定的操作行为。

non-autonomous model 非自治模型 一种必须考虑环境影响的模型。

non-blind beamforming algorithm 波束形成非盲算法 一种智能天线的自适应算法。波束形成非盲算法是指需要借助参考信号（导频序列或导频信道）的算法，此时接收端知道发送的是什么，按一定准则确定或逐渐调整权值，使智能天线输出与已知输入最大相关，常用的相关准则有最小均方误差（MMSE）、最小均方（LMS）和最小二乘（LS）等。比较 blind beamforming algorithm。

nonblocking 无阻塞的 在通信系统中，其中所有的访问尝试，即所有的呼叫都能 100％的完成。

non-blocking network 无阻塞网络 （1）一种电路交换网络，其中不论连接了多少个用户端点，在任一对空闲端点之间都至少有一条可用通路（2）一种环形连接网络，网络中不考虑已经连接的末节点数目，而在任意一对闲置的末节点上总存在至少一条通路。

non-breaking space 不间断空格 在字处理或页面编排应用程序中，指为使两个单词（如 Grand Canyon）能保持在同一行中并且不允许在这两个单词之间换行而用来代替标准空格字符的一个字符。在有些应用程序中，不间断空格的宽度是固定的，不会像其他单词之间的空格那样的进行左右页边对齐时扩展。

non-broadcast multiple access（NBMA） 非广播多路访问（网络） 一种能够支持多台路由器但不具备广播能力的网络，如帧中继、ATM（异步传输模式）等。NBMA 是 OSPF（开放最短路径优先）通信协议中四种网络的一种。其他的 OSPF 网络类型有：点到点、广播型和点到多点。NBMA 网络为了模仿广播型网络的运行机制，路由器把需要广播的数据使用单播地址分别发送到所有的目的地。在这种模式下，为了让路由器建立起相邻关系，它们之间应该是全互连的虚拟通道（VC），而且它们的地址还必须在同一个子网内。另外，当路由器的一个接口通过 NBMA 网络与其他路由器连接时，就会遇到路由信息可达性问题。因为当链路状态发生变化时，该链路状态变化的更新信息被发送给指定路由器（DR）和备份指定路由器（BDR），指定路由器确认该信息并将该信息扩散给其他路由器，这些数据流会穿过整个 NBMA 网络。参见 open shortest path first（OSPF）。

non-classified signaling network 无级信令网 未引入信令转接点的信令网。在无级网中信令点间都采用直联方式，所有的信令点均处于同一等级级别。无级信令网结构比较简单，但信令路由比较少，而信令接续中所要经过的信令点数比较多，传号传递时延相对较长。比较 hierarchical signaling network。

non-clustered index 非聚簇索引 一种数据索引。非聚簇索引是树形结构的，即非聚簇索引具有在索引结构和数据本身之间的一个额外级。由于数据的物理顺序与逻辑顺序没有必然的联系，非聚簇索引可以不重新组织表中的数据。一个表可以有多个非聚簇索引，但每个表只能有一个聚簇索引，因为一个表中的数据（记录）只能以一种物理顺序存放。参见 index，比较 clustered index。

non-coded graphics 非编码图形 同 fixed-image graphics。

non-coherent bundle 非相干束 （1）组成一束的光导纤维，用于传导非相干光束。（2）一组相互并行的光纤束。

non-coherent jamming 非相关干扰 一种多点干扰的情况。此时，各干扰在某一个位置上没有固定的相位关系。

non-coherent modulation system 非相干调制系统 一种不需要载波源的调制系统。载波或者在接收端生成，或者单独传送，其频率和相位与相应的接收信号相同，用来恢复原始的调制信号。

non-command terminal 非命令型终端 在某些计算机系统中，一种不能命令通信控制程序服务的终端。这种终端总是处于备用方式（通信控制程序不对它轮询），或数据方式（在应用程序的控制之下）。同 data terminal。

non-commented source lines of code（NCLOC） 无注释的代码行 不包括注释的代码行。

non-conduction interval 不导通间隔 电子器件在运行周期内的不导通时间。

non-conductive pattern 非导电图形 由印制板的非导电材料（如介质、抗蚀剂）形成的图形。

non-conductor 非导体 在通常状态下，一种电绝缘体，其中有很少的自由电子。参见 insulator。

nonconjunction "与非" 一种二元布尔运算，当且仅当每个操作数的布尔值为 1 时，其运行结果的布尔值为 0。同 NABD，NAND operation，NOT BOTH operation。比较 conjunction。

non-conjunction 非合取 逻辑连接图。常用"$\uparrow$"表示。它连接两个逻辑公式 α、β 得到弄虚作假的新的逻辑公式"$\alpha\uparrow\beta$"。"$\alpha\uparrow\beta$"为"假"当且仅当 α、β 同时为"真"。参见 NAND operation。

non-connected storage 非连接存储器 在 PL/1 语言中，一种包含相对数据项的独立存储单元组成的存储器。这些数据项可以被一个名字引用，但被不由该名字引用的其他数据项分开。例如，由结构数组中一个无下标元素名引用的存储器，或者由引用一个数组交叉段的下标名引用的存储器（其中，下标表在元素表达式左端有一个星号）。

non-contact magnetic recording 非接触式磁记录 一种磁记录方法。在这种方式中，磁头存取信息不接触记录媒体。其优点是存取速度高，不会引起磁头磨损。这种记录方法通常用在硬盘机中。

non-contiguous data structure 非连续性数据结构

在程序设计中,指其元素在内存中不是连续存储的一种数据结构。图形、树状等数据结构中的元素通过链接方式相连,属于非连续性数据结构。还有一些数据结构的元素以链(指针)方式指向其数据的其他部分,这种数据结构也是非连续性数据结构。比较 contiguous data structure。

non-contiguous item **非邻接项,独立项** (1)在COBOL语言中,工作存储区中的一种数据项,该数据项与其他数据项不相邻接。(2)一个数据项。其内容可以是计算机字符集中字符的任意组合,有些种类的非数值项也可以由限制更强的字符集构成。

non-critical microoperation **非关键微操作** 微程序中的一些无关紧要的操作。这些操作可在一定范围内提前或推迟执行而不影响微程序的执行。

non-data input/output operation **非数据输入/输出操作** 一种和输入/输出操作有关系,但不同于数据操作的过程。例如反绕磁带等。

non-data operation **非数据操作** 任何不包含数据传输的输入输出设备的操作。

non-dedicated **非专用的** (1)一种完成多种功能的设备。(2)在计算机网络中,指完成网络功能的服务器,同时又是一个工作站。

non-dedicated server **非专用服务器** 一种可以运行应用程序,而网络管理软件在后台运行的服务器。在对等层网络中常常使用非专用服务器。

non-dense index **非稠密索引** 只对文件中作为锚点的记录建立索引项,而两个相邻锚点间的记录都按主码次序,这样得到的索引称为非稠密索引。参见 anchor point。

non-destruction testing **无损检测** 一种不损害被检测材料或设备的检验方法。

non-destructive cursor **非破坏性光标** 阴极射线管(CRT)装置上的一种光标。可由用户在屏幕上移动。移动过程中不会使屏幕上的显示字符发生变化或遭到破坏。

non-destructive reading (NDR) **非破坏性读出** 同 non-destructive readout。

non-destructive readout (NDRO) **非破坏性读出** 不破坏原信息的读出操作过程。其机制可以是所用存储技术有能力保持该数据,或者是读操作伴随着数据刷新功能。除非重新写入信息,否则可多次读出也不被破坏,如磁盘、磁带、磁鼓和半导体存储器就属非破坏性读出存储器。

non-destructive storage **非破坏(读出)存储器** 一种存储数据或信息的器件,允许进行非破坏性读出其中的内容,如穿孔卡片、电传图表或磁带、磁盘等。

non-determinacy **不确定性** 对一系列事件发生的顺序是不可预测的特性。通常由事件的并发性、共享性引起。

non-determinate **不确定性** 重复执行一个并行程序而不能确保得到相同结果的状态。造成的差别是由于程序中各个进程访问临界区的次序可能不同。

non-determinism **不[非]确定性** (1)理想的或现实的计算装置的不确定性是指计算装置可能达到这样一个状态,即在该状态时它可以任意选择若干个可能出口中的一个继续进行运算。具有不确定性的计算装置称为不确定计算装置。非确定性还与并发性密切相关,特别是非确定性对于复杂性理论非常重要,目前认为非确定性图灵机可在合理时间内完成确定性图灵机所不能完成的计算。(2)在人工智能中,表现在对知识结论判定、事物的描述、问题解答等方面的一种现象,如对某一条规则,专家认为它大概正确但又不能完全肯定,则可认为这条规则具有非确定性。

non-deterministic algorithm **非确定性算法** 分析过程中面对多种可能时需要进行回溯或并行、并不是每一局部分析都将成为最终结果的分析方法。比较 deterministic algorithm。

non-deterministic automaton (NDA) **不确定自动机** 一种自动机。其工作特点是:根据自己的当前状态和输入符号确定下一步的动作和进入的状态。对于给定的当前状态和输入符号,如下一步动作和下一个状态可唯一确定,则称为确定性自动机;如下一步动作和下一个状态是从一个有限动作集和状态集中任选一个动作与状态,则称不确定自动机。

non-deterministic finite automaton (NFA) **不确定有限自动机** 在计算理论中,非确定有限自动机是对每个状态和输入符号对可以有多个可能的下一个状态的有限状态自动机。这区别于确定有限状态自动机(DFA),它的下一个可能状态是唯一确定的。尽管 DFA 和 NFA 有不同的定义,在形式理论中可以证明它们是等价的;就是说,对于任何给定 NFA,都可以构造一个等价的 DFA,反之亦然。通过使用幂集构造。两种类型的自动机只识别正则语言。非确定有限自动机有时被称为有限类型的子移位。非确定有限自动机可推广为概率自动机,它为每个状态转移指派概率。参见 non-determinism, deterministic finite automaton (DFA)。

non-deterministic linear bound automaton **不确定线性界限自动机** 已经证明,不确定线性界限自动机可识别的(可接受的)语言集恰好是上下文有关语言集。参见 linear bound automaton, non-determinism。

non-deterministic network **随机网络** 存取时延不确定的网络。

non-deterministic polynomia (NP) l **非确定型多项式类** 是一类在非确定型图灵机上多项式时间内

给出答案的问题类。也就是解可在确定型图灵机上多项式时间内加以验证的一类问题。参见 non-deterministic Turing machine (NTM)。

non-deterministic program 不确定程序 求解人工智能问题中使用的搜索程序。其操作规则是选择多种操作中的一种,并由此进行搜索。搜索是根据输入的数据结构和现行的数据结构而进行的。这种程序使用的算法为不确定算法。

non-deterministic Turing machine (NDTM, NTM) 不[非]确定性图灵机 不确定性图灵机与图灵机具有同等的计算能力,即不确定性图灵机可计算函数集等同于图灵可计算函数集。

N

non-dial trunks 非拨号中继 一种 PBX(专用交换分机)直达通信中继线,需要辅以口头传送地址信息。

nondisjunction 非析取,"或非" 逻辑连接词。常用"↓"表示。它连接两个逻辑公式 α、β 得到一个新的逻辑公式"α↓β"。"α↓β"为"真"当且仅当 α、β 同时为"假"。"↓"也称"皮尔斯符(Peirce)"。参见 NOR operation。比较 disjunction。

non-dispersion shifted fiber (NDSF) 无色散位移光纤 一种设计在短波长(1 310 nm 工作窗口,即光纤的第二个低衰减窗口)工作的单模光纤。在这个波长段里,这种光纤的色散降到最低、几乎接近于零,它能在短波长时期提供高带宽的传输。

non-dispersion ultrasonic delay 非色散超声延迟线 一种时延不随频率变化的超声延迟线。

non-display-based work processing equipment 非显示式文字处理设备 一种没有电子显示功能的文字处理设备。比较 display-based work processing equipment。

non-disruptive installation 无干扰安装 正常工作时安装附加部件而不影响工作的能力。对应于 non-disruptive removal。参见 concurrent maintenance。

non-disruptive removal 无干扰拆卸 正常工作时安装拆卸部件而不影响工作的能力。对应于 non-disruptive installation。参见 concurrent maintenance。

non-electrolyte 非电解质 熔融状态和水溶液中不能导电的化合物。非电解质是以典型的共价键结合的化合物,它们在水溶液中不发生电离反应。大多数有机化合物都是非电解质,在无机化合物中,只有某些非金属的卤化物和所有非金属氧化物是非电解质。非电解质包括弱极性或非极性共价型化合物。比较 electrolyte。

non-electrostatic force 非静电力 电源内使正、负电荷分离,并使正电荷聚积到电源正极,负电荷聚积到电源负极的非静电性质的作用。非静电力使电源两极间产生并维持一定的电势差。当电源两极与电路接通后,在静电力推动下,正电荷从电源正极经电路移至负极,电势降低;在电源内部,非静电力克服静电力的阻碍,使正电荷又从负极经电源内部移至正极,从而形成电荷流动的回路。因此,静电力和非静电力是构成电流回路的两个必要因素。参见 electrostatic force。

non-embeded command 非嵌入命令 字处理中的一个程序指令,使文本产生立即的改变。

non-encode recording mode 不编码记录方式 磁记录设备在记录二进制数据时,按照原始数据"1"、"0"序列,不做变换直接变成某种磁化翻转的记录方式。

non-equal length code 不等长编码 每一代码位数不相等的代码,如 Huffman 代码、B 代码等均为不等长代码。在计算机图像处理或图像数据传送中,常采用不等长编码来提高数据存储量或传送效率。比较 equal length code。

non-equilibrium carrier 非平衡载流子 处于热平衡的半导体在外来作用(如光照、电场等)下,较平衡时增加或减少的这一部分载流子。

nonequivalence operation 异或运算 对两个操作数进行的一种逻辑运算。对应位相等时结果为 0,不等时结果为 1。

non-erasable medium 不可擦介质 记录的数据是无法擦除的记录介质。例如 CD-ROM(只读碟)。其特点是媒体上的信息将永久保存。

non-erasable storage 不可擦除存储器 同 read-only storage。

non-escaping key 非换码键,非退出键 (1)字处理中使用的一种键。用这种键打印一字符时印码位置不发生变化。(2)一个不产生字符的键,必须与其他键组合才产生输入。

non-exchangeable disc 非交换磁盘 一种固定的磁盘。

non-executable program unit 不可执行程序单元 在 XL FORTRAN 语言中,一块数据子例程。

non-executable statement 非执行语句 (1) FORTRAN 语言中的一种语句。用于描述程序的用法或范围以及操作数的特征,编辑的信息,语句功能或数据管理。(2)一种为编译(或解释)程序提供信息的语句。属非执行语言。例如 BASIC 语言中的注释语句,DATA 语句。(3)指处于程序执行流之外而不能执行的一类程序语句,如 C 语言中紧跟在 return()语句后面的语句就是非执行语句,该术语也指程序中使用的类型定义、变量说明、预处理器命令、注解和其他一些不翻译成可执行机器码的语句。(4)在 AIX 操作系统中,一个描述程序单元特征、数据、编辑信息或语句功能的语句,不产品任何动作。

non-fatal error 非致命错误 (1)一种不会引起程序停止执行的错误。一般通过解释来告知出错,但程序继续执行。(2)适当的人工干预或做些参数修改后就能使任务或系统正常运行的错误。比较 fatal error。

non-file structured device 非文件结构设备 一类计算机外部设备。这种设备上的数据是不可供系统文件参考的。属于这类设备的有行式打印机输出终端或输出纸带等。

non first normal form (2NF) 非第一范式 一种扩充的关系数据模型,它被放弃关系必须满足 1FN 的要求,亦即允许在一关系中关系本身也可以作为属性值出现,即关系的属性值可以是关系。非第一范式又称"嵌套关系"或"具有关系值的关系"。非第一范式数据模型可表示标准关系和复杂对象,又不放弃高层关系查询语言。它可在 CAD/CAM(计算机辅助设计/计算机辅助制造)环境中,用于嵌套层次较深的结构和用多种不同的元组类型来表示复杂工程对象。而基于 1FN 的关系模型的数据抽象能力不足,不能用来表达复杂对象。参见 nested relational data model, relational model with relational values。

non-fixed-length record 不定长记录 记录中数据块个数,字数或字符数没有一定长度规定,完全由用户自行规定的记录格式。

non-functional instruction 非功能型指令 对数据进行存、取、传送以及控制指令命令顺序的指令,如转移、比较等指令。

non-functional requirement 非功能要求 对系统的简明性、可扩充性、可维护性、可靠性、用户接口等性能的描述。

non-hierarchical requirement 无级选路网 采用按接收地址和某种选路协议确定的路由表所规定的顺序,而不是按分级网络拓扑结构所确定的顺序进行选路的网络。

nonidentity operation "非全同"操作,非一致性操作 一种布尔运算,当且仅当所有的操作数具有不全同的布尔值时,其运行结果的布尔值才为 1。对两个操作数的非合同运算就是"异或"运算。比较 identity operation。

non-imbedded command 非嵌入命令 文字处理系统中的一种命令,在该命令输入同时就能对一个文件实现即时操作。比较 embedded command。

non-impact printer 非击打式打印机 以非机械冲击方式进行印字的打印机。非击打式打印机的特点是噪声低,能以较高的速度印字,可输出任意大小的字符甚至图形。但一般不能复写,往往需要特殊的打印纸。最常见的非击打式打印机类型有喷墨、热敏和激光打印机等几种。他们唯一的共同点是对纸面都没有直接的击打。喷墨式打印机从打印头喷射出墨水。热敏式打印机使用特殊的热敏纸。遇热时,这种纸可变黑,其打印头只是以所要打印字符的图案对纸面加热。激光打印机工作原理与复印机相同。激光束将图像投射在光敏鼓上,鼓上的图像再转换成静电荷分布。由静电荷吸引和保持墨粉。当纸张在鼓上卷动时,通过加热将墨粉融化在纸上。比较 impact printer。

non-inductive circuit 无感电路 在所考虑的特定情况下,电感可以被忽略的电路。

non-inhibit interrupt (NI) 非禁止[屏蔽]中断 操作系统无法控制的中断。例如电源中断、自动断电中断、存储器奇偶错和保护中断、不合法的操作码中断及中断程序的时间清除等均属非禁止中断。参见 non-maskable interrupt。

non-intelligible cross talk 不懂串音 一种不能被理解的串音,由于其音节的特点,在感觉上比热噪声更使人烦恼。

non-interacting control system 非交互式控制系统 一种过程变量互不影响的多元控制系统。

non-interactive 非交互 一程序或设备在执行时不提供与操作员对话的现象。

non-interactive program 非交互程序 一种运行的程序,不从键盘或其他输入设备接收输入。

non-interactive system 非交互系统 一种操作系统。这种系统不允许计算过程与计算机环境交互对话。

non-interlaced 非隔行(扫描)的 用来描述光栅扫描监视器中一种显示方式的形容词。采用这种显示方法时,电子束在刷新周期中对屏幕的每一行进行一次扫描。采用该技术可以减少画面闪烁。比较 interlacing。

non-invertibility 不可逆性 在密码术中,指加密算法的一种特性,如果已给出明文和相应的密文,要寻找出加密密钥在计算工作量上是不可行的,则称这种加密算法是不可逆的。

non-isolated amplifier 非隔离放大器 在信号输入电路与另一个(如输出电路)电路之间的某种电气连接(包括由于接地引起的耦合)的一种放大器。

nonlinear circuit component 非线性电器元(器)件 一种电子元件,其上所加电压的变化不能使电流产生成比例的变化。

nonlinear code 非线性码 不满足线性叠加原理的纠错码。按照码元取值的不同可分为 q (>2)进制和二进制码;按照码的结构不同可分为系统码和非系统码;按照对信息元处理方法的不同可分为非线性组码和非线性格码。比较 linear code。

nonlinear control systems 非线性控制系统 状态变量和输出变量相对于输入变量的运动特性不能用线性关系描述的控制系统。非线性控制系统的形成基于两类原因,一是被控系统中包含有不能忽略的非线性因素,二是为提高控制性能或简化控制系统结构而人为地采用非线性元件。非线性系统的分析远比线性系统复杂,缺乏能统一处理的有效数学工具。在许多工程应用中,由于难以求解出系统的精确输出过程，通常只限于考虑：①系统是否稳定；②系统是否产生自激振荡及其振幅和频率的测算方法；③如何限制自激振荡的幅值以至消除它。现代广泛应用于工程上的分析方法有基于频率域分析的描述函数法和波波夫(Popov)超稳定性等，还有基于时间域分析的相平面法和李雅普诺夫(Lyapunov)稳定性理论等。这些方法分别在一定的假设条件下，能提供关于系统稳定性或过渡过程的信息。

nonlinear discriminant　非线性判别(式)　在模式分类的多维空间中，一种区域划分的方法。在无法实现线性划分的情况下，往往采用非线性曲面来实行区域划分。

nonlinear distortion　非线性失真　由于系统或元件的输入量和输出量之间偏离了线性关系而造成的一种信号失真。这是一个需线性系统或电路克服的问题。

nonlinear dynamics　非线性动力学　非线性系统的动力学科学。非线性动力学主要研究的是，对工程科学、生命科学、社会科学等领域中的非线性系统建立数学模型，预测其长期的动力学行为，揭示内在的规律性，提出改善系统品质的控制策略和方法。

nonlinear edit　非线性编辑　不以时间为顺序所进行的编辑。非线性编辑借助计算机来进行数字化制作，对素材的调用突破单一的时间顺序编辑限制，可以按各种顺序排列，具有快捷简便、随机的特性。非线性编辑最先用于电视片的制作，后来逐步推广到音像资料的制作和其他出版领域。

nonlinearity　非线性　(1)在规定工作范围内，器件、网络或传输媒介不符合叠加原理的工作属性。(2)非线性指量与量之间不按比例、不成直线的关系，代表不规则的运动和突变。比较 linearity。

nonlinear load　非线性负载　负载阻抗参数(Z)不总为恒定常数，随诸如电压或时间等其他参数而变化的那种负载。非线性负载的一个重要特点就是当对负载施加正弦形电压时，电流并不是正弦形的。比较 linear load。

nonlinear loop simulation　非线性环路仿真　在非线性环路的模型上进行的仿真过程。一般可分为单值非线性环路仿真和多值非线性环路仿真。

nonlinear optics　非线性光学　现代光学的一个分支，研究介质在强相干光作用下产生的非线性现象及其应用。常见非线性光学现象包括光学整流、高次谐波、光学混频、受激喇曼散射、自聚焦和光致透明等。研究非线性光学对激光技术、光谱学的发展以及物质结构分析等都有重要意义。非线性光学研究是各类系统中非线性现象共同规律的一门交叉科学。

nonlinear programming (NLP)　非线性规划　一种数学规划问题。其条件是：约束条件或目标函数不完全是线性的。也称“非线性最优化”。比较 convex programming，dynamic programming，integer programming，linear programming，mathematical programming，quadratic programming。

nonlinear science　非线性科学　研究各类系统中非线性现象的共同规律的一门交叉科学。非线性科学是在各门以非线性为特征的分支学科的基础上逐步发展起来的综合性学科，它几乎涉及了自然科学和社会科学的各个领域，并正在改变人们对现实世界的传统看法。非线性科学研究的领域包括：耗散结构理论、混沌学、分形、协同学、突变论、自组织理论、超循环理论等。参见 dissipative structure theory，chaos theory，synergetics，catastrophe theory。

nonlinear systems　非线性系统　工作特性或输入与输出之间不能用线性方程来表达的系统。非线性系统不能通过已知函数精确地描述。非线性系统可以分成两大类：一类称为本质非线性系统，这类系统的非线性无法用通常的解析方法，在某个运行点展开为线性方程；另一类称为弱非线性系统，这类非线性系统有时可以用一次近似的线性化方程逼近它，然后用线性化方法来分析这种系统的动态行为。比较 linear systems。

nonlinear systems digital simulation　非线性系统数字仿真　根据非线性系统的数学模型进行的数字仿真。非线性教学模型有：饱和非线性，失灵区非线性，齿轮间隙非线性。

nonlinear video editing　非线性视频编辑　把视频存储在计算机中进行编辑。数字式非线性编辑系统可在计算机上提供高质量的后期制作编辑，但由于使用有损压缩技术对数字图形进行编辑，有些图形细节将被丢失。

non-loadable character set　不可装入字符集　在某些信息显示系统中，存放在设备里的一种或多种字符集，用户只能使用而不能进行扩充或修改这些字符集。比较 loadable character set。

non-loaded lines　未加载线路　没有用电感加载的电缆对或远程通信线路。参见 loading。

non-locking　非锁定　在代码扩充时，跟在代码扩充字符后面所需要的转义字符数量固定的现象。需要转义的字符数量通常为一。比较 locking。

non-locking escape　非锁定换码，非锁定转义　跟在转义字符后面的一个字符。这种字符可由转义字符转换成其他字符组中的字符。

non locking key　非锁定键　一个按键。其特点是放开该键会使状态改变。例如，按下该键进入系统操作，放开该键即使操作停止。

non locking mechanical system　无锁机构　按钮开关中的一种机构，当某一个按钮在按下达到一定位置，去除一压力后，它又回复到原来位置的机构。

non-locking shift character　非锁定转义字符　一种

专用控制字符，可以使后面的一个字符(有时是多个字符)换成其他字符集中的字符，如大写字符或斜体字符。其功能类似于打字机上的非锁定换档键。

non-luminous body 暗体 不能自行发光，接收发光体的光才能产生光泽的物体。

non-magnetic recording medium 非磁记录媒体 在口述记录设备中，一种记录媒体，通常是盘或带的形式，可用来进行机械式记录。

non-mapping mode 非映像[变换]方式 一种地址转换方式，其中虚拟地址不通过存储映像进行转换。例如，虚拟地址作为实际地址用。

non-maskable interrupt (NMI) 不可屏蔽中断，非屏蔽中断 计算机的一种中断方式。中断屏蔽字不能控制这种方式的中断，因而计算机任何时候都可处理这种中断。一种硬件中断之所以称为“不可屏蔽”，是因为它比软件产生的中断以及键盘和其他设备产生的中断优先级高，需立即响应。不可屏蔽中断不会被其他设备的中断请求屏蔽。不可屏蔽中断仅在断电、电源故障、严重内存错误等灾难性情况时才向微处理器发出。

non-memory-resident viruses 非内存驻留病毒 仅当运行被感染程序时，才被激活并开始传染过程的病毒类型。此类病毒不驻留内存，也不修改中断向量表，因而传染行为更无法预料。

non-merchandise 非实物 实物以外的项目，如服务或租赁。

non-microprogrammed machine 非微程序控制的计算机 一种用硬连线逻辑控制的计算机。

non-monotonic logic 非单调逻辑 一种非经典逻辑。经典的逻辑均是“单调”的，即它是确定的，由已知事实所推出的结论不因增加已知事实而造成结论的丧失。但是在现实世界中往往会产生很多例外，如“鸟会飞”，一般认为是对的，但是它们有很多例外，如鸵鸟、死鸟、玩具鸟等均不会飞。现实世界中的这种非单调性构成了逻辑中的非单调逻辑。非单调逻辑模仿人类认识过程中先做假设猜想，再验证或修正的思维方法，主要用于形式地表示常识，并在常识间进行有效的形式推理。参见 non-traditional logic。

non-monotonic model 非单调模型 一种逻辑推理模型，特点是：随着已知事实的增加，可导出事实可能会反而减少，非单调推理是自然界的普遍现象，人类对事物的认识是随着知识的增加而变得精确，非单调模型是模拟人类思维的合理模型。参见 monotonic model。

non-monotonic reasoning 非单调推理 在推理过程中由于新知识的加入，不仅没有加强已推出的结论，反而要否定它，使得推理退回到前面的某一步，重新开始。非单调推理是在知识不完全的情况下发生的。比较 monotonic reasoning。

non-native network 非本地网络 (1)一个子网络，其网络标识符与节点为网络资源使用的网络标识符不同。(2)与不包含 NCP(网络控制程序)资源的网关 NCP 连接的网络。

non-native network connection 非本地网络连接 一种网络连接，其中一个 APPN(高级对等联网)或 LEN(低入口连网)节点和子区域使用不同的网络标识符。

non-negative matrix 非负矩阵 每一个元素都不小于零的矩阵。非负矩阵常用来讨论矩阵迭代的收敛性。每个分量都不小于零的向量称为非负向量。若 A 为不可约非负矩阵，则 A 的谱半径 $\rho(A)$ 为矩阵 A 的对应于一个非负特征向量的单特征值。

non-negative number 非负整数 同 natural number。

non-normal logic knowledge representation 非规范逻辑知识表示 采用非规范逻辑表示知识。能表达知识的非单调性、模糊性、多值性、时序性等。参见 analogical representation of knowledge, logic knowledge representation, direction representation, production knowledge representation。

non-numerical algorithm 非数值算法 解决非数值计算问题的算法。解决数值计算问题的算法称数值算法。数值计算基于算术运算，非数值计算基于关系运算，前者属于数值分析的范畴，后者属于符号处理的范畴。另外，解决诸如随机数的产生检验，基本算术运算的实现等问题的算法称为半数值算法，因为这些问题介于数值和符号运算之间。

non-numerical data processing 非数值数据处理 (1)对非数值性数据进行处理的过程。采用符号处理开发的专门语言，主要用作研究工具而不用作生产程序。通常在模式识别、情报检索、启发式程序设计等方面使用。(2)处理对象是程序、符号表达式、语言、图形等非数值数据进行的处理。例如数学定理证明、人工智能、信息的存储和检索、图像识别和图形处理、符号处理、文本编辑、语言加工以及行政事务和商务业务活动中的数据处理等。

non-numeric application 非数值应用 一些不作数值处理的应用。在这种应用中，处理对象为程序、符号表达式和图形等。主要应用范围包括：人工智能、检索、语言加工、符号处理和图形处理等。

non-numeric literal 非数值文字 (1)一种用引号限定的字符串，其意义为该文字本身。例如“CHARACTER”是意义为 CHARACTER(字符)的文字。字符串可包括该计算机字符集中的任意字符，引号除外。(2)在 COBOL 语言中，由引号括住的字符串。这种字符串可以包含计算机字符集中的任何字符。在非数值字符内部必须使用两个邻接的引号来表示单个引号。

non-operable instruction 无操作指令 一种仅引起

N

程序计数器增量而不作任何操作的指令。

non-oriented graph 无向图 一个无向图 $G=(V, E)$，由一个集合 V 和一个非空集合 E，$V \cap E=\Phi$ 及在集合 E 上定义的映射组成。该映射使 E 中的每个元素都恰好与 V 中的元素组成的非有序偶相对应，V 中的元素称为节点，E 中的元素称为边。

non-original BCH code 非本原 BCH 码 一种 BCH 码。与本原 BCH 码的区别是它的生成多项式 $G(x)$ 没有最高次数为 m 的本原多项式。码长 n 不是 2^m-1，而是 2^m-1 的一个因子。

N

non-pageable dynamic area 不可分页动态区域 也称 V=R 动态区域。操作系统/虚拟存储器环境下的一存储区域，该区域的存储器地址等于实际地址。可供一程序或部分程序使用，但执行期间不可分页。同 V=R dynamic area。

non-pageable partition 不可调页[分页]分区[段] 操作系统环境下的一不可分页动态区域分段，可定址到作业步或系统任务，但执行期间不可分页。在一不可分页段中，各虚拟地址等于实际地址。

non-paged pool 非页交换区 微软 Windows NT 中，不能由页面调用程序交换到磁盘中去的存储器部分，对应于 paged pool。

non-paired data 非配对数据 某些计算机系统制图技术中使用的一种数据，对于每个 X 值，有一组 Y 值与之对应。例如要表示几个年度的各种家务费用支出情况，就可以用非配对的数据画图说明。对应每个 X 值(沿 X 轴用 1980，1981，1982 代表“年度”)，可画出三个 Y 值(沿 Y 轴用“千元”作单位画出食品，衣物和住房费用)。比较 paired data。

non-parametric decision theoretic classification technique 非参数决策理论分类方法 利用判别函数来划分特征空间的模式识别方法。

non performance instruction 反执行指令 一种请求停止执行指令。

non-persistent CSMA 非持续载波监听多路访问 网络通信中载波监听协议之一。要发送数据的站不是对信道连续监听，一旦监听到信道空闲立即发送；而是在发送数据之前先监听信道，如果发现信道忙碌就等待一个随机时间再进行监听，如果发现信道空闲就发送数据。这种协议对信道的利用率较好。参见 carrier sense multiple access (CSMA)。

non-persistent session 非持续会话 一种在用户指定的时间内非活跃时就终止的会话。

non-physical-contact connector 非接触式连接器 在 ESCON(企业系统连接)环境中，一个光纤连接器类型，连接处具有间隙，因而与接触式连接器相比损耗较大。

non-physical (pseudo) device 非物理(伪)设备 操作系统中，指那些完成某些功能，但又不是具体的物理设备的逻辑设备。一般它用两个字母(或后面跟着一到两位数字)表示。如在某些系统中，用 CO 表示控制设备，NL 表示空设备等。

non-player character (NPC) 非玩家角色 仅用于角色扮演类电脑游戏中，指那些不由玩家操纵，而是游戏中预先设定好的由电脑控制的人物，一般用于为玩家提供过关必需的信息及各种帮助等。参见 role playing game (RPG)。

non-polarized relay 非极化继电器 状态改变不取决于输入激励量极性的直流继电器。参见 polarized relay。

non-polarized return to zero 非极性归零制 一种二进制信息的信道编码。属于按位外同步编码。其原则是：用某一个规定电平与零电平来分别表示二进制信息的“1”和“0”。它是低性能的数字磁记录装置中使用的一种信息记录方式。

non-polarized return-to-zero recording (NPRZ) 非极化归零制记录 一种返回到基准的记录方式，在这种记录方式中，没有磁化的地方代表零，规定的磁化状态代表 1，基准状态是零磁化强度，通常规定为磁饱和状态。反之，也可以用没有磁化的状态代表 1，磁化的状态代表零。同 dipole modulation。

non-preemptive algorithm 非强占算法 处理器(CPU)调度的一种算法。一旦 CPU 被分配给某个进程，该进程将一直占有 CPU，直到它自己释放控制权，或者因某种原因中断运行或请求 I/O 操作。例如 FCFS(先来先服务)算法便是非强占算法。

non-preemptive multitasking 非抢先式多任务处理 操作系统不能挂起一个正运行的任务而转向队列中下一任何任务的处理形式。Windows 中多任务处理是非抢先式的，所以编写较差的某个程序可能一直占有系统，会使同时运行的其他程序产生严重问题。参见 preemptive multitasking。

non-preemptive scheduling 非抢先[剥夺]调度 一种调度方式。在这种方式中，作业允许排它地使用系统资源，直至其释放资源为止。比较 preemptive scheduling。

non-print character 非打印字符 能启动某特定功能，但无打印符号的一种控制字符。编辑时，由软件决定此种符号要否在屏幕上出现。在打印设备上没有相应字符的字节的值。大部分高速打印机在其可打印字符装置上最多有 96 个字符，而 8 位的字节共有 256 个可能的数值，所以其中有 160 个代码没有对应的字符。参见 control character。

non-print code 非打印代码 一种二进制数位的组合码，既不是打印码，又不是空格符，可作控制功能码用。

non-privileged processor mode 非特权处理模式 参见 user mode。

non-procedural language 非过程语言 (1)一种允许用户指定求解形式而不是复杂算法的语言。使用这种语言时，不遵循顺序地执行语句、子例程调用和控制结构的过程规范，只需描述事实和关系。

用户不必关心问题的解法过程，因此无需描述问题的具体求解过程，只需输入数据，指定加工形式即可得到满意的结果。例如报表语言、判定语言、模拟语言及一些专用语言。(2)一切不是过程性的语言，如操作系统或应用系统的命令语言、数据库等的定义语言、数据库查询语言、逻辑式语言等。比较 procedural language。

non-procedure-oriented language **非面向过程语言** 一种程序设计语言，允许用户以非显式算法表示问题的解。同 non-procedural language。

non-process runout (NPRO) **空走** 一种操作，不打印只走纸一行。

non productive poll **辅助查询** 一种来自辅助站的查询。它并不传送数据。

non-productive task **辅助任务，非产生性任务** 一种被赋予最低网络控制程序调度优先级的任务，这种任务通常是较慢地释放缓冲区，较快地分配缓冲器。因此，在系统减慢时从不执行这样的任务。比较 productive task。参见 appendage task，immediate task。

non-programmable **不可编程的** 一种设备，其功能不能通过指令方式进行改变。

non-programmable terminal (NPT) **不可编程终端** (1)一种不具备处理能力的终端。(2)连接到宿主机的终端，其中大多数功能用户接口功能由宿主机功能控制。同 fixed-function terminal。

non-programming halt **非程序停机** 不是由程序中的指令所引起的停机现象。一般是由人工干涉、自动中断或电源故障引起的停机。

non-propagating **不繁殖的** 某种文法系统中的一种不可衍生现象。通常是在满足公理为空串，或产生式集合中有删除符产生式时产生。

non-queued message **不排队消息** 微软视窗中直接送给窗口函数的消息。

non-radiative transition **无辐射跃迁** 与辐射无关的跃迁称为无辐射跃迁。如电子从高能级向低能级跃迁时，即有可能释放出无辐射热量。同 radiationless transition。参见 radiationless transition。

non-reala-time polling service (nrtPS) **非实时轮询服务** 定义在 IEEE 802.16 WiMAX 中的五种 QOS 服务之一。非实时轮询服务(nrtPS)被设计来支持非实时服务流，其需要可变大小的数据准许脉冲类型在一个有秩序的基础上，如高带宽 FTP 。这个服务提供单播轮询在一个有秩序的基础上，确保流接收请求的机会，甚至在网络拥塞期间。参见 unsolicited grant service (UGS)，reala-time polling service (rtPS)，extended reala-time polling service (ertPS)，best effort (BE)。

non real-time processing **非实时处理** 对以前数据进行处理的过程，如批处理过程，亦可指非实时信息处理系统的处理过程。

non-real time simulation **非实时仿真** 没有人或实物介入，而且模型的时间标尺不等于真实系统的时间标尺的计算机仿真。如果模型的时间标尺大于真实系统的标尺，称为超实时仿真，否则，称为欠实时仿真。参见 real time simulation。

non-recoverable error **不可恢复的错误** 参见 irrecoverable error。

non-recoverable transaction **不可恢复的事务** 参见 unrecoverable transaction。

non-redundant circuit **无冗余电路** 正常时实现的功能与有故障时实现的功能不同的电路。

non-reflective ink **无反射墨水** 一种墨水，通常是黑色，对光(学)字符或标记阅读设备的反射很小，与纸的反差大，可以用扫描器形成标识该字符的识别模式。

non-removable disk **固定磁盘** 同 fixed disk，hard disk。

non-repetitive peak off-state voltage **断态不重复峰值电压** 电子器件上出现的任何不重复瞬变断态电压最大瞬时值。参见 crest working off-state voltage。

non-repetitive peak reverse voltage **反向不重复峰值电压** 电子器件上出现的任何不重复瞬变反向电压最大瞬时值。参见 crest working reverse voltage。

non-repudiation **不可抵赖性** 在由收发双方所组成的系统中，确保任何一方无法抵赖自己曾经作过的操作，从而防止中途欺骗的特性。在传输数据时必须携带含有自身特质、别人无法复制的信息，防止交易发生后对行为的否认。

non-resided micro diagnostics **非驻留微诊断程序** 非驻留在主存储器中的微诊断程序。使用这种程序时，需将他们临时输入主存储器。

non resident area **非驻留区** 在主存储器中，覆盖非驻留任务的区域。

non-resident portion (of a control program) **(控制程序的)非驻留部分** 控制程序的某些例行程序，可以在需要的时候装入主存，用完后可以覆盖掉。

non-resident routine **非驻留例程** 一种不长期驻留在主存储器中的例行程序。

non-resident simulator computer system **非驻留仿真器计算机系统** 一种计算机系统。在开发微型计算机程序时，对主处理设备硬件进行仿真。这种系统的价格比传统的分时系统来得便宜，同时加快对外部设备的存取。

non resident task **非驻留任务** 不是经常存放在主存储器内的任务。一般放在辅助存储器内，启动时调入主存执行。

nonresonant antenna **非谐振天线** 同 aperiodic antenna。

non return-to-change recording 非变化记录 一种记录信息的方法。用磁性元件的一种状态表示 1，而用另一种状态表示 0。

non-return-to-reference recording 不归零(基准)记录法 一种二进制字符的磁记录方式，用于表示 0 和 1 的磁化模式占有全部存储单元，不必将一部分单元磁化为基准状态。同 non-return-to-zero recording。

non-return-to-zero (NRZ) 不归零制 数据传输中的一种数据编码方法。采用这种编码方法时，每当数位从"1"变化到"0"或从"0"变化到"1"，表示二进制数的信号电压就发生正负交换变化，换句话说，每个数位传输后信号不归复到零或中性位；采用定时手段来区分依次相连的各个数位，因而一连串的"1"或"0"同样可区分开来。NRZ 信息密度高，但需要外同步并有误码积累。

N

non-return-to-zero change-on-ones recording (NRZ-1) 不归零 1 制，不归零按"1"变化记录 一种不归基准的记录方式，按这种方式，磁化状态的变化表示"1"，不变化表示"0"，这种方法称为标志记录，因为只显式记录 1 或标志信号。同 non-return-to-zero (mark) recording。

non-return-to-zero change-on-zeros recording (NRZ-0) 不归零按"0"变化记录 一种二进制数字不归基准记录方式，按照这种方式，磁化状态的变化表示"0"，不变化表示"1"。建议使用 transition coding。

non-return-to-zero change recording (NRZ (C)) 不归零(变化)记录法 一种不归基准记录方式，按照这种方式，用一种指定的磁化状态表示"0"，另一种磁化状态表示"1"，两种状态可以是磁饱和和零磁化强度，但更常用的是反向磁饱和。这种方法称为变化记录，因为当且仅当被记录的二进制字符从"0"变为"1"或从"1"变为"0"时，所记录的磁状态才变化。

non-return-to-zero incremental 增量不归零制 同 non-return-to-zero change-to-ones recording。

non-return-to-zero indicating (INZI) 标识不归零制 同 non-return-to-zero change-on ones recording。

non-return-to-zero inverse 翻转不归零制 同 non-return-to-zero change-on ones recording。

non-return-to-zero inverted recording (NRZ(1)) 不归零(遇 1 翻转)记录法 建议使用 non-return-to-zero change-on-ones recording (NRZ-1)。

non-return-to-zero level 不归零电平制 同 non-return-to-zero。

non-return-to-zero mark (NRZM) 标记不归零制 同 non-return-to-zero change-on-ones recording。

non-return-to-zero mode (NRZ mode) 不归零制 磁记录主要方式之一。用两种电平表示"1"和"0"，除翻转瞬间外，电平总也不为零，因而也称电平不归零制。翻转瞬间选在"01"之间或"10"之间的叫异码翻转不归零制(NRZ-C)。若用翻转表示"1"，不翻转表示"0"，也可以表示二进制信息，称为逢"1"转不归零制(NRZ 1)，或反相不归零制(NRZI)，或标记不归零制(NRZM)。NRZ 1 是基本记录方式，任何编码方式在磁层上都用此方式记录。

non-return-to-zero recording (NRZ) 不归零记录法 一种不归基准记录方式，按照这种方式。基准状态是零磁化强度。同 non-return-to-reference cording。

non-return-to-zero (mark) recording (NRZ(M)) 不归零(标记)记录法 同 non-return-to-zero change-on-ones recording。

non-reusable 不可重(复使)用的 一种属性，表示某一个例行程序的同一副本不能被另一任务使用。

non-reusable disk queuing 不可重复使用磁盘排队法 某些通信系统软件中的一种排对方案，按照这种方案，磁盘记录信息队列数据集的每一个记录，只能被使用一次。比较 reusable disk queuing。

non-reusable routine 不可重用例程 运行后即不能恢复原来状态的例程。这种例程只可运行一次。

non-reversible coding 不可逆编码 一种多媒体压缩方法，解码图像与原始图像不完全相同，但视觉效果一般是可接受的。参见 reversible coding。

non-salient pole machine 隐极电机 采用分布绕组，磁极不凸出的电机。

non-saturation magnetic recording 非饱和磁记录法 一种磁记录方法，其中记录媒体在存储信息之后，并非处于磁饱和状态。与饱和式磁记录方法相比较，本方法所用的电路较复杂，但其位密度极限也比较高。

non-saturation recording 非饱和(磁)记录法 同 non-saturation magnetic recording。

non-scan field 非扫描字段 在某些光(学)字符阅读机中，一行中被扫描而无数据传送的区域。非扫描字段必须以地址定界符(不是字符定界符)开始和结束。

non-scheduled down time 非预定停机时间 由于故障或预料不到的情况，修理硬件所花费的时间。该时间不包括正常的服务或维修时间。

non-scheduled maintenance time 非预定(的)维修时间 在原定为工作的时间里，从确定机器的故障到设备恢复运行所经过的时间。

non-searchable information 不可查信息 一种文献记录中的信息。它是不可从用户检索的。

non-secret design 非秘密设计 密码学中的一条原则，即加密系统的设计不需要保密，因为其保密与否只取决于密钥和参数的保密，加密算法可以公开，如美国DES(数据加密标准)的加密算法就是公开的。这个原则允许扩大的密码专家都去研究加密系统。密码设计中的缺陷就会尽早发现，但另一方面，算法公开后就增加了被破译的危险。

non-segmented mode 非区段方式 地址空间分段的微型计算机中CPU采用的一种运行状态方式。在这种方式中，地址均被认为属于一个固定的区段。

non-self-maintained gas conduction 非自持气体导电 需要借助外加电离因素，才能产生必要载流子的气体导电。比较 self-maintained gas conduction。参见 gas conduction。

non-self-restoring insulation 非自恢复绝缘 施加试验电压而引起破坏性放电后，即丧失或不能完全恢复其绝缘性能的绝缘。比较 self-restoring insulation。

non-separated code 非分离码 在算术运算中，整个代码是统一进行运算的码。这种码可以是系统码或非系统码，但多数是非系统码，如AN码。

non-sequenced display 无序显示 一种无特定顺序的显示方式。比较 primary display sequence, secondary display, sequenced display。

non-sequential computer 非顺序计算机 一种计算机，其中下一条要执行的指令的地址包含在当前的指令之中，和顺序计算机相反。

non-signaled state 无信号状态 微软 Windows NT中，对象类型支持同步的对象所具有的一种属性，一个线程等待的对象处于无信号状态时要等到内核将其置为有信号状态时。参见 signaled state, synchronization。

non-simultaneous transmission 非同时传送 一种传送方式，按照这种方式，一台设备或装置每次只能在一个方向上传送数据。同 half-duplex。比较 duplex, simultaneous transmission。

non-sinusoidal periodic circuit 非正弦周期电路 电流或电压按非正弦律作周期变化的电路。例如，一个线性时不变电路，当所接电源提供的电压具有方波波形或锯齿波波形时，其内部各处的稳态响应(电压或电流)便具有按非正弦律作周期变化的波形。

non-sinusoidal periodic current circuit 非正弦周期电流电路 稳态电流和/或电压随时间作周期性但偏离正弦变化的电路。电力系统中含有非线性元件会产生非正弦电流和电压，使电流和电压的波形偏离正弦而发生畸变。非正弦周期电流或电压常用傅里叶级数分解为谐波加以分析。

non-SNA interconnection (NSI) 非系统网络体系结构互连(程序) IBM的一种特许程序，扩展了通信系统软件的功能，使SNA(系统网络体系结构)支持被选定的非SNA设备传送BSC(二进制同步通信)的RJE(远程作业输入)数据。

non-SNA station 非系统网络体系结构工作站 在某些通信系统软件中，一种通道连接的显示站，或者在二进制同步线或起停式传输线上的工作站。

non-SNA terminal 非系统网络体系结构终端 一种支持非系统网络体系结构协议的终端。例如，使用二进制同步协议的通信终端。比较 SNA terminal。

non-solid color 非纯色，混合色 显示器上用不同颜色的点阵模拟一个颜色的图案。

non-source routed (NSR) 非源路由 在计算机网络中，通过一种除源路由以外机制前向传递帧。

non-specific volume request 不指定盘卷请求 在JCL(作业控制语言)中，允许由系统去选择适当的盘卷，以完成一定的操作任务的一种请求。

non-specified-time relay 非定时限继电器 对时限无任何准确度要求的继电器。比较 specified-time relay, independent-time measuring relay, dependent-time measuring relay。

non-standard ISDN terminal 非标准 ISDN 终端 不符合ISDN(综合业务数字网)用户与网络接口协议的终端，也称"二类终端设备"。参见 terminal equipment type 2 (TE2)。

non-standard labels 非标准标号 与ANS(美国国家标准)或IBM标准标号约定不一致的那些标号。

non-standard operating system 非标准化操作系统 一些计算机厂家出于商业利益而使用的专用操作系统。这种情况给操作系统的标准化带来了困难。

non-stop computer 不停止计算机 计算机系统的某一个局部的硬件或软件出现故障时都不会停止处理的计算机。实现不停止处理有多种办法。一种常用的办法是使用双工设备，如双处理机，多存储器，双电源自动切换。另一种办法是多个系统留有余力，出现故障时一个计算机的负载要立即转到其他系统。

non-stop operation protection 无休止操作保护 一种防止程序陷入死循环的措施。

non-stop processing 不停止处理 除非特别情况使处理停止外，计算机系统中某一个部件出现故障不会使计算机停止处理的措施。对于计算机停止造成重大经济损失或会冒重大风险的情况，则必须使用"不停止处理"。

non-stop systems 不停止系统 Tandem计算机公司推出的容错计算机系列，用于联机事务处理环境中，如金融界，要求百分之百的系统可用性。

non-storage device 非存储设备 不具有保存数据能力的设备。

non-store through cache 通过高速缓存的间接存储 把数据直接放入高速缓冲存储单元的一种存储

(即写)操作,过些时候,该数据再从高速缓存传送到主存。

non-swappable storage 不可交换存储器 一种存储器,其中含有程序和数据不能参加交换。

non-switched connection 非交换连接 不必通过拨号来建立的一种连接方式。比较 switched connection。

non-switched data link 非切换数据链路 与链路连接的设备和通信控制器之间的一种连接,不需要通过拨号进行连接。对应于 switched link。参见 multipoint link, point-to-point link。

N

non-switched line 非交换线路 (1)系统或设备之间的一种连接方式,这种连接方式不必通过拨号来建立。比较 switched line。(2)不必通过拨号方式建立连接的一种远程通信线路。同 leased line。

non-switched point-to-point line 非交换点到点线路 一种永久性地连接两个站的远程通信线路。

non-synchronous 不同步 两个或多个过程在给定的时段之内进行但并非依赖于特定事件(如公共的定时信号)的出现。

non-systematic code 非系统码 一种错误校验码。其特性是信息部分与校验部分混合在一起,不能明显地分开。

non-temporary data set 非临时数据集 一种数据集,在建立它的作业结束后仍然存在。比较 temporary data set。

non-terminal node 非终节点,非端节点 (1)人工智能的搜索"与或"图中的节点。这种节点具有后继节点。(2)一种节点,不是端节点(即叶节点),因而有一个或多个子节点。该类节点也称"中间节点"或"内部节点"。

non-terminal-related main storage database 与终端无关的主存数据库 在某些带有快速路径的信息管理系统中,一种主存数据库,其特点是:数据频繁使用或更新;段不为某个指定的逻辑终端所占有。允许直接更新段中的字段,但不允许插入或删除段。

non-terminal symbol 非终结符号 一种语法概念,用于指称程序设计语言的语法结构成分的符号。非终结符号在语法定义中用终结符号和其他非终结符号定义,非终结符号不出现在实际程序中。常见的如〈语句〉、〈表达式〉都是语法定义中的非终结符号。

non-terminal vertex 非终结符号节点 在树形结构中有后继的树节点。

non-threshold logic circuit (NTL) 非阈值逻辑电路 一种非饱和的逻辑电路。其输入/输出特性无明显的阈值,但多数线路却具有阈值,这种线路的响应时间快,功耗低,适于大规模集成。

non-traditional logic 非经典逻辑 一种具有特定语义及受限语法的逻辑,的数理逻辑的组成部分之一。非经典逻辑运用特制的人工符号语言和形式化方法研究演绎推理的规律及其相关的各种逻辑系统和理论。它包括模态逻辑、多值逻辑、非单调逻辑、构造逻辑、道义逻辑、时态逻辑、模糊逻辑等。参见 multivalued logic, model logic, non-monotonic logic, temporal logic, fuggy logic。

non-transparent failover 非透明失效备援 也称非透明故障接管,系统备援能力的一种,是可以被外部(如用户)觉察到的冗余系统从一个失效组件切换到另一个组件的故障接管过程。比较 transparent failover。

non-transparent mode 非透明模式 二进制同步传输的一种方式,按这种方式,所有的控制符和控制符序列是通过检查所有被传数据来识别的。主要用于面向字节的协议。比较 transparent mode。

non-uniform connection of convertor 变流器非均匀连接 变流器电连接的一种,兼有可控和不可控主臂的连接。比较 uniform connection of convertor。

non-uniform encoding 非均匀编码 在脉码调制中,根据已确定的代码,用一组不均匀量化样值来表示模拟信号的过程。

non-uniform distribution 非均匀分布 区间内概率密度函数取值不为常数的分布。

non-uniformity 非一致性 一种向量赋值语句,如 A=B+C,在任何一台单指令流或多数据流计算机上实际执行的结果和通常向量运算的概念有时并不相符。这种现象称为非一致性。

non-uniform memory access (NUMA) 非一致性内存访问 也称"非均衡存储器访问"。一种分布式存储器访问方式,处理器可以同时访问不同的存储器地址,大幅度提高并行性。NUMA 模式下,处理器被划分成多个节点,每个节点被分配了本地存储器空间。所有节点中的处理器都可以访问全部的系统物理存储器,但是访问本节点内的存储器所需要的时间,比访问某些远程节点内的存储器所花的时间要少得多。

non-uniform quantization 非均匀量化 (1)位于两个虚判决值之间的量化区间间隔并不全都相等的量化。非均匀量化是一种在输入信号的动态范围内量化间隔不相等的量化。换言之,非均匀量化是根据输入信号的概率密度函数来分布量化电平,以改善量化性能。参见 uniform quantization。(2)数字图像处理中,对图像取样时的一种分配方式。其内容是:对每个取样点的灰度等级按非均匀的方式分配。可在图像灰度变化剧烈的地方有效地减少灰度等级,在灰度变化平缓的区域增加灰度等级。其优点是:可减少图像假轮廓,提高图像信息的质量。

non-uniform rational B-spline (NURBS) 非均匀有理 B 样条 用非均匀有理 B 样条函数构造的曲线

称非均匀有理B样条曲线。非均匀B样条函数其节点参数沿参数轴的分布是不等距的。因为不同节点矢量形成的B样条函数各不相同,要单独计算,其计算量比均匀B样条大得多。但NURBS有很多优点,如可通过控制点和权因子来灵活改变形状,具有透视投影变换和仿射变换的不变性,对自由曲线与自由曲面提供了统一的数学表示,便于工程数据库的存取和应用。参见 B-spline curve。

non-uniform sampling 非均匀采样 数字图像处理中,对图像网络点的一种采样方式。其内容是:不按均匀的方式进行网络点取样。可在图像轮廓线和灰度变化大的区域实现密取样,在灰度变化较平缓区域实现疏取样。其优点是:可改善图像外观,提高数字图像信息的质量。

non-unique alternate key 非唯一替换键标 在某些虚存数据存取方法中,其同一个键值出现在基本簇的多个数据记录中的一种替换键标,包含这种键标的替换索引记录因此有多个指针指向该基本簇,其中每一个指针指向该基本簇中的一个替换键标值。比较 unique alternate key。

non-updatability 不可更改性 在数据库系统中,指数据库中的某些字段具有的不能被修改的特性。表示某个字段,如基本键值,一旦进入数据库就是固定的,不能修改。

non vector interrupt 非向量中断 不采用向量中断方式来处理的中断。

non-visibility 不可见性 在分布式数据库系统中,用户面对的某一个集中的数据库系统。对用户来说,数据在网上的分布是不可见的,他无法知道本作业在网上哪个节点的计算机上进行,也不知道他的数据存储在网上的哪些节点的数据库中。

non-volatile 非易失性的 如磁盘数据在写入后不会因关机而丢失,它是非易失性存储器,而一般RAM(随机存取存储器)则是易失性的存储器。

non-volatile memory 非易失性存储器 断电后所保存的信息不丢失的存储器。例如只读存储器、磁盘存储器、磁带存储器等。非易失性存储器加电后,原来所存信息可继续使用。当前主要指ROM(只读存储器)、EPROM(可擦写可编程序只读存储器)、磁泡存储器或电池供电的CMOS RAM。参见 electrically erasable programmable read-only memory (EEPROM), flash EPROM, flash RAM。

non-volatile RAM 非易失性RAM (1)保护RAM(随机存取存储器)中的数据的一种方法,当电源要关断时,使RAM快速地不间断工作,然后再把RAM中的信息移到EEPROM(电可擦可编程只读存储器)中去,从而保护了数据。(2)掉电情况下信息内容不丢失的随机存取存储器。有两种类型:①磁芯存储器;②采用电池备用系统防止掉电情况下数据丢失的半导体随机存取存储器。

non-volatile random access memory (NVRAM) 非易失性随机访问存储器 在电源切断后能够保持存储内容的随机访问存储器。

non-volatile storage 非易失性存储器 同 non-volatile memory。

non-Windows application 非 Windows 应用程序 不是以 Windows 作为运行环境而设计的应用程序。

non-working number 非工作号码 一种电话号码,不是用来打电话,仅用于中心局的终端设备。

non-zero dispersion fiber (NZDF) 非零色散光纤 一类在 1 550 nm 附近的色散不为零的光纤。由于色散保持非零特性,可以抑制四波混频(FWM)和交叉相位调制等非线性的干扰。又由于支持 10 Gbps 的长距离传输而无需色散补偿,从而节省了色散补偿器及其附加光放大器的成本。因此这种不是零色散的光纤适合传送多个波长的光信号和较大的功率。

non-zero dispersion shifted fiber (NZDSF) 非零色散位移光纤 这种光纤是一种设计在 1 550 nm 窗口之外的单模光纤,它将最小色散点移到接近零的附近,但不是零。这样就防止了在零色散时发生的非线性干扰。

NO-OP 非操作指令,空操作指令 no-operation instruction 的缩写。

no-operation instruction (NOP 或 NO-OP) 空操作指令 没有其他结果,只是使处理器用掉一个指令周期或两个时钟时间的一种机器指令。空操作指令在诸如禁止调用子例程(以 NOP 取代原有的调用指令)、延长时间循环或强制后续指令对齐某种存储边界等应用场合有用。

NOR circuit “或非”电路 一种逻辑电路,只有当所有的输入全为“0”时,输出才为“1”。参见 NOR operation。

NOR element “或非”元件 同 NOR gate。其作用见 NOR operation。

no response 无应答 在SNA(系统网格体系结构)中,请求标题要求应答方式字段中的一个值,指出不管这个请求是否被成功地接受和处理,对于该请求不返回应答。比较 definite response, exception response。

NOR gate 或非门 数字逻辑电路中的基本元件,实现逻辑或非功能。有多个输入端,1个输出端,多输入或非门可由2个输入或非门和反相器构成。只有当两个输入 A 和 B 为低电平(逻辑0)时输出为高电平(逻辑1)。

normal 法线的,常态的 (1)指垂直于另一条线或另一个表面的线。(2)指键或继电器的常闭接点,或开关或继电器的静止位置。

normal binary 标准[普通]二进制 (1)一种记数制,以2而不是以10为基,书写时只用数字0和

1。(2)一种特点、性质或状态,只有两种选择。如二进制记数系统用2作为它的基,仅使用数字0和1。

normal connection 正常连接 在结构分析中,从一个模块引用另一个模块名的过程,与路径逻辑连接相反。

normal contact 正常触点 其常态位置是"接通"的触点对。

normal direction flow 正常方向流 在流程图上,从左到右或从上到下的流向。

normal disconnected mode (NDM) 正常断开方式 一种非平衡数据链路的非运行方式,在这种方式下,辅站和数据链路在逻辑上断开,因而不能传送或接收信息。参见 asynchronous disconnected mode,initialization mode。

normal distribution 正态分布 概率论中最重要的一种分布,也是自然界最常见的一种分布。该分布由两个参数——平均值和方差决定。概率密度函数曲线以均值为对称中线,方差越小,分布越集中在均值附近。也称"高斯分布"。正态分布的概率分布密度曲线可用下式表示:

$$f(\varepsilon)=\frac{1}{\sigma\sqrt{2\pi}}e^{-\frac{\varepsilon^2}{2\sigma^2}}$$

式中 $f(\varepsilon)$ 是误差为 ε 的概率分布密度,ε 为测量误差,σ 为标准偏差。正态分布的特点是:①小误差比大误差出现的机会多,故误差出现的概率与误差的大小有关;②大小相等而符号相反的正负误差的数目近于相等;③极大的正误差与负误差的概率均极小。该函数的图形是一种钟形曲线。同 Gaussian distribution。

normal equations 正规方程 可确定线性最小乘解的一个线性方程组。方程组 $A^{T}x=A^{T}b$ 称为方程组 $Ax=b$ 的正规方程。正规方程恒有解,且其解就是原方程组 $Ax=b$ 的一个最小二乘解。

normal failure period 正规失效周期 稳定失效率的倒数。即稳定失效间隔时间。

normal file 顺排档 情报检索档的一种组织方式。其开始是一篇文献的检索标志,然后是文献、文献缩微复制品、题录或存储地址。

normal flow 常规数据流 在SNA(系统网络体系结构)中,TH(传输标题)中的数据流,主要用于传送端点用户数据。正常数据流中请求数据流速率可以通过会话级调步进行调整。比较 expedited flow。

normal form 范式 (1)谓词演算中由公式转化而成的式子。化成范式可简化解题过程。范式的种类很多,如合取范式、析取范式、前束合取范式、前束析取范式等。(2)关系数据库设计中,使关系(二维表)规范化的方法。关系数据库中的关系是要满足一定要求的,满足不同程度要求的为不同范式。满足最低要求的称第一范式,简称1NF。在每一范式中进一步满足一些要求的为第二范式。其余以此类推。所谓"第几范式"是表示关系的某一种条件。所以常称某一个关系模式R为第几范式。如果把范式概念理解成符合某一个条件的关系模式的集合,则R为第几范式就可写成 $R\in XNF$。各种范式之间的联系是 $5NF\subset 4NF\subset BCNF\subset 3NF\subset 2NF\subset 1NF$。

normal form Backus 巴科斯范式 一种实现语法分析的形式语言结构。

normal form of DPDA 确定型下推自动机的标准形式 对DPDA的一种限制,要求对栈的操作要么是删除栈顶符号(即出栈),要么是压入栈顶一个符号(即入栈)。参见 deterministic pushdown automaton (DPDA)。

normal fuzzy number 正态模糊数 模糊数的一种,是一个定义在实数轴上的正态形隶属函数表示。

normal hysteresis loop 正常磁滞回线 处于磁循环状态的材料的相对于坐标原点成对称关系的磁滞回线。参见 incremental hysteresis loop。

normalization 规范化 关系数据库理论研究的主要课题和关系方法中的重要概念。日常的二维表经常是未规范化的,用它直接定义和建立的关系数据库往往会给今后数据的使用和维护带来极大的困难。所谓规范化是指用更单纯、结构更规律的关系(二维表)逐步取代原有关系的过程。规范化作用在于提供一个规范化的关系,以设计一个更好的、反映现实世界的模式。

normalization routine 规格化例程 一种浮点算术运算例程。它将数字左边的第一个非零数移至次高位,使其处于规定的范围之内。

normalization signal 规格化信号 一种信号,其产生或再生,幅度、形状和周期满足特定要求。这类信号常由其他信号生成,很少与一般系统兼容,但必须是常规的或满足特定计算机规则的。

normalization transformation 规范化变换 一个把窗口的边界和内部映射到视区的边界和内部的变换。也称"观察变换"或"窗口到视区变换"。在GKS(图形核心系统)中,该变换是把一个位置的世界坐标映射到规格化坐标。在定义规格化变换时,由应用程序指定的规格化设备坐标空间的一部分(在GKS中为矩形区域)称为视区。世界坐标空间中一个预定义部分(在GKS中,该定义部分只限于世界坐标空间中的矩形区域)称为窗口。

normalize 规格化 (1)数学运算中的一种操作过程。其功能是:将一组符号或数字转化成标准的形式。(2)在浮点表示系统中,调整浮点数使其成为标准化形式的过程。经规格后的浮点数称规格化数。调整浮点表示中的定点部分和相应的指数,以保证定点部分处于预先规定的值域区,并且使所代表的实数保持不变。例如,为了使定点部分处于0

～0.999……的值域内，浮点数 123.45×10^2 规格化为 0.12345×10^5。同 standardize。

normalized device coordinate (NDC) **规范化[归一化、规格化]设备坐标** 在计算机制图技术中采用的在与设备无关的中间坐标系统中指定的一种坐标，其规格化坐标值为某个范围，一般为 0 ～ 1。用这种规范化的设备坐标显示的图像，任何设备上都位于同样的相对位置。

normalized device coordinate space **规范(化)设备坐标空间** 同 normalized device coordinate。

normalized error **归一化误差** 某观察值或测量值与真值或特定值或理论正确值或计算值的比。参见 absolute error，relative error。

normalized floating control **规格化浮点控制** 程序状态双字中的某个信息位，它表示浮点操作的结果是否要规格化(如果该位为 0 则要规格化，如果为 1 则不要规格化)。

normalized floating point **规格化浮点** 当一个浮点数的尾数(浮点数的小数部分)第一位数不为零时，该浮点数即是规格化的。

normalized form **规格化形式，标准型** (1)用浮点表示实数的方法中的一种，这种方法设定尾数的小数点在固定的位置，通常是在第一个非零数字的前面。同 standard form。(2)一组符号或数字的标准形式。

normalized number **规格化数** 一种浮点数。其尾数部分应调整到预定范围内。

normalizer **规范器** 一种光(学字)符阅读装置的电子部件，该部件修正扫描器的输出信号以得到一种经过处理的，更适于进一步分析的再生输入字符。

normal induction **正常磁感应** 从正常磁化曲线获得的磁感应值。在实用上，当用到铁磁材料的磁感应这一术语而未加任何限定时，即指正常磁感应。参见 normal magnetization curve。

normally closed contacts **常闭触点** 继电器上的一种触点对，继电器被激励后该触点对才断开，否则是闭合的。

normally open contacts **常开触点** 继电器上的一种触点对，当继电器被激励后该触点对才闭合，不受激励时是断开的。

normal magnetization curve **正常[基本]磁化曲线** 当改变磁化场的极限值以取得一系列磁滞回线时，连接这些回线的顶点的曲线称为正常磁化曲线。

normal mode interference **常模干扰** 是指干扰信号的侵入在往返两条线上是一致的。常模干扰来源一般是周围较强的交变磁场产生交流电动势形成干扰。

normal mode rejection (NMR) **常模抑制** 放大器抑制常模电压的能力。

normal mode voltage **常模电压** 在放大器的两个输入点之间存在的有害电压部分，该电压叠加在原有信号之上。

normal operating conditions **正常工作条件** 装置的设计工作条件范围，不满足此工作条件将使该装置的工作受到影响。

normal operating current **正常操作电流** 在正常的操作条件下，流经电路的最大电流。

normal permeability **正常磁导率** 对应于正常磁感应的磁导率。在使用上，当用到铁磁材料的磁导率这一术语，而未加任何限定时，即指正常磁导率。

normal priority **正常优先级** 在某些信息管理系统中，当排队和等待处理的事务数目小于极限计数值时，指定给某个事务的优先级。参见 limit count，limit priority。

normal priority process **正常优先过程** 在 OS/2 操作系统中，一种能够在允许的时间内完成的过程。

normal probability density function **正常概率密度函数** 参见 normal distribution。

normal program termination **正常程序终止** 一程序没出任何错误而执行完毕，并向监督程序发控制字的过程。

normal queue **正常队列** 在 SNA(系统网络体系结构)分配服务中，给下一个低优先发送级的系统队列的一系列分配项。

normal random number **正态随机数** 一种按正态分布规律产生的随机数。

normal range **正常范围** 某个规定的数值范围。只要行为的结果落在这个范围内，就认为该结果是满意的。这种原理常用于异常原则系统中，这种系统只记录那些没有落在该正常范围内的结果。

normal response mode (NRM) **正常响应方式** 非平衡数据链路的一种运行方式，其中辅站只有在接收到主站的明确允许后才能开始传输数据。参见 asynchronous balanced mode，asynchronous response mode。

normal state **常态** 多用户计算机的一种工作状态。此时计算机可执行一般的用户程序指令，但不执行由操作系统专门使用的监控指令。

normal vector **法向量** 与平面垂直并指向平面外侧的向量，它定义了平面的方向。在计算机图形学中，法向量可用来辅助计算表面光强，也可用来计算凸多面体的消隐。

normal vector interpolation shading **法向量内插法明暗处理** 根据法向量而不是根据亮度进行内插而得到明暗效果的一种明暗处理方法。

normal voltage test **整体电压试验** 按试验电压标准对绝缘工具的整体进行的电压试验。

normative elements **规范性要素** 标准化术语。要

声明符合标准而应遵守的条款的要素，分为一般要素和技术要素。

normative testing 标准测试 为了建立若干性能标准而对系统进行的定性和定量测试。

norm-referenced test (NRT) 常模参照测试 一种以经典测验理论为基础的测量，主要目的在于把被试同常模比较，从而判断被试在所属团体中的相对位置。大部分智力测验基本上就是常模参照测试。

NOR operation “或非”运算[操作] 有多个输入[命题]，有一个输出[结果]的逻辑运算。当各个输入[命题]都是假时，输出[结果]才是真，反之，在各个输入[命题]中只要有一个是真，则输出[结果]是假。“或非”的操作符写法有：↓，$\overline{\vee}$，NOR。相当于逻辑联结词“非”析取。具有“或非”作用的逻辑门称或非门。或非门也称“或非元件”，符合或非门逻辑关系的电子线路称为或非电路。对于二元逻辑运算，假定输入为 A、B，则“或非”运算[操作]的真值表如下：

A B	$A\downarrow B$
0 0	1
0 1	0
1 0	0
1 1	0

North America digital cellular system 北美数字蜂窝系统 美国蜂窝技术工业协会(CTIA)在 1989 年提出的以模拟移动台为基础的数字蜂窝移动通信系统，其标准为 IS-54，IS-55 和 IS-56。其工作频段、射频间隔、双工频率间隔均与 AMPS(高级移动电话服务)相同，其特点是数/模兼容。参见 advanced mobile phone service (AMPS)。

North American Presentation Level Protocol Syntax (NAPLPS) 北美表示层协议语法 最初为了开发可视图文系统和用户电视电报系统而制定的关于正文和图形传输格式的标准。NAPLPS 使用编码系统可在窄带传输线路上传输大量信息，并要求接收设备在处理代码能力的基础上能扩充处理实际图像。该标准最初由加拿大标准化协会开发，后经 AT&T 修改扩充，最后由美国国家标准化委员会(ANSI)确认为标准。

Northwest Net 西北网络 由美国国家科学基金会(NSF)资助建设的区域性网络，为阿拉斯加州、蒙大纳州和北达科他州等西北地区提供服务，连接该区域内的主要大学和主要的产业集团，如波音和 Sequent 计算机公司。

NOS 网络操作系统 network operating system 的缩写。

NOSS 网络运营支撑系统 network operation support system 的缩写。

NOT “非” 一种逻辑算符。若 P 为语句，当 P 为真时，P 的“非”为假；当 P 为假时，P 的“非”为真。P 的“非”可用 $\overline{P}$、~P、¬P、P′表示。在逻辑表示法，如果一个数值是二进制数值，那么该数值之非就是将原数值的多个“0”位值变成“1”，每个“1”位值转为“0”。参见 Boolean operator、logical operator。

NOT-AND “与非” 其作用见 NAND operation。

NOT-AND element “与非”元件 同 NAND element。其作用见 NAND operation。

NOT-AND operation 与非操作[运算] 其作用见 NAND operation。建议使用 non-conjunction。

not-a-number (NaN) 非数据 在二进制浮点计算过程中，不作为数学意义上的一个值，含有一个屏蔽态和一个二进制数字序列。

notarization 证实 在保密系统中采用的一种方法，采用完全相同的发送器和相同的终端接收器，作为对密钥采取的附加安全措施。

notation 记数法，表示法，记号，指称法 (1)数的表示方法。常见的有二进制、八进制、十进制、十六进制。(2)一组符号及其用来表示数据的规则。参见 binary notation, decimal notation, infix notation, mixed base notation, mixed-radix notation, positional notation, postfix notation, prefix notation。(3)程序设计中，用一组符号和规则来描述程序设计和数学元素。如程序中的常数、表达式和语句。语言的语法部分地用指称法定义。参见 syntax。

notation system 记数系统，记数制 数的记录表示方法。例如十进制记数系统、二进制记数系统等。

not busy interrupt 空闲中断 空闲设备发送给计算机的中断信号。

notch filter 陷波滤波器 在某个很窄的频带内有很大衰落的一种滤波器，用来抑制或限制这些频率(如电话系统设备)或者隔离两个信道(如非对称双工或双线，全双工系统)。在调制解调器中，用发射和接收陷波器，把该窄带的频率从载波中除掉。

not copy protected (NCP) 版权不受保护 不受版权法保护的，可以任意拷贝的特性。

not data accepted (NDAC) 未接收完数据 一类并行的外总线(如 IEEE 488)上进行握手联络用的数据控制线。当总线上被指定为接收器的设备，有任何一个尚未接收完数据，它就置 NDAC 线为低电平，示意发送器不要撤销当前数据。只有当所有接收器都接收完数据后，此信号才变为高电平。参见 not ready for data (NRFD), data avaible (DAV)。

note 注释 同 comment。

notebook computer 笔记本电脑 同 portable computer。

notebooks 笔记本型机 同 notebook computer。

NOT element “非”元件 同 NOT gage。

Notepad (1)美国电话会议系统。参见 teleconferencing。(2)记事簿,微软视窗等窗口式软件中的一个应用程序窗口,用于进行简单的文字处理,偏重于书写便条或简便的备忘录。

NOT gate 非门 一种常用的逻辑门。非门有一个输入端和一个输出端,若输入端为 1,则输出端为 0,反之,若输入端为 0,则输出端为 1。非门也称"非元件"。符合非门逻辑关系的电子线路称为非电路(NOT circuit)。

notification channel (NCH) 通知信道 用于通知移动台语音组呼叫和语音广播呼叫。

notification window 通知窗口 网络传输中,接收方根据其接收能力许诺的窗口值,是来自接收端的流量控制参数。接收端将通知窗口的值放在 TCP(传输控制协议)报文的首部传给发送方。参见 sliding window protocol (SWP)。

NOT-IF-THEN gate "异"门 一种实现布尔"异"运算的逻辑元件。同 NOT-IF-THEN element。

NOT-IF-THEN operation 非蕴含运算 一种二元布尔运算,运算符号记为"/→"。相当于逻辑联结词非蕴含。两布尔变元 p、q 经非蕴含得到"$p/\rightarrow q$"。"$p/\rightarrow q$" 的布尔值为"1"当且仅当 p 的布尔值为"1",q 的布尔值为"0"。

NOT operation 非运算 一种一元布尔运算,运算符号记为"¬"。相当于逻辑联结否定。一布尔变元 p 经"非"运算得到"¬p"。"¬p"的布尔值的"0"当且仅当 p 的布尔值为"1"。

NOT-OR element "或非"元件 同 NOR element。其作用见 NOR operation。

NOT-OR operation "或非"运算 同 NOR operation。也可使用 non-disjunction。

not ready for data (NRFD) 未准备好接收数据线 一类并行的外总线(如 IEEE 488)上进行握手联络用的数据控制线。只要连接在总线上被指定为接收器中的设备,尚有一个未准备好接收数据,接收器就置 NRFD 线为有效低电平,示意发送器不要发出数据。当所有接收器都准备好时,NRFD 变为高电平。参见 not data accepted (NDAC), data avaible (DAV)。

noughts complement 补码 参见 complement。同 radix complement。

noun group case 名词组角色 在自然语言(英语)理解系统中,名词组所起的作用。为简化语言理解系统的语法分析,以名词为主体构成名词组。名词组包括:①由不带任何修饰语的名词组成的名词组;②由带有若干个限定词、形容词等修饰语构成的名词组;③由名词组加介词组成的名词组。

Novell 诺威公司 计算机网络软件厂商。曾兼并 WordPerfect 公司、Quottro Pro 公司、Digital Research 的 DR DOS 开发组以及 UNIX 实验室。其 NetWare 和 UNIXWare 已成为广泛使用的网络操作系统。

Novell directory services (NDS) Novell 目录服务 一个多平台的分布式数据库,它存储和维护给定网络中的软硬件资源信息,如网络用户、服务器、打印机、打印队列和应用程序。NDS 的目录可以使用分层树来描述。有 Windows NT 版本。

Novell DOS Novell DOS 操作系统 最初由 Digital Research 开发的 DOS(磁盘操作系统)版本,称为 DR DOS,现为 Novell 公司所有,并称为 Novell DOS。Novell DOS 7 包括内部的对等联网技术、网络管理实用程序、文件压缩和抢占的多任务处理。

Novell NetWare Novell 网络操作系统 由 Novell 公司开发的局域网操作系统系列产品。Novell NetWare 设计成在各种 IBM PC 和 Apple Macintosh 计算机上运行,允许用户共享文件和硬盘、打印机等系统资源。

Novell network 诺威网, Novell 网 美国 Novell 公司的局域网产品。是一种高层协议,连接多种低层协议的网络。其网桥可实现低层协议的转换。网络采用开放协议技术(OPT),可将不同操作系统的工作站连接到网络上。

Novell virtual terminal (NVT) Novell 虚拟终端 一种允许 DOS(磁盘操作系统)客户机访问运行在 UNIXWare 应用服务器上资源的软件,软件分成两部分,一部分运行在 DOS 系统中,另一部分运行在 UNIXWare 应用服务器上。

novelty ratio 新颖率 从检索系统中检出的对用户新颖的件数与文档中总相关件数之比。有时也指检出的对用户新颖的件数与检出总件数或检出的总相关件数之比。

no-voltage protection 无压保护 也称"失压保护"或"欠压保护"。同 under-voltage protection

NP (1)网络提供者 network provider 的缩写。(2)网络处理器 network processor 的缩写。(3)非确定型多项式类 non-deterministic polynomial 的缩写。(4)号码携带 number portability 的缩写。

NPA (1)网络专业人员协会 Network Professional Association 的缩写。(2)网络性能分析器 network performance analyzer 的缩写。

NPALU 网络性能分析逻辑单元 network performance analysis logical unit 的缩写。

NPC (1)网络参数控制 network parameter control 的缩写。(2)负压磁头浮动块 negative pressure slider 的缩写。(3)非玩家角色 non player character 的缩写。

NP-completeness NP 完全性 由 P 类与 NP 类定义可知,P⊆NP。但 P $\stackrel{?}{=}$ NP 是尚未解决的难题。人们从 NP 类问题中分出复杂度最高的一个子类,称为 NP 完全类。任取 NP 类中一个问题,再任取 NP 完全类中一个问题,都存在一个确定的

N

算法能在多项式时间内将前者转换为后者。也就是说，只要证明 NP 完全类中有一个问题属于 P 类，则 NP 类中每一问题都属于 P 类，即解决了 P $\overset{?}{=}$ NP 问题。NP 完全性最早在 1971 年由 Cook 提出，他指出合取范式一可满足性问题是 NP 完全问题。下面是另一些较有名的 NP 完全问题：图的着色，汉密尔顿路与哈密尔顿回路，装箱问题，作业分配问题，背包问题，划分问题，三维匹配，节点覆盖，独立集问题，旅行商问题，团的问题等。

NP-complete problem NP-完全问题 同 NP-completeness。

NPDA 网络问题判断应用程序 network problem determination application 的缩写。

NPEL 噪声功率发射水平 noise power emission level 的缩写。

NP-hard problem NP-难问题 不比 NP 类中任一问题更容易求解的查寻问题。设 X 是一查寻问题，若能将某个 NP-完全问题多项式时间图灵归约到 X，则称 X 是 NP-难问题；若能将 X 多项式时间图灵归约到一个 NP 类的问题，则称 X 是 NP-易问题，此意味着 X 不比 NP 中的问题更难求解；若 X 既是 NP-难的，又是 NP-易的，则称 X 是 NP-等价问题，它表示 X 和 NP-完全问题一样难。许多组合最优化问题都是 NP-等价的，有时也广义地把他们称为是 NP-完全问题。

n-place function n 位函数 谓词演算中的一种项。用小写的拉丁字母及后跟的 n 个空位表示。空位可用常量或变元填入，也可用项填入。n 位函数是一个从定义域 D 的 n 次笛卡尔积集合 D^n 到值域 $A(A \subseteq D)$ 的映照，记作 $f: D^n \rightarrow A$。

n-place predicate n 位谓词 谓词演算中的一个陈述格式。用大写的拉丁字母及后跟的 n 个空位表示。如没有空位，则称零位谓词或命题。空位可用项填入，从而表示一完整的陈述，还可判定该陈述的真伪。n 位谓词是一个从定义域 D 的 n 次笛卡尔积 D^n 到集合 $\{T,F\}$ 的映照，记作 $P \cdot D^n \rightarrow \{T,F\}$。

n-plus-one address instruction n 加 1 地址指令 一种指令，其中含有 $n+1$ 个地址，"加 1"地址就是下一条待执行指令的地址。

NPM NetView 性能监控器 NetView performance monitor 的缩写。

NPN transistor NPN 晶体管 同 n-p-n transistor。

n-p-n transistor n-p-n 晶体管 一种结型晶体管，其发射区为 N 型导电，基区为 P 型导电，收集区为 N 型导电，常用硅材料作为基片。

n-port network n 端口网络 同 n-terminal-pair network。

NPRZ 非极化归零制记录 non-polarized return-to-zero recording 的缩写。

NPS 网络产品支持(程序) network product support 的缩写。

NPSI X.26 NCP 包转接接口 X.26 NCP packet switching interface 的缩写。

NPT 不可编程终端 non-programmable terminal 的缩写。

NREN (美国)国家研究教育网 National Research and Education Network 的缩写。

NRF 网络路由机制 network routing facility 的缩写。

NRFD 未准备好接收数据线 not ready for data 的缩写。

NRM (1)正常响应方式 normal response mode 的缩写。(2)网络资源管理 network resource management 的缩写。

NRMM (美国)国家缩微出版物业主注册表 National Register of Microform Masters 的缩写。

NRO 网络恢复目标 network recovery objective 的缩写。

NRT 常模参照测试 norm-referenced test 的缩写。

nrtPS 非实时轮询服务 non-reala-time polling service 的缩写。

NRZ 不归零制 non-return-to-zero 的缩写。

NRZ(C) 不归零[变化]记录 non-return-zero (change) recording 的缩写。

NRZ(M) 不归零(标记)记录法 non-return-to-zero (mark) change-on-ones recording 的缩写。

NRZ(1) 不归零(遇 1 翻转)记录法 non-return-to-zero (inverted recording) 的缩写。建议使用 non-return-to-zero change-to-ones recording (NRZ-1)。

NRZI 反相不归零制 non-return to zero indicating 的缩写。

NRZ-0 不归零按"0"变化记录 non-return-to-zero change-on-zeros recording 的缩写。

NRZ-1 不归零按"1"变化记录 non-return-to-zero change-on-ones recording 的缩写。

NS (1)网络服务(程序) network services 的缩写。(2)name server 名字[名称]服务器的缩写。

ns 纳秒，毫微秒 nanosecond 的缩写。

NSA (1)网络会话记账 network session accounting 的缩写。(2)非顺序应答 non-sequenced acknowledgement 的缩写。

NSAP (1)网络服务接入点 network service access point 的缩写。(2)网景服务器应用编程接口 Netscape server application programming interface 的缩写。

NSE 网络支持的百科全书 network support encyclopedia 的缩写。

NSI (1)网络系统集成 network system integration 的缩写。(2)非系统网络体系结构互连 non-SNA interconnection 的缩写。

NSP (1)数字空格(字)符 numeric space character 的缩写。(2)本地信号处理 native signal processing 的缩写。(3)网络服务协议 network service protocol 的缩写。(4)网络服务提供者(公司) network service provider 的缩写。

NSPE 网络服务过程错误 network services procedure error 的缩写。

NSR 非源路由 non-source routed 的缩写。

NSS 节点转接系统 nodal switching system 的缩写。

NSTL (美国)国家软件测试实验室 National Software Testing Lab 的缩写。

n symbol n 符 一种任意的、未加定义的实数。这种数由于受定义或上下文限制,因而须是整数或有理数值。

NT 网络终端 network termination 的缩写。

n-terminal circuit n 端电路 有 n 个端的电路。

n-terminal-pair network n 端对网络 具有由 n 对端组成 n 个端口的网络。

NT executive NT 执行体 微软 Windows NT 操作系统中以核心态运行的部分,提供进程结构、进程间通信、内存管理、对象管理、线程调度、中断处理、I/O 能力、网络及对象安全性,应用程序接口(API)及其他特性由用户态保护子系统提供。参见 protected subsystem。

NTF 未发现问题 no trouble found 的缩写。

NT file system (NTFS) NT 文件系统 微软 Windows NT 的文件系统,将文件作为一个对象进行管理从而支持面向对象的应用程序,文件具有用户定义的属性或系统定义的属性,还支持文件的恢复、特别大的存储介质以及 POSIX(可移植操作系统接口)子系统中的各种特性。

NTFS NT 文件系统 NT file system 的缩写。

NTIS (美国)国家技术情报服务处 national technical information service 的缩写。

NT kernel NT 核 微软 Windows NT 的执行体中管理处理器的部分,完成线程调度、分配、中断及异常处理、多处理器的同步,并为 NT 执行体提供用于创建用户态对象所需的原始对象。

nTLDs 国家顶级域名 national top level domain names 的缩写。

NTN 国家终端号 national terminal number 的缩写。

NTO 网络终端可选件(程序) network terminal option 的缩写。

NTP 网络定时协议 network time protocol 的缩写。

NTSC (美国)国家电视制式委员会 National Television System Committee 的缩写。

NTSC converter NTSC 转换器 用于把视频信号编码成为美国国家电视标准委员会(NTSC)所规定的复合式视频信号的一种转换器,常用来把 RGB(红绿蓝)信号转换成为单一的彩色视频信号。

NTSC format NTSC 制式 彩色电视机的一种规范,525 行扫描,频带为 4 MHz,行频 15.75 kHz,帧频为 30 Hz,彩色副载波为 3.58 MHz。参见 PAL format,SECAM format。

NTU 网络终端装置 network termination unit 的缩写。

n-tuple *n* **维排列,** *n* **元组,** *n* **有序组** n 个元素的集合形式。通常是按下标值次序排序的,如 $X_1, X_2, \cdots, X_n$。

n-tuple length register n 元组[维]长度寄存器 把 n 个寄存器逻辑地或物理地连接起来,作为单个寄存器使用。每个寄存器可以分别地进行访问。

n-tuple register n 元组寄存器 同 n-tuple length register。

n-tuple relation n 元关系 一种含有任意元(实体)的关系(表),如有 16 元,就称为"16 元关系"。

N-type semiconductor N 型半导体 一种导电电子密度显著大于可动空穴密度的非本征半导体。参见 P-type semiconductor,I-type semiconductor。

n-type semiconductor n 型半导体 一种掺杂有施主杂质的半导体,通电后主要产生负电荷多数载流子(自由电子)。比较 p-type semiconductor。

NT1 一类网络终端 network terminator type 1 的缩写。

NT2 二类网络终端 network terminator type 2 的缩写。

NUA 网络用户地址 network user address 的缩写。

NUC NetWare UNIX 客户 NetWare UNIX client 的缩写。

nuclear electricity generation 核能发电 利用核反应堆中链式核裂变反应所释放的能量发电。

nuclear magnetic resonance 核磁共振 一种与物质磁性和磁场有关的共振现象。磁性物质内具有磁矩的粒子在直流磁场的作用下,其能级将发生裂变,当能级间的能量差正好与外加交变磁场(垂直于直流磁场)的量子值相同时,物质将强烈吸收交变磁场的能量并产生共振,即磁共振,其本质也是一种能级间跃迁的量子效应。磁共振与物质磁性有密切关系,当磁矩来源于顺磁物质原子中的原子核时,则称这种磁共振为核磁共振。

nucleus initialization program 核心初始化程序 初始化驻留主存储器的控制程序(核心程序)的程序。它允许操作者在初始化之前改变系统生成期间所规定的某种特定选择项。

nude　裸机　没有安装操作系统的一种计算机。

NUI　(1)网络用户标识 network user identification 的缩写。(2)NetWare 国际用户组织 NetWare users international 的缩写。(3)网络用户界面 network user interface 的缩写。

nuke　删除,停止　(1)删除一个文件、目录或整个硬盘(2)停止操作系统中的某个进程、某个应用程序或某个程序。同 kill。

NUL　零字符,空字符,空设备　null character 的缩写。

null　空(值)　(1)也称"空态"。电路、设备或系统产生无输出的一种状态。(2)指所有二进制数字都为 0 的字符。在程序设计中,空值可用于特殊目的,如当没有其他值适用,或是适用值未知时,可以赋给属性的值。

null address　空地址　一个用于传输不与任何站相关帧的地址。

null brush　空刷子　微软视窗中的涂色刷子,其位图与窗口的背景色位图相同。

null character (NUL)　零字符,空字符,空设备　(1)一个具有零值的字符代码。表示什么也没有。在显示器上不显示,在打印机上不打印,也不引起其他的动作。用于填补数据字段、终止字符串、分隔信息块等。(2)计算机中的一个虚拟设备称空设备,传输给它的数据都被丢弃。逻辑上可以同其他设备一样对待,可用于数据的删除或者测试操作。参见 space character。

null character string　空字符串　两个连续的单引号,规定了无字符的字符常数。

null cycle　空循环　运行一个不需要处理新数据因而可绕过有关指令段的程序所占用的时间。空循环表示该程序处理时间的最小值。

null detector　零检测器　能对电路中是否有电流进行检测,从而可提示电路中的有关参量进行微调以达到预期目的的一种双向电流表。

null device　空设备　一种外部设备地址,在进行测试或程序开发过程中加以利用。

null gate　零门　只要加上电源就能产生一串零值信号序列的电路。

null indicator　空指示符,零值指示器　(1)也称"键尾指示符"。放在连接表中末尾一个记录的连接字段上的一种特殊指示符,用以表示键尾。(2)指示电流、电压等参量为零的一种指示装置。

null instruction　零指令　程序操作时不起作用的一种指令。在程序中,通常为将来变化而提供给程序,也可用于当机器码系统要求写入的是整组时作为填充指令。

null line　空行　一种长度为零(即无数据)的逻辑行。

null locator value　空定位符值　PL/1 语言中的一种特殊定位符值。该值不能标识内存储区中的任何单元。该值为正时,表示一定位符变量不能标识任何数据的生成。

null matrix　零矩阵　矩阵每个元素均为零的矩阵。

null modem　空[假]调制解调器　一条短小的 RS-232-C 电缆,不需要使用调制解调器而使两个计算机能够进行通信。空调制解调器电缆连在计算机的串行口上,电缆中的某些线是交叉的,以便通过轮流使用发送线和接收线实现这种通信,一个设备的发送线是另一个设备的接收线。

null output message　空输出报文　在某些信息管理系统中,为了满足终端的需要,在没有其他输出可以直接使用时,向终端发送的报文。

null pointer　空指针　不指向任何对象的指针值,通常为一个固定的存储地址,如 0。空指针通常用于标志一串指针序列的末尾,或者在链表中表示链的末尾。

null process　空进程,零进程　一种小的系统进程,是系统中优先级最低的进程,并且占有一个优先级。这种空进程的一个功能是为了积累空闲的处理机时间。

null record　空记录　(1)一种空的记录。(2)一种含有空字符串的记录。(3)二进制同步通信中的一种记录,不含有数据,只含有数据链路控制字符 STX 和 ETX。

null resource　空资源　在 NetView 图形监控机制中,一种只用于作为格式化和绘制视图的辅助手段的对象。

null set　空集　参见 empty set。

null statement　空语句　(1)一种作业控制语句,用以标识一作业控制语句和数据的结束。(2)不引起程序动作和执行顺序的语句。(3)操作系统中定义输入流的数据集结束的语句。

null string　空串,空行　(1)一种不包含元素的字符串。(2)一种概念上的字符串,其实体已经用空,或实体尚未建立。

null suppression　零消去　一种数据压缩方法,其压缩比为 20 %～45 %,这种压缩方法有两种形式:①用一个字符表示零或者空格,后跟一个数字表示该序列的长度;②用一个位映像加在每个数据记录的开始,当数据单位固定后(字或者字节),那些包含全零或者全空格的单元用 0 表示,而包含非零或者非空格的单元用 1 表示,位映像中的每一位都表示了固定大小的数据。

null-terminated　零终止的　以零字节结尾的。在 C 语言中,字符串以这种内部格式存储。

null terminated string　零终止字符串　参见 ASCII string。

null value　空值　数据库新记录中没有确定数值的

数据项的数值。这是为了区别于其他具体数值的虚设数值。

NUMA 非一致性内存访问 non-uniform memory access 的缩写。

number 数(字,据,值),号(码) (1)一种可以表示一个数量或某个单位的数量的数字实体。(2)程序设计语言中的一类单字,他们属于字面常数。程序中的数是数字字符的串(可能中间夹有若干其他特殊字符,如小数点等)。词法分析程序识别出一个数后通常把它转换为一个内部的二进制数。参见 binary number, complex number, integral number, irrational number, natural number, rational number, real number。

number crunching 数字捣弄 科学计算中计算机对数字进行大量重复而繁琐的算术运算过程。其特征是:数字在计算机的运算器和存储器中来回传送。

number field 数域 一个对和、差、积、商运算封闭的非空复数集合。例如,所有的有理数构成的数域称为有理数域。所有的实数构成实数域,所有的复数构成复数域。

number group 数码组 在纵横交换系统中,设备号和主工作站代码之间相互联系的一种排列,是翻译机的一种形式。

numbering plan 编号方案 在电话编号中,一种统一的编号系统,其中每个中央电话局都有唯一的号码,与全国范围内连接的拨号网络中所有其他电话局相类似。在美国和加拿大,采用 10 位数字,前 3 位数字表示地区编码,接着 3 位数字表示电话局编码,其余 4 位数字表示电话机的号码。参见 area code。

numbering system 数制 表示数值的方法和计数的规则,主要由数码、基数和位权构成。数码是数制中表示基本数值大小的不同数字符号;基数是数制所使用数码的个数;位权是数制中某一位上的数码所表示数值的大小。常用的数制有十进制、二进制、八进制和十六进制。下表列出十进制数 0 至 15 在上述各种数制中的表示方法。

十进制	二进制	八进制	十六制
0	0000	0	0
1	0001	1	1
2	0010	2	2
3	0011	3	3
4	0100	4	4
5	0101	5	5
6	0110	6	6
7	0111	7	7
8	1000	10	8
9	1001	11	9
10	1010	12	A
11	1011	13	B
12	1100	14	C
13	1101	15	D
14	1110	16	E
15	1111	17	F

每种数制都有一个固定基数,十进制的基数是 10,二进制的基数是 2,八进制的基数是 8,十六进制的基数是 16。数据的每个位置都有一个权,权等于基数的乘幂,小数点左边第一位的幂是 0,往左每移一位则幂增加 1,往右每移一位则幂减少 1。以十进制数 35.92 为例,其数值可表示为:

$$(3\times10^1)+(5\times10^0)+(9\times10^{-1})+(2\times10^{-2})$$

计算机内部较适合采用二进制,但它对使用者来说很不方便。因此,计算机内的二进制数输出时通常要转换成其他数制的数,如十进制数,同样,十进制数输入计算机后也往往要转换成二进制数。

number of characters per row 每行字符数 打印机一行最多印刷字符的个数。

number of tracks (磁)道数 (1)纸带的道(或单位)。通常有 5 ~ 8 道圆孔纸带和 6 道方孔纸带。(2)磁记录表面上的磁道数。

number portability (NP) 号码携带 用户更换本地或者移动运营商时保留现有号码的一种功能。

number range 数值范围 用上界和下界来限定的一个数的取值范围。该数据超出上界或下界即认为是没有意义的。

number representation 数(的)表示(法) 计算机中机器数的表示方法。按数制来划分,数可分为二进制数、八进制数、十进制数、十六进制数。从硬件实现的角度看,二进制数最为方便,但从人的习惯上看,十进制数最为方便,目前大多数计算机都同时提供这两种数制表示法。按表示形式来划分,数可分为原码数、反码数、补码数等。这几种数的表示形式虽然各有千秋,但由于补码形式有其独到之处,所以目前采用补码形式的计算机居多。按小数点的浮动情况划分,数可分为定点数(包括整数)和浮点数。定点数运算简便、速度高、精度好,而浮点数表示的范围大。大、中、小型计算机为了提高其通用性，目前都同时提供定点数表示法和浮点数表示法，但早期的微型计算机由于电路规模的限制，有相当一部分只提供定点表示法。从字长来划分，数可分为半字长、单字长、双倍字长和变字长。因为双倍字长数和变字长数所涉及的指令格式和硬件操作都比较复杂，所以并不是所有的机器都提供这种表示方式。

number representation system 记数系统，记数制 用一组符号与规则来表示数的一种约定。建议使用 numeration system。

N

number sequence 数序 参见 pseudo-random number sequence，random number sequence。

number service 数值服务[业务] 为呼叫提供必要信息的一种服务[业务]，包括辅助查号、截取、速度和路由等由局端提供的信息。

number service operator 数值服务操作员 提供任何与电话号码有关的各种服务的人员。例如，为客户和长途通信业务人员提供的辅助查号以及对无号或改号呼叫的截取。

number system 记数系统，记数制 建议使用 numeration system。

number-theoretic function 数论函数 N 是自然数集，一个从 N^n 到 N 的函数称为 n 元数论函数。n 元数论函数是将自然数的 n 元组映射到自然数的函数。

numeral 数字 (1)数的一种离散表示法。下面的例子说明，同一个数可以有多种不同的表示法。一"打"这个数可用英语单词 twelve、十进制数 12、罗马数字Ⅻ、二进制数 1100 等来表示。(2)数的具体表示。例如十进制的数 24 是由 2 和 4 两个数字组成的。参见 binary number，decimal numeral。

numeral database 数字数据库 一种源数据库，一般含有经过归纳、整理或其他统计处理的源数据或其中的数值，或两者兼有。最常见的一种是用时间序列表示的数字数据库，其形式很多，从简易的决算表数据到复杂的经济模型。经济、人口统计和财务数据等通常都用数字数据来描述。

numeralization 数字化 用数来表示字母数据的情况。

numeral model 数值模型 对事物数值分析的模型体系。

numeration 记数 同 number representation。

numeration system 记数系统，记数制 任何一种表示数的方法。同 number representation system，decimal numeration system，fixed-radix numeration system，mixed-base numeration system。

numerical 数字的，数值的 同 numeric。

numerical algebra 数值代数 线性代数问题的计算方法及有关理论。主要包括线性方程组求解及矩阵特征和特征向量的计算。

numerical analysis 数值分析 (1)对数学问题的数值解进行分析的方法。通常包括解的误差及误差范围的分配研究等。(2)对于用数学方式表示的问题求得有用的定量解的方法的研究，包括对于求解过程中的误差和误差的范围的研究。

numerical aperture (NA) 数值孔径 对光纤的度量，数值孔径近似等于接收光锥角的一半的正弦值。一根光纤的数值孔径越大，表示光纤收集光线的能力越强。

numerical aperture loss 数值孔径损耗 当"发射光纤"数值孔径超过"接收光纤"的数值孔径时，即使两根光纤芯直径完全相同而且正好角对齐且无横向偏移时，发生在一接头或一对耦合的连接器处的光功率的损失。发射光纤数值孔径越大意味着它发射出的光的锥体大于接收光纤能接收的光锥体，从而导致耦合损耗。在数值孔径(NA)相反的失配情况下，这时发射光纤的数值孔径相对较小，数值孔径损耗就不会发生，因为接收光纤能够接收从任何从限制模式发射光纤来的光线。

numerical calculation 数值计算 通过对具体数值的算术运算来得到数学问题的数值解的方法。在计算机出现以前，数值计算都是借助人工完成的，这不仅效率低、速度慢，而且精度不高、容易出错。计算机为数值计算提供了强有力的工具。

numerical code 数值[数字]编码 一种限定性代码。字符集仅由数字或特殊字符组成。

numerical computation 数值计算 有效使用数字计算机求数学问题近似解的方法与过程以及由有关理论所构成的学科。数值计算是一门实用性很强的学科，许多计算领域的问题，如计算力学、计算物理、计算化学、计算经济学等新分支都可以归结为数值计算问题。数值计算的研究内容包括数值逼近、数值微分与数值积分、数值代数、最优化方法、常微分方程数值解法、积分方程数值解法、偏微分方程数值解法、计算几何、计算概率统计等。

numerical control (NC) 数值[数字]控制，数控 (1)采用数值处理的方法对机器或过程实现自动控制的方法。其特征是：机器操作过程由数字信号控制。数字信号由穿孔纸带或磁带等提供。微型计算机可直接操纵数控机床，它用数控程序自动加工，同时实现对多台数控装置的控制。(2)根据一定的轨迹参数产生这种运动的装置称为数字控制器。数字控制器由 NC 程序操作。NC 程序包含工件切削加工的几何信息和工艺信息。NC 程序由机床操制器(MCU)处理。NC 控制器包含了数据输入模块和地址处理器；图形处理器；机床中央控制器；加工过程和控制信号的输入/输出装置等功能模块。数控技术在各种金属加工中已成功地得到应用。

numerical control machine tool (NCMT) 数控机床

采用数控技术的自动化机床。由程序精确地确定工件与刀具间的相对运行(机床控制器根据代码信息引导刀具在工作表面进行切削加工)。程序代码的载体可以是传统的穿孔纸带,也可以是比较现代化的磁带、磁盘、穿孔卡或半导体存储器,后者能快速改变程序而使机床增加柔性。

numerical control programming 数控编程 利用几何图形和制造工艺数据,产生有效的加工过程控制程序。控制程序由一序列标准经符号格式或指令组成,它可由手工程序设计产生,也可用计算机辅助零件自动编程语言。目前应用最广泛的编程语言是自动编程工具(APT),大量功能更强的新的数控程序设计语言都是采用基于 APT 的概念加以发展而成的。

numerical control system 数(字)控(制)系统 (1)采用数字电路技术对机械操作进行自动控制的装置。(2)在程序序列的一些点上能直接插入数字数据控制的系统。该系统至少必须自动解释一部分数据。

numerical control tape 数控带 用于向数控装置输入操作指令的纸带或磁带。

numerical coprocessor 数值协处理机 参见 floating-point processor。

numerical data 数值(数字)数据 用一组具有离散值的数或符号表示信息的数据。数值数据是具有“量”的概念的数据,可比较大小,它常常带有量词。同 numeric data。

numerical database 数值型数据库 以数值为主要内容的数据库。数值型数据库的内容信息主要是数值型数据,也会包含一些用于定义数据所必需的运算公式、图谱、表格等。这里所说的数值型数据,是指那些可以计算、测量或以数值表示的内容。数值型数据库也常被称为“源数据库”、“数据文件”、“数据银行”。

numerical data processing 数值数据处理 对数值数据进行的处理。数值数据处理中涉及数值分析、优化和模拟等方面的问题,其处理对象是数值数据。

numerical forms file 数值形式文件 按各种数值序列形式拷贝的文件。

numerical keyboard device 数字键盘装置 一种具有 10 个数字键(0 ~ 9)的键盘装置,通常还附加有几个功能键。

numerical keypad 数字键区,数字小键盘 同 numeric keypad。

numerical mathematics 数值计算 研究计算机上各种数值计算方法的学科。是求解数学问题的一大类方法。数值计算的基本任务就是求数学问题的数值解。计算机与数值计算相结合可以处理许多用传统数学难以解决的问题。数值计算为计算机提供求解数学问题的各种算法。算法是数学问题的一种构造性解法。计算机算法是由计算机上可以使用的有限个运算和一个规定的运算顺序所组成。算法产生一个序列,该序列给出数学问题的数值解或指出问题没有解。数值计算不仅要给出算法,还要指出所给算法的稳定性和收敛性。算法稳定性也称“算法的数值稳定性”,反映算法对初始误差及舍入误差的传播影响的敏感程度。对给定的数值计算问题,初始误差及舍入误差在计算过程中的传播常因算法而异。当初始误差与舍入误差相当小时,利用某个算法得到的计算结果的误差足够小,则此算法为稳定的,否则称算法为不稳定的。算法收敛性反映由某种算法可以得到的数值解能否无限接近所求数学问题的真解。在不考虑舍入误差的情况下,如果算法所依据的数学模型的截断误差趋向于零时算法所给出的结果趋向于问题的真解,则称算法为收敛的;反之,则称算法不收敛。在数值计算中,数学理论与实际计算结果结合紧密,已形成自己的一套独特的分析方法。

numerical-method mathematic model 数值法数学模型 以数值法求解为基础进行仿真的数学模型。而以分析法求解为基础实现仿真的数学模型称为分析法数学模型。

numerical methods of ordinary differential equations 常微分方程数值解法 求解常微分方程的数值方法。主要包括常微分方程初值问题和边值问题的数据值解法。常用的方法有单步法、多步法及两点边值问题的打靶法。单步法以龙格-库塔法为代表,多步法则以阿达姆斯法为代表。

numerical order 数字次序 由数字或者以数字为键标组成的若干项,按照各项数值的相对大小,以递增或者递减的次序进行排列。

numerical processor chip 数字处理机芯片 专为处理高精度算术运算和科学函数求值而设计的一种微处理机。

numerical science 数值科学 所有求数值解的科学计算领域。参见 numerical analysis。

numerical switch 数字开关 在电话交换机中,指一种步进式开关,根据话机拨号时所发出的电脉冲动作。

numerical word 数值字 一种特殊的字,仅仅由数字空格和特殊符号组成的字,其中不包含字母。

numeric arrangement 数值排列 数由小至大的顺序排列形式。例如 1,2,3,4 等。

numeric atomic symbol 数值原子符 列表处理语言中的一种符号。这种符号可以以十进制整数、八进制整数或浮点数形式出现。

numeric backspace character (NBS) 数字退格符 一种文字处理格式控制字符,使显示或打印的位置向左移动一个固定的控制间隔值,该值等于所用的步距的数值。比较 backspace character。

numeric bit data 数字位数据 参见 binary picture

data。

numeric character **数值字符,数字符号** (1)任何机器计数系统中允许的数。(2)属于由0,1,2,3,4,5,6,7,8,9组成的数字集合中的一个字符。(3)代表一特定值的字符,它可以用于计算,也可以用于标识。计算中的数字符号可以是一个数量,而用于标识的数字符号可以是员工号码、库存物品编号、部门编号等。数字符号也称数值数字,他们专门使用编码结构中的数值元素。

numeric character data **数值字符数据** 参见 decimal picture data。

numeric character set **数字字符集** 以数字为主,但也可包括控制字符、特殊字符和空格字符的字符集。这种字符集中的字符不允许包含字母。

numeric character subset **数字字符子集** 以数字为主,但也可包含控制字符、特殊字符和空格字符的字符集,其中字符不允许包含字母。它从属于数字字符集。

numeric code **数字代码** (1)仅由数字和有关特殊字符组成的代码。(2)构成代码元素集的一种代码,其中的代码元素由数字字符集形成。

numeric coded character set **数字编码字符集** 一种字符均为数字字符的编码字符集。

numeric coded set **数字编码集** 一种编码集,它的元素由数字字符集构成。

numeric coding **数字编码** 一种经简化的编码形式。它只采用数字和有关专用字符来表示数据和指令的编码。

numeric comparison **数值比较** 数值与数值间的比较过程。

numeric constant **数值常数** (1)实际数值,而不是包含数据的字段的名称。包含0~9之间的数字和符号及小数点。(2)表示一个整数或复数的常数。参见 bit constant, integer constant, fixed-point constant, floating-point constant, hexadecimal constant。

numeric control **数字控制,数控** 计算机应用的一个方面,主要指用专用或通用计算机来控制机械设备。例如,用一个计算机控制机械加工装配线。

numeric coprocessor **数字协处理器** 参见 floating-point processor。

numeric data **数值[数字]数据** 用数字及某些特殊字符表示的数据。

numeric database **数值型数据库** 内容为数值型数据的数据库,通常用于记录试验、测量、计算、工程设计、经济分析和工业规划等方面的数据。该类数据库有时也会含有一些文字形式的信息内容,但数量极少且只用于定义数值数据,故也有人称这类数据库为文本-数值型数据库。

numeric data code **数字数据码** 由数字和专用字符组成的代码。

numeric expression **数值表达式** 一个数字表达式、简单数字变量、一个指向向量的标量、一个数值函数引用等。

numeric field **数字字段** (1)为特定信息单元保留的一种区域,其中只含有数字0~9。比较 character field。(2)在某些信息显示系统中,一种只接受数字(0~9)、负号、十进制符号和DUP(设备实用程序)键盘打入的数据的显示字段。

numeric field descriptor **数域说明符** FORTRAN语言中根据格式语句的格式书写的基本字段说明符。用于规定程序输入输出的格式。通常包括变换符号I,F,E,G或D等。

numeric function **数函数** 定义域是自然数集,值域是实数集的一类函数称为离散数函数,简称数函数。

numeric keypad **数字键区,数字小键盘** (1)某些系统中使用的一种键区。数字键、小数点键和输入键可以用来发送特有的换码字符序列,并将他们与字母数字键区分开来。(2)在IBM个人计算机键盘上右侧的浅颜色键,上面标着小数点(.)和0~9,当Num Lock(数字锁定)键的灯亮时(即开关接通)这些键代表数字键,当Num Lock键的灯灭时(即开关断开)这些键能实现:Home, PgUp, PgDn, Del, End, Ins和光标控制等功能。

numeric literal **数值字值,数字文字** (1)一种数字字符或字符串,其值隐含在字符本身之中。例如,777是文字,也是数字777的值,数值文字可以含有0~9任何数字、符号(正或负)和小数点。比较 character literal。(2)在COBOL语言中,由一个或多个数值字符组成的字值。它还可以包含一个十进制小数点或一个正负号,或含有两者。十进制小数点不能是最右面的一个字符。若有正负号,则它必须是最左面的一个字符。参见 literal。

numeric lock **数值锁** 一种键盘状态,如果按动了某个数、小数或负号之外的键,计算机就会锁定键盘。

numeric operator **数字运算符** 表示对数字数据进行某种运算的一种符号。例如用+或-来表示加或减。

numeric optical disk **数值光碟** 同 digital optical disk。

numeric representation **数字表示法** 用数值表示数据的方法。

numeric shift **数字换档** 在字母数字键盘打字机中,控制选择数字字符集的过程。其作用是:将打印的字母字符变换成数字字符。

numeric space character (NSP) **数字间隔(字)符** 一种文字处理格式控制(字)符,用于按适当的间隔打印或显示,使当前的位置右移一个控制间隔值的距离,该值等于所用步距的数值。参见 space character。

numeric string **数字串** 不含字符的串。参见 empty string。

numeric variable **数值变量** 数值数据项的名称，其值在程序运行时赋予或改变。

numeric word **数值字** 一个包含数字和空格字符以及其他专用字符的字。例如，在通用十进制分类(UDC)中，数值字 61(03)＝20 用于作为一个英语医学百科全书的标识符。

Num Lock **Num Lock 键** 键盘上的一个键，用于改变数字小键区的模式，使键区上的键代表数字。多数数字小键盘上的键具有多重功能，当 Num Lock 键的灯灭时(即开关断开)，小键盘上的键可用于方向键和滚动键等，用于移动光标在屏幕上的位置。当 Num Lock 键的灯亮时(即开关接通)，小键盘上的键用作数字和运算符号的输入。参见 numeric keypad。

NURBS **非均匀有理 B 样条** non-uniform rational B-spline 的缩写。

N-VOD **近视频点播服务** near video on demand 的缩写。

NVRAM **非易失性随机访问存储器** non-volatile random access memory 的缩写。

NVT (1) Novell 虚拟终端 Novell virtual terminal 的缩写。(2)网络虚拟终端 network virtual terminal 的缩写。

NWS **不可编程工作站** non-programmable workstation 的缩写。

NXX **网络编号交换码** network number exchange 的缩写。

nybble **半字节** nibble(半字节)的另一种拼写法。

Nyquist frequency **奈奎斯特频率** 离散信号系统采样频率的一半，因奈奎斯特采样定理得名。奈奎斯特频率必须严格大于信号包含的最高频率，因为信号中包含的最高频率如果恰好为奈奎斯特频率，在这个频率分量上的采样会因为相位模糊而有无穷多种该频率的正弦波对应于离散采样，因此不足以重建为原来的连续时间信号。

Nyquist interval **奈奎斯特间隔** 当信道在奈奎斯特速率下使用时，每个码元所占有的时间间隔称为奈奎斯特间隔。如果理想信道的带宽为 W，那么，$2W$ 波特就是码元的极限传输率，而 $\frac{1}{2W}$ 就是奈奎斯特间隔。

Nyquist limit **奈奎斯特频限** 根据奈奎斯特采样定理，最低采样频率必须是信号频率的两倍。反过来说，如果给定了采样频率，那么能够正确显示信号而不发生畸变的最大频率称为恩奎斯特频限，它是奈奎斯特采样频率的一半。

Nyquist rate **奈奎斯特速率** 在码间无干扰的理想传输条件下，码元的最大传输速率。

Nyquist sampling theorem **奈奎斯特采样定理** 由奈奎斯特证明的一个定理：在采集信号时，如果信号本身的频带是有限的，而采样频率又大于等于两倍信号所包含的最高频率，则理论上可以根据离散采样值恢复出原始信号。而实际上，为保证信号质量，选用的采样频率经常大于奈奎斯特采样定理所指出的最小采样频率，而选用信号最高频率的 3～4 倍甚至更高。

NZDF **非零色散光纤** non-zero dispersion fiber 的缩写。

NZDSF **非零色散位移光纤** non-zero dispersion shifted fiber 的缩写。

O

OA (1)办公自动化 office automation 的缩写。(2)开放存取 open access 的缩写。(3)光放大器 optical amplifier 的缩写。

OAA 开放应用体系结构 open applications architecture 的缩写。

OAA development & maintenance environment (OAA/DME) OAA 开发维护环境 为开发维护人员提供的工作平台,目的是为了支持应用软件的开发、建立、检测、调试、修改和扩充。OAA/DME 与操作环境具有不同的目的,但有类似的结构,亦由应用软件档、系统软件档和硬件档组成。应用软件档仅由存取层和开发工具层组成,目的是为软件专家和维护人员提供所需功能及其存取手段。系统软件档也由运行环境层、分布数据库管理层和分布操作系统层组成,为软件专家和应用软件档提供广泛的服务,无需知道物理细节就可访问处理机、进程、数据和设备等资源。硬件档亦可由网络硬件层组成,它提供原始的存储器、处理机制、通信机制等。

OAA operating environment (OAA/OE) OAA 操作环境 为"应用"用户提供的操作运行工作平台,目的是使他们易于掌握计算机和通信硬软件的控制手段,辅助他们有效地完成自己所承担的应用业务工作。OAA/OE 由应用软件档、系统软件档、硬件档组成。应用软件档为应用软件提供包括网络管理在内的广泛服务,使高层无需知道物理细节就可访问处理机、进程、用户数据、存储、I/O 设备等资源。系统软件档由运行环境层、分布数据库层和分布操作系统层组成。硬件档提供原始的存储器、处理机制和通信机制等,由网络硬件层组成。

OACS 非占空呼叫 off air call setup 的缩写。

OADM 光波分插复用器 optical add drop multiplex 的缩写。

OAF 源地址字段 origin address field 的缩写。

OAF' 源地址主字段,带撇源地址字段 origin address field prime 的缩写。

OAI 开放应用程序接口 open applications interface 的缩写。

OAIS 开放档案信息系统 open archival information system 的缩写。

OAM (1)操作监管和维护 operations administration and maintenance 的缩写。(2)对象访问方法 object access method 的缩写。

OAMC 运行、管理和维护中心 operation administration and maintenance center 的缩写。

OAMC management function (OAMC-MF) OAMC 管理功能 用于管理网络包括设备和业务的功能群。该 OAMC-MF 可能分配给几个 OAMC-OpS (运行系统)。参见 operation administration and maintenance center (OAMC)。

OAMC-MF OAMC 管理功能 OAMC management function 的缩写。

OAMC operation system (OAMC-OpS) OAMC 运行系统 位于 OAMC(运行、管理和维护中心)中并能执行网络运行功能以维持 ISDN(综合业务数字网)设备和业务的系统。这一 OpS(运行系统)与在其他组织机构中的其他 OpS 的通信是为了便于管理 ISDN 的设备和业务。参见 operation administration and maintenance center (OAMC)。

OAMC-OpS OAMC 运行系统 OAMC operation system 的缩写。

OAM storage management component OAM 存储管理成分 在对象访问管理(OAM)中,指决定对象存储位置的程序成分,它管理对象在对象存储层次中的移动,并根据存储管理策略管理对象的废弃属性。

OAN 光接入网 optical access network 的缩写。

OAR 操作员授权记录 operator authorization record 的缩写。

OAS 办公自动化系统 office automation system 的缩写。

OASIS 结构化信息标准推动组织 organization for the advancement of structured information standards 的缩写。

OAW 光辅助温彻斯特技术 optically assisted Winchester 的缩写。

OA work station OA 工作站 也称"电子办公室"。泛指电报、用户电报、传真、个人计算机、文字处理机、信息传输终端、对话式信息传输系统(或称可视数据系统 viewdata)、电子邮件及数据库询问等。狭义讲,OA 工作站指上述这些设备中的一台终端。有时 OA 工作站指办公室自动化系统中的一个办公点。

OA&M 操作、管理和维护 operations, administration and maintenance 的缩写。

OBD 光分路器 optical branching device 的缩写。

OBEX 对象交换 object exchange 的缩写。

OBI 互联网公开交易 open buying on the internet 的缩写。

object 目标,实体,对象 (1)通过单一的名字对它进行访问的一种数据集合。参见 library object。(2)在面向对象的设计或编程中,一个对象由数据和对该数据的操作构成，如在 Smalltalk 一类面向对象的程序设计语言中，信息与相关操作的封装称为对象。在 Smalltalk 中，每一个成分都是对象，如：数、队列、目录、文件、窗口、编辑器、程序、过程、计算等。(3)对象是由一组属性组成的集合，它代表的是具体的事物，如用户、打印机或一个应用程序。属性就是用来描述目录对象可以标识的数据。一个用户的属性可能是用户姓名和电子邮件地址。

object access method (OAM) 对象访问方法 一个提供对象存储、对象读取和对象层次化存储管理的程序。它将应用程序与存储设备、存储管理和存储设备层次管理相分离。

object analysis 目标分析 通过按适当的功能键来调用一分析程序，以对用户构造的目标进行分析的过程。

object attribute 对象属性 (1)微软 Windows NT 中对象里的一个数据域，用于定义或者记录对象状态并能通过调用对象服务进行操作。(2)描述网络中被管理对象的特性。每个属性都有一个与之相关联的值。例如，对象工作站有序列号这个属性，其值为一整数。

object authentication 实体验证 确认客体在非直接控制下的时间段内是否被更改或篡改的过程。

object authority 对象授权机构 一个专门的授权机构，控制系统用户能够对整个对象进行的操作。例如，对象授权机构包括一个对象的删除、移动或改名操作。有三种对象授权机构的类型：对象存在、对象管理和对象可操作。

object-based coding 物体基编码 知识基编码的一种类型，另一种是语义基编码。物体基编码通过自动图像分析将输入图像分解为若干运动物体区域，用三组参数分别表示每个物体的运动、形状和色彩（亮度和色差）信息。编码传输只需对这三组参数进行，使用这些参数就可以通过图像接收端和发送端重建图像。物体基编码的特点是把三维运动物体描述成模型坐标系中的模型物体，用模型物体在三维图像平面的投影（模型图像）来逼近真实图像。这里不要求物体模型与真实物体形状一致，只要最终模型图像与输入图像一致，因此，假设模型是一个具有一般意义的模型，如二维刚体小平面模型、三维刚体模型等，这是它与语义基编码的根本区别，因而它的处理范围比语义基编码大。但由于模型中物体的不确定性增大，或者说利用的先验知识减少，就必须在编码中用更多的信息对物体进行描述，如形状和色彩（纹理）等，其数据率比语义基编码大。比较 semantic-based coding，参见 knowledge-based coding。

object-based language 基于对象的语言 任何支持对象特征的计算机语言，均可称为基于对象的语言。如果每个对象必须属于一个类，则此基于对象的语言就称为基于类的语言。如果类是支持继承的，则此基于类的语言就称为面向对象语言，如 C++语言。

object-based storage (OBS) 对象存储 OBS 是综合了 SAN（存储区域网）和 NAS（网络存储）的优点，同时具有 SAN 的高速直接访问和 NAS 的数据共享等优势，提供了高可靠性、跨平台性以及安全的数据共享的存储体系结构。OSD 使用对象对所保存的数据进行管理。它将数据存放到磁盘的磁道和扇区，将若干磁道和扇区组合起来构成对象，并且通过此对象向外界提供对数据的访问。每个对象同传统的文件相似，使用同文件类似的访问接口。但是两者并不相同，每个对象可能包括若干个文件，也可能是某个文件的一部分，且是独立于操作系统的。除了具体的用户数据外，OSD 还记录了每个对象的属性信息，主要是物理视图信息。将这些信息放到 OSD 上，大大减轻了元数据服务器的负担，增强了整个存储系统的并行访问性能和可扩展性。参见 network attached storage (NAS)，storage area network (SAN)。

object bus 对象总线 查找和访问对象的通信接口。

object bus connections 对象总线连接 是模块与模块间一种特殊类型的连接。对象总线连接声明了这两个通过对象总线连接的模块共享了内部的一些对象，一个典型的例子体现在“Write”和“Read”这两个模块，如它们的连接是通过 OBC 连接，那么它们将会共享相同的内存。“Write”模块的功能是去写入一个到达模块输入端的数值，并把它储存在 OBC 共享内存里；而“Read”模块则是从 OBC 共享内存里读取一个数值来响应一个到达的时钟信号，最终这个值将发送到“Read”模块的输出端。

object class 对象类 按对象实现的共性而进行的一种类别划分。对于属于同一类的对象，他们具有共同行为和环境，其所有操作的实现都是相同的。

object code 目标代码，目的代码 由编译程序或者汇编程序进行翻译和加工后输出的一种代码，或者是其本身就是可执行的机器码，或是对它进行处理后产生可执行的机器码。

object code compatibility 目标代码兼容性 一种可在多种系统上运行的目标代码的特性。如果一用户程序在某种系统中编译或汇编生成的目标代码可放到另一种系统中运行，则称为目标代码具有兼容性。比较 source code compatibility。

object code program 目标代码程序 由编译程序处理源语言程序产生出的机器语言程序。也称“目标程序”或简称为“代码程序”，有时也称“目标代码”或者“结果代码”。

object components framework (OCF) 对象组件框架 在 Borland C++中提出的一个概念，可向对象链接与嵌入(OLE)提供支持。利用对象组件框架提供的类库，可简化 OLE 操作的界面，帮助用户在更高语法层次上创建 OLE 应用程序，并且不必再用文档/视图结构重构应用程序。许多应用程序开发工具提供了类似的功能。参见 object linking and embedding (OLE)。

object computer 目标计算机 用来运行目标程序的计算机。它可以与编译目标程序的计算机不是同一台计算机。

object content envelope 对象内容封装 信息的起始和结束标记。

object database 对象数据库 一种以对象形式表示信息的数据库。对象数据库是面向对象程序设计方法与数据库技术相结合的产物，用以支持非常规应用领域。它满足两大条件：①支持一个面向对象数据模型内核；②支持传统数据库的所有数据库成分，并为与面向对象数据类型内核语义一致，而作适当的语义扩充和修改。参见 object-oriented database (OODB)。

object data manager (ODM) 对象数据管理器 在 AIX 操作系统中，一个用于系统数据存储的数据管理器。

Object Data Management Group (ODMG) 对象数据管理组 ODMG 是标准化对象数据库的一个独立委员会，其目的是为了定义面向对象数据库管理系统(OODBMS)的标准，实现数据模型、程序设计语言绑定、数据操纵和查询语言的可移植性。1993 发布其第一个版本 ODMG-93，规定 OODBMS 的主要组成部分包括：①对象模型；②对象定义语言；③对象查询语言；④与 C++语言绑定。1999 年末颁布了 ODMG 3.0，它包含对对象模型和 Java 绑定的多项改进。ODMG 标准的发布，解决了一直困扰对象数据库管理系统的标准化问题，为面向对象数据库厂商提供了开发方向。

object deck 目标叠 记录有机器语言程序的一叠穿孔卡片。通常是由等价的源程序卡片组(也称源叠)编译而成的。

object decomposition 对象分解 在多媒体应用中，将对象分隔成其组成部分的过程。

object definition 目标[实体]定义，对象定义 (1) 建立和管理实体所需的一种信息集。(2)为目标建立的一个控制块，它还将该目标定义为创造该目标的用户可以使用。

object definition language (ODL) 对象定义语言 ODL 是一种面向对象的建模语言，在该语言中基本元素是对象，基本数据单位是类型。类型由属性和方法组成，类型间通过联系与继承建立关联。类型中属性可以是基本类型，也可以是复合类型，在类型中可以定义方法。用户可使用 ODL 定义独立于程序设计语言的模式语义，一个用 ODL 定义的模式可由任何与 ODMG(对象数据管理组)兼容的对象数据管理系统(ODMS)和混合语言实现支持，ODL 为应用程序在一定程度上提供了隔离程序设计语言和对象数据管理系统产品中存在的差异。

object definition table (ODT) 对象定义表 一个在编译时由系统建立的表，用于跟踪程序中说明的对象。表中的程序对象包括变量、常数、标记、操作数表和异常描述。该表驻留在编译的程序对象中。

object description 目标[实体]描述 一种软硬件实体属性的描述(如名字、类型和拥有者名)。

object diagram 对象图 与给定类图兼容的实例图。

object directory object 对象目录对象 Windows NT 中保存其他对象名的对象，为系统的对象提供支持层次化名字结构的手段。

object display 目标显示 将数据结构简化为可见图像显示出来的过程。

object domain 对象领域 微软 Windows NT 中一个独立的对象集合，由附属的对象管理程序管理，可以通过 NT 对象管理程序的对象名层次结构进行访问。

object encapsulation 对象封装 在常规关系数据库管理系统的顶端加上一层对象仿真程序而提供对象功能。对象封装方法的问题在于：优化程序和存取方法都不理解对象这一概念。因此，无法针对复杂数据提供高效并且是基于内容的查询。另外，仿真程序这一层需要在运行时只能用经典的 RDBMS(关系型数据库管理系统)技术去生成对象，这是代价很高且速度很慢的操作。

object exchange (OBEX) 对象交换 美国 Borland 公司提出的一项群件技术，是把办公自动化套件中的各个应用程序连接起来的纽带。它的作用是将对象链接与嵌入(OLE)的复杂文档机制转换到群件文档机制。借助于对象交换技术，服务器应用程序可以用电子邮件、远程网络等各种媒体发行数据对象，将电子表格呈送到每个特定用户面前或将自动更新的出版物分发到用户手中。用户可以让程序自动更新后续内容，也可以通过执行命令程序实现人工操作。在群件中，数据发行者可以规定接收用户的性质与范围，使之得以接收并访问不同的版本。数据对象不仅包含一个链接其上层应用程序的链路，还包含一个链接各种工具的链路。

object exchange model (OEM) 对象交换模型 一种面向对象的模型，已广泛用作异构数据库集成的中间模型。对象交换模型是一种典型的基于半结构化数据的模型。参见 semi-structured data model。

object existence authority 对象存在授权机构 一个对象授权机构，使用户能够删除对象、释放对象存储空间、保存和恢复对象、传递对象的拥有权和建立对象。参见 object operational authority, object management authority。

object existence rights 目标[实体]生存权利 一种删除、保留、释放目标所占用存储空间以及恢复、转移目标[实体]所有权的权限。

object expert 对象专用单元 专门在限定的对象类上操作的处理单元,包含对象类的示例的存储以及作用于这些对象的特定逻辑。

object file 目标文件 在 Modula-2 程序中,包含实现性模块编译输出的文件。

object function 目标函数 在最佳化问题中,在一些条件的限制下(称为约束条件),一种使其值为最大(或最小)的函数。

object handle 对象句柄 微软 Windows NT 中一个指向特定进程对象表的索引,用于指示一个打开的对象,并将一系列授予拥有句柄的进程的访问权限加到其中,它包括一个继承标志,用于测定该句柄是否被子进程继承。程序调用对象服务时使用句柄来引用对象。参见 object table。

object history model 对象历史模型 一种处理“可计算”的历史性数据的数据库模型。可计算的意义是:设 $t(1),t(2),\cdots,t(n),\cdots$ 是一个对象的历史,其中 t(i)表示该历史中的第 i 个事件,设存在一个正数 P,使得对任意正整数 i,由 $t(i),t(i+1),\cdots,t(i+P)$ 可以计算出 $t(i+P+1)$。如果把 $t(i+P)$ 看成是现状,则 $t(i),t(i+1),\cdots,t(i+P\text{-}1)$ 是历史,$t(i+P+1)$ 是未来,P 表示可计算性的历史跨度,称为该对象的秩。一个对象历史模型是一个七元组:$T=(SA,IA,EA,EF,SF,\sum,D)$,七个分量依次是状态属性集、输入属性集、评价属性集、评价函数、状态函数、语义约束集合和初始元组集。

object identifier (OID) 对象标识符 (1)对象标识符是系统赋予对象的一个唯一、不变的标识符。对象的部分(或全部)属性、对象的方法会随着时间的推移发生变化,但对象标识符不会改变,用户也不能对它进行修改。(2)在目录服务中用来确定对象类或属性的一个数。对象标识符由发布机构发布,形成一个层次关系。对象标识符是一串用点分开的十进制数(如“1.2.3.4”)。企业(和个人)可以从发布机构得到一个根对象标识符,并且使用它分配其他的对象标识符。世界上许多国家有确定的国家注册机构(NRA),它们负责给企业发布对象标识符。企业也可以为对象标识符注册名称。

object implementation 对象实现 在两个对象互操作的过程中,向服务请求者(客户)提供服务的过程。

object inheritance 对象继承 对象子类继承其父类所定义的所有数据结构和方法,除非以同一名字重新定义使之屏蔽。于是一个类可以派生多个子类,子类又可以有多个孙类,依次顺序不断派生,就构成了一个庞大的树状体系。把他们作为一类库存放起来,每当设计新类时,先查看是否有近似的类。如果有,增加少量属性和方法就得到所需要的子类。当一个面向对象系统使用了相当长时间,类库中积累大到一般需要的类在库中全有时,则不需要再设计新子类只要给出初值,令类库中某些子类生成实例,实例运行时相互发送消息,程序就运行完成了。这就是软件工程中追求的高度可重现性。由于对象继承一般是多继承,即一个子类不止一个父类,所以类库的拓扑是一个类似网状的有向无环图。

object instance 目标实例 网络管理中的一个术语,指约束在某个数值上的目标类型实例。它可有一标识属性所标识,如属性序列号就是对象工作站的标识属性。

object interchange format (OIF) 对象交互格式 一种对象描述语言,它主要是利用对象定义语言(ODL)创建的对象类型,快速地创建对象实例,同时还包括对于实例的初始化。对象交换格式可以用来在对象数据管理系统之间交换持久对象、传播数据、提供文档以及导出测试组件。参见 object specification language。

object interface 对象界面 对象作为接收者可以执行的全部操作,它描述了对象的行为特征。界面中只说明了这些操作的定义,没有规定实现方法。对象界面是对象提供给外界的唯一可见部分,把对象本身封装起来,外界不能直接感知对象的状态,只能通过执行界面上的操作和读取返回值,间接地对对象进行测试或施加影响。

objective analysis of organization 组织对象分析 经济信息管理系统开发的一个重要步骤。在开发一个经济系统的管理软件时,应弄清该系统的组织对象,进行组织对象分析。其分析的步骤是:①根据系统调查的结果,经过系统分析,归纳出现行系统中的关键问题,造出问题表。问题表是包括问题内容及相应的隶属职能部门的一张表格。②根据问题表,构造对象的层次结构,即对象树。在对象树中,最上层是总对象,以下各层是子对象,最下层是为实现对象而采取的具体措施。③分析对象树中的各项子对象,了解各项子对象之间的关系,确定解决对象冲突的办法,指出各项具体措施的考核指标。④将对象树按各层子对象在系统中所起的轻重程度重新绘制,为管理信息系统确立对象打下基础。

objective fidelity criteria 客观保真度标准 图像传输中衡量传输质量的一种标准。一般指输入输出图像的均方根误差和输入图像的均方根噪声比等。这种标准是相对于靠观察图像确定质量的主观标准而言的。

objective function 目标函数 (1)也称“评价函数”。一种独立变量函数,用以优化问题中求极大值和极小值问题。(2)在组合最优化的问题中被最大化或最小化的函数。目标函数的最大化或最小化,是在满足给定的约束条件下进行的。目标函数连同约束条件构成该问题的数学模型。

objective of defense 防护目标 建立和实施安全策

略、过程、方法的目的或目标。防护目标主要包括：①防止由于威胁或脆弱性而引发的泄露事件或现象；②减小或抑制破坏的影响面；③提供阻止破坏的方法，最大程度地恢复被破坏的系统或数据。

object knowledge 对象知识 关于客观事物及其联系的知识。参见 knowledge。

object language 对象[目标]语言 (1)研究一个语言时，被研究的语言称为对象语言，而研究者使用的语言称为元语言。例如我们研究程序语言 ALGOL 时，它就是对象语言，而我们使用中文作为元语言。比较 metalanguage。(2)自动编码程序输出的一种语言。即语言转换中的输出语言。它与机器语言的区别是，在编码程序分阶段执行时，前一阶段输出的目标语言将是下一阶段的源(输入)语言。(3)编译程序翻译源程序而得到的结果程序称为目标程序，书写该程序的语言称为目标语言。同 target language。参见 object program。

object library 目标库 直接存取存储器中用于存放目标程序的一段区域。

object linking 对象链接 OLE(对象连接与嵌入)客户存储和共享 OLE 对象的一种方式。它把与其他应用程序共享的数据存储在一个单独的文件中，然后在 OLE 客户文件中加入指向该数据文件的指针。这时，OLE 客户文件存储 OLE 对象的描述信息和对象链接格式，对链接对象或原始对象的任何修改，都将同时修改所有与原始对象链接的文件的相应内容。

object linking and embedding (OLE) 对象链接与嵌入 应用程序之间传送和共享信息的方法。当一个对象(如用绘图程序建立的图文件)被链接到一个复合文档(如用字处理程序建立的电子表格或文档)的时候，该复合文档中只包含这个对象的引用标记；对所链接对象的内容所做的任何修改，在复合文档中都是看得见的。当一个对象被嵌入到一个复合文档时，该对象的文档本身被复制到复合文档。此时，对原对象的内容所做的任何修改，在复合文档中就看不见被修改的情况，除非所嵌入的对象直接被修改。

object machine 目标机(器) (1)执行目标程序的计算机。(2)作为编译程序的目标程序将在其上运行的计算机。

object management 对象管理 在计算机网络管理系统中，指对象的创建、删除和更名等操作管理功能。参见 system management function。

object management architecture (OMA) 对象管理体系结构 由对象管理组(OMG)制定的标准，提供分布式对象应用程序的互操作性功能。OMA 由四部分组成：对象服务、通用设施、应用程序对象和公共对象请求代理体系结构(COBRA)。参见 object management group (OMG)。

object management authority 对象管理授权 在 AS/400 系统中，一个对象授权，允许用户指定对象的授权、移动对象或对象改名等。

object management group (OMG) 对象管理组 由一组软件和硬件厂商于 1987 年成立的组织，现已是一个国际性组织，拥有包括生产厂商、软件开发商及用户等 800 多个成员。该组织主要目的是在分布及异构计算机环境下为应用软件的开发提供一个公共的框架，使开发的软件既面向对象又具有可重用、可移植及可互操作等特点，为网络中的分布式对象建立一个标准体系结构。为此，OMG 组织推出了公共对象请求代理体系结构(CORBA)，其成果已形成商品，并在世界上逐步得到广泛的使用。OMG 还发布有关对象的普遍的信息，制定网络对象的互操作性开发标准。其中主要的标准是对象管理体系结构(OMA)。参见 object request brokers (ORB) object management architecture (OMA)。

object management rights 目标[实体]管理权利 传送、重新命名、授权目标权限以及取消目标权限和改变目标属性等的权限。

object middleware 对象中间件 支持分布式对象之间消息通信的中间件。它具有较高层次的数据抽象，可同时支持信息的同步和异步交互传输。对象中间件可通过引用其所支持的某一远程对象所拥有的若干方法之一，来实现对象之间的互操作特性，从而达到对信息实施管理的目的。

object model 对象模型 (1)设计或分析对象的装置、系统或表现概念的模型。它可由结构和功能的组合来实现。(2)知识库系统所求解的问题的表示模型和分析模型，由结构和功能的组合来表示。对象模型是一种深层语义表示模型，也是计算机使用的一种内部表示模型。(3)微软 Windows NT 中围绕操作数据构造程序的模型，数据结构的格式隐藏在对象中，程序必须使用特别定义的服务来操作对象数据，对象模型的主要目标是最大限度地提高代码的复用行。参见 object。

object modelling technique (OMT) 对象建模技术 一种软件工程方法学，包括对应用域的建模和在系统设计阶段对模型增加实现的方法，步骤包括分析、系统设计、对象设计、实现，有对象模型、动态模型、功能模型三种模型，对象模型是客观边界实体的一些对象之间关系的映射，用他们来描述系统的静态结构，动态模型从事件和状态的角度描述系统的控制结构，功能模型从值和功能的角度描述系统的计算结构。OMT 技术的目的是解决 DCE(分布计算环境)下应用程序间的互操作。主要思想是将应用程序转变成许多由简单功能部件(对象，又称软构件)组成的小组，这种用对象来生成软件的主要原理与现代化工业用标准部件进行其他批量产品的生产原理相同。

object module 目标模块 (1)机器语言中的一组指

令,由编译程序编译源程序后产生的输出模块。(2)连接编辑程序的输入模块。包括程序和连接编辑程序的控制信息。

object module data set 目标模块数据集 在某些小型计算机系统中,一种包含目标模块并驻留在磁盘或软盘上的数据集。

object module library 目标模块库 (1)一种用来存放和检索目标模块的分区数据集。参见 load module library,source module library。(2)以称为目标模块的中间语言形式存储的程序集。向库中登记时,要使用目标模块修改的实用功能模块。

object module library update 目标模块库更新 为了将子例程等已称为目标模块的中间语言形式登录入程序库的实用功能模块。

object name 目标[实体]名 一种目标或实体的名字。比较 qualified object name。

object operational authority 对象操作性授权 在 AS/400 系统中,一个对象授权,允许用户观看对象的描述、根据用户的对象授权使用该对象。

object-oriented (OO) 面向对象 (1)一种软件开发技术,通过表示含有数据及对数据进行操作的指令构成的对象,把现实世界作为模型。与传统的软件开发技术不同,面向对象软件的代码所含有的功能体现在应用软件之中。(2)任何支持使用对象的计算机系统,操作系统,编程语言,应用程序或图形用户界面都可用此术语来形容。

object-oriented analysis (OOA) 面向对象的分析 OOA 属于面向对象技术的一部分。通过对问题模型的描述与构建,获得一组相互作用的对象,借此实现对问题的分析与检验。

object-oriented analysis and design (OOAD) 面向对象的分析和设计 现代软件企业广为采用的一项有效技术。OOAD 方法要求在设计中要映射现实世界中指定问题域中的对象和实体。这就需要设计要尽可能地接近现实世界,即以最自然的方式表述实体,以对象和实体为基础来组织需求、构架系统。所以面向对象的分析和设计优点即为能够构建与现实世界相对应的问题模型,并保持他们的结构、关系和行为为模式。

object-oriented computing 面向对象的计算 一种软件开发方法。按此方法,程序员不是从头到尾地开发大型软件,而是分头开发称为"对象"的软件模块(特别是图形界面模块和交互操作模块)。这些模块是利用现成的软件开发工具,用标准方法开发出来的,具有标准的行为和界面,只要将他们适当地组装在一起,就可以迅速地组成客户需要的任何软件程序。

object-oriented conception 面向对象概念 面向对象程序设计方法学的核心概念,是面向对象程序设计方法的基础。它包括以下基本概念及思想:①现实世界任一实体都被统一地模型化为一对象;②每一对象是其状态与行为的封装,其中状态是该对象一系列属性的值的集合,而行为是在对象状态上操作的方法集合;③所有共享同样属性和方法集的对象组成为一个类,任一对象是某一类的一个实例;④类属性的定义域可以是任何类。类的定义域可以是原始类,也可是包含其自身属性和方法的一般类;⑤所有的类被组织成一带根的有向非环图或一层次(类层次)。一个类继承层次中其直接祖先或间接祖先的所有属性和方法。从语义上看,一个类是其所继承的属性和方法类的特例,称为子类;相反,一个类是其子类的抽象,称为超类。类层次可动态扩展,一个新类可从一个或多个已有类导出。根据一个类能否有多个超类,可将继承分为单一继承和多重继承;⑥对象被封装的状态和行为在对象外部只能通过显式定义的消息传递来存取。由于方法也可从超类继承,对象模型应支持消息及其对应方法之间运行时的动态联编。基于上述面向对象概念的面向对象程序设计方法是:对问题领域进行自然分割,以更接近于人类通常思维的方式建立问题领域的模型,以便于对现实世界中的信息实体进行结构模拟和行为模拟,从而使设计出的软件尽可能直接地表现问题求解的过程。在这里,对象为描述信息实体的统一概念,通过封装、类属、继承和实例化等机制支持软件系统的构造,并为软件重用提供支持。

object-oriented database (OODB) 面向对象数据库 一个由面向对象数据模型(OODM)所定义的对象的集合体,这些对象支持面向对象程序设计中对象的语义。OODB 的主要特征包括:①能保存抽象数据类型,能存储直接来自面向对象程序设计中的对象;②通过创建子类实现复杂的完整性约束,其继承性能方便数据库的开发与维护,仅需不断地进行局部修改,就可使数据库稳步增长;③具有处理不确定型和模糊型对象的即席查询能力,特别是在低层有知识工程支持的情况下;④OODB 的研究提出了许多的事务处理模型,如开放嵌套事务模型、EDD(工程设计数据库)模型、MCP(多重提交点)模型等;⑤通过对象高速缓存、对象标识符切换、定义与性能相关的特征(如聚集)等技术,使 OODB 执行复杂应用(如多媒体等)时具有极高的性能。参见 object-oriented database system (OODBS)。

object-oriented database design 面向对象数据库设计 使用面向对象数据模型把现实世界中的数据根据各种应用需要加以合理地组织,并利用已有的面向对象数据库管理系统建立能够满足需求的数据库应用系统。面向对象数据库设计分为四个阶段:①问题域描述阶段,类似于传统数据库设计需求分析阶段;②面向对象分析阶段,以问题域为基础,利用面向对象方法分析问题域中的需求,最后建立一个面向对象方法中的类层次结构模型和相关说明文档;③面向对象设计阶段,以面向对象概念模型为基础,在其上做适当的面向对象的扩充与

O

细化,最终建立一个面向对象方法中的较为详细的类层次结构模型;④面向对象实现阶段,以面向对象设计模型为基础,在其上用面向对象的工具,包括面向对象数据库管理系统、面向对象编程语言以及基于面向对象的人机界面开发工具以实现数据库应用系统。参见 object-oriented database system (OODBS)。

object-oriented database language **面向对象数据库语言** 面向对象数据库语言用于描述面向对象数据库模式,说明并操纵类定义与对象实例。它主要包括对象定义语言和对象操纵语言。面向对象数据库语言可用于对象的生成、修改、删除和查询。主要的面向对象数据库语言是 OSL(对象描述语言和 OQL(对象查询语言)。它们是以面向对象程序设计语言(OOP)为基础并实现持久性扩充而形成的面向对象数据库语言,既在形式上类似 SQL(结构化查询语言)又具有面向对象的特征与风格,其最大特色是它与 OOP 一起构成一个面向对象统一环境,同时将对象分成临时性对象与持久性对象两种,由 OOP 处理临时性对象,OQL 处理持久性对象。这两种语言的区别在于 OOP 是过程性语言,OQL 是非过程的说明性语言。参见 object definition language (ODL), object specification language (OSL), object query language (OQL)。

object-oriented database management system (OODBMS) **面向对象数据库管理系统** 基于面向对象机制,对面向对象的数据进行操纵和管理的大型软件系统。实现 OODBMS 的方法,大致有以下几类:①修改现有的关系数据库管理系统,使之支持面向对象的概念和面向对象数据模型;②在面向对象程序设计环境中加入数据库功能,构造 OODBMS;③开发全新的 OODBMS,即支持面向对象概念,又支持数据库功能。OODBMS 的基本内容及特征包括:①数据模型:支持以下基本概念:对象、复合对象、封装、类、继承、重载、滞后联编、多态性。其中复合对象的概念包括支持生成复合对象的构造器:元组、集合、包、列表、数组等,构造器应具备正交性,即任一构造器可以作用到任一种对象上。②数据库管理系统:除了具有传统的 DBMS 所具有的功能如并发控制、故障恢复外,还支持永久对象、长事务处理和嵌套事务,具有版本管理和模式演化的能力,能维护数据完整性,适合在分布式环境下工作。③数据库访问界面:支持消息传递,提供计算能力完备的数据库程序设计语言,能解决数据库语言与宿主语言的阻抗不匹配问题,提供类似 SQL(结构化查询语言)的非过程化查询功能技术。

object-oriented database system (OODBS) **面向对象数据库系统** 面向对象设计方法与数据库技术相结合而产生的用以支持非传统应用领域的新一代数据库系统。OODBS 的特征包括:①能存储和处理各种复杂对象;②能运行新的数据类型和操作、支持抽象数据类型和用户定义类型的可扩展能力;③具有更多的语义概念(如抽象、合成等关系);④支持多媒体数据(超文本、图形和图像、声音等);⑤支持版本管理和对大型组合对象的管理等。OODBS 已成为当今数据库系统的发展的重要方向。

object-oriented database task group (OODBTG) **面向对象数据库任务组** 1989 年,美国国家标准协会(ANSI)数据库任务组(DBSSG)成立了面向对象数据库任务组(OODBTG),开展了有关面向对象数据库(OODB)标准化调查研究工作,1991 年 8 月完成了 OODBTG 的最终报告。该报告以 SQL(结构化查询语言)标准为基础,扩展了许多面向对象的概念,提出了对象数据管理参考模型和对象信息管理的标准化建议。参见 object-oriented database system (OODBS)。

object-oriented data model (OODM) **面向对象数据模型** 面向对象数据模型是从面向对象的概念直接派生出来的,一个用来描述现实世界中实体(对象)的逻辑组织、对象间的限制和联系等的数据模型。一系列面向对象的核心概念构成了 OODM 的基础。

object-oriented design **面向对象的设计** 将一个面向对象的模型转换为创建一个系统所需求的描述的过程。在解决一个给定层次中确定抽象的对象,定义对它的适当操作,然后对每一对象开发一个隐蔽的实现模块。通过逐步细化的模型扩充,即可实现从面向对象的分析到面向对象的设计。

object-oriented design methodology **面向对象设计方法学** 参见 object-oriented programming methodology (OOPM)。

object-oriented distributed simulation (OODS) **面向对象的分布式仿真** 在多媒体模拟中,针对特定的模拟任务,根据任务本身的需要或为了提高完成任务的效率,将被模拟实体对象分解成多种较小相互关联、适合于分布式处理的对象群组,并分别安排到不同的节点上去处理。为此,需要在分布式处理环境中建立适当的进程间通信、提供交互式控制和机制。这样,可以达到共享资源、提高处理速度、改善多媒体表现效果以及提高可靠性的目的。

object-oriented graphics **面向对象的图形技术** 基于构造元素的计算机图形技术。构造元素包括直线、曲线、圆、矩形等。用数学方法将图像描述为一组生成图像中目标的指令,而不是用位图的方法用点阵表示图形。面向对象的图形使用户可以把对象作为一个单元来编辑,如改变直线的长度,放大一个圆等。而位图方法则要重画图形。由于采用了数学方法,图形还能够相对容易地进行分层、旋转和缩放。同 structured graphics。参见 bit map。

object-oriented interface **面向对象的界面** 一种用户界面,其中系统功能部件用可见的屏幕实体表示。屏幕实体(如图标)用于管理系统的功能部件。

如 Macintosh 的 Finder 是一个文件系统的面向对象的界面，可用文档、文件夹和磁盘设备的图像表示。

object-oriented knowledge representation 面向对象知识表示 采用面向对象方法学来表示知识的方法。面向对象知识表示把所有的实体都描述成对象，每一个对象都包括其静态结构和一组操作。对象按“类”、“子类”、“超类”构成偏序关系，上一层对象的属性可有条件地被下一层对象所继承，对象之间除了互递消息外，没有其他联系，用户要完成的任务也是通过发送消息来实现的。面向对象知识表示具有较强的表达能力，模块化性能好，它已在许多领域的应用中显示出独到的优点。参见 analogical representation of knowledge，direction representation，logic knowledge representation，production knowledge representation，relation representation，function representation。

object-oriented language 面向对象语言 一种程序设计语言，采用面向对象程序设计的观念，如 Smalltalk。

object-oriented method 面向对象方法 一种把面现对象的思想运用于软件开发过程中，指导开发活动的系统方法，简称 OO 方法，是建立在“对象”概念(对象、类和继承)基础之上的方法学。面向对象就是基于对象概念，以对象为中心，以类和集成为构造机制，来认识、理解、刻画客观世界和设计、构建相应的软件系统。面向对象的方法起源于面向对象的编程语言。具体实施步骤：面向对象分析，面向对象设计和面向对象实现。它不仅为人们提供了较好的开发风范，而且在提高软件的生产率、可靠性、易重用性、易维护性等方面有明显的效果。

object-oriented model (OOM) 面向对象模型 将面向对象方法与数据库相结合所构成的数据模型称面向对象数据模型，简称面向对象模型。面向对象模型既是概念模型又是逻辑模型。面向对象模型出现于 20 世纪 80 年代中期，由于关系模型对非事务处理型应用，如工程领域、多媒体领域以及地理信息系统(GIS)领域适应性不强，因此促使了面向对象模型的产生。面向对象模型具有构造复杂数据结构能力，具有多种数据类型，特别是聚集类型及多种操作方法，还具有对数据模型作扩充演算能力。

object-oriented operating system (OOOS) 面向对象操作系统 基于对象的一种操作系统，它采用的面向对象的设计方法使得由第三方开发软件变得容易。

object-oriented programming (OOP) 面向对象程序设计 一种程序设计方法。其原理是先根据非形式化规格说明，找出对象及其属性，并确定其上操作，然后定义对象间的界面关系，最后用面向对象程序语言实现对象的操作。对象是数据结构和与其他对象交互作用的子例程的自包含集合。用类定义一个对象的数据结构和例程。一个对象是一个类的一个实例，可在程序中用作一个变量。参见 C++，object。

object-oriented programming language (OOPL) 面向对象程序设计语言 一类以对象作为基本程序结构单位的程序设计语言。这里一个对象是一集数据和一组对这些数据的操作，程序的执行在概念上是对象之间互相作用(通过调用别的对象的可用操作完成的)或称为互相之间消息传递。通常的面向对象语言支持用户定义对象的类，然后由已有的类通过示例产生对象，就像在一般语言中用数据类型说明变量，常量一样。系统本身也提供了一批内部定义的类供用户使用。面向对象的语言提出了一些新的概念，主要是类的继承性、通过已有的类定义新的类、消息传递，及对象之间通信的机制等。

object-oriented programming methodology (OOPM) 面向对象程序设计方法学 基于 Parnas 的信息隐藏和 Guttag 的抽象数据类型概念的一种程序设计方法学。它把客观世界中的所有事物都表示为对象。每个对象把一个数据类型和一组过程封装在一起，使得这组过程了解对这一数据类型的处理，并在定义对象时可以规定外界在其上所做的权限，使程序员可依照自己的意图来创建自己的对象，并将问题映射到该对象上。这一方法直接、自然，十分接近于人类处理问题的自然思维方式。面向对象程序设计方法简单、直观，它仅有对象、类、方法、消息和继承五个基本概念，用他们即可较好地用来描述现实世界。由于 OOPM 具有模块性、信息隐藏、数据抽象及继承性等多种特点，它又能有效地用来组织和管理各种不同类型的数据及知识，支持多种知识表示。因此在模拟仿真、软件工程、人工智能及知识工程、数据库、图形学及图像处理等多种领域获得广泛应用。OOPM 将改变传统的程序设计方法，它比 20 世纪 70 年代的结构程序设计具有更多的优点。

object-oriented requirement analysis method (OORAM) 面向对象的需求分析法 引导用户将待解决的问题用面向对象的方法刻画出来，以得到初始的软件，即需求规范。

object-oriented server 面向对象服务器 一种数据库服务器，支持对关系数据库中的复杂数据进行面向对象的管理。

object-oriented system 面向对象操作系统 一种基于对象的操作系统，其设计方法有利于第三方的软件开发，并采用面向对象的设计。

object-oriented techniques (OOT) 面向对象技术 基于对象使用的程序设计方法，通过消息传递以全局广播的方式进行相互通信。

object owner 目标[实体]拥有者 建立实体的用户或者制造者已将实体所有权转移给另外的一个用

O

户。实体的拥有者,对实体具有完全的控制权。

object packager **对象包装程序** 微软视窗中的一个应用程序,其图标可在附件群组之下找到,利用它提供的功能,可以为用户自己开发的应用程序或文件赋予一个图标,使之当成一个链接对象插入其他文件中,并在指定的视窗内出现。对象包装程序已提供了一组现成的图标,用户可以从中选用,也可以创建自己的图标。对于被包装的应用程序,只要在视窗内对代表它的图标双击,便可启动其运行,并把嵌入的文件在视窗内显示出来。

object pointer **对象指针** 在面向对象程序中,用于指向类的成员的指针。

object pool **对象池** 对象池是预备来使用的一系列初始对象。在激活对象时,对象被从池中提取。在停用对象时,对象放回池中,等待下一个请求。对象池技术在一定程度上减少频繁创建对象所造成的开销。

object program **目标程序** 源程序经编译或汇编程序加工后的程序。它是计算机可直接执行的机器语言程序。同 target program。比较 source program。

object program development **目标程序开发** 在编译或汇编过程中,对用户源程序加入实用例程而生成可执行目标程序的过程。实用例程可包括读、写输入输出设备的例程等。

object program library **目标程序库** 大量可变址例程的集合。通常存放在大容量存储器中。

object program preparation **目标程序准备** 将程序由许多语言中的一个容易使用的源语言或由具有竞争力的系统语言转换成一个特别的机器代码,这一过程称为目标程序准备。

object query language (OQL) **对象查询语言** 对象数据管理组(ODMG)定义的一种查询语言,以对象模型为基础,支持作为对象存储的复杂数据类型(多媒体和复合文档等),实现对象的查询操作。OQL是SQL(结构化查询语言)查询语言的超集。OQL扩展了复杂对象、对象标识、路径表达式、多态、操作调用和滞后联编等面向对象概念。对象查询语言既可以用于关联访问,也可以用于导航访问。关联查询返回一个对象集合,这些对象的定位由对象数据管理系统负责,应用程序无需关心。导航查询访问单个对象,对象之间的联系被用来从一个对象导航到另一个对象,应用程序需要指定访问所要求对象的过程。ODMG 3.0 标准中 OQL 的主要内容包括:OQL 可以独立使用,也可以嵌入到 C++、Smalltalk、Java 等面向对象程序设计语言中使用。

object question **目标提问** 源提问经计算机处理后,变成更便于检索使用的提问。

object reference **对象引用** 与特定对象有关的一个句柄,它允许客户应用程序调用和请求该对象。对象引用唯一地标识一个对象。

object-relational database management system **对象-关系数据库管理系统** 以集成的方式支持关系和面向对象特性的数据库管理系统。

object relational model **对象关系模型** 一种将关系模型与面向对象模型的优点相结合而构成的新的逻辑数据模型。对象关系模型以关系表为基础,数据类型具有标量与聚集量两种类型并有抽象数据类型能力,在关系表间具有继承、组合等关联,它们可以构成复杂的数据结构。也可以通过函数构作方法与约束,但是没有消息等动态操作能力,也没有封装能力。参见 relational model,object oriented model。

object relation diagram **O-R 图,对象联系图** 一种面向对象数据模型的图形方法,能再现其数据和语义之间和联系。规定用节点代表对象类,对象间联系用连线表示。在 O-R 图中不允许有孤立的节点,也不允许出现悬空的边。

object relation mapping (ORM) **对象关系映射** 一种为了解决面向对象与关系数据库存在的互不匹配的现象的技术。ORM 是通过使用描述对象和数据库之间映射的元数据,将对象转换到关系数据库中。面向对象的开发方法是当今企业级应用开发环境中的主流开发方法,关系数据库是企业级应用环境中永久存放数据的主流数据存储系统。对象和关系数据是业务实体的两种表现形式,业务实体在内存中表现为对象,在数据库中表现为关系数据。内存中的对象之间存在关联和继承关系,而在数据库中,关系数据无法直接表达多对多关联和继承关系。因此,对象关系映射系统一般以中间件的形式存在,主要实现程序对象到关系数据库数据的映射。

object request brokers (ORB) **对象请求代理** 一种用于集成大型的、不同机型并用、分别开发的中介机构。它提供了:①抽象地定义应用程序的接口,以便其他应用程序使用;②找出位于网络另一地方的应用程序以及有关的接口;③让应用程序相互通信且相互响应。ORB 代理机制是公共对象请求代理体系结构(CORBA)规范的核心,ORB 代理是客户和服务对象提供者之间通信的纽带。其作用主要有:实现对客户提出的服务请求的映射;根据服务的命名自动发现和寻找所需的服务和服务器;自动设定路由实现到服务器方的执行。这样,客户端和服务端程序可以避免关于通信的底层细节,客户端只需完整地定义和说明需要完成的任务和目标,而服务端仅考虑实现的服务,简化和提高了应用开发的效率。ORB 代理的使用,有效地隔离了互操作的通信双方:客户对象与服务器对象只需遵守由接口描述语言(IDL)定义的共同接口,客户对象则可以透明地激活一个远地服务器对象,就像是激活本地对象一样,而不必关心对象的实际物理位置,使用的编程语言，具体运行的操作系统，或者其他与对象接口无关的信息。通过ORB机制，分布式应用程序的开发实现了客户程序和服务程序的完全分离，即：ORB代理机制提供了有关服务对象位置、对象的实现和对象执行状态的透明性，是一种分布式软件中间件。ORB也被认为是分布式对象系统中对象间发送和接收消息的“软总线”，可以简化本地与远地对象间的通信，使之以透明方式实现互连、互通与互操作，使大型分布软件开发工作相对地提高速度并增加其可靠性。参见 common object request broker architecture (CORBA)。

object retention 对象保留 微软 Windows NT 中对象管理程序在内存中保留对象的过程，当对象的最后一个指针被删除时，对象管理程序就从内存中删除这个临时对象。参见 name retention。

object reuse 对象再用 在计算机安全中，指对于曾经含有数据对象内容的对象数据媒体的使用。

object rights 目标权利 一种控制系统用户能够处置目标(程序)的权限，如删除、传送或重新命名目标(程序)。参见 object existence rights, object management rights, operational rights。

object routine 目标例程 源程序经编译或汇编后的机器语言例程。

object schema 目标模式 也称“对象模式”。源模式经相应的DDL(数据定义语言)编译程序转换成机器可接受和执行的目标代码形式。目标模式通常设计成表格形式、树结构或网状结构。为源模式设计良好的目标模式是数据库系统设计中很重要的工作。

object segment 目标段 在某一特定命令中指定的一种最低层次的段。参见 path call。

object server 对象服务器 在客户机/服务器结构的信息系统中，可以把客户机/服务器应用软件编写为一组通信对象的服务器。客户机对象利用对象请求代理程序来与服务器对象进行通信。客户机请求调用某类对象服务器支持的一种方法，对象请求代理程序先找出此类对象服务器的一个例子，然后调出所请求的方法，把结果返回给客户机对象。服务器对象必须支持并发和共享操作。对象请求代理程序把他们综合在一起。

object service 对象服务 微软 Windows NT 中用于使操作对象对用户态可见的系统服务，通常是读或者改变一个对象的属性，主要为保护子系统所用。

object signing 对象签署 对 Java 应用程序赋予访问权的能力。

object space 对象空间 图形对象定义的空间。选择一个点作为原点。

object specification language (OSL) 对象描述语言 对象描述语言是以面向对象程序设计语言(OOP)为基础并实现持久性扩充而形成的面向对象数据库语言。它包括对象定义语言和对象交互格式。参见 object definition language, object interchange format。

object spectral characteristic 地物波谱特性 地物发射、反射和透射电磁波的强度的特性。

object structured merging 对象结构归并法 视图定义设计阶段采用的一种归并方法。局部视图中的数据包含有数据项、数据组和反映实体的数据对象以及这些数据结构之间的联系。实际上，E-R(实体-联系)图就属于这种方法。通常在归并过程中，重叠相同的部分；解决不能重叠的不同部分；发现和解决冗余等问题；最终将局部视图合并成一个完整的全局视图。

object subschema 目标子模式 一种机器代码组或串。用于表述源语言涉及到的数据库部分。

object table 对象表 微软 Windows NT 中一个特定进程的数据结构，其中包含该进程中的线程已打开的所有对象的句柄。参见 object handle。

object technology 对象技术 使用对象作为应用程序的构造块的技术。对象则是用面向对象的程序设计语言写的独立的程序模块。

object template 对象模板 可用于生成同一相似对象类的另一对象的对象。可以把新创建对象视为此对象类中的一个实例。

object type 实体类型，对象类型 (1)一种定义系统内实体的用途的属性，每种实体类型都跟处理那种类型对象的一组命令相关联。(2)微软 Windows NT 的一个抽象数据类型，一系列操作该数据类型实例的服务以及一系列对象属性。对象类型通过使用类型对象来定义。参见 object attribute, type object。

object user 对象用户 一种由对象拥有者、管理员所确认的用户，或者一种具有对象生存权利、且能对对象执行某些操作的用户。

object windows library (OWL) 对象窗口库 Borland 公司的 C++ 3.0 版中专为微软视窗编程提供的一个类库，是应用程序的框架，支持模板和异常处理。参见 template。

object wrapper 对象封装法 面向对象的应用系统中使用的一种方法，将非面向对象的应用系统提供的一组服务程序进行封装，以使被封装的服务程序可以作为对象来处理。参见 object, object-oriented。

oblique projection 斜投影 平面投影的一种。与正投影不同，斜投影平面的法线方向与投影方向不一致。

OBP 星上处理 on-board processing 的缩写。

OBR 外部记录器 outboard recorder 的缩写。

OBS 对象存储 object-based storage 的缩写。

OBSAI 开放式基站架构 open base station architecture initiative 的缩写。

obscure **遮挡** 在窗口界面中，指一个部分可见的窗口，因为该窗口部分地被其他窗口遮住。参见 occlude。

observability **可观察性** 数字系统通过初级输出，观察点或以前已证明正确的子系统读取另一子系统输出信号的能力称为可观察性。

observational statement **观察的陈述** 机器从观察中学习时，事先送入观察的陈述。这些陈述为归纳学习提供的事实依据。表示关于某些对象、环境和过程的特殊知识。

observation point **观察点** 观察数字电路内信号变化的点。用于测试数字电路的工作情况。

obsolescene clause **过时设备条款** 一种合同条款，允许买主用已过时设备折价购买新设备，即制造厂家按双方协商的价格买回旧设备，买主收回的款全部用作购买新设备的付款。

OC (1)光耦合器 optical coupler 的缩写。(2)集电极开路 open collector 的缩写。(3)断开电路，开路 open circuit 的缩写。

OCA **对象内容系统结构** object content architecture 的缩写。

OCC **操作员控制命令** operator control command 的缩写。

OCCF **操作员通信控制程序** operator communication control facility 的缩写。

occlude **遮盖** 在窗口界面中，指一个完全被其他窗口遮住而不可见的窗口。参见 obscure。

occupancy **占有率** 定义一组实体平均的使用率。

occupant emergency plan (OEP) **场所紧急计划** OEP 在可能对人员的安全健康、环境或财产构成威胁的事件发生时，为设施中的人员提供反应规程。OEP 针对设施级别进行制定，与特定的地理位置和建筑结构有关。参见 business continuity planning (BCP)。

occupation **占线** 电信业务运载设备处于使用状态或处于接受服务申请后的备用状态。

occupied bandwidth **占有带宽** 为执行信息的不失真传输而需要为之分配的频带宽度。一个数字信号序列的占有带宽取决于它的速率。

occurrence check **出现检查** 在合一算法中，对于变量和项的检查，检查该变量是否出现在项中，只有变量未出现在项中，才可合一，如果不作此检查，将可能导致无限循环的危险。

OCDM (1)光码分复用 optical code division multiplexing 的缩写。(2)正交码分复用 orthogonal code division multiplexing 的缩写。

OCDMA **光码分多址** optical code division multiple access 的缩写。

OCDS **输出命令数据集** output command data set 的缩写。

OCF (1)操作员控制台程序 operator console facility 的缩写。(2)对象组件框架 object components framework 的缩写。(3)开放式卡框架 open card framework 的缩写。

OCL (1)操作控制语言 operation control language 的缩写。(2)操作员控制语言 operator control language 的缩写。

OCLC (1)联机计算机图书馆中心 online computer library center 的缩写。(2)联机计算机图书编目 online computer library catalog 的缩写。

OC-n ***n*** **级光载波** optical carrier level n 的缩写。

OCP **操作员控制面板** operator control panel 的缩写。

OCR (1)光学字符识别 optical character recognition 的缩写。(2)光(学)字符阅读机[器] optical character reader 的缩写。

OCR-A code **OCR-A 代码** 美国标准协会描述的一种磁性字符标准，人与机器均可识别，美国全国零售商协会采用它标记出售的商品。

OCR-A font size 1 **光学字符识别 1 号 A 字形** 由国际标准化组织于 1969 年 5 月推荐的，代号为 R1073 的光学字符识别字形集。该字形标准与美国光学字符识别标准字形集(1966 年，代号× 3.17)相同。

OCR-B code **OCR-B 代码** 国际上采用的用于光学字符识别(OCR)系统的一组字符。

OCR-B font size 1 **光学字符识别 1 号 B 字形** 由欧洲计算机厂家协会修订，并于 1971 年 10 月定为光学数字字母标准的字符集。标准代号为 ECMA-11。

OCR character **光符识别的字符** 具有给定大小、形状和格式，可由自动的光符识别装置读出的印刷字符。

OCR reader **光学字符阅读器** 一种输入设备，利用对印刷字符扫描的方法读入印刷文件，并把它变换成数字信息。

OCR wand **光学字符识别棒** 一种具有自动光学识别能力又能够灵活移动的装置，可用于识别尺寸不合规格的文件或印刷纸张。

OCS **光路交换** optical circuit switching 的缩写。

octal **八进制的** (1)数的每一位具有 8 种可能的不同值或状态的选择或条件。(2)指以 8 为基数的数字表示系统。

octal-binary coded **二-八进制编码** 一种以 8 为基数的二进制编码数字系统，用 3 位二进制数来表示八进位数字中的一位，即 0 ～ 7 的数。

octal code **八进制编码** 一种以基数为 8 进行操作的代码。由 3 位二进制数组成 1 位八进制码。

octal coded binary code **八-二进制编码** 一种信道

编码。其规则是:以 3 位二进制数分为一组,各组均按下表 将 3 位二进制数变换为 5 位码字,最后用编码序列逢"1"变化不归零制规则调制。具有外同 步按组、固定长度、游程长度未限码的特性。主要在数字磁记录中使用。

信息组 $D_1\ D_2\ D_3$	码字 $C_1\ C_2\ C_3\ C_4\ C_5$
0 0 0	0 0 0 0 0
0 0 1	0 1 0 0 0
0 1 0	0 0 1 0 0
0 1 1	0 0 0 1 0
1 0 0	0 0 0 0 1
1 0 1	0 1 0 0 1
1 1 0	0 1 0 1 0
1 1 1	0 0 1 0 1

octal debug technique 八进制调试技术 八进制调试与装配程序中使用的技术。例如存储器列表/修改、寄存器列表/修改、存储器内容转储等。

octal digit 八进制数字 遵循八进制记数制规则的数字。每一数位的数为 0 ~ 7 中的任一个,低位向高位进位按逢八进一的原则。

octal notation 八进制记数法 以 8 为基数的记数制。

octal numbering system 八进制 一种以 8 为基数的数制。它有 8 个数字 0,1,2,3,4,5,6,7。3 位二进制数可以表示成 1 位八进制数,如 6 位二进制数 110011 等于 2 位八进制数 63。二进制数与八进制数相互转换很方便。

octaves 信频程(八度),八音度 (1)两个基频比为 2 的声音之间的间隔,或者引申频率比为 2∶1 的任何两个频率间的间隔。任何两个频率在八音度中的间隔频率比是以 2 为底的对数(或 3.322 乘以 10 为底的对数)。(2)两个音间的音阶,这两个音的基频比为 2∶1。在全音阶中,它包括 8 个相继的音符。因此,从 440 Hz 的 A 音到 880 Hz 的 A 音就是一个倍频程(八度)。

octaword 八倍字 一种由 16 个连续的 8 位字节组成,其中每两个字节组成一个字。

octet 8 位位组,8(位)字节 (1)8 位二进制数位组成的,具有一定信息含义的字节。(2)由 8 个二进制数字组成的位串。通常用作计算机内存、外存容量的单位。一个字符的编码用一个 8 位字节表示。

octonary signaling 八进制通信 一种通信方式,其信息是用信号平均参数 8 个离散电平的有、无或正、负变化来表示。

octrees 八元树 也称"八叉树"。八元树是基于将对象数组连续的细分成八分圆的基础上的。如果数组不完全由 1 或完全由 0 组成,则数组会被细分成八分、十六分、依此类推直到立方体(可能是单个的三维像素)只有 1 或 0 组成为止,也就是说,它们完全在区域内或完全与区域不相交。这一细分过程可由一个度数为 8 的树来表示,在这个 8 度树中,根节点表示整个对象,叶子节点则表示那些没必要进一步细分的数组的立方体。叶子节点是黑色还是白色(满或者空),是根据与它们相应的立方体是完全在对象内还是完全在其外来决定的,所有的非叶子节点均为灰色。参见 quadtrees。

OCX 对象链接与嵌入定制控件 OLE custom control 的缩写。

OD 漏极开路 open drain 的缩写。

ODA (1)办公文档体系结构 office document architecture 的缩写。(2)开放文档体系结构 open document architecture 的缩写。

ODB (1)运营者决定的闭锁业务 operator determined barring 的缩写。(2)显示输出缓冲器 output to display buffer 的缩写。

ODBC 开放数据库互连 open database connectivity 的缩写。

ODBC data source ODBC 数据源 在 ODBC(开放数据库互连)管理程序中与数据库连接相关联的逻辑名。参见 open database connectivity (ODBC)。

ODBMS 开放式数据库管理系统 open database management system 的缩写。

ODC 开放数据中心 open data center 的缩写。

ODCA 开放数据中心联盟 Open Data Center Alliance 的缩写。

ODD 操作员远距离拨号 operator distance dialing 的缩写。

ODDD 光学数字式数据盘 optical digital data disk 的缩写。

odd-even check 奇偶校验 一种计算机自动校验数据在传输、存储和操作过程中是否有错的技术。其主要思想是:在要传输、存储、执行的数据中附加一位校验位。校验位表示信息中各个数位上"1"的个数特征。若"1"的个数为奇数,则进行的校验为奇校验;若"1"的个数为偶数,则进行的校验为偶校验。若在校验过程中发现校验的数据其"1"的个数不为奇数或偶数,则说明被校验的数据出错。奇偶校验能查出信息中所发生的奇数个二进位的错误,但不能指出错误的位置,一般用于出现一位差错概率较大的场合。同 parity check。

odd-even interleaving 奇偶交叉存取 一种将存储器分成奇地址和偶地址两部分的方法。此法可提高存取速度。

odd-even sorting 奇偶排序 按归并排序的方法,在每个归并步均用奇偶归并方法实现的并行排序算法。奇偶排序的思路是在数组中重复两趟扫描。第一趟扫描所有的数据项对,$a[j]$ 和 $a[j+1]$,j 是奇数($j = 1,3,5\cdots$)。如果它们的关键字的次序颠

O

倒,就交换它们。第二趟扫描所有的偶数数据项进行同样的操作($j = 2,4,6\cdots$)。重复进行这样的两趟的排序直到数组全部有序。

odd-even sorting network 奇偶排序网络 按奇偶排序方法设计的比较器网络。

odd field 奇帧 显示器屏幕上扫描的奇数扫描线。参见 field,even field。

odd generation 奇数代 原始文件或缩微件的第一、三、五等等奇数代复制本。

odd-loop 奇数环 主、次环结构磁泡存储器中定义的环。

odd parity 奇校验 加到单元数据(通常是一个字符)上的一个校验位,使得 1 的数目为奇数。接收方检测该校验位确定数据在传输中是否被破坏。参见 even parity。

odd-parity check 奇数奇偶校验 参见 odd-even check。

odd positive acknowledgement 正奇数确认 参见 ACK1。

odds ratio 优势率 情报检索中,偏离比率 B 和稀释度比率 D 之比 B/D,称为优势率。

ODF (1)开放文档格式 open document format 的缩写。(2)光纤配线架 optical distribution frame 的缩写。

ODI 开放数据链路接口 open data-link interface 的缩写。

ODI/NDIS support 开放的数据链路接口/网络驱动程序接口规范的支持 open data-link interface/network driver interface specification support 的缩写。

ODINSUP 开放数据链路接口/网络驱动接口规范的支持 open data-link interface/network driver interface specification support 的缩写。

ODL 对象定义语言 object definition language 的缩写。

ODM (1)光分用器 optical division multiplexer 的缩写。(2)对象数据管理器 object data manager 的缩写。

ODMA (1)开放文档管理应用编程接口 open document management API 的缩写。(2)光碟制造协会 Optical Disc Manufacturing Association 的缩写。

ODMG 对象数据管理组 object data management group 的缩写。

ODN 光分配网 optical distribution network 的缩写。

ODP (1)开型数据通路 open data path 的缩写。(2)开放目录项目 open directory project 的缩写。

ODR 光学数据识别 optical data recognition 的缩写。

ODS (1)开放数据服务 open data server 的缩写。(2)操作数据存储 operational data store 的缩写。

ODSI (1)开放目录服务接口 open directory service interface 的缩写。(2)光域业务互连 optical domain service interconnect 的缩写。

ODT (1)对象定义表 object definition table 的缩写。(2)ODT 操作系统 Open DeskTop 的缩写。

OEF 起始单元字段 origin element field 的缩写。

OEIC 光电集成电路 optoelectronic integrated circuit 的缩写。

OEM (1)初始设备制造厂[商]original equipment manufacturer 的缩写。(2)对象交换模型 object exchange model 的缩写。

OEP 场所紧急计划 occupant emergency plan 的缩写。

OFA 光纤放大器 optical fiber amplifier 的缩写。

OFB 输出反馈 output feedback 的缩写。

OFC 开放金融连接标准 open financial connectivity 的缩写。

OFDM 正交频分复用 orthogonal frequency division multiplexing 的缩写。

OFDMA 正交频分多址 orthogonal frequency division multiple access 的缩写。

off air call setup (OACS) 非占空呼叫 通信连接已经建立,射频链路(业务信道)尚未在 MS(移动台)与 BTS(基站收发信台)之间占用。

off emergency 紧急关闭 控制面板或者控制台上的一种特殊控制开关,在计算机系统发生紧急事件时,用它来断开全部电源。

off-hook 摘机 (1)通常靠提起手柄使线路接通电话机话音电路的动作。此时,禁止外来呼叫。与此相反的是挂机状态,亦即可接收外来呼叫的状态。(2)多路转接中的某一路接通的动作。可以表示数据装置自动与公共交换系统接通的状态。

Office Office 套件 由微软公司推出的办公自动化集成软件,其中包括文字处理系统 Word、电子表格软件 Excel 等、演示图形系统 Power Point,电子邮件 Mail 和数据库管理系统 Access。运行于微软视窗环境。各软件保持相互间的一致性,采用称为智能感知的技术帮助用户自动完成要做的工作,采用的链接技术使得用户可以在不同的程序窗口间拖拽鼠标光标的操作来实现不同程序间的信息传递。

office automation (OA) 办公自动化 一门综合性的技术,一种应用计算机和通信技术提高文书和行政管理工作的效率的自动化办公模式。它以管理科学为前提,以行为科学为主导,以系统科学为理论基础,综合运用电子计算机及通信技术而形成的新型办公系统和组织结构。目前办公自动化的目标是利用现代化手段和先进的办公工具(如文字、文本、声音、图像处理及传输、电子备忘录、电子日

历、电子邮递、电子档案、计算机局部网络及其他先进通信工具等)辅助完成办公室的日常事务性工作,辅助处理一些例行办公流程,把行政人员从繁重的事务性工作中解脱出来。它能快速有效地收集、处理信息,提高办公效率,最大限度地利用有用信息,以辅助编译、预测和计划等工作,帮助领导者决策。通常,一个较完整的办公自动化系统应包括有信息采集、信息加工、信息传输、信息存储这四个基本环节。其核心任务是向各领导、各层次的办公人员提供所需的信息。参见 office system。

office automation (OA) information 办公自动化信息 办公自动化信息基本分为三类:信息共享、协同工作和应用系统接入。其中信息共享包括:信息浏览、信息拷贝、数据分析、信息查询等功能;协同工作包括在线讨论、电子邮件、信息交流、工作流程控制等功能;应用系统接入是指无缝地接入数据库和其他应用系统。主要功能包括:①多媒体文档管理。一个文档可包含文本、图形、图像、音频及视频等信息。主要管理系统的办公文档,如系统文档、技术报告、软件文档、质量文件、标准/规范、合同、源程序、数据文件、信息服务、工作计划、公告、通知、会议纪要、大事记等;②电子邮件。它在系统中起到信息传递的作用,提供了按事务处理流程传送信息的方法;③事务处理流程。它定义了操作方式,规定了必须按某种访问方式进行操作以及在异常情况发生时的处理方法。通过电子邮件来向特定的人员传达特定的信息或按指示执行特定的操作,如进行文档批阅和日程/会议安排等;④多用户共同编辑文档。编辑小组成员可以共同编写一份文档,允许编辑小组的成员同时编辑同一对象;⑤电子会议。分同步交互和异步交互两种,基于电子邮件、讨论数据库、OLE(对象连接与嵌入)技术和CHAT(聊天)功能可以实现非实时的视频会议和实时交流;⑥信息查询。系统提供多种信息查询方式,用户可以按视图分类、主题层次和关键词进行查询;⑦计划管理。可以完成会议日程安排、项目进展的控制跟踪等工作;⑧应用系统接入。用户可以通过浏览器查询有关专业数据库中的数据。

office automation system (OAS) 办公自动化系统 利用先进的科学技术和现代化的办公设备所构成的快速传递信息,有效地管理、加工和利用信息,以供有关主管人员进行决策的办公系统及环境。它的目的在于及时准确地掌握信息,提高办公效率及事务信息的处理速度,实行适时管理,加强控制和决策能力,从而获得更大的效益。办公自动化作为现代科技的综合应用,需要计算机、通信技术、系统工程、管理科学和行为科学的理论和技术作为支持,需要有一个与其协调一致的管理体制和管理方法。OA 系统与管理信息系统(MIS)、决策支持系统(DSS)的关系是各自独立,而又互相交叉,其耦合深度取决于实际背景。狭义地讲,办公自动化是智能大楼系统的组成部分之一。由多种办公自动化设备及其相应的软件所构成的高效办公环境。包括来访接待系统、电子黑板系统、会议电视系统、展示系统等子系统。

office communication system 办公通信系统 实现办公自动化的通信系统。包括建立局部性网络、远程通信网络及实现文字、声音、图像的综合交互型通信。

office document architecture (ODA) 办公文档体系结构 ODA 于 1988 年由国际标准化组织(ISO)进行标准化,它是 SGML(标准通用标记语言)的扩充。ODA 表示法对于同一文本内容同时采用两个抽象结构:逻辑结构定义文档对象的逻辑组成;布局结构定义文档对象在页面上的物理组成,两个组成之间有一个变换。参见 standard generalized markup language (SGML)。

office electronic mail 办公室电子邮件[递] 办公自动化中一种传递信息的技术。用局部网络把分散在一幢(或邻近)办公楼中的计算机及各种办公设备互相连接起来,构成一个综合信息系统—办公自动化系统。系统内各个工作站可通过它存取公用的文件系统和数据库,传送和分发通知、文件、报表和图片,还可召开电信会议等。电子邮递克服了传统办公室中的文件投送办法。简化了邮递过程、加快了信息传递速度,提高了办公效率和质量。

office electronic mailbox 办公室电子邮箱 也称“文件服务器”,一种办公室自动化设备,可提供电子档案和电子邮件服务等。

office impedance 局内阻抗 电话局中阻止交变电流的一种标称阻抗,这种阻抗与全部中继线终端阻抗匹配。

office information management system 办公信息管理系统 收集、存储及分析办公性数据,以供组织与企业的管理人员使用的数据处理系统。这种数据处理系统的特点在于面向管理工作,提供管理所需要的各种信息。

office information system (OIS) 办公信息系统 由人员和办公设备构成,以提高办公室效益和效能为目的的人机信息系统。它所处理的数据已从单一的文本数据发展到包括文本、语音、图形、图像、动画、视频等的多媒体数据。通过数据的收集、存储、传递、管理和处理等手段,为办公人员提供信息服务。

office local area network (OLAN) 办公室局域网 简称 OA 局域网。在办公室自动化中将电子邮递、文字处理软件包以及办公室中其他电子设备组合在一起构成办公室之间或电子计算机之间的内部网络。这种网络也能对“外部”网络进行访问,如对公共电话和数据传输网、信息传输系统及情报检索系统等进行访问。

office man-machine interface 办公室人机接口 研究人和计算机之间友好通信的问题。它对信息处

O

理技术、办公自动化,尤其是智能知识系统十分重要。解决人机接口问题需在人的因素、输入输出装置、声音和图像处理三方面进行研究。

office model　办公室模型　办公室组织和活动的一个抽象。表示办公室组织机构的层次和相互之间的关系,表示信息、物料的流向及处理过程等。

office revolution　办公室革命　采用字处理机、电子计算机以及其他传送信息的机器来提高办公质量,提高工作效率,实现办公室自动化。目前办公室一般的工作需要五个步骤:拟稿、定稿、复制、发文和归档,使用机器可把这五步压缩为一步。随着新的信息技术的发展,可以把许多工作从工厂、机关和办公室送回家中处理。

office suites　办公用套装软件　集字处理、电子表格和数据库等功能于一身的软件,可利用公共的界面、数据共享及共享的小型应用,操作简便。

office system　办公(自动化)系统　一种为既定目标服务的人机信息处理系统,利用先进的科学技术,不断使由人处理的部分办公业务活动物化于人之外的各种设备之中,并由这些设备和办公人员去实现既定的服务目标。一个比较完整的办公自动化系统包括信息采集、信息加工、信息传输和信息保存这样四个基本子系统,其核心任务乃是为各层次的办公人员提供其需要的信息。参见 office automation。

office system design　办公系统设计　建立办公室内各类文件的标准处理程序,确定办公室自动化系统及产品的标准和设计。

office system science　办公系统科学　研究在办公环境中实现信息管理与交换的高度自动化的先进技术、手段和工具的科学。除了计算机科学技术以外,还有通信技术、系统(工程)科学和行为科学,他们成为办公自动化(OA)的四大支柱。

officeware　办公软件　用于办公的软件。通常指可以进行文字处理、表格制作、幻灯片制作、简单数据库的处理等方面工作的软件。此外,政府用的电子政务,税务用的税务系统,企业用的协同办公软件,都叫办公软件。

Official Gazette　**专利公报**　由美国专利和商标局出版,它是了解美国专利情况和查找美国专利资料的主要工具书。

official node name　正式节点名字　在 TCP/IP(传输控制协议/网际协议)网络环境中,为网络节点所起的包括主机名和域名的正式名字。

off-line　脱机,离线　(1)用于修饰或说明无法与计算机通信或不能由计算机控制的计算机设备或程序。例如,某设备为脱机状态,即它不在中央处理机的直接控制下工作。(2)计算机系统的一种连接方式。当外部设备(如终端)不直接连接到计算机上,则称之为脱机,反之,直接连接到计算机上,则称之为联机。脱机的外部设备既不能向计算机发送信息也不能从计算机中接收信息,但它可以将外界输入的信息存储起来,一旦该外部设备进入联机状态时,这些信息就可以直接送往计算机中。(3)用于修饰或说明一台或多台从网络上断开的计算机。

off-line batch processing system　脱机成批处理系统　为了克服联机输入输出速度缓慢的缺点,在批量处理中引进了脱机输入输出的技术。在主机之外另有一台小计算机,它只与外部设备打交道而不和主机直接连接。输入作业通过小计算机输入到磁带或磁盘上,主机从磁带或磁盘上把作业调到内存储器并加以执行。作业完成之后,主机把结果记录到磁带或磁盘上,由小计算机把磁带或磁盘上的信息打印出来。

off-line browser　离线浏览器　一种 Web 网上的浏览工具。它可以把某个或某些 Web 节点上的信息压缩成包,整批地下载到自己的本地硬盘上,随后中止与网络的接通,在自己的计算机上阅读下载信息。利用这种方法,浏览器能对 Web 节点进行监控,当发现新的页面时,便在非高峰时间对其检索,把新页面上的信息下载到自己的本地硬盘上,可大大减少占线时间,也显著减轻了服务器的负载。

off-line cipher　脱机密码　与某一特定的传输系统无关,因而能将密码电文用任意方法传输的一种编码的方法。

off-line computer　脱机[离线]计算机　在控制系统中,不处于监视或控制处理和操作之中的计算机。

off-line computer system　脱机系统　大型计算机系统的辅助系统。它不直接地与主处理机系统连接,自己有一套包括计算机(小型机或微机)和其他外围设备在内的完整的系统,承担并完成主机处理任务以外的辅助处理。例如,做记录检查、数据校正等的预先处理,以预先处理的资料记录在磁带或磁盘上,然后送主处理机系统作进一步处理,处理完后记录在磁带或磁盘上,又送脱机系统(可用同一个或其他脱机系统)做后期制作,如打印、绘图、成像等工作。

off-line crypto-operation　离线加密操作　在通信安全中,指加密或解密作为与加密电文截然不同的一个独立操作来进行的,无论是手工的还是机械的操作,都不与信号线在电气上连接。

off-line data processing　脱机数据处理　对磁记录器的遥测数据进行分析和加工的过程。其中可分为快速数据处理和最终数据处理两种。

off-line diagnostic program　脱机诊断程序　一种专用程序,维护人员用来测试各种外围设备的操作。它通常是在外围设备脱机状态下运行。

off-line diagnostics　脱机诊断　系统中有关部分从物理上或从逻辑上与系统分开,进行诊断。检查系统中某部分是否有故障。若有故障,还要确定故障的位置。

off-line equipment 脱机[外部]设备 一种不直接受中央处理机控制也不和它通信的[外部]设备。

off-line failure tolerance 脱机失效容限 一种失效容限,只能够在系统一时脱开工作时启动系统。

off-line fault detection 脱机故障检测 把系统中有故障部分从物理上或从逻辑上与系统分开后,单独进行的故障测试。有的设备有脱机自检能力,有的设备脱机后要联到专门的测试设备上进行测试。

offline folder file 脱机文件夹文件 微软公司办公软件中的一种文件。脱机文件夹使得用户能够在离线的情况下工作,然后在他们再次连接到网络的时候通过交换服务器将更新同步。在同步的过程中,离线时候所做的改变被拷贝到交换服务器中,而且同步之后用户可以再次返回到离线的工作状态。

off-line input device 脱机输入装置 一种不直接在中央处理器控制下的数据输入外设。

off-line job control 脱机作业控制 一种作业控制方法。它是由用户把其对作业运行的控制信息变成穿孔信息,此信息连同程序和数据一起输入到系统中,由系统来控制作业的运行。

offline mail reader 离线电子邮件阅读软件[器] 一种阅读电子邮件的软件。允许用户在阅读和回复电子邮件信息时无需保持与邮箱主机的连接。它从主机上专门接收用户电子邮件的电子邮箱中得到用户的邮件,将它们存储在本地的磁盘上或内存中,以便用户阅读;如果用户要回复旧邮件或发送新邮件,那么这些邮件先被存放在本机系统的待发邮箱中,过一段时间后离线电子邮件阅读软件会将它们上载到用户的电子邮箱主机上。

off-line memory 脱机存储器 不受中央处理机直接控制、能在离开计算机的情况下存储信息的任何媒体。例如数码照相机中使用的闪速存储器,是一块 PCMCIA(个人计算机存储器卡国际协会)标准的插卡。照相时可象胶卷一样插入数码照相机,装满图像后可从中取出,上面记载的图像信息可在不加电的条件下长期保存而不会丢失。

off-line mode 脱机方式 计算机不与其外部设备连在一起,各自独立工作的工作方式。

off-line navigator 脱机浏览程序 一种能下载电子邮件、网页或新闻组的文章或其他联机论坛的软件,并将它们存储在本地的磁盘上,这样用户浏览它们时无需连接到因特网或联机信息服务上并为之付费。

off-line operation 脱机操作 (1)外部设备不受 CPU 控制的操作。(2)任何脱机实现的数据处理操作,如与计算机不相连时,在本地工作方式下进行的电传打字机纸带穿孔操作。

off-line optimization 脱机优化 (1)使生产过程或程序的一个局部与其他部分从逻辑上脱离关系,单独对这个局部进行的优化。这种方法可以使复杂问题得以简化,便于局部优化的快速实现,但不能保证整体优化。(2)在脱机整批处理系统中,由脱机计算机对存储器中保存的一批作业实现的最佳化调度。

off-line output 脱机输出 (1)一种由输出设备在脱机条件下进行的输出操作。(2)系统的最后输出数据来自未与计算机中央处理器连接的设备。

off-line processing 脱机处理 (1)一种与主程序或实时通信控制系统不直接相连的处理过程。脱机输入、处理与脱机输出三个环节之间需要人工干预。(2)一种设备处理方式。按这种方式处理时,该设备不直接受系统的中央处理机或中央控制器控制。例如将卡片信息转到磁带上去的操作即称为脱机处理。

off-line programming 脱机程序设计 将命令先存储起来用于以后执行的程序设计方式。如在与机器人不相连的计算机上开发机器人程序。

offline reader 离线阅读器 允许配置为在线或离线方式,集中收发选定的消息,离线后读写或回复。参见 offline mail reader。

off-line remote batch 脱机远程批(量)处理 远程用户的一种批处理方式,先准备好原文件的穿孔卡片或磁带,然后把数据送至计算机,计算结果再复制成穿孔卡片或磁带。其间用户不直接与计算机通信。

off-line search 脱机检索 在数据库系统中,指用户不直接使用计算机,而是通过专职检索人员进行的批处理方式的检索。对应于 online search。

off-line storage 脱机存储器 与计算机不直接相联的存储器,如磁带库。离线存储指将数据备份到磁带或磁带库上。大多数情况下主要用于对在线存储或近线存储的数据进行备份,以防范可能发生的数据灾难,因此又称备份级存储。参见 online storage。

off-line store 离线存储 离线存储指将数据备份到磁带或磁带库上。大多数情况下主要用于对在线存储或近线存储的数据进行备份,以防范可能发生的数据灾难,因此又称备份级存储。参见 on-line store, near-line store。

off-line system 脱机系统 (1)在原始记录操作和基本的数据处理操作之间需要进行人工干预的一种系统。这些人工干预包括转换操作以及属于点到点通信或者数据收集系统所使用的加载或卸载操作。比较 online system。(2)在远程信息处理中,输入数据不能直接从数据源输入到中央处理机进行处理,而处理结果也不能直接传给用户,其间必须进行人工操作(包括转换操作及装卸操作等)这样的系统称为脱机系统。

off-line Turing machine 脱机图灵机 一种有只读输入带的多带图灵机。这种机器不允许读头离开此区。脱机图灵机与单带图灵机的计算机能力相

O

同。

off-line UPS 离线式 UPS 平时由电网供电，仅当电网中断时才开始供电的不间断电源。电网正常供电时，它利用交流电源经整流后为电池充电；电网断电时，转换开关将负载从电网切换到 UPS，电池向逆变器提供直流电能，由逆变器输出机器工作所需要的交流电源。

off-lining 脱机(处理) (1)使慢速的输入输出装置不与主机相连，以提高主机使用效率的一种工作方式。在脱机系统中将成批作业装入磁带，并将磁带装到主机上。其处理结果记录在另一磁带上，然后将磁带取出，并在脱机系统中将结果打印出来。(2)多道程序设计(见 multiprogramming)采用了脱机处理技术，即要求在运行程序前把数据从穿孔卡片上转移到磁性介质，如磁盘上。与此类似，某些程序的输出是先输出到磁介质上，等由较高优先作业占据的打印机空闲时再打印。

off-load dump 转储文件存带 将存放在库(即磁盘空间)中的转储文件存放到磁带上的过程。比较 on-load dump。

off-loading 卸载 请求将处理任务分配至其他计算机上运行来减轻主计算机的处理负担。

off-premise equipment 备用设备 当工作设备发生故障时，可以立即代替它继续工作的一种设备。

offset 偏移(量)，偏调，距离，缩进 (1)从记录、区域或控制块中的任意起始点到另一个点之间测出的偏移距离。(2)在第一行后面的一组报文的所有行的缩进量。(3)在覆盖生成语言中，离纸张原点最近的覆盖角坐标。(4)在相对寻址、变址寻址、基址寻址等方式的指令中为计算操作数的有效地址所用的一种数。该数包含在指令中，在进行地址计算时将其与某个寄存器(如基址寄存器、变址寄存器)中的内容相加，从而获得有效地址。(5)在绘图系统中，通过与已有的图形实体的相对关系距离来定义新的图形实体位置的过程。

offset antenna 偏馈天线 这种天线的反射面只是旋转抛物面一个部分，通常包括极点或顶点，使得用前馈时，没有孔径阻挡作用。

offset branching 位移分支 机器人系统的一种使用方法。建立一个分支，该分支可以在机器人回路的若干点上使用，在需要分支时，它可以影响与机器人臂物理位置有关的序列。

offset error 偏移误差 当转换器的输入信号为 0 时的输出信号值。

offset quadrature phase shift keying (OQPSK) 偏置正交相移键控 把二进制基带信号进行串/并交换，得到两路数字信号 I 和 Q，I 和 Q 相互错位一个比特，再对载波进行四相调制。已调信号的相位变化在任一比特转换时刻都可能发生，但两路数字信号不会同时改变极性，因而已调制信号的相位突变最多。参见 quadrature phase shift keying (QPSK)。

offset variable 位移变量 在 PL/1 语言中，带有位移属性的一种定位变量，变量符为 OFFSET。其值可以用来识别与存储器中某区域起始位置有关的存储单元。

off site 现场外 在另一个地方。通常把重要数据存储在另一个地方以避免遭受毁灭性的破坏。

off-site maintenance 非现场维护 不在使用设备的场所实施的维护。

off-site storage 离线存储 位于非主生产站点的替换设施，其中存放着备份的关键记录和文档以用作灾难恢复。

off-state current 断态电流 晶闸管处于断态时的主电流。

off-state interval 断态间隔 电子器件在不导通间隔中处于断态的那一部分。参见 conduction interval，non-conduction interval。

off-state voltage 断态电压 晶闸管处于断态时的主电压。

off-the-shelf 现货，现有的 (1)库存的产品。常指不必新买或制造以及当场即可提货的产品。(2)一种不必用户加以修改即可使用的计算机软件或设备。

off time 不工作时间 为维护、修理而使计算机停止工作的时间。

OFL 过满注入 over filled launch 的缩写。

OFL-BW 过满注入带宽 over filled launch band width 的缩写。

OFS 光分组流交换 optical packet flow switching 的缩写。

OGSA 开放网格业务体系结构 open grid service architecture 的缩写。

OH 摘机 off-hook 的缩写。

OHA 开销接入 over head access 的缩写。

ohm 欧姆 量度电阻的单位，符号为 Ω，1 伏特电压在 1 欧姆电阻上产生 1 安培电流。

ohmic contact 欧姆接触 电压-电流特性遵从欧姆定律的非整流性的电和机械接触。

ohmmeter 欧姆表 一种测量电路中电阻的仪表，本身带有测量用的电压源。

Ohm's law 欧姆定律 在直流情况下，此定律表明一闭合电路中的电流与电动势成正比或当一电路元件中没有电动势时，其中的电流与其两端的电位差成正比。参见 electromotive force (e. m. f)。

OIA 操作员信息区域 operator information area 的缩写。

OIC 链中唯一单元 only-in-chain 的缩写。

OID 对象标识符 object identifier 的缩写。

OIF 光互联论坛 Optical Internetworking Forum

的缩写。

oil impregnated paper bushing **油(浸)纸套管** 主绝缘由未处理的纸卷绕成芯子所构成,随后再浸以绝缘液体(通常为变压器油)。芯子装在绝缘套内,芯子与绝缘套之间充以与浸渍时所用的相同的绝缘液体。参见 resin bonded paper bushing,insulator。

OIM **开放系统互连因特网管理组** OSI Internet management 的缩写。

OIRT **国际无线电和电视组织** 系法文 organisation internationale de radiodiffusion et television 的缩写,相应的英文 IRTO 是 international radio and television organization 的缩写。

OIS **办公信息系统** office information system 的缩写。

OJI **开放 Java 虚拟机接口** open Java VM interface 的缩写。

OLAN **办公室局域网** office local area network 的缩写。

OLAP **联机分析处理** online analytical processing 的缩写。

OLAP database **在线分析处理数据库** 一种关系数据库系统,能处理比标准的关系数据库查询复杂得多的查询。它支持对数据的多维访问(即按不同条件浏览这些数据),具有精确计算能力,并采用了专门的索引技术。参见 online analytical processing (OLAP)。

old style **(西文)古体字** 一种与现代字体差别较大的字体。

OLE **对象连接与嵌入** object linking and embedding 的缩写。

OLED (1)有机发光二极管 organic light emitting diode 的缩写。(2)有机发光显示器 organic light emitting display 的缩写。

organic light emitting display (OLED) **有机发光显示器**

OLE custom control (OCX) **对象链接与嵌入定制控件** 一种基于 OLE(对象连接与嵌入)技术和 COM(组件对象模型)技术的软件模块,当被一个应用程序调用时产生一个能为应用程序添加一些所需的特性的控件。OCX 技术是可跨平台的,可在 16 位和 32 位操作系统中运行,并可与应用程序共同使用。它是 Visual BASIC 定制控件(VBX)技术的后继者,并且是 ActiveX 控件的基础。OCX 可用多种语言编写,尽管最常使用的是 Visual C++语言。参见 component object model (COM),ActiveX controls。

OLE data base (OLE DB) **对象连接与嵌入数据库** 微软制定的访问不同数据源的低级应用程序接口。OLE DB 利用了一组 COM(组件对象模型)接口来访问和处理所有类型的数据。OLE DB 最主要是由三个部分组合而成:①数据提供者,提供数据存储的软件组件。小到普通的文本文件、大到主机上的复杂数据库,或者电子邮件存储,都是数据提供者的例子,这些软件组件的开发商也可称为数据提供者;②数据消费者,任何需要访问数据的系统程序或应用程序,除了典型的数据库应用程序之外,还包括需要访问各种数据源的开发工具或语言,都是数据消费者;③服务组件,利用数据提供者、专门完成某种特定业务信息处理、可以重用的功能组件。服务组件可以执行数据提供者和数据消费者之间数据传递的工作,数据消费者要向数据提供者要求数据时,是透过 OLE DB 服务组件的查询处理器执行查询的工作,而查询到的结果则由指针引擎来管理。参见 object linking and embedding (OLE)。

O

OLE DB **对象连接与嵌入数据库(接口)** OLE data base 的缩写。

OLE object **对象链接与嵌入对象** 任何可以嵌入或链接到文件中的数据都可以作为 OLE(对象连接与嵌入)对象。一个 OLE 对象中包含了数据的格式、大小、处理数据的程序以及数据的内容等信息。例如,一段声音、一幅图像或一段视频节目,都可作为 OLE 对象。嵌入或链接了相应对象的程序可通过激活相应的对象播放或编辑这些对象。参见 object linking and embedding (OLE)。

OLE server **对象链接与嵌入服务器** 在对象链接与嵌入中,指产生 OLE 对象,并将其提供给另一应用软件,使之与自己产生的对象建立链接关系的应用软件。OLE 服务器实现对 OLE 对象的操作和处理,如编辑、修改、播放等。在微软 Windows 3. X 中,Sound Recorder、Paintbrush 和 Media Player 分别作为声音、图像和各种媒体的 OLE 服务器。参见 object linking and embedding (OLE)。

OLT **光线路终端** optical line terminator 的缩写。

OLTEP **联机测试执行程序** online test executive program 的缩写。

OLTP **联机事务处理** online task processing 的缩写或 online transaction processing 的缩写。

OLTS **联机测试系统** online test system 的缩写。

OLTSEP **联机独立执行程序** online stand-alone executive program 的缩写。

OLTT **联机终端测试** online terminal testing 的缩写。

OLU **原始逻辑单元** origin logical unit 的缩写。

OM **光复用** optical multiplex 的缩写。

OMA (1)对象管理体系结构 object management architecture 的缩写。(2)开放移动联盟 open mobile alliance 的缩写。

OMC (1)运行维护中心 operation and maintenance center 的缩写。(2)光学模式调节器 optical mode conditioner 的缩写。

OME 开放消息传送环境 open messaging environment 的缩写。

Omega network Omega 网络 一种互连网络。一个具有 N 个输入端和输出端的 *Omega* 网络由 n 级相同的混洗交换网络构成。其中，$n = \log_2 N$。每一级有 $N/2$ 个四功能交换开关，采用单元控制方式，级间的连接是全混洗连接。级的排列次序正好与多级立方体网络相反，因而可以保证第 i 级交换开关的两个输入输出端标号的二进制代码也只是第 i 位的值不同。若将输入端与输出端的位置对调，则变成间接二进制 n 立方体网络 。由于 Omega 网络采用了四功能交换开关，所以它能实现一个处理器同时与多个处理器相连，即所谓一对多连接。这是多级立方体网络所办不到的。

O

OMFI 开放媒体架构互换 open media framework interchange 的缩写。

OMG 对象管理组 object management group 的缩写。

omission factor 忽略因子，疏忽系数 信息检索中，文体中的总的资料数与不能检索到的资料数之比。该因子在最佳状态时应为零。用以衡量系统的有效性。

omit function 省略功能 在某些计算机系统中的控制程序的一种功能，确定物理文件中哪些记录将从逻辑文件存取通路中略去。比较 select function。

omnidirectional 全向性 信息的一种传播方式，发送信号的天线在全方位上传播。

omnidirectional coverage 全向覆盖 在水平面内能够覆盖各个方向的无线电传播方式。

omni transmitter sector receiver (OTSR) 全向发射扇区接收 发射采用全向发 射，接收采用扇区接收。采用 OTSR 是在建网初期容量要求不大的情况下，采用全向发射方式，降低建网成本，通过用分离器的方法使三个扇区共享；在用户增多、需要扩容时，将分离器拆除，改建为三个定向发射站，从而升级为定向发射。

OMR 光(学)标记阅读机 optical mark reader 的缩写。

OMS (1)光复用段 optical multiplex section 的缩写。(2)机会管理系统 opportunity management system 的缩写。

OMSP 光复用段保护 optical multiplex section protect 的缩写。

OMT 对象建模技术 object modelling technique 的缩写。

OMU 光复用单元 optical multiplex unit 的缩写。

OM1 开放 MPEG-1(编程接口) open MPEG-1 的缩写。

ONA 开放性网络体系结构 open network architecture 的缩写。

on-board 装板的 基本部件已安装在 PCB(印制电路板)上的微处理器板，这称作是装板的。但如要扩大微处理器以增加其能力，就要增加额外元件或用母板连到主板上。

on board communication station 船上通信电台 水上移动业务的一种低功率移动电台，用于船舶内部通信或在救生艇演习或工作时用于船舶及其救生艇和救生筏之间的通信或用于一组顶推、拖带船舶之间的通信，亦可用于列队和停泊的指挥。

on-board computer 机载计算机 装在飞机、导弹等飞行物及其他装置上的微型计算机。对这种计算机的基本要求是重量轻、体积小、功耗小、耐震、抗辐射和可靠性高等。

on-board filter 板上滤波器 安装在线路板上抑制电磁干扰的滤波器。板上滤波器通常由三端电容加铁氧体磁珠构成。

on-board processing (OBP) 星上处理 卫星通信重要的技术之一，在宽带卫星接入(BSA)系统中，卫星内部需要设置适当的交换设备进行交换处理的工作。星上处理的工作内容主要是：将发信用户通过地球站发射到卫星的信息信号，通过卫星上的交换处理，选出一条通向对方用户所在地球站的通路。

ONC 开放网络计算 open network computing 的缩写。

on-call circuit 联机呼叫电路 一种永久指定并加标识的电路，只要用户请求就能激活，提供给那些需要不可预期的用户。

once, run anywhere 一次写成，到处运行 也就是说，相同的软件可在不同计算机上运行，无论是 PC 机、苹果机、UNIX 计算机、还是 PDA(个人数据助理)乃至智能元器件无一例外。

on-chip cache 一级高速缓存 包含在微处理芯片内的高速缓存。

on-chip control logic 片内控制逻辑 包含在微处理芯片内的逻辑电路。用于译码指令，协调存储器操作与输入输出操作的指令执行。

on-condition 接通条件 在一个 PL/1 任务中，能够引起程序中断的一种事件。它可以是检测到一个不可预料错误或者是一个可以预料的事件，但是这些情况都是在不可预见的时间内发生的。

on-demand software 按需软件 一种软件应用模式，应用软件都将作为按使用付费的托管服务，由托管服务提供商来提供。参见 application service provider (ASP), hosted software。

one-address 一地址 只有一个地址码的指令所具有的特性。这种指令只显式地指明一个操作数的存储位置。

one-address code　一地址码　参见 one-address instruction。

one-address computer　单地址计算机　使用单地址指令的计算机。这种计算机执行指令时使用寄存器,而多地址计算机执行的指令有两个以上地址,可以不使用寄存器,多地址计算机比较灵活,字长可变;单地址计算机,因使用寄存器,速度较快。

one-address instruction　一地址指令　包含操作码和一个地址码的指令。在特殊情况下,一地址指令的指令码可以包含零地址或多地址指令。

one-ahead addressing　超一编址,先行寻址　一种隐式寻址的方法。在这种方法中,指令操作码隐式地确定操作数的地址就是上一条执行指令的操作数地址后面的地址。

one-card　一卡通　使用同一张非接触感应卡实现多种不同功能的智能管理。一卡通已被广泛应用于各行各业,如校园一卡通,企业一卡通,医保一卡通,公交一卡通等。

one chip microcomputer　单片微型计算机　同 monolithic microcomputer。

one condition　"1"状态　在存储单元(元件)中,表示1的状态。

one-core-per-bit storage　一个磁芯一位信息的存储器　一种用磁芯来存储信息的存储装置。每个存储单位使用一个磁芯,存储一个二进制位。

one digit adder　半加器　具有两个输入端(他们是加数与被加数,令为A与B)及两个输出端(他们是和与进位,令为S与C)的电路,他们的关系如下表:两个半加器可以组成一个完整的加法器。同 half adder。

A	B	S	C
0	0	0	0
0	1	1	0
1	0	1	0
1	1	0	1

one-dimensional array　一维数组　单行或单列元素组成的数组或表。

one-dimensional language　一维语言　一种其表达式通常用字符串来表示的语言,如 FORTRAN 语言。比较 multi-dimensional language。

one dimensional path sensitization　一维路径敏化　组合逻辑电路的一种测试故障方法。路径敏化就是从故障点到输出点选择一条通路,当通路上的门所需条件信号满足时,故障信号便传到输出点,这条路径也就是被敏化了。把故障从故障点传到输出点的过程称为正向跟踪。按路径敏化要求,建立路径各门所要求条件的过程称为逆向跟踪。一维路径敏化,是每次一条路径,而实际可敏化的路径往往不止一条,因而一维路径敏化有一定不完备性。路径敏化也译做通路敏化。

one-dimension optimization problem　一维最优化问题　单变量实函数的优化问题。一维最优化问题能够较方便地说明某些优化问题的理论背景并且许多高维优化问题方法实际上是化为多步一维问题来求解的。

one direct fault　单向故障　由于逻辑系统中的某个部位开路或短路,致使该部位固定地出现逻辑1或0,因而表现出来的故障现象。

one flavour assumption　殊途同归假定　泛关系模型的第三个重要假定。其基本思想是,为满足联系唯一性假定,可为每一个属性X规定一条唯一的存取路径来计算[X]关联,通常将其称为[X]关联的标准存取路径。但在多数情况下,往往存在许多不同的存取路径,如果这些路径产生的结果元组的语义解释彼此不同,会产生语义上的多义性,就不可能向用户提供可靠的泛关系界面。因此,在泛关系方式下,数据库设计者必须仔细推敲每一关系模式所表达的语义联系,以保证殊途同归,这对实现完全的逻辑数据独立性至关重要。

one-for-one　一对一　汇编程序中的一种关系。即一条源语言指令对应地转换成一条机器语言指令。

one-for-one translation　一对一翻译　一种一条源语言指令对应一条机器语言指令的翻译[转换]。

one-key cryptosystem　单钥密码系统　同 symmetric cryptosystem。

one-level code　一级代码　一种使用绝对地址和绝对操作码的代码,即在指令中给出操作数的实际地址的代码。参见 absolute code。

one-level storage　一级存储器　对用户而言,系统中的各种联机存储器(包括磁鼓、磁盘等)都和主存储器一样使用的一种存储系统。

one-level store　一级存储　管理所有联机存储器的一种方法。在这种方法中,所有存储器都被看作是直接存取存储器。

one-lever subroutine　一级子例程　调用者为主程序的子例程,即从主程序直接进入的子例程。

one-line diagram　单线图　对系统中的各种元件,用规定的图形或符号,按它们的实际连接方式,以等效单线表示的系统接线图。

one-line inference　单路推理　沿着一条推理路径找出支持结论的证据,适用于具有单调知识库的智能问题,即使有多条规则可供选用,也无需考虑规则使用的次序。

one-link wonder　单链接网页　只含有一个有用链接的 Web 网页。

one-literal rule　单文字规则　谓词演算中的一种删除规则。其内容是:如在子句集S中有某个子句恰恰仅是一个基本式 L，则就应从 S 中删去含有 L 的所有子句，从而得到集合 S'。如 S' 是空集，则 S 是可满足的。如 S' 是非空集，则再从 S' 中删去各子句的基本式～L，从而得到集合 S''。

one-off 单次(性产品) 一次只能生产一份的产品，即不能大批量生产的产品。例如，使用光碟刻录机生成的 CD-ROM(只读碟)，一次只能生成一张 CD-ROM 的一份拷贝。

one-one transformation group 一一变换群 集合 S 到 S 的所有一一对应组成的集合对映射的合成构成的群，常用 $E(S)$ 表示。$E(S)$ 的子群称为变换群。

one-out-of-ten code 十中取一码 以十进制形式出现的一种代码。其编译规则是用十个二进制数位表示一个十进制数位，其中只允许一个二进制数位为 1。

one overlap 一次重叠 在同一时刻最多只能有两条指令在进行分析与执行的重叠。一般一条机器指令的解释可归并为取指令、分析与执行。一次重叠指的是任何时候都只是执行第 K 条指令与分析第 K+1 条指令重叠。因此这种重叠方式的机器内只需有一套指令分析部件和指令执行部件，可以简化控制。

one-part code 一重编码 对可变长度语言单位(如单词)进行一次编码的加密方式。

one-pass assembler 一遍汇编程序 只对源程序进行一遍扫描就生成目的代码的汇编程序。

one pass compiler 一遍扫描的编译程序 对源程序从头至尾只扫描一遍的编译程序。这种程序把词法分析、语法分析、语义分析、代码生成、优化五方面的工作结合在一起，通过对源程序从头至尾扫描一遍来完成编译的各项工作，就能将源程序翻译成可在机器上运行的目标程序。

one-person game tree 单人博弈树 一种只有一人玩的游戏。其搜索图是一棵只由"或"节点组成的树。

one-pivot gimbal 单轴万向平衡环 只在某一轴向才有自由调节作用的平衡环。是硬盘级和软盘机磁头的一种支持机构。

one-plus-one address 一加一地址 一条指令含有两个地址的情况。参见 one-plus-one address format。

one-plus-one address format 一加一地址格式 包含两个或四个地址的指令格式。其中一个地址指令指出存取操作数的寄存器单元或存储单元，另一个地址或其他地址用于规定下一条要执行指令的位置。

one-plus-one address instruction 一加一地址指令 含有两个地址的指令。一个地址指定操作数所在的寄存器或存储器单元的地址，另一个地址是指下一条要执行的指令的存放地址。这种指令形式，现在已很少使用。

one-point perspective 一点透视 透视投影的一种。即投影平面平行于投影对象一个坐标平面的透视投影。也称"平行透视"。参见 two-point perspective，three-point perspective。

one-point to multi－points communication 一点对多点通信 由一个主站与二个或多个从站构成的系统所进行的通信。为使系统中的各站有效地共享信道，需要采取相应的多址协议解决或缓解争用信道的问题。多址协议包括无竞争和有竞争两种，在无竞争的多址协议中，不会出现二个或二个以上的站争用信道的现象；在有竞争的多址协议中，可能出现二个或多个站争用信道的现象从而导致通信失败。主站轮询是一种典型的无竞争多址协议 CSMA(载波监听多路访问)等多址协议属于有竞争的多址协议。参见 polling，carrier sense multiple access (CSMA)。

one-position adder 全加器 一种实现加法的线路，它具有三个输入端和两个输出端，三个输入端为加数，被加数及低位的进位数，两个输出端为和数及进位数。同 full adder。

one quadrant convertor 一象限变流器 只有一种可能的电压极性和电流方向的变流器。参见 two quadrant convertor，four quadrant convertor。

one-shot battery 一次电池 也称"原电池"，是放电后不能再充电使其复原的电池。同 galvanic cell，primary cell。

one-shot job 一步作业 一种只要进行一个作业步就能完成的作业。建议使用 one-step job。

one-shot program 一次性程序 专为某个问题而设计，问题求解完成后不会再使用的程序。一次性程序设计时不必考虑重复使用时必须注意的那些问题，只求能解问题即可，算法不太考究。

one-sided error 单侧错误 概率算法的一种错误类型。若输出肯定解时其结果一定正确，而输出否定解时其正确性为大概率事件，此类错误为单侧错误。若对任何输出其出错的概率均非零时，称此类错误为双侧错误。

one state "1"态 存储单元处于"1"的状态，也称"1"输出。

one-step logical design method 单步逻辑设计法 一种手工数据库设计方法。根据用户的信息需求，处理要求以及数据量等，结构机构限制与 DBMS(数据库管理系统)的功能，经设计者的分析、选择、综合与抽象之后，建立数据模型，并用 DDL(数据库定义语言)写出模式。设计时往往将逻辑结构、物理结构、存储参数、存取性能统一考虑。此法缺乏软件工程规范支持，其设计质量难以保证，只适合有经验和一定水平的设计人员设计小型数据库系统用。

one step method 单步法，一步法 仅用前一步的计算结果来计算当前一步的计算方法。

one step operation **单步操作** 每次只执行一条指令或一条指令的一部分的操作方法。此法是人工操作计算机时常用的，用于检查错误或其他调试过程。

one-step shopping **一站式购物** 1986年由欧洲邮电管理委员会(CEPT)首先提出的服务概念。当时，此概念主要用于国际专用租用线路，允许用户只与一个电信运营者联系即可定购和管理所有租用的国际链路。现被延伸到更多的领域，如一点联系、一张帐单、一站维护、一站支持。目标是使用户不论有什么问题，处理什么事务，如申请业务、计费付费等，只要在一个地方使用当地语言与电信运营者联系，就能得到解决。

one step t-fault diagnosable system **一步可诊断t个故障系统** 一次能诊断并修复最多t个故障的系统。

one-time pad **一次充填法** 也称"一次性密钥"，一种数据加密技术。用这种方法加密的消息被认为是绝对安全且无法破译的。该方法是将要加密的消息与密钥进行二进制的按位加，而密钥与消息有相同长的二进制位，而且该密钥不能在任何其他的消息中使用。

one-time password (OTP) **一次性口令** 一种密码体制，在访问控制中，使用一次后便被修改的口令。OTP的主要思路是：在登录过程中加入不确定因素，使每次登录过程中传送的信息都不相同，以提高登录过程安全性。例如，登录密码＝MD5(用户名＋密码＋时间)，系统接收到登录口令后做一个验算即可验证用户的合法性。

one time programmable **一次可编程** 把内容写入到芯片后不能再改写其中的内容。

one-time system **一次一密系统** 一种理论上不可攻破的密码系统。用凯撒代替法将明文变换成密文，最重要的特征是：密钥是一个随机系列，且只使用一次，亦即密钥序列的长度等于明文序列的长度。

one-to-many **一对多** 一个集合中的一元素与另一集合中的多个元素都有对应关系的一种现象。

one-to-many medium **一对多媒体** 由特定专家制作，然后供许多人使用的媒体。如电视台同收看者之间的"播放型"媒体。

one-to-one **一对一** 两个集合中的元素之间的一种双向单值映像的对应关系。参见 one-for-one。

one-to-one assembler **一对一汇编程序** 一种直接翻译的汇编程序。这种汇编程序在工作时，对每条源语言指令生成一条机器语言指令。

one-touch dialing **单键拨号** 把最常用电话号码与话机键盘的数字键相对应，可按一个键即可拨出的拨号方式。

oneway **单向，单工** 一个传输信息的方式。在这种方式中，传输信息的方向是确定的，而不是可变的。

one-way bracket **单向括号** 一种括号，其中的数据以起始括号、条件结束括号和异常回答的信号链从一个NAU(网络可访问单元)发送到另一个NAU。当CP-CP(控制点-控制点)会话中使用单向括号时，他们总是在"冲突赢者"会话中发送。

one-way channel **单向信道** 一种只允许在一个方向传输信息的信道。

one-way cipher **单向密码** 在密码术中，指明文到密码功能上不可逆的密码。该技术可用在计算机系统中存储加密口令，通过给口令加密得到检验。他们输入后，就会与存储的加密口令相比较，使得攻击者即使得到非法存取计算机存储器也不能确定口令的明码形式。同 one-way encryption。

one way communication (OWC) **单向通信，单向会话** (1)数据通信中的一种通信方式，在这种方式下，信息的传输总是在一个预先指定的方向上进行。(2)一种会话，数据从一个程序发送到另一个程序而不需要回答，会话在数据发送完后释放。如果发送的程序在释放会话后立即终止，数据可能还在传输中，因而发送程序和接收程序不一定是同时活跃的。

one-way encryption **单向加密** 在计算机安全中，指使解密不可行的加密方法。用于对一些不需要解密的信息进行加密，如口令。同 one-way cipher。

one-way function **单向函数** 在密码学中，指在其定义域内给定任何 x，都能容易地算出 $f(x)$，但在计算上却不可逆，这样的函数称为单向函数。如在公开密钥密码中，很容易计算两个大素数相乘，但不能从两个素数的积计算出两个因子。

one-way Hash function **单向散列[哈希]函数** 这是一个公式，用于将一任意长的消息变换成称为消息摘要的数字串。函数的长度决定摘要的长度，而且不需要密钥。

one way interaction **单向交互作用** 一工作站总是向另一工作站发出信息，而另一工作站总是处于接收信息的工作状态。

one-way logical relationship **单向逻辑联系** 层次数据模型中的一种逻辑联系概念。当该模型中只存在于从物理双亲到逻辑双亲的唯一一种存取路径时，则这种逻辑联系称为单向逻辑联系。

one-way message delay **单向消息延迟** 从消息发送时刻至到达目标时所花的时间。

one-way only operation **单向工作** 数据链路的一种工作方式，其中数据的传输总是按事先指定的方向进行，也称"单工"。

one-way transmission **单向传输** 在一条数据线路上，只能以预先规定的方向传送数据的一种数据通信方式。同 simplex transmission。

one-way trunk **单向中继线** 在中央交换机之间进

行通信的一种干线。这里，只能有一个端点是发送端。

one's complement **二进制反码** 一种二进制数表示法。一个二进制数的反码就是将数中所有的数字0都变成数字1，所有的数字1都变成数字0。例如1010的反码为0101。由于二进制反码的各位数字可由1减去该数的对应位而成，所以也称"1的补码"。利用反码可方便加减运算，但实际计算机中使用的是补码。

on-hook **挂机，挂钩** (1)就电话机而论，"挂机"表示电话机与线路断开。在办公自动化(OA)的局部网中，没有使用的电话及办公点(或工作站)是处在"挂机"状态。与"挂机"相反的词，称为"摘机"。(2)多路转接中的某一路断开的动作，如可以表示数据装置自动与公共交换系统断开的状态。(3)指一个功能部件的运行是在计算机的直接控制下进行的。(4)指用户和计算机互相联系的能力。比较offline。

onion diagram **洋葱(形)图** 由同心环组成的一种图形。最内层是核，其他层都以核作参考。

online **联机，在线** (1)指一功能部件的运行是在计算机的直接控制下进行的。(2)指用户和计算机互相联系的能力。(3)一种既受计算机控制，也和它通信的状态。比较off-line。

online access **联机存取** 在同一台计算机上进行联机实时服务和批处理的过程。

online adapter **联机适配器** 一种使若干台处理机互相连接起来的装置。

online algorithm **联机算法** 在某一个时刻只能处理一个数据且在下一个数据准备完毕之前就已完成对当前数据处理的算法。无上述限制的算法称为脱机算法。

online analog input **联机模拟输入** 在线设备接收模拟量输入，转化为数字信号，并实时传送给主机。这是实时数据采集的主要手段之一。

online analog output **联机模拟输出** 实时控制系统中，主机向在线外围设备输出数据，并即刻转化为相应的模拟量输出，以产生必要的控制作用。

online analytical processing (OLAP) **联机分析处理** 1993年，由E. F. Codd提出的一个术语，指企业决策人员和高层管理人员，以数据仓库为基础，使用经过综合提炼的历史数据，进行动态数据分析，为企业提出决策意见的过程。基于联机分析处理的决策支持系统，较之对支持联机事务处理(OLTP)的数据库分析，OLAP描述的是一种多维数据库技术，使用来自多个资源的数据进行数据的成批更新，这种技术的设计目的是针对特定问题的实时数据访问和分析，具有显著的高效率和准确性。比较online task processing。

online backup **联机备份** 复制刚建立的文件的全部或者一部分。这样，当丢失或者破坏文件的事件发生时，能够重新建立它。

online banking system **联机银行业务系统** 由设在各地分行或储蓄所的终端装备和设在总行的中央计算机通过数据通信系统连接起来处理银行业务的计算机系统。在这种系统中，各分行或储蓄所所处理的业务事件，可对中央计算机数据库中的主文件进行补充和更新。中央计算机可以及时而准确地掌握每天的业务情况。

online batch processing **联机批处理** 一个或多个实时程序和一批处理程序间实现计算机资源共享的过程。

online batch processing system **联机批处理系统** 一种借助通信线路将数据源和中心计算机直接连接起来并成批处理数据的系统。数据源一旦产生数据，立即通过通信线路和外部设备输入到中心计算机中去，并存储在外存储器中，当数据积累到一定数量或到达一定时间后再进行处理。

online central file **联机中央文件** 一种联机存储装置中的数据文件，包含中央信息文件索引和所有的主要应用文件。其中，对索引和应用文件的访问，按照交叉存取方法进行；对于联机中央文件内的任何记录，可以在主机的控制下，随时进行直接查询，同时也可经常更新文件。

online command language **联机命令语言** 一种控制联机作业运行的语言。其结构与脱机命令语言相仿，该命令包括：系统访问命令、文件管理命令、编译与执行命令、操作员专用命令、操作方式转换命令、资源申请命令以及编辑命令。该命令写在说明书上，亦可用来运行脱机作业。联机命令语言目前尚没有统一的格式。

online communication **联机通信** 用通信线路将远程终端装置与中央计算机连接起来进行数据通信的通信方式。其工作内容有联机交互作用，远程作业提交和文件传送等。

online community **在线社区** (1)因特网上的有关用户的集合。(2)在网上设立政治性论坛、讨论地方政府或公众关心的问题的一个社区。(3)某个特定的新闻组、邮递名单、MUD(多用户对话)、BBS(电子公告牌系统)、在线论坛或在线社区的成员。

online computer **联机计算机** 监视或控制一种过程或操作的计算机或设备。即一联机计算机可监视或控制另一计算机完成的过程或操作。

online computer library catalog (OCLC) **联机计算机图书编目** 一个向图书馆、教育机构和用户提供计算机的组织。OCLC连接世界各地成千上万个图书馆。各图书馆使用OCLC系统进行编目，图书馆之间的租借，文献查证和搜索等。

online computer library center (OCLC) **联机计算机图书馆中心** 创建于1967年的一个非赢利的成员组织，总部在美国俄亥俄州都伯林。OCLC是世界上最大的提供文献信息服务的机构之一。该中心的联机检索服务 FirstSearch 自 1991 年推出以来深受用户欢迎。从 1999 年开始，国家教委 CALIS 工程中心以年订购的方式购买了 OCLC FirstSearch 基础组的 13 个数据库的年使用权，为全国超过 150 家的高校图书馆信息共享提供了在线服务。参见 China Academic Library & Information System (CALIS)。

online computer system **联机计算机系统** 输入数据可直接从信息源进入计算机和/或输出数据可直接传递给情报用户的电子数据处理系统。

online crypto-operation **联机加密操作** 使用直接与信号线相连的加密设备，使加密与传送、接收与解密成为单向连续的过程。

online database **联机数据库** 有关某一题目或某些题目的资料、文摘或文献的大量连续的更新文件。所设计的联机数据库要用到主题、关键字、关键短语或作用，用户能迅速查找、定位、分析和打印数据。

online data processing **联机数据处理** (1)外部设备与中央处理机相连，并在中央处理机直接控制下的一种数据处理方式。(2)一种与实时控制系统直接相连的数据处理方式。(3)一种通过终端直接访问中央处理机，如键入命令、指令、数据等，中央处理机立即处理，并迅速反馈结果或信息的处理方式，这种过程常是交互式的。参见 online processing。

online data reduction **联机数据整理[简化]** 一种信息处理方法。其处理速度与计算系统接收数据的速度一样快或与信息源生成信息的速度一样快。

online debugging **联机调试** 与联机处理程序一起分时执行调试程序的过程。执行联机调试时，必须检出并消除被调试的程序干预处理程序的任何可能性。

online definite subject retrieval **联机定题检索** 用户的检索课题在一定时期内不变，联机存入国际联机检索系统的计算机构，以后用户可以定期收到与课题有关的最新文献信息。

online diagnostics **联机诊断** 在系统处于联机状态下，运行诊断程序的过程。为了节省时间，诊断应在系统空闲时进行，并在改正错误时不致引起停机。

online direct control **联机直接控制** 一种控制方式，即在没有人工干预的条件下使控制设备与被控制设备直接连接，从而实现控制功能的工作方式。如果必须对被控设备进行人工干预，就不能称为联机直接控制。

online editing **联机编辑** 通过终端存取，将存储在计算机中的信息进行处理。

online equipment **联机设备** 中央处理机直接控制下的输入输出设备。

online file **联机文件** 一种供中央计算机终端用户使用的大型数据文件。

online game **联机游戏，在线游戏，网络游戏** 简称"网游"，以互联网为传输媒介，以游戏运营商服务器和用户计算机为处理终端，以游戏客户端软件为信息交互窗口的旨在实现娱乐、休闲、交流和取得虚拟成就的具有可持续性的个体性多人在线游戏。

online help **联机[在线]帮助** 许多应用软件提供的一项功能。在软件运行过程中，按下软件规定的求助键(如 Ctrl+H)，或者点击屏幕视窗内的"帮助"选项，即可在屏幕上出现一个介绍如何进行操作的菜单。用户可选择阅读对自己学习操作有帮助的内容，阅读后返回软件原来的执行位置，而不必退出软件。有的软件具有上下文联系功能，在遇到"帮助"时，能自动转到介绍当前如何操作的内容上，使操作进一步得到简化。

online information **联机信息** 在计算机系统中存放的一种信息，不需要获得任何硬拷贝能够按交互方式将其显示、使用和修改。

online information retrieval **联机情报检索** 情报用户使用终端设备通过通信线路与中央计算机连接，直接与计算机对话，并从情报检索系统的数据库中检索出所需要的情报。用户只要在终端上，便可随意阅览和检索设在千里之外，存有数百万乃至数千万篇文献的数据库。

online information service **在线信息服务** 一种收费的服务，使用户可以通过拨号方式、专用的通信链路或因特网来访问网上的数据库、档案文件、会议组、聊天组和其他形式的信息。大多数在线信息服务还允许用户将他们自己的服务接入因特网。

online input **联机输入** 在中央控制装置的控制下，使输入装置向中央控制器传送数据的过程。

online inquiry and transaction processing **联机询问和事务处理** 计算机的处理模式，即利用计算机迅速访问、更新数据库或插入新的数据。参见 processing mode。

online insertion and removal (OIR) **联机插入与去除** 在不关掉系统电源，也不输入命令的情况下允许增加、替换或去除接口卡的功能。

online interactive system **联机交互系统** 可以进行人机对话的联机系统。

online job control **联机作业控制** 一种作业控制方式。在作业运行过程中，用户通过终端或控制台打入命令来直接控制作业的运行。

online journal **联机杂志** 参见 electronic journal。

online marketing **联机营销，在线营销** 以互联网络为基础的市场营销方式。同 network marketing。

online mode **联机方式** 中央处理装置与所有在计算机操纵下工作的设备直接连接的工作方式。

online operation **联机操作** 参见 online processing。

online processing 联机处理 (1)外部设备、终端与中央处理机直接连接,并在其控制下进行数据处理的过程。(2)与实时控制系统直接连接而实现的数据处理过程。

online process optimization 联机处理优化 确保运行条件或条件组合,使计算机处理处于最佳状态。采用联机处理优化,类似于计算机调节一个或多个处理条件,补偿非控制的变化,以使运行维持在最优水平。

O

online program development 联机程序开发 利用交互终端进行程序开发。参见 online programming。

online programming 联机程序设计 利用交互终端和语言加工程序进行程序开发。在开发程序时,对输入的语句进行检查、输出适当的错误信息和其他辅助信息。它通常是利用计算机的本地终端进行多路存取操作。这种技术经常用于微型计算机。此时,程序语句是直接通过键盘输入的。在有些情况下是边输入边进行错误检查。根据需要,程序可以在存储到后备存储介质以前,在终端屏幕上进行编辑。在分时系统中,这种程序设计方法也能通过远程终端进行。

online public access catalog (OPAC) 公共联机书目查询(系统) 这是利用计算机终端来查询基于图书馆局域网内的馆藏数据资源的一种现代化检索方式,通过联机查找为读者提供馆藏文献的线索。另外,OPAC 检索系统除了能够满足馆藏书刊查询,还可以实现预约服务、读者借阅情况查询、发布图书馆公告、读者留言等一系列功能。

online real-time control 联机实时控制 控制对象直接与计算机连接,并能立刻接受处理要求的控制系统。

online real-time operation 联机实时操作 直接从实时系统获取数据,并进行处理和送回处理结果的过程。

online real-time processing 联机实时处理 在计算机控制系统中,把现场当时产生的信息通过通信回路直接输入计算机进行实时处理,并迅速地把计算机处理的结果再回送到现场。

online real-time system 联机实时系统 利用通信线路把数据源和中央计算机连接起来,在数据产生的同时直接把数据传送给中央计算机进行处理,并即时作出回答,这样的系统称为联机实时系统。

online retailer 联机情报商 也称"联机检索系统经营者"。指利用自己的计算机系统为用户提供数据库检索服务的企业或经营者。

online retrieval 联机检索 从输入提问到输出检索结果,用户总是可借助于终端(通常是电话机、电传打字机、显示屏等)同计算机以会话方式进行情报检索。联机检索通常是提问与回答的检索系统,即Q-A 检索。

online retrieval with message switch 联机报文转接检索 自动报文转接环境下的一种检索方式。在这种方式下,用户有检索报文的转接能力。检索时,用户通过终端输入一命令语言来请求系统。可供检索的内容有输入输出序列数或输入输出时间。

online searching 联机检索 在具备利用计算机或计算机网络能直接联机访问数据库的条件下,使用以计算机为基础的信息检索系统的能力。

online service provider (OSP) 在线服务提供商 只向其客户提供客户所需信息内容的公司。参见 application service provider (ASP)。

online services company 联机服务公司 一般指为经过终端与主机相连的最终用户提供计算机服务的公司。

online simulator 联机仿真程序 也称"联机模拟程序"。令主计算机以实时方式执行微型计算机的机器码程序。参见 emulator。

online software package 联机软件包 联机服务公司提供的软件服务。最终用户通常通过远程通信输入待处理的数据,然后利用联机服务公司提供的软件进行处理。

online state 联机状态 调制解调器正在和另一调制解调器进行通信的状态。参见 command state。

online storage 联机存储器 一种在中央处理机控制之下的存储器。它的数据能直接由计算机进行存取和处理。与计算机联机工作的磁带、磁盘存储器是典型的联机存储器,而在任何时刻都能随机存取的主存储器,一般不视为联机存储器,因为它不存在联机、脱机问题。比较 off-line storage。

on-line store 在线存储 在线存储是指将数据存放在高速的磁盘系统(如闪存存储介质、FC(光纤通道)磁盘或 SCSI 磁盘阵列)等存储设备上。在线存储是工作级的存储,其最大特征是存储设备和所存储的数据时刻保持"在线"状态,可以随时读取和修改,以满足前端应用服务器或数据库对数据访问的速度要求。参见 off-line store, near-line store。

online storefront 在线铺面[商店] 因特网上的一种商店,提供各种商品供出售,并且可在线处理金融交易。

online system 联机系统 (1)一种数据处理系统,输入数据可直接从数据源输入数据到计算机中去,而输出数据可直接传送到要使用该数据的地方。(2)在电报使用中,一种可以直接传输来的报文的系统。参见 line loop。比较 offline system。(3)与控制设备、网络等系统连接的计算机系统,系统信息一有变化就能马上反映出。

online task processing (OLTP) 联机事务处理 同 online transaction processing。

online terminal 联机终端 在功能上直接与计算机

系统相连的终端。这类终端用于实时处理、查询及开发应用。也称“交互式终端”。参见 interactive terminal。

online terminal testing (OLTT) 联机终端测试 一种辅助诊断手段。终端或控制台可以借助它请求几种测试中的任意一种来对其本身或其他的终端或控制台进行测试。

online test executive program (OLTEP) 联机测试执行程序 (1)联机测试系统中提供调度与控制,以及与操作员通信的程序。这种程序是用于输入输出设备和控制装置的测试程序的一部分。(2)IBM的一种控制联机测试的程序,可用于设备的预防性的维护和诊断故障。通常,仅 IBM 维护人员使用这种程序。

online test facilities 联机测试设备 与中央处理机相连的测试设备。能执行错误校正过程、收集通信数据和错误数据。

online testing 联机测试 (1)执行用户程序的同时对联机的输入输出设备进行的测试过程。(2)在执行用户程序的同时,对远程终端或数据站所进行的一种测试。亦即,在终端仍然和处理机相连的情况下进行的测试。这种联机测试对于用户的正常操作影响很小。

online test routine 联机测试例行程序 在联机系统中,一种用来测试系统是否正常的例行程序。

online test system (OLTS) 联机测试系统 一种允许用户在执行程序的同时测试各种输入/输出设备的系统。可以运行测试程序来诊断输入/输出错误,验证设备的恢复和工作上的改变,或者定期地检查输入/输出设备。参见 online test executive program。

online thesaurus 联机词典 为用户所选择的字提供解释和同义词的软件。

online transaction processing (OLTP) 联机事务处理 OLTP 指由用户驱动的事务处理。用户通过连接主计算机系统的终端设备提出事务处理的请求,系统接收到用户的请求后,即为其提供服务,对相应的系统资源进行操作,然后把服务结果返回给终端用户。当计算机系统连接多个用户终端时,每个用户都可随机、并行地进行各自的事务处理。OLTP 系统对系统资源(如数据库)的存取是并行多线的,其应用响应时间短。

online transaction processing system 联机事务处理系统 一种以事务元作为数据处理的单位、人机交互的计算机应用系统。它能对数据进行即时更新或其他操作,系统内的数据总是保持在最新状态。用户可将一组保持数据一致性的操作序列指定为一个事务元,通过终端、个人计算机或其他设备输入事务元,经系统处理后返回结果。应用于飞机订票、银行出纳、股票交易、超市销售、饭店前后台管理等。

online tutorial text 联机指导文件[文本] 当联机用户在联机操作的过程中需要请求帮助时所使用的一种文本[文件]。

online UPS 在线式 UPS 在电网供电波动或中断的情况下,能为机器提供连续稳定的交流电源的 UPS(不间断电源)。电网正常时,电网电源经整流后的输出,一方面为电池充电,另一方面送到逆变器,经逆变后为机器提供净化了的交流电源。电网中断时电池经开关切换到逆变器上,直流电经逆变产生交流输出,使机器保持稳定的电源供给。这种 UPS 的优点是在任何时候都能改善电网质量,而且在断电时立即实现逆变供电,几乎没有中断时间,但电路结构比离线式 UPS 复杂。比较 off-line UPS。

onload dump 恢复转储文件 磁带上的转储文件重新存回到库(即磁盘空间)中的过程。比较 offload dump。建议使用 reload dump。

on-load factor 负载因数 电器的有载时间与工作周期之比(工作周期是每一次操作中的有载时间与无载时间之和)。常用百分数表示。

on-load operation 有载运行 器件或电路输出功率的运行。

only field 单一字段 在 AS/400 系统中,指只能包含双字节字符的字段。参见 field, open field。

only-in-chain (OIC) 链中唯一单元 在 SNA(系统网络体系结构)中,某个特定的正常或加快的数据链中唯一的一个请求应答单元。参见 RU chain。

ONN 开放网络节点 open network node 的缩写。

on now 即开 (1)简单交互计算机(SIPC)的一个特点。计算机设备接通电源后,马上进入工作状态。而不必像普通计算机那样,经过一段加电自检和操作系统载入的等待时间。为此,需要采用特殊的电源管理方式,使计算机系统始终加电,不用时处于耗电极少的抑制状态,但能对外部激励信息随时保持响应。一旦收到某个激励信号时立即进入工作状态。(2)由微软公司所提出的电源与系统管理架构,目的是要使计算机能够像家电般的随开即用,并为此定义了六种系统用电状态:①S0:全开;②S1:处理器(CPU)暂停,能够立即回复运行;③S2:处理器停止用电;④S3:电力供应器进入省电模式;⑤S4:关机,将存储器内容存入硬盘,下次开机时回复至关机前状态;⑥S5:完全关机。

ONNS 光网络导航系统 optical network navigation system 的缩写。

on-off control 开-关控制 一种简单的开-关控制,受控装置只有两个状态:完全接通或完全断开,没有其他工作状态。

on-off keying (OOK) 通断键控 是 ASK(幅移键控)调制的一个特例,又名二进制幅移键控(2ASK)。,它是以单极性不归零码序列来控制正弦

O

载波的开启与关闭。由于 OOK 的抗噪声性能不如其他调制方式，所以该调制方式在卫星通信、数字微波通信中没有被采用，但是由于该调制方式的实现简单，在光纤通信系统中却获得广泛应用。参见 amplitude shift keying（ASK）。

onomasion　专用名词表　一种含有专用名词的词汇表。例如题目表、化合物表等。

on-premise standby equipment　应急备份设备　一种正在运行的设备的备份设备。一旦运行设备发生故障，可以立即用它来替代发生故障的设备执行任务。

on screen display (OSD)　屏幕显示系统　也称屏幕视控系统。用来调整屏幕。早期的屏幕要调整设定，必须使用屏幕下方的旋转钮，可调整的功能较少。但是随着技术的进步，厂商发展出一项新的 OSD 功能，可在屏幕上显示屏幕的相关设定，操作的功能也比较多。

on-screen display (OSD)　在屏显示，屏幕菜单　OSD 技术就是在图像上叠加文字，使显示屏幕为用户提供更多的附加信息。例如，在调节显示器的各种参数时把状态信息在屏幕上显示出来。

on-screen editing　屏幕编辑　通过键盘，对显示器屏幕上的字符进行的编辑过程。所完成的编辑功能都是在编辑程序的控制下实现的，其中包括：插入或删去字符或字符行，移动字符或字行串等。屏幕编辑是用计算机进行事务处理中的一项很重要的工作。

on-screen keyboard　屏幕键盘　在计算机屏幕上显示的一种虚拟键盘，可通过鼠标、触摸屏、轨迹球、操纵杆、交换器或者电子定位设备选择屏幕键盘中的相应键实现操作计算机的目的。

on-state characteristic　通态特性　表示通态主电压(峰值)与主电流(峰值)的函数关系曲线。

on-state current　通态电流　晶闸管处于通态时的主电流。

on-state power loss　通态损耗功率　通态电流产生的损耗功率

on-state slope resistance　通态斜率电阻　由通态特性近似直线的斜率确定的电阻值。

on-state threshold voltage　通态门槛[阈值]电压　由通态特性近似直线与电压轴的交点确定的通态电压值。

on-state voltage　通态电压　晶闸管处于通态时的主电压。

ON-TAP　联机培训和实习数据库　online training and practice 的缩写。

on-the-fly printer　飞行式打印机　击打式打印机的一种，带有字符或机械部分在打印过程中不停止运动。带式打印机和链式打印机等属于此种。其色带在打印中不停止运动。同 hit-on-the-fly printer。

ontological commitment　本体约定　对使用某一本体所定义词汇并与其含义保持一致的承诺。参见 ontology。

ontological engineering　本体工程　知识工程的分支，它研究如何用本体论的原则来构造本体理论。参见 ontology。

ontological theory　本体理论　表达本体知识的逻辑理论，它是一种特殊的知识库，是本体知识所赖以存在的介质，强调的是具体的实体。构造本体的目的是为了实现某种程度的知识共享和重用。本体的分析澄清了领域知识的结构，从而为知识表示打好基础。本体可以重用，从而避免重复的领域知识分析。统一的术语和概念使知识共享成为可能。

ontology　本体(论)，存在论　(1)本体的含义是形成现象的根本实体(常与“现象”相对)。本体是用于描述或表达某一领域知识的一组概念或术语。它可以用来组织知识库较高层次的知识抽象，也可以用来描述特定领域的知识。本体属于人工智能领域中的内容理论，它研究特定领域知识的对象分类、对象属性和对象间的关系，它为领域知识的描述提供术语。(2)本体论原是哲学的分支，研究客观事物存在的本质。它与认识论相对，认识论研究人类知识的本质和来源。也就是说，本体论研究客观存在，认识论研究主观认知。(3)存在论是表示人们对宇宙中存在事物的研究或思考，它从希腊文(onto 和 logia，存在，演说)演变而来，是哲学上的一个分支(涉及第一性原理和物质存在原理)。(4)在信息技术里，本体的含义是形成现象的根本实体(常与“现象”相对)。本体通过对于概念、术语及其相互关系的规范化描述，勾画出某一领域的基本知识体系和描述语言。

ontology-based knowledge management　本体知识管理　可实现语义级知识服务，提高知识利用的深度。本体知识管理还可以支持对隐性知识进行推理，方便异构知识服务之间实现互操作，方便融入领域专家知识及经验知识结构化等。本体知识管理一般要求满足以下基本功能：①支持本体多种表示语言和存储形式，具有本体导航功能；②支持本体的基本操作，如本体学习、本体映射、本体合并等；③提供本体版本管理功能，支持本体的可扩展性和一致性。

ontology description　本体描述　从描述对象的类型来说，本体既可以用来描述简单的事实，又可以用来描述信念、假设、预测等抽象的概念；既可以描述静态的实体，又可以描述与时间推移相关的概念，如事件、活动、过程等。从描述对象的范围来说，本体可以定义通用的、适合所有领域知识表示的术语，如空间、时间、部分等；也可以定义特定领域知识才使用的术语，如故障、病毒等。参见 semantic Web。

ONU **光网络单元** optical network unit 的缩写。

OO **面向对象** object-oriented 的缩写。

OOA **面向对象的分析** object-oriented analysis 的缩写。

OOAD **面向对象的分析和设计** object-oriented analysis and design 的缩写。

OODB **面向对象的数据库** object-oriented database 的缩写。

OODBMS **面向对象数据库管理系统** object-oriented database management system 的缩写。

OODBS **面向对象数据库系统** object-oriented database system 的缩写。

OODBTG **面向对象数据库任务组** object-oriented database task group 的缩写。

OODM **面向对象数据模型** object-oriented data model 的缩写。

OODS **面向对象的分布式仿真** object-oriented distributed simulation 的缩写。

OOF **帧失步** out of frame 的缩写。

OOK **通断键控** on-off keying 的缩写。

OOM (1)面向对象模型 object-oriented model 的缩写。(2)法力耗尽 out of mana 的缩写。

OoO **乱序** out of order 的缩写。

OOOS **面向对象操作系统** object-oriented operating system 的缩写。

OOP **面向对象程序设计** object-oriented programming 的缩写。

OOPL **面向对象程序设计语言** object-oriented programming language 的缩写。

OOPM **面向对象程序设计方法学** object-oriented programming methodology 的缩写。

OORAM **面向对象的需求分析法** object-oriented requirement analysis method 的缩写。

OOT **面向对象技术** object-oriented techniques 的缩写。

OPAC **公共联机书目查询(系统)** online public access catalog 的缩写。

opacity **不透明度** 计算机图像处理过程中控制图像粘贴的一种方法。当用户企图将两幅图像重叠粘贴在一起时,可规定上层图像的不透明程度。通常以百分比为单位,1 为完全不透明,即重叠区域内的下层图像完全被上层图像所覆盖;百分比越小,透明度越高,重叠区域内的下层图像看得越清楚。

opacity of knowledge **知识的不透明性** 知识的不可理解性。所表达的知识对专家来说是不可理解的,对用户是不可解释的。

opaque screen **不透明屏幕** 一种不透明材料制成的阅读屏幕,图像就投影在它上面。

OPC **光相位共轭** optical phase conjugation 的缩写。

OPCE **操作员控制单元** operator control element 的缩写。

opcode **操作码** operating code 的缩写。

opcode microcoding **操作码微编码** 为了扩展指令集的需要,很多工程师都用微编码作为运算码的替用。微编码解码器的核心是一个 ROM(只读存储器)芯片,以机器指令作为输入,ROM 的输出即为微指令码。只要将 ROM 重新编程,就可以更换一个新的指令集。这种方法在小型与大型机上已成为设计指令系统的标准做法。但是,对于微处理来说,微编码解码器集成在微处理器芯片上,指令系统越复杂,占用芯片面积越大,而且微码一旦形成便不可更改。

O

open access (OA) **开放存取** 按照布达佩斯开放存取先导计划(Budapest Open Access Initiative)中的定义,是指某文献在因特网领域里可以被免费获取,允许任何用户阅读、下载、拷贝、传递、打印、检索、超级链接该文献,并为之建立索引,用作软件的输入数据或其他任何合法用途。用户在使用该文献时不受财力、法律或技术的限制,而只需在存取时保持文献的完整性,对其复制和传递的唯一限制,或者说版权的唯一作用应是使作者有权控制其作品的完整性及作品被准确接受和引用。

open addressing **开地址法,开型寻址** 一种解决存储器溢出的寻址方式。一种完全不用链接的溢出处理技术。当发现原桶(关键码转换成地址,由该地址标识的桶称为原桶)被占满时,溢出的记录便被存入向下第一个具有空存储片的桶内,如果直到存储区末尾仍未找到一个具有空存储片的桶时,便转到存储区的开头去查找,直到它的原桶之前。这种方法的缺点是极易造成堆积。

open applications architecture (OAA) **开放应用体系结构** 从应用角度出发,为使用人员和开发人员提供一个以开放系统互连(OSI)标准为基础,吸收当今数据通信和数据处理主要成果、产品和标准、但独立于具体厂家的开放式体系结构模型和分布式工作环境。其建造原则是:①以 OSI 模型为元模型;②以 OSI 标准为基础;③支持"操作"与"开发维护"两种工作环境;④每种工作环境划分为硬件、系统软件和应用软件三档。OAA 开放应用体系结构由 OAA 操作环境(OAA)/OE)和 OAA 开发维护环境(OAA/DME)两大部分组成。

open applications interface (OAI) **开放应用程序接口** 计算机对电话系统的接口,可让计算机控制和设置专用小型交换机与自动呼叫分配器的运行。

open architecture **开放式系统结构,开放结构** 一种完全独立于厂家之外的,具有公开技术规范的计算机或外围设备。使第三者能够为这种计算机或外设开发扩充硬件。参见 closed architecture。

O

open archival information system (OAIS) 开放档案信息系统 数字化档案管理信息系统建设的标准参考模型。该模型最先在美国国家航空和航天管理局(NASA)应用,2002年由美国空间数据系统咨询委员会(CCSDS)为国际标准化组织(ISO)提供,成为制订数字化档案管理的国际标准草案。OAIS的目的是为档案资源信息的长期保存、维护和存取利用提供一个数字化系统建设的基本概念框架。该框架不仅阐述了数字档案系统建设的科学理念,而且提出了将档案数字对象与其关联的元数据一起管理的正确途径,具体描绘了一个实现数据长期保存的有效方法,它覆盖了档案文件运动的生命周期全过程。

open base station architecture initiative (OBSAI) 开放式基站架构 无线设备制造商(成员为诺基亚、中兴、LGE、三星等)针对收发基地站收发信机(BTS)的配置和互连,从一组通用模块中开发了一组规范。OBSAI规范建立了开放式内部接口规范和模块规范,覆盖传送、控制、基带和无线领域。

open box 已知框 软件中用来表示用户可以理解的软件结构和软件方法所用的一个术语。这个术语有时也用于关键和判定程序(如在医疗诊断中)。仅当获得这些程序的方法为已知时,才能信赖其结果。

open buying on the internet (OBI) 互联网公开交易 利用互联网开展B2B(企业到企业)商务而提议的标准,特别适于大批量、每项成本都很低的交易。OBI使用可扩展的标记语言(XML)数据格式和数字证书等技术,保证订单的订制和填写过程的安全性。

open card framework (OCF) 开放式卡框架 1998年OpenCard协会颁布的一种智能卡规范,用在ATM(自动出纳机)、机顶盒和其他商业机上。OCF旨在使应用开发商和服务供应商能够于任何OpenCard兼容的环境时建立智能卡解决方案。该标准完全支持Java接口。

open circuit (OC) 断开电路,开路 (1)供电流通过的连续通道被断开的电路。(2)传输媒介上一段断开的线路,它阻碍了网络的通信。比较 closed circuit。

open-circuit intermediate voltage of capacitor divider 电容分压器的开路中间电压 当分压器的中间电压电容器上未接入并联阻抗时的中间电压。

open-circuit operation 开路运行 输出电流为零的空载运行。比较 short-circuit operation。

open code 开[型]代码 在汇编程序设计中源模块的一部分,这部分可以放置在规定的任意源宏定义的外面或之后。

open collector (OC) 集电极开路 俗称"OC门",是一种集成电路的输出装置。由于OC门电路的输出管的集电极悬空,使用时需外接一个上拉电阻到电源。

open database connectivity (ODBC) 开放数据库互连 由微软公司于1991年公布的在SQL(结构化查询语言)和应用界面之间的接口标准。在客户机/服务器结构的系统中,SQL的客户端程序通常以嵌入的方式出现,而不是独立存在。这就是SQL的API(应用程序接口)。标准分为核心、第一级和第二级三种定义,任何形式的数据库文件都可方便地转化成SQL所能接受的形式。开发者使用这种标准的应用程序接口标准可编制访问数据库的程序。该标准允许采用不同技术实现,因而提出了数据库驱动程序的概念。使用ODBC标准,即使各个数据库管理系统用了不同的数据存储格式和编程接口,数据库应用程序也能访问各种不同计算机上各个数据库管理系统存储的数据。

open database management system (ODBMS) 开放数据库管理系统 允许用户按统一建立的标准进行系统互连,以实现按需要增加数据类型、扩充功能的数据库管理系统。

open data center (ODC) 开放数据中心 由开放数据中心联盟(ODCA)推荐的开放数据中心是一种IT设施,通过建立开放且与厂商无关的标准,运用一套标准化的硬件及软件产品使得与其他IT设施互相作用实现有效的云计算。

Open Data Center Alliance (ODCA) 开放数据中心联盟 2010年10月,由英特尔协调发起,行业用户代表组成的ODCA宣告成立,力图推动数据中心和云计算的开放化和标准化,目标是致力于实现用户需求的一个标准化模板,以及培养一个开放式的行业的生态系统。

open data-link interface (ODI) 开放数据链路接口 Novell公司于1989年为网络接口卡提供的标准化接口规范,它允许多个网络接口卡设备驱动器程序和协议共享单个网络的接口卡而不发生冲突。ODI规定从协议栈分离设备驱动程序的接口,并且使多个协议栈共享相同的硬设备。其组成部分包括:①多层接口驱动程序(MLID)用来管理往返于网络的信息包的发送和接收;②链路支持层(LSL)是设备驱动程序和协议栈之间的接口层;③介质支持模块(MSM)用来管理MLID的ODI与LSL及操作系统联系的详细情况;④专用拓扑结构模块(TSM)用来管理对那些特殊介质类型(如以太或令牌网)的专用操作;⑤专用硬件模块(HSM)专用于某些特别的网络接口卡,它可控制适配器的初始化、复位、关闭、报文接收、超时检测以及多道寻址。

open data-link interface/network driver interface specification support (ODINSUP) 开放数据链路接口/网络驱动接口规范的支持 又可缩写成ODI/NDIS support。一种网络接口,用它可以使Microsoft的NDIS(网络驱动接口规范)和Novell的ODI(开放数据链路接口)同时使用,即允许DOS

(磁盘操作系统)工作站或 Windows 工作站通过同一块网络接口卡连接到不同类型的网络上,并且使用效果与一个网络相同。ODINSUP 还可以让 NDIS 协议通过 ODI 的链路支持层(LSL)及多链路接口驱动程序(MLID)进行通信,以便使得 ODI 和 NDIS 协议共存于使用单个 ODI 的 MLID 的同一个系统中。参见 network driver interface specification (NDIS), open data-link interface (ODI), multilink interface driver (MLID), link support layer (LSL)。

open data path (ODP) **开放数据通路** 在某些计算机系统中,一种执行一个文件所有的输入/输出操作的通路。

open data server (ODS) **开放数据服务** 由微软公司提出的开放数据服务程序作为服务器方开发平台,它提供了基于服务器的应用程序设计接口。

open dialogue **开放对话系统** 美国 Apollo 公司设计的用户接口管理系统。

open directory project (ODP) **开放目录项目** 一个人工编辑的全球网站目录,因与 Mozilla 浏览器结合在一起,也称"摩斯拉目录"(DMOZ)。ODP 的目的是罗列和分类站点,它的每个条目在收录进目录之前都会经过仔细的审查,但并不宣传或划分网站等级。ODP 是一个开源项目。任何人,只要接受 ODP 政策和许可协议,就可以免费提交、下载和使用 ODP 数据。

open directory service interface (ODSI) **开放目录服务接口** 微软公司的一个编程接口,用于访问网络的换名服务程序和目录服务程序。

open disk drive **开放式磁盘机** 盘片和磁头部件所在空间与外界有空气通路的磁盘机。为了保持磁盘内空气高度洁净,进入磁盘机的空气必须经过高效过滤器过滤。

OpenDoc **开放式文档部件技术,OpenDoc 接口** (1)基于部件软件的思想,用独立的、可重复使用的程序代码模块编制的软件。它是由从发起公司中选出的技术组成的集合体,让软件部件共享信息。通过在部件之间提供连接,使编制和交换复合文档、定制应用程序或生成新的协同计算工具变得容易,OpenDoc 有五个基本构件:系统对象模型 SOM、开放文编系统结构、OpenDoc 文档层服务、OpenDoc 部件层服务和对象的开放连接和嵌入。参见 SOM,OSA。(2)一种面向对象的应用程序接口(API),可以使几个平台上的多个独立的程序在一个单独的文档(复合文档)内共同工作。OpenDoc 允许图像、声音、视频、其他文档和其他文件被嵌入或链接到文档中。OpenDoc 受到包括 Apple, IBM,对象管理组(OMG),X Consortium 在内的一个联合体的支持。比较 ActiveX, object linking and embedding (OLE)。

open document architecture (ODA) **开放文档体系结构** 一个超媒体标准,在文档系统的基础上增加多媒体和超文本特征。ODA 是国际标准化组织(ISO)为系统间交换那些包括有各种信息的文档而制定的标准,以便接收者能象创建该文本时一样查询这些文本,并在必要时修改。前提是发送和接收两个系统都要遵从 ODA 标准。ODA 常用于通过 X.400 邮件系统交换文本或使用文件传送存取与管理(FTAM)时。参见 file transfer access and management (FTAM)。

open document format (ODF) **开放文档格式** ODF 是一个基于 XML(可扩展标记语言)的开源纯文本格式,用来存储和转换文本、电子数据表格、图表以及陈述文件。ODF 格式最大的优势在于其开放性和可继承性,具有跨平台跨时间性,并在 2006 年上半年已经通过 ISO 批准,正式成为国际标准。

open document management API (ODMA) **开放文档管理应用编程接口** ODMA 是一项工业标准,它定义了桌面应用是如何与文档管理存储资源进行交互式操作,允许客户端程序与服务器上的文档管理系统进行通信。

open drain (OD) **漏极开路** 俗称"OD 门",漏极开路是驱动电路的输出三极管的集电极开路,可以通过外接的上拉电阻提高驱动能力。

open EDI **开放式 EDI 系统** 主要指各种 EDI(电子数据交换)系统之间的互操作性,要求使用公共的、标准化的、以跨时域和商域信息技术系统和数据类型的互操作性为目标的各参与方的电子数据交换。参见 electronic data interchange (EDI)。

open embedded system **开放式嵌入系统** 以工业界标准的开放式系统为基础而开发出来的嵌入式系统。与以往在专用操作系统下,针对特定的硬件体系结构,利用专门的指令系统开发出来的嵌入式系统相比,开放式嵌入系统的开发周期有可能缩短,易于跟其他系统集成,并且能降低成本。

open ended **可扩充的** 程序或系统可扩充的特性。如某一程序或系统可以在不改变其原有结构的条件下加入新的项目,则称该程序或系统是可扩充的。

open Euler trail **欧拉路** 参见 Eulerian path。

open file **打开的文件** 可以进行读写的文件。程序在使用文件内容前必须先打开文件,使用完文件之后必须关闭文件。

open financial connectivity (OFC) **开放金融连接标准** 微软为电子银行服务与微软公司的个人财务软件之间的接口而制定的规范。

open graphics library language **Open GL 语言** 由 SGI 公司开发的一种三维图形语言,是一个多平台的软件接口。许多开发商把它作为一个事实上的标准。Open GL 由几百个例程组成,可绘制各种二维和三维图形,支持基本的图形技术(如建模和加底纹)和高级的图形技术(如纹理映射)。Open

O

GL 可作为对操作系统或视窗系统的扩充，并且得到大多数使用 UNIX 工作站以及 Windows 和 X Windows 的支持。大多数高档的三维加速处理器都支持 Open GL。

Open Grid Forum (OGF)　开放网格论坛　2006 年由全球网格论坛(GGF)和企业网格联盟(EGA)合并成立的新组织。组织的目的是加速网格技术在商业和科学领域的应用，开发开放的网格技术标准，推动关于网格的发明和创造。

open grid service architecture (OGSA)　开放网格业务体系结构　由全球网格论坛(GGF)提出的业务体系结构，研究对象是不同形态相互连接的实体，采用开放网格技术实现端到端的业务能力集成和应用集成，是关于业务能力管理的重要进展。

open group　开放组　由来自工业界、政府部门和学术界的计算机硬件和软件厂商以及用户组成的一个组织，致力于推广开放标准。该组织成立于 1996 年，是由开放软件基金会(OSF)和 X/Open Company Limited 合并而成的。前者负责研究、开放和源代码的执照，后者负责认证和注册。

opening operation　断开操作　使电器由闭合位置转变到断开位置的操作。

open inventor　开放创作器　用于开放交互式的三维图形应用程序的一种面向对象的一套工具。它也为在应用程序之间交换三维数据定义标准的文件格式。它是 VRML1.0 标准的基础。

open Java VM interface (OJI)　开放 Java 虚拟机接口　一种编程接口，允许使用第三方的 Java VM(虚拟机)程序替代浏览器中默认的 Java VM。

open loop　开环　数据流无定向的控制系统，数据仅从控制部件传送到其他部分，而不从那些部分返回控制部件。由于没有反馈信号，这种系统没有自动修正误差的功能。

open-loop control　开环控制　直接发出控制信号而不需要回收检测反馈信息的控制。

open loop control system　开环控制系统　系统的输出量对系统的控制没有影响的控制系统。开环控制系统不对输出进行检测和反馈，是一种输出与输入之间没有形成反馈环路的控制系统。比较 close loop control system。

open loop gain　开环增益　(1)在闭环控制系统中，诸如反馈放大器，运算放大器等，当反馈环路断开时，输出端电压和输入端电压的比值。同 open loop voltage gain。(2)不带反馈网络的状态下，在输入功率相等的条件时，实际天线与理想的辐射单元在空间同一点处所产生的信号的功率密度之比。

open loop robot　开环机器人　没有反馈控制的机器人。这种机器人没有实际输出与指定位置或指定速度输入相比较的手段。参见 open loop。

open loop system　开环控制系统　计算机不直接进行过程控制，而仅向操作员显示或打印信息，以帮助确定采取何种动作，这种系统称为开环控制系统。也称“无反馈系统”，在执行一个决策的周期中，不收集外部信息和不根据信息情况改变决策的系统。

open loop voltage gain　开环电压增益　同 open loop gain。

OpenMail　OpenMail 电子邮件系统　HP 公司的电子邮件系统，运行在 UNIX 服务器上。它遵循 X.400 消息传送和 X.500 目录标准。它能提供邮件的存储转发、邮箱管理、目录服务和客户端软件接口等电子邮件系统的最基本的功能。

open media framework interchange (OMFI)　开放媒体架构互换　由 Avid 技术公司开发的跨平台多媒体文件格式，可满足在不同计算机平台上进行即插即用互操作的用户需求。OMFI 最初于 1993 年问世。它包括三个部分：数字媒体数据，如视频、音频与图形；数据变化的描述，如声音与图像是否同步；源参考信息，用户可对一个文件追根溯源。其他的数据格式只能交换多媒体数据。

open messaging environment (OME)　开放消息传送环境　Novell 公司的一个开放消息传送系统。它是在微软公司的消息传送应用程序编程接口基础上开发的，是 Novell 公司的消息处理系统和 WordPerfect Office 消息传送系统的超集。

Open Mobile Alliance (OMA)　开放移动联盟　移动业务领域的标准化组织，研究的目标是实现移动业务在不同终端设备上的一致性以及不同设备的互通。OMA 成立于 2002 年 6 月，是由 WAP 论坛和开放移动体系结构两个标准化组织合并而成。

open mode　打开方式[状态]　(1)打开计算机系统中各种文件的方式，在汇编语言的程序中通常使用 OPEN 宏指令，在高级语言中，则有相应的控制语句；在交互系统中，则用相应的命令。(2)在计算机程序(或过程)中执行打开语句(或命令、宏指令、子命令)之后直到相应的关闭语句执行之前的这段时间内，计算机系统中文件所处的状态。

open MPEG consortium　开放 MPEG 协会　软硬件开发人员为促进 MPEG(活动图像专家组)标准的使用而组成的一个国际组织。

open MPEG-1 (OM1)　开放 MPEG-1(编程接口)　由开放 MPEG(活动图像专家组)协会为交互 MPEG-1 影视开发的编程接口。它提供一套普通命令用于编写使用 MPEG 技术压缩的交互游戏。OM1 是在 Sigma Design 公司 RealMagic MPEG-1 版的基础上开发的，它已成为事实上的标准。

open network architecture (ONA)　开放性网络体系结构　美国联邦通信委员会提出的一项计划，力求使互相竞争的服务者与用户在不受约束的电信网络中平等访问。

open network computing (ONC)　开放网络计算　由 Sun 微系统公司提出的一种分布式应用系统结构。

open network node (ONN)　开放网络节点　APPI(高级对等网络互连)中能为 APPN(高级对等联网)的末端节点(EN)和 LEN(低入口连网)提供路由选择和目录服务的网络节点,是与 APPN 网络节点相当的节点。在网络现场,ONN 使用 TCP/IP(传输控制协议/网际协议)传输功能和路由选择功能。

open node　开型节点　人工智能中使用的一种节点。这种节点在图解搜索过程中可进行扩展。

open operating system　开放式操作系统　允许一般用户存取、修改、更换系统服务的操作系统。

open orders　开型顺序　按序排列的项或过程的特性。这些项或过程是不能列清单或执行的。

open-phase protection　断相保护　依靠多相电路的一相导线中电流的消失而断开被保护设备或依靠多相系统的一相或几相失压来防止将电源施加到被保护设备上的一种保护方式。

open pipe　开放管道　从发送者到接收者之间的一个连续通道,如在线路交换网络或专用线路上形成的通道。在这种通道上传输的数据不分割包装。

open position　断开位置　保证电器主电路中断开的触头之间具有预定电气间隙的位置。

open prepress interface (OPI)　开放印前接口　OPI 是由 Aldus 公司提出的 PostScript 语言注释集合,用于描述图像的位置、大小、剪裁框等信息,它也称"图像自动替换",主要目的是提供一种在组版中使用低分辨率图片而在发排时通过替换打印高分辨率图片的机制。

open profiling standard (OPS)　开放轮廓标准　一个共享数据和确保用户数据秘密的规范。该规范提供一种标准方法,用来标识哪些数据可从用户传送到 Web 站点和如何使用以及哪些数据不能被使用。

open questions　开放问题　有待于解决的问题,对于这种问题的应答者无所约束。

open reel　开卷式磁带　通常指没有盒子保护的半英寸磁带,现在仍然有许多档案保存在这种磁带上。开卷式磁带卷在一个圆形的卷轴上,使用時須把它接到另一个空的卷轴上播放。开卷式磁带容易被人接触而受损坏,所以已被淘汰。

open routine　开型例程　一种可直接插入较大的例程而无需通过链接或调用实现的例程。

open-security environment　开放式安全环境　由可阻止外来恶性逻辑攻击的系统所组成的环境。这些系统主要是通过不给应用开发者和维护者提供引入恶性逻辑的权限或授权,来达到安全的目的。

open shop　开放式计算站　计算机设施的一种经营、运行方式。其中绝大部分解题程序的编制主要由解题者(即产生问题的用户)来完成,而不是由一班专门进行程序设计的专家去实现。如果用户或程序员也充当操作员,那么计算机本身的使用也可称为开放式。比较 closed shop。

open-shop programming　开放式计算站程序设计[编程]　这是一种为程序员调试程序的设施,它允许程序员自己使用计算机,并为程序调试提供灵活性,且不依赖于操作人员的帮助便可完成此作业。参见 closed-shop programming。

open service access (OSA)　开放业务接入　OSA 是为开放业务提供的一种统一的接口,它能在多种网络上运行,而与网络技术无关。

open service environment (OSE)　开放业务环境　移动开放联盟(OMA)的重要研究成果,它提供了一个完整可扩展的、灵活性的网络架构,并定义了 OMA(移动开放联盟)架构的通用原则。参见 open mobile alliance (OMA)。

open service gateway initiative (OSGI)　开放服务网关协议　用来开发和部署模块软件程序和库的 Java 框架。OSGI 是管理智能设备和其他家庭网络设备等硬件平台的 Java 软件框架,其目的是为智能设备创建一个标准化的中间设备,同时也让软件开发和管理更为简单。

open service interface definition (OSID)　开放服务接口定义　一种由开放知识促进会(OKI)发布的程序接口规范。OSID 执行一个面向服务的架构(SOA)来完成应用程序之间的互用性。

open shortest path first (OSPF)　开放最短路径优先(算法)　计算机网络中的一个链路状态路由算法,根据路由器数量、传输速度、延迟和路由成本计算路由。

open shortest path first interior gateway protocol (OSPFIGP)　开放最短路径优先(OSPF)内部网关协议　因特网中的一个协议。作为 RIP(路由信息协议)的替换协议是一个链路状态路由选择协议,用于在单一自治系统(AS)内决策路由。OSPF(开放最短路径优先)通过路由器之间通告网络接口的状态来建立链路状态数据库,生成最短路径树,每个 OSPF 路由器使用这些最短路径构造路由表。参见 routing information protocol (RIP)。

open software foundation (OSF)　开放软件基金会　1988 年 5 月中旬 IBM 公司和 DEC 等六家公司共同设立的一种基金会,用以开发以 UNIX 为基础的统一操作系统。

open source　开放源代码　免费的源程序代码。任何人都可以在其基础上修改再开发,但要公布修改后的源代码。

open source development laboratory (OSDL)　开源发展实验室　由大型 IT 企业支持创建的国际非盈利组织。OSDL 一直致力于推广开源软件在行业中的典型应用。OSDL 的官方站点是 http://www.osdl.org/。

open source initiative (OSI)　开放源码促进会

O

1998 年成立于美国的旨在推动开源软件发展的非赢利软件组织。它指出开放源码并不只是意味着对源码的存取访问，而且还要遵守许多原则。使用人在愿意遵守许可证条款的条件下，就可以得到源程序，并自由地修改或再发布。在许可使用中，开放源码软件是受著作权保护的作品，未经权利人许可不能随意使用，软件作者仅放弃部分权利，如修改权、保护作品完整权以及复制权，除此之外，作者还享有包括署名权在内的其他权能。这说明作者只是有条件地将自己享有的权利作了一些限制，换言之，接受开放源码软件许可证的人只是有条件地获得了某些著作权权能的非排他的使用权，而权利仍归属于原作者。

open source license　开源许可证　计算机软件的版权许可证。开源许可证使源代码可用在允许修改和重分发而不要向原始创建者付费的条件下，这些许可证可能有额外的限制，如需要保留原创者的名字和代码内的版权状态。

open source software (OSS)　开放源代码软件　在开放源代码许可证下发布的软件。简称开源软件。开放源代码软件保障软件用户自由使用及接触源代码的权利，同时也保障用户自行修改、复制以及再开发的权利。简而言之，所有公布软件源代码的程序都可以称为开放源代码软件。严格地说，开源软件与自由软件是两个不同的概念，自由软件是一个比开源软件更严格的概念，因此所有自由软件都是开放源代码的，但不是所有的开源软件都能被称为“自由”。现实上，绝大多数开源软件也都符合自由软件的定义，如遵守 GPL 和 BSD 许可的软件都是开放的并且是自由的。参见 GNU general public license (GPL)。

OpenStack　开放堆栈　在云计算环境中，开放堆栈计算是为创建、管理虚拟专属服务器大型群组的开源平台即服务(PaaS)。开放堆栈旨在支持互操作性并让企业的服务从云供应商转移到其他位置。参见 platform as a service (PaaS)。

open standard　开放标准　描述计算机硬件设备或软件的特性的一套公开的规格说明书。开放标准的颁布是为了鼓励各开放厂商相互协作，从而有助于新技术的普及。

open subprogram　开式子程序　被插入程序流程连续的主程序中的程序代码。若一个开式子程序被调用四次，它将出现在调用程序的四个不同的地方。可以存储在主例行程序之外的子程序称为闭式子程序，且由主例行程序把控制转移给闭式子程序。

open subroutine　开型例行子程序[例程]　一种例行子程序，凡计算机程序中要调用它的地方必须插入它的复制件，当需要时。开型例行子程序可直接插入主程序的指令序列中，而不是在程序的规定部分把控制转移到例行子程序。假如它是一个通用例行子程序并经常重复，那么这种技术就要占用较大存储空间。但是，由于不必在每次需要时重复地转移到例行子程序，处理时间就可以节省。

open supercomputing environment　开放超级计算环境　巨型计算机提供用户方便使用其机器资源的环境。开放型的巨型机采用标准连网协议和接口技术，能把小型机、主机、其他巨型机、PC、终端和工作站连接在一起。有些巨型机还提供众多用户使用的机器的仿真软件，能做到命令级兼容，使得熟悉自己环境的用户不用去学习新的命令、采用原来的工作方式就能方便地进入巨型机的计算机环境，使用巨型机资源。

open system　开放系统　在计算机领域，开放系统表示开源操作系统。开放系统的特点包括源码开放，允许用户阅读源码，加强对操作系统的理解，可以针对自己的需要作出进一步的更改；高度可移植性，允许系统应用于各种环境下；高度可协作性，系统可以同其他系统在功能上进行交互。在其他领域中，开放系统的含义常常是指可以同外部资源进行交互的某种系统。比较 closed system。

open system architecture (OSA)　开放系统体系结构　一种按照功能分层的体系结构来表示的网络模型，每一层都提供了一组功能，凡比它高的层次都可以访问和使用该层的所有操作程序和设施。层与层之间是互相独立的，这主要是由于每层的功能模块和操作实现都可以改变，而不会影响其他层次的功能。

open system environment (OSE)　开放系统环境　OSE 是计算机系统或网络为用户提供的一种体系结构，具有可移植性和互操作性两个突出的特性。在 OSE 中，任何遵守开放系统协议的设备或软件都可以方便地加入，并且能交换信息和扩充系统功能。

open system interconnection (OSI)　开放系统互连　遵循国际标准化组织(ISO)规定的对开放型系统进行相互连接的标准，使用标准的过程与规定从而可以使数据处理系统进行相互连接。OSI 体系结构分为七层，每层表示一组相关的数据处理和通信功能，并能按标准方式执行，以支持不同的应用系统。见下表：

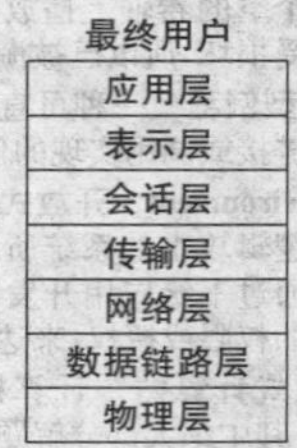

open system interconnection architecture (OSIA)　开

放系统互连体系结构 严格遵守 ISO(国际标准化组织)标准中规定的 OSI(开放系统互连)标准的一种网络体系结构。参见 open system interconnection (OSI)。

open system interconnection (OSI) model 开放系统互连模型 参见 open system interconnection (OSI)。

open system interconnection (OSI) reference model 开放(型)系统互连参考模型 通过开放型系统互连体系结构所描述的一种模型,用以表示计算机网络中七个层次的体系结构的排列。

***Open Systems and Information Dynamics* 《开放系统与信息动态》** 荷兰 1992 年创刊,全年 4 期,Kluwer Acdemic 出版社出版,SCI(科学引文索引)、EI(工程索引)收录期刊。刊载论文,从理论和应用两方面阐述系统理论和信息理论的问题,涉及控制、通信、模式认知、无序动态、存储、复杂开放体系的合作等。旨在促进数学、物理、工程学和生命科学之间跨学科的研究。

open trading protocol (OTP) 开放交易协议 一个因特网商业框架,提供一致的购买过程,而不考虑使用的软硬件。

open transport network (OTN) 开放传输网络 OTN 是西门子公司开发的专用传输网络系统,它已在早期建设的广州地铁一号线,上海地铁二号线中采用。由于 OTN 传输设备具有独特的帧结构,可区分不同等级速率,容易实现不同类型的接口连接,并能在同一网络中综合不同的网络传输协议,连接不同的网络和用户。也正是由于 OTN 独特的传输速率和帧结构,OTN 与由 PDH(准同步数字系列)或 SDH(同步数字系列)组成的公用传输网只能用 E3(34 Mbps)接口相连。目前 OTN 传输设备可提供 36 Mbps、150 Mbps 和 600 Mbps 的传输容量,可实现综合数据、语言、宽带音频、计算机局域网和视频等多种业务。通过采用自愈环结构,提高了系统的可靠性,通过提供专用功能比特,增强了系统的网管能力;通过灵活的带宽分配,实现了从窄带到宽带的综合业务传输。

open uniform resource locator (OpenURL) 开放统一资源定位器,开放链接 一种解决不同的数字资源系统互操作、进行资源整合的方法,也是一项技术标准。OpenURL 是一种附带有元数据信息和资源地址信息的"可运行"的 URL(统一资源定位器)。可用来解决二次文献数据库到原文服务的动态链接问题,服务提供方(通常是图书馆)维护的链接解析器能够在相关服务网页上动态生成开放链接。参见 uniform resource locator (URL)。

OpenURL 开放统一资源定位器,开放链接 open uniform resource locator 的缩写。

open wire 明线 一种主要以裸线、不绝缘电线形式通过电线杆架设的线路。这种线路使用陶瓷、玻璃或塑料绝缘子将裸线固定在电线杆上,各条导线之间隔有一定的空间以防止线与线之间的短路。

operable time 运行时间,可工作时间 功能装置[部件]在运行并产生正确结果所需的时间。同 uptime。

operand 操作数,运算[操作]对象 (1)一种进行运算的对象,操作数通常由指令的地址部分来标识。(2)伴随命令名键入的一种信息,用来定义命令处理程序对它进行操作的数据或表达式和控制命令处理程序的执行。(3)运算对象指要对其执行特定操作的变量数据。例如,PRINT A 意味着打印 A(变量)的值。

operating ampere-turns 吸合[动作]安匝 使电磁继电器到达动后状态〔释放状态〕所需的电流阈值与线圈匝数的乘积。

operating condition 运行条件 使计算机能正常工作并符合精度要求的一种工作条件。其中包括对环境温度、湿度、电源和地线等方面的要求。

operating conditions 工(作情)况 表征电机、电器或供电网络在指定时间的工作情况的全部电气量和机械量。

operating console 操作控制台 一种包含处理机运行所需要的全部控制和指示器的设备。典型微型计算机操作控制台可包括下列功能:运行指示灯和开关;停机指示灯和开关;复位开关;数据指示灯;中断指示灯;累加器、程序计数器和存储器和显示器。

operating delay 操作延迟[时间] 由操作员的误操作而引起的机器时间的损失。

operating diskette 操作软盘 在金融通信系统中,一种含有和特定控制器操作有关的配套映像和其他数据的软盘。在操作期间,操作软盘必须放在控制器中。

operating/displaying panel 操作/显示面板 计算机系统或设备中人-机交互的枢纽,操作、控制、切换、显示的通道。它常常由面板、开关、按键、指示、显示等器件组成。

operating distance 工作距离 机器人各自由度的直线运动距离。

operating duty test 动作负载试验 将试品连接到额定频率及规定电压的工频电源上,向试品施加规定次数的冲击,以此来模拟工作条件的一种试验。

operating environment 操作环境 参见 operational environment。

operating instruction 操作指令 在运行过程中,由操作员用来逐步描述程序状态的指令。它作为程序的一部分工作。它概括了计算机操作员进行的各种操作的指令,以有效地运行程序,如所需要的文件和外围设备、打印纸的类型及要输入给程序的常数和参数等。

O

operating knowledge 运行的知识 在知识工程或专家系统中，指在规则中所提及的或含有的知识，而在数据库中的知识则被称为断言知识。

operating lease （短期）运行出租 一种短期设备出租，出租者保持设备的所有权。一般参照设备的折旧期决定出租费用。

operating platform conversion 操作平台转换 把同一作业转移到另一操作平台上运行，并且要求获得同样（或等效）的运算结果。采用 Java 语言编写的小应用程序，由于可通过虚拟机器环境进行转换，所以能较容易地实现操作平台转换。

operating specification 操作说明书 供操作员使用的说明书。用于介绍机器的操作方法及注意事项。

operating state 工作状态 元件或系统正在执行规定功能时的状态。

operating system (OS) 操作系统 为提高计算机的利用率、方便用户使用计算机和提高计算机响应时间配备的一套软件。它是用户与计算机之间的接口。用户通过操作系统使用计算机。其主要功能是：管理硬件和数据流，控制作业的运行，如调度、调试、I/O 管理、记账、编译、资源分配、数据管理等工作。此外，各种语言处理程序（编译程序、汇编程序、编辑程序等）和应用程序都在操作系统控制下运行。

operating system function 操作系统功能 控制一个多用途计算机的全部运算的系统软件。其功能包括输入输出设备分配、中断处理、存储器配置、作业调度、信息转换及其他的配置与通信功能。

operating system microprogram 操作系统微程序 操作系统中的逻辑固化部分。

operating-system monitor 操作系统监控程序 操作系统中的一种应用程序，其主要功能是监督面板上的开关和处理他们的输入。

operating system overhead 操作系统开销 操作系统执行所有作业或任务所用去的时间与整个系统的总成本的百分比或比例。

operating system processor (OSP) 操作系统处理器 由美国 Intel 公司研制的一种实现 iRMX 86 的操作系统处理器。它是一个 HMOS（高速金属氧化物半导体）型的大规模集成电路芯片，全部用硬件实现了 iRMX 86 的 35 条原语，相当于为用户提供了 35 条操作系统硬件指令。这些原语包括创建作业、任务控制、任务通信、中断管理等功能。OSP 中还包括了执行原语所需要的控制存储器、系统定时器、中断控制器等附加硬件。据有关数据比较，OSP 的速度比由机器语言程序直接执行原语的速度快三倍多。这就大大提高了任务转换速度，可以满足更严格的实时性要求。

Operating System Review **《ACM 操作系统评论》** 由美国计算机协会操作通信组（SIGOPS-ACM）编辑出版的季刊。主要刊载用于多程序设计的计算机系统和结构、多道处理、时间划分、资源管理、评价和模块可靠性与完整性、数据的保密性、计算机处理中的通信、计算机系统模型化分析等。

operating system supervisor 操作系统管理程序 操作系统中的一种程序。用于管理或监督作业的运行及信息的存取。其中包括：符号汇编程序、宏处理程序、编译程序和辅助调试程序。这种程序还提供通用实用程序库。

operating system viruses 操作系统型病毒 用部分代码或全部代码取代操作系统的合法程序模块，从而代替操作系统部分逻辑的病毒类型。引导型病毒属于操作系统病毒范畴。操作系统病毒最常见，危害性也最大。这是因为整个计算机是在操作系统控制下运行的，操作系统病毒的入侵造成病毒程序对系统的持续不断地攻击。有些流行的计算机病毒，当系统引导时就把病毒程序从磁盘上装入到内存储器，系统运行过程中不断捕捉中央处理机（CPU）的控制权，不断进行计算机病毒的扩散。操作系统病毒往往把大量的攻击逻辑隐藏在被虚假地标明是坏了的磁盘扇区内，其他的加载到常驻 RAM（随机存取存储器）程序或设备的驱动程序之中，以便隐蔽地从内存储器进行传染或攻击。

operating system/2 (OS/2) OS/2 操作系统 IBM 与微软公司于 1987 年联合推出的一种多任务操作系统，适用于 PS/2 系列机和其他基于 286/386 芯片的机器上。它一般在保护方式下运行，但也可以在实方式下运行 DOS（磁盘操作系统）应用程序。OS/2 突破了 DOS 只能使用 640 KB 基本内存的限制，使系统资源得到更充分利用。当 OS/2 处于多任务方式时，它利用了 Intel 286 以上处理器保护模式的优点，避免了程序间彼此侵占内存空间问题。

operating time 运行（操作）时间 （1）功能装置正常运行所需要的部分时间。计算机的有效工作时间。（2）在电信中，拨号呼叫、等待线路接通、与通信端的人或设备共同处理事务所需要的全部时间。比较 idle time。

operating voltage in a system 系统运行电压 在正常情况下，系统的指定点在指定时间的稳态电压值。

operating voltage indicator 工作电压指示器 一种产生可见信号的装置，用来指示给主电源供电的机器已建立了正确电压，或者在电池供电的机器中指明该电池尚未充足电。

operation 操作，运算，运行 （1）逻辑元件或部件执行逻辑功能的动作。（2）一条计算机指令或伪指令所规定的动作。（3）计算机在子例程控制下执行的基本解题或运算动作。（4）在过程控制系统中，指过程的主要组成元素，由若干个阶段组成。一般指在生产过程中的一个相对独立的环节，如在一个多设备单元的生产线上，一个设备单元所完成的全部处理就是一个操作。参见 procedure, phase, step。

operation administration and maintenance center (OAMC) **运行、管理和维护中心** 担负运行和维持网络和业务的一个组织构成。它位于网内附近某处，包含人员和运行系统，它们一起负有维持网络和业务，如 ISDN(综合业务数字网)的能力和职责。

operational **运行的** 给定的软件产品一旦进入运行和维护阶段时所处的状态。

operational address instruction **功能地址指令** 没有操作码的计算机指令，操作码隐含在地址码中。

operational amplifier **运算放大器** 一种高增益放大器，连到外部部件上以实现规定的操作或运算功能。

operational approach **操作方法** 程序设计语言结构成分的语义形式定义的方法之一。在该方法中，抽象程序设计语言的程序结构成分的语义由较低层的抽象机定义。它旨在考虑语言的实现和程序执行的实际结果。参见 denotational approach, axiomatic approach。

operational character **操作[字]符** 一种专用字符，规定某一控制动作的初启，修改或停止。例如，可用操作符控制打印机的回车。

operational data **操作数据** 为解决实际问题而向计算机提供的数据。这种数据通常存放在数据库中。

operational data security **操作数据安全** 在输入、处理、输出操作过程中，防止数据偶然或蓄意更改、破坏、泄露的保护方法。

operational data store (ODS) **操作数据存储** 多层次信息处理中的一种数据环境，是能支持企业日常应用的数据集合，是数据仓库扩展后的一种混合形式。使用 ODS，便于实现企业中数据的全局集中管理，支持日常性的企业级决策，并且能简化数据仓库的数据传输界面和数据管理的复杂程度。ODS 中数据的本特点是：①面向主题的：针对某个主题而收集、整理；②集成的：按企业应用模式进行再生处理；③可变的：数据可联机改变，包括增、删、更新等操作；④当前或接近当前的：总是保存当前最新的或最近一段时间之内取得的数据。参见 data warehouse。

operational environment **操作[运行、工作]环境** (1)计算机运行的物理环境，如湿度、温度、电源和结构配置等。(2)所有能由存储控制器所执行的用户程序和由计算机制造商提供的基本操作程序，使系统中的设备能实现规定的工作。参见 configuration image。

operational environment software **操作环境软件** 也称“窗口软件”或“集成软件”。一类管理内存和计算机显示的软件产品。

operational-halt instruction **停止操作指令** 按控制准则，在停止指令执行前或后停止计算机操作的指令。

operational impact analysis **操作性影响分析** 定义操作性或技术性资源的操作造成的影响。如系统、网络或其他关键资源的损失可能会影响大量的业务流程。

operational information system (OIS) **业务信息系统** 也称“具体事务处理系统”。针对某些具体业务(如采购、生产、销售、财务等)，以计算机进行数据处理为基础的人机系统。它由各有关处理过程及子信息系统组成，是一套有组织的程序。

operational program **操作程序** 相对管理程序和服务程序而言的应用程序、处理程序和一般的程序。

operational relay **运算继电器** 一种继电器，在运算放大器的控制下，可以从一个位置或状态转换到另一个位置或状态。

operational reliability **运行可靠性** 在实际使用环境中，系统或软件子系统的可靠性，它和规定环境或测试环境中的可靠性有很大的差别。

operational rights **操作权利** 一种使用对象[实体]和查找其描述的权限。

operational semantic model **操作语义模型** 参见 interpreter semantic model。

operational semantics **操作语义(学)** (1)描述计算机语义的一种方法。一般用抽象机的指令来解释语义，即形式化操作语义。此外，也有用自然语言来直接描述语义的，即非形式化操作语义。程序设计语言的语义一经说明，即可确定语句的执行含义。(2)形式语义学的一个分支。将语言成分所对应的计算机系统的操作作为语言成分的语义。由于语义应是标准的，不应该依附于一个特定的计算机和具体的实施，因此操作语义学用解释执行程序的抽象机器来定义语言的语义。

operational sequence analysis **操作序列分析** 一种分析技术，用于表达在特定级别上的系统功能，便于辨识在某一信息系统中活动和处理任务之间的内在关系。

operational sign **正负号，运算符号** 一种和数据项或者数字文字相联系的代数符号，表明该数据项是正的还是负的。

operational speed of a computer **计算机的运算速度** 计算机的运算速度，通常用每秒钟能执行运算的次数来表示。由于计算机进行不同操作所需时间并不相同，所以对运算速度如何计算就有不同方法。最初以加法运算为准，即以每秒钟能进行的加法运算次数作为计算机的运算速度。此后，又用计算机进行加法、乘法、除法的平均运算时间为准，由此求出其平均运算速度。但由于计算机实际工作时，加、乘、除的运算次数并不相等，因此上述方法仍然不能准确地反映计算机解决实际问题时的运算速度。

operational support system (OSS)　运行支撑系统　运营商用以监视、控制、分析和管理通信网上各种问题的系统。

operational system　运作系统　基于当前数据实时执行某种业务的系统，也称"记录系统"。

operational testing　操作测试，运行测试　由最终用户在正常操作环境里对系统执行的测试，用于检测其运行的能力。

O

operational transconductance amplifier (OTA)　运算跨导放大器　一种电压转电流放大器，其输出电流为输入电压乘以增益值。电子元件的跨导是其输出电流与输入电压的比值，因此，OTA的电压转电流的增益即为其跨导。

operational unit number　操作装置号码　在某些计算机系统中，一种与线连接器相对应的号码，其位置在系统装置的背后。一条线连到一个连接器上，对应一个号码。

operational word　操作字　COBOL语言中的指示改进语言可读性的字。这种字并不放在保留字表中。

operation and control information　运行控制信息　与企业的各种规章和各部门日常任务有关的信息。这类信息一般通过各业务处理系统(OPS)获取。

operation and maintenance center (OMC)　操作维护中心　具有监测和控制网络管理功能，是网络经营者对PLMN(公共陆地移动电话网)进行远程操作和维护应具有的功能实体。

operation and maintenance phase　运行和维护阶段　软件生存周期中的时间周期。在此期间，软件产品在它的运行环境中被使用，并对软件产品进行监视，以期获得满意的性能。当需要时，对软件产品进行错误修改或对变化了的需求作出响应。

operation and support process　运行支持进程　软件交付给用户后，开发者应随时响应用户的请求，提供技术支持和咨询，并通过请求支持日志，记录用户的请求和响应情况，特别要注意使用中发现异常情况。

operation area　作业区域　操作者以站或坐姿进行作业时，手和脚在水平面和垂直面内所能触及的最大轨迹范围。是构成作业空间的主要部分。①水平面上进行作业的范围称为平面作业域；②垂直面作业范围和通过其上各点的水平面作业域所包含的空间称为空间作业域。

operation box　工作框　也称"矩形框"。程序流程图中用于指示程序执行的一个操作或多个操作(非输入输出或分支操作)的框。它有一个入口和一个出口。

operation code (opcode)　操作码　(1)计算机指令中的操作(码)部分的机器表示。(2)一种用来表示计算机操作的代码。(3)不同型号不同厂家生产的计算机都规定了自己的操作码，由他们形成机器的汇编代码。每一操作码表示对一操作数执行的动作。参见 operation function code。

operation code register　操作码寄存器　保存现在正在由机器执行的指令操作码的寄存器。

operation code trap　操作码自陷　一个专门的值，代替某些位置处理机器指令的通常操作部分以在执行该指令时产生一个中断。

operation command　操作命令　由主机发出的用于启动外设部件工作的命令。

operation control language (OCL)　操作控制语言　一种操作员控制语言，即用来对操作控制语句编码的程序设计语言。参见 operator control language。

operation control statement　操作控制语句　作业或作业步中使用的语句。在识别作业或描述作业时通过该语句向操作系统提出相应的要求。

operation control unit　运算控制器[单元]　计算机组成中运算器和控制器的统称。

operation cycle　操作周期　机器周期中实际执行指令的那一部分时间。其中包括：使用程序计数器中的地址取存储器中的下一条执行指令所需的时间；将指令取入指令寄存器并使程序计数器增量所需的时间；CPU将指令译码并计算有效地址，再将其放到地址寄存器所需要的时间；CPU执行指令，并准备开始下一个周期所需的时间。

operation decoder　操作译码器　根据机器指令中的操作码来选择一个或多个控制通道的一种设备。

operation expression　操作[运算]表达式　含有一个或多个运算符的表达式。

operation field　操作字段　指令格式中用以规定操作类型的那一部分字段。

operation information　运行信息　某一时期内运行的各种信息。也称"运行数据"。

operation manual　操作手册[指南]　为了能够正确、有效地操作计算机，对计算机的总体结构、性能规范、操作方法、指令系统及其他各种技术要求等加以详细叙述的说明书。有硬件操作说明书，也有软件操作说明书。典型的操作手册应包括操作员手册、程序员参考手册以及有关的信息手册等。

operation mistake　操作错误　一种人为的误操作。尤指不了解操作方法而引起的错误，如按错键等。

operation mode　操作状态　一个产品或系统的一种正常的工作状态。参见 maintenance mode。

operation number　操作号　识别程序中符号代码各步的编号。

operation overhead　内务操作开销，内部开销　一种与用户的求解问题程序无直接关系，但为了维持计算机功能的正常运行而进行的数据和程序管理方面的工作。

operation part **操作(码)部分** 计算机指令中用于指定操作的那一部分。同 function part,operator part。参见 implied addressing。

operation ratio **运行率** 机器实际运行时数(包括操作员上机操作时间和机器出错时间)与规定的总运行时数之比。

operations administration and maintenance (OAM) **操作监管和维护** 一组网络管理功能,提供网络出错指示、性能信息和诊断功能等。

operations documentation **操作文档** 为操作人员指定运行一个系统所需遵守的所有过程。它既给出有关事件的一般次序,又为数据控制和安全、数据准备、程序运行、输出分发和辅助操作定义精确的过程。参见 documentation。

operation security **运行安全** 为保障系统功能的安全实现,提供一套安全措施(如风险分析、审计跟踪、备份与恢复、应急等)来保护信息系统及处理过程的安全。

operations research (OR) **运筹学** 用于帮助解决生产和经济规划问题,使之发挥最大效率的一门学科。在 20 世纪 40 年代开始形成。主要研究对象是:经济活动和军事活动中能用数量来表达的有关安排、调度、管理和筹划等。其方法是:根据问题的要求,通过数学的分析与运算,作出综合性的安排,以达到较经济有效地使用人力、物力的目的。随着计算机技术的不断发展,运筹学中大量的数学分析、运算都可在计算机上实现,因而大大地加快了这门学科的发展。运筹学的主要分支有对策论、规划论、排除论和质量控制等。同 operation analysis。

Operations Research **《运筹学》** 美国运筹研究学会出版的刊物。1952 年创刊,每年 6 期,发表运筹学与管理科学理论及其在工业、商业、财政及国家规划等方面应用的研究文章。

operation state **操作状态** CPU 受程序状态字(PSW)和控制寄存器的控制,并且按照操作台装置上速率控制的位置规定的方式,执行指令和处理中断的状态。

operation system (OS) **运行系统** 运行系统是执行运行系统功能(OSF)的独立系统。对于运行目的,可以考虑把管理功能性划分到各个层,诸如网络单元管理层、网络层、业务和商务层。参见 operation system function (OSF)。

operation system function (OSF) **运行系统功能** 电信管理网(TMN)在体系结构上分为运行系统功能(OSF)、网络单元功能(NEF)、工作站功能(WSF)、中介功能(MF)、Q 适配器功能(QAF)等。运行系统功能处理与电信管理有关的信息,用于监视、协调、控制包括管理功能(即 TMN 本身)的电信功能和支持功能。

operations, administration and maintenance (OA&M) **操作、管理和维护** 一组关于网络性能监视、失效检测和系统故障诊断和保护的网络管理功能。

operation table **操作表** 一种定义某一操作的表,通过列出所有允许的操作数值的组合,并指出这些组合的结果。参见 Boolean operation table。

operation time **运算[运行]时间** 执行某一特定程序或某个操作或运算(如比较、加法、乘法等)所需要占用计算机资源的时间。

operation use time **操作使用时间** 美国政府签订数据处理设施合同方面的术语,用来说明数据实际使用处理设备的时间。它不包括空闲时间、维修停机时间、因机器出错而引起的作业重新运行时间。

operator **操作符,算符,操作,操作员** (1)在符号处理中,表示操作中要实现的动作的一个符号。(2)指示一种操作过程中操作数据的功能。(3)人工智能的通用问题求解器中的一种操作。其功能是:将一种事物变换成另一种事物。(4)操作计算机的工作人员。

operator associativity **运算符的结合性** 在程序设计中,运算的一种特性。它决定了表达式中相邻操作数有相同优先级时的求值次序。由两种可能:从左到右和从右到左。例如,在具有从左到右结合性加减法的程序设计语言中,表达式 7－4＋1 相当于(7－4)＋1,即 4。在具有从右到左结合性加减法的程序设计语言中,表达式 7－4＋1 相当于 7－(4＋1),即 2。参见 expression, operator, operator precedence。

operator authorization record **操作员许可记录** 在接受或拒绝一个请求时,由存储控制器产生的一种记录。这种记录可以送到终端,也可指导其他操作的执行。这种记录还包含一可供程序员使用的程序列表。

operator command **操作员命令** 操作员通过控制台或者终端向控制程序发出的一种语句,能使控制程序提供所请求的信息,改变正常的操作,初启新的操作或者终止正在进行的操作。

operator communication control facility (OCCF) **操作员通信控制程序** IBM 的一种特许程序,用来减少操作员对某些操作系统控制下的装置运行的干预和提高集中数据处理的能力。

operator communication manager **操作员通信管理程序** 一种系统程序。它接收来自希望通知操作员一个特定状态或条件的进程的输入,把消息传给操作员并记录这些消息。在系统中该程序总是处于活动状态的。

operator console **操作员控制台** 一个包含设备的功能单元,供操作员与计算机通信的硬件装置。用于输入数据或信息、启动和装入程序、请求并显示所存数据、监督和控制程序的执行等。

O

operator control command **操作员控制命令** 操作员控制语言中的语句。在某些通信系统软件中，从操作员控制台键入的一种命令，用以检查或者改变设备或操作系统的状态。

operator control element (OPCE) **操作员控制单元** 在某些通信系统软件中，分配给每个通信系统软件操作员控制命令的一个单元。操作员控制例行程序用它来处理此命令。

operator control function **操作员控制操作程序** 在某些信息管理系统的信息格式服务程序中，由终端操作员用来控制输出信息显示的手段。虽然信息管理系统提供了一些专门的操作员控制操作程序，但是这些控制操作程序的使用必须由用户在操作员控制表中来定义。

operator control language (OCL) **操作员控制语言** 用于使计算机操作员命令操作系统执行、改变或结束处理操作的一组命令和规则。在某些系统中，操作员控制语言系指通过穿孔卡片、纸带或控制台进行输入时控制执行的一切命令和规则。而在另一个系统中，这些命令和规则可看作独立的语言，他们与操作员控制语言一起组成系统控制语言。

operator control panel **操作员控制面板** 一种操作装置，包含若干个用来控制数据处理系统或者它的部件的开关以及表示有关系统功能信息的指示灯。

operator control station **操作员控制站** 在远程通信存取中，操作员可以任意输入其指令的一种控制台。参见 basic operator control station, extended operator control station, extended primary operator control station, extended secondary operator control station。

operator control table **操作员控制表** 在某些信息管理系统的信息格式服务程序中，一种用户定义的操作员控制操作表。当输入设备数据或数据长度满足预先规定条件时，就会调用某一指定的控制操作程序。

operator determined barring (ODB) **运营者决定的闭锁业务** 由运营者来控制的闭锁类业务。

operator distance dialing (ODD) **操作员远距离拨号** 长途电话局始发局的操作员直接给接收局用户拨号，不经过其他操作员转接。

operator error **操作员错误** 由终端操作员引起的错误。

operator field **操作码字段** 参见 operation field。

operator grammar **算符文法** 一种无 ε-产生式的上下文无关文法，且它的产生式右端不得有任意两个变量的连续排列。任一不含空串的上下文无关语言都可由一个算符文法产生出来。

operator guidance code **操作员引导代码** 一种在显示器上显示，以供操作员参考的代码。其功能是：指示系统响应某种操作状态或操作员动作。

operator guidance indicator **操作员引导指示灯** 在某些通信系统中，一种指示灯或者其他指示信号，诸如：表明操作员正在按什么方式操作（在控制台、键盘或者某一装置的其他部分上显示出来）的信息，已采取的某一特定动作，目前发生的某一特定的条件或者下次操作员所需要做的动作，等等。

operator ID **操作员标识符** 操作系统藉以了解操作员的字符组，或者由终端操作员或控制台操作员登记过程中输入的字符组。操作系统可以检查该字符组，以确定操作员利用或控制系统设施的权限。

operator identification card (OIDCARD) **操作员标识卡** 一个带有磁条的小型卡片，磁条编有唯一的标记，用于验证一个终端操作员的标识。

operator information area **操作员信息区** 在某些信息显示系统中，靠近显示屏底部的那一部分区域，用来显示终端或系统的状态信息。

operator interrupt **操作员中断** 由操作员发出的中断信号。此时由监控程序取得控制权以听候操作员指示。

operator logical paging **操作员逻辑调页** 某些信息管理系统中的一种信息格式服务程序，允许设备操作员对输出信息请求一个指定的逻辑页面。

operator overloading **运算符重载** 一个运算符被赋予一个以上的功能，所执行的功能取决于所涉及的数据类型。例如，运算符 * 可以定义为整型数和浮点数的乘，而对向量来说可定义为叉积，对于数和向量的操作可定义为标量乘。参见 function overloading, operator。

operator precedence **算符优先** 在程序设计语言中，一种定义表达式内的算符应用序列的顺序关系。在没有括号的情况下，具有较高优先级的运算先执行。运算符的优先级通常预先设定。参见 expression, operator, operator associativity。

operator priority method **运算符优先数法** 根据运算符的优先数的大小关系，直接对简单表达式进行语法语义分析的方法。

operator privilege **操作员特权** 在 LAN Manager 网络软件中赋予用户的一种特权，允许用户进行某些管理任务。

operator profile **操作员轮廓文件** 网络操作员必须控制的资源和活动。定义这些语句和活动的资源存储在一个轮廓文件中，这个轮廓文件在操作登录时执行。

operator response field **操作员应答字段** 在某些计算机系统中，一种格式化信息显示行中的字段，操作员将其应答键入其中。

operator schema **操作模式** 人工智能的问题求解中的一种模式。其内容是：将人的知识以变量模式的形式预先告诉机器，由机器按这些变量模式确定不同条件执行的操作。这种操作模式只是在具体环境下才能进行相应的操作。

operator/service panel 操作员/维护面板[服务] 在某些计算机系统中,与系统装置上的系统控制台相邻的一种面板,主要包含系统初启或维护时所使用的指示灯和开关。

operator station task (OST) 操作员站任务 在NCCF(网络通信控制机制)中,一种建立并保持与网络操作员联机通话的子任务。对于每个注册到NCCF中的操作员,都有一个操作员站的任务。参见 network communication control facility (NCCF)。

operator's access code 操作员存取码[密码] (1)在某些通信系统中,一种和特定的操作员标识符相联的8位代码,将其存放在内部表中,用来指明允许操作员使用有关程序和控制器操作。(2)保存在系统表中与每个操作员标识符有关的数值,用来规定具有某一标识符的操作员所允许的存取权。

operator's override 操作员的超越 操作员可以强迫系统接受不合规定的数据。这些不合规定的数据通常在转换之前就会被重新取回,以便进行更新或更正。

OPGW (1)地线复合光缆 optical power grounded wave guide 的缩写。(2)光纤复合架空地线 optical fiber composite overhead ground wire 的缩写。

OPI 开放印前接口 open prepress interface 的缩写。

opm 每分钟操作次数 operations per minute 的缩写。

OPM 订货点法 order point method 的缩写。

OPNDST 开放目标 open destination 的缩写。

opponent color theory of vision 对色视觉理论 Ewald Hering 于1872年提出的一种理论,因此也称"Hering 理论"。该理论认为,人眼区分基本色调的数目不是三种,而是红、黄、绿、蓝四种基色,它们组成红-绿和黄-蓝两对相反色调。虽然与长期被人们接受的传统的三基色刺激理论不兼容,但通过对眼睛中三种类型的颜色感受器的研究以及对感受器在视网膜上相互连接的复杂性的研究,现代的颜色视觉观点已经使这两种理论走向协调。

opportunity industry 机会产业 将来可能发展的产业。在未来的信息化社会中,人的价值观的核心是物品的价值加上时间的价值。机会产业就是要实现时间价值的产业。作为复合系统产业的机会产业主要有教育产业、信息产业、伦理产业、金融保险产业。教育产业开发名人的能力,信息产业提供创造和开拓新机会的信息,伦理产业形成新的行为标准和人类,金融和保险产业则具有为此提供资金、保障安全的功能。

opportunity management system (OMS) 机会管理系统 OMS 为用户提供跟踪机会和预测可能的秘密交易的工具;它可在整个销售周期中指导销售代理,以保证使用最好的销售方法。

opposite control field 逆向控制字段 (1)在某些中型小型计算机系统中,由字段序列说明位置零所规定的任何控制字段。(2)在某些中型小型计算机系统的排序程序中,按照逆序排列的一种控制字段,该字段在标题中指明。

opposite track (方向)相反光道 在双层 DVD(数字影碟)上,layer 0 上的光道和 layer 1 上的光道。光碟的旋转方向总是顺时针方向,读 layer 0 光道上的信息时从内到外,而读 layer 1 光道上的信息时从外到内,即为方向相反光道。对于电视节目可以做到没有"过渡"感觉,对于计算机应用可以把它们作为"并行光道"。

opposite track path (OPT) 逆光道路径 光碟机读取光碟上数据的顺序,即激光头读盘时从外圈开始,并从外向里移动。比较 parallel track path (PTP)。

OPR 光学模式识别 optical pattern recognition 的缩写。

OPROM 选择型只读存储器 option ROM 的缩写。

OPS (1)开放轮廓标准 open profiling standard 的缩写。(2)OPS 语言 official production system 的缩写。(3)光分组交换 optical packet switching 的缩写。

OPS 5 language OPS 5 语言 一种基于规则表达的知识工程语言。有一种支持数据表达和控制结构通则的设计、强有力的模式匹配能力和用于数据匹配规则的前向链接解释程序。支持环境中包括编辑和调试包,其中包含帮助考察一条规则被程序设计者认为应当使用时而没有被使用的原因。OPS 5 的第一个版本用 LISP 语言实现,而稍后为提高速度用 BLISS(实现系统软件的基本语言)重写。参见 basic language for implementation of system software (BLISS)。

OPS 5 interpreter OPS 5 解释器 基本工作原理为"识别-动作"循环,算法如下:①找出冲突集;②用字典排序、中间-目的分析或其他策略消去冲突,选择一条规则并激活之;③顺序执行 RHS(右手方)中一系列动作。之后又转回①,直至或者目标达到而终止,或者出现例外或者冲突集空而终止。参见 right-hand side (RHS)。

OPS 83 language OPS 83 语言 一种基于规则和面向过程表达的知识工程语言。使用前向链接、基于规则的程序设计策略和过程程序设计策略相结合。是一种在 OPS 5 工作存储元素和规则的基础上建立的类 Pascal 语言。提供了用户定义的数据类型机制,允许用户定义冲突分解过程。

OPT (1)逆光道路径 opposite track path 的缩写。(2)选项 option 的缩写。

O

optical absorption 光吸收 当光通过材料时,光与材料中的原子(离子)、电子相互作用时即可发生光的吸收。例如,半导体的本征吸收(包括竖直跃迁吸收和需要声子参与的非竖直跃迁吸收)、激子吸收、自由载流子吸收、杂质吸收等。

optical access network (OAN) 光接入网 由光传输系统支持的共享同一网络侧接口的接入连接的集合。OAN可以包含与同一光线路终端(OLT)相连的多个光分配网(ODN)和光网络单元(ONU)。

optical add drop multiplexer (OADM) 光波分插复用器 对多波长光信号,一种能从中分出单个光波长信号,或将单个光波长信号加入到多波长光信号中的光波分复用设备。其功能是从传输设备中有选择地下路通往本地的光信号,同时上路本地用户发往另一节点用户的光信号,而不影响其他波长信道的传输,也就是说OADM在光域内实现了传统的SDH(同步数字系列)设备中的电分插复用器在时域中的功能。参见 reconfigurable optical add drop multiplexer (ROADM)。

optical all-digitalization computer 全数字化光学计算机 一种可对二维图像同时进行数字化处理的光学计算机,这是计算技术的巨大突破,其发展的前景主要取决于纤维光学、显示技术、薄膜光学和半导体技术的发展。

optical amplifier (OA) 光放大器 光纤中增强光信号的一种器件。不像光再生器,必须把光信号首先转换成电信号放大后再转换成光信号,这种光放大器直接把光信号放大。一种称为铒的稀土材料最先用于制造光放大器。同 optical fiber amplifier (OFA)。

optical associative memory machine 光联想记忆机 利用光神经器件和光神经计算机的特征,以光强度为信息媒体实现的高度空间并行结构的联想记忆系统。它采用光学方法满足运算结构的要求。由于光的强度无法表示负值,难以实现硅联想机所采用的相关学习,而采用正交学习方法。由于光计算机的空间并行性,有可能使信息处理和信息存储在空间上展开。

optical attenuator 光衰减器 可按照用户的要求将光信号能量进行预期地衰落的器件。光衰减器主要用于光纤系统的指标测量、短距离通信系统的信号衰落以及系统试验等场合。根据光衰减器的工作原理,可将光衰减器分为:位移型光衰减器,包括横向位移型光衰减器和纵向位移型光衰减器;直接镀膜型光衰减器(吸收膜或反射膜型光衰减器);衰落片型光衰减器以及液晶型光衰减器。参见 attenuator。

optical axis 光轴 光学系统的中心轴,光沿中心轴线传播。各个光学元件沿着光轴串行连接。

optical bar-code scanner 条形码光扫描器 一种光扫描设备,也称"条形码光阅读机",是数据处理站中的一个基本设备,能以每秒几千个字符的速度阅读平版印刷的或计算机打印的条形码文件。当它扫描时,把已编码的数据传送到一个缓冲器以便直接传输或把数据传送到穿孔纸带和打印机上,进行传输编辑。

optical blank 光学坯件 一个浇铸件,由光学材料模制成所需的几何形状,以供进一步研磨、抛光或者拉制成符合最终光学机械要求的光学波导之用。参见 optical fiber blank。

optical branching device (OBD) 光分路器 光分路器是一种无源光器件,将下行信号进行功率分配,将上行信号进行耦合,可以将一路光信号分成多路光信号以及完成相反的过程。

optical budget 光预算 光网络设计中,为保证各式各样的光传输段达到需要的性能水平而对总的光功率损耗的计算。

optical burst switching (OBS) 光突发交换 OBS技术结合了波长路由交换和光分组交换的优点,通过在有限的时间段预留带宽来提高网络利用率。基本交换实体就是突发帧,它是在入口节点、中间节点、出口节点之间移动的一串数据包。突发帧主要由头部控制突发帧和数据突发帧组成,它们之间各自独立传送。控制突发帧被先于数据突发帧传送用来沿路径预留带宽,接着数据突发帧随着控制突发帧预留带宽的相同路径传送。参见 wavelength routing switching (WRS), optical packet switching (OPS)。

optical bypass relay 光旁路中继器 FDDI(光纤分布数据接口)网络中使用的一种中继器设备,用于双连接站点(DAS)上。当DAS正常工作时,光信号经DAS传输;当DAS出现故障时,光信号不再传输到光接收机,而是通过光旁路中继器把光信号直接传输到下游站点,这样就能维持FDDI环路的完整性。由于光旁路中继器自身会带来光信号损耗,因而必须限制在环中串接的中继器数目。

optical cable 光缆 以光纤为传输元件的缆(有时含有若干电线),一般都含有加强元件及必要的护套。光缆是现代信息传输的重要方式之一。它具有容量大、中继距离长、保密性好、不受电磁干扰和节省铜材等优点。同 optical fiber cable。

optical cable assembly 光缆装配件 一种带连接器的光缆,可立即用于安装。参见 jumper cable, optical cable。

optical cable entry and grounding unit 光缆引入与接地单元 供光缆固定、开剥并对光缆、纤芯提供保护;同时使光缆金属部分可靠接地并与机架绝缘的构件。

optical cable termination box 光缆终端盒 光缆的端头接入的地方。光缆终端盒主要用于光缆终端的固定,光缆与尾纤的熔接及余纤的收容和保护。

optical carrier (OC) 光载波 在同步光纤网(SO-

NET)标准中,规定数字传输的速率,等同于光同步传送网(SDH)的同步传送模块(STM)的光信号。

optical carrier level 光载波级 同步光纤网(SONET)包括一系列的信号速率,不同的信号速率在光纤中传输数据信号的速度不同。基本的传输速率(一级)是51.84 Mbps,其他级的传输速率是其倍数。

optical carrier level n (OC-n) *n*级光载波 为同步光纤网(SONET)的光信号传输定义线路速率的等级结构的系列物理协议(OC-1,OC-2,OC-3等),各OC信号级下,光信号以不同的速率在光纤线路上传输。基本传输速率是51.84 Mbps(OC-1),而3级光载波(OC-3)传输速率是155 Mbps,12级光载波(OC-12)则达到622 Mbps传输速率。

optical cavity 光学型腔 激光器的一个部分。其中光通过镜子与镜子之间来回反射而放大。

optical character 光学字符 一种根据专门规则打印的或者手写的图形字符,用于便于进行光学识别。

optical character (OCR) background reflectance 光符识别基底反光 光符识别的一个术语,它与印刷保留区域(空白区)内文件表面的基底反光有关。

optical characteristics 光学特性 光学系统的性质,如图像亮度、像差的矫正、视域、成像质量以及放大率。

optical character reader 光(学)字符阅读机[器] 一种利用光学方法,阅读纸或卡片等媒体上的数据并将其自动输入到计算机中去的装置。

optical character reader of videoscan 视频扫描光学字符阅读机 把具有标记检测功能的光字符阅读机与卡片阅读机结合起来的一种设备,它能够在同一趟扫描过程中读出打印材料和标记,也能读出卡片中的孔。

optical character recognition (OCR) 光学字符识别 (1)一种使用光学手段通过光学特征识别,将图像信息转换成文本信息的技术。生成的文本信息文件可用任何文本编辑器编辑,从而实现图形字符识别。比较 magnetic ink character recognition。(2)向计算机系统送入数据的一种技术。使用光学扫描的方法,识别出按照一定格式印刷或书写的字符,再把这些字符变成计算机能够理解的电信号,具有这些功能的设备称为光学字符阅读机,也称光学阅读机。利用这种原理研制成能识别汉字,并在专门程序帮助下直接转变成汉字内码的设备称为汉字光学阅读机或简称汉字阅读机。

optical circuit switching (OCS) 光路交换 又可称"光线路交换",它是指以一条光纤的容量为单位进行的光交换。这是一种最早的光交换方式,或称"光纤空间交换",最简单的方法是可以在光配线架(光纤交叉连接)上进行。带有自动光纤交换功能的光配线架称为"智能光配线架"。这种光路交换是早期用于点到点波分复用系统的技术。现代的光路交换也包括了光波长交换技术,这种光交换是以每个波长作为交换单位。

optical code division multiple access (OCDMA) 光码分多址 将码分多址(CDMA)技术与大容量的光纤通信技术相结合的一种通信方式。OCDMA是将不同用户的信号用互成正交的码序列来进行光学编码,编码后的用户信号由星型耦合器叠加在一起,形成一个总的信号数据流进入光纤传输。在接收端,利用光解码器对收到的扩频码序列与本地地址码进行相关运算,采用相干或非相干的方法进行解扩处理,并通过特定阈值判决技术恢复源信号,传送给数据接收器实现数据恢复。

optical code division multiplexing (OCDM) 光码分复用 结合了光纤通信和码分复用(CDM)的技术特点,通过直接光编码和光解码、实现光信道的复用和信号交换。光码分复用能更好地发挥光纤信道带宽的利用率,它具有动态分配带宽、便于网络扩展、多址联接、灵活控制、保密性强等优点。参见 code division multiplexing (CDM)。

optical coincidence index 光重合比孔索引 情报检索中的一个单元词索引方法。其方法是:在每张概念单元卡上,按坐标方式划分小方格,每个小方格的坐标编号即为一篇文献记录的号码。如有一篇有关单元词的文献,就按文献号码在该单元词卡片的相应坐标上打小孔。检索时,先找出有关单元词卡片,然后把所有卡片重叠起来,用光源照射,透光的孔位号即为要索引的文献号。

optical communication 光通信(技术) 利用光波在光导纤维(直径百分之一毫米左右)中传输电视或电话信号的一种通信方法。电信号通过发光二极管变为光信号传输,接收端则通过光电二极管再将其变成电信号从而使信息复原,与电波相比,这种方式输送的信息要快得多。

optical computer 光计算机 主要利用光技术和光器件实现的计算机。这些光器件包括绕射光栅、全息照相、偏振器、光学逻辑器件和双稳态器件、光晶体管、光纤等。由于光子之间不发生相互作用,光信号之间可以毫无干扰地沿着各自通道或并行的通道传送,光路可以相互交叉而不会相互影响。这种特性使光计算机具有并行性,而且光子具有极高的速度,可实现超高速数据处理。主要分为三类:相干光学模拟计算机;光学-数字混合计算机和全数字化光学计算机。参见 optical all-digitalization computer, optical-digital hybrid computer, optically interference analogue computer。

optical connector 光连接器 为光传输线路提供接续的设备,分为活动连接器与固定连接器两种。活动连接器主要采用一种V型槽结构的连接器,把对接的光纤置于其中,然后压紧即可。

O

optical coupler (OC) 光耦合器 简称光耦，也称"光电隔离器"或"光电耦合器"。它是以光为媒介来传输电信号的器件，通常把发光器（红外线发光二极管）与受光器（光敏半导体管）封装在同一管壳内。当输入端加电信号时发光器发出光线，受光器接受光线之后就产生光电流，从输出端流出，从而实现了"电-光-电"转换。光耦合器的种类达数十种，主要有通用型（又分无基极引线和基极引线两种）、达林顿型、施密特型、高速型、光集成电路、光纤维、光敏晶闸管型（又分单向晶闸管、双向晶闸管）、光敏场效应管型等。

O

optical cross connect (OXC) 光交叉连接 一种能在不同的光路径之间进行光信号交换的光传输设备。光交叉连接也有空分、时分、波长交叉等不同方式。

optical cross-connect panel 光交叉连接盘 一种用于光纤线路管理并且由积木式箱盒制成，它提供了个别光纤与光纤接插线之间的连接。比较 optical interconnection panel。

optical data disk 光学数据盘 充分利用录像盘的静止画面设备的光碟系统。这种录像盘具有很高的信息存储能力、较低的信息存储价格以及快速的信息存取能力。

optical data recognition (ODR) 光学数据识别 任一形式的光学数据识别。包括光学标志阅读器、文件阅读器、页面阅读器等。

optical detector 光学检测器 一种在光的激发下生成输出信号的转换器。参见 opto-electronic。

optical digital data disk (ODDD) 光学数字式数据盘 一种设计用于计算机辅助存储装置的光碟。

optical-digital hybrid computer 光学数字混合计算机 由相干光学模拟计算机和数字计算机组合而成的一种计算机，通常使用前者对图像作预处理，而利用后者作精处理，使整个处理过程接近于人眼和大脑观察和识别外界事物的过程。参见 optically interference analogue computer。

optical disc 光碟 (1)一种包含可用光学技术读取的数据的盘片。(2)一种塑料盘片，可以数字方式记录声音和图像信息，用激光读取。参见 optical data disk。

optical disc library 光碟库 一种可容纳多片光碟的光碟存储系统，可同时读写几片光碟。这种装置通常用于可重写光碟、写一次光碟和 CD-ROM（只读碟），容纳的光碟数可多达几百盘。也称 optical jukebox。

Optical Disc Manufacturing Association (ODMA) 光碟制造协会 一个成员组织，阐述 CD（光碟）和 DVD（数字影碟）存储媒体在制造、测试、加标签和包装等各个方面的问题。

optical disk 光碟 同 optical disc。

optical disk storage 光碟存储器 利用激光技术存储信息在光碟片上的计算机外部存储器设备。也称"光记录盘"，简称"光碟"或"激光盘"。它的基本工作原理是利用激光器产生的强弱不同的激光来进行读写。其中强光是将信息写到高密度、高灵敏度的光学薄膜记录材料上，记录数据用光调制器编码。弱光则在读出信息时扫描记录媒体，以反射光的强弱来判别数据内容。通常光碟按其记录方式可分为三种类型：①只读式光学盘，即一种以极细微的凹坑形式来记录信息，由激光进行再生复制型的电视和数码音频光碟；②直接写后读光碟，即利用聚焦成 1 μm 左右的半导体激光，使记录介质熔融蒸发穿出微孔，完成记录信息的光碟。它只能写入一次，且不能抹除或改写；③可改写光碟，即利用聚焦成微小的激光照射，在记录介质上产生具有可逆性变化的记录信息。它的记录内容允许抹除改写。光碟存储器与磁盘存储器比较，具有记录密度高，存储容量大，记录数可保存时间长等优点。参见 compact disc-read only memory (CD-ROM), compact disc-rewritable (CD-RW)。

optical distribution frame (ODF) 光纤配线架 是专为光纤通信机房设计的光纤配线设备，是光缆网络终端，或中继点实现排纤、跳纤光缆熔接及接入必不可少的设备。光纤配线架具有光缆固定和保护功能、光缆终接功能、调线功能、光缆纤芯和尾纤保护功能。它既可单独装配成光纤配线架，也可与数字配线单元、音频配线单元同装在一个机架内构成综合配线架。

optical distribution network (ODN) 光分配网 光分配网由无源光器件组成。在光接入网中，提供由光线路终端（OLT）到光网络单元（ONU）以及相反方向的光传输手段的部分。ODN 由光纤光缆、无源光衰减器、带状光缆、光纤接头、光连接器和分路元件等无源光器件组成。

optical division multiplexer (ODM) 光分用器 把多个波长分用到各根光纤中，使信道分离。

optical document recorder 光学文件阅读器 一种光学阅读部件。它仅能扫描或阅读一份输入文件的一小部分，并局限于很少类型的格式或字型。

optical domain service interconnect (ODSI) 光域业务互连 高层的业务网络能够与动态光核心网进行互操作，其目标是：使高层组网设备（路由器、交换机等）能够向光网络发送指令，动态地请求高速带宽连接。ODSI 小组是 2000 年 1 月由 50 家网络设备厂商与业务提供商发起解决光/电的互操作问题的组织，他们将共同促进开放接口和信令协议的开发，促成一系列互操作测试，来论证与确认一些 ODSI 技术方案。

optical Doppler effect 光多普勒效应 当光波源和观察者（光接收器）有相对运动时，观察者所接收到的光波频率不同于光波源的频率，两者相接近时，接收到的频率增大，反之，则减小，这种现象称为光的多普勒效应。由于多普勒效应而引起的频率变化数值称为多普勒频移。其中,反射光频率变化与运动物体的速度及入射光与物体运动方向的夹角的余弦值成正比,与媒质中光波长成反比,比例系数为2。

optical drive　光驱　光碟驱动器。是一种大容量存储装置,以旋转的光碟为存储媒体。包括光学读写头、光头移动机构、光碟旋转机构、读写电路、错误检验与校正电路、控制运动部件的伺服电路、传输数据的通路等功能部件。光驱包括只读碟(CD-ROM)驱动器和一写多读光碟(WORM)驱动器。参见 compact disc read-only memory (CD-ROM), write once read many (WORM)。

optical facilities　光学机制　在 X. 25 通信中,网络提供者能够根据用户的选择提供或者不提供的机制。参见 closed user group, fast select, reverse charging, throughput-class negotiation。

optical fiber　光导纤维,光纤　一种非常细的可绕曲的纯玻璃纤维。其直径约为百分之一毫米。光纤通常用作通信系统中的传输介质,它具有非常大的容量,能比传统的铜导线传输多到千倍的信息量。它具有很高的传输能力,每秒能够传输十亿位信息。与电脉冲不同,光脉冲不会受到周围环境辐射的影响。根据原材料的不同,光纤有全石英、全塑料、石英纤芯等若干种。其中以石英为基础材料制成的光纤传输衰落最小。在光通信中,所使用的主要频段是近红外波段中存在的一个衰落比较小的区域。光纤可以采用两种光源,激光光源和发光二极管。激光光源主要用于远程通信。光导纤维在下列方面比铜等传输线有较好的特性:传输衰落小,通频带宽,抗外来电磁干扰能力极强,重量轻,体积小,材料来源丰富。但是,它对原材料的要求很严,在切割和接续时要求高度精确。

optical fiber absorption　光纤吸收　在光纤中由于纤芯和包层材料的吸收而导致的光能衰落。

optical fiber amplifier (OFA)　光纤放大器　运用于光纤通信线路中,实现信号放大的一种全光放大器。根据它在光纤线路中的位置和作用,一般分为中继放大、前置放大和功率放大三种。OFA 不需要经过光电转换、电光转换和信号再生等复杂过程,可直接对信号进行全光放大,具有很好的"透明性",特别适用于长途光通信的中继放大。可以说,OFA 为实现全光通信奠定了一项技术基础。

optical fiber blank　光学预制棒　一段高纯度的圆柱形的玻璃,用来制作拉制光纤的预制棒。它可用于拉制光纤。参见 optical blank。

optical fiber cable　光缆　一种由单根光纤、多根光纤或光纤束加上外护套制成,满足光学特性、机械特性和环境性能指标要求的缆结构实体。光缆是实现光信号传输的一种通信线路。同 optical cable。

optical fiber channel　光纤信道　用光导纤维材料作为通信介质的通信信道。这种信道的信号衰落小、抗干扰能力强,用于各类通信中。

optical fiber communication　光纤通信　以光纤作为光信号传输媒介的通信。构成光纤通信的基本物质要素是光纤、光源和光检测器。

optical fiber communication principle　光纤通信原理　光纤通信是利用光波在光导纤维中传输信息的通信方式。由于激光具有高方向性、高相干性、高单色性等显著优点,光纤通信中的光波主要是激光,所以也称"激光光纤通信"。其通信原理是:在发送端首先要把传送的信息(如话音)变成电信号,然后调制到激光器发出的激光束上,使光的强度随电信号的幅度(频率)变化而变化,并通过光纤发送出去;在接收端,检测器收到光信号后把它变换成电信号,经解调后恢复原信息。

optical fiber communication technique　光纤通信技术　一门综合性的尖端技术。光纤通信涉及到超纯化学、硅酸盐工艺、高分子化学、纤维光学、激光技术、光电子学、半导体工艺、电子学、光通信系统理论、光噪声理论、光波导传输理论和集成光学等学科。光纤通信技术需要解决的课题不下百余种,它的发展将形成一系列的新学科。

optical fiber composite overhead ground wire (OPGW)　光纤复合架空地线　具有电力架空地线和光纤通信能力双重功能的金属光缆。把光纤放置在架空高压输电线的地线中,用以构成输电线路上的光纤通信网,这种结构形式兼具地线与通信双重功能,一般称作 OPGW 光缆。

optical fiber connecting and distributing unit　光纤配线单元　由适配器、适配器卡座、安装板或适配器及适配器安装板组装而成,供尾纤与跳纤或两根跳纤分别插入适配器外线侧和内线侧而完成活动连接的构件。

optical fiber connector　光纤连接器　一种硬件元件,在两条光纤或两束光纤之间传输光学能量,并可重复地、方便地连接和脱离。

optical fiber coupler　光纤耦合器　是光纤与光纤之间进行可拆卸(活动)连接的器件,它是把光纤的两个端面精密对接起来,以使发射光纤输出的光能量能最大限度地耦合到接收光纤中去,并使其接入光链路从而对系统造成的影响减到最小。光纤耦合器可分标准耦合器、直连式耦合器、星状耦合器、波长多工器(WDM)等。

optical fiber fusion splicer　光纤熔接机　主要应用于光缆线路工程施工、线路维护、应急抢修、光纤器件的生产测试中。光纤熔接机是靠放出电弧将两头光纤熔化,同时运用准直原理平缓推进,以实现光纤模场的耦合。

optical fiber junction　光导纤维结　光导纤维之间的连接。光导纤维在电信、数据传输方面的广泛使用提出了连接光导的要求。不像电缆的连接，两条光导纤维的匹配具有特殊的要求，极微小的偏离光纤轴心就可能大大增加嵌入损失，导致信号强度的清晰度的下降。

optical fiber pigtail　光纤尾纤　永久附属在元件上，便于该元件与另一光纤连接的一段短光纤。光纤尾纤是用于连接光纤和光纤耦合器的一个类似一半跳线的接头，它包括一个跳线接头和一段光纤。

optical fiber splice　光纤接续　将两根光纤永久连接在一起，并使两光纤之间光功率耦合的操作。参见 fusion splice，mechanical splice。

optical fiber splitter　光纤分路器　一种从一根光纤中分出一部分能量到另一根光纤中的无源光器件。

optical fiber splitter　光纤存储单元　供富余尾纤或跳纤盘绕的构件。

optical fiber terminal box　光纤终端盒　光缆的终接头，它的一头是光缆，另一头是尾纤，相当于是把一条光缆拆分成单条光纤的设备。光纤终端盒的功能是提供光纤与光纤的熔接、光纤与尾纤的熔接以及光连接器的交接，并对光纤及其元件提供机械保护和环境保护。

optical fiber terminating unit　光纤终接单元　供光缆纤芯线与尾纤接续并盘绕光纤的构件。

optical flow　光流　图像点的速度场，可由序列灰度图像的局部瞬时空间变化求得。它可用于求解刚体三维运动参数和三维结构。从生理学的角度看，“光流”是当人的眼睛与周围环境有相对运动时，产生在眼球视网膜上的一种光的模式。它不仅能向人的大脑提供有用的人与景物相对运动的信息，而且能够提供有关景物三维结构的信息。

optical font　光学字模　一种能用光符阅读器阅读并翻译成适合于计算机识别的数字信号的字模。

optical frequency division multiple access　光频多用复用接入　按照给各个网络单元分配不同光频率，保证每个用户拥有独立的通信线路的接入方式。

optical frequency mixing　光学混频　两束或两束以上不同频率的单色强光同时入射到非线性介质后，通过介质的两次或更高次非线性电极化系数的耦合，产生光学和频与光学差频光波的现象。

optical image stabilizer (OIS)　电子影像稳定器，光学防抖　数码相机防抖动的另一种实现方式是光学防抖动装置，它在镜头中加入一组专门的补偿透镜以及水平、垂直传感器。抖动发生后，处理器可以根据传感器的数据计算出光线偏离光轴的程度，然后让补偿透镜做出相应的位移进行补偿，从而达到稳定图像的效果。

optical incremental display　光增量显示　一种强有力的通用增量阴极射线管显示，可以快速地将数字计算机数据转换成图表形式。它的组合容量可为用户提供极高程度的通用性和精确度。

optical information processing　光学信息处理(技术)　借助光学技术(诸如激光技术，全息照相技术等)并使用计算机对各种数据进行处理的技术，亦是一门新学科。其主要内容是：图像的规整和纠正技术；图像的改善与增强；图样识别；信息的储存，编码和试图技术；也包括电信号和声信号的光学处理。参见 optical computer。

optical information processing technique　光信息处理技术　光信息处理技术是最近几年新兴起的一门技术。它主要包括光学全息和光学图像处理。所谓全息，就是利用光的干涉和衍射原理，记录和再现物体的全部信息。目前常见的显示方法有反射全息、透视全息、彩虹全息、合成全息等。全息图的拷贝印刷技术可以制作全息邮票、立体商品广告、立体封面。还可以用它保存珍贵文物，制成全息电影等。光电混合处理可以进行癌细胞识别、指纹鉴定，可以用来检测海洋波浪的频谱和岩石的物理分析。

optical information technique　光学信息技术　用光学手段来实现信息的采集、传递和处理的技术。尽管光学信息技术涉及的技术领域十分宽广，但起主导作用的是光电子技术(包括激光、微光和红外技术)；光波导技术(包括纤维光学技术和集成光路技术)；光信息处理技术(主要包括全息术和图像处理信息技术等)。

optical interconnect　光纤互连　在布放光缆现场需要光缆或光缆中每一单根光纤直接连接而不需要光跳线。

optical interconnection panel　光纤互连板　一种由模块箱制成的用于电路管理的互连单元，它为个别光纤提供互连，与光交叉连接盘不同，互连板不采用接插线。比较 optical cross-connect panel。

optical interference　光的干涉　若干个光波(成员波)相遇时产生的光强分布不等于由各个成员波单独造成的光强分布之和，而出现明暗相间的现象。只有两列光波的频率相同，位相差恒定，振动方向一致的相干光源，才能产生光的干涉。干涉现象通常表现为光强在空间作相当稳定的明暗相间条纹分布；有时则表现为，当干涉装置的某一参量随时间改变时，在某一固定点处接收到的光强按一定规律作强弱交替的变化。

optical internetworking　光网间互连　不同光网络之间的互相连接。

Optical Internetworking Forum (OIF)　光互联　OIF 成立于 1998 年，它的宗旨是开发网络中光层和已经在开放系统互连(OSI)参考模型中定义的其他层之间能够协同工作的协议。OIF 下设体系结构、运营商、运行/告警/维护/配置(OAM&P)、信令、物理和链路层等工作组。OIF 制定一些实施协议并提交给正式的标准化组织。

optical isolator　光隔离器　一种光耦合器件，将电信号转换成光，光通过一个和外界隔绝的接口射出，然后再转换成电信号。参见 optoisolator。

optical law 光纤定律 也称“新摩尔定律”。因特网的带宽每 9 个月增加一倍，成本降低一半。这种发展速度已为实际情况证明是正确的。参见 Moore's law。

optical line terminator (OLT) 光线路终端 用于连接光纤干线的终端设备。OLT 提供网络侧与本地交换机之间的接口，并且连接一个或多个光分配网(ODN)，与用户侧的光网络单元(ONU)通信。参见 optical distribution network (ODN)，optical network unit (ONU)。

optical link 光链路 由光导纤维组成的光通信线路及其通信规程。

optical logic element 光逻辑元件 由非均匀激励双二极和激光器与光二极管组合而成。利用双二极和激光器的开关作用完成各种逻辑运算等电路功能。

optically assisted Winchester (OAW) 光辅助温彻斯特技术 该技术是美国希捷(Seagate)公司开发的一种磁头技术，它把传统的磁读写头和低强度激光束结合在一起，激光束通过光纤进入磁头，再通过一个微电机驱动的镜子反射到磁盘表面，从而实现磁头的精确定位。OAW 技术能够在 1 英寸宽的范围内写入多于 105 000 个磁道，硬盘单碟容量可达 36GB 以上。

optically interference analogue computer 相干光学模拟计算机 一种广泛地应用于图像改善与增强，图像识别和合成孔径等方面的光学计算机，主要由相干光源、光束扩展器、图像输入装置、傅里叶变换镜头、滤波器、输出装置等组成。其优点是处理速度快，信息容量大，具有并行处理能力，可对二维图像进行运算。然而，因整个运算过程是模拟的，所以其精度不太高。

optical mark encoding 光标记编码 将标记记录在文件的预定列中，以代表一些特殊数据，如表的读数。这种标记可以用铅笔输入或用行式打印机自动打印。文件的细目由一个光标记阅读器解释，以便在输入计算机之前将他们转送到磁带上。

optical mark reader (OMR) 光(学)标记阅读机 一种输入装置，用来阅读卡片或页面上的图形标记，这些标记通常先由手用铅笔填写，再用光标记阅读机阅读，而数据常写入磁带以备处理。

optical mark recognition (OMR) 光(学)标(记)识别 (1)一种信息处理的方法，将数据转换到计算机输入的另一个媒体上，它是用给定位置上标记的出现或不出现来进行识别的，计算机预先知道每个位置上所代表的数值，对人来说，可以认识这些标记，也可以不认识这些标记。(2)利用发射光或反射光的强弱变化，识别和判读文件上的标记的计算机输入设备和技术。它利用光源和横向扫描经过文件路径的光电元件检测是否有文件标记通过光标阅读机。OMR 常用于试卷评分及从标记纸(如购货卡、彩票)等输入数据。

optical memory 光存储器 光存储器是由光碟驱动器和光碟片组成的光碟驱动系统，光存储技术是一种通过光学的方法读写数据的一种技术，它的工作原理是改变存储单元的某种性质的反射率和反射光极化方向，利用这种性质的改变来写入存储二进制数据。在读取数据时，光检测器检测出光强和极化方向等的变化，从而读出存储在光碟上的数据。由于高能量激光束可以聚焦成约 0.8 μm 的光束，并且激光的对准精度高，因此它比硬盘等其他存储技术具有较高的存储容量。

optical memory materials 光存储材料 光存储材料是通过调制激光束，以光点的形式把信息编码记录在镀膜介质中的一类功能材料。根据存储方式不同，光存储材料可分为三种类型：①只读式；②一次写入多次读出；③可擦重写方式。

optical mode conditioner (OMC) 光学模式调节器 一种工具，插入到光源和测试中的 ESCON(企业系统连接)链路时，提供一种测量光学损耗的一致性的方法。

optical module 光模块 由光电子器件、功能电路和光接口等组成，光电子器件包括发射和接收两部分。光模块的作用就是光电转换，发送端把电信号转换成光信号，通过光纤传送后，接收端再把光信号转换成电信号。根据光模块功能分类有：光接收模块、光发送模块、光收发一体模块、光转发模块等。

optical mouse 光电鼠标 一种鼠标器，通过红外线或激光检测鼠标器的位移，将位移信号转换为电脉冲信号，再通过程序的处理和转换来控制屏幕上的光标箭头的移动的一种硬件设备。光电鼠标的光电传感器取代了传统的滚球。这类传感器有的需要与特制的、带有条纹或点状图案的垫板配合使用。参见 mechanical mouse，optomechanical mouse，mouse。

optical multiplex (OM) 光复用 把多个波长复用到一根光纤里传输。

optical multiplex section (OMS) 光复用段 光传送网中，在光层里两个相邻光复用终端功能块之间的部分。

optical multiplex section protect (OMSP) 光复用段保护 这种技术是只在光路上进行 1+1 保护，而不对终端设备进行保护。在发送端和接收端分别使用 1×2 光分路器或光开关，在发送端对合路的光信号进行分离，在接收端对光信号进行选路。光复用段保护只有在独立的两条光缆中实施才有实际意义。

optical multiplex unit (OMU) 光复用单元 一种能将多个单波长光信号组合成多波长光信号的光

传输设备或装置。

Optical Networks Magazine 《光学网络杂志》 美国 2000 年创刊，全年 6 期，Kluwer Acdemic 出版社出版，发表原始论文和评论文章，主要探讨光纤通信和网络系统领域的技术、系统构建、服务及其应用方面的问题。

optical network navigation system (ONNS) 光网络导航系统 自动交换光网络的核心软件系统。ONNS 是在传统的集中配置、静态管理的光网络中引入了动态的分布式智能控制机制，实现了网络的智能化和动态的管理，以及呼叫与连接和无连接的各种应用。

optical network unit (ONU) 光网络单元 光接入网中，提供用户侧接口（直接或远程），并与光分配网(ODN)相连的设备或功能块。

optical neurocomputer 光神经计算机 基于神经网络基本原理，采用纯光学器件或光电混合器件实现神经网络的硬件信息处理系统。具有时间、空间上的双并行性，速度快，容错力强，联想记忆和自学习、自适应等特征。

optical packet flow switching (OFS) 光分组流交换 所谓分组流，是把相同数据流中的一组连续的分组组成一个新的"分组"，称为"分组流"，每一个分组流的开头有一个头分组，末尾有一个尾分组，它们的发出地址和到达地址都相同，形成与其他分组流的分界。分组流比原分组的粒度大，这样做是因为光分组交换(OPS)的交换粒度小，因此在波分复用网络中，同一数据的分组在传输中可能分不同的链路中，分组传输的时延有差异，甚至可能有的分组丢失，造成在到达目的地时分组重组时发生混乱。用分组流作为交换的基本单位，可以选择比较适当的粒度，解决了光分组粒度小所产生的问题。

optical packet switching (OPS) 光分组交换 OPS 是基于虚电路和光时分复用方式的，采用固定长度短数据包格式，一般基于 TDM(时分多路多路复用)来使用光纤中的所有带宽，数据净荷以光信号方式存在，信头开销可以是光形式，也可以是电形式，通过带外波长或副载波复用传送控制开销使之与业务数据分开，控制开销和业务数据之间的时延用光纤迟延线来实现，而可变长度的光分组，可使用串联的光纤延迟线来实现。OPS 主要优点是能通过统计复用网络带宽资源提高带宽利用率，而由于通过光电转换处理控制信息带来的时延问题比较严重。

optical page reader 光学页面阅读器 能够扫描一个整页或文件，并能阅读很多类型格式的光学器件。

optical path 光路 光线从物质出发，通常光学系统的元件（如透镜、棱镜、面镜），在胶片上成像所经过的路线。

optical pattern recognition (OPR) 光学模式识别 通过光处理来识别现场的模式。

optical phase conjugation (OPC) 光相位共轭 以输入波反向传播的回扫所生成的光波。有两类非线性相互作用可以获得入射波的相位共轭波：一类是弹性光散射，这是一种参量过程，各相互作用波场通过非线性介质相互耦合；另一类是非弹性光散射，是受激散射过程，包括受激曼散射、受激布里渊散射和受激瑞利散射。

optical position assemble 光栅定位装置 磁盘设备里一种利用光电原理进行磁头径向位置检测的装置。它由光栅比例尺，光敏部件和驱动装置组成。工作过程是将与磁盘磁道相对应的明暗条纹的变化，反馈给定位机构，从而完成磁头到指定位置的定位。

optical power grounded wave guide (OPGW) 地线复合光缆 也称"光纤架空地线"。电力传输线路中地线中含有供通信用的光纤单元。该种光缆做到两全，即地线的电性能和机械性能不因设置了光纤而受到损害，光纤单元也要适当地受到保护而不致损伤。有铅骨架型、不锈钢管型以及海底光缆型等几种。同 optical fiber composite overhead ground wire (OPGW)。

optical power meter 光功率计 用于测量绝对光功率或通过一段光纤的光功率相对损耗的仪器。用光功率计与稳定光源组合使用，则能够测量连接损耗、检验连续性，并帮助评估光纤链路传输质量。

optical processing 光处理 利用光来处理数据信息。

optical reader 光学阅读器 一种将手写体或机器印刷的符号读进计算机系统中的设备。

optical read/write head 光学读写头，光头 光碟存储器中用于写入、读出和擦除信息的关键部件。把激光器发出的光束聚焦在光碟上，根据从光碟上来的反射光的强弱读出存储的信息。包括激光器、聚焦透镜、光检测器以及其他一些必要的光学元件组成。

optical receiver 光接收器 接收光信号（通常包括光检测器、光放大器、均衡器和信号处理过程）的设备。参见 optical transmitter。

optical recognition 光学识别 参见 optical character recognition。

optical reflective disc 反光碟 一个光学视频盘片，用反射激光束方式读取记录的数据。

optical regenerative repeater 光再生中继器 一种用来接收光数字信号并能按规定要求再生光数字信号的光纤中继器。

optical repeater 光重复器，光中继器 在光纤通信系统中，一个光电子设备或模块。接收一个信号，对其进行放大（对于数字信号还可进行整形、重定时）、并传输出去。

optical resolution 光分辨率 扫描设备内的真正的

物理分辨率，与用软件增强分辨率的插值分辨率不同。分辨率使用 dpi(每英寸点数)来度量。

optical resonant cavity 光学谐振腔 光波在其中来回反射从而提供光能反馈的空腔。光学谐振腔是激光器的必要组成部分，通常由两块与工作介质轴线垂直的平面或凹球面反射镜构成。工作介质实现了粒子数反转后就能产生光放大。谐振腔的作用是选择频率一定、方向一致的光作最优先的放大，而把其他频率和方向的光加以抑制。

optical return loss (ORU) 光回波损耗 在测试参考点处，入射光功率与同一路线返回光功率之比的对数，以 dB 为单位。

optical ROM (OROM) 光 ROM(卡) 美国 Ioptics 公司的光存储器，设计用于便携式设备。OROM 是塑料封装的大小为 2.25×1.75 英寸的数据卡，其容量 128 MB，存取时间为 10 ms，通过 PC Card 或 USB(通用串行总线)总线连接。

opticals 光学处理 在多媒体应用中，由光学部件(摄像头和投射器)产生的视觉效果。各投射器精确对准以在胶片上产生多次曝光。

optical scanner 光(学)扫描器 (1)一种使用光来检验图形的扫描器。(2)一种光扫描，通常生成模拟或数字信号的设备。(3)一种计算机输入设备，用光扫描的办法，把图表转变成计算机能懂的信号。

optical scanning device 光学扫描机 能对文本或图表进行扫描并产生出数字显示，供计算机处理用。参见 optical character recognition。

optical section (OS) 光段 光传送网中，在光层两个规定相邻设备(或相邻功能块)之间的部分。

optical signal to noise ratio (OSNR) 光信噪比 光信噪比的定义是在光有效带宽为 0.1nm 内光信号功率和噪声功率的比值。光信号的功率一般取峰值，而噪声的功率一般取两相临通路的中间点的功率电平。光信噪比是一个十分重要的参数，对估算和测量系统有重要意义。

optical soliton 光孤子 在光纤中经过长距离传输而保持形状或波长不变的特殊光脉冲。当具有高强度的极窄单色光脉冲入射到光纤中时，将产生克尔效应，即介质的折射率随光强度而变化，由此导致在光脉冲中产生自相位调制，使脉冲前沿产生的相位变化引起频率降低，脉冲后沿产生的相位变化引起频率升高，于是脉冲前沿比其后沿传播得慢，从而使脉宽变窄。当脉冲具有适当的幅度时，以上两种作用可以恰好抵消，则脉冲可以保持波形稳定不变地在光纤中传输，即形成了光孤子，也称“基阶光孤子”。

optical soliton communication 光孤子通信 一种全光非线性通信方案，其基本原理是光纤折射率的非线性(自相位调制)效应导致对光脉冲的压缩可以与群速色散引起的光脉冲展宽相平衡，在一定条件(光纤的反常色散区及脉冲光功率密度足够大)下，光孤子能够长距离不变形地在光纤中传输。它完全摆脱了光纤色散对传输速率和通信容量的限制，它被认为是下一代最有发展前途的传输方式之一。

optical storage 光存储器 用光学方法从光存储媒体上读取和存储数据的一种设备。它对存取单元的光学性质(如反射率、偏振方向)进行辨别，并转化为便于检测的形式，即电信号。目前几乎所有的光存储器都是用半导体激光器，因而光存储器也称“激光存储器”。广义上，光存储器还包括条码阅读器、光电阅读机等。在计算机领域，光存储器一般指光碟机、光带机、光卡机等设备，光碟机应用最广。

optical storage library 光碟存储库 同 optical disc library。

optical storage subsystem products (OSSP) 光存储子系统产品 高容量存储器产品，如光碟和光碟驱动器。

Optical Storage Technology Association (OSTA) 光存储器技术协会 主要由光碟驱动器制造厂商组成的一种成员组织协会。它的宗旨主要是支持推广光碟标准，并促进在计算机中使用光碟媒体。

optical subnetwork connection protection (O-SNCP) 光子网连接保护 基于光通道层的 1+1 保护，即俗称的双发选收保护功能。

optical supervisory channel (OSC) 光监控信道 在 DWDM(密集波分复用)系统中，专用于对系统的管理的信道。监控信道使用一个单独的波长进行传输，其波长 1 510 nm。光监控信道完成网管、公务电话及其他信息的传输功能。

optical switching (OS) 光交换 光信号在进行交换时，直接通过光交换器件，不需要经过光电、电光转换的过程。光交换在交换技术中引进了光子技术，因此也称“光子交换”。光交换技术从交换方式上可分为：“光路交换”(OCS)和“光分组交换”(OPS)；从光信号的分割复用方式来分，也有空分、时分、波分以及复合光交换和自由空间光交换等。

optical synchronous transport network 光同步传送网 以光纤作媒质，并采用同步复用、同步交叉连接、同步分出和插入和同步传输技术的传送网。这种传送网的发明者把它称为同步光纤网(SONET)。国际电信联盟-电信标准化部门(ITU-T)采纳 SONET 基本思想，制定了内容更广泛的国际建议，统称为同步数字系列(SDH)标准。参见 synchronous digital hierarchy (SDH)。

optical time division multiplexing (OTDM) 光时分复用 在光域内进行时分复用。复用通常是利用平面波导延迟线阵列(或平面光波电路 PLC)或者高速光开关来实现；而全光时域复用器则常常基于四波混频(FWM)或非线性光纤环行镜(NOLM)等。

O

optical time domain reflection (OTDR)　光时域反射法　也称"光时域向后散射法"。靠光脉冲传输通过光纤，测量返回输入端的散射光与反射光的合成光功率的时间函数，从而测得光纤特性的一种方法。这种方法在估算均匀光纤的衰落系数，检查光纤的光学连续性，确定光纤线路故障点位置以及其他局部损耗是很有用的，是光缆维护所必需的设备。

optical transceiver　光端机　用于远程数据传输的光纤通信设备。光端机主要是通过信号调制、光电转化等技术，利用光传输特性来达到远程传输的目的。光端机一般成对使用，分为光发射机和光接收机，光发射机完成电/光转换，并把光信号发射出去用于光纤传输；光接收机主要是把从光纤接收的光信号再还原为电信号，完成光/电转换。

optical transfer function (OTF)　光(学)传递函数　以频域描述的光(线性、不移位)系统，其上通过束光时的效应。是系统光学传递函数的傅里叶变换。

optical transform unit　光转化单元　把来自 SDH(同步数字系列)的光信号转换为满足波分复用系统要求的光信号。

optical transmission section (OTS)　光传输段　光传送网中，在光层里两个相邻传输设备(或相邻传输终端功能块)之间的部分。

optical transmitter　光发射器　产生激光信号(包括光载波信号的调制和光功率的控制)的设备。光发射器由输入接口、光源、驱动电路、监控电路、控制电路等构成，其核心是光源及驱动电路。光发射机的作用是将从复用设备送来的信号进行整形，变换成适合在光纤线路上传输的码型，最后再进行电/光转换，将电信号转换成光信号并耦合进光纤。参见 optical receiver。

optical transport hierarchy (OTH)　光传送体系　用光作载体传送信息的一套标准。

optical transport module (OTM)　光传送模块　光传送网中，在光层里规定的标准信息结构。

optical transport network (OTN)　光传送网　用光作载体传送信息的网络。它的基本思想是将点到点的波分复用系统用光交叉连接(OXC)节点和光分插复用(OADM)节点连接起来，组成光传送网。波分复用技术完成 OTN 节点之间的多波长通道的光信号传输，OXC 节点和 OADM 节点则完成网络的交叉连接、上下波波长转换等功能。当然，由于目前的技术的限制，交叉是以波长通道为单位的。

optical type fount　光学铅字　机器和人眼都能识别的铅字。

optical video disc　激光录像盘　参见 video disc。

optical video disk system　光学录像盘系统　光学录像盘系统有时也称"非接触光学录像盘系统"，它使用激光束，而不是使用接触的方法(如唱针)播放。此种系统分为两大类型：一种使用照相复制方法，另一种使用物理方法(印模冲压或模制)复制。原先这种系统的光源使用的是氦-氖气体激光器，目前由体积更小的固体激光器所代替，因为它还具有不易破碎、较便宜，且寿命更长等优点。光学唱头中的激光通过光学系统定向，然后聚焦在录像盘的反射层上。反射层的形状决定了光的反射，反射的光线又被光学系统捕获并送往探测器，这一信息用来恢复原始调频信号，然后再分解出所需视频信号。

optical virtual private network (OVPN)　光虚拟专用网　VPN 是一个借助于公用和专用网而建立的逻辑上的虚拟广域网(VWAN)，与用 ATM(异步传输模式)或帧中继建立的 VPN 类似，光 VPN(OVPN)同样是一个在跨越多个管理式波长上运行的可动态建立网络，即采用光波长建立的 VPN。带有光交叉连接和控制信令的智能光网根据可用的资源来配置 OVPN，连接时间可以仅仅是几分钟。

optical waveguide　光波导　(1)用于传输光信号的波导。常用的光波导是光纤。(2)在光学通信中，指一种用于发送光学信号的纤维。参见 optical fiber，cladding，core，fiber optics，multimode optical fiber，optical fiber，single-mode optical fiber。

optical waveguide fibre　光导纤维　在光通信技术中，可以高容量、低损耗地传输光信号的一种光学纤维，简称光纤。光导纤维由纤芯和包层两部分组成。有两种纤维结构可以形成波导传输，即阶跃(折射率)型和梯度(折射率)型。阶跃型光导纤维的纤芯与包层间折射率是阶梯状的，纤芯的折射率大于包层，入射光线在纤芯和包层间界面产生全反射，因此呈锯齿状曲折前进。梯度型光导纤维的纤芯折射率从中心轴线开始向着径向逐渐减小。因此入射光线进入光纤后，偏离中心轴线的光将呈曲线路径向中心集束传输，光束在梯度型光导纤维中传播时，形成周期性的会聚和发散，呈波浪式曲线前进。故梯度型光导纤维也称"聚焦型光导纤维"。

optical waveguide technique　光波导技术　光纤技术与集成光路技术统称为光波导技术，光纤通信频带宽，信息容量大，具有其他通信无法比拟的特点，这是因为光频范围内可以达到的频宽大约是射频范围有效带宽的 5 万倍，加之信息传输中多路复用技术的应用，在同样截面积下，光纤通信容量比电流通信大 1 000 万倍至 10 亿倍。同时光纤通信具有耐腐蚀、抗干扰能力强、保密性好、中继距离长等优点。参见 optical fibre communication。

optical wavelength standard　光波长标准　国际计量局依据几条激光谱线的波长制定的标准。利用高分辨率的干涉仪与已定的波长标准相比对，可以实现光波长的精密测量。

optical window　光学窗口　允许来自外太空的辐射

进入并穿过地球大气层的频段，波长在 300 ～ 700 nm之间，包括了可见光波段(400 ～ 700 nm)。参见 atmospheric window。

optical wrap 光环绕 信号传输，主要用于测试，将信号从设备光学输出端直接传递到光学输入端。

optic branching device 光分路器 一种具有三个或更多端口的器件，在各端口间按给定方式共享输入光，而不是在端口间分配光能。分路器的类型有：单向、双向、对称和非对称等。

optic connection 光互连 一种光神经计算机的功能器件，提供芯片上逻辑门之间、芯片之间以及各种处理器之间的相互连接，分为自由空间互连、光纤互连和集成光波导互连。

optic holography memory 光全息存储器 一种光学计算机的功能器件，全息存储系统可以改善信息存储的空间和存取时间，能达到很高的位密度。全息图可以存储二维和三维信息，信息可以存储在全息图的表面或存储在整个体积中，可以是空间上分离的或重叠的，可以是永久性的或者可擦写的。

optic neural computer 光神经计算机 用光学元器件实现的神经计算机。光学元器件能够进行大规模互连和并发处理，大部分集中在模拟系统方面，在二维图像处理方面，可以进行图像的加、减和相乘，可以进行二维傅里叶变换和卷积计算，还可以进行矩阵运算以及偏微分方程模拟解的运算等多种运算。参见 matrix processor，space optic modulator，optic connection，optic holography memory，electro-optic neural computer，full optic neural computer。

optic sensor 光学传感器 把光信号转换成电子信号的设备或系统。

optics related effect 光相关效应 由光的各种特性变化引起的物理现象统称为光相关效应。

optimal algorithm 最优(优化)算法 (1)利用优化的一般策略和关系代数表达式的等价代换规则，对关系代数表达式进行优化运算。(2)求解一类问题的算法，其复杂性函数达到下界，就称为最优算法，也就是说，不存在复杂性比它更低的算法能求解这类问题。(3)在解决某问题的一个算法类中，其最坏情形复杂性最低的算法。要判定一个算法 A 的最优性并不容易，通常先分析算法 A 的最坏情形复杂性 $WQ(n)$，然后，再求出问题的复杂性下界 $L(n)$，若 $W(n)=L(n)$，则 A 是最优化的。一般地只要 $W(n)=O(L(n))$，就认为 A 是最优的。

optimal control 最优控制 在满足一定约束条件下，寻求最优控制策略，使得性能指标取极大值或极小值。最优控制是现代控制理论的核心，它主要研究的是使控制系统的性能指标实现最优化的基本条件和综合方法。可概括为：对一个受控的动力学系统或运动过程，从一类允许的控制方案中找出一个最优的控制方案，使系统的运动在由某个初始状态转移到指定的目标状态的同时，其性能指标值为最优。比较 memory control，stochastic control，reasoning control，fuzzy control。

optimal control theory 最优控制理论 现代控制理论的一个主要分支，着重于研究使控制系统在满足一定约束条件下，寻求最优控制策略，使得性能指标取极大值或极小值。使控制系统的性能指标实现最优化的基本条件和综合方法可概括为：对一个受控的动力学系统或运动过程，从一类允许的控制方案中找出一个最优的控制方案，使系统的运动在由某个初始状态转移到指定的目标状态的同时，其性能指标值为最优。参见 maximum principle。

O

***Optimal Control Applications and Methods* 《最佳控制应用与方法》** 英国 1980 年创刊，全年 6 期，John Wiley 出版社出版，SCI(科学引文索引)、EI(工程索引)收录期刊。刊载理论与应用文章，涉及最佳控制在宇航、航海、汽车系统、结构设计、机械设计、机器人及制造系统、化工作业、电力系统、能源管理、社会经济模拟、生物医药系统、环境与生态控制、电子系统等方面的应用。

optimal matching 最优匹配 也称"最优对象"。在一个赋权完全偶图(偶图的两个顶点集合各有 n 个顶点)中，具有最大权的完美匹配。

optimal merge tree 最优归并树 一种树结构。这种树的归并所进行的操作最少。

optimal operation area 最佳作业域 在平面和空间作业范围内，人操作时手臂或脚的路线最短、最舒适并能准确地进行操作的区域。

optimal parallel algorithm 最优并行算法 其成本与解决同一问题的最优串行算法的时间复杂性同阶的并行算法。

optimal solution graph 最佳[最优]解图 人工智能中图解搜索耗散最小的解图。在这种解图中，从起始节点至终节点集合的所有解图中它具有最小耗散。

optimal tour 最优环游 在一个赋权连通图中的一条具有最小权的环游。著名的最优环游有中国邮递员问题。

optimal tree 优化树 在所有树中花费最小的检索树。

optimal uniform approximation 最佳一致逼近 按函数的最大模度量误差的一种逼近。也称"极小极大逼近"。参见 minimax approximation。

optimistic concurrency control 乐观并发控制 事务并发控制的一种策略，也称"基于验证的并发控制"。先不加限制地让事务执行，然后执行有效性检查，看是否会和其他活动事务产生冲突，如果冲突就让这个事务回滚，否则就真正执行该事务。同 concurrency control by validation。

optimistic-pessimistic forward pruning 乐观悲观正向修剪 节点搜索中的一种正向修剪方法。其内容是,在 α-β 搜索中,如其乐观值(即在取最大值级的子节点的值)小于等于 α 值,说明其返上值将太小而无价值,故应将该节点后接的分枝修剪掉。同样,如其悲观值(即在取最小值级的子节点的值)大于等于 β 值,也可修剪。乐观值或悲观值的求得可以是该子节点的评价函数值;也可以对其评价函数数值加上或减去一常量。后者称为限界正向修剪。

optimization **优化** (1)重新安排指令和数据在存储器中的位置,使程序在运行时取指令和存取数据所花的时间较少的过程。(2)为提高由编译程序生成的目标程序的质量所进行的各项工作。其质量是指目标程序所占的存储空间(即程序的静态长度)的大小和运行目标程序所需的时间(即程序的动态长度)的多少。优化既要设法缩小存储空间占用,又要设法提高运行速度,但重点是提高运行速度。

optimization algorithm **最优化算法** 对于某一特定的组合最优化问题的任意实例,都可用来求得最优解的组合算法,也称"组合最优化算法"。

optimization method **优选法** 依据数学上寻找某个函数极(大或小)值的较快且较精确的一种计算方法。1953 年美国的基弗提出了单因素优选法—分数法和 0.618 法(国外也称之为菲波拿奇法和黄金分割法)。此外,还有多因素优选法,其因素个数已达上百个。

optimization model type DSS **优化模型类决策支持系统** 根据满足一系列约束条件的优化解对决策提出指导的决策支持系统,可用于由数字方法描述的且具有特定目标的重复性决策。

optimization of computer series **系列机优化设计** 按设计好的体系结构,选择最优方法对计算机系列机进行的设计。如选择什么样的组成,实现技术,从性能价格比出发,在当时的器件技术条件下,如何使价格不增或只增很少来尽可能提高计算机系统的性能。

optimization of cycling program **循环程序的优化** 逻辑框图用图形表示出怎样实现一个程序所具有的功能。为了得到一个更有效的程序,还必须在初次给出逻辑框图的基础上进行仔细推敲、合理安排,使编出的程序所占内存空间小,执行时间快。对循环程序进行的这些工作称为循环程序的优化。

optimization of microprogram **微程序优化** 在不改变微程序作用的条件下,使其所占用的控制存储器的空间更加缩小的技术。可分为水平方向微程序优化和垂直方向微程序优化两方面。

optimization technology **优化技术** 也称"最优化技术"。利用数学手段,以计算机作工具,寻求解决问题最优方案的基本理论、方法和技巧。它是研究和解决如何将最优化问题表示成数学模型,以及如何根据数学模型尽快地求出其最优解的一门技术学科。其数学实质是对函数求极值(极大值或极小值)。实际上由于不可避免的模型近似性和求解算法的非精确性,优化技术一般只能表现为在多目标寻优决策中,从若干个可行解中通过"辨优"和"权衡",选择一个满意解以代替最优解。优化技术包括线性规划、非线性规划、动态规划、多目标规划、非光滑规划、网络图优化、随机优化以及仿真优化等内容,出现了许多类似于共扼梯度法、高斯-牛顿法等效果良好的算法,形成了一门新兴的学科。

optimize **使最优化** (1)使一个系统、过程或操作按最有效的方法取得最佳配置或最好结果的过程。(2)重新安排存储器中的指令和数据,使得程序运行时调用所花的时间最少。

optimize control **最优化控制** 用尽可能有效的方式建立或控制参数的过程。

optimizer **优化程序** (1)对程序优化的程序。其优化功能包括:删除多余的运算、归并已知量、变换控制条件、删除多余赋值和寄存器再分配等。可采用局部优化、循环优化和全局优化等方法。优化过程通常在编译过程的各个阶段进行。(2)对用户询问和数据操作表达式进行优化的关系接口技术。它简化了对数据库存储访问子例程的一系列调用,使之缩短系统响应时间。

optimizing compiler **优化编译程序** 能自动确定程序是否处于最有效形式的一种编译程序。如不是,则必须改变原来的源代码。其目的是保证有效地利用计算机资源。

optimizing control **最优化控制(法)** 关于过程的收益及效率等的一种静态最优化。参见 optimum control。

optimizing of knowledge query **知识查询优化** 为提高知识查询能力,改善知识库管理系统性能而进行的查询优化,包括对知识库进行优化和对检索结果进行优化。

optimum behavior **最优行为** 学习系统的一种系统行为。这种行为所对应的系统增益为最大。

optimum code **最佳代码** 能在固定的时间间隔内沿通信线路传输信息量最大的一种代码。

optimum coding **最佳编码** 为使某种指标达到最高目标所进行的程序设计。其中指标可包括程序占用的内存容量为最小、分时使用外部设备的时间最短或程序执行速度最快等。

optimum control **最优控制(法)** 一种使控制对象的状态自动地控制在最优状态的方法,属于最短时间控制的动态最优化。比较 optimizing control。

optimum decision strategy **最佳判定策略** 一种判定策略。其判定的错误率最小,正确率最大。

optimum design for database **数据库优化设计** 一种注重数据库设计各阶段的优化操作,确保数据库设计质量的手工设计方法。如在需求分析阶段它关心如何从最终用户处获取各种信息;根据数据库设计阶段它研究如何以需求分析为依据模拟现实世界,建立既可为用户理解又容易在确定的硬软件环境下实现的高级概念信息结构;逻辑结构库设计阶段它要把概念数据库转化为规范化及优化的逻辑数据库结构(包括概念模式、子模式、完整性约束和安全性约束等定义)等。这种设计方法要建立大量的文档,耗费大量的人力和时间,目前已被实用数据库辅助设计工程及自动化数据库设计工具所取代。

optimum programming　最佳程序设计　为了使某些实现软件的标准达到最大效率,如占用最少的内存,分时占用外设的时间最短或执行时间最短等条件作为准则而进行的程序设计。

optimum working frequency (OWF)　最佳工作频率　在给定时间,经常是一个月的 90%的规定期间,被工作超过的频率。

option　选(择)项,可选项,选件　在程序语句中使用的一个说明项,可以用它来影响语句的执行。参见 default option。

optional elements　可选要素　标准化术语。标准中不是必须存在的要素,其存在与否视标准条款的具体需求而定。

optional feature　任选功能　(1)程序员可以对处理程序的开始、执行、结束等各个阶段的操作进行选择的功能。该处理程序包括印刷类型的选择、文件属性的指定、处理方法的指定等。(2)不增加基本系统,而按用户的要求进行选择的功能。例如浮点运算功能、终端键种类的变更等。

optional halt instruction　选择停机指令　(1)一种条件停机指令。当选定的条件满足后,机器即停止操作。(2)根据控制规则,某种条件满足之后,停止计算机操作的指令。它也称"选择暂停指令"。参见 optional pause instruction。

optional membership class　随意属籍类别　参见 membership class。

optional network facilities　选择网络设施　报文分组交换数据网络的用户在建立虚拟电路时,可以请求的各种设施。参见 closed user group, reverse charging, throughput class negotiation。

optional parameter　任选参数　可以由程序员或操作员提供(但不一定提供)的参数。如果未提供,则由编译程序、操作系统或程序提供默认参数。

optional pause instruction　选择暂停指令　一种允许人工暂停计算机程序执行的指令。同 optional stop instruction。

optional priority interrupt　可选优先级中断　一台计算机可能有多级可选优先级中断。每一较高优先级的程序都可中断较低优先级的程序。每一级的优先级中断可由程序分别予以开放或禁止,而每一个中断都导致一个独特的中断方式。有些计算机可以有程序控制输入输出通道,利用程序指令,通道会接收或传送累加器内的信息,指令可以指定要与哪一个装置通信;所以程序控制的输入输出线路直接由程序控制。

optional program　任选程序　一种可选择程序的处理或控制方式的程序。该程序可选择定时打印结果和扩展等。

optional user facility　可选用户机制　在 X. 25 中定义的机制,包交换数据网络的用户在建立虚拟电路时可请求之。参见 closed user group, reverse charging, throughput class negotiation。

optional word　任选字,可选字　仅为了提高语言的可读性,在特定格式中设置的保留字。当该字的有关格式用于源程序中时,用户可以任选该字。

option button　选择按钮　在对话框中的圆形或方形按钮,供选择某种操作或方式。

option field　选择字段　在某些通信系统软件中,一种与指定的外部 LU(逻辑单元)或者应用程序有关的数据存储区域。某些与发信端或收信端有关的数据报文处理例行程序,为实现其功能,必须访问选择字段中的数据。用户书写的报文处理出口例行程序也必须访问选择字段中的数据。

option key　选择键　苹果机键盘上的一个键,当它和其他键一起按下时产生特殊字符。如方框、货币符号或全破折号。相当于 IBM PC 键盘上的 Alt 键,和其他键一起使用时,用于改变键的含义。选择键的作用和 IBM 及其兼容键盘上的 Control 键或 Alt 键的作用相似。

option list　(功能)选择表　字处理中的一种可供操作员选择机器功能的列表。同 menu。

option negotiation　选项协商　通信过程中,通信双方在以后使用某些选择性的业务而进行的协商。例如,在 X. 25 分组级协议中,通信的 DTE(数据终端设备)之间建立虚拟电路时或虚拟电路建立以后的一段时间内,主呼 DTE 和被呼 DTE 之间进行的有关用户自选业务的协商。

option ROM (OPROM)　选择型只读存储器　适配卡上控制可引导外部设备的引导顺序的固件。系统 BIOS(基本输入输出系统)查询 OPROM 以确定哪个设备可以被引导。

option selection menu　功能选项菜单　会话管理程序使用的一种全屏幕式的功能选择菜单,用以指出其他选择菜单或系统功能。操作员可任选其中的一个功能项。

option set　可选集　某种系统结构的产品可支持的一系列功能。一个产品可支持其中的一部分功能。参见 base set。

option table　选择表　某些通信系统软件中使用的一种表,包含用户提供的信息的选择字段,使用某些与外部 LU(逻辑单元)或者应用程序相关的通信系统软件中的宏指令。

optoelectronic　光电子　(1)电子学和光学的结

合，研究光的性质和行为，研究能产生、检测、传输和调节电磁频谱中红外线、可见光和紫外线部分的电子设备。(2)指一种响应光学信号的设备，能发射、修改光学辐射或使用光学辐射进行内部操作。(3)进行光电转换或者电光转换的设备。

optoelectronic detector 光电检测器 能将光能转换为电信号的一种光器件。

optoelectronic integrated circuit (OEIC) 光电集成电路 完成光信息与电信息转换的一种集成电路。它可处理的光信息由红外光、可见光及激光。光电集成电路已广泛用于照相机、电视、摄像、工业自动控制、传真和光纤通信以及机器人与视觉传感器、平面显示、夜视、卫星通信和导航等领域。

optoelectronic isolator 光电隔离器 以光为媒介传输电信号，信号单向传输，输入端与输出端完全实现了电气隔离的器件。也称“光耦合器”。同 optical coupler (OC)。

optoelectronic receiver 光电子接收机 一种其部分功能在电域来实现的光接收机。

optoelectronics 光电子学 光技术与电子技术相结合的一门学科。

optoelectronics industry 光电子工业 光学与电子学结合的尖端复合工业。新开拓的领域分为三大部分：①光通信(激光与光纤维)；②光学测量(光敏装置)；③光信息(光集成电路、光学计算机)。

optoelectronic technique 光电子技术 光学与电子学相结合后产生的一种尖端复合技术，主要包括如下三方面：关于信息的传送和处理的电子通信技术；检出、处理及显示图像信息的图像技术，利用光选择高密度能量的光能源技术。光电子技术的应用范围很广，迄今为止，已有下述领域：①信息传送：光通信；②信息的记录和再现：光碟、录像磁盘，现钞支付机，电子印刷；③图像信号的输入和输出：电视，工业电视，显示；④光信息处理：光谱分析仪；⑤光测量：各种传感器，纤维回转仪，测距仪；⑥医疗应用：激光手术，眼底疾病和癌症的治疗；⑦光电力技术：加工和发电；⑧在物理化学反应上的应用：分离同位素等。

optoelectronic transmitter 光电子发送机 一种其部分功能在电域来实现的光发送机。

optoisolator 光隔离器 由一个发光二极管和一个光电二极管组成的半导体器件，起电流隔离和保护作用。流经发光二极管的电流使发光二极管间隙地发光，从而引起光电二极管中电流流动，电压大小对设备无影响。

optomechanical mouse 光机鼠标 一种用光学方法和机械方法相结合来把移动转换为方向信号的鼠标。光学部分包括一对发光二极管(LED)和相对应的检测器，机械部分由带槽的轮子构成。鼠标移动时，轮子转动时光线从槽之间透过或被遮挡。对遮挡的次数进行计数即可测得移动量和方向。这种鼠标结合机械式和光电式鼠标的优点，其精度比机械式鼠标高，不需要光电式鼠标的垫板。参见 mechanical mouse，optical mouse，mouse。

OPT replacement policy 最佳置换策略 一种非实际可行的用于高速缓存和虚拟存储器的最佳置换策略。

OQL (1)对象查询语言 object query language 的缩写。(2)输出质量级 outgoing quality level 的缩写。

OQPSK 偏置正交相移键控 offset quadrature phase shift keying 的缩写。

OR “或” (1)一个二元逻辑运算，记为“+”。当且仅当逻辑变元 P、Q 均为 0 时，他们的“或”P+Q 才为 0。其真值表如下：

P	Q	P+Q
0	0	0
0	1	1
1	0	1
1	1	1

(2)一种逻辑运算符。它具有如下特性：如果 P，Q，R，…为语句，若其中有一个语句是真的，那么 P，Q，R，…的“或”运算结果就是真的；如果所有语句都为假，其结果才是假的。P 与 Q 的“或”运算经常用 P+Q 或 P∨Q 来表示。同 Boolean ADD，OR ELSE logic。

oracle-augmented Boolean circuit 放大提示布尔电路 一种具有附加的“提示”门的布尔电路。提示门有任意个输入和输出，该门的输入串是加在输入门上的值列，输出是输出门上的值列。若已知查询问题 X 的一个提示，提示门的输出串是输入串的解。

Oracle distributed database management system (Oracle DDBMS) Oracle 分布式数据库管理系统 目前国际上使用广泛的分布式关系数据库系统。适用于多种机型，支持多种操作系统(如 UNIX、XENIX、VMS、OS/2 等)，以及 NOVELL、3+OPEN 等多种网络环境，能够很方便地应用于异型机连网，实现分布式数据处理功能。本系统是以 SQL(结构化查询语言)作为数据库语言，从而使得用它开发的应用软件具有良好的兼容性和可移植性。

Oracle media server Oracle 多媒体服务器 由 Oracle 公司开发的一个可以管理、共享和存取所有数据类型信息的数据库产品，包括结构化数据、非结构化数据及数据流。

Oracle parallel server Oracle 并行服务器 Oracle 的一种数据库，用于大规模并行处理机，允许多个 CPU 访问单个数据库。

Oracle relational database management system Oracle 关系式数据库管理系统 美国 Oracle 公司的数

据库软件产品,其特点是:①兼容性,采用标准化语言 SQL(结构化查询语言);②可移植性,可安装在不同机型的大中型、小型和微机上,可在多种操作系统下运行;③开放性,完全符合 ANSI(美国国家标准协会)、ISO(国际标准化组织)及 SQL(结构化查询语言)的有关标准,可容易地进行连网;④支持分布方式,包括支持客户机/服务器工作模式,开发者可将物理上分布的数据库当作一个逻辑上单一的数据库进行处理。系统采用关系式数据模型和层次结构,一个数据库包含一个或多个分区,每个分区可包含一个或多个数据表,以逻辑工作单元为单位进行管理,通过上锁机制保证数据的一致性和完整性,有自动处理死锁的能力,对不同的用户授予不同特权用以进行数据库的安全控制,同时还提供一种审计功能,能跟踪数据库的使用和进行数据恢复。

oracle Turing machine (OTM) **提示图灵机** 也称"带外部信息源的图灵机"。带有一个单方向无限长提示带的图灵机,这个提示带状态在只读或只写之间变化。与提示机器相关的是一个可用提示轻易求解的具体的问题 Y,当提示带在只写状态时,OTM 可在任何时候进入询问状态,此时提示带上的内容 y 即被满足$(y,b)\in Y$的字符串b取代(b相当于 y 的解)并进入只读状态。向提示带询问就像调用求解Y的子程序一样,只是在这里求解Y不需要任何时间。OTM 是研究相对复杂性的一个计算模型,即用于研究一个问题 X 相对于另一个问题Y的复杂性,换句话说,假定对于Y的任意实例其解都已知道,求解 X 时又可以利用Y的有关结果,在这种条件下讨论求解 X 的复杂性。

orange book **橙皮书** 在计算机安全学中,指美国国防部规定的用于单机多用户系统的一组安全标准。同 trusted computing system evaluation criteria。

orange noise **橙色噪声** 该类噪声是准静态噪声,在整个连续频谱范围内,功率谱有限且零功率窄带信号数量也有限。参见 coloured noise。

ORB **对象请求代理** object request brokers 的缩写。

order **阶,次序,排序,指令,序** (1)一个数位的权或方程中元素的阶次。如微分方程的阶、行列式的阶。(2)在排序中使用的一种规定的次序。亦可指记录、级数或一系列事件所处的某种顺序形式。(3)根据指定的规则,按某一排列顺序放置数项。(4)一种用于对显示或打印的数据格式化和定义的代码。参见 display command merge order。(5)集合上的一种二元关系。集合S上的一个自反、传递和反对称的关系 R 称为 S 上的一个偏序,也称"半序",记作或≼或≤。若对 $x,y\in S$ 都有 $(x,y)\in R$ 或 $(y,x)\in R$,则R称为S上的一个全序,也称"线序"。一个具有某个偏序关系的集合 S 连同其上定义的偏序≼称为一个偏序集,记作(S,≼)。一个具有某个全序关系的集合连同其上定义的全序称为全序集。

order by merging **归并排序** 用反复分割和归并的办法来排序。

order code **命令码** 参见 instruction code 和 operation code。

ordered clause **有序子句** 一种句节经编号的子句。通常对一子句集实行消除时进行编号。

ordered dither **有序振动(法)** 一种在只有两级灰度的显示器上产生具有多级灰度图像效果的一种方法。其原理是:每一个像素的亮度或颜色都应根据作用于该像素阵列的一组阈值来确定。

ordered hashing **有序散列** 采用双散列法解决冲突方案的一些散列步骤的复合。

ordered list **有序表** 按关键码递增(或递减)次序排列的线性表。

ordered pair **序偶,序对** 两个有次序的元素 a 和b 组成一个序偶,记为$\langle a,b\rangle$。当且仅当$a_1=a_2,b_1=b_2$时,两个序偶相等$\langle a_1,b_1\rangle=\langle a_2,b_2\rangle$。

ordered search **有序搜索** 人工智能中的一种图解搜索方法。其节点扩展的顺序是根据待扩展节点的评价函数值来决定,即将评价函数值最佳的节点最先扩展。在这种搜索中使用的算法称为有序搜索算法。

ordered search algorithm **有序搜索算法** 参见 ordered search。

ordered seek queuing **有序查找队列(法)** 在某些操作系统中,由控制程序中的输入/输出管理程序所使用的一种技术,按照顺序递增的柱面号来调度非专用磁盘的直接存取存储装置输入/输出操作而使查找时间为最小。

ordered serial file **有序串行文件** 存放在串行存储媒体(磁带)上的顺序文件。

ordered tree **有序树** (1)每个节点的儿子都编好次序的根树称为有序树。二元树的儿子的次序常用左儿子和右儿子加以区别。(2)树的一种。设树 T 的诸子树为 $T_1,T_2,\cdots,T_m$,若其相对次序是有意义的(即对诸子树加以编号),则称 T 为有序树。

ordering **排序** 对印制电路板布线的一种方法。对给定的连线表,要考虑连线的顺序,以提高布线效率和效果。其一般原则是:先布的线应尽可能少妨碍别的线;在相同情况下,应先布短线,后布长线。

ordering bias **排序偏倚(偏移)** 项集中,项的分布次序与随机分布次序之间偏离的方式和程度。排序偏倚说明对某个项集排序比对类似集合按随机分布排序所花功夫的大小。

ordering by merge **合并排序** 为将排序项排成一特定的序列而将其反复分开合并的过程。

O

ordering search 有序搜索 也称“最佳优先搜索”，一种利用启发性信息来选择最有希望处于最佳路径上的节点进行扩展的启发搜索。节点的选择采用估价函数来实现。参见 best first search。

ordering statement 排序语句 将文件中的记录按一定规律排序的语句。

ordering strategy 排序策略 人工智能中的一种图像搜索原则。其原则是：用适当的策略来扩展节点的顺序。其中有动态排序、似真排序等方法。

orderly closedown 有序停机 (1)一种停机方式。此方式能保证有序重新启动，因此不会破坏信息。强制停机时，有序停机对应当修改的所有记录进行修改；重新启动时，不会再错误地修改记录，而且能完成所有的输入输出传送，发送给终端的信息能告诉操作员停机。(2)某些通信系统软件和它的网域的一种有序关闭。参见 cancel closedown，quick closedown。

orderly release 顺序拆除 网络传输层使用 S-RELEASE. request 原语断开连接的过程。这种断开连接方式不会导致数据丢失。顺序拆除也称“文雅拆除”，与此相对的有鲁莽拆除。参见 abrupt release。

order of a graph 图的阶 图中顶点集合的基数。

order of finite group 有限群的阶 有限群所含元素的个数。如 n 次置换群 S_n 的阶为 $n!$，记作

$$|S_n| = n!$$

一般地有限群 G 的阶记为 $|G|$。

order of group 群的阶 群 $\langle G, *\rangle$ 中，集合 G 的基数称为群的阶。当 G 是有限集时，它的阶等于 G 的元素数目。

order point method (OPM) 订货点法 MRP 系统中使用的一种方法，按过去的库存经验预测未来的物料需求，适合于物料需求平衡的企业。参见 MRP Ⅱ。

order set 有序集 一组记录，由一个标题记录，后面跟着一个或几个详细记录组成。

order wire (OW) 联络线 通信系统中用来传送指导控制系统操作的信号的信道或路径。

ordinal number 序号 (1)计算数目的一种号码，用来指示位置。(2)在奔腾处理器中，指无符号的字节、字、双字整型数据。

ordinal position 顺序位置 一个项在数据项序列中的位置。

ordinal type 顺序类型 在 Pascal 中，一种类型，这种类型的数可进行位置计数。

ordinary binary 普通二进制，标准二进制 一种标准的二进制记数系统，即在数中，一个数位的权为其相邻的低数位的权的两倍。例如，10101 表示：$1\times2^4+0\times2^3+1\times2^2+0\times2^1+1\times2^0$ 之和。同 straight binary。

ordinary identifier 普通标识符 在 SQL(结构化查询语言)中，一个字母，后面可跟若干字母、符号、数字或下划线，用于构成一个名字。

ordinary symbol 常规[通用]符号 用汇编语言进行程序设计时使用的一种符号。用来表示一条指令语句的操作数段或名称以及一个汇编阶段的值。亦可用来表示汇编语言指令语句的操作码。

ordinary token 普通筹码 在 SQL(结构化查询语言)中，一个数字常数，一个普通标识符，一个宿主变量或者一个关键字。

org 组织机构域名 在因特网的域名系统中，标识组织机构网址的最高层域名。

organic light emitting diode (OLED) 有机发光二极管 一种薄膜多层器件，由碳分子或聚合物组成。有机发光二极管器件有宽泛的发射光谱，能通过细微改变器件的化学组成来调谐 OLED 的发光波长峰值。OLED 已成为制造超薄超轻柔性显示屏的首选器件。

organic light emitting display (OLED) 有机发光显示器 采用非常薄的有机材料涂层和玻璃基板制作的屏幕，当有电流通过时，有机材料就会发光。而且 OLED 显示屏幕可以做得更轻更薄，可视角度更大，并且能够显著的节省耗电量。

organic pin grid array 有机引脚栅格阵列 一种芯片封装形式，这种封装的基底使用的是玻璃纤维。此种封装方式可以降低阻抗和封装成本。参见 pin grid array (PIA)。

organizationally unique identifier (OUI) 机构唯一标识 在 IEEE 802.1a 中定义 SNAP(子网访问协议)头部的一个三字节的字段，标识一个组织机构，该机构指定 SNAP 头部后继 2 字节协议标识符(PID)字段的含义，从而标识一个路由或桥接的协议。参见 subnetwork access protocol (SNAP)。

organizational unit (OU) 组织单元 一个容器对象，它是活动目录可管理的划分。OU 可以包含用户、小组、资源和其他 OU。组织单元可以把管理权限委托给目录中的子树。

organization behaviour science 组织行为学 20 世纪 60 年代中期西方行为科学中出现的一个新概念，它主要论述企业组织内个人和团体的行为。其特征是既注意个人因素，又重视组织的因素，在一定意义上可以说是人群关系派和组织理论派的综合。

organization for the advancement of structured information standards (OASIS) 结构化信息标准推动组织 OASIS 成立于 1993 年，一个非营利性的国际组织，它的目标是促进对信息格式的产品无约束标准的使用，如标准通用标记语言(SGML)、可扩展标记语言(XML)和超文本标记语言(HTML)等。2001 年，OASIS 与联合国合作主办了 ebXML(电子商务可扩展标记语言)，一个全球关于电子商

务数据交换的规范。ebXML的目标是使任何规模的商家能够和任何人开展电子商务。参见 standard generalized markup language (SGML)。

OR gate **或门** 一种常用的逻辑门。或门有多个输入端和一个输出端,只有所有的输入端的状态为0,则输出端的状态才为0,反之,只要有一个输入端的状态为1,则输出端的状态就为1。或门也称"或元件"。两个输入端的或门的真值表如下:

输入		输出
A	B	R
0	0	0
0	1	1
1	0	1
1	1	1

符合或门逻辑关系的电子线路称为或电路。

orgware **组织件** 经特殊设计,综合利用人、规章制度和技术诸因素,能使技术和外部系统产生和谐的相互作用的一组组织安排。组织件在宏观层次上是指一套经济和法律制度等,在运行层次上是指组织结构、管理方法、人员培训、供应服务和与其他系统交流的一些专门方法。组织件的名字出现于20世纪70年代。它现在与硬件、软件一起出现在组织化的技术中,计算机集成制造系统(CIMS)就是它应用的一个典型例子。

orientation **校准,定向** (1)当应用于电传打字机时,指调整接收机构选择的时间。这种调整是相对于启动瞬间进行的。参见 range finder。(2)在印刷子系统中,物质沿某一坐标旋转的度数,如相对于页面坐标,标定一个页面上打印的方向。参见 text orientation。

orientation coating disk **定向涂覆磁盘** 一种涂覆型磁盘。涂覆记录介质层时,在记录介质尚未固化时就外加磁场,使记录介质层的磁性分子沿既定的信息记录方向排列,直到这种排列被固化时才去掉外加磁场,使得磁盘具有较高的矫顽力、较强的剩磁,从而提高记录密度。

orientation of text **文字方向** 图形输出中字符串的方向,它用垂直向量来指出。

orientation ratio **定向比** 磁记录介质的一项性能参数,定义为磁记录方向的剩余磁化强度与总的剩余磁化强度之比。

oriented interrupt **定向中断** 由处理机和I/O设备产生的中断信号,而不是由指令发出的中断。

origin **起始地址,发信端,原址,原点** (1)在相对编码中,在某区域中作为其他地址基准寻址的所参照的绝对存储地址。(2)一种产生信息或其他数据的外部逻辑单元或者应用程序。参见 destination。(3)一工作站或应用程序中报文或其他数据的起始点。(4)在给定坐标系统中,每个分量都为0的那一点。参见 assembled origin computer program origin,loaded origin。

origin address **源地址** 一种标识发送信息位置的代码。同 source address。比较 destination address。

origin address field (OAF) **源地址字段** 在SNA(系统网络体系结构)中,FID0和FID1(格式标识0和1)传送标题中的一个字段,其中包含发信网络可寻址单元的地址。参见 format identification (FID) field,local session identification (LSID),origin address field prime (OAF'),origin element field (OEF),origin subarea field (OSAF)。

origin address field prime (OAF') **源地址主字段,带撇源地址字段** 在SNA(系统网络体系结构)中,FID2(格式标识2)传送标题中的一个字段,包含发信网络可寻址单元的本地起始地址。比较 destination address field prime (DAF')。参见 format identification (FID) field,origin address field (OAF)。

original document **初始文档** 一种数据处理系统最初使用的文档。这种文档支持输入到数据处理系统的基本数据。许多系统结论的错误都是由这种原始文档引起的。

original equation **原始方程** 描述各种被仿真对象特性的数学方程。其参数要求是完整的,如常微分方程、代数方程、逻辑方程等。

original equipment manufacturer (OEM) **初始设备制造厂[商]** OEM最初被称为原始设备制造,现在则被称为专业代工。是指制造商依照企业客户需求,生产符合客户要求的产品,之后挂上企业客户的商标品牌,由客户自行销售。通常,采取OEM订单的企业,是基于节省生产成本和营销费用考虑的。

original footage **原始注记** 在多媒体应用程序中,构成一个程序的注记。同 raw footage。

original language **源语言** 参见 source language。

original problem **初始问题** 求解问题时最初提出的问题。例如"与-或"图的搜索中描述与根节点有关的问题。

originating UA **始发用户代理** 在个人间分组通信中,指把要传递的消息包提交给消息包传送系统的一种用户代理模块。参见 user agent (UA)。

origination **起始** (1)将输入数据转换成计算机可读的形式的过程。(2)通过公用电话交换网络进行数据传送的过程。(3)建立和发送报文的过程。

originator **始发者,发信方,创始者** (1)任何建立、转换或传输数据的人、设备或程序。(2)在数据保密系统中,负责创立信息权限的人或组织。比较 recipient。

origin directive **起始地址伪命令** 一种命令性汇编

语言伪命令，告诉汇编翻译系统被汇编程序的起始地址。助记符号通常是 ORG。

origin element field (OEF) **起始单元字段** 在 SNA(系统网络体系结构)中，FID4(格式标识 4)传送标题中的一个字段。包含一个和 OSAF(起始子区字段)中的子区地址组合在一起的单元地址，并给出了 NAU(网络可访问单元)的完整的起始网络地址。比较 destination element field (DEF)。参见 format identification (FID) field。

origin logical unit (OLU) **原始逻辑单元** 发送数据的逻辑单元。对应于 destination logical unit (DLU)。

origin subarea field (OSAF) **起始子区字段** 在 SNA(系统网络体系结构)中，FID4(格式标识 4)传送标题中的一个字段，包含一个和起始单元字段中的单元地址组合在一起的子区地址，并给出网络可编址单元的完整的起始网络地址。比较 destination subarea field (DSAF)。参见 format identification (FID) field。

ORM **对象关系映射** object relation mapping 的缩写。

OR node **"或"节点** 人工智能中的一个"或"关系节点，用于问题的归纳中。其内容是：把问题 A 归纳为若干个子问题 B,C 和 D，如 B,C,D 中只要有一个子问题能求解，就能使问题 A 也获得求解，则 B,C,D 与 A 有"或"的关系。

OR operation **或运算[操作]** 一种二元布尔运算，运算符号记为"∨"或"+"。相当于逻辑联结词析取。两布尔变元 p、q 经"或"运算得到"$p+q$"。"$p+q$"的布尔值为"0"当且仅当 p、q 的布尔值均为"0"。同 disjunction。

orphan **孤儿** 孤儿是含奇偶校验、且在严重情况下，如掉电或磁头碰撞下会出错的镜像集或带区集的成员。发生这种情况时，容错驱动程序决定不能再使用称为孤儿的成员，并将所有的新的读和写操作定向到容错卷的其余成员。

orphan file **孤立文件** 已经被停止使用但仍保留在系统中的文件。例如，为了支持某个特定的应用程序而生成的一个文件，在该应用程序被删除后可能仍保留在系统中，这样的文件就是孤立文件。

orphan line **孤立行** 在文本排版软件中，指被打印在一页末尾的段落的第一行文本。即当某一段落的第一行排在前一栏目或前一页的最后一行时，称该行为孤立行。孤立行通常被认为是一种不好的排版方式，一段中至少应有两行上以被排在前一栏目或前一页。

OR relationship **"或"关系** 若干条件之间的一种关系，当满足这些条件中的任何一个条件时，就能进行所规定的操作。

OR Spectrum **《运筹学概览》** 德国 1979 年创刊，全年 4 期，Springer-Verlag 出版社出版。SCI(科学引文索引)收录期刊。刊载数学运筹学及相关学科的研究论文、概述、理论与应用论述及报告，兼载运筹学软件信息。读者对象为从事运筹学研究的大学、经济和管理部门的专业人员。

orthicon **低速电子束摄像管** 一种摄像管，其中的低速电子束扫描具有电子存储能力的感光嵌镶光电阴极。

orthogonal code **正交码** 数字通信中的一种编码形式。其结构特点是：任意两个码组都相互正交，即相关函数为 0。这种编码主要用来展宽频谱。

orthogonal code division multiplexing (OCDM) **正交码分复用** 用一组包含互相正交的码字的码组携带多路信号。采用同一波长的扩频序列，频谱资源利用率高，与 WDM(波分多路复用)结合，可以大大增加系统容量。参见 wave division multiplexing (WDM)。

orthogonal error control **正交差控制** 一种自动校正磁带上信息错误的方法。采用纵横累加计算方法，当信息写到磁带上时，自动算出每行和每列的奇偶校验位。并分别置于各行和各列的末尾。当某位信息有错时，即可用行与列的奇偶校验位来检错和纠错。

orthogonal experiment **正交试验法** 广泛应用于质量管理、生产管理、技术管理以及环境保护、综合利用等方面的一种试验(或设计)方法，它利用数理统计学的观点，应用"均衡分散法"和"整齐可比性"原理，借助规格化的"正交表"，从若干试验点中，挑选适量的具有代表性、典型性的试验点进行有目的的试验，以便减少试验次数，提高效率。

orthogonal frequency division multiple access (OFDMA) **正交频分多址** OFDMA 是 OFDM(正交频分复用)技术的演进。在利用 OFDM 对信道进行子载波化后，在部分子载波上加载传输数据的传输技术。通过给不同的用户分配不同的子载波，OFDMA 提供了天然的多址方式。OFDMA 技术使得每个用户可以选择信道条件较好的子信道进行数据传输，而不像 OFDM 技术在整个频带内发送，从而保证了各个子载波都被对应信道条件较优的用户使用，获得了频率上的多用户分集增益。在 OFDMA 中，一组用户可以同时接入到某一信道。参见 orthogonal frequency division multiplexing (OFDM)。

orthogonal frequency division multiplexing (OFDM) **正交频分复用** 数字信号的一种调制方式，信号分组后由一组等距离正交排列的子载波同时以正交幅度调制(QAM)或其他方法调制。OFDM 能够很好地对抗无线传输环境中的频率选择性衰落，可以获得很高的频谱利用率。主要的应用包括：非对称的数字用户环路(ADSL)、ETSI 标准的数字音频广播(DAB)、数字视频广播(DVB)、高清晰度电视(HDTV)、无线局域网(WLAN)等。

orthogonal group **正交群** 由全体n阶正交矩阵对矩阵的乘法构成的群。

orthogonal Latin square **正交拉丁方** 拉丁方的一种。设A、B是两个n阶拉丁方，当把A、B并置后，A、B同一位置的两个数字组成一个有序对，共有n^2个有序对。如果这n^2个有序对中任何两个不相同，则称A,B是正交的。下例是两个正交的3队拉丁方：

$$\begin{bmatrix} 3 & 2 & 1 \\ 2 & 1 & 3 \\ 1 & 3 & 2 \end{bmatrix}, \begin{bmatrix} 2 & 3 & 1 \\ 1 & 2 & 3 \\ 3 & 1 & 2 \end{bmatrix} \rightarrow \begin{bmatrix} (3,2)(2,3)(1,1) \\ (2,1)(1,2)(3,3) \\ (1,3)(3,1)(2,2) \end{bmatrix}$$

正交拉丁方在试验设计中有许多应用。

orthogonal linked list **正交链表** 也称十字链表。有向图的一种链式存储结构。存储稀疏矩阵的一种多重链表。它把所有非零元素链接起来，按不同行列链接成彼此正交的链表。

orthogonal matrix **正交矩阵** 若矩阵A和它的转置矩阵的乘积等于单位矩阵，即AA'＝E，则矩阵A为正交矩阵。

orthogonal organization **正交组织** 围绕一个特定的和临时的项目建立起来的组织结构。授予项目管理员完成项目的职责和职权。需要时由上级或人员管理员(称为资源管理员)提供人力资源，项目管理员一般无权雇佣、解雇、训练或提升工作人员。

orthogonal processor **正交处理机** 一种由相联阵列处理子系统和串行处理子系统两个子系统组成的处理机，这两个子系统共同使用同一主存储器。

orthogonal projection **正交投影** 投影线与投影平面相互垂直的一种平行投影。例如工程图纸中经常使用的三视图就是正交投影的结果。

orthogonal signal **正交信号** 一对至少在理论上无相互干扰的信号。

orthogonal transformation **正交变换** 正交变换是保持图形形状和大小不变的几何变换，包含旋转，平移，轴对称及上述变换的复合。

orthogonal transmission diversity (OTD) **正交发送分集** 一种通信系统中的信道扩展方法。OTD采用具有给定长度的准正交码对通过重复第一码元而获得的一对码元进行扩展，以通过第一天线发送扩展码元，同时，采用所述准正交码对所述码元和所述码元的反相码元进行扩展，以通过第二天线发送扩展码元。

orthographic projection **正交投影** 用正交平面上的投影视图表示三维物体的方法。一个立体图形可用俯视图，前视图，左或右视图来表示。这种投影不具有透视效果。参见 perspective projection, orthogonal projection。

orthonormal basis **标准正交基** 欧氏空间中由n个两两互相正交的单位向量构成的基。

OR tree **或树** 自顶到底的树并且往往不是唯一解的决策树。在每一节点上都展开成向前推理的呈"或"关系连接至下一层节点的分支。

ORU **光回波损耗** optical return loss 的缩写。

OS (1)操作系统 operating system 的缩写。(2)运行系统 operation system 的缩写。(3)光段 optical section 的缩写。(4)光交换 optical switching 的缩写。

OSA **开放系统体系结构** open systems architecture 的缩写。

OSAF **起始子区字段** origin subarea field 的缩写。

OSAM **溢出顺序存取法** overflow sequential access method 的缩写。

oscillating circuit **振荡电路** 将电源的直流电能，转变成一定频率的交流信号的电路。振荡电路作用是产生交流电振荡，作为信号源。振荡电路一般由电阻、电感、电容等元件和电子器件所组成。

oscillating current **振荡电流** 振荡电流是一种大小和方向都随周期发生变化的电流。振荡电流是一种频率很高的交变电流，它无法用线圈在磁场中转动产生，只能由振荡电路产生。

oscillating discharge test of a capacitor **(电容器的)振荡放电试验** 通过振荡放电来测定电容器的固有电感的试验。

oscillating quantity **振荡量** 交替地增大与减小的量。比较 pulsating quantity, alternating quantity, alternating quantity, periodic quantity。

oscillating scan head **摆动扫描头** 能在文本页面上来回移动以扫描每一行内容的一种光电器件。文本页面安装在一个半圆柱体卷轴上，扫描头每摆动一次，同时产生走纸。

oscillating sort **交替分类** 一种合并分类方法。为形成一分类集合，采用交替地分类和集合操作。

oscillating sorting **交替排序** 一种在分布和归并之间交替执行的排序算法。

oscillator **振荡器** 用来产生重复电子信号(通常是正弦波或方波)的电子元件。其构成的电路叫振荡电路。振荡器也是一种能量转换装置，能将直流电转换为具有一定频率交流电信号输出的电子电路或装置。振荡器种类很多，按振荡激励方式可分为自激振荡器、他激振荡器；按电路结构可分为阻容振荡器、电感电容振荡器、晶体振荡器、音叉振荡器等；按输出波形可分为正弦波、方波、锯齿波等振荡器。参见 harmonic oscillator, relaxation oscillator。

oscillator and timing generator **振荡器和定时信号发生器** 在某些系统中，为实现微处理控制功能而产生基本时钟脉冲的一种装置。

oscilloscope **示波器** 一种显示电路、电流波形的仪器。其波形按照电流、电压的变化而变化。

OSD (1)在屏显示，屏幕菜单 on-screen display 的

缩写。(2)开放软件描述 open software description 的缩写。(3)光扫描机 optical scanning device 的缩写。

OSDL 开源发展实验室 open source development laboratory 的缩写。

OSE 开放系统环境 open system environment 的缩写。

OSF (1)开放软件基金会 open software foundation 的缩写。(2)运行系统功能 operation system function 的缩写。

O

OSF/MF 操作系统功能或协调功能 operations system function or mediation function 的缩写。

OSGI 开放服务网关协议 open service gateway initiative 的缩写。

OSI (1)开放系统互连 open system interconnection 的缩写。(2)开放源码促进会 open source initiative 的缩写。

OSIA 开放系统互连体系结构 open system interconnection architecture 的缩写。

OSI base standards OSI 基本标准 用于描述和规定模型标准中诸层功能所必需的、而又与按特定实现无关的技术细节的标准。具体地说,OSI(开放系统互连)模型标准中规定了七层,每层都有两种基本标准,即服务定义标准和协议规范标准。参见 open system interconnection (OSI)。

OSID 开放服务接口定义 open service interface definition 的缩写。

OSI environment (OSIE) 开放系统互连环境 在互连的开放式系统中,所有与系统互连有关的部分,包括端开放系统和中继开放系统。所有互连的端开放系统中的应用进程,彼此通过 OSIE 和物理介质进行通信,实现交换信息的目的。参见 open system interconnection (OSI)。

OSI functional standards OSI 功能标准 为了满足不同应用需求,适应网络和实系统的不同支撑能力,由 OSI(开放系统互连)标准的用户和厂家联合对各层基本标准及其相关的类别、子集、选项和参数等所进行的相应功能性选择而制定的标准。功能标准应从端系统用户观点出发,精确定义所选定的功能、描述所适应的范围,并规定端系统和电信设施之间交换数据的格式和相互协作关系等内容。确切地说,功能标准应提供功能定义、适用范围、引用标准、详细规定、二义性与差错、一致性声明等六个方面的精确描述。参见 open system interconnection (OSI)。

OSI Internet management (OIM) 开放系统互连因特网管理组 一个团体,其职责是说明如何用 OSI (开放系统互连)网络管理协议来管理 TCP/IP(传输控制协议/网际协议)网络。

OSI level OSI 层,开放系统互连层 OSI(开放系统互连)参考模型的分层结构中的任一层。每一层都解决通信处理的某一方面的问题。共有七层,自底向上包括物理层、数据链路层、网络层、传输层、会话层、表示层和应用层。参见 open system interconnection (OSI)。

OSI Level 1 开放系统互连的第一层 物理层。提供数据终端设备(如通信控制器或终端)与数据电路终端设备(如调制解调器)之间的接口。该层与 SNA(系统网络体系结构)的同一层次相对应。

OSI Level 2 开放系统互连的第二层 类似于国际标准化组织所定义的高层数据链路控制协议那样的标准链路控制。SNA(系统网络体系结构)数据链路控制层与这一层相对应。

OSI Level 3 开放系统互连的第三层 网络层。功能上对应于 SNA(系统网络体系结构)的路径控制层。它包括了 X. 25 Level 3 作为公共数据网络的标准交换接口,然而没有定义专用网络互连的标准。

OSI Level 4 开放系统互连的第四层 传输层。它提供主机到主机可靠的通信,并屏蔽网络层通信网络的细节,对会话层提供支援。

OSI Level 5 开放系统互连的第五层 会话层。该层的功能与 SNA(系统网络体系结构)会话层的功能相似。该层的标准可参阅 ISO 8326 和 8327 以及 ITU X. 215、X. 225、X. 235 等文件。

OSI Level 6 开放系统互连的第六层 表示层。其功能与 SNA(系统网络体系结构)中相应层的功能类似。该层的标准可参阅 ISO/IEC 8823、9576 以及 ITU X. 226、X. 236 等文件。

OSI Level 7 开放系统互连的第七层 应用层。该层将包括应用管理、系统管理和层次管理等服务功能。该层的标准可参阅 FTAM(文件传送存取与管理)、DAP(数据存取协议)、ROSE(远程操作服务元素)、RTSE(可靠传输服务元素)、ACSE(联系控制服务元素)等标准,以及 ITU X. 400、X. 500 等文件。

OSI network address OSI 网络地址 一种地址格式,由 20 个 8 字节组成,用于定位一个 OSI(开放系统互连)传输实体。这个地址格式化为一个标准化的初始域部分和一个用于在领域内寻址的域专门部分。

OSI/Network Management Forum (OSI/NMF) OSI/网管论坛 由 AT&T、BT、MCI、NTT、北方电信、DEC 等公司组成,在 OSI(开放系统互连)的七层模型上开发有关规程。参见 open system interconnection (OSI)。

OSI/NMF OSI/网管论坛 OSI/Network Management Forum 的缩写。

OSI overall standards OSI 总体标准 具有全局性和普遍意义的 OSI(开放系统互连)标准。OSI 总体标准包括:OSI 参考模型、OSI 服务约定、OSI 层互操作需求、OSI 路由框架、OSI 管理、OSI 一致性测试、抽象语法标记法(ASN)、形式描述技术等。参见 open system interconnection (OSI)。

OSI presentation address OSI 表示地址 用于定位一个 OSI(开放系统互连)应用层实体的地址。由一个 OSI 网络地址和最多三个选择子构成,选择子分别用于传输层、会话层和表示层实体。参见 open system interconnection (OSI)。

OSI protocol OSI 协议 关于 OSI(开放系统互连)的对等实体在通信过程中必须遵守的统一的通信格式和过程等方面的规则和规定。

OSI reference model standard OSI 参考模型标准 为了规定整个 OSI(开放系统互连)体系结构的基本框架而制定的全局性标准。它为所有 OSI 标准提供公共的参考基础、概念和术语,对分析、设计、实现、运行、改造和测试各种互连的信息处理系统具有重要的指导作用。参见 open system interconnection (OSI)。

OSI resources OSI 资源 与 OSI(开放系统互连)有关的数据处理和数据通信的资源。

OSI service OSI 服务 在 OSI(开放系统互连)参考模型中,由某层及其以下各层提供给相邻上层的能力的总和。它包括下层提供的服务以及在此基础上由本层功能新添加的服务。参见 open system interconnection (OSI)。

OSI service conventions OSI 服务约定 关于各种 OSI(开放系统互连)服务定义标准所应遵守的总体性约定的标准。它规定了各种 OSI 服务定义标准所要用到的术语和时序图,给出了层服务模型、服务原语分类、类型、性质、命名规则、原语参数描述方法等方面的约束。该标准是 OSI 服务标准制定者和使用者的指南。参见 open system interconnection (OSI)。

OSI stack OSI 协议栈 OSI(开放系统互连)模型中的一组一起工作的协议集合。

OSI standards OSI 标准 关于信息处理系统互连、互通、互操作和互工作所制定的系列标准的总称。

OSL 对象描述语言 object specification language 的缩写。

OS/MD 操作系统或协调装置 operations system or mediation device 的缩写。

O-SNCP 光子网连接保护 optical subnetwork connection protection 的缩写。

OSNR 光信噪比 optical signal to noise ratio 的缩写。

OSP (1)在线服务提供商 online service provider 的缩写。(2)操作系统处理器 operating system processor 的缩写。

OSPF 开放最短路径优先(算法) open shortest path first 的缩写。

OSPFIGP 开放最短路径优先(OSPF)内部网关协议 open shortest path first interior gateway protocol 的缩写。

OSS (1)开放源代码软件 open source software 的缩写。(2)运行支撑系统 operational support system 的缩写。

OSSP 光存储子系统产品 optical storage subsystem products 的缩写。

OST 操作员站任务 operator station task 的缩写。

OSTA 光存储器技术协会 Optical Storage Technology Association 的缩写。

OS/VS OS/VS 操作系统,操作系统/虚拟存储 operating system/virtual storage 的缩写。支持虚拟存储系统的操作系统。

OS/VS 1 OS/VS 1 操作系统 一种虚拟存储器操作系统,它是 OS/MFT 操作系统的扩充版本。

OS/VS 2 OS/VS 2 操作系统 一种虚拟存储器操作系统,它是 OS/MVT 操作系统的扩充版本。

OS/2 OS/2 操作系统 operating system/2 的缩写。

OS/2 client OS/2 客户机 连接到网络运行 OS/2 的任何计算机。OS/2 客户机工作站支持 IPX/SPX(网络互联包交换/顺序包交换)、NetBIOS 和命名管道。

OS/2 mode OS/2 模式 一种运行程序的模式,用于运行为 OS/2 操作系统而设计的程序。

OS/200 DBS OS/200 数据库系统 Honeywell 公司在 H200、H2000 上研制的以 Easycoder 为基础的宿主语言系统,它支持链表系和文件对文件的连接,也支持索引顺序结构。文件可以倒排,并可根据任何数据项的值进行存取。

OTA (1)空中下载 over the air 的缩写。(2)运算跨导放大器 operational transconductance amplifier 的缩写。

OTD 正交发送分集 orthogonal transmission diversity 的缩写。

OTDM 光时分复用 optical time division multiplexing 的缩写。

OTDOA 观察到达时差 observed time difference of arrival 的缩写。

OTDOA location 观察到达时差定位 OTDOA 是根据三个基站与移动终端信号传播的时间差值进行定位的技术。OTDOA 定位系统是三维的,但由于在一般情况下垂直方向上的差别与小区半径相比非常小,因此通常忽略不计。移动终端向网络发送系统帧号间可观察到达时间差测量值。测量值包含测得的服务小区和邻近小区的定时差值。由于网络已知服务小区到移动终端的传播延迟,因此可以将移动终端提供的 OTDOA 测量值转换为

TDOA(到达时差),从而估算出基站到移动终端的距离。参见 TDOA location。

OTDR **光时域反射法** optical time domain reflection 的缩写。

OTF synthesis **光传递函数合成** 具有预先定义的光传递函数的光系统的实现。通常由全息图来完成。OTF 是 optical transfer function 的缩写。

other-domain resource **非本域资源** 在 SNA(系统网络体系结构)产品中的一种资源,为某一域所有,该域不是仅按它的网络名字和相联的系统业务点所能识别的域。

O

OTL **输出无变压器** output transformerless 的缩写。

OTM **光传送模块** optical transport module 的缩写。

OTN (1)开放传输网络 open transport network 的缩写。(2)光传送网 optical transport network 的缩写。

OTOH **另一方面** on the other hand 的缩写。经常用于电子邮件、因特网新闻和讨论组的一种简略表达方式。

OTP (1)美国电信政策办公室 Office of Telecommunications Policy, US 的缩写。(2)一次性口令 one-time password 的缩写。(3)开放交易协议 open trading protocol 的缩写。

OTS (1)美国商务部技术服务处 office of technical service 的缩写,它曾是美国《PB 报告》的出版单位之一。(2)光传输段 optical transmission section 的缩写。

OTSR **全向发射扇区接收** omni transmitter sector receiver 的缩写。

OUI **机构唯一标识** organizationally unique identifier 的缩写。

ounce (oz) **盎司** 一种英制质量单位,1 盎司等于 28.3496 克(g)或等于 1/16 磅(pound)。

outage **停机** 由任何原因所引起的停止工作。

outage rate **停机率** 元件或系统在单位运行时间的停运次数。

outage state **停机状态** 元件或系统完全或部分与系统断开的非运行状态。

out-basket **输出篮** 一种只包含发出消息的信箱。

outboard link **外向链接** 从一个主题文件指向另一个文件或节点的超链接。

outboard LU **外部逻辑单元** 建议使用 peripheral logical unit。

outboard recorder (OBR) **外部记录器** 在某些磁盘操作系统控制下工作的记录器。用来在发生不可恢复的 I/O 错误时,向系统记录器记录文件中的适当数据。

outbound **出界,输出** (1)在双缆制宽带通信系统中,自头端向全网传送信号的电缆,通常称为出界电缆,它相应起着宽带通信系统中前向通路的作用。(2)在数据站的数据流中,一种从应用程序到设备之间的传送。同 outgoing sending。

outbound path **输出通路** 在宽频带的局域网中,工作站用于从端口接收信息包的传输通路。

outbox **发件箱** 在电子邮件应用系统中,一种由系统设定的用来存储要发送的信息的邮件箱。参见 E-mail。

outbuffer subgroup **输出缓冲区子组** 报文处理程序中的输出组的一部分,它对输出报文的每一段进行操作。

outconnector **(流线)外接符,(流线)改接符** 在流程图中,一种指示流程线断开并改接在另一点的连接符。比较 inconnector。

outdegree of a node **出度** 有向图 G 中,以节点 v 为起点的有向弧的条数称为 v 的出度,记为 $deg^+(v)$。

outdent **悬挂缩进** 参见 hanging indent。

outdoor bushing **户外套管** 两端均设计用于周围空气中并暴露在户外大气条件下的套管。参见 indoor bushing, insulator。

outdoor external insulation **户外外绝缘** 设计用于建筑物外运行,因而处于露天的外绝缘。比较 indoor external insulation。

outdoor-immersed bushing **户外-浸入式套管** 一端设计用于周围空气中并暴露在户外大气条件下,另一端浸入不同于周围空气的绝缘介质(如油或气体)中的套管。参见 indoor-immersed bushing, insulator。

outdoor-indoor bushing **户外-户内套管** 两端均设计用于周围空气中的套管。其一端设计用于暴露在户外大气条件下,而另一端不暴露在户外大气条件下。参见 indoor bushing, outdoor bushing, insulator。

outer join **外联结** 数据库管理中的一种关系代数运算。外联结执行一种扩充的连接操作,其中一个关系中的元组在第二个关系中没有对应的部分时所产生的关系就和空值连接。例如,消费者表和生产者表的外联结除产生客户订购货物的行(内联结)外,还产生没有订货的客户的行以及没有任何客户订货的产品的行。比较 inner join。

outer macro instruction **外部宏指令** 在汇编语言程序设计中,在开式代码中所指定的一种宏指令。比较 inner macro instruction。

outer space resource information **太空资源信息** 表征太空资源学科研究对象、理论、方法的信号和消息。太空资源范围很广,如微重力环境,太阳能及其他环境资源。

outer stop **外停止区** 在温彻斯特磁盘机中,磁头向外移动的极限位置。超过这一位置时,可能会损坏磁盘机。通常在盘面上记录有外停止区信息。当磁头进入这一区域时,将读出这一信息,从而可控制磁头不继续向外移动。

outer terminal 外接端子 变流器除中心端子以外的臂对的端子。参见 pair of arm。

outer terminal of convertor 变流器外接端子 变流器除中心端子以外的臂对的端子。

outgoing access 出网[向外]访问 网络上的一个用户同其他网络上的一个用户进行通信。

outgoing call 出网调用 在 X.25 通信中,对其他数据终端设备(DTE)的一个调用。对应于 incoming call。

outgoing degree 出度 参见 outdegree of a node。

outheader subgroup 输出标题子组 报文处理程序(MH)中的输出组的一部分,它对全部或部分的输出报文的标题进行操作。

outline font 轮廓字型,外形字体 存储在计算机或者打印机中的一种字体,是一组用于对字符集中的字母和其他字符进行描绘的外形集合。它是一种模板,而不是一种点阵字体模式,可以放大或缩小到一定尺寸来与特定的字体匹配。这种字体通常用于打印技术,如激光打印机上的 PostScript 字体和 TrueType 字体。参见 bit-mapped font, screen font, stroke font。

outline processor 概要处理程序 一种软件,接受用户的思想,并以用户规定的思想方法进行处理和重新组织,然后产生一个经提炼的思想的模型。

out macroinstruction 外宏指令 汇编语言程序设计中使用的一种宏指令。它与内宏的区别主要是用开型码规定指令格式。

outmessage subgroup 输出报文子组 报文处理程序中的输出组的一部分,指明在整个信号已发送到外部逻辑单元之后,或者在检测出特殊的处理或错误条件时所需进行的动作。

out of band 带外 使用传输用户信息的频带之外的频带。

out-of-band signaling 带外信令 以通信通道上可用于声音或数据传输的频带宽度以外的频率传输信号,用于传输控制信息等。它利用了滤波器从通道主频带宽滤掉的频率。

out-off frequency 截止频率 通带或阻带中衰落达到规定值的频率。

out of frame (OOF) 帧失步 在数据通信中,指信号或字符处在时间帧外或其他定界符外。

out-of-frame alignment time 帧失调对准时间 帧传输中失去帧定位的时间。这个时间包括检测失帧定位时间和失帧定位恢复时间。

out of frame second 帧失步秒 具有一个或多个 OOF 事件出现的秒。参见 out of frame (OOF)。

out-of-line coding 线外编码 程序中的一种指令。它存放在程序存储器的不同部分中,使用时作为插入码插入。

out-of-line procedure 外部程序 程序控制流程以外的一组语句。

out of mana (OOM) 法力耗尽 在网络电脑游戏中,游戏者通常用这句话提醒其他伙伴他已经没有法力不能再施放法术了。

out of order (OoO) 乱序 处理器芯片的特性之一,能够不按照程序提供的顺序完成计算任务,是一种加快处理器运算速度的架构。参见 out-of-order execution。

out-of-order execution 乱序执行 CPU 允许将多条指令不按程序规定的顺序分开发送给各相应电路单元处理的技术。这样将根据各电路单元的状态和各指令能否提前执行的具体情况分析后,将能提前执行的指令立即发送给相应电路单元执行,在这期间不按规定顺序执行指令,然后由重新排列单元将各执行单元结果按指令顺序重新排列。

out-of-order signal 无序信号,失灵信号 反向传输的一种信号。它表示呼叫失败,因为被叫终端或被叫终端接入线不能工作或出现故障。在发端交换局将发送一个"故障"呼叫信号给主叫用户并拆线。

out of sequence 失序 也称"错序",指分组交换中,分组到达的顺序与分组发送的顺序不同。与之相反,按序指分组到达的顺序与分组发送的顺序相同。由于每个分组都含有顺序号,因此通过比较便可判定分组是否失序或按序。

out of service time 非服务时间 由于系统故障而引起的机器停止服务的时间。它不包括系统不服务的时间。

out-of-sync 失步 当电视或电影画面与伴声不同步时称为失步。

output area 输出(缓冲)区 (1)计算机内存储器中的一部分。用于保存要输出的数据。(2)专门用于数据输出而从主存储器内划出的若干单元。外部设备从输出缓冲区读取数据。和输入区一样,程序可规定若干个输出区,也可把输入区当输出区使用。输出缓冲区和输出块、输出工作存储器同义。

output assertion 输出断言 一个逻辑表达式。用以说明为了保证程序是正确的,程序输出必须满足的一个或多个条件。

output block 输出块 一组从系统中送出的信息组或其他形式的信息结构。

output-block feedback mode 输出块反馈模式 利用线性反馈移位寄存器法产生的密钥字是线性的,容易被破译。一个解决的办法是引入非线性交换。输出块反馈方式就是利用输出字块的非线性变换来产生同步序列密码密钥字的一种方法。反馈寄

O

存器 R 用来作为具有密钥字 B 的块加密算法 EB 的输入。在第 i 次迭代时，EB(R)已计算出来，输出块的低阶位(最右端)的字符作为第 i 个字符 k；通过 R 将整个块反馈回来，作为下次迭代时的输入。

output blocking factor 输出块因子 在磁带分类中，在输出文件的每个物理记录中的数据记录数。

output bound 输出受限 执行速度受到输出系统速度限制的系统。例如，一个计算机系统处理数据的速度受到打印机打印速度的限制。

O

output buffer 输出缓冲区 在内存中的一种存储区，用于接收并保存计算机要输出的数据。其作用是：用来补偿慢速的输出设备与计算之间的速度差距。参见 buffer。

output channel 输出通道 用于输出信息的路径。特指一种用于传送来自设备或逻辑部件中的数据的通道。

output class 输出种类 在某些操作系统中，能够由计算站给作业步所产生的输出数据定义的输出类别。这种类别可分为 30 多种，如用 A 到 Z 字母和 0 ～ 9 的十个数字表示。在初启输出打印程序之后，可指定它处理一到八种不同类别的输出数据。

output command data set (OCDS) 输出命令数据集 在某些计算机系统中，一种连续的数据集。命令读出程序或命令处理程序可以将有关命令和输入数据所涉及的信息写入这种数据集。

output data 输出数据 (1)从一个功能装置的任何部分中输送出去的或将要输送出去的一种数据。同 output。(2)经过处理，需输送出系统设备或逻辑部件的数据。

output data set 输出数据集 (1)包含打印或显示数据的一种数据集。(2)在某些通信系统软件中的一种数据集，包含从某个应用程序返回的报文或记录并通过终端表中的某个进程入口送给报文控制程序。比较 input data set。

output design 输出设计 输出设计是使系统能输出满足用户需求的有用信息。它包括输出格式设计、输出事件设计、输出地点设计、输出精度设计、输出载体设计、输出校验设计、输出排错设计、处理方式设计。

output device 输出设备 将计算机处理过的信息转变成其他机器能识别的或表现为人能理解的形式的设备。常见的输出设备有用各种显示器件构成的显示器，用各种技术方法实现的印刷设备、绘图仪以及语音输出设备等。将计算机的电子信息转变成其他机器所能识别(感知)的形式的设备也是一类输出设备。如联机的卡片穿孔机、纸带穿孔机、磁带机、软盘驱动器、光碟驱动器等。将计算机输出的数字量经数模转换器输出模拟信号，送往自动控制系统进行过程控制。数模转换器也是一类输出设备。

output display area 输出显示区 在某些操作系统的显示设备中，显示屏幕的上部，含有从控制台输入和控制程序输出的最近数据行的历史记录。在信息显示系统中，这个区域是受保护的，用户不能向这个区域键入信息。

output document 输出文件 在文件处理中，一种机器可读的、已经格式化或者没有格式化的文本或映像行的集合。可以打印输出文件，也可以保存起来为进一步处理用。

output element 输出元件 根据逻辑判别的结果，用以输出相应工作指令的元件。

output fedback 单向函数 在密码学中，指一种数据加密标准码流工作模式。在该状态中，密码流在发送机上生成密码电文时与明码异或，接收机中用一个同一密钥装备的相同的系统产生出揭示原始明码电报的密码电报“异或”同样的密码流，密码流被反馈到移位寄存器以便把它再输入到 DES(数据加密标准)加密单元，在该单元中，密码流的输出为 64 位，最左边的段是选作下一个密码流块。移位寄存器必须用同样的恢复媒介来恢复。这个恢复媒介在明码电报中作为信息先行者从发送器传到接收端。输出反馈的主要优点是没有错误扩展，出错率小。

output field 输出字段 设备文件中的一种字段，其中的数据可以通过程序进行修改，并在输出操作期间可将他们发送给指定的设备。

output file 输出文件 (1)一种包含处理结果的文件。(2)以输出方式或扩充方式打开的文件。

output format 输出格式 一种从计算机中输出的数据格式。这种格式都是事先规定好的，以便使相应的输出设备能正确接收。

output format design 输出格式设计 每一类输出信息内容可由三部分组成：①首部，即输出数据的标识符、输出日期、输出编号；②主体部，即输出数据的主体、分栏标题等；③尾部，即累计总数、结束标志等。输出格式设计要根据这三部分规定做出详细的规范化设计，满足用户的应用要求。

output/input field 输出/输入字段 显示文件中的一种字段，用于输出和输入操作。

output job stream 输出作业流 参见 output stream。

output limited 受限输出 一种输出不畅的现象。例如 CPU 输出数据给低速外部设备时，需经缓冲等，从而降低了输出效率。参见 output bound。

output line 输出行 一种由格式化程序所产生的文本行。

output list 输出表 一种变量表，其值可以写进文件或设备中去。

output listing 输出列表 一个作业结束时打印出

来的文件表格，其中可能包含如下的信息：由该作业所使用的作业控制语句，有关该作业的诊断信息，由该作业所建立的数据集或转储信息等。

output loading factor　输出加载因数　以某逻辑电路系统中有代表性的主要电路的输入功率耗散作为基准单位，表示该逻辑电路的输出所允许的功率耗散量。

output local　输出局部变量　过程定义中说明的局部变量。每次调用过程时，在栈中保留该变量的值。

output loop　外循环　参见 outside loop。

output media　输出媒体　由计算机输出所产生的报表、文件、穿孔卡片或穿孔纸带。

output mode　输出模式　兼具有收、发功能的数据处理设备，当其被设置为仅能发送数据的状态时，称为输出模式。

output module　输出模块　计算机的输出部件或输出设备。它把表示处理后的结果数据的电脉冲转换成可永久存储的信息。例如打印文件、数据磁带或磁盘等。

output optical reflectance　输出光反射　在标称工作条件和工作波长情况下，从输出端口被光放大器(FA)反射的入射光功率与总入射光功率之比，以 dB 表示。

output power　输出功率　一个器件以特定形式或为了特定目标所输出的功率。

output power range　输出功率范围　当一个器件的输入信号功率在规定的输入功率范围内、使其满足性能规范要求时，输出信号功率所在的功率范围。

output predicate　输出谓词　刻画要求输出变量满足的条件的谓词。参见 inductive-assertions method。

output primitive　输出(图形)基元，输出原语　(1)用于构成图像的基本几何元素，如点、线段、圆弧、标记、字符串、填充区域等。输出图形基元简称图元。同 display element。(2)计算机图形系统中，用来构造显示图像的基本图形元素。与其同义的有图元、显示元素。GKS(图形核心系统)中的输出原语是：折线、多点记号、正文、填充区域、像素阵列和广义绘图原语(GDP)。参见 computer graphics metafile (CGM), generalized drawing primitive (GDP)。

output priority　输出优先权　一种优先权，用来确定由作业产生的假脱机输出文件打印的先后次序，多个文件可以有相同优先权。

output problem　输出问题　一个不可判定的问题。对事先任意取定的常值串 c，问是否存在一个图灵机 $\overline{M}$，当把任意一个图灵机 M 和 c 作为 $\overline{M}$ 的输入时，若存在串 y 使得 M 在输入 y 时其输出是 c，则 $\overline{M}$ 回答“是”，否则回答“否”。输出问题和输入问题都是不可判定的。用函数的语言，输入问题是定义域的问题，输出问题是值域的问题。

output process　输出进程　(1)一种由功能装置或者功能装置的任何部分发出数据的过程。(2)在数据处理中，将计算机系统的信息返回到最终用户，其中包括将机器语言的数据翻译成最终用户能够明白的语言。(3)同 output。参见 output data。比较 input process。

output program　输出程序　组织计算机输出过程的一种实用程序。

output queue　输出队列　经系统处理，并经排队的一系列数据。通常暂存于辅助存储器中。也可以说是一种等待打印或显示的输出文件队列。参见 output work queue。

output range　输出值域，输出范围　一个功能模块所能提供的信号输出量值范围。正常工作的条件下，输出值域是输入值域与标度因数之乘积。

output record　输出记录　写入输出设备的特定记录或输出之前存储在输出区中的现行记录。

output-restricted deque　输出受限双端队列　也称超队列。节点可以在它的两端输入，但只允许在其一端删除的线性表。

output routine　输出例程　组织计算机输出过程的一种实用例程。

output signal　输出信号　由一个装置、系统或元件产生并输出的信号。

output signal power　输出信号功率　在标称工作条件下，对一个规定的输入信号功率所对应的输出信号功率。

output state　输出状态　(1)输出通道的状态标志，用正或负、“1”或“0”表示。(2)输出通道的状态寄存器中的现行状态。

output steering　输出导引　两个分离的串行输出设备之间，在程序控制下共用一个通用异步收发器串行输出。

output stream　输出流　一种从计算机系统输出的，与特定的任务或目标有关的信息流。在程序设计中，一串从计算机内存发送到显示器或到磁盘文件的一系列字符。比较 input stream。

output subsystem　输出子系统　数据处理接口系统的一部分。它把处理计算机系统的数据传送到专门处理的设施中去。

output to display buffer (ODB)　显示输出缓冲器　计算机中的一个辅助存储器区段。在数据输出到显示设备的过程中，数据保存在缓冲器内。参见 buffer。

output transformerless (OTL)　输出无变压器　OTL 电路为单端推挽式无输出变压器功率放大电路。通常采用电源供电，从两组串联的输出中点通过电容耦合输出信号。

output unit **输出装置** 数据处理系统中的一种设备,用它接收来自该系统的数据。同 output device。

output voltage **输出电压** 输出电压有两个含义:不带负载的时候输出电压,就是电路两端开路压差;带负载的时候输出电压,是输出两端的压差。

output work queue **输出工作队列** 一种描述系统输出数据集的控制信息队列,给输出转录程序指定了系统输出的地点和安排。

outside global address **外部全局地址** 由主机拥有者在外部网上分配给主机的 IP 地址,该地址可以从全局路由地址或网络空间进行分配。参见 outside local address,inside global address。

outside local address **外部本地地址** 出现在网络内的一个外部主机的 IP 地址,它可以在内部网上从可路由的地址空间进行分配。参见 outside global address,inside local address。

outside loop **外循环** (1)在嵌套循环程序中,当一个程序循环之内包含着另一个完整的程序循环时,则前者称外循环,后者称内循环。(2)相对于现行循环而言,其操作的控制参数在现循环遍历可能的值时保持不变的程序循环。

outside node **外部节点** 在 ATM(异步传输模式)网络中,指一个参与 PNNI(专用网间接口)路由的节点,但它不是某个平等组的成员。参见 private network to network interface (PNNI)。

outside request foreground program **外部请求前台程序** 一种专门指定的、与时间相关的程序。这种程序由外部请求启动,用于紧急优先操作某一后台程序。

outward toll board **外接长途电话控制板** 长途电话交换控制台中处理所有本地用户到另一长途电话局用户的外接长途话务的控制板。

over and under-relay **过和欠继电器** 一种具有两个整定值的量度继电器。当特性量值由于增加达到一个整定值或由于减少达到另一整定值时,继电器动作。

overclock **超频** 将系统时钟提升超过厂商所规定的范围。

over-compounded **过复励** 复励发电机的串励绕组将使电机在额定负载时的端电压大于空载端电压。比较 flat compounded,under-compounded。

overcurrent **过电流** 超过最高额定值的电流值。

overcurrent discrimination **过电流选择性** (1)两个或几个过电流保护装置之间的动作特性配合。(2)当在给定范围内出现过电流时,指定在这个范围动作的装置动作,而其他装置不动作。

overcurrent protection **过流保护** 电流超过预定值时,使保护装置动作的一种保护方式。参见 inverse time-delay overcurrent protection。

overcurrent protective device **过流保护装置** 由于过电流而使电路中电源断开的一种装置。参见 overcurrent release,overcurrent relay。

overcurrent release **过流脱扣器** 当脱扣器电流超过整定值时,使电器有延时或无延时动作的脱扣器。参见 release。

overcurrent relay **过流继电器** 用于发电机、变压器及输配电系统的保护装置中的继电器。在设备过负荷或短路时,能按预定的时限可靠动作,发出信号或切除故障部分。过流继电器的动作原理是复合式的,它由感应式和电磁式的两个元件组成,两个元件公用一个线圈。当线圈通以交流电流时,在感应元件的电磁铁中由于短路环的移相作用,产生两个相位不同的磁通,此磁通与其在铝盘中感应的涡流相互作用产生电磁力,当电流增大到整定电流(过流)时,电磁力矩大于弹簧的反作用力矩,使继电器的动铁推动触点闭合而切断电流。参见 inverse time-delay overcurrent relay。

over discharge **过放电** 电池若是在放电过程中,超过电池放电的终止电压值,还继续放电时就可能会造成电池内压升高,正、负极活性物质的可逆性遭到损坏,使电池的容量产生明显减少。参见 discharge。

OverDrive **OverDrive 技术,OverDrive 微处理器** Intel 公司的 CPU 芯片更新技术,将更新的芯片通过接口板插入原芯片底座上,以提高其速度,主要用于 80486 微机的系统进行升级。对于 80486SX 系统,OverDrive 是一片与 CPU 配合使用的单独芯片,芯片内置 8 KB 的高速缓存及整数和浮点运算器,采用时钟倍速技术。推出 OverDrive 芯片,其设计目的是更新计算机中的原微处理器芯片。它直接出售给最终用户,由用户装进其系统中。

over filled launch (OFL) **过满注入** 测试多模光纤带宽的一种技术。用发光二极管(LED)做光源,光纤的全部模式(几百个)都被激励,每个模式携带自己的一部分功率。光纤中心折射率的畸变只影响少数模式的时延特性,对光纤带宽的影响相对有限。所以可以用这样测出的带宽数据估算系统的传输速率和距离。参见 restricted mode launch (RML)。

over filled launch bandwidth (OFL-BW) **过满注入带宽** 用发光二极管(LED)作光源,使用过满注入方法测量多模光纤测出的带宽称为"过满注入带宽"或"LED 带宽"。参见 restricted mode launch band width (RML-BW)。

overflow **溢出(数),上溢** (1)运算结果的字的长度超过了存储器的存储单元的长度。(2)算术运算所产生的量大于寄存器所能表示量的范围的现象。(3)指在数值计算时由于产生了过多位数的结果而无法存放在存储单元中的情况。有些系统在溢出时以指数形式显示和存储这样的结果。

overflow area **溢出区** 散列技术中使用的一种特殊区域。用以存放溢出记录。

overflow bucket **溢出存储桶** 一种用于存放直接存取文件中溢出记录的存储区域。

overflow check **溢出检查** 一种对算术运算结果进行检查的方法。目的是检查运算结果是否溢出。

overflow condition **溢出条件** (1)当一个页面上最后行已经打印或超过时所发生的条件。(2)当运算结果超过存储单元的长度时所发生的条件。

overflow error **溢出错误** 当算术运算的结果数太大,不能放入程序为它提供的数据结构时产生的错误。

overflow exception **溢出异常** 由于算术运算结果超过最大允许值而产生的异常情形。

overflow field **溢出字段** 在累计按标记排序中,允许对预计的字段进行扩充的一种字段。

overflow handling **溢出处理** 从一个打印输出页面转移到下一个打印输出页面的方法。参见 open addressing。

overflow indicator **溢出指示器** (1)一种标志算术运算结果是否超过累加器容量的指示器。溢出指示器经常和进位指示器一起使用以反映异常或错误的情形。(2)一种表示已打印或已超过某一页面上最后一行的指示器。这种指示器能够用来规定哪一行将在下一个页面上打印。(3)在计算器中,指示机器处在溢出状态的一种可视指示器。

overflow line **溢出行** 规定作为页面上打印的最后一行。

overflow linking overflow technique **溢出链接溢出技术** 在数据结构的散列文件组织中,溢出链接技术提供了较好的记录存取,但是需要附加的存储区作溢出区存文件的记录,当记录从它的散列桶溢出时,就装在溢出区中,并作指针链接至散列表中的存储桶。

overflow operation **溢出操作** 参见 overflow handling。

overflow page **溢出页面** 当溢出发生时所建立的新页面。

overflow pointer **溢出指示字** 在溢出区中,保存在溢出单元中的记录的地址。

overflow position **溢出位** 寄存器中用于指示运算结果是否溢出的位。

overflow processing technique **溢出处理技术** 当采用散列法管理数据块存取,并且发生冲突时,解决冲突的一系列方法。它把溢出数据块存放在另一个附设的存储区中。如果查找时发生冲突,也可到溢出区中查找。

overflow record **溢出记录** 间接编址文件中的一种记录,其键标通过随机变换后指向一个已存储记录的磁道地址或指向键首记录地址。

overflow route **溢出路由** 当主路由因拥挤而不能传输信息时所用的预备路由。

overflow sequential access method (OSAM) **溢出顺序存取法** 在 IMS/VS(虚存信息管理系统)中的一种数据管理存取方法,它将 BSAM(基本顺序存取方法)和 BDAM(基本直接存取法)的选择特性结合起来,用于处理 ISAM(索引顺序存取法)的数据溢出。如果没有使用 VSAM(虚拟存储存取法),即智能 HISAM(层次索引顺序存取法),HIDAM(层次索引直接存取法)和 HDAM(层次直接存取法)就要使用 OSAM。

over generalization **抽象过度** 将描述概念的特性完全抽象出来的同时,把一些不必要的特性也抽象出来的现象。

over-general module **超常模块** 一种模块,具有不必要的广泛功能或具备能够处理较大范围的数值、类型或结构的数据,然而也并不是必需的。

overhead **额外开销** (1)操作系统的工作所占用的计算机资源。其中包括执行校验、监控、调度及所有与系统的总开销有关的各种作业或任务所花的操作时间和占用的硬件资源等。(2)为计算过程提供支持(可能是关键性支持)而并不是运算或数据的内在部分的工作或信息,通常增加了处理的额外时间。

over head access (OHA) **开销接入** 功能为传输开销功能提供接入。

overhead bit **附加位** 不同于信息位的一种二进制位。例如奇偶校验位、寻址控制位、同步数据位等。

overhead cooling air supply room **上送风机房** 采用制冷风从空调设备顶部送出,经过管道或直接通过机房空间对流送往数据设备的送风方式的机房。相应的空调设备应采用上送风方式。参见 under floor cooling air supply room。

overhead operation **内务操作** 参见 housekeeping。

overhead traffic **开销通信量** 通信系统中占有系统开销的所有控制信息。这种控制信息以特殊报文的形式或以报头上附加一控制信息段的形式出现。在各协议层中传递,以控制通信系统中的各个部分。

overlaid windows **重叠窗口** 在屏幕上显示的若干彼此重叠的窗口。其中最上层的窗口必然是当前正在操作的。点击任何一个窗口,便可把它移到最上层。如果最上层窗口被放大到满屏幕,其他窗口便都被覆盖了。如果窗口的覆盖是有规则地依次叠置的,则称为层叠。参见 cascading windows。

overlap **重叠,覆盖,衬版** (1)同时执行两个或两个以上操作,如中央处理机正在执行指令的同时,可以执行输入/输出操作。(2)在处理过程中,将例程从其他存储器送入主存储器的一种技术。利用覆盖技术,几个例程可以不同时间占用同一存储空间。它用在指令要求的总存储空间超过可用主存空间的时候。有了覆盖技术,可以把一个大型程序按解题的要求分成若干程序段。参见 overlay segment。(3)当运行超出内存可用存储容量的长程序时可使内存容量最有效地得以利用的一种技术。程序被分段地相继由后备存储介质传送到内存。各程序段公用同一存储区。方法是:当新程序段由后备存储设备调入时,把它重写到前一程序段所在的位置上。(4)一种预先定义的数据的集合,如行、网格、正文、框架、或者各种图案的集体,可以和页面上可变数据合并打印。同 medium overlay。

O

overlap channel 重叠通道 允许同时工作的多条通道。

overlap factor 重叠因子 在情报索引过程中,提问表达式与文献属性比较时引出的描述一致程度的系数。

overlap mode 重叠模式 系统允许一操作与另一操作同时进行的操作模式。

overlap operand 重叠操作数 一个语句中两种操作数。一般由一个作为接收项,另一个作为发送项,他们在语句执行时分别作用,共享存储域的一部分。

overlapped interpretation 重叠解释方式 机器在解释第 K 条指令的操作完成之前,就开始解释第 K+1 条指令。重叠解释并不能减少一条指令的执行时间,但能减少相邻两条指令以至一般程序的执行时间。

overlapped operation 重叠操作 同一时刻分别执行两个以上的操作。例如,加法指令在算术逻辑单元执行加法操作的同时,其他指令正在做读或传送操作。

overlapped processing 重叠处理 一种计算机处理方法,可允许计算机同时运行几个程序而不是一个程序。参见 parallel processing。

overlapping data channel 重叠数据通道 一种以异常方式操作输入输出设备的数据通道。

overlapping fields 重叠字段 相同显示或打印机记录中的一种字段,它规定在显示或在页面上占有相同位置。选择指示器可以用来选择重叠字段中的哪一个字段将被显示或打印。

overlapping seek 重叠查找 磁盘装置外围控制器的一种功能。利用此功能,外围控制器可以边查找一个磁盘装置,边读/写另一个磁盘装置。

overlap processing 重叠处理 计算机中提高运算速度的一种技术。在计算机中,不同部件的操作或同一部件内的各种操作同时进行,称为重叠处理。例如处理器和输入输出设备的操作可以同时进行;在处理器内部,指令的预处理(如取指令、译码、地址计算、取操作数等)和指令的执行可同时进行。

overlap rule 重叠规则 指定一个实体实例可以同时是两个(或多个)子类型的成员。

overlap signaling 重叠传信 在存储转发式信息传输系统中,使接收消息的操作与转发消息的操作在时间上重叠进行,即尚未完全接收一份报文的情况下,就开始向后继节点发送此报文的前半部分。

overlay 覆盖,叠加 (1)一个程序段,装入主存储器中代替先前装入的程序。(2)装入一个覆盖文件。(3)在存储器中已存有数据的区域进行写。(4)一系列预定义的数据。如线、形状、文本、方框等。能够与变量数据合并进行打印。同 medium overlay,参见 electronic overlay, forms overlay, preprinted form。(5)在运动图像或静止图像中引入文本或图形的能力。同 graphic overlay。

overlay area 覆盖区域 在某些小型计算机系统中,在任务集的任务集装入模块中的一种区域,用于执行非永久驻存在存储器中的覆盖程序段。覆盖区域与驻留程序段是在应用程序建立期间建立起联系的。

overlay card 图像叠加卡 一种控制器,用于在数字化 NTSC(美国国家电视制式委员会)或 PAL(逐行倒相制)电视图像时在计算机上显示图像。

overlay chart 叠加图、套印表格 在商用绘图程序中,叠加在主图表上的辅助图表,如条形图上的折线图,与复合图同义。

overlay drafting 叠加[重叠]画面 在计算机制图中,预先生成并存储的画面可以被调用叠加在另一个画面上。也称"叠加功能"或"覆盖功能"。例如在遥感图像处理系统中,经常需要把图形方式的画面(如文字、专用图形符号等)叠加到遥感图像画面上以增加结果图像的信息量。但系统为此要增加相应的硬件和软件。

overlay model 重叠模型 由光互联论坛(OIF)和 ITU(国际电信联盟)等国际标准组织所提倡的网络模型。在这个模型中,将业务层和传送层之间的关系明确地定义为客户机/服务器结构。这两个层面拥有各自独立的控制面,它们通过一个公共的用户网络接口(UNI)协议来完成互联,而边缘客户层设备和核心网络层设备之间不交换网络内部信息(如光网络拓扑信息等),实施独立选路。由客户层设备提出传输带宽请求,光层如果有容量,连接将被建立。另外,这个模型可以实现两层各自发展互不制约,且允许子网分割,为运营商充分利用现有资源和未来引入新技术铺平了道路。比较 peer model。

overlay module 覆盖模块 一种已划分为若干覆盖段并包含管理程序在需要时装入这些段所需信息的装配模块。

overlay network 覆盖网络 一种应用层网络。覆盖网络是指建立在另一个网络上的网络。该网络中的节点可以看作通过虚拟或逻辑链路而连接起来的。虽然在底层有很多条物理链路,但是这些虚拟或逻辑链路都与路径一一对应。许多 P2P 网络就是覆盖网络,因为它运行在互联网的上层。覆盖网络允许对没有 IP(网际协议)地址标识的目的主机路由信息,如 DHT(分布式散列表)可路由信息到一个存储特定文件的节点,而这个节点的 IP 地址事先并不知道。参见 peer-to-peer (P2P)。

overlay path 覆盖[重叠]路径[程序段] (1)在特定程序段和根段之间的树形覆盖结构中所包含的所有程序段。(2)覆盖段在执行中准备覆盖的序列。

overlay planes 覆盖平面 在计算机图形中,显示缓存中的一个或多个位平面,用于建立可视数据,以非破坏性方式覆盖视频数据。

overlay program 覆盖程序 一种软件程序。其某些控制段在执行过程中的不同时刻可使用同一存储区域。

overlay region 重叠区,覆盖区 主存储器中的一连续存储区,其中的程序段可独立于其他区域中的路径而装入该存储区。在任一时刻一个重叠区中只能有一条路径处于主存中。

overlay segment 覆盖(程序)段 覆盖程序中,在另一覆盖段需占用空间时准备重写的指令序列。重写过程在该指令序列准备装入并执行时进行。当没有充足的存储器以容纳程序的所有编码时,不需要同时把整个程序装入到主存储器中去就能够执行的该计算机程序的那一部分。

overlay structure 覆盖结构 一种程序结构图,说明一个覆盖程序的各程序段之间的关系,以及在不同时间如何安排这些程序段使用相同的主存储区。参见 overlay tree。

overlay structure program 覆盖结构程序 把一个程序分成若干段,在主存储器上覆盖制成的程序。

overlay supervisor 覆盖管理程序 一种例行程序,在计算机程序段执行期间,控制计算机程序段在容量有限的存储器中恰当地定序和定位。

overlay tree 树形覆盖结构,覆盖树 覆盖段的程序的不同执行路径上进行覆盖的序列的图形表示。参见 overlay structure。

overlay windows 覆盖式窗口 图形用户界面中允许窗口互相重叠的一种显示模式。如果把一个窗口放大到最大尺寸,则别的窗口将被它覆盖。

overload 过载,过负荷,超负荷 (1)输入计算机的数据速率过高,计算机跟不上响应的情况。(2)模拟计算机的计算单元内部或计算单元输出端所处的一种状态。在这种状态下,计算单元内部或计算单元输出部件都处于饱和状态,由此引起计算错误。(3)对于模拟输入,是指某一个绝对电压值,超过此值,模-数转换器就不能识别其变化。超载的值,对于正、负输入可以是不同的。

overload current 过载电流 在没有电气故障情况下电路中发生的过负荷电流。

overload distortion 过载失真 由于信号超过线性范围所造成的失真。

overload forward current 正向过载电流 一种持续工作将使结温超过额定值,而通过限制持续时间使结温不超过额定值的正向过载电流。根据应用需要,器件可频繁承受此过载电流,但同时应承受正常工作电压。

overloading 重载 为扩大名字空间,在 Ada 语言中引入了这个概念。在同一作用域内,一个标识符可有几种可选的含义,这种性质称为一名多用。例如,一个一名多用的枚举字面值可以是这样的标识符:它在两个或两个以上的枚举类型定义中出现。一名多用标识符的有效含义由上下文确定。Ada 语言中子程序、聚集、分配符与串字面值均可被一名多用。

overloading subroutine 重载子例程 Ada 语言中的一种子程序。其标识符(名字)在当时表示了多个子例程。而调用中使用哪个子例程取决于参数和返回值的类型等。

overload module testing 过载模块测试 一种破坏性硬件检验方法。其方法是:对计算机模块元部件施加工作条件或过载条件,由此测定次品,选用高质量元部件构成模块。

overload on-state current 通态过载电流 一种持续工作将使结温超过额定值,而通过限制持续时间使结温不超过额定值的通态过载电流。根据应用要求,器件可频繁承受此过载电流,但同时应承受正常工作电压。

overload optical power 过载光功率 在标称工作速率下,确保位差错率(BER)不超过某一特定值的情况下,在光接收侧参考点可以承受的最大输入平均光功率。

overload point 过载点 对放大器,当输入信号增加 1dB 时,其三次谐波的绝对功率电平增加 20 dB 的输出端的绝对功率电平值。

overload protection 过载保护 当设备的实际负荷超过其额定负荷、并且超过一定的容许时间时,保护装置能够自动分断电源。

overload quantity 过载量 实际负载超过满载的部分。

overload relay 过载继电器 当被保护对象的电流超过正常负载电流后,按预定的电流-时间特性而动作的量度继电器。

overload release 过载脱扣器 用作过载保护的过电流脱扣器。参见 release。

overload simulator 过载[超载]仿真器 (1)人为产生的条件,使程序模拟系统在实际过载或溢出条件时的情况,用以测试系统的过载能力。(2)仿真系统过载条件的一种程序。这种程序在被测系统上运行,以测试系统的实际过载能力。

overmodulate 过调制 调制信号的某些峰值超过

O

所考虑的系统或设备的最大允许值的状态。同 overmodulation。

overmodulation　过调制　(1)调制电流超过额定值的调制。即调制发射机的过载工作情况。(2)调制深度超过额定深度的现象。在这种现象中,调制幅度在大部分调制周期内均下降至零,因而产生明显失真。

overpressure disconnector　过压力隔离器　当器件(如电容器)外壳内部压力非正常的增大时用来切断电流通路的隔离装置。

O

overprinting　重叠打印　为了在普通的字符式打印机上输出具有多级灰度的图像,可以用字符笔划的多少代表像素灰度的大小。必要时,某个像素位置上可以使用几个不同字符重叠打印在一起,以表示特殊的灰度,这种技术称为重叠打印。

overrelaxation　超松弛法　求解正定对称系矩阵线性代数方程中使用的一种迭代法。其内容是:将相邻两次迭代解的差乘上一个比 1 大而比 2 小的数,得到松弛差额,再将该差额加上初值或前次迭代求得的解,得到一组新解。接着再将该组新解作为初值进行迭代,直至相邻两次解都具有相同的有效位数或满足其他误差控制条件为止。

over-relay　过继电器　由于特性量值增加达到整定值而动作,其最终状态为动后状态的量度继电器。如过电流继电器。

overriding　覆盖,重载　用子类中更特殊的方法实现来替换从超类中继承的方法的过程。

overriding a method　覆盖一个方法　子类中描述一个与其超类中同名的方法。在一个类 *A* 继承一个类 *B* 时,如果类 *B* 中某个方法对于应用来讲不合适,那么就可以在类 *A* 中定义一个同名的方法,从而将类 *B* 中的那个不合适的方法覆盖掉。

overrun　超速,超限　在数据传输中,由于接收设备的接收速率跟不上发送设备的发送速率,不能接收按照发送速度传送来的数据而使数据丢失的现象。

overrun error　超限错　一种出错现象。当传送数据的速度超过接收器能接受的速度时产生的错误,从而造成数据错读或丢失。

over sampling　过抽样　一种每条信道中的每个字节都被抽样多次的 TDM(时分多路复用)技术。

over scan　过量扫描　为了使光栅扫描 CRT(阴极射线管)显示器所产生的线性度较好,水平扫描及垂直扫描均应大于屏幕上的有效显示区域。扫描线的超出部分不用来显示信息,称为过量扫描。所有电视机都采用轻度过量扫描以确保屏幕上不致露出空白。

overshoot　过冲　(1)在双端口网络输入端,由于信号的突然变化而引起的瞬态现象。其特点表现为输出信号值暂时远超过其应达到的稳定值,而且一般还跟随着接近此稳态值的阻尼振荡。(2)过冲就是第一个峰值或谷值超过设定电压。对于上升沿是指最高电压而对于下降沿是指最低电压。比较 undershoot。

overshoot clipper　过电压限制器　一种能释放过电压能量、限制过电压幅值的设备。当过电压出现时,过电压限制器能使电气设备免受过电压损坏;过电压作用后,又能使系统迅速恢复正常状态。

oversized packet　超大包　计算机网络上指超过 1518 字节消息包,包括地址、长度、数据和循环冗余检验(CRC)段。

oversizing　扩界　扩大 IC(集成电路)设计中布线图面积的 CAD(计算机辅助设计)功能。它一般用于补偿在 IC 内部布线之后为适应加工需要而修改布线图面积的要求。

over speed　超速,过速　设备以比正常速度略高一些的速度运行的状态。

overt channel　公开信道　系统中设计用来授权传送数据的路径。

over the air (OTA)　空中下载　一种手机等终端应用的技术,利用这种技术用户可以通过下载来修补终端的漏洞或升级某些功能。

over-the-shoulder (OS)　肩膀角度　在视频制作中,指摄像机在人体肩膀角度拍摄的镜头。

overt retrieval plot　成功检索曲线　在检索中,用检索成功的文献数据描绘的曲线。其过程是:假设检出符合提问的文献数为 y,不符合提问的文献数为 z,根据是否符合要求,选定那些成功的检索,则会得到一系列 y 和 z 值,由此即可绘出一成功检索曲线。

overtype mode　改写方式　处理程序及其他支持文本输入和编辑的软件中的一种编辑方式。在改写方式中,输入的字符会把其位置上的原有的字符擦掉。

over-voltage　过电压　峰值超过对应于设备最高相对地电压峰值或最高相间电压峰值的任何随时间变化的相对地或相间电压。通常意义上,过电压是指工频下交流电压均方根值升高,超过额定值的 10 %,并且持续时间大于 1 分钟的长时间电压变动现象。过电压分外过电压和内过电压两大类:外过电压又称雷电过电压、大气过电压,是由大气中的雷云对地面放电而引起的;内过电压是电力系统内部运行方式发生改变而引起的过电压,有暂态过电压、操作过电压和谐振过电压等。

over voltage interruption (OVI)　过(电)压中断　一种指示电源已超过它的电压极限的信号。

over-voltage protection　过(电)压保护　电压超过预定值时,使电源断开或使受控设备电压降低的一种保护方式。

over-voltage to earth　对地过电压　高于正常对地峰值电压(对应于最高系统电压),以峰值电压表示的对地电压。

overwrite　重写,修改　(1)把信息存入存储单元之中进行存储并破坏该单元中原来存放的信息的动作。(2)把数据再记录到磁盘等磁性介质上进行更新的过程。重写会去掉原来的内容,因此有必要对磁盘文件进行复制,如复制到磁带上。这是一种保险措施以便在更新期间出故障时能重新构造出这个文件。

overwrite mode　重写方式　一种正文输入方式,新打入的字符替换在光标点的已有字符。与插入方式相对应。参见 insert mode。

OVI　过(电)压中断　over voltage interruption 的缩写。

OVPN　光虚拟专用网　optical virtual private network 的缩写。

OWC　单向通信　one way communication 的缩写。

OWF　最佳工作频率　optimum working frequency 的缩写。

OWL　对象窗口库　object windows library 的缩写。

own code　扩充工作码　加在标准软件例行程序上,以改变或扩充例行程序,使其能完成特殊任务的一系列指令。

owned　自身拥有的　由用户所提供并属于用户的内容,与专用的和公用的不同。

owner　所有者,拥有者　(1)在分级结构中,指对较低级上的实体(成员)有一定控制权或特权的实体。例如文件是其记录的"所有者",记录是其信息组的"所有者"。(2)在数据结构(不一定是分级的)中,为了存储其他实体(成员)或存取某一存取路径上的其他实体而必须首先存取的实体。(3)有时指控制器或用户。(4)建立一个实体的用户或者把该用户确定为某个实体的属主。

OXC　光交叉连接　optical cross connect 的缩写。

P

P 帕,千万亿,千兆兆 peta 的缩写。国际单位制(SI)所表示的因数,用大写,代表 10^{15}。

p 微微,皮 pico 的缩写。国际单位制(SI)所表示的因数,用小写,代表 10^{-12}。

PA (1)走纸 paper advance 的缩写。(2)前同步码,前导段,报头 preamble 的缩写。

PaaS 平台即服务 platform as a service 的缩写。

PAB 主应用块 primary application block 的缩写。

PABX 专用自动交换分机 private automatic branch exchange 的缩写。

PAC (1)程序特许凭证 program authorized credentials 的缩写。(2)可编程自动化控制器 programmable automation controller 的缩写。

PACCH 分组随路控制信道 packet association control channel 的缩写。

pacific telecommunication council (PTC) 太平洋电信理事会 一个非营利、非政府性的组织,每年1月在美国夏威夷举行一次年会,主要探讨业务合作模式、电信业务发展以及合作过程中遇到的各种问题。

pacing 调步(技术) 数据通信的一种调整传输速度以确保消息有序处理的技术或传输协议,接收站借以控制发送站传送数据的速率。调步的目的是为了保护应用程序或逻辑部件在接收数据时不致因输入太多造成缓冲区溢出而丢失数据。参见 receive pacing, send pacing, session-level pacing, virtual route pacing, path information unit (PIU)。

pacing group 调步组 在 SNA(系统网络体系结构)中,调步组是在收到虚拟路由调步响应之前可在某条虚拟路由上传送的 PIU(路径信息单元),用以表示该虚拟路由接收程序已经就绪,可以接收该路由上更多的 PIU。参见 virtual route pacing。

pacing group size 调步组规模 在 SNA(系统网络体系结构)中,虚拟路由调步组中 PIU(路径信息单元)的数目,它随着虚拟路由上传输密度而改变。参见 path information unit (PIU)。

pacing response 调步响应 在 SNA(系统网络体系结构)中,表示接收部件已准备好接收另一调步组的一种指示信息。对于会话层调步,该指示信息放在响应标题(RH)中;对于虚拟路由调步,该指示信息放在传送标题(TH)中。参见 isolated pacing response。

pacing window 调步窗口 (1)在一个虚拟路由调步响应接收到之前能够在虚拟路径上传输的路径信息单元(PIU)。(2)在会话级调步响应收到之前可在正常流上单向传输的请求,表示接收方可接收下一组请求。同 pacing group。

pack 压缩 利用数据和存储介质已知的特点,以紧缩的形式在存储介质上存储数据的技术。需要时可以恢复原始的数据。例如,在存储时可以利用一些按常规办法不用的位或字节来存储某些信息。

package 软件包,封装,包 (1)为满足一般用户需要而编写的一组通用程序。软件包的效率一般比按某个用户的特殊要求设计的专用程序差一些,但其优点是价格便宜,且随时可提供。软件包一般由计算机制造厂或软件公司提供。(2)用于安装完整的集成电路或其他半导体器件用的塑料、陶瓷或金属外壳。微处理器的封装形式一般是双列直插式的,其封装尺寸是系统设计人员要考虑的一个问题。一般说来,引脚数较少易于安装,而引脚数较多则易于接口。(3)程序设计中将与某方面相关的类及接口等放在一起封装起来形成的一个软件包。在编写大型程序时,每个程序员建立一个自己的包,这样就可以独立地编制其程序,另一方面,通过包的继承机制,各包之间可以实现代码和其他资源共享,从而提高生产率。

package body 程序包体 提供程序包外部设施(对用户来说是可见的)的程序,它是 Ada 语言的关键特征。可以把一个 Ada 语言的程序包比作一块电子表。它的一组可选择的入口点,相当于电子表的功能选择按钮;一个称为设置的过程,相当于电子表用来改变日期的按钮;一个显示当前状态的过程,相当于电子表的时刻显示。电子表的表壳必须有实现所有上述功能的设施,相应 Ada 语言也将需要提供的设施收入到程序包。提供这些机制的程序称程序包体。

packaged software 封[包]装式软件 由零售商出售的软件。对应于专用软件,不同于专门为个别客户开发的定制程序。参见 canned software。

package sealing 封装密封 LSI(大规模集成电路)封装的最后一道工序。在封装的壳体之间或封装的引线周围,用玻璃密封或焊接密封,以保护 LSI 芯片及内部连接,不受环境的湿气腐蚀。

packaging 封装 将器件或电路装入保护外壳的过程,包括双列直插式封装(DIP)、单列直插式封装(SIP)、金属管壳封装或模件封装等。参见 electronic circuit packaging。

packaging and interconnecting assembly 装连件 在印制板一面或两面装有元器件的封装及互连构件的总称。

packaging and interconnecting structure 装连构件 为安装元器件用的已加工好的印制板基材、支撑板或结构芯板及互连线路的总称。

packaging bridge 封装桥接器 桥接器的一种类型。使用这种桥接器时，通信双方的局域网络被封装在中间网的监控帧中，通过连接的网络时像经过隧道一样到达目的地，在目的地网中才被解封。由于封装桥接器只能作中间传输，所以通信双方只能是同种网络。在FDDI(光纤分布数据接口)网络中使用这种桥接器，可以构成城域网。

packaging delay 组装延迟 在计算机逻辑线路中，信号在线路之间的互连线上传输所需的时间。

packaging density 组装密度 单位面积内组装的元器件数或门电路数，在计算机组装技术中，常用单位芯片面积、单位组件基片面积、单位插件面积、单位底板面积上所容纳的元器件和门电路数量来表示组装密度。

packaging design 组装设计 为了研究、开发、试验和实现某种特定功能和使用性能的电子产品及其系统集成而进行的机械物理结构设计。主要内容包括：零件、部件、箱柜结构及其附件、微包封电子器件、插件、单元、组合、装置底板、设备、系统、操作控制面板、配电柜、控制台等机电产品的组装设计。计算机组装设计是一门综合性的科学技术。它除了必须满足确定的电气功能特性和使用要求外，还必须考虑如下各点：①经济性和商品性，要使设计出的产品有强有力的竞争性，能够及时占领市场。因此，实用新型的结构造型和流行和谐的色彩以及人机学等在组装设计一开始就必须重视和强调；②为了使产品进入商品流通领域和打入国际市场，对于箱柜结构、包容体等的组装结构必须从设计开始就考虑并满足“UL”安全标准和对电磁兼容性的要求；③可靠性要求，组装设计过程中要认真考虑和满足零件、部件、各种附件的刚度和强度等工程力学性能以及涂、镀层选择的防腐能力，对于功耗较大的电子器件和设备还要合理地进行散热设计；④操作和维护性能，设计中贯彻标准化、系列化、模块化方针是保证产品、模块进行方便操作、快速修理、拆装替换的基础；⑤为了确保产品的安全运输和存放，进行合理的包装设计也是组装设计不可忽略的重要内容。

packaging level 组装等级 计算机模块化组装结构的层次与级别。通常计算机组装层次与级别分成：组件级、插件级、底板级、单元级四个层次和等级，简称四级组装。第一级，组件级组装，包括分立元器件、集成电路、微包封组件、厚膜、薄膜电路组件以及其他各种电路模块的组装；第二级，插件级组装是指根据电子电路和逻辑功能要求，对第一级组装件在插件板上进行排列、组合、功能扩展、安装、固定、互连等进一步组装，如音频插件、I/O接口插件等组装；第三级，底板组装是根据电子电路和逻辑功能的更上一层的要求，对插件在底板上进行排列、组合、功能扩展、安装、固定和互连组装；第四级，单元级组装是指根据电子电路功能特性和使用要求，对底板进行进一步的组合、互连、安装、固定使其成为具有独立功能和使用性能的组合单元的组装。例如，中央处理器、存储单元、微机插入单元等组装。

packaging technique 组装技术 为实现电子电路组装，需要一定的技术规程和手段，即组装设计与组装工艺。它包括元器件组装、互连、印制线路、微组装、表面安装、CAD(计算机辅助设计)、通风散热、冷却技术及抗恶劣环境等组装技术领域。

packed data 压缩数据 已经被压缩到一个小空间中的数据。例如把两个或多个数据元素置入内存同一个字中。

packed decimal format 压缩十进制格式 用4位二进制数表示一个十进制数位的一种方法。例如，十进制数 23 被表示成 0010 0011。比较 unpacked decimal format。

packed decimal notation 紧缩的十进制注记 用4位二进制编码的十进制注记，两个十进制数仅占用一个字节存储单元。

packed field 压缩字段 一种字段，其中包含用压缩十进制格式表示的数据。

packed format 压缩格式 一种数据格式，其中的每个字节可以包含两位十进制数，也可以包含一个符号和一位十进制数。

packed format message 压缩格式的报文 一种以压缩格式的数据组成的报文，其使用目的是为了减少信息长度，增加传输速度。

packed key 压缩键标 以压缩十进制格式表示的一种键标。

packed numeric 紧缩数字 数值的一种表示方法，以可复原的方式压缩每个字符。

packed R tree 压缩R树 用于空间数据库索引的数据结构。其基本思想是根据空间对象的最小边界矩形的一个角点的 x 坐标或 y 坐标对空间对象进行排序，然后用这些有序的空间对象逐个压满树的叶节点。自下而上，一次一层递归生成最终的压缩R树。由算法可知，在压缩R树中的每一层中，除了最后一个节点可能不满外，其他所有节点都是满的。因此，可以获得几乎100%的空间利用率。参见 R tree。

packet 分组，包 (1)在因特网或其他分组交换网的始发点与终节点之间，作为一个整体来传送的数据单元。其中包括用户数据、地址信息、控制信号和差错控制信号等。(2)在TCP/IP(传输控制协议/网际协议)中，通过网络层和链路层间接口传递的数据单位。一个包包括一个IP头部和数据。一个包可以是一个完整的数据包，也可以是IP数据包的一部分。参见 datagram，segment。(3)在X.25中，一个数据传输信息单位。一组数据和控制字符，以一个单位传输，取决于传输的过程。通常使用的包的数据字段长度为 128 字节或 256 字节。

packet access grant channel (PAGCH) 分组接入应答信道 移动通信通用分组无线业务(GPRS)网络中的一种下行信道,用于对分组随机接入信道(PRACH)发出的信道请求作出应答,向移动台分配一个或多个 PDTCH(分组数据业务信道)。参见 packet random access channel (PRACH)。

packet addressing 分组寻址,包寻址 在计算机网络中,某处理机对所传送的消息包进行目标寻址的过程。从发送者角度看,包寻址意味着必须找到在包本身中所给定的包的目的地。从接收者的角度看,必须分析正在传送的包,拒绝与自己的地址不匹配的包。

packet assembler/disassembler (PAD) 分组[包]装配/拆卸器 连接到分组交换网络的设备,它把从网桥或路由器等字符设备来的一串数据流转换成适合于传输的分组,也为到达字符设备的传输分组拆卸为字符。PAD 使得不具备适合于与分组交换网络直接连接的接口的终端得以进入分组交换网络,而且得以把终端的常用数据流存入分组或从分组中提取,PAD 能够处理呼叫设置和地址设定的所有功能。

packet assembly 分组装配 使非分组交换的终端能按分组模式交换数据的一种功能。

packet assembly unit 分组装配单元 一种使非分组模式终端得以在分组系统上交换数据的用户装置。

packet association control channel (PACCH) 分组随路控制信道 移动通信通用分组无线业务(GPRS)网络中的一种控制信道,用来传送实现 GPRS 数据业务的信令。该信道与 PDTCH(分组数据业务信道)随路。PACCH 还携带资源分配和再分配信息。可用于 PDTCH 容量分配或将来新增加 PACCH。参见 packet data traffic channel (PDTCH)。

packet broadcast control channel (PBCCH) 分组广播控制信道 是移动台(MS)为传送与分组交换有关的控制信息和信令而使用的信道。参见 mobile station (MS)。

packet buffer 分组[包]缓冲器 保存到来的分组直到接收设备可以处理这些分组并提取这些分组时为止的存储区域。它既可以位于网络接口卡上,也可以位于接收设备中。

packet burst protocol (PBP) 分组突发协议 建立在 IPX(网络互联包交换)顶部的 Novell NetWare 协议,它消除每个分组排序和确认的要求,加速了在工作站和服务器之间多个分组的数据传输。利用 PBP,工作站或服务器在请求确认以前能发送突发分组。

packet communication unit (PCU) 分组通信单元 一种把终端或计算机连往宽带包交换通信网的设备。

packet control unit (PCU) 分组控制单元 移动通信通用分组无线业务(GPRS)网络中作为 BSC(基站控制器)功能的一部分,负责 MAC(介质访问控制)底层的功能。PCU 支持所有 GPRS 空中接口的通信协议。PCU 的功能包括分组交换呼叫的建立、监视和拆除,负责管理分组分段和规划、无线信道、传输错误检测和自动重发、信道编码方案、质量控制、功率控制等,并支持越区切换、无线电资源配置和信道指配等功能。PCU 可以作为 BSC(二进制同步通信)的插卡,也可以独立地存在。

packet data channel (PDCH) 分组数据信道 承载分组逻辑信道的物理信道。逻辑上可分为业务信道和控制信道:①分组数据业务信道(PDTCH)是在分组交换模式下承载用户数据。一个移动台可以并行使用一个以上的 PDTCH 的多时隙工作来传送单个用户的分组。②控制信道用于承载信令或同步数据。它可分为分组广播控制信道(PBCCH)、分组公共控制信道(PCCCH)和分组专业控制信道。PBCCH 用于向小区内所有 GPRS(通用分组无线业务)终端发送系统信息;PCCCH 用于分组数据公共控制信令的逻辑信息;而分组专用信道用于传送随机突发脉冲以估计分组传送模式下的时间提前量,向多个移动台传送定时提前、功率控制、测量等信息。一个支持 GPRS 的小区可以分配一个或更多的 PDCH 用以支持 GPRS。这些 PDCH 来自可供小区使用的物理信道公共资源,这些资源包括传送信道(TCH)和分组数据信道(PDCH)。参见 packet data traffic channel (PDTCH)。

packet data network 分组数据网络 经常指分组交换网络。参见 packet switched data network (PSDN)。

packet data protocol (PDP) 分组数据协议 移动通信用户在发送和接收分组数据时应用的协议。

packet data serving node (PDSN) 分组数据业务节点 为移动台(MS)始呼或终呼的分组数据业务提供路由,负责建立、维护和终止至移动台的链路层话路。

packet data session 分组数据会话 移动用户应用分组数据业务的实例。当用户发起分组数据业务时,分组数据会话开始。当用户或者网络终止分组数据业务时分组数据会话结束。在一个特定的分组数据会话期间,用户可以改变位置但是 IP 地址保持不变。

packet data traffic channel (PDTCH) 分组数据业务信道 移动通信通用分组无线业务(GPRS)网络中的业务信道,在分组交换模式下承载用户数据。在同一物理信道可有不同逻辑信道来进行动态的复用。所有 PDTCH 为单向,即或者为上行链路

(PDTCH/U)用于移动发起的分组传送或下行链路(PDTCH/D)用于移动终止的分组传送。参见 general packet radio service (GPRS)。

packet delay variation 分组时延变化量 分组传输时延的变化度量,当该变量取值高时,意味着要给延迟敏感数据(如声音和图像)传输提供极大的缓存。

packet disassembly 分组拆卸 一种由数据网提供,将分组数据以适当的形式传送给非分组终端的用户功能。

packet disassembly unit 分组拆卸单元 一种使分组得以从分组网络向非数据分组模式终端发送的用户装置,与分组汇编单元一起组成分组装拆设备(PAD)。

packet discarding 丢弃分组[包] 实现网络拥挤控制的一种方法,如果节点收到分组却没有缓冲空间存放,就把收到的分组丢弃。使用这种策略的网络,如果提供数据报服务,就要在信源或某个节点保存分组,以便重发被丢弃的分组;如果提供虚拟电路,就要在信源保存分组,以便重发被丢弃的分组。

packet driver 分组[包]驱动程序 局域网中,在把数据传送到网络之前先把数据分割成分组的程序。

packet error detection 分组[包]差错检测 在采用分组交换的通信系统中,信宿终端或中途转发节点对于接收到的信息分组,可利用分组中的校验信息来判断传输中是否发生错误。如发现错误,则可要求发送终端或上一级转发节点重新发送。

packet error rate 分组[包]差错率 在一段观测时间内,出错信息分组数与总的发送信息分组数之比。

packet exchange protocol (PEP) 分组[包]交换协议 (1)NetWare网络操作系统内部使用的一个Xerox公司的协议,用于传输内部的NetWare NCP命令。(2)美国Telebit公司开发的一种高速调制解调器协议,用于蜂窝电话。

packet filtering (PF) 包过滤 一种防火墙技术,由网关使用的进程。包过滤是在网络中适当的位置对数据包实施有选择通过。网络管理员对每个网桥设置包过滤的规定,如果包符合规定,网关能够接受或拒绝它。选择判断依据即系统内设置的过滤逻辑(通常为访问控制表),检查数据流中的每个数据包后,根据数据包的源地址,目的地址,所用的TCP(传输控制协议)端口号,TCP链路状态等因素或他们的组合来确定是否允许数据包通过。包过滤的实现方式简洁,对用户是透明的,但由于它是在网络层和传输层上操作的技术,它不能区别同一计算机上不同的用户,且对于通过网络应用层实现的对安全的威胁没有防范作用。

packet filtering firewall 包过滤防火墙 通过查看所流经的数据包的包头做出允许或拒绝的决定。针对每一个数据报的报头,按照包过滤规则进行判定,与规则相匹配的包依据路由信息继续转发,否则就丢弃。包过滤是在IP(网际协议)层实现的,包过滤根据数据包的源IP地址、目的IP地址、协议类型、源端口、目的端口等报头信息及数据包传输方向等信息来判断是否允许数据包通过。

packet flow control 分组[包]流控制 在采用信息分组转接技术的数据通信系统中,对网络中两个特定节点之间以信息分组为单位的数据传输速率进行控制,使之符合网络传输容量的要求,以避免在数据链路中出现拥挤现象。

packet format 分组[包]格式 分组交换网中,分组所应具备的组成成分和组成式样。例如,X. 25分组级协议中规定,每个分组都由分组头和数据信息两部分组成。其一般格式如下表所示。

一般格式标识	逻辑信道组号	分组头
逻辑信道号		
分组类型标识		
与分组类型有关的信息 (可为空)		
用户数据 (可变长,也可为空)		数据

packet handler module (PHM) 分组处理模块 在分组交换网使用的中小容量的分组交换机上附加PHM线路控制单元。

packet header 分组头部,包首标 (1)在X. 25通信协议中,在分组起始处的控制信息。分组的内容取决于分组的类型。(2)在高级数据链路控制(HDLC)协议中,用于确定通向分组交换通信网络的报文传输路径的地址。

packet interleaving 分组交叉 一种分组交换网络的多路复用方式。来自不同子系统的信息分组交叉占用主信道。X. 25就是一个例子。

packet Internet grope (PING) 乒,因特网包查询工具 一个用于测试因特网连通性的程序,通过发送一个因特网控制消息协议(ICMP)回送请求并等待应答来测试一个特定网络目的地是否联机的一种程序。该程序对诊断IP(网际协议)网络错误和路由器错误是很有用的。参见 Internet control message protocol。

packetize 分组格式化 把要发出的报文加工成控制规程所要求的分组的格式。

packetized elementary stream (PES) 打包的元素流 在MPEG(活动图像专家组)-2中,在媒体流数据化并压缩后,它被格式化成一个个包以进入多路复用的传输流。

packetized ensemble protocol (PEP) **分组总体协议** 一种调制解调操作规则，即通信线路的带宽被划分为512个承载区，每承载区都能够支持数据传输，PEP由加利福尼亚州Mountain View的Telebit公司开发，并且被用于Trailblazer调制解调器的产品系列中。

packet level **(信息)包层** (1)DTE(数据终端设备)和DCE(数据d路端接设备)之间进行包交换的包格式和控制过程，这些包内含有控制信息和用户数据。参见data link level，higher level，physical level。(2)X.25协议的一部分。X.25为在两个数据终端设备之间建立逻辑连接并在其上传送数据而定义的分组格式和控制过程。

packet level filtering **包级过滤** 通常在路由器上最流行的一种防火墙技术。包级过滤能监视每个TCP/IP(传输控制协议/网际协议)包，审查地址和端口号，并确保获通信特许以及为其进行路径选择。这比实施应用级网关要容易得多，因它在路由器设计中直接采用了过滤功能。包级过滤对非TCP/IP包不提供全部安全功能，对电子欺骗是脆弱的，并且不提供真正的用户授权，仅提供有限的报告和审查。

packet level interface **(信息)包接口层** 在包方式操作中，DTE(数据终端设备)与DCE(数据电路终端设备)之间和接口层以及与之相联系的包内的数据和信号的交换。参见frame level interface。

packet-level procedure (PLP) **分组级规程** 用于在计算机和调制解调器之间传送分组的X.25规程。PLP是一种支持责任、数据定序、数据流控制和差错检测及更正的全双工协议。

packet loss compensating (PLC) **丢包补偿** 丢包的问题在无连接的网络中时常发生，对语音通信影响较多。采用丢包补偿的算法，是根据前后语音信息的相关性，在解码时重新构出丢失的帧，能较好地保证语音的音质效果。

packet loss rate **分组丢失率** 由于出错或阻塞，网络上丢失的分组数与用户发出的分组总数之比。

packet major node **包主节点** 在VTAM(虚拟远程通信访问法)中，一系列代表资源的次要节点，如通过X.25端口转接的虚拟电路和永久虚拟电路。参见virtual telecommunications access method (VTAM)。

packet message delay **报文分组延迟** 报文发送到目的地并将肯定信息送回到发送端所需的时间。它与下列因素有关：报文中分组的数量，报文所经过的接口报文处理机的数量，分组的处理时间及传输延迟等。

packet-mode device **分组方式设备** 能够运用分组通信的数据电路终端设备(DCE)或数据终端设备(DTE)。

packet mode terminal **分组式终端** 能够控制、格式化、传输并且接收分组的数据终端设备。

packet modulo **包模** 数据包在恢复计数并开始重新计数时使用的最高序号。

packet notify channel (PNCH) **分组通知信道** 移动通信通用分组无线业务(GPRS)网络中的下行控制信道。在开始PTM-M(点对多点组播业务)分组传送之前，向一组MS(移动台)发送PTM-M通知。该通知有用于分组传送的资源分配格式。参见point to multi-point multicast (PTM-M)。

packet optical transport network (P-OTN) **分组光传送网** P-OTN是对现有OTN(光传送网)进行改造，使得OTN网络适应业务层面的分组化。从城域网的要求出发，OTN网络还需要增加通道提供机制，以及操作、管理和维护(OAM)方法，改造成面向连接的分组光传送网。

packet overhead **信息包开销时间** 在信息包交换网络上传输数据所花费的时间。每个信息包需要额外的字节携带格式信息，这就降低了整个用户数据的传输速度。

packet over SONET **同步光纤网上信息包传输技术** 一种城域网或广域网传输技术，它直接在SONET(同步光纤网)上携带IP(网际协议)信息包，而在它们之间没有任何数据链接设施。这种技术尽可能以最高的速率传输数据，因为SONET的信息包头的额外开销(810字节中有28个字节)比ATM(异步传输模式)的(53字节信元中有5字节)小。参见asynchronous transfer mode (ATM)。

packet paging channel (PPCH) **分组寻呼信道** 移动通信通用分组无线业务(GPRS)网络中的寻呼信道，用来寻呼GPRS被叫用户。参见general packet radio service (GPRS)。

packet radio **分组[包]交换无线电** 用无线电链路作传输链路的分组交换方法。传送的分组可被多个站点接收，这种方法可用于移动通信站。这是一种利用国际X.25协议的AX.25版的包交换方案。

packet radio network (PRnet) **包交换无线电网络** 利用无线电信道传输信息的分组交换计算机的数据通信网。有三种类型节点：分组无线转发器(PRR)，分组无线终端(PRT)和分组无线工作站(PRS)。第一个PRnet是美国夏威夷大学在20世纪70年代研制的ALOHA系统。

packet radio repeater (PRR) **分组无线转发器** 分组无线网中的独立的节点PRU(分组无线设备)，作为中继交换节点以提供较大的区域覆盖，基本功能包括完成逐段应答、存储转发和路由选择等功能。参见packet radio network (PRnet)，packet radio unit (PRU)，hop-by-hop。

packet radio station (PRS) **分组无线工作站** 分组无线网中的一种节点，由PRU(分组无线设备)和与之相连的小型计算机或高档微机组成，完成对整个网络的管理功能。参见 packet radio network (PRnet),packet radio unit (PRU)。

packet radio system (PRS) 分组[包]交换无线电系统 由美国国防部高级研究工程局开发的用于对汽车或远程终端进行局部有效访问的系统。包交换无线电的硬件技术被运用在包交换无线电设备或终端上,以解决电缆价格昂贵和敷设的问题。

packet radio terminal (PRT) 分组无线终端 在分组无线网中,由连接到 PRU 的用户计算机和数据终端设备构成的设备,主要在 PRU(分组无线设备)的基础上附加数据链路接口。参见 packet radio network (PRnet),packet radio unit (PRU)。

packet radio unit (PRU) 分组无线设备 组成包交换无线网(PRnet)的基本单元,包括无线电台部分和数字控制单元。无线电台部分包括无线收发信机、调制解调器等,数字控制单元以微处理机为核心,完成收发转换、选择发射频率及功率、选择数据速率、实现信道多址协议、应答协议及路由选择、流量和阻塞控制等功能。

packet random access channel (PRACH) 分组随机接入信道 移动通信通用分组无线业务(GPRS)网络中的接入信道,GPRS 用户通过 PRACH 向基站发出信道请求,用于请求分配一个或多个 PDTCH (分组数据业务信道)。参见 general packet radio service (GPRS), packet data traffic channel (PDTCH)。

packet repeater 信息包中继器 分组交换通信系统中的中间节点。其作用是实现信息包的存储转发。它对收到的每个信息包进行差错检验,以判断在传输中是否出现差错;回送应答信息以通知上一节点是否需要重发;接收传输无错误的信息包并存储到自己的缓冲区中;根据路径选择算法确定路径之后,将接收到的信息包继续转发到下一节点;在转发中若传输有错误,须重发该信息包,直到重发成功或达到系统规定的重发次数而停止重发为止。

packet retransmission interval 信息包重发间隔 在包交换网络中,从接收节点检测到一个错误传送的信息包时刻起,包括发出重发请求,直到接收到重新传送的信息包为止的传输延迟时间。

packet sequence number 包序号 包头部中的一个数,包级协议根据这个数可确定包是否丢失。它还提供响应计数功能。对于 DTE(数据终端设备)和 DCE(数据电路终端设备)的数据信息包格式,在信息包标题中,包含在"信息包类型标识"字节(一般位于信息包标题的第三个字节)中的一对顺序号,即信息包发送顺序号 P(S)和接收顺序号 P(R),用来控制信息包发送和接收的顺序。这有利于某个信息包的出错重发,也便于接收端按序号重新组装。

packet sequencing 信息包排序 在分组交换网络中,转接中心(节点)对信息包加以排序、控制的过程。它的主要目的是为了保证信息包传送到数据接收站时的次序和从数据发送站发送的顺序相同,以便能准确地将各个信息包组装成原来的报文。

packet size 分组大小,包尺寸 一个数据信息包内包含的用户数据字节的数目,可视链路状况、传输效率和通信协议而选择。

packet sniffer 包嗅探器 一种帮助维护、故障检测和微调局域网和广域网的软件工具。这种工具观察网络段的通信量,学习掌握网络配置,对协议进行译码,提交统计数字,自动识别许多网络常见问题,并能够生成管理报告。

packets per second (PPS) 每秒分组[包]数 网络中传输速率的度量单位。在以太网、令牌环网和 FDDI(光纤分布数据接口)等网络中,把数据分割后添加源地址和目的地址并以信息包(即帧)的形式传输。网络设备(如集线器、网桥、路由器和交换机)的性能是用每秒种转发的信息包数来衡量的。

packet switched mode 分组[包]交换方式 从发送端到接收端传输信息或数据的方式。这些信息被分成一些小单位或"包"的形式。分包可以在发送端的终端设备上,也可以在交换机上进行,每个包都有各自的信息目的地地址。这样,针对不同的信息部分,包交换可采用不同的路线,以便有效地利用通信网络。在接收端,必须对包加以分类,监控,重新汇集。有两种主要的包交换技术:①自主方式,每个包按照附着于包中的规定的地址的信息在网络内部自主传送;②虚拟连接方式,对每一个包在网络内部都有一条预先建立的路线。需传送的文本或数据信息开始信号和错误检测位开头,接着就是前导段,在前导段内包括目标地址和源地址、连接器数和包数据。这就可以保证包不致被丢失。如果有错,则经过修正后传送,在任何时刻,不需要对文本内容进行检查,通常有安全装置加以保证。

packet switched channels 分组交换通道 以报文分组作为信息交换单位的通信子网信道。信道两端都各有一个可以完成分组交换的分组交换设备。

packet switched data network (PSDN) 分组交换数据网 以分组交换方式提供数据传输业务的数据网。它适合于不同类型、不同速率的计算机与计算机、计算机与终端、终端与终端之间的通信,从而实现信息资源共享,同时还可以在分组交换数据网上开发各种增值业务。

packet switched data transmission service 分组[包]交换数据传输服务 包括传输数据和在需要时按分组的形式装配和拆卸并且控制数据的一种用户服务。例如 Tymnet、Telenet。

packet-switched network (PSN) 分组交换网 采用分组交换技术的网络,由分组交换机和通信线路组成,无需预先交换控制信息或在两系统间建立线路就可在两个计算机系统间进行数据交换的网络,如因特网。发送信息方的计算机将信息分成一些在长度方面很有效的单元,称为分组。每个分组含有目的地计算机地址。这些分组被直接放到网络上。这些分组被名为路由器的设备所截获,路由器读取每个分组的目的地址,按照这一信息,再把分组送入合适的方向。最终这些分组到达所要求的目的地,尽管某些分组可能实际由不同的物理通路传送。接收方计算机集中各分组,将各分组按序排列,并将接收到的信息送至合适的应用。分组交换网是高可靠和高效的。参见 packet switching, router。

P

packet-switched network characteristics 分组[包]交换网络特点 分组交换网络的特点是通过如下途径取得的:(1)把许多用户的通信组合起来,因为这些用户的峰值不是同时出现的。(2)同时双向使用网络上的所有线路。(3)平衡许多不对称用户的通信。从而减少了每一位的传输成本。

packet-switched network tunnel 分组[包]交换网络隧道 PE(运营商边缘设备)之间通过 PSN(分组交换网络)网络连接起来的隧道,该隧道提供了一种将包从一个 PE 传送到另一个 PE 的机制,通过隧道复用器将不同用户的业务流隔离开。隧道的建立方式取决于 PSN 网络的隧道机制。

packet switching (PS) 分组[包]交换 通过标有地址的分组进行路由选择传送数据,使信道仅在传送分组期间被占用的一种交换方式。分组可以任何顺序发送,因为传输开始所发送的控制信息确保了在接收端以正确顺序进行转换。因为每个分组有其自己的控制指令,它可以用任何路由到达目的地。

packet switching centre (PSC) 分组[包]交换中心 报文分组交换通信网是由分散在各个地点的分组交换中心和线路构成的。每个分组交换中心将根据网的业务状况配置线路和决定路由。当需要将数字信号从通信网中的甲地输送到乙地时,沿途各交换中心应本着尽可能地减少总时延的原则,自动选择最短的路由进行传递。如果某条线路因业务太忙而阻塞,则自动选择另一备用的线路;如果两个交换中心之间的线路中断,则应自动进行迂回转接。

packet switching exchange (PSE) 分组交换机[局] 分组交换网络中用来组网的核心设备。其中每个 PSE 由一个唯一数字识别并且包括一个或多个分组交换节点,PSE 对应各大城市中心,并且由大带宽的长干线连接。地区编码被赋予最近的 PSE,等级中的下一层次是节点层次,其中每个节点都由其 PSE 中的一个唯一节点数表示。X. 25 数据终端设备(DTE)数只在服务于该 DTE 的 PSE 中知道。

packet switching network (PSN) 分组[包]交换网络 目前在计算机通信网络中普遍采用的一种存储转发方式。按此方式,以分组为传输单位,在发送端或发送节点先存储要发送的信息,在发送前组织成一定长度和格式的分组,加上顺序号、接收节点地址标识和错误控制等附加信息,然后经所选定的路由(各个分组可以经过不同的路由进行)传送到指定的信息终点;中间转发节点收到信息包后,如果后续线路未空闲,可以暂时存储,等线路空闲时再转发;终端接收机将收到的信息包按编号重新进行编排、整理,将其恢复成为原来的完整信息。采用分组交换方式,可以避免一个节点长期占用链路,减轻存储转发节点上的存储负担,当出现传输错误时也便于重新发送,因而具有较高的灵活性。

packet switching node (PSN) 分组交换节点 一个用于交换分组任务的微型计算机。

packet switching service (PSS) 分组交换业务 信息交换通信网络的一种服务功能,即以分组方式进行传输。参见 packet switching。

packet switching system 分组交换系统 用户可按标准格式的报文分组彼此进行通信的一种数据网络。它由许多通过宽带电话线路连接的分组交换机组成。具有位同步传输设备的用户可利用租用电话线接通最近的分组交换机。具有异步传输设备的用户可通过租用线路或拨号线路接通最近的分组交换机。

packet switch stream (PSS) 分组交换流 一种基于 X. 25 的分组交换网络。公司和个人用户能够连接到这个 PSS 网络,通过一个 PSS 调制解调器或一个 X. 25 PAD(分组拆装器)和一个专用的(四线的电话电路)PSS 线路,连接到各种在线数据库和主机系统。PSS 调制解调器直接连接到一个计算机系统中。然而 X. 25 PAD 是一个单机设备,其允许最多 8 个串行 RS-232 数据终端设备连接到 PSS 中。PSS 在 2006 年 6 月被关闭。

packet system charge 信息包系统负荷 进行分组交换时,网络节点及链路所能承受的最大数据流量。实际流量可以由软件控制以避免超载。

packet terminal 分组终端 与交换机连接时,具有分组数据处理能力的设施。如前端处理机和智能终端等。分组终端与通信系统交换信息时以报文分组为单位。

packet timing control channel/downlink (PTCCH/D) 分组定时控制信道/下行 用于向多个移动台传送时间提前量。

packet timing control channel/uplink (PTCCH/U) 分组定时控制信道/上行 用于传送随机突发脉冲,以此为一个移动台(MS)在分组传送方式中设立时间提前量。

packet transfer delay 分组传输时延 分组从信源发出的信源节点至到达目的节点之间的时间,由传播时延、排队时延、交换时延等组成。

packet transfer protocol (PTP) 分组传送协议 PC net 上的网络层协议。其主要目的是处理可变频率

modem(调制解调器)电缆系统设计,它支持一种称之为"发现"的路由选择方法。

packet type identifier 分组类型标识符 在X.25分组交换网络中,分组头中的第三个八比特组,它识别数据组的功能,而且在可能时确定其序列数。

packet video protocol (PVP) 分组视频协议 因特网中的一个多媒体应用协议,是一个端到端的协议,直接被应用程序使用。

packet window 包窗口 在接收到响应之前,数据终端设备(DTE)和数据电路终端设备(DCE)之间可流通的连续数据包的最大数。

packing density 存储密度,组装密度 (1)单位长度,单位面积或单位体积内存储单元的数目。例如磁带、磁鼓或磁盘的磁道上每英寸存储的位数。(2)计算机中单位面积或单位体积的元器件数量。例如插件板单位面积上的电路数目。

packing factor 装填系数 (1)能装入容量固定的某种物体中的单元(字,位,字符等)数目。(2)文件中实际使用的单元的百分比。

packing routine 压缩例程 为消除空白区,减少文件所需的存储容量而对数据进行压缩的一种子例程。

pack relocation 压缩重定位 (1)为过程中的数据与程序重新分配地址,以有效地利用存储空间。(2)把若干离散的信息项合并到一个信息单位中的过程。

PACS 医学影像存档和通信系统 picture archiving and communication system 的缩写。

pacuit 分组电路交换 pacuit 是 packet 和 circuit 的缩写。在通信网中,同时提供分组交换和电路交换两种业务的混合交换方式。这种交换方式可满足同时需要分组和电路两种交换方式的用户,也可满足不同时刻需要不同交换方式的特殊要求。

pad 衰减器,填充,填料,焊点,焊盘 (1)用来降低信号电平的无源衰落设备。(2)用哑数据(通常是零或空格)占满一个字段中的未被用到的位置。(3)在印制电路板或集成电路基片上进行电连接的铜箔区域,称焊盘。其作用是:焊接器件的引脚,提供从印制板的一层到另一层的连通路径,连接探针。(4)印制电路板上封装模块的组成部分。

pad character 填充字符 用来填充空余空间的字符。许多应用程序具有特定长度的要求,为了时间补充或空间对齐而使用填充字符,如同步传输中,加入的用于确保一个分组或一个块的第一个和最后一个字符被正确接收的字符,第一个和最后一个字符在接收器的同步调整中发挥着作用,也被称作补白字符。

padding 装填[填充](技术) (1)将某个或某些被称为填充数的字符连接在某字符串的后面,通常使该字符串延长到指定的长度,用于满足协议对自然边界的要求,也可增加了数据在机器之间的可移植性。建议使用 filler。(2)在密码学中,为了使明文信息长度恰为分组密码算法中数据块的整数倍而在明文中添加的附加字节。

padding indicator 填充指示符 在密码学中,用于DES(数据加密标准)中密码数据块填充数据的指示符。当信息流位数不是数据块位数(如64位)时要用空白等作为填充填满,填充指示符用来指示最后一块明文数据块中填充符的个数。参见 data encryption standards (DES)。

paddle 操作杆 计算机游戏中使用的一种装置,通过移动一个手柄来控制光标位置。参见 joystick。

pad library 焊盘库 存储印制电路板(PCB)上每种焊盘,借孔及其他连接点的铜箔尺寸,电镀特性,打孔尺寸及其他方面定义的数据库。

PAD (1)分组装配/拆卸器 packet assembler/disassembler 的缩写。(2)问题分析图 problem analysis diagram 的缩写。

PAE 端口访问实体 port access entity 的缩写。

PAG 过程访问组 process access group 的缩写。

PAGCH 分组接入应答信道 packet access grant channel 的缩写。

page 页(面) (1)在虚拟存储系统中,一个具有虚拟地址的字长信息块,通常是512或1 024字节,它是内存与外存之间的输入/输出单位。(2)打印机输出的一页纸。(3)同一时间在显示设备屏幕上显示的信息。(4)在存储媒体上定义的空间单位。

pageable dynamic area 可分页动态区域 其地址与实际地址不同的一个虚拟存储区域,用于存储执行时可分页的程序。

pageable link pack area (PLPA) 可调页链接装配区 是所有公用系统例程所驻留的区域。所有在PLPA区中的码是可重入的,若其他例程需要此内存时,不需要将它移出去。

pageable partition 可分页分区 在操作系统中,可分页动态区域中分配给一个作业步的部分。

pageable region 可分[可调]页区 在某些操作系统中,可分页动态区分配给执行期间可分页的作业或系统任务的子区域。

page address 页地址 在采用虚拟存储器的机器中,虚拟地址或物理地址的高位,用以指出存储器中的某一页。

page addressing 页面寻址 在采用虚拟存储器的机器中,指令中指出的地址也称"虚拟地址"或"逻辑地址",它与实际主存储器地址有所不同。为了找到实际主存储器地址,必须进行地址变换。地址变换的过程实际上是一系列查表过程。这种寻找地址的方法称为页面寻址。

page banner 页面旗帜广告 包含图形单元和文本的 Web 页面部分,诸如页面标题。页面旗帜广告通常显示在一个 Web 页面的顶部。参见 banner。

page body 页体 逻辑页的一部分。在该部分中的每行能写入内容或填入空白。

page boundary 页界 一页的最后一个或第一个字或字节的地址。例如,系统中的页界地址是 4 096 的倍数,即低 12 位全为 0 的地址。

page break 分页(符) 字处理软件在文本达到页面的最大行数时自动进行分页。自动分页符被称为软分页符,因为如果在分页符之前插入或删除正文,程序会自动调整分页符的位置。同 new page break。

P

page capture 页面采集 数据处理系统接收和存储来自图像扫描器的完整的数字化图像的过程。

page composer 页组合器,组页器 全息存储系统中的一个主要部件。全息存储是成批写入数据的,一批称为一页。每页数据必须在写操作进行之前编排好,组页器就是用来完成页数据编码的。页组合器是一个受控的光阀矩阵,它能产生与页信息相对应的光学图像,对入射光束进行空间调制。目前较多选用的材料是透明压电陶瓷、液晶材料和光色材料等。其控制方法可以分电控制和光控制两种。

page control block (PCB) 页(面)控制块 在某些操作系统中,指出分页要求状态的控制块。

page controls 页控制 在文字处理中,使机器能按页工作的一种控制能力。

page copy 页拷贝 作为传输的结果,从电传机送出的页面形式的打印信息。

paged address 页式地址 一种页式存储模式的实际地址形成方法,其实际物理地址是从它的逻辑地址中的有关页的信息及页内地址计算而得。

page data 页数据 构成一打印页的数据。

PAGEDEF 页定义 page definition 的缩写。

page definition (PAGEDEF) 页定义 在打印数据集的 JCL(作业控制语句)中所规定的一种资源。用来定义如何把输入内容转换成页面以及正文控制的规则。

page depth 页面深度 一个页面上打印的行数。同 page length。

page depth control 页面深度控制 一个指定每页打印的最大行数的控制。同 page length control。

page description language (PDL) 页面描述语言 定义打印机输出的高级语言。使计算机可以产生复杂的输出结果,在输出页面上描述文字、图形和图像。描述通过抽取图形实体的特征,减少数据冗余,且与设备无关。若应用程序输出该语言而不是打印机所需的特殊代码,则输出能打印在支持该语言的任何打印机上。使用该语言,大多数字符型和图像型都是在打印机内做成而不是在用户计算机内做成的。代之以把整个字型从计算机装卸到打印机上,这包含每个字符的设计,送出一个命令用特殊的点大小来建立特殊的字型,打印机建立的字型字符来自特殊字型风格的基本设计元素。如把画圆的命令送到打印机上而不是送圆映像的实际二进位。常见的 PDL 语言有 PostScript,Interpress,PCL5,ESC/P 等。页面描述语言可用于存储传送、输出或交换。

page display 分页显示 在文字处理中,打印文件时要显示出在哪里分页的显示技术。

paged machine 页面机 泛指采用虚拟存储操作系统的计算机系统,其中实际的内存以页为单位而划分成许多页帧,执行程序时,数据从外存中整页整页地调入内存,执行完后按页调出。

paged memory management unit (PMMU) 页式存储管理部件 用于配接 68020 处理器的虚拟存储器管理芯片,如 Motorola 68851。在 Macintosh 或其他需要硬件虚拟存储器的 68020 平台上运行 A/UX 操作系统时,要求有该芯片的支持。在这个芯片管理下,任何对物理内存之外的数据的访问都会引起缺页中断,驱使操作系统从外存中换入所需页面。换页操作对用户是透明的。在 68030、68040 等 CPU 中内建了这个部件,Intel 486 以上的处理器中也装有功能相当的部件。

Page Down key 下页键,PgDn 键 键盘上的一个键,常缩写为 PgDn,在文本窗口中用于显示下一幅屏幕或窗口的信息。

page drive mechanism 输纸机构 打印机中使纸移动的机构。分摩擦式(适用于无输纸孔打印机)和导链传动式(适用有输纸孔打印机)。

paged segmentation 段页式 将段式存储管理和页式存储管理相结合的存储管理技术。它将一个进程分成若干个段,并且将每个段又分成若干个页来管理。通常 4 KB 为一页,16 页为一段。

page end character (PE) 页尾字符 文字处理中的一种格式控制字符,表示一页结束。在文本调整工作方式下,可以去掉或不理会页尾字符。同 form feed character。参见 required page end character。

page entry 续页入口 流程图中的一个符号。用来表示本页的流程是接上页的。

page exit 页出口 流程图中的一种符号。它表示由于页面的篇幅所限,流程线接续到下一页。

page fault 页(面)失效,缺页 在虚拟内存方式下,在页面控制表中,每个页面都有一个错误控制位。若该位为"1",则表明该页面不在主存储器中。每当指令执行时,都要引用页面控制表。当页面的错误控制位是 1 时,若对页面进行访问,则称为页面错误。这时将产生程序中断。页面管理程序对这种中断进行分析,将所需的页面从辅助存储器调入主存储器并调整页面表,然后被中断的程序才能重新执行。

page fault rate 缺页率 发生缺页现象的频繁程度。

page fixing　固定页(面)　(1)一种直到被确实释放之前必须始终保存在处理机存储器中的页面，释放之前，他们不能被调出。(2)在虚拟存储系统中的一种标志，它让一个页面变成一个不可调页的页面，以使它始终保留在实存中。同 page locking。

page flip　页面翻动　文档页面之间的快速滚动或者一次显示多个页面。

page footing　页尾栏，页合计栏　(1)由报表书写控制系统确定并在一个报表页的结尾处出现的报表栏。(2)对一页中各项内容求和的栏，一般在一页的底部。

page frame　页面，页帧，表框架　(1)实存中一个具有一页大小的存储区。(2)虚存页面映射到物理页面的物理地址。例如，在一个页面为 4 096 字节的系统中，页帧 0 对应于物理地址 0 ～ 4 095。参见 paging，virtual memory。(3)包含表头、表尾的表格框架。

page frame number (PFN)　页帧号　在虚拟存储系统中，指明在主存储器里的一个页面的第一个字节的地址。

page frame table (PFT)　页帧表　页式存储管理中描述各页面当前使用状态的表。其中每个表项对应一实际页面。

page image　页面图像　单个页面的电子表示。页图像的边界取决于扫描设备的机电特性和数据处理系统的图像采集特性。

page image file　页面图像文件　包含打印机或其他显示设备为建立页面或屏幕图像所需的代码的文件。

page-in　页(面调)入，进页　在虚拟存储系统中，从外部页面存储器传送一个页面到实存的过程。

page I/O　页(面调)入/(调)出　页入和页出操作。

pagejacking　网页劫持　从一个网站偷取内容(通常是源码形式)并把它拷贝到另一网站，以便把原来网站的部分流量分流到拷贝的网站。网页劫持依靠搜索引擎去抓内容和对结果加索引，从而使拷贝网站在搜索结果排名中与原始网站的排名一起出现。用户可能会因此上当受骗，把违法网站当作他们搜寻的唯一网站。

page key　页键　在文字处理中，用于一次处理一页文本的控制键。

page-level lock　页级锁　多粒度锁之一，数据存储单位页是锁定的最小空间资源。页级锁是指在事务的操作过程中，无论事务处理多少数据，每一次都锁定一页。参见 database-level lock，row-level lock，table-level lock，cluster-level lock。

page left　页面左翻　在屏幕或窗口当前可见区域显示信息的左面的信息，即向左移动页面。

page length　页面长度　可打印或显示信息的垂直方向的尺度。页面长度通常比纸张的长度要小。同 page depth。

page length control　页面长度控制　在文本处理中，指定页面长度的能力。同 page depth control。

page makeup　页面拼板　图形和文本组合成一个页面以准备打印。

page map table (PMT)　页映射表　在页式存储管理中，系统为每一个作业建立的一种表。它包括作业的页号及相对应的内存块号等内容。

page memory system　分页存储系统　一种把存储器地址分成定长模块的存储器系统。在这种系统中，存储器内一个页面的第一个字或字节的地址总是低位为一系列零的数。分页存储系统中的所有程序都应从页面边界地址处开始。

page migration　页面迁移　在某些操作系统中的一种操作过程，它将一些页面从主页面设备转移到辅页面设备，以使得主页面设备得到更多的可用空间。

page mode memory　页式存储器　动态随机存取存储器的一种常见组织方法。把内存单元的列地址作为页面地址，行地址作为页内地址。一次输出行、列完整的选通信号之后，只要被读写的内存单元未超出同一页的范围，页面地址可以存储保持，后续的许多操作都只需输出行地址，即可在页内进行寻址。对于连续内存单元的访问，这种组织方法可以显著提高存取速度。参见 page mode RAM。

page mode RAM　页式随机存取存储器　支持用较少的时间周期访问顺序存储的动态随机存取存储器的一种组织结构。利用专门的外围控制芯片把整个 RAM(随机存取存储器)空间分成若干页，使页面地址和页内地址分开。当程序中需要访问同一页面中的内存单元时，由于只需要给出页内地址，而不再需要给出页面地址，这就减少了内存地址变更的时间，因而访问周期可缩短到常规访问周期的一半。考虑到程序运行普遍具有的空间局部性，一段时间内的运算总是在某个空间范围内进行的，采用这种方式可显著提高运算速度。参见 cycle time，dynamic RAM。

page node　页节点　为了减少对外存储器的访问次数，把若干个节点组成一页，称为页节点，每次访问以页为单位。

page number (PN)　页号　在虚拟存储系统中，用来确定一个页面的实地址，由段码、页号和偏移地址转换组合而成。其中段码决定页表地址，页号在页表中决定该页的实地址，该页的实地址加页内偏移地址便是实地址。因此页号是在不同段码和段表定位寄存器中决定页实地址的编号。参见 frame number。

page-out　页(面调)出，出页　在虚拟存储系统中的一种操作，它从实存储器中将页面传送到外部页面存储器。

page pool　页(面)池　在 DOS(磁盘操作系统)中，

P

实存储器中除驻留的操作系统的部分之外，其余的部分被按固定的长度分成若干页，由操作系统统一分配使用，称为页池。它的容量随操作系统驻留部分多少而变化。

page preview　页面预览　排版完成后，在屏幕上模拟打印输出，以观察页面编排效果。如果不满意，还可以重新编排，能节省纸张和时间。

page printer　页式打印机　一种打印机，它汇集一整页输出，长度不足一页的信息也以一个整页为单位打印。由于页式打印机在打印前必须把整页存储在存储器中，这就要求它们有较大的存储容量。

P

page proof　单页清样　印刷术语，指铅字拼版后装版印刷前的打印清样。参见 proof。

page protection　页(面)保护　多用户或多道程序系统中对存储器进行保护和控制的一种方法。程序员可以控制每个页面，使其受到读或写保护。例如，由于系统和用户具有不同的存储器变换表，程序员可以规定一个存储页面对于操作系统来说是不受保护的，而对用户来说是受保护的。其结果是，该存储页面可由操作系统改变，但用户只能读出而不能改写，从而增加系统的安全性。

pager　寻呼机　一种小的无线接收装置，当收到(通常来自寻呼台的)触发信号触发时会发出"哔哔"声，提醒携带者在装置的小显示屏上查看和响应发送来的信息。

page reclamation　页面回收　在虚拟存储管理技术中，使实存中等待调出或已调出的页面内容恢复为可寻址的过程。当发生页面出错后或请求固定或装入一个页面之后，均会发生页面回收的操作。

page register　页面寄存器　在虚拟存储分页技术中，一种用来存储页表基地址的寄存器。

page replacement　页(面)替换，换页　当进程运行中出现缺页且内存中无空闲页面存储区时，将内存中当前未使用页面写入外存并将二级存储器中欲调入页面写到内存中相应存储区的过程。

page right　页面右翻　在屏幕或窗口当前可见区域显示信息的右面的信息，即向右移动页面。

page scan　页面扫描　扫描物理页面以建立一个页面的位图的机电方法。

page segment　页(片)段　一种能包含正文和图像的实体，它可处于一页的任何可寻址点。

page setup　页面设定　影响按页输出的一组选择，以确定文件打印时页面的安排方式。如规定打印纸的尺寸，页面边界，打印哪些页，图像在打印时是否放大或缩小等。

page size　页面大小　一个页面连续字节的数目。页的大小与调页速率有关，页太小调页频繁，页太大浪费也大，典型值为 256 ～ 4 096 字节。

page slot　页槽　在虚拟存储系统中，分页设备上能存储一页的一个连续区域。

pages per minute (PPM)　每分钟(打印)页数　表示打印机，特别是激光打印机的输出速率的指标。例如 4 PPM 就表示每分钟可打印 4 页，在汉字环境下，这个值要降低一半。另外，生产厂家提供的此项指标，是在规定尺寸的页面上输出密度中等的标准字形文本的情况下测得的。当输出页面中包含多种字体或复杂图形、图像时，实际打印速度会大大低于厂家提供的指标。

page stealing　页(面)挪用　(1)从进程观点看，在常驻数据集中丢失页面的删除操作。(2)将分配给一个用户的页面移作它用。

page swapping　页面交换　在主存储器与辅助存储器之间交换页面。在主内存可用空间已满时，需在目前有的页中选择未来的处理中使用可能性最小的页，将其淘汰，以便腾出空间调入新页。如果被淘汰页未被修改过，或者不需要保存修改结果，则将新页覆盖旧页即可；如果被淘汰页需要保存，则将其送回到辅助存储器中，与新页进行对调。

page table (PT)　页(面)表　在页面技术中，程序页与实际页的对照表。页式存储管理中，操作系统为程序建立的一张表。该表记录了程序及其数据按页存储的有关信息。其中的每个表项定义了页面的可用性以及页面在主存储器中实际地址的高位部分，它与逻辑地址中的页内地址组合成访问主存的地址。参见 page table entry，paging。

page table base register (PTBR)　页表基址寄存器　存放内存中页表基址的寄存器。

page table entry (PTE)　页表项　识别虚拟地址空间中一个页面的位置和状态的数据结构，其中通常包括页面在辅助存储器中的地址、页面在主内存中分配得到的块号、以及缺页中断位等。当一个页面在存储器中时，则页表项含有该页面；当它不在存储器中时，页表项含有该页面在二级存储器(磁盘)定位的必要信息。页表项的大小取决于处理器。参见 invalid page，page table。

page table lookup　页表查看　在虚拟存储器操作系统下，每个载入系统的作业在存取每个页面时都需要查看操作系统为之建立的页表，特别是查看与被存取页表项(PTE)的中断位 *I*。如果 *I* ＝ "0"，说明该页在主内存中，可以直接存取；如果 *I* ＝ "1"，则说明该页不在主内存中，由此而引发缺页中断，从辅助存储器中将其调入，修改该页的各有关表项，特别是 *I* 位，通常这需要淘汰当前某个已在内存中的页。

page table origin　页表起始地址　在虚拟存储系统中，存放在实存中的页表的起始地址。根据此地址和页号，可以确定每个页面的位置。为了能快速地根据页表起始地址和页号找到所需的相应实址，页表的起始地址通常应选择为 2 的乘幂。

page template　页面模板　可用于建立新的定制页面的、预先设计好的通用 Web 页面。在 FrontPage

中的某些页面模板提供典型的页面内容,而其他页面模板则提供公用页面布局。

page translation exception 页面转换异常 在虚拟存储系统中,程序中的虚拟地址须经过段表、页表中相应表目的内容经硬件转换才能形成实地址。当一虚地址由种种原因不能转换成实地址时,便产生页面转换异常,并产生保护性中断信号。同 page fault。参见 segment translation exception, translation specification exception。

page turning 页调度,页面转换 (1)在多个程序共同占用实存储器的多任务系统中,适用一定算法在主内存及辅助存储器之间移动整页信息的策略。(2)在会话式分时系统中,按循环调度法将程序调入或调出主存的过程,目的是使每个程序能轮流使用计算机时间。

Page Up key 上页键,PgUp 键 键盘上的一个键,常缩写为 PgUp,用于显示上一页屏幕或窗口的信息。

page wait 页面等待 在操作系统中,当一个任务的活动请求块所请求的页面位于实际存储器中或被带入实际存储器时,该活动请求块所处的状态。

page white display 页白显示 采用超扭曲技术,以增强液晶平板显示器前景与背景的对比度。

page zero 零号页面 在某些操作系统中,单元地址从 0 ～ 4 095 的存储区。

pagination 标页号,标页码,分页 在文字处理中,按预定的页面格式参数对文本进行自动排列的过程。许多文字处理软件都具有标页号的命令,提供给用户在打印文本时做分页之用。通常包括设置页内行数、页眉、脚注、格式线和边框等功能,但主要指的是对准备打印的长文稿进行分页。

paging 分页,寻呼 (1)一种虚拟内存操作技术。操作系统把主内存空间划分成若干定长的页,准备调入主内存执行的作业也以页划分,主内存与辅助存储器之间以页为单位交换信息。当执行一个作业时,视当前系统中可利用存储空间的大小,将作业的若干页调入内存执行。若在执行过程中需存取一个尚未调入主存储空间的页时,硬件发出中断申请,由操作系统调入该页。若主存储空间已满,则先淘汰一旧页,挪出空间装新页(如果旧页未被修改过,则简单地覆盖之;如果被修改过并且需要保存,则换到辅助存储器中保存)。这种策略并不要求操作逻辑上邻接的页,物理上也要邻接。从而简化了操作系统分配与管理主内存的工作,并能提高存储器的存储密度。采用这种方法,可以在有限的存储空间上执行大于实存储空间的作业。此法可以单独使用,也可以与分段法联合使用。参见 anticipatory paging, demand paging, logical paging, page turning。(2)把信号或信息从基站传送到移动或固定接收器的一种单向无线通信方式称为寻呼。

paging algorithm 调页算法 虚拟存储系统中实现调页的算法。常用的有先进先出法(FIFO)、最近最久未用页面置换法(LRU)等。调页算法的优劣与系统运行效率有很大关系。如果处理不当,刚被淘汰的页面,过后不久又需要存取,则只得再次调入。这可能导致频繁的页调动,以至于大部分处理机时间花费在来回进行调页服务上,而只有少部分时间用于作业的实际执行,造成"系统颠簸"。参见 discard algorithm。

paging area 调页区 在某些操作系统中,直接访问存储器的一个区域及实存的一个对应区域,在调页时由控制程序将它用作页面临时存储区域。

paging channel (PCH) 寻呼信道 用于用于广播基站寻呼 MS(移动台)的信道。参见 mobile station (MS)。

paging device 分页[页式]设备 在虚拟存储系统中,存储作业各页面(含其他数据)的可直接存取的外部存储设备,如磁盘、磁带等辅助存储器。

paging memory 页存储器 一种存储系统,其中主存的数据可以从二级存储器以页的形式调进调出,页是固定大小的连续存储块。分页的主要优点是一个进程的物理存储器空间不需要连续。在采用分页技术之前,系统必须把整个程序和数据存入一个或两个连续的存储区,这样就引起种种的存储问题,如系统容量不足以放下整个程序和数据,或存储器使用效率低下等。分页存储是实现虚拟存储的基础。

paging rate 调页速率 在虚拟存储系统中,每个页面接收程序在单位时间内平均处理的页移入和页移出数目。调页率过高,影响计算机执行程序的速度。

paging system 分页系统 以固定长的页面作为存储分配和传送的基本单位的虚拟存储系统。

paging technique 分页法,调页技术 (1)一种将实存空间划分为若干页帧的实存分配方法。(2)在虚拟存储系统中,一种把实际计算机的内存空间进行分页,并在程序运行过程中实现自动调页的存储管理技术。

paging terminal 分页终端 一种 CRT(阴极射线管)终端。用户只需按下一个键就能恢复显示已从屏幕上方或下方卷入的前一页信息。

paint 着色,绘图 在计算机绘图技术中,用画笔、笔刷、喷枪等绘图工具在计算机绘图工作区绘制图像或涂抹颜色等。参见 overpaint。

paintbrush 画笔,画板 微软 Windows 3.X 附件中的一个绘图程序,将绘制的图形以点阵方式存储,也称"按位图方式存储"。存储图形文件的扩展名为 BMP。

paint program 画图程序 用位图方式构成图像,而不是用离散的直线、曲线和其他方式构成图像。如微软视窗中的 Paint 和 Apple Macintosh 的 Mac-

P

Paint。

pair delay 成对延迟 通过两个反相器的传输延迟。

paired cable 双绞线电缆 将两根绝缘导线扭合在一起，称为双绞线。由若干条双绞线组成的电缆，称为双绞线电缆。

paired-disparity code 成对不均等性码 以相反极性的两个信号电平之一来表示输入数据的一部分或全部的代码。在信息序列中使用这种代码，是为了把较长数字序列的总不均等性减至最小，码中的数字或字符的一部分（或者全部）是由相反不均等性的两组数字来表示的，传送交替反转信号就是用的成对不均等性码的一个例子。

paired selected ternary code 成对选择的三进制码 在这种代码中输入信号被分成配对的二进制数，每一对二进制数都用一对三进制数表示。

pairing 叠行 隔行扫描的显示器的一种故障现象。交替的光栅线互相重叠，削弱了有效的垂直分辨率。

pairing function 对偶函数 在一个参考点两侧，自变量发生距离参考点等距离变化时，可以得到相同函数值的函数。

pair of anti-parallel 反并联臂对 变流器中按导电方向作反并联的臂对。参见 pair of arm。

pair of arm 臂对 变流器中沿同一导电方向串联的两个主臂。参见 principal arm。

pair of complementary channels 互补通道对 可提供点对点双向通信的两条通道，每个方向各分配一条通道。

pair of element 元件对 两个元件结合起来形成的具有互补性或叠加性的组合体。

pair of module 模块对偶，模块对 以功能相同或具有互补性的模块结合在一起。

pair programming 结对编程 极限编程所提倡的一种软件开发活动，在该活动中，通常由两人合作编写代码，共享同一台工作终端，不断地评审和改进其共同的工作。结对编程保证了所有的代码、设计和单元测试至少被另一个人复核过，代码、设计和测试的质量因此得到提高。参见 extreme programming (XP)。

pair-selected ternary (PST) 成对选择三进制码 一种伪三进制码，其中二进制数字以成对方式编排，使得输出的信号避免一长串零。其编码过程是：先将二进制代码两两分组，然后再把每一码组编码成两个三进制数字（+、-、0）。因为两位三进制数字共有九种状态，故可灵活地选择其中的 4 种状态。为防止 PST 码的直流漂移，当在一个码组中仅发送单个脉冲时，两个模式应交替变换。PST 码能提供足够的定时分量，且无直流成分，编码过程也较简单。但这种码在识别时需要提供“分组”信息，即需要建立帧同步。

pair transistor 成对晶体管 两个结合在一起使用的晶体管，有时是在制作晶体管时利用一块芯片将他们制作在一起的。如果他们的性能是相近的，可用于差动放大、推挽放大或电压比较；如果采用不同的结构（如一个是 PNP 结构，另一个是 NPN 结构），则往往是为了补偿直流耦合放大器中的电平转移。

pair-wise exchange 对偶交换 一种互连开关，用于在处理机之间交换数据。

PA key 程序访问键标 program access key 的缩写。

PAL (1)可编程阵列逻辑 programmable array logic 的缩写。(2)PAL 制式，逐行倒相制 phase alternate by line 的缩写。

palette 调色板 (1)光栅扫描彩色图形显示器中所使用的彩色对照表，由于其内容可以由程序进行设定，因此能产生各种动态可变的彩色。其原理与画家使用的调色板相仿，因此彩色表也可以看作是一个调色板。尽管 VGA（视频图形阵列）显示方式每屏只能同时显示最多 256 种颜色，但它提供的调色板有 262 144 种颜色。(2)画图程序中的一组制图工具，如模式、颜色、画笔形状、线条宽度等。(3)色彩查找表的子集，用于在特定时刻选定在屏幕上显示的颜色。调色板中颜色数目取决于用多少位表示一个像素。参见 color bits，color look-up table，pixel。

palette lookup 调色板查寻 在计算机图形中，一种编码技术，通常用于彩色图像。它不是存储每个像素的颜色值，而是建立一个包含图像中使用的颜色的调色板。

palette manager 调色板管理器 在微软 Windows 95 中，用于管理多个应用程序对一个系统调色板的使用请求的软件模块。它给每个应用程序分配一个 256 色的逻辑调色板，并在必要时将逻辑调色板中的颜色转换为系统调色板中的颜色。在多任务微软视窗环境下，应用程序必须通过调色板管理器来修改调色板，以确保应用程序的友好协同操作能力。

palette shift 调色板移位 在计算机图形中，通过在屏幕上放置多于当前模式能处理的颜色数量来对图像中的颜色进行改变。

palindromes 回文串 顺读和倒读该字符串都会得到同样的拼写。例如“radar”。

palmprint analysis 掌纹分析 用于访问控制的一种识别技术。手掌同指纹一样，对每个人都是唯一的。手线、皮质和纹理可由摄像机输入计算机进行检测和识别。

palmsize personal computer (PPC) 掌上电脑 同 palmtop super microcomputer。

palmtop super microcomputer 掌上型计算机，掌上

电脑 一种小到足可放在手掌上的计算机,通常装有PIM(个人信息管理软件),显示器通常为液晶平板式,键盘可以是特殊的样式,或者是缩小化了的QWERT键盘。有的掌上型计算机则采用笔输入方式。如果将掌上型计算机的通信端口与网络相连,可以与任何其他类型的计算机通信。其通信连接可以是无线的,利用它就可以随时上网、下载文件和收发邮件等。在掌上电脑中没有耗电量较大的硬盘、CD-ROM(只读碟)或软驱,通常使用可充电的锂电池作电源。

Palo Alto Research Center (PARC) Palo Alto研究中心,PARC中心 由施乐公司1970年建立的研究与开发中心,苹果机中的面向图标的接口以及微软视窗中的鼠标器、菜单、窗口等最初都是由PARC开发的。PARC位于加利福尼亚州的Palo Alto市的斯坦福大学的Industrial公园内。

PAM (1)脉(冲)幅(度)调制 pulse amplitude modulation的缩写。(2)问题分析法 problem analysis method的缩写。

PAN (1)个人域[区域]网 personal area network的缩写。(2)并行联想网络 parallel associative network的缩写。

pandemonium model “泛魔”识别模型 一种以特征分析为基础的图像识别系统。1959年心理学家塞尔弗里吉把特征觉察原理应用于图像识别的过程,提出了“泛魔”识别模型。这个模型把图像识别过程分为不同的层次,每一层次都有承担不同职责的特征分析机制,它们依次进行工作,最终完成对图像的识别。塞尔弗里吉把每种特征分析机制形象地称作一种“小魔鬼”,由于有许许多多这样的机制在起作用,因此称为“泛魔”识别模型。这一模型的特点在于它的层次的划分,每一层次都有承担不同职责的特征分析机制,它们依次进行工作,最终完成对图像的识别。参见 feature analysis model, template matching model, prototype matching model。

P and V operations P和V操作 操作系统中P和V操作是对信号量进行操作的一对同步原语。设S为信号量(取整数值),Q为S的等待队列,对S执行一次P操作意味着请求分配一个单位资源,描述为$S:=S-1$,当$S\leqslant 0$时表示已无资源,请求该资源的进程将被阻塞,把它排在信号量S的等待队列Q中。而执行一次V操作意味着释放一个单位资源,故作$S:=S+1$,若$S\leqslant 0$表示信号量请求队列Q中仍有进程因请求资源而被阻塞,因此就应把队列Q的第一个进程唤醒使之转至就绪队列。

pane 窗格 在AIX操作系统中,一个显示屏幕或窗口的一部分,用于显示包含在与该面板相关的全部或部分数据信息。一个窗口可由多个面板构成。

panel 屏面,面板(显示) (1)一系列逻辑上相关的信息,显示在屏幕上以进行用户与计算机之间的通信。(2)在计算机制图中,指出显示表面上各显示区的位置和特性的显示图像。参见 control panel, display panel, help panel, task panel。

panel assembly 面板组件 构成操作面板、控制面板或指示面板的硬件部件。

panel data set 屏幕[面板]数据集 可在显示站屏幕上显示出来的一种数据集,其中包含若干预先定义好的、称之为屏面的图像。

panel display 平板显示(器) 一块平板形器件的显示装置。平板显示没有一般显示器中的电子束管,作为大屏幕显示时不存在投射距离问题,所以是一种比较理想的显示装置。制造平板显示器的材料有场致发光材料、等离子、液晶等。这类显示器件在体积、重量与耗电等方面优于现用的阴极射线管(CRT)显示器,已成为便携式或笔记本式微型计算机普遍采用的显示设备。

panel element 面板元素 面板的最小命名部分,如一条指令、一个选择区域、一个输入域、一个面板标题等。

panel interface 面板接口 一个面向屏幕的用户接口,设计于允许交互式通信。

panel path 平面路径 绘图描述时,可以完全分布在二维平面上的布线路径或网络互连路径。

panic button 应急按钮 机器面板上安装的一种紧急情况下可人工干预机器操作,以避免发生严重不良后果的按钮。

panic dump 应急转储 当操作系统或其一部分由于某些原因遭到破坏时,为了保护主存储器的内容而进行的转储。有些计算机在检测到电源电压故障时,能启动非屏蔽中断,执行应急转储。

pantone matching system (PMS) PMS系统,全色调配色系统 绘图软件中包含的一种标准颜色选择系统,用于指定打印颜色。其中的一个颜色赋予一个唯一的号码和混合公式,以致指定了这个号码就能保证能得到选择的打印结果。

PAP (1)打印机访问协议 printer access protocol的缩写。(2)密码[口令]验证协议 password authentication protocol的缩写。(3)推送访问协议 push access protocol的缩写。

paper capacitor 纸介电容器 电介质为纸(通常为浸渍的)的电容器。

paper feed 送纸机构[装置] 使纸张通过打印机的一种机械装置。在激光打印机及其他页式打印机中,送纸装置是一组滚筒,将纸夹紧并排列好。在点阵打印机中,送纸装置是拖拉式的,拖住在页边被冲过孔的纸传送。还有一种方法是摩擦传送法,纸张在压轮和滚筒之间被压紧,通过压轮的旋转传送。

paper file 纸文件 写在纸面上而不是以电子形式出现的文件。也被称作硬拷贝。

P

paperless office **无纸办公室** 可以少用或不用传统的办公用纸。一切记录都以计算机可读的形式保存的未来办公室，其操作大都由计算机完成，输入输出操作由电子设备完成。

paper tape **纸带** 一种输入/输出媒介，其中数据以针孔图形的形式被记录下来。

paper-tape code **纸带码** 在穿孔纸带上表示数据用的代码。在二进制编码中，字符是用孔的样式表示的，沿带宽的一排孔，称为一帧。有几种码型：5单位码，7单位码或8单位码。

paper-tape loop **纸带环** 记录有控制打印机输纸格式的穿孔纸带。一般由于一种打印格式总是重复使用，因此制成环形纸带，反复读出。

paper-white **白底黑字** 修饰或说明计算机单色显示器的一种显示类型，在白色背景中显示黑色正文。由于与在白纸上打印黑字的效果相似，因此流行于桌面印刷及文字处理中。

PAPR **峰值平均功率比** peak to average power ratio 的缩写。

PAR (1)确定应答与重发 positive acknowledgement with retransmission 的缩写。(2)光合有效辐射 photosynthetically active radiation 的缩写。(3)端口聚集协议 port aggregation protocol 的缩写。

paradigm **风范，范型** 在程序设计或问题求解时，指不同的程序员对同一问题求解的不同思路或行为方式，而且往往是一种值得他人仿效的较好的体例。

paradigmatic relation **聚合关系** 可以在一个结构中占据某个相同位置的语言成分之间的关系。具有聚合关系的语言成分在相同位置上可以相互替换。

paradox **悖论** 一个命题，如果假定它为真，经过正确的推理可以得出它为假；如果假定它为假，经过正确的推理可以得出它为真。也就是说，不论假设这个命题是真还是假，都将得出矛盾，这种命题称为悖论，较有名的悖论有理发师悖论、说谎者悖论、罗素悖论、康托悖论。

paragraph assembly **段装配** 字处理中把存于磁盘上的各段装成文件的过程。

paragraph control **段落控制** 在文本处理中，一种一次处理一段文本的能力。例如跳过、移动、删除、打印等。

paragraph indent **段落缩进** 文本处理中的一个指令，使一行或者多行文本之前加上一定距离的空白位置。

paragraph key **段键(标)** 文字处理中的一种控制功能，实现每次处理一段文本。

paragraph name **段名** 由程序员定义的用于标识一个段并位于该段之前的一个字。

paragraph tag **段落标签** 在台式机排版技术中，嵌入在文本中的一种代码，用于定义跟在该标签之后的段落的样式。它也定义字体、表格、缩进、字符间距、对齐方式和其他设置。

parallax **视差** 从两个与被观察物体不在一条直线的地方对物体进行观察时，人的视觉上所产生的位置明显移动的现象，它使人产生立体感觉。利用视差，可以计算出图形输出设备上显示的三维物体的轮廓。

parallel **并行，并联** (1)两台或多台装置的操作同时发生或同一台装置中的两个或多个活动同时发生。(2)多个设备或通道中两个或多个有关的活动同时发生。(3)电路内各元件或电源并列连接起来的工作方式。并联各支路两端的电压相等。(4)指全部事件发生在同一时间间隔内的过程，每个事件都由相互分离的但又类似的功能部件来处理；例如，设备内部总线并行传送一个字的每一位。

parallel access **并行存取** 同时访问包含一个字符或字的存储单元的所有各位。对存储装置内的任何位、字符或字在同一存取时间进行存取。

parallel A/D converter **并行模/数转换器** 采用多个比较器构成的一种模/数转换器，它使一个模拟电压信号快速地转换成数字信号，转换产生的各个数字是同时形成的。

parallel adder **并行加法器** 一种多位的加法器，它用一个特殊的线路预先产生各位向前的进位，因此所有各位的加法操作几乎是并行进行的。并行加法器的操作速度比串行加法器快。

parallel addition **并行加法** 对操作数的所有位按位同时进行相加的一种加法。

parallel algorithm **并行算法** 适于在并行处理计算机上解题和处理信息的算法。这种算法由一些独立、可并行运算的模块组成，模块间可互相通信。因此并行计算首先需合理划分模块，确定模块的规模。其次要保证对各模块的正确计算，再次为各模块间通信安排合理的结构，最后保证各模块计算的综合效果正确地解决了要处理的问题。并行算法必须适应并行处理计算机结构，如果一种算法所表达出来的并行度与计算机的并行度基本一致，便能提高计算机的解题效率。为此，希望并行处理计算机结构是可重构的，或一种拓扑结构可以嵌入多种与并行计算机任务相对应的子图。根据不同的特征，可以对并行算法进行不同的分类。常见的有SIMD(单指令流多数据流)算法和MIMD(多指令流多数据流)算法；同步算法和异步算法；数值算法和非数值算法等。

parallel allocation **并行分配** 将一个资源分配给两个或两个以上的并行程序。

parallel and pipeline processing **并行与流水线处理** 并行处理机的常用处理方式。不仅使用重复设置的多处理机实现空间上的并行处理，而且利用流水线方法实现时间上的并行处理。

parallel architecture 并行体系结构 能提供一种程序中若干部分并行运行所需环境的结构,这种结构通过多个简单或复杂的处理机的并行执行来协同解决问题。

parallel arithmetic 并行算术 同一时刻对一个数的多位进行的算术操作。

parallel array processor 并行阵列处理机 由若干同类型处理器按并行操作的方式组成的阵列,它可以采用紧耦合或松耦合方式,使向量等运算分解为可在空间上并行操作的运算,从而大大缩短运算时间。

parallel assignment algorithm 并行分配算法 一种试探性的划分算法。使用时需事先确定划分元素的个数。元素个数变化时要重新进行划分。用这种算法得到的各个划分元素的质量比较平均。

parallel associative network (PAN) 并行联想网络 一种自适应网络系统,用于专家系统、逻辑门实现以及视觉处理网络。

parallel bit transmission 位并行传输 代表一个字符的各位同时传输的数据传输系统。

parallel by bit 位并行 用不同部件同时对一个字符的所有各二进制位进行处理的特性。

parallel by character 字符并行 同时对一独立行、通道或存储单元(机器字)中的所有字符进行处理的特性。

parallel capacitive compensation 并联电容补偿 将电容器并联连接于电力网络中以流过电容电流来抵偿电感电流的一种作用。

parallel cellular chain 并行单元链 一种单元式链结构。它的各个链交替地散布在可以同时读/写的各个硬件单元上。

parallel cellular organization 并行单元组织 一种文件组织。其数据散布在可以同时进行读写的硬件单元上。

parallel channel 并行通道 在几条线路上同时传输数据的一种通道。通常是以 8 位的通道为增量,如 8 位、16 位、24 位等。

parallel circuits 并联电路 当若干电路接在同一对节点上,使电流从中分开流过时,这些电路称为互相并联。

parallel communication 并行通信 对被传输字符的每一位设置一个专用信道,使其在同一时刻将整个字符传输出去的通信方式。

parallel computation 并行计算 一个计算序列,其中每一步包含有 $i(i>1)$ 个可同时被 i 个处理器处理的操作。为了使算法执行时间最短所需最大处理器个数称为逻辑并行性。

parallel computation thesis 并行计算论题 复杂性理论的基本假设。所有可在合理的串行机模型上用多项式级空间解决的问题,都可在多项式级时间内在一个合理的并行机上解决,反之亦然。

parallel computer 并行计算机 采用并行传送方式和并行操作方式的计算机。所谓并行传送方式,即一个数的每一位各用一条线同时传送。例如,计算机的字长为 40 位,在传送时,必须同时分别通过 40 条线将 40 位传送到存储器中。所谓并行操作是指在进行算术运算时各位同时运算。并行传送时所需的设备较多(有多少位就得有多少条线路和接收装置),但传送速度和运算速度较快。现在的计算机基本上全部是并行计算机。

Parallel Computing **《并行计算》** 荷兰 1984 年创刊,全年 12 期,Elsevier Science 出版社出版,SCI(科学引文索引)、EI(工程索引)收录期刊。刊载并行计算机系统(向量、流水线、阵列及第五代计算机)理论和应用方面的研究论文、辅导性文章、综论及实用经验与技术介绍,题材涉及并行计算机的算法设计、应用、软件、网络技术、分类、模型、体系结构、硬件、性能测试、外围设备等。

P

parallel connection 并联 使同一电压施加于所有被连接的电气器件间的一种连接。比较 series connection。

parallel correction 并联校正 校正装置连接在系统的一个反馈回路内的校正方法,也称“反馈校正”。并联校正主要用于机械量的控制系统,如位置控制系统、速度控制系统等。并联校正的作用是产生与输出变量的导数成正比的校正信号,以改善系统的过渡过程性能,如减小超调量、缩短过渡过程时间、提高快速性等,同时使校正后的系统保持原有稳态精度。参见 correction methods of control system, series correction。

parallel database 并行数据库 在并行系统结构的支持下,实现关系操作的并行化的数据库。并行数据库是以多处理和 I/O 并行性为硬件环境的数据库,它采用各种并行算法提高数据库系统的计算速度和解决复杂性计算问题的能力

parallel data controller 并行数据控制器 一种与外部设备或与一些其他系列计算机的设备进行灵活可编程接口的装置。某些这类接口区提供了两个互相独立的双向输入/输出通道,每一通道都能以几种并行数据传输模式工作。

parallel data medium 并行数据介质 输入或记录计算机数据的载体或输入/输出介质,如卡片、磁盘等。

parallel data path 并行数据通路 独立地连接到主存储器上的多条数据通道。在同一时钟周期内,这些通道可并行地存、取主存数据。例如,有些超级计算机有 4 条并行的存储数据口连接到主存,其中两条供向量取数,一条供向量存数,另一条专供输入输出传送数据。

parallel data query (PDQ) 并行数据查询 大规模并行处理器的一种优化查询。查询软件把查询分

成段,以便数据库的几个部分同时查询。

parallel data transfer 并行数据传送 在一条物理信道上同时传送多个二进制位的过程。通常是表示一个字符的所有位同时发送;信号可以在分离的多条线路上传送;也可以用多路复用技术在单一线路上传送。

parallel device 并行设备 一个能够进行多项并行活动的设备。对应于 serial device。

parallel distributed processing (PDP) model 并行分布处理模型 一种神经网络模型。1986年由鲁梅尔哈特(Rumelhart)和麦克莱伦德(McClelland)等人提出,致力于认知的微观结构的探索。这类模型假定:信息处理是由一组相当简单的单元通过相互作用完成的。每个单元向其他单元发送兴奋性信号或抑制性信号。单元表示可能存在的假设,单元之间的相互连接则表示单元之间存在的约束。这些单元的稳定的激活模式就是问题的解。PDP模型的信息处理是并行的,信息的表达是分布的,知识被各单元之间的连接所编码。由于知识是用连接强度表示的,因此学习的目的就是要找到一组正确的连接强度以及在一定条件下产生正确的激活模式。处理本身就在使用知识,而学习也就是在处理过程中完成。从 PDP 模型得到的这些新概念、新思维,为正确理解人类的知识活动,从而把人类的智能赋予机器提供了一种新的方法。

parallel edges 平行边 关联同一对顶点的两条或两条以上的边。对于有向图,关联同一顶点有序对的两条或两条以上的有向边称为有向平行边。

parallel engineering 并行工程 一种组织产品开发的方法,相对于传统的顺序工程方法而提出,顺序工程方法是产品的设计-制造的整个过程以顺序方式进行,使产品设计到制造及投入市场的周期很长,而且在整个过程中某个环节出了问题都要从头开始再顺序进行一次,并行工程是为达到产品及其相关过程的一体化进行设计而采用的一种系统性的做法,使开发者从一开始就要考虑到整个产品生命周期的所有要素,从方案开始直到各方面的安排,包括质量、成本、进度以及用户要求等,它要求设计到制造的多次计划任务同时并行交叉进行。

parallel execution 并行执行 允许多个程序集在同一台计算机上共存和同时执行。参见 concurrent execution。

parallel extended routes 并行扩充路由 在通信系统软件的一个扩充网络中,两个主机节点之间的多条扩充路由。参见 alternate extended route,extended route,primary extended route,route。

parallel flow 并行流 可以同时执行几个子任务的过程。比较 serial flow。

parallel full adder 并行全加器 执行并行加法的全加器。

parallel image processing 并行图像处理 研究和实现图像数据高速并行处理的模型、算法和系统结构的技术。它是基于这样的事实:许多图像处理操作,具有数据量大和对每个数据(像素值)执行完全相同的运算的特点。并行图像处理计算机系统结构有:多处理机结构,流水线细胞计算机结构,搏动型结构,细胞逻辑阵列结构等。

parallel inference in neural network 神经网格并行推理 利用神经网络求解问题的过程,将问题的原始信息提交网络,得到目标结果。由于各处理单元并行处理,无匹配冲突,使推理速度大大加快。一般有三种推理策略:正向推理,反向推理和双向推理。由于网络加权的不可分性和输入信息的不唯一性,网络反向推理要比正向推理复杂得多。

parallel inference machine (PIM) 并行推理机 日本计算机技术研究所为其新一代计算机研制而创造的名词。实质上推理主要不是并行的而是串行的。它主要指对可能假设并行推测寻其可能,实质上是 Prolog 穷举搜索的并行化或是数学定理求证的可能归结的并行化。有几种并行推理过程:归纳机制,数据流机制,全复制机制和子句单元处理机制。

parallel interface 并行接口 一种数据传输方案的规范,能在并行连接的多条线路上同时发送多个数据位和控制位。并行接口有两个主要特点:一是同时并行传送的二进位数就是数据宽度;二是在计算机与外设之间采用应答式的联络信号来协调双方的数据传送操作,这种联络信号也称"握手信号"。

parallel interface extender 并行接口扩充器 一种能够遥控并行接口的系统,并行接口扩充器用做并行与串行间的转换器,它使得打印机和读卡器这样的设备能够远离计算机系统。

parallelism 并行性 (1)在同一时刻或是在同一时间间隔内完成两种或两种以上性质相同或不相同的工作。并行性包含三重意义,即时间重叠,资源重复和资源共享。时间重叠就是在并行性概念中引入时间因素,即多个处理过程中时间上相互错开。轮流重叠地使用同一套硬件设备的各个部分,以加快硬件周转而赢得速度。这种并行性概念的实现在高性能单处理机中就表现为各种流水线部件和流水线处理机。资源重复是根据以数量取胜的原则大幅度地提高计算机处理速度的最直接措施,既可以提高处理速度,又可以提高可靠性,但由于硬件昂贵而且软件复杂,处理机数目受到限制。资源共享指多个用户按一定时间顺序轮流使用同一套硬件设备。从广义上说,并行性既包含同时性,又包含并发性。同时性是指两个或多个事件在同一时刻发生,并发性是指两个或多个事件在同一时间间隔内发生。(2)互相独立的算法步骤同时执行的性质。在一些问题中存在着自然并行性,即在算法中明显存在互相独立的操作,如线性代数算法、偏微分方程算法、蒙特卡洛方法、有限元方法等。在另外一些问题中虽没有明显的并行性，但是可以通过引入附加操作或采用新方法实现并行处理，这类并行性称之为人工并行性。

parallelization 并行化 将串行程序改为并行程序的方法。其中宏并行化是处理较大的程序块(如子例程和过程等)的技术，微并行化是处理较低层次的结构(如指令等)的技术。若在执行前产生了可保留存储的并行程序，则称之为静态并行化；若在运行时进行并行化，则称之为动态并行化。在并行化过程中若无视复杂性等因素，而仅考虑并实现所有可能在具体机器上的并行性，则称之为最大并行化；若只为了使某些特性(如时间)达到最优的并行性，则称之为最优并行化。

parallel links 并行链路 在SNA(系统网络体系结构)中，相邻子区节点之间的两个或多个链路。

parallel operation 并行操作 一种在单个设备中并发进行，或是在两个或多个设备中同时完成多种操作的处理方式。比较 serial operation。

parallel output 并行输出 输出时同时提供多个数据位、通道或数字。

parallel port 并行端口 一种输入输出连接器，可在计算机和外围设备之间一次并行地收发8位的数据。并行端口在最初设计标准中通常被称为centronics接口，这种端口使用被称为DB-25连接器的25针连接器，DB-25连接器包括三组线路。

parallel presentation 并行表示 在并行总线上同时出现一个数字变量的不同位。

parallel printing 并行打印 在打印时，同一行的字符被同时打印出来。参见 line printing。

parallel processing 并行处理 (1)在同一装置中同时执行两个以上的处理操作。(2)多台处理机并行地每次处理多个程序。与多道处理不同，多道处理每次只有一个处理机在工作。

parallel processing language 并行处理语言 用于设计并行计算程序的语言。通常分为两类：一类适用于多指令流多数据流。例如，并发Pascal，Modula-2，Mesa和Ada。另一类适用于单指令流多数据流，如STAR-100机上的LRLTRAN和Cray机的Cray-FORTRAN。这些语言大多数是类似FORTRAN的语言，只是加描写向量或数组的成分，编译程序中加上向量识别部分。后一类语言也被称为并行处理语言。

Parallel Processing Letters **《并行处理快报》** 新加坡1991年创刊，全年4期，World Scientific出版社出版，EI(工程索引)收录期刊。内容涉及并行与分布式算法的设计与分析、并行计算理论、并行程序语言、并行程序环境、并行体系结构及VLSI(超大规模集成电路)等。

parallel processing system 并行处理系统 利用多个功能部件或多个处理机同时工作来提高系统性能或可靠性的计算机系统。可以在四个级别上实现并行处理：指令内部、指令之间、任务或过程之间和作业或程序之间。20世纪40年代，冯·诺依曼提出的细胞自动机是并行计算机的一种理论模型。目前，提高计算机系统的处理能力主要依靠并行处理技术。

parallel processor 并行处理机 在同一个控制部件的管理下，有多个处理单元并行工作的处理机。所有处理单元并行工作，但操作对象是不同的数据。并行处理机通常属于单指令流多数据流(SIMD)计算机。程序存储器存储要进行处理的程序，其程序顺序地送至控制部分。控制部分把指令译码后控制各处理单元的操作。此时各处理单元均收到从控制部件广播来的同一条指令，但数据来自各个不同的数据存储器，结果也送至相应的存储器内。处理单元之间通过联络网络互相传递数据。典型的联络网络有二维网格、超立方体和交叉开关等。这类并行处理机一般进行通用的处理，如矩阵或矢量运算、噪声去除、几何校正、轮廓增强、卡尔曼滤波等处理运算。

parallel processor architecture 并行处理机体系结构 一种使用许多互连的处理机的计算机体系结构，它以比常规计算机快得多的处理速度存取大量的数据和同时处理大量的任务。

parallel processor array 并行处理机阵列 它是将大量重复设置的处理单元(PE)，按一定方式互连成阵列，在单一的控制部件(CU)控制下对各自所分配的不同数据并行执行同一条指令规定的操作，是操作级并行的单指令流多数据流(SIMD)计算机。参见 electronic neural computer。

parallel processor organization 并行处理机组织 具有多个处理器的计算机组织。每个处理器在一个单位时间内可以执行一个操作，每个处理器可以执行所有指令。若一个并行机组织只有P个可用的处理器，则称其具有P有限物理并行性，其结构称为P有限结构，具有任意n个可用处理器的结构称为无限结构。在P-有限结构上进行的并行计算称为P有限计算，在无限结构上进行的并行计算称为无限计算。

parallel programming 并行程序设计 能同时执行两个以上运算或逻辑操作的程序设计。

parallel programming language 并行程序设计语言 可分为显式并行语言和具有并行编译功能的串行语言。显式并行程序设计语言可以用传统串行语言加上并行语句等扩充的办法形成，也可以设计一个全新的具有并行功能的语言。如SISAL、FORCE、LINDA和PARLOC等。具有并行编译功能的串行语言从用户使用角度看是一个传统的串行语言，但它的编译程序可将程序分解为并行执行的部分。使用显式并行语言进行程序设计时用户要解决以下三个问题：①逻辑分解，即寻找一种适应并行处理的代码和数据划分；②从逻辑分解到

P

处理系统的映射，即从资源分配负载均衡等考虑各程序部分怎样分布在系统的各台处理机上；③数据的定位。虽然上述三问题给程序编写带来一定困难，但采用显式并行语言可达较高的并行度从而较高地提高系统的效率。并行编译的过程可分为三个阶段：词法和语法分析，优化以及并行代码生成。优化是并行编译的主体，它包括依赖关系分析、循环转换和进程的分配及调度。

parallel program schema 并行程序模式 并行程序流程图的抽象形式。可由一个二元组 $S=(S_C, S_I)$ 表示，式中 S_I 是一个定义程序操作及使用变量的数据流模式，它是由操作集合 $B=\{a,b,c,\cdots\}$ 和变量集合 $M=\{m1,m2,\cdots\}$ 组成；S_C 是定义数据流中操作执行顺序的控制模式，它可用一个四元组描述 $S_C=(Q,q_0,\sum,T)$，式中 Q 为状态集，q_0 为初始状态，$\sum$ 为字符集。T 是偏函数 $Q\times\sum\rightarrow Q$。由终止状态所接受的有限字称为模式的计算。

parallel projection 平行投影 将三维物体投影到二维平面上的一种方式。其原理为：将观察者（投影中心）置于无穷远处，则视点与物体之间的连线为一组平行线，物体在投影平面上的映像即为平行投影。这种投影的特点是保持线段的平行关系，因而简化了几何运算，但视图的真实感较差。

parallel random access machine (PRAM) 并行随机访问机 一种并行机模型，作为研究共享存储器多机系统算法的并行机模型，由若干标准处理器 P_1，P_2，…，P_n 和一个全局存储器 m 构成，每个处理器都有局部存储器并可访问全局存储器，所有处理器的访存时间相同并且同步执行每一条指令。

parallel real-time processing 并行实时处理 用多个处理机同时并行实时地处理各项子任务，以保证更快速地完成实时总任务。

parallel-resonant circuit 并联谐振电路 一个含有电容，另一个含有电感的两个并联通道的一种谐振电路。参见 resonant circuit。

parallel running 并行运行 开发计算机化系统时采用的一种失效保险措施。它要求现行系统与计算机化系统平行地运行直到新的计算机化系统证明它是足够好的并已达到它的目标为止。为此，比较两个系统所得的结果，看是否存在任何偏差。如果有，则须修正新系统，再比较结果，直到无任何偏差为止。

parallel scheduling 并行调度 在计算机辅助生产中，使用两台或两台以上的机器或者多个作业中心对加工作业进行调度，称为并行调度。

parallel search 并行搜索 存储器的一种检索与读出方式。它根据存储单元的内容而不是通过其地址来规定存储单元。在检索特殊的数据元时，并行检索存储器可作快速访问。参见 parallel search memory。

parallel search memory 并行查找存储器 能同时请求访问所有存储单元的多个部分的存储装置。

parallel-serial converter 并串转换器 能将并行输入的信号以串行方式输出的转换器件。同 serializer。

parallel serial register 并串行转换寄存器 一种可以将并行数据变换为串行数据的寄存器。

parallel server 并行服务器 用作服务器的一种计算机系统，可提供不同程度的并行处理以提高它的性能。

parallel session 并行会话 两个相同网络可访问单元(NAU)之间的两个或多个并行的活跃会话，使用几对的网络地址或本地格式会话标识符。每个会话可具有独立的会话参数。

parallel simulation 并行仿真 (1)同时计算并仿真多个逻辑元件值的方法，一般用于逻辑仿真或故障逻辑仿真。(2)进行逻辑模拟时，需要根据逻辑元件输入值计算其输出值。如果每个信号的逻辑值用一位二进制位表示，且元件值计算都是位操作，则在字长为 W 位的计算机上，每个机器字可以表示 W 个模拟问题，同时进行计算，这就是并行模拟。它可用于一般逻辑模拟或故障逻辑模拟。

parallel storage 并行存储器 同时存取多个数字、字符或字的存储装置，如果多个字是并行存取的，则称为字并行的。如果一个字中的多个字符是同时存取的，则称为字符并行的。

parallel task spawning 并行任务派生 并行处理要依靠单指令流对多数据流实现并行操作，这可以用一条条的单独的指令来表示。而多处理机是采用多指令流操作方式，在一个程序中就可能有几个并发的程序段，需要用专门的指令来表示其并发关系以及控制其并发的执行过程，使一个任务开始执行时就能派生可与它并行执行的另一些任务，称为并行任务派生。它可使多处理机达到较高的处理效率。

parallel terminal 并行终端 能同时传输数据字符的所有各位的数据终端。

parallel-to-serial conversion 并-串转换 把一组并行出现的信号元变换成为表示相同信息的一个相应的连续信号元序列的过程。

parallel-to-serial converter 并-串转换器 把同时出现的一组数字转换成相应顺序的信号元素的装置。

parallel track 并行光道 在双层 DVD(数字影碟)光碟层 0 和层 1 上的光道，它们的旋转方向都是顺时针方向(从光碟的读出面看)。

parallel track path (PTP) 顺光道路径 光碟机读取光碟上数据的顺序，即读盘时从内圈开始，并从里向外移动。比较 opposite track path (OPT)。

parallel transfer 并行传送 在计算机之间或计算

机与外部设备之间传送数据的方法，在并行传送通路上，输出寄存器的所有位信息一次被传送到输入寄存器。并行传送速度较快，所用器件较多。若利用并行传送作输入输出，则称并行输入输出。

parallel transmission group 并行传输组 连接两个相邻节点的多个传输组。参见 transmission group (TG)。

parallel Turing machine 并行图灵机 具有 K 条 d 维工作带的图灵机。其中每条带上有一个读写头，第一条带上有计算开始时的输入数据。并行图灵机的程序是标准的非确定性图灵程序，对于具有 K 条 d 维带且每带上只有一个读写头的并行图灵机，当遇到非确定移动时，机器不选择下一个状态而是创建其控制和读写头的拷贝，它们在同样的带上继续计算。

parallel virtual machine (PVM) 并行虚拟机 并行虚拟机是由软件实现的一个高性能并行计算与网络信息处理环境。它支持异构的计算机通过网络连接成一台"虚拟"的并行计算机，使得它能像大型并行计算机一样工作，而且具有很高性能价格比。

paramagnetic substance 顺磁性物质 主要磁现象是顺磁性的物质。其磁化率是较小的正值，并且随温度之增高而减小。参见 paramagnetism。

paramagnetism 顺磁性 当磁化强度与外磁场方向一致、为正值且与磁场强度成正比时，物质为顺磁性。物质中相邻原子的磁矩从热力学观点来看是混乱无序的，以至于没有外施磁场的情况下，它们无定向排列，但在受外施磁场作用时，它们将呈现与外施磁场方向一致的一定程度的定向排列的现象。顺磁性的大小还与温度有关，温度越高，顺磁磁化率越小。一般含有奇数个电子的原子或分子，电子未填满壳层的原子或离子如过渡族单质、稀土、锕系及铝、铂等金属都属于顺磁物质。参见 paramagnetic substance。

parameter 参数 (1)表示某一事物，现象或设备在其运动过程中某一特性的量。如电阻、电感是电路的参数。可以把参数定义为一种值，用来控制可随其组成元素变化而变化的状态。(2)一种变量，对一个规定的应用赋予一个常数值，而且它可能表示这种应用。(3)在程序之间或过程之间传递的数据。参见 external program parameter, formal parameter, keyword parameter, positional parameter, preset parameter, program-generated parameter, symbolic parameter。

parameter adaptation 参变量适应 系统结构不变，但通过改变工作参数，实现对环境的最佳适应。

parameter and non-parameter classification 参数分类与非参数分类法 根据某些假设的数学模式和某些确定的数学特征，对随机向量 X 进行分类，称为参数分类法，否则称为非参数分类法。例如，不是预先假设随机向量的统计分布规律，而是按每个随机向量离开各类别中心的欧几里得距离来归并类别的最近邻点分类法，就是非参数分类。参见 parameter classification。

parameter argument 参数自变量 在程序首部列出的一个参数值中，用于说明某一个相应指针或数值的部分。它是由一个或多个由定界符(如逗号、分号等)分开的信息单元组成的。

parameter association 参数联系 在程序设计语言中，形式参数与在过程调用时所指定的相应的实在参数之间的联系。

parameter attribute 参数属性 说明参数所具有的相互区分的性质，如整数型、实数型、字符型等。

parameter block 参数块 每次操作系统调用时由用户产生的一张信息表，以便让操作系统能准确地提供所要求的服务。

parameter classification 参数分类法 在模式识别的分类中，其判别函数依赖于随机参数的分类方法。例如，假定各类别的向量均服从多维正态分布，由各类别样本的平均向量和协方差矩阵，按最大似然比准则进行分类的最大似然率法，就是一种参数分类法。

parameter connection 参数连接 通过提供特征值或者动作、方法或脚本的返回值来满足动作参数或方法参数的一种连接。参数始终是连接源。

parameter-driven 参数驱动 (1)通过菜单驱动软件，称作参数的任选项提供达到特定需要的手段。此方法也可以用在某些程序中，可由用户输入参数而无需修改程序，得出不同的运算结果。(2)在人工智能中，将一个问题求解过程变为关于若干参数的指标，然后以这些参数为目标的问题求解方法。

parameter entity 参数实体 包含了可以被安插在 DTD(文件类型定义)中的 XML(可扩展标记语言)文字，是已解析实体。参数实体使得能创建一个结构来允许文档作者在两个或多个可能的 DTD 结构中选择，但不必给该作者对实际 DTD 的控制权。参见 document type definition (DTD)。

parameter estimation 参数估计 在已知系统模型结构时，用系统的输入和输出数据计算系统模型参数的过程。参数估计根据从总体中抽取的样本，估计总体分布中包含的未知参数，是统计推断的一种基本形式。它又可分为点估计和区间估计两种形式。参见 statistical inference, system identification, point estimation, interval estimation。

parameter format 参数格式 对参数表示形式的一系列约定，这一方面是满足编译的需要，同时也便于程序员规划程序或调用带参数的程序或子例程。

parameter group identifier (PGI) 参数组标识符 参数标识符的一种特殊情况，它指出相关的字段完全由一组参数组成，其中的每一个参数都用一个参

P

数标识符来标识。

parameter identifier 参数标识符 指出包含在一个相关字段或字段组中的信息类型。

parameterization 参数化 (1)一种重要的软件技术。它包括使软件通用化的各种方法。开始时,使一软件适应多种用途,然后,通过填入适合不同情况的参数,使之成为专用。(2)数据模型中,对模型中某些变化很快或者很慢的变量用常数代替。

parameterized element 参数化元素 带有一个或多个未绑定参数的类的描述符。

P

parameter learning 参量学习 机器学习的一种方法。通过对事物的识别经验,对其判别函数的多项式系统进行修改,从而提高识别效果。

parameter list 参数表 (1)一个值表,它提供在被调用程序中定义的数据的地址之间建立联系的一种方法。它包含参数名和在调用程序和被调用程序中相联系的顺序。(2)过程或函数标题说明的项目表。参数表包括要与过程或函数一起使用的参数的标识符及其类型。

parameter model 参数模型 通过具体参数确定系统特性的一种数学模型。而不是均由具体参数确定系统特性的数学模型称为非参数模型。

parameter name 参数名称 一种明确表示后续参数值含意和结构的标识符。

parameter passing 参数传递 程序设计中,处理过程或函数调用时用实参的值替换形参。

parameter RAM (PRAM) 参数随机存取存储器 用于 Macintosh 计算机特定的一种电池供电的随机存取存储器,里面存储重要的系统信息,如日期和时间、桌面模式、鼠标设置、卷设置以及其他"控制板"设置的控制。因为 PRAM 由一个内在的电池供电,当用户把计算机关掉的时候,信息不会象一般的随机存取存储器被遗失。

parameter searching optimization 参数寻优 也称"函数极值寻优"。选定一组参数,使得函数为极大值或极小值的方法。当函数为极大值或极小值时,系统为最优。

parameter statement 参数语句 用于给常数以一个符号名字的语句。这个名字不是变量,而是常数,因此可以引用,但不可改变其数值,除非进行修改并重新编译。

parameter subsystem 参数子系统 图像处理软件系统的一个子系统。由命令解释程序调用,对于处理命令中的参数进行检查和处理,对于用户没有规定的参数值自动提供隐含值(如果有的话),或提示用户输入(如果没有隐含值)。当打入不符合规定的参数值时,提示用户重新输入。

parameter testing 参数测试 对程序的一部分或子程序进行调试的一种方法。向程序段输入预定的数据,然后将其输出与预期的输出进行比较,看其功能是否正常。

parameter tracking 参变量跟踪 结构不变,利用自适应机构对系统参变量变化过程进行的追踪。用以保证系统总是工作在最优状态。

parameter value 参数值 表示由参数标识符或参数组标识符所标识的参数值的信息。

parameter word 参数字 直接或间接地提供或规定一个或几个参数的字。

parametric amplifier 参量放大器 以高频振荡为能源,以非线性电抗元件为换能器件,实现电信号放大的装置。其主要用于放大微波频域的信号。

parametric and non-parametric classification 参数分类法和非参数分类法 根据某些假设的数字模式和某些确定的数学特征,对随机向量 X 进行分类,称为参数分类法,反之称为非参数分类法。例如,假设各类别的向量均服从多维正态分布。由各类别样本的平均向量和协方差矩阵,按最大似然率比准则进行各类的最大似然率方法,是一种参数分类法;没有预先假设随机向量的统计分布规律,仅按每个随机向量离开各类别中心的欧几里得距离来归并类别的最近邻点分类法,是非参数分类法的例子。

parametric fault 参数故障 由于电路参数改变,使某些因素(如速度、电流、电压等)变化而产生的故障。

parametric modeling 参数化造型 也称"尺寸驱动几何造型技术"。在 CAD(计算机辅助设计)中,维持元件之间一致关系的能力。物体的几何外形是由受约束的数学关系式来定义的,而不仅仅取决于简单的、孤立的尺寸参数。其主要技术特点在于:①基于特征:将某些具有代表性的几何形状定义为特征,并将其所有尺寸定义为可变参数,进而形成实体,以此为基础进行更为复杂的几何形体的构造;②全尺寸约束:将形状和尺寸联合起来考虑,通过尺寸约束来实现对几何形状的控制。造型必须以完整的尺寸参数为出发点(全约束),不能漏注尺寸(欠约束),也不能多注尺寸(过约束);③尺寸驱动设计修改:通过修改尺寸数值来驱动几何形状的改变;④全数据相关:尺寸参数的修改带动其他相关模型中的相关尺寸的更新,从而驱动模型更新。采用参数化造型进行设计最大的优点是:CAD 系统不仅记录几何模型,同时还记录设计意图即实体间的关系。修改零件形状时,只需编辑尺寸的数值即可实现形状上的改变。

parametric programming 参数程序设计 一种程序设计方法。利用存储程序以外的文件或表中的数据的概念,而不是把"硬代码"的数据写到程序中。这些文件和表中的数据项作为自变量,需要时由程序访问。

parametric search 参数搜索 搜索引擎的一种搜索类型,它在指定的范围内查找包含数值或属性参数的对象。

parametric subroutine 参数子例程 包含多个参数的子例程,如十进制小数点编码子例程。计算机可以根据所选的参数值,自动调整和产生子例程。

parametric user 参数用户 对数据库系统的输入只是一些简单参数的计算机用户。

parametron 参数器,变参数元件 一种能进行信息存储和逻辑运算的电路元件。它由铁氧体磁心和电容器组成,其原理是利用共振电路的励振现象来产生二分之一分频振荡,再根据这种振荡的两种相位来表示二进制数字。

parasitic capacitance 寄生电容 分布在导线之间、线圈与机壳之间以及某些元件之间的分布电容。寄生电容的数值虽小,但却是引起干扰的重要原因。

parasitic emission 寄生发射 发射机发出的由电路中不希望有的振荡引起的一种电磁辐射。

parasitic oscillations 寄生振荡 发生在电子线路中的某些不希望的振荡,通常高于或低于正常的工作频率。

parasitic parameter 寄生参数 电路中不希望出现的杂散电容、漏电感、漏电阻等构成的电路参数。

parasitic viruses 寄生型病毒 病毒附加在其他程序之中,当执行这个程序时,病毒就起破坏作用。寄生型病毒通常是修改 COM、EXE 等可执行文件内容,从而得以寄生和扩散。

PARC Palo Alto 研究中心 Palo Alto Research Center 的缩写。

PARCOR PARCOR[偏自相关系数]算法 partial auto-correlation algorithm 的缩写。

PARC universal protocol (PUP) PUP 协议 美国 Xerox 公司在 PARC 研究中心开发的一种与 IP(网际协议)类似的协议。参见 Palo Alto Research Center (PARC)。

parent 父 在泛化关系中,指对子元素的泛化关系。泛化关系是类元的一般描述和具体描述之间的关系,具体描述建立在一般描述的基础之上,并对其进行了扩展。一般描述被称作父,具体描述被称作子。泛化在类元(类、接口、数据类型、用例、参与者、信号等)、包、状态机和其他元素中使用。在类中,术语超类和子类分别代表父和子。比较 child。

parental control software 双亲控制软件 一种特殊的 Web 浏览器或过滤程序,设计用于拒绝访问儿童不宜的站点。筛选网页的程序可使用文字内容、站点的分级、URL(统一资源定位器)地址或它们的组合来实现。

parent-child 父母-子女,父-子 (1)数据库管理中上下层数据间的关系。父母指包含了有关一个主体的数据的记录或文件,父母数据必须先于子女数据而存在。例如客户文件的子女可以是订单文件。父母-子女关系用于表示数据间的关系及如何存取,可以简化数据检索过程,减少数据重复。(2)多重任务环境中用于描述进程间关系的术语。父进程调用子进程,父进程挂起直至子进程完成。(3)指树形数据结构中节点间的关系,父节点比相应子节点离树根近一层。

parent-child trust relationship 父子信任关系 一种双向、可传递的信任关系,当向一个活动目录树添加域时建立。活动目录安装过程自动为正在创建的域(新的子域)和它的父域之间创建信任关系。

parent class 父类 其他类从其中继承数据和/或方法的类。

parent clause 父辈子句 进行消解或替换的两个子句称为父辈子句。

parent dedicated file (PDF) 父专有文件 在 IC 卡操作系统建立的树形文件结构中,指其下还建立有子专有文件的文件,相当于 DOS(磁盘操作系统)中带有子目录的目录(或子目录)。父专有文件无论在物理上还是逻辑上均互相隔离。

parent directory 父目录 在 DOS 和 UNIX 等操作系统中,除根目录外,指一个目录的上一级目录,通常用两个圆点(..)来表示。

parent environment 父环境 某些操作系统中的一种运行环境,其资源可由它的子环境共享或独占。由一个子环境独占的资源对于父环境就不再可用了。

parenthesis-free notation 无括号表示法 构成逻辑表达式、算术表达式和代数表达式的一种线性或一维的表示方法,表示式中不使用括号,运用操作符前置表示法或后置表示法来实现运算次序的确定。在这两种表达式中,都可以省略所有的括号。因为每一个操作符都具有固定数量的操作数,因此可以隐含地决定它们的运算次序。加法、乘法及除法都有两个操作数,负号只有一个操作数,因此减法运算可当作是加上一个负数的加法运算。例如,A+(-B)可写成不具括号的前置表达式+A-B,或后置表达式 AB-+等。用这种方法写成的程序可以被翻译程序所理解,但不符合人们在数学问题上的习惯,可读性较差。

parenthesized expression 带括号的表达式 在算术或逻辑表达式中,有时为了区分运算的先后,将一部分运算用括号括起来。括号内的运算将优先得到执行。如果表达式中含有括号嵌套,则最内层括号内的运算将最先执行。

parent level 父级别 在数据的分层组织结构中,包括一个或多个低级单元(每个单元被称作子级别)的高一级别单元。分层结构的各个级别根据其相互关系分别被称作父级别和子级别。

parent node 父节点,父结点 一个位于另一个或几个节点之上的节点。在计算机网络中,指代表平

P

等组的上一层的逻辑节点。

parent page 原始页面,父页面 (1)交互式信息传送系统的一个术语。用户是由路径页面引导到所需信息的页面上来的。这些页面之前的路径页面就称原始页面。(2)指明用户需求页的位置的指示页,它紧靠在用户需求页的前面。(3)在 FrontPage 中,是指 Web 中的一个页面,它是 Web 引导结构的一部分,并且连至子级上的一个或多个页面。子级上的页面通过父页面上引导条链接,可从其父页面进行访问。

P

parent peer group 上层平等组 在计算机网络中,包含代表一个平等组逻辑组节点构成的平等组。

parent process 父进程 在操作系统管理下,一个建立了其他进程的进程。对应于 child process。

parent program 父程序 在完成某一任务时,首先被装入内存执行的程序,即整个软件系统中的主程序。其余程序都是直接或间接地受它的控制。

parent segment 母(数据)段 数据库中的一种段,在其下一层有一个或多个相关的数据段。比较 child segment。

parent slice 母片 在其上制作各种元件或功能部件的集成电路芯片。

parent window 父窗口 在某些操作系统中,控制其他窗口(子窗口)的尺寸、位置的窗口。

Parikh's theorem 帕锐卡定理 形式语言理论中的一个定理。它描述了在不考虑字符顺序时上下文无关语言的一个特性。

parity 奇偶性 一个二进制位串中含有 1 的个数是奇数还是偶数的特征。奇偶性被广泛地应用在检错、校错系统中,如奇偶校验就是利用奇偶性进行差错校验的一种校验技术。检测二进制位串中含有 1 的个数是否是偶数的方法称偶校验;检测二进制位串含中 1 的个数是否是奇数的方法称奇校验。

parity bit 奇偶检验位 附加在一组二进制数位上的一个二进制数位。它的值使包括它在内的所有二进制位的“1”的个数的和是奇或是偶,前者称为奇校验,后者称为偶校验。该值作为预先设立的校验位。

parity check 奇偶检验 计算机中检查信息在存储或传输过程中是否出错的一种方法。传输或存储信息之前,由奇偶发生电路根据信息内容产生一位奇偶校验位,使所有信息位与校验位中的“1”的个数为奇数(奇校验)或偶数(偶校验),校验位与信息一起传输或存储。传输后或取出数据时用奇偶检测电路检查其奇偶性。若奇偶性与原来相同,则认为信息未出错;否则认为出错。奇偶校验只能检查信息(包括校验位)中奇数位出错(计算机中绝大多数错误是一位出错)的情况。

parity check code 奇偶检验码 对具有 k 个符号的信息进行奇偶校验编码,增加 m 个校验符号,构成一种具有 $n(n=k+m)$ 个符号的错误校验码。代码中的每个符号采用有限域 $GF(q)$ 中的元。$q=2$ 时,只有“0”和“1”两个值,即为二进制奇偶校验码。最简单的二进制奇偶校验码常用来进行一般的奇偶校验。这时校验符号只有一位二进制位,用来表示整个代码中“1”的位数是奇数(或偶数)。

parity digit 奇偶数字 加在任意 n 进制数之后,使所有数字的模 n 和总是等于 0 的一位 n 进制数字。在基数为 2 的情况下,奇偶数字则成为奇偶位。

parity drive 奇偶校验驱动器 在磁盘阵列中,保存奇偶位的一种独立的磁盘驱动器。

parity error 奇偶错误 利用奇偶校验方法检查出来的错误。奇偶错误可以测到奇数个增加或丢失的位,但不能检测偶数的位的错误。

parity error module 奇偶错误模块 检查存储器存取的奇偶性的模块,如果发现奇偶错误则该模块就向处理机发出一个中断信号,或再一次重复该操作。

parity even (PE) 偶校验 一种用来检测数据完整性的方法。根据被传输的一组二进制代码的数位中“1”的个数是否是偶数来进行校验。参见 parity。

parity flag 奇偶(错)标志 表示发现了奇偶错的指示器。它指出处于逻辑“1”状态的数字总数是奇数还是偶数。

parity interrupt 奇偶中断 由于出现奇偶错误而发生的中断。

parity memory 奇偶校验内存 增加一位作为奇偶校验位的,从而具有奇偶校验能力的一种存储器。

parity RAM 奇偶校验随机存取存储器 同 parity memory。

parity Turing machine 奇偶图灵机 一种非确定性图灵机。它接受一个输入串的充分必要条件是接受该串的计算个数为奇数个。

park 停泊 磁盘存储器工作时,靠盘片的高速旋转带动的空气动力来微微抬起磁头以使得旋转的磁盘与磁头间有一个气隙。避免盘片与磁头间的摩擦而很快损坏。在硬盘不工作或驱动盘片的电机转速没有达到预定值时,磁头与盘片间不能形成气隙,磁头无法抬起,会导致磁头和盘片损伤。解决这个问题有两种方式:第一种方式是在盘片数据存储区以外的内侧开辟一个环形的磁头停泊区,磁头不工作时停泊在这个地方;第二种方式是在盘片的外面安装一个磁头停泊架,当磁头不工作时使其停泊在停泊架上,这样在磁盘不工作或未达到预定转速的情况下磁头永远也不会和盘片表面接触。磁头停泊一般都是自动进行的。

parse 语法分析 (1)在分时系统中,分析命令输入的操作数,并根据其信息为命令处理机编成一张参数表的过程。(2)确定人工语言或自然语言单位的句法结构。其方法是:把上述单位分解为多个基本子单位并建立子单位之间的关系。例如，块、语句以及表达式可分解为语句、表达式、操作符及操作对象。(3)在计算机程序，特别是编译程序中，从输入的字符串(如代表程序的语句)中分辨出程序设计语言中所定义的基本语法成分及其相互关系，是编译程序中的关键组成部分之一。

parsed entity 已解析的实体 XML(可扩展标记语言)文档由称为实体的存储单元组成，它包含了已解析和未解析的数据。已解析的数据是由 XML 文字(字符数据、标记或两者皆有)所组成。当用户把对已解析实体的引用放入文件时，该引用会被换成实体的内容数据(也称置换文本)，变成文件内容的一部分。XML 解析器会以扫描文字的方式对实体的内容进行处理。

parser 语法分析器 计算机编译程序中的一个组成部分，逻辑上它接受词法分析的结果，进行语法分析处理后再交给后续部分进行语义分析、代码优化、存储分配和目标代码生成等。

parsimony informative site 简约性信息位点 在最大简约分析中，只有在两个以上分类单元中存在差异的性状或位点才能为构建系统发育树提供有效的信息，这样的位点称为简约性信息位点。数据集中在所有分类单元中状态恒定的位点和只出现一次的变异的位点都是非简约性信息位点。参见 maximum parsimony method。

parsing 语法分析，解析 (1)语法分析是编译程序在完成词法分析之后，按照规则辨认组成程序的各个语句的语法上的正确性的过程。(2)解析是对文档扫描，将文档中的信息过滤为多个元素的上下文，在上下文中，信息被结构化。

parsing tree 语法分析树 在进行语法分析时，为了清晰表示某语法规则的层次关系，用树形结构对其进行描述。这样形成的树称为语法分析树。

part-electronic switching system 半电子交换系统 控制部分采用电子元件，而话路接续部分采用机电式元件的自动电话交换机系统。控制部分可采用逻辑控制或存储程序控制。话路接续部分采用笛簧接线器，螺簧接线器。半电子交换机也称“准电子交换机”。

partial animation 半动画 一种动画片的原始形式，画面变换速度为每秒 2～3 个。而全动画的画面变换速度为每秒 24 个。

partial auto-correlation algorithm (PARCOR) PARCOR[偏自相关系数]算法 线性预测编码(LPC)系统中利用局部相关系数求线性预测系数的一种方法。

partial carry 部分进位 (1)在并行加法中，将部分或所有进位暂时存储起来，而不是立即传送的一种方法。比较 complete carry。(2)加法的组间进位。在加法操作中，将操作数按位分成若干组，组间的进位保存起来以便以后处理，这种暂时保存起来的组间进位叫部分进位。部分进位在微处理机中应用很广泛。

partial correctness 部分正确性 在假定一个程序的运行能最终停止的前提下，如果计算的结果部分符合预期目的，则该程序称为是部分正确的。比较 total correctness。参见 program correctness。

partial digits 不完全数字 发送方的寄存器没有接收到为完成一次呼叫所需的完整数字。

partial discharge 局部放电 发生在电极之间，但并未贯穿两电极的放电。这种放电可以在导体附近发生，也可以不在导体附近发生。

partial discharge inception test 局部放电起始试验 测量导体表面或其绝缘层外表面出现局部放电时的最低电压的试验，这个试验又称起始电晕电压的测定试验。

partial discharge intensity 局部放电强度 用来描述在给定条件下发生的局部放电程度的通称。

partial full duplex 部分全双工 通信电路与数据通信终端的一种工作方式。在部分全双工方式下，信息可以全双工传输，但是在一个通道传输数据的同时，另一个通道只能传输协调该通信通道用的控制信息。

partial functional dependency 部分函数依赖 非键属性函数依赖于部分(不是全部)主键的一种函数依赖。

partial interpretation 部分解释 对一个框图模式进行解释时，如果允许其中的某些函数符号是部分函数，或某些谓词符号是部分谓词，则称为部分解释。

partial journal receiver 部分日志接收文件 某些计算机中的一种日志接收文件，当它与一个日志文件联系时，则被保存起来。因此，保存的部分接收文件版本并不包含与其相联系的日志接收文件的全部日志记录项。

partially computable 部分可计算的 定义域的某一部分能有限次地计算出来，而在其余部分却不能有限次地计算出来的函数。

partially decidable problem 半可判定问题 也称“部分可判定问题”或“半可解问题”。一个判定问题，如果存在一个求解它的判定过程，称为可判定，否则称为不可判定。所谓半可判定问题是：只存在这样的算法，如果给定输入导致问题答案是 yes(或 no)，算法给出答案，否则，算法不停止。停机问题(任给一个程序，执行该程序会停机吗?)是典型的半可判定问题。参见 decision problem。

partially inverted file 部分倒排文件 一种倒排文件结构。其中记录可以任意排序，没有主索引，而辅助索引给出记录的物理地址。

partially self-checking circuit 部分自校(验)电路 (1)自校验电路的一种，尚未达到全自校验的电路。

此电路对输入集 N（出现在电路正常运行期间）和故障集 Ft 是自测试的，而对输入集 I（N 的一个真子集）和故障集 Fs 却是故障安全的。或者说，Ft 中的所有故障都可在这种电路正常运行期间测试。此外，只要输入包含在子集 I 中，Fs 中的故障就不会导致在输出产生不正确的码字。这种电路既可工作在安全方式，也可工作在不安全方式。若输入来自 I 集，则工作在安全方式中；若来自（$N-I$）集，则工作在不安全方式中。在不安全方式中可能会出现不可检测错误。若偶尔工作在不安全方式，出错概率很低。在不允许出现不可检测错误的场合不能使用这种电路。(2)对于所有正常输入，电路故障是自测试的，但仅对于部分正常输入是故障安全的，对于另一部分正常输入则不是故障安全的，即这时故障可能使电路产生不正确的输出。这种电路称为部分自检查电路。

partially solvable problem　半可解问题　也称"半可判定问题"。同 partially decidable problem。参见 decision problem。

partial match search　部分匹配检索　在多个字段上进行检索的一种方法。它通过一组散列函数来求得被检索记录的地址。

partial product　部分(乘)积　乘法中乘数的一位或几位乘上被乘数后所得的中间结果，乘积的一部分。n 位二进制数的乘法实质上是做 n 次加法，相加的数或者是被乘数或者是 0 取决于乘数各位的数字，如果该位数字是 1，则相加的数是被乘数，如果该位的数字是 0，则相加的数就是 0。若不能在同一个时间完成 n 次加法，则可分若干次求和，每次求和得到的结果称为部分积。

partial qualified name　部分限定名　不完整的限定名。即在多级序列中，包含一个或几个(但不是全部)高于该部分限定名所代表的结构成分的名称的限定名。

partial-read pulse　半读脉冲　要使一个磁芯被选中必须两路脉冲共同起作用，其中的一路脉冲称为半读脉冲，每次读都需要同时输入两路半读脉冲。同 read half-pulse。

partial recursive predicate　部分递归谓词　如果谓词的特征函数是部分递归函数，则该谓词称为部分递归谓词。

partial response code　部分响应代码　表示二进制信息的一种信道代码。这种代码是把输入的二进制信息序列经过基本编码器(即预编码器)变换成一种能改善传播特性或提高位密度的另一种二进制信息序列，然后再经过数码变换器(即第二编码器)变换成最终的编码序列。

partial response maximum likelihood (PRML)　局部响应最大可能　PRML 技术最初只用在通信方面，用以解决误码率问题。应用在硬盘上的 PRML 读取技术可以分为两个部分："局部响应"和"最大可能"。"局部响应"就是先将磁头从盘片上读取信号数字化，去除不符合标准的信号，但没有将信号传递出去。"最大可能"则是以 PRML 芯片内的信号模型库同"局部响应"中数字化后的信号模型对比，找出最接近的信号模型，然后再将这些信号重新组合并直接传送出去。使用 PRML 技术后，可以避免因信号密集而造成的相互干扰现象，使大幅度提高盘片表面记录成为可能，从而有效地提高了硬盘容量和性能。

partial solvability　部分可解性　设 Q 是一个问题类，要求对 Q 中每个问题给出"是"或"否"的回答。如果存在一个算法，对于 Q 中任何一个应该回答"是"的问题，算法在有限步后终止，并回答"是"。但对于应该回答"否"的问题算法不一定终止。这种问题类 Q 称为是部分可解的(或部分可判定)。参见 partially decidable problem。

partial word　部分字　一种程序设计单位，允许机器选择机器字中的一部分加以处理。

particle swarm optimization (PSO)　微粒群优化　一种群体智能算法。其基本概念源于对鸟群群体运动行为的研究。在自然界中，尽管每只鸟的行为看起来似乎是随机的，但是它们之间却有着惊人的同步性，能够使得整个鸟群在空中的行动非常流畅优美。鸟群之所以具有这样的复杂行为，可能是因为每只鸟在飞行时都遵循一定的行为准则，并且能够了解其邻域内其他鸟的飞行信息。微粒群优化算法的提出就是借鉴了这样的思想。在微粒群优化算法中，每个微粒代表待求解问题的一个潜在解，它相当于搜索空间中的一只鸟，其"飞行信息"包括位置和速度两个状态量。每个微粒都可获得其邻域内其他微粒个体的信息，并可根据该信息以及简单的位置和速度更新规则，改变自身的状态量，以便更好地适应环境。随着这一过程的进行，微粒群最终能够找到问题的近似最优解。由于微粒群优化算法概念简单，易于实现，并且具有较好的寻优特性，因此已在许多领域中得到应用，如电力系统优化、旅行商(TSP)问题求解、神经网络训练、交通事故探测、参数辨识、模型优化等。参见 swarm intelligence。

partition　分区，分段，划分　(1)把磁盘存储器划分成独立的段。在 DOS(磁盘操作系统)系统中，一个硬盘可物理地被划分为多个分区，每个分区就像一个独立的盘驱动器。在 Apple Macintosh 计算机上，除了以上 DOS 系统的硬分区外，还有一种软分区。软分区方法划分磁盘时对盘上数据没有影响，而用硬分区时，必须重新对整个磁盘格式化。(2)数据库程序设计中，指数据库表格或文件的子集。横向划分中，数据按行或记录划分；在关系数据库管理系统中，横向划分通常基于主键值。纵向划分中，数据按列或字段划分，用于数据库设计规范化。

partition allocation method　分割配置法,分区法 在多道作业系统中,处理机可存取存储空间的一种划分方法。每个作业按其申请的内存容量进行分配,并在此作业执行结束后归还系统。

partition background　后台区 内存中存储后台程序的部分,后台程序的优先级较低,有些是可插空运行的程序,如编译程序等。

partition control descriptor (PCD)　分区控制描述符 在某些小型计算机系统中,一种描述分区及其当前状态的控制块。

partition control table (PCT)　分区控制表 在某些小型计算机系统中,一个含有指向所有 PCD(分区控制描述符)的指针的表。

partition-driven partial scan　功能划分驱动部分扫描 一种集成电路可测试性设计方法,采用部分扫描的方法简化扫描电路。视内部电路功能块对工作速度不同要求决定是否将功能块中的触发器纳入扫描链。参见 scan path, almost full scan, area-optimized partial scan。

partitioned access method　分区存取法 操作系统中按分区方式处理数据集的输入输出方法。它把整个内存空间划分成若干个分区,使每个分区为一个作业所占用。

partitioned data base management　分区数据库管理 一种由 AT&T 提供的软件定义网络(SDN)服务功能,它允许用户把地址划分进独立的子网络。

partitioned data organization　分区数据组织 操作系统中由按序排列的独立数据组构成的数据组织。各数据组的名称和存储位置登录在包含该数据组织的地址目录中。分区数据组织常称为库。

partitioned data set　分区数据集 直接存取存储器中被分成许多区段的数据集。这些区段称为成分,每个成分可以包含一个程序、程序部分或数据。其中每一区段都按顺序排列。分区数据集的各个成分有相同的记录格式和结构形式,但不同的分区数据集可以有不同的内部结构。

partitioned emulation programming extension　分区仿真程控扩展 网络控制程序(NCP)的一种功能。可使通信控制器以网络控制方式控制若干远程通信线,同时以仿真方式控制其他一些通信线。

partitioned file　分区文件 由几部分组成的文件。其中每一部分都是顺序文件,且有一个名字,使程序存取该部分时使用。

partitioned index　分区索引 分区索引就是简单地把一个索引分成多个片断。通过把一个索引分成多个片断,可以访问更小的片断(也更快),并且可以把这些片断分别存放在不同的磁盘驱动器上(避免 I/O 问题)。有两种类型的分区索引:本地分区索引和全局分区索引。参见 local partitioned index, global partitioned index。

partition exchange sorting　分区交换排序 通过按某个关键字值对文件进行划分而实现的排序。在具有 n 个记录的文件中任取一个记录,以此记录的关键字值 k 为标准,所有关键字值小于 k 的记录移到该记录左边,所有大于关键字值 k 的记录移到右边,这样把整个文件划分成两个分区,然后再对分区按同样的方法进行划分,最终实现排序。分区交换排序也称"快速排序"。参见 quick sort。

partitioning　分区 (1)IC(集成电路)或 PCB(印制电路板)设计中的术语。当电路规模很大,整个电路在一个芯片或一块印制板上不能实现时,把整个电路划分为若干模块,使每一模块都可以在一个芯片或一块印制板上实现。(2)把 DOS(磁盘操作系统)的内存分为几个区,使两个或更多的程序能同时驻存其内,使得当一个分区中的程序在进行输入/输出操作时,其他分区中的程序可能被执行。

partitioning algorithm　分割算法 一类基于"分而治之"思想的并行算法。它将问题分解成可在单个处理器上独立求解的子问题,然后将这些解组合在一起形成原问题的解。它有两种形式,一种是在编译时分配任务,称为预调度算法;另一种是在运行时自动分配任务,称为自调度算法。

partitioning method　划分方法 一种传统的聚类算法。首先创建 k 个划分,k 为要创建的划分个数;然后通过迭代重定位技术将对象从一个划分移到另一个划分来帮助改善划分质量。参见 cluster algorithm, hierarchical method, density-based method, grid-based method, model-based method。

partitioning problem　划分问题 把一个集合 A 分成一组子集 $\{A_i\}$,使不同子集不包含公共元素,则 $\{A_i\}$ 称作 A 的一个分划。求在某些约束条件下使某个目标函数达到极大值或极小值的分划,称作划分问题。在数字系统的设计中及页式程序的分页中都会遇到这类问题。

partitioning selection algorithm　分组选择算法 一种基于分而治之的思想解决从 n 个元素中选择 m 个最小元素的问题的并行算法之一。首先把 n 个数分成若干组(每组 m 个元素),并行地将各组排序;再执行组间的两两比较形成一些大数序列 MAX 和小数序列 MIN。弃去 MAX 序列;将诸 MIN 序列作为小组重复上述步骤,直到剩下一个 MIN 序列为止,此即 m 个最小元。该算法可用分组选择网络实现。参见 partitioning selection network。

partitioning selection network　分组选择网络 由若干奇偶排序网络或双调归并网络组成的一种结构,用于实现分组选择算法。参见 partitioning selection algorithm, odd-even sorting network, bitonic sorting network。

partition number　划分数 简单图 $G=\langle V, E\rangle$ 的划分数 $Q(G)$ 是使 V 划分为 t 个子集 $V_1, V_2, \cdots, V_t$,且 $G_{v1}, G_{v2}, \cdots, G_{vt}$ 都是完全图的最小正整数 t。

P

partition of automaton 自动机分割 令 S 为一个没有输出的自动机 A 的全体状态的集合：$S=\{S_1, S_2, \cdots, S_n\}$ 对这些状态可随意进行分组：$S=T_1 \cup T_2 \cup \cdots \cup T_m$ 其中每个 T_i 是 S 的一个子集，并且当 $i \neq j$ 是 $T_i \cap T_j = \varnothing$(空集)。用 $\mathrm{Next}_a(q)$ 来定义当输入信号为 a 时，当前状态 q 的下一个状态。如果状态的某种分组具有这样的性质，使得 $(Vi)(\exists j)(Va)\{q \in T_i \supset \mathrm{Next}_a\}(q) \in T_j$，则此分组称为自动机 A 的一个分割。自动机的分割能把一组状态看作是一个状态，因而大大减少状态的个数，简化了自动机的结构。

partition of positive integer 正整数的划分 把正整数 N 表示成若干正整数 $n_1, n_2, \cdots, n_k$ 的和。若不考虑 $n_1, n_2, \cdots, n_k$ 的顺序，称为无序划分，否则称为有序划分。如果存在某个 $n_i = n_j$，称为允许重复的划分，否则称为不允许重复的划分。例如，按无序允许重复的划分，4 的划分有五种：4=4，4=3+1，4=2+2，4=2+1+1，4=1+1+1+1。按有序允许重复的划分，除上列五种外，4 还可以划分为：4=1+3，4=1+2+1，4=1+1+2。按无序不允许重复的划分，4 的划分只有两种：4=4，4=3+1。而 4 的有序不允许重复的划分除以上两种外还有 4=1+3。

partition table 分区表 硬盘中存储分区信息的表。

part-line bus 同线总线 一种并行输入/输出总线线路，所有外围设备均接线于此，用适当逻辑连接到处理机的寄存器。

partly structural decision problem 部分结构化决策问题 对决策问题有所分析但不确切，对决策规则有所了解但不完整，对决策的后果有所估计但不肯定的决策问题。这类决策问题通常位于一个组织的中、高管理层，是决策支持系统(DSS)的主要应用环境。在一个组织内，越是低层的管理人员所面临的决策问题越趋于结构化，越是高层管理人员所面临的决策问题所具有的结构化程度越差。

PART-OF relationship PART-OF 关系 表示系统结构时的一种基本关系。具有全体-部分关系的特点。在层次化知识表示中，表示全体的对象位于上层，表示其部分的对象位于下层。上、下层可用 PART-OF 关系联系起来。

part operation 部分操作 指令的一部分。它规定指令要执行的算术和逻辑运算，但不涉及操作数的地址。

part program 零件加工程序 控制数控机床加工零件用的程序。一般用 APT(自动编程工具)之类的数控语言编写，用一系列指令来规定对待加工的零件所施加的加工功能。

part programmer 零件加工程序员 编写零件加工程序的人。其任务是规定数控机床要执行的操作顺序。

parts explosion 零件分解(图) (1)为制定生产计划和库存控制，要分解部件和分部件中所包含的零件的过程，工程图往往以分解图的形式详细画出分部件的各个零件，这就是本术语的由来。(2)描述组成一个总装图的所有零件之间关系的图纸。

parts library 零件库 存储于 CAD(计算机辅助设计)数据库中标准的常用符号、器件、形状或零件的集合。它们可以被用作模板或构造件以加快后面的设计工作。

parts per million (PPM) 百万分之几 指定用来测量或控制，如频率、电压、杂质含量或其他参数之精确度的量度。

party line 合用线(路) 不使用多路复用技术但可共享的通信信道。常常是几个组织分时合用，如电话公用线，也称“共用线”。

party line communications (PLC) 共线通信 常称电力线载波通信，是电力系统特有的通信方式。它是指利用现有电力线，通过载波方式将模拟或数字信号进行高速传输的技术。最大特点是不需要重新架设网络，只要有电线，就能进行数据传递。但是电力线载波通信因为有以下缺点，限制其大规模应用：①配电变压器对电力线载波信号有阻隔作用，所以电力线载波信号只能在一个配电变压器区域范围内传送；②三相电力线间有很大信号损失(10～30 dB)，一般电力线载波信号只能在单相电力线上传输；③电力线存在本身固有的脉冲干扰。目前使用的交流电有 50 Hz 和 60 Hz，则周期为 20 ms 和 16.7 ms，在每一交流周期中，出现两次峰值，两次峰值会带来两次脉冲干扰，即电力线上有固定的 100 Hz 或 120 Hz 脉冲干扰，干扰时间约 2 ms；④电力线对载波信号造成高削减。当电力线上负荷很重时，线路阻抗可达 1 Ω 以下，造成对载波信号的高削减。实际应用中，当电力线空载时，点对点载波信号可传输到几千米。但当电力线上负荷很重时，只能传输几十米。

PASA 程序自动存储区域 program automatic storage area 的缩写。

Pascal language Pascal 语言 Pascal 语言是苏黎世技术学院的 Niklaus Wirth 于 1969 年研制成功的，语言的取名是为了纪念 Blaise Pascal，他是 17 世纪法国数学家，曾发明最早的机械加法机。Pascal 语言是由 ALGOL 语言发展而来。它具有丰富完全的数据类型、简明灵活的通用语句、清晰的模块结构以及编译紧凑方便、书写格式自由、运行效率高和程序设计风格优美等特点，但缺乏开发大型软件应有的灵活性及系统工具，因此，它的应用程度不及 C 语言。

Pascal structure Pascal 结构 Pascal 是一种以 ALGOL 方式块结构化的程序语言。其程序含两部分：①程序标题命名部分及定义它将使用的变量；②程序本身，称为块。此块又为六个段，前四段是说明标号、常数、数据类型及变量。第五段命名以及先置一个实际的程序或函数,最后一段称为语句段,包含一个已命名的函数或程序的可执行码。数据类型有多种,并且结构类型可用来定义数组、记录、集合及文件。每一命名变量必须与其类型对应。程序也可嵌在另一程序之内,而其每一语句必须冠以 BEGIN,并以 END 结束。运算符允许有加、减、乘、除,逻辑算符及许多控制语句。

Pascal's machine 帕斯卡机 1641 年,法国数学家和哲学家布莱兹·帕斯卡(Blaise Pascal)制造的第一台加法机。这是一种机械演算机,只能进行加减,不能进行乘除。其样机大约有几十种,其中五台保存在巴黎艺术和手工艺品博物馆。帕斯卡机对尔后的计算机领域中的很多发明都有影响。

pass 遍,趟 (1)计算机系统处理数据(包括源程序)的一个完整周期,有时包括数据的输入和输出。参见 sort pass。(2)处理一块数据的一个周期。如果一次计算机运行过程中包含若干组操作,则一遍是指一次运行中逻辑上可划分的一组操作。例如,在编译过程中,第一遍可能是读源语句,进行词法分析等,并产生中间语言或目标代码,存放在后备存储器中。(3)构成一个循环的一组指令执行一次的过程。

passband 通带,通频带 频谱上的一个连续区段,它允许一个事先设定的范围内的频率通过。通带所表示的是能够通过器件(如滤波器)而不会产生衰落的信号频率成分。例如,一个电话信道的通带允许 300 ~ 3 000 Hz 之间的频率通过。

passband damping 通带衰落 通带内信号所得到的衰落,称为通带衰落。它是滤波器的重要参数。

passband filters 通带滤波器 用于只允许通信信道中的频率通过,同时去除所有通带之外的频率的过滤器。

passband frequency 通带频率 任何一个电子器件都有一个工作频率范围。下限频率与上限频率之间的频率,称为该器件的通带频率。

passband ripple 通带波纹 用于衡量通带内的幅频起伏程度,也称"通带起伏"。它是滤波器的重要参数。

pass by address 按地址传递 向子例程传送变量或参数的一种方法,调用子例程把参数的地址传送给被调用子例程,被调用子例程就用该地址取或修改参数的值。参见 pass by value,argument,call。

pass by read-only reference 只读引用传递 向子例程传送变量或参数的一种方法,调用子例程只是获得原始变量或参数的一个常量引用,调用例程不允许修改原始变量或参数。也称"常量传递"。

pass by read/write reference 读写引用传递 向子例程传送变量或参数的一种方法,传递变量或参数的地址到调用子例程。例程如果修改变量或参数,则也更改相应的原始变量或参数。也称"变量传递"。

pass by reference 按引用传递 同 pass by address。

pass by value 按值传递 向子例程或被调用函数传送变量或参数的一种方法,建立一个变量的副本,传送给被调用子例程或被调用函数,被调用子例程或被调用函数可以修改变量的值,但原来的变量不受影响。参见 pass by address,argument,call。

passed data set 传递数据集 一种分配给某个作业步的数据集,当这个作业步完成时并不解除这种分配而是留给该作业中下个作业步使用。

PASSIM 美国科学情报管理总统顾问部 President's Advisory Staff on Scientific Information Management,US 的缩写。

passivation 钝化 半导体器件容易受到外界气氛的影响,为了防止这一现象,可在半导体器件表面覆盖玻璃层、二氧化硅层或四氧化三硅层。这样,即使没有外壳,器件也可以与外界气氛隔绝。这种方法称为钝化。

passive antenna 无源天线 不带任何有源器件的天线。

passive attack 消极攻击 对截获的数据先存储而后分析的攻击方式,也称"被动攻击"。它不改变数据的内容和传送的目的地。

passive active band pass filter 无源带通滤波器 一种具有频率选择功能的电路,它能使有用的频率信号通过,而同时抑制(或衰落)不需要传送频率范围内的信号。无源带通滤波器是用电阻、电容、电感这些无源器件构成的,它不需要接外部电源就能工作。参见 band pass filter (BPF)。

passive bubble generator 无源磁泡产生器 参见 bubble generator。

passive component 被动元件,无源元件 那些不影响信号基本特征且引入的失真也极小的电路或器件。当作为无源元件术语时,同 passive element。

passive defensive programming 被动防错性程序设计 一种防错性程序设计方法。当检验码到达时,在计算机程序的某个点上检验信息,看其有无错误。

passive electric circuit 无源电路 只含有无源电路元件的电路。参见 passive electric circuit element。

passive electric circuit element 无源电路元件 其所吸收的能量只能是正值或零值的电路元件。比较 active circuit element。

passive element 无源元件 从一个能源获取能量,并用此能量实现某些功能的元件。电感、电容、电阻、二极管都是无源元件。电容、电感把获取的能量转变为电磁能存储起来,电阻把获取的能量转变为热能而耗散,二极管用获取的能量阻止电流沿一个方向流通。该类元件一般是指电元件或电子元件。

P

passive filter **无源滤波器** 由电容器、电抗器和电阻器适当组合而成，并兼有无功补偿和调压功能的滤波器。最普通易于采用的无源滤波器结构是将电感与电容串联，可对主要次谐波构成低阻抗旁路，所以也称“LC 滤波器”。单调谐滤波器、双调谐滤波器、高通滤波器都属于无源滤波器。参见 single tuned filter。

passive gateway **无源网关** 一种不交换路由信息的网关。对应于 active gateway。参见 external gateway，interior gateway，neighbor gateway。

passive grab **不活跃捕捉** 在增强 X-Windows 中，指捕捉一个键或者按钮。当键或者按钮按下时，捕捉成为活跃捕捉。参见 button grabbing，key grabbing，keyboard grabbing，server grabbing。

passive graphics **被动式作图技术** 操作员无法动态地进行控制和操纵的图形生成技术，它通常使用在仅仅配置有绘图机的系统中。与这种做法相反的是交互式作图技术。参见 interactive graphics。

passive headend **无源端头** 一种连接双电缆系统中两个宽带电缆的装置，不提供频繁的转换。

passive hub **无源集线器** 也称“被动集线器”。在网络中一种中枢连接设备，用于连接来自几个站点的线路。它不提供任何的信号处理和再生功能，也不能帮助检测硬件错误或性能瓶颈，只是简单地从一个端口接收数据并通过所有端口分发。无源集线器是星型拓扑以太网的入门级设备。比较 active hub。

passive-matrix display **无源阵列显示器** 一种廉价、低分辨率液晶显示器(LCD)，由大量液晶单元的阵列构成，这些液晶单元受显示屏外边的晶体管控制。一个晶体管控制一整行或列像素。这种显示器相对于单色屏幕具有很多优点，但其分辨率低于彩色屏幕。与有源阵列显示器不同的是，这类显示器从任何角度观看时都不如正视的时候好。

passive microwave network **无源微波网络** 采用无源微波器件的微波网络。典型的二端口无源微波网络有微波滤波器、模式变换器(用于将波导中的一种电磁波模式变换成另一种)、极化变换器(用于改变波导中电磁波的极化性质)、移相器、铁氧体和隔离器等；属于三端口无源微波网络的有功率分配器、铁氧体 Y 形环形器等；属于四端口无源微波网络的有微波混合接头、定向耦合器和定向滤波器等；属于多端口无源微波网络的有用于微波多路通信的多工器，其功能是把一个宽频带信道分割成若干窄频带信道，使信号分别从不同的端口输出。多工器可由多个定向滤波器连接而成，或由带通滤波器及匹配双 T 电桥组合而成。参见 microwave network，active microwave network。

passive mode **被动方式** 在显示系统中，显示器使用者不能改变其显示面的显示空间中的显示元素、显示组或显示图像、或与之相配合的工作方式。

passive network **无源网络** 包含一个或多个无源节点和部件的网络。

passive open **被动打开** 在 TCP/IP(传输控制协议/网际协议)中，连接的一种状态，准备根据请求提供服务。对应于 active open。

passive optical network (PON) **无源光网络** 在光接入网中，在光线路终端(OLT)和光网络单元(ONU)之间的光分配网(ODN)没有任何有源设备的部分。无源光网是指光分配网中不含有任何有源电子器件，全部由光分路器等无源器件组成的网络。PON 网的基本原理是在一定的物理限制和带宽限制条件下，让尽可能多的终端设备(光网络终端)来共享局端设备(光线路终端)和馈送光纤。由于在覆盖某地区时这种方案需要的光纤较少，端局的光接口成本较低(一个光接口可服务于整个网络)，因此它被大多数运营商视为实现接入网业务宽带化、综合化改造的理想技术。比较 active optical network (AON)。参见 ATM passive optical network (APON, ATM-PON), Ethernet passive optical network (EPON, Ethernet-PON)。

passive sensor **被动传感器** 仅接受输入信号而不产生发送信号的一种传感器。它检测由周围的辐射干扰或辐射源的介入而产生的辐射值的变化。

passive star **无源星型连接** 网络的一种拓扑布局，其中每个工作站通过一条输入线和一条输出线连接到中心节点。在一条输入线上输入到中心节点的信号被分解到所有输出线中。中心节点是无源的，仅仅提供电磁耦合，本身不做任何信号处理。比较 active star。

passive station **从属站，被动站** 通信网络内，在采取基本型链接控制规程的多点连接系统中，任何等待被查询或待选择的辅助工作站。

passive termination **无源端接** 与有源端接和强制端接一样，是小型计算机系统接口设备链的一种端接形式。它是最简单的端接方式，在带有不多于四台设备的菊花链中表现最好。

passive threat **消极威胁** 在计算机安全中，一种即使发生也不会改变系统状态的潜在的违法行为，如未授权读取文件或偷用计算机行为，虽违法，但计算机软硬件和数据都不会被改变。

passive transducer **无源变换器** 也称“传感器”，它是能将非电参数(如声、压力或光)转换成电信号或能作相反转换的器件。在变换过程中不能引入增益的变换器称为无源变换器。参见 transducer。

passive type **被动类型** 在有的程序设计语言(如并发 Pascal)中，把既不包含系统类型(指的是进程类型、管程类型、类程类型)又不包含队列类型的数据类型称为被动类型。

passive wiretapping **无源搭线窃听** 在计算机安全中，指对通信线路上传输的数据进行搭线窃听。对应于 active wiretapping。

passlife **口令寿命** 一种网络保密服务，它使得使用这一增值载波的组织在用户的口令上设定一个时间限制。参见 password aging。

pass-through **穿越，通过** 用于描述通过一个网络元件进入另一个网络元件的能力。也是频道旁路的别名。参见 display station pass-through。

password **口令，通行字** (1)计算机程序、操作人员或用户在获准访问数据之前必须提供的一个特殊的字符串。设置口令的目的是为了对保密数据提供安全保护。(2)使用户能全面地或部分地使用一个系统而必须提供的代码或信号。这种代码或信号一般是秘密的，只供特定用户使用。(3)用于辨识或验证用户身份、特定资源、访问类型且受保护的专有字符串。

password aging **口令生命期** 一次口令设置后保持有效的时期。为了防止口令被破译，信息系统的口令应适时更换。保密要求高的场合，口令生命期往往是很短的。

password authentication protocol (PAP) **密码[口令]验证协议** 一种用于对试图登录到点对点协议(PPP)服务器上的用户进行身份验证的方法。PAP是一种不安全的身份证协议，是一种当客户端不支持其他身份认证协议时才被用来连接到PPP服务器的方法。它需要用户输入密码才能访问安全系统。用户的名称和密码通过线路发送到服务器，并在那里与一个用户账户名和密码数据库进行比较。这种技术容易受到窃听的攻击，因为密码可以被很容易地从点对点协议(PPP)数据包中读取。参见 challenge handshake authentication protocol (CHAP)。

password protection **口令保护** 用要求输入口令的方式来限制访问程序、文件、计算机和网络。有些程序可通过口令保护方式使用户的文件不被他人修改或阅读。

password security **口令安全** 一种计算机安全措施。用检验用户的口令来防止未经授权地使用系统、设备或程序。

password-selection controls **口令选择控制** 对用户选择其口令的限制。

password system **口令系统** 使用口令方式验证人员身份从而授权访问数据的系统。它要完成下列一个或多个口令操作：生成，分配，录入，存储，验证，更换，口令加密或解密。

paste **粘贴** 将页面、对象、图像等从缓冲区(或剪贴板)复制到当前文件中。例如，在微软视窗环境中，把存放在剪贴板中的图形或文字插入到当前编辑的文件中指定位置的操作。这是实现对象嵌入的一种常用方法。利用这种方法，两个应用程序之间可以方便地交换数据。比较 cut。

past reference picture **后向参考图像** 显示顺序中比当前图像早的一种图像。

pasture model **草场模型** 数学建模中的种群模型。一类种群相互依赖但不竞争的模型总称。参见 prey-predator model。

PAT **端口地址转换** port address translation 的缩写。

patch **补丁，临时线路** (1)用一种粗略的或临时性的方法来修改某个例行程序。修补往往是在软件的新版本发行前，纠正现有版本新发现的错误，或将新指令建立在程序内，以扩充原程序的功能，使之满足一些原设计时未预见的需要的一种手段。(2)一种临时性的电气连接。

patch area **插入区** 计算机系统板上为扩充安装内存芯片而设置的一个区域，其上已预留了插座。用户只需将内存芯片或条状内存板插入，就可增加内存容量。

patch bay **插头板** 集中了一批插座，用于汇集各种硬件连接的一种设备，以供监控、互连及测试使用。

patch board **接线盘，接插板** 一种盘形或板状的转接插件，其上带有成百个可与接插线相连的插座，板上的各种连线及接插板本身电路决定了机器的工作原理和操作程序，要改变既定的程序，则必须修改连接方式与电路本身。

patch cord **转接线，接插线** 一种两端都有插头的柔软导线，用来连接接插板上的插座。

patches **饰片，面片** 在计算机绘画和动画创作中，用于构造物体立体图像的一种方法。用称为饰片的平面构造物体，能构成具有连续弯曲表面的物体。饰片法所用的面也称"双参数曲面"，用它们构造物体时可以用较少的断点，或者说可以用较少的面构成形状复杂的物体，但面的数据要转换成专门的格式才能简化构造计算。

patching **修补法，补丁法** (1)一种临时性软件修改方法。它在程序中不正确的指令段之前插入跳越指令，使程序运行跳转到内存中一个指定区城内的新指令序列，运行后又跳越到原程序中不正确指令段之后。在修补过的程序通过试验运行之后，再删除不正确的指令段。(2)对于已发行的软件中当时未预见到的某些功能需求，软件公司发布的一种弥补性小程序。将它嵌入程序现有版本中，可增加程序的功能，或克服它的某些不足。在软件新版本中，这些不足将会得到修改。

patching jacks **转接塞孔** 用于将备用单元在故障设备周围进行修补的串连接入设备。

patching plug program **插补程序** 一种很小的辅助接插板。上面用接插线安排出一小段程序，插在一块供主程序用的大接插板上，对主程序进行修补。

patch mapping **插入映射** 在多媒体应用中，将与一个特定合成器相关联的指令补码数重新指定与通常 MIDI(乐器数字接口)指定的标准补码数相对应。参见 musical instrument digital interface (MIDI)。

patch panel **接插板** 一种互连装置。接插板是一个嵌入式硬件单元,包含一个通信中的或者其他电子电气系统的端口位置的集合。改变接插板的连线可控制计算机设备的操作。例如,在网络管理系统中,管理人员可以通过在接插板上改变连线的状态,对网络设备进行重新配置,或者检查网络故障。同 patch board。

P

patch plug **接插头** 一种无引线的插头。在绝缘手柄中包含一个金属导体,其作用如转接线。接插头与标准插头相比,前者是无线的,但是标准插头有一根接线作为跨接线连接两个端点用。

patch routine **插入例程** 一种工具例程。只出现于主存储器内,而不改变外存上的目标程序的一段编码。用于在执行目标程序时对程序进行部分修改。

patch test **分片检验** 为了讨论有限元方法的收敛性而对试探函数所做的一种检验方法。使用非协调有限元方法求解力学问题时,离散问题不一定与连续问题相容。通过这种检验可以断定试探函数是否相容地再现了常应变的状态。如果成立。则可以断定在每个单元内存在收敛性。

patentee citation index (PCI) **专利引文索引** 专门收录被引用过的专利。专利引文索引按专利号码排列。著录内容包括:①专利号码;②专利说明书发表的年份;③专利发明人;④专利文献的类型;⑤来源文献著者;⑥来源出版名称、卷、页码、出版年份及文献类型代码。参见 science citation index (SCI)。

patent concordance **专利索引** 美国《化学杂志》(CA)中使用的一种索引。在有专利制度的国家里,一种创造发明往往在好几个国家申请并获得专利权。如果某件专利 CA 作了报道,而这项专利又在另一个国家申请,并获得批准,CA 就不再重复报道,只把它编在专利索引中。专利索引按国家名称字顺排列,然后再按专利号码大小顺序编排,每个专利号后注有相当另一个国家的某号专利,并有文摘号。

patentee index **专利权人索引** 所谓专利权人是指获得并占有某项发明专利权的人。专利权人大多是公司企业、团体机构,也有少部分专利权为个人占有,因而有时也称"公司索引"。"专利权人索引"的主要用途是查找某一公司企业或个人在各国的专利申请情况。

path **路径** (1)一个网络中任意两个节点之间的任意通路。即信号通过线路或网络所经历的道路。参见 channel。(2)无线电或电视信号从发射机到接收机所经历的路线。一条路径可包含一个以上的分支路径。(3)文件目录结构中代表子目录访问方式的子目录序列。(4)在图论中,以点开始并以点结束的点线交替的序列称为途径,所有的点都不相同的途径称为路径。

path analysis **路径分析** 对程序进行的一种分析方法。标识通过该程序所有可能的路径,检测不完全的路径,或发现不处在任何路径上的程序部分。

path attenuation **路径衰落** 通信中从发送器到接收器之间的波或信号的传播过程中由于种种原因引起的功率损耗。通常用分贝度量。同 path loss。

path condition **路径条件** 为了要执行特定的路径所必须满足的一组条件。

path control **路径控制** 通信子网对网络中任何两节点间路径进行的控制。路径控制是网络信息传输的基本操作,一般包括外围点路径控制、边界节点路径控制、中间节点路径控制。

path control layer **路径控制层** 在 SNA(系统网络体系结构)中,管理 SNA 网络链路资源共享并为通过它的 BIU(基本信息单元)安排路由的控制层。路径控制为在网络中的各个 NAU(网络可访问单元)之间的报文单元安排路由并且在它们之间提供路径。它将从传输控制来的 BIU(基本信息单元)转换到 PIU(路径信息单元),也可能 BIU 分段处理,并将数据链路控制和由一个或多个 PIU 构成的 BTU(基本传送单元)。参见 BIU segment, data link control layer, transmission control (TC) layer。

path control network **路径控制网络** 在 SNA(系统网络体系结构)中,SNA 网络的一个部分。它包含数据链路控制层和路径控制层。参见 boundary function, SNA network, user-application network。

path cost **路径成本[代价]** 对路由选择的一种量度,确定到达报宿的路径中哪条路径最好的属性值。

path expression **路径表达式** 一个逻辑表达式,它说明为了执行特定程序路径所必须满足的输入条件。

path field **通道域** 分组交换数据中,呼叫要求分组中的一组,指出 Telenet 处理器已经选择的路由或企图选择的路由。通道域防止虚电路路由中形成回路。

path finding **路径寻找** 确定一条从入口点经过交换网络到出口点的空闲路径的过程。

path information unit (PIU) **路径信息单元** 在 SNA(系统网络体系结构)中,由单独一个传输报文标题,或一个传输报文标题下接一个 BIU(基本信息单元)或接一个 BIU 段所组成的一种报文单元。

path information unit (PIU) programming **路径信息单元程序设计** 把 PIU(路径信息单元)编制为三种基本操作模式之一的程序设计。正常情况下单字节宽的接口可以扩展为两字节宽。数据传输率在单字节情况下为 1 Mbps,在两字节宽情况下为 2 Mbps,部件之间的距离为 30m。

path loss **路径损耗** 通信中从发送器到接收器之

间的波或信号的传播时由于种种原因引起的功率衰落，通常用 dB 来表示。同 path attenuation。参见 loss，shadow loss，transmission loss。

path maximum transmission unit (PMTU) **路径最大传输单元** 一种动态发现因特网上任意一条路径的最大传输单元(MTU)的技术。在因特网协议中，一条因特网传输路径的“路径最大传输单元”被定义为从源地址到目的地址所经过“路径”上，无需进一步分片就能穿过这条“路径”的最大传输单元的最大值。参见 maximum transmission unit (MTU)。

path maximum transmission unit (PMTU) discovery **路径最大传输单元发现** 一种确定两个 IP(网际协议)主机之间路径最大传输单元的技术，其目的是为了避免 IP 分片。在这项技术中，源地址将数据报的 DF(不分片)位置位，再逐渐增大发送的数据报的大小，路径上任何需要将分组进行分片的设备都会将这种数据报丢弃并返回一个“数据报过大”的 ICMP(因特网控制消息协议)差错报文，通知报文发起者丢弃原因。通过多次上述报文协商，将得到对于某一个固定路径上的 PMTU 值。参见 path maximum transmission unit (PMTU)。

path menu **路径菜单** 在视窗环境中，用来输入指向共享网络资源的统一命名约定(UNC)路径的选单或下拉框。

path monitoring (PM) **通道监视** 对网络传输通道进行监测和分析的操作。

path name **路径名** (1)操作系统中，一个指定文件寻找目录路径的文件名。(2)层次结构的文件系统中，从当前目录到文件要经过的子目录或文件夹。

path sensitization **通路[路径]敏化** 对于一个数字网络，欲检测其中的某个故障，其充分必要条件是该故障的效应能在其可观测输出上反映出来。从故障位置到可观测输出在多数情况下会存在着传播这种故障效应的路径。在数字网络的故障诊断中，作为检测故障的测试码，要使这种路径的确能将故障的效应顺利地传播到可观测的输出端，这个过程称为通路敏化。

path sensitizing test generation **通路敏化测试产生法** 在数字电路故障测试中，针对电路中的一个故障产生测试码的一种方法。其原理是在电路中选择一条信号通路，使故障部位的错误信号能沿该通路向前传播到可观测输出，在错误传播过程中，电路中某些线上的信号值应被确定。从这些线向后跟踪，所求得的输入测试码应能满足这些信号值的要求。

path switch **路径开关** 在某些通信系统软件中，任选项表中的一个字段，它决定报文中给定的子组是否被执行。

path trace **路径轨迹** 接收的帧可以请求网桥的功能，即请求记录帧经过的网桥。

path vector protocol **路径矢量协议** 用于跨越不同自治系统网络的一种协议。有时也称“路线路由协议”。外部网关协议和外界网关协议就是这种协议。

pattern **模式** 一个内涵极广的概念。广义地讲，一切观察存在的事物形式都可称为模式。在模式识别理论中，通常把对某一过程或事件的描述集合定义为模式。模式还可分成抽象的和具体的两种形式。前者如意识、思想、议论等属于概念识别研究的范畴；后者主要是对语音波形、地震波、心电图、脑电图、图片、照片、文字、符号、三维物体和景物以及各种可以用物理的、化学的、生物的传感器对对象进行测量的具体模式进行分类和辨识。

pattern adaptive writing **模式自适应写入** 在数字磁记录中，根据磁头读出信号峰值位移随写入信息模式的变化规律，事先将写入信息脉冲自动进行适当位移，以消除读出信号峰值位移的一种自适应写入补偿方法，它可以提高磁记录位密度和可靠性。参见 write precompensation。

pattern analysis **模式分析** 模式识别的一个阶段。利用对当前问题的已有知识，指导收集有关该问题的模式及模式类别的数据，从中分析出包含在这些数据中的规律性。

Pattern Analysis & Applications **《模式分析与应用》** 德国 1998 年创刊，全年 4 期，Springer-Verlag 出版社出版。SCI(科学引文索引)收录期刊。刊载模式分析及其应用方面的原始论文，涉及统计技术、神经网络、模糊模式识别、计算机视觉与成像处理、语言分析、多媒体、文件分析等。

pattern articulation unit **模式清晰化设备** 可以把图像转换为数据流，并根据该数据重构图像的微处理机。参见 character recognition，pattern recognition。

pattern class **模式类** 具有某些共同特性的模式的集合。也称“聚合类”。

pattern classification **模式分类** 在图像处理和模式识别中，把样本空间分成若干区域，即把代表每个样本的特征向量分成很多类别。从而可以判定每个样本所对应的类别。在采用决策方法的模式识别中，将所识别的对象经过采样而得到的模式，用特征向量表示。而所有模式的特征向量就组成了特征空间。为了能对所识别的模式加以识别和分类，就应用由若干个判别函数组成的边界方程，将这个特征空间划分成相应个数的区域。然后分析输入模式的特征向量是属于哪个区域，从而判定该输入模式属于该区域所对应的模式类中。这些工作就是模式分类，是模式识别的核心。

pattern comparison inspection **模式比较检测** 将物体图形与参考模式进行比较，以确定被检测物体与参考模式的差异。在实际检测中，是将从物体图像中抽取的特征与参考模式特征进行比较，以减少数据处理的工作量。如果两者的特征相同，则认为物体无缺陷。

pattern description **模式描述** 在模式识别中，对待识别的输入模式(如物体、自然景物、图像、声音、文字以及电信号等)进行的描述。模式描述的方法要与模式识别方法相匹配。描述的方法很多，但其最终目的是为模式识别提供方便，使识别得以正确执行。例如，在语法模式识别中，可根据图形的结构，用一定的语言来描述，或者用一棵语句树，或用一个对应的图形矩阵来描述。有些简单的图形，如简单符号、文字可以直接用特征向量去描述。对于复杂的图形应进行景像分析和特征抽取才能抽象成特征空间。

pattern description language **模式描述语言** 在语法模式识别中，通过一组模式基元及其组合运算按图形的结构对图形来描述模式结构的语言。可根据系统的具体要求和系统的能力，预先定义好该系统的模式描述语言的详细内容。但无论如何定义，都必须符合模式文法的规范(所谓模式文法，是沿用软件的文法而言)。要利用模式描述语言对被识别事物进行描述，系统要有能够分析所使用的文法的相应自动机，否则识别工作就无法实现。

pattern directed analysis **模式导向分析** 在计算机安全中，一种静态分析方法。首先假设与安全漏洞有关的指令模式，然后在软件中找到它。例如，过程完成以后未清除寄存器和数据缓冲区等漏洞。

pattern directed invocation **模式导向调用** 在数据库中，借助语法形式调用数据的检索方式。将所需要的数据模式与数据库中的数据加以比较，匹配的数据被检出。其中所谓匹配，还必须顾及到模式与数据库中的目标数据可能有一个是变量形式表示的，或者两者都是变量形式，也就是说，如果其他的模式一样，只是某些项的表示是变量形式，若进行某种置换之后两者可完全匹配，则判定两者匹配，而不管其具体的变量名称一致与否。

pattern fill **图案填充** 封闭区域内部反复使用一种用户所定义的图案(像素阵列)进行充填，直到填满为止。

pattern formation **模式生成** 空间结构从极化到形成稳定空间分布模式格局的过程。

pattern generation tape **图形生成带** LSI(大规模集成电路)芯片掩膜布局设计完成后，用机器将掩膜图形数字化，并转换成规定的数据格式，汇集在磁带上，作为制作掩膜的一种媒介。

pattern input and output **模式(信息)输入输出** 将文字、图像、语音等模式信息转移为计算机内部代码，并把计算机的处理结果以模式信息的形式提供给使用者。

pattern-matching **模式配对[匹配]** (1)谓词演算的一致化置换过程中将一个表达式与另一个样本表达式配对的过程。(2)模式分类系统中将输入模式与样本配对的过程。(3)对给定的条件进行匹配求值，同时搜索适当的对象的过程。当完全匹配不成立时，也可应用部分匹配求得最佳匹配。它是符号推理的基本技法。

pattern-matching character **模式匹配字符，通配符** 一个专门字符，如星号(*)或问号(?)，可用于表示一个或多个字符。同 global character, wildcard character。

pattern perception **模式知觉** 人通过自身的视觉系统对二维空间对象的反映。模式知觉主要取决于客观刺激物的相互关系，也取决于主体的能动状态。人对复杂情景(即模式)的知觉是高级的认知心理活动。

pattern primitive **图形元，模式基元** (1)组成图形的基本元素。在语法模式识别中，可以用图形元的序列表示一个符号图形。(2)模式的基本组成成分，包含的结构信息很少，通常只需少量特征信息来识别。

pattern recognition **模式识别** (1)借助计算机，就人类对外部世界某一特定环境中的客体、过程和现象的识别功能(包括视觉、听觉、触觉、判断等)进行自动模拟的科学技术。(2)对表征事物或现象的各种形式的(数值的、文字的和逻辑关系的)信息进行处理和分析，以对事物或现象进行描述、辨认、分类和解释的过程，是信息科学和人工智能的重要组成部分。模式识别研究主要集中在两方面：一是研究生物体(包括人)是如何感知对象的，属于认识科学的范畴；二是在给定的任务下，如何用计算机实现模式识别的理论和方法。模式识别已经在天气预报、卫星航空图片解释、工业产品检测、字符识别、语音识别、指纹识别、医学图像分析等许多方面得到了成功的应用。参见 syntactic pattern recognition。

Pattern Recognition Letters **《模式识别快报》** 荷兰 1983 年创刊，全年 16 期，Elsevier Science 出版社出版，SCI(科学引文索引)、EI(工程索引)收录期刊。国际模式识别协会机关刊物。刊载图像处理与模式识别的理论、方法、经验与应用方面的成果快报，侧重方法论，特别是图像处理、模式识别技术与人工智能观念的结合。

pattern recognition system **模式识别系统** 能进行模式识别和模式分析的计算机系统。典型的模式识别系统由传感器、特征抽取器和分类器等组成。传感器实现对感知目标的输入，及对输入信号进行数字化、编码、平滑以及图像增强等预处理；特征抽取器从输入数据中抽取与分类有关的信息，这是系统设计的关键。通常要进行某种计算，找出若干特征；分类器利用抽取的特征把输入的数据指定到某一类，以进行特征空间划分。常用的分类方法有样本匹配法和基本非参数决策理论分类法等。

pattern recognition theory **模式识别理论** 控制论

的一个分支，是建立一种把复杂的图形分成几个指定类别的系统的理论和原则。例如，研究自动分类、文本识别和语言识别等问题均属这种理论的研究范围。

pattern relation diagram 模式关系图 模式结构的一种表达方法，用以表示各种子模式和基元之间的关系。

pattern-sensitive fault 模式敏感故障 对某些特定的数据模式的响应而出现的故障。比较 data-sensitive fault，program-sensitive fault。

pattern sensitivity 模式灵敏 由一个 BERT(位误码率测试)模式的选择引起的谐波失真，其频率等于或接近数据线路的载频的第一、第三或第四次谐波。

pattern string 模式串 在 AIX 操作系统中，正规表达式的串，由特殊模式字符构成。可用于地址中指定行和行的一部分。

pattern style 图案样式 填充封闭图形的图案格式。图案样式由一组不同颜色单元或不同花纹单元组成。

pattern substitution 模式替换 一种数据压缩算法，采用适当算法扫描整个数据库或者文本文件，以寻找出两个或更多字符共同的模式，从而用一个未曾使用过的模式来代替共同的比较长的模式，为此需要生成或者修改一个替换表或查询表，数据压缩比为 30%-50%。

pause instruction 暂停指令 使得某个计算机程序暂停执行的一条指令。一条暂停指令通常不是程序的出口。暂停指令与停机指令不同，停机指令在程序执行完毕后指示计算机停机。而暂停指令并不改变程序执行方式和机器状态，当暂停条件不再继续或出现继续执行命令时，机器将从暂停点开始继续执行下去。同 halt instruction。参见 optional pause instruction。

pause retry 间歇重传 网络控制程序中的一个可选项目。允许用户规定在出现传输错误后应使程序重发数据次数以及规定相邻两次重发之间的等待时间。

PAV 程序启用向量 program activation vector 的缩写。

PAX 专用自动交换机 private automatic exchange 的缩写。

pay payphone 付费电话 也称“公用电话”，装设在城市街道及其他公共场所供公众使用并按规定收取通信费用的电话。

payload 净荷，有效负载 (1)负荷中有效的或实质性的部分。(2)通常数据是装在包中的。一个帧的有效负载是帧中的数据；数据报的有效负载是包中的数据项。

payload length 负载长度 IPv6 协议中 16 位负载长度。负载长度包括扩展头和上层协议数据单元(PDU)，16 位最多可表示 65 535 字节负载长度。超过这一字节数的负载，该字段值置为“0”，使用扩展头逐个跳段选项中的巨量负载选项。参见 Internet protocol next generation (IPng)。

payload type 净荷类型 ATM(异步传输模式)信元头部中的一个 3 字节的字段，描述一个信元中的管理信息或用户信息类型。

payload type indicator (PTI) 净荷类型指示符 ATM(异步传输模式)网络的信元头部中净荷类型的值。例如，资源管理信元的 PTI=110，端到端操作管理和维护的 F5 流控信元的 PTI=101。

payment gateway 支付网关 支付网关是电子商务不可缺少的部分，它是银行与商户、银行与持卡人之间联系的纽带，所解决的关键问题是让传统的封闭的金融网络能够通过网关面向因特网的广大用户，提供安全方便的网上支付功能。保证网上交易的顺利进行，确保持卡人、商户和银行三方面的利益不受损害。

pay per call 来电通话付费 一种互联网广告的收费模式。每来电通话付费，展示不收费、点击不收费，当且仅当客户点击网页上的“免费点击”通话按钮，取得与广告主的语音沟通后，给广告主带来有效客户电话才收取广告费用的广告模式。

pay-per-view (PPV) 有偿收视服务 一种视频点播服务方式，包括有线电视以及音像产品的租赁行业。参见 video on demand。

payware 付费软件 要付钱购买的商用软件。

PB (1)拍字节 petabyte 的缩写。(2)PB 报告 publication board 的缩写。

PBB 运营商骨干桥接 provider backbone bridge 的缩写。

PBCCH 分组广播控制信道 packet broadcast control channel 的缩写。

PBGA 塑封球栅阵列 plastic ball grid array 的缩写。

PBP (1)优先切换点 priority break point 的缩写。(2)分组突发协议 packet burst protocol 的缩写。

PBR 策略路由 policy-based routing 的缩写。

PB report PB 报告 也称为《商务部出版局报告》，美国四大报告之一。由美国商务部出版局(PB)出版的报告。资料主要来源于美国国内各研究机构的技术报告，内容侧重于民用工程技术、城市规划、环境污染和生物医学等领域。PB 报告的编号原来采用 PB 代码加上流水号，1979 年底，PB 报告号编到 PB-301431，从 1980 年开始使用新的编号系统，即 PB+年代+顺序号，其中年代用公元年代后的末 2 位数字表示。

PBS (美国)公共广播服务局 public broadcasting service 的缩写。

PBT 运营商骨干传送 provider backbone transport 的缩写。

PBX 专用交换分机 private branch exchange 的缩写。

PBX allocation 专用交换分机分配 拨号电话局的一种职能，让电话号码分布在几个数码组中，以防止电话号码过于集中，并获得电话号码的唯一性。

PC (1)个人计算机 personal computer 的缩写。(2)印制电路 printed circuit 的缩写。(3)路径控制 path control 的缩写。(4)光导体 photo conductor 的缩写。(5)程序变更 programming change 的缩写。(6)原始中心 primary center 的缩写。(7)程序计数器 program counter 的缩写。(8)个人通信 personal communication 的缩写。(9)可编程控制器 programmable controller 的缩写。(10)相位校正器 phase corrector 的缩写。

PCA (1)认证管理机构 policy certification authorities 的缩写。(2)极冠吸收 polar cap absorption 的缩写。(3)主成分分析 principal component analysis 的缩写。

PCB (1)程序通信块 program communication block 的缩写。(2)印制电路板 printed circuit board 的缩写。(3)页(面)控制块 page control block 的缩写。(4)进程控制块 process control block 的缩写。(5)池控制块 pool control block 的缩写。

PC bus PC 总线 (1)第一代 IBM 兼容个人计算机使用的总线。PC 总线分两种类型：8 位总线和 16 位总线，后者也称"AT 总线"。8 位插板既适用于 8 位总线又适用于 16 位总线。但 16 位板只能使用 16 位总线。PC 总线都不能插接 PS/2 系列使用的微通道总线。(2)由 IEEE(电气与电子工程师学会)提出的基于 32 位 IBM PC 系统或子系统的总线，称为 IEEE P996 总线。

PCC 公共耦合点 point of common coupling 的缩写。

PC card PC 卡 指符合 PCMCIA(个人计算机存储器卡国际协会)接口标准的插槽，已成为笔记本电脑的标准配置，最初是 TYPE Ⅰ 型，其厚度为 3 mm，后来又有了 TYPE Ⅱ 型和 TYPE Ⅲ 型，其厚度分别是 5.0 mm 和 10.5 mm，多数调制解调器卡、传真卡、LAN(局域网)网卡、声效卡和 CD-ROM(只读碟)等使用 TYPE Ⅱ，其他像旋转硬盘和一些专用卡使用 TYPE Ⅲ 卡。现在多数笔记本电脑提供一个双厚度槽，以便容纳两个 TYPE Ⅰ 或 TYPE Ⅱ 型 PC 卡，或一个 TYPE Ⅲ 型的 PC 卡。参见 personal computer memory card international association (PCMCIA)。

PC card slot PC 卡插槽 参见 PCMCIA slot。

PC chipsets PC 芯片集 为所有 PC 机的子系统之间提供接口的一套芯片。它提供总线和电子线路使 CPU、内存、输入输出设备之间能够相互通信。大多数 PC 芯片集由 2 ～ 4 块芯片组成，也内置支持增强型 IDE(集成驱动器电路)接口标准的功能。PC 芯片集、CPU、内存、时钟电路、总线、键盘电路和 BIOS(基本输入输出系统)组装成 PC 主板。

PCCI PC 机卡式仪器 personal computer card instruments 的缩写。

PC clone PC 克隆机 不是由主要 PC 厂商制造的一种 PC 机。

PC compatible 个人计算机兼容机 特指与 IBM PC 个人计算机有一定兼容性的一类微型计算机。即 PC 兼容机能运行为 IBM 个人计算机编写的大部分软件，或者完全与 IBM 个人计算机相同。无论哪种情况，大多数 PC 兼容机都有三个共同点：①采用 Intel 80 系列微处理机；②使用 MS-DOS 操作系统；③能读 IBM 个人计算机软磁盘的磁盘机。

. pcd 图像文件名后缀 pcd 是 photo CD 的缩写。由美国柯达(Kodak)公司制定的 photo CD 图像文件扩展名。参见 photo CD。

PCD (1)分区控制描述符 partition control descriptor 的缩写。(2)预配置定义 preconfigured definition 的缩写。(3)相变光碟 phase change disk 的缩写。(4)已解析字符数据 parsed character data 的缩写。

PC-DOS operating system PC-DOS 操作系统 美国微软公司为 IBM PC 个人计算机开发的通用 16 位单用户操作系统。它吸收了 CP/M 操作系统的长处，结构优良，软件上的互换性强。其结构与 CP/M-86 相似，采用层次模块化结构，由三层程序模块组成：①命令处理模块，是用户与计算机沟通的手段，包含内部命令处理程序，批文件处理程序以及装入和执行外部命令的子程序。主要用于分析键盘命令、中断处理、检测装配程序地址等；②磁盘操作管理模块，是 PC-DOS 的核。它由若干功能子模块组成。主要完成键盘输入、控制台和打印机输出、存储管理以及磁盘、目录和文件处理等功能，提供了用户与系统的高级接口；③输入输出接口模块，向打印机发送一字符，从磁盘读入一个记录等。

PCE (1)处理和控制单元[元素] processing and control element 的缩写。(2)过程控制表达式 procedure control expression 的缩写。

PCF (1)点协调功能 point coordination function 的缩写。(2)主控制域 primary control field 的缩写。(3)光子晶体光纤 photonic crystal fiber 的缩写。

PCH 寻呼信道 paging channel 的缩写。

PCI (1)程序控制中断 program controlled interruption 的缩写。(2)协议控制信息 protocol control information 的缩写。(3)外围部件互连 peripheral component interconnect 的缩写。(4)程序异常中断 program check interrupt 的缩写。(5)演播控制信息 presentation control information 的缩写。

PCI bus 外围部件互连总线 peripheral component

interconnect bus 的缩写。

PCID 过程相关标识符 procedure-correlation identifier 的缩写。

PCI extended bus (PCIx) PCI 扩展总线 来自 IBM 公司、HP 公司和 Compaq 公司的一种加强型 PCI（外围部件互连）总线规范，企图把数据传输率从 132 MB/s 提高到 1 GB/s，并且后向兼容于现存的 PCI 卡。

PCI local bus PCI 局部总线 一种由 Intel 公司提出的总线规范。允许在一个计算机上安装最多 10 个扩展卡 PCI（外围部件互连）控制器可以用 32 位或者 64 位数据线与系统的 CPU 交换数据，总线上允许复用。

PCIset PCI 支持芯片集 支持 PCI（外围部件互连）总线的一种芯片集。

PCI slot PCI 扩展槽 在母板上为了使用 PCI（外围部件互连）总线的适配器而预留的槽口。由于速度更快的关系，32 位 PCI 扩展槽已经取代了 VESA（视频电子标准协会）局部总线扩展槽和 ISA（工业标准体系结构）扩展槽。在大多数装备 Pentium，Pentium Pro 或 Pentium Ⅱ 微处理器的母板上常可以看到 PCI 扩展槽。

PCI steering PCI 引导 把 PCI（外围部件互连）中断引导到 PC 机中的一个中断请求（IRQ）。PCI 插卡或板通用串行总线（USB）使用四个 PCI 中断。这些 PCI 中断由 BIOS（基本输入输出系统）或操作系统引导到一个空闲的 IRQ。

PCIx PCI 扩展总线 PCI extended bus 的缩写。

PCL （1）打印命令语言 printer command language 的缩写。（2）过程控制语言 process control language 的缩写。

PCM （1）脉（冲编）码调制 pulse code modulation 的缩写。（2）卡片穿孔机 punched card machine 的缩写。（3）相位共轭镜 phase conjugate mirror 的缩写。（4）接插［插接］兼容机 plug-compatible mainframe 的缩写。

PCMCIA 个人计算机存储器卡国际联合会 Personal Computer Memory Card International Association 的缩写。

PCMCIA card PCMCIA 卡 同 PC card。

PCMCIA card reader PCMCIA 卡阅读器 一种外部设备，能使桌面计算机使用 PCMCIA（个人计算机存储器卡国际协会）总线设备。

PCMCIA connector PCMCIA 连接器 PCMCIA（个人计算机存储器卡国际协会）插槽内的 68 针插座，用于连接 PC 卡上的 68 针插头。参见 PCMCIA slot。

PCMCIA modem PCMCIA 调制解调器 设计成能与一个 PCMCIA（个人计算机存储器卡国际协会）槽相连的调制解调器，常用于便携式电脑中。

PCMCIA slot PCMCIA 插槽 能把设备连到 PCMCIA（个人计算机存储器卡国际协会）总线上的插槽。在计算机、外围设备或其他智能电子设备的外壳上用于安装 PCMCIA 兼容硬件。有三种型号，其厚度各不相同，但其宽度相同。Ⅰ型可用于安装厚度为 3.3 mm 的卡，Ⅱ型可用于安装厚度为 5 mm 的卡，Ⅲ型用于安装 10.5 mm 厚的卡。

PC memory PC 存储器，PC 内存 刚开始的 PC 设计成内存限定在 1 兆字节，此外，操作系统的某些部分被置于存储器上部的固定位置，而没有任何同时存储其他驱动器和程序的方法。下面是一台早期 PC 机中不同类型的存储器分区：常规内存是第一个 640 K；下一个是 384 K 上位内存块（UMB）；再下一个 64 K 是高位内存（HMA）；扩展内存从 1 MB 开始；能通过上位内存块存取数据来实现对 1 MB 以外内存的存取。

PCM-IM 脉码调制-强度调制 pulse code modulation-intensity modulated 的缩写。

PCM multiplex equipment 脉码调制多路传送设备 以一定的数据率用一路数字信号传送多个模拟通道的信号的设备。一般采用脉码调制和分时多路转换技术来实现。

PCN 个人通信网络 personal communication network 的缩写。

PCO 控制观察点 point of control and observation 的缩写。

p-code 伪代码 pseudo-code 的缩写。

P-condition P 条件 在人工智能分级规划的先决条件部分中，在谓词之前加词缀 P-，表示获得的先决条件总是推迟到下一级中去使用，就称这些先决条件为 P 条件。这个模式允许对每个 F 规则加以指定，什么先决条件是最重要的（在现行规划级期间获得）以及什么先决条件是细目（在紧接着的下一级中获得）。

PCP （1）预测编码图像 predicted coded picture 的缩写。（2）私密感知个性化 privacy conscious personalization 的缩写。

PCPICH 基本公共导频信道 primary common pilot channel 的缩写。

PCR （1）程序时钟参照 program clock reference 的缩写。（2）峰值信元速率 peak cell rate 的缩写。

PCRD 后压缩速率失真 post-compression rate-distortion 的缩写。

PC screen resolutions PC 机屏幕分辨率 显示器再现图像时所能达到的精细程度。图像显示的分辨率用水平和垂直方向所能显示的像素数目来表示，即水平像素数×垂直像素数。在计算机中，水平分辨率与垂直分辨率的比例通常是 4∶3，这与传统的电视机一样。显示的像素的数量取决于图形模式和图像适配器，显示的大小则依赖于显示器的尺寸和对它所作的调整。

PCS (1)印件反差信号 print contrast signal 的缩写。(2)穿孔卡片系统 punched card system 的缩写。(3)个人会议规范 personal conference specification 的缩写。(4)个人通信系统 personal communication system 的缩写。(5)可编程字符集 programmable character set 的缩写。(6)物理编码子层 physical coding sublayer 的缩写。(7)个人通信业务 personal communication service 的缩写。

P

PCS-fibre 塑包石英光纤 plastic clad silica fibre 的缩写。

PCT (1)程序理解工具 program comprehension tool 的缩写。(2)专用通信技术(协议) private communication technology 的缩写。(3)分区控制表 partition control table 的缩写。

PCTE 可移植通用工具环境 portable common tool environment 的缩写。

PCTH 伪混沌跳时 pseudo chaotic time hopping 的缩写。

PC/TV computer PC/TV 计算机 内置有电视调谐器的一种个人计算机。

PCU (1)分组控制单元 packet control unit 的缩写。(2)包通信单元 packet communication unit 的缩写。

PCWG 个人会议工作组 personal conference working group 的缩写。

.pcx PCX 图像文件名后缀 Zsoft 公司的 PC Paintbrush(画笔)图形软件所支持的图像格式。PCX 图像从只支持单色发展到支持 256 种颜色。大多数光扫描器、传真程序及桌面出版系统都使用它。PCX 图像文件由文件头和图像数据构成。文件头由 128 个字节组成,描述版本信息及图像有关信息。图像数据经过压缩存储。

PC-104 bus PC-104 总线 1990 年由美国 Ampro 公司推出的嵌入式 PC 机的总线,面向工业自动化领域,总线采用叠装结构组成,尺寸为 90×90 mm。

PD (1)电位差 potential difference 的缩写。(2)公共领域 public domain 的缩写。(3)传播[传输]延迟 propagation delay 的缩写。

PDA (1)物理设备地址 physical device address 的缩写。(2)个人数字助理 personal digital assistants 的缩写。(3)下推自动机 push-down automaton 的缩写。

PDAU 物理投递访问单元 physical delivery access unit 的缩写。

PDB (1)池描述块 pool descriptor block 的缩写。(2)物理数据库 physical database 的缩写。

PDBR 物理数据库记录 physical database record 的缩写。

PDC (1)个人数字蜂窝电话 personal digital cellular 的缩写。(2)主域控制器 primary domain controller 的缩写。

PDCH 分组数据信道 packet data channel 的缩写。

.pdd 可移植数字文档文件名后缀 在美国 Apple 公司 Macintosh 系统下,由 QuickDraw 软件生成的图形文件扩展名。参见 portable digital document (PDD),QuickDraw。

PDD (1)物理设备驱动器 physical device driver 的缩写。(2)可移植数字文档 portable digital document 的缩写。

PDE 定位实体 position determining entity 的缩写。

PDES (1)产品数据交换规范 product data exchange specification 的缩写。(2)使用 STEP 的产品数据交换 product data exchange using STEP 的缩写。

.pdf 可移植文档文件名后缀 文件扩展名 pdf 是 portable document format 的缩写,用于标识以 Adobe 公司开发的可移植文档格式编写的文件。pdf 文件是由 Adobe Acrobat 软件生成的文件格式,该格式文件可以存有多页信息,其中包含图形和文档的查找和导航功能,又由于该格式支持超文本链接,因此是网络下载经常使用的文件。参见 portable document format (PDF)。

PDF (1)并行数据字段 parallel data field 的缩写。(2)可移植文档格式 portable document format 的缩写。(3)父专有文件 parent dedicated file 的缩写。(4)概率密度函数 probability density function 的缩写。

PDF417 two-dimensional bar code PDF417 二维条码 由美国 SYMBOL 公司发明的一种堆叠式二维条码,PDF 是“便携数据文件”(Portable Data File)的缩写,组成条码的每一个条码字符由 4 个条和 4 个空共 17 个模块构成,故称为 PDF417 二维条码。PDF417 二维条码最大的优势在于其庞大的数据容量和极强的纠错能力。参见 two-dimensional bar code,MaxiCode,QR Code。

PDG 偏振相关增益 polarization dependent gain 的缩写。

PDH 准同步数字系列 plesiochronous digital hierarchy 的缩写。

PDI 图形描述指令 picture description instruction 的缩写。

PDL (1)页面描述语言 page description language 的缩写。(2)程序设计语言 program design language 的缩写。(3)过程设计语言 process design language 的缩写。

PDM (1)脉冲持续时间调制,脉宽调制 pulse duration modulation 的缩写。(2)产品数据管理 product data management 的缩写。(3)特性驱动模型 property driven model 的缩写。(4)物理数据模型 physical data model 的缩写。

PDMS **产品数据管理系统** product data management system 的缩写。

PDN (1)住宅分布网络 premises distribution network 的缩写。(2)公用数据网(络)public data network 的缩写。

PDO **可移植分布式对象** portable distributed objects 的缩写。

PDP (1)并行分布处理 parallel distributed processing 的缩写。(2)策略决定点 policy decision point 的缩写。(3)等离子显示器 plasma display panel 的缩写。(4)分组数据协议 packet data protocol 的缩写。

PDQ **并行数据查询** parallel data query 的缩写。

PDR (1)数据处理速率 processing data rate 的缩写。(2)概要[初步]设计评审 preliminary design review 的缩写。

PDS (1)综合布线系统 premises distribution system 的缩写。(2)可移植文档软件 portable document software 的缩写。(3)个人数字系统 personal digital system 的缩写。(4)分区数据集 partitioned data set 的缩写。(5)页数据集 page data set 的缩写。(6)物理投递系统 physical delivery system 的缩写。(7)处理器直接连接扩展槽 processor direct slot 的缩写。(8)并行数据结构 parallel data structure 的缩写。

PDSN **分组数据业务节点** packet data serving node 的缩写。

PDTCH **分组数据业务信道** packet data traffic channel 的缩写。

PDU **协议数据单元** protocol data unit 的缩写。

PDVD **逐行扫描 DVD** progressive DVD 的缩写。

PE (1)偶校验 parity even 的缩写。(2)处理单元 processing element 的缩写。(3)页尾字符 page end character 的缩写。(4)相位编码 phase encode 的缩写。(5)功率电子学,电力电子学 power electronics 的缩写。(6)保护导体,地线 protecting earthing 的缩写。(7)可移植可执行 portable executable 的缩写。(8)运营商边缘设备 provider edge 的缩写。

PEAC **处理元素汇编码** *processing* element assembly code 的缩写。

peak **毛刺,峰值** (1)在 OCR(光学字符识别技术)中,超过某个字符的笔划边缘从该字符向外延伸的额外痕迹。(2)某种量的最大值。如:电流,电压,工作负载。

peak arc voltage **电弧电压峰值** 在规定的条件下,在燃弧期间内于电器一个极的两端子间出现的电压最大瞬时值。

peak cell rate (PCR) **峰值信元速率** 在 ATM(异步传输模式)网络中通过虚电路的传输单元的最大速率。峰值信元传输率为发送信元的时间间隔的最小值的倒数,单位为信元/秒。

peak crest restriking voltage **恢复电压峰值** 恢复电压的最大瞬时值。

peak current **峰值电流** 在一个给定的时间或周期内,可变电流所达到的最大值。

peak data transfer rate **数据最大传输率** 实际传送信息时在一个通道上测得的数据传输率。同 peak transfer rate。

peak detection **峰值检测** 检测磁记录读出数字信息的一种方法。它通过对磁头读出信号峰值的检测来判定信息位是“1”还是“0”。

peak factor **峰值因数** 周期波形的峰值与有效值之比。参见 peak value。

peak forward gate current **门极正向峰值电流** 对应于门极反向电压的门极电流。

peak forward gate voltage **门极正向峰值电压** 门极正向电压的最大瞬时值,包括所有的门极正向瞬态电压。

peak forward voltage **正向峰值电压** 整流管通以 π 倍或规定倍数额定正向平均电流值时的瞬态峰值电压。

peak gate power **门极峰值功率** 在规定条件下,门极正向所允许的最大门极峰值电流和门极峰值电压的乘积。

peak limiter **峰值限幅器** 用以去除信号的某个给定的峰值之上的噪声从而降低噪声效应的滤波器,可以用于调频(FM)信号、移频键控(FSK)信号、或脉冲调制(PCM)信号。

peak load **峰值负载** (1)高于平均值的信息传输量。(2)负载电路的最大瞬态功耗。

peak megaflops **峰值百万个浮点操作每秒** 计算机理论实现的最大浮点操作性能。它由处理机的时钟周期和功能部件能同时执行的部件数目决定。例如,Cray-1 机时钟周期为 12.5 ns,当乘法部件和加法部件链接在一起操作时,则该机的峰值速度为:

$$\frac{2\ \text{操作}}{1\ \text{周期}} \times \frac{1\ \text{周期}}{12.5\ \text{ns}} = 160\ \text{megaflops (MFLOPS)}$$

在用 Linpack 基准程序对机器进行测试时、程序在解线性方程组,选 $n = 1\ 000$,Linpack 基准程序经人工优化后,程序中可向量化百分比占 98%,此时测得机器的性能称接近峰值性能(TPP)。CRAYY-MP/832 8 个处理机的理想峰值速度为 2 667 MFLOPS,它的 TPP 值为 2 144 MFLOPS。

peak on-state voltage **通态峰值电压** 晶闸管通以 π 倍或规定倍数额定通态平均电流值时的瞬态峰值

P

电压。

peak packet rate 峰值分组速率 传输中的最大瞬间速率，可用产生的各相邻两分组的最短时间间隔得到数来表示。

peak reverse gate voltage 门极反向峰值电压 门极反向电压的最大瞬时值，包括所有的门极反向瞬态电压。

peak-ripple factor 峰值纹波因数 脉动直流电流的峰值和谷值之差与直流分量绝对值之比。也称"峰值畸变因数"。同 peak distortion factor。

P

peak distortion factor 峰值畸变因数 脉动电压或电流的脉动量中交流分量波峰至波谷值与直流分量的绝对值之比。

peak speed 峰值速度 流水线计算机里，中央处理机(CPU)理论设计的最高处理速度。它给出的是硬件时钟周期的最大速度。它不是机器实际执行程序时的速度。峰值速度除与处理机的时钟周期有关外，还与处理机能并行操作的流水线功能部件数目和处理机数目的多少有关。例如，若两个处理部件(乘和加部件)能实现链接操作，则峰值速度等于单个部件的速度乘以 2。

peak to average power ratio (PAPR) 峰值平均功率比 简称峰均比，定义为：在一个发射符号内连续信号瞬时峰值功率与信号均值功率的比值。由于一般的功率放大器的动态范围都是有限的，所以峰均比较大的信号极易进入功率放大器的非线性区域，导致信号产生非线性失真，造成明显的频谱扩展干扰以及带内信号畸变，导致整个系统性能严重下降。

peak to average ratio testing (P/AR) 峰值与平均值之比测试 P/AR 测试是一种信号可靠性测量，对网络延迟失真和衰落失真十分敏感，而对波道上常规的稳定的干扰或损失不敏感。这种测量技术采用复合频谱的信号传输。模拟测试装置的接收端根据原始信号上的负荷进行计算，并且产生一个被称为 P/AR 单位的测量值。P/AR 值等于 100 表示信道可行性极好；但一般情况下有 75 就足够了。

peak to peak (pk-pk) 峰峰值 波形图中最大的正值和最大的负值之间的差，只有正的。

peak transfer rate 最大传输率 在数据传输的时间内，数据经过通道传输的最大速率。例如，纸带传输率用每秒字符的个数来计算。其中应扣除段和单词间空白。

peak value 峰值 在规定的时间范围内，时变量的最大值。参见 peak factor。

peak withstand current 峰值耐受电流 在规定的使用和性能条件下，开关电器在闭合位置上所能承受的电流峰值。

pedestal level 消隐脉冲电平 电视信号中插入电路中的人工消隐电平，用以提高画面的黑度。

peek 抽看，(直接)取数 从一个绝对存储位置读一个字节。peek 是 BASIC 之类程序设计语言中的一种语句。它用十进制形式显示一特定存储单元中的内容。

peek-a-boo system 同位穿孔检索系统 采用同位穿孔卡片的信息检索系统。其基本方法是，将一张卡片重叠在另一张卡片上面，通过检索这两张卡片的相同位置上的穿孔是否一致来进行信息检索。

PEEL 电可擦可编程逻辑 programmable electronically erasable logic 的缩写。

peel strength 剥离强度 在敷铜板或印制电路板上，将规定宽度(1cm)的铜箔以缓慢速度沿垂直方向剥离下来所需的力，单位为 kg/cm。

peephole masks 窥孔掩码 光符识别阅读器中的一组图样。只存储一组按某种策略排列的点，并对该组图样的所有输入字符理论上赋给适当的值，而不考虑他们的字体。

peephole optimization 窥孔优化 (1)程序编译中的优化部分是为了使目标代码执行时间缩短或占用的存储空间减少。窥孔优化是优化技术中的一种，其特点是每次只以目标代码中少数几条指令进行优化，即考虑的范围很小。这种优化可在目标代码级或中间代码级进行。通常可以完成：删除多余的存取指令，删除从来不会执行的指令，减少执行转移指令的次数，削减强度，充分利用寄存器等。(2)由麦基恩(Mckeehan)提出的一种优化方法。一个简单的代码生成程序被另一个所代替，其中短的指令序列被更短或更快的序列所代替。有一个小的指令窗口必须保存在缓冲区中，并且对缓冲区的内容(可优化的指令序列)进行分析。此方法有以下优点：实现简单，只需指出少量的机器指令序列的等价性；算法直接，能够用表驱动。总之，它是改进总的执行性能的一种简单的方法。

peer 同位体，对等 (1)在网络体系结构中，像在同一层中的其他实体一样的任何功能部件。(2)两个或多个系统组元，互相依存地服务。

peer communication 对等通信 网络中通信的各方都是平等的不是谁隶属于谁的通信关系和方式。每一方都可以发起连接发送信息，也可以接收连接接收信息。

peer deskcheck 同级桌查 一种非正式的同级评审，同 passaround。

peer-entities 对等实体 开放系统互连体系结构中，在同一或不同的开放系统内，处于对等层的那些实体。

peer entity authentication 对等实体认证 通信安全中，指通信双方证实彼此身份的过程。

peer group 平等组 一系列逻辑节点，为建立一个路由层次的目的而组合成一个组。

***peer group identifier* 平等组标识符** 在 ATM(异步传输模式)网络中，指一个用于标识一个平等组的位串。

peer group leader　平等组领导　在 ATM(异步传输模式)网络中,一个选择为进行与一个逻辑组节点相关的功能的节点。

peering　对等操作　在分层通信网络中,处于同一层的设备之间的操作。

peer group level　平等组级别　在 ATM(异步传输模式)网络中,指在平等组标识符中有效位的一个数值。

peer layer　对等层　在网络中,处于对等地位(即不具有隶属关系或主从关系),可以相互平等地实现通信的网络实体层次。在开放系统互连(OSI)中,两端的同层次间的信息交换实际上是先从当地端要通信的层次上向下传送,然后经物理媒体传送到另一端的最低层次,最后由这个最低层次逐层向上传送到要通信的那个层次。这个复杂过程对用户是透明的,就好像两端同层间的通信是直接完成的一样。参见 peer layer communication。

peer layer communication　对等层通信　(1)以对等网络操作系统为基础,实现客户机与客户机之间的通信。此时,发方作为服务器使用,收方作为客户机使用,双方的地位可以根据需要随时交换。(2)在层次型网络协议下(如开放系统互连参考模型),同等层次之间构成的信息传输。

peer model　对等模型　因特网工程任务组(IETF)提出的网络结构。在这个模型中,业务层和光网络层是对等的,即在两个层面上运行同一个路由协议,采用统一集成的控制面,IETF 将这种控制面称之为 GMPLS(通用多协议标记交换)技术。边缘设备可以看到网络的拓扑,对于路由协议,每个边缘设备只需与相邻的光交换机而不是其他边缘设备互连,这使得路由协议能够扩展到支持大规模的网络。另外,统一的控制面也简化了带宽指配过程,能够实现充分利用全网资源,实现网络优化。然而,对等模型也有相应的缺陷。首先,为实现全网的统一控制,需要在网络中交换大量的状态和控制信息,为此而影响网络性能。其次,两个层面的技术也会互相牵制,另外,运营商希望网络尽量保持稳定,对于全网范围内的业务配置、保护恢复等有全面的管理,因此,如果网络动态程度过高,对运营机制会是一个挑战。比较 overlay model。参见 multiprotocol label switching (MPLS), general multiprotocol label switching (GMPLS)。

peer network　对等网络　以对等网络操作系统为基础,采用以太网网或令牌环网的中继器、同轴电缆或双绞线等硬件设备构成的信息传输网络。在对等网络中,各节点之间没有主、从关系,每个工作站既可以当作服务器,又可以作为客户工作站。

peer node　平等节点　在 ATM(异步传输模式)网络中,作为给定节点同一平等组的成员节点。

peer PCI bus　同层 PCI 总线　占据 PCI(外围部件互连)总线层次结构中同一层次的 PCI 总线。参见 hierarchical PCI buses。

peer processes　对等进程　在分层网络体系结构中,不同机器上组成对等的实体。正是这些实体使用协议进行不同机器之间的通信。

peer protocol　同等协议　在相同协议层上的一种协议。例如,层 2 协议与另一个层 2 协议通信的协议,层 3 协议与另一个层 3 协议通信的协议。

peer review　同级评审,对等复查　(1)除工作产品的作者之外的一个或多个人检查该产品,以期发现缺陷及其改进时机的一种活动。(2)在业务连续性计划(BCP)中,由具备相关技术及业务知识的人员(而不是计划的所有者或作者)对计划中特定部分的完整性和正确性进行复查的测试方法。

peer review coordinator　同级评审协调者　一个组织中负责管理和分析该组织的所有同级评审数据、对评审者或评审组长进行辅导、制订培训课程计划并尽可能实施培训、同同级评审的过程拥有者一同工作以利提高评审工作的有效性的那个人。

peer service　平等服务　LAN Manager 网络软件中的一个服务,允许 OS/2 工作站一次与一个其他用户共享目录、一个打印队列、一个通信设备队列。平等服务完成大多数与服务器服务程序相同的服务,但范围小一些。参见 server service, services。

peer-to-peer (P2P)　对等　分布式计算机网络内的一种关系。在网络中的各个处理机功能相等,没有主处理机或中央处理机。

peer-to-peer architecture　对等体系结构　一种每个工作站都有等价功能和职责的网络,网络不设专用服务器,故比较简单而廉价,其中最流行的对等体系结构网络之一是 TOPS(透明操作系统)。比较 client/server architecture。

peer-to-peer communication　对等体到对等体通信　分层通信网络上同一通信层操作的两个设备间的通信。通信双方互不统辖,双方都可以依据用户意志,自由发起建立会话。

peer-to-peer computing　对等计算　一种允许瘦客户机直接与其他瘦客户机进行通信的分布式计算结构。对等计算的体系结构是令传统意义上作为客户机的各个计算机直接互相通信,而这些计算机实际上同时扮演着服务器和客户机的角色,因此,对等计算模式可以有效地减少传统服务器的压力,使这些服务器可以更加有效的执行其专属任务。

peer-to-peer file transfer　对等文件传送　局域网络中采用的一种文件共享方式。采用这种方式时,每个工作站上的用户都可存取其他工作站上的公开文件。

peer-to-peer (P2P) network　对等网络　仅包含与其控制和运行能力等效的节点的计算机网络。也称"点对点网络"或"P2P 网络"。网络的参与者共享他们所拥有的一部分硬件资源(处理能力、存储能力、网络连接能力、打印机等),这些共享资源通过网络提供服务和内容,能被其他对等节点直接访问而无需经过中间实体。在此网络中的参与者既是资源(服务和内容)提供者,又是资源获取者。参见 advanced peer-to-peer networking (APPN)。

peer-to-peer remote copy (PPRC) **对等远程拷贝** 即点到点的数据拷贝。最常用的是实时同步的功能,像楼与楼之间,甚至同城之间的数据复制。

peer-to-peer replication **对等结构复制器** 复制器的一种,所有拷贝在任何时刻都可以被修改,而且修改可以自动地传播给其他拷贝。对等结构的复制器中各节点可以不考虑其他节点是否可获得而修改自身的局部拷贝,网络通信的数据源是根据各节点的负载情况在节点中分布,而不是固定在某个特定的节点。这种复制器允许所有拷贝上对同一数据进行同层修改,但这样容易引起冲突,导致错误和不一致的发生。参见 real-time replication, store-and-forward replication, time based replication, master/slaver replication, cascade replication。

peer Web services **对等 Web 服务器** Windows NT 4 Workstation Web 服务器。实质上与 Windows NT 4 Server 的因特网信息服务器相同。

peg count **占线记数** (1)在某一给定的时间间隔内,对某一操作员所处理和呼叫次数记数。(2)提供给一组通信干线的所有话务量,一般用每小时的话务量来衡量。用于公用控制交换系统的单机时,表示实际进行的话务量。

pel **像素** picture element 的缩写,同 pixel。

pel aspect ratio **像素宽高比** 像素显示的宽度与高度之比。

pel density **像素密度** 每个长度单位上的像素数量。参见 resolution。

pel matrix **像素矩阵** 计算机制图中编码点的二维阵列。

pelsize **像素尺寸** 一个像素上着色区的尺寸。

Peltier effect **珀尔帖效应** 1834 年法国人珀尔帖发现了与塞贝克效应的逆效应,即当电流流经两个不同导体形成的接点时,接点处会产生放热和吸热现象,放热或吸热大小由电流的大小来决定。参见 Seebeck effect。

PEM (1)程序执行监控 program execution monitor 的缩写。(2)保密增强邮件 privacy enhanced mail 的缩写。

pen **笔** 一种定位输入设备,用于触摸式显示设备。

penalty **恶化** 由于过大的噪音或失真而引起的电路性能变坏,用传输损失的分贝数表示。

pen-based computer **笔式计算机** 一种用笔作为输入设备以代替键盘的便携式或掌上计算机。

PEN conductor **保护中性导体** 具有中性导体和保护导体两种功能的接地导体。PEN 是 protective earth and neutral 的缩写,即由保护的符号 PE 和中性导体的符号 N 组合而成的。

pen control **光笔控制** 实现处理机与操作员之间通信的光笔。用笔形装置指向显示屏上显示的某个信息,当电子束扫过这一显示区时光笔就检测到阴极射线管发出的光。

pending queue **未决队列** 在某些操作系统中,所有自该优先级调度程序最后一次访问该优先级队列以后追加到该优先级队列上所有线索的向前链接表。

penetrance **外显率** 也称"渗透率"。搜索集中指向某个目标的程度,是搜索方法性能的度量,但不完全决定于方法的启发能力。渗透率 P 可简单定义为

$$P = L/T$$

式中,L 是找到的到达目标节点路径的长度,T 是搜索期间所生成的节点总数。

penetration **渗透** (1)计算机安全术语,指成功地非授权访问系统的行为。(2)对计算机系统的安全性进行攻击,以测试安全的有效性,并使薄弱环节显露出来。

penetration depth **穿透深度** 对一个由平面限定的、基本上无限厚的、各向同性的均匀媒质而言,一正弦均匀平面波的电场穿入媒质并沿垂直于表面的方向传播衰减到 1/e 时的深度。穿透深度等于波在穿入媒质内的衰减系数的倒数。

penetration profile **渗透概述** 对有效渗透所需活动的描述。

penetration signature **渗透标志** 计算机安全术语,指描述发生渗透的条件集合或状态的方法。

penetration study **渗透研究** 计算机安全中的一种静态评估技术,即对每个独立的部分进行研究,以找出安全控制中尚不知道的薄弱环节。

penetration testing **渗透测试** 为了发现并弥补系统安全的薄弱环节,组织专门的程序员或分析员对系统进行渗透的行为。

penetron tube **电子束穿透阴极射线管** 涂有两层荧光物质的阴极射线管。它显示的颜色取决于电子束穿透一层或两层荧光物质的能量。

pen plotter **笔式绘图仪** 传统的用笔在纸上绘图的绘图机,单色绘图机用一种或几种颜色的笔,许多系统用旋转式传送盘来装置各种颜色的笔。参见 electrostatic plotter, plotter。

pen register **笔式记录器** 一种用于监视拨号脉冲的电磁装置,每当被激发时,就在移动的纸带上作一记号。

pen system **笔式系统** 也称"笔式输入系统"。IBM, Microsoft 和 NCR 等公司开发的能接受和识别手写字体的笔式输入系统。它在办公室自动化、银行、销售点(POS)、视频传视等部门广泛应用。

Pentium “奔腾”微处理器 又称 P5。是 Intel 公司于 1993 年 3 月推出的第五代 80X86 系列微处理器芯片，所以曾被计算机工业新闻界称为 586。它是一个超大规模的复杂指令集计算(CISC)型微处理器。集成度为 310 万。该芯片的特点是：①采用超标量流水线技术，由 U 与 V 两条流水线构成，每条流水线都拥有自己的 ALU(算术逻辑部件)、地址生成电路和缓存接口，使奔腾在单个时钟周期内可执行两条整数指令。每一条流水线也分为指令预取、指令译码、地址生成、指令执行和回写五个步骤。当一条指令完成预取步骤时，流水线就开始对另一条指令的操作，大大地提高了指令的执行速度；②高性能的浮点部件。奔腾的浮点部件是在 80486 的基础上重新设计的，执行过程分为 8 级流水，使每个时钟周期能完成一个或两个浮点操作；③独立的指令缓存和数据缓存，各为 8 KB，提高了 cache 的命中率，从而提高了系统的性能；④采用分支预测技术，设置了一个分支目标缓冲器(BTU)，可以减少每次在循环操作时，对循环条件的判断所占用的 CPU 时间；⑤有 64 位数据总线，可进行 64 位浮点运算。

Pentium Celeron “奔腾赛扬”微处理器 奔腾赛扬是 Intel 公司为抢占低端市场而专门推出的产品。奔腾赛扬是把奔腾Ⅱ的二级缓存和相关电路抽离出来，再把塑料盒子也去掉。最初采用 0.35 μm 工艺制造，外频为 66 MHz，推出的有 266 与 300 两款。接着又出现了 333，400，直到 500。从赛扬 333 开始，就已经采取了 0.25 μm 的制造工艺。参见 Celeron。

Pentium class 奔腾类 奔腾芯片或使用这种芯片的 PC 机。也指与奔腾兼容的非英特尔 CPU，如美国 AMD 公司的 K6 和美国 Cyrix 公司的 6x86。

Pentium D “奔腾 D”微处理器 Pentium D 是 Intel 公司于 2005 年推出的第一款 800 系列双核奔腾 D 处理器，它具有两个独立的执行核心以及两个 1 MB 的二级缓存，两执行核心共享 800 MHz 的前端总线与内存连接，可以在同一时间内执行两组指令，首次推出的三款双内核处理器，分别是 Pentium D 820，主频为 2.8 GHz 的 Pentium D 830，主频为 3.0 GHz 和主频为 3.2 GHz 的 Pentium D 840。后来推出的 900 系列二级缓存也由 1 MB×2 升级到了 2 MB×2。

Pentium M “奔腾 M”微处理器 M 是移动(mobile)之意。是 Intel 公司专为笔记本电脑推出的处理器，奔腾 M 处理器与移动式 Intel 高速芯片组家族和 Intel PRO/无线网卡共同构成 Intel“迅驰”处理器技术的关键部分。它可以为笔记本电脑提供出色的移动计算性能和低功耗增强特性。

Pentium Pro “高能奔腾”微处理器 又称 P6。是 Intel 公司于 1995 年 11 月推出的第六代微处理器芯片。该芯片的特点是：①CPU 内核有 550 万个晶体管，除两个 8 KB 的一级缓存外，还含有 256 KB、512 KB 或 1 MB 的二级缓存；②使用三条超标量流水线；③有五个开放的执行部件，用于整型数运算的两个，用于装载、存储和浮点数运算的各一个。④采用无序执行、动态转移预测等技术；⑤采用事务型的 I/O 总线和不分块的高速暂存体系；⑥133 MHz 芯片的功耗为 20 W，工作电压 2.9 V。因为高能奔腾内含二级缓存，使生产率无法提升，导致成本大增，故在生产 Pentium Ⅱ时改用 SECC(单边接触卡盒)封装来解决生产率的问题。参见 Klamath，Deschutes，Tonga，Katmai。

Pentium sequence number (PSN) 奔腾序列号 PSN 是 Intel 公司为了增强电子商务和网络管理的安全性而在奔腾Ⅲ处理器中采用的一种技术，这是一个位于微处理器内部，永久的并且是唯一的 96 位长度的处理器识别码。由于处理器是计算机的“心脏”，通过读取 PSN 代码，外界将能够唯一准确地确认某一台计算机的身份。由此，在电子商务活动中，有可能把用户的身份认证转变成对机器的认证，或者两种认证相结合，以确认交易的安全。PSN 代码是做在硬件 CPU 上的，所以它无法更改。由于 Intel 公司在处理器市场上的垄断地位，序列号可能成为人们在互联网络上区分身份的标志。Intel 承诺除了牵涉到制造过程，一般不追踪 PSN。在 Intel 公司 1999 年 3 月份推出带 PSN 的 PⅢ时，在默认状态下 PSN 都是处于开启状态。由于受到隐私权保护者的抗议，Intel 公司修改了这一设置。现在出售的计算机，PSN 设置处于关闭状态，用户可以通过实用程序打开 PSN。

Pentium upgradable 奔腾升级版 可加奔腾微处理器芯片的 486 计算机。

Pentium 4 (Willamette) 奔腾 4 Pentium 4 是 Intel 公司于 2000 年 6 月 28 日宣布的奔腾Ⅲ的后继微处理器，其开发代码称为 Willamette。奔腾 4 用阿拉伯数字作代号，与以前的奔腾Ⅱ和奔腾Ⅲ罗马数字不同，是因为奔腾 4 的内部采用了一种全新的构造且运行速度为 1 ～ 1.4 GHz。其微架构的特性包括超管线设计，使处理器内部的各项指令妥善排序并加速执行；增加了 SSE(单指令多数据流扩展)指令集，支持下一代因特网的各种运算应用；首次采用了 Quad Speed(100 MHz×4)为 400 MHz 的前端总线，可在处理器与系统间执行较目前 133 MHz 系统总线快 3 倍的数据传输速率；采用 Socket 603 插座。

Pentium 4 Xeon (Foster) 奔腾 4 Xeon Pentium 4 Xeon 是 Intel 公司于 2001 年 5 月 21 日宣布的奔腾 4 的服务器级微处理器，其开发代码称为 Foster，其支持的芯片组为 i860。基于 Pentium 4 核心的 Xeon 处理器在结构上与 Pentium 4 大致相同，包括采用了 Quad Speed 为 400 MHz 的前端总线，双通道的 RDRAM，SSE2(单指令多数据流扩展 2)

指令,256 K 的二级缓存等。不同的是 Xeon 还采用了改进的超管线技术,并增加了 12K 的 micro-optrace 缓存,并采用了一种 Jackson 的新技术;由于 Xeon 一开始就运行于较高的频率下,所以增加了处理器的针脚数,采用了 Socket 603 插座。

Pentium Ⅱ 奔腾Ⅱ 奔腾Ⅱ是 Intel 公司设计的 P6/x86 家族产品的典型代表,出现在 1997 年的 5 月。它的型号印于处理器的表面上,以有意区分市场上的不同微处理器,奔腾Ⅱ CPU 有众多的分支和系列产品,其中第一代的代码标记为 Klamath。它运行在 66 MHz 总线上,主频分 233、266、300、333 四种。奔腾Ⅱ采用了与高能奔腾相同的核心结构,并增加了 MMX(多媒体扩充)指令集。由于配备了可重命名的段寄存器,因此奔腾Ⅱ可以猜测地执行写操作,并允许使用旧段值的指令与使用新段值的指令同时存在。奔腾Ⅱ使用 0.28 μm 技术,将 750 万个晶体管压缩到一个 203 平方毫米的印模上。在总线方面,奔腾Ⅱ采用了双独立总线结构,即其中一条总线连接二级高速缓存,另一条负责主要内存。为了获得更加大的内部总线带宽,奔腾Ⅱ首次采用了 slot 1 接口标准,它不再用陶瓷封装,而是采用了一块带金属外壳的印刷电路板,该印制电路板不但集成了处理器部件,而且还包括 32 KB 的一级缓存。

Pentium Ⅲ (Katmai) 奔腾Ⅲ 奔腾Ⅲ是 Intel 公司设计的奔腾Ⅱ的后继微处理器,其代码标记为 Katmai。奔腾Ⅲ运行更快,尤其是对于那些利用"Katmai 新指令"的应用程序来讲。这 70 条新指令使三维、图像、视频、语音识别和声音应用运行更快。另外,奔腾Ⅲ还提供了 450 MHz 或更高的时钟频率。1999 年底已推出时钟频率为 700 MHz 的奔腾Ⅲ芯片。Katmai 新指令类似于为多媒体应用而优化的 MMX(多媒体扩充)指令,然而与 MMX 不同的是,除了整数运算以外,Katmai 还支持浮点运算,在静态或动态图像显示需要修改时通常需要浮点运算。Katmai 指令也支持 SIMD(单指令流多数据流)指令,对于三维应用来讲,对于一给定三维画面如果能够并行修改数据则意味着用户可以看到更平滑、更逼真的效果,如带有精细和复杂光照的场景。新指令中还特别包含了一些能加快语音识别、提高语音识别准确度和创建更复杂声音效果的指令。

pentode 五极管 有五个电极的电子管;即阴极、板极、廉栅极、控制栅和抑止栅,通常比三极管的效率更高。

pen-touched tablet 触笔式字盘 一种汉字输入设备,由坐标盘、字盘、触笔和控制器等四个主要部分组成。其输入方式和一般图形输入板方式很相似。字盘上印有排成阵列的汉字,将它覆盖在坐标盘上,使字盘上汉字与坐标盘上 X、Y 扫描线交叉点一一对应,这些交点是文字位置的检测点。当触笔触及字盘上某汉字时,坐标盘将输出它所对应的 X、Y 坐标值。该值经控制器处理后转换为汉字编码,经接口输入计算机。这种字盘的特点是直观易学,但输入速度较慢。

pen travel 笔头移动 笔头从记录刻度的一端到另一端描绘路径的长度,这个移动的路径可能是一条弧,也可能是一条直线。

pen-unaware programs 笔不敏感程序 编写或修改为以键盘或鼠标器作为标准输入设备的程序,而不是以笔为输入设备。

peopleware 人件 研究软件开发中的人的因素的领域。人件强调人的因素第一。人件认为知识型企业的核心是人,而不是技术。人件主要研究影响计算机效能的计算机操作和维护人员的能力、软件开发和维护的团队管理等问题。

PEP (1)分区仿真程序设计 partitioned emulation programming 的缩写。(2)策略增强点 policy enforcement point 的缩写。(3)分组总体协议 packetized ensemble protocol 的缩写。(4)分组[包]交换协议 packet exchange protocol 的缩写。

PER 程序事件记录 program event recording 的缩写。

perceivable unit 可感知单元 由用户代理提供的一组物质,能为用户所感知并能以此来交流。用户代理可以选择单个或多个感知单元来发送。大多数感知单元能提供表示和交流的方法,然而有些设备,如打印机,其感知单元只包括表示。

perceived information 感知信息 感知是对客观事物进行信息汲取并进行认知和理解的过程,信息是感知活动的中心工作,感知是对客观事物有关信息进行有选择性的接触,并在大脑里认知理解的过程。感知的过程,从信息开始处理,最后又以信息来结束感知。信息通过感知活动得到升华,达到了质变的结果定义为"感知信息"。参见 information awareness。

percent break 断开百分比 通过接触的通与断,产生一系列的脉冲,电路断开的时间占总时间的百分比,称之为断开百分比。

perception 感知,知觉 (1)人类对外部世界模式感觉及理解能力的总称。其中,感觉是模拟人类外围感觉神经行为,而理解则模拟大脑思维行为。感知是人的基本生理现象,人们通过视、听、触、闻和尝等多种方式来感知周围世界。感知是人类智能行为很重要的一个环节。在人工智能探索中,人们深入研究的只是视和听方面,亦即机器感知。(2)机器人通过视觉、接触或某些其他方法感知它的环境、或理解有关任务的能力。例如,识别在任意位置上的障碍物或找到指定物体的能力。

perception current 感知电流 在一定概率下,通过人体引起人的任何感觉的最小电流。人对电流最初的感觉是轻微麻感和微弱针刺感。感知电流一般不会对人体造成伤害，但当电流增大时感觉增强，反应变大，可能导致坠落等二次事故。感知电流的大小因人而异，成年男性平均感知电流大约为1.1毫安，成年女性约为0.7毫安。

perception medium　感觉媒体　由国际电报电话咨询委员会(CCITT)定义的五大媒体(感觉、表示、显示、传输、存储媒体)之一。感觉媒体是指人类通过听觉、视觉、嗅觉、触觉等感觉器官直接能感知的信息。这类媒体包括：声音、文字、静止图像、活动图像、色彩、气味、冷热等信息。感觉媒体可通过各类传感(换能)设备生成相应的模拟电信号。感觉媒体在某些场合下亦可称作模拟信息。参见 presentation medium, representation medium, transmission medium, storage medium。

perception thinking　感知思维　一种初级的思维形态。在人们开始认识世界时，只是把感性材料组织起来，使之构成有条理的知识，所能认识到的仅是现象。在此基础上形成的思维形态即是感知思维。人们在实践过程中，通过眼、耳、鼻、舌、身等感官直接接触客观外界而获得的各种事物的表面现象的初步认识，它的来源和内容都是客观的、丰富的。参见 imaginal thinking, imaginal thinking。

perceptron　感知机　由罗森勃拉特(Rosenblatt)在1957年提出的，是神经计算领域的一个重要进展。他第一次把神经网络研究从纯理论的探讨付诸工程实现，掀起了神经计算研究的第一次高潮。感知机由阈值神经元构成，分成若干层神经网络。第一层为视网膜层，接收来自外界的输入，然后投入到第二层。第二层以随机方式连到第三层。最后一层是反应层。该层模型中已经包含了许多现代神经计算机的基本原理。它是一种学习和自组织的心理学模型，整个模型的结构又大体上符合神经生理学原理。模型的学习环境有噪声，内部结构又有随机联系，这些情况符合动物学习的自然环境。感知机中的学习规则是突触强化律。

perceptron algorithm　感知机算法　首先给定一个较小的非零随机值作为权重初始值，然后逐个输入样本和期望输出，并计算实际输出。之后修改权值，直到网络对所有样本都稳定为止。

perceptual coding　感觉编码　利用省略部分听不见或看不到的信息来设法减少对音频或视频信号进行编码所需的比特数的一种方法。

percolation　渗滤，渗透　(1)在错误恢复过程中，使控制从恢复程序沿着一条预定的路径传递到较高级恢复程序的过程。(2)一种自适应技术。系统自动记下运行期间各种数据项的使用频率，然后根据这种统计值对数据库进行调整，把最常用的数据移到能以最快的速度存取的位置上。

perfective maintenance　改善性维护　软件的基本功能有改进余地时进行改进的维护作业称为完善性维护。包括：提高运行效率和存储效率，改进处理内容和改善软件可维护性的性能。

perfect matching　完美匹配　也称“完美对集”。设 M 是图 $G=\langle V,E\rangle$ 的一个匹配，$v\in V$，若 M 的某一边与 v 关联，则称 v 是 M 饱和顶点。若 G 的所有顶点都是 M 饱和顶点，则称 M 为 G 的一个完美匹配。若一条路的边在 M 和 E-M 中交错出现，则称其为交错路；若一条 M 交错路的起点和终点都是 M 非饱和的顶点，称其为 M 可扩路径或 M 增广路径。

perfect secrecy　完全保密　在信息理论中，指如果收到了密文C，则发出明文P的条件概率等于传送明文P的概率。这样，收到的密文信息对攻击者来说只是密文信息，没有任何附加信息。理想保密的充要条件是：对所有明文信息P，如果P被传送了，则收到密文C的条件概率等于收到密文C的无条件概率。

perfect-shuffle interconnection　全混洗互连　多处理机之间的一种连接机构，按照一组扑克牌安全混洗的排列形式进行连接。

PERFM　性能　performance 的缩写。

perforated module board　有孔模件板　其上带有许多孔位的模件板，可用于电路板的自动测试。

perforator　穿[凿]孔机　用于穿孔纸带的手工穿孔的设备，孔与从机器键盘输入字符的5位码相对应。

performability　可运行性　在发生故障后可以降级恢复运行的系统中，用来评价系统性能和可靠性的一种指标。表示系统在某一级性能下可以正确运行的概率。

performance　性能　(1)决定一个系统总生产率的两大要素之一，另一个要素是设施的便利程度。性能主要取决于吞吐量、响应时间和可用性的组合。(2)计算机系统或子系统实现其功能的能力。

performance analysis　性能分析　计算机在控制生产过程中的作用之一，就是从有关系统状态的信息对系统的稳定度、可靠性进行计算与评定，估计发生事故的可能性，并计算出对策方案。这对保证安全生产与经济运行有很大意义。

performance characteristic　性能特性　能表示一项产品或一个工作系统性能的若干具有可比因素的特性。

performance class　性能类　在 NetView 程序中，对客体的描述或对性能的评价。包括类名、边界定义、响应时间定义、响应时间范围等。

performance classification　性能分类　评价一项产品性能时，需要从工作速度、加工精度、稳定性、操作方便程度等几个不同侧面分别进行。这几个侧面也称“性能类别”。

performance/cost ratio　性能价格比　用来衡量计算机产品优劣的概括性指标。这里的性能主要指：

P

计算机的运算速度、主存储器的容量和存取周期、通道传输速率、输入/输出设备配置情况和计算机的可靠性程度等。价格则是指机器的售价。如果一台计算机的性能价格比的值越大,表示该机越好。产品销售的价格是容易比较的,而性能则存在许多不便于比较的项目,性能价格比中的性能指数要用专门的公式来计算。

performance deficiency 性能缺陷 一项产品在性能的某个方面不能达到设计目标,或者不能满足用户要求。

P

performance error 性能差错 在网络故障确定应用程序(NPDA)中,能够由差错恢复程序解决的源失效,与暂时性差错同义。

Performance Evaluation **《性能评价》** 荷兰 1981 年创刊,全年 16 期,Elsevier Science 出版社出版,SCI(科学引文索引)、EI(工程索引)收录期刊。论述计算机系统、计算机通信以及分布式系统性能模拟与评价的理论及技术问题,兼载文摘、书评及学术会议消息。

performance evaluation 性能评价 按原设计指标,对现场中的数据处理系统的性能和生产能力进行分析,以验证其设计的正确性,同时提供运行经验的信息的过程。

performance evaluation and review technique (PERT) 性能评价与审定技术 一种利用计算机技术完成关键路径分析的方法。使用 PERT 必须对全部方案作广泛的分析,以列出所有独立的活动或作业,而这些活动或作业必须全部完成,才能实现总的任务。于是这些活动及其相互关系构成一个网络,网络中列出了各个活动的顺序关系。这种分析必须是极其彻底的、详尽的,才能使其成为现实可行的。PERT 为计划管理人员提供了叙述和分析计划的方法,而且在完成任务时对时间限制影响最严重的部分可以明显地显示出来,完成任务的时间有富余的部分(称为堆积部分)也可明显地显示出来。

performance group 性能组 表示机器设备或软件产品性能的一组可量度与比较的指标。如指令执行速度、通道吞吐量等。

performance management (PM) 性能管理 国际标准化组织(ISO)为开放系统互连(OSI)参考模型网络管理定义的五类网络管理之一。性能管理主要估计系统资源的运行状况及通信效率的系统性能。其功能包括监视和分析被管网络及其所提供服务的性能机制。性能管理收集分析有关被管网络当前状态的数据信息,并维持和分析性能日志。参见 configuration management, fault management, accounting management, security management。

performance *measure of search algorithms* 搜索算法的性能度量 对搜索算法从复杂性以及实现时所花费的时间、空间等搜索效率方面的一种估计。

performance monitor 性能监控器 操作系统的一个功能,观察系统的和设备的活动,并将这些观察记录在文件中。

performance monitoring 性能监测 对一项产品的性能评定,需要经过对产品工作期间的表现所进行的长期观察。这种观察称为性能监测。

performance objective 性能目标 一个计算站制定的性能规范中的一类信息。每个性能目标为各种不同的工作负荷等级规定有关的作业要接受的服务率。

performance period 运行期 设备按计划的工作时间,其中不包括各种测试和准备等例行工作时间以及因为设备故障而花费的时间。

performance rating (P-rating) 性能比率 IBM、Cyrix 和其他公司开发的一种微处理器性能等级评定系统,它是根据实际应用中的吞吐量为依据的。以前,微处理器的时钟频率被广泛地用作等级评定方法,但是不能作为不同芯片结构或计算机处理不同种类的性能的评测方法。

performance reference 性能标准 标准工作条件下所达到的特定性能,包括精确度、非灵敏区、滞后特性、线性特性、重复性等。

performance requirements 特性规范,性能需求 规定系统或系统组成成分能正常工作的一组条件和操作规范。计算机系统一般应满足系统的最低规范要求,包括处理负载、计算机操作时间、联机响应时间、记录长度、文件长度等。

performance specification 性能规格说明 规定系统或系统组成成分性能需求的规格说明。参见 requirement specification。

performance testing 性能测试 评价一个产品或组件与性能需求是否符合的测试。包括负载测试、强度测试、数据库容量测试、基准测试等类型。

performed winding 成形绕组 由嵌线前预先成形的线圈组成的绕组。

perigee 近地点 在卫星围绕地球的轨道上,离地球引力场中心最近的那个点。参见 apogee, apogee altitude, geostationary orbit。

perigee altitude 近地点高度 从近地点到代表地球表面的特定参考平面的垂直距离。参见 apogee, apogee altitude, perigee。

period 周期 自变量的这样的最小间隔,经过这个间隔后周期现象的相同特性重新出现。

period definition 周期定义 在系统资源管理程序中,包含在性能组定义中的一类信息,它指出在一个实时周期内或在有关作业积累到特定的服务量之前要遵循的性能目标。

period density queries (PDQ) 快照密度查询 一种空间移动对象的查询,就是查找某个指定时刻的所有密集区域,即查询结果不仅要返回所有的密集区域,而且还要指明这些密集区域有效的时间间隔。参见 density queries, snapshot density queries (SDQ)。

periodic data 周期数据 一旦添加到存储器就不会被物理更改或删除的数据。

periodic dumping 周期性转储 将系统文件和用户文件定期转储到后备存储设备上去的过程。一般在机器使用高峰后的时间内进行,以便一旦系统发生灾难性事故时不致破坏现行工作文件。

periodic duty 周期工作制 不管负载变动与否,总是有规律地反复进行的工作制。

periodic quantity 周期量 自变量(时间、空间等)的相隔某一间隔处完全重复的量。比较 pulsating quantity, alternating quantity, alternating quantity, oscillating quantity。

periods processing 分段处理 在计算机安全中,指为处理信息而暂时创建安全性环境的一段时间,当系统从一个阶段转变到下个阶段时,所有该阶段的信息都被清除。

peripheral 外围设备 指任何除了计算机基本部件(处理器,内存,数据线路)以外的但是相对来说是重要的计算机设备。一个接近的同义词是输入/输出设备。一些外围设备是指那些计算机的主要部件,包括硬盘、光驱和网卡。还有一些外围设备是指主机以外的设备,如打印机、图像扫描仪等。

peripheral addressing 外部寻址 在某些单片机系统中,对外设寻址,就像对内存寻址一样。它的内存访问指令和寻址方式也可以用来完成外部数据的输入/输出。有些系统提供了直接的输入/输出信号交换,使得在直接存储器存取(DMA)和多处理应用中的接口比较简单。

peripheral border node 外设边界节点 一个连接邻近 APPN(高级对等联网)网络的边界节点,具有不同的网络标识符以支持 LU-LU(逻辑单元之间)会话。对应于 extended border node。

peripheral bus 外部总线 连接各外部设备用的总线。输入/输出接口和外部设备可插入该总线的插槽内,构成一种简单而功能很强的输入/输出接口方法。

peripheral compatibility 外部设备兼容性 外部设备可以用于多种系统中的性能。计算机的许多外部设备虽然看起来很相似,但在信号控制电平的细节上存在不少差别,从而使某一外部设备无法用于某个处理机系统。因此,必须考虑接口方式、信号时序、信号控制线及其他功能,使外部设备能与计算机互相配合。生产厂往往只提供适合某类计算机用的外部设备,所以用户必须考虑外部设备的兼容性。

peripheral component interconnect (PCI) 外围部件互连 1992 年 Intel 公司设计的一种总线,是为配合 Pentium 微处理器工作而推出的 32 位扩展总线。其规范 V2.0 于 1993 年 4 月正式发布,定义较严格,数据线可扩充到 64 位,适用于图形显示等要求高速数据传输的应用场合,并且支持线性突发传输方式,即在突发方式下地址可无限线性递增,包括支持写突发方式。该总线的操作与 CPU 无关,可适合各种平台,支持多处理机的并行工作,支持自动配置,支持即插即用,不需要开关或跳线设置,支持 3.3 V 工作电压。

peripheral controller 外围控制器 调节中央处理器与外围设备之间数据传送用的控制器。它协调外围设备的工作速度与中央处理器的处理速度,使因外围数据传送造成的中央处理器中断时间减到最少,并对传送数据进行缓冲和格式变换。

peripheral control switching unit 外设控制转换装置 允许任何两个处理机分享同一外围设备的装置。

peripheral control transfer 外部控制传送 在外部控制器控制信号的管理下,中央处理机与外部设备之间进行的数据传送。它能协调低速的外部设备和高速的中央处理机之间的传送操作。

peripheral conversion program 外部转换程序 处理由独立的外部处理机完成的转换任务的一般程序。

peripheral device 外围[部]设备 在一个信息处理系统中,除了中央处理机与内存之外的其他设备都统称为外围设备,包括信息存储设备、数据输入设备、通信设备、打印设备等。更广义地说,凡是在处理机进行数据处理前后对数据进行加工的设备,无论是否受处理机直接控制,都可称为外围设备。

peripheral device controller 外围设备控制器 在计算机系统中,用以控制各种外围设备的接口。对于不同类型的外围设备,往往需要不同种类的控制器。

peripheral disk file 外部磁盘文件 用于软磁盘的文件管理系统。通过各种宏语言程序对这些文件进行存取。其中包括一套完整的实用程序,用于文件的修改、复制、删除或增添。

peripheral driver 外围驱动器[程序] (1)一种驱动电路,为与数字电路与外部非数字设备(如指示灯、发光二极管或数据总线)等连接而设计。(2)使外围设备正常工作和充分发挥其功能而开发的程序,通常每一个外设都有自己相应的驱动程序。

peripheral equipment 外围设备 同 peripheral device。

peripheral equipment list 外围设备列表 在一个计算机系统中,由操作系统对系统进行检测后建立的一个列表。表中列出了系统内拥有的所有外围设备的类型、数量、代号及使用情况。对于每个请求外围设备的作业,操作系统通过查阅外围设备列表了解作业请求的设备是否空闲,若空闲则分配之,并在使用完后及时收回。

P

peripheral host node **外设宿主节点** 一个提供运行应用程序的应用程序接口(API)的节点,但不提供SSCP(系统服务控制点)功能并且不知道网络的配置。外设宿主节点不提供子区域节点服务。它具有邻近子区域提供的边界功能。参见 boundary function, boundary node, host node, node type, peripheral node, subarea host node, subarea node。

peripheral interface **外围(设备)接口** 外围设备与主计算机之间实现信息格式变换以及操作控制的接口设备。由于外围设备种类很多而且信息格式与控制模式各异,外围设备接口也有很多种类,他们通常制成具有标准形式的插卡,供系统组建时选用。

P

peripheral interface adapter (PIA) **外部接口适配器** 一种与微处理机配套的可编程序的输入/输出接口部件。典型的PIA提供外围设备与微处理器单元(MPU)连接的通用方法。这种设备经过各种双向外围数据总线及控制线路将MPU与外围设备连接,通常这种连接不再需要附加外部附属电路。在系统构成期间,PIA的功能组态可由MPU进行程序设计。每一条外围数据线可以被程序设定为输入或输出,而每一条控制/中断线可以被程序设计作为数个控制模式之一。PIA也提供输入/输出设备对微处理机同步的交换控制逻辑信号,这样使整个接口的运作中有灵活的适应能力。

peripheral interface channel **外部接口通道** 预先设计好的一种接口,它能使两个或多个装置、系统、程序等很容易地进行连通。

peripheral interface module **外围(设备)接口模件** 可以独立模块插件板的形式插入主机上的公用底板,用于选择外围设备,并实现设备与主机之间通信的任何单元部件。

peripheral interrupt **外部中断** 当外部设备已准备好接收一个数据或已完成了某一个任务时所发出信号引起的中断。

peripheral limited **外设约束的** 由于系统吞吐量受到存取速度较慢的外围设备(输入输出设备)的制约,使它完成一个过程所需的时间取决于外围设备操作所占用的时间,而不取决于中央处理机运算时间所出现的一种系统状况。

peripheral link **外部链接** 在SNA(系统网络体系结构)中,一个外部节点到一个子区域节点之间的链接。参见 route extension (REX), subarea link。

peripheral logical unit **外围[部]逻辑单元** 在SNA(系统网络体系结构)中,外部节点中的逻辑单元。

peripheral memory **外部[围]存储器** 参见 auxiliary storage。

peripheral node **外部[围]节点** 在SNA(系统网络体系结构)中,一种使用局部地址确定路由而不受网络地址改变所影响的节点。一个外部节点需要来自一个相邻子区域节点边界功能的协助。参见 intermediate routing node, node type, peripheral link, subarea node。

peripheral operation **外部[围]操作** 输入输出设备不是直接地在计算机控制下所进行的操作,如脱开主机后对外围设备时所发生的操作。

peripheral path control **外设路径控制** 外设节点的一种功能,在具有本地地址的节点之间为消息选择路由,并提供他们之间的路径。参见 boundary function, path control, peripheral node, subarea node, subarea path control。

peripheral physical unit **外部[围]物理单元** 在SNA(系统网络体系结构)中,指实现外围节点的所有物理(实际)部件,包括计算机与通信设备。

peripheral power supply (PPS) **外部备用电源** 计算机或其他设备在能源不足时使用的后备辅助电源。

peripheral processor unit (PPU) **外围处理机** 计算机里专门用于完成I/O通道传输控制、码制变换、格式处理、数据块检测纠错等操作的功能部件或微机。它基本上独立于主处理机而工作,但受主处理机的管理。有些系统设有多台外围处理机。外围处理机同义于前台处理机或前端处理机。

peripheral prompt **外部设备提示符** 操作系统发送给控制台操作员的信息,它表示外部设备的状态或对装入磁带[磁盘]卷的要求。

peripheral slot **外围[部]设备插槽** 某些微型计算机壳内留有符合某种工业标准的插件槽,以便插入选用的插件,扩展功能而不用修改硬件。

peripheral software driver **外部软件驱动程序** 实现计算机用户与外部设备之间的通信并控制外部设备的一类程序。

peripheral storage **外部[围]存储器** 参见 auxiliary storage。

peripheral subsystem **外部[围]子系统** 与通用输入输出通道连接的一个或多个同型号外部设备组成的子系统。通道同步控制器管理外部子系统,并对中央处理机发来的控制信号和指令进行译码,控制被选外部设备与中央处理机之间的数据传送。子系统还通过控制信号给中央处理机指示外部设备所处的状态,当出现影响到子系统操作的错误或故障时通知中央处理机。

peripheral transfer **外部[围]传送** 在两个外部设备之间传送数据的过程。

peripheral trunk **外部干线[总线]** 连至外部控制器的输入输出干线。同 peripheral bus。

Perl language **Perl语言,实际提取报告语言** practical extraction reporting language 的缩写。

permanent connection (PC) **永久连接** 不使用开关装置而形成的连接,是一种由管理系统配置的连接类型。

permanent dynamic storage 永久动态存储器 一类动态存储器，如磁盘、磁带，数据的保持不依赖于电能。即当电源断开时，数据不会丢失。

permanent entity 固定实体 在系统中其个数不变的实体。

permanent error 永久错误 重新处理有限次数仍无法消除的，只能通过外部干涉解决的错误。比较 temporary error。

permanent fault 永久故障 由元件的不可复原的失效所引起的部件或系统的不可恢复性故障。

permanent file 永久文件 开机时装入程序以后始终保留的文件。

permanent font 固定字体 一种软字体，它一直在打印机的存储器中存放，直到打印机的电源关断为止。

permanently resident volume 永久驻留(磁盘、磁带)卷 一种物理上不能卸下的卷，或直到它变为脱机状态前都不能卸下的卷，脱机状态指脱离处理机控制。

permanent magnet 永磁体 被强烈磁化并能不需要电流来保持其磁场的磁体。

permanent magnet generator 永磁发电机 磁场系统由一块或多块永久磁铁组成的发电机。

permanent magnetic material 永磁材料 具有宽磁滞回线、高矫顽力、高剩磁，一经磁化即能保持恒定磁性的材料。也称“硬磁材料”。实用中，永磁材料工作于深度磁饱和及充磁后磁滞回线的第二象限退磁部分。常用的永磁材料分为铝镍钴系永磁合金、铁铬钴系永磁合金、永磁铁氧体、稀土永磁材料和复合永磁材料。

permanent magnet synchronous motor 永磁同步电动机 同步电动机的一种，其磁场系统由一个或多个永久磁铁组成。

permanent member 永久性成分 某个记录一旦成为给定系的一个成分，它就不能从该系类中迁走，除非该记录从数据库中迁走。这样的记录称为永久性成分。

permanent memory 永久存储器 可以在无电情况下保持其内容的存储器。固件芯片，如 ROM(只读存储器)、PROM(可编程序只读存储器)和 EPROM(可擦写可编程只读存储器)就是永久存储器的例子。磁盘和磁带也认为是永久存储器，然而，从技术上来讲，他们是外围存储设备，而不是存储器器件。永久存储器与非易失性存储器同义。

permanent object 永久性对象 在某些计算机系统中，用明确的请求定义给管理程序的一个对象。它的控制块只有用显式请求删除时或任务(组)结束时才被释放。

permanent read/write error 永久性读/写错误 重新执行读/写操作后仍无法消除的错误。

permanent signal 永久信号 持续不变的摘机管理信号。它是交换系统外部产生的，与正在进行的通话无关。永久信号会占用交换系统的大量通话能力。

permanent storage 永久存储器 同 permanent memory。

permanent swap file 固定交换文件 Windows 系统中由连续的磁盘扇区所组成的文件，用于虚拟存储操作。

permanent virtual channel connection (PVCC) 永久虚拟通道连接 ATM(异步传输模式)网络中的一种连接，其中交换功能通过每个信元中的 VPI/VCI(虚拟路径标识符/虚拟通道标识符)字段实现。

permanent virtual circuit (PVC) 永久虚拟线路 (1)一种不需要由用户发起建立和清除的虚电路。是通过面向连接网络的连接。PVC 能经受计算机的重新自举或电源的波动，从这个意义上说它是永久的；PVC 是虚拟的，因为它是将路径放在路由表中，而不是建立物理连接。(2)两个数据终端之间存在的永久性连接，是点-点连接的线路，不经过交换电路。其上只能传送数据、复位信号、中断和信息流控制包。(3)在每个 DTE(数据终端设备)上，具有永久分配给它的逻辑通道的一种虚拟线路。不需要呼叫建立协议，从而取消呼叫的建立进程和释放过程。

permanent virtual connection (PVC) 永久虚拟连接 在 ATM(异步传输模式)中，指提供的虚拟通道连接(VCC)或虚拟路径连接(VPC)。它可以是点到点的、点到多点的或者多点到多点的 VCC 或 VPC。

permanent virtual path connection (PVPC) 永久虚拟路径连接 在 ATM(异步传输模式)网络中的一种连接，其中交换功能只通过每个信元中的虚拟路径标识符(VPI)字段实现。

permeability 磁导率 材料磁特性的衡量尺度。常用符号 μ 表示，μ 为介质的磁导率，或称绝对磁导率。μ 等于磁介质中磁感应强度 B 与磁场强度 H 之比。在国际单位制(SI)中，磁导率 μ 的单位是亨利/米(H/m)。

permeability rise factor 磁导率增长因素 在两个特定的正弦磁场强度下的振幅磁导率之差除以磁场强度峰值之差。参见 amplitude permeability。

permeance 磁导 磁阻的倒数，等于磁通量被磁通势除。参见 reluctance。

permissible action 允许的动作 在概念模式语言中，一种按照指定规则和限制进行的动作，将句子改变为一致性的，或者使一个一致性的句子为信息库或概念模式所知道。

permissible code block 许用码组 为了提高通信

P

P

的可靠性,往往在信息码中按照一定的数学规律增加多余的码元,藉以发现错误、纠正错误。这种做法的结果将使码组的总数增加。但这些码组中,只有那些符合预先规定的数学规律的码组才是可以使用的,称为许用码组。

permissible interference 允许干扰 观察到的或预测到的干扰,它符合国际无线电咨询委员会(CCIR)建议的定量干扰,并且符合包含在无线电规则(RR)或CCIR建议中的判定准则,或是符合根据上述规则达成的特别协议。参见 accepted interference, interference。

permission 许可 对于共享资源的设置,决定哪个用户可访问资源。参见 permission level, privilege level, shared-level security, user-level security。

permission field 许可字段 在AIX操作系统中,一个在许可列或者目录表中的3位八进制数据或者9字母的代码。许可字段表示文件或目录的拥有者、组用户和其他用户进行读、写、运行许可。参见 access permission。

permission level 许可级 在LAN Manager网络软件中,指用户可使用共享资源的程度,LAN Manager提供了三个许可级:管理员级、客人级和用户级。访问许可可以针对各个资源进行设置。

permissive connection 允许连接 在电话公司的设施与电话公司允许的专用通信设施之间的一种连接,但这种连接并不能保证满意的传输。

permissive matching 允许[容错]匹配 情报检索中使用右截断法,一般是在匹配之前就要截去词尾。一种代替的方法是先不截断词尾,在匹配检索词与原文词词尾不同时,也认为是匹配的。这种匹配称为允许匹配。

permit 许可 在包交换中,对在一个逻辑通道上反向传送一个或多个数据包的一种授权。

permit count 许可计数 一个DTE(数据终端设备)与一个DCE(数据电路终端设备)之间的接口上,自虚拟电路建立或上一次复位时起在一特定方向上传输的数据包的个数与在反方向允许传输的数据包个数之差。

permit flow control 许可流量控制 网络实现拥挤控制的一种方法。在网络中投放一定数量的许可证。只有获得许可证的节点才能发送报文。

permit next increase (PNI) 允许下次增加 ATM(异步传输模式)中的一个可用位速率(ABR)服务参数,是一个控制在接收到下一个资源管理信元时增加允许位速率的标志。PNI=0 则阻止增加位速率。

permit packet 许可数据包 在一个DTE(数据终端设备)与一个DCE(数据电路终端设备)之间的接口上一个用于在一个虚拟电路上传送"许可"的包。参见 permit。

permutation 排列、置换 (1)在一个集合中选出给定数量的不同元素的有序排列。(2)从 n 个项目中取 r 个项目的各种序列的总数。令 n 中取 r 的排列为 $p(\frac{n}{r})$,则 $p(\frac{n}{r}) = \frac{n!}{(n-r)!}$

permutation index 排列索引,循环置换标题索引 一种索引技术。将一个文件标题中的各个词按出现的顺序进行排列,作为第一个检索词。后面可跟其余的词。

permutation of a set 集合的排列 同一元素只出现一次的一种对集合中元素的有序的选取。设 $r \leqslant n$ 为正整数,n 个元素的集合 S 的一个 r 排列指从 S 中有序地选取的 r 个元素。$r = n$ 时,称这种排列为 S 的排列或 n 个元素的排列。n 个元素集合的 r 排列的不同方案数称为 r-排列数,用 $P(n, r)$ 表示,

$$P(n,r) = \frac{n!}{(n-r)!}$$

当 $r = n$ 时有

$$P(n,n) = n!$$

permutation of multi-set 多重集的排列 允许同一元素重复出现多次的排列,也称重复排列。

permuted cyclic code 循环置换码 一种特殊的编码方法。各种字符用具有固定位数的字来表示,但其顺序的安排得使连续的字之间的代码间距等于一个单位。

permuted index 置换索引 一种文件索引方法。每个重要的词形成索引中的一项,并包括该词出现时的上下文。一般只限于标题字。

permuterm subject index 轮排主题索引 一种篇名关键词索引。是将篇名关键词相互组配,从某一篇名所含的全部关键词中每次取两个来做一个款目的标目,故也称"词对式关键词索引法"。参见 science citation index (SCI)。

perpendicular magnetic recording 垂直磁记录(法) 记录媒体上的信息磁化方向与记录媒体表面相垂直的磁记录方法。其位密度极限可以做到比横向磁记录和纵向磁记录更高。

per-process data area 进程数据区 在AIX核心模式中,用户进程堆栈段的一部分。包含进程信息,如当前被进程打开的文件目录。参见 user-block。

per seat licensing 每客户许可协议 在每客户许可协议中,为每一客户计算机购买客户访问许可协议。根据每客户许可协议,客户能够访问网络中任何运行微软 Windows NT Server 的计算机上的网络资源,如:文件、打印和通信,并且可以同时登录到多个服务器上。

per server licensing 每服务器许可协议 在每服务器许可协议中,客户访问许可协议是指定给服务器的。客户访问许可协议的数目决定同时可对该服务器连接的数目。

persistency 持久(性) (1)也称"持续(性)",面向

对象程序设计方法学(OOPM)中的一个重要特性，其含义为：对象的生存期超过所属程序的执行期。当一程序在执行过程中产生了一个持久性的对象，而在此程序结束后，若重新执行此程序，此对象依然存在。通常，大部分系统都使用面向对象数据库来达到持久性的要求。(2)在面向对象程序设计语言中的概念。在一般的面向对象语言中，发送消息与调用函数或子例程的性质相同，亦即消息同(可能的)自变量一起被传送，并把结果返回给消息发送者。因而，这种情况比较接近于过程程序的思想。而在持久概念下，对一个消息的回答不再返回到消息的发送者，而是发送到消息本身所指定的第三者。具有持久概念的这种模型特适合于多任务或多处理机的程序设计。

persistent current memory cell 持续电流存储单元 在超导环路中感应电流时，这个电流将永远持续下去。利用这个原理制成的存储单元称为持续电流存储单元。

persistent data 持久性数据 面向对象数据库系统中事务以外存在的数据，是事务修改后存留下来的数据。一个面向对象数据库应能管理大量的持久性数据。使数据成为持久性的策略有持久外延和经由可到达性的持久性这两种。

persistent object 隐驻客体 一种计算机安全技术。给某个资源一个保密的名字，只有可以利用该资源的程序才知道这个名字，在利用该资源的可执行目标程序中，调用资源的过程便成为一个无法访问的程序部分。例如，给某个文件起一个名字，并把这个名字包含在允许调用该文件的应用程序的源代码中，由于应用程序在计算机上只以被编译的形式存在，因而文件的名字也被转换的。这样对于别的程序来说，资源是隐藏的。

persistent route 持久路由 保存在注册表中的路由。每当开机初始化时，这种路由都会加入操作系统的注册表中，同时加入路由表。

persistent session 持续会话 在 NetView 程序中，一个网络管理会话，始终保持活动，即使在会话中有一段时间没有活动。

persistent storage 持久性存储器 一种存储器，电源关断后仍可保持其中的内容完整无损。例如只读存储器(ROM)。

persistent stored module (PSM) 持久性存储模块 SQL(结构化查询语言)中定义的 SQL 扩展，包括通过用户会话创建和撤销代码模块的功能，这些代码模块存储在数据库模式中。

persistent URL (PURL) 持续统一资源定位器 一种网址转换系统。当使用者使用 PURL 来读取一个网页时，PURL 服务器会依照所要求网页的实际 URL 读取数据传回给使用者。PURL 会维护一份数据库来对应 PURL 与 URL 的关系，当网页移动到另一个 URL 时，使用者仍可经由原来的 PURL 来读取该份数据，而不必再寻找 URL。参见 uniform resource locator (URL)。

personal area network (PAN) 个人域[区域]网 能在便携式消费电器与通信设备之间进行短距离通信的网络。PAN 定位在家庭与小型办公室的应用场合，其主要应用范围包括话音通信网关、数据通信网关、信息电器互联与信息自动交换等。

personal code 个人[用户]代码 一种标识计算机系统用户的代码。参见 password。

personal communication (PC) 个人通信 用各种可能的网络技术实现任何人在任何时间任何地点与任何人进行任何种类的信息交换，是个人通信的最高目标。

personal communication network (PCN) 个人通信网络 (1)支持 PCS(个人通信业务)的任何固定和移动通信网，如 PSTN(公用交换电话网)、ISDN(综合业务数字网)和 PLMN(公共陆地移动电话网)。(2)PCN 利用比蜂窝式移动电话区间间隔更小的微蜂窝无线传输方式的廉价的分组传输电话系统。

personal communication service (PCS) 个人通信业务 它试图满足用户对所有通信的需求。在现阶段用户可利用接入点进入固定的通信网，以终端号码进入移动通信网。但 PCS 将对每一 PCS 用户分配一个 PTN (个人通信号码)。参见 personal telecommunication number (PTN)。

personal communication system (PCS) 个人通信系统 以个人计算机及工作站为终端的实现通信的网络系统，网络间可通过 ISDN(综合业务数字网)、DDN(数字数据网)及专用卫星网络。

personal communicator 个人通信装置 一种手掌型无线通信计算机。参见 personal digital assistant (PDA)。

personal computer (PC) 个人计算机 用微处理机器件装成的廉价、易于搬动的一种微型计算机系统，可供个人或家庭使用。其软件一般面向使用方便的单用户。20 世纪 70 年代中期 PC 机功能迅速扩大，目前内存容量可达 1 GB 或更多，可以连接容量为 1 TB 以上的硬盘机，还可接光碟驱动器、绘图仪、打印机等。还可以连接网络作为工作站或终端。

personal computer card instruments (PCCI) 个人机[PC 机]卡式仪器 以 PC 机为软硬件平台，配以 PC 插卡及专用软件，为实现某些测试功能而构成的通用或专用测试系统，如逻辑分析仪卡。

Personal Computer Memory Card International Association (PCMCIA) 个人计算机存储器卡国际协会 这是于 1989 年成立的对 PC 卡进行标准化的一个非盈利组织。开发了代替易损的机械式磁盘的固体存储器单元并提出了 PCMCIA 插卡接口标准，标准 1.0 发表于 1990 年 8 月，支持除 DRAM

P

以外的存储器类型，标准 2.0 发表于 1991 年 9 月，扩展了输入输出设备的定义，将调制解调器、局部网络适配器、磁盘驱动器也包括在内，成为笔记本型计算机对外扩展接口的国际标准，为 68 针连接，其中 26 条地址线、16 条数据线，PCMCIA 卡长为 85.6 mm，宽为 54.0 mm，Ⅰ型卡厚 3.3 mm，Ⅱ型卡厚 5 mm，Ⅲ型卡厚 10.5 mm。

personal computer security　个人计算机安全　保护个人计算机所处理和存储的数据不被非授权泄露、更改以及保护硬件和存储介质免遭损失、破坏的方法、过程和策略。

P

personal conference specification (PCS)　个人会议规范　由 Intel 公司领导的一个工业集团推出的用于保证各种基于 PC 机的局域网络至广域网会议系统之间互易操作能力的规范，由 PCWG 制订，其 1.0 版本于 1994 年 12 月公布。

personal conference working group (PCWG)　个人会议工作组　由 Intel 公司 1993 年发起成立的组织，专门从事制订在各厂家生产的个人会议产品之间提供互易操作能力的开放工业标准，成员包括 AT&T, Ericsson, GE, Northern Telecom, Lotus, Compression Labs, Novell, VideoServer, Compaq, Olivetti, HP, DEC 以及 NEC 等。

personal conferencing (PC)　个人间会议　一种多媒体通信技术，把多媒体计算机和通信结合起来，可以进行电话会议、文件会议和电视会议。在进行电话会议时，双方不但可以采用微音器和扬声器，在附加了一些设备之后，还可以进行一点对多点的通话和多点之间的相互通话，这一功能不必经过电话局就可实现。参见 document conference, video conference。

personal CP/M　个人 CP/M　存储在芯片上的 CP/M 操作系统，它由美国数字研究公司研制，避免了每次合上电源使用微型机时需要把它从磁盘调入。

personal digital assistant (PDA)　个人数字助理　集中了计算、电话、传真、和网络等多种功能的一种手持设备。也称"移动式计算机"，具有手写输入和无线电通信功能。是为大众消费市场设计的，具有高度的可携带性和使用方便性。体积一般不超过笔记本，能装入口袋，重量不超过半 kg，能单手手持操作，耗电量低，使用几节 5 号电池可使用几十乃至几百小时。功能上固化有地址名片、日程安排、个人财务等常用软件，操作使用比一般计算机方便，以笔输入为主，键盘输入为辅，容易学习使用。具有良好的通信功能，可利用蜂窝无线网收发电子邮件、传真等。

personal digital cellular (PDC)　个人数字蜂窝电话　按照日本标准建立的蜂窝移动电话系统，频率范围为 800 ～1 500 MHz。

personal digital system (PDS)　个人数字系统　由 IBM 推出的、具有内存和智能卡插槽以及一台蜂窝式电话的个人数字助理。智能卡使 PDS 的功能扩展到可发送传真、听收音机甚至拍照。

personal disclosure　个人泄密　在数据库保密中，指一个用户能推测出有关个人的未公开的敏感统计信息，这种泄密可能是近似的、肯定的或否定的。

personal document　个人文件　只能由文件所有者知道或由所有者指定的使用该文件口令的人使用的一种文件。

personal electronic transactor (PET)　个人用电子事务机　用于个人和商业的微形计算机之一，后来已被更新的型号取代。它使用 6502 处理器芯片。为某些 PET 计算机开发的成套转换元件，称为 CP/Maker。这样除了正常的 PET 系列软件外，它还可以使用 CP/M 软件。采用了转换，就可以同时使用 Z-80A 和 6502 处理器。

personal handphone system (PHS)　个人手提电话系统，小灵通　即无线市话业务。它以无线的方式接入固定电话网，使传统意义上的电话不再固定在某个位置，使用户可以在网络覆盖区域内，自由移动拨打本地网电话和国内、国际长途电话，是固定电话的有效延伸和补充。由于无线市话小巧、经济、环保的特点，人们亲切地称之为小灵通。

personal home page (PHP)　PHP 脚本语言　PHP 是一种跨平台的服务器端嵌入式脚本技术。从 1995 年开始使用，特别是从 1998 年其 3.0 版本的发布而成为一个成熟的产品后，PHP 已被许多网络开发人员所采用。PHP 是免费提供和开放源代码的，它能良好地运行在 UNIX、LINUX 和 Windows NT 下。相对于传统的 CGI（公共网关接口）语言，PHP3 拥有下列特性：①易学易用：PHP3 的语法结构大部分借用了 C、JAVA、PERL 的语法框架，有以上编程经验的开发人员可快速掌握。在 PHP3 的程序包中，有详尽的安装说明，可按照说明快速配置好 Web 服务器，甚至可以在 PHP3 的站点上直接下载已经配置好 PHP3 模块的 Web 服务器。②运行速度快：PHP3 采用 HTML（超文本标记语言）内置标记技术，解释程序本身作为 Web 服务器的一个模块运行，提高了运行时的解析速度。经测试表明，在 Web 站点访问量非常大时，PHP3 的解析速度相当于传统 CGI 程序的 4 倍，非常适合大中型站点的应用。③跨多个平台：目前 PHP3 可在 Windows、UNIX、LINUX 的 Web 服务器上正常运行，支持 IIS、APACHE 等通用 Web 服务器，用户更换平台时，无需变换 PHP3 代码，可即拿即用。④强大的数据库支持：PHP3 直接为很多数据库提供连接，包括 ORACLE、SYBASE、POSTGRES、MYSQL、INFORMIX、DBASE、SOLID、ACCESS 等，完全支持 ODBC（开放数据库互连）接口，而且这些数据库的操作都是 PHP3 内部包括的，无需其他附件介入，实际应用中，可得到比任何后台技术都要快的数据库访问性能。⑤先进的扩展功能：PHP3不但内置了对文件上传、密码认证、COOKIES操作、邮件收发、动态GIF(图形交换格式)生成等功能的支持，还提供了对GZIP文件、PDF(可移植文档格式)、XML(可扩展标记语言)的直接支持，用户还可以编写自己的扩展模块(或从网上下载别人编写的其他模块)。⑥完全免费：PHP3是遵守GNU条约的，任何人均可按条约免费使用并进行源码改写，使用者还可通过PHP3的站点，邮件列表等方式获得支持。比较 active server pages (ASP)。参见 common gateway interface (CGI)。

personal identification number (PIN) **个人识别号码** (1)用户在远地终端传输信息或完成任务之前，必须键入的标识自己唯一性的数字。(2)为确认用户的正确性，在用户标识模块(SIM)卡与用户间鉴权的私密信息。

personal information bubble (PIB) **个人信息泡** 据称PIB是未来的发展潮流，到那时所有的产品都是无线的。与其说PIB是一种物理设备，不如说是一种概念，蜂窝式电话或它的某种新的变形将是泡的中心。它被普遍认为是通向将必然出现的“片上PC”的第一步。

personal information manager (PIM) **个人信息管理** 综合字处理程序、数据库和其他附属模块的多用途软件包。允许用户用比常规的程序所要求的较小结构的方法操作数据。PIM能存储笔记、备忘录、名字、地址、约会和要做的项目，并且它可以是在PDA(个人数字助理)中用的软件的一部分。

personal information system **个人信息系统** 为管理人员和决策人员而设计的事务终端系统。其操作相当简便，只要按下某个功能键，即可提取数据库中的信息、作图或打印报表。这种终端的另一特点是体积小，适合于在办公室内使用。

personality card **专用编程板** 一种可编程序只读存储器(PROM)写入程序电路板，可提供PROM所要求的定时模式、电压等。

personality module **个性模块** 计算机系统中的控制器和特定的可编程序只读存储器之间的硬件接口。个性模块有专用、通用和成套三种。专用模块用于具有独特性能的可编程序只读存储器；通用模块适用于某个可编程序只读存储器系列编程；成套模块可同时对多种可编程序进行编程。个性模块可以配合多种控制工作。典型的个性模块包括专用接口电路、编程指令等。

personalized computing environment **个性化计算环境** 面向个人提供的有亲切感的计算机工作环境，使用户能按自己的爱好自如地与计算机进行交互操作。

personalized search **个性化搜索** 个性化搜索能依据用户爱好和习惯，自动搜索其所需要的内容。例如，可以从用户所浏览的网页中分析出用户的爱好和习惯，进而在用户进入网站时自动将他最喜欢的内容呈现在他的眼前，而且这种分析是持续性的，可以即时掌握用户习惯和爱好的变化。参见 relevance search。

personal Java **个人 Java** 一种Java应用环境(JAE)，专为个人消费类设备的联网应用而设计的，面向家庭、办公室和移动用户使用。它由Java虚拟机和Java应用编程接口子集组成，其中包括核心和可选的两种应用编程接口以及类库。适用于个人Java应用环境的设备包括移动式手持设备、机顶盒装置、游戏操作台以及智能电话等。

personal operating space (POS) **个人操作空间** 是人在运行移动或手持无线设备时的一个球形区域，半径大约为10 m，这个区域随着人而移动。任何设备进入这个区域，如果带有无线装置，都可以成为这个无线个人局域网的一部分。其中的数据传输通常都通过超高频或微波射线，有时候也会使用到红外线。

personal security **人事安全** 为保证有权访问敏感信息的人具有所需的适当的特权许可证而建立的规程。

personal software process (PSP) **个体软件过程** PSP是美国卡纳基梅隆大学软件工程研究所(CMU/SEI)于1995年提出的，PSP为基于个体的和小型群组软件过程的优化提供了具体而有效的途径。PSP着重于软件开发人员的个人培训、品质改善和人工数估算，既是软件能力成熟度从组织转向个人的飞跃，也是软件工程从定向转为定量的标志。因能力成熟度模型(CMM)难以适用于小规模的软件开发组织，而PSP为软件开发者提供了控制、管理和改进个人工作方式的个人过程框架，弥补了CMM并未提供的有关实现CMM关键过程域所需的具体知识和技能，与CMM、TSP(团队软件过程)构成比较完善的CMM-PSP-TSP体系。PSP过程由一系列方法、表单、脚本等组成，指导软件开发人员如何确保自己的工作品质，如何估算和规划自身的工作，如何度量和跟踪个人的表现，如何改善自身的软件流程和品质。PSP能够提供：说明个体软件过程的原则；软件工程师作出准确的计划；软件工程师为改善产品质量需要采取的步骤；度量个体软件过程改善的基准；流程的改变对软件工程师能力的影响。参见 capability maturity model (CMM), team software process (TSP)。

personal station (PS) **个人电台** 用于移动业务的个人便携电台。

personal system/2 (PS/2) **PS/2个人计算机** IBM公司于1987年推出的个人计算机产品系列。其主要特点是采用微通道总线和VGA(视频图形阵列)显示器。有部分规格与旧型PC不兼容，市场接受度不高，但连接鼠标与键盘的6脚圆形DIN(德国工业标准)接头现已被广泛采用。

personal telecommunication number (PTN) 个人通信号码 用来唯一地标识每一 PCS(个人通信业务)用户，在 PTN 有效期间，该用户可在任何地点、任何终端上使用同一 PTN 或转换到另一个业务提供者。参见 personal communication service (PCS)。

personal video player (PVP) 个人视频播放器 一种便携式媒体播放器，能通过 USB(通用串行总线)或 IEEE1394 接口与电脑或摄像机相连后很方便地下载各种流媒体，可以流畅地播放以 MPEG(活动图像专家组)-4 格式压缩的视频和音频文件，故也称"MP4 播放器"。

personal video recorder (PVR) 个人录像机 PVR 是不需要录像带的 VCR(录像机)。普通的 VCR 只是将电视机节目录制到 VHS 录像带上，而 PVR 用一块内置硬盘驱动器代替了录像带。

personal visual communication system 个人视觉通信系统 一种多媒体通信系统，在 PC 机上安装多媒体接口卡及相应 I/O 设备和多媒体应用软件，通过标准的通信接口与 ISDN(综合业务数字网)网连接，以实现视频和音频通信。

personal Web server (PWS) 个人 Web 服务器 PWS 是因特网信息服务器(IIS)的简装版，它随 Windows 98 一起发行。在 PC 机上配置个人 Web 服务器，再在其上建立网站，并测试网站，然后再发布到因特网上，这样做既经济又易于实现，为条件有限的企业办好网站提供了一种经济实用的解决方案。参见 Internet information server (IIS)。

person killing (PK) 挑战 电脑游戏玩家之间的杀伤性比武或者挑战。PK 是从足球比赛中衍生而来的，它原本指两队战平后，进行点球大战时双方守门员与射手在门前进行殊死决斗的过程，而在电脑游戏中，PK 则是指玩家在游戏中，直接找另外一位玩家挑战的过程，用中文来形容的话，"单挑"可能更加贴切一些。根据触发条件的不同分为普通 PK 和强行 PK 两种。普通 PK 是指双方都开启 PK 开关的情况下进行战斗，失败一方会受到 PK 死亡的损失，获胜一方不会受到惩罚；强行 PK 需要向特殊 NPC 申请，申请成功后可以攻击没有开启 PK 开关并且符合其他被 PK 条件的玩家，和普通 PK 不同的是，强行 PK 的主动方会受到一定的处罚。参见 player versus player (PVP), non player character (NPC)。

personnel assignment problem 人员分派问题 一个确定图 G 有无完美匹配的应用问题。设某单位准备分配 n 个人员 $A_1, A_2, \cdots, A_n$ 做 n 件工作 $B_1, B_2, \cdots, B_n$，已知这 n 个人员每人都能胜任一件或几件工作。问是否能把所有的工作人员分派做一件他能胜任的工作？构造一个二分图 $G = \langle X, Y \rangle$，式中 $X = \{x_1, x_2, \cdots, x_n\}$，$Y = \{y_1, y_2, \cdots, y_n\}$，且 x_i 与 y_j 相连当且仅当 A_i 能胜任工作 B_j。上面问题就转化成求图是否有完美匹配问题。如果在确定工作人员的工作分派可行方案时，将工作人员的工作效率考虑进去，以便使得工作的总效率达到最大。寻找这种分派问题称为最优分派问题。

person-to-person service 个人至个人服务 一种通信服务方法。提出呼叫的人向一个操作员提出要通过专用分机接线与指定的某个人、工作站、部门或办公室进行通信。

perspective deep 透视深度 用来反映三维景物前后位置的一种参数。一般说来，透视深度小的景物距视点近，透视深度大的景物距视点远。由于远近景物有互相遮挡的问题，在显示和绘制三维景物图时必须消除隐藏线、隐藏面的消去，计算透视深度就是研究消除隐藏线、隐藏面算法的基础。

perspective projection 透视投影 将三维物体按透视原理投影到二维平面上的一种方式。透视投影中的观察者(投影中心)与投影平面之间的距离是有限的，这种投影可产生较真实的立体效果。其方法是：将投影面置于投影中心与投影对象的坐标变换成观察坐标，视点(投影中心)处于观察坐标系的原点，投影平面和 Z 轴相垂直。设欲将观察坐标系中的一点 $P(x, y, z)$ 投影到距坐标原点为 d 的投影平面上，其坐标为 (x_p, y_p)，不难推知，点 $P(x, y, z)$ 与原点$(0, 0, 0)$的连线与投影平面的交点即为 (x_p, y_p, d)，利用三角形相似的性质，可得：

$$\frac{x_p}{d} = \frac{X}{Z}, \frac{y_p}{d} = \frac{Y}{Z}$$

亦即：

$$x_p = d \times \frac{X}{Z}, y_p = d \times \frac{Y}{Z}$$

式中距离 d 是一个作用于 x_p 和 y_p 的比例因子，当 d 变化时，透视图的大小相应变化。除以 Z，便导致距离远的物体的透视投影比距离近的物体的透视投影要小些。即产生"近大远小"的效果。Z 可以是除"$Z = 0$"以外的所有其他数值。

perspective transformation 透视变换 在图形处理中，指将三维空间内的坐标变换为依远近绘制的二维画面上的坐标。

perspective view 透视图 在计算机图形学中，一种三维物体显示方法，按照所要求的透视法表示物体的深度。参见 isometric view。

PERT (1)计划评审技术 program evaluation and review technique 的缩写。(2)性能评价与审定技术 performance evaluation and review technique 的缩写。

pertinency 切合性 情报检索系统答复用户提问所输出的正文(文献、事实记录)与提问者的实际情报需要的一致性程度。

perturbation 扰动，摄动 在数据安全中，为控制统计数据库的安全而采用的一种干扰技术。将随机数据加到请求计算统计的单项检索数据上;计算和公布的统计结果仅仅基于所有有关记录的某些抽样,随机数对统计的影响可能是微不足道的,但可以使推理数据非常地不准确。

perturbation learning method 扰动学习法 一种机器学习方法,其方式是施加扰动使机器偏离正常状态,从对正常状态的差异中学习“扰动-差异”规则。

pervasive computing 普适计算 指在此环境中越来越无处不在的计算设备联网方向发展的趋势(此发展趋势的另一个名称就是无处不在计算),它是先进的电子(尤其是无线)技术和因特网融合而带来的一种趋势。普适计算设备不是我们通常认为的个人计算机,而是非常小(甚至看不见)的设备,它们是移动的或是镶嵌在几乎任何一种可以想象出来的物体中,如汽车、工具、器材、衣服和各种消费品,它们通过互联的网络进行通信。

PES 打包的元素流 packetized elementary stream 的缩写。

pest 害虫 与病毒类似但不向其他软件扩散的程序。

PET 个人用电子事务机 personal electronic transactor 的缩写。

peta 拍,千万亿 (1)10 的 15 次方。(2)在计算机中,指 2 的 50 次方,即 1 125 899 906 842 624。

petabyte (PB) 拍字节,千兆兆字节 计算机存储容量的单位,表示 1 125 899 906 842 624(2^{50})字节。1 PB=1 024 TB。

petaflops 千万亿次浮点运算/秒,千兆兆次浮点运算/秒 peta floating-point operations per second 的缩写。

PEX PEX 图形扩展标准 PHIGS Extensions to X 的缩写。

pF 皮法,微微法 picofarad 的缩写。

PF (1)页底总计 page footing 的缩写。(2)脉冲频率 pulse frequency 的缩写。(3)表示功能 presentation function 的缩写。(4)包过滤 packet filtering 的缩写。

PFD 鉴频鉴相器 phase frequency detector 的缩写。

PFK 可编程功能键 programmed function key 的缩写。

PFM (1)脉冲频率调制 pulse frequency modulation 的缩写。(2)程序故障管理 program fault management 的缩写。

PFN 页帧号 page frame number 的缩写。

PFP 塑料扁平封装 plastic flat package 的缩写。

PFS 正比公平调度 proportional fair scheduling 的缩写。

PFT 页帧表 page frame table 的缩写。

PGA (1)可编程增益放大器 programmable gain amplifier 的缩写。(2)可编程门阵列 programmable gate arrays 的缩写。(3)引脚栅格阵列 pin grid array 的缩写。(4)专业图形适配器 professional graphics adaptor 的缩写。

P-gate thyristor P-门极晶闸管 一种门极接至紧靠阴极的 P 区的晶闸管,这种器件通常在门极-阴极间加一正信号,使之进入通态。

PGB 表示服务全局块 presentation services global block 的缩写。

PGF 表示图形特征 presentation graphics feature 的缩写。

PGI 参数组标识符 parameter group identifier 的缩写。

PG indicator PG 指示符 program-mode indicator 的缩写。

PGP 优秀密钥 pretty good privacy 的缩写。

PGR 演示图形例程 presentation graphics routines 的缩写。

PgUp PgUp 键 同 Page Up。

PH (1)相位 phase 的缩写。(2)页眉 page heading 的缩写。

phantom 幻象,仿真 采用另一个单工信道的双线环作为更远的一个信道的一侧所形成的电路。再从另一个单工信道以相同的形式构成另一侧。

phantom branch 幻象转移 一种新的条件控制机构。它准许每个子处理机在每个周期中自由地选择两条微指令中的一条,但受控于微指令级(实际转移)的微指令序列不能变更。因为这种机构在每个微周期给出一种表面的“转移”能力,而不用改变微指令组的序列,故这种条件控制能力称为“幻象转移”。

phantom channel 幻象通道 一种通信通道。这种通道没有独立的导电途径,其信号信息叠加在其他通道上。恢复所有的信号时产生的相互影响可忽略不计。

phantom circuit 幻象电路 一种从原有的通信电路派生出来的一种通信电路。在音频电话通信中,利用转电线圈可以使两对通信电路变成三对通信电路。或者在一对通信电路与大地之间构成两对通信电路。这种新增加的一对电路,并没有为它专门敷设线路,而是借用原来的通信电路之间或通信电路与大地之间而形成的。

phantom power 幻象电源 专业音响系统中常用的一种供电方式。幻象电源与一般电源供电的区别在于:常规供电方式,电源走电源专用线路,信号走信号专用线路;而用幻象电源供电时,不需要用专门的电源线,它提供的电能是借助音频信号线、与音频信号同时进行传送。所以,幻象供电方式与常规供电,所需要的连接线数量、以及与设备的接

P

法均不同。通常幻象电源并不能提供太多的功率，只适用于功耗较小的设备。

phantom telegraph circuit　幻象电报电路　重叠在两个留作电报用的物理电路上的电报电路。

pharming　网址嫁接　一种网络诈骗技术。网址嫁接借助入侵DNS(域名服务器)的方式，将使用者导引到伪造的网站上，因此也称"DNS下毒"。DNS的功能是将网站的域名转换成实际的IP(网际协议)地址，当用户在浏览器中输入一个域名，这个域名请求首先会到达最近的一个DNS，将其解析为对应的IP地址，然后用户才能得以连接上这个网站。一旦DNS被入侵，网站域名与IP地址的对照表遭到修改，用户就会在毫无知觉的情况下被引诱到一个含有恶意目的的网站。

P

phase　相位，阶段　(1)电路中的相位。(2)数字电路中信号幅度保持恒定的阶段。(3)在过程控制系统中，指一个操作中的基本单元。往往与过程中某一个明确的状态有关。阶段与阶段之间的分界线一般表示过程状态的变化点，在这些点上允许外界的安全干预。参见procedure，operation，step。

phase adjust　相位调整　在NTSC(美国国家电视制式委员会)和PAL(逐行倒相制)彩色电视中，描述调整颜色的一种方法。调整颜色副载波相对于颜色载波的相位，从而改变图像的色调。

phase alternate by line (PAL)　逐行倒相制　一种兼容性彩色电视制式。在发送端先将两个色差信号对彩色副载波进行平衡正交调制，对调制后的一个分量逐行倒相，以6 MHz频宽提供625行的图像。中国、德国、英国等许多国家都采用这一制式。PAL与法国、美国以及加拿大使用的彩色电视制式不兼容。参见national television standards committee (NTSC)，sequential couleur avec memoire (SECAM)。

phase angle　相位角　用角度表示的输出信号落后于输入信号或比输入信号提前的时间量度。在正弦波信号中，相位用角度表示。

phase change disk (PCD)　相变光碟　使用纯光学记录技术的一种可重写光碟。在相变光碟系统中，"写"激光加热记录介质的目的是改变记录介质的晶体状态，用结晶状态和非结晶状态来区分0和1，用这两个状态具有不同反射率的特性来检测0和1。

phase change material　相变材料　可擦写光碟的记录层使用的材料，如银铟锑碲合金(AgInSbTe)和锗锑碲合金(GeSbTe)。相变材料具有两种稳定状态：晶态和非晶态。出厂的光碟经过初始化使相变记录层处于结晶状态。在写入数据时，刻录机先将数据转换为通道码，形成开关方波，控制激光头的激光照射开或关。照射处于"开"时，激光头射出高功率的射线，射线的能量使相变材料的温度超过"熔化温度"，达到"熔化"状态，但由于时间短于"结晶时间"，因此被照射的区域相变材料由晶态变为非晶态。照射处于"关"时，激光头通过的区域没有强光照射，相变材料仍处于晶态。在凹槽中，晶态区域与非晶态区域的反射率不一样：晶态相当于预录式光碟中的"岸"，有较高的透光率，可让射线通过到达反射层，非晶态则很难让光线通过，相当于"坑"。可擦写光碟正是利用这个特性保存数据。相变材料另一个特性是具有还原特性，它被应用在数据擦除。在中等功率的激光照射下，相变材料的温度超过"晶格化温度"，但不到"熔化温度"，只要照射时间超过"结晶时间"，可以使非晶态变回晶态。可擦写光碟正是利用这个特性实现重写的。

phase-change recording　相变记录　用于光媒体的一种记录技术。把激光束聚焦在金属晶体的一个小区域上，使其结构的反射性发生变化。这种变化可作为1或0读出，取决于最后形成的结构是反射激光还是吸收激光。

phase change rewritable disc-compact disc (PD-CD) drive　相变可重写光碟驱动器　将光碟驱动器与相变光碟驱动器的功能结合在一起的一种存储设备，能在可重写光碟上存储650 MB的数据。

phase change technology　相变光技术　应用在DVD-RAM上的技术。主要是指以强激光在短时间内照射光碟，使光碟塑料基片上的薄膜熔解，再通过快速冷却使其定型。被照射部分从原来的结晶状态向非结晶状态转换；非结晶状态的部分经过适当加热，可以恢复为结晶状态。由于结晶状态和非结晶对光的反射率不同，就可以记录读出不同的数据。DVD-RAM应用相变光技术实现数据记录、重写、读出过程为：①用高输出激光对光碟表面进行高温加热，使结晶状态向非结晶状态转换；②用低输出激光照射盘面，根据结晶状态(高反射率)和非结晶状态(低反射率)对光的反射率不同，读取数据返回0或1；③用中输出激光对光碟表面的非结晶部分进行加热，使非结晶状态恢复为结晶状态。在实际应用中DVD-RAM是在擦除旧数据的同时写入新的数据，两个操作一起完成，实现直接复写，加快了写操作的速度，读写机械装置的构造比其他光、磁存储设备要简单得多。

phase class name　阶段类名称　在形式语言理论巴科斯范式中专门用于表示非终结符节点(如〈标识符〉、〈字母〉等)的名称。

phase comparator　相位比较器　用在锁相环(PLL)中的一种电路，用于比较两个输入信号之间的相位差。

phase comparator relay　相位比较继电器　把各输入激励量相位角进行比较，对比较结果起反应的多输入激励量的量度继电器。

phase conjugate mirror (PCM)　相位共轭镜　一种光学镜子，使落在其上的光波递转而不是反射。

phase control　相位控制　变流器中，改变臂内电流周期起始点的控制。

phase control factor 相控因数 变流器中,设所有电路元件的电压降为零时,系统具有延迟角时的电压对延迟角为零时的电压之比。参见 delay angle。

phase convertor 变相机[器] (1)将某一相数的交流系统变换为相数不同而频率不变的交流系统的电机。(2)用于相数变换的电力变流器。

phase corrector (PC) 相位校正器 一种同步调制解调器功能,它调整局部数据时钟信号以匹配输入接收信号。

phase crossover point 相位交点 使环路增益的相位为−180°的频率点,与之对应的是增益交点。这两个频率点在保持系统的稳定性中起到重要的作用。在稳定的系统中,增益交点通要比相位交点靠前。比较 gain crossover point。

phase delay 相位延迟 单一频率的波从一点向另一点传输时,波中标识相位的点的延迟。参见 absolute delay, coherent, delay equalizer, phase。

phase detector 检相器 产生的输出信号为输入正弦信号与参考振荡间之相位差的函数的器件。

phased array antenna 相控阵天线 用电控方法改变阵列中辐射单元相位,使波束按要求对空间扫描的天线。

phase detector 相位检测器 也称"鉴相器"。使输出电压与两个输入信号之间的相位差有确定关系的电路,表示其间关系的函数称为鉴相特性。常见的鉴相特性有余弦型、锯齿型与三角型等。鉴相器是锁相环的基本部件之一,也用于调频和调相信号的解调。参见 phase locked loop (PLL)。

phase dictionary 状态[阶段]词典 (1)一个缩写了的含有状态名的状态寄存地址的目录,这个目录是按照词典以字母顺序排列的。(2)一种简表,存有给定应用程序的阶段名和要装入的阶段的装入地址。

phase difference 相位差 在同一媒体的载波中,一波超前或者滞后于另一波的间隔。

phase discrimination 鉴相 将相位差的变化转换成输出电压的变化,即调相的逆变换,以此实现调相波解调的过程。

phase discriminator 鉴相器 同 phase detector。

phase displacement 相位移 在一给定瞬间,两正弦量的相位的差值。

phase distortion 相位失真 在传输系统中,当具有许多频率成分的信号通过某个系统时,由于各种频率的信号到达接收端的时间互不相同而造成的信号波形失真。参见 distortion。

phase encode (PE) 相位编码 1 600 b/in(位/英寸)密度磁带机广泛采用的编码方式,属游程长度受限码(RLLC)的按位编码方式。结构参数 $(d,k;m,n;v)=(0,1;1,2;1)$。逢"1",磁化状态由负变正,逢"0",由正变负。此方式磁化翻转次数比 NRZI(反相不归零制)方式多,但因有自同步能力,降低制造工艺的要求,故实际密度比 NRZI 可高一倍。

phase equalization 相位均衡 数字通信中为保证通信质量而采用的一种相位补偿技术。由于信道的相位-频率特性不理想,经几次转接后会产生很大的延时失真,从而影响数字信号的传输,因此要用相位校正网络进行补偿,使信道的相位-频率特性接近于线性。

phase equalizer 相位均衡器 与延迟均衡器同义。同 delay equalizer。

phase filter 相位滤波器 一种空间滤波器,改变通过它的光束的空间相位调制。

phase frequency detector (PFD) 鉴频鉴相器 也称"相位频率检测器"。是鉴相特性为锯齿形的数字鉴相器。两个输入信号是脉冲序列,其前沿(或后沿)分别代表各自的相位。比较这两个脉冲序列的频率和相位即可得到与相位差有关的输出。因它兼具鉴频作用,故称鉴频鉴相器。参见 digital phase discriminator (DPD)。

phase/frequency distortion 相位/频率畸变 在所规定的频率范围内,当系统的相频特性不呈线性或零频率时的相位移不为 0(或不是 2 的整倍数)时所产生的畸变。

phase-frequency equalizer 相频均衡器 一种补偿特定频带内的相频失真的电路或网络。参见 delay equalizer, group delay。

phase margin (PM) 相位裕度 是衡量负反馈系统稳定性的一种量度,并能用来预测闭环系统阶跃响应的过冲,与之对应的是增益裕度。相位裕度可以看作是系统进入不稳定状态之前可以增加的相位变化,相位裕度越大,系统越稳定,但同时时间响应速度减慢了,因此必须要有一个比较合适的相位裕度。比较 gain margin (GM)。

phase hits 相位打扰 传输载波的突发性相移。通常出现于无线电载波系统中。

phase insulated terminal box 相绝缘式接线盒 接线盒的一种,主要是用固体绝缘来防止盒内各相导体电击穿。参见 phase segregated terminal box。

phase inversion modulation 倒相调制 一种相位调制方法,其中两个主要状态相差 180 度。

phase jitter 相位抖动 利用电话信道传送数据信号时可能产生的一种现象。信号的一部分相对于先前的另一部分的相位漂移引起的模拟线路失真。在调制和解调的过程中。如果接收端的本地载波和已调波的载波不同步,或载频发生器不稳定,这就相当于在发送信号上附加了一个随机调频,从而使解调以后的信号幅度断续地增加或减少。这可能引起数据传输差错,特别是在高速传输时。

phase library 阶段库 一种专用的编目数据集。

其中含有连接编辑程序输入和处理的程序阶段,即含有装入程序阶段准备执行的源程序。

phase-locked 相位锁定的 一个描述两个信号之间相位关系的术语。利用一控制机构,如电子器件,使两个信号的相位关系保持恒定。

phase locked loop (PLL) 锁相环 比较基准信号和电压控制信号的相位的装置。这两个信号之间的相位差产生一个误差电压,该电压将电压控制信号的频率锁定在基准信号频率上。锁相环由鉴相器、环路滤波器和压控振荡器组成。参见 phase detector, loop filter, voltage-controlled oscillator (VCO)。

phase-locked loop quadrature phase shift keying (PLL-QPSK) 锁相环四相相移键控 一种用锁相环的四相移相数字调制技术。在保持包络恒定的基础上,由压控振荡器输出,通过环路滤波器对输出波形进行频谱的带宽限制,因此其邻道功率较小,占用带宽较窄,适用于陆地移动通信。

phase modulation (PM) 调相,相位调制 瞬时相位偏移按照给定调制信号瞬时值函数改变的角度调制。该函数通常是线性的。调相是把信息加到正弦波上的三种基本方法之一(另外两种是振幅调制(AM)和频率调制(FM)。相位调制是一种改变信号,使得数字形式的数据可以在通信信道上传输的技术。根据传输的是"0"或"1"而对传输波形作相应的改变。在调制过程中,载波的相位受调制信号控制而按调制信号的规律变化的调制方式,简称调相。经过调相后的调相波,其瞬时相角偏离载波相角的量与调制信号的瞬时值成比例,而振幅则保持不变。在调频时,相角亦有相应的变化,但这种相角变化并不与调制信号值成比例;同样,在调相时,频率亦有相应的变化,但这种频率变化并不与调制信号值成比例。参见 phase shift keying (PSK)。

phase modulation recording 调相记录 也称"相位编码"。一种磁记录用的过程或方法。每个存储单元分成两个区域,分别按相反的方向进行磁化。这一系列连续的磁化方向就能表示二进制字符是"0"还是"1"。

phase pre-equalization 相位预均衡 在通信系统中,自动均衡之前,用一个频域均衡器将信号的时延失真粗略地加以均衡,藉以减轻自动均衡器的负担,称为相位预均衡。

phase response characteristic 相位响应特性 系统的输出电压(或电流)与输入电压(或电流)之间的相位移与频率的函数关系。

phase reviews 阶段评审 在规划和设计系统时,对工程进度及时作出评价的一种方法。

phase segregated terminal box 隔相接线盒 接线盒的一种,主要通过固体绝缘和附加接地金属遮板使各相完全隔离来防止盒内各相导体电击穿,从而使任何电击穿限制在接地事故范围之内。参见 phase insulated terminal box。

phase separated terminal box 分相接线盒 同 phase segregated terminal box。

phase shift 相移 信号在时间或幅度上的一种变化,该信号相对于基准信号被延迟。

phase shift keying (PSK) 相移键控 一种角调制方式,用于调制的离散信号的每一种特征状态,都用周期性正弦振荡的一个规定相位来代表。它利用正弦波载波相位的变化来传送数字信息。根据确定相位参考点的不同,移相键控可分成绝对移相和相对移相两种,相对移相也称"差分移相"。绝对移相是以未调载波的相位作为基础相位来进行调制。

phase term 相位项 当电磁波在均匀波导,如光纤或金属波导中传播时的一个参量,它表示该电磁波沿该波导中任意一点的单位距离上的相位改变。同 phase constant。参见 attenuation term, mode, phase, propagation constant。

phase transmission optical disk 相变型光碟 一种可擦写光碟。利用记录材料的结晶态和非结晶态之间的可逆相变实现信息的记录可擦除。写入 1 时,把高强度短激光脉冲聚焦在光碟上,使存储介质的灵敏层局部熔化,在激光去除时又使之骤冷,使得反射率高的晶相转变为反射率低的非晶相,成为记录的信息。写 0 时则用时间较长的、不太强的聚焦激光脉冲就可使非晶相复原为结晶相。利用结晶和非晶态之间反射率的差别所产生的光学对比度,就可记录和读出信息。

phase velocity 相速度 频率除以波数的商。参见 wave number。

phase voltage 相电压 三相输电线(火线)与中性线间的电压叫相电压。

phasing 调相调制 在传真传输中,使用调相信号,调整接收机上的图像,使其与原始图像完全一致。

PHIGS 程序员分层结构的交互式图形标准 programmer's hierarchical interactive graphics standard 的缩写。

PHIGS extensions to X (PEX) PEX 图形扩展标准 为 X Windows 系统制定的一套三维图形扩展标准。参见 programmer's hierarchical interactive graphics standard (PHIGS)。

Philips/MCA Discovision Philips/MCA 激光录像盘系统 飞利浦公司和 MCA 公司研制的激光录像盘系统。主盘是一块暴露于激光光束照射下的盘面。而激光光束受到被记录的信号所调制,激光光束在主盘盘面上产生一个个光点,随后这些光点被复制在拷贝上。通过另外一束聚焦于有光点的表面上的激光就能实现读出,受到监控的反射光则被用来复现原始的视频(和音频)信号。主盘每

mm 盘面可容纳 625 道，盘面上有保护层覆盖，起读出作用的激光从主盘下面被聚焦到盘面上。所以读出不受灰尘、指纹的影响，甚至出现单帧冻结时，对盘面的寿命影响也很小。但录像磁带唱头很容易产生帧冻结现象而严重损坏磁带。MCA 现已改名为 DVA（激光录像协会）。

Philips Telecommunications Review **《飞利浦电信评论》** 荷兰飞利浦电信工业公司编辑出版的刊物。1939 年创刊，英文月刊。主要刊载无线电通信、电视、雷达、导航设备、及数据处理与传送、交通控制系统等，兼载飞利浦电子设备产品及其应用等。

philology 文献学 以文献和文献发展规律为研究对象的一门科学。研究内容包括：文献的特点、功能、类型、生产和分布、发展规律、文献整理方法及文献与文献学发展历史等。它可以根据学科领域划分为历史文献学、古典文献学等。参见 bibliometrics。

phishing 网络钓鱼 网络钓鱼一词是由“fishing”和“phone”结合起来而造出的新词。由于最初的黑客是以电话作案，所以用“ph”来取代“f”，创造了“phishing”新词，其发音与 fishing 相同。网络钓鱼是一种常见的网络欺诈行为，通常利用电子邮件引诱用户到伪装网站，以套取用户的个人资料（如信用卡号、密码等）。

PHM 分组处理模块 packet handler module 的缩写。

phone 电话，耳机，头戴受话器 telephone，earphone 或 headphone 的简称。

Phone Blaster 声霸通信卡 由 Creative 公司于 1995 年推出的 PC 机插卡，用于 PC 机一体化的电话系统。它集 28.8 k 数字调制解调器、传真机、16 位声霸卡、扬声电话及 IDE（集成驱动器电路）接口功能于一体。用户可发送和接收电话、传真、数据文件、存储和播放声音及传真信息，功能包括自动电话应答留言、电话转接、寻呼机提示，允许用户远程浏览和查询语音信箱和传真。发送传真时可选择传真自动回复、定时发送或广播发送等形式。

phone connector 电话连接器 一种接插件。通常是一个 RJ-11 连接器。用于把电话线和一个设备，如调制解调器，连接起来。

phone hawk 电话黑客 通过调制解调器调用计算机进行拷贝数据或破坏数据的人。

phone list 电话号码表 用通信程序和自动呼叫功能或 X. 25 通信协议功能部件来呼叫使用的一种电话号码表。

phone mail 电话邮件 一种计算机控制的话音处理系统，可以在双方不同时存在或一方已经通话时通信。

phoneme 音素 给定的语言中语音的基本单位，以此可区别语言中的不同发音。

phone shading 补色着色 一种复杂的、效果也较好的着色方法。首先，找出每个多边形顶点，然后根据内插值的方法，算出顶点间连线上像素的光影值，接着再次运用线性的插值处理，算出其他所有像素。补色着色的优势在于对“镜面反光”的处理，通过对模型上每一个点都赋予投射光线的总强度值，因此能实现极高的表面亮度，以达到“镜面反光”的效果。参见 shading。

phonetic alphabet 语音字母表 在不良声音回路中，发送字母信息的方法，用规定的单词代替每个字母，以避免字母中的混淆。例如，BRAVO 是字母 B 的语音相对应词，DELTA 是字母 D 的语音对应词。BRAVO 和 DELTA 远不像 B 和 D 在无线电话通话中那样被混淆。

phonetic code 语音代码 解决拼音语言中拼法变化用的一种标准化工具。它能应用于原文中几乎所有的词，将绝大多数拼法变化合并成简单的单一代码形式。最有名的是桑迪克斯语音代码（Soundex code）。

phonetic encode method 语音编码法 一种按发音给汉字编码的方法，以汉字发音为基础，按普通话发音声、韵母为标准，如拼音码和数字键盘。它的特点是多键一字（一般 3 ～ 4 键），重码率高。但记忆方便，操作简单，是目前应用较广泛的一种编码方法。

phonetic input method 音码类输入法 音码类输入法就是按照汉字的读音进行汉字编码及输入的方法，用的是汉语拼音的全拼或简拼的方式。

phonetic system 语音系统 具有接收来自音源的以声音表示的数据和以声音形式输出数据功能的一种设备。

phonetic transcription 语音录制 记录语音符号序列的过程。在语音模式识别中，每个音素可用一个符号表示，一个语音由很多音素组成，因此可用一个符号序列表示，一段语言就可用更长的符号序列表示。

phonetic typewriter 语音（口授）打字机 不是使用键盘、而是由操作人员口授直接进行打印的机器。它实际上是一台语音识别机加上由语音识别输出信号控制的打字机。

Phong shading Phong 阴影处理法 由 Phong Bui Tuong 开发并用在三维图形中的一种技术。该技术根据每个像素的颜色和照明来计算着色面。Phong 阴影处理法计算的表面比 Gouraud 阴影处理法计算的表面更逼真，但需要更多的计算量。用该法计算的表面不产生阴影和反射。Phong 阴影处理法、单调阴影处理法和 Gouraud 阴影处理法是三维对象着色使用的最普遍的三种方法。

phono configurational code 音形码 汉字编码的一种方案，既考虑汉字的语音，又考虑汉字字形进行编码。

P

phono connector 话筒插头(插座) 用于连接音频和视频设备的两线同轴电缆插头和插座。它通常用于高保真部件设备互连以及计算机复合视频到电视机的高质量连接。

phonological and calligraphical encode method 音形结合编码法 采用语音、字形属性相结合作为码元的汉字编码[键盘]输入方法。

phonon 声子 描述晶格振动或晶格中声波的粒子。

phonon absorption 声子吸收 光能由于在材料中转换成振动能而被吸收。声子吸收决定了硅玻璃在电磁波谱的远红外区的基本下值,即最小衰落。

phonon scattering 声子散射 光子场与声子场之间的相干散射过程。也称受激布里渊散射(SBS)。主要是由于入射光功率很高,由光波产生的电磁伸缩效应在物质内激起超声波,入射光受超声波散射而产生的。

phosphor 磷光体 显示屏幕上的三个彩色点之一,即红、绿和蓝,构成一个像素。磷光体的发光强度确定了像素的颜色。

phosphor dots 荧光点 CRT(阴极射线管)屏幕上的发光点,当被电子束击中时发光。用不同的化学物质形成的荧光点可发出不同颜色的光,形成彩色图像。

phosphorescent 磷光 光照条件下能够吸收光并能在光源移去后延续发光的物质。

phosphorescent materials 磷光材料 发磷光的材料含有杂质,并在禁带中建立施主能级。当激发的电子从导带跳回价带时,首先跳到施主能级上并被捕获。当电子再从捕获陷阱溢出返回价带时,才会发光,因而延迟了发光的时间。通常人们把这种激发停止后一定时间内能够发光的材料称为磷光材料。

phosphor persistence 磷光保留时间 磷光体发光的亮度从一开始到强度下降到初始值的十分之一时所经历的时间。

photistor 光电晶体管 也称"光敏晶体管",是利用外照光线的变化,来实现控制电路的通或断的晶体管。它的基极不是引线,而是通过一块聚光镜,将光聚集在发射结上,打破发射结的内电场的动态平衡,使发射极电流发生变化。

photocathode 光阴极 电视摄像机中的超正析像管的电极,当被所摄物体发出的光照射时发出电子。

photo CD 相片光碟 由 Kodak 公司开发的存储多卷图像文件的专有格式,文件的扩展名为 .pcd,1992 年制定了它的规范。在一张光碟上可存储 100 张左右照片,并附以文字说明、音乐和语音解说。相片光碟可在 CD-I(交互式光碟)、CD-ROM(只读碟)和 Photo CD 播放机上播放。

photocell 光电元件,光电池 受光照射就产生电流或电压的元件。参见 photoconductive cell, photovoltaic cell。

photocell light check 光电校验 卡片通过卡片阅读机时,用光电方法对读出的数据所进行的校验。

photocell matrix 光电元件矩阵,光电管阵 光字符识别中的一个专门术语,是一种能够把输入映射到一个固定的二维光电管阵列以使字符的水平和垂直部分同时显示的设备。扫描字符所需的时间与光电管的响应时间有关。

photochemical reaction 光化学反应 物质在可见光或紫外线照射下吸收光能时发生的光化学反应。它可引起化合、分解、电离、氧化、还原等过程。主要有光合作用和光解作用两类。

photocomposition 光电排版 一种印刷排版技术。由计算机将整个版面的字符显示在阴极射线管上,用胶片记录系统进行拍照,然后排版印刷。这种系统一般具有字型变化、间距变化等能力。

photoconductive 光电导 光吸收使半导体中形成非平衡载流子(光生载流子),载流子浓度的增大使其电导率增大,所引起的附加电导率称为光电导。光电导效应是光电子器件的基础。

photoconductive cell 光电导管,光敏电阻 (1)一种半导体元件,其电导与其受光量成正比例。(2)光敏电阻是利用半导体的光电效应制成的一种电阻值随入射光的强弱而改变的电阻。入射光强,电阻减小,入射光弱,电阻增大。光敏电阻一般用于光的测量、光的控制和光电转换。

photoconductive effect 光电导效应 一种内光电效应,简称光电效应、也称"光敏效应",是光照变化引起半导体材料电导变化的现象。当光照射到半导体材料时,材料吸收光子的能量,使非传导态电子变为传导态电子,引起载流子浓度增大,因而导致材料电导率增大。参见 internal photoelectric effect。

photoconductor 光导体 当吸收光子时,其电导率增加的物体。参见 conductivity。

photoconductor drum 光导鼓 一种涂有光敏半导体材料(如硒)的鼓。其表面充电后电荷可以保持。当有光照时,光照部分由于电阻变小,电荷释放;而没有光照的部分仍有电荷存在,形成静电潜像,因而能吸附带异性电荷的增色粒子。利用这种原理可以把鼓上形成的影像转印到普通纸上。

photoconductor gap 光电导体间隙 在印刷子系统中,鼓面上的一个开口,光电导体从鼓内的一个供纸卷轴通过此开口绕过鼓再回来穿过该开口到收纸卷轴。光电导体就位后该间隙就被封住。

photocoupler 光(电)耦合器 以光作为介质传输信号的器件。它的输入端配置发光源,输出端配置受光器,两者装在同一个管壳内,面对面放置。输入端加电信号后,发光源开始发光。受光器受到光照后，由于光敏效应而产生光电流，从输出端输出。从而实现以光为介质的信号传输，而器件的输入与输出两端在电气上是绝缘的。主要用于输入与输出两端之间要传输信号同时需要电气隔离的场合(如计算机过程控制系统、智能化机床电器、医用电子设备等)，作为电路系统的隔离、开关和噪声抑制器件。其主要参数是电流传输比、开关速度、导通电阻和绝缘电压。

photocurrent 光电流 半导体无光照时为暗态，此时材料具有暗电导；有光照时为亮态，此时具有亮电导。如果给半导体材料外加电压，通过的电流有暗电流与亮电流之分。亮电流与暗电流之差称为光电流。

photodetector 光检测器 使用光电转换器件，将光的强度转换成为电信号以作检测用的装置或部件。

photodetector array 光检测器矩阵[阵列] 用集成电路技术制成的光敏元件矩阵。在全息光存储系统中，可用作光电转换部件，把读出数据的光信息转换成电信号供计算机使用。有光二极管矩阵和光三极管矩阵两种。

photodiode 光电二极管 电压特性或电流特性随光的照射强度而发生变化的半导体二极管。同 photosensitive diode。

photo elastic effect 光弹性效应 属于对材料折射率进行调制的效应。当外力或振动作用于弹性体产生应变时，弹性体的折射率发生变化，呈现双折射性质，这种现象称为光弹性效应。

photoelectric cell 光电元件 一种能把光辐射能转变为电能的元件。

photoelectric coded disk 光电编码盘 一种轴角数字转换器，由码盘、光源和光敏元件等组成。码盘随轴一起转动。

photoelectric detection 光电检测 标记检测的一种形式。利用光电设备通过被检测信息的反射检测编码或标记形式的信息。

photoelectric detector 光电检测器 能检测出光的存在并测量出其强度的设备。

photoelectric device 光电器件 其基本特性是由于吸收光子而放出电子的一种器件。光电器件采用的半导体材料可分为两类。一类是当光照到半导体材料时产生电流，也称"太阳能电池"。另一类是用光改变半导体材料的电阻。

photoelectric displacement transducer 光电式位移传感器 根据被测对象阻挡光通量的多少来测量对象的位移或几何尺寸的传感器。特点是属于非接触式测量，并可进行连续测量。光电式位移传感器常用于连续测量线材直径，或在带材边缘位置控制系统中用作边缘位置传感器。

photoelectric effect 光电效应 物质在光的作用下释放电子的现象称为光电效应。被释放的电子称为光电子，光电子在外电场中运动电流称为光电流。爱因斯坦解释了光电效应并因此而获得诺贝尔奖。

photoelectric encoder 光电编码器 一种通过光电转换将输出轴上的机械几何位移量转换成脉冲或数字量的传感器。光电编码器由光栅盘和光电检测装置组成。光栅盘是在一定直径的圆板上等分地开通若干个长方形孔。由于光电码盘与被测轴同轴，被测轴旋转时，光栅盘与被测轴同速旋转，经光电元件组成的检测装置检测输出脉冲信号，通过计算每秒光电编码器输出脉冲的个数就能反映当前被测轴的转速。光电编码器根据其刻度方法及信号输出形式，可分为增量式、绝对式以及混合式三种。参见 incremental encoder，absolute encoder，rotary encoder。

photoelectric proximity sensor 光电邻近效应传感器 光电管和光源的一种变体。用于控制操作装置的动作，由固态光发射二极管和固态光接收二极管组成。

photoelectric relay 光电继电器 利用光电效应获得输入激励量的一种继电器。

photoelectric sensor 光电传感器 采用光电元件作为检测元件的传感器。它首先把被测量的变化转换成光信号的变化，然后借助光电元件进一步将光信号转换成电信号。光电传感器一般由光源、光学通路和光电元件三部分组成。参见 photoelectric transducer。

photoelectric switch 光电开关 一种光电传感器，它是利用被检测物对光束的遮挡或反射，由同步回路选通电路，从而检测物体有无的。光电开关将输入电流在发射器上转换为光信号射出，接收器再根据接收到的光线的强弱或有无对目标物体进行探测。光电开关可分为对射型、漫反射型、镜面反射型、槽式光电开关、光纤式光电开关等。

photoelectric tape reader (PTR) 光电纸带阅读器 通过光敏二极管或三极管把纸带或卡片上的穿孔数据变换成电脉冲并输入到计算机的一种阅读设备。

photoelectric transducer 光电转换器 也称"光电传感器"，基于光电效应的转换器，在受到可见光照射后即产生光电效应，将光信号转换成电信号输出。光电转换器可按信号形式分为模拟光电转换器和数字光电转换器；按应用又可归纳为四种基本形式：即辐射式(直射式)、吸收式、遮光式和反射式。参见 photoelectric sensor。

photographic storage 照相存储器 (1)以二进制形式将数据存在照相盘上的装置。(2)利用照相方法记录图像或数据的光学存储器，如全息照相存储器，计算机输出的缩微胶卷，传真系统等。

photoisolator 光隔离器 一种只允许单向光通过的无源光器件。光隔离器主要利用磁光晶体的法

P

拉第效应，它的作用是防止光路中由于各种原因产生的后向传输光对光源以及光路系统产生的不良影响，提高光波传输效率。参见 optoelectronic isolator。

photolithography **光刻(法)** 利用光蚀刻以产生所需图形的一种工艺，如在制造半导体集成电路时，在扩散以前，需在晶片表面的二氧化硅层上蚀刻一个窗孔，这个窗孔就可用光刻产生。光刻时在二氧化硅层上涂覆一层光致抗蚀剂，然后放上掩膜负片，用紫外光照射，接着用光致抗蚀剂显影液和氧化膜腐蚀液进行处理，即可得到所需的窗口。

P

photomagnetic memory **光磁存储器** 利用激光技术和强磁性材料做成的存储器。

photo-magneto-electric effects (PME effects) **光磁电效应** 垂直于光束照射方向施加外磁场时半导体两侧面间产生电位差的现象。其机制是：光照射到半导体表面后生成非平衡载流子的浓度梯度，使载流子产生定向扩散速度，磁场作用在载流子上的洛仑兹力使正负载流子分离，形成端面电荷累积的电位差和横向电场。当作用在载流子上的洛仑兹力与横向电场的电场力平衡时，两端面的电位差保持不变。参见 Lorentz force, Hall effect。

photomask **光掩膜** 电路图的照相底片图像。用于集成电路生产。参见 photolithography。

photomemory **光(电)存储器** 采用激光技术来存储信息的装置。它具有存储容量大(可达 10^{10} 位左右)、存储密度高(可达 $10^5 b/cm^2$)、存取速度快、光束偏转没有惯性和磨损、成本低、易于控制、可实现随机存取等优点，因而有很大的发展前途。按存储方式来分，光存储器可以分为按位光存储器和全息照相存储器(也称按页光存储器)。同 optical storage。

photometer **光度计** 一种测量光的强度的装置。

photometric stereo **光度体视术** 一种立体测光方法。使用造亮景物的光源移动到不同的已知位置，并改变光强度来导致景物各个表面的定向。

photometry **光度学** 在可见光波段内，考虑到人眼的主观因素后的相应计量学科称为光度学。

photomultiplier **光电倍增管** 同 photomultiplier tube (PMT)。

photomultiplier light pen **光电倍增器光笔** 这种光笔的光纤传输线和光电倍增管使得可以高速探测光学显示器上的信息。由光笔探测的信息可由计算机进行处理，如修改程序。

photomultiplier tube (PMT) **光电倍增管** 可将微弱光信号通过光电效应转变成电信号并利用二次发射电极转为电子倍增的电真空器件。光电倍增管包括阴极室和由若干打拿极(dynode)组成的二次发射倍增系统两部分，当光照射到光阴极时，光阴极向真空中激发出光电子。这些光电子按聚焦极电场进入倍增系统，并通过进一步的二次发射得到的倍增放大。然后把放大后的电子用阳极收集作为信号输出。因为利用二次电子发射使逸出的光电子倍增，获得远高于光电管的灵敏度，能测量微弱的光信号。参见 phototube。

photon **光子** 原始称呼是光量子，当考虑光与电子之间的能量转换时，把光当成粒子来看待，称为光子。光子是最早发现的构成物质的基本粒子之一。光子是传递电磁相互作用的媒介粒子。带电粒子通过发射或吸收光子而相互作用，正反带电粒子对可湮没转化为光子，它们也可以在电磁场中产生。光子是光线中携带能量的粒子。一个光子能量的多少与波长相关，波长越短，能量越高。当一个光子被分子吸收时，就有一个电子获得足够的能量从而从内轨道跃迁到外轨道，具有电子跃迁的分子就从基态变成了激发态。光子所具有的能量为普朗克常量和电磁辐射频率的乘积。参见 light quantum。

photonic computer **光子计算机** 能够利用可见光的光子或红外线来执行计算机需要的数字运算，由光纤与各种光学元件相结合而形成具有存储、运算、控制等功能的光学电路制成的计算机。同 optical computer。

photonic crystal fiber (PCF) **光子晶体光纤** 一种单模光纤，它的结构特点是沿轴向均匀的排列了空气孔，又可称之为纤芯多孔的光纤。光子晶体光纤具有许多传统光纤不具有的特性，如无截止单模特性，灵活的色散特性、大模式面积、非线性效应等。

photonics **光子学** 研究光子与物质相互作用及其应用的一门系统学科。光子学主要研究光子与物质(包括光子自身、电子、原子、分子、各种原激发与生命活体等)的相互作用，在此基础上进一步发掘光子作为信息载体与能量载体的功能和相关应用。

photonic slot routing (PSR) **光子时隙路由** 一种用来降低光交换网络节点复杂度的技术，它综合使用波分复用(WDM)的波长路由和时隙交互技术。PSR 原理是：用户的分组数据在被连带交换的所有波长上的相同时隙(称为光子时隙)内传输，交换节点将每一个时隙作为一个整体来看待。分组数据从一个节点到另一个特定节点时，就被分配到可用波长的一个被指定的时隙、即去那个特定目的的节点的时隙中。这样就把波长选择的沉重负担转化到源节点上，从而降低了网络节点的复杂程度和成本，也便于网络的升级扩展。

photonics switching **光子交换** 能有选择地将光纤、集成光路(IOC)或其他光波导中的信号从一个回路或通路转换到另一回路或通路的交换方式。

photonics switching technologies **光子交换技术** 用光纤来进行网络数据、信号传输的网络交换传输技术。光子交换技术可以分成光路交换技术和分组交换技术。光路交换系统所涉及的技术有空分交换技术、时分交换技术、波分/频分交换技术、码分交换技术和复合型交换技术，其中空分交换技术包括波导空分和自由空分光交换技术。光分组交换系统所涉及的技术有光分组交换技术、光突发交换技术、光标记分组交换技术和光子时隙路由技术等。

photo-optical coding 光学编码 一种安置在文件框架附近或胶卷边缘可由光读出的描述数据的编码，指令也可用这种形式编码。

photo-optic memory 光(学)存储器 同 photo-optic storage。

photo-optic storage 光学存储器 用光学手段存取数据的存储器。

photo-optic typesetter 光排字机 一种光学排字机。其字符主盘为一个坐标网格或磁盘，用光学方法将主盘上的字符投射到一块光敏平面上。

photopic vision 亮视觉 眼-脑功能对光亮的区别的响应。同 day-light vision。

photoplastic film (PPF) 光塑性胶片 一种用聚酯基和光塑性感光乳剂做成的胶片，用静电、光或热使其感光。有图像处产生凹形变形从而把图像记录在胶片上。

photoplotter 光绘机 一种绘图设备，由三部分组成：工作台、传动系统和光头。工作台有平面式和滚动式两种，吸附不同面积的感光片。平面式光绘机和传动系统有互相垂直的两根精密丝杠，分别由两个脉动电机驱动，在计算机控制下可以将光头拖动对准工作台的任意坐标点，或者将工作站拖动并使光头对准工作台的任意坐标点，而滚筒式的光绘机是通过滚筒的转动和光头的轴向运动实现坐标对准的。光头是一种光学装置，由光源、镜片和透光的基本图形组成。

photo printer 照片打印机 使用颜料升华或色膜压印技术的一种照片打印机。被打印的图像逼真。

photo quality paper 相片品质专用纸 在打印纸的表面加一层可以固定墨水的透明胶层，因此打印出来有相片品质的输出效果。因为透明胶层会将不同颜色的墨水固定下来，墨水在这种纸上的反射密度以及色调表现将比一般光面纸上更好，甚至超越传统相片。

photorealism 图像真实感 生产的图像质量尽可能地接近照片或真实的过程。在计算机图形中，图像真实感要求功能强的计算机、复杂的软件和繁重的数学运算。参见 ray tracing。

photorealistic 照片感 用于修饰或说明图像质量具有像照片那样的逼真感觉。

photoreceptor 光敏接收器 在资料静电复制机中，一种对光敏感并在它上面形成静电潜像的元素。

Photo Refractive Information Storage Materials (PRISM) consortium 光折射信息存储材料协会 由美国政府的高级研究计划署为研究全息存储器而成立的一个协会，由 IBM 公司、斯坦福大学、亚历桑那大学、卡内基梅隆大学、通用电话和电子设备公司、休斯研究实验室等组成。

photoresist 光致抗蚀剂 用光刻技术生产集成电路和印制电路板时使用的一种化合物。当通过光掩膜用紫外线照射时，受到光照射的光致抗蚀材料上产生聚合反应；没有受到光照射的部分可以洗去，这样在基片上就留下了电路的图形。

photoresister 光电阻(器) 一种光测量电子元件，其电阻值是入射光强度的函数。

photosensitive printing 光敏印刷术 印刷术语。指基于发光效应而不是温度感应效应的印刷方法，主要有电子照相印刷术、干膜印刷术和某些基于染色原理的印刷方法。

photosensitive diode 光敏二极管 也称光电二极管。当光线照射 PN 结时，可以使 PN 结中产生电子-空穴对，使少数载流子的密度增加。这些载流子在反向电压下漂移，使反向电流增加。因此可以利用光照强弱来改变电路中的电流。

photosensor 光敏元件 也称“感光器”或“光敏传感器”，光电检测器或光学图像扫描装置中用的光学传感器。可把光照的强度转换成电信号，如光敏二极管、光敏三极管、硅光电池等。用于光扫描器中的对光敏感的元器件。

Photoshop Photoshop 图像处理软件 由 Adobe 公司在 1990 年开发的运行于 Macintosh 和 PC 机的图像处理软件。到 2008 年已推出 Adobe Photoshop CS4 10.0 版。该软件集图像处理、网页设计、图像传输于一身，被广泛应用于设计、摄影、美术、出版、印刷、网页制作等许多领域。

photosynthetically active radiation (PAR) 光合有效辐射 也称“可见光辐射”。太阳辐射光谱中可被绿色植物的质体色素吸收、转化并用于合成有机物质的 0.4 ～ 0.7 μm 波段的辐射能。它是形成生物的基本能源，直接影响着植物的生长、发育、产量和产品质量。同 visible radiation。

phototelegraphy 传真 能够传送文字、图像或图片，并且在接收端能以与其原来相近似的状态再现出来的一种电通信方式。

photo thyristor 光控晶闸管 一种用光信号或光电信号进行触发的晶闸管。光控晶闸管的特点是门极区集成了一个光电二极管，触发信号源与主回路绝缘，它的关键是触发灵敏度要高。光控晶闸管控制极的触发电流由器件中光生载流子提供。光控晶闸管阳极和阴极间加正压，门极区若用一定波长的光照射，则光控晶闸管由断态转入通态。为提高光控晶闸管触发灵敏度，门极区常采用放大门极结构或双重放大门极结构。同 light activated thyristor。

P

phototransistor 光电晶体管 受光照射即产生载流子而使电流放大的晶体管。

phototriode 光电三极管 一种晶体管，它有三个电极。当光照强弱变化时，电极之间的电阻会随之变化。光电三极管的基本结构和普通晶体管类似，也有电流放大作用。只是它的集电极电流不只是受基极电路的电流控制，也可以受光的控制。

phototube 光电管 基于外光电效应的基本光电转换器件。光电管可使光信号转换成电信号。光电管分为真空光电管和充气光电管两种。光电管的典型结构是将球形玻璃壳抽成真空，在内半球面上涂一层光电材料作为阴极，球心放置小球形或小环形金属作为阳极。若球内充低压惰性气体就成为充气光电管。光电子在飞向阳极的过程中与气体分子碰撞而使气体电离，可增加光电管的灵敏度。光电管灵敏度低、体积大、易破损，已被固体光电器件所代替。参见 vacuum phototube, gas filled phototube。

phototypesetter 照排机 一种能产生专业性高质量文本的设备。它使用 PostScript 页面描述语言，并可以以 2 540 dpi（每英寸点数）的分辨率产生字型，可在光敏纸或胶片上输出。照排机已被用于书籍、杂志及所有商业性印刷物的印刷。

photovoltaic cell 光伏电池 一种电子元件，它在受到光辐照时产生与辐照强度成正比关系的电压，它可以在没有电源的环境中工作。在吸收光能后，在元件中两种材料的结合处（阻挡层或势垒层）产生电位差。

photovoltaic effect 光生伏特效应 简称光伏效应，指光照使不均匀半导体或半导体与金属结合的不同部位之间产生电位差的现象。它首先是由光子（光波）转化为电子、光能量转化为电能量的过程；其次是形成电压过程。光生伏特效应又可分为势垒效应（结光电效应）和侧向光电效应。参见 barrier effect, lateral photoelectric effect。

PHP PHP 脚本语言 personal home page 的缩写。

phrase encode method 词组编码法 也称“联想式编码法”。把经常在一起使用的一些汉字（词组、成语等）链接起来编码的方法。在输入时，只要输入为首的一个汉字，便可以出现一串相关的汉字词组，然后加以选择，完成输入。该方法可减少击键次数，提高输入速度。

phrase search 短语搜索 一种文档搜索方法，搜索包含用户指定的句子或短语的文档。

phrase structure grammar (PSG) 短语结构语法 用以下四元组来定义的语法：$G=(T,N,P,S)$。式中，T 是终结符的集合，终结符是指被定义语言的词（或符号）；N 是非终结符的集合，这些符号是专门用来描述语法的，它们不能出现在最终生成的句子中；S 是起始符，它是集合 N 中的一个特殊成员；P 是一个重写规则集，其中每条规则都是具有 $a \rightarrow b$ 的形式，意思是可以用符号串 b 来置换符号 a。

PHS 个人手提电话系统，小灵通 personal handphone system 的缩写。

physical 物理的 实际的实现，与概念性的含义相反。在计算机中，通常指硬件方面的，如一个物理盘是指计算机的一个实际存在的硬件；一个数据库中的物理记录块就是存储在一个特定地址上的记录块；一个物理地址就是出现在地址线上的地址信号；一个物理网络层就是连接计算机的硬件。对应于 logical。

physical access control 物理访问控制 在计算机安全中，使用物理机制对信息访问进行控制。对应于 logical access control。

physical address 物理地址 通过硬件去标识的实际存储器中某位置的地址。

physical address space 物理地址空间 在存储器或设备寄存器空间中可以被使用的实际地址范围。

physical channel 物理信道 在通信系统中，由物理实体构成的信道。具体的物理信道与采用的多址接入方式有关。FDMA（频分多址）系统为频道，TDMA（时分多址）系统为一个时隙（时道），CDMA（码分多址）系统为码型（码道）。

physical child segment 物理子段 在数据库中，任何一段都依赖于数据库分级体系中上一个较高级别的段。除了基本段外的所有各段都为物理子段，因为这些段至少都依赖于基本段。比较 logical child。

physical circuit 物理线路 用硬件而不是多路复用电路建立的线路。参见 data circuit。比较 virtual circuit。

physical coding sublayer (PCS) 物理编码子层 快速以太网标准 IEEE 802.3u 和千兆以太网标准 IEEE 802.3z/IEEE 802.3ab 物理层中的一个子层，它执行编码解码等功能。

physical connection 物理连接 两个系统之间的物理层通信信道。参见 physical level (X.25)。

physical-contact connector 物理接触连接器 在 ESCON（企业系统连接）环境中，一种光纤连接器类型，端面抛光，相互精确匹配，提供低损耗的连接点。对应于 non-physical-contact connector。

physical control layer 物理控制层 在 SNA（系统网络体系结构）中，为任一与之相连接的传输媒体提供物理接口的层。该层定义了为建立、维护和完成物理连接所需的各种电气特性和传输（信号）特性。

physical database (PDB) 物理数据库 (1)在某些信息管理系统数据库中，物理数据库记录的一个有序集合。(2)层次数据模型的术语。把片段型的层次序列结构称为物理数据库记录型（PDBRT）。一个根片段的值和它所属各层从属片段的值的全体构成此 PDBR(物理数据库记录)型的一个值,也称一个数据库记录(DBR)。一个物理数据库记录型的全部值的有序集即为一个物理数据库(PDB)。

physical database record (PDBR) 物理数据库记录 在某些信息管理系统数据库中,一种或多种段类型的层次相关段的物理集合。

physical data description language 物理数据描述语言 用来定义数据的物理存储方式的语言。它规定数据在存储介质上如何存放,数据如何压缩、分页,怎样建立索引等,是数据库系统最内部或者说最低一级的描述。通常由数据库管理员及系统设计员使用,用户一般不接触它。常用的物理数据描述语言有 DBTG(数据库任务组)系统中的 DMCL(设备介质控制语言)和 CODA-SYL DDLC(数据描述语言委员会)的 DSDL(数据存储描述语言)等。

physical data independence 物理数据独立性 可以改变数据的实际布局和组织排列的方式,而不需要改变数据或应用程序的总体逻辑结构。

physical data model (PDM) 物理数据模型 关系数据库中用来表达表之间参照关系的图形化模型,标明了信息系统的物理实现细节。比较 conceptual data model (CDM)。

physical data structure 物理数据结构 (1)数据物理存储的结构。通常在设计物理数据结构时主要的考虑因素是如何提高系统的效率,其主要成分是数据的组织、存储分配和存取路径的选定。(2)在某些信息管理系统中,表示段类型和这些段类型在物理数据库中的层次排列的一种层次结构。(3)比较 logical data structure。

physical delivery 物理投递 以物理形式(如信件)通过物理投递系统而进行的消息投递。参见 physical delivery system (PDS)。

physical delivery access unit (PDAU) 物理投递访问单元 使消息(但既非探查也非报告)遵守物理操作的访问单元。EDIMG(电子数据交换消息处理)中,物理投递访问单元通过物理投递系统(PDS)向 EDIMG 接受者提供发送消息的能力。参见 physical delivery system (PDS)。

physical delivery system (PDS) 物理投递系统 执行物理投递的系统,物理投递系统的一种重要类型是邮政系统。

physical design for database 数据库的物理设计 对数据库中数据的存储结构的设计,亦即在特定的系统环境下,选择一种较优而适宜的存储结构为存放数据,实现数据库的物理表示,确定实现数据库的实际存取方法及其他细节,以使系统保持较高的性能。物理设计是数据库设计过程中的最后一个阶段,设计问题比较具体,也易于实现。但物理设计的好坏对系统的性能影响很大。物理设计完全依赖于给定的数据库管理系统(DBMS)。物理设计的结果是产生 DBMS 直接可处理的完全的存储模式说明。这表示物理设计是逻辑设计的完善。此外,物理设计阶段还必须考虑在满足安全性、完整性约束的前提下提高访问效率的问题。

physical device address (PDA) 物理设备地址 标识某个特定设备的一个地址或一组地址。

physical device driver (PDD) 物理设备驱动器 一个系统接口,处理硬件中断并支持一系列输入输出功能。

physical device table 物理设备表 在输入输出控制系统中,表示实际输入输出设备情况的表。它指出设备类型、设备所用的数据通道、设备状态、启动设备的程序地址、处理设备中断的程序地址、相应的逻辑设备表地址等。

physical electronics 物理电子学 是近代物理学、电子学、光学、光电子学、量子电子学及相关技术与学科的交叉与融合,主要在电子工程和信息科学技术领域进行基础和应用研究。近年来本学科发展特别迅速,不断涵盖新的学科领域,促进了电磁场与微波技术、微电子学与固体电子学、电路与系统等二级学科以及信息与通信系统、光学工程等相关一级学科的拓展,形成了若干新的科学技术增长点,如光波与光子技术、信息显示技术与器件、高速光纤通信与光纤网等,成为信息科学与技术的重要基石之一。

physical fault 物理故障 由于有害的自然现象(如元件失效、环境影响等)引起的故障。

physical file 物理文件 能实际进行处理的文件,如一卷磁带或一个磁盘文件。一个物理文件可以包含几个逻辑文件如工资文件、库存控制文件。一个大逻辑文件也可能需要几个物理文件。比较 logical file。

physical file member 物理文件成员 物理文件中的数据记录的一个有名称的子集。参见 member。

physical format 物理格式 同 low level format。

physical image file 物理映像文件 记录到 CD-ROM(只读碟)之前所有文件的硬盘拷贝。用来防止在写 CD-ROM 时由于文件分散导致延时太大,从而使写碟不成功。

physical interface 物理接口 系统中不同设备与部件之间的硬件接口。

physical I/O address 物理输入/输出地址 在某些操作系统中,赋予一个适配器的地址。

physical IOCS (PIOCS) 物理输入/输出控制系统 调度和管理通道程序执行的一些管理程序。物理输入/输出控制系统控制外部存储器和主存储器之间记录的实际传输并提供输入/输出设备的出错恢复功能。

physical isolation 物理隔离 指内部网不得直接或间接地连接公共网。物理隔离的目的是保护路由器、工作站、各种网络服务器等硬件实体和通信链路免受自然灾害、人为破坏和搭线窃听攻击。参见 network security separated card, logic isolation。

physical join 物理连接 在数据库系统中，将用户指定的满足某些条件的两个数据库文件所有对偶行结合在一起，形成第三个数据库文件，原来的两个文件保持不变，是一个费时的操作。

physical layer 物理层 国际标准化组织关于开放系统互连七层参考模式的第一层。它提供在一条物理媒体上传输信号的实际手段。在其上详细规定了设备之间的物理线路的物理的、机械的、电的、功能的和规程上的特性。物理层提供的主要功能包括：物理连接的激活和去除；物理服务数据单元的传输；物理层的管理。物理层提供的主要服务包括：物理连接；物理服务数据单元；物理连接端点；数据电路标识；排序；故障状态通知；服务参数的品质。

physical layer connection 物理层连接 在两个或多个 ATM（异步传输模式）实体之间建立的物理层关系。一个物理层连接包括一系列物理链路的连接，以提供端到端的传输能力。

physical layer convergence protocol (PLCP) 物理层会聚协议 由 IEEE 802.6 定义的协议，用于 ATM（异步传输模式）的 DS3 传输，将 ATM 信元封装成 125 μm 的帧。

physical level (X.25) 物理级(X.25) 用于初启、维护和停止在 DTE（数据终端设备）和 DCE（数据电路终端设备）之间的物理链路的机械的、电气的、人为的和程序的媒体。参见 data link level, higher level, packet level。

physical link 物理链路 在某些信息管理系统的多系统环境中，连接两个计算机节点的实际通路。比较 logical link。

physical link layer 物理链路层 网络体系结构的一个层次，管理物理通信线路上的实际信息传输。

physical lock 物理锁 防止访问数据的一种装置，如计算机上的锁定开关，或在软盘上的文件保护机构。

physical logging 物理录入 在某些信息管理系统中，将运行记录从登录缓冲区写到系统运行记录数据集的过程。比较 logical logging。

physical main storage 物理主存储器 建议使用 processor storage。

physical map 物理映像 在 CICS（用户信息控制系统）的 SDF（屏幕定义程序）中，关于一个映像中的每个常数字段和变量字段的一个设备专用信息表。物理映像也含有初始数据。物理映像可从 SDF/CICS 源映像生成并存放在 CICS/VS 装入库中。对应一个源映像可以有几个物理映像，每个映像对应不同的设备类。

physical media dependent (PMD) 物理媒体相关 在 ATM（异步传输模式）网络中，定义最低层参数的子层，定义的参数如媒体的位速率。

physical medium (PM) 物理媒体 承载传输信号的实际物理介质，如光纤、微波、双绞线等。

physical medium attachment sublayer 物理媒体接触子层 在局域网中，物理层的一部分，由媒体接触单元的功能电路实现。

physical medium dependent sublayer (PMDS) 物理媒体相关子层 快速以太网标准 IEEE 802.3u 和千兆位以太网标准 IEEE 802.3z/IEEE 802.3ab 物理层中的一个子层。它与特定的传输介质进行接口，实现光电转换与光纤接口，或与铜缆、UTP 双绞线电缆实现传输介质接口。

physical memory 物理存储器 在虚拟存储器系统中，指真正存在于系统中的存储器。参见 virtual memory。

physical message 物理报文 在某些通信系统软件中，在传送一个完整的序列期间，即从数据的第一个字节到传输结束，进入到链路上的数据。比较 logical message。

physical model 物理模型 (1)建立在分析现象与机理认识基础上的模型。物理模型以实物或画图形式直观地表达认识对象的特征。(2)物理模型是数据模型的物理实现，也称“物理层模型”。它在数据库中是最低层的抽象，其他的模型（如概念模型、逻辑模型）最终都映射成为物理模型，并在其中得以真正的物理实现。物理模型确定数据的物理存储结构、数据存取路径以及调整、优化数据库的性能。物理模型的设计目标是提高数据库性能和有效利用存储空间。参见 logical model, conceptual model。

physical network 物理网络 一个通过物理电缆连接设备、调制解调器或其他硬件构成的网络。在一个物理网络上可构成若干个逻辑网络。

physical optimization 物理优化 一种关系数据库查询优化。物理优化就是根据数据词典中记载的各种统计信息和一套启发式规则，选择高效合理的操作算法或存取路径，求得优化的查询计划，达到查询优化的目标。物理优化的具体过程是，首先由逻辑计划派生出多个不同的物理计划；然后对每个物理计划进行评价，或估计实现每个物理计划的代价；最后选择最好的物理查询计划。参见 query optimization, algebraic optimize。

physical output device 物理输出设备 一种存储、打印或显示数据的物理设备，如终端设备、磁盘文件、行式打印机或非撞击式印刷机。

physical page 物理页(面) 附加在物理空间的页。从程序指定的逻辑页转移至物理页的工作是由映像机构完成的。

physical paging 物理分页 一个信息管理系统报文格式服务功能，它允许来自一个逻辑页面的数据显示到一个设备的几个物理页面上。

physical parent segment 物理父段 在数据库物理分级体系中较低的相邻层中有低一级层次从属段的各段。

physical partition 物理分区 在 AIX 操作系统中,指磁盘上逻辑卷的最小分配区域。在物理卷上是一个连续的空间。

physical random access channel (PRACH) 物理随机接入信道 用来传输 RACH(随机接入信道)的信道。PRACH 是上行随机接入信道。参见 random access channel (RACH)。

physical record 物理记录 实际介质上的信息记录。其特性取决于它在介质上存储、检索或传送所采用的方式或形式,如磁带上一个区的信息、磁盘上一个扇区等。一个物理记录可以包含若干个逻辑记录,一个逻辑记录也可能分别记录在几个物理记录上。参见 logical record, block 和 blocking factor。

physical requirement 物理需求 规定系统或系统组成成分必须具有的物理特征的一种需求。物理特征有材料、形状、大小、重量等。

physical resource 物理资源 计算机中可供完成各种工作的任何设施,如处理机、主存储器或输入输出设备。

physical schema 物理模式 (1)在数据库中,描述数据结构的一种模式。(2)关于概念模式的数据如何存储在计算机二级存储器(如磁带和硬盘)中的规格说明。比较 logical schema。

physical security 物理安全 应用物理障碍或控制规程作为对付对资源和敏感信息造成威胁的防护手段和对抗措施,如用锁、警卫和其他管理措施来控制计算机和有关设备的使用,以保护计算机及有关设备的结构(如机房等)不致因事故、火灾和其他环境危害而造成损害。也称"实体安全"。

physical segment 物理段 数据库中可访问数据的最小单位。

physical services header (PSH) 物理服务头 在 X.25 包级之上的协议,用于提供邻近节点服务。

physical signaling sublayer 物理信号子层 在局域网中,物理层中与介质访问控制子层接口的一部分,进行位符号编码和传输、位符号接收和解码以及可选的隔离功能。发送时,它负责将 MAC(介质访问控制)子层传下来的发送数据进行曼彻斯特编码变成电信号,接收时,它负责将收到的电信号进行曼彻斯特译码转为数据并上传给 MAC 子层。该子层也侦听传输介质,通知 MAC 子层传输介质上忙还是闲以及检测有否冲突。

physical simulation 物理仿真 采用系统的物理模型进行实验,以达到研制实际系统的目的的过程,即参加仿真的模型是实物系统。

physical space 物理空间 主存储器中能直接寻址的最大区域的地址。

physical storage organization 实际存储器组织 存储器装置上数据的实际表示、布局和组织。它与下标、指示字、链和实际查找记录的其他方式有关,同时与溢出区和插入新记录及删除老记录所用的技术有关。

physical structure 物理结构 当数据库真正存储了数据时,各个数据库之间的关系。多重逻辑结构可从单一的物理结构派生出来。

physical swapping 物理交换 在操作系统中,移动成组的虚机页面到直接访问存储器上的专门定义的存储区,或做反向移动的过程。比较 logical swapping。

physical symbol system 物理符号系统 由一组称为符号的实体组成的系统。其中,每个符号是一个物理模型,这些符号的例示按某种物理方法关联起来构成符号结构。在任何时刻,系统都含有一组这样的结构。此外,系统还有一组过程,实现建立、修改、复制和消除结构等功能。这样,一个物理符号系统就是能逐步生成一组符号的生成机器。物理符号系统是由纽维尔和西蒙 1976 年作为人工智能(AI)的基本假设而提出来的,他们认为所有智能行为都等价于一物理符号系统。

physical symbol system hypotheses 物理符号系统假设 符号主义学说的一个基本原理,认为物理符号系统是智能行为的充要条件,由于人脑和电子计算机都是某种物理符号系统,因此通过电子计算机实现人工智能不存在本质上的困难。参见 symbolicism。

physical threat 物理威胁 对计算机设备使用和存放的物理条件构成危害的潜在威胁,如偷盗、火灾。

physical unit (PU) 物理单元 在 SNA(系统网络体系结构)中,一种表示硬件装置或网络上节点的可寻址单元。参见 peripheral physical unit。

physical unit control point (PUCP) 物理单元控制点 在 SNA(系统网络体系结构)中,提供激活节点内 PU(物理单元)及其局部链路资源的 SSCP(系统服务控制点)功能子集的部件。1 型、2 型和 4 型节点含有一个 PUCP;5 型节点含有一个 SSCP。

physical unit services 物理单元服务 在 SNA(系统网络体系结构)的一个物理单元中,为 SSCP(系统服务控制点)同物理单元(PU)的对话提供配置服务和维修服务的部件。参见 logical unit (LU) services, SSCP services。

physical unit type 物理单元类型 在 SNA(系统网络体系结构)中,PU(物理单元)按它所驻留的节点的类型所进行的分类。物理单元类型相同于其节点的类型,就是说 1 型物理单元驻留在 1 型节点中,以此类推。

physiological signal 生理信号 人体器官组织因某

P

些原因而向人脑发送的生理信息。

PI (1)协议解释程序 protocol interpreter 的缩写。(2)程序隔离 program isolation 的缩写。

PIA 外部接口适配器 peripheral interface adapter 的缩写。

pianola roll 穿孔纸带卷 用穿孔行来表示文本和程序指令的一卷纸带。

PIB (1)端口信息块 port information block 的缩写。(2)进程信息块 process information block 的缩写。(3)盒装处理器 processor in box 的缩写。(4)个人信息泡 personal information bubble 的缩写。

P

.pic 图形文件名后缀 由 Lotus 1-2-3 Pictures 软件生成的图形文件扩展名。

PIC 可编程中断控制器 programmable interrupt controller 的缩写。

pica 十二点(活字单位) 排版和印刷中常用的度量单位,表示尺寸,如行、列的长度。1 pica 等于 12 点,约等于 1/6 英寸。而 1 点约等于 0.351 mm。

pick 拣取,选取 (1)用来指出屏幕上所显示的某个图元或图段的一种操作,称为拣取操作。能执行拣取操作的逻辑输入设备称为拣取器。(2)从显示图像中选择某一项目,并对它进行标识和处理的过程。在交互绘图程序中,选取通常是根据光标所在位置来决定的。

pick axe conductor 凿斧导体 在磁泡技术中,凿斧是磁泡器件的一种功能图形。按此图形制成的导体称为凿斧导体。凿斧导体可以作成核磁泡发生器。导体上通以电流可对该磁泡发生器的功能进行控制。

pick device 拣取设备 计算机制图中使用的一种逻辑输入设备。其功能是选择已显示在屏幕上的某个图项(图块或图块中某个图元或图元组等),并将标识该图项有关信息输入到主机中。可实现这种功能的物理设备有光笔、游标控制杆和鼠标驱动光标。

pick identifier 拣取标识符 图元的名字,用来标识该图元。在进行挑拣操作时,被选中的图元的挑拣名将作为输入数据提供给应用程序。

picking region 拣取区域 在 AIX 图形中,指光标周围的一个矩形区域,对拣取事件敏感。如果绘图对象位于这个区域中,则报告一个拣取事件。区域的宽度和高度由用户设定。如果 Z 缓存有效,区域的深度就是整个 Z 缓存。参见 picking, selection region。

picking table 选择表 填写购货卡所需要的项目构成的表,它由计算机产生。

pick list 选项表 建议使用 menu。

pick-up coil 拣取线圈 输入游标或输入笔内一个拣取信号的线圈。在电磁式数字化设备里用于拣取磁致伸缩材料上应变波信号。

pickup current 动作电流 使继电器或断路器开始工作的最小电流。

PI-clash PI 对撞[碰撞] (1)借用核物理学中粒子对撞的概念来表述两个子句的消解情况。PI 对撞是语义消解和谓词排序两种方法的联合使用。PI 对撞是一种完备的消解法。(2)PI 碰撞是一种语义碰撞,并且 E_i 与 R_i 的消解基中的谓词必定是优先级(预先给定的谓词消解优先级 P)最高的(与 E_i 中其他谓词相比)。参见 semantic clash。

pico (p) 皮,微微 表示 10^{-12} 的前缀,如皮秒、皮法拉等。

pico architecture 微微计算机结构 计算机的微微结构定义了具有直接执行控制单元的微处理语言解释器,或者具有解释执行控制单元的微微程序语言解释器。该结构包括微微程序语言,还包括微微指令解释器的硬件结构。

picocell 微微小区 半径非常小,主要用于室内环境,可提供非常高的业务容量的小区。典型的小区半径小于 50 m。

picocomputer 微计算机 同 microcomputer。

picofarad (pF) 皮法,微微法 电容单位,万亿分之一法拉,即 10^{-12}法拉。

picoinstruction interpreter 微微指令解释器 是硬件功能单元的集合。每一个硬件功能单元仅解释微微指令的一部分。它能解释控制矢量的所有控制信号。

piconet 微微网 通过蓝牙技术连接起来的一种微型网络,一个微微网可以只是两台相连的设备,也可以是 8 台连在一起的设备。在一个微微网中,所有设备的级别是相同的,具有相同的权限。参见 scatternet。

picoprogramming 微微程序 微微程序的概念可用于不同的场合。在层次化指令结构中,它意味着机器指令、微指令、毫微指令概念的延伸。在有些场合,微微程序的概念也可代替毫微程序的概念,与后者具有相同的含义。

picoprogramming language 微微程序语言 微微程序语言的数据对象包括数据信号、控制信号和时钟信号。微微程序语言的一个操作是对一个硬件功能单元的命令,使它执行某一动作。一个微微指令意味着一个控制信号的集合,它指定了一个个微微操作。微微程序的执行由微微指令解释器来控制。

picosecond 皮(可)秒 万亿分之一秒,或一个纳秒的千分之一,即 10^{-12}秒。

PICS (1)协议实现一致性声明 protocol implementation conformance statement 的缩写。(2)因特网内容选择平台 platform for Internet content selection 的缩写。

PICT file format PICT 文件格式 由 Apple 公司在 1984 年开发的面向对象的图形文件格式。PICT 使用 QuickDraw 并得到 Macintosh 计算机上运行的几乎所有图形程序的支持，现在许多 IBM 兼容机软件也能读出这种格式。最初的 PICT 仅支持八种颜色。新版的 PICT2 能支持 256 种颜色。

PICT gormat PICT 格式 用于编码图形化图像的文件格式标准。有面向对象和位映射两种。首先应用于苹果公司 Macintosh 的应用软件。PICT 是 picture 的缩写。参见 bit-mapped graphics, object-oriented graphics。

pictogram 图标 同 icon。

pictorial character 图形元素 若干用于构成连续线、方框、图表等图形对象的预定义的模式之一。

pictorial data representation 图形数据表示 用条线图、混杂图、统计图等做成的图表。通常包括：主题、统计数字单位、标题(标号或行)、数据体、脚标、出版者的数据来源等。

pictorial display 图像显示 对图像所进行的显示。它有一定的灰度等级要求。如果是用摄像机摄像，则图像显示只是所摄图像的重现；如果要用计算机产生图像，则控制技术要比产生图形复杂得多。

pictorial information 图像情报，图像信息 用非文字的直观图像表达的情报、图像文献的内容。例如 CAD(计算机辅助设计)系统中已保存在计算机内的各种基本图形。

picture 形象，图像，图画 (1)程序设计语言中对字符串进行的描述。字符串中的每个位置上都伴随着一个表示可能占据该位置字符的性质的符号。例如在 COBOL 语言中，用 9999 作为 4 个数字的数值字的形象。(2)文件中一个区域的显示图像。(3)程序编辑中用来修饰一个字段内各个独立字符用的一个字符串。形象中的字符与该字段中字符有一一对应关系。

picture archiving and communication system (PACS) 医学影像存档和通信系统 以高速计算机设备为基础，以高速网络连接各种影像设备和相关科室，利用大容量磁、光存储技术，以数字化的方法存储、管理、传送和显示医学影像及其相关信息，具有影像质量高，存储、传输和复制无失真、传送迅速、影像资料可共享等突出的特点。PACS 是医院计算机化的一个重要发展方向，是实现远程医学的基础。PACS 涉及的主要关键技术有：图像数据压缩，特别是硬件数据压缩技术；价格便宜的大容量光碟存储器；高速计算机通信网络和多媒体数据库技术等。

picture clause 形象子句 COBOL 语言中用以描述字符串的一种子句。其中每个位置都与一个符号相对应，该符号表示可以占用该位置的那个符号的性质，如 picture S999 表示所描述的是任何 3 位数字组成的带符号的整数，而 picture AAAA 表示所描述的数据是由四个字母或空格组成。

picture compression 图像压缩 采用有效的编码技术消除数字图像中的冗余信息，称为图像压缩。在此方法中，经常出现的灰度用短码表示，不常出现的灰度用长码表示。

picture cues 图像提示 在视频中，指录像带中插入到垂直回扫期间的 9 个脉冲中的第一个，用于识别录像带中一个完整帧的开始。参见 chapter cues, still cues。

picture description instruction (PDI) 图形描述指令 高级计算机语言中的图形指令。常用的有 7 种，其中 4 种形成基本的几何图形：线，弧，多边形和矩形。当这 4 种指令不够用时，可用“位 PDI”指令逐点画出图形，用“点 PDI”指令设置几何像素的作图位置。“控制 PDI”指令则用来把图形变形变成数字、字符或反之。图形描述指令采用 8 位字长以遵守目前的数据网络标准。

picture descriptor (PD) 图片描述符 计算机图形元文件(CGM)中一组为描述图片体内元素的比例方式、颜色选择方式、线宽指定方式、记号大小指定方式、边宽指定方式、VDC(虚拟设备坐标系)范围、背景色等的元文件元素。

picture editing 画面编辑 对显示在屏幕上的画面进行修改的功能。某些计算机图形系统具有这种功能，使用户直接在显示屏上作画并进行编辑修改。目前流行的多窗口系统都具有很强的画面编辑功能。

picture element (pel, pixel) 像素，像元 (1)在计算机制图技术中，显示面上能独立被赋予色彩和亮度的最小元素。对这些元素可以进行灰度等级、颜色和亮度调整。(2)能被有效地复制到记录媒体上的最细小的区域。(3)光栅的一个元素，在它周围光电导体上能出现着色区。

picture file 图形文件 描述图形对象的数据结构的文件。它保存在主计算机中。该类文件所涉及的信息包括图块、图项的名字、图形的结构关系，图项中所含图元的数目，图块或图元的属性值、图形对利用的模型中某图项和该图项经可见变换后所生成的图像之间的对应关系等。

picture grammar 图像文法 对图像进行运算并描述图像结构的形式方法。

picture in picture 画中画 全屏幕电视图像显示的同时开一个小窗口来显示其他频道的图像的技术。

picture language 图形语言 在数据库系统中，指包含了图形描述和分析功能的语言，供用户描述和设计、分析图形。

picture layer (PL) 图像层 在 MPEG(活动图像专家组)-2 视频流层结构里，图像层由数据头和一帧图像数据组成，是图像组层(GOPL)若干幅图像中的一幅，包含了一幅图像的全部编码信息。MPEG-2 图像扫描可有逐行或隔行两种方式：当为

P

逐行时，图像为逐帧压缩；当为隔行时，图像为逐场或逐帧压缩，即在运动多的场景采用逐场压缩，在运动少的场景采用逐帧压缩。图像层的数据头提供的基本部分有头起始码、图像编号的时间基准、图像(I,B,P)帧类型、视频缓存检验器延迟时间等，扩展部分有图像编码扩展、图像显示扩展、图像空间分级扩展、图像时间分级扩展等。其中，基本部分由 MPEG-1 及 MPEG-2 共用，扩展部分由 MPEG-2 专用。

picture level benchmark (PLB)　图像等级基准程序　度量工作站上的图形性能的一种基准程序。基准接口格式(BIF)定义格式，基准定时方法(BTM)定义测试，基准报告格式(BRF)生成用 PLBmarks 测试程序产生的结果。PLBmarks 分成两个部分：PLBwire93 用于测试线框建模的等级评定，PLBsurf93 用于测试表面建模的等级评定。PLB 不评估图像的质量。

P

picturephone　电视[可视，图像]电话　带显示屏幕的电话。通话的双方不仅能互相交谈，而且可以在自己的显示屏上同时看到对方。它由三部分组成：带有特殊拨号的标准电话；联合摄像机、喇叭、电视部件；带有话筒的控制部件。

picturephone meeting service (PMS)　图像电话会议服务　利用图像电话使不在一处的人参加会议的服务。

picture segmentation　图像分段　也称“景像分析”。将复杂的图像划分成对应于某些区域或目标的几部分，然后根据这些部分及其特性和他们的空间关系来描述图像。这一过程称为图像分段。

picture signal　图像信号　电视信号中传递图像信息的部分。用以区别于同步部分。

picture specification　图形说明　PL/1 语言中逐个字符地对二进制图形数据、十进制图形数据和字符串图形数据的组成和特点所作的说明。

picture structure　图形结构　把图形看作是有结构的，即把它划分成为若干图段，每个图段，又可分成若干图元，这种划分称为图形结构。

picture transfer protocol (PTP)　图片传输协议　PTP 是由柯达公司与微软公司协商制定的一种图像传输标准，符合这种标准的图像设备在接入 Windows XP 系统之后可以更好地被系统和应用程序所共享，尤其在网络传输方面，系统可以直接访问这些设备用于建立网络相册时图片的上传、网上聊天时图片的传送等。

PID　协议标识　protocol identification 的缩写。

pidgin code　事务码　近似英语的程序逻辑伪码描述。它全部按缩排原则书写，且仅含有结构程序设计中所允许的结构图。

piece by voltage test　分段电压试验　对绝缘工具逐段按比例加电压的试验。

piecewise interpolation　分段插值　一种插值手段。具体做法是把函数的自变量区域分为若干段，在不同区域上采用不同的插值表达式。若每两个节点之间都只做线性插值则称为分段线性插值。使用分段插值可以避免出现龙格现象。

piecewise linear machine　分段线性机　判别函数为分段线性函数的模式识别机。

piecewise polynomial　分段多项式　把函数分成若干段，每段是一个多项式，称为分段多项式。

pie chart　饼形图，圆图　一种图表的形式。它用于一个整数(表示为整个圆饼)的百分数(表示为小块)来表示数值比例关系。

piezoelectric ceramic　压电陶瓷　具有压电效应的陶瓷材料。压电陶瓷表面电荷的密度与所受的机械应力成正比，反之，在外电场作用下，其内部正负电荷中心移位，又可导致材料发生机械变形，形变的大小与电场强度成正比。

piezoelectric crystal　压电晶体　能把机械变形转变为电信号或把电信号转变为机械变形的晶体。压电晶体主要用于制造测压元件、谐振器、滤波器、声表面波换能及传播基片等。

piezoelectric effect　压电效应　它是指某些电介质，当沿着一定方向对其施力而使它变形时，内部就产生极化现象，同时在它的两个表面上产生符号相反的电荷，当外力去掉后，又重新恢复不带电状态，这种现象称为压电效应。压电效应可分为正压电效应和逆压电效应，一般习惯上压电效应指正压电效应。参见 positive piezodielectric effect，reverse piezodielectric effect。

piezoelectric force transducer　压电式压力传感器　触摸屏上使用的一种传感器。

piezoelectric material　压电材料　受到压力作用时会在两端面间出现电压的晶体材料。压电材料可以因机械变形产生电场，也可以因电场作用产生机械变形。参见 piezoelectric effect。

piezoelectric semiconductor　压电半导体　此类半导体材料的结构不具有对称中心时，它们具有一定的离子性，当施以压力时，正负离子会分开一定的距离，产生电极化，形成电场，发生压电效应，这种半导体称为压电半导体。

piezoelectric type transducer　压电式传感器　基于压电效应的传感器。是一种自发电式和机电转换式传感器。它的敏感元件由压电材料制成。压电材料受力后表面产生电荷。此电荷经电荷放大器和测量电路放大和变换阻抗后就成为正比于所受外力的电量输出。压电式传感器用于测量力和能变换为力的非电物理量，如压力、加速度等。

piezo inkjet　压电喷墨　使用电子刺激的压电晶体的震动的过程，以强迫油墨通过喷嘴落到介质上。

piezomagnetic effect　压磁效应　磁致伸缩材料在外力(或应力、应变)作用下，引起内部发生形变，产生应力，使各磁畴之间的界限发生移动，磁畴磁化强度矢量转动，从而使材料的磁化强度和磁导率发生相应的变化。这种由于应力使磁性材料性质变化的现象称为压磁效应，也称“逆磁致伸缩效应”。

piezomagnetic material 压磁材料 具有压磁效应的磁性材料。例如镍、镍铁合金、镍锌系铁氧体、镍铜系铁氧体等。

piezoresistive effect 压阻效应 半导体材料受到外力或应力作用时，其电阻率发生变化的现象称为压阻效应。其中，电阻(或电阻率)的相对变化率等于沿某晶向的压阻系数与沿该晶向应力的积，即等于压阻系数乘应变乘材料的弹性模量。所以压阻效应与材料类型、晶体取向、掺杂浓度及温度直接相关。

pif 程序信息文件名后缀 pif 是 program information file 的缩写，标识程序信息文件的文件扩展名。参见 program information file (PIF)。

PIF 程序信息文件 program information file 的缩写。

pigeonhole principle 鸽巢原理 组合学基本原理之一，也称“抽屉原理”。其基本表达形式有两种：①把 $n+1$ 个物体放入 n 个盒子中，则存在一个盒子，此盒内至少有两个物体(有余形式)；② 把 $2n-1$ 个物体放入 n 个盒子中，则存在一个盒子，此盒内至多有一个物体(不足形式)。

piggyback 捎带，寄生术 (1)在全双工数据链路上不使用专门确认帧返回确认信息的技术。关于某个方向上消息流的确认信息被携带在相反方向上的数据帧中返回。(2)在计算机安全方面，指跟随其他用户的合法访问操作混入计算机系统作案的一种方法。

piggyback board 背负式电路板 一个插入到扩充卡上的线路板，而不是直接插入到扩充槽上，用于增加扩充卡的功能或提供附加的功能。也可用于代换某一个芯片。参见 daughterboard。

piggyback entry 捎带进入，寄生进入 在计算机安全方面，捎带是跟随合法访问操作混入计算机系统作案的一种方法。它通过一个系统的合法登录对另一个计算机系统进行非法存取，如通过一台无人监视的终端登录到某个远程系统上。

piggyback hardware 附托硬件 附托于其他计算机主机硬件制造厂的设备之上的外部设备。这是计算机外部设备制造厂经常采用的一种策略。

pigtail 尾线 在光纤系统中，一小段光纤，其一端部用一个光源、光检测器、光耦合器或光连接器端接，并且第一端为裸纤。

PIL 出版交换语言 publishing interchange language 的缩写。

PILOT 程序询问式教学语言 programmed inquiry learning or teaching language 的缩写。

pilot exciter 副励磁机 励磁机的一种，用以供给另一台励磁机所需的全部或部分励磁能量。

pilot channel 导频信道 用于基站连续发射未调制载频信号的信道。导频信道使得用户站能够获得前向码分多址信道时限，提供相干解调相位参考，并且为各基站提供信号强度比较手段籍以确定何时进行切换。参见 forward CDMA channel。

pilot-make-busy (PMB) circuit 引示置忙电路 载波系统中的一个电路，其中领示信号在特殊情况发生时，如电话系统故障或无线电信号衰落，使至交换机的中继线置成忙的状态。

pilot model 引导[试验性]模型 一个系统的简单模型，用来进行程序测试。它不如完整的模型复杂，如在引导模型上使用的文件可以包括远少于运行文件和记录数；线路很少，每条线路上的终端也较少。

pilot project 引导方案 在系统开发中，一种开发某个系统的限定模型的方案，以便在受限制的现实条件下取得开发全规模系统的经验。参见 prototype。

pilot signal 导频信号，引导信号 (1)在电信网内为测量或监控的目的而发送的信号。这种信号通常为单一频率。(2)在通信系统中，多路复用系统采用的一种辅助信号。它起着电平调整、频率同步、报警和维护监控的作用。

pilot system 引导系统 收集一段时期内实际事务工作中的记录和数据，以模拟现实环境，用于对投入使用前的新系统进行测试。

pilot tape 引导带 包含引导程序的磁带，还可将其他文件记于带上。

pilot testing 引导测试 软件开发中，验证系统在真实硬件和客户基础上处理典型操作的能力。在软件外包测试中，引导测试通常是客户检查软件测试公司测试能力的一种形式，只有通过了客户特定的引导测试，软件测试公司才能接受客户真实软件项目的软件测试。

pilot tone 导频音 在载波系统上传输的，起监视和控制作用的受控振幅检测频率。

PIM (1)并行推理机 parallel inference machine 的缩写。(2)个人信息管理 personal information manager 的缩写。(3)独立于协议的多播 protocol independent multicast 的缩写。(4)打印图像匹配 print image matching 的缩写。

PIM-DM 密集模式独立于协议的多播 protocol independent multicast dense mode 的缩写。

PIM-SM 稀疏模式独立于协议的多播 protocol independent multicast sparse mode 的缩写。

PIN (1)个人识别号码 personal identification number 的缩写。(2)正-本征-负 positive, intrinsic, negative 的缩写。

pin and socket connector 针孔型连接器 弹性接触

P

件为针和孔配对的连接器件。插针、插孔有棒材车削成型和带料冲制卷压成型两种加工方式，绝缘基座有圆形和矩形两类，根据不同的硬件要求，在基座外面可加金属防护外罩和夹线装置。这种连接器在计算机器件组装中用得很广泛也很可靠。

pin assignment 引线[脚]分配 在计算机的工程实现时，将计算机的逻辑图划分为若干个小逻辑图，以便在插件板上能够实现这些小逻辑图的逻辑功能。以后，使这些小逻辑图上的每个逻辑门的输入引线和输出引线分配到对应组件的引线上。

P

pinboard 插接板 一种带有集成电路引脚的电路板。同 plugboard。

pinboard machine 插接式计算机 一种带有插针的计算机，把插针插入面板上的插座即可进行功能调用和访问存储器。

pinched resistor 挤压电阻 在扩散电阻上再扩散一层与该电阻杂质不同的杂质，使扩散电阻的厚度变薄，从而截面变小，阻值增高，这种电阻称为挤压电阻。

pinch effect 箍缩效应 流体的载流横截面随电流的增加而收缩的现象。

pinch-roller plotter 压轮式绘图仪 一种绘图仪，介于鼓形和平板形之间。它用橡胶压轮或金属压轮把纸压在主动轮上。参见 drum plotter，flatbed plotter，plotter。

pin-compatible 引脚兼容的 描述集成电路芯片兼容性的一个属性。如果两个芯片的引脚布局相同，在相同的输入信号下能输出相同的输出信号，那么它们就是引脚兼容的。

pin console typewriter 针式控制台打字机 由若干根纵向排列的针组成打字头的打印机。每根针都受打印电磁铁的控制和驱动，打印头横向移动，连接打印几次，组成点矩阵，从而形成一个字符。

pin contact 插接 插头与插座吻合连接。

pin-cushion distortion 枕形畸变 显示的图像呈四边内凹形，这种畸变是由偏转场失真和荧光屏曲率引起的。

PIN diode PIN 型二级管 这是在 P 区和 N 区之间夹一层本征半导体(或低浓度杂质的半导体)构造的晶体二极管。当其工作频率超过 100 MHz 时，由于少数载流子的存储效应和本征层中的渡越时间效应，其二极管失去整流作用而变成阻抗元件，并且，其阻抗值随偏置电压而改变。在零偏置或直流反向偏置时，本征区的阻抗很高；在直流正向偏置时，由于载流子注入本征区，而使本征区呈现出低阻抗状态。因此，可以把 PIN 二极管作为可变阻抗元件使用。它常被应用于高频开关(即微波开关)、移相、调制、限幅等电路中。

pinfeed 针孔馈送 边缘带有齿状结构的导引装置，用来控制边缘带孔的纸张运动。

pin-feed printer 针孔馈送打印机 用针轮或导链送纸的打印机。打印机两侧各有一个针轮(或导链)，在打印过程中，这两个针轮或导链把纸从打印头下拉过。用导链送纸的打印机也称“导链馈送打印机”。

PING 乒，因特网包查询工具 packet Internet grope 的缩写。

PING of death attack 乒死攻击 因特网上通过乒协议发送远大于正常的 64 字节的信息包给远程计算机的行为。由于信息包的体积太大，会使远程计算机死机或重启。

ping pong 乒乓，开关式 通信中采用的一种改变传送方向的技术，目的是使接收方变成发送方，同时发送方变成接收方。在信息处理和传送时，它采用两个暂时存储区而不是用一个暂时存储区来保存输出和输入。乒乓可用于在半双工电路上仿真全双工传输。

ping-pong buffer 交替缓存 两个交替地进行填充和刷新的缓存区。使输入和输出的数据形成具有一定连续性的流。参见 ping pong。

ping-ponging 乒乓 分组在两个节点循环路由选择中往返传输的不正常现象。

ping-pong procedure 乒乓法 在半导体随机存取存储器功能测试中的一种测试模式。乒乓法是以某种顺序向一对存储单元进行读写操作，用来测试每对存储单元之间的干扰。

ping pong virus 乒乓病毒，小球病毒 一种传染磁盘引导区，修改文件分配表的计算机病毒。它长 1 024 字节，占据 2 K 内存，修改 13 H 和 8 H 中断向量。小球病毒在系统时间为整点或半点时发作，在屏幕上显示一小球来回碰撞，当发生对磁盘的读、写请求时，传染所要读写磁盘的引导区。此病毒的自我检测码是 1357 H。

pin grid array (PGA) 引脚栅格阵列 一种集成电路封装引脚形式，在芯片的底部采用插针阵列作为芯片的输入输出脚。PGA 芯片封装形式在芯片的内外有多个方阵形的插针。每个方阵形插针沿芯片的四周间隔一定距离排列，其引脚的间距为 2.54 mm，根据管脚数目的多少，可以围成 2 ～ 5 个圈。安装时，将芯片插入专门的 PGA 插座。为了使得 CPU 能够更方便地安装和拆卸，Intel 系列 CPU 从 486 芯片开始，出现了一种 ZIF CPU 插座，专门用来满足 PGA 封装的 CPU 在安装和拆卸上的要求。

pin header 排针 一种连接器。排针这种连接作用是在电路内被阻断处或孤立不通的电路之间，起到桥梁的功能，担负起电流或信号传输的任务。通常与排母配套使用，构成板对板连接；或与电子线束端子配套使用，构成板对线连接；亦可独立用于板与板连接。

pinhole procedure 针孔法 测试存储器功能的一种方法。以某种顺序向一对存储单元进行读写操作,用来测试每对存储单元之间是否存在干扰。

pin insulator 针式绝缘子 通过装在绝缘件孔内的一个脚可以刚性地安装到支持结构上的一种刚性绝缘子。其绝缘件可以由一个或彼此永久地连接在一起的多个绝缘元件组成。参见 line post insulator,insulator。

pink noise 粉色噪声 一种在所有的频率上能量皆相同的随机噪声。频谱电平以每倍频程 3 dB 的速率减少的噪声信号,便会在每倍频程内具有相等的噪声能量。粉色噪声通常用作测定音响或聆听环境的频谱的测试信号。另在环绕声系统中,则用作平衡通道输出的测试信号。参见 coloured noise。

pinout 引脚图 一个芯片或一个接插座的引脚配置说明或图。

pins 管脚 在计算机内芯片上的连接针,这是将它与线路板上线路连接的手段。

pin-socket contacts 针孔式接触对 接插件的插头为插针,插座为插孔的接插对。

PIO (1)可编程的输入/输出 programmed input/output 的缩写。(2)并行输入/输出 parallel input/output 的缩写。

PIO controller 可编程输入/输出控制器 一种可编程电路,可以与范围广泛的外部设备直接相接,而不需要其他外部逻辑。

PIOCS 物理输入/输出控制系统 physical IOCS 的缩写。

PIO interface PIO 接口,并行输入/输出接口 PIO 接口允许计算机向一个外部并行设备(如键盘)读写并行数据。"并行"是指在同一时刻输出所有并行数据位。

PIP (1)画中画 picture in picture 的缩写。(2)外部交换程序 peripheral interchange program 的缩写。(3)问题分隔过程 problem isolation procedure 的缩写。(4)程序初始化参数 program initialization parameters 的缩写。

pipe 管道 (1)将一个进程的输出数据引导到另一个进程作为输入。一个命令的标准输出可以用管道符号(|)连接到另一个命令的标准输入。用这种方法连接的两个命令构成一个管道。(2)在一个发送进程和一个接收进程之间的一个单向通信路径。参见 first-in-first-out pipe,pipeline。(3)微软视窗中进程间的通信管道,两个进程可通过管道句柄进行通信,管道可以是单向的也可以是双向的,在 Win32 中提供了无名管道和命名管道。参见 anonymous pipe,named pipe。

pipeline 流水线,管道技术 (1)使串行排列的处理机或一台处理机中,串行排列的寄存器中每个处理机或寄存器各执行一部分任务,并将结果送给上一个处理机或寄存器,因此,不同任务的不同部分也能同时被执行。(2)在前一个指令序列执行完之前就开始执行下一个指令序列,这样可以提高处理速度。(3)两个或者多个进程之间的一个单向连接。参见 graphics pipeline。(4)在 NetView 程序中,一个消息处理过程,由一个或者多个称为站段的程序构成。

pipeline burst cache 管道突发式缓存 是专为二级高速缓存所设计的高效率存储器,内部建有一个地址产生器及控制寄存器。当以突发模式读取第一段数据时,地址产生器将自动产生下一段数据的地址,所以系统可连续读取数段数据,提高读取速度。

pipeline chaining 流水线链接 在有多个功能部件的向量处理机里,一个功能部件的流水线处理结果可直接地送到另一条流水线作输入。例如,在乘-加操作流水线里,乘法流水线结果直接送加法流水线做相加操作,然后送最终结果到存储器,从而省去乘结果存入存储器后又取出来做相加的存数据和取数时间。

pipeline cipher 流水线加密 在密码学中,指用流水线计算机结构的加密技术。第一个明文块进入处理单元,开始第一阶段加密,完成后处理单元接受第二个明文块进行第一阶段加密,同时第一个明文块进行第二阶段加密,如此进行下去。

pipeline computer 流水线计算机 计算机的一种类型。这类计算机的结构采用生产上的流水线概念,把每条指令分成若干个顺序的操作,每个操作分别由不同的处理部件实现,这样构成的计算机,可以同时处理若干条指令,对于每个处理部件来说,每条指令中的同类操作像流水一样被连续加工处理。使用流水线工作可达到提高计算机处理速度和提高处理部件使用效率的目的。运算部件也可以采用流水线工作方式,如乘法和浮点加法。

pipeline cycle 流水线周期 流水线工作时,延迟时间最长的那个流水站的时间。流水线周期长短与各站中每个逻辑级延迟时间 τ_i 和连接锁存器时间延迟 τ_e 有关。设有 K 个流水站,则流水线周期 $\tau = max\{\tau_i\}_1^k + \tau_e$ 。

pipeline element (PLE) 流水线单元 由若干级流水线单元组成的数据流水线处理机中的一个处理单元。

pipeline flushing time 流水线冲洗时间 从向量指令译码开始到从流水线流出第一个结果的这段时间。它是流水线开销时间的一部分。

pipeline for query execution 查询执行的流水线法 数据库管理系统执行查询计划的一种方法。在查询计划树的执行过程中,子节点以流水线方式向父节点传递中间结果时,子节点操作符的输出将写到内存缓冲区中,父节点操作符从缓冲区读数据,父子操作符可以并行执行,而不必等待子操作符执行结束。查询执行的流水线过程可以分为需求驱动的流水线和生产者驱动的流水线两种方式。需求驱动的流水线比生产者驱动的流水线更容易实现,因而使用更广泛。参见 demand-driven pipe-

P

line, producer-driven pipeline。

pipeline interval 流水线间隔时间 流水线中两个连续操作结果之间的间隔时间。间隔时间越短则流水线的效率越高。

pipeline mode 流水线方式 将一条指令分解成多个子过程，以流水线形式处理指令流，可以同时解释多条指令的方式。

pipeline option 流水线选择 在 AIX 图形中，控制图像流水线中处理流的变量。

P

pipeline overhead time 流水线开销时间 流水线流出第一个结果以前的一切准备时间。包括建立流水线工作的准备时间和冲洗流水线的冲洗时间(见流水线准备时间和流水线冲洗时间)，准备时间是主要的流水线开销时间。

pipeline processor 流水线处理器 一种由一系列能同时执行部分指令的功能部件组成的处理机。其中指令的执行由一系列单元依次完成，各个单元并行地处理指令执行中的某一部分。

pipeline set-up time 流水线准备时间 为执行向量指令而准备各种向量参数所用的时间，主要操作包括：将向量操作数起始地址和结果数起始地址送到有关的地址寄存器，将地址增量送到地址增量寄存器，将向量长度送到向量长度寄存器等。流水线准备时间是流水线开销时间的主要部分。

pipeline stage 流水线站 计算机流水线中的功能部件。计算机系统的流水线由若干功能部件按一定规则顺序连接而成，每个功能部件负责处理特定的任务，这些功能部件就称流水线站。有时也称“流水线段”。

pipeline start-up time 流水线启动时间 向量指令启动到装入第一对操作数进入流水线这段时间。

pipelining algorithm 流水线算法 一类并行算法。是一组有序的程序段，其中每一段的输出将是其后继段的输入。算法的输入就是第一段的输入，算法的输出就是最后一段的输出。像常规的流水线一样，所有的段必须以相同的速度产生结果，否则最慢的段将成为瓶颈。此类算法也称“宏流水线算法”。

pipename 管道名 在 LAN Manager 网络软件中，赋予一个允许在两个进程之间进行通信的对象的名字。

piping and instrumentation diagram (P&ID) 管路仪表图 表示一个工厂内的流程和过程控制的原理图。该图中包括管路、阀门、控制器以及它们与主要设备和容器的连接等。该图及相应的报表可由 CAD(计算机辅助设计)系统构造和生成。

piracy 盗版 为了经济上的好处，未经批准的复制软件。

pirate 盗版者 制造不合法软件复制品的人，而这些软件是不免费的。

PIRV 编程中断请求向量 programmed interrupt request vector 的缩写。

pitch 补丁 对于软件系统在使用过程中暴露的问题(一般由黑客或病毒设计者发现)而发布的解决问题的小程序。补丁是由软件的原来作者制作的，通常可以访问网站下载补丁。参见 system bug and hole。

pitch bend wheel 调音轮 键盘上可使音调向上或向下变化的一种操纵轮，有 1 ～ 3 个，并分别标有名称。

pitch control 间距控制 对显示图像或打印格式中每单位长度的行数或每单位宽度的字符数的控制。

pitch factor 节距因数 分布绕组的一个系数，用于考虑线圈节距与极距间的偏差，这种偏差使绕组与极磁通的匝链量减少，从而相应地降低了电势。参见 distributed winding。

pitch frequency 基音频率 基音周期的倒数。

pitch period 基音周期 浊音的语音信号的周期。它和人在发浊音时声带的振动一致。发音时是可以控制音调周期逐渐变化的，反映在语音上是声调的改变。

pitch period estimation 基音周期估值 对基音周期大小的估计。常用的估值方法有：利用自相关函数，利用倒频谱，利用线性预测编码技术，利用短时傅里叶变换等。

pitch synchronous analysis 基音同步分析 根据基音周期，对语音信号在其一个完整的基音周期中进行时域或频域的同步信号分析。基音同步分析的困难在于不易准确确定一个音调周期的起始点和终点。

pitch synchronous innovation-code excited linear prediction (PSI-CELP) 基音同步更新—码激励线性预测(编码) PSI-CELP 在传统 CELP 的基础上对激励作进一步的改进，使随机激励矢量以基音为间隔作重复，从而提高语音质量。参见 code excited linear prediction (CELP)。

pit length 凹坑长度 凹坑沿光道方向的弧形长度。

PIU 路径信息单位 path information unit 的缩写。

pivot 主元素，主元 用消去法解线性代数方程时，每一步骤中被选中用于消去所在列中其他元素的那个元素。在计算方法中，主元素通常指在某一步消元时模最大的元素。若主元素的模在同列中最大，则称为列主元；若主元素的模在所有元素中最大，则称为全主元。

pivot table 透视表 一种数据结构，允许用户快速切换到用不同数据类型(如季度销售、地区销售和产品类型等)显示的数据视图。这种表是用电子表格程序和数据库创建的。

pixel 像素，像元 picture element 的缩写。

pixel array **像素阵列** 也称"光栅"。像素的矩形阵列,它就是图形的位图表示。

pixel aspect ratio **像素宽高比** 单个像素的宽度与高度之比。

pixel clock (PCLK) **像素时钟** 把一行图像划分成像素的一种时钟。相对于输入的信号,它必须要非常稳定,否则不能正确存储图像。像素时钟的时序信号控制数据采集,像素时钟越高,在屏幕上显示的像素就越多。

pixel count **像素数** 一个显示屏上的像素的数目。例如,PAL(逐行倒相制)制彩色电视每屏的像素数为 720×576 像素,前一个数字表示水平方向上的分辨率,而后一个数字表示垂直方向上的分辨率。

pixel image **像素映像** 在计算机内存储器中彩色图形的表现形式。类似于位映像,位映像描述一个屏幕图形,而像素映像多一维,称为深度,描述在屏幕上的一个像素在内存储器中分配的位数。参见 bit image,pixel。

pixel map **像素映像图** (1)在彩色图形程序中的一种数据结构,用于描述一个图形的像素映像,包括颜色、图像分辨率、尺寸、存储格式、每个像素的位数等特征。参见 pixel,pixel image。(2)一种三维的位向量。可想像为一个二维的像素的阵列,其中每个像素的值为从 0 到 2 的 *N*-1 次方,这里 *N* 为像素表的深度。(3)在 AIXwindow 程序和增强 X-Windows 中的一种数据类型,用位图建立的图标被转换成这种类型。经过这样的转换,子例程能通过访问默认文件生成像素表。参见 drawable,image cache。

pixel operation **像素操作** 为某种目的对像素进行的修改操作。

pixel pattern **像素图样** 用来构造显示屏幕上符号或字符图像的矩阵。

pixel replication **像素复制** 增加受激像素的数目来实现放大。但没有使细节更清晰的效果。

pixel scan **像素扫描** 使用扫描器和数字化仪,将图像转化为数字形式的一个过程。扫描器观察置于照明台上的下片或胶卷的透明度,图像的亮度由扫描器的许多点取样,并把它转化成与计算机兼容的数字形式。显示器使分析员可以观察正被处理的图像。

pixels per inch (PPI) **每英寸像素** 显示器或打印机性能的一种度量单位。在计算机显示器中,每英寸像素是对荧屏上清晰度(也就是亮点的密度)的衡量。点距决定可能的每英寸像素的绝对界限。然而,通常显示的图像的分辨率所需的点密度都小于显示器的点距。

pixel value **像素值** 在 AIX 增强 X-Windows 中,像素是一个 N 位的值,用于某个特定的窗口或位图的位平面的数量。窗口中的像素为产生实际显示的颜色提供了检索颜色表的索引。

PJE **指针调整事件** pointer justification event 的缩写。

PJNF **投影连接范式** projection-join normal form 的缩写。

PK **杀伤性比武,挑战** person killing 的缩写。

PKC **公钥密码学,公钥加密** public key cryptography 的缩写。

PKES **公钥加密系统** public key encryption system 的缩写。

PKI **公钥基础设施** public key infrastructure 的缩写。

pk-pk **峰峰值** peak to peak 的缩写。

PL **图像层** picture layer 的缩写。

PLA **可编程逻辑阵列** programmable logic array 的缩写。

placement algorithm **布局算法** 一种特殊的算法。用于确定在使用一个内部存储段之前将其安放在什么地方。

placement policy **放置策略** 在页的调度中,决定取到的页放置在主存的什么位置。

place value **位值** 按位记数系统中与某一数位相对应的数值。例如在十进制记数系统中,百位上的"1"相当于 100;千位上的"1"相当于 1 000。

plain old telephone service (POTS) **普通(老式)电话业务** 常规的由公共电话网提供的基本电话业务,包括常规长途电话、国际电话业务,不能附加任何增值服务功能。

plain text **明文** (1)没有被加密处理,可理解或意义明确的正文或符号。(2)在计算机网络中,不经站点加工、处理的传输正文信息。它是网络传输系统的原始信息,它可以构成报文和报文分组,也可以构成电子邮件和声音邮件。

plain vanilla **普通件** 无增强功能的标准型软硬件。例如,没有传真或声音功能的调制解调器。

PLA microprogramming codes **可编程逻辑阵列微程序设计代码** 一种利用可编程序逻辑阵列(PLA)的微码设计技术。在微程序控制的计算机中,用 PLA 可以很方便地翻译任意字长的操作码,获得适当的控存地址。PLA 用作控存时,由于其输入输出的全可编程特性,还能使微程序存储器的容量减至最小。参见 programmable logic array (PLA)。

. plan **UNIX 文件名后缀** 一类 UNIX 用户主目录中文件的扩展名。该文件当其他用户利用远程用户信息服务程序察看该用户账号时便会显示。用户可以根据自己的判断将信息输入到扩展名为 plan 文件中,以提供除了远程用户信息服务命令正常显示之外的信息。参见 finger。

plan administrator **计划管理者** 在业务连续性计划(BCP)中,对记录恢复行为和跟踪恢复程序负有责任的人员。

planar 平面的,平面部件 (1)在计算机图形中,指位于同一平面内的目标。(2)一个具有逻辑通路、低压分配通路或地电平通路的硬件部件。(3)微电子学中,指一种生产硅三极管的工艺,控制电流流动的化学元素被扩散到硅晶片的表面和表层,受元素扩展的表面在工艺过程之后仍然保持一个平整的面。

planar graph 平面图 一个能画在平面上,使得边仅在端点相交的图。平面图 G 的这样一种画法称为 G 的平面嵌入。一个平面嵌入也称"平图"。不能做到这点,即不能画在平面上使得边仅在顶点处相交的图称为非平面图。平面嵌入的概念可以推广到其他曲面上。若图 G 能画在曲面 S 上使它的边仅在端点上相交,则图 G 称为可嵌入曲面 S 的图。图 G 的这样一种画法(如果存在的话)称为 G 的一个 S 嵌入,如环面嵌入。

planar inverted F antenna (PIFA) 倒置F型平面天线 天线是以其侧面结构与倒反的英文字母F外观雷同而命名。PIFA天线的操作长度只有四分之一操作波长,而且在其结构中已经包含有接地金属面,可以降低对模块中接地金属面的敏感度,PIFA天线只需利用金属导体配合适当的馈入及天线短路到接地面的位置,故其制作成本低,而且可以直接与PCB(印制电路板)焊接在一起。

planar lightwave circuit (PLC) 平面光波导 光波导位于一个平面内的技术。基于平面光波导技术解决方案的器件包括:分路器、星形耦合器、可调光衰减器(VOA)、光开关、光梳和阵列波导光栅(AWG)等。

planarity testing 平面性检验 按照某算法来判定所给的图是否为平面图的过程。所谓平面图,是指一个图的各条边全画在同一平面上而互不交叉。

planarity testing algorithm 平面性测试算法 判定一个图是否为可平面图的算法的统称,并且若检测出是可平面图则能给出图在平面上的一种表示。图的可平面性在一些涉及到布线的问题上有重要应用,特别是用于集成电路的布线上。

planarization algorithm 平面图验算法 同 planarity testing algorithm。

planar network 平面网络 画在平面上不会形成交叉点的网络。

planar technology 平面工艺 制作平面型器件的一整套工艺的总称。它通过外延、氧化、光刻、扩散等工艺,使器件的各电极在一平面上,故有平面工艺之称。平面工艺是半导体集成电路制作工艺的基础。

planar transistor 平面三极管 三极管的一种特殊形式。它是在一个半导体材料的单层上制成所有的三个极。适用于功率管。

plane electromagnetic wave 平面电磁波 理想的平面电磁波是不存在的,因为只有无限大的波源才能激励出这样的波。但是如果场点离波源足够远,那么空间曲面的很小一部分就十分接近平面,在这一小范围内波的传播特性近似为平面波的传播特性。例如,距离发射天线相当远的接收天线附近的电磁波,由于天线辐射的球面波的等相位球面非常大,其局部可近似为平面,因此可以近似地看成均匀平面电磁波。

plane mask 平面掩码[屏蔽] 在AIX增强X-Windows中,图形操作可被限制在目标位平面的一个子集中。平面掩码用以指定被修改的平面,平面掩码保存在图形文本中。

plane polarized electromagnetic wave 平面偏振电磁波 平面电磁波在介质中传播时,若在平行于波的传播方向上加一强磁场,则波振动方向将发生偏转,称为平面偏振电磁波。它的偏转角度 ψ 与磁感应强度B和波穿越介质的长度l的乘积成正比。偏转方向取决于介质性质和磁场方向。

plane sinusoidal wave 平面正弦波 其相对应的各物理量随时间作正弦变化的一种平面前进波。参见 progressive wave。

plane wave 平面波 所对应的各物理量在任何垂直于一个固定方向的平面中是均匀的一种波。参见 plane sinusoidal wave。

plan maintenance procedures 计划维护步骤 在业务连续性计划(BCP)中,标明复查和更新业务连续性计划流程的维护步骤。

planning 规划 一种模拟人类求解复杂问题过程的问题求解方法。主要研究避免大空间搜索组合爆炸的基本策略(如产生测试方法、手段-目的方法)。它对搜索空间进行分解,把问题分成若干子问题进行求解,并根据子问题之间的联系,决定子问题的求解顺序和子问题之间的信息交流,选择适当的求解规则,在较小的搜索范围内使问题得到求解。用规划求解较为复杂的问题可求得一个操作序列、求解步骤。求解过程按步骤执行操作,最终达到目标。在执行操作的同时,规划还监视执行过程。一旦发现意外情况并影响到操作的继续执行,它能及时处理。规划经常用于为机器人制定动作序列。目前主要的规划技术有层次规划、非层次规划、演绎规划、脚本规划等。

planning for database system 数据库系统的规划 对建立数据库的必要性和可行性进行分析,确定数据库系统在组织中和信息系统中的地位以及各个数据库之间的关系。许多数据库设计尚未把规划列为一个独立的阶段,但对于大型数据库系统或大型信息系统中的数据库群,前期规划是至关重要的,它的好坏直接关系到整个系统的成功与否。

planning space 规划空间 规划工作环境的描述。包括基本操作、目标对象等。在层次规划中,规划空间是最低的层次,如 MOLGEN 系统是一个具有三个层次的规划系统，最低层是规划空间。

planning system 计划[规划]系统 计算机的应用领域之一。计划系统是专用的、面向问题的软件系统，它的模型和数据表示法简单明了。计算机系统通常有三个主要特性：①作计划者所面临的问题具有独特结构，且能用模拟语言表示；②对计划有分析的能力；③可以生成报告。

plant 插置 将程序执行过程中产生的指令或数字放入内存，以便在程序的以后步骤中执行。插置给计算机提供了根据运行结果来选择指令或子例程、控制程序运行的能力，但是不符合结构程序设计思想。

planted record 植入记录 一种危害数据库安全的攻击方法。通过将明文记录加到加密的数据库里，使数据库内容的顺序发生改变，以便获取明文-密文对的内容。

PLA microprogramming 可编程逻辑阵列微程序设计 用可编程逻辑阵列(PLA)作为微程序存储器的一种微码设计技术。它是将可编程逻辑阵列与微程序融为一体的设计技术，可编程逻辑阵列输入对应于微指令地址，可编程逻辑阵列输出对应于微指令字，由于输入、输出的全可编程的特点，可使微程序存储器的容量减到最小。参见 programmable logic array (PLA)。

PLA output latch 可编程逻辑阵列输出锁存器 某些微型计算机系统中设置的一种锁存器，用来暂存PLA(可编程逻辑阵列)输出，使 PLA 能进行流水线式操作，即当中央处理机正在执行现行程序时，PLA 输出锁存器便开始取下一步控制程序。参见 programmable logic array (PLA)。

PLA priority encoding 可编程逻辑阵列优先级编码 用可编程逻辑阵列对中断请求线进行优先级编码，以产生最高优先级请求线对应的向量地址。然后中央处理机利用向量地址作为转移地址，无需通过软件的定时询问程序就能处理优先级最高的部件。参见 programmable logic array (PLA)。

plasma 等离子体 将气体温度提高到超过某种极限，它不再维持为气态而成为另一种状态：构成气体的粒子的热能变得很大，因而通常使电子和原子核束缚在一起的电场力将被克服。不再是由电中性原子组成的灼热气体，而是由电荷相反的带电粒子和被电离的核组成的混合成分。这就是等离子体态，它即不是固态和液态，也不是气态，也称“物质第四态”。

plasma containment 等离子体约束 试图以有效的并且足够长时间的方式使等离子体粒子不碰撞器壁(等离子体就在此容器中产生)的运行。

plasma display panel (PDP) 等离子显示器 一种利用气体放电所产生的真空紫外线来激励彩色荧光粉发光的一种显示器。它采用等离子管作为发光元件，每一个等离子管对应一个像素，屏幕以玻璃作为基板，基板间隔一定距离，四周经气密性封装形成一个个放电空间。放电空间内充入氖、氙等混合惰性气体作为工作媒质。在两块玻璃基板的内侧面上涂有金属氧化物导电薄膜作激励电极。当向电极上加入电压，放电空间内的混合气体便发生等离子体放电现象，放电产生的紫外线激发荧光屏，荧光屏发射出可见光，显现出图像。当使用涂有三原色荧光粉的荧光屏时，紫外线激发荧光屏所发出的光则呈红、绿、蓝三原色。当每一原色单元实现 256 级灰度后再进行混色，便实现彩色显示。等离子体显示器技术按其工作方式可分为电极与气体直接接触的直流型 PDP 和电极上覆盖介质层的交流型 PDP 两大类。目前研究开发的彩色 PDP 的类型主要有三种：单基板式(也称“表面放电式”)交流 PDP、双式(也称“对向放电式”)交流 PDP 和脉冲存储直流 PDP。

plasma TV 等离子电视 采用等离子显示器(PDP)的电视机。参见 plasma display panel (PDP)。

plasma equilibrium 等离子体平衡 与磁场力平衡的具有一定分布和几何位形的一种等离子体。

plasma frequency 等离子体频率 在相对固定的离子对电子空间电荷的吸引所产生的恢复力的作用下，电子集体运动所引起的等离子体振荡的自然频率。此频率正比于电子密度的平方根。

plasma gas 等离子气体 已经或能够电离成为等离子体的气体或蒸汽。

plasma geometry 等离子体几何位形 等离子体截面的位置和形状。

plasma heating 等离子加热 利用电离气体的热特性和/或电特性进行的电加热。

plasma parameters 等离子体参数 表征等离子体并能在实验上确定的物理量。例如，密度、温度、电流、约束时间、β以及几何位形。

plasma radiation 等离子体辐射 从等离子体中发射的电磁辐射，主要由转变到其他自由态或者原子和离子的束缚态的自由电子发射，也由转变到其他束缚态的束缚电子发射。

plasma wave 等离子体波 包括组成等离子体的粒子和电磁场的振荡在内的等离子体扰动，这种扰动从等离子体的某一点传播到另一点，而等离子体不发生净运动。

plasmoid 等离子体团 电子、离子和中性粒子的单个聚团，其持续时间比粒子间碰撞时间长很多倍。

plastic ball grid array (PBGA) 塑封球栅阵列 一种芯片封装技术。PBGA 封装采用树脂或玻璃层压板作为基板，以塑料(环氧模塑混合物)作为密封材料，焊球为共晶焊料或准共晶焊料，焊球和封装体的连接不需要另外使用焊料。有一些 PBGA 封装为腔体结构，分为腔体朝上和腔体朝下两种。这

P

种带腔体的 PBGA 是为了增强其散热性能，称之为热增强型球栅阵列（EBGA），有的也称之为"腔体塑封球栅阵列（CPBGA）"。参见 ball grid array (BGA)。

plastic clad silica fibre (PCS-fibre)　塑包石英光纤　具有石英纤芯和塑料包层的光纤。

plastic conduit　塑料导线管　用作电缆套管的一种材料。多数是用 PVC（聚氯乙烯）制作的，其优点是容易拉伸。

plastic-disk optical memory　塑料磁盘光学存储器　一种磁盘驱动装置。它包含一个固体激光二极管、一个旋转镜和廉价的塑料媒体盘。

plastic fiber optics　塑料光纤　一种光纤，其中传输信息的介质是塑料而不是玻璃。这种介质一般比玻璃纤维具有较大的信号衰落性散光性，但连接器的成本较低，可用于距离短的场合。

plastic flat package (PFP)　塑料扁平封装　PFP 方式封装的芯片与 PQFP（塑料方型扁平式封装）方式基本相同。唯一的区别是 PQFP 一般为正方形，而 PFP 既可以是正方形，也可以是长方形。参见 plastic quad flat package (PQFP)。

plastic leaded chip carrier (PLCC)　塑料有引线芯片载体　一种表面贴装式芯片塑料封装。引线紧贴在封装四周。引线间距为 0.05 ～ 0.020 in。

plastic leaderless chip carrier (P-LCC)　塑料无引线芯片载体　一种集成电路无引线封装技术，类似于 LCC（无引线芯片载体）封装，但结构上并不兼容，LCC 是用陶瓷材料。参见 leaderless chip carrier (LCC)。

plastic pin grid array (PPGA)　塑料引脚栅格阵列　一种芯片结构的塑料封装形式。方阵形插针沿芯片的四周间隔一定距离排列，根据引脚数目的多少，方阵形插针可以围成 2 ～ 5 圈。Celeron 微处理器使用这种封装形式。它通过其内核上面的一层金属将热传递到散热片。参见 pin grid array (PGA)。

plastic quad flat package (PQFP)　塑料方型扁平式封装　PQFP 封装的芯片引脚之间距离很小，管脚很细。一般大规模或超大规模集成电路采用这种封装形式，其引脚数一般在 100 以上。用这种形式封装的芯片必须采用 SMD（表面安装设备技术）将芯片与主板焊接起来。Intel 系列 CPU 中 80286、80386、80486 采用这种封装形式。

plateau　台地　搜索问题中的一个模拟说法。在使用爬山法自寻最大梯度时有可能遇见一种情况，即"顶部平坦"的台地，其意指搜索至半途即不再存在梯度指标。

plate circuit efficiency　板极电路效率　电子管放大器的输出信号功率与输入的直流功率的比值。

plated-through hole　金属化[镀覆]通孔　在印制电路上，用电镀法或化学沉积法，在通孔中沉积一层铜来连通印制电路板的两个表面以及中央各层的连线。也称"金属化孔"。

plated wire storage　镀线存储器　用磁记录方式将数据存放在导线表面上的涂层中的一种磁存储器。

platform　平台　(1)计算机系统的技术基础。计算机系统是由各层次的设备组成的：芯片级的硬件层、固件和操作系统层、应用程序层。低层为高层提供支持，各层平台确定各自标准，按此标准去开发系统。每一个层次对于其上层来说就构成了一个平台。(2)程序运行的操作系统环境。(3)操作系统依赖的技术基础。

platform as a service (PaaS)　平台即服务　将软件研发的平台作为一种服务，以 SaaS（软件即服务）的模式提交给用户。PaaS 主要在于它能够提供企业进行定制化研发的中间件平台，同时涵盖数据库和应用服务器等。PaaS 可以提高在 Web 平台上利用的资源数量。例如，可通过远程 Web 服务使用数据即服务（DaaS），还可以使用可视化的 API（应用程序接口），甚至还允许混合并匹配其他平台。用户或者厂商基于 PaaS 平台可以快速开发自己所需要的应用和产品。同时，PaaS 平台开发的应用能更好地搭建基于 SOA 架构的企业应用。此外，对于 SaaS 运营商来说，PaaS 可以帮助进行产品多元化和产品定制化，使其成为多元化软件服务供货商。参见 cloud computing, data as a service (DaaS), software as a service (SaaS)。

platform for Internet content selection (PICS)　因特网内容选择平台　PICS 是 W3C（万维网联盟）提出的 Web 信息过滤规范，是由服务器向客户机传递 Web 内容等级的一种机制，如说某一网页是否包含有色情、暴力的内容。不同的机构可以按自己的价值标准将 Web 内容进行分级，这样用户就可以很容易地通过设置浏览器将某些网页过滤掉。

platform for privacy preferences project (P3P)　P3P 协议，隐私参数项目平台(协议)　为在因特网上共享个人秘密信息而制定的一种协议。P3P 提高了用户对个人隐私性信息的控制权。在 P3P 提供的个人隐私保护策略下，能够清晰地明白网站对自己隐私信息做何种处理，并且向用户提供了个人隐私信息在保护性上的可操作性。P3P 包括了两个组件：一个放在服务器端；另外一个放在客户端，形成一个用户代理。当用户登录网站的时候，服务器端的组件根据网站的要求，会自动生成 XML（可扩展标记语言）形式的用户个人处理策略，而客户端的组件就将这个个人处理策略提供给用户。P3P 是一个扩展语法和数据元集，它受资源描述框架（RDF）语言的规范。它允许用户通过浏览器与网站，通过临时或是成对的 ID（TU ID/PU ID）进行协商，以明确可以透露哪些个人信息并且作何用途。参见 resource description framework (RDF)。

platform integration　平台集成　集成化软件工程

支撑环境的工具之一，它注重各种工具的同时可操作性。在目前的网络和分布式环境下，平台集成主要以网络操作系统为依托，通过一组系统设施提供工具的网络透明性和操作系统透明性。

plating film disk **镀膜磁盘，电镀膜盘** 采用电镀法制成的磁盘。其磁层是一种全磁性物质的连续薄膜记录媒体，通常是采用合金薄膜，如镍-钴和镍-钴-磷等。与 r-Fe_2O_3 涂布磁盘相比较，其磁性能可以做得更好，厚度可以做得更薄，因此，其位密度极限也更高。缺点是抗冲击、抗磨损和抗腐蚀能力较差，为此，在实用的电镀薄膜磁盘表面上往往要镀上一层很薄的保护层。

PLATO **计算机辅助教学系统** programmed logic for automatic teaching operations 的缩写。

plausibility ordering **似真排序** 在人工智能的 α-β 搜索过程中，为更有利于修剪，在离树叶之前几级先进行一次排序的过程，如果各节点的子节点的次序排得好，则可出现大量的修剪。但若次序排得不巧，就可以仅在树叶上修剪，修剪量微乎其微。搜索过程中，如果能在离树叶之前几级，先进行一次排序，则会更有利于修剪。固定排序过程和动态排序过程都属于这类排序。

plausible reasoning **似然推理** (1)对事实和结论之间存在着某种不确定性的因果关系、或者事实不确定性的问题的处理技术，包括统计推理和基于知识的不确定性推理。(2)从不完全、不完善或不直接相关的前提上推出的可能性结论。(3)在处理不完全知识时，如果有多种解、多条路径或者企图限制领域范围、迅速收敛问题解的情况下所需要进行的推理。

playback **播放，重[回]放** 在多媒体控制设备上，用重放磁头或复合磁头来重放的过程。同 playout。

playback head **播放磁头** 控制设备上的一种装置，当其和记录媒体接触或接近时使得已记录的声音或其他声脉冲重新读出。

player **玩家，播放器[机]** (1)电子游戏中的参与者。(2)在计算机中常见的一种程序，用于播放多媒体文件，如声音文件、MPEG(活动图像专家组)文件、MIDI(乐器数字接口)文件、VCD(影碟)、DVD(数字影碟)文件和卡拉 OK 文件等。

player versus environment (PVE) **环境对抗游戏** 网络游戏的一种。提倡组队游戏，与周围的环境进行互动的对抗游戏。在该网络游戏中，双方都必须在开启 PK(挑战)开关的情况下进行或者需要到指定的游戏区域内进行。参见 person killing (PK)。

player versus player (PVP) **玩家对抗游戏，挑战** (1)网络游戏的一种。在该网络游戏中进行游戏的玩家不必进行强行 PK(挑战)模式设定就可以随意攻击其他玩家，也就是提倡自由 PK 的网络游戏。(2)网络游戏中取代 PK 的术语。参见 person killing (PK)。

play station portable (PSP) **掌上游戏机** 日本索尼电脑娱乐(SCE)开发的掌上游戏机。PSP 采用 4.3 英寸、16∶9 比例、背光全透式的 TFT 液晶屏幕，屏幕大小达到 480×272 像素；可播放 MPEG(活动图像专家组)-4 视频文件与 MP3 格式等音乐文件；使用 PCM(脉码调制)音源，对应三维环绕立体声，音域广音质好；使用 6 cm 直径大小的 UMD(通用媒体光碟)作为游戏以及音像媒介；配置 USB(通用串行总线)接口与存储棒插槽；支持无线连接因特网。参见 universal media disc (UMD)。

PLB **表现服务局部块** presentation services local block 的缩写。

PLC (1)可编程逻辑控制器 programmable logic controller 的缩写。(2)电力线通信 power line communication 的缩写。(3)电力线载波 power line carrier 的缩写。(4)共线通信 party line communications 的缩写。(5)平面光波导 planar lightwave circuit 的缩写。(6)丢包补偿 packet loss compensating 的缩写。

PLCC **塑料有引线芯片载体** plastic leaded chip carrier 的缩写。

P-LCC **塑料无引线芯片载体** plastic leaderless chip carrier 的缩写。

PLCP **物理层会聚协议** physical layer convergence protocol 的缩写。

PLD **可编程逻辑器件** programmable logic devices 的缩写。

PLDC **基本长途电信公司** primary long distance carrier 的缩写。

PLE **流水线单元** pipeline element 的缩写。

plenum cable **实心电缆** 用特别的聚四氟乙烯制成的电缆，具有防火的外层。

plenum chamber **静压箱** 送风系统减少动压、增加静压、稳定气流和减少气流振动的一种必要的箱体，它可使送风效果更加理想。可以把部分动压变为静压使风吹得更远、降低噪音，并使风量均匀分配。

plesiochronous **准同步的** 两个独立的允许略有不同的时序标准作为基准的数据系统但具有功能同步的状态。

plesiochronous digital hierarchy (PDH) **准同步数字系列** 为在双绞线中更有效地传播数字化声音而开发的标准。采用的速率为 DS0 的 64 KBps 的倍数。

plex **丛** 此词来源于拉丁文 plexus，表示由相关部分所组成的交错盘结的复杂结构。丛是由一组称为珠的元组成的，每个元是计算机存储器的 N 字向量。

P

plex entry **从条目** 组关系的一种集合,其中除项目定义组元外,每个组都可属于另一组并参与到更一般的关系中。

plex structure **丛结构** 也称"网络结构"。一种比树结构更复杂的数据结构。在此结构中的每一个节点可以有多个父亲节点,也即每一节点可和其他任一节点相连。

PLIC **可编程逻辑集成电路** programmable logic integrated circuit 的缩写。

PLL **锁相环** phase locked loop 的缩写。

PLL-QPSK **锁相环四相相移键控** phase-locked loop quadrature phase shift keying 的缩写。

PLM (1)产品生命周期管理 product lifecycle management 的缩写。(2)程序逻辑手册 program logic manual 的缩写。

PLMN **公共陆地移动网** public land mobile network 的缩写。

PLN **概率逻辑神经元** probabilistic logic neuron 的缩写。

plot mode **绘图方式** 绘图仪所具有的绘图方式。CRT(阴极射线管)鼓式照相绘图仪按其绘图使用度量单位可分为公制绘图方式和英制绘图方式两种。按 CRT 上光束工作方式可分为模拟绘图方式,即 CRT 上的光束是以连续的不间断的方式在介质上曝光的绘图方式,与数字绘图方式,即 CRT 上的光束是间断的点亮,图像由细小点阵形式形成。

plot speed **绘图速度** 绘图时,绘图介质与绘图仪写头之间相对移动速度。有的彩色静电绘图仪速度可以达到 1 英寸/秒。

plotter **绘图仪[机]** 一种自动化的制图装置。在计算机指令的控制下,通过控制接口将计算机语言转换成绘图机的控制信号,控制 X,Y 方向马达的转动和抬笔、落笔等动作,从而绘出图形。在多笔头的绘图机中,可根据需要选择不同颜色和不同粗细的线条绘出图形。为了减少使用主机的时间,也可先将要绘制的图形数字化,并记录在磁带上,然后在磁带控制器的控制上脱机绘图。绘图机本身又分为滚式绘图机、X-Y 绘图机、CRT(阴极射线管)绘图仪及静电绘图机等。

plotter step size **绘图机步长** 绘图机打印点间的增量值。

plotting board **绘图板,图形输出板** 一种输出部件。能按两个或多个变量之间的函数关系画出曲线。

plotting continuity **绘图连续性** 一项绘图仪指标。指一张由分段绘制完成的图形,它们的邻接点允许偏移的误差。

plotting device **绘图设备** (1)可以绘制复杂的、高精度的图形和图像的计算机输出设备。绘制图形方法通常有两种。一是以光栅点阵的形式绘制。二是将计算机输出的离散数据以连续绘图方式绘制。(2)绘图设备工作方式通常有两种。其一是联机方式,即绘图设备与计算机直接连接的绘图方式。绘图设备在计算机的直接控制下完成绘图工作。另一种是脱机方式。计算机把需要绘图的记录信息存在磁带上,由独立绘图系统完成绘图工作。它们通常可以将图形以丰富的中间色调绘制在纸或胶片上,有的还可以绘制彩色图形。其绘图结果可以长久保存。(3)绘图设备种类一般可分为笔式绘图仪即滚筒式绘图仪和 X-Y 平板绘图仪、喷墨式、静电式、热敏式和 CRT(阴极射线管)照相绘图仪等。在电子工程设计、机械制图、集成电路设计、航空、地震勘探处理及服装设计等图形方面的输出中起着重要的作用。

plotting tablet **图形输入板,绘图板** 一种绘有坐标、带有传感器的图板。用于向计算机输入图形。使用时由人操纵传感器的移动,在适当的点上按动传感器上的按钮,即可将移动轨迹转换成坐标值送入计算机。

plot writing head **绘图写头** 一种由特殊材料制成可由程序控制驱动电压的装置。不同绘图宽度的静电绘图仪,具有不同宽度的写头。

ploy marker **多点标记** GKS(图形核心系统)中输出图元之一,它是一组画在指定位置上的标记,可以作为标记使用的有叉号、点、星号、十字符号、方块符号等。

PLP **分组级规程** packet-level procedure 的缩写。

PLPA **可调页链接装配区** pageable link pack area 的缩写。

PLR **程序库版本** program library release 的缩写。

PLTTY **专线电传服务** private line teletypewriter service 的缩写。

PLU **主逻辑单元** primary logical unit 的缩写。

plug **插头** (1)一种可以插入插座的连接器,特别指插针式连接器。它一般用在设备软线的一端或两端。(2)两个或两个以上接触件组成的带有绝缘保护体的一种自由端连接器。插头内一般装入阳性接触件(插针)并多数为自由端。

plug and play (PnP) **即插即用** 指在计算机内插入一个装置并使计算机确认此装置的存在,而用户不必通知计算机。即插即用功能只有在同时具备了符合以下四个条件时才可以实现:即插即用的标准 BIOS(基本输入输出系统)、即插即用的操作系统、即插即用的设备和即插即用的驱动程序。

plug-and-play networking **即插即用联网** 任何网络系统的一种特性:允许一台新的计算机开始通信而不需要网络管理员重新配置。动态主机配置协议(DHCP)提供了即插即用的互联网连接。参见 dynamic host configuration protocol (DHCP)。

plug and socket 接头和插座 也称“接插件”或“连接器”。连接两个有源器件的器件，传输电流或信号。同 connector assembly。

plugboard 插接板 一种上面带孔的板，在孔中插上塞式或针式插头用以控制设备的操作。同 control panel，pinboard。

plugboard computer 接插板计算机 有一个输入和输出穿孔板的计算机，通过连线与一个可移式插接板相连接，再把程序指令传送至输入/输出穿孔板。

plug-compatible 插接兼容 作为一种硬件设备，不须修改便可连接到由不同公司生产的计算机或设备上。例如，一种插接板兼容调制解调器，不须将电缆重新布线便可插入到计算机。如果外围设备设计成能插入到标准接口中，则一计算机就能与不同厂家生产的这种外围设备相连，称这种设备为插头可兼容的。采用这种插头，就可把一些独立公司的产品如终端、打印机或磁盘机连到更普通的计算机。为了插头的可兼容性，就要强迫满足所有的电子和逻辑要求。

plug-compatible mainframe (PCM) 插接[插接]兼容机 (1)描述能够直接取代每个生产商装置的设备的术语。PCM 装置通常是对原装置的改进，更便宜，性能更全面。有人根据与 IBM 计算机兼容的程度将其分成 11 级。其中 0 级是不兼容机，10 级就是 IBM 机器本身，1 ～ 9 级是具有不同兼容程度的兼容机。(2)一个公司的计算机产品可以跟另一个公司的计算机产品直接插接起来一起运行，在功能、电气性能及机械尺寸等方面都不存在问题的计算机。

plug-in 插件 有时巨大的集全部功能于一身的应用程序并非是用户的要求，因为它们包含了太多的从未用过的功能。为了避免这一缺点，有些应用程序，如浏览器上增加大量称为插件的附件。这些微小的单一功能的应用程序每个都有特定的功能，因此用户只需下载那些他们感兴趣的功能的插件。当想读取一个需要插件的文件时，如声音或影片，相应的插件会自动启用。

plug-in type fuse 插入式熔断器 熔断体靠导电插件插入底座的熔断器。

plug-to-plug compatibility 插接兼容性 只要连接一个插头或较少的电缆，外部设备就能同计算机一起工作的特性。

plug wire 插接线 两端都带有插接头的电缆。

pluribus system 多元总线系统 作为网络通信机的一种容错系统。此系统在 ARPA(阿帕网)网络中作为接口信息处理机(IMP)使用。该系统由一组模块组成，这些模块可分为处理器模块、存储模块和 I/O 模块三类。此系统的容错能力多数是靠软件实现的。当发现硬件故障时，软件从系统可用冗余备份中选出一个代替有故障的部件，构成新逻辑系统。多元总线系统还检查软件结构的正确性。使用超时计数器来发现硬件或软件故障。这些系统有效度超过 99.7%，停机时间主要由软件错误造成。

plus-minus 2I network (PM2I) 加减 2I 网络 单级互连网络的一种基本结构形式，也称“PM2I 单级网络”。这种网络共有 $2n$ 个互连函数，即：

$$PM_{2+i}(j) = j + 2^i \bmod N$$

$$PM_{2-i}(j) = j - 2^i \bmod N$$

式中，$0 \leqslant j \leqslant N-1, 0 \leqslant i \leqslant n-1, n = \log_2 N$，$N$ 为输入端和输出端的个数。ILLIAC Ⅳ 阵列是 PM2I 网络的一个特例，它共有 $PM_{2\pm 0}$ 和 $PM_{2\pm n/2}$ 等四个互连函数。

plus zone 正区 表示正数的数域。例如二进制数的符号位为 0 表示正数，则 0000 至 0111 是正区。

PLV 生产级视频 production level video 的缩写。

PLZ language PLZ 语言 美国 Zilog 公司于 1977 年为其微型计算机系统设计的一种专用语言。该语言可用来编写系统程序。PLZ 以 Pascal 语言为基础，对数据类型作了某些限制。PLZ 分为系统部分 PLZ/SYS 和汇编部分 PLZ/ASM。PLZ/SYS 有许多数据类型，如整数、短整数、字节、字、记录、数据、指示字等，PLZ/SYS 可以使用一些控制结构，无 GOTO 语句。PLZ/ASM 是一种汇编程序，但具有高级语言的某些特点。

PL/1 language PL/1 语言 programming language one 的缩写。一种程序设计语言，由 IBM 公司于 1964 ～ 1969 年间开发。它把 FORTRAN、COBOL、ALGOL 等语言的关键特征综合在一起，并引入一些新概念，如基本条件的错误处理、多任务。用于科学计算、企业数据处理、系统程序设计等。能够处理大量类型的数据结构，允许运算中的各种不同的运算精度。参见 ALGOL，COBOL，Compiled language，FORTRAN。

PL/1-80 language PL/1-80 语言 美国国家标准学会的 PL/1 语言的通用子集。该语言适合 8080、8085 和 Z80 等微处理机的用户改进软件的需要。其典型的软件包括本机码编译程序、综合子程序库、连接编辑程序、浮动宏汇编程序等。

PM (1)通道监视 path monitoring 的缩写。(2)调相，相位调制 phase modulation 的缩写。(3)物理媒体 physical medium 的缩写。(4)性能管理 performance management 的缩写。(5)相位裕度 phase margin 的缩写。

PMA 即时维护告警 prompt maintenance alarm 的缩写。

PMB 引示置忙 pilot-make-busy 的缩写。

PMBX 专用人工交换分机 private manual branch exchange 的缩写。

PMD (1)物理媒体相关 physical media dependent 的缩写。(2)程序模块词典 program module dictionary 的缩写。(3)偏振模色散 polarization mode dispersion 的缩写。

PMDS 物理媒体相关子层 physical medium dependent sublayer 的缩写。

PME effects 光磁电效应 photo-magneto-electric effects 的缩写。

PMF 概率质量函数 probability mass function 的缩写。

PMMU 页式存储管理部件 paged memory management unit 的缩写。

P

PMOS P 沟道金属氧化物半导体 positive-channel metal oxide semiconductor 的缩写。

PMP 便携式媒体播放器 portable media player 的缩写。

PMS (1)图像电话会议服务 picturephone meeting service 的缩写。(2)公共报文服务 public message service 的缩写。(3)PMS 系统,全色调配色系统 pantone matching system 的缩写。(4)过程监督系统 process monitor system 的缩写。(5)处理机存储器开关 processor memory switch 的缩写。

PMT (1)页映射表 page map table 的缩写。(2)光电倍增管 photomultiplier tube 的缩写。

PMTU 路径最大传输单元 path maximum transmission unit 的缩写。

PMX 可编程操作员消息交换 programmable operator message exchange 的缩写。

PN 专用网 private network 的缩写。

PNCH 分组通知信道 packet notify channel 的缩写。

pneumatic actuator 气动执行元件 将气体能转换成机械能以实现往复运动或回转运动的执行元件。实现直线往复运动的气动执行元件称为气缸;实现回转运动的称为气动马达。参见 actuating element。

pneumatic computer 气动计算机 靠液体-气体或液体的流量和压力变化发送信号的存储信息的计算机。

.png 可移植的网络图形文件名后缀 png 是 portable network graphics 的缩写,是一种压缩位图文件的扩展名。参见 portable network graphics (PNG)。

PNG datastream PNG 数据流 PNG(可移植的网络图形)图像是以数据流的方式传输的,与 gif 图像相似,PNG 也把数据流分解成若干数据块。在 PNG 数据流的开始是 PNG 图像格式的签名。后面的数据块的顺序除了因为依赖性的原因之外,出现的顺序是无关紧要的。在每一 PNG 图像文件流的开始是 PNG 的文件签名,然后是 IHDR 数据块,后面是其他的一些数据块,PNG 文件的最后是 IEND 文件结束数据块。参见 portable network graphics (PNG)。

PNG decoder PNG 解码器 PNG(可移植的网络图形)解码器是对数据块进行处理,数据块类型字段是由四个 ASCII(美国信息交换标准代码)字符组成,每个 ACSII 字符的大写方式和小写方式具有不同的含义。PNG 解码器需要根据每个字符的大小写方式选择不同的处理方式。第一个字符的大写方式表示此数据块为一重要数据块,如果解码器不能识别这个类型,则解码失败。反之,小写的则为非重要数据块,解码器可以选择忽略这个数据块。第二个字符的大小写则反映出此数据块是否为 PNG 图像的公有数据块,第三个为保留标志,此字符始终为大写字符,第四个字符的大小写则表示此数据是否可以任意拷贝。

PNG editor PNG 编辑器 可以对一个 PNG(可移植的网络图形)数据流进行修改的过程或设备。

PNG encoder PNG 编码器 将源图像构造为数据流图像的过程或设备。

PNG four-byte signed integer PNG 四字节符号整数 整数范围为-(2^{31}-1) ~ 2^{31}-1。

PNG four-byte unsigned integer PNG 四字节无符号整数 整数范围为 0 ~ 2^{31}-1。

PNI 允许下次增加 permit next increase 的缩写。

PN junction PN 结 半导体 P 型区和 N 型区之间的结。

PNNI 专用网间接口 private network to network interface 的缩写。

PNNI protocol entity PNNI 协议实体 执行 PNNI(专用网间接口)协议并提供路由服务的交换系统的软件实体。参见 private network to network interface (PNNI)。

PNNI routing control channel PNNI 路由控制通道 ATM(异步传输模式)网络中用于交换 PNNI(专用网间接口)路由协议消息的虚拟通道连接。参见 private network to network interface (PNNI)。

PNNI routing domain PNNI 路由领域 ATM(异步传输模式)网络中的一组拓扑上连续的系统,运行 PNNI(专用网间接口)例程的一个事例。

PNNI routing hierarchy PNNI 路由层次 ATM(异步传输模式)网络中,用于 PNNI(专用网间接口)路由的平等组层次。

PNNI topology state element (PTSE) PNNI 拓扑状态元素 在 ATM(异步传输模式)网络中,一系列沿平等组中所有逻辑节点流动的信息。

PNNI topology state packet (PTSP) PNNI 拓扑状态包 ATM(异步传输模式)网络中的一种 PNNI(专用网间接口)路由包,用于在一个平等组的逻辑节点之间传递 PNNI 拓扑状态元素。

PNP 专用网编号计划 private numbering plan 的缩写。

PnP **即插即用** plug and play 的缩写。

PNP transistor **PNP 晶体管[三极管]** 一种晶体管[三极管]类型。它的基极是 N 型半导体,夹在 P 型的发射极和集电极之间。

PoC **无线一键通** push-to-talk over cellular 的缩写。

Pockels effect **泡克耳斯效应** 平面偏振光沿着处在外电场内的压电晶体的光轴传播时发生双折射现象,且两个主折射率之差与外电场强度成正比,这种电光效应即为泡克耳斯效应。1893 年由德国物理学家泡克耳斯(Friedrich Carl Alwin Pockels, 1865-1913)发现。参见 electro-optic effect。

pocket computer **袖珍计算机** 能放在口袋中很小的计算机,如袖珍计算器,也是用于办公室、学校和家庭的理想工具。它们的特点与型号有关,包括 BASIC 程序设计、盒式磁带接口、QWERTY 键盘、数字盘和内存的程序等。某些型号可连接打印机,用液晶显示。

pocket-size reel **袖珍带盘** 便于携带和装卸的小型磁带盘。

PODA **面向优先级按需求分配** priority oriented demand assignment 的缩写。

podcaster **播客** 2004 年底 2005 年初,一种用嘴"写"、用耳朵"看"的新媒体。"播客"起源于美国。借助于 RSS(聚合内容)技术将 MP3 音频文件连缀起来,形成具有强大生命力的虚拟电波频段。网友可以将网上的广播节目下载到自己的 MP3、iPod 播放器中随身收听,也可以自己制作声音节目,并将其上传到网上与广大网友分享。参见 blogger, podcasting。

podcasting **泡播** 泡播是指制作和分发音频文件,供下载到数字音乐或多媒体播放机,如 iPod 播放机。虽然泡播通常是为数字音乐播放器生成的音频文件,但同一技术也能用于制作和发送图像、文本和视频。

POF **故障点** point of failure 的缩写。

POI (1)程序操作员接口 program operator interface 的缩写。(2)接口点 point of Interface 的缩写。

point **小数点,点,指针** (1)用于划分一个量的整数部分和小数部分的标记点。在二进制系统是称为二进制小数点;在十进制系统中称为十进制小数点。(2)设置在记录中的一个字或一个字中的场,用来链接各个记录。(3)在排版和印刷中常常使用的一种表示打印尺寸和行距的度量单位。1 点等于 0.35 277 mm。1 pica 等于 12 点,1 英寸大约等于 72 点。另一种称 Didot 磅制的,1 Didot 磅是 0.0148 英寸(0.376 mm)。参见 pica, Didot point system。

point-and-click **点击** 在图形用户接口(GUI)中,通过在平滑表面上滑动控制光标位置的鼠标器,并启动其中一个鼠标按钮一次或多次(即"按击")而进行选项。在 GUI 光标由鼠标器控制时,这是命令执行的最主要方式。

pointcast **点送** 使用推送技术把新闻文章递送给用户的一种因特网服务,服务器不需要客户的命令即可自动上载数据。

point chain **指定字链** 建立存取通路的指示字序列。

point charge **点电荷** 带电体的一种理想模型。如果在研究的问题中,带电体的形状、大小可以忽略不计,即可将它看作是一个几何点,则这样的带电体就是点电荷。实际的带电体(包括电子、质子等)都有一定大小,都不是点电荷。但当电荷间距离大到可认为电荷大小、形状不起什么作用时,可把电荷看成点电荷。

point code **点代码** 分配到 CCITT(国际电报电话咨询委员会)公共信道信令系统网络中的各个地址中的唯一地址。

point coordination function (PCF) **点协调功能** 一种协调点轮询方式的共享信道技术。PCF 适用于节点安装有点控制器(中心控制器)的网络。所有的工作站均服从中心控制器的控制,中心控制器用轮询法询问每个站有没有数据要发送,由于完全控制了各个站的发送顺序,因此 PCF 不会有冲突产生。参见 distributed coordination function (DCF)

point-dependent segmentation **按点分割** 模式识别中对离散样本空间所进行的划分。

point diagram **点图,散射图** 同 scatter diagram。

point discharge **点放电** 也称"尖端放电"。(1)一种与周围气体之间有电位差的尖端导体的无声无光的放电现象。(2)在高电压作用下,电极尖端部位的电场强度超过一定数值后产生的电晕放电现象。同 marginal discharge。

pointer **指示字,指针** (1)表示一项数据的位置的标识符。(2)某一个目标的物理的指示器或符号标识符。(3)随记录一起存储的一种标记(地址),用来指示存储在溢出区中的下一个逻辑记录的位置。也可用来指示有关数据或记录的位置。参见 overflow。(4)在计算机制图中,用于规定一个可寻址点位置的功能单元。由人工控制,可用于控制交互式图形操作,如选择预定的一组显示元件中的一个单元,或者在产生坐标数据时指出显示空间内的一个位置。参见 horizontal pointer, instruction pointer, space pointer, space pointer machine object, system pointer, vertical pointer。

pointer address **指示字地址** 在数据处理系统中,存放所需数据有效地址的那个存储单元的地址。

pointer array **指示字(数)组,指针数组** (1)由指示字组成的表。(2)与系首记录相关联的指针集,用以连接系首记录和同系的成员记录。

pointer copy **指针拷贝** 使用指针重映射技术实现

的时间点拷贝。参见 pointer remapping。

pointer justification event (PJE)　指针调整事件　PJE是指针中I或D比特位的反转，同时指针值相应地增加或减少以表示发生了频率的调整。

pointer method　指引元法　文件的基本组织方法之一。在存储器中设立专门单元，用以直接指明各个记录的地址。指引元法可用索引法和链地址法来实现。前者是在存储区内建立一个目录，以建立全部关键字值 ki 及其相应记录的地址 $A(R_{ki})$的索引表；后者是在记录 R 中嵌入记录 R_{k+1}的地址 $A(R_{k+1})$——链地址，以便在用其他方法求得 R_{ki}的地址后，逐次用链地址求得各个记录直到 R_{kn}的地址。链地址法有向前指引元法、双向指引元法和环状指引元法等。

pointer remapping　指针重映射　一种时间点拷贝的实现技术，其复制的是指向所有源数据的指针和拷贝数据。当数据被重写时，将会给更新过的数据选择一个新的位置，同时指向该数据的指针也被重新映射，指向更新后的数据。如果拷贝是只读的，那麽指向该数据的指针就不会被修改。参见 point in time copy。

pointer type　指针类型　一类用于访问基本数据类型的值的类型。指针类型常用于构造动态数据结构，如大小不能事先知道的链接表以及复杂结构的数据结构，如树或图等。指针类型也是用户定义类型，定义一个指针类型就说明类指针可以用于指向什么样的类型。

pointer value　指针值　在PL/1语言中，一个标识数据存储位置的值。

pointer variable　指针变量　其值为数据项地址的变量。通常只能为某种类型的变量地址。

point estimation　点估计　参数估计的一种形式。也称"定值估计"，就是用实际样本指标数值作为总体参数的估计值。点估计就是要构造一个只依赖于样本的量，作为未知参数或未知参数的函数的估计值。点估计常用的方法有矩估计法、顺序统计量法、最大似然法、最小二乘法等。参见 parameter estimation，maximum likelihood method，least square method。

point group　点群　一个图 $G=\langle V,E\rangle$的自同构的全体对映射的合成构成的群。图G的点群用$\Gamma(G)$表示。

pointing device　定位设备　定位设备用于控制屏幕上的光标。如鼠标器、笔、数字化仪、游戏杆、跟踪球等，可按动屏幕上对话框中的按钮、选择菜单项、选择操作区域、选择文本或图形内容等。参见 graphics tablet，joystick，lightpen，mouse，pick stylus，trackball。

point in time copy　时间点拷贝　一种包括数据在某个时间点的映像的完全可用拷贝。该拷贝被认为发生在该时间点，但是可能在其他时间进行部分或全部的拷贝工作，只要结果是数据在该时间点的一致性拷贝即可。参见 split mirror copy，copy-on-write snapshot，point in time copy。

point matrix method　点阵法　建立字库时使用的方法之一，另一种方法是向量法。该方法是将一个汉字划分成二维平面上的若干不连续的点阵。这样就得到一个汉字图形的二进制信息。将几千个汉字的点阵信息按一定的次序送入存储介质，就组成字库。

point-mode display　点(方)式显示　一种显示方式。用代表 X、Y 坐标的两个独立的数字(由若干位组成，如18位)来确定显示屏上一个点的位置。

point of common coupling (PCC)　公共耦合点　公共供电网络中电气上与特定用户装置距离最近的点，在这一点上可以接上或者已经接上了其他用户装置。

point of control and observation (PCO)　控制观察点　计算机网络测试环境中的一个位置，其中测试事件的发生被作为由某个抽象测试方法所定义事件的进行控制和观察。

point of failure (POF)　故障点　程序中因错误而停止执行的部位。

point-of-failure restart　故障点再启动　在某些通信系统软件中，报文控制程序热启动的一种类型，其方法是当系统关闭后或系统失败后重新初启时，要用事件记录更新环境记录。比较 point-of-last-environment restart。参见 cold restart，warm restart。

point of interface (POI)　接口点　本地接入和传送区域(LATA)接入和LATA内的功能之间的物理电信接口。该点确定了技术接口、检测点以及操作责任点。

point of invocation　调用点　PL/1中，调用分程序里，引用被调用过程的过程出现的位置。

point-of-last-environment (POLE) restart　最后环境点再初启　在某些通信系统软件中，报文控制程序热初启的一种类型。其方法是当系统关闭后或系统失败后重新初启时忽略事件记录。比较 point-of-failure restart。参见 cold restart，warm restart。

point of no return　不可返回点　程序中由于数据不可再用而造成程序不能再重新运行的某一点。

point of point (PoP)　接入点　让用户通过一个特定电话号码拨号接入因特网的一个节点。接入点越多，其用户利用本地电话呼叫建立连接的可能性越大。

point of presence (POP)　存在点，入网点　(1)在因特网内，由因特网服务提供商为用户接入因特网而提供的点。一般它是一个物理实体。(2)国内或国际通信网的本地接入点。用户通过拨打本地电话号码进入网络。

point-of-sale (POS) **销售点(系统)** 使商品零售经营管理的各方面(包括库存控制、信用认可、信用核实和结账等)自动化的计算机系统。

point-of-sale device **销售点设备** 当物品售出时,用以在机器可以读出的媒体上记录销售数据的一种设备。

point-of-sale software **销售点软件** 像条形码阅读器这样的程序,当商家销售产品时,它自动进行会计和库存数据库的调整。典型销售点软件包则提供了大型商业系统的全部功能,有自动信用卡验证、客户历史跟踪、条形码标签打印、雇员销售跟踪、再订货报告、灵活的销售分析与报告以及到输出连接财务软件等。可用的附件包括一个兼容的现金抽屉和一台收据打印机。

point-of-sale system **销售点系统** 自动进行零售操作的电子系统。该系统用现金出纳机管账,通过与中央计算机连接的读出终端辨认信贷卡,利用磁卡或IC卡系统进行电子转账。通常,在商业销售点采用金布尔(Kimball)标签、条形码标记阅读器或零售终端机。这样可省去费时的数据准备操作,保证在事件发生时就能直接为商店的中央处理机搜集和传送数据,从而及时提供各种企业管理信息。

point-of-sale terminal (POST) **销售点终端** 连接银行、商店与客户一体化网络的售货点终端机转账系统,它是连接银行和商店的供客户购物时自动支付的专用设备。使用时由客户将银行为其开户时所提供的提款卡插入终端,即可把货款由自己的账户从银行转入商店的账户上,从而完成一次交易结算。

point of service (POS) **业务点** 长途电话从本地公司的网络进入到长途电话公司的网络之点。

point of view (POV) **观察点** 在视频制作中,指景像所反映的摄像机角度,就像摄像机掌握在某个人的手中一样,给出从它所观察到的景像。

point operation **点运算** 一种图像处理的运算方法。即只对每一个像素点进行运算而与邻近像素无关。其结果使处理后的图像每个像素点只与输入图像的同名点像素有关。这种运算方法与局部运算相对应。

point sampling **点采样(法)** 最简单的一种纹理映射。使用一种算法把屏幕像素位置映射到纹理图上相应的点,选择邻近的纹理元的属性(颜色、alpha通道值等),然后直接应用到屏幕像素上。对被敷贴纹理的对象中的每个像素都重复这个过程。也称"最近点采样"。参见 nearest point sampling。

point size **点数** 一个字型纵向含有的点数,可用来表示一个字符的高度。

point-source light **点光源** 由一个非常小的发光体或仅有一个小孔的灯盏中所发出的光。

point-source loudspeaker **点声源式音箱** 从一个点上向空间辐射声波的音箱。比较 line-source loudspeaker。

points-per-frame display **每帧点数显示** 阴极射线管上画面闪烁光点的最大和最小数的测量。

points per inch (PPI) **点每英寸** 显示器或打印机性能的一种度量单位。

point-to-multipoint connection **点到多点连接** 在通信系统中,单个始发终端与多个目的地终端之间建立的连接。例如,在ATM(异步传输模式)网络中,一系列相关的ATM虚拟通道或虚拟路径链路,与终端节点相关。其中有一个ATM链路(称为根链路)作为简单树形结构的根,当根节点发送信息时,连接中的所有其余节点(称为叶节点)都接收该信息。每个叶节点可直接向根节点发送信息,根节点不能区分是哪一个叶节点发出的信息,除非有附加信息。叶节点之间不能直接相互通信。

point to multi-point-group call (PTM-G) **点对多点群呼业务** 点对多点业务的一种,向分布在一个区域中的特定一组用户提供。该业务可以是单向、双向或多向。

point to multi-point multicast (PTM-M) **点对多点组播业务** 点对多点业务的一种,向分布在一个或多个地理区域内的一组用户进行的多信道广播业务,为单向业务,没有确认。

point to multi-point service (PTM service) **点对多点业务** 在通用分组无线业务(GPRS)业务中,向业务请求者定义的一个区域内的所有业务用户或预定义的一组用户发送数据的业务类型。参见 general packet radio service (GPRS)。

point-to-point **点对点** (1)只涉及链路两端的两个网络节点的关系。(2)指两个位置之间不使用任何中间站或计算机的数据传输。

point-to-point channel-path configuration **点到点通道路径配置** 在一个I/O接口中,一个由通道和一个控制单元之间的单个链路构成的配置。对应于 switched point-to-point configuration。

point-to-point circuit **点对点线路** 通过一条电话电路或电话线连接两点的通信电路或系统。是只供一个客户专用的通信线路。

point-to-point configuration **点对点配置** 一种通信链。其中两个站间是直接连接的。

point-to-point connection **点对点连接** 在通信系统中,单个始发终端与单个目的地终端之间建立的连接。

point to point connectionless-mode network service (PTP-CLNS) **点对点无连接网络业务** 点对点业务的一种,将一个单独数据分组从用户A传送到用户B,在两个用户之间的网络层通信的无连接网络协议和IP(网际协议)支持的业务。无连接方式的传输是指发送和接收用户之间信息传送之前不需要建立端到端的会话连接。

P

point to point connection-mode network service (PTP-CONS) **点对点面向连接网络业务** 点对点业务的一种,由面向连接网络协议支持的业务,在两个或多个对等实体间数据分组的传送要求建立逻辑连接。面向连接业务要求有数据分组传送之前的连接建立、数据传送和连接释放程序。

point-to-point controlled robot **点位控制机器人** 它的运动为空间点到点之间的移动,只能控制运动过程中 n 个点的位置,不能控制其运动轨迹。

point-to-point control system **点对点控制系统** 一种数字控制系统。在这种系统中,对于从一点到另一点的运动,只要求运动到达某一指定的点,而不规定运动的路径。

point-to-point line **点对点线路** (1)连接单个远程站到计算机的一条交换式或非交换式的远程通信线路。比较 multipoint line。(2)连接两个单个节点,如一台计算机和一个相连的终端的通信信道。可以是交换式或非交换式的。

point-to-point link **点对点链路** 连接单个远程站到某个节点或到其他站的一条交换式或非交换式的链路。

point-to-point network **点对点网络** 由点到点链路所组成的准确地连接两个站的网络,可以是拨号连接,或租用线路。比较 multidrop network。

point-to-point protocol (PPP) **点对点协议** 在计算机网络中,为在串行线路上传输 TCP/IP(传输控制协议/网际协议)包所用的类似 SLIP(串行线路互连协议)的一种低层协议,为在点到点链路上传输多协议数据报提供了一种标准。它定义了一个可扩充链路层协议(LCP),并提出了一系列用于建立和配置不同网络层协议的网络控制协议建议。PPP 协议由三个主要部分组成:一种包装多协议数据报文的方法;一个 LCP(链路控制协议)用于建立、配置和测试数据链路连接;一系列网络控制协议,用于建立和配置不同网络层协议。PPP 通过电话线传输数据,其工作与 SLIP 相同,但速度略快些,有更好的纠错功能,比更直接的以太网或令牌环连接费用低。PPP 基于 ISO3309 协议,编入 ISDN(综合业务数字网)、X.25 和其他协议组。在 ATM(异步传输模式)情况下,8 位位组以 1 个起始位、8 个数据位和 1 个停止位传输。参见 multilink PPP (MLPPP),point-to-point tunneling protocol (PPTP)。

point-to-point service **点对点业务** 在通用分组无线业务(GPRS)业务中,从一个网络终端向其他网络终端发送数据的业务类型。

point-to-point signals **点对点信号** 在 PCI(外围部件互连)总线中,指提供了两个中介者之间直接互连的信号。例如 PCI 主设备与 PCI 总线仲裁器之间的 REQ#线和 GNT#线。

point-to-point topology **点对点拓扑** 一种网络拓扑结构,在一个通道和一个控制单元之间提供一个通信路径,不包含转接单元。对应于 switched point-to-point topology。参见 multidrop topology。

point-to-point transmission **点对点传输** 两点之间不使用任何中间站或计算机而直接进行的数据传输。

point-to-point tunneling protocol (PPTP) **点对点隧道协议** 在因特网上建立多协议安全虚拟专用网隧道的协议。它是由微软提出经因特网工程任务组(IETF)通过的通信协议,可使计算机间在因特网上建立虚拟专有网络(VPN),以保证在网络上传递数据的安全。PPTP 把 IP(网际协议)、IPX(网络互联包交换)或 NetBEUI 数据包封装在 IP 数据包内,PPTP 利用 TCP(传输控制协议)来为隧道维护交换信息,并且使用 PPP(点对点协议)来封装隧道内所传送的数据。隧道内传送的数据可以被压缩和加密。参见 point-to-point protocol (PPP)。

poison reverse **毒性逆转** 一种避免路由环路的技术。当一条路由信息变为无效之后,路由器并不立即将它从路由表中删除,而是广播发送一个称为毒化逆转的更新信息,这样虽然增加了路由表的大小,但它可以立即清除相邻路由器之间的任何环路。参见 probability distribution。

Poisson distribution **泊松分布** 一种概率分布,其特点是该分布的均值等于方差。这是以19 世纪法国数学家泊松命名的一种统计分布。泊松分布的参数是单位时间(或单位面积)内随机事件的平均发生率。泊松分布适合于描述单位时间内随机事件发生的次数。参见 probability distribution。

polar bond **极性(共价)键** 由不同种元素的原子间形成的共价键,称为极性共价键,简称极性键。在化合物分子中,不同种原子的电负性必然不同,因此对成键电子的吸引能力不同,共用电子对必然偏向吸引电子能力强(即电负性大)的原子一方,使该原子带部分负电荷,而另一原子带部分正电荷。这样,两个原子在成键后电荷分布不均匀,形成有极性的共价键。

polar cap absorption (PCA) **极冠吸收** 由于高能太阳质子的到达,在极冠内引起的对无线电波的强烈吸收。高能太阳质子是由地磁场的力线集中到该区域的。

polar circuit **双向电路** 用来进行双向传输的电路。

polar coordinate **极坐标** 数学中表示点的位置的参照系统,点的位置是(r,θ)表示。其中 r 是从原点到该点的距离,θ 表示从正 X 轴到该点的夹角。参见 Cartesian coordinates。

polarity **极性** (1)电路中表示两点间电位差的符号。例如"+"、"—"。(2)表明外磁通密度方向的磁体的极(或极面)的限定性术语(北和南)。参见

pole face。

polarizability 极化率 描述电介质极化性质的物理量。极化率是衡量原子、离子、分子在电场作用下极化强度的微观参数，通常用 α 表示，α 为原子、离子、分子在电场作用下形成的偶极矩 μ 与作用于原子、离子、分子上的有效内电场强度 E 的比值。它是统计平衡值。对于非极性分子，若极化率 α 越大，则在外电场诱导出的偶极矩越大。极性分子具有永久偶极矩，它的极化率是原子极化、电子极化与定向极化的总和。

polarization 极化，定位，对位 (1)电磁辐射的一种特性，电磁波在传播过程中电场在空间的矢量方向就是极化方向简称极化。极化有线极化和圆极化两种。线极化又分垂直极化和水平极化(相对地球赤道平面而言)。圆极化又分左旋极化和右旋极化(相对电磁波行进方向而言)。绝大多数通信卫星采用线极化。在一颗卫星上采用垂直和水平极化的目的是为了将同一个频段分为两种极化方式使用从而使卫星频道数量加倍。地面接收设备必须把极化方向调整到与卫星一致。(2)天线转到发射或接收所需的位置。(3)计算机组装中为了防止接插件插错并保证插头座相对位置的精度而采取的措施。

polarization current 极化电流 由于电介质极化强度的变化所引起的电流。

polarization diversity 极化分集 利用在同一地点，极化方向相互正交的天线发出的信号呈现出不相关的衰落特性的分集技术。极化分集在收发端分别装上垂直极化天线和水平极化天线，就可以得到两路衰落特性不相关的信号，通过极化分集接收来达到空间分集接收的效果，所以极化分集实际上是空间分集的特殊情况。参见 diversity technique，space technique。

polarization dependent gain (PDG) 偏振相关增益 在规定的波长范围内，由于输入信号光偏振状态变化引起的喇曼光纤放大器(RFA)信号增益的最大变化量，以 dB 表示。参见 Raman fiber amplifier (RFA)。

polarization mode dispersion (PMD) 极化模色散，偏振模色散 单模光纤几何形状(圆柱形)不均匀引起的色散。单模光纤实际上传输的是两个正交的基模，它们的电场各沿 x 和 y 方向偏振。在理想的光纤中，这两个模式有着相同的相位常数。但实际上光纤总有某种程度的不完善，如光纤纤芯的椭圆变形、光纤内部的残余应力等，将使得两个模式的相位常数不相等，这种现象称为模式双折射。由于存在双折射，将引起一系列复杂的效应。例如，由于双折射，两模式的群速度不同，因而引起偏振色散；由于双折射偏振态沿光纤轴向变化，外界条件的变化将引起光纤输出偏振态的不稳定。光纤的固有偏振模色散是由非圆形纤芯引起，构成双折射现象导致的色散，而对双折射引起的偏振模色散是由外部因素如机械压力、热压力等导致的色散。

polarization noise 极化噪声 极化噪声指由光纤端部的电磁波辐射引起的极化平面方向的波动。极化噪声还可以由沿光纤的折射率在纵轴和横轴方向的变动而引起。极化噪声在超过某一阈值时，将影响到光纤的正常工作。同 birefringence noise，参见 birefringence。

polarization on electrodes 电极的极化 若要使一个不为零的电流通过电极，电极电位必须偏离平衡电极电位的值，这个现象就称为电极的极化。有电流通过电极时，电极电势偏离平衡电极电势的现象称为电极的极化。极化产生的原因可以简单地分为浓差极化和电化学极化。参见 concentration polarization，electrochemical polarization。

polarization of electromagnetic wave 电磁波极化 电磁波电场强度的取向和幅值随时间而变化的性质，在光学中称为偏振。如果这种变化具有确定的规律，就称电磁波为极化电磁波(简称极化波)。如果极化电磁波的电场强度始终在垂直于传播方向的(横)平面内取向，其电场矢量的端点沿一闭合轨迹移动，则这一极化电磁波称为平面极化波。电场的矢端轨迹称为极化曲线，并按极化曲线的形状对极化波命名，如椭圆极化波、右旋极化波、左旋极化波等。

polarization plane 极化平面 电场矢量与传播方向构成的平面叫极化平面。垂直极化波的极化平面与地面垂直；水平极化波的极化平面则垂直于入射线、反射线和入射点地面的法线构成的入射平面。

polarize 偏振 横波的振动矢量(垂直于波的传播方向)偏于某些方向的现象。纵波只沿着波的方向振动，所以没有偏振。参见 transverse wave，longitudinal wave。

polarized component 有极性的元件 安装时必须确定方向的元件，如二极管、钽质电容、电解电容等。

polarized dipole magnetization 极化偶极子磁化 建议使用：polarized return-to-zero recording。

polarized light 偏振光 电或磁矢量的振动只局限在一个平面上，而不是像自然(非偏振)光一样在所有平面上振动的光。

polarized radiation 偏振辐射 对传播轴线呈现某些非对称情况(如平面偏振、椭圆偏振、圆偏振等)的辐射。

polarized relay 极化继电器 状态改变取决于输入激励量极性的一种直流继电器。极化继电器由极化磁场与控制电流通过控制线圈所产生的磁场综合作用而动作，动作方向取决于控制线圈中流过的电流方向。一部分单稳态继电器和所有磁保持继电器都属于极化继电器。参见 electromagnetic re-

P

lay, monostable relay。

polarized return-to-zero recording (RZ(P)) 极化归零记录法 用一个磁化方向表示"0",另一磁化方向表示"1"并以磁化空号作为参照条件的一种归零制记录法。

polarizing slot 偏定位槽 印制板边缘上的槽口,用来保证与之相匹配的连接器能正确插入和定位。

polar keying 双极性键控,极性键入 一种电报信号表达方法。用一个方向的电流表示传号状态,用另一个方向的电流表示空号状态。参见 polar transmission。

P

polarlight 极光 行星高磁纬地区大气中产生的彩色发光现象。外来的高能带电粒子流沿行星固有磁场进入两磁极与高层大气的气体分子和原子碰撞,形成极光。同 aurora。

polar non-return to zero signaling 极性不归零信令 极性不归零信令采用正电流表示传号,负电流表示空号。由于在具有同样值的两个接续比特之间没有传输,信令必须被抽样以决定每个接收比特的值。

polar orbit 极轨道 一个高椭圆的轨道,它最大限度地把卫星的方位定在地球的北部。

polar relay 极性继电器 状态改变取决于输入激励量极性的一种直流继电器。极性继电器磁路系统中存在永久磁铁的极化磁通 φ_m 和线圈激励后所产生的工作磁通 φ_g,由于两者的相互作用,衔铁到导磁体两极面间的气隙磁通出现一边大一边小的现象,而衔铁倒向磁通较大的一边。改变线圈电流方向,衔铁到导磁体两极面间的气隙磁通量的大小也随之改变,从而衔铁被吸向导磁体的另一极面。极性继电器的灵敏度高(功率小于10微瓦)动作速度快(小于1毫秒),但触点切换能力较小。

polar return to zero signaling 极性归零信令 极性归零信令方法采用正电流表示传号,负电流表示空号,但每个比特发送之后信令归零。由于每个比特都有一个有离散值的脉冲,所以需要信号抽样,因此可以节省用于判断传号或空号的电路。

polar signal 双极性信号 一种数字信号技术。用正、负两个极性状态来表示二进制的两种状态。

polar transmission 双极性传输 发送电传打字机信号的一种方法。其中"传号"以一个方向的电流表示,"空号"则以方向相反大小相等的电流表示。引申至音调信号传输,双极性传输是利用三种状态的传输方法,即用两种状态分别表示"传号"和"空号";第三种状态表示没有信号。同 bipolar transmission, double current signaling。参见 neutral transmission, telegraph。

POLE 最后环境点 point-of-last-environment 的缩写。

pole face 极面 有用磁通量所穿过的磁体表面。电机中构成气隙一侧边界的极靴表面。参见 pole shoe。

polhemus polhemus 传感器 在虚拟现实技术中使用的一种传感器,利用正交磁场的扰动来计算其位置和方向。它是在三维空间内跟踪信息的传感器。

polhemus 3 space isotrack 三维位置与姿态检测系统 在虚拟现实系统中,指可用传感器的线圈接收发自源器件的磁场,并检测出传感器在三维空间内位置与姿态角等六个自由度的系统,这种检测系统在虚拟现实系统中常用于检测人的身体与手的位置或方向等。参见 virtual reality。

policy 策略,规则 策略是进行网络配置的基础,策略的制定是根据应用的需要由IT管理者来制定的,而策略的实现是以网络为中心的,将在网络中多种设备的系统配置上表现出来。基于策略的管理首先必须从总体上制定详细的共同管理策略集合,这些策略可以是关于为哪些用户提供对哪些特定资源(应用程序和数据)的特殊访问权限,限制某些用户工作日中的访问时间段和访问位置等其他改进措施,为敏感数据提供附加的安全性。策略的定义必需十分周密详尽,既不能造成安全漏洞,也不能阻碍合法终端用户访问特定资源。

policy-based routing (PBR) 策略路由 一种比基于目标网络进行路由更加灵活的数据包路由转发机制。策略路由比传统路由控制能力更强,使用更灵活,它使网络管理者不仅能够根据目的地址,而且能够根据协议类型、报文大小、应用、或者IP(网际协议)源地址中的一个或者多个的组合,或者其他的策略来选择转发路径。

Policy Certification Authorities (PCA) 认证管理机构 对数字证书的申请者发放、管理、取消数字证书的机构。数字证书的作用是使网上交易的双方互相验证身份,保证电子商务的正常进行。参见 certificate authority (CA)。

policy decision point (PDP) 策略决定点 普通开放策略服务协议(COPS)把策略服务器中相应的部分称为PDP。策略服务器可以是独立的硬件,也可以和目录服务器在一起,这取决于网络的设计。

policy enforcement point (PEP) 策略增强点 普通开放策略服务协议(COPS)把网络节点内部调用的代码称为PEP。当开始传送数据流时,由网络节点中的PEP初始化一个查询。PEP通过COPS把信息送到策略服务器中的策略决定点(PDP),然后策略服务器和系统目录服务器通信,以便获得策略。这样,来自目录的策略存储在策略服务器中。因此,如果目录有了某种变化,便会通过网络传播开。

policy engine 策略引擎 在决策点执行的软件,它执行策略选择、估算条件以及确定应该执行什么行为。它的功能性经常通过分布式系统的多个部分进行传播。

policy routing **策略路由** 可以按照用户指定的特殊规则来路由数据包的转发机制。策略路由必须要指定使用的路由图,路由器将按路由图决定如何对需要路由的数据包进行处理,路由图决定了一个数据包的下一跳转发路由器。一个路由图由很多条策略组成,每个策略都定义了一个或多个的匹配规则和对应操作。一个接口应用策略路由后,将对该接口接收到的所有数据包进行检查,不符合路由图任何策略的数据包将按照通常的路由转发进行处理,符合路由图中某个策略的数据包就按照该策略中定义的操作进行处理。策略路由按策略实施的地址分为两种:目的地址路由和源地址路由。参见 destination address routing, source address routing。

policy space **策略空间** 在某一问题中,可以采取的策略的总体策略空间,每一个策略是策略空间中的一个点。

Polish notation **波兰表示法** 表示逻辑表达式、算术表达式和代数表达式的一种表示法。例如$(X+Y)\times(A-B)$这个表达式,可以写成$XY+AB-\times$这种表示形式。这个式子的意义是:取出X和Y进行相加,取出A和B进行相减,然后将前者的"和"和后者的"差"相乘。这种方法是波兰逻辑学家 J. Lukasiewicz 首先提出来的,故被命名为波兰表示法。同 prefix notation。

polling **轮询** 在具有多个站的数据传输系统中,接收方按预先确定的顺序,依次向发送方询问是否有信息要传输的过程。轮询也称"探询",它是传输控制阶段继在公用交换网络上建立连接之后进行确定数据链的主要操作之一。轮询技术又可分为两种不同类型:轮叫轮询和传递轮询。参见 roll-call polling, hub polling。

polling character **轮询字符** 专用于终端和轮询操作的一套字符。对该字符的响应告诉计算机该终端是否有信息要发送。

polling circuit **轮询电路** 以轮询作为其主要工作的多点线路。

polling cycle **轮询周期** 在给网络的每远程数据站发送轮询信息时,从发给一个数据站开始,而当再次轮询该站时结束,这一时间间隔称为轮询周期。

polling delay **轮询延迟** 在某些通信系统软件中,在对线路或线路组两遍轮询之间消逝的时间,该时间成为在一个操作已经发送之后至传输开始进行之前的最大延迟。参见 invitation delay, system interval。

polling ID **轮询标识符** 与具体的各个工作站对应的一个或几个独特的字符。

polling interval **轮询间隔** 给一个数据站发送两个轮询信息之间的时间。参见 polling delay。

polling message **轮询信息** 由主站发送给数据站的短信息,它由轮询字符、地址和检错字符组成。

polling ratio **轮询比** 在数据网络中,节点连续两次轮询之间的轮询周期数。例如,节点的轮询比为5,则该节点每隔5个轮询周期轮询一次。利用轮询比可以减少不活动节点的轮询次数。

polling system **轮询系统** 一种信息传输系统,其中主站要求从站按序报告有无待发送的信息。

poll reject message **轮询拒绝报文** 在轮询终端没有数据发送时所发送的一个报文。

poloidal divertor **极向偏滤器** 引出极向磁力线从而在极向场中形成分界面的一种偏滤器。

polyalphabetic cipher **多表置换密码** 数据保密学中,指使用一族单表置换密码体系。密钥重复地写在明文上,用来指示用那一个单表置换密码来加密相应的明文字母。参见 monoalphabetic cipher。

polycarbonate **聚碳酸酯** 在 CD(光碟)和 DVD(数字影碟)光碟中使用的一种塑料材料。

polycell approach **多单元法** 构成大规模集成电路的一种方法。先在硅片上制作单元电路阵列(如门阵列),然后根据用户需要,利用计算机辅助设计出各单元电路间的互连方案和引线掩模,从而实现单元间的互连。这种方法占用较大芯片面积,且要求单元电路成品率为100%,集成度增加时成品率将会下降。但能节约设计时间和研制费用,从而提供廉价的用户定制电路。

polygon **多边形** (1)由几条边组成的二维闭合图形。如六边形、三角形。(2)图形软件中的一个绘图工具,用于绘制多边形。

polygonal voltage of a polyphase system **多相系统的边电压** 多相系统的最小线间电压。

polygon clipping **多边形裁剪** 对多边形进行裁剪,裁剪后的结果应保证仍为封闭的一个或几个多边形。

polygon connection **多边形连接** 各相连接成一个m边的闭合多边形,边的顺序和相的顺序是一致的。

polygon converter model **多边形转换器模型** 一种空间数据的存储方法,特别是地图特征轮廓的存储方法。在这种方式中,实体按层次化的数据结构存储,结构带有指针提供实体间的交叉引用。

polygon fill **多边形填充** 在多边形内部涂满指定的颜色或布满某种图案(像素阵列),或画上某种阴影线。

polyline **折线,多线** (1)在计算机制图技术中,一系列相邻的连线;相连的线段序列。(2)GKS(图形核心系统)中输出图元之一,它是一组互相连接的线段。可以用下面这种形式表示:Polyline(n,X,Y),式中n为数据点数,X和Y表示n个点在X和Y方向的一组坐标值。参见 graphics kernel system (GKS)。

polymarker **多点符号** 一个相同类型符号的位置

集合。

polymorphic system **多形系统** 一种特殊的或专门的系统。它能根据具体应用问题而组织成不同形状。一般是在其自身的控制下改变各部件间的互连和功能。

polymorphic virus **多形病毒** 一种难以捕捉的计算机病毒。它能将自己包括起来,达到隐藏的目的,它在复制过程中改变自身二进制模式,产生各种不同形式的结果,令人难以发现。

polymorphism **多态性,多形性** (1)一种用来说明同样操作可以对多个不同类产生不同作用的性质。(2)程序设计语言变量类型的一种。在强类型和弱类型之间进行折衷,类型仍然作为文法上的性质,但变量可在规定形式内变化。参见 strong typing。(3)在面向对象程序设计语言中,是一种广义请求信息的能力,基于被发送对象不同而产生不同的结果。允许程序设计者定义一个基础级,包含对有关对象组执行标准操作的程序,而不必管每个对象的实在类型。程序设计员则可以在派生级中考虑到具体对象类型,根据类型再定义这些程序。参见 class,derived class,object。

polynomial code **多项式代码** 一种检错码。在发送站,对数据执行数字运算;在接收站,重复这一运算,并同已知的正确结果比较,以检测传输中发生的任何错误。其基本过程是:将任意选取的常数(生成多项式)除以信息组字符的位组合之和,其余数在信息组结束时作为循环校验字符发送出去。在接收站,对信息组字符的位组合求和,并将结果除以上述生成多项式;如果无余数,则传送的信息没有错误。

polynomial complexity **多项式复杂性** 通常指一个算法的时间复杂性。执行一个算法所需的时间一般是输入数据的函数。用 n 来衡量输入数据的大小(如一个数组的长度,一个整数的位数,一个多项式的项数,等等),以 $f(n)$ 来表示执行算法所需的时间。如果存在一个多项式 $p(n)$,使得:

$$f(n) \leqslant C \mid p(n) \mid$$

其中 C 是常数,则称此算法具有多项式复杂性。也有人研究算法的空间复杂性,此时 $f(n)$ 表示执行该算法需占用的存储单元数。

polynomial cyclic code **多项式循环码** 一种非常实用的代码。能完全地检测出单个、两个和奇数个错误,并能很好地检测出多项式代码中的丛状错误。给定一个整数 r,数据被乘以 2^r(左移 r 位)并除以多项式 p。其余数附在原报文之后。接收时,整个报文被 p 除。如果余数不为 0,则为出错。除法是用移位寄存器实现的,因此能自动而廉价地提供检验和。

polynomial hashing **多项式散列** 开式寻址中发生散列冲突后,由多项式决定以后检索顺序的方法。

polynomially equivalent problem **多项式等价的问题** 相互之间能多项式变换的判定问题。对于判定问题 X 和 Y,若 X 能多项式变换到 Y,且反之亦成立,则称 X 与 Y 是多项式等价的。如任意两个 NP-完全问题都是多项式等价的。两个多项式等价的问题可以认为它们的复杂性"本质上"是一样的,即或同是易解的问题,或同是难解的问题。

polynomial space **多项式空间** 对以多项式为界的空间复杂性的简称。如称一个问题是多项式空间可解的,即表示存在一个空间复杂性为 $O(p(n))$ 的算法解此问题,其中 P 为 n 的一个多项式。许多不能以多项式时间解的问题有可能在多项式空间内求解。形式上讲 PSPACE 是在多项式空间内可识别的形式语言类,而 P 和 NP 类均为 PSPACE 类的子集。许多问题如围棋博弈中判断在一步后将获胜的问题是 PSPACE-完全的,目前一般认为它比 NP-完全问题还要难。

polynomial time **多项式时间** 对以多项式为界的时间复杂性的简称。如称一个问题是多项式时间可解的,即表示存在一个时间复杂性为 $O(p(n))$ 的算法解此问题,其中 p 为 n 的一个多项式。类似的简称有对数时间、对数多项式时间、线性时间、指数时间等,他们分别表示阶为 $O(\log_n k)$、$O(\log P(n))$、$O(n)$、$O(2^{n^k})$ 的时间复杂性。

polynomial-time algorithm **多项式时间算法** 在一个计算模型上对解决输入规模为 n 的问题所需时间为 n 的多项式函数的算法,简称多项式算法。时间复杂性是 $O(p(n))$ 的算法称为多项式时间算法,$p(n)$ 表示 n 的多项式。

polynomial-time isomorphism **多项式时间同构** 一种多项式时间变换。它的函数为一映射函数,其逆也是多项式时间可计算的。

polyphase circuit **多相电路** 电路图具有循环排列对称性的电路。

polyphase filtering **多相滤波** 按照相位均匀划分把数字滤波器的系统函数 $H(z)$ 分解成若干个具有不同相位的组,形成多个分支,在每个分支上实现滤波。采用多相滤波,可利用多个阶数较低的滤波来实现原本阶数较高的滤波,而且对于 n 相滤波器,每个分支滤波器处理的数据速率仅为原数据速率的 $1/n$,这为工程上高速率实时信号处理提供了实现途径。

polyphase linear quantity **多相线性量** 按相序的顺序与一个多相电路元件的节点和支路有关的、并和一个遵循叠加原理的电量相联系的矢量。

polyphase merging **多相合并** 在归并分类中使用的归并各顺序数据串的一种技术。

polyphase microinstruction **多步微指令** 由多步微操作实现整条微指令功能的微指令。

polyphase port **多相端口** 多相电路图上 m 个端口构成的有序集。各端口的序号按循环排列规则互相对应。

polyphase sort **多相排序** 一种不平衡的合并排序方法。被排序的子集根据斐波纳契级数来分布。

polyphase source **多相电源** 每一支路含有一个电源的多相电路元件。

polyphase system **多相系统** 与多相电路相应的系统。参见 polyphase circuit。

polyphase voltage source **多相电压电源** 提供两个或几个相互有关的交流电压的电源。这些交流电压具有同一频率并各相差一恒定相位差，一般都具有相同振幅和波形。

polyphony **复音** 指 MIDI(乐器数字接口)乐曲在一秒钟内发出的最大声音数目。复音值是声卡的一项重要指标，声卡支持的复音值如果太小，一些比较复杂的 MIDI 乐曲在合成时就会出现某些声部被丢失的情况，直接影响到播放效果。另需注意的是"硬件支持复音"和"软件支持复音"之间的区别。所谓"硬件支持复音"是指其所有的复音数都由声卡芯片所生成；而"软件支持复音"则是在"硬件复音"的基础上以软件合成的方法，加大复音数，但这是需要 CPU 来带动的。

polyprocessor reticulum (PPR) **多处理机网** 分布在局部地区和远程地区的信息处理设备所组成的网络。网络由一个软件系统控制，每一模块可以修改其基本特性以适应用户解决问题的需要。这一概念是设想下一代计算机将通过进化过程，逐步增加和增强计算机的能力，而不是更换计算机。

polyvalent **多价** 具有多种形式相互关联的性质。

polyvinyl chloride (PVC) **聚乙烯氯化物** 广泛用于建筑物线缆包层的阻燃热塑绝缘材料。

PON **无源光网络** passive optical network 的缩写。

P-OTN **分组光传送网** packet optical transport network 的缩写。

pony circuit **短回路** 一种短的电报机或电传机回路(通常在同一房间或建筑物之中)，用来把某一输入回路的终端从一点改至另一点。

pool **池** (1)在 LAN Manager 网络软件中，指从同一个队列中接受请求的一组打印机或者通信设备。参见 printer queue，queue，spooled。(2)主存或辅存中的一部分。参见 auxiliary storage pool，base pool，machine storage pool，main storage pool，shared storage pool，storage pool。

poor fusing **不良溶化态** 以容易从打印纸上擦掉的着色剂所打印的文件。参见 ghost printing，toner migration，toner offset。

PoP **接入点** point of point 的缩写。

pop **出栈，退栈** 从后进先出栈的顶部移走一个数据项。比较 push，同 pull。

popping **弹出，跳变** (1)从堆栈中取得数据的过程。(2)在图形图像的运动系列中，对象外观从一帧到下一帧所出现的不希望的突然变化称作跳变。这种跳变可能是由于采样算法的误差或急于进行细节的调整造成的。

population inversion **粒子数反转** 粒子数反转是激光产生的前提。一个原子可以在不同的能级之间跃迁。在通常情况下，因为热力学的平衡态服从波尔兹曼分布律，使得处于基态(最低能级)的原子数远远多于处于激发态(较高能级)的原子数，这种情况得不到激光。为了形成足够的激发辐射得到激光，就必须用一定的方法去激发原子群体，使亚稳态上的原子数目超过基态上的。该过程称为粒子数的反转。例如，氦氖激光器中，通过氦原子的协助，使氖原子中的两个能级实现粒子数反转而获得激光。

population resource information **人口资源信息** 表征人口资源学科研究对象、理论、方法的信息。主要包括人口分布数量、人口结构、自然增长状况及计划生育等方面的内容。

pop-up **上托，出栈，退栈** (1)堆栈的一种操作，这是一种后进先出存储技术，当从堆栈中取出一个数据项时，为了保证栈顶不空，堆栈中所有的数据项都上移一格，这个过程称为上托。(2)将堆栈顶端的数据弹出堆栈的操作。

pop-up help **弹出帮助(系统)** 一种联机帮助系统，当用户点击与希望获得帮助的有关主题或屏幕上的某个区域时，帮助消息以弹出式窗口的形式出现。

pop-up menu **弹出式菜单** 一种当选择某一屏幕项，如文本、滚动条，或对话框时出现的二级可选菜单。名称并不真正反映方向，如果一弹出式菜单的出现太靠近屏幕的上端，便会下弹这一菜单。参见 pull down menu。

pop-up message **弹出消息** 使用弹出帮助系统时显示的消息。

pop-up utility **弹出式实用程序** 一种内存常驻程序，通过击一热键便可从任何应用软件中访问。

pop-up window **弹出式窗口** 当选择一个具体选项或击一个具体功能键后，屏幕上即出现一窗口并提供一菜单。一旦从该菜单上选择其中一条命令后，弹出窗口立即消失。参见 dialog box。

POP (1)存在点，入网点 point of presence 的缩写。(2)邮局协议 post office protocol 的缩写。

port **端口** 信号能由此进网和或出网的终接点。端口是计算机与外界通信交流的出口。硬件领域的端口也称"接口"，如：USB(通用串行总线)端口、串行端口等；软件领域的端口一般指网络中面向连接服务和无连接服务的通信协议端口，是一种抽象的软件结构，包括一些数据结构和 I/O 缓冲区。参见 communication port，game port，I/O port，parallel port，serial port，terminal port。

P

portability 可移植性 (1)不同的计算机上运行应用程序的能力称为可移植性。(2)由不同的操作系统使用数据集或文件的能力。从一个系统的存储装置上取下含有所需数据集或文件的存储介质(磁盘或磁带)装到另一个系统的存储装置上供该系统使用。(3)不用修改程序就可在多个计算机上运行该程序的性能。

portability testing 可移植性测试 测试瞄准于证明软件可以被移植到指定的硬件或软件平台上。

portable common tool environment 可移植通用工具环境 欧洲计算机制造商协会(ECMA)的一个标准框架,用于在计算机辅助软件工程工具之间的通信。

portable compiler 可移植(的)编译程序 (1)对用高级语言编写的程序进行编辑、输入和编译的装置。它能根据高级语言程序产生机器语言程序,并装入过程控制器。该装置包括一个输入数据用的键盘和输出程序清单用的显示器或打印机。(2)从一台计算机上经少量改动就能移植到另一类机器上工作的编译程序。通常的办法是把与机器有关部分(代码生成程序)和与机器无关部分(语法处理部分)分开,选择合适的中间形式是设计中必须作出的关键性决策。

portable computer 便携式计算机 个人计算机的一种。它重量较轻,便于携带。便携式计算机分为三类:膝上型、笔记本型和掌上型。

portable data capture device 便携式数据捕获器 一种便携式数据录入装置。它包括一个配有可充电电池的盒式磁带机或一个用于存储数据的磁泡存储器,一个用于输入数据的键盘和一个用于校验数据的条形显示器。通常还有一个微型光学条形码阅读机或光学字符阅读机。

portable data medium 可移式数据记录介质 能用于传输和携带数据或信息的记录介质,可以方便地脱离设备进行传递。例如穿孔卡片、磁带、磁盘及光碟等都是可移式数据记录介质。

portable data terminal 便携式数据终端 可随身携带,用来收集数据并通过电话线或无线电与计算机进行连接的终端。

portable digital document (PDD) 可移植数字文档 PDD是Macintosh操作系统下由QuickDraw软件生成的文件格式。PDD文档以独立于打印机分辨率的形式存储,可在所用打印机最高有效分辨率下打印,并可包括文档中最初所用的字体。

portable document format (PDF) 可移植文档格式 PDF由美国公司Adobe于1993年首次提出的,它从PostScript (PS)发展而来,具有与PS几乎相同的页面描述能力和相似的描述方法。但与PS不同的是,PDF除了能描述复杂版面外,还具有交互功能(如超链接、交互表单等)、页面随机存取及字体仿真描述等特性。PDF能够以不丢失原来格式信息的形式将文档跨平台传递。通常由Adobe Acrobat、Acrobat Capture、Adobe Distiller等可移植文档软件(PDS)浏览并创建可移植文档。

portable document software (PDS) 可移植文档软件 建立可移植文档的应用程序,这些应用程序可传输到不同类型的计算机系统上而不丢失其丰富的格式化信息与图形。它包括两种软件:文档出版程序和文件观察器。文档出版程序产生一种保留字体、图形和布局信息的编码ASCII(美国信息交换标准代码)文件。该文件可以电子方式采用诸如CompuServe或因特网的联机服务方法进行分配。设计运行于专用计算机上的文件观察查看程序可使用户读出这些字体、图形和布局的复制件。由于各种各样计算机系统用的免费文件查看程序在因特网上的广泛可用性,Adobe Acrobat成为最流行的PDS。

portable executable (PE) 可移植可执行 微软Win32环境下可移植可执行文件(如exe、dll、vxd、sys和vdm等)的标准文件格式。

portable hand punch 便携式手动穿孔器 一种小型可携带的用手穿孔的工具。

portable language 可移植语言 可以在各种计算机系统上运行和开发的语言。FORTRAN等高级语言都是可移植的语言。

portable media player (PMP) 便携式媒体播放器 一种可以播放以MPEG(活动图像专家组)-4格式压缩文件的媒体播放器。也称"MP4播放器"。同personal video player (PVP)。

portable microcomputer 携带式微计算机 同portable computer。

portable network graphics (PNG) 可移植的网络图形 PNG格式是由Netscape公司开发的,可用于网络图像,是一种采用无损压缩方式图形文件格式,其图像质量胜过GIF(图形交换格式)格式。PNG图像可以是灰阶的(16位)或彩色的(48位),也可以是8位的索引色。PNG图像使用的是高速交替显示方案,显示速度很快,只需要下载1/64的图像信息就可以显示出低分辨率的预览图像。PNG图像格式不支持动画。PNG的姊妹版MNG(多重图像网络图形)格式支持动画效果。参见graphics interchange format (GIF)。

portable operating system 可移植操作系统 其内核和许多软件可从宿主机上移到其他类型的机器上去的操作系统。写得较好的操作系统的主要部分都是由机器无关的算法组成的,所以用来搬迁程序的技术和工具可应用到操作系统中去。

portable operating system interface for computer environments (POSIX) 可移植操作系统接口 一个计算机操作系统的IEEE(电气与电子工程师学会)标准。它定义一组操作系统维护工具。是一种可移植操作系统环境,符合这个标准的程序可以很容易地从一个系统移植到另一个系统。POSIX是基于UNIX系统维护工具的,但也考虑到能把它用于其他操作系统。它实现各种操作系统的基本服务程序,描述了开发应用程序必需的基本服务,并用C语言定义一种界面来提供对这些服务的访问,界面建立了标准语义和语法,支持在源码一级上应用程序的可移植性,已成为标准IEEE 1003.1和ISO/IEC 9945-1:1990。

portable radio set 便携台 可随身携带的小型电台。

portable system organization 简便式程序系统结构 一种简单的程序设计系统。其中程序设计、编辑和调试操作均可在作业区完成。系统包括处理机、输入输出系统及可用高级语言编辑、编译和输入程序的必要软件。

port access entity (PAE) 端口访问实体 也称局域网端口,是一个与某个端口相关联的支持IEEE 802.1x协议的逻辑实体。局域网端口可以充当身份验证者或申请者的角色,或者同时充当这两个角色。

port address and interrupt settings 端口地址和中断设置 一种MIDI(乐器数字接口)技术。地址是计算机内的单元位置,由设备(如MIDI键盘)用来与软件进行通信。中断设置将报告何时该设备已为发送或接收数据准备就绪。每个设备的地址和中断请求号必须都是唯一的。参见musical instrument digital interface (MIDI)。

port address translation (PAT) 端口地址转换 采用端口多路复用方式的地址转换。内部网络的所有主机均可共享一个合法外部IP(网际协议)地址实现对因特网的访问,从而可以最大限度地节约IP地址资源。同时,又可隐藏网络内部的所有主机,有效避免来自因特网的攻击。参见network address translation (NAT), dynamic network address translation (DNAT), static network address translation (SNAT)。

port aggregation protocol (PAP) 端口聚集协议 PAP是在以太网接口之间交换数据包,实现以太网通道的自动创建协议。端口聚集通常被用于将多个端口聚集在一起,从而形成一个高带宽的数据传输通道。交换机将把端口聚集内的所有端口看作一个端口。在组成端口聚集的端口中,将有一个端口被指定为主端口。由于干路中的所有成员需以相同的方式工作,所以,所有对主端口进行的设置,都将被自动作用到所有成员端口上。参见port trunking, aggregate port。

portal 门户,入口 (1)一种Web站点,其作用是相当于因特网人网的网关。门户可能是一种搜索引擎或目录网页,是链路、内容和服务的总称,旨在将用户引导到他们很可能感兴趣的信息:消息、天气、娱乐、商业站点、聊天室等。Yahoo!、Excite、Infoseek、AOL、Lycos以及Netscape NetCenter等即为门户的实例。一个网页是Web浏览的起始点。(2)在虚拟现实系统中,实现在不同场景间的运动的对象,它被赋值为特定的多边形,当用户的视点经过指定的多边形时,便进入了相邻的场景。每一场景可看成是一个分离的实体,其对象可以有不同的运动行为和规则。在很多情况下,它类似于经过一道门进入另一房间,因此可以创造几个小规模的场景来构造一个大的虚拟环境。参见virtual reality。

portal site 门户网站 消费者只要登录到适当的门户网站,就可以享受到网上服务,并且通过相关服务到网络上购物。各种企业只要用上因特网并和门户网站建立联系,都能从网络中享受到方便和快捷。参见portal。

port concentrator 端口集中器 使几个终端得以共用一个计算机端口的装置,端口集中器简化了被用于多路分用的软件以替代通常由计算机完成的多路分用。

port configuration hub 端口配置集线器 同port switching hub。

port contention 端口竞争 采用对进入数据呼叫的交换,以先来先分的顺序把端口分配到目的端设备上。这个功能由端口选择器或端口集中器进行。

port density 端口密度 在设备(如网络交换机、路由器或集线器)上的端口数。端口密度越高,一个单元支持的设备或线路就越多,设备的性能也就越高。

port enumerator 端口检测器 在Windows系统中,即插即用系统的一部分,它检测输入输出端口并将检测到的信息报告给配置管理程序。

port expander 端口扩展器 一种硬件结构。用于把若干设备连接到同一端口上。虽然可以连接几个设备,但是在某一时刻只有一个设备可以使用这个端口。

port group 端口组 一组具有单DTE(数据终端设备)地址的公共载体标识的端口,网络将到达的调用送到第一个可用的端口。

port identifier 端口标识符 在ATM(异步传输模式)网络中,由逻辑节点赋予的标识符,以表示链路在该节点上的连接端口。

port level 端口层 在VNISYS公司BNA网络中,调用网络服务功能的层次。

port mirroring 端口镜像 可以让用户将一个特定的端口所有的流量复制到一个镜像端口。端口镜像功能允许管理人员自行设置一个监视管理端口来监视被监视端口的流量数据。监视到的数据可以通过安装的网络分析软件来查看,通过对数据的分析就可以实时查看被监视端口的情况。

port number 端口号 一个16位的二进制数,端口号只有整数,范围是从0到65 535。按端口号可分为三大类:知名端口、注册端口和动态和/或私有端口。参见 well-known ports, registered ports, dynamic and/or private ports。

portrait monitor 立式监视器 屏幕高度大于其宽度的监视器,适用于印刷排版系统。参见 landscape monitor。

portrait page 立式页面 在台式印制技术中,设计和打印出的页面,它不用翻页就能用常规方法读完整个内容。比较 landscape page。

P

portrait printing 逐列打印、肖像打印 沿一页面宽度的打印,与风景画打印相反,风景画打印是沿页面的长度进行的。"肖像"的术语来源于人的头像,它们通常是垂直的形式。

port replicator 端口复制器 把多个外部设备连接到一台便携式计算机的一种装置。

port selector 端口选择器 一种扩充计算机能力使得不用更多的端口处理更多的数据业务量的交换装置,它减少了专用线路到端口的接口,这样,较少的端口能处理更多的数据线路,也称"端口集中器"或"数据交换机"。

port sharing 端口共享 端口的一种排列,按该排列,集中器、多路复用器、计算机或控制器中的端口能够被两个或更多的设备,如终端或打印机等顺序的使用。

port sharing device 端口共享设备 一种数字设备,该设备把几条点对点线路视为能够超出一个 FEP (前端处理机)的电路容量的一条单一多点线路,位于线路的 FEP 端,也是一个端口选择器。

port-sharing unit (PSU) 端口共享部件 在终端轮询数据信令结构中用于减少控制器端口数,更有效地利用连接端口的一种部件。

port switching hub 端口交换集线器 连接多个局域网段的一种智能网络集线器。通过软件可使站点端口连接到多个网段之一。这是虚拟局域网的一种类型,因为一个局域网段可能在不同的地理位置。

port trunking 端口聚合 一种在交换机和网络设备之间比较经济的增加带宽的方法。端口聚合是把多个数据端口组合在一起成为一条逻辑的路径从而增加在交换机和网络节点之间的带宽。这种增加带宽的方法在交换机和节点之间当单一端口连接不能满足负荷时是比较有效的。

port width 端口宽度 同时通过功能部件的一个端口发送的数据量。

POS (1)销售点(系统)point of sale 的缩写。(2)业务点 point of service 的缩写。(3)个人操作空间 personal operating space 的缩写。

posentiometric displacement transducer 电位器式位移传感器 通过电位器元件将机械位移转换成与之成线性或任意函数关系的电阻或电压输出的传感器。普通直线电位器和圆形电位器都可分别用作直线位移和角位移传感器。电位器式位移传感器的可动电刷与被测物体相连。物体的位移引起电位器移动端的电阻变化。阻值的变化量反映了位移的量值,阻值的增加还是减小则表明了位移的方向。通常在电位器上通以电源电压,以把电阻变化转换为电压输出。电位器式传感器的一个主要缺点是易磨损;优点是:结构简单,输出信号大,使用方便,价格低廉。

POSH 按学科标题排列 permuted on subject heading 的缩写。参见 permuted index。

POSI OSI 促进会 promoting conference for OSI 的缩写。

POSIT 开放系统互连网络技术概要 profiles for open systems internetworking technology 的缩写。

position determining entity (PDE) 定位实体 码分多址(CDMA)系统中负责执行定位操作的功能实体,可在一定的地理范围内确定移动台的位置。

positional notation 按位(置)记数法 用一个有序排列的字符集表示实数的一种方法。按位记数法也称"按位表示法"。字符集中的每个字符对该实数所贡献的值等于字符本身的值乘以该字符所处位置的权,如十进制数 3 537.2 有两个 3,最左边的 3 表示 3 000,而另一个 3 才表示 30。参见 positional representation system。

positional number 按位记数数 用按位记数法表示的数。

positional operand 定位操作数 汇编语言程序设计中宏指令内的一种操作数。在对所调用的宏定义的模型语句进行说明时,可将数值赋予相应的定位参数。

positional parameter 定位(置)参数 (1)必须出现在相对于其他位置参数的某个指定位置的一种参数。(2)Ada 语言中,由于传送方法的不同而把实在参数分为两类:一类称位置参数;另一类称命名参数。位置参数是一个按照位置次序来传送的实在参数。

positional representation 按位表示 实数在按位表示法中的表示形式。

positional representation system 按位(置)表示制 用字符的有序集合表示实数的一种数制。一个字符所提供的值的大小取决于它所处的位置,同时也取决于它本身的值。同 positional notation。

position code 位置码 编排或记录在各种记录媒体上的,代表数据位的孔位或磁点等称为该记录媒体的位置码。几乎所有的媒体均采用标准的位置码单元。

position control system 位置控制系统 一种定位系统。受控的运动只需到达给定的端点即可。从一端运动至另一端时的运动轨迹不受控制。

position defined parameter 位置定义参数 一种其

性质由它在命令的参数块中的位置来识别的参数。

position field descriptor　位置字段描述符　指定输出字符等的位置的描述符。有横向位置字段描述符和纵向位置字段描述符。

position independent code　浮动地址码,位置无关代码　采用相对地址的程序代码。这种程序可以存放在系统存储器中的任何部位。

position indicator　位置指示器　(1)在口述记录仪中,带有指示在记录媒体上的位置的标尺或计数器的装置。(2)在打字机上,指示打印位置的一种装置。

positioning operation　定位操作　磁盘机的磁头定位机构在磁盘控制器控制下,寻找目标磁道的动作过程。

positioning time　定位时间　使传感器和数据介质中所需数据到达能读出该数据的相对物理位置所需的时间。例如磁盘驱动器的磁头定位时间(即查找时间加上数据到达磁头下所需的旋转延时)。

position limit switch　限位开关　同 travel switch。

position multiplex　位置复用　位置复用是在一定时间把固定位置的时隙分配给固定连接的复用方式。同步传送模式是典型的位置复用模式。参见 synchronous transfer mode (STM)。

position of rest　起始位置　当电器未动作时,其可动部件所处的位置。

position sensor　位置传感器　同 position transducer。

position transducer　位置传感器　能感受被测物的位置并转换成可用输出信号的传感器。按用途可分为两种,直线位移传感器和角位移传感器。参见 linear displacement transducer, angular displacement transducer。

positive acknowledgement　肯定应答　在数据通信中,收方在规定的时间间隔内收到正确的报文(假定由收方计时)后向发方传送的应答。参见 positive response。

positive acknowledgement with retransmission (PAR)　确定应答与重发　用于达到可靠发送的基本技术协议,接收协议在包到达后返回一个应答。包传输后,发送方启动一计时器,如果在计时器溢出之时应答尚未到达,发送方重发该包。

positive-appearing image　正相显示图像　线条及字符在明亮的背景下,显示为黑色的图像。

positive-channel metal oxide semiconductor (PMOS)　P 沟道金属氧化物半导体　一种用在场效应晶体管中的技术,这种技术利用通常是有涂层的硅这样的 P 型半导体材料的特性,当这种半导体材料激活时产生一串正电荷载体(即空穴)。比较 negative-channel metal oxide semiconductor (NMOS)。

positive closure of A　A 的正闭包　由 A 中字母组成的所有非空串所组成的集合称为 A 的正闭包,记为 A^+,即 $A^+ = A \cup A^2 \cup A^3 \cup A^4 \cup \cdots \cup A^i$ 是长度为 i 的串组成的集合。

positive conditional element　非否定条件元　产生式规则左部的成分。由一个元类名和一组属性名及相应的属性值表达式对组成。其中属性名也可以用一个标识属性域号的整数表示;属性值表达式可以是常量、变量、可以是一元谓词,可以是值表达式的合取、析取,此外非否定条件元可以带有一个元变量。

positive feedback　正反馈　在反馈系统中,系统的输出可以强化输入的情况。正反馈受控部分发出反馈信息,其方向与控制信息一致,可以促进或加强控制部分的活动。例如,对电路或设备,为增大放大系数而将其部分输出与输入同相地反馈到输入端的过程。比较 negative feedback。

positive glow　阳极辉光　伴随着气体在某些压力和电极间距离的情况下,发生放电而出现的发光现象。它出现阳极上,或靠近阳极,并以法拉第暗区与阴极现象隔开。

positive image　正像　色调与景物一致的摄影图像,即白色景物显示为白色,黑色显示为黑色。参见 positive-appearing image。

positive ion　正离子　带一个或多个正电荷的离子。同 cation。

positive logic　正逻辑　(1)正电压表示二进制"1",负电压表示二进制"0"的逻辑系统。(2)用高电平表示 1,低电平表示 0 的一种数字逻辑表示法。与正逻辑相对应的是负逻辑。

positive magnetostriction effect　正向磁致伸缩效应　某些铁磁体及其合金以及某些铁氧体在外磁场作用下产生机械变形的现象称为磁致伸缩效应,即正向磁致伸缩效应,一般长度的变化发生在与外磁场相同的方向上,变化量不大。参见 Joule effect。

positive modulation　正调制　磁盘记录介质的一项电磁性能参数,其具体定义与磁盘记录介质类型有关。是在每条磁道上以规定记录频率写入并读出时,检测到大于某一基准幅度百分比的读出脉冲之后的规定时间间隔内,这类读出脉冲累计数超过规定值的读出信号。

positive peak modulation capability　正峰调制能力　使用单一频率的正弦音频信号对载波进行调幅,调幅正峰处所能达到的最大调幅度,为发射机的正峰调制能力。

positive piezodielectric effect　正压电效应　当某些电介质沿一定方向受外力作用而变形时,在其一定的两个表面上产生异号电荷,当外力去掉后,又恢复到不带电的状态,这种现象称为正压电效应。其中电荷大小与外力大小成正比,极性取决于变形是压缩还是伸长,比例系数为压电常数,它与形变方向有关,固定材料的确定方向上为常量。它属于将

P

机械能转化为电能的一种效应。比较 reverse piezodielectric effect。

positive poll response 肯定查询响应 被查询数据站在接收一个轮询信息后，向主站发送一个或几个信息的动作。

positive response 肯定应答 (1)表明报文已成功收到的应答。(2)在 SNA(系统网络体系结构)中的一种应答，它表示某个请求已到达并已接收与成功处理。参见 definite response，exception response。比较 negative response。

P

positive sequence 正序 三相交流电分为 A、B、C 三相，所谓正序是：A 相领先 B 相 120°；B 相领先 C 相 120°；C 相领先 A 相 120°。比较 negative sequence，zero sequence。

positive sequence power 正序功率 三相系统每相的电压的正序分量与相对应的电流的正序分量所形成的功率。比较 negative sequence power，homopolar power。

positive temperature coefficient (PTC) 正温度系数 材料的电阻会随温度的升高而增加。如大多数金属材料都具有 PTC 效应。在这些材料中，PTC 效应表现为电阻随温度增加而线性增加，这就是通常所说的线性 PTC 效应。经过相变的材料会呈现出电阻沿狭窄温度范围内急剧增加几个至十几个数量级的现象，即非线性 PTC 效应。

POSIX 可移植操作系统接口 portable operating system interface for computer environments 的缩写。

POS registers POS 寄存器 可编程可选寄存器。允许软件在开机时自动对微通道总线进行设备配置的一套寄存器。这些寄存器允许配置软件在计算机启动时自动识别适配器的类型并设置各种适配器的参数，如起始地址和中断级。

possibility theory 可能性理论 建立在模糊集合论基础上的用于处理模糊推理问题的理论方法。适合于处理包含模糊概念的问题及处理不精确量词。可单独用于推理，也可以和其他方法结合使用。

POST (1)加电自检，开机自测试程序 power-on self test 的缩写。(2)销售点终端 point-of-sale terminal 的缩写。

postamble code 后同步信号码 磁带记录采用自同步方式(如相位编码、成组编码等)，在每个数据区结束处记入的一串特殊信息码，在反向读出时实现电路同步。例如，在相位编码方式中，后同步信号是 40 个全"0"字节。

post-compression rate-distortion (PCRD) 后压缩速率失真 图像编码中的一种数据压缩方法，在给定一个目标位速率的情况下，使用最佳方法截断每一个独立码块的位流，使重构图像的失真程度最小。使用该方法之前，要把每一个子带图像的小波变换系数分成独立编码的码块，并且对所有的码块使用完全相同的编码算法，对所有的码块压缩之后才使用速率失真算法。

postcondition 后置条件 (1)一种断言，表示在执行序列中的下一个点。(2)指测试系统可能处于的一组状态。后置条件是一个条件列表，这些条件将在测试用例成功完成以后得到满足。而且该状态对后续测试用例有相互关联作用。比较 precondition。

postcondition assert 后置条件断言 一种断言，代码执行之后必须具备的特性。比较 precondition assert。

post-coordinate index 后组式索引 在查找时进行逻辑组配的索引。这些索引一般不再是文献的形式，而是卡片或其他方式。单元词索引、比号法、比孔法和边缘穿孔卡等都是后组式索引。

post-coordinate retrieval language 后组式检索语言 表达文献主题概念的标识，在编制检索语言词表和标引文献时都不预先固定，而是在检索文献时才根据实际需要，按组配规则临时进行组配的检索语言。其组配的基本原理是：具体概念可通过一般概念组配而成。也称"组配式检索语言"。比较 precoordinate retrieval language。

post-coordination 后组(式) 为了达到标引与检索的灵活性，减少收入词表的主题词数量，将某些复合概念进行拆义，变成两个或两个以上的单一概念的主题词，收入词表。有标引与检索时，再将这些主题词进行逻辑组配，以检索出复合概念。

post-coordination information retrieval language 后组情报检索语言 一种情报检索语言。其特点是：文献的检索标志是在标引和情报检索时，通过对这些类目的逻辑乘来表达复杂概念。后组情报检索语言是由简单类目的名称构成的。比较 precoordination information retrieval language。

post-detection combiner 检波后合成器 解调之后把两个或两个以上的信号合成起来的电路或装置。

post-editing 译后编辑 (1)为了去掉自动生成的译文的"机器味"，或修正机器翻译的某些固定类型的错误，由人对机器译文所作的修改和编辑。(2)对已处理过的结果数据进行编辑的过程。如对计算机算过的输出数据进行编辑。

posted-write capability 后写能力 在 PCI(外围部件互连)总线中，设备所具有的记住或投寄一个存储器事务并通知总线主设备立即完成的能力。只要后写缓冲器有存储位置，总线主设备就不能用等待状态而完成存储器写。在投寄了写操作并通知总线主设备去完成之后，设备就将执行实际的存储器写。

posterior probability 后验概率 是指在得到"结果"的信息后重新修正的概率。后验概率的计算要以先验概率为基础。比较 priori probability。

posterization 色彩褪化 图像中色彩或灰度的量

的减少。

postfix notation 后缀表示法 运算符写在运算对象后面的一种无括号表示法。例如 $a+(-b)$，$(-a)+b$，$a\times(b+c)$ 用后缀表示法书写时，就成为 $ab-+$，$a-b+$，$abc+\times$。同 reverse Polish notation，suffix notation。比较 infix notation，prefix notation。

post gap 后间隙 在 CD-ROM（只读碟）格式中，由 150 个全 0 扇区组成的一个区域，它紧跟在一个记录段的后面。

post installation review 安装后检测 对系统的运行、操作和结果等进行在位的动态测试，以便对系统作出鉴定或矫正，或判定其效率等。

post layout simulation 布设后模拟 LSI（大规模集成电路）布设（布局和布线）完成之后，考虑基于实际布设数据的延迟进行的认证模拟。在 LSI 或 VLSI（超大规模集成电路），与元器件本身的延迟相比，布线延迟不可忽略。在布设完成之后，要利用布设参数提取软件，提取元器件及布线的参数作为输入进行模拟，以发现用 DRC（设计规则检查）、ERC（电气规则检查）等未能找出的逻辑错误，在电路级或逻辑级的人为失误以及元器件尺寸及布线寄生电容产生的定时错误。

Post machine 波斯特机（器） （1）由美国数学家波斯特（Post）首先提出的一种由表示宏操作指令的语句组成的计算模型，这些语句包括：启动语句，正常停机语句，非正常停机语句，分支判断语句。波斯特机作为语言识别器和生成器，与图灵机一样，可识别和生成 0-型语言集。波斯特机作为数论函数计算器，可计算一切图灵可计算函数，而且只需使用 $x:=x+1$，$x:=x-1$ 形的赋值语句和 goto n if $x\neq0$ 形的分支判断语句。（2）实际上是由一些基本语句组成的程序框图。它只有一个变量 x，x 取的值为一个由字母表 Σ 中的字母所组成的字，其中有一个字母为特殊字母，以 # 表示。框图中的语句包括：①开始语句（只有一个）。②停机语句，有两种：接受语句和拒绝语句。③分支判断语句。④赋值语句。把由 Σ 中字母组成的任何一个字作为波斯特机器的输入，如果运行结果是在接受语句处停机，表示该字为波斯特机器所接受，若在拒绝语句处停机，则表示不接受。波斯特机器与图灵机有同等的计算能力。

postmaster 邮件总监 因特网中负责管理电子邮件软件的管理人员的电子邮件地址别名。用户可以向其发送邮件，询问有关加人和脱离邮件发送清单的节点和规则的有关信息。

postmortem 事后分析 在操作完成之后进行的分析。完成一个操作或执行完一个程序之后，打印或显示有关寄存器和存储单元的内容并进行分析的过程。

postmortem dump 事后分析转存，算后转储 （1）程序运行非正常结束时进行的转存，用于排错处理。（2）计算机一次运行结束后的转储。一般是为了进行调试、审查或编制文件。

postnormalize 后规格化 根据算术运算的结果来进行规格化。

post office protocol (POP) 邮局协议 一种因特网电子邮件标准，规定一台连接因特网的计算机如何能起到邮件处理代理的作用。POP 协议允许工作站动态访问服务器上的邮件，并可以下载邮件到工作站上。POP 有三个版本：POP、POP2 和 POP3。后来的版本与前版本不兼容。参见 electronic mail。

post office protocol version 3 (POP3) 邮局协议版本 3 因特网中电子邮件的接收采用的就是 POP3，它的好处是读取电子邮件时，不必登录到自己的电子邮件地址所在的服务器。POP3 在收信时用户首先与邮件服务器进行连接，在验证完用户名和密码后，用户将得到有关所有邮件的信息（如邮件的数量和大小）。然后，就开始将服务器上存储的邮件下载到用户硬盘上，每传完一份，服务器便对该邮件作一个删除记录，等待全部传输完毕后，存储在服务器上的所有邮件将被清空。也就是说在整个收信过程中，用户是无法知道那些信件的具体信息，只有照单全收存入硬盘后，才能慢慢浏览和删除。使用 POP3，用户几乎没有对邮件的控制决定权。POP3 主要优点是支持它的程序比较广泛，便于选择合适的客户端软件。该协议适合从单独的系统访问电子邮件的个人用户，而不适合从多个系统检查电子邮件的个人用户。

postorder traverse 后序遍历 一种访问二叉树所有节点的方法。访问时的次序是遍历左子树，遍历右子树，然后访问根。比较 preorder traverse。

post-production system 后产生式系统 对字符串进行计算的一种模型，简称波斯特（Post）系统。它由三部分组成：一个有限字母表、一个有限公理集（每个公理是一字符串）和有限个后产生式。一个后产生式是一个字符串重写规则。对于一个字符串的集合，如果存在一个后产生式系统，使得集合中每个串可以通过产生式规则由公理演算得到，则称该集合为后产生式生成集。已经证明：后产生式生成集类与递归枚举集类等价（即通过适当的编码可在它们之间建立一一对应关系）。

Post program 波斯特程序 等价于图灵机的计算机模型，也称“波斯特-图灵机”。它以一组指令描述一个算法，其指令是指下列符号序列：

WRITES（抹去当前注视符号且写下 S）
WRITEB（抹去当前注视符号留下空格）
TO A IF READS S
（当前注视符号为 S 时转去执行指令 A）
RIGHT（读写头右移一格）
LEFT（读写头左移一格）

P

波斯特程序是图灵机的程序表达式。

PostScript font PostScript 字体 按照 PostScript 页面描述语言规则定义的一种字体，可在与 PostScript 兼容的打印机上打印。这种字体具有较高的平滑性和精确度。

PostScript language PostScript 页面描述语言 由 Adobe 系统公司开发的描述并处理文字和图形的打印机页面输出的程序设计语言，能够对由文本、图形和图像产生的任意组合类型进行描述，并支持包括条件执行、过程和变量在内的许多程序设计特征，它采用抽取特征的方法按轮廓描述来存储字模和在输出页面上描述文字、图形和图像，而不是用点阵的方法，因而效率较高，它可以从单个主字模中引出多种规格的字体、字号、字体风格以及修饰，具有与设备无关的特点，该语言已成为工业标准。参见 page description language (PDL)。

PostScript printer description (PPD) file PostScript 打印机描述文件 包含有特定打印机的详细信息的一种文件。虽然 Postscript 是一种与设备无关的语言，但 Postscript 驱动程序使用 PPD 文件中的信息来充分利用目标打印机的特性。PPD 文件是一个 ASCII(美国信息交换标准代码)文件。

post-write disturb pulse 写后干扰脉冲 在电流重合法磁芯存储器中，在写脉冲之后使所有的磁芯都处于扰动状态的脉冲。

potential 电势 也称“电位”，电势是描写电场的一个物理量。将单位正电荷从参考点移到另一点反抗电场力所做的功。参考点位于无穷远处，或出于实用目的，取地球表面作为参考点。同 electric potential。

potential energy 位能，势能 (1)物体由于位置或位形而具有的能量。(2)物体由于具有做功的形势而具有的能称为势能。它是存储于一个系统内的能量，也可以释放或者转化为其他形式的能量。

potential drop 电位降 在有电流通过的导体或在有电流通过的电器中，电位的减少。

potential field 位场 也称“势场”，当点电荷 q 在任意静电场中运动时，电场力所做的功只取决于运动的始末位置而与路径无关。这种性质称为有位性(有势性)，具有这种性质的场称为位场。

potential transformer (PT) 电压互感器 类似于变压器，都是用来变换线路上的电压。电压互感器变换电压的目的，主要是用来给测量仪表和继电保护装置供电，用来测量线路的电压、功率和电能，或者用来在线路发生故障时保护线路中的贵重设备、电机和变压器，因此电压互感器的容量很小，一般都只有几伏安、几十伏安，最大也不超过一千伏安。

potentially unwanted program (PUP) 潜在的不必要程序 对于木马程序、间谍软件和广告软件的统称。PUP 是有些防病毒和安全软件包扫描侦测的对象。

potential solution tree 期望解树 人工智能中的一种搜索途径。在人工智能的“与或”图搜索过程中，除了已经标记为“不可解”的节点以外，搜索树的任何节点都有希望长成以起始节点为根的解树。而从根至节点 n(包括其子节点)的所有搜索子树都分别是“希望”解树的近根部分。再从这些部分挑选出估计它是以 s 为根的最佳解树的近根部分，称为期望解树。

potentiometer 电位器[计] 一种可调节的提供变化的电阻值的电路元件。

POTS 简易老式电话服务 plain old telephone service 的缩写。

pound 磅 一种英制质量单。1 磅等于 0.4539 千克(kg)，或等于 16 盎司。

pour 管式发送 通过管道将文件或一个程序的输出结果传送给另一个文件或设备。

POV 观察点 point of view 的缩写。

power 功率 物体在单位时间内所做的功，即功率是描述做功快慢的物理量。功率的单位是“瓦特”，简称“瓦”，符号是“W”。

power adapter 电源适配器 一种变压器，它把交流电源转换成电子设备所需要的直流电源。

power amplifier 功率放大器 在给定失真率条件下，能产生最大功率输出以驱动某一负载(如扬声器)的放大器。

power attenuator 功率衰减器 一种能量损耗性射频/微波元件，元件内部含有电阻性材料。功率衰减器除了常用的电阻性固定衰减器外，还有电控快速调整衰减器，它广泛使用于需要功率电平调整的各种场合。参见 attenuator。

power back off 功率回退 实现射频功放线性化的常用技术。功率回退法就是把功率放大器的输入功率从 1dB 压缩点向后回退 6 ～ 10 个分贝，工作在远小于 1dB 压缩点的电平上，使功率放大器远离饱和区，进入线性工作区，从而改善功率放大器的三阶交调系数。

power bandwidth 功率带宽 功率放大器能够提供额定输出功率的频率范围。

PowerBuilder (PB) PowerBuilder 数据库软件 PB 是美国 Sybase 的子公司 PowerSoft 公司推出的微软视窗下专门设计开发客户机/服务器数据库应用程序的可视化开发工具，1991 年投入市场，采用开放的数据库连接技术和面向对象的可视化技术，是数据库的前端开发工具。PB 支持常见的各种数据库，既能直接连接 Sybase、SQL Server、Informix、Oracle 等大型数据库系统，又能通过 ODBC(开放数据库互连)连接 Xbase、Access、Excel 等小型数据库系统。而且 PB 通过封装，以一种几乎一致的方式操作各种数据库，因此能非常方便地将应用程序从一种数据库移植到另一种数据库。PB 所使用程序设计语言称为PowerScript,这是一种类似VB与C的混合语言。由于PB能较为完善地支持对象的封装、继承,所以使PowerScript成为一种功能很强大的面向对象设计语言。PB的成功很大程度应归功于其拥有专利技术的数据窗口。数据窗口可以看作是一个对数据库进行操作和显示的控件。在其数据窗口画板中,几乎可以以任意的形式显示和操作数据。参见data window。

power capacitor 电力电容器 用于电力网络的电容器。参见capacitor。

power control 功率控制 为了使小区内所有移动台到达基站时的信号电平基本维持在相等水平、通信质量维持在一个可接收水平,对移动台功率进行的控制。功率控制分为前向功率控制和反向功率控制。参见forward power control, backward power control。

power convertor 电力变流器 变流设备或变流装置的泛称。电力变流器由一个或多个电力电子装置连同变流变压器、滤波器、主要开关及其他辅助设备组成。

power cord 电源电缆 交流电源与计算机等设备的连接导线。

power density 功率密度 在电子元件安装面上,单位面积上的平均功耗,以W/cm^2为量度单位。在计算机中用组件功率密度与插件功率密度来标志计算机的发热量。

power disconnect switch 电源开关 设备和主电源之间连通或断开接点的一种装置。

power divider 功率分配器 也称功分器,是一种将一路输入信号能量分成两路或多路输出相等或不相等能量的器件,也可反过来将多路信号能量合成一路输出,此时也可称为合路器。

power domain 幂论域 一个论域的幂集或其幂集的子集。幂论域理论是非确定性程序的指称语义学的理论基础。

power down 掉电 电源出故障或关闭时计算机采取的一个步骤。其目的是保护处理机状态不受破坏,并减少对外部设备的损害。

power efficiency 功率效率 输出功率对输入功率之比。

power electronic capacitor 电力电子电容器 用于电力电子设备中并能在非正弦电流或电压下连续运行的电容器。

power electronic device 功率电子器件,电力电子器件 用于电能变换和电能控制电路中的大功率(通常指电流为数十至数千安,电压为数百伏以上)电子器件。

power electronics (PE) 功率电子学,电力电子学 涉及电力技术的电子学,它是由电力学、电子学和控制理论三个学科交叉而形成的。电力电子学是一门利用电力电子器件对电能进行变换与控制的交叉技术学科,它包括对电压、电流、频率和相位的波形分析和电能变换与控制方法的研究等方面。参见electronics。

power factor 功率因数 有功功率与视在功率之比。功率因数的大小与电路的负荷性质有关,电阻负荷的功率因数为1,电感或电容性负载的功率因数都小于1。功率因数是衡量电气设备效率高低的一个系数。功率因数低,说明电路用于交变磁场转换的无功功率大,从而降低了设备的利用率,增加了线路供电损失。参见active power, apparent power。

power factor compensation 功率因数补偿 减少了无功功率在电网中的流动的措施,功率因数补偿可以降低输配电线路中变压器及母线因输送无功功率造成的电能损耗。又称之为“无功补偿”。参见reactive power compensation。

power factor correction (PFC) 功率因数调节 通过调节输入交流电的功率因数,可有效抑制辐射和发热,节省电能。PFC主要用来表征电子产品对电能的利用效率。功率因数越高,说明电能的利用效率越高。

power factor of the fundamental 基波功率因数 基波电压和电流的有功功率与其表观功率之比。也可以定义为:电压与电流基波相量之间夹角的余弦。

power fail interrupt 掉电中断 具有最高优先级,只要断电中断陷阱存在,即能中断其程序。

power fail logic 掉电逻辑 一种逻辑电路。它能防止一个系统发生原始功率故障。电路可自动存储工作电流诸参量。一旦功率复原,该电路就可用这些存储的信息继续按指令操作。

power fail restart 掉电重新启动 计算机或其他设备检测工作电源故障的一种功能。在检测到故障后,能在极短时间内将寄存器内容转储到非易失存储器中,供重新启动时使用。

power failure interrupt 电源故障中断 报警装置在外部电源故障时发出的信号。通常电源故障中断将不破坏操作机器的状态,因为多数机器内部都有备用电源去完成事先规定的保护动作。

power frequency 工频 交流电力系统的标称频率值。我国电力系统的工频为50 Hz。

power-frequency current interrupting rating of arrester 避雷器工频额定断流能力 在规定的恢复电压上升率、幅值因数及功率因数的条件下,施加避雷器额定电压时,避雷器能够切断的最小到最大预期电流的范围。

power-frequency sparkover voltage of an arrester 避雷器工频击穿放电电压 施加于避雷器端子间的,使避雷器全部串联间隙放电时,测得工频电压的峰值被2除所得的值。它只适用于有间隙避雷

P

器。

power-frequency withstand voltage of an arrester 避雷器工频耐受电压 加在避雷器高压引线和接地端子之间的最大工频电压的有效值。避雷器应能耐受该电压。

powerful 强功能的 如果软件效率较高、选件丰富,则认为该软件是强功能的。对于用户软件,是指用户不太费力就能把上述选件付诸实践;对于系统软件,则表示以最少指令能生成复杂的多种指令。

powergain 功率增益 设备的输出功率与输入功率之比,用分贝表示。

power induction 电源感应 市电所引起的感应,通过声音或频率可识别出感应的存在。它可能是与市电高次谐波的噪声感应,或是 60 Hz,120 Hz,180 Hz 的低频感应(在我国为 50 Hz,100 Hz,150 Hz)。参见 pulse repetition frequency。

power integrity 电源完整性 电路系统中的电源和接地的质量。

power interference filter 电源干扰滤波器 电子设备的交流电源输入的滤波装置,以消除电源线中的高频干扰信号。

power level 功率电平 某一点上的功率与选作参照的任意量值的功率之比。这个比值通常表示为基于 1 毫瓦时(mW·h)的分贝值,缩写为 dBm,基于 1 瓦时(W·h)的分贝值,缩写为 dBW。参见 decibel。

power line 电源线;输电线 输送动力用电的导线。

power line carrier (PLC) 电力线载波 电力系统特有的通信方式,指利用现有电力线,通过载波方式将模拟或数字信号进行高速传输的技术。

power line connector 电力线连接器 一种在建筑物中的交流电力传输射频载波的技术。

power line communication (PLC) 电力线通信 利用电力线传输数据和话音信号的一种通信方式。该技术是把载有信息的高频加载于电流,然后用电线传输,接受信息的调制解调器再把高频从电流中分离出来,并传送到计算机或电话,以实现信息传递。

power line filter 电源线滤波器 抑制电源传导发射的器件。电源线滤波器是低通滤波器,通常要允许设备工作频率通过。电源线滤波器要对电源线的差模传导发射和共模传导发射均有抑制作用。

power loss 功率损耗 信号从信号源向负载输送的过程中,被传输线、滤波器等无源网络所消耗的能量或因其他因素而损失的能量。

power management 电源管理 计算机中的一种节省电源技术,在不用的情况下,系统在设定的时间内自动将计算机部分或全部关掉。

power notify object 电源提示对象 微软 Windows NT 中允许设备驱动程序向内核注册一个电源恢复程序的内核对象,是一个控制对象,其中包含一个指向设备驱动程序的指针,当掉电恢复后将调用该程序。

PowerNow! technology PowerNow! 技术 美国 AMD 公司开发微处理器的 PowerNow! 技术,主要是针对使用电池的笔记本电脑在不同运算操作时对处理器的要求不同而设计的。它主要有三种工作模式:①自动模式:提供自动平衡性能与能耗功能,内核的工作电压和 FSB 频率由系统自动根据运算负荷调节,在不影响实际运算效果的情况下,最大限度地延长电池使用时间;②高性能模式:始终以全速运行,以求最大运算能力;③电池节能模式:省电为首要目的,始终以最低速度运行以延长电池使用时间。PowerNow! 技术非常实用,如果设定在自动模式,控制电路可以保证在一秒钟内速度变化 30 个阶梯,它允许 CPU 的工作频率和电压在 500 MHz (1.2 V)至 CPU 最大速度(额定电压)之间进行 30 级的调节,这几乎可以覆盖所有可能的倍频和电压设定了。相比之下 Intel 的 SpeedStep 技术,可调速度只有两档,而且电池使用时间的延长是以性能的牺牲作为代价的。比较 SpeedStep。

power on 加电 计算机外部设备接通电源工作的序列过程。通常可分为远加电和本地加电两种方法。对应的是去电,即设备断掉电源的序列过程,通常可分为联机自动去电和本地手动去电两种方式。

power-on reset 加电复位 在某些系统中,接通电源期间,必须使中央处理机(CPU)初始化到已知状态,以便发生正确的事件序列。这种初始化由电源系统外部产生的加电信号完成。CPU 接到加电信号,就初始化内部逻辑状态,同时产生同步加电输出信号,用来初始化其他电路。这种过程称为加电复位。

power-on self test (POST) 加电自检 加电之后由设备自动进行的一系列诊断测试。它是微机系统的基本输入输出系统中的一个功能模块,包括一系列诊断程序,用来在系统启动时检查硬件故障。发现系统的硬件故障。完整的 POST 自检包括对 CPU、系统主板、基本的 640 KB 内存、I MB 以上的扩展内存、系统 ROM BIOS(只读存储器基本输入输出系统)的测试;CMOS(互补金属氧化物半导体)中系统配置的校验;初始化视频控制器,测试视频内存、检验视频信号,对 CRT(阴极射线管)接口进行测试;对键盘、软驱、硬盘及 CD-ROM(只读碟)子系统作检查;对并行口(打印机)和串行口(RS232)进行检查。如果自测试过程中发现有错误,将按两种情况处理:对于严重故障(致命性故障)则停机,此时由于各种初始化操作还没完成,不能给出任何提示或信号;对于非严重故障则会显示故障信息或错误代码或声音报警信号，等待用户处理。

power operation 动力操作 用人力以外的能量操作，操作的完成决定于能源（电能、磁能、热能、压缩空气或液压等）供给的连续性。比较 manual operation，stored energy operation。

PowerPC PowerPC 微处理器 PowerPC 即 performance optimization with enhanced RISC powerful chip 的缩写，Power 是指性能优化的增强型 RISC（精简指令集计算）体系结构，PC 即高效芯片。这是 IBM、Apple、Motorola 公司合作开发的新一代高性能 32 位和 64 位 RISC 微处理器系列，以与垄断 PC 机市场的 Intel 微处理器和微软公司的软件相竞争。PowerPC 是一种开放式的、不限定使用操作系统及硬件的计算机体系。PowerPC 微处理器特为有效地仿真其他 CPU 而设计，因此，基于 PowerPC 的计算机通过在 PowerPC 上运行一个特殊程序就可运行 DOS（磁盘操作系统）和 Macintosh 软件，这种特殊程序可分别识别和执行 80386 或 68030 CPU 的机器指令。最早是 1993 年 9 月推出 50 MHz，66 MHz 和 80 MHz 的 PowerPC 601 芯片，以后又陆续推出 603、604、620、602 和 630 芯片。1997 年研制成功的 750 芯片，最高的工作频率为 500 MHz，采用先进的铜线技术。2000 年 IBM 公司推出了具有千兆主频的 64 位 PowerPC 处理器。该芯片采用 0.22 μm 工艺制造。

PowerPC reference platform (PReP) PowerPC 参考平台 由 IBM 公司在 1995 年提出的基于 PowerPC 个人机的标准平台，结构上完全开放。在处理器方面除了可用 PowerPC 外，和 PC AT 兼容机规格类似，在网络方面允许用 LocalTalk。在电源管理方面，PReP 将系统状态分为全负载工作、可工作、旁观、暂停、关闭五种，根据不同状态决定如何进行管理。在存储管理方面，支持“双划分”，即把字（32 位）中最低字节放在存储器中最高位置的“大划分”和将最低字节在存储器中最低位置的“小划分”。32 位的 PowerPC 可拥有 4 GB 的存储空间。地址空间分成四部分：系统存储器、系统 I/O 存储器、I/O 存储器和系统 ROM。它支持的操作系统有微软 Windows NT，AIX，Workplace，OS，Solaris，NetWare 和 Taliget。

power plane 电源层 多层印制电路板中的馈电层。

power recovery processing 复电处理 发生复电中断时，过程监督系统执行的辅助存储器的恢复检测，程序和表的预置等一系列的处理。

power rectifier 功率整流器 将交流电变为直流电并在大功率负载下工作的装置。

power relay 功率继电器 特性量为功率，具有隔离功能的自动开关元件。

power resistor 功率电阻（器） 用在电气功率系统中的电阻。其大小可从 5W 到若干 kW。用空气对流、吹风或水进行冷却。

power semiconductor device 电力[功率]半导体器件 主要用于电力系统的半导体器件，它包括半导体整流二极管、各种晶闸管、电力晶体管等。

Powersoft Powersoft 公司 美国的一个数据库应用开发工具软件公司，开发了广泛流行的 PowerBuilder 应用程序开发系统。1995 年，该公司与 Sybase 公司合并。参见 PowerBuilder (PB)。

power spectral density (PSD) 功率谱密度 对于具有连续频谱和有限平均功率的信号或噪声，表示其频谱分量的单位带宽功率的频率函数。信号通常是波的形式，如电磁波、随机振动或者声波。当波的频谱密度乘以一个适当的系数后将得到每单位频率波携带的功率，这被称为信号的功率谱密度或者谱功率分布（SPD）。功率谱密度的单位通常用每赫兹的瓦特数（W/Hz）表示，或者使用波长，即每纳米的瓦特数（W/nm）来表示。

power spectral estimate (PSE) 功率谱估计 数字信号处理的主要内容之一，主要研究信号在频域中的各种特征，目的是根据有限数据在频域内提取被淹没在噪声中的有用信号。

power spectrum 功率谱 以频率函数形式表达的信号或噪声频谱分量的幅度平方之半的分布。

power status object 电源状态对象 微软 Windows NT 中允许设备驱动程序确定电源是否有故障的内存对象，这是一个控制对象，其中包含一个布尔变量，设备驱动程序在处理一个不可中断的操作前可以先检测这个布尔变量，如果电源发生故障，驱动程序就不启动这一操作。

power supply 供电，电源 （1）按照诸如频率、电压、连续性、最大需量、供电点及费率等技术标准和商业规则，向消费者提供电力的服务。（2）一种把线路电流和电压转换成适合于电路元件的硬件系统。大多数供电电源都把交流电转换成被滤波后的直流电。

power-supply box 配电盒 机柜中的交流配电装置。它把来自配电柜的交流电分路加到直流电源模块和交流通风机上的一种配电装置。在组装结构上要满足安全保护和电磁兼容性要求。

power-supply cabinet 配电柜 对计算机及其系统设备进行单独、集中控制、切换、分布式操作且具有过流、过压、安全保护功能的动力配电装置。通常 20 路以下采用小型配电柜，20 路以上采用大型配电柜。

power supply rejection ratio (PSRR) 电源抑制比 放大器在其直流电源电压变化时，保持其输出电压的能力。

power supply sensitivity 电源灵敏度 转换器对电源电压变化的敏感程度。一般用电源电压变化 1% 时模拟值（D/A 转换器输出或 A/D 转换器输

P

入)变化的百分比来表示,如0.05 %△V。

power system demand **功率系统需求** 在一指定的时间间隔内功率系统的总负载的平均值,用千瓦或千伏安表示。

power transformation **变电** 电力系统中,通过一定设备将电压由低等级转变为高等级(升压)或由高等级转变为低等级(降压)的过程。同 transformation of electricity。

power transistor **功率晶体管** 用来控制大电流和大功率的晶体管。主要用在声频电路和开关电路中。通常要求以某种方式进行冷却。

power up **上电** 电源接通或电源故障修复以后,向计算机供电的步骤。

power-up diagnostics **上电诊断** 计算机加电时由ROM(只读存储器)中的程序对CPU和存储器进行检查的过程。

power user **行家** 使用计算机的行家好手。特别是指应用的水平而不是程序设计的水平,能充分发挥应用软件的功能。

PP **并行打印** parallel print 的缩写。

PPC **掌上电脑** palmsize personal computer 的缩写。

PPCH **分组寻呼信道** packet paging channel 的缩写。

PPD **Postscript 打印机描述** Postscript printer description 的缩写。

p-persistent CSMA **p 率持续载波监听多路访问** 载波监听协议之一,这种协议的特点是,在监听到信道忙时,仍坚持听下去,一直坚持听到信道空闲为止,此时以概率 p 发送数据,而以概率 $(1-p)$ 延迟一段时间,重新监听信道。

PPF **光塑性胶片** photoplastic film 的缩写。

PPGA **塑料引脚栅格阵列** plastic pin grid array 的缩写。

PPI (1)像素每英寸 pixels per inch 的缩写。(2)点每英寸 points per inch 的缩写。(3)脉冲每英寸 pulses per inch 的缩写。

P-picture **P图像,预测图像** predicted picture 的缩写。

PPL **推荐产品目录** preferred product list 的缩写。

PPM (1)每分钟(打印)页数 pages per minute 的缩写。(2)脉冲相位调制 pulse phase modulation 的缩写。(3)脉(冲)位(置)调制 pulse position modulation 的缩写。(4)百万分之几 parts per million 的缩写。

PPO **主程序操作员** primary program operator 的缩写。

PPP **点对点协议** point-to-point protocol 的缩写。

PPPoE **以太网上的点对点协议** PPP over Ethernet 的缩写。

PPP over Ethernet (PPPoE) **以太网上的点对点协议** 通过PPPoE技术,可以让宽带调制解调器用户获得宽带网的个人身份验证访问,能为每个用户创建虚拟拨号连接,高速连入因特网。路由器具备该功能,可以实现PPPoE的自动拨号连接。

PPR **多处理机网** polyprocessor reticulum 的缩写。

PPRC **对等远程拷贝** peer-to-peer remote copy 的缩写。

PPS (1)每秒分组[包]数 packets per second 的缩写。(2)预付费业务 prepaid service 的缩写。(3)脉冲数/秒 pulses per second 的缩写。

PPSN **公用[公共]分组交换网** public packet switched network 的缩写。

PPSS **公用分组[包]交换服务** public packet switching service 的缩写。

PPT **主程序操作员接口任务** primary program operator interface task 的缩写。

PPTE **原型页表项** prototype page table entry 的缩写。

PPTP **点对点隧道协议** point-to-point tunneling protocol 的缩写。

PPV **有偿收视服务** pay-per-view 的缩写。

PQA **受保护队列区** protected queue area 的缩写。

PQDD **数字化学位论文文摘数据库** ProQuest digital dissertations 的缩写。

PQFP **塑料方型扁平式封装** plastic quad flat package 的缩写。

PR (1)伪距 pseudo range 的缩写。(2)提议推荐标准 proposed recommendation 的缩写。

PRA **基群速率接入** primary rate access 的缩写。

PRACH (1)分组随机接入信道 packet random access channel 的缩写。(2)物理随机接入信道 physical random access channel 的缩写。

practical algorithm to retrieve information coded in alphanumeric (PATRICIA) **PATRICIA 算法,检索字母数字编码信息的实用算法** 一种经典的信息检索算法。它是一种无需在节点中存储关键码而构造一个二进检索结构的方法。它特别适合于处理极长或可变长的关键码,如存储在一个大型文件中的标题或短句。

practical extraction reporting language (Perl) **Perl 语言,实际提取报告语言** 由 Larry Wall 在美国宇航局喷气推进实验室开发的组合了数个 UNIX 工具软件和C语言的句法而形成的一种解释语言。Perl 具有强大的字符串处理功能,可以从文本文件中抽取信息;Perl 可以集成一个字符串,并将之作为命令传给命令解释程序。用 Perl 写的程序被称为脚本。

pragmatic analysis 语用分析 根据不同的语言使用者和语言交际环境来揭示输入句子本身意义(即其语义表示)以外的所谓言外之意的过程。

pragmatic information 语用信息 信息的有用性。语用信息是指信息内容对信宿的有用性,它取决于信宿对信息的需求状况,也就是信宿的信息状态与信源发出的信息间的相关性所决定。参见 grammatical information, semantic information, comprehensive information。

pragmatics 语用学 研究语言符号及其解释和用途之间的关系的一种理论。它是形式语言理论的一部分。语义和语用都是研究语言符号的含义的,但前者研究形式语言的功能含义,后者研究形式语言的操作含义。即前者考虑符号含义"是什么",后者考虑"如何实现"。对于程序语言来说,用户比较强调语言的功能方面,而机器强调语言的操作方面。

PRAM 并行随机访问机 parallel random access machine 的缩写。

P-rating 性能比率 performance rating 的缩写。

PRBS 伪随机二进制序列 pseudo random binary sequence 的缩写。

PRC (1)程序请求凭证 program required credentials 的缩写。(2)主返回码 primary return code 的缩写。

pre-alarm 预警 (1)在存取控制中,系统内的入口/出口延迟电路所发出的声音报警,警告用户在一定时间周期内解除警报。如警报没解除,信号就送到中心站。(2)在计算机安全中,由于设备故障而发出的警报。

pre-allocation 预分配 一种计算机资源分配技术。即进程所需的资源在得到分配之后才开始执行。

preamble (PA) 前同步码,前导段,报头 (1)相位编码磁带上每个数据块开始处记录的用于同步的一种二进制字符序列。(2)在传送帧之前由数据站发送的一个指定的二进制模式,目的是为了使其他数据站同步。参见 figure at transmission frame。(3)磁带记录采用自同步记录方式(相位编码、成组编码等)时,每个数据区开始处记录的一串特殊信息,在正向读出时使电路实现同步。例如,在相位编码方式中,前同步信号是 40 个全"0"字节。

preamplifier 前置放大器 (1)在数字磁记录读出信道中,最靠近读出磁头,并用来放大磁头读出信号的第一级放大器。(2)在对音频和视频信号的放大中,指最前一级的放大器。

preanalysis 预分析 对计算机要执行的任务进行初步研究,以提高该任务的执行效率。

pre-and-post-processing 前处理与后置处理 每台 NC(数控)机床在采用计算机辅助编程和准备 NC 穿孔纸带的过程中,通常划分成两个阶段:①前处理阶段,首先用 NC 编程语言,根据编程员按零件图纸规定的刀具运动作出指令,同时还可接受来自编程员规定的或其他计算机辅助系统输出的加工参数,作出主轴转速、进给量等指令,计算出刀具的中心轨迹等。该阶段的输出一般称为刀位数据文件,它独立于具体机床及其控制装置。②后置处理阶段,将刀位数据文件再经处理后输出用于特定机床和 NC 装置的穿孔带或适于准备穿孔带的信息。

pre-arcing Joule integral 弧前焦耳积分 通过熔断器电流平方对弧前时间的积分。参见 pre-arcing time。

pre-arcing time 弧前时间 从电流大到足以使熔体熔断的电流值开始到电弧出现瞬间为止的时间间隔。

preassembly 预汇编 汇编程序对条件汇编和宏功能生成执行的操作。

preassembly time 预汇编时间 汇编程序处理宏定义和执行条件汇编操作所需的时间。

prebind module 预联编模块 在计算机系统中,含有在任务集装入期间为建立约束任务集装入模块而使用的规范的模块。它也是任务集库的一部分。

precedence 优先规定(次序),优先权 (1)情报检索提问逻辑中用的一种方法。规定两个或两个以上的检索词在原文中的先后次序,以提高文献原文检索的查准率。(2)由始发站赋予一条消息的一个标志,该标志对所有通信的人们指出了相关的处理顺序,并且对收件人指出了记录消息的顺序。参见 operator precedence。

precedence code 优先(代)码 表示其后的一个或几个代码中的符号将具有与通常含义不同含义的代码。

precedence constraint 优先约束,优先限制 在多任务系统中,某个任务的开始必须始终跟在其他指定任务结束之后。

precedence grammar 优先文法 语法符号具有某种优先关系的文法。规定这种优先关系是为了使两组符号相遇时能确定哪一组需要先处理。这样在进行自底向上的语法分析时就能很快地找到"句柄",即首先需要进行归约的符号串。

precedence level 优先级 为每一电话用户指定的相对优先权,表明了新的电话请求与正在使用的电话之间的优先程度。具有较高优先级的电话可以占用具有较低优先权用户正在使用的干线。优先权按顺序排列为:超限短讯(F_0)、短讯、立即、优先权和例行。

precedence rule 优先规则 编译程序安排算术表达式中算符的次序时使用的规则,即在执行时完成操作应遵循的先后次序。其一般次序是:①一元加减;②取幂;③乘除;④加减。如果一表达式包含同一级的两个或两个以上的算符,则处理次序是从左到右。括号可以改变运算次序,即括号内的算符优先处理。

preceding element **前序元素** A是B的前序元素,当且仅当A是B的祖先,或A是B的前序兄弟。

PRECIS **先组式标引系统** preserved context index system 的缩写。

precise interrupt **精确中断** 流水线处理机的一种中断方式。因为流水线处理机如一旦发生中断就立即停止处理指令,则保留和恢复现场很复杂。精确中断是指如果第 i 条指令在译码时就发现它是非法的(如操作码非法、存储器传输运算错误等)。在这种情况下,第 $i+1$ 条指令就不再进入流水线,但必须等到已在流水线各段中的所有指令都处理完毕后,才能转而执行中断处理程序。这样做是为了避免涉及流水线处理机中相当复杂的保留和恢复现场工作。反之,指令译码器发现非法指令向中断系统发出中断信号而产生的中断。若译码时发现第 i 条是非法指令,则立即停止第 $i+1$ 条指令的发出。但必须等到已在流水线各站中的所有指令处理完毕,才能转去执行中断处理程序。

precise pixel interpolation (PPI) **精确像素内插** PPI是Intel公司在它的i740图形加速芯片中使用的一种技术。它通过一个特有的三维纹理引擎为高精确度像素内插提供保障,在进行混色像素和色素值内插操作时,不再象传统的三维结构那样用简单的四舍五入方法来获得每一点的色素和像素,而是采用18位精确计算,使色素和像素值逼近真值,而不会出现传统的处理方法所带来的块状纹理变形。

precision **精度** (1)是指对同一样本重复测定时,每次测定结果与平均值的接近程度,即重复测定值之间的符合程度。比较 accuracy。参见 double precision, multiple precision, single precision, triple precision。(2)在物理组装结构上表示零件、部件的几何形状、尺寸、配合的精确程度,常用有效数的位数来表示。(3)在电气上表示电子元器件、设备电气特性参数的精确程度,常用百分数表示。

precision architecture **精确系统结构** 惠普公司的系统结构模式,每个处理机能够在一个时钟周期中完成一条指令,具有可伸缩性,提供64位虚拟地址空间以提供不断增长的应用程序对安全性和多用户功能的需求。

precision attribute **精度属性** 一组或几组整数,用来指出表示指定的数和位置信息的符号数,以确定该数的小数点。

precision guidance **精确制导** 按照一定规律控制飞行器的飞行方向、姿态、高度和速度,引导其到达目标的军用技术。按照不同控制导引方式可概括为自主式、寻的式、遥控式和复合式等四种制导。参见 autonomous guidance technology, homing guidance, remote guidance, combined guidance。

precision ratio **查准率** 情报检索系统中使用询问或搜索公式检得的文献数与被询问的文献总数之比。

precision/recall measure **查准/检索量度** 在一种询问和搜索公式下检索率与查准率的结合。受限检索与广泛检索相比,检索率低而查准率高。即具有详细提问的检索程序,不必查找大量的文献,而具有较一般提问的检索程序。要检索大量文献才能保证找到所需信息。

precoded form **预编码方式** 在输入变量数据之前预先输入不变数据项的方式。

precompile **预编译** 在编译之前对程序进行处理,使源程序能为编译程序所接受。

precondition **前置条件** (1)一种断言,表示在执行序列中的上一个点。(2)指测试系统可能处于的一组状态。前置条件是一个条件列表,这些条件必须在访问用例之前得到满足。前置条件最大的好处就是排除非法的输入值。比较 postcondition。

precondition assert **前置条件断言** 一种断言,代码执行之前必须具备的特性。比较 postcondition assert。

precondition analysis **先决条件分析** 一种解析的决策学习技术。在学习期间和执行期间进行。在学习周期中,给程序以一个已正确运行过的课题实例。程序就测试一下,在执行该实例中使用过哪些条件。根据其每步骤应满足的先决条件,程序就建立了每步的决策推理的注释。从这些注释中可构造一个由执行单元使用的规则。执行单元以解释来进行指导,以灵活的方式来执行规划。这就是其执行周期内的行为。

precondition of production rule **产生式规则的先决条件** 在人工智能的产生式系统中,每个规则都有先决条件。如果全局数据库满足这些先决条件,就可应用这条规则来改变数据库。

preconfigured system definition (PCD) **预配置系统定义** 某些信息处理系统中的一组系统参数和相应的命令表,它们定义并初启包括终端和存储器在内的系统硬件配置。

precontrol **预先控制** 也称"前馈控制"。预先控制是在作决策和制定计划时的控制,用于预防系统过于偏离预先制定的标准,使系统维持在指定的限度之内,防止不符合期望的事情的发生。同 feedforward control。比较 feedback control, concurrent control。

precoordinate index **先组式索引** 用先组式主题词编制的索引。

pre-coordinate retrieval language **先组式检索语言** 先组式检索语言是指在实施检索前,检索词已被预先组配好,用户只能严格按照预先设定预先设定的检索词去查找信息，而不能任意组配。比较 post-coordinate retrieval language。

precoordination information retrieval language 先组情报检索语言 一种情报检索语言。该语言的基本词汇表是在标引文献或正文之前或标引时建立的表达复杂概念的类目名称组成。比较 post-coordination information retrieval language。

precorrection 预校正 在信道的发送端，人为地给信号加上一定的时间畸变，以便全部地或部分地补偿因传输所引起的信号特性畸变的过程。

predecessor address 先行地址 表处理中进行记录链接的，能方便向前查找的一个地址字段。如该记录是表头，则该字段为空白，否则就存放处在它之前的一个记录的地址。

predefined connection object class 预定义连接对象类 在 AIX 操作系统中，一个指定可对设备进行连接的类型和位置的类。

predefined database 预定义数据库 在 AIX 操作系统中，一个包含系统支持的各种设备的配置数据的数据库。参见 customized database，device configuration database。

predefined device object class 预定义设备对象类 在 AIX 操作系统中，一个代表各设备类型的类。包含设备的基本信息，如设备方式名、和对包含在其他对象类中的信息的访问方式。

pre-defined function 预定义函数 程序开发工具中提供的一些函数，可以提供常用功能，供编程者调用。

predefined process 预定义进程，预定过程 按名或按标号而在别处进行安排和文件说明的例行程序或子例程。通常指准备直接插入的独立编译的例行程序。

predefined process symbol 预定义进程符号 一种用来表示预定义进程或预定义子例程的流程图符号。这种符号用一般的进程符号(矩形)，另在里面加一条垂直线表示。

predefined specification 预定义说明 FORTRAN 定义的变量类型和长度，在没有任何不同的说明时，这种定义取实型。

predicate 谓词，断定，判定 (1)逻辑系统中表示性质、关系的符号。一阶逻辑中他们常被解释为论域上确定的子集，或论域笛卡儿积的确定子集。谓词也可看作论域或其笛卡尔积到真值集合{T，F}的函数的符号表示。(2)在概念模式语言中，一个语言学对象，类似于动词，可指定一个涉及一个或多个实体的属性或动作。(3)肯定或否定数理逻辑中的一个或多个命题。(4)在 SQL(结构化查询语言)中，一个搜索值的元素，表示或者隐含一种比较操作。

predicate calculus 谓词演算 数理逻辑的基础部分。在谓词演算中，不仅把命题看作整体，而且还要分析命题的各部结构，把命题的内部结构分为具有主语和谓语的逻辑形式，由命题函数，连接词和量词构成命题，研究其中的逻辑推理关系。与命题演算相比较，谓词演算的重要特征是引进全称量词(一般记为∀)和存在量词(一般记为∃)。

predicate calculus language 谓词演算语言 把谓词演算公式引入关系数据库的一种语言。也称“关系演算语言”。按照谓词变元的基本对象是元组变量，还是域变量，该语言可分为两类：①元组演算式语言，如 ALPHA 语言；②域演算式语言，如 QBE (范例查询)。关系代数语言虽可对元组集合进行操作，但仍要求用户程序具体指明生成结果的方法(通过投影、连接等)，且查询效率很大程度上依赖于用户说明检索过程的程序水平。而采用关系演算语言，用户只需用谓词形式提出自己对运算结果的具体目标即可，而把实现这一目标的任务交给系统完成，这种非过程操作方式，给用户提供很大的方便。

predicate letter 谓词字母 在谓词演算中，表示谓词的字母。常用大写拉丁字母表示。

predicate logic 谓词逻辑 数理逻辑的基本形式，它允许使用变量和变量的函数。谓词逻辑是命题逻辑的推广。它把简单命题分解为主词、谓词和量词等，研究命题的形式及其推理的规律与规则的逻辑演算理论。参见 propositional logic。

predicate logic model 谓词逻辑模型 简称谓词模型。它是 20 世纪 70 年代中由 Gallaire 及 Minker 等人所提出的一种模型。它是用一阶谓词逻辑语言描述的数据模型。参见 first order language，first-order predicate calculus system。

predicate manager 谓词管理器 也称“自适应谓词管理器”。采用析取前束范式专门处理谓词的系统。它研究命题证明问题，并提出“不完备”证明和存疑的概念。

predicate model 谓词模型 也称“谓词逻辑模型”，它是用一阶谓词逻辑语言描述的数据模型。该模型的建立为研究演绎数据库与知识库奠定了理论基础。参见 predicate logic model。

predicate node 断定节点 用于控制流程图的三种基本节点之一。它总是有一个输入和两个输出。断定节点表示真/假、是/非等二元判定。

predicate transformation method 谓词变换法 参见 approach to specification。

predicate transformer 谓词转换子 从谓词到谓词的一种特殊函数。某语句 S 的谓词转换子是一个将某谓词 R 映射为 S 的最弱前置条件的函数。

predicted coded picture (PCP) 预测编码图像 也称“P 图”，它是以最近的上一个 I 图或 P 图为基准进行运动补偿预测所产生的图像，P 图的特点是：本身是前 I 图或 P 图的前向预测结果，也是产生下一个 P 图的基准图像；高编码效率，与 I 图相比较，

P

可提供更大的压缩比；前一个 P 图是下一个 P 图补偿预测的基准，如果前者存在误码，则后者会将编码误差积累起来、传播下去。同 predicted picture (P-picture)。

predicted picture (P-picture) **P 图像，预测图像** 用移动补偿预测编码方法编码的图像。MPEG(活动图像专家组)-2 数字视频定义了三种图像：B 图像、I 图像和 P 图像。P 图像编码时使用与它最近的前一帧 I 图像或 P 图像作参考，因此也称"正向预测图像"。P 图像可用作 B 图像和下一帧 P 图像的参考图像。P 图像使用移动补偿压缩(根据前一帧图像内容的预测值)方法进行压缩，因此可获得比 I 图像更大的压缩率。其缺点是会使错误蔓延。参见 predicted coded picture (PCP)。

predictive analysis **预测分析** 分析句子的一种方法。从左到右分析句子的过程中，对每个成分都给出这个成分之后可能会出现什么样的语言成分的预测信息，如果下一个词满足这个预测信息，分析便继续进行，否则停止分析。用这种预测分析方法可判定句子成立与否，并可用加括号的方式表示句子的层次结构。

predictive coding **预测编码** (1)对有记忆信源的剩余度进行压缩的一种时域编码方法。预测编码是根据离散信号之间存在着一定关联性的特点，利用前面一个或多个信号预测下一个信号进行，然后对实际值和预测值的差(预测误差)进行编码。如果预测比较准确，误差就会很小。在同等精度要求的条件下，就可以用比较少的比特进行编码，达到压缩数据的目的。预测编码中典型的压缩方法有脉冲编码调制(PCM)、差分脉冲编码调制(DPCM)、自适应差分脉冲编码调制(ADPCM)等。参见 pulse code modulation (PCM), differential pulse code modulation (DPCM), adaptive differential pulse code modulation (ADPCM)。(2)一种对数据中的统计冗余进行压缩编码的方法。对于空间冗余的视频数据，它表现为同帧图像内相邻像素之间的相关性，任何一像素点都可以由与它相邻的且已被编码的点来进行预测估计，预测根据某一模型或者以往的样本值进行。然后将样本的实际值与其预测值相减得到一个误差值，对这个误差值进行编码。如果模型足够好而且样本序列在时间上相关性较强，那么误差信号的幅度将远远小于原始信号，从而可以用较少的代码。参见 special redundancy, temporal redundancy。

predictive control **预测控制** (1)一种计算机控制方式。允许计算机中包含动态控制环，以便反复比较相关的因素。(2)指用计算机来统计处理从控制系统得到的全部信息，并利用分析计算所确定的预想值对系统进行控制。

predictive differential quantizer (PDQ) **预测差分量化器** 二维行程编码的量化器。参见 two-dimension run length encoding。

predictive encoding **预测编码** 为在数字信道上传输模拟信号，对模拟信号进行量化编码的一种方式，是对差值脉码调制编码方式的一种改进方式。

predictively valid **预测有效** 在从实际系统取得数据之前就能由模型测出产生的数据与之匹配的情况，则称该模型是预测有效的。

predictor **预测程序** 在仿真程序技术中，为了对所仿真的目标机的性能(诸如评价速度、存储器的存取速度、吞吐量、外部设备配置、多道程序对计算机各部件工作负荷、中断响应时间等)进行预测而设计的一套性能测试程序。

preedit **预编辑** 在计算之前对输入数据进行编辑过程。例如，对数据进行合并、修改或删除，去掉程序的不一致性、二义性、语法错误等。

pre-editing **译前编辑** 为了减少自动分析的困难，在机器分析原文之前由人对原文施加的编辑加工，如将长句切短、添加标志符号以消除歧义等。

preedit program **预编辑程序** 运行测试前用来检查应用程序或操作程序的程序。预编辑运行不会发生违反主存程序分配一类的事例。

pre-edit programs checking **预编辑程序检查** 程序在测试运行之前先进行的预编辑检查，即预编辑运行，可以排除不符合分段规则、管理规则等错误。

pre-emphasis **预加重** 为便于信号的传输或记录，而对其某些频谱分量的幅值相对于其他分量的幅值预先有意予以增强的措施。预加重电路由一个电容电阻串联电路组成，它可以视为一个微分器，或者可看成一个高通滤波器。该技术主要用在频率调制(FM)系统中，即在调制之前提高调制信号的高频分量，这就相当于提升了高频信号的带宽。再在解调后将这部分连同噪声一起消除掉。参见 de-emphasis。

preemption **预占，抢占** (1)在 PCI(外围部件互连)总线中，当仲裁器从一个主设备移去准许信号并将给予另一个主设备时发生的情况。(2)中断优先程度较低的呼叫或消息，以便采用同一电路传输紧急消息。

preemptive algorithm **强占算法** 允许处于等待状态的进程进入就绪队列后强迫中止现行进程的 CPU 调度算法。例如，最短停留时间算法就是一种强占算法。

preemptive multitasking **抢占式多任务** 一种多任务的处理方式。操作系统周期性地中断正在执行的程序，而把系统的控制转移给另一个在等待着的程序，从而防止任一个程序对系统的垄断。建立了一种真正的时间共享环境，在这种环境中，所有的运行程序都从 CPU 中获得了一个循环时间片。根据操作系统，该时间片可能对所有程序都是相同的，或可能为了满足现有程序和用户而是可调的。例如，后台程序可能获得更多的 CPU 时间，不管前台负载有多重，反之亦然。参见 multitasking，cooperative multitasking。

preemptive scheduling 抢占[剥夺]式调度 采用时分复用的处理机的一种调度策略，当一个高优先级的进程准备好执行时，正在运行的进程需要从处理机中移出。

pre-equalization 预均衡 在传输信道中为补偿随后发生的失真而对信号所做的有意改变。

preexecution-time table or array 执行前表格或数组 在程序开始执行之前随同该程序一起装入的一种表格或数组。比较 execution-time array。

preferential answering 优先响应 给某一特殊类型的电话（如长途电话）以较高的优先权，而另一类电话（如本地电话）可能要等待较长的时间。

preferred call forwarding 优选呼叫转发 由一些通信公司提供的电话特性，该特性允许客户转发来自指定号码的呼叫，还称为选择转发和选择性呼叫转发。

preferred product list (PPL) 推荐产品目录 美国国家安全局发布的通过 TEMPEST（瞬时电磁脉冲发射标准）证明的产品目录。该目录问世于 1979 年，每季度更新一次，是用户采购 TEMPEST 产品的指南。1989 年 12 月该目录被合格 TEMPEST 产品目录所代替。参见 endorsed TEMPEST product list (ETPL)。

prefetch 预取 在执行指令时预先将所需的主存单元的内容送到控制存储器中。

prefetch policy 预取策略 一种调页策略，在某些页还没有被使用时，系统就先将它们调入。

prefill 预填充 在文件夹应用机制（FAF）中，指在面板中的区域进行填充。这样减少了用户的数据项，并节省了通常花费在察看输入值时间。

prefilled field 预填充字段 一个在显示给用户之前被系统填充的字段或区域。

prefix 前缀，词头 (1)程序之间调度和传递控制用的附加标志符。(2)一个字符串 $\omega=\alpha\beta$，α 称为 ω 的前缀。(3)加在指令之前控制某些硬件动作的操作符。例如 8086 指令系统中的 LOCK 前缀可使微处理机在执行下一条指令期间发出总线封锁信号。(4)PL/1 语言中写在语句之前的标号或用括号括起来的条件名。前缀之间以及前缀与语句之间都需用冒号(:)分开。(5)报文或记录开始处的代码。(6)在目的地址之前拨入的任何输入信息。用于把地址安排在适当的位置上，从而选择所需的服务。(7)在通信双方成功地建立连接前呼叫者拨入的一种代码。比较 suffix。参见 buffer prefix。

prefix method synchronization 词头法同步 安排群同步信号的一种方法。它把一个特殊的群同步码组放置在一群码元的起始位置。

prefix notation 前缀表示法 也称“波兰表示法”。将运算符放置在运算对象之前的表示方法。例如，将 $x+y$，$x\times y$，$x-y$ 分别表示为 $+xy$，$\times xy$，$-xy$。波兰数学家 J. Lukasiewicz 首创这种表示方法。使用这种前缀表示法可以省去括号而不至有歧义。例如，算术表达式 $((a\times b)+c)\times(d-(e\times f))$ 可表示为 $\times+\times abc-d\times ef$。此法也称“无括号记数法”或“卢卡西维兹记数法”。比较 suffix notation。

prefix operator 前置运算符 PL/1 语言中安排在一个操作数之前，且只作用于该操作数的运算符。前置运算符有三种，即+(加)、-(减)和¬(非)。

prefix property 前缀性质 形式语言的一种性质。对于形式语言 L，只要串 $w\in L$，那么 w 的任何真前缀就必不属于 L，则称 L 具有前缀性质。

pregenerated system 预生成系统 以已通过系统生成处理提供给用户的程序系统。

pre-groove 预刻槽 可录光碟的记录面上都有预先刻好的沟槽，叫预刻槽。预刻槽为刻录机在刻录时提供必要的信息：①跟踪，保证激光头沿着轨道将数据写入沟槽内；②寻址，保证刻录机在准确的地点写入数据；③速度，控制驱动器以一定的方式、一定的速度旋转。

pregroup 前群 电话信道频分复用中的话路组合，又称 3 路群。它由 3 个话路经变频后组成。各话路变频的载频分别为 12、16、20 kHz。取上边带，得到频谱为 12 ～ 24 kHz 的前群信号。参见 primary group，mastergroup，supergroup。

preinsulated connection 预绝缘连接 用一个带有绝缘保护的端接件或电缆拼接件，靠穿过绝缘层的位移技术压接而形成的连接。

preliminary design 概要[初步]设计 分析各种设计方案和定义软件体系结构的过程，包括计算机程序组成成分和数据的定义和构造、界面的定义，并提出时间和规模方面的估计。

preliminary design review (PDR) 概要[初步]设计评审 在瀑布式生命周期中，构架设计结束时所进行的主要评审。

preliminary elements 概述要素 标准化术语。标识标准，介绍其内容、背景、制定情况以及该标准与其他标准的关系的要素，即标准的封面、目次、前言和引言等。

preloaded system 预装系统 购买计算机时已经安装到硬盘上的软件系统。

premastering 预原版制作 在视频制作中，对中间材料进行装配、评价、回顾和编码的过程，产生一个用于视频原版制作的全部编码的录像带。

premaster secret 预主密钥 在客户端和服务器交换加密参数的 TLS（传输层安全）流程中产生的密钥，TLS 流程使双方同意一个预主密钥，然后使用这个预主密钥产生主密钥。

premise 前提 后继推理所依靠的最初命题。

P

premises distribution system (PDS) **综合布线系统** PDS是针对计算机与通信的配线系统而设计，可满足建筑物内部及建筑物之间的所有计算机、通信以及建筑物自动化综合布线系统设备的配线需求。PDS采用模块化设计，因而最易于配线上扩充和重新组合。采用星形拓扑结构。PDS是由6个独立的子系统所组成：①工作区子系统，它是由终端设备连接到信息插座之间的设备组成，包括信息插座、插座盒(或面板)、连接软线、适配器等；②水平子系统，它的功能是将干线子系统线路延伸到用户工作区。水平系统是布置在同一楼层上的，一端接在信息插座上，另一端接在楼层配线间的跳线架上。水平子系统主要采用4对非屏蔽双绞线，它能支持大多数现代通信设备，在某些要求高带宽传输时，可采用"光纤到桌面"的方案。当水平区面积相当大时，在这个区间内可能有一个或多个卫星接线间，水平线除了要端接到设备间之外，还要通过卫星接线间，把终端接到信息出口处；③干线子系统，通常它是由主设备间(如计算机房、程控交换机房)至各层管理间。它采用大对数的电缆馈线或光缆，两端分别接在设备间和管理间的跳线架上；④设备间子系统，它是由设备间的电缆、连续跳线架及相关支撑硬件、防雷电保护装置等构成。比较理想的设置是把计算机房、交换机房等设备间设计在同一楼层中，这样既便于管理、又节省投资。当然也可根据建筑物的具体情况设计多个设备间；⑤管理子系统，它是干线子系统和水平子系统的桥梁，同时又可为同层组网提供条件。其中包括双绞线跳线架、跳线(有快接式跳线和简易跳线之分)。在需要有光纤的布线系统中，还应有光纤跳线架和光纤跳线。当终端设备位置或局域网的结构变化时，只要改变跳线方式即可解决，而不需要重新布线；⑥建筑群子系统，它是将多个建筑物的数据通信信号连接一体的布线系统。它采用可架空安装或沿地下电缆管道(或直埋)敷设的铜缆和光缆以及防止电缆的浪涌电压进入建筑的电气保护装置。

premises wiring **房屋布线** (1)独立地把室内设备实体或系统成分连接到另一个布线。(2)连接处在客户房屋的设备实体或系统成分，而不在用电话网络接口的设备中布线。

prenegotiation phase **预协商阶段** 网络链接活动的一个可选的阶段，发生在链路的物理连接之前。

prenormalize **预规格化** 执行算术运算之前对运算的操作数进行规格化的过程。

preorder traverse **前序遍历** 遍历二叉树的方法之一。先访问根，再遍历左子树，最后遍历右子树。比较 postorder traverse。

PReP **PowerPC 参考平台** PowerPC reference platform 的缩写。

prepaging **调页** (1)在某一执行阶段，一次转出一个进程的工作区所有页面的过程。它用于处理开始时，可用于使重新启动的进程从暂停点继续执行时。(2)在某些操作系统中，当虚机进入排队时开始对存储信息(以页为单位)的物理调入。

prepaid service (PPS) **预付费业务** 电信预付费业务是电信智能网的一种业务。这种业务对用户来说可以免去交费的麻烦、便于有效控制开支、无需押金等便利；而电信部门则可以省去账单处理、减少欠费处理的工作等。

Preparata's enumeration sorting **普瑞珀塔枚举排序** 一种并行排序算法。其基本思想是将每一个关键字与所有其他的关键字进行比较，将比其小的关键字的个数确定为该键的最后位置。其步骤为：①计数，将关键字分成若干个子集，对每个关键字而言，确定在该子集中比该关键字小的元素个数；②位置计算，对每个关键字而言，将在①中各个子集的比较值求和，即得到该键应在位置；③数据重新安排，按照②中得到的值重新安排各关键字，即得有序序列。枚举排序网络就是依据上述方法，采用二进制输出比较单元、并行的二进制计数器和单刀双掷开关所组成的排序网络。

prepayment card **预付费卡** 预付费卡信息的读取与普通存储卡类似，其内嵌芯片相当于一个计数器，只是该计数器只能作减法，不能作加法，当计数为零时，芯片便作废，因此，是一次性的。这种卡是专门为预付费用途设计的。

preplaced line **预置线** 印制电路板设计中由设计人员预先处理的连线。在很多情况下，电源线和地线都是作为预置线处理的。

prepreg **半固化片** 浸透环氧树脂的玻璃布，部分固化到不沾手的状态，称为半固化片。用来制作层压板或印制电路板。

preprinted data **打印前数据** 页面打印前自动印上的信息，以减少击键次数。

preprinted form **预打印格式** 一种包含有预先设计的固定数据的打印纸。在这样的打印纸上可打印变化的数据，以与不变数据合在一起。参见 electronic overlay, forms overlay。

preprocessed display **预处理显示** 显示屏上显示之前就已经对信息进行了处理的一种显示技术或方法。

preprocessed macro program **预处理宏程序** 某些小型计算机系统中的一种可执行装入模块。其功能和相应的宏命令在产生代码、MNOTE以及更新全局值中的功能相同。

preprocessed text **预处理文本** 已经过预处理程序修正的源程序文本。参见 preprocessor。

preprocessing **预处理** (1)在显示画面出现之前对显示数据进行的处理。(2)模式识别中位于图形采样之后，特征抽取、语言描述之前的一些处理。例如，在识别符号或文字时，对取得的样本进行细化、填补符号缺陷等。(3)模式识别中，为从噪声中复原退化的模式并增强其特征，以便进一步对模式进行机器识别而做的非智能数字处理，包括快速变换、低通数字滤波、高通数字滤波、快速逆变换等。有时还要增加对时间序列的窗口处理。在人工视觉中还要作有人监督的改变灰度分布直方图、参数及伪彩色处理。由于上述环节不是进行"识别"，故称预处理。

preprocessor 预处理程序 (1)一种进行某些预备性计算或组织工作的功能程序。(2)一种对源程序进行分析的程序。它检查源程序中预处理语句，并加以执行，从而对源程序进行必要的改动。(3)在仿真技术中使用的一种程序，将数据以被仿真系统的格式转换成仿真器(或仿真程序)能接受的格式。(4)在系统程序(如汇编程序、编译程序)中，对源程序进行预先处理的程序。例如把宏指令或宏训句展开、处理、修改等。后来又细分为语法预处理和语义预处理。(5)将输入的源数据加工为符合系统要求格式的数据的处理程序。

preprocessor statement 预处理程序语句 (1)PL/1语言源程序中说明如何修改源程序文本的特殊语句。它以百分号开头。预处理程序遇到这种语句时就会加以执行。(2)在C语言中，一种以#号开始的语句，在编译时被预处理器解释。

pre-read head 预读(磁)头 (1)一个和另一读出磁头靠近的读出磁头，用于在同一数据被旁边的另一磁头读入前预先读入这些数据。(2)在数据实际到达读数位置之前，读取运动媒体(如带、盘、鼓)磁道上的数据的读磁头。

prerecorded data medium 预记录的数据媒体 一种数据媒体，在其上已存储有某些数据的初始值，而其余数据项则在以后的操作期间输入。

prerecorded tracks 预记录道 预先录在磁带、磁盘或磁鼓上的一种例程。它能简化程序设计，便于对数据块和字进行寻址。

prerequisite list 先决条件表 欲执行某一操作时必须具备的条件的集合。

presentation address 表示地址 在计算机网络中，指表示层的网络地址，用于定位一个表示层的实体。参见 OSI presentation address。

presentation context 表示上下文 抽象句法与传送句法之间的一种联系。从表示服务用户的观点来看，一个表示上下文代表能在其中确切传送抽象句法(作为比特串)的表示数据值的一种环境。在抽象句法允许表示数据值的地方，表示数据值可包含多个嵌入字段，其中每个字段均携带有按照(可能是不同的)抽象句法的表示数据值。

presentation control information (PCI) 演播控制信息 在DVD(数字影碟)系统中，为演示节目所提供的有关信息，如节目的定时和电视图像的宽高比、角度等。

presentation function (PF) 表示功能 表示功能完成把TMN(电信管理网)信息模型里保持的信息变换成对于人机接口可显示的格式。一般操作表示功能完成提供用户友好设施的接入、显示和修改有关对象的细节需要的所有功能。参见 telecommunications management network (TMN)。

presentation graphics 演示图形 (1)一种应用软件产品，它提供诸如符号、条形图表、曲线图等预先画好的图形库。它能结合其他图形产生断层、外形顶视图、录像磁带、硬拷贝打印输出，或其他商用图形。(2)用于投影仪、35 mm幻灯片放映以及计算机驱动的幻灯片放映(屏幕放映)的演示材料。演示图形程序提供了一种对预定背景、页面布局以及建立各种用于数值数据制图的商业图形能力的宽范围选择。他们包括绘图和描图工具以及从库存图形单元到图解一个页面的选择能力。对于计算机驱动的幻灯片放映而言，该应用程序提供了各种特殊效果，可用于一帧到另一帧的逐渐减弱和消除，就如同通常在视频领域表现的一样。声音和图像也可结合到该演示中。微软的Office套件中的PowerPoint就是一款优良的演示图形制作工具。

presentation graphics routines (PGR) 演示图形例程 在某些计算机中，位于应用程序接口内的一些例程。可通过功能例程按步骤地定义和显示图形。比较 graphical data display manage。

presentation layer 表示层 国际标准化组织(ISO)关于开放系统互连(OSI)网络参考模型的第六层，向应用进程提供信息表示方式，使不同表示方式的系统之间能进行通信。表示层应具有如下功能。①表示连接的建立与释放：此功能用来为两个应用实体建立和释放连接。在建立表示连接时，可选择表示服务功能单元，确定表示上、下文，选择所需的会话连接特性等；②数据传送：表示层提供正常数据、加速数据和能力数据的传送，但和会话层一样不提供流量控制机制；③语法变换：将应用数据的抽象语法表示转换为传送语法表示或进行反变换，包括加密、解密、压缩、还原；④语法协商：由于在一个开放系统的表示层中可具有多种传送语法，且在抽象语法与传送语法间又存在着多对多的关系，因此在表示连接建立期间，两个对等表示实体应对所采用的传送语法进行协商，包括传送语法所用的数据类型、语法表示等；⑤表示上、下文管理：包括增、删、修改表示上、下文的功能。参见 open system interconnection (OSI)。

presentation layout schema 表达布局模式 将其他表达元素作为其内容的表达元素。

presentation manager 演示管理器 OS/2操作系统的界面，以窗口方式显示出一个图形界面，使用户得以通过鼠标进行文件操作并且管理信息。参见 OS/2，Windows。

presentation markup 表达标记 按照喜好对内容的表示和布局进行编码的标记语言。例如CSS(层

P

叠样式表单)用来控制字体、颜色、声音、图像的定位。

presentation medium 显示媒体 由国际电报电话咨询委员会(CCITT)定义的五大媒体(感觉、表示、显示、传输、存储媒体)之一。显示媒体是指进行信息输入与输出的媒体。这类媒体包括键盘、鼠标、摄像头、话筒、扫描仪、触摸屏、红外线接收器等输入设备和显示屏、打印机、扬声器等输出设备。参见 perception medium, representation medium, storage medium, transmission medium。

presentation profile 演示轮廓文件 交互式视频演示中伴随的文件,标识和控制作者和用户控制选项、特殊事件、颜色的使用等。

presentation services layer 表示服务层 在 SNA(系统网络体系结构)中,为事务处理程序提供服务的功能层。例如,控制事务处理程序之间的会话级通信。

presentation space 演示空间 (1)显示设备上的显示空间。例如,由 4 096 行和 4 096 列组成的输出页是一个表示空间,它不能全部在屏上呈现,但是可以顺序地一部分一部分的被观看。(2)在 AIX 操作系统中,一个包含与窗口相关的数据和属性的数组。

presentation surface 表示表面 建议使用 presentation medium。

presentation time stamp (PTS) 表示时间戳 由 MPEG(活动图像专家组)-2 编码器在打包的数据流中插入的时间戳,使得译码器能够与不同数据流同步。

presentation token element 表达标记元素 只包含解析字符数据或 malignmark 元素的表达元素。

preservation relation 保存关系 建模的本质在于建立各系统之间的对应关系。在各种级别中的每一级都有一个可能是已知的或描述过的系统,它符合该级所列举的成对系统的关系,称为保存关系,即把一系统的特征保存在另一系统中。

preserved context index system (PRECIS) 先组式标引系统 一种先组式的检索语言系统,适合于自动化的文献处理和便于机读目录编制主题索引。在这种系统,一串检索词是按其语言学功能来编制的。计算机对检索词串进行处理,使得选用出来的词成为引导检索词,即能使用户一开始就引起注意的检索词。

preset 预置 建立初始状态。例如预置循环控制值、参数值等。

preset automatic equalizer 预置式自动均衡器 通信系统中在正式通信之前进行自动调整的均衡器。其工作原理是:在正式通信之前,先发送一组测试脉冲(称为训练码),通过实际信道后得到脉冲响应,这个响应经过横向滤波器,而在输出端利用误差比较的极性控制来调整各抽头的增益,经过多次误差比较和各抽头增益的反复调整,使横向滤波器输出的脉冲响应波形畸变最小。等到对信道训练校正好之后,再进行正式的通信工作。

preset mask 预置屏蔽 一种确定某种特殊的二进制状态是否出现的技术。

preset parameter 预置参数 在构造计算机程序、确定流程图、编码或编译的时候就已经设置好的一种参数。

presort 预分类 分类程序的第一部分,预先对记录进行分类并分别排列成长度等于或超过某一指定长度的串。

pressure containing terminal box 储压式接线盒 接线盒的一种,盒内由于电击穿而产生的生成物全部被包容在盒内。比较 pressure relief terminal box。

pressure-relief device of an arrester 避雷器的压力释放装置 用于释放由于避雷器切不断续流或内部闪络而引起其内部增高的压力,以防止避雷器爆炸的一种装置。

pressure relief terminal box 释压式接线盒 接线盒的一种,盒内由于电击穿而产生的生成物能通过释压膜逸出。比较 pressure containing terminal box。

pressure sensing touch screen 压感式触摸屏 一种触摸式显示器,具有一个平台,可作三维移动。触摸时,力在上部显示器与平台之间产生一个小的移动,内部传感器测量这个力。

pressure-sensitive 压力敏感的 一种器件的特征。当这种器件的薄片表面受到压力时,能产生一个电接触。如触敏绘图笔、薄膜键盘、触摸屏等。

pressure-sleeve 压力套管 管状弹性套管,是带在压力套管的电缆夹的一部分。它的主要作用是通过轴向推力转换成向内的径向力使电缆与连接器体之间达到机械固紧和密封的一种零件。

prestore 预存(储) 把程序、例程或子例程输入计算机之前,先把所需数据存入存储器的过程。比较 initialize。

prestored microprogram 预存微程序 用符号形式书写的微程序源程序可以从磁盘输入。输入后通过微程序的编译系统翻译成为二进制代码微程序,将它送入控制存储器。这种事先存储在磁盘上的微程序称为预存微程序。

prestudy 预研 计算机应用系统规划设计的第一阶段。预研的目的是:①确定要建立的应用系统的功能规范;②根据第一项确定的功能规范确定技术上实现的可能性;③分析所要建立的应用系统的经济效益。

presumptive address 假定地址 (1)指令中在执行时需要进行修改才能产生有效地址的地址,通常为符号地址、相对地址或虚拟地址。(2)使用前需依某些规则进行修改但尚未修改的地址。假定地址隐含一个变址数值或基址数值。

presumptive instruction 假定指令 需要修改但尚未修改的指令。在修改以前,假定指令不是一条有效指令。与未修改指令同义。

pretty good privacy (PGP) 优秀密钥 (1)PGP 是一个可以用来建立和校验数字签名及加密、解密和压缩数据的程序,它广泛用于加密、解密、签名或校验开放网络中所传输的数据,其文件格式在 RFC1991 中有描述。(2)PGP 用于电子邮件的安全传输。它将传统的对称性加密与公开密钥加密方法结合起来,可以支持 1 024 位的公开密钥与 128 位的传统加密,能完全满足电子邮件对于安全性能的要求。PGP 可在使用电子邮件程序之前就可对信息加密,某些邮件程序可使用专门的 PGP 插入模块来处理加密邮件。在 PGP 系统中,使用 IDEA(国际数据加密算法)、RSA(用于数字签名、密钥管理)、MD5(用于数据压缩)算法,它不但可以对邮件保密以防止非授权者阅读,还能对邮件加上数字签名。参见 Rivest-Shamir-Adleman (RSA)。

pretty print 优质打印 某些程序编辑器的一种特性,它将代码格式化,使打印结果容易阅读和理解。例如,在模块或嵌套的例程间插入空行。

prevention of infection 传染预防 预先采取管理和技术措施,阻止病毒扩散到其他未被感染系统的过程。

preventive maintenance 预防性维护 为了降低设备失效或功能退化的概率,按预定的时间间隔或规定的标准进行的维护。

preventive maintenance contract 预防性维护合同 通过提供长驻工程师或定时短期访问安排以满足用户对保证设备以最大负荷运行的特殊需要的合同。

preventive maintenance time 预防性维护时间 用于进行预防性维护的时间,一般是预先安排的。

previewing 预观察 光学字符识别中,试读和获得输入源文件中出现的字符的初步信息的过程。

previously fixed error 原先存在的固定错误 一种固定性错误现象。程序员对某个错误作了"改正"之后,该错误仍以原来的形式出现。

previous screen 前屏 在显示终端上,屏幕向前翻滚一屏之后所得的显示信息。

prewind cable 预扎电缆 一种把 24 对绝缘线松散地捆绑在一起而形成的无套电缆。通常用来在新建筑的墙壁上敷设电话线。

prey-predator model 捕食者和被捕食者模型 数学建模中的种群模型。一类种群相互依赖和竞争的模型总称。参见 pasture model。

PRI 基群速率接口 primary rate interface 的缩写。

primary address space 主地址空间 该地址空间的段表用于读取指令的地址空间。

primary application block (PAB) 主应用块 在某些操作系统中,一个长度为 256 个字节的处理机存储块,用作系统控制的、描述一个活动的应用程序的信息集。

primary bus 主总线 在 PCI(外围部件互连)总线中,指最靠近主机处理器的总线,它连接到总线桥的一侧。参见 secondary bus。

primary cache 一级高速缓存 设计在微处理器芯片内部,而不是放在主板上的高速缓存。这种高速缓存速度最高,容量则较小。参见 cache。

primary cell 原电池 也称"一次电池",一种通过不可逆的化学反应把化学能转变为电能的装置。这种电池不能用电流充电。同 galvanic cell。

primary center 主中心(局) 一种将长途电话中心连在一起的控制中心(即第三类电话交换局)。通常也可用作本地端局的长途电话中心。

primary channel 基本通道 在通信设备(如调制解调器)中的数据传输通道。比较 secondary channel。

primary circuit 一次回路 由一次设备相互连接构成发电、输电、配电或进行其他生产的电气回路。参见 primary equipment。比较 secondary circuit。

primary color 基本色,原色 合成为其他色彩的基础。基本色对于色光,是指红、绿、蓝色。

primary common pilot channel (PCPICH) 基本公共导频信道 用于移动台的信道估计及码片同步。每个小区只有一个基本公共导频信道,在整个小区内发射。

primary communication attachment buffer pool 基本通信附加缓冲池 在操作系统中,处理机存储器缓冲池的一部分,它含有将在操作系统和数据链路以及回路设备之间传输的数据。

primary data 原始数据 (1)直接经过搜集整理和直接经验所得的数据。(2)在数据库中,原始数据又称用户数据,是终端用户所存储和使用的各种数据,它构成了物理存在的数据。比较 secondary data。

primary data set group 主数据集组 在某些信息管理系统数据库中,第一个或唯一的一个被定义的数据集组。根段类型总是常驻在主数据集组上的。参见 secondary data set group。

primary data type 基本数据类型 程序设计语言本身提供的数据类型,也称内部数据类型或内部定义数据类型,简称内部类型。一般语言都提供整型、实型、字符型、布尔型等基本数据类型。

primary document 一次文献 作者以本人的研究成果为基本素材而创作或撰写的文献,不管创作时

P

是否参考或引用了他人的著作，也不管该文献以何种物质形式出现，均属一次文献。大部分期刊上发表的文章和在科技会议上发表的论文均属一次文献。参见 secondary document, tertiary document, zeroth document。

primary domain controller (PDC) 主域控制器 Windows NT Server 4.0 或早期的域中，PDC 是运行 Windows NT Server 的计算机，这个计算机授权域登录并且维护域的目录数据库。PDC 跟踪域中所有计算机账户所做的改变。它是唯一可以直接接受变化的计算机。一个域只有一个主域控制器。Windows 2000 中，每一个域中的一个域控制器标记为 PDC，它可以向下兼容客户机和服务器。参见 domain controller, backup domain controller (BDC), member server, netlogon service。

P

primary emission 原发射 物体因受高温或物体具有高负势能而导致的一种电子发射现象。

primary energy resources 一次能源 也称"天然能源"，从自然界取得未经改变或转变而直接利用的能源。如原煤、原油、天然气、水能、风能、太阳能、海洋能、潮汐能、地热能、天然铀矿等。

primary equipment 一次设备 直接生产，输送、分配和使用电能的设备。一次设备主要包括以下几个方面：①生产和转换电能的设备，如发电机、变压器、电动机等；②接通和断开电路的开关设备，如高低压断路器、负荷开关、熔断器、隔离开关、接触器等；③保护电气设备，如电抗器、避雷器等；④载流导体，如软、硬导体及电缆等；⑤接地装置。比较 secondary equipment。

primary expression 基本表达式 一个标识符、带括号的表达式、函数调用、数组元素说明、结构成员说明或联合成员说明。

primary extended route 主扩充路由 在某些通信系统软件扩充网络中，主机节点间的扩充路由用于为属于特定传输范畴的报文确定路由。参见 alternate extended route, extended route, parallel extended route, route。

primary file 主文件，基本文件 (1)一种含有数据记录和主索引的索引文件。(2)在多文件处理中，基本文件用于确定机器记录(MR)指示符是否设置。对应于 full procedural file。

primary focal point 基本聚焦点 一个从用户定义了一层控制的节点接收警告的网络节点。对应于 default focal point。

primary function 主功能 数据通信中允许数据站按照链路规程链路进行全面控制的功能。

primary group 基群 (1)基本信号的复用，也称"一次群"。如在网络传输系统的主站实现大量信道(如电话信道)的复用时，基本信号首先复用为基群，然后再对基群的集合进行复用，等等。例如，在 4 kHz 语音信道频分多路复用中，基群包括 12 个信道，共占用 48 kHz。(2)电话信道频分复用中的前群组合，它由 4 个前群经变频后组成。各前群变频的载频分别为 84、96、108、120 kHz。取下边带，得到频谱为 60 ～ 108 kHz 的基群信号。基群也可由 12 个话路经一次变频后组成。参见 pregroup, mastergroup, supergroup。

primary half-session 主会话端，主对话端 在 SNA(系统网络体系结构)中，发出会话请求的会话端。参见 primary logical unit。比较 secondary half-session。

primary industry 第一产业 产品直接取自自然界的产业部门。第一产业指以利用自然力为主，生产不必经过深度加工就可消费的产品或工业原料的部门。一般包括农业、林业、渔业、畜牧业和采集业。比较 secondary industry, tertiary industry。

primary information 原情报，一次情报 由情报发出者作成的情报。原情报有文献、资料、图书、图形、照片等。

primary input/output 初级输入/输出(线) 在逻辑电路中，指从外界输入信号或向外界输出信号的线路。

primary key 主键(码)，主关键字，主键标 (1)索引数据集中每项记录第一块的用于在数据集内寻找此记录的部分。一个数据集只有一个主键，主键应该有固定值(不能为 null 或默认值，要有相对稳定性)，不含代码信息，易访问。主键的长短影响索引的大小，索引的大小影响索引页的大小，从而影响磁盘 I/0。主键分为自然主键和人为主键。自然主键由实体的属性构成，自然主键可以是复合性的，在形成复合主键时，主键列不能太多，复合主键使得 Join 操作复杂化、也增加了外键表的大小；人为主键是，在没有合适的自然属性键、或自然属性复杂或灵敏度高时，人为形成的。人为主键一般是整性值(满足最小化要求)，没有实际意义，也略微增加了表的大小，但减少了把它作为外键的表的大小。参见 secondary key, foreign key。(2)在按键标存取的文件中，具有最高优先权的键标。主键标域中的值对文件中的每一记录来说必须是唯一的。(3)一个记录中的最主要的关键字，可从同一类型的诸记录值中标识某一记录值。

primary key encrypting keys 主键标加密密钥 编程加密功能部件中的三类密钥之一。它用于加密其他密钥。

primary key field 主关键字字段 记录中保存主关键字的字段。

primary knowledge base 基础知识库 知识库的一种，用于存放原始专家知识。

primary link station 主链路站 在 SNA(系统网络体系结构)中，在一条链路上负责该链路控制的链路站。一条链路只有一个主链路站，链路上所有的通信全是在主链路站和一个次链路站之间进行的。

比较 secondary link station。

primary logical unit (PLU) 主逻辑单元 在 SNA(系统网络体系结构)中,含有特定的 LU-LU(逻辑单元之间)会话的主会话端的 LU(逻辑单元)。比较 secondary logical unit。参见 logical unit。

primary long distance carrier (PLDC) 基本长途电信公司 被选作运载长途电话呼叫的长途电信公司。

primary memory 主存 处理机可以直接寻址的存储器。

primary operating system (PRIMOS) 主操作系统 用于主计算机的操作系统,提供时分存取、分段虚拟地址空间以及具有用户执行口令和文件保护属性的文件系统。

primary paging device 主分页设备,初级分页装置 (1)在某些操作系统中,对于页面调度具有最高有效数据率的直接存取存储设备。一台主分页设备的某些部分也可用于分页操作以外的用途。(2)在某些操作系统中,在二级分页装置之前进行分页操作的辅助存储装置。初级分页装置的一部分还可用于分页操作以外的其他目的。

primary partition 基本分区 硬盘中包含操作系统的分区,在计算机启动时为活跃分区。

primary processing unit 主处理部件[单元] (1)在多处理部件配置中,处理海量存储器控制器主动提供的信息的处理部件。(2)在 MSS(海量存储系统)中,多处理系统内的主处理机,它处理来自大容量外存控制器主动提供的报文。

primary program 主程序 在某些计算机系统中,任务中首先执行的程序。主程序有一个单一的入口点,同时必须有程序标题。主程序是可重入的,可串行再使用的或是不可重新使用的。主程序只能由初启任务请求调用。比较 secondary program。

primary rate access (PRA) 基群速率接入 也称"一次群速率接入",ISDN(综合业务数字网)中的一种用户网络接入配置,对应于 2 048 kbps 的基群速率。能支持 30 条 64 kbps 的 B 信道和 1 条 64 kbps 的 D 信道,简称 30B+D。

primary rate interface (PRI) 基群速率接口 也称"一次群速率接口",综合业务数字网(ISDN)中的一种用户网络接口(UNI)。在该接口上,综合业务数字网向用户提供 30 个 B 信道(在 T1 中为 23 个)和一个 D 信道(信道速率为 64 kbps)。

primary record 主记录 也称"P 记录"。在索引文件中,且有索引项的记录。它构成存取辅助记录的入口点。

primary reference source (PRS) 主参考源 对于同步主时钟的准确术语。

primary register set 主寄存器组 在某些操作系统中,两组基本寄存器组中分配给程序用作通用寄存器的一组。比较 secondary register set。

primary relay 一次继电器 不经过互感器、分流器或变换器而直接由主电路中的电流或电压激励的继电器。参见 secondary relay。

primary return code (PRC) 主返回码 在某些操作系统中,8 位返回码的最右边的 4 位;用它识别由操作系统模块发现的特定差错。

primary route 主路由 一般用于建立到达目的端的虚电路的路径。如果无法得到路径,则采用其他"次级"路由。

primary session 基本会话 在活跃应用子系统和终端用户之间的一个扩展恢复机制(XRF)会话。

primary space allocation 初始空间分配 在直接访问存储空间中,当定义一个特定的数据集或文件时,最初分配给该数据集或文件的区域。

primary station 主站 (1)只能执行主功能而不能执行次功能的数据站。在一条数据链路上,任何时刻只能有一个主站。主站控制一个或多个次级站。参见 primary。(2)HDLC(高级数据链路控制)中的一种数据站。它支持数据链路的主控制功能,产生传输命令并解释接收到的应答。(3)在 SNA(系统网络体系结构)中,在 SDLC(同步数据链路控制)数据链路上负责该数据链路控制的数据站。在一条数据链路上只能有一个主站。在数据链路上全部通信是在主站和一个次站之间进行的。比较 secondary station。参见 combined station。

primary storage 主存储器 (1)在某些小型计算机系统中,指已分配的存储器(分配给分区)和未使用的主存储器(未分配给分区)。(2)通常由随机访问存储器芯片构成的内部存储器。用于装入运行的程序和数据,而磁盘和磁带等则为辅助存储器。

primary surveillance radar 一次监视雷达 利用无线电反射信号的监视雷达系统。比较 secondary surveillance radar。

primary system 一次系统 由发电机、送电线路、变压器、断路器等发电、输电、变电、配电等设备组成的系统。它们是电力系统的主体,其功能是将发电机所发出的电能,经过输变电设备,逐级降压送到配电系统,而后再由配电线路把电能分配到用户。比较 secondary system。

primary thread 原始线程 在进程创建时同时建立的进程中的第一个线程,也称"主线程",从接收信号的角度看,原始线程与其他线程没有区别。

primary track 主道 直接访问设备中存储数据的原始磁道。

primary vector 主向量 一个内存单元。其中包含异常条件发生时要执行的条件处理程序的起始地址。如果某个向量为主向量,则这个条件处理程序是第一个要执行的处理程序。

primary volume 主卷 在装有用户可直接寻址数

据集的分级存储管理程序控制上的文件卷。

primary winding 初级绕组,一次绕组 (1)初级串联电路中的绕组。(2)与电源相联的绕组,也称原绕组。如变压器的输入端,一次绕组由外部向变压器提供输入能量(电压或电流)。比较 secondary winding。

prime area 基本区域 索引顺序文件组织或散列文件组织中用于存放数据记录的主要区域。数据记录一般都存放在基本区域中,只有当分配给基本区域的存储区全部充满时,才将记录放入溢出区域。

prime attribute 主属性 设A是关系模式R的一个属性,若A是R的某一候选关键字的成分,则称A为主属性,反之则称为非主属性。

prime compression character 主压缩字符 SNA(系统网络体系结构)中的一种字符,当该字符在字符中出现时,它可由一个单一的编码控制位来表示。其他压缩字符都需要用一个控制位及字符本身组成的字符串来表示。因此,一个主压缩字符串能用一个字节表示,其他压缩字符串都要用两个字节表示。

prime fault method 主故障法 在多故障测试中用来减少要测试故障数的一种方法。方法如下:①如果某个门的输入线是原始输入线或扇出分支线,则给输入线指定固定1或0故障,视与门还是或门而定。②全部输入线都指定了故障的作为主门。把主门的故障看作主故障。显然主故障比单故障少得多,因为许多单故障都可以用等效的主故障表示。通常在单故障假设条件下得到的测试集都能检测大量的多故障。

prime field 素域 有理数域与整数模P的域$Z/(P)$的统称。

prime implicate 素蕴含,素项 在开关函数中,不是另一个蕴含的子集的蕴含。利用素蕴含可以简化开关函数。

prime index 主索引 在某些数据存取方法中,具有一个或几个替换索引的键标序列数据集或文件的索引成分。参见 index, alternate index。

prime key 主键标 在某些数据存取方法中,供一个键标定序基簇引用的键标。参见 alternate key, key。

prime record key 主记录键 一个与索引文件相关的数据项。它的内容唯一地标识文件中的记录。它是在COBOL语言的文件控制段中用记录键子句定义的。一个文件只能有一个主记录键。

prime subpool 主子库 某些操作系统中的一种自由存储区,用于排列在超高速缓冲线上的控制块。

primitive 原语,基元,图元 (1)在计算机网络中,指一个抽象的、与实现无关的、在一层服务用户和服务提供方之间的相互作用。(2)在操作系统中,调用核心层子程序的指令。它类似一条扩充了的机器指令。与一般广义指令的区别在于它可看作是不可中断的。用于进程控制的原语有创建原语、挂起原语、激活原语、撤销原语、阻塞原语、唤醒原语等。用于进程通信的原语有:发送原语、接收原语、链接原语等。(3)最小的、最基本的数据单元。例如一个字母、一个音节、一个数字或一个机器代码。(4)在计算机制图技术中,构成一个图形的最基本的图形元素,如点、线段、折线、圆弧、圆、字符、标志符等。参见 display element, input primitive。

primitive attribute 图元属性 输出图元的一些性质。可以是几何方面的,如字符的大小、间距等;也可以是外貌方面的,如线型、颜色等。

primitive class 基本类 在 AIX 增强 X-Windows 中,一个为由管理器类管理的低级窗口部件提供资源和功能的类。基本类中的窗口部件不能是通常窗口部件,它们可具有弹出式子窗口部件。

primitive coordinates 主坐标,本原空间 在 AIX 图形中,用于定义参考点的坐标。选择一个方便的点作为原点,参考点相对于该原点定义。同 primitive space。参见 eye coordinates, screen coordinates, world coordinates。

primitive D-cube of failure 故障的原始 D 立方 D算法中用来表示故障门的测试码。例如,"与"门A有两个输入X_1和X_2,输出F,故障的原始D立方的含义是:当把布尔值1分别施加在输入X_1和X_2上以后,如果输出F有固定为0故障,则其输出F是布尔值0;如果输出F没有此故障,则其输出F应是布尔值1。

primitive file 原始文件 (1)实际文件。(2)在不同磁带(磁盘)卷中作备份的实际文件,包括原始副本和其他一切副本。

primitive font 主字体,本原字体 一个定义为本原的字符字体,可缩放和旋转。参见 font, raster font。

primitive name 原名 表示单个唯一对象的名称。

primitive operation 基本操作,原始操作 (1)数据处理的基本步骤,包括在寄存器之内或之间传送一位或几位信息。它是执行一条微指令时所完成的操作。(2)比执行一条完整指令要少的任何中央处理机操作。例如取操作数或执行一次加。

primitive problem 本原问题 在问题归约中,指显然成立的问题(或命题),或可以直接解答的简单问题。如已知前提、论域的公理、公设、已知定理等。参见 problem reduction。

primitive recursive predicate 原始递归谓词 如果一谓词的特征函数为原始递归函数,那么该谓词称为原始递归谓词。

primitive space 主空间,本原空间 同 primitive coordinates。

primitive token 原始令牌 微软 Windows NT 中由执行体建立的令牌,它可以赋予一个进程以建立进程的默认安全信息。

primitive type 基础类型 预定义的、不具有任何子结构的基础数据类型，如整数或字符串。

principal arm of convertor 变流器主臂 将电能由变流器或电子开关的一侧向另一侧转换时起主要作用的臂。

principal ideal ring 主理想环 一个环的所有理想都是主理想的环。

principal component analysis (PCA) 主成分分析 一种统计方法，它对多变量表示数据点集合寻找尽可能少的正交矢量表征数据信息特征。主成分分析是将多个变量通过线性变换以选出较少个数重要变量的一种多元统计分析方法。也称"主分量分析"。

principle of complementary energy 余能原理 也称"最小余能原理"。指力学系统平衡时余能达到极小。用有限元求解弹性力学问题时用此原理。

principle of entropy increase 熵增原理 在孤立热力系所发生的不可逆微变化过程中，熵的变化量永远大于系统从热源吸收的热量与热源的热力学温度之比。可用于度量过程存在不可逆性的程度。参见 entropy。

principle of knowledge 知识原理 由 D. Lenat 和 E. Feigenbaum 提出的用于解释知识系统具有高性能智能行为的原因的观点。他们认为，正是因为知识系统具有领域专门知识并能很好利用这些知识才使它具有高水平的智能行为。

principle of least privilege 最少权限原则 (1)在计算机安全中，指要求系统中的每个主体都只具有合法任务所需的最少的权限集，以限制由于事故、错误或非法使用带来的破坏。(2)仅授予主体为完成特定任务所需要的最低权限的访问过程或策略。

principle of optimality 最优化原理 在多级决策过程中的一种方法。不论初始状态与初始判决如何，其后相继的判决对于由以前诸级判决所得出的结束状态作为初始状态而言，仍然必须构成最优策略。这个原理实际上是递推方法，把多级决策过程降级计算，从而减少计算工作量，但需要较大的计算存储空间。最优化原理是动态规划的基础。参见 dynamic programming (DP)。

principle of potential energy 位能原理 力学原理之一。指力学系统平衡时位能达到极小。用位移有限元法求解弹性力学问题时用此原理。

principle of virtual work 虚功原理 力学原理之一。指力学系统平衡时虚位移所作的虚功为零。用伽辽金有限元法求解力学问题时即用此原理。

printable character 可印字符 可用线段或点表示的字符。例如字母、数字、标点符号。

print buffer 打印缓冲区 存储器中的一个区域。打印数据送到这里暂时存储，直到打印机准备好。打印缓冲区可以位于计算机的主存中，也可以位于打印机中，或者在打印机和计算机之间的独立设备中，或者在磁盘中。

print chain 打印字型链 安装击打式打印机的铅字条的转动构件。

print contrast mark 印刷对比标志 一种起标准作用的标志，印在纸上的可印刷区之外的某一特定区域内。在着色过程中，印刷机使用它控制调色剂的供给量。

print contrast ratio 印件反差比 在光学字符识别中，从离观察区指定距离的最大反射系数减去观察区的反射系数再除以最大反射系数所得到的比值。比较 print contrast signal。

print contrast signal (PCS) 印件反差信号 在光学字符识别中，打印的字符与打字纸之间的反差的一种度量。比较 print contrast ratio。

print control character 打印控制符 控制打印操作的控制字符。例如行间距、走纸或回车。

print density 打印密度 用于参考打印页上相应暗度的术语，过稠密的打印似乎显得全黑。

print device 打印设备 将计算机输出信息以字符，图形、表格的形式印刷在纸上的计算机输出设备。打印输出设备按其印字方法，可分为击打式和非击打式两类。击打式打印机也称机械式打印机，是利用机械作用击打活字载体上的相应字符，使其撞击色带将字符印在纸上，或是利用打印钢针撞击色带和纸打击出点阵组成的字符图形。非击打式印刷机是利用各种物理化学的方法产生字符或图形输出。根据它采用的技术不同，可分为电灼式、热敏效应式、喷墨式、静电式激光打印机等几种。非击打式打印机与击打式打印机比较，具有噪音小、打印速度快的特点。打印输出按其打印方式可分为串式、行式和页式三种。串式打印，则是按字、行、页的顺序打印，如菊花轮式、球式、柱形、点阵针式以及喷墨式打印机。行式打印机，则是按行、页的方式进行打印，常见的设备有鼓式、带式、链式以及电灼式等。页式打印，则是以页方式打印的打印机，如激光打印机。

printed board 印制板，印刷板 加工好的印制电路或印制线路，包括刚性、挠性、刚-挠结合的单面、双面和多层板。

printed board assembly 印制板组装件 装有电子元器件、机械零件并可连接有其他印制板的印制板，其所有制造、焊接、涂覆等工艺均已完成。

printed board CAD 印制板计算机辅助设计 利用计算机帮助进行印制板图形设计和原图作业。一般以网表为输入，通过计算机完成布局和布线，用激光绘图机直接输出图形。同时还提供印制板加工需要的数控带及有关设计文件。

printed card form 印制卡格式 卡片上打印内容的布局或格式。一般，打印内容说明该卡片的用

P

途,指明卡片上各区域的确切位置。

printed circuit (PC) 印制电路 一种用导体沉积在基板上,而不是用导线来形成的传导线路。电路元件(电阻、晶体管、二极管、电容)固定在电路板上。印制电路可用几种方法产生:一种办法是印制,真空沉积或电镀在一块绝缘板上;另一种办法是把基板当作感光板进行曝光,光线照射在要保留的部分,用酸液洗去不要保留的部分。基板一般为覆铜板。

P

printed circuit board (PCB) 印制电路板 具有印制电路的供电子元件安插的基板,制造时使用印刷方式将镀铜的基版印上防蚀线路,并加以蚀刻冲洗出线路。它一般有单面、双面、多层印制电路板三种类型。这类插件常常带有印制边缘插头,板上印制电路的布线网格通常为 2.54 mm。为了适应大规模或超大规模集成电路高密度互连组装和表面安装工艺新技术,1.27 mm 网格的印制板也已逐渐商品化。

printed-circuit card 印制电路插件 用绝缘层压板或树脂材料制成的基板,在上面蚀刻线路并安装元件组件等。板上的电路通过接插件与外界连接。

printed circuit connector 印制电路板连接器 装置底板与印制电路板之间实现电气连接的互连器件。例如装置底板上的印制插座、零插拔力插座等。

printed contact 印制触点[接触件] 印制板上作为接触系统的一个组成部分的导电图形。

printed wiring 印制线路 在公共基体上形成的导电图形,用于分立元件的点间连接,但不包括印制元件。

printed wiring board (PWB) 印制线路板 同 printed circuit board (PCB)。

printer 打印机 计算机系统的一个输出部件。打印机是以传输图像到纸上的方式,实现从计算机系统产生硬拷贝输出的设备。一般的打印机是一个通过电缆与计算机连接的独立的设备。

printer access protocol (PAP) 打印机访问协议 用于管理网络打印的 AppleTalk Filing Protocol 协议的一部分。

printer buffer 打印机缓冲器 辅助打印工作的存储设备。特点是自动接收计算机输出给打印机的内容,缓冲后输出打印。结果是提高了计算机与打印机间数据交换速率,并使计算机在打印机工作时可以做其他工作。

printer command language (PCL) 打印机命令语言 由 HP 公司开发的用于其自己的打印机系列的一种语言。它的发展经历若干阶段,从一种面向文本的语言,已扩展到能提供图形功能。PCL1 用于简易打印,PCL2 用于电子数据处理,PCL3 可用于文字处理,PCL4 增加了对图形打印的支持,具有页面格式控制功能,包括制定页面格式、光标定位、字模输出、位图、填充图案和表格等,PCL5 支持变倍字模和点阵字模,可缩放字模和产生字符的倾斜、阴影、反阴影等效果。PCL6 最大特点是把更多的打印处理任务,如从 GDI(图形设备接口)格式向 PCL 格式的转变等,交给打印机,而不是依赖主机来完成,具有更快返回应用程序以及减少网络堵塞的能力。

printer controller 打印机控制器 高速行式打印机的控制器。其中装有将大容量打印设备与计算机连接起来所需的控制电路。

printer description file 打印机描述文件 一种打印机配置文件,包括有特定打印机的信息。

printer/display layout 打印/显示格式 某些计算机系统中的一种编码形式。程序可根据它设计打印报告或显示格式。

printer driver 打印机驱动器 (1)一个描述打印机、绘图仪或其他外设物理特征的文件,用于在打印或绘图时转换图形和文本数据到设备特殊的数据。(2)一种软件程序,用于使其他程序能够使用特定的打印机,而不必关心程序与打印机硬件与内部语言的规定是否一致。不同的打印机要求不同的代码和指令来操作和使用它们的专有性能。各种应用程序利用打印机驱动程序能够和各种打印机进行通信。

printer engine 打印机引擎 页式打印机,如激光打印机,实际执行打印功能的部分。

printer facing 打印机接口 微处理机和输出打印终端之间的接口设备。

printer file 打印机文件 一个确定打印输出属性的设备文件。具体的打印机不一定支持打印文件中的所有属性。

printer font 打印机字体 驻留在打印机中或者准备用于打印机的字体,与屏幕字体不同。屏幕字体是专门设计用于在计算机屏幕上显示文字的。参见 screen font。

printer font ASCII (PFA) file PFA 文件,打印机字体 ASCII 文件 一种字体文件,包含每个字符的字形的数学描述。PFA 文件中的代码是 ASCII 码。

printer font binary (PFB) file PFB 文件,打印机字体二进制文件 一种字体文件,包含每个字符的字形的数学描述。PFB 是一种加密的 PFA 文件。参见 printer font ASCII (PFA) file。

printer font metrics (PFM) file PFM 文件,打印机字体度量文件 一种字体文件,包含每个字符的字形的度量单位。参见 printer font bnary (PFB) file。

printer-independent file 打印机独立文件 一种以与具体打印机类型无关的格式的文件。参见 printer-specific file。

printer job language (PJL) 打印机作业语言 HP 公司的打印机命令语言,它可以为单个打印作业加上控制命令以及为打印机设置默认值。参见 printer command language (PCL)。

printer-limited 受打印机限制的 形容处理速度受打印机输出速度限制的处理过程。其他操作必须经常等待打印任务的完成。

printer operating speed 打印机工作速度 打印输出的速度。单位为每秒字符数，或每分钟字数(以一个字占5个记录字符计，包括空格在内)。

printer port 打印机端口 打印机和计算机连接的端口。在PC兼容机上，打印机端口一般是并行端口，在操作系统中以逻辑设备名称LPT标识，串行端口也可用于连接打印机，逻辑名称是COM。现在的PC机还支持USB(通用串行总线)连接打印机。

printer queue 打印机队列 打印请求的一个排序的表。打印队列存储一个打印作业并将其逐一发送给打印机或者打印机池。参见 pool, spooled。

printer skipping 打印机跳越 打印机的托架推进打印纸而没有打印操作。

printer-specific file 打印机专门文件 一种只能在某种打印机上输出的文件。参见 printer-independent file。

printer terminal 打印机终端 一种计算机输入/输出设备，它以键盘为输入装置，以打印机为硬拷贝输出装置。它也可能有显示装置输出软拷贝。

print format 打印格式 在打印机上打印信息数据时的格式安排。如各栏的宽度、页码、标题的位置等，通常是程序说明书的一部分。

print image matching (PIM) 打印图像匹配 PIM是由日本爱普生(EPSON)联合美能达、理光、柯尼卡、卡西欧、奥林巴斯、索尼等数码相机生产厂商共同制定的一个技术标准，符合PIM标准的打印机能够识别数码相机所记录的图像的色域、伽马值、对比度、锐度、亮度、暗点、亮点、色彩饱和度及色彩平衡等信息参数，根据这些参数，打印机可以按统一的标准真实地还原拍摄的图像，不至于因打印机的不同或打印参数设置的不同而影响输出质量。

printing data protection 打印数据保护 一种检查打印机操作的自动过程，以保证打印机正确响应来自控制部件的打印信号。当检查发现问题时，相应指示器自动置位，而指示器本身又能由程序指令检测。

printing speed 打印速度 单位时间内打印机的输出量。串式打印机以每秒字符数计，行式打印机以每分钟行数计，喷墨打印机、激光打印机等常以每分钟页数计。

print inhibit 打印禁止 字处理机或终端的一种功能。利用此功能使用户可以通过键盘键入信息对数据进行传送、显示和记录，而不进行打印。

print job 打印作业 把一批字符作为一个单位进行打印。一个打印作业通常由一个文件组成。文件的长度可能是一页也可能是几百页。有些软件也能够将多个文件组成一个打印作业。参见 print spooler。

print line 打印线，印刷行 (1)在显示图像中，在字符串的顶上或底下的水平线。参见 lower print line, upper print line。(2)字符组的标准印刷格式，以一行作为一个印刷单位。一般的行式打印机一个印刷行有80～160个字符位置。印刷行之间有空白行作为间距。

print mode 打印模式 打印机的打印输出格式，包括纵向打印或横向打印、打印的尺寸和质量等。点阵打印机支持两种打印模式：草稿模式和铅字质量或近似铅字质量模式。有些打印机可以理解无格式文本和页面描述语言(如 PostScript)定义的页面。

print operator 打印操作员 在 LAN Manager 网络软件中，一个操作员特权，允许用户建立、共享和修改打印机队列和控制打印机作业。参见 operator privilege, server operator, user privilege。

print-out queuing 打印输出队列 当几个文件同时要求打印时，将它们排队，顺序打印输出，使得操作者可做其他工作。

print pel 打印点 同 print point。

print point 打印点 绘图仪在印刷纸上安排点显示元素的部位。

print position 打印位置 媒体上能打印字符的位置。参见 display position。

print preview 打印预览 以和打印输出相同的外观显示出文档的整个页面，在某些系统中这个功能必须由用户发出命令，如 WYSIWYG 提供了持续的页面打印预览显示。

print quality 打印质量 相对于现存标准早期打印的作业水平的打印输出质量。

print quality standard patterns 打印质量标准图形 用于评价打印质量的一组打印图形。

print queue 打印队列 在操作系统中，处于共享打印机环境中的队列。

print record header 打印记录标题 打印记录的第一个数据块开头处的标识和控制信息。

print restore (PR) 打印恢复码 使处于不打印状态的打印机恢复打印的一种功能码。

print screen key 打印屏幕键 键盘上的一个键，在键面上简写为 PrtScr 或 PrScrn，用于打印出显示在显示器上的内容。

print sequence number (PSN) 打印序号 在某些操作系统中，赋予打印数据集中每一个记录的号码。

print server 打印服务器 在网络中，打印服务器可以是一个应用软件、网络设备或是一台计算机，用来管理打印请求以及为使用者和网络管理员创建打印机队列状态信息。在大型网络里，用一个专用的计算机作为打印服务器来管理上百台打印机。

print spooler　假脱机打印　一个控制各种应用程序的数据打印的程序。它将文件暂时存储到文件中，直到打印完成。系统中可以多个用户共享一个打印机，也可以一个用户同时发出多个打印作业，这时打印排队器将对这些打印作业进行排队。参见 spooler。

print suppress　打印隐蔽　为了保持打印字符的保密性而隐去打印字符。例如，当用户在输入终端键入口令字符时，不显露该字符。

P

print through　印透，串录　磁记录媒体上两个不同部分相互接触时所发生的不希望有的记录信号从记录媒体的一个部分渗透到另一个部分的现象。

print to disk　打印到盘　把打印机的输出重定向输出到磁盘。许多应用程序中的一个命令，它命令该程序生成一个打印用的格式化文档，并存储成一个文件，而不是输送到打印机。

print transparent　打印透明　终端将其所有接收到的数据既不显示也不进行处理就传递给一个辅助端口的工作方式。

print wheel　字型轮，打字轮　(1)一种只在一个打印位置上出现字符的旋转盘。同 type wheel。(2)鼓式打印机的一个部件。它呈圆柱形，需要打印的字符刻在其表面，字轮的每个打印位置都具有一组字符。

print zone　打印区域　在 BASIC 中，显示器或者打印输出的一个区域，其中显示非格式化打印的字符。这种区域对单精度数据为 16 个字符位置，对于双精度数据为 26 个字符位置。

priori probability　先验概率　根据以往经验和分析得到的概率。如全概率公式，它往往作为“由因求果”问题中的“因”出现。比较 posterior probability。

Prioris　Prioris 系列　由 DEC 公司推出的 PC 机系列产品，是一种基于奔腾处理器的可伸缩型多处理机服务器。采用母板/子板结构，处理机板以子板的形式插入母板，系统配置灵活方便。母板上有 6 个 PCI(外围部件互连)插槽和 6 个 EISA(扩展的工业标准体系结构)插槽。系统支持多种网络和操作系统。

priority　优先，优先级[权，数]　(1)多个事务获得服务时的等级关系，优先级高的事务总是首先获得满足。通常把作业排队按优先顺序进行处理的作业调度称为优先调度，而完成调度工作的程序叫优先调度程序。把几台同时申请中断服务的设备按优先顺序排队的过程称优先排队。根据给程序指定的优先数，首先运行高优先数的程序的处理方式叫优先处理。(2)指运算符的优先级，用于确定运算符使用先后顺序的规则。一般程序语言中都规定乘除运算的优先级高于加减运算，因此表达式 x＋y×z 意味着求 x 加上 y 与 z 的乘积所得的和数，即 x＋(y×z)。

priority adjustment　优先级调整　一种优先级调度方法。在采用优先级调度的某些操作系统中，每个进程的优先级是可变的，不固定的。当进程创建时，它有一基本的优先级，而在进程执行过程中对进程的优先级进行调整。若进程需要执行一次 I/O 操作，则当 I/O 操作完成时，优先级将得到提升。这有助于在 I/O 操作完成时，进程能很快投入运行。每当提升过的进程被调度执行时，它的优先级就被下降一级。采用优先级调整的调度方法，可以提高系统的响应性能。

priority break point (PBP)　优先切换点　在 MPEG(活动图像专家组)-2 压缩编码技术里，PBP 用于指明数据流在何处分开，解码器要在两个数据流的恰当点处切换，以保证读取完整、正确的解码信息，确保解码完整无误。

priority ceilings　优先级天花板　也称“优先级极限”。是指将申请某资源的任务的优先级提升到可能访问该资源的所有任务中最高优先级任务的优先级，这个优先级称为该资源的优先级天花板。

priority circuit　优先级电路　一种计算机外部设备控制电路，它根据设备的优先级别，按序响应并使用系统资源，以节省外设和主机的运行时间。

priority indicator　优先(级)指示符　(1)表明报文的相对紧急程度的一个代码表示，如紧急、急、常规、可推迟等的消息优先级，用于规定发送次序。(2)用来决定队列顺序的信息。(3)信息标题中的一组字符，它定义了信息在通信通道中传输的顺序。

priority inheritance　优先级继承　指将低优先级任务的优先级提升到等待它所占有的资源的最高优先级任务的优先级，当高优先级任务由于等待资源而被阻塞时，此时资源的拥有者的优先级将会自动被提升。

priority interrupt　优先(级)中断　(1)由于出现了优先级更高的中断，现在正在执行的程序被中断，而转去执行此优先级更高的中断处理程序。(2)由系统识别并按赋给它的优先级加以处理的一种事件。

priority interrupt control unit　优先级中断控制器　为简化微型计算机中断系统而设计的一种典型的多级优先级中断控制装置。它可以接收多个不同级别的请求信号，决定最高优先级，并使之与软件控制的现行状态寄存器进行比较，以决定是否发出一个中断请求和向量地址。

priority interrupt function　优先级中断功能　该功能为：①识别现行的最高优先级中断；②记住现行的较低优先级中断；③判别可能选中或不可能选中的优先中断；④执行一个跳转指令到特定的存储地址。

priority interrupt level 优先(级)中断级别 在某些计算机系统中,可赋予中断响应程序或例程的若干级别中的一个。

priority interrupt module 优先级中断模块 在系统中起监控作用的一种特殊装置。当某一外设产生优先级中断请求时,它立即通知计算机。当不同外设同时发出中断请求时,则根据事先安排的优先级以确保响应优先级最高的中断请求。

priority interrupt system 优先级中断系统 (1)对每一种中断都指定了优先级的系统。(2)为内部处理机、输入输出设备及专用外部设备提供中断的电路。它按中断优先级高速处理中断,节省通常所花的时间。这是因为它为各级中断提供专用寄存器,使中断程序能灵活地使用整个寄存器组,而不影响被中断程序的寄存器。每个中断级均能独立地启动或禁止。

priority interrupt table 优先中断表 在计算机没有自动中断处理能力时,用于列出中断处理和测试的优先序列的表。

priority inversion 优先级反转 由于多进程共享资源,具有最高优先权的进程被低优先级进程阻塞,反而使具有中优先级的进程先于高优先级的进程执行。这就是所谓的优先级反转。优先级反转是在高优级(假设为A)的任务要访问一个被低优先级任务(假设为C)占有的资源时被阻塞,而此时又有优先级高于占有资源的任务(C)而低于被阻塞的任务(A)的优先级的任务(假设为B)时,于是占有资源的任务就被挂起(占有的资源仍为它占有),因为占有资源的任务优先级很低,所以它可能一直被另外的任务挂起,而它占有的资源也就一直不能释放,引起任务A一直没办法执行。解决办法就是提高占有资源任务的优先级,让它正常执行,然后释放资源,以让任务A能正常获取资源而得以执行。参见 priority ceilings, priority inheritance。

priority level 优先级 确定中断请求的相对优先顺序的一个数字,以使得当产生较高优先级的中断请求时能暂时挂起较低优先级的中断处理。

priority limit 优先级界限 对各种任务或子任务指定或设计的优先级上限。这些任务可以是活动的、不活动的、最高优先级的、最低优先级的或批处理的。

priority mode 优先(级)方式 对作业的一种组织方式,即把作业流排队并按优先级顺序进行处理的一种调度方式。它可以是正常的非中断方式,也可以是多级中断方式。

priority multiplexing 优先级多路传送 在完全随机的情况下,允许对高速设备服务的次数多于低速设备,即高速设备应优先。例如,计算机输出时,快速打印机应优先于电传打字输出。

priority multiprogramming 优先级多道程序设计 在系统中可同时执行几种不同的优先级程序的设计。优先级可根据用户的需要而定。例如,要求快速响应的程序规定为最高优先级,外围设备控制程序次之,第三种优先级为执行监督任务的程序等。

priority number scheduling algorithm 优先数调度算法 一种由用户或系统规定优先数的作业调度法。优先数调度算法有许多种,最简单的一种是由用户自已规定作业优先数。系统总是挑选当前优先数最高的作业运行,具有相同优先数的作业,再按先来先服务的次序调度。为了防止用户盲目提高自己作业的优先数,系统可对高优先数作业级收取高费用或干脆由系统规定优先数。

priority of high frequency 高频先见 重码处理的一种方式。按重码组中的汉字(词语)使用频度排序,使其频度高者优先供选或直接出现在正文区光标处。

priority of the latest used 最近使用先见 重码处理的一种方式。将重码组中最近输入过的汉字(词语)优先供选或直接出现在正文区光标处。

priority orderly interrupt 优先有序中断 分时计算机系统中处理中断的能力。有的计算机能处理200个以上的优先有序中断。这种中断处理能力使一台终端可连到多条中断线上。若连接的中断适用于优先级的范围,则执行程序通过有选择地开放或禁止外部一中断线,改变终端的中断请求的优先级级别,使该终端能得到不同的服务或响应。

priority oriented demand assignment (PODA) protocol 面向优先级按需求分配协议 用于在预约ALOHA系统中处理数据流和突发数据传输的方法。这种方法把时隙分为组,一些时隙供数据传输预约,另一些时隙作为预约子时隙。这两种时隙的比例随需要而变化。分配预约时隙有两种策略:用户预约子时隙固定分配(FPODA)和预约子时隙竞争分配(CPODA)。使用这种方法,可以利用帧中的某些位产生预约能力,因而若某个站有大量数据要发送很少需要等待下个预约子时隙(FPODA),或争夺预约子时隙(CPODA)。预约信息包括帧的大小和优先级。预约可以传输单个帧,也可以传输数据流。该协议扩充后还可以用于传输语音。

priority performance option 优先(级)性能可选项 在某些操作系统中,一个影响控制程序内部调度算法的虚(拟)机参数。指定的优先级值愈低,虚(拟)机优先级愈高。

priority phase 优先阶段 根据仪器中断或过程中断,而不是时钟中断所执行的一系列操作构成的阶段。

priority PRAM 优先并行随机访问机器 由一组处理器 $p(i), i=1,2,\cdots$ 和无限多个共享存储器单元 $c(i), i=1,2,\cdots$ 组成的机器模型。在这种类型的机器上进行计算的每一步由如下三个并行阶段组成,每个处理器①从共享存储单元读数据;②进行计算;③向共享存储器的某些单元中输出。每个处理器下一步的动作及状态取决于当前状态读入的值,解决输出冲突的方法是使用优先写策略。

priority processing 优先(级)处理 (1)一种操作计算机的方法,用此法,各计算机程序的处理次序全由一个优先级系统所确定。在处理过程中,还能允许优先级较高的程序来中断优先级较低的程序。(2)在指定的优先权基础上,对作业序列进行处理。

priority queueing 优先排队 在执行程序时,处理机可能遇到几台设备同时申请中断服务,或者处理机已在为某台设备服务,另一台设备又提出申请中断。为了解决这种冲突,对每一种设备规定了一种优先权。处理机先响应优先权高的设备的申请,优先权低的设备应按优先级排队等待服务。这种情形称为优先排队。

priority resolver 优先决定器 也称"排队机构",是存储控制部件的一部分。当指令处理部件、执行部件、动态地址转换器、通道、维护控制器等同时向主存请求访问时,由优先决定器决定他们访问的先后次序。

priority rules 优先级规则 在分时系统硬件中,与禁止规则一起用来解决两个中断同时发生,或一个中断未完全处理完毕又发生另一中断时冲突的规则。

priority scheduling 优先调度 在操作系统中,为了提高系统的性能将作业排队按优先顺序进行处理的作业调度。

priority selection 优先级选择 使用存于工作调度程序的信息以选择下一个将予启动的工作。选择的依据是每个工作的优先级及其到达时间的先后以及该工作所需的设备是否有空。

priority selection interrupt 优先级选择中断 微处理机中的一种多级中断电路。它包括 2 位屏蔽寄存器和 16 位优先级中断地址编码器。当一条或多条中断请求线启动时,优先级地址编码器选中优先级最高的一条,并产生相应地址。优先级和地址的产生是与程序的正常执行同时进行的,没有延迟。当中断请求允许时,首先结束现行微指令,然后取出中断服务程序的第一条指令,并转入中断服务程序。

priority sequence 优先序列 各种输入和任务处理的顺序,或为外部设备服务的顺序。优先级基于输入或任务代码的分析或一个外部设备在一组设备中位置的安排。

priority structure 优先级结构 程序处理系统的组织。系统的优先级结构与指令条数的多少无关,而与程序的复杂程度有关。优先级结构的范围很广,它可以从毫无优先级的系统直到有多级中断和优先级的复杂组织。

priority 1 (P1) 优先级 1 如果用户代理不能满足这个检查点,一组或多组用户不能连接到网络上,满足这个检查点是一些人能访问网络的基本要求。

priority 2 (P2) 优先级 2 如果用户代理不能满足这个检查点,一组或多组用户发现很难连接到网络上,满足这个检查点是为一些人能访问网络消除一些重要障碍。

priority 3 (P3) 优先级 3 如果用户代理满足这个检查点,用户会觉得很容易访问到网络。

PRISM (1)光折射信息存储材料协会 Photo Refractive Information Storage Materials consortium 的缩写。(2)工业标准元数据的出版需求 publishing requirements for industry standard metadata 的缩写。

privacy 保密(性,权) 控制个人或机构信息的聚集、存储、共享、扩散过程,以防信息泄露的能力。数据库系统中为确保数据库的安全而提供的一整套保护机制和保密措施,作为个人或组织保护和使用他们的数据的权利。保密方法有:①专用数据或私人数据,数据库中数据只对一个用户开放;②规定存取权限,不同用户只能操作相应密级的数据;③提供子模式和一整套保密锁或存取控制锁和保密码或存取控制码等安全措施。保密锁由存取控制子句指出,而保密码在程序中指出。只有当码和锁吻合时,用户才能执行相应的操作。最后一种方法在 DBTG(数据库任务组)系统中采用。

privacy clearance 保密许可 为了数据安全而规定的一种规则,目的在于使保密信息不被密级低的所接触。

privacy code 保密码 将标准字母或数字形式的数据变换为另一种形式的算法。

privacy conscious personalization (PCP) 私密感知个性化 在移动通信中,PCP 能按用户设定的参数智能化地推断工作或购物等周围环境,然后判定哪些位置信息可以共享、何时共享、与谁共享、如何共享以及在何种环境下共享的方法。

privacy enhanced mail (PEM) 保密增强邮件 一种采用公共密钥或对称密钥的保护电子邮件安全的因特网标准。在因特网中,为加强邮件的可信度,它规定用户代理配有 PEM 软件,密钥等机密的信息则存储在用户个人环境(PSE)中,用户使用本地 PEM 软件和 PSE 环境信息生成 PEM 邮件,然后通过报文传递代理(MTA)发给对方,接收方在自身的 PSE 中将报文解密。PEM 可提供数据隐藏、数据完整性、数据鉴别和防止发送方否认等安全服务。PEM 不能处理由 MIME(通用因特网邮件扩充级)支持的较新的多方电子邮件,而且它要求严格分级的证书管理机构来发布密钥。

privacy feature 保密性能 分组网络的端口,包括与可以装备保密性能相关的私人拨号端口及单连接端口。该性能使用一个由在有限存取主端口/循环下的客户建立的保密表阻止对从未允许的数据终端设备(DFES)的实质连接。保密表必须由客户对每个需要保密性能的存取端口/循环建立。

privacy key 保密键 数据库控制系统中用来保护数据,以免被非法存取或泄密的关键字。

privacy lock 私有锁 (1)在数据库管理系统中,为控制数据库的访问而指定的机制,使得授权的用户才能访问数据库的指定部分。(2)一种定义为一个文字、一个数据项、一个过程的机制,用于防止在没有提供私有密钥时进行的操作。同 access lock,access control lock。

privacy policy 隐私策略 说明个人或组织在交流过程中如何收集、使用、公开另一方的私人数据的一组规则和实施。

privacy problem 私人秘密问题 信息革命带来的有关个人秘密的新问题。每个人的住址、学习成绩、病历、纳税等情况都以档案的形式存储起来,因此就出现了私人秘密问题。

privacy protection 秘密保护,保密 在行政上、技术上和物理上建立相应的保卫制度,以确保数据记录的安全和保密,并防止对安全和机密的任何损害,以致给任何拥有这类信息的人带来危害、麻烦和不方便。

privacy transformation 保密变换 将数据经过保密码的处理操作。同 encryption algorithm。

private 专用的,私有的 (1)个别用户或部门的一种保险、保密或不受干扰的使用方式。(2)在 C++语言中,指类定义中私有的数据成员和成员函数不能在这个类的作用域以外访问到。

private address space 专用地址空间 分配给特定用户的地址空间。

private ATM address 私有 ATM 地址 一个 20 字节的地址,用于标识 ATM(异步传输模式)连接终端点。

private automatic branch exchange (PABX) 专用自动交换分机 为如办公室这样的特别的区域服务的自动电话系统,提供内部的一个电话对另一个电话的连接,和一组到外部电话网络的选择。许多 PABX 处理计算机的数据,并且可以包括对分组交换网络的 X.25 连接。参见 private branch exchange (PBX)。

private automatic exchange (PAX) 专用自动交换机 一种拨号呼叫型电话交换机。它为单位内部提供电话业务,但不能直接同公用电话网有呼叫来往。

private branch exchange (PBX) 专用交换分机 (1)通常是客户内部的电话系统。它服务于像办公室这样的特别的区域,提供内部一个电话对另一个电话的连接和一组到外部电话网络的连接。参见 private automatic branch exchange (PABX)。(2)在 ATM(异步传输模式)网络中,提供在专用网络中进行局部声音交换和相关服务的设备。

private branch exchange tie trunk 专用交换分机直通中继线 在两个专用交换分机(PBX)之间的一种直接连接。参见 private branch exchange trunk。

private branch exchange trunk 专用交换分机中继线 在电话系统中,连接一个专用交换分机(PBX)与网络交换中心的一条中继线。

private channel 专用信道 在因特网交谈服务系统中,给一组特定用户保留的信道。专用信道名是隐含的,局外人看不见,也称 secret channel。

private circuit 专用线路 用户购买或租用以供专门业务使用的专用通信线路。

private cloud 私有云,专有云 云计算基础设施由某一组织拥有,且仅对该组织内部服务,用户可完全支配和有效控制的云。比较 public cloud,hybrid cloud。

private communication technology 专用通信技术(协议) 微软公司为因特网上的商业事务处理和个人通信安全提供保障而制定的一种规范。包括个人的隐私、验证和相互辨认等特征。

private cryptography system 保密密码系统 在通信安全中,密码的选用对用户是不公开的,链路加密和节点加密对用户是透明的,端到端加密如果是由系统自动进行的,则对用户也是透明的。

private data 专用数据 在数据保护系统中,只对规定的用户开放的数据。

private data network 专用数据网 为满足自身需要而由企业、组织或部门建立、拥有、管理和使用的数据网。

private dial ports 专用拨号端口 专用拨号端口能够在租用的基础上为特定的客户或其授权的用户所专用。这样的端口提供了沿拨号电话网和外部交换接入信道进行接入的方法。可以用两种专用拨号端口:用于对网络向内拨号的端口和用于向外拨号的端口。

private dispatch system 调度专用系统 用于控制、调动和管理一组移动体(如车队)的无线通信系统。

private exchange (PX) 专用交换机 在用户房屋内服务的交换机,不与公共交换网连接。

private facilities 专用设备 公用通信系统中供一个用户专用的通道和设备。

private folders 专用文件夹 在共享网络环境中,只能被本人访问而不能被网络中其他用户访问的文件夹。

private identification number (PIN) 个人识别号 在因特网中 PEM(保密增强邮件)软件中用于保密措施的数据,实现用户密钥的存储措施有两个:将个人机密信息存储在卡中,在硬盘中建立子目录。

private key 秘密密钥,私钥 在数据安全中,用于以公开密钥加密的信息进行解密的密钥。这个密钥由密文的接收方专用和保密。

private key cryptography 私钥加密术 也称"单钥

P

加密"或者"密钥加密"。常见的私钥加密标准为数据加密标准(DES)。这是一种传统的加密算法,信息的发送方和接收方共同使用同一把密钥进行加解密。参见 data encryption standards (DES)。

private library 专用(程序)库 保留在计算机系统中的软件程序库。它由程序和其他软件组成,并由单独的计算机系统用户所拥有。

private line 专(用)线(路) 只为一个用户服务的局部或长途租用电话线。专用线路可以是双线或四线。它们也被称为租用线路及专线。专用线路在与公共交换和信令设备无关的中央局被物理地址连接,以每月包价按线路长度和品质租用该线路,而不管使用与否。

private line service 专线服务 客户租用一条线路(不与公用电话网络相连)供其专用的服务方式。可用专用线路传输声音、电传信号、数据电视及其他信息。

private line wire service 专线线路服务 为用户提供单独使用的通道。

private management domain (PRMD) 私有管理域 一种 X.400 消息处理系统的私有组织电子邮件系统。如 NASAmail。参见 administration management domain (ADMD)。

private network (PN) 专用网 仅仅为了满足某些企业、组织或部门需要而组建的、并由该企业、组织或部门拥有、管理和使用的网络。组建专用网时,可以自行敷设线路,也可以租用公用数据网的专线电路。专用网比较适合于内部数据通信业务量大、具有一定安全保密性要求的企业、组织或部门使用。

private network to network interface (PNNI) 专用网间接口 ATM(异步传输模式)网络中的一个网间信令协议,主要提供了一种机制,支持可扩展的 ATM 路由和交换机到交换机的交换虚拟连接(SVC)间的协作性。PNNI 与 IISP(临时交换机间信令协议)相比较,它为动态性的交换机的簇划分提供了一个层次结构机制。像 IISP 一样,网中的节点数和链接数是可扩展的,并且没必要配置穿过簇边界的可达性信息。在进行路由时,可以提供更多的簇外网络状态信息。因此可以找到比 IISP 更好的路径,但因为信息仍然是隐藏的,因此路由不可能有平面网络的那么好。PNNI 的扩展性和灵活性要求创建一个能方便路由的层次结构。为有效地实现这一点,其地址方案必须确保一个交换机的 ATM 地址能反映它在整个层次结构中的位置。当一个交换机按簇划分为组,这些交换机必须有那个簇唯一的共同地址前缀,当簇再进一步划分时,簇的簇也必须有一个唯一的、共同的地址前缀。参见 interim inter switch protocol (IISP)。

private numbering plan (PNP) 专用网编号计划 在使用专用网编号的特定范围内,可以使用与公用网编号计划不同的编号结构(位数、编号体系等)和含义的编号进行通信。经过登记的用户能够定义并使用该功能。

private partition 专用分区 在某些操作系统中,任何没有规定为共享分区的系统分区。参见 shared partition。

private peering 专用对等通信 在因特网服务提供商(ISP)之间的通信。

private queue 专用队列 在某些计算机系统中,一种只许特定的任务才能存取其中元素的队列。

private section (PSECT) 专用段 在汇编程序中,说明程序的工作区的语句。

private storage 专用存储器 在某些金融通信系统中,可编程存储区只有定义他们的逻辑工作站才能使用的存储段。对每一个工作站而言,专用存储器由 0 ~ 12 段组成。参见 global storage。

private switching network 专用交换网络 用声频电话线和开关装置(或由用户操作的转换装置)把一系列节点相互连接起来而构成的交换网。

private telephone network 专用电话网 是为了满足某些企业、组织或部门内部通话需要而建立的,由该企业、组织或部门拥有和使用的网络。专用电话网通常有对公用电话网的接口,通过该接口与公用电话网的用户进行通信。

private type 私有类型 Ada 语言中一个重要的类型设施。私有类型是其结构与值的集合均显式定义,而用户不能直接使用的一种类型。用户只有通过私有类型的判别式及定义于其上的操作集才能见到它。私有类型及其可用操作在程序包的可见部分或在类属的形式部分中定义。赋值、测等和测不等操作对不受限的私有类型都有定义。

private volume 专用卷 一种已安装上机的存储卷。系统只能将它分配给提出对此特定卷请求的输出数据集。专用卷在作业步的最后一次使用后便被卸下。比较 public volume。

privileged command 特权命令 一些只能在特权状态下执行的命令。大多数计算机执行程序时有两种状态:特权状态和非特权状态。特权状态是指执行管理程序或操作系统时所处的状态。特权命令不能在非特权状态下执行。参见 privileged mode。

privileged data 特许数据 某些特定环境下,不受一般规则约束的数据。

privileged instruction 特权指令 一种只有在称为特权方式下才能执行的指令。在多用户、多任务的计算机系统中特权指令必不可少。它主要用于系统资源的分配和管理,包括改变系统工作方式,检测用户的访问权限,修改虚拟存储器管理的段表、页表,完成任务的创建和切换等。程序设计人员不允许滥用特权指令,如停机指令只有在特权状态下才能使用,否则会破坏系统,以致不能工作。用户程序直接使用特权指令一般要被机器判为“非法操作”。常见的特权指令有以下几种：①有关对 I/O 设备使用的指令，如启动 I/O 设备指令、测试 I/O 设备工作状态和控制 I/O 设备动作的指令等；②有关访问程序状态的指令，如对程序状态字(PSW)的读写指令等；③存取特殊寄存器指令，如存取中断寄存器、时钟寄存器指令等。

privileged instruction simulation　特权指令仿真 在操作系统中，CP(控制程序)为虚拟机操作系统处理特权指令而增加的开销，它使这些特权指令好像是在管态(特权状态)下执行一样而实际是在目态(用户状态)下执行的。参见 virtual machine assist feature。

privileged mode　特权模式 是多道程序系统中计算机执行管理系统或操作系统时所处的模式。计算机在特权模式下才可执行特权指令(如输入输出指令、停机指令、改变机器状态的指令及某些特殊控制指令)，以避免用户程序破坏其他程序或系统程序。比较 user mode。

privileged state　特权状态 也称“管态”，在此状态下，某些指令只能由操作系统使用。计算机系统可有几级特权状态。

privileged task　特权任务 为了防止一般用户因编错程序而影响系统的工作或破坏系统，某些任务不允许用户程序直接调用，只有操作系统和系统管理程序才能调用或运行的任务叫特权任务。

privileged user　特权用户 使用“根用户账户”登录的用户。

privilege level　特权级 (1)一种保护方法，只允许某些程序指令被某些程序执行。(2)在 LAN Manager 网络软件中，指赋予用户的三个特权设置之一，定义用户可在网络上进行动作的范围。参见 admin privilege, guest privilege, operator privilege, permissions, user privilege。

privilege mode　特权方式 某些操作系统中的一种程序执行方式，它决定一个程序可使用的指令。共有四种执行方式，按特权级从高到低排列为：主控方式、管理方式、输入/输出方式和应用方式。

PRMD　私有管理领域 private management domain 的缩写。

PRML　局部响应最大可能 partial response maximum likelihood 的缩写。

PRN (1)主资源名，基本资源名 primary resource name 的缩写。(2)伪随机噪声 pseudo random noise 的缩写。

PRnet　分组无线网 packet radio network 的缩写。

proactive computing　预发式计算 2002 年 10 月，英特尔提出了基于微型传感器网络的计算的发展规划，并将其称为预发式计算。原有的“交互式计算”存在的问题是：为了实现人-机对话，随着计算机数量的增加，人的负担也会加重。而预发式计算是通过计算机之间的对话来预测人的需求，并进行自主处理。实现预发式计算需要三个阶段，即“物理阶段”、“实现阶段”、“应用阶段”。物理阶段主要是开发组合了传感器、计算和通信功能的超微型终端。实现阶段将在实际商务中使用来自传感器网络的信息。应用阶段将会应用于预防医学及灾害对策等领域。

probabilistic algorithm　概率算法 也称“随机算法”，步骤具有随机性的算法。即在算法的某一步或某些步上，先在指定范围内随机地选择一个算法的走向。概率算法的理论计算模型是概率图灵机。一般来说，为解决某一问题，使用概率算法可以期望比使用确定性算法能更快地得出结果。虽然概率算法有时会出现错误，但应能以较高的概率得出正确的结果，否则设计出的概率算法是没有意义的。

probabilistic automata　概率自动机 (1)也称“随机自动机”。它在许多方面与一般自动机相似，其主要区别是：状态间的转换是随机的，即若以 S 表示状态集合，B 表示读入符号的集合，则 $S\times B\rightarrow S$ 的映射是一随机函数。每个概率自动机一般都附有两组概率，一组是以何种状态为起始状态的概率，以一向量表示。另一组是在读入符号为 X_k 时，状态 i 转换为状态 j 的概率，以 $S\times S\times B$ 的三维数组表示。有了这两组概率，就可计算自动机到达某个最终状态的概率。(2)指动作是随机的有限或无限自动机。无限概率自动机就是概率图灵机。为了给定概率自动机，首先必须规定在自动机处于某一状态、并向自动机输入某个字符的条件下，自动机下一动作(如状态转换，输出某个字符等)的条件概率函数。其次是给定自动机的状态的初始概率分布，即自动机开始时处于每个状态的概率。包含有不可靠元件的数字电路和通信的信道都可以表示为概率自动机。

probabilistic automata theory　概率自动机论 主要研究所处环境或内部具有(有限或无限的)随机因素的自动机理论，自动机理论的次级学科。概率自动机理论与信息论、可靠性理论、自学习理论和模式识别、控制论、程序设计和马尔可夫链的函数理论都有着密切的联系，主要有概率图灵机、概率时序机、概率识别器等方面的研究工作。参见 automata theory。

probabilistic decoding　概率译码 对卷积码译码时采用的一种方法。它利用通信的统计特性，通过直接比较最小距离或计算最大概率进行译码。

probabilistic logic　概率逻辑 多值逻辑的一种，以[0,1]为其真值集，且要求命题的真值分布满足概率公理。

probabilistic logic neuron (PLN)　概率逻辑神经元 输出/输入关系通过一张内含一概率元素的逻辑

P

真值表实现的神经元。它不同于权阈值神经元,而是对神经网络的全局性质加以描述。

probabilistic model 概率模型 一种利用概率论方法来分析数据的模型。数据的个别值虽然不知道,但通过概率模型可以预测这些值的取值范围。

probabilistic model of neuron 神经元概率统计模型 用数理统计的方法描述神经元的输入、输出特性的神经元模型。神经元的动作采用概率来描述其变化规律,如波尔兹曼机神经网络模型就是采用此方法。

P

probabilistic reasoning 概率推理 利用条件概率发展而成的一种非精确推理方法。一条规则用条件概率可以表达为:$P(A \mid E) = x$。式中,A 表示规则的结论,E 表示规则前提条件。该式的意义可解释为,在前提条件 E 正确的条件下,结论 A 成立的可能性为 x。因此,可以利用条件概率的贝叶斯公式对问题作出推导和解释。

probability 概率 刻画一事件 A 在某种条件 S 下发生的可能性大小的量。在一种不变的条件 S 下,重复作 n 次试验,设 n 次试验中事件 A 发生 u 次。如果当试验次数 n 很大时,$\frac{u}{n}$ 稳定地在数值 p 左右摆动,且随着 n 的增大,一般说来摆动的幅度越来越小,则答 A 是一个随机事件,数值 P 称为随机事件 A 在条件 S 下发生的概率,记作 $P(A) = p$。

probability density function (PDF) 概率密度函数 如果 x 是连续随机变量,概率密度函数 $f(x)$ 定义为 x 中每个离散值 $x1$ 发生的概率 pi。概率密度函数是一个描述这个随机变量的输出值在某一个确定的取值点附近的可能性的函数。而随机变量的取值落在某个区域之内的概率则是概率密度函数在这个区域上的积分。当概率密度函数存在的时候,累积分布函数是概率密度函数的积分。概率密度函数有时也被称为概率分布函数。参见 maximum likelihood estimator (MLE), probability mass function (PMF)。

probability distribution 概率分布 随机变量 X 小于任何已知实数 x 的事件可以表示成的函数。概率分布用以表述随机变量取值的概率规律。为了使用的方便,根据随机变量所属类型的不同,概率分布取不同的表现形式。参见 binominal distribution。

probability distribution function 概率分布函数 参见 probability density function (PDF)。

probability mass function (PMF) 概率质量函数 概率质量函数是离散随机变量在各特定取值上的概率。它不同于对连续随机变量定义的概率密度函数。参见 probability density function (PDF)。

probability of disruptive discharge 破坏性放电概率 绝缘在波形一定和幅值一定的电压作用下引起破坏性放电的概率。

probability of withstand 耐受概率 绝缘在波形一定和幅值一定的电压作用下能耐受住而不发生破坏性放电的概率。

probability theory 概率论 数学的一个分支。它是从数量的角度来研究随机现象,并从中获得这些随机现象所服从的数学规律。

probable error 可能错误 一种具有 50%或更大的发生概率的错误。

probable reasoning 或然性推理 从真前提只能或然地(并非必然地)推出真结论的推理。主要有简单枚举归纳推理和类比推理。比较 inevitability reasoning。

probe point 探查点,探测点 为了对外露电路进行电气测量在印制板预定位置上的电气接触点。

problem 问题 (1)一组环境、情况或状态。为了使它们得到解决,必须提出一个程序,即由一些已知信息,通过提供的程序,而提到结果。(2)一个等待回答的一般性提问。通常具有若干个形式参数,给出全部参数的一般性描述及其答案(或称解)所应满足的性质就描述了一个问题。对全部参数均赋以特定的值就是问题的一个示例,也称"实例"。在复杂性理论中,常给问题以更广泛的形式化定义:由$\{0,1\}^*$上字符串的有序对(I,A)组成的集合,式中$\{0,1\}^*$表示全体 0,1 字符串(包括空串)的集合,I 称为示例,A 为示例 I 的答案(解),并且$\{0,1\}^*$上每一个串至少要作为一个有序对的第一分量。示例 I 中字符的个数称为示例的规模或尺寸,记为$|I|$。有时也将问题定义在其他有限字符表上,但通过编码总可将它变换到字符表$\{0,1\}^*$上,因此定义在$\{0,1\}^*$上的问题并未失去一般性。

problem analysis diagram (PAD) 问题分析图 一种支持结构化程序设计的图形工具,由日本日立公司二村良彦等人于 1979 年提出。问题分析图仅仅具有顺序、选择和循环这三种基本成分,与结构化程序设计中的基本程序结构相对应。问题分析图能将人们头脑中相当粗略、模糊的解决问题的想法,转换成能利用计算机加以处理的明确而详尽的过程,使得人们逐步看清程序的逻辑结构,更重要的是它引导设计人员使用结构化程序设计方法,从而提高了程序的质量。

problem analysis method (PAM) 问题分析法 一种以 PAD(问题分析图)为表现形式的结构化程序设计方法。PAD 是一种表现程序逻辑的树形图,分别表示顺序、选择和循环结构,形象地表现结构化程序设计的思想,提供了一种程序逻辑的表记法。PAM 的基本方法是分割与综合,即把问题分割成能独立解决的子问题。然后再综合诸子问题的解,以求得原问题的解。

problem-behavior graph 问题行为图 人工智能系统求解问题的过程中表达问题求解器自始至终的知识状态图。问题行为图对于求解问题是相当重要的。只要分析一下从一种知识状态变成另一种知识状态的途径及关于它产生这些变化的产生式,就可以得出其推理过程。

problem class 问题类 按照某种标准对问题所划分的类。在复杂性理论中,主要的划分标准是在一定机器模型下求解问题的某种复杂性的量级,有时也考虑问题的类型。如把确定型图灵机在多项式时间内可解的所有判定问题作为一类(P问题类)。由于判定问题和语言可一一对应地相互转化,因此判定问题类有时也表述成语言类,如P问题类和P语言类是同一类。按照复杂性所划分的问题类或语言类也称“复杂性类”。

problem data 问题数据 PL/1语言中由PL/1程序处理的字符串或算术数据。

problem decomposition 问题分解 用有限并行性算法解决复杂问题的一种方法。其基本思想是将问题分解成若干个大小为 m 的子问题,这些子问题可用使用 m 个处理器的有限并行性算法解决,这里 m 是个确定的正整数。

problem-defining language 问题定义语言 也称“题目说明语言”。一种程序设计语言,它真正定义题目,并可专门规定输入和输出的数据,但不规定从一种数据换成另一种数据的方法。

problem definition 问题定义[说明] (1)在系统开发过程中,一种对某一问题的描述,其中可包含解决此问题的方法、过程或算法描述。同 problem description。(2)一种面向程序的清楚地解释和表示问题的逻辑描述(通常用总流程图和逻辑图),包括描述所有的输入/输出要求。(3)以结构化的、逻辑的方式对问题进行说明,供计算机求解问题时用。

problem-dependent description 问题相关说明 针对大而复杂的软件编制,软件技术常使用的一种策略。它描述了一个解题程序的输入/输出的映射关系。撇开了解题程序的一切实现细节,可以作为解题程序的形式说明,也可以用于软件开发的自动或半自动实现。它对语义分析进行说明,并利用适当的工具产生相应的语义分析程序。

problem-describing language 问题描述语言 以最一般的形式描述要求解的题目的一种程序设计语言,但它不表示题目的详细特性或题目的解法。

problem description 问题描述[说明] 对问题的一种陈述。其中可以包括对解题方法的说明,如过程和算法等。同 problem definition。

problem determination 问题确[判]定 (1)确定问题来源的过程,如问题来源于一个程序成分、机器故障、通信设施、用户或合同方安装的程序或设备、一种环境故障(如停电或用户误操作造成的)。(2)识别硬件、软件或系统设备出现的问题,并确定是由厂家或是用户对问题进行诊断和处理。

problem determination procedure 问题决定过程 完成问题决定所需执行的一系列规定的步骤。这类过程常包括消除问题状态或限制问题发展的步骤。

problem diagnosis 问题诊断 对硬件或软件的故障进行分析、诊断,以鉴别发生故障的原因。

problem file 问题文件 对编制一个在计算机上运行的程序所需的全部材料。

problem generator 作业生成器 在计算机辅助教学中,为了对听讲者进行训练和测试,常常要应用一些类型固定的作业。对作业中的一些量略加变更,便可对一大批听讲者布置各自的作业。作业生成器通过伪随机数生成器的作用改变输入的量,产生不同的作业题目及其解答。

problem of 8 queens 八皇后问题 高斯提出并解决了下述问题:能否把八个皇后放在8×8棋盘上,使得没有一个皇后能被另一个皇后“吃掉”(即没有两个皇后在同行、同列或同一对角线上)?这就是八个皇后问题。已经知道恰好存在92个解。

problem-oriented language 面向问题(的)语言 为了易于定义和解决某些问题而设计的一种独立于计算机的程序语言。利用这种语言在计算机上解题时,不仅不需要了解计算机的内部逻辑,而且不必关心问题的解法和计算过程的描述。只要给出问题和输入数据,并指出输出形式,就可得到所需的结果。报表语言、判定语言、机床控制专用语言、医学诊断专用语言和电路设计专用语言等都是面向问题的语言。

problem reduction 问题归约 将一个待求解的复杂问题分解成若干相对简单的子问题,这些子问题中,有些可能是显然成立的,不用再分解;有些子问题的成立与否尚不明显,对这些子问题中的每一个,同当初一样还要继续分解,直到所有子问题、子子问题等均成立为止。这就是问题归约的基本过程和基本思想。

problem reduction approach 问题归约法 人工智能问题求解中常用的方法之一。该方法是将欲求解的原始问题分解(归约)为若干个子问题。若这些子问题能被求解,则原始问题也可被求解。若子问题仍不能被求解,则可将这些子问题再归约为若干个子问题。依此类推,直到最终的子问题都能被求解为止。

problem-solving (PS) 问题求解 即问题解决过程。指通过控制策略对某状态施用操作开发生成一个行为序列,以求实现达到某一目标的过程。广义讲,所有人工智能系统所要做的都是问题求解。它包括两个层次,即规划层次和目标达到层次。它的基本过程是搜索和推理。任何复杂问题的求解过程是由基本过程组合而成的。人工智能要解决的问题一般可分为A、B、C、D四类。A类问题回答“YES/NO”类型的问题;B类问题回答是“WHERE IS?”或“WHAT IS?”;C类问题要求自动排出算子序列;D类问题要求自动列出带前提有分支的算子序列。

problem space **问题空间** 问题状态的集合。问题空间是问题解决者对问题客观陈述的理解,通常由问题的给定条件、目标和允许的认知操作三种成分构成。参见 problem state,state space。

problem state **问题态,问题(解题)状态** (1)处理机不能执行输入/输出指令及其他特权指令时的一种机器状态。比较 supervisor state。(2)在人工智能的问题求解中,问题状态、操作和目标是它的三个主要组成部分。描述问题的结构就是问题状态。问题状态经过各种操作之后也可能出现新的问题状态。所有问题状态组成的集合,称为问题空间。(3)问题在特定时刻需要满足的限制条件。

problem status **目态** 只能执行用户程序而无权直接存取系统资源和改变机器状态的状态。也称"算态"或"用户态"。

problem throughput **问题吞吐量** 处理一个问题或一批问题的平均速率的量度。

problem time **问题时间** 在模拟中,一个过程的持续时间,或是一个过程的两个指定事件之间的时间长度。

procedural and exception testing **过程(异常)和异常测试** 机器运行之前对机器运行情况所进行的测试。测试时要使用测试数据和测试程序。测试数据包含运行中可能发生的全部或大部分情况,测试程序处理测试数据并检查机器部件。测试过程是:先把测试程序装入内存,然后输入测试数据并加以处理,再把运行结果和预定的结果进行比较,如果符合要求,机器就可交付使用。

procedural cohesion **过程内聚** 低聚合的一种模块结构。具有多种功能,但这些功能彼此无关,仅仅因为具有相同的控制流程,所以合并为一个模块。

procedural control language **过程控制语言** 为用于工业过程控制的实时计算机编写程序用的语言。某些通用语言,如 FORTRAN、ALGOL、BASIC、PL/1 等可扩充为过程控制语言。

procedural knowledge **过程知识** (1)关于规则中表示问题的知识称为过程知识。例如,在智能信息检索中,过程知识包括一般的信息以及加工陈述的信息。(2)描述事件如何做、反映事件行为的时序关系的知识。一般可用一段计算机程序来描述,可以方便地模块化和参数化。(3)立即可执行知识,使用描述性知识作为数据。

procedural knowledge representation **过程知识表示** 便于表达知识性动作的知识表示方法。关于知识性行为动作主要是如何寻找相关事实、推理等如何应用知识方面的动作,利用过程表达方法可以方便地表达这方面的知识、信息,提高效率。参见 analogical representation of knowledge, object-oriented knowledge representation, declarative knowledge representation, logic knowledge representation, non-normal logic knowledge representation, production knowledge representation。

procedural language **过程语言** 最主要的一类程序语言。这种语言的程序由顺序的一列语句构成,其中最基本的语句是赋值语句,用于给程序变量赋以新的值。程序的计算是通过语句的顺序执行不断地改变执行环境中程序变量的值完成的。这种计算模式与现代计算机主流的计算模式直接对应,因此过程语言能有效地在计算机上实现。常见的 FORTRAN、BASIC、Pascal、COBOL、C 等都属过程语言。

procedural model **过程模型** Newman 提出的一种办公自动化模型。用来描述完成特定任务的办公工作的执行过程和进程步骤,如表格管理等。

procedural modeling **流程模型构造技术** 使用过程而不是使用数据结构来计算出被模拟对象的性质的一种方法。

procedural rendering **过程描绘** 对三维图像中选定的图像元素使用的特殊描绘技术,用二维图像来表示三维图像,其纹理根据用户指定的条件(如光照的方向和角度)产生。

procedural representation **过程表示** 计算机中利用某种合适语言写的过程或程序,而不是用数字或表之类的静态数据项来表示某些概念,称为过程表示。

procedural strength **过程强度** 过程强度和分类强度类似,不同的地方是功能之间的顺序关系由问题语句或应用语句隐含决定。参见 module strength, classical strength。

procedural surface **过程表面** 隐式定义的用于图形模拟的表面,如通过在空间扫描曲线或实体,或者横切简单表面或实体而定义的表面。

procedure **过程,规程** (1)在程序设计语言中带有形式参数或没有形式参数的程序块,其执行可通过过程调用。它们产生作用的方式是把执行结果赋给调用参数,或者在子程序体内修改全局变量的值。(2)为解决一个问题而采取的一系列步骤。(3)数据通信中为实现协议而采取的动作。

procedure abstraction principle **过程抽象原则** 任何一段程序正文都应该可以和其他部分分隔开、参数化、加以抽象以形成一个抽象的原则。需要时,可作为例程被调用,而不影响原来一段程序正文的功能。

procedure analysis **过程分析** 对一项工作、技术、事务或过程等进行分析。从而精确地断定应该完成和如何完成。与系统分析同义,但更多的是指对文书系统进行的调查研究。它着眼于一般的改进,而不是计算机化。总之,它所注意的是收集现行系统的详细资料、以便了解系统的构成、结构、运行特点以及强点和弱点。这些资料包括营业成本、处理的表格和文件数量、从事各类工作的职工人数、工作流程、差错类型、工作的一般质量、活动比率、空闲时间占多大比例、"瓶颈"和延迟,等等。用这些信息作为建立新的或改进的工作程序的基础。

procedure block 过程块 以过程语句开始,结束语句结尾的一组语句。它是程序的一部分,常特指PL/1程序的一部分。

procedure branching statement 过程分支语句 引起一个明显的或隐含的控制转换的语句。

procedure call 过程调用 在程序设计语言中,要求执行某一过程的语言结构。过程调用通常包括一个入口名和若干个可能的实在参数。参见 parameter association。

procedure chart 过程图 用来分析工作过程中各种活动及其关系的图。图中列出各个活动,用符号表示所进行活动的类型。开始时用这种图记录现行工作过程的细节,以后用这种图表示新建议的工作过程。

procedure command 过程命令 运行某一过程的命令。

procedure control expression 过程控制表达式 一组控制过程运行的语句和表达式。

procedure-correlation identifier (PCID) 过程相关标识符 在SNA(系统网络体系结构)中,一个用于将各种请求和响应与过程相关联的值。

procedure division 过程部分 COBOL语言的四个组成部分之一,它是程序的执行部分,由若干个节组成,每个节由若干个段组成,而每个段都有构成一专门例行程序的过程语句。

procedure file 过程文件 在数据库系统中,为了有效地使用过程,由多个过程组合起来的含有多个过程的命令文件。

procedure information vector table 过程信息向量表 语法分析程序的中间数据之一。由过程信息向量组成的表型数据。过程信息向量刻画了过程中形参的属性。语法检查、语法分析、运行时都要引用此表。

procedure level 过程层次 在若干过程嵌套时,某一过程的层次。例如,过程A调用过程B,过程B调用过程C,则过程C是一个三级过程。

procedure level transformation 过程级变换 实现程序优化的一种变换。按其程序结构分类如下:循环结构变换,如空循环删除、运算强度削减、嵌套循环层次变换等;条件结构变换,如扩大和缩小条件子句;赋值结构变换,如成组赋值顺序化、常量代替变量;其他变换,如常数计算、表达式简化、公共子表达式提取等。

procedure library 过程库 直接存取存储器中有作业定义的一个程序库。通过执行输入作业流中的一条执行语句,而控制读出程序/解释程序去读出和解释一个具体作业的定义。

procedure member 过程成员 (1)含有执行一个或多个程序所需要的语句(如控制语言语句)的库成员。(2)在某些计算机系统中,一个有关OCL(操作控制语言)语句也可能包括存放有库中的实用控制语句组成的命名集合。

procedure name 过程名 位于一个过程的前面,标识该过程的一个名字。程序员用过程名将控制从程序中的一个点传递到另一个点。

procedure narrative 过程叙述 一工作过程的书面描述,为过程图所示细节的辅助材料。描述内容包括过程的标题、作用、目标、所进行的活动、所用的表格和文件、办公室装备和机器等。

procedure-oriented language 面向过程(的)语言 为说明处理过程而设计和一种与机器无关的语言。利用这种程序设计语言在计算机上解题,人们不必去了解计算机的内部逻辑,而主要集中精力考虑解题、算法的逻辑和过程的描述。由于这种语言对解题过程的描述采用了比较接近人们习惯的方式,因而易学、易懂,如FORTRAN、ALGOL、COBOL、PL/1等。

procedure programming 过程程序设计 一种最早的且至今尚在采用的程序设计范例。先决定需要的过程,然后使用最好的算法实现它,强调过程的设计和算法的选用,要求语言提供能够传递参量的过程和函数等基本设施。

procedure programming language 过程性编程语言 与非过程性编程语言相对。是一种用于表达操作步骤,以供计算机执行的编程语言。

procedure recursion level 过程迭代级 在PL/1中的计数值,在内部过程调用时计数。过程迭代级不能在系统排错时指定,只能对当前级(最后级)的程序进行排错。对应于 program recursion level。

procedure representation 过程表示 将知识包含在过程之中的知识表示方法。知识的过程表示模块性较好,有利于表示启发式知识,能够实现扩充的逻辑推理,其处理效率高,但缺点是灵活性和通用性差,也不便于修改和验证。

procedure statement 过程语句 用于赋予过程名字的说明语句。同 subroutine statement。

procedure step 过程步 在编目过程或流内过程中与处理程序及其有关数据相关联的一种工作单位。一个编目过程由一个或几个过程步组成。

Proceedings of the IEEE **《电气与电子工程师协会会报》(美国)** 1913年创刊,报道电子工程各个领域的研究论文。每年12期,内容包括摘要、绪言、论述、成果和结论等。另辟快报专栏,刊载与该协会所属各专业小组有关的新的研究成果简报。

process 进程,过程 (1)操作系统的基本概念之一。它相当于计算机中某个程序的一次执行。用同一程序对不同的数据先后或同时加以处理,就相当于有好几个过程。(2)在给定的状态下由一项目或作用定义的一系列事件。(3)为求解一个问题而执行的一步一步的动作。

process access group (PAG) **进程访问组** 在某些计算机系统中,当作业进入长时间等待时,在一个单一操作中,一组被页面调进和调出的对象。

process assets library **过程资产库** 对过程进行描述的一个集合,包括步骤、模板、表格、检查表,以及其他帮助一个组织成功实施其已经过定义并符合质量要求的过程的那些工作。

process-bound **进程受限的** 由于进程各种要求引起的性能上的限制。参见 computation-bound。

process color **原色** (1)原色是指青、品、黄和黑,组合成一个色彩匹配系统。(2)处理文档中的颜色的一种方法。把每个颜色块分离成打印用的相减混色模型的基色分量——青色、品红色、黄色和黑色。所有颜色都通过混合各种大小不同的节点图来产生,而这些用青色、品红色、黄色和黑色生成的节点图则用来生成图像。

process communication **进程通信** 进程之间的信息交换。它可能是通过使用共享数据结构完成的,另一种通信机制是进程间直接的消息传递。

process control **过程控制** 为达到规定的目标而对影响过程状况的变量所进行的操纵。过程控制可以在行动开始之前、进行之中或结束之后进行,分别称为前馈控制或预先控制、同期控制、反馈控制或事后控制。参见 feedforward control, concurrent control, feedback control。

process control analog modules **过程控制模拟模块** 为过程控制应用而专门设计的模-数转换器、数-模转换器、放大器、多路调制器、取样/保持器、信号整形器等。

process control block (PCB) **进程控制块** 用以存放进程有关信息的一种数据结构。硬件进程控制块存放硬件关联信息;软件进程控制块存放软件关联信息,它可以包含一个指向硬件进程控制块的指针。

process control computer **过程控制计算机** 为过程控制应用而设计的一种电子数字计算机。一般地说,这种计算机对软件、指令能力、字长及计算精度的要求都不高,因而是微型计算机的主要应用领域。

process control equipment **过程控制设备** 测量工业过程变量、按照从过程计算机系统来的控制信号控制过程、提供适当的信号转换的设备(如传感器、磁放大器和调节器等)。

process control language (PCL) **过程控制语言** (1)微型计算机程序控制系统中使用的类似于初期FORTRAN语言的一种简单的程序设计语言。这种语言允许按英语形式编写控制程序,用键盘打入过程控制编译器,转换成机器语言,并存储在可编程序只读存储器中。(2)一组高级程序设计语言,专门为减轻过程控制系统设计人员的负担而研制的,使用这种语言只需要最低限度的程序设计技巧。

process controller **过程控制器** 执行机器语言程序,实现过程控制任务的微型计算机。

process control software **过程控制软件** 计算机实现过程控制用的软件。操作系统负责调度软件系统的其余各个部分,保持所使用的各程序之间的通信以及处理实时输入输出。应用软件分四级:最低级的控制是数据采集和直接数字控制软件包;第二级是实现给定值控制的软件;第三级是最优控制或自适应控制的算法;最高一级管理信息系统和全厂性的控制软件。

process control system **过程控制系统** 利用计算机或数字逻辑调整和控制工业过程的一种系统。典型的过程控制系统包括中央处理机、可编程序只读存储器、存储数据用随机存取存储器、输入输出模块、通信电缆等。

process descriptor **过程描述符** 在某些系统中,系统表中保存某一过程(状态、地址空间、异常条件)细节的项目。

processes knowledge **过程性知识** 人类关于所从事的活动的知识,或者关于事态发展的知识。参见 knowledge。

process exception **进程异常** 同 program exception。

process group **进程组** 在AIX操作系统中,一个进程组,允许相关的进程之间发信号。新创建的进程加入到其创建进程的进程组中。

process header **进程头** 也称"进程首部"。一种数据结构。它包含硬件进程控制块、记账信息、资源限量信息、进程段表、工作集表和定义进程虚地址空间的页表等。

process header slots **进程头槽** 系统存储位于平衡集中的进程头的那部分系统地址空间。系统中进程头槽的数目确定了在任何一个时刻能够在平衡集中的进程的数目。

process ID **进程标识** 操作系统进程表中的一个标志,用于区别不同的进程。

process image **进程图像** 在虚拟存储系统中,供过程使用的代码和数据,虚拟机的一切非硬件资源。

process-independent interrupt **与过程无关的中断** 与处理机无关的中断,如完成输入/输出操作。

processing and control element (PCE) **处理和控制单元[元素]** 在某些信息处理系统中,处理机负责指令执行的定序和进程控制、中断控制、动态地址转换以及其他控制处理和功能等的部分。

processing attribute **处理属性** 为完成实体的功能,对其所用到的规则的描述。处理属性对实体在执行一特定任务时所使用的算法进行描述。包括意外情况处理算法。它是对功能属性的细化。

processing capacity 处理能力 计算机任何时刻处理的数据的最大位数。

processing data rate (PDR) 数据处理速率 PDR 值等于每条指令传送的平均位数和处理速率的相乘积。它是 1991 年 9 月 1 日以前美国政府确定出口许可证的限制性能指标。PDR 值考虑了定点、浮点操作速率和操作数长度,作为评价中央处理机 CPU 性能是合适的,但作为评价整个系统性能(如 I/O 通道能力、网络支持、内存容量及软件功能等)是不全面的。自 1991 年 9 月 1 日以后采用 CTP(综合理论性能)来审查计算机的出口许可证批件。参见 composite theoretical performance (CTP)。

processing element 处理单元 在神经网络中的基本计算单元。有较弱的存储和处理能力,输出以放射状转变成其他单元输入。网络由一大批紧密相连的处理单元构成,一个处理单元接收许多来自其他处理单元的输入值,加上一组适当的系数,产生出单个输出值,形成的输出送到其他处理单元。

processing operation 处理操作 用户程序中执行指令的计算机操作,包括算术运算、逻辑运算和存储器传送等的操作步骤。

processing program 处理程序 (1)实现对具体的程序设计语言的编译、汇编或翻译之类功能的计算机程序。(2)任何在目态下运行的程序。包括计算机厂商分发的语言处理程序、应用程序、服务程序以及用户编写的程序。参见 user mode。(3)泛指除控制程序以外的任何程序,即由控制程序装入并管理的任何程序。

processing resource 处理资源 为执行指令而必须供给程序的计算机资源,包括主存储器空间、中央处理机时间和传送数据用的外部设备等。

processing speed 处理速度 中央处理机每秒执行的指令数。

processing techniques 处理技术 处理数据的方式取决于许多条件,如要处理的数据量、要求处理的频度、控制信息需要、离处理数据部门的远近、对快速信息检索的要求等。批处理方式适合大数据量的处理,而联机处理有各种方法,包括分时处理、实时处理、随机询问和交互技术,适合于同时处理几个程序,以便最有效地利用计算机资源。

process integration 过程集成 环境对良好定义的软件工程规范的支持。由于目前采用软件工程方法进行软件开发越来越成熟,因此较多使用工具来定义和追踪其软件开发活动,能更有效地管理和改进开发规范。

process interaction approach 过程互作用法 仿真语言的一种实现方法。它把注意力集中于个别的实体,虽然也把系统看作是由一组重叠活动组成的;但它认为这些活动不是独立的,将会形成系统过程的组合。

process interface system 过程接口系统 在过程计算机系统中,使过程控制设备和计算机系统适配的功能部件。

process interrupt card 进程中断板 使用户或用户规定的进程能产生中断,并按优先级别请求服务用的一种板。

process interrupt signal 过程中断信号 在过程计算机系统中,一种来自某一工业过程且引起系统中断的信号。

process design language (PDL) 过程设计语言 也称"程序描述语言(PDL)"。它是用正文形式表示数据和处理过程的设计工具。PDL 具有严格的关键字外部语法,用于定义控制结构和数据结构;PDL 表示实际操作和条件的内部语法通常又是灵活自由的,以便可以适应各种工程项目的需要。因此,一般说来 PDL 是一种"混杂"语言,它使用一种语言(通常是某种自然语言)的词汇,同时却使用另一种语言(某种结构化的程序设计语言)的语法。过程设计语言主要用于描述系统中属于计算型的下层模块。PDL 主要用于描述模块中算法和加工的具体细节,以便在开发人员之间比较精确地进行交流。同问题分析图等图形工具相比,PDL 具有以下优点:① 同自然语言(英语)很接近,易于理解。②易于被计算机处理并存储,用行编辑或字处理软件就可以方便地对它进行修改编辑。③可以从它自动产生程序。参见 program description language (PDL)。

process lock 进程锁 AIX 操作系统中的一个锁,允许调用进程对其数据段和文本段进行加锁或解锁。

process management 过程管理 一系列用于预见、评价和控制过程执行的活动和体系结构。参见 process。

process monitor system (PMS) 过程监督系统 一种系统程序,管理整个联机控制系统。

process mutex exclusive 进程互斥 两个或两个以上的进程,不能同时进入关于同一组共享变量的临界区域,否则可能发生与时间有关的错误,这种现象被称作进程互斥。

process number 进程号 操作系统分配给某个进程的数码。

process on the fly 旋转处理 数据库系统中提高数据处理效率的一种高速处理技术。旋转处理技术是指在联机存储介质磁盘旋转时对磁道上的数据进行比较,磁盘旋转一圈就完成了以磁道上所存关系的选择和投影运算。这种方法最早由美国伊利诺大学的 Slothick 于 1970 年提出,他主张采用"每磁道逻辑"的概念来改善信息的检索和字符串处理。该技术曾广泛应用于数据库计算机中,如 CASSM、RAP、CAFS 数据库机,以提高数据处理效率。

process optimization 过程优化 一种范围广泛的过程控制器用的程序。根据过程的模型指挥数据收集和控制系统。连续收集经过处理的数据并加以分析，通过计算得出最佳操作指令。然后通过联机打印机或显示器将最佳操作指令告诉过程操作员。

processor 处理器 计算机中解释并执行指令的功能部件。可以是终端或处理部件的一部分。

processor affinity 处理器族，处理器结合 微软Windows NT中，指可运行指定线程的处理器集。

processor basic instruction 处理机基本指令 处理机所执行的基本指令。按功能可分为下列五类：①寄存器操作；②累加器操作；③程序计数器和堆栈控制操作；④输入输出操作；⑤机器操作。

processor-bound 受处理机限制的 程序的运行受到低速处理机的限制。

processor configuration 处理机配置 在某些计算机系统中，决定存储单元能否被多个处理器存取的安排。在多处理工作方式中，可由一个处理器存取的任何存储单元都可被其他处理器存取。同cross-configuration。参见 processor complex。

processor consistency 处理机一致性 分布式共享存储器系统中的一种一致性协议，使得分布式系统中每个节点发出的写操作都按顺序执行，而不同处理的发出的写操作则可以不按顺序执行。

processor core 处理机核 CPU芯片的处理部分，由控制单元和算术逻辑单元组成，不包括高速缓存。

processor-dependent interrupt 处理机相关中断 处理机中执行的程序在执行操作数调用时，其描述符为0时所产生的中断。

processor direct slot (PDS) 处理器直接连接扩展槽 在Macintosh计算机中，直接连接CPU信号的一种控制槽。根据计算机所使用的CPU种类，可选择具有不同引脚数和信号含义的PDS。

processor error interrupt 处理机出错中断 (1)处理机的校验线路检查出错误时所产生的中断。例如，发现系统中任何部分存取的字出现校验错误，或存储器寻址过程出错所造成的中断。(2)处理机中的各种检查手段(如传输中的奇偶校验，计数或加法中的奇偶预测等)检查出错误时产生的中断。

processor evaluation module 处理机评价模块 一种单板计算机。其主要组成包括：中央处理机、监控程序只读存储器或可编程序只读存储器、随机存取存储器、并行与串行输入输出电路、时钟发生器、电源等。它作为一种典型的样机系统，可帮助用户了解和熟悉新机种；作为一种临时性开发工具，可帮助用户测试本机种的硬件或调试软件，以推广应用。

processor in box (PIB) 盒装处理器 微处理器的一种封装形式。

processor-independent interrupt 处理机无关中断 不是因处理机状况而产生的中断，如输入输出中断。

processor-independent interrupt 处理器独立软件 一类与处理器类型无关软件。大部分用高级语言写的程序是处理器独立的。

processor input-output channel 处理机输入输出通道 在数据处理系统中，用于控制处理机与面向字符的低速设备之间信息流动的一种异步通道。每次传送时，执行输入输出指令，通过累加器与低速设备交换数据信息。输入输出指令除了传送数据外，还用来测试设备状态，启动输入或输出操作。通道的传送速度可达每秒5 000字以上。

processor interface 处理机接口 在处理机与标准通信子系统之间传送数据用的部件。通过连在处理机输入通道上的输入线向处理机输入数据；通过连在处理机输出通道上的输出线从处理机取得输出数据。

processor interface module 处理机接口模块 实现处理机与输入输出设备间连接的接插电路板、它为串行或并行操作提供了通用接口及标准软件。

processor interrupt 处理机中断 一种自动的过程，用来警告系统中出现了可能影响指令执行的条件。

processor interrupt facility 处理机中断设备 输入输出设备准备发送或接收数据时，或检测到电源故障时，提供处理机中断的设备。

processor limited 受处理器限制的 即计算机系统完成一项处理所需的时间由中央处理器花费的时间决定，而不是由外部设备所需的时间来决定。

processor management 处理器管理 操作系统的主要功能之一。它负责为进程分配处理器资源，即通过对进程的管理和调度来有效地提高处理器的效率，实现程序的并行执行或资源的共享。处理器管理中所采取的CPU调度策略有多种，如抢占算法、非抢占算法、最短作业优先、轮转算法、最短停留时间优先算法等。当一个进程运行完毕或时间片用完时，则由CPU调度程序选择下一进程并分配处理器。对时间片用完的进程保存现场，放入就绪队列。当发生诸如I/O请求中断等程序性中断时，将保存现场，并将现行进程放入等待队列。转而执行中断服务例程，实现关联切换。

processor memory switch (PMS) notation 处理机存储器开关表示法 为计算机系统的实际结构提供清晰、精确的描述的表示法。这种表示法仅使用少数基本成分，即用符号表示存储器、数据链路、开关、数据操作、控制器和传感器等。

processor module 处理机模块 一种含有微处理机及其支持电路的接插电路板。支持电路板一般包括时钟电路、多路转换器、总线控制、输入输出控制、中断逻辑及通用异步接收/发送器等。处理机模块是计算机系统的主机模块。

processor pipeline 处理机流水线 多个处理机组成的流水线。要处理的数据流过流水线中各个处理机,每个处理机加工特定的任务。数据流过第一个处理机后所得结果存在存储块里。存储块也能被第二个处理机存取,其他依此类推。

processor status word (PSW) 处理机状态字 反映中央处理机现时状态的信息。它存放在状态字寄存器(SWR)中,PSW可能包含着条件码、优先级信息或调试过程中的信息以及出错指示符等。这些信息供软件、硬件人员分析、维护系统时使用。有时也简称状态字。状态字的每一位称为状态位,代表着一定的意义。例如,反映中断情况的中断位,监督奇偶错误的奇偶错位,表示设备运行情况的忙闲位,运算溢出指示位,正常操作结束位等。一些系统使用多个状态字来反映机器运行、通道通信、操作结束等情况,个别的状态字可通过指示灯直接显示,便于观察。

processor storage 处理机存储器 (1)向一个或多个处理器提供的存储器。(2)在虚拟存储系统中,与"实存"意义相同。

process owner 过程拥有者 监督一个组织的同级评审活动的管理者或高级过程工程师。通常是评审的一名倡议者,并联系过程评审的各方以进行改进工作。

process planning 工艺设计 一般指根据零件设计制定出将原材料转变成这样的零件应采取的制造活动过程以及完成这样的制造活动过程所需要的设备资源、工艺参数等。在有特别说明时,制定部件或整机的装配过程称为装配工艺设计。

process privilege 进程特权 由系统授给进程的特权,这些特权是用户特权和映像特权的组合。例如,进程交换特权,建立另一个进程的特权,建立邮箱的特权,对文件结构设备直接I/O的特权以及执行网络操作的特权等。

process queue 进程队列 在某些通信系统软件中,应用程序用的目的地队列。参见 destination queue。

process scheduling 进程调度 计算机的一种调度过程。在进程调度中,确定把处理机分配给哪个进程以及协调各进程之间的相互关系。

process-simulation program 工艺模拟程序 利用数学模型对多个工艺设计进行反复试验的计算机程序。该程序可以图形或数字方式提供实时的反馈信息,使设计人员能够在CRT(阴极射线管)上观察制造过程中每个阶段的情况,以便对工艺进行优化并及时解决那些影响实际制造过程的问题。

process space 进程空间 虚地址空间低位编址的那部分。每个进程的指令和数据驻留于此。进程空间分成程序区和控制区。

process state 进程状态 进程的活动状态,一般分为三个状态:活动、就绪和暂停。活动进程就是正执行指令的进程;就绪进程就是得到资源后即可执行的进程;暂停进程则是停止执行的进程。

process symbol 处理符号 一种用来表示处理操作的标准流程图符号(矩形)。

process table 进程表 操作系统中的一个核心数据结构,包含有关系统中进程的信息。

process tree 进程树 微软 Windows NT 中,指POSIX(可移植操作系统接口)或OS/2子系统支持的一个有父进程的子进程的层次结构。

process view 进程视图 描述系统的并行情况(即任务/进程及其交互)的构架视图。

producer 生产者 一个产生数据的异步过程,这些数据被另一个异步过程使用。

producer-consumer problem 生产者-消费者问题 抽象的一种共行进程的内在关系问题。例如,生产者可以是计算进程,消费者是打印进程。在输入时可以认为输入进程是生产者,计算进程是消费者。

producer-driven pipeline 生产者驱动流水线 数据库管理系统执行查询计划的一种流水线方法。生产者驱动流水线是一种自底向上的执行方式,流水线底部的每个操作符并不等待元组请求,而是主动地产生元组并将它们放在输出缓冲区中,直到缓冲区满为止。流水线中任何其他层的操作符只要获得较低层的输入元组就产生输出元组,直到其输出缓冲区满为止。一个操作符使用流水线输入的一条元组后,将其从输入缓冲区中删除。一旦输出缓冲区已满,操作符必须等待,直到其父操作符将元组从该缓冲区取走而为更多的元组腾出空间。此时,该操作符接着产生更多的元组,直到缓冲区再次满了为止。这个过程不断重复,直到该操作符产生所有的输出元组为止。只有当一个输出缓冲区已满,或一个输入缓冲区已空,需更多的输入元组用于产生输出元组时,系统才需在各操作符之间切换。在一个并行处理系统中,流水线中的操作符可在不同的处理器上并发执行。参见 pipeline for query execution, demand-driven pipeline。

product 乘积 (1)乘数与被乘数相乘的结果。(2)在数据库管理中,用关系代表的一个运算符。当用两个现有关系(表)进行运算时,结果是一个新的表,包含第一个表的元组和第二个表的元组的所有可能的连接。结果表的项数是第一表的项数与第二个表的项数的乘积。参见 inner joint。

product area 乘积区 在某些计算机中,在主存储器中专门存储乘法运算结果的区域。

product baseline 产品基线 产品基线是指在软件组装与系统测试阶段结束时,经过正式评审的批准的有关所开发的软件产品的全部配置项的规格说明。产品基线是最初批准的产品配置标识。

product certification 产品认证 见 certification。

product code 乘积码 一种错误检验码。其方法是:将信息排列成每行为 k_1 个符号,每列为 k_2 个符号的阵列,即 $k_1 \times k_2$ 阵列。每行和每列分别形成(n_1, k_1)码和(n_2, k_2)码,所得到的($n_1 \times n_2$, $k_1 \times k_2$)码称为乘积码。

product comparison testing 产品比较测试 一般由专业媒体测试机构对市场上的同类计算机产品的功能及性能等主要特性进行的比较测试。参见 product review testing。

product data 产品数据 在该产品生命期中所有应用产品定义的领域内(如技术规格、功能、定义、结构、使用、维护等)所定义的各种数据,包括产品的设计、分析、制造、测试、检验的数据,以及为支持产品而全面定义的零部件或构件所需的几何、拓扑、公差、关系、属性和性能等数据。

product data exchange specification (PDES) 产品数据交换规范 实现不同的 CAD/CAM(计算机辅助设计/计算机辅助制造)系统间的产品数据文件的交换的规范说明,在产品开发中需要收集产品的全面数据,使产品模型能对制造处理命令、直接质量控制、产品支持功能提供所需的信息。

product data exchange using SETP (PDES) 使用 STEP 的产品数据交换规范 一个用于解决各种各样的制造企业的产品数据交换和表示问题的规范,使得在产品数据传输和共享时,数据的语义可由先进的 CAD/CAM(计算机辅助设计/计算机辅助制造)系统自动解释,无需人工提示。PDES 原来代表 product data exchange specification,是美国国家标准和技术协会(NIST)从 1984 年开始主持的一个科研项目。PDES 初始版先于 1982 年公布。PDES 实施草案第一版于 1988 年底公布,其涉及的应用领域有机械产品、电子产品、建筑结构工程、有限元和制图等。国际标准化组织(ISO)已将 PDES 和欧共体 ESPRIT 计划的 CAD * I 作为制定国际标准 STEP 的主要参考样本,PDES 缩写含义也作了相应修改。PDES 是在三个层次(应用层、逻辑层和物理层)上开发的,结构形式类似于数据库的三级模式结构(外模式、概念模式和内模式)。在应用层,根据不同的应用领域定义相应的需求模型,即要交换的信息视图,这与数据库中的外模式的定义类似。在逻辑层,对应用层提交的需求模型进行分析,形成统一的、不矛盾的集成信息模型 IPIM(也称概念模式)。在物理层,完成了一种用于数据交换的中件文件结构,即 STEP(产品模型数据交换标准)文件。

product data management (PDM) 产品数据管理 (1)PDM 是指某一类软件的总称。是一种帮助工程师和其他人员管理产品数据和产品研发过程的工具。PDM 系统确保跟踪设计、制造所需的大量数据和信息,并由此支持和维护产品。从产品来看,PDM 系统可帮助组织产品设计,完善产品结构修改,跟踪进展中的设计概念,及时方便地找出存档数据以及相关产品信息。从过程来看,PDM 系统可协调组织整个产品生命周期内诸如设计审查、批准、变更、工作流优化以及产品发布等过程事件。PDM 致力于缩短产品的研制开发和生产制造周期、降低成本、提高质量、改善产品性能、使新产品快速投入市场,从而为企业赢得竞争的主动权和优势。(2)PDM 的概念总的来说应包括两大部分:一是管理与企业生产有关的所有产品信息;二是管理与所有产品相关的过程。PDM 将这两方面集成在一起,即将整个产品生命周期的所有信息与过程都管理了起来。它能有效地将产品从概念设计、计算分析、详细设计、工艺流程设计、制造、销售、维护直至产品消亡的整个生命周期内各阶段的相关数据按照一定的数学模型加以定义、组织和管理,从而保证产品数据在其整个生命周期内的一致性、最新性、完整性、共享性及安全性,使包括工程设计人员、操作人员、财会人员及销售人员在内的企业各方面有关人员都能按照要求方便地存取使用有关的数据。

product data management (PDM) basic function 产品数据管理基本功能 PDM 的基本功能包括以下四个方面:① 电子仓库:是 PDM 最基本的功能。仓库提供生成、存储、查询、控制存取、恢复、编辑、电子检查和记录、电子对象的历史及通用文件管理等能力。它为用户和应用之间的数据传递提供一种安全的手段,并允许用户迅速地访问全企业的产品信息,而不必考虑用户和数据的物理位置;②过程控制:用来定义和控制用户创建和修改数据的方法,可以对任何工作流的形式进行过程控制或在过程开始后的任务控制。它能提供路线、驱动事件的动作、查询、检查、存取控制等多种功能,为产品开发过程的自动管理提供必要的支持;③产品构造:可以生成、命名、导航和多级地编辑一对一的关系以及基于关系的对象,这种能力通常是通过一个或多个公司可制造的产品结构项实现的;④配置管理:以电子仓库为底层支持,以系列化产品的相关数据作为其管理对象,以材料明细表(BOM)为其组织核心,将定义最终产品的所有工程数据和文档联系起来,实现产品数据的组织、控制和管理,并在一定目标或规则约束下为用户或应用系统提供产品结构的不同视图和描述。

product data management system (PDMS) 产品数据管理系统 PDMS 是集成并管理与产品有关的信息、过程和人与组织的软件。PDM 依据全局信息强调共享的观点,扩大了产品开发建模的含义,其范围包括资源(含人力)配置、生产制造、计划调度、采购销售、市场开发等各方面。它为不同地点、不同部门的人员营造了一个虚拟协同工作环境,使其可以在同一数字化的产品模型上一起工作。PDMS 通过计算机网络和数据库技术,把企业生产过程中所有与产品相关的信息和过程集成起来，统一管理，使产品数据在其生命周期内保持一致、最新和安全，实现整个企业信息的集成。参见 product data management。

product definition data **产品定义数据** 产品数据的子集，包括完整定义零组件、装配的几何、拓扑、公差、关系、特征与属性等方面的数据。他们被应用于设计、工程分析、制造、试验、检验以及其他与产品发展相关的领域。

product development system **产品开发系统** 用于开发计算机产品的系统。一般包括通用计算机、大容量存储器、阴极射线管智能控制台、打印机接口及一套系统软件包。其优点是组合程序包括各部分可以作为一个系统一起工作；没有购买配套设备所遇到的那种风险；利用现有的系统部件，可以方便地改进软件等。

product interchangeability **产品的互换性** 产品具有的功能和物理特性在性能、可靠性、维修性、用途方面相同或等效的产品替换特性。其特点是产品能够互换而无需对适合性或性能进行特殊的选择。

production **产生式** (1)用于产生新行的变换规则。一个产生式分为左右两部分。左部是与要变换的行的子行相匹配的样本，右部指出取代该行的匹配部分的替换行。数学家波斯特(Post)首先使用了类似的规则来定义语言。产生式可能指出对能与它匹配的子行整体的某种变换，或者只能指出对子行中与它的左部匹配的一段符号的变换。计算机科学和技术领域中产生式有广泛的应用，如用于描述程序设计语言的语法，用于描述编译程序的抽象动作等。(2)也称“推理规则”，用一部分串代替另个一部分串的方法。文法的产生式集合描述了由该文法生成的语言所含的所有串。

production control **生产控制** 通过计算机生产线的数据采集系统对生产所进行的控制。它可以提高生产率，简化生产流程，并便于管理。

production database **生产数据库** 能够对生产和工程直接进行控制和管理的数据库。通常它是包含一个机构的主文件和日报文件的中央数据库。

Production Engineering **《制造工程》** 美国刊物。1954 年创刊，当时刊名为 *Automation*；*The Production Engineering Magazine*，1977 年改为现名。每年 12 期，报道美国各种制造业的加工、搬运、控制及数据处理等自动化设备、组件的设计与应用等方面技术进展。是美国生产自动化的主要专业刊物。

production informatization index **产品信息化指数** 一项衡量产品信息化水平的工具，用于衡量产品中信息技术应用的水平，以及由此而带来的改进产品使用效能的水平。2010 年为产品信息化指数起了一个别名：产品智商。

production information control system (PICS) **生产信息控制系统** 美国 IBM 公司于 20 世纪 70 年代起开发的一种典型的生产管理系统。该系统将计划阶段的定货单和执行阶段的销售统计等作为原始数据存入磁盘，建立数据库，用以处理产品生产和管理的全部流程。按照生产管理的流程，PICS 一般包括技术资料管理、销售预测、产量计划、逐日负荷计划、工作日程计划、进度管理、采购及库存管理等八个子系统。

production knowledge representation **产生式知识表示** 一种知识表示方法。每个产生式由前提部分及结论部分组成，意义可解释为当且仅当前提部分正确时，结论部分的各结论方可正确或成立。它由下面的巴科斯范式定义：〈产生式规则〉::=〈前提部分〉→〈结论部分〉。参见 analogical representation of knowledge，object-oriented knowledge representation，declarative knowledge representation，logic knowledge representation，non-normal logic knowledge representation。

production memory **产生式记忆** 产生式系统的基本构成元素。它是管理产生式规则的内存区。

production model **生产模型** 在描述一个公司模型中，生产和分配、国家经济、劳动力、机械装置和世界经济的相互关系的模型。

production process control management system **生产过程控制管理系统** 用于调度物资、能源、运输，不断地对生产过程进行监测、调整和控制，以保证产品的质量和生产的高效率的计算机系统。这种系统用于石油、化工、钢铁、电力、纺织等行业的工厂的生产过程。它能处理生产过程中的有关数据，整理和显示数据，提供调度管理，并对生产过程进行控制、监视和自动调整。

production representation **产生式表示法** 1972 年，纽厄尔和西蒙在研究人类的认知模型中开发了基于规则的产生式系统，目前，产生式表示法已经成了人工智能中应用广泛的一种知识表示模式，尤其是在专家系统方面，许多成功的专家系统都是采用产生式知识表示方法。参见 production knowledge representation。

production routine **生产(性)例程** 一种事先描述的操作序列或产生问题结果的程序。不包括执行支持、内务、编译、汇编、翻译之类的操作。

production rule **产生式规则** 一种因-果规则。在知识工程中可能表达成：

IF(事实 i) THEN (事实 j)
IF i THEN (规则 j)

这里，IF(刺激) THEN(行动) 称为产生式。每行动一次称为一次“产生”。这是最基本的一种智能规则。

production run **生产(性)运行** 被用来完成某一特定任务或产生问题结果的运行。在生产运行期间程序应是正确的。

production simulation technique 生产仿真技术 用电子计算机程序模拟生产过程或工程设计方案的技术。仿真技术可以解决许多数学分析方法难以解决的问题。例如,若评价一项工程计划的投资效果,要受到多种因素的影响,其中有许多是不确定因素,很难建立准确的数学模型。对于这样一类问题,利用仿真技术却能得到令人满意的结果。其仿真过程如下:①提出问题;②构造仿真模型;③编写计算机仿真程序,并上机实现;④分析仿真结果。

production system 产生式系统 (1)产生式系统是由知识库、全局数据库和推理机构成。知识库由描述问题求解领域的一般规则构成。全局数据库包含描述系统状态的事实和断言。推理机选择执行的规则,完成问题的求解。推理机采用的选择规则的策略为控制策略。产生式表示的主要优点是信息易于增加、删除、更新,允许利用领域知识直接指导演绎过程;而主要缺点是运行效率低和难于解释。(2)求解人工智能(AI)问题的一个基本计算模型。产生式系统模型把一个计算任务明确地分割成三个结构和功能不同而又相关的部分:①用于描述问题状态的数据结构,称为综合数据库,也称“总数据库”;②产生式规则集,规则的形式是:条件→动作(或前提→动作)。其语义是,当规则的条件被综合数据库满足时,将执行规则的动作部分,动作的效果将改变综合数据库的值;③控制规则执行的控制策略,其功能是根据综合数据库的当前状态找出被满足的规则集,根据一定的策略,选择一条“最好”的规则,驱动它执行,执行的效果是综合数据库状态的改变,如此循环下去直至问题求解或无解而失败为止。目前产生式系统已成为一种很广泛的计算模型。它基本概括了 AI 问题求解的本质和基本技术,并发展了正向、逆向、双向、可分解、可交换的产生式系统以及各种形式的搜索控制策略。所谓基于规则的系统、黑板系统、模式导引推理系统都属于产生式系统。

production time 生产[工作,运行]时间 用于完成设计所要求的或有用的工作时间。在此期间计算机应正常运行而无故障、误动作或重大错误。不包括开发、调试、维护、补算和停止运行的时间。参见 program production time, system production time。

productive poll 生产性查询 在生产者-消费者传输模式中,询问次站(消费者),是否能接收数据。

productive task 生产任务 由网络控制程序赋给第三级最高调度优先权的任务,它初启一条信道或一条远程通信线路上的输入/输出操作。比较 nonproductive task。参见 appendage task, immediate task。

productivity 生产能力,生产率 系统的一种工作指标,决定于系统使用的难易程度和系统的性能(吞吐量、响应时间、工作效率)。参见 system productivity。

product of resource information system 资源信息系统产品 按照人们的需要,应用资源信息系统或其他系统处理后形成的资源信息成果。有数字、图像、语音、文字、数据集等多种形式。

product lifecycle management (PLM) 产品生命周期管理 对工程产品的设计数据、产品说明、及其变更信息和相关文档以分类识别并进行管理的系统。产品生命周期管理是企业对产品全生命周期的所有数据及其演变过程进行有效管控的信息系统,它主要包括文件管理、产品结构管理 、变更管理、信息生命周期与工作流程管理、系统管理、项目管理等。

product requirements document (PRD) 产品需求文档 在较高层次上对产品(系统)、产品用途及产品特性集作出的说明。

product reuse 生产者复用 一种软件复用的形式。生产者复用是指建立、获取或者重新设计可复用构件的活动,涉及到的活动包括:复用的规划、领域分析、构件的开发、构件库的组织和管理。比较 consumer reuse。

product review testing 产品评论测试 专业媒体机构对市场上单一的计算机产品的用户所关心的主要特性进行测试并加以评述。参见 product comparison testing。

product-set identification (PSID) 产品系列标识 (1)在 SNA(系统网络体系结构)中,一种标识网络硬件和软件产品的技术。(2)一种管理服务公共子向量,解释在定义中描述的信息。

product validation testing 产品确认测试 由专业的计算机产品检测机构,受厂方的委托对其开发生产的产品的质量进行第三方的认可测试以及产品质量等级的认定测试。

professional graphics adapter (PGA) 专业图形适配器 IBM公司推出的一种视频适配器。主要用于 CAD(计算机辅助设计)应用软件。能显示 256 种颜色,分辨率为 640×480。

professional edition 专业版 专业版是针对某些特定的开发工具软件而言的。专业版中有许多内容是标准版中所没有的,这些内容对于一个专业的软件开发人员来说是极为重要的。如微软的 visual Foxpro 标准版并不具备编译成可执行文件的功能,若客户机上没有 Foxpro 将不能使用。如果用专业版就没有这个问题了。参见 enterprise edition。

professional graphics display 专业图形显示器 IBM公司推出的一种模拟显示器。和 PGA 配合使用。参见 professional graphics adapter (PGA)。

profile 配置文件 信息的集合,这些信息是通过策略条件的估算结果选择出来的,应用于主题和对象之间交互作用的。配置文件的内容与正在讨论的主题和对象相关的。配置文件可以通过减少策略总数进一步简化管理。例如，给定服务器应用程序可能有很多配置参数。这个应用程序的策略可以引用它的简表；这比使用多个策略来完成相同的任务简单一些。

profiles for open systems internetworking technology (POSIT) **(美国政府)开放系统互连网络技术概要** 美国政府网络设备的一套非强制性标准。是TCP/IP(传输控制协议/网际协议)标准的后继标准。

PROGCK **程序检测** program check 的缩写。

prognoses system **预测系统** 预测系统的目的是根据实际经验或理论知识及估计边界条件，在一个有限时间间隔中，预言将要发生的事件。这种预言是借助于逻辑规律性的推导，而不受主观意识影响。预测系统采用三类方法：①数学统计方法，由已提到的数据进行预测；②因果关系法，如回归法；③直观法(给出最坏情况预测)。对于不同的任务，有时这三种方法要组合使用。

program **程序** 计算任务的处理对象和处理规则的描述。在低级语言中，程序一般是一组指令和有关的数据或信息。在高级语言中，程序是一组说明和语句。程序是软件的本体，又是软件的研究对象。程序的质量决定软件的质量。这是在实现级语言中的含义。在设计级语言中，是设计规约；在功能级语言中，是功能规约；在需求级语言中，是需求定义。

program activation vector (PAV) **程序启用向量** 在8100信息系统中的一种格式化信息，用来在新优先级起作用时决定在两个PSV(程序状态向量)中引入哪一个。

program analysis **程序分析** 对程序中的控制流和数据流进行的分析。它可用于程序优化和程序正确性证明等方面。

program analysis technique **程序分析技术** 一种软件逆向工程技术。它能对某种高级语言(如FORTRAN，Pascal等)进行检查、分析和理解来实现的程序分析技术。目前已有不少通过程序分析技术来实现的这种软件及程序分析工具。

program architecture **程序体系结构** 计算机程序中各组成成分之间的结构和关系。程序体系结构也可以包括程序和程序运行环境之间的程序界面。

programatics **程序学** 有关程序设计和程序设计语言的研究科学。

program attack **程序攻击** 编写或修改可以独立存在也可以寄生在其他程序中一种程序。这种程序一旦被激活或被运行，就对有意义的程序乃至整个系统进行恶意攻击和破坏。典型的程序攻击有黑客攻击、计算机蠕虫、病毒攻击、特洛伊木马和陷门等。参见 hacker attack，computer worms，trap door，virus attack，Trojan horse。

program authority **程序权限** 程序或程序模块可调用哪些程序的规定，或哪些程序或程序模块可被调用的规定。

program authorized credentials (PAC) **程序特许凭证** 在某些操作系统中的一个数值，它决定一个装入模块请求执行另一个装入模块的权限。

program block **程序块** 在面向问题的语言中，计算机程序的一个细分段，用以组合有关语句，划分出例程，规定存储分配，划出标号适用范围，或为其他目的而将计算机程序分成几段。

program breakpoint **程序断点** 为了进行直观检查、打印输出或其他性能分析工作而使计算机程序中止执行的那个指令位置。

program card **程序卡片** 用程序设计语言书写的、准备汇编或编译的源程序的穿孔卡片。

program chain **程序链** 可以顺序执行、无需操作员干预的一系列程序。这些程序的连接由管理程序或用程序卡输入的作业控制卡完成。

program chaining **程序链接** 使大于主存容量的多个程序得以运行的一种技术，其办法是将该程序的相连模块顺序装入并执行。

program check interrupt (PCI) **程序异常中断** 由程序中异常情况引起的中断。如不正确的操作数。

program check interruption **程序校验中断** 程序由于遇到不正确的操作码之类的状况而产生的中断。

program clock reference (PCR) **程序时钟参照** 由MPEG(活动图像专家组)-2编码器插入传输数据流中的时间戳，用以帮助译码器恢复和跟踪编码器的时钟。

program communication block (PCB) **程序通信块** 数据库系统的术语。分为终端PCB和数据库PCB两种。前者用来和数据通信设施相联系，以实现数据通信功能；后者用来定义逻辑数据库以及逻辑数据库到物理数据库的映像。

program compatibility **程序兼容性** 一种程序能适应于多种不同计算机的性能。

program competition multiprogramming **程序竞争式多道程序设计** 一种多道程序的设计方法。在该方法中，每道程序对处理机、内存和其他输入输出外设的竞争，使系统保持忙碌状态，提高了系统的处理能力。当一程序等待的某事件发生时，如输入输出操作结束或时间片用完，根据预先的优先顺序，另一程序又可获得处理机进行处理。

program compilation **程序编译** 使用编译程序的过程。

program complexity **程序复杂性** 从程序内部性态的角度反映程序复杂程度的量度。这种量度的定义尚不统一。例如，有人用二元组(m,n)来定义，其中m表示程序中所含的重复构造与选择构造的总数，n表示其中所含的运算符的总数。还有人认

P

为在程序复杂性定义中应该包括结构复杂性、数据复杂性、运算复杂性及程序长度四个因素。

program comprehension tool (PCT)　程序理解工具　帮助理解计算机程序的结构和其功能的一种软件工程工具。

program construction　程序构造　从程序规范出发，最后形成程序的过程。其中经过了过程设计、实现和综合等步骤。过程设计将程序规范转换成算法，实现阶段生成可执行的程序模块，综合阶段协调并连接程序模块，使之组成完整的系统。

P

program control data　程序控制数据　PL/1 语言程序中影响程序执行过程的数据。即除字符串和算术数据以外的任何数据。

program control instruction　程序控制指令　可以控制程序运行顺序和选择程序运行方向的指令。它是指令系统中一组非常重要的指令。它使程序具有测试、分析与判断的能力。程序控制指令主要包括转移指令，循环控制指令、子程序和过程调用指令等。

program-controlled interruption (PCI)　程序控制中断　当输入/输出通道得到带有程序中断标志为 1 的 CCW(通道命令字)时发生的一种中断。

program-controlled I/O　程序控制输入输出　有些系统中，用基本输入输出指令实现外部设备控制器与累加器或存储器之间在输入输出总线上的程序控制数据传送。不同的输入输出指令可限定不同的输入输出控制器，这些指令包括功能输出、数据输出、状态输入、数据输入等。

program-controlled sequential computer　程序控制时序计算机　由程序决定指令执行顺序的时序计算机。每条指令指出下次要执行的指令的所在位置。例如四地址计算机。

program controlling element　程序控制部件　为控制系统或控制计算机提供一系列指令信号的预定值的装置。这些预定值可以是时间或其他变量的函数。

program control structure　程序控制结构　1966 年，博姆(Bohn)和雅各平尼(Jacopini)证明了程序设计语言只要有三种形式的控制结构，就足以表示出各种其他形式的结构。这三种基本控制结构是：顺序、选取和重复。三个基本结构有一共同的特征，每个结构严格地只有一个入口和出口。

program control switched machine　程控交换机　程控是指控制方式，这种控制方式是预先把电话交换的功能编制成相应的程序(或称软件)，并把这些程序和相关的数据都存入存储器内。当用户呼叫时，由处理机根据程序所发出的指令类控制交换机的操作，以完成接续功能。采用这种控制方式的交换机称为程控交换机。程控交换机是由硬件和软件两大部分组成的。硬件主要分为三个系统，即话路系统、控制系统和输入、输出系统。软件是程序和数据，它们都放在存储器中。程控交换机功能很多，大致有系统功能、维护功能、用户使用功能，话务员服务功能、夜间服务功能、饭店管理功能和网络管理功能等。

program control unit　程序控制器　中央处理机内用于执行计算机指令的部件。

program correctness proof　程序正确证明　考查程序的语义与程序的说明的一致性问题的一种形式数学的证明过程。在开展这种证明前需满足两个先决条件：程序必须有一个形式说明；程序设计语义必须有形式定义；这种定义可以包含语言中每个简单语句的公理集合和一组说明程序语义如何从简单语句的语义推得的推理规则。对于一个以过程性语言书写的串行程序，程序说明可以方便地用两断言形式给出，即输入断言和输出断言。它们可用某些程序变量的性质及相互关系表示出来。证明包括形式地说明程序的语义是与输入输出断言一致的；证明是按程序设计语言语义的形式定义进行的；断言表示了程序的性质。证明说明如果程序从输入断言为正确的初态开始执行，那么程序最终能停止在使输出断言为真的状态上，这种证明称为全正确性证明。历史上，这种证明一般分为两步来解决，首先是部分正确性证明，它表明若程序能终止，那么它的输出断言为真；其次进行终止证明，它表明程序确实能终止。常用的一种部分正确性证明方法是将输入输出断言分别联到程序正文的开始和结尾处，把称作中间断言的进一步的断言联到程序文本每个语句的前面和后面，前面的断言为前置条件，后面的为后置条件。部分正确性的证明包括：形式证明程序中每一个语句的语义是与其前、后置条件是一致的，这个证明可以从简单语句开始，直到各种层次的复合语句，再到整个程序的语义是与其前置条件和后置条件相一致的(对于整个程序即为输入输出断言)。对于单个语句的语义与前、后置条件一致的证明，可将相应的公理及推理规则施用到前、后置条件上，这样就产生了一条定理，称为证实条件。证明的一个中心问题是设计中间断言，这需要完全熟悉程序的设计以及程序设计语言的语义，通常较关键的是寻找各种循环的中间断言，即循环不变式。对于任意的程序，设计中间断言是极困难的，因而构造性方法即将程序证明和开发溶为一体是更可取的。为了完成终止证明，必须首先证明程序不会中止计算，其次是证明没有死循环。

program counter (PC)　程序计数器　处理单元中的一个寄存器，记录程序中指令的地址。指出下一条要执行的指令的地址寄存器。通常每执行一条指令后，计数器自动加“1”，在遇到转移指令时，计数器内容被转移地址所修改。程序计数器也称“指令计数器”。

program counter control　程序计数器控制　由程序

计数器(PC)控制程序的执行顺序。程序计数器中含有存放下一条指令的存储单元地址。在取出一条指令后,程序计数器内容自动增加。但是转移、调用等指令可以改变程序计数器的内容。

program crash **程序崩溃[事故]** 当计算机程序试图去执行一条不存在的指令时,计算机无法去识别这条指令而停机。对于那些未必会产生崩溃的编写正确的程序,称为"防崩溃"程序或"健壮的"程序。

program creation **程序生成[创建]** 生成可执行文件的过程。一般包括三个步骤:①将高级语言源代码编译成汇编语言源代码;②将汇编语言源代码汇编成机器代码目标文件;③将机器代码目标文件和数据文件、运行文件和库文件等连接成可执行文件。有些编译器直接将高级语言源代码编译成机器代码目标文件,也有些集成开发环境将这三步用一个命令执行。

program data set **程序数据集** 在磁盘存储器上含有要执行的用户程序的数据集。

program debugging **程序调试** 利用计算机发现和改正程序错误的过程。

program debugging tool **程序调试工具** 用于调试程序的工具。其中包括:代码检查程序、静态分析程序、动态判定处理程序、自测试程序、调试文件产生程序、调试数据生成程序、调试执行验证程序、输出比较程序、调试装置产生程序,以及符号赋值设施。

program-described data **程序描述的数据** 在某些中型小型计算机系统中,文件的某些字段中所包含的、由处理该文件的程序所描述的数据。比较 externally described data。

program-described file **程序描述的文件** 在某些中型小型计算机系统中的一种文件。在处理该文件的程序中描述其记录字段。比较 externally described file。

program description language (PDL) **程序描述语言** 也称"过程设计语言"。PDL 作为一种用于描述程序逻辑设计的语言,具有以下特点:①有固定的关键字外语法,提供全部结构化控制结构、数据说明和模块特征,规定关键字一律大写,其他单词一律小写;②内语法使用自然语言来描述处理特性,内语法比较灵活,只要写清楚就可以,不必考虑语法错,以利于人们可把主要精力放在描述算法的逻辑上;③有数据说明机制,包括简单的(如标量和数组)与复杂的(如链表和层次结构)的数据结构;④有子程序定义与调用机制,用以表达各种方式的接口说明。同 process design language (PDL)。

program design **程序设计** 确定和说明程序的功能和结构的过程。

program design language (PDL) **程序设计语言** 参见 design language。

program design prototyping technique **程序设计原型技术** 或称雏型试验。在进行整个系统的设计之前,程序员先对系统的设计思想或系统某部分的设计思想进行简化,产生一个雏型程序以检查设计思想是否正确的一种技术。是软件工程的重要课题之一。国际上美国于 1982 年开始研究此项技术。这种技术大大提高生产率,减少出错,便于学习,使用方便,易于组装。

program development **程序开发[研制]** (1)为某应用编制计算机程序的过程。按定义,应包括从初始设计到实际运行的所有步骤。(2)程序员在程序的编写、编译、调试和测试中所涉及的活动。(3)开发计算机系统的各类程序的过程。开发程序必须要经过分析、编码、程序检验(在程序自身级和系统级)实现、文档编制和其后的维护过程。

program development time **程序开发时间** 设计、编制和调试一个程序所需的时间。

program development tool **程序开发工具** 在程序研制过程的不同阶段所采用的软件工具中的某些程序。典型的程序开发工具有编辑程序、排序程序、二进制转储程序、磁盘空间应用程序、外设信息交换程序、调试程序、校验数据和条件生成程序、文件处理程序等。

program device **程序设备** 在某些中型小型计算机系统中,一种由程序使用的、用来代替真正设备的象征性机构,以在文件中访问该设备。当程序使用某一程序设备时,系统重新使操作指向相应的真实设备。除混合文件外,程序设备的名称和真实设备的名称相同。对于混合文件,程序设备的名称可以和真实设备不同。

program documentation **程序文本[文档资料,编制]** (1)对程序要做的事的文字描述。对程序如何做这些事的逻辑描述(输入/输出、伪指令、流程图),以及如何修改程序、使用该程序的说明,培训人员,使机器操作员知道如何运行程序以及诊断任何可能发生的问题的说明。(2)系统说明书(系统定义)的格式化部分,包括流程图的粗框图(表示程序要做什么)、判定表(规定要编程的问题的逻辑)、程序编码纸、编译时打印的源程序列表、对运行程序的操作指示、输入输出和文件格式、数据结构图以及程序网络图(说明数据与处理过程之间的相互联系)。参见 system specification。

program-driven **程序驱动** 在存储程序控制下,功能部件进行的操作。

program environment **程序环境** 各个不同级上的程序工具的有机结合。按其研制目标区分:有面向软件生产的环境;面向维护和管理的环境。按其结构区分:有基于语言的环境;基于操作系统的环境和基于方法论的环境。按操作模式区分:有分时、批处理和个人方式等。

program equivalence problem **程序等价问题** 一个

P

不可判定问题。直观的表述是:是否存在一个图灵机 M,当把任意两个程序 P_x 和 P_y 作为 M 的输入时,若 P_x 与 P_y 计算的函数相等,则 M 回答"是",否则回答"否",然后停机。这样的图灵机是不存在的。

program error 程序错误 由各种人为原因程序代码中出现的错误。会使程序运行结果不符合原来的意图。

program error interrupt 程序错误中断 由于程序错误而产生的中断。当发生程序错误中断时,控制转到相应的中断处理程序。

P

program evaluation and review technique (PERT) 计划评审技术 一种经营管理的方法。在实现一个大系统的过程中,往往要完成大量的任务,它们各自需要一定的时间,且互相之间又有制约,有的任务必须在其他任务完成之后才能开始。"计划评审技术"就是解决这种大量任务安排管理的方法,以使整个工程能以最短的时间和最少的投资完成。它通常有三个步骤:①按照规划从现在开始到完成某一任务为止的流程图,称为"计划评审网络";②估算完成每一任务的作业时间;③分析计算任务的安排以及可能的回转余地。

program evaluation and review techniques net 计划评审技术网,PERT 网 一个加权无环的有向图结构。它的顶点表示事件,每条弧表示活动,在弧上可以带权,表示一项活动需要的时间,因此也称事件顶点网络。在 PERT 网中只有一个顶点有出度而无入度(称为源点),只在一个顶点有入度而无出度(称为收点)。

program event recording 程序事件记录 通过检测和记录程序事件协助进行程序调试用的一种硬件功能。

program exception 程序异常 处理机识别出所执行的程序中不适当地规定或使用某指令、操作数或控制信息时的一种状态。

program exception error 程序异常错误 在程序执行过程引起中断的程序错误。例如截去有效数字。

program execution monitor (PEM) 程序执行监控 在某些操作系统中,使用户可以监督程序执行的一种系统服务软件。

program execution services 程序执行服务程序 在某些操作系统中,程序服务的一部分。它使程序能控制其本身的执行次序、转移控制权给其他程序或系统服务部分。

program execution time 程序执行时间 执行目标程序指令的时间间隔。

program extension 程序扩展 对现存软件进行增强以扩大程序能力的范围。

program fault management (PFM) 程序故障管理 在 AIX 操作系统中,一个网络计算环境(NCS)的子系统,使用户能够设置在应用程序不能成功结束时的清除程序。

program fetch 程序取出,取程序 在后备存储器中找出准备构成装配模块或包含在装配模块中的指令序列的操作。

program fetch time 程序读取[取出]时刻 程序以装入模块的形式被装入主存储器以供执行所需的时刻。

program file 程序文件 (1)按目标程序或源程序的格式,把一个或几个程序记录在磁盘、磁带或其他存储介质上所构成的文件。程序文件使用方便、很容易更新,为整个软件库的维护提供了方便。(2)在数据库系统中,由一系列完成某一特定功能的命令语句按一定顺序组成的文件,也称"命令文件"。参见 command file。

program flowchart 程序流程图 用于程序的设计和文件编制的流程图。参见 computer procedure flowchart。

program function key 程序功能键 显示设备键盘上用来通知程序希望调用一个特定的显示操作作用的键。

program generated parameter 程序生成参数 在程序执行过程中才赋值的参数。同 dynamic parameter。

program generator 程序生成器 为编写其他程序而设计的一系列程序。它是软件开发中迅速出现的一个领域,设计目的在于解决"传统"程序开发中昂贵和费时而具有一定的模式的问题。它根据用户确定的某些参数或描述来进行工作。通过使用预编例程,产生作为输出的源代码或目标代码。它在处理复杂逻辑的能力方面受到某些限制。通常要求程序员开发过程代码,然后并入到最后程序。

program graph 程序图 一种描述程序指令顺序的有向图。在任意一个这样的有向图 G 中,都有一个称作起始顶点的 s,从它开始可以到达 G 中所有的顶点。在这种图中若删除自回路和具有下面性质的点:若(v,w)是进入 w 的唯一边,$w \neq s$,删除 w 并对 G 中每条边(w,x),删除(w,x)并将(v,x)加入图 G 中,此过程称为程序图的化简。能进行上述化简的程序图称为可化简程序图。

program graph parallelization 程序图并行化 程序并行化的一种重要方法。它的目的是将程序图的结构转换成一具有最大并行性的异步程序图。一个异步程序图是一个模块的有限集合,其中每个模块均有信息语句、激发函数和控制函数。

program graph reducibility algorithm 程序图化简算法 进行程序图化简的算法。首先删除所有自回路,然后对于每个顶点统计进入该点边数,若进入某点的边数为 1,则可化简该点,若无上述性质的点,则终止算法。

program halt 程序停机 程序遇到停机指令而停止执行的状态。

program header **程序标题** 位于程序开头的控制标题。用于标识主任务、数据集、存储量或程序所要求的其他资源。

program identification entry **程序标识项** 在COBOL语言中,在PROGRAM-ID段落中的一个项,包含指定程序名的子句和赋予程序以选择的程序属性的子句。

program independent modularity **与程序无关的模块性** 一种系统性能。使系统不必重新设计程序就能改变和调整处理工作,并以最大限度使用各模块。

program information file (PIF) **程序信息文件** Windows操作系统环境下运行DOS(磁盘操作系统)应用程序使用的一种程序信息文件。它可由Windows PIF编辑程序建立,包括Windows需要知道的有关程序的信息,如使用多少内存、是否使用操作系统的输入/输出程序、是全屏幕显示还是窗口显示。

program initialization parameters (PIP) **程序初始参数** (1)传递给目标程序作为输入或者设置程序环境的初始参数值。(2)在AIX操作系统中,传递给开始运行的程序的数据。这些数据修改程序进行动作或程序运行的环境。

program in machine code **机器代码程序** 用机器代码书写的程序。这种程序可由机器直接执行。

program input/output buffer **程序输入/输出缓冲器** 数据由此读出或写入其中的一块内存区域。

program instruction **程序指令** (1)存在记录介质或处理设备中,使机器产生所需反应的控制码。(2)字处理技术中,读出后能使系统自动地执行一个或多个功能的控制码。

program instrumentation **程序探测** 将探头(如指令或断言)插入到计算机程序中,以利于执行监督、正确性证明、资源监督或其他活动的过程。

program interface **程序接口** 参见formatted program interface,unformatted program interface。

program interrupt **程序中断** (1)处理机需要从目态转入管态(或监态),在管态下运行服务程序才能处理的中断。绝大多数中断是属于这一类中断,其特点是采用软、硬相结合的方法来处理中断。利用程序中断可以使CPU与外设并行工作,提高了处理机的效率。但是每交换一次数据都要中断一次CPU,CPU进行目态与管态的转换,并运行一段交换数据的服务程序,这样的中断处理过程要占用一定的CPU时间。参见privilege mode,user mode。(2)在现行程序执行过程中,发现了程序逻辑错误或出现了某些特定状态而产生的中断,有时也称"陷阱"。产生中断的程序逻辑错误有:定点溢出、十进制溢出、尾数为"0"、阶下溢、阶上溢、除法错、十进制数错、写半固定存储区、写保护区、地址错、目态下用管态指令、越界("0"界或"1"界)、非法操作等。程序的特定状态包括逐条跟踪、监视等。中断发生后,由操作系统对中断进行处理,决定响应或不响应。

program interrupt transfer **程序中断传送** 由程序控制的传送。当程序运行到某一时刻时,由程序控制启动某一外设,然后机器继续执行原来程序。外设做好要传输的准备后,向CPU发送中断请求信号,CPU转向处理中断请求,停止正在运行的程序,转向执行传送指令以完成主机和外设之间的数据传送,传送完毕后仍返回执行原来被中断的程序。

program isolation (PI) **程序隔离** 某些信息管理系统中的一种功能。它使一个应用程序的所有活动同其他现用应用程序分隔开,直到该应用程序达到某一同步点,表明已修改的数据是完整的且一致的为止。

program language type **程序语言类型** 程序语言按功能和使用特性划分的类别。主要分为:①汇编或符号机器语言;②宏汇编语言;②面向过程的语言;③面向问题的语言。

program level **程序级** (1)指为整个程序而执行的一个操作,即该操作为程序级的。比较command level。(2)在网络控制程序中,由通信控制器硬件建立的运行优先权次序;5个级别就像子例程的级别那样来运行,各自响应系统操作的特定阶段,并通过各级的中断来生效。

program library **程序库** 计算机程序的有组织的集合。程序库通常以文件方式保存在各存储设备中,如放在磁盘或磁带中。程序库必须具有完整的使用说明以供用户查询。程序库还可分为:①用于特殊目的的程序或数据文件的组合。②预书写的子例程的组合,提供不必由程序员书写的处理函数。程序员提供程序中对特殊子例程的调用。

program line **程序行** 用标准编码格式书写,并作为一个整体存放的一条语句。

program linking **程序链接** (1)把不同的程序或程序的各部分通过称作链接装配程序的实用程序链接在一起的过程。(2)把一个太大且不能一次在CPU内存中处理的程序分为几部分链接起来。在运行时,管理系统自动顺序执行被链接该程序的每一段。

program listing **程序列表[清单]** (1)一个完整的程序顺序打印输出。通常程序表是人工准备的,而程序列表则是由计算机控制的打印机的输出。(2)程序中的程序语句的硬拷贝或显示表。通常作为程序编译的一个副产品产生。除了程序语句以外,通常包含程序的其他有价值的信息,如诊断信息、映像信息、程序中使用的交叉引用表和其他一些细节。

program listing output **程序列表输出** 在汇编或编译源程序时,把源程序语句和目标程序语句排列成表并输出的过程。

program loading routine 程序的装入例程 将程序的指令和常数值装入计算机的例程。

program locality 程序局部性 程序的一个特性。一个具有高度局部性的程序，在短时间周期里不会访问非常离散的虚拟地址。

program logic 程序逻辑 由程序控制的操作序列。也称"算法逻辑"或"动态逻辑"。它是 20 世纪 60 年代后期才发展起来的一种新的逻辑。这种逻辑与古典的谓词逻辑的区别在于它含有时间概念(或者说"过程"概念或"程序"概念)。引用"程序"概念的一种途径是使用表达式 P{S}Q，式中 P 和 Q 代表命题，S 代表程序。这个表达式可解释为：如果在程序 S 执行前命题 P 成立，则在程序 S 执行完毕后，命题 Q 就成立。运用程序逻辑可使程序具有严格的程序结构，程序逻辑是与程序的语法相对照的。

P

program logic array 程序逻辑阵列 芯片上负责执行指令译码和逻辑控制活动的部分。

program loop 程序循环 重复执行的一段确定的指令序列，当遇到终止条件时停止重复动作。

programmable 可编程序的 可利用部件内部的信息改变而变换其功能。凡某一部件或某一设备功能的改变可以不对其硬件重新装配而只通过修改它内部的某些信息来实现，则称这些部件或设备是可编程序的。如可编程序计算器、或编程序只读存储器、可编程序输入/输出接口等。

programmable array logic (PAL) 可编程阵列逻辑 由 MMI 公司于 20 世纪 70 年代研制成功的一种可编程逻辑器件。它采用双极型工艺制作，熔丝编程方式。PAL 器件由可编程的与逻辑阵列、固定的或逻辑阵列和输出电路三部分组成。通过对与逻辑阵列编程可以获得不同形式的组合逻辑函数。另外，在有些型号的 PAL 器件中，输出电路中设置有触发器和从触发器输出到与逻辑阵列的反馈线，利用这种 PAL 器件还可以很方便地构成各种时序逻辑电路。

programmable automation controller (PAC) 可编程自动化控制器 一种工业控制器。PAC 将 PLC 的稳定性和 PC(个人计算机)的多功能相结合，它不仅包括高级控制、通信、数据记录和信号处理等软件特性，还包括一个稳定的控制器以提供逻辑、运动、过程控制和人机界面等。它允许用户根据系统实施的要求在同一平台上运行多个不同功能的应用程序，并根据控制系统的设计要求，在各程序间进行系统资源的分配。它采用开放的模块化的硬件架构以实现不同功能的自由组合与搭配，减少系统升级带来的开销。它支持 IEC-61158 现场总线规范，可以实现基于现场总线的高度分散性的工厂自动化环境。它支持事实上的工业以太网标准，可以与工厂的 EMS(企业管理系统)、ERP(企业资源计划)系统轻易集成。参见 programmable logic controller (PLC)。

programmable calculator 可编程计算器 可以通过键标、汇编语言和 BASIC 一类的语言来编制程序的计算器。

programmable cellular array 可编程单元阵列 单元阵列逻辑电路中的每个单元的结构都是相同的，但每个单元所实现的逻辑功能可以按使用要求改变，即通过可编程序来实现。故称该阵列为可编程单元阵列。

programmable communication interface 可编程通信接口 为数据通信而设计的一种外围器件。它可与中央处理机相适配，用来控制以任何串行方式传送数据的设备。大多数可编程序通信接口都是与 TTL(晶体管-晶体管逻辑)兼容的，使用一组＋5 V 电源工作，有一个时钟端。

programmable controller (PC) 可编程控制器 工业控制中直接用于代替电子机械的、利用计算机技术的可编程控制设备，具有稳定、可靠等特点。

programmable counter 可编程(序)计数器 在程序运行期间，可以通过软件或硬件改变其模量的计数器。

programmable electronically erasable logic (PEEL) 电可擦可编程逻辑 EEPROM(电可擦可编程序只读存储器)版本的 PLD(可编程逻辑器件)。参见 electronically erasable and programmable read-only memory (EEPROM), programmable logic device (PLD)。

programmable function key 可编程功能键 允许操作员利用程序定义某一个键的特殊功能的特性，该程序也可用普通的终端进行显示和编辑。

programmable gain amplifier (PGA) 可编程增益放大器 其增益通过独立的输入(通常是数字量)进行编程控制。

programmable gate array (PGA) 可编程门阵列 作为用户现场可编程器件的总称，也称"现场可编程门阵列"，结构与门阵列相似。参见 field programmable gate array (FPGA)。

programmable input/output (PIO) chip 可编程序输入/输出器件 一种可由处理机的命令改变其功能的输入输出器件。一般是 8 位的接口器件，能将一条数据总线经多路转换接至两个或多个 8 位的端口上去。

programmable interface 可编程序接口 程序能改变其功能的输入输出接口电路。此接口电路备有暂存器，用于决定输入输出方向和操作方式。

programmable interrupt controller (PIC) 可编程中断控制器 处理中断请求的 Intel 芯片。IBM AT 机用两个可编程中断控制器来提供 15 个中断请求。PIC 现已被具有多处理功能的高级可编程中断控制器代替。

programmable interval timer 可编程间隔定时器 当一个特定的时间结束后产生一个中断的硬件装置，时间周期由软件编程决定。

programmable jack 可编程插座 包括一个电阻的插座，该电阻值能够更改以便控制调制解调器的输出电平，满足一个所需要的信号损失电平。

programmable logic array (PLA) 可编程逻辑阵列 一种通用的多个输入端和多个输出端的集成电路。它一般由两个规则排列的门阵列组成，一个称为“与阵列”，它实现输入变量及其反变量的“与”连接，另一个称为“或阵列”，它实现上述“与阵列”输出的“或”连接。从原则上说，可编程序逻辑阵列能够实现任何“与或”逻辑表达式的逻辑功能。根据逻辑原理，任何一个逻辑表达式都可化成“与或”逻辑表达式，因此，可编程序逻辑阵列可用于实现任何逻辑表达式的逻辑功能。可编程序逻辑阵列分为两类，一类称掩膜可编程序逻辑阵列(MPLA)，一类称现场可编程序逻辑阵列(FPLA)。参见 mask-programmable logic array (MPLA), field-programmable logic array (FPLA)。

programmable logic controller (PLC) 可编程逻辑控制器 在1987年国际电工技术委员会(IEC)颁布的PLC标准草案中对PLC做了如下定义：“PLC是一种专门为在工业环境下应用而设计的数字运算操作的电子装置。它采用可以编制程序的存储器，用来在其内部存储执行逻辑运算、顺序运算、计时、计数和算术运算等操作的指令，并能通过数字式或模拟式的输入和输出，控制各种类型的机械或生产过程。PLC及其有关的外围设备都应该按易于与工业控制系统形成一个整体，易于扩展其功能的原则而设计。”

programmable logic device (PLD) 可编程逻辑器件 用户可以编程执行特定的逻辑功能的逻辑电路。PLD包括逻辑阵列和宏单元两个基本部分。逻辑阵列是用户可编程部分；宏单元允许用户定制PLD的输出结构。PLD有三种基本类型：可编程只读存储器(PROM)、可编程逻辑阵列(PLA)和可编程阵列逻辑(PAL)。

programmable logic integrated circuit (PLIC) 可编程逻辑集成电路 简单PLD(可编程逻辑器件)、复杂PLD和FPGA的总称。其特点是器件由一定数量的输入输出模块、基本构造单元和可编程的互连资源构成，且输入输出模块和基本构造单元都可在用户控制下单独编程和互连。参见 programmable logic device (PLD), field-programmable gate array (FPGA)。

programmable logic system 可编程序逻辑系统 一个自主式系统。它包含了计算机控制、算术和逻辑功能、存储功能、输入输出及使其执行各项功能的软件。这种系统有微型计算机、可编程序计数器、小型计算机和大型计算机等。

programmable operator facility 可编程操作员机制 一种VM(虚拟机)机制，通过截取发向该机器的消息进行虚拟机的远程控制。

programmable read-only memory (PROM) 可编程只读存储器 封装以后仍可允许用户写入信息的一种只读存储器集成电路。这种器件出厂时各数位都处于一定的状态(各位的内容全是“1”或“0”)，使用者可以利用称为PROM写入器的专门设备对它进行一次性编程(即写入信息)。写入程序时一般是外加足够大的电流熔断电阻性连线或永久性地击穿P-N结。其内容一旦写入就不能再改变。一般用于批量较小的应用或调试用的样机中。

programmable remote display terminal 可编程序远程显示终端 即用作远程终端站的智能化终端。用于完成输入数据、数据处理、控制和监督、人机对话和脱机操作等功能。

programmable storage 可编程存储器 可由应用程序员编程的存储器。有两种可编程存储器：可编程只读存储器(PROM)和可擦写可编程只读存储器(EPROM)。参见 programmable read-only memory (PROM), erasable programmable read-only memory (EPROM)。

programmable terminal 可编程(序)终端 可编程以执行用户定义的功能的终端。也称“智能终端”。比较 fixed-function terminal。参见 intelligent terminal。

programmable timer 可编程的计时器 计算机网络中为处理机之间通信而设置的一种计时器。与CPU时钟同步，在计数到0时产生计时器中断，可控制总线上的请求中断时间。

programmable workstation 可编程工作站 一种工作站，具有计算能力，并能编程以执行用户定义的功能。比较 fixed-function workstation。

program maintenance 程序维护 程序员校正程序错误以及为了满足变化的需要对程序进行修改的活动。

program management 程序管理 监控程序中管理对执行其他程序的请求的部分。

program mask bit 程序屏蔽位 管理程序给出的级中断屏蔽位和位中断屏蔽位。一般中断分几级就有几位级中断屏蔽位；而位中断屏蔽一般对应于某些程序中断，如定点溢出、阶上溢、阶下溢等和为调试程序而设置的中断，如符合中断、追踪中断等。

programmatics 程序设计学 关于程序设计方法和程序设计语言的学科。

programmed check 编程的检查 一种检查过程，是计算机程序的一部分。对应于 automatic check。

programmed control 程序控制 按照事先编排好的程序(动作顺序、时间程序等)自动控制机器设备或生产过程。

P

programmed cryptographic facility 编程密码程序 提供数据加密、解密及加密密钥的建立、维护以及管理等功能的程序产品。

programmed direct control 程序直接控制 用户在程序中安排一段由输入输出指令和其他指令所组成的程序段，直接控制主机和外设之间的信息传送。

programmed dump 程序转储 运行时由目标程序调用的一种完成转储工作的程序库子例程。操作完成后控制转回调用程序或监督程序。

programmed environment 编程环境 实现将一个程序的规格说明变换成程序的可工作版本这一过程的工作环境。主要包括：如何进入和修改程序，程序的翻译，程序的连接和装配，程序的调试等。

programmed halt 程序停机 利用程序指令使机器工作自动中断。通常设置在程序中，以提供操作员验证某些值可输入新的值的机会。

programme diagram 程序图 详细表示程序单元和程序片及其互连关系的一种简图。而要素和模块的布置应能清楚地表示出其相互关系。目的是便于对程序运行的理解。

programmed input/output (PIO) 程序化输入/输出 用程序控制中央处理机与外部设备之间的信息传输的操作方法。这种程序化的输入/输出通道可将输入数据直接送入累加器进行实时处理，而输出数据也可以直接从累加器送到外部设备。这样，数据在输入/输出时可以不经内存而进行加速操作。

programmed instructions 程序化指令 一种可以像单一命令一样地使用的特殊子例程。程序设计者可以借助使用子例程来定义属于自己的特殊命令，需要时，还可以由操作程序来改变命令。

programmed interrupt request vector (PIRV) 程序中断请求向量 在某些信息处理系统中，用于指示正在执行中的程序发出了中断请求的格式化信息。

programmed logic for automatic teaching operations (PLATO) 计算机辅助教学系统 计算机辅助教学的早期代表性系统。PLATO 英文原意为“用于自动化教学的程序逻辑”，是美国 CDC 公司与几所大学合作研制的。它第一个使用图形和特殊触感屏幕。PLATO 用户可使用 CDC 课件，也可开发自己的课件。

programmed management 程序管理 操作系统的一种功能，包括程序的取出和删除，给程序分配主存储器空间以及记录资源利用等。

programmer 程序员 为计算机编写程序的个人。其完成职责的好坏依赖于准备程序的类型，个人的技巧和知识水平，雇佣人员组织的过程以及其他因素。程序员通常使用的一些技术是：程序设计，程序编码，检验和调试，程序的文档编制。在大的组织中程序员接收来自程序分析员的程序说明，然后编写程序。

programmer-defined macro 程序员定义的宏指令 程序各处常用的专用代码段。可以一开始就定义，用记忆码通过参数来引用。其优点是提高了编码效率，改善了程序的可读性。

programmer logical unit 程序员逻辑单元 在某些操作系统中，主要由用户编写的程序使用的逻辑单元。参见 logical unit name。

programmers workbench 程序员工作台 支撑软件开发的专用计算机“设备”。该设备和开发的软件可以在异种目标机上运行。

programmer tool 程序员工具 程序员开发、生成用户系统的程序所用的一切软件和硬件。包括汇编程序、编译程序、编辑程序、模拟程序和调试程序等软件。

programmer user profile 程序员用户轮廓文件 在某些计算机系统中，由控制程序功能提供的用户简介表，它具有系统和应用程序员所需的权限以及保留系统权和作业控制权等特殊权限。

programmer version 程序员文本 从专业技术的角度对程序操作的描述。可供程序设计人员、系统分析人员和数据处理管理人员阅读。包含以下内容：提供程序的功能、结构和每个程序模块的操作方法；说明怎样由各个模块构成程序；使程序员互相了解各自编写的模块的操作。

programmer's hierarchical interactive graphics standard (PHIGS) 程序员分层结构的交互式图形标准 一种国际标准化组织(ISO)标准。PHIGS 定义一个应用程序接口界面，设计用于二维和三维图形应用。这是 ISO 付诸实施的三维图形标准之一，规定了应用程序对与设备无关的图形环境的接口。PHIGS 保留了 GKS(图形核心系统)中的许多概念，包括基本图元及其属性类型，逻辑输入设备等，其图形数据以结构方式进行组织，结构的组成成分(元素)可包括有输出原语、属性、变换矩阵和结构的引用；对结构中的组成成分可进行编辑、插入、删除等操作。结构通过引入另外的结构而构成分层结构网，工作站则通过遍历结构来显示图形。在遍历时，属性是随结构成分的顺序而改变的。对同一图元可以以不同的属性多次显示，属性值可通过结构的上下关系被继承，子结构可以继承父结构，反之不然。PHIGS 的观察流水线能将在模型坐标中定义的一个或几个物体映射到设备坐标系中的图像。参见 graphics kernel system (GKS)，GKS-3D。

programmer's switch 程序员按钮[开关] Macintosh 计算机上的一对按钮，能使用户重新启动系统或进入操作系统低层的命令行接口。一般只有程序员在测试软件的时候才使用这些功能，因此在早期的 Macintosh 机器型号中被藏在机箱里面，附带一个塑料夹子使程序员能触到这两个按钮；后来的型号将之内置在机箱上，重新启动系统的按钮被标以一个指向左方的三角形，另一个键被标以圆形。

programming 程序设计，编程 设计、编制和调试程序的方法和过程。内容涉及有关的基本概念（程序、数据、子程序、模块、并发性、分布性等）、工具、方法以及方法学等。

programming aid 程序设计工具 辅助程序设计员进行程序设计的计算机程序。如编译、调试包、连接编辑程序和数学子例程。

programming change log 程序变更日志 关于程序变更和增补计算机厂商产品的申请的信息日志。

programming control panel 程序设计控制面板 一种由指示灯和开关构成的面板。程序可以借助于这些指示灯和开关输入或修改计算机程序。

programming environment 程序设计环境 (1)有两重含义。广义地说，它指的是进行程序设计工作的计算机系统条件（包括硬件与软件）。狭义地说，它指的是进行程序设计工作时的软件条件。一般说来，包括有关的操作系统、各种语言及编译程序、解释程序、编辑程序、调试程序、验证程序等各种软件工具箱。(2)支持软件产品开发和维护的软件系统。指用于系统生成、配置与版本控制、项目管理及文档编制工作的程序操作而主要不是指编制程序的活动。其目标是支持整个生存期活动，而不仅支持生存期中程序设计这一阶段工作。按其基本设计原则可分为四类环境：语言扩充环境；生存期支持系统；面向任务的环境；支持具体的系统设计方法学的环境。

programming flowchart 程序设计流程图 表示计算机程序运行顺序的流程图。它是程序设计的算法设计阶段的重要工具。参见 program flowchart。

programming flow diagram 程序设计流程图 同 programming flowchart。

programming general-purpose robot 可编程序通用机器人 由一台完全可编程序计算机控制的一种回转式通用机器人。机器人的编程可采用示教方式进行。

programming in logic (PROLOG) 用逻辑进行程序设计，PROLOG 语言 一种逻辑程序设计语言。是由 Kowalski 和 Colmerear 首先提出的，并于 1972 年在马赛大学实现了第一个 PROLOG 解释器，从而开创了逻辑程序设计的历史。PROLOG 是以所谓的谓词逻辑：一种记述有限范围内物体的性质和它们之间的关系的逻辑描述为基础的程序设计语言，最初开发目的是进行语言分析，故未引起人们的注意，直到 1982 年日本提出的“第五代计算机计划”，将 PROLOG 定为核心语言以来，才又将 PROLOG 的研究与开发推向高潮，成为通用人工智能程序设计语言。逻辑程序设计的引入，使程序设计变成逻辑设计，即程序＝逻辑，从而突破了传统程序设计概念，形成了一种新的逻辑程序设计风格。PROLOG 是描述性语言，用户只要描述“做什么”，而“如何做”则由系统负责完成。这种将问题求解任务明确地分成两部分的思想，对提高软件生产率及质量有重大意义，在程序设计方法学上也是一个突破；PROLOG 所有变量都是局部的、无赋值操作，因而无副作用，加之 PROLOG 的与或结构，使得更易于开发并行性；PROLOG 中有些谓词变量不必区分为输入与输出；PROLOG 子句与一阶逻辑直接对应，所以特别适合于推理。PROLOG 的不足是：难于表达复杂结构，难于进行非精确推理；此外，其控制策略不灵活，因而限制了它的求解能力。还应指出，在 PROLOG 中引入了非逻辑成分 cut，大大提高了求解效率，但是破坏了 PROLOG 的逻辑完整性。PROLOG 的发展方向是提高效率，开发并行性以及研制新的体系结构。

programming language 程序设计语言 用于书写计算机程序（习惯上指实现级语言程序）的语言。程序设计语言包含三个方面，即语法、语义和语用。语法表示程序的结构或形式；语义表示程序的含义；语用表示程序与使用者的关系。程序设计语言有四个基本成分：数据成分，运算成分，控制成分和传输成分。

programming language model 程序语言模型 将协议看成一种算法，因而可采用高级程序语言精确地描述相应的算法，给出协议的形式模型。这种方法的优点是能较方便地处理多个值的变量和参数，而且十分接近协议实现；但缺点是不直观，还易使程序中的特点与算法上的特点混淆起来。

programming linguistics 程序设计语言学 针对计算机的程序设计语言来研究有关的语法、语义与语用学问题的学科。

programming logic 程序设计逻辑 常指一种将关于计算机程序的推理形式化的逻辑系统。这种逻辑系统深刻地揭示了计算机程序设计的教学原理。

programming manager 程序设计主管人 负责规划、调度和管理程序开发和程序维护工作的人。

programming method 程序设计方法 设计程序的方法。包括全局性和局部性两类方法。全局性方法如结构程序设计方法，与规范关系密切，互相影响，要求程序结构良好，设计过程结构化，层次式，逐层降低抽象级别。局部性方法如子例程方法，协同程序方法，顺序程序设计，并发程序设计与分布式程序设计。

programming methodology 程序设计方法学 以程序设计方法为研究对象的学科。它主要涉及用于指导程序设计工作的原理和原则，以及基于这些原理和原则的设计方法和技术。包括大型软件系统的研制、结构程序设计的组织、程序设计系统可靠性的研究、生产性程序设计中的错误分析、系统程序设计、软件工程、程序调试各程序综合。还可包括程序设计语言的形式定义的数学结构和公理基础等。也可包括对优化处理、并发程序和非过程序设计的研究。其目标是设计出可靠、易读、性能/价格比适中的程序。包括程序理论、研制技术、支撑环境、工程规范和自动程序设计课题。

programming module 程序设计模块 (1)可识别的分立的一组指令,一般被汇编程序、编辑程序、连接编辑程序、装入程序或其他类型的例行程序或子例行程序当作一个整体来处理。(2)给汇编程序、编译程序或连接编辑程序一次执行提供的输入模块或这些程序一次执行产生的输出模块,一个程序单位可以根据编译、同其他程序单位的组合和装入进行分开和识别。

programming paradigm 程序设计范例 编制程序时所采用的思考方法和设计思想,包括考虑采用何种计算机计算理论,选择计算机体系结构、程序设计语言及程序设计环境等。常用的程序范例有过程型程序、函数型程序、逻辑型程序、面向对象程序和推理型程序等。目前,也有采用将多种范例的程序相结合,实现所谓的多范例程序设计。

programming plug 程序插头 一种设备性能,该性能允许改变信号的物理表示,以便容纳一个物理的DTE(数据终端设备)或物理的DCE(数据电路终端设备)连接,或者使得控制信号能够/不能够作为环形指示器及快速数据终端以及/或者使得性能能够/不能够作为流程控制和物理环回。

programming request for price quotation (PRPQ) 软件报价单 对客户请求修改或增加系统控制程序的功能或特许的程序所作的报价。这种报价可与计算系统的报价相结合以解决单一的数据处理问题。

programming specification 程序设计规格说明 进行程序设计的具体规定。它是软件规范的组成部分,是衡量与影响程序设计质量的重要因素。

programming standards 程序设计标准 数据处理标准范围内生成的程序,有助于程序研制的连续,提高编程效率,减少错误。该标准已由国际标准化组织(ISO)、美国国家标准协会(ANSI)、欧洲计算机厂协会(ECMA)、英国标准学会(BSI)、国际商业机器公司(IBM)和其他大的计算机厂商等拟制。标准涉及文件组织方法、检验点/重算程序、作业控制程序。标准化还包括采用标准编码表和模块程序设计。

programming statement 程序设计语句 用于编写程序的一组符号表达式中的一个表达式。

programming style 程序设计风格 程序设计过程中使用记忆标识、模块化、模块中的线性控制流以及完整的内部程序文件等的风格。良好的程序设计风格是提高程序"透明性"的有力措施,其作用是在源程序编写时,为今后的用户提供更多的有关需求和设计的信息,最终达到可读性好、检错方便的目的。著名的软件工程专家 Yourdon 提出关于程序设计风格的基本原则是:使用结构化编程技术;代码应简单而直接;增加括号以避免含混;避免多重业务;避免不必要的复杂算法和逻辑表达式;不滥用语言的特色。通常,程序设计风格应表现出一个程序员在编程过程中,在程序的各个方面,从标识符、程序行排列式直至模块分解,控制结构所表现出贯穿始终的习惯和技术的总和。它是程序设计阶段要考虑的、决定程序可读性好坏的一个重要因素。

programming support environment 程序设计支持环境 通过单一命令语言来使用工具的完整的集合,用以提供在整个软件生存周期中的程序设计支持能力。典型的环境还包括在设计、编辑、编译、装入、测试、配置管理及计划管理中所使用的工具。

programming system 程序设计系统 一种或几种程序设计语言以及在特定的自动数据处理设备上使用这些语言所必需的软件。

programming theory 程序设计理论 程序设计方法学的理论基础。也称"程序理论"。研究程序设计方法,设计编程语言,实现程序设计语言和使用程序设计语言编制程序过程中的理论问题。

programming tool 程序设计工具 用以编写程序的语言和便于进行程序设计所提供的各种专用程序等。

programming transformation 程序转换 由编译程序将用高级语言编写的源程序转换为机器语言程序的过程。这种转换可以有三种方式:①编译程序直接产生机器的绝对代码程序,存于内存储器中,编译后可直接加以执行;②编译程序产生汇编语言的目标代码,再经汇编程序转换为机器代码;③编译程序产生目标模块,存于辅助存储器中,需要执行时可与另外一些子例程的目标连接起来,经装配后加以执行。

programming transparency 程序设计透明性 计算机体系结构和硬件的一种特性。在具有高度程序透明性的系统上,程序员编制程序时不需要知道系统的结构细节,所有具体涉及这些细节的操作都由操作系统和硬件自动地完成。

program mode 程序方式[状态] 终端设备可以运行程序时所处的状态。在这种方式下,用户可以输入构成其程序的程序语句。比较 data mode。

program modification 程序修改 对程序中的指令和地址进行算术和逻辑操作的过程。参见 address modification。

program modularity 程序模块化 将一个大程序划分成几个功能相对独立的程序模块,分别由不同的程序员编制。程序模块化具有可修改性、可读性和可验证性的特征。

program module 程序模块 被汇编程序、编译程序、装入程序或翻译程序当作一个整体进行处理的一组程序设计指令。它是大型程序的一个组成部分。

program module dictionary (PMD)　程序模块词典　全部控制程序模块的参数和表示程序模块的信息的集合。

program mutation　程序变异　(1)为了估价程序测试数据的选择是否适应而建立程序变异的过程。(2)对预期的程序版本故意进行改变而获得一个新版本,用以估价程序测试案例的能力,看其能否检测出所做的改变。

program name　程序名　(1)由程序员给程序指定的名字。计算机通过它来识别程序。(2)在COBOL语言的标识部分中,标识一个COBOL程序的字。它用来标识程序、目标程序以及与这些程序有关的所有打印表格。

program name entry　程序名项　在COBOL语言中,在PROGRAM-ID段落中的一个项,包含指定程序名的子句和赋予程序以选择的程序属性的子句。

program object　程序对象[目标]　(1)在某些计算机系统中,两个机器接口目标类别之一。它包含从目标定义表项中获得其定义的程序使用的那些目标。程序目标用作MI(机器接口)指令的操作数。比较system object。(2)程序中一切有意义的实体。如常量、变量、类型、过程等。写程序就是定义这些对象,指明它们互相之间的关系,在程序中的活动。为了描述这些问题,通常需要为程序对象命名。

program offering　提供的程序　不必要得到特许即可使用的程序。参见vendor logo product。

program optimization　程序优化　一种编译程序技术。一般说来,编译程序编出的目标程序指令条数多、运行时间长,不及手编程序质量高。为了克服这些缺点,就要对目标程序进行修饰和重新安排。把程序变换为在时间、空间上改进了的而执行效果与原程序等价的高效执行程序的过程称为优化。优化的内容包括消去程序中一些重复的与不必要的计算式,变换一些运算以削减计算强度和合理分配寄存器等。优化可分局部优化与全部优化;依赖于机器的优化与不依赖于机器的优化。

program origin　程序起始地址[原点]　主存储器空间中分配给某一程序的最小编号单元。参见computer program origin。

program overlay　程序覆盖　程序设计的一种技术。把一个程序分成若干程序块,使得不同的程序块存放在同一内存区域之中。程序覆盖的两个基本条件:一是二级存储器上应有这些程序的副本;二是此程序由若干程序块组成,这些程序块彼此具有相对的独立性,且不存在直接联系。程序块之间的联系或由常驻内存的总控程序调度或由操作员在控制台上调度。

program package　程序包　(1)一组逻辑相关的工作程序的集合。(2)具有一定功能,并满足一定要求的一组程序。例如,小型计算机由于系统资源有限,它本身只需要具备一些精炼的编译系统和操作系统。而其他程序(如各种不同的应用程序)则依其功能组成不同的程序包,当用到它们时,再将其送入机器。程序包可以存于磁带或磁盘上。

program parameter　程序参数　在计算需要时经过子例程调用,并且每次调用时都被子例程处理的数据值。它可以被子例程修改并且在不同的入口处可以有不同的值。

program part　程序部分　FORTRAN语言中的执行语句、格式语句、数据语句和语句函数定义语句的集合。程序部分中至少必须有一个执行语句。

program path　程序通路　在程序流程图中,从入口的起始节点至出口的一种通路。由于各种程序变量的不同组合致使所通过的控制途径有所不同。采用路径测试法来测试程序时,必须通遍所有的程序通路。

program postcondition　程序后置条件　表示程序结束时,输出与全程变量所期望的值。

program postedit　程序后编辑　对编辑、格式化和排序成测试结果的应用程序进行的测试。

program precondition　程序前置条件　对输入和全程变量的判定。它表示在程序执行开始时可假设这些量的数值。

program preparation　程序准备　将用若干源语言之一所编写的程序转换成机器代码的过程。

program product　程序产品　能完成用户所要求的功能并得到认可的程序。一个程序产品包括与用户的数据相关联的逻辑结构并且可用来(或可采用)满足用户的特定要求,还包括与程序有关的文档资料等。参见licensed program。

program production time　程序生产时间　成功地执行用户的计算机程序的那部分系统生产的时间。

program proof　程序证明　一种形式化和数学化的方法,即构造待证明的逻辑语句的有限序列,以语句结束每一逻辑语句都是公理或者对早先的语句采用推理规则得到的,程序证明所用的推理是一种演绎推理。

program protection　程序保护　为预防对计算机程序的任何非法授权存取或修改而施行的内部或外部控制。

program read-in　程序读入　把不常驻在主存储器的程序从辅助存储器读入到主存储器的过程。这种技术用于计算机程序太大又不能同时存入主存储器的情况。

program recursion level　程序递归级　在PL/1中的一个计数值,当程序或外部过程重复调用时进行计数。程序递归级可以在系统排错命令中通过RCRLVL参数指定。对应于procedure recursion level。

P

program reference table 程序参照[参引]表 存放在存储器里的一个表。表中载有程序变量、数组说明、文件说明和程序段的起始地址等。该表通常采用相对地址。

program region 程序区 存放在主存中进程地址空间低编址的那一半区域。它包含有进程当前正在执行的映像和由映像调用的其他用户进程。

program relocation 程序重定位,程序浮动 使程序移出最初所处的位置,以便执行。移动时的地址修改工作由操作系统或浮动装入程序完成。

program request 程序请求 (1)在某些小型计算机系统中,由终端或系统操作员控制台输入的程序名所组成的,能使通信控制程序去初启执行一个应用程序的命令。(2)终端操作员为了与程序交换信息而用来标识应用程序的信息。

program request count 程序请求计数 在某些小型计算机系统中,一项可选的通信控制程序管理功能;此功能记录着每个应用程序接受请求的次数。

program requester 程序请求 在某些计算机系统中,用来控制全部后台程序执行的设备。它是计算机系统和工程师之间的一个重要接口。

program required credentials (PRC) 程序使用凭证 在某些操作系统中,与装入模块相联系的一个值。此值确定用户是否必须经过批准才能请求执行该装入模块。

program retry 程序复执 提高系统可靠性的一种措施。程序执行中遇到问题,可重复执行,重复执行规定遍数后仍不正确,程序挂起,通知用户或计算机停止运行。程序复执也称程序重试。

program run 程序运行 程序实际执行的过程。

program schedular 程序调度程序 根据优先级别,对主存储器中的多道程序分配中央处理单元使用权的一种实用程序。

program segment 程序段 人为地确定具有固定长度的一组计算机指令。可以将程序段存入主存储器的一个标准容量的区域内。这种技术有利于存储器的分配和程序的读入。

program segmentation 段式程序,程序分段 (1)由一个或一个以上的程序段组成的各种控制。程序段是独立的逻辑单位,如主程序和子例程由一系列程序语句组成;一个用户程序由许多程序段组成。第一个程序段必须是主程序,主程序命名其他所有的子例程(必须予以命名)。在各程序段之间可以双向传送数据和控制信息。(2)实现存储管理的方法。把程序空间按段划分,根据需要,把程序段调入或调出存储器。

program segmenting 程序分段 用源语言的连接语句对无法装入存储器的程序进行分段的过程。它允许分段地装入和执行各程序段。

program selected terminal 程序选定终端 在某些小型计算机系统中,一种被某个应用程序选定用于输入/输出的终端。比较 requesting terminal。

program semantics 程序语义 程序的意义或程序执行的结果。其定义方法一般可分成三类:操作方法、指称方法和代数方法。参见 denotational approach, axiomatic approach, operational approach。

program-sensitive fault 程序敏感性故障 在执行某些特定指令序列时所引起的故障。

program-sensitive malfunction 特定程序故障,程序敏感故障 仅当某种不寻常的指令序列出现时才发生的故障。

program services 程序服务 在某些操作系统中,将用户程序和系统服务程序发来的数据处理请求翻译成对资源管理软件的资源处理请求的逻辑层。

program simulator 程序模拟器 使一个计算机模拟另一个计算机逻辑操作的程序,目的是测试、评价和训练一个程序相对于硬件环境的逻辑独立性,它常用于在开始进入 ROM(只读存储器)之前的逻辑调试。

program space allocation 程序空间分配 分配内存空间以存储输入/输出数据以及存放暂时(中间)结果。

program specification 程序说明书[规格说明] 根据输入、处理和输出三个方面详述程序要求而书写的文档资料。外部数据(文件或数据库)也由规格说明确定。详细的框图常用作这些说明的一部分。程序员依据它编写程序。

program specification block (PSB) 程序说明块 某一用户程序(用户视图)的全部程序通信块(PCB)的集合。相当于一个子模式。

program state 程序状态 当正在执行应用程序中的指令时,操作的方式或计算机的状态。与正在执行操作系统中的指令时所出现的管理程序的状态不同。

program statement 程序语句 用于定义名字、操作简要描述等信息的语句。一些语言,如 Pascal,有明确的程序语句。有些语言则没有或用其他形式。如 C 语言中用 main()函数。

program status 程序状态 处理机执行某一程序时所处的状态。如:程序执行到哪条指令;上条指令执行结果产生的条件;程序在目态下运行还是管态下运行;当前有哪些中断请求;哪些中断位或中断级被屏蔽;通用寄存器的使用情况以及其他一些特征触发器状态等。

program status register 程序状态寄存器 一种存放能被转移指令、可跳转指令或测试的各种状态的寄存器。

program status vector (PSV) 程序状态向量 在某些信息处理系统中,一种用于控制有关程序执行的指令顺序的格式化信息。参见 primary PSV, secondary PSV。

program status word (PSW) 程序状态字 计算机运行程序时表示程序执行过程中的各种状态的一个或多个字。使用程序状态字便于硬件快速地实现程序状态的转换。一般设置程序状态寄存器存放现行程序的状态字。机器的结构和中断机构不同,其程序状态字的内容与长度也不同。一般情况下,程序状态字包含如下内容:程序屏蔽位、程序运行状态、条件码、中断码、指令计数器等。程序状态反映了现行程序运行状态的主要部分,其余的程序状态参数或现场根据中断处理程序的需要由软件来保存或调出。随着硬件技术的迅速发展,程序状态字包括的内容有不断扩大的趋势。

program step 程序步 程序中的一个操作步骤。例如,一个简单的运算,指令序列中一个指令或命令的执行阶段。

program stop 程序停机 在处理结束、解题完毕或其他特定状态下自动停止计算机工作的一种停机指令。

program storage 程序存储器 主存储器中专门存放程序和子例程序的一部分区域。在许多系统中,采用保护装置以防止破坏或改变程序存储区的内容。

program structure 程序结构 安排计算机程序的各部分(如说明、语句或模块)的方法。

program structure block 程序结构块 构成程序的各种块。按其功能和特性划分,通常有四种:加工块,是程序中最常见的一种结构块,描写对于数据对象所进行的加工,是被动的构成块,可以直接执行;加工服务块,是被动的构成块,不能直接执行;数据对象块,各种变量可以看作是最简单的数据对象;数据类型块,用于说明数据对象的构造块。

program structure flow chart 程序结构流程图 借助于框图的直观性和语法流程图的抽象性表示程序结构的方框图和语法图。强调对程序结构进行抽象,还提供结构流程图和流程图方程的快速简化方法。方框图以直观写实的方式表示程序结构。语法图用以表示程序的细微语法结构。提供结构流程图的目的是为了充分利用结构式程序的整体结构信息对大型复杂软件进行分析与优化。

program suite 程序组 相互关联的一组程序,如某一应用程序包。

program support 程序支持 计算机生产厂商或软件供应商为用户提供专用程序的校正、修改和更新的辅助手段。

program support representative (PSR) 程序支持代表 计算机生产厂商为用户提供现场程序支持的人员。

program swapping 程序交换 为了满足不同优先级的处理要求,程序在主存储器中的转入或转出。参见 roll in,roll out。

program switching 程序转接 在多道程序设计系统中,改变不同的并行程序之间执行的过程。

program synthesis 程序综合 自动程序设计的一种方法。其任务是让计算机根据给定问题的原始描述自动生成满足要求的程序。借助软件工具把程序规格说明变换为实现那个规格说明的程序。它首先要求提供程序的规范说明,即明确定义每个程序准备“做什么”,然后构造出满足规范的程序,规范用来表达程序必须达到的目的,而不规定如何达到目的的细节。逐步以“怎么做”来代替“做什么”。其基本途径是应用大量的变换法则,将一个程序描述段代之以另一个等价的描述。其任务归结为反复将这些法则应用于给定的规范,直到产生出满意的程序为止。此技术可应用于程序设计方法论诸方面,如程序变换、数据抽象、程序修改等。

program system specification 程序系统说明书 在分析员的主持下,用户和软件人员经过充分交流,充分理解用户要求之后,对系统应该“做什么”达成协议,将共同的理解明确地写成一份软件生命周期中重要的文档资料,是用户要求的完整明确表达。其作用是:为用户和软件人员之间相互了解提供基础;反映出问题的结构;作为验收的依据。该文档资料应既完整、一致、精确、无二义性,又简明易懂、易于维护。

program temporary fix (PTF) 程序临时性调整 对那些由现场工程师诊断出来的问题所采取的一种临时性解决办法,这些问题是由于现行程序的尚未经过修订的版本中存在的缺陷所引起的。

program testing 程序测试[检验] 为保证新编译(汇编)出来的程序能按预定方式正确无误地处理数据而对程序所作的测试。测试时通常要利用检验数据,它们代表了程序在实际运行时要处理的数据范围。将计算机得到的结果与检验数据预先算好的结果进行比较,检查两者是否一致。

program test system (PTS) 程序测试系统 (1)一种自动检查程序、在必要时产生诊断信息以协助机构运行的系统。(2)测试程序所使用的系统,在任一实际解题程序运行之前,先在该系统上运行一个解同类问题的抽样程序,以测试程序或机器是否有故障。

program test time 程序测试时间 (1)对用户的计算机程序进行测试所花费的那部分系统生产时间。(2)花费在程序测试、排错等方面的机器时间。

program text 程序正文 处于可执行状态的程序的指令序列。

program-to-program interface 程序到程序接口 在 NetView 程序中的一个机制,使用户程序能够向数据缓存进行发送或者从数据缓存接收来自其他程序的信息。

program-to-program message switch 程序到程序报文交换 在某些信息管理系统中的系统输出报

P

文,是由一个应用程序发给另一个应用程序的。

program transformation **程序变换** 将某一程序的规格说明或描述等价转换为另一种描述的设计过程。是把面向问题的函数型程序文本与面向过程的程序文本联系起来的桥梁。设计过程可分为两个阶段,即程序的生成阶段和程序的改进阶段。其基本思想是:从问题的形式规定出发,首先设计一个面向问题的、易于理解的正确程序,暂不考虑其效率,采用函数型的递归程序,然后通过一系列的保持正确性的源程序到源程序的变换,进行算法和数据结构的求精;最终将该程序变换成一个面向过程的效率高的程序文本。

P

program transformation design **程序变换设计** 从问题的形式说明出发,首先设计出一个面向问题的易于理解的、易于进行正确性验证的程序。由于递归概念比较简洁,所以常用函数式递归型程序作为源程序,然后通过一系列保证正确性的变换。变换过程大致分两个阶段:程序的生成阶段和改进阶段。生成阶段包括分析问题,制定形式说明和形式规范,生成一个面向问题的、易于理解的正确程序。改进阶段是低级的过程级变换,对程序进行优化处理,包括递归程序的变换、递归的消去和迭代程序的变换。优点易于验证,又易于生成。

program transformation system **程序变换系统** 具备程序变换功能的软件系统。它一般应该具有以下几个部分:①一个适合于描述各级程序变换的语言族和编译系统;②一个强有力的支持系统,具有分析、验证、综合和控制所需要的支持工具和环境;③变换库,这是一套变换规则。程序变换的支持系统不仅能变换程序,而且还能变换程序模式,由一些变换规则生成新的变换规则。

program translation **程序翻译** 将用一种源语言编写的程序变换成目标程序的过程。例如将用FORTRAN语言编写的程序翻译成机器语言程序。

program transportability **程序可移植性** 可移植性是程序质量要素之一。良好的可移植性可以延长程序的生命周期,拓展程序的应用环境。参见 portability。

program understanding **程序理解** 包括讲解、分析、修改或书写一个程序的许多部分。建立程序理解系统的目的是建立能完成上述程序理解功能的人工智能系统。

program unit **程序单位[单元]** 在程序语言中,用于描述计算过程的基本结构单位。程序单位在语义上有相当于程序的完整性。例如FORTRAN语言中的主程序或子程序,Ada语言中的子程序、程序包和任务等都是程序单位。

program validation **程序有效性检查** 程序正确性的形式证明,即采用形式理论证明程序正确性的过程。参见 program testing。

program variable **程序变量** 一种仅能存在于程序中的命名的可变值。当不再调用此程序时,就不能获得或使用此程序所包含的程序变量。

program verb **程序动词** 引起处理机产生供目标程序执行的机器指令的动词。

program verification **程序验证** (1)自动程序设计的一种方法。其任务是利用一个已验证过的程序系统来自动证明给定程序P的正确性。程序的正确性包括部分正确性、终止性和完全正确性三种类型。(2)证明计算机程序与规定程序做什么的形式说明之间的一致性的一种手段。简单的程序在编写完后一般由程序员进行人工静态检查;复杂的大型程序,如操作系统必须由计算机进行检查,完成程序验证工作。(3)计算机科学中一个十分重要的领域。它是研究程序正确性的理论,研究如何使用数学推理来严格论证程序是否符合其目标的理论。证明计算机程序和描述程序做什么的断言之间的一致性。

program writing phase **程序编写阶段** 也称"实现阶段"。根据模块规格说明书用程序语言书写出相应的程序的阶段。

progressive coding **渐进编码** 发送图像的一种方法。它逐渐把图像发送到接收端,而不是立刻把整幅图像的所有数据发送出去。接收端首先接收低分辨率的图像,然后逐渐提高图像的分辨率。JBIG(联合二值图像编码专家组)就使用这种编码方法。参见 joint bi-level image coding experts group (JBIG)。

progressive DVD (PDVD) **逐行扫描DVD** 其输出图像信号的扫描方式为逐行信号。PDVD能够应用数字视频图像处理技术产品480线(N制)逐行扫描信号,再通过电视机的VGA(视频图形阵列)输入口或数字高清晰度电视接入口把信号送入彩电中,避免了普通DVD(数字影碟)机隔行信号输出造成的失真或缺损。由于逐行信号是DVD解压后的原信号直接形成,因而清晰度远高于普通的隔行扫描DVD。PDVD的方案很多,一般使用的不外乎有两种方案,一种是隔行到逐行的换算、编码;另一种则是逐行信号的直接编号。隔行到逐行的换算、编码是一种过渡性的方案。由于在设计的开始并未考虑到有逐行扫描的需求,因此,在系统和主芯片的设计时仍然采用传统的隔行扫描处理方式。通常,由隔行到逐行转换的算法有三种:①垂直插补法;②二维图像运动检测补偿;③三维图像运动检测补偿。这三种方法中,第一种方法损失最大,第三种方法损失最小,这是一个最规范、最合理的方案。由于在设计的开始便考虑到了逐行扫描的输出方式,DVD播放机在读取DVD碟片信号后直接经MPEG(活动图像专家组)-2解码,得到的逐行扫描信号不经过多余的处理而直接进行编码,从而确保了电路简洁、系统稳定、图像效果极佳,这才是真正的逐行扫描 DVD。

progressively controlled network 顺序控制网络 一种由大摆幅开关(如步进开关)构成的开关网络。每次一路地顺序接通各个通路。

progressive overflow 依次溢出,顺序溢出 在直接存取存储设备上,将溢出记录写到下一个相继磁道上的过程。比较 chaining overflow。

progressive scan 逐行扫描 一种电视扫描系统。逐行扫描一遍就显示一帧的所有扫描线,扫描线几乎不可见,垂直分辨率较隔行扫描得到了显著性的提高,完全克服了大面积的闪烁等隔行扫描特有的缺点,图像更为细腻、稳定。

progressive/sequential coding 渐进/顺序编码法 用在 JBIG(联合二值图像编码专家组)标准中的一种图像压缩算法。使用渐进/顺序编码的编码图像可以顺序解码。参见 joint bi-level image coding experts group (JBIG)。

progressive transmission 渐进传输 它先传输图像的轮廓,然后逐步传输数据,不断提高图像质量,以满足用户的需要。这在网络传输中有着重大的意义。渐进传输是 JPEG(联合图像专家小组)的一个极其重要的特征。参见 Joint Photographic Experts Group (JPEG)。

progressive wave 前进波 在媒质中的自由传播的波。参见 plane sinusoidal wave。

project 项目,投影 (1)在系统开发过程中,具有规定目标、规模和期限的任务。(2)在数据库管理中,关系代数的一个运算符。假设有关系 A,这个运算符所建立的新关系仅包含 A 的属性的某一特定集。例如,若 A 有属性 B、C 和 D,则 PROJECT A over B,C 产生一个只包含属性 B 和 C 的关系。参见 projection。

project control 项目控制 在系统开发过程中,涉及对项目的进展、方向、质量以及资源使用等进行监督的活动,并将这些情况与项目计划相比较。

Project Gutenberg 古登堡项目 以 Johannes Gutenberg (1400-1467 年,德国活版印刷发明人)命名的一个项目,它是世界上第一个公益型数字图书馆。该项目在 1971 年 7 月由 Michael Hart 发起的,以美国伊利诺斯大学为基地,把书籍转换成电子文件放在因特网上的公共域供查阅,它致力于尽可能大量的、以自由的和电子化的形式,提供版权过期的书籍。所有书籍的输入都是由志愿者来完成的,并将这些书籍文本化。到 2003 年 10 月,古登堡项目已经有超过 10 000 册的在线书籍,其志愿者人数也超过了 1 000 名。Michael 希望到 2015 年可用书籍能达到一百万本。最初的书籍都是英文的,到目前已经有超过 25 种语言的书籍。2004 年 8 月古登堡中文化项目在中国启动。

project initiation process 项目初始化进程 软件项目管理进程之一。一旦确定一个软件开发项目需要进行开发,就进入本进程。其工作内容是:根据本项目将实际使用的软件生存周期模型实际编排开发活动,即开发工序;分配项目资源;建立本项目的开发环境,包括开发方法,开发标准和开发工具;并制定本项目的开发管理计划。

projection 投影 (1)关系代数中的一目关系运算。即取关系 R 的部分分量与(或)变换各分量的位置,设 R 是属性组 U 上的关系,属性组 $X\subseteq U$,则 R 在 X 上的投影记作为 $\pi_X R$ 或 $R[X]$,则 $R[X]=\{r[X] \mid r\in R\}$。其中 r 是 R 的元组,$r[X]$表示 r 中对应于属性组 X 的诸分量。投影和选择、连接运算一样是关系数据库的基本操作之一。(2)由光学系统按景物原来大小或经放大后,将其投影在感光面或屏幕上的图像信息。

projection copying 投影复制 在资料复制机中,一种利用光学成像原理进行复制的方法。

projection index 投影索引 投影索引是利用投影的概念,把某一个表上的某一属性 A 的值以同样的顺序都保存起来,投影索引的每一行是属性 A 的一个值。数据库中的查询一般只在表中的部分属性上进行,在这些属性上建立投影索引会大大提高查询的性能。

projection operation 投影运算(操作) (1)布尔运算的一种。一个变元经"投影"运算后仍是该变元本身;多个变元经"投影"运算后为某一变元。(2)一种关系代数操作。可用来从一个关系构造出一个"竖直方向的"子集。任取一个关系 R,投影操作就是从中去掉若干列,并把余下各列加以重排。

projection paper 投影纸 一种快速感光纸,通过把胶片上的图像投影在投影纸的感光层上进行曝光。

projection plane 投影平面 在计算机绘图中,三维图形对象通常是采用二维表示进行处理的。即将三维图形首先投影在一个平面上,然后再将投影转化成输出界面上的图像输出。这一平面称为投影平面。它是用户规定的绘图坐标系中的一个平面,由视见参考点、投影平面法向、投影平面距离这三个参数规定。视见参考点是为处理图形的视见变换而规定的一个参考点,它是规定投影平面、前剪取平面、后剪取平面等的基准点;投影平面法向用以规定投影平面的方位,其方向用以视见参考点为始点的向量来表示;投影平面距离为投影平面与视见参考点之间的距离。

projection transformation 投影变换 定义裁剪边界的变换。将观察者坐标映射为规格化设备坐标。

projection TV 投影电视机 投影电视机是由光学成像系统完成图像的重现,其类型的区分较为复杂。按光源投射方式区分,有前投式和背投式两种。前投式的图像光束由观众后面投向观众前方的屏幕显示图像;背投式的图像光束向后投射,经反射到屏幕后面成像。前投式用 CRT(阴极射线管)作光源。按投射光源的种类区分,背投式又可分为CRT式、LCD(液晶)式及DLP(数字光处理器)式投影电视机。CRT式又可分为单镜头和3镜头式等。

PROJECTIVE-NOT operation 投影-非运算 布尔运算的一种。一个变元的"投影-非"运算即非运算;多个变元经"投影-非"运算后为某个变元的非。

project-join normal form (PJNF) 投影连接范式 也称"第五范式"。一个关系变量R是第五范式,当且仅当R的每一个非平凡的连接依赖都被R的候选码所蕴涵。参见 normal form。

P

project life cycle 项目生命周期 从一个项目的开始到完成的整个过程。

project management 项目管理 在系统开发过程中,与项目计划和项目控制有关的活动。

project organization 项目组织 围绕特定的和临时的项目建立的一种组织结构。它授予项目管理员完成项目的职责、职权和资源。管理员必须在组织范围内满足其目标。对项目组织中的人员有雇佣、解雇、训练和提升的职权。

project plan 项目计划 描述为完成某一工程项目所采取的途径的管理文件。项目计划典型地描述要做的工作、所需的资源、使用的方法、配置管理以及要遵循的质量保证程序、要求的进度和项目组织等。

project specification 项目说明 在系统开发过程中,一种关于项目的目标、要求、范围和限制以及该项目与其他项目的关系等的说明。

PROLOG 用逻辑进行程序设计,PROLOG 语言 programming in logic 的缩写。

PROM 可编程只读存储器 programmable read only memory 的缩写。

PROM copying 可编程只读存储器复制 利用专门的编程器将已编好程序的可编程只读存储器(PROM)的内容复制到未编程序的PROM中的过程。具体复制步骤是:将编程的PROM插入编程器的MASTER插口,未编程的PROM插入COPY插口,按RESET键,再按START键,复制过程开始。专用编程器自动复制一个数据,使地址加1,如此重复该操作,直到最大地址为止,当编程器停止工作时,其上的START指示灯便熄灭。

prominent discrete tone 突出的离散音调 在声学里,一种离散音调,它的声压水平比存在连续宽带噪音的情况下,刚刚可听见的离散音调的声压水平高10分贝或更多一些。

promiscuous mode 混杂模式 与共享网络连接的计算机捕捉所有包,包括其他的计算机指定MAC(介质访问控制)地址的包的模式。混杂模式对网络监控是有用的,但会给网络客户易带来安全危机,许多标准接口允许混杂模式。

promiscuous-mode transfer 混杂式传送 网络通信中的一种数据传输方式。在这种传输方式中,一个节点接收所有的信息包,而不论信息包的目的地址。

PROM programmer system 可编程只读存储器程序设计系统 用于可编程只读存储器(PROM)编制程序的计算机系统。一般包括微处理机、高速读带机及其接口和直观显示终端。高速读带机读入二进制数据并将其存放到随机存取存储器(RAM)中,随后将PROM内容与RAM内容进行比较,检查装入的数据是否正确。传送给PROM的数据是否正确。传送给PROM的数据同时以八进制形式在显示终端上显示出来。该系统使程序员能将PROM内容复制到任一RAM体中,并可根据需要对数据进行编辑。

prompt 提示符 操作系统监控程序或其他系统程序提供给操作员的一个或一组符号。提示操作人员欲使程序继续运行时需要输入某种数据或命令的特定信息。

prompt facility 提示功能 (1)将要求输入及给出操作内容的报文显示出来的功能。(2)在某些信息管理系统中,通知终端操作员现行输出页面为报文的末页的一种可选用功能。

prompting 提示 (1)发送信息给终端用户,请求提供所需信息以便继续处理。(2)在分时系统中,通常是通过终端要求用户提供某些信息,以便继续进行处理。

prompt line 提示行 在某些计算机系统中,提示信息通常显示在显示装置的专用行上,这种专门显示提示信息的行称为提示行。

prompt maintenance alarm 即时维护告警 为了使维护人员开始维护活动(通常是立即的)而产生一个即时维护告警,维护人员要从使用的系统中替换一个有缺陷的设备,以便恢复良好的业务并实现失效设备的修理。

proof finding program 证明寻找程序 一个自动进行定理证明的智能系统。它利用分解原理,用宽度优先搜索法找出一些定理的证明。曾经利用这种系统解决了一些较难的定理证明以及重新证明了一些已经证明过的几何和数论中的定理。

proof listing 验证表,列出程序清单 (1)由处理程序编制设计报表。它把编码表示成原来已写好的注释和已生成的机器语言指令。(2)计算机产生的,包括源代码、注释和目标代码的清单。

proof of possession 证明所有权 用私有密钥来证明对某物的拥有权的行为。例如数字签名技术。

proof of program correctness 程序正确性证明 通过数学证明来验证程序正确性的一种方法。目前用来验证程序正确性的方法主要是测试法。但测试法是有局限性的,因为不能保证对所有输入数据都是正确的。到1975年,已能用这种方法验证由上千条语句组成的程序，此后有人提出了一种称为"程序逻辑分析"的技术。这种新技术可以看作是程序正确性证明的一种发展。它对于没有错误的程序，能证明其正确性；而对于有错误的程序，则能指出其错误所在。

proof theory 证明论 数理逻辑的主要分支之一。证明论是以数学证明作为研究对象的数学，它特别研究数学系统的不矛盾性及完全性，证明论出现于20世纪20年代，由希乐伯特(Hilbert)等人在研究了数论、集合论及数学分析等数学系统的不矛盾性而开始。参见 mathematical logic。

proof tracking index (PTI) 耐起痕指数 按照规定的方法试验，材料经受规定的液滴而不因漏电起痕而失效的以伏表示的耐受电压数值。参见 tracking。

proof tree 证明树 一种树形数据结构。其中根节点代表要证明的定理，每一节点的子节点代表另一些定理，子节点的一个(与树中)或全部(或树中)得到证明后，其父节点也就得到证明。参见 and/or tree。

propagated error 传播性错误 把一个错误当作一个操作的输入而产生的错误。

propagating system 繁殖系统 产生式集合中没有形如 $a\rightarrow A$(A 表示空串)的删符产生式且公理不是空串的林氏系统。常在已知的系统前面加上字母P以表示该系统是繁殖的，如P0L系统。

propagation 传播 波在固定媒介中的转移。

propagation constant 传播常数 (1)当电压或电流沿着一条假定为无限长的均匀线上传播时，表示每单位长度电压或电流的衰落与相位变化的复常数。(2)在一给定频率下，电磁场模式随时间作正弦变化时，它的任一场分量相对于给定方向的距离的振幅变化率的复数。传播常数λ是一个复数，其公式为 $\lambda=\alpha+i\beta$，实部 α 是衰落常数，虚部 β 是相位常数。(3)在物理传输介质中，如同轴电缆或光纤，用一个十进制分数表示的电或电磁信号的传播速度与光在真空中传播速度之比。参见 attenuation term, axial propagation constant, phase term, transverse propagation constant。

propagation D-cube 传播D立方 正常电路与故障电路的一种输入输出特性。一个门的传播D立方表示该门的输出只取决于它的一个或多个指定的输入，因而可以把输入故障传播到输出，传播D立方，可以从奇异覆盖或通过检验得到。为了系统地构造D立方，可以使用代数相交规则，在一个门的奇异覆盖中把具有不同输出值的立方进行相交运算。这种运算称为D相交，这是一种十分重要的概念，因为它提供了构造敏化路径的工具。

propagation delay (PD) 传播[传输]延迟 (1)通信信号由一点行进至另一点所需的时间。(2)在报文分组交换网中，一个分组从一个网内节点传到另一个网内节点所产生的延迟。

propagation loss 传输损失[损耗] 给定线路上的传输过程中所损失的能量。它等于散失量和衰落量之和。

propagation medium 传播媒介 借以传输或移送波的任何物质或空间。传播媒介有两层含义：一是指传递信息的工具和手段，如电话、计算机及其网络、报纸、广播、电视等与传播技术有关的媒体；二是指从事信息的采集、选择、加工、制作和传输的组织或机构，如报社、电台和电视台等。

propagation time 传播[传输]时间 电信号通过电路上两点之间的介质，从一点传输到另一点所需的时间。

propagation velocity 传播速度 电或光信号通过传输媒介传输的速度。对波的传播而言，表示在一给定瞬间和一给定空间的点上，场的一个给定特性在指定时间间隔内的位移矢量与该时间间隔的持续时间之比，当持续时间趋于零时的极限。

proper grammar 适定[恰当]文法 一个上下文无关文法 G 称为适定文法，如果① 在 G 中没有 $A\Rightarrow A$ 形式的循环推导，其中 A 是非终结符；② G 中或者没有空产生式，或者只有一个形如 $S\rightarrow$ 的空产生式，且 S 不出现在任何产生式的右部。这里 S 是出发符号。

proper program 真程序 (1)程序只有一根输入线和一根输出线。(2)对每个节点来说，都存在一条通路，从输入线经过该节点而到达输出线。

proper refinement of partition 划分的真加细 π 和 π' 是非空集 A 的两个划分，如果 π' 是 π 的加细且 $\pi\neq\pi'$，则称 π' 是 π 的真加细。例如 $A=\{1,2,3,4,5\}$，$\pi=\{\{1,2\},\{3,4,5\}\}$，$\pi'=\{\{1,2\},\{4\},\{3,5\}\}$，$\pi'$ 是 π 的真加细。参见 refinement of partition。

proper subset 真子集 不包含集合中全部元素的子集。集合 B 的元素都是 A 的元素，且 $B\neq A$，称 B 是 A 的真子集，记为 $B\subset A$。

proper subtraction 真减 一种二元运算，表示为"$\dot{-}$"，真减函数属原始递归函数，它定义为

$$x\dot{-}y=\begin{cases}x-y & \text{如果 } x\geqslant y\\ 0 & \text{如果 } x<y\end{cases}$$

property detector 性能探测器，属性检测器 字符阅读器的一个部件。具有规格化的信号，可用于提取被阅读字符的一组特征，以便根据这些特性来识别输入的字符。

property driven model (PDM) 特性驱动模型 也称"集合数据模型"，由法国COMPIEGNE大学创立的一种具有框架和对象概念的语义数据模型。其目标是要实现数据库中能动态修改和持久地存储大量对象的功能。在PDM模型中，任何概念，无论是实体、方法，还是示例、属性，一律视作对象。它们由一组称为特性的属性来描述。属性有值称

之为终端特性,两个属性之间的连接称为结构特性,且所有结构链均有逆向表示。PDM作为一种对象模型为实现人工智能和数据库技术的结合,提供了很大的灵活性。

property entity　性质实体　一种允许数字或正文信息跟其他实体相关的结构实体。

property integrity　特性完整性　在数据库系统中,指任一元组 t 如果出现在关系 P 中,则 t 的基本键值必须出现在对应于 P 的 E 关系之中。特性完整性给出了对 P 关系进行插入和对 E 关系进行删除操作的约束关系。对于插入操作,只有与 P 关系对应的 E 关系中存在着有关的实体代号时,才能在 P 关系中插入该实体代号的相应实体值。对于删除操作,如果要在 E 关系中删除一个实体代号,则在相应的所有 P 关系中的元组也将一起被删除。

P

property list　特性表　(1)项与值的联系表,为联系项与值提供了一种有效的方式。可将其用于人工智能系统中,预先将机器人所处的环境告诉计算机。(2)一种知识表达技术。现实世界的状态由现实世界中的目标通过其特征表以及相关的属性和取值来描述。(3)LISP语言中,符号可以附有特性名和对应的特性值描述,并采用表的形式存储。LISP允许符号附带特性表,这样符号就可以起到类似于其他语言中的记录作用。

proportional fair scheduling (PFS)　正比公平调度　是针对一单个天线系统和多个传输和接收系统的无线通信的调度算法。正比公平调度是安排针对有最大优先功能站点信道的算法,PFS对均等带宽的所有站点是公平的,对提高系统的频谱效率和边缘用户吞吐率是个非常好的折衷。在PFS算法中,每个用户都会分配到一个优先级,任意时刻优先级最高的用户接受服务。优先级的计算公式如下:优先级高的用户要么有很好的瞬时信道质量,要么过去得到的吞吐量很低。当一个用户连续进行通信时,随着吞吐量的增大,优先级不断变低,直至最后无法获得服务;当一个用户处于小区边缘,信道质量一直较差,因得不到传输机会,其平均吞吐量就会变小,优先级不断提高,最后将得到服务。

proportional font　比例字体　有特定风格和尺寸的字体,每个字母和数字的水平宽度各不相同。例如,允许字母 i 的宽度比 m 小。参见 monospace font。

proportionally-spaced font　(按)比例间隔字型　一种具有图形字符的字型,它包含在字符单元内且随每个图形字符的大小而变。这种字型可使字符之间的间隔均匀,且可消除细长字符(如字母 I)周围的多余空白。比较 uniformly spaced font。

proportional space　比例间隔　在字处理中,给某个字符(如 W)比另一个字符(如 I)多分配一些空间,即根据字符的自然宽度安排字符间隔的方法。参见 monospacing。

proposed edited recommendation (PER)　已修正的提议推荐标准　W3C(万维网联盟)发布的技术报告,包含对已有的可能会影响一致性的推荐标准的重要修改。

proposed parameter　建议参数　在OSI(开放系统互连)参考模型中,相互通信的对等实体的相互协商中,发送方建议接收方选择的参数。与此对应,接收方选定的建议参数(全体或其中一部分)称为选取参数。

proposed recommendation (PR)　提议推荐标准　W3C(万维网联盟)发布的还没有成为正式推荐标准的、但会逐渐获得W3C的支持并趋向稳定的规范。

proposed standard　建议标准　制订标准的一个阶段。首先是建议标准,即推荐大家在一定范围内使用的标准。它在使用的过程中有可能会出现一些小问题,然后再对之进行修改、调整和完善。建议标准经过一段时间的实施后就会形成草案标准。草案标准如能通过实际环境检验,才能形成最终的标准。参见 draft standard。

proposition　命题　关于实体的一个断言;对事物的一种陈述;判断的句子形式,根据内容可决定其真假的语句。例如,"雪是白的"是真命题;"天方地圆"是假命题。

propositional attitudes　命题姿态　有些动词可用来表示一个行动者和一个命题之间的关系,如"我不相信他是一个教师。"中的"他是一个教师"是命题,而"不相信"是指行动者对于这些命题的姿态。因此这些词被称为命题姿态。命题姿态的形式化问题尚有许多困难,但它对于人工智能未来的进展是至关重要的。

propositional calculus　命题演算　符号逻辑的一个组成部分,它把命题作为整体来研究,即命题及用真值联结词联结而成的复合命题(或称命题公式)为其研究对象,而不管命题中更细致的非命题成分(如命题涉及的主体、性质等)。它还研究真值联结词的性质,命题公式的永真性、永假性、可满足性,以及命题之间的演绎关系。

propositional calculus system　命题演算系统　即命题逻辑系统,或命题逻辑形式系统。其组成如下:①组成部分:(a)规定表示命题变量、常量及逻辑联结词的符号;(b)规定命题合式公式的组成规则。②公理系统部分:(a)公理;(b)推理规则。

propositional constant　命题常量　恒为真或恒为假的命题。

propositional formula　命题公式　命题逻辑系统中表示命题的公式。又称合式公式。

propositional logic　命题逻辑　把命题作为一个整体,研究命题公式的真假关系及推理的逻辑系统。命题逻辑是数理逻辑的基础,对它的研究始于19

世纪，而至20世纪初已趋成熟。形式地说，它由一个命题合式公式集合、一个命题演算系统及一个解释组成。参见 propositional calculus。

propositional variable 命题变量 表示未确定命题的命题符号，通常用*P*,*Q*,*R*,……等符号作为命题变量符号。

proposition letter 命题字母 在谓词演算中，表示命题(零位谓词)的大写拉丁字母。

proposition tree 命题树 节点是命题描述的一种“与或”树。

proposition world 命题世界 在概念模式语言中，一系列命题，每一个都在给定的实体世界中成立。

proprietary protocol 专用规程 一个组织自己的网络规程，能够阻止任何第三者使用。

proprietary software 专利[专有]软件 由具有合法权利和资格的物主编写或控制的程序。在物主与第二方未达成协议之前，第二方不得复制或泄露程序内容。通常受版权保护。比较 public-software。

proprietor of network 通信网络所有者 为公众提供信息服务或者为满足自身业务需求而在法律上对网络设备或系统拥有所有权的组织。

ProQuest digital dissertations (PQDD) 数字化学位论文文摘数据库 由美国ProQuest公司开发的数字化学位论文文摘数据库，收录有欧美2 000多所大学文、理、工、农、医等领域的博士、硕士学位论文，是学术研究中十分重要的信息资源。数据库中除收录与每篇论文相关的引文外，1980年后出版的博士论文信息中包含了作者本人撰写的约350字的文摘。1988年以后出版的硕士论文信息中含有约150字的文摘。每年新增论文条目达55 000多篇。该数据库有完全版和两个分册版本即A辑和B辑。A辑主要是人文社科版，B辑主要是科学与工程版。PQDD特点：收录年代长，从1861年至今；数据更新快，每周更新；检索时不需要帐号和口令，采用IP地址限定用户范围。

PRO series PRO系列 ORACLE提供的一类可供数据库用户使用高级语言访问ORACLE数据库的各种高级语言预编译程序。对不同的高级语言，有不同的预编译程序。例如有：PRO * COBOL, PRO * FORTRAN, PRO * Pascal, PRO * C 和 PRO * ADA等。

prosigns 代用符号 无线电电传打字机操作中使用的缩写。被用于加速消息(报文)的传输，并且通过提供一个准确及始终如一的处理通信业务的方法减少差错数目。

prospective breaking current 预期分断电流 相应于分断过程开始瞬间所确定的预期电流。

prospective current 预期电流 当电器的每一极由一个阻抗可以忽略不计的导体代替时，电路内可能流过的电流。

prospective making current 预期接通电流 在规定条件下接通时所产生的预期电流。

prospective peak current 预期峰值电流 在电路接通后瞬态期间的预期电流的峰值。

prospective symmetrical current 预期对称电流 在交流电路接通后瞬态现象消失瞬间起的预期电流。

prosthetic robot 关节式机器人 具有与人体手臂相类似的可屈伸式结构的机器人。它由大小两臂和立柱等组成。大小两臂之间的连接为肘关节，大臂与立柱之间的连接为肩关节，各关节都由铰链构成，以实现转动。

prosumer 产消者 通过把进行交换的生产活动纳入消费活动中去，使生产与消费合二为一的新型的人。此词由《第三次浪潮》作者托夫勒新造。他认为：“自我服务”是这方面的新生事物。将来居住在电子住宅中的人，可以使用信息机器直接参加工厂生产、坐在家里就可以定货、生产自己所喜爱的东西，并进行消费。

protected 受保护的 在C++语言中，指类定义中受保护的数据成员和成员函数可以在这个类的派生类(即子类)的作用域内访问到，而在程序的其他部分访问不到。

protected against dropping water 防滴 防止垂直的滴水进入外壳的水量达到对电气产品产生有害影响的防护。

protected against splashing 防溅 防止任何方向的溅水进入外壳的水量达到对电气产品产生有害影响的防护。

protected against submersion 防潜水 当电气产品按制造厂规定的条件长期潜水时，不允许水进入其内部的防护。对某些类型的电气产品，“防潜水”的含义是：可以允许水进入其内部，但不应达到有害程度。

protected against the effects of immersion 防浸水 当电气产品在规定的压力和时间下浸在水中时，能防止进入其外壳的水量达到对产品产生有害影响的防护。

protected air gap 保护间隙 带电作业时由于条件限制，当发生过电压时，安全距离不能满足要求，用保护间隙先行放电，防止过电压对人身的危害。

protected check 保护性检查 采用保护措施以防止程序被非法修改的检查的方式。

protected dynamic storage 受保护的动态存储区 同 variable control block area。

protected field (受)保护字段[域] 文字处理中的一种受保护的预置数据或一个受保护的区域。若不改动程序，操作员就不能对它作修改或替换它。

protected file 受保护文件 计算机系统中只能由某一特殊用户进行存取的文件。它不允许非法用户的存取，可以限制合法用户在文件中增加、修改

P

或删除信息。另外,系统中的某些文件也可以限制为只能由一小组用户读出,而只允许其中一个用户对该文件写入。

protected formatting 保护格式 允许计算机向显示屏写保护数据的一种办法。操作员可以向空白(未受保护的)区域填入数据,但不能改变受保护的区域,对其进行格式化或程序设计。

protected free storage 受保护空闲存储器 参见 free storage。

P

protected memory 受保护存储器 在存储部件中,保护存储程序不被共用同一核心存储域的其他程序不小心改变或破坏的独立设立的区域。其他程序无法在受保护域中写或转移。

protected mode 保护模式 Intel 80286 及其后继微处理器产品的一种运行状态。比实地址方式提供更大的地址空间和更多的功能。提供多用户、数据安全、虚拟存储器等硬件支持。参见 real mode。

protected mode mapper 保护模式映像程序 在微软 Windows 95 文件系统结构中,一种将实模式驱动程序屏蔽起来的模块,使新的保护模式文件系统模块不必考虑用于现有 DOS(磁盘操作系统)驱动程序的不同接口。

protected resource 受保护资源 (1)任何对其访问都受到控制的资源。(2)事务处理中的一种局部资源。它仅能由当前正与某一同步工作单元相联系的那个事务程序修改。

protected-resource manager (PRM) 保护资源管理器 参见 protection manager。

protected storage 受保护存储器 除指定的条件外不能修改其中数据的存储器。参见 read-only storage, read/write protection。

protected subsystem 保护子系统 微软 Windows NT 中执行操作系统功能的服务器进程,每个保护子系统都在私有地址空间内以用户态运行。参见 environment subsystem, integral subsystem。

protecting earthing (PE) 保护导体,地线 简称"PE 线",专门用于将电气装置外露导电部分接地的导体,至于是直接连接至与电源点工作接地无关的接地极上还是通过电源中性点接地并不重要,两者都称 PE 线。

protection 保护 限制访问或使用一个计算机系统的一部或全部资源的一种安排。参见 privacy protection, storage protection。

protection against direct contact 直接接触防护 对人或动物与带电部分危险接触的防护。

protection against shock in the case of a fault 故障时触电保护 对人或动物与外露导电部分、故障时可变成带电的外部导电部分危险的接触的保护。

protection channel 保护通道 当工作信道出现故障时接替它继续传输数据的信道。

protection domain 保护域 (1)属于某一特定程序的保护代码或数据所在的区域。(2)操作对象及其上合法操作的二元组的集合。一个进程的保护域即该进程所能存取的资源及以何种方式存取该资源的二元组的集合。

protection factors of a protective device 保护装置的保护因数 保护装置的保护水平所对应的操作冲击和雷电冲击电压峰值同保护装置额定电压峰值之比。

protection key 保护键(标) 用来保护一个存储区域的一组代码。整个主存储器可分成若干个区域,每个区域有一个保护键,当程序访问某区域内一单元时,只有这个程序持有的键(在它的程序状态字中相当于一把钥匙)与这个区域的保护键相同时,或当这个区域不被保护时才允许访问。

protection level of a protective device 保护装置的保护水平 在规定条件下,保护装置两端所可能出现的最高操作冲击和雷电冲击电压的峰值。

protection manager 保护管理器 一个与保护资源相关的系统部件,实施资源的保护。实现保护协议中与指定资源相关的一部分。

protection multiprogramming memory 多道程序存储保护 在多道存储的环境中对每个程序都实行保护的一种方法。每个程序都分配有不受侵犯的存储区。且在每个存储模块中设立保留区。若不在某程序的保留区里,则无法对该程序进行读、写或转换单元。

protection power gap 保护电力间隙 并联连接在节段上,当系统发生故障时能将节段上的电压限制在预定的水平之下并能负担电容器的放电电流、系统故障电流和负荷电流一定时间的一种装置。

protection ring 保护环 信息系统的一种层次结构的特权方式。它给已授权的用户、程序和进程以一定访问权,并按给定的方式操作。

protection sheet 保护片 窗孔卡上的一层材料,用来在缩微胶片贴上窗孔卡之前,保护窗孔卡上的粘附物。

protection span 保护翼 载波发送系统的一部分。包括重复的传输线,某些情况下还包括终端设备。可在其上构成宽带保护通道,以便当工作通道的设备或传输线出故障时变成工作的宽带通道。

protection switching (PS) 保护倒换 从工作信道倒换到保护信道或从主用设备倒换到备用设备的过程。

protective circuit 保护电路 以保护为目的的特殊电路或控制电路的一部分。

protective conductor 保护导体 某些防触电保护措施所要求的用来与下列任一部分作电气接连的导体。①外露导电部分;②外部导电部分;③主接地端子;④接地极;⑤电源接地点或人工中性点。

保护导体以符号 PE 表示。

protective connecting arrangement 保护连接编排 参见 access arrangement。

protective cover 防护罩[套] 为防止意外接触可能发生危险的部件所提供的外壳的一部分或挡板。

protective current transformer 保护用电流互感器 传递一种信息供给保护装置和控制装置以电流的互感器。

protective conductor 保护导体 为防电击,用来与外露可导电部分、外部可导电部分、主接地端子、接地极、电源接地点或人工中性点任一部分作电气连接的导体。

protective earthing 保护接地 为防止电气装置的金属外壳、配电装置的构架和线路杆塔等带电危及人身和设备安全而进行的接地。

protective gap 保护间隙 带电部分与地之间用以限制可能发生最大过电压的间隙。

protective jacket 保护罩 软盘上的不可卸去的封套。封套可防止弄脏和损坏其内的软盘,封套上有一个槽口,以便读写磁头读或写磁盘表面上的数据。

protective relay 保护继电器 一种量度继电器,它可以单独组成保护装置,也可以与其他继电器或元器件相结合组成保护装置。保护继电器反映被保护对象的异常情况,按预定要求动作,去发出警报信号或切除故障。

protective resistor 保护电阻器 为保护试验设备和试品而采用的电阻器。

protective voltage transformer 保护用电压互感器 传递一种信息供给保护装置和控制装置以电压的互感器。

protector 保护装置 由保护装置所需要的绝缘材料基座,或是碳保安器组以及保险丝,提供防过压及过流的保护。

protector bypass 保护装置旁路 由于输入和输出现场之间需要物理隔离,一个保护装置的内部短路或接地,其结果使过压或过流通过并进入大楼布线中而不启动保护装置单元。

protector unit 保护装置单元 一种拧入或塞入一个保护装置中的小装置,提供过压或过流保护。

protein chip 蛋白质芯片 将蛋白质或抗原等一些非核酸生命物质按微阵列方式固定在微型载体上获得的生物芯片。蛋白质芯片是一种高通量的蛋白功能分析技术,可用于蛋白质表达谱分析,研究蛋白质与蛋白质的相互作用,筛选药物作用的蛋白靶点等。参见 biochip。

protocol 协议,规程,规约,约定 (1)在计算机网络中,指两个或者多个系统之间交换信息时,交换消息的一种形式描述和必须遵循的规则。协议可以描述机器接口的低层细节,或者程序之间的高层交互作用。(2)在通信过程中,通信双方如何对话的约定,它独立于所用的通信工具。协议由三部分组成:①语义,规定了通信双方彼此之间准备"讲什么",即确定协议元素的类型;②语法,规定通信双方彼此之间"如何讲",即确定协议元素的格式;③变换规则,规定通信双方彼此之间的"应答关系",即确定通信过程中的状态变化,此项可用状态变化图来描述。(3)在执行数据库并发操作时,为避免活锁、死锁及非串行化现象的发生,对一个事务集的执行步骤所作的规定。除采用合理调度外,让所有事务都遵守一个或多个协议是解决上述冲突的有效办法。

protocol address 协议地址 赋给计算机的一个号码,用作发送给该计算机的包中的目的地地址。每个 IP(网际协议)地址是 32 位长。其他协议系列使用不同长度的协议地址。

protocol analysis 场记分析 获取专家经验知识的一种方法。知识工程师给领域专家提出一些典型问题,领域专家用语言表达出自己的解题思维过程,知识工程师把它记录下来,通过分析记录下来的内容来获取解题的知识。

protocol analyzer 协议分析器 用于分析网络性能数据和寻找检验网络故障的硬件设备或组合的硬件设备和软件产品。协议分析器可以获取所有的数据包,或者通过对过滤器的预先设定,获取指定的数据包,并且把获取的数据包放在跟踪缓冲区里。协议分析器能够翻译网络的信息,因为它们被程序设计成理解许多不同的网络协议。

protocol boundary 协议边界 在节点中两个成分之间支配交互作用的信号和规则。

protocol configuration 协议配置 在协议软件使用之前计算机必须执行的该参数赋值的步骤。通常,协议配置要有获取协议地址的系统。

protocol control 协议控制 计算机网络中,应用协议用于决定或控制应用程序的性能或正常运行的一种机制。例如,应用协议可能要求协议控制信息的发送以某个最低速率进行,否则应用程序的速度可能对用户是不可忍受的。

protocol control information (PCI) 协议控制信息 (1)OSI(开放系统互连)参考模型中,为了协调某层实体之间的联合操作,在该层实体之间使用下一层连接所交换的信息。(2)在通信协议模块之间发送的协调其运行的信息,与用户数据根本不同。

protocol conversion 协议转换 为实现不同协议间的转换而进行的信息处理工作。通常在网际通信时进行,使两个不同的系统得以兼容。

protocol converter 协议转换器 完成协议转换功能的设备,也称"接口转换器"。协议转换器用于构架网络连接,在使用不同协议的网络区域间做协议转换。它能使处于通信网上采用不同高层协议的主机仍然互相合作,完成各种通信应用。它工作在传输层或更高层。参见 Ethernet converter。

protocol data unit (PDU)　协议数据单元　(1)在分层网络结构中的各层之间传送的、包含来自上层的信息及当前层实体附加的信息的数据单元。PDU包含协议控制信息和用户数据。物理层的PDU是数据位,数据链路层的PDU是数据帧,网络层的PDU是数据包,传输层的PDU是数据段,其他更高层次的PDU是数据。(2)在ATM(异步传输模式)网络中,指给定协议的一个消息,由净荷和控制信息构成,通常包含在信元头部。

protocol emulator　协议仿真器　在一个网络系统中安装的、能够使该网络执行另一网络的协议的硬件和/或软件。

protocol engineering　协议工程　采用软件工程方法,研究讨论适用于网络协议软件的开发、维护过程及其相关技术。协议工程的主要研究内容包括有:协议形式化描述和形式化描述语言;协议软件的自动生成技术及其开发、维护工具;协议一致性测试技术及其工具。

protocol entity　协议实体　控制协议层操作的代码。

protocol family　协议系列　一系列相关的通信协议,使用一个公共地址机制以标识终端节点。同 address family。

protocol function　协议功能　在大多数通信和系统中,用于位同步的协议。它使接收器知道何时开始与停止。标准协议包括:成组信息传送,使用文本的开始与结束或其他相同的符号,信息是否收到过程以及错误校验和校正等。

protocol identifier　协议识别符　对于协议的一个字符串的名称。

protocol implementation conformance statement (PICS)　协议实现一致性声明　实现者对OSI(开放系统互连)实现中或在OSI系统中实现的能力和选项以及省略的特性所作出的声明。

protocol independent multicast (PIM)　独立于协议的多播　一种IP(网际协议)多播协议,由IDMR(域间多播路由)工作组设计。PIM的主要好处是不依靠任何路由协议进行工作,是大型或者小型公司网络的理想选择。其他的IP多播协议都依靠某些路由协议,如路由信息协议或开放式最短路径先行协议等。PIM定义了两种模式:密集模式和稀疏模式。

protocol independent multicast dense mode (PIM-DM)　密集模式独立于协议的多播　PIM-DM与DVMRP(距离向量多播路由协议)很相似,都属于密集模式协议,都采用了"扩散/剪枝"机制。同时,假定带宽不受限制,每个路由器都想接收多播数据包。主要不同之处在于DVMRP使用内建的多播路由协议,而PIM-DM采用RPF(逆向路径转发)动态建立SPT(最短路径树)。该模式适合于下述几种情况:高速网络;多播源和接收者比较靠近,发送者少,接收者多;多播数据流比较大且比较稳定。参见 reverse path forward, distance vector multicast routing protocol (DVMRP), shortest path tree (SPT)。

protocol independent multicast sparse mode (PIM-SM)　稀疏模式独立于协议的多播　PIM-SM与PIM-DM的根本差别在于PIM-SM是基于显式加入模型,即接收者向汇合点发送加入消息,而路由器只在已加入某个多播组输出接口上转发那个多播组的数据包。PIM-SM采用共享树进行多播数据包转发。每一个组有一个汇合点,多播源沿最短路径向RP发送数据,再由RP沿最短路径将数据发送到各个接收端。这一点类似于CBT(有核树),但PIM-SM不使用核的概念。PIM-SM主要优势之一是它不局限于通过共享树接收多播信息,还提供从共享树向最短路径树(SPT)转换的机制。尽管从共享树向SPT转换减少了网络延迟以及在RP(汇聚点)上可能出现的阻塞,但这种转换耗费了相当的路由器资源,所以它适用于有多对多播数据源和网络组数目较少的环境。参见 core-based trees (CBT), shortest path tree (SPT)。

protocol insensitive　协议不敏感　一个设备不用遵守协议而能够在数据上运行的特性。

protocol intelligence　协议智能　译码、显示及传输信息的能力,该信息是有关比特流及其格式的内容,特别有关用在电路中的数据通信协议。

protocol interpreter (PI)　协议解释程序　处理帧格式和通信协议规则的一种程序,可以解码和显示帧的数据。

protocol isolation　协议隔离　处于不同安全域的网络在物理上是有连线的,通过协议转换的手段保证受保护信息在逻辑上是隔离的,只有被系统要求传输的、内容受限的信息可以通过。同 network isolation, logic isolation。

protocol levels　协议级　协议的层次结构。最低级为同步通信协议,用于管理开关计算机之间的信息交换。其次是第一级协议,用于管理主机及其接口之间的信息交换。在协议实施中,使用这两级构成的二级协议用于控制主机间的信息交换。三级协议控制实际进程间的信息交换,其中进程可能是计算机程序,也可能是用户终端。在这一级中,协议在网络效用方面与用户密切相关。

protocol machine　协议机　能适应于各类协议,使不同的计算机、终端和专用网络可以方便地访问公共分组交换网的机器。协议机是一个逻辑概念,用来代替主计算机和终端,提供一种统一的工具。它适用于进程间通过公共数据网进行通信的各种协议。

protocol port　协议端口　一个唯一的宿主标识符,用于传输协议指定一个宿主机中的目标。

protocol port number 协议端口号 一个用来标识远程计算机上特定应用的小整型数。像 TCP(传输控制协议)之类的传输协议赋予每个服务一个端口号(如电子邮件服务端口号 25)。

protocol sensitive 协议敏感 当协议被设备理解时,能够在数据上运行的设备特性。

protocol sequence 协议顺序 协议标识符的有序排列。

protocol stack 协议堆栈 (1)一个层次化的协议系列,提供一系列网络功能。(2)微软 Windows NT 中,指用于从一台机器向另一台机器传输网络请求的网络协议序列的集合。参见 protocol。

protocol suite 协议栈 见 protocol stack。

protocol translator 协议翻译器 以一种协议接收要求路由选择的数据并以另一种协议将其发出的网关。

protocol type 协议类型 以太网帧的字头中的 2 字节字段,用于识别接收该帧的接收系统中的数据链路客户。

prototype 样机,模型机,原型 (1)整个计算机系统设计之前抽出关键部分做成的模型机,或计算机系统在未成为实际投产的系统之前设计成的供观察和修改的原型机。与样机意义近似的是前导实验,它是计算机系统的设计模型,用于测试系统设计、数据流和系统一般逻辑的正确性。(2)一种知识表示的概念模式,能描述一类事物的基本特征或共同属性。

prototype design 原型设计 为克服传统模型的弊病提出的软件生存期的模型。当设计的可行性存在疑问时,用一种新的方法论对一种新的应用进行构造或设计。原型通常不一定符合用户的所有要求,仅实现系统的一些最重要方面,但在设计最终系统之前,把从用户得来的反馈信息提供给设计人员。同 prototyping。

prototype life cycle model 原型生存期模型 软件开发生存期的一种模型。它将结构化生存期模型的概念同工程设计中的某些原则相结合。最基本的一条是在开发期内尽早向用户提供反馈信息,使用户知道最终的系统是什么样的。原型生存期大致分如下几个阶段:①系统分析、要求定义和设计;②原型开发和完善;③原型评估(至此,让用户评定原型,利用得到的用户反馈信息来修改前面几个阶段);④系统的全面实现和安装等。参见 software development cycle。

prototype matching model 原型匹配模型 一种人工智能图像识别模型。原型匹配模型认为,识别某个图像并不是一定要识别和对比无数个模板,而是图像的某些"相似性"。从图像中抽象出来的"相似性"就可作为原型,拿它来检验所要识别的图像。如果能找到一个相似的原型,这个图像也就被识别了。这种模型从神经上和记忆探寻的过程上来看,都比模板匹配模型更适宜,而且还能说明对一些不规则的,但某些方面与原型相似的图像的识别。参见 template matching model, feature analysis model, pandemonium model。

prototype method 原型化方法 开发 MIS(管理信息系统)及其他大型软件常采用的一种方法,亦即在建立一大型而复杂的系统之前,先提出一组基本需求,然后快速实现一个简单的实验性的系统,再通过反复修改对其不断提高、充实和细化,以建立一个完善而实用的系统的开发方法。

prototype page table entry (PPTE) 原型页表项 微软 Windows NT 中的一个数据结构,类似于普通的页表,但它指向的页帧由多个进程共享。参见 page table entry, section object。

prototype revision 原型修订 采用测试-修改循环修订原型系统中的推理规则知识、控制决策知识以及测试样本,使修改后的原型系统性能稳定,并成为达到设计预期要求的实际系统。

prototype statement 原型语句 同 macro prototype statement。

prototyping system 原型开发系统 用于对产品进行实验的硬件系统,包含计算机及开发所必需的软硬件。

prototyping technique 原型技术 软件工程中强调缩短开发周期,增强系统的实用性的一种新兴技术。系统分析员和用户为了能找到设计中的错误所在,通常使用诸如应用生成程序一类的工具构成原型,此技术焦点在于用户参与整个开发过程,随着开发阶段的进展,建立起拟定系统的部分模型,再不断试验、纠错、使用、评价和修改,获得新的原型版本,成为真正产品。建立原型的方面包括用户接口、系统功能、时间与存储要求等。

provability of knowledge 知识的可证明性 知识 K_1 包含在知识集{K}的内涵中,证明知识 K_1 可以由知识集{K}推出来的过程称为可证明性检查。

provable 可证的 通常,一个公式的演绎不含有任何假设的前提(非系统本身的公理)时,称该公式为可证的。参见 deduction。

provider agent 供应(商)代理 能够代表供应实体实施一些服务的代理。

provider backbone bridge (PBB) 运营商骨干桥接 IEEE 802.1ah 定义的 PBB 技术,也称 MAC-in-MAC,基于 MAC(介质访问控制)堆栈的技术。用户 MAC 被封装在运营商 MAC 内,通过二次封装对用户流量进行隔离,增强以太网的可扩展性和业务的安全性。参见 provider backbone transport (PBT)。

provider backbone transport (PBT) 运营商骨干传送 IEEE 802.1ah 定义的 PBB(运营商骨干桥接)技术的改进,也称 PBB-TE,在运营商网络层面关闭了 MAC(介质访问控制)学习、STP(生成树协

P

议)和广播。通过网络管理和控制,使业务事实上具有连接性,以便实现保护倒换、OAM(操作监管和维护)、QoS(服务质量)、流量工程。PBT 技术采用 OAM 机制来持续地监视网络中的隧道状态,可预先设定主、备链路,具有小于 50 ms 的故障倒换。参见 provider backbone bridge (PBB)。

provider edge (PE)　运营商边缘设备　运营商网络和用户网络直接相连的设备,通常是路由器设备。PE 负责运营商网络同客户网络的交互,处理来自客户设备的数据,并转发到其他的 PE。

provider entity　供应实体　能够提供网络服务的人或组织。

provider interface　供应者接口　微软 Windows NT 中的一个程序设计接口,允许网络供应商将其远程网络系统做成可以让网络应用程序接口(API)编写的应用程序浏览。参见 multiple provider router。

proving　验证　测试一台机器,看其是否有故障的过程。一般在机器维护之后进行。

proving time　检验时间,检试时间　测试一个系统或部件,保证其没有故障或误动作所需要的时间。

prowords　过程字,代语　无线电传输中用于表达特定意义的字或片语。它们在军事无线操作员之间的标准短信中使用,以便缩短传输,使传输量为最少。

proximity effect　邻近效应　在导体内,由于邻近的电流而导致的电流密度的不均匀分布现象。

proximity search　邻接搜索　一种文档搜索方法,用户要求搜索软件返回的文档要包含相互邻接的词。

proximity switch　接近开关　一种用于工业自动化控制系统中以实现检测、控制并与输出环节全盘无触点化的开关元件。当开关接近某一物体时,即发出控制信号。参见 photoelectric switch。

proximity zone　邻近区域　一个区域,其中的动作由触摸式设备传感而不需要用输入设备接触"触摸敏感"的表面。区域的大小取决于设备中数字化仪所采用的技术。

proxy　代理　信息技术上的代理是指用一种机制代替另一种机制采取的活动。参见 proxy server。

proxy ARP　代理 ARP　在计算机网络中,指一台机器(通常是一个路由器)回答发向另一台机器的 ARP(地址解析协议)请求的一种技术。通过改变其标识,路由器接受为数据报作出响应的责任。代理 ARP 使得一方能够在两个物理网络中使用一个简单的 IP(网际协议)地址。通常更好的方法是采用建立子网的方法。参见 address resolution protocol (ARP)。

proxy cache　代理内存　代理内存是代理服务器中用于网页存储的设备。如果浏览者所浏览的网页在内存中已经存在,则可直接从内存中提取,而无需再通过网络。使用代理内存的前提是,用户必须使用代理服务器。

proxy gateway　代理网关　把来自 Web 浏览器的统一资源地址请求传送到外部服务器并返回结果的一种计算机和相关软件,通常运行在防火墙机器上,主要是防止黑客的攻击。

proxy pattern　代理模式　对象的一种结构模式,代理模式给某一个对象提供一个代理对象,并由代理对象控制对原对象的引用。

proxy server　代理服务器　一种代表客户机转送服务请求的服务器,为用户建立因特网连接的程序。对用户而言,它像一个服务器,但该程序以客户的身份向真正的服务器发出请求,从而在用户和外部的服务器之间建立联系。代理服务器等效于一个网络传输层上的数据转发器,它的优点在于可以将被保护网络内部结构屏蔽起来,显著增强了网络的安全性。缺点是必须为每个网络服务专门设计、开发代理服务软件及相应的监控过滤功能,并且由于代理服务具有相当的工作量,因此通常需要专用的硬件(即工作站)来承担。在某些情况下,代理服务器允许客户机使用它本身不具有的应用程序。代理服务器也可通过在送出前审查包内容从而在因特网和专用网之间提供防火墙安全性。代理服务器通常和网关及防火墙联系起来,前者将局域网和外部网络隔开,而后者保护局域网不受外部的侵入。

PRR　(1)脉冲重复率 pulse repetition rate 的缩写。(2)分组无线转发器 packet radio repeater 的缩写。

PRS　(1)分组无线工作站 packet radio station 的缩写。(2)分组[包]交换无线电系统 packet radio system 的缩写。(3)主参考源 primary reference source 的缩写。

PRT　分组无线终端　packet radio terminal 的缩写。

PRU　分组无线设备　packet radio unit 的缩写。

pruning　修枝,修剪,删枝技术　在人工智能搜索过程中,修枝即是剪去搜索树上那些对选择最佳路径显然无多大贡献的后继节点。如 MYCIN 系统,使用置信度因数 CF 超过 0.25 以上的分枝树进行推理,而 CF 在 −1 ～ +0.25 之间的分枝则统统删除,就是一个实例。

PRW　伪随机字　pseudo random word 的缩写。

.ps　页面描述打印文件名后缀　ps 是 PostScript 的缩写。标识页面描述语言打印文件的文件扩展名。参见 PostScript。

PS　(1)表示服务(程序)presentation services 的缩写。(2)编程符号集 programmed symbol set 的缩写。(3)分组[包]交换 packet switched 的缩写。(4)问题求解 problem-solving 的缩写。(5)个人电台 personal station 的缩写。(6)保护倒换 protection switching 的缩写。

PSB 程序说明块 program specification block 的缩写。

PSC 分组[包]交换中心 packet switching centre 的缩写。

PSCF 基本系统控制功能部件 primary system control facility 的缩写。

.psd Photoshop 格式文件名后缀 标明使用 Adobe 公司 Photoshop 图像处理软件自建的标准文件扩展名，该格式支持 Photoshop 中所有的图层、通道、参考线、注释和颜色模式的格式，在保存时会将文件压缩，在该软件支持的各种格式中，其存取速度比其他格式快很多。参见 Photoshop。

PSD 功率谱密度 power spectral density 的缩写。

PSDN 分组交换数据网 packet switched data network 的缩写。

PSE (1)并行软件环境 parallel software environment 的缩写。(2)分组交换机[局]packet switching exchange 的缩写。

psec 微微秒，皮秒 见 picosecond。

pseudo 伪 一个对象或动作，具有另一个对象或动作的外观或功能。

pseudo-address 伪地址 在报文交换通信系统中，已知道路由选择地址的中间地址。

pseudo-application program 伪应用程序 为测试管理程序而编写的一种工作程序。

pseudo-arithmetic operation 伪算术操作 对指令中非操作数数据进行的特定算术运算。例如地址运算和数据编辑运算(比较、求补、压缩、拆开、规格化等)。

pseudo-binary 伪二进制 模块化系统程序中，通过异步通信控制附属设备传输二进制数据所使用的一种编码约定。

pseudo-boolean algebra 伪布尔代数 用于描述 MOS(金属氧化物半导体)开关级逻辑电路的一种代数结构。由电压源、连线、晶体管、电阻、电容组成。

pseudo chaotic time hopping (PCTH) 伪混沌跳时 一种适用于超宽带脉冲无线电通信系统的调制技术。脉冲无线电通常采用脉位调制(PPM)进行信息编码，它把数字信号处理单元的输出，用数模转换器变换为模拟信号，再把这个模拟信号加上一个固定的偏移量，使它成为驱动脉位调制的信号，这个信号就称为“伪混沌跳时信号”。

pseudo-clock 伪时钟 由定时监控例行程序使用，以计算定时间隔及实际时间的一个主存储单元。

pseudo-code 伪(代)码 (1)写计算机指令用的一种代码，但不是机器代码。当用汇编代码写程序时，操作码和数据地址是用符号表示的，以后再用汇编程序把它们转换成机器代码。符号形式的指令称为伪代码。(2)一种不使用任何特定的程序设计语言的语法而描述计算机算法的人工语言。同 structured English。

pseudo-color 伪彩色 使图像的不同灰度值对应于不同的颜色，从而把黑白浓淡图像或类似于红外线图像的单色图像用彩色图像显示的图像处理技术。属于这一处理技术的有彩色密度分割、利用查找表的灰度级到彩色的变换等处理。

pseudo compiler 伪编译器 一种编译器，用它产生的伪语言或中间语言还必须进一步编译或解释之后才能执行。

pseudo computer language 伪计算机语言 一种描述性语言。伪计算机语言是介于自然语言和计算机语言之间的，用文字和符号来描述算法的语言。它不用图形符号，因此书写方便、格式紧凑、易于理解，它便于向计算机程序设计语言过渡，但不能在计算机系统中运行。用这种语言所编写的描述性程序则称之为“伪程序”。

pseudo-cursor 伪光标 计算机制图技术中的一种符号，它模拟显示屏上光标的操作。

pseudocylinder 伪柱面 在某些操作系统中，表示 FBA(固定块结构)直接存取存储器地址的一种 CKD(计算键数据)。伪柱面按每个存取位置的页数定义。

pseudo-device 伪设备 用软件模拟的一种虚拟设备，不对应于任何物理设备。伪设备常用于程序测试和程序研制。

pseudo-device driver 伪设备驱动程序 在 UNIX 中，指不是直接与物理设备相关的一种软件驱动程序，它执行诸如多路转接器或日志驱动程序那样的流的内部功能。

pseudo-duplex operation 伪双工操作 对于以 V.29 为基础的半双工 modem(调制解调器)硬件，使用软件手段实现全双工操作的技术。

pseudo-exhaustive testing 伪穷举测试 将数字电路进行划分，使每一个子电路能进行穷举测试的方法。对于每个子电路，用其所有可能的输入组合作为测试码。而对整个电路，总共所需的测试码数比整个电路进行穷举测试所需的测试码数量可以大大减少。

pseudo-file address 伪文件地址 供应用程序从文件中获得一个记录用的一个伪地址。使用时必须由管理程序转换成实际的机器地址。

pseudo-file name 伪文件名 用户定义的，命名一个没有文件描述体的文件用的名字。

pseudo-flaw 伪缺陷 为对付入侵者在操作系统中故意设置的明显漏洞。

pseudo-front-end system 伪前端系统 一种多系统环境中的信息管理系统。该系统内所有终端都得到处理;少量费时的事务则送到一个事务处理系统中去。参见 balanced system, front-end system, transaction processing system。

pseudograph 伪图 含有环和平行边的图。在某些教科书中,图既不允许含有环也不允许含有平行边。多重图中不允许含有环但允许含有平行边。而把含有环和平行边的称为伪图。

pseudo-instruction 伪指令 (1)不属于计算机内部指令系统的伪代码指令,由硬件识别。(2)也称“汇编指令”。这些指令被包含在汇编语言写成的源程序中,但不转换为目标程序指令。它向汇编程序提供必要的信息。

pseudo language 伪语言 一种用来描述编程思路或程序执行流程的表达型式,但不能直接被计算机理解的语言。在一个用伪程序设计语言编写的程序运行之前,必须被翻译成计算机能理解的程序设计语言。

pseudolinear function 伪线性函数 一个函数类。如果函数既是伪凸又是伪凹的则称之为伪线性函数。线性规划的一些性质可以推广到包含伪线性函数的规划中。

pseudo LU-LU session 伪 LU-LU 会话 在某些通信系统软件中,主机主逻辑单元和二进制同步站或起止式数据站间的一次会话。

pseudo machine 虚拟计算机 一种实际上硬件不存在的但可以用软件模拟的计算机。一个为虚拟计算机编写的软件可以不必再编译就能在其他平台上运行。

pseudo object 伪对象 不能在网络上传输的对象引用。伪对象和其他对象类似,但由于被 ORB(对象请求代理)所拥有,所以它们不能被扩展。伪对象包括 ORB、BOA、上下文对象、环境对象、请求、TypeCode、主对象等。

pseudo-offline working 伪脱机工作 在与主机相连的设备上进行的、与主机并行的工作。它不受主机控制,而是由设备独立的程序控制的。

pseudo operation 伪操作 汇编语言程序语句除指令以外还可以由伪操作和宏指令组成。伪操作也称“伪指令”,它不像机器指令那样是在程序运行期间由计算机来执行的,它是在汇编程序对源程序汇编期间由汇编程序处理的操作。可以完成如数据定义、分配存储区、指示程序结束等功能。

pseudo-perspective view 伪透视图 一种表示二维函数的技术。在画伪透视图时,先把函数值映射到第三空间坐标,这样就构成了一个曲面,然后再按线框法画出该曲面,这就是伪透视图。

pseudo-polynomial-time algorithm 伪多项式时间算法 在问题的所有输入均用一元表示法表示时,时间复杂性以多项式为界的一类算法。具有伪多项式时间算法的 NP-完全问题可能不十分难解,至少对一些特殊类型的实例运行时间以多项式为界。

pseudo program 伪程序 一种过程设计语言,也称“伪代码”。它仅仅是对算法的一种描述,可以采用任意的自然语句(英语或汉语),是不可执行的。参见 pseudo computer language。

pseudorandom 伪随机 伪随机看似随机的,实际上是根据预先安排的顺序进行的。

pseudo random binary sequence (PRBS) 伪随机二进制序列 满足一个或多个统计随机标准检验的二进制数字序列。

pseudo random code 伪随机码 以随机序列形式出现的数字代码。由于其长度为有限值,因此,它们并不是真正的随机码。可用于同步和控制序列。

pseudo random noise (PRN) code 伪随机噪声码 一种信号,它看起来如同随机的电噪声,但是又不是真正的噪声。它与传统产生噪声的方法截然不同,它是利用伪随机码的频谱特性,通过处理而形成的噪声,即噪声谱线的密度和能量可以控制,并有精确的值,而不是随机量。伪随机噪声码最重要的特性是对所有时间延迟自相关值低,或者说是在码精确对齐时,时间滞后问题显露不出来。

pseudo random number 伪随机数 由某种算术运算产生且具有随机数特性的一串数。产生伪随机数的办法很多,为了保证产生的伪随机数的随机性,一般要对产生的数进行奇偶性检查、均匀性检查等统计检验。伪随机数并不是完全随机的,但在特定的应用场合中,一般能保证其伪随机性近似于随机性,所以可代替随机数。

pseudo random number sequence 伪随机数序列 用某种算术过程求得的对于某些目的而言,可以看作是随机数序列的一种数字序列。

pseudo random signal 伪随机信号 至少有一个参数(通常是幅度)属于由计算过程产生的时间伪随机函数的信号。

pseudo random pattern 伪随机图形 特定长度的重复位图形,其位次序在图形的长度内呈现随机性。在 BERT(位误码率测试)检验中用于减小发送和接收设备的图形中的规则或重复序列的效应。

pseudo range (PR) 伪距 GPS(全球定位系统)卫星至用户接收机天线之间的距离。因该距离含有时钟误差和大气层折射延迟,而非“真实距离”,故称伪距。

pseudo range measurement 伪距测量 在用全球定位系统进行导航和定位时,用卫星发播的伪随机码与接收机复制码的相关技术,测定测站到卫星之间的、含有时钟误差和大气层折射延迟的距离的技术和方法。

pseudo-reduction 伪归约 人工智能中解决困难问题的一种方法,该问题中有多个目标必须同时满足。先独立地计算完成每个目标,然后用计算分段的知识集成地解决问题。

pseudo-sectoring 伪扇形扫描 在磁盘存取中,利用扇区标志之间的定时脉冲划分扇面的过程。它使存取单元小于扇面。

pseudo-state **伪状态** 状态机中的一个顶点，它具有状态的形式，但不执行状态的行为。伪状态包含初始顶点和历史顶点。

pseudo-terminal subsystem **伪终端子系统** 在UNIX中，等同于终端子系统的用户界面，只是用进程代替了硬件设备。它由至少一个主设备、从设备、线路规程模块和硬件仿真模块组成。

pseudo-text **伪正文** COBOL语言复制(COPY)语句中用的一种字符串。以伪正文定界符(即==)为界，但伪正文定界符不是伪正文的一部分。

pseudo-text delimiter **伪正文定界符** 同pseudo-delimiter。

pseudo timer **伪计时器** 一种特殊的虚(拟)机定时设施，它为虚机提供日期、时间、虚拟处理单元和总的处理单元的时间信息。

pseudo-variable **伪变量** 类似于变量名的一个表达式，与变量名不同，它的值不能被赋值表达式改变，也不能用作形参。有两类伪变量，一类不随环境而改变，如nil，true，false，它的值总是常量，另一类将随着上下文不同而不同，如self中的值总是消息接收者，不管以self为接收者的消息出现在哪一个类中。super是另一个伪变量，它的值总是以super为接收者的消息所在的类的超类(父类)。

pseudo wire (PW) **伪线** 是两个PE(运营商边缘设备)间的虚拟连接，在两个PE之间传输帧。建立和维护伪线的工作由PE利用信令完成，并由伪线的两个端点PE维护伪线的状态信息。参见provider edge。

pseudo wire emulation edge-to-edge (PWE3) **边缘到边缘的伪线仿真** 因特网工程任务组(IETF)下属的“边缘到边缘的伪线仿真”工作组负责制定的在分组交换网(PSN)上仿真第一层(L1)和第二层(L2)网络业务的机制。PWE3中的3没有特别的含义，就是代表emulation edge-to-edg的3个E的缩写。应用这种PWE3技术，可以提供跨网段、透明的端到端的通道。例如，企业专用网用户通过PWE3，可以将MPLS(多协议标签交换)转发和IP路由结合起来仿真ATM(异步传输模式)和帧中继业务。参见pseudo wire (PW)。

PSG **短语结构语法** phrase structure grammar的缩写。

PSH **物理服务头(部)** physical service header的缩写。

PSI-CELP **基音同步更新—码激励线性预测(编码)** pitch synchronous innovation-code excited linear prediction的缩写。

PSID **产品系列标识** product-set identification的缩写。

PSK **相移键控** phase shift keying的缩写。

PSL **问题陈述语言** problem statement language的缩写。

PSL/PSA **问题陈述语言/问题陈述分析器** problem statement language/problem statement analyzer的缩写。

PSM (1)比例间隔打字机proportional spacing machine的缩写。(2)持久性存储模块persistent stored module的缩写。

PSN (1)公用交换网络public switching network的缩写。(2)打印顺序号print sequence number的缩写。(3)包[分组]交换网络packet switching network的缩写。(4)分组交换节点packet switching node的缩写。(5)奔腾Ⅲ序列号Pentium sequence number的缩写。

PSO **微粒群优化** particle swarm optimization的缩写。

psophometric weighting **噪声加权** 由CCITT(国际电报电话咨询委员会)建立的一种电话噪声加权，用于噪声计噪声测量装置中，与FIA线路加权类似，噪声加权主要在欧洲使用。

PSP (1)掌上游戏机play station portable的缩写。(2)个体软件过程personal software process的缩写。

PSR (1)光子时隙路由photonic slot routing的缩写。(2)程序支持代表program support representative的缩写。

PSRR (1)产品及其支持需求申请product and support requirements request的缩写。(2)电源抑制比power supply rejection ratio的缩写。

PSS (1)分组交换业务packet switching service的缩写。(2)分组交换流packet switch stream的缩写。

PSSA **程序静态存储区域** program static storage area的缩写。

PST (1)进程调度表process scheduling table的缩写。(2)成对选择三进制码pair-selected ternary的缩写。

PSTN **公用交换电话网** public switched telephone network的缩写。

PSU **电源** power supply unit的缩写。

PSV **程序状态向量** program status vector的缩写。

PSW (1)程序状态字program status word的缩写。(2)处理机状态字processor status word的缩写。

PS/2 **PS/2个人计算机** personal system/2的缩写。

PS/2 bus **PS/2总线** 参见Micro Channel Architecture。

PT (1)页(面)表page table的缩写。(2)电压互感

器 potential transformer 的缩写。

PTBR 页表基址寄存器 page table base register 的缩写。

PTC (1)太平洋电信理事会 pacific telecommunication council 的缩写。(2)正温度系数 positive temperature coefficient 的缩写。

PTCCH/D 分组定时控制信道/下行 packet timing control channel/downlink 的缩写。

PTCCH/U 分组定时控制信道/上行 packet timing control channel/uplink 的缩写。

P

PTE 页表项 page table entry 的缩写。

PTERM 物理终端 physical terminal 的缩写。

PTF 程序临时性调整 program temporary fix 的缩写。

PTI (1)耐起痕指数 proof tracking index 的缩写。(2)净荷类型指示符 payload type indicator 的缩写。

PTM 脉冲时间调制 pulse time modulation 的缩写。

PTM-G 点对多点群呼业务 point to multi-point-group call 的缩写。

PTM-M 点对多点组播业务 point to multi-point multicast 的缩写。

PTM service 点对多点业务 point to multi-point service 的缩写。

PTN (1)个人通信号码 personal telecommunication number 的缩写。(2)公共电话网 public telephone network 的缩写。

PTO 公众电信运营商 public telecommunication operator 的缩写。

PTOCA 演示文本对象内容系统结构 presentation text object content architecture 的缩写。

PTP (1)分组传送协议 packet transfer protocol 的缩写。(2)图片传输协议 picture transfer protocol 的缩写。(3)顺光道路径 parallel track path 的缩写。

PTP-CLNS 点对点无连接网络业务 point to point connectionless-mode network service 的缩写。

PTP service 点对点业务 point to point service 的缩写。

PTR 光电纸带阅读器 photoelectric tape reader 的缩写。

PTS 表示时间戳 presentation time stamp 的缩写。

PTSE PNNI 拓扑状态元素 PNNI topology state element 的缩写。

PTSP PNNI 拓扑状态包 PNNI topology state packet 的缩写。

PTT 一键通 push to talk 的缩写。

PTTC 纸带传输代码 paper tape transmission code 的缩写。

P-type semiconductor P 型半导体 一种掺有受主杂质的半导体。当激发时,产生显著的正电荷载体(空穴)。P 型半导体比 N 型半导体的传导率低,开关速率也慢些,但允许较高的组件封装密度。P 型和 N 型半导体材料常结合使用以获得这两种半导体材料间的整流作用。比较 N-type semiconductor。

PU 物理单元 physical unit 的缩写。

public 公有的 类定义中公有的数据成员和成员函数可以在这个类的作用域以外访问到。

publication of resource information 资源信息发布 数据生产者把完整的资源信息或数据集信息向社会公开的过程。是资源信息共享的最直接服务方式。

public authority 公共权限 准许所有用户使用某一客体的权限。

public board (PB) PB 报告 美国政府的科技报告之一。该报告出版时采用美国商务部出版局的英文名称 Publication Board 的字首作为编号,故称“PB 报告”。PB 报告最初由 1945 年 6 月成立的美国商务部出版局出版,后来 OPB 多次易名,但其出版发行的资料仍冠以 PB 字样,并用流水号连续编号发行,直至今天。PB 报告包括军用和民用两个方面。10 万号以前的系从第二次大战战败国德、意、日得到的科技文献,10 万号以后的基本上是美国国内各科研机构的技术报告。

public cloud 公有云 云计算基础设施由运营商拥有,并对外提供公共服务的云。比较 private cloud, hybrid cloud。

public data 公开数据 数据库系统对所有的用户都开放的数据。而只对个别用户开放的数据称私人数据或专用数据。

public data network (PDN) 公用数据网(络) 公用数据网是由通信网发展而来的。它的本质特征是网络公用、资源共享,是向公众提供数据通信服务的一种通信网,它是国家公用通信基础设施之一,一般由国家统一建设、管理和运营。公用数据网按照全国统一的编址方案,每个入网用户可与网上其他用户通信。一般,它只负责数据从发送端到接收端的透明的无差错传输,用户之间通信的高层协议或应用业务则由用户自己协商和选择。因此,公用数据网实际上是一个提供公用数据通信服务的通信子网,而各用户或用户组织借助通信子网提供的服务可以组建自己的信息系统。公用数据网与资源子网界面清晰,使用率高,是目前计算机网络发展的高级形式。

public data transmission service 公用数据传输服务 由管理当局建立并通过公用数据网络提供的数据传输服务。有线路交换、包交换和租用线路等服务方式。

public dial-in ports 公用拨号入口 公用拨号入口在连续的网络上是通用的，而且能够由客户或被授权用户需求时使用。本地拨号入口提供了沿本地公用电话网接入的装置。

public directory 公共目录 在基本网络计算(BNU)中，向所有用户打开的目录。用于在与系统连接的系统之间传递文件和程序。

public domain software 公共(流通)软件 这是一种不具备版权的软件，它允许任何人自由使用、交换、修改和复制的软件，它主要是一些计算机爱好者出于不同目的而自愿捐献给同行使用的软件。比较 freeware，shareware，business software。

public file 公共文件 在因特网中，指任何用户都可以访问的文件。使得 FTP(文件传输协议)服务时，可以通过匿名登录标识访问公共文件。

public folders 公用文件夹 在共享网络环境中，在某台计算机上可访问的或可被特定用户访问的文件夹。

public information 公共信息 在 AIX 操作系统中，对任何用户都可见的信息。

public key 公共键，公钥 计算机安全中，任何要加密信息的用户都可使用的密钥。对应于 private key。参见 public key cryptography (PKC)。

public key cryptography (PKC) 公钥密码学，公钥 公钥密码学也称"不对称密码学"。这种密码学中密钥是成对的，其中一个是公用密钥，另一个是私人密钥。公钥可以随意给其他人，而私钥则要自己保留，被公钥加密过的信息要用对应的私钥才能解密。整个公共密钥密码学的工作原理如下：信息发送者先到接收者网站下载接收者公钥，然后利用接收者的公钥将信息加密，再将加密过的信息发送给接收者，接收者收到信息后，利用自己的私钥将信息解密。所以用不对称密码可以验证对方发来的信息肯定是给我的。公钥密码学中最有代表性的是 RAS 密码体制，它是由 Rivest 和 Adleman 以及 Shamir 三人在 1978 年共同研究完成的。同 asymmetric cryptography。

public key crypto system 公钥密码系统 一种数据加密系统，由使用两个互相匹配的密钥(公钥和私钥)构成的编码系统。发送数据者使用任何人都可取得的公钥来将数据加密，接收数据者使用只有自己知道的私钥来将数据解开，由于使用运算能力非常强的计算机也需要花上极长的时间才有可能由公钥推算出私钥，故这种加密方式是非常安全的，但需要传送端先取得接收端的公钥才能使用。

public key encryption 公钥加密 由对应的一对唯一性密钥(即公钥和私钥)组成的加密方法。是一种非对称加密方法。用公钥进行加密，而用相应的私钥进行解密。

public key encryption system (PKES) 公钥加密系统 一个保密系统，其中，数据加密需要的密钥为一般的公众所知而解密密钥仅为接收被加密的数据的用户所知。

public key infrastructure (PKI) 公钥基础设施 由公开密钥密码技术、数字证书、证书认证中心和关于公钥的安全策略等基本成分共同组成，管理密钥和证书的系统或平台。从广义上讲，所有提供公钥加密和数字签名服务的系统，都可称为 PKI 系统。PKI 的主要目的是通过自动管理密钥和证书，为用户建立起一个安全的网络运行环境，使用户可以在多种应用环境下方便地使用加密和数字签名技术，从而保证网上数据的机密性、真实性、完整性和不可否认性。一个有效的 PKI 系统必须是安全的和透明的，用户在获得加密和数字签名服务时，不需要详细地了解 PKI 是怎样管理证书和密钥的，一个典型、完整、有效的 PKI 应用系统至少应具有以下部分：认证中心(CA)、数字证书库、密钥备份及恢复系统、证书作废系统、应用接口等基本构成部分。参见 certificate authority (CA)。

public key system data encryption 公钥制数据加密 一种不对称的双密钥加密算法，该算法使用一个公开的密钥把数据从明文转变成密文，并且用一个不同的密钥把密文转变回明文。

public land mobile network (PLMN) 公共陆地移动网 由政府或他所批准的经营者，为公众提供陆地移动通信业务目的而建立和经营的网络。该网络必须与公用交换电话网(PSTN)互连，形成整个地区或国家规模的通信网。参见 public switched telephone network (PSTN)。

public library 公共库 同 alternate library。

publicly verifiable secret sharing (PVSS) 公开的可验证秘密共享 公开的可验证秘密共享方案是一种任何一方均能公开地验证共享正确性的可验证秘密共享方案，验证并不局限于共享所属的参与者本人，所以它比一般的可验证秘密共享方案有着更广泛的应用。参见 verifiable secret sharing (VSS)。

public mailing list 公共邮件发送清单 在因特网中，指电子邮件发送目的地址清单。任何用户都可以将自己加入其中，或自己从中删除，或向其发送信件。发送到公共邮件清单的邮件可以到达许多用户。

public message 公用消息 可以被所有网络用户读取的消息。

public microprogram 公用微程序 被多个微程序调用的一段微程序。它被调用后并不返回原来的微程序，调用公用微程序只须解决从其他微程序转入公用微程序问题，无需保存返回地址。例如，取指令微程序、规格化微程序等，都是各种指令的微程序所调用的公用微程序。

public music channel 公共音乐通道 免费提供音

乐的 CATV(有线电视)通道。音乐由播送站的磁带或光碟产生,并通过电缆发送。

public network　公用网络　由远程通信管理部门或由 RPOA(经认可的私营电信机构)专为公众提供线路交换、包交换以及专线服务而建立和运行的网络。比较 user-application network。

public note　公共注记　在 AIX 操作系统中,在 InfoExplorer 程序中使用的两种类型的注记之一。建立的公共键分配给许多用户。只有少数用户具有建立公共注记的写许可。参见 private note。

P

public operation　公共操作　各条指令都有的微操作。如取指令、指令计时器加 1 等。精心设计公共操作,有利于简化微操作控制部件的设计和节省硬件设备,同时也便于突出各条指令中有特殊性的一些微操作,不易出错。

public packet switched network (PPSN)　公用[公共]分组交换网　为用户提供分组交换业务及其他交换业务的数字网。网内带有网络控制中心(NCC)。它面向社会,为各行业服务。

public packet switching service (PPSS)　公用分组[包]交换服务　(1)公用分组交换网络所提供的服务。(2)指公用分组交换网络本身。

public queue　公用队列　在某些小型计算机系统中,任务集中的任意一个任务都可以从其中存取元素的一种队列。

public rights　公用权　依据知识产权法,允许公众使用和下载因特网上的信息。

public standard protocol　公共标准协议　公开的网络标准规格。任何人都可以写一个履行公共标准协议的程序,使网络主机得以通信。

public switched network (PSN)　公用[公共]交换网络　向许多用户提供线路交换的各种交换系统。在美国有四类这样的网络,即:Teles(用户电报),TWX(电传交换业务),电话以及宽带交换业务。

public switched telephone network (PSTN)　公用交换电话网　若干交换中心分布在较广的地理范围内,并用通信线路(一般为电话线)连接起来,为用户提供电话交换业务的声音传输网。交换中心之间及交换中心同交换支局之间遵守国际标准信令系统,或遵守通信公司自己制定的信令系统。公用交换电话网面向社会,为各行业服务。

public telecommunication operator (PTO)　公众电信运营商　向一般公众提供电信基础设施和业务的公司。术语"公众"只涉及用户而不涉及 PTO 的所有权归属。

public telephone network　公用电话网络　提供公用电话服务的通信网络。通过使用一个拨盘式或按键式电话机,网中的任一用户能够与其他任一用户建立通信,包括 DDD(长途直拨)业务。

public volume　公用卷　一种已安装的卷。系统可把它分配给一个对此已作过非指定卷请求的输出数据集。在安装公用卷的设备需要用来安装另一个卷之前,已安装的公用卷一直保留。比较 private volume。

public wireless local area network (PWLAN)　公共无线局域网　将无线局域网(WLAN)部署在公共热点场所,如机场、车站、宾馆、会展中心等场所,向移动人群提供安全高速的无线数据接入服务。

published model　已发布的模型　已定型的模型,可用于对存储库进行实例化,并有助于定义其他模型。已定型模型的元素将无法变更。

publishing interchange language (PIL)　出版交换语言　一种文档交换标准,定义文字和图形对象在页面上的放置,但不涉及对象的内容。

Publishing Requirements for Industry Standard Metadata (PRISM)　工业标准元数据的出版需求　PRISM 是一种与出版相关的元数据标准。它通过提供标准化特性、受控词汇表和支持用户定义其自己的受控词汇表的扩展性机制来允许对内容和相关资源进行正式描述。PRISM 涵盖了从目录到书籍在内的各种内容以及从各种形式的电子出版物到各种形式的印刷出版物在内的各种媒体。

puck　手持光标,游标　一种手持式小圆盘,其上刻有十字准线的瞄准器及 2 ～ 4 个按钮,它在数字化桌上用来输入坐标数据,按钮可以作为选择设备使用。

PUCP　物理单元控制点　physical unit control point 的缩写。

pull　出栈　把当前栈顶元素或数据项取出的过程。栈指针自动移向当前栈顶的下一地址。

pullback　撤回重发　刚刚发送的消息或消息系列的重发。

pull-down　下拉　在窗口的作用区上的一种操作,如打开菜单。参见 pop-down。

pull-down menu　下拉式菜单　一种菜单的类型,在窗口中显示出菜单名,当用户在菜单条上选择命令名后便出现菜单的内容。下拉一词来自 Macintosh 计算机对这种方法的实现,即如果不将屏幕上鼠标指针拖出菜单按下并按住鼠标键,菜单就不会停留在屏幕上。然而在 DOS(磁盘操作系统)和微软视窗程序中,在击菜单名后,菜单便停留在屏幕上。通过鼠标选择菜单上的某个数据项来完成一种功能。在有些系统中,键盘命令也可显示下拉菜单。

pull-down resistor　下拉电阻　将不确定的信号通过一个电阻钳位在低电平。比较 pull-up resistor。

pull instruction　出栈指令　从堆栈的顶端取出数据的指令。

pull media　拖拉媒体　一种媒体发送模式,在这种模式中,必须得到请求之后,网上的服务器才把内容发送给用户。例如,使用 HTTP(超文本传输协议)的 Web 浏览器就属于这种模式。比较 push media。

pull technology 拖拉技术 从特定资源站点请求信息。使用 Web 浏览器下载 Web 网页是拖拉技术的一个例子。比较 push technology。

pull-through winding 拉入绕组 线圈边沿轴向拉入槽内的绕组。

pull-up resistor 上拉电阻 将不确定的信号通过一个电阻钳位在高电平。上拉电阻的功能主要是为集电极开路输出型电路输出电流通道。

pulsating current 脉动电流 (1)大小随时间变化而方向不变的电流。(2)平均值不为零的周期电流。

pulsating quantity 脉动量 在同一个周期内的平均值不等于零的周期量。比较 periodic quantity, alternating quantity, oscillating quantity。

pulsating voltage 脉动电压 平均值不为零的周期电压。

pulsation factor 脉动因数 脉动电压或电流的交流分量的方均根值与总脉动量的方均根值之比。参见 pulsating voltage, pulsating current。

pulse 脉冲 (1)可以接通和断开的电路中的电流,用于表示二进制代码的字符。(2)电流、电压或其他物理量的幅值在极短的时间内快速变化,所谓极短的时间上相对于一定的时间间隔而言,这个量在变化后又回到其初始值。同 impulse。参见 clock pulse, synchronization pulse。

pulse amplitude 脉冲幅度 脉冲的跃变幅度。脉冲跃变时会产生上冲或下冲,测量脉冲幅度并不以上冲或下冲的数值为准,而是以其稳定后的数值为准。

pulse amplitude modulation (PAM) 脉(冲)幅(度)调制 脉冲幅度随调制信号的变化而改变的一种脉冲调制方式。脉冲波的幅度按照模拟调制信号的变化而变化。可用于分时多路转换系统中,此时连续的脉冲代表各个音频通道的样点值。

pulse channel 脉冲通道 用脉冲表示信息(通过脉冲的个数或调制特征)的通道。

pulse code 脉冲代码 用一组脉冲表示数字的代码。一般用有脉冲表示“1”,无脉冲表示“0”。

pulse code modulation (PCM) 脉(冲编)码调制 对信号进行抽样和量化时,将所得的量化值序列进行编码,变换为数字信号的调制过程。脉码调制主要经过三个过程:抽样、量化和编码。抽样过程将连续时间模拟信号变为离散时间、连续幅度的抽样信号,量化过程将抽样信号变为离散时间、离散幅度的数字信号,编码过程将量化后的信号编码成为一个二进制码组输出。

pulse-code modulation broadcast 脉码调制广播 利用数字信号传输图像和声音,可以使噪音的影响减小,从而获得高质量的播送效果。困难在于这种广播需要宽带的电波,目前比较现实的是利用广播卫星。

pulse code modulation-intensity modulated (PCM-IM) 脉码调制-强度调制 一种差分脉冲编码调制技术。它首先对视频、音频信号进行数字化处理,然后用数字信号去调制光强度。即将多路模拟基带的视频、音频、数据进行高分辨率数字化,形成高速数字流,然后将多路数字流进行复用,复用后的数字流去调制光端机上的光头,光头发射的光信号是数字信号,即 0 或 1 对应光信号强、弱两种状态,不同的 0 和 1 组合代表不同幅度的视频、音频、数据信号。然后通过另一端的接收光端机进行接收,解复用,恢复成各路数字化信号,再通过数字模拟变换恢复成模拟视频、音频、数据。

pulse control 脉冲控制 周期性改变重复导通电流起始瞬间和终止瞬间的控制。参见 chopper control。

pulse control factor 脉冲控制因数 变流器中,设换相电感为零,主臂在脉冲宽度控制情况下的导通比。参见 pulse dration control。

pulse control of convertor 变流器脉冲控制 周期性改变臂内重复导通电流起始瞬间和终止瞬间的控制。

pulse corrector 脉冲校正器 一种与脉冲发生器相连的转发器或电子电路,接收变了形的脉冲,经过整形后把它们按同样的速度,以 61%的间隔,39%的脉冲比率发送出去。

pulse-counting module 脉冲计数组件 能统计和存储高速或低速脉冲数的装置。在某些系统中,还可将它们的状态用指令输入到计算机中去。

pulse current 脉冲电流 方向不变,强度随时间周期性改变的电流,也称脉动电流。

pulse decay time 脉冲衰落时间 脉冲幅度下降所需的时间。脉冲衰落时间也称“脉冲下降时间”。脉冲衰落时间一般以脉冲下降到满幅度 90%起点,以脉冲下降到满幅度的 10%为终点。

pulse dialing 脉冲拨号 以前的电话拨号方法,即用直流电中止的时间表示所拨的数字。

pulse discriminator 脉冲鉴别器 只对有特定性质的脉冲,如对一定宽度或周期的脉冲才产生响应的装置,这种装置也称“时间鉴别器”。

pulse duration 脉冲持续时间 脉冲上升和下降曲线在半幅度点之间的时间间隔。

pulse duration control 脉冲持续[宽度]控制 改变脉冲宽度而保持频率不变的脉冲控制。参见 pulse frequency control。

pulse duration modulation (PDM) 脉冲持续时间调制,脉宽调制 (1)脉冲持续时间随调制信号的变化而改变的脉冲时间调制。参见 pulse time modu-

P

lation (PTM)。(2)表示二进制信息的一种编码方式。它利用两种不同的脉冲宽度分别表示“0”和“1”。

pulse fall time **脉冲下降时间** 脉冲幅度下降到某一规定值所需的时间。一般规定,从满幅度的90%处下降到10%所需的时间。

pulse frequency control **脉冲频率控制** 改变脉冲频率而保持宽度不变的脉冲控制。参见 pulse dration control。

pulse frequency modulation (PFM) **脉冲频率调制** 脉冲频率随调制信号的变化而改变的脉冲调制。

pulse frequency modulation spread spectrum **脉冲调频扩频** 数据扩频的一种方法,发信端发出射频脉冲信号,在每一脉冲周期中频率按某种方式变化。在收信端用色散滤波器解调信号,使进入滤波器的宽脉冲前后经过不同时延而同时到达输出端,这样就把每个脉冲信号压缩为瞬时功率高、但脉宽窄得多的脉冲,因而提高了信扰比。这种调制主要用于雷达,但在通信中也有应用。参见 direct sequence spread spectrum (DSSS), frequency hopping spread spectrum (FHSS), time hopping spread spectrum (THSS), hybrid spreads spectrum modulation。

pulse generator **脉冲发生器** 能连续不断输出脉冲信号的电子线路或器件。

pulse length **脉冲宽度,脉宽** 标准脉冲的额定宽度上脉冲曲线上升沿和下降沿在幅度值一半处的时间间隔。

pulse length modulation **脉冲长度调制** 参见 pulse duration modulation。

pulse modulation **脉冲调制** 脉冲载波的一个或多个特性随调制信号的变化而改变的调制。脉冲调制是指脉冲本身的参数(幅度、宽度、相位)随信号发生变化的过程。脉冲幅度随信号变化,称为脉冲振幅调制;脉冲相位随信号变化,称为脉冲相位调制;同理还有脉冲宽度调制、双脉冲间隔调制、脉冲编码调制等。其中,脉冲编码调制的抗干扰性最强,故在通信中应用最有前途。

pulse noise **脉冲噪声** 由非连续的、持续时间短和幅度大的不规则脉冲或噪声尖峰组成。产生脉冲噪声的原因多种多样,其中包括电磁干扰以及通信系统的故障和缺陷,也可能在通信系统的电气开关和继电器改变状态时产生。脉冲噪声对模拟数据一般仅是小麻烦。但在数字式数据通信中,脉冲噪声是出错的主要原因。

pulse number of convertor **变流器脉波数** 变流器电连接特征之一,表示在一个电网周期内非同时换相的次数。

pulse period **脉冲周期** 相邻两个脉冲之间的时间间隔。脉冲周期是脉冲重复频率的倒数。

pulse phase modulation (PPM) **脉冲相位调制** 脉冲时间偏移与调制频率成反比的调制。

pulse position modulation (PPM) **脉(冲)位(置)调制** 脉冲的时间位置随调制信号的变化而改变的脉冲调制。分脉相调制和脉频调制两种。脉冲的位移量与调制信号的幅度成比例,所有脉冲的幅度和宽度均保持不变。与脉幅调制或脉宽调制相比,脉位调制的抗干扰能力较强,其缺点是占用频率较宽,要求接收端和发送端严格同步。参见 pulse time modulation (PTM)。

pulse regeneration **脉冲再生** 用可能失真的输入脉冲来控制新脉冲的产生过程。这些新脉冲的时间位置、形状和幅度都接近原脉冲。

pulse repetition frequency **脉冲重复频率** 单位时间的脉冲数。脉冲重复频率是脉冲周期的倒数。

pulse repetition interval (PRI) **脉冲重复间隔** 相邻脉冲之间的间隔。

pulse repetition rate (PRR) **脉冲重复率** 同 pulse repetition frequency。

pulse response **脉冲响应** 导线输入一个脉冲信号后的输出。

pulse rise time **脉冲上升时间** 脉冲幅度上升所需的时间。脉冲上升时间一般以脉冲上升到满幅度的10%为起点,以脉冲上升到满幅度的90%为终点。

pulse shaping **脉冲整形** 将脉冲恢复到所规定的周期、宽度和幅度的过程。脉冲整形也称“脉冲再生”。

pulse spectrum **脉冲频谱** 由脉冲的傅里叶分量所决定的频率函数的一种分布。

pulses per inch (PPI) **脉冲每英寸** 鼠标器移动性能的一种度量单位。

pulse-spreading **脉冲扩展** 对脉冲的宽度按需要进行扩展。

pulse stretcher **脉冲展宽器** 用来增加脉冲宽度的一种电子装置。

pulse string **脉冲串** 在电路的某一点上,按时序出现的一组脉冲。同 pulse train。

pulse stuffing **脉冲塞入** 与位塞入相同。参见 bit stuffing。

pulse-swapping standardization **脉冲交换标准化** 恢复脉冲或产生某些特定脉冲时所规定的关于脉冲幅度、形状和脉宽等的条件。

pulse time modulation (PTM) **脉冲时间调制** 脉冲载波与时间有关的特性随调制信号的变化而改变的脉冲调制。例如,脉冲位置调制、脉冲持续时间调制等。参见 pulse position modulation (PPM), pulse duration modulation (PDM)。

pulse train **脉冲串** 具有相似特征的一串脉冲。

pulse-train generator **脉冲串发生器** 一种带有信号激励的电路系统或装置,能产生一定数目的间隔相等的脉冲。

pulse transformer 脉冲变压器 通过矩形磁滞回线磁芯和其上各线圈的比率关系使输出电流或电压处于适当水平，从而使电路之间达到阻抗匹配或传输同相、反相信号。

pulse trap 脉冲陷阱 监视任何 RS 232 引线的逻辑电平(高到低或低到高)变化的设备。

pulse width 脉冲宽度 脉冲维持的时间间隔。脉冲开始时的跃变称为脉冲前沿，结束时的跃变称为脉冲后沿，不论是前沿还是后沿，跃变时都要有个过程，即出现一个斜坡。一般地说，脉冲的宽度是指前、后沿的半幅点之间的时间间隔。

pulse width modulation (PWM) 脉宽调制 表示二进制信息的一种信道编码。用两种不同宽度的脉冲分别表示信息位"1"和"0"。这种编码效率低。在计算机中，主要用于低性能小型数字磁记录装置。

pump optical reflectance 泵浦光反射 在标称工作条件下，从泵浦输出端口被传输光纤端面反射的泵浦光功率与总输出泵浦光功率之比，以 dB 表示。

punch 穿孔，穿孔机 (1)在卡片上或纸带上穿出信息孔的过程。(2)在数据载体上穿出信息孔用的设备。

punch block 穿孔块 一个穿孔块允许 25 对电缆分配到各个终端，在一端，25 对电缆(50 线)连接到穿孔块，穿孔块包括插接排，在插接排中，导线能使用一个特殊的工具"穿进"，允许接到各个站。

punch-card code 穿孔卡代码 用穿孔卡上小孔排列的形状来表示数据的代码。

punch column 穿孔栏，穿孔列 沿卡片短边(即列)的穿孔位置线。

punch-down block 下穿孔块 一个接口，该接口允许多导体绞线缆连接到标准 50 针电话公司的连接器上。

punch-down tool 下穿孔工具 一种特殊的工具，它能够使绞线插接到穿孔块上的穿孔接触器。并且穿孔/插入块中。

punched tape 穿孔纸带 (1)其上按一定模式穿过孔的纸带。(2)在文字处理中，其上用穿孔行来代表正文及程序指令的一种纸带。

punched tape code 穿孔纸带代码 用穿孔带上的孔来表示数据的代码。同 perforated tape code，paper tape code。

punched tape reader 穿孔纸带读入装置 读入或感知穿孔纸带上的孔眼模式，将它所代表的数据转换成电信号的一种设备。

punching station 穿孔台 在卡片行进轨道上给穿孔卡片打孔的地方。同 punch station。

punch path 穿孔通路 在穿孔机中，具有穿孔台的一条卡片通路。

punch position 穿孔位置 一种在数据载体上指定的可进行穿孔以记录数据的地方。同 code position，punching position。

punch row 穿孔行 沿卡片 x 轴方向的一行穿孔位置。

punch tape code 穿孔纸带代码 用于表示穿孔纸带上数据的一种代码。

punctuation bit 标长位 在使用可变字长数据格式时，用来表示信息单位实际长度的位。每个内存单元有两个标长位，可表示字段长度、项目长度、记录长度或指令长度。

punctuation character 标点字符 用于分隔元素或标识某特定类型的元素的字符，如逗号、分号、句点、引号、左右括号、空格或等于号等。

PUNS 物理单元服务 physical unit services 的缩写。

PUP 潜在的不必要程序 potentially unwanted program 的缩写。

PU-PU flow PU-PU 流 在 SNA(系统网络体系结构)中，网络控制的请求和应答信号在 PU(物理单元)之间进行的交换。

pure binary numeration system 纯二进制数制 使用二进制数字且以 2 为基数的固定基数数制系统。

pure code 纯码 写一个程序使得在执行中任一个程序代码不发生变化。所有数据和工作存储都位于程序之外。采用纯码的处理过程可以在任何一点上中止并用另一个处理过程重新进入程序，也称"重新进入码"。

pure demand paging 纯请求页式管理 任何时候都只根据进程的请求而将相应页调入内存的页式管理技术。当进程开始执行时便会出现缺页现象，从而启动调页程序将该进程的第一页调入内存。

pure literal rule 纯基本式规则 谓词演算中的一种删除规则。其用法为：如果在某个基本式 L 出现在子句集 S 的某个子句中，但其互补基本式 $\sim L$ 却不出现在 S 内的任一子句中，则称该基本式 L 在 D 中是纯的。可从 S 中删去含有 L 的所有子句，从而得到集合 S。S 与 S 的不可满足性仍然等价。

pure machine-aided translation 纯机器辅助翻译 (1)将两种或多种语言的词典计算机化，通过给出目标语言中与源语言词法相应的成分来帮助翻译人员。(2)由人辅助计算机完成部分翻译工作的一种机器翻译系统。机器翻译提供一种途径，以便向翻译人员提供源语言词汇在目的语言中的等价条目，编制一个两种或多种语言的计算机化词典。通常在自动词典中仅有专业词汇，留下部分普通的词汇给翻译人员处理。

pure machine translation 纯机器翻译 由计算机本身完成全部翻译的一种机器翻译系统。其中仅预输入及输出文本的编辑需要通过翻译人员。尽管做了许多研究，纯机器翻译仍然处于试验阶段，而机器辅助翻译已成为目前尚可供使用的一种方法。

pure multi-path frame network　纯多路径框架网　含有多重继承且各继承之间不存在优先关系的框架系统。

pure procedure　纯过程　在执行时,不改变其本身的过程,而改变的只是数据工作区,这由调用程序提供。即不同程序调用时,使用不同的工作区。

purge　删除,清除　(1)由于计算机存储器中的某些数据(一般为文件)不再需要或其他原因,须从存储器中除去,这一动作称为删除。(2)从文件中除去无用的记录。(3)在高速缓存中,当一个进程放弃了对一个处理机的使用权,则与该进程相联系的高速缓存或者类似的高速存储器的所有项被移去。

purge date　删除日期　通过重写从计算机存储器中删除文件的日期。

PURL　持续统一资源定位器　persistent URL 的缩写。

purple noise　紫色噪声　在有限频率范围内,功率密度随频率的增加每倍频增长 6 dB(密度正比于频率的平方值)的噪声。参见 blue noise,coloured noise。

purpose-directed analogy　目的导引类比　一种基于解释的方法和数据聚集方法相结合的学习策略。它将一个训练例与一个已知的训练例类比,建立前者的解释,然后将两者的解释综合,产生基于这两个例子之上的概念抽象。

push　压入　将一项数据加到堆栈顶上去的过程。

push access protocol (PAP)　推送访问协议　用于传送应该被推送到客户机的内容的协议,并且在推送发起方和代理网关之间推送相关的控制信息。

pushable module　可压入模块　在 UNIX 中,指在流首和驱动程序之间插入的模块。它对流首的驱动程序之间流动的消息进行中间变换。驱动程序是不可压入的模块。参见 stream head。

push-button　按钮　用人力(一般为手指或手掌)操作,并具有贮能(弹簧)复位的主令电器。参见 master switch。

push-button array　按钮开关阵列　一种简单的模式识别输入系统。将二维的黑白图形用按钮开关装配成二维阵列输入到计算机中去。

push-button dialing　按键式拨号　用键或按钮代替旋转拨号盘产生一系列数字以建立线路连接的技术。信号一般是多个音调,也称"音调拨号"、"按键呼叫"、"按键音(拨号)"。

push-button dialing pad　按钮式拨号板　一种有 12 个键,能发出音调键控信号的装置。一般附在转盘拨号电话机上,用于产生数据信号。

push client　推送客户器　驻留在用户计算机上的软件,它接收来自因特网或内联网上的网播服务器的信息。这种软件可以是内置有推送技术的 Web 浏览器(如美国 Netscape 公司的 Netcaster),也可以是单独的一个程序(如美国 PointCast 公司的 PointCast)。

push-down　下推　一种后进先出的排队方法。队列中最后进入的一项最先取出。

push-down automaton (PDA)　下推自动机　一种不确定的自动机,与不确定有穷自动机相仿,不同在于它还带有一个堆栈(一个先进后出的工作带),堆栈中存放给定字母表上的字符串。下推自动机每次读入一个输入字符和栈顶字符。连同现行状态决定下一时刻的状态和堆栈中的字符串(它由弹出或压入栈顶符号来改变)。下推自动机可识别(接受)的语言集等同于上下文无关语言集。

push-down list　下推表,后进先出表　按后进先出的原则存储数据项的一种表。每个新项进表时,占据该表的第一项,此时其他所有项在表中下推一个项。从表中取出数据项时,先取第一项,其他项上托一个位置。

push-down queue　下推队列　按下推表原则工作的队列。参见 push-down。

push-down stack　下推栈　按后进先出原则工作的堆栈。新的数据项存入时占据栈项单元,原先的数据项顺序下移。反之,从栈中弹出数据时,最后存入的数据项最先弹出。

push-down storage　下推存储器,后进先出存储器　按后进先出原则工作的存储设备。

push-down transducer　下推转换器　与下推自动机类似,不同之处是多一个输出字母表。每次读入字母时,除了进行状态转换和改变下推栈的内容外,还可输出一些字母。输出的字母也由一组映射规则确定。参见 push-down automaton (PDA)。

pushing　下压　将数据放入堆栈的过程。

push instruction　进栈指令　实现进栈操作的计算机指令。

push media　推送媒体　一种媒体发送模式,在这种模式中,网络上的服务器主动把内容推送给客户端的接收软件,其推送速率取决于客户端的设备与服务器之间信道的传输速率。广播电视是一种典型的推送媒体。比较 pull media。

push-pull amplifier　推挽放大器　一种特别的放大器,其所用的一对晶体管或电子管因采用了专门的接线方式,所以当一个管子负责放大信号波形的正半周时,另一管子便负责放大信号波形的负半周。

push technology　推送技术　推送技术使信息能在 Web 服务器上传播给客户,而不必每次提出请求。但许多问题仍待解决,如收益来自何处、用户是谁、采用何种客户等。用推送技术发布软件和提供升级将是一个巨大的领域,这可能导致产业政策的巨大变革。然而基于推送的产品需要与各种信息源打交道,包括国际互联网、公司数据库、组件环境以及企业内部网。通常有三大阵营使用这项技术:雇员、用户和供应链伙伴。使用内部网的雇员，可用一套推送工具提供有关公司关键信息的实时更新，以使公司人员收悉。但作为内扩网（内部网向外部的延伸）一部分的用户和供应链伙伴应就使用的通信工具达成一致。最终当推送技术成熟时，这种技术可能成为一个非常好的标准台式机特征。

push-through winding　插入绕组　线圈边沿轴向插入槽内后再把另一端成形并连接成绕组。

push to talk (PTT)　一键通　采用半双工的通信方式，将有相应功能的手机当成对讲机使用。一键通手机有个对讲键，用户按下后，无论距离远近，只需位于运营商网络覆盖之处，就可以和其他用户或者群组通话。

push-to-talk over cellular (PoC)　无线一键通　由爱立信、摩托罗拉、诺基亚和西门子四公司联合开发的规范。该规范基于3GPP（第三代移动通信项目组织）定义的IP多媒体子系统（IMS），使用户无论漫游到全球的任何地方，都能享受易于使用的“一键通”体验，其成本远远低于普通的手机语音业务。参见 push to talk (PTT)。

push-up list　上推表，先进先出表　按先进先出的原则存储信息项的一种表。每个新项进表时，占据该表的最后一项。从表中取出信息时，先取第一项，此时所有其他项在表中上推一个项。

push-up queue　上推队列　同FIFO（先进先出）队列。

push-up storage　上推存储器，先进先出存储器　按先进先出原则工作的存储设备。

PUT　程序更改带　program update tape 的缩写。

PVC　（1）永久虚拟连接 permanent virtual connection 的缩写。（2）永久虚拟线路 permanent virtual circuit 的缩写。（3）聚乙烯氯化物 polyvinyl chloride 的缩写。

PVCC　永久虚拟通道连接　permanent virtual channel connection 的缩写。

PVE　环境对抗游戏　player versus environment 的缩写。

PVI　原始 VTAM 接口　primitive VTAM interface 的缩写。

PVM　并行虚拟机　parallel virtual machine 的缩写。

PVP　（1）个人视频播放器 personal video player 的缩写。（2）分组视频协议 packet video protocol 的缩写。（3）玩家对抗游戏，挑战 player versus player 的缩写。

PVPC　永久虚拟路径连接　permanent virtual path connection 的缩写。

PVR　个人录像机　personal video recorder 的缩写。

PVS　程序证实服务程序　program validation services 的缩写。

PVSS　公开的可验证秘密共享　publicly verifiable secret sharing 的缩写。

PVT　页面显示终端　page view terminal 的缩写。参见 graphic display terminal。

PW　（1）专用线 private wire 的缩写。（2）伪线 pseudo wire 的缩写。

PWB　印刷线路板　printed wiring board 的缩写。

PWE3　边缘到边缘的伪线仿真　pseudo wire emulation edge-to-edge 的缩写。

PWLAN　公共无线局域网　public wireless local area network 的缩写。

PWM　脉宽调制　pulse width modulation 的缩写。

PWS　个人 Web 服务器　personal Web server 的缩写。

PX　专用交换机　private exchange 的缩写。

PXB　池扩展块　pool extension block 的缩写。

.pxl　PIXAR 打印格式文件名后缀　标明使用 PIXAR 公司 Paint 软件所产生文件的扩展名。

.pxr　PIXAR 格式文件名后缀　标明使用 PIXAR 公司 Typestry 软件所产生文件的扩展名，该软件的功能是将一般的二维平面字型塑造成三维的立体效果。

PX64　PX64 标准　一种 CCITT（国际电报电话咨询委员会）可视会议标准，于1990年12月颁布。这是一种窄带广域电视会议系统标准，其图像质量较JPEG（联合图像专家小组）等其他标准低。

PX64 kbit/s television standard　PX64 kbit/s 电视编码标准　适合于在综合业务数字网（ISDN）上提供电视图像服务的数据压缩技术标准。该标准适用于电视电话和电视会议。

pyramid configuration　金字塔构型　一种通信网络，其中一个或多个多路转换器的数据链路与另一个多路转换器的I/O端口连接。

pyroconductivity　高温导电性　仅在高温时出现在固体中的导电现象，这些固体在常规环境温度下基本是不导电的。

pyroelectric effect　热释电效应　电石、酒石酸钾钠（罗谢耳盐）、钛酸钡等高介电常数晶体材料受热产生温度变化时，其原子排列将发生变化，晶体自发极化，在其两表面产生电荷的现象称为热释电效应。产生的电荷量与晶体受热表面积和温度成正比。

pyroelectricity　热电　由于温度不等而使某些半对称的晶体发生极化的现象。

pyromagnetic　热磁的　泛指热和磁之间的作用。

pyrometer　高温计　用电子手段测量温度（特别是超出水银温度计范围的温度）的仪器，如辐射、电阻和热电高温计。

Python language　Python 编程语言　1991年由Gui-

P

do van Rossum 开发、后由 Python 综合的一种程序设计语言。这是一种可移植的解释性的面向对象程序设计语言，也是一种开放源代码的通用型语言，允许自由拷贝。该语言填补了 C 语言和 Shell 之间的间隔，并具有非常简捷而清晰的语法特点，所以很适合用于原型程序的设计或作为 C 语言的一种扩充。该语言可以在多种平台（如 UNIX、Windows、OS/2 和 Macintosh 等）上运行，可以用来编写基于 TCP/IP（传输控制协议/网际协议）的应用程序。

puzzle game (PZL)　益智类游戏　puzzle 的原意是拼图游戏，在电脑游戏中，指各类有趣的益智游戏。

PZL　益智类游戏　puzzle game 的缩写。

P0L system　繁殖的林氏无关系统，P0L 系统　propagating zero-sided Lindenmayer system 的缩写。

P1　P1 协议　由 CCITT（国际电报电话咨询委员会）X. 400 标准指定的一个协议，该协议确定消息传送代理如何相互通信。

P1 refutation　P1 反演　在谓词演算的分解原理中，如果一个子句没有否定形式的基本式，则称该子句为正子句。同理，其基本式只有否定形式的子句，称为负子句。

在分解演绎中，每个分解是由子句推得的。如果该子句中至少有一个是正子句，则称这种演绎为 P1 反演。

P1394 serial bus　P1394 串行总线　一种高性能的串行总线的标准。P1394 接口比 SCSI（小型计算机系统接口）和其他 I/O 接口有许多优点：①速度非常快、价格便宜且容易实现。事实上，P1394 不仅在计算机系统而且在电子产品，如数字照相机、VCR 和电视机方面都受欢迎。这些产品中，P1394 用于传送日益丰富的数字化视频图像。由于它是采用串行传送（每次一位），无需较宽、较昂贵的电缆及较宽、较昂贵带有多个引脚的连接器，无需考虑屏蔽保护问题。②体积较小，而它们的计算能力及 I/O 要求增加。很适合需要高速的数据传送来处理图像和视频信息的便携式计算机。③带有简单的连接器，能通过单个端口来处理许多设备连接器，因此鼠标、激光打印机、SCSI（小型计算机系统接口）外部磁盘驱动器、声音和本地网的连接都能用这种单个连接器取代。它是受 Nintendo Gameboy 所使用的连接器的启发而诞生的，它使用方便，用户只要在机器背部插入即可。

P2　P2 协议　由 CCITT（国际电报电话咨询委员会）X. 400 标准指定的一个协议，该协议确定了怎样构成消息，通过消息传送代理传送、提交及递交。

P2P　对等　peer-to-peer 的缩写。

P3　P3 协议　由 CCITT（国际电报电话咨询委员会）X. 400 标准指定的一个协议，该协议确定用户代理（UA）如何用消息传送代理进行通信。

P3P　P3P 协议，隐私参数项目平台（协议）　platform for privacy preferences project 的缩写。

P＝NP problem　P 等于 NP 问题　计算机科学中的一个著名问题。已知决定性的图灵机和非决定性的图灵机所接受的语言是相同的，但这并不等于说这两类图灵机的工作效率也是相同的。令 P 代表决定性图灵机在多项式时间界限下（即：具有多项式复杂性的决定性图灵机）所能接受的语言类，NP 代表非决定性图灵机在多项式时间界限下所能接受的语言类，显然有 P⊆NP，问题是 P 是否等于 NP？这就是 P 等于 NP 问题。这个问题的解决将使人们对于计算机的计算能力有更深刻的理解。

Q

Q **品质因数** quality factor 的缩写。

QA (1)质量保证 quality assurance 的缩写。(2)Q 适配器 Q-adapter 的缩写。

Q-adapter (QA) **Q 适配器** Q 适配器是一种把具有非 TMN(电信管理网)兼容接口(m 参考点)的网络单元或运行系统连接到 Qx 或 Q3 接口的装置。一个 Q 适配器可以包含一个或多个 QAF(Q 适配器功能)。通过 Q 适配器和协调装置实现对采用不同协议的各种通信设备进行统一管理。Q 适配器和协调装置用来完成各种非 Q3 接口到 Q3 接口的转换,以达到 Q3 接口的实现与具体的通信设备无关的目标,从而保证完成各种管理功能的运行系统的实现与具体通信设备的无关性。参见 Q-adapter function (QAF) block, Q3 interface, Qx interface。

Q-adapter function (QAF) block **Q 适配器功能块** 用来连接不支持标准 TMN(电信管理网)接口的 TMN 的那些 NEF(网元功能)和 OSF(运行系统功能)。QAF 的责任是在 TMN 接口和非 TMN(如专有的)接口之间进行交换,因此非 TMN 接口的活动性被显示在 TMN 之外。参见 telecommunication management network (TMN)。

Q address **Q 地址,四地址** quadruple address 的缩写。

QAF **Q 适配器功能** Q-adapter function 的缩写。

QAM (1)正交幅度调制 quadrature amplitude modulation 的缩写。(2)排队存取法 queued access method 的缩写。

Q-band **Q 频带** 雷达使用的频带(36 ～ 46 GHz)。

QBE **范例查询** query by example 的缩写。

QC **质量控制** quality control 的缩写。

QCB **队列控制块** queue control block 的缩写。

QCD **量子色动力学** quantum chromo dynamics 的缩写。

QCELP **Qualcomm 码激励线性预测(编码)** Qualcomm code excited linear prediction 的缩写。

QCI **服务质量类别标识** QoS class identifier 的缩写。

QCIF **四分之一通用媒介格式** quarter common intermediate format 的缩写。

QD **队列说明符** queue descriptor 的缩写。

QE **队列元(素)** queue element 的缩写。

QED **量子电动力学** quantum electrodynamics 的缩写。

QEMM 386 **QEMM386 内存管理程序** 由美国 Quarterdeck Office Systems 公司研制的一种 DOS(磁盘操作系统)内存管理程序,可用在 386 及以上机器中,已被微软选择作为 DOS 中的一个实用程序。在 DOS 6.0 之下,它将 ROM BIOS(只读存储器基本输入输出系统)例程安排到扩充内存(EMS)中,从而释放了 DOS 软件所需要的常规内存。参见 expanded memory specification (EMS)。

Q factor **Q 因数** 同 quality factor。

Q-factor of dielectric **电介质的品质因数** 无功功率的绝对值与有功功率的比。

QFHP **四侧引脚厚体扁平封装** quad flat high package 的缩写。

QFIP **四侧 I 形引脚扁平封装** quad I-leaded flat package 的缩写。

QFJP **四侧 J 形引脚扁平封装** quad J-leaded flat package 的缩写。

QFNP **四侧无引脚扁平封装** quad non-leaded flat package 的缩写。

QFP **四侧引脚扁平封装** quad flat package 的缩写。

QFT **量子场论** quantum field theory 的缩写。

QILP **四列直插封装** quad in-line package 的缩写。

Q interface **Q 接口** 为提供网络管理灵活性而设置的接口。

QISAM **排队索引顺序存取法** queued indexed sequential access method 的缩写。

QL **查询语言** query language 的缩写。

QLLC **限定式逻辑链路控制** qualified logical link control 的缩写。

QLLC PAD **限定式逻辑链路控制分组装拆设备** qualified logical link control packet assembler disassembler 的缩写。

QoE **体验质量** quality of experience 的缩写。

QoS **服务质量** Quality of Service 的缩写。

QoS class identifier (QCI) **服务质量类别标识** QCI 是一个标度值,用于衡量特定的提供给 SDF(服务数据流)的包转发行为(如丢包率,包延迟预算),它同时应用于 GBR(保证比特率)和非 GBR 承载,用于指定访问节点内定义的控制承载级分组转发方式(如调度权重、接纳门限、队列管理门限、链路层协议配置等),这些都由运营商预先配置到接入网节点中。参见 guaranteed bit rate (GBR)。

Q output **Q 输出** 触发器的输出端称为 Q 端。有的触发器具有互补的输出端,分别称为 Q 和 $\overline{Q}$。当它是“1”时,表示触发器处于“1”状态(即处于高电位)；当它是“0”时，表示触发器处于“0”状态(即处于低电位)。

QP 四相(制) quadra-phase 的缩写。

QPSK (1)正交相移键控 quadrature phase shift keying 的缩写。(2)四相移相键控 quaternary phase shift keying 的缩写。

QR algorithm QR 算法 求任意矩阵的全部特征值的一种有效方法，它是 JACOBI 方法的推广。QR 算法的基本计算步骤如下：先将矩阵 $A = A1$ 分解为正交矩阵 $Q1$ 与上三角阵 $R1$ 的乘积：$A1 = Q1 \cdot R1$，然后将所得的因式矩阵 $Q1$ 与 $R1$ 逆序相乘，得出矩阵 $A2 = R1 \cdot Q1$。这样就完成了 QR 方法的一步计算。以 $A2$ 代替 $A1$，重复上述步骤即得出 $A3$，以 $A3$ 代替 $A1$ 重复上述步骤即得出 $A4$，如此继续。在一定条件下可以证明这样得出的矩阵 Ak 将收敛于上三角形矩阵，其对角线元即为矩阵 A 的特征值。

QR Code QR 二维条码 QR 码空间的条码，1994 年由日本 Denso Wave 公司发明的一种二维矩阵码。QR 是快速反应(Quick Response)的缩写。QR 码只有黑白两色，呈正方形，在 4 个角落的其中 3 个，印有较小的、像“回”字的的正方图案。这 3 个是供解码软件作定位用的图案，使用者无论以任何角度扫描，都可正确读取信息。日本 QR 码的标准 JIS X 0510 在 1999 年 1 月发布，对应的 ISO 国际标准 ISO/IEC 18004 则在 2000 年 6 月获得批准。参见 two-dimensional bar code, MaxiCode, PDF417 two-dimensional bar code。

Q register Q 寄存器 一个用于扩展累加器的寄存器。供进行乘除运算的程序设计使用。

QRSS 准随机信号源 quasi-random signal source 的缩写。

QR tree QR 树 空间索引结构 R 树的改良变种。QR 树利用四叉树将空间划分成一些子空间，在各子空间内使用许多 R 树索引，从而改良索引空间的重叠。QR 树结合了四叉树与 R 树的优势，是两者的综合应用。实验证明：与 R 树相比，QR 树以略大的空间开销代价，换取了更高的性能，且索引目标数越多，QR 树的整体性能越好。参见 R tree。

QSAM 排队顺序存取法 queued sequential access method 的缩写。

QSC 高通单芯片 Qualcomm single chip 的缩写。

Q signal Q 信号 国际无线电电报缩写表中用来表示信息的信号，一种以字母 Q 开头的三个字母的缩语(即代码)，如，QRM：我正被干扰。QRN：正被静电干扰。QRU：你有信息发送给我吗？QRS：请发慢一点。QRV：你准备好了吗？QWL：请辨认收到的信息。

.qt 多媒体文件名后缀 一个使用 QuickTime 格式标识多媒体文件的文件扩展名。参见 QuickTime。

QTAM 排队远程通信访问法 queued telecommunications access method 的缩写。

QTCP 四侧引脚带载封装 quad tape carrier package 的缩写。

Q test Q 校验[测试] 一种检查数据的方法，比较检验两个或两个以上单元的数据相等还是不相等。

quadbit 四位组 用 4 位二进制数作为一组的编码。在通信方面，采用正交幅度调制且工作速率在 2 400 bps 或以上的调制解调器使用这种 4 位组。4 位组是提高传输速度的一种方法，其关键是同时编码 4 位，以一个波特率为单位发送 4 位，而不是 1 位或 2 位。16 种 4 位组分别是：0000，0001，0010，0011，0100，0101，0110，0111，1000，1001，1010，1011，1100，1101，1110 和 1111。4 位组相当于半字节。比较 nibble。

quad-bus transceiver 四总线收发器 一种包含四个独立的接收-发送器对的器件，专为数据总线类的双向总线系统而设计。

quad cable 四芯电缆 由四根或多组四根线成对地、相互绝缘地绞合在一起，并且带有外保护层(塑料、橡胶或金属丝网等)的电缆。

quadclock driver 四端时钟驱动器 具有四个独立输出端的时钟驱动电路。它可同时输出四路时钟信号，分别驱动地址、控制、定时和计数系统。

quad density 四倍密度 磁盘的一种存储密度。其容量相当于一个单密度磁盘的四倍。

quad flat high package (QFHP) 四侧引脚厚体扁平封装 四侧引脚扁平封装(QFP)的一种，为了防止封装本体断裂，本体制作得较厚。参见 quad flat package (QFP)。

quad flat package (QFP) 四侧引脚扁平封装 最普及的多引脚集成电路封装。引脚从四个侧面引出呈海鸥翼(L)型。基材有陶瓷、金属和塑料三种。引脚中心距有 1.0 mm、0.8 mm、0.65 mm、0.5 mm、0.4 mm、0.3 mm 等多种规格。根据封装本体厚度又分为 QFP(2.0 ～ 3.6 mm)、LQFP(1.4 mm)和 TQFP(1.0 mm)三种。参见 low-profile quad flat package (LQFP), thin quad flat package (TQFP)。

quad flat I-leaded package (QFIP) 四侧 I 形引脚扁平封装 表面贴装型封装之一。引脚从封装四个侧面引出，向下呈 I 字。由于引脚无突出部分，贴装占有面积小于标准四侧引脚扁平封装(QFP)。参见 quad flat package (QFP)。

quad flat J-leaded package (QFJP) 四侧 J 形引脚扁平封装 表面贴装型封装之一。引脚从封装四个侧面引出，向下呈 J 字。引脚中心距 1.27 mm。材料有塑料和陶瓷两种。参见 quad flat package (QFP)。

quad flat non-leaded package (QFNP) 四侧无引脚

扁平封装 表面贴装型封装之一。封装四侧配置有电极触点，由于无引脚，贴装占有面积比 QFP（四侧引脚扁平封装）小，高度比 QFP 低。但是，当印刷基板与封装之间产生应力时，在电极接触处就不能得到缓解。因此电极触点难于做到如 QFP 的引脚那样多。材料有塑料和陶瓷两种。参见 quad flat package（QFP）。

quad flat package（QFP） 四侧引脚扁平封装 最普及的多引脚集成电路封装。引脚从四个侧面引出呈海鸥翼（L）型。基材有陶瓷、金属和塑料三种。引脚中心距有 1.0 mm、0.8 mm、0.65 mm、0.5 mm、0.4 mm、0.3 mm 等多种规格。根据封装本体厚度又分为 QFP（2.0 ～ 3.6 mm）、LQFP（1.4 mm）和 TQFP（1.0 mm）三种。参见 low-profile quad flat package（LQFP），thin quad flat package（TQFP）。

quad flat package with bumper（BQFP） 带缓冲垫的四侧引脚扁平封装 改进型的 QFP（四侧引脚扁平封装），在封装本体的四个角设置缓冲垫以防止在运送过程中引脚发生弯曲变形。参见 quad flat package（QFP）。

quad in-line package（QILP） 四列直插封装 有四列插针引线的组件封装形式。引线分为四排，从组件的两侧引出，每侧引线都有两排插针，并按奇数和偶数位置交错排列，弯曲向下，彼此相距很近，一个芯片上可以封装 48 个以上的引脚，可以插入专用插座上。

quad-issue processor 四出口处理器 一种内部设有两条流水线的超标量体系结构处理器，可在一个时钟周期内执行 4 条指令。

quadra flop 四态电路 一种四态逻辑电路，具有互补的输出状态。该电路类似四个触发器，四个中任一个触发器置为“1”即可使其他三个归“0”。

quadra-phase（QP） 四相（制） 计算机数字磁记录中用的一种二进制信息编码方法。把输入的一列二进制信息按两位一组分组。然后分别用 0°，90°，180°，270°四种不同的相位表示 00，01，10，11 四种可能的组合，这种编码是一种具有自同步能力的分组固定长度、游程长度受限码。

quadraphase shift keying 四相移键控 用载波在 0°，+90°，−90°，180°处发生的相移来表示不同二进制数字的一种相移键控。在无冗余的情况下，一个正弦载波周期的时域或频域内，可用不同的相位状态表示 00，01，10，11 等四种二进制码中的一个，在不提高脉冲重复速率的情况下增加信息传输速率。在具有冗余位的情况下，也可用此法提高传输可靠性。

quadraphonic 四声道立体声 一种高保真的声音录制及再现系统。重放时，由四个独立的声道分别馈给四个独立的音箱。

quadratic assignment problem 二次分配问题 二次分配是一般分配问题的推广。例如，有 n 个机关分别在 n 座建筑物内，机关 i 与 j 之间的通信次数为 C_{ij}，建筑物 k 与 l 之间的距离为 d_{kl}（$i,j,k,l=1,2,\cdots,n$），如何将这 n 个机关安排在 n 座建筑物中，使总的通信费用最少，这就是所谓二次分配问题。

quadrature 正交 （1）两个向量（如电场和磁场）相互垂直的状态，即这两个向量的内积（或称点积、标量积、数量积）等于零。（2）两个具有相同周期的周期性变量的相位差处于 90°（即四分之一周期）时的状态。（3）在 NTSC（美国国家电视制式委员会）视频中，色差信号与颜色子载波之间存在 90°相位差的状态。比较 in-phase。

quadrature amplifier 正交放大器 将信号相位移动 90°的放大器。

quadrature amplitude modulation（QAM） 正交幅度调制 将幅度调制和相位调制相结合的调制技术。以数字信号对正弦载波的同相分量和正交分量分别进行调制。正交幅度调制解调器综合利用幅度调制和相位调制两种方法，产生各种信号点的状态组合。它们各自表示一种唯一的位组合，可用载波所处的某种可能状态来区分。例如，符合国际电报电话咨询委员会（CCITT）V.22 第二版标准的调制解调器使用四种相位变化和两种幅值来得到可在载波上表示的 16 种不同的状态（信号改变）。因为有 16 种状态，每种状态就可以表示一个唯一的 4 位组合（称为一个 4 位组）。若以 600 波特的速率传输，这种调制解调器可传输 2 400 bps（每秒 600 次信号变化乘以 4 位）。正交幅度调制还可用于更快速的调制解调器中以产生高达 9 600 bps 的传输速率。这类调制解调器有的使用格栅编码调制（TCM），即一种改进的正交幅度调制方法，以获得高速状态下可靠的数据传输。参见 amplitude modulation，constellation，phase-shift keying，trellis-coded modulation，trellis-coded modulation（TCM）。

quadrature-axis component of current 电流的交轴分量 产生电枢反应磁势交轴分量的电流分量。

quadrature-axis component of magnetomotive force 磁势的交轴分量 垂直于磁极轴线的磁势分量。

quadrature-axis component of voltage 电压的交轴分量 同步电势交轴分量与交轴电压降做向量叠加而得到的电位差。

quadrature component 正交分量 （1）电路中由于感抗和容抗而产生的电流或电压的电抗分量。（2）与某个参考向量互相垂直的向量。例如，无功电流与有功电流的相位差是 90°，所以无功电流是有功电流的正交分量。

quadrature crosstalk 正交串音 由于正交调制器电路欠平衡或 90°相移网络达不到要求等原因，使已调载波和已调波的上下边频或边带不能保证

90°的相位差,而出现相互影响。其表现就是在接收端解调后出现串音,称为正变串音或正交串扰。

quadrature distortion　正交失真　调相的调制解调中常见的模拟信号失真。

quadrature encoding　正交编码　确定鼠标器移动方向的最常用方法。在机械鼠标器中,鼠标球的转动被一对旋转圆盘分别转换成水平和垂直两个方向上的移动,每个圆盘分别使固定于其上的两个传感器断开和接通。这两个传感器异相安装,鼠标器检测哪个传感器首先接通。正交编码一词来源于个传感器送出的方波信号有 90°相位差。若第一个信号先发生,就假定鼠标器沿某一方向移动;若第二个信号先发生,则假定鼠标器沿相反方向移动。参见 mechanical mouse, mouse, optomechanical mouse。

quadrature filter　正交滤波器　系统中用于消除信号正交分量的滤波器。

quadrature mirror filter (QMF)　正交镜象滤波器　一种数字滤波系统,它由一个低通滤波器和一个与其正交的镜象高通滤波器构成,其最大优点是在对信号进行滤波选抽分解和反滤波插值重构时不会产生因频率混叠而带来的信号失真。

quadrature modulation　正交调制　一种调制方法。两个独立的信号加在具有相同频率的载波上。两路载波的相位相差 90°。这种方法一般用于高带宽数据通信中。

quadrature phase shift keying (QPSK)　正交相移键控　在一个周期内使用四种相位状态,以表示不同信息的一种相移键控方式,也称"四相移键控"。参见 quadraphase shift keying。

quadrature transform method　正交变换方式　在图像的每 N 个像素群上做正交变换,利用变换后得到的直方图统计偏差,在各频谱上借助分配适当量化位,来减少整体传输信息量的方式。

quadruple address　四地址　一种指令的形式,它有四个地址。两个地址指出存放操作数的位置,一个地址指出存放运算结果的位置,另一个地址则指明下一条指令所在处。

quadruple display　四重显示　将显示器屏幕分成四个象限,分别对应四个页显示区的显示方法。

quadruple diversity　四重分集　具有间隔、频率或其他接收技术差异的四个被接收信号的同时组合。

quadruple-length register　四倍长度寄存器　四个寄存器像一个寄存器那样工作。每个寄存器可以单独访问。

quadruple ordert　四阶音频信号　一种音频信号。该信号在一个瞬间有四次短暂的高音爆发,其表示的是操作员只应该传送城市的名称并等待下面的指令。它被使用在人工长途汇接(又被称为 zip 音或干线分配音)中。四阶音频信号是高音的四个短迸发。

quadruple register　四重寄存器　同 quadruple-length register。

quadruples　四元组[式]　(1)由四个相互之间存在次序关系的元素构成的抽象数据类型。例如,表示因特网地址的 IP(网际协议)号码(如 198.204.112.1)就是四元组。根据 IP 号码以圆点分隔的特点也可更具体地称为点分四元组。(2)一种编码程序常用的中间语言。其一般形式为(w, O1, O2, T),其中 w 为运算符,O1 为右操作数,O2 为右操作数,T 表示运算结果,实际上是由编译程序产生的临时变量。其特点是比较接近于目标程序,便于优化。参见 triples。

quadruplex　四磁头录像法　使用 2 英寸宽磁带,头轮上装四个记录磁头(或播放磁头)进行录像的一种方法。

quadruplex system　四工系统　能在一条线路两个方向的每一方向上同时传送两路报文的莫尔斯电报系统。

quadrupole amplifier　四极放大器　由电子束管组成的低噪声参量放大器,电子束管的四极场作用于电子束的快速回旋波,产生频率范围在 400 ～ 800 MHz 的放大。回旋频率大约等于被放大信号的频率,泵浦频率大约是此值的两倍。

quadrupole moment　四极矩　定量地定义由给定电荷或磁荷分布引起的场。

quad tape carrier package (QTCP)　四侧引脚带载封装　带载封装之一,在绝缘带上形成引脚并从封装四个侧面引出。是利用载带自动焊(TAB)技术的薄型封装。参见 tape carrier package (TCP), tape automated bonding (TAB)。

quadtrees　四元树　也称"四叉树"。数字图像的一种树型数据结构。对于一个二值图像,利用区域相关性,纵横都接连不断地二等分,就是将图像递推地分割成四个象限,直至象限内已经没有更多的图像细节,或已达到所要求的分辨率为止。如果纵横接连不断地 4 等分,而不是二等分,则称为八元树数据结构。参见 octrees。

quad word　四字　16 位二进制数长的字。

Qualcomm code excited linear prediction (QCELP)　Qualcomm 码激励线性预测(编码)　美国 Qualcomm(高通)通信公司于 1993 年提的可变速率的语音压缩编码算法。QCELP 是基于码激励线性预测(CELP)的编码模式,它的特点有:①根据信号能量和背景噪声动态调整编码速率,在基本不影响语音质量的前提下,能够明显降低数据的平均速率;②自适应码本搜索采用开环基音分析与闭环搜索相结合的模型;③固定码本采用循环递归结构,减少了码本搜索的计算量和存储空间。QCELP 语音压缩编码算法包括 8 K 和 13 K 两种。可以选择以下四种速率中的任何一种进行编码:全速率、1/2 速率、1/4 速率和 1/8 速率。8K 算法相应的速率分别为 8.55 kbps、4 kbps、2 kbps 和 800 bps。13K 算法相应的速率分别为 13.3 kbps、6.2 kbps、2.7 kbps 和 1 kbps。QCELP 将每一帧又分为 LPC(线性预测编码)子帧、基音子帧和固定码本子帧,编码速率不同,每帧中各子帧的数目、包含的样本点及其参数所占比特数也不同。

Qualcomm single chip (QSC) 高通单芯片 美国高通(Qualcomm)公司于 2005 年 11 月开始生产的系列单芯片。这种单芯片将基带调制解调器、射频(RF)收发器、多媒体处理器、GPS 功能、电源管理芯片和系统内存集成到了单一的芯片上,减少了所需的独立组件数量,降低了物料成本,并节省了电路板面积。

qualification testing 合格性测试 一种比生产测试要求更高的严格测试。通常由开发者为用户所进行的测试,以确定产品是否符合规定的需求。参见 acceptance testing。

qualified association 受限关联 一种与两个类及一个限定词有关的关联。

qualified data name 受限数据名 一种经过修饰或加限定后的数据名。例如,COBOL 语言中的标识符可以由三段组成:一个数据名后面跟有一个 OF 或 IN,其后再跟随一个限定词。数据名后的词组可以重复。

qualified expression 限定表达式 Ada 语言中的一类表达式,它明显地描述一个表达式的类型,把表达式约束成一给定的子类型,或者把表达式转换成另一类型。它是一个由类型或子类型限定的表达式,它可用于陈述表达式的类型或子类型。

qualified global name 限定全程名 在一个程序中允许使用,并且在程序的所有子模块中都起作用的变量名。

qualified job name 限定作业名 一种作业名,由一个相关联的用户名和系统指定的作业号所构成。比较 job name。

qualified logical link control (QLLC) 限定式逻辑链路控制 美国 IBM 公司定义的一种数据链路层协议,它支持 X.25 网络上的 SNA(系统网络体系结构)数据传输。当 SNA 用于 X.25 时,在 X.25 数据包头通过 Q-bit 表示特殊链路控制信息。该信息与两个系统间互相通信的 SNA 控制相关,而与 X.25 链路控制无关。通过以上这些限定式数据包,SNA 能决定两个通信系统间的主叫方与被叫方以及最大信息大小。参见 enhanced logical link control (ELLC), physical services header (PSH)。

qualified logical link control packet assembler disassembler (QLLC PAD) 限定式逻辑链路控制分组装拆设备 一种支持从同步数据链路控制(SDLC)分组中获得的输入,并使其得以采用 QLLC 与 X.25 协议设备的分组装拆设备。

qualified name 限定[修饰]名 一种经过附加上一个或多个限定符(或称修饰符),对其作进一步说明和限定的符号名称。

qualified name vector 限定名向量 对于分别属于不同组合项的同名向量结构,为了在源程序中引用时不至于发生混淆,而在它们的名字后面分别加上该向量所属上层结构的名称,以便更清楚地确定其路径。

qualified object name 限定目标名 一种由目标代码的名字及包含该目标码的程序的名字所构成的复合名。比较 object name。

qualified reference 限定引用 只能在一定范围或特定条件下引用的参数或程序。例如,在容易引起名称混淆的情况下,程序中按名称引用一个变量时,需对此变量的隶属范围作出进一步的限定说明。

qualified segment search argument (QSSA) 限定段查找变元 虚拟存储信息管理系统(IMS/VS)中的一种段查找变元,其中除包含有段名外,还包含有一个或多个限定语句。限定段查找变元用于描述段的类型以及准备要访问的段型的具体取值。

qualifier 限定词[符] (1)限定名中除最右边一个名字以外的所有名字。最右边的那个名字称为简单名。其左边的修饰词限定了该名字的选取范围,也避免了可能出现的二义性。(2)在网络故障确定应用程序(NPDA)中的网络资源名,它们完全地确定一个资源,或者一个被送往主处理器的用于辅助说明数据的指定产品信息。

qualifying bit 限定位 为了表明一个本来具有多种目的的数据项正用于某种特定目的所附加的一个位。例如,在寻址方式中,在地址数据项的代码中加一个识别位,可判断该地址是间接地址还是目的地址;在向可编程的接口电路发送的一个字节中,指定说明该字节本身是控制命令还是操作数的位。

qualitative algebraic reasoning 定性代数推理 定性分析和定量计算相结合的不精确推理方法,可定性地推出数量的范围、大致趋势以及简单的大小关系等,较适合于决策支持系统中的应用。

qualitative data 定性数据 仅表示一个数据项的属性与特征而不限定其具体值的数据。

qualitative evaluation 定性评估 对一个事件的发展过程进行的非量值性评估(如较快、较慢等),只做出一种趋势分析,或者算出一个大致的取值范围,不要求精确的数值描述。

qualitative model 定性模型 用其结构、过程和状态之间的关系来描述系统的模型。

qualitative reasoning 定性推理 从物理系统的结构描述出发,导出行为描述,以预测系统的行为并给出原因解释的推理方法。定性推理包括 De Kleer 的定性方程方法、Forbus 的定性进程方法和

Kuipers的定性模拟法等。定性推理理论起源于物理现象的研究，其早期工作针对某一物理过程(如动力学、流体力学、热流)来进行的。定性推理作为人工智能(AI)理论研究及应用实践的一个热点，受到人工智能学术界的高度重视。

qualitative retrieval 定性检索 对检索词采取逻辑组配运算(与、或、非)形式所进行的一种检索方法。简单地说，就是利用提问逻辑式的形式进行检索。

quality assurance (QA) 质量保证 质量保证与质量控制(QC)不同，是在经营、系统和技术审核领域的活动。是为了确保一种产品或一种系统依附或符合已建立的标准而实施的一种系统过程。在传统含义上，是指制造前关于质量方面进行的工作，如选择适定的原材料与保证外购零件质量以保证产品达到最好的性能，包括机械特性、耐久性、可靠性、可处理性等。质量保证工作还一直关联到制造计划中的选择生产设备、加工工具、加工方法和工作人员的能力等。参见 quality control (QC)。

quality control (QC) 质量控制 1960 年始创于日本，把严谨的数理统计方法与科学的小组活动程序相结合的一套国际化管理体系，它和国际上通行的相关认证相辅相成，共同打造企业内部节能增效的新模式。质量控制是监视全过程，排除误差，防止变化，维持标准化现状的一个管理过程。传统上，它与制造后产品的质量检验有关，如查出低质产品，找出限制低质产品的正确方法。其中涉及制定检验程序和规程，选择完成检验的量具和仪器，设计统计采样计划等。但为了进一步提高优质产品百分比，减少或消灭事后返工率，提高检验过程的生产率和降低检验成本，去掉检验工序中人的主观因素，质量控制正朝着 QA/QC 的方向发展，与质量保证不再严格区分。参见 quality assurance (QA)。

quality control system 质量控制系统 一种用于制造业进行企业管理的数据处理系统。它能够根据生产控制部门提供的报告，对照工厂研究部门提出的标准产生质量控制报告。

quality diagnostic 质量诊断(程序) 用来检查计算机的中央处理机、内存和输入输出设备操作是否正常的软件，其基本部分通常在机器加电自检时执行。其中包括对指令、内存、实时时钟、打印机及有关键盘、电源故障与恢复等进行检验用的程序。

quality factor (Q) 品质因数 (1)衡量介质材料、压电材料、磁性材料、电抗元件、谐振电路质量的一个参数。其数值为无功功率的绝对值与有功功率的比。(2)在电感和电容组成的串(并)联谐振电路中，Q值是电感和电容各自Q值的一种组合计算值，但通常可用回路谐振时其电路感抗与射频电阻之比值来表示，用来量度在谐振频率时谐振电路两端电压的升高倍数。Q值越高，电路的选择性越好，但谐振峰越尖锐，通带也较窄。

quality metric 质量度量 对软件中影响其质量的给定属性所进行的定量测量。

quality of experience (QoE) 体验质量 用户对设备、网络和系统、应用或业务的质量和性能(包括有效性和可用性等方面)的综合主观感受，也就是从业务应用的舒适度来定义的。

quality of service (QoS) 服务质量 表示电信服务性能之属性的任何组合。服务质量在不同系统中有不同的具体含义。在通信系统或信息管理系统中，指用户与服务提供者之间有关服务水平的约定。其中包括两个主要部分：①用户要求得到满足的程度，即信息传输性能和表示质量；②服务提供者的行为，即系统能够提供和达到的服务性能。国际电报电话咨询委员会(CCITT)于 1990 年制订了有关服务质量的 CCITT-1 系列建议，从呼叫控制、连接以及数据单元控制等三个不同层次上定义了宽带 ISDN(综合业务数字网)的服务质量。在呼叫控制级的服务质量参数包括连接延迟、连接失败率、释放延迟和释放失败率等。连接级和数据单元控制级的服务质量参数包括数据单元峰值到达率、峰值持续时间、数据单元平均到达率、峰值到达率与平均到达率之比、数据单元丢失率、位出错率、数据单元插入率等。在因特网中，指通信服务的质量，分为若干等级。A 级为恒定波特率的视频传输服务，B 级为可变比特率的视频/音频信号传输，C 级为面向连接的数据传输，D 级为无连接的数据传输。

quality of service maintenance 服务质量维护 在网络负载不断变化的情况下，动态地管理系统资源，以确保服务质量协商和资源分配过程中所确定的资源不受其他负载的影响。使用反馈循环将实际测得的服务质量与预期值进行比较，通过调整系统资源来改善服务质量。在资源共享和统计复用系统中，服务质量维护特别重要。

quality of service management 服务质量管理 计算机网络按一定的管理策略，对用户应用所需要的服务质量进行分类统计，并调用相应的资源分配和调度程序去保证用户得到所要求的服务质量的过程。服务质量管理还对用户提出的服务质量进行审查，以检验用户是否提出过高的服务质量要求以及网络是否能提供满足用户要求的资源。当系统不能满足用户要求时，与用户协商，降格提供较低的服务质量。

quality of service negotiation 服务质量协商 用户与系统之间，或者用户与用户之间就所传输信息的服务质量进行交互，最后根据用户的服务质量请求和系统可以控制的资源，来确定系统和用户的服务质量级别的过程。服务质量协商过程对每一个用户应用都必须进行。它将用户行为的服务质量请求与系统可用资源进行比较，并从所用资源最少和获得用户满意的服务质量出发，确定服务质量的级别。

quality of service renegotiation 服务质量重协商 对已确定的服务质量级别进行再调整的响应过程。当系统在最上层用户界面处检测到下层已无法保证用户的服务质量要求时，便向用户发出报告信息，请求降低服务质量级别。用户据此报告，可以决定是否进行服务质量重协商。通常服务质量重协商不是针对某一个服务质量元素进行的个别调整，而是针对整个行为的所有服务质量元素，由用户应用级开始，向下进行，对全部服务质量重新进行协商。

quantification 量化 用量值描述事物性质的一种方法。量化有两个要求：①确定最小度量单位（也称量子），该单位必须是全程可用的；②量化值必须合理地反映定性性质的程度。量化是计算机等科学乃至人类活动中常用的一种方法。

quantified analogy 定量类推 一种技术预测方法。在一个或更多的先导或先兆属性与感兴趣的现象之间建立起一种有意义的关系，并以此为根据来预测现象未来会发生的事态变化。

quantified system analysis 定量系统分析 对一个系统不仅进行发展过程性质的分析，而且对系统发展过程中每个阶段上产生的参数值进行分析，以便用可量度的数值更准确地分析系统特性。

quantitative retrieval 定量检索 对检索出来的文献数量，根据检索者的实际需要而加以限制的一种检索方式。

quantity geography 数量地理学 最初指基于数据分析与统计方法的地理学分析学科。现在泛指运用数学方法的地理学方法论学科。

quantity of electricity 电量 给定时间内流过电路的电流的量，以库仑表示。

quantity of radiation 辐射量 单位时间流过单位面积的总的辐射能量。以尔格/平方厘米（erg/cm^2）或瓦特秒/平方厘米（W・s/cm^2）表示。

quantization 量(子)化 把一个变量的一个连续数值范围划分成一定数目的互不重叠的子范围或间隔（各个子范围不一定相等），每个子范围内的值用一个规定的值来表示的过程。例如，人的年纪在大多数情况下都量化成以年为单位的量。

quantization distortion 量化失真 量化过程中产生的固有的失真，也称“量化噪声”。在对模拟信号取样并转换成数字信号的过程中，由于只能把模拟信号连续变化的样值转换成某些离散量化阶值，因而引起的固有失真。通过提高取样频率和量化密度（即减小量化阶高度）的方法，可以降低量化失真。由于大信号量化失真带来的影响较小，因而有时采用折线法，使大信号时的量化阶增大，小信号时的量化阶减小，以此来改善小信号量化失真。

quantization effect 量化效应 色调和外形连续变化的图形由于量化后所产生的各种失真，尤其是由于分辨率不够高而引起的锯齿现象等均称为量化效应。

quantization error 量化误差 (1)实际样值与其经量化的值之差。对连续变量进行量化（即数字化）时，由于数字分解度有限，用数字表示子区间的值时产生的误差。量化阶取得越小，量化误差越小。如果抽样率高于原信号中最高频率成分的二倍，并且量化阶取得足够细，则量化误差不足以影响准确地恢复原信号。但是由于量化与恢复电路中存在的非线性，量化误差总是存在的。(2)在用数字表示模拟信号（如模拟图像信号）时，各个样值在数字上只能用一定的精确度来确定，因此，量化误差就是用数字确定的信号值与它的真值[模拟值]之差，也称量化噪声。参见 quantization noise。

quantization level 量化能级，量化电平 (1)通过量化得到的某一子区间值。(2)表示连续信号幅值对应某一特定量程范围的离散输出值。在均匀量化中，量化电平只能是量化阶的整数倍值。

quantization noise 量化噪音 (1)在通信系统中，由量化过程带来的噪声。它同被量化信号的统计特性有关，也与量化阶的大小和抽样率的高低有关。这种失真和在系统中引入噪声所导致的效果一样，因而称之为量化噪声。对语言信号而言，它表现为一种背景杂音，对图像信号而言，它使画面灰度的变化不连续。(2)编码通信中对时间和幅度进行量化后的信号与原始信号有差异，称为量化失真。由于这种失真对信号造成的影响与在系统中引入噪声相类似，故称为量化噪声。

quantization resolution 量化密度 模拟信号量化时，在信号动态范围内划分的量化阶密度，对量化失真的大小有显著的影响。例如，16 位声卡的量化密度为 65 536，而 32 位和 64 位声卡则由于量化密度的提高而提供了更好的性能。

quantization uncertainty 量化不确定性 对连续变量进行量化时，因用一个近似值表示一个量化区间内所有信号值所产生的无法复原的信息损失的量值。量化区间选取得越小，量化不确定性造成的影响也越小。

quantized feedback 量子化反馈 在数字通信中，用来校正由于脉冲信号平均电平不规则变化而产生的低频漂移的一种技术。由于传输通路中采用了电容耦合，对信号的直流成分和低频成分衰落很大，在数字信号组合变化量较大的情况下，就会产生低频漂移。量化反馈的实现方法是：将收到并再生的脉冲信号经选频补偿网络送到传输通路，然后再用一个合成信号来抵消被接收信号中的漂移。对应于线路上各段的不同低频衰落量，可将反馈网络的特性调整到与之符合的程度。

quantized pulse modulation 量化脉冲调制 包含量化的脉冲调制。例如脉冲数目和脉冲编码调制。

quantized system 量子化系统 能量只有离散值的

粒子系统。

quantizer **量化器** 将连续量量化为数字形式的设备。量化器在特定的时刻或特定的重复率下,用固定的单位或量的倍数测量随时间变化的连续量,发送通常以脉冲码或数字形式的相应的反应信号。反应信号的幅度在每一刻正比于被测量的值。参见 digitizer。

quantizing **量化** 将模拟量信号转换成数字量信号的三个步骤中的第二个步骤,另外两个步骤是采样和编码,量化时将采样的值转换成一定位数的数字量以进行编码。参见 encoding,sampling。

quantizing encoder **量化编码器** 将电压转换成数字形式的编码器。对应于计数器中存储信息的电压是从数字-电压解码器的输出获得的。

quantizing noise **量化噪声** 同 quantization noise。

quantum **量子** 与给定现象有关的最小的能量值。电磁辐射的量子是光子。

quantum chromo dynamics (QCD) **量子色动力学** 一种强相互作用的规范理论。量子色动力学描述组成强作用粒子(强子)的夸克和与色量子数相联系的规范场的相互作用,它可以统一地描述强子的结构和它们之间的强相互作用,它是粒子物理标准模型的一个组成部分。

quantum computation **量子计算** 一种依照量子力学理论进行的新型计算。量子计算的概念最早出现在 20 世纪 70 年代,描绘了以量子现象实现计算的远景。至今,量子计算研究多半局限于探讨计算的物理本质,还停留在相当抽象的层次,尚未进一步跨入发展算法的阶段。

quantum computer **量子计算机** 正在研制中的计算机。量子计算机运用粒子的量子力学状态,如光子的极化状态和原子的自旋等来表示“0”和“1”,称为量子比特。在量子效应的作用下,量子比特可以同时处于 0 和 1 两种相反的状态(量子叠加),这使量子计算机可以同时进行大量运算,比传统计算机快得多。量子计算机概念早在 1981 年就提出,但迄今为止,量子计算机仍在实验阶段。

quantum cryptography **量子密码学** 在量子力学和密码学基础上发展起来的,可完成单由数学无法完成的完善保密系统。量子密码装置一般采用单个光子实现,根据海森堡的测不准原理,测量这一量子系统会对该系统产生干扰并且会产生出关于该系统测量前状态的不完整信息。因此,窃听量子通信信道就会产生不可避免的干扰,合法的通信双方则可由此而察觉有人在窃听。量子密码术利用这一效应,使从未见过面且事先没有共享秘密信息的通信双方建立通信密钥,然后再采用 Shannon 已证明的是完善保密的一次一密钥密码通信,即可确保双方的秘密不泄露。量子密码学与经典密码学相比有两个主要优点:①合法的通信双方可察觉潜在的窃听者并采取相应的措施;②无论破译者有多么强大的计算能力都无法破解量子密码。

quantum efficiency **量子效率** 在光电管中以给定波长的入射光子从光阴极射出的光电子的平均数目。

quantum electronics **量子电子学** 研究各种物质能量状态的电子学分支,如在电子或电子群的运动中以及在晶体中的各种现象。

quantum electrodynamics (QED) **量子电动力学** 量子场论中最成熟的一个分支,量子电动力研究的对象是电磁相互作用的量子性质(即光子的发射和吸收)、带电粒子的产生和湮没、带电粒子间的散射、带电粒子与光子间的散射等。它概括了原子物理、分子物理、固体物理、核物理和粒子物理各个领域中的电磁相互作用的基本原理。

quantum entanglement **量子纠缠** 一种量子力学现象,其定义上描述复合系统(具有两个以上的成员系统)之一类特殊的量子态,此量子态无法分解为成员系统各自量子态之张量积。量子纠缠是两个或多个量子系统之间存在非定域、非经典的强关联。量子纠缠涉及实在性、定域性、隐变量以及测量理论等量子力学的基本问题,并在量子计算和量子通信的研究中起着重要的作用。

quantum field theory (QFT) **量子场论** 根据量子力学原理建立的场的理论,是微观现象的物理学基本理论。非相对论性的量子场论主要被应用于凝聚态物理学,如描述超导性的 BCS 理论。而相对论性的量子场论则是粒子物理学不可或缺的组成部分。参见 quantum mechanics,classical field theory。

quantum informatics **量子信息学** 量子力学与信息科学相结合的产物,是以量子力学的态叠加原理为基础,研究信息处理的一门新兴前沿科学。量子信息学包括量子密码术、量子通信、量子计算机等几个方面,近年来在理论和实验上都取得了重大的突破。

quantum mechanics **量子力学** 研究微观粒子的运动规律的物理学分支学科,它主要研究原子、分子、凝聚态物质,以及原子核和基本粒子的结构、性质的基础理论,它与相对论一起构成了现代物理学的理论基础。

quantum number **量子数** 量子化变量在其离散范围的某一变化值所赋予的数。在数字转换值分散范围内表征各种值数的其中一种。例如,电子的主量子数决定了它相应于最低的能级或能级数为 1 的基态的能级。

quantum state **量子态** 物质演化过程中在某时刻的客观存在。例如,电磁波在某时刻的电磁转化周期中动量和质量的变化,就是其在该时刻能量的量子态。

quantum teleportation **量子隐形传送** 利用量子纠缠效应进行信息传递的一种新型的通信方式,也称

"量子通信"。"teleportation"一词是指一种无影无踪的传送过程。1993 年美国物理学家贝尼特等人提出了量子隐形传送的方案:将某个粒子的未知量子态(即未知量子比特)传送到另一个地方,把另一个粒子制备到这个量子态上,而原来的粒子仍留在原处。其基本思想是:将原物的信息分成经典信息和量子信息两部分,它们分别经由经典通道和量子通道传送给接收者。经典信息是发送者对原物进行某种测量而获得的,量子信息是发送者在测量中未提取的其余信息。接收者在获得这两种信息之后,就可制造出原物量子态的完全复制品。这个过程中传送的仅仅是原物的量子态,而不是原物本身。发送者甚至可以对这个量子态一无所知,而接收者是将别的粒子(甚至可以是与原物不相同的粒子)处于原物的量子态上。原物的量子态在此过程中已遭破坏。量子隐形传送所传输的是量子信息,它是量子通信最基本的过程。

quantum theory 量子论 研究微观物质世界基本规律的理论。量子论为原子物理学、固体物理学、核物理学和粒子物理学奠定了理论基础。它能很好地解释原子结构、原子光谱的规律性、化学元素的性质、光的吸收与辐射等。

quantum voltage 量子电压 此电压使电子被加速并获得相应于特定量子的能量。

quantum well 量子阱 由不同的半导体材料相间排列组成的半导体器件结构。它具有明显量子限制效应的电子或空穴的势阱,可用于获得在任一构成材料本身所不具备的物理性能。

quarantine service 隔离服务 OSI(开放系统互连)体系结构中会话服务的一种设施。它使得发送到会话连接上的整数个会话服务数据单元在发送会话实体明显释放之后,才能为接收表示实体所使用。

quarter adder 四分之一加法器 "异或"门电路的别名。

quarter common intermediate format (QCIF) 四分之一通用媒介格式 以 CIF(通用媒介格式)做为基准进行定义的视频图像格式。QCIF 分辨率的宽和高都是 CIF 格式的一半,它使用 176 水平像素和 144 垂直像素。QCIF 尽管分辨率比 CIF 低,但是当静态图片在小的显示器上达到一个可接受的清晰水平时,QCIF 消耗更少的内存。参见 common intermediate format (CIF)。

quarter inch magnetic tape unit 四分之一英寸磁带机 使用四分之一英寸宽磁带的磁带机。

quarternary operator 四元操作符 需要四个操作数的操作符。

quarter-squares multiplier 四分之一平方乘法器 一种模拟乘法器,其运算是依据等式:

$$xy = [(x+y)^2 - (x-y)^2]/4$$

进行的,参与运算的部件有反向器、模拟加法器及开方函数产生器。

quarter-wave antenna 四分之一波长天线 电气长度等于传输或接收信号的四分之一波长的天线。

quarter-wave attenuator 四分之一波长衰减器 波导中以四分之一波长的奇数倍相隔的两个线光栅装置,对沿波导一个行进方向传播的波进行衰落。从第一个光栅反射出的波与从第二个光栅反射出的波相抵消。因此所有到达衰减器的能量或透过光栅或被光栅吸收,而不产生反射。

quarter-wavelength 四分之一波长 相应于传输线或天线的工作频率的四分之一波长的电气长度的距离。

quarter-wave stub 四分之一波长短截线 长度为被传输波基频的四分之一波长的传输线段。在远端短路时,它在基频和所有奇数谐波都具有高的阻抗。对所有偶数谐波具有低的阻抗,也称"四分之一波长线"或"四分之一波长传输线"。

quarter-wave termination 四分之一波长终端负载 非反射波导终端,由能量吸收线光栅或延伸至金属板终端四分之一波长波导的半导体膜构成。

quarter-wave transformer 四分之一波长变换器 能与天线或负荷相匹配的一段传输线(大约四分之一波长的长度)。

quarter-wave transmission line 四分之一波长传输线 同 quarter-wave stub。

quartet 4 位字节 由四个二进制位组成的字节。同 four-bit byte。

quartz crystal 石英晶体 一种精确尺寸和精确形状的晶体矿石,当加上电压时,它以固定的频率震荡,震荡频率取决于其尺寸和形状,通常用于控制震荡电路的频率,如计算机中的时钟。参见 piezoelectric。

quartz crystal oscillator 石英晶体振荡器 简称为晶振,它是利用具有压电效应的石英晶体片制成的。这种石英晶体薄片受到外加交变电场的作用时会产生机械振动,当交变电场的频率与石英晶体的固有频率相同时,振动便变得很强烈。利用这种特性,可以用晶振取代 LC(电感电容)谐振回路、滤波器等。晶振因具有极高的频率稳定性,故主要用在要求频率十分稳定的振荡电路中作谐振元件。

quartz delay line 石英延迟线 以石英作为声传播介质的声波延迟线。

quartz pressure gage 石英压力传感器 含有高稳定石英晶体共振器的压力传感器,其共振器的频率随作用力而直接改变。

quartz thermometer 石英温度计 基于石英晶体共振频率对温度改变的敏感性而反应的温度计。

quartz watch 石英表 在用电池供电的振荡电路中由石英晶体控制时间的电子表。

quasi-associated mode 准随路方式 一种特殊的

非随路信令操作。在准随路方式下，信令信息的路径是由通过一个或一个以上的信令传输部分(STP)的两个或两个以上的信令连接(一前一后)之间的信令节点所决定的(适用于每个信令信息)。

quasi-bistable circuit 准双稳电路 在高于它自己的固有频率的速率下被触发的非稳态电路。

quasi-conductor 准导体 Q值比1小得多的导体。参见 quality factor (Q)。

quasi-crystal 准晶 是具有准周期平移格子构造的固体，其中的原子常呈定向有序排列，但不作周期性平移重复，其对称要素包含与晶体空间格子不相容的对称(如5次对称轴)。1984年中国、美国、法国和以色列等国家的学者几乎同时在淬冷合金中发现了存在有5次对称轴，确证这些合金相是具有长程定向有序，而没有周期平移有序的一种封闭的正20面体相，并称之为准晶体。以后又陆续发现了具有8次、10次、12次对称的准晶结构。目前在自然界中还没有发现准晶体。准晶的发现对传统晶体学产生了强烈的冲击，它为物质微观结构的研究增添了新的内容，为新材料的发展开拓了新的领域。参见 crystal。

quasi delay insensitive (QDI) circuits 准迟延非敏感电路 指的是正常的运行不取决于操作员或线路的迟延的电路。

quasi-dielectric 准电介质 Q值比1大的电介质。参见 quality factor (Q)。

quasi-horizontal microinstruction 准水平微指令 微指令的一种。它介于水平微指令和垂直微指令之间。参见 horizontal microinstruction, vertical microinstruction。

quasi-instruction 伪指令 伪代码程序中的一条指令。和计算机指令形式相同，但计算机却不将它作为通常的指令加以执行。参见 pseudo-instruction。

quasi-language 准语言 贬义术语，指任何由于效率低等原因而不适合于作为正式程序设计的语言。

quasi-linear feedback control system 准线性反馈控制系统 尽管系统内非线性元素存在，但输入信号和输出信号基本上为线性关系的反馈控制系统。

quasi-monostable circuit 准单稳态电路 一种能比原有的固有频率高的速率触发的单稳态电路。参见 monostable circuit。

quasi-parallel execution 准并行执行 一台处理机对一组协同程序的执行方式，每次只处理一个协同程序，在此阶段上并行处理，执行的次序是任意的，每个程序的执行彼此无关，即在程序之间是串行处理的方式。

quasi-passive satellite 准无源人造卫星 具有特殊的反射型天线的无源人造卫星，通过在窄束内汇聚接收信号并把它反射回接收站而使信号增强。

quasi-random code generator 准随机代码发生器 按某种随机编码算法产生代码序列的一种高速脉冲编码调制器，其输出脉冲序列中包含大量随机组合，从统计上看是随机的，实际上却是可以预测和重复产生的，可作为设计和评估宽带通信线路的闭环测试中的一种设备。

quasi-random signal sequence (QRSS) 准随机信号序列 一种用数学方法和物理方法相结合产生的随机序列，它可以克服伪随机序列或物理随机序列两者的缺点。

quasi-random signal source (QRSS) 准随机信号源 一种具有类似于高斯噪声性质的伪随机数据型，用于对数据服务的“1”密度要求的非服务和位误码率检验。

quasi-random word 准随机字 准随机信号源(QRSS)结构的一次叠代。参见 quasi-random signal source (QRSS)。

quasi-resonant power supply 准共振电源 其能量开关控制共振循环的重复并使能量传输不连续的共振电源。参见 resonant power supply。

quasi-single sideband 准单边带 双边带模拟单边带传输部分的传输。参见 single sideband transmission。

quasi-stable state 准稳态 电路中的一种只能维持有限长时间的暂时稳定状态，当暂时稳定条件消失后，不需要外加触发信号，便能立即返回初始稳定状态。同 unstable state。

quasi-static 准静态 本质上是动态的，由于在分析或观察期间其变化趋势足够缓慢，因而可以看成是静态的。

quasi-uniform distribution 准均匀分布 对于某些分布状况实际上有起伏的问题，但可以通过舍去某些起伏点或进行平滑处理，使之视为均匀分布。

quasi-variable 准变量 取值范围只能在有限的范围内(甚至只能是离散的几个有限值)变化的变量。

quaternary compound semiconductor 四元化合物半导体 由铟、镓、砷和磷四种元素的化合物制成的半导体。四元化合物是在二元化合物基体的顶部利用外延法生长的。

quaternary notation 四进制记数法 以4为基数的记数系统，即只能出现0、1、2、3等四个数值，逢4进一。

quaternary phase shift keying (QPSK) 四相移相键控 具有非返回到零数据的平行双流微波传输的调节，此方式中数据以载波的90°相位移传输。这样在相同带宽下获得2倍于二重相位移键控的信息传输能力。

quaternary phase-shift keying 四相相移键控 以两组平行的不归零制数据流来调制微波载波，其调制方式是使数据作为载波的各种90°相移发送出去，在带宽相同的情况下，这样做可使其通道容量为二相相移键控容量的两倍。

quaternary signaling **四元信号** 一种通信编码方式，它根据发信媒体参数的四个离散电平大小成正负变化而传送信息。

QUEL language **QUEL语言** 关系数据库系统INGRES中的一种数据查询语言。这是一种基于元组关系演算的数据子语言。它由美国加利福尼亚大学伯克利分校研制，具有功能较强的语句形式，其中包括形式广泛的各种元组演算语句。

quenched-domain Gunn diode **猝熄域耿氏二极管** 在到达阳极前振动频率随猝熄域电路增加的耿氏二极管。这将启动一个比自激振荡的耿氏二极管早的、新的运行周期。

quenched-domain mode **猝熄域模式** 电子传递二极管的三种运行模式之一，此空位电荷域的形成和消失由环绕电路控制。另两种模式是限制空间电荷积累模式和渡越时间模式。参见 transferred electron diode, limited space-charge accumulation (LSA) mode, transit-time mode。

quenched spark gap **猝灭式火花隙** 为快速消除电离预备的火花间隙。由许多具有相对大的质量和好的热反射的电极之间的小间隙组成。电极快速冷却这些间隙并停止传导。

quenched spark-gap converter **猝灭式火花隙转换器** 使用以一个线圈和猝灭式火花隙作射频功率源的电容器的振动放电的猝灭式火花隙发生器。此火花间隙通常由紧密的空隙组成并有序地运行，能产生较好的猝熄效果。

quenching circuit **猝熄电路，消弧电路** 一种遏制和消除电火花产生的电路。电路组成通常为电容方式、RC电路、DRC电路等，一般电容方式较多。

quenching voltage **熄灭电压** 引起电流熄灭的电压。

quench pulse **淬灭脉冲，置"0"脉冲** 在数字电路中的某个控制端输入的一个逻辑"0"信号，用来使整个电路系统停止运行，全部置为零状态或某个初始状态。

query **查询** 为了在数据库中寻找某一特定文件、网站、记录或一系列记录，由搜索引擎或数据库送出的消息。

query buffer **查询缓冲器** 为提高查询速度而设置的一种缓冲器，它可以将查询题目或结果暂时存储，以减轻处理机的负担。

query by example (QBE) **范例查询** 在一些关系数据库管理系统上实现的一种使用简便的查询语言。使用QBE时，用户指定需要显示的域，表间链接及检索准则，直接显示在显示屏上的表格中。这些表格是构成数据库之表与行结构的一个直观反映。因此，从用户的观点来看，进行一次查询变成了一个简单的核对过程。

query decomposition **查询分解** 将一个复杂的查询问题分解为若干个相关联的子问题，逐步查询求解的过程。

query evaluation algorithm **询问求值算法** 通过提出一系列问题，并根据对问题的回答为"是"或"非"而逐步缩小范围，最终取得问题答案的算法。

query facility **查询工具** 用于检索数据库信息的过程或程序。查询工具可以是查询语言，也可以是交互过程。交互查询工具提示用户规定查询信息的准则。根据这些准则，查询工具查找数据库，检索出合乎这些准则的全部记录。

query instance **查询事例** 应用程序中的一系列系统资源和一系列查询命令。

query language (QL) **查询[询问]语言** (1)在数据库管理程序中，用来规定检索何种信息以及屏幕上如何安排检索信息或何时打印的一种检索和数据编辑语言，也称"自含式数据语言"，与特定的数据库管理系统相对应。它接近于自然语言，能使非程序设计人员查询数据库的内容并得到迅速响应，并且无需编制复杂的程序。理想的查询语言是自然语言，如英语。(2)数据操作语言的一个子集，特别是指和数据库中数据检索及显示有关的那一部分，有时也泛指所有数据操作语言。

query of knowledge **知识查询** 知识库中对用户具体的查询请求，转化为对知识库检索请求，检索出有关知识再对这些知识进行处理，考虑查询中的约束条件，利用推理功能，从检索出的知识中得到一些隐含的结论，形成最后的查询结果，快速有效的知识查询是知识库的指标。

query optimization **查询优化** 提高关系数据库查询效率的方法。查询优化的主要功能是优化处理给定的查询，确定执行该查询的优化执行策略，产生优化的查询执行计划。查询优化包括代数优化和物理优化两部分。参见 algebraic optimization, physical optimize。

query optimizer **查询优化程序** 数据库查询优化软件。它使结构化查询语言(SQL)既可由用户生成，也可由一个存取数据库的程序生成，并以最有效的方式重新排序使用数据库结构的查询命令，有效地减少了用于给定负载级别的机器资源。这种优化程序也可以把优化的查询回传给开发者，以嵌入程序中重复使用。

query path **查询路径** 在逻辑结构查询中，由谓词和在某查询中的段之间的链所定义的途径。

query set size control **查询组规模控制** 在数据库保密中，控制基于很小或很大的记录组的查询的一种单元限制格式。若查询是基于少量的记录，那么有可能最终推导出与某个人有关的统计量。若涉及的是一组很大的记录，那么已经做出的统计连同整个记录组的统计可用来推导较小记录组上的数据。

query station 查询站 一种特别的设备，当它进行计算、处理或通信时，可以在数据中心内外实现对数据、处理状态和信息的请求或查询。

query syntax tree 查询语法树 查询语法树是在数据库管理系统(DBMS)内部表示用户查询的方法，也是 DBMS 进行查询优化的依据。DBMS 的语法分析器对 SQL(结构化查询语言)查询进行词法和语法分析后，生成查询语法树。查询语法树由节点和边组成，节点表示语法类，边表示节点间的输入输出关系。查询语法树只是查询的一种内部表达方式，其具体形式由具体的数据库管理系统进行定义，不同数据库管理系统其查询语法树的形式不完全一样，但通常比较相似。

query time 查询时间 从提出问题到获得结果所需要的全部时间。查询时间的长短取决于数据库规模、查询算法、机器硬件、通道速度和查询复杂性等多种因素。

question answering system 问题回答系统 能回答人们提出问题的系统。它至少须包括以下功能：①有一个演绎系统，能理解自然语言并将它转换成形式语言(如谓词演算等)，能将形式语言转换成自然语言；②有完善的信息检索系统。能对存储在数据库中的各种事实进行逻辑演绎，得到所需要的具体答案。

question file 问题文件 某些计算机系统中的一种信息文件，能用来为成批输入产生问题清单，或交互地提问题。问题按规定的等级组织成系列，对高级问题的响应可能产生或忽略低级的问题。

question logical expression 提问逻辑式 (1)用检索条件或检索词与逻辑乘(＊)、逻辑加(＋)、逻辑非(－)及表示运算优先级的括号所组成的一种表示提问要求的逻辑表达式。(2)情报检索系统中用来表示用户提问要求的一种表达式，它由逻辑运算符和成对的检索词来表达提问检索词之间的逻辑关系。

question mark 问号 在某些操作系统和应用程序中，一个通配字符，用于代表一个任意的其他字符，如在 DOS(磁盘操作系统)中，问号用于代表文件名中的任意一个字符以方便操作，另一个通配符是星号。参见 asterisk。

question vector 提问向量 在情报检索中，每个用户提问特征标量的一维有序集合。如果用检索词来描述用户提问，且提问 Q1 包括检索词 T1、T5、T7；提问 Q2 包括检索词 T3、T4、T6、T7；则两个用户的提问向量分别是：Q1：1000101、Q2：0011011。

queue 队列、排队 (1)在数据结构中，按先进先出(FIFO)原则处理的线性表结构，它允许数据项从一端移入而从另一端移出。(2)系统中等待服务的项目(如要完成的任务或要发送的报文)所组成的行列。参见 first in first out (FIFO)。

queue access 队列存取 存取数据的一种方法。数据在主内存中是按照到达的顺序排成一个单行存储的，当需要存取某一记录时，不考虑等候输入设备的传输延迟。

queue-back chain 队列反向链 在远程通信存取方法中，一个为指定的目的地 QCB(队列控制块)的若干个终端发送与接收的报文流量按时间顺序所做的记录。参见 queue control block (QCB)。

queue-based share 基于队列的共享 计算机网络中的一种资源共享方案。在这种方案中，端至端之间没有直接连通的物理通道，所以数据单元传到每个节点时，总要先存储在队列中，等待通道有空闲时再转发。

queue control block (QCB) 队列控制块 程序中设计的一个控制段，它可用于任务管理，使这些任务按顺序使用程序员定义的设备。

queue control table 队列控制程序表 一种专用的控制程序块。用来借助一组竞争任务调整某个程序控制设备的使用顺序。

queued access method (QAM) 排队存取法 使计算机程序与输入输出设备之间的数据传送自动同步，因而使得输入输出作业的延迟减至最小的一种存取方法。

queue data set 队列数据集 直接存取装置中，按队列规则组织起来的数据集合。同一存储装置上可以建立多个队列的数据集。

queued call 排队呼叫 一个作为等待系统资源的服务而放入队列中保持和等待的电话呼叫，如自动呼叫分配器(ACD)。参见 automatic call distributor (ACD)。

queued communication interface 队列通信接口 在存储转发通信系统中，转发节点上用于管理队列通信的硬件与软件。它把收到的信息包按到达时间的先后组成队列并存储起来。当可用转发线路空闲时，从队列中取出信息包送上线路。

queued driven task 队列驱动任务 其工作单元由队列中的元素表示的任务。

queued for connection 排队等待连接 在虚拟远程通信访问法(VTAM)中，终端的一种状态。此时该终端已向一个应用程序提出登录，但尚未被该程序接受。

queued for logon 排队等待登录 在虚拟远程通信访问法(VTAM)中的一种终端状态。该终端已登录一个应用程序上，但尚未被该程序接受进行连接。

queued indexed sequential access method (QISAM) 排队索引顺序存取(方)法 基本索引顺序存取方法(BISAM)中顺序形式的一种扩展(版本)。使用排队索引顺序存取方法时，或者将输入数据块排成一个队列，以等待处理，或者将已处理过的输出数据块排成一个队列，以等待将它们传送到辅助存储器或某台输出设备上。参见 basic indexed sequential access method (BISAM)。

queue discipline **队列[排队]原则** 在队列理论中,用于从序列中选择要服务的下一个客户。即队列元素的存储方法、入队列及出队列的规定以及队列指针的调整等。例如后进先出(LIFO)、先进先出(FIFO)和按优先权高低进行排队等。

queued message **排队消息** 从系统中得出的不是自动显示的信息。与直接送往屏幕供使用者立即阅读的消息相对。

queued printing services **排队打印服务** 在网络打印服务器节点上,按收到时间的先后把来自各工作站的打印业务组织成队列,在不需要用户介入的情况下,依次执行打印输出。为了避免不同作业的打印文稿互相混淆,打印服务通常是逐个作业进行的。

queued sequential access method (QSAM) **排队顺序存取(方)法** 基本顺序存取方法(BSAM)中顺序形式的一种扩充。使用这一方法时,或者将输入数据块排成一队列,以等待处理;或者将经过处理的输出数据块排成一队列,以等待传送到辅助存储器或某个输出设备上。参见 basic sequential access method (BSAM)。

queued telecommunication access method (QTAM) **排队远程通信存取(方)法** 在大型数据库管理系统中,一种在主存储器和远程终端之间传送数据的方法。应用程序用 GET 和 PUT 微指令来请求数据传送,而由报文控制程序完成传送。报文控制程序对传送进行同步,从而消除输入输出操作的延迟。

queue element **队列元素** 队列中的一个数据块或项目。

queue empty **队列空** 系统为队列所规定的区域中未存入任何数据项或作业题目,或者原存入内容已被取空的现象。在环形队列的操作过程中,当不断取出数据项,队列头指针不断后移,最终与尾指针重合时则称队列空。

queue full **队列满** 系统为队列所规定的区域中的所有单元都已写入相应数据项的现象。在环形队列的操作过程中,当不断写入数据项,队列尾指针不断后移,最终追上头指针时则称为队列满。当队列已满时,若企图继续写入数据则会报告出错。

queue indicator **队列指示器** (1)一种电路装置或程序中定义的一个存储单元,它指出通到一指定电路单元或中继线的等待呼叫号码。(2)上级长途交换中心用于控制等待发送的输入干线的数目。当该数目超过某个规定的最大值时,队列指示器通知下级电话局取消某些按常规将要发送过来的电话。

Queueing Systems **《排队系统》** 荷兰 1986 年创刊,全年 12 期,Kluwer Acdemic 出版社出版,SCI(科学引文索引)收录期刊。刊载排队系统及相关学科(侧重计算机性能、通信系统、柔性制造系统)的理论和应用研究论文、评论及快报。

queue interrupt **中断排队** 当多个中断同时发生时,根据它们的优先权排列而形成的一个队列,系统将按队列的既定顺序依次处理这些中断。

queue length **队列长度** 排队等待处理的项目的数目。

queue link word **队列链接字** 当系统中存在多个队列时,用于将操作从一个队列转到另一个队列时的链接标识字。

queue name **队列名** 对报文控制系统指定一个逻辑路径,借此可以访问一个队列中的一份报文或其部分符号名。

queue priority **队列优先级** 赋给放在假脱机队列或批量队列中的作业的优先级。该优先级决定了队列的存取顺序。

queue tail **队列尾** 队列中最后一个进入的元素的位置。这个位置上的元素将是队列中当前所有元素中最后一个被存取的。

queue traffic **排队通信量** (1)在存储转发式交换中心,存储在交换中心的缓冲器当中,排队等候送到输出线路上传输的信息量。(2)指在电话交换系统中,正在等待服务的一串呼叫,通常按呼叫到达的先后顺序被响应。

queue 1 **第一类队列** VM(虚拟机)操作系统中的一种虚拟机队列。这些虚机或者是刚刚注册进入系统,或者是在耗尽分配给它们的队列时间片之前完成了其运行表的最后一轮运行。这是一个等待派遣的交互式队列。

queue 2 **第二类队列** VM(虚拟机)操作系统中的一种虚拟机队列,它们完成了运行表的最后一轮运行,但并未完成其任务。在操作系统中,它们不是交互式的,一个第二类队列中的虚拟机不再分类为非交互式的,除非在它的第一个第二类队列时间片之后仍留在第二类队列中。

queuing **排队** 按到达的顺序排成序列,即一系列事物按照先进先出的原则在不同时间移至不同空间的过程。

queuing analysis **排队分析** 分析参加排队的任务、进程或信息块,并根据它们的性质、各个队列元素通过通道所需的性质和时间、平均等待时间和队列长度,适时调整队列元素在排队中的顺序,使每个参加排队的元素尽可能合理地得到服务机会。

queuing delay **排队延迟** 包交换网络中漫游的包必须在包交换中等待的总的时间。排队延迟与网络中的拥塞程度有关,当没有其他的包发送时,排队延迟为零。

queuing delay time **排队延迟时间** 在采用存储转发、包交换等方式通信的计算机网络中,发送站将信息送入传输队列机构后,到信息被按指定的路径进行传送所延迟的时间。

queuing discipline 排队规则 对等待处理项目的处理顺序的安排规则。参见 queue discipline。

queuing list 排队表 根据实际时间来安排各活动时间的优先次序的表格。加入新项目时总是加在最后一项之后,移走时总是移走为首的一项。

queuing mechanism 排队操作机构 管理队列的机构,包括提供队列头指针、尾指针的设置与修改,队列长度、队列元素的属性查询等操作的机构。

queuing message 排队信息 在联机系统中,由于输入输出设备和程序等资源的不足及时间分片等原因而等待处理的信息。

queuing network model 排队网络模型 若系统是由很多相交的服务站(节点)组成,且每个站提供不同类型的服务并分别有各自的队列供等待的动态实体排队,这样的系统则可用排队网络模型加以描述。

queuing problem 排队问题 当服务对象以随机方式出现时,决定如何提供服务的问题。它包括服务对象到达规律、队列缓冲区大小以及服务者数量等问题。

queuing process 排队进程 一个并行系统中存在的,已处于就绪状态,但仍在等待系统调度的进程。调度管理程序将按它们的初始优先权、等待时间等因素适时调整它们在队列中的位置。

queuing register 排队寄存器 用于存储有关队列长度、队列头指针、尾指针等参数的寄存器。

queuing study 排队研究 对离散的实体通过某一通道所需的时间及其特性的研究。如对客户在购货时排队所花的时间及其规律的研究。

queuing theory 排队论 运筹学的一个分支。它对随机服务系统中的服务对象的等待时间,排队长度及服务机构的繁忙持续时间进行统计研究,得出其统计规律。进而根据这些规律来改进服务系统的结构或重新组织服务对象,使服务系统既能满足服务对象的需要,又能使服务机构的费用最省或使某种指标为最佳。

queuing time 排队时间 由于争用传输线而等待发送或接收一个报文报花的时间。

quick-access memory 快速存取存储器 与中央处理部件的主存储器相比,其存取时间较短的一种存储器。通常用静态 RAM(随机存取存储器)实现,其价格与功耗也比一般内存要高,为了提高计算机系统的处理速度,一般在系统内装设容量不大的快速存取内存,将频繁存取的指令和数据存储于其中。参见 cache。

quick-access report 立即可取报告 提出请求后可以在很短时间内(如几秒钟)得到的查询记录或临时报告。

Quick BASIC language Quick BASIC 语言 微软公司推出的 Quick BASIC 语言,其版本有 2.0 ~ 4.5。Quick BASIC 保持 BASIC 原有特点,但把程序的编辑、编译、连接、调试等步骤综合成为一个单一的过程,把解释 BASIC 的方便性与编译 BASIC 的执行速度有机地结合在一起,既可以同时完成编辑、编译、调试和运行,又把执行速度提高数十倍,此外还对 BASIC 的功能进行了很大的扩充。所有操作都在内存完成,而不是对磁盘上的文件进行操作,从而使程序的研制更快更容易。它的各个版本的演变反映了 BASIC 在现代语言技术以及计算机平台方面的进展。Quick BASIC 已兼有现代化编译型语言在速度、容量以及结构化程序设计方面的所有功能。

quick boot 快速自举 个人计算机 ROM BIOS(只读存储器基本输入输出系统)中的一个选项。当此选项设置为无效时,系统加电自检时将在检测到有磁盘驱动器联机之后,检查所有的系统内存。如果此选项设置为有效,加电自检时 BIOS 将不检查 1MB 以上的内存,而只是扫描总线以检测是否有硬盘存在。如果硬盘响应较慢,它也不会等待。

quick break fuse 速断保险丝 大功率电路中使用的一种保险丝,其一端固定,另一端用弹簧拉住或挂以重物。当通过电流过大时,保险丝受热熔化,靠弹簧拉力或重力加速保险丝断开。

quick break switch 速断开关 一种由弹簧控制的开关,其断开时间比一般机械开关要快,因而产生电火花的时间很短,主要用于大容量直流电路的通断控制。

quick cell 快速单元 某些操作系统中,系统队列区或本地系统队列区中一种保留的空间。利用它可以减少为控制块分配空间所需要的时间。

quick change real-time (QCRT) 快速切换实时操作 在一个多用户或多任务的系统中,在不同用户或任务之间实现迅速转换,以满足各任务的实时处理。

quick closedown 快速关闭[停送] (1)虚拟远程通信存取方法中的一种网络关闭方式。采用这种关闭方式时,任何基于 RPL(请求参数表)的通信宏指令均被终止执行(结束时带有错误码);不可以建立新的通话,也不能打开新的 ACB(存取方法控制块)。参见 cancel closedown, orderly closedown。(2)在远程通信存取方法中使用的一种关闭方式。它只完成当前正在进行的数据传输,一旦收到关闭请求时,正在发送或接收的报文立即停止传输。比较 flush closedown。参见 closedown。

quick digital simulation 快速数字仿真 用于对控制系统进行的数字仿真。连续系统快速数字仿真的方法有时域矩阵法,增广矩阵法等。

quick disconnect 快速脱开 连接器的一种类型。连接器的两部分可以快速连接和脱开。

QuickDry ink 快干墨水 当墨水渗透到打印纸表面的粗糙纤维中时,易产生毛边污迹。尤其是两种颜色的交界处会出现色彩的混杂污迹,影响打印品质。而耐水、抗光、不挑纸、高浓度、超渗透力的快干墨水,却能够在10微秒的时间内渗透到纸张纤维中,墨水还来不及扩散,即在0.23秒的时间内快速干燥,使墨点不起毛边晕染。

quick kill 快速删除 一种分类法。主要通过早期识别从分类序列中删去若干项目来消除文件的附加处理。

quick query 快速查询 一个只使用一个文件名以及可能存在的某些记录选择说明的查询。这是一种未定义的查询。

quick sort 快速排序 快速排序是一个递归整序算法。它将要排序的数组分成两部分,使第一部分的所有数都小于第二部分的所有数。然后对两部分再递归地用同样方法排序,其结果将整个数组从小到大排列。快速排序算法的复杂度最坏情况是$n^2/2$,平均情况是$O(n \log n)$。快速排序也称"分区排序"。参见 partition exchange sorting。

quiesce communication 静态通信 在虚拟远程通信存取方法中,一种一次只沿一个方向通信的方法。使用这种方法,任一节点都拥有发送同步数据流报文的排它权。即其他节点同意不发送这样的报文。当静止的节点想要接收时,它可使其他节点脱离静止状态,允许该节点发送报文。

quiescent 静态 静止状态,即电路未加输入信号时所处的状态,或系统等待操作时所处的状态。

quiescent-carrier modulation 静态载波调制 在没有调制的间歇对载波进行抑制的调制系统。

quiescent-carrier telephony 载波抑制电话 当没有声音信号时载波被抑制的无线电话系统。

quiescent current 静态电流 相对于电极偏压的电极电流。

quiescent line 静态线 在当前的时钟周期内它不出现切换。另外也被称为"stuck－at"线或 static 线。串扰能够引起一个静态线在时钟周期内出现切换。

quiescent power 维持功率 设备处于待机状态时所消耗的电源功率。同 standby power。

quiescent push-pull amplifier 静态推挽放大器 控制栅极负偏压过强的推挽放大器,在没有信号时,几乎没有阳极电流流过。

quiescent value 静态值 当没有信号存在时器件电极的电压或电流值。

quiet automatic volume control 静噪自动音量控制 延迟的自动增益控制。

quiet error 静止性错误 系统中发生的一种错误,但还没有在整个系统中传播开来,就被纠正了。

quieting sensitivity 静噪敏感度 在调频接收器中信噪比输出不超过特定限度的最小信号输入。

quiet solar radio radiation 宁静太阳射电 太阳射电中的一种最基本的成分,又称B成分,来源于太阳大气的热辐射。宁静太阳射电不同于太阳缓变射电和太阳射电爆发,是始终存在着的一种背景射电。这种宁静射电成分遍及从毫米波到十米波的整个射电波谱。通过低分辨率射电望远镜对太阳射电总辐射进行长期观测,然后采用统计分析方法,就可以把宁静太阳射电与太阳射电中的其他成分区别开来,从而确定宁静太阳的射电强度。参见 slowly varying component of solar radio radiation, solar radio burst。

quiet tuning 静噪调谐 一种静止无线接收器输出直到精确调谐到输入载波的调谐电路。在调谐过程中,当未捕捉到场强超过某个门限值的信号时,中频放大器的增益受到抑制,因而无线电接收机输出保持寂静。只有当它精确地调谐到特定的输入载波频率时,接收机输出才发出响声。这样可避免在调谐过程中听到噪声。

quinary 五进制的 基数为5的记数制。五进制数有5个数码:0,1,2,3,4;逢五进一;数中各个数位的权值是5的各次幂。

quinary code 五进制码 采用五种可能的组合表示数字的代码。参见 quinary。

Quine-McCluskey method 奎因·麦克拉斯基法 一种简化开关函数的方法,可利用计算机进行化简。对于输入变量较多的函数以及多输出函数,用卡诺图化简比较困难时可用这种方法。其化简的主要步骤如下:①将开关函数表示成最小项之和的形式,并将每个最小项用二进制表示。然后按最小项中"1"的个数分组;②根据最小项分数表,找出相邻最小项并进行组合,得到开关函数的素蕴含项;③建立素蕴含项表,第一行列出最小项,第一列列出素蕴含项。在表中,凡素蕴含项覆盖的最小项的格子内画"×";④选择这种素蕴含项,它们能覆盖开关函数的所有最小项并且其数量最少。

quintet 5位字节 由5个二进制位组成的字节。同 five-bit byte。

quit 退出 一个使系统返回先前状态或者终止一个过程的键、命令或者动作。

Q-unsatisfiability Q不可满足性 在自动定理证明的归结中,目标是证明某子句集是不可满足的。但是,由于谓词公式中的函词符号往往过于一般化,如果要证明对于所有的解释,该子句集都不可满足就过于复杂而且没有必要。利用各种特定的函词的各自特殊性质,只证明子句集对于能反映这一特殊性质的某一部分解释是不可满足的。这样,其证明就简单多了。常把这部分解释组成的子集称为Q,故称子句集的不可满足性为Q不可满足性。以不同的Q为基础,就可建立各类特殊的归结理论(也称消解理论)。

quota 限量,配额 (1)在需要记账的时间范围内,允许一个作业使用的系统资源(如CPU时间)的总量。它是由系统管理员在用户授权文件中规定的。(2)微软 Windows NT 中分配给用户账户的资源限制,每当进程的线程创建或者打开一个对象的句柄时,对象管理程序要扣除该进程部分用户的配额,一旦配额用尽,进程在释放资源之前就不能再创建或打开对象句柄。

quoting 引用 许多电子邮件中的一个特性,它使用户可以回复报文,并将原始报文的文本包含在内。为了区别,原始文本的每行前面以一个">"符号开始。

Q

QWERTY keyboard QWERTY 键盘 大多数键盘上的一种键位布置,以其最上面一行字母的最左面6个字母命名。大多数打字机和计算机键盘均采用这种标准键位布置。虽然还有一种叫 Dvorak 的键盘认为是效率更高的键盘,但 QWERTY 键盘更常见和惯用,它是这两种键盘中使用范围较广的一种。比较 AZERTY keyboard, Dvorak keyboard。

Qx interface Qx 接口 Qx 是不完善的 Q3 接口,它是非标准的厂家专用的 Q 接口,虽然在管理系统的实施中,很多产品采用 Qx 接口作为 Q3 接口的过渡,但是随着标准化进程的推进,Qx 接口将逐步被抛弃。

Q3 interface Q3 接口 Q3 接口属于电信管理网(TMN)的重要接口协议簇。Q3 接口是一个协议集合,跨越了整个 OSI(开放系统互连)七层模型的协议的集合。从第一层到第三层的 Q3 接口协议标准是 Q.811,称之为低层协议栈。从第四层到第七层的 Q3 接口协议标准是 Q.812,称之为高层协议栈。Q.811/Q.812 适用于任何一种 Q3 接口。其功能包括面向事务处理的管理应用,面向文件传输的文件传送、接入与管理。参见 open system interconnection (OSI)。

Q.921 Q.921 标准 全称"ISDN 用户网络接口数据链路第二层协议",ITU(国际电信联盟)的 ATM(异步传输模式)网络的信令标准,支持交换的虚拟连接,基于 ISDN(综合业务数字网)的信令标准。其主要功能有:①帧界定、队列、标志透明度;②虚电路复用技术和解除复用技术;③八位字节队列;④检验帧大小最小值和最大值;⑤差错监测、序列和无复制;⑥拥塞控制。它的作用是为 ISDN 用户网络接口的 B、D 或 H 通路上为帧方式承载业务,在用户平面上的数据链路业务用户之间传递数据链路层服务数据单元(SDU)。

Q.931 Q.931 标准 全称"ISDN 用户网络接口数据链路第三层协议",ITU(国际电信联盟)的 ISDN(综合业务数字网)信令标准,支持交换的虚拟连接,基于为帧中继和 ATM 开发的信令标准。与 I.451 建议等同,用于 ISDN D-信道的第三层协议。

R

R **电阻** resistance 的缩写。

RA (1)路由区 routing area 的缩写。(2)重复寻址 repeat to address 的缩写。

RAB **资源分配块** resource allocation block 的缩写。

RAC **无线接纳控制** radio admission control 的缩写。

RACE **随机存取计算机装置** random access computer equipment 的缩写。

race **竞争** 在异步时序电路中,各信号在时间上不具相关性时引起的失误或错误现象。在状态转换时,有两个或两个以上状态变量同时变化,其结果无法预料,因为它完全依赖于哪个输入是先到来的。在设计时应尽量避免产生竞争的条件。

race condition **竞争[态]条件** (1)表征计算结果与进程的执行速度间关系的条件。竞态条件的产生往往与多个进程的相对执行速度有关,是并发程序设计要考虑的重要问题。(2)在多线程系统中的一种情况,线程 A 依赖于线程 B 以完成某些动作,而两个线程没有同步,如果线程 B 赢得竞争而完成了进程 A 所需的指定动作,进程就可继续运行,如果线程 A 赢得了竞争则进程出错。

race way **电缆管道** 在计算机机房内,地板下面铺设的套装在(220 V 或 380 V)交流电源电缆上的管道。这种管道一般为钢管,可以起到保护电缆和防止电磁干扰的作用。

RACF (1)资源访问控制设施 resource access control facility 的缩写。(2)资源接纳控制功能 resource admission control function 的缩写。

RACH **随机接入信道** random access channel 的缩写。

racing **竞态** 多个信号到达某个电路或系统某一点,由于时差引起的可能导致出错的现象。同 race。

racing game (RCG) **竞速游戏** 电脑上模拟各类赛车运动的游戏,没有什么剧情,但非常讲究图像音效技术,惊险刺激,真实感强,深受车迷喜爱。后来,出现了一些其他模式的竞速游戏(如赛艇),一般也归为 RCG 之列。

rack **机架、机柜** (1)安装插件的框架或机箱,很像组合式高保真系统,它有分离的单元而相互叠加在一起。(2)计算机机柜中的主要受力支撑骨架和组装载体。它由不同断面形状、尺寸的型材、弯角件、立柱、横梁、底座、顶框等构件,通过焊接或铆接或螺装而成的承载体。

rack and panel connector **抽屉机架接插件** 用作抽屉部件端板与机架底板间电气连接的矩形接插件。

rack and panel construction **抽屉式机架结构,框架与面板结构** 一种便于装配、维修和操作的机架和抽屉部件标准结构,通常用于安装电子产品。具有标准安装尺寸和装架规范,框架与面板相互配合的一种标准化、系列化组装结构。为了便于设计、制造和组装,对框架的高度、深度、宽度及装入内腔空间尺寸和立柱上的装架孔的尺寸系列、位置作出了标准化、系列化规定;同时对和框架相配合的面板的宽度、高度、安装固定孔尺寸、位置也作出了相应的标准化、系列化规定。根据这种框架和面板结构,在计算机组装设计时,很容易实现标准化、系列化、规范化设计。这种结构见标准 GB 3047.1—82。

rack with cooling air from bottom **下进风机柜** 采用通过机柜底部前侧的进风口进风,通过带网孔的后门或顶部出风,使机柜内设备得到冷却的通风方式的机柜。

rack with cooling air from front **前进风机柜** 采用通过机柜正面直接进风或者通过带网孔的前门进风,再通过机柜后面直接出风或者通过带网孔的后门或顶部出风,使机柜内设备得到冷却的通风方式的机柜。

rack with cooling air from top **上进风机柜** 采用通过机柜顶部前侧的进风口进风,通过带网孔的后门或顶部出风,使机柜内设备得到冷却的通风方式的机柜。

RACL **自反访问控制表** reflexive access control list 的缩写。

RACS **资源接纳控制子系统** resource admission control subsystem 的缩写。

rad **拉德,辐射吸收剂量** radiation absorbed dose 的缩写。

RAD (1)快速存取磁盘 rapid access disc 的缩写。(2)快速应用开发 rapid application development 的缩写。(3)随机存取设备 random access device 的缩写。

RADA **随机存取离散地址** random access discrete address 的缩写。

radar **雷达** 中文"雷达"源自英文的音译,英文该词则是"radio detection and ranging"的字头字母缩略,意为"无线电侦察与测距"。它是以基准信号与从被测物体反射或转发的无线电信号进行比较的无线电测定系统,能提供目标物的距离,方位和高度等信息。

radar astronomy **雷达天文学** 运用雷达技术对天体和地球大气层进行研究的学科,内容包括对流星的跟踪和雷达脉冲从月球和行星的反射。

radar beacon　雷达信标　一种雷达接收-发射机，每当它的雷达接收机由飞机或舰船上的询问雷达信号触发时，都能发射一个很强的编码雷达信号。此编码信标反应可以由领航员根据对应于信标的方向和距离用于确定自己的位置。

radar beam　雷达波束　由雷达发射天线产生的射频能量的可移动波束。它的形状通常定义为功率下降到波束中心值一半的所有点的轨迹。

radar beam guidance　雷达波束制导　雷达波束制导系统由载机上的雷达、导弹上的接收装置和自动驾驶仪等组成。载机上的圆锥扫描雷达向目标发射无线电波束并跟踪目标。导弹发射后进入雷达波束，导弹尾部天线接收雷达波束的圆锥扫描射频信号，在导弹上确定导弹相对波束旋转轴（等强线）偏离的方向，形成俯仰和航向的控制信号，通过自动驾驶仪控制导弹沿等强线飞向目标。

radar blind range (RBR)　雷达盲区　这是相当于以下情况的区域，此时雷达发射机打开，因此雷达接收机必须关闭，以避免雷达发射的信号造成雷达接收机饱和而失效。出现雷达盲区是因为发射的脉冲之间有时间间隔，该间隔相应于传播到目标和从目标反射回来所需的时间。这正好是在雷达发射机发射下一个脉冲时要试图测量的距离。然而，此时接收机要关闭，因此不能测出这个特殊的距离。不能测量的范围取决于接收机关闭的持续时间，而它又取决于发射脉冲的持续时间。

radar blind speed (RBS)　雷达盲速　相对于雷达位置而不能由雷达设备测出的物体（即目标）速度的径向分量的状况。

radar cell　雷达单元　从发射机开始向外延伸一个雷达脉冲宽度所占据的空间体积，其截面对应于由雷达波束半功率点所定义的张角宽度。

radar guidance　雷达制导　利用雷达导引飞行器飞向目标的技术。雷达制导又分为雷达波束制导和雷达寻的制导两类。参见 radar beam guidance，radar homing guidance。

radar homing guidance　雷达寻的制导　又称为"雷达自动导引"，分为主动式雷达导引、半主动式雷达导引和被动式雷达导引三种。主动式雷达导引系统由主动式雷达导引头（寻的头）、计算机和自动驾驶仪等组成，整个系统都装在导弹上；半主动式雷达导引系统由载机上的雷达，导弹上的导引头和自动驾驶仪等组成；被动式雷达导引系统由导弹上的导引头和自动驾驶仪等组成。

radar system　雷达系统　用于探测和测距的完整雷达设备配置，主要由发射机、天线、接收机和显示器组成。

radial air gap　径向气隙　磁路中相对运动件之间的径向距离。

radial transfer　径向传输　外围设备和更接近于中心的设备之间传输数据的过程。

radial wiring　径向布线　一种布线，所有电缆以可能的最直接方式从一公共点连接到要求服务的点。

radiance conservation law　辐射度守恒律　在电信系统中，辐射度守恒律是光学的一个基本原则。光辐射能在传输介质中没有损失时，在光束传输路径上任取两个表面 L_1 和 L_2，它们的亮度是相等的，$L_1 = L_2$，即亮度是守恒的。辐射度守恒律曾称为"亮度守恒"或"亮度定理"。

radiant energy　辐射能　以电磁辐射形式发射、传输或接收的能量，如无线电波、热波和光波。

radiant flux　辐射通量　辐射能流动的时间变化率。即单位时间内所发出的辐射能。

radiant flux density　辐射通量密度　流过或流向某一表面单位面积的辐射功率量，也称"辐照度"。

radiant gain　辐射增益　光电器件上某个规定端口上的发射辐射通量与入射辐射通量之比。

radiant intensity　辐射强度　在被考虑方向上单位时间单位立体角度上发射的能量。它以瓦/立体角表示。同 radiation intensity。

radiant intensity I of a source　光源的发光强度　光源发出通过单位立体角内的光能量通量。其计算公式是：

$$I = \frac{d\varphi}{d\omega}$$

式中，φ 代表光通量，它是单位时间内照射在某面积上的光能量，ω 代表空间立体角。

radiate　辐射　是能量以波或粒子的形式发射辐射的过程，光线、无线电波等电磁波的传播也叫辐射。

radiated emission (RE)　辐射发射　通过空间传播的、有用的或不希望有的电磁能量。

radiated interference　辐射干扰　由辐射噪声或由任何部件、天线、电缆或连接线辐射的，通过空间以电磁波形式传播的电磁干扰。参见 electromagnetic interference (EMI)，conducted interference。

radiated noise　辐射噪声　在接收设备中产生不希望的噪声的电磁能。

radiated power　辐射功率　以辐射形式发射、转移，或接收的功率。辐射功率是单位时间内，物体表面单位面积上所发射的总辐射能，也称为辐出度，它是描述物体辐射本领的物理量。参见 effective radiated power (ERP)，effective isotropic radiated power (EIRP)。

radiated spurious emission (RSE)　辐射杂散发射　在受试设备（UET）测得的杂散时频分量，它包括谐波和非谐波分量以及寄生分量。参见 conducted spurious emission (CSE)。

radiated susceptibility　辐射敏感度　对造成设备、分系统、系统性能劣化或不希望有的响应所需的辐射干扰电平的度量。

radiating circuit **辐射电路** 能将电磁波发送到空间中的电路,如无线电发射机的天线电路。

radiation **辐射,射线** (1)辐射是指发射包括电磁波在内的各种能量的过程。(2)射线是一种能穿过某些物质和空间的电磁能,如无线电波、x射线等。

radiation absorbed dose (rad) **辐射吸收剂量,拉德** (1)材料吸收的辐射能的总数,(2)每单位材料质量吸收的辐射能的总数。测量材料吸收辐射能的基本单位是拉德(rad),1拉德(辐射吸收剂量)对应材料吸收0.001 J/kg(焦尔/千克)或100 erg/g(尔格/克)。参见 absorption,radiation hardness。

radiation belt **辐射带** 在大气圈外侧,环绕着运动着的高能带电粒子带。这个带电粒子带被约束在地球磁层之中,沿着磁力线作螺旋运动,同时不断地辐射出电磁波,辐射带因此而得名。辐射带又分为内辐射带、外辐射带和第三辐射带。内辐射带约离地面1 000 km,厚约5 000 km,带内为一千万~一亿电子伏特的高能质子。外辐射带离地面约12 000 km,厚约6 000 km,截面和内辐射带一样都呈新月形,带内电子能量为1兆电子伏特。第三辐射带离地面50 000 km,带内电子能量较低。这些辐射带和磁层一样,能保护地球上的生物免受各种宇宙射线和带电粒子的袭击。这个带是美国物理学家范·艾伦测定的,所以也称范·艾伦辐射带。

radiation damage **辐射损伤** (1)由中性和带电的粒子辐射引起的对半导体器件的永久性损伤。损伤包括位移损伤、电荷转移损伤和机械损伤。(2)由电离辐射所致的急性、迟发性或慢性的机体组织损害。电离辐射(如X线、中子、质子、α或β粒子、γ射线)作用于机体后,受照机体所引起的病理反应。急性辐射损伤是由于一次或短时间内受大剂量辐射所致,主要发生于事故性辐射。值得重视的是慢性辐射损伤,主要由于不注意防护,较长时间接受超允许剂量辐射所引起的。

radiation dose **辐射剂量** 被材料或细胞组织吸收的总电离辐射量。它通常以拉德表示。

radiation efficiency **辐射效率** 在给定频率上,辐射功率与供给它的总功率的比值。

radiation energy **辐射能量** 以辐射形式发射、转移或接收的能量。单位为焦耳,符号J。

radiation field **辐射区** 发射源(如天线)周围的电磁区域。

radiation hardened circuit **抗辐射电路** 一种采用经改进的电路元件的集成电路,它利用隔离技术做成,以防止接触强辐射时出现短路。

radiation hardening **抗辐射加固** 改善器件、电路或设备抵抗核辐射或其他辐射的能力。此技术主要应用于介质材料和半导体材料。

radiation hardness **辐射硬性** 器件或电路抵抗来自空间、核反应堆、核武器,甚至从封装陶瓷发出的辐射影响的能力。辐射硬性以剂量率、能量密度和总剂量来测量。

radiation intensity **辐射强度** 单位时间内垂直通过单位面积的辐射能量。同 radiant intensity。

radiation ionization **辐射电离** 由电磁辐射引起的气体的原子或分子电离。

radiationless transition **无辐射跃迁** 与辐射无关的跃迁称为无辐射跃迁。如粒子系统从较高的能量状态跃迁到较低的能量状态时,如果能量不是以光的形式释放就称为无辐射跃迁。同 non-radiative transition。参见 transition,radiation transition。

radiation loss **辐射损耗** 由于从传输系统辐射的射频功率而引起的传输损失部分。

radiation pattern **辐射图** (1)也称"场图"。与天线方向相对有关的辐射度或场强的变化图,通常是相对天线轴的角度的函数。辐射图通常是用图形表示的水平面或垂直面上的远场状态。(2)对于光纤、纤芯或有源器件输出端的,作为位置或者角度的函数的,相对功率分布状态。近场辐射图描述了作为光纤端面平面上以位置为函数的辐射(单位为瓦特每平方米)。远场辐射图描述了作为光纤端面平面远场区域的以角度为函数的辐照度。辐射图可能是光纤长度、激励方式和波长的函数。同 directivity pattern。

radiation potential **辐射电位** 与激励原子或分子并引起发射其特征辐射频率之一所需能量(用电子伏特表示)相对应的电压。

radiation power **辐射功率** 单位时间内,物体表面单位面积上所发射的总辐射能。

radiation pressure **辐射压强** 电磁辐射施加在表面上的极小压力或由声波施加在表面或界面上的较大压力。

radiation resistance **辐射电阻** 发射天线的辐射功率与馈电点的有效电流平方之比,称为天线的辐射电阻。辐射电阻是一个等效电阻,如果用它来代替天线,就能消耗天线实际辐射的功率。因此,采用辐射电阻这个概念,可以简化天线的有关计算。辐射电阻的大小取决于天线的尺寸、形状以及馈电电流的波长。因为发射天线的任务是辐射电磁波,所以在装置天线时总是适当地选择其尺寸和形状,使辐射电阻尽可能大一些。

radiation shield **辐射屏蔽** 能有效吸收核辐射的由铅或其他材料制成的屏蔽。

radiation spectrum width **辐射光谱宽度** 辐射强度最大值的一半所对应的光谱全宽。

radiation transition **辐射跃迁** (1)激发态分子以释放辐射的形式失活到基态或低能激发态的过程称为辐射跃迁。(2)以辐射的吸收或发射为特征的跃迁。如电子发射或吸收光子而从一个能级改变以另一个能级的跃迁。辐射跃迁分为受激吸收、自发辐射和受激辐射三类。参见 stimulated absorption, spontaneous radiation, stimulated radiation。

radiation warning symbol 辐射警告符号 用于贴在辐射危险地段的告示牌上的标准符号。此符号由印在黄色基底的品红色三叶形组成。

radio 无线电 在自由空间(包括空气和真空)传播的电磁波。无线电是电磁波中的一个有限频带,上限频率在,下限频率较不统一,按国际电信联盟(ITU)规定,无线电的频率为 3 kHz ～ 300 GHz。

radio access network (RAN) 无线电接入网 部分或全部采用无线电波连接用户与交换中心的一种接入技术。

radio access network application part (RANAP) 无线接入网络应用部分 一个用在 UMTS(通用移动通信系统)平台上的无线网络层信号协议。RANAP 对核心网络(CN)和无线网络控制器(RNC),包括无线接入承载电路的建立的功能负责。

radioactive activity 放射性活度 描述核衰变的量。放射性活度是放射源单位时间内发生衰变的核数目。

radioactive decay 放射性衰变 原子核中的质子数等于和大于 84 的原子核是不稳定的。不稳定的原子核都会自发地转变成另一种核而同时放出射线,这种变化叫放射性衰变。放射性衰变的模式有很多种,最常见的是 α 衰变、β 衰变、γ 衰变。

radioactive ionization gauge 放射性电离真空计 通过放射源射线使气体电离所产生离子的一种电离真空计。放射性电离真空计由放射性电离规管和测量仪器两部分组成。放射性电离规管主要由放射性同位素源、圆筒形阳极和离子收集极组成。测量仪器主要由离子流测量放大器、输出表和阳极电源组成。

radioactive isotopes 放射性同位素 放射性同位素的原子核很不稳定,会不间断地、自发地放射出射线,直至变成另一种稳定同位素,这就是所谓"核衰变"。放射性同位素在进行核衰变的时候,可放射出 α 射线、β 射线、γ 射线和电子俘获等,但是放射性同位素在进行核衰变的时候并不一定能同时放射出这几种射线。核衰变的速度不受温度、压力、电磁场等外界条件的影响,也不受元素所处状态的影响,只和时间有关。放射性同位素衰变的快慢,通常用半衰期来表示。半衰期是放射性同位素的一特征常数,不同的放射性同位素有不同的半衰期,衰变的时候放射出射线的种类和数量也不同。参见 half-life。

radioactive nuclide 放射性核素 能自发地放射出各种射线的核素。参见 radioactive decay。

radioactivity 放射性 不稳定原子核自发地发射各种射线的性质。

radio admission control (RAC) 无线接纳控制 无线资源管理(RRM)的重要内容之一,用于当用户业务申请时根据对业务所需资源等因素,做出是否接纳的控制。参见 radio resource management (RRM)。

radio altimeter 无线电测高计 一种依据无线电波从地面的发射来确定高度的绝对测高计,如调频雷达测高计和脉冲雷达测高计。

radio astronomy 无线电[射电]天文学 应用无线电技术观测天体和星际物质所发射或反射的无线电波而进行天文研究的一门学科。无线电天文学是天文学的一个分支,通过电磁波频谱以无线电频率研究天体。无线电天文学的技术与光学相似,但无线电波能通过光波透不过的星际尘埃,所以无线电观测能深入到光学方法看不到的地方。此外,某些产生非热辐射的天体,虽然不发出可见光,但往往发出强烈的无线电辐射,因此用无线电探测方法能探测到某些光学波段完全无法发现的天文现象。由于地球大气的阻拦,从天体来的无线电波只有波长约 1 毫米到 30 米左右的才能到达地面,迄今为止,绝大部分的无线电天文研究都是在这个波段内进行的。

radio baseband receive terminal 无线电基带接收终端 基带电路中最接近无线电接收器的点。一般由此处连至多路转换基带接收终端或中转设备。

radio baseband send terminal 无线电基带发射终端 非常靠近无线电发射机并且通常将从该处连接到多路复用基带发送终端或中间设备的基带电路中的位置。

radio base station (RBS) 无线基站 RBS 是用来提供移动台与系统的无线接口,主要由无线收发信机构成。每个基站都覆盖一个可靠的通信范围,称为蜂窝小区或无线小区,小区内用户都要通过基站才能发送和接收。

radio beacon 无线电信标机 地面台站或飞行器中提供自身位置信息的无线电电子设备。它由振荡器、发射机、发射天线和附加设备组成。飞机导航系统中,一个或几个地面导航台用规定的频率发射无线电信标信号(等幅波、音频调制波或代码),飞机机上导航设备根据收到的信标信号测出或解算出飞机相对于导航台的方位。飞机不断测定方位并纠正航向,就可被引导到目的地。

radio beam 无线电波束 像无线电测距和微波无线电中继中那样集中的射频能量流。例如,雷达波束是对特定应用发射的无线电波束。

radio bearer control (RBC) 无线承载控制 无线资源管理(RRM)的重要内容之一,是指在用户设备与节点、无线接口等连接时,根据两侧对等协议进行配送。参见 radio resource management (RRM)。

radio bearing (RB) 无线电定向 利用无线电测向仪获得的相对于无线电发射机的方位。

radio beeper 无线寻呼机 一种随身携带的电子装置,使用者收到信号后可根据情况及时打电话回复。参见 pager。

radiobiology 放射生物学 (1)研究电离辐射对生命组织影响的生物学分支学科。主要研究对象为:电磁射线,如紫外线、X 射线、γ 射线的作用;粒子射线,如电子射线、质子射线、重氢射线、α 射线等高速带电粒子射线的作用;此外还有中子射线的作用等。(2)研究放射能对生物作用的放射医学分支学科,也称"辐射生物学"。主要研究电离辐射的生物学效应及其作用规律。在适宜的剂量和条件下电离辐射可促进生物的生长和发育,诱发遗传性变异或杀灭或破坏病变组织(如肿瘤细胞),在较高剂量下,可引发病变造成生物体死亡。

radio broadcast 无线电广播 无线电发射的节目广播。美籍加拿大人费森登教授于 1906 年圣诞节前夕,在纽约附近设立了世界上第一个广播站。在开播那天,播送了两段讲话、一支歌曲和一支小提琴独奏曲。这个小广播站只有一千瓦功率,但它所广播的讲话和乐曲却清晰地被陆地和海上拥有无线电接收机的人所听到,这便是历史上第一次无线电广播。无线电广播的过程是:先在播音室把播音员说话的声音或演员歌唱的声音,变成相应的电信号,这种音频电信号由于频率低,还得采用一种称为"调制"的技术,把音频电信号转换到一个较高的频段,然后通过发射天线,以无线电波的形式发送到空间。早期的无线电广播都是调幅广播,经调制后的信号的幅度是随音频信号的大小变化的。调幅广播由于使用的无线电频段比较窄,所以听起来高音不丰富,音色也不太好,后来,出现了一种调制信号的频率是随音频信号大小变化的调频广播,它的频带比调幅广播的宽,所以再现的声音高频丰富、逼真。现在,无线电广播正向数字化方向发展。数字无线电广播采用数字信号传输信息,广播信号不易受干扰,能让听众享受到激光唱片般的音质。此外,由于数字广播每个电台所占用的频带非常窄,因而在同样的可利用频段中,它所能容纳的电台数量就多。

radio broadcast station 无线电广播电台 播送语言及音乐节目的无线电台。包括播控中心、发射台以及相应的附属设施。

radio button 选项按钮 图形用户界面中,在多个选项中任选一项的方法之一,通常放在诸如对话框之类的选项选择范围内。选项清单采用选项按钮方式意味着任何时候只能有一个选项可选。还有一种选择选项的方法是使用核对框,它用于同时有不止一个选项可选的情况。外观上,选项按钮是一个小圆圈,选中后该圆圈中就出现一个更小的实心圆。同 option button。

radio capacity 无线通信容量 蜂窝电话业务量的一个测度,它定义为每个区域的信道数 $m = M/(KS)$,式中,M 是频道总数,K 是单重复使用因数,S 是区域数。

radio carbon dating 放射性碳年代测定 同 carbon dating。

radio channel 无线电信道 (1)信道是对无线通信中发送端和接收端之间的通路的一种形象比喻,对于无线电波而言,它从发送端传送到接收端,其间并没有一个有形的连接,它的传播路径也有可能不只一条,但为了形象地描述发送端与接收端之间的工作,可以想象两者之间有一个看不见的通路衔接,把这条衔接通路称为信道。(2)带宽足以允许将其用于无线电通信的频段。信道带宽取决于传输类型和发射频率的容限。

R

radio channel group (RCG) 无线信道群 基地电台中与移动台进行无线通信所需要的若干信道设备。它包括发射机、接收机、发射机合路器、接收机分路器及天线等设备。

radio circuit 无线电电路 针对无线电应用布置元件和连接导线。

radio clock 无线电钟 一种能保持精确时间和日期的钟,该钟的动作受美国商务部设在科罗拉多州布尔德尔(Boulder, Colorado)的原子钟发射的无线电信号控制。该钟内置微控制器对报时信号进行处理并调节钟的指针。

radio command 无线电指令 用无线电发出的启动或终止远程设备某种活动的指令。

radio communication 无线电通信 利用无线电波传输信息的通信方式。能传输声音、文字、数据和图像等。与有线电通信相比,不需要架设传输线路,不受通信距离限制,机动性好,建立迅速;但传输质量不稳定,信号易受干扰或易被截获,保密性差。无线电通信按波长分为长波通信、中波通信、短波通信、微波通信等;按中继媒质分为微波接力通信、卫星通信、散射通信等。

radio configuration (RC) 无线配置 无线资源管理(RRM)的重要内容之一,是指对整体无线资源进行配置。参见 radio resource management (RRM)。

radio conformance test (RCT) 射频一致性测试 RCT 规范是 WiMAX(微波接入全球互通)的技术工作组(TWG)于 2006 年 6 月确定的一种认证测试规范,它规定了收发信机的基带和射频信号测试流程和测试条件,用于测试射频接口与 WiMAX 规范的实现一致性程度。

radio control 无线电控制 借助无线电设备经空间发射的信号对固定或移动目标进行控制。

radio deception 无线电欺骗 利用无线电来迷惑敌人,如发送虚假调动或利用敌方呼号。

radio detection 无线电探测 用无线电定位探测目标的存在,而不精确确定目标位置。比较 radio determination。

radio determination 无线电测定 利用无线电波的传播特性来测定位置或获取位置信息。radio detection 比较。

radio determination satellite service (RDSS) 卫星无线电定位业务 提供移动车辆与基站之间的双向通信的卫星系统，而且该系统可使基站以实时方式确定车辆的准确位置。RDSS 能向各类用户和运动平台实时提供准确、连续的位置、速度和时间信息。它目前已基本取代了无线电导航、天文测量和传统大地测量技术，成为人类活动中普遍采用的导航定位技术。

R

radio direction finding 无线电测向 无线电测向运动是现代无线电通信技术与传统捉迷藏游戏的结合。它是寻找能发射无线电波的小型信号源(即发射机)，以在规定时间内，找满指定台数、实用时间少者为优胜。

radio engineering 无线电工程 涉及无线电波的产生、传输和接收以及相关设备的设计、制造和测试的工程领域。

radio facsimile 无线电传真 利用无线电的传真通信。

radio fadeout 电波消失 电离层低层中电离的突然反常增大，引起通过这些区域的无线电波被更强地吸收，使接收机处的信号消失，也称"无线电中断"。

radio field strength 无线电场强 在某点由于特定频率的无线电波通过所引起的电场或磁场强度的有效值。电场强度可以用微伏/米或毫伏/米表示。

radio field-to-noise ratio 无线电场强噪声比 给定位置的无线电场强与噪声场强之比。

radio fix 无线电定位 用处于不同位置的两个或多个无线电测向仪在发射机处获得交叉方位来确定无线电信号源的位置，然后，用三角测量法计算位置。

radio frequency (RF) 射频，无线电频率 频谱在音频之上、可见光频率之下的电磁波频率。参见 radio frequency spectrum。

radio frequency adapter 射频调制器 安装在卫星电视接收终端的输出与用户电视机输入端之间的附加调制器。射频调制器把来自卫星电视接收机的基带电视信号调制为射频信号，使用户的普通电视机可在特定的电视频道上接收这些信号。

radio frequency amplification 射频放大 由无线电接收机检波前进行的或由无线电发射机发射前进行的放大。

radio-frequency band 无线电频带，射频频带 也称"无线电波段"。无线电频带按频率范围分为 14 个频带。参见 radio frequency (RF)，radio frequency spectrum。

radio-frequency circulator 无线电频率环行器[循环器] 一种用铁氧体材料制成的多路转接器，用来把微波设备的几个部件连接到同一天线上去。回转器在前进方向上只有很小的损耗，但在相反方向上却有 20 dB 的损耗。

radio frequency for consumer electronics (RF4CE) 消费电子射频 RF4CE 是家电遥控标准和协议，缩写中的 4 是指"for"(four 同音)。为了在家用电器市场普及射频操控技术，并避免新技术的引入成为产品设计的障碍，2008 年，家电厂商索尼(Sony)、飞利浦(Philips)、松下(Panasonic)、三星(Samsung)与主要低功耗射频集成电路(RFIC)厂商飞思卡尔(Freescale)、德州仪器(TI)等共同成立 RF4CE 联盟。2009 年 3 月，RF4CE 联盟与 ZigBee 联盟合作共同开发基于 ZigBee / IEEE 802.15.4，用于家电遥控的射频标准。RF4CE 不但能提高操作的可靠性；提高信号的传输距离和抗干扰性；使信号传递不受障碍物影响；实现双向通信和解决不同电器的互操作问题，消费者将不再需要用遥控器的发射端准确指向电器的接收端，甚至不再需要数个遥控器来操作不同的电子设备。

radio frequency identification (RFID) 射频识别 利用射频来阅读一个小器件(称为标记)上的信息的技术，也称"电子标签"。可通过无线电信号识别特定目标并读写相关数据，而无需识别系统与特定目标之间建立机械或光学接触。射频识别可识别高速运动物体并可同时识别多个标签，识别工作无需人工干预，可工作于各种恶劣环境。射频识别系统通常由读卡器(阅读器)和应答器(卡)二部分组成。其识别数据被存储在应答器电路中。应答器是一种非接触卡，该卡自身不带电源，当卡进如入阅读器的电磁场范围时，便可通过耦合无线电波的能量并经整流稳压后获得工作电源。这样，在激活状态下，卡上存储的数据便可通过编码、调制送往阅读器以实现识别。射频识别被认为是身份识别、公交票据、动物芯片、门禁管制、物流、物联网等方面的重要识别技术。

radio frequency integrated circuit (RFIC) 射频集成电路 射频的频率在 3 ～ 10 000 MHz，包括高频、甚高频和超高频，是无线通信领域最为活跃的频段。射频集成电路通常采用 CMOS 工艺。

radio frequency interference (RFI) 无线电频率[射频]干扰 在所需信号频率上或附近发生的对无线电接收的干扰。干扰可能由一些自然原因(如雷电)或人为原因(如电弧焊接、电热机、直流电机转换或断开继电器接点)引起。为了管理目的，国际电信联盟(ITU)无线电规则中定义了不同级别的干扰，即可允许干扰、可接受干扰和有害干扰。

radio frequency mass spectrometer 射频质谱仪 离子沿直线路径飞行，并在飞行中穿过一系列交替加有射频电压栅极孔被加速，进入静电场，该场仅允许射频场加速的离子达到收集极的一种质谱仪。

radio frequency noise **射频噪声** 由继电器接触或电机电刷接触引起的电火花导致的噪声。通常用与一电容器串联的电阻来抑止。

radio frequency spectrum **无线电频谱** 无线电频谱主要分为甚低频、低频、中频、高频、甚高频、特高频、超高频、极高频；甚低频在 3 ～ 30 kHz 之间，频带号是 4；低频在 30 ～ 300 kHz 之间，频带号是 5；中频在 300 kHz ～ 3 MHz 之间，频带号是 6；高频在 3 ～ 30 MHz 之间，频带号是 7；甚高频在 30 ～ 300 MHz 之间，频带号是 8；特高频在 300 MHz ～ 3 GHz 之间，频带号是 9；超高频在 3 ～30 GHz 之间，频带号是 10；极高频在 30 ～ 300 GHz 之间，频带号是 11。

radio frequency supervising **无线电频率管理** 对无线电频率的划分、分配及指配。

radio frequency wave **射频波** 电磁辐射的射频波段，频率从几 Hz 到 1 000 MHz，相应的波长为从若干 km 到 0.3 m 左右。

radio guidance system **无线电制导系统** 利用无线电信号从地面站引导机载导弹或其他飞行器的制导系统。

radio interference **无线电干扰** 不需要的无线电信号或无线电扰动对接收所需要的无线电信号的干扰。无线电干扰导致有用接收信号质量下降、信息误差或丢失、甚至阻断通信。

radio interference source **无线电干扰源** 产生电磁干扰的各种外部辐射源。

radio interference test **无线电干扰试验** 测定电力或电子设备在运行电压下对无线电的干扰水平的试验。

radio knowledge representation language (RKRL) **无线电知识描述语言** 用于认知无线电(CR)进行智能交流的语言。认知无线电可以通过这种语言、基于模式的推理方式与网络进行智能交流。参见 cognitive radio (CR)。

radio link **无线电链路** 两个特定点之间提供通信信道或控制信道的无线电系统。

radio link control (RLC) **无线链路控制** 无线通信系统中的无线链路控制层协议。在 WCDMA(宽带码分多址)系统中，RLC 层位于 MAC(介质访问控制)层之上，为用户和控制数据提供分段和重传业务。

radio link protocol (RLP) **无线电链路协议** RLP 是一个链路层控制协议，是在 MS(移动站点)与 IWF(互通功能)之间为了可靠地传送用户数据，所采用的一种自动重发请求(ARQ)协议。参见 interworking function (IWF)。

radio location **无线电定位** 利用无线电波的已知特性来确定目标的方向、位置或运动。

radioluminescence **辐射发光** 由辐射能，如由 X 射线、放射性发射、α 粒子或电子射线激发发光物质产生的发光。

radiometallography **射电金相学** 用 X 射线设备检查金属和合金的结晶结构和其他特性。

radiometeorology **无线电气象学** 研究大气对电波传播的影响，以及利用接收的电波信息探测大气状况和天气现象的一门学科。它广泛使用电波传播原理和技术，是大气科学和无线电物理学的边缘学科，又是大气物理学的一个分支学科。无线电气象学主要包括两方面：①基础理论方面，主要研究对流层中大气折射率对电波传播的影响；大气中氧和水汽对某些微波波段的吸收所造成的电磁波能量的衰落；云和降水粒子对微波的吸收和散射所造成的能量衰落；以上过程中所发生的各种现象和规律等；②应用方面，除直接用于改进无线电通信外，还可以运用大气和云、雨、湍流等对无线电波的吸收、散射、折射的原理，研究和利用主动或被动的装备，探测大气的温度、湿度、云、雨要素的分布和大气湍流状况，以及分析天气过程等。

radiometric resolution **辐射分辨率** 指能分辨的最小辐射度差，或指对两个不同辐射源的辐射量的分辨能力。辐射分辨率是传感器能分辨的目标反射或辐射的电磁辐射强度的最小变化量。

radiometric transformation **辐射变换** 遥感图像处理中，将原始多光谱数据转换成具有标准辐射值的光谱量测系列的算法。逐对像素进行辐射值绝对校正，以消除和补偿传感器在扫描和传输过程中辐射值的变化，从而使像素的辐射值标准化。

radio multiplexing **无线电多路复用** 通过频分或时分，将无线电信道分成若干话音信道或编码信道。

radio navigation **无线电导航** 利用像无线电测向仪、无线电航向信标、无线电信标、罗兰(LORAN)系统和全球定位系统(GPS)之类的设备，借助无线电信号进行的导航。

radio navigation guidance **无线电制导** 沿由外部无线电发射机建立的航线，对导弹进行引导或控制。

radio net **无线电网** 针对通信应用建立的无线电台网。

radio noise **无线电噪声** 无线电频率范围内的辐射电磁干扰噪声。

radio pager **无线寻呼机** 一种小型无线电接收机，能够显示所来的电话号码或预置的数码以告诉携带者有电话呼叫。同 beeper。

radio paging **无线寻呼** 能够在小型无线电接收机上显示所呼叫的电话号码或预置的数码信息的寻呼服务。同 beeping。

radio paging system **无线寻呼系统** 是一种不用语音的单向选择呼叫系统。其接收端是多个可以由用户携带的高灵敏度收信机(俗称袖珍铃)。在收信机收到呼叫时，就会自动振铃、显示数码或汉字，向用户传递特定的信息。

radiopaque **辐射不透明的** X射线或其他辐射形式不能明显穿透的。

radiopaque obstacle **辐射不透明的障碍** 是形成宇宙飞船与地球之间通信中断的障碍。

radio-phase method **无线电相位法** 甚低频辐射场系统的一种，在航空电磁法中，用以测定辐射场磁场成分。它对于陡倾斜导电率界面反映灵敏。

R

radiophone **无线电话** 同 radiotelephone。

radio positioning system **无线电定位系统** 利用无线电波直线恒速传播特性，通过测量固定或运动的物体的位置以进行定位的系统。无线电定位系统有雷达、无线电测向、无线电导航系统和全球定位等。

radio range beacon **无线电航向信标** 一种辐射信号的无线电发射设备。飞机根据该信号可以确定其相对于发射位置的方位。

radio receiver **无线电接收机** 一种将无线电波变换成可听懂的声音或其他可感觉信号的接收机，也称"收音机"。

radio relay equipment **无线电接力机** 转发超短波或微波视距信号进行无线电通信的设备。

radio relay system **无线电中继系统** 一种点对点无线电传输系统，由一台或多台中间无线电站接收、放大和发送无线电信号。

radio remote unit (RRU) **射频拉远模块** 射频拉远技术特点是将基站分成近端机即无线基带控制(RS)和远端机即射频拉远模块(RRU)两部分，两者之间通过光纤连接，RS可以安装在合适的机房位置，RRU安装在天线端，这样，将以前的基站模块的一部分分离出来，通过将RS与RRU分离，可以将烦琐的维护工作简化到RS端，一个RS可以连接几个RRU，既节省空间，又降低设置成本，提高组网效率。

radio repeater **无线电转发器** 将无线电通信信号从一个固定站传输到另一个固定站的中间站的转发器。它扩大了始发站的可靠作用距离，也称"无线电中继系统"或"中继系统"。

radio resource control (RRC) **无线资源控制协议** 第三代移动通信系统中负责接入网和用户设备(UE)之间无线资源分配控制的协议。无线资源控制的内容包括：切换管理控制、动态频率选择、移动终端的激活和释放、省电及功率控制等。

radio resource management (RRM) **无线资源管理** 在有限带宽的条件下，为网络内无线用户终端提供业务质量保障，其基本出发点是在网络话务量分布不均匀、信道特性因信道衰弱和干扰而起伏变化等情况下，灵活分配和动态调整无线传输部分和网络的可用资源，最大程度地提高无线频谱利用率，防止网络拥塞和保持尽可能小的信令负荷。RRM主要包括以下几个部分：功率控制、信道分配、调度、切换、接入控制、负载控制、端到端的QoS(服务质量)和自适应编码调制等。

radio resources (RR) **无线资源** 无线通信所需要的资源(包括频率、时隙、扩频码等)。

radio resource service access point (RRSAP) **无线资源业务接入点** 全球移动通信系统(GSM)中为提供通用分组无线业务(GPRS)而控制系统的数据传输速率和数据链路等的关键节点。

radio signal **无线电信号** 用无线电传输的信号。

radio silence **无线电寂静** 停止无线电台发射的一段时间，允许接收来自其他台的信号或接收微弱呼救信号。

radiosity **辐射度(法)** 这是一种类似光线跟踪的特效。它通过制定在场景中光线的来源并且根据物体的位置和反射情况来计算从观察者到光源的整个路径上的光影效果。在这条线路上，光线受到不同物体的相互影响，如：反射、吸收、折射等情况都被计算在内。参见 shading。

radio source **射电源** 有射电辐射的天体或局部天区，也称"宇宙射电源"。宇宙空间辐射无线电波的分立天体。大多数天体都可能是射电源，已发现的射电源类型很多，已辨认出是射电源的天体有超新星爆发的遗迹、银河星云、脉冲星、类星体等。在太阳系中，太阳和几个行星都是射电源。

radio spectrum **无线电频谱** 可能产生有用无线电波的整个频率范围。无线电频谱从音频范围扩展到大约300 GHz，并分为多个频段，也称"射频频谱"。参见 radio frequency spectrum。

radio sports **无线电运动** 无线电运动是现代科技与体育相结合的产物，它要求运动员具有一定的无线电技术和其他有关方面的知识。无线电运动包括无线电工程设计制作、无线电快速收发报、无线电测向、无线电通信多项和业余无线电台等五个项目。①无线电工程设计制作以训练无线电理论为目的，参赛者按统一的规定装制和调试无线电设备，以速度快、性能好者为优胜；②无线电快速收发报以练习抄收和拍发莫尔斯电码电报为内容，以收发报的速度快、错误少者为优胜；③无线电测向是以无线电测向机为工具寻找隐蔽发射台的运动，以在规定时间内找到的电台数量多者为优胜；④无线电通信多项是运动员携带小型电台在野外完成的一系列通信任务的运动，其中包括开设电台、定向行军、行进中无线电专向通话、抄收无线电信号和通播电报、专向通报、拆收电台等七个项目，比赛以完成任务时间短、错误少者为优胜；⑤业余无线电台是无线电爱好者利用业余电台进行训练、研究和比赛的活动，主要形式是开设业余电台，在业余频段上同世界各地的无线电爱好者进行通信联络，比赛以在规定时间内联络到的电台多、区域广、距离远者为胜。

radio star 无线电星,射电星 发射无线电波的恒星。太阳是发射无线电波的明确已知的唯一恒星。

radio station 无线电台 装有无线电通信设备的中继或终端台(包括移动台)、站。简称电台,分为发射台、接收台和收发兼备的电台。按调制方式分为调幅电台、调频电台和单边带电台。

radio station interference 无线电台干扰 由来自所需接收台之外的无线电台引起的干扰。

radio sun 射电太阳 由频谱中射频电磁辐射所定义的太阳。射电太阳比可见太阳要大得多。

radio switchboard 无线交换机 也称"无线电控制终端"。移动通信系统中为无线电话用户接转信道的设备。

radio telecontrol 无线遥控 利用无线电信号对远方的各种机构进行控制的技术。

radio telegraph 无线电报 经无线电信道传输的电报。无线电报中通常采用国际莫尔斯电码。

radio telemetry 无线电遥测 利用无线电波在离测量仪器有一定距离的地方自动地显示或记录测量结果的过程称为无线电遥测。

radio telephone 无线电话 以无线电频率运行的、无需连接导线的双向话音通信的电话。

radiotelephone call 无线电话呼叫 发自或发往移动台或移动地球站的电话呼叫,它的全部或部分传输通道,为移动业务或卫星移动业务中的无线电通信信道。

radio telescope 射电望远镜 一种由收集射电天文信号的天线和检测记录它们的接收机组成的系统。射电望远镜是观测和研究来自天体的射电波的基本设备,可以测量天体射电的强度、频谱及偏振等量。灵敏度和分辨率是衡量射电望远镜性能的两个重要指标。灵敏度是指射电望远镜最低可测的能量值,这个值越低灵敏度越高。分辨率是指区分两个彼此靠近射电源的能力,分辨率越高就能将越近的两个射电源区分开。

radio transmission 无线电传输 在射频上辐射电磁波经空间的信号传输。

radio transmitter 无线电发射机 产生以无线电波形式经空间传输的射频功率的发射机。

radio wave 无线电波 无线电波是指在自由空间传播的射频频段的电磁波。它是由导体中电流强弱的改变产生的,频率范围 10 kHz ~ 3 000 GHz 的电磁波。

radio window 射电窗口 允许来自外太空的辐射进入并穿过地球大气层的 6 MHz ~ 30 GHz 的频段。参见 atmospheric window。

RADIR 随机存取文件索引及检索 random access document indexing and retrieval 的缩写。

RADIUS 远程用户拨号认证服务 remote authentication dial-in user service 的缩写。

radix 基数,基,底 在按位表示法中,一个记数制中所用的记数符号的总数。该数是个正整数,每个数位的权值乘以该数就可得到相邻的较高数位的权值。例如,二进制中字符是 0,1,故其基数为 2;八进制中的字符是 0,1,2,3,4,5,6,7,故其基数为 8;十进制中的字符是 0,1,2,3,4,5,6,7,8,9,故其基数为 10;十六进制中的字符是 0,1,2,3,4,5,6,7,8,9,A,B,C,D,E,F,故其基数为 16。又如,十进位制数系的基数为 10,向左移一位其数字按数值将增大 10 的一次幂,向右移一位按数值减少 10 的一次幂,也就是,个位、十位、百位、千位等和十分位、百分位、千分位等。参见 floating-point radix, mixed radix notation。

radix complement 补数,基数补码 将一个数的每一位数字从该数制中的最大数码中减去,然后在结果的最低位上加 1 并执行全部进位所得的数。例如在十进制中,170 的补数是 830。在二进制中,1011 的补码是 0101。参见 diminished radix complement。

radix exchange sorting 基数交换排序 利用关键码的二进制表示进行排序的一种方法。它不用比较两个关键码的办法而只检查关键码的个别二进位,由于它依赖于基数 2 的表示,故称为基数交换排序,实质上颇类似于快速排序。

radix-minus-one complement 反码,基数减 1 补码 将一个数的第一位数字从该数制中的最大数码减去后所获得的数。例如在十进制中,170 的"基数减 1 补码"是 829。在二进制中,1011 的反码是 0100。同 diminished radix complement。

radix-minus-one complement form 反码形式 计算机中用于表示数的一种方法。二进制正数的反码形式与原码形式一样,符号位 0 表示正数,数值位与该正数的数值相同;负数的反码形式的符号位为 1,数值位为该负数绝对值的反码;0 的反码形式有两种,符号位与数值位全为"0"表示的是正 0,符号位与数值位全为"1"表示的是负 0。

radix mixed 混合基数 使用一个以上的基数的记数制。

radix notation 基数表示法 一种位置表示法,它利用称之为基数的某个数的一系列整数次幂的系数来表达相继的数字。所代表的数等于这个幂级数之和。例如,5762 是幂级数 $5\times10^3+7\times10^2+6\times10^1+2\times10^0$ 之和,其中,10 是基数。

radix number 基数数 作为计数进制的数。即在某一数字上的数,与相邻数字上同样的数之间的比值。同 radix。

radix numeration system 基数记数制 一种按位记数系统。采用这种方式,任何一位权数值是相邻低位权值的正整数倍。每一位允许的取值从 0 到该位基数减 1。参见 radix notation。

radix point　小数点　(1)在用基数表示法所表示的数中,分隔表示整数的字符与表示分数的字符的符号。(2)把一个数分开成整数和小数两部分的分隔点。小数点用符号“.”表示,十进制记数系统的小数点称为“十进制小数点”,而二进制的称为“二进制小数点”。书写任何数制中的一个数时,若其中没有标出“.”,则表明小数点紧接在最低位的右边。

radix pointer　基数指示字　用来分隔一个数的整数部分和小数部分的符号或指示字。

radix scale　基数记数法　同 radix notation。

radix sorting　基数排序　有时也称“桶排序”。一种不是用关键码之间进行比较的排序方法。待排序元素都是 k 元组,他们的每个分量是由 $0\sim m-1$ 的一个整数组成。该方法使用的编号为 $0,1,\cdots,m-1$ 的 m 个存储桶,其排序步骤:① 依次将各数按倒数第 i 位数字的值 x 置入编号为 x 的桶中;② 合并各桶中元素,组成一个单向队列;③ 重复 ①、② 步骤,直到 $i=k$。基数排序实现的方法有两种:①按关键字最高位优先权的排序方法,简称为 MSD 方法;②按关键字最低位优先权的排序方法,简称为 LSD 方法。如果在关键字中对每个位采用的数基值为 m,则称为以 m 为基的基数排序。参见 most significant digit (MSD), leasd significant digit (LSD)。

radix sorting algorithm　基数分类算法　按照分类键的先后顺序将元素分组的方法进行分类的一种算法。一个简单的例子是分类一组范围在 0 ~ 999 的数字。首先按其百位分类,将其分为(最多)十组数字;然后依次对每组数字按其十位分类,各自分为(最多)十组数字;最后每组数字再按个位分类。这种算法通常在二进制分类时最有效,因为它的比较方法简便(是 1 还是 0),因而它的分组数少(每次比较最多产生两组数)。

radix transformation　基数转换　一种散列法技术。基数转换是将原始键的基数转换,然后去掉高位数字(即超过该键最大数位部分的数字)或者取其转换后数的一部分。例如,原始键为 12345(以 16 为底),转换成以 10 为底,即

$$(1\times16^4)+(2\times16^3)+(3\times16^2)+(4\times16^1)+(5\times16^0)=74565$$

去掉高位数字,得到 4 位数字键为 4565。参见 hashing。

radix translation method　基数转换法　将键值的每位乘以另一种进制的基数然后求和的散列法。

radix-2 tree　基数-2 树　一种关键字值集合的查找树。其关键字均以二进制形式表示,并具有相等的长度。对于 N 个关键字的 radix-2 树,有 $N-1$ 个内部节点,树的大小与关键字的长度无关,只与关键字的个数有关,它的每一个子树中的关键字具有相同的前缀。

radix-50　基数-50 法　在 16 位中保持三个字母数字字符的一种方法。字符集是字母、十进制数字、句号、空格和 $。“50”为八进制(十进制 40)。每个字符分配一个在 1 ~ 50 范围内的数值,低位字符乘以“1”,中间字符乘以“50”,高位字符乘以“2 500”。这种表示法总共包括三个字符,第一个字符通过除以 2 500 求得,第二个字符将余数除以 50 求得,第三个字符用最后的余数表示。

RADSL　速率自适应数字用户线路　rate adaptive digital subscriber link 的缩写。

ragged left　左端参差　在文字处理技术中,指页面左边界不要求对齐的文本,对应于 ragged right。

ragged margin　参差不齐的页边　文本行的一端或两端没有对齐的印刷品。

ragged right　右端参差　在文字处理技术中,指不要求右页边对齐的文本。

ragged text　参差文本　没有对齐的文本。

RAID　(1)廉价冗余磁盘阵列 redundant arrays of inexpensive disk 的缩写。(2)独立冗余磁盘阵列 redundant arrays of independent disk 的缩写。

RAID scheme　独立冗余磁盘阵列方案,RAID 方案　工业上采用 RAID 的标准方案,用于多盘数据库的设计。RAID 方案又分为多种级别表示具有下列三个共同特性的不同设计结构:①RAID 是一组物理磁盘驱动器,在操作系统下视为一个单逻辑驱动器;②数据分布在一组物理磁盘上;③冗余磁盘容量用于存储奇偶校验信息,保证磁盘万一损坏时能恢复数据。第二、三个特性的详细内容在不同的 RAID 级中不同,RAID-0 不支持第三个特性。这种分布数据的好处是:①能同时从多个磁盘中存取数据,因而改善了 I/O 性能;②当需冗余数据时,可有效寻址。

RAID-0　独立冗余磁盘阵列 0 级　最简单级别。RAID-0 级不是 RAID 家族中的真正成员,因为它不采用冗余来改善性能,它以条区的形式在可用磁盘上分布数据。RAID-0 不仅可用于高速数据传输,而且可用于高速的 I/O 请求,但因缺乏容错能力,系统的故障危险性却大大增加了。

RAID-01　独立冗余磁盘阵列 01 级　也称“RAID-0+1”或“RAID-0/1”。它的基本结构是条区,它以条区的形式在可用的磁盘上分布数据,然后再对条区生成镜像。虽然磁盘存储容量的利用率低于 50%,但兼有 RAID-0 高速 I/O 的性能优势和 RAID-1 镜像冗余的可靠性。

RAID-1　独立冗余磁盘阵列 1 级　一种支持镜像磁盘阵列的容错级别。在 RAID-1 中采用简单的备份所有数据的方法来实现冗余。RAID-1 同 RAID-0 一样,采用数据条区组。但它的每个逻辑条区映射到两个不同的物理磁盘组中,他们互为镜像盘。当一个盘上的数据损坏时,可用镜像盘上的数据来予以恢复。在正常读出时,可执行交错读操作,比从单个硬盘上读更快。RAID-1 的主要缺点

是价格昂贵，它需要支持逻辑磁盘两倍的磁盘空间。

RAID-2 **独立冗余磁盘阵列 2 级** 采用汉明码(Hamming code)编入每一字符中进行纠错及位交叉技术的磁盘阵列。控制器用几个盘来检查阵列中的工作盘是否出错，这种检查是按位进行的，对于一个有 10 个盘的小型阵列，至少需要四个校验盘。由于冗余盘太多，信息存储代价太高。它的另一个问题是数据读写必须涉及到阵列中的每一个盘，这就显著地影响了小文件数据传输率。

RAID-3 **独立冗余磁盘阵列 3 级** 将一个数据字的各个位并行存储到多个驱动器上，各驱动器主轴由阵列控制机构保持同步的硬盘阵列。RAID-3 的组织方式与 RAID-2 相同。所不同的是：不管磁盘阵列多大，RAID-3 只包含一个作为奇偶校验的冗余盘。RAID-3 采用并行存取，数据分布在较小的条区集上，它不采用纠错码，而是采用简单的奇偶校验位对所有数据磁盘上同一位置的一组位进行计算。当某一驱动器损坏时，存取奇偶校验驱动盘的数据，并由其余的设备上重构数据。一旦损坏的磁盘被替换，在新盘上重新保存丢失的数据，恢复操作。因为数据分成非常小的条区，所以 RAID-3 的数据传输率非常高，任何 I/O 请求将包含来自所有数据磁盘的并行数据传送。对于大量传送，性能改善特别明显。参见 RAID-2。

RAID-4 **独立冗余磁盘阵列 4 级** 一种独立传送磁盘阵列。每个驱动器有各自的数据通路，独立进行读写。它在扇区一级进行数据交叉，所有数据驱动器共用一个奇偶校验盘，不要求驱动器主轴必须同步。这种实现方法改进了读出速率，允许阵列同时进行多道读，这种并行的方法能够在一个时刻执行多个数据传输，大大提高了阵列的输出量。它采用数据条区，和 RAID-5 的数据条区比相对大些。在 RAID-4 中，通过每个数据磁盘上的相应条区来逐位计算奇偶校验条区，奇偶校验位存储在奇偶校验磁盘的对应条区上。参见 RAID-5。

RAID-5 **独立冗余磁盘阵列 5 级** 一种没有专门校验盘，用来进行纠错的校验信息被直接存在数据盘上的独立传送的磁盘阵列。RAID-5 和 RAID-4 的组织方式相同，所不同的是 RAID-5 在所有磁盘上分布了奇偶校验条区。常用循环分配方案，对于一个 n 个磁盘阵列，奇偶校验条区在不同磁盘的第 n 个条区上，依次重复。所有磁盘上分布奇偶校验条区避免了在 RAID-4 级中潜在的 I/O 瓶颈问题。参见 RAID-4。

RAID-6 **独立冗余磁盘阵列 6 级** 一种对 RAID-5 改进了的独立传送磁盘阵列。它采用 Reed-Solomon 码生成冗余信息，由两个不同方程计算出两组校验码，分散在阵列的两台驱动器上。在两台驱动器同时失效的情况下，数据仍有可能得到恢复。

RAID-10 **独立冗余磁盘阵列 10 级** 也称“RAID-1+0”或“RAID-1/0”。它的基本结构是镜像，再以条区的形式在两套互为镜像的磁盘组上分布数据。虽然磁盘存储容量的利用率低于 50%，但兼有 RAID-1 镜像冗余的可靠性和 RAID-0 高速 I/O 的性能优势。

rain attenuation **雨致衰落** 无线电波经过含水汽云层或降雨地区时的衰落。衰落随传输路径内水汽密度的增加而增大。

rain barrel effect **雨桶效应** 指的是由回路中的消弱回声所产生的语音电话线路中的信号失真。此种失真会产生类似于向雨桶讲话的声音效果。

raindrop virus **雨点病毒** 一种传染给可执行程序的计算机病毒，当触发这种病毒时，屏幕上的所有英文字符就会一个个地掉落在屏幕的下边，就像雨点落地一样，故而形象地称之为“雨点病毒”。另外，有受传染的文件中有一个英文缩写词 FLU(即“流行感冒”)，所以也有人称之为感冒病毒。

rain loss **降雨损耗** 由于降雨而造成的信号衰落。

raise alert **引起警告** 提示用户或者应用程序一个特定事件的发生。参见 alert。

raised floor **架空[活动]地板** 计算机机房中使用的一种架空地板，地板下面可供布线和敷设管道。这种地板分成若干块，便于揭开，故称“活动地板”。架空地板与地平面之间的封闭空间可作为空调送风的静压箱。参见 plenum chamber。

raise of exception **异常引发** 异常是导致程序正常执行中止的一个事件。异常引发是指放弃程序的正常执行，并发出出错信号。在程序执行过程中，软件或硬件出了问题都可能引发异常。例如，硬件的运算逻辑单元发现计算溢出，报告程序语言的运行系统；也可以是正在执行的程序主动产生的，如程序执行中检测到一种特定情况，这种情况无法在当时的局部进行处理，于是程序主动引发一个异常，要求把控制转移到相应处理程序去。

raise statement **引发语句** 程序语言中引发异常而提供的语句，它的执行将引发一个异常，导致程序控制的转移，由当前正在执行的程序语句转移到对应的异常处置程序段中去。引发语句常用一个名字作为参数，意为引发一个该名字的异常。

RALU **寄存器及算术逻辑单元** register, arithmetic and logic unit 的缩写。

RAM (1)随机存取存储器 random access memory 的缩写。(2)随机访问机器 random access machine 的缩写。

Raman effect **喇曼效应** 1928 年，印度物理学家喇曼发现，当用非干涉的单色平行光源照射某些气体、液体或固体时，有一些光受到散射。散射光的光谱，除了含有原来波长的一些光以外，还含有一些另外波长的光，其波长与原来光的波长相差一定的数值。这种单色光被介质分子散射后频率发生改变的现象，称为并合散射效应，也称“喇曼效应”。

新生的光谱线为喇曼线。它是非干涉入射光源与光学量子相结合的产物。喇曼效应为光的量子理论提供了新的证据。为此,喇曼是亚洲第一位获得诺贝尔奖的人。参见 derived Raman effect。

Raman fiber amplifier (RFA) 喇曼光纤放大器 基于光纤中受激喇曼散射效应(SRS)并以传输光纤、色散补偿光纤或高非线性光纤作为增益介质的光放大器(OA)。喇曼光纤放大器主要有分布式喇曼光纤放大器和分立式(又称集总式)喇曼光纤放大器两种类型。参见 distributed Raman fiber amplifier, discrete Raman fiber amplifier。

R

Raman scattering 喇曼散射 光被透明气体、液体和固体分子的散射。由于入射辐射与分子产生互作用,故散射是由入射辐射的频率变化引起的。喇曼散射可用于研究材料的分子结构。

Raman spectrum 喇曼光谱 喇曼散射的光谱。喇曼光谱是入射光子和分子相碰撞时,分子的振动能量或转动能量和光子能量叠加的结果。喇曼光谱对于纯定性分析、高度定量分析和测定分子结构都有很大价值。

Rambus DRAM (RDRAM) 存储器总线式动态RAM RDRAM是Rambus公司开发的具有系统带宽、芯片到芯片接口设计的DRAM(动态随机存取存储器),它能在很高的频率范围下通过一个简单的总线传输数据。它同时使用低电压信号,在高速同步时钟脉冲的两边沿传输数据。RDRAM是垂直封装的,所有的引脚都在一边。总线最多能寻址320块RDRAM芯片,传输率可达500 MBps。相比之下,异步DRAM只有33 MBps。这种特殊的RDRAM总线使用异步的面向块的协议传送地址和控制信息。经过480 ns初始存取时间后,产生555 MBps数据速度。使这一速度能够实现的是总线本身,它非常精确地定义了阻抗、时序和信号。不像传统的DRAM用显式的RAS(行地址选通)、CAS(列地址选通)、R/W(读/写)和CE(芯片使能)信号来控制,RDRAM通过高速总线获得存储器请求,这一请求包含了操作时所要的地址、操作类型和字节数。参见 direct Rambus DRAM。比较 extended data output DRAM, synchronous link DRAM。

RAM card RAM卡 一个包含RAM(随机存取存储器)存储器和接口电路的外插式印刷电路板。

RAM chip RAM芯片 一种半导体存储芯片,包括动态存储器芯片和静态存储器芯片两种。参见 dynamic RAM, static RAM。

RAM DAC 随机访问存储器数模转换器 random access memory digital-to-analog converter 的缩写。

RAM disk RAM盘,虚拟磁盘 一种仿真的磁盘驱动器,其数据实际存储于RAM(随机存取存储器)中。一个专用的程序可使操作系统误以为另外有一个磁盘驱动器存在。操作系统对此模拟设备进行读写,而程序则从存储器中存取数。RAM盘读写速度非常快,但同时需占用一定量的系统存储器,而且RAM盘往往使用易失性存储器,因而断电时存储于其中的数据会丢失。许多便携式计算机采用电池后备供电的CMOS RAM来解决这一问题。比较 disk cache。

RAM dump 随机存取存储器转储 把RAM(随机存取存储器)中的部分或全部内容传送到某种类型的外存上或打印输出。

RamLink RamLink产品 它对传统的DRAM(动态随机存取存储器)作出了根本的改变,它作为IEEE(电气与电子工程师学会)组中称为可扩展协调接口(SCI)成果的一部分。RamLink集中在处理器和存储器接口,而不是DRAM芯片的内部结构。RamLink是存储器与环形排列的点对点连接器的接口。环上的信息由存储器控制器管理,它发送消息给作为环形网络节点的DRAM芯片。数据以包的形式交换。RamLink的优点是提供可缩放的结构,用于支持数量或多或少的DRAM,而不需描述它的内部结构。RamLink环的设计是为了协调许多DRAM的活动,并提供与存储器控制器有效的接口。

RAM mail box 随机存取存储器邮箱 在公用RAM(随机存取存储器)中,存储能识别外设和/或其他辅助处理机的地址数据的一组内存单元。这种安排使CPU和辅助处理机之间能够以有序的方式和最小的硬件代价进行数据传输。

ramp signal 斜坡信号 变化率为定值的信号。

ramp type A/D converter 斜坡型模/数转换器 一种计数型模/数转换器。转换开始时,将计数器清零,然后时钟脉冲输入,使计数器以递增方式计数,同时使计数器的输出送到数/模(D/A)转换器,使之输出模拟电压反馈到比较器,与输入的模拟量进行比较。当反馈电压与输入模拟量相等时,比较器输出控制信号,控制计数器停止计数。此时,计数器内保存的数值就是与输入模拟量相应的数字值。这种转换方法的实现电路很简单,而且转换精度较高,但转换速度较低。

RAM refresh RAM刷新 按照技术要求,由动态MOS(金属氧化物半导体)作成的RAM(随机存取存储器),其保持信息的时间有限,因此需对RAM的各单元进行周期性的读出再写入,同时使内部电容充电,以维持所存储的信息,此过程称为刷新。

RAM refresh cycle RAM刷新周期 刷新整个动态RAM(随机存取存储器)所需的周期时间。例如有的动态RAM要求在2 ms内刷新全部单元的内容。

RAN (1)漫游者接入号码 roamer access number 的缩写。(2)无线电接入网 radio access network 的缩写。

RANAP 无线接入网络应用部分 radio access

network application part 的缩写。

random 随机的 没有计划，没有预先设计，没有模式的实体或概念。例如，把一个硬币扔向天空，它落下来时是正面还是反面就是随机的。参见 pseudorandom，uncertainty。

random access 随机存取 一种存取技术。将逻辑记录存入存储设备或从中获得逻辑记录都是按非顺序方式进行的。数据写入或读出存储器时无需参照其他数据，且与数据的存储单元位置无关，可随意地向任何存储单元写入信息或读出信息。主存储器总是设计成可随机存取的。双极型半导体存储器、MOS(金属氧化物半导体)存储器、磁芯存储器等都是可随机存取的，外部存储器中的磁盘选道是随机的，但扇区内信息则是顺序串行的，而磁带则只能作顺序存储。随机存取和立即存取、直接存取同义。具有随机存取性质的存储器称随机存取存储器。

random access by key 键标随机存取 用键标对索引文件进行存取的一种存取方法。

random access by relative record number 相关记录号随机存取 通过记录的相关记录号对记录进行存取。对于相关文件，相关记录号随机存取与键标随机存取同义。参见 relative record number。

random access channel (RACH) 随机接入信道 移动台随机接入网络时用此信道向基站发送信息。发送的信息包括：对基站寻呼消息的应答；移动台始呼时的接入。移动台在此信道还向基站申请指配一独立专用控制信道(SDCCH)。

random access device (RAD) 随机存取设备 存取时间与数据存储位置无关的一种存储设备(如磁盘、光碟)，他们不同于磁带等顺序存取设备。

random access discrete address (RADA) 随机存取离散地址 将频率和时间分成一定宽度的频隙或时隙，再将频隙或时隙组合形成地址。给每一用户分配一个地址。它像普通拨号电话一样，只要拨通对方地址号码，即可实现通信。

random access disk file 随机存取磁盘文件 保存在每个磁道配备一个磁头的磁盘上的文件，在连续单元中存储的记录不必是连续的。

random access file 随机存取[访问]文件 对文件中的记录进行访问或更新时，不考虑文件中记录的排列次序，这种文件称为(可)随机存取[访问]的文件。为了便于记录的插入、删除和修改，随机存取文件的数据结构一般采用链表形式。

random access input/output 随机存取输入输出 允许在直接访问设备上随机处理存储记录的输入/输出控制功能。对系统有两个好处：①按尽量减少平均查找时间的顺序安排查找，而不是以他们要求的顺序查找；②与其他处理重叠查找，由于有时记录需要顺序处理(如写报告时)，仍需要具备顺序调用数据的功能。

random access I/O routine 随机存取输入/输出例程 提供磁盘文件的直接、顺序和随机处理的例行程序。它是由宏指令来完成输入/输出的。

random access machine (RAM) 随机访问机器 一种机器模型，也称"寄存器机"。它由一个存储程序的有限控制器，若干个累加寄存器，一个指令计数器和一个由无限个寄存器组成的存储器组成。RAM 的指令有四种基本类型：①控制流向指令；②I/O 指令；③累加器和存储器之间传送数据的指令；④算术运算指令。RAM 机器分为如下几类：若模型只有后继运算(即"+1"运算)指令，则称为后继随机访问机器(SRAM)；有加、减法指令的 RAM 称为标准 RAM；不仅有加、减法，还有乘、除指令的机器模型称为乘除随机访问机器(MRAM)；若具有位操作指令，则称之为位操作随机访问机器(BRAM)。

random access memory (RAM) 随机存取存储器 信息可根据需要随时写入和读出的存储器。用于存储程序和数据等。它能够直接寻址以存取专用指令或数据，因此有此名。它有两种类型：静态随机存取存储器和动态随机存取存储器。静态随机存取存储器的状态在可使其变化的电脉冲产生之前不发生任何变化。动态随机存取存储器除了要求用电脉冲不断进行再生之外，与静态随机存取存储器的功能是相似的。参见 refreshing，direct access storage。

random access memory digital-to-analog converter (RAM DAC) 随机存取存储器数模转换器 某些 VGA(视频图形阵列)和 SVGA(超级视频图形阵列)适配器中的一种芯片。RAM DAC 的作用是将计算机内的数字信号代码转换成显示器所用的模拟电信号。RAM DAC 是影响显示卡性能的重要器件，尤其是它所能达到的转换速度影响着显示卡的刷新率和最大分辨率，因为对于一个给定的刷新频率而言，分辨率越高，则像素就越多，如果要保持一定的画面刷新，那么生成和显示像素的速度就必须越快。在 75MHz 的刷新频率和 1 280×1 024 的分辨率下，RAM DAC 速度至少要达到 150 MHz。同时，RAM DAC 寄存器的位数也限制着显示卡所能达到的颜色数目，如 8 位的 RAM DAC 就只能显示 256 种颜色，而 24 位的 RAM DAC 则可以显示 16.8 M 种颜色(也称真彩色)。

random access method 随机访问方式 使用争用通信介质的局域网络中访问通信介质的方法之一。使用这种访问方法的局域网随时都可以争用通信介质，如果发生冲突，则采取 CSMA(载波监听多路访问)中的措施加以解决。与此相对的是时间分配方式，事先把争用通信介质的时间分成若干个时隙或叫时间槽，只允许在某个时隙开始时才能争用通信介质。因此这种访问方式也称"时隙访问方式"。参见 carrier sense multiple access (CSMA)。

random access programming **随机存取程序设计** 不考虑存取程序存储器单元所需时间的一种程序设计，与最小存取程序设计不同。

random access software **随机存取软件** 一组系统程序。它包括加载及监控程序、更新程序文件的程序、特殊的调度程序、输入输出例行程序及公用例行程序等万能程序。它具有随机存取的各种功能。

random access storage (RAS) **随机存取存储器** 建议使用 random access memory (RAM)。

random access stored program machine (RASP) **随机访问存储程序机器** 冯·诺依曼提出的一种机器模型。类似于随机访问机器，但它将程序装入存储器，而不是存在有限控制器中。其存储器是可分为奇、偶地址的寄存器，两个相邻寄存器放入一条指令，偶地址存操作码，奇地址存放操作数地址。它与随机访问机器在附加常数因子空间内可相互实时地模拟。

random access system **随机存取系统** 一种生成数据文件的方法。

random assignment multiple access (RSMA) **随机分配多址** 多个地址用户采用抢占方式共用同一信道的一种争用控制有效方法。这种抢占方式是：某个用户将所传数据编成分组，码头包含接收端和始发端地址；随机占用信道发送，只有接收地址所指用户能起反映，接收无误后发回确认信号，未收到确认信号便重发；如两个用户同时占用信道发送，出现撞车，则各自随机等待不同时间重发，直至成功。

random bit stream signaling **随机比特流信令** 在单位时间间隔基线上使用的断续的比特信号传输的信令，与编码或字母的存在与否无关。

random by key **随机键** 文件的一种处理方法，其中在键字段中的值标识待处理的记录。

random by relative record number **随机相对记录数** 一种文件的处理方法，其中相对记录数标识待处理的记录。

random cipher **随机密码** 在密码学中，指一种加密体制。对于给出的密文信息和密钥，其解密过程像一个明文的加密过程。对于给定的密钥和密文信息进行解密，其结果均匀地对应为具有确定长度，语言上有意义和无意义的信息。

random data set **随机数据集** 参见 direct data set。

random early detection (RED) **随机早期检测** 广泛应用于路由器中的 IP 层的拥塞控制算法之一，它的主要思想是在拥塞发生以前通过一定的丢失概率随机丢弃一部分分组，端系统通过收到重复的 ACK(确认)报文段感知网络即将发生或已经发生网络拥塞，来降低自己的发送速率，从而达到实现网络拥塞控制的目的。参见 weighted random early detection (WRED)。

random error **随机误差** 一种随机发生的误差。如数据通信中由于无线电磁干扰或噪声所造成的传输误差。

random event **随机事件** 在随机试验中，可能出现也可能不出现，而在大量重复试验中具有某种规律性的事件。

random failure **随机故障** 任何时刻都可能发生的无规律的故障。

random file **随机文件** 也称“随机存取文件”。记录不是按任何已编排的顺序而是纯随机地进行存储的一种文件。因此，不可能研制出自寻址系统，需要编制出一套完整的索引，它可用于跟踪具体记录或数据单元的位置，编制一本书的页码索引与这种方法类似。

randomizing **随机法** 一种文件检索方法。使用此种方法时，不断地缩小间接寻址文件的键值区，直到找到所需地址为止。

random logic **随机逻辑** 为完成某特定功能而设计的逻辑电路的硬件组合。

random multiple access **随机多重访问** 网络中所采用的随机竞争通信机制。这种机制是各个计算机系统随时都可以向其他指定计算机发送信息包，并等待回答；如果在两倍最大延迟时间的期间内收到应答，表示成功，否则重发信息包。若多次重发失败，则放弃该信息包的发送。

random noise **随机噪声** 其特征是有大量以随机方式出现的重叠瞬态干扰的噪声，如热噪声或散粒噪声。随机噪声可以针对测试目的或针对干扰敌方的发射而有意产生。

random noise digital simulation **随机噪声数字仿真** 对含有各种随机因素的控制系统(即随机系统)进行的数字仿真。

random number **随机数** 完全随意选取的一系列数中的一个。其统计规律是：在 N 进制数制中，该数每位数字取 N 个数码的几率应该相同。由于随机数没有任何偏向性，所以常常用于统计测试。参见 pseudo-random number。

random number generation **随机数生成** 一个或者一系列随机数的生成，由于真正的随机数被认为是不可生成的，因此计算机中的随机数生成更确切地称为伪随机数生成。

random number generator **随机数发生器** (1)根据所规定的范围或规则产生一个或一串随机数的装置或程序。(2)计算机具有产生随机数的设施，这些随机数是按纯概率生成或按所产生的数对规定目的是足够随机的算法生成。

random number program **随机数(生成)程序** 某些计算机语言的编译程序中提供的一种程序，用于向系统提供一个随机数或随机数序列。一般实现方法是：给出一个种子数和一个计算公式，按公式对种子数进行计算后得到的数作为第一个随机数输出，并以这个数作为新的种子数，算出下一个随机数，依次类推。这种随机数产生程序的输出实际上是有规律的，仅用于测试或演示，在数据加密等场合是不能用的。同 random number generator。

random number sequence 随机数序列 一组顺序的数，其中任何一个数都不能根据它前面的数来预测。参见 pseudo-random number sequence。

random number stream 随机数流 仿真语言为了解决伪随机数在同一种子下所产生的随机数列的重复性，往往提供多个种子供用户任意选择。为此，把对应某个种子所产生的特定随机数列称为一个随机数流。

random page replacement 随机页替换 在虚拟存储器管理系统中使用的页替换策略之一。当作业执行过程中需要装入新页时，从内存中现有的页面中随意选择一个作为替换的页。这种策略在相当多的情况下能在得较少的"颠簸"，有时反而比那些精心设计的页替换策略效率更高。

random phenomenon 随机现象 取值随试验结果而定，且有一定概率分布的现象。

random process 随机过程 与时间有关的随机变量序列。例如，模数转换器是按一定采样间隔进行模拟数据的采样，其采样结果附带的噪声值就是典型的随机过程。

random processing 随机处理 (1)按控制系统规定的特定顺序而不按其存储顺序处理信息和数据记录。(2)数据进入计算机时，没有一个预定的次序，对这种数据进行的处理称为随机处理。参见 consecutive processing，sequential processing。

random reduction 随机归约 由非确定型图灵机完成将判定问题 X 归约为判定问题 Y 的一种多项式时间归约。满足：① 半数以上的计算是接受计算；② 对所有的输出 y，y 在 Y 中的解和 x 在 X 中的解一样。这种归约简记为 R- 归约 。

random requires 随机询问 在询问时，在直接存取文件媒体上直接存取具体记录的过程。借助于以通信线路与一计算机连接起来的若干联机终端来实现此过程。用这种方法，许多组织提高了他们的行政效率并使客户感到满意。利用安装在电气和煤气管理部门办公室中的终端，即能通知正在询问能否使用其设备的客户并指定可使用服务电话的时间。在银行业务中，同样也可以向银行客户报告他们的账目状况以回答其询问(向磁性文件上有关账目的部分取数)。

random retry time 随机再试时间 在以太网局域网中，一个工作站在数据碰撞后试图再次传输前所等待的时间。

random rounding 随机舍入 数据库保密中使用的一种基于结果的扰动形式。即把统计随机地化整为舍入基数的下一个较高或较低倍数。

random sample 随机取样 等概率地抽取总体中个体而形成的一种样本。因此，样本的选取是随机的。

random sample queries 随机取样查询 数据库保密中一种基于记录的扰动技术。即从记录的抽样中计算出统计值，它满足查询准则而不是整集合。

random scan 随机扫描 图形显示的一种扫描方式。电子束按照要显示的信息随机地在阴极射线管屏面上从一个点移到另一个点，以产生图形。为了保持屏幕上图形，需要周期性地对图形进行刷新。建议使用 directed beam scan。

random-scan device 随机扫描设备 一种直接向量轨迹的输出设备，也称"矢量扫描设备"或"笔划扫描设备"。在该扫描系统中，图形的各部分可在显示器上以任意次序扫描。该设备动态性能好。

random search 随机查找 用户查找存储在存储器中的信息时，需要哪一部分就直接取哪一部分。随机查找分直接和间接两种，前者是将检索词转换成文献库所需的信息地址后进行直接查找，后者是用某种方法将检索词转换成地址，以查出所需信息。

random sequence 随机顺序[时序] (1)数据文件中的各项未按指定的顺序排列，而是按它在收集时的自然顺序排列。在这样的数据文件中查找所需的某个记录，则只能按照从头到尾的线性查找顺序进行。(2)由任意输入的一组数构成的无规律序列或者由随机序列发生器产生的一组短时间内无法确定规律的数的序列。

random sequential access 随机顺序存取[访问] 一种存取方法。信息记录的媒体表面被分成若干道，每道均能由计算机随机访问，但在每道内又要顺序寻找才能得到所需的字。

random signal 随机信号 从大量物理现象中观察得到，不能用单一时间函数表达出来或者不能用精确数学关系式描述的信号。但根据大量的科学研究，证明随机信号在一定的条件下也服从某种必然的规律。对随机信号分析的结果，实质是计算得到描述随机数据基本特性的统计函数的估计，一般分为两种情况：①分析一个随机信号特性习惯上用四种主要的统计函数，即均方值；概率密度函数；自相关函数；功率谱密度函数描述其基本特性。②对两个随机信号的联合特性也以几种统计函数描述：即联合概率密度函数；互谱密度函数；相干函数。

random structure 随机结构 一种文件结构。其数据记录都存放在直接存储媒体上，其记录关键码与存放该记录的地址之间建立某种关系，该关系确定记录在文件中的位置以及对文件进行存取的方式。

random system 随机系统 该系统的特点是不能以某一时刻的状态来推知系统其他时刻的情况。如系统的输入信号是随机信号，便不能根据一时刻的输入信号，推得其他时刻的输出信号。对该系统的研究只能采用统计方法。同 stochastic system。

random testing 随机测试 根据测试者的经验随机的选取功能点进行有针对性的测试。随机测试没有用例的指导，完全根据测试员自己的经验和相关知识来测试。它是根据测试说明书执行用例测试的重要补充手段，是保证测试覆盖完整性的有效方式和过程。

random topology 随机拓扑 在分布式计算网络中，不考虑事先定义的网络组态或优先层次的一种计算机布置。

random uniform number 均匀分布随机数 在规定的取值范围内均匀分布的一个数列，相邻的数项之间没有显著的相关性。

R

random variable 随机变量 一定范围内以一定的概率分布随机取值的变量。随机变量在不同的条件下由于偶然因素影响，其可能取各种不同的值，具有不确定性和随机性，但这些取值落在某个范围的概率是一定的。随机变量可以是离散型的，也可以是连续型的。

random variation 随机变化 一个系列中变量的变化无一定规律性，称之为随机变化。

random vector 随机向量 以随机变量为分量的向量。设 $X_1, X_2, \cdots, X_n$ 为 n 个随机变量，则 $(X_1, X_2, \cdots, X_n)$ 为一个 n 维随机向量，用 ξ 表示。记作 $\xi = (X_1, X_2, \cdots, X_n)$。

random walk 随机游动 运筹学的一个术语。一个物体从现在所处位置向任一方向移动一段规定的距离的概率相等。

random walk algorithm 随机游走算法 扩散路由选择算法的一种改进算法，属于非自适应路由选择算法。网络中的路由器或网关把到来的分组送到方向大致正确的随便一条输出线路上。在网络有充分互联信道时，这种方法是非常有效的。参见 flooding routing。

random-walk method 随机移动法 在运筹学中，一种在问题分析中缩减方差的方法。对此，用追踪概率变量的实验值来确定有效性质的结果。

random winding 不规则绕组 线圈边的每根导体在槽内无规定位置的绕组。

random wire antenna 随机线状天线 不用馈线而直接与发射机或阻抗匹配网络相连的具有任意方便长度的多波段线状天线。

range (值)域，极差，全距，量程 (1)一个量或一个函数可取的所有数值。(2)一组数据中的最大数据与最小数据的差称为这组数据的极差。参见 moving range。(3)极差也称“全距”，反映的是变量分布的变异范围和离散幅度。(4)测量仪器的测量范围。

range analysis 量程[值域]分析 利用取值范围或值的定义域的方法对取值进行检验的一种方法，目的是消除多余的检查。

range check 量程[范围]检查 一种界限检查，检查最大值和最小值是否在规定范围之内。

ranged left 左页面对齐 把左版心边字符调整对齐。参见 ranged right 和 justify。

range index 范围索引 在索引登记项中列出自变量之值的范围(而不是列出自变量之值)的索引。适合于取值甚多、接近连续变化的自变量。

range of balanced error 对称[平衡]误差范围 (1)平均值为零的误差范围。(2)最大和最小可能的误差值，大小相等而符号相反，其总误差为零。

range of luminous reflectance 光反差范围 显示屏幕上图像亮度最大的区域与亮度最小的区域之间的亮度差。

range variable 区域变量 (1)在关系演算中使用的特殊变量。取值为某一关系的各个元组。在关系演算中用到量词时，尤其必须引入范围变量。(2)若一个变量在某个程序块内有定义点，则称这个变量为该程序块的区域变量或局部变量。

rank 序列，排序，秩 (1)根据某种规则，以上升或下降的次序对一些事物进行排列的过程或所得列的序列。(2)超图的边中所含顶点的最大个数称为秩。设超图 $H = \langle V, E\rangle$，S 是 V 的一个非空真子集，定义

$$r(S) = \max_{E_i \in E}(|S \cap E_i|)$$

称为超图 H 的秩函数。当 $S = V$ 时 $r(V)$ 就是 H 的秩。若对于每个 i 都有 $|E_i| = r(V)$，即 H 的边中顶点数相同，则称超图 H 为匀称的 。参见 rank of graph。

ranked matching 排列匹配 按文献属性值与查找线索之间匹配的密切程度将文献记录排成由高到低的序列的过程。其目的是供用户按需选取若干匹配较好的文献。

ranking 排名 排名是搜索引擎对查询所返回的搜索结果中的每个文档按它们与查询的相关程度指定一个整数值的过程。排名越高表示匹配得越接近。参见 dynamic ranking，static ranking。

rank of a graph 图的秩 图的一种数量属性。它是图的顶点数减去其连通支的个数后的差。

rank of an equivalence relation 等价关系的秩 如果等价关系 R 对应的不同等价类是有限个，则不同等价类的数目就是 R 的秩。否则等价关系 R 对应的不同等价类是无限个，R 的秩为无限。

rank of matrix 矩阵的秩 矩阵的行向量的秩。任一矩阵其行向量组的秩等于列向量组的秩，同时也等于矩阵的不为零的子式的最高阶数，此数称为矩阵的秩。

rank of partition 划分的秩 集合 A 的划分中子集的数目，称为划分的秩。参见 partition。

rank of vector set 向量组的秩 一个向量的极大线性无关组所含的向量的个数。

RAP (1)响应分析程序 response analysis program 的缩写。(2)路由访问协议 route access protocol

的缩写。

Raphael bridge 拉菲尔电桥 一种用于确定传输线上故障位置的滑线式惠斯登电桥。

rapid access 快速存取 一种存取时间较短的存取方法。它和随机存取意义相同。

rapid access loop 快速存取环(法) 磁盘、磁鼓、磁带等存储设备中的可快速访问的存储区。

rapid access memory 快速存取存储器 在含有不同存取时间的存储器的计算机中,存取时间较其余存储器短的一个存储器。

rapid access storage 快速存取存储器 同 rapid access memory。

rapid application development (RAD) 快速应用开发 于20世纪80年代末由 James Martin 提出的一种开发方法,与快速原型法相似。RAD 的概念是,通过一组来自用户的基本需求,开发人员通常可以在工作室环境下快速地构建一个原型,用户可以与这个原型交互并建议特性、功能增强等,而这个原型则作为联合需求设计(JRD)或联合应用程序开发(JAD)过程的一部分。使用 RAD 创建应用程序的另一个特点是可能同时有很多开发人员正在同一个应用程序上工作,并且这些开发人员能够在他们的团队中扮演很多角色。例如,可能有一个开发人员已经为正在讨论的应用程序创建了架构,并设计了用户界面和后台代码。而同一个资源可能还在被用于开发成测试计划,用于测试应用程序,书写文档,以及最终培训用户。

rapid application development (RAD) system 快速应用开发系统 快速开发应用程序的一种支持软件。它不仅可作为用户构成数据库管理程序的前端开发工具,而且还能提供多种辅助功能,使得新开发的应用程序不必先经过编译,就可以在开发环境中试运行。

rapid information technique for evaluation 快速信息评估技术 以不低于信息产生、输入或需求的速度鉴定信息的合理性、可用性、可靠性的技术。

rapid-prototyping 快速[速成]原型法 (1)快速开发信息系统的一种方法,其实质是采用"渐近"的开发模式。它是针对传统的软件生命周期法(即瀑布法)的缺陷而提出的。它的最大特点是吸收最终用户参与设计的全过程。用户不直接参与软件规划,但对程序员所设计的系统是否满足要求随时提出评估意见。设计人员首先提出一个框架式的"原型",向用户提供了一个可作为功能评价的框架性软件结构,然后由用户参与评估,并按用户的要求进行修改,使之逐步完善。(2)快速原型法是一种常用的面向对象的系统分析、设计方法。其特点是在系统需求尚不明确的情况下,采用演示原型的方式来启发与揭示系统的需求。原型法又可分为两类:第一类,原型演示仅为或得到完整的需求说明,在用户认可后,按生存期重新开发产品;第二类,通过原型的不断增加与扩充,增量式地开发直至实现系统的全部需求。因此,采用快速原型法的目的是为了系统建成后尽量少返工,以降低维护费,提高软件的质量。参见 incremental prototyping, evolutionary prototyping, throw-it-away prototyping。

rapid storage 快速存储器 同 rapid access memory。

rapid thermal annealing (RTA) 快速热退火 将芯片迅速加热到1 000 ℃以上,使注入的掺杂剂被激活,并且消除由于离子注入而产生的晶格损伤和错位,使衬底原子恢复到单晶结构的正常取向,然后使芯片快速冷却。这种工艺不会造成掺杂剂的再分布。

RAR (1)路由附加阻力 route addition resistance 的缩写。(2)返回地址寄存器 return address register 的缩写。(3)真实孔径雷达 real aperture radar 的缩写。

RARP 反向地址解析协议 reverse address resolution protocol 的缩写。

RARP server 反向地址解析协议服务器 响应无盘工作站反向地址转换请求,完成反向地址转换,即完成从物理地址到逻辑地址转换的服务器。在一个局域网中这样的服务器可以有多个,以便保证提供可靠服务。多个服务器中有一个基本 RARP 服务器,其他是后备 RARP 服务器。无盘工作站发出请求 RARP 转换后,先由基本 RARP 服务器给出回答。如果基本 RARP 服务器有故障或其他问题而不能给出回答时,经过一定时间由后备 RARP 服务器完成地址转换并给出回答。

RAS (1)随机存取存储器 random access storage 的缩写。(2)可靠性、可用性、可维护性,RAS 性能 reliability, availability, serviceability 的缩写。(3)远程访问服务 remote access service 的缩写。(4)远程访问服务器 remote access server 的缩写。(5)注册、接入认证和状态查询协议 register, admissionand status 的缩写。(6)行地址选通 row address strobe 的缩写。

RAS active time to precharge delay (tRAS) 行有效至行预充电时间 内存的时序参数,最佳设置是越低越好。通常,tRAS 应该设为 tCL+tRCD(行地址选通至列地址选通延迟)+两个时钟周期。参见 row address strobe (RAS), memory timing parameter。

RAS encryption RAS 密码体制 1978年,美国 MIT 的三位青年数学家 R. L. Rivest、A. Shamir 和 L. Adleman 发现了一种构造双钥的方法,后来称为 RSA 密码体制。RSA 支持被加密文本的可变密钥长度和可变块大小,无格式文本块必须小于密钥长度,通常密钥长度是512位。RSA 既可用于加密,又可用于数字签名,易于实现,是目前仍然安全并且被广泛应用的一种体制。国际上一些标准化组织均已接受 RSA 体制作为标准。RSA 密码体制可作为公共密码学的一种实现方法。RSA 加密算法的过程是:①取两个素数 p 和 q,令 p 和 q 均保密;② 计算 $n = pq$,n 公开;③ 计算 $\varphi(n) = (p-1)(q-1)$,令 $\varphi(n)$ 保密;④ 随机选取整数 e,满足 $gcd(e,\varphi(n)) = 1$,即 e 和 $\varphi(n)$ 之间的最大公约数是 1,令整数 e 公开;⑤ 计算 d,满足 $de \equiv 1 \pmod{\varphi(n)}$,令 d 保密。⑥利用 RSA 加密第一步需要将明文数字化,并取长度小于 $\log_2 n$ 位的数字作明文块。在公共密码学(不对称密码学)中,用 n,e 作为公共密钥,用 d 作为私用密钥。⑦ 对每一数字化的块作如下处理:加密算法 $c = E(m) \equiv m^e \pmod n$;解密算法 $m = D(c) \equiv c^d \pmod n$。发明者建议取 p 和 q 各为 100 位十进制数(近于 2^{332}),这样 n 为 200 位十进制数。要分解 200 位的十进制数,按每秒 10^8 次运算的高速计算机,也要 10^7 年。

RASIS RASIS 性能 reliability, availability, serviceability, integrity, security 的缩写。

RASP 随机访问存储程序机器 random access stored program machine 的缩写。

RASTAC 随机存取存储器及控制器 random access storage and control 的缩写。

RASTAD 随机存取存储器及显示器 random access storage and display 的缩写。

raster 光栅 阴极射线管(CRT)屏幕上,由于电子束自左至右快速扫描和自上而下慢速扫描而形成的一片显示区域。当无信号显示时,表现为一个发光的矩形区域,他们实际上是由若干条水平排列的扫描线组成的,因而称为光栅。参见 raster display。

raster count 光栅计数 在计算机制图技术中,显示空间中某一维的扫描行数。

raster display 光栅显示(器) 采用光栅扫描显示图像或字符的方法或设备。从上到下以一系列水平扫描线方式在屏幕上显示图像。扫描线内各个像素的亮度都可控制。电视机屏幕及大多数计算机监视器都采用光栅显示。显示的精度取决于屏幕显示区域中可用的扫描线数,以及每个扫描线上可单独寻址的像素数。它与矢量显示不同,矢量显示是在屏幕上画向线段(即矢量)。比较 vector display。参见 raster scan。

raster display device 光栅显示设备 一种显示设备,其中显示图像的显示元素通过光栅绘图技术在显示面上产生。

raster font 光栅字体 一个字体,其中字符直接定义为光栅位图。参见 font, primitive font。

raster graphic image 光栅图形图像 用像素格栅在屏幕上形成位图所形成的图像。

raster graphics 光栅制图法 将图像区域内的每个像素以数字形式进行编码,使之在显示屏幕上形成由排列成行和列的像素阵列构成需要显示的图像。

raster grid 光栅格 显示设备中显示屏面上可寻址的坐标栅格。

raster image processor (RIP) 光栅图像处理机 一种由处理器芯片和软件构成的设备,安装在激光打印机、照排机或绘图仪中。它把计算机内表示输出页面的所有信息,转换成光栅扫描图像所要求的像素描述,即把它们表示成阵列形式的空白或墨点。RIP 在设计上应能适应多种数据输入类型,如向量图形、PostScript 字形及各种光栅数据。

rasterization 光栅化 将向量图形转换成相应的由点阵构成的光栅图像。参见 pixel。

rasterization of vectors 矢量光栅化 把用矢量表示的图形变换成向光栅图形显示器、点阵打印机或激光打印机输出的点阵的过程。除非使用矢量图形终端或绘图仪,通常矢量图形在显示或打印之前都要变换成光栅图形。这个过程有时也称"矢量光栅转换"。

rasterize 位图化 将矢量艺术图像转化为位图像的过程,也称"栅格化"。

raster operation 光栅操作 一组对光栅图像进行操作的低级功能,如光栅的复制写入、反相和逻辑运算等,其目的对存储在帧缓冲器中的以位图形式表示的图像(或图像的一部分)进行各种操作和变换。

raster pattern 光栅模式 排列在若干扫描行上的一系列图像元素,从而形成一个图像。

raster pattern generator (RPG) 光栅模式发生器 一种电子线路,可以检取数字化的光栅模式并将其转换为一系列扫描模式,主要用于显示器性能测试。

raster pattern storage (RPS) 光栅模式存储器 存储器的一个区域,存放字形和图像的光栅模式信息。这些信息被显示控制器取出后,变换成串行的像素信号,送到显示器中,作为视频输入信号。

raster plotter 光栅(式)绘图(机)器 使用逐行扫描技术生成图像的一种绘图机。它的输出是像素点阵,而不是绘图笔移动绘出的向量图形,如点阵式图形打印机、喷墨式打印机等。

raster ray tracing 光栅光线跟踪 一种模拟光照效果的图形生成技术,采用体素帧缓存,建立在物体的数字模型基础上。

raster scan 光栅扫描 图形或图像显示的一种方式。电子束在荧光屏上顺序地进行一行一行的水平扫描。当扫描到最后一行时,电子束垂直向上回扫,然后扫描按同样的顺序重复进行。根据显示的信号控制扫描光点的颜色和亮度,从而在荧光屏上产生图像。在水平和垂直面回扫期间,电子束消隐,荧光屏上没有显示。光栅扫描的主要优点是图像明亮、逼真,位置精确,能局部写入或擦除,可产生无限多种颜色,动态性能好、无闪烁。光栅扫描

R

是CRT(阴极射线管)显示的主要方式,它可由显示器中的电路自动完成,也可由计算机程序控制。

raster-scan display 光栅扫描显示(器) 见 raster display。

raster-scan graphical display 光栅扫描图形显示器 一种采用光栅扫描原理的显示设备。它的特点是不仅可以显示各种线图形,而且可以显示多种色调和灰度所填充的面图形,因此,真实感强,具有较好的动态性能,但是响应较慢。

raster timing 光栅定时[同步] 利用光栅条(或盘)和光电器件组成的光电检测器所产生的信号作为另一同步系统位移(或转角等)量的定时。

raster unit 光栅单位 它是指两条相邻平行扫描线距离。因此显示空间的垂直尺寸就等于光栅单位与光栅计数的乘积。光栅单位越小,显示的清晰度就越高。

rate adaptation 速率适配 将现有的低速度数据通信转变成ISDN(综合业务数字网) B信道64 kbps同步数据速率的过程。速率适配过程导致用虚位充填数据流并且以64 kbps定时。

rate adaptive digital subscriber link (RADSL) 速率自适应数字用户线路 能依据用户终端到交换网络的距离,灵活地改变速率的数字用户线。RADSL的速率主要由传输距离来决定,即:距离增大,速率降低,距离越近,速率越高,这样就可以为用户提供最佳服务的灵活选择。

rate control 速率控制 (1)对自动控制系统中独立变量变化速率的控制,也称"比例响应"或"节流控制"。(2)根据线路及终端装置的情况,控制数据传送的速率。例如,当发现接收数据流中误码率增高,便控制发送装置降低速率。

rated accuracy 额定精度 制造仪器所宣称的精度。

rated apparent power on line side 额定网侧表观功率 网侧端子处在额定频率、额定网侧电压和额定网侧电流下的表观功率。

rated apparent power on valve side 额定阀侧表观功率 阀侧端子处在额定频率、额定阀侧电压和额定阀侧电流下的表观功率。

rated condition 额定工况 由制造厂或有关技术部门对器件和设备经过技术鉴定后而确定的正常运转工况。参见 operating conditions。

rated contact current 额定触点电流 触点在其额定寿命期内所携载的电流。

rated continuous direct current 额定连续直流电流 器件在不致过载和符合使用条件的情况下,能够连续通过的直流电流平均值。额定连续直流电流一般略大于额定直流电流。

rated continuous working voltage 额定连续工作电压 设备连续正常工作时使用的电源电压。

rated current 额定电流 在电器的技术条件中,并据以计算电器的温升和运行情况的电流数值。

rated current on line side of transformer 变压器额定网侧电流 变压器网侧绕组对应于在额定直流电流下的电流值。计算时,在多相设备中假定变流电路单元的电流波形为矩形;在单相设备中,其计算依据应予说明。

rated current on valve side of transformer 变压器额定阀侧电流 在额定直流电流下,变压器阀绕组的电流值,如有环流,应计算在内。计算时,在多相设备中假定变流电路单元的电流波形为矩形波;在单相设备中,其计算依据应予说明。

rated direct current 额定直流电流 按规定的负载和使用条件为器件规定的平均直流电流。

rated direct voltage 额定直流电压 当器件的直流电流为额定值时,出现于直流端子间的直流电压平均值。

rated duty 额定工作制 符合于一定的电机或电器设计意图的工作制。

rate decrease factor (RDF) 速率降低因子 在ATM(异步传输模式)网络中,一个可用位速率服务参数,控制信元传输速率的减少量。

rate demarcation point (RDP) 费率分界点 也称"定界"。此分界点被FCC(美国联邦通信委员会)定义为在电话公司通信设施和用户处所的设备,保护性设施或配线之间的互连点。网络接口即分界点应位于电话公司保护器的用户一边或者在没有保护器时相应的位置。费率分界点之外按长途计费。

rated frequency 额定频率 在电机或电器的技术条件中,并由此计算电机或电器所用的试验条件和运行时的频率限度的频率。

rated horsepower 额定马力 长期正常工作时的最大马力,单位是匹,也用作电器在额定电压或额定电流下工作时的电功率。参见 rated power。

rated impedance of an energizing circuit 激励电路的额定阻抗 在规定条件下,对继电器给定的激励电路施加激励量额定值时,激励电路所呈现的阻抗值(用大小和相角表示)。参见 energizing quantity of relay。

rated insulation voltage 额定绝缘电压 在规定条件下,用来度量电器及其部件的不同电位部分的绝缘强度、电气间隙和爬电距离的名义电压值。除非另有规定,此值为电器的最大额定工作电压。

rate distortion theory 率失真理论 用信息论的基本观点和方法研究数据压缩问题的理论。

rated junction temperature 额定结温 半导体器件正常工作时所允许的最高结温,在此温度下,一切有关的额定值和特性都得到保证。

rated operational voltage 额定工作电压 在规定条

件下，保证电器正常工作的电压值。

rated output 额定输出 机器、装置或电路工作在规定正常状态下的输出功率、电压、电流或其他值。

rated power 额定功率 长期正常工作时的最大功率，也是电器在额定电压或额定电流下工作时的电功率。

rated power of an energizing circuit 激励电路的额定功耗 在规定条件下，对继电器给定的激励电路施加激励量额定值时，激励电路所消耗的功率(直流为瓦，交流为伏安)。参见 energizing quantity of relay。

R

rated quantity 额定量 电机或电器的额定数值中的额定电流、额定电压、额定频率等。

rated residual non-operating current 额定剩余不动作电流 制造厂规定的，在等于或小于该值时，剩余电流保护装置应可靠不动作的最大剩余不动作电流值。

rated residual operating current 额定剩余动作电流 对剩余电流动作保护装置规定的最小剩余动作电流值。在达到或超过该电流值时，剩余电流保护装置应可靠动作。额定剩余电流为漏电断路器中漏电单元的动作电流。

rated speed 额定速度 在正常情况下，按设计应达到运行速度或数据传输速率。同 nominal speed。

rated temperature category of a capacitor 电容器的额定温度类别 设计指定的以电容器所能适应的环境温度的下限值和上限值来表示的环境温度的种类。

rated thermal current 额定发热电流 在规定条件下试验时，电器在 8 小时工作制下，各部件的温升不超过极限值时所能承载的最大电流。可分为额定一般发热电流和额定封闭发热电流。

rated uninterrupted current 额定持续电流 在规定的条件下，电器在长期工作制下，各部件的温升不超过规定极限值时所能承载的电流值。

rated value 额定值 一般由制造厂对一个元件、器件或设备在规定工作条件下所规定的一个量值。

rated voltage 额定电压 在电机或电器的技术条件中，并由此计算电机或电器所用的试验条件和运行时的电压限度的电压。

rated voltage on valve side of transformer 变压器额定阀侧电压 同一换相组阀侧绕组中相继换相的两相端子之间，对应于额定分接的空载电压，该值应能在额定工作条件下保证变压器的额定直流电压。

rated withstand voltage 额定耐受电压 表示试品绝缘在耐压试验时的特性的一个规定电压值。

rate-grown transistor 变速生长晶体管 将两种杂质(如镓和锑)同时放入熔料并突然升高和降低温度，形成交替 P 型和 N 型变速生长结层的结型晶体管，也称“缓变结晶体管”。

rate increase factor (RIF) 速率增加因子 在 ATM (异步传输模式)网络中，一个可用位速率服务参数，控制在接收到资源管理信元后信元传输速率的增加量。其数值为 2 幂次，从 1/32,768 到 1。

rate monotonic scheduling (RMS) 速率单调计划 速率单调计划是规划多任务软件的技术，该技术可以使多任务软件按优先级执行多任务。为了使用 RMS，每个任务的执行频率必须首先确定。在半实物仿真应用中，这个频率是积分步长 h 的倒数。任务的优先级是这样安排的，最高频率的任务有最高的优先级，最低频率的任务有最低的优先级。这个优先级安排是任务执行速率的单调函数，因此给予 RMS 这个名称。

rate of change relay 变化率继电器 当特性量值在单位时间内的变化量(即变化速率)达到规定要求则动作的量度继电器。

rate of decay 衰落率 声压、声速或声能密度在给定点和给定时间下降的时间速率。单位是每秒分贝。

rate of electric stress 电应力比 元器件在规定的热环境条件下，实际电应力与特定温度下额定电应力之比值。在加热情况下，电子元器件所能承受电流、电压、功率等值的大小称为电应力。

rate of information throughput 信息吞吐率 系统在单位时间内所传送的信息量。

rate of key error 键入出错率 键入不正确的信号数与总输入信号数的比值。

rate signal 比率信号 一种与某个信号的变化率成正比的信号，如微分放大器的输出信号。

ratio 比率 一个量除以另一个同类量所得到的值，用于表明它们的相对比例。

ratio control 比率控制 维持两个物理量之间预定比值的控制。以直接比例方式或百分比表示。

ratio control system 比值控制系统 实现两个或两个以上参数符合一定比例关系的控制系统。比值控制系统可分为：开环比值控制系统、单闭环比值控制系统、双闭环比值控制系统、变比值控制系统、串级和比值控制组合的系统等。

ratio detector 比例检波器 带有两个二极管的调频检波电路，在它的输入端不需要使用限幅器。音频输出由所形成的相对幅度随频率而变的两个中频电压之比决定。

ratio mete 比率计 用于测量两个电学量之商的仪表。仪表指针的偏转与流过两个线圈的电流比成正比。

rational number 有理数 整数和分数统称为有理数。整数又分为正整数、负整数和 0；分数又分为正分数、负分数。

ratio of gate-to-pin 门引线比 在插件或中、大规模

集成电路的逻辑划分中,一个模件所容纳的逻辑门的总数和模件的外引线数之比。

ratio of mesh 网格比 用差分法求解数学物理问题时,对于一个具体的差分格式,时间步长 τ 和空间步长 h 所组合成的比。例如 τ/h^2 或 τ/h,称为网格比,记为 τ。

ratio of transformation 变换率数 变压器在无负荷条件下的次级电压与初级电压之比或变流器中对应的电流比。

ratio-wave propagation 电波传播 电磁波在空间的传播。电波传播是无线电科学的重要分支,是研究电磁波与传播媒介的相互作用及其在有关领域应用的学科。

RAU 射频拉远单元 remote radio unit 的缩写。

RAW 写后读 read after write 的缩写。

raw data 原始数据 未经加工或化简的数据。该数据可以是也可以不是机器理解的形式。

raw data store 原始数据存储 原始数据存储是搜索引擎中的一种数据结构,搜寻到的文档在发送至解析器之前将存储在其中。而解析器会读取原始数据存储,解析文档后会从原始数据存储中除去它们。

raw laser power 激光源功率 在激光器上测得的激光束的功率电平,通常以毫瓦(mW)为单位。

raw material case 原材料角色 在英语的自然语言理解系统的角色文法中,名词组在句中所起的作用是描述由什么物质制造出产品时,称为原材料角色。常伴随着介词一起出现。

raw mode 原始模式 DOS(磁盘操作系统)系统看待句柄或者识别码的两种方法之一。如果句柄字符为设备的原始模式,操作系统就不过滤输入字符,不对回车符、文件结束符、换行符和制表符作特殊处理。比较 cooked mode。

ray bundle 射线束 某些细节方面(如波长或颜色、或强度)相互不同,但也有一个或多个共同的方面(如方向)的一组射线。波束中的射线可能由于色散而相互分离,引起色散的原因可能是棱镜,它将多频射线束分成不同颜色的相异射线或是光线,它引起不同的频率到达光纤端面的时间不同等。

ray casting 光线投射 一种立体图形处理算法,视线从观察平面投射到立体对象上,在与立体对象的交叉点处终止或者进行透明处理,它计算物体表面受到光源直接照射后一次产生光的反射和透射,而不计算光产生的折射现象。

Rayleigh cycle 瑞利周期 未延伸到超出磁化曲线起始部分,即在零与向上弯曲段之间范围的磁化周期。在这个区域内,磁导率很低并且几乎没有什么磁滞。

Rayleigh distribution 瑞利分布 关于一组具有相同方差的不相关随机变量的概率分布的数学描述。

Rayleigh fading 瑞利衰落 由多通路所引起的,遵循随机变量固有分布的瑞利概率曲线的无线电衰落。在峰窝电话 800 MHz 频带中遇到的无线电衰落,导致暂时的信号区丢失。

Rayleigh line 瑞利线 与对应入射辐射有相同频率的散射辐射谱线。它由正常散射或瑞利散射引起。

Rayleigh region 瑞利区 在材料中,表明磁通密度与磁场强度关系的图示中原点附近的一个区域,在这一区域内,磁通密度可表示为磁场强度的二次函数。

Rayleigh scattering 瑞利散射 (1)由悬浮在空气中的极小微粒,如灰尘引起的选择性光散射。(2)由于材料密度的超微观差别而引起的光线沿光纤的随机散射,增加波长会减少瑞利散射。

Rayleigh wave 瑞利波 一种可以在固体表面附近传播并由质点的椭圆运动表征的波类型。

ray related effect 放射线效应 物质被放射线照射后,其某些特性(如折射率)发生变化的现象,统称为放射线效应。

ray tracing 光线跟踪 (1)一种图形生成技术,模拟光线照射在物体上时的表现,它是反向追踪光射线的方法,从人眼出发,找到射入人眼的各光线束,反向追踪每条射线,找出它与最近的或可能的物体或背景的交点,计算在这点的反射、折射与透射,然后分别跟踪每条折射、反射光束(经过衰落),若射线再与物体相交,再计算交点处的反射与折射,继续跟踪反射和折射后的每条射线。这样一直追踪下去,直至射线离开场景或光束衰落到规定强度以下。(2)一种用计算机产生图像明暗度的技术。它把半透明体表面分为小网格,对穿过这些网格的光线的强度和颜色进行计算,依次计算出物体各表面部分(包括被半透明表面遮挡的部分)的实际颜色。该技术也称"光线投射"。参见 shading。

RB (1)规则库 rule base 的缩写。(2)无线电定向 radio bearing 的缩写。

RBA 相对字节地址 relative byte address 的缩写。

RBC 无线承载控制 radio bearer control 的缩写。

RBE 远程成批输入 remote batch entry 的缩写。

RBGAN 区域性宽带全球网 regional broadband global area network 的缩写。

RBO 基于规则的优化 rule-based optimization 的缩写。

RBR 雷达盲区 radar blind range 的缩写。

RBS (1)无线基站 radio base station 的缩写。(2)雷达盲速 radar blind speed 的缩写。

RBT 远程成批处理终端 remote batch terminals 的缩写。

RBW 解析频宽 resolution bandwidth 的缩写。

RC (1)谐振转换器 resonant converter 的缩写。(2)候选版本 release candidate 的缩写。(3)无线配置 radio configuration 的缩写。

RCA (1)美国无线电公司 Radio Corporation of American 的缩写。(2)驻留公共区域 resident common area 的缩写。

RCA connector **RCA 插头** 将诸如立体声装置或复合视频监视器等声像设备连于计算机视频适配器上的一种插头。RCA 源自"Radio Corporation of American"。比较 phone connector。参见 composite video display。

RCB (1)请求控制块 request control block 的缩写。(2)资源控制块 resource control block 的缩写。

RCC (1)路由控制中心 route control center 的缩写。(2)间接中心顺从性 remote center compliance 的缩写。

RCD **剩余电流保护器** residual current device 的缩写。

RCG (1)竞速游戏 racing game 的缩写。(2)无线信道群 radio channel group 的缩写。

RCL **电阻、电容和电感** resistance、capacitance and inductance 的缩写。

RCMS **远程变化管理服务器** remote change management server 的缩写。

RCP (1)远程复制程序 remote copy program 的缩写。(2)恢复控制点 restoration control point 的缩写。(3)远程呼叫过程 remote call procedure 的缩写。

RCR **请求回车** required carrier return 的缩写。

RCS **修正控制系统** revision control system 的缩写。

RCT (1)区段控制任务 region control task 的缩写。(2)资源控制表 resource control table 的缩写。(3)逆导晶闸管 reverse conducting thyristor 的缩写。(4)射频一致性测试 radio conformance test 的缩写。

RCTL **电阻电容晶体管逻辑电路** resistor-capacitor-transistor logic 的缩写。

RC4 algorithm **RC4 算法** RC4 即 Rivest cipher 4。该算法是 RSA 算法发明人之一的 Rivest(李维斯特)在 1987 年设计的密钥长度可变的流加密算法簇。之所以称其为簇,是由于其核心部分的密码置换盒(S-box)长度可为任意,但一般为 256 字节。该算法的速度可以达到 DES(数据加密标准)加密的 10 倍左右。参见 data encryption standard (DES),Rivest-Shamir-Adleman algorithm (RSA)。

RC5 algorithm **RC5 算法** RC5 算法是 RSA 算法发明人之一的 Rivest(李维斯特)于 1994 年发明的分组密码算法,并由 RSA 实验室对其性能进行分析。RC5 是参数变量的分组算法,实际上是由三个参数确定的一个加密算法族。一个特定的 RC5 可以表示为 RC5-w/r/b,它是一种分组长(w 位)、迭代次数(r) 和密钥长(b 字节)都可变的一种分组迭代密码。它的密钥长度可以从零到无限大,加密的速度依据密钥的大小。一般建议使用 128 位密钥的 RC5 算法并选择 12 ～ 16 次循环迭代。参见 Rivest-Shamir-Adleman algorithm (RSA)。

RC6 algorithm **RC6 算法** RC6 是作为 AES(高级加密算法)的候选算法提交给 NIST(美国国家标准和技术协会)的一种分组密码。它是在 RC5 的基础上设计的,以更好地符合 AES 的要求,且提高了安全性,增强了性能。RC6 秉承了 RC5 设计简单、广泛使用数据相关的循环移位思想,同时增强了抵抗攻击的能力。RC6 新的特色是输入的明文由原先两个区块扩展为四个,另外在运算方面则是使用了整数乘法,而整数乘法的使用则在每一个运算循环迭代中增加了扩散的行为,并且使得即使很少的循环迭代数也有很高的安全性。参见 advanced encryption standards (AES),RC5 algorithm。

RD (1)路由选择域 routing domain 的缩写。(2)请求断开 request disconnect 的缩写。(3)接收数据 received data 的缩写。

RDA **远程数据库访问** remote database access 的缩写。

RDB **关系(型)数据库** relational database 的缩写。

RDBMS **关系数据库管理系统** relational database management system 的缩写。

RDF (1)资源描述框架 resource description framework 的缩写。(2)记录定义字段 record definition field 的缩写。(3)速率降低因子 rate decrease factor 的缩写。

RDFS **资源描述框架模式** resource description framework schema 的缩写。

RDG **路由选择域组** routing domain group 的缩写。

RDI (1)远端缺陷指示 remote defect indication 的缩写。(2)路由选择域标识符 routing domain identifier 的缩写。

RD method **反复辨识法** repeated discrimination method 的缩写。

RDN **相对辨别名** relative distinguished name 的缩写。

RDO (1)联机资源定义 resource definition online 的缩写。(2)远程数据对象 remote data object 的缩写。

RDP (1)费率分界点 rate demarcation point 的缩写。(2)可靠数据报协议 reliable datagram protocol 的缩写。

RDPS **反向保护开关** reverse direction protection switch 的缩写。

RDRAM **存储器总线式动态 RAM** Rambus DRAM 的缩写。

RDRAM cache **存储器总线式动态高速缓冲存储器** 位于中央处理器和主存储器之间,对程序员透明的一种高速小容量存储器,简称高速缓存。在配有高速缓存的计算机中,每次访问存储器都先访问高速缓存,若欲访问的数据在高速缓存中,则直接访问;否则,再访问主存储器,并把有关数据取入高速缓存。如果大部分针对高速缓存的访问都成功,则存取速度得到提高。

RDS **关系数据库系统** relational database system 的缩写。

RDSS **卫星无线电定位业务** radio determination satellite service 的缩写。

RDT **资源定义表** resource definition table 的缩写。

RDTE (1)研究、发展、测试和评估 research, development, test and evaluation 的缩写。(2)资源定义表项 resource definition table entry 的缩写。

RE **正则表达式** regular expression 的缩写。

REA **工程活动请求** request for engineering activity 的缩写。

reachability **可达性** 在计算机网络的协议验证中,验证协议的各种可能状态之间的可达关系。如果协议的某个状态从初态不可达,则表明协议有错。如果从状态 A 到状态 B 的变迁不可能发生,则从状态 A 到状态 B 是不可达的。

reactance **电抗** 电路中的纯电感或纯电容对交变电流呈现的抵抗作用,用欧姆表示。它是由非电阻因素引起的阻抗分量。感抗起源于电感,而容抗则起源于电容。

reactance frequency divider **电抗分频器** 利用非线性线圈或电容来产生正弦波源分谐波的分频器。

reactance frequency multiplier **电抗倍频器** 利用非线性线圈或电容器来产生正弦波源谐波的倍频器。

reactance modulator **电抗调制器** 电抗可以按照调制电压的瞬时幅度来改变的调制器。这是产生相位调制或频率调制的电路。

reactance relay **阻抗继电器** 特性量为电抗,具有两个输入激励量——电流和电压的量度继电器。

reaction cavity **反馈谐振腔** 可以安装在波导侧面或末端,供自动或手动频率控制用的谐振腔。

reaction learning environment **反应式学习环境** 智能计算机辅助教学中提供的一种人机对话教学环境。它允许用户采取诸如做实验、自由提问等主动方式,能根据用户的活动作出反应,并采取相应的教学引导措施。

reaction time **反应时间** 从用户向执行系统提出问题或发出动作命令后,得到系统返回的执行结果所需的时间。

reactive attenuator **电抗式衰减器** 一种吸收很少能量的衰减器。

reactive current **无功电流** 与电动势或电压正交的交流电流分量。此定义仅适用于正弦电流。参见 electromotive force (e. m. f)。

reactive factor **无功功率因数** 无功功率与视在功率之比。

reactive load **无功负荷** 在电力负载中不作功的部分。

reactive power **无功功率** (1)在具有电感和电容的电路里,这些储能元件在半周期的时间里把电源能量变成磁场(或电场)的能量存起来,在另半周期的时间里对已存的磁场(或电场)能量送还给电源。它们只是与电源进行能量交换,并没有真正消耗能量。我们把与电源交换能量的速率的振幅值称为无功功率。正弦电压和电流的无功功率是复功率的虚部。供给电感的无功功率为正值。参见 complex power。(2)在正弦电流和电压的稳态电路中,有效电压的均方根值、有效电流的均方根值和它们之间相角的正弦的乘积即为无功功率,也称"无功伏安"。无功功率的单位是乏(Var)。参见 apparent power。

reactive power compensation **无功功率补偿** 简称无功补偿,在电力供电系统中起提高电网的功率因数的作用,降低供电变压器及输送线路的损耗,提高供电效率,改善供电环境。所以无功功率补偿装置在电力供电系统中处在一个不可缺少的非常重要的位置。合理的选择补偿装置,可以做到最大限度地减少网络的损耗,使电网质量提高。

reactor **电抗器** 将感抗或容抗引入电路的器件。如线圈或电容器。

reactor start split phase motor **电抗启动分相电动机** 分相电动机的一种,其电抗器通常与初级主绕组串连作启动之用。当电动机达到适当转速时,初级辅助电路即行开路。与此同时,将电抗器短路或用其他方法使其不起作用。

readability **易读性、可读性** 衡量程序阅读方便程度的一种特性。一方面取决于所用的程序设计语言本身的内在因素,另一方面取决于程序设计人员掌握这种语言软件开发技术的程度,在源程序的适当位置加入注释信息,是改善可读性的重要手段。程序的可读性对于软件维护与调试都是非常重要的,是软件质量的重要环节。

read access **读访问** (1)用户对文件库中文件的读取能力。通常包括要了解文件的名字、口令及数据的类型等。一般用户通常只能读取他自己的文件库、公共库或共享文件,管理员则可以读取更多用户的文件。(2)仅仅导致信息从访问客体流向访问主体的操作行为。

read access type　读访问类型　在指令或过程执行期间，指示只能对指定的操作数进行读操作的一种指令或过程操作数属性。

read-after-write (RAW)　写后读　保证向磁表面存储器写入正确信息的一种措施。双隙磁头，写头在前，读头在后，往磁体记录介质上由写头写入信息后，马上由读头读出。把读出的信息与写入的信息进行比较，以便判定写到介质上的信息是否正确。

read-after-write verify　写后读验证　通过读回写入信息与原信息比较以确定被写入的信息是否正确的一种验证方法。一次性写入多次读出光碟中经常使用这种方法。如果通过读出发现当前写入扇区有不可校正的错误，就在此扇区上写入"作废"标记，更换另一个空白扇区再写，以保证写入的信息都是正确的。

read-ahead queue　超前读队列　某些通信系统软件在主存中的一种区域。应用程序可以在它发出请求之前从中获得工作单元。

read amplifier　读放大器　在信号检测设备中，与传感器相连，用来将传感器读出的微弱信号放大到适当程度的电子线路。

read-around ratio　周围读数比　在静电存储器中的一个特定点，数字或单元，在因泄漏而造成周围数据丢失之前可被访问的次数。周围的数据在泄漏造成数据丢失之前，必须予以刷新。

read authority　读授权　在某些系统中，一个允许用户查看对象的一个项的内容或者运行一个程序的授权。参见 add authority, delete authority, update authority。

read-back check　回读校验　一种精确地检查发送过程是否有误的过程。发送给输出部件的信息被读回信息源，并与原始信息进行比较，以保证输出正确无误。

read buffer　读缓冲器　被指定存放读出数据的缓冲器。

read conflict　读冲突　在多处理机系统中，各处理器同时自同一共享存储单元中读出，因而都无法读得所需数据的现象。

read cycle time　读周期时间　对于读周期和写周期分开的存储设备，相继两次读周期起始时刻之间的最短时间间隔。

read data strobe　读数据选通　在从寄存器或内存单元中读出数据时，由处理机发出的一种控制被读部件工作的脉冲信号。利用它可以将读地址锁存起来。

readdress　转寄　一种能使始发者或原始地址增加新地址而无需对传输的以前消息的地址或文本进行改变的方法。

read enable　读出使能[允许]　寄存器或内存中允许读操作的脉冲信号或控制端。存储器芯片的数据读出端通常受这样一个信号的控制。当此信号为"无效"时，读出端呈现高阻状态；信号"有效"时，读出端与外部的数据总线接通，允许芯片内指定单元的数据输出。

reader　读卡器　一种能读写存储卡的专用设备。读卡器有插槽可以插入存储卡，有端口可以联接到计算机。把适合的存储卡插入对应插槽，端口与计算机相连并安装所需的驱动程序之后，计算机就把存储卡当作一个可移动存储器，从而可以通过读卡器读写存储卡。

reader/interpreter　读入/解释程序　(1)作业管理程序的一部分，它从输入信息流中读入并解释一串作业定义。(2)一种专用服务程序。其作用与输出程序几乎相反。它读入信息流，把程序和数据存入随机存取存储器，供以后处理用；识别输入信息流中的控制信息，并将此控制信息分别存入相应的控制表。

read error　读错误　计算机在从存储设备或其他输入设备获取信息时遇到的一种错误，对应于写错误，即在向存储设备或其他输出设备送数据时产生的问题。

read error rate　读出误码率　在执行读出数据操作时，发现出错信息的概率。最简单的量度就是一次读出操作中读出的错误字符数与总字符数之比。读出误码率可分为两类：一类是软误码率，即通过重读可恢复的读出误码率；另一类是硬误码率，即不可恢复的读出误码率。

readers/writers problem　读者/写者问题　多个进程互斥地共享一个或一组数据的形式。可以这样来描述：若干个读进程和若干个写进程共享某组数据，为了使读者读到完整的信息并使写者能及时完整地写入信息，必须在这些进程之间采取某种同步措施，以免产生混乱。例如，可以规定当有写者写入信息时，不允许任何读者读出信息，但当写者处于等待状态时，任何读者可以读出信息，这种情况称为第一类读者/写者问题；也可以规定当写者需要写入信息时，它能尽快地取得写入权，即此时任何读者不能进入读状态。这种情况称为第二类读者/写者问题。

read forward　正向读出　(1)按磁带输送的正方向读出信息。(2)按存储器地址编号从小到大的顺序读一个数据块的操作。

read-gather write-scatter　集中读分散写　将内存中不相连的存储位置内的信息合并起来构成一个新的物理记录写入外存上的操作；或从某一存储区域中选出数据，并传送到若干个输出区去进行输出的操作。

read half-pulse　读半脉冲　磁芯存储器读出信息时

所用的一种脉冲。由于其幅度小到不足以翻转磁芯,唯有与相同方向的另一半读脉冲叠加才可读出磁芯的内容。

read head **读(出)头** 用于从各种数据存储媒体上读取数据的前端感测装置。他们以光、磁、机械等方式将存储媒体上记录形态的变化转换为电信号,并经放大、整形等处理后得到数字信号。

read in data **读入数据** 从一处将数据转移到计算机内的过程。例如,从外存储器读出数据转移到主存中去。

reading access time **读取时间** 设备读周期中数据被读出供计算机使用之前所经过的时间。

read-in program **读入程序** 能以普通二进制形式输入计算机并能使其他程序以更复杂的形式输入计算机的程序。

read instruction **读指令** 外部设备的数据送到主存储器存储单元里的指令。

read lock **读(封)锁** 在 AIX 操作系统中,一个防止任何其他过程而在保护区中设置一个写封锁的锁,对应于 write lock。

readme file **必读文件** 通常在 DOS(磁盘操作系统)等机器中使用的包含用户需要的但没有包含在使用手册中的信息的文件,必读文件是可读的 ASCII(美国信息交换标准代码)文件,可用任何编辑程序读取。必读文件中也可包含程序和文档更新的信息。

read-only **只读(方式)** (1)一种数据访问类型。它允许数据被读出,但不允许被复制、打印或修改。同 fixed。(2)描述信息存储方式的术语,这种信息只能取出(读),不能改写或删除。该术语可以用于描述可显示或打印但不能改变其内容的文件,可以用于描述所存程序不能改变的一类存储器(只读存储器),还可用于描述诸如 CD-ROM(只读碟)之类的存储媒体,它可供回放,但不可重新记录信息。参见 authorization。

read-only memory (ROM) **只读存储器** 在工作过程中,只能读出信息,而不能由机器指令写入信息的存储器,其内容在一般情况下不能进行修改。所存放的信息是预先安排好的。只读存储器具有非易失性(当电路和电源切断后,其内容不会消失)和不可改变性(除非采用特殊的技术,否则它的内容是不可能改变的)。目前广泛使用的是半导体集成电路只读存储器,大致有三种类型:①固定掩模型只读存储器;②可编程序只读存储器;③电可改写只读存储器。半导体只读存储器具有速度快、可靠性高、能大规模集成和成本低等特点,广泛应用于微程序设计、代码转换、字符和图形的产生和汉字的产生、随机控制逻辑和存储表格等方面。比较 erasable storage。参见 control read-only memory, mask program read-only memory, reprogrammable read-only memory, erasable programmable read-only memory (EPROM), programmable read-only memory (PROM), read-only storage (ROS)。

read only optical disc driver **只读光碟机** 也称"只读光碟驱动器"。控制并读出只读碟(CD-ROM)上所存信息内容的设备。CD-ROM 是一种光碟,能存大量的信息,获得高质量图像和高保真音乐,已广泛应用于文献数据库、多媒体信息存储及计算机辅助教育等方面。

read-only storage (ROS) **只读存储器** 一种存储设备,其中的内容不能修改。同 fixed storage。参见 read-only memory。

read-only variable **只读变量** 不能例示,只能读的变量,它的值是随着另一个相关的可例示变量的例示而确定的。

read out **读出** (1)将数据从存储器取出,送到显示器或指示灯,以便操作员能直接观察到。(2)将内存储器中的数据读出或转录到外部设备或外存储器的过程。(3)取出存储器的内容,以便在可视显示装置(VDU)屏幕上显示或用打印机打印出来。

read protection **读保护** 限制未经授权的用户或程序读取一个数据集、文件或存储区的内容。

read punch unit **读卡穿孔机** 卡片输入机和卡片穿孔机组合在一起构成的装置。它既可以将卡片输入,又可以将卡片穿孔输出。

read rate **读出率** 输入部件在单位时间内可以读出的数据量。

read reverse **倒转读出,反读** 读出设备能在程序控制下按两个方向中的任何一个方向进行读出。

read rights **读取权** 对一个目标中各项目进行读取的授权。比较 add rights, delete rights, update rights。

read skew **读扭斜** 磁带上信息成行性的一种指标。使用多道磁头的磁带机,读出一行信息有前后的微小差异,这种差异称为读扭斜。这种现象是多个读磁头不严格在一条直线上造成的。参见 write skew。

read-start time **读开始时间** 从读周期开始到实际阅读数据所需要的时间。

read the fucking manual (RTFM) **请读各类手册** 咨询服务站点对用户提出问题的一种解答。服务者认为用户提出的这些问题,完全可以通过阅读联机用户指南、随机文档等资料来获得答案,因而鼓励用户通过查书或手册来自己解决。

read time **读出时间** (1)计算机从存储器寻找一个数据或一条指令并将其读出所需要的时间。参见 access time。(2)也称"取数时间"。存储器从接到读出命令到数据寄存器接收到来自存储单元的读出数据为止所需要的时间。

read to write delay (tRTW) **读到写时间** 内存的时序参数,数值越小越快。表示在同一存储体中,最

R

近的一次有效写操作到下一次读指令间隔的延迟时钟周期数。参见 memory timing parameter。

read verify **读校验** 通过与原来的信息进行比较，验证读过程的正确性的一种功能。

read-while-write **边写边读(操作)** 把在存储器中的一个记录或一组记录写入外存的同时，将另一个或另一组记录读入存储器的过程。

read with incandescent **白炽光(扫描)阅读** 以白炽灯光作为扫描光源的光电阅读操作。光敏器件接收原稿上反射或透射的光信号，将其转换为电信号，完成读出过程。

read with infrared **红外光(扫描)阅读** 以红外光作为扫描器光源的阅读操作。

read with visible LED **LED 光源(扫描)阅读** 以发光二极管(LED)作为扫描器光源的读操作。主要用于一些状态检测、动作识别的场所，也可用于穿孔卡片识读。

read/write association **读/写相关** 在采用异步流动方式的计算机中，当同时执行两条以上涉及同一存储单元的读、写指令时出现的相关。例如，第 i 条指令的读操作和第 k 条指令的写操作是对应同一单元，第 i 条指令读出的本应是该单元的原存内容，可是若第 k 条指令越过第 i 条指令向前流，且其写操作在第 i 条指令的读操作开始之前完成，那第 i 条指令就会错误地读出第 k 条指令的写入结果。

read/write check **读/写校验** 检查读/写操作正确性的过程。例如将已写好的信息读出来，与原始信息进行比较，以确定在读或写的过程中是否存在错误。

read/write check indicator **读/写校验指示器** 在外围存储装置中，指示读/写操作过程中是否存在错误的装置。当有错误发生时，它将以声音或可视形式的信息报告错误，并指出发生错误的类型和位置。

read/write counter **读/写计数器** 直接存储器存取控制器(DMAC)中设置的一个计数器。当高速外围存储装置与内存之间直接经总线传送数据时，用于统计已传送总字数。每传送一个字(或字节)，计数器执行一次加 1 操作。当计数达到预设的字块长设置值时，会输出一个“溢出”信号，中止数据的继续传送。

read/write cycle **读/写周期** (1)执行读和写所需的操作序列重复出现的时间间隔。(2)读出和写入所需的操作过程。

read/write/erase head assembly **读写抹除磁头组合件** 由读出磁头、写入磁头及抹除磁头构成的磁头组合件。

read/write head **读/写(磁)头** 在磁记录设备中，用来读取、记录及抹除磁记录媒体表面上极化点的一个磁头。其中包含绕在磁芯上的一个读线圈和一个写线圈。在写线圈中通以电流，产生磁场对记录媒体上的指定区域磁化，即写入信息；磁记录媒体与读/写头相对运动时，在读线圈中产生感应电压，经放大成为读出数据信号。

read/write memory (RWM) **读写存储器** 既能读出又能写入的一种存储器。

read/write protection **读/写保护** 对非特权用户或程序读写某个数据集、文件或存储区内容所施加的访问限制。

read/write scatter **散布[分散]读写** 在程序控制下，把一个物理记录(如某一磁带区)上的数据分成若干个可以分别处理的逻辑记录，放到内存中几个不相邻接的存储区内加以处理，然后将他们合并构成一个新的物理记录(如写在某一磁带区上去)。

read/write slot **读写槽** 同 head slot。

read/write storage (RWS) **读/写存储器** 同 read/write memory (RWM)。

read/write volatility **读/写的依电性[易失性]** 计算机系统中所用的存储装置对维持电源的依赖性。例如，RAM(随机存取存储器)中存储的数据就是必须靠电源来维持的。电源撤除后，原先存储的信息就会丢失。

read/write waiting time **读/写等待时间** (1)处理机对内存或外围设备执行读写操作时，自发出读/写操作指令，到选择好地址并读出或完成写入信息字所经过的时间。(2)由于处理机与内存的工作速度有差异，在处理机执行一个数据单元的读/写操作期间，有意识地插入一个或多个时钟周期，以便使被读出数据能稳定地在总线上建立或者使被写入数据能可靠地送入内存中。

read/write width **读/写宽度** 磁头读写信号可作用于磁道上工作磁畴的范围。与之对应的是抹除宽度即抹除信号可以清除记录信息磁畴的范围。通常抹除宽度要大于读写宽度。

ready queue **就绪队列** 在某些通信系统软件中，指将被执行的作业的一个元素链。

ready-record **记录就绪** 文件存取机构发给计算机的一个信号，表示根据查寻命令去找的某个记录已经找到，可以立即读入主存。

ready state **就绪状态** (1)任务所处的一种状态，表明它已准备好被激活的条件，正在请求获得处理和执行时间。(2)进程所处的一种状态。在该状态下，进程未占用处理机运行，但所需的一切条件都已满足，随时可被调度使用处理机执行任务。

ready state word **就绪状态字** 表示计算机处于就绪状态，可接收来自终端输入的一种状态字。

real address **实(际)地址** (1)一个绝对(机器)地址或存储器中的一个实际(特定的)单元。比较 relative address，virtual address。(2)硬件所采用的旨在识别实存储器或者像磁盘那样的可直接寻址的二级存储器设备的存储单元的地址。一个实存储器地址是由页帧号和页内的字节号组成，一个实盘块地址是由柱面或磁道号以及扇区号组成。

real address area 实(际)地址区 虚拟存储器的虚拟地址等于实地址的那个存储区。

real aperture radar (RAR) 真实孔径雷达 孔径的原意是光学相机中打开快门的直径。在成像雷达中沿用这个术语，含义变成了雷达天线的尺寸。真实孔径雷达表明雷达采用真实长度的天线接收地物后向散射并通过侧视成像。它的特点是直接加大天线孔径和发射窄脉冲的办法来提高雷达图像分辨率。参见 synthetic aperture radar (SAR)。

real constant 实常数 表示实数的一个十进制字串。必须有十进制小数点或十进制指数，也可两者兼而有之。

real-end compaction 后端压缩 利用关键字排列的顺序消除关键字后端的重复字符的一种索引压缩技术。

real image 实像 在多媒体中，一个用照相机、摄影机或者摄像机从大自然采集的图像，同 realistic image。

real intelligence 真实智能 人的智能，是人工智能研究所追求的目标。

realistic communication 现场感通信 在虚拟现实技术中，指位于异地的多个人之间进行通信时，可以使这些人感觉不到相互之间的距离，与面对面地进行对话的感觉一样。

realistic image 实际图像 同 real image。

really simple syndication (RSS) 聚合内容 RSS 是站点用于共享新闻和其他 Web 内容进行数据交换的一种简单方式。也就是按照一定的数据格式把网站的内容告诉别人。

realm 领域，区域 (1)数据库中分配给记录而与其成员无关的命名部分。(2)数据库中的一种逻辑子域，其中包含有约定的数据聚集的全部事件。(3)由一个或多个区组成。用户在子模式中可以根据应用的要求，把几个区链接在一起定义为一个区域，然后通过区域来存取数据，因此区域与区从逻辑上讲具有相同的意义。区域或领域是数据库的一个逻辑子部分。一个区域或领域中所包含的记录具有特定的数据库关键码值。

real machine 实机 一个实在的计算机及与其相连的设备。比较 virtual machine。

realm currency indicator 领域当前指示符 数据库管理系统用来指示在指定领域中的现行记录位置的一种符号。

realm data item 领域数据项 数据库中与一个给定记录类型有关的数据项。它的内容标识了某个领域，而该记录类型存放在该领域中。

realm description entry 领域[区域]描述项 (1)在模式或子模式描述中的领域条目内的一个实体，它定义了一个领域和它的特性。(2)在 COBOL 语言子模式的各区域部分中的条目，它定义一个区域和该区域的特性。

real mode 实(地)址方式，实模式 采用 Intel 80X86 系列微处理器的计算机中固有的或缺省的一种操作方式；它是 DOS(磁盘操作系统)支持的唯一操作方式。实址方式反映的是微处理器种类及其对存储器的操作方式，其主要特征是为用户提供一个单任务(每次一个程序)的工作环境，在此环境下程序可以自由地访问系统存储器及输入/输出设备。实址方式是 Intel 80286、80386 以及 i486 微处理器中设计的两种不相容的方式之一。与较通用的保护方式不同，实址方式不提供存储器管理和存储器保护特性，这两个特性是 OS/2 操作系统支持的多任务环境中的两个重要特性。比较 protected mode。参见 privileged mode。

R

real mode driver 实模式驱动程序 微软 Windows 95 在虚拟 8086 模式下运行的现有 DOS(磁盘操作系统)设备驱动程序。

real network address 网络实地址 在 SNA(系统网络体系结构)网络中识别逻辑单元(LU)的所在位置的地址。

real no-load direct voltage 实际空载直流电压 直流电流为零时的实际平均直流电压。

real number 实数 实数包括有理数和无理数。实数可以用来测量连续的量。理论上，任何实数都可以用无限小数的方式表示，小数点的右边是一个无穷的数列(可以是循环的，也可以是非循环的)。在实际运用中，实数经常被近似成一个有限小数(保留小数点后 n 位，n 为正整数)。在计算机领域，由于计算机只能存储有限的小数位数，实数经常用浮点数来表示。

real open system 真正开放系统 在与其他实系统通信时，遵守 OSI(开放系统互连)标准要求的实系统。其主要特征是：在遵守或符合某一具体标准的情况下两个开放实系统之间不需彼此的通信或信息变换做任何限制和约束，就可以直接相互连接使用。

real partition 实分区 操作系统虚存中对应着实地址的分区。参照 virtual partition。

real power 实功率 代表真实功率的视在功率分量。实功率用瓦表示，并可以按电压与交变电流同相分量的乘积或伏安数乘以功率因数进行计算。

real relation 实关系 关系数据库(或演绎数据库)中实际存在的数据及其关系。实关系也称"基本关系"。比较 virtual relation。

real resource 实资源 (1)在 VTAM(虚拟远程通信访问法)中，由资源的实际名字和实际网络标识符识别的一种资源。(2)在 NetView 图形监控机制中，一个代表资源的对象。

real soon now (RSN) 很快推出 声称很快就会推

出新的产品。例如，如果软件公司在一个商业软件的前几个版本就知道软件需要某一性能而未对此做任何事情，他可能声称此软件很快就会有这些功能。

real storage　实存储器　系统中与虚拟内存相对的随机存取存储器，也称"物理存储器"。就实体而言，实存储器和主存储器是一回事。但是从概念上来说，实际存储器只代表虚拟存储系统的用户可使用的地址范围中的一部分。参见 physical memory，比较 virtual memory。

real storage page table　实存储页表　OS/VSI 操作系统中的一张表。表中每个项目代表实际存储器的一个 2 K 页面。这张表是实存管理的一个核心的信息接口。

real system　真实系统　能够执行信息处理和/或信息传送的自治整体。是一台或多台计算机、有关软件、外围设备、终端、操作员、物理过程、信息传送手段等的集合。

real time　实时　计算机的一种数据处理方式。实时操作是机器的工作与人的时间感知相匹配的操作，或计算机操作与物理的或外部的处理同步进行。如一种过程控制系统，能以足够快的速度响应外部对计算机的输入，并足以影响其后的输入。

real-time animation　实时动画制作　一种计算机动画制作方法。其屏幕图像刷新速度与实际模拟物体的运动速率相同。它与虚时动画制作方式不同，后者之图像画面计算得到后先要存储起来以后再以高速率回放，以求达到自然连续的运动效果。实时动画允许用户动态地介入，在计算机按动作顺序绘制下一幅图像时可以接受键盘或控制器的干预。参见 animation，bit block。

real time batch processing　实时批处理　某些实时处理系统所具有的一种特性，允许 CPU 在实时处理的间歇期间进行批处理操作。这种批处理与实时处理结合，既能对需要实时处理的作业进行实时处理，同时又能对低优先级的作业进行批处理。

real time channel　实时通道　(1)通信终端与计算机存储器之间提供接口功能的各种装置和设备。这种通道执行的功能与多种转换器类似，但存储能力更有限，且没有存储程序的能力。(2)连接计算机中央处理机或存储器外部设备控制或另一个系统的实时输入或输出信息的装置。实时通道具有实时处理输入输出数据的能力。

real-time clock　实时(时)钟　在计算机中，产生周期性信号的寄存器及有关电路，用于同步计算机和外部事件、协调人机交互操作等。实时钟也用来产生一天中的实际时间，计算两个事件的时间间隔，生成文件标签中的时间数据，执行各种系统内部管理以及计数功能。

real-time clock time　实时钟时间　计算机用的一种时间，用于各种程序时间的计时，也可用来记录周期地实时输入数据的接收时间。可将输入信息和接收时间记录在一起，在处理某些事务频率的统计和分析报告时也用这种时间。

real time clock time sharing　实时时钟分时　用实时时钟控制的分时工作方式。

real-time communication　实时通信　数据(信息)的发送、传输、接收及应答过程的时间满足相应时间要求的通信。

real time computer　实时计算机　用来进行实时处理的计算机，如武器系统及实时过程控制用的计算机。

real-time computer system　实时计算机系统　立即处理用户送入计算机中的信息的处理系统。处理速度与实时程度相匹配，处理结果可立即影响跟踪或控制(包括修改)正在进行中的事件或物理过程，如监督、控制人造卫星发射的计算机系统，它实时地处理回收到的信息，经处理后立即把结果返回给卫星，以控制卫星的运行轨迹。旅馆或飞机定票计算机系统，能应用户的要求(输入信息)而作相应的实时回答。

real time concurrency operation　实时并发操作　可以同时进行实行操作和成批处理操作的实时系统。在内部存储的执行程序控制下，任何时刻都可并行执行这两种操作，但实时操作总是具有较高的优先级。系统将根据这种优先级分配资源。从而最大限度地利用系统配置内的各种部件，能在较低的作业成本下获得系统很大的存储容量、速度、灵活性和通信能力所提供的好处。

real-time control　实时控制　(1)通过实时处理来实现的一种过程控制。(2)利用计算机，为生产过程提供连续的监控称为实时控制。参见 real time system，real time。

real time control input/output　实时控制输入输出　一切输入输出数据的传送都由中央处理机或外围子系统自动发出的信号来控制。任何一般用途的输入输出通道均能适应实时系统的外部设备。所有输入输出通道都有缓冲能力。每一输入输出设备都有一相关的控制单元。此控制单元一旦被中央处理机启动则能执行整个指令操作，而中央处理机可同时进行其他工作。

real time control routine　实时控制例程　对终端设备、通信线路和输入输出数据进行实时处理的例程。

real time control system　实时控制系统　用于控制现场物理过程的实时计算机系统。当现场发生一个事件，通过传感器和计算机系统后，计算机及时对其进行分析、处理之后，发出指令对现场实施有效的控制。实时控制系统的响应时间必须严格不超过临界时间。

real-time data　实时数据　在基本上与事件发生的同时以可应用的形式给出的数据。给出数据的延迟必须小到足以允许必要时采取校正措施。

real-time database 实时数据库 能提供实时响应的数据库，具有快速响应的特点。实时数据库的一个重要特性就是实时性，包括数据实时性和事务实时性。

real time database system 实时数据库系统 实时地对现场数据进行收集和处理，并在数据产生的同时，能以足够快的速度予以处理，其处理结果在时间上又来得及控制被监测或被控制过程的一种数据库系统。例如，飞机订票系统。

real time data processing 实时数据处理 在系统正常执行任务的过程中，由计算机对现场数据边收集边处理的技术。

real-time data reduction 实时数据压缩[简化] (1)在传输时间不太长的情况下以源数据发生的速度来压缩数据。计算机必须立即(压缩)数据，因为存储和压缩等操作是联机进行的而且是实时的。(2)实时地对数据进行整理和简化。其速度至少与数据采样或接收的速度一样快。

real-time data transmission 实时数据传输 (1)为满足实时处理现场数据的要求，及时地在处理中心和现场往返地传送数据。(2)实时地将现场采集的数据传送至数据处理计算机，并将计算机处理结果发送回现场的控制装置的过程。其速度至少与数据采样的速度一样快。(3)从现场收集数据，编码，打包发送到数据处理中心的过程；或者反过来，将处理结果进行编码，打包发送到现场的过程。

real time debug program 实时调试程序 一种独立的调试实用程序。它使用户在运行实时应用程序时能够测试、检查和修改程序的任务。

real-time delay 实时延迟 实质上可忽略不计的延时，通常约为数纳秒且可控制。

real time enterprise (RTE) 实时企业 通过使用最新实时信息来积极地消除其关键性业务流程中的管理与执行中的延迟从而展开竞争的企业。实时企业是运营企业的一个理念。这个理念就是企业负责人和工作人员随时可以了解企业的竞争环境，企业的物流、信息流、资金流的情况，并根据以前的经验，作出正确而快速的反映。

real time executive system 实时执行系统 用来控制、作业排序并提供实时系统操作的一种有效系统。通常，它控制一个或多个成批程序同时操作的实时程序，而无需操作程序员进行设计。因为它保留并重新存储每一个程序的操作状态，所以对每个程序员来说，程序的操作就如同只有他自己的程序在系统中运行一样。实时执行系统还提供一些基本的子例程，以协助控制台控制，重新运行、程序段或重叠段的装入以及不同子系统的输入输出控制。

real time guard 实时保护 在程序运行中，当发现执行任何被限制的操作企图时，即产生中断而转到存储器的某一地址入口进行判断处理。

***Real-Time Imaging* 《实时成像》** 英国 1995 年创刊，全年 6 期，Elsevier Science 出版社出版，SCI(科学引文索引)、EI(工程索引)收录期刊。多学科技术刊物，涉及计算机实时成像的基本法则及应用领域的各个方面。

real-time information system 实时信息[情报]系统 一种提供快速信息的系统，它能使操作者或用户用此信息处理正被控制的过程。

real-time infrastructure (RTI) 实时基础架构 整个企业共享的信息技术，包括人员、流程和技术。实际上 RTI 就是一个效用计算模型，可以用来调节资源、使企业的信息资源实时满足业务变化的需求。

real-time input 实时输入 (1)在另一个系统的活动发生的同时或数据产生的瞬间将输入数据接收到数据处理系统。(2)来自实时系统所控制或为之服务的现场的对实时系统的输入请求。亦即事件的发生。实时输入到达的概率称为到达率，一般有几种到达率：正态分布、泊松分布、指数分布和均匀分布。若在时间间隔 t 内到达了 n 个事件，则 t/n 称为平均到达时间。(3)数据处理系统根据应用要求在一定的时间限制下接收的输入数据。

real-time language 实时语言 为编写实时处理系统设计的语言。这类语言应该支持编写并行程序，并包含一些处理时间概念的机制，接收和响应外界传来的信号的机制。Ada 的设计考虑了这些问题，当前常用的实时语言是从常见的程序语言扩充而来的。

real-time management system 实时管理系统 在信息管理系统中，当事件或数据产生的同时，能以足够快的速度予以处理，其处理结果在时间上又来得及控制被监视或被控制事务及过程的一种处理系统。还可以利用通信线路将计算机和远程终端连接起来，使远地产生的数据不经积压就能及时予以处理，并将处理及时送回远程终端。例如飞机票、车票订票系统。

real time microcomputer 实时微(型计算)机 用于过程控制、实时处理系统中的微型计算机。

real-time mode 实时方式 时间概念强，处理速度快，能在需要答案时立即提供答案，需要数据时立即提供数据的工作方式。

real-time monitor 实时监督程序 执行系统是一种操作及程序设计系统，用以监督程序的执行及构成。使得计算机硬件的使用能达到最佳效果，并将程序员的工作量及操作员的参与降至最低。执行系统具有模块结构，根据每个用户的设备配置和应用要求而制成。由系统扩充出来作为外部设备用的部分和应用程序可根据需要而添加、更改或删除。

real-time multicomputing 实时多重计算 在多重计算机系统中，实时性强和要求可靠性极高的控制应用,会用到两个或两个以上的计算机。两个或多个本质上独立的计算机系统互用彼此的存储器,进行直接通信,这种系统因可以添加后备设备,故具有很大的计算能力。需要这些高可靠性的典型实时应用包括宇宙飞船的发射及空中交通管制等。

real-time online operation 实时联机操作 与实际过程同步的一种数据处理方式。处理的结果直接作用于实际过程。

real-time operating system 实时操作系统 一种为过程控制环境的需要而设计或优化的操作系统。实时操作系统对资源管理及输入、输出都能在满足应用系统要求的延迟时间内完成。不同于常规操作系统,它除具有一般操作系统所必要的时间、空间、吞吐量、资源利用效率之外,还需要比分时操作系统处理得更快,以满足实现实时操作的任务。

real-time operation 实时操作 计算机数据处理的速度快到足以在事件发生的同时进行信息处理,这与实际事件没有时间联系的批处理过程有本质差别。

real-time output 实时输出 (1)在另一个系统所确定的时间限制内或产生结果的瞬间将输出数据从数据处理系统传送给实际过程。(2)从数据处理系统根据应用要求在一定事件限制下提交的输出数据。

real-time polling service (rtPS) 实时轮询服务 定义在 IEEE 802.16 WiMAX 中的五种 QOS(服务质量)服务之一。实时轮询服务被设计来支持实时服务流,其产生可变大小的数据分组在一个周期的基础上,如 MPEG 视频。这个服务提供实时、周期的、单播请求机会,并符合这个流的实时需要,为最适宜数据传输效率支持频宽大小改变。ertPS 是一种行程安排机制,其建立在 UGS(非恳求授权服务)和 rtPS(即时轮询服务)两者的效率之上。ertPS 被设计针对在 WiMAX 网络上有可用数据率(如有静音压缩的 VOIP 服务)的实时传输。参见 unsolicited grant service (UGS), non-reala-time polling service (nrtPS), extended reala-time polling service (ertPS), best effort (BE)。

real-time processing 实时处理 (1)与信息或数据产生的同时进行的处理。处理的结果可以立即用来影响或控制进行中的现象或过程。(2)数据处理系统在执行实时任务时所处的工作方式。同 real-time operation。

real-time processing communication 实时处理通信 (1)利用通信系统使远程终端与中央处理机直接连接起来,使数据产生时立即进行处理。(2)在实时系统中,远程站和中央计算机之间的交换数据通过通信线路进行的直接通信。它允许数据交换过程中对数据进行处理,具有成批处理的能力,同时能处理询问或报文,并按系统要求的时间间隔作出回答。

real-time programming 实时程序设计 计算结果能立即影响实际事件进程的程序设计。

real-time remote inquiry 实时远程询问 用户可利用联机询问站来询问计算机文件,并立即得到所需的答复。在工业上,询问站可装于办公室、工厂、库房、远程分站等处。这种系统可用来询问库存、生产、销售等各级工厂管理的问题并立即取得答复。

real-time replication 实时复制器 复制器的一种,其中数据的操作和复制过程实时地发生。在网络和各节点系统十分可靠并且正常操作时,这类复制器最为有效。通常采用二阶段提交来保证复制执行的完整性,能有效地避免修改冲突,实现较强的一致性。参见 store-and-forward replication, time based replication, master/slaver replication, cascade replication, peer-to-peer replication。

real-time response 实时响应 (1)响应时间少于临界时间的响应。如果超过了临界时间,或者使系统性能变坏,或者发生一些严重问题,或者造成致命性后果。实时响应是对实时系统的一个根本要求。(2)在过程控制中,实时地对发生的各种事件按规定的时间要求进行响应。

real-time satellite computer 实时外围[卫星,附属]计算机 为大型计算机执行费时的输入和输出操作并完成有效性编辑和打印格式化之类的预处理和后处理工作的计算机。其目的是使大型计算机摆脱这些琐碎费时的工作。

real-time scan conversion 实时扫描转换 在电子束的扫描过程中直接把几何信息转换成为位图信息。这种做法要求转换速度很高,其优点是可以达到实时修改图形的要求,且从原理上取消了帧缓冲器存在的必要性。

real-time service flow measurement (RTFM) 实时业务流测量 因特网工程任务组(IETF)的一个研究测量因特网上业务流的基本体系结构,也是定义业务流基本属性的工作组名称。

real-time simulation 实时仿真[模拟] 实际系统的动态过程与其仿真模型中的动态过程在时间进程上是严格的 1∶1 关系的仿真技术。当有实物或人加入仿真回路时,就必须进行实时仿真,这时对计算机的计算速度有严格的要求。与之对应的是模型比实物的动态过程快 10 倍、100 倍、1 000 倍乃至更高时,称为超实时仿真。这种要求解题次数为成千上万次时用到。混合计算机的快速性特别适合作实时和超时仿真。

real time software 实时软件 在现实世界出现时能及时度量、分析和控制事件的软件。其元素包括数据收集成分,它把来自外部环境的信息汇集并加以格式化;分析成分,它按照应用人要求转换信息;控制输出成分,它的响应外部环境和监督部分或协调所有其他的成分,使得保持实时响应。实时系统刻须在严格的时间约束内响应。

real time strategy (RTS) game 即时战略类游戏 属于战略游戏的一个分支，但由于其在世界上的迅速风靡，使之慢慢发展成了一个单独的类型，知名度甚至超过了 SLG。对应回合制战略游戏，即时战略类游戏一切都是实时发生，要求游戏者具备较好的敏捷与宏观指挥能力。代表作有《命令与征服》系列、《魔兽争霸》系列、《帝国时代》系列、《星际争霸》等。参见 turn based strategy (TBS) game。

real time streaming protocol (RTSP) 实时流媒体协议 RTSP 是由 RealNetworks 公司和 Netscape 公司共同提出的的应用层协议，它定义了如何使一对多应用程序有效地通过 IP 网络传送多媒体数据。RTSP 提供一种可扩展的框架，能够提供能控制的、按需传输实时数据，如音频和视频文件。

real time system 实时系统 以足够快的速度处理外来信息，并在一定的时间内作出响应的计算机系统。上一次输入的信息往往影响到对下一次输入信息的处理。实时系统通常都与某一物理过程或生产过程相联系，对输入信息作出反应的时间长短也因系统的服务对象而有很大的差别。还可以利用通信线路将计算机和远程终端连接起来，远地产生的数据，不经延迟或积压就能及时地予以处理，并将处理结果即时送回远程终端。例如航空防撞系统必须处理雷达的输入信息，检测可能的碰撞，并在空中交通管制人员或飞行员仍有时间作出反应前就警告他们。

Real Time Systems **《实时系统》** 荷兰 1989 年创刊，全年 6 期，Kluwer Acdemic 出版社出版，SCI(科学引文索引)、EI(工程索引)收录期刊。刊载实时计算原理和应用方面的研究论文、报告、实例研究和标准等。

real-time transport control protocol (RTCP) 实时传送控制协议 RTCP 是 RTP(实时传送协议)的控制协议，负责管理传输质量，在当前应用进程之间交换控制信息。在 RTP 会话期间，各参与者周期性地传送 RTCP 包，包中含有已发送的数据包的数量、丢失的数据包的数量等统计资料。因此，服务器可以利用这些信息动态地改变传输速率，甚至改变有效载荷类型，使传输效率最优化。

real-time transport protocol (RTP) 实时传送协议 在因特网上，可用于一对一或一对多实时传送多媒体数据流的协议。实时传送协议详细说明了在互联网上传递音频和视频的标准数据包格式。它一开始被设计为一个多播协议，但后来被用在很多单播应用中。RTP 协议使用用户数据报协议(UDP)在因特网上传输诸如视频会议等实时应用。在传输中，每一个 UDP 数据包都是一段实时数据流，都有一个带有时间戳和序列号的包头。接收方用这个包头的信息重组数据流，同步视频、音频及数据并且去除重复的包。

real-time video (RTV) 实时视频 在数字视频交互(DVI)技术中，一种实时视频压缩技术，提供适合于应用开发的图像质量，最终的应用通常用产品级视频压缩软件 PLV 进行压缩。

real-time working 实时处理 建议使用 real-time processing。

real type 实型 用于表示数学意义上的实数的数据类型。为了实现方便及运算效率，通常语言只支持表示一定精度的浮点数作为实数。对实型数据的基本操作是通常的算术运算。

real variable 实变量 实型的变量。在 FORTRAN 语言中，对变量有显式说明和隐式说明。若变量的第一个字符是除 I,J,K,L,M 和 N 以外的字符，且无显式说明，则认为该变量是实变量。

real world 现实世界 也称“事实世界”。指存在于人们头脑之外的客观世界，也是人们生存的世界。事实及其相互联系就处于这个世界之中。现实世界中的事实是人工智能和知识库处理的对象。目前数据库中处理的只是数据世界中的数据，因此在当前的数据处理中，首先要将现实世界转换为信息世界(观念世界)，然后再将信息世界转换为数据世界(计算机世界)。

real world computing (RWC) 现实世界计算 一种计算模式，参照人类凭直觉处理问题的方式处理现实世界中模糊的、复杂的、不确定的信息。能够作出一般逻辑常理无法解决的问题的直觉判断。它采用新的信息处理方法，即柔性信息处理。可以接受现实世界的不完全信息，具有对这种信息进行综合判断的能力。对严格求解会导致信息爆炸的问题，具有迅速给出近似解的能力。系统具有自适应性、自学习能力与自组织能力。

rear compression 尾部压缩 在数据虚拟存取方法中，从多字符键标中删去与下一个键标的相应字符中第一个不相同字符右边的所有字符的操作。

rear end 后端 检测装置后面的接收线路。

rear projection 背面投影，背投 一种投影显示系统，其中，画面被投影到供从屏幕对面观察者观看的屏幕上。

rear projector TV 背(投式)投影电视 将投影机安装在机身内的底部，信号经过反射，投射到半透明的屏幕背面显像。根据其内部利用的投影机种类，主要可以分为 LCD(液晶)和 DLP(数字光处理器)两种。背投影电视是将图像产生设备(如三原色显像管、LCD、DLP)安装在大尺寸的封闭箱体中，通过光反射原理在屏幕上投射成像的电视机。比较 front projector。

reasonableness checks 合理性检验 在到达实时系统的或由实时系统传送的信息上进行的测试，以确保数据处于规定的范围内，这是一种保护系统免于数据传输差错的方式，也称极限检验。

reasonableness testing 合理性测试 测试一个变量是否落在合理的范围内，用于确定和滤除噪声输入或错误的输出。

reason code **理由码** 一种识别检测到的错误理由的代码。

reasoning control **推理控制** 也称"逻辑控制"，是试探和经验控制相结合的产物。推理控制根据相似原理，在现有控制能力的条件下，在已经取得了对另一种与此事物相似的事物的控制经验后，把对后一种事物的控制经验用于对前一种事物的控制。参见 memory control, stochastic control, fuzzy control。

R

reasoning control strategies **推理控制策略** 使用领域知识使推理过程尽快达到目标的策略。由于推理过程一般表现为一种搜索过程，因此，推理控制策略又可分为推理策略和搜索策略。其中，推理策略主要解决推理方向和冲突消解等问题；搜索策略主要解决选择搜索算法和确定搜索方向。参见 conflict resolution strategies, reasoning directions。

reasoning directions **推理方向** 一种推理控制策略，推理方向包括有正向推理、反向推理、双向推理和混合推理等。参见 forward reasoning, backward reasoning, mixed reasoning。

reassembly **重装** 在因特网中，指将分片的数据包重新组合成原数据包的 IP(网际协议)过程。参见 fragmentation。

reassembly deadlock **重装死锁** 在从多个来源接收信息分组时，耗尽缓冲区空间所导致的死锁。

reassembly timer **重装定时器** 网际协议用来指定时间的定时器，它期待在该时间内能够接收到来自一个分组的所有段。

rebooting **再引导** 重新启动一个操作系统的过程。

rebuild maintenance **重建维护** 一种对数据库文件的具有键标的存取路径进行维护的方法。该方法规定仅当文件被打开时才能更新存取路径，即在文件被关闭后重新打开时，存取路径才被重新建立。比较 delay maintenance, immediate maintenance。

recall **再调用，检索** (1)在某些通信系统软件中，为了处理或重传递而取回一个报文或部分报文的一种方法。(2)在数据设施的分层存储管理程序中，将已迁出的数据集，从一级或二级卷向原卷移回的过程。(3)对特定信息或信息的一部分进行的查询。(4)FoxBASE 数据库管理系统的一个命令，其作用是恢复被写上删除标志的记录。

recall factor **查全率[因子]，检索因子** 在文献题录检索系统中，查全率表示实际检索出来的文献数同所检索的文献数之比，通常可用百分数表示。参见 precision。

recall-fallout plot **检索率/错检率曲线** 情报检索中表示用户询问的检索性能的曲线。它反映了根据用户询问而检出的相关记录与不相关记录的比率。

recall ratio **查全度(率)，检索率** 检索系统从文献集合中检出相关文献成功度的一项指标，即检出的相关文献与全部相关文献的百分比。同 recall factor。

recall signal **再调用信号** 用户发出的，按某种方式控制数据网络的信号。

receive clock (RxC) **接收时钟** 由数据电路终端设备(DCE)提供的能使接收数据传送同步化的接口定时信号。

receive data (RxD) **接收数据** 一个用在设备之间接收数据的引脚，如在调制解调器到计算机之间，在 RS-232-C 接口中为第 3 号脚。比较 transmit data (TxD)。参见 RS-232-C。

receive diversity **接收分集** 接收端对它收到的多个衰落特性互相独立的信号进行特定的处理，以降低信号电平起伏的办法。接收分集有两重含义：其一是分散传输：使接收端能获得多个统计独立、携带同一信息的衰落信号；其二是集中处理：即接收机把收到的多个统计独立的衰落信号进行合并(包括选择与组合)以降低衰落的影响。参见 diversity technique。

received line signal detector (RLSD) **接收的线路信号检测** RS-232 标准中定义的一个信号，向 DTE(数据终端设备)表示正在从远程数据电路终端设备(DCE)接收信号。

received signal code power (RSCP) **接收信号码功率** 在 DPCH(专用物理信道)、PRACH(分组随机接入信道)或 PUSCH(物理上行共享信道)等物理信道上收到的某一个信号码功率。手机对每个小区的发射天线分别进行接收码功率测量，并加权和为总的接收码功率值。

received signal strength indication (RSSI) **接收信号强度指示** RSSI 是接收到的无线电信号的强度的测量值，经常以模拟量的形式出现。

receive interruption **接收中断** 来自终端的高优先级传输中断了向该终端的传送。同 break。

receive leg **接收方** 双工通信线中正在接收信号的一边。

receive not ready (RNR) **接收未准备就绪** 在通信中，一个数据链接命令或者表示一个不能接收到达帧的临时条件的响应。

receive-only **只接收** 终端设备的一种特性，表示它只能接收数据。例如打印机。

receive-only service **只接收服务** 只能接收信号，无发送信号能力的服务。

receive-only terminal (RO terminal) **只接收终端** 不能发送信息、只能接收信息的终端，如远程打印机、无键盘终端等。与此相应，收发键盘终端，简称 RSK 终端，意指目前广泛使用的、能接收、能发送的键盘终端。

receive pacing **接收调步** 在 SNA(系统网络体系结构)中,正在被一个部件接收的报文单位进行的调步处理。参见 send pacing。

receiver **接收机** 工作于通信链路的目的地端,接收信号并加以处理或转换供本地使用的设备。

receiver bandwidth **接收机带宽** 接收机频率响应曲线上半功率点之间的频率范围。

receiver desensitization **接收机灵敏度降低** 受强干扰所引起的自动增益作用,导致无线电接收机的灵敏度降低的现象。

receiver noise figure **接收机噪声系数** 给定接收机中的噪声与理论上为理想接收机中的噪声两者之比。

receiver optical reflectance **接收机光反射** 从光接收组件返回光纤中的光功率与入射光功率之比,单位为分贝(dB)。

receiver radiation **接收机辐射** 由接收机振荡器产生的干扰电磁场的辐射。

receiver ready (RR) **接收准备就绪** 接收方表明已作好接收准备工作的状态反应,也可以直接作为一个接受调用的响应信号。从因果关系上讲,它是一个被动的状态反应信号,它的作用是标识已完成了主动调用所需的准备条件。

receiver sensitivity **接收机灵敏度** 接收机收到弱信号并将其加工成可读数据的能力的定量度量。接收机灵敏度要求输入信号具有一定信噪比时,输入接收机的有用信号电平的下限。

receive state **接收状态** 事务处理程序只能接收数据而不能发送数据的一种工作状态。比较 send state。

receive time-out **接收超时** 数据通信中的一种指示,表明在指定的时间内未接收到数据。

receiving antenna **接收天线** 将电磁波转换成调制射频电流的天线。一般天线都具有可逆性,即同一副天线既可用作发射天线,也可用作接收天线。

receiving-end crossfire **接收端串扰** 电报通道中的一种串扰。它是由远离发送机的终端向一个或多个相邻通道引入的。

receiving-end system **受端系统** 电力系统中以接受电能为主的局部系统。受端系统是电力系统的一个组成部分,它是以集中负荷地区为中心,包括区内和近邻的电厂在内,用较密集的网络将枢纽变电所和这些电源连接在一起,以接受外部及远方电源输入的电力及电量。比较 sending-end system。

receiving field **接收字段** 指令中保存待读出数据或准备将结果写入存储单元的地址的字段。

receiving perforator **接收穿孔机** 一种纸带穿孔机。它能根据接收到的编码脉冲在穿孔卡片上或在纸带上穿孔。同 tape punch。

receiving window **接收窗口** 网络传输中,说明多大帧可以被接收的流量控制参数。参见 sliding window protocol (SWP)。

reception congestion **接收拥挤** 网络传输中发生的一种线路拥挤现象。

RECFMS **记录格式的维护统计** record formatted maintenance statistics 的缩写。

rechargeable battery **充电电池** 充电次数有限的可充电的电池,配合充电器使用。

reciprocal agreement **互惠协议** 在业务连续性计划(BCP)中,由两个具备相同基础设施的机构(或两个内部业务小组)达成的协议,确保一方可使用另一方作为自己的恢复站点。

reciprocal n-port network **互易 n 端口网络** 具有对称导抗矩阵的 n 端口网络。

reciprocal two-port network **互易两端口网络** 一个端口的电压,除以第二个端口的短路电流的商,等于第二个端口的电压除以在第一个端口的短路电流的商的二端口网络。

reciprocity theorem **互易定理** 论述某些网络具有的互易性质的定理。互易性质表现为:将网络的输入和特定输出互换位置后,输出不因这种换位而有所改变。具有互易性质的网络称为互易网络。互易性不仅一些电网络有,某些声学系统、力学系统等也有。互易定理是一个较有普遍意义的定理。

reclosing relay **再闭合继电器** 某些条件下能使电路自动再闭合的继电器。

RECMS **记录维护统计** record maintenance statistics 的缩写。

recognition **识别** 人类所具有的基本智能,它是一种复杂的生理和心理过程。例如,在日常活动中,每个人都要随时随地对声音、文字和图形等进行识别。所谓模式识别就是研究对某些过程或事件的集合进行分类或判定的理论与方法。这些被分类或判定的过程或事件,可以是物理的、化学的或生物的对象。参见 character recognition, magnetic ink character recognition, option character recognition, pattern recognition。

recognition accuracy **识别准确度** 声音识别设备在没有重复输入或改正的情况下,把输入的声音代码化的正确程度。识别准确度愈高,数据输入的速度就愈快。

recognition memory (REM) **识别存储器** 光学字符识别技术中,用在光学字符阅读器中的一种只读存储器,它能保存字形中字符位的组合格式(与输入字符的相应信息相对应)。

recognition of viruses **病毒识别** 根据病毒特征,对主机系统和存储媒介物进行病毒检测的过程。

recognition rate **识别率** 被正确识别的输入模式的数量占被识别的所有输入模式的总数的百分比,是衡量模式识别系统性能的重要指标。

R

recognition time 识别时间 在一个数字输入设备中,在输入数据信号值发生变化到被该设备加以识别所经历的时间。

Recognized Private Operating Agency (RPOA) 经认可的私营电信机构 任何一个非政府部门或公共服务机构经营通信服务的个人、公司和团体,他们遵从国际通信联盟的规定和有关法律规定,如一个通信公共载波公司。参见 telecommunication administration。

recoil line 回复线 行经回复状态的磁滞回线或回线的一部分。实际上,回复线一般几乎是直线。

recoil permeability 回复磁导率 对应于回复线斜率的磁导率。

recombination 复合 自由运动且空间相隔的电子和空穴被原子重新俘获,从而停止它们的运动和载流能力,形成零净电荷过程。

recombination radiation 复合辐射 半导体中,当导带中的电子与价带中的空穴复合时所发射的辐射。若实际粒子数反转是在价带与导带的一部分之间或在相应带附近受主或施主的相邻局部状态之间实现,便可能形成受激发射和激光放大或振荡。参见 population inversion。

recombination rate 复合率 自由电子和空穴在半导体表面或半导体体积内复合的时间率。

recombination velocity 复合速度 半导体表面上电子或空穴电流密度的法线分量除以表面上过剩电子或空穴电荷密度。

recombination luminescent center 复合发光中心 发光中心在激发时被离化,当电子和被离化了的中心重新复合时发生的发光称为复合发光,该中心即为复合发光中心。复合发光中心包括激活剂及其周围的晶格,激发和发射过程都有基质晶格参与,发光光谱受晶格的能带结构影响很大。复合发光伴随着光电导的产生,一般为共价性强的半导体的发光。参见 discrete luminescent center, luminescent center。

recommended standard 推荐性标准 即指导性标准,是自愿性文件。由公认机构批准的,非强制性的,为了通用或反复使用的目的,为产品或相关生产方法提供规则、指南或特性的文件。标准也可以包括或专门规定用于产品、加工或生产方法的术语、符号、包装标准或标签要求。比较 mandatory standard。

recompile 重新编译 (1)利用同一编译程序执行第二次编译。(2)利用另一编译程序生成目标码的不同版本。

recomplementation 重复求补,再求补 为了某种目的求一个数的二次补码的过程。补码的补码等于原数。

reconciliation procedure 协调过程 一种识别和计算给定的各平衡值和与其相关的控制总和之间差额的控制过程。

reconciliation sublayer (RS) 协调子层 快速以太网标准 IEEE 802.3u 和千兆位以太网标准 IEEE 802.3z/IEEE 802.3ab 物理层中的一个子层。它向其上的 MAC(介质访问控制)子层提供物理层的服务接口。

reconditioned-carrier receiver 再调节载波接收机 载波与边带分开,以消除幅度变化和噪声。然后在更高的电平上将载波加到一个边带上,以获得相对无失真的输出。这类接收机与单边带发射机一起使用。

reconfigurable device driver 可重构设备驱动器 操作系统设计的一种策略,它允许一个驱动器加入操作系统中运行而无需重新编译和重新链接操作系统模块。

reconfigurable optical add drop multiplexer (ROADM) 可重构光分插复用设备 一种可以灵活有效配置全光网络资源的关键使能器件。可重构光分插复用设备可以在一个节点上完成光通道的上下路(add drop),以及穿通光通道之间的波长级别的交叉调度。可以通过软件,远程控制网元中的 ROADM 子系统实现上下路波长的配置和调整,而且波长的功率也是可以控制管理的。参见 optical add drop multiplexer (OADM)。

reconfiguration 重构 (1)改变给定的计算机系统的配置。例如,隔离或旁路一个失效的功能部件,通过替代路径连接两个功能部件等。重构可以自动或手动实现,可用来保证系统的完整性。(2)通过修改代码或数据以使软件符合新的要求。重构通常并不推翻原有软件的体系结构,主要是改造一些模块和数据结构。要注意的是,在代码重构和数据重构之后,一定要重构相应的文档。

reconvergent fan-out 再汇聚扇出 逻辑电路中信号自一个元件的输出出发,通过两条或多条通路传播到另一个元件的不同输入称为再汇聚扇出。

record 记录 (1)在程序设计语言中,由数据对象组成的一个聚集。这些对象可能具有不同的属性,他们通常都有标识符加以标识。在某些程序设计语言中,记录也被称为结构。(2)为适应处理要求而组合在一起的一个或多个相关数据项。如关系数据库中具有规定数据结构的一行内容称为一个记录。(3)构成文件基本元素的单元或数据的集合。参见 locigal record, variable-length record。

Recordable DVD Council (RDVDC) 可录式 DVD 委员会 主推 DVD-RW、DVD-RAM 和 DVD-Multi。2001 年 8 月 21 日由 66 家会员公司组建成立,官方网站:http://www.rdvdc.org。

record address file 记录地址文件 一个指出需要从另一个文件中读出的哪些记录,以及读这些记录的次序的文件。

record area 记录区域 分配给记录的存储区域。其大小取决于文件的记录描述体。

record block 记录块 磁盘上用来保存记录的区域。

record chain 记录链 在某些操作系统中,构成一个单独的索引记录的一列数据块。

record check time 记录校验时间 对磁带上传输的某个记录进行校验所需要的时间。时间长短取决于磁带速度及读、写头之间的距离。

record class 记录级别 查询实用程序在制表过程中对记录进行分类成组,这些组由记录级别来标识。

record constraint 记录约束 在数据库系统中,指在数据库状态改变时,只检查被操作的特定记录即可导出的约束,而与该关系中的其他记录值或者其他关系无关。

record-control schedule 记录控制调度表 指出同事务记录存储有关的所有活动(传输、保存等)的一种主记录或调度表。

record count 记录计数 文件中的记录总数。文件每次更新时,都要检查和保护记录数,以便为计算机的运行提供控制信息。

record definition field (RDF) 记录定义字段 在某些数据存取方法软件中,作为被存储记录段中的一个部分的字段。它含有在控制区间中为管理被存储记录段所要求的控制信息。

record description 记录描述 (1)对定义的记录类型或记录的结构描述。通常由对记录的每个字段的描述组成。有些语言允许变体记录,这时记录说明包含变体部分的说明。对记录域的说明定义了域的名字和该域的值的类型。(2)COBOL语言中与特定的逻辑记录有关的整个一组数据说明体。(3)由记录名和该记录中所有数据项的名和属性组成的一种结构。

record description entry 记录描述体 在COBOL语言数据部分中与某个特定记录相关的全部说明体。它描述了记录的特性。

recorded text 记录文本 文字处理中已经存入记录介质或存储器内的文本(包括程序指令)。

record file 记录文件 磁盘上的一个文件,其中的数据以记录的形式读写,对应于stream file。

record format 记录格式 (1)一种描述文件记录中数据结构的定义。它包括记录名、字段名和字段描述(诸如长度、数据的类型等)。一个文件的记录格式放在该文件的文件描述中。(2)记录的目录或格式安排。物理记录的格式有以下三种:①固定长记录;②可变长记录;③不定长记录。无论哪一种都必须规定其最大长度。

record format descriptor 记录格式描述符 存储控制器中的一个文件,可用于描述各含有键标字段的文件的记录布局,这些描述符由数据维护/查询功能使用以处理关键文件中的记录。

record formatted maintenance statistics (RECFMS) 记录格式的维护统计 由SNA(系统网络体系结构)控制器记录的一种统计记录。SNA网络中,RECFMS被送到一个节点作为对请求维修统计(REQMS)请求的应答中的一个请求单元,一个统计的记录由一个SNA控制器建立并且一般由主机请求。

record gap 记录间隙 数据介质上用来隔开两个记录的间隙。建议使用interblock gap,interrecord gap。

record group 记录组 安排在一起,用一个关键码标识的若干个记录。关键码位于该记录组中的一个记录内。采用记录组方式进行记录,可有效地节省时间和空间。

record header 记录头标 记有一个记录组的信息说明的特殊记录。一般位于该记录组的开头。

record identification code 记录标识码 置于记录中用于识别记录格式的字符。

recording density 记录密度 记录介质的单位长度或单位面积上可以记录的信息量。有位密度和道密度两种。每个单位长度的磁道上所记录的二进制信息的数目,称为位密度。一般以b/mm表示。在每个单位长度上的磁道数目,称为道密度,一般以道/毫米表示。参见packing density。

recording filter 记录过滤器 在NetView程序中,决定哪个事件、统计和警告存储在数据库中的功能。

recording format 记录格式 磁表面存储器的记录信息规定。通常有两种分类方法,一种按记录长度是否可变划分,有固定长度记录、可变长度记录和不定长记录三种;另一种方法按二进制信息如何记录在介质上划分,有反相不归零格式、相位编码格式、成组编码格式等。后一种分类方法也常称为记录方法、记录方式或叫编码制,相应的名称便是反相不归零方法(或方式或制)、相位编码方法(或方式、或制)及成组编码方法(或方式或制)。参见non-polarized return-to-zero recording, non-return-to-reference recording, non-return-to-zero change-on-ones recording, non-return-to-zero (change) recording, non-return-to-zero recording, polarized return-to-zero recording, return-to-reference recording。

recording head 记录头 能选择性地将介质磁化。从而将数据记录在存储介质上的传感器。

recording medium 记录介质[媒体] 用来存储信息的材料。其形式有磁盘、光碟、磁带、卡片等。

recording speed 记录速度 对于CD驱动器,指数据读写和传输的速度,为150 KBps的倍数,单速CD的数据读写速度是150 KBps,倍速CD的数据

R

读写速度为 300 KBps，以此类推。参见 compact disc-read only memory (CD-ROM)。

recording surface 记录表面 用于存储信息的磁性媒体的表面。

recording trunk 记录干线 从本地电话中心局或专用交换分机(PBX)到长话局中间的一条主干线，只供操作员之间通信用。

record key 记录键(标)，记录关键码 指的是记录中能起标识作用的数据项。例如，书目信息记录中的登记号和书名等。

R

record layout 记录布局 记录中数据或字的安排和结构，包括记录各组成部分的顺序和大小。

record length 记录长度 构成一个记录的字或字符的个数。记录长度可由存储设备程序来确定，记录可被定义为定长记录或者变长记录。

record lock 记录锁 防止文件中一部分或者全部内容被读写的一个锁。

record locking 记录加锁 (1)一种在分布式处理和其他多用户情况下所采取的策略，目的是防止一个以上的用户同时向同一条记录作增加、删除或修改操作。(2)网络操作系统中，在多个程序和/或多个记录流同时访问相同文件或索引时，对被执行的操作进行控制的能力。当一个程序在操作一个给定记录时，记录加锁使得其他程序或记录流不能访问同一个记录或记录单元。

record mark 记录标记 记录开始或结束处的标记，用来限制一次数据传输中所包含的字符数据或隔开磁带上的记录组或记录块。

record name 记录名 在数据文件中为记录所起的名字。在 COBOL 语言中是一种标记逻辑记录的数据名。

record number 记录(编)号 (1)在某些直接存取文件中，用来识别记录在记录块或磁道上的位置的一个数值。(2)数据库中为了识别而分配给一条记录的一个唯一编号。一个记录号能够通过记录位置识别一个已存在的记录或者这一记录编号分配给该记录作为一个标号。参见 print record number，relative record number，transaction record number，panel number。

record-oriented input/output 面向记录的输入输出 以记录为单位进行的数据传输。传输的各个记录可以分散或连续存放在不同存储区，但记录的长度一般是已知的。

record placement mode 记录存放方式 记录存入数据库的存储策略。它的确定为系统提供了存储记录值的依据，同时也为运行单位提供了检索记录值的方式。在 DBTG(数据库任务组)中，每个记录型必须指定一种记录存放方式。记录存放方式也称“定位方式”。

record protocol layer 记录协议层 无线传输层安全协议(WTLS)的主要组成部分。记录协议层提供对握手协议层以及上层应用数据的封装结构，在客户端和服务端的 WTLS 对等层之间完成实际的数据传送任务。参见 wireless transport layer security (WTLS)。

record ready 记录就绪 文件访问部件发给计算机的一种信号。表示已找到符合查找命令所给出的地址的那个记录，准备送入存储器。

record route option 路由记录选项 说明将一个分组所经历的路由过程放置在该分组内的因特网协议参数。

records appraisal 记录评价 对记录进行分析，根据规定的原则，决定哪些记录该保留，哪些记录该去掉，包括对记录中的可以使用的和合法的值的评审。

record search 记录查找 为查询信息，以记录为单位对有关的文件进行全面的搜索。

record separator character 记录分隔符 (1)一种用于标识记录之间的逻辑边界用的信息分隔符。(2)指明一个记录已经结束和另一记录即将开始的字符。

records grouped 成组记录 具有相同标号、特征或键标的记录集合。

record size 记录大小 在一个记录中所包含的字符或字节的数目。同 record length。

record slot 记录存储槽 可以放置一个记录的一段存储空间。

record spanning 记录跨区 利用两个或两个以上的物理记录来保存一个逻辑记录。

record structure 记录结构 一种有序的字段列表，包含构成记录的字段以及各字段域(可接收的值)的定义。

record text 记录正文 在进行文字处理中，已被记录到记录媒体或存储器中包括程序指令在内的正文。

record type 记录类型 (1)文件中各记录被分成的类别。(2)一种数据结构。通过定义可以包含描述数据库中所存实体及其有关属性用的信息。(3) Ada 和 Pascal 等语言中的一种非常灵活的数据结构。(4)一类用户定义类型。这种类型的值由一些可以互相不同类型的分量组成(这些分量称为记录域)，每个分量有一个名字，通过这个名字可以访问这个域。在现在常用的语言中记录也是一种最重要的用户定义类型的构造手段。

record's file address 记录的文件地址 文件中记录的唯一地址。不管文件如何组织，它使以前访问过的记录均能被随机访问。

recover 恢复，复原 (1)指错误发生后再返回稳定状态的过程。当程序从一个错误中恢复时，它可不需要用户的干预而稳定自身，且继续执行指令，从错误处得到恢复。(2)当计算机用户恢复丢失或破坏的数据时，恢复程序能够通过对存储器中还保留着的信息进行查找和补救来恢复丢失或损坏的数据。当数据库管理程序异常终止等问题造成数据库损坏时，通过恢复其完整性也许能恢复该数据库。参见 data integrity。

recoverable abend 可恢复的异常中止 一种出错情况，在此情况下控制被转移给指定的例行程序，以使原程序能继续执行下去。比较 unrecoverable abend。

recoverable error 可恢复(性)错误 (1)一种非致命性错误，即可由软件排除的错误，如在要求用户输入字母的时候输入了数字，程序能够显示出错误信息并提示用户重新输入。(2)设备出错的一种现象。磁表面存储器因为表面有尘埃等原因读出信息不对，再读便可能得到正确读出。在一定次数内重复读出可得到正确结果，便是可恢复性的，超过这个次数便认为不可恢复性的。可恢复性错误也称"软错误"。

recoverable synchronization 可恢复同步 同步被破坏能自动恢复或重建同步的能力。通信通道上的干扰或故障经常破坏同步，因而具有恢复同步能力是一种重要的操作特点。

recoverable transaction 可恢复的事务 在出现错误时能恢复的一种事务。

recovered charge 恢复电荷 从规定的通态电流条件向规定的反向条件转换期间，晶闸管内存在的恢复性总电荷。它包括存储的载流子和耗尽层电容两部分电荷。

recovery 恢复、复原 (1)数据站克服数据传输中所出现的冲突或错误的过程。(2)将系统资源重新设置成某一状态，在此状态下，计算机程序可以被恢复到没有功能性错误的处理状态。(3)在遭受破坏后将系统或存储在一个系统中的数据重置成可操作状态的一种动作。(4)系统发生错误后，丢失数据的还原或者冲突与错误数据的重新调解。人们通常使用备份或系统日志来实现恢复。

recovery from fallback 从低效运行中恢复 去除造成低效运行的原因后，系统从低效运行方式恢复到正常工作状态的过程。

recovery interrupt 恢复中断 程序执行中断的一种类型，它使计算机能调用子程序来处理错误。若处理成功，则能继续执行程序。

recovery library 恢复库 一种文件库，其中包含当系统发生故障以后为恢复数据库所需的有关信息。

recovery management support (RMS) 恢复管理支持(程序) 一组收集硬件可靠性信息的程序，他们能使因处理机、I/O 设备或通道故障而失败了的操作重新得以执行。参见 channel check handler，machine check handler。

recovery mechanism 恢复机制 数据库管理系统中承担系统恢复和事务恢复任务的措施。当系统出现故障或事务失败时，它能将数据库恢复为某种正常状态。系统故障分为软故障(内存故障)和硬故障(外存故障)。软故障恢复常采用日志文件和阴影页等技术。硬故障恢复主要是采用把数据库复制到磁带或另一个磁盘上，以建立后援副本的办法。而对事务失败，常采用对事务设置保存点的恢复方法。

recovery period 恢复周期 从灾难发生到恢复正常业务功能之间所经历的时间，灾难恢复计划在该时间范围内实施。

recovery point objective (RPO) 恢复点目标 容灾系统设计的指标。指灾难发生以后，用户能容忍多长时间的数据损失。这个恢复的时间点是灾难发生的一刻、发生前的一个小时还是发生前的一天？如果每天都做一个备份的话，那昨天做过备份的数据就是一个合适的点。参见 recovery time objective (RTO)，network recovery objective (NRO)。

recovery procedure 恢复过程 (1)数据站克服数据传输过程中所出现的冲突或错误状态的过程。(2)在出现错误后为使处理能继续进行，由操作员执行的一种动作。(3)在系统渗透或失效后，恢复系统计算能力和数据文件完整性的过程。

recovery routine 恢复例行程序 在完成某有关操作中出现错误时，所应进入的一种例行处理程序。它将隔离错误，分析错误内容，指示下一步的动作，并力图改正错误直至最终得以恢复原来程序的执行。

recovery strategy 恢复策略 组织确保其对灾难或其他重大失效情况具备恢复及持续运作能力的方法，该策略定义灾难恢复计划及采用的一种或多种恢复方法。

recovery system 恢复系统 数据库管理系统中识别故障并以报告的系统，该系统能重构数据库中损坏的部分，并继续进行处理。

recovery time objective (RTO) 恢复时间目标 容灾系统设计的指标。指一旦灾难发生以后，用户需要多长时间让系统恢复运行。参见 recovery point objective (RPO)，network recovery objective (NRO)。

recovery voltage 恢复电压 在分断电流后，于电器一个极的两接线端子间出现的电压。此电压可以认为由两部分组成，即瞬态恢复电压和稳态恢复电压。

recreatable database 可重建数据库 在某些操作系统中，一种可从不可使用状态下恢复过来的数据库，这种数据库利用先前卸出的数据集的拷贝、审计文件及程序命令可得到恢复。可重建数据库也是可复位和可修复的数据库。参见 repairable database，resettable database。

rectangular impulse 方波脉冲 迅速地上升到最大

R

值，在规定的时间内，大体保持恒定，然后又迅速地降到零值的脉冲波。

rectangular loop 矩形回线 形状为矩形或非常接近于矩形的磁滞回线。

rectangular mesh 矩形网格 用水平和垂直直线划分的网格。做法是：取两族与坐标轴平行的直线，沿 x 轴和 y 轴方向的步长分别为 h_1 和 h_2，$x=ih_1$，$i=0,\pm1\cdots$；$y=jh_2$，$j=0,\pm1\cdots$，这样把区域剖分的网格称为矩形网格。当 $h_1=h_2$ 时，则称为正方形网格。有限差分法多用矩形网格。

R

rectangular wave 矩形波 交替且突然从两个固定值中的一个值变化到另外一个值的周期波。当占空比为50%（两个固定值具有相等时间）时，则矩形波变成方波。

rectangular waveguide 矩形波导 具有矩形截面的波导。

rectification 整流 将交变电流（AC）变换成单向电流（DC）的过程。整流的方式有半波整流和全波整流两种。比较 inversion。

rectification circuit 整流电路 把交流电能转换为直流电能的电路。比较 inversion circuit。

rectification factor 整流因数 直流电压和直流电流平均值的乘积对交流侧基波功率之比。参见 inversion factor，conversion factor。

rectified current 整流电流 由整流过程所得到的直流电流。

rectified mean value 整流平均值 交流电压或电流的一个周期内交变量瞬时绝对值的平均值。

rectifier 整流器 实现将交流电变换成直流电的电子装置。允许沿一个方向流动的电流通过，而阻止反方向的电流通过。参见 invertor。

rectifier connection 整流连接 整流器主臂的接线型式。

rectifier diode 整流（二极）管 对反向恢复时间和反向浪涌功率没有特别要求，并主要用于工频的整流管。

rectifier junction 整流结 一个方向的电导率大于另一个方向的半导体结。

rectifier relay 整流式继电器 将交流输入激励量整流为直流激励量，或通过规定的整流电路对其进行逻辑判别而工作，且所用电子元器件中无有源元件的一种电气继电器。

rectifier stack 整流堆 半导体整流圆片或晶片的堆叠组件。

rectilinear scanning 直线扫描 按预定顺序用窄平行直条对某个区域扫描的过程。

recurrence formula 递归公式 求解一些复杂方程而又不便或无法利用解析方法时所采用的由粗到细逐步求精的重复计算方法，以求得较好的近似解。即 $X_n=f(X_{n-1})$（式中 n 为正整数）。

recurrence relation 递归（递推）关系 给定数函数 $F=(a_0,a_1,\cdots,a_n)$，如果 a_n 和它前面的若干项联系起来的一个方程对所有 $n\geqslant n_0$ 都成立，则称这个方程为递归关系。例如斐波纳契（*Fibonacci*）数 F_n，当 $n\geqslant2$ 时有递归关系 $F_n=F_{n-1}+F_{n-2}$。

recurrence system 递推系统 描述细胞之间无相互作用的生物机体发育的一种形式系统。将生物机体分成几个部分，给出各个部分之间的递推公式，通过递推关系刻画整个发育过程。

recursion 递归，递推 （1）处理过程的一种性质。即该过程的某一步要用到它自身上一步（或上几步）的结果。（2）一个例程调用其自身的能力。递归允许某些算法用简单的小例程来实现，但不能保证速度或效率。递归使用不当时会导致程序在执行过程中耗尽栈空间，从而引起程序（有时是整个系统）崩溃。

recursion instruction 递归指令 使程序中特定部分连接循环的指令。

recursion procedure 递归过程 在程序执行过程中出现直接或间接调用其自身的程序。参见 recursive routine or procedure。

recursion theorem 递归定理 递归定理确认，原始递归算子（原始递归式）、递归程序都有最小固定点，因而用他们可以定义一个函数。这是递归算法、递归程序合理性的理论基础。

recursive algorithm 递归算法 一种直接或者间接地调用自身的算法。在计算机编写程序中，递归算法对解决一大类问题是十分有效的，它往往使算法的描述简洁而且易于理解。递归算法的实质是把问题转化为规模缩小了的同类问题的子问题，然后递归调用函数（或过程）来表示问题的解。递归算法的特点：①递归就是在过程或函数里调用自身；②在使用递归策略时，必须有一个明确的递归结束条件，称为递归出口；③递归算法解题通常显得很简洁，但递归算法解题的运行效率较低；④在递归调用的过程当中，系统为每一层的返回点、局部量等开辟了栈来存储，递归次数过多容易造成栈溢出。

recursive-defined sequence 递归定义序列 每一项（第一项除外）取决于由前面一项或几项作为输入所执行的运算的一系列项，如斐波纳契（Fibonacci）数列。

recursive definition 递归定义 为了描述问题的某一状态，必须用到它的上一状态，而描述上一状态，又必须用到它的上一状态，以此类推。这种用自已来定义自己的方法，称为递归定义。

recursive descendent method 递归下降法 即递归子程序法。是一种常用的简单易实现的语法分析方法。

recursive doubling 递归复合 一种算法设计技术。它便于设计计算类似于链表中元素之间距离的算法，其基本思想是：假设链表中每一个元素 i 均有一个指针 p(i)指向下一个元素，在计算每一步完成 p(i)←p(p(i))操作，并累计从 i 到下一个元素之间的距离，直到表尾为止。它也被称为指针跳跃法。

recursive foreign key 递归外键 引用自己所在关系主键值的外键。

recursive function 递归函数 (1)一种函数，其值是利用迭代公式由一些自然数导出的自然数，该函数是迭代公式中的一个操作数。(2)具有递归性质的函数称为递归函数。即在计算函数值时，要用到前一次或前几次的迭代结果。在可计算性理论中，递归函数都是数论函数。根据车赤-图灵论题，递归函数就是指有效可计算的数论函数，它包括原始递归函数，图灵可计算函数，μ-递归函数等。(3)一类自然数函数。可由几个最基本的函数通过复合及递归等手段构造出来。递归函数类的范围目前说法不一，一是指部分递归函数类，把递归函数看成是一种简略的说法；二是指处处有定义的部分递归函数，把递归函数看成是全递归函数的简称。把递归函数类看成是指部分递归函数类者较多，这样递归函数恰是可计算函数类。

recursive image restoration 递归图像复原 在递归估值的基础上求解图像复原的方法。该方法用最小二乘估值，将原来被污损的图像从退化形式中恢复出来。每点的最佳估值可用诸邻近点的最佳估值及该点的数据来表达。

recursively decidable 递归可判定性 见 decision problem。

recursively defined sequence 递归定义序列 一些项组成的序列。其中第一项以后的各项可由一种运算来确定，在此运算中操作数包括了部分或全部以前的项。在序列中，可以存在多于一个的有限个未定义项。

recursively enumerable language 递归可枚举语言 作为集合看是递归可枚举集合的语言。该语言类与 0 型语言类相同。若一个语言作为集合看是递归集，则称其为递归语言。前者由图灵机接受，后者由必停机的图灵机接受。

recursively enumerable set 递归可枚举集 字母表 V 上字组成的集合 S，如果存在一台图灵机能接受 S 中每一字且对每一不在 S 中的字拒绝或循环，则称 S 是递归可枚举集。例如$\{a^nb^n \mid n\geqslant 0\}$，$\{a^nb^na^n \mid n\geqslant 0\}$ 都是递归可枚举集。

recursive macro 递归宏功能 宏定义中又用到它自身的宏功能。

recursive macro call 宏递归调用 对与条件汇编一起使用的已调用的宏指令的调用。

recursiveness problem 递归性问题 给定一字母表 Σ，问是否存在一个算法，使得对定义在 Σ 之上的任一零型文法 G，该算法都能在有限步内确定：G 产生的语言是否构成一递归集。这就是零型文法的递归性问题。已知这个问题是不可解的。

recursive operation 递归运算 (1)分几步执行，每一步(除第一步外)要用到前一步的输出作为输入的数学运算。(2)求解某些复杂问题(如求立方根)所用的一种运算方法，其步骤一般为：进行猜测、试算，利用此结果修正猜测，利用修正结果进行下一步试算，直至得到有一定准确性的解答。

recursive parallelism 递归并行性 以递归方式求解问题时产生的并行性。其主要特征是：可并行执行的任务是在递归过程中由于产生了一些可同时解决的子问题而动态地确定。

recursive predicate 递归谓词 特征函数为递归函数的自然数域上的谓词。

recursive program 递归程序 一个可调用其自身的程序或者被其他程序重复调用直到满足指定条件时的程序。

recursive programming 递归程序设计 一个对象部分地由自己组成或按它自己定义的则称为递归。递归在程序设计中起着重要作用。递归程序设计的关键是将函数过程或数据结构定义成递归定义，即在他们定义的内部又出现定义本身，然后进行递归编程。一般若程序 P 包含着对自身的引用，则称它是直接递归；若 P 包含着对另一个程序 Q 的引用，而 Q 又直接或间接地引用 P，则称其是间接递归。其优点是：程序直观，精炼，逻辑清楚，接近数学公式的表示。缺点是效率较低。

recursive-relatedness theorem 递归相关定理 与机器无关复杂理论中的一个重要定理。如果$\{\varphi_e\}$和$\{\varphi_e'\}$分别是合理的程序设计系统$\{\Phi_e\}$和$\{\Phi_e'\}$的复杂性度量，那么存在一个全可计算函数 r，使得对每个 e，存在一个 e′使得 $\Phi'_{e'}=\Phi'_e$，并且 $\varphi'_{e'}$ 和 φ_e 模糊相等。

recursive resolution 递归解析 名字服务器系统自动逐级完成名字解析的方法和过程。网络客户为了同已知节点名字但不知地址的网络节点进行通信，首先要名字服务器系统把节点名字变换成网络地址。使用递归解析方法时，客户只需访问一次服务器系统，即可得到所要求的节点地址。如果接收名字解析的服务器不能对名字进行解析，即该名字不在它的管辖范围之内，便自动与其他名字服务器进行联系并进行解析。这个过程可能进行多次，直到能够完成名字解析并把地址返回给客户。

recursive routine or procedure 递归例程或过程 一种调用自身的例程或过程或者它调用另一例程或过程，而后者又返回再调用它自身，该例程包括每次迭代(末次迭代除外)的结果作为下次迭代输入的循环。这种处理形式发展成一组层次，与树形结构对应。许多高级语言支持递归例程或过程的使用，为实现这一点，要使用栈式的动态存储管理机制，当递归地调用一个新的子例程时保存当前正在执行的子例程的运行状态记录，以便在将来控制返回这个子例程时恢复它的继续执行。参见 tree structure。

recursive schema 递归模式 构成递归的一种方案,一个基本的递归模式由所描述的对象、约束条件与递归表达式组成。

recursive selection algorithm 递归选择算法 一种基于分离原理用来解决 (m,n)- 选择问题的并行选择算法。首先对 n 个数进行两两比较,分离成长度分别为$[n/2]$ 和$[n/2]$ 的小数序列 S 和大数序列 L;然后以递归方式在 L 中选择$[m/2]$ 个可能的最小元,将其与 S 序列合并;最后再以递归方式在新的 S 序列中选出 m 个最小元。按上述方法用一系列比较器就形成递归选择网络。

recursive set 递归集 字母表 V 上 字组成的集合 S,如果存在一台图灵机能接受 S 中每一字且拒绝每一个不在 S 中的字,则称 S 是递归集。例如$\{a^nb^n \mid n \geq 0\}$ 是递归集。

recursive subroutine method 递归子例程法 一种编译方法。通常对源语言中的每个(或 n 个)语法成分编制一个处理这个(或这些)语法成分的子例程,语法分析是从执行关于处理整个目标程序的子例程开始对源程序进行的语法语义分析,直到整个源程序处理完毕为止。由于当前许多程序设计语言的语法成分都是递归定义的,因此很自然地可以用与这些递归定义的语法成分相对应的一批语法分析与处理的相互递归调用的子例程来处理。正因为这种处理结构,这种方法被称为"递归子例程法"。

recursive transition network (RTN) 递归转移网络 在有限状态转移网络的基础上,根据语言符号的递归性而提出的一种表达语法规则的形式化体系。RTN 是对有限状态转移网络的一种扩展,在 RTN 中每条弧的标注不仅可以是一个终结符(词或词类),而且可以是一个用来指明另一个网络名字的非终结符。从生成能力来看,递归转移网络等价于上下文无关语法。但是要用它来分析自然语言,还必须在功能上予以增强,以便它可以描写各式各样的语法限制(如英语中主语和谓语动词之间的一致关系等),以及在识别过程中同时构造出输入句子的句法结构(即句法树)。经过增强的 RTN 就是扩充转移网络。参见 augmented transition network (ATN)。

recursive Turing machine 递归图灵机 运行过程中每个设备都可以产生与自身一样的子设备机,且其子设备机可在自己的工作带环境下开始工作的图灵机。子机与创建它的主机通过共享通道通信。

recursive vector 递归向量 执行向量指令时,若源操作数和结果数是使用同一个向量寄存器,这就引起某一运算部件的结果数,又要送回该部件做操作数,这种向量就称递归向量。

recursive word-function 递归字函数 图灵机可计算的字函数,以给定符号表上的字符串为自变元值及函数值的函数。

recycle bin 回收站 微软 Windows 桌面上的一个文件夹,在屏幕上其图标为饰有回收标志的篮子。用户将文件的图标拖进回收站即可删除一个文件。但回收站中的文件并不是真正从磁盘上删除当用户后悔删除这些文件时可以从中恢复已经删除的文件。

recycle process 再循环过程 数据设施分级存储管理程序的一种处理过程,它在磁带备份文件或二级迁移卷上有效数据的百分比的基础上,将磁带上的所有有效数据都拷贝到溢出备份磁带或一级迁移卷上去。

RED 随机早期检测 random early detection 的缩写。

redaction 新版本,修订本 输入数据最新的或最近修改过的版本。

red alarm 红色报警 T1 电路上的报警状态,无论何时帧失步持续 2.5 秒则有红色报警。电路一端红色报警状态将使另一端的硬件发出黄色报警信号。

red area 红区 (1)保密通信中可以清晰地、不加密地进行通信的区域。敌方使用专业接收设备可以截获到红信号的区域。其他区域叫黑区。(2)设备或系统中红信号存在的区域,即处理或传输信号的硬件所占有的区域。

RED-BLACK concept 红黑概念 保密通信系统中的一种概念。它把电路、元件、设备和系统分开,处理国家保密信息的为红(RED),而处理非国家保密信息的为黑(BLACK),并相应地进行标记。

red device 红设备 含有需防护的涉密信息的设备。

red/black engineering 红/黑工程 TEMPEST(瞬时电磁脉冲发射标准)工程的一部分。红/黑工程的主要内容有:分析系统的红、黑信号及其流动模式,分析系统中是否有足够的红/黑界面,在系统中设置红/黑界面,提出对红/黑界面的具体设计要求。参见 red area。

red/black interface 红/黑界面 红区与黑区之间的分隔面。红/黑界面的主要功能是控制红信号的流向,阻止红信号流向黑区。有时,红/黑界面也兼有其他功能,如密码编码器和解码器具有编码/译码和隔离红区、黑区的双重功能。参见 red area。

RED-BLACK trees 红黑树 红黑树是一种平衡检索树。它的统计性能要好于平衡二叉树。红黑树引入了"颜色"的概念。引入"颜色"的目的在于使得红黑树的平衡条件得以简化。红黑树并不追求"完全平衡"——它只要求部分地达到平衡要求,降低了对旋转的要求,从而提高了性能。红黑树能够以 O(log2 n)的时间复杂度进行搜索、插入、删除操作。红黑树的算法时间复杂度和平衡二叉树相同,但统计性能比平衡二叉树更高。

red book 红皮书 (1)CD 工业中的第一个关于声音光碟的技术说明书，是激光唱盘的标准文件，由 Philips 和 Sony 公司编写，经国际标准化组织(ISO)认可。(2)美国国家安全局制定的名为“可信计算机系统评估标准的可信网络说明(NCSC-TG-005)”和“可信网络说明(NCSC-TG-011)”的标准文件。这些文件为系统定义了从 A1 级(最安全)到 D 级(无安全性)的一套评价方法，指明计算机网络对敏感信息的保护能力。

redbook audio 红皮书音频 多媒体应用中用于计算机的标准 CD(光碟)和 CD-ROM(只读碟)的存储格式。红皮书数字音频的工业标准是 1980 由 Philips 和 Sony 公司共同制订。任何一款 CD 播放器都可以读取符合红皮书音频标准的光碟。同时红皮书也是制订其他光碟数据标准规范的基础。在红皮书中，一张音乐 CD 被分成一到多个轨道，每个轨道通常是一首歌。轨道是在光碟上是由内向外排列，每张音乐 CD 最多可以有 99 个轨道。而轨道进一步划分为扇区，一个扇区是 1/75 秒的数字化音频，它包含 2 352 字节的数据。每个扇区还分成 98 个数据帧，每帧 24 字节。在 2 352 字节的音频数据中，红皮书加入了两层的侦错和错误矫正编码(EDC/ECC)，即使盘片表面较小的污点、刮伤和缺陷，通过错误矫正仍然能够重现声音。参见 compact disc-digital audio (CD-DA)。

red box 红盒子 一个模拟伴音系统声音的非法设备，该设备计数在收费电话中投入的硬币。它的使用使得接线员相信用于呼叫而投入正确数额。

red circuit 红色线路 允许以清晰的非加密形式传输高度机密信息的线路，这样的线路必须被限制在某一保护区域，并且要得到相应权力机构的许可。参见 red area。

redefine 再定义，重新定义 (1)对已定义的项重新赋予新值。(2)COBOL 语言程序的执行过程中，通过数据程序内适当的指令使同一个存储区存储不同的数据项。

red-green-blue (RGB) 红绿蓝模式，RGB 颜色模式 以红绿蓝三种基本颜色的混合来表示色彩的彩色模式。RGB(红、绿、蓝)每种颜色都可用三个变量来表示红色、绿色以及蓝色的强度。

redirect address 改发地址 在分组交换中，当原地址不通时按预定路线调用的 12 或 14 位数的 X.25 地址。

redirection 重定向 写入或读取某一文件或设备的过程，而该文件或设备并不是通常情况下的目标或源。如将通常在屏幕上显示的文字内容转向到打印机上输出。

red language 红色语言 根据美国国防部提出的统一高级程序设计语言的“钢人计划”要求，从分别设计的四种语言中初选出的一种。由 Intermetric 公司设计的语言因其封面颜色是红的，故称红色语言。其间还有绿色语言等，最终演变成今天的 Ada 语言。

redo 重做 在数据库系统发生故障后进行恢复时，所用的基本方法是依靠一个最新的后备文件，将系统恢复到最新检查点的状态。对于在最新检查点之后并在系统故障点之前发出“完成”信息的事务，由于他们对数据库的最后影响未能反映在后备文件中，所以系统的恢复机制依靠运行记录与后备文本相配合，反映这些事务对数据库的影响。这个过程称为事务的“重做”。

red signal 红信号 涉及机密信息的、未经加密的信号。红信号一旦被敌方截获，就会造成机密信息的泄漏。参见 red area。

red-tape operation 红带操作 一种操作方法。它可完成在处理任务之前所必须完成的准备工作。如一个程序，在执行之前，对程序中用到的常数或变量进行的分配操作就是红带操作。同 housekeeping operation。

reduce 缩小 在图形用户界面(GUI)中缩小视窗。用户可以通过点击标题框上相应的按钮或用鼠标点击视窗边框并向视窗中央拖动的方法缩小视窗。

reduced instruction set (RIS) 精简指令(系统)集 一组精心简化的最常用指令。这是相对复杂指令系统(CIS)而言的。传统的计算机指令系统就是复杂指令系统。随着大规模集成电路的发展，有可能把一个采用较为精简的指令系统的计算机核心部分做在一个芯片中，因而促使人们研究精简指令系统的计算机体系结构。

reduced instruction set computer 精简指令集计算机 采用精简指令集(RIS)的计算机。精简指令集计算机的特点是指令系统小，采用标准字长的指令，指令执行速度快。比较 complex instruction set computer (CISC)。

reduced instruction set computer architecture 精简指令集计算机体系结构 采纳了精简指令集，不用微码对机器码进行再解释，所有指令长度一致且采用流水处理方式的处理器体系结构。它在信息存储上较 CISC(复杂指令集计算)耗费更多的内存空间，但节省了存储时间，在 CPU 内部大量采用操作数寄存器，优化编译生成简单且可高速执行的指令，减少了平均每条指令执行所需的机器周期数，因而运算速度比 CISC 更快。

reduced instruction set computing (RISC) 精简指令集计算 一种计算机的设计方法和技术，RISC 处理机的主要特征是采用定长的指令、简单而统一的指令译码、多指令在单周期内执行、只用装入/存储指令访问内存、采用高效率流水线、由编译程序进行指令优化和存储器的分段体系，RISC 处理的大多数指令在一个指令周期内执行，指令数一般不超过128个，指令格式一般不超过四种，寻址方式一般不超过四种，采用较多的寄存器以减少对存储器的访问。比较 complex instruction set computing (CISC)。

reduced size multi media card (RS-MMC) 减小尺寸多媒体卡 RS-MMC卡也称“缩小版MMC卡”。由多媒体卡协会(MMCA)在2002年11月推出的一种专为手机等多媒体产品而设计的，尺寸为24 mm×18 mm×1.4 mm，重量0.8 g，它可以配合专用的适配器而转换成标准的MMC卡使用。参见 multi media card (MMC)。

R

REDUCE language REDUCE语言 一种成熟的通用计算机代数系统，1967年由美国犹他大学的Hearn实现。它类似于ALGOL语言，用其自身或LISP语言作为中间语言。其主要功能包括多项式和有理函数的展开和化简、求解代数方程组、符号的微分和积分、矩阵计算机和向量计算、自旋为1粒子的高级物理计算，以及生成数值计算语言FORTRAN和人工智能语言LISP进行通信。REDUCE已经在人工智能、天体物理、理论物理、生物科学、自动控制、机器人学和教学领域广泛采用。

reduction 归约 把一个问题变到另一个问题称归约。其目的是为了在两个问题之间建立一种联系，以便用后者的特性来研究前者或反之。归约的方法是可计算性与复杂性理论研究中一个重要的技术。

reduction computer 归约机 一种非冯·诺依曼型计算机，它是以John Backus和Klaus Berkley提出的归约语言和机器为出发点而研制的。如1978年德国波恩GMD实验室研制的GMD归约机和由美国北卡罗莱纳大学研制的Cellular型机。归约机语言也称“应用式语言”，它是函数型语言的一个分支。

reduction problem description 归约问题描述 在问题归约中，由一个初始状态(待解目标状态)描述S、一个本原问题描述G和一个将一个状态描述变换为若干子问题的状态描述算符集F所组成的三元组(S,F,G)。参见 problem reduction, primitive problem。

reduction ratio 缩尺率 原件的一维尺寸与复制件对应的一维尺寸的比值，缩尺率表明了原件在复制或记录到缩微胶卷上去时，所缩小的倍数。

reduction relation 归约关系 一种二元关系，由一组公理和若干条推理规则来定义。公理规定满足此关系的最基本的元素，推理规则规定了如何产生新的元素。利用归约关系来定义操作语义，就是首先规定最简单语句的一步执行(公理)，然后用分语句的一步执行规定复合语句的一步执行(推理规则)，因此这种语义定义过程和语句的语法构成过程是完全一致的。

redundancy 冗余度 电路或信息的任何有意识的备份或部分备份，在万一部分设备发生故障时，电路或信息系统仍能维持工作。

redundancy bit 冗余位 为了检查错误，在信息位之外增加的数位。例如，奇偶校验位。

redundancy character 冗余字符 按照一定规则加到一组字符上，用来检测计算或传输部件有无故障的字符。

redundancy check 冗余校验[检查] (1)利用多余位或多余字符进行正确性校验。在信息中系统地插入一些位或字符，以便用硬件或软件查出错误或纠正错误。去掉这些位或字符不损失基本信息。所插入的位或字符分别称为冗余位和冗余字符。例如奇偶校验和汉明校验。(2)在知识库系统中，为充分有效地利用有限空间，避免或降低知识库中的冗余度而在获取与更新时要进行冗余性检查，即检查知识库中是否存在新知识或可由旧知识推导出新知识，当出现冗余时就要进行相应处理。

redundancy check bit 冗余校验位 根据字符的内容推导出来并附在字符之后，用于检测错误的校验位。

redundancy check character 冗余校验字符 根据一个记录推导出来并附在该记录之后，用于检测错误的字符。参见 cyclic redundancy check character。

redundancy of knowledge 知识的冗余性 (1)所谓冗余性即是指所添加的知识是多余的，它可以从原有知识库中经演绎而推出，而没有添加这些知识的必要。知识的修改涉及到删除与插入两个部分，因此也存在与知识库的相容性与冗余性等问题。(2)知识K_1并入知识集$\{K\}$可推出知识集$\{K'\}$，$\{K'\}\subseteq\{K\}$。$\{K'\}$称为冗余知识。证明$K_1\cup\{K\}$中是否有冗余知识的过程称为冗余性检查。消除冗余知识的策略称为冗余控制。

redundancy testing 冗余测试 在有冗余数字系统中，验证冗余系统是否存在故障的测试过程。

redundant arrays of independent disk (RAID) 独立冗余磁盘阵列 RAID就是以多个磁盘组成并行工作的磁盘阵列的方式来提高数据存取的速度和安全两方面的能力。它采用并行工作的磁盘驱动器以保持数据的可用性，多台磁盘构成同步化的磁盘阵列，数据展开存储在多台磁盘上，提高了数据传输的带宽，并利用冗余技术提高可靠性。即使某一驱动器发生了故障，另一台磁盘驱动器仍可保证数据不会丢失。在进行数据重建过程中仍可维持正常的联机工作。该术语最早提出时，RAID代表廉价冗余磁盘阵列 redundant arrays of inexpensive disk的缩写，其中 inexpensive 表示用于把RAID阵列中较小且相对便宜的磁盘与另一种单个大的且昂贵的磁盘比较。目前，工业上采用术语 independent，强调RAID阵列获得优越的性能和可靠性。

redundant arrays of inexpensive disk (RAID) **廉价冗余磁盘阵列** 同 redundant arrays of independent disk (RAID)。

redundant code **冗余码** 所用符号数或信号码元数比表示信息所必需的数目多的代码。奇偶校验码就是一种冗余码。

redundant fault **冗余故障** (1)不影响设备或系统正常工作的,如在存储器中,存储冗余校验位部分出现故障;(2)冗余系统中在容错范围内所出现的故障。此种故障在正常情况下不能检测。

redundant phase recording **冗余调相制记录** 表示二进制信息的一种信道编码。即同时采用两个不相邻的信道并按调相制规划传送或记录同一信息序列。主要用于磁带机中,以牺牲记录介质的利用率为代价进一步消除磁带正、反行扭斜的影响。

redundant power system (RPS) **冗余电源系统** 由两个完全一样的电源组成,由芯片控制电源进行负载均衡,当一个电源出现故障时,另一个电源马上可以接管其工作。

redundant programming **冗余程序设计** 保证程序设计正确性的一种方法。对一个任务分别写两个程序,仅设计说明是共用的,其他如程序设计、编码及调试都独立进行。最后比较他们的运行结构,来确定程序的正确性。

redundant software **冗余软件** 对同一个问题,由不同的程序员采用不同算法,编写两个不同的程序,然后对程序执行结果进行比较。如果结果相同,说明软件正确,如果结果不等,说明软件有错,但不能知道哪个程序有错。

redundant subexpression **冗余子表达式** 优化程序设计中用到的一种概念,指表达式中的一部分,在一段程序内重复出现,并且经过前一部分程序运行的考验,因而是多余的。进一步说明如下:多余的表达式。即满足下述三个条件的表达式:①先前已在程序中计算过;②在初始计算与当前表达式之间,表达式的运算对象没有变更;③导致当前表达式的所有程序路径都经过前面的表达式计算求值。

redundant system **冗余系统** 用多个系统部件并行工作来提高错误检测和错误校正能力的系统。

red unit **红单元** 处理红信号的电路或设备,也称"红设备"、红电路等。对应黑信号有黑单元、黑设备、黑电路等。参见 red area。

reed relay **舌簧继电器** 利用兼作磁路衔铁的密封舌簧触点动作而工作的继电器。舌簧继电器可分为干簧继电器、湿簧继电器、剩簧继电器等。

re-encipher to master key **主密钥再加密** 在密钥管理中,一种类似于来自主密钥的再加密的功能,也就是用终端机交互通信密钥的加密密钥来对加了密的会话密钥进行脱密,然后再用主密钥来对它进行重新加密。

reengineer **重建** 对进程或例程的重新构思和重新定义。在计算机系统中,重建意味着改变完成工作的方法,以使得新技术的效益最大化。

reenlargement **再放大(图像)** 为保证获得尺寸比单次放大更大的图像,对已放大的图像的再次放大。

reenterable code **可重入代码** 也称"纯代码"。是一种允许多个进程同时访问的代码。为了使各进程所执行的代码完全相同,故不允许任何进程对其进行修改。程序在运行过程中可以被打断,并由开始处再次执行,并且在合理的范围内(多次重入,而不造成堆栈溢出等其他问题),程序可以在被打断处继续执行,且执行结果不受影响。参见 reentrant routine, reentrant program。

reenterable load module **可重入装配模块** 可被两个或多个作业或任务重复使用的装配模块。

reenterable program **再入式程序** 上次程序执行完之前就可以进入的一种计算机程序。对它的要求是,在执行期间不论是它的外部程序参数还是它的指令,全都不能修改。一个再入式程序、例程或子例程可以为多个计算机程序同时使用。

reentrant **可重入(的)** 程序的一种特性,具有这种特性的程序可以自己调用自己,从而同时被多个任务所共享。可重入性能使程序在任何一点被其他用户中断,事后再从中断点恢复。可重入程序常用于多道程序设计和分时系统中。

reentrant code **可重入(代)码** 设计上保证同时能被多个程序共享的代码。在执行过程中,其指令和数据不会被修改。当一个程序在执行可重入代码时,另一个程序可以打断其执行,并可重新或继续执行该代码。许多操作系统的例行程序都写成可重入形成,因而只需有一份代码存放在存储器中就可服务于所有执行程序。

reentrant list **可重入表** 共用两个或多个表中某些相同项目,从而可节约存储器的表结构。

reentrant program **可重入程序** (1)在分时系统或多道程序系统中,由多个用户共享的子例程。因此,它可以加到给定的用户程序上或中断并加到其他某个用户程序上,然后在原始用户程序的断点上重入。(2)一个程序。当其中断后可以重新进入其中的某一条指令的某个位置,使其恢复运行或重新执行。程序能重入的三个条件是:①在程序执行过程中,程序中的所有指令必须不被修改;②这个程序的不同执行进程应有不同的数据区,用以存放该程序中所使用的工作单元的值;③程序在执行过程中总在使用一组通用寄存器,当中断其执行过程时应保存寄存器的内容,当恢复其执行进程时再恢复寄存器原来内容。同 reenterable program。

reentrant routine **可重入例行程序** 具有可重入性质的多用户公用例程模块。它可由其本身或由另一例程调用,以便供多个任务或多个用户同时共同使用。编制可重入程序时有两个要求:①这种例程不能对其自己作任何修改，所有的暂存信息都必须保存在调用程序提供的存储空间内；②执行这种例程时应建立和消除“忙”信号，以免在前一个用户完全通过这段例程之前又有另一个用户进入这段例程。同 reenterable routine。

reentrant subroutine **可重入子例程** 可重复调用或在完成同一子例程的前一次执行过程之前就能调用的子例程。要求执行过程中既不能修改外部例程参数，也不能修改任何指令。重入例程可同时供多个计算机程序调用。

R

reentry point **重入点，返回点** 一个计算机程序调用子例程后，从子例程返回该程序时重新进入的那条指令的地址或标号。

reference **引用(指针)** (1)可执行程序在执行期间出现代表变量、数组元素或子串的值的名称。(2)作为动词时，指访问一个变量，通常指数组或记录中的元素。作名词时，指 C++等程序设计语言中的一种数据类型。一个引用必须用一个变量名初始化。引用就成为变量的别名，但实际存储的是变量的地址。

reference address **基准[参考]地址** (1)将相对地址转换成机器语言绝对地址的参考地址。(2)作为一组相关地址的参考地址。

reference axis **参考轴，基准线** 在字符设计和光符识别中，作为字符位置或形状的基准的水平线或垂直线。

reference bit **参考位** 虚拟存储系统中每一项实存储器所设的一个标志位。表示该页是否已被访问。

reference clock **基准时钟** 稳定度、精确度和可靠性都很高，在同步网中用作其他时钟的参考标准的时钟。

reference code **参考码** (1)在文本处理中，在记录的文档开始处的一个字母数据码，表示或者描述该文档，如题目栏。(2)在某些系统中，指一个状态或错误条件的四字符的名字。

reference code translation table **参考码翻译表** 一个包含参考码和现场可更换部件(FRU)代码记录的对象，这些记录用于报告硬件错误以及问题分析和解决。

reference configuration **参考配置** 网络中表明各种可能的网络安排的一些功能组和参考点的组合。

reference database **参考数据库** 为用户提供信息线索的数据库，它可以指引用户获取原始信息。有两种参考数据库：书目数据库和引用数据库。参见 source databases, bibliographic database, referral database。

reference designator **引用标志** CAD(计算机辅助设计)系统中用于标识一个图形元素的正文。例如，在电路图设计中可用器件标识符来标识一个器件，用信号名来标识一个信号网。

reference dipole **基准偶极子** 直接针对给定频率调谐且匹配的半波偶极子。它是天线测量工作中的比较装置。一个典型的半波基准偶极子天线，具有两个辐射器，每个的电角度为 90 度。

reference edge **参考边，基准边** 数据载体(纸带、磁带、卡片等)的边沿。用于建立数据载体的记录基准或测量基准。同 guide edge。参见 document reference edge。

reference input **参考[基准]输入** 用作反馈控制系统中比较标准而单独建立的信号。

reference input element **参考[基准]输入元件** 建立参考输入与指令信号之间关系的反馈控制系统元件。

reference input signal **参考输入信号** 控制循环之外用作直接控制变量的比较标准的信号。

reference instruction **参考指令** 可以访问系统安排的或存储的数据的指令。

reference integrity **引用完整性** 在数据库系统中，指若关系 $R1$ 的属性 A 与另一关系 $R2$ 的基本键定义在同一个域上，则对于 $R1$ 中的每个元组在 A 上的值必须或者为空值或者等于另一关系 $R2$ 中某一元组的基本键值。引用完整性给出了关系之间相互引用的约束条件。

reference language **参考语言** 用于定义程序设计语言的一组字符和构造规则。

reference level **参考[基准]电平** 在以分贝或音量单位确定音频信号的电平时，用作比较依据的电平。

reference listing **参考列表，参引表，对照表** (1)由编译程序打印的描述指令以及他们在目标程序中的存储细节的列表。(2)由编译程序产生并打印出的表格或程序清单。参引表列出了最终程序中的指令序列，也包含存储器分配的细节。

reference model **参考模型** 用作参照、基准或依据的通信模型。

reference monitor **基准监控** 在安全抽象机中，对主体访问客体的安全控制机制进行实施和调整的概念。基准监控具有三个性质：①安全性，调整和验证系统所有的访问；②隔离性，抵制系统的任何篡改、破坏；③可证性，能够证实符合安全策略的要求。

reference monitor concept **基准监控概念** 传递主体对客体访问的抽象机理的一种访问控制概念。

reference noise **参考[基准]噪声** 电路噪声的度量单位，它等于每秒 1 000 周的 10 微微瓦电能在电路噪声计上所产生的读数。

reference parameter **引用参数** 子例程的一种参数，在子例程调用时实际地传递实参的地址(在程序语言研究中把它称为引用、关联等)，通过此地址实现实参、形参之间的联系，完成子例程程序内外的信息交换。

reference phrase 参照短语 在超文本中，一个高亮的和以单个字符输入字段作为先导的文本称为参照短语，它用于表明超文本链接的存在。

reference pilot 参考导频 参考导频是一个与传输电信信号（电报、电话）的波相不同的波，它用在载波系统，以便载波传输系统的维护和调节（如自动电平调整及振荡器同步化）。

reference point 基准点，参考点 国际电信联盟-电信标准化部门（ITU-T）定义的用来分割 ISDN（综合业务数字网）功能组群的参考点。基准点是一个位于两个指定设备间的抽象地点，是物理接口和逻辑接口的潜在位置。ITU-T 通过字母表最后几个单个大写字母来识别基准点。这样，R 基准点位于非标准终端和终端适配器之间，S 基准点位于终端设备和网络端接设备 2 之间；T 基准点位于网络端接设备 2 和网络端接设备 1 之间；U 基准点位于网络端接设备 1 和网络之间。注意：按一般惯例，对于一个给出的基准点，建议的物理接口和逻辑接口的命名依基准点而定，这样，在 S 基准点的接口被称为 S 接口。参见 integrated services digital network (ISDN)。

reference program table 引用程序表 用于操作、子例程和变量的索引的存储区。

reference record 参考记录 编译程序的输出记录。它列出各操作及其在特定程序中的位置，并含有描述该程序的分段和存储单元。

reference relation 参照关系 利用主题词形成的关系网，以便进一步解释和描述主题词及相关词，明确词的含义。这种关系统称参照关系。

reference sensibility 参考灵敏度 在规定的频率和调制下，使接收机输出端产生标准信噪比的输入信号电平。

reference stream 引用流 在虚拟存储系统中，使用存储器的处理机所生成的一系列对存储数据的引用。为测定虚拟存储的性能，要用不同的引用流进行分析。

reference system 参考系统 用作为参照、基准或依据的系统。

reference table 参考表，引用表 指出变量在哪个语句中被引用的表。它同时也指出了共享变量集内变量的成分，可以代替共享变量集。

reference test method (RTM) 基准测试法 对某一给定特性是严格按照这个特性的定义来测量的，并给出精确、可重复和与实际使用相一致的结果的测试方法。

reference time 参考[基准]时间 (1)用作时间测量的基准点。(2)开始例程切换动作的某一瞬间。用作时间测量的起点。

reference vector 参考向量 模式分类中作为某一类样本的一个向量。与某一参考向量最接近的输入特征向量就被判定为与该参考向量相关的这一模式类。

reference voltage 参考[基准]电压 用于比较目的的交流电压，通常用来识别交流电路中同相或反相状态。

reference volume 参考[基准]音量 复合电波的大小，诸如说话的音量或音乐音量，其值等于标准音量指示器上零 VU（音量单位）的读数。调节音量指示器的灵敏度，使之跨接在 600 Ω 电阻上的读数为参考音量或零 VU 时，该电阻所放出的功为 1 mW。参见 volume unit (VU)。

reference white level 基准白电平 与规定的峰值白电平最大极限值相对应的图像信号电平。

referential integrity 参照完整性 完整性约束的一种，它指定关系中属性的值依赖于同一个关系或其他关系中主键的值。在数据库领域和数据通信工程中，指数据库记录被输入或删除时，维持表间定义的关系。它基于一对多的关系，即主关键字与外部关键字的关系，它保证主关键字与外部关键字是一致的，一旦主关键字发生变化，则外部关键字也发生变化。具有参照完整性的系统可防止用户执行违反完整性的操作。参见 data integrity, foreign key。

referential integrity constraint 参照完整性约束 一个关系中的外部关键字值或者与另一个关系的主关键字值相匹配或者必须为空。

referential integrity rules 参照完整性规则 关系模型的三类完整性规则之一，另两类是实体完整性规则和用户定义的完整性规则。参照完整性规则就是定义外码与主码之间的引用规则，也是关系模式之间关联的规则。它规定表中的外键值或者为空，或者是参照表中主键的有效值，外键值可以重复。它保证了两个表之间关系的合理性，并将数据冗余降至最低。参见 entity integrity rules, user-defined integrity rules, foreign key。

referral database 引用数据库 也称“指南数据库”，是有关机构、人物等相关信息的简要描述。包括各种机构目录数据库、人物传记数据库、产品信息数据库、软件数据库、研究开发项目数据库、基金数据库等。参见 source databases, bibliographic database, reference database。

refile 接力传送 从租用线路网络上一个站，将报文传送到一个由租用线路网服务的另一个站的过程。完成的方法通常是先把报文送给预先选定的电报局，然后再作为电报传送给收报人。

refinement 加细，求精 (1)同一个非空集合的两个划分间的关系。设 π_1, π_2 是集合 A 的两个划分，若 π_1 的每个块都包含在 π_2 的一个块中，则称划分 π_1 加细 π_2。(2)亦即知识求精，是建立实用专家系统的关键任务之一。通常专家系统的最初性能都比较差，因此需要对系统进行求精。通过修改系统的弱点和缺陷，专家系统能逐步接近于人类专家的水平。

refinement criterion **提纯判据** 在谓词演算中用于提纯策略的判据。

refinement programming **逐步求精程序设计** 将问题分解成若干个子问题重复进行下去，直到每个问题都容易正确地编程为止，是对问题的分解、决策、编程一步步不断的精细化的过程，此过程可自顶向下或自底向上进行。一般精细化的技术有三种：分割、递归和分析。分割技术首先把问题划分成不相交的一些部分，直到可用复合语句为止。递归技术对问题作出有限进展，直到用循环语句实现为止。分析技术对问题用情况分析来精细化，直到可用条件语句为止。

refinement strategy **提纯策略** 谓词演算中根据分解和证明理论的结果得到的一种策略。在寻找一个演绎时不执行子句集的各种可能的分解，而只对符合某些判据的子句执行他们之间的分解。所得的预解式与原子句集加以合并，构成新子句集。这个过程继续进行下去，直至求出空子句为止。

refining operator **精练算子** 示例学习中修改例子空间的子例程，也称"规则空间算子"。精炼算子是一种搜索规则空间的数据驱动策略，它不使用单一表示策略，不使用部分匹配搜索规则空间。采用精炼算子的学习程序由多个精炼算子组成，程序使用探索知识提供的训练例进行分析，决定选用哪一个精练算子以及修改训练例，使得训练例经精炼算子的操作成为一个常数值。

reflectance at receiver wavelength **接收波长光反射** 接收光波长上，参考点输入路径返回的反射光功率与入射光功率之比，单位为 dB。

reflectance at transmitter wavelength **发射波长光反射** 发射光波长上，参考点输入路径返回的反射光功率与入射光功率之比，单位为 dB。

reflectance ink **反射墨水** 用于光学字符识别技术的具有反射性质的墨水。

reflectance model **反射模型** 通过与光源、角度以及表面结构等相关的假设来描述平面光的函数。同 illumination model。

reflectance ratio **反射比(率)** (1)在光学字符识别或图像处理技术中，较暗的图像区的反射光强度与较亮的背景区的反射光强度之比。(2)反射光束相对于源光束的强度比率。参见 specular reflection。

reflectance target **反射目标** 具有反射性质的已知的、固定的测试目标。

reflected binary code **反射二进制码** 一种具有反射特性和循环特性的单步自补码，它的循环、单步特性消除了随机取数时出现重大误差的可能，它的反射、自补特性使得求反非常方便，也称"格雷码"。参见 grad code。

reflected binary unit distance code **反射二进制单位间距[距离]码** 一种二进制码。顺序的数之间只有一位不同，该位上的数字相差一个单位。即与相邻的十进制数对应的两组代码之间只有一位二进制数字不同。参见 grad code。

reflected code **反射码** 也称格雷码。一种具有反射特性和循环特性的单步自补码，它的循环、单步特性消除了随机取数时出现重大误差的可能，它的反射、自补特性使得求反非常方便。反射码是一种数字排序系统，其中的所有相邻整数在它们的数字表示中只有一个数字不同。它在任意两个相邻的数之间转换时，只有一个数位发生变化。它大大地减少了由一个状态到下一个状态时逻辑的混淆。另外由于最大数与最小数之间也仅一个数不同，所以称反射码或循环码。同 gray code。

reflected impedance **反射阻抗** 将一个阻抗作为负载跨接到变压器的次级上时，在变压器初级两端所呈现的阻抗。

reflected infrared remote sensing **反射红外遥感** 利用电磁波谱中反射红外(0.7 ～ 2.5 μm)波段本身和在大气中传输的物理特性的遥感技术统称。参见 remote sensor technology。

reflected resistance **反射电阻** 将一个电阻性负载跨接到变压器的次级上时，在变压器初级两端所呈现的阻抗。

reflected wave **反射波** 从两个不同媒质的表面不连续处或汇接处反射的波，如无线电传输中的空间波、雷达目标的回波。

reflecting satellite **反射卫星** 反射无线电通信信号的卫星。

reflection **反射** (1)声音、无线电波或光波碰上相对光滑的平面时，所产生的反射波。当反射角等于入射角时，这种反射为镜反射。(2)反射就是在传输线上的回波。信号功率(电压和电流)的一部分传输到线上并达到负载处，但是有一部分被反射了。反射是由于源端与负载端阻抗不匹配引起，负载将一部分电压反射回源端。如果负载阻抗小于源阻抗，反射电压为负，反之，如果负载阻抗大于源阻抗，反射电压为正。布线的几何形状、不正确的线端接、经过连接器的传输及电源平面的不连续等因素的变化均会导致此类反射。

reflection coefficient **反射系数** 对于给定频率和传输模式，与反射波相关的某个量与在给定点处入射波的对应量之比，也称"失配因数"、"反射因数"或"过渡因数"。

reflection copy **反射拷贝** 从物体表面反射的光线，经过照相机，照射在感光材料上所生成的摄影拷贝。

reflection factor **反射因数** (1)发生器向未进行匹配的特定负载提供的负载电流与当发生器和负载

阻抗匹配时得到的负载电流之比。(2)给定表面反射的总光通量与入射通量之比,也称"反射率"。

reflection grating 反射栅 安置在波导中的线栅,使在反射一种需要的波的同时,允许少数几种其他波自由通过。

reflection law 反射定律 入射角等于反射角,并且入射线、反射线和表面法线处于同一平面内。

reflection loss 反射损耗 (1)电磁波的反射功率和入射功率之比,以分贝(dB)表示。(2)传输线或传输电路的终端上入射波与反射波之比。如果终端阻抗精确地等于传输线的特性阻抗或电路阻抗,则不会产生反射,反射损耗为无穷大。如果用一个混合线圈把一个四线电路与一个两线电路连接起来,那么反射损耗就是从四线电路一边进入混合线圈的输入波与从四线电路另一边离开混合线圈的反射波之比。

reflective marker 反光标记 粘贴在磁带两端,标记磁带始末端的金属膜窄条。因为它对光线具有反射能力,故可用光电器件进行检测。

reflective scan 反射扫描 一种让光源照射在反射面上,然后反射给光传感器的扫描技术。

reflex bunching 反射群聚 在已形成的电子流中出现的使漂移空间中电子流方向颠倒的群聚。

reflex circuit 来复电路 信号被相同的放大管或相同的几个放大管放大两次的电路,一次是在检波之前作为中频信号,一次是在检波之后作为音频信号。

reflexive relation 自反关系 集合 S 上二元关系 R,如果对每一 $a \in S$ 都有 aRa,则称 R 是自反关系。例如实数集上的"相等"和几何图形的"相似"都是自反关系。自反关系的关系图上每个节点都有圈,关系矩阵的主对角元全为 1。

reflexive access control list (RACL) 自反访问控制表 用于为了考虑安全性而不希望外网的用户主动向内网发起连接的企业网络上。自反访问控制表的基本的工作原理是:根据一个方向的访问控制列表,自动创建出一个反方向的控制列表,是和原来的控制列表的源地址和目的地址颠倒,并且源端口号和目的端口号完全相反的一个列表。并且还有一定的时间限制,一旦超时,这个新创建的列表就会消失。参见 access control list (ACL)。

reflexivity 自反性 对所有 $a \in A$,如果有$(a,a) \in R$,则称 R 是 A 上的自反关系。

reflow soldering 回流焊 利用远红外线、激光束、热风等为加热能源的回流焊接设备,将通过网板漏印在线路板图形焊盘上的锡焊浆料加热溶化而实现贴装在浆料上的片状器件和线路板互连焊接的一种方法。

reformatting 格式变换 从一种形式的数据表示法变换为另一种形式的数据表示法的处理。包含数据的值由一种字符组变换为另一种字符组。

refracted wave 折射波 从一种媒质进入第二种媒质的入射波的一部分。

refraction 折射 当声音、无线电波或光波以一定角度从一种密度的媒体进入另一种密度的媒体(因而波速发生变化)时,所产生的弯折现象。

refraction error 折射误差 由不希望出现的折射引起的一条或多条被传播路径弯曲造成的无线电波方向误差。

refraction loss 折射损耗 由于媒质不均匀性形成的折射所造成的部分传输损失。

refractive index 折射率 (1)有关传播介质的一种性质,它是电磁波在真空中的传播速度与在该介质中的传播速度之比。(2)当一束光线穿过两种不同传播介质界面时,入射角与折射角的正弦之比。真空的折射率定义为 1,空气的为 1.000292,水的折射率为 1.333,硅玻璃为 1.475。折射率还与入射光的频率有关,随频率的减小(或波长的增加)而减小,这种性质称为折射率的色散。同 index of refraction。参见 electric permittivity, magnetic permeability, relative magnetic permeability, wave impedance。

refresh 刷新,再生 (1)在计算机图形或图像显示中,在显示空间上重复不断地产生显示图像过程。它可以避免图像的闪烁、逐渐暗淡至消失。把每秒钟内重复显示的次数称为刷新率。选择不同的刷新率,可以改变图像显示的闪烁程序。(2)在动态存储器电路中,为保存已存储的信息,对存储在电容中的信息进行重新充电的过程。由于电容的漏电,存储的信息过若干毫秒就会丢失,因此需要不断刷新,在刷新期间不能进行信息的读写。

refreshable 可刷新的,可复制的 装入模块的一种属性。使之能防止在执行过程中受它自己或其他模块修改。在执行时,恢复管理例程可用刷新装入模块的新的拷贝来代替旧模块,而不必改变处理的顺序和结果。

refreshable load module 可刷新装入模块 具有可刷新属性的一种装入模块。

refreshable program 可刷新程序 任何时候都可以用其新版本来替换,而不改变其处理顺序和结果的一种程序。

refresh buffer 刷新缓冲器 为了刷新目的而设置的一个缓冲存储器,其中存放着被刷新图像的位图数据。参见 frame buffer。

refresh circuitry 刷新电路 为防止动态存储器丢失信息而定期地对动态存储器进行读出和写入的电子电路。

refresh clock 刷新时钟 周期性地对动态 MOS(金属氧化物半导体)电路进行充电时所使用的时钟信号。

refresh cycle 刷新周期 在采用动态存储器芯片的

存储器中,存储控制器向电路发出的刷新操作的时间周期。参见 refresh。

refresh graphics display service **刷新图形显示服务** 刷新图像显示器为设计人员或绘图人员提供的服务。这种显示器既可作输入设备,又可作输出设备。它可以精确记录计算机中绘图数据的位置和内容。

refresh interval **刷新间隔** 在动态半导体存储器中,连续两个刷新脉冲之间的时间。

refresh mode **刷新模式** 一种定期重写目标数据的填充数据仓库的方法。

refresh rate **刷新(速)率** 计算机制图中每单位时间内对显示图像的刷新次数。欧洲标准中是 50 Hz,美国标准中是 60 Hz。

refutation **反驳,证伪** 用消解法证明一个子句集为不可满足的过程称为反驳。反驳的方法一般是反复使用某种消解方法,直至获得一个空子句[ ]作为消解式为止。

refutation tree **反驳树,反演树** (1)在谓词演算中,对于推导图,如果经过有限次的推导,不断产生新的预解式节点,一直到产生空子句为止。该树就称为反驳树。这是一棵内向树,树根恰是空子句。以上过程称为反驳过程。(2)归结反演的树表示。反演树是一棵以 NIL(无)为根的树。反演树的构造如下:基本集中每一个子句对应于反演树一个节点(反演树的叶节点),若节点 c_i,c_j 归结为 r_{ij},(r_{ij} 称为节点 c_i,c_j 的后裔,c_i,c_j 称为 r_{ij} 的双亲),则将 r_{ij} 作为节点加入反演树,并作两条弧,分别由 c_i,c_j 连向 r_{ij} 节点。如此进行下去,直至产生一个 NIL(无)为止。

.reg **注册表脚本文件名后缀** reg 是 registry 的缩写,是注册表脚本文件的扩展名。注册表脚本文件可以用任何文本文件编辑工具(如记事本)进行创建和修改。利用 reg 文件可以直接对注册表进行任何修改操作,它对注册表的操作可以不受注册表编辑器被禁用的限制,因此功能更为强大、灵活。参见 registry。

regedit **注册表编辑器** 微软 Windows 操作系统中的工具,可以用来查看和维护注册表。参见 registry。

regeneration **再生** (1)在计算机制图技术中,将图像从其在存储器中的表示状态生成出一个显示图像所需完成的一系列事件。(2)定期恢复动态存储器中数据的过程。(3)识别并重构数字信号,使其波幅、波形和时序落入规定范围的过程。(4)用于在电缆线对中恢复数字信号的技术。数字信号重现并被传输到下一个再生器,再生器是一个使数字传输优于模拟传输的器件。因为信号被重建,所以噪声和衰落失真的影响被减至最小。

regeneration arm of convertor **变流器再生臂** 变流器中将电能由负载侧向电源侧输送的辅助臂。

regeneration memory **再生存储器** 如果不定期地进行刷新,其所存内容就会逐渐消失的存储器。

regeneration point **再生点** 在一个可再生系统中,把重复出现相同数集的时间称为再生点。参见 regenerative system。

regeneration, reshaping, retiming (3R) **再生、重整形和重定时** 再生保证每条连接的输出功率电平足以到达下一个节点。重整形消除色散等因素产生的脉冲失真。重定时消除数字脉冲的时域失真,以使下行时钟恢复电路能准确地接收信号。3R 消除了光信号在各子网中累积产生的畸变。

regenerative braking **回馈制动** 使电能返回电源系统的电制动方式。

regenerative feedback **再生式反馈** 把机器、系统或过程的一部分输出正向送至输入端的正反馈技术。例如,在放大器中,再生式反馈导致增强激励,从而提高放大率。

regenerative reading **再生式读(操作)** (1)数据在读出时能自动地表明读出位置的一种特殊的读操作。(2)能自动地把读出数据写回原位置的读出操作。

regenerative repeater **再生转发器** 即电报重发器,它对速度和代码敏感,用于再定时并以原有强度再传输已接收信号。

regenerative system **再生系统** 若已知道离散系统在某一特定时刻的全部状态的一组描述符,而该系统在若干时间后,再产生一组同样的数值,则称该系统为再生系统。

regenerative track **再生式磁道** 磁鼓或磁盘上的一个磁道部分,它和读写磁头连接,以便像环形存储器一样使用。同 revolver track。

regenerator **再生器** 数据传输系统中的一种转发器或放大器。它根据所接收信号的一般特性(如重复率)对传输线上的信号进行整形,以防信号衰落而变形过度,相当于模拟系统中的线性放大器。

regenerator section (RS) **再生段** 脉冲编码调制通信系统中再生器及其前面的传输路径。

regenerator section overhead (RSOH) **再生段开销** ITU-T(国际电信联盟-电信标准化部门)规定了 STM-N(N 阶同步传输模式)的帧是以字节为单位的矩形块状帧结构,STM-N 的帧结构由三部分组成:段开销,包括再生段开销(RSOH)和复用段开销(MSOH);管理单元指针(AU-PTR);信息净负荷。RSOH 由 STM-N 信号中 SOH(段开销)的第一到第三行组成。负责管理再生段,在再生器和终端设备接入。参见 multiplex section overhead (MSOH)。

regenerator section termination (RST) **再生段终端** RST 能在形成 SDH(同步数字系列)帧信号的过程中产生再生段开销(RSOH),并在相反方向终结

RSOH。参见 regenerator section overhead (RSOH)。

region 区,域,区域 (1)一个专用于或者保留用于某种特定目的的区域,在视频程序设计中,指作为一个单位处理的一组连续的像素。(2)计算机程序设计中采用同一个基地址的一组存储单元。(3)布告牌系统网络中,区域是包含以指定方式交换消息的节点的地理范围。

regional address 区地址,同区相邻地址 同一个存储区中一串相邻地址中的一个。例如 R18 或 R19 就是 R 区中的两个区地址。

regional broadband global area network (RBGAN) 区域性宽带全球网 是第四代海事卫星的宽带业务之一,实现覆盖全球的移动卫星宽带数据通信业务。

regional breakpoint 分区断点 用户用来调试多处理机系统的重要工具。任一处理机故障都会破坏公用存储器中的数据,从而造成系统失效。仿真器不能直接跟踪和找到存储器存取中的故障。可以利用分区断点,对用户在预先指定的存储单元范围内设置断点,以便找到可能发生的故障。

regional center 区域中心 一种连接电话系统中各个分中心(他局)的控制中心(一级局),在美国每一对区域中心之间都有一组直通线路互通。

regional computer network 区域计算机网 节点分布在规定的地理范围内可供特定的一类用户使用的计算机网络。

regional foreign agent (RFA) 区域外地代理 多协议标签交换(MPLS)中标签交换路由器(LSR)上的一个功能实体,它负责维护其管理区域内多个外地代理(FA)之间的标签交换路径,实现标签交换路径的部分更新,使标签交换路径的重建时间缩短。参见 foreign agent (FA)。

regional identity code 地区标志码 在拨号电话中,用以标识国别或地区的一位、二位或三位数代码。

regional signaling transfer points (RSTP) 大局信令中转点 通信网的大局中负责信令转发、信令路由选择和全程地址解释的共路信令网专用设备。

region class 区域类别 在某些信息管理系统中,对报文区所指定的一种类别,它指出该区内所能处理的报文的类别。参见 message class。

region-dependent segmentation 按区(域)分割 在模式识别时,对连续特征空间所进行的划分。

region fill 区域填充 在计算机图像中,用指定颜色、图案或其他属性填充屏幕上一个定义的区域的技术。参见 region。

region growing 区域生长 在计算机图形中,指这样一种过程,首先将图形划分成具有共性的基本区域,然后不断地合并在选择特性上具有某些微小区别的相邻区域,直到其间有较大区别的区域保存下来。

region job pack area (JPA) 区域作业装配区 在某些操作系统中,虚拟区的一个区域。其中包含有一些不在 LPA(链接装配区)中,但作业执行时所必需的模块。

region of absolute stability 绝对稳定区域 在求解常微分方程时能使数值方法达到绝对稳定的区域。求解常微分方程的数值方法的绝对稳定性依赖于数值 $h\lambda$,其中 h 是步长,λ 是试验方程中的复常数。某个数值方法可能对于一组 h 和 λ 是绝对稳定的,而对另一组 h 和 λ 不绝对稳定。在 $h\lambda$ 的复平面上,所有使方法达到绝对稳定的 $h\lambda$ 的集合称为这个数值方法的绝对稳定区域。当 λ 为实数时这个区域称为绝对稳定区间。

region-position code 区位码 一种对图形符号采用两个字节表示的汉字编码。第一个字节表示区号,第二个字节表示位号,编号都由 1 ~ 94。任何一个图形符号用它所在位置的区号和位号来标记,形成区位码。参见 GB 2312—80。

region size 区域大小[尺寸] 程序运行时可用的主存量。参见 job region, step region。

register 寄存器 一种具有诸如一个字位、一个字节或一个计算机字的规定的容量的存储装置,通常有其特定用途。寄存器种类繁多,但从功能上说可分为两大类:一类用于保存数据,如累加寄存器、运算寄存器;另一类用于保存控制信息,如控制寄存器、状态寄存器、功能相同的寄存器因厂家不同或作者不同也常常被取不同的名字。除上述提到的寄存器外,常用的寄存器还有:地址寄存器、基址寄存器、基寄存器、变址寄存器、数据寄存器、浮点寄存器、通用寄存器、指令寄存器、指令地址寄存器、扩展寄存器、移位寄存器等。

register address 寄存器地址 指令中表示寄存器编号的地址。处理机中有多个通用的寄存器均可用来存放操作数,为区别他们,用符号或数码编号来表示特定的寄存器地址。例如,加法指令 ADD C(A=A+C),表示通用寄存器 C 的内容与累加器 A 的内容相加后的结果放回累加器 A。

register address field 寄存器地址字段 指令字中规定寄存器地址的部分。

register addressing 寄存器寻址 由指令中的一个字段规定操作涉及哪个寄存器的寻址方式。CPU 中有几个寄存器可供访问时,常使用寄存器寻址方式。由于 CPU 中寄存器的数目一般较少,所以指令中只需几位就能识别出所有的寄存器。采用寄存器寻址的指令一般是所有计算机指令中执行速度最快,长度最短的指令。

register ,admissionand status (RAS) 注册、接入认证和状态查询协议 RAS 协议是 H. 32 通信网络的 H. 225 协议的一部分,协议涉及新授权用户的

R

增加(或者拒绝增加),基于可用带宽的授权用户的接纳(或者拒绝接纳),还有所有用户的状态跟踪。

register allocation 寄存器分配 编译程序代码生成过程中一个重要的问题。它直接关系到目标代码的速度。

register ,arithmetic and logic unit (RALU) 寄存器及算术逻辑单元 微处理机中具有寄存器的运算逻辑单元,通常装在一个组件内。

register arrangement 寄存器安排 微处理机中寄存器的安排形式。在各种微处理机中,寄存器多寡不一,用途各异,具体用法取决于指令系统。寄存器一般包括通用寄存器、硬件堆栈指示器及程序计数器等。现代微处理机体系结构的重要趋向是寄存器结构越来越臻于完善,其功能也越来越强。

register block 寄存器块 在某些计算机中,由 16 个通用寄存器组成的寄存器组。

register bus transfer 寄存器总线传送 各寄存器中的信息公用一总线来传送。在并行传送或串行传送逻辑中,寄存器之间都有专用传送通路。如果有许多寄存器,并要求他们之间能互相传送信息,用专用传送通路实现互联的话,将需要大量传送线路,还需要有相应的控制开关、信号驱动线路以及信号接收线路等,所需要的硬件设备量很大。但计算机中多数寄存器并不要求同时传送信息,在一个时钟周期内只要求一对寄存器传送信息。基于这个事实,可以采用寄存器间总线传送方式,以克服专用传送通路硬件设备量大、设备利用率不高的缺点。

register capacity 寄存器容量 寄存器中可以处理的数或存储的数的长度,通常用比特数来表示寄存器容量。

register circuit 寄存器电路 记录和保持信息直到信息按其他功能电路取走的电路。

register copy instruction 寄存器拷贝指令 一种指令,它将 CPU 的一个寄存器的内容写到 CPU 的另一寄存器中去,并且不影响源寄存器内的数据。

register dump 寄存器转储 将计算机的某些主要寄存器内容打印或显示出来的过程。用以查找机器的故障或程序的错误。

registered memory 带寄存器的内存 带有寄存器的内存条。寄存器的作用是再次推动数据信号通过内存芯片,使内存条上能够焊接更多的芯片。带寄存器的内存和不带缓存的内存不能混用。能否使用带寄存器的内存是由电脑的内存控制器决定的。

registered ports 注册端口 在 TCP/IP(传输控制协议/网际协议)中定义的从 1 024 ~ 49 151 端口号。它们松散地绑定于一些服务。也就是说有许多服务绑定于这些端口,这些端口同样用于许多其他目的。参见 well-known ports, dynamic and/or private ports。

registered version 注册版 注册版就是软件的正式版本,只是注册版软件的前身有很大一部分是可以从网上下载的。参见 unregistered version。

register file (RF) 寄存器堆 一组供暂存数据或指令用的多位寄存器。是寄存器的块状设计,它结构紧凑,面积小,一般用于位宽较大的设备里。

register input-buffer 寄存器式输入缓冲器 从输入部件或输入介质(如磁带或磁盘)接收数据,然后将其传送给内部存储器用的一种部件。

register insertion 寄存器插入法 环形网络配置的一种环形控制方法。按照这一方法,每一个站负责将所传送的一帧信息装入移位寄存器。在该环空闲时,将该寄存器的内容插入到环中。当该信息从接收站返回时,发送站便从环中移去该寄存器的内容。

register insertion ring 寄存器插入环 一种用于环网的介质访问技术。各站均有一个寄存器,可以临时容纳一个分组。寄存器插入环又分为定长信息帧寄存器插入环和变长信息帧寄存器插入环。

register integrated vector processor 寄存器一体化向量处理机 一体化向量处理机的一种,是以寄存器到寄存器体系结构为基础的向量处理机。这种向量处理机结构的特点是:向量数据首先从存储器装入到一组高速向量寄存器中,再从这些寄存器传到功能部件并进行处理,结果数据返回到寄存器。直到全部操作完成,结果向量数据存储到存储器中。因而这种结构也称“装入/存储结构”。使用这种结构一次只能处理有限长度向量,每次都要花费装入/存储的等待开销。

register length 寄存器长度 寄存器可以存储的二进制数字位的数目。常用的寄存器长度为 64 位、32 位、16 位或 8 位等,它同义于寄存器容量。

register level simulation 寄存器级模拟 检验寄存器级逻辑设计的一种技术。寄存器级模拟用来检查操作表的正确性,包括:证实系统的正确性,考察各种指令和指令串的执行速度,研究并行、流水、重叠操作之间的相关性,以及对硬件的调试提供必要的资料等。

register machine 寄存器机 在数理逻辑和理论计算机科学中,寄存器机是以类似于使用图灵机的方式使用的一类抽象机。它有以下四种操作命令:① 置零操作;$Z(n)$,将第 n 个寄存器置零;② 加 1 操作;$S(n)$,将第 n 个寄存器的内容加 1;③ 代换操作:$T(m,n)$,用第 m 个寄存器的内容代换第 n 个寄存器的内容;④ 转移操作:$J(m,n,q)$,当第 m 个寄存器与第 n 个寄存器具有相同的内容时,执行第 q 条指令,否则执行下一条指令。寄存器可计算的函数集也等同于图灵可计算函数集。

register memory 寄存器存储器 用寄存器做成的小容量高速存储器。

register parallel transfer 寄存器并行传送 两寄存

器之间传送数据的一种方法。源寄存器所有位的信息在一个时钟周期内能同时被传送到目的寄存器的各对应位。在并行传送中,控制函数只须持续一个时钟周期。处理机内部信息传送通常采用这种方法。

register pointer 寄存器指示位 某些计算机有二组以上的通用寄存器,程序状态字中指示当前使用的是哪一组寄存器的指示位。

register serial transfer 寄存器串行传送 两个寄存器之间传送数据的一种方法。源寄存器中的信息在一个时钟周期只有一位信息被传送到目的寄存器。源寄存器有几位,需要几个时钟周期,逐位依次串行传送到目的寄存器。若源寄存器和目的寄存器都是移位寄存器,每次从源寄存器移一位信息到目的寄存器,为了不使源寄存器中的信息在移位时丢失,应将源寄存器移出的信息再循环地送回到源寄存器。在串行传送中,控制函数须持续一个字长周期的时间。所以这种传送方式主要用于处理机与外设接口或用于要求接口线少操作速度低的计算机部件。

register signaling 记发器信令 主要完成主、被叫号码的发送和请求、主叫用户类别、被叫用户状态及呼叫业务类别的传送。记发器信令按照其承载传送方式可分为两类:一类是DEC方式,即采用十进制脉冲编码传送;一类是多频编码方式。由于后者采用多音频组合编码的方式实现信令的编码,因此无论是信令的容量还是传递信令的可靠性都有较大的提高。在这种方式中,采用最为普遍的是多频互控(MFC)方式。其前向信令和后向信令都是连续的,对每一前向信令都需加以证实。这也是我国记发器信令所采用的信令方式。参见 channel associated signaling (CAS), line signaling。

register transfer language (RTL) 寄存器传送语言 描述数字系统中各种设备(如寄存器、引线和存储器等)及其相互连接和相互关系的一种语言。这种语言能够简明精确地描述系统内信息的传送和处理以及寄存器级的逻辑设计,很容易获得所设计的硬件电路。这种描述可作为逻辑综合和寄存器模块的输入文本。

register transfer level (RTL) 寄存器传送级 在数字电路设计中,RTL是一种对同步数字电路的抽象模型,这种模型是根据数字信号在硬件寄存器之间的流动以及其逻辑代数运作方式来确定的。RTL抽象模型在硬件描述语言中被用于创建对实际电路的高层次描述,而低层次描述甚至实际的实际电路可以通过高层次描述导出。

register transfer microprogramming language 寄存器传送微程序设计语言 一种面向硬件的微程序设计语言。它高于汇编程序设计语言,采用了某些高级程序设计语言的语法结构。例如,传送操作用赋值语句表示;算术逻辑运算操作用表达式表示;条件转移用IF语句表示。

register transfer module (RTM) 寄存器传输模块 为构造寄存器逻辑系统而设计的功能化的寄存器单元。

register transfer simulation 寄存器传送仿真[模拟] (1)检验寄存器级逻辑设计的一种方法。模拟的目的包括:①证实系统的正确性;②估算各种指令和指令串的执行速度;③研究并行、重选操作之间的相关性;④为硬件的设计提供必要的资料。(2)行为模拟的子集。在已经具有较好的系统结构概念的情况下,把功能的行为表示为寄存器之间的信息流,利用各种条件和值予以定义,在研究字长、寄存器数目、要实现的指令等体系结构方面的模拟。用这种模拟可以确定相对定时关系、实现一种功能需要多少时钟周期等系统要求。

register window 寄存器窗口 RISC(精简指令集计算)处理器中采用的一种技术,对寄存器堆按照类似于堆栈的方式进行管理,在寄存器名和实际寄存器之间建立映射关系,使得程序在任一时刻只能访问寄存器堆中的一小部分,这种映射关系在程序调用时改变,可避免通常计算机中在过程调用时的现场保护操作,加速程序调用的过程。参见 reduced instruction set computing (RISC)。

registrable resource 可登记资源 一个可用网络节点服务器、中央目录服务器登记的逻辑单元。

registration 注册,登记,重合配准 (1)在ATM(异步传输模式)网络中,指地址注册功能,是一个客户提供地址信息给局域网仿真服务器的机制。(2)记录数据或变动项目的登记。(3)图像处理中用于校正几何图形和亮度差别、图像的相对平移或转换偏差以及图像之间或图像与基准图像之间的放大差别。在进行图像重合配对时,图像的点集和基准图像的点集之间存在一一对应关系。(4)精确地对齐文档中或图像中的元素的过程,使其在正确的位置上打印。参见 registration marks。

registration mark 定位标记 位于页面上的标记,使得在打印时文档或图像中各层的元素位于正确的位置,如在彩色打印时用的标记。

registration relationship 注册关系 在计算机网络管理系统中,体现对象类之间管理层次的关系。对象类按照注册关系构成一棵注册关系树。注册树由原有节点管理其下的新节点的注册。参见 managed object relationship。

registry 注册表 微软 Windows 操作系统中的一个重要的数据库,用于保存硬件和软件的配置和状态信息。它存储了应用程序和资源管理器外壳的初始条件、首选项和卸载数据;计算机的整个系统的设置和各种许可;文件扩展名与应用程序的关联;硬件的描述、状态和属性;计算机性能纪录和底层的系统状态信息;以及各类其他数据。

registry number index 登记号索引 由于化学物质

R

不断增加,结构复杂,名称混乱,制备提取得到的一个化合物究竟是不是新化合物难以确定。美国《化学文摘》出版的登记号索引,将所摘原文中出现的已定结构的化学物质登记下来,每个化学物质给一个登记号。登记号后标有该化学物质的名称和分子式。该索引中没有文摘号码,所以登记号索引必须与"主题索引"或"分子式索引"一起使用。

regression analysis 回归分析 研究随机变量间关系的统计分析方法。最简单的模型是

$$y = \beta_0 + \beta_1 x + \varepsilon$$

x 是自变量(通常是确定性的,如果是随机的,也称相关分析),β_0、β_1 称为回归系数,ε 称为误差,它是随机变量。回归分析问题是通过(x, y) 的 N 组观察数据$(x_k, y_k)(k = 1, 2, \cdots, N)$ 给出回归系数 β_i 的估值 b_i(其方法与通常的最小二乘法类似),此外,还需对各估值 b_i 作统计检验,以便指出这些估值的可靠程度(这时,常假设误差 ε 均值为 0,方差为 σ^2 的正态分布)。

含有多个自变量的回归模型

$$y = \beta_0 + \beta_1 x + \cdots + \beta_m x_m + \varepsilon$$

称为多元回归模型。如果 y 对参数 β_i 的依赖是非线性的,则称为非线性回归模型。

regression testing 回归测试 发生修改之后重新测试先前的测试以保证修改的正确性。理论上,对软件的任何新版本,都需要进行回归测试,验证以前发现和修复的错误是否在新软件版本上再现。回归测试一般指对某已知修正的缺陷再次围绕它原来出现时的步骤重新测试。通常确定所需的再测试的范围时是比较困难的,特别当临近产品发布日期时。因为为了修正某缺陷时必须更改源代码,因而就有可能影响这部分源代码所控制的功能。所以在验证修好的缺陷时不仅要服从缺陷原来出现时的步骤重新测试,而且还要测试有可能受影响的所有功能。

regular binary 正规二进制 即普通的二进制记数系统。同 straight binary。

regular command 正规命令 在某些网络通信控制程序中,任何一种非立即执行的存取方法的命令或NCCF(网络通信控制机制)命令,他们是由正规命令处理程序来处理的,一次只能执行一条正规命令,当其他正规命令正在处理时,如又发出正规命令,则被推入栈中。对应于 immediate command。参见 network communication control facility (NCCF)。

regular entity 正规实体 在数据库系统中,指不是弱实体的实体,简称为实体。

regular expression (RE) 正则表达式 一个用来描述或者匹配一系列符合某个句法规则的字符串的单个字符串,它由一些普通字符和一些元字符组成。普通字符包括大小写的字母和数字,而元字符(如 &、+、/、|、? 等)则具有特殊的含义。正则表达式通常被用来检索或替换那些符合某个模式的文本内容。

regular expression tree RE 树,正则表达式树 RE 树是一种动态的、高度平衡的层次索引结构,叶子节点包含对应于被索引的数据入口项,内部节点包含"目录"项,指向下一层索引节点。

regular expression matching problem 正则表达式匹配问题 一种模式匹配问题。实例:已知一个由正则表达式 r 组成的模式和输入串 $S = s_1 s_2 \cdots s_n$;解:当 r 与 S 的子串匹配时为"yes",否则为"no"。

regular file 正规文件 组织结构比较简单而有规律的文件。在这种文件中,每个记录通常只用一个关键字来标识。如串行文件、顺序文件、索引文件、直接文件等统称正规文件。文件组织方法要借助多重关键字或记录之间的指针来实现的文件叫非正规文件。

regular grammar 正则文法 形式文法 G 的每一生成形式 $A \to \omega$,其中 A 是一个非终结符,ω 是由终结符和非终结符组成的非空串,ω 至多含有一个非终结符。例如正则文法 $G = \{\{\sigma, A\}, \{a, b\}, \{\sigma \to b, \sigma \to bA, A \to a\sigma\}, \sigma\}$。

regular graph 正则图 每一个节点的度数都是 k 的简单图称为 k 度的正则图。

regular inner point 正则内点 网格点集的一个子集。用两组平行直线将平面 (x, y) 划分成网格。考虑平面上的一个由分段光滑的闭曲线 Γ 所围成的连通区域Ω。网线与Γ的交点称为边界点。位于Γ内部的网格点称为内点。若一个内点 的四个相邻节点都是内点,则这个内点称为正则内点。

regular language 正则语言 正则语言是形式语言理论中最简单的语言类,是上下文无关语言类的一个真子类,在乔姆斯基语言分层中处于最低层。又称 3 型语言。正则语言有两种描述方法:①文法描述;②正则表达式与接收器。正则语言已应用于计算机程序语言编译的词法分析、开关电路设计等方面。参见 regular grammar。

regular-pulse excitation (RPE) 规则脉冲激励(编码) 激励源部分对 MPLPC(多脉冲线性预测编码)作了改进,它是由 P. Kroom 等人于 1986 年提出的。RPE 方案是由若干组脉冲位置已事先确定的序列组成,而且每组脉冲之间的间隔均一样,只是组与组之间的起始位置不同。目前这种技术已被欧洲数字移动通信系统所采用。

regular-pulse excitation LTP (REP-LTP) 规则脉冲激励长时预测(编码) GSM(全球移动通信系统)系统中的语音编码器采用了 RPE-LTP 方案,它是泛欧数字移动通信GSM 小组从 1982 年到 1988 年经过优选及严格试验,从六种提案中优选合并制定的,编码器共三个功能块,分别进行线性预测分析、长周期预测和激励分析。

regular pulse excited-long term predictionlinear pre-

dictive coding (RPE-LTP-LPC) 规则脉冲激励-长时预测-线性预测编码 这种算法是 MPE-LPC 的改进算法，除了增加长时预测功能外，激励脉冲的位置具有一定的规律。这种算法是欧洲 900 MHz 数字蜂窝移动电话 GSM(全球移动通信系统)的语音编码标准，也为数字蜂窝系统 DCS1800 所采用。参见 multi-pulse excited linear predictive coding (MPE-LPC)。

regular relationship 正规联系 在数据库系统中，指不是弱实体之间的联系，简称为联系。

regular set 正则集 字母表 V 上的正则集可以递归定义为：

① 空集是正则集；

② 由 V 上有限个字组成的集合是正则集；

③ 如果 A,B 都是正则集，则 $A\cup A$ 和 AB 是正则集；

④ 如果 A 是正则集，A 的闭包 $A*$ 也是正则集。

正则集的充要条件是它可被有限自动机接受。如 $\{(ab)^n \mid n\geqslant 0\}$ 是正则集。

regular tree 正则树 根树的每个分枝点的儿子数相同，称为正则树。

regulation 调节，调整 对偏差进行的补偿。例如在输入电压或者输出负载变化的各种情况下，把输出电压维持在技术指标规定的范围内。

regulation of resource information sharing 资源信息共享规则 协调数据生产者、数据发布者和用户之间关系的一种约定，是数据共享活动中各方共同遵守和使用的规范性文件。

rehashing 再[重]散列 (1)采用散列存储技术时表现在新表中重新定位的过程。一般在表(或文件)快满或太空，需要加大表长或缩短表长时进行。(2)针对开地址法解决溢出处理存在的缺点而提出的一种技术。其基本思想是：产生一个随机数序列，既用于确定溢出地址，也用于顺序检索相应的记录。

rehost 换宿主机 Ada 支持环境中的一个概念。换宿主机指整个的环境搬到新的宿主机上。假定所有的工具都是用 Ada 开发和维护的，那么换宿主机意味着 Ada 编译程序本身要改写和移植以在新的宿主机上执行。

REI 远端差错指示 remote error indication 的缩写。

reincarnation 再世 在客户机/服务器方式中，客户机向服务器发出远程过程调用后自身出现故障而在服务器中形成孤儿进程时，解决孤儿进程的一种方法。

reindex 重建索引 在数据库系统中，对当前工作区中的所有被激活的索引文件和多重索引文件重新进行索引。

reinfection 重新感染 已感染病毒的程序或磁盘再次被同一病毒感染的现象或过程。

reinforced insulation 加强绝缘 相当于双重绝缘保护程度的单独绝缘结构。

reinsertion current of a series capacitor 串联电容器再插入电流 再插入之后通过串联电容器的稳定状态的负荷电流的方均根值。

reinsertion of series capacitor 串联电容器再插入 已在系统故障中动作了的保护电力间隙或电容器旁路开关在故障消除之后，切断稳定状态的旁路电流而使串联电容器恢复运行的一种操作。

reinsertion voltage of series capacitor 串联电容器再插入电压 再插入之后跨于串联电容器之上的稳定状态的电压方均根值。

REJ 重发，拒绝 reject 的缩写。

reject (REJ) 重发，拒绝 在通信中，一个数据链路命令或者响应，用于请求重新发送信息帧。

reject frame 拒收帧 表示已发现传输错误而被拒绝接受的帧。

rejection gate "或非"门 同 NOR gate。

rejection band 抑制频带 也称"阻带"，在某个频率范围内的衰落大于一个规定值的频带。同 stop band。

rejection method 滤除法 一种产生随机数的算法。它是利用蒙特卡罗方法进行的，每次产生两个能落在由分布函数 $f(x)$ 曲线的极值 c，上、下限 a 和 b 构成的矩形中的随机数 x_i, y_i，如点 (x_i, y_i) 在曲线的下面，则 x_i 就作为要生成的随机数之一，否则滤去。重复上述过程就可以得到具有指定分布函数 $f(x)$ 的随机数。

rejection rate 拒识率 在模式识别中，被拒识的输入模式的数量占被识别的所有输入模式的总数的百分比，是衡量模式识别系统性能的重要指标。

reject rate 拒绝率 模式识别中因无法判别而被拒绝识别的样本在所有被识别样本中所占的比率。

reject region 否定区域 模式识别原始图形样本空间中被拒绝判别的区域。

related coefficient 相关系数 (1)变量之间相关程度的指标。样本相关系数用 γ 表示，总体相关系数用 ρ 表示，相关系数的取值一般介于 $-1\sim+1$ 之间。计算相关系数一般需大样本。(2)相关系数说明两个现象之间相关关系密切程度的统计分析指标。相关系数用希腊字母 γ 表示，γ 值的范围在 $-1\sim+1$ 之间。$\gamma>0$ 为正相关，$\gamma<0$ 为负相关，$\gamma=0$ 表示不相关。γ 的绝对值越大，相关程度越高。

related database 相关数据库 人工智能开发中的术语。相关数据库中显示为了灵活存储和检索而存入的各个事物和事件之间的关系。

related guidance 相关制导 在飞行器的飞行过程中，利用预先储存的飞经路线的某些特征数据，与实际飞行过程中探测到的相关数据不断进行比较，来修正飞行器的飞行路线的制导方式。属于这种制导方式的主要有以下三种：地形匹配制导、景象匹配制导和程序制导。参见 inertial guidance。

related term 相关词 叙词主表中的一种互见。它指出两个叙词在语义上有某些相关性。

relational algebra language 关系代数语言 以关系代数(关系运算)为基础的一种数据操纵语言。传统程序设计语言每次一般只能处理一个记录(即一个元组)，而关系代数语言可在元组集合一级进行操作，加之它不像传统程序语言那样具有很强的过程性，这些特点给程序设计人员带来很大的方便。

relational calculus 关系演算 把谓词演算推广到关系运算中，使其能运用谓词演算概念来表达对数据库的操作。是由 Kuhns 和 Codd 等提出的。关系演算可分为元组关系演算和域关系演算，是关系数据库查询语言的基础。关系演算所涉及的是一阶谓词演算，它用谓词演算公式，即查询得到的元组应满足的条件来表达查询的要求。谓词演算的重要特征是引进全称量词(记为∀)和存在量词(记为∃)。用户在使用关系演算方式时，只需用谓词的形式提出自己对运算结果的具体目标即可，而把如何实现这一目标的任务交给系统来解决。这就大大方便了用户。参见 tuple relational calculus, domain relational calculus。

relational capability 关系能力 两个或两个以上的数据文件经连接后可同时查询、编辑或建立执行。例如，客户文件和订货文件可以当作一个文件看待，以便查询有关两个文件中的信息。大多数常规的商业查询都涉及多个文件中的数据。

relational character 关系字符 表示两个操作数之间关系的字符。例如 COBOL 语言中的关系字符是：>(大于)、<(小于)和=(等于)。

relational checking 关系检验 对基于所用的关系算符的关系表达式中的操作数进行评估的过程。

relational complete language 关系完备语言 可以得到由关系演算的表达式从数据模型导出的任何关系的数据子语言。

relational completeness 关系完备性 也称"关系语言的完备性"，是衡量关系语言选择能力的标准。按 E. F. Codd 定义：如果用关系演算语言 ALPHA 所能表达的任何查询均能被某种语言所表达，则称该语言在关系上是基本完备的。这种语言也称"关系完备语言"。Codd 通过变换算法进一步证明了关系的完备性。因此，关系代数和关系演算均可作为衡量数据语言的标准。按此标准，QBE(范例查询)、SQL(结构化查询语言)等均是关系上完备的语言。由于关系代数和一阶谓词演算的选择能力有限，因此 Codd 定义的完备性实际上是关系语言应达到的一个基本标准。理想的完备性定义应是数据库中能够得到或推导出来的任何结果均能用关系语言表达之。

relational database (RDB) 关系数据库 以关系模型为基础的数据库，亦即一个关系模型的所有关系的集合。它利用关系来描述现实世界，一个关系既可用来描述一个实体及其属性，又可以用来描述实体间的联系。一个关系数据库包含一组关系，定义这些关系的关系模式的全体就构成了该数据库的模式，简称模式。

relational database language 关系数据库语言 关系数据库使用的语言可以分为三类：①关系代数语言。关系代数运算符包括四类：集合运算符、专门的关系运算符、算术比较符和逻辑运算符。其典型例子是查询语言 ISBL(信息系统基础语言)；②关系演算语言。关系演算是以数理逻辑中的谓词演算为基础的。按谓词变元的不同，关系演算可分为元组关系演算和域关系演算。元组关系演算以元组变量作为谓词变元的基本对象。典型的元组关系演算语言有 QUEL(查询语言)。域关系演算以元组变量的分量即域变量作为谓词变元的基本对象，如 QBE(范例查询)；③具有关系代数和关系演算双重特点的语言，如 SQL，即结构化查询语言，是一种介于关系代数与关系演算之间的语言，是一种用来与关系数据库管理系统通信的标准计算机语言。

relational database management system (RDBMS) 关系数据库管理系统 使用关系数据模型的一种数据库管理系统。ANSI/SPARC(美国国家标准协会/标准计划和需求委员会)的关系数据库任务组(RDBTG)给出了可称为关系数据库管理系统(RDBMS)的三个必要条件：①数据库中的全部信息均用二维表表示；②在这些表之间不存在用户可见的导航链；③具有关系处理能力的数据语言。满足以上三个条件的 RDBMS 称为最小关系系统。不具备条件③的 RDMBS 称为表系统或半关系系统。如果一个 RDMBS 还满足另外两个条件：①支持有的关系代数操作；②支持关系模型的两个完整性规则(实体完整性和实体间参照完整性)，则称为全关系系统。

relational database method 关系数据库方法 以表格的形式组织数据，以关系的数学理论为基础的一种数据库方法。关系数据库突出的优点是模型结构简单(全部数据都组织成关系的形式)，既有较强的集合处理功能又便于用户理解；用户对数据库的操作采用非过程化表示，使用方便；用户接口不涉及任何存储细节及其存取路径，逻辑物理界面清晰，具有较高的数据独立性，这使数据库应用系统的开发效率大大提高。此外，由于关系数据库模型具有坚实的理论基础，从而使关系数据库技术的研究从经验和技巧上升到理论的高度，这对数据库技术的发展具有决定性的意义。

relational database schema 关系数据库模式 对关系数据库的描述，它会直接影响和决定数据的完整性、准确性和一致性。参见 relational model。

relational database system 关系数据库系统 关系数据库系统是支持关系模型、以关系数据库为管理核心的数据库系统。关系数据库系统由所依赖的硬件平台和操作系统、关系数据库、关系数据库管理系统及其开发工具、应用系统、数据库管理员(DBA)及应用系统的设计开发使用人员组成。

relational data language 关系数据语言 用关系运算(关系代数)或谓词演算(关系演算)来表达查询的语言。关系数据语言一般具有定义、查询、更新和控制一体化的特点。它既可嵌入宿主语言,又可作为独立的交互语言使用,关系数据语言是非过程化的语言,其核心部分为查询,因此也称"查询语言"。其中用对关系运算来表达查询的语言称为代数式语言,简称关系代数;而用查询得到的元组所应满足的谓词来表达查询的语言称为(谓词)演算式语言,简称关系演算。后者又可按谓词变元的基本对象是元组变量还是域变量,而可分为元组演算式语言和域演算式语言。此外还有介于关系代数和关系谓词演算之间的关系数据语言。

relational data structure 关系数据结构 按二维表形式表示的、并能灵活地进行操纵和存取的数据结构。该二维表称之为关系或平面文件。其垂直的列称为属性,水平行称之为元组,后者相当于其他数据结构中的记录或片段。单个的数据项称之为分量。关系数据结构中的数据可以重新定义,改变关系或增加新的数据并不改变数据结构本身。这种结构也支持数据的逻辑视图,允许程序员只关心数据库的内容,而不考虑数据库的物理结构。

relational data theory 关系数据理论 研究关系模型中数据依赖和规范化的理论。数据依赖是关系模型中描述数据之间联系的一类完整性约束条件。它通过数据值之间的相等与否来体现。数据依赖包括函数依赖、多值依赖、互连依赖、连接依赖等。数据依赖理论为数据库设计提供了(语义)形式化的方法,它用明确的概念来描述和分析数据模型中数据关联这一类特殊的完整性约束。规范化概念和范式的定义给出了判别模式好坏的准则。使数据库设计有了评价模式的严格的理论依据。模式分解的概念和算法又为数据库设计提供了辅助设计的工具。关系数据理论的研究以关系模型为背景,是关系数据库设计的指南和工具。由于关系模型可以等价地转换为其他数据模型,因此关系数据理论的研究对数据设计具有指导意义。

relational description 关系描述 对于图像中各元素对象之间的关系描述。各对象之间的关系可以概括为比较关系、包含关系、相邻关系、方向关系、距离关系等。这种区域之间的关系通常可通过表、树、图结构以及语法关系来表达。

relational expression 关系表达式 算术表达式后跟一个关系算符,后面再跟着另一个算术表达式构成的整个表达式。这个表达式可取真值和假值。参见 relational operator。

relation algebra 关系代数 各种关系运算的总和。是关系数据模型的创始人 E. F. codd 以集合代数为基础发展起来的,以关系为运算对象的一组高级运算的集合。关系运算可分为:①传统的二目集合运算,如关系 R1 和 R2 的并运算 R1∪R2、差运算 R1−R2 和交运算 R1∩R2;②针对数据库环境专门设计的特殊的关系运算,如限制或选择、投影、连接、自然连接和除法等运算。通常关系代数作为关系数据语言的基础,并可作用高级语言来使用。

relational graph 相关图 在语法模式识别中,每个图形(或景物)可用一定的语句表示。每个语句可以对应于一个语法树。这个语法树图称为原图形(或原景物)的相关图。

relational language 关系语言 在数据库管理系统中,一个用于访问、查询和修改关系式数据库的语言,一个关系式语言通常提供很少的计算能力。

relational model 关系模型 用二维表格结构表示各类实体及实体间联系的数据逻辑模型。关系模型特点是:把数据组织成二维表的形式,无论是实体还是实体间的联系都采用二维表。二维表的每一行称为关系的一个元组。每一列称为关系的一个属性。关系中的每一列的值总是取自一个集合,这个集合称为域。对元组集合的结构的描述称为关系模式,通常表示为 $R=\langle U,D,\mathrm{DOM},\Sigma\rangle$。$U$ 为属性的集合,D 为域集合,DOM 为 U 到 D 的映像,$\sum$ 是它所满足的一组函数相关。关系模式与常常简记为 $R=\langle U,\sum\rangle$。关系模式的值称为关系。若干个关系构成一个关系数据库。这些关系模式的集合称为关系数据库模式。关系中所含元组的数目称为关系的基数。

relational model with relational values 具有关系值的关系模型 一种扩充的关系数据模型。它允许在一关系中关系的属性值可以是关系,由于它放弃关系必须满足第一范式的要求,所以也称"非第一范式模型"。参见 non first normal form (2FN)。

relational operator 关系算符[子],关系操作[运算]符 (1)对至少两个操作数进行运算,并产生其真值的算符。(2)在汇编语言程序设计中,能用在算术或字符关系中,指出关系中各项之间所要执行的比较操作的操作符。这些关系操作符是 EQ(等于)、GE(大于或等于)、GT(大于)、L E(小于或等于)、LT(小于)和 NE(不等于)。(3)对关系进行比较和运算的各种操作符。它包括比较运算符(EQ, NE,GT,GE,LT,LE),以及选择、投影和连接等。运算的结果也是一个关系。

relational query 关系查询 向数据库索取信息的请求。它规定了查找数据的准则(如利用关系操作符)或规定查找信息之间的关系。例如公司经理需

R

要裁减人员,可以对人员数据库执行关系查询,找出工龄不足5年,工资超过某一数值的全部雇员的名字。

relational schema 关系模式 关系模式是对关系的逻辑结构和特征的描述。在关系数据库中,关系模式对关系的描述主要分为两部分:①关系的命名结构。关系是元组的集合,关系中的一个元组就是该关系所涉及属性集的笛卡尔积的一个元素,因此,关系模式必须指出这个元组集合的结构,即它由哪些属性构成,这些属性来自哪些域,以及属性与域之间的映象关系等。因此,关系模式应描述这些关系名、属性名、属性值域;②数据完整性约束条件。由于现实世界随着时间在不断地变化,关系模式的关系也在不断地被更新,现实世界的许多已有事实和规定,限定了关系模式中的关系必须满足一定的完整性约束条件。关系模式应当刻画出这些完整性约束条件,主要体现在:主关键字的选择、各种数据依赖和值的限制和各种操作的影响等。

relational structure 关系结构 一种数据结构,其数据以关系表格的形式安排,用于实现一个关系式模型。

relational system 关系系统 能够在一定程度上支持关系模型的数据库管理系统是关系系统。它是关系数据库系统的简称。由于关系模型中并非每一部分都是同等重要的,并不苛求一个实际的关系系统必须完全支持关系模型。但是,一个数据库管理系统可定义为关系系统,当且仅当它至少支持:①关系数据库系统中只有表这种结构;②支持选择、投影和连接运算。

relation between type and token 类型和类例关系 一个语篇中类型(不同词)的全部数目与类例(实际出现的词)的全部数目的关系。

relation calculus 关系演算 对关系型数据库进行查询的一种表示方法。其要点是引入谓词演算,把查询表达成满足结果元组的某种谓词。

relation character 关系字符 表示两个操作数之间关系的字符,如=、>、<等。

relation condition 关系条件 表示一个算术表达式或数据项同另一个算术表达式或数据项的值有一定关系的语句,这种语句可取"真"值或"假"值。

relation integrity 关系完整性 在数据库系统中,指关系中元组的可接受性。一方面是对给定关系插入或者更新一个元组是否可以接受,另一方面是当一个关系插入、删除或更新元组时,同时与之有关的另一关系中的若干元组之间的联系是否可以接受。

relation record 关系记录 (1)在子模式中定义的而又不包含数据项的记录。(2)含有临时关系的记录,如用户号及其当前定单号。

relation representation 关系表示 用关系来表示知识,也称"特征表示"。关系与一阶谓词在某种意义上具有一一对应关系,即外延与内涵的对应关系。用关系表示事实非常方便,而表示规则较麻烦,通常用元组函数来表示受限谓词。

relation representation of knowledge 知识的关系表示 用关系来表示知识,也称"特征表表示"。关系与一阶谓词在某种意义上具有一一对应的关系,取外延与内涵的对应关系。用关系表示事实非常方便,而表示规则则较麻烦,通常用元组函数来表示受限谓词。参见 tuple function, knowledge fuzzy representation, procedural knowledge representation, hybrid knowledge representation。

relationship 关系,联系 关系数据库中一种表示两个实体之间的联系,依赖或连接的特性。

relationship instance 关系实例 两个(或多个)实体实例之间的关联,其中每个关系实例恰好包括参与关联的各实体类型中的一个实例。

relationship management 关系管理 在计算机网络管理系统中,指创建、删除、修改及报告被管理对象间的关系的管理功能。参见 system management function。

relationship set 联系集,关系集 同一类型的联系的集合。

relationship type 联系[关系]类型 (1)两个(或多个)实体类型之间有意义的关联。(2)一种指定的关系类,其中的各类以与一个实体类型的成员相同的方式相关。参见 attribute type, entity type。

relationship uniqueness assumption 联系唯一性假定 泛关系模型中的另一个基本假定和前提。其基本思想是,对于任意一个属性集 X,在提供给用户的泛关系界面中,X 各属性的关联关系是唯一确定的。采用联系唯一性假定,当用户利用泛关系界面存取数据库时,系统会自动认定用户视图中对属性集 X 上的关联关系的理解是唯一确定的,这样就避免了对属性间关联关系理解的二义性。

relation testing 关系测试 执行含有关系操作符的指令时所作的检查。

relation type 关系类型 一系列指定的具有相同属性的关系,用一系列属性名表示。

relative address 相对地址 表示成相对于一个基地址的差的地址。实际地址等于相对地址与基地址之和。相对地址技术使程序员编写程序时不必考虑绝对地址。比较 absolute address。参见 self-relative address。

relative addressing 相对寻址(法) (1)一种在指令的地址部分包含相对地址的寻址方法。(2)相对于某位置计数器或某个符号,对指令和数据区进行寻址的一种方法。(3)计算机的一种寻址方式。在这种寻址方式中,计算机指令地址段给出的是相对地址,将相对地址与变址寄存器的内容(或基址寄存器的内容)相加以形成操作数的真实地址。

relative address label 相对地址标号 程序中用来

识别数据单元的标号，它由程序中存储单元之间的相对位置来确定。

relative block number 相对块号 一种用相对于基本地址的差值来表示某个数据块位置的号码，可以用它从数据集中检索出所要的数据块来。

relative byte address (RBA) 相对字节地址 在具有虚拟存储存取方法的系统中，数据记录或控制区间相对于他们所归属的母体数据集或文件的存储空间起点的位移量。

relative code 相对代码 所有的地址都写成相对于一个任意选定的位置的差值的程序。

relative command 相对命令 在计算机制图技术中，一种使显示设备按照相对坐标去解释有关数据的显示命令。比较 absolute command。

relative complement 相对补 集合 A 中不属于 B 的元素组成的集合称为 B 对于 A 的补或称为 A 与 B 之差，记为 $A-B$。

relative complex permittivity 相对复电容率 在稳态、正弦电场下，以复数形式表示的相对电容率。

relative computability 相关可计算性 如果函数 g 的值的计算过程能提供计算 f 的可能计算过程，则称函数 f 为相关于函数 g 是可计算的。显然，当 f 相关于函数 g 可计算，而 g 又是可计算的，那么 f 便是可计算的。

relative coordinate 相对坐标 以相对于某个可编址点来标识另一个可编址点位置的坐标值。

relative data 相对数据 在计算机制图技术中，计算机程序中的一个数值，它反映出相对于在显示空间或存储器中的一个实际坐标的位移值。比较 absolute data。

relative data set 相对数据集 一种数据集，其中每一记录都按其在数据集存储空间的相对位置被赋予一个记录号。为从这个数据集中检索记录，必须利用记录号。参见 indexed data set。

relative dielectric constant 相对介电常数 (1)电介质的介电常数与真空的介电常数的比。(2)当在一个电容器两电极之间的周围全部只由绝缘材料充满时的电容值与同样电极形状态的真空电容值的比。

relative distinguished name (RDN) 相对辨别名 一组属性值断言。关于一个特定登录项(对象)的辨别值，组中每一个属性值断言都是真的。

relative draw 相对画图 为了在显示屏上画出可见矢量，按与 X、Y 和 Z 轴的距离移动电子束。

relative encoding 相对编码 一种数字编码技术，也称"差分编码"。同 differential encoding。

relative entropy 相对熵 熵值 H 与判定值 H_0 之比为 H_r，称之为相对熵。用数学式表示为 $H_r = H/H_0$。

relative error 相对误差 (1)绝对误差与约定值之比，可用百分数来表示。约定值可以是被测量的实际值、示值或仪器的满刻度值。相对误差有三种表示方法：①实际相对误差，定义为绝对误差与被测量的实际值之比；②标称相对误差，定义为绝对误差与仪器示值之比；③引用相对误差，定义为绝对误差与仪器满刻度值之比。(2)绝对误差与真值、给定值或理论上的正确值之比。

relative file 相对文件 具有相对组织结构的文件。

relative file organization 相对文件组织 一种文件组织。按照这种文件组织方法，文件中给每个记录单元指定一个大于零的整数标志，这个整数表示它相对于文件始端的位置。

relative frequency (RF) 相对频度 绝对频度和数据点总数的比率。

relative fundamental content 相对基波含量 基波的方均根值对非正弦周期函数的方均根值之比。

relative generation number 相对世代号 用相对号 0 表示当前世代号来表示的文件的世代号，前一世代号为 -1，再前一世代号为 -2。

relative harmonic content 相对谐波含量 谐波含量的有效值与非正弦周期函数的有效值之比。参见 harmonic content。

relative identifier 相对标识符 微软视窗中安全标识符中的一部分，指定用户或者用户组与安全标识符的关系。

relative instruction 相对指令 同 relative command。

relative I/O module 相对 I/O 模块 COBOL 程序设计语言的一个功能模块。它提供了定义和存取海量存储文件的能力，其记录由相对记录号来标识。这个模块含有作为最低级的空集和两个处理级。低处理级提供一些基本设备。高处理级提供更为完备的设施，包括在同一 COBOL 程序中既可顺序地又可随机地存取文件的能力。

relative key 相对键标 指定一个关键字的数据项。它的内容标识相对文件的一个记录，用来指出按随机存取方式存取的记录的位置。如果该文件是顺序存取的，则在读语句之后，关键字数据项将是刚刚读出记录的相对记录号。

relative line number 相对线路号 对一线路组中的一条远程通信线路所赋予的号码。

relative loader 相对装入程序 一种装入程序，可以将采用相对地址的程序装入计算机。即装入相对地址程序的程序。

relatively prime 互素 两个多项式或两个数其最大公因式(数)的次数小于 1。

relative magnetic permeability 相对磁导率 描述磁介质磁性的物理量之一，磁导率一般用 μ 表示，相对磁导率一般用 μ_r 表示，它是该材料的磁导率(μ)与真空磁导率(μ_0)之比。

relative magnitude **相对值** 一个量相对一个参考量的大小，一般相对于基值而言，表示成与基值(或参考量)的差或百分比。

relative move **相对移动** 按与 X、Y 和 Z 轴的距离移动电子束，但没有在显示屏上画出可见的移动过程。

relative movement **相对运动** 距离和方向相对于起始点的运动，如鼠标器指针在屏幕上的运动，新位置相对于原来的位置而确定。参见 relative coordinates。

R

relative organization **相对组织** 一种逻辑文件结构。它的每个记录都由一个大于零的整数来唯一地标识它在文件中的逻辑次序的位置。具有相对组织结构的文件称为相对文件。

relative path name **相对路径名** 在操作系统中，目录或者文件表示为一系列目录的名字，后跟一个文件名，从当前目录开始。

relative permeability **相对导磁率** 物质的绝对导磁率与磁常数之比，它没有量纲。导磁率是表征磁性材料在磁场作用下被磁化难易程度的一个物理量，在同等磁化条件下，磁感应强度(即磁通密度)越大，导磁率就越高。空气的导磁率是一个常量，铁磁材料由于在不同磁场强度下磁感应强度不一样，所以导磁率不是一个常量。磁性材料的导磁率还与材料工况有关，如工作频率，波形性质等。参见 absolute permeability。

relative permittivity **相对电容率** 电介质的电容率与真空电容率之比称为该电介质的相对电容率。线性各向同性电介质的电容率是标量，比较简单；非线性电介质(如铁电体)的电容率表示式是很复杂的；各向异性电介质(如某些晶体)的电容率则要用张量表示。电容率除取决于电介质本身的性质外，还与温度及电磁场变化的频率有关。同 relative dielectric constant。

relative permitttivity of mixed dielectric **复合介质相对电容率** 至少有两种材料组合的电介质的相对电容率。

relative pointing device **相对定位设备** 一种控制光标的设备，如鼠标器和跟踪球，屏幕上指针的位置与设备的移动相关，而与其在桌面上的位置无关，相对定位设备与绝对定位设备(如数字化仪)不同，比较 absolute pointing device。参见 relative coordinates，relative movement。

relative power **相对功率** 用相对于一给定绝对功率电平或参考功率电平来表达的功率电平。

relative record file **相对记录文件** (1)把记录装入固定长的编号单元中，并由单元号而不是由关键字存取的直接存取文件。(2)一种虚拟存取方法文件，其记录被装在固定长度的记录槽中，并用它所占记录槽的相对记录号来表示。

relative record number (RRN) **相对记录号** (1)指出逻辑记录位置的号码，表示成相对于基地址的差值。相对记录号用于从一个数据集中检索出这个逻辑记录。(2)指出一个记录相对于数据库文件或子文件开始位置的编号。例如，数据库文件或子文件的第一个记录具有相对记录号 1。(3)在虚拟存储存取方法中，用以标识一个相对记录文件的记录槽或数据空间的号码，它也是占有该记录槽的记录的号码。当对一个相对记录文件按键标进行存取时，该号码也被用来作为键标。

relative redundancy **相对冗余度** 信息论中，冗余度 R 与判定量 H_0 的比值 r，数学表示式为

$$r=\frac{R}{H_0}=\frac{H_0-H}{H_0}$$

relative resistance to breakdown by discharge **相对耐放电击穿性** 绝缘材料在一定强度和频率的电场作用下，抵抗由局部放电而导致击穿的能力。通常以在一定试验条件下放电直至击穿的时间来表示。

relative sequential access method (RSAM) **相对顺序存取方法** 在某些操作系统中，对相对顺序数据集提供顺序处理与直接处理的一种存取方法。

relative sequential data set (RSDS) **相对顺序数据集** 在某些操作系统中，按逻辑块组织的一种数据集，每个逻辑块可由若干个按相对记录号组织的记录所组成。

relative stability **相对稳定性** 误差的增长比微分方程近似解的增长来得慢的情况。考虑一个数值方法的稳定性不一定非要误差在传播过程中不放大，只要误差的增长比解的增长速度小得多仍然可以保证解的精确度，这种稳定性称为相对稳定性。

relative time **相对时间** 网络上自从某个响应数据包发送之后相隔的时间。

relative track address **相对磁道地址** 将磁盘或磁鼓按文件分成若干条磁道，并加以编号，这些编号称为相对磁道地址。

relative transmission level **相对传输电平** 在一点上测得的音频功率与在系统中作为参考点上测得的音频功率之比值，该比值的单位用 dB(分贝)表示，通常把发送交换板上的传输电平取作为 0 电平参考点。参见 zero transmission level reference point。

relative URL **相对 URL** 一个缺少某些信息的 URL(统一资源定位器)，如缺少网络位置，浏览器将该相对 URL 所在的文档的 URL 中的相应信息作为信息缺省值。参见 uniform resource locator (URL)。

relative vacuum gauge **相对真空计** 通过测量与压力有关的物理量并与绝对真空计比较来确定压力的一种真空计。比较 absolute vacuum gauge。

relative vector **相对向量[矢量]** 在计算机图形学

中，由一个矢量标出始点(通常是紧接前面显示元素的最后到达点)，并从此点起位移至所表示的终点的有向直线段。同 incremental vector。

relative virtual address (RVA) 相对虚拟地址 在虚拟存储系统，表示此段代码在内存中相对于基地址的偏移。

relative vision rate 相对视见率 视见率是不同波长的光对人眼的视觉灵敏度。取人眼对波长为555 nm 的黄绿光的视见率为最大，取为1；其他波长的可见光的视见率均小于1；红外光和紫外光的视见率为零。某波长光的视见率与555 nm 黄绿光的视见率的比称为该波长的相对视见率。

relaxation 松弛法 在数字图像处理中，使算法既具有并行性质又具有逐步迭代自适应能力的一种运算方法。例如进行图像分割处理时，松弛法往往是以像素为基础来进行的，即通过一次次的迭代来确定整幅图中各像素的归属。第一次迭代有一个定量的准则，它被称为相容性。按照这一定量准则的不同算法，有所谓离散松弛、模糊松弛、概率松弛等。松弛法在计算机视觉中使用很广。

relaxation approach 渐近法 一种问题求解的迭代法。通过限制条件不断扩展初始状态，直到全部目标条件都得以满足。

relaxation oscillator (ROSC) 弛张振荡器 主要用来产生非正弦波输出信号的电路。弛张振荡器内含有像是电晶体之类的非线性元件，可以周期性地把储存于电容或电感中的能量释放出来，使得输出信号波形瞬间改变。产生方波的弛张振荡器可以用作逻辑电路(如计时器、计数器)的时钟信号；输出三角波(或称锯齿波)的振荡器通常用在以时间为基准、在示波器或电视中的阴极射线管中产生水平反射信号。在频率产生器中，三角波也常用来整型以输出接近正弦波的信号。参见 harmonic oscillator。

relaxation polarization 松弛极化 当材料中存在着弱联系电子、离子和偶极子等松弛质点时，热运动使这些松弛质点分布混乱，而电场力图使这些质点按电场规律分布，最后在一定温度下，电场的作用占主导，发生极化。这种极化具有统计性质，称为松弛极化。松弛极化是一种不可逆的过程，多发生在晶体缺陷处或玻璃体内。

relaxation time 松弛时间 物质系统由非平衡状态自发地趋于平衡状态的过程称为松弛。如激发电子与晶格相互作用而回到基态，激发电子向低能态的跃迁等。松弛时间系指电子在较高能态的平均寿命。

relay 继电器 当输入量(电、磁、声、光、热)达到一定值时，在电气输出电路中，输出量将发生跳跃式变化的自动控制器件。按作用原理分有：电磁继电器、固态继电器、时间继电器、温度继电器、风速继电器、加速度继电器和其他类型的继电器(如光继电器、声继电器、热继电器)等。参见 electromagnetic relay, solid state relay (SSR)。

relay handoff 接力切换 根据移动台的方位和距离信息来进行的接力方式的切换。接力切换是一种改进的硬切换技术，可提高切换成功率，与软切换比，可以克服切换时对邻近基站信道资源的占用，能够使系统容量得以增加。参见 hard handoff, soft handoff。

relay message 中继消息 通过接收该消息的网络或设备而被传输到另一总站的输入消息。

relaynet international message exchange (RIME) 中继网国际消息交流 在成员布告牌系统(BBS)间交换信息的多端通信网络。该网络提供了加入的中枢和包括机器在内节点，通过沿着一个中心网络中枢中继的公共会议区域交换消息。

relay open system 接力式[中继]开放系统 开放系统互连体系结构中的一类开放系统，两个开放系统互连时，在其间提供数据中继功能的中间开放系统。它将从一个开放系统中接收到的数据传送至另一个开放系统。中继开放系统只需有物理层、数据链路层和网络层。

release (REL, RLS) 释放 (1)电信业务运载设备或交换通道从忙状态变换到空闲状态的动作。(2)在通信系统中，释放一个通信连接所使用的线路、器件、设备等。一旦由于某种原因，使得通信连接被释放，那么与此连接有关的线路、器件、设备等都恢复到初始状态(准备状态)，以供其他连接使用。(3)计算机系统中处理机放弃对系统资源的占用状态的过程，如放弃对通信控制器或其他物理部件的控制。同 disconnect。比较 acquire。

release candidate (RC) 候选版本 软件正式版本发行之前的最后一版测试版，也称“RC 版”。通常候选版本会在网上免费发布，开放给一般使用者下载试用。参见 release to manufacture (RTM)。

release consistency 松散一致性 分布式共享存储器系统中的一种一致性协议，是弱一致性的一种，它采用两种同步操作：捕获和释放，每一个类型的操作都保证处理机一致性。

release read 释放读出 通过释放读出机构而允许有较长的处理时间的特性。

release time 复位时间 在电磁铁、继电器、离合器等机构中，从切断电流到衔铁复位的时间。

release to manufacture (RTM) 最终版本 也称“RTM”版。软件开发中最终的版本，英文的原意是发布到生产商。

release version 发布版本 也称“标准版”。该版本中包含了该软件的基本组件及一些常用功能，可以满足一般用户的需求。参见 demo version。

relevance 相关性 相关性是情报检索的核心概念，是理解情报检索的关键。情报检索不是直接解答用户提问，而是找出和用户提问相关的文献，并把他们与和用户提问不相关的文献分出来，这种文献的情报内容与用户提问描述之间的对比性，也称“相关性”或“相似性”。

relevance feedback　相关性反馈　在情报检索中，将系统输出的检索结果与输入的用户提问相比较，根据相关性评价修改用户提问，使之再检出更切合的文献，以便改进文献检索的有效性的过程。通过反馈自动修改检索式，再进行检索，反复多次，可使检索结果越来越符合用户需要。即使一个简单和不大明确的提问，也能检查出满意的结果。

relevance ratio　相关比　在信息检索中，具体的一个提问所检出的相关文献数与该提问所检索的文献总数之比。

relevance search　相关性搜索　相关性搜索是根据关键词的词意，与文章提取的重点要素进行比对，以此生成搜索结果。例如，在一篇计算机相关的文章中，计算机这个词可能出现得很少、甚至根本没有，而大量出现的可能是软件、硬件、程序、内存等词汇，当使用“计算机”这个词汇进行搜索时，系统可分析出从文章中提取的重点要素与“计算机”这个词是密切相关的，因此将其放入检索结果。比较 personalized search。

relevance search ranking　相关性搜索排名　在相关性搜索计算中，使用了两种类型的排名算法：静态和动态。这两个组成部分之间的区别在于：计算出的排名是否受查询词以及内容项的各个属性中的实际内容和文本的影响。参见 dynamic ranking, static ranking。

relevant backtracking　相关性回溯　搜索中不返回最邻近选择点，而返回最相关选择点的回溯方式。

reliability　可靠性　(1)设备或器件在规定的工作时间和工作条件下正常工作而不发生故障或失效的概率。计算机的可靠性一般用平均故障间隔时间来量度，半导体器件的可靠性一般用单位时间内器件的失效率来表示。(2)一个计算机系统在不用人干预的情况下能长时间正常运行的能力。可靠性必须既要防止因为概念、设计和结构不完善造成的失效，又要能挽回操作或性能不当造成的失效。

reliability assessment　可靠性评价　确定现有系统或系统组成成分可靠性所达到的水平的过程。

reliability data　可靠性数据　软件生存期中评价软件可靠性所需的信息。例如，包括可靠性模型中使用的错误数据和时间数据，程序属性，程序设计特性等。

reliability engineering　可靠性工程　为了达到元件或系统的可靠性要求而进行的一套设计、研制、生产和试验工作。

reliability evaluation　可靠性评估　对元件或系统的工作或固有能力或性能改进措施的效果是否满足规定的可靠性准则而进行分析、预计和认定的过程。

reliability growth　可靠性增长　从校正软件故障而得到的软件可靠性的改进。

reliability management　可靠性管理　为确定和满足元件或系统的可靠性要求所进行的一系列组织、计划、规划、控制、协调、监督、决策等活动和功能的管理。

reliability model　可靠性模型　预测、估计或评价可靠性所使用的模型。

reliability of computer system　计算机系统可靠性　在规定的条件下和规定的时间间隔内，计算机系统能正确运行的概率。系统可靠性一直是评价计算机性能的一项重要指标，通常用平均故障间隔时间来表征。提高可靠性有两种方法：避错性和容错性。另外，还要对系统进行可靠性分配和可靠性预测。

reliability prediction　可靠性预测　在程序正式运行前，根据软件产品及其开发过程的特征来推测软件的可靠性的技术。软件运行时的失效强度与系统测试前软件中所含的隐错、程序的目的码规模以及运行软件的计算机平均速度和隐错暴露的速度有关。

reliability rate　可靠度　一定条件下考虑对象的生存概率。假设有 N 个相同元件在寿命试验开始后 t 时间有 $S(t)$ 个元件仍在运行，$F(t)$ 为到 t 时刻已失效的元件数。显然有 $S(t)+F(t)=N$。生存概率，即可靠度 $R(t)=S(t)/N$，而失效概率或称不可靠度为 $Q(t)=F(t)/N$。由此，$R(t)+Q(t)=1$。而故障率为单位时间内失效元件数与正常元件数之比。

reliability test　可靠性试验　评价 LSI(大规模集成电路)在给定的环境条件(温度、湿度、电源电压等)下达到规定的技术特性能工作多长时间的试验。LSI 的故障大致分为破坏故障和劣变故障。前者如芯片内布线或封装与芯片连线断开或短路、晶体管损坏等；后者如漏电流增大、接触电阻增大等。为了在短时间内发现 LSI 故障产生的可能性，通常采取升高温度、提高电源电压或在高湿度下进行加速寿命试验。这是一种在短时间内评价 LSI 可靠性的试验方法。

reliability theory　可靠性理论　描述系统部件和整个系统能在要求的性能条件下可靠地工作的数学模型。

reliability, availability, serviceability (RAS)　可靠性、可用性、可维护性，RAS 性能　最初由 IBM 公司提出的一个术语。它指的是计算机产品在质量、使用方便性和便于诊断、维修等方面的特性。R 为可靠性，A 为可用性，S 为可维护性。

reliability, availability, serviceability, integrity, security (RASIS)　RASIS 性能　描述计算机可靠工作的五个指标。R 为可靠性，A 为可用性，S 为可维修性，I 为完整性，S 为安全性。

Reliable Computing **《可靠性计算》** 荷兰 1995 年创刊,全年 6 期,Kluwer Acdemic 出版社出版,EI(工程索引)收录期刊。刊载基于有限表示法以获得精确结果的可靠数学计算领域的研究论文。

reliable datagram protocol (RDP) 可靠数据报协议 在不可靠数据报服务的基础上提供可靠数据报服务的协议。其中不可靠数据报服务是由 IP(网际协议)提供的。

reliable stream protocol (RSP) 可靠流协议 PC 网的传输层协议之一,其主要功能是利用端到端确认和重传机制提供可靠的虚电路服务。该协议是一个面向连接的协议,它支持多个流控制的虚连接,并支持打开、关闭分组交换连接。另一 PC 网传输层协议称为数据报传送协议(DDP)。它可为上层提供简单、有效的数据报服务。

reliable transfer service element (RTSE) 可靠传输服务元素 一个轻型 OSI(开放系统互连)应用服务,用于在 X. 25 网络上通过会话服务和 TP0 与应用 PDU 握手。参见 association control service element (ACSE), remote operation service element (ROSE), commitment, concurrency and recovery (CCR), application entity (AE)。

relinquish 放弃,释放 在 MSS(海量存储系统)中,释放登台驱动器上的空间;这可能导致数据退台。

relocatability 浮动性,可再定位性 表示程序或数据不经修改就可在不同时间安排在存储器中不同部分的性能。在有些系统中,程序段和数据段可以独立地浮动而不降低工作效率。

relocatable address 浮动地址,可再定位地址 以基地址为基准的指令地址,当含有这种地址的计算机程序要再定位时,就必须调整这种地址。

relocatable assembler 浮动[可再定位的]汇编程序 用相对编码法编写的汇编程序,也称"相对汇编程序"。在由它产生的目标程序中,存储地址按相对程序位置的偏移量或按外部参引地址编写。

relocatable code 可重定位代码 一种程序,编写成可装入到内存中任一可实用位置并运行,这种程序中的地址引用可在执行时被调整,使其反映出程序在内存中的物理位置。参见 relative code。

relocatable code addressing mode 浮动码寻址方式 不用过于复杂的连接装入程序便能决定处理机是否支持浮动目标码的一种寻址方式。浮动码必须使用相对转移。如果处理机大部分用于执行表控制软件,则使用间接寻址和变址寻址的能力十分重要。

relocatable expression 浮动表达式 汇编语言程序设计中汇编用的表达式。其值将受程序浮动状态的影响。浮动表达式可以表示浮动地址。

relocatable library 浮动库 某些操作系统中的一种程序库,其中包含各种不同编译程序所要求的可再定位目标模块和 IOCS(输入/输出控制系统)模块。它允许用户在其中保存常用模块,以便与其他模块结合使用而无需再编译。

relocatable library module 浮动库模块 在某些操作系统中,由一个或多个完整控制段所组成的一种模块,这些控制段在浮动库中按单一项目编目。

relocatable linking loader 浮动连接装入程序 供用户把多个独立的二进制模块结合成一个可执行程序的程序。其功能包括自动程序库搜索、条件装入、内容广泛的装入分配列表和起始地址定义等。

relocatable load module 浮动装入模块 一种若干个目标模块的组合体,这些模块之间已解决了交叉引用问题并准备装入计算机内存去运行。RLD(浮动词典信息表)与装入模块存放在一起,以便将它装入到与构建时的地址不同的存储地址内。

relocatable machine code 浮动机器码 装入内存时起相对地址不同于其绝对地址的机器代码。参见 absolute machine code, machine code。

relocatable macroassembler 浮动宏汇编程序 利用符号地址组合一组指令进行执行的程序。典型的浮动宏汇编程序能迅速生成微处理机的模块化代码。其支持的功能有绝对或浮动的目标代码格式、全局定义、外部引用、宏汇编及条件汇编等,还可以有选择地产生交叉引用表和符号表。

relocatable object module 可重定位目标码模块 一个源程序模块经编译器编译或者其他源语言翻译器翻译而生成的模块。

relocatable phase 浮动段 连接编辑程序的一种输出,其中含有浮动信息,执行时管理程序中的浮动装入程序用这个信息将该段浮动至用户选中的任何部分。

relocatable program 浮动程序 可以浮动的计算机程序。其有关指令的地址不是绝对地址(即实际地址),而是相对地址。使用时只需根据需要更改基准地址,程序便可浮动。一种适合于自动再定位的计算机程序。同 relative program。

relocatable routine 浮动例程 使用相对地址指令编写的例程。可以存放在存储器中的任何区域。

relocatable sequence 浮动序列 可以放入不同的主存单元或另一指令序列中的指令序列。

relocatable subroutine 浮动子例程 可以独立地浮动至存储器任何区域中的子例程。其目标代码的位置由处理机决定。即用相对地址写的子程序。

relocatable term 浮动项 其值受程序再定位影响的项。例如在汇编语言程序设计中其值受程序浮动位置影响的项。

relocating loader 再定位[浮动]装入[配]程序 (1)一种装入程序,它以汇编起始地址为基准,用再定位因子调整地址。(2)把一个程序以再定位的二进制形式装配到主存储器中,并更新其所有的相对

地址的一种装配程序。

relocating object loader **浮动目标装配程序** 由汇编程序产生的,用来装配和连接目标程序的程序。

relocation **浮动,再定位** 重定一个程序在计算机中的位置。移动一个计算机程序或其中一部分,调整必要的地址基准量,使得在移动之后,就可执行该计算机程序。

relocation constant **浮动常数** 加在程序的相对地址上的一个数值。当装入指令序列时,则把这些相对地址转换成绝对地址;当这些指令序列装入或与另一指令序列连接时,则把这些相对地址转换成新的相对地址。

relocation dictionary (RLD) **浮动词典,重新配位表** 目标程序模块或装入程序模块中的一部分,当要求程序再定位时,用它可以识别出所有需要调整的地址。

relocation factor **浮动系数** 计算机程序的汇编起始地址与装入起始地址之间的代数差。参见 relocation constant。

RELP **残差激励线性预测编码** residual excited linear prediction 的缩写。

RELQ indicator **释放静止指示符** release-quiesce indicator 的缩写。

reluctance **磁阻** 磁通势除以相应的磁通。磁阻是表示磁路对磁通所起的阻碍作用。对于横截面积均匀的一段磁路,其磁阻与磁路的长度成正比,与横截面积成反比,比例系数即为磁阻率。串联磁路的磁阻等于各分路磁阻之和,并联磁路磁阻的倒数等于各分路磁阻倒数之和。参见 magnetic flux。

reluctance motor **磁阻电动机** 同步电动机的一种,其次级组件上有起凸极作用的部分而没有励磁绕组或永久磁铁;通常它还有一个笼形绕组,使它作为感应电动机启动。

reluctivity **磁阻率** 磁导率的倒数。

REM (1)识别存储器 recognition memory 的缩写。(2)注释 remark 的缩写。(3)环形错误监控器 ring error monitor 的缩写。

remaining set **保留集** 移动通信系统中,所有不属于激活集,候选集,相邻集中的其余小区。参见 active set, candidate set, neighbor set。

remanence **顽磁** 当外加磁化场已变为零时,留在磁化过的物质中的磁感应强度。同 residual magnetization。

remanent magnetic flux density **剩余磁通密度** 当磁场强度减小到零时,物质所保持的磁通密度的数值。参见 magnetic flux density。

remanent magnetic polarization strength **剩余磁极化强度** 当磁场强度减小到零时,物质所保持的磁极化强度的数值。参见 remanent magnetic flux density。

remanent magnetization strength **剩余磁化强度** 当磁场强度减小到零时,物质所保持的磁化强度的数值。参见 magnetization strength, remanent magnetic flux density。

remark **评语** 对程序的使用和功能提供说明的部分语句。它与注释不同,后者是一种独立语句。

remark CPU **重新标记 CPU** 一种造假方法。指某些厂商将产品上原先的注册商标磨掉,再重新标上新的产品标记,如将主频较慢的芯片的标记文字改为较快芯片的标记,从而可以卖更高价钱。

remedial feedback **修正式反馈** 在计算机辅助教学中,由应用程序向用户发出的对响应错误的一种解释。

remedial maintenance **出错维修** 出错后立即进行的维修。与定期维修不同,它没有固定的维修时间。

remote (RE, REM, RET) **远程的** 离系统的中央部分较远的设备。通过数据传输线路与中央部分进行联系。比较 local。

remote access **远程访问** 远程终端装置和中央计算机之间所进行的通信和数据输入输出的过程,通过专用线、无线、电缆调制解调器以及 DSL(数字用户线路)技术为远程访问提供了多种实现方法。

remote access data processing **远程访问数据处理** 一种数据处理方式,其中,部分输入/输出功能是通过传输设备在不同的地方进行的。同 teleprocessing。参见 distributed data processing (DDP)。

remote access data processing network **远程访问数据处理网络** 输入输出设备通过数据链路接至中央处理机的网络。

remote access server **远程访问服务器** 是处理用户远程访问网络的计算机和关联软件。有时称为通信服务器。远程访问服务器通常包含或与一防火墙服务器以及路由器相联,前者用来保证安全,后者可以将一远程访问请求向前传交给整个网络的另一部分。远程访问服务器可能包含或与一调制解调器池管理器共同工作,这样可以在大量间歇地提出远程访问的用户之间共享一小组调制解调器。

remote access service (RAS) **远程访问服务** 使用连在计算机上的调制解调器,通过公用电信网络拨号远程登录到其他地点的网络上,随后访问网上的资源,包括在远程网中的打印机上打印输出。参见 remote network access。

remote analog loopback **远程模拟环回** 在远程调制解调器的线路侧(模拟出口)形成环路的模拟环回测试。

remote assistance **远程维护** 由厂家通过远程线路向用户提供的一种问题诊断和恢复、维护、以及程序帮助等功能。

remote authentication dial-in user service (RADIUS)

远程用户拨号认证服务 RADIUS是为拨入用户和设备提供安全服务的协议。拨入服务器从用户接收呼叫，然后把用户的身份转发给RADIUS服务器，RADIUS服务器验证身份并告诉拨入服务器是否允许访问。RADIUS不仅决定用户的身份是否合法，而且还提供关于用户准许访问何种服务之类的信息，也提供记账信息，如用户连接时间等。

remote batch computing 远程成批计算 程序的运行方式。通常用在最轻工作负荷时或要求减慢实时或分时计算足以运行不太紧迫的程序的时候。

remote batch entry (RBE) 远程成批输入 通过数据链路，用输入设备向计算机系统提交批量处理数据。

remote batch processing 远程成批处理(法) (1)联机处理的一种形式。输入输出设备通过数据链路把成批的作业提交给计算机进行处理，并将处理结果返送到远程终端。(2)一个地点的业务在另一个远地的计算机中作批处理的过程。这两个地点的计算机必须通过数据链路相连，以传输原始数据和处理结果。

remote batch processing system 远程成批处理系统 一种远程终端处理系统。在这种系统中，计算等待远程终端发送来的作业，然后把它与系统中其他作业一起放入成批处理队列。在执行后，再将其输出传送到发送作业的终端。这种系统广泛用于具有若干远程成批处理站的中央计算机或主计算机，系统可由行式打印机、卡片阅读机和卡片穿孔机组成。远程终端也可是另外的计算机。

remote batch terminals (RBT) 远程成批处理终端 本身含有微型处理机的输入输出设备。它可在远离主计算机的地方，把不同用户需送往主计算机处理的信息，收集整理发送给主计算机。它也可以接收主计算机送来的信息，并整理和分析后按要求输出到用户。

remote batch terminal system 远程成批处理终端系统 远程输入输出设备和其他外部设备构成的系统。它通过通信线路将作业成批地提交给另一地点的中央计算机，由中央处理机完成计算和数据处理工作，并将结果发送给远处的输出设备。

remote call procedure (RCP) 远程呼叫过程 来自一个计算机应用程序的指令，使得另外的计算机或系统去实行一个预定义的任务。

remote center compliance (RCC) 间接中心顺从性 一种用于把机器人或其他机械工作头接到工具或工作介质的顺从部件所具有的特性。间接中心顺从性使被抓零件绕其末端转动或在其末端被横向推动时做不旋转的平移。这样，RCC提供了一种通用的横向和旋转“浮动”。在零件、夹具、台板和机器人出现误差时大大减轻机器人或其他机械装置的负担。这对在极小的间隙或有障碍的情况下完成插入动作是非常有用的。

remote channel loopback 远程信道环回 在远程多路复用器的输入端(信道侧)形成环路的信道环回测试。

remote communications 远程通信 与一个远程计算机通过电话连接或其他通信线路的交互作用。

remote composite loopback 远程混合环回 在远程多路利用复用器的输出端(混合侧)形成环路的信道环回测试。

remote computer 远程计算机 远离中央计算机的计算机。一般通过高速数据链路与中央计算机相连。参见local computer。

remote computing 远程计算 一种分布式处理方式，其中计算时由通信线路执行输入输出。

remote computing system 远程计算系统 一种数据处理系统，其终端远离中央处理机。用户通过这些终端与中央处理机通信，并对程序进行编译、调试、测试和加以执行。

remote computing system completeness error 远程计算机系统完全性错误 包括只有在用户程序执行时才能发现的错误(如引用未定义的参数、算术溢出等)，以及一些程序完全性错误。其发生的原因为：①原先查出的错误为用户所忽略；②因为用户在前一次检测中未说明程序已完成，所以没有被查出。

remote computing system consistency error 远程计算系统的一致性错误 在远程计算机系统输入中发生的兼容性错误。大多数一致性错误在用户输入错误的语句时就立刻被检查出来。因此，用户能立即代之以正确的语句。但有些一致性错误(如FORTRAN语言中DO语句的非法转移)是不能立刻被查出的，这些错误可以作为完整性错误处理。

remote computing system error detection 远程计算系统的错误检查 远程计算机系统所进行的错误检查。当用户输入非法语句时，系统能马上查出它的结构性错误和一致性错误。用户可立即代之以正确的语句。完整性错误是在用户表明其程序是完整时(用打入END语句表示)发现的错误。某些错误(如无效的下标值、引用无定义的变量、运行溢出等)只能执行时才能发现，在此情况下，显示错误情况及部位之后中断执行，把终端恢复到就绪状态。然后用户可以立即改正其程序错误或执行程序的其余部分。对于语法错误，系统可指出错误的变量及其所在位置，而且还可建议获得期望结果的方法。

remote computing system execution error 远程计算系统的执行错误 在远程计算机系统中，一个程序语句执行错误。它可以使程序在发生错误的地方中断执行，在该错误被查出并在远程终端装置上显示之后，用户给以修正并使程序重新开始执行。

remote computing system language 远程计算系统语言 远程计算系统使用的语言。包括用户解题使用的程序语句和操作语句。操作语句允许用户与远程计算系统进行通信,包括修改、检验显示和输出语句。

remote computing system log　远程计算机系统日志　在远程计算系统中,当远程控制台工作时,有关发送的数据量和各类事件出现频率的日志记录。

remote concentrator　远程集中器　(1)使多个远程终端共享通信线路的集中器。远程集中器除担负终端处理任务外,有时还进行外围设备的控制,缓冲存储器的管理,以及终端或设备与中心设备装置之间的差错控制。(2)通过一个通道与一组远程终端或通信通道进行交互式通信的设备。

remote console　远程操作台　远程计算系统中的终端装置。

remote control　遥控　由计算机或其他装置通过有线或无线,对在一定距离以外的或人无法接触到(如高温、有毒、辐射等)的物体或系统所进行的控制。如用无线电控制航空模型、人造卫星的飞行、导弹的发射等。遥控技术综合应用自动控制、计算机和通信技术,实现远距离控制,并对远距离控制进行监测。一般遥控系统的核心是计算机。

remote control equipment　遥控设备　完成计算机或控制台所规定的遥控操作的设备。例如,航天发射中心内的遥控设备可以控制卫星发射过程中的各种动作。

remote controller　遥控装置　在一通信系统中用以控制一组终端或一个或多个远程设备操作的装置。

remote control monitoring system　遥控监视系统　用于状态监控和管理的遥控设备。系统采用独特的扫描和编码技术及模块化结构,不仅可以监视一个远程站,而且可以监控大型系统。其功能包括多点操作、连续报告或查询扫描、专用显示或共享显示、传送模拟信息等。

remote database access (RDA)　远程数据库访问　一种基于网络的数据库技术,是OSI(开放系统互连)应用层的一个应用服务成分,使用户的应用程序与数据库系统互联。把应用程序和数据库之间的互联关系用一个简单模型表示,称为RDA客户机/服务器模型,客户机与服务器分别通过各自的接口与RDA通信服务连接。

remote database access service protocol (RDASP)　远程数据库访问服务协议　欧洲计算机制造厂协会(ECMA)数据库技术委员会提出的一种规范,并于1985年在ISO/TC97/SC2/WG3会议上确定为国际标准化项目。它可在OSI(开放系统互连)网络环境下解决用户对远程数据库进行访问的标准规范。RDASP还支持在工作站上单用户访问远程数据库和分布式数据库。

remote data concentration　远程数据集中　通过多路转换将许多低信息量或低速的线路或终端连接到远程终端与中央处理机之间的高速线路去。

remote data object (RDO)　远程数据对象　程序开发人员创建复杂数据库应用程序的数据库接口。

remote data processing　远程数据处理　远离计算机的用户利用终端设备和通信电路,在中央计算机上所进行的数据处理。这种处理方式将计算机的数据处理能力扩展到远处,充分发挥了机器的效益。例如,可以把分散在各处的银行业务活动集中处理,记录大量存户账目的主文件放在中央计算机的数据库中,分散在各处的银行出纳员能在几秒钟内完成各种账目核对、修改存折记录等。

remote data station　远程数据站　远离计算机的数据站。它可设置在通常的办公室内,一般通过电话线与一台或多台计算机进行数据通信或远程数据处理。

remote data terminal　远程数据终端　远离计算机,通过数据链路向中央处理机传送输入信息,并将中央处理机发来的信息显示或打印出来的装置。

remote data synchronism　远程数据同步　远程数据同步功能是将本地数据通过远程的光纤传输,实时连续地复制或镜像到远程存储系统中去,以形成副本的方式实现对数据的保护,它是构建异地备份、异地容灾的最佳存储解决方案。

remote debugging　远程调试　用远程终端调试程序。

remote defect indication (RDI)　远端缺陷指示　RDI能将由路径终端宿功能接收到特征信息中的缺陷状态回送到产生特征信息的网元。

remote destination　远程目的地　通过远程通信线路把数据传输到的任一个地方。比较 local destination。

remote device　远程设备　通过远程通信线路和计算机相连的设备。参见 local device。

remote digital loopback　远程数字环回　在远程调制解调器的数据终端设备侧(数字输入)形成环路的数字环回测试。在环回调制解调器上无需调制解器操作员。

remote enable (REN)　远程控制线　一类并行的外总线(如IEEE 488)上进行握手联络用的接口管理控制线。REN信号为低电平时,系统处于远程控制状态,设备面板开关、按键均不起作用;若该信号为高电平,则远程控制不起作用,本地面板控制开关、按键起作用。

remote entry service (RES)　远程输入服务(功能)　某些操作系统中附加在JES(作业输入子系统)上的一组功能,它允许作业及其有关的数据从远程设备输入,在中央系统上处理后将结果送回远程设备。

remote equipment　远程设备　远离计算机,通过数据链路与计算机相连的输入输出设备。通常是键盘显示器、打印机等。

remote error indication (REI) 远端差错指示 REI能将由路径终端宿功能块检测出的特征信息检错码违例的精确数目或截断数目回送到产生特征信息的网元。

remote file access 远程文件存取 在数据网络中，在一个节点上的操作或将程序装入、删除、执行或修改另一节点计算机上的文件，这一过程或动作称为远程文件存取。

remote file service (RFS) 远程文件业务 由AT&T开发的被其他大厂商用作为UNIX V的一部分而采纳的分布式文件系统网络协议，该协议使一计算机使用处于本地的另一计算机的文件和外围设备。

remote guidance 遥控制导 由飞行器以外的指挥站控制飞行的一种制导系统。指挥站的制导指令计算装置，根据跟踪测量系统测得的目标和飞行器的运动参数，选定的导引规律和对制导过程的动态要求，形成制导指令，飞行器上接收机接收制导指令并进行解调，由自动驾驶仪控制飞行，直至到达目标。遥控制导系统大致可分为：有线指令制导、无线电指令制导和波束制导。

remote host 远程(宿)主机 逻辑功能完全与主机系统一样，但配置在系统中距中央主机较远的地方的处理机。同 foreign host。

remote inquiry 远程咨询 联机咨询站允许人们访问计算机文件，并且立即得到咨询答案的咨询过程。远程咨询系统由分布在各地的计算机咨询站所构成。

remote intelligent terminal 远程智能终端 较完善的远程批处理终端。这种终端配置有一台小计算机，用来存储程序、控制输入/输出设备，对数据进行预处理(如代码转移和编辑等)以及输出处理(如规定输出格式等)。

remote job entry (RJE) 远程作业输入 (1)利用通过数据链路与计算机相连的输入部件提交作业的过程。(2)也称“远程成批处理”。它通过远程操作部件组成一群，以分享中央主计算机装置。远程部件装备有数据传输设施，如作为键盘到磁盘系统的整体部分的成批传输终端。处理完后其结果也可返回远程操作部件，并在本地打印机上打印，也可以在计算机中心打印，并用其他适当方法分发。参见 centralized data processing 和 remote processing。

remote job entry protocol (RJEP) 远程作业录入协议 一种网络协议。说明如何从远程终端向中央处理机提交作业，在中央处理机上执行后再将结果送回远程终端；或者从远程终端发布命令，控制网中某站点从网中另一站点检索作业输入文件，然后控制该作业运行，最后将结果送往第三个站点。

remote key 远程密钥 在可编程加密设施中，用于对操作密钥编码或解码的一种密钥。常用于对便携式数据媒体(如磁带)上的数据进行编码或解码。

remote LAN access 局域网远距离接入 数据通信系统，如公司网或者校园网的环境，其中计算机网络能够通过公用电信网络远距离接入。

remote login 远程登录 因特网提供的一个最基本的信息服务，在网络通信协议的支持下，将本地计算机成为远程计算机的终端。先要在远程计算机上登录，然后就可以像使用本地计算机一样使用远程计算机。参见 telnet。

remote loop adapter 远程环路适配器 控制器与环路系统之间通过公用载波器互连时所用的适配器。它提供了远程环路与接至公用载波线路上的集中调制解调器或初始设备制造厂调制解调器与电子工业协会适配器之间的边界。

remote maintenance 远程维护 在维护人员不直接接触产品的情况下，对产品所实施的维护。

remote management utility control block (RCB) 远程管理实用程序控制块 给远程管理实用程序提供信息的控制块。

remote memory 远程存储器 分布式存储器设计中，逻辑主存通过对通常冯·诺依曼主存接口的扩展来实现共享远地主存。

remote message input/output 远程信息输入输出 一种输入输出控制方式，可以从远程终端来回传送信息。就遥控信息而言，主要有下列功能：从远程终端接收信息、发送信息到远程终端、自动拨号、密码转换等。用户提供系统线路控制规程和面向设备的程序，以分析信息标题，收到后的信息可以存放在处理机队列或输出队列里。

remote message processing 远程信息处理 通过远程数据链路实现计算机的全部功能，包括数据处理和程序设计。

remote method invocation (RMI) 远程方法调用 使一个Java虚拟机上运行的程序可以调用远程服务器上另一个虚拟机中的对象。该特性使Java编程人员能够在网络环境中实现分布式计算。

remote mirroring 远程镜像 通过广域网或因特网将磁盘中的数据镜像到处于不同物理位置的磁盘阵列中。

remote name server 远程名字服务器 在TCP/IP(传输控制协议/网际协议)中，允许系统从一个远程服务器获得一个因特网地址的功能。

remote network access (RNA) 远程网络访问 一种允许应用程序执行某个功能调用的软件技术；通过这种技术，被调用的功能将在另一个机器或网络上运行。

remote operation service element (ROSE) 远程操作服务元素 (1)一种提供远程启动和控制操作的通用机制的应用服务元素。(2)在网络管理系统中，负责应用实体之间链接的建立与释放的程序元素。

(3)在OSI(开放系统互连)信报处理、目录、网络管理应用协议所使用的一种轻便远程过程调用(RPC)协议。是OSI参考模型应用层主要应用程序服务元素之一。另几个分别是联系控制服务元素(ACSE)、可靠性传递服务元素(RTSE)和提交、并发和恢复(CCR)。参见 association control service element (ACSE), reliable transfer service element (RTSE), commitment, concurrency and recovery (CCR), application entity (AE)。

remote point (RP) 远端点 一种参考点。为了将信息传到远端,在RP处,双向路径终端的路径终端宿功能输出受其路径终端源功能输入的限制。

remote polling 远程轮询 轮流对各个远程终端进行查询的过程。用以了解是否有信息准备发出或是否准备好接收信息。

remote power-feeding 远程供电 在长途有线通信中,利用电缆或光缆内的导线把电能从端站或有人中继站输送到无人站,为无人中继站供电的配置。

remote power off 遥控断电 在远程通信控制器上的一种任选的、由程序支持的功能部件。主处理机可以利用它命令切断控制器的电源。

remote printer 远程打印机 可以直接连到通信电缆上,也可以通过计算机间接连到电缆上,供连到通信网上的远程用户使用的打印机。

remote procedure call (RPC) 远程过程调用 (1)在客户机/服务器模式中实现分布式计算的一种流行通信协议。RPC使用非连接对话方式,具有错误控制能力,发送到远程系统上的请求使得远程系统执行指定的过程,使用调用者提供的自变量,并把结果返回给调用者。从逻辑上和功能上看,这种调用过程与会话层协议近似,有些功能属于应用层。这种协议在很多网络和分布式系统中都得以应用,于是有多种变形,出现多种不同的RPC协议。因为RPC设计的目的是快速操作,因而与OSI(开放系统互连)的层次结构相差甚远。RPC可以看作是网络文件系统(NFS)功能的延伸或完成NFS功能所必需的必须部分。程序员可以把程序分为客户端和服务器端,两者之间用RPC进行通信。这种通信涉及到不同结构的系统,因而还要有统一的数据表示协议,即外部数据表示协议(XDR)。参见 network file system (NFS), external data representation (XDR)。(2)在计算机网络中的一种通信方式,即本地用户可以像调用本地过程一样调用网络上另外一个节点,使应用程序员可以不必设计数据通信的程序,可在不同类型的计算机进行通信。

remote program loader 远程程序装入器 远程控制器的一种特性。需要使用只读存储器和少量辅助存储器。这些存储器都安装在远程控制器内,存有引导程序、装入程序和诊断程序等,使该控制器可以通过数据链路进行装入和转储。

remote radio unit (RAU) 射频拉远单元 一种分布式网络覆盖模式,它将大容量宏蜂窝基站集中放置在可获得的中心机房中,基带部分集中处理,采用光纤将基站中的射频模块拉到远端射频单元,分置于网络规划所确定的站点上,从而节省了常规解决方案所需要的大量机房;同时通过采用大容量宏基站支持大量的光纤拉远,可实现容量与覆盖之间的转化。

remote resource 远程资源 不在用户所在计算机中,只有通过网络访问才能使用的资源,如程序、文件、计算机处理能力及各种外部设备等。相对的,当这些资源在用户所在计算机系统中时称为本地资源。

remote resource access capability 远程资源访问能力 由事务处理系统提供的一种服务,用它易于在整个网络中分布各种资源,诸如文件和队列,并为事务处理程序提供了易于访问这类资源的手段。

remote sensing (RS) 遥感 利用可见光、红外、微波等探测仪器,通过摄影或扫描、信息感应、传输和处理,从而识别地面性质与运动状态的技术。

remote sensing image 遥感图像 也称"遥感像片",地物电磁波特征信息的载体。在遥感中主要是指航空像片和卫星像片,是遥感探测目标的信息载体。

remote sensing image interpretation 遥感图像解释 解译人员根据不同应用的需要,借助于光学和数字图像处理方法(包括相应的硬件设备和应用软件包)以及必要的专业知识,观察和判断遥感图像中信息含义的技术。

remote sensing in city 城市遥感 应用遥感技术和手段获取城市环境、生态、资源利用等方面的信息,服务于城市规划、城市建设、路网布局等。同 urban remote sensing。参见 remote sensor technology。

remote sensing in disaster 灾害遥感 应用遥感技术,作为宏观、综合、动态,快速而准确的监测手段,获取自然灾害的发生、发展及受灾的损失情况信息,进行区域调查研究及预测、预报。参见 remote sensor technology。

remote sensing in geology 地质遥感 利用遥感技术,结合表层物体的波谱特征和空间分布进行区域地质、矿产调查、环境地质勘查与监测的理论、方法和技术。同 geological remote sensing。参见 remote sensor technology。

remote sensing in global change 全球变化遥感 应用遥感技术获取地表和大气的信息,研究和监测全球环境变化活动。参见 remote sensor technology。

remote sensing in grassland change 草地变化遥感 应用遥感技术获取草地信息和应用这些信息进行草地资源的调查、评价和监测等工作的理论、方法和技术。参见 remote sensor technology。

remote sensing in oil and gas **油气遥感** 利用遥感技术获得地球表层的电磁波信息，在油气地质学理论的指导下，通过目视解译及计算机图像处理等手段，提取油气地质构造和油气藏烃类微渗漏信息，为油气勘探提供科学依据。参见 remote sensor technology。

remote sensing platform **遥感平台** 安放遥感器并能进行遥感作业的载体。根据遥感目的、对象和技术特点可分为：①地面遥感平台，如固定的遥感塔、可移动的遥感车、舰船等；②航空遥感平台，如各种固定翼和旋翼式飞机、系留气球、自由气球、探空火箭等；③航天遥感平台，如各种不同高度的人造地球卫星、载人或不载人的宇宙飞船、航天站和航天飞机等。参见 remote sensor technology。

remote sensing satellite **遥感卫星** 用作外层空间遥感平台的人造卫星。遥感卫星能在规定的时间内覆盖整个地球或指定的任何区域，当沿地球同步轨道运行时，它能连续地对地球表面某指定地域进行遥感。所有的遥感卫星都需要有遥感卫星地面站，卫星获得的图像数据通过无线电波传输到地面站，地面站发出指令以控制卫星运行和工作。参见 remote sensor technology。

remote sensing system **遥感系统** 一种远离目标，在不与目标对象直接接触的情况下，通过某种平台上装载的传感器获取其特征信息，然后对所获取的信息进行提取、判定、加工处理及应用分析的综合性系统。遥感系统由信息源、信息获取、信息处理、信息应用各子系统所组成：①信息源是遥感需要对其进行探测的目标物。任何目标物都具有反射、吸收、透射及辐射电磁波的特性，当目标物与电磁波发生相互作用时会形成目标物的电磁波特性，这就是遥感获取信息的依据；②信息获取是指运用遥感技术装备接受、记录目标物电磁波特性的探测过程。信息获取所采用的遥感技术装备主要包括遥感平台和传感器。其中遥感平台是用来搭载传感器的运载工具，常用的有气球、飞机和人造卫星等，传感器是用来探测目标物电磁波特性的仪器设备，常用的有照相机、扫描仪和成像雷达等；③信息处理是指运用光学仪器和计算机设备对所获取的遥感信息进行校正、分析和解译处理的技术过程。信息处理的作用是通过对遥感信息的校正、分析和解译处理，掌握或清除遥感原始信息的误差，归纳出被探测目标物的影像特征，然后依据特征从遥感信息中识别并提取所需的有用信息；④信息应用是指专业人员按不同的目的将遥感信息应用于各业务领域的使用过程。最主要的应用有军事、地质矿产勘探、自然资源调查、地图测绘、环境监测以及城市建设和管理等。

remote sensor **遥感器** 远距离检测地物和环境所辐射或反射的电磁波的仪器。遥感器通常安装在各种不同类型和不同高度的遥感平台（如飞机、高空气球和航天器）上。遥感器按设计时选用的频率或波段来划分，常用的遥感器有紫外遥感器（紫外摄像机、紫外扫描仪和近紫外波段的多光谱照相机等）、可见光遥感器（常规照相机、可见光波段的多光谱照相机、多光谱扫描仪、激光高度计和激光扫描仪等）、红外遥感器（红外摄像机、近红外波段多光谱扫描仪、红外辐射计和红外行扫描仪）和微波遥感器（微波辐射计、散射计、高度计、真实孔径侧视雷达和合成孔径侧视雷达等）等。

remote sensor technology **遥感技术** （1）从地面到高空各种对地球、天体观测的遥感综合性技术的总称。由遥感平台、遥感仪器、信息处理、接收与分析应用等组成。（2）根据电磁波的理论，应用各种传感仪器对远距离目标所辐射和反射的电磁波信息，进行收集、处理，并最后成像，从而对地面各种景物进行探测和识别的一种综合技术。

remote spooling **远程假脱机传送** 在计算机程序的控制下，从远程站到计算机的外围存储器的数据传送。远程站通常是数据记录器或远程计算机。这种传送一般用公共分组交换网络进行，利用具有自动呼叫和回答功能的调制解调器来接通线路。

remote station **远程站** （1）在点到点交换网络中，能由中心站呼叫或在发送报文时能呼叫中心站的一种站。同 link-attached station。（2）进行远程作业处理的工作站。远程站相对于网络系统站一般有较远的空间距离，也可能并不远，但是有路由器隔开而与上述系统或用户不在同一个局域网内。这样的工作站往往具有完成远程作业处理能力。

remote subset **远程子装置** 安置在远离中央计算机的地方的输入输出装置。

remote switch **远程交换** 一种小型的中央局或交换子系统。其功能是实现与用户线路的接口，并将这些线路集中起来通过通道传送给远距离外的主交换系统去。

remote switch unit (RSU) **远端交换单元** 与位于另一地点的交换机相连并由其控制的交换单元。

remote system connect time **远程系统连接时间** 用户将远程终端连接到分布系统上所需的时间。连接时间和成本与传输速度、所用的存储容量和终端数目及其型号有关。

remote tape vaulting **远程磁带备份** 通过广域网或因特网将数据备份到处于不同物理位置的磁带库或寄存装置中。

remote terminal (RT) **远程终端** （1）在用户环路中采用数字环路载波（DLC）时，位于用户侧的设备。（2）一种计算机终端，其控制部件通过网络连接设备和远程信道与远地计算机系统连接起来直接使用计算机系统各种资源。同 link-attached terminal。参见 remote data terminal。

remote terminal access method (RTAM) **远程终端访问方法** 对远程终端在 JES2 和 JES3（作业输入

子系统 2 和 3)之间的操作进行控制的一种设施。

remote terminal processing system 远程终端处理系统 远程终端通过某种类型的通信线路使用计算机进行信息处理的系统。它能对许多地点提供各种数据处理服务,而无需在每处都有计算机。远程终端处理系统主要有六种类型:询问及应答系统、数据收集系统、数据分配系统、对话系统、远程成批处理系统以及报文交换系统。其他还有监控、过程控制、排字、文件生成、电子取款和基于事务处理的系统等。

R

remote terminal unit (RTU) 远程终端单元 远程终端单元与某些物理设备连接,读取状态数据(如开关的开启/闭合状态)、读取测量值(如压力、流量、电压或电流),还可以控制设备,如打开或闭合某个开关或设定水泵的转速等。

remote testing 远程测试 在数据通信系统中,由中心站的操作员对通信线路和/或远程站调制解调器进行的检查。

remote transaction 远程事务(处理) (1)在虚存信息管理系统(IMS/VS)的多系统环境中,由多个系统之间共享处理过程的事务处理。(2)在分布式数据库系统中,通过远程终端或在网络节点上所进行的事务处理。

remote trunk arrangement 远程中继线装置 将多条连接小型端局的中继线集中起来以便有效地用一个通信服务定位系统进行服务的装置。

remote work station 远程工作站 通过数据传输设施连接到系统上的一个工作站。比较 local work station。

removable direct access storage 可装卸式直接存取存储器 其记录媒体可由机器操作员装卸的直接存取存储器。例如可装卸式磁盘存储器,当磁盘盒、磁盘组记录完毕时,可将其卸下,再换上同一种记录媒体继续使用。这种存储器的特点是脱机存储容量的理论值为无限大。

removable disk 可卸磁盘 盘片或盘组可以从盘机中取出的磁盘存储器。这种磁盘便于脱机更换和保存该存储器的内容,也称"活动盘"。

removable random access memory 可拆装的随机存取存储器 可以卸下和更换的磁盘组、磁带或卡片。从理论上来说,这些存储装置的存储容量为无限大。

removable user identity module (RUIM) 可移动用户识别模块 保存移动电话用户身份识别的 IC 卡,包括建立网络连接相关的信息、电话簿中存储的姓名、电话号码以及短信息等。同 subscriber identity module (SIM)。

removal of viruses 病毒消除 把病毒从程序或系统中分离出去,从而恢复程序或系统完整性的方法和过程。

REM statement 注释语句 在 BSAIC 语言和 DOS (磁盘操作系统)批处理命令中,用于加入说明性文字的语句,在编辑时或命令处理时易被忽略。参见 comment。

REN (1)远程控制线 remote enable 的缩写。(2)振铃器等价数 ringer equivalence number 的缩写。

render 描绘,表演 (1)在计算机图形中,根据描述场景数据在显示屏幕上建立一个图像。(2)在多媒体中,指根据各物体和场景中光照数据建立一个现实的图像。

rendering 染色,描绘 在计算机上真实地画出三维物体的技术。用颜色和阴影建立一个包含几何模式的图像,使其更加真实,通常是几何建模软件包的一部分,如 CAD(计算机辅助设计)软件,染色时使用数学描述光源相对于对象的位置,并计算光线照明、产生阴影和改变颜色。参见 ray tracing。

rendezvous 会合,聚合 (1)Ada 语言中任务间同步和通信的重要机制。会合是两个并行任务间的一种交互作用,当一个任务调用了另一任务的入口项时,后一任务则代表调用任务执行相应的接受语句,这一过程称为两个任务的会合。(2)一个模块执行任务的整体统一性。在一个理想的软件系统中,每一模块执行一个明确的单一任务。事实上,一个独立的模块可以执行已经结合在一起的任务。

rendezvous point (RP) 汇聚点 独立于协议的多点广播稀疏模式(PIM-SM)中,汇聚点是跟踪成员和转发信息的汇合点。汇聚点是预先设定的一个路由器,承担转发所有的多播报文的责任。所有要发送组播报文的源主机在发送组播报文前,都需要到汇聚点上进行注册,然后通过直连的路由器来确定到汇聚点的最短路径,通过汇聚点路由器来确定到目的地的最短路径。参见 protocol independent multicast sparse mode (PIM-SM)。

renewable energy resources 可再生能源 在自然界中可以不断再生并有规律地得到补充或重复利用的能源。例如太阳能、风能、水能、生物质能、潮汐能等。

reorganization 重新组织 (1)一个以数据库逻辑或物理方式进行重要改变,同 restructuring。(2)数据的物理安排的一种改变,用以获得更好的物理和逻辑结构的对应,使得访问速度可以提高以及更有效地利用存储空间。

reorganization of knowledge base 知识库重组 知识库管理系统的一个维护功能。知识库经一段时间的运行后,库中的知识可能会有较大的变化,以致会出现由于原来的知识库物理组织方法不适应目前的情况,引起运行效率降低。知识库通过重组以改变原来的物理组织方法从而提高知识库的性能。

repagination 重新分页 (1)在文本处理中,因文档内容的改变而进行的页面重新编号。(2)在文本处理中,因文档内容的改变而进行的页面分割点的重新计算。

repaint 重画,重刷 刷新图像的显示或使用已更新的画面进行刷新操作。

repairability 可维修度 在指定时间内对失效系统进行修复并恢复到正常运行状态的概率。也即在指定时间内对系统中故障完成隔离并修复的概率。若平均修复时间用 MTTR 表示,平均修复速度用 μ 表示,则必有 $\mu = 1/(\text{MTTR})$,并且可维修度 $M(t) = 1 - \exp(-\mu t) = 1\text{-}\exp(-t/\text{MTTR})$,式中 t 为限定的维修活动时间。

repair delay time 修理等待[延误]时间 机器出现故障后,由于缺乏元件和修理方案或缺乏必要的辅助工具,无法完成修理工作而延误的时间。

repair time 修复[理]时间 诊断、清理或修复一台机器或一个系统所花的时间。包括故障定位、检测、纠正及随后的测试过程。

repeatability 重复[合]性 (1)在相同条件下(相同操作人员,相同设备,相同实验室和相同时间间隔),对相同的被测对象用相同方法连续测试得到的结果之间的一致程度。(2)某个特定数据读数的平均值与它的可期望值之间的差值的度量。

repeatability measure 重复性量度 计算机制图中重复产生某个显示图像时,每次产生的显示图像的空间一致性的量度。

repeat action key 重复动作键 按下时每隔一定时间会重复执行某个动作(如打印一个字符)的键。重复过程持续到释放该键时为止。

repeat character 重复字符 文字处理中的一种控制字符。使存储单元指针复位至该设备缓冲器中规定的起始点。

repeat counter 重复次数计数器 控制重复操作的计数器。例如控制成组传送。若要重复执行指令 K 次,则在执行该指令前,重复计数器先装入 K。

repeat dialing 重复拨号 由许多通信公司所提供并且由大多数 PBX(专用交换分机)支持的一种电话功能,如果前次拨号导致占线信号,则该功能自动地拨打客户最后所拨的号码。参见 private branch exchange (PBX)。

repeated calling rate 重复呼叫率 表示用户呼叫失败后进行重复呼叫的概率。重复呼叫率是电信话务统计和网络管理的重要基本参量。参见 calling rate。

repeated discrimination (RD) method 反复辨识法 为结构对象建立一种分类的方法。RD 把建立结构对象的分类形成概念转换为一系列可用 star 算法来实现的概念获取问题。

repeated selection sort 重复选择排序 一种选择排序方法。一个项目集被分成若干子集,从每个子集中选择满足某种判据的一个项目构成第二级子集。对第二级子集中选中的项目被排列到排定的项目集之后,并被原始子集中下一个合适的项目所取代,此过程重复进行到所有的项目都进入排定的项目集中为止。

repeater (RP) 中继器,重发器,增音器 (1)网络物理层的一种介质连接设备。把一根线缆中的电子信号传递给另一根线缆,不进行路由选择判定,也不进行分组过滤,仅对信号进行放大或整形的电子设备。中继器通常用于延长以太网等通信介质的长度,扩大以太网覆盖范围。中继器所连的两个网络应具有相同的介质控制方法、协议和传输技术。(2)把从一条线路上接收到的信息流自动地传播到另一条(些)线路上去的设备。电磁信号在传递时,由于衰落和噪音使有效数据信号变得越来越弱。为保证数据的完整性,信号只能在一定的距离内传输,中继器起到数据接力传输的作用。参见 bridge, router, gateway。

repeater coil 增音线圈 一种一比一的音频变压器,为从一个电路到另一个电路之间传送能量用。在有线远程通信中,藉此组成单工电路和幻象电路。

repeaterless fiber optic link 无中继光纤链路 光纤传输媒介中不包括任何中继器的链路。

repeater section 中继段 数字传输系统的一个组成部分,包含一个传输方向上,一段传输媒介以及紧接着的一端或两端中继器。

repeater single-line 单线增音器 以一对共轭交叉极性继电器为主体的电报增音器,该继电器以串联方式插接在给信号增加功率的电路中。

repeater station 增音站,中继站 (1)远程通信中为了对电话或电报信号进入放大和均衡而设置的中间站。(2)微波通信系统中接收、放大发自附近的一个通信站的信号,并将其转发到另一个通信站去的设施。

repeater telegraph 电报转发器 一种接受电报信号并自动转发相应信号的设备。

repeation station 中继台 双方因相距较远无法直接通信而在中间设立的转信电台。

repeat key 重复键(标) (1)一种按下后可以锁住的控制键标,在该键标被按住的时间内,可重复执行键标所规定的功能。(2)重复键与另一个键同时按下的效果是:在第一键按下期间,第二键重复地起作用。例如,重复键与光标移动键组合使用,就能使光标在屏幕上快速移动。

repeat testing 重复测试 在软件测试过程中,错误率超出某特定允许范围时,在纠错后,对已测过的模块重新测试,同时,对完成模块测试的各源程序模块,在整体测试时也有一定程度的重复测试。

repertory dialing 指令拨号 一旦接受到内部电台号码的预定缩写码就拨出完整的外部号码的专用自动小交换机的功能。

repetition control 重复控制 重复执行一个语句序

R

列的控制结构。高级程序设计语言中的 while，for 和 repeat 等语句就是重复控制的例子。

repetition factor **重复因子** PL/1 语言中用括号括起来的一个无符号十进制整数常数。用于规定：①一种字符串组态在构成一个字符串常数时出现的次数；②一个图像说明符在图像说明中出现的次数。

repetition instruction **重复指令** 使一条或多条指令重复执行规定次数的指令。重复执行完毕后才执行下一条指令。

R

repetitive addressing **重复编［寻］址** 只适用零地址指令的隐式编址方法。按照这种方法，指令的操作码部分隐含了刚执行的指令中操作数的地址。

repetitive construct **重复构造** 在程序设计语言中刻画重复算法的语言构造称为重复构造，如循环语句就是一种重复构造。

repetitive operation (REPOP, REP/OP) **重复运算** 在具有固定组合初始条件和其他参数条件下自动重复求解方程组的方法。重复运算常用来提供一个固定解，也可用来进行手工调整或进行参数的寻优。

repetitive peak forward current **正向重复峰值电流** 包括所有重复瞬态电流的正向峰值电流。正向峰值电流与正向平均电流有一个系数关系，此系数由电路和电源电压波形决定。

repetitive peak off-state current **断态重复峰值电流** 晶闸管加上断态重复峰值电压时的峰值电流。

repetitive peak off-state voltage **断态重复峰值电压** 电子器件上出现的重复断态电压最大瞬时值。包括所有不重复瞬变电压。参见 crest working off-state voltage。

repetitive peak on-state current **通态重复峰值电流** 包括所有重复瞬态电流的通态峰值电流。

repetitive peak reverse current **反向重复峰值电流** 电子器件加上反向重复峰值电压时的峰值电流。

repetitive peak reverse voltage **反向重复峰值电压** 电子器件上出现的重复反向电压最大瞬时值，包括所有重复瞬变电压，但不包括所有不重复瞬变电压。参见 crest working reverse voltage。

replace **替换，置换** (1)对数据进行更新或置换，如在带高速缓存的计算机中，若所访问的数据因高速缓存已满而不在高速缓存中，则需从主存中将所需数据替换高速缓存中的数据块。(2)用新的设备来替换原来的设备。例如，根据业务范围的扩大和技术发展的需要，用新的计算机代替原来的计算机。

replaceable code point **可重置码点** 一个双字节的码点，其中第一个字节指明提供一个条件的高级描述的文本，第二个字节指明提供一个更专门的描述的文本。

replaceable parameter **可重置参数** 在 OS/2 操作系统中的一个参数，其值在一个批文件运行时提供。

replacement policy **替换策略** 在高速缓存和虚拟存储器系统中的一种管理策略。在分层的存储器结构中，当数据项从较低层的存储器写入较高层存储器时，该策略确定将高层存储器中的哪一个存储块调出到低层存储器中以留出空间。参见 virtual memory，OPT replacement policy。

replacement principle **替换原理** 对逻辑公式的一种变换。当 α 与 β 真值等价($\alpha\Leftrightarrow\beta$)时，若公式 A 有子公式 α(公式 A 的一部分且自身为一合式公式)，那么 A 中将 α 替换为 β 后所得的公式 A' 与 A 仍真值等价。

replace mode **覆盖［替换］模式** 在文本编辑程序中的一种文本输入方法，已有的文本被用户输入新文本所代替，对应于 insert mode。

replay attack **重放攻击** 攻击者发送一个目的主机已接收过的包，以便达到欺骗系统的目的，主要用于扰乱身份认证过程。

replicated database **复制数据库** 一种分布式数据库，在网络中每个节点计算机上都存放着全局数据库所包含的数据。

replication **复制器(技术)** 一种分布式数据库中的技术，它主要处理多个节点上数据的分布和抽取，提供对数据冗余的控制和维护，使得用户在减少网络传送、提高节点自治性和数据可获得性，以及保持数据完整性和一致性等方面获益。复制器类型按复制的时间分成三类：实时复制器，暂存复制器和时间调度复制器。复制器的结构有主从式结构、瀑布式结构和对等结构。

replication of runs **重复试验** 为了获得一些独立的结果，可以用不同的随机数重复进行同样的仿真试验。

replication transparency **复制透明性** 指分布式数据库的一种设计目标，也就是说，虽然一个给定的数据项可以在网络的多个节点上复制，但程序员或者用户仍然可以把该数据项当成是在单一节点上的单一数据项那样进行处理。也可以称之为段落透明性。这种透明性所支持的分布式数据库管理系统就必须有特殊的办法来处理并保持数据库的完整性。参见 fragmentation transparency，location transparency，local mapping transparency。

replicatively valid **复制有效** 模型产生的数据与从实际系统所得的数据相匹配。

REP-LTP **规则脉冲激励长时预测(编码)** regular-pulse excitation LTP 的缩写。

reply (REP, RPLY) **应答，回答** 对询问的一次响应。

reply message **应答报文** 一种为响应收到询问或

通知报文而送出的报文。

report 报告(书),报表 (1)数据处理系统产生的输出文件。可将此术语定义为,数据经过特定的处理运算之后,由数据处理系统最后打印出来有用输出文件。这是一般的术语,它包括发票和库存单和异常报告等的任一种形式的打印输出文件。(2)在数据库系统中,指以清晰、简明的格式或客户指定的格式整理和归纳各种有效信息的操作结果,包括设计报表标题、设计报表格式文件的输出打印格式、输出报表每个栏目小标题、内容和宽度,报表内容既可以是复杂的报告,也可以是简单的标签,如信封上的姓名及地址。报表文件建立好之后可随时调用。

report generator 报表[报告]生成器 (1)一种通用程序。它能按有关文件中规定要打印文件的格式参数及要打印的内容打印出报告,并具有累计、编页等功能。(2)一种应用程序,通常是数据库管理程序的一部分,使用用户设置的报告格式来显示和打印数据库的内容,报告中可选择一个记录或者一组记录使输出更加完善。

report program generator (RPG) language RPG 语言,报表程序生成器语言 1964 年由 IBM 研制开发的语言。1970 年又推出 RPGⅡ高级版本。RPGⅡ作为一种程序设计语言广泛地应用于小型机上的财务应用开发。它的主要功能是文件管理和打印报表。由五种表格组成:①控制卡和文件描述说明;②输入说明;③计算说明;④输出格式说明;⑤附加说明和行数说明。它含有目标程序的固有逻辑流程,以及用于组成目标程序的各种子程序。以此流程为框架,选取必要的子程序,经过连接,编辑而生成 RPG 的目标程序。RPG 语言是第四代语言的先驱。允许用户处理数据而无需去学习如何成为程序员。

report program generator Ⅱ (RPGⅡ) RPGⅡ语言,报表程序生成器Ⅱ 符合工业标准,并能以计算机可读的形式产生报表的软件处理程序。该程序在生成报表的同时还能建立和更新信息文件。其功能由数据处理、索引顺序存取、直接文件处理及扩充计算操作,还提供生成各类报表的程序设计方法。它是一种面向商用的强有力的程序设计语言,非常适合于小型商用计算机系统的用户使用。

report section 报表节 COBOL 语言数据部分中的一个节。它包括一个或多个报表描述体和有关的报表栏描述体。

report structure forms 报告结构格式 在数据库系统中,为产生一个使用户能够改变报告的分类排序特性并指定某些列为打断列的特殊数据格式,这种报告格式将要生成的报告的数据表格中所有列和用户可输入的值全部显示在屏幕上,供用户调整、修改,同时这种格式最左边一列接受一个从 1 ～ 127 的整数,和报告中该列的分类顺序相对应,在该列中送入一个数要在后两列中有相应的条目,第二列指定了递增或递降的分类序,第三列说明该列是否打断列。

report write logical record 报表书写逻辑记录 由报表书写打印行和记录选择及纵向定位所必需的有关控制信息组成的一个记录。

report writer 报表编写器 (1)一种数据库系统程序。用来抽取数据库中的信息,并按可读的输出形式规定抽取信息的格式。在微型计算机数据库中,大多数报表编制程序可以产生图、表、表格和图形及相应的题目和标题。(2)在 FOXPRO 数据库管理系统中,报表编写器生成的报表可分为两类:快速报表和定制报表。快速报表通常包含数据库的所有字段,然后用户可依据实际需要删除字段、移动字段位置、修改表头或添加其他内容,以使形成定制报表。

representation medium 表示媒体 由国际电报电话咨询委员会(CCITT)定义的五大媒体(感觉、表示、显示、传输、存储媒体)之一。表示媒体是指由感觉媒体所生成模拟电信号的数字化。这类媒体包括图像编码、文本编码、声音编码以及各类传感设备的编码输出。表示媒体在某些场合下亦可称为数字信息。参见 presentation medium, perception medium, storage medium, transmission medium。

representation mismatch 表达不匹配 人类专家陈述知识的方法和智能程序中知识表示方法的差异。

representation of knowledge 知识表达(法) 人工智能的重要课题。它是描述事物、惯例等知识的数据结构形式。知识表达的方法是多种多样的,但一般包括两个方面,一是用一定结构按规则组织表达知识,二是对所表达知识意义的解释。例如,有框架形式、特性表、语义网络和树形等方法。

representation of problems 问题表示 在人工智能中,把一个问题的叙述转化为产生式系统的三个成分的过程称为问题表示。问题表示对求解所需的工作量有很大的影响,有许多似乎很难的问题,表示适当时,就可能有简单的较小状态空间。

representation of three-dimensional structure 三维结构表示 三维物体几何结构表示。可有表面表示、扫描法表示和体积表示等。表面表示就是用描述包围物体的边界的方法来描述三维物体的形状。扫描法表示就是用一个面沿某轴运动来描述三维物体的形状,也称"广义圆柱法表示"。体积表示就是用体素来描述三维物体的形状。研究三维结构的表示方法是计算机视觉技术研究的重要课题。

representation ontology 表示本体 以知识表示语言为描述对象的本体。在表示本体中,类、对象、关系、属性、槽等术语经过严谨的分析和定义。参见 ontology。

representation specification　表示法(规格)说明　Ada语言中的一个概念。它规定数据类型和执行程序的具体机器之间的映像。在某些情况下,它完全指定映像;在另一些情形下,它只提供选择映像的准则。

representative simulation　代表仿真　一种系统的仿真。在这种仿真中,模型的各部分、各过程以及相互作用都和所代表的系统有明显的关系,这样可以避免使用高度抽象的数学模型。

reproducibility　再现性　用相同方法在相同被测对象上,但是在不同的条件下(不同的操作人员,不同的设备,不同的实验室和/或不同时间)得到的各个结果之间的一致程度。

reproduction code　再现代码　主带上的一种功能码。它贯穿于整个数据操作并出现在生产带中。

repudiation　否认　在计算机信息安全学中,指产生某些网络用户欺骗性地拒绝任务提交、拒绝接收信息、拒绝分担合作的行为。可表现为源否认、传递否认、提交否认。

repulsion motor　推斥电动机　单相感应电动机的一种,定子具有接到电源的初级绕组,转子具有接到换向器的次级绕组,换向器上的电刷被短路,并能处于各种不同位置。

repulsion start induction motor　推斥启动感应电动机　推斥电动机的一种,在达到一定转速时,其换向片被短路或按其他方式连接起来,以产生笼型绕组相同的作用。

repurposing　重定目标　修改一个已有的计算机程序或者视频演示内容的过程,用以完成不同于原来试图进行的某种功能。

REQMS　请求维护统计　request for maintenance statistics的缩写。

request　请求　(1)借助于基本传输设备,以一种存取方法产生的指令,它使网络控制程序执行一次数据传输操作或执行一次辅助操作。(2)SNA(系统网络体系结构)中的一种报文单元,它通知一个动作或规程的初启,如INITIATE SELF是一次LU-LU(逻辑单元之间)会话活动的请求。(3)主叫方发出的要求进行某种操作(数据传输、各种控制操作)的命令。

request control block (RCB)　请求控制块　在某些计算机系统中,用于管理用户对可用资源请求的控制块。

request disconnect (RD)　请求断开　HDLC(高级数据链路控制)协议中使用的一种无编号帧,通信中的组合站或次站使用这种帧请求进入断开模式,产生与断开命令帧DISC同样的效果,以便关闭通信链路。

request for comments (RFC)　请求注解[意见](文件)　关于因特网网际科研及开发团体的技术及信息注解的文件。是因特网研究和开发界的一系列工作记录的文本文件,这些文件的名字由RFC和编号数字构成,如RFC1157,其内容可以是有关计算机通信基本问题的探讨,也可以是有关标准制定的会议报告。一旦一个文件指定了一个RFC号并在网络上发布,则此RFC不会以同一个号被修改或再发布。任何人都可以发布RFC文件,方法是将内容以电子邮件的形式向RFC编辑发送,文本内容按照RFC1111中的规定。

request for discussion (RFD)　请求讨论　一个时间周期,其间,请求对一个特定主题的评论。

request for information (RFI)　请求信息　一个团体打算购买计算机或通信设备的一般通知书。RFI一般被送到潜在的供应商去决定他们的兴趣并征求有关他们的产品信息。

request for price quotation (RPQ)　索取报价单　用于请求有关硬件设备、软件产品、服务或系统报价的公文。

request for proposal (RFP)　投标请求书　发送到感兴趣的厂家的公文,该公文指出了一个团体的需求,因而厂家能够构造和定价他们的产品。

request for test (RFT)　测试请求　在BSC(二进制同步通信)规程中,完成联机测试功能的请求。

request message　请求报文　一种报文,它请求接收到的程序的一个功能。

request parameter list (RPL)　请求参数表　(1)在OS/VS 1操作系统中,伴随请求作业输入子系统服务的要求而提出的一张参数表。(2)在某些虚拟存储存取方法中,一种包含处理输入/输出请求所需信息的控制块。(3)在某些通信系统软件中的一种控制块,它包含处理以下各种请求所必需的参数、数据传输请求、建立或终止对话请求以及一些其他的操作请求。

request primitive　请求原语　在开放系统互连系统结构中,由服务用户为请求一个过程而发出的一个原语。

request-repeat system　请求重发系统　在数据通信中查出错误时,接收端自动向发送端发出重新发送数据的信号,具有这种功能的系统称为请求重发系统。

request/response header (RH)　请求/应答标题　在SNA(系统网络体系结构)中,位于RU(请求/应答单元)之前的控制信息,它描述RU的类型,并包含与RU有关的控制信息。

request/response unit (RU)　请求/应答单元　在SNA(系统网络体系结构)中,请求单元或应答单元的通称。它可以包含数据、数据确认、网络数据流的控制命令或者对命令的回答。

request to send (RTS)　请求发送　一个用于串行通信的表示允许传输的信号,在RS-232-C标准中是第4号线的信号。参见RS-232-C standard。

request to send/clear to send (RTS/CTS) 请求发送/清除发送协议 相当于一种握手协议，主要用来提高传送大容量文件时的效率。IEEE 802.11提供了如下解决方案：在参数配置中，若使用RTS/CTS协议，接入点和用户站适配器同时设置传送上限字节数。一旦待传送的数据大于此上限值时，即启动RTS/CTS握手协议。

request unit (RU) 请求单元 (1)SNA(系统网络体系结构)中的一种报文单位，它包含诸如请求代码或FM(功能管理)标题、最终用户数据等控制信息。(2)在某些操作系统中，通过数据链路向处理机发送或从处理机接收数据或控制信息的最小单位。

request unit chain 链式请求单元 在SNA(系统网络体系结构)中，经一指定数据流传送的一组相关请求单元。每一请求单元仅属于始端与末端的链，故可标明链首、链尾、链中间单元或标明为链的唯一单元。链式请求单元是一种恢复单元，如果链中有一个请求单元不能处理，则整个链必须作废。每个请求单元仅属于一个链，链的请求应答标题中的控制位指出该链的开始和结束。每个请求单元都可以作为链中FIC(第一节链)、LIC(最后一节链)、MIC(中间链)或OIC(唯一链)。应答单元和加急流请求单元总是作为链中唯一链来发送的。

request word for input/output 输入输出请求字 请求进行输入输出操作的控制字。它存在信息访问块中，直至输入输出操作完成为止。

required carrier return (RCR) 请求回车 一种文字处理格式控制符，它将打印点或显示点移到下一行的起始位置，并将缩进制表方式复位，请求回车字符不管出现在字符串中的什么地方，都要执行回车。参见carrier return character。同required new line character。比较index return character。

required elements 必备要素 标准化术语。在标准中必须存在的要求。

required hyphen character (HYP) 不可省略连字字符 一种文字处理格式图形控制符，它用于格式化操作期间不变更图形连字符的场合。

required page-end character (RPE) 请求页面结束字符 文字处理中的一种格式控制字符。用来启动结束一页的操作，相当于页分界符。参见page end character。

required parameter 必需的参数 一个不提供自动[缺省]值的参数，用户必须对其进行赋值。

required space character (RSP) 必须空格符 一种文字处理格式图形字符。它使打印点或显示点向右移到下一个工作位置。在进行格式操作时，不可省略空格符不是作为一个字间空格或信息分隔符而是作为一个图形字符来处理。参见space character。

requirement (RQMT) 需求 (1)用户为解决某一问题或达到某个目标所需要的条件或能力。(2)系统或系统组成成分必须满足或具有的条件或能力，以满足合同、标准、规格要求或其他正式的强制性文件。所有需求的集合形成了对系统或系统组成成分以后开发工作的基础。

requirement analysis 需求分析 (1)软件在生命期的计划阶段中的最后一步，也是决定性的一步，是软件设计的基础。研究的对象是软件产品的用户要求。把软件计划期间最初建立的软件作用范围详细精化，分析各种可能的解法并分配给各个软件元素。此阶段要达到以下目标：通过揭示信息流程的结构，提供软件开发的基础，通过标识接口细节，提供深入的功能说明来描述软件；确定设计约束和定义软件有效性要求；建立和保持与用户要求者的通信。要完成以下四方面工作：问题识别；评价和综合；规格说明；复审。通过使用一些工具使软件特征模型化。(2)计算机体系结构设计的主要任务之一。主要因素有：该系统所用的种类与特性；所用外部设备的特性；应用环境(用于实时处理的、远程处理的、分时使用的、事务处理的、科学计算的、高保密性的等)和对操作系统的其他要求等。

requirement analysis for database system 数据库系统的需求分析 对管理对象进行了解和分析，是数据库设计的初始阶段。需求分析就是对所有可能的数据库用户的数据要求及处理要求进行了解、收集和分析，以获得用户对计划建立的数据库的信息需求进行全面描述。需求分析阶段的工作十分繁琐，尤其是大型复杂的数据库设计更是这样，它需要管理人员同数据库设计人员的密切配合、通力合作。

requirement analysis tool 需求分析工具 软件生存期中需求定义阶段所使用的工具。包括描述工具和分析工具。

requirement definition phase 需求定义阶段 软件开发中的一个阶段。软件开发人员与用户密切合作，分析了解用户的真正需求，拟定算法进行分析，选择解决问题途径，确定总体数据结构，然后用明确的形式表示，形成“需求文件”。作为下一阶段工作的依据。

requirement description language 需求描述语言 能描述某些特定问题要求的系统描述语言。用于把现实环境中概念的东西描写成符合这些概念的系统。这种语言严格定义了语法规则和语义，无二义性，而且可以用计算机进行验证，还保证易读、易描述和描述的正确性。

requirement engineering 需求工程 (1)制定一个相容而无歧义的完全规范说明所涉及的全部活动。这种规范说明描述一个软件产品将要做什么而不是如何做。(2)用工程的方法根据用户需要确立一个软件系统的性能及完成该系统的计划。用户需求应该用严格的需求规格语言来书写，成为要建立

系统的一种面向问题的描述。除了完成系统功能描述和质量描述外，还要定出开发计划、进行成本效益分析等。

requirement phase　需求阶段　软件生命周期中的一个阶段，在此阶段对软件产品的需求（如功能和性能方面的能力）进行定义，并编制出相应的文档资料。

requirement process　需求确定进程　软件开发进程之一。提炼、细化并确定开发软件的功能、性能和接口需求，形成可供设计需要的软件需求规格说明。

requirements definition　需求定义　需求定义指的是软件工程里的五道工序中的第一道。即使用者根据需要向软件设计者提出他所需要的软件的需求。这种需求往往是较为原则的，但也有比较具体的。例如，由美国国防部组织拟定的 Ada“铁人”需求和“钢人”需求就相当具体。过去需求定义大都是自然语言来书写的。今后的趋势是采用较为严格的所谓“需求”语言书写。

requirements inspection　需求审查　对需求文档进行正式审查是保证软件质量的有效方法。需求审查是针对那些已编写成文档的需求，而对于那些存在于用户或开发人员思维中的没有表露的、含蓄的需求则不予审查。需求审查包括需求评审和需求测试两个部分，需求评审又包括正式的和非正式的两种形式。非正式评审可以根据个人爱好的方式进行评审，通常只是粗略的阅读和文档走查。而正式评审则遵循预先定义好的一系列步骤过程，并且需要专门的评审小组来完成，小组人员涉及项目经理、分析人员、编写人员、开发人员和测试人员等。在规划评审过程和明确评审标准的前提下，评审小组需要阅读、解释和讨论软件需求规格说明中的每一项需求，验证需求说明的完整性、一致性、可修改性、可跟踪性等特征，同时需要记录备案。需求测试是以用例模型为基础编写测试用例进行检验，虽然没有在运行系统上执行测试用例，但是设计测试用例的过程可以解释需求的许多问题。如果在需求开发的早期就开始开发测试用例，那么就可以及早发现问题并以较少的费用解决这些问题。参见 inspection。

requirement specification　需求（规格）说明　计算机体系结构设计的主要任务之一。包括设计准则、功能说明及所用器件性能。在设计准则中需考虑的有：造价、可靠性、可行性、可扩展性、兼容性、速度、保密安全性、灵活性、风险性和易于程序设计等。

requirement specification analyzer (RSA)　需求规格说明分析器　计算机辅助软件工程（CASE）的一部分，是一个支撑环境工具，能根据用户的需要对 RSL 所描述的系统进行各种信息的查询、跟踪、修改、分析和报告。并随时给用户提供各种目标之间的关系和各种图形，以提高用户的工作效率。参见 requirement specification language (RSL)。

requirement specification language (RSL)　需求规格说明语言　计算机辅助软件工程（CASE）的一部分，它提出描述多种目标类型和自动进行系统的完整性和一致性检查。如输入、输出、处理、元素、关系、事件、系统参数、属性、条件、界面、菜单、处理器、资源、数据集合、单位、实体、无定义等。语言的核心可以定义这些目标类型之间的关系。可描述的系统需求规格包括九个方面：系统性质和特性、系统的边界和输入输出流程、系统结构、数据结构、数据的由来、系统资源的使用和数据量、系统的控制、系统的动态结构、项目管理。

requirements verification　需求验证　软件开发中的需求验证以需求为基础建立概念性测试用例，并使用它们发现软件需求规格说明中的错误、二义性和遗漏，还可以进行模型分析。需求验证是需求开发的第四部分（其余三个为获取、分析和编写规格说明），需求验证所包括的活动是为了确定以下几方面的内容：①软件需求规格说明正确描述了预期的系统行为和特征；②从系统需求或其他来源中得到软件需求；③需求是完整的和高质量的；④所有对需求的看法是一致的；⑤需求为继续进行产品设计、构造和测试提供了足够的基础。参见 verification。

rerun　重算，重新运行　机器从头开始重复运行。出错后一般希望或必须重算，也可由中断或其他方式启动。

rerun point　重算点，重新运行点　计算机程序中能提供与程序的重新运算有关的全部信息的位置。

rerun routine　重新运行例程　在发生机器故障、误操作或编码差错之后，用来从最近一次经过的运行点重新开始运行的一种例程。

rerun time　重复运行时间　由于故障或操作中的人为错误而重复运行所用的那部分工作时间。

resale/shared-use order　转卖/共享使用决议　美国联邦通信委员会 1976 年通过的一项决议。实际上宣布有关转卖和共享公用载体洲际专线服务方面的所有限制为非法。以后准许转卖载体，可以订购已建立的电话公用载体的服务，并将其转卖给个别的用户以获取利润。该决议还准许共享使用。若干用户可以共同订用一个已建立的电话公共载体的专线服务，与该服务有关的通信费用由各个用户分担。

rescue dump　重入点信息转储，拯救转储　将整个存储器内的信息记录在磁带上，包括执行重入点信息转储时计算机系统的状态。计算机系统每运行到一定阶段时就执行这个操作，以使在出现突发故障时能从该点继续运行下去，而不必重新运行整个程序。

rescue point　拯救点，重初启点　程序中的一些特定点。这是为了处理灾难性故障而设置的。在出现灾难性故障,如电源断电等情况时,可在任意一个拯救点上使系统重新开始运行。对于一些长时间运行,拯救点的使用可使一个灾难性故障只影响一个运行段。同 restart point。

Research in Engineering Design 《工程设计研究》 德国 1989 年创刊,全年 4 期,Springer-Verlag 出版。SCI(科学引文索引)、EI(工程索引)收录期刊。刊载机械、土木、化学、电气、建筑、制造工程及计算机科学等领域有关设计理论和方法的研究成果、评论和书评。内容包括:设计理论、设计环境基础、再现及语言、设计过程模拟、设计与生产的结合等。

research network 研究网(络) 为研究目的而建造的计算机网络,如美国的 ARPARNET(阿帕网)。参见 cooperative networks, commercial networks, ARPARNET。

research open systems for Europe (ROSE) 欧洲研究开放系统 一种计算机网络。ROSE 提供的服务包括电子邮件、电子会议、文件传送、远程登录、远程命令执行等。ROSE 采用的协议是 SPAG(标准促进和应用组)建议的符合国际标准化组织(ISO)标准的协议集,远程终端访问用 X. 3, X. 23 以及 X. 29PAD,文件传送用 FTAM(文件传送存取与管理),电子邮件用 X. 400 系列,会话层用 ISO 8326 和 ISO 8327,传输层用 ISO 8072,互连层用 ISO 8473,网络层用 X. 25 和 X. 75 协议。

reservation station 备用站 在中央处理器内部的一个硬件寄存器集,用于存储未来操作将用到的数据或数据的备用信息。

reservation system 预留系统 允许一个站点尽力为其下一轮预定令牌的令牌环协议机制。

reservation table 预约表,备用表 在流水式中央处理器中,指描述在一个流水线计算过程中每一步所需资源的表格,以便于进行流水线的调度。

reserved accumulator 保留累加器 一种辅助存储器寄存器,通常用于存储扩展计算的中间结果。

reserved character 保留字符 一个键盘字符,对程序具有特殊含义,通常不能用于赋予文件名,如星号(*)和问号(?)以及垂直分隔符(|)。

reserved field 保留字段 (1)在记录中,只用于保存特定数据项的部分,如用户名。(2)在固定格式语言的指令中,只用于保存某一特定项的位置。例如操作数字段。

reserved memory 保留内存 微软 Windows NT 中,指已分配给线程的一组虚拟内存空间区域。参见 committed memory。

reserved message codes 保留消息码 为应用程序的使用而保留的文件夹应用机制消息码。

reserved page frame performance option 保留页帧性能可选项 在某些操作系统中的一种虚机可选项,它保留指定数量的页帧供一台虚机使用,通过这种可选项总是将虚机中最近活动的页面分配在实存储器内。

reserved page option 保留页面可选项 在某些操作系统中的一种虚机可选项,它将虚机中最活跃的页面分配在实存储器内。

reserved word 保留字 程序设计语言中的一个字或几个字。其意义由该语言的具体规则确定,用该语言编写的任何计算机程序不能将这些字移作它用。也禁止在该程序的其他上下文中使用这些字。

reserve gain 预留增益 通常一个放大器具有一个可提供的最大可用增益量。在设计一个宽带通信网络时,选定放大器的最大可用增益要略小于放大器可提供的最大可用增益量。这一预留增益可以预备用来补偿在装配期间可能出现的信号电平变化。通常一般考虑预留增益为 2 dB。

reserve power supply 备用电源 在主电源发生故障时,用来代替主电源的电源。参见 master power supply。

reserve redundant UPS 备用冗余式不间断电源 在冗余式不间断电源中,增设一个或几个不间断电源装置作为备用,当运行中的不间断电源装置发生故障时投入这些备用装置,以确保供电连续性的一种不间断电源。参见 uninterruptible power supply (UPS)。

reset 复位,置"0",清除 (1)人工终止微计算机的程序。(2)使计数器、寄存器进入规定的初始状态。一般是使其处于全 0 状态。(3)使全部或部分数据处理设备返回至预定的状态。复位俗称清零或总清。(4)将双稳态元件(代表一个二进制单元)的状态恢复为"0"状态。

reset button 复位按钮 一种重新启动计算机而不关闭电源的按钮。

reset collision 复位冲突 当 DTE(数据终端设备)和 DCE(数据电路终端设备)同时在同一逻辑信道上传送复位请求包和复位指示包时出现的情况。参见 call collision, carrier sense multiple access with collision detection (CSMA/CD), clear collision。

reset-confirmation packet 复位确认包 在 X. 25 通信中的一个由 DTE(数据终端设备)传输的包,用以告诉 DCE(数据电路终端设备)已经提出了一个复位操作的请求。

reset information data set (RIDS) 复位信息数据集 某些操作系统的系统数据集,其中包含执行复位操作所需的信息。

reset key 复位键 (1)一种控制键。其作用可使设备内各种状态置于准备好状态。(2)设在微计算机键盘附近的功能键或按键,当它被按下时停止处理。当此键释放时,计算机开始一个复位循环。在 Apple 计算机中,按下 RESET 键并不清除程序和变量,因为它与其他微机不同。如在 Tandy TRS-

R

80 中,按 RESET 按键会清除已在存储器中的程序和数据。所以按此键应慎重。

reset packet 复位报文包 用于清除现有交换虚拟呼叫或虚拟电路差错状态的报文。

reset pulse 复位脉冲 使计数器、寄存器等器件复位用的驱动脉冲。

reset router 重置路由表 用于在文件服务器中再设置或重新产生路由表的 Novell NetWare 服务器的实用程序。每隔两分钟路由表被设置一次,所以这个命令不常使用。

re-setting device 复位机构 使开关电器的可动部分恢复到动作前的位置的机构。

resident area 常驻区 操作系统专用的存储区。在系统启动时,专供操作系统使用。

resident compiler 常驻编译程序 常驻在计算机系统中的 ROM(只读存储器)中的编译程序,可将源程序转换成机器语言程序。

resident control executive area 常驻控制执行程序区域 主存储器内存放某些操作系统的区域。

resident executive program 常驻执行程序 管理程序中一直存储在内存储器中的那部分内容。

resident file 常驻文件 存放在磁盘上的一种文件,在它明确地被删除或改变为可擦除文件之前一直保留在磁盘上。

resident macroassembler 常驻宏汇编程序 把符号汇编语言指令转换成机器语言指令的一种汇编程序。除了能消除硬件转换的错误之外,它还能按符号名访问程序地址,以便于用户通过增删指令来修改程序,常驻宏汇编程序不需要重复的代码段,从而大大简化了程序的文件编写工作。

resident module 常驻模块 一直存储于计算机内存储器中的一种程序模块。用来跟踪程序执行状态,并指出需要哪一个覆盖模块。

resident program 常驻[驻留]程序 一种驻留在存储器特定区域中的程序。这些程序被拷贝到处理机存储器内,因而在执行时不再需要从磁盘调页。参见 terminate-and-stay-resident program。

resident program area 常驻程序区 主存储器中存放常驻程序的区域。

resident program select list 常驻程序选择表 一种存储在常驻程序存储器内或准备被复制到常驻程序存储器中的程序表。

resident program storage 常驻程序存储器 在某些操作系统中,处理机存储器的扩充区域部分,其中装有常驻程序、系统服务程序或者两者都有。常驻程序存储器的大小是作为系统配置的一部分而规定的。

resident segment 常驻程序段 某些小型机系统中,在任务集执行期间一直保留在主存储器内的程序段。常驻程序段中的程序可以调用某一覆盖程序段中的程序,也可以调用另一个常驻程序段中的程序。

resident software 常驻软件 一些存储在只读存储器中,成为固件形式的支持程序。可装在微型计算机系统或单片及单板微型计算机的硬件电路中。这种常驻软件的功能比较简单,占只读存储器的容量也较小。微型计算机系统的初始装入程序及单板机、单片机的监控程序大多属于常驻软件。

resident task 常驻任务 一直在主存储器中的任务。启动次数较多和需要迅速回答的任务应作为常驻任务。

residual control 后效控制 一种用微指令控制硬件的方式。在此控制方式中,微指令不直接控制硬件,而是通过一组建立寄存器来控制硬件。微指令的任务是在需要时清除、建立或更新建立寄存器的内容。由于建立寄存器中的控制信息不随微指令的消逝而消失,其控制的有效期可以多于一个微指令周期。当某些微操作需重复执行时,相应的建立寄存器只要建立一次就行了,从而可以节省控制存储器的空间,如果采用多个建立寄存器,分别控制硬件的不同部分,而建立寄存器由垂直型微指令进行修改,则这种方案兼有垂直型和水平型指令的特点。

residual current 残余电流 低压配电线路中各相(含中性线)电流矢量和不为零的电流。

residual current automatic circuit breaker 漏电自动断路器 电路中漏电电流超过预定值时能自动动作的自动开关。

residual current circuit-breaker 漏电断路器 电路中漏电电流超过预定值时能自动动作的开关。

residual current device (RCD) 剩余电流保护器 具有剩余电流保护功能的系列低压保护电器的总称。

residual electric polarization 剩余电极化(强度) 除去电场以后的电介质的极化强度。

residual error 残留误差,漏检错误 (1)从经验或实验得到的最优结果和按理论推得的精确结果之间的差值。(2)在接收信息时差错控制设备未查出的错误。

residual error rate 残差率 被错误接收但未被检测或被差错控制设备遗漏的位、单位元素、字符或块的数目与被发送的位、单位元素、字符或块的总数之比。同 undetected error rate。

residual error ratio 残(留差)错率 在校正以后仍残留的误差比率。

residual excited linear prediction (RELP) 残差激励线性预测编码 RELP 语音编码方法对线性预测得到的预测残差作进一步的量化,可在中速率上获得较好的合成语音。

residual flux 残余磁通量 当加在磁芯上的磁动势

去掉之后，磁芯中遗留下的磁通量。

residual losses 剩余损耗 磁性材料总损耗与涡流损耗及磁滞损耗之和的差值。参见 eddy current loss，hysteresis loss，total losses of a magnetic material。

residual magnetization 剩磁强度，顽磁 磁化场移去后，在铁磁体中保持着的磁化强度。

residual operating current 剩余动作电流 能启动剩余电流保护装置的剩余电流。

residual voltage of an arrester 避雷器的残压 放电电流通过避雷器时，其端子间所呈现的电压。

residual voltage of capacitor 电容器的剩余电压 (1)开断一段时间之后电容器的端子间尚残存的电压。(2)由一台三相电压互感器或三台单相电压互感器的二次绕组接成一三角形。当三相电压施加于电容分压器的高电压端子和低电压端子之间时，在开口三角端子之间产生的电压。

residue check 剩余(数据)校验 一种合法性校验。其方法是：用一个数去除操作数，然后对其余数进行校验。

residue code 剩余(代)码，余数码 (1)一种校验码。码长 $n=k+r$，将 k 部分对 n 进行模运算，余数作为 r。此码可用来检测算术运算的正确性。(2)按算术运算求余数的思想进行编码，并用算术运算结果检测错误。整数 N 的余数可表示为

$$N = Im + r$$

其中 m 是检查基数，I 是一整数，r 便是 N 对 m 的余数，并且 $0 \leqslant r \leqslant m$。上式又可表示为

$$r = N \bmod m$$

在余数码中，信息位是 N，检验位是 $C = N \bmod m$，而校验位位数等于 $\log_2 m$ 向上取的整数。余数码是可分离码，可对数据位(或信息)和校验位分别处理。

residue problem 残留问题 在操作结束后，由于存储区中残留数据而引起的一系列安全问题。存储区中的残留数据对于合法用户是无用的，但往往被一些具有一定技巧的非法人员所利用，造成信息泄露的后果。例如删除磁盘上的文件仅仅是删除操作系统提供的访问标志，掌握恢复技术的人员可再现此文件，从而获得数据。

resilient fast Ethernet ring (RFER) 弹性快速以太网环路 RFER 可以在光纤甚至铜线环路上结合 SONET(同步光纤网)/SDH(同步数字系列)和 RPR(弹性分组环)的最佳特性，可以提供不到 50 毫秒的 SONET/SDH 恢复性能和更细的粒度。RFER 的快速恢复功能使用户可以通过在环路拓扑中使用暗光纤或干铜线来构建高度可靠的网络。

resilient packet ring (RPR) 弹性分组环 一种面向数据业务，适用于城域网范畴的光纤环状网。弹性分组环利用了大部分数据业务的实时性不如话音那样强的事实，使用双环同时工作的方式。RPR 与媒体无关，可扩展，采用分布式的管理、拥塞控制与保护机制，具备分服务等级的能力。能比 SONET(同步光纤网)/SDH(同步数字系列)更有效地分配带宽和处理数据。

resin bonded paper bushing 胶(粘)纸套管 主绝缘由上胶纸卷绕成的芯子所构成。在卷绕过程中，由于树脂的涂覆使每一纸层相粘，并由于树脂的热处理固化而达到粘结。参见 insulator，oil impregnated paper bushing。

resin impregnated paper bushing 胶浸纸套管 主绝缘由未处理纸卷绕的芯子构成，随后经树脂浸渍并固化。参见 insulator，oil impregnated paper bushing。

resistance (R) 电阻 抵抗电流的能力，除了超导体外，所有物质都具有电阻，电阻小的材料称为导体，电阻很大的材料称为绝缘体。

resistance-capacitance constant 阻容常数 阻容电路的时间常数。其单位为秒，等于电阻值(欧姆)乘以电容值(法拉)。

resistance heating 电阻加热 在直接与电源连接的导体中，由焦耳效应产生热能的电热。

resistance of an ideal resistor 理想电阻器的电阻 理想电阻器的端电压除以电流所得的商。参见 ideal resistor。

resistance start split phase motor 电阻启动分相电动机 分相电动机的一种，其辅助初级绕组与电阻器相串连或该绕组本身具有必要的电阻值。电动机达到适当转速时，辅助电路即行开路。

resistance strain gage 电阻应变片，电阻应变计 简称应变片或应变计，是由敏感栅等构成用于测量应变的元件。它能将机械构件上应变的变化转换为电阻变化。

resistive direct voltage regulation 阻性直流电压调整率 电阻引起的直流电压调整率(不考虑电子阀的门槛电压)。比较 inductive direct voltage regulation。

resistive load 阻性负载 当负载电流负载电压没有相位差时的负载。通俗一点讲，阻性负载是通过电阻类的元件进行工作的纯阻性负载。

resistive reverse current 阻性反向电流 不包括反向恢复电流的稳态反向电流部分。

resistive touch screen 电阻式触摸屏 一种触摸式显示器，在显示器屏幕上加一个玻璃罩，玻璃罩的表面涂了一层透明的金属层，再覆盖一层里面涂有金属层的塑料片，玻璃罩与塑料片之间有绝缘支点隔离。当用手指触摸时，塑料片的金属层与玻璃罩上的金属层接触，这样根据电阻大小可以求得触摸点的坐标。这种触摸屏能防潮和防尘，可带手套触摸，但透光性差。参见 touch screen。

resistivity 电阻率 电导率的倒数，也称"电阻系

数”。是衡量物质导电性能好坏的一个物理量，以字母 ρ 表示，单位为欧姆×毫米平方/米。在数值上等于用那种物质做的长 1 米，截面积为 1 平方毫米的导线，在温度 20 ℃ 时的电阻值。参见 conductivity。

resistor　电阻器　具有一定电阻值的元件，用来阻止电流流动，在电路中用来形成一个所需的电压降。

resistor-capacitor-transistor logic (RCTL)　电阻电容晶体管逻辑电路　在这种电路中，把发射极接地的多个晶体管的基极串接电阻电容并联回路作为输出端，各晶体管的集电极接公共电阻作为输入端，这种电路实现正逻辑的“或非”功能。

resistor-transistor logic (RTL)　电阻晶体管逻辑电路　在这种电路中，把发射极接地的多个晶体管的基极接串联电阻作为输入端，各晶体管的集电极接公共电阻作为输出端，这种电路实现正逻辑的“或非”功能。

resolution　分辨率，清晰度　(1)计算机显示分辨率是定义显示画面解析度的标准，由每帧画面的像素数决定。分辨率通常用一个乘积来表示，如 800×600、1 024×768、1 280×1 024 等，它表示水平方向的像素点数与垂直方向的像素点数的乘积，而像素是组成图像的基本单位，也就是说，像素越高，图像就越细腻越精美。(2)在计算机制图技术中，对图像清晰度的度量，用显示屏幕上的行数和列数或单位面积内的像素来表示。

resolution bandwidth (RBW)　解析频宽　RBW 代表两个不同频率的信号能够被清楚的分辨出来的最低频宽差异。两个不同频率的信号频宽如低于频谱分析仪的 RBW，此时该两信号将重叠而难以分辨。

resolution differences　分辨率差别　在某些系统的屏幕上，X 方向的分辨率与 Y 方向的分辨率不同，造成一个 $n\times n$ 像素的正方图形，它看上去是一个矩形。这种 X,Y 分 辨率的不同称为分辨率差别。

resolution error　分辨误差　由于计算机装置无法分辨一个变量小于给定增量的变化而引起的误差。

resolution factor　分辨率　在情报检索中，将所检索的资料总数除该文件中可利用的资料总数所得到的比值。

resolution mode　分辨率方式　某些系统为用户提供不同的分辨率方式。一般有低分辨率方式、中分辨率方式和高分辨率方式。

resolution principle　归结原理　1965 年美国数学家鲁滨逊提出了归结原理，该原理的基本的出发点是，要证明一个命题为真都可以通过证明其否命题为假来得到。该原理推进了用逻辑方法进行机器证明的研究。

resolution proof graph　分解证明图　与反驳树类似的一种图。两者的差别在于分解证明图不仅是树，而且可能是一个图。

resolution pyramids　分辨率金字塔　分辨率从 1×1 像素阵列逐步增加到 $N\times N$ 像素阵列的一个数字图像序列(通常采用每步在每个方向上分辨率增加 2 倍)。它是表示数字图像的一种数据结构，因其结构像金字塔而得名。广泛用于数字图像分割、边缘检测、相关匹配和逐步求精的图像分解算法中。

resolver　旋转变压器　一种电磁式传感器，也称“同步分解器”。它是一种测量角度用的小型交流电动机，用来测量旋转物体的转轴角位移和角速度，由定子和转子组成。其中定子绕组作为变压器的原边，接受励磁电压，励磁频率通常用 400、3 000 及 5 000 Hz 等。转子绕组作为变压器的副边，通过电磁耦合得到感应电压。

resolving power　分辨(能)力　在图像识别中，一种分辨图像细节的能力，取决于组成图形的像素的大小和多少。

resonance　谐振，共振　自由振荡和强迫振荡的频率相同的振荡系统中所呈现出的一种现象。参见 free oscillation，forced oscillation。

resonant circuit　谐振电路　运行在接近谐振情况的电路。

resonant converter (RC)　谐振转换器　一种开关式转换器技术，其中的谐振电路工作在很高的频率，用于把能量传送到输出端。

resonator　谐振器，共振器　能与其他振荡器谐振的器件或系统。

resource　资源　资源是指在一定技术条件下，能为人类利用的一切物质、能量和信息。大体上可分为三类资源：自然资源、经济资源和社会资源。

resource abstraction layer　资源抽象层　IPTV 中间件系统移植到不同的硬件和驱动层平台时所定义的一系列与资源层之间的接口。参见 IPTV middleware。

resource access control facility (RACF)　资源访问控制设施　一种 IBM 的特许程序，通过以下方法来控制对系统资源的访问以保护资源：识别和验证系统用户；对受保护的资源实施授权访问；对检测出来的未经授权而想进入系统的企图进行记录；记录已检测出的访问。参见 standard access list，conditional access list。

resource admission control function (RACF)　资源接纳控制功能　下一代电信网络(NGN)总体结构中的一个重要功能实体，它实现了传送资源和对边界网关的控制，这种功能实体能根据用户信息、服务等级、网络资源可用性等因素完成对用户接入的管理，是 NGN 支持端到端通信服务质量的有效方法。

resource admission control subsystem (RACS)　资源接纳控制子系统　是下一代电信网(NGN)的一个

子系统，负责资源接纳控制、资源预留，保证用户的增值业务能获得相当的网络资源，允许实时多媒体业务，如 VoIP、视频会议、视频点播、在线游戏等的申请资源。

resource allocation 资源分配 操作系统为完成各个作业而对硬件资源和软件资源进行的分配。其目的是保证各任务都能向前推进而又避免出现死锁。有静态分配和动态分配两种方法。目前常用的是动态分配法。

resource attribute 资源属性 对设计以外的实体所用元素的描述。资源属性标识和描述设计以外的实体在执行其功能时所用到的所有资源。本属性规定使用这些资源所用到的相互作用规则和方法。它提供物理设备(如打印机、磁盘分区等)、软件服务(数学库、操作系统服务等)以及处理资源(如 CPU 等)。资源属性还描述一些使用特性，如占用资源时间、缓冲区数等。

resource-based access control 基于资源的访问控制 在计算机安全方面，基于客体的提供的授权证明进行的访问控制，如与对象相关的口令，对应于 identify-based access control。

resource class 资源类别 根据分配目的区分的资源的类型。常见的资源有“文件”、“主存储器”和“外部设备”等。

resource control block (RCB) 资源控制块 资源向量表指向的任一网络控制程序数据区。它可以是线路控制块、逻辑线路组控制表、站控制块或设备基本控制块。参见 resource vector table (RVT)。

resource data 资源数据 数据结构、模板、定义过程、管理程序、图标位图等与某个资源如菜单、窗口或对话框有关的信息。参见 resource, resource fork。

resource deallocation 资源重新分配 从一程序或作业回收资源，再分配给另一程序或作业，称为资源重新分配。

resource description framework (RDF) 资源描述框架 RDF 已被 W3C(万维网联盟)成员及其他相关方面审阅，并已被 W3C 理事批准为 W3C 推荐标准。RDF 为 Web 资源描述提供了一种通用框架，它以一种机器可理解的方式被表示出来，可以很方便地进行数据交换，RDF 提供了 Web 数据集成的元数据解决方案。通过 RDF 的帮助，Web 可以实现目前还很难实现的一系列应用，如可以更有效地发现资源，提供个性化服务，分级与过滤 Web 的内容，建立信任机制，实现智能浏览和语义 Web 等。参见 platform for Internet content selection (PICS), smart browsing, semantic Web。

resource description framework schema (RDFS) 资源描述框架模式 用于描述 RDF 的原型以及术语的意义和关系，定义 RDF 的词汇表。RDFS 并不面向具体的应用，但提供了描述各种类和特性的能力，从面向对象的观点来看，RDF 中的对象便是 RDFS 中描述的某种类型的实例。

resource descriptor 资源描述符 用于保持某种资源的所有状态和特征信息的操作系统数据结构。

resource dynamic monitoring 资源动态监测 为了解资源本身及其反映它们的信息时空动态变化过程为目的的监测。

resource ecosystem 资源生态系统 资源与其生物环境和非生物环境相互作用、相互影响所形成的复杂的、动态的过程系统。

resource evaluation index framework 资源评价指标体系 以评价资源为目标，对资源系统及各子系统的内在特征和外部联系进行描述和界定的指标体系。

resource evaluation model 资源评价模型 在特定的时空范畴内，以概念、结构或数学公式等方式，反映资源对人类生存及社会经济可持续发展的适宜程度的应用模型。

resource file 资源文件 一个由资源数据和资源图表构成的文件。参见 resource, resource fork。

resource fork 资源叉子 在典型的苹果 Macintosh 机文件中的两个叉子之一，另一个是数据叉子，程序文件的资源叉子包含可重新使用的项的信息，程序可在执行时使用这些信息，在资源叉子中可找到各种资源中有一块块程序指令、字体、图标、窗口、对话框和菜单等，用户建立的文档一般在数据叉子中存储数据，也可以使用其资源叉子以存储文档中多次使用的项。

resource geography 资源地理学 研究区域资源的数量、质量的地域组合特征、空间结构与分布规律，以及资源合理分配、合理开发、利用、保护和经济评价，并从中揭示资源利用与地理环境和经济协调发展的关系。是地理科学体系中一门应用基础学科。

resource group class 资源组类 在 RACF(资源访问控制设施)中的一个类，其中可定义资源组轮廓文件。一个资源组与另一个类相关。

resource group profile 资源组轮廓文件 在 RACF(资源访问控制设施)中，在资源组类中的一个通用资源轮廓文件，可为一个或多个不同名字的资源提供 RACF 保护。参见 resource group class。

resource hierarchy 资源体系 在某些通信系统软件中，网络资源之间的一种关系。在这种关系中，由于资源在网络结构中的位置不同，一些资源从属于另一些资源。例如，外围 PU(物理单元)的 LU(逻辑单元)是从属于物理单元的，而该物理单元又从属于将它连接到它的子域节点上去的链路。

resource informatics 资源信息学 资源信息学是研究与人类生存和发展密切相关的各种自然及社会资源信息的形成机理及其获取、处理、存储、管理、分析、传输、应用相关联的理论与方法论的科学。

resource information application 资源信息应用 以科学研究、经济建设或社会效益为目的、直接或间接地利用资源信息为其服务的过程。

resource information code 资源信息编码 在信息分类的基础上,将分类的结果用一种易于被计算机和人识别的符号体系表示出来的代码。

resource information communication 资源信息通信 利用通信设备将数据、文字、图形、图像、声音等各种形态的资源信息从一个资源信息系统或网络节点传送到另一个系统或节点的过程及技术。

resource information conception model 资源信息概念模型 根据应用需求的不同层次,从传统经验出发,对资源领域客观事物和现象进行抽象和定性描述的思维模型。参见 resource information structure model。

resource information construction 资源信息建设 为满足国家、部门或企事业单位等的实际需要,采用现代信息技术,按照一定的标准收集、整理和加工资源信息的过程。

resource information criterion 资源信息规范 在资源信息生产和使用过程中,在一定范围内经协商制定的、需要大家必须遵循的一系列明文规定或约定俗成的规则。

resource information database 资源信息数据库 一种由资源信息记录组成的文件。每个记录包含若干个字段及其相应的一组操作,可以进行查询、排序、重组等操作。是资源信息进行科学地组织和管理的实体和一种存储方式的统称。

resource information data input 资源信息数据输入 将资源信息转换为计算机可识别形式所进行的工作,以及从甲设备向乙设备传输资源信息的过程。

resource information data output 资源信息数据输出 从数据处理装置(一般指计算机)或存储器中取出资源信息的过程。

resource information evaluation 资源信息评价 对资源信息从概念框架、组织方式、结构模型、系统功能、信息获取、信息存储、信息传输、信息加工处理和信息质量等方面的科学性所进行的总体和局部的评判。

resource information increment 资源信息增量 人们有关资源信息存量不断增加的部分,在资源信息学中多指建成数字化的资源信息的增加量。参见 resource information storage。

resource information inputting 资源信息录入 将资源信息(数字、文字、图形、图像、语音等)录入计算机的过程。常用方法有键盘录入、扫描录入、数字化仪录入、语音录入等多种方式。

resource information maintenance 资源信息维护 保持资源信息的真实性、完整性和实时性的操作和管理工作。主要内容是数据更新,可分为时间上的更新、空间上的更新、方法上的更新等。

resource information management 资源信息管理 在信息科学技术领域,指在计算机系统中对资源信息活动各种要素(信息、人、机器、机构等)进行合理的组织和控制的全部内容。

resource information metadata 资源信息元数据 元数据是关于数据的数据。在资源信息数据中,元数据是说明数据内容、质量、状况和其他有关特征的背景信息的数据。

resource information mining 资源信息挖掘 一般指从大型数据库(或基于网络的分布式数据库)的数据中提取人们感兴趣的知识,形成结论性的、有用信息的过程。

resource information model base 资源信息模型库 存储在计算机上的有组织、可重用、能共享的资源信息模型集合,是原始数据分析的工具库。

resource information observation 资源信息观测 对资源要素及其环境中的物理、化学和生物要素进行观察、测量和记载的过程。

resource information processing 资源信息处理 对获取的资源信息,用一定设备和手段,按一定的要求、目的和步骤进行加工的全过程。包括信息加工、分析、传递、存储、检索和输出等。

resource information quality 资源信息质量 资源信息的评价标准之一。包括信息的准确性、完整性、一致性、相关性、时限性、有效性以及需求的满意度等。

resource information quantity 资源信息量 资源信息多少的量度。有不同的计量方法,可以按十进制、二进制、十六进制、比特数等方式表达。

resource information replay 资源信息回放 将已存储在计算机磁盘(硬盘或软盘)、光碟或磁带等输出媒体里的数据,用计算机显示终端或屏幕显示器在程序控制下读出并显示的操作。

resource information search 资源信息检索 人们在计算机或计算机检索网络的终端机上,使用特定的检索指令、检索词和检索策略,从万维网上、局域网或特定资源信息数据库中搜寻所需信息,再由终端设备显示或打印的过程。

resource information sharing 资源信息共享 按照一定规则供用户无偿或有偿使用的过程。是一种开放的服务方式,但它并不是随意的,在信息密级、使用范围、使用权限等方面都受到一定的约束。

resource information standard 资源信息标准 对资源信息中的重复性事物或概念所做的统一规定,由主管部门批准,以特定形式发布,并成为共同遵守的准则和行动依据。参见 standardization of resource information。

resource information storage 资源信息存量 人们

对各种资源认识的知识总和。在资源信息学中多指建成数字化的资源信息总量。参见 resource information increment。

resource information structure　资源信息结构　资源信息结构由资源信息元数据和数据体两大部分所构成。

resource information structure model　资源信息结构模型　表征资源系统客观实体的内部组成,以及各主要控制因子之间的相互关系和作用方式的静态模型。参见 resource information conception model。

resource information transmission　资源信息传输　资源信息从一地(发送端)通过介质向另一地(接收端)的传递。主要指有线传输和无线传输、数据传输、数字传输和模拟传输。

resource information update　资源信息更新　由于资源信息的"时空性"和"相对性",需要定期和不定期地用新的资源信息替换或修改已有资源信息的过程。

resource information warehouse　资源信息仓库　一个用于支持管理决策的、面向主题的、集成的、相对稳定的、反映历史变化的资源信息集合体。

resource information worth　资源信息价值　资源信息中凝结的人类劳动,包括资源信息功用的重要内涵,通过科学、社会、经济和市场体现的价值。

resource interchange file form (RIFF)　资源交换文档格式　用于再生、记录、交换多媒体数据的标准文档格式。它是通过把标记和数据结成对来表示的多媒体数据,适用于声音、图像、动画等数据的表示。

resource isolation　资源隔离　系统软件实现的功能,用于保证并发程序的执行,而不使某个程序的执行影响其他的程序执行。

resource label　资源标志　在 NetView 图形监控机制中,标识一个实际资源的文本信息,资源标志在资源符号之后显示,不能被网络操作员改变。

resource level　资源级　在 NetView 程序中,一个设备的层次位置以及包含在其中的软件,如一个第一级的资源可以是通信控制器,而第二级资源可以是连接它的线路。

resource management (RM)　资源管理　(1)在ATM(异步传输模式)网络中,对于网络关键资源的管理。网络的两个关键资源是缓存空间和主干带宽。为根据服务特征分离通路流量,可能使用应变措施以分配网络资源。虚拟路径连接在资源管理中起关键的作用。通过虚拟路径连接的保留能力,建立各个虚拟通道连接所需的处理工作可减少。(2)操作系统为满足执行程序的要求而对处理资源进行分配的活动。

resource management cell　资源管理信元　ATM(异步传输模式)网络中,关于网络状态的信息(如带宽能力、冲突状态和等待的冲突)通过专门的控制信元传递给源端,这种控制信元就是资源管理信元。

resource number (RN)　资源号　某些操作系统中,由程序设计约定赋给系统资源的一种编号,其范围在 0 ~ 255 之间。当系统资源被几个程序共用时,这些程序可以锁定或解锁所分配的资源号,以确保资源使用的暂时性、唯一性。

resource object data manager (RODM)　资源对象数据管理器　NetView 程序的一个元件,作为一个高速缓存进行操作,支持自动化应用程序。RODM 提供一个存储器内的高速缓存以在多个应用程序可访问的地址空间中维护实时数据。

resource protection　资源保护措施　事先设计好的对系统资源的自动保护措施,只有在正确的操作下才允许存取资源和利用资源在机器内进行操作。

resource registration　资源登记　识别网络节点中或者中央目录服务器中资源名字的过程。

resource remote sensing survey　资源遥感调查　通过遥感技术获取地球表面地物的反射、辐射信息,以此为基础研究地球上各种资源的数量、质量及空间分布信息的过程。

resource reservation protocol (RSVP)　资源预留协议　一种为数据流建立资源预留的传送层协议。该协议既不传送应用数据流,又不选路,而是一种控制协议。RSVP 是一种用于互联网上服务质量整合的协议。RSVP 允许主机在网络上请求特殊服务质量用于特殊应用程序数据流的传输。路由器也使用 RSVP 发送服务质量(QoS)请求给所有节点(沿着流路径)并建立和维持这种状态以提供请求服务。RSVP 能在信息传输的源节点和目标节点之间为应用流预留一定的带宽,为应用流提供一定的 QoS 保证。源节点的应用在发起传输之前,首先向路径上的节点(路由器或交换机)申请资源预留。交换机上的 RSVP 代理进程收到申请后,通过策略控制和许可控制决定是否允许资源预留。许可控制查看本交换机是否存在足够的资源,策略控制查看用户是否具有申请这些资源的权限。RSVP 通过 IP(网际协议)网络支持预留资源。在 IP 端系统上运行的应用程序可使用 RSVP 对其他节点指示它期望得到的信息包流特性,如带宽、抖动值、最大突发量等。

resource resolution table (RRT)　资源分辨表　在 NetView 性能监控器(NPM)中,包含网络资源名字并收集其数据的表。

resource routing　资源路由　对网络中内容信息、节点信息、业务信息等系统资源信息的查询及定位过程。

resource sampling statistics　资源抽样统计　按照随机原则从资源开发利用现象的总体中抽取一部分个体进行统计调查,用调查的个体样本推断总体的某些指标的一种非全面调查统计。

resource satellite 资源卫星 资源卫星是航天技术与遥感技术相结合的产物。遥感技术可使卫星从太空取得陆地、海洋和大气的各种信息。人造卫星用遥感技术武装起来以后如虎添翼，能搜集大面积和宽频段的信息。资源卫星虽然出世较晚，但是用途极广，受到国民经济许多部门的欢迎。农业部门利用资源卫星提前一到二个月预报作物产量，误差不超过3%；卫星能够在人眼还觉察不到的时候，早期发现农作物的病虫害。美国用卫星照片的资料，发现过小麦黑穗病和谷物叶子枯萎病等，及时防治，可避免损失。

R

resource security 资源安全 资源安全是一个国家或地区可以持续、稳定、及时、足量和经济地获取所需自然资源的状态。资源安全分为战略性资源安全和非战略性资源安全；又可分为水资源安全、能源资源安全(包括石油安全)、土地资源安全(包括耕地资源安全)、矿产资源安全(包括战略性矿产资源安全)、生物资源安全(包括基因资源安全)、海洋资源安全、环境资源安全等。

resource sequence number (RSN) 资源序号 在网络拓扑数据库中识别一个资源更新的值。

resource sharing 资源共享 (1)指共同利用与信息有关的各种资源。为此可将不同种类的电子计算机相互连接而形成计算机网络。与时间分享系统的共同利用计算机相比，可以共同利用更加广泛的信息资源。(2)多个用户共用计算机系统中的资源。在网络系统中终端用户可共享的资源主要包括处理机时间、内存空间、各种软设备和数据资源等。资源共享是计算机网络实现的主要目标之一。

resource sharing computer network 资源共享计算机网络 多个用户共用计算机中的资源，即中央处理机时间和内存储器空间的共享。这种计算机网络便称为资源共享计算机网络。

resource-sharing control 资源共享控制 在分布式处理系统中把多台计算机结合起来，使之分摊工作负荷的一种控制功能。

resource status manager 资源状态管理器 在NetView图形监控机制中的一个部分，维护SNA(系统网络体系结构)资源状态信息数据库，并将这些信息送给连接的服务器工作站。

resource subnet 资源子网 计算机网中，由主机系统和终端设备组成的子网。其功能是进行数据处理和资源共享。

resource symbol 资源符号 在NetView图形监控机制中，一个代表某种资源并表示资源是复合资源的几何形状，如线条、方块、八角形等。

resource takeover 资源接管 在某些通信系统软件中，网络操作员所进行的一种行动，它将网络资源控制权从一个辖域传送给另一个辖域。参见acquire, release。

resource type 资源类型 (1)在Macintosh操作系统中的一系列结构类和过程资源之一，如代码、字体、窗口、对话框、模板、图标、模式、串、驱动器、光标、颜色表、菜单等，资源类型具有特殊的识别标志，如CODS是代码标志，FONT是字体的标志。参见resource, resource fork。(2)在NetView程序中，一个描述面板组织的概念。资源类型定义为中央处理单元、通道、控制单元和输入输出设备等，以及通信控制器、适配器、链路、簇控制器、终端，资源类型与数据类型和显示类型结合以描述显示组织。参见data type, display type。

resource vector table (RVT) 资源向量表 网络控制程序的一个数据区，系统中的每个资源在其中占有一个表目。用它作为每个网络控制块的索引。

responded output 响应输出 在某些通信系统软件中，输出请求的一种类型。应答返回时，该输出请求完成。比较scheduled output。

response 响应，应答 (1)在业务连续性计划(BCP)中，对意外或突发事件做出回应以评估其造成的影响或损失，以确定所需采取的控制行为的过程。(2)在数据通信中，在应答帧的控制字段里表示的一种应答。它通知主站或复合站由次站或另一复合站对一个或多个命令所取的动作或从站的当前状态。参见command。(3)在SNA(系统网络体系结构)中，一种确认收到请求的报文单元，应答通常由一个RH(应答标题)，可能还有一个RU(应答单元)所组成。参见response header。

response duration 响应区间 从影响存储器单元的脉冲开始时间到由此引起的存储器单元响应结束之间的时间间隔。

response frame 响应帧，应答帧 (1)由次站发出的一个帧或包含发送复合站地址的复合站发出的一个帧。(2)一个视频数据术语，是指希望从用户处理到响应的一帧。这个响应被传送到信息发送端即信息提供者。

response header 应答标题 SNA(系统网络体系结构)中的一个标题，其后可能跟有一个RU(应答单元)。此标题表明应答是肯定的还是否定的，而且还可能包含一个调步应答。参见isolated pacing response, negative response, pacing response, positive response。

response primitive 响应原语 在开放系统互连系统结构中，一个由服务用户发出的原语，用以表示他已完成一个在同一服务访问点上的先前指示原语请求的过程。

response register 响应寄存器 相联存储器的一个部件，其位数与存储器的字数相等，并一一对应，也称“查找结果寄存器”。通过其中的内容可以识别存储器的单元中哪些是响应单元，哪些不是响应单元。

response/throughput bias 响应/吞吐量折衷 系

统资源管理程序中周期定义内的一类信息。用来告诉工作负荷管理程序,如何在满足系统的信息吞吐量目标和满足每秒执行指令数所规定的服务速度之间进行折衷。

response time 响应[应答]时间 (1)从一个询问或一个计算机系统的请求的结束到开始应答之间的时间间隔。例如,在一次询问结尾和在用户终端上显示第一个应答字符之间的时间间隔。(2)在实时系统中,系统对一事件产生反应所需的时间。通常这是指一事件自出现(如货物自仓库中开始向外调动)到在主文件上将事件记录下来所用的时间。也指对随机询问和响应和服务的时间。(3)在计算机网络系统中,从某站点向另一站点发出询问起至接到对方回答信号为止所需的时间。其中包括本站点询问信号送到另一个站点为止的传输时间和另一个站点对询问信号进行相应处理的时间,以及发送回本站的传输时间。响应时间反映了计算机网络系统传输信息速度的快慢情况,它是衡量网络系统性能的重要指标之一。参见 interaction time, turnaround time。

response time monitor (RTM) 响应时间监控器 某种硬件设备具有的一个特征,用以测量响应时间,这些测量值可被 NetView 程序收集和显示。

response time window 响应时间窗口 在一个令牌总线网络中,一个控制的时间间隔,等于一个槽的时间,在这段时间中一个数据站在传输了一个MAC(介质访问控制)帧之后停顿并倾听响应。

response unit (RU) 应答单元 在 SNA(系统网络体系结构)中,对请求单元进行确认的一个报文单元,它可以含有在请求单元中接收到的前缀信息。如果是肯定应答,则应答单元可以包含附加信息,如对 BIND SESSION 应答的对话参数,如果是否定应答,则包含确定异常情况的感测数据。

response vector 响应向量 如果 q_k 是情报检索中的一个用户提问向量,$d_i(n)$ 是第 n 篇文献对第 i 个检索词的相关性值,那么对 k 个提问向量则第 n 篇文献,其响应情况应为

$$r(n) = \sum_{i=1}^{k} d_i(n) q_i$$

n 的范围可以包括所有文献号,$r(n)$ 值的集合可以看作是响应向量 r。

response window 响应窗口 在 PowerBuilder 数据库软件中,响应窗口是一种模式窗口,当这种类型的窗口被打开之后,输入焦点就切换到这个窗口上,用户只有在对这个窗口进行操作并关闭这个窗口之后才可以使用程序中的其他窗口。

responsivity 响应度 光学系统中,响应度是检波器的输出电流与输入光能的比率。

restart 再启动,重新启动 (1)也称"检查点再启动"过程。是使计算机能在出现故障或中断事件时,从最后一个检查点而不是从头开始运行的技术。一般用在处理时间超过几个小时的那些应用中。(2)重新启动程序运行。

restart and recovery technique 重新初启和恢复技术 使计算机在错误或中断事件后有可能从最后检验点而不是从运行的开始点处继续进行的一种技术。这些技术应用于要求处理时间很长的情况。

restart condition 再启动条件 计算机和程序的执行过程中可以重新建立并重新启动计算机程序运行的条件。

restart-confirmation packet 重新启动确认包 在 X. 25 通信中,由一个 DCE(数据电路终端设备)为请 DTE(数据终端设备)确认链路已被重新启动而发出的一个呼叫监管包。

restart-indication packet 重新启动指示包 在 X. 25 通信中,由一个 DCE(数据电路终端设备)为向 DTE(数据终端设备)表示重新启动请求已被接收而发出的呼叫监管包。

restart instruction 再启动指令 计算机程序中可以重新启动程序执行过程的指令。

restart key 再启动键 一种功能键。按下该键时可以建立再启动中断。当允许再启动中断时,主机可以重新执行某个特定的程序或返回到程序的一个预定点。

restart object name 重新启动对象名 从用于重新启动和恢复例程的参数文件中发现的名字。

restart packet 再启动数据分组 一个其内容通知 X. 25 数据终端设备在 X. 25 网络上存在不可更改的差错的数据分组。再启动数据分组清除所有现存的交换虚拟呼叫,并且在 X. 25 数据终端设备和 X. 25 数据电路终端设备之间使全部现有的永久虚拟电路重新同步。

restart point 重新启动点,重入点 (1)计算机程序中的一个位置,从这个位置处可以重新执行计算机程序,特指再启动指令的地址。同 rescue point。(2)预先选定的再启动一段程序的位置。其功能是:如果在两个再启动点中间检查出错误,则处理中断程序重新返回到出错前最后一个再启动点重新执行,而不是返回到程序的起点重新执行。

restart procedure 重新启动过程 使程序从刚过去的最后一个检查点继续往下执行而不是从头开始的过程。对于运行需时较长的程序,可先分为若干段,并在每段先建立检查点,每运行到检查点即进行校验,并存储有关信息,如发现出错,则从上一个检查点开始再运行。

restart sorting 再排序 返回到程序中的一个预定点去重新进行排序。这个点可以是程序的开始点或检查点,排序的规则可与上次排序规则不同。

restoration control point (RCP) 恢复控制点 恢复控制点是在国际电信业务的一般维护组织机构内的一个单位。在失效情况或者根据计划和由有关主管部门的技术服务部门同意的特定安排使传

输系统计划停机的情况下,它启动并协调业务恢复活动。

restoration priority (RP) 恢复优先 在紧急情况下,为恢复业务而对一电路所指定的优先级。

restore (RES, RSR) 恢复,复原,再生 (1)返回到原始值或原始图像;例如,把数据从辅助存储器中再存入到主存储器中。参见 save。(2)在某些虚拟操作系统中,把以前从磁盘上写到中间存储媒体(如磁带)上的数据写回到磁盘上去。(3)一个DOS(磁盘操作系统)操作命令,restore 命令的作用是将以往用 backup 命令备份在软盘上的文件恢复到指定硬盘上。

restore button 恢复按钮 微软视窗中位于窗口右上角的含有向上和向下两个三角的按钮框,用于恢复窗口到原来大小。

restore icon 恢复图标 在窗口软件中的一个图标,在用户选择之后使窗口恢复到原来尺寸。参见 maximize icon, minimize icon。

restore/rerun 恢复/再运行 利用数据库的备用拷贝,重新处理当天事务(直至故障点)的一种技术。

restore utility 恢复实用程序 文件系统或其他信息系统中,与后备实用程序功能相反的一种实有程序。当后备实用程序创立了文件副本后,恢复程序将以此为输入,产生出标准文件输出。该文件的结构、内容、状态同后备实用程序完全一样。

restore utility file system 恢复实用程序文件系统 该系统是后备实用程序的逆向系统。当后备实用程序产生后备副本后,恢复实用程序可以将后备文件作为输入,并产生标准的输出文件。新生成的文件的结构、内容、和特性均和原始文件相同。

restricted access service 限制接入业务 可以拒绝用户接入的一个或多个系统功能或操作的级别。

restricted area 受限区域 为了安全、保密的原因,对访问进行限制或控制的任何区域。

restricted document 内部文件 电子邮件系统中,只允许特定的人使用的文件。在 PROFS 中,当把文件放入 PROFS 存储器或者把文件发送给某人时,可以指定这些人中谁是文件的作者。只有内部文件的作者才能够向其他人发送文件,并且只有文件分配表上的人才能读取文件。

restricted function 受限功能 通常只有操作系统可用的、无法由用户程序启动的操作系统功能。在某些操作系统中,借助授权程序,用户程序可以经授权后使用某些限定的功能。

restricted language 受限语言 在词汇、句法、语义及用语等方面受到人为限制的自然语言的真子集。

restricted mode launch (RML) 限模注入 测试多模光纤带宽的一种技术。规定使用限模光纤将光源耦合入多模光纤进行激光器带宽测量。限模光纤是一段芯径 23.5 μm,数值孔径 0.208 的渐变折射率多模光纤。限模光纤用来对过满注入状态进行滤波,限制对多模光纤高次模的激励。用这种方法测出的带宽称为"限模注入带宽"。参见 over filled launch (OFL)。

restricted mode launch band width (RML-BW) 限模注入带宽 用激光器作光源,使用限模注入测量多模光纤测出的带宽称为"限模带宽"或"激光器带宽"。参见 over filled launch band width (OFL-BW)。

restricted resource group 内部资源群 交换网络中,只能被同一个群中的其他端口呼叫的端口群。

restricted subnetwork 受限子网 一个用户定义的具有有限路由集的节点或者节点组,连接到受限子网上节点的路由必须与该子网一起启动或终止,所有其他网络通信围绕受限子网进行路由选择。

restricted variability code 限制长度变化的编码 一种数据压缩技术。企图保持霍夫曼编码技术节省空间的优点而避免其编码长短不一的缺点。例如,对 63 个字符,可用低 5 位二进制表示最常用的 31 个字符,而另外 32 个字符可用高 5 位(全 1)加上原来的低 5 位表示。此技术类似于使用打字机键盘上的换码键。

restricted variable length code 限定变长编码 情报检索中采用的一种压缩数据的编码方式。它使用可变长编码组,但对长度加以限制。这种编码兼有霍夫曼编码和定长编码两者的优点。

restriction 限定 关系代数中的一目关系运算。即取出关系 R 中满足某个条件 g 的诸元组,记作 $\sigma_g R$ 或 $R[g]$。$\sigma_g R = \{r \mid r \in R \land g(r) = 1\}$。其中 r 表示 R 的元组,g 为布尔函数。

restructuring 重构,重组 数据库逻辑结构的一种改变,包括已有数据的重新组织。同 reorganization。

result element 结果元 具有工作存储无限结构的一个缓冲区。结果元好像临时变量一样,用于存放条件元实例化的中间结果。

resumption 接续 在灾难发生后,对重启预定业务操作的计划和/或实施流程。通常最先重启的业务功能是对组织而言最关键的或时间敏感性最高的业务。该步骤在受影响的基础设施、数据、通信和环境已在替代站点被成功重建后进行。

resynchronization 再同步,重新同步 (1)在某些操作系统中:①当建立一次主机对话时,使用顺序号在上次对话的终点处开始这次对话;②当进行主机对话时,使用顺序号来重新建立一个有秩序的数据交换。(2)在多节点电路上,同接收机(或发射机)建立同步以及同新节点建立同步。(3)OSI(开放系统互连)体系结构中的一种同步方式。再同步要求可以由会话连接上任一个会话服务用户发出。再同步将会话连接设置到一个已定义的形态,这包括可得到的权标的重新分配和把同步点串行号置为一个新的值。它清除所有未交付的数据，并且提供以下三种选择：①放弃选择；②重新开始选择；③置位选择。

retained data　保留数据　在处理完有关数据之后，在以后处理时还要使用而存储起来一种与处理有关的数据。比较 temporary data。

retarget　换目标机　Ada 支持环境中的一个概念。改写 Ada 编译程序，使其产生另一种计算机的目标代码，这一过程称为换目标机。换目标机一般要求改写编译程序的后端（即依赖于机器的部分）和为新目标构造新的运行系统。

retention cycle　保存周期　数据存储媒体上数据保存的时间长度。同 retention period。

retention period　保留[存]期　(1)文件保存的时间。保存期常用月或年表示，也有用特定事件出现的时间来表示的。在此之前，文件中的记录始终保留着。参见 file protection，generation technique。(2)数据库定义维护的时间间隔。在此期间数据库或文件中的一些记录，在他们被处理之前一直保存着。保存周期常用月或年、一个特定终止日期或一个特别事件出现之后的时间来表示。同 retention cycle。

retina character reader　网膜字符读出器　一种光符阅读器。它能跟人的眼睛一样阅读普通的印刷物。

retina screen　网膜屏幕　在图像显示中，利用网膜技术显示图像的一种屏幕。屏幕显示的清晰度是由网格点的数目决定的。

retirement phase　退役阶段　软件生命周期中的一段时间，在此期间对软件产品支持终止。

retirement process　退役进程　把软件从运行支持状态撤除，可能是简单的停止使用，也可能是用软件的一个升级版本甚至一个全新软件取代。

retrace　回扫　在光栅扫描计算机显示器上，电子束从右到左或者从下向上的返回扫描的路径，将电子束移动到下一行或者下一帧的起点，在回扫期间电子束暂时关闭以避免在屏幕上产生不希望的线条。参见 horizontal retrace，vertical retrace。

retrace time　回扫时间　CRT(阴极射线管)显示系统在完成一行扫描后，光束快速偏转到下一行起始点所用时间。

RETRANS　转发，重发　retransmission 的缩写。

retransmission (RETRANS)　转发，重发　第二次或随后时间再传输一个消息的过程，在认为前面信息拷贝没有被成功传送时执行此过程。

retransmissive start　转发启动　一种光纤器件，该器件允许一个输入光纤的光信号转发到多输出光纤。

retransmit　重传(输)　重新进行报文或报文段的传输。

RE tree　正则表达式树，RE 树　regular expression tree 的缩写。

retrievable information　可检信息　文献记录内能按用户的要求显示或打印出来的信息。其中有一部分是可供查找信息，有一部分仅是可检出信息，不能作为查找文献的线索。一条有意义的记录至少有一项是可供查找信息，同时也至少有一项是纯可检信息。

retrieval characteristic　检索特征　为便于检索而标出的情况特征信息。常见的情报检索特征有篇名、作者、分类号、主题词、出版年月等。检索特征用在提问式中时，也称“检索词”或“检索项”。

retrieval code　检索码　用于识别检索项目的代码。检索码通常由含有特定意义的字母和数字组成。

retrieval efficiency　检索效率　衡量情报检索系统质量好坏的一些定量特征，主要有查全率、查准率、漏检索和误检索等几个方面。

retrieval method based on fully homomorphic encryption　基于全同态加密的检索方法　该方法是采用信息检索中的向量空间模型，计算检索出的文档与待查询信息之间的相关度，对检索词词频和倒排文档频率进行统计，然后采用全同态方法对文档进行加密并建立索引方法。检索后将加密文档与索引项密文一起上传到服务器端。该方法尤其适用于云存储加密数据的检索。参见 homomorphic encryption。

retrieval ordering　检索排序　评价检索性能的方法之一。在检索过程中，计算文件内每个文献记录同用户提问的相似性，则获得一个相似性值。按该值的递降顺序排列记录，称为检索排序。检索处理过程是把排在前面的具有最高相似的记录首先检出，依次检出第二个、第三个等，直到最低排序的记录被检出为止。

retrieval performance　检索性能　从用户和系统两方面对情报检索系统的功能所作的总评价。其中主要包括查全率、查准率、检索速率、费用与方便性等指标。

retrieval system　检索系统　对结构化和非结构化数据包括多媒体信息进行存储、索引、查询和管理的系统。

retrieve　检索　(1)找出存储在存储器中的数据并读出它，以便对数据进行处理、打印、或显示。比较 store。(2)对数据库的一种基本操作。查询数据库中的内容，以便从中选择出具有给定特性的一个或多个记录。检索方法有：顺序检索、对分检索，链式检索，分块检索、二分法检索、斐波纳契检索和随机检索等。用于查找数据库中数据的任何语言，称为检索语言。

retrofit　更新，改进　对现有程序或系统加上或更换一段代码或者对物理部件的有关部分进行必要的修改。

retrofit testing 更新试验 在更换了某些部件或程序后对系统操作进行的测试，以保证系统运行正确。

retrospective conversion 追溯[回溯]转换 建立计算机检索系统后，将过去的手工目录整理加工并按规定的格式输入计算机，然后转换为机读目录的整个过程。

retrospective retrieval system 追溯[回溯]检索系统 对某一主题领域或专题按逆时针方向进行检索的系统。用户可提出要查找某一时间之前或一定时间范围内的情报资料，计算机系统就在检索档中进行检索，并将检索结果告诉给用户。

retrospective search 追溯[回溯]检索法 情报检索系统从多年的文献数据库中回溯查找所需情报的方法。其特点是要有较大量的文献数据库，不限于查新库，而是按情报分布的特点回溯查找到需要的年代，以满足用户的要求。回溯检索有批处理和联机两种方式，而联机检索实时反馈更符合回溯检索的特点。

retrospective verbalization 回溯性词语表达 一种知识获取过程跟踪方式。在完成所要调查的任务后，专家用词语表达其推理过程。

return (RET) 返回，回送，回车 (1)子程序执行完以后回到调用它的那个计算机程序。(2)子程序将一个变量送回给调用它的计算机程序。(3)键盘上通过按下回车键(Enter 键)，结束一行输入，光标移到下一行的起始处。参见 carriage return。

return address 返回地址 被调用的子例程返回到调用它的主程序去的位置。

return character 回车字符 键盘上按回车键后输入的字符，它的 ASCII(美国信息交换标准代码)值为 13。参见 carriage return character。

return code 返回码 (1)用于影响后随指令执行过程的代码。(2)返回给程序的一个值，它指明该程序所请求的操作的结果。

return code register 返回码寄存器 一种用于存放返回码的寄存器。

return current 信号回流 伴随信号传播的返回电流。

returned value 返回值 在程序设计语言中，由子例程、函数或过程等返回到调用点时向主程序提供的一种数值。

return instruction 返回指令 在子例程末尾的一条指令，用以使 CPU 的控制权从子例程返回到主程序。

return loss 回波损耗 (1)反射系数倒数的模。通常以分贝表示。回波损耗是表示信号反射性能的参数。回波损耗说明入射功率的一部分被反射回到信号源。(2)也称“反射损耗”，是电缆链路由于阻抗不匹配所产生的反射，从而引起信号的波动。

return on investment (ROI) 投资回报率 评估和量化特定项目相对吸引力的一种财务业绩衡量指标，用以评估一家企业运用资产的效率。ROI 一般以货币为单位。但它也可采用较难量化的效益来衡量，如客户满意度的提高。

return path 返向通路 返向，一般指信号向着头端的传送方向。

return statement 返回语句 在高级程序设计语言中，结束所调用的“函数、过程、辅程序、子程序”的执行，从而使 CPU 控制权返回到主程序的一种控制语句。高级程序设计语言中终止函数、过程或接收语句执行状态的语句。用于描述从子例程、过程或函数返回调用程序的语句。对函数，返回语句中应包含一个表达式表示函数的返回值。

return to bias (RB) 归偏制 一种表示二进制信息的信道编码方法，其规则是：信息位“1”对应于一个方波脉冲，而信息位“0”则没有对应的方波脉冲；而且在没有脉冲的时刻恒处于方波脉冲的相反电平上。这种编码方法是无自同步能力的按位编码法，在计算机中，主要用于低性能数字磁记录装置的记录。

return-to-reference recording 归基(准记录)制 一种二进制字符磁记录技术。在该技术中，只用磁化模式去表示存储单元中有“1”和“0”的部分，而单元中的剩余部分则被磁化到基准状态。

return-to-zero (RZ) 归零制 一种表示二进制信息的信道编码方法，即用极性不同的正、负脉冲分别表示二进制信息“1”和“0”，且在每一位周期内，脉冲一旦结束就随即返回到零电平。这是具有自同步能力的按位编码法，在计算机应用中，主要用作数字磁记录方式。

REU 远程输入设备 remote entry unit 的缩写。

reusability 可重复使用性，复用率 一个模块可以在多种应用中加以利用的程度。

reusability method 可复[重]用性方法 软件生命周期的一种模型。从基本模块出发，将其连接起来形成更大模块的自底向上的设计系统方法。此方法可降低软件开发费用，提高开发过程的速度，减少不必要的测试。

reusable 可再用的 例行程序的一种属性，它允许该例行程序的同一个版本被多个任务使用。参见 reenterable code，serially reusable。

reusable data set 可再用数据集 在某些数据存取方法中，一种非基簇数据集，它可以被定义成可重复使用的工作文件，而不管其内容。

reusable disk queuing 可重用磁盘排队 在某些通信系统软件中，一种排列模式，在此种模式中，将报文在巡回式数据集里排队，即服务过的报文被新输入系统的报文所覆盖。比较 non-reusable disk queuing。

reusable file 可重用文件 一种数据存取方法文件，可以被定义成可重复使用的工作文件，而不管其内容。

reusable program 可重用程序 (1)装入一次可重复执行的程序。要求执行过程中受到修改的任何指令必须回到其初始状态，外部参数要保持不变。(2)可以多次使用的程序。一次只能用于一个任务，因此在同一时间内有多个任务使用时，就会出现排队现象。

reusable resource 可重用资源 可以分配给进程的资源，当使用一段时间后必须释放该资源并交回资源管理器。一个系统配置有固定数目的可重用资源。

reusable resource graph 可重用资源图 一个死锁检测模型，它表明系统对可重用资源的分配状态。

reusable routine 可重用例程 一旦装入后即可重复执行的一种例行程序。在每次执行过程中，被修改的任何指令要恢复到其初始状态，且其外部程序参数保持不变。

REV 被叫计费 reverse charging 的缩写。

reverse address resolution protocol (RARP) 反向地址解析协议 因特网中的一个协议，提供协议的逆操作，将硬件地址转换成一个 IP(网际协议)地址。在 RFC 903 中定义。在 TCP/IP(传输控制协议/网际协议)网络环境中，无盘工作站在启动时为确定自己的 IP 地址而使用的网络协议。该协议的作用是把物理地址变换成 IP 地址。工作过程如下：工作站先广播一个含有自己物理地址的请求，名字服务器收到请求后，在地址变换表中按照送来的物理地址查到分配给该物理地址的 IP 网络地址，并把这个网络地址送回给发出请求的无盘工作站。无盘工作站又借助于网络地址解析协议(ARP)获得自己的名字和报文格式。无盘工作站使用 RARP 协议取得自己的 IP 地址虽然可行，但不如另一种称为 BootP 的协议更有效。RARP 协议有如下缺点：①RARP 协议工作在低层，直接涉及到网络硬件，因而用应用程序建立服务器很难或不可能。②无盘工作站获取 IP 地址时与服务器虽然进行分组交换，但回答中的信息太少，只有 8 个字节的 IP 地址。对于限制最小报文长度的网络如以太网，就要附加无用内容，降低效率。③RARP 用硬件地址标识机器，因而不能用于动态分配硬件地址的网络中。为了克服这些缺点，开发了 BootP 协议。参见 address resolution protocol (ARP), Internet address, MAC address。

reverse assembler 反汇编程序 建议使用：disassembler。

reverse-battery signaling 反向电池信令 一种环形信号，该信号中，电池和接地在末端以及环路的环上被逆转，使得被呼叫方应答时提供一个摘机信号。

reverse blocking current 反向阻断电流 反向阻断晶闸管处于反向阻断状态时的反向电流。

reverse blocking diode thyristor 反向阻断二极晶闸管 一种对负阳极电压没有开关作用，而只呈现反向阻断状态的二端晶闸管。

reverse blocking interval 反向阻断间隔 电子器件不导通时间间隔中处于反向阻断状态的那一部分。参见 non-conduction interval。

reverse blocking triode thyristor 反向阻断三极晶闸管 一种对负阳极电压没有开关作用，而只呈现反向阻断状态的三端晶闸管。

reverse break-down 反向击穿 电子器件永远失去承受反向电压能力的现象。

reverse breakdown voltage 反向击穿电压 反向阻断晶闸管的反向电流大于规定值时的反向电压。

reverse CDMA channel 反向码分多址信道 从用户站到基站的码分多址信道。从基站的角度来看，反向码分多址信道是某个码分多址分配频率上所有用户站的发射信道之和。

reverse channel 反向通道[信道] 某些调制解调器具有在半双工数据传输系统中实现接收器至发送器通信的通道。反向通道一般只用于传输控制信息，也称“后向信道”。

reverse channel capability 反向通道能力 通过通信链路与系统进行交互通信的能力。

reverse charge call 对方付费呼叫 呼叫方申明费用由被叫方支付。参见 alternate billing service (ABS)。

reverse charging acceptance 反向付费接收 一种软件，使 DTE(数据终端设备)能接收需要反向付费的输入包。

reverse conducting diode thyristor 逆导二极晶闸管 一种对负阳极电压没有开关作用，而当该电压量级可与通态电压比拟时，能通过大电流的二端晶闸管。

reverse conducting thyristor (RCT) 逆导晶闸管 一种对负阳极电压没有开关作用，反向时能通过大电流的晶闸管。

reverse conducting triode thyristor 逆导三极晶闸管 一种对负阳极电压没有开关作用，用当该电压量级可与通态电压比拟时，能通过大电流的三端晶闸管。

reverse current 反向电流 (1)二极管在规定的温度和最高反向电压作用下，流过二极管的反向电流。反向电流越小，管子的单方向导电性能越好。(2)晶体三极管的反向电流包括其集电极和基极之间的反向电流(ICBO)和集电极和发射极之间的反向击穿电流(ICEO)。① ICBO 也称集电结反向漏电电流，是指当晶体管的发射极开路时，集电极与基极之间的反向电流。ICBO 对温度较敏感，该值

R

越小，说明晶体管的温度特性越好；②ICEO是指当晶体管的基极开路时，其集电极与发射极之间的反向漏电电流，也称“穿透电流”。此电流值越小，说明晶体管的性能越好。（3）当整流管施加规定的反向电压时，流过它的全部传导电流。

reverse current protection　反向电流保护　保护电源防止由负载反馈到电源的电流。

reverse current release　逆电流脱扣器　当直流电路中电流方向改变并超过整定值时，使电器有延时或无延时地断开的脱扣器。参见 release。

reverse direction flow　反向流　流程图中方向从右至左或自下而上的流向。

reverse direction of a PN junction　PN结的反向　连续（直流）电流沿PN结高阻流动的方向。比较 forward direction of a PN junction。

reverse display　逆显示　显像管的一种显示技术，在光亮背景上显示暗黑字符，以加强显示效果。

reversed Polish notation (RPN)　逆波兰表示　波兰表示法的一种变形，也称“后缀表示”，是编译程序常用的一种中间代码形式。其形式是操作对象总放在操作符的前面，可以有嵌套的结构。

reverse engineering　逆向工程　逆向工程是从产品原型出发，利用三坐标测量机和三维扫描仪等设备，获取产品的三维数字模型，使得能够进一步利用CAD/CAM（计算机辅助设计/计算机辅助制造）以及CIMS（计算机集成制造系统）等先进技术对其进行处理。逆向工程通常是为了仿制或者制造竞争产品。

reverse engineering technique　逆向工程技术　所谓逆向工程技术，是指用一定的测量手段对实物或模型进行测量，根据测量数据通过三维几何建模方法重构实物的CAD（计算机辅助设计）模型的过程。逆向工程技术已经广泛应用到新产品的开发、旧零件的还原以及产品的检测中，它不仅消化和吸收实物原型，并且能修改再设计以制造出新的产品。

reverse find　反向查找　同 reverse search。

reverse gate current　门极反向电流　对应于门极反向电压的门极电流。

reverse gate voltage　门极反向电压　在N-门极晶闸管中为正的门极-阳极电压；在P-门极晶闸管中为负的门极-阴极电压。不适用于双向晶闸管。

reverse image　反转图像　同 reverse video。

reverse indexing　倒排索引，反向［逆向］导引［索引］　文字处理技术的一种功能，它可将打印位置或显示指针移动到上一行的对应的字符位置上。

reverse inference　逆推理　根据结论的成立推出前提成立的推理过程，是一种主观不充分推理。

reverse inference induction knowledge acquisition　逆推理归纳知识获取　一种从结论成立而逆推理前提成立的知识获取方法。它与演绎推理的方向正好相反。

reverse interrupt　反向中断　（1）在某些计算机系统中，一种发送数据记录的方法，即在接收到某站文件结束指示之前，从一个BSC（二进制同步通信）系统向另一站发送记录。（2）在二元同步通信中接收站为请求提前结束正在进行的传输而发出的一个控制字符序列。

reverse-interrupt (RVI) character　反向中断字符　在BSC（二进制同步通信）中，由接收站送出一个传输控制字符，用以要求发送站停止发送并接收一个报文。

reverse link power control　反向链路功率控制　确保所有用户信号皆按其设定功率到达基站的一种程序。

reverse magnetostriction effect　逆磁致伸缩效应　同 piezomagnetic effect。

reverse maximum match (RMM)　逆向最大匹配法　数据库查询中的一种分词方法，是基于字符串匹配原理的一种机械匹配方法。这种方法的原理与最大匹配分词法相同，不同的是字符串匹配的扫描方向，如果最大匹配法的匹配方向为从左向右取字符串进行匹配，则逆向最大匹配法的匹配方向就是从右到左取字符串进行匹配。有文献指出，逆向最大匹配法分词准确率要比最大匹配法高，但是逆向最大匹配法需要配置逆序词典，该词典与人类的语言习惯不同，因此修改和维护不方便。参见 minimum match，maximum match。

reverse-path broadcasting　反向路径广播　组播中使用的协议，该协议中路由器确定一个接收的分组的源，并且仅当分组是从该源的方向到达时才广播。

reverse path forward (RPF)　逆向路径转发　当多播数据包到达路由器时，路由器作RPF检查，以决定是否转发或抛弃该数据包，若成功则转发，否则抛弃。RPF检查过程如下：①检查数据包的源地址，以确定该数据包经过的接口，是否在从源到此的路径上；②若数据包是从可返回源主机的接口上到达，则RPF检查成功，转发该数据包到输出接口表上的所有接口，否则RPF检查失败，抛弃该数据包。

reverse piezodielectric effect　逆压电效应　当在电介质的极化方向施加电场，某些电介质在一定方向上将产生机械变形或机械应力，当外电场撤去后，变形或应力也随之消失，这种物理现象称为逆压电效应，其应变的大小与电场强度的大小成正比，方向随电场方向变化而变化。它属于将电能转化为机械能的一种效应。比较 positive piezodielectric effect。

reverse Polish notation (RPN)　逆波兰表示法　也称“后缀表示法”，运算符放在操作数之后，如 xy＋，xyz＋×等。RPN算法不用括号，节省时间和轮转 round-robin 的缩写。(3)无线资源 radio resources 的缩写。

RRC **无线资源控制协议** radio resource control 的缩写。

RRDS **相对记录数据集** relative record data set 的缩写。

RR frame **RR 帧,接收准备就绪帧** 在 X. 25 通信中,一个表示已准备好接收的帧。RR 帧表示存放接收帧的缓存器空闲,可以接收发送端发来的帧。对应于 RNR frame。

RRM **无线资源管理** radio resource management 的缩写。

RRN **相对记录号** relative-record number 的缩写。

RRSAP **无线资源业务接入点** radio resource service access point 的缩写。

RRT (1)资源分辨表 resource resolution table 的缩写。(2)光栅光线跟踪 raster ray tracing 的缩写。

RRU **射频拉远模块** radio remote unit 的缩写。

RS (1)记录分隔符 record separator character 的缩写。(2)协调子层 reconciliation sublayer 的缩写。(3)再生段 regenerator section 的缩写。(4)推荐标准 recommended standard 的缩写。(5)遥感 remote sensing 的缩写。

RSA (1)RSA 算法 Rivest-Shamir-Adleman algorithm 的缩写。(2)需求规格说明分析器 requirement specification analyzer 的缩写。

RSAM **相对顺序存取方法** relative sequential access method 的缩写。

RSA public key encryption algorithm **RSA 公共密钥加密算法** RSA 数据安全公司拥有这一算法的专利,一项事实上的工业标准,它是一个有鉴别功能的公开密钥加密方案,其中最出名的是提供 NetWare 4. x 的验证服务中,密钥大得实际上可以保证它决不会被推导出来。参见 NetWare 4. x validate。

RSCP **接收信号码功率** received signal code power 的缩写。

RSCS **远程假脱机通信子系统** remote spooling communications subsystem 的缩写。

RSCV **路由选择控制向量** route selection control vector 的缩写。

RSDS **相对顺序数据集** relative sequential data set 的缩写。

RSE **辐射杂散发射** radiated spurious emission 的缩写。

RS flip-flop **R-S 触发器** 触发器的一种。这种触发器有两个输入线 R、S,其中 R 叫置 0 线,S 叫置 1 线,当 R 线和 S 线均无信号时,R-S 触发器保持原来的状态,当 R 线有信号而 S 线无信号时,R-S 触发器置为 0 状态,当 R 线无信号而 S 线有信号时,R-S 触发器置为 1 状态,当 R 线和 S 线同时有信号时,R-S 触发器的状态未定。

RSL **需求规格说明语言** requirement specification language 的缩写。

RSM **实存储器管理** real storage management 的缩写。

RSMA **随机分配多址** random assignment multiple access 的缩写。

RS-MMC **减小尺寸多媒体卡** reduced size multi media card 的缩写。

R

RSN (1)资源序号 resource sequence number 的缩写。(2)很快推出 real soon now 的缩写。(3)强健的安全网络 robust security network 的缩写。

RSOH **再生段开销** regenerator section overhead 的缩写。

RSP (1)必需空格符 required space character 的缩写。(2)可靠流协议 reliable stream protocol 的缩写。

RSPT **实存页表** real storage page table 的缩写。

RSS (1)路由选择服务 route selection services 的缩写。(2)研究存储系统 research storage system 的缩写。(3)聚合内容 really simple syndication 的缩写。

RSSI **接收信号强度指示** received signal strength indication 的缩写。

RST (1)再生段终端 regenerator section termination 的缩写。(2)远程调制解调器自测 remote modem self-test 的缩写。

RSTP **大局信令中转点** regional signaling transfer points 的缩写。

RSU **远端交换单元** remote switch unit 的缩写。

RSVP **资源预留协议** resource reservation protocol 的缩写。

RS-232-C compatible controller **RS-232-C 兼容控制器** 一种串-并行和并-串行转换器。用于连接微型计算机系统和大多数异步调制解调器。有六种波特率可供选用:110,300,1 200,2 400,4 800 和 9 600。数据字长范围为 5 ～ 8 位,可以选用 1 ～ 2 位停止位。

RS-232-C interface standard **RS-232-C 接口标准** 美国电子工业协会(EIA)在 1962 年制定的,1969 年最后一次修订而成的一种串行接口标准。名称为《采用二进制数据交换的 DTE 和 DCE 之间的接口》。后来又于 1987 年(命名为 RS-232-D)和 1991 年(命名为 RS-232-E)进行修订。其中 RS 是 recommended standard(推荐标准)的缩写,232 是该标准的标志。该项标准规定计算机之间或计算机与终端之间,或计算机和终端与数据传输设备(如调制解调器)之间连接的各种特性,如电气特性、接口机械特性、信号线安排、线路特性、数据传输速率、传输距离以及电缆中信号的时序关系等。它定义了按位串行传输的数据终端设备(DTE)和数据电路终端设备(DCE)之间的接口信息。当接口用来连接微型计算机和外围设备时,通常计算机是DCE,而外围设备是DTE。此类外围设备如调制解调器、鼠标器、打印机、终端、显示器等。RS-232-C标准串行接口经常采用25针的DB-25或9针的DB-9做接插件。RS-232-C标准接口既可以采用同步通信,也可采用异步通信。使用该接口,计算机和外围设备之间直接连接的电缆长度可达15 m,传输数据的最大速率可达20 k波特。与RS-232-C对应的国际标准是国际电报电话咨询委员会(CCITT)的V.24、V.28和国际标准化组织(ISO)的IS 21110。

RS-269-B interface standard RS-269-B 接口标准 由美国电子工业协会(EIA)制定的数据传输标准,名称为《数据传输的同步信号速率》。

RS-334-A interface standard RS-334-A 接口标准 由美国电子工业协会(EIA)制定的数据传输标准,名称为《用于串行数据传输的DTE和同步数据通信设备之间接口的信号质量》。

RS-357 interface standard RS-357 接口标准 美国电子工业协会(EIA)规定的一种标准化接口。它是传真终端设备与音频数据通信终端设备之间的接口。

RS-363 interface standard RS-363 接口标准 由美国电子工业协会(EIA)制定的数据传输标准,名称为《在与非同步数据通信设备的接口处,使用串行数据传输的发送和接收数据终端设备的信号质量》。

RS-366-A interface standard RS-366-A 接口标准 由美国电子工业协会(EIA)制定的数据传输标准,名称为《DTE和数据通信自动呼叫设备之间的接口》。规定了计算机如何将拨号数字发送给自动拨号机,计算机如何发信号通知号码结束和当自动拨号机不能完成呼叫时,计算机采取的动作。

RS-404 interface standard RS-404 接口标准 由美国电子工业协会(EIA)制定的数据传输标准,名称为《DTE和非同步DCE之间起止信号的质量》。

RS-410 interface standard RS-410 接口标准 由美国电子工业协会(EIA)制定的数据传输标准,名称为《A类闭合接口电路的电气特性》。

RS-422-A interface standard RS-422-A 接口标准 由美国电子工业协会(EIA)制定的数据传输标准,名称为《平衡电压数字接口电路的电气特性》,它规定在平衡的串行接口中用的电气和功能的特性,但是不规定连接器。RS-422由RS-232发展而来,它改进RS-232通信距离短、速率低的缺点。RS-422是一种单机发送、多机接收的单向、平衡传输规范,互连电缆的最大长度与数据传输速率有关,将传输速率提高到10 Mbps时,距离仅达10 m;传输距离延长到1 000 m时,速率低于100 kbps。它允许在一条平衡总线上连接最多10个接收器。RS-422-A接口电路名称的定义及接口电路的编号符合ITU-T(国际电信联盟-电信标准化部门)的V.24建议的100系列规定,物理接口采用37针D型接口。

RS-423-A interface standard RS-423-A 接口标准 由美国电子工业协会(EIA)制定的数据传输标准,名称为《非平衡电压数字接口电路的电气特性》,是采用集成电路技术实现的非平衡电压数字接口。它是一个单端的、双极性电源的电路标准,采用了差分非平衡接收电路,提高了传送设备的数据传送速率,数据信号速率可达100 kbps。其物理接口满足RS-449定义的37针D型连接器的机械特性。

RS-429 interface standard RS-429 接口标准 由美国电子工业协会(EIA)制定的数据传输标准,规定串行二进制数据交换用的电气的、功能的和机械的特性,并且它常用于同步传输。RS-449可以利用37插脚或者9插脚的DB连接器实现。

RS-449 interface standard RS-449 接口标准 美国电子工业协会(EIA)1977年制定的一种标准接口,名称为《用于串行二进制数据交换的DTE/DCE接口37针和9针接插件及插针分配》。RS-449用于使用二进制数据交换、控制信息在单独的控制电路上交换的DTE(数据终端设备)与DCE(数据电路终端设备)之间的互连,适用于同步和异步数据通信系统,接口的最高数据速率为2 Mbps,最大的电缆长度为60 m。在制定该标准时,除了保留与RS-232-C兼容外,还在提高传输速率、增加传输距离、改进电气特性等方面做了很多努力。它增加了RS-232-C没有的环测测试功能,其接口电路名称的定义及接口电路的编号符合ITU-T(国际电信联盟-电信标准化部门)的V.24建议100系列接口的规定。与RS-449同时推出的还有RS-423-A和RS-422-A。RS-449实际上是一体化的三个标准,它的机械、功能和过程特性由RS-449定义,而电气特性由两个不同的标准定义,即RS-422-A和RS-423-A。

RS-485 interface standard RS-485 接口标准 由美国电子工业协会(EIA)制定的数据传输标准,名称为《用于平衡数字多点系统的发生器和接收器的电气特性》。RS-485是EIA于1983年在RS-422基础上制定的标准,是一种平衡差分驱动、半双工的串行通信接口。它具有传输距离远、抗干扰能力强、较高的数据传输速率和便于构成分布式测控网络等优点,特别是在许多工业过程控制中,往往要求用最少的信号线来完成通信任务,RS-485串行接口就是为适应这种需要应运而生的。RS-485使用DB-37或DB-9连接器构成线路连接,其显著特点是使用具有三态特性的驱动器。利用低阻抗驱动器和接收机，RS-485 允许在线路上接入的节点最多可达 64 台。

RS-530 interface standard RS-530 接口标准 由美国电子工业协会(EIA)制定的数据传输标准，规定用同步或异步的，利用 25 插脚的 DB 连接器传输串行的二进制数据用的特定的电气的、功能的和机械的特性。RS-530 和 RS-422 或 RS-423 一起工作，并且允许使用从 20 kbps 到 2 Mbps 的数据速率。最大的距离由使用的电气接口决定。RS-530 与国际电报电话咨询委员会(CCITT)的 V. 10，V. 11，X26，MIL-188/114 和 RS-449 兼容。

RT (1)实时 real time 的缩写。(2)远程终端 rermote terminal 的缩写。(3)接收穿孔机/发送机 reperforator/transmitter 的缩写。

RTA 快速热退火 rapid thermal annealing 的缩写。

RTAM 远程终端访问方法 remote terminal access method 的缩写。

RTB 应答/吞吐量偏差 response/throughput bias 的缩写。

RTC 实时钟 real-time clock 的缩写。

RTCM 海事无线电技术委员会 radio technology committee of marine 的缩写。

RTCP 实时传送控制协议 real-time transport control protocol 的缩写。

RTE 实时企业 real time enterprise 的缩写。

RTF 富文本格式 rich text format 的缩写。

RTFM (1)实时业务流测量 real-time service flow measurement 的缩写。(2)请读各类手册 read the fucking manual 的缩写。

RTG 路由表生成器 route table generator 的缩写。

RTI 实时基础架构 real-time infrastructure 的缩写。

RTL (1)寄存器传送语言，RTL 语言 register transfer language 的缩写。(2)电阻晶体管逻辑电路 resistor-transistor logic 的缩写。(3)寄存器传送级 register transfer level 的缩写。

RTM (1)实时监控程序 realtime monitor 的缩写。(2)基准测试方法 reference testing method 的缩写。(3)寄存器传输模块 register transfer module 的缩写。(4)响应时间监控器 response time monitor 的缩写。(5)最终版本 release to manufacture 的缩写。(6)可信度量根 root of trust for measurement 的缩写。

RTMP 路由表维护协议 routing table maintenance protocol 的缩写。

RTO 恢复时间目标 recovery time objective 的缩写。

RTP 实时传送协议 real-time transport protocol 的缩写。

rtPS 实时轮询服务 real-time polling service 的缩写。

RTR 可信报告根 root of trust for reporting 的缩写。

R tree R 树 R 树最初是在 1984 年空间数据库系统研究中提出，其后针对不同的空间操作需求提出了各种改进方案，不断产生的 R 树变体逐渐形成了空间索引 R 树家族。R 树是 B 树在多维空间上的自然扩展，是一种高度平衡树，R 树由中间节点和叶节点组成，叶节点存储的是实际空间对象的最小边界矩形(MBR)，而不是实际的空间对象。R 树是一种完全动态的空间索引数据结构，插入、删除和查询可以同时进行，并且不需要周期性的索引重组。参见 B tree。

R^+ tree R^+ 树 1987 年提出的 R^+ 树是为了避免 R 树由于兄弟节点的重叠而产生的多路径查询问题而产生的。R^+ 树采用对象分割技术，避免了兄弟节点的重叠，要求跨越子空间的对象必须分割成两个或多个 MBR(最小边界矩形)，即一个特定的对象可能包含于多个节点之中，从而在精确匹配查询时，R^+ 树能保证唯一的搜索路径。参见 R tree。

R^* tree R^* 树 在 1990 年提出的 R^* 树是动态 R 树的变种。R^* 树和 R 树一样允许兄弟节点的重叠，但在构造算法上还考虑了索引空间的重叠。R^* 树对节点的插入的分裂算法进行了改进，并采用“强制重新插入”的方法使树的结构得到优化。但 R^* 树算法仍然不能有效地降低空间的重叠程度，尤其是在数据量较大、空间维数增加时表现的更为明显。参见 R tree，QR tree。

RTS (1)即时策略类 real time strategy 的缩写。(2)请求发送 request to send 的缩写。(3)可信存储根 root of trust for storage 的缩写。

RTSE 可靠传输服务元素 reliable transfer service element 的缩写。

RTSP 实时流媒体协议 real time streaming protocol 的缩写。

RTT 往返时间 round-trip time 的缩写。

RTTY 无线电电传打字机远程通信 radio teletypewriter telecommunications 的缩写。

RTU 远程终端单元 remote terminal unit 的缩写。

RTV 实时视频 real-time video 的缩写。

RT-11 operating system RT-11 操作系统 为 PDP-11 计算机设计的前台-后台操作系统。在前台/后台环境中，当在后台交互开发程序或运行批作业流的同时，用户可在前台运行实时应用程序。RT-11 包括两个兼容的监控程序和各种程序开发及系统实用程序。

RU (1)请求/应答单元 request/response unit 的缩写。(2)请求单元 request unit 的缩写。

rubber banding 橡皮筋法 图形系统中的一种技术,在拖拽一个物件的期间,系统会将物件周围加上一个细线的方框。该方框能根据用户的拖拽动作改变大小,方框好像用橡皮筋做的一样,所以此种方法称为橡皮筋法。

rubber-banding method 橡皮带式生成线段法 一种在显示器屏幕上绘制线段的技术。用户首先在屏幕上规定线的始点,然后通过指点绘图设备(如光笔、鼠标器等)控制指针位置,该位置被视为线的终点,屏幕上将出现一条自始点至该位置的线段,随着指针位置的移动这条线也随之伸长、缩短及转动(就像橡皮带一样)。当该线到达用户需要的方位和长度时,可固定线的终点,这条线就正式生成完毕。

rubber-band outline 橡皮带轮廓 在 AIX 操作系统中,一个具有可移去轮廓的窗口。

rub-out character 擦去字符,删去字符 用于删除错的或不需要的字符的一种删除符。在信息流中,插入或去掉擦除字符,不影响信息内容。在国际标准化组织制定的字符编码集中,该字符的编码为7F(十六进数)。同 delete character (DEL)。

RUBRIC 基于规则的计算机信息检索系统 rule-based retrieval of information by computer 的缩写。

rugged computer 加固计算机 为适应恶劣环境而采取了多种保护措施,使之具有抗冲击、防烟雾和沙尘的能力,能在温度与湿度变化较大的环境中工作的计算机。

ruggedized packaging 加固组装法 为能适应于恶劣环境,一种可以经受较强震动和承受较大加速度的设备组装技术。

RUIM 可移动用户识别模块 removable user identity module 的缩写。

rule 标尺,规则 (1)一种可以标以任何刻度(权)的实线或图案线,可以在水平方面跨"列"延伸,也可以在垂直方向跨"行"延伸。(2)指明一个事实依赖于别的事实的一组事实。(3)知识的一种类型。它由两部分组成:①条件部分或前提部分;②结论部分。其结构形式用自然语言可描述为:如果〈条件或前提部分〉,则〈结论〉。一条规则的意义可解释为:当前提部分的各个条件均被满足时,则结论正确。

rule base (RB) 规则库 专家系统的一部分,用于存储有关某一特定领域的静态信息,如推理到一个问题的求解方案的推理规则的集合。在 Prolog 中,指静态数据库。参见 static database。

rule-based deduction system (基于)规则演绎系统 一种人工智能系统。根据给定规则来展开演绎过程。所用的规则中有 F 规则、B 规则以及这两者的结合等几种规则。

rule-based expert system (基于)规则专家系统 一种专家系统结构,通过产生式规则将知识库输入到系统。规则一般具有 IF-THEN 形式。

rule-based machine translation 基于规则的机器翻译 以表达语言学知识的符号系统——规则系统为主要知识源的机器翻译方法。翻译过程在规则的驱动下完成。

rule-based method 基于规则的方法 采用 IF-THEN 规则进行前向和后向链接的程序设计方法。

rule-based optimization (RBO) 基于规则的优化 一种数据库查询物理优化方法。基于规则的优化是依据一套启发式规则来选择操作算法或存取路径,这些启发式规则适用于大多数情况,但非所有情况。所以基于规则的物理优化,优化本身的速度比较快,但可能丢失好的执行计划。同时它往往对用户查询语句的质量要求较高,对于同一个查询,好的查询语句可能获得更高的效率。参见 physical optimization。

rule-based problem reduction 基于规则的问题归约 按产生式规则进行的问题归约。参见 production rule。

rule-based program 基于规则的程序 (1)在问题求解中,一个基于规则的系统,在导出新知识或求解问题时,它所实际运行的程序完全是由规则或规则集当中的元素所组成的。(2)一种与产生式系统程序类似的程序。其中知识以规则而不是以过程来表达。

rule-based retrieval of information by computer (RUBRIC) 基于规则的计算机信息检索系统 一个帮助用户存取非格式化文本数据库的专家系统,可进行概念检索。当用户定义一个单一标题时,RUBRIC 自动检索出所有包含与该标题相关内容的文件。在此系统中,标题、副标题及以下的段落之间的关系用规则形式定义,规则还定义了选择项、段和同一标题或概念的拼写。

rule-based synthesis 规则合成 规则合成是一种利用规则进行语音合成的方法。在这种语音合成方式中,合成语音库中是较小的语音单位(如音素或音节等)在声学上的合成参数。合成时,输入一串代码来指定每一语音单位的音色、音高、音强和音长,合成系统中有一套合成规则,对其合成参数进行必要的修改和调节,然后由语音合成器合成出连续的语句来。

rule-based system 规则库系统 一个进行推理的计算机系统,规则库系统由产生式规则、综合数据库和执行程序组成。综合数据库用来描述问题状态(在问题求解中,它记录已知事实、推理的中间结果和最终结论)。产生式规则的作用是对综合数据库进行作业,使综合数据库发生变化。执行程序的功能包括:①根据综合数据库的当前状态查找可用的规则;②在可用规则集中选择一条当前应用的规则;③执行选出的规则,规则作用于综合数据库,使之发生变化。参见 expert system, production system。

rule cluster 规则簇 为达到目标起作用的一组规则或上下文元素相关的一组规则。

rule connection graph 规则连接图 在人工智能反向规则演绎系统中,一种生成子节点的连接图方法,其中某节点中的子节点是这样生成的:将某节点与事先给定的规则相比较,如能匹配,则照此规则生成子节点。依次类推,直到各个端节点都不能产生子节点或者达到目标为止。

ruled 直纹面 一种计算机图形处理技术,在曲面造型中,物体表面由两条曲线上的对应参数点用直线连接而形成。

rule driven design 规则驱动设计 在规则约束下进行的自动化设计。在电路设计中,指逻辑设计师可以把设计中的电特性考虑和设计意图标注在逻辑图或其他地方,使这些特性能正确地传送到物理设计环境中,使设计工具在这种规范约束下正确地工作。标注内容如关键时序路径、高速线网、传输线分析等。

ruled surface 划线曲面,直纹图 (1)在几何造型中由连接两条空间曲线上的对应点的直线集合所表示的曲面。(2)由一簇直线构成的曲面。即曲面上的任意一点都在这簇直线的某一条上,同时此簇直线中的任一条也在曲面上。

rule editor 规则编辑程序 帮助输入规则建立规则库的计算机程序或系统。其主要功能是:①在专家输入规则时应提供程序环境;②允许用户使用有限制的自然语言,并能将他们转换成计算机程序设计语言;③允许用户修改规则,并具有判别规则之间的相容性和矛盾性的能力;④能自动地对某种规则作适当修改或允许用户自行修改,不仅能存入新建立的每条规则,而且在存入时能相应地补充有关参数表的内容。

rule goal node 规则目标节点 规则目标树中表示规则或目标的节点。参见 rule goal tree。

rule goal tree 规则目标树 在演绎数据库的自顶向下的推理算法中,以查询目标为根节点,为了得到此目标的规则和子目标为子节点,按一定的原则连接起来构成的树形结构。

rule interpreter 规则解释程序 检索推理过程中用到的产生式规则。它能回答诸如推理中为什么需要指定事实,以及如何确立这些事实的问题。

ruler 标尺 在文本或图形编辑画面上显示的带有均匀刻度线的图形条,通常水平与垂直方向上各有一条。当光标移动时,用来指示光标的当前位置。它对规定打印格式十分有用,以它为参照可规定文件页边的空白、行距等。

ruler line 标尺行 窗口中的一个表示左右边界和制表位置的行。

rules management system 规则管理系统 对知识库中存放的大量的规则进行增删、修改、检索、查询、一致性处理等的系统,同 planning management system。

ruling English 规格英语 一种适于机器阅读的英语形式。这种语言遵守一组定义规则。没有多义性,适用于严格说明、机器读出和机器说明,以及信息检索等。美国专利局用它来编索引码。

runaway 失控 由于未知或隐蔽的原因使系统运行脱离正常状态而失去控制,常带有破坏性结果的一种情况。或指在某种不利因素的连续影响下,最终会使设备损坏的任何累积情况。

runaway task 失控任务 某些用户信息控制系统中,在用户规定的时间间隔中不交回控制权的那种任务。

run book 运行说明书,上机手册 为帮助用户掌握操作方法而提供的一种工具书,其中通常包括问题说明、流程图、编码和操作命令等。

run chart 运行表 表示某种指定的应用所要求的一系列的流程图。它表示每一次运行所需要的输入、存储和输出的装置。操作者可将运行表作为操作指令。

run cost 运行代价 为求解问题,在计算机上执行机器代码的代价。主要包括所用计算机资源(包括处理机时间、内存空间、外围设备时间、网络通信量等)的占用情况。

run duration 运行持续时间[期间] 一次运行开始至结束所需的时间。同 running time。

run engineering 运行工程学 研究在开发软件和使用应用系统的过程中个人、小组和组织的生产力的学科。生产力不仅取决于个人和全体专家,而且也取决于人员之间和人员与计算机系统之间有效的相互联系。运行工程学研究如何使各个组织有效地进行联系、正常地发挥力量和快速、方便地进行人机通信。

run length coding (RLC) 游程长度码 一种压缩数据的技术,避免为具有相同值的数据元素重复编码。相同字符的"游程"将被一个表示这种压缩技术的特殊字符,一个表示"游程"的字符和一个表示游程长度的计数字符所替换。参见 run length encoding (RLE)。

run length encoding (RLE) 行程编码,游程长度编码 二值图像的一种编码方法,仅存储一个像素值以及具有相同颜色的像素数目的图像数据编码方式。此方式使用每两个字节组成一个信息单元。第一个字节给出其后面相连的像素的个数。第二个字节给出这些像素使用的颜色索引表中的索引。例如,信息单元 03 04,03 表示其后的像素个数是 3 个,04 表示这些像素使用的是颜色索引表中的第五项的值。压缩数据展开后就是 04 04 04。信息

单元的第一个字节也可以是00，这种情况下信息单元并不表示数据单元，而是表示一些特殊的含义。这些含义通常由信息单元的第二个字节的值来描述。

run length limited code (RLLC) 游程长度受限码 表示二进制信息的一类信道编码。其编码规则是：先把输入信息序列变换为"0"游程序长度受限码，即任何两个相邻的"1"之间的"0"的最大位数 k 和最小位数 d 均受到限制的新编码，然后再用逢"1"变化不归零规则调制，正确地设计 d、k 的值，可以获得优良的编码性能。这类编码已广泛用于计算机的数字磁记录中。

run mode 运行模式 设备、程序或进程获得它所要求的条件，从等待模式转入运行状态的模式。

running accumulator 运行累加器 按后进先出原则工作的累加器。新数据项进入时，以前的数据项下移，最后进入的数据项占据累加器(存储器)的第一个单元。取出数据项时，是先取第一个单元。

running foot 连续出现的脚注 一种脚注，在每一页上或连续奇数页或连续偶数页上的底部边缘区域之上的正文区内重复出现的一种脚注。同 footer。

running heading 连续出现的标题 一种标题，在带有正文的每页或连续奇数页或连续偶数页上的顶部边缘区域之下的正文区内重复出现。

running screen status 运行屏幕状态 在某些虚机操作系统控制下，用作虚拟控制台的显示终端上，位于屏幕右下方的指示符，表示用户的虚机处于控制状态(但未必在执行程序或命令)，而且该终端可以接收信息。

running state 运行状态 进程所处的一种状态。在该状态下，进程已获得必要的资源，并占有了处理机，它的程序段正在执行。

running subsystem 运行子系统 编译程序的一个模块，它通常被嵌入每个目标程序中，在目标程序执行中依据编译时生成的某些信息表格完成动态存储分配等工作，支持目标程序的运行。

running, ready and blocking 运行、就绪和封锁 进程能否占有处理机的几种工作状态。在单处理机情况下，在任一时刻，最多只有一个进程正在使用处理机，此进程称为运行状态。当某进程已具备了使用处理机，而当前又没有处理机供其使用，此时该进程处于就绪状态，当某进程由于某种原因不能运行下去时，就进入封锁状态。一旦原因消除了，就从封锁状态转换成就绪状态。

run program 运行程序 运行目标代码程序时必须配置的各种子例程的全体。

run stream 运行流 由作业控制语句和数据组成的序列。该序列由操作员启动输入设备提交给操作系统执行。同 job stream。

run switch 运行开关 一个使处理机开始运行指令的开关。开始执行的指令的地址放在程序计数器内。

runt frame 短帧 一个很短的以太网帧。这种帧所含的数据字段比 IEEE 802.3 所需求的 60 字节要少。如果该帧的长度小于 53 字节，则说明是一个正常冲突，如果长度小于 60 字节，但大于或等于 53 字节，则说明是一个较晚的冲突。

run-time diagnosis 运行时诊断 在程序运行而非编译时，判明软件中的错误或硬件中的故障。

run-time error 运行时错误 一个在程序执行时出现的错误，而不是在编译时发现的错误。这常常是由于程序编写时的逻辑思路不对所致，也称"逻辑错误"。

run-time library 运行库 包含一个或者多个预编制程序的文件，用于完成专门的公共的功能，运行库主要用于在高级语言中使程序员不必编写某些常用的子例程。

runtime method determination 运行时间方法确定 面向对象的语言应支持三个机制：数据抽象、继承与运行时间方法确定。运行时间方法确定就是确定用哪些方法来回答送给目标的一个消息。有时也称"现场消息处理"，即根据接收消息的目标类型，在执行时选择方法。

run time parameter 运行时参数 也称"外部程序参数"。执行程序所需要的数值，在程序开始运行之前输入计算机系统。

run-time reduction ratio 运行时间减少比 在采用多处理机并行操作时解决一个向量运算问题所需用的时间，与单处理机上执行同样的程序需用时间之比。在理想情况下，N 个处理机并行操作的工作时间应为单处理机时间的 $1/N$，但由于需要处理机之间的同步与任务分解、分配和结果综合等操作，理想结果是无法达到的。

run time support package 运行时支持程序包 供设计人员用来处理软件接口和程序长度的一种程序包。它包括专用的高速汇编语言程序包，用来同用户最终编译好的程序连接。该程序包能计算超越函数，执行浮点乘法，处理运行时程序错误。每个程序包成为一个用户透明的程序库，从而使软件接口和程序长度的问题减至最少。

run-time version 运行版本 (1)准备好运行的程序代码，通常是编译完成的并且能在大多数用户命令序列中和大多数数据集下正常工作的无错误的程序。(2)一种功能有限的、专用的应用软件版本，通常与某种硬件产品捆绑销售。它能对这种硬件产品的运行提供支持，但不支持同一环境中的其他应用程序。

run unit 运行单位 (1)一个程序连同它的数据动态地执行过程称为运行单位。一个程序可以对应几个运行单位，因为几个用户可以在同一时间运行同一程序。(2)为同一问题求解而需要的全部程序按键数;RPN 算法可以清楚地看到整个计算的中间结果,可以让用户更方便地发现和改正运算错误。参见 reversed Polish notation, postfix notation。

reverse power relay 逆功率继电器 逆功率继电器是指带瓦特计的继电器,用来感知电流的方向。在并联机组中,反方向电流(如流回发电机组的电流)会启动逆功率继电器,把该机组与系统断开。如果一台发电机组没有运转,并且没有逆功率继电器保护,运转的机组就会驱动这个机组,这台机组上的发电机则变成电动机运行。

reverse printer 反向打印机 即双向打印机,打印机自左至右打印完一行后,打印头无需回车,在输纸的同时,打印头走到反向起始位置,然后自右向左打印。同 bidirectional printer。

reverse proxy 反[逆]向代理 反向代理方式是指以代理服务器来接收因特网上的连接请求,然后将请求转发给内部网络上的服务器,并将从服务器上得到的结果返回给因特网上请求连接的客户端,此时代理服务器对外就表现为一个服务器。通常的代理服务器,只用于代理内部网络对因特网的连接请求,客户机必须指定代理服务器,并将本来要直接发送到 Web 服务器上的请求发送到代理服务器中。由于外部网络上的主机并不会配置并使用这个代理服务器,普通代理服务器也被设计为在因特网上搜寻多个不确定的服务器,而不是针对因特网上多个客户机的请求访问某一个固定的服务器,因此普通的 Web 代理服务器不支持外部对内部网络的访问请求。当一个代理服务器能够代理外部网络上的主机,访问内部网络时,这种代理服务的方式称为反向代理服务。此时代理服务器对外就表现为一个 Web 服务器,外部网络就可以简单把它当作一个标准的 Web 服务器而不需要特定的配置。不同之处在于,这个服务器没有保存任何网页的真实数据,所有的静态网页或者 CGI(公共网关接口)程序都保存在内部的 Web 服务器上。因此对反向代理服务器的攻击并不会使得网页信息遭到破坏,这样就增强了 Web 服务器的安全性。

reverse recovery current 反向恢复电流 在反向恢复期间产生的反向电流部分。

reverse recovery time 反向恢复时间 当从正向向反向转换时,从电流过零瞬间起,到反向电流从峰值减小到某一规定值或到反向电流外推的零点止的时间间隔。

reverse search 反向搜索 (1)在文字处理中的一种自动搜索,从文档中的任何位置开始向文档的起始位置查找。(2)一个允许自动地从文档的任何位置向文档的起始位置进行搜索的函数或者模式,同 reverse find。

reverse segmentation method 逆向分词方法 一种分词方法,与正向分词相反的方向取字符串进行匹配。参见 unit of word segmentation。

reverse traffic channel 反向业务信道 从一个用户站向一个或几个基站传输用户业务和信令信号的反向码分多址信道。

reverse unfaithful random (RUR) reduction 逆不确切随机归约 由非确定型图灵机完成的将判定问题 X 归约为判定问题 Y 的一种多项式时间归约。满足:①所有的计算机为接受计算;②对 yes-示例,正确的输出至少应在半数以上;③对 no-示例,输出是正确的。

reverse video 反向(视频信号)显示(方式),负像显示 一种图像显示方式,常用来增强屏幕上的图形、文字或图像的醒目程度。例如正常显示方式为黑色背景上显示白色图像,反向视频方式即为白色背景上显示黑色图像。

reverse voltage 反向电压 阳极对阴极为负值的电压。

reverse voltage protection 反向电压保护 当极性反了的电压接到电器的输入端或者输出端时,防止造成内部器件损坏的功能。

reverse Wiedeman effect 逆威德曼效应 当给铁磁杆通以纵向电流时(置于环状磁场中),并使杆件拉伸、压缩或扭曲,则会产生纵向磁化现象,在杆的圆周方向上的线圈内会有电流产生,此种由于杆件扭曲或受到纵向力而产生输出电压的现象称为逆威德曼效应。比较 Wiedeman effect。

reversible coding 可逆编码 一种多媒体编码压缩方法,解码图像与原始图像严格相同,可完全恢复原样。参见 non-reversible coding。

reversible convertor 可逆变流器 其电能由交流侧向直流和直流侧向交流侧均能转换的变流器。参见 single convertor。

reversible counter 双向[可逆]计数器 一种仅有有限种状态的装置,每个状态对一个数,此数可以按"1"也可按一个给定常数增加或减少,在接收到一个适当信号后这种装置通常能使表示的数字到达一个指定的值(如零)。

reversible encryption 可逆加密体制 在密码学中,指一种明文的数据加密算法变换,用这种方式加密的文本能被解密还原成原始的明文。

reversible permeability 可逆磁导率 当交变磁场强度趋近于零时,增量磁导率的极限值。参见 incremental permeability。

reversible process 可逆过程 一个系统,由某一状态出发,经一个过程,系统发生了变化,外界也要发生变化,经这一过程后达到另一状态。若存在另一过程,它能使系统和外界完全复原(即系统回到原来的状态,同时消除了原来过程对外界引起的一切影响),则原来的过程称为可逆过程。无摩擦的准静态过程是可逆过程。可逆过程的概念,是对实际过程的理想化。参见 irreversible process。

R

revert **回复** 返回到文档的上一次保存的版本，在某些软件中这是一个操作命令。

revertive pulsing **反向脉冲法** 交换系统之间传输信号的一种方法。首先由系统 A 向系统 B 发出一系列脉冲，系统 B 对脉冲进行计数，当接收到规定个数的脉冲时，系统 B 将信息传递给系统 A。

review **评审** 在产品开发过程中，把产品提交给项目成员、用户、管理者或其他相关人员评价或批准的过程。参见 design review。

revisable-form-text DCA (RFTDCA) **可修正格式文本 DCA** 在文档内容体系结构(DCA)中的一个标准，用于存储文档使其格式可被接收者改变，一个相关的标准是最后格式文本 DCA。参见 final-form-text DCA (FFTDCA)。

revision control system (RCS) **修正控制系统** 在 AIX 操作系统中，一个管理多个文本文件版本的程序，它控制经常更新的文本，如程序、格式字母和纸张，其特征是文件版本的自动识别、存储、登记、读取和合并。

revision number **版本修正号** 一个非负整数，是依次赋予一个实体的各改变版本名字中版本标识的部分。

rewrite **重写** 在读出过程破坏了存储单元中的数据后，重新将该数据写回存储单元去的过程。

rewrite dual-gap head **重写双隙磁头** 一种读/写磁头，写在磁带上的字符立即由读头读出，以确认记录的数据的准确性。

rewrite rule **重写规则** (1)抽象代数的一个重要方面，用于对代数中的表达式系统地进行归约。每一条重写规则定义了作用于代数中表达式的一个转换或“重写”。重写过程与抽象程序的计算过程十分相似。参见 approach to specification，algebraic specification。(2)生成语法的一类规则，形式为 $X \rightarrow Y$。箭头左边的符号代表单一的组构成分；箭头右边的符号代表一个或多个成分的语符列；箭头指示用 Y 取代(或“扩展”)X。这类规则习惯上读作“重写 X 为 Y”。

REXX **重构扩展执行程序** restructured extended executive 的缩写。

RF (1)无线电频率，射频 radio frequency 的缩写。(2)寄存器堆 register file 的缩写。(3)相对频度 relative frequency 的缩写。

RFA (1)区域外地代理 regional foreign agent 的缩写。(2)喇曼光纤放大器 Raman fiber amplifier 的缩写。

RFC **请求注解[意见](文件)** request for comments 的缩写。

RFD **请求讨论** request for discussion 的缩写。

RFER **弹性快速以太网环路** resilient fast Ethernet ring 的缩写。

RFI (1)无线电频率[射频]干扰 radio frequency interference 的缩写。(2)射频接口 radio frequency interface 的缩写。(3)请求信息 request for information 的缩写。

RFIC **射频集成电路** radio frequency integrated circuit 的缩写。

RFID **射频识别** radio frequency identification 的缩写。

rfile message **传送消息** 一个输入的消息，该消息被转送到网络上的另一个总站或接收该消息的设施以外的设施上。

RF modem **射频调制解调器** 用指定频率将数字信号转变成模拟信号以及将模拟信号转变成数字信号的一种调制解调器。这种调制解调器被用在宽带局域网中。

RF modulator **射频调制器** 为了使普通的家用电视接收机可以作为个人计算机的监视器使用，显示控制器输出的视频信号必须转换成为特定频率的射频信号，射频调制器即为实现这种转换的功能部件。

RFP **投标请求书** request for proposal 的缩写。

RFS (1)远程文件系统 remote file system 的缩写。(2)远程文件业务 remote file service 的缩写。

RF shielding **无线电屏蔽** 一种用于防止射频通过的材料，通常是金属或金属膜，安装设备的内部或外部以防止设备之间的相互干扰，PC 机的无线电屏蔽有一个 FCC(美国联邦通信委员会)标准，PC 机的金属机箱可满足大多数场合的要求，满足 FCC 标准 A 的设备可用于企业，满足 FCC 标准 B 的设备可用于家庭环境。

RF4CE **消费电子射频** radio frequency for consumer electronics 的缩写。

RFT (1)请求测试 request for test 的缩写。(2)请求功能传输 request functional transmission 的缩写。(3)可修订格式文本 revisable format text 的缩写。

RGB **红绿蓝模式，RGB 颜色模式** red-green-blue 的缩写。

RGB color **红绿蓝色彩，RGB 色彩** 使用红色、绿色和蓝色三种成分的亮度来描述的色彩，称为 RGB 色彩。

RGB color model **红绿蓝色彩模型** 一种用红、绿、蓝三原色叠加来规定色彩的方法。即把每一种原色单独地贡献加在一起从而形成一种混合色。该模型采用三维的笛卡尔坐标系统。立方体主对角线各点含有等量的各种原色，表示由黑至白的灰度等级。这种模型主要用于彩色电视监视器和光栅显示器上。

RGB monitor **红绿蓝监视器** 一种彩色监视器，通过分离的线路接收红绿蓝(RGB)信号，比通过一条线路接收彩色信号的监视器更加清晰。比较 composite video display。

RH 请求/应答标题 request/response header 的缩写。

rheostat 变阻器 由电阻材料制成的电阻零、部件和换接装置组成的电器，可在不断开电路的情况下有级地或均匀地改变电阻值。一般的变阻器用电阻较大的导线(电阻线)和可以改变接触点以调节电阻线有效长度的装置构成。主要作用①限制电流；②保护电路；③改变电路中电压的分配。

RHS 右手方，规则右方 right-hand side 的缩写。

RHS function RHS 函数 规则右方的函数，包括操作工作存储元的函数，如生成、取消、修改一个工作存储元；文件管理和读写函数，如打开、关闭、读、写；赋值函数，如 bind、cbind；生成一条产生式规则的函数，如 build；以及计算函数、控制函数、调用用户自定义函数等。参见 right-hand side (RHS)。

RI (1)振铃指示 ring indicator 的缩写。(2)环入处 ring in 的缩写。(3)远端信息 remote information 的缩写。

RIB 路由选择信息库 routing information base 的缩写。

ribbon cable 扁平电缆 也称"带状电缆"，由多条平行导线并排粘结在一起而构成的一种扁平电缆，可为多位信号提供并行传送的通路，主要用于计算机与并行输入/输出外围设备之间的信息传送。按通行的惯例，扁平电缆的某个边沿有一条不同颜色的线，表示"1"号线。

ribbon cable connector 带状电缆连接器 利用压力穿刺形成绝缘层位移而达到连接多位扁平带电缆导体的一种连接器件。它一般由锁定耳扣、护盖、卡形触点和壳体组成，是一种多用途、经济可靠的多位连接器。20 世纪 80 年代以后，它在计算机组装设计中被广泛应用。

ribbon inter-connection 互连条 多条镍、铝或合金等绝缘导线并排构成的扁平金属细条。用于电路元件的互连或元件与输出管脚间的连接。

ribbon wire 带状导线 其横截面为矩形而不是圆形的金属软线或细金属条。

Rice encode (RE) 赖斯编码 一种表示二进制信息的信道编码方法，如下表所列，其编码规则有三条：①若输入信息序列的最低两位为"11"，则把 4 位输入信息位一起变换为 6 位码字；②若输入信息序列的最低两位不是"11"，则把 2 位输入信息一起变换为 3 位码字；③若输入信息序列的最低 6 位为"010101"(连续三次重复出现"01")，则把 4 位输入信息一起变换为 9 位码字。最后再把编码序列用逢"1"变化不归零制规则调制。这种编码是具有自同步能力的按组、可变长、游程长度受限码。在计算机中它主要用于数字磁记录。以下表中信息位用 D 表示，码字用 C 表示。

赖斯编码的变换规则

D 1 2 3 4 5 6	C 1 2 3 4 5 6 7 8 9
0 1 0 1 0 1	0 0 0 1 0 0 1 0 0
1 1 1 1	0 1 0 1 0 1
1 1 0 1	0 0 0 1 0 1
1 1 1 0	0 1 0 1 0 0
1 1 0 0	0 0 0 1 0 0
0 1	0 0 0
0 0	0 0 1
1 0	0 1 0

rich E-mail 增强式电子邮件 包含有声音和图像信息的电子邮件。

rich media cloud 彩云 提供包括语音、视频等多媒体信息应用的云。比较 stand-alone cloud。

rich text format (RTF) 富文本格式 由微软公司提出的一种格式化文本与图形编码标准，用于在应用程序之间传送格式化文档，其中可以混合包含类型丰富的信息，但不使用特殊的隐含代码，因而在应用程序间传送时不会损失格式化信息。它与 IBM 的 DCA(文档内容体系结构)格式兼容。

RID 资源标识符 resource identifier 的缩写。

RIDS 复位信息数据集 reset information data set 的缩写。

RIF (1)速率增加因子 rate increase factor 的缩写。(2)路由信息段 routing information field 的缩写。

RIFF 资源交换文档格式 resource interchange file form 的缩写。

Righi-Leduc effect 里纪—勒杜克效应 由于热扩散电流的载流子的迁移率不同，形成一个横向的温度梯度，从而产生附加电势差的物理现象。该电势差方向只与磁场方向有关，与电流换向无关。参见 longitudinal thermomagnetic effect。

right-adjust 右边对齐 数据在输出时，为了产生排列整齐的报表，要求属于同一类型的数据项保持右边对齐。比较 left-adjust。

right-align 右调节 (1)控制字符在页面上的显示或打印位置，使得右边界的对齐。(2)移动行中最右字符到给定位置。同 right-adjust，对应于 left-align。参见 justify。

right angle edge connector 直角边连接器 允许光纤或光缆以与发送器或接收器表面成直角的角度使光波出入光学发射机或接收机的连接装置。

right deep join tree 右深连接树 一种连接树数据结构。$n+1$ 级右深连接树是一棵满足下列条件的连接树：具有 $2n+1$ 个节点；每个内节点有且仅有两个子节点；每个内节点($n-1$ 级内节点除外)的

右子节点是一连接操作，左子节点是一关系；$n-1$级内节点的两个子节点皆为关系。右深连接树是一种与左深连接树对称的树形。参见 left deep join tree。

right-hand indent　右边缩进(格)　文字处理技术中的一种功能，它允许用户把正文的一些行或块放在右边边缘设定的位置上，而这些位置不同于其余正文的位置。比较 left-hand indent。

right-hand side (RHS)　右手方，规则右方　(1)一系列在 if-then 规则中的 then 部分的事实或语句，对应于 left-hand side。(2)规则的两个部分之一。在后向链结构的产生式系统中，规则右边规定所要求解的目标，其子目标由规则左边给出。在前向链接结构的产生式系统中，规则右边由揭开规则的例示时指定序列中一串要执行的动作组成，使用的值受到左边的变量约束。参见 left-hand side (LHS)。

right-justified　右调节的　同 right-aligned，right-justify。

right-justify　向右对齐　(1)控制打印页面上字符设置，以使打印机右边沿一致。(2)将寄存器内容或字段移位，以使数据右端的字符处于一个指定位置上。(3)横向调整字符位置，使字符最右边的字符处于指定的位置上。同 right-align。

right linear grammar　右线性文法　正则文法的一种。如果形成文法的所有生成形为 $A\rightarrow a$ 或 $A\rightarrow aB$，A 和 B 是非终结符，a 是终结符，则称它为右线性文法。例如 $G_1=(\{\sigma,A\},\{0,1\},P,\sigma\}$，式中 P：$\sigma\rightarrow 1,\sigma\rightarrow 1A,A\rightarrow O\sigma$。$G_1$ 是右线性文法。

right margin　右边缘　最右字符位置和显示屏或纸的右边缘之间的区域。

right most derivation　靠右推导　推导句子时，总是扩展重写规则右部(RHS)的最后一个非终极符号的推导。比较 left most derivation。参见 right-hand side (RHS)。

right-reading image　正读图像　资料复制机中的一种图像，其中各部分的定位和原件相同。比较 mirror image。

rights amplification　权限扩大　一个进程从一个域变换到另一个可以使它获得更多访问权限的域的情形。

right scale integration　适当规模集成电路　芯片上制作单元电路的容量满足器件功能需要的集成电路。

right shift　右移　把一个字中的各个数字向右移。二进制的算术右移一位相当于整数除 2 的作用。参见 radix。

rightsholder　版权所有者　那些对某一特定内容具有各种权限(通常是版权)的个人或者其他实体组织。

rightsizing　规模优化　(1)根据一个单位的业务及其运作方式，以恰当的计算机资源的分布及组织，达到高效利用计算机资源、保护投资的目的。(2)计算机网络在 20 世纪 90 年代出现的一种特征。在 80 年代以前的计算机网络具有"向上优化"的特征，一切资源和处理能力都集中在网络主机中，用户使用资源不方便，成本也高。到了 80 年代，以微机为主的计算机网络也出现了所谓"向下优化"的特征，所共享的资源也在微机中。但是微机处理能力必定有限，因而也限制了网络技术的充分发挥。到 90 年代计算机网络出现了规模优化特征。这种特征的显著标志就是所谓"客户机/服务器"网络服务方式。服务器用大中小型计算机或用高中档工作站级的计算机充当，而客户机主要是微机，也可以是低档工作站。服务器分为多种，如数据库服务器、文件服务器和计算服务器等。在这些服务器中集中着网络的主要资源和处理能力。但是在客户机中也有一定数量和规模的资源和处理能力。用户的日常事物在客户机上处理或访问服务器之前进行若干预处理或访问服务器之后进行若干后处理。网络的这种特征使资源得到更充分的共享，处理能力得到更合理的应用。参见 upsizing，downsizing。

rights object acquisition protocol (ROAP)　版权对象获取协议　移动终端中 DRM(数字版权管理)代理和版权发行者(RI)之间的通信协议，移动终端和 RI 可以借助 ROAP 更加安全地请求和获取版权对象(RO)。

right-through control　直通控制　在采用电路交换方式的通信网络中，建立呼叫的一种控制方式。按此方式，发送节点的交换中心可以呼叫接收节点的交换中心，并且可以经由整个传输路径直接将呼叫信号送往到达接收终端。

right truncation　右截断　在信息检索时使用的检索词无限截断的三种形式之一。它是将检索关键字右边的指定部分截去(相当于截去词的后缀)，从而使关键字的剩余部分在检索时的匹配面更宽，虽然可能增加冗余，但有利于扩大查全率。这是最常用的词截断形式。

rigid disk　硬磁盘　安装在金属基架(一般为铝合金)上以磁性材料作为存储媒体的磁盘存储器。参见 floppy disk。

rigid disk drive　硬磁盘机　一种磁记录设备，其中采用金属基体(如用铝、黄铜等制成的硬盘)作为记录媒体(即磁录表面)的载体。工作时磁盘高速旋转，磁头浮动在磁盘表面上，因此，信息存取速度较快，由于磁头不与磁表面直接接触，所以磁头和磁盘的工作寿命都比较长。

rigid double-sided printed board　刚性双面印制板　用刚性基材制成的双面印制板。

rigid-flex printed board　刚-挠印制板　利用挠性基材并在不同区域用挠性基材与刚性基材结构而制

成的印制板。在刚-挠结合区，挠性基材与刚性基材上的导电图形通常都需进行互连。

rigid insulator　刚性绝缘子　用来刚性地支持架空线路导体并主要受到弯曲和压缩负荷作用的绝缘子。参见 insulator，insulator string。

rigid multilayer printed board　刚性多层印制板　用刚性基材制成的多层印制板。

Rijndael algorithm　Rijndael 算法　Rijndael 算法是在 1999 年下半年，由研究员 Joan Daemen 和 Vincent Rijmen 创建的一种复杂的加密标准。Rijndael 算法是一个有可变数据块长和可变密钥长的迭代分组加密算法，数据块长和密钥长可分别为 128、192 或 256 比特。迭代加密使用一个循环结构，在该循环中重复置换和替换输入数据。

RIME　中继网国际消息交流　relaynet international message exchange 的缩写。

RIMM　RIMM 插槽　RIMM 是 Rambus in-line memory module 的缩写，是 Rambus 公司生产的 RDRAM(存储器总线式动态 RAM)内存所采用的插槽，工作电压 2.5 V，RDRAM 在工作时 RIMM 槽必须全部插满，如果不满足要求，就必须用终端器将其余空的 RIMM 槽接上负载。参见 Rambus DRAM (RDRAM)。

ring　环，环形网　(1)首尾相连的线性表。在环中很容易进行查找，它可以从任意一个单元出发，直到查遍整个环。它的一个重要应用是表示记录的分级特性。用一个环代表某一级记录，所有属于该级的记录都被链接在这个环中，这样，不论是从某一级中查找其所属记录，还是从一个记录查找它所属于的级别，都是很容易的。(2)类似环结构的一组节点。信息顺序在节点间传递，环上的每一个节点依次检查或拷贝信息，最后返回给原发节点。参见 ring network。(3)给定代数系统 $\langle A, *, ☆\rangle$，如果满足：①$\langle A, *\rangle$ 是可交换群；②$\langle A, ☆\rangle$ 是半群；③“☆”对“*”可分配；则称 $\langle A, *, ☆\rangle$ 为环 。

ring around　回转振铃，环呼　一个回叫的不正确路由选择，它通过交换中心去试图结束同一呼叫。

ring attaching device　环形网附接设备　在环形网络中，一种能通过适配器在物理上连接到环形网络上的任何设备。

ringback tone　振铃回音　一种表示被叫用户正在响铃的可听见的声音信号。

ring bracket　环界　在基于保护环的等级式结构域中，对某个内存段具有某些存取模式(读、写、执行)的最大环号称为环界。

ring buffers　环式缓冲器　用于有限量的下堆栈式随机存取卷的一组等效缓冲器，它在线性寻址空间中的最大地址单元的后继单元，就是缓冲器中最小地址单元。

ring connection　环形连接　计算机网络中的一种节点连接方式。传输线路不分始端与终端而逐点依次连接成一个环形链路，终端设备通过耦合器或其他界面设备依次连接到环上。

ring counter　环形计数器　(1)由多个双稳态元件互连组成的、在任一给定时间只有一个元件处于“1”(或“0”)状态的环路。对输入信号计数时，该“1”(或“0”)状态将顺着环路移动。(2)指能存储多个信息位的环形计数装置。该计数器接收移位指令，所有信息一次移一个位置。但最右(或最左的)位值移至最左(或最右)，即进行环形移动。

ring data structure　环形数据结构　存储的数据，组织成环形，使得指针链的尾部指向链的开始。

ring diagnostic　环路诊断　IBM 的令牌环网络中，在工作站中运行的向用户提供有关环路执行信息的软件。

ringdown　振铃呼叫　发信号给用户和操作员的一种方法。其信号通常是用 20 周、135 周或 1 000 周交流信号，每秒中断 20 次。

ringdown signaling　振铃信号法　一种对远距离的开关控制或终端发信号(一般用低频交流信号)而实现通信的方法。

ringer equivalence number (REN)　振铃器等价数　一个用于确定可与话机线路连接的设备质量的数字。在话机线路上的过多的 REN 有可能导致在有外来呼叫时，话机不振铃。在大多数情况下，并非在所有的区域，REN 的总和不应当超过 5。REN 处于模拟电话产品底部的“FCC(美国联邦通信委员会)登记”标签上。

ring error monitor (REM)　环(形)错误监控器　在通信中的一个令牌管理功能，观察、收集和分析由令牌环网站发送的可恢复的和不可恢复的错误报告，并辅助故障分隔和纠正。

ring file　环形文件　最后一个记录有指示字指向第一个记录的链式文件。

ring forward signal　前向呼叫信号　由发送端操作员向接收端操作员发出的，要求协助将线路接通的一种信号。

ring group　环组　令牌环网接口集合，这些接口在一个或多个路由器上，而这些路由器连接着令牌环网。

ring head　环形磁头　一种磁路为环状结构的磁头。除了垂直记录磁头以外，几乎所有磁头都是采用这种结构。

ring in (RI)　环入处　在令牌环形网络中，在接入部件上的接收或输入插孔。参见 ring out。

ring indicator (RI)　振铃指示　(1)RS-232-C 接口电路中的一个信号，表示电话进行振铃，呼叫对方。某些通信应用程序用这个信号确定应答呼叫的时间。(2)由自动应答设备发给数据终端设备的信号，用来表示已检测到呼叫并已摘机。

ringing　振荡　振荡就是反复出现的过冲和下冲。

振荡由线上过度的电感和电容引起，振荡可以通过适当的端接方式予以减小，但是不可能完全消除。参见 overshoots，undershoots。比较 rounding。

ringing code 振铃码 通过不同振铃时间而组成的一种长、短信号，用来呼叫电话公用线上的某一特征用户。

ringing key 振铃器 发送振铃电流的键。

ring interconnection 环互联 两个同步数字系列(SDH)环状网之间有公共节点的组网方式。

R

ring interface adapter 环形接口适配器 一种设备，它承担节点的基本数据传输功能，如帧的识别、地址译码、错误检测、帧的缓冲、故障检测，以及在令牌环形网络中的令牌生成。

ring interworking 环互通 两个同步数字系列(SDH)环状网通过公共节点传送业务的方式。

ring latency 环行等待时间 在令牌网络中，按数据传输率中传送位的倍数来测量沿着环路一个信号传播一次所需的时间。环行等待时间包括通过环形介质(包括下接电缆)的信号传播延迟时间加上通过连接到令牌环形网络上每个数据站的传输延迟时间之和。

ring network 环形网络 (1)一种网络结构，其中的设备由单向传输链路所连接以形成一个封闭路径。参见 token-ring network。(2)一种计算机网络拓扑结构。环形网络把各个网络节点用通信介质首尾连接起来，在逻辑上构成一个环结构的网络。这些传输介质可以是不同的，如同轴电缆、双绞线和光缆等。可以构成局域网，也可以构成广域网，但通常是局域网。信息在网络中沿着环路传输，因而没有路由选择的麻烦和信道拥挤问题。因为没有信息传输碰撞问题，因而实时性好。但是与以太网比较，管理麻烦。FDDI(光纤分布数据接口)网、IBM 公司的令牌环网和 IEEE 802.5 网络都是典型的环形网络。任何环网必须注意位的“实际长度”问题。在令牌环中，网络空闲时，环必须保持足够的延迟时间或长度，即必须在环中能有足够的位数，以便能够至少运行一个完整的令牌。

ring network node 环网节点 在环形网络中，每一个计算机节点控制自己的作用，而且每个计算机节点之间都是平等的，具有相似的硬件与软件。通常每个节点可与其他节点通信，同时可以存取其文件，每一节点可作为其他节点的后备系统。

ring network structure 环网结构 在这类网络中，许多远程数据站(终端或计算机)不能单独与主机联系，而是以传输的数据在环形数据站间循环。如果多个数据站与主机的距离很近，则用环形网络结构较为经济。但如果数据站间的距离较远时，环网结构的传输线的价格将相当昂贵，此时采用分布结构较为经济。得到较多应用的环网结构主要有三种：Newhall 环(令牌传递环)、Pierce 环(时间片环、开槽环)和分布式环(DLCN)，对应的存取控制方式有令牌传递法、时间片法和寄存器插入法等。

ring of integers 整数环 一个只限于乘法与加法两种运算的整数集合环。

ring protection 环保护 在某些系统中，一种存储保护和存取控制的方法。其实现方法是：给程序分配几个数值，将这些值与系统表中的值进行比较，以确定存取是否有效。

ring register 环式寄存器 逻辑上组织成环形结构的一组寄存器。当执行移位操作时，从一端移出的数据位，将从另一端移入。

ring sequence 环形顺序 在环形网络上设备相连顺序。

ring shift 循环移位法 逻辑上把一个字符串首尾相接形成环状字符串后所进行的一种移位方法。

ring station 环站 连接到局部网络和操作令牌环网协议所必需的功能，包括令牌处理、传输复制的帧到节点的存储器、维护错误计数器、观察介质访问控制(MAC)子层协议和将帧传送到正确的数据链路控制链站，一个环站是连接到环中的节点的 MAC 子层的一个事例。

ring switched computer network 环形交换计算机网络 由一组通信处理机(CP)连成环形结构的计算机网络。它可包括若干子环，各相邻子环则由交换处理机连接。该网络优点是便于设计、传输能力强、设备成本低。

ring switching 环倒换 同步数字系列(SDH)复用段共享保护环技术中，一种由环上所有节点参与的保护动作方式。

ring system 环路系统 沿一个或多个环路上分布的一个处理阵列，数据沿环路或环被转送并被对应于一个预定地址的某一特定处理器使用。

ring topology 环形拓扑 网络的拓扑结构形式之一，它是由单方向传输链路把一系列中继器彼此连接起来构成一个封闭环而形成的。网络中的每个站都是通过中继器连入网络的。

ring wiring concentrator 环接线集中器 环状网的中继接口装置，它对整个环状网起传输中继作用，对本站起点连接接口作用。对于终端用户相对比较集中而又远离中心主机的地区，应在网络的末端或节点上设置信息集中器，其目的是为了充分发挥和提高通信网络的效率，降低传输费用。集中器的基本功能是：将低速终端送给主机的数据集中后利用高速线路发送给主机处理；主机处理后的数据通过高速线路送回到集中器，再由集中器按路由表发给相应终端；实现本地终端间信息交换；担负本地的一些小规模的处理任务。

R interface R 接口 综合业务数字网(ISDN)的一个基准点，用于较旧的非 ISDN 设备存取 ISDN 网络接口。

RIP (1)光栅图像处理机 raster image processor 的

缩写。(2)路由信息协议 routing information protocol 的缩写。

RIP addressing conventions RIP 编址约定 RIP(路由信息协议)对于地址格式的约定。主要约定有如下4条:①网络地址最多可有14个字节,因而可用于各种不同网络环境;②在 TCP/IP(传输控制协议/网际协议)网络环境中 IP 地址只使用四个字节,其他字节必须为0;③在 TCP/IP 网络环境中,还用0.0.0.0地址表示缺省路由地址;④把度量距离附加到所通告的每条路由上,其中包括缺省路由。这样就可以使得两个网关以不同度量单位广播一条缺省路由,一种度量单位用于主要路径,另一种度量单位用于备用路径。参见 routing information protocol (RIP)。

RIP algorithm rules RIP 算法规则 为提高性能和可靠性,RIP(路由信息协议)要执行的规则主要有三条:①RIP 使用矢量距离算法;②内部网关每次得到路由就保持那个路由,直到确实得到一条更好的路由为止。这样可以防止在代价相等的多条路由之间摆动;③使用 RIP 协议的机器(网关和主机)分为主动者和被动者。主动者把有效路由每30秒通告一次给其他机器。被动者只是收听主动者通告并更新自己的路由。如果经过180秒没通告,便认为这条路由变成超时无效路由。网关得到一条路由就启动一个计时器,并每次收到关于该路由的通告,计时器就重置一次。连续180秒没收到某路由的通告就宣布那条路由超时,不再有效。

ripple 波纹,脉动 (1)直流稳压电源输出中包括的交变或脉动分量。通常为输入交流电压的谐波,它的大小主要取决于电源过滤器的质量和稳压电源的精度。(2)在过滤器的幅频响应中的一种波动现象。

ripple carry 脉动进位 在并行加法中,在一个数字位置上作为加法的结果而产生的进位,这个进位传播到高一位的数字位。

ripple content 纹波含量 脉动电压或电流的脉动量中交流分量的方均根值与直流分量的绝对值之比。

ripple counter 脉动进位计数器 也称“异步寄存器”,因为为了使计数器出现加1的变化,在一端开始,“脉动”到达另一端。当输入一个时钟脉冲后,计数器加1。每个触发器的J、K输入端值固定为1。这意味着,当一个脉冲来时,Q输出值将变反。它的缺点是当值有变化时,有延迟,它与计数器的长度成正比。

ripple effect 涟波效应 在程序中,各个模块之间由于共享数据或变量而产生的相互影响。当程序中的一个模块被修改时,就会影响到其他模块,而受影响的模块又会对更多的模块产生进一步影响,称为涟波或链波效应。为克服这种效应,构成软件的各个模块应尽可能具有较强的独立性,以减少互相影响。

ripple factor 纹波系数 整流电路输出电压中交流分量的总有效值与直流分量的比值称为纹波系数。

ripple-through carry 脉动传送进位法 并行加法中使用的一种高速进位法,可用硬件实现。其中进位数跳过部分和为9(对十进制加法而言)或1(对二进制加法而言)的数位。例如,按此方法完成十进制加法运算时,若检查到第i位的部分和为9,则第$i-1$位产生的进位数将跳过第i位而直接传送到第$i+1$位,同时将第i位置0即可。

ripple voltage 脉动电压 叠加在开关式电压转换器输出端上的周期性交变电压。脉动电压也称“纹波电压”。

RIS 精简指令(系统)集 reduced instruction set 的缩写。

RISC (1)精简指令集计算机 reduced instruction set computer 的缩写。(2)精简指令集计算 reduced instruction set computing 的缩写。

RISC/OS RISC/OS 操作系统 MIPS 公司推出用于 MIPS 系列计算机的操作系统。该系统使用分层结构,低层是允许处理专门语言的框架,高层是国家区分工具,提供与语言相关的信息与接口。由于采用8位透明传送,可使用各种文字,包括日文、中文在内。该系统符合 POSIX(可移植操作系统接口)标准,支持 NFS(网络文件系统)、TCP/IP(传输控制协议/网际协议)及 ONC(开放网络计算),以及 DECnet、X.25 等。

rise-fall delay 升降延迟 信号通过电路元件,输出响应(即输出信号)在时间上的一种延迟现象。通常把上升边缘(0到1转换)的延迟称为上升延迟;下降边缘(1到0转换)的延迟称为下降延迟。

riser cable 升降电缆 一种被设计在垂直竖井中使用的而不在通风井中,除非被封装在不可燃的管子中,升降电缆具有阻燃特性,该特性被设计成能在两层楼之间蔓延的火中保护电缆。

rise time 上升时间 在阶跃函数的近似过程中,对一个信号从一个特定的低值改变为一个特定的高值时所需的时间。

rising characteristic 上升特性 输出电压随电流增大而上升的负载特性。比较 falling characteristic。

risk 风险 引发系统破坏行为而造成损失的可能性事件或潜在的性质。风险的起因可能是人为的也可能是由于自然环境造成的。

risk analysis 风险分析 (1)辨别目标系统的脆弱性以及所面临的威胁,从而判断系统潜在损失的过程。其目的是为目标系统寻找合适的投资比例与技术措施,供决策者作出正确的判断。(2)在计算机安全性考虑中,一种对系统安全可能产生威胁和可能导致不希望事件的分析、判定。

risk assessment 风险评估 对系统存在的脆弱性、

面临的威胁、可能遭受的损失以及安全措施的有效性所进行的分析或研究。管理员可使用风险评估的结果,加强系统的安全性。

risk assessment/analysis 风险评估/分析 识别组织面临的风险,评估维持组织业务连续性运作所需的关键业务功能,决定降低风险发生的可能性及估算控制措施所需成本等的流程。风险分析通常包括对特定事件发生的可能性进行的评估。

risk decision 风险性决策 每种备选方案可产生多种可能的结果,且每种结果发生的概率是已知的决策。

risk index 风险指数 在计算机安全方面,在多级设备或者在多级安全系统中,一个代表安全暴露程序的数,当访问对授权等于或低于系统数据最大分类的用户许可时产生。在用户的访问授权等于系统数据最大分类时,风险指数为零。

risk management 风险管理 风险管理是标识、确定、控制和最小化风险,并平衡采取这些措施所获得的收益与所花费的运行成本、经济成本之间关系的一个过程。它包括风险分析、费效分析、选择、实现与测试、安全防护评估及所有的安全检查。

risk mitigation 降低风险 为维护业务运作的连续性而针对特定的威胁采取的控制措施,以及在威胁发生的情况下能及时有效地进行响应的过程。

Rivest-Shamir-Adleman algorithm (RSA) RSA 算法 在计算机加密中,指由 Rivest、Shamir 和 Adleman 三人于 1978 年设计和提出并经专利注册的公共密钥加密算法,PGP(优质保密性)加密便是以 RSA 加密算法为基础的。RSA 加密算法支持被加密文本的可变密钥长度和可变块大小。无格式文本块必须小于密钥长度,通常密钥长度是 512 位。它采用一个陷阱门单向函数,该函数的依据是分解两个大素数的积是十分困难的。它提出一个数字签名方法,比 DES(数据加密标准)和背包密码的加密/解密过程要求更严格。RSA 具有足够的加密强度和大的密钥空间,目前已用于数据加密、网络加密和网络密钥管理及数字签名等安全信息系统中。但 RSA 与 DES(数据加密标准)算法相比较,其计算量大,加密速度慢。参见 RAS encryption, data encryption standards (DES)。pretty good privacy (PGP)。

RKRL 无线电知识描述语言 radio knowledge representation language 的缩写。

RJA1X RJA1X 插座 对应于 4 脚插头接合器的小型 6 位插座,它为单线桥接的尖环引线提供电网连接。RJA1X 的主要用途是与单线非按键电话设备或辅助设备一起使用,这些设备中有 4 管脚插座在使用,并且注册终端设备装有小型 6 位插座。

RJA2X RJA2X 插座 对应两个小型 6 位插孔接合器的小型 6 位插座,它为单线桥接的尖环引线提供电网连接。RJA2X 的主要用途是与存在小型 6 位插孔的单线路按键电话设备或辅助设备一起使用。

RJE 远程作业输入 remote job entry 的缩写。

RJE data set 远程作业输入数据集 一种存储远程作业输入文件的系统数据集。

RJEF 远程作业输入程序 remote job entry facility 的缩写。

RJEP 远程作业录入协议 remote job entry protocol 的缩写。

RJ1DC RJ1DC 插座 一种小型 6 位插孔,它为单线桥式 4 线尖环和 T1/R1 提供电网连接。RJ1DC 的主要用途是与要求 4 线交换接入的终端设备和系统一起使用。

RJ11C RJ11C 插座 用在拨号线路(2 线)上的模块插座连接器,是办公室中电话最常用的连接器。RJ11 是 4 线专用线路的任选连接器。RJ11C 是小型 6 位表面或平面安装插座。它提供单线路桥接的尖环引线的电气网络连接,主要与单线路无键电话和辅助设备一起使用。

RJ-11 connector RJ-11 连接器 普遍使用的模块化电话线连接器。是 4 线(二对)连接器,上面有一个带弹性的小卡插头,可以稳定地插接在电话机、传真机、调制解调器等通信设备上。

RJ12C RJ12C 插座 一个小型 6 位表面或平面插座。RJ12C 在 A/A1 导线连接的按键系统的用户电路前面提供单线路桥接的尖环引线。RJ12C 的典型用途是与单线路无键电话设备和辅助设备一起使用,这些设备与按键系统相连,在此系统中注册的终端设备与电路后面的尖环引线电特性不相容。

RJ-12 connector RJ-12 接插件 一种模块化 6 线(三对)电话线连接器,主要用于话音通信设备的连接。

RJ13C RJ13C 插座 一种小型 6 位表面或平面安装插座。RJ13C 提供电网连接,用于在 A/A1 导线连接的按键系统的用户线路后面的单线桥接的尖环引线。

RJ13X RJ13X 插座 小型 8 位串联插座,它为位于所有站内设备前面的串联尖环引线提供电网连接。它主要用于报警装置。

RJ14C RJ14C 插座 小型 6 位表面或平面安装插座。它提供用于两线桥接的尖环引线电网连接,主要用在两线无键电话设备和辅助设备。

RJ16X RJ16X 插座 一个小型 6 位表面或平面安装插座,用于桥接的尖环引线的带模式指示(MI)的电气网络接续。RJ16X 的典型用途为带 MI(模式指示)及 MIC(公共模式指示)的数据设备。

RJ17C RJ17C 插座 小型 6 位表面或平面安装插座,它提供用于桥接的尖环引线的电网连接。RJ17C 主要用于特殊无键电话设备或医院工作区中的某些关键辅助设备。

RJ18C **RJ18C 插座** 小型 6 位表面或平面安装插座。它为置忙导线 MB/MB1 与单线尖环引线的桥接提供电网连接。RJ18C 的典型用途是:当注册设备告知 MB 和 MB1 导线间连接点闭合时,一个置忙指令将从远处输入网络设备,为以后的呼入腾出线路。

RJ19C **RJ19C 插座** 一种小型 6 位表面或平面安装插座,它为 A 和 A1 导线控制和置忙导线与按键电话用户电路后面的桥接的尖环引线提供电网连接。RJ19C 的典型用途是:当注册设备告知 MB 和 MB1 导线间连接点闭合时,一个置忙指令将从远处输入网络设备,为以后的呼入腾出线路。

RJ25C **RJ25C 插座** 一种小型 6 位表面或平面安装插座,它为三线桥式连接提供电网连接。RJ25C 主要用在三线无键电话设备、辅助设备,包括消息登记、自动识别、外部拨号和楼外用户设备。

RJ32X **RJ32X 插座** 小型 8 位串联插座,它为站上串联尖环引线提供电网连接,主要用于串联辅助设备如自动拨号电器、专用单线设备。

RJ33X **RJ33X 插座** 小型 8 位串联插座,它为位于有 A/A1 导线的按键电话系统的用户电路前面的串联尖环引线提供电网连接。它主要用于与按键系统相连的串联辅助设备,在此按键系统中,注册终端设备与用户电路后面的尖环引线的电特性不相容。

RJ34X **RJ34X 插座** 小型 8 位串联插座,它为有 A/A1 导线的按键电话系统后面的串联尖环引线提供电网连接。它主要用于专用单线设备或与按键系统相连的辅助设备。

RJ35X **RJ35X 插座** 小型 8 位串联插座,它为有 A/A1 导线的分机搭接键后面的按键电话设备上的串联尖环引线提供电网连接。

RJ36X **RJ36X 插座** 小型 8 位串联插座。它为有调制解调器指示信号的串联尖环引线提供电网连接。主要用于串联数据插孔的调制解调器指示(专用键)电话设备上。

RJ37X **RJ37X 插座** 小型 8 位串联插座,它为第一条线路上的串联尖环引线与第二条线路上的桥接的尖环引线提供电网连接。

RJ38X **RJ38X 插座** 小型 8 位串联插座,它为与 RJ31X 相同的串联连接提供电网连接。搭线在 2 和 7 之间提供接续电路,被用来表示设备的插头已与电话公司提供的插座搭接片连通。主要用于注册的报警拨号器。

RJ41M **RJ41M 插座** 小型 8 位键入数据插座,为数据、多路桥接的尖环引线提供电网连接。主要用于固定损耗环路或程序型数据设备的多路安装。

RJ41S **RJ41S 插座** 通用"数据插座",可以和调制解调器相连,无论它是可编程设备还是固定损耗环路设备。这种类型的插座可以像 RJ45S 可编程插座一样起作用或者使调制解调器能够以-9 dBm 的固定水平传输。利用固定损耗环回,电话公司安装拨号线使从中心局到用户处所之间有"固定的损耗"。这使得用户拨号线上损耗更接近于一个理想水平。如果用户的调制解调器不能使用 RJ45S 可编程插座,但用户希望安装可用的拨号数据线路,则 RJ41S 和对应的固定损耗线是值得考虑的。用这种类型的线路和插座,电话公司更能帮助用户进行数据通信故障检测。这种 8 位小型数据插座为数据、桥接的尖环引线提供电网连接。主要用于固定损耗环路或程序型数据设备所采用。

RJ42M **RJ42M 插座** 小型 8 位按键数据插座,它为数据、用户电路前面相连的多路尖环引线提供电网连接。它主要用于固定损耗环路(FLL)或程序(P)类型数据设备的多路安装。

RJ42S **RJ42S 插座** 小型 8 位键入数据插座,它为数据、多路尖环引线、A 和 A1 导线、用户线路前面的尖环引线提供电网连接。主要用于与按键系统相连的固定损耗环路(FLL)或程序型数据设备所采用的通用插座上,在这个按键系统中,注册终端设备与用户电路后面的尖环引线的电特性不相容。

RJ43M **RJ43M 插座** 小型 8 位数据插座,它为数据、多路尖环引线、用户电路后面的 A/A1 尖环引线提供电网连接。主要用于固定损耗环路(FLL)和 P 类型数据设备的多路安装。

RJ43S **RJ43S 插座** 小型 8 位键入数据插座,它为数据、多路尖环引线 A/A1、用户电路后面的尖环引线提供电网连接。它主要用于与按键系统相连的固定损耗环路(FLL)或 P 类型数据设备所采用的通用插座。

RJ-45 connector **RJ-45 连接器** 常用的模块化电话连接器。用于在非屏蔽的双绞线(UTP)电缆和租用的电话线连接上传输数据的 8 线(四对)连接器。

RLA **远程环路适配器** remote loop adapter 的缩写。

RLC (1)无线链路控制 radio link control 的缩写。(2)游程长度编码 run length coding 的缩写。

RLD **浮动词典,重新配位表** relocation dictionary 的缩写。

RLE **行程编码,游程长度编码** run length encoding 的缩写。

RLLC **游程长度受限码** run length limited code 的缩写。

RLM **常驻装入模块** resident load module 的缩写。

RLP **无线电链路协议** radio link protocol 的缩写。

RLSD **接收的线路信号检测器** received line signal detector 的缩写。

R

RM 资源管理 resource management 的缩写。

RMI 远程方法调用 remote method invocation 的缩写。

RML 限模注入 restricted mode launch 的缩写。

RML-BW 限模注入带宽 restricted mode launch band width 的缩写。

RMM 逆向最大匹配法 reverse maximum match 的缩写。

RMS (1)恢复管理支持(程序)recovery management support 的缩写。(2)资源管理系统 resource management system 的缩写。(3)均方根 root mean square 的缩写。(4)速率单调计划 rate monotonic scheduling 的缩写。

RMS error averaged over an image array 图像阵列的均方根误差 一种描述重建图像阵列和原始图像阵列中像素值之差的平方根均值。其公式为:

$$e_{rms}=\frac{1}{N}\{\sum_{x=0}^{N-1}\sum_{y=0}^{N-1}[g(x,y)-f(x,y)]^{2}\}^{1/2}$$

该值反映了重建图像的保真度。

RMX/86 RMX/86 操作系统 美国英特尔公司设计的一种实时多任务操作系统。它主要面向实时控制领域,如智能终端、办公自动化系统、数据通信、过程控制等。RMX/86 提供包括执行程序,同时分配资源和信息、处理异步事件和互相控制以及利用系统资源等服务功能,采用以优先级为基础的系统资源分配、监督和控制多个外部事件、实时时钟控制、中断管理、动态存储分配和任务调度等手段。RMX/86 采用层次模块结构,允许有三种文件方式,即命名文件、物理文件和信息流文件。系统的最内层是核心程序,用于任务调度和存储器分配;最外层是人机接口。

RN 资源号 resource number 的缩写。

RNA 远程网络访问 remote network access 的缩写。

RNAA 请求网络地址赋值 request network address assignment 的缩写。

RNR 接收未准备就绪 receive not ready 的缩写。

RNR frame RNR 帧,接收未准备就绪帧 在 X. 25 通信中,RNR 帧表示缓存器全被占用不能接收外来的帧。对应于 RR frame。

RNR packet RNR 分组,接收未准备就绪分组 在 X. 25 通信中,携带接收未准备就绪信息的分组,长度为 4 字节。

RO (1)只读 read only 的缩写。(2)环出处 ring out 的缩写。

ROA 喇曼光放大器 Roman optical amplifier 的缩写。

ROADM 可重构光分插复用设备 reconfigurable optical add drop multiplexer 的缩写。

roamer access number (RAN) 漫游者接入号码 蜂窝通信中的十位数字号码(区号和电话号码),它允许使用者在其位于本地服务地区之外时接受呼叫。呼叫首先拨通被叫方所在地的 RAN,一有接收音则呼叫者再拨地区号码和分配给蜂蜗电话的号码。

roaming 漫游 蜂窝移动电话的用户在离开本地区或本国时,仍可以在其他一些地区或国家继续使用移动电话的业务。漫游只能在网络制式兼容且已经联网的国内城市间或已经签署双边漫游协议的地区或国家之间进行。为实现漫游功能,除要记录用户所在位置,在运营公司之间还要有一套利润结算的办法。

ROAP 版权对象获取协议 rights object acquisition protocol 的缩写。

robot 机器人 用来模拟人的行为的装置。即模拟人由触觉、视觉、听觉以及行走的控制装置等所组成,并具有推理和判断能力的智能系统。机器人是能够探测输入信号或环境状态并作出反应动作的感测机构、作用机构与引导机构的装置,并具有可编程功能。

robot control 机器人控制 机器人有两种基本控制方式,重复型(示教再现)和智能型(即智能机器人)。若按运动控制方式分,则有三种:①点位方式;②轮廓或连续轨迹方式;③随动控制(智能型用)。伺服控制工业机器人的控制硬件与 CNC(计算机数控)机床相似,每一个运动轴都是单独驱动的,需要在运动轨迹上计算机控制。但是,计算机的算法由于要同时控制多达六个运动轴,所以比只需控制两轴或三轴的机床更复杂。对一个机器人系统若按性质或规模分成几个级别,对各级采用相应的控制装置进行控制,则称为分级控制。使多手臂或多台机器人互相协调,同时进行一种或多种作业的控制,称为协调控制。用一个控制装置集中控制多台机器人或集中控制多台控制对象的控制系统称为群控系统。

robot engineering 机器人工程学 专门研究机器人的原理、设计、实现技术和应用的一门新学科。通常以计算机为核心,辅之以若干智能设备,用以研究模拟人的触觉、视觉、听觉、味觉以及人的大脑功能等的控制系统。随着超大规模集成计算机元件、光纤传导的发展,机器人工程学的主要研究领域将是模拟人的大脑的思维活动,并使机器能完成人所能做到的任何工作。

robotic artificial intelligence 机器人人工智能 人工智能在机器人上的使用。具有人工智能的机器人最近已从实验室研制阶段进入工厂投产。这些机器人能利用电视摄像机、人造皮肤等和压力传感器来感知外界事物,利用反馈控制电路移动机器人的手指、手臂和腿,利用控制传感器输入的计算机程序作出判定而无需人的连续控制。

robotic planning 机器人规划 机器人宏观运行于

一定环境中为达到一定目的而由机器为之推理排出的算子序列。但目前已泛称类似的机器推理排出达到一定目的状态的算子序列为机器人规划。

robotics 机器人学 (1)是关于设计、制造和应用机器人的一门学科。它的发展曾受到下述两种技术的影响:①遥控操作技术;②数字控制机床技术。电子信息处理机和存储器的应用对现代机器人控制器的通用性发生过相当大的影响。通常可把机器人发展划分为三代:第一代是示教再现机器人;第二代是具有触觉和视觉能力的机器人;第三代是智能机器人。(2)也称"自动学"。人工智能领域的一个特殊的分支。它主要研究机器人感知系统、运动系统和感知-运动协调系统的规律与实现技术。有些机器人的视觉、触觉及运行-视觉协调推理中仅包含少量的机器智能,其他均为常规计算机控制,因此实际上是"机械人"或"机械手",这种产品与人工智能毫无关系。

Robotics and Autonomous Systems **《机器人学和自控系统》** 荷兰 1985 年创刊,全年 16 期,Elsevier Science 出版社出版,SCI(科学引文索引)、EI(工程索引)收录期刊。刊载机器人在工业,包括柔性生产系统,材料装运设备,计算机辅助设计与制造,金属加工、检测与装配等方面应用的技术论文、报告等。涉及机器人的方案设计、建造、生产、应用、软件开发,以及相关的经济、劳力、法律等方面问题。

Robotics and Computer-Integrated Manufacturing **《机器人学与计算机集成制造》** 英国 1984 年创刊,全年 6 期,Elsevier Science 出版社出版,SCI(科学引文索引)、EI(工程索引)收录期刊。刊载机器人学与计算机集成制造的理论、实验和应用方面的研究论文。涉及机器人研究、产品可靠性控制、制造系统模型、信号与图像识别等,偏重于柔性制造系统的研究。

robotization 机器人化 应用机器人实现自动规划、自动设计和自动制造等过程。

robot mechanism 机器人机构 一般指机器人的机械结构。它是操作机械的执行机构,机器人依靠它来提取物体,实现各种运动和操作。主要组成部件可有机座、手臂、手腕及末端执行器的机械接口或者还有移动机构。手臂由动力关节和连接杆件等构成,用于支承和调整手腕与末端执行器的位置。手腕是支承和调整末端执行器姿态的部件。机械接口用来与末端执行相连接。

robotnik 机器人 有关机器人的最早的捷克术语,意思为"奴隶"。

robot problem-solving system 机器人问题求解系统 (1)一种可让机器人在一定环境下工作从而求解既定问题的系统。这种系统通常需要解决以下几个问题:①知识表达问题,如何把机器人所处的环境和人的经验用某种表达式送入计算机;②设定好操作集合。每种操作都要给出该操作的先决条件以执行之后原先的环境有哪些改变;③面向问题。当所处环境变化时,要有改变原来执行规划的能力;④最好还要理解自然语言。例如 STRIPS 就是这样的一种系统。(2)让机器人在一定的环境下工作,如使它能在一些简单直观、比较容易理解的世界中行动。要解决的问题涉及知识表达、自然语言理解等。已经实现若干这样的系统。

robot sense 机器人感觉 机器人所具有的感觉。如听觉、视觉、触觉以及对无线电波、超声振动、紫外线或电信号等的直接感受,甚至还可以具有时间感觉。

robot sensor 机器人传感器 使机器人具有感知外界和自身信息能力而研制各种传感技术装置。常按功能将其分成内部信息传感器和外部信息传感器。前者是机器人为了实现其规定动作和位置而检测一些运动变量,以便完成机器人控制要求。一般使用的有:①位置传感器(光学编码器、旋转变压器、磁尺等);②速度传感器(测速发电机、光学编码器);③加速度传感器;④移动机器人导向用传感器(电磁式导向传感器、激光导向传感器。后者用于对环境的识别与处理)。目前研究的对外界感知能力包括:①视觉,是通过接受外界光学等信息来识别物体的轮廓、大小、位置和姿态、背景等环境状态的能力;②触觉,是通过与物体接触获得信息的能力;③力觉,是感知动作时各自由度所受力的能力;④压觉,是感知在垂直于手部与对象物接触面上的力的能力;⑤接近觉,是感觉到物体接近程度的能力;⑥滑觉,是感觉到与被夹持物之间滑移程度的能力。今后还将考虑听觉(声音识别、声音合成)和嗅觉等方面的开发研究。各种用途的传感器具有不同工作原理和实现技术,但总包括数据采集和数据处理两个模块。前者对过程中的数据采样并编制运行方式;后者识别该方式并产生供动态世界处理机用的帧面。

robot vision 机器人视觉 机器人通过接受外界光学等信息来识别物体的轮廓、大小、位置和姿态、背景等环境状态的能力。视觉能力使机器人能完成下列操作:①根据零件在传送带上的随机位置拿取零件;②识别与其他物体混在一起的零件;③完成视检任务;④完成需要瞄准的装配任务等。机器人的视觉目前通过电视摄像机,充足的光源和处理影像数据的计算机编程来实现。这项技术是机器人研究中最受注意的领域。

robot vision system 机器人视觉系统 安装在机器人上的、提供控制机器人动作所需要的各种视觉信息的计算机视觉系统。如用于测量目标的相对距离、发现和避免碰撞障碍物、挪动物件、寻找目的物等。系统主要由视觉传感器和计算机组成。用于机器人的视觉传感器除工业摄像机之外,正积极发展红外、超声、激光和全息摄影等视觉传感技术。机器人视觉系统今后的发展方向是:景物获取和识别由二维发展到三维;摄像、投光、处理一体化;系统的主要器件微型组件化。这样将使三维目标和活动目标的识别和探测成为现实。

robust digital watermark 鲁棒数字水印 鲁棒数字水印主要用于在数字作品中标识著作权信息。利用这种水印技术在数据载体中嵌入创建者、所有者的标示信息,或者嵌入购买者的标示(即序列号)。在发生版权纠纷时,创建者或所有者的信息用于标示数据的版权所有者,而序列号用于追踪违反协议而为盗版提供数据的用户。用于版权保护的数字水印要求有很强的鲁棒性和安全性,除了要求在一般图像处理(如滤波、加噪声、替换、压缩等)中生存外,还需能抵抗一些恶意攻击。参见 fragile digital watermark。

robust header compression (ROHC) 鲁棒包头压缩 也称"健壮包头压缩",是因特网工程任务组(IETF)针对无线链路的特点而提出的健壮性包头压缩协议(RFC 3095)。在包头(分组头)上提供了解压缩器以及足够的信息,在保证健壮性的前提下,极大地提高了系统无线带宽资源的利用率。

robustness 鲁棒性 (1)鲁棒性就是系统的健壮性。它是在异常和危险情况下系统生存的关键。比如说,计算机软件在输入错误、磁盘故障、网络过载或有意攻击情况下,能否不死机、不崩溃,就是该软件的鲁棒性。(2)鲁棒性原是统计学中的一个专门术语,20 世纪 70 年代初开始在控制理论的研究中流行起来,用以表征控制系统对特性或参数摄动的不敏感性。在实际问题中,系统特性或参数的摄动常常是不可避免的。产生摄动的原因主要有两个方面,一个是由于量测的不精确使特性或参数的实际值会偏离它的设计值(标称值),另一个是系统运行过程中受环境因素的影响而引起特性或参数的缓慢漂移。因此,鲁棒性已成为控制理论中的一个重要的研究课题,也是一切类型的控制系统的设计中所必须考虑的一个基本问题。

robust security network (RSN) 强健的安全网络 RSN 采用接入点与移动设备之间的动态协商认证和加密算法,是 802.11i 草案标准中建议的认证方案。RSN 是基于 802.1x 和扩展认证协议(EAP)的,加密算法为高级加密标准(AES)。使 RSN 可以不断演进,与最新的安全水平保持同步,添加算法应付新的威胁,并不断提供保护无线局域网传送的信息所需要的安全性。参见 advanced encryption standard (AES), extensible authentication protocol (EAP)。

RODM 资源对象数据管理器 resource object data manager 的缩写。

ROHC 鲁棒包头压缩 robust header compression 的缩写。

ROI 投资回报率 return on investment 的缩写。

role 角色 角色是数据库访问许可的管理单位,其成员继承角色所拥有的访问许可。角色是为方便管理而设置的权限管理单位,类似于 Windows NT 中用户组的概念。

role indicator 作用指示符 情报检索中分配给各个检索词一种代码(即描述符),用来指出这个词在它出现的文书中起什么作用,如可以指出它是篇名、作者、主题词、自由词和分类等属性。作用指示符简明扼要地说明了提问者的检索意愿,与属性值一起,成为信息检索的线索。

role playing game (RPG) 角色扮演类游戏 因游戏者可以扮作游戏中的某一"角色"而得名的一类电脑游戏。这类游戏提供一个可供冒险的虚拟世界,其中包含了各种角色、建筑、商店、迷宫及各种险峻的地形。游戏者扮演虚拟世界中的一个或者几个特定角色在特定场景下进行游戏。所扮演的角色便在这虚拟世界中通过旅行、交谈、交易、打斗、成长、探险及解谜来揭开一系列的故事情节线索,在游戏中,角色根据不同的游戏情节和统计数据(如力量、灵敏度、智力、魔法等)具有不同的能力,而这些属性会根据游戏规则在游戏情节中改变。角色在游戏中可以购买物品、装备来使自己与自己的队伍更为强大;与游戏中的敌人进行战斗,从而获得金钱与能使自己升级的经验值;通过对话、调查等行为来完成游戏中的剧情。

roll-back 卷回,回退 (1)程序返回到上一个检查点。(2)恢复由应用程序或者用户改变的数据的过程,移去对数据库文件所做的改变。这种情况通常是在系统发生故障或者数据处理过程中发生错误,造成信息混乱的时候,从最近一个稳定点上重新开始执行。

roll-back snapshot system 重算抽样打印系统 系统发生错误之后,在重新初启运行程序之前暂时运行的一个系统。它把在存储器中已发生问题的程序和数据抽样打印出来,以便人们分析错误原因。

roll-call polling 轮叫探询 在主-从式"一对多"数据通信系统中的一种控制机制。由主控站按预先确定的顺序轮流向线路上的一个终端发一个轮询报文,表示允许该终端发送数据报文并接收终端发回来的信息。获得发送权的终端可以发一个无报文可发的响应或者在发完报文之后发一个传输结束的指示。然后主控站对线路上的下一个点重复这一过程,直到所有的点都被轮询一遍为止。轮叫探询可以采用多点线路,也可用于具有控制站的环型网和树状拓扑。比较 hub polling。

roll down 下卷 直观显示器的一种功能。当光标在显示屏面的上部出现时,利用此功能,可以把整个屏面上的字符依次下移一行,使光标仍留在屏面内。也可以连续下卷至适当的位置才使之停止。

roll forward 前卷,前滚 (1)从当前数据库的前一份拷贝重新开始运行的一种技术。就是把此前已获得正常结果的事务的后像直接应用于数据库,使得数据库能够立即迅速转向该事务处理后的状态。同 forward recovery。(2)数据库管理系统从某个转返点上开始重新执行,建立新的数据记录表。

roll-in 转入 将先前转出的数据集重新存入主存储器里。例如,当被转出任务集在分区队列中具有最高优先级时,就会转入主存储器。参见 roll-in/roll-out。

rolling code 滚动码 一种随时间变化的码。用来描述周期性地调整子频带的频率偏移的分类器方式。

rolling contact 滚动触头 一个触头沿另一个触头表现滚动的一种触头。

roll-in/roll-out 调进/调出 一种实现分时的方法。在最简单的分时系统中,内存中只存放一道程序,该程序作为现行作业,其他作业都在辅助存储器上。为使系统能及时响应用户请求,每次现行作业运行一个时间片后便暂停该作业 并把它从内存调至辅助存储器(调出),再从后备队列中选一作业装入内存(调进),作为下一时间片的现行作业投入运行。

roll-off 转出 同 roll-out。

roll-on 转入 同 roll-in。

roll-out 转出 为了释放主存储器供其他用途,将数据集(如文件或各种不同大小的计算机程序)从主存储器传送到辅助存储器中。参见 roll-in/roll-out。

roll plotter 滚式绘图机 一种常用绘图机。绘图时绘图纸随着滚筒的往返转动而前后转动。绘图笔架在滚筒上横向来回移动。两种运动互相配合,绘图笔一边随着笔架左右移动,一边做抬笔落笔动作。把输出图形绘在纸上,笔可以有多种颜色。

roll screen 滚动屏幕 一种在逻辑上分成可选历程区和工作区两段的显示屏幕。屏幕的输出从工作区开头处开始显示,以后按行顺序向下。当工作区满后,操作员按一下 ENTER/SEND 键标,工作区的内容就移到可选历程区,同时抹掉工作区的内容,新的输出将重新在工作区的开头开始显示。

ROM 只读存储器 read only memory 的缩写。

Roman optical amplifier (ROA) 喇曼光放大器 依靠喇曼效应来进行光放大的器件。它是使光信号与非常强的泵浦光一同沿光纤传输,泵浦光通过激励硅晶体中的原子发出光子来放大信号。喇曼光放大器的优点是不用掺杂特殊的物质,只是依靠硅就能进行放大,也就是依靠光纤本身就成了放大器。

ROM BASIC ROM BASIC 语言 存储在 ROM(只读存储器)中的一个 BASIC 语言版本,在早期的无硬盘的微机中采用,使用户在不另外插入软件时也能使用。

ROM BIOS 只读存储器基本输入输出系统 read-only memory basic input/output system 的缩写。在 IBM PC 兼容机中的一个驻留在只读存储器中的程序,其中包含激活系统内外围设备的基本例程。这些例程控制 PC 机的基本输入输出操作,如控制磁盘驱动器、硬盘、键盘、并行端口和串行端口。在 ROM BIOS 中还包含自动启动功能,在系统启动时对其进行测试,搜索是否存在其他插件板,若存在则为其在内存中建立指针。当系统测试及初始设置完成之后,它引导操作系统的装人,并把控制权交给操作系统。参见 basic input/output system (BIOS),NetBIOS。

ROM bootstrap loader 只读存储器引导装入程序 计算机或智能终端的固件例行程序,它将第一个记录从指定存储设备读进存储器中。

ROM bus interface 只读存储器总线接口 采用 TTL(晶体管-晶体管逻辑)技术制作的 ROM(只读存储器)总线接口。这种接口能简化它与很多其他系统的连接。在许多系统中,所有微总线单元在同一 TTL 级操作,他们具有相同的驱动能力、数据及地址,且可不通过缓冲区直接连接控制线。可在 ROM 总线接口中建立存储定时,以使处理器高速完成简单操作。通过选择相同总线的组件完成系统地址线的部分译码,在中型、小型系统中,这种部分译码可用来在不使用任何其他地址译码程序的情况下,区分系统中所在的程序包。

ROM card ROM 卡 一个插卡模块,包含若干打印字体、程序、游戏或其他存储在 ROM(只读存储器)中的信息。参见 ROM cartridge。

ROM cartridge ROM 卡盒 一个插卡模块,包含若干打印字体、程序、游戏或其他存储在 ROM(只读存储器)中的信息,将 ROM 安装在印刷板上,装在一个塑料盒中以便能用连接器插入打印机、计算机、游戏系统、或其他设备,如在任天堂游戏机中的 ROM 卡盒。参见 ROM card。

ROM emulator ROM 仿真器 一个专门的电路,包含 RAM(随机存取存储器),连接到目标计算机上通常连接 ROM(只读存储器)的位置,RAM 中的内容由另一个计算机提供,在 RAM 芯片"编程"后就用于目标计算机中。在 EPROM(可擦写可编程序只读存储器)出现之前,仿真 ROM 是开发驻留 ROM 软件的唯一经济有效的方法,因为仿真 ROM 中的内容可方便地改变,所以这种方法仍在继续使用。参见 electrically erasable programmable read-only memory (EEPROM), erasable programmable read-only memory (EPROM), read only memory (ROM)。

ROM-oriented architecture 面向 ROM 的体系结构 存放在 ROM(只读存储器)中的程序一般是固定的,程序的执行不需要 RAM(随机存取存储器),只要求少量寄存器堆栈和一些间址操作用的内寄存器,程序运行完全由 ROM 控制的一些专门用途的微型计算机结构。

ROM self-test ROM 自测试 微处理机对其 ROM(只读存储器)中的内容的正确性进行的测试。其方法是使 ROM 的最后一个字是校验字,其多位的值恰好使 ROM 中相应的一列中 1 的个数为奇数(奇校验时)或偶数(偶校验时)。

ROM terminal ROM 终端 利用 ROM(只读存储器)存放程序的终端。

roof filter 防干扰过滤器 将标准传输所需的频率响应加以限制的载波电话系统用的一种低通过滤器。

R

room noise 室内噪音 通信设备所在环境中产生的噪音,如电话机周围的噪音,通过话筒的送话器传到受话器中,也传到打电话人的耳中。

root 根 (1)分层树结构的顶端。(2)结构图或其他树型结构中的基本节点。(3)根树中入度为零的节点。

root bridge 根网桥 交换拓扑信息的网桥,当需要改变拓扑时,在一个生成树执行中带有指定的网桥来通知在网络中的其他所有的网桥。

root compiler 根编译程序 一种输出是与机器无关的中间码的编译程序。当它与依赖于机器的代码生成程序组合时,构成了完全的编译程序。这种程序一般生成一种通用的中间代码供代码生成程序使用。通过与不同的代码生成程序组合可以构成适用于不同机器的编译程序。

root device 根设备 在 AIX 操作系统中,根文件系统所在的设备。

root directory 根目录 (1)在 DOS(磁盘操作系统)系统中,在包含一系列文件的磁盘上的最高层目录,由 DOS 操作系统在格式化磁盘时建立,在根目录下可以建立多个甚至多层子目录。根目录是不能被删除的。同 system directory。(2)在 AIX 操作系统中,包含系统中所有其他目录的目录。参见 effective root directory。

rooted tree 根树 一棵有向树。如果恰有一个节点的入度为 0,其余节点的入度均为 1,则称为根树,也称"家族树"。有且仅有一个顶点入度为 0 的有向树。这个入度为 0 的顶点称为树根。设 a、b、c 是一棵根树的三个顶点,若从顶点 a 到 b 有一条边,则顶点 a 称为 b 的父亲,b 称为 a 的儿子;若两个顶点为同一顶点的儿子,则那两个顶点互称为兄弟;若从 a 到 c 有一条单向通路,则称 a 为 c 的祖先,c 为 a 的后代。

root file system 根文件系统 基本 AIX 文件系统,在其之上可建立安装其他文件系统,根文件系统包含运行系统所需的操作系统文件。

root locus method 根轨迹法 一种在控制系统的分析与设计中求特征根的方法。根轨迹法不直接求解特征方程,它用作图的方法表示特征方程的根与系统某一参数的全部数值关系,当这一参数取特定值时,对应的特征根可在上述关系图中找到根轨迹法具有直观的特点,利用系统的根轨迹可以分析结构和参数已知的闭环系统的稳定性和瞬态响应特性,还可分析参数变化对系统性能的影响。在设计线性控制系统时,可以根据对系统性能指标的要求确定可调整参数以及系统开环零极点的位置,即根轨迹法可以用于系统的分析与综合。根轨迹法和频率响应法被认为是构成经典控制理论的两大支柱。参见 classical control theory, frequency response method, state space techniques。

root mean square (RMS) 均方根(法) 求变量的均值常用方法,其步骤是求出各输入量的平方,将其相加,然后求其和的平方根。

root name 主文件名,根名 在 DOS(磁盘操作系统)环境下,指文件名称的第一部分,由不超过 8 个字符组成。

root node 根节点 树形结构的一个没有父节点的节点。

root of trust for measurement (RTM) 可信度量根 一个可靠地进行完整性度量的计算引擎。可信度量根被用来完成完整性度量,它一般存在 BIOS 中。可信度量根是建立信任链的起点,是可信计算平台内进行可信度量的基础。完整性度量是指在系统启动和运行过程中,使用杂凑算法对表征加载的软件、固件和硬件等部件特性的数据计算杂凑值,以验证其完整性并把度量值记入相应的平台配置寄存器(PCR)中。通过有序的完整性度量和信任关系传递可以建立平台信任链,确保所启动的系统以及运行的应用程序是可信的。参见 trusted computing platform (TCP), root of trust for storage (RTS), root of trust for reporting (RTR)。

root of trust for reporting (RTR) 可信报告根 一个计算引擎,能够以不可伪造的方式向外界报告平台状态。可信报告根是可信计算平台内进行可信报告的基础。可信报告根标识平台身份的可信性,具有唯一性,用于实现平台身份证明和完整性报告。报告完整性度量值时,身份证明密钥对完整性度量值进行数字签名,接收方通过验证签名有效性以及校验完整性度量值来判断该平台的可信性。参见 trusted computing platform (TCP), root of trust for measurement (RTM), root of trust for storage (RTS)。

root of trust for storage (RTS) 可信存储根 是维护完整性摘要的值和摘要序列的引擎。可信存储根一般由对存储加密的引擎和加密密钥组成,是可信计算平台内进行可信存储的基础。出于对密钥安全的考虑,可信计算平台对密钥的存储区域和使用范围有严格的规定。存储主密钥存放在 TPM(可信平台模块)的非易失性存储区,得到安全的物理保护,其他某些种类的密钥可用存储主密钥加密保护后存储于 TPM 外部。参见 trusted computing platform (TCP), root of trust for measurement (RTM), root of trust for reporting (RTR)。

root port 根端口 对应到生成树根网桥的最小代价通路的网桥端口。

root record 根记录 在分层数据库或网络数据库中，在最高层处或在拥有者的第一层处的记录。

root segment 根段 (1)在覆盖操作中，执行其他覆盖段时必须留在主存储器中的程序部分，也就是覆盖程序中的第一段。(2)在分层结构数据库中，树形构造中最高段。(3)在某些小型计算机系统中，任务集执行期间永久地驻留在存储器中的一个程序段。参见 resident segment。

root server 根服务器 用来管理因特网的主目录的服务器。全世界共有十三台根服务器。1 台为主根服务器，放置在美国。其余十二台均为辅根服务器，其中九台放置在美国，其余三台位于英国、瑞典和日本。所有根服务器均由美国政府授权的互联网域名与号码分配机构(ICANN)统一管理，负责全球互联网域名根服务器、域名体系和 IP 地址等的管理。

root server system 根服务器系统 在因特网上，根服务器系统是用来维护所有权威顶级域名(如 .com, .net, .org 和单独的国家代码)并使之可访问的方法。该系统由 13 个文件服务器组成。中心服务器即"A"服务器由 Network Solutions Inc. 操作，当前管理域名登记和顶级域名列表的公司都保存在 A 服务器上。每天都要把这份列表复制到分布于全球的其他 12 个文件服务器上。

roots of trust 可信根 在可信计算平台(TCP)中，可信根是建立可信的始点，然后建立一条可信链，再将可信传递到平台的每个模块，之后实现整个平台的可信。在一个可信平台中有三个可信根：可信度量根(RTM)、可信存储根(RTS)和可信报告根(RTR。这三个根都是可信、功能正确而且不需要外界维护的。这些可信根存在于 BIOS 中，可以由专家的评估来确定是否符合可信的标准。参见 trusted computing platform (TCP), root of trust for measurement (RTM), root of trust for storage (RTS), root of trust for reporting (RTR)。

root window 根窗口 在 AIX 操作系统中，一个没有父窗口的窗口，不能被重构或者取消映射。

ROS 只读存储器 read-only storage 的缩写。

ROSE (1)欧洲研究开放系统 research open systems for Europe 的缩写。(2)远程操作服务元素 remote operation service element 的缩写。

RosettaNet 罗丝塔网 罗丝塔网是一组新出现的、基于 XML(可扩展标记语言)的标准，其目的是让各个公司将具体的业务流程与贸易伙伴的流程组合起来。罗丝塔网也是一个全球性组织的名字，它是 400 多家电子元件、信息技术和半导体制造公司一起工作、编制、实施和促进开放的电子商务流程标准。罗丝塔网这个名字取自古代罗丝塔石，该石头帮助人们解释了埃及的象形文字。

ROSF 远程操作/支持设施 remote operation/support facility 的缩写。

rotary control switch 旋转控制开关 能对控制电路进行多种转换的旋转操作开关。

rotary convertor 旋转变流机 变流机的一种，其电枢具有换向器和集电环。用以把交流电变为直流电或把直流电变为交流电。参见 convertor。

rotary dial 旋转拨号法 在交换系统中，一种传统的拨号方法，它可以产生一列脉冲来标识被呼叫站。比较 push button dialing, tone dialing。

rotary encoder 旋转编码器 一种数字式角位移测量装置，由光栅盘和光电检测装置组成。光栅盘上有环形通、暗的刻线，通常被安装在被测轴上，随被测轴一起转动。采用光电感应元件，将轴的角位移、角速度等机械量转换成相应的电脉冲以数字量输出。参见 photoelectric encoder。

rotary hunt 轮转式寻线 一种配置，使得电话呼叫得以在多电路群里寻找一个空闲电话，并且找出下一个开通线路来建立一个通畅电路。

rotary inductosyn 旋转式感应同步器 利用电磁感应原理将两个平面型绕组之间的相对位移转换成电信号的测量元件，也称"平面式旋转变压器"。旋转式感应同步器的两个平面型绕组分别为定子和转子，如果在其中一种绕组上通以交流激励电压，由于电磁耦合，在另一种绕组上就产生感应电动势，该电动势随转子与定子的相对位置不同呈正弦、余弦函数变化。再通过对此信号的检测处理，便可测量出转角的位移量。参见 resolver。

rotary transformer 旋转变压器 同 rotary inductosyn, resolver。

rotary variable differential transformer (RVDT) 旋转可变差动变压器 一种可实现 360°转动测量的角位移传感器，它采用差动变压器原理，即把机械部件的旋转传递到角位移传感器的轴上，带动与之相连的扰流片/铁芯，改变线圈中的感应电压/电感量，输出与旋转角度成比例的电压/电流信号。参见 linear variable differential transformer (LVDT)。

rotated font 旋转字型 在图形处理或桌面排版时，为了达到某种艺术效果，将图形字符旋转 90°或 270°，以便它在一页上按这些方向进行打印。

rotated term 轮排检索词 索引编制法中所使用的一种检索词。用计算机编制上下文关键词型索引词。用计算机编制上下文关键词型索引时，都使用这种检索词。一般从输入的文献标题中，由计算机自动抽取关键词，排列时使每一个关键词都有机会排在规定的位置上作为目标，好似轮转一样，有几个关键词，就能提供几条检索途径。

rotating cylinder scanner 旋转圆柱扫描器 一种普

通的传真设备,原件贴在一个圆柱体上,由一个光电元件(扫描头)沿圆柱体的轴向进行扫描,圆柱体一边旋转,扫描头一边自上向下沿圆柱体长度方向运动,每转一圈便可扫描一些行段。这种设备通过降低扫描间运行的速度,可以提高分辨率。

rotating drum image scanning digitizer　鼓形图像扫描数字化仪　计算机图像输入的一种设备。原稿张贴在扫描鼓上,透射光筒位于扫描鼓内与采样头刚性连接,反射稿从采样头前侧照明。原稿滚筒的旋转运动与采样头的轴向进给运行相结合,把图像分解成扫描行。采样头接收经过图像调制的光点(光学信号)并转换成电信号,再由模数转换器转换成数字输入计算机中。高质量的鼓形图像扫描数字化仪常用与滚筒同轴的圆光栅或光栅码盘来控制圆周方向的采样位置,以保证像素的几何位置精度。有的鼓形图像扫描数字化仪同时有分色功能。鼓形图像扫描数字化仪的几何精度和信噪比高,工作速度快,透射、反射稿均能使用,幅面较大,因此获得较广泛的使用。

rotating field　旋转场　对于一个给定的旋转参考系统是不变的场。参见 uniform field, alternating field, vector field。

rotating head　旋转磁头　靠自身高速旋转而实现信息记录的磁头,主要用在磁带机上。当磁带通过这种磁头时,磁头本身也是在旋转的,使磁头表面依次与磁带接触。由于使用旋转磁头的磁带机存取速度较高,所以当它与磁盘等装置交换信息时,可以直接互相传送,而不需要再使用中间缓存器。

rotating magnetic storage　旋转磁存储器　驱动磁记录媒体围绕一个固定轴旋转,并在其上划分出若干规格化的区域,用来保存信息的装置。属于这一类的存储器有软磁盘、硬磁盘、光碟等。

rotating reading head　转动读出头　海量磁带存储装置中以高速旋转扫描存取信息的磁头。采用这种磁头时,磁盘存储器和磁带存储系统可以直接交换信息,而不需要附加中间缓冲存储器。

rotation　旋度　(1)在印刷过程中,图形字符相对页面坐标转动的度数。参见 orientation。(2)计算机制图技术中,显示元或显示图像围绕一个轴旋转的度数。

rotational delay　转换延迟　将磁盘旋转到读写头位置所需要的时间。

rotational position sensing (RPS)　旋转位置检测　一种用于定位指定扇区、磁道和记录的技术,通过不断地进行读写头位置与适当的同步信号的比较而实现。在软盘机中,通常是利用一对固定装设的光电传感器件检测软盘上索引孔的通过时刻,确定软盘上磁道位置的起始。

rotation of a vector field　矢量场的旋度　其通过任何无限小面积的通量,等于该矢量沿此面积围线的环流量的一个矢量。参见 circulation。

rotation of binary tree　二叉树的旋转　一种只修改树的结构(形状)而不改变树中的字母顺序的操作。

rotation transformation　旋转变换　图形处理中的一种变换方式。将图形绕某轴进行旋转,形成一个新的图形。这种旋转可用表示图形各元素坐标的一个矩阵来表示。欲旋转某坐标点,将此矩阵乘该点的坐标,即可得到旋转后的坐标。

rote knowledge acquisition　注入式知识获取　人工智能研究早期采用的一种最简单的知识获取方法。它不作任何推理,仅从用户处直接接收并存储知识,目的在于给用户提供比机器上的物理表示形式更直观、更方便的友好用户界面。它也称"机械照搬式知识获取"或"死记硬背式知识获取"。

rote learning　机械(式)学习　一种不需要推理的学习方法,也称"注入式学习"。具体可有以下两种情况:①学习是通过由外在实体编写、构造或修改好程序,交给计算机来进行,学习者(计算机)不做任何工作。②通过记住给定的事实和数据且对输入信息不作任何推理来进行学习,以后需要时,就检索已记住的信息。这是一种缺乏想象力和创造力,没有主动性和灵活性的学习方法。

rotor winding of motor　电机转子绕组　电机转子上的绕组。

rotor yoke　转子磁轭　凸极转子磁路的一部分,用于固定磁极,可以是叠片结构或整体结构。

rough cut　粗裁　在多媒体应用中,指离线编辑的结果或指包括适当脚注的正确顺序的一个视频程序,不包括特技效果。

rough exit　粗暴退出　当系统陷入瘫痪时,通过强行关闭计算机电源或者按下复位键的办法,迫使系统退出不正常状态。此时原有的处理结果已无法恢复。

round　舍入,回合　(1)按一定规则删去或省略一个数某位以下的低位数字并调整其剩余部分,其目的通常是为了限制数字精度或减少一个数中的字符个数或者为两者。最常见的舍入方式是向下舍入、向上舍入或舍入。比较 truncation。(2)电脑游戏中的术语,格斗类游戏中的一个较量称回合。

round down　向下舍入　(1)数值计算时采用的一种截断方式。它仅将计算结果中不需要保留的部分舍去,而对保留部分不做任何调整。如果被舍去的部分是小数部分,则简单地截断即可;如果是整数部分,则将被截断的部分以 0 填充。一个向下舍入的数,其绝对值不会增加。例如,数 12.6374 和 15.0625,当向下舍入到小数点后两位时,分别变为 12.63 和 15.06。(2)在计算器中,删去计算结果中超过有效数字以外的全部数字。

rounding　环绕振荡　同振荡一样,都是由于信号线上过度的电感和电容所引起,使信号某一单向变化的初始瞬态响应超过了稳态响应。环绕振荡属于过阻尼状态而振荡属于欠阻尼状态。比较 ringing。

rounding error 舍入误差 由于舍入而引入的误差。

round off 舍入 按四舍五入规则和具体精度要求，对一个数某位以下的低位数进行截断处理。若被截断部分的最高数字等于或小于4则删去，等于或大于5则向邻近高位数进位加1。例如，数12.6374和15.0625。当舍入到小数点后两位时，分别变为12.64和15.06。

round-off error 舍入误差 由舍入所产生的误差。误差有两种：一种是由一次运算造成的误差，如按“四舍五入”规则，234.5舍入后变成235，精度降低了。另一种是连续多次运算所造成的积累误差。如按“通常四舍五入规则”，1,2,3,4的舍分别与9,8,7,6的入所造成的误差相平衡，但5的入数却没有相应的舍与之平衡。因此，累积误差常使算出值比实际值偏大。

round-robin 循环 一种巡回的多路转换技术，它按固定长度的时间片来分配资源。

round-robin algorithm 循环算法 使程序或任务按一定顺序执行的方法。这种算法与优先级无关。例如，记录在转换表中的有A、B、C三个任务，按照循环算法他们的执行次序是$A\rightarrow B\rightarrow C\rightarrow A\rightarrow B\rightarrow C$。

round-robin (RR) scheduling 轮转调度 作业调度方法之一。即轮流给每一个作业以一固定长短的时间片，若一作业在所分配的时间片用完时尚未运行完毕，则把它中断，放回作业队列之后，以等待下一轮时间片。各任务无优先级之分，先到者先服务，也称“轮式调度”或“循环调度”。

round-robin service 轮流服务 设备为动态实体轮流地服务。

round trip delay 往返行程延迟 电信号从传输媒体一端传输到另一端然后折回原处所需要的时间。

round-trip message delay 周转消息延迟 消息从起点到目标并返回的单向延迟的总和，不包括应用程序处理时间。

round-trip propagation time 往返传播时间 总线网络中，一个信元在两个最远的数据站之间来回传播一次所需要的时间。往返传播时间被用来确定网络中所传输的帧的最小尺寸。

round-trip time (RTT) 往返时间 对网络上当前延迟时间的一个度量。它是发送者将一个报文分组送达目标节点，并接收到收妥确认信息所需的时间。

round up (向)上舍入，只入不舍 (1)一种舍入方式。舍入时对保留的数字部分最低位上加1来进行调整，并进行适当进位，当且仅当删去的部分是一个或几个非零数字时，才执行加1调整。一个向上舍入数，其绝对值不会减少；例如，数12.6374和15.0625，当向上舍入到小数点后第二位时，分别变为12.64和15.07。(2)在计算器中，如果丢失的最高十进小数位是大于零的值，则将计算结果的最低位上加1。

route 路由 多机系统或计算机网络中从源节点到目标节点之间信息传输的途径。这样的路径可能有多条，即有多条路由。在互联网中，一条路由可能经过多个网关、路由器和物理网络。参见explicit route，virtual route，routing。

route addition resistance (RAR) 路由附加阻力 一个表示网络节点进行立即会话能量的能力的值，用于路由计算。

route aggregation 路由聚合 也称“路由汇聚”，是把一组路由聚合为一个单个的路由广播。也就是采用一种体系化编址规划后，用一个IP(网际协议)地址代表一组IP地址的集合的方法。路由聚合除了缩小路由表的尺寸之外，还能通过在网络连接断开之后限制路由通信的传播来提高网络的稳定性。如果一台路由器仅向下一个下游的路由器发送聚合的路由，那么，它就不会广播与聚合的范围内包含的具体子网有关的变化，不更新临近的路由器，使网络更加稳定。为了执行能够强制设置的路由聚合，需要一个无类路由协议。参见classless inter-domain router (CIDR)。

route attack 路由攻击 发送伪造路由信息，产生错误的路由干扰正常的路由过程。路由攻击通常是通过伪造合法的但具错误路由信息的路由控制包在合法节点上产生错误的路由表项，从而增大网络传输开销、破坏合法路由数据、或将大量的流量导向其他节点以快速消耗节点能量。

route caching 路由高速缓存 从第一个寻址到目的地地址的数据包被处理开始，便存储与该目的地址相关的转发信息(基于网络拓扑结构和路由选择策略)，以便加速转发所有寻址到同一目的地址的后续数据包。

route control center (RCC) 路由控制中心 在使用集中式路由选择的网络中，汇集全网络路由状况信息，确定路由选择的路由控制设备及该设备所在单位。

route convergence 路由收敛性 一个网络终节点更新了它的路由表，并且重新把分组转发到新的接口所需的时间。

route designator 路由标志符 指定一个通路的LAN(局域网)和网桥标志的序列。

routed everywhere 到处用路由 一种局域网(LAN)联网的解决方案之一。过去的解决方案采用通用路由器或者将交换与路由功能结合起来的第一代或第二代三层交换机。第一代三层交换机与通用路由器相似，是基于CPU的体系结构，这种结构提供了灵活性，但把交换和路由的性能限制在每秒10万包以下。第二代三层交换机增加了先进的硅技术，大大地提高了整体性能。新的第三代三层交换机则提供引人注目的性能/价格优势和先进的网络策略功能。这种三层交换机支持千兆以太网的速度和提供高速路由。除支持诸如千兆位以太网一类的 LAN 新技术外,这些交换机也支持现有的主干技术,如 ATM(异步传输模式)和 FDDI(光纤分布数据接口)。这就使用户们能利用其已安装的基础设施,实现网络集成和支持的最终目标。网络策略支持包括基于 LAN 的服务种类和服务质量、先进的安全性和自动的网络管理。三层交换机代表了"到处用路由"模式中的动态转移。这些交换机具有的空前的速度、简化的网络控制和基于 LAN 的策略服务,最终将代替 LAN 核心的多数通用路由器。参见 switch everywhere。

route discovery　路由探索　源路由网桥用来决定通向一个设备的通路的过程。

routed protocol　路由协议　可以由路由器确定路由的协议。为了使用路由协议选择路由,路由器必须了解为路由协议察觉到的逻辑互连网络。DECnet、AppleTalk 和 IP(网际协议)等都属于路由协议的例子。注意 routed protocol 和 routing protocol 的区别,前者是泛指具有路由选择功能的协议或协议族,而后者指具体具有路由选择功能的协议。例如 DECnet 是一个协议族,其中包含完成路由选择的协议,但是也有与路由选择无关的协议,因此 DECnet 属于前者而不属于后者。参见 routing protocol。

route extension (REX)　路由扩展件　在 SNA(系统网络体系结构)中,包含一个外围链路的路由控制网络组成部分。在一个邻近的外围节点上,它构成一个子域节点与一个 NAU(网络可访问单元)之间的一部分路径。参见 explicit route (ER),path,virtual route (VR)。

route flap　路由抖动　重复地或经常冗余地公告和撤销路由,使路由器不得不反复计算去往目的网络的最佳路径。频繁的路由抖动不仅加重了路由器的处理负担,增加了网络的带宽消耗,严重情况下还会导致网络的瘫痪。

route learning　路由学习　一个网桥或交换机通过学习向其路由表内放置有关路由内容的过程。

route matrix　路由矩阵　一种反映通信网络中各对节点之间互联以便建立两点间直达、备份或可用路由表的一种记录。

route optimization　路由最佳化　在网络中选择传输延迟时间最短的路径。

route processor　路由处理器　路由器中完成路由选择功能的部件,除了完成路由选择外,并执行配置、安全、记账、修正差错、以及网络管理等进程。路由处理器也称主管处理器。

router　路由器　(1)在计算机网络互联中,可以支持到网络层的一种智能化网间连接设备,可以为被发送的信息报文寻找正确的传输路径。路由器可以根据某种优化的路由选择算法在几条路径中确定一条路径传输网络流通信息的系统或设备。为此要使用获得网络信息的路由选择协议,以及根据某些路由选择算法选择最佳路径。一般在站点之间有多条通路的比较复杂的网络之中,路由器首先考察、分析报文目的地址,然后再根据选定的路由算法确定最佳路径传递报文。(2)能把数据分组送到正确的局域网段并把他们送到目的地的智能连接设备。路由器在用于计算机对计算机通信的 OSI(开放系统互连)模型的网络层链表 LAN(局域网)段。路由器能够使用相同的或不同的网络协议连接网络。路由器包括硬件和相关的软件,具有路径选择功能,适用于多种拓扑结构的复杂网络。在因特网中,路由器可把非 TCP/IP(传输控制协议/网际协议)地址转换成 TCP/IP 地址或者执行相应的转换。路由器的类型包括中心路由器、外部路由器、本地路由器、远距离路由器、内部路由器等。参见 bridge,gateway,exterior gateway protocol,interior gateway protocol,Internet router。

route restriction　路由限制　在网络中,由于流量控制、安全等因素而对可选择路径的限制。

route selection　路由选择　在一组适用某一特定连接的路由中选出一条最适用的路由的过程。

route selection control vector (RSCV)　路由选择控制向量　一个描述 APPN(高级对等联网)网络中一个路由的控制向量,由一个标识 TG(传输组)和节点的排序的控制向量序列组成,建立起从一个原始节点到目标节点间的路径。

route selection services (RSS)　路由选择服务　一个拓扑学和路由服务成分中的子成分,确定给定服务类中在一对节点间的合适路由。

route server　路由服务器　运行一个或多个网络层协议的一种物理设备,使用一种查询协议以提供网络层路由。

route table generator (RTG)　路由表生成器　IBM 提供的现场开发的程序,帮助用户为 SNA(系统网络体系结构)网络生成路径表。

route weight　路由权　为一系列 TG(传输组)和连接起始节点和目标节点的中间节点而计算的一个值,路由权重确定在路由选择过程中倾向于选择哪一条路由。

routine　例程,例行程序　(1)用于指挥计算机完成一项或几项特定任务或操作的一组按序排列的计算机指令。将这样的指令序列组成具有独立性的模块,可赋予一个符号名称,并规定此指令序列执行时所需的形式参数。按名称调用例程时,以实际参数替代形式参数,即可得到运算结果。例程可以是一个主程序的一部分,也可包含若干个子例程。例程和子例程常常存放在程序库中。(2)在一程序的指定部分中所具有的特殊功能。例如,输入例行程序,处理例行程序,输出例行程序或查错例行程序。可按模块方式编制处理例行程序以提供特定的例行程序，合理利用例程，可减少程序设计的重复工作量。

routine analyzer 例程分析器 对另一程序进行分析所用的例程或装置。

routine check 例程校验 由一个例程或例程的一部分所规定的校验。这种校验一般包括在解题程序中。

routine extremity 带端处理例程 当初始化一盘新带或到达旧卷文件的卷尾时使用的例程，如果所有的磁带都已准备好或是由系统的管理自动进行了磁带的初始化，并且不使用打开和关闭宏指令时，则无需将该例程存入内存中。该例程的主要作用是执行必要的磁带内务操作，对操作员的工作进行校验，并提供有关运行程序的必要信息。

routine library 例程库 可用的计算机程序和例程的集合，按照目录划分为若干数据段，每段均按顺序排列，并可直接存取，保存在外存储器中供随时调用的一组标准的并检验过的子例程。

routine loading 例程加载 将存储在外围设备上的例程载入主内存中执行的过程。

routine maintenance 例行维护 按预定方案、计划、程序，有规律地对机器设备进行的定期维护和检修。

routine name 例行程序名，例程名 用户定义用以标识某个例程的名字。在程序中调用例程时，只要在调用命令中指出例程名即可。

routine operation decision 日常业务性决策 有关企业各部门当前工作短期决策，一般属于结构化决策，决策者为基层管理人员。

routine testing 例行测试 对特定项目的周期性测试。

routing 路由[路径]选择 在一通信网络的各台站之间，选择、指定并建立发送信息到达目的主机路径的过程。在一个大网络中，路由选择是一件非常复杂的事情，因为分组到达自己的目的主机以前可能经过许多潜在中间目的机，其中包括网络连接设备和主机。路由选择是网络层的重要功能，决定一个入网分组经哪条线路继续传送。如果通信子网使用数据报，则每个到达的数据报都要进行一次这样的抉择；如果通信子网使用虚拟电路，则只在虚拟电路建立时进行一次这样的选择。后一种情况有时也称"会话路由选择"，因为一条路由在用户会话期间一直保持连通状态，如在终端上进行一次登录会话或文件传输就是属于这种路由选择。参见 hop，router，exterior gateway protocol，interior gateway protocol。

routing affinity 路由选择亲合性，路径仿射 传送源与目的地之间的一种临时关系。

routing algorithms 路由选择算法 路由选择算法分为两大类，自适应算法和非自适应算法。自适应算法是根据当前网络拓扑结构和当前信息流量情况决定路由选择的算法。这类算法又分为全局算法、局部算法和混合算法。全局算法是在收集通信子网全部信息基础上进行路由选择的算法。这种算法是在整个网络中集中进行的，因而也称集中式算法。局部算法是各个路由器或网关根据自己所获得的路由信息，在本地进行路由选择的算法。混合算法是把全局算法和局部算法结合起来的一种算法。局部算法和混合算法也称分布式算法。非自适应算法，路由选择判据不是建立在对当前流量和拓扑结构的测量和估算基础上，而是对若干或全部路由事先计算好的，并把这些计算好的路由选择参数装到各个节点机中。因而这种路由选择算法也称静态路由选择。

routing alternate 可替换路由选择，路由选择迂回 当最初路径不通时指定第二条可达目的地的通信路径。

routing and wavelength assignment (RWA) 路由和波长分配 智能光网络中的一个重要技术。RWA是指网络某对节点间有光路建立请求时，如何寻找从源节点到目的节点的路由并在该路由上分配波长。RWA其主要任务是寻找一条合适的光路并为之合理地分配波长，使有限的资源充分发挥作用，以提供尽可能大的通信容量。

routing area (RA) 路由区 在通用分组无线业务(GPRS)业务中，移动台可以在该区域内自由地移动而不需要进行路由区更新。路由区一般为位置区的一个子集。

routing bridge 路由桥 通过在网桥上增加适当的智能设备，因而可以进行复杂的路由选择的设备。路由桥虽然能够运行路由选择算法，甚至能够根据安全性要求决定是否转发数据帧，但由于它不涉及第三层(网络层)协议，所以还是属于工作在数据链路层的网桥设备，它不能像路由器那样用于连接复杂的广域网络。

routing by destination 按目的地选择路由 在某些通信系统软件中，根据目的地名选择报文路由的一种方法。比较 routing by key。参见 affinity-based routing，invariant routing transaction-based routing。

routing by key 按键标选择路由 在某些通信系统软件中，根据一个键标选择报文路由，每个键标与键标表中一个定义相对应。键标标识了报文的目的地或在报文上要做的特殊处理。比较 routing by destination。参见 affinity-based routing，invariant routing，transaction-based routing。

routing channel 布线通道 采用门阵列或标准单元方式设计的 LSI(大规模集成电路)芯片中，在单元电路行或列交替的用于布线的区域。布线通道的多少影响计算机自动布线的效率，也影响 LSI 芯片的面积大小。

routing chart 路由选择表 以图解或表格表示出现在通信系统操作过程中的路由说明。

routing code 路由选择码 (1)在构成数据通信链路的呼叫过程中,包含在呼叫信息中的几位数码。它指出目标节点的地址,以及从源节点到目标节点的路由上依次经过的中间节点。如果目标节点上包含多个控制台,路由选择码中还应包括应接收信息的控制台地址。(2)在具有多控制台支持的系统中,赋予操作员信息的一种代码。用于指出该信息到达适当的控制台所经过的路径。

R

routing computation 路由计算 对拓扑数据库应用数学算法计算路由的过程。路由计算方法有多种,其中包括 Djikstra 算法。

routing control 路由[路径]选择控制,路选控制 在数据通道中,一种可以对报文的路由选择进行控制的软件。其目的是缩短报文传输时间,提高线路和交换机等通信设备的效率。它可控制通道处理机的输出排队,确定何时从何处发送出报文。报文的实际路由选择应使该报文的传输延迟时间短,线路和交换机等通信设备利用效率高,并在线路、交换机发生故障或网络的结构有变化时仍能保证报文可靠地从发送点到达接收点。

routing convergence 路由收敛 是指路由域中所有路由器对当前的网络结构和路由转发达成一致的状态。

routing convergence time 路由收敛时间 是指从网络的拓扑结构发生变化到网络上所有的相关路由器都得知这一变化,并且相应地做出改变所需要的时间。路由收敛时间可用来度量路由器设计和网络体系结构的性能。

routing data 路由数据 在某些计算机系统中的一种字符串,控制程序将此字符串和子系统路由描述入口中的字符串相比较,可选择要用的路由入口并初启一个路由步。路由数据可以由一个工作站用户提供,也可以在命令中规定或通过对作业的作业描述来提供。

routing diagram 路由说明图 说明通信系统内交换中心,交换设备与终端机之间连接的图表。

routing domain (RD) 路由选择域 (1)在管理领域内交换路由选择信息的一系列路由器。参见 administrative domain,router。(2)计算机网络中,一组拓扑结构上连续的计算机节点,运行路由的一个事例。(3)受同一组管理规则管理的末端系统和中间系统的集合。是 OSI(开放系统互连)网络"IS-IS 域间路由选择协议"引出的概念。参见 intermediate system-intermediate system (IS-IS)。

routing domain group (RDG) 路由选择域组 路由选择域集合,多个路由选择域组彼此内部拓扑结构是隐蔽起来的,起到大型互联网分割作用,也有减少网络信息传输量的好处。参见 intermediate system-intermediate system (IS-IS)。

routing domain identifier (RDI) 路由选择域标识符 表示路由选择域的符号。参见 intermediate system-intermediate system (IS-IS)。

routing emulation 游动仿真 一种检测数字系统故障的概念。利用一个专门设计的模仿管理部件,周期性地中断系统中各部件的工作,读得这些部件的输入/输出信号及内部状态,并比较模仿部件中的数据,以确定故障的性质和位置。

routing expression 路由表达式 为在属于同一"类"的各个程序之间实现同步而建立的一个控制机构,一个类由多个程序组成,进程之间的同步是通过调用类中的程序来实现的。路由表达式实现一个类中各个程序之间的同步通常由下列几种运算组成,顺序运算、选择运算、重复运算和同时运算。

routing indicator 路由选择指示符 网络通信中的信息包结构的一个组成部分。它位于信息包的首部,由一个或多个字符组成,用来规定信息包的传送路由、要到达的目的站地址,标识本信息包的标号等。

routing information 路由信息 在通信网络或系统中,为将信息传送至目标端而选择路线时使用的信息。

routing information base (RIB) 路由选择信息库 由边界中间系统收集到的路由选择域内的路由选择信息或其他中间路由选择系统中的信息形成的关于路由选择的信息库。路由选择信息库是 OSI(开放系统互连)网络 IS-IS 域间路由选择协议引出的概念。参见 intermediate system-intermediate system (IS-IS)。

routing information field (RIF) 路由信息段 IEEE 802.5 分组报头中的一段,信源路由网桥依靠这段确定分组必须通过哪个令牌环网段。RIF 由环号、网桥号、以及其他信息构成。

routing information protocol (RIP) 路由信息协议 (1)RIP 是加利福尼亚大学为他们的局域网内计算机提供一致路由选择和可达性信息而设计的协议,后来成为 Berkeley 4.3 BSD UNIX 系统用来在一组计算机(通常是小型机)之间交换路由选择信息的协议。这个协议用物理网的广播快速传递路由选择信息。(2)在 TCP/IP(传输控制协议/网际协议)网络上的路由协议,它保持可以到达的网络的表目,并且由决定最低的跳数计算从一个特定的位置到达特定的网络所包含的困难程度。(3)因特网中的一种内部网关协议,由施乐公司开发。RIP 协议是 V-D(向量距离)算法在局域网上的直接实现,将协议的参与者分为主动机和被动机。主动机把自己的路由信息通告给其他机器,被动机监听主动机送来的信息更新自己的路由信息表。主动机通常指网关,它每隔 30 秒向外广播一个 V-D 报文,向整个网络广播它的路由表,被动机通常指主机。参见 interior gateway protocol (IGP), open shortest path first (OSPF)。

routing list 路由表 在 X.25 通信中,一个关联用户名与网络用户地址的表,用于转发到达的呼叫。

routing loop 路由环路 在维护路由表信息的时候,如果在拓扑发生改变后,网络收敛缓慢产生了不协调或者矛盾的路由选择条目,就会发生路由环路的问题。产生路由环路的一种情况是:路由器 A 将从路由器 B 学习到的路由信息又告诉给了路由器 B。最终,路由器 B 认为通过路由器 A 能够到达目标网络,路由器 A 认为通过路由器 B 能够到达目标网络。路由数据包的时候,数据将在两个路由器间不停地循环,最终造成网络资源的严重浪费。

routing matrix 路由矩阵 在节点对之间的路由中指明下一节点的矩阵。

routing metric 路由选择量度 路由选择算法用来确定一条路由是否比另一条路由更好的方法和依据信息。这类信息存储在路由选择表中,进行路由选择时随时调用。路由选择量度包括可靠性、延迟、带宽、负荷、MTU(最大传输单元)、通信成本、以及跳计数等。

routing path 路由选择通路 在虚存信息管理系统(IMS/VS)多系统环境中的一条路径。通过它 IMS/VS 将报文从其初始点传送至各处进行处理。在一个路由选择通路内可以包含一个或几个系统。

routing policy 选路策略 通过选路疏导网上业务的一种表示方式。

routing problem 寻径问题,走线问题 (1)在计算机网络中任意两个节点之间传输信息时,选择延迟时间最短、代价最小的路径的问题。(2)在印刷电路和集成电路设计中的一种技术,它旨在满足布线问题的各种约束的条件下,如不交叉不重叠,精确地确定每条线的具体路径问题。走线应尽可能短,这一问题与运筹学和图论中的最短路径问题有密切关系。

routing protocol 路由协议 使用特定路由算法进行路由选择的协议。在路由器包括路由服务器之间运行的一个协议,用于交换路由计算信息,用它可决定源和目的节点之间最适当的路径。路由选择协议可分成两类:①静态路由选择协议。唯一地选择一条传输路由,不能自动适应网络的变化;②动态路由选择协议。根据算法确定一条路由,并维持着一个定期更新的路由表,因而适用于复杂的变化的网络。比较 routed protocol。

routing qualifier 路由检验器 在网络通信控制机制(NCCF)中,增加到命令中的一个检验器,用于完成跨领域的执行,NCCF 在命令传送到适当的访问方法之前移去这个路由检验器。参见 network communication control facility (NCCF)。

routing queue 路由队列 一系列等待处理的路由选择文档。

routing strategies of packet radio networks 分组无线电网络路由选择策略 在报文分组无线电网络条件下进行路由选择的几种可能策略,主要有三种:①每个中继器简单向前转发所有到来分组。这种策略有两个约束规则。第一个约束是跳计数。每个分组报头中都有一个数值,每转发一次数值减1。数值减到零时弃掉分组。以此保证分组不至于在网中永远存活。第二个约束是中继器记录已经转发的分组,防止分组转回来时再次转发。这种方法的缺点是带宽浪费较多;②分级路由选择。把多个中继器组成树,中心现场在树根,而且知道全部拓扑结构。发出的分组中包含要经过的所有中继器。因而这种策略称为报源路由选择;③根据距离决定是否向前转发分组。如果一个中继器到报宿的距离比转发分组的前一个中继器更近则向前转发分组。这种策略要求每个中继器都知道其他中继器到报宿的距离跳数。

routing table 路由(选择)表 (1)信息交换网络节点上的一种表,用来描述网络中信息传输和通路控制的关系。这种表的内容有的是固定式的,是预先设置的;有的是随着网络中信道与节点情况的变化而动态变化的。表中通常有下列几方面信息:路由估算函数、路由选择信息、路由信息传输量等。对于固定式单路发送还包括预先静态决定好的发送路由。(2)在 AIX 操作系统中,一个保存一系列有效路径的表,通过这个表一个宿主机可与另一个宿主机进行通信,路由表可存放静态路由和动态路由。

routing table maintenance protocol (RTMP) 路由表维护协议 AppleTalk 的一个对路由表进行维护的协议,用于监视网络上节点位置,并维持节点间可靠连接,是从路由信息协议(RIP)引申出来的。类似于 Novell 的 NetWare 和 XNS(施乐网络系统)中的 RIP(路由信息协议)。参见 routing information protocol (RIP)。

routing update 路由选择更新 路由器发送一个报文,指明网络可达性以及有关路由代价信息的过程。路由选择更新通常每隔一定时间就进行一次,网络拓扑结构改变后要进行一次。

row 行 (1)显示屏幕上排在水平线上的一组字符或其他表达式。(2)矩阵或数组在水平位置上的一组元素。行数的读法是从上向下,最上面行的号数通常是最低。比较 column。

row access 行访问 对矩阵数组中的某一行所有元素并发的存储器访问方式。

row address select (RAS) 行地址选择 同 row address strobe (RAS)。

row address strobe (RAS) 行地址选通 在存储器芯片中,能提交给行地址存入 RAM(随机存取存储器)芯片的控制信号。随着存储器芯片容量的提高,确定芯片上每个单元所需的地址线越来越多。

当地址线太多时，集成电路的封装尺寸便必须相应地增大。为了减少外部引出地址线的数目，将存储器单元地址分成行地址与列地址，存取时分成两次输入。分别用行地址选通脉冲和列地址选通脉冲来馈送到芯片内部的地址寄存器中以选择所要求的存储位置。这样就可以使地址线占用的引线数减少一半。这种矩阵定址技术被称为行/列地址选通法。

row binary 行式二进制 穿孔卡数据的二进制表示法。卡片上有效穿孔位置由卡片上各行来确定。如 80 列卡片上每行孔可以用来表示 80 位二进制数字。比较 column binary。

row cycle time (tRC) 行周期时间 内存的时序参数，它是包括行单元开启和行单元刷新在内的整个过程所需要的时钟周期数。参见 memory timing parameter。

row density 行密度 打印纸上纵向单位长度(通常用英寸)所能印刷的行数。有些打印机打印字型有所谓半高、正常高度、倍高及多倍高之分，因而行密度也必然成倍变化。正常宽度与正常高度的字也称全角字。半宽与半高的字也称 1/4 角字。

ROWID 行标识 数据库的一个伪列，建立表的时候数据库会自动为每个表建立 ROWID 列，用来唯一标识一行记录。对记录的访问是基于 ROWID。

row-level lock 行级锁 多粒度锁之一，表中的行是锁定的最小空间资源。行级锁是指事务操作过程中，锁定一行或若干行数据。参见 table-level lock，page-level lock。

row pitch 行距 相邻的行上对应位置之间的距离，如相邻两行字符或图形点阵之间的距离。同 array pitch。

row precharge time (tRP) 行预充电时间 内存的时序参数，可能的数值有 1～7。该参数设置太长会导致所有的行激活延迟过长，设为 2 可以减少预充电时间，从而更快地激活下一行。然而，想要把 tRP 设为 2 对大多数内存都是个很高的要求，可能会造成行激活之前的数据丢失，内存控制器不能顺利地完成读写操作。参见 memory timing parameter。

row refresh cycle time (tRFC) 行刷新周期时间 内存的时序参数，同一存储体中两次刷新的间隔时间。该参数值通常为 tRC(行周期时间)加上 2～4 个时钟周期。参见 memory timing parameter，row cycle time (tRC)。

row scanning 行扫描 确定键盘上哪一个键按下用的一种译码技术。轮流向每行输入“1”电平，检查各列的输入，从而识别按下的键。

royer converter 自振转换器 自振的推挽开关电路。通常用于成本低的小功率直流转换器中，也称“古典式转换器”。

RP (1)远端点 remote point 的缩写。(2)恢复优先 restoration priority 的缩写。

RPC 远程过程调用 remote procedure call 的缩写。

RPC transport provider interface RPC 传输提供者接口 微软 Windows NT 中作为 RPC(远程过程调用)机制与网络传输软件之间接口使用的动态连接库，它允许远程过程调用通过各种不同的传输软件发送出去。

RPE (1)规则脉冲激励(编码) regular-pulse excitation 的缩写。(2)请求页结束字符 required page end character 的缩写。

RPE-LTP-LPC 规则脉冲激励-长时预测-线性预测编码 regular pulse excited-long term predictionlinear predictive coding 的缩写。

RPF 逆向路径转发 reverse path forward 的缩写。

RPG (1)报表程序的生成程序 report program generator 的缩写。(2)光栅模式发生器 raster pattern generator 的缩写。(3)角色扮演类游戏 role playing game 的缩写。

RPG language RPG 语言 report program generator language 的缩写。

RPH 请求参数头部 request parameter header 的缩写。

RPL 请求参数表 request parameter list 的缩写。

RPM 远程打印管理器 remote print manager 的缩写。

RPN 逆波兰表示 reversed Polish notation 的缩写。

RPO 恢复点目标 recovery point objective 的缩写。

RPOA 认可的私营运行机构 Recognized Private Operating Agency 的缩写。

RPQ 索取报价单 request for price quotation 的缩写。

RPR 弹性分组环 resilient packet ring 的缩写。

RPROM 可重编程 ROM reprogrammable ROM 的缩写。

RPS (1)光栅模式存储器 raster pattern storage 的缩写。(2)旋转位置检测 rotational position sensing 的缩写。(3)冗余电源系统 redundant power system 的缩写。

RPT 重复字符，反复字符 repeat character 的缩写。

RQD 要求切断[挂断] request discontact 的缩写。

RQE 应答队列元素 reply queue element 的缩写。

RQMT 需求 requirement 的缩写。

RR (1)接收准备就绪 receive ready 的缩写。(2)

及数据的组合。

RUPE **请求/响应单元处理元件** request/response unit processing element 的缩写。

RUPEDAP **请求/响应单元处理元件工作区域地址** request/response unit processing element work area address 的缩写。

rural telephone network **农村电话网** 县城及其所属农村范围内的电话网。

RVA (1)相对虚拟地址 relative virtual address 的缩写。(2)记录声音通知 recorded voice announcement 的缩写。

RVI **反向中断(字符)** reverse interrupt 的缩写。

RVT **资源向量表** resource vector table 的缩写。

RW **读写** read/write 的缩写。

RWA **路由和波长分配** routing and wavelength assignment 的缩写。

RWC **现实世界计算** real word computing 的缩写。

RWCS **报告书写控制系统** report writer control system 的缩写。

RWM **读写存储器** read write memory 的缩写。

RWS **读写存储器** read/write storage 的缩写。

RxC **接收时钟** receive clock 的缩写。

RxD **接收数据引脚** receive data 的缩写。

RZ **归零制** return-to-zero 的缩写。

RZ(NP) **非极化归零记录法** non-polarized return-to-zero recording 的缩写。

RZ(P) **极化归零记录法** polarized return-to-zero recording 的缩写。

RZ recording **归零记录** 一种与磁带相关联的先将信息用数字形式(常用二进数)编码,再以记录代替剩余磁通的两个离散值的记录方法,在非归零(NRZ)记录中,此两值相当于在相对方向上饱和磁带,在归零记录中,磁带只一个方向被饱和或处于自然或偏态情况。

R

S

S

SA (1)源地址 source address 的缩写。(2)模拟退火算法 simulated annealing 的缩写。(3)结构化分析(法) structured analysis 的缩写。(4)安全关联 security association 的缩写。(5)选择可用性 selective availability 的缩写。(6)智能天线 smart antenna 的缩写。(7)《科学文摘》*Science Abstracts* 的缩写。

SAA **系统应用体系结构** system application architecture 的缩写。

SAAL **信令 ATM 适配层** signaling ATM adaptation layer 的缩写。

SaaS **软件即服务** software as a service 的缩写。

SAB (1)辅助应用块 secondary application block 的缩写。(2)会话内情块 session awareness block 的缩写。(3)服务应用块 service application block 的缩写。

SABER **位置感知应答信标** situation awareness beacon with reply 的缩写。

sabotage **破坏** 在计算机系统或网络中,利用各种手段载入计算机病毒,或者改变原有的程序、数据结构或数据内容的行为。

SAC **单连接集中器** single attachment concentrator 的缩写。

SACCH **慢速随路控制信道** slow association control channel 的缩写。

SACD **超级音频光碟** super audio compact disc 的缩写。

saddle point **鞍点** (1)博弈论中使用的一个术语,表示一种理想的策略。在态势发展曲线上,鞍点指的是在曲线上有较大值,并且它的左、右两侧都具有可能的最大值(但不稳定)的点。在鞍点上的任何微小变化,都会产生比鞍点值更高的期望值,并且在经过扰动后稳定地回到鞍点。因此鞍点是一个稳定点。(2)在紧耦合谐振电路中,谐振峰出现两侧高而中向下凹的点。

saddle point criteria **鞍点准则** 最优化问题解题的一种判定条件。

safe address register **安全地址寄存器** 在多道作业系统中,用来保存作业运行区间上、下限界地址的寄存器。

safe driver **安全驱动程序** 微软 Windows 95 中的一种实模式驱动程序。其功能可以由一个等价的保护模式驱动程序提供。这种保护模式驱动程序可因此控制该实模式驱动程序,并且当系统在保护模式下运行时,能安全地避开实模式驱动程序。

safe format **安全格式化** 对磁盘重新进行格式化处理,但不会破坏磁盘上原有数据的格式化。在 DOS(磁盘操作系统) 5.0 以上版本的环境下执行的格式化操作,如果不加/u 参数,就是安全格式化。如果磁盘已被安全格式化,并且尚未写入新的数据,用户还可以利用 UNFORMAT 命令恢复磁盘上原来的信息。

safeguard **防护(装置)** 减小或抑制系统脆弱性对系统威胁或影响的保护措施或设备。在计算机保密中,指为减少系统易损性的影响而采取的保护措施。

safeguard timer **护卫定时器** 一个用于侦测错误的系统。一个硬件计时器始终在运行。如果在规定的时间内没有什么延迟发生,则该计时器被重启。如果有什么错误发生,则程序在规定时间内可能无法完成。这样计时器就不会被重启,一个错误就被发现了。

safe length **安全长度** 程序中对数据块长度的设定,使之在程序运行时,不会导致对相邻作业产生不良影响的长度。

safe mode **安全模式** 操作系统中的一种启动模式,在这种模式下,大多数驱动程序和外设未与系统连接上,以便让用户纠正该系统存在的问题,这种模式通常在系统非正常关闭或系统启动失败时出现。

safe net **安全网** 在 PN 网(佩特网)中,每个位置用一个整数表示该位置的容量。如果 PN 网中部分或所有位置的容量扩大时不会改变 PN 网的标记类,则称该网为安全网。

safe prediction **安全预测** 对信息系统中的共享数据库内容采用加密措施后,从技术上估计这些加密措施在受到破译攻击的情况下能维持保密的能力。

safe prime **安全素数** 数论中,指形如 2P+1(P 为奇素数)的素数,可以作为密码的密钥。安全素数在 RSA 公开密钥密码系统中具有重要的意义,因为它可更有效地防备强有力的因子分解算法,因而可用于计算机数据保密。

safe shut-down **安全停机** 计算机功能因故障而降低到最低容限以下时系统采取的安全措施。这时需保护存储的信息和正常的系统部件,使其免遭损坏,并按一定顺序停止与其他系统和使用人员间的相互作用以及向指定的系统或使用人员发出停机信号和诊断信号。

safe state **安全状态** 数据处于不会受到破坏、不受泄密、不会出现错误的状态。

safety circuit **安全电路** 当计算机系统或控制系统出现故障或异常情况时,能够检测到故障的发生,判断其性质,并发出报警信号的电路。

safety circuit and device 安全电路和装置 为防止在不正常和意外运行时危及人、动物和损坏设备而设计的电路和装置。

safety code 安全代码 在计算机网络或通信系统中，为防止非法用户或未授权用户对某些节点上的数据造成破坏，或者造成重要数据的泄密，对数据文件所规定的保密代码，数据在传输时按安全代码进行编码。

safety colour 安全色 表达安全信息的颜色，如表示禁止、警告、指令、提示等。

safety-critical system 安全关键系统 将安全放在关键地位的系统，如果出现故障可引起人员伤亡的计算机或其他系统，如控制飞机或铁路网的系统，这些系统必须按照严格的技术规范设计，并且带有备件以防部件失灵。

safety data network system (SDNS) 安全数据网络系统 由美国国家安全局(NSA)开发的一种具有较高安全性的计算机数据传递网络。它将安全功能综合设计在通信设备中，适用于保护机密或高度机密的数据。SDNS 由四部分组成：①密钥管理。使用集中密钥管理中心(KMC)，对网络中的每个设备赋予一组密钥码；②存取控制。根据鉴别机构提供的信息，对入网用户实施授权控制。鉴别是由 KMC 实现的。存取控制分为两部分：第一部分是同层存取认可(PAA)。在被鉴别标识信息有效后的会话建立时出现，决定同层间哪些信息可以通信；第二部分是同层存取实施(PAE)，确定数据项传送及网络资源的存取规则，在整个连接过程中出现；③系统管理。控制实体之间、实体内部的通信，为安全机构、支持机构和终端用户提供监督和控制；④安全通信。提供保证数据保密性和完整性的通信。

safety distance 安全距离 为了防止人体触及带电体，防止车辆或其他物体碰撞或接近带电体等造成的危险，在其间所需保持的一定空间距离。

safety evaluation 安全性评价 是指综合运用安全系统工程学的理论方法，对系统存在的危险性进行定性和定量分析，确认系统发生危险的可能性及其严重程度，提出必要的控制措施，以寻求最低的事故率、最小的事故损失和最优的安全效益。

safety extra-low voltage (SELV) 安全特低电压 用安全隔离变压器或具有独立绕组的变流器与供电干线隔离开的电路中，导体之间或任何一个导体与地之间有效值不超过 50 V 的交流电压。

safety grade 安全等级 国家信息网络安全监督管理部门，根据信息网络处理信息的敏感程度、业务应用性质和部门重要程度所确认的信息网络安全保护能力的级别。

safety impedance 安全阻抗 连接于带电部分与易导电部分之间的阻抗，其值可在设备正常使用和可能发生故障的情况下把电流限制在安全值以内，并在设备的整个寿命期间保持其可靠性。

safety isolating transformer 安全隔离变压器 通过至少相当于双重绝缘或加强绝缘的绝缘使输入绕组与输出绕组在电气上分开的变压器。这种变压器是为以安全特低电压向配电电路、电器或其他设备供电而设计的。

safety management 安全管理 基于安全保障目标对相关过程与行为进行管理的行为或活动。

safety marking 安全标志 由安全色、几何图形、图形符号和文字构成的标志，用以表达特定的安全信息。

safety message 安全信息[报文] 在网络中传输的加密报文。它采用了严格的校验编码措施，既能有效地防止窃听，又能防止窃听者对所传输信息进行蓄意的篡改。

safety ring 安全环 同 file-protection ring。

safety switch 安全开关 在接近带电部分之前断开电源的器件。

safety testing 安全测试 对信息系统的抗攻击性能、冗余可靠性等进行的测试。包括静态测试、轻负载测试和模拟负载测试等方式。

safety voltage 安全电压 加于人体上在一定时间内不致造成伤害的电压。

Sagnac effect 萨古纳克效应 同一光源同一光路，两束对向传播光之间的光程差或相位差与其光学系统相对于惯性空间旋转的角速度成正比的现象，称为萨古纳克效应。这种效应与光的媒质无关。

SAK 安全注意键 secure attention key 的缩写。

Salami technique 色拉米技术，意大利香肠术 Salami 是指意大利式香肠。在计算机安全方面，指一种偷窃重要财产或信息的方法，长时间地保持每次偷窃少量财产或信息的一种计算机犯罪形式，形象的比喻如同取走一小片香肠，而人们并没有感到或发现盘子中香肠数量的减少，如在大量的零星交易中，对数字不做常规的四舍五入，把舍入部分转入某一账户。参见 attack。

sale mode 销售方式 销售终端上的一种操作状态。它用于处理与商店客户有关的事务。而非销售方式是指销售终端的另一种操作状态，它用于管理技术功能，如数据维护与查询全部读出并重置。

sales configuration system (SCS) 销售配置系统 SCS 是用于配置复杂产品和服务(如必需的元件和定价)的一种模块或系统。

salient pole 凸极 从轭部向气隙方向伸出的一种磁极。

salient pole machine 凸极电机 磁极从轭部向气隙方向凸出的电机。

salient pole synchronous induction motor 凸极同步感应电动机 同步感应电动机的一种，具有凸极结构，其极靴内嵌有启动绕组，绕组线端与集电环相连接。

salvageable files 可恢复文件 在Novell的NetWare中，当目录被首次删除时，他们被复制进卷的根目录中，称为DELETED.SAV的目录中，删除的文件实际上保存在他们原来的目录中。NetWare能够恢复这些被删除的文件。

S

SAM (1)顺序访问方法 sequential access method的缩写。(2)空间数据检索方法 spatial access method的缩写。(3)串行存取存储器 serial access memory的缩写。(4)顺序访问存储器 sequential-access memory的缩写。(5)业务接入复用器 service access multiplexer的缩写。(6)安全账户管理(程序)security accounts manager的缩写。

SAM database SAM数据库 在微软Windows NT中，一个包含用户账户名及口令等安全信息的数据库，它由用户管理程序进行管理。参见security accounts manager (SAM)。

same domain LU-LU session 同域LU-LU会话 在SNA(系统网络体系结构)中，同一辖域内LU(逻辑单元)间的一种会话。比较cross-domain LU-LU session。

same frequency interference 同频干扰 无用信号的载频与有用信号的载频相同，并对接收同频有用信号的接收机造成的干扰。

same frequency interference ratio 同频干扰比 有用信号与同频干扰信号幅度的比值。同频干扰比取决于设备参数、传播环境、通信概率、小区半径、双工方式、同频复用距离等因素。

same frequency simulcasting network 同频同播网 一种无线组网形式，是在一个区域内建立多个同频中转台，并利用链路将这些中转台联接起来。链路可以选择无线方式或有线方式。每个中转台负责一定范围的覆盖。这样，利用多个同频中转台和链路连接就可实现大范围的同播覆盖目的。同频同播网可广泛应用于专网调度场合，如公安、能源、消防等专用网络体系中的语音广播及调度指挥。

same phase 同相 两个周期性信号在任何一个观察点上都具有相同的变化规律，或者他们之间的相位差为一个固定值，则可称为同相位。

same way 同路 (1)不同的信息流经过相同的路径进行传输。(2)信息与呼叫、应答等信号利用同一信道进行传输。

SAMI 业务接入复用器接口 service access multiplexer interface的缩写。

SAML 安全断言标记语言 security assertion markup language的缩写。

sample 样本，采样，样值，实例 (1)按一定方法从研究中实际观测或调查的总体中随机抽取的部分个体称样本。样本中个体的数目称为样本容量。参见sample size。(2)采样是指从一个总体中获得样品的过程。(3)样值是信号在某个选定瞬时的代表值。此值由该信号的相应部分得到。(4)在软件中，常表示有关定义或内容的举例或模型。如在微软视窗的sample方框中显示出所选某种字体的式样。

sample and hold 采样-保持 (1)由于计算机输出的数据是周期性地向各子通道发送的，故各子通道通过数-模变换器及采样得到的模拟电压成了脉冲调幅电压而不是连续波形。为了保证各执行机构都能得到连续波形，输出控制中必需的采样最后要加一个部件，以保持这个瞬时电压幅值至下一周在此保持电压的基础上再变化。能保持数据变换器输出电压幅值的部件称为保持器。(2)一种人为地增加信号脉冲宽度或将模拟量转换成数字形式的方法。它每隔一定的间隔进行采样并保持被采样的量值不变，或将其存储，以备显示或其他之用。

sample change compaction 样值变更精简 当需要进行大量数据采集时，为了节省存储空间，减少数据冗余，而对采样数据进行的一种压缩处理方法。例如，通过对被测信号分析，选取一个基准量，使被测信号在该基准量附近波动，这样就可以只保存每个取样数据与基准量之间的偏移值，而不保存取样数据原值。当偏移值小于所要求的最低观测分辨值时，可以将其舍弃，视为无变化，从而压缩了保存样值的空间，也简化了样值处理过程。

sample configuration 样本配置 选择取样控制方法，即确定一种取样方案的过程。例如，确定取样时间、取样数量、各种样值的类型等。

sample controller 取样控制器 用来分析取自一连续作用信号的一系列离散观测值(抽样值)，并根据抽样值与基准值之间的误差量，控制执行机构动作的设备。

sampled data 采样数据 在离散的时间间隔中取得的数据，可以是模拟量，也可以是数字量。

sampled data measurement 样本数据量度 采用各种方法对样本数据进行量度(如求样本均值，样本方差或样本中位值)，以根据分析结果了解原信号的特性。

sampled data system 采样[抽样]数据系统 其本质上是连续的，但有关信息仅在离散的时间点上取得的系统。其中包括样值采集、样值数字化、数据存储、数据分析等部分。

sample delay 取样延迟 从发出取样操作命令到获得样本值的延迟时间。

sample depth 样本深度 用来表示样本值的点的数目。参见portable network graphics (PNG)。

sample depth scaling 样本深度缩放 将样本值的范围映射到PNG(可移植的网络图形)图像允许的整个样本深度范围。参见portable network graphics (PNG)。

sample device 采样[取样]设备 允许应用软件随时采取其现行值的一种图形输入设备。例如操纵杆、数字化仪、跟踪球等。

sample dispersion 样本离差 用来描述取样获得的各样本值之间的离散程度，或者他们围绕着数学期望值附近的离散程度。

sample distribution 样本分布 对信号或信息集合取样获得的一组样本值进行分析之后，归纳出样本在取值范围内的分布情况，即对应各种取值的样本的个数，或者他们占总数的相对比例。据此可分析原信号或信息集合的特性。

sample evaluation method 样本评价法，抽样鉴定法 根据样值鉴定整体性能的方法。在大规模工业生产中，对数量较多的同类产品可按一定规则抽取部分样品并对其进行严格检验，以鉴定整批产品性能。如果样品达不到规定指标，则判定整批产品不合格。

sample frequency 样本频度 单位时间（或距离）内抽取样本数据（或获得测量数据）的次数。

sample-hold acquisition time 采样保持获得时间 用在数据收集系统中的一种电路。它在极短的时间间隔内取出一个电压的值，并在长得多的时间间隔内使这个电压值保持不变。

sample-hold circuit 采样保持电路 一种能在离散的时间点上进行取样操作，并且能将取样获得的信号量值用惰性元件暂时存储的电路。在对样值进行分析、处理过程中，其保持稳定度能达到处理的要求。

sample-hold switch 采样保持开关 在样值输入电路中串入的一个电子开关。在接收到取样命令时，此开关与被测信号接通，将信号传输到保持元件上，并在规定的取样时间之后立即断开。电子开关断开前瞬间的输入信号值即为样值，能在惰性元件上保留足够长的时间。

sample inference 抽样推断 根据随机原则从总体中抽取部分实际数据的基础上，运用数理统计方法，对总体某一现象的数量性作出具有一定可靠程度的估计判断。参见 statistical inference，hypothesis testing。

sample interval 采样时间间隔 对随时间变化的信号抽样的过程中，进行连续两次抽样操作之间的时间间隔。为了确切地反映原信号的特征，抽样时间间隔必须与原信号的变化速率相适应。一般抽样时间间隔越小，样值序列反映原信号越精确。

sample investigation 抽样调查 一种非全面调查，抽样调查是从全部调查研究对象中，抽选一部分单位进行调查，并据以对全部调查研究对象作出估计和推断的一种调查方法。抽样调查可以分为概率抽样和非概率抽样两类。概率抽样是按照概率论和数理统计的原理从调查研究的总体中，根据随机原则来抽选样本，并从数量上对总体的某些特征作出估计推断，对推断出可能出现的误差可以从概率意义上加以控制。习惯上将概率抽样称为抽样调查。

sample median 样本中位数 将多次取样值按从小到大（或相反）的顺序排列起来，取其排列在中间的值，即为样本中位数。在数字图像处理中，求取图像中某一点的样本中位数，并用来表示这个点上像素的过程，称为中值滤波，可以消除图像中的脉冲干扰。

sample mode 采样方式 这是图形输入设备的三种工作方式之一。在采样方式下，应用软件可以随时间输入设备现行值。参见 sample device。

sample moment 样本矩 样本值或样本离差的各次幂的数学期望。样本值各次幂的数学期望称为样本原点矩；样本离差各次幂的数学期望称为样本中心矩。

sampler 采样器 （1）在多媒体应用中的一种设备，将实际声音和视频信号转换成计算机中能存储的数字信息。（2）一种输入连续变化信号，输出一系列离散取样值的电路。（3）一种带有传感器的取样探头。

sample rate 采样（速）率 （1）被抽出作为样本的离散物品占物品总数的比例。（2）在信号波形上进行采样的速率。对于随时间变化的模拟量，为了使样值正确地反映原信号的特性以及实现从样值信号中恢复原信号，要求抽样速率与信号变化速率相适应，一般要大于信号变化最快速率的两倍。同 locator sample rate。

sample round trip time 采样往返传输时间 在传输信道始端发出的采样分组到达末端，末端确认信号再返回到始端所经历的时间。

sample size 样本容量 也称“样本数”。指一个样本的必要抽样单位数目。在组织抽样调查时，抽样误差的大小直接影响样本指标代表性的大小，而必要的样本单位数目是保证抽样误差不超过某一给定范围的重要因素之一。

sample space 样本空间 在软件工程中，表示软件可靠性的一个概念。在确定概率模型时，先要确定所有可能出现的空间以及对每种结果的选择规则。在有关软件错误的概率模型的情况下，就先要考虑程序中所有的路径以及与每条路径相关的初始条件和输入数据的多种组合。这样构成的样本集合称为样本空间。

sample time aperture 抽样时间孔径 对一个在时域上存在并连续变化的信号进行离散抽样操作时，每次执行抽样操作的持续时间。仅在抽样时间孔径中，抽样系统与原信号接通，其余时间内原信号的变化情况则不予考虑。

sampling 采样，样本抽取，抽样，取样 （1）在统计学中，随机地从某一可分割的母体（或群体）中抽取一部分观测值的过程。这些观测值将作为判断该母体（或群体）特性的依据，其抽取间隔时间可以是一定的，也可以是任意的。（2）模拟信号数字化的一种技术。通常是每隔固定的时间间隔采集一次模拟信号,并用数据编码来表示它。采样的结果,即采样得到的值为抽样。

sampling distribution **抽样分布** 样本统计量的概率分布。

sampling error **抽样误差** (1)通过抽样机构获得的样本值与抽样时刻原信号实际值之间的差值。误差的大小与抽样机构的精度有关。(2)用一组离散的样本值代表原连续变化的信号时存在的误差。通常抽样速率越高,抽样误差越小。

S

sampling frequency **采样频率** 在模拟信号的数字化过程中,每秒采样的次数。例如,某语言信号的采样频率为 10 kHz 时,该语言信号的采样为每秒一万次。

sampling gate **采样门(电路)** 一个用选择脉冲激活的电路,通常为系统提取瞬时值信息。

sampling inspection **取样检查** 从批量中选取样品进行检查,将结果与检验标准进行比较,以判定批量的合格与否。

sampling noise **抽样噪声** 由于抽样脉冲泄露,与抽样信号混在一起而在输出端引起的噪声。或是由于抽样速率不能满足抽样定理的要求,即抽样速率低于被测信号最高频率的两倍,而在恢复原信号时产生的噪声。

sampling period **采样周期** 在周期性采样控制系统中,采样频率的倒数,即两次采样的间隔时间。如采样频率为 10 kHz 时,采样周期是 0.1 ms。

sampling rate **采样率** 对连续变量作离散采样的频率,即单位时间内的采样次数。

sampling scheme without replacement **无返回抽样方案** 依据抽样操作获得的离散数据集合不能完全恢复原信号的抽样方案。例如,对数字图像采用隔点抽样的方法获得的新图像,就会产生信息损失,不能恢复为原图像。

sampling scheme with replacement **有返回抽样方案** 依据抽样操作获得的离散数据,能够有效地恢复原信号的抽样方案。

sampling synthesizer **采样合成器** 一种以只读存储器中存储的数字化声音为基础,用频率调制和波形表等方法合成不同频率声音的设备。属于声卡的一部分。

sampling test **抽样试验** 从一批器件中随机地提取若干个所进行的试验。

sampling theorem **采样定理** (1)连续信号离散化的理论依据。它有两种形式:①时域采样定理。频带为 $0 \sim \omega$ 的连续信号 $f(t)$ 可以用一系列离散采样值 $f(t_1)$, $f(t_1 \pm T)$, $f(t_1 \pm 2T)$, … 来表示。只要这些采样点的时间间隔 T 小于 $\frac{1}{2\omega}$,该信号就可以由这些采样值完全重现。② 频域采样定理。持续时间等于 $T_1 - T_2$ 的信号 $f(t)$,如果它的频谱为 $F(\omega)$,则这个信号就完全可以用频率间隔小于 $\frac{1}{2T}$ Hz 的一系列离散采样值 $F(\frac{n\pi}{T})$ 来表示。这里,$n = \pm 1, \pm 2, \cdots$; $T = T_2 - T_1$,它是信号的持续时间。(2)有关采样频率如何选取的一个定理,也称“奈奎斯特定理”。其内容为:如果信号所含的频率成分是受限的,其最高频率成分为 f_N,则采样频率至少是 f_N 的两倍时,可保证采样信号的不失真。这里的 f_N 称为奈奎斯特频率。一般人类语言的频率成分低于 5 kHz,所以语言信号的采样频率多数为 8 ~ 10 kHz。

sampling time **抽样时间** 在抽样信号的两个连续抽样脉冲上,对应点之间的时间间隔。抽样时间等于抽样率的倒数。

SAM* **SAM* 模型** 一种语义联系数据模型。该模型原是为科学统计数据库(SSDB)而设计的一种语义模型,后来又发展为支持 CAD(计算机辅助设计)、CAM(计算机辅助制造)和 CIM(计算机集成制造)应用的数据模型。由于 SAM* 是为一类特殊应用而设计的,它包含非传统数据,支持非传统的对象类型和联系来方便这类数据库的设计。

SAN **存储区域网络** storage area networks 的缩写。

sanitization **清扫干净** 计算机安全术语,指清除磁性介质上的机密信息,从而使此介质能在较低密级的系统上使用,或让无权限的人员使用的行为。

sanitizing **擦洗** (1)为了降低数据的敏感性,对敏感数据进行修改或删除的行为。(2)在计算机安全方面,指消除或者改写磁性或其他记录媒体上所有的敏感信息。参见 clearing。

sanity testing **健全测试** 软件主要功能成分的简单测试以保证它是否能进行基本的测试。参见 smoke testing。

sans serif **匀称字体,无衬线字体** (1)笔划粗细相同的一种西文字体。(2)一个没有上下衬线的英文印刷字体。在字母笔划的端头没有笔脚。许多文字处理软件中提供这种字体。

SAP (1)服务广告协议 service advertising protocol 的缩写。(2)业务接入点 service access point 的缩写。

SAPI (1)业务接入点标志 service access point identifier 的缩写。(2)语音应用程序接口 speech application program interface 的缩写。

SAP vector element **SAP 向量元素** 在 ATM(异步传输模式)网络中,业务接入点(SAP)的地址可表示为一个向量(ATM_addr, ATM_selector, BLLI_id2, BLLI_id3, BHLI_id),其中 ATM_addr 对应于设备的 20 字节 ATM 地址的最高 19 字节;ATM_selector 对应于设备 20 字节 ATM 地址的最低字节;BLLI_id2 对应于在 Q.2931 BLLI 信息元素中

的一个字节,标识一个第二层协议;BLLI_id3 对应于 Q. 2931 BLLI 信息元素中的一组字节,标识一个第三层协议;BHLI_id 对应于 Q. 2931 BHLI 信息元素中的一组字节,标识一个应用程序。SAP 向量中的每个元素称为一个 SAP 向量元素,每个向量元素包括一个标志、长度和数值字段。

SAR (1)合成孔径雷达 synthetic aperture radar 的缩写。(2)分段和重装 segmentation and reassembly 的缩写。

SAS (1)单连接站 single-attached station 的缩写。(2)统计分析系统 statistical analysis system 的缩写。

SASD 结构化分析和结构化设计 structured analysis & structured design 的缩写。

SASI 施加特联合系统接口 Shugart associates system interface 的缩写。

SAT 监测音频单音 supervisory audio tone 的缩写。

satellite banking 卫星银行服务 通过卫星通信网把国内或国际间的银行计算机业务系统连接起来,办理客户的国际金融服务业务。

satellite business 卫星业务 利用通信卫星进行电话、电视、传真、数据通信等信息处理业务。

satellite communication 卫星通信 是利用静止卫星进行的通信。1965 年第一颗商用国际通信卫星被送入大西洋上空同步轨道。卫星通信系统由卫星和地球站两部分组成。卫星在空中起中继站的作用,即把地球站发上来的电磁波放大后再返送回另一地球站。地球站则是卫星系统与地面公众网的接口,地面用户通过地球站出入卫星系统形成链路。卫星通信易于实现越洋和洲际通信。目前的卫星通信多采用频分多址技术,另一种多址技术是码分多址技术。

satellite communication network 卫星通信网 卫星通信是指若干个卫星空间站和地球站协调工作构成的系统。通常将包括交换功能的卫星通信系统称为卫星通信网。按网络结构,卫星通信网可分为网状网、星形网和混合网。按提供的业务,卫星通信网可以分为卫星电话网、卫星数据网、卫星广播电视网、卫星接入网等。按用户位置变化特征,卫星通信网又可分为卫星固定通信网和卫星移动通信网。

satellite communication topology 卫星通信拓扑 利用卫星作为传输干线,构成广域通信系统的各用户之间的连接关系。以拓扑学的方法分析卫星通信系统的构造,研究最佳网络结构和调度方法。

satellite computer 卫星计算机 与大型中央处理机相连并执行某些处理任务的处理机。它用来完成诸如文本编辑、编译及输入/输出等简单而费时的操作,它与主计算机的连接距离可远可近,其处理有时可独立于中央处理机,有时则从属于中央处理机。由于卫星计算机的存在,使得大型中央处理机可以把更多的时间用到复杂计算上。

satellite computer network 卫星计算机网络 一群卫星计算机通过异步或同步通信链路连接到一台大型主计算机所构成的网络。

satellite computer terminal 卫星计算机终端 在大型主计算机周围连接有多台卫星计算机,而在卫星计算机上连接的终端机则称为卫星计算机终端,他们通常都是一些只有简单编辑功能的哑终端。

satellite control center 卫星控制中心 负责保持、监视和管理卫星轨道位置、姿态并控制卫星星历表等的机构。

satellite digital audio radio service (SDARS) 卫星数字音频无线电业务 一项卫星通信业务。利用静止轨道通信卫星向全球或某一地区无线电用户广播数字化的音乐、新闻和体育节目的业务。

satellite graphics system 卫星作图系统 一种多用户计算机作图系统,在这种系统中,大多数功能可以在用户的图形终端上完成,从而大大加速了与用户的交互过程。

satellite information 附属信息 在情报检索中,存取表项或文件记录时,除关键字以外的信息都称为附属信息。

satellite receiver 卫星接收机 工作于微波波段的宽带调频接收机,主要功能是把 C 波段或 Ku 波段的卫星模拟电视信号还原成基带电视信号。

satellite remote sensing 卫星遥感 以人造地球卫星作为遥感平台的各种遥感技术系统的统称。主要是利用卫星对地球和低层大气进行光学和电子探测。参见 remote sensor technology。

satellite terminal 卫星接收终端 只具有接收能力的卫星地面站,由抛物面天线、馈电喇叭、低噪声放大器、下变频器和卫星接收机组成。

SATF (1)共享访问传输机制 shared-access transport facility 的缩写。(2)最短存取时间最先 shortest access time first 的缩写。

satisfiability 可满足性 也称"可真性"。逻辑表达式或公式的一种性质。即若能找到一种方法,以这种方法向表达式或公式中的各变量赋值时,能使它的值为真,则称该表达式或公式具有可满足性。不可满足的表达式或公式也称"永假式"或"矛盾式"。

satisfiability of set of wffs 合式公式集的可满足性

令 S 是命题演算的合式公式组成的集合。如果对于 S 中命题变元的某一组赋值,使 S 中每一合式公式的真值都为真,则称 S 是可满足的。否则称 S 是不可满足的。判断 S 是否可满足的是一个 NP-完全问题。参见 well-formed formula (wff)。

satisfiability of wff 合式公式的可满足性 对于合式公式 A 中出现的变元的某一组赋值,若其真值

S

为真,则称 A 是可满足的。参见 well-formed formula (wff)。

satisfiability problem 可满足性问题 一个著名的NP-完全的问题。①特指一个子句集合的可满足性问题,即:是否有一个真值赋值使该集合中所有子句为真。这个问题被证明是 NP 完全的。②问一个逻辑公式(集合)是否有一个解释,在这个解释下该公式(集合)取值"真"。

satisfiable formulas 可满足公式 (1)在命题演算中,一个命题公式若能在它的原子命题的一种取值状况下取值真,那么该命题公式称为可满足公式。(2)在谓词演算中,一个合式公式若在一个个体域上存在一种对其谓词符、函数符的解释和对其变元的一种取值状况取值真,那么该合式公式为可满足公式。

S

satisficing 满意决策制定 在问题求解时,为了减少寻求最佳方案所花费的时间,采取一种折衷方案,使之在主要方面满足用户的需求即可。

satisfy 满足 方程中的未知量以已知量取代后,如果方程的左边和右边相等,则称为该方程得到满足。

S-attribute grammar S 属性文法 满足下列条件的属性翻译文法称为S属性文法:①全部非终结符的属性都是综合属性;②同一语法规则中同一符号的各综合属性之间无相互依赖关系;③令 P 为某符号 S 的继承属性,则 P 的值仅依赖于该语法规则右部位于 S 左边的符号的那些属性。实际上,S 属性文法等价于 L 属性文法加上①的限制,比较适合于在由底向上的文法处理。

saturable reactor 饱和电抗器 磁放大器的主要组件,用于控制电功率,如高温炉中电阻组件的发热。

saturated color 饱和色 在彩色图像显示技术中,指未掺入白色成分的某个纯色。这时的色饱和度为 100 %。

saturated logic 饱和逻辑 逻辑电路类型之一。构成此类逻辑电路的部分晶体管工作在"截止-饱和"状态。其优点是状态转换比较稳定,并且可以具有较强的带负载能力,但状态转换速度受晶体管从饱和状态退出时的延迟影响较大。

saturated mode 饱和方式 一个开关器件或放大器通过最大允许电流的状态。当控制信号增加而输出电流不能再增加时,则认为该设备处于饱和状态。

saturated path 饱和通路[路径] 计算机网络中,指信息载流量已达到规定最大限度的路径。

saturation 饱和 (1)晶体管的一种工作状态,与晶体管本身特性、外电路参数和外加信号幅度有关。当满足晶体管饱和条件时,若基极输入电流继续增加,集电极电流不再明显增加,而且集电极与发射极之间的电压值保持较小的数值,在集电极与发射极之间呈现低阻抗。(2)当磁化力(H)增加时,如果磁性材料中的磁通密度(B)没有相应地随之增加,这时称为饱和。饱和与磁芯的磁性有关。每种材料都只能存储一定数量的磁通密度。超出这个磁通密度,磁芯的导磁率将急剧下降,结果导致电感量下降。(3)通信系统达到饱和时,系统已达到最大通信量,再也不能处理更多的通信量。(4)在计算机信息处理中,当计算机系统中某项关键资源已被充分利用时的状态。

saturation area 饱和区 在晶体管放大器的特性曲线中,指当输入信号大到一定程度,使输出信号不再随输入信号变化而变化的区域。

saturation arithmetic 饱和算法 在数字式滤波处理中,当一个加法运算所得结果数字太大而无法表示时,则使它等于在滤波器里所能表示的最大数值,以此对溢出进行部分校正的一种算法。

saturation computing 饱和式运算 定点运算的一种方式。当运算结果超出定点数据单元所能表示的上限或下限(称为饱和)时,保持运算结果为上限值或下限值。常规的定点运算为环绕式运算,当运算结果超出单元的上、下限范围时,将发生溢出,把进位值保存到一个指定的寄存器,而数据单元中保存的将是一个环绕值。在图像处理中采用饱和式运算,更符合实际情况,又由于免去了溢出判断与处理的处理机开销,因而加快了多媒体应用程序运行速度。在 Intel 的 MMX(多媒体扩充)技术中,利用一组扩充指令实现饱和式运算。

saturation current 饱和电流 在电感器中流过、引起电感量下降一个规定数量的直流偏置电流。电感量下降的数量是从直流电流为零时的电感量开始计算。直流偏置电流之所以会引起电感下降是与磁心的磁性有关。磁心和磁心周围的空间只能存储一定量的磁能,超出磁通密度最大点以后,磁心的导磁率降低,电感随之下降。

saturation effect 饱和效应 在高分子核磁共振吸收过程中,随入射电磁波振幅的增加,高分子吸收电磁波能量逐渐减少的现象称为饱和效应。

saturation hysteresis loop 饱和磁滞回线 磁场强度的最大值使材料达到饱和的正常磁滞回线。参见 normal hysteresis loop。

saturation magnetization 饱和磁化强度 某一材料在给定温度下可获得的磁化强度的最大值。参见 magnetization strength。

saturation noise 饱和噪声 在信号传输媒介饱和的状态下引入系统的误差。

saturation routing 饱和路由选择 在交换网络中,为构成两个节点之间的信息传输路径而采用的一种方法。按此方法,源节点以广播方式向邻近所有节点发送同一个呼叫请求信号,并依次从各个节点交换中心散发到整个网络。这个请求信号将经过不同的路径,以不同的时延分别到达被叫用户终端。而被叫终端则通过首先收到这个请求的链路发送信号,对呼叫做出肯定应答。这个肯定应答的信号通过一系列反向传输后,一直回送到主呼用户所在节点交换中心,这样就可以选出在这两个交换中心之间最合适的路径。在网络中信息交换量较小时,这是一种高效率的路由选择方法;在信息交换量较大时,将会产生过多的冲突。

saturation signaling　饱和信令　某些通信系统中的一种发送呼叫信号的方式。按此方式,用户传送的呼叫信号在逐点向前传送的基础上,同时询问整个网络中的所有交换节点,一直到找到终点用户为止。

saturation testing　饱和试验　一种借助于大量信息来揭示偶然发生的一些错误的系统测试技术,这些错误可能由某种巧合(如两个信息同时到达)而导致,也称"大量数据测试"。

save　保存　(1)在存储设备(如软磁盘等)上,持久地记录或存储程序或数据。(2)通过把数据从主存储器复制到另一存储设备上去的方法保存数据。参见 restore。

save area　保存区　主存中用来保存寄存器内容的区域。

save area table　保存区表　子系统支持服务程序中的一种表,在所有的功能寄存器完成其任务后,此表用来存储他们的内容。

save point　保存点　在数据库系统的运行过程中,需要对不断改变的数据库进行后备文本的复制。由于通常对数据库的处理极为频繁,因此,基本上不存在这样一个时刻,此时数据库是完全一致的,并且此时没有正在运行的那种可能对它进行修改的事务程序。因此,一般每隔一定的时间,就周期性地把数据库的内容复制到非易失性存储空间上(通常是磁盘),这一复制时刻,称为保存点。保存点的选取随系统的应用目的不同而不同,也可以由用户决定,通过事务程序实现。

save set　存储集　在 AIX 操作系统中,一系列窗口客户,在连接关闭时不应去除,而应重新映射或取消映射。通常,被窗口管理器用于在非正常终止时防止丢失窗口。

SAVT　辅助地址向量表　secondary address vector table 的缩写。

SAW　(1)表面声波 surface acoustic wave 的缩写。(2)会话内情 session awareness 的缩写。

SB　(1)减震块 shock block 的缩写。(2)共享库 share base 的缩写。

SBA　(1)共享批处理区 shared batch area 的缩写。(2)边带寻址 side band address 的缩写。

S band　S 波段　频率范围在 1.55～3.4 GHz 的电磁波频段。S 波段主要应用于卫星通信、雷达等,现在广泛使用的蓝牙、无线路由无线鼠标等也使用这个频率范围。

SBASIC language　SBASIC 语言　以 BASIC 为基础开发的一种连续动态系统仿真语言。它与 BASIC 和 HYBASIC 兼容,可用于混合仿真程序设计。该语言提供了多种积分算法和非线性框图算子以及专门用于仿真的输入输出语句,适于系统动力学模型系统的仿真。

SBC　子[分频]带编码　sub-band coding 的缩写。

SBCS　单字节字符集　single-byte character set 的缩写。

SBIOCB　基于传感器的输入/输出控制块　sensor based I/O control block 的缩写。

SBS　(1)卫星商务系统 satellite business system 的缩写。(2)受激布里渊散射 stimulated Brillouin scattering 的缩写。

S-bus　S 总线　由 Sun 微系统公司为其 SPARC 工作站设计的双层总线结构之一,另一层为 M 总线,M-bus 为高速输入输出扩展总线。数据传输率可达到 100 MBps,与 M 总线通过一个控制接口互连。S 总线规范已被 EEE(电气与电子工程师学会纳为新的总线标准。参见 M-bus。

SBX　SBX 输入输出扩展总线　由 Intel 公司提出的在单机底板上安装子板的规范,作为单板机输入输出的定制标准,称为 IEEE 959 总线。

SC　(1)会话控制 session control 的缩写。(2)存储类 storage class 的缩写。(3)软计算 soft computing 的缩写。(4)服务中心 service center 的缩写。(5)选择式合并 selection combining 的缩写。(6)切换合并 switching combining 的缩写。

SCA　(1)安全相关代理 security correlation agent 的缩写。(2)系统控制区 system control area 的缩写。

SCADA　数据采集与监视控制　supervisory control and data acquisition 的缩写。

scalability　可扩展性,可伸缩性　(1)指计算机资源在规模上可扩大和缩小的能力。并行处理机在可伸缩性方面比向量计算机占有一定优势。(2)主要指松耦合结构的对称并行处理机的一个特点。一个系统可以根据用户不同的需求,组装成包含不同数量处理器的处理机,以不同大小的规模满足用户的需要。系统规模可以从一个处理器扩展到几十个甚至几千个处理器。

scalable coherence interface (SCI)　可扩展协调接口　规模可扩展的计算机连接界面技术,一种点到点单向互连接口标准,可把多个计算机连接起来构成大规模并行机系统。SCI 能聚合 64 k 个工作站或微机。其协议有逻辑层和物理层两部分,逻辑层协议定义了系统的工作模式、地址空间、同步原语、控制和状态寄存器组、信息格式、高速缓存一致性协议、初始化过程和故障恢复机制,物理层协议定义接口连接器、接口板的电气特性、机械规程和散热要求,已成为标准 IEEE 1596-1992,基础连接关系是环形连接,即一个节点的输出作为下一个节点的输入。

scalable font 可缩放[比例]字体 可进行缩放以生成可变长度字符的字型。在图形用户界面中所表示的一种字体,它仅仅确定了每个字符的形状,而并未确定尺寸,故常称为"轮廓字体"。可缩放字体在存储设备上建立字形的一个基模(矢量字形或轮廓字形),并且提供一个计算公式。输出时,不是简单地将基模线性放大,而是根据输出字体的尺寸和字体的基模,计算出输出字体中各个像素点的位置,并且能使字体的笔划弯折处可能出现的锯齿状边缘得到平滑。与点阵字体相比,可缩放字体能更充分地利用输出设备的分辨率,获得更高质量的打印文稿。参见 outline font, PostScript font, screen font, stroke font。

scalable share memory multiprocessing (SSMP) 可伸缩共享内存多处理系统 SGI 和 Cray 公司共同提出的一种超级计算机体系结构。它综合使用了共享内存和分布式内存两种结构,实现了计算系统的无缝伸缩,并有高带宽和低延迟的特点。它的两个关键技术是:①采用了 CrayLink 技术,即多重纵横互连模块技术,它克服了对称多处理(SMP)的瓶颈,将不同的模块(即不同的处理器数目)用不同的拓扑结构连成各种不同规模的系统。随着规模的增长,相应的计算能力、内存容量和带宽也能随之呈线性增长。②采用了蜂窝式 IRIX 操作系统。该操作系统采用新的数据管理、调度和输入/输出,使整个系统的延迟达到最小,使分布式计算环境下的性能得到最大限度的提高。

scalable vector graphics (SVG) 可缩放矢量图形 SVG 是一种二维矢量图形格式的一个开放标准。W3C(万维网联盟)于 2000 年 11 月 2 日发布 SVG 1.0 版建议标准。SVG 严格遵从 XML(可扩展标记语言)语法,并用文本格式的描述性语言来描述图像内容,因此是一种和图像分辨率无关的矢量图形格式。各个不同的 SVG 图形可以方便地组合,构成新的 SVG 图形。SVG 可以内嵌于其他的 XML 文档中,而 SVG 文档中也可以嵌入其他的 XML 内容,从而产生丰富多样的应用。

scalable video coding (SVC) 可缩放视频编码 一种视频编码技术,它能适应在不同类型网络上进行灵活的视频传输。SVC 技术对图像的压缩不需要经过多次压缩来达到不同的目标码率和清晰度,只需要进行一次最高质量和清晰度的压缩,就可以按照各种不同的码率和清晰度进行传输、解码和显示。

scalar 标量,纯量,常系数装置 (1)只有量值而无方向的量称为标量,如体积、温度等。标量相对于向量。比较 vector。(2)具有一维或多个数字的特征,而向量具有多维或数字集的特征。(3)输出和输入有固定的比例关系的装置,如线性放大器等。

scalar computer 标量计算机 同 scalar processor。

scalar data type 标量数据类型 具有可预测和可枚举值序列的数据类型,值序列可作大于/小于关系比较。标量数据类型有整数、字符、用户定义的可枚举数据类型和布尔类型。同 scalar type。

scalar expression 标量表达式 一种表示单个数值而不是一组数值的表达式。

scalar function 标量函数 在 SQL(结构化查询语言)中的一种选择,根据其他数值产生单个数值结果。

scalar functional unit 标量功能部件 专门用于对标量数据做操作的运算部件。例如,标量加法、乘法部件。而专对向量数据做操作的部件,则称向量功能部件。

scalar instruction 标量指令 以标量(由单个数所表征的量)数据为操作对象的指令。

scalar item 标量项 PL/1 语言中的单项数据或元素。比较 array。

scalar magnetic potential 标量磁位 在一定条件下描述磁场的物理量,也称"磁标势"。在恒定磁场中,它只适用于无传导电流分布的区域,如载流导线之外的空间。标量磁位的单位在国际单位制中为安培(A),它与电流量纲相同。

scalar performance 标量性能 执行标量操作的能力,好的标量性能应用快速的时钟周期(CP)、短的存储器存取时间、较大的指令和数据缓冲器(IB)、较短的功能部件执行时间。标量指令送标量功能部件处理,通常用每秒能执行的百万条指令(MIPS)数目来衡量标量性能。

scalar pipeline 标量流水线 专门对标量数据进行处理的流水线。

scalar potential of a vector field 矢量场的(标)位 其梯度(冠以负号)等于给定矢量的标量或伪标量。

scalar processor 标量处理机 只进行标量处理的计算机,也称"标量计算机"。标量是对向量而言的,指单个的量。向量的每一个分量都是标量。处理标量的指令称为标量指令,并称这种处理为标量处理。

scalar processor architecture (SPARC) 标量处理器系统结构 由 Sun 微系统公司定义的一种 RISC(精简指令集计算)微处理器。Sun 微系统公司希望把 SPARC 定为一个标准,并已经把这种芯片的规格提供给第三方制造商,以鼓励广泛应用。

scalar quantity 标量 在一已定单位制中,可用单一数(实数或复数)来表征的量。比较 vector quantity。

scalar speed 标量速度 标量计算机处理标量指令的速度。通常用每单位时间内能执行标量指令的条数来测量,即每秒能处理多少百万条指令(MIPS)。

scalar type 标量类型 (1)其数据元素是不可分割

的数据类型，如整型、字符型、布尔型都是标量类型。标量类型也称“简单类型”。(2)Ada语言中的一种无成分的类型。它由离散类型和实数类型组成。(3)在Pascal中，一种包含单个数字的变量类型。如CHAR、BOOLEAN、INTEGER、SHORTINT、REAL、SHORTREAL、枚举类型和子域等。

scalar variable　标量变量　一种只能表示单个数据项或一个元素的变量。

scale　定标，标度，比例换算，换比，进位制　(1)改变一个量的表示法，即用另一种单位来表示该量，以使该量能被纳入到一个指定的范围内。(2)在计算机制图技术中，以常数值乘以图像的坐标，来放大或缩小全部或部分显示图像。(3)一种数学记数系统，即一个算术值的定点或浮点进位制。

scale analysis　尺度分析　(1)表征某种特定类型运动的各物理量的特征值以估计大气控制方程中各项的大小，从而得到描述该类型运动的简化方程的一种方法。(2)分析模型考虑的时间范围、空间范围，确定时间、空间分辨率。

scale change　尺寸变化　人工智能的几何图形的模拟中，在源图变至终图时，源图中的某一图形放大或缩小之后在终图中出现，称为尺寸变化。

scaled measurement unit (SMU)　标尺测量单位　用于在显现面上对布局客体和内容元素定位置和定尺寸的线性测量单位，其值等于基本测量单位(BMU)乘以单位标尺。

scale factor　比例因子　比例换算中用到的乘数。参见time scale factor。

scale factor check　比例因子校验　根据预定的比例因子进行测量或信号处理时，通过对开始的少数操作结果进行校验，以确定预定比例因子是否恰当。

scale factor designator　比例因子指示符　在图形绘制、过程控制等应用中，用于指示对处理对象放大或缩小比例的一个变量。根据需要，可在图形处理的过程中将当前使用的比例因子在适当位置或时刻显示出来。许多图形处理软件支持图形对象的无级缩放，用户可自行选择任意的比例因于对图形进行缩放，或者先对图形进行缩放，然后再观察并记下实际得到的比例因子。

scale label　标尺　在图形处理、文字编辑软件的工作区域旁边出现的刻度条，以英制或公制表示。用户可根据需要决定是否将其隐去。若将标尺隐去，可使屏幕上的工作区域大一些。

scale line　定标线　显示屏上表示边界、标记和特征位置的标志线。

scale model　比例模型　(1)一种实体模型，可进行比例仿真。例如在描述原子结构时，用圆球表示原子，而用连接圆球的金属杆或特殊形状的金属片表示原子键，就是一种比例模型。(2)模块按一定的比例和系统的物理性，构造反映该系统的物理模型，以便进行比例仿真。如缩小的飞机实验模型。

scale modifier　定标修正符　一种程序语言，用于规定常数小数点的位置变化。若是定点数，则表示二进制数的小数部分所占用的位数，或表示从整数部分删除的位数。

scale multiplier　比例乘法器　同coefficient unit。

scale operation　比例运算　为使所收集的数据符合实际情况，或者使之限制在一定范围内，而对这些数据进行分别乘以一个系数或按不同阶段乘以不同的系数的运算修正操作。

scale simulation　比例仿真　对比例模型进行实验仿真过程，是一种物理仿真技术。

scale-up　按比例放大　将一组数值按固定且一致的倍数放大，或者将平面图形在水平及垂直方向上按同等比例放大。

scaling　定标，比例变换，按比例扩缩，定位，缩放　(1)将一个量从一种表示法改变成另一种表示法的过程。(2)在汇编语言程序设计中，指出定点或浮点数的分数部分在目标代码中占用的位数。(3)在计算机制图技术中，用某个常数值乘以图像的坐标，来放大或缩小全部或部分显示图像的过程。

scaling algorithm　定标算法　在信号测量与变换中，确定一种比例因子的算法。由于输入的原始数值型数据变化范围和绝对值差异很大，而计算机因字长有限，不能有效而精确地处理这些数据，有时就需要根据实际的计算问题，寻求一种算法来确定一个比例因子，使得以该比例因子乘某些输入数据后，即可避免运算过程中出现溢出现象。在运算结果产生后，根据选用的比例因子将数据恢复为正常值再输出。

scaling attribute　定标属性　由汇编程序指定的一种属性。在定点数和浮点数的场合，指由定标修正符给出的值；在十进制数的场合，则指小数点右边的十进制数位的个数。

scaling transformation　比例[缩放]变换　一种图形变换功能，即对图形进行缩小或放大。在对图形进行缩放时，可以利用一个所谓比例因子来说明图形放大或缩小的倍数，在各个坐标方向所选取的比例因子可以相等，也可以不相等。

scan　扫描，搜索，扫视　(1)逐项顺序地进行检查。(2)在文字处理中，通过纵向卷动，快速审视所显示的正文的过程。(3)逐一检查文件上的记录，看哪些记录可满足信息检索所要求的条件。

scan algorithm　扫描算法　一种利用有限自动机对字符进行逐个扫描的模式匹配的算法。

scan backwards　反向扫描　(1)按正常扫描过程的反方向，即从一个数据块记录顺序的末端向始端方向的扫描。(2)在CRT(阴极射线管)显示器中，电子束返回到扫描起点的过程中产生的扫描。在这个过程中，应抑制图像信号的出现。

scan band　扫描带　手持式扫描仪在原稿上扫描通

S

过的带形区域。

scan code **扫描码** 在IBM PC机及其兼容机中，当按下一个键时键盘发送给主机的代码。键盘上的每一个键都有一个唯一的扫描码。其中除了按键的信息外还包括了一些键盘的状态，如Ctrl键、Shift键、Alt键是否按下等。

scan control register **扫描控制寄存器** 在计算机显示控制适配器上设置的一组控制图像扫描显示的寄存器。它们提供行、列地址，决定扫描速率，同步、消隐等信号的格式，可由显示例程为之赋予适当的参数。

S

scan conversion **扫描转换** 对一幅图像进行扫描处理，将图像上不同点的灰度或色彩变换成相应的位图文件；或者将数字化的图像位图数据逐点逐行扫描输出，恢复原图像的过程。参见scanner。

scan converter **扫描转换器** 在多媒体应用中，指将数字信号转换成NTSC(美国国家电视制式委员会)或PAL(逐行倒相制)制式的视频信号。

scan depth **扫描景深** 在条码扫描识别中，对于接触式扫描仪，扫描景深是指在确保可靠阅读的前提下，扫描头允许离开条码表面的最大距离；对于非接触式扫描仪，则指在确保可靠阅读的条件下，扫描头的有效工作范围，即扫描头允许离开条码符号表面的最远工作距离与最近工作距离之差。

scan design **扫描设计** 一种提高集成数字系统可测试性的结构设计方法。在系统处于测试工作方式时，电路内所有触发器连接成移位寄存器。测试码可以从外部输入到电路中的内部触发器。内部测试响应也可以通过触发器串行地移位输出。

scan digitizer **扫描数字化仪** 一种通过扫描方式读取信息的设备。用光电转换等方法，对图形、图像或文字进行扫描处理，并把扫描获得的信号变换成数字化数据存入计算机。

scan element **扫描元素** (1)扫描仪对文字或图像能够识别的最小单元或像素。(2)扫描仪上接受反射(或透射)光的最小单元。扫描单元的密度和分辨率决定了扫描处理的精度。

scan for new device **新设备扫描** 某些操作系统支持"即插即用"的一项功能。当其运行时能对计算机系统硬件配置进行全面检查，以确定从计算机上一次启动以来是否有新设备加入。如果发现有新设备加入，便自动寻找系统软件中是否包括相应的驱动程序，或者给出提示信息，要求用户装入驱动程序。

scan frequency **扫描频率** 光栅扫描显示器中每秒所进行的水平扫描和垂直扫描的次数，称行频和帧频。

scan head **扫描头** 一种用于扫描字符或图像的电子装置。辅以光学字符识别软件支持，扫描仪能够把印刷字符信息直接转换成可重新编辑的代码文件，并且具有较高的正确识别率。

scan line **扫描线** (1)在激光打印机中，一种扫过光电导体的水平微光束。(2)光栅扫描显示器中屏幕上同一高度的横向的所有像素构成的一条水平线。

scan-line algorithm **扫描线算法** 一种消隐算法。该算法以光栅扫描为条件，扫描线平行于屏幕坐标系X轴。根据一条扫描线与物体表面投影的各封闭多边形之间的关系来确定采样间隔和决定可见性。具体步骤如下：①求扫描线与各投影多边形的交线；②确定采样间隔；③决定可见性。

scan-line render **扫描线着色** 一种基于一组连续水平线的着色方式，由于它渲染速度较快，一般被使用在预览场景中。参见shading。

scanner **扫描仪[器]，扫描程序** (1)一种将图像信息输入计算机的设备。它是用光学扫描方法，把图形、图像、文字转成计算机可以识别的信号，并将其存入计算机中，其分辨率可达每英寸300点以上。参见optical scanner。(2)编译程序和汇编程序的基本组成部分。扫描程序的基本功能是逐个字符检查源程序，构造出源程序中的各种符号，传送给分析程序。有的符号还存入相应的符号表。源程序的注释部分通常在扫描过程中删除。

scanner selector **扫描选择器** 在多通道系统中使用的一个多路转接器，按轮流服务方式每次选择一个通道进行数据传递。

scanning controller **扫描控制器** 控制扫描头在记录媒体上移动速度、距离和方向的部件。有些具有较高的智能，对于需要精细扫描的文稿中某些部位，能自动以较慢的速度进行扫描，甚至还可以反复扫描。

scanning density **扫描密度** 在被扫描底稿上，沿扫描行进方向单位长度内的扫描线条数。

scanning device **扫描设备** 计算机各种扫描输入设备的总称。他们主要用途是为计算机提供数字化的文本、曲线和图像的输入。如，激光扫描器就是利用激光束的特点制成的可以阅读文字与图表的扫描输入设备。磁墨水扫描器则是另一种可阅读磁墨水记录信息的计算机输入扫描设备。

scanning direction **扫描方向** 以扫描方式检索数据集合时，检索的顺序是按记录地址从小到大的方向，还是按从大到小的方向。

scanning electron microscope (SEM) **扫描电子显微镜** 一种在真空下使用电子束扫描样品的电子显微镜。扫描电子显微镜的制造是依据电子与物质的相互作用。当一束高能的入射电子轰击物质表面时，被激发的区域将产生二次电子、俄歇电子、特征X射线和连续谱X射线、背散射电子、透射电子，以及在可见、紫外、红外光区域产生的电磁辐射。同时，也可产生电子-空穴对、晶格振动(声子)、电子振荡(等离子体)。利用电子和物质的相互作用，可以获取被测样品本身的各种物理、化学性质的信息，如形貌、组成、晶体结构、电子结构和内部电场或磁场等。扫描电子显微镜根据上述不同信息产生的机理，采用不同的信息检测器，使选择检测得以实现。如对二次电子、背散射电子的采集，可得到有关物质微观形貌的信息，对X射线的采集，可得到物质化学成分的信息等。参见 electron microscope。

scanning infrared touch screen 扫描红外触摸屏 一种扫描式红外线触摸屏。在显示器下和左边放了一排红外线发射二极管，上面和右面放一排光电晶体管。用手指触摸屏幕时就阻挡了光线，光电晶体管检测到其坐标。

scanning interval 扫描间隔 两次相邻扫描操作之间的物理距离或时间间隔。

scanning line frequency 扫描线频率 扫描仪上单位时间内形成的扫描线数。它在一定程度上代表了图像输出质量。

scanning projection aligner 扫描投影式光刻机 一种光学系统，使用光隙将掩模图像转换到涂有感光耐蚀材料的晶片上，光隙越过掩模进行扫描，并投影到晶片上。

scanning search 扫描搜索 对一个数据块或数据文件，逐个单元地扫描，以便从中找出所需数据记录的操作。

scan path 扫描路径 在集成电路可测试性设计中采用的一种方法，适用于时序电路。它将电路中所有的触发器单元用专门的扫描触发器代替。在测试状态下，电路中所有的触发器串联构成一条长移位寄存器，测试数据可串行地送入，达到控制内部各个节点逻辑值的目的。参见 almost full scan，build-in self，boundary scan。

scan patterns 扫描模式 在某些印刷子系统中，在每个字符单元中(即 16×24 点阵，但并非全部位置都被使用)组成的各个字符的位模式。

scan period 扫描周期 执行一次扫描所需要的时间，即同一实体(扫描线、电路及位置)中扫描元素连续出现之间的时间。

scan rate 扫描速率[频率] (1)单位时间内(通常为每秒)完成的扫描次数。(2)计算机周期地检查某一被控量的频率。(3)一秒钟在屏幕上出现亮线的总数。例如 400 线的分辨率，每秒刷新 60 次，则要求扫描频率为 24 kHz(即每秒 24 000 次)。在电视工业领域，把扫描频率称为水平同步频率。

scan resolution 扫描分辨率 扫描设备的光束或电子束扫描点的最小尺寸，也称“孔径”。由于设备、光源不同，各种设备的扫描分辨率相差很大。目前以激光光束扫描仪的扫描分辨率最高，可以接近于光的衍射极限(约 10 μm)。目前市场上销售的光学扫描仪的扫描分辨率可达 9 600 dpi(每英寸点数)，使用时可由用户自行选择。扫描分辨率设置越高，扫描获得的图像越精细，占用的存储空间也越大。

scan round 循环扫描 对一个数据文件进行扫描处理，当扫描到数据文件结束时，自动返回文件头继续扫描。

scan speed 扫描速度 单位时间内扫描光束在扫描轨迹上的扫描频率。

scan width 扫描宽度 在给定扫描距离上扫描光束可以阅读的信息的物理长度值。在光学扫描仪输入文稿时，指扫描头上一排光敏感元件的实际布置宽度，也就是能实际扫描到图像的有效宽度。

scatter activity 散射激活 语义网络的一种推理方法。当需要在网络中的两个概念之间进行推理、寻求联系时，散射激活首先寻找代表这两个概念的节点之间的联系，并激活与之连接的全体节点，推理按这种激活方式沿网络传播，直到这两个概念中至少有一个被再次激活为止，这时，就已经寻找出这两个概念之间的联系。

scatter communication 散射通信 利用空中不均匀介质对电磁波的散射作用达成的无线电通信。包括对流层散射通信，电离层散射通信和流星余迹散射通信等。

scatter format 分散格式 在对内存采用分区管理方式的操作系统下，允许将程序动态装入内存非邻接区的一种装入模块属性。

scatter loading 分散装入 把程序装入主存的一种方法。分散装入时，程序的每个段都占有一个连接的存储区(某些系统中是一页)，但各个程序段占有的存储区并非一定相互邻接。分散装入方法通常在虚拟存储结构中采用。

scatternet 散射网 通过蓝牙技术连接起来的一种分布式网络，是由多个独立的非同步的微微网组成的。它靠跳频顺序识别每个微微网。同一微微网所有用户都与这个跳频顺序同步。一个散射网中，在带有 10 个全负载的独立的微微网的情况下，全双工数据速率超过 6 Mbps。参见 piconet。

scatter plot 散布式绘图法 不是驱动绘图笔相对于纸面移动而形成连续的线条，而是用散布的墨点或其他符号表示曲线图形的方法。以激光、喷墨等方式工作的绘图机均采用散布式绘图法，比笔式绘图具有更高的精度，而且速度更快。

scatter read 分散读入 在将数据读入计算机系统时，把它们放入不邻接的几个存储区内。

scatter read/gather write 分散读/集中写 把一个物理记录的信息送到内存中几个不相邻接的区域内称为分散读，而从不相邻接的存储区域内收集信息构成一个物理记录称为集中写。

scatter table 分散表 (1)描述记录在物理上不相邻接的存储区内散布存储的信息位置的表。(2)记录一种稀疏阵列的索引表。

scatter write operation 分散写操作 将一个数据文

件或集合写到存储介质中物理上不连续的区域的过程。为了使他们逻辑上仍成为一体,通常采用链表结构。

scavenge 清除式截取 在计算机安全方面,指为获得残留数据而在写入数据之前读取数据媒体同一位置上的数据。

scavenging 选捡"垃圾" 计算机安全术语,指在废弃物或残余信息中,如报废的打印纸,虽经消磁但未彻底消除干净的磁带、磁盘等,寻找有价值且属于授权数据的非法行为。

S

SCB (1)站控制块 station control block 的缩写。(2)(字符)串控制字节 string control byte 的缩写。(3)会话控制块 session control block 的缩写。(4)系统控制块 system control block 的缩写。

SCCP 信令连接控制部分 signaling connection control part 的缩写。

SCCS 源代码控制系统 source code control system 的缩写。

SCD 系统内容目录 system contents directory 的缩写。

SCDMA 同步码分多址 synchronous code division multiple access 的缩写。

SCDMA repeater SCDMA 直放站 用于 SCDMA(同步码分多址)宽带无线接入系统的全双工、线性射频中继放大设备,包括无线宽带直放站、无线选频直放站、光纤直放站和干线放大器等。

SCDR (1)存储控制器定义记录 store controller definition record 的缩写。(2)子系统控制器定义记录 subsystem controller definition record 的缩写。

scenario analysis 场景分析 机器人工作过程中,对自身周围的环境及运动路径中遇到的障碍所进行的分析。根据这些分析,产生决定工作步骤的动作信号。

scenario testing 场景测试,情节测试 在软件开发过程的测试阶段中,由于实际系统过分庞大和复杂,很难测试其全部功能,而只能测试其与执行的任务有类似性的主要功能。这些功能的执行步骤称为场景或情节测试。

scene 景区,景物 (1)在机器视觉系统中,目标的检测区域称为景区。(2)在多媒体应用中,摄像机连续拍摄而获得的一部分视频信息。

scene analysis 景物分析 人工智能及计算机视觉研究的主要课题之一,将人的视觉能力赋予计算机,使之模拟人的视觉机能,能从三维景物的二维投影图形反推出三维视野中物体的特定身份和物体之间的空间关系。图形生成是景物分析的逆过程,它研究如何由图形定义数据生成视觉图形。

scene border 景物边界 在计算机图像分析中,指图像中一个需单独观察或处理的局部与其他部分有灰度或色彩突变分界线的位置。实际上,这种边界可能是模糊的,有时很难由计算机搜索出景物边界。

scene description 景物描述 用数学方法对被观察范围内的景物特性进行的描述。

scene recognition 景物识别 在计算机视觉研究中,根据已有知识和经验数据,识别图像中指定区域内包含的景物内容。

scene segmentation 景物分割 为减小景物分析时处理的信息量,突出分析重点,将一景物图像分割成若干个部分,并且尽量按景物图像中可独立划分的位置分割。

SCEP 业务生成环境点 service creation environment point 的缩写。

SCF (1)系统控制设施 system control facility 的缩写。(2)次控制字段 secondary control field 的缩写。

SCH 同步信道 sync channel 的缩写。

schedulable variable 可调度变量 可由系统周期性地作例行处理的变量,如全值、触发、消逝时间、材料综合和 PDM(脉宽调制)变量。

schedule 调度 对要分派的任务进行选择安排的过程。在一些操作系统中,按一定的策略,从若干作业或任务中选出适当的一个,使之成为当前处理机处理对象的管理过程。

scheduled circuits 预安排线路 按预先做出的安排,在特定的时间段分配给指定用户独用的通信线路。

scheduled downtime 预定停机时间 (1)按计划进行正常检修或保养所需要的停机时间,通常以占全部可用时间的百分比来表示。(2)计算机完成正常运算任务而按规定停止运行的时间。

scheduled fault detection 定期故障检测 定期对系统或系统中某些部件进行的检测。若有故障及时排除。

scheduled job 预排作业 已按一定算法调度,并投入就绪队列,等待执行的作业。

scheduled maintenance 定期[预定]维护 定期进行的设备维修。这种维修是有计划地按照进度表进行的。其维修的时间称定期维修时间。

scheduled operation 预定操作 (1)以时间形式给出的用户对某一设备的计划使用。在计算设备的效率时,通常在预定的操作时数中,扣除因设备故障而重新预定的时数。(2)根据用户和作业预定计划安排的设备运行。

scheduled output 预定输出 (1)在程序执行的某些阶段上,按程序中的预定执行的结果数据输出,而不必从外部施加请求信号。(2)在虚拟远程通信访问法中,同响应式输出不同的一种输出。就有关的应用程序来说,这种输出是在输出数据区为空时完成的。比较 responded output。

schedule job **调度作业** 用于检查输入工作队列，选择要处理的下一步作业的一种控制程序。

scheduler **调度程序** 操作系统中的一个用于完成作业调度、启动和终止功能的计算机程序，管理当前运行的进程和任务，响应他们对系统服务的请求，跟踪每个进程的进展以及分配包括 CPU 时间在内的系统资源。参见 job scheduler，master scheduler，task management。

scheduler waiting-queue **调度程序等待队列** 一种由于某种原因(通常等待操作员释放)而推迟的已准备运行的作业队列。

scheduler work area (SWA) **调度程序工作区** 虚拟存储器中的一个区域(其中存放大部分作业管理控制块)。如 JCT、JFCB、SCT 及 SIOT 等，每个作业初始化程序都有一个调度程序工作区。

scheduler work area data set (SWADS) **调度程序工作区数据集** 在某些操作系统中，一种辅助存储器上的数据集，其中存放大部分作业管理控制块，如 JCT，JFCB，SCT 及 SIOT。除非初始化程序已有调度程序工作区与之联系，每个作业初始程序都有一个调度程序工作区数据集。

schedule status pre-processor (SSPP) **调度状态预处理器** 对于管理大量作业或任务的多处理机系统，根据系统资源与带有继承性的相关任务的执行情况，专门用于管理这些任务的状态的处理机或软件。

schedule table **调度表** 对于紧耦合的多处理机系统进行进程调度时，可以将任务集合转换成任务的线性表，然后在该表上实施动态调度，这个表就是调度表。在调度表中，初始任务(没有前驱的任务)排在最前面，其后是它的直接后继，并按继承性依次排列，最后是终结任务(即没有后继的任务)。如果一个任务的所有直接前驱都已执行，则它变为就绪；每当一个处理机空闲时，总将调度表中排在最前面的就绪任务分配给它。

scheduling **调度** (1)在多道程序系统中，确定下一步要执行的程序的任务。(2)为各类操作的执行指定时间和顺序。(3)决定作业在计算机上执行(运行或处理)的顺序。这个顺序通常是按照优先级确定的，并据此分配输入、输出和存储设备等资源。这项活动可以由计算机操作人员来做，也可以由操作系统的作业调度装置自动完成。参见 job scheduler。

scheduling algorithm **调度算法** 由作业调度程序使用的一种算法，由它决定执行作业队列中的哪个程序。该算法将考虑各程序的优先级，该程序在作业队列中的停留时间长短以及他们所要求的资源情况。对于单任务系统，常用的调度算法有三种：先来先服务、最短任务优先、响应比高者优先；对于多任务系统，常用的调度算法有两种：优先级调度算法、均衡调度算法。

scheduling discipline **调度规则** 实现进程或作业调度算法的各种原则，如优先权原则、时间片轮转原则、先来先服务原则等。

scheduling function **调度函数** 神经计算中决定一处理单元是否应用及如何应用其转换特性的函数。

scheduling information pool **调度信息池** 用于存储调度信息的公用存储区。

scheduling mode **调度方式** 操作系统中实现系统资源调度的方式。在 CPU 调度中，有两种基本方式，即剥夺式和非剥夺式。剥夺方式是在现运行进程正在执行的 CPU 周期尚未结束之前，系统有权按某种原则剥夺它的 CPU 使用权并将其分配给另一个进程，主要采用的原则是优先权原则和时间片原则；非剥夺方式是一旦将 CPU 分配给某个进程，在规定的周期内就不得剥夺它的使用权，除非进程自己主动放弃。

scheduling of resources **资源调度** 在操作系统中，根据各任务对系统资源的请求，为兼顾系统资源利用效率和对任务的响应速度而进行的管理。为此，操作系统必须执行以下操作：记住资源使用状态、确定资源分配和调度原则、执行资源分配和回收。

scheduling policy **调度策略** 实现进程调度的策略，基本策略有先来先服务、最短周期优先、优先权排列、时间片轮转等方法。在一些复杂应用场合，还可使用诸如多级排队法、多级反馈排队法等。

scheduling priority **调度优先级** 一种执行作业、程序或任务的规定顺序。调度优先级一般用数字表示，所以有时也称“调度优先数”。例如，在 VAX/VMS 系统中设有 0 ～ 31 级优先级，最高优先级为 31 级，最低为 0 级，并且规定 16 ～ 31 级分配给实时进程，0 ～ 15 级分配给一般用户进程。在 UNIX 操作系统中，调度优先级是动态的，随进程占用处理机时间和等待执行时间的长短而增减，其优先数越小，优先级越高。

scheduling process **调度处理** 根据调度策略，从就绪队列中选择一个进程，把该进程 PCB(进程控制块)现场保留区的内容送到 CPU，其中包括该进程运行时的程序状态字(PSW)、上次自 CPU 退出时保存的 CPU 各寄存器内容、上次退出 CPU 时的断点地址等。

scheduling queue **调度队列** 按操作系统规定的调度策略，将处于就绪状态的进程依顺序安排的一个队列，通常按先进先出原则处理，有时也根据机会公平原则，对队列中进程的位置进行调整。

scheduling theory **调度理论** 确定各种事件处理顺序的理论。

schema **模式** (1)一组以数据定义语言来表达的语句集。该语句集完整地描述了数据库的结构。参见 conceptual schema，external schema，internal schema，logical schema，physical schema。(2)根据

S

理论模型对数据库实体的逻辑结构和物理结构所作的描述。在数据库中,使用了一种数据描述语言以便描述整个数据库。这个描述称为模式。一个系统可以有几个相互独立的模式。模式可分为若干称之为子模式的子集。每个子模式又可分为若干层次。

schema constraint 模式约束 XML(可扩展标记语言)中定义的必须基于 XML 的数据类型来产生数据的一种限制。提供了允许用户表示数据的结构和约束的大量数据模型。在 XML 模式中,用户可以强制性地控制文档中数据的排列顺序以及约束特定值的方式(如价格必须大于 0.00)。

schema data definition language 模式数据定义语言 数据库管理员用来定义数据库全局逻辑数据结构的描述语言。用模式数据定义语言写出的定义一个数据库的全部语句称为一个模式。

schema data description language (SDDL) 模式数据描述语言 定义和描述数据库全局数据逻辑结构的语言。它包括所有数据元素的名字、特征及相互关系。SDDL 还用来定义数据的保密码以及有关安全性、完整性规定。在格式化数据系统中,还要包括存储安排、存取路径等方面的信息。语言的格式独立于应用程序所使用的主语言的格式。参见 subschema data description language。

schema decomposition 模式分解 也称"关系模式分解"。关系模式 $R(U,F)$ 用它的一组子模式 $\xi=\{R_1\langle U_1,F_1\rangle,R_2\langle U_2,F_2\rangle,\cdots,R_n\langle U_n,F_n\rangle\}$ 去代替,则称 ξ 是 R 的一个模式分解。其中 $U=\bigcup_{i=1}^{n}U_i$,并且没有 $U_i\subseteq U_j$, $1\leqslant i,j\leqslant n$, F_i 是在 U_i 上的投影。它应遵守下述三条分解准则:①分解具有"无损连接性";②分解要"保持函数依赖";③分解既要"保持函数依赖",又要具有"无损连接性"。在数据库的逻辑设计中,采用关系模式的分解可以减少数据的冗余,消除插入和删除中出现的缺陷。

schema generator 模式生成器 一个程序,提供一个选择表,对选中的目标数据库只允许特定的一些数据类型和限制条件,能支持多种 SQL(结构化查询语言)选项,包括指定主码和外部码,强制转换字段类型、名称、命令的大小写。

schema management 模式管理 对工程数据库的各种不同的动态模式所进行的管理。

schema mapping 模式映像 表示数据库中各级模式之间的关系。通常有两层模式映像:即外模式-概念模式映像和概念模式-内模式映像。前者定义了各个外模式与概念模式之间的映像关系:当要求改变整个系统的概念模式时,可以通过改变映射关系而保持外模式不变。这种用户数据独立于全局逻辑数据的特性称为逻辑数据独立性。后者定义了概念模式与内模式的映射关系:当因某种需要,如提高对数据的存取效率或有效利用存储空间,可以改变内模式,这时只改变概念模式-内模式映射而保持概念模式和外模式不变,这种使全局的逻辑数据独立于物理数据的特性称为物理数据独立性。

schema master 模式主控 用来控制森林中模式的所有更新的域控制器。任何时候,森林中只能有一个模式主控。参见 domain controller, forest, schema。

schema representation constraint 模式表示约束 在 XML(可扩展标记语言)中模式组成部分的表示约束。

schematic 原理图 表示一个电路中元器件和它们之间互连的图。图中用线表示连接,各种符号表示电路元器件,如电阻、晶体管和集成电路。

schematic capture 图形捕捉 在个人计算机屏幕上进行电子电路 CAD(计算机辅助设计)及布线的过程。表示图像的存储码能被"捕捉",并输出到绘图仪。该绘图仪能绘出有照相精度的图形,以用于印制电路的 CAM(计算机辅助制造)。

schematic entry 原理图输入 利用计算机进行 LSI(大规模集成电路)设计的第一项作业。用描述语言把逻辑原理图送入计算机,使计算机能认识原理图,才能由计算机进行模块设计、验证等作业。

schematic library 电路图库 存储电路图及有关电路信息的 CAD(计算机辅助设计)数据库。

schema version 模式版本 模式管理的对象。工程数据库的特点之一是动态模式。由于模式发生变化,需要保存和管理,因而出现了模式版本。

Scherbius machine 歇尔皮斯电机 一种多相交流换向器电机,这种电机可作发电机或电动机运行。将其接入绕线转子感应电动机的次级电路时,能起调节转速及功率因数的作用。电机的磁场系统采用凸极式叠片结构,并有换向极及串接的补偿绕组。其控制用的磁场绕组可以是他励,也可以是并励,可以有串接励磁绕组也可以无串励绕组。

Schickard machine 什卡尔机 由德国数学和天文学家威廉·什卡尔(William Schickard)于 1623 年提出的一种机械演算机设想。该机由进行加减法的加法器、乘法器和记录中间结果的机械装置三部分组成。它是现在已知的第一台机械演算机,其模型现藏于普勒博物馆。

Schmitt limiter 施密特限压器 一个双稳态脉冲产生器,只要输入电压超过给定的值就输出一个幅值恒定的脉冲。

Schmitt trigger 施密特触发器 一个单稳态的电路。有稳定而精确的触发电平。用于对脉冲信号进行整形。

Schottky-barrier gate field effect transistor 肖特基势垒栅场效应晶体管 利用金属半导体整流接触作为栅极的一种场效应晶体管。通常也称"金属半导体场效应晶体管(MESFET)"。其电流电压特性与结型场效应晶体管类似。

Schottky bipolar latch　肖特基双极型锁存器　一种用肖特基 TTL(晶体管-晶体管逻辑)工艺设计的锁存器电路。通常用在速度要求高的场合。

Schottky bipolar memory　肖特基双极型存储器　采用肖特基势垒二极管箝位晶体管来提高开关速度的一类高速双极型存储器。其中包括肖特基双极熔丝型可编程只读存储器及肖特基晶体管-晶体管逻辑随机存取存储器。

Schottky bipolar microcomputer set　肖特基双极型微型计算机系列　用肖特基双极工艺制成的高速微型计算机芯片系列,主要包括中央处理部件、双极型可编程只读存储器及微程序控制部件,另外还有先行进位发生器、多模锁存器、中断控制部件、双向总线驱动器及双极随机存取存储器等支持芯片。这种微型计算机的速度比 MOS(金属氧化物半导体)型微型计算机快,可以构成性能更高的系统。

Schottky bipolar parallel bidirectional bus driver　肖特基双极型并行双向总线驱动器　用肖特基双极工艺制成的并行双向总线驱动器。常用于隔离并驱动与双极型微型计算机相连的外部总线结构。MOS(金属氧化物半导体)型微型计算机也普遍使用这种总线驱动器。

Schottky bipolar priority interrupt controller　肖特基双极型优先级中断控制器　用肖特基双极工艺制成的优先级中断控制器,用来控制微型计算机系统的优先级中断。这种控制器通常有 8 级优先级中断能力。它能接受 8 级中断请求,确定出最高优先级并使之与软件控制的状态寄存器的现行内容进行比较,然后向系统发出中断命令及中断向量信息,以使其识别服务程序。这种控制器具有扩展性和多种控制信号,适用于各种向量中断结构。

Schottky bipolar ROM　肖特基双极型 ROM　一个使用肖特基势垒二极管钳位晶体管制造的只读存储器。它比使用传统工艺制造的只读存储器有更高的交换速度。

Schottky diode　肖特基二极管　一种二极管器件,将一层半导体材料和一层金属材料合在一起而形成。具有开关速度快的特征。

Schottky TTL　肖特基晶体管—晶体管逻辑电路　一种 TTL(晶体管-晶体管逻辑)电路,使用肖特基二极管将晶体管钳位到饱和区外,有效消除晶体管内电荷的存储,可以提高开关速度。

Schrage motor　施拉盖电动机　具有并励直流电动机特性的多相换向器电动机,其转子具有两套绕组,一套通过集电环从电源得到电流,另一套接至换向器。换向器表面装有两套可以调节的电刷,并以可调电压供给定子上每一个分开的相绕组,借以调节转速和取自电源的无功功率。

Schwarz alternating method　施瓦兹交替法　把一个大区域上的数字物理问题转化到两个小区域上进行交替迭代求解的方法。

SCI　(1)可扩展协调接口 scalable coherence interface 的缩写。(2)《科学引文索引》*Science Citation Index* 的缩写。

***Science Abstracts* (SA)　《科学文摘》**　英国电气工程师学会(IEE)出版的检索性信息期刊。1898 年创刊。1903 年起分为两个分册:《科学文摘 A 辑:物理学》和《科学文摘 B 辑:电气工程》。1941 年起,两个分册名分别改称《物理学文摘》和《电气工程文摘》。1966 年,B 分册改名《电气与电子学文摘》,另增出 C 分册《控制文摘》。1969 年,IEE 设立国际物理学与工程信息服务部,负责该刊的编辑出版业务。同年,C 分册改称《计算机与控制文摘》。1967 年建立了相应的电子数据库 INSPEC。参见 INSPEC。

science and technology information system (STIS)　科学技术信息系统　美国的一个面向全社会的电子信息查询系统,由美国国家科学基金会建立,通过因特网提供信息服务,信息包括美国国家科学基金会发布的各种公告与通知、项目资助指南、资助策略手册、资助项目介绍、各类研究性报告和研究项目计划、年度报告、出版物、各种表格等,传播信息的方式有多种,包括一个可远程登录的联机实时查询系统,提供的查询连接方式有电子邮件方式、无记名 FTP(文件传输协议)方式、分布式应用软件 Gopher 和 WAIS(广域信息服务)等。

***Science Citation Index* (SCI)　《科学引文索引》**　美国科学情报研究所(ISI)出版的综合性科技引文检索刊物,是当今世界上最著名的检索性刊物之一。于 1961 年创刊,原为年刊,1966 年改为季刊,1979 年改为双月刊。SCI 从来源期刊数量划分为 SCI 和 SCI-E。SCI 指来源刊为 3 800 多种的 SCI 印刷版和 SCI 光碟版(SCI compact disc edition),SCI-E (SCI expanded)是 SCI 的扩展库,收录了 5 800 多种来源期刊,可通过国际联机或因特网进行检索。SCI 涵盖学科超过 100 个,主要涉及农业、生物及环境科学;工程技术及应用科学;医学与生命科学;物理及化学;行为科学。经过 50 多年的发展完善,已从开始时单一的印刷型发展成为功能强大的电子化、集成化、网络化的大型多学科、综合性检索系统。①印刷版:以双月刊、年度累积本和多年累积本等三种形式出版,为题录式检索工具;②光碟版(SCI-CDE):以带摘要和不带摘要两种版本出版,其中带摘要的版本提供了未经处理的作者摘要,数据每月更新一次;不带摘要版本每季度更新一次;③磁带版:每周更新一次;④国际联机版(SCI search 3):每周更新一次;⑤网络版(Web of science):由三个独立的数据库组成:《科学引文索引》(SCI-expanded)、《社会科学引文索引》(social- SCI)和《人文艺术引文索引》(arts & humanties citation index)。以上三个数据库均每周更新一次,并可实现多库检索。SCI 包括五种索引:引文索引、

专利引文索引、来源索引、团体索引和轮排主题索引。另外还包括一个 SCI《来源出版物目录》(list of source publications)。SCI 有四种主要用法:一是利用来源索引,通过已知著者姓名查找他所发表的文献;二是利用团体索引,通过著者单位所在地和名称查找该单位著者所发表的文献;三是利用轮排主题索引,通过课题关键词查找使用这些词的著者姓名,再由这些著者姓名转查来源索引得到课题相关的原始文献;四是利用引文索引,通过知名专家查得引用该专家文章的著者姓名,再由这些著者姓名仍在来源索引中得到原始文献的篇名、出处等信息。

science induction　科学归纳法　在科学研究中运用归纳方法提出和建立假说,在实验基础上抽象和概括事物之间关系的一种科研方法。科学归纳法是一种由个别到一般、从特殊到普遍、从经验事实到事物内在规律性的认识手段和模式。参见 induction method。

Scientific and Technical Aerospace Reports (STAR)　**《航天科技报告》**　查找 NASA(美国国家航空与航天管理局)报告的主要检索工具,它是文摘性检索刊物。报道内容包括:NASA 及其合同用户编写的科技报告、美国其他政府机构、美国及外国的研究机构发表的科技报告。NASA 所拥有的专利和专利申请、学位论文及专著。

scientific and technical report　科技报告　继图书、期刊、档案等类型文献之后出现的一种文献。科技报告是在科研活动的各个阶段,由科技人员按照有关规定和格式撰写的,以积累、传播和交流为目的,能完整而真实地反映其所从事科研活动的技术内容和经验的特种文献。它具有内容广泛、翔实、具体、完整,技术含量高,实用意义大,而且便于交流,时效性好等其它文献类型所无法相比的特点和优势。

scientific calculation　科学计算　以科学技术领域中的问题为主的数值计算。例如原子反应堆的设计计算等。在这类计算中,计算的系数、常数和条件比较多,输入的数据比较少,而且计算的问题多数是微分方程和积分方程。

scientific computer　科学计算机　一种计算机,该机具有广泛的硬件设备以完成高速数学运算,通常具有较大的数学程序和统计程序库以及拥有输入/输出设备、后备存储器和正文处理等设施。

scientific database　科学数据库　用于存储科学实验数据或模拟结果的数据库。由于科学数据库与统计数据库有着类似的结构、特性和相同的应用目的。因此,有人将统计与科学数据库两者放在一起,简称为科学统计数据库(SSDB)。SSDB 与面向事务处理的数据库在数据内容和使用等方面具有完全不同的特点。通常 SSDB 要求新的数据模型、新的数据操作、新的存储结构、新的存取方法和新的用户接口等。科学数据库将作为科学研究的重要工具。

scientific instruction set　科学指令集　包括标准指令和浮点运算指令在内的指令集。

scientific language　科学(计算)语言　适用于描述大规模的复杂的数值计算算法的语言,特别是与向量、矩阵计算有关的算法。FORTRAN 是这类语言最著名的例子。

scientific notation　科学记数法　以一个小数部分(尾数)和一个 10 的乘幂表示数值的方法。

scientific sampling　科学抽样　科学抽样涉及样本选择的设计,目的是使从统计群体中抽取的样本最小,而又能利用已经过数学证明的各种统计技术,从这个样本中得到有关群体的各种特性和结论。

scientific thinking　科学思维　反映事物的本质和规律的思维。科学思维是形成并运用于认识活动、对感性认识材料进行加工处理的方式与途径的理论体系;是真理在认识的统一过程中,对各种思维方法的有机整合,是人类实践活动的产物。在科学认识活动中,科学思维必须遵守三个基本原则,它们是:在逻辑上要求严密的逻辑性,达到归纳和演绎的统一;在方法上要求辩证地分析和综合两种思维方法;在体系上,实现逻辑与历史的一致,达到理论与实践的具体的历史的统一。科学思维不仅是一切科学研究和技术发展的起点,而且始终贯穿于科学研究和技术发展的全过程,是创新的灵魂。理论思维、计算思维和实验思维构成三大科学思维方法。参见 theoretical thinking, computational thinking, experimental thinking。

scientometrics　科学计量学　应用数理统计和计算技术等数学方法对科学活动的投入(如科研人员、研究经费)、产出(如论文数量、被引用数量)、过程(如信息传播、交流网络的形成)和利用进行定量分析,从中找出科学活动规律性的一门科学学分支学科。它有助于加深对科学发展内在规律的认识,从而为科研管理工作和科技政策制定提供参考和指导。参见 bibliometrics, informetrics。

scintillation　闪烁　电离粒子(α、β或γ射线)激发荧光体所引起的瞬时(约 10^{-6} s 以下)闪光称为闪烁。

scissoring　剪取,修剪　图形编辑技术,在显示系统中,从显示组或显示图像中通过在图形上设定的边框大小决定图形的尺寸。同 clipping。比较 shielding。

scissors　剪刀　微软 Windows 中的一种图形剪切工具,在微软 Windows 绘图窗口 Paintbrush 中用作编辑工具。

scissors and paste　剪贴编辑　在显示器上用类似剪刀和浆糊进行编辑的工作。

SCL　(1)系统控制语言 system control language 的缩写。(2)异步无连接 synchronous connectionless link 的缩写。

SCM (1)副载波复用 sub carrier multiplexing 的缩写。(2)供应链管理 supply chain management 的缩写。(3)软件配置管理 software configuration management 的缩写。

scope 作用域,范围,辖域 (1)在程序中,一个给定的标识符(如常数、数据类型、变量)在程序内部可引用的范围。最简单的作用域是全局型,即在程序的任何地方都可以引用。大多数块结构语言有局部作用域的概念,即一些标识符只能在一定的程序范围引用。作用域会受到标识符的重复定义的影响。参见 block, global, local。(2)在 FoxBASE 数据库管理系统中的一个短语,表示某个命令对当前数据库各记录的作用范围,分为 ALL(全部记录),NEXT n(从当前记录起的 n 个记录),REST(从当前记录到文件末),RECORD n(仅第 n 个记录)。(3)逻辑公式中量词的作用范围,如在公式

$$\exists x(\exists y(P(x,y) \rightarrow Q(x,y) \vee R(x,y))$$

中,存在量词 $\exists y$ 的辖域是$(P(x,y) \rightarrow Q(x,y))$,而 $R(x,y)$ 不在此辖域中,因而其中的 y 不是被该存在量词制约的。

scope check 权限检查 验证一个操作员对于发出某个命令的权利的过程。

scope note 含义注释 简要说明一个叙词的含义和使用范围。

scope of a condition prefix 条件前缀作用域 在 PL/1 语言中,一个特定的条件前缀适用的范围。

scope of a declaration 说明作用域 在 PL/1 语言中,一个特定的说明用作一个特定名字属性源的适用范围。

scope of a name 名字作用域 在 PL/1 语言中,一个特定名字的含义不发生改变的程序范围。

scope of a variable 变量作用域 在计算机程序中,一个变量的定义保持不变的范围。在 ALGOL 60 语言中,变量定义所在的分程序,该分程序就是该变量的作用域。

scope of commands facility 命令设施作用范围 NCCF(网络通信控制机制)中的一种功能,它允许把 NCCF 的命令及操作对象,限定为网格中全部 NCCF 操作员的一个子集。参见 network communication control facility (NCCF)。

scope of control 控制范围 在结构分析中,指一个模块及引用它和所在该层次中的子模块。

scope of recovery 恢复期 某些操作系统在执行某一事项处理的一段时间,在此期间,可以取消一个程序对可重新设置或重建数据库的更新及一个程序对执行一些事项的请求。当一个事项被初启时或当该程序开始连接到一个数据库并请求执行该事项时,或请求把一个记录写入到审查文件中时,一个程序的恢复期便开始了。当程序结束,程序请求恢复服务或请求委托服务时,恢复期始告结束。

scope unit 作用域单元 程序语言中用于规定程序对象和他们名字的作用范围的基本结构。如 FORTRAN 的子例程、Pascal 的过程、函数、Ada 的包等都是作用域单元。作用域单元分为开的和闭的两种。开作用域单元无条件地继承它的定义位置上的外层定义的一切程序对象。例如,Pascal 的过程,它的外层过程定义的变量、类型、过程、函数等在内层过程中都自动地有效,可以使用。闭作用域单元如 Ada 的包,它不自动继承任何外层定义,但可以通过显式地使用 use 语句引入其他包中的定义。

scoping unit 管辖单元 在 FORTRAN 语言中,指一个派生类型的定义、一个过程接口块,或者一种程序单元。

scoring 配乐 在视频制作中,指为一个项[节]目编写伴音。

SCP (1)系统控制程序 system control programming 的缩写。(2)符号转换程序 symbolic conversion program 的缩写。(3)业务控制点 service control point 的缩写。(4)侧面铜焊陶瓷封装 side-brazed ceramic package 的缩写。

SCPC 单路单载波 single channel per carrier 的缩写。

SCPF 启动控制程序函数 start-control-program-function 的缩写。

SCR (1)可持续信元速率 sustainable cell rate 的缩写。(2)可控硅整流器 silicon-controlled rectifier 的缩写。

scramble 扰码 把一个码元序列变换为另一个统计性质更完善的序列的过程。扰码的目的是抑制线路码中的长连"0"和长连"1",便于从线路信号中提取时钟信号,使加扰后的信号频谱更能适合基带传输。

scramble NRZ 加扰不归零码 磁记录设备常用编码记录方式之一,也称"随机化不归零制",属逢"1"翻转不归零制。用伪随机序列产生器把要记录的二进制信息干扰成有自同步能力的伪随机序列,再按逢"1"翻转不归零制编码。

scrambler 加密程序[装置] 对信号进行编码,使其成为看来是杂乱的位序列而无法被人理解的计算机程序或硬件装置。接收到这种加密信号后,必须对其按一定的规则作解密处理才能理解其含义。

scrambling 加扰,扰码 (1)在数字通信中,为便于数字信号的传送与存储,将其转换为具有相同意义和相同比特率的伪随机数字信号的操作。(2)就是改变信号的特性,以防止非授权者接收。这种改变应在加解扰系统控制下,在发送端按规定处理。有时为了使信号的频谱能量分散也要这样做。

scrambling—descrambling 加解扰 在发送端 CAS(条件接收系统)控制下改变或控制被传送业务(节目)的某些特征,使未被授权的用户无法获取

该业务的利益。

scrap 剪贴本 为标明移动、复制和删除的文件数据所占存储空间而保留的应用程序或系统文件。参见 clipboard。

scrapbook 剪贴簿 存储一系列文本和图形以备后用的文件存储器。如 Macintosh 系统文件。参见 clipboard。

scratch 擦除,暂存区 (1)从存储介质上擦去数据本身或数据的标识部分,使这些数据无法再使用,并且便于其他数据存入。(2)一个程序使用的存储区域。由程序产生和维护,通常不需要用户了解。(3)在 MSS(海量存储器)中抹去有关某个海量存储器的信息,并在便笺式数据盒式磁带表中给两个盒式磁带加标识。

scratch data cartridge 临时数据盒式磁带 在 MSS(海量存储系统)中的一种数据盒式磁带,但它不是海量存储器的组成部分。

scratch file 废文件,暂存文件,暂时文件 (1)在计算机处理期间建立的文件,它含有在处理过程中的中间结果。通常,暂时文件在处理结束后就被删除,或把有用的结果覆盖上去,它与工作文件类似。(2)已超过保留期的文件,所含信息不再需要保留,所以也称废文件。(3)操作过程中用作工作区,操作结束后自行删除,或即使未删除也不需要保存的中间文件。

scratchpad area (SPA) 暂存区 内存的保留区,它具有很高的操作速度,用作计算的暂时存储。有时指专门的高速存储电路。

scratchpad memory 暂存器[区] 用来暂时存储中间结果的存储区,多数是主存中的一部分。暂存式存储器是像内部寄存器一样寻址的高速集成电路寄存器,是一种高速便笺式的小存储器。

scratch tape 暂存磁带 一种用于测试、存放中间结果或其他任何不需要长期保存的数据的磁带。

screen 屏幕,屏面 一种发光显示的表面,如 CRT(阴极射线管)或等离子体显示器的显示面板。

screen angle 屏幕角度 以半色调显示的屏幕角度。把屏幕安放成正确的角度,以进行颜色分离。参见 color separation, halftone。

screen attribute byte 屏面特征[属性]字节 显示终端屏幕上的一个字符位置,由它定义屏幕上显示的下一字段的特征,如保护、非保护、可显示或不显示等。

screen blanking 屏幕空白 也称"屏幕抑制显示",一种低级节电方案,远不及显示电源管理信号(DPMS)。带屏幕抑制显示的监视器,在其识别到屏幕保护实用程序开始工作时便进入抑制状态,节省一些电能,但远不及 DPMS 监视器和视频卡。

screen buffer 屏幕缓冲区 在采用彩色图形监视器适配器的 IBM 个人计算机中的一种缓冲区,最多可容纳 8 个被显示的页面(字符方式)。参见 active page, visual page, frame page。

screen capacity 屏幕容量 屏幕上可显示的字符总数,即每行的字符数乘以行数。

screen coordinates 屏幕坐标 定义显示屏幕上点的位置的坐标系统。

screen coordinate system 屏幕坐标系 根据 CRT(阴极射线管)图形显示器的横向和纵向分辨率而确定的一种二维直角坐标,它与物理设备的参数有关,是一种设备坐标系。参见 device coordinate system。

screen dump 屏幕转储 将屏幕上所显示出来的图形及其他有关信息位图送到磁盘文件或图形硬拷贝设备上去,使其按原样进行复制和保存。

screen editor (全)屏幕编辑程序 一种将 CRT(阴极射线管)终端的整个显示屏幕作为视区的编辑程序。命令一般涉及整个屏幕的文本。窗口可以处理面向行的数据结构,也可以处理面向屏幕的数据结构。除了行扫视命令可规定"向下一行"外,屏幕编辑命令还有允许用户选择下一幅屏幕的命令。屏幕编辑程序能较容易地给屏幕上的字符定位,它有一个用户控制的光标,通过移动这个光标来访问屏幕上的单个字符。商用字处理系统一般就是光标驱动的,具有"所见即所得"特色的屏幕编辑程序。

screen file 屏幕文件 在数据库管理系统中,把数据显示在屏幕上的位置安排、框线布置及按钮设置等的屏幕格式的控制文件。

screen font 屏幕字体 在计算机屏幕上显示而专门设计的字体位图。可在 Image Writer 或 Laser Writer 上显示或打印。对 PostScript 兼容打印机,屏幕字体常采用相应的 PostScript 字体打印。参见 PostScript, device font, intrinsic font。

screen format 屏幕格式 显示器屏面上的保护区和非保护区的安排形式。显示时数据只能送到非保护区中去。

screen generator 屏幕生成程序 帮助用户定义屏幕显示格式的计算机程序。

screen grabber 屏幕捕捉器[程序] 微软 Windows 显示驱动程序的组成部分,它为 DOS(磁盘操作系统)虚拟机器保存和恢复屏幕状态。参见 grabber。

screen image 屏幕图像 在计算机制图技术中,VDU(直观显示设备)的显示面上所显示的点、线及字符的各种图形。

screenload 全屏承载 同一时刻在屏幕上能够显示的最多字符数。

screen magnifier 屏幕放大器 可以放大屏幕的一部分的软件程序,主要为视力低下的人使用,可以使他们更容易看清楚屏幕。

screen-oriented programs 面向屏幕的程序 字处

理术语，指其屏幕显示格式与打印机格式完全一致的计算机程序。

screen overlay 屏幕覆盖 (1)一种显示控制程序的功能。该功能允许 VDU(直观显示设备)操作员将显示图像保留在屏幕上的某一区域，而使新图像显示在另一区域。(2)屏幕上一个临时显示窗口。覆盖时将屏上被覆盖的部分保存起来，当覆盖清除后，被覆盖部分又恢复在显示屏上。

screen read 屏幕读，读屏幕 光学字符识别术语，指将终端屏面上的部分显示信息重新送回到微处理器或其外部设备的过程。

screen reader 屏幕阅读器 可以将屏幕上的内容读出给用户的软件程序，主要为盲人所使用，通常只能将文本内容读出给用户，而图片内容则不能。

screen resolution 网屏分辨率 也称"网屏频率"，指的是打印灰度级图像或分色所用的网屏上每英寸的点数。

screen saver 屏幕保护程序 当计算机暂停操作时，一种自动抑制计算机屏幕或显示一活动图像的程序。屏幕保护程序的原始目的是防止显示器"老化"，即在图像的明亮部分持续显示的地方保护屏幕层不磨损。现代屏幕对老化不那么脆弱，环保型绿色显示器不需要屏幕保护程序，因为停止使用时，显示器便自动进入抑制状态。当今屏幕保护程序主要是用来保护离开办公桌用户的隐私以及在与显示器相连时节能。此外，活动图像的屏幕保护程序还提供娱乐。

screen shot 抓屏、截图 软件测试中，将软件界面中的错误(窗口、菜单、对话框等)的全部或一部分，使用专用工具存储成图像文件，以便于后续处理。

screen size 屏幕大小 屏幕能显示的信息量的大小。

screen space 屏幕空间 同 screen coordinates。

screen type 屏幕类型 显示器的物理原理类型，如阴极射线管(CRT)、液晶显示器(LCD)和发光二极管(LED)等。

screw-type fuse 螺旋式熔断器 带熔断体的载熔件籍螺纹旋入底座而固定于底座的熔断器。

scribe line 划片线 晶片上相邻小片间的分离，将晶片锯成单独的小片时，在划片线处进行切割。

scribing 划片 用金刚石锯将晶片划成小片的操作。

script 字符集，脚本 (1)可解释执行的文本文件，是宏文件或批处理文件的另一个名称。(2)一种用于书写一种或多种语言的文字系统。(3)脚本是一系列指令，类似于一个宏的简明文本文件，告诉程序如何执行一个具体步骤，如在电子邮件系统上登录。有些程序有内置脚本功能，用户必须学会用有限编程语言编写的脚本，一些程序能在用户执行某个过程时，通过记录用户的按键和命令选择，自动编写脚本。

script file 脚本文件 使用一种特定的描述性语言，依据一定的格式编写的可执行文件，又称"宏"或"批处理文件"。脚本文件通常可以由应用程序临时调用并执行。

scripting languages 脚本语言 一种紧缩的、基于对象的脚本描述语言。脚本通常可以由应用程序临时调用并执行。用脚本语言开发的程序称为脚本程序。脚本程序在执行时，由其所对应的解释器(或称虚拟机)逐一解释执行。其主要特征是程序代码即是脚本程序，亦是最终可执行文件。脚本语言一般都是以文本形式存在。脚本语言一般都有相应的脚本引擎来解释执行。因为脚本在执行时多了一道翻译的过程，所以它比汇编语言执行效率要稍低一些。各种动态语言，如 ASP(活动服务器页面)、CGI(公共网关接口)、JSP(Java 服务器页面)、Javascript、VBScript 等都是脚本语言。参见 active server pages (ASP)，Java server page (JSP)。

scroll 卷动，滚动 一种屏幕显示特性，水平或垂直地移动窗口，改变它在文档或工作页上的位置。具有自动上卷特性的显示屏幕在光标位于屏幕最下端时，如果有新的信息要在屏幕上显示，则原来的图像就向上移动一行，使新的信息能在屏幕的下端显示出来。

scrollable partition 滚动分区 信息显示系统中，其可显示空间是大于可视区的一种分区。

scroll arrow 滚动箭头 滚动条两端的箭头方框，用鼠标器选择时滚动显示一行信息。

scroll bar 滚动条 窗口中可水平或垂直移动显示信息的长条框，其中包含滚动箭头和滚动方框。点击箭头可以看到未显示在窗口中的信息。点击滚动条本身可以快速在窗口中移动。或是点击并将滚动方框拖到用户想访问的精确位置。

scroll box 滚动方框 滚动条中可移动的方框，表示窗口或列表框中显示信息相对于全部信息的位置，用鼠标器拖动滚动方框可移动显示信息。

scroll file 滚动文件 一种含有用户与 APL 会话记录的文件。类似于控制台记录。

scrolling 滚动 在窗口中移动文件以看到文件的任意部分的过程。键盘上有一些滚动控制键，如 up，down，left 和 right 方向键以及 PgUp 和 PgDn。

Scroll Lock key 滚动锁键 在 IBM PC 机键盘上，管理光标控制键的数字小键盘顶行的一个键。在增强键盘上，该键是顶行功能键中最右边的键。当打开 Scroll Lock 键时，它就影响到数字小键盘的光标控制键，对于增强型键盘则影响到数字小键盘和主键盘之间的光标控制键。例如，在 Scroll Lock 和光标键同时使用时，字处理程序使文件在光标附近滚动，而 Scroll Lock 关闭时，则光标在文件中移动。具体取决于应用程序。

scroll ribbon 卷动色带 一种用于行式打印机。通常是吸收了油墨的色带。

SCS (1)系统网络体系结构字符串 SNA character string 的缩写。(2)对称加密系统 symmetric cryptographic systems 的缩写。(3)计算机模拟学会 Society for Computer Simulation 的缩写。(4)业务能力服务器 service capability server 的缩写。(5)安全相关服务器 security correlation server 的缩写。(6)系统一致性陈述 system conformance statement 的缩写。(7)结构化布线系统 structured cabling system 的缩写。

S

SCSI 小型计算机系统接口 small computer system interface 的缩写。

SCSI version SCSI 版本 最早的 SCSI(小型计算机系统接口)规范,现在称为 SCSI-1 是在 20 世纪 80 年代开发。SCSI-1 提供 8 位数据线,并以 5 MHz 传送速度操作,SCSI-1 允许多达 7 个设备以菊花链连接到主机。1991 年出版了修改的规范 SCSI-2,最值得注意的变化是数据线可选择地扩充到 16 或 32 位,时钟速度增加到 10 MHz,1995 年推出了 SCSI-3,又称 Ultra SCSI,同步传输时钟频率提高到 20 MHz,其允许接口电缆的最大长度为 1.5 m。

SCSL Sun 社团源代码授权计划 Sun community source licensing 的缩写。

SCT (1)特殊字符表 special character table 的缩写。(2)系统通信表 system communication table 的缩写。(3)段控制表 section control table 的缩写。

SCTE 外部串行时钟发送 serial clock transmit external 的缩写。

SCTP 流控制传输协议 stream control transmission protocol 的缩写。

SCTS 标准码试验信号 standard code test signal 的缩写。

scuzzi 小型计算机系统接口 根据 SCSI(小型计算机系统接口)的发音构成的词。参见 small computer system interface (SCSI)。

SCVFT 单路音频电报 single channel voice frequency telegraphy 的缩写。

SC-1 第一分会 SubCommittee 1 的缩写。

SD (1)结构化设计 structured design 的缩写。(2)标准偏差 standard deviation 的缩写。(3)安全数码卡 secure digital memory 的缩写。(4)空间分集 space diversity 的缩写。

SDA (1)屏幕设计工具 screen design aid 的缩写。(2)源数据采集 source data acquisition 的缩写。

SDARS 卫星数字音频无线电业务 satellite digital audio radio service 的缩写。

SDB 存储描述表 storage descriptor block 的缩写。

SDC 同步定向连接 synchronous directional connection 的缩写。

SDCCH 独立专用控制信道 stand-alone dedicated control channel 的缩写。

SDD 软件设计描述 software design description 的缩写。

SDD-II method SDD-II 方法 分布式数据库管理系统 SDD-II 中采用的对连接查询的优化方法,用半连接对系统的元组进行简化,当半连接得到最大程度的应用时,所有查询需要的关系都经过简化集中在一个执行查询的节点上。这个方法由两步组成,第一步由一基本的算法组成,首先确定一个效率不高但可行的执行策略。第二步用一个优化判据来改善第一步所确定的策略。

SDDL 模式数据描述语言 schema data description language 的缩写。

SDDM 软件设计描述模型 software design description model 的缩写。

SDDVD 超高密度数字光碟 super density digital video disc 的缩写。

SDE 软件开发环境 software development environment 的缩写。

SDH 同步数字系列 synchronous digital hierarchy 的缩写。

SDH cross-connection (SDXC) SDH 交叉连接 SDXC 可在接口端口间提供可控的 VC(虚电路)的透明连接和再连接。其中,VC 是根据建议 G.707 的规定形成的。这些接口端口可以是 G.707 中规定的 SDH(同步数字系列)速率和/或 G.702 中规定的 PDH(准同步数字系列)速率。此外,它还支持如 ITU-T(国际电信联盟-电信标准化部门)建议 G.784 中所规定的控制和管理功能。

SDH management network (SMN) SDH 管理网 SMN 是 TMN(电信管理网)网的子网,它负责管理 SDH(同步数字系列)网元。一个 SMN 可分为一组 SDH 管理子网。

SDH physical interface (SPI) SDH 物理接口 SPI 功能可将 N 阶同步传输模式(STM-N)的内部逻辑电平信号转换成 STM-N 的线路连接器信号。

SDI (1)战略防御倡议计划(星球大战计划) strategic defense initiation 的缩写。(2)定题情报提供 selective dissemination of information 的缩写。(3)单文档界面 single document interface 的缩写。(4)串行数字接口 serial digital interface 的缩写。

SDILINE 联机定题情报提供 selective dissemination of information online 的缩写。

SDI retrieval system 定题检索系统 提供定题情报服务的系统。具体地说,对固定的用户,定期地用固定的提问要求对新存入的情报进行检索的系统。通常,该系统对提问的要求都是集中在一起进行成批处理的。

SDK (1)系统开发工具 system development kit 的缩写。(2)软件开发包 software development kit 的缩写。

SDL (1)简化数据链路 simplified data link 的缩写。(2)规范和描述语言 specification and description language 的缩写。(3)系统目录表 system directory list 的缩写。

SDLC (1)同步数据链路控制 synchronous data link control 的缩写。(2)系统开发生命周期 system development life-cycle 的缩写。

SDLC link SDLC 链路 一种数据链路,在该数据链路上使用 SDLC(同步数据链路控制)规程进行通信。

SDSL 对称数字用户线路 symmetrical digital subscriber line 的缩写。

SDM (1)空分复用 space division multiplexing 的缩写。(2)缩微胶片定题提供 selective dissemination on microfiche 的缩写。

SDMA 空分多址 space division multiple access 的缩写。

SDMI 安全数字音乐促进 secure digital music initiative 的缩写。

SDNS 安全数据网络系统 safety data network system 的缩写。

SDO 服务数据对象 service data object 的缩写。

SDP 会话描述协议 session description protocol 的缩写。

SDQ 快照密度查询 snapshot density queries 的缩写。

SDR (1)软件定义无线电 software defined radio 的缩写。(2)系统定义记录 system definition record 的缩写。(3)统计数据记录器 statistical data recorder 的缩写。

SDRAM 同步动态存储器 synchronous DRAM 的缩写。

SDSL 单线数字用户线路 single-line digital subscriber line 的缩写。

SDT (1)起始数据流量 start data traffic 的缩写。(2)静态排错陷入 static debugger trap 的缩写。(3)结构数据传输 structured data transfer 的缩写。(4)句法制导翻译 syntax-directed translation 的缩写。

SDTI (压缩)串行数字传输接口 serial digital transport interface 的缩写。

SDU 服务数据单元 service data unit 的缩写。

SDVT 骨架目标向量表 skeleton destination vector table 的缩写。

SDWA 系统诊断工作区 system diagnostic work area 的缩写。

SDXC SDH 交叉连接 SDH cross-connection 的缩写。

SE (1)软件工程 software engineering 的缩写。(2)开关元件 switching element 的缩写。(3)搜索引擎 search engine 的缩写。(4)标准误差 standard error 的缩写。

. sea Stuffit 压缩文件名后缀 一种 Macintosh 计算机中使用 Stuffit 程序压缩的可自解压的文档的文件扩展名。用户只要双击该文件图标,该压缩文件就可自行解压,把所包含的文件都还原出来。参见 . sit。

SEAL 简单有效适配层 simple and efficient adaptation layer 的缩写。

sealed connector 密封连接器 能满足一定密封要求的连接器。这种连接器在高原、高空和水下作业的低气压或高气压设备或便移式电子设备中用得较多。

sealed disk drive 密封式磁盘机 盘面和磁头部件占据的空间与外界完全隔离,没有空气通路的磁盘机。这样的磁盘机内往往充有洁净度很高很纯的(纯度高于 99.999%)惰性气体(如氦气或氮气)。为保持内部气体压力高于外界空气压力,盘机必须附有惰性气体瓶,惰性气体经准确无误压送到磁盘机构。密封式磁盘机对环境要求不很苛刻,适应于清洁条件不好的环境。

sealing current 密封电流 一种低电平电流。当大气及工作环境对电连接处有腐蚀作用时,为了减少腐蚀及增强可靠性,当数据回路处于空闲状态时,将它加在数据回路中。

seamless handover 无缝切换 当呼叫正在进行期间,通过覆盖区时,系统提供不中断通话的能力。切换可在单个小区或在相邻小区间发生。无缝切换可以在从一个基站切换到另一个基站。切换期间所有的操作都不会中断。

seamless integration 无缝集成 新的硬件、新的程序或附加程序平稳地与系统的整个工作融合时的理想状况。例如,一个调制解调器和其他控制软件安装到一个系统中而不涉及其他软件和硬件。

sea of gate (SOG) 门海 一种高集成度布线设计技术。门海的设计方法指的是在各个单元模块完成 RTL(寄存器传输级)后,直接对整个芯片进行综合,产生整个芯片的网表,然后,完成整个芯片的版图设计。它的优点是能够节省芯片面积,缺点是一旦某个模块修改了,整个芯片要重新做综合和版图设计。参见 register transfer language (RTL), channelless gate array。

search 搜索,检索,查找 (1)在正文处理中,使已记录的正文的某一种元素能被定位的一种功能。(2)为了查找具有某一特性的数据元素,对一个集合中的一个或多个数据元素进行扫描,以便找出具有给定特性的一个或多个项目。(3)一种查询数据

S

或信息的技术。其目标是能以较少的步骤或较短的时间找到所需的对象。查找的方法很多,对不同的数据结构有不同的查找方法。例如对已排好序的有固定大小的序列进行查找时,其方法有顺序查找,折半查找及分块查找等。对某些复杂结构的查找可用树形查找方法,如二叉排序树、平衡树、B-树、数字查找树等。如果查找时不经过关键字的比较而利用关键字和存储位置的一个确定的对应关系,使一次存取便可得到所查元素,则有各种散列查找法。查找法又有内部查找法、外部查找法、动态查找法和静态查找法之分。内存能够容纳全部 n 个记录的情形为内查找,否则为外查找。查表时表的内容不变的为静态查找,如果查表时又有频繁地把新记录插入表中或在表中频繁地删除记录的情形为动态查找。

searchable information　可供查找的信息　在文献记录中,可供用户提问进行查找的信息,即可以作为查找文献线索的信息。例如著者、分类、主题、篇名等。可供查找的信息一般都是可检出信息。

search algorithm　查找[搜索]算法　为了在最少访问次数下,在内存储器中找到一个条目而设计的算法。如果存储的数据可以用内容来区分,而不用地址来区分,则所需时间就会减少。参见 binary search, hash search, linear search。

search and replace　检索和替换　字处理程序寻找每次在文本上出现指定字符、字或字符串,并按操作者要求用另外的字符、字或字符串来代替它的能力。

search argument　搜索参数　一个字符串,用于查找一个匹配。同 search word。

search cache　搜索高速缓存　搜索引擎中的一个缓冲区,它存储先前搜索请求的数据和结果。

search clue　查找线索　在情报检索中,被查找的文献属性由作用指示符和属性值组成。

search concentration　搜索集中　网络节点和中央目录服务器完成的一种功能,减少网络并行的搜索。

search condition　搜索条件　在 SQL(结构化查询语言)中,从表中搜索出行的一个根据,由一个或者多个谓词构成。

search criteria　检索标准　一个值或值的范围,用以在检索时作为依据。例如,检索所有客户记录,要查找有赊购额超过 1 000 元以及在 30 ～ 90 天内支付方面的违法者,这里有两个检索标准:①"大于 1 000";②"30 ～ 90 范围内"。

search cycle　检索循环[周期]　(1)为了查找每一个数据元素,要进行重复检索的部分。(2)在检索过程中,对每一项目都需要花费的时间,主要包括查找和比较所花费的时间。(3)在搜索每一项时要反复用到的那部分动作。通常它由对该项定位和进行比较这两部分组成。

search engine (SE)　搜索引擎　SE 是一个专用的服务器,也是一个可以搜索的数据库(其中包括通向其他站点的链接),是用户用关键词来查找、定位有关 Web 页面的工具。用户只需在搜索引擎页面上输入与查找信息相关的关键词,搜索引擎即可快速为用户查找出用户想查找的信息。

search engine marketing (SEM)　搜索引擎营销　基于搜索引擎平台的网络营销,利用人们对搜索引擎的依赖和使用习惯,在人们检索信息的时候尽可能将营销信息传递给目标客户。搜索引擎营销的最主要工作是扩大搜索引擎在营销业务中的比重,通过对网站进行搜索优化,更多的挖掘企业的潜在客户,帮助企业获取最大的来自搜索引擎的访问量。

search engine optimization (SEO)　搜索引擎优化　遵循搜索引擎的搜索原理,通过对网站的关键词、主题、链接、结构、标签、排版等各方面进行优化,使搜索引擎更容易搜索到网站的内容,并且让网站的各个网页在各个搜索引擎中获得较高的评分,从而获得较好的排名。

search field　检索字段　记录中的一个字段,用以选择特定的记录。检索时测试检索字段中的值是否与采用的选择标准的范围相匹配。

search for extra-terrestrial intelligence (SETI)　外星文明探索　一种利用灵敏的接收仪器检查电磁频谱的协调科学研究,其目的是探测银河系中其他地方可能存在技术发达的文明的证据。

search graph　搜索图　在人工智能问题求解的搜索过程中,所产生的节点和边(即指针)形成的"与/或"图,称为搜索图。

searching　搜索　一种求解过程。从初始状态点起,不断施用可能的操作,对所有新状态点测试,直到找到满足目标条件的节点。

searching graph　搜索图　状态空间问题求解过程的图表示。搜索图是递归生成的:如对于图中一个节点 n,进行扩展生成一组节点 $n_1, n_2, \cdots, n_m$,用 m 条弧线分别由 n 连向 $n_1, n_2, \cdots, n_m$。如此一直扩展下去,直至达到目标状态为止,就生成搜索图。

search index files　搜索索引文件　搜索索引文件是指搜索引擎中用于存储索引的一组文件。

search key　检索关键字　检索过程中与每个项目的特定部分进行比较的数据。

search language　检索语言　用来描述对数据库进行检索所用的语言。检索语言也称"命令语言"或"询问语言"。

search model　检索模型　情报检索数据库系统中,运用数学所提供的概念、处理方式及技巧,对信息检索的本质、过程以及检索系统特性等方面进行量的分析、描述、计算和推导所得到的能够反映检索内在联系的数学模型。

search tool　检索工具　用于存储、查找和报道档案信息的系统化文字描述工具，是目录、索引、指南等的统称。检索工具的类型有：目录型检索工具、题录型检索工具、文摘型检索工具和索引型检索工具等。

search space 搜索空间 用来表示问题求解中遇到的所有可能的系统状态的隐式图。即搜索中所有可能的状态点集合。它往往是非空无限集，含有初始点、目标点。

search strategy 搜索[查找]策略 通过一个检索系统可以确定一个特殊检索提问所必须实现的逻辑操作和完成这些操作的顺序，以保证获得最佳检索结果。

search string 搜索串 在搜索过程中要被匹配的字符串。

search terms 检索项目，检索词 (1)联机检索中指定请求检索的信息时所用的单词或单词组。(2)当指定一个情报提问时，用于联机检索的几个词或几组词(常为关键字)。检索词对应于那些标题，数据库中项目均标引在这些标题下。

search time 查找[检索]时间 (1)完成整个查找过程所需的时间。(2)从存储器中检索一个特定数据所需要的时间。

SEC 单边接触盒 single edge connector 的缩写。

SECAM SECAM 制式 按音译也称"塞康制"，SECAM 是法文 sequentiel couleur avce memoire 的缩写，意为顺序传送彩色信号与存储恢复彩色信号制，是由法国在 1956 年提出，1966 年制定的一种新的彩色电视制式。它克服了 NTSC(美国国家电视制式委员会)制式相位失真的缺点，采用时间分隔法来传送两个色差信号。使用 SECAM 制的国家主要集中在法国、东欧和中东一带。SECAM 发射视频信号通常仍以 PAL(逐行倒相制)格式产生和记录，只是在发射前才编码成 SECAM 格式。参见 phase alternate by line (PAL)，national television standards committee (NTSC)。

SECDED 单校双检，单错校正双错检测 single error correcting/double error detecting check 的缩写。

secondary 次站 在 HDLC(高级数据链路控制)中，数据站的某一部分，它按照主站的指令执行数据链路控制的各种功能。

secondary battery 二次电池 也称"充电电池"，是指在电池放电后可通过充电的方式使活性物质激活而继续使用的电池。参见 rechargeable battery。

secondary bus 辅助总线 在 PCI(外围部件互连)总线中，指离主机处理器最远的总线，它连接到总线桥的一侧。参见 primary bus。

secondary cache 二级高速缓存 也称"L2 高速缓冲存储器"。设计于主板上而不是在微处理器芯片内部的高速缓存。它的速度比一级缓存慢，但比主存的快。它的容量也介于一级缓存和主存之间。参见 cache。

secondary channel 辅助信道 (1)在数据通信中，和主信道具有同样物理路径，但完全独立的一种窄带传输信道，该信道用陷波滤波器从主信道中得到。陷波滤波器产生高衰耗频率的"防护波段"以分割信道。这样的信道可被用作监控信道，用于与主信道数据无关的低速数据的传输或遥测。(2)通信中由主信道驱动的辅助信道，也称"辅助数据信道"。设置辅信道的目的是为了诊断和管理，而不是传输数据报文。

secondary circuit 副边电路 隔离式 DC-DC(直流-直流)转换器中输出一侧的电路。

secondary circuit 二次回路 测量回路、继电保护回路、开关控制及信号回路、操作电源回路、断路器和隔离开关的电气闭锁回路等全部低压回路。由二次设备互相连接，构成对一次设备进行监测、控制、调节和保护的电气回路。参见 secondary equipment。比较 primary circuit。

secondary console 辅(助)控(制)台 多控制台系统中除主控制台外的其余控制台，辅助控制台仅处理指定的一项或几项功能。

secondary controller 次级控制器 同 remote controller。

secondary control point 次控制点 在高级数据链路控制(HDLC)规程中，网络中次站所在的那一点。

secondary data 次级数据 相对于一级数据而言的数据。在有些情况下一级数据可称第一手资料，次级数据也相应地称为第二手资料。次级数据及第二手资料的名称本身已经指明了这种数据的特征，即它是一级数据的二次以上利用所形成的数据形式。比较 primary data。

secondary data set group 次级数据集组 在某些信息管理系统数据库中，除主数据集外所定义的一个或多个数据集组。定义次级数据集组，通常是为了改善辅助存储器的使用。参见 primary data set group。

secondary destination 辅助目标，次目的地 为报文指定的除第一目标之外的所有其他目标。

secondary document 二次文献 文献工作者对一次文献进行加工、提炼和压缩之后所得到的产物，是为了便于管理和利用一次文献而编辑、出版和累积起来的工具性文献。检索工具书和网上检索引擎是典型的二次文献。参见 primary document，tertiary document，zeroth document。

secondary electron emission 次级电子发射 通常指由于初级电子撞击固体，导致固体内发射电子的过程。它是制作扫描电子显微镜、电子倍增器、光电倍增管及很多真空器件的基础。

secondary entry point 辅助入口点 (1)在 PL/1 语言中，由 ENTRY 语句标号表中任何名字指定的入口点。(2)除开始时以外的任何入口点。

secondary equipment　二次设备　对一次设备进行监察、测量、控制、保护、调节的补助设备。二次设备主要包括:①测量仪表,如电压表、电流表、功率表、电能表等;②绝缘监察装置;③控制和信号装置;④继电保护及自动装置,如继电器、断路器等;⑤直流电源设备,如蓄电池组、直流发电机、硅整流装置等。比较 primary equipment。

secondary industry　第二产业　对初级产品进行再加工的部门。第二产业包括工业(采掘业、制造业、电力、煤气及水的生产和供应业)和建筑业。比较 primary industry,tertiary industry。

S

secondary function　辅助[次]功能　(1)在系统或功能部件中,除主功能外的功能。(2)一种数据站的功能,即按照链路协议为响应主站的命令而提供的各种功能。

secondary half-session　次会话端　在 SNA(系统网格体系结构)中,接收会话激活请求的会话端。参见 secondary logical unit。比较 primary half-session。

secondary index　辅助索引　针对辅助关键字建立的索引。

secondary index database　辅助[次级]索引数据库　一种含有辅助索引指针的数据库。该索引被用于建立物理或逻辑数据库的另一访问路径,该访问路径与数据库定义时提供的路径不同。

secondary index entry　辅助索引项　在索引存取方法中,一种说明辅助索引文目录项。

secondary indexing　辅助索引　层次数据模型提供的一种非主索引的方法。它按根片段中的非关键码字段或从属片段的某字段值来存取片段。当需要对数据库记录不按主索引法频繁进行直接存取或希望比以主索引法更快的速度存取某些片段时,常采用辅助索引。通常辅助索引只是由 DBA(数据库管理员)来建立和维护,而应用程序员只需熟悉辅助索引。它是应用程序进入一个物理数据库或逻辑数据库的替换入口,是存取数据库记录的另一条途径。辅助索引和主索引之不同点是,前者可以索引 HISAM(层次索引顺序存取法),HIDAM(层次索引直接存取法)或 HDAM(层次直接存取法)数据库任何级上某一片段中的字段或字段值。

secondary information　二次情报　对原情报进行分析、加工和整理之后,可存储在计算机内的情报。

secondary key　辅助键标[关键字],次键标　(1)索引数据集中每个记录第一块的一部分,该部分可以用来在该数据集中寻找记录。仅当 DSCB(数据集控制块)按上述原则定义时,辅助键标才是有效的。参见 primary key。(2)除主键标以外的其他键标域,以这些域之一为基础所进行的搜索,其速度通常是以主键标为基础的检索速度的一半,次键标通常不要求是唯一的。

secondary key encrypting keys　二级[辅助]密钥的密钥　在密钥管理中,被用于对数据密钥进行加密或解密的密钥。

secondary key field　辅助关键字字段　在记录中,保存辅助关键字或用作辅助关键字的数值的字段。

secondary key retrieval　辅助关键字检索　情报检索中,除采用主关键字外还使用辅助关键字的检索,称为辅助关键字检索,如要从点心配料表中查找用了奶油和芝麻的点心名,则奶油是主关键字,芝麻是辅助关键字。

secondary link station　次(级)链路站　在 SNA(系统网络体系结构)中,链路上除主链路站外的任何使用主从协议的链路站。次链路站只能与主链路站交换数据,次链路站之间没有数据通信流。比较 primary link station。

secondary logical unit (SLU)　次(级)逻辑单元　在 SNA(系统网络体系结构)中,在一特定的 LU-LU(逻辑单元之间)会话中,该逻辑单元对中包含了次会话端的逻辑单元。比较 primary logical unit,logical unit。

secondary logical unit (SLU) key　次逻辑单元密钥　在 SNA(系统网络体系结构)中,一种密钥的密钥,在通话密钥被传输到次对话端时,它被用来保护通话密钥。

secondary loop　次级回路　当两个控制回路级联在一起时,其中的一个回路是主回路或初级回路,另一个是从回路或次级回路。次级回路的调整的输出送到控制元件。上述定义适用于双回路级联,如果两个以上回路级联在一起,中间回路将同时具有初级和次级功能。只是该中间回路的输出不送到控制元件。

secondary memory　辅助存储器　为弥补主存储器容量不足而使用的一种存储器。通常,其容量比主存大,存取速度比主存慢。主存和辅存之间通常以成块方式交换数据。

secondary modem　次级调制解调器　一种连到次级数据终端设备的调制解调器。

secondary network control program　次级网络控制程序　同 remote network control program。

secondary option menu　二级选择表　在会话管理系统的选择表层次化结构中,分组在一起的一系列预定义过程中的第二级选择表。在指定主选择表的功能后,在会话管理程序控制下二级选择表就提供可用的更详细的功能。

secondary paging device　二级分面设备,辅助调页设备　某些操作系统中的辅助设备,仅在主分页设备的可用空间少于指定的最小值时才用于分页操作。二级分页设备的一部分可以用于非分页操作。

secondary power lead　二次电源引线　在设备或分系统的内部,用作传导并经过调节、稳压、整流、隔离、变压或变流的,(即经过任何变换的)交流或直流电源的各种引线。

secondary processing sequence 辅助处理顺序 在某些信息管理系统数据库中,在物理或逻辑数据库中的记录段类型的一种层次顺序,它是在经过一个辅助索引去访问一个数据库时自动形成的。

secondary program 次(级)程序 任务中除主程序外的任何程序。一个次程序可以有多个入口点,也可以没有程序标题。通过调用请求可以援引次程序,或者使用诸如汇编转移指令等各种直接连接指令来援引次程序。参见 primary program。

secondary record format 辅助记录格式 在询问中,当文件的链接已经指定时,辅助文件的一种记录格式。比较 primary record format。

secondary register set 辅助[次级]寄存器组 在某些操作系统中,分配给一个程序用作通用寄存器的两个主要寄存器之一。比较 primary register set。

secondary relay 二次继电器 由互感器或变换器得来的电流或电压激励的一种继电器。参见 primary relay。

secondary request 辅助[次级]请求 在某些信息管理系统的多系统环境中,由应用程序送到事务处理目的地的一个报文。参见 primary request, response。

secondary segment 辅段,次段 在某些小型计算机系统中,除任务集的主段以外的任何常驻段。

secondary selection sorting 二次选择排序 在选择排序法的基础上作了改进的排序方法,把待排序的 N 个关键码分成 $\sqrt{N}$ 个块,令每块内有 $\sqrt{N}$ 个元素。排序时先在每块内选一个最大(最小)的元素,然后在所选出的元素中再选出一个最大(或最小)的元素。重复上述的过程,直到每块内关键码都被选出为止。

secondary space allocation 二次空间分配 在具有某些数据存取方法的系统中,在原始分配的主空间用尽之后再分配的一个直接存取空间中的区域。参见 primary space allocation。

secondary space clearing 辅助空间清除 当文件删除时,对文件占用空间(磁盘、磁带)清零的一种操作。

secondary station 次站,辅站,从站 (1)一个受主站控制的远距离站或分支站。在 HDLC(高级数据链路控制)中,数据站的一部分,该部分执行由主站分配的数据链路控制功能及解释所接收的指令并对传输产生响应。(2)在网络中接收主站命令帧,发送响应帧,并且配合主站参与差错恢复等链路控制的站点。

secondary storage 辅助[二级]存储器 一种非易失性的存储媒介,如磁带或磁盘。同 auxiliary storage。参见 secondary memory。

secondary surveillance radar 二次监视雷达 利用发射机/接收机和应答机的两次雷达系统。比较 primary surveillance radar。

secondary system 二次系统 电力系统中量测、保护、控制、通信及调度自动化等系统的总称。二次系统是由继电保护、安全自动控制、系统通信、调度自动化、分布式控制系统(DCS)等组成的系统。二次系统是电力系统不可缺少的重要组成部分,它是实现人与一次系统的联系监视、控制,使一次系统能安全经济地运行。比较 primary system。

secondary system control facility (SSCF) 辅助系统控制设施 在信息处理系统中,与 I/O 子系统相关联的系统控制设施电路。

secondary task 辅助任务 任务组中除主任务外的任何其他任务。辅助任务由在主任务下或另一辅助任务下执行的程序初启。

secondary winding 次级绕组,二次绕组 与负载相联的绕组,也称副绕组。如变压器中为负载供给电能的绕组,它传送到负载上的电能是从磁芯中的磁能转换过来。比较 primary winding。

secondary window 临时[子]窗口 (1)在 AIX 操作系统中,指短时出现的窗口,如对话框。(2)在主窗口的范围之内移动或缩放的窗口。

second generation computer 第二代计算机 以晶体管作为基本元件的计算机,也称"晶体管计算机"。其结构与第一代计算机相同,但内存容量、执行速度、稳定性及复杂性都大大超过了第一代计算机。此外还用了多道程序和分时技术,并且开始数据通信。

second generation data model 第二代数据模型 在语义描述能力上,比 E-R(实体-联系)模型这种第一代模型更强的新一代数据模型,他们作为数据库设计的视图定义阶段对视图进行定义描述的工具(或方法)。例如,角色模型、例示模型、实体模型、数据模型、多级语义模型、特性驱动模型等均可视为第二代数据模型。

second generation industrial robot 第二代工业机器人 具有一些简单智能,如视觉、听觉、触觉等功能的工业机器人。这种机器人已用于生产,其应用领域正在逐步扩大。

second generation mobile communications technology (2G) 第二代移动通信技术 以数字语音传输技术为核心的移动通信。与第一代模拟蜂窝移动通信相比,第二代移动通信系统采用了数字化,具有保密性强、频谱利用率高、能提供丰富的业务、标准化程度高等特点。

second generation programming language (2GL) 第二代程序设计语言 一种汇编级别的符号程序设计语言。用一些简洁的英文字母、符号串来替代一个特定的指令的二进制串,如用"ADD"代表加法,"MOV"代表数据传递等等,这种程序设计语言就称为汇编语言。然而计算机是不认识这些符号的，这就需要一个专门的程序，专门负责将这些符号翻译成二进制数的机器语言，这种翻译程序被称为汇编程序。汇编语言十分依赖于机器硬件，移植性不好，但比机器语言（第一代语言）易学易理解，效率比高级语言（第三代语言）高。

second layer network loop　二层网络环路　二层环路一般是由于配置、组网或规划错误产生，二层环路产生后，将导致二层多播或者广播的数据包的风暴，最终造成整个网络瘫痪。参见 network loop, third layer network loop。

S

second harmonic distortion (HD2)　二次谐波失真　二次谐波与输入信号（载波）之比，常用 dBc 表示。参见 harmonic distortion (HD)。

second level address　二级地址　即间接地址。同 indirect address。

second level addressing　二级寻址　一种寻址方法，采用这种寻址方法时，所寻址单元中的内容不是操作数本身，而是存放该操作数的地址，或者是另一间接地址。后一种情况称为多级寻址。

second-level director　次级目录　在某些操作系统中，一个位于管理程序中的表，它包含了在系统可执行目标库的相应目录磁道上找到的最高层可执行程序段名。

second level domain (SLD)　二级域名　顶级域名之下的域名，在国际顶级域名下，它是指域名注册人的网上名称；在国家顶级域名下，它是表示注册企业类别的符号。我国在国际互联网络信息中心正式注册并运行的顶级域名是 CN，这也是我国的一级域名。在顶级域名之下，我国的二级域名又分为类别域名和行政区域名两类。类别域名包括用于科研机构的 ac；用于工商金融企业的 com；用于教育机构的 edu；用于政府部门的 gov；用于互联网络信息中心和运行中心的 net；用于非盈利组织的 org 等。而行政区域名有 34 个，分别对应于我国各省、自治区和直辖市。

second-level index block　二级索引块　在索引数据集中，一个次级最低索引块。它包含于一级索引块的地址和高级键标。

second-level interrupt handler (SLIH)　二级中断处理器　在 AIX 操作系统中，指一个与设备无关的程序，处理某个特殊适配器的中断，由第一级中断处理器调用。

second-level message　第二级信息　一种信息，该信息为第一级信息提供附加信息。

second-level message display　第二级信息显示　一个含有第二级信息正文和附加信息的显示。

second-level statement　二级语句　在某些操作系统中，一种程序设计语句，它可以汇编成一条以上的指令。比较 first-level statement。

second-level storage　二级存储器　在某些操作系统中，一种对虚机而言似乎是实存的存储器。参见 first-level storage, third-level storage。

second normal form (2NF)　第二范式　若一个关系 R 当且仅当它是第一范式（R∈1NF），且 R 中每个非主属性都完全依赖于主关键字时，称为第二范式（R∈2NF）。参见 normal form, full-functional dependency。

second order predicate calculus　二级谓词演算　二阶谓词演算的形式与一阶谓词演算类似。所不同的是：在二阶谓词演算中不仅使用个体变元（以个体域为其变域），而且使用命题变元（以真值集合为其变域）、谓词变元及函数变元（以个体域的幂集或个体域的各级笛卡儿积的幂集为其变域）。在二阶谓词演算中，全称量化和存在量化可对各类变元实施。

second order subroutine　二级子例程　也称“二级调用子例程”，是由一级子例程输入，调用后再返回到一子例程程序或主程序的一类子例程。

second recursion theorem　第二递归定理　关于递归函数的一个重要定理，当 f 为一元递归全函数时，在枚举的递归函数 $\varphi_0, \varphi_1, \varphi_2, \varphi_3, \cdots$ 中，总有 n 使 $\varphi_{f(n)} = \varphi_n$。

second remove subroutine　第二级子例程　由被调用程序调用并回到被调程序的子例程。

second source　第二货源　选择电子元器件时，应尽量采用标准规格的通用元器件。这类元器件通常不是由某个公司独家生产的，而是多家公司均能生产。如果特殊元器件光靠一个公司提供，那么就会在因某些原因（如火灾、倒闭和商业竞争等）而停止供应时，出现元器件短缺情况，因此一般电子设备制造厂商都备有电子元器件的第二货源，它经常作为企业的保护手段。

secret sharing　秘密共享　也称“秘密分存”，将秘密以适当的方式拆分，拆分后的每一个份额由不同的参与者管理，单个参与者无法恢复秘密信息，只有若干个参与者一同协作才能恢复秘密信息。秘密共享目的是阻止秘密过于集中，以达到分散风险和降低入侵危险的目的，是信息安全和数据保密中的重要手段。参见 secret key sharing。

secret key　秘密键，保密密钥　同 private key。

secret key sharing　密钥共享　也称“密钥分存”，是一种分发、保存、恢复密钥的方法。该方法将密钥拆分成一系列相互关联的子密钥，然后将子密钥分发给某小组（授权集）中的各个成员，使得该小组中的各成员拿出他们的子密钥后就可利用既定的方法恢复该密钥，而其他小组（非授权集）则无法恢复该密钥。密钥共享可以防止密钥的遗失、损坏和来自敌方的攻击，减小密钥持有者的责任，降低敌方破译密钥的成功率。参见 secret sharing, verifiable secret sharing (VSS)。

section　节，剖视　(1)在 COBOL 语言中，逻辑相

关的一段或多段组成的序列。节必须被命名。(2)在计算机制图技术中,对一个或多个显示对象,绘制有界或无界的剖面,然后显示该剖面。(3)在数据存取方法索引记录中,一组相继的索引项。为了提高检索某一项的速度,索引中的索引项被分成若干节,节的数目约为表项数目的平方根。(4)建议使用 segment。参见 control section。

sectional assembly 分段汇编程序 必须与全部汇编程序结合使用的程序。一个分段汇编程序不包括在模块化系统程序中所需要的全部基本系统程序,并且必须用连接编辑程序将它与全汇编程序合并在一起。在分段汇编程序与全汇编程序间的交叉引用,只有在他们被连接到编辑程序,组合成一个完整的存储器装入模块才能解决。

sectional center 地区中心(局) 把若干初级中心连接在一起的一种控制中心,属于一级局的二级局。

section name 节名 在 COBOL 语言中,位于过程部分节点头的一个用户自定义字,对该节点有标识作用。

section number 节号 标识构成文件的一系列节中具体那一节的一个编号。

section object 区域对象 微软 Windows NT 中,代表可能被两个或多个进程共享内存的对象。一个进程也能创建一个代表私用内存的无名区域对象。参见 view。

section of series capacitor 串联电容器的节段 一种由电容器组、防止电容器过电压和负荷的限制电压装置、具有使电容器旁路和投入机能的继电器和开关装置等组成并包括地电平控制设施的组装体。

section overhead (SOH) 段开销 段开销是指 STM(同步传输模式)帧结构中为了保证信息正常所必需的附加字节。主要是些运行、管理和维护字节,如误码监视、帧定位和自动保护倒换字节等。段开销又分为再生段开销(RSOH)和复用段开销(MSOH)。参见 regenerator section overhead (RSOH),multiplex section overhead (MSOH)。

sector 扇区,扇面,扇段 磁盘表面记录信息的最小物理分割单位。磁盘的圆形磁道分成若干段。一个磁道上的一个段称为一个扇区。同一盘面上许多磁道分成相同数目的段数。不同道上的对应段长度是里向外逐渐增加,形成的扇面状区域。整个盘面由多个扇区组成。有的磁盘,盘面沿径向分两个或三个道区。扇区号与道的段号相同。英文中扇区和道的段都用 sector 表示。

sector address 扇区地址 选择磁盘片磁道工作区的参数。该参数将作用于磁头使之到指定区上进行读写工作。

sector counter 扇区计数器 在磁盘设备中记录通过的扇区数的计数器。每收到一个扇区标志(每个扇区标志通过扇区传感器)则寄存器加一,接收到索引标志时(每旋转一次),则寄存器置零。这样,扇区计数器总含有通过读/写头的扇区数目。

sectored file 区段文件 记录在区段磁盘装置上的数据(不管是否构成文件)。

sector header 扇区头 磁盘每个扇区开始的第一块数据。扇区头中有关于扇区物理地址的信息,包括磁道号、面号、扇区号。

sectoring 扇区划分 在磁盘系统中,为访问目的将磁盘表面(此处指所有磁道)划分为许多角度相等的部分(扇区)。一般每个表面(此处为每个)磁道被划分为 8、9、12、15、16、24 或 32 个扇区。硬扇区的划分是由扇区缝的数量决定的,扇区缝是开在随磁盘旋扇区环上的一个物理缝隙。

sector interleave 扇区交错 在一个磁道内,不将扇区按编号顺序存放,而是按任意顺序存放。采用此方法可提高向磁盘存取文件时的速度。

sector map 扇区图,段映射 显示磁盘扇区使用情况的图,也指将操作系统要求的逻辑扇区转换成物理扇区号的表。

sector pulse 扇区脉冲 当扇区缝通过扇区传感器时,一种由扇区传感器输出的脉冲。

sector ring 扇区环 磁盘组的一个元件或固定驱动体的一个元件,在该元件上开有扇区缝。

sector slot 扇区缝 在硬扇区的磁盘设备中,在扇区环(与磁盘一道旋转)上每个扇区始点所开的缝,该缝由扇区传感器检测。

sectors per track 每道扇区数 磁盘存储器内每个磁道被分成许多扇形的区域,每个区域叫一个扇区,每个扇区可存储 128×2 的 N 次方(N=0、1、2、3)字节信息。可以由硬件或软件完成区段的划分,通常划分的扇区数有 8、9、12、15、16、24、32、64 等。

sector transducer 扇区传感器 磁盘设备上的一个元件,在扇区缝通过扇区传感器时,传感器检测旋转扇区环的不连续磁通或磁场,并为访问目的产生扇区标志信号。检测索引缝通常采用同样的传感器,如指这一功能,则它称为索引传感器。

secure attention key (SAK) 安全注意键 在 AIX 操作系统中,一个键序列,此序列结束与终端相关的所有处理以便为安全通信提供一个可信任的通道。

secure configuration management 安全配置管理 控制系统硬件与软件结构更改的一组规程。其目的是来保证这种更改不致违反系统的安全策略。

secure digital memory (SD) 安全数码卡 简称"SD卡",由日本松下公司、东芝公司和美国 SanDisk 公司于 1999 年 8 月共同开发研制的存储卡。SD 卡体积只有 32 mm×24 mm×2.1 mm,重量只有约 2 g 左右,并内置有版权保护的功能。SD 卡采用了 flash memory(闪存),平均数据传输率能达到 2 Mbps,通过 9 针的接口界面与专门的驱动器相连

S

接。参见 TransFlash memory (TF)。

secure digital music initiative (SDMI)　安全数字音乐促进　1999 年由音乐界及相关娱乐公司发起组成了 SDMI 组织,2000 年推出 SDMI 建议的数字音乐格式,要求所有在因特网上发行的 CD(光碟)和音乐数据都应该加入数字水印编码,而与 SDMI 相容的播放器或播放软件就可以知道音乐数据被拷贝的次数,若超出限制次数则无法播放。

secure electronic transactions (SET)　安全电子交易协议　SET 标准是用来保证在开放网络上安全地使用信用卡进行购物的一种协议。它具有检验购物实际持卡人真实身份的能力,并对金融机构、消费者、零售商和营销公司从事因特网电子化贸易提供了必要的安全性。在 1996 年 6 月,MasterCard、VISA 和其他一些技术公司共同开发了该标准协议,并对它提供可靠的担保。SET 协议得到了 IBM、HP、Microsoft、Netscape、VeriFone、GTE、VeriSign 等许多大公司的支持。SET 的范围包括信用卡在电子商务中的交易协定、信息保密、资料完整和数字认证及数字签名等,已被认为是全球网络贸易的标准。

secure Hash algorithm (SHA) algorithm　安全 Hash [散列]算法　该法采用单向 Hash(散列)函数将需加密的明文“摘要”成一串 128 位的密文,这一串密文也称“数字指纹”,它有固定的长度,且对不同的明文摘要成密文,其结果总是不同的,而同样的明文其摘要必定一致。因此,这串摘要便可成为明文是否是“真身”的指纹。

secure hypertext transfer protocol (SHTTP)　安全超文本传输协议　一种由 Enterprise 集成技术公司提送至因特网工程任务组(IETF)审核的 HTTP (超文本传输协议)通信协议的扩展规格,可使数据通过 WWW 安全地传输。类似功能也提送至 IETF 审核中的通信协议是安全套接层(SSL),但 SSL 主要功能是建立安全的连线,而 SHTTP 是建立安全的数据传送。SHTTP 运行在应用层上,使用 RSA 公钥加密技术,实现安全的 Web 传输。参见 hypertext transport protocol (HTTP), secure socket layer (SSL)。

secure logon facility　安全登录机制　微软 Windows NT 安全系统中,监视某一登录设备的软件,它确保所有用户必须输入有效的标识才能访问系统。

secure multipurpose Internet mail extensions (S/MIME)　安全通用因特网邮件扩充(标准)　S/MIME 标准使用由 RSA Data Security 公司专利和许可的许多密码算法。它依赖于数字证书,因而也依赖于某种证书管理机构,不管是企业的,还是全球的,以保证认证。

secure operating system　安全操作系统　为所管理的数据和资源提供相应的安全级别保护,而有效控制硬件和软件功能的操作系统。

secure path　安全通路　同 trusted path。

secure socket layer (SSL)　安全套接层　SSL 是由 Netscape 通信公司制定的保证因特网安全连接的协议,主要目的是提供网络上可信赖的服务、保密服务与身份鉴别等。最早在 1994 年提出标准草案,经过多次的改进升级,2001 年版本为 SSL 3.0。SSL 主要特性:通信双方所建立的连接是隐秘的,加密的操作在通信双方完成协议的程序后,依据协商后只有双方才知道的密钥对传送数据加密,所采用的算法有 DES(数据加密标准)、TripleDES、IDEA(国际数据加密算法)、RC2、RC4 等;通信是可信赖的,通信传送时会同时传送保证数据完整性的数据识别码,数据识别码采用 MD5、SHA(安全 Hash 算法)。SSL 是界于 TCP/IP(传输控制协议/网际协议)层及各类应用间的一层,它对传统的网络数据包进行加密处理,确保网络传输的数据包不会被第三者监听和篡改。SSL 分为两层,上面是 SSL 协商层,会话开始时,双方通过协商层商定相关加密的算法和对称会话密钥,进行身份认证等,下面是 SSL 记录层,它把高层的数据经分段、压缩后加密,由传输层传送出去,当会话开始时的协商结束后,客户机和服务器就可以以加密的数据用安全的方式互相传送数据。参见 secure hypertext transfer protocol (SHTTP)。

secure socket layer virtual private network (SSL VPN)　安全套接层虚拟专用网　一种虚拟专用网,通过标准的网页浏览器即可使用。一个 SSL VPN 由一个或一个以上的虚拟专用网装置组成,用户可以通过自己的网页浏览器接入此装置,可简化用户使用各种计算机的过程和粒度控制,用户可在多个地点访问相关资源。SSL VPN 主要分为两大类:安全套接层门户虚拟专用网和安全套接层隧道虚拟专用网。参见 SSL Portal VPN, SSL Tunnel VPN。

secure state　安全状态　在未授权情况下,不会出现主体访问客体的情况。

secure system　安全系统　一种操作系统,在该系统上,一个程序员的错误不会使整个系统崩溃或影响其他进程。

secure transaction technology (STT)　安全交易技术　由微软公司推出,并用于 Microsoft IE 浏览器的协议,这一协议把认证与解密在浏览器中分离,以提高交易的安全控制能力。

secure working area　安全工作域　用于处理敏感信息的可信设备或区域。

security　安全(性)　(1)保护计算机系统或文件不被非法使用、有意或无意泄露、传输或破坏等而采取的一系列措施。(2)控制对信息系统访问的机制或技术。例如,阻止非授权更改、破坏、服务否认、窃取等行为的保护方法。安全性是一个可扩充的重要概念,如计算机安全、信息安全、网络安全等。(3)评价数据库系统的一个重要指标,它标志程序和数据等信息的安全程度。一个完善的数据库系统应防止非法用户访问或使用数据库系统中的程序和数据。数据安全性指数据库中的数据不被破坏或泄露以及不被非法修改的概念。

security accountability 安全审计能力 跟踪和阻止违背或企图违背系统安全行为的特定状态或性能。

security accounts manager (SAM) 安全账户管理（程序） 一个微软 Windows NT 保护子系统，管理 SAM 数据库并提供访问该数据库的应用程序接口（API）。参见 SAM database。

security and protection 安全与保护 操作系统为保证系统正常运行，防止系统中各种资源受到有意或无意破坏所采取的措施。通常安全是指防止非法用户进入系统或系统的某些部分；而保护则是指操作系统中用于控制程序、进程及用户对系统资源和用户资源的存取所采取的措施。例如，用户进入系统时需要核对口令、文件的存取必须受文件权限（或文件存取控制表）的限制，以及用户级别的划分等都是操作系统安全与保护中所采取的措施。

security architecture 安全体系架构 安全组件或部件之间如何构成一个相互协作的系统规则或方式。安全体系架构描述一个系统要满足用户的需求必须提供的安全服务，实现该服务需要的系统元素以及解决该威胁环境所需要的实现级别。一个系统的完整的安全体系结构应该包括管理安全、通信安全、计算机安全、人员安全和物理安全以及为这些方面的安全制定的规则，要既能处理内部的，智能的威胁，又要能处理突发的威胁，并且能随着系统的发展而发展。参见 security domain。

security assertion markup language (SAML) 安全断言标记语言 结构化信息标准促进组织（OASIS）定义的一种可扩展标记语言（XML）标准，它允许用户登录一次相关但单独的网站。SAML 定义三种元件：断言、协议以及约束。SAML 设计用于企业与企业（B2B）以及企业与消费者（B2C）的事务处理。

security association (SA) 安全关联 因特网安全体系结构的 IPSec（因特网协议安全性）技术中使用的一项重要概念，所谓安全关联就是在一个发送者和一个接收者之间的单向关系。SA 是两个通信实体经协商建立起来的一种协定。它决定了用来保护数据报文安全的 IPSec 协议、转码方式、密钥以及密钥的有效存在时间等。IPSec 实施方案最终会构建一个 SA 数据库（SADB），由它来维护 IPSec 协议用来保障数据包安全的 SA 记录。参见 IPSec。

security auditing 安全审计 对网络上发生的事件进行记载、分析和报告的操作。安全审计涉及四个基本要素：控制目标、安全漏洞、控制措施和控制测试。控制目标是指企业根据具体的计算机应用，结合单位实际制定出的安全控制要求；安全漏洞是指系统的安全薄弱环节，容易被干扰或破坏的地方；控制措施是指企业为实现其安全控制目标所制定的安全控制技术、配置方法及各种规范制度；控制测试是将企业的各种安全控制措施与预定的安全标准进行一致性比较，确定各项控制措施是否存在、是否得到执行、对漏洞的防范是否有效，以及评价企业安全措施的可依赖程度。

security axiom 安全性公理 在数据库安全中，数据库系统对于什么身份的用户在什么条件下可以对什么范围的数据进行什么操作都必须作出判断。安全性公理指出各种情况之间的内在联系，从而只要依照公理作出基本的规定就可以推出其他相关的规定。公理包括四方面的内容：①在条件 C 下，如果 X 可以访问 A，则在不强于 C 的条件下，X 可以访问 A 的子集；②在条件 C 下，如果 X 不可以访问 A，则在不弱于 C 的条件下，X 不可以访问任何包括 A 的集合；③在条件 C 下，用户 U 可以保存 A，则在不强于 C 的条件下，U 可以得到 A；④用户 U 被无条件地禁止得到 A，则 U 也被无条件地禁止保存 A。

security classification of information service system 信息服务业务系统安全等级 信息服务业务系统重要程度的表征。重要程度从信息服务业务系统受到破坏后，对国家安全、社会秩序、经济运行、公共利益、网络和业务运营商造成的损害来衡量。

security classification of instant messaging system 即时消息业务系统安全等级 即时消息业务系统安全重要程度的表征。重要程度可从即时消息业务系统受到破坏后，对国家安全、社会秩序、经济运行、公共利益、网络和业务运营商造成的损害来衡量。

security classification of the domain name registration system 域名注册系统安全等级 域名注册系统安全重要程度的表征。重要程度可从域名注册系统受到破坏后，对国家安全、社会秩序、经济运行、公共利益、网络和业务运营商造成的损害来衡量。

security constraint 安全性约束 (1)也称“存取控制”。它限定某用户只能存取和/或修改某一部分数据，从而防止数据库内容的人为泄漏，也防止由于程序的错误而涉及数据库的其余部分。(2)对关系运行附加的一种限制，以使关系运行（关系代数运算和关系演算）能在计算机上有效地实施。通常把不产生无限关系和无穷验证的运算称为是安全的。安全性约束是确保数据库安全的一种措施。

security correlation agent (SCA) 安全相关代理 嵌入移动台的一个实体，负责搜集移动台的安全相关信息，并和移动网络侧的 SCS（安全相关服务器）通信，为移动台的安全升级和 SCS 对移动台的安全情况评估提供实时信息。

security correlation server (SCS) 安全相关服务器 移动网络侧和 SCA（安全相关代理）通信的服务

器,负责从SCA接收安全相关信息并评估移动台的安全状况,同时根据评估结果为移动台提供相应的控制信息;当SCS上被定义了或者输入新的策略时,SCS也可以主动向移动台发送相应的控制信息。

security descriptor　安全描述体　微软Windows NT中属于每个对象的用于保护其免受非法访问的数据结构,其中包含一个访问控制表以及检查跟踪对象用的各种控制。参见access control list, auditing。

S

security domain　安全域　安全模型或安全体系结构中定义的一种环境,包括一组资源和一组授权访问该资源的实体。安全域是一个逻辑范围或区域,在这一范围或区域中安全服务的管理员定义和实施通用的安全策略。它是从安全策略的角度划分的区域。参见security model。

security door　安全门　一种检测人员有无携带金属物品的探测装置,又称金属探测门。当被检查人员从安检门通过,人身体上所携带的金属超过根据重量、数量或形状预先设定好的参数值时,安检门即刻报警,有的并能显示造成报警的金属所在区位。

security engineering　安全工程　为确保信息系统的保密性、完整性、可用性等目标而进行的系统工程过程。

security engineering guide　安全工程指南　由工程组做出的有关如何选择工程体系结构、设计与实现的指导性信息。

security engineering lifecycle　安全工程的生存周期　在整个信息系统生存周期中执行的安全工程活动包括:概念形成、概念开发和定义、验证与确认、工程实施开发与制造、生产与部署、运行与支持和终止。

security equipment　保密机　对通信中传输的信息形式进行密化变换以隐蔽信息内容的通信设备。

security evaluation　安全评估　为评定在系统内安全处理敏感信息的可信度而做的评估。

security features　安全特征　与安全相关的系统的软硬件功能、机理和特性。

security filter　安全过滤器　用于自动数据处理系统中,防止来自非授权人员或非保护性资源的数据传送而采用的技术和软件。

security hole　安全漏洞　计算机、组件、应用程序或其他联机资源的无意中留下的不受保护的入口点。漏洞是硬件软件或使用策略上的缺陷,他们会使计算机遭受病毒和黑客攻击。

security ID (SID)　安全标识符　微软Windows NT中标志登录到安全系统中的用户的名字,在整个时间和空间内都是唯一的,安全标识符可以用来标识单个用户,也可标识一组用户,单个用户的安全标识符通常对应于用户的登录标识符。

security incident　安全事故　机密信息泄露或违背其他安全需求的事件或行为。

security inspection　安全验收　测定自动数据处理系统中的安全策略、过程和方法是否满足安全要求的检查。

security kernel　安全(内)核　(1)在计算机安全措施中,一个由软件硬件构成的局部机构,它执行安全控制,并且协调对程序和数据的所有访问。(2)可信计算基中实现基准监控概念的硬件、固件和软件。它监控所有访问,具有正确验证性和不被篡改性。

security log　安全日志　记录安全事件相关信息的事件日志。它把每次开关机、运行程序、系统报错时的这些信息都记录下来,保存在日志文件中。安全性日志可帮助管理员跟踪对安全性系统的改变,识别出对安全性的任何可能的违背行为。

security management　安全管理　国际标准化组织(ISO)为开放系统互连(OSI)参考模型网络管理定义的五类网络管理之一。安全管理既要保证网络用户和网络资源不被非法使用,又要保证网络管理系统本身不被未经授权地访问。其内容包括:与安全措施相关的信息分发;事件通知;安全服务设施的创建、控制和删除;加密和加密关键字的管理;与安全相关的网络操作事件的记录;维护和查询等日志管理工作。参见configuration management, fault management, performance management, accounting management。

security model　安全模型　一组实体和它们之间关系的模式描述,由此系统可以提供一些专门的安全服务。

security of knowledge　知识安全性　保护知识以防止不合法的使用,在知识库存放了大量的知识,为各用户直接或间接共享,从而其安全保护措施是否有效是知识库系统的重要指标之一,安全性与保密性密切相关,涉及知识的访问控制、修改和传播的技术手段。

security operation center (SOC)　安全运行中心　信息安全运行管理中心是实现信息安全管理体系(SMS)的技术支撑平台,它以信息以及信息系统风险管理为核心,为安全运营和管理提供支撑。

security policies　安全策略　在某个安全区域内(一个安全区域,通常是指属于某个组织的一系列处理和通信资源),用于所有与安全相关活动的一套规则。这些规则是由此安全区域中所设立的一个安全权力机构建立的,并由安全控制机构来描述、实施或实现的。安全策略通常建立在授权的基础之上,按照授权的性质,安全策略分为如下几个方面:基于身份的安全策略、基于规则的安全策略和基于角色的安全策略。

security policies baseline　安全策略基线　为满足信息系统安全的要求,使设备应具有的安全检查功能、策略和规则形成的集合。

security protection system (SPS) **安全防范系统** 以维护社会公共安全为目的，运用安全防范产品和其他相关产品所构成的入侵报警系统、视频安防监控系统、出入口控制系统、防爆安全检查系统等；或由这些系统为子系统组合或集成的电子系统或网络。

security protocol **安全协议** 也称“密码协议”，是以密码学为基础的交互通信协议，它运用密码算法和协议逻辑来实现实体之间的认证、在实体之间安全地分配密钥或其他各种秘密、确认发送和接收的消息是否正确等。参见 cryptographic protocol。

security reference monitor **安全引用监视程序** 微软 Windows NT 执行体中的一个部分，它比较进程的访问令牌与对象的访问控制表以确定是否允许这个进程的线程打开此对象的句柄。

security requirements **安全需求** 为使设备、信息、应用及设施符合安全策略的要求而需要采取的保护类型及保护等级。

security risk assessment of information service system **信息服务业务系统安全风险评估** 运用科学的方法和手段，系统地分析信息服务业务系统所面临的威胁及其存在的脆弱性，评估安全事件一旦发生可能造成的危害程度，提出有针对性的抵御威胁的防护对策和安全措施，防范和化解信息服务业务系统的安全风险，将风险控制在可接受的水平，为最大限度地保障信息服务业务系统的安全提供科学依据。

security risk assessment of instant messaging system **即时消息业务系统安全风险评估** 系统地分析即时消息业务系统所面临的威胁及其存在的脆弱性，评估其可能造成的危害程度，提出防护对策和安全措施，将风险控制在可接受的水平。

security risk assessment of the domain name registration system **域名注册系统安全风险评估** 系统地分析域名注册系统所面临的威胁及其存在的脆弱性，评估其可能造成的危害程度，提出防护对策和安全措施。

security risk of information service system **信息服务业务系统安全风险** 人为或自然的威胁可能利用信息服务业务系统中存在的脆弱性导致安全事件的发生及其对组织造成的影响。

security risk of instant messaging system **即时消息业务系统安全风险** 人为或自然的威胁可能利用即时消息业务系统中存在的脆弱性导致安全事件的发生及其对组织造成的影响。

security risk of the domain name registration system **域名注册系统安全风险** 人为或自然的威胁可能利用域名注册系统中存在的脆弱性导致安全事件的发生及其对组织造成的影响。

security specifications **安全规范** 系统所需要的安全功能的本质与特征的详细描述。

security subsystem **安全子系统** 微软 Windows NT 一个记录本机有效的安全策略并参与用户登录的集成子系统。参见 integral subsystem。

security testing **安全测试** 用于确定系统的安全特征按设计要求实现的过程。这一过程包括现场功能测试、渗透测试和验证。

security testing of information service system **信息服务业务系统安全测试** 对信息服务业务系统的安全保护能力是否达到相应保护要求进行衡量。

security through obscurity (STO) **通过隐蔽求安全** 在密码学及计算机安全学看来，某一段报文或某一计算机系统，只要潜在的攻击者不发现其存在，那么它就是安全的。

security token **安全性令牌** 安全性令牌用来授予对文档的访问权的标识及安全性的信息。不同的数据源类型支持不同类型的安全性令牌。安全性令牌包括用户角色、用户标识、组标识以及其他可以用来控制对内容的访问的信息。

SEE **软件工程环境** software engineering environment 的缩写。

Seebeck effect **塞贝克效应** 接触电位差随温度升高而增加的热电效应。1822 年德国人塞贝克发现当两种不同的导体相连接时，如两个连接点保持不同的温差，则在导体中产生一个温差电动势：$ES = S \times \triangle T$ 式中：ES 为温差电动势；S 为温差电动势率(塞贝克系数)；$\triangle T$ 为接点之间的温差。

seed **种子** 用于产生随机数和伪随机数的初始值。参见 random number generation。

SEED **自电光效应器件** self-electro-optic effect devices 的缩写。

seed fill **种子填充** 在计算机图形中，一种颜色填充技术，用指定的颜色涂满整个连续的区域。

seek **寻道，搜索** (1)将磁盘的读写头移到适当位置的一个过程。同 search。(2) FoxBASE 数据库管理系统中的一个命令，用于按指定键值寻找数据库中的某个记录。

seek time **寻道时间** 将磁盘的读写头移到指定位置所需的时间。参见 access time。

see-through HMD **合成图像头盔显示器** 在虚拟现实系统中，利用半镜等技术将显示器上的图像同真实风景重合进行观察的一种头盔显示器。参见 virtual reality。

SEG **特效生成器** special effects generator 的缩写。

segment **段，线端，数据片** (1)当程序被编译时的一块连续的地址空间。一般不固定，可装入内存任何位置。(2)在 Intel 8086 系列微处理器中，随机存取存储器中的一个 64 KB 的连续地址空间。参见 overlay, real mode, segmentation。(3)在通信

S

中,可以装入缓冲区的报文段落。(4)TCP(传输控制协议)规范中描述传输层数据流传输中使用的信息单元。(5)在 ATM(异步传输模式)网络中,指相互连接的 ATM 链路的一个 ATM 链路或组。

segment address 段地址 段地址是针对内存的分段而言的,将每一段的段首地址定义为段地址。段地址的存在是由系统的分段存储决定的,通过段地址和偏移地址就能对数据进行寻址。参见 segment-relative address。

segmentation 分段 将程序分成几个部分或段的操作。参见 flat address space, segmented。

segmentation and reassembly (SAR) 分段和重装 在 ATM(异步传输模式)网络环境中,在发送端把数据帧分割成 ATM 信元,到接收端再重新组合成数据帧的过程。这种活动发生在 ATM 适配层(AAL)的低半层。它将来自信息帧的数据插入到信元中。它还对数据增加所需的标头和尾部信值,然后将 48 字节的数据传递到 ATM 层。每一 AAL 类型都有自己的 SAR 格式。在终点,信元有效负载被抽出,并被转换为适当的协议数据单元。

segmentation scheduling 段式调度 存储管理的一种方法。它把程序空间按段划分,根据程序处理的要求,按段调入或调出存储器。

segmentation system 段式系统 使用段的虚拟存储系统。段是一个可变长的数据部分,它被从主存中调入或调出。

segment attribute 段属性 段的若干特性,如可见性、醒目性、优先性、可检测性及段的动态变换特性等。

segment base address 段基地址 段的第一字节的基本存储地址,即保存在段描述符中的数值。

segment descriptor 段描述符 (1)段描述符是 GDT(全局描述符表)和 LDT(局部描述符表)表中的一个数据结构项,用于向处理器提供有关一个段的位置和大小信息以及访问控制的状态信息。每个段描述符的长度是 8 字节,含有 3 个主要字段:段基地址、段限长和段属性。段描述符通常由编译器、链接器、加载器或者操作系统来创建,但绝不是应用程序。(2)在分段虚拟存储系统中,段表的一个组成部分,它保留了与特定段访问相关的信息。典型的信息一般包括访问方式和共享能力、辅助存储器中的位置以及装入时在主存中的位置。如果段在主存中,描述符一般也包括其边界和使用的或最后使用的频率指示。参见 descriptor。

segmented addressing architecture 分段寻址系统结构 以 Intel 80X86 系列为代表的一种存储器访问系统结构。采用将系统存储器分为以 64 KB 为单位的段这样一种分段的存储器模型。参见 linear addressing architecture。

segmented address space 分段地址空间 逻辑上划分成一块称为段的地址空间。当对一个给定的存储位置进行寻址时,程序必须给出段地址和段内偏移量。因为段可以重叠,所以实际对应的存储位置不是唯一的。可以有多种逻辑方法访问一个给定的物理位置。这种地址空间在 Intel 80X86 系列处理器中采用,大多数其他处理器为平直的地址空间。参见 flat address space, segment。

segmented dictionary 分段词典 文献检索一般需要很大的空间来存储词典,词典的大小由叙词种数和其平均长度而定。为了减少存储空间并提高检索效率,可采用词典分段存储法。分段的方法可按主题词长度、主题词起始字母或按散列法随机存储等,形成一些分段的子词典。

segmented program 分段程序 一个被分为若干段的程序。这样,当内存容量有限时,这种程序就比较容易存储。每个段都存储在后备存储器中,在适当的处理阶段再把相应程序段调入内存。这里使用了覆盖技术。参见 overlay。

segment fault 段故障 目前不存在于主存储器中的某段程序所对应的状态,以段故障位表示。

segmenting 分段 (1)把报文分组进一步分割小段的过程。报文分组在传输过程中,如遇中转节点其存储转发缓冲器因过小而不能容纳一个报文分组时,将收到的报文分组分成更小的报段,并加上顺序编号和报头后再发送出去。(2)在开放互连系统中,(N)实体为把一个(N)服务数据单位映射成多个(N)协议数据单位所执行的功能。与此相反,(N)实体为把多个(N)协议数据单位映射成一个(N)服务数据单位所执行的功能,称为合段。

segmenting of BIUs BIU 分段 在 SNA(系统网络体系结构)中,通路控制的一种任选功能。它把从传输控制接收到的一个 BIU(基本信息单元)分为两个或多个 PIU(通路信息单元)。第一个 PIU 包含着 BIU 中的 RH(请求标题),通常还包含 RU(请求/应答单元)的一部分,其余的一个或多个 PIU 包含 RU 的剩余部分。当不需进行分段时,一个 PIU 就包含一个完整的 BIU。

segment map table (SMT) 段映像表 在段式存储管理中,系统为每个进入内存的作业建立的一个表。它包括段号、段长、对应的内存始址及特征位等内容。

segment mark 段标 (1)把磁带文件的一段与另一段区分开的一种特殊字符。(2)早期计算机采用磁带作外存时为分割磁带文件名部分而写入磁带的一种特定字符。

segment match 片断匹配 语义网络的一种推理方法。首先根据待求目标,构造一个网络片断,然后查找语义网络知识库。当网络片断和知识库完全匹配时,片断中的变量节点被约束。在片断匹配时,还可以沿 IS-A 链做继承推理,以得到显式网络结构与网络片断匹配。

segment name 段名 对于每一段型指定一个段名,

在一个数据库内，对不同的段型其段名必须是唯一的。段名由应用程序员在发出对特定段的调用之前，在组成受限或非受限的 SSA(片段查找变量)时使用。同 segment type。

segment number 段号 (1)引用程序段时用的虚存地址。(2)在 COBOL 语言中。由用户定义的字，用于在过程部分中对各程序节进行分类。

segment overlay 分段覆盖 常用的覆盖技术，它将程序分成若干程序段，后一段覆盖前一段，而这些程序段本身又可分为若干个小段进行覆盖处理。在程序太长，内存不够用时，可采用这种覆盖方法。

segment protection 段保护 利用各个段表表目中的段保护位控制对虚存的存取访问，以防止误存的一种保护。当段保护位是 0 时，则允许往相应的段中存取信息。当该位是 1 时，则只允许取信息。如往被保护段里存信息时，则发生保护程序中断，被保护单元中的内容保持不变。段保护适用于用作虚地址的所有存取访问。

segment register 段寄存器 用以扩充受指令字限制的内存寻址能力的寄存器。靠该寄存器增加附加的地址位。这些寄存器有专门的操作指令。

segment-relative address 段相对地址 段内某一位置相对于段启始位置的增量称为段的相对地址，段启始位置为零，段相对地址加上段基址便产生该位置的绝对地址。

segment search argument (SSA) 片段查找变量 在层次数据库的实际查找时，总是从根部开始往下逐层查找，而每一层又有许多路径。为使查找高效进行，应在每一分叉处设置路标，即查找限定条件，SSA 即起这个作用。每个 SSA 包含一个片段名，可任选一个或多个命令代码以及一个或多个限定条件。对一个层次路径中的每个片段都可提供一个 SSA，若干个 SSA 可定义一条通向某目标片段的路径。带有限定条件的 SSA 称为查找受限 SSA，不带限定条件的叫查找非受限 SSA。

segment selection 段选择 某些层次型数据库中，在一条命令中按名字指定双亲段和目标段。选择可以用名字限定法，也可以不采用。比较 segment search argument。

segment selector file 段选择器文件 一个存放当前代码段、数据段、栈段等段指针的文件。

segment sharing 段共享 一种公用系统程序共享的存储段。例如，在各个多重虚拟存储系统之间共享管理程序。

segment table (ST) 段表 在虚拟存储系统中，一种动态地址转换表，用来控制用户对虚拟存储段的访问。段表的每一个表目指示出一个相应页表的长度、位置及其可用性。

segment table base register (STBR) 段表基址寄存器 存放内存中段表基址的寄存器。

segment table entry (STE) 段表表目 在虚拟存储系统中，一个段表中的表目，它指明相应页表的长度。在内存中的位置以及该页表的可使用性。

segment table length register (STLR) 段表长度寄存器 存放当前进程所占内存段数的寄存器。

segment type 段类型 在某些信息管理系统数据库中，一种由用户定义的数据类别。

segment unit 段单元 (1)在 FORTRAN 语言中，通过编译一个或若干程序单元而产生的一个程序，但不包括含有主程序入口的程序单元。(2)在 XL Pascal 中，一个可独立地编译的代码段，包含与程序单元连接的程序。参见 program unit。

seize 占用 获得对数据传送线路的控制权。

seizing signal 占用信号 在报文开始时发出的一种特定信号，它使线路上的接收端也开始工作。

select 选取，选择 (1)某种条件满足时选取 A，另一种条件满足时则选取 B。(2)对某一输入或输出设备进行控制，准备进行数据传送。(3)在多点连接的通信中，请求一个或多个数据站接收数据的过程。(4)在 FoxBASE 数据库管理系统中，SELECT 命令用于选择一个工作区。(5)在数据库管理中，按一个或多个指定的规则选择记录。(6)在一般的计算机应用中，为了以某种方式管理信息，通过加亮屏幕上显示的一个条目。

selectable-length word 可选长度字 程序员将多个文字分配给每一个数据项的能力。这个字必须足够长以便能处理最长的项，不用的位置由空格或零填补。

selectable unit (SU) 可选部件 一组新的及经过更改的模块以及宏定义。他们提供了新增加的程序功能或对硬件的新的支持。可选部件是与一个版本分开发送的，根据用户的意愿，单个地或成组地安装。

selected research in microfiche 缩微胶片定题检索 一种定题情报提供服务，不仅提供相关新文献，而且把这些文献输送到缩微胶片上而提供给用户。

selecting 选择 (1)在多点连接或点对点连接中，请求一个或多个数据站去接收数据的过程。(2)一种关系运算。是关系数据库的基本操作之一。它根据是否满足一定的条件和是否在指定的范围，而对数据库中的记录进行选择操作。

selectional restrictions 选择限制 一种利用语义消解歧义的方法。它规定可共现语义是合法组合，而剖析过程中产生的不合法表达式要被排除掉。

selection check 选择校验 在指令执行过程中，为了验证所选设备是否正确而进行的校验。

selection combining (SC) 选择式合并 分集技术接收端各个不相关的分集支路合并时采用的方式之一。采用选择式合并技术时，N 个接收机的输出信号先送入选择逻辑，选择逻辑再从 N 个接收信号中选择具有最高基带信噪比的基带信号作为

S

输出。每增加一条分集支路，对选择式分集输出信噪比的贡献仅为总分集支路数的倒数倍。参见 diversity technique。

selection control 选择控制 由布尔表达式的现行值决定语句序列的执行或不执行的控制结构。高级程序设计语言中的 if 和 case 语句就是选择控制的例子。

selection field 选择字段，选择项 (1)根据某一条件去检测的一个字段，以决定某一记录是否应包含在某一类记录中。(2)指一系列相关的选择项。参见 entry field。(3)窗口中的一个不可滚动显示的区域，包含固定数量的选择项。

S

selection menu 选项单，菜单 同 menu。

selection operation 选取操作 一种关系代数运算。它用来从一个关系构造出一个“水平方向的”子集，即关系中所有那些满足一个指定谓词的元组的集合。

selection panel 选择屏 一种具有菜单供用户选用的屏幕，用户必须以对话方式对菜单上的项目进行选择才能继续进行处理。

selection priority 选择优先级 同 scheduling priority。

selection-replacement technique 选择替换技术 分类程序内部使用的一种技术，它将两组记录比较的结果存储起来供以后查用。

selection signal 选择信息 在交换网络中，一串指示为建立一次呼叫所需要的全部信息的字符序列。

selection sort 选择分类(排序) 一种分类方法。它检查一个集合中的每一项，以找出满足指定标准的一项，然后将此项按类附加到已分类排序的集合中，而在进一步操作中不再考虑该项。此过程一直重复到所有的项都放入已分类的排序集合中为止。

selective calling 选择呼叫，选站，选台 (1)一种呼叫制式，在通信网络中，发送站在同一条线路上几个站中选定一个站接收报文的呼叫制式。参见 call directing code, station selection code。(2)数据通信中，发送数据的传输站指定线路上某个站接收数据而发起的呼叫。

selective band repeater 选频直放站 在 CDMA(码分多址)频段的全部或部分频段内选择一个或多个 CDMA 指配信道工作的直放站。同 frequency channel selective repeater。

selective construct 选择构造 在程序设计语言中刻画选择算法的语言构造称为选择构造。如果语句、情况语句都是选择构造的。

selective cryptographic session 选择加密会话 一种加密会话，在这种会话中，应用程序可以指定要对 RU(请求/应答单元)进行加密处理。参见 clear session。

selective dissemination of information (SDI) 定题情报提供 以文献数据库为基础提供最新情报资料通报服务的总称。用户先填写一份所需资料的提问清单(用户需求表)，然后提问清单被转换为机器可读的形式，并存储于磁带上。系统每间隔一段时间，对数据库中新到的资料查找一次，凡与用户提问清单相匹配的文献资料，则被打印而提供给用户。

selective dissemination on microfiche (SDM) 缩微胶片定题提供 以缩微胶片形式复制订户感兴趣的预定领域的文献的一种服务。

selective dump 选择性转储 对一个或多个指定存储区中的内容所进行的转储。参见 change dump。

selective erase 选择删除 可由用户指定删除显示图像中某一部分而不需要重画显示中其他部分的 CAD(计算机辅助设计)功能。

selective etching 选择性刻蚀 使得某些材料溶解，但其他材料不受刻蚀剂影响的刻蚀。

selective flooding routing 选择扩散[泛洪]路由选择 扩散路由选择算法的一种改进算法。这种算法不是把到来的分组送到每条输出线路上，而是送到方向大致正确的输出线路上。因为很容易知道把向西转发的分组送到向西的输出线路上，不应当送到向东的输出线路上，因而这种改进方法简单而有效。参见 flooding routing。

selective generalization rule 选择性概括规则 在机器学习中的一种概括规则。如果在被概括的概念描述 D 中的每个描述符都是在原先的概念描述 D 中出现过的描述符，则称这种概括规则为选择性概括规则。

selective induction learning 选择性归纳学习 机器学习中的一种归纳学习。学习得到的断言或概念比原先的输入更一般化，但其描述符的类型却没有增加。

selective information retrieval 选择性情报检索 一种情报检索方式，所检索的情报不是反映全部材料，而只是反映与本课题有关的部分材料的情报。

selective listing 选择性列表 根据各种预先规定的文件，有选择地打印输出的能力。

selective programmed dump 选择性程控转储 在许多系统中，选择性程控转储是一种库例程。目标程序可在运行过程中对其进行调用。转储完成后，控制可返回到调用程序或监控程序。这样，程序员就能够在程序执行过程中采用选择转储来进行调试。

selective repeat 选择性重复 在数据链路层使用流水线方法的传输协议中，遇到破坏帧或丢失帧时解决问题的两种方法之一。这种方法是让接收端数据链路层把破坏帧或丢失帧后边的所有正确帧都存储起来。当发送端知道出什么错时，只是重发破坏帧或丢失帧。如果重发成功，接收端便连同其他已收到的按正确帧顺序一起传递给网络层，并对最新编号帧予以确认。这种策略适用于接收窗口大于1的情况。窗口中的帧都可以接收下来并放在缓冲区中，直到这些帧传递给网络层为止。如果窗口很大，这种方法要求数据链路层有很大的缓冲区。解决流水线问题的另一种方法是后退n方法。参见 pipelining technique, protocol using go back n。

selective sequential　选择顺序　从索引顺序文件中读出记录或数据组的存取方法。当存取是记录的顺序子集时，则对第一个记录进行键控存取，而对其他记录进行顺序存取。

selective trace　选择跟踪　仅对满足某种条件的指令进行跟踪的程序。典型的跟踪条件可以是：①指令类型；②指令地址；③数据地址。

selective tracing routine　选择跟踪例程　进行选择跟踪的程序。

selective transmission diversity (STD)　选择发送分集　采用选择发送分集通信方法时，基站根据从终端接收的天线选择信号选择发送天线，通过所选择的天线来发送业务信道信号，并且通过未被选择的天线来发送所述业务信道信号的预定部分。

selectivity　选择性　对电路或器件，仅让某一频率的信号通过而阻止其他频率的信号的能力。

selector　选择器[设备]　(1)一种装置，它根据一个预先决定的伴随控制脉冲，将电输入脉冲导向到两条输出线路中的一条线路上。(2)在计算机网络中。指用一个 OSI(开放系统互连)实体来区分多种 SAP(业务接入点)的标识。参见 port。(3)电子线路中，在多个输入信号中选择一个输出的电路。参见 multiplexer。

selector channel　选择通道　I/O 通道的一种类型。这种通道适用于连接磁盘之类的高速设备。一个选择通道一次只能选择一个 I/O 设备。一个 I/O 设备一旦被选择通道选中，就能传送一个完整的记录，但每次传送仍是单个字节。一个系统可以连接多个选择通道，连接多个选择通道的系统就有能力同时对多个设备进行读写操作。

selector mode　选择方式　成组多路通道可能采用的两种工作方法之一。

selector pen　选择笔　一种能附连到显示器像笔一样的工具。当一个使用全屏幕处理功能的程序被分配给该显示器时，该笔便能用于选择屏幕上的项目或产生一个引起注意的信号。同 light pen。

selector-pen detect　选择笔检测　用选择笔检测来自具有可检测属性的显示字段的光。按照显示字段中的指示字符，将检测和定位信息标识在屏幕上(并且存入缓冲区中)或者可以产生一个中断传送给 CPU。

select-project-join expression　"选-投-连"表达式　关系数据语言中用来进行选择、投影和连结操作的表达式。通常它表现在关系数据操纵语言中。通过它既可进行其中的一种操作，也可同时进行选择-投影-连接操作。

self-activation　自激活　在不加激活剂的情况下，因基质晶体中的结构缺陷(空位或填隙)而形成的发光中心称为自激活发光中心，这种激活作用称为自激活。

self-adapting　自适应　系统能自动地改变自身的性能去适应环境变化的能力。

self-adapting algorithm for numerical integration　自适应数值积分算法　一种用尽量少的计算量达到规定精度的算法。由于被积函数在积分区间上的变化是不均衡的，当采用复合求积公式时，需要用自适应算法随时对被积函数的变化加以鉴别。在变化缓慢的地方，把子区间取得大一些，在变化剧烈的地方，子区间取得小一些；也可以在不同子区间采用节点个数不等的求积公式，以达到在允许范围内减少计算被积函数值次数的效果。

self-adapting computer　自适应计算机　一种能改变自身工作性能以适应环境的计算机。

self-adapting program　自适应程序　一种能改变自身工作性能以适应环境的计算机程序。

self-adaptive control　自适应控制　系统在过程中自行发送信号并接收反馈信号以改变自身参数甚至结构，从而实现最优控制效果。为实现自适应控制原则而建立起来的系统称为自适应控制系统。

self-adaptive model　自适应模型　一种系统模型，采用系统辨识的模型校正方法，在模型运行过程中，联机辨识模型性能与环境条件，对模型结构或参数进行动态校正，以适应和跟踪实际系统特性及环境条件的变化和发展，保持模型的适用性，适用于模型环境条件多变化、不确定的场合。

self-assembler　自汇编程序　计算机进行语言处理时，将该语言变换为自己本身的机器语言的处理程序。

self-check digit　自检位，自检验数字　(1)一个字段，如计数值，由基号和检查位组成。(2)编码过程中附加在一个数据后面的数字，用于确认编码的正确性。参见 checksum, parity bit。(3)由某些操作系统产生的一个数字，它能够检测出一个数据字段输入中的单位数字错。单个易位错(如 1234 变为 1243)以及大多数两次易位错(如 12234 变为 21243)。当程序正在对操作员键入的字段进行自检时，如果输入数值数据字段被检测，则自检验报文将被显示出来。

self-check field　自检验字段　一种字段，诸如账号，由基本编号和检验数字组成。

self-checking circuit　自检电路　在正常输入情况下能测出自己各处故障的电路，称为全自检电路，又分别称为自测电路和全自测电路。

self-checking code　自校验码　参见 error detecting code。

S

S

self-checking network 自校验网络 容错系统中，自校验电路与校验器一起构成了自校验网络。在无故障发生的情况下，自校验电路输出码向量；当预定故障发生时，则输出非码向量。连接在自校验电路输出端的校验器监督电路的输出，当非码向量出现时，校验器给出差错指示。自校验网络具有在无任何外加激励的情况下能自动检测其内部是否存在故障，这些故障或是永久性的或是暂时性的。设计自校验网络的主要技术有检错编码技术，基于自对偶函数的交替逻辑技术(交织逻辑技术)，基于对偶函数的互补逻辑技术，基于多值逻辑技术等。

self-checking number 自校验数 一种带有附加数位的数。附加数位用于在传送后对该数的其余各位进行校验。

self-checking sequential machines 自校验时序机 具有自校验能力的时序机。若时序机对故障集合中的每个故障，都存在一个码空间输入/状态电路对，使它能产生一个非码空间输出，则该时序机是自测试的。对于故障集中的每个故障，时序机不会在规定码空间输入时产生不正确的码空间输出，则该时序机称为故障安全时序机。一个时序机既是自测试的又是故障安全的，则称为完全自检验时序机。

self-clocking 自同步 定时信号被插入数据流之中，而不是由外部信号源提供定时信号的过程。

self-commutated electronic switch 自换相电子开关 由电子开关内部组件提供换相电压的电子开关。

self-commutation 自换相 借助变流器或电子开关内部元件提供换相电压的一种换相方式。参见 external commutation，line commutation。

self-compiling language 自编译语言 其编译程序可直接用这种语言本身来编写的语言。这种语言的功能及其编译程序可以像滚雪球一样，一级一级地扩充。它可以对编译程序作修改并且可以描述其他语言的编译程序。它的编译程序在一台机器上建立以后，就有可能产生其他计算机上的各种语言的编译程序，从而缩短了编译的研制过程。它对促进计算机的推广应用有显著作用。

self-complementary graph 自补图 一种图 G 如果同构于它的补图，则称为自补图。自补图必须有 $4k$ 或 $4k+1$ 个节点。

self-complementing code 自补码 一种机器编码，其补码可由原数按每一数位取补求得。

self-contained control 自备式控制 一种光电控制，其中控制的三个阶段(扫描、信号调整和输出)均用一个设备来完成。

self-contained database management system 独立数据库管理系统 不能扩充任何程序设计语言的一种数据库管理系统，通常完全不依赖于任何语言。

self-contained data language 自含式数据语言 数据操纵语言(DML)中的一种。DML 分为宿主型和自含型两种。前者需嵌入其他高级语言(如 COBOL，C 等)中使用；自含式数据语言是指可以独立于高级语言而使用的数据操纵语言。比较 host data manipulation language (HDML)。

self-contained language 自含式语言 能够独立地用于联机交互的使用方式，用户可以在终端键盘上直接键入命令进行操作的语言。

self-contained system 自含[备]式系统 数据库管理系统(DBMS)的一种类型。直接使用自含式数据操纵语言对数据库进行各种操作的数据库系统。如 dBASEⅢ关系数据库管理系统。参见 self-contained data language。

self-defining value 自定义值 根据字符串本身来定义其值的数据。

self-defining data expression 自定义数据表示 带标志符的数据表示和描述符。数据中的标志位指明这个数据是二进制整数、十进制整数、浮点数、字符串还是地址码等。这样，机器语言中的运算符就和高级语言的一样，可以通用于各种数据类型，而不是由操作码指明的运算符决定操作数的类型。这种带标志的数据表示法对简化代码生成有好处。自定义数据表示主要优点：简化指令系统，便于一致性标准检验，能自动实现数据交换，简化编译程序，支持了数据库系统实现与数据类型的无关性。

self-defining term 自定义项 汇编语言程序设计中的一些项。其值是绝对的，这种值隐含在项本身的说明中。

self-delimiting Kolmogorov complexity 自定界柯尔莫哥洛夫复杂性 当机器模型是自定界图灵机时的一种柯氏复杂性。设一类图灵机 $T_1, T_2, \cdots$ 有一条单向输入带、一条单向输出带和一条双向工作带，且无穷输入带上只有 0 和 1，无空格，使这类图灵机停机的输入串集合是无前缀的，这些机器称为自定界图灵机。若 T 从串 p 最左端开始扫描并到最右端停止，则称串 p 为程序。上述机器满足不变性定理，并且最优复杂性由通用自定界机器得到。选定一个这样的机器 U 并称它为参考自定界机器，其自定界柯氏复杂性 K(x)为 U 输出 x 的最短程序的长度。

self-demagnetization field strength 自退磁场强度 沿磁力线不连续的磁化所产生的磁场强度。

self-diagnostics 自诊断 系统周期性地向自身各个部件甚至元件级、无外管脚一级发出各种预定的测试信号，收集、检测和定位这些部件、元件等的输出信号或输出结果的过程。自诊断的结果能由控制台打印输出。要求高可靠性的系统往往有这种设备。

self-electro-optic effect devices (SEED) 自电光效应器件 利用光来控制电子，再用这些电子控制光的器件，所有这些控制都是原子级的。它是根据材料的光敏特性，即光束能改变材料的物理特性，使之从不透明改变为透明,或反之从透明到不透明这一特性研制而成。

self-embedding grammar 自嵌入文法 一种上下文无关文法。它满足:存在某些有用的变量 A,使得 A⇒wAx,且 w 和 x 均不是空串。正则文法都不是自嵌入的。

self-excited multivibrator 自激多谐振荡器 也叫无稳态电路,由两个三极管构成。两管的集电极各有一个电容分别接到另一管的基极,起到交流耦合作用,形成正反馈电路。当接通电源的瞬间,某个管子先通,另一只管子截止。这时导通管子的集电集有输出,集电极的电容将脉冲信号耦合到另一只管子的基极,使另一只管子导通。这时原来导通的管子截止。这样两只管子轮流导通和截止,就产生了震荡电流。

self-excited of motor 电机的自励 电机的励磁是由电机本身供给的。自励亦可称为自激。

self-extracting file 自解压文件 一种压缩文件。自解压文件可以不用借助任何压缩工具,而只需双击该文件就可以自动执行解压缩。同压缩文件相比,自解压的压缩文件体积要大于普通的压缩文件(因为它内置了自解压程序),但优点可以在没有安装压缩软件的情况下打开压缩文件。

self-healing capacitor 自愈式电容器 在电介质局部击穿之后能迅速地基本上恢复其绝缘性的电容器。

self healing network 自恢复网络 有自动检测硬件故障和沿着一可能路径路由能力的网络系统。自恢复需要冗余路径。FDDI(光纤分布数据接口)是自恢复网络技术。参见 fiber distributed data interface (FDDI)。

self healing ring (SHR) 自愈环 无需人为干预,具有保护和恢复业务能力的环状网。同步数字系列(SDH)或光同步网络(SONET)常用双向自愈环形的配置,即网络是两条相互反向的光网络,一条作为主路径、另一条作为备份。当主环发生故障时,环路上的设备测出故障时,在 50 ms 内就可以将故障线路断开转换到备份环路上,使通信不会中断,同时进行修复。

self-indexed file 自索引文件 将记录存入关键字号和单元号之间有直接关系的固定长编号单元中的顺序文件。例如将关键字除以一常数可求出单元号。选择算法时一般应使关键字和存储单元之间存在一一对应关系,所以在序列中丢失数据时会浪费存储空间。

self-inductance 自感 对于一个闭合电路来说,就是它所交链的全部磁通除以所通过的电流,或所存储的全部磁能除以所通过电流平方之半。同 coefficient of self-induction。

self-induction 自感应 由回路本身的电流变化在本回路所产生的电磁感应。参见 electromagnetic induction。

self-induction electromotive force 自感电动势 当闭合回路中的电流发生变化时,则由这电流所产生的穿过回路本身磁通发生变化,因此在回路中将感应电动势,这种感应电动势叫自感电动势。

self join 自连接 在数据库系统中,用数据库文件中的一个字段筛选同一数据库文件的记录。

self-knowledge 自身知识 专家系统的一个特征。是关于它自身操作和自身结构的知识。例如对于自身推理过程的解释能力。

self-learning 自学习 用机器模拟和实现人的智能行为的自学习特性的过程,即按照一定的推理机制通过学习已有知识不断获取新的知识,然后在已有知识和已学新知识基础上重新获取新知识的过程。

self-learning control system 自学习控制系统 具有拟人“自学习”功能,能联机、实时学习、自动获取知识,以改善控制性能的智能控制系统。自学习控制系统由包括长、中、短期记忆的知识库、学习器、推理机、监督器、选择器、强化学习和监督学习控制器等部分所组成。

self-learning model 自学习模型 应用人工智能的学习方法,建立基于知识获取、知识推理的模型,或基于人工神经网络模型的自学习模型,在模型运行过程中通过学习不断改进模型性能,适用于描述不确定、未定型的对象,以及描述需要在实践中积累经验,逐步完善的管理活动过程。

self-learning system 自学习系统 自适应控制系统的一种。它除了能模仿人的适应性,在外界条件变化和有干扰的环境中实现最佳控制外,还具有一定的学习能力,在某种程度上可部分代替人的控制动作。该系统一般具有多个最佳控制装置。通常由计算机组成的高一级控制装置通过试验或学习,自动改变低一级装置的控制算法程序,或自动修正数学模型,以实现较完善的自适应控制。

self-maintained gas conduction 自持气体导电 需借助外加电离因素,就能产生必要载流子的气体导电。比较 non-self-maintained gas conduction。参见 gas conduction。

self-managing team (SMT) 自我管理团队 一个自我管理团队是一个工作小组,有一定程度的自治,没有明显的管理者。

self-mending fuse 自复熔断器 当电流大于规定值一定时间后,以它本身产生的热量使熔体汽化,内阻剧增,并在阻断电流后极短时间内能自动回复原状并可重复使用一定次数的熔断器。

self-modifying code 自修改程序码 通过编译或汇编生成的目标程序代码,这种代码在执行过程中将现存指令的操作码、地址或数据重写,以修改程序本身。参见 pure procedure。

self-modifying instruction 自修改指令 执行中可

以修改的指令。

self-monitoring 自监督 系统对自己求解问题的结果进行评价的能力。

self-monitoring analysis and reporting technology (SMART) 自动检测分析及报告技术 IBM公司开发的一款硬盘检测工具。这款软件通常被固化在BIOS(基本输入输出系统)芯片中,能对硬盘的磁头单元、硬盘温度、盘片表面介质材料、马达及其驱动系统、硬盘内部电路等进行监测,并向用户报告硬盘中存在的问题。

S

self-monitoring system 自监控系统 含有对自身进行控制的监控部件(或程序)的系统。

self-organization 自组织 系统在没有外部指令的条件下,其内部子系统之间能够按照某种规则自动形成一定的结构或功能,具有内在性和自生性特点。自组织是相对于他组织而言的。他组织是指组织指令和组织能力来自系统外部。通过硬件手段实现自组织功能的控制器称为自组织控制器。能根据对系统的要求或依系统出现的事件,自动地进行内部组合的系统称为自组织系统。

self-organization theory 自组织原理 一个与外界有物质和能量交换的系统,会自动组织成一个比之前更加复杂、完善的新系统。自组织原理解释了在一定的外部能量流、信息流和物质流输入的条件下,系统会通过大量子系统之间的协同作用而形成新的时间、空间或功能有序结构。

self-organized learning 自组织学习 计算机辅助教学中的一种学习方式。学习者通过系统进行自学,系统给学习者提供学习环境和条件。

self-organizing 自组织的 系统根据环境情况并按照一定的指令或规则对内部结构和功能进行调整的功能。

self-organizing computer 自组织计算机 具有重新安排其内部结构能力的计算机。

self-organizing file 自组织文件 为了提高查找效率,把经常要被查找的记录尽量放在表的开头,自组织思想是根据记录的查找频率以及查找成功与否,自己重新安排文件的内部结构。例如,每当一个记录被成功地检索(寻址)时,便把它移到表的开头或与前面的记录互换。

self-organizing map 自组织映射 芬兰赫尔辛基技术大学的T. Kohonen于1980年开发的最佳区域几何映射网络。对于空气动力学计算用它要比许多数值计算更有效,能将某一几何区域映射到另一区域,但需大量的训练。

self-organizing model 自组织模型 计算机管理系统中的一种系统模型,利用模型构造方法和模型库技术,根据用户的实际需要以及用户提供的信息,由模型库中的模型基元,通过模型库管理系统进行模型构造和组装,生成面向用户实际的模型。

self-organizing network model 自组织网络模型 以认知机模型为基础的具有自组织功能的多层神经网络。可以对多种复杂模式进行自组织、自稳定和大规模并行处理,其结构是由多层相同结构的神经元层与层之间连接而成。

self-organizing problem solver 自组织解题机 具有自组织功能的大型启发式解题程序。所谓自组织是指可根据解题规划,自动组织面向问题的解题过程及调用所需的解题方法,以及在解题过程中能采取适当的调整原则和策略进行协调控制,以充分利用多种学科、多种专业知识,组织多种解题方法来实现协同解题。

self-organizing program 自组织程序 具有重新安排其内部结构能力的计算机程序。

self-oscillation 自激振荡 (1)由于电子器件不可能参数完全一致,因此在上电的瞬间两个三极管的状态就发生了变化,这个变化由于正反馈的作用越来越强烈而到达一个暂稳态,暂稳态期间另一个三极管经电容逐步充电后导通或者截止,状态发生翻转,到达另一个暂稳态,这样周而复始形成振荡。(2)在放大器的输入端不加输入信号时,输出端仍有一定的幅值和频率的输出信号,这种现象叫做自激振荡。

self-potential method 自然电场法 地下的一些岩石或矿石,可以因氧化还原作用、地下水渗透作用、扩散作用和岩石颗粒的吸附作用等自然形成的电场,称为自然电场。利用自然电场进行找矿勘探的方法叫自然电场法。参见 electrofiltration potential field, infiltration electrical field。

self-purging redundancy system 自清除冗余系统 一种改进的混合冗余系统。此系统构成如下:N个模块,每个模块都可借助于冗余使系统可靠性提高;N个基本开关,每个模块一个;一个表决器。若某个模块有故障,它的开关将其输出强迫为逻辑0,这相当于把故障模块与表决器断开。与一般混合冗余系统比较,自清除系统的主要优点是开关机构简单。

self-reconfiguring parallel algorithm 自重组并行算法 功能特性随可用的处理器个数变化而自动变化的并行算法。

self-regulated of motor 自调电机 电机具有单一磁心结构,它能自行控制本身的特性,如电压、功率因数和转速,而毋需借助于其他电器设备。

self-relative addressing 自相对寻址[编址] 指令中的地址部分含有用作基地址的相对地址的一种寻址方法。参见 absolute addressing, direct addressing, immediate addressing, indirect addressing, relative addressing, symbolic addressing。

self-relocating program 自再定位程序 可以装入主存储器中任意存储区的一种浮动程序。该程序中包含一个初始化程序,用来调整程序的地址常数,使之能在存储区中执行。

self-repair **自修复** 同 self-repairing。

self-repairing **自修复[改]** 机器能自动检测、定位、修理、清除或改变(降到次要地位)自身运行期间各种类型故障的能力。操作者可通过提供元件或部件进行自动插入、连接或其他类似的操作来提高这种自修复能力。

self-replicating code **自我复制码** 病毒中承担传染操作职能的程序代码。

self resonant frequency (SRF) **自谐振频率** 电感器中的分布电容与电感形成谐振的频率。在频率上,电感的感抗等于电容的容抗,并且互相抵消。这时电感器成为纯电阻。在自振频率时,电感器呈现很高的阻抗。分布电容是由于各层线圈一层层叠着,并且是绕在磁心上而形成的。分布电容与电感是并联的。在高于自谐振频率时,并联的分布电容起主要作用。在自谐振频率时,由于感抗等于零,电感器的 Q 值等于零。

self-restoring insulation **自恢复绝缘** 施加试验电压而引起破坏性放电后,能完全恢复其绝缘性能的绝缘。这类绝缘一般是外绝缘,但未必都是外绝缘。比较 non-self-restoring insulation。

self-restoring loop **自恢复循环** 其指令能够在一次循环结束时将所有单元的值恢复成进入循环时的初始值。

self scanned photodiode array (SSPD) **自扫描光电二极管阵列** 光电敏感器件,感光元件可采用光电二极管、光晶体管以及 MOS(金属氧化物半导体)二极管工作。工作原理是把照射在阵列光敏区上按空间分布的光强信息,转变为按时序分布串行输出的脉冲信号,各脉冲的幅度与相应二极管上的光强成比例。

self-screening range equation **自屏蔽距离方程** 一个把双向雷达方程和单向无线电方程组合起来,以得到反射信号(即回波)的最大检测距离方程式。出现在雷达接收天线上的回波可以被一个远处发射的信号所屏蔽,自屏蔽距离方程用来计算远处干扰不能屏蔽目标的最大距离。

self shielding **自屏蔽** 信号在传输线上传播时,靠大电容耦合抑制电场,靠小电感耦合抑制磁场来维持低电抗的方法称为自屏蔽。

self-synchronizing stream cipher **自同步流密码** 也称异步流密码,是指这样一种流密码,即其中密钥流的产生并不是独立于明文流和密文流的。通常第 i 个密钥字的产生不仅与主密钥有关,而且与前面已经产生的若干个密文字有关。由于对当前密文字的解密仅仅依赖于固定个数的以前的密文字,因此,当密文数字被插入或删除时,密码的自同步性就会体现出来。这种密码在同步性遭到破坏时,可以自动地重建正确的解密,而且仅有固定数量的明文字符不可恢复。又由于每个明文字符都会影响其后的整个密文,即明文的统计学特征被扩散到了密文中。因此,自同步流密码在抵抗利用明文冗余度而发起的攻击方面要强于同步流密码。比较 synchronizing stream cipher。

self-test **自测试** (1)某些设备所具有的一种能力。在处理具体任务之前,进行其全部指令系统和内部电路的测试,以保证正常工作。(2)LSI(大规模集成电路)或 VLSI(超大规模集成电路)具备的一种能力。这种 LSI 芯片或 VLSI 芯片包含附加的测试用的电路,如测试图形生成器和测试响应观测器。在测试方式时,芯片内部自动生成和施加测试图形,并压缩响应结果,给出能检测故障的特征码。在正常工作方式时,芯片内附加的测试电路不工作,并对芯片完成的功能无显著影响。

self-triggered program **自触发程序** 早期计算机运行时,首先要用人工接线将控制转变到入口点,现在的引导程序能自动完成这些操作,因此称为自触发程序。

self-validating code **自验证码** 用自检方法确认其自身工作的正确性的程序代码。通过给自己提供一组标准的数据输入,并对照一组期望的输出值检测输出的结果。

self-virtualizing machine **自虚拟机** 有两级或两级以上相同的多级机。

SELV **安全特低电压** safety extra-low voltage 的缩写。

SEM **扫描电子显微镜** scanning electron microscope 的缩写。

semanteme **语义元,义素** 语言中能表达一种确定含义的基本成分。例如,树这个单词就是一个语义元。

semantic **语义** 对构成语言成分(如说明、动作等)的含义的解说。字符或字符组与他们的含义之间的关系,这些关系与解释和使用他们的方式无关。具体地讲,指对语言成分含义的解说,规定了字符组允许组合规则的确切定义以及与每一段程序有关的计算。

semantic analysis **语义分析** (1)编译程序的一种功能。当语法分析程序识别出一种源语言构造时,就要调用语义分析程序进行语义分析。语义分析程序取出语法分析程序识别出的构造,检查语义的正确性,再把有关构造的必要信息存入符号表、程序或内部形式中。(2)根据句子中每个实词的语义和句法结构。来导出反映输入句子意义的某种形式化表示的过程。常用的语义表示形式有谓词逻辑、语义网络、格框架和概念从属图等。(3)编译程序的一种功能,是在编译程序中最大量而复杂的工作。需要对语法分析递交的结构树进行扫描,确定每个实体的意义,进行出错检查和修复,并输出后续编译阶段所需要的信息。编译程序中,进行语义分析的程序叫语义分析程序,用它识别到源语言结构,检查基语义的正确性并把有关结构的信息存入符号表。

semantic analyzer 语义分析程序 编译程序中进行语义分析的那一部分。参见 semantic analysis。

semantic-based coding 语义基编码 知识基编码的一种类型,另一种是物体基编码。语义基编码的特点是充分利用了图像的先验知识,编码图像的物体的内容是确定的,如某人的头肩图像,编、解码器中都有一个相同的与该物体相对应的三维模型,通常采用的是人的头肩三维三角形线框模型,它将人的头部表面用许多小三角形子面组合而成,对图像的编码转换成为对图像中物体运动变化状态的描述,编、解码过程是对图像中物体运动状态的语义描述和再现。比较 object-based coding,参见 knowledge-based coding。

semantic-based grammatical inference 语义法文法推导 使用语义限制指导查找可能的文法。

semantic-based optimization 基于语义的优化 一种数据库查询物理优化方法。基于语义的优化是利用关系上定义的各种完整性约束条件,通过查询重写,将给定的查询变换为更有效的等价查询。基于语义的优化通常与基于规则或基于代价的优化结合使用。参见 physical optimization, rule-based optimization (RBO), cost-based optimization (CBO)。

semantic binary relationship model 语义二元关系模型 一种信息模型。适用于数据库和需要大量数据的知识表示。给具有若干个固有的实体和关系的二元关系模型提供预先定义好的语义,从而形成一个语义网络。

semantic category 语义范畴 语句中词与词之间语义关系的类别。

semantic clash 语义对撞 以语义消解为基础的对撞。一般都与谓词排序法联用,所以也称"PI 对撞"。这里 P 表示谓词排序,I 表示语义消解中用的解释 I。

semantic compatibility 语义兼容性 在不同型号或不同厂家生产的计算机中,每种计算机可以执行为别种计算机编译的程序而产生的相同结果的属性。

semantic coverage 语义范围 某一词语的语义能够在一定范围内对其他词语产生词义影响,如"我们也去北京"中的"我们"和"北京"均在"也"的语义范围之内,都有可能称为该句的信息中心,产生歧义的表达。

semantic data model 语义数据模型 一类能适应更强表达能力的概念数据模型的需要,能直接支持联系、数据抽象、继承性、约束、非结构对象等特性的数据模型。语义数据模型把语义对象的概念看作基本出发点。其中,语义对象是用户认为重要的事物基本结构的映射,这些对象是用户世界的原子,是用户要处理的最小可分辨单元。语义数据模型具有很强的抽象能力,但它不具备表示数据操作的功能,仅为数据表示、数据范畴、性质和操作提供了统一环境。利用语义数据模型,数据和数据类型被统一地模型化为对象(或称类),并采用语义网络建立各种对象之间的联系和约束,模拟和描述客观世界的静态、动态和时态特征。支持用户数据视图的建模结构和思想标志了语义数据模型的出现。近年来人们把 AI(人工智能)认知心理学中所定义的抽象根据(如概括、聚集、分类和联合等)用于数据库建模中,可提供更高层次的抽象概念和数据语义。对语义数据模型有不同的分类方法。如 Brodie 将其分类为经典模型的扩充、数学模型、不可约数学模型、静态语义层次模型和动态语义层次模型;Tsichritzis 将其分类为:传统模型、实体-联系模型、二元模型、语义网络模型和信息逻辑数据模型等。

semantic dictionary 语义词典 为建立某种语言的词汇语义分类体系,从而为自然语言处理系统提供语义知识支持的词典。词典中的语义信息可以用来进行多义词的义项判别和歧义排除,增强对句子中词汇语义理解的准确性。

semantic domain 语义定义域 一种语言的语义是通过在对象空间里解释其含义来确定的,定义此对象空间的数学结构将表述该语言能够表达什么,即描述由给定的输入数据和初始状态能得到什么样的结果。因此,对象空间必须理解为状态空间之间的反映。从初始状态到终结状态的所有可能映射构成的集合,就是该程序设计语言的语义定义域。

semantic error 语义错误 语法正确的源程序中被发现的错误。语义错误可以分为几类:①编译时能发现的错误,如处理对象的类型不匹配等。②目标程序运行中被检查出的错误,如数组下标值越界、算术运算中的除零、溢出等。③目标程序可以成功地执行但执行结果却不符合原定的目的,这说明程序设计本身有问题,也可以算作是一类语义错误。

semantic factor 语义因子 从语言中抽象出来的最单纯、最基本的概念。如果按一定的方式组合起来,可以构成复合概念。

semantic feature 语义特征 从词义中分析出来的、能将词分类的最小意义成分,也称"语义成分"或"义素"。

semantic field 语义场 按一定的语义关系组成的大小不等的词项集合。在一个语义场内的所有词项要具有一定的共同语义特征。

semantic function 语义函数 语法域到语义域之间的映射。给出了语法域中对象到语义域中对象之间的关系。包含了辅助函数,即起检验作用的函数。

semantic grammar 语义语法 主要以语义范畴为非终结符的一种上下文无关语法。参见 context-free grammar。

semantic information 语义信息 信息运动状态及

其状态变化方式的含义。语义信息是符号(即语义法信息)所要表达的确切含义。它是指认识主体所感知或所表述的事物的存在方式和运动状态的逻辑含义,换言之,语义信息不仅反映事物运动变化的状态,而且还要揭示事物运动变化的意义。参见 pragmatic information,grammatical information。

semantic information retrieval 语义信息检索 一种信息检索方式,所检索的信息赋有一定意义,在人们的交往过程中可借助自然语言领会和解释此种意义的信息。

semantic interpretation 语义解释 根据语义规则对句法部分生成的句法结构所表达的意义的说明。

semantic marker 语义标记 (1)用来描述词义的一组带有正负值的语义成分,也称"语义特征"。(2)一种用语义成分来描述词义的形式化语义描述方法。

semantic metalanguage 语义元语言 组成维也纳定义语言的两个部分之一。它通过程序在执行期间产生的计算描述程序设计语言的语义。

semantic model 语义模型 说明用某个语言写的所有程序含义的模型,语义模型有编译、解释和数学三种。

semantic network 语义网络 (1)一种表示二元谓词演算表达式的图结构。它简单地描述一组事实的结构和在谓词表示法的许多实现中所用的某些索引结构。(2)在知识处理中,语义网络是一个有向图,其节点表示各种事物、实体、属性等概念,带标记的弧则表示这些概念间的语义关系。语义网络是一种表达能力很强且灵活的知识表示方法。

semantic network representation 语义网络表示法 一种知识表示方法。语义网络由一些用有向图表示的三元组(节点 1,弧,节点 2)连接而成,节点表现为自然语言的词和短语的概念,弧是节点之间的语义关系。参见 production rule representation, frame representation。

semantic opposition 语义对立 概念上的对立在词汇意义上的反映,包括义位的对立和义素的对立,前者如"冷"与"热","大"与"小",后者如"简"与"牍","颈"与"项"。

semantic parsing 语义分析 用人们赖以思维的潜在概念结构,即外部世界的知识,通过对上下文和知识进行推理,对词素和句法结构进行分析,得到概念依存构造的语义网络,可通过中间表示,为生成作准备。

semantic pattern 语义模式 用来确定语段中词与词语义关系的格式。

semantic pattern matching 语义模式匹配 (1)利用语义信息进行模式匹配的一类方法。(2)在数学问题求解辅助专家系统 MACSYMA 中应用的一个方法,以寻找某一规则模式的实例,语义表现在利用关于算子与常量的知识寻找非句法匹配方法。

semantic primitive 语义基元 从词语中抽象出来的表示行为或状态的最基本概念,可以用它们和它们的组合来描述句子内部的语义关系。

semantic reasoning 语义推理 语义推理是指利用客观事物或概念之间的语义关联知识和启发式知识,实现推理的过程。概念之间、各种知识对象之间存在着各种复杂的语义关联,利用这些关联知识可以执行不同方式的语义推理,如性质继承推理、默认推理、规则推理、联想推理等。

semantic resolution 语义消解 利用子句的解释构成语义碰撞,借以对进行消解的子句分组,进而提高消解的效率。这种改进了的消解方法称为语义消解。常用的语义消解有 PL-消解、OI-消解。前者是完备的,后者则不完备。语义消解有时也指 PI-消解,或指用语义碰撞(不对谓词、文字排序)进行子句分类的消解,此时可说语义消解是完备的。

semantics 语义(学) (1)对语言构成成分含义的解释。(2)程序设计语言的语义,一般在语言文本中用自然语言描述,说明语言中每个基本结构对应什么样的意义以及每个组合结构的语义怎样由它的组成部分复合而来。语言的语义定义确定了用该语言写的程序的意义。(3)字符或字符组与其含义之间的关系。这种关系是与他们的解释和使用方法无关的。(4)一门研究各种符号表示与其内在含义之间关系的科学。

semantic search 语义搜索 语义搜索是根据用户所表达语句的真正意图来进行搜索,以更准确、更好地返回符合用户需求的搜索结果。语义搜索的关键之一在于怎样通过海量文献找出词汇之间的关系。当词或词组大量出现在同一个文档中时,这些词之间就可以被认为是语义相关,这种方式被称为潜在语义索引。潜在语义索引并不依赖于语言,如 SEO 和搜索引擎优化,虽然一个是英语,一个是中文,但这两个词大量出现在相同的网页中,搜索引擎不知道 SEO 和搜索引擎优化分别指的是什么,但是可以从语义上把 SEO、搜索引擎优化、search engine optimization 等词和词组联系在一起。

semantic search engine (SSE) 语义搜索引擎 语义搜索引擎是语义搜索技术最直接的应用,它从词语所表达的语义层次上来认识和处理用户的检索请求,通过对资源对象进行语义上的标注以及对用户的查询表达进行语义处理,使得自然语言具备语义上的逻辑关系,能够进行广泛有效的语义推理,从而更加准确、全面地实现用户的检索。

semantics valuation function 语义定值函数 参见 denotational approach。

semantic translation system 语义转化系统 知识库系统可能为用户提供多种操作语言,而各种操作语言最后都要作用到知识库上,将这些语言的命令转换成对知识库的操作功能就是语义转换系统的工作。

semantic Web 语义 Web 本体在 Web 上的应用导致了语义 Web 的诞生,其目的是解决 Web 上信息共享时的语义问题。2001 年 2 月,W3C(万维网联盟)正式成立"Semantic Web Activity"来指导和推动语义 Web 的研究和发展。本体是语义 Web 的基础,本体可以有效地进行知识表达,知识查询,或不同领域知识的语义消解。本体还可以支持更丰富的服务发现、匹配和组合,提高自动化程度。语义 Web 提供了一个通用的框架,允许跨越不同应用程序、企业和团体的边界共享和重用数据。语义 Web 是 W3C 领导下的协作项目,有大量研究人员和业界参与。语义 Web 以资源描述框架(RDF)为基础。RDF 以 XML(可扩展标记语言)作为语法、URI(统一资源标识符)作为命名机制,将各种不同的应用集成在一起,对 Web 上的数据所进行的一种抽象表示。语义 Web 所指的"语义"是"机器可处理的"语义,而不是自然语言语义和人的推理等目前计算机所不能够处理的信息。参见 ontology, ontology-based knowledge management。

semaphore 信号量[机] (1)用于同步并行进程的一种共享变量,用来指明某动作是否已完成或某事件是否已发生。(2)一种为控制对文件访问而设置的指示符,如在多用户应用(系统)中,为防止同时访问一个文件所设置的标志。(3)操作系统中实现进程同步与互斥的公用变量。例如,两个进程 P_1 与 P_2 通过信号量 S 来实现同步的过程可以是:假设 P_1 运行中需要从单元 A 读取由 P_2 进程所写进去的值,我们可以设信号量 S 初值为 -1,表示 P_2 尚未向 A 单元写相应的值,先判信号量 S 是否为 1,若是,则读 A 的值,否则,等待,直到 P_2 向 A 写一个值,并将 S 置为 1 为止。信号量应可以以同样的方式实现资源的互斥作用。

semaphore handle 信号量句柄 在 NetWare 中,一个由调用 Open semaphore 返回的两个字的值。这以后就能在随后的信号量调用时使用。

semaphore value 信号量值 在 NetWare 互锁和文件服务器环境中,信号量表示的可打开的数目。

SEMATECH 半导体制造技术协会 Semiconductor Manufacturing Technology 的缩写。

SEMF 同步设备管理功能 synchronous equipment management function 的缩写。

semi-additive process 半加成法 在未覆盖或超薄箔基材上,用化学方法沉积金属,结合电镀或蚀刻,或者三者并用形成导电图形的一种加成法工艺。

semi-algorithm 半算法 一种解题过程。若问题未得到解答,则解题过程就一直进行下去。

semi-assembled representation 半集中表示法 为了使设备和装置的电路布局清晰,易于识别,把一个项目中某些部分的图形符号,在简图上分开布置,并用机械连接符号表示它们之间关系的方法。比较 assembled representation。

semiautomated retrieval 半自动检索 在缩微情报检索中,通常在辅助索引的支持下,使用自动手段进行缩微印刷品检索。以便从文件中选择期望的缩微印刷品,然后用户用手工方式安装该缩微印刷品以供阅读。

semi-automatic message switching 半自动报文交换 操作员按规定路由发送报文标题指示的报文的报文交换系统。

semiautomatic message switching center 半自动报文交换中心 一种由话务员根据报文中所包含的信息选择路由的中心。

semicompiled 半编译的 一个已被编译程序将源程序转换成目标代码的程序,但不包括那些被该源程序显式或隐式调用的子例程。

semiconducting glaze 半导体釉 电阻率比通常的陶瓷材料或釉低的一种釉。半导体釉的表面电阻率通常在 104 ~ 107 欧范围内。

semiconductive varnish 半导电漆 加入导电填料的一种覆盖漆。将它涂于电场集中处(如高压电机线圈表面)能起均匀电场防止或减弱产生电晕的作用。

semiconductor 半导体 一种电阻率通常在金属和绝缘体之间、并在一定温度范围内载流子浓度随温度升高而增加的物体。如硅和锗,其导电性介于导体和绝缘体之间。在高温时电导率几乎像金属一样高,在低温是几乎是零。使用这些特性来制作晶体管和电子器件。

semiconductor adsorption effect 半导体吸附效应 当某些半导体陶瓷,如二氧化锡、氧化锌等较难还原的金属氧化物半导体接触气体时,在较低的加热温度下,半导体表面可以吸附气体并在半导体表面和气体分子之间发生电子交换,其结果使半导体的表面电位、功函数及电导率发生变化,这种现象称为半导体吸附效应。

semiconductor device 半导体器件 基本特性由半导体内载流子流动决定的器件。通常指利用半导体工艺在半导体上制作的两端器件或三端器件,分别称为二极管或三极管。二极管是无源器件,三极管是有源器件。

semiconductor diode 半导体二极管 具有不对称电压-电流特性的两端半导体器件。

semiconductor disk device 半导体盘存储设备 使用半导体存储器作为存储元件,逻辑上视同磁盘设备的存储设备。和磁盘设备不同,由于没有机械动作,能够完成高速传送数据。

semiconductor integrated circuit 半导体集成电路 使用半导体工艺,将电路的有源元件、无源元件及其互连线一起制作在半导体基片上,完成一定的功能,结构上形成紧密联系的整体电路。

semiconductor laser 半导体激光器 激光工作物

质为半导体晶体材料的激光器。半导体激光器基本结构是一个半导体二极管,在垂直于 P-N 结平面的方向上加上正向电压,电子和空穴将分别从 N 型材料导带和 P 型材料价带注入到结区,使得结区的导带多电子,价带多空穴,从而造成结区中的粒子数反转。激光波长由禁带隙宽度决定,此宽度越小,激光波长越长。参见 population inversion。

Semiconductor Manufacturing Technology (SEMATECH) 半导体制造技术协会 美国半导体制造商在 1987 年成立的一个非赢利的技术开发协会。国际 SEMATECH 是 1998 年成立的一个分会,成员包括非美国公司。协会位于美国德克萨斯州的奥斯汀,致力于开发最有效的、全球协作的、有影响力的半导体制造技术。SEMATECH 和国际 SEMATECH 与其成员、设备和材料供应商、研究机构、学术界和其他协会一起协作,加速其成员国先进的半导体制造工艺、材料和设备的开发。开发的成果在 SEMATECH 的高级工具开发设备上通过模拟生产线来进行验证。协会的成员可以尽早地获得先进的工具和制造工艺,以及改进设备生产率,从而获益。

semiconductor memory 半导体存储器 一种用半导体存储单元制造的存储器。目前大多数高速主存储器都是半导体存储器,它包括只读存储器、可编程只读存储器、随机存取存储器和电可擦可编程只读存储器等。半导体存储器的生产工艺有两大类:一类采用双极型晶体管技术;另一类采用 MOS(金属氧化物半导体)技术。前者存取速度快,但功耗高、成本高、体积大。后者存取速度略慢,但具有低功耗、低成本和高集成度等优点。参见 read-only memory (ROM), programmable read-only memory (PROM), random-access memory (RAM), erasable programmable read-only memory (EPROM)。

semiconductor optical amplifier (SOA) 半导体光放大器 一种由半导体材料制造的光放大器。

semiconductor photoelectronic device 半导体光电子器件 利用半导体的光电效应,将光能转换成电能的器件。包括光电二极管、光敏电阻,半导体光电池等。参见 photodiode, photoconductive cell, photocell。

semiconductor rectifier diode (半导体)整流(二极)管 一种用于整流、并包括与它连接的安装件及冷却附件的半导体二极管。

semiconductor rectifier stack 半导体整流堆 由一个或数个整流管、连同它(它们)的封装外壳、冷却附件、电连接和机械连接所组成的单一整装器件。

semiconductor surface effect 半导体表面效应 半导体在某些外部条件下,其表面的特性会产生某些变化,这种现象统称为半导体表面效应。

semiconductor surface field effect 半导体表面场效应 利用电压所产生的电场控制半导体表面电流的效应称为半导体表面场效应。半导体表面场效应可制作绝缘栅场效应管。

semicoroutine 半协同例程 一种常用的协同例程。当半协同例程被调用时,它最终被迫使控制返回到调用程序。因此,除其状态在调用中间保存以外,半协同例程与子例程类似。半协同例程可用来执行随机数生成程序,也可用来计算存储在数据结构中的项等。

semi-custom 半定制 一种专用集成电路形式,用户设计部分掩膜版图,有标准单元方式和门阵列方式两种,对应于 full custom design, standard cell, gate array。

semi-custom integrated circuit 半定制集成电路 半导体制造工程中,部分工序(构造工序)是共同的,部分工序(布线工序)是按用户要求完成的,采用这种方式制作的集成电路称为半定制集成电路。按照不同的设计方式,分为门阵列和标准单元两种。

semidense list 半稠密表 可以分为两个连续部分的表,较大的那部分的单元均填满,其他单元均空着。

semi-discretization 半离散 数值求解偏微分方程问题时,只对一部分自变量进行离散的方法。

semi-duplex operation 半双工操作 电路的一端用单工操作,另一端用双工操作的一种工作方式。该操作在无线电通信中需用两个频率。参见 duplex operation, simplex operation。

semi-fixed length record 半固定长度记录 其长度可以由程序员选择或更改的一种固定长度记录。

semi-iterative method 半迭代方法 一种新型迭代方法。先由一般迭代格式 $x^{(k+1)}=Gx^{(k)}+g$ 求出序列 $\{x^{(n)}\}$,再由这个序列的前 m 项做线性组合当作迭代极限的近似值。这种方法称为半迭代方法。半迭代方法也称"多项式加速"。该方法可以加速原迭代的收敛过程。

semi-join 半联结 关系代数中的一种派生操作。当联结查询中所涉及的关系存放在不同站点时,选用适当的半联结可减少查询中各站点之间的数据通信量。使用半联结还可降低关系的规模。

semi-numerical algebraic manipulation language 半数值代数操作语言 最基本的一种代数操作语言,用于处理具有严格标准型的一类数学对象的数据。

semiotics 符号(语言)学,形式语言学 一门研究符号语言(即形式语言)的学科。是研究符号的理论。在自然语言中,语言的语法定义语言元素之间的关系,但并没说明合法句子的含义,而语义是讲者或作者赋给句子含义的定义,语义是句子对听者或读者的作用。符号学与符号的上述三个方面有着密切联系。

semiotic system 符号学体系 一种符号体系,其中每一符号都有某种意义与之对照。符号学体系可以是自然的、人工的和形式的语言、程序设计语言、信号系统、各种机器的状态、输入输出信号系统等。

semipermanent connection 半永久连接 在ATM(异步传输模式)网络中,指一个通过服务订单或网络管理建立的连接。

semi-structured data 半结构化数据 半结构化数据是指那些具有隐含结构或结构不严谨的自描述数据。半结构化数据是介于非结构的天然数据和基于关系数据库存储的结构化数据之间的一种自描述性数据。Web数据是典型的半结构化数据。参见 structured data, unstructured data。

S

semi-structured database 半结构化数据库 能够存储半结构化的数据并进行管理和处理的数据库。原生XML(可扩展标记语言)数据库(NXD)是典型的半结构化数据库。参见 native XML database (NXD)。

semi-structured data model 半结构化数据模型 半结构化数据模型是先有数据后有模型,半结构化数据的模型是用于描述数据的结构信息而不是对数据结构进行强制约束。OEM(对象交换模型)是一种典型的半结构化数据模型。参见 object exchange model (OEM)。

semi-structured decision 半结构化决策 介于结构化和非结构化决策之间的决策。其决策过程和决策方法有一定规律可以遵循,但又不能完全确定。对于半结构化决策,由于在决策过程中所涉及到的数据不确定或不完整,或虽有一定的决策准则,也可以建立适当的模型来产生决策方案,但决策准则因决策者的不同而不同,不能从这些决策方案中得到最优化的解,只能得到相对优化的解。

semi-structured information 半结构化信息 使用半结构化数据表达的信息。网络信息有相当部分是基于Web的半结构化信息。参见 structured information, unstructured information。

semiweak key 半弱密钥 密码学中,指某加密函数的密钥中,有部分密钥可以被另一部分密钥再加密或解密而成可懂明文时,这一部分密钥称半弱密钥。

senary 六进制的 以6为基数的记数法。

send 发送 (1)发送数据。(2)在具有通信系统软件的系统中,把一个报文送到线路上,以便使该报文从计算机传输至某个终端。比较 receive。

sender 发送器[机],发送方 (1)在数据通信系统中用于向远方站发送呼叫号的设备。有的可以兼有接收来自远方站的呼叫号的功能。发送器通常是多频率或拨号脉冲机制工作。(2)发送信息的一个站。

sender attachment delay 发送器连接延迟 在数据通信系统中,从发出服务请求到完成发送器寄存器或接收器的连接为止一段时间间隔。正常情况下的连接时间很短,但是在某种交通阻塞的情况下,这一时间也会变得十分可观。由于连接延迟是重荷网中疏通拥塞的一种机制,因此对于网络管理有重要意义。

sending 发送 计算机将消息送上线路,以便传送给线路上的一个终端的过程。比较 receiving。

sending-end system 送端系统 电力系统中以送出电能为主的局部系统。比较 receiving-end system。

sending window 发送窗口 在使用滑动窗口协议机制的环境中,在发送一方开设的窗口,允许发送的帧都落在这个窗口中。参见 sliding window protocol (SWP)。

send-only service 只发送服务 只能向数据通信通道(DCC)发送信号而不能从其接收信号的服务。

send pacing 发送调步[定步] 在SNA(系统网络体系结构)中,当报文的一部分正在发送时,对一些报文单元进行调步的过程。参见 receive pacing。

send-receive keyboard (KSR) 发送接收键盘 兼有发送和接收双重功能的键盘。

send-request circuit 请求发送电路 数据通信中,控制信道状态,决定是开始发送,还是开始接收的电路。

send state 发送状态 一种状态。在该状态下事务处理程序只能发送数据,而不接收数据。比较 receive state。

senior programmer 高级程序员 在主管人员指导下,负责研究和编制利用数据处理设备解决事务管理和工程技术问题的程序人员。

senior system analyst 高级系统分析员 在主管人员指导下,负责形成对事务管理和工程技术问题的逻辑描述,并拟订利用电子数据处理设备解决这些问题的具体方案的设计人员。

sense 检测,读出 (1)检测和判定某种硬件装置,尤其是可以人工设定的开关的状态。(2)读取纸带穿孔信号或磁心状态。(3)监测某种专用信号。(4)通过检测一种特定的物理状态或物理状态的变化,并输出能用一辨认该变化的电信号。

sense amplifier 读(出)放大器 一种电路,在读取记录在磁化媒体的表面上的数据时,该电路用于放大读/写头线圈中产生的信号。

sense and control lines 传感控制线 能用于以两种可能的条件报告中央处理机的传输线。例如,报告开或关、温度正常或不正常和调节电压及输出等。同样的线还能用于控制目的,用它来提供两种可能的控制信号去控制外部设备。典型的应用包括:接通或断开远程设备的灯,控制特殊设备的延迟和启动模拟序列等。

sense data 感测数据 (1)一种描述I/O错误的数据。感测数据是作为对主系统发出感测I/O命令的一种响应。(2)在SNA(系统网络体系结构)中,一种在发出的带否定回答的数据，以指明本次回答的原因。

sense line **敏感线** 在远距离进行敏感的连接电路中的输出线，它把输出电压(负载上的电压)送回到进行控制的反馈回路中。

sensing element **传感元件** 检测装置中直接对被检测量值作出响应的元件。

sensing signal **指示信号** 位于报文开头使通信线路开始动作的信号。指示原来空闲的线路即将要发送或接收数据报文。

sensitive application **敏感应用** 为了保护敏感数据处理的安全性而使用的信息技术。这包括防止非法操作引起的风险和损失的应用技术。

sensitive data **敏感数据** 为了防止偶然或蓄意更改、泄露、破坏等行为所带来的风险和损失，而需要保护的数据。

sensitive information **敏感信息** 由权威机构或人员决定的，且必须受到保护的信息。敏感信息的非授权泄露、更改、丢失或破坏将导致某种损失或失败的后果。

sensitive segment **感知片段** 信息管理系统的术语。从物理数据库记录(PDBR)型中选取一部分片段型(即逻辑数据库记录 LDBR 型)，被感知的片段称为感知片段。它表示 LDBR 型是相应的 PDBR 型的子集，亦即 PDBR 的诸片段中包括 LDBR 的片段。由感知片段的概念得出：①用户只知道被感知的片段存在，而不受 PDBR 增长的影响；②它提供了一种控制数据安全性或数据保密的办法；③用户进行顺序检索时将跳过用户不感知的片段，但要删除一个感知片段，则它的所有子女片段无论被感知与否都将被删除，因此不能把删除权力轻易授给用户。

sensitive switch **灵敏开关** 具有瞬时动作和微小的行程，可直接由某一定的力经过一定的行程使触头速动而进行电路转换的灵敏开关。

sensitivity **保密级，灵敏度** (1)在计算机安全考虑中，一种信息保密的级别，对数据安全性提供了某种程度的控制。(2)仪器或装置对输入信号变化的响应程度。

sensitivity analysis **灵敏度分析** 也称"参数分析法"。通常指通过让输入值发生一系列变化来检测系统的输出值，从而确定系统响应特性的一种分析方法。

sensitivity assessment **敏感性评估** 为了决定系统的保护级别而对数据进行的敏感性分析或研究。

sensitivity label **敏感标志** (1)表示客体安全级别并描述客体数据敏感性的一组信息，可信计算基(TCB)中把敏感标记作为强制访问控制决策的依据。(2)在计算机安全方面，信息中的一个项，表示一个对象的安全级别和该对象中信息的敏感性。

sensitivity level **敏感级** 在计算机安全考虑中，一种赋予个人允许访问的信息的级别，如赋予机密敏感级的人只能访问非保密的信息，但不能访问登记的机密信息。参见 security level。

sensitization **敏化** 某些杂质中心能有效地吸收外界的激发能并传递给发光中心从而提高发光效率的过程称为敏化。在发光材料中加入的这种杂质称为敏化剂。如卤磷酸钙：锰，锑中的锑就是敏化剂。

sensitized material **敏感化材料** 在资料复制机中，用于资料复制的已处理过的材料，它对辐射、特殊的光或热起反应。

sensor **传感器** 将物理过程中的可测量的参数转换成能供计算机读取数据的器件或装置。

sensor-based computer **带传感的计算机** 一种经特别设计和编程的计算机，它可以从监督某种物理过程的传感器、感测器及其他数据源接收实时(模拟或数字)数据。该计算机也能向控制过程的元件产生信号。例如，计算机可以从一种计量器或流量计接收数据，将此数据与预定的标准进行比较，然后产生一个使继电器、阀门或其他控制机构动作的信号。

sensor-based I/O control block (SBIOCB) **基于传感器的输入/输出控制块** 一种含有与传感器输入/输出操作相关信息的控制块。

sensor-based system **采用传感(器的)系统** 若干部件构成的一种系统，其中包含一台计算机。该计算机的基本输入源是来自传感器的数据，而其输出可以用来控制相关的物理过程。

sensor glove **传感式手套** 在虚拟现实系统中使用的一个类似手套的接口设备，戴在手上，用于操纵或移动虚拟现实。

sensor technology **传感器技术** 传感器技术是涉及传感(检测)原理、传感器件设计、传感器开发和应用的综合技术。传感技术的含义更为广泛，它是敏感功能材料科学、传感器技术、微细加工技术等多学科技术相互交叉而形成的新技术。传感器是人体"五官"的工程模拟物。它是一种能把特定的被测量信息(包括化学量、物理量和生物量等)按一定的规律转化成某种可用信号输出的器件或装置。这里的可用信号是指便于处理、传输的信号。当今电信号最便于处理和传输，所以，可将传感器狭义的定义为：能把外界非电信息转换成电信号输出的器件。主要用在自动控制和自动检测领域。

sensory control **传感控制** 依赖于传感器读数的机器人控制。分几种类型：①在阈值测试中采用传感器，以终止机器人的动作或转到其他的动作；②在连续的行程上用传感器来引导或指挥机器人动作的变化；③用传感器来监视机器人工作的进展和检查任务完成的情况或不安全的情况；④用传感器在下一轮循环之前回顾性地更新机器人的动作的计划。

S

sensory current 感知电流 能够引起人们感觉的最小电流。

sensory hierarchy 传感层次 传感处理单元之间的关系。较低等级的传感处理单元的结果作为较高级单元的输入。

sentence control 句子控制 在字处理中,指作用于一个句子的文本的控制。如跳过、删除、移动、打印等。

sentence key 句键(标) 在字处理装置中,按每次一句的方式来控制处理文本的一个控制键。

S

sentential form 句型 由乔姆斯基文法的开始符号S派生出的符号串。对于上下文无关文法,则最右派生产生的句型,称为右句型;由最左派生产生的句型,称为左句型。

sentinel 标记 (1)计算机程序设计中表明某一段信息开始或结束的一种符号。(2)磁带标志。在某些磁带系统中,以一种短块来标识在它之前或在它之后的数据。通常用它来搜索数据,不需要阅读标题中的全部内容。(3)标明一个信息单元(如项、信息组、字组、文件等)的开始或终止的一种符号。(4)一种标志符号或字符,用来指示字段结束(字段尾标)或记录结束(记录尾标)等特定情况。变长记录的处理需要这样的标记。

SEO 搜索引擎优化 search engine optimization 的缩写。

separate code 分离码 在算术容错码中,数据部分和校验部分各自独立运算的码。否则称为非分离码。前者都是系统码,如剩余码,后者可为系统码或非系统码,但大多数作为非系统码,如AN码。

separate compilation 分[个]别编译,分次[块]编译 它是编译大型程序时的一种有效方式。如果一个程序包含几个模块,则编译时是对各个模块(但不是独立地)进行编译,彼此间的联系反映在其语法(包括类型)的一致性检查中。

separated graphics 可分图形 见 block graphics。

separate I/O 分离输入输出 输入和输出使用不同的线。

separately compiled program 分离编译程序 一个与其他程序分离地进行编译的程序,包括其包含的程序。

separately excited of motor 电机的他励 电机的励磁是由其他电源而不是由电机本身供给的。励磁亦可称为激励。他励亦可称为他激。

separating character 分隔字符 在数据结构中,位于各级数据之前,用以分隔各部分或各单元的一种控制字符。参见 information separator。

separation principle 分离原理 把随机控制系统的控制器分解成状态估计和确定性反馈控制两部分分别进行设计的一种原理。应用这个原理时,先根据随机观测数据估计系统的状态,再把估计值看作为真实状态,按照确定性系统设计最优控制规律。这是对随机最优控制系统设计技术的一种简化。这样设计出来的系统常常不是真正最优的。只有对某些特定类型的系统,可按分离原理设计出最优的随机控制策略。这类系统称为可分离系统。线性二次型高斯(LQG)随机过程控制问题就属于这一类,它的求解和实现都比较容易,有较大的实用意义。

separation theorem 分离定理 最优化问题中的重要定理。设 B_1 和 B_2 为 n 维线性空间中的两个互不相交的非空凸集,则存在一个超平面将这两个凸集分离。若 B_1 和 B_2 中有一凸集是紧致的,那么存在一个超平面将 B_1 和 B_2 严格分离。凸集的分离定理可以给出数学规划理论中许多有用的结果。

separator character 分隔字符 (1)一种用来分隔字符串的标点字符。参见 data-item separator, information separator。(2)在数据通信中,一种与某些自动呼叫装置一起使用的,将拨号数字分隔开的字符。参见 file separator character, group separator character, record separator character, unit separator character。

separator page 分隔页 一种打印页,用来表明一个作业的输出结束和另一个作业的输出开始。

septenary 七进制的 以7为基数的记数法。

septenary number 七进制数 一种以7为基数的计数系统。在计算中很少使用。

septendecimal 十七进制的 在17为基数的记数法。

septet 七位字节 用7个二进制位构成的字节。

SEQUEL 结构化英语查询语言 structured English query language 的缩写。

sequence 序列,排序,顺序 (1)已排序的一系列项目。(2)按照自然数的顺序,将若干项进行排列。(3)根据指定的一组规则排列成的项目序列。例如,按字母、数字或时间顺序进行排列的项目。(4)一种基本的结构程序设计图。它提供表示按序操作或顺序进程的手段。

sequence break 序列断点 文件中,一个序列的结尾与另一个序列的开头之间的点。

sequence by merging 合并排序 对各数据项重复进行合并、分开、再合并而进行的排序。

sequence check 顺序(性)检验 在进行处理之前对集中的同类记录进行的一种检验,目的是保证被处理的记录适合所要求的顺序。在使用磁带文件的批处理中,这种检验非常重要,因为在更新之前,事务文件必须与主文件有相同的记录顺序。如果违反顺序,更新就无法继续了。

sequence checking routine 顺序检查例程 检查每条指令执行结果并打印若干相关数据的例程。例如可以打印出指令及其代码,部分或全部寄存器的内容等。

sequence cipher 序列密码 用位流发生器产生二进制串数字流作为密码位流的一种密码体制。

sequence codes 顺序码 按正向顺序给一系列项进行编码的方法，与被编码对象的分类或者次序无关。

sequence computer 顺序计算机 见 arbitrary sequence computer，consecutive sequence computer。

sequence control program 顺序控制程序 一种系统程序，它完成决定程序执行顺序的一些功能。参见 scheduler。

sequence control register 顺序控制寄存器 存放下一条指令地址的寄存器。某些计算机中的指令执行顺序可以选择，这些计算机的指令中有一个地址值，用来指定控制的顺序。建议使用 instruction address register。

sequence control statement 顺序控制语句 指明条件转移或无条件转移的语句。

sequence counter 顺序计数器 见 sequence control register。

sequence diagram 序列图，顺序图 面向对象系统设计的一个图形表示。序列图是一种强调消息的时序交互图，它由活动者、对象、消息、生命线和控制焦点组成。序列图中对象表示为一个矩形；消息在序列图中由带有标记的箭头表示；生命线由虚线表示；控制焦点由薄薄的矩形表示。序列图将交互关系表示为一个二维图，纵向是时间轴，时间沿竖线向下延伸。横向轴代表了在协作中各独立对象的类元角色。类元角色的活动用生命线表示。当对象存在时，生命线用一条纵向虚线表示，当对象的过程处于激活状态时，生命线是一个双道线。序列图主要用于按照交互发生的一系列顺序，显示对象之间的交互。序列图除记录组织的当前事件外，一个业务级的序列图能被当作一个需求文件使用，为实现一个未来系统传递需求。在项目的需求阶段，分析师能通过提供一个更加正式层次的表达，把用例带入下一层次。那种情况下，用例常常被细化为一个或者更多的序列图。在设计阶段，序列图能挖掘出系统对象间的交互。序列图除了在设计新系统方面的用途外，它还能用来记录一个存在系统的对象现在如何交互。参见 interaction diagram，collaboration diagram，activity diagram，stage diagram。

sequenced display 顺序显示 按某一次序进行的显示。比较 nonsequenced display。

sequenced packet exchange (SPX) 顺序包交换 (1)两个工作站或者应用程序通过网络进行通信的协议。SPX 使用 NetWare IPX(网络互联包交换)提供消息，但它保证消息的提交并维持消息包的顺序。例如，它通过检测目的节点是否正确地收到所传送的数据，以保证消息包的成功传递，如果在指定的时间内没有任何反应，则会重新传输。若多次重新传输都未获成功，则 SPX 假定连接有问题，并通知管理人员。(2)在 IPX(网络互联包交换)上实现的一组 NetWare 协议，它形成传输层的接口。SPX 提供在 IPX 上的附加特性，如它由验证数据被正确地接收的目的节点保证数据分组传送。如果在规定的时间内没有接收到响应，SPX 重新发送数据分组。如果重新发送的分组仍未得到确认，SPX 认为连接已失效，并通知操作人员。参见 internetworking packet exchange (IPX)。

sequence error 顺序错误 (1)由于试图对所需要的显示旁路或处理顺序集终止而引起的错误。(2)在一组数据项中，有一个或多个数据项的顺序不对的错误。

sequence field 顺序字段 同 key field。

sequence frames 有序帧 为了达到传输检查的要求，按编号次序进行排列的一些信息段。参见 frame，frame check sequence。

sequence monitor 顺序监控器 利用计算机来监控操作人员的操作步骤。

sequence number (SN) 顺序号 在 ATM(异步传输模式)网络中，资源管理信元中的一个 4 字节的字段，由国际电信联盟-电信标准化部门(ITU-T)的 I.371 建议书中定义。用于 ATM 可用位速率服务。

sequence packing 顺序组装 按顺序将一个数据的若干部分合并在一起的过程。

sequencer 排序程序，定序器，音序器 (1)将信息项目按规定顺序排列的程序或装置。(2)能够记录、编辑和播放 MIDI(乐器数字接口)文件的硬件设备或软件，称音序器。参见 musical instrument digital interface (MIDI)。

sequence register 顺序寄存器 用以指定下一条指令地址的寄存器。

sequence robot 顺序机器人 遵循预定位置交换运动顺序的机器人。

sequence set 顺序集 在使用某种数据存取方法的系统中，一种键标定序数据集或文件的最低级索引，它给出数据集或文件中的控制区间的位置。顺序集和索引集一起构成该索引。

sequence symbol 顺序符号 一种决定语句执行顺序的符号。

sequence timer 顺序计时器 由若干个延时电路级联而成，前一电路的延迟时间一到便触发后一电路。每发完一列时序信号，就使计算机相应地完成一个动作。

sequencing 排序，定序 (1)按照某种序列或根据等级或时间进行排序的过程。(2)将用户信息分隔成一些较小的块、帧或信息组以便传输的过程，每一小部分数据都被赋予一个序列号以便在目标端

S

正确还原全部信息。

sequencing control 顺序控制 微指令运行的顺序是由控制存储字中的一个字段规定的。当前的微指令指出下一条微指令的地址。有时是继续执行下一地址的微指令还是执行另一条微指令，由当前微指令的运行结果来决定。

sequencing key 顺序关键码 记录中用来指定该记录在文件中的顺序的一个字段。

sequential 顺序的 若干事件的出现按时间或某一规律排序。

S

sequential access 顺序存取[访问] (1)按已知的顺序进行存取。例如，按存储单元的物理地址大小存取各单元的内容以及按记录号的大小存取文件的各个记录等。同 serial access。比较 direct access。(2)对于磁带文件只允许对其上的数据源磁带顺序存取。其存取过程依赖于该数据在磁带上的位置，也和先前访问的数据相关。

sequential-access memory (SAM) 顺序访问存储器 同 sequential access storage。

sequential access method 顺序存取法 从文件中一个接一个地顺序存取记录的方法。即存取时，仅当存取了前一个记录后，才能存取下一个记录。用顺序存取法建立的文件称为顺序文件，它是物理顺序和逻辑顺序一致的文件。磁带上的文件都是用顺序存取法进行存取。磁盘上既可建立顺序文件，也可建立非顺序文件。

sequential access storage 顺序存取存储器 其存储内容只能以顺序方式存取的一类存储设备，如磁带。

sequential alarm module 顺序报警模块 某些系统中用来对一组报警接点进行连续顺序监测的专用设备。无论何时，只要这些接点中有一个或几个接点闭合，该模块便立即按优先级向计算机发出中断请求。计算机读取这些接点的输入状态，并根据当前的状态和预先设定的条件作出相应的处理。

sequential algorithm 顺序算法 每一步操作必须按线性顺序出现的算法。

sequential allocation 顺序分配 一种线性表的存储结构，把表中的节点一个接一个地放进顺序的内存单元。

sequential batch operating system 顺序成批操作系统 在计算机系统中，现行作业一完成，就自动开始运行新的作业的软件系统。

sequential batch processing 顺序批处理 一种计算机的运行方式。在这种方式下，只有在一次批运行完成之后，才能开始另一次批运行。

sequential by key 按照键标顺序 一种文件处理的方法，该方法按照存取通路中安排的键标的顺序，从键标定序文件中读和写记录。

sequential circuit 时序电路 实施一连串逻辑操作，在任一给定瞬时的输出值取决于其输入值和在该瞬时的内部状态，且其内部状态又取决于紧邻着的前一个输入值和前一个内部状态的器件。时序电路是由最基本的逻辑门电路加上反馈逻辑回路(输出到输入)或器件组合而成的电路，它类似于含储能元件的电感或电容的电路，如触发器、锁存器、计数器、移位寄存器、存储器等电路都是时序电路的典型器件。

sequential circuit testing 时序电路测试 对时序电路故障进行检测的过程。D 算法等能较好地解决纯组合逻辑电路的测试，但不能解决时序电路的故障测试问题。对时序电路有两种截然不同的方法：其一是把同步时序电路折合成若干等同组合电路的一维阵列，使用组合电路的测试方法；其二是验证时序电路的执行时序是否与状态表一致。

sequential cohesion 顺序内聚 在一个模块中顺序地实现几个功能，前一个功能的输出是下一个功能的输入。是没有分支的线性时序的数据处理链。参见 cohesion of module，functional cohesion。

sequential collating 按序整理 比较一组记录中各个记录的关键码，按相等、大于或小于等规则排序。

sequential coloring algorithm 依次着色算法 图着色问题的一个近似算法。设颜色用正整数 1，2，…表示，首先选一个点开始着上 1 号色，然后下一个顶点的着色号是所有未赋予它的邻接顶点的颜色号中的最小者，重复此步直到所有顶点都着上色。该算法的表现与选取的顶点次序关系很大。至今没有一个多项式时间的图着色近似算法能使可行解与最优解的比值以常数为界，并且已经证明：如果存取一个图着色近似算法确保给出二倍于最优着色数的着色，那么就能给出一个多项式时间的最优着色的算法。

sequential computer 串行[顺序]计算机 一种计算机。在此计算机中，事件按时间顺序出现，其中只有少量、甚至没有同时出现的事件或重叠事件。

sequential consistency 串行一致性 分布式共享存储器系统中的一种一致性协议，使得任何各个节点上并行操作的执行结果与在单机多任务系统上的执行结果一致。

sequential control 顺序控制 计算机的一种工作方式。采用这种方式时，指令按规定的顺序执行，遇到转移指令时转向指定的入口点，然后继续顺序执行。

sequential couleur avec memoire (SECAM) 顺序与存储电视系统 法国彩色电视广播标准编码系统，与德国 PAL(逐行倒相制)系统类似，SECAM 在法国和前苏联等国家使用。参见 phase alternate by line (PAL)，national television standards committee (NTSC)。

sequential data set 顺序数据集，有序集 一种数据集。其记录是按其连续的物理位置来组织的。例如,在磁带或磁盘上的连续记录所组成的数据集。

sequential data structure 顺序数据结构 一种文件结构类型。其中所有记录都是一个接一个地顺序地排列的。这种结构通常用于整个文件被一次存取或者需要修改文件的全部或许多记录的那种大型文件。磁带是这种结构的标准存储媒体。

sequential dependent segment 顺序相关段 在信息管理系统数据项数据库中的一种段,它与根段断开链接,并按后进先出的方法,插入到一个数据项数据库区域的最后部分,一旦它被一个联机程序插入之后,便不能再被修改。

sequential document 顺排文档 也称"链式文档"或"线性文档"。顺排文档中的全部记录按顺序存放,记录的物理位置通常由记录的键值决定。参见 streaming document。

sequential execution 顺序执行 按线性顺序执行的程序的一种行为,对应于并行执行。并行执行同时执行两个或者多个程序。参见 concurrent execution。

sequential field 顺序字段 层次数据库的数据集中,作为片段的标识码(关键字)的字段。

sequential file 顺序[正向,顺排]文件 一种主要的文件结构形式。其记录以线性顺序排列。这些记录的集合就构成正向文件,它与倒排文件正好相反。该记录按物理顺序存取。通常记录在磁带上的各种文献数据库都是这种文件。

sequential file organization 顺序文件组织 一种文件组织方式。采用这种方式组织文件时,各数据记录按预先确定的顺序排列,存取一个记录时只能按序检查每一个记录,直至找到需要的记录为止。串行或顺序存储设备均可采用这种文件组织方式。

sequential file sort 顺序文件分类 即外部分类。当所需的数据量超出计算机主存容量时,可以在外围的顺序存储器上进行,把数据描述成顺序文件,其特征是每一时刻可以直接取用一个元素,而且只能取用一个元素。

sequential index 顺序索引[检索] 按预定的检索顺序对数据文件进行存取。

sequential inference machine 顺序推理机 或称序贯推理机。这种机器是将通用顺序(序贯)推理过程相关机制予以固态化的结果。推理的目的是从初始状态通过算子变换达到目的状态。在知识工程中是从高层次到精细化的顺序过程。

sequential interpretation 顺序解释方式 各条机器指令顺序串行执行,执行完一条指令后,才取出下条指令执行,而且一条机器指令内的各个微操作也是顺序串行执行的。

sequential I/O module 顺序 I/O 模块 COBOL 程序设计语言的一个功能模块。它含有定义和存取顺序组织的外部文件所必需的语言部分。该模块分成两级。低级模块含有定义和存取顺序文件以及指明校验点的基本设施。高级模块含有定义和存取这些文件的更完备的设施,如文件间共享存储区的建立等。

sequential learning automaton 时序学习自动机 通常的学习自动机一般称为组合学习自动机。其特点是联机路上没有反馈,因而没有记忆能力,功能比较弱。时序学习自动机是有反馈的学习自动机,因而有记忆能力。在进行图像识别时,它能作一些全局性的判断,如奇偶性(图像中"1"的个数是否为偶数)、特殊性(图像中"1"的个数是否为指定数目)、唯一性(图像中是否只有一个"1")以及连通性(图像中各个"1"的位置是否相连)问题等。

sequential list 顺序表 用顺序方法存储的线性表。这种结构中的每个元素都与其前后元素相关。

sequential list structure 顺序表结构 数据库中的一种数据结构。其中的每个元素均与前后的元素相关。

sequential logic 时序逻辑 一种线路类型,其输出取决于现时输入值及线路此时的内部状态。也就是说,其输出既和当前值相关,也和以前的输入值相关。它用于时序电路设计的理论与方法。

sequential logic element 时序逻辑元件 一种器件,该器件至少具有一个输出通道、一个或多个输入通道,全部通道的特征均为离散状态,因此每个输出通道的状态都由输入通道器件的前一个状态所决定。比较 combinational logic element。

sequential machine 时序机 也称"有限自动机"。同 finite automaton。

sequential machine model 串行机器模型 只有一个有穷控制器的机器模型。这种模型的典型特征是每次只执行一条指令(做一个动作)。并行机器模型有一组有穷控制器,其个数可以是无穷多个,但在任何一个可达到状态,活化的控制器个数都是有限的。并行机器模型可在同一时刻执行多条指令。

sequential method 顺序法 一种填表和查表的方法。填表时从表存区的开始地址依次向下登录项元。查表时,从表存区的头开始向下逐个进行比较,直到找到被查变量名或者与表中所有已登录的变量名比较完毕。

sequential network 时序网络 输出状态不仅依赖于当前的输入状态而且依赖于原先的输入状态的开关网络。时序网络内部至少包含有一个存储元件。

sequential operation 顺序操作 按顺序一个接一个地操作,在一个动作没有完成之前不开始下一个动作。

sequential organization 顺序组织 一种逻辑文件结构,其中的记录用前驱后继关系来标识,这种关系是在记录存入文件时建立起来的。在 COBOL 语言中,指永久性的逻辑文件结构,其中记录在存

S

储时标上了为一个前导-后继的关系。

sequential packet exchange (SPX) 顺序包交换(协议) 同 sequenced packet exchange (SPX)。

sequential phase control 顺序控制 按一定顺序来确定其延迟角的非对称相位控制。参见 asymmetrical phase control。

sequential pipeline 顺序流动 流水线输出端的任务(指令)流出顺序和输入端的流入顺序一样的流动。指令是一条跟着一条在流水线中流动,当出现指令相关时,如发现第 j 条指令和它之间的某条指令(如第 i 条)相关,那就使第 j 条指令推后解释,直至第 i 条指令执行完,才开始解释第 j 条指令,并继续往前流动。对于顺序流动的流水线,在第 j 条指令推后解释时,它之后的指令也必须停住,致使流水线的输入端也停止接收,这会降低流水线的效率和吞吐率,但控制比较简单。

sequential processes 顺序进程 按顺序执行的进程。两个顺序进程不能全部或部分重叠执行。

sequential processing 顺序处理 (1)按记录被存取的次序处理逻辑记录的过程。(2)按存在于文件中记录的次序处理记录的过程。

sequential programming 顺序程序设计 一种程序设计方式。它不考虑并发程序中所发生的问题,而仅考虑程序在顺序执行情况下的程序设计。

sequential programming language 串行程序设计语言 只能用于设计串行程序的语言。这种语言只能描述一道控制流。常见的 Pascal、BASIC、FORTRAN 等都是串行程序语言。

sequential queue 顺序列队 等待处理的项目按先进先出原则排队。

sequential sampling 顺序采样 一种采样检查方式。采用这种方式时,每检查一个项目之后,都要决定是接受、拒绝,还是再采样检查另一个项目。

sequential scheduling system 顺序调度系统 一种作业调度形式,它让顺序读取输入作业流,每次执行一个作业步。

sequential search 顺序搜索[检索] 一种搜索法。该法是按表中顺序一项一项搜索,直至找到所需项为止。对于 n 的有序表,最坏的比较次数是 n,平均比较次数是 $\frac{1}{2}(n+1)$。

sequential structure 顺序结构 一种文件结构。其中诸记录的位置是根据他们的某一共同属性确定的,通常,是由记录的关键码决定。在这种结构中要存取第 n 个记录,则必须首先存取完前面的 $n-1$ 个记录。

sequential t-fault diagnosable t 故障顺序可诊断的 在数字系统诊断中,常常用一个子系统诊断另一个子系统。如果系统中最多有 t 个故障子系统,每次至少有一个故障子系统能被诊断并得到修复,则此系统称为是 t 故障顺序可诊断的。

sequential-within-limits processing 顺序限内处理 一种处理索引的文件方法。其中指定了读写记录中的关键字段的起始和终止值的上下限。

SERDES 并串行/串并行转换器 serializer/deserializer 的缩写。一种信号转换设备,对机器的输出信号进行并串行(串行化)转换,而对其输入信号进行串并行(解串)转换。参见 communication line adapter。

SEREP (1)系统环境记录、编辑及打印程序 system environmental recording, editing, and printing 的缩写。(2)系统出错记录编辑程序 system error record editing program 的缩写。

serial 串行的,顺序的 (1)指一种过程,在该过程中,所有的事件是一个接一个地出现。例如按照 CCITT(国际电报电话咨询委员会)V24 约定的字符按位串行传输。(2)指在一个设备或通道上,顺序地或连续地出现两个或多个相关的动作。(3)指顺序地处理一个整体中的各个部分,诸如一个字符中的各位或一个字中的各个字符。即将同一个功能相继地用于各个部分。比较 parallel。

serial access 串行存取[访问] 按存储地址的大小存取数据。同 sequential access。

serial access memory (SAM) 串行存取存储器 用电荷耦合器件做成的存储器。该器件上的前一位信息和后一位信息的转移,是靠势阱之间的电荷耦合,不靠其他任何连线来实现,故信息在电荷耦合器件上的读写过程只能是串行进行,而且存取时间与信息所在位置相关,常需等待时间。SAM 存储器适用于串行数字系统和存取速度较慢的场合。

serial access storage 串行存取存储器 数据存取时间取决于数据和位置及上次存取单元位置的一种存储设备。参见 serial access memory (SAM)。

serial adder 串行加法器 一种多位的加法器,其各位的进位是从低到高逐位串行产生。串行加法器的加法速度比并行加法器慢。

serial addition 串行加法 对操作数的相应位逐位进行相加的一种加法。

serial and parallel port 串行并行接口 连接外设和个人计算机的串行并行连接器。通常个人计算机都具备串行并行接口。串行口可挂接调制解调器、鼠标器及打印机,并行口则可挂接打印机。

serial arithmetic 串行运算 每一个数都按位在运算器中执行运算。需要进行的操作次数与二进制数的位数相同。这种运算比并行运算简单,但速度慢。

serial ATA port 串行 ATA 接口 串行 ATA(先进技术附加接口)规格开始是由英特尔公司提出的。该接口标准可以较大幅度地提高硬盘数据传输的带宽,用串行 ATA 代替 ATA,能消除磁盘子系统的瓶颈现象,使 PC 系统的性能大幅度提升。参见

advanced technology attachment (ATA)。

serial bit transmission 串行位传送 数据传送的一种方式。它将代表一个字符的各个二进制位以顺序方式一位接一位地传送。

serial-by-bit 按位串行 字符中的各位以一位接一位的方式处理。

serial-by-character 按字符串行(处理) 按照一个字符接一个字符的方式所进行的处理。

serial chaining control 串行链接控制 总线上的各功能部件呈串行链接,总线可用信号串行顺序通过各功能部件,部件使用总线的优先级由部件所处的物理位置而定,紧挨总线控制器的部件优先级高,前一级若无使用总线的请求信号,则查看后一级是否有请求信号。

serial clock transmit external (SCTE) 外部串行时钟发送 数据终端设备(DTE)回送给数据电路终端设备(DCE)的定时信号,用来维护发送时钟。SCTE的设计目的是用来对长电缆上的时钟相移进行补偿,当DCE(数据电路终端设备)不用它自己的内部时钟而改用SCTE,对DTE的发送数据进行采样时,在电缆上有相移情况下,它对发送数据无错采样能做得更好。

serial communication 串行通信 在计算机之间、计算机与外设之间通过一条线路进行一次一位的信息传输。串行通信可以是同步的或异步的。它可通过时钟来进行同步控制,或在数据流中嵌入起始位和终止位来进行异步控制,或采用同步通信技术(数据帧与控制信息一起传送)。波特率用于描述传输时每秒钟传输的位数,要求发送端和接收端采用相同的波特率、奇偶校验位以及其他的通信参数。参见 baud rate, parity, start bit, stop bit。

serial computer 串行计算机 (1)只具有一个算术部件和逻辑部件的计算机。(2)一种计算机,其某些特性是串行。例如,对字的所有位进行串行操作的一种计算机。

serial data 串行数据 以串行方式传送的数据。

serial data controller 串行数据控制器 一种为全双工、同步或异步串行通信提供灵活界面的设备。传送方和接收方可使用双缓存器。这种设备能达到的最大传送率为250 kbps同步和16 kbps异步。

serial data transmission 串行数据传送 将编码字符的各个码按序逐个传送,而不是所有码一次同时传送。这种技术允许经单一信道传送二进制编码的多级数据。就电脉冲传送来说,这种技术所需要的信息可以是一对导线,或者是一根导线加一根接地线。

serial device 串行设备 一种串行地完成其功能的设备。如串行打印机一次打印一个字符。比较 parallel device。

serial digital computer 串行数字计算机 参见 serial computer。

serial digital interface (SDI) 串行数字接口 串行接口是把数据字的各个比特以及相应的数据通过单一通道顺序传送的接口。由于串行数字信号的数据率很高,在传送前必须经过处理。用扰码的反相不归零制(NRZI)来代替早期的分组编码,其标准为SMPTE-259M和EBU-Tech-3267,标准包括了含数字音频在内的数字复合和数字分量信号。在传送前,对原始数据流进行扰频,并变换为NRZI码确保在接收端可靠地恢复原始数据。SDI接口不能直接传送压缩数字信号,数字录像机、硬盘等设备记录的压缩信号重放后,必须经解压并经SDI接口输出才能进入SDI系统。参见 non-return to zero indicating (NRZI), Society of Motion Picture and Television Engineers (SMPTE)。

serial digital transport interface (SDTI) (压缩)串行数字传输接口 SDTI是由SDI(串行数字接口)发展而来,码率为270 Mbps或360 Mbps,支持净码率在34 Mbps以上的高码率。SDTI支持多种格式,如DVCPRO、DVCPRO 50、Betacam SX、Digital-S、DVCAM、M-JPEG(运动联合图像专家小组),MPEG(活动图像专家组)-2等,可用于高于实时的速度传输,如多倍速下载;适用于传统演播室环境,直接支持切换台、录像机和切换矩阵,但不太适应双向传输。在压缩录像机格式出现后,松下提出了DVCPRO的CSDI(压缩串行数字接口),索尼提出了DVCAM的QSDI(高速串行数字接口)及Betacam SX的SDDI(串行数字数据接口)。这些接口将压缩数据在一个打包器中打包,同时在原数据中加进错误校正码后即可送出4倍于原容量的数据包,使传输数据速度更快,但是这几种接口相互之间并不兼容,随着接口技术发展的需要,最后统一到SDTI接口。

serial distributed decision support system (SDDSS) 串行分布式决策支持系统 一种将决策任务分解成若干个子任务,并把各个子任务分配给不同节点上的决策子系统去顺序完成的分布式决策支持系统。

serial file 串行文件 其数据项以串行方式存入,因而也只能以串行方式取出的一类文件。

serial file processing 串行文件处理 按照记录在存储媒体上的出现顺序(如沿磁带纵向的顺序)对记录进行的处理。

serial flow 串行流 完成一次操作的各个动作一个接一个地发生,同一时刻不能再执行任何其他任务。

serial infrared (SIR) 串行红外线 一种异步的、半双工的红外通信方式,它以系统的异步通信收发器为依托,通过对串行数据脉冲的波形压缩和对所接收的光信号电脉冲的波形扩展这一编解码过程实现红外数据传输。SIR的最高数据速率只有115.2 kbps。参见 fast infrared (FIR), very fast infrared (VFIR)。

serial input/output (SIO) interface 串行输入输出接口 从输出设备(通常是键盘或磁带录音机)接收数据,并将此数据流转化为并行字,该接口也可将并行字转化为串行数据。每个输入输出串行字由开始位、数据位、一个奇偶校验位及一个或两个停止位组成。

serial interchange node search 串行交换节点搜索 一种对于一个专门的目标的搜索请求,串行地发送给 APPN(高级对等联网)网络的交换节点。

S

serial interface 串行接口 计算机与外围设备之间按顺序逐位进行数据传送的一种通信接口。串行接口主要用于远程通信和低速输入输出设备。常用的串行通信接口是 RS－232C,这个接口的标准是 1969 年由美国电子工业协会(EIA)制定公布的。在微型计算机系统中用作串并交换电路,其数据在与外设连接的一侧串行传送,与中央处理器连接的一侧按字节传送。

serial I/O (SIO) 串行输入输出 计算机和外部设备间传送数据的一种方式。采用这种方式发送数据时,先将计算机中的数据转换成位串,再逐个传送给外部设备;在接收数据时,先将外部设备传送的位串转换成并行数据,再进行处理。

serial I/O interface card 串行输入输出接口卡 将特定类型的微型计算机与串行通信线路接口的线路卡,最常用的是采用 RS-232 标准的接口卡。

serializability 可串行性[化] 数据库系统并发控制时对多个事务的处理方法之一。如果一个并行调度执行的结果等价于某一串行调度执行的结果,则称这种调度是可串行化的调度。

serialization 串行化,编序 (1)若干项的依次排序。(2)在 MVS(多重虚拟存储系统)中,一种控制访问资源的过程,以保护该资源的完整性。

serializer 并串行转换器 一种转换器件,它将数据同时存在的空间分布状态,转换成相应的时间状态序列。同 dynamicizer, parallel-to-serial converter。比较 staticizer。

serial line internet protocol (SLIP) 串行线路互连协议 用于拨号网络互连协议访问的两个最著名的协议标准之一(另一个是点对点协议(PPP))。因特网中,SLIP 是在拨号连接的低速异步串行线路上使用 IP(网际协议)的一种规范,是一个事实上的标准。通常用于点到点运行 TCP/IP(传输控制协议/网际协议)的串行连接,在 RFC1055 中定义。SLIP 允许用户的计算机用调制解调器通过串行线或电话线和因特网实现直接连接,但没有错误侦测及安全保密功能,连通后用户计算机就像位于主系统的一个串行端口上。它建立了与因特网的临时然而却是直接的联系,数据包可直接进出用户计算机,而免去小型机或大型主机的中介(与拨号访问对比)。尽管 SLIP 仍在被采用,但它不提供对电话线噪声的补偿功能,也不提供多协议功能,而这些功能可以改善程序执行效果。因此建议使用 PPP 协议,它将提供数据压缩、数据交换及纠错等超级服务功能。参见 point-to-point protocol (PPP)。

serially reusable load module 可顺序再使用的装入模块 一种模块,在第一个任务结束了对它的使用之后,才能由第两个任务使用。

serially reusable resource (SRR) 可顺序重用资源 一次只能由一个任务访问的逻辑资源或目标程序。

serially reusable routine 可连用例程 (1)在分时系统中,一个能重新使用的例程,但不一定是可重入的例程。(2)在操作系统中,这种例程同一副本在当前使用结束后仍保存在主存储器中,可被另一任务再次使用。

serially shared resource 串行共享资源 在通信系统软件中,一种定义给一个以上的大节点、但一次只能由一个大节点占有的资源。串行共享资源可以是二进制同步或起止式的线路或站 PU(物理单元)、LU(逻辑单元)。参见 concurrently shared resource。

serial memory system 串行存储器系统 为了满足 CRT(阴极射线管)刷新应用的高可靠性和低代价的要求而设计的系统。这些系统可作为独立的存储器单元,或可增加存储器卡而扩充到任意虚拟大小。

serial mouse 串行鼠标器 连接到计算机标准串行接口上的鼠标器。参见 bus mouse, mouse。

serial networks 串行网络 一组 SNA(系统网络体系结构)网络,用网关串行地连接。

serial number 顺序号 用来表示项目在序列中的位置的整数。

serial number coding of Chinese character 汉字序号编码 采用硬性定序的或粗分类排序的方法,以此序号作为汉字集每个元素的编码。例如汉字电报码。

serial operation 串行操作 (1)在诸如算术部件或逻辑部件等单个设备上,顺序地或相继执行两个或多个操作。(2)一种计算机操作模式,在该模式下,信息流按时间顺序,一次操作一位数、一个字、一行或一个通道。建议使用 sequential operation。比较 parallel operation。

serial operation parallel 串并操作 串行操作与并行操作的结合,按并行模式处理二进制位,而按串行模式处理字符。

serial output 串行输出 各个数位按顺序一个接一个地输出。

serial-parallel converter 串-并行转换器 将串行数据序列转换成一组各位同时输出的器件。

serial-parallel converter module 串-并行转换模块 进行串并行转换的发送/接收模块。这种模块往往配对使用,一块用于与计算机接口,另一块用于应用现场,从而可实现计算机与应用现场之间的全双工异步操作。采用这种方式传送数据,其传送波特率为 1.25 ~ 80 K,传送距离可达几 km,传送介质只需要一对双绞线。

serial parallel register 串-并寄存器 一种可把串行数据变为并行数据的移位寄存器。

serial port 串行端口 以串行方式传送数据的输入输出端口。用于连接像调制解调器、鼠标器或打印机这样的串行设备与个人计算机的插座。典型的串行端口是25芯的RS-232接口,但有些串行设备也使用9芯连接器。串行端口表示数据在传输线上传输时,一次只传一位。并行端口与串行端口不同,它可在8条传输线上一次传送一字节数据。

serial presence detect (SPD) 串行存在探测 它是一个8针的256字节的EEPROM(电可擦可编程序只读存储器)芯片。一般处在内存条正面的右侧,里面记录了诸如内存的速度、容量、电压与行、列地址带宽等参数信息。当开机时PC的BIOS(基本输入输出系统)将自动读取SPD中记录的信息,并为内存设置最优化的工作方式。可通过修改SPD参数的设置改变内存的工作方式。

serial printer 串行打印机 与计算机串行端口相连的打印机,由于配置串行打印机存在难度,目前多数打印机使用并行端口。参见 printer。

serial processing 串行处理 (1)在诸如通道或处理部件等单一设备上顺序地或相继地执行两个或多个过程。(2)按文件记录的物理排列顺序,一个接一个地读或写。(3)若干个进程在同一部件中顺序地接连地进行处理。

serial programming 串行程序设计 在计算机中,每次仅执行一个操作的程序设计。

serial search 串行检索 一种检索方法,它对集合中的所有项从第一项开始,到最后一项逐项进行检测。

serial sort 串行排序 一种分类方法,它只需要对集合内的各项进行顺序访问。仅使用串行访问的存储器设备,就能完成串行排序。

serial storage 串行存储器 以串行方式存取信息的一类存储设备。在这种设备中,数据有一定的前后顺序,要定位一个数据必须从头开始,逐个单元寻找。磁带机就是这一类存储设备。串行存储设备的数据存储可按位串行或按字符串行。在按字符串行存储的设备中,同一字符中的各个位按并行方式存储。

serial system 串联系统 互相连接的子系统中任一子系统失效则全系统失效的系统。对应的,只有所有子系统都失效全系统才失效的系统叫并联系统。若系统中有 N 个相同的子系统,每个子系统的故障率为 λ,则串联系统的故障率为 $N\lambda$,平均故障间隔时间为 $I/N\lambda$。而并联系统的故障率为 λ/N,平均故障间隔时间为 N/λ。

serial task 串行任务 程序中的一种任务。任务是程序中独立而完整的指令序列。每一个任务在获得所需要的系统控制权并完成其功能后,再将资源控制权交到下一个任务。这样的任务称为串行任务。

serial terminal 串行终端 一位一位进行数据传送的一类终端设备。

serial-to-parallel conversion 串并转换 把一个连续信号元序列变换成为表示相同信息的一组相应的并行出现的信号元的过程。

serial-to-parallel converter 串并转换器 同 deserializer, serial-parallel converter。

serial transfer 串行传送 同 serial transmission。

serial transmission 串行传输 (1)每一时刻只有一个比特的信息在单一信道中顺序传输的技术。而不象并行传输那样同时进行。串行传输通常用于数据通信,而并行传输常用于计算机和本地外部设备之间的数据传输。(2)在数据通信中,在相继的时间间隔内,传输那些构成同一报文或数据的信号元素。这些顺序的元素可以是有间断地传输或无间断地传输。只要他们不是同时传输,如由分时通道进行的报文传输。

serial tunneling (STUN) 串行隧穿 路由器的一种特性,这种特性允许两个遵从SDLC(同步数据链路控制)或HDLC(高级数据链路控制)的设备通过一个任意多协议拓扑结构而不是通过一条串行链路连接到一起。STUN为网络管理人员进行网络配置提供灵活性。

serial word operation 串行字操作 某些处理部件采用的操作方式。操作时,以字为单位,一个字一个字地进行处理。

serial work flow 串行工作流 一种操作系统,其中每一时刻只执行单一的操作,而不是与其他正在处理的任务同时执行。工作数据是在与执行该操作的终端站相连的单根线或单条通路上传送的。

series 串联,级数,系列 (1)各元件以首尾衔接的方式相连,整个线路只有一条通路。(2)级数是数列各项之和,是研究函数的一个重要工具。(3)有共同特性的一类项目称系列。

series assignment algorithm 串行分配算法 一种试探性的划分算法。使用这种算法时,不要求事先确定分划元素个数。分划元素是逐个产生的。这种算法所用的计算时间较少,但整个结果离最优解相差较远。

series capacitive compensation 串联电容补偿 借其向线路引进的容抗以抵偿线路的感抗值的一种作用。

S

series capacitor 串联电容器 串联连接于电力线路中运行的主要用来补偿电力线路电感抗的电容器。

series circuit 串联电路 两个或两个以上的元件串接在一起的电路。同一个电流通过所有的元件，而电压则分降到每个元件。参见 parallel circuit。

series connection 串联连接 使同一电流通过所有被连接的器件的电器间的一种连接。比较 parallel connection。

series connection of convertor 变流器串联连接 变流器电连接的一种，由多个换相组串联而成的一种电连接，其连接方式使直流电压叠加。

series correction 串联校正 校正装置和系统不可变动部分按串联方式相连接校正方法。由于串联校正装置常有严重的增益衰落，因此采用串联校正往往同时需要引入附加放大器，以提高增益并起隔离作用。常用的串联校正装置有超前校正、滞后校正、滞后/超前校正三种类型。在许多情况下，它们都是由电阻、电容按不同方式连接成的一些四端网络。参见 correction methods of control system，parallel correction。

series interface board 串连接口板 一种为了能使用户接口与不同类型串行存储器系统使用而设计的电路板。

series operation 串联运作 两只或者两只隔离式转换器接成主从控制方式，以便得到比一个转换器更高的输出电压（转换器的输入是接成并联的，输出是接成串联的）。

series reactor connected to a capacitor 电容器用串联电抗器 串连接于电容器电路中的用以降低高次谐波电流和抑制涌流的电抗器。

series regulator 串联稳压器 与负载串联的线性稳压器（不论是在转换器内部还是在外面），可以在负载端得到恒定的电压。这是最流行的线性稳压的方法。

series-resonant circuit 串联谐振电路 包含串的电容和电感的单一通道的一种谐振电路。参见 resonant circuit。

series-resonant testing equipment 串联谐振试验设备 利用调谐电感与负荷电容使之产生工频串联谐振，以获得工频试验电压的设备。

series spark gap of an arrester 避雷器的串联放电间隙 与避雷器阀片串联，由隔开的电极构成的一个或多个间隙。

series winding 串励绕组 励磁绕组的一种，由连接在主电路中，并通过全部或部分负载电流的线圈组成。参见 excitation winding。

serif 装饰线，衬线 在字符主要笔划末端细致的装饰笔划。例如西文大写字母装饰用的短横线，如 H 的上下 4 根短横线。

serpentine 蛇行 磁带上记录信息的方式，先从始端到末端写数据，然后在另一组轨道上往回写，如此往复，直至磁带写满。

serveability 可服务性 在用户请求下，在给定的条件下获得并保持得到一个服务的能力。

serve-oriented analysis and design (SOAD) 面向服务的分析和设计 SOAD 分为服务发现、服务规约和服务实现。服务发现是进行服务分析和设计的第一步。服务发现的主要任务是确定在一定范围内（通常是企业范围，或若干关键业务流程范围内）可能成为服务的候选者列表。服务规约阶段的主要任务是规范性地描述服务各个方面的属性，其中既包括输入/输出消息等功能性属性，服务安全约束和响应时间等服务质量约束，以及服务在业务层面的诸多属性，如涉及的业务规则、业务事件、时间/人员消耗等。服务的实现包括服务、组件和服务组装的实现。参见 serve-oriented architecture (SOA)。

serve-oriented architecture (SOA) 面向服务的体系结构 采用基于 SOA 的方法，开发者通过将那些定义可重复用业务功能的“服务”或软件部件组装起来，就能构建应用程序。SOA 的原则是利用显式的与实现无关的接口来定义服务，利用强调位置透明性和可互操作性的通信协议以及封装可重用业务功能的服务的定义。SOA 方法的主要优点之一，通过构建部件之间基于标准的接口，开发者就能不断编制应用程序，在无需关心部件内部工作的情况下交换、重复使用和修改部件。参见 enterprise service bus (ESB)。

server 服务器 (1)在网络系统中或在具有客户机/服务器结构的分布式处理环境中，用于管理网络资源的计算机或设备。按使用用途不同，网络服务器可分为：文件服务器、打印服务器、邮件服务器、应用服务器等；按应用规模不同，可分为：工作组服务器、部门级服务器和企业级服务器。服务器必须至少装有一个硬盘，还要有一块网卡，并在其上运行网络操作系统。服务器可以是专用的，常运行专用的网络操作系统，也可以是非专用的（既作服务器又作工作站），适合于小型网络系统，可在其上运行对等连网软件。为保证网络的可靠性，通常还应配备不间断电源（UPS）和容错设施，如 MAID（廉价的磁盘冗余阵列）技术。参见 file server，workgroup server，departmental server，enterprise server。(2)微软 Windows NT 中，具有一个或多个接收客户进程请示的进程，它执行一系列服务，使得客户进程既可以在同一计算机上运行，也可以在分布式网络的不同计算机上运行。参见 client，local procedure call，network server，remote procedure。

server advertising protocol (SAP) 服务器广告协议 同 service advertising protocol (SAP)。

server application 服务器应用程序 在 OLE（对象

链接与嵌入)中,用于创建 OLE 对象源文档的程序。源文档数据被链接或嵌入到一个或几个由客户应用程序产生的目标文档中。参见 object linking and embedding (OLE)。

server-based LAN 基于服务器的局域网 一种网络结构,数据都在各个独立工作站上处理,但存储在一个中心的文件服务器,集中式的网络比分布式网络在每单位设备上通常规模更大,性能更高,也更贵。

server control 服务器控件 用来定义 Web 应用程序用户界面的组件。服务器控件是 Web 编程模式的基本元素,提供了 Web 应用程序和表示技术隐含的抽象概念,提供数据绑定模型,可以简化 Web 用户界面的开发。

server farm 服务器场 也称"服务器集群"。服务器场是一组联网的服务器,放在同一地点。服务器场通过把工作负荷分配给服务器场中的各台设备,改善了内部运行过程,并通过利用多服务器的能力加快计算过程。服务器场通过负荷平衡软件,完成对不同机器处理能力的需求跟踪等任务,对这些任务的优先权进行处理以及依据用户的优先权和需求进行调度和重新调度。当一台服务器失效时,另一台能作为备份接替过来。

server grabbing 服务器捕捉 客户机为获得独占性的服务而采取的动作,在服务结束之前不让其他客户获得服务。

server manager 服务器管理员 Windows NT Server 中的一个应用程序,用于查看和管理域、工作组和连网的计算机。

server message block (SMB) 服务器报文块 一种网络协议,用于把网络上的报文块或服务请求引导到另一台服务器上。在 TCP/IP(传输控制协议/网际协议)领域中,SMB 引导软件是在 TCP 层上实现的。

server mirroring 服务器镜像 一种系统容错技术,用于保护数据和维持网络系统的正常运行。在网络系统中可配置一对文件服务器,一个是实际使用的文件服务器,另一个是镜像服务器。具有同样配置的两个文件服务器能同时响应用户的网络请求,完成同样的文件操作,一旦一个服务器出现故障,镜像服务器仍然可以正常运行,网络操作不受影响,服务器镜像可以用软件方法实现,也可以用硬件方法实现。

server operator 服务器操作员 在 LAN Manager 网络软件中,一个操作员特权,允许具有用户特权的用户启动和停止服务、共享资源、使用服务器的错误日志和关闭用户的会话。参见 accounts operator, operator privilege, user privilege。

server process 服务器进程 在 LAN Manager 网络软件中,一个与客户进程进行通信的进程,将计算任务分配给客户机和服务器的方法使得系统的性能更好,能够更好地管理网络,如提高了系统的安全性。客户进程通常作为一个前端,接收和显示信息。服务器进程通常是后端的,负责数据存储、安全保障和完整性。这两种进程使用命名管道进行通信。参见 interprocess communication (IPC), named pipe, client process。

server program 服务器程序 主机上运行的一个程序,通过这个程序,主机可以同运行不同客户机程序的用户进行通信。服务器软件有通信标准,遵从这种标准的客户机程序才能同服务器程序正常进行通信。多种不同客户机程序可以同一种服务器程序进行通信或交互作用。

server/requester programming interface (SRPI) 服务器/请求者编程接口 一种编程接口,使主机能像网络上的文件服务器一样被访问。

server service 服务器服务 微软 Windows NT 中,提供用户态应用程序接口(API)以管理微软 Windows NT 中的网络服务器的网络服务。参见 service, peer service。

server session socket (SSS) 服务器会话套接字 AppleTalk 会话协议字段,包含会话级报文将被发送到的套接字的号码。

server signal degrade (SSD) 服务层信号劣化 在适配功能连接点处输出的信号劣化指示。

server signal fail (SSF) 服务层信号失效 在适配功能连接点处输出的信号失效指示。

server system infrastructure (SSI) 服务器电源规范,服务器系统基础结构 SSI 规范是 Intel 公司联合一些主要的服务器生产商推出的服务器电源规范。SSI 规范的推出是为了规范服务器电源技术,降低开发成本,延长服务器的使用寿命,其内容主要包括服务器电源规格、背板系统规格、服务器机箱系统规格和散热系统规格。根据使用环境、规模的不同,SSI 电源规范分为以下几种子规范:簿型电源(TPS)规范、入门级电源(EPS)规范、中规模电源(MPS)规范和分布式电源(DPS)规范。

server utilization 服务器利用率 表示服务器忙、闲程度的参数。对于多个服务器,该参数 P 定义为

$$P = \frac{\lambda}{n\mu}$$

式中 n 为服务器个数,λ 为单位时间的平均到达数,μ 为平均服务率。

serveware revolution 服务件革命 Web 是软件和服务属同类事务的实例,Web 上的大部分业务将取决于软件与服务汇聚成为各种在线服务。换言之,提供的网络服务与所编写的软件实际上是同义的。这被称为"服务件"革命。

serviceability 可服务性,可维修性 一种对数据处理系统上出现的问题进行有效的判定,诊断及修复的能力。

S

serviceability level indicator processing (SLIP) 可服务性级别指示字处理技术 截取系统错误,以获得出错时相关软件状态信息的一种设施。

service access multiplexer (SAM) 业务接入复用器 SAM是一个ATM(异步传输模式)业务接入节点。SAM的典型应用位置是在公用ATM网的边缘。它是最接近用户的处理ATM层的网元。SAM的基本功能是汇集来自多个宽带业务接入接口的业务量并将此业务流送到ATM交换机进行业务特征处理和交换。

service access multiplexer interface (SAMI) 业务接入复用器接口 SAM与ATM(异步传输模式)交换机的通信是通过一个多业务的ATM接口进行的,该接口称为SAM接口(SAMI)。SAMI传送用户数据(即承载来自业务接入接口的业务信息信元),也传送协调SAM和ATM交换机的操作所必需的任何控制信元。

service access point (SAP) 业务接入点 (1)在OSI(开放系统互连)系统结构中,某一层的实体向上一层的实体提供服务的点。(2)一个适配器提供的接收和传送信息的逻辑点。(3)使系统能够为数据在远程设备之间选择路由的逻辑地址。(4)在ATM(异步传输模式)网络中的实体。当应用程序向远程ATM设备启动一个通信呼叫时,一个目标SAP指定远程设备的ATM地址,加上标识远程设备中目标软件实体的地址。当应用程序准备响应来自远程ATM设备的呼叫时,一个本地SAP指定该应用程序所在设备的ATM地址,加上标识本地设备中应用程序的地址。

service access point identifier (SAPI) 业务接入点标志 SAPI用于识别在D通路上传输的信息是分组信息还是控制信息。

service adapter 服务适配器 一种EIA(美国电子工业协会)通信适配器,它允许使用带网络控制器的控制终端,并能将该控制终端设置成具有接受远程支持的能力。该服务适配器连接到服务调制解调器上。

service advertising protocol (SAP) 服务广告协议 (1)一个NetWare中的协议,采用主动服务通告的方式将应用服务器上的服务内容向各节点发出广告,并允许路由器创建和维护当前互连网络服务器信息的数据库。每个服务器能标识自身及其服务,每分钟广播一次服务标识包(SIP)。每个客户机也可以发送服务查询包(SQP)来确定网中服务器的标识及提供的服务。(2)在微软视窗环境下,SAP广播共享文件、目录和首先按域或工作组分类,然后,按服务器名称分类的打印机服务。在路由选择和IPX(网络互联包交换)的环境中,服务器用SAP在网上发布其服务和地址的广告。客户使用SAP来判断哪些网络资源是可用的。

service aids 维修支持程序 一组过程和程序,用于判断和纠正系统故障。

service alarm 业务告警 业务告警产生于该业务始发和/或终止的维护实体上,以指示该特定业务已不再可用。当性能下降到低于特定业务所规定的水平时,应当产生业务告警。这个水平可以与启动即时维护告警的水平一致。

service and protocols for advanced networks (SPAN) 高级网络业务和协议 欧洲电信标准协会(ETSI)的一个标准化研究组织的名称。

service area 服务范围 广播通信站周围信号能够到达的地理范围。

service attribute 业务属性 某种电信业务的规定特性。

service authority 服务授权 允许用户完成某种操作的授权。参见job control authority。

service band 服务频带 分配给一个广播通信站使用的频率范围,在这一频率内可以有多个通道。

service bit 服务位 用作重复请求标志、顺序号或其他指定功能的额外的数据位(不是校验位)。

service cable 服务电缆 一种为单个用户传输信息的,由一对、二对或六对线组成的小型电缆。

service capability server (SCS) 业务能力服务器 是开放系统体系结构(OSA)中提供或支持一个或多个业务能力特征的实体,是负责应用程序接口(API)实现具体服务的功能实体。

service center (SC) 服务中心 在短消息实体(SME)与移动台(MS)之间,负责中继、存储和前转短消息的实体。

service circuit 服务线路 需要时才通过开关系统或开关网络和线路,或中继线连接的辅助线路。

service class 服务级别 见user service class。

service clearance 服务[维修]空间 为一个设备的安装或维护人员正常工作所提供的最小空间。

service conditions 使用条件 可能影响器件和设备运行的外界因素(海拔、环境空间温度、电压变化等)。

service controller 服务控制器 微软Windows NT中,完成装入或卸去驱动程序,包括设备驱动程序及网络传输驱动程序。参见service。

service control point (SCP) 业务控制点 智能网中的一类物理实体,它主要包含业务控制(SC)和业务数据(SD)两方面的功能以及处理业务的业务逻辑处理(SLP)程序。

service creation environment point (SCEP) 业务生成环境点 智能网中实现业务生成环境的物理实体。业务生成包括业务规范、业务开发、和业务证实几个步骤。

service data object (SDO) 服务数据对象 由IBM和BEA公司联合制定的一个异构数据集成处理的规范。它是一种应用程序接口(API),通过提供一种独特的API来简化和统一对异构数据的访问。SDO规范于2003年发布1.0版本，到2005年SDO规范发布2.01版时，已经有越来越多知名的厂商(如Oracle、SAP、Sybase、Siebel等)加入到规范的制定与实现中。SDO的特点：①统一的数据定义。SDO中数据的表示是独立于数据源的，采用数据对象来对所有数据进行描述，在数据对象中由元数据、数据与变更摘要组成，这使得数据无论传输到哪里都不会失去原始的信息与操作；②统一的数据处理模型。在SDO规范中，定义了数据的处理过程与基本构架，使数据的读取与更新过程都有了明确的定义；③丰富的数据访问接口。在SDO中，可以使应用程序通过动态(索引的方式)、静态(直接字段操作)以及通常XML(可扩展标记语言)解析的方式对数据进行访问，可以方便地重用，更有效地访问数据；④更好的开放性。符合SDO规范的系统间可以十分方便地进行水平层面与垂直层面上的系统互联，可以避免出现信息孤岛。因此，SDO运用于异构数据集成可以有效地满足异构环境下的数据共享和交换的需求。

service data point (SDP) **业务数据点** 智能网中的一类物理实体，它含有与执行业务有关的用户和网络数据。

service data unit (SDU) **业务[服务]数据单元** (1)OSI(开放系统互连)体系结构中，从连接的一端到另一端保持不变的一组接口数据。(2)在ATM(异步传输模式)网络中，一个接口信息单元，其标识从一个层连接端保留到另一个层连接端。

service economy **服务经济** 以人力资本基本生产要素形成的经济结构、增长方式和社会形态。在服务经济时代，人力资本成为基本要素，土地和机器的重要性都大大下降了，人力资本成为经济增长的主要来源。服务经济的范畴包括以企业为主发挥职能的社会服务：如物流、金融、邮政、电信、运输、旅游、体育、商贸、餐饮、物业、信息、文化等行业服务，以及以政府事业单位等为主发挥职能的公共服务：如教育、医疗卫生、人口和计划生育、社会保障等。

service factor (SF) **运行系数** 元件或系统在给定时间内的运行小时数与该给定时间小时数比值的百分数。

service feature **业务特征** 在智能网中反映业务功能的具体性能。在基本业务上增加不同的业务特征就可构成各种新的业务。

service hours **维修[服务]时间** 为了完成一种维修任务所花费的时间总量。例如，由两个IBM维修代表完成了3小时的维修任务，则维修总量为6个小时。

service identifier (SID) **服务标识号** 在线缆调制解调器与线缆调制解调器终端系统之间一特定映像在MAC(介质访问控制)子层的号码。使用SID的目的是为了上行带宽的分配和服务类的管理。

service independent building blocks (SIB) **业务独立构件** 智能网中独立于业务的构件。它是用具有简单语法结构的文本编辑语言编成的“业务逻辑程序”(SLP)构成的。SIB在智能网系统中是网络功能描述的最小构件，使智能网具有独立于业务的特征。参见service logic program (SLP)。

service level agreement (SLA) **服务等级协议** 服务等级协议是一种因特网服务商(ISP)与用户之间签署的、承诺用户在支付一定服务费后所应得到服务等级的法律性文件。

service level update **服务级更新版本** 在某些操作系统中，完全替换某个特许程序产品的基本的机器可读资料。它同原先的特许程序服务级相同并带有最新修正程序包。

service logic (SL) **业务逻辑** 在智能网中，对利用积木式组件(SIB)和基本呼叫处理(BCP)模块的组合来完成每项业务特征的过程描述。

service logic program (SLP) **业务逻辑程序** 在智能网系统中，业务逻辑程序是具有逻辑过程的执行流程，一般是由有限个SIB(业务独立构件)组成的。

service management system **服务管理系统** 能够接近实时地为计费和管理提供和更新有关用户和服务的信息的系统。

service management point (SMP) **业务管理点** 智能网中实施业务管理的物理实体。

service mode **维修状态** 由维修代表对产品或系统进行维修的机器状态。同maintenance mode。

service modem **服务调制解调器** 网络控制的一个组成部分，它连接至服务适配器上，并能通过电信线路与网络控制器进行通信。

service modem cable **服务调制解调器电缆** 一种短的扁平电缆，用以把网络控制器的服务调制解调器连接到服务适配器上。

service network **业务网** 业务网是一个提供某一种或某几种业务的网络，用户接到该网络便可以直接获得该网络所提供的业务。业务网一般由终端(指用户与网络之间的网络终端)、传输、业务交换设备等，并采用一定的网络技术组成。业务网的例子有：电话网、陆地移动通信网、分组交换数据网等。

service network of resource information **资源信息服务网络** 以资源信息服务为目的的组织和技术体系，是在信息科学技术中集信息服务系统、网络管理系统、资源信息用户于一体，为各种资源信息用户提供综合信息服务的计算机网络体系。

service node (SN) **业务节点** 提供各种交换和/或永久连接业务接入的网络单元。对于交换业务，SN提供接入呼叫和连接控制信令以及接入连接和资源安排。

service node interface (SNI) 业务节点接口 业务节点与接入网之间的接口。

service of telecommunication network operation and maintenance 通信网络运维服务 通信网络所有人委托相关企业对通信网络中的设备或系统进行的运行维护活动或管理服务,包括以维持通信网络性能和保障网络安全畅通为目的、按照规定的周期和标准进行的维护管理活动,也包括为排除网络故障而进行的修复作业。

service /operator panel 维修/操作员控制面板 一种产品或系统的控制面板,由维修代表或操作员操作,它既可用于诊断,也可用于正常运行。同 maintenance/operator panel。

service order table 服务次序表 在网络控制程序中,一个多点线路(或点对点线路,其终端有多个组成部分)上的设备表,表中的次序是网络控制程序对这些设备进行服务的次序。

service organizations 维修组织 也称"第三者服务"。提供或承包不属于他们拥有或由他们出租的计算机的现场维护和操作的公司。他们按系统的大小和复杂性收费。

service panel 维修(控制)面板 一种产品或系统上的(控制)面板,由计算机制造厂商或其指定代表人的维修代表用于诊断或测试。同 maintenance panel。

service point (SP) 业务[服务]点 一个支持应用程序的入口点,为某些资源提供网络管理。

service point command facility (SPCF) 业务[服务]点命令机制 一个程序或者函数,在网络操作员、LCCM 和 LCSM 之间交换数据和控制。

service point command service (SPCS) 业务[服务]点命令服务 NetView 程序命令机制的扩展,使宿主处理机能够通过通信网络管理(CNM)接口与一个业务点通信。

service port 业务端口 接入网中在业务节点接口(SNI)和业务节点相连接的端口。它的主要功能是将特定的业务节点接口要求与接入网的核心功能和系统管理功能相适配。

service port function (SPF) 业务端口功能 该功能将特定的业务节点接口(SNI)要求适配进核心和系统管理功能中。

service primitives 服务原语 网络中实现服务功能的基本元素。服务是由一组原语按规范的规定组合起来实现的。这些原语是为服务的使用者或使用该服务的其他实体提供的。参见 primitives。

service process 服务过程 描述动态实体如何被服务的过程。它由服务时间和服务量两个因素来描述。参见 capacity。

service program 服务程序 (1)一种计算机程序,在计算机系统的支持下,它完成某些公用程序的功能。(2)帮助用户使用计算机系统,执行各种应用程序的一类计算机程序。(3)支援计算机系统运行的,能对各种不同的程序进行服务的一种程序。用于计算机的监督、管理、使用、维护以及生成目标程序等。包括监督程序、管理程序、汇编程序、编辑程序、故障诊断程序、输入/输出程序等。

service provider (SP) 服务提供商 提供各类服务的运营商。例如,网络提供商、内容提供商、游戏提供商等。

service rate 服务率 系统资源管理程序对系统资源提供给各个作业使用的比率的测量。计算机用户用服务率来规定性能目标,工作负荷管理程序用服务率来跟踪每个作业的进展。服务率是处理部分、I/O 以及主存三者的度量的一种线性组合,这些度量均可以由计算机来调整。

service representative 维修代表 一种由计算机制造厂商或其代理人指定的为其产品或系统执行维修服务的人员。参见 IBM customer engineer (CE)。

service request (SRQ) 服务请求(线) 一类并行的外总线(如 IEEE 488)上进行握手联络用的接口管理控制线。SRQ 用来指出某个设备请求控制器的服务,所有设备的请求线是"线或"在一起的,因此任何一个设备都可以使这条线有效,来向控制器请求服务。但请求能否得到控制器的响应,完全由程序安排。

service request interrupt 服务请求中断 用于服务缓冲通道请求的一类中断。这是一种机器内部功能,不能直接由程序员控制。

service-seeking 查找服务 网络控制程序向启停式或二进制同步通信(BSC)多点线路上的设备查询请求发送数据,或者查寻已准备好接收数据的设备的过程。

service-seeking pause 查找服务暂停 网络控制程序中由用户指定的连续两次查找服务之间暂停查询的时间间隔。这一时间间隔能够联机路上使所有设备对查询均作否定响应时降低与查询有关的系统开销。

service set identifier (SSID) 服务集标识 SSID 为一个最长 32 字节区分大小写的字符串,表示无线网络的名称。无线网卡设置了不同的 SSID 就可以进入不同网络。

service specific connection oriented protocol (SSCOP) 业务特定面向连接协议 国际电信联盟-电信标准化部门(ITU-T)建议 Q.2110 中定义的一种应用于信令的适配层协议。SSCOP 是用于在两个 SSCOP 用户之间传送可变长的业务数据单元(SDU),SSCOP 向业务特定协调功能(SSCF)提供业务,然后 SSCF 再把这些业务对应给信令 ATM 适配层(SAAL)用户。参见 service specific coordination function (SSCF), signaling ATM adaptation layer (SAAL)。

service specific convergence sublayer (SSCS) 特定业务汇聚子层,服务专用会聚子层 在ATM(异步传输模式)网络中,会聚子层中与传输类型相关的部分。SSCS的主要任务是将服务数据单元映射到合适的MAC(介质访问控制)连接上,同时实现或保持对应的QoS(服务质量),允许带宽的分配。参见convergence sublayer (CS)。

service specific coordination function (SSCF) 业务特定协调功能 ITU-T(国际电信联盟-电信标准化部门)建议Q.2130中定义的一种功能。用于支持在用户网络接口(UNI)中的信令。

service switch point (SSP) 业务交换点 智能网中的一类物理实体,它主要包含呼叫控制(CC)和业务交换(SS)两方面的功能。

service time 运行时间 元件或系统处于运行状态的时间。

service traffic shaping 业务流量整形 一种机制,它允许发送端指定进行ATM(异步传输模式)网络的信息优先级和吞吐量,并随后监视信息的传输状况,以达到必需的服务等级。它能改变一个VCC(虚拟通道连接)或一个VPC(虚拟路径连接)上信元流的业务量特性,使业务流穿过UNI(用户网络接口)时与用户-网络要求的流量特性一致从而最大限度地提高ATM网络的带宽资源利用率。

service transaction program 服务事务程序 一种由事务处理系统实现的事务处理程序,服务事务程序完成这样一些功能,诸如提供对远程数据库和远程队列的访问。比较application transaction program。

service transparency 业务透明性 提供一组公用的公众网络增值业务的能力。

service update process 服务更新过程 将程序临时性调整并入系统更改程序包中的一种方法。

service user 服务使用者 (1)在UNIX中,服务接口的一种实体,针对服务供者产生请求原语并且接收响应和事件原语。(2)在OSI(开放系统互连)体系结构中,单个开放系统中的一个实体,通过网络业务点获得服务。

service virtual machine 服务虚机 在某些操作系统中,一种提供系统服务的虚机,这些服务包括记账、错误记录和由特许程序提供的服务。

serving GPRS supporting node (SGSN) 通用分组无线业务服务支持节点 SGSN是记录移动台的当前位置信息,并且在移动台和SGSN之间完成移动分组数据的发送和接收。

serving radio network controller (SRNC) 服务无线网络控制器 针对某个具体的终端,服务无线网络控制器直接和核心网络(CN)相连,在连接状态下,主要为用户设备(UE)提供接口服务。

servo control system 伺服控制系统 能够精确地跟随或复现某个过程的反馈控制系统。又称随动系统。机电一体化的伺服控制系统的结构、类型繁多,但从自动控制理论的角度来分析,伺服控制系统一般包括控制器、被控对象、执行环节、检测环节、比较环节等五部分。

servo mechanism 伺服装置 能够根据设定目标与实际目标之间的偏差自行调整的一类装置的总称。这种偏差通常要经过气动或电子器件的放大。参见servomechanism。

servo-controller robot 伺服控制机器人 由伺服机构控制的机器人。其马达的驱动信号为所需位置与实际位置之差的函数。这种机器人在经过其程控轨道时停止点的数目是无限制的。

servo function generator 伺服函数发生器 具有位置伺服机构的一种函数发生器,由位置伺服机构驱动函数电位差计。

servo mark 伺服标记 一种印在打印对比度标志下方的标准标记。它由打印机用来把光标传感头定位在打印对比度标记的上方。

servomechanism 伺服机构 具有反馈控制的闭环系统。一般的伺服机构由以下几部分组成:①指明需要的状态的输入信号或命令线;②能够监测实际输出状态的传感装置;③一个比较装置,对上述两个信号输入进行比较,求出实际存在的两种信号之间的偏差;④一个执行机构,根据上述偏差来改变输出状态。参见servo system。

servomotor 伺服电机 也称"运行电机"。其最大特点是,转速大小是靠控制电压的大小来决定。它通常可分为直流和交流两类。是计算机外部设备中应用较广的电机之一。

servo sector 伺服扇区 磁道跟踪系统中,记录在与数据扇区交叉的伺服扇区内。

servo surface 伺服面 多片磁盘中,专门记录道号、段号、开始标记、同步信号等信息的磁盘面。伺服面上的磁头称为伺服磁头。

servo system 伺服系统 也称"随动系统",实现输出变量精确地跟随或复现输入变量的控制系统。伺服系统是使物体的位置、方位、状态等输出被控量能够跟随输入目标(或给定值)的任意变化的反馈控制系统。伺服系统按所用驱动元件的类型可分为机电伺服系统、液压伺服系统、气动伺服系统和混合伺服系统。参见feedback control system。

SES 源端站点 source end station的缩写。

session 会话[晤],通话,会[通]话期 (1)在网络体系结构中,一种为建立、维护和释放各站之间通信连接所需的设施。(2)一个由终端用户同交互系统进行通信的时间区间,通常就是从签到(即进入系统)到签退(即退出系统)之间所经历的时间。(3)在SNA(系统网络体系结构)中,两个NAU(网络可访问单元)之间的一种逻辑连接,根据请求,此连接能被激活以提供各种协议以及根据请求撤销。(4)两个终端用户之间的通信。它一般通过来回几次交换信息完成。当一个端点用户想要与另一个端点用户通信时,向通信系统发一个请求,由此开始一次会话。进行会话以后,由一个端点用户向通信系统发出另一请求结束会话。在 SNA 中,会话是通过链路将两个分离的网络可访问单元(NAU)实现连接并进行具体通信服务。

session activation 会话激活 在 SNA(系统网络体系结构)中,NAU(网络可访问单元)之间交换一个会话激活请求及一个肯定应答的过程。参见 LU-LU session initiation。比较 session deactivation。

session activation request 会话激活请求 在 SNA(系统网络体系结构)中的一种请求。它在两个 NAU(网络可访问单元)之间激活一次会话,并规定在会话活动期间控制各种协议的会话参数。

session awareness block (SAB) 会话内情块 在某些通信系统软件中,一种含有某些信息的控制块,该信息表示系统服务控制点知道有一次 LU-LU(逻辑单元之间)会话。

session awareness (SAW) data 会话内情数据 在 SNA(系统网络体系结构)中,它是由网络逻辑数据管理器(NLDM)收集的有关一次会话的类型、会话合作者的姓名以及会话激活状态的数据。它是由逻辑单元与逻辑单元之间、系统业务控制点与逻辑单元之间、系统业务控制点与插入式单元之间、系统业务控制点与系统业务控制点之间会话所采集的,适于网络终端可选件(NTO)不支持的非 SNA 终端。参见 network terminal option (NTO)。

session-connection synchronization 会话连接同步 OSI(开放系统互连)体系结构中会话服务的一种设施。它允许表示实体规定和标识同步点,把会话连接复位到预定状态以及在重新同步点上同步。

session connector 会话连接器 APPN(高级对等联网)网络节点上或子区域节点边界的一个会话层成分,或者一个网关连接两级会话的功能。会话连接器在两个地址空间之间交换地址,以进行会话层的中间路由选择,需要时交换会话消息单元并根据情况确定各个方向上的消息定步。参见 half-session。

session control (SC) 会话控制(设施) 在 SNA(系统网络体系结构)中,(1)传输控制(设施)中的一个组成部分,在一次不可恢复的错误出现以后,会话控制用来清除在此次会话中的数据流,并在上述错误之后,对数据流重新同步,并完成密码验证。(2)一种请求/应答单元,它在一次会话的会话控制部分之间,用来交换请求和应答,也可用于会话激活(或撤销)的请求和应答。

session control block (SCB) 会话控制块 公共存储区域中用于收集会话的控制块。

session control record 会话控制记录 在每个显示站事务文件记录链中的第一个记录。

session count 会话计数 在 SNA(系统网络体系结构)中:①对一个特定的逻辑单元而言,当前正在活动着的 LU-LU(逻辑单元之间)会话对的数目。②对一个特定的虚拟路由而言,当前活动着的会话对的数目。

session cryptographic key 会话密钥 在 SNA(系统网络体系结构)中的一种数据加密密钥。在使用了密码术的 LU-LU(逻辑单元之间)会话中,对于所传输的一些 FMD(功能管理数据)请求,该密钥用来对他们进行加密及解密。

session cryptography seed 会话密码种子值 在 SNA(系统网络体系结构)中,一个 8 个字节的非零伪随机数,它被用于证实两个会话端都具有同样的会话密钥。此后,他们被用作初始链值。

session date 会话日期 与会话相关的日期。参见 creation date, program date, system date。

session deactivation 会话撤销 在 SNA(系统网络体系结构)中,NAU(网络可访问单元)之间交换一次会话撤销请求及其应答的过程。比较 session activation。

session deactivation request 会话撤销请求 在 SNA(系统网络体系结构)中,两个网络可访问单元(NAU)间取消会话的请求。

session description protocol (SDP) 会话描述协议 因特网工程任务组(IETF)制定的多媒体通信系统框架协议之一。主要用来描述会话信息的协议,包括会话的地址、时间、媒体和建立等信息。SDP 描述的内容应包括:会话名和目的;会话激活的时间段;构成会话的媒体;接收这些媒体所需的信息(地址、端口、格式);会话所用的带宽信息(任选);会话负责人的联系信息(任选)。

session end 会话端 通信双方之一。

session establishment 会话建立 参见 LU-LU session initiation, session activation。

session-establishment macroinstructions 会话建立宏指令 在某些通信系统软件中,一组基于基于请求参数表(RPL)的宏指令,用来初启、建立或终止 LU-LU(逻辑单元之间)会话。

session-establishment request 会话建立请求 在通信系统软件中,为了建立一次会话向一个 LU(逻辑单元)进行会话请求。对于被请求会话的 PLU(主逻辑单元),会话建立请求是从 SSCP(系统服务控制点)发送到 PLU 的 CINIT。对于被请求会话的 SLU(次逻辑单元),会话建立请求是从 PLU 发送到 SLU 的 BIND。

session hijacking 会话劫持 在网络上对用户的会话进行安全攻击的行为。会话劫持最常见的方式称为 IP(网际协议)欺骗,攻击者利用源路由的 IP 包,将命令插入网络上两节点之间正在进行的通信中,把自己伪装成一个被认证过的用户。另一类会

S

话劫持被称为中间人攻击,攻击者利用探测程序,可以观测到设备之间的通信,并收集发送出去的数据。

session information block (SIB) **会话信息块** 在通信系统软件中的一种控制块,它描述一个LU(逻辑单元)某次会话的相关信息。

session information retrieval (SIR) **会话信息读取** 使一个操作员能够允许或者禁止从网关读取会话信息的功能。当一个网关会话结束时,跟踪信息将被送回所有对该会话或全部会话来说有效的系统业务控制点。

session initialization protocol (SIP) **会话初始化协议** 因特网工程任务组(IETF)建议的一部分,用于替代H. 323的部分内容,正如H. 323是一组协议的集合,SIP是在一起工作来完成会话的几个协议中的一个。SIP是一个应用层的、用于生成、修改和终止一人或多人参加的会话的控制/信令协议。这些会话可能包括因特网多媒体会议、远程学习、因特网电话通话和多媒体分配等。SIP可以用于开始会话、邀请成员参加由其他方式做广告的会话,或者利用多点控制器开始多方会话。SIP透明地支持名字映像和转向服务,允许实现ISDN(综合业务数字网)和智能网络电话用户服务,如个人移动性。SIP支持建立和终止多媒体通信的五个方面:用户定位、能力与可用性、会话建立和会话处理。会话呼叫者和会话接收者都由SIP地址来识别。呼叫首先确定适当的服务器,然后发出SIP请求,此请求到达其目的地,通过返回SIP应答代码200表示接受此会话。然后,起始的呼叫者向接收者回送一个确认。SIP可以通过多波(单波关系网)或多波与单波的结合,进行通信。

session initiation request **会话初启请求** 在SNA(系统网络体系结构)中,从一个LU(逻辑单元)向SSCP(系统服务控制点)发出一个请求或登记,以激活一个LU-LU(逻辑单元之间)会话。

session key **会话密钥** 在密钥管理中,一种仅使用一段有限期间就被废弃的密钥。它是密钥分级中最低级别的密钥,不能用于密钥加密密钥,只能用作信息加密密钥。

session layer **会话层** 在开放系统互连(OSI)模型中的第五层,主要是解决面向用户的功能。会话层提供下列服务项目:①会话连接建立和释放;②常规数据交换;③隔离服务;④加速数据交换;⑤交互管理;⑥会话连接同步;⑦异常报告。

session layer component **会话层成分** 一个半会话或会话连接器。

session-level pacing **会话级调步** 在SNA(系统网络体系结构)中的一种流量控制技术。它允许受话端去控制正常流的数据传输率(即接收一批请求单元的速率)。当发送端产生请求的速度比接收端处理请求的速度快时,它被用来防止在接收未处理的请求时接收端超载的问题。参见pacing, virtual route (VR) pacing。

session-level security **会话级安全性** 对于逻辑单元LU 6. 2,伙伴逻辑单元验证和会话加密方法。参见conversation-level security。

session limit **会话限制** 在SNA(系统网络体系结构)中,一个特定的逻辑单元所能支持的,同时激活的LU-LU(逻辑单元之间)会话的最大数目。作为逻辑单元的虚拟电路访问方式应用程序没有会话限制,器件型逻辑单元的会话限制为1。

session management protocol (SMP) **会话管理协议** 在SNA(系统网络体系结构)中,会话层协议之一。通过名字管理协议(NMP),用户可用名字建立应用程序之间的会话连接,并进行管理。

session monitor **会话监控器** NetView程序的成分,收集并联系与会话相关的数据,并提供对这些信息的联机访问。

session netwrok services **会话网络服务** (1)在SNA(系统网络体系结构)中,指以会话端为基础,在一个会话端上执行的一些网络服务,而不是将NAU(网络可访问单元)作为整体完成的服务。(2)在某些操作系统中,由主机规定的并管理着某个特定的主机会话的一些协议。

session parameters **会话参数** 在SNA(系统网络体系结构)中的一些参数,它对两个NAU(网络可访问单元)之间的一次会话所使用的协议提出规定或限制。

session partner **会话伙伴** 在SNA(系统网络体系结构)中,指同一个活动会话对的两个NAU(网络可访问单元)中的一个。

session path **会话路径** 规定一个给定会话及其相互关系(包括中间会话节点)的半会话。一个会话路径可以由一个阶段构成,如两个物理邻近的节点的LU(逻辑单元)之间,也可以由两个阶段或者多个阶段构成,如在APPN(高级对等联网)网络中。参见session stage。

session presentation services **会话表示服务** 在SNA(系统网络体系结构)中,FMD(功能管理数据)服务层的一个组成部分,它在LU-LU(逻辑单元之间)会话期间,为应用程序员或终端操作员提供服务,诸如,对要显示或打印的数据进行格式化。

session segment **会话段** 当会话成分限定会话级为物理上相邻的节点时,同会话级。参见session stage。

session sequence identifier **会话顺序标识符** 在SNA(系统网络体系结构)中,顺序号字段中的一种标识符,它能唯一地标识一个请求块(一般用于加急流),直到该请求块被响应为止。与会话顺序号不同,此标识符不必顺序地进行更新。

session sequence number **会话顺序号** 在SNA(系统网络体系结构)中,一个顺序增加的标识符,它由

S

数据流控制程序分配给在一次LU-LU(逻辑单元之间)会话的特定正常流上的每一个请求单元，并由传输控制程序来校验。该标识符由PIU(路径信息单元)的传输头(TH)携带，并在任何相关的响应信息的TH中送回。

session services 会话服务 在SNA(系统网络体系结构)中，在系统服务控制点(SSCP)及各逻辑单元(LU)中的一种网络服务形式。这些服务为LU(逻辑单元)或网络操作员去请求SSCP初启或终止逻辑单元之间的会话提供了相关的功能。参见configuration services, maintenance services, network services, system services control point。

S

session setup failure notification (SSFN) 会话建立错误提示 由NetView程序在出现错误时提供的会话提示信息。它标识检测的错误的系统服务控制点(SSCP)、相关的SSCP和影响到的会话伙伴的名字。

session stage 会话阶段 会话路径的一部分，由两个逻辑上相邻的会话层成分构成，中间没有会话层成分。参见session path。

session termination 会话终止 参见LU-LU session termination。

session termination request 会话终止请求 在通信系统软件中，一种终止一个LU-LU(逻辑单元之间)会话的请求。

session trace 会话跟踪 在网络逻辑数据管理(NLDM)中，对使用指定资源类型或一个特定资源的会话进行跟踪数据收集的功能。

session trace data 会话跟踪数据 在SNA(系统网络体系结构)中，当会话跟踪开始时，由网络逻辑数据管理(NLDM)收集的与会话相关的数据，包括会话激活参数、存取方法、PIU(路径信息单元)数据和NCP(网络控制程序)数据。

SET 安全电子交易协议 secure electronic transaction的缩写。

set 集合，(设)置，置位，系 (1)一类具有给定的一个或多个共同特性的、有限个或无限个的任何类型的对象、实体或概念的汇集称集合。例如所有的自然数组成一个集合，所有的中国公民也组成一个集合。一集合中的对象称为该集合的元素，x是集合S的元素，则称为x属于集合S，用$x \in S$表示；x不是集合S的元素，则称为x不属于S，用$x \notin S$表示。如1,2,3,组成的集合记为{1,2,3}。(2)使某个设备(如计数器)取与一个指定数据字相应的状态称设置或置位。(3)DBTG(数据库任务组)网状数据模型中，用来描述"一对多"联系的一种工具称为系，它是处于不同层次的记录型及其联系命名的集合。在该模型中存在一对一、一对多和多对多三种联系。而系是用来表示记录之间的一对多的联系的。与记录类似，系也有系型和系值之分。在模式中描述的每个系型，必须把一个记录类型定义为它的系主，并且把一个或多个记录型定义为它的系成员。系可以有任意多个具体值。它的每一具体值必须包含其系主记录的一个具体值，并且可以包含它的每一成员记录型的任意多个具体值。

set associative cache 组关联高速缓存 一种高速缓存的组织结构。这种设计将高速缓冲存储器分成2～8个组或区域。存储在高速缓冲存储器内的数据按顺序以位为单位送往每个组。多数情况下，每个组的数据的读出也是按顺序的。因此，当数据由下一个组读出或写入时，刚被读出或写入的组可以作好准备被再次读出或写入。组可以小到一个存储单元，也可以大到整个高速缓存。

set asynchronous balanced mode (SABM) 设置异步平衡模式 在通信中，一个数据链路控制命令。用于与目标以异步方式建立一个数据链路连接。SABM由链路接入规程平衡模式软件产生。参见asynchronous balanced mode (ABM)。

set asynchronous balanced mode extended (SABME) 设置异步平衡扩展模式 在通信中，一个数据链路控制命令。用于与远程链接站以扩展的异步方式启动一个数据链路连接。参见asynchronous balanced mode extended (ABME)。

set breakpoint 置断点 某些计算机系统中的设置断点命令。计算机对检查状态下的程序发出置断点命令，并将断点置于特定的存储单元。当程序试图在该断点执行指令时，控制就转向调试程序。调试程序将清除断点；保存累加器、连接寄存器及程序计数器的内容；打印出该断点号码、断点地址以及累加器和连接寄存器的内容。

set constraint 集合约束 在数据库系统中，指在数据库进行插入、更新或删除时，其操作对象是记录的完整集合而不是一个特定记录的约束。即仅从单一记录本身还无法判断是否满足该约束，而要考虑与该记录相关的数据记录的集合。

set description entry 系描述体 数据库中，模式或子模式的系中的一个体。它定义一个系类型及其特性。

set difference 集合差 一个集合中不包含另一个集合元素的元素集合。

set equality 集合相等 两个集合含有一样的元素。

SETG 同步设备定时发生器 synchronous equipment timing generator的缩写。

SETI 地外文明探索 search for extra-terrestrial intelligence的缩写。

set inclusion 集合蕴涵 一个集合包含了另一个集合中的所有元素。

set intersection 交集 两个集合中共同含有的元素构成的集合。

set language 集合语言 利用集合论来描述各类算法的一种语言。可利用它来描述操作系统，其中包括中断、并行计算以及其他一些与机器相关的算法。

set location mode **系定位方式** 在用系定位方式进行定位时,用户给数据库控制系统指定一个系的类型,以便在定位方式算法中使用。

set member **系成员** 网状数据库中存放的一个记录。它作为非系主记录参与指定的系中。

set membership **系数的属籍** 属记录加入或离开系值的原则。系属分为加入方式和保持方式。前者包括自动或手动方式,指当记录存入数据库时由系统自动或按人工手动方式将其作为系值的属记录;后者与加入系值类似,一旦某个记录成为系的属记录,它必须按规定的保持方式,或者能离开或者不能离开这个系值。保持方式分固定方式(不允许已插入某系值的记录值离开此系值,除非此记录已从数据库中删除),强制方式(允许成为某系值中的属记录离开此系值加入到同一系型的另一系值中去,但不允许离开此系)和任意方式(既允许记录值离开此系值,也允许离开此系)。

set mode **系的方式** 也称"系实现方式"或"系表示方式"。用来对数据库中的系型进行描述。DBTG(数据库任务组)中规定有环形链法和指针阵列法这两种系的实现方式,但不同的网状数据库系统略有不同。在数据库中究竟选择哪种系方式要根据模式中系的特征综合考虑。

set name **系名** 网状数据库中一个数据名。用来标识已知系类型的所有系值。

set normal response mode (SNRM) **集合正常响应模式** 一个数据链路控制命令,将链路连接设置为正常响应模式(NRM)。

set occurrence **系值** 系型中的一个实体或一个具体值。一个系型有若干系值,每个系值是由该系的一个首记录值带上系型中诸属记录型相应的各个记录值以及他们之间联系(连接指针)所组成。在一个系值中首记录的值只有一个,而属记录的值可以有 K 个 ($K \geqslant 0$)。在系值中,规定一个属记录不能属于同一个系的不同系值,因此给定一个系的一个首记录或一个属记录,都唯一地确定一个系值。

set occurrence selection **系值选择** 确定一个系的属记录值所应加入的系值的过程,称为系值选择。DBTG(数据库任务组)系统中允许对不同系的不同属记录确定不同的系值选择方式,并在模式中用系值选择子句说明。

set of complex features **复杂特征集** 在功能合一语法中,复杂特征集用功能描述来表示。功能描述由一组描述元组成,每个描述元是一个成分集、一个模式或一个带值的属性,其中最主要的是"属性/值"偶对。描述元的值可以是原子,也可以是另一个功能描述。所有的描述元都写在一个方括号里,书写顺序无关紧要。参见 functional unification grammar。

set-of-support **支持集** 如果 S-T 是可满足的(S-T 表示在 S 中而又不在 T 中的所有元素的集合),则称子句集 S 的子集 T 为 S 的支持集。

set of support strategy **支持集策略** 在处理支持集时规定在进行任何一个消解时,参与消解的两个子句不能都来自 S-T。由于排除了 S-T 内部的消解,从而提高了消解效率。支持策略是完备的。参见 set-of-support。

set of wff **合式公式集** 一阶谓词逻辑中,当且仅当能由形式规则递归生成的公式称为合式公式。所有这样的公式组成的集合即合式公式集。参见 well-formed formula。

set order **系序** 一个系值中各个属记录值在逻辑上排列次序。从存储的角度讲,系序是指存放一个新记录时,按什么次序将其插入到系值中的其他属记录之间。系序有两类,一类是排序的系序,它使系值中的全部属记录按模式中定义的排序键(指定属记录中的某个数据项)的升序或降序来排列。另一类是时序的系序,它按属记录值进入系值的先后顺序来排列。选择什么样的系序(排序的序或时序的序)与处理效率密切相关。系序与一个系中属记录值物理位置无关。一个属记录型不同的系统中属于不同的系值,可以有不同的系序。

set ordering criteria **系排列标准** 数据库控制系统在决定一个系中各记录的相对逻辑位置时所使用的依据。

set-oriented language **集合型语言** 一种面向数学的高级语言。其中定义了集合及其运行。其特点是表达能力强,程序简练紧凑。

set owner **系主** 网状数据库中的一个记录。它的存在确定了一指定系的存在。

SETPI **同步设备定时物理接口** synchronous equipment timing physical interface 的缩写。

setpoint **调整点** 在过程控制系统中,指反馈回路中的控制变量的所需要的值或零误差值。

set pointer **系指针** 指示网状数据库的一个系中记录之间联系的一些指针。某些数据库管理系统中采用了三种指针来确保系中记录之间的联系:①后指针:指向系中的下一个记录;②前指针:指向系中的前一个记录;③首指针:指向系的首记录。

SETS **同步设备定时源** synchronous equipment timing source 的缩写。

set selection criteria **系选择标准** 在从已知系型的系值集合中选择一个指定的系值时,数据库控制系统所使用的依据。

set theory **集合论** 数学的一个分支学科。在计算机科学中,它属于离散数学的一部分。主要研究集合的性质及其运算以及可以表示成集体的关系、映射、函数等内容。集合论在数学和计算机科学中占

S

有一个特殊的地位，它是许多学科的基础。集合论是由德国数学家 G. 康托尔(Georg Cantor)于 19 世纪末创立的。它的发展经历两个阶段，1908 年以前称为朴素集合论，1908 年以后又产生了公理集合论。朴素集合论在各数学分支中都得到了广泛的应用，促使各数学学科的迅速发展，特别是解决了当时的几何学和微积分学的危机。建立公理集合论的起因是为了克服在朴素集合论中出现的许多悖论，它用更严格的方式来处理集合，在若干刻画集合、属于、集合运算等的公理基础上建立起集合论的公理系统。如今，公理集合论已经成了数理逻辑的组成部分。

S

settling effect 安稳效应 随着一种影响量发生起始变化时，一个输出量的相对慢变化，它是作为附加的输出效应。参见 settling time。

settling time 稳定时间 (1)在设置了系统的指定的输入信号之后，输出信号进入并保持在指定的值的一个很小的范围内(即稳态)所需的时间。稳定范围常规定为最后稳态值的±2%。(2)磁盘驱动器的读写磁头从一个位置移到一个新的位置后磁头稳定下来所需的时间。参见 settling effect。

set top box (STB) 机顶盒 一种依托电视终端提供综合信息业务的家电设备。使用户能在现有电视机上观看数字电视节目，并可通过网络进行交互式数字化娱乐、教育和商业化活动。

set type 系型 DBTG(数据库任务组)网状数据库中相关联的记录型命名的集合。它由唯一的首记录型带若干个属记录型以及他们之间的联系组成。从图的观点看，它是一棵树，树的根为系首记录，树的叶为系的属记录。从整个网状模型来看，一个记录型可以作为几个系的首记录，也可以作为几个系的属记录。它既可作为一个系的首记录又可同时作为另一个系的属记录，但不能同时作为本系的属记录。

set type currency indicator 系类型现行指示符 数据库控制系统中用来指示一个指定系类型的系值的记录符号。

set union 并集 两个集合中所有元素构成的集合。

setup 建立，安排，准备 (1)在一台由一批独立的计算机部件组成的计算机中，指对这些部件之间连接的一种安排以及为使计算机能处理某一问题所进行的调整。(2)为解决一个特定的问题，对数据或设备进行的一种安排。(3)为了完成一个作业或作业步，对一个计算机系统所作的准备。准备通常是由操作员完成，一般包括要完成的一些例行操作。诸如，安装磁带卷及装上磁盘等。(4)将一套软件从软磁盘或光碟安装到计算机系统中去的过程。

setup diagram 设置图 一种配置图，图上规定某个给定的计算机配置。

setup testing 准备测试 在用户准备验证机器是否具备运行条件期间及其后由用户进行的测试。

setup time 准备时间，建立时间 (1)操作员为准备一个计算机系统执行一个作业或作业步所需要的时间。(2)建立时间就是接收器件需要数据提前于时钟沿稳定存在于输入端的时间。

SEU 源程序输入实用程序 source entry utility 的缩写。

seven-bit byte 七位字节 同 septet。

seven-segment display 七段显示 数字信号的显示方式，用七段发光二极管显示或液晶显示器件，能够显示从 0 ～ 9 之间任何一个十进制数字。七段包括三条水平线和四条垂直线，构成一个方形数字 8。

seven-track compatibility 七磁道兼容性 使一台磁带机能以每英寸 200、556 或 800 字符的密度读写七磁道磁带的一种性能。

several-for-one 多对一 把一条源语言语句转换成若干条机器语言指令。

severely errored second (SES) 严重误块秒 当某 1 秒内包含有不少于 30%的误块或者至少一种缺陷时，就认为该秒为严重的误块秒。

severely errored second ratio (SESR) 严重误块秒比 对于一个确定的测试时间而言，在可用时间出现的严重误块秒(SES)数与总秒数之比。参见 severely errored eecond (SES)。

severity code 错误严重性代码 一种指明错误状态严重程度的代码。

sexadecimal 十六进制的 (1)指具有 16 个可能的不同值或状态可供选择的情况。(2)指以 16 为基数的固定基记数制。建议使用 hexadecimal。

sexadecimal digit 十六进制数字 十六进制记数法中的 16 个数字之一，它可以是 0 ～ 9 或 A、B、C、D、E 和 F。建议使用 hexadecimal digit。

sexadecimal notation 十六进制记数法 见 sexadecimal。

sexadecimal number 十六进制数 以十六进制记数法表示的数。

S-expression S-表达式 LISP 语言中最主要的成分。其定义如下：原子是 S-表达式；若 S1，S2 是 S-表达式，则(S1 · S2)是 S-表达式。LISP 中，程序和数据都是 S-表达式。它以左括号开始，包含函数、原子或子表，以右括号结束。实际上，LISP 程序是 S-表达式的子集。

sextet 6 位字节 由 6 个二进制位组成的字节。

SF (1)超帧 superframe 的缩写。(2)运行系数 service factor 的缩写。

SFH 慢跳频 slow frequency hopping 的缩写。

SFL 衬底馈电逻辑 substrate feed logic 的缩写。

SFM 源过滤组播 source filtered multicast 的缩写。

SFT **系统容错** system fault tolerance 的缩写。

SFTG **模拟格斗类游戏** simulation fighting game 的缩写。

SFX (1)声效 sound effects 的缩写。(2)特技效果 special effects 的缩写。

SGI computers **SGI 计算机** 美国 Silicon Graphics 公司于 20 世纪 80 年代末推出的系列计算机。该系列计算机的特点是把高级的计算机性能与实时的三维图形功能相结合,是工程、科研、美术设计、动画及视觉模拟等专业在视算方面的专用计算机。操作系统用 IRIX,属 UNIX 操作系统,CPU 使用 RISC(精简指令集计算)芯片 R3000 和浮点芯片 R3010,SGI 计算机系列称为 4D 计算机系列。不同配置 4D 系列计算机的中央处理单元 CPU 和浮点处理单元 FPU 都可以是一个、两个、四个或八个。主时钟从 12.5 MHz 到 8×40 MHz。4D 系列从 4D/20 到 4D/480 有 12 个档次,横向又分为 S、基本、G、TG、GTXB 及 VGX 子系列。

SGJP **卫星图形作业处理程序** satellite graphic job processor 的缩写。

SGML **标准通用标记语言** standard generalized markup language 的缩写。

SGMP **简单网关监视协议** simple gateway monitoring protocol 的缩写。

SGP **统计生成程序** statistics generation program 的缩写。

SGRAM **同步图像随机存取存储器** synchronous graphics RAM 的缩写。

SGSN **通用分组无线业务服务支持节点** serving GPRS supporting node 的缩写。

SHA **安全 Hash[散列]算法** secure Hash algorithm 的缩写。

shackle insulator **蝶式绝缘子** 具有两个或多个伞裙和近似圆柱形外形的绝缘子,它有一个轴向穿通的安装孔和一个用来固定导线的圆周槽。参见 insulator。

shaded curve surface **浓淡曲面** 在用计算机显示立体图形时,为了加强立体感,除了需要消去隐藏(面)外,还需要表示出物体表面上各点的亮度,具有亮度表示的这种空间曲面称为浓淡曲面。

shaded picture **浓淡图画,有遮蔽的图形** 使用浓淡处理技术后所生成的一种逼真图像。也指去掉隐匿面之后的图形。

shaded pole motor **罩极电动机** 单相感应电动机的一种,具有一个或多个辅助性短路绕组。这种绕组在磁场位置上相对主绕组偏移一个角度。所有这些绕组都在初级铁芯上,通常是在定子上。

shader **光照模型** 一种计算机图像处理技术,反映出物体在光照射下呈现的表面光强和光色等,取决于物体本身的特性,如反射率、折射率和透射率等。

shading **着色,明暗处理** (1)表示光源对三维图像的一种图像处理技术。绝大多数的三维物体是由多边形所构成的,它们都必须经过某些着色处理的手续,才不会以线结构的方式显示。这些着色处理方式由差到好,依次主要分为平面着色、高氏着色、补色着色、扫描线着色、光线跟踪等。(2)在计算机制图技术中,通过改变同一显示区域中所有其他显示组的属性,来突出给定的显示组。(3)计算机图形学中,为了获得具有真实感的立体图形,对物体表面的光照进行处理的技术,也称"明暗处理"。它经常是和隐藏线(面)消去处理结合进行。内容包括对点光源或多光源、表面反射和漫射、透明性、折射放大、阴影等的处理。

shadow **阴影,影子** (1)加强图形真实感的技术之一。物理表面那些从观察点看上去是可见的,而从光源看上去是不可见的部分就是阴影部分。阴影图解技术能够把投射到水平位置的阴影线除去,并测出通过物体表面的阴影路径,进而重建任意形状物体表面的完整三维轮廓线。(2)在 OS/2 操作系统中,在复制的对象之间的链接。对象可位于不同的文件夹中。如果对其中的一个拷贝进行了修改,另一个也自动进行相同的修改。

shadow copy **阴影拷贝** 也称"阴影副本",一种定时为磁盘区作拷贝的服务。如果文件被误修改或删除,就可以利用阴影拷贝将其还原。参见 volume shadow copy service (VSS),snapshot。

shadow effect **阴影效应** 在无线通信系统中,移动台在运动的情况下,由于大型建筑物和其他物体对电波的传输路径的阻挡而在传播接收区域上形成半盲区,从而形成电磁场阴影,这种随移动台位置的不断变化而引起的接收点场强中值的起伏变化称为阴影效应。阴影效应是产生慢衰落的主要原因。参见 slow fading。

shadow log **影子日志** 一个记录错误的日志。包含最近发生的一些错误,可能包含在错误日志中没有的信息。

shadow memory **影子存储器** PC 机中采用的一种技术,把系统的 ROM BIOS(只读存储器基本输入输出系统)中的程序在启动时复制到 RAM(随机存取存储器)中未用的区域。执行 ROM BIOS 中的程序时,改向到 RAM 中的影子复制件,由于 RAM 工作速度比 ROM 快,程序的执行速度也就加快了。影子存储区建立在 640 K 到 1 M 之间的存储区域中。

shadow printing **影子打印** 一种字符打印修饰,对每一个字符进行复制重叠并向右下方移动一定距离,产生原字符带阴影的效果。

shadow RAM **影子随机存取存储器** 同 shadow memory。

shadow resource **影子资源** 在通信系统软件中,一种网络资源的替代的表示方法，它是为以后可能的使用作为定义而保留的。

shaker sorting 摇动排序 冒泡排序的一种改进方法。它在冒泡排序过程中改变相继处理的方向。这种方法适合于待排序元素差不多已经排好序的情况。参见 bubble sorting。

shallow binding 浅约束 LISP 实现环境的一种方法。作法是：在每一个符号上维持一个记录其约束历史的栈(环境)。当程序运行时，每当遇到一个施用，就构造一些约束，将这些约束分别加到相应符号的栈的顶部，由此形成计算函数体的环境，而当计算完那些施用时，就恢复进入该施用前的老环境。因此，环境由若干基于符号的栈组成。如果每个符号都维持一个单元，专门用于记录该符号的当前约束，而约束历史放在栈中，这种方案称为改进型浅约束。多数 LISP 采用改进型浅约束方案。

shallow copy 浅复制 面向对象语言中的一种复制操作。被复制对象的所有变量都含有与原来的对象相同的值，而所有的对其他对象的引用仍然指向原来的对象。换言之，浅复制仅仅复制所考虑的对象，而不复制它所引用的对象。比较 deep copy。

shallow equality 浅相等 面向对象语言中的一种运算。对于基本对象，指他们具有相同的值。对于非基本对象，指他们属于同一类且对应的实例变量标识相等。比较 deep equality。

shallow knowledge 浅层知识 也称"表面知识"，即专家的启发和专门理论，大多数专家系统只包括浅层知识就足够了，使用浅层知识的启发和事实，可把状态空间修剪到合适的大小，对应于 deep knowledge。

shallow reasoning 浅度推理 基于直接条件与结果的推理模型，在原始数据和结果之间只有很少的推导过程。参见 causal reasoning，deep reasoning。

Shannon 香农 信息论中信息量的对数度量单位，其值等于一组互斥事件的判定量，且表示成以 2 为底的对数形式。例如 8 个字符组成的字符组的判定量等于 3 香农。

Shannon-Fano coding for compression technique 压缩技术的香农-范诺编码 一种简单的压缩编码方式，源信息代码 a1 和概率 P(a1)以概率的非递增顺序排列，然后这个队列划分为概率尽量接近的两部分，第一部分的每个信息代码就将 0 作为基码字的第一位，第二部分的每个信息代码就将 1 作为基码字的第一位，每一部分又按同样的方法划分并增加相应的码字位，这个过程一直持续到每个子集只含一个信息代码为止。

Shannon law 香农定律 在有噪声存在时，通过一个有限带宽信道传送无差错比特的理论上的最大速率，由关系式 $C=Wlog2(1+S/N)$ 给出。式中 C 是以比特每秒计的信道容量，W 是以 Hz 计的带宽，S/N 为信噪比。

shape description 形状描述 在数字图像处理中，对图形所作的描述。一些直线或曲线在图形描述中起着重要的作用，如图形轮廓线、交界线、图形相关线、阴影背景分界线等。描述这些图像的方法有矩阵描述(通过图形灰度描述矩阵去描述)、拓扑性质描述、几何解析式描述等。

shape fill 形状填充 在集成电路或印制电路板的设计图上用户所确定的区域范围内进行的自动涂画的过程。在 CAD(计算机辅助设计)系统中可联机进行形状填充。

shape function 形函数 有限元方法中定义在每一个单元上的插值基函数。他们较易于构造，几何形状好似金字塔，故称为形函数。

shape heat sink 型材散热器 散热器的扩展表面为连续肋片的型材加工而成。型材散热器体积大，重量重，适合于对散热器重量和空间没有严格要求，器件耗散功率较大的场合。比较 staggered heat sink。

shape library 形状库 存储有关器件几何信息的 CAD(计算机辅助设计)数据库。这类信息主要包括：器件的安装方式(直插式或表面安装)，各器件腿的位置，焊盘的形状，器件所占的面积等。有关形状的信息主要用于 PCB(印制电路板)的布局和布线中。

shape-phonetic encode method 形音编码法 根据汉字的字形和语音的特点进行组合编码的方法，也称"组合码"。常用的首尾码、快速码等都属于这一类。它的特点是重码率低、使用规则较繁。

shape primitive 形状原语 计算机视觉技术中，对物体的三维形状描述时使用的基本几何形体。如在形状描述方法中，形状原语可采用正方形、矩形、平行四边形、三角形、圆形等。在体积描述方法中，形状原语可采用圆柱体、锥体、立方体、平行六面体等。

shape table 形状表 Apple 微型计算机的软件有特殊的命令，它采用高分辨率绘图作出图形。然后在使用之前，每个图形必须给出"图形定义"，其中包括存储在内存中的绘图向量序列。一个或多个图形定义与他们的索引组成"形状表"，可由键盘建立并存储在磁盘或盒式磁带上供以后使用。图形定义可由绘图命令以放大的形式建立在屏幕上。用光标控制屏幕上规定的方块内设置的像素以形成图形。

shaping descriptor 整形描述子 在 ATM(异步传输模式)网络中，指 N 个排序的通用信元速率算法参数对(I,L)用于定义协商的连接通信整形。

shaping network 整形网络 电路中插入的一个网络，用于改善信号的波形。

share 共享，共用 计算机中的资源被多个计算任务共同使用。例如，处理机被多个任务分时共用，存储区中某一单元被多个并行进程访问。两个或两个以上的系统或程序可同时使用或访问的文件或共享文件。在多处理机系统中，通过共享资源进行的通信称为共享多重处理。三种共享资源是：①磁盘或磁带上的共享文件；②共用通道传送的信息；③共用的主存。

shareable image　可共享映像　解决了全部内部引用问题的一种映像。然而为了产生一个可执行映像，它必须同一个或多个目标模块连接起来。可共享映像不能被执行。

share base (SB)　共享库　一种新颖的数据库系统组织结构。它将多台类型不同的计算机及其数据库(称为纯软件DB或孤立的DB)作业用户机(客户)，用一台数据库机(DBM)作为服务器(服务员)，并通过通信网络或计算机网络连接起来，以实现多用户对数据库的共享。

shared　共享的　(1)指一个资源在同一时刻被一个以上用户使用的可能性。(2)在MSS(海量存储系统)中，大容量存储卷的一种属性，它允许一个以上的处理装置在同一时间存取该卷。

shared access path　共享访问通路　由一个以上的文件使用的访问通路，以便对这些文件的公共数据进行访问。

shared-access transport facility (SATF)　共享访问传输机制　一种传输机制，如多点链路连接，在这个机制上多对节点间可同时形成活跃的连接。

shared batch area　共享批处理区　存储控制器中的一个临时存储区域。所有从主处理机接收的数据或传送到主处理机的数据，都存储在这里，以等待对他们进行处理。

shared broadcast channel　共享广播信道　通过广播信道或公用信道可以将许多地理上相隔很远的分散用户连接起来，任何用户都可以向信道发送数据，信道上所传送的数据可以广播(被全体用户接收)，也可以组播(只被指定的若干用户接收)。信道所用的传输媒体，可以是双绞线、同轴电缆、光纤，也可以利用是无线电广播、卫星等。这种通过一个公用信道将所有用户连接起来的技术，通常称为多点接入或多点访问，也称“多址技术”。共享广播信道可以采用基于信道和基于排队的两种不同方法。当采用基于信道的复用方式时，如果用频分复用(FDM)则称为频分多址(FDMA)；若用时分复用(TDM)时则称为时分多址(TDMA)。无论采用哪种技术，都可以有固定分配和按需分配两种方式。

shared bus system　共享总线系统　能够由系统中的任一处理机自由访问存储器和外部设备的总线系统。

shared control　共享控制　在SNA(系统网络体系结构)中，由两个或多个控制点，对网络资源的PU(物理单元)、LU(逻辑单元)、链路、链路站以及与他们相关的资源，顺序地或并行地进行控制。参见concurrent control count，share limit。

shared-control gateway　共享控制网关　一种网关，由一个网关NCP(网络控制程序)构成，受多个网关系统服务控制点(SSCP)的控制。

shared data set　共用数据集　允许其他用户访问的数据集。

shared device　共享设备　一种连接到多个处理机上的设备。

shared directory　共享目录　见network directory。

shared disc　共用磁盘　可由两个或两个以上的系统同时存储信息的磁盘。

shared distribution tree　共享分布树　也称“RP树”或“基于核心的树”。它的构造方法是以网络中的某一个指定的路由器为根节点，该路由器称为汇聚点(RP)路由器，由此节点生成包含所有组成员的树。使用共享分布树时，组播源需要首先把组播分组发送给汇聚点路由器，再由这个路由器转发给其他的组成员。参见distribution tree，rendezvous point (RP)。

shared environment　共享环境　一种系统，在该系统中，通信系统软件及分时系统任务可并行地共享全部必要的系统资源。

shared executive system　共享执行系统　各个中央处理机可以共用一个主存储器的紧密耦合系统。大多数系统可以使用一个共享操作系统执行程序来控制任务的执行。

shared file　共享文件　两个或两个以上的系统可同时使用的随机存取文件。共享文件可以在两个系统之间建立间接联系。

shared file system　共享文件系统　一种特殊的文件系统。在该系统中允许两个计算机在不同时刻存取同一存放文件的存储装置。

shared index database　共享索引数据库　一种IMS/VS(虚存信息管理系统)辅助索引数据库。当同一个物理操作系统数据库含有一个以上辅助索引时使用该共享索引数据库。

shared information model (SIM)　共享信息模型　是下一代电信运营支撑系统(NGOSS)工作组制定的用于建立电信领域的共享信息模型的通用框架，它以eTOM(增强型电信运营图)业务过程框架为基础，主要描述电信领域的事物、事物间关系以及事物的细节和特性。参见enhanced telecom operations map (eTOM)。

shared logic　共享逻辑　多个电路使用公共的电路完成一个特定的操作。

shared logic key-to-disk system　共享逻辑键盘到磁盘系统　一种数据转录系统。由多至64个或以上的配有显示设备的键盘作为非智能终端和一个或多个智能终端连接到一台小型机上，该机为可编程序，从而可对输入数据执行多种校验，然后将接收

S

的数据存放到磁盘上，经过相应处理(如合并、验证等)，最后转录到磁带上。

shared-logic system 共享逻辑系统 (1)一种多终端系统，所有终端共同使用一台中央计算机和存储器。(2)一种字处理系统。它提供连接"不灵活"(即非智能)工作站和外部设备的共享处理机。所有处理能力被集中设置，因此，如果该处理机不工作，则整个系统也停止工作。

shared logic word processing equipment 共用逻辑字处理设备 系统中的资源和存储设备可供多个工作站合用的一类字处理设备。

S

shared main storage multiprocessing 共享主存多重处理 两个或多个处理单元都能够存取主存的一种工作方式。

shared memory 共享存储器 (1)多任务环境下，两个以上的程序进行读写操作的存储器。使用共享存储器的程序遵循一组规则：禁止两个程序同时修改相同地址内容。(2)并行处理器计算机系统交换信息所处理的一个内存区域。系统中的每个处理器都可以有自己的存储器。

shared memory system 共享存储器系统 可以共享公共存储器的紧密耦合用户网络。系统通过共享总线、多端存储器系统或纵横开关网络访问公共存储器。这种系统通常也共享操作系统执行程序。

shared page 共享页面 在虚拟存储器系统中可由两个或多个程序共享的页面。

shared partition 共享分区 在某些操作系统中，它为系统的虚拟地址空间的其他分区的程序提供服务并与之通信。

shared ports 共享端口 单个输入输出处理机的多个通信端口之一。

shared protection ring (SPRING) 共享保护环 波分复用(WDM)光网络的一种遇到故障能够自动倒换光纤线路的自愈环(SHR)网结构。SPRING有四纤的和两纤的两种。四纤结构是两条光纤为工作光纤、另两条为保护光纤；两纤的结构是一条光纤为工作光纤，另一条是保护光纤。

shared read-only system residence disk 共享只读系统常驻盘 在某些虚机操作系统中，一种经过裁剪的系统常驻盘。这种裁剪使大多数系统常驻信息对所有相关的虚拟机都是只读的且可访问的。所留下的相对较小的专用读/写系统盘必须为每个虚拟机所专用。由于避免了使用同一操作系统的虚拟机对磁盘组的重复需要，这种技术可以减少磁盘的需要量。参见 saved system。

shared record format 共享记录格式 一种用于多个外部说明文件的记录格式。

shared resource 共享资源 (1)在文字处理中，两个或多个工作站共享公用设施的一种配置。(2)在通信系统软件中，由一个以上的主机所占有的网络资源。参见 concurrently shared resource, serially shared resource。(3)在 LAN Manager 网络软件中，服务器上的可以被网络用户访问的一个资源，可以被网络上的工作站访问。参见 resource。(4)一种可被一个以上任务同时使用的资源，包括存储器和各种外部设备。

shared resource system 共享资源系统 (1)一种字处理系统。它通过使用系统集中设备连接若干独立的智能工作站。该设备通常是一个用作高容量共享存储器的共享智能硬盘。(2)允许多个用户共同使用系统内的任何一个(或全部)软件或硬件资源的计算机系统。例如，处理机由多个任务分时使用，存储器数据块可由多个作业分时访问。

shared risk link group (SRLG) 共享风险链路组 SRLG是指网络中共享某些物理资源的链路，如共享物理节点、光缆等，这种共享意味着一旦共享资源发生故障，这些链路将同时发生故障，因此在对某些业务选路时，应避免出现 SRLG。特别是在网络恢复和保护中，主用和备用路由应保证物理资源的分离。

shared task set 共享任务集 在某些小型计算机系统中，一种特别类型的用户任务集，它包含了一些为几个用户任务集共享的任务、程序、事件定义、队列、计时器及数据集。

shared tree 共享树 也称"RP 树(RPT)"，是指为每个组播组选定一个共用根(汇聚点 RP 或核心)，以 RP 为根建立的组播树。同一组播组的组播源将所要组播的数据单播到 RP，再由 RP 向其他成员转发。具代表性的两种共享树是斯坦纳(Steiner)树和有核树(CBT)。参见 Steiner tree, core based trees (CBT)。

shared variable 共享变量 一个可被多个异步过程或者并行执行的程序进行访问的变量。

shared virtual area (SVA) 共享虚拟存储区 虚拟存储器中的一个高地址存储区。该存储区中可含有频繁使用的系统目录表和各种常驻程序。这些内容可供多个部分合用。

shared virtual memory (SVM) 共享虚拟存储器 在分布存储的多处理机系统中的一种存储器组织方式，用户程序中访问的内存地址不是物理上的地址，而是一种需要由虚拟存储管理部件进行转换的逻辑地址。使得多机系统的特征对程序设计透明以及使得操作系统能提供支持并行程序执行的环境。

shared wireless access protocol (SWAP) 共享无线访问协议 HomeRF 工作组于 1998 年制定了主要针对家庭无线局域网的 SWAP。该协议支持家庭范围内语音、数据的无线通信。用户使用符合 SWAP 规范的电子产品可实现如下功能：①在 PC 的外设、无绳电话等设备之间建立一个无线网络，以共享语音和数据；②在家庭区域范围内的任何地方，可以利用便携式微型显示设备浏览因特网；③

在 PC 机和其他设备之间共享同一个 ISP(因特网服务提供商)连接;④家庭中的多个 PC 可共享文件、调制解调器和打印机;⑤前端智能导入电话机可呼叫多个无绳电话机、传真机和语音信箱;⑥从无绳电话听筒可以再现导入的语音、传真和 E-mail 信息;⑦通过对无绳电话发出命令,启动其他的家用电子系统;⑧用音频流下载 MP3 和其他音频文件。SWAP 问世以后,除了扩展高性能、多波段无绳电话技术以外,还极大地促进了低成本无线数据网络技术的发展。参见 HomeRF,bluetooth。

share-level security　共享级安全性　在 LAN Manager 网络软件中,一种安全性,通过要求输入口令来限制对每个共享资源的访问。参见 password,permissions,user-level security。

share limit　共享限量　在 SNA(系统网络体系结构)中,能并行地控制一个网络资源的控制点的最大数目。参见 concurrent control count,shared control。

share locks　共享锁　也称"S 锁"或"读锁",如果事务 T 对数据对象 A 加上共享锁,其他事务对 A 只能再加共享锁,不能加互斥锁,直到事务 T 释放 A 上的共享锁为止。比较 exclusive locks。

share name　共享名　在 LAN Manager 网络软件中,赋予一个共享资源的一个名字。远程用户或程序使用这个名字访问共享资源。

sharer　共用用户　在数据集属主发出允许共享命令后有权发共用命令来访问该共用数据集的一类用户。

share storage model (SSM)　共享存储模型　全球网络存储工业协会(SNIA)提出的共享存储模型分为四层:最底层为存储设备;次底层为块汇聚层(由设备汇聚、网络汇聚和主机汇聚构成);第三层为文件/记录层(由数据库系统和文件系统构成);最上层为应用层。

shareware　共享软件　所谓共享软件,是这样的程序或代码,作者对其拥有版权,如果用户要使用,作者可能要求用户付费,也可能不要求用户付费。共享软件是"买前试用"软件,在为某个软件付费前,通常用户可以有 30 ~ 90 天的试用期,如果软件不能满足用户的要求,用户可以不付钱,只需停止使用就行了;否则,通过付一小笔费用,用户便有了极好的可用软件。大量的共享软件广告以往是通过磁盘或光碟来实现的,现在则主要通过因特网来实现,任何人都可得到,下载之后,经常在一个自由使用的期限(30 天等)后将被停止使用。如果想继续使用该软件,就应该向共享软件的作者付费。或者网络上只给出试用演示版本,完全版本需要购买,通常程序开发者在程序中附有版权的声明。

SHDSL　(1)单线对高位速率数字用户线路 single-pair high-bit-rate digital subscriber line 的缩写。(2)对称高位速率数字用户线路 symmetrical high-bit-rate digital subscriber line 的缩写。

shear　切变　在计算机制图技术中,一种图形符号或符号串放置方式的变化,主要指向前倾斜或向后倾斜,此处所说倾斜是相对于符号基线的垂线而言的。

shear transformation　错切[剪切]变换　常用的图形变换之一,在二维情况下,其变换公式为:

$$\begin{cases} x = x + ay \\ y = y + bx \end{cases}$$

而常见的错切变换是上式中或者 $a = 0$,或者 $b = 0$。

sheer color-TV　纯平彩电　采用完全平面的显像管的彩电。其特点是无论从水平方向还是从垂直方向看显像管的屏幕都是平的。

sheet detector　供纸检测器　在资料复制机或复印机中,在供纸过程中感测是否有纸的一种装置。

sheet resistance　薄膜电阻　薄膜电阻是材料的特性,薄膜电阻的电阻率不是其横截面的函数,用 RS 表示,单位是欧姆/平方,平方指的是表面面积,没有绝对量纲。

sheffer stroke operation　"与非"操作　同 NAND operation。

shelf label　货架标签　由超级市场终端打印出的一种标签,放在超级市场的货架上说明货名、数量、价格或提供其他用户定义的信息。

shelf life　有效期,存储期限　文件或设备能保持其使用价值的期限。

shell　(外)壳　(1)用户与计算机操作系统间的一种软件接口。壳式程序解释命令以及用户与设备的交互作用,这些设备如键盘、打印设备、触摸屏等,并将命令以及用户与设备间的交互作用通知操作系统。由于避免了用户考虑操作系统的要求,"壳"简化了用户的交互作用。对不同级的用户交互作用,一个计算机可能有几层"壳"。(2)UNIX 分时操作系统的用户界面是称为外壳的一种命令语言。这种语言的解释程序称为外壳程序。之所以命名为外壳,是因为这个解释程序处于内核的外层,又是整个 UNIX 系统的重要组成部分。shell 虽说是一种命令语言,但其功能很强,相当于一般的作业控制语言。系统中每一用户进程都有一个对应的外壳进程,所有这些进程合用一个解释程序,每一条命令都对应于解释程序中子例程。UNIX 的外壳命令总数有几千条。

shell account　外壳账号　一类廉价但受限制的因特网拨号访问。外壳账号不直接把计算机连到因特网上,而是使用一个通信程序访问计算机,通常是 UNIX 计算机,在计算机上已经建立了一个账号。在登录这台计算机后,用户便可用纯文本访问这台 UNIX 计算机的操作系统(即其外壳),从该外壳可以在服务提供商的计算机上访问因特网。但是在试图下载因特网上的某些信息时,下载数据首先进

S

入服务提供商的计算机上的单独存储区中，必须在退出因特网后，再将数据下载到本地自己的系统中。可以通过采用串行线路互连协议(SLIP)或点对点协议(PPP)，或通过采用像 SlipKnot 这样的伪装外壳的应用程序来克服纯文本局限和两步下载过程这两个限制。可是，外壳账号要比 SLIP 和 PPP 账号便宜得多。

shell document　壳文件　一种在数据或正文进行合并时使用的文件，它说明输出格式、插入的可变数据及插入可变数据的地址。

shell-oriented DSS development tool　面向外壳决策支持系统开发工具　一种提供了一个 DSS 空壳(或骨架)的 DSS 开发工具，用户只需根据需要填入“具体内容”，即可为某一应用建立实用的决策支持系统。

shell procedure　外壳过程　操作系统中的一系列命令，放在一个文件中，运行时完成某种功能。同 shell script。

shell process　壳进程　一个预先定义的进程。为了建立进程，作业建立程序复制这个壳进程以建立必需的最小进程关联。

shell program　外壳程序　一个接受并解释操作系统命令的程序。参见 shell，stand-alone shell。

shell prompt　外壳提示　命令行上显示的字符串，表示系统正等待接收一条命令。

Shell sort　谢尔排序　一种插入排序方法，也称“缩小增量排序”。它以它的发明者 Donald Shell 的姓名命名。要求将 n 个元素的数组 A[1]，A[2]，…A[n]按非递减次序排序。第一次将 n/2 对序偶(A[i]，A[n/2+i](1≤i≤n/2)排序。第二次将 n/4 对四元组(A[i]，A[n/4+i]，A[2n/4+i]，A[3n/4+i])排序。第三次将 n/8 对八元组排序，依次类推。每次运用插入排序算法排序。这种排序法称为谢尔排序。谢尔排序的复杂性为 $O(n^{1.5})$。

shell system　骨架系统　一种从成熟的专家系统中抽去知识后所构成的知识表示系统。骨架系统提供某种知识表示形式和相应的推理机制。其推理机制中不带有任何与领域相关的控制信息，所有领域知识都显式地表示出来。骨架系统可作为专家系统开发工具用于各种不同的任务。

shell variables　外壳变量　外壳程序的一种机制，赋予变量一个常量名。

shell viruses　外壳型病毒　将自己粘附在主程序的周围，一般情况下不对原来程序进行修改。外壳型病毒易于编制，大约有半数以上的计算机病毒是采用这种方式传播病毒的，外壳病毒也易于检测或被清除，对于微型计算机系统，外壳型病毒一般情况下感染 DOS(磁盘操作系统)下的可执行程序。

shell widget　外壳窗口部件　图形用户界面中，包含顶层级的窗口部件的窗口部件，没有父窗口部件，直接与窗口管理器进行通信。

Sherwood algorithm　舍伍德算法　一类概率算法的代称。此类算法总能给出所求问题的正确的解。当解决某一问题的确定性算法的平均情形复杂性比最坏情形复杂性低得多时，通过引入随机性来试图减少甚至消除“好”、“坏”实体之间这种时间上的差别，以期望较小的运行时间。例如，在快速排序中，若随机地选择作为分割标准的元素时，所得的算法就是舍伍德算法。

shield　屏蔽体　为了阻止或减少电磁能量的传输而对部件、单元、组件、装置或设备、分系统进行封闭或隔离屏蔽的一种阻挡层或包容体。它可以是导电的、导磁的、介质的或带有金属吸收填料的物体，也可以是上述的组合体。

shielded cable　屏蔽电缆　带有金属衬的聚酯薄膜和塑料对电磁和射频干扰起保护的电缆。参见 unshielded cable。

shielded-conductor cable　屏蔽导体电缆　一种电缆，里面的导体和绝缘体用导体外壳封装起来，使得表面每一点都与地电平相同或与地电平的电位差恒定。

shielded connector　屏蔽连接器　具有防止电磁辐射干扰或信息泄漏特性的连接器。

shielded inductor　屏蔽电感　阻断电磁干扰的一种方法，用来保护对电磁干扰敏感的组件、设备和装置。在电感器中，是把它放在很薄的金属片里面。绕组和磁芯本身具有屏蔽的作用。

shielded pair　屏蔽双股线　一对有屏蔽传输线，可减弱外界干扰。

shielded speaker　屏蔽扬声器　为保护监视器和其他计算机元件免受产生杂音的磁场的干扰而设计的一种辅助扬声器。如果磁场未加屏蔽，就会使监视器的图像失真，甚至擦除磁盘上的数据。

shielded twisted pair (STP)　屏蔽双绞线　一种包含一对或多对双绞线的电缆，每对双绞线加有金属屏蔽，能防止射频噪音干扰。未加屏蔽的双绞线称为非屏蔽双绞线(UTP)。

shielded twisted-pair (STP) cable　屏蔽双绞线电缆　用金属箔屏蔽的黄铜的编织物围绕的双绞线电缆。屏蔽双绞线电缆可提供长距离较高速的传输，在令牌环网中采用。参见 shielded cable，unshielded twisted-pair cable。

shielding　屏蔽　(1)利用屏蔽体阻止或衰落电磁能量的传输而采取的一种措施。参见 shield line。(2)在计算机制图技术中，抹去落入某个指定区域的全部显示元素。同 reverse clipping。比较 scissoring。

shield line　屏蔽线　外面包裹着屏蔽体的传输线。屏蔽体采用高导电材料或高导磁材料制成，其作用是用来保护传输线不受外来的电磁干扰以及把本身沿线传送的能量封装在蔽屏体内，不让它辐射出去。

shift **移位,换档,转换** (1)一个字中的部分或全部字符协调一致地移动,每个字符移动相同数目的字符位置,移动方向为该字指定的一端。(2)将数据向右或左移动。(3)各种键盘上按键的上下档变换。(4)数据通信中,字符编码类型之间的转换。(5)将寄存器中的所有二进制移位向左、向右(或循环)移动一位、二位或多位。

shift character **换档字符** 一种控制字符,决定报文中字符代码的字母/数字状态的变动。

shift code **移位码** 一种易于编制的非等长码,特别适用于具有单调减小概率的信息源。

shift control character **换档控制键** 见 shift-in character,shift-out character。

shift down modem **减速调制解调器** 能从高位速变到低位速的调制解调器。

shifter **移位器** 具有移位功能的线路。

shift-in character **移入符号** (1)一种编码扩展字符,用来结束由于移出符号 SO 的出现而开始的按图形字符解释的一串代码,从而又使标准字符集的图形字符有效。(2)一个控制字符,即十六进制的 0F,表示一个双字节字符串的结束。对应于 shift-out character。

shift-in control character **移入控制字符** 同 shift-in character。

shifting sort **移位排序** 同 bubble sort。

shift instruction **移位指令** 对寄存器内容的所有位执行向左、向右或循环移位的指令。移位可移动一个或多个位置,移位指令可分为算术、逻辑及循环移位。算术数补码形式进行算术右移时,移出的符号位由符号位本身补上,不改变符号;循环右移时,最低位每次移出的位移人最高位;逻辑右移时,最低位移出丢掉,用 0 补充最高位。

shift-Japanese industrial standard (SJIS) **SJIS 标准** 日语编码方案,按照 SJIS 的编码标准,日语汉字的第一字节的值在 16 进制的 0x81 ～ 0x9F 及 0xE0 ～ 0xFC 之间,第二字节的值在 0x40 ～ 0x7E 及 0x80 ～ 0xFC 之间。因此,其第一字节的最高位是 1,第二字节的最高位可能是 1 也可能是 0。

shift key **换档键** 在键盘上实现换档的一种控制键。当换档键与另一个键组合使用时,它可改变另一个键的含义,如在按下某个字母键时产生大写字母。换档键也可用在各种键组合中生成非标准字符以及执行特殊操作。早期键盘仅用一个白色箭头标明换档键,后来的键盘用 Shift 标明这个键。

shift motion **移动行程** 在打字机的打字滚筒上,两个字符之间的距离。

shift of potential **电位转移** 带电作业时,作业人员由某一电位移动到另一电位。

shift-out control character **移出控制字符** 指明特殊字符串开始的字符(十六进制 0E)。比较 shift-in control character。

shift register **移位寄存器** 具有移位功能的寄存器。移位寄存器与其相应的逻辑线路相结合,在执行移位指令时,完成左移、右移或循环移位等操作。

shift register generator **寄存器移位生成程序** 一种产生随机数的程序。其产生方法是:将一随机数右移若干位,右移后的数与原随机数作无进位加法,所得的中间数再左移若干位,左移后的数与中间数作无进位加法,所得结果为新的随机数。例如,给定 8 位随机整数为

45086273
00045086 右移 3 位
45021259 无进位加法
12590000 左移 4 位
57511259 无进位加法。

57511259 即为新的随机数。寄存器移位生成程序在通信理论、编码理论和密码术中已得到应用。参见 random-number generator。

shift sort **移位排序** 同 bubble sort。

Shift＋click **按住 Shift 键单击** 通过在单击鼠标的同时按下 Shift 键来完成鼠标操作。应用程序实现按住 Shift 键单击的功能各不相同,但是,在多数情况下,该动作扩展了一种选择。

ship broadcast area radio station **船舶广播区海岸无线电台** 在一个给定的远程区域向船舶电台发送信息的海岸无线电台。参见 ship broadcast coastal radio station。

ship broadcast coastal radio station **船用广播海岸无线电台** 一种岸上的无线电台,它在本地海岸水域向船用电台发送信息。通常不在远程广播区域电台计划发送的时间和频率发送信息。参见 ship broadcast area radio station。

ship broadcast schedule **船用广播计划表** 一个船用广播区域无线电台或一个船用广播海岸无线电台的传输计划。通常由呼叫磁带、预先呼叫信号、业务清单、清单上的信息、最后一个信息后的传输结束符号组成。

ship group **装运组** 从生产地点发运的产品的文档或者材料。

ship navigation computer **船舶导航计算机** 应用电子计算机技术代替人工导航作业的计算机系统。目前在船舶上安装和使用的天文导航计算机、天线电导航计算机、组合导航计算机等均属船舶导航计算机。

SHM **短保持模式** short-hold mode 的缩写。

shock current **触电电流** 通过人体或动物体、其值(取决于频率、谐波、持续时间)有可能造成伤害的电流。

shock protection system (SPS) **震动保护系统** SPS 是昆腾(Quantum)硬盘所增加的防震技术,它可以

把硬盘因冲击而造成的损害降到最低的程度。在普通状态下，硬盘发生碰撞时，很容易造成磁头飞离又迅速落下，磁盘表面可能因此受到几百 G 的压力而使盘片受损或出现微粒，从而造成硬盘发生错误或数据丢失。SPS 的设计原则就是在撞击到来时，保持磁头不受震动，磁头和磁头臂停泊在盘片上，冲击能量被硬盘其他部分吸收，这样能有效地提高硬盘的抗震性能，使硬盘在运输、使用及安装的过程中最大限度地免受震动的损坏。

S

shock wave　激波　由于突然的激烈扰动而产生(如在气体内)的波。为了在给定区域内产生激波，扰动必须在比声波通过那个区域所需时间短的时间内发生。

shoebox principle　鞋盒原理　10 双鞋子放入 9 只鞋盒中，无论怎么放，一定有一只鞋盒里放了 2 双或更多双鞋，这个简单的事实就是鞋盒原理。可以将鞋换成信、鸽子或苹果，把鞋盒换成信筒、鸽笼或抽屉，这个原理也称“信筒原理”、“鸽笼原理”或“抽屉原理”。鞋盒原理是离散数学中的一个重要原理，把它推广到一般情形就是：把 m 个元素分成 n 类($m>n$)，不论怎么分，至少有一类中有两个元素。参见 pigeonhole principle。

shooting game (STG)　射击类游戏　区别于第一人称视角射击类游戏(FPS)的射击游戏，指由玩家控制各种飞行物完成任务或过关的游戏。此类游戏分为两种，一是科幻飞行模拟游戏(SSG)，以非现实的想象空间为内容，如《自由空间》、《星球大战》系列等；另一种叫真实飞行模拟游戏(RSG)，以现实世界为基础，追求身临其境的感觉。如《王牌空战》系列、《苏-27》等。另外，还有一些模拟其他的游戏也可归类为 STG，如模拟潜艇的《猎杀潜航》，模拟坦克的《钢铁雄师》等。参见 first personal shooting game (FPS)。

shop automation　工厂自动化　主要内容有：①适应生产计划的设备和机械的自动化；②日常管理业务自动化；③产品与半成品仓库的自动化；④工作单和报表等生产数据的自动公布。

short block　短(数据)块　一种固定格式的数据块，它包括的逻辑记录个数少于对该块指定的逻辑记录的个数。

short card　短卡　PC 机中使用的长度为标准尺寸一半的印刷电路板卡。参见 printed circuit board (PCB)。

short circuit　短路　通过一个比较低的电阻或阻抗，偶然地或有意地对一个电路中在正常情况下处于不同电压下的两个或几个点之间进行的连接。

short-circuit breaking capacity　短路分断能力　在规定条件下，包括开关电器的出线端短路在内的分断能力。

short-circuit current　短路电流　在电路中，由于故障而造成短路时所产生的过电流。

short-circuit evaluation　短路计算　布尔表达式的求值方法，对一个“与”、“或”运算的表达式从左到右进行运算，如果左面部分的操作数运行已经能够确定总的结果，那么右面的操作数就不再进行运算。例如，在表达式 P OR Q 中，如果 P 为真值，不需要确定 Q 的值，因为这个表达式已经为真。

short-circuit making capacity　短路接通能力　在规定条件下，包括开关电器的出线端短路在内的接通能力。参见 short-circuit breaking capacity。

short-circuit operation　短路运行　输出端短路，输出电压为零的空载运行。比较 open-circuit operation。

short-circuit power factor　短路功率因数　短路开始瞬间，预期电流(交流电流)与相应的电压(电动势)之间相位差的余弦。

short code dialing　短码[缩位]拨号　同 short dialing。

shortcut　快捷方式　这是微软 Windows 的一个概念。快捷方式是一个小的文件，其扩展名为 LNK。一个快捷方式文件内部指向一个应用程序、一个文档、一个设备(如打印机)，用鼠标器双击快捷方式可启动对应的应用程序、文档、设备。由于快捷文件很小，可以创建多个而占用的磁盘空间很小，操作却很方便。在窗口式软件中，指不需打开菜单和/或点取菜单项而执行某一命令的键或键组合。

shortcut key　捷径键，快键　在窗口式软件中，指不需打开菜单和/或点取菜单项而执行某一命令的键或键组合。

short cyclic code　缩短循环码　将 (n,k) 循环码，去掉 i 位高位，构成的 $(n-i,k-i)$ 线性码。缩短循环码，破坏了循环码的封闭性，因而实际上不是循环码，但监督位 r 是 $(n-i)-(k-i)=(n-k)$，所以检纠错能力与循环码相同。

short dialing　短拨号　用一位数字码所进行的拨号。同 short code dialing。

short duration voltage test　短时电压试验　对被试品施加短时间规定的直流或交流电压以考核其绝缘承受电压能力的试验。

shortest access time first (SATF)　最短存取时间最先　作业调度的一种原则，使存取时间最短的作业最先得到机会执行。

shortest job first scheduling　最短作业优先调度　作业调度的一种方法。在该方法中总是优先调度要求运行时间最短的作业，使其作为下一次服务的对象。

shortest path　最短路径　最短路径在不同的网络中有不同的含义。最常用的是段数或中间经过的节点数(等于段数减 1)。还可以经过测试，给每段链路做出标记。这种标记是使用标准测试报文分组经过长时间运行统计出来的平均队列长度和延迟时间的一种度量。显然这样的最短路径是时间最短。在许多情况下，这种标记可以反映距离、带宽、平均流量、通信成本、平均队列长度或延迟时间等因素的其中一种或几种因素，从而得出网络中任何两个节点之间的多条路径中哪条最短。

shortest path algorithm 最短路径算法 在网络中，从任何两节点间的若干条路径中，寻求其最短路径的计算方式。如果网络中某个节点损坏不能工作，或有些链路不通时，此算法还可求出另一条可行的路径，保证信息从本站沿着新的最佳路径送至目的站点。

shortest path first (SPF) routing 最短路径优先路由选择 把最短路径作为优先选择的路由选择方法。最短路径可能是跳跃最少、成本最低或速度最快，因判据不同而不同。这种路由选择方法的依据是链路状态，因而也称"链路状态路由选择"。每个网关都定期检查相邻网关状态，并把自己的路由信息通知给各相邻网关。因而每个网关都有全部网络的拓扑信息。为检查相邻网关，定期发送短报文，询问他们是否存活和可达。如果得到回答说明可达，则链路正常；否则已经变成不可达。为通知路由信息，网关定期广播含有各条链路状态的报文。这种方法的优点在于每个网关计算路由都使用同样的原始状态数据，又在局部范围内进行，保证计算可以收敛。由于不断传播链路状态易查找链路问题。这种路由选择方法比矢量距离路由选择方法好得多。比较 vector distance routing。

shortest path problem 最短路径问题 图论中的基本问题之一。即在一个有向图中确定出一条从开始节点至另一节点的长度最短的通路。最常用的求解方法有 Dijkstra 方法和 Ford 方法。

shortest-path routing 最短路径路由选择 计算到所有网络目的地的路径的路由算法。由对每个链路分配的费用决定最短路径。

shortest path tree (SPT) 最短路径树 也称"基于信源的树"或"有源树"。它是一种多播分布树，以多播源为根构造的从根到所有接收者路径都最短的分布树。如果组中有多个多播源，则必须为每个多播源构造一棵多播树。由于不同多播源发出的数据包被分散到各自分离的多播树上，因此采用 SPT 有利于网络中数据流量的均衡。同时，因为从多播源到每个接收者的路径最短，所以端到端的时延性能较好，有利于流量大、时延性能要求较高的实时媒体应用。SPT 的缺点是：要为每个多播源构造各自的分布树，当数据流量不大时，构造 SPT 的开销相对较大。比较 core-based trees (CBT)。

shortest-remaining-time-first (SRTF) 最短停留时间优先 具有强占功能的最短作业优先的 CPU 调度算法。当处于就绪队列中的一个新进程所需中央处理机的程度(频繁程度)比当前运行进程所剩部分的高时，将中止现行进程而抢占 CPU。

shortest word 短字 一种计算机可采用的最短字长的字，其字长通常是全字长的一半。

shortest word length encode 最短字长编码 将所有微操作统一进行二进制编码。最短字长编码的优点是微指令字长最短，克服了直接控制编码的缺点。但其缺点也是严重的，微程序长，速度慢。由于采用最短字长编码，每条微指令只能定义一种微操作，执行机器指令时，本来可以并行操作的微操作，也不得不串行操作，从而使一条机器指令的执行时间加长。这种编码破坏了操作并行性，大大降低了指令执行速度。另外，由于统一编码、需要大量的译码线路和门线路，因此，硬件设备复杂。参见 direct segmenting encode，direct control encode。

short Fire code 缩短法尔码 将法尔码(n,k)按需要截取码长 $n'=n-1$，$k'=k-1$，而监督位 $r=n'-k'=(n-1)-(k-1)=n-k$ 不变。故检纠错能力同法尔码。缩短法尔码不是循环码。

short format 短格式 在二进制浮点存储格式中的一种 32 位表示法，它可表示二进制浮点数、非算术数值或无穷数。比较 long format。

short-haul 短程 用于形容与通信线路连接并且在最多 1 英里的短距离上传输的调制解调器或其他通信设备。参见 long-haul。

short-hold mode (SHM) 短保持模式 在 SNA(系统网络体系结构)中，配置式指定的一种模式，使得数据终端设备(DTE)能够在没有数据传输时保持连接或者断开连接，而维持逻辑上的会话连接。

short instruction 短指令 相对于长指令而言，其编码长度较短的一类指令。实际上，计算机指令系统的设计原则之一就是尽可能缩短指令字长。因此短指令往往是一个指令系统中的"标准"字长指令。

short instruction format 短指令格式 具有标准长度，即一个字长的指令格式。与之相对的是长指令格式。指令大都取短指令格式。

short-job-next (SJN) 短作业优先法 一种打印作业排队算法，将最短的作业排在前面首先进行打印。对应于 first-come-first-serve。

short message cell broadcast service 小区广播短消息业务 向一定区域的所有接收者发送的非证实通用短消息的业务。

short message entity (SME) 短消息实体 可发送或接收点对点短消息的实体。

short message gateway (SMG) 短消息网关 设置在移动通信网络与公共数据网络之间的功能实体，解决信息内容的计费问题、为服务提供商(SP)提供统一的接口，完成业务管理、费率管理和安全管理的功能。

short message mobile originated point to point 移动发起的点对点短消息 从移动台(MS)发起的短消

息通过短消息服务中心(SC)向短消息实体(SME)发送,短消息服务中心向移动台提供转发短消息的成功与否。

short message mobile terminated point to point 移动终止的点对点短消息 从短消息服务中心(SC)向移动台(MS)传送短消息,移动台向短消息服务中心提供转发短消息的成功与否。

short message password 短信密码 以手机短信形式请求随机动态密码,身份认证系统以短信形式发送随机的密码到客户的手机上。客户在登录认证时候输入此动态密码,从而确保系统身份认证的安全性。

short message peer to peer (SMPP) 短消息点对点协议 是无线数据应用(包括短消息业务)与无线网络系统之间的消息协议。SMPP是一个开放的工业标准,也是短消息服务中心(SMSC)系统外部访问的接口标准协议之一。

short message service (SMS) 短信服务,短消息服务 移动通信中通过手机收发文本信息的业务。

short message service interworking 短消息业务互通 不同运营商、不同网络之间实现短消息相互收发的功能。

short message service point to point (SMS PP) 点对点短消息业务 在GSM(全球移动通信系统)移动台(MS)和短消息实体(SME)之间通过短消息服务中心(SC)传送的短消息业务。

short message service center (SMSC) 短信服务中心 负责在基站和SME(短消息实体)间中继、存储或转发短信。参见 short message entity (SME)。

short message service gateway 短消息网关 具有向移动终端所在被访移动交换中心转发短消息之功能的网关设备。

short message transmission protocol (SMTP) 短消息传输协议 用于在短消息服务中心(SMSC)和移动台(ME)间传输短消息的协议。

short sign-on 短签到(启用) 一种用于超级市场终端的简化启用过程。只要该终端已注册用于商店支付过程或客户结算。这种短签到过程可用来变更商店支付或客户结算而无需让该终端先签退(即结束)后再签到(即启用)。

short stack 浅栈 某些微处理机中的堆栈因容量较小而称为浅栈。浅栈旨在提高微处理机的中断处理能力。当处理机接受中断时,监督程序能把一些寄存器及标志位的内容暂存在浅栈中,以便中断结束后恢复现场。浅栈可由内部寄存器组成,也可由外部随机存取存储器组成。

short status 短状态 在AIX操作系统中,从打印缓存子系统中以简短格式输出的状态。

short string 短串 在SQL(结构化查询语言)中,一个字符串,其实际长度的最大值为254字节。

short-term memory 短期记忆 记忆系统的重要部分。短期记忆中的信息有不同来源。一种是来自感官的信息,经过加工以后进入短期记忆,这种记忆的停留时间很短,如不反复出现,很快就会消失,如不断出现,就会产生学习效果,进入长期记忆。另一种是从长期记忆中调出的信息。

short-term memory of neural network 神经网络工作期 也称"神经网络的短期记忆",是神经网络利用学习期得到的知识来解决实际问题的阶段。在工作期间,神经网络中的神经元之间的连接权值不变,但神经元状态随时间变化。最终将要达到网络的稳定状态。稳定态的输出就是网络的求解结果。从心理学的角度看,这一阶段叫短期记忆。

short-term scheduler 短期调度程序 从就绪进程中选择一个进程执行并分配CPU的程序。有时称CPU调度程序。这种程序执行较频繁,通常每10 ms执行一次。

short-time autocorrelation function 短时自相关函数 语音信号序列在窗函数作用下的自相关函数。

short-time average magnitude 短时平均幅度 一段时间内,信号的绝对值之和。

short-time average zero-crossing rate 短时平均过零率 衡量语言信号序列中符号变化情况的参数。相邻两抽样具有不同的代数符号称为一次过零,产生过零的速率是短时平均过零率,它是信号频率的一个简单而有用的度量。短时平均能量、短时平均幅度和短时平均过零率,是用来鉴别有话还是无话、清音还是浊音的重要参数。

short-time duty-type 短时工作制 (1)与空载时间相比,有载时间较短的断续工作制。(2)电器的导电电路通以一稳定电流,通电时间不足以使电器达到热平衡,而在二次通电时间间隔内足以使电器的湿度恢复到等于周围空气温度。(3)表明电机在不同负载下的允许循环时间的工作制分为10类:S1～S10。本工作制简称为S2,在恒定负载下按给定的时间运行,该时间不足以达到热稳定,随之即断能停转足够时间,使电机再度冷却,其时间足以使电机冷却到与冷却介质温度之差在2K以内。比较 intermittent periodic duty-type, continuous duty-type。

short-time energy 短时能量 一段时间内,信号强度的平方和。实际测量结果表明,清音段的短时能量一般比浊音段的能量小得多。

short time voltage of a capacitor 电容器的短时电压 电容器两端子之间所能承受的短时工频过电压方均根值。

short-time withstand current 短时耐受电流 在规定的使用和性能条件下,开关电器在指定的短时间内,于闭合位置上所能承载的电流。

short title 缩写标题 一个专有名字的缩写形式,如AAAI是美国人工智能学会(American Association for Artificial Intelligence)的缩写。同 abbreviated title。

short wave 短波 波长介于 100 ～ 10 m 之间(频率介于 3 ～ 30 MHz 之间)的无线电波。短波的基本传播途径有两个:一个是地波,一个是天波。短波的波长短,沿地球表面传播的地波绕射能力差,传播的有效距离短。短波以天波形式传播时,在电离层中所受到的吸收作用小,有利于电离层的反射。经过一次反射可以得到 100 ～ 4 000 km 的跳跃距离。经过电离层和大地的几次连续反射,传播的距离更远。

short wave antenna 短波天线 工作于短波波段的发射或接收天线。短波天线形式很多,其中应用最多的有对称天线、同相水平天线、倍波天线、角型天线、V 型天线、菱形天线、鱼骨形天线等。和长波天线比较,短波天线的有效高度大,辐射电阻大,效率高,方向性良好,增益高,通频带宽。

short wave communication 短波通信 利用波长 100 ～ 10 m(频率 3 ～ 30 MHz)的电波传输信息的无线电通信。

short-wave fade-out (SWFO) 短波信号消逝 在大约 2 ～ 30 MHz 的频率间,由偶发电离层骚扰引起的突然影响无线电波的信号消逝。

short wave frequency hopping communication 短波跳频通信 利用频率在 3 ～ 30 MHz 跳变的载波信号传送信息的通信方式。其原理是使收发双方信道机的载波频率按预定的频率表中的频率伪随机地同步跳变,跳变规律由伪随机序列控制。每一跳时间是由换频时间和驻留时间组成。换频时间用于信道机频率切换,驻留时间用于传送信息。因为信息是在多至几十个频率中传送,当某些频率受到干扰或衰落时仍能保持一定的通信质量,从而具有抗干扰、抗衰落的能力。

short wave listener (SWL) 短波收听者 在世界各地,只设收信设备的业余无线电爱好者。参见 amateur radio service。

short wave propagation 短波传播 波长为 100 ～ 10 m 之间(频率介于 3 ～ 30 MHz 之间)的无线电波的传播。短波可以沿地面以地波方式传播,也可通过电离层反射以天波方式传播。

short word 短字 同 halfword。

shot 镜头 在视频制作中,一次记录下的一系列可视图像和声音。

shot list 镜头表 在多媒体应用中,一个包含完整的制作中每个镜头的表,通常按拍摄计划进行重新排序。

shoulder tap 肩式分接 一种能使某个处理机与另一处理机进行通信的技术。

SHPW 单跳伪线 single hop pseudo wire 的缩写。

SHR 自愈环 self healing ring 的缩写。

shrink dual in-line package (SDIP) 收缩型双列直插式封装 集成电路插装型封装之一,形状与 DIP 相同,但引脚中心距(1.778 mm)小于 DIP(2.54 mm),因而得此称呼。封装材料有陶瓷和塑料两种。参见 dual in-line package (DIP)。

shrink working set 收缩工作集 为获得实存中的页面,交换程序所使用的一种办法。交换程序将所选定的那些进程工作集缩小以获得实存中的页面。

shroud 护罩 对连接器中,暴露在外面的接线端或接触件提供机械物理保护的零件或附件。

SHTTP 安全超文本传输协议 secure hypertext transfer protocol 的缩写。

shuffle 混洗 一种并行数据重组操作。将一组数据元素分成两个相同元素数量的子集,再使两个子集的元素依次交叉组织,得到新的元素次序。就像扑克牌洗牌时的情形一样。

shuffle-exchange interconnection 混洗交换互连 一种由完全混洗和对偶交换方式组成的互连网络结构。

Shugart associates system interface (SASI) 施加特联合系统接口 1979 年由美国的 Shugart 公司(希捷公司前身)制订的,在 1986 年获得了美国国家标准协会(ANSI)承认的小型计算机系统接口(SCSI),也就是 SCSI-1。SCSI-1 是第一个 SCSI 标准,支持同步和异步 SCSI 外围设备;使用 8 位的通道宽度;最多允许连接 7 个设备;异步传输时的频率为 3 Mbps,同步传输时的频率为 5 Mbps;支持一写多读(WORM)外围设备。它采用 25 针接口,因此在连接到 SCSI 卡(SCSI 卡上接口为 50 针)上时,必须要有一个内部的 25 针对 50 针的接口电缆。该种接口已基本被淘汰。参见 small computer system interface (SCSI)。

shunt capacitor 并联电容器 并联于电力网络中的主要用作改善功率因数的电容器。

shunt circuits 分路电路 同 parallel circuits。

shunt of motor 电机的并励 电机的励磁是由并联绕组供给的。参见 series of motor, compound of motor。

shunt regulator 并联稳压器,分流稳压器 与负载并联的线性稳压器(不论是在转换器里面还是在外面),可以用它在负载两端得到恒定电压。

shunt relay 分流继电器 由从主电路中的分流器得来的电流激励的一种继电器。

shunt release 分励脱扣器 由电压源激励的脱扣器,该电压源可与主电路电压无关。分励脱扣器一般用于远程控制,通过按钮或继电器的触点,接通分励线圈,使断路器跳闸。参见 release。

shunt winding 并励绕组 励磁绕组的一种,直流电机主磁极上与电枢电路并联的励磁绕组。参见 excitation winding。

shutdown 关机,停机 完成预定的操作步骤后停止系统运行的过程。包括停止全部外围设备运行、关闭文件和终止与实时系统有关系的全部设备。最后切断机器电源。

shutoff sequence (SO) 切断序列 在回路操作中,沿回路连续发送 8 个二进制零,以告知每个传送站立即停止传送。

SHY 字节连字符 syllable hyphen character 的缩写。

SI 排序插入 sorted insert 的缩写。

SIAM 工业和应用数学学会 Society for Industrial and Applied Mathematics 的缩写。

SIAM Journal on Computing **《SIAM 计算杂志》** 美国工业与应用数学学会(SIAM)编辑出版的刊物。1972 年创刊,季刊。主要刊载自动机原理、算法分析、计算复杂、图论、程序语言、数据结构、计算机系统结构、人工智能和文献检索等方面的论文。

SIAM Journal on Numerical Analysis **《SIAM 数值分析杂志》** 美国工业与应用数学学会(SIAM)刊物。刊载有关数值展开与分析方面的研究论文。

SIB (1)业务独立构件 service independent building blocks 的缩写。(2)会话信息块 session information block 的缩写。

SIBIX 会话信息块初始扩展 session information block initiation extension 的缩写。

sibling node 兄弟节点 树结构中具有同一个父节点的节点称为兄弟节点。

SIBRX 会话信息块资源扩展 session information block resource extension 的缩写。

SIBX 会话信息块跨网扩展 session information block cross-network extension 的缩写。

SID (1)(美国)信息显示学会 Society for Information Display 的缩写。(2)安全标识符 security ID 的缩写。(3)服务标识号 service identifier 的缩写。(4)突发电离层骚扰 sudden ionosphere disturbance 的缩写。(5)静音插入描述符 silence insertion descriptor 的缩写。(6)共享信息模型 shared information model 的缩写。

sideband 边带 一种由调制产生的高于或低于载波频率的频带。

side band address (SBA) 边带寻址(技术) SBA 和 DME(直接内存执行)是 AGP(图形加速端口)总线的两大功能。PCI(外围部件互连)总线的设备是通过 PCI 地址/数据(A/D)总线向主板发送地址请求,然后等待请求返回,之后才能发送下一个地址请求。因此大多数时间 A/D 总线是闲置的,浪费了带宽。SBA 是 AGP(图形加速端口)总线上的一种专用线路,这样的总线能进行"双路"传送。即除了 32 位总线外,还有一路专用的 8 位边带信号。它是用在收到主机数据时,AGP 用它来发送新指令。使 AGP 设备地址请求和应答是同步乱序进行,提高了效率。举个形象的例子,AGP 设备可以发出三个连续的地址请求(A1,A2,A3),而收到两个请求应答(D1,D2),在发送第四个地址请求后(A4),收到第三和第四个请求应答(D3 和 D4)。简而言之,AGP 设备的数据传输是同时进行的,无需等待。SBA 技术充分利用了带宽,提高了系统的性能。

sideband signals 边带信号 在 PCI(外围部件互连)总线中的一种信号,不是 PCI 总线标准中的组成部分,被用来互连两个或多个 PCI 中介者,这个信号仅对它所互连的中介者有意义。

sidebar 边注 放在文献文本主体旁边的一块文字。它常被边界或其他图形元素隔开。

side-brazed ceramic package (SCP) 侧面铜焊陶瓷封装 一种多层陶瓷双列直插封装(DIP),封装的侧面有铜焊外部引线。

side circuit 半边[单侧]电路 一种形成幻象电路的电路结构。在四线电路中,与发送通路相连的两线构成一个半边电路;而与接收通路相连的两线构成另一半边电路。参见 phantom circuit。

side circuit loading coil 半边电路负载线圈 一种负载线圈,用来在半边电路中引入一个需要的电感量,从而在关联的幻象电路中引入最小的电感量。参见 phantom circuit。

side circuit repeating coil 半边电路转电线圈 一种转电线圈,它既作为半边电路一端的变压器,又作为将幻象电路的一侧叠加到该半边电路上的一个装置。参见 phantom circuit。

side effect 副作用 (1)与程序、子例程或操作的主功能相比,其功能处于第二位的各种功能。(2)主要指函数的副作用。一个函数的基本作用应当是算出一个值,如果它在计算值的过程中隐含地又做了将对其他后续程序动作产生影响的操作,这个函数就被称为具有副作用的。最常见的副作用是改变全局变量的值。函数有副作用是一种不好的性质,由于这种作用产生的影响不易从程序行中发现,因此易于引起难于发现和纠正的错误。

side head 边缘标题 置于打印件边缘上的标题。

side lobe 旁瓣 天线中,除背瓣以外的任何副瓣。

side-looking radar (SLR) 侧视雷达 视野方向和飞行器前进方向垂直,用来探测飞行器两侧地带的合成孔径雷达。参见 synthetic aperture radar (SAR)。

side tone 侧音 在有线电话中,同一电话的发送器捡拾的接收器音的重现。

SIERS 社会应急联动系统 social integrated emergency response system 的缩写。

sieve method 筛法 通过删去无用的解集合而得到所需要解的一种穷举算法。例如,欲得到 N 至 N^2

—1之间的素数,可依次删去2至$N-1$的所有素数的倍数。以$N=5$为例,应删去2和3的倍数:

第0步(初始状态)

5 6 7 8 9 10 11 12 13 14 15 16 17 18 19 20 21 22 23 24

第1步(删去2的倍数)5 7 9 11 13 15 17 19 21 23

第2步(删去3的倍数)5 7 11 13 17 19 23

最后得5至24之间的素数为5,7,11,13,17,19,23。

SIF (1)源输入格式 source input format 的缩写。(2)语音接口框架 speech interface framework 的缩写。(3)突变型多模光纤 step index fiber 的缩写。

sifting 筛选 通过一些记录移动位置来插入另一些记录的一种内部分类技术。

sift-out modular redundancy (SMR) 筛模冗余 动态冗余方式之一。这种系统由L个等同的通道构成,各通道同步工作。各通道出口有一个检验单元,不断比较各输出信号。若某通道输出与其他通道不一致;就把该通道筛出去,于是变成($L-1$)的冗余结构。最多可筛掉($L-2$)条失效通道。因此SMR也称“L减到2冗余”

SIFT system 软件实现容错系统 software implement fault-tolerant system 的缩写。

.sig 签名文件名后缀 一种用于电子邮件和因特网新闻组中使用的签名文件扩展名。这种格式文件的内容由各自的客户端软件自动加到电子邮件的通信双方和新闻组文章中。

SIG (1)业务集成网关 service integration gateway 的缩写。(2)专业学组 special interest group 的缩写。

SIGLE 欧洲灰色文献情报系统 system for information on grey literature in Europe 的缩写。

sigma memory 求和存储器 在计算机中,用于存放一系列运算的累加结果的存储器。

sigma storage 求和存储器 同 sigma memory。

sign 符号 表示正数或负数的标志。在一般的场合,正数用“+”表示,负数用“—”表示。在数字计算机中,常用“0”和“1”来表示一个数的正负,对于原码、反码和补码来说,“0”表示正数,“1”表示负数,对于移码来说,“1”表示正数,“0”表示负数。

signal 信号 (1)用于传递数据而依附于某一物理现象的一种时间相关值。(2)在导线或电缆上以电学或光学方式传输,进行信息通信的可检测脉冲(电压、电流、磁场或光)。

signal attenuation 信号衰落 电信号强度的减弱。任何一种传输介质在传播电磁信号时,都有一定的电阻,信号在介质中传输了足够长的距离后,就会发生衰落。

signal bandwidth 信号带宽 所规定信号占用的频谱空间。信号带宽是指信号频谱的宽度,也就是信号的最高频率分量与最低频率分量之差。

signal cable 信号电缆 一种电子导线或线束,如双绞线、同轴电缆、扁平电缆和带状电缆,用于传送电信号。信号电缆与动力电缆的主要区别是前者比后者能承受的电功率小电压低,但是信号频率响应范围宽,信号频率高。

signal circuit 信号电路 供信号灯及用于信号的其他电器的一种辅助电路。

signal conversion 信号转换 将信号从一种形式转换成另一形式的过程。

signal conversion equipment 信号转换设备 数据通信中数据终端设备的一部分。这部分将经接口进行交换的数据以调制等方式转换成适合于在有关通信介质中传送的信号,或者通过解调、平滑、再生等方式将接收到的线路信号转换成适宜在数据终端设备中表示的数据形式。

signal converter 信号变换器 改变信号电气特性(如极性、电压等)的一种设备或电路。

signal degrade 信号劣化 指示相关数据劣化的信号。在某种意义上,这也意味着劣化缺陷状态被激活。

signal distance 信号间距 在长度相同的两个二进制数中,对应位上数字不同的位置的数目,如10101和11001的信号间距为2。

signaled state 有信号的状态 在微软 Windows NT中,对象类型支持同步的对象属性,一旦内核将对象置为有信号状态,等待此对象的线程就根据一系列规则从等待状态中释放出来,成为适合于执行的线程。参见 dispatcher object, nonsignaled state, synchronization。

signal element 信号码元 (1)在数据或电话信号中,一种能够通过其振幅、极性或相位与其他码元相区别的码元。(2)数字传输过程中,在一种状态或符号被识别的最小时间间隔中所传送的信号称为信号码元。

signal-enabling 信号初启 一种使某信号发挥其操作功效的方式。

signal fail 信号失效 指示相关数据失效的信号。在某种意义上,这也意味着近端缺陷状态(不是劣化缺陷)被激活。

signal generator 信号发生器 一种能提供各种频率、波形和输出电平电信号,常用作测试的信号源或激励源的设备。信号发生器是产生所需参数的电测试信号的仪器。按信号波形可分为正弦信号、函数(波形)信号、脉冲信号和随机信号发生器等四大类。信号发生器也称“信号源”或“振荡器”。

signal ground 信号地线 整个计算机通信网络中,作为信号传输工作电压参考地的导体。信号地线通常与机柜或机架的屏蔽地线分开,这样可以避免高频信号在机柜或机架上引起辐射、耦合或感应而产生干扰。

signal highlighting 信号加亮 在PCB(印制电路板)设计中通过加亮指定信号网中管脚连接点来达到鉴别作用的CAD(计算机辅助设计)功能。

signal in band 带内信号 通信中,与数据信号位于相同频率范围内的控制信号。以太网电缆中的信号属于这种信号,控制信号和数据信号都在同一条同轴电缆中传输,并且都使用基带信号。英文名字又常常拼作"in-band signal"。与此相应,位于数据信号频率范围之外的控制信号称为带外信号。比较 signal out-of-band。

signaling 信令 在电信网的两个实体之间,传输专门为建立和控制接续的信息。信令按其用途分为用户信令和局间信令两类。用户信令作用于用户终端设备(如电话机)和电话局的交换机之间,后者作用于两个用中继线连接的交换机之间。局间信令主要有随路信令和共路信令,随路信令就是说信令网就附在计算机网络或是电话网络上,不需要重新建一个网络,而共路信令则是需要重新建设一个信令网(主要是在局端之间)。

signaling ATM adaptation layer (SAAL) 信令ATM适配层 在ATM(异步传输模式)网络中,存在于ATM层和Q.2931功能之间的一层协议,提供可靠的Q.2931消息传递。它有两个子层:公共部件子层和服务专门部件子层。

signaling connection control part (SCCP) 信令连接控制部分 作为No.7信令方式的一部分,在电信网中的交换局和交换局、交换局和专用中心(如管理和维护中心)之间传递电路相关和非电路相关的信令信息和其他类型的信息,建立无连接和面向连接的网络业务。它通常支持事务能力应用部件(TCAP)。

signaling gateway 信令网关 连接七号信令网与IP(网际协议)网,主要完成七号信令与IP网信令的转换功能的设备。

signaling link (SL) 信令链路 信令网中连接信令点)SP)的最基本部件。信令链路有4.8 kbps的模拟信令链路、64 kbps和2 Mbps的数字信令链路等多种。

signaling network 信令网 在电信网的交换节点间,采用共路信令,由信令终端设备和共路信令链路组成的网络。信令网一般由信令点(SP),信令转接点(STP)和信令链路(SL)组成。信令网可分为不含STP的无级网和含有STP的分级网。无级信令网不含STP,信令点间都采用直连方式工作,也称"直连信令网"。分级信令网含有STP,信令点间可采用准直连方式工作,也称"非直连信令网"。

signaling packet 信令信包 由一ATM(异步传输模式)连接设备在欲与另一ATM连接设备建立连接时产生。信令信包包含目的ATM端点的ATM NSAP(网络服务接入点)地址,当端点能支持所需的QoS(服务质量)参数时,也包括连接所需的任何QoS参数。该信包由一接受消息响应,之后连接即被打开。

signaling point (SP) 信令点 信令网中的节点,它既可以发生和接收信号消息,也可从一个信令链路到另一信令链路转接信号消息,或者两方面都进行。

signaling point coding 信令点编码 在共路信令网中,每个信令点都有的唯一的地址编号。

signaling rate 信号(发送)速率,信令速率 发送信号的速率。参见 data signaling rate。

signaling route management 信令路由管理 消息传送部分(MTP)网络管理功能的一个组成部分,保证在信令点之间可靠地进行信令路由状态信息交换。主要完成三项管理:①路由状态更新,当MTP业务管理重定路由时,路由选择发起者要向相邻节点发送路由状态更新管理信息单元(MSU),其中包括传送禁止(TFP)MSU和传送受限(TFR)MSU。收到通知的信令点要根据具体情况更新其MTP路由表,以便保持路由状态的一致性。②路由集测试,收到TFR/TFP MTU的信令点启动路由测试过程,定期测试受影响的路由是否恢复正常。③准许传送,当信令链路管理功能使有故障的链路集得以恢复时,业务管理功能就执行链路回送。此后,TFR/TFP发送者向相邻信令点发送"准许发送"(TFA)MSU,以便恢复路由正常状态。

signaling services management 信令业务管理 消息传送部分(MTP)网络管理功能的一个组成部分,转发来自信令链路和消息路由的信令业务,并在拥挤时临时减少信令业务。主要有下述三项功能过程:①链路故障激发链路转换过程。当链路管理功能测试到链路故障时,便报告给业务管理部分。业务管理部分随即激发一个链路转换过程,将信令业务转移到另一个正常链路上。在这个过程中管理MTP是在另外可用信令链路上传送的;②链路恢复激发链路回转过程。当链路管理功能使发生故障的链路得以恢复时,便报告业务管理部分。业务管理部分激发一个链路回转过程,这是前述过程的逆过程;③路由失败或阻塞激发重定路由过程。在链路出现故障时,若业务管理部分执行链路回转过程后,出现路由失败或阻塞,则业务管理部分要重定路由,以便在两个信令点之间传送信令业务信息。

signaling system 信令系统 描述和使用全部信令的过程,以及产生、发送和接收这些信令所需软、硬件的集合。

signaling system number 7 (SS7) 7号信令系统 ISDN(综合业务数字网)使用的标准共路信令系

统，由美国 Bellcore 公司提出。在 1990 年 8 月我国邮电部也颁布了“中国电话网 No. 7 信号方式技术规范(GF001-9001)”。共路信令系统是一种电话网中使用的信令系统，它将信令信息与用户数据分开，使用一个专门的信道为系统中所有其他信道传送信令信息。7 号信令系统的总目标是提供一个国际标准化的共路信令系统，它使具有程控交换机的数字通信网运行在最佳状态，并能提供一种按序的、无丢失、不重复和可靠的信息传输手段。

signaling terminal equipment (STE)　信令终端设备　国际电报电话咨询委员会(CCITT)定义 X. 75 网间连接器交换的术语。

signaling tone (ST)　信令音　一个由移动台在话音信道上发送的单频信号，在 TACS(全接入通信系统)体制中是 8 kHz，在 AMPS(高级移动电话服务)体制中是 10 kHz)。主要作命令证实。

signaling transfer point (STP)　信令转接点　负责把一条信令链路收到的信令消息转发至另一条信令链路的信令转接中心。STP 分为两种：一种是专用的信令转接点，另一种是与交换局合并设在一起，称为具有信令点功能的信令转接点。

signaling transport protocol (SIGTRAN)　信令传输协议族　因特网工程任务组(IETF)为下一代网络成立了一个专门的工作组，研究制定的用于解决网络上承载七号信令问题的相关协议，就称为“SIGTRAN”。它是七号信令在 IP 网络上传输的重要技术，它利用标准的 IP 传送协议作为低层传送，并通过增加自身的功能来允许七号信令穿过 IP 网络到目的地。

signaling virtual channel (SVC)　信令虚信道　用于运送信令信息的虚信道。

signal-inhibiting　信号禁止　一种阻止信号发挥其作用的方式。

signal integrity　信号完整性　信号完整性是指信号在信号线上的质量。信号具有良好的信号完整性是指当在需要的时候，具有所必须达到的电压电平数值。差的信号完整性不是由某一单一因素导致的，而是由多种因素共同引起的。主要的信号完整性问题包括反射、振荡、地弹、串扰等。参见 reflection，ringing，ground bounce，crosstalk。

signal level　信号电平　在光符识别技术中特指由文件的字符区与背景区的对比度所产生的电响应的幅度。

signal line filter　信号线滤波器　用于信号线上的滤波器。按照作用，信号线滤波器可分为两类，一类是用作抑制信号线上的传导发射的滤波器，这类滤波器通常为带通滤波器，只允许要传送的黑信号通过，滤除一切红信号频率成分。另一类是用来滤除脉冲信号中不必要的高频成分的滤波器，这类滤波器为低通滤波器，通常由三端电容、穿心电容和铁氧体磁珠构成。参见 red area。

signal loss　信号损耗　波通过介质的铜线时电能量消耗的值。网络连接的长度不能是任意的，因为信号损耗会使强大的波太弱以致无法检测出来。

signal/noise (S/N)　信噪比　信号功率与噪功率之比，用分贝(dB)表示。S/N 在电视中是一个极其主要的性能指标。

signal out-of-band　带外信号　在通信系统中，不在传输数据的同一频带或同一信道内传输的控制信号。带外信号常常用来传输差错报告，因为当传输数据的频率或信道出现差错时，传输差错报告也会不准确。英文名字又常常拼作“out-of-band signal”。比较 signal in-band。

Signal Processing　**《信号处理》**　荷兰 1979 年创刊，全年 12 期，Elsevier Science 出版社出版，SCI(科学引文索引)、EI(工程索引)收录期刊。涉及模拟与数字信号处理的理论与技术及其在工程技术、生物医学、地球物理、天体物理等领域的应用。刊载原始论文、评论、辅导性文章、新进展报道等。

Signal Processing: Image Communication　**《信号处理：图像通信》**　荷兰 1989 年创刊，全年 10 期，Elsevier Science 出版社出版，SCI(科学引文索引)、EI(工程索引)收录期刊。刊载图像通信理论、技术和应用方面的论文、评论、辅导性文章、新进展报道等。涉及图像数据库、交互式视频通信、电视广播、成像与显示技术、光信号处理、新的传输与记录介质等。

signal processor　信号处理机　大型办公室电子转接系统中用来执行各种重复的、费时的输入和输出任务，减轻中央处理机负荷的设备。

signal ratio　信号比　(1)在光符识别技术中特指被检测物体阻隔光线与光线未被阻隔时感光器所接收的光量之比。(2)在光电传感技术中特指传感器不受光照与受光照时的电元件的电阻之比。

signal regeneration　信号再生　将经过线路传输受到失真和干扰等损伤的信号重新形成原传输信号的过程。

signal relay　信号继电器　对继电器或其他器件所处状态给出明显标示或接通声、光信号电路的继电器。

signal shaping　信号整形　同 signal transformation。

signal shaping and filtering　信号整形和滤波　信号整形和滤波在调制解调器中用来将信号限制在特定的频带内，最大限度地减小噪声影响，控制各信号码元间的干扰。

signal standardization　信号标准化　按照规定的幅度、形状和时间间隔生成或恢复信号。

signal station　信号站　一种无人干预的站，当接收到振铃信号时，自动回答，并给出一串代表某一信号的信号，然后产生挂断信号。

S

S

signal strength 信号强度 从光电管、磁头之类读出装置所得到信号的幅度大小。

signal-to-crosstalk ratio (SNR) 信串比 当被串通路和主串通路在零相对电平点上传送某一给定的视在功率时，在被串通路某一给定点上没有串音时的视在功率与在同一点上从单个主串通路来的串音所产生的视在功率之比。通常用 dB 来表示。

signal to interference ratio (SIR) 信号干扰比 在给定的条件下所测量的传输信道的特定点上，有用信号功率与干扰信号加电磁噪声的总功率之比。通常以分贝表示。

signal-to-noise ratio (SNR) 信噪比 在一个信道上，信号电平与噪声电平之比。它用分贝(dB)表示。信噪比越高，则信号相对噪声所包含的能量越大，信号也就越容易检测。

signal transformation 信号变换[转换] 对某一信号的一个或多个特性进行改变的操作，诸如改变信号的最大值、形状、定时关系等。同 signal shaping。

signal transmission 信号传输 (1)将数据发送到一个或几个接收站的过程。(2)在 ASCII(美国信息交换标准代码)编码和通信中，包括标题和正文在内的一串字符。

signal weighting 信号加权 对信号进行改变的一种方法。信号加权的目的是突出信号中的某些部分，抑制信号中的另一些部分。方法是将信号中的不同部分乘以不同的比例因子，使要突出的信号增强。

sign-and-magnitude notation 符号数值表示法 一种计算机表达数的约定，数据字中最左边的位定义符号位(0 为正，1 为负)，其余各位表示数值，其最高有效位在符号位右边。通常将二进制小数点放在符号位和最高有效位之间，使整个数成为一个小数。

signature 签名，标记 (1)签名是在电子邮件和 Usenet(网络新闻组)中，包括消息发送者的姓名、机构、地址、E-mail 地址和(任选的)电话号码的简要文件。用户可将多数系统配置成在用户所发送的每一条消息的最后自动加上这个文件。(2)在 OS/2 操作系统中，关于一个文件的描述信息，包含在头部，指定文件是否可执行。

signature analysis 特征[签名]分析 (1)一种数据压缩技术。利用此技术，通过给每位加权的算法，将一个数据记录压缩成一个十六进制字。(2)把位组合变换成易于识别的字母数字格式。(3)在访问控制中使用签名方式的验证方法。签名的自动验证不仅基于完成签名的形状，而且依赖于产生签名的动态过程。例如压力偏移时，加速和各部分的完成时间。签名需正规地用电子笔输入，然后与适合签名拥有者意图的预存值进行比较得出结论。(4)一种引导探测技术。基本原理是利用循环冗余检验(CRC)特征码，分离工作的电路板中的故障。所需的支持设备是捕捉和显示 CRC 特征码的系统。

signature analysis method 特征码分析法 通过检测硬件故障引起数据串变化的形式测试电路故障的办法。此法采用数据压缩法把较长的数据串压缩成 4 位十六进制的特征码。把已知序列加到输入端上，测试电路中各点的特征码与事先记录好的特征码比较，两者不同则说明此点有问题。再向前逐级逐点查看比较，直到找出故障位置，并分析故障原因。当故障现象在有反馈的线路中出现故障现象循环时，必须把反馈断开才能正确确定故障位置。

signature file 签名文件 签名文件是文本数据库的一种索引结构，它能够有效地支持布尔查询。数据库中的每个文档，在签名文件中都有相应的一条记录，称为文档的签名记录。每个签名的固定长度为 b 位，b 称为签名长度。签名的位数目是按照文档中包含的单词来设置的。利用哈希函数把文档中出现的单词映射到特定的签名位，并设置相应位。

signature search 特征搜索 为了检测病毒的存在，用病毒的特征字符或字符串匹配磁盘或程序某一内容的过程。这是软件检测病毒使用的主要方式。

sign bit 符号位 用于表示数的代数符号的数字位。符号位通常固定安排在数值位的一端。英文 sign bit 强调的是符号的二进制位，通常指一个二进制位；英文 sign position 强调的是符号的位置，通常指表示符号的字符位置。

sign character 符号字符 一个占据数的符号位置的字符。它指出与该符号字符相关联的数值所表示的数的代数符号。

sign check indicator 符号检查指示器 能把出现在某数或某字段中的错误符号检查出来并发出信号的一种装置。

sign code 符号码 表示与数字相关的符号的位或位模式。在一般情况下，符号码就是数的符号位。但在某些内部存储代码 EBCDIC(扩充的二进制编码的十进制交换代码)或传输代码 ASCII(美国信息交换标准代码)中，符号码则指与数字相关的位组合。在传输码中，符号码一般是数字字符前面发送的分隔符。

sign condition 符号条件 某个数据项的代数值是小于、等于还是大于零的条件。

sign digit 符号数字，符号位 占据数的符号位置的一个数字，它指出与该符号数字相关联的数值所表示的数的代数符号。

signed field 带符号字段 带有符号位的一个字段。

signed magnitude 带符号数值 整数的二进制表示。最高位表示数的正负号，0 表示正号，1 表示负号，其余表示数的大小，即绝对值。

signed magnitude representation 符号量值表示法

计算机中表示数据的一种方法。采用这种方法时,数字用其符号和量值来表示。另一种表示法是补码表示法,即负数以其补码来表示。

signed number **带符号数** (1)一个带有符号的数。(2)一个用图形或位组合方式表示正、负的数。

signed packed decimal **带符号的压缩十进制数** 参见 signed packed decimal format。

signed packed decimal format **带符号的压缩十进制格式** 用一个字节表示2位十进制数(每位占4位二进制数),该字段的最右边4位(二进制数)包含了该十进数的符号。

sign extension **符号扩展** 为了表示二进制数的补码而在寄存器的高位复制符号位的处理。

significance **有效(性),权** 在按位记数方法中,每一数位都有一个权值或因子,该位数字需乘以这一因子才能得出其在整个数中的真正值。参见 weight。

significance arithmetic **有效运算** 对以基数近似形式表示的操作数进行有效数字的位数和位置估计的一种近似方法。其中有效数字是由算术运算产生的近似值的有效数字。

significant **有效数(字)** 二进制浮点数中的整数和小数部分。

significant bit **有效位** 表示一定精度的一个数的那些位。有效位范围从数的最高有效位到最低有效位之间的所有位。

significant digit **有效数字,有效位** (1)为正确地表示一个数,特别是要保持这个数的精度和准确性,所需要的数字位数。(2)按照精度的要求,跟随在最左边非零的数字位后的代表一个数据的全部数位。如果数据的最后一位数是由舍入得到,则它通常不被认为是有效位。例如数423.462是由舍入得出,则它被认为只有5位有效数字(423.46)。

significant digit arithmetic **有效数字[位]运算** 采用浮点表示制的修改形式进行计算的一种方法。按照这种方法每个操作数的有效位数是被指定的,运算结果的有效位数取决于操作数的有效位数、操作性质以及可得到的精度。

significant digit code **有效数字代码** 代码的一部分,用以表示对象的特征,这类代码常明确其本身所含的内容。

significant event **有效事件[中断]** 在一个事件[中断]驱动系统中,引起系统状态改变的环境变化。例如,一个执行程序的输入或输出请求,一次输入或输出动作的结束,或一个任务的退出。

significant event simulation **有效事件仿真** 仿真程序系统修改时钟时间的一种算法。该法可用于有静止周期的连续系统。它假定一些像低阶多项式那样的简单解析函数,可用来使静止周期的间隔具体化。即结果周期的事件可以是几个具有预定间隔的选择事件之一。

significant figure **有效数字,有效位** 一个近似数的每一位准确数字。若一个数的误差绝对值不大于它的某位数的半个单位,则从左第一个不为零的数起到这一位数字止,每一位数字都称为"准确数字",也称"有效数字"。参见 significant digit。

significant instant **重要时刻** 在信号的调制或者解调中,信号中连续的重要条件开始的时刻。

sign magnitude **符号数值表示法** 一种二进制记数法,其最高位表示数据符号,其余位表示数据的绝对值。

sign-off **签退,关闭,结束工作,退出系统** (1)结束[终止]在一个显示站上的会话。(2)输入一个命令或在一个工作站的选项屏上选择一个任选项,使系统终止交互工作。(3)一种表示与系统通信结束的命令,如在远程终端上,用户通常打入 OFF, SIGN OFF 或 LOGOUT 的命令来结束通信。参见 log off。

sign-on **签到,开启,开始工作,进入系统** (1)在一个终端或工作站上建立与计算机之间链路的处理过程。(2)在一个工作站上开始一次会话。参见 log on, short sign-on, log in。

sign-on option and parameters **签到选项和参数** 在签到屏幕上,以签到命令方式给出的选择项和参数值。利用选择项可以直接选取专用的操作和下属的操作,而参数可被用来传递目标识别值。

sign position **符号位置** 一个数的代数信号所在的位置,通常位于该数的某一端。参见 sign bit。

sign propagation **符号传播** 参见 sign bit。

sign quartet **4位符号码** 由4位数字组成的符号码。

sign test **符号测试指令** 一种条件测试指令,用于测试一个数值是否小于、等于或大于零,并输出"true"(真)或"false"(假)的判断条件信号。

SIGTRAN **信令传输协议族** signaling transport protocol 的缩写。

SIIT **无状态 IP/ICMP 翻译协议** stateless IP/ICMP translation 的缩写。

silence insertion descriptor (SID) **静音插入描述符** 可以在静音间隔期间发送的背景噪音的压缩表示。SID 可以是不连续的,且可以当噪音特征发生变化时被发送。释放接收到的 SID 就是所知的舒缓噪音的产生。

silicon **硅** 一种基本化学元素,用于制造玻璃和半导体基片,其术语通常与半导体集成电路相关联。

silicon chip **硅片** 其上有未封装完整的半导体器件,即晶体管、二极管或集成电路(IC)。由于工艺的发展,现在已经能够在不到5mm^{2}单个硅片上制成成千上万个晶体管和二极管。这主要是由于能够制成很小的晶体管及其连接电路的光刻技术的发展。生产硅片的方法是:利用连续的光刻掩膜技术,在硅晶片上制出金属的和多成分材料的显微薄层,获得所需要的电子元件和相关的微电路。

silicon compilation 硅编译 一种设计集成电路的方法。此法改变了传统的设计方法,实现了多个设计阶段的自动化,从而消除了通常由工程师完成的许多繁琐操作,允许在更高级别上设计更复杂的芯片。

S

silicon compiler 硅编译器 在LSI(大规模集成电路)开发中,由高级的设计描述,自动生成芯片的掩模图形的软件。通常,用高级描述语言描述设计,通过逻辑综合、生成网表、自动布局布线完成芯片的掩模图形设计。对于LSI设计者来说,硅编译器是一种理想的设计软件,但用它设计的芯片一般面积较大,尚需不断改进和完善才能普及使用。

silicon-controlled rectifier (SCR) 可控硅整流器 一种导电性能可由一个门信号控制的半导体整流器。通常保持开路,不让电流通过。当一个合适的信号加到这个门上时,可使可控硅整流器快速打开成为导电状态。

silicon dioxide 二氧化硅 硅和氧的化合物,在半导体中用于绝缘(隔离)、钝化或掩模层。

silicon disc 硅磁盘 利用RAM(随机存取存储器)卡片作为磁盘的方法。这允许比普通磁盘快得多地存取信息,因为它不需要将读写头定位在磁道和扇区上。

silicone 硅树脂 由硅和氧组成的聚合材料。是电子绝缘体,有良好的导热性能。通常制成油脂形式,并用于加速电子元件和散热片之间的热传导。

silicon foundry 硅代加工厂 LSI(大规模集成电路)产品生产中,不管产品开发和设计,只负责他人开发的LSI产品的制作的半导体工厂。要实施这种经济高效地开发多种少数量的LSI产品,必须使用标准的制造工艺;使用一套可能与工艺无关的设计规则;使用标准的格式传送图形数据;使用标准的测试方法。

silicon-gate MOS 硅栅MOS 具有淀积多晶硅层形成的栅极的MOS(金属氧化物半导体)器件。

silicon gel 硅胶 一种干燥剂,经常与光学设备或电子设备或其他易受潮湿影响的物品装在一起,用硅胶来吸湿。

silicon island 硅岛 日本的集成电路生产开发基地,位于日本九州,由数千家半导体工厂,从1965年开始建设,逐步发展起来。

silicon on insulator (SOI) 硅绝缘体技术 与SOS类似,但是使用氧化物或其他绝缘薄膜隔离单独的晶体管。参见silicon-on-sapphire (SOS)。

silicon-on-sapphire (SOS) 蓝宝石硅片 一种制造半导体的方法。将半导体做在一个薄硅晶片中,而硅晶片植入人造蓝宝石的绝缘基底上。

silicon plain 硅原 美国第二大集成电路生产开发基地,位于美国德克萨斯州的达拉斯平原,1953年起由德克萨斯、Motorola、AMD等公司建立,分布在一个很大的区域。

silicon retina 硅网膜 一种模拟电路人工神经网络,根据眼睛的生物神经网络的结构组成,设计用于高级智能视觉系统。

silicon software 硅软件 制作在硅片上的软件。其优点是:节省存储空间;操作系统等不必占用主存储器空间;体积小、成本低、寿命长。硅软件主要用在便携式计算机和各种智能设备中,其作用日趋广泛。将操作系统和语言翻译程序做在硅片上,这是硅软件的发展趋势。目前,微型机中用得最广的CP/M操作系统已经固化,这是硅软件的首批产品。

silicon valley 硅谷 世界上著名的高科技企业聚集地之一,位于美国加利福尼亚州的圣克拉克(Santa Clara)大峡谷地区。硅谷这一名称的由来是因为该地区在芯片设计和生产上处于领先地位,而硅则是用来生产芯片的主要化学物质。

silly-window syndrome 傻瓜窗口症状 在TCP(传输控制协议)执行中,因为窗口机制使用不善而使网络带宽得不到充分利用的情况。所谓的傻瓜窗口症状:在通信时,接收一方总是通告一个小尺寸窗口,而发送一方就只好发送小段报文分组来填充这个窗口。

silver-cadmium cell 银镉电池 一种小而轻的、具有较长使用寿命的密封蓄电池,通常用于通信卫星。

silver-oxide cell 氧化银电池 一种提供1.5 V直流电的小干电池,常常用在助听器和电子手表中,它由一个纯锌阳极,一个去极化氧化银阴极和氢氧化钾或氢氧化钠电解液组成。最大输出电流大约为10 mA。

SIM 用户识别模块 subscriber identity module的缩写。

SIMD 单指令流多数据流 single instruction stream-multiple data stream的缩写。

similarity 相似 数域P上的n阶方阵间的一种关系。设A、B是n阶方阵,存在可逆矩阵C使$B=C^{-1}AC$,则称A与B相似。相似关系是一种等价关系。

similarity metric 相似性度量 度量两个对象在最佳匹配下所得到的证据的多少。在类比推理中,是用差别函数来度量新问题和已解决问题之间的相似性程序的,包括新问题的初始状态、结束状态、求解路径约束、操作序列等和已解决问题相对应的信息的差别的估计。和相似性度量相对应的是差异性度量。

similarity search 相似性检索 情报检索数据库系统中,一种基于矢量代数的检索模型,是矢量检索的一个特征。词对文献的描述关系为布尔值。参见 boolean search，vector search，fuzzy search。

SIMM 单列直插式存储器模块 single in-line memory module 的缩写。

Simon decision model 西蒙决策模型 美国管理学家和社会科学家赫伯特·西蒙(Herbert Simon)描述的，由三个阶段构成的连续过程模型：情报收集、方案设计和方案选择。

SIMPLE SIP 即时消息和呈现扩展 SIP instant message and presence leveraging extensions 的缩写。

simple and efficient adaptation layer (SEAL) 简单有效适配层 在 ATM(异步传输模式)网络中，指 AAL-5(ATM 5 类适配层)的早期名称。它的 SAR(分段和重装)子层对从 CS(会聚子层)子层传来的协议数据单元分段时不加入附加的域，因此 AAL-5 既简单又高效。参见 ATM adaptation layer type 5，convergence sublayer (CS)，segmentation and reassembly (SAR)。

simple bit map index 简单位图索引 其思想是：对于属性域中的每个值 v，设计一个不同的位向量 B_v。如果给定的属性域包含 n 个不同的取值，则位图索引中包括 n 个位图。如果数据表中某一元组的属性值为 v，则在位图索引的对应行表示该值的位为 1，该行的其他位为 0。参见 bit map index。

simple buffering 简单缓冲(技术) (1)一种在程序执行期间分配缓冲存储器的技术。(2)一种控制缓冲区的技术，它把一些缓冲区分配给一个数据控制块，并维持这种分配，直到该数据控制块关闭为止。(3)实现输入输出操作和计算同时进行的一种技术。采用这种技术时，每一缓冲区仅分配给一个输入输出文件(或设备)，并且在操作这一文件的整个过程中不改变这种分配关系。

simple chain 简单链 序列中边不重复的链。而序列中点不重复的链称为初级链。

simple checkpoint 简单检查点 在某些信息管理系统中，以用户指定的时间间隔，在系统日志上，周期性地记录控制信息及系统状态，每一次记录即为一简单检查点。

simple Chinese character terminal 简单型汉字终端 具有汉字输入输出功能、汉字代码转换功能和汉字编辑功能，本身带有汉字字模库的终端设备。一般地，除了配备显示器 CRT(阴极射线管)外，只需配有汉字输入键盘，选用 8 位或 16 位微机。其组成简单，成本低。这是早期产品。

simple clustering 简单聚类 一种聚类分析，把所有样本直接按属于或不属于某类进行聚类。

simple condition 简单条件 在 COBOL 语言中，一个表达式可取真或假两种值，目标程序可以根据表达式的实际取值在两种可供选择的条件间进行挑选。这两种取值条件称为简单条件。

simple data structure 简单数据结构 文件中数据的一种排列方法。其中每组数据，如每个记录，都具有相同的有效性或者重要性。它与分层数据结构、网络数据结构、相对数据结构相对立。

simple design 简单设计 极限编程(XP)所提倡的一种软件开发方法。就是用最简单的方式，使得为每个简单的需求写出来的程序可以通过所有相关的单元测试。XP 强调抛弃那种一揽子详细设计方式，因为这种设计中有很多内容是现在或最近都根本不需要的。参见 extreme programming (XP)。

simple extension 单扩张 由一元素 a 在域 F 上所生成的域。设 K 为 F 的扩域，a 为 K 中任一元素。用 $F(a)$ 为由 a 在 F 上所生成的域，也称“$F(a)$ 为 F 的单扩张”。

simple formatted file 简单格式文件 在数据结构中，如果文件中的所有记录都是简单的格式记录，则该文件称为简单格式文件。参见 simple formatted record。

simple formatted record 简单格式记录 在数据结构中，如果每个记录由 N 个值组成，这 N 个值是从 N 个记录各取一个值而来的，并且在记录之间没有逻辑关系，那么该记录称为简单记录。

simple gateway 简单网关 一种网关，由一个网关 NCP(网络控制程序)和一个网关系统服务控制点(SSCP)构成。

simple gateway monitoring protocol (SGMP) 简单网关监视协议 一种网络管理协议，曾被作为因特网标准，在 RFC 1028 中规定，现已演变为 SNMP(简单网络管理协议)。参见 simple network management protocol (SNMP)。

simple grammar 简单文法 一种以格雷巴赫范式表示的上下文无关文法。其中对于每个变量 A 和终结符 a，至多存在一个串 α，使得 $A \rightarrow a\alpha$ 是产生式。由该文法产生的语言为简单语言。

simple graph 简单图 也称“单纯图”，不含平行边也不含环形的图(或有向图)。

simple graph display 简单图形显示器 可以显示符号化图形的显示设备。可以利用点阵组成的简单图形符号，拼成生产流程图、事务管理流图等。通常具有简单图形和字符兼容显示的功能。

simple group 单群 没有非平凡的正规子群的群。

simple image 简单图像 由单个光栅图案构成的图像。对应于 complex image。

simple interrupt 简单中断 不需要处理机进行干预，也不破坏处理机运行程序的状态，使 I/O 设备与存储器直接进行数据交换的方法。为此，在 I/O 设备与存储器之间应有直接传送数据通路。当处理机发现简单中断时，应停止运行程序一个存储周期或指令周期，然后处理机继续运行程序。因此，这种中断方式也称“周期窃取”。根据其传送数据的特点，也称直接存储器存取(DMA)。简单中断的特点是完全由硬件实现这种处理，传送数据块，占用CPU时间很短，因而CPU工作效率高。

simple list　简单表格　具有相似值的表格，如一个用户名表。比较 mixed list。

simple mail transfer protocol (SMTP)　简单邮件传送协议　一个因特网的传输电子邮件的标准协议。该协议定义了邮件系统怎样相互作用以及控制报文的格式，建立在TCP/IP(传输控制协议/网际协议)基础之上。电子邮件软件在使用者端使用SMTP来发送邮件给服务器，但使用POP(邮局协议)或IMAP(因特网信息访问协议)来接收邮件。参见 electronic mail, post office protocol (POP)。

simple network management protocol (SNMP)　简单网络管理协议　一种计算机网络管理协议，用于在网络管理站之间传递管理信息，主要是OSI(开放系统互连)七层网络协议模型中的几个较低层次的管理。该协议于1988年成为网络管理标准，在RFC 1157中定义，它以TCP/IP(传输控制协议/网际协议)为基础，基本功能包括监视网络性能、检测分析网络差错和配置网络设备等，其管理功能通过一种不完全的轮询操作来实现，具有较小的处理开销，但不能确保其他实体一定能收到管理信息流。为了便于网络管理员可以在任何站点上检索信息、修改内容、查找故障，该协议支持如下功能：①常规设备管理，采用定期轮询方式查找网络设备的状态，提供故障诊断、容量规划、报告生成等功能；②网络管理信息存放在管理信息库中进行管理，采用单项信息方式检索库中信息；③网络管理信息可从一个站点传送到另一个站点。SNMP的体系结构分为SNMP管理者和SNMP代理。每一个支持SNMP的网络设备中包含一个代理，此代理随时记录网络设备的各种情况，网络管理程序再通过SNMP通信协议查询或修改代理所记录的信息。SNMP在无确认数据传输协议支持下工作，具有小型、快速、实用、价格低廉、互操作性好等优点，已成为事实上标准，具有较多配套的网络产品。1992年10月公布的SNMPv2版本在数据私有、认证、访问控制等方面安全性更好。1998年1月发布的SNMPv3版本在信息的结构和组织方面更完善。参见 management information base。

simple object access protocol (SOAP)　简单对象访问协议　SOAP是一种基于XML(可扩展标记语言)的不依赖传输协议的表示层协议，用来在应用程序之间方便地以对象的形式交换数据。在SOAP的下层，可以是HTTP(超文本传输协议)/HTTPS(安全超文本传输协议)，也可以是SMTP/POP(邮局协议)，还可以是为一些应用而专门设计的特殊的通信协议。SOAP以XML形式提供了一个简单、轻量的用于分散或分布环境中交换结构化和类型信息的机制。SOAP本身并没有定义任何应用程序语义，如编程模型或特定语义的实现；实际上，它通过提供一个有标准组件的包模型和在模块中进行数据编码的机制，定义了一个简单的表示应用程序语义的机制，这使SOAP能够用于从消息传递到RPC(远程过程调用)的各种系统。SOAP包括三个部分：①SOAP封装结构：定义了一个整体框架，以表示消息中包含什么内容，谁来处理这些内容以及这些内容是可选的或是必需的。②SOAP编码规则：定义了用以交换应用程序定义的数据类型的实例的一系列机制。③SOAP远程过程调用表示：定义了一个用来表示远程过程调用(RPC)和应答的协定。在SOAP封装、SOAP编码规则和SOAP RPC协定之外，这个规范还定义了两个协议的绑定，描述了在有或没有HTTP扩展框架的情况下，SOAP消息如何包含在HTTP消息中被传送。SOAP主要作用在于确保了信息通过互联网在业务应用之间传输的可靠性。这种方式能够使用现有的因特网体系结构，创建运行在因特网上的、分布广泛的复杂计算环境。

simple object name　简单的目标[对象]名称　同 object name。

simple parameter　简单参数　PL/1语言中没有指定存储类属性的一类参数。

simple parity　简单奇偶校验　一种形成一维错误检测码的校验方法。

simple precedence grammar　简单优先文法　一个上下文无关文法G，若满足①G是适定文法；②G中无空产生式；③G中无具有相同右部的两个产生式；④在G中无任意两个符号之间至多存在一种简单优先关系(或称威尔斯-魏伯优先关系)。则称G为简单优先文法。

simple priority method　简单优先法　一种典型的自底向上语法分析方法。当语法满足简单优先关系时可以用这种方法有效地进行语法分析。但是许多程序设计语言不能满足简单优先关系，因此这种方法不能直接地用于分析他们。

simple proposition　简单命题　也称"原子命题"。不含逻辑联结词的命题，如"雪是白的"、"2+2=3"等，简单命题表达简单判断。

simple security property　简单安全特性　Bell-La Padula安全模型中的规则。简单安全特性允许主体访问一个客体，当且仅当主体的安全级别支持客体的安全级别。

simple set　单纯集　一类特殊的递归可枚举集。其补集是无限集，但补集的任一无穷子集都不是递归可枚举的。单纯集既不是递归集也不是创造集。已经证明单纯集是存在的。

simple signal communication　简易信号通信　使用简单工具和简便方法，通过视、听等感觉达成的通信。

simple statement　简单语句　通常指那些没有内含

语句的语句，如赋值语句、过程语句（过程调用语句）、输入/输出语句。

simple subroutine 简单子例程 具有一定功能的子例程，被其他程序调用，但不调用其他子例程。

simple traversal of UDP through network address translators (STUN) UDP 对 NAT 的简单穿越 VoIP（网络电话）业务流穿越 NAT/FIREWALL（网络地址转换/防火墙）的方法之一。STUN 方案的工作过程如下：局域网接入用户可以通过某种机制预先得到其特定端口所对应的出口地址/端口在 NAT 上的对外地址/端口，然后再告知呼叫端，本端的 RTP/RTCP（实时传输协议/实时传输控制协议）接收地址和端口号为 NAT 外的地址和端口号，同时在本地特定端口监听 RTP/RTCP 连接。这样媒体流报文负载中的内容在经过 NAT 时就无需被修改了，只需按普通 NAT 流程转换报文头部分的 IP（网际协议）地址即可，而负载中的 IP 地址信息和报文头中的地址信息是一致的。

simple wavelength allocating protocol (SWAP) 简单波长分配协议 在波分复用技术中，根据流量状况建立交换通路和支持信息流的合并与疏导的一种信令协议。它的主要作用是在入口和出口节点之间建立光通路。只要有合适的信息流，就可以为这个信息流的每一跳选择一个共同的波长，如果是有足够的信息流存在，就可以为它分配一个专用的波长，并保持这条光通路。

simple winding 简单绕组 绕制在圆环磁芯上的一种绕组，磁芯里面留下的空间占内内圆总面积的75%。通常是只绕一层的绕组。

simplex 单工，单纯形 （1）两个通信设备之间的一种信息交换策略，在其中信息只能在一个方向上传递。例如闭路电视网、无线电播送、电视播送等。（2）n 维空间中的一种凸多面体。n 维空间中 $n+1$ 个顶点构成的凸多面体，如二维空间中的三角形。设单纯形的顶点为 $x_0, x_1, \cdots, x_n$，则这个单纯形可记录为 $S=[x_0, x_1, \cdots, x_n]$。

simplex circuit 单工线路 不能同时进行接收和发送的线路。使用这样线路的通信双方，其中一方只能发送，另一方只能接收。

simplex communication 单工[向]通信 通信双方中一方固定是发送信息方，另一方固定是接收信息方的通信方式。同 one-way communication。

simplex copying 单面复制 同 single-sided copying。

simplex/duplex modems 单工/双工调制解调器 调制解调器可以设计成三种工作方式：①单工方式，即数据只能在单一方向上传输；②半双工方式，即数据在任何时刻仅能在某个向上传输，且传输的方向可以指定或更改；③全双工方式，即两个方向的数据传输可同时进行。

simplex/duplex terminals 单工/双工终端 对交互式终端而言，半双工和全双工的含义应该放在计算机网络协议中理解。半双工指的是用户键盘与终端打印机相连，并且协议规定计算机在产生输出时不响应用户输入（专用的中止输出信号例外），仅当计算机不在输出时才能接受用户的输入。全双工指的是用户键盘与打印机构局部脱联，计算机接收字符的同时将这些字符回送给用户。

simplex frog-leg winding 单蛙绕组 由单叠绕组和复波绕组组成的绕组。

simplex lap winding 单叠绕组 叠绕组的一种，其并联电路数与极数相等。参见 lap winding。

simplex line 单工线路 在通信系统中，具有单向功能的通信线路。即通信的双方中一方只能发送，另一方只能接收。

simplex method of unconstrained minimization 无约束极小化单纯形法 利用单纯形求无约束问题最优解的一种方法。考虑无约束最优化问题 $\min f(x)$，这里 x 为一个 n 维向量。设 $x_0, x_1, \cdots, x_n$ 构成 n 维空间的一个单纯形。单纯形法是根据这个单纯形顶点的函数值通过一系列步骤来调整顶点构成新的单纯形使其顶点不断接近最优解。

simplex mode 单工方式 在两站之间，只能以单一方向传输的通信方式。

simplex operation 单工操作 在一条电信通路的两个方向上交替进行传输的一种工作方式，如人工控制。该操作在无线电通信中需要一个或两个频率。参见 duplex operation。

simplex protocol for noisy channel 噪音信道单工协议 用于教学的比较接近实际信道情况的数据链路层传输协议。这种协议假设信道会产生错误，因而传输的信息会受到破坏或丢失。如果发现传输的帧被破坏或丢失便通知发送方重发这个帧。只有得到接收方肯定回答之后，发送方才发送下一帧。这种协议半双工信道即可满足要求。

simplex stop-and-wait protocol 单工停止等待协议 一种用于教学目的而不太实际的数据链路层传输协议。它是在最简单的“无约束单工协议”基础上稍完善一些的协议。这种协议假设通信信道是无错的，数据传输方向是单工的。这个协议为了防止发送者发送的数据速度比接收者处理数据的速度快而把接收者压垮，让接收者给发送者提供一种反馈信息，即接收者把收到的分组传递给网络层之后就给发送者送去一个小哑帧，即给发送者发送下一帧的发送权，对应的发送者发送一帧之后就停下来，直到收到哑帧才发送下一帧。在这种协议中数据流动是单向的，但是帧的流动却是双向的，哑帧与数据帧是交替发送的，因而半双工信道可以满足要求。

simplex system 单工系统 没有备用设备的一类系统配置。

simplex transmission 单工[单向]传输 只在预先指定的一个方向上进行数据传输的工作方式。

simplex wave winding 单波绕组 波绕组的一种，无论极数多少，其并联电路数总是等于 2。参见 wave winding。

simplicity 简明性 程序设计语言和各种软件的重要设计准则。其要点是：①区别内部性态和外部性态；②减少接口信息；③分清与机器相关的部分和无关的部分；④所采用的记号必须通用易读。虽然此算法易于理解、易于在计算机上编程实现，但时间复杂性往往较高。

simplified Chinese character 简化字 采用同音代替、改换声旁、草书楷化、偏旁简化类推等方法制定的一批笔划较少的汉字，这些字取代了对应笔划较多的汉字，作为通行的正体。特指 1986 年重新公布的《简化字总表》中的 2 235 个字，参见 unsimplified Chinese character。

simplified Chinese double-byte character set 简化汉字双字节字符集 简化汉字编码方案中所有字符的集合。每个汉字用两个字节表示。参见 GB 2312—80。

simplified Chinese non-Chinese character set 简化汉字外文字符集 汉字编码中的拉丁字母、俄文字母、罗马字母、日文假名等外文字符。参见 GB 2312—80。

simplified Chinese primary character set 简化汉字一级字库 汉字中最常用字构成的子集，共 3 755 个汉字。参见 GB 2312—80。

simplified Chinese secondary character set 简化汉字二级字库 汉字中较常用字构成的子集，共 3 008 个汉字。参见 GB 2312—80。

simplified data link (SDL) 简化数据链路 一种可以代替高级数据链路控制(HDLC)协议的简化的数据链路协议。这种协议可以不需要将以太网的介质接入控制(MAC)的帧封装成同步数字系列(SDH)网的链路接入协议(LAPS)的分组形式，还可以直接对以太网的 MAC 帧进行定界、链路层管理、变成“简化数据链路(SDL)帧格式”，然后再将这个 SDL 的帧对应为 SDH(同步数字系列)的帧。参见 high-level data link control (HDLC)。

simplified hanzi 简化汉字 同 simplified Chinese character。

simply linked list 单链表 表中每个节点包含有指向下一个节点的指针。最后一个节点的指针是空链接，不指向任何节点的指针。

simulate 模拟 (1)由另一系统的行为来表示一个实际系统或抽象系统中所选定的性能和行为。例如，借助于计算机系统所完成的操作来表示物理现象；或由一台计算机的操作来表示另一台计算机的操作。(2)用另一系统来模仿一个系统，主要由软件完成，因此，该模仿系统接收与被模仿系统相同的数据，执行相同的计算机程序，并得到与被模仿系统相同的结果。

simulated annealing (SA) algorithm 模拟退火算法 人工神经网络模型中的一种算法。它将组合优化问题与统计力学中的热平衡问题类比，另辟了求解组合优化问题的新途径。它通过模拟退火过程，可找到全局(或近似)最优解。该算法是基于蒙特卡罗(Monte Carlo)迭代求解算法的一种启发式随机搜索算法。组合优化问题解空间中的每一点都代表一个解，不同的解有着不同的代价函数值。

simulated attention 模拟引起注意[中断] 使得没有联机中断的终端也能中断处理机的一种功能。处理机对这种终端作定期查询来监测某种特定的字符串。参见 attention interruption。

simulated logon 模拟注册 当通信系统软件的应用程序发出宏指令 SIMLOGON 时产生一个会话开始请求，这个请求指定该应用程序打算与其进行一次对话的 LU(逻辑单元)，在这次对话中，应用程序将充当 PLU(主逻辑单元)。

simulation 仿真，模拟 (1)一个物理系统或抽象系统的某种特性通过其他系统的行为来表示。仿真是对现实系统的某一层次抽象属性的模仿。人们利用这样的模型进行试验，从中得到所需的信息，然后帮助人们对现实世界的某一层次的问题做出决策。仿真是一个相对概念，任何逼真的仿真都只能是对真实系统某些属性的逼近。仿真是有层次的，既要针对所欲处理的客观系统的问题，又要针对提出处理者的需求层次，否则很难评价一个仿真系统的优劣。传统的仿真方法是一个迭代过程，即针对实际系统某一层次的特性(过程)，抽象出一个模型，然后假设态势(输入)，进行试验，由试验者判读输出结果和验证模型，根据判断的情况来修改模型和有关的参数。如此迭代地进行，直到认为这个模型已满足试验者对客观系统的某一层次的仿真目的为止。(2)也称“系统仿真”。根据实际系统建立模型系统，并通过对模型系统的研究试验，达到研制和开发实际系统之目的的过程。通常，根据系统的特性或仿真系统的特点来进行仿真分类。一般有：①按系统模型，可分连续系统仿真和离散系统仿真；②按有无实物参加仿真，可分数学仿真(计算机仿真)和半物理仿真及物理仿真；③按时间标尺，可分实时仿真、超实时仿真和欠实时仿真；④按计算机种类，可分模拟计算机仿真、数字计算机仿真和混合计算机仿真。仿真技术的一般实现步骤为：①根据仿真的目的，确定系统的边界条件和约束条件；②分析仿真系统，建立系统模型；③研究试验系统模型；④报告试验结果。参见 computer simulation technology。

simulation algorithm 仿真算法 在模型变换阶段，根据数学模型建立仿真模型的技术。仿真算法一般有：连续时间模型的具体形式、连续模型与离散模型的转移、非线性环节仿真算法、实时仿真算法、连续时间模型之间的变换及简化技术和系统连接关系的仿真算法等。

simulation and game for managers　经营模拟演练　用电子计算机模拟一个经营管理环境，作为培训经理、管理人员和管理专业学生的教学实践手段。受训人员要各自经营具有相同条件、生产相同产品的一个假想工厂，共同操纵一个市场。他们要用电子计算机给出各种条件，分析经济形势和市场的供需关系，考察企业的素质，判断企业在竞争中的地位，作出相应的决策，最后由计算机显示结果。这种教学方法不仅无风险，经营成果直观，而且能在短期内模拟几年的经营管理，提高受训人员的管理决策水平。

simulation computer　仿真计算机　适用于系统仿真的一类计算机，它主要指模拟计算机、混合模拟计算机、混合计算机、数字计算机。

simulation courseware　模拟型课件　将计算机模型应用于教育活动的一种课件。其主要应用方式有：①演示，计算机屏幕呈现根据学生的情况和请求按学科规律而模拟产生的图表、图形与动画，向学生进行教学活动。②模拟实验室，计算机模拟实验设备或现实工作环境，学生通过计算机进行模拟操作和工作，收集数据，进行分析研究，从而学习和认识某学科知识，掌握实验技能。③模拟训练器，由计算机控制各种与现实工作环境相似的设备(如飞机驾驶舱等)，对学生进行模拟训练，以达到熟练掌握该项设备的操作能力和应急处理方法。

simulation examination　仿真实验　对仿真模型进行各种规定的实验。

simulation fighting game (SFTG)　模拟格斗类游戏　同 fighting game (FTG)。

simulation language　仿真语言　在计算机上进行仿真研究的语言。离散仿真语言有 GPSS、SIMULA 和 SIMSCRIPT 等。连续仿真语言有 DYNAMO、CSSL 和 CSMP 等。有的仿真语言是完全独立的(如 GPSS)，还有一些仿真语言是以某种高级语言为基础开发的(如 SIMULA 基于 ALGOL，SIMSCRIPT 基于 FORTRAN，CSSL 基于 FORTRAN Ⅳ等)。

simulation model　仿真[模拟]模型　根据系统或过程的特性，按一定规律用计算机程序语言模拟系统原型的数学方程。

***Simulation Modelling Practice and Theory*　《仿真模拟实践与理论》**　荷兰 1993 年创刊，全年 8 期，Elsevier Science 出版社出版，SCI(科学引文索引)、EI(工程索引)收录期刊。2003 年前刊名为《*Simulation Practice and Theory*》，刊载仿真在生物学、医学、物理与化学、环境与生态、工程技术、经济与管理、教育与培训各领域的应用和对应用有实际意义的理论与算法研究论文。涉及并行与分布式仿真、仿真中的超高速计算、仿真方法论与语言、计算机与仿真建模、相关人机接口等。

simulation of resource evolvement　资源演变模拟　对资源领域复杂的现实世界进行抽象和简化成模型系统，通过模型系统状态参数、结构参数的调整和设置，对特定区域特定类型的资源演变进行计算机仿真的处理过程。

simulation organon　模拟研究法　通过模仿真实或假设的研究体系的动态过程来发现其特性的研究方法。模拟研究法通常要借助于模型手段，但同一般的实验模型不同，它不是要在固定的实验背景条件下检验实验体系中一变量对另一变量的影响，而是要再现模仿体系各要素和变量之间的互相作用的过程。它是动态的，注重的是变化、发展或过程。

simulation procedure　仿真过程　分析实际系统、建立系统模型、简化模型、设计实验系统进行试验并得出结果，以达到仿真目的的全过程。

simulation programme　仿真程序　根据仿真模型和仿真算法，采用计算机语言编制的专用程序，具有仿真软件的基本功能。计算机运行仿真程序完成仿真试验。

simulation programming　仿真程序设计　采用仿真技术进行程序设计。

simulation programming language　模拟程序设计语言　一种专门用来设计模拟程序的语言。

simulation programming task　仿真程序设计任务　在仿真系统中使用的程序设计任务。它由建立模型、实现仿真算法和生成输出报告等三部分组成。

simulation program with integrated circuit emphasis (SPICE)　着重集成电路的模拟程序　一种通用电路模拟程序，由美国加州大学伯克莱分校于 20 世纪 70 年代初开发成功，已成为国际上模拟电路仿真软件的事实标准，可用于对电路进行非线性直流分析、非线性瞬态分析和线性交流分析，采用电路容差分析、最坏情况分析、数字模拟和数模混合模拟，接受电路描述语言的输入方式。

simulation report　仿真报告　对仿真系统及仿真过程进行分析、整理而得出结果的总结。

simulation software integration　仿真软件一体化　通过数据库管理系统和仿真软件，把系统模型的建立、分析、简化及仿真结果的处理组成一整体的过程。

simulation software technology　仿真软件技术　实现计算机仿真的软件技术。这种仿真软件应能使计算机按仿真模型和仿真目的而运行起来，并记录仿真模型在运行中各个变量的变化情况，最后输出仿真结果报告。

simulation system　仿真系统　根据系统模型建立的实验系统进行仿真的一套软硬件设备。

simulation testing　仿真测试　采用硬件或软件，实

S

时产生所期望的正确响应输出，作为与设备测试的比较结果。

simulation time　仿真时间　仿真系统的时钟时间，它不同于计算机进行仿真所用去的机时。

simulative neural network　模拟神经网络　利用软件实现的神经网络，可在传统串行计算机上实现。该神经网络适应性较强，但速度慢。

simulator　仿真器，模拟器，模拟程序　(1)表现一个实际的或抽象的系统的某些行为或特性的一种设备、计算机程序或数据处理系统。参见 computer simulator。(2)一些专门用来仿真、模仿或代替各种微处理器的逻辑操作的程序。这种程序的设计意图是用来执行不是在其运行的机器上，而是在另外一种机器上由交叉汇编程序产生的目标程序。

Simula 67 language　Simula 67 语言　1967 年开发的多用途语言。Simula 是 simulation language 的缩写词，是 ALGOL 60 的扩展，与其前身(Simula Ⅰ，主要是模拟语言)有较大的差异。它引入了重要的"类"程概念，是面向对象的语言的先驱。

simultaneity　同时性　(1)计算机系统允许外部设备的输入输出和中央处理器进行并行操作的一种特性。(2)指两个或多个事件同时进行。

simultaneous　同时的　(1)指两个或多个事件在同一瞬时出现。(2)在一个过程中，指在相同的时间间隔内出现两个或多个事件，而每个事件由各自的功能部件来处理。例如，在一个或多个程序的执行中，由多个输入/输出通道、输入/输出操作可以同时发生，并且和处理部件直接处理的其他的操作也可以同时进行。

simultaneous access　同时存取　一个字的每一位同时存取并同时传输。

simultaneous computer　同时操作计算机　含有独立处理部件，能并行执行整个计算程序不同部分的计算机。部件的连接方式取决具体计算程序。在运行的不同时刻，互连线路上传送同一变量具有不同值的信号。

simultaneous events　同时事件　在仿真程序中，常要求在同一时刻调度两个或两个以上的事件。这些事件称为同时事件。

simultaneous input/output　同时输入输出　计算机进行输入输出操作的同时具有并行处理其他操作的能力。这种计算机通常都具有缓冲器，以便在输入输出的数据和信息到达时暂时保存。这样，计算机就不必等待那些慢速的输入输出设备完成数据的输入或输出，而可以根据存取速度快的缓冲器的状态(空或满足)来存取数据。

simultaneously accessible parts　同时可触及部分　人能同时触及的导体或导电部分，或在某些场所中动物能同时触及的导体或导电部分。同时可触及部分可以是：①带电部分；②外露导电部分；③外部导电部分；④保护导体；⑤接地极。

simultaneous multi-threading (SMT)　同时多线程　在一个 CPU 的时钟周期内能够执行来自多个线程的指令的硬件多线程技术。同时多线程是一种将线程级并行处理转化为指令级并行处理的方法。是利用处理器的超标量结构，使得单个物理处理器从多个硬件线程上同时分派指令的能力。

simultaneous operation　同时操作　两个或多个事件在同一瞬间出现的一种操作方式。

simultaneous peripheral operations on line (SPOOL)　假脱机　一种输入输出的操作技术。其含义是外围设备同时联机操作。在具有该功能的系统中，作业的输入输出是由主机和相应的通道来完成的，而不再像早期计算机系统那样，单独使用外围处理机。它一般是使用磁盘作为输入井和输出井。由输入输出程序模拟完成主机和外设之间的并行传送工作的。

simultaneous processing　同时处理　在同一瞬间执行两个或多个数据处理任务的一种技术。比较 concurrent processing。

simultaneous switch noise (SSN)　同步开关噪声　当器件处于开关状态，产生瞬间变化的电流(di/dt)，在经过回流途径上存在的电感时，形成交流压降，从而引起噪声。

simultaneous transmission　同时传输　在一个方向上发送控制字符或数据的同时，在另一方向上接收控制字符或数据的一种传输方式。比较 nonsimultaneous transmission。

sine current　正弦电流　按正弦规律随时间变化的交变电流。在工程上，常用正弦电流电压的有效值表示其大小。它指的是一个与周期电流平均热效应相等的直流电流的量值。

sine transform coding (STC)　正弦变换编码　这种方法对语音进行傅里叶(Fourier)分析，提取最能表示语音信号的几个频率成分，并用这几个频率的正弦波合成语音。

sine wave　正弦波　由单一频率振荡信号构成的波形。

singing　蜂鸣，振鸣　在通信线路上，由不稳定的振荡所产生的声音。

singing suppression circuit　振鸣抑制电路　一个电路或部件，它插接在另一电路中，用于防止和减低振鸣发生的趋势，可以限制所接入的电路的增益，通常还提供负反馈。

single address　单地址　仅有一个地址字段的指令格式。

single address computer　单地址计算机　同 single address machine。

single-address instruction　单地址指令　除操作码外，仅包含一个地址码的指令。例如，执行加法操作的单地址指令，从地址码指出的存储单元中取出一个操作数与操作部件内累加器的数据相加后把结果送回累加器。

single address machine 单地址计算机 机器指令主要由一个操作码和一个地址码组成，这种机器称为单地址计算机。

single address message 单地址报文 仅准备送往一个目标站的报文。

single and two-layer winding 单双层绕组 一部分槽沿槽深方向有一个线圈边，而另一部分槽沿槽深方向有两个线圈边的绕组。

single-attached station (SAS) 单连接站 在FDDI(光纤分布数据接口)网中，设备只连接到两个相反轮转方向的环之一。与双连接站相比，单连接站的连接费用少些，主要用于一些非关键性的、可靠性要求不高的设备。

single attachment concentrator (SAC) 单连接集中器 对FDDI(光纤分布数据接口)网提供单连接的一种集中器。

single board computer 单板计算机 微处理机、存储器、输入输出端口和设备等均安装在同一块印刷电路板上的计算机。多数情况下的单板计算机都是某一种 CPU 的最小系统配置。简称单板机。

single board computer controller 单板计算机控制器 也称“单板微型计算机”。参见 single board computer。

single-break contact assembly 单断点触头组 开关电器断开后在电路内仅产生单一断口的触头组。

single buffer mode 单缓存模式 在 AIX 操作系统图形中，图像的一种模式。帧缓存位平面组织成一个大的单一缓存。缓存中的内容也就是显示的内容。比较 double buffer mode。

single bus operation 单总线操作 主存和 I/O 设备共用同一总线的结构形式。由于单总线结构比较简单，处理机可以不用专门的 I/O 指令，而用功能强得多的主存操作指令实现 I/O，因此很适合微型计算机使用。

single-byte character set (SBCS) 单字节字符集 一种字符集，其中的每个字符表示为一个单字节代码。对应于 double-byte character set。

single-byte coded font 单字节编码字型 由一个字节的码点构成的字符字型，一个单字节编码的字型只有一个编码字型区。比较 double-byte coded font。

single-byte font 单字节字型 同 single-byte coded font。

single-cable broadband LAN 单电缆宽带局域网络 一种使用单根电缆传播双向通信信息的宽带局域网络。

single capstan mode 单主动轮方式 最常用的磁带驱动方式。磁带紧贴在主动轮上，利用主动轮的正反转及停止使磁带正反走带或停止。主动轮表面有一层摩擦系数大的材料，以便增加摩擦力。因为磁带要快速启动，驱动主动轮的电动机惯性要小。

single cassette 单磁带盒，单卡 在口述记录设备中，能放入一个一定规格的磁带盒的装置。

single cell model 单细胞模型 仅含一个输出神经元的神经网络模型。

single-channel operation 单信道话务工作(系统) 允许用户给话务员拨单号(“0”)，以请求帮助转长途电话处理的电话系统。

single channel per carrier (SCPC) 单路单载波 它与 MCPC 不同之处是每一个载波是受一个来自单传输信道信号调制的一种频分多址连接方法。比较 multi channel per carrier (MCPC)。

single channel voice frequency telegraphy (SCVFT) 单路音频电报 在一条电话通路中提供一条电报通路的音频电报。

single chip computer 单片计算机 微处理机、存储器、输入输出端口等部分均集成在同一芯片上构成的微型计算机，主要用于各种控制场合，因此也称“单片微控制器”。随着集成电路生产工艺的发展，目前不仅有 4 位和 8 位的单片机，而且还有 Intel 8096 等 16 位单片机和 T424 等 32 位单片机。

single chip microcontroller 单片微控制器 一种专用于简单计算和控制的单片微型计算机。它是一种独立的设备，不需要支持电路。单片微控制器一般包括寄存器组、掩模可编程序只读存储器、输出可编程序逻辑阵列、内部时钟及电源复位电路。

single circuit 单工线路，单回路 不能同时进行接收和发送的通信线路。同 simplex circuit。

single-concept learning 单概念学习 通过一组正面例和反面例来学习规则空间中的一个概念，该概念能够覆盖全部的正面例、排除全部的反面例。单概念学习是目前机器学习中研究得较多的问题，其方法有变型空间、精练算子、概要例示等。

single convertor 单变流器 直流电流只能沿一个方向流通的可逆变流器。参见 reversible convertor。

single core 单芯 一种只有一个卷芯的磁带盒。

single crystal 单晶 具有连续规则的晶格结构的晶体，其内部没有晶界。

single-cycle key 单循环键 某些打印机上的一个功能键。当按下该键时，不管页面结束与否，可以再打印一行。

single density 单密度 用来说明磁盘存储信息密度的用语。单密度只是相对双密度而言的，是双密度的一半。单密度或双密度盘片，分别标有“SD”或“DD”。SS/DD 标记表示“单面/单密度”盘片。类似地还有 SS/DD、DS/SD、DS/DD 分别表示“单面/双密度”、“双面/单密度”、“双面/双密度”。

single document interface (SDI) 单文档界面 SDI

S

使用文档一个窗口。用户是在全屏幕窗口之间进行切换,而不是在应用程序的文档内的子窗口之间进行切换。

single-domain network 单域网络 (1)一种只有一个主(机)节点的网络。(2)在SNA(系统网络体系结构)中,一种具有一个SSCP(系统服务控制点)的网络。比较 multiple-domain network。

single dynamic focus 单倍动态聚焦 电子枪在水平或垂直方向上进行电压补偿,但两个方向不能同时操作。

single earpiece 单耳机 在口述记录设备中,一种专门用于放入耳中或挂在耳上的轻型收听装置。

single edge connector (SEC) 单边接触盒 Intel为了提高处理器执行效能及芯片生产率所设计的处理器包装卡匣,使处理器芯片与L2快速缓存可分开生产,然后整合在一个卡盒上,SEC卡盒附有散热装置,并有电路支持使用设备无关位图(DIB)结构让L2快速缓存能够与一般总线分离而使用更快的时钟运行。

single electron transistor 单电子晶体管 用一个或者少量电子就能记录信号的晶体管。目前一般的存储器每个存储元包含了20万个电子,而单电子晶体管每个存储元只包含了一个或少量电子,因此它将大大降低功耗,提高集成电路的集成度。有些实验室宣称已制出室温下工作的单电子晶体管,观察到由电子输运形成的台阶型电流-电压曲线,但离实用还有相当的距离。

single error correcting/double error detecting (SECDED) 单校双检,单错校正双错检测 实现单错校正、双错或多位错检出的校验,通常用海明校验码实现。

single fiber bi-directional 单纤双向 通信中用到的传输技术。单纤双向光收发组件用一个组件代替发射和接收两个组件,实现一根光纤双向传输,多用于用户接入网。

single-function devices 单功能设备 在PCI(外围部件互连)总线中,一个物理的PCI器件封装里可以集成有一个或多个独立的PCI功能,只集成了一个功能的器件称为单功能设备。参见 PCI bus。

single global network 唯一全球网络 由Novell公司提出的全球网络方案,提出实施灵巧网络服务的策略和Net2000通用网络编程界面的协议。

single hop 单跳 由发站到收站的传输,通过一次卫星转发的方式。比较 multi hop。

single hop network 单跳网络 单跳网络的每个客户端均通过一条与接入点(AP)相连的链路来访问网络,用户如果要进行相互通信的话,必须首先访问一个固定的接入点。比较 multi hop network。

single hop pseudo wire (SHPW) 单跳伪线 又称单段伪线(SS-PW)。在两个面向用户的提供商边缘设备之间直接建立的仿真端到端伪线。参见 pseudo wire (PW), multi hop pseudo wire (WHPW)。

single infinite Turing machine 单边无穷图灵机 图灵机的工作带只在一个方向无界时称为单边无穷图灵机。有的则把图灵机定义为这种只有单边无界带的理想机,而把具有双向无界带的图灵机称为双向无穷图灵机。

single inheritance 单重继承 继承的一种类型,其中一个类只有一个超类。

single in-line memory module (SIMM) 单列直插式存储器模块 一种设计成能容纳表面安装存储器芯片的小型电路板,上面装有表面安装的存储器芯片。使存储器的安装与拆除较直接安装芯片更容易。早期的SIMM采用30针,而后期的SIMM采用72针,目前多采用144、168、184、240针等的双列直插式存储器模块(DIMM)。比较 dual in-line memory module (DIMM)。

single in-line package (SIP) 单列直插式封装 一种电子元器件的封装形式,其中所有的引线都从元件的一侧引出。如晶体管。参见 dual in-line package (DIP)。

single in-line pin package (SIPP) 单列针式直插式封装 与单列直插式封装(SIP)在外观上相似,其插脚是针式而不是片式。参见 single in-line package (SIP)。

single instruction stream-multiple data stream (SIMD) 单指令流多数据流 一种并行处理机,包括多个重复的处理单元,由单一指令部件控制,按照同一指令流的要求为多个处理单元分配各自所需的不同数据。参见 single instruction stream-single data stream (SISD), multiple instruction stream-single data stream (MISD)。

single instruction stream-multiple data stream (SIMD) computer 单指令流多数据流计算机 单个控制器多个处理机计算机。阵列机就属此类。多个处理机从控制部件接收同一条指令,对不同数据流的数组进行处理。共享内存由多个模块组成,以便存储多组数据,进行多重访问。

single instruction stream-multiple data stream (SIMD) system 单指令流多数据流系统 同时只有一个指令流可以运行,而一条指令可以同时控制一组数据的计算机系统。

single instruction stream-single data stream (SISD) computer 单指令流单数据流计算机 单个控制器单个处理机计算机。目前多数计算机都属这一类。指令顺序执行,数据顺序存取,通常只有一个指令执行功能部件。有的计算机虽有多个功能部件,在指令执行不同阶段可以重叠,构成流水线工作方式,但也只是在一个控制器控制下的单CPU计算机。

single instruction stream-single data stream (SISD) system 单指令流单数据流系统 按单一顺序处

理指令,且每条指令只能控制一个数据操作的计算机系统。

single integrity 信号完整性 一个信号在电路中产生正确的相应的能力。信号具有良好的信号完整性是指当在需要的时候,具有所必须达到的电压电平数值。主要的信号完整性问题包括反射、振荡、地弹、串扰等。

single key stroke 单键操作 在打字机上,只需要一次击键,就可以实现所需要的机器功能的一种操作方式。

single knowledge source 单源知识 在人工智能系统中,人类专家及其他形式的单种渠道的知识来源。

single layer winding 单层绕组 圆环磁芯的一种绕组,它是绕制在整个圆环上,但是各匝之间不重叠。导线粗细、绕制是否紧凑,这些都会影响它的效果。

single length 单字长度 以单个字长表示的数据格式。

single-length register 单字长寄存器 其长度为一个计算机字长的寄存器。

single level address 单级地址 即直接地址。直接地址所指向的单元中含有要查找的操作数。

single level device 单级设备 在计算机安全中,一个用于处理单一安全等级数据的设备。由于它不要求区分不同安全等级的数据,因此,敏感性标记的数据不宜与正在被处理的数据存储在一起。比较 multilevel device。

single level directory 单级目录 文件目录的一种形式。单级目录的每一目录项直接指明相应文件存放的位置,而不是指向另一目录项(子目录项)的入口。

single-level storage 单级存储 通过一种编址结构来实现存储器多级编址的技术。

single-line digital subscriber line (SDSL) 单线数字用户线路 一种速率对称型数字用户线路。在双工链路上,使用一个铜双绞线对的工作距离限于一万英尺(3048.8 米),每个方向上的速率可达 1.544 Mbps 或 2.048 Mbps。参见 asymmetric digital subscriber loop (ADSL), high-bit-rate digital subscriber line (HDSL), very high-bit-rate digital subscriber line (VDSL)。

single-line repeater 单线中继器 一种使用一对交叉耦合的极化继电器的电报中继器,其极化继电器串接在一个信号放大电路里,以达到放大信号的目的。

single line representation 单线表示法 两根或两根以上的导线在简图中只用一条线表示的方法。比较 multi-line representation。

single linked list 单向链接表 由记录链接而成的表,每一个记录只和它下一个记录链接,表中第一个记录的地址由头指针指向,最后一个记录的链接地址为 NULL。

single message mode 单报文方式 在信息管理系统中的一种处理方式,其中,每当从队列中读出某一报文以及在应用程序终止时,都会出现同步点。参见 multiple message mode, synchronization point。

single-mode fiber (SMF) 单模光纤 细直径的光纤电缆。它可使用激光器而不是发光二极管传输信号。单模光纤对于光波只允许一个路径通过,其中只有最低阶的连接模式能够以希望的波长进行传播。能够在相当长的距离上传输信号。比较 multimode fiber。

single-mode laser 单模激光器 输出激光模式既是单纵模又是单横模的激光器。单纵模是指谐振腔内只有单一纵模(单一频率)进行振荡,单横模也称"基横模",是指光强在光横截面上的分布为高斯分布。

single-mode optical fiber 单模光纤 同 single-mode fiber (SMF)。比较 multimode optical fiber。

single name space 单名空间 命名空间中,如果符号与命名有一一对应的关系,这样的命名空间称为单名空间。参见 name space。

single-office exchange 单局交换 由一个中心局完成的一种电话交换方式。

single operand address 单操作数据地址 一种指令格式。这种指令中的一部分用来指定一个寄存器,另一部分用来提供定位该操作数的信息。这样的指令有清除、加一和测试等功能。

single operand instruction 单操作数指令 仅有一个操作数的指令。

single operation 单向操作 在各站之间允许单向传输的通信系统,通过技术安排,可以保证不会同时在两个方向上传输,这一术语可由 S/O(只发送)、R/O(只接收)、S/R(发送或接收)来修饰。参见 half duplex。

single-pair high-bit-rate digital subscriber line (SHDSL) 单线对高位速率数字用户线路 在一对双绞铜线上实现双向传输的高速数字用户线。速率范围可以从 160 kbps 到 2.084 Mbps。参见 high-bit-rate digital subscriber line (HDSL)。

single-phase current source 单相电流电源 提供一交变电流的电源。广义地说,指瞬时值的比为常数的一组交变电流。

single-phase machine 单相电机 产生或应用交流电的电机。

single-phase neutral earthing reactor 单相中性点接地电抗器 连接在变压器中性点与地之间的电抗器,用于在系统发生故障时限制线对地电流。

single-phase system 单相系统 由单一交流电压供电的系统。

S

single-phase voltage source **单相电压电源** 提供一交变电压的电源。广义地说，指瞬时值的比为常数的一组交变电压。

single picture segment **单图片段** 在多媒体中，一个静止的视频图片，但以正常速度播放以便于使用配音和解说。

single plane **单一平面** 在某些信息显示系统中，当定义一个符号时，限制用户只能使用单一缓冲器的功能。比较 triple plane。

single ply **单层** 仅有一个层次的格式。

single point of failure (SPOF) **单点故障** 一种局部故障，但因为没有冗余或替代的器件或程序作为补救，将引起整个系统的故障。

single pole **单刀** 只能接通一条电路的开关或继电器，如简单的通-断开关。

single port sharing **单端口共享** 短保持模式的一个安排，其中每个端口被一系列数据终端设备(DTE)共享。

single-precision **单精度(的)** (1)指按照所要求的精度，使用一个计算机字去表示一个数。例如，若机器字为32位，32位即为单精度。若用两个32位数字表示数据，则称为双精度。又称64位字为长字。(2)对使用短格式存储的一个浮点数的说明。

single processor system **单处理机系统** 存储器与运算处理一对一地进行工作的系统，大多数计算机都属于这类系统。

single program initiator (SPI) **单(一)程序初启程序** (1)在某些操作系统中，调入主存储器中用来对前台程序(不是从批作业输入执行的程序)完成作业控制型功能的一种程序。(2)在磁盘操作系统控制下，当前台程序由于分支作业的输入而暂停执行时，被调入主存执行启动前台程序这一控制功能的程序。

single program multiple data (SPMD) **单程序多数据** 一种并行计算机程序设计和运行模式，在这种程序模式下的多机系统中，每个处理机执行相同的程序，对各自不同的数据进行操作，这种模式使得MIMD(多指令流多数据流)的并行计算机能够处理SIMD(单指令流多数据流)的阵列数据计算。

single program transport stream (SPTS) **单程序传输流** 一个MPEG(活动图像专家组)-2传输流，只由一个程序构成。

single-quote mark **单引号** 打印字符之一。有些计算机语言中用来表示字符串的开始和结束。

single recording medium word processing equipment **单记录媒体文字处理设备** 只能对一个记录媒体进行(读、写)操作的文字处理设备。

single representation strategy **单一表示策略** 例子空间和规则空间采用同一种表示形式。在示例学习系统中，采用单一表示的策略，可以把训练实例看成知识。它有利于规则空间的搜索和规则假设的推广。

single requesting terminal program **单请求终端程序** 在某些计算机系统中的一种每次只能处理一个终端请求的应用程序。

single save system **单重保存方式** 设一个存储区，以保存非常驻任务的方式。因此当该存储区保存着一个块的任务时，其他任务就不能重叠保存。

single segment pseudo wire (SSPW) **单段伪线** 在两个PE(运营商边缘设备)间使用PWE3(边缘到边缘的伪线仿真)封装和信令方法建立的伪线。同 single hop pseudo wire (SHPW)。参见 pseudo wire (PW)。

single-side **单面** 表示只有一面用于记录信息。用符号“SS”表示。对应地，两面都用于记录信息的软盘片称为双面盘片，用“DS”表示。

single sideband station **单边带电台** 发送和接收无线电单边带调制信号的电台。

single sideband transmission **单边带传输** 一种载波传输方式。采用这种方式时仅传送一个边带，另一边带被抑制。载波既可以传输，也可以抑制。

single sided diskette **单面软盘** 只使用一个磁表面记录信息的软磁盘。

single-sided power distribution cabinet **单面配电箱** 前面设置门，后面设置背板密封，只有正面唯一一个操作面进行设备或线缆的安装、维护以及管理的配电箱。参见 double-sided power distribution cabinet。

single sided printed board **单面印制板** 仅一面有导电图形的印制板。

single-signal method **单信号法** 在没有有用信号的情况下测量接收机对无用信号响应的方法。参见 two-signal method。

single sign on (SSO) **单次登录** 即访问多个网格资源只需要登录一次。用户每天需要登录到许多不同的信息系统，如电子邮件、网络、数据库、Web服务器等，每个系统一般都要求遵照一定的安全程序，即要求用户输入用户ID和口令。用户登录的系统越多，需要记忆的口令也越多，安全性相应也越低。单次登录技术以统一的界面来管理用户的登录，用户只需要一个用户ID和口令，首次登录后，SSO自动代替用户进行授权认证，减少用户记忆大量ID和口令，可以提高网络用户的工作效率，降低网络操作的费用，并提高网络的安全性。

single-station wireless network **单站无线网络** 单站点与多个移动式通信终端之间的双向通信网络，整个系统由固定部分的单站点和多个移动的站点所构成。

single step **单步** 计算机的一种工作方式，多用于程序调试。采用这种工作方式时,计算机每执行一条指令后就停下来,等待程序员发下一步操作命令。程序员可以在发下一次执行命令之前检查和修改内存或寄存器中的内容。

single step debugging 单步调试 一种程序调试方法。用此方法调试程序时,首先用单步方式检查最简单的指令,使信息存入寄存器,并建立系统状态,然后检查微处理机对这些状态的响应。

single step diagnostic 单步方式诊断 一种诊断方式。每执行一条指令就抽点打印系统状态,包括存储地址、数据和状态信息,然后把系统状态转换成可读的图像,在系统控制台上打印出来。此后再按操作员命令执行下面的指令。这种诊断方式可以显示和记录收集的数据,特别适用于工程技术人员和程序人员在操作序列各处检查系统功效的场合。

single-step operation 单步操作 (1)一种计算机的操作方式,在该方式中,对每一外部信号的作用,计算机仅执行一条机器指令或指令的一部分。(2)同 step-by-step operation。

single step task 单步任务 用一条规则或一个独立规则集即可完成的任务。例如,分类问题。

single-stream batch processing 单流成批处理 一种在仅有一个批处理分区的系统中进行串行作业的处理方法。

single system image (SSI) 单系统图像 运行登录服务程序的一个领域,在整个领域中准备其 UAS 数据库。参见 logon security, user accounts subsystem (UAS) database。

single threading 单线程方式 小型事务处理系统中的一种事务处理方式。在这种方式中,完成一次事务作出回答的所有步骤之后才开始处理另一事务。

singleton set 单元素集 一个元素组成的集合称为单元素集。

single track seek time 单磁道时间 硬盘性能指标,指磁头从一磁道转至另一磁道所用的时间,单位为毫秒(ms)。

single-track tape unit 单轨磁带机 磁带存储器的一种。单轨磁带机实际有两条磁道,一道记录同步信号,一道记录数据,也称双轨磁带机。磁带宽 1/4 英寸。

single tuned filter 单调谐滤波器 用于吸收单一次数谐波(如单独滤 3、5、7 次谐波)的滤波器称为单调谐滤波器。为解决滤波器失谐问题,在单调谐滤波器中引入自动调谐功能,自动调谐系统由连续可调电抗器和自动调谐控制系统组成。电抗器用双绕组正交磁化原理,改变控制绕组的直流电流可在线连续调节电感量,电抗器有反向调节特性和足够的调节范围,能满足滤波器失谐的补偿要求。参见 passive filter。

single UPS 单一式不间断电源 只包括一个不间断电源装置的不间断电源。参见 uninterruptible power supply (UPS)。

single user access 单用户存取[访问] 对只含有某一用户的代码或数据的磁盘(磁带)卷进行存取的一种方式。

single-user computer 单用户计算机 为单个用户的使用而设计的计算机,也就是个人计算机。对应于 multiuser system。

single-value query structure 单值查询结构 在数据库中的一种简单查询结构,限定部分只指定一个值。

single variable system 单变量系统 只有一个输入量和一个输出量的系统,也称"单输入单输出系统"。在自动控制系统中,许多简单的或基本的控制系统往往都是单变量系统。线性定常的单变量系统的特性常采用传递函数来描述。单变量控制系统的分析和设计方法主要有频率响应法、根轨迹法和状态空间法。参见 multivariable system, frequency response method, root locus method, state space techniques。

single-way connection 单路连接 变流器电连接的一种,其交流端子的电流方向总是沿一个方向流动。比较 double-way connection。

single-wire circuit 单线电路 由单根导线组成,而以大地或机架作为返回通路的电路。

single-wire line 单线线路 一种以大地作为电路一边的远程通信线路。

single word 单字 以一个字长的二进制信息位所表示的数。单字的算术操作称为单精度运算。

singular cover 奇异覆盖 无冗余组合电路的一种特性。例如逻辑门输入端中有一个端为 1,不管其他端为 1 或为 0,输出肯定为 1,可以说其他各端被这为 1 的端所奇异覆盖。如果逻辑门有两个输入端,输入端的每种奇异覆盖组合及其对应的输出值,也称"奇异立方"。

singular set 奇异系,无首系 网状数据库中的一种非正规的系,即用系统本身作为首记录的系。由于采用系统本身做首记录,而实际上是没有首记录的,所以也称无首系。奇异系应有系名,每一个奇异系型只有一个系值,奇异系无首记录(系统作首记录是虚拟的),属记录值直接属于系统,因此奇异系类似于一般的文件。它实际上是把某种文件重新从数据库中独立出来的一种方法。

sink 信宿 在通信中,从另一部件(信源)接收信息的部件,也称"报宿"。在计算机通信系统中,报文或报文分组要到达的目的地。信宿可以是目标站点,也可以是终端设备。

sink agencies 信宿代理 OSI(开放系统互连)的作业传送与管理(JTM)服务中代理之一,是接收并存储文件的文件系统。

sink port 信宿口 FDDI(光纤分布数据接口)网络

技术中连接光缆，传输流往信宿方向信息的端口。

sink tree 信宿树 网络中从所有可能的信源到某个信宿的路径按照最佳原理建立最佳路由所形成的树。在这棵树中没有任何回路。

sinusoidal alternating current 正弦交流电 随时间按照正弦函数规律变化的电压和电流。参见 alternating current (AC)。

sinusoidal quantity 正弦量 按照自变量的正弦函数而变化的量。

SIO 串行输入/输出 serial input/output 的缩写。

SIP (1)单列直插式组件 single in-line package 的缩写。(2)SMDS 接口协议 SMDS interface protocol 的缩写。(3)会话初始化协议 session initialization protocol 的缩写。

SIP instant message and presence leveraging extensions (SIMPLE) SIP 即时消息和呈现扩展 一种在第三代移动通信系统(3G)环境下用 SIP(会话初始化协议)实现的技术，被认为是最适合 3G 实现即时通信服务的技术，更适合移动性、融合性以及未来网络演进的需要。

SIPP 单列针式直插式组件 single in-line pin package 的缩写。

SIR (1)表面绝缘电阻 surface insulation resistance 的缩写。(2)会话信息读取 session information retrieval 的缩写。(3)串行红外线 serial infrared 的缩写。(4)信号干扰比 signal to interference ratio 的缩写。

SIS 战略信息系统 strategy information system 的缩写。

SISD 单指令流单数据流 single instruction stream-single data stream 的缩写。

SIT (1)静电感应晶体管 static induction transistor 的缩写。(2)扫描器接口跟踪 scanner interface trace 的缩写。

.sit Stuffit 压缩文件名后缀 一种 Macintosh 计算机中使用 Stuffit 程序压缩的文件，需要一个 Stuffit Deluxe 程序或 Stuffit Expander 程序解压缩。参见 .sea。

site 站点，场地 (1)网络中拥有活动目录服务器的位置。站点是一个或多个完好连接的 TCP/IP (传输控制协议/网际协议)子网。完好连接是指网络连接高度可靠、速度快。在活动目录复制服务中站点起着非常重要的作用，它可以区分使用局域网连接(站点内复制)和慢速广域网(WAN)连接(站点间)的复制。管理员使用活动目录站点和服务管理器插件来管理站点内复制和站点间复制的复制拓扑关系图。(2)场地是指一种用于安装特殊类型计算机的场地。

site autonomy 节点自治 节点的独立处理能力，是分布式数据库的主要特征之一。分布式数据库将节点的数据库由该节点的局部数据库管理员进行管理，可以没有全局数据库管理员，节点间的协调工作可由局部数据库管理员来完成，这种特性就称为节点自治。参见 distributed database。

site polling 按区轮询 数据通信中的一种技术。它将某一范围的全部终端作为一组进行轮询，并由一个控制器管理轮询工作。

SITH 静电感应晶闸管 static induction thyristor 的缩写。

situational calculus 情景演算 谓词演算的变种，它引入时间的概念来表达状态、事件和过程。情景演算是一种用于处理时变数据的推理方法。它把动作及其结果同环境中其他对象一起表示为“情景”，用情景的改变表示时间和情况的改变，对情景进行演算就实现了对时序的推理。情景演算主要用于实时控制、机器人等领域。参见 predicate calculus。

situation awareness beacon with reply (SABER) 位置感知应答信标 一个全球定位系统(GPS)。它提供一个双工通信能力，采用超高频(UHF)，获取全球定位系统信号，用一个经由卫星-地球站无线电转播的唯一信标识别码加标记于位置信息，为实时监视向命令中心终端中继提供获取的信息。

six-bit byte 6 位字节 同 sextet。

six-point transformation 六点变换 大部分二维图形变换可以用给出 6 个点来指出，变换前图形上的 3 个点和变换后相应的 3 个点，这种用 6 个点所定义的变换称为六点变换。

six-sided shielding 6 面屏蔽 转换器的封装技术。其中转换器是放在一个金属壳中。这种金属屏蔽减少了从转换器组件发射出来的任何噪音。屏蔽壳焊接有底板，进一步降低了可能泄漏出来的噪音。

six sigma 6 西格玛 一种质量很高级的产品或者服务，在一百万个可测试的单元中只有约 3，4 个缺陷或者故障。

sixteen-bit system 16 位系统 字长为 16 位的微型计算机系统。即其中央处理机处理的指令和数据均为 16 位，且内部总线和寄存器也是 16 位。

size 设定尺寸，缩放尺寸 (1)把某个对象放大或缩小。如在字处理软件中，当对页面设定尺寸时，字处理程序按新的页面尺寸自动调整所有的边缘。(2)在图形用户接口中，通过设定尺寸，使窗口放大或缩小。

size error 长度误差 在 COBOL 语言中，当一数值数据项小数点左边的位数超过了数据名字段中所规定的位数时出现的误差。

size error condition 长度错误条件 在 COBOL 语言中，当执行一个算术语句时，在十进制小数点对齐后，结果的绝对值超过结果标识符(接受项)的最大值，则产生一个长度错误条件。若零作除数时就会造成一个长度错误条件。

size measurement 规模度量 描述软件开发项目规模大小的术语，是估算软件项目工作量、编制成本预算、策划合理项目进度的基础。规模度量是软件项目成败的重要原因之一。有效的软件规模度量是成功项目的核心要素：基于有效的软件规模度量可以策划合理的项目计划，合理的项目计划有助于有效地管理项目。规模度量的要点在于：由开发现场的项目成员进行估算；灵活运用实际开发作业数据；杜绝盲目迎合客户需求的"交期逆推法"。软件规模度量有助于软件开发团队准确把握开发时间、费用分布以及缺陷密度等。软件规模的估算方法有很多种，如：功能点分析(FPA)、代码行(LOC)、德尔菲法(Delphi)、COCOMO模型、特征点、对象点、3-D功能点、模糊逻辑、标准构件法等。

size of input 输入规模 也称输入尺寸，简称规模或尺寸。问题的输入大小的度量。例如，对排序问题输入规模是等待排序的元素个数；对矩阵相乘，输入规模可取为矩阵的阶。

size of vocabulary 词汇容量 词汇容量是指一个系统所能处理的词汇总数。

sizing 长度调整，大小估计 (1)有的计算机允许使用可变长度数据项或代码段，机器能对这种数据项或代码段的长度作出调整，使其适合需要进行的操作。(2)对一个系统或系统组成部分所需的源程序所作的有关行数或存储量的估计。

SJIS SJIS标准 shift-Japanese industrial standard的缩写。

SJN 短作业优先法 shortest-job-next的缩写。

SK-DIP 窄体双列直插式封装 skinny dual in-line package的缩写。

skeletal code 骨架(程序)码，轮廓码 某些地址和其他部分仍未确定的一组指令。在每次使用这组指令时，其中某些部分必须补充完整或者详细地规定。

skeletal knowledge engineering language 内架型知识工程语言 建造专家系统的一类知识工程语言，由一现有的专家系统去除领域全部专业知识后生成。简称骨架(外壳)系统。参见 skeletal system。

skeletal system 骨架系统 一类专家系统开发工具或一类知识工程语言，是专家系统的骨架(外壳)，它以一个已经成熟的具体专家系统为基础，通过抽去原专家系统中的专门知识保留其基本骨架(如知识表示框架、系统的推理机制等)而形成。当在这个基本骨架中填入另一应用领域的专门知识而形成知识库时，就能快速地产生一个新的专家系统。如有名的EMYCIN就是由MYCIN专家系统演变而来的。以EMYCIN为骨架，用不到50小时与专家合作抽取专门知识，再用了不到10人周的知识工程师工作量就设计成功了一个用于诊断肺功能失调的PUFF专家系统基本模型。骨架(专家)系统的出现，是专家系统的一个重大进展，它是促进专家系统商品化的重要因素。

skeletal table macro 宏定义骨架表 同 skeleton table。

skeleton 骨架，轮廓，框架，作业表 (1)在某些操作系统中，一组标准的控制语句、指令或指令和控制语句两者的结合。在该组模型语句使用之前，必须填入用户特定信息。(2)用来表示图形的基本形状和各部分相互关系的一些线条。(3)二值图像经距离交换后，距离值为最大的点的集合。骨架也可以看做是图形的各内接圆中心的集合。根据由图形的边界向内部传播的波动模型。把图表各点(像素)上波的到达时间变换成该点的距离值就是距离变换，骨架也就是波碰到一起的点的集合。距离变换和骨架用来分离重叠者的块状图形很有效，多用于微粒图像的微粒计数和形状识别。用诸如距离变换等方法求出骨架图像的方法，称为骨架化。

skeleton code 骨架代码 利用输入参数，由广义程序形成的程序骨架。它包含一组指令，其中某些地址和部分是不确定的，通过由特定的子例程，根据给定的参数，对不确定的部分进行修改，加以完备或详细指明。

skeleton dictionary 轮廓目录 由汇编程序为每一正文段建立的目录，它包含全局变量、顺序标号引用目录以及局部目录。

skeleton system version 框架系统型 一种部分实现系统，执行整个系统中一组有用的功能。

skeleton table 骨架表 宏汇编程序中含有程序中所有宏定义的原型的一种表格。

sketching 勾画，速写 操作员使用定位设备在屏幕上徒手画出各种直线或曲线，构成一幅草图或略图的技术。

skew 偏移，扭斜 (1)任何两个信号之间时间关系上的延迟或位置偏离。(2)扭斜是一行记录的二进制字符相对于指定参照线的角度误差。

skew character 歪斜字符 光符识别中，由于不正确的定位而造成的字符变形。

skew correction 扭曲校正 CRT(阴极射线管)绘图仪里采用的一种硬件的校正技术。在CRT绘图时，由于鼓的旋转引起了图像的扭曲，为了校正，在垂直偏转系统加入一个可以抵消扭曲的校正锯齿波形电压。

skewed storage 斜对称存储器 一种用于存取矩阵数据，可并行访问矩阵行和列的存储器。

skew failure 歪斜错误(故障) 字符识别中，由于文件定位时基准线与读出站不平行而出现的错误情况。

skewing of the loop 磁滞回环倾斜 在磁通经过的路径上存在气隙时，磁滞回环会向一边倾斜(导磁率下降)，这个现象称为滞环倾斜。

S

skill acquisition **技能获取** 获取有效地运用显式知识的知识,也称"技能精炼"。

skin **蒙皮面** 一种计算机图形处理技术,在数条截面曲线上蒙上一张"表皮"面。

skin effect **趋肤效应** 交变电流在导体中流过时,在靠近导体表面流动的倾向,而不是在导体的整个横截面上均匀地流动。这个现象会引起导体的电阻随着频率的升高而增大。导体中的电流产生的磁场会在导体的中间产生涡流,它与导体中间原来的电流方向是相反的。随着频率的升高,主电流被迫靠近导体的表面流动。

skinny dual in-line package (SK-DIP) **窄体双列直插式封装** 一种宽度为 7.62 mm、引脚中心距为 2.54 mm 的窄体 DIP。参见 dual in-line package (DIP)。

skip **跳越,跳跃,跳过** (1)跳过指令序列中的若干条指令。(2)跳过存储介质中的若干存储位置。(3)字处理中允许跳过记录文本的一部分的特性。(4)FoxBASE 数据库管理系统的一条命令,用于使记录指针从当前记录向后或向前移动。(5)在打印机打印一行之前或之后,移动打印媒体(纸)到所指定的行。

skip bus **跳越总线** 一种被输入输出接口共享的总线,用于测试与每个接口相联的设备,并为程序提供条件转移作为测试的结果。

skip code **跳越码** 指示计算机跳越存储器中某些预定的信息组的一种功能码。

skip flag **跳越标志** 寄存器或主存中的某一特定位,用来指示是否发生跳越。

skip instruction **转移指令,跳越指令,空(操作)指令** 一种用于使处理机的程序跳越某些指令去执行由该指令地址部分所规定的另一条指令。

skip key **跳越键,跳步键** (1)在文字处理系统中,一种初启跳越过程的控制键。同 access button。(2)字处理中用的一个控制键。它引起一次跳步操作。

skipping **跳越** (1)在打字机上,托纸器与打字位置之间的相对移动,它可越过任意数量的字符空格及空行,而不受预先规定的停止位置的影响。(2)同 skip tabbing。

skip sequential access **跳越顺序存取** 在某些数据存储存取方法的系统中,按照有跳越的升序对记录进行的顺序检索及存储。系统扫描该索引的顺序集,以找到某个记录或排序位置。

skip tabbing **跳越定位** 同 skipping。

skip testing **跳跃测试** 测试大量集成电路时,为节约时间使用的方法。用探针测试晶片上的小片,如果成品率高于某个规定值,所有的小片都可以安装使用。在最终测试时排除通过晶片测试的坏片。

SKU **库存单元** stock keeping unit 的缩写。

SL (1)业务逻辑 service logic 的缩写。(2)宏块条层 slice layer 的缩写。(3)信令链路 signaling link 的缩写。

SLA **服务等级协议** service level agreement 的缩写。

slab **板块** 一组使用相同的转移功能和学习功能的处理单元集。

slack bytes **松弛字节,虚设字节,无效字节** (1) COBOL 语言中插于两个数据项或记录之间,用来保证某些数值项的正确定位的一些字节。松弛字节中不包含有效数据。同步语句指示编译程序在需要插入松弛字节才能正确定位时插入这些字节。记录之间的松弛字节由程序员自行插入。(2)在数据项中插入一字节,以提供同步(字界对准)的填充符(如零、空格等)。

SLAM package **单层金属化封装** single layer metallization package 的缩写。

slanted abstract **专题文摘** 为满足有关用户的特定需要而编制的某种专题的文摘。

slate **镜头板** 在视频制作中,一种具有标识信息的板或者设备,用于拍摄的每个镜头的开始,作为编辑的参考。

slate PC **笔输入计算机** 用电子笔而不是用键盘来输入的笔记本式计算机。它可以判读写得清晰的印刷体字母,然后将其转换成 ASCII(美国信息交换标准代码)代码。

slave **从设备,从工作方式** (1)在命令控制之下可以完成一些操作的设备,但它不能发起一个动作或控制其他设备。(2)不能够"独立(自立)"的设备,如没有显示缓冲区的一个终端。(3)由主设备驱动控制的。

slave application **从属应用(程序,系统)** 一种备用系统,它与主计算机系统同时执行相同的功能,目的是当主计算机系统失败时,不会导致中断或功能的降低。

slave computer **从计算机** 和主计算机紧密联系在一起的计算机,在任何时刻它所执行的操作和主计算机相同,他们运行同样的程序,使用同样的数据。若主计算机发生故障,从计算机继续工作使处理不致中断。在要求可靠性高的和某些实时应用系统中可使用这种主从式计算机系统。

slave microcomputer **从微型计算机** 能够通过专用输入输出端口与功能更强的微型计算机连接的微型计算机。它一般有片内只读存储器和随机存取存储器、通用输入输出设备以及 1 ～ 4 KB 的主存储器。在程序控制下,它可以执行微型计算机系统的外部功能,如控制打印机、键盘或其他设备。有的从微型计算机可与主微型计算机并行工作,处理通信协议作业、过程控制和复杂的计算等任务。

slave microcomputer architecture **从微型计算机体**

系结构 在主从式结构的多微计算机系统中,一种从微型计算机的构成方式。从微型计算机本身配有存储器和输入输出设备。它可与主处理机使用同一总线,并行工作。从微型计算机一般有片内只读存储器和随机存取存储器,一个或几个通用输入输出设备,扩充的指令系统,并能充分利用主微型计算机系统的存储器和外部设备。它能执行各种外围功能而又不影响主微型计算机的工作。

slave mode 从属方式 将某一计算机作为一台主计算机或处理机的从属设备的一种操作方式。采用这种方式时,影响该计算机工作条件的大多数基本控制都受到保护,不受程序的影响。

slave station 从(属)站 接收来自主站数据的站。它可以用来监视或作为主站的应答机构,有时也可作为某一站的冗余站出现,但此时它的输出不是原输出的一部分。

slave store 从属存储器 也称“高速缓冲存储器”,在控制器中用作保存代码(指令)和数据缓冲区的快速存储部件,这些代码和数据是成块(如 64 个字)从主存储器中传送来的,其目的就是为了减少对主存储器的访问次数、增加处理速度。建议使用 cache storage。

slave system 从系统 与主系统连在一起并仿效执行主系统的每一操作的系统。参见 slave application。

slave tube 从属显视管 显示与相连的其他 CRT(阴极射线管)所显示同样图像的 CRT。

SLD 二级域名 second level domain 的缩写。

SLDRAM 同步链接动态随机存取存储器 synchronous link DRAM 的缩写。

sleep 睡眠 进程不活动的一种状态。当接到一个“唤醒”请求时,处于睡眠状态的进程又变成了活动进程。进程在睡眠之前可以安排一个“唤醒”请求,或者另一个进程以正在睡眠的进程的名义发出一个“唤醒”请求。

sleeping process 睡眠进程 一个等待输入或输出操作完成、时间片的结束、一个时间的发生或者其他进程发信号的进程。睡眠的进程可以调到磁盘上去。

sleep mode 休眠方式 在操作系统中,虚机处于待用状态的一种方式,即,虚机未在运行,但连接时间仍在累计,并且还能在终端上显示出信息来。或许在一个指定的时间间隔的末尾,或者在用户向 CP(控制程序)发出引起注意(中断)信号时,该虚机便被激活。参见 signaling attention。

SLIB 子系统库 subsystem library 的缩写。

SLIC 用户线接口电路 subscriber line interface circuit 的缩写。

slice 限波,位片,薄片 (1)一个波形位于零轴同侧的两个给定幅度界限之间的那部分波形。参见 time slice。(2)一种特殊类型的芯片结构,这种结构能够实现多芯片的级联和重叠使用,因而能增加机器字长。(3)薄片是晶片的另一个术语。同 wafer。

slice architecture 位片结构 一种处理机构成结构,使用多个位数较少的处理器芯片并联构成位数较多的处理器。

slice layer (SL) 宏块条层 在 MPEG(活动图像专家组)-2 视频流层结构里,SL 由附加数据和一系列宏块组成,其最小长度 = 1 个宏块,当长度 =图像宽度时,就成了 MPEG-2 层面中最大宏块条长度。为了隐匿误差,提高图像质量,将图像数据分成由若干个宏块或宏块条组成的一条条位串。一旦某宏块条发生误差,解码器可跳过此宏块条至下一宏块条的位置,使下一宏块条不受有误差而无法纠正的宏块条的影响,一个位串中的宏块条越多,隐匿误差性能就越好。为此,附加数据部分定义了宏块条在整个图像中的位置、默认的全局量化参数、优先切换点(PBP)。在离散余弦反变换(IDCT)时,SL 可提供重新同步功能。

slice network 片式网络 数据通信中,指可独立的网络模块,根据需要或方便,可以把它设置在许多地方,如果与主系统的连接临时被切断,它能独立地继续操作,并将规范地完成集中式操作中心的处理功能。

slicer 限幅器 一种有效地放大限波部分的电路。

slicing 分片 参见 time slicing。

slide 幻灯片 在计算机上的静止图形、图像或图表的显示。

slide imager 幻灯片图像输入器 在多媒体中,一个将 35mm 彩色幻灯片转换成视频输入的设备。

slider 滑块,浮动块 (1)一个图形显示,表示一个数量与其可能的数值之间的关系,用户可以用滑块改变数值。(2)一个小型的交互式滚动条图形对象,控制文本或图形信息在显示窗口的水平和垂直移动。

slider arm 滑块臂 数值的一个图形显示和改变机制。参见 slider。

slider box 滑块盒 滚动条的一部分,显示窗口中可见信息对于全部信息的位置的大小。

slider-type rheostat 滑线式变阻器 使接触点在密绕的金属电阻丝上移动,以变更电阻值的变阻器。用手柄旋转操作的称旋臂滑线式变阻器。参见 rheostat。

slide rule 计算尺 电子计算器出现之前的一种常用计算工具。由两把有刻度的尺构成,其中一把嵌在另一把尺的中间并能滑动。把两把尺上一定的刻度对准,即能求出运算的结果。应用于乘、除、乘方、开方、三角函数及对数等运算。计算尺是英国人在 1620 ~ 1630 年间发明的。

slide show presentation 滑块显示 同 storyboard。

S

sliding contact 滑动触头 触头间的相对运动方向与接触表面平行的一种触头。

sliding setting entry device 滑动定位输入装置 在这种数据转录装置上，数据的输入不是通过按键，而是通过设定定位器或开关。如在早期的一种穿孔机上，孔的位置由移动一把杆来确定，后来将类似原理用于中文字符输入的装置。

sliding window 滑动窗口 防止网络中流通信息出现拥挤的一种有效机制。使用这种机制的协议在发送数据流时，在发送方收到应答之前允许发出若干个报文分组。

S

sliding window flow control 滑动窗口流量控制 流量控制的一种方法，使用这种方法时，接收者允许发送者发送数据直到窗口满为止。

sliding window protocol (SWP) 滑动窗口协议 滑动窗口协议是一种改进的连续 ARQ(自动重发请求)协议，它在发送端和接收端分别设定所谓的发送窗口和接收窗口。发送窗口用来对发送端进行流量控制，而发送窗口的大小就代表在还没有收到对方确认信息的情况下发送端最多可以发送多少个数据帧。同理，在接收端设置接收窗口是为了控制可以接收哪些数据帧而不可以接收哪些帧。在接收端只有当收到的数据帧的发送序号落入接收窗口内才允许将该数据帧收下。若接收到的数据帧落在接收窗口之外，则一律将其丢弃。当接收端接收到了接收窗口内起始的那个数据帧后，接收窗口将向前移动。同理，当发送端收到了发送窗口内起始帧对应的确认帧之后，发送窗口也将向前移动。显然，只有在接收窗口向前移动时，发送窗口才有可能向前移动。正因为收发两端的窗口按照以上的规律不断地向前滑动，因此这种协议称为滑动窗口协议。

SLIH 二级中断处理器 second level interrupt handler 的缩写。

SLIP (1)串行线路互连协议 serial line internet protocol 的缩写。(2)可服务性级别指示字处理技术 serviceability level indicator processing 的缩写。

slip 滑移(错误) 由于数字序列位移引起的数字丢失或增添。参见 controlled slip。

Slip language Slip 语言 一种表处理语言。除了一小部分汇编语言子例程外，均采用 FORTRAN 的形式，因此 Slip 使用标准 FORTRAN 子例程非常容易。Slip 的另一个特点是使用对称表。参见 LISP。

slippage 滑动 滑动底片和相纸之间的相对移动，是导致相片不清晰的一种因素。

sliver 存储条 在某些系统上，指存储器的一个小部分，通常为 32 个字节。

SLL 静态连接库 static link library 的缩写。

SLOC 源行代码 source lines of code 的缩写。

slope compensation 倾斜补偿 通常指放大器倾斜补偿的增益的控制作用。同时改变放大器的增益和放大器中均衡器的斜率可以均衡各种不同形式和长度的电缆。

sloped Roman 斜体罗马字 见 oblique。

slope-keypoint compaction 斜率-键点压缩 一种数据压缩手段，其方法是对一些特定的偏离点进行描述。只要偏离不超过预先规定的值，就传送这一偏离的斜率。一旦超过规定的值，就对新的斜率或键值进行描述。这样可以减少数据传送所需要的时间和空间。

slope overload dIstortion 斜率过载失真 增量调制系统中量化误差产生的失真的一种。斜率过载失真产生原因是由于当输入信号的斜率较大，调制器跟踪不上输入信号的变化。

slot-and-filler 槽和槽值 程序中数据结构的一种表示法。每个数据结构以固定数目的槽来表示其特征；每个槽都用一个特别值填充。槽和槽值的概念常用于表示语义网中的节点或框架系统中的框架。

slot-filling 填槽 对话期间或预约时间内将值赋予框架表示中的槽。

slot group 页槽组 在某些操作系统中，分页设备的一个柱面内处于一条或多条磁道上的一组页槽。

slot-mask CRT 槽状掩膜 CRT 条栅 CRT(阴极射线管)和点栅 CRT 两者的优点。它采用 0.25 毫米间隔掩膜的椭圆形荧光条，对水平清晰度和垂直清晰度均有改善，而且聚焦性能更好，适合于做与文字相关的应用。参见 dot-trio shadow-mask CRT, aperture grille CRT。

slot number 页槽号 在某些操作系统中，涉及一个页槽的外部页面地址的一部分，它与一个设备号及一个组号一起标识一个页面在外部分页存储器上的位置。

slot sorting 页槽排序 在操作系统中，由 CP(控制程序)分页管理程序使用的一种技术，在读写分页设备上的页面时，可用它来减少所需要的独立通道程序的数目，即在同一通道程序上，把那些读写位于不同相对记录位置、但在同一磁道或柱面的页面的工作成组地完成。

slotted ring 有槽环 也称“时间片环”。一种环形网络的介质访问方法。所有设备都连接到环路上，并使用一个附加的监视设备确保环路上具有固定数量的报文槽，这些槽在一个方向上绕着环路循环。某个设备把报文放在空槽中进行发送，所有的设备都读取该报文，然后初始的设备把该报文移去。

slotted-ring control 带槽的环路控制 在环路网络配置中，一种环路控制方案，在该方案控制下，环路内的任何站均可在若干个空闲的固定长度的数据槽中的一个内放置一个数据包，这种带有相应的地址信息的数据槽围绕着环路连续地流动，每一个站检查每个数据包中的地址信息，并拷贝下分配给自己站的帧内容，在接收站已经拷贝之后，发送站就从槽中删掉该数据包同时释放那个槽。参见 master node control, register insertion, token access control。

slotted-ring network 分槽环网，带槽环形网络 一种在数据间进行单向数据传输的环形网络，它可以在一个传输媒体的传输流上将数据送到预定的传输槽内，因而数据可以返回到原来的站。

slot time 槽时 在某种载体意义上的多通路网络中，一种与时间单位有关的实施方案，当发生(传输)冲突的情况下，将该时间单位乘以一个随机产生的整数以确定数据站再次发送的延迟时间。

slow association control channel (SACCH) 慢速随路控制信道 与 TCH(业务信道)随路的慢速控制信道，它传送在会话过程中的一些慢速信令，如时间提前量、功率控制等信息。

slow device 慢速设备 在数据传输速率上低于磁带机(800 Bps)的存储部件和输入/输出设备，这种设备也称"慢速外围设备"。例如，卡片机、纸带读入机、穿孔机、打印机、文件阅读机等。

slow emulsion 慢感光乳剂 一种感光度较低的照相胶片覆盖层。

slow fading 慢衰落 在无线通信系统中，由障碍物阻挡造成阴影效应，接收信号强度下降，但该场强中值随地理改变变化缓慢，故称慢衰落，也称阴影衰落、对数正态衰落。比较 fast fading。

slow frequency hopping (SFH) 慢跳频 跳频可分为快速跳频和慢速跳频。在 GSM(全球移动通信系统)中采用的是慢速跳频，特点是在一个完整的突发脉冲期间频率保持不变，而在两个相邻的突发脉冲之间改变信道使用的频率，约为 217 次/秒。

slow motion 慢动作 在视频系统中，一种将视频信息序列缓慢播放的模式。

slow scan TV 慢扫描电视 通过电话线一帧一帧地进行电视图像传送。这种传送不是实时的，传送一帧图像往往需要数秒钟时间。

slow start 慢启动 TCP(传输控制协议)控制信道拥挤的措施之一。是指每出现一次超时，拥塞窗口都降低到 1，收到一个确认应答时窗口尺寸再增加。这样慢启动既能防止信道立即被通信量淹没，又防止信道因突然出现无通信量又突然拥挤来回摆动而形成的系统不稳定现象。参见 multiplicative decrease, congestion avoidance。

slow storage 低速存储器 其存取时间与 CPU 的运算速度相比较长，并与其他快速存取外部设备相比速度较低的一类存储器。

slow time scale 慢速时标 同 extended time scale。

SLP 业务逻辑程序 service logic program 的缩写。

SLR (1)服务级报告程序 service level reporter 的缩写。(2)语法自左至右 syntax left-right 的缩写。(3)侧视雷达 side-looking radar 的缩写。

SLSI 超大规模集成电路 super large scale integration 的缩写。

SLT (1)固态逻辑技术 solid logic technology 的缩写。(2)会话表 session list table 的缩写。

SLU 次级逻辑单元 secondary logical unit 的缩写。

slug core 棒形磁芯 杆状的磁芯，在它外面绕上绕组。

SLU key 次逻辑单元密钥 在通信系统软件中，一种密钥，用它对(包含在)送往次逻辑单元的 BIND 请求块中的密码会话密钥进行加密。

SM (1)空间复用 space multiplexing 的缩写。(2)存储器模块 storage module 的缩写。

small capitals 小号大写字母 同 small caps。

small caps 小号大写字体 在字型上与通常大写字母一样，但是大小接近于小写字母的字体。

small computer system interface (SCSI) 小型计算机系统接口 由美国国家标准协会(ANSI) X3T9.2 委员会定义的并行接口标准。用于计算机主机与硬盘和打印机等外设的连接，也可用于与其他计算机和局域网的连接。SCSI 卡上有五个通道可以连接多达七个 SCSI 设备。早期的 SCSI 接口有 SCSI-1 和 SCSI-2 两种，SCSI-1 的最大外部数据传输率为 5 MBps，而 SCSI-2 根据使用的频率和总线插槽分为三种类型：快速(FAST-SCSI-2)、宽带(WIDE-SCSI-2)和快速宽带(FAST-WIDE-SCSI-2)。快速 SCSI 使用 8 位或 16 位槽口，提供 10 MBps 的最大外部数据传输率；宽带 SCSI 使用 16 位或 32 位槽口，允许 10 MBps 的最大外部数据传输率；快速宽带 SCSI 允许最大外部数据传输率为 20 MBps。最新的 SCSI 接口是 ULTRA SCSI(也称 SCSI-3)根据使用的频率和总线插槽也分为快速(FAST-SCSI-3)、宽带(WIDE-SCSI-3)和快速宽带(FAST-WIDE-SCSI-3)三种，其中快速 SCSI 和宽带 SCSI 的最大外部数据传输率为 40 MBps，而快速宽带 SCSI 允许最大外部数据传输率为 80 MBps，更快的 Ultra SCSI 可以达到 160 MBps、320 MBps、640 MBps。当然，上面所述只是理论上的极限值。参见 enhanced small device interface, advanced technology attachment (ATA)。

small data set packing 小型数据集组装 在数据装置分层存储的管理程序中，指数据集迁移过程中的一种处理技术。采用这种技术可命名该数据集所占磁道等于或小于指定给实际数据的磁道数据。这些数据集以一个或多个记录的形式写入到位于一级迁移卷的 VSAM(虚拟存储存取法)数据集中。

S

small-data-set-packing data set 小型数据集组装后的数据集 在数据装置分层存储的管理程序中，一个分配在一级迁移卷上的 VSAM(虚拟存储存取法)键标顺序数据集，用它来装载要迁移的许多小数据集。

small grain 小颗粒 (1)在多处理机系统中，指数量较多但功能较简单的处理机。(2)在并行处理机中，指将处理任务分成数量较多的小块分别进行处理。对应于 large grain。

small integer 小整数 在 SQL(结构化查询语言)中的一种数据类型，表示数据是一种二进制 15 位的数。

small keyboard 小键盘 一种输入汉字所采用的键盘。在汉字编码方案中，一种按汉字的笔划进行编码的键盘，即每一种笔划对应于键盘上的一个拉丁字母，通过英文打字键盘，把笔划转换成二进制代码，实现汉字输入。另外，使用汉语拼音编码方案也用小键盘。用这种键盘输入汉字的特点是一字多键，有重码选择。

small mode 小模式 Intel 80X86 处理器系列中的存储模式。小模式仅允许 64 KB 的代码空间和 64 KB 的数据空间。参见 memory mode。

small office/home office (SOHO) 小型办公(室)与家庭办公(室) 越多的人正选择在家里办公，称之为 SOHO 一族。如今计算机技术的发展，为人们提供了远程办公的工作方式，人们只需坐在家中，敲敲键盘，点点鼠标，足不出户即可将工作顺利完成，因为在家办公省时、省力，大大提高了工作效率，现在已被很多国家广泛采用。专家们强调指出，先进的信息技术和员工的自律精神，是保证在家办公取得成效的不可或缺的要素。

small outline package (SOP) 小外形封装 表面贴装型封装之一，引脚从封装两侧引出呈海鸥翼状(L 字形)。封装材料有塑料和陶瓷两种。引脚中心距 1.27 mm，引脚数从 8 ～ 44。小外形封装又逐渐派生出 SOJ (J 型引脚小外形封装)、TSOP (薄型小尺寸封装)、VSOP (甚小外形封装)、SSOP (缩小型 SOP)、TSSOP (薄的缩小型 SOP)、SOT (小外形晶体管)及 SOIC (小外形集成电路)等。

small releases 小规模发布 极限编程(XP)所提倡的一种软件发布方法。XP 要求频繁地发布软件，如果有可能，应该每天都发布一个新版本；而且在完成任何一个改动、整合或者新需求后，就应该立即发布一个新版本。这些版本的一致性和可靠性，是靠验收测试和测试驱动的开发(TDD)来保证的。对于每个新发布的系统，用户都应该可以很容易地进行评估，或者已经能够投入实际使用。这样，软件开发对于用户来说，不再是看不见摸不着的东西，而是实实在在的。参见 extreme programming (XP)。

small scale integration (SSI) 小规模集成电路 集成度少于 10 个门电路或少于 100 个元件的集成电路。参见 integrated circuit (IC)。

small signal bandwidth (SSBW) 小信号带宽 在指定幅值输入信号和特定的频率下，它的输出幅值比低频时的输出幅值下降指定值时，该特定频率称为小信号带宽。参见 signal bandwidth。

Smalltalk language Smalltalk 语言 第一个典型的纯面向对象程序设计语言(OOPL)与环境。它是 Xerox 公司研制的。它的设计思想受到 Simula 的启示。从 1972 年开始研制，以后以每两年一版的速度更新，到 1980 年完成版本 Smalltalk-80。它可以使编制的软件系统符合人的一般思维规律和自然语言。在 Smalltalk 语言中，程序员可以对整个程序的一小部分进行调试，并且立即得到执行结果，这一特性使得 Smalltalk 语言使用起来非常方便。

SMART 自动检测分析及报告技术 self-monitoring analysis and reporting technology 的缩写。

smart 灵活设备，智能装置 任何包含微处理器和存储器并具有某些低级智能的设备或装置。

smart antenna (SA) 智能天线 采用天线阵列，根据信号的空间特性，能够自适应调整加权值，以调整其方向，形成多个自适应波束，达到抑制干扰、提取信号目的的天线。参见 adaptive antenna (AA)。

smart browsing 智能浏览 浏览器帮助浏览网页的用户提供其他与其浏览内容相关的信息。

smart cable 灵巧电缆 见 intelligent cable。

smart card 智能卡 也称 IC 卡，一种用于身份识别且具有高度安全性的集成电路卡。它是一个带有微处理器和存储器等微型集成电路芯片的、具有标准规格的卡片。智能卡必须遵循一套标准(如 ISO 7816)。该标准规定了智能卡的外形、厚度、触点位置、电信号、协议等。智能卡根据装载芯片类型的不同、信息通信方式的不同，又可以分为存储式卡和微处理器卡以及接触式卡、非接触式卡和双界面卡等。智能卡的用途十分广泛，IC 电话卡、金融 IC 卡、社会保险卡和手机中的 SIM(用户识别模块)卡都属于智能卡的范畴。

smart economy 智能经济 由人脑智慧、电脑网络、智能设备为基本要素构成的经济结构、增长方式和社会形态。智能经济依靠新的发现、发明、研究、创新的知识为基础，与数字化、网络化为特征的现代信息技术相结合，是一种知识密集型、智慧型的新经济。参见 knowledge economy。

smart gateway 灵巧网关 在小型网络上配置的一种网关，具有经济易用、适应性强、部署管理简便的特色。灵巧网关可应用于两种工作模式：一是作为单独的安全网关连接到因特网；二是作为 VPN(虚拟专用网)接入设备与 VPN 网关配合组成虚拟专用网络。灵巧网关也可以按用户需求配置，同时完成这两种应用。

smart grid **智能电网** 为了有效地提供可持续的、经济的、安全的电力供应，将发电商、消费者等所有用户的行为智能地集成起来的电力网络。同 smart power grid。参见 strong smart grid。

smart home **智能家居** 以住宅为平台，利用综合布线技术、网络通信技术、安全防范技术、自动控制技术、音视频技术将家居生活有关的设施集成，构建高效的住宅设施与家庭日程事务的管理系统，提升家居安全性、便利性、舒适性、艺术性，并实现环保节能的居住环境。

smart hub **灵巧集线器** 在以太网上用的一种集线器，具有建立在固件中某些网络管理功能，允许网络管理员控制和计划网络的配置。

smart interactive terminal **智能交互式终端** 简称智能终端，即本身带有微处理器的一类交互式终端。这类终端在将数据发送给计算机之前，或者从计算机接收数据之后能够进行一定的处理，从而可大大减轻计算机的工作量。

smart linkage **灵巧[智能]连接** 像 C＋＋语言所具有的特性。保证子例程总能以正确的参数类型被调用。一般 C 语言中没有这种特性。

smart machine **智能机** 包含基于微处理器电子线路的任何设备，能使这种设备或根据外部条件一个个交替执行操作序列，或反复执行一系列指令直到所列条件完成。如带有微处理器的洗衣机、烤面包箱、咖啡壶、电饭锅等。

smart media card **智能介质存储卡** 又称"固态软盘卡"，其大小与火柴盒相似，厚度约 3 mm，是专门针对数码相机和掌上电脑设计的，具有嵌入式和纠错功能，读写电压为 3.3 ～ 5 V，但是由于没有内置控制器导致其兼容性较差。参见 flash card，compact flash card，ATA flash card。

smart network service **灵巧网络服务** 由 Novell 公司在其全球网络方案中提出的一种网络服务策略。参见 single global network。

smart peripheral **灵巧外部设备** 诸如终端或打印机之类的外部设备，它含有自己的处理机和存储器，以致能减轻主机系统的许多功能。这些功能通常与外部设备有关。

smart phone **智能手机** 是指具有独立的操作系统，可以由用户随意安装和卸载软件、游戏、导航等第三方服务商提供的程序，通过此类程序来不断对手机的功能进行扩充，并可以通过移动通信网络来实现无线网络接入的一类手机的总称。

smart power grid **智能电网** 建立在集成的、高速双向通信网络的基础上，通过传感和测量技术、先进的控制方法以及进的决策支持系统技术的应用，实现电网的可靠、安全、经济、高效、环境友好和使用安全的目标。其主要特征包括：①自愈，能够自动检测、分析故障，实现故障隔离和系统自我恢复；②坚强，能够有效抵御自然灾害或人为的外力破坏，保证电网安全可靠运行；③经济，支持电力市场运营和电力交易的有效开展，实现资源的优化配置，降低电网损耗，提高能源利用效率；④集成，实现电网信息的高度集成和共享，采用统一的平台和模型，实现标准化、规范化和精益化管理；⑤优化，优化资产的利用，降低投资成本和运行维护成本。

SMART principles **SMART 原则** 实施目标管理的 SMART 原则。①绩效指标必须是具体的(specific)；②绩效指标必须是可以衡量的(measurable)；③绩效指标必须是可以达到的(attainable)；④绩效指标是实实在在的，可以证明和实际的(realistic)；绩效指标必须具有明确的实现期限(time-based)。

smart search **智能搜索** 智能搜索是依据知识内容和知识关联来求解问题的过程，是一种特殊形式的人工智能推理技术。智能搜索寻求能合理利用知识尤其是人类的经验知识来引导搜索过程，如控制搜索路线、演算步骤等，以便从初始状态，沿着最优或最经济的途径，有效地转移到所要求的目标状态，实现问题求解过程的智能化。例如，语义推理、案例推理、启发式搜索、知识检索等。

smart terminal **灵巧终端** 一个包含了自身处理电路的终端。它可提供多种显示特性，还包括与微机或主机通信的内部通信协议，不仅可以从主机检索数据，还可进行其他处理操作，并运行主机传送来的程序。它的功能介于哑终端和智能终端之间。

smart terminal characteristics **灵巧终端特性** 交互式灵巧终端具有下述特性：①带有存储器；②具有用户与终端或计算机的交互作用；③能存储程序；④部分处理工作在终端完成；⑤通过通信线路可与大型中央计算机或数据库联机；⑥方便用户使用的输入装置，如键盘或光笔等；⑦方便用户使用的输出装置，如串行打印机或 CRT(阴极射线管)等。

SmartX **SmartX 技术** 一种软件技术。该技术可简化智能卡应用程序的开发和部署过程，使卡片和终端之间不再有依赖性关联，并允许通过 Web 对应用程序实施维护。SmartX 是一种基于 XML(可扩展标记语言)的技术，它使得在不同型号智能卡上实施同一应用程序变得十分简单，软件开发人员可以编写与特定制造商卡片管理协议无关的智能卡应用程序。

SMASH **服务器硬件的系统管理架构** systems management architecture for server hardware 的缩写。

SMB **服务器报文块** server message block 的缩写。

SMC **表面安装组件** surface mount component 的缩写。

SMD **表面安装器件** surface mount device 的缩写。

SMDS **交换式多兆位数据服务** switched multi-megabit data service 的缩写。

S

SMDS addressing SMDS 寻址 交换式多兆位数据服务(SMDS)数据单元地址安排和寻址的机制。SMDS 数据单元包含信源地址和信宿地址。信宿地址是 10 位数字地址,类似于电话号码。信宿地址可以是集合地址,因而可以实现多点播送。在数据单元离开信源网络时对信源地址进行筛选,到达信宿网络时对信宿地址进行筛选,从而保证信源地址和信宿地址的合法性。这种特点允许用户建立自己的虚拟网络,屏蔽不期望的信息。连网设备分为不同访问等级,等级高的设备可使用更高的传输率。参见 SMDS data rate, switched multi-megabit data service (SMDS)。

S

SMDS customer premises equipment (CPE) SMDS 客户前端设备 在交换式多兆位数据服务(SMDS)网络环境中,客户所用的网络连接设备,如路由器和网桥等。用户借助于这些设备与 SMDS 网络相连接,通过分布式队列双总线(DQDB)协议访问 SMDS,并利用 SMDS 网络提供的高速互联网络服务设施。有两种 CPE 配置:单个 CPE 配置和多个 CPE 配置。在单个 CPE 配置中,只需要把交换机与 CPE 连接起来就可以访问 SMDS 网络;在多个 CPE 配置中要把交换机与多个 CPE 都连接起来,并使用分布式队列算法访问 SMDS 网络。参见 switched multi-megabit data service (SMDS)。

SMDS interface protocol (SIP) SMDS 接口协议 访问交换式多兆位数据服务(SMDS)网络时使用的协议。该协议是以 IEEE 802.6 城域网标准使用分布式队列双总线(DQDB)协议为基础制定的。因而同 DQDB 协议一样,SIP 也可以用于传输数据、语音和视频多兆位信息。SIP 数据单元可容纳 9 188 字节的用户数据,因而可以封装 IEEE 802.3、802.4、802.5 以及 FDDI(光纤分布数据接口)的数据帧。参见 switched multi-megabit data service (SMDS)。

SMDS interface protocol (SIP) levels SMDS 接口协议分级 交换式多兆位数据服务(SMDS)接口协议在逻辑上所分的级别。SIP 分为三级,第三级为最高级,第一级为最低级。第三级和第二级都有自己的协议数据单元(PDU),第一级是二进制位流。SMDS 服务数据单元(SDU)前加头后加尾形成 SIP 的第三级协议数据单元;再把第三级协议数据单元适当分割,加上第二级 PDU 本身功能,再分别前加头后加尾,形成第二级协议数据单元。参见 switched multi-megabit data service (SMDS)。

SME 短消息实体 short message entity 的缩写。

smear smear 方法 多媒体中的一种显示艺术,图片中的垂直边界向左右展开。

smectic LCD 碟状结构液晶显示器 一种液晶显示器,碟状结构液晶是液晶的一种结晶状态,呈现脂膏状。

SMF (1)系统管理程序 system management facilities 的缩写。(2)系统测量程序 system measurement facility 的缩写。(3)单模光纤 single-mode fiber 的缩写。

SMG 短消息网关 short message gateway 的缩写。

SMI 管理信息结构 structure of management information 的缩写。

SMIL 同步多媒体集成语言 synchronized multimedia integration language 的缩写。

smiley 笑脸符 在新闻组和电子邮件中使用的标点法。一个笑脸符是一个小的图案,只使用常见的字符,用户只需把头向左偏,就可看到它的样子象一张脸,如符号:-)表示高兴,而符号:-(表示难过。

S/MIME 安全通用因特网邮件扩充(标准) secure multipurpose Internet mail extensions 的缩写。

SMIS 管理信息系统学会 Society for Management Information Systems 的缩写。

SMM (1)系统管理模式 system management mode 的缩写。(2)系统管理监控程序 system management monitor 的缩写。

SMN SDH 管理网 SDH management network 的缩写。

smoke testing 冒烟测试 冒烟测试的对象是每一个新编译的需要正式测试的软件版本,目的是确认软件基本功能正常,可以进行后续的正式测试工作。冒烟测试的执行者是版本编译人员。

SMON 交换网络监控标准 switch monitoring 的缩写。

smooth (使)平滑 减轻或消除数据急剧波动的处理过程。参见 exponential smoothing。

smooth direct current 平滑直流电流 将脉动直流电流经滤波电路滤波后形成的没有纹波(或可忽略)的直流电流。

smoothed data 平滑(处理过的)数据 经过平滑滤波处理的数据。如对于曲线或图形等,通常用忽略随机出现的数据,或者通过逐次平均的办法来处理。平均后的统计数据。例如曲线图就是一种平滑数据。

smoothing 平滑 将曲线与曲面拟合为一个光滑且连续的几何形状。参见 fairing。

smoothing algorithm 平滑[修匀]算法 用于在随机文件的地址空间中尽可能均匀地分布记录的算法。

smoothing reactor 平波电抗器 接在直流侧,以降低直流电流脉动幅度的电抗器。比较 filter reactor。

smoothing splines 平滑样条 由函数平滑法得到的样条若 $f(x)$ 是阶梯函数,其 k 次平滑函数

$f_k(x)$恰好是k次多项式样条，称为k次平滑样条。B样长即可用单位方波函数经反复平滑后得到。

smoothness of curve 曲线的平滑态 一种把测绘点连成一条连续的曲线的状态。

SMP (1)系统修正程序 system modification program的缩写。(2)对称多处理 symmetric multiprocessing的缩写。(3)会话管理协议 session management protocol的缩写。(4)业务管理点 service management point的缩写。

SMP/E 扩展的系统修正程序 system modification program extended的缩写。

SMPP 短消息点对点协议 short message peer to peer的缩写。

SMPS 开关电源 switching mode power supply的缩写。

SMPTE 电影和电视工程师协会 Society of Motion Picture and Television Engineers的缩写。

SMPTE time code SMPTE时间码 也称"标准时间码"。由SMPTE(电影和电视工程师协会)开发的一种帧编号系统，给每一个视频帧信号赋予一个数值。8位数字格式是HH:MM:SS:FF(小时、分钟、秒、小数)。

SMQ 保存/恢复报文队列 save/restore message queues的缩写。

SMS (1)存储管理子系统 storage management subsystem的缩写。(2)SDH管理子网 SDH management subnetwork的缩写。(3)短信服务，短消息服务 short message service的缩写。

SMSC 短信服务中心 short message service center的缩写。

SMSG 短消息网关 SMS gateway的缩写。

SMS gateway (SMSG) 短消息网关 为支持移动发起和终止的短消息，它起到短消息服务中心(SC)与PLMN(公共陆地移动电话网)之间的网关作用。其中，SMSG具有从短消息服务中心接收短消息，向HLR(归属位置寄存器)询问路由信息，并向MS(移动台)所在拜访MSC(移动业务交换中心)转发短消息的功能。SMSG从PLMN中接收短消息，并发送给接收的短消息服务中心。

SMS PP 点对点短消息业务 short message service point to point的缩写。

SMT (1)表面黏贴式封装技术 surface mounting technology的缩写。(2)段映像表 segment map table的缩写。(3)站管理 station management的缩写。

SMTP (1)简单邮件传送协议 simple mail transfer protocol的缩写。(2)短消息传输协议 short message transmission protocol的缩写。

SMU 标尺测量单位 scaled measurement unit的缩写。

smudge 斑点，污点 由于涂抹而在OCR字符原始边界上产生的墨迹。

SMZ 软转接多谐振零交叉(电源) soft-switching multi-resonant zero-cross的缩写。

S/N 信噪比 signal/noise的缩写。

SN (1)顺序号 sequence number的缩写。(2)业务节点 service node的缩写。(3)超级节点 super node的缩写。

SNA 系统网络体系结构 systems network architecture的缩写。

SNA character string (SCS) SNA字符串 在SNA(系统网络体系结构)中，由EBCDIC(扩充的二进制编码的十进制交换代码)控制字符组成的有选择地同最终用户的数据混合在一起的一种字符串，并在请求/应答信息块内传送的。

SNA gateway SNA网关 把SNA(系统网络体系结构)主机连接到局域网的硬件和软件设备。

snail Logo 蜗牛Logo 海龟绘图的一个版本。它有基本的海龟绘图命令：FORWARD，BACKWARD，LEFT，RIGHT，DOWN和UP。使轨迹可见或不可见。COLOUR决定蜗牛轨迹的颜色，而命令POSITION是移动蜗牛到屏幕上的绝对位置。

SNALINK SNA网络连接 SNA network link的缩写。

SNA network SNA网络 在SNA(系统网络体系结构)中，遵从系统网络结构的格式及协议的用户应用网络的一部分，它保证在最终用户之间可靠地传送数据，并提供控制各种网络配置资源的协议。SNA网络由NAU(网络可访问单元)、边界功能部件以及通路控制网络组成。

SNA network interconnect SNA网络互连 一种允许用户将两个SNA(系统网络体系结构)网络，或SNA和非SNA网络互相连接的功能。

SNA network link (SNALINK) SNA网络连接 TCP/IP(传输控制协议/网际协议)产品的一个功能，用于VM(虚拟机)和MVS(多重虚拟存储系统)，使用户能够使用SNA(系统网络体系结构)子区域路由以使用TCP/IP协议传输数据。SNALINK为SNA网络和TCP/IP的接口。

SNA node SNA节点 一种支持SNA(系统网络体系结构)协议的节点。

snap 归整 在CAD/CAM(计算机辅助设计/计算机辅助制造)系统中将一个坐标系中的位置映射到另一个坐标系中与之最近的位置。一般当两个坐标系精度(或分辨度)不同时，就需要进行归整。例如，假设数字化仪的分辨度比显示器的分辨度高，那么对于在数字化过程中输入的点，显示程序就必须把它归整到最近的像素点去。

S

SNAP 子网访问协议 subnetwork access protocol 的缩写。

SNAP/SHOT 系统网络分析程序/模拟主机综合技术 system network analysis program/simulated host overview technique 的缩写。

snapshot 快照，抽点打印 (1)全球网络存储工业协会(SNIA)对快照的定义是：关于指定数据集合的一个完全可用拷贝，该拷贝包括相应数据在某个时间点(拷贝开始的时间点)的映像。快照可以是其所表示的数据的一个副本，也可以是数据的一个复制品。(2)在程序运行过程中，某些指定时刻执行的通常是经过挑选的某些存储区的内容的打印。抽点打印能够为程序调试提供必要的运行信息。

snapshot copy 快照拷贝 在线存储设备防范数据丢失的有效技术之一。存储系统中快照拷贝有三种使用方法：冷快照拷贝、暖快照拷贝和热快照拷贝。参见 cold snapshot copy，warm snapshot copy，hot snapshot copy。

snapshot debugging 抽点打印调试 一种诊断和调试支持。程序可以根据要检查的寄存器和累加器的内容规定程序段的起点和终点。这种技术不仅可以指示各种寄存器和累加器的内容，而且还可以指出某些存储单元的内容。

snapshot density queries (SDQ) 快照密度查询 一种空间移动对象的查询，就是查找某个指定时刻的所有密集区域。例如“给定一个二维的空间区域，查找在上午 9 点整每平方千米车辆的总数超过 100 的所有区域”。参见 density queries，period density queries (PDQ)。

snapshot dump 快照转储 (1)一个或几个特定存储区内容的动态转储。(2)机器运行中某些选定点处执行的动态转储。

snapshot program 快照程序 一种仅对所选择的指令，或者在所选择的条件下产生输出数据的跟踪程序。它能在某瞬时捕获系统软硬件的运行状态。当跟踪程序是一解释程序时，它被称为解释性跟踪程序；而当跟踪程序仅对选择的指令或指令集或单个条件产生输出时，它被称为快照程序。

SNA remote job entry SNA 远程作业输入系统 在 SNA(系统网络体系结构)中，一种允许用户在 SNA 网络环境中与主机系统进行通信的远程作业输入系统。

SNA station SNA 工作站 一种支持 SNA(系统网络体系结构)协议的工作站。

SNAT 静态网络地址转换 static network address translation 的缩写。

SNA terminal SNA 终端 一种能支持 SNA(系统网络体系结构)协议的终端。

SNBU 交换网络后备支持 switched network backup 的缩写。

SNC 子网连接 subnetwork connection 的缩写。

.snd 可互换音频文件名后缀 一种在 Sun、NeXT 和 Silicon Graphic 等公司生产的计算机上所使用的可互换声音格式的文件扩展名，该文件由经文本标识符处理的原始音频数据组成。

SNDC 子网相关会聚层 subnetwork dependant convergence 的缩写。

SNDCP 子网相关会聚层协议 subnetwork dependent convergence protocol 的缩写。

sneak current 寄生电流 一种从其他电路进入电话电路的漏电流，其值较小，不足以立即引起损坏，但是，若允许持续存在，则能产生有害的热效应。

sneaky wave 隐形波 喻意不会被侦测到的电磁波。

SNI (1)业务节点接口 service node interface 的缩写。(2)排序节点插入 sorted node insert 的缩写。

sniffing 嗅探 对计算过程作偏差检测和校正的方法。

sniffing attack 嗅探攻击 试图在网络的路由器上通过使用嗅探器或其他设备获得数据传输内容。

SNMP 简单网络管理协议 simple network management protocol 的缩写。

snooping 窥探 高速缓存中的一种数据一致化技术。当由高速缓存控制器之外的某个中介者执行一个存储器访问时，高速缓存控制器必须窥探这个事件，以确定当前访问主存的单元是否驻留在高速缓存中。如果访问主存的单元也驻留在高速缓存中时，高速缓存控制器就必须采取适当的动作，以保证高速缓存中的数据与主存中的一致性。

snow 雪花干扰 (1)在电视机上，由干扰所引起的显示图像的暂时畸变。(2)计算机显示中，一种特殊的畸变，特征是像素点随机地闪烁。这种现象是由于微处理器和显示硬件试图同时使用视频存储器而产生的相互干扰所致。

SNPA 子网连接点 subnetwork point of attachment 的缩写。

SNR 信噪比 signal-to-noise ratio 的缩写。

SNRM 集合正常响应模式 set normal response mode 的缩写。

SNS 社交网络服务 social networking services 的缩写。

SO (1)只发送 send only 的缩写。(2)切断序列 shutoff sequence 的缩写。

SOA (1)面向服务的体系结构 serve-oriented architecture 的缩写。(2)半导体光放大器 semiconductor optical amplifier 的缩写。

SOAD 面向服务的分析和设计 serve-oriented analysis and design 的缩写。

SOAP 简单对象访问协议 simple object access protocol 的缩写。

SOC (1)片上系统 system on chip 的缩写。(2)控制领域 sphere of control 的缩写。(3)安全运行中心 security operation center 的缩写。

social economic information 社会经济信息 表征社会经济学科研究对象、理论、方法、数量、质量、分布状况等的信号和消息。广义的社会经济信息是一定区域范围内除自然资源信息以外的所有其他资源信息的总称。

social information 社会信息 人类在社会运作过程中出现的信息。即作为形成社会的基本因素的个人或组织所生产、处理、存储、使用,同时在这些个人或组织间相互流通的信息。社会信息的来源有两大方面:一是来源于人们对自然信息的观察研究;二是来源于人们构成社会时,社会系统联系沟通的需要,以及反映和交流人们的思想感情及意识形态的需要。社会信息是比自然信息复杂得多的信息。社会信息是符号信息,是对自然和社会现象的抽象,如数字是对事物量的抽象,而文字是对各种现象质的抽象。

social informatization 社会信息化 通过现代信息技术和网络设施把信息资源充分应用到社会各个领域的过程。社会信息化是指一切社会活动领域里实现全面的信息化。是以信息产业化和产业信息化为基础,以经济信息化为核心向人类社会活动的各个领域逐步扩展的过程。社会信息化主要表现为:信息成为社会活动的战略资源和重要财富,信息技术成为推动社会进步的主导技术,信息人员成为领导社会变革的中坚力量。社会信息化的主要目标是最大限度地开发利用信息资源,提高社会各领域信息技术应用和信息资源开发利用的水平,为社会提供更高质量的产品和服务,促进全社会信息化。参见 information society。

social integrated emergency response system (SIERS) 社会应急联动系统 快速反应的通信系统与信息系统有机集成的平台,统一协调公安、消防、交警、急救、公益、民防等政府部们,为市民提供快速、及时的各种求助和各种相应应急服务。

social network 社会网络 由于相同的价值观、态度、抱负而把一个人同其亲戚、邻居和朋友等社会性地联系起来的相对稳定的关系体系。社会网络关注的是人们之间的互动和联系。

social networking services (SNS) 社交网络服务 即社会性网络服务,专指旨在帮助人们建立社会性关系网络的互联网应用服务。

social resources 社会资源 在一定时空条件下,人类通过自身劳动在开发利用自然资源过程中所提供的物质和精神财富的统称。社会资源包括的范围十分广泛,在当前的技术经济条件下,主要是指构成社会生产力要素的劳动力资源、教育资源、资本资源、科技资源等非实物形态的资源。

***Social Sciences Citation Index* (*SSCI*) 《社会科学引文索引》** SSCI 是由美国科学信息研究所(ISI)创建的,为 SCI 的姊妹篇,是目前世界上可以用来对不同国家和地区的社会科学论文的数量进行统计分析的大型检索工具。内容覆盖人类学、法律、经济、历史、地理、心理学等 55 个领域。收录文献类型包括:研究论文,书评,专题讨论,社论,人物自传,书信等。SSCI 从 3 400 余种自然科学期刊中,通过计算机检索文章主题和引文后,生成一个与社会科学相关的文献目录,此目录再经 ISI 编委会审核,选择与社会科学密切相关的文献加入 SSCI。参见 Science Citation Index (SCI)。

social software 社会软件 支持全体交互的一类软件。包括网络游戏、博客、即时通信、互联网聊天和其他的拥有多对多社群系统。社会软件已经成为一种新媒体,形成网络化的人际传播。

social user interface (SUI) 社会用户界面 一种第三代用户界面技术。第一代是字符用户界面,第二代是图形用户界面。第三代用户界面通过一个如同实际生活和日常工作环境的软件界面来集成管理各种常用软件,必要时在卡通人物或动物的语言和动作的引导下进行操作,使用户感觉亲切舒适,各种操作对象一目了然,易学易用。

Society for Computer Simulation (SCS) 计算机模拟学会 在 1952 年 11 月召开的一次会议上成立了模拟委员会。1956 年,各地区委员会选举成立了模拟委员会理事长理事会。1957 年,成立了模拟委员会公司(SCI)。1972 年起模拟委员会采用现名。其宗旨是:促进模拟和相关计算机工艺技术的发展。主要活动有:召开会议和非正式讨论会;出版会议和论文报告;与其他技术学会、教育和其他组织合作,共同开展有助于模拟和相关计算机工艺技术发展的活动。SCS 出版物有:*Simulation*,*Simulation Councils Proceedings* 和 *Simulation Today* 等。

Society for Industrial and Applied Mathematics (SIAM) 工业和应用数学学会 1952 年成立。其宗旨是:推动数学进一步应用于工业和科学;促进对数学的基础研究,以导致有新的方法和技术用于工业和科学;在数学家和其他科技人员之间提供交流信息和思想的媒介。SIAM 出版八种研究杂志,其中四种是计算机科学家特别感兴趣的。这四种杂志是:*SIAM Journal on Computing*,*SIAM Journal on Numerical Analysis*,*SIAM Journal on Algebraic and Discrete Methods* 和 *SIAM Journal on Scientific and Statistical Computing*。

Society for Management Information Systems (SMIS) 管理信息系统学会 1968 年成立。其宗旨是:致力于提高管理性能和信息交换,帮助会员找到管理信息系统新的应用,回顾有关管理信息系统技术上和理论上的发展。SMIS 的主要活动有:每年夏末或秋初召开一次年会,就学会会员需要和管理信息系统领域当前的关键问题进行讨论;出版专业杂志*MIS Quarterly*;主办或同其他专业组织合办专题讨论会和座谈会。

Society of Motion Picture and Television Engineers (SMPTE) 电影与电视工程师学会 原为电影工程师学会。成立于1916年1月24日,由于电视的迅速发展,1950年改名为电影与电视工程师学会。SMPTE在动作影像领域的理论与开发方面一直居领先地位。至今,SMPTE推出了美国国家标准协会(ANSI)认可的标准、推荐方案和工程指南,以及SMPTE期刊和其同行评审的技术文章。

S

socket 插口,端口,插座,套接字 (1)与插入式元器件(如电子管、半导体集成电路器件等)相配的连接器;(2)由绝缘插座体、接触件和锁定件等组成的和插头配对的连接器的插合、分离体,在计算机组装设计中,插座一般装入阴性接触件(插孔)并安装、固定在安装板上,但是悬挂式的也用得不少。(3)计算机网络系统中一种命名进程的中间媒体功能单元,也称"信口"。当网内异种机进行通信时,它将进程的命名方法在全网内统一格式化。套接字一般由用户号、主机号和套接字属性位组成。在连接时,发送套接字好比是插头,而接收套接字好比是插座,他们之间的耦合实现了两个进程间的通信。(4)在Novell网中,指IPX(网络互联包交换)网间节点地址的一部分。它代表IPX分组的目的地。某些套接字是由NetWare为特别的应用所保留的。

socket address 套接字地址 一个唯一地标识通信端点的数据结构。套接字地址由一个端口号和一个网络地址组成。还指定协议系列。参见 protocol family。

socket API 套接字 API 应用程序用于网络通信的一组过程。用该名称是因为组内包含有建立通信必须调用的Socket过程。参见 application program interface (API)。

socket 370 socket 370 插座 Intel公司赛扬(Celeron)处理器的接口方式,它的封装形式在外观上与socket 7非常相似,不同的地方是socket 370有370个针脚而不是socket 7的321针,比socket 7要整整多出一圈。

SOCKS v5 protocol SOCKS v5 协议 一个需要认证的防火墙协议,在OSI(开放系统互连)模型的会话层控制数据流,它定义了非常详细的访问控制。SOCKS v5在客户机和主机之间建立一条虚电路,可由此对用户的认证进行监视和访问控制。但由于SOCKS v5通过代理服务器来增加一层安全性,因此其性能往往比低层协议差。

SOF 格式开始 start-of-format 的缩写。

soft 软的 由软件产生的暂时的或可以改变的现象,而硬的则指不变的东西。例如,软错误是系统可以恢复的错误;软扇区磁盘指存储单元(扇区)由操作系统定义的磁盘;软回车是由字处理系统插入的一个字符。

soft and hard sectoring 软扇区定位和硬扇区定位 计算机依靠DOS(磁盘操作系统)跟踪磁盘上的记录位置。移动磁头到相关的磁道,然后,待所需要磁道的扇区来到一定位置时,它就能访问任何记录。有两个方法能用来指示磁道上扇区开始处位置:①软扇区定位,要在磁盘上记录一个专门信号;②硬扇区定位,要在磁盘上围绕中心孔穿孔,每扇区一个。

soft bake 软烘焙 硅晶片上涂光刻胶后进行的热处理,目的是除去层上的溶剂。

soft centred 软集中的 在某种计算机中,其指令系统和微码系统的均存放在随机存取的存储器中,并以和操作系统一样的装入方法进行装载。

soft computing (SC) 软计算 传统计算(硬计算)的主要特征是严格、确定和精确。而软计算通过对不确定、不精确及不完全真值的容错以取得低代价的解决方案和鲁棒性。它模拟自然界中智能系统的生化过程(人的感知、脑结构、进化和免疫等)来有效处理日常工作。软计算包括几种计算模式:模糊逻辑、人工神经网络、遗传算法、概率推理和混沌理论。这些模式是互补及相互配合的,因此在许多应用系统中组合使用。

soft copy 软拷贝 一种非永久的信息输出方式,如显示输出。有时也指显示信息复制成录像带等形式保存,其录像带即为软拷贝。

soft decision decoding 软判定译码 利用数字技术对纠错码实现或接近最佳译码的技术。

softer handoff 更软切换 移动台在导频信道的载波频率相同时小区之间的信道切换,即发生在同一频率的两个不同扇区之间的切换。参见 handoff, soft handoff。

soft error 软错误 一种网络间歇性(断续性)错误,当出现这种错误时,要求重新传输。一个软错误本身不影响网络可靠性,但是当软错误的数量达到循环重复性错误的限度时,则会影响网络的可靠性。比较 hard error。

soft failure run 软失效运行 不靠冗余技术而靠系统重构提高系统可靠性的一项技术。冗余技术需要大量附加资源,具有系统重构能力的系统在出现故障时进行重构,隔离开有故障部分,并在可接受的水平上继续运行,这种能力称为"降级运行"或"软失效运行"。为了获得这种能力,系统必须具有分布式结构,综合故障检测能力,各功能模块、电源等的隔离能力以及切掉故障部分的高效自身重构能力。

soft fault 软故障 一种在传输中的间歇性故障,通常是由于电信号的衰落或电磁场的干扰引起的。比较 hard fault。参见 frame check sequence (FCS)。

soft font 软字体 在个人计算环境中，以文件方式提供的可选的字体。参见 downloaded font。

soft font library 软字模库 也称“软盘字模库”。一种把汉字字形信息存储在软磁盘片上的字模库，它需要时装入机器内存，因此，这种字模占有一定的内存空间。在内存较小的机器上，由于字模占用了一些空间，用户使用的空间就更少了。

soft front panel 软面板 系统（机器）开机后，在系统控制台显示终端屏幕下出现的一系列信息。信息包括：操作系统引导方式，从盘或带引导，选择引导区，直接引导或从软面板引导等。根据这串信息来确定引导出操作系统的途径或方式。所显示的信息称作软面板菜单。目前计算机系统的引导方式多采用软面板实现，用以代替早期采用硬面板钮子开关的实现方式。

soft handoff 软切换 移动台在从一个小区进入另一个小区时，先建立与新基站的通信，直到接收到原基站信号低于一个门限值时再切断与原基站的通信的切换方式。在切换过程中，移动用户与原基站和新基站都保持通信链路，只有当移动台在目标基站的小区建立稳定通信后，才断开与原基站的联系。软切换可有效提高切换可靠性。参见 handoff，hard handoff。

soft hyphen 软连字符 一个特殊字符，由字处理程序自动插入，以使单词能够在行尾断开，在版面调整时，如果单词能够安排在一行中，则软连字符自动删除。同 discretionary hyphen，phantom hyphen。

soft key 软控键 也称“功能键”。可以由软件定义的键。用于非打印、非显示字符的功能，如擦除、块移动等。

soft keyboard 软键盘 类似普通键盘布局而在屏幕上显示的键盘。使用鼠标、光笔等指点设备指在需要输入的字符位置上，则可完成对计算机的输入。

soft keys 软件键 在 VDU（直观显示装置）键盘上或在文字处理工作站上，为适应某些专门用户的需要而设置的带有编程功能的键。

soft lifting 软偷 这是最常见的软件盗版形式。与朋友或同伴分享程序就是软偷。为了阻止在公司和机构中的这种盗版行为，软件商提供多用户许可证，它比为每台机器购买单用户软件便宜。

soft macro 软宏元 门阵设计中，用户只定义逻辑功能，由计算机进行设计和连线的宏单元，一般指难以在半导体厂家用固定连线作成的较大规模功能的宏单元。

soft magnetic materials 软磁材料 具有低矫顽力和高磁导率的磁性材料。软磁材料易于磁化，也易于退磁，广泛用于电工设备和电子设备中。应用最多的软磁材料是铁硅合金（硅钢片）以及各种软磁铁氧体等。

soft modem 软调制解调器 软调制解调器是借 HSP（主机信号处理）技术的威力而达到的，这种 HSP 技术本身是一种即时信号处理技术，它可将原来由调制解调器所做的各种数据操作交由 CPU 进行处理；经过必要的软件支持，使计算机即使没有调制解调器也完全可以进行数据传输工作。同时 HSP 还能够根据当时的情况，及时地帮助 CPU 在执行其他程序的情况下，可继续平稳地进行数据通信工作。当然这种软调制解调器还需要在计算机中插入一个专用的接口板，在这个接口板上提供有电话线插口，看外型它与传统的内置调制解调器卡很相像，但它的电路部分实际是由一些廉价的集成电路组成的，因此其硬件成本相当便宜。它还有一个最大的优势，那就是因为它的工作全通过软件来完成，以后调制解调器速率的升级也完全可以通过软件升级来实现，它完全不会出现因升级而导致原有硬件废弃的问题。但缺点是因为它对计算机 CPU 的充分依赖，可能会导致系统运行速度的下降。

soft overload 软过载 软过载操作就是稍微降低信号门限，或等效为稍微降低传输质量来提高系统所能支持的服务量，改善阻塞性能。

soft-page fault 软缺页 Windows NT 的一种内存调入方式，一些应用程序的大小超过了物理内存的实际空间，当这些应用程序在运行时，其中一部分调入物理内存，另一部分只能以虚拟内存形式驻留在硬盘上，软缺页是指操作系统直接从物理内存中的其他位置调取数据。

soft patch 软修补 只有在被修补的代码装入内存时才能执行的修补。这样，可执行文件或目标文件不会以任何方式被修改。参见 patch。

soft permanent virtual connection (SPC) 软永久连接 一种用户到用户的连接，其中端到端连接中的用户到网络部分是通过网络管理系统建立的（类似永久连接），而端到端连接的网络部分是通过控制平面建立的（类似交换连接）。在连接的网络部分，建立连接的请求是由管理平面发起，而由控制平面完成连接建立。

soft permanent virtual circuits (SPVC) 软永久虚拟电路 数字数据网（DDN）向用户提供的一种专用电路。这种专用电路是一种临时性的固定连接。

soft real-time 软实时 一种对系统反应的时间约束，在限定的时间内系统保证事务的执行，而在时间限制之外完成也没有重大影响。对应于 hard real-time。

soft return 软回车 在文本编辑窗口中，当一个字符的输入将引起该行右边界超出时，字处理软件在该行中插入的一个行截断字符。软回车产生一个可移去的行截断，如果插入或删除的文本，或页边界作了调整时，软件将对这些软回车进行重新安排。而用户用回车键插入的硬回车则是固定的，软件不对其进行调整。

soft sector 软扇区 磁盘数据块的划分形式之一。磁盘驱动器根据指定的数据块划分方式来定位磁盘上的数据块。只采用软扇区方式的软磁盘上，只有索引孔，没有扇区孔，扇区的定位由软件实现。

soft sector disk system 软扇区磁盘系统 采用软扇区记录格式的磁盘系统。

soft-sectored disk 软扇区磁盘 数据扇区由事先记录下来的数据标记进行了标识的磁盘。软扇区可以指软盘也可以指硬盘，但通常用来指软盘，大多数使用的软盘是软扇区的。参见 hard-sectored disk。

soft sector formatting 软扇区格式化 按软扇区记录格式在软磁盘上记录一些必要的格式化信息，使系统能够准确地寻找每一扇区的位置，这一操作步骤称为软扇区格式化。通常由相应的格式化程序完成。

soft space 软空格 在字处理软件中，指系统在行中插入的间隔，在重新排版时可能被移去。参见 hard space。

soft start 软激活 在转换器接上电源时，可以限制激活电流的输入电路。

softswitch 软交换 把呼叫控制功能从媒体网关(传输层)中分离出来，通过软件实现连接控制、翻译和选路、网关管理、呼叫控制、带宽管理、信令、安全性和生成呼叫详细记录等功能，把控制和业务提供分离。软交换提供了在分组交换网中与电路交换相同的功能，因此软交换也称“呼叫代理”。

softswitch 软交换 软交换(包括呼叫代理、呼叫服务器或媒体网关控制器等)是 1999 年电信界提出的一种新概念，它将传统交换机的交换、业务提供、管理等功能都交给软件来实现。具体来说，把呼叫控制功能从媒体网关(传输层)中分离出来，通过软件实现连接控制、翻译和选路、网关管理、呼叫控制、带宽管理、信令、安全性和生成呼叫详细记录等功能，把控制和业务提供分离。软交换提供了在分组交换网中与电路交换相同的功能，因此软交换也称“呼叫代理”。

soft-switching multi-resonant zero-cross (SMZ) 软转接多谐振零交叉(电源) 一种以简单的电路把电流谐振和软开关组合成变换器的开关电源，能在无负载、全负载、过负载乃至短路负载的情况下保持谐振且高效率和低噪声。它利用功率集成电路器件、变压器和平滑电容器构成，简单可靠。

soft wait 软等待 见 wait state。

software 软件 相对于硬件或硬设备而言，泛指系统运行所必需的各种文档资料和计算机程序。较多情况下的软件系指计算机的各种程序，包括操作系统、诊断程序、汇编程序、编译程序、解释程序、装入程序、连接程序、调试子例程、各种编辑程序、各种语言的子例程库、各种专用程序及用户程序等。计算机软件是计算机不可缺少的一个组成部分，它对于扩大计算机的功能和提高计算机的效率起着重要的作用。

software architecture 软件架构 也称“软件体系结构”。软件架构是一系列相关的抽象模式，用于指导大型软件系统各个方面的设计。软件架构是构建计算机软件实践的基础，它包括：总体组织结构和全局控制结构；通信、同步和数据访问的协议；设计元素的功能分配；物理分布；设计元素的组成；定标与性能；备选设计的选择。软件架构描述的对象是直接构成系统的抽象组件。各个组件之间的连接则描述了组件之间的通信。在实现阶段，这些抽象组件被细化为实际的组件，如具体某个类或者对象。

software as a service (SaaS) 软件即服务 是随着互联网技术的发展和应用软件的成熟，在 21 世纪开始兴起的一种软件应用模式。它与按需软件、应用服务提供商、托管软件具有相似的含义。是一种通过因特网提供软件的模式，厂商将应用软件统一部署在自己的服务器上，客户可以根据自己实际需求，通过互联网向厂商定购所需的应用软件服务，按定购的服务多少和时间长短向厂商支付费用，并通过互联网获得厂商提供的服务。服务提供商全权管理和维护软件，软件厂商在向客户提供互联网应用的同时，也提供软件的离线操作和本地数据存储，让用户随时随地都可以使用其定购的软件和服务。对于许多小型企业来说，SaaS 是采用先进技术的最好途径，它消除了企业购买、构建和维护基础设施和应用程序的需要。参见 on-demand software, application service provider (ASP), hosted software。

software association method 软件联想法 以“散列技术”为主的模拟联想概念。它使用传统的器件及设备，借助于某个“散列函数”产生外部数据对物理地址的映射，从而得到外部数据与存储器内部数据的联系而实现联想处理。

software associative memory 软件相联存储器 借助于软件技术以普通存储器等硬件建立的可按内容存取的存储器，而不是一般按地址存取的存储器。

software bug 软件隐患[缺陷] 由于软件可能存在的缺陷或错误而造成的运行失败称为软件隐患。

software bundling 软件捆绑 软件厂商向硬件制造商销售程序，然后硬件制造上将程序包括在其产品中一起销售。

software bus 软件总线 用于软件模块之间进行通信的一种标准软件接口。它类似于微型计算机部件之间的硬件接口。软件设计人员可以在各自的应用中扩充模块软件的功能。

software change report (SCR) 软件修改报告单 对软件产品或其阶段产品的任何修改，都必须经过评审、批准后才能重新投入运行或作为阶段产品发布。这一过程用软件修改报告单给以记录。软件修改报告单要指出修改类型、修改策略和配置管理状态，它是供配置控制小组进行审批的修改申请报告。

software characteristic 软件特性 软件的一种固有的(也可能是非固有的)性质、质量或特征(如功能、性能、属性、设计约束、状态数目、分支的行数等)。

software compatibility 软件兼容性 一种评价软件的属性。指软件可用于多种机器的性能。软件兼容性是软件质量的重要因素之一。如只有在文件格式兼容的情况下，一个程序才能直接使用另一程序结果。其关键在于设计的同一性，内部程序通信转换标准的一致性，如标准化的文件格式和数据结构。它使一种软件能在多种不同类型的计算机上运行。

software-compatible 软件兼容(的) 如果对一台计算机编写的程序可以在另一台计算机上运行，则称这两台计算机是软件兼容的。

software complexity 软件复杂性 软件复杂性现在还不可用数量指标度量。它是软件各个部分相互联系的结构和复杂性的函数。这种复杂性可以称为质的或结构的复杂性。质的复杂性现在只能通过含糊的术语，如“大型的”或“非常大型的”来描述，目前正在研究较精确的描述方法。

software comprehensive audit 软件综合审查 在软件验收时，要允许用户或用户所委托的专家对所要验收的软件进行设计抽样的综合审查，以验证代码和设计文档的一致性、接口规格说明之间的一致性(硬件和软件)、设计实现和功能需求的一致性、功能需求和测试描述的一致性。

software configuration 软件配置 是指一个软件产品在软件生存周期各个阶段所产生的各种形式(机器可读或人工可读)和各种版本的文档、程序及其数据的集合。该集合中的每一个元素称为该软件产品软件配置中的一个配置项。

software configuration management (SCM) 软件配置管理 是通过技术或行政手段对软件产品及其开发过程和生命周期进行控制、规范的一系列措施。SCM 通过管理配置项控制变更、验证变更，使项目的混乱减到最小，使错误达到最小，并最大限度地提高生产率。SCM 过程是对处于不断演化、完善中的软件产品的管理过程，其最终目标是实现软件产品的完整性、一致性和可控性，使产品极大程度地与用户需求相吻合。

software control 软件控制 监控一个计算机系统的程序控制，如检测和纠错。

software controlled library 软件受控库 包交换网 包交换网是指在软件生存周期的某一个阶段结束时，存放作为阶段产品而释放的、与软件开发工作相关的计算机可读信息和一人工可读信息的库。软件配置管理就是对软件受控库中的各软件项进行管理，因此软件受控库也称“软件配置管理库”。参见 software life cycle。

software copyright 软件版权 软件受到国家法律保护，防止非法使用或利用的权力。参见 copy protection。

software cost 软件成本 软件开发生命周期中所需的费用，由三部分组成：①生成和检测程序的成本；②编译成本；③程序执行成本。编译成本不仅包括从高级语言翻译为机器指令的成本，还包括对于特定机器进行程序优化的成本。经过有效优化的目标程序能降低执行成本。

software costing 软件成本估计 对生成和检验程序的成本、编译成本、程序执行成本的估计。具体的估计法有模拟法、成本赢利法、自上而下法、自下而上法等。软件成本估计课题中著名的论点归纳为七方面：对软件工作量估计；复杂程度估计；成本属性探讨；成本模型分析与改善；动态数据值模型的研究；生存期数值模型研究；数据选择。

software cracking 软件破解 软件破解是去除软件编码的防拷贝保护。分发被破解的软件是版权侵犯的一种非法行为。

software crisis 软件危机 落后的软件生产方式无法满足迅速增长的计算机软件需求，从而导致软件开发与维护过程中出现一系列严重问题的现象。

software cross-products 软件交叉产品 这类产品涉及汇编程序、仿真程序和各种编译程序。交叉的含义是指准备供某种计算机运行的程序，但此程序不在该机器上编制、汇编、编译或调试，而由另一种机器，通常是档次较高的一种机器完成这些工作。

software cryptography 软件加密 在盘片和程序中加入一定的开锁关锁程序段，使之用常规备份方法不能复制。主要采取以下几种方法：使磁盘格式非规格化；把部分信息放到磁盘的非用户使用道等。

software customization 软件用户化 对公司提供的原有软件进行适当修改以满足特殊用户的要求。

software database 软件数据库 存放处于运行软件系统内部的公共数据的数据定义和其当前值的集中文卷。

software defined radio (SDR) 软件定义无线电 采用软件来实现同一无线电通信系统完成不同功能的技术。软件定义无线电是一个系统和体系，它必须有可重新编程和可重构的能力，使设备可以使用于多种标准、多个频带和实现多种功能，它将不仅仅使用可编程器件来实现基带数字信号处理，还将对射频及中频的模拟电路进行编程和重构，目前人们对软件定义无线电的功能的要求包括：重新编程及重新设定的能力、提供并改变业务的能力、支持多标准的能力以及智能化频谱利用的能力等。应该看到，SDR 并不是一种孤立的技术，而是可为所有技术使用的公共平台。参见 software radio (SWR)。

software demultiplexing 软件多路分用 在多路复用的应用中，计算机直接与多路复用中继线路连接，而不是与插入的多路分用器连接的连接方式。这种连接方式允许远处多路分用传输能通过在计算机内运行软件来进行多路分用。

software-dependent 依赖软件的 依赖于一个专门程序的计算机或者外设。

software design 软件设计 把需求翻译成软件表示的过程。是软件工程的技术核心。设计人员把软件需求变换成一个相应的体系结构，结构中的各个组成部分是意义明确的模块，每个模块都针对某一方面的需求。最初，该表示描绘了软件的一个整体面貌。随后的精化导致一种在过程细节方面非常接近于源代码的设计表示。

software design description (SDD) 软件设计描述 一种有助于对软件系统进行分析、计划、实现及作出决策的表示方法。它是软件系统的蓝图或模型，它将作为交流软件设计信息的主要媒介。软件设计描述应该包括软件概要设计描述和软件详细设计描述两部分。其概要设计部分必须描述所设计软件的总体结构、外部接口、各个主要部件的功能与数据结构以及各主要部件之间的接口；必要时还必须对主要部件的每一个子部件进行描述。其详细设计部分必须给出每一个基本部件的功能、算法和过程描述。

software design description model (SDDM) 软件设计描述模型 对所要建立的软件系统的一种表达方法或模型。该模型能在软件生命期内提供计划、分析和实现阶段所需的准确的设计信息。

software design engineering 软件设计工程 用工程的方法对软件进行设计、制作的过程。主要有功能设计和结构设计。把软件的制作作为工程来进行是为了确保软件的质量和可靠性。

software design procedure 软件设计过程 设计软件的全过程。通常包括：定义要求，确定总体方案和实现的算法，设计模块和编制程序等。

software detailed design review 软件详细设计评审 在软件详细设计阶段结束后必须进行详细设计评审，以确定软件设计说明书中所描述的详细设计在功能、算法和过程描述等方面的合适性。

software development 软件开发 采用工程方法来研制、建立或维护软件的过程。软件开发包括需求定义、设计、实现和测试四个阶段。软件维护指使用过程中对已有软件的修改和完善。软件工程的主要对象是大型软件。研究的问题主要有：质量保证和质量评价、研制和维护方法、工具系统、文件、用户界面设计、软件管理等。

software development cycle 软件开发周期 从决定开发一个软件产品开始到该产品交付使用为止的时间间隔。这个周期可包括需求阶段、设计阶段、实现阶段、测试阶段，有时还包括安装和验收阶段。比较 software life cycle。

software development environment (SDE) 软件开发环境 支持软件产品开发的软件系统。它由软件工具和环境集成机制构成，前者用以支持软件开发的相关过程、活动和任务，后者为工具集成和软件的开发、维护及管理提供统一的支持。较完善的软件开发环境通常有如下功能：软件开发的一致性及完整性维护；配置管理及版本控制；数据的多种表示形式及其在不同形式之间自动转换；信息的自动检索及更新；项目控制和管理；对方法学的支持。按现有软件开发环境的演变趋向，软件开发环境可分成四类：①以语言为中心的环境；②面向结构的环境；③工具箱环境；④基于方法的环境。它们对软件开发环境的发展（在工具、用户接口和体系结构方面）有着重要的影响。参见 application development environment (ADE)。

software development kit (SDK) 软件开发包 SDK 是由厂商所提供的针对某一平台或某一系统开发应用程序的辅助工具，通常包括测试平台、程序编辑和调试工具、说明文件及范例等。

software development Kit tools (SDK tools) 软件开发包工具 Windows 3.0 为用户进一步开发自己的应用程序提供的一组功能很强的软件开发包工具。在窗口环境下，可以自动加入新的应用。SDK 工具包括联机软件开发包资源、对话框编辑器、图标光标位映像编辑器、消息监视器、字型编辑器、局部放大器、程序调试器、堆使用跟踪器和内存测试器等。

software development library 软件开发库 是指在软件生存周期的某一个阶段期间，存放与该阶段软件开发工作相关的计算机可读信息和人工可读信息的库。参见 software life cycle。

software development notebook 软件开发记事簿 有关给定软件模块开发材料的集合。典型的材料内容包括：与给定软件模块相关的需求、设计、技术报告、代码列表清单、测试计划、测试结果、问题报告、进度和注释等。

software development organization 软件开发组织 是指直接或间接受项目委托单位委托而直接负责开发软件的单位或个人。

software development plan 软件开发计划 为开发某一软件产品而做的项目计划。

software development process 软件开发过程 把用户需要转化为软件需求，再把软件需求转化为设计。用代码来实现设计。对代码进行测试，并进行文件编制，签署确认它可以投入运行使用的过程。

software development stage 软件开发阶段 指导人们把软件的开发过程划分成一系列相互之间界面清晰的工作阶段，每个阶段都具有明确的工作目标和要求,都应产生一定的阶段产品。软件开发阶段是软件生存期的中心阶段。通常,它由四个不同的步骤构成:初步设计、详细设计、编码、测试。

software development system 软件开发系统 低档的微型计算机系统自行研制软件的能力较低,他们的软件往往在一些专用的或通用的软件开发系统上研制。软件开发系统除了具有一般计算机的基本组成部分之外,特别强调要有便于人机对话的终端设备、硬拷贝输出设备(如行式打印机);方便存取的外存储设备(如磁带和磁盘);便于调试的工具软件(如动态调试程序、跟踪程序)等。有些外存储设备还可兼作开发系统和目标环境间传递数据和程序的媒介。有的开发系统还具有和目标环境直接通信的能力,这样无疑可进一步提高软件开发的效率。

software development tool 软件开发工具 能减轻软件设计和编码中繁重劳动的软件工具。一般指为了支持开发人员研制、开发、测试、配置、分析和维护其他计算机软件而使用的软件(或软件系统),旨在借助软件来开发软件。如需求分析工具、设计工具、编码工具、测试工具和维护工具等。采用软件工具来开发软件可降低人的作业强度和劳动力密集度,提高软件开发效率;同时可减少开发各阶段的错误,提高软件的可靠性。按 T. Wasserman 的观点,软件工具可分为垂直结构与水平结构两类。垂直工具支持软件生命周期中一个阶段的特定活动,如分析、设计或测试等;水平工具支持跨越整个软件生命周期的活动,如项目管理和费用估算等。还可以将水平工具进一步划分为支持个人与项目活动(如项目计划与追踪)的工具和协调并发活动(如配置管理和版本控制)的基础工具。垂直工具不仅包括前端计算机辅助软件工程(CASE)工具,而且包括策略计划工具、原型工具、数据模型工具、代码生成工具、测试工具和重构工具。个人与项目级水平工具包括项目计划与跟踪工具、费用估算工具和文档及相关的出版工具。支持基础结构的水平工具包括配置管理和版本控制工具、安全工具、数据库管理工具和集成服务工具等。

software documentation 软件文档编制 以人们可读的形式表示的技术数据或信息,其中包括计算机列表和打印输出。他们描述或规定软件设计细节,说明软件具备的能力,或为使用软件而提供的操作指令。

software driver 软件驱动程序 用于将计算机和外围设备之间传送的数据按标准要求进行格式化的一种软件程序。

software end-of-file 软式文件结束 在数据存取方法中的一种代码,它表明在这部分中的该代码之后不再存在数据。软式文件结束是由一个零值的控制区间定义字段与在 VSAM(虚拟存储存取法)目录中的信息来共同标识的。

software engineer 软件工程师 具有实践软件工程所必需的各种技能、经验和训练的人员。其工作与软件开发过程的语法等方面有关,涉及到软件系统的分析、设计、检验和测试以及各种文档的编制、软件维护和项目管理等问题。他应比程序员有更丰富的技术和经验,能了解软件工程问题的范围和目标。

software engineering (SE) 软件工程 应用计算机科学、数学及管理科学等原理,开发软件的工程。它借鉴传统工程的原则、方法,以提高质量,降低成本为目的。软件工程的框架可概括为:目标、过程和原则。其研究内容主要包括:软件开发模型,软件开发方法,软件过程,软件工具,软件开发环境,计算机辅助软件工程以及软件经济学等。

software engineering economics 软件工程经济学 运用经济学观念、方法来研究处理与解决软件工程问题,研究在软件工程中有限资源情况下,如何做出综合性经济决策的一门交叉新学科。它由两大部分组成,即:软件成本预测和软件工程经济决策技术。比较突出的研究课题有:软件规模大小的预测;软件成本模型的精化;软件项目动态的数量化模型;软件生存期进展的数量化模型;风险分析和不确定性;信息的经济价值;软件数据收集等。

software engineering environment (SEE) 软件工程环境 也称"软件开发环境"。在基本硬件和宿主软件的基础上,为支持系统软件和应用软件的工程化开发和维护而使用的一组软件,是包括方法、工具和管理等多种技术在内的综合性系统(或称为工具集成)。SEE 的目的在于支持软件生命的整个周期;支持大型软件项目,基本语言和配置管理。SEE 一般由用户接口、软件工具集、环境数据库及基本语言所组成。SEE 可摆脱长期以来软件开发中的落后手工方式,并解决因软件工程技术本身的复杂性以及实现这些技术面临开发及管理人员的素质和软硬件不断更新换代所带来的"新软件危机"。具体讲,软件工程环境可指与系统分析、软件开发、管理和维护有关的人员在进行系统分析、软件开发、管理和维护时所采用的整个工程化工作环境。包括与系统分析、开发、管理和维护等活动有关的工作人员,这些人员工作场地的设施,开发计算机系统,软件工具集合以及如信息库与计算机网络等支持与协作开发设施。

software engineering method 软件工程方法 用工程化的方法对软件进行开发,即在软件生存周期的每一阶段都采用经过验证的方法,进行一系列的复查,以保证软件的开发质量,并规定每一阶段要产生特定的文档资料,以提供对软件产品的各研制阶段的可追溯的途径。

software engineering methodology 软件工程方法学 旨在总结和提炼科学方法论意义下的系统化软件开发与维护方法,以便集成 20 世纪 70 年代发展

S

起来的软件工程技术和方法。系统化方法除了考虑集成软件开发与维护的技术与管理规范之外，还注重研究覆盖整个软件生存期，体现生存期不同阶段之间的联系和适应尽可能广泛的应用领域与组织结构。

Software Engineering Notes **《ACM 软件工程札记》** 美国计算机协会软件专业组（ACM-SIGSOFT）编辑出版。刊载有关高质量软件的设计和开发的原始性研究论文，内容涉及系统设计、执行程序、程序设计技术、工具、操作经验、软件经济学、简易程序设计、有效程序设计以及质量保证的方法等。兼载研究简读、计算机程序设计文摘、书评以及文献介绍。

software engineering project 软件工程项目 软件研制任务中的一些项目。有规定的起点，确定的预算和资源，已制定的职责，确定的目标和一组约束，还有一张完成时间表。

software engineering project management 软件工程项目管理 由规则、惯例、实例和知识组成的系统。它提供成功地管理软件工程项目所必需的计划、组织、人员、指挥和控制。

software engineering psychology 软件工程心理学 研究和探索软件设计和应用中人们各种心理的学科。这种研究的目的在于给用户提供有满意的心理感觉和实际效果的软件产品。把实验心理学的技术和认识心理学的概念应用于计算机和信息科学，主要研究计算机科学中人机系统和软件设计中人类心理和行为活动的规律，对于改造软件的质量，发挥人的主观能动性，提高应用系统的效率等方面起着重要的作用。参见 software psychology。

software engineering science 软件工程学 研究软件工程的学科称为软件工程学。从学科内容来讲，其主要研究的是如何用一些科学知识、理论方法、工程上的规范来指导软件的开发，亦即如何适当地使用一些方法和工具来开发软件，同时总结出一些基本原则来指导软件的开发工作，从软件生产管理上讲，主要研究的是用户要求的定义、分析和描述、系统的设计和审查、设计表示、测试和检查、可靠性评价和质量管理、维护、成本估价。其最终目标就是要以较少的时间和费用，获得优质的软件产品。

software engineering standard 软件工程标准 软件工程的规范、指南、准则等的总称。涉及到软件开发、项目管理、质量控制、配置管理、软件验收和文档编制格式等方面的内容。它具体体现了软件生产中行之有效的方法和经验，也是提高软件质量的重要手段。

software engineering support environment 软件工程支撑环境 一种程序设计支撑环境，包括软件开发过程中的各种计算机条件和软件条件。除了一般的程序设计环境以外，还包括中央数据库、定义语言、规范化语言及其处理程序等。它与一般软件开发环境的区别是：①全部环境要反映整个软件生命周期，而不仅仅是程序的开发阶段；②提供工程管理的所有支撑手段，而不是局限于技术活动。

software entropy 软件熵 软件熵是指软件的趋向。一个软件从设计很好的状态开始，随着新的功能不断地加入，逐渐地失去了原有的结构，最终变得更加复杂和紊乱。

software environment 软件环境 软件开发中的计算机系统条件或软件系统。除了程序设计环境以外，一般还包括"要求定义"语言、"规范性"语言及其处理程序等。也有人把软件环境看成与"程序设计环境"同义。

software error 软件错误 由于企图执行一个无效的指令序列或者执行一个带有无效数据的有效指令序列而产生的中断条件，即不是由硬件故障或失效造成的错误条件。软件故障影响系统，使全部系统功能或一部分功能中断。产生软件错误的原因，不仅来自于软件故障，而且还来自使用者的错误、资源的物理缺点等。

software evaluation and development modules 软件评定及开发模块 在进行软件检测和开发时所使用的模块。

software experience data 软件经验数据 与软件开发和使用相关的数据。这些数据在开发软件模型、可靠性预测或其他相关的软件定量描述中使用。

software factory 软件工厂 从事计算机应用开发系统和软件产品的设计、制造、加工、装配的工厂。向工厂投入的是思维和计算机硬设备，产出的则是用户需要的计算机应用系统和软件以及训练有素的计算机技术操作人员。对计算机生产厂家而言，软件工厂是其生产工序的延伸；对用户是一个装配厂。因此，实际上软件工厂是连接用户和计算机生产厂家的纽带和桥梁。软件工厂的概念是 20 世纪 60 年代末为解决软件危机，与软件工程的概念同时提出来的。它借用传统工业中的"工厂"概念，强调了开发、生产软件的"产业"特性。因此，软件工厂实际上是一个软件开发和生产的环境。

software failure 软件失效[故障] (1)管理软件中断处理时的错误。在发生软件失效时，可能要求重新装入操作系统。(2)由于逻辑上的错误，导致程序无法继续进行。

software feature 软件特征 由需求文件所规定或蕴含的软件特征（如功能、性能、属性、设计约束）。

software filtering 软件过滤 使用过滤软件对监控内容进行过滤。软件过滤主要使用关键词匹配的方式，将预先设定的特定内容移除。参见 content filtering，hardware filtering。

software flexibility 软件灵活性 一种用来评估软件质量的属性，包括软件兼容性和适应性。通俗地讲，是指软件易于修改，以满足不同用户、不同机型的不同要求的性质。它是衡量软件质量好坏的一个重要标准。

software for video display 视频显示软件 与计算机显示(如光笔显示、数字电视)有关的软件,主要指图像语言翻译程序有关的子例程。它包括图形图像的输入输出、图形图像的几何变换、实体造型、图形图像数据结构的存取和搜索等。显示软件主要用于指挥控制系统和计算机辅助设计。

software house 软件中心[公司],软件服务站 专门从事计算机软件设计、修改和测试的部门或机构。

software IC 软件集成电路,软件-IC (1)当面向对象的方法在程序设计中得到了广泛应用之后,把软件划分和包装成一个个部件,并逐步走向软件生产的工业化,这些部件称为软件集成电路。(2)Stepstone公司开发的面向对象程序设计的一个类,为便于销售,它已由该公司制成软件包,Software-IC是用Stepstone公司的面向对象程序设计语言object-C来编制的。参见software integrated circuit。

software implement fault-tolerant (SIFT) system 软件实现容错系统 用软件方法实现故障检测、诊断及重构的计算机系统,是由宇航局资助研制的另一种高度可靠的计算机系统,技术指标与FTMP(容错多处理机)相同。它由许多模块组成。每个主处理模块内有一个处理器和一些存储器。I/O模块与主处理模块相似,但处理能力弱,存储容量小。各模块间由总线系统连接。SIFT系统把计算工作分成多个"任务",而任务又由一系列"重复操作"完成。非紧要任务由各模块分别完成,紧要任务按TMR(三模冗余)方式执行。所有重复操作输出都放在存储器内,并由软件进行比较,任何差异都表明有错,并需要进一步定位。对有故障的部件要用备用部件取代。

software industry 软件产业 20世纪70年代以后出现的新兴产业,它和信息处理服务业、信息提供服务业一起构成信息处理产业。故也称"计算机服务业"。笼统地说,软件产业是从事软件的研制、开发、生产、销售、维护、使用和服务的产业。在这个产业中,软件的生产是工程化的,软件的产品是标准化和商品化的,软件的服务是社会化的。软件产业既是知识密集和技术密集型的、又是劳动密集型的,其特点是投资少、收益快、无公害、经济效益高。

software integrated circuit 软件集成电路 一种已编好的软件模块。这种模块可以成为一个程序中的一部分。就像逻辑电路板上的集成电路。参见abstract data type, module, object-oriented programming。

software interface 软件接口 软件接口是指各个子系统与宿主计算机上的系统软件以及与调用本软件的其他软件系统之间的连接约定。

software interrupt 软件中断 有些系统允许在程序运行时,由软件来控制的中断。这种中断方式允许优先级根据系统状况来作灵活改变。它只能由软件请求。

software kernel 软件内核 某些系统中,常驻于每台计算机中的小型软件。它通过通信系统处理并交换数据,以实现一台虚拟计算机的功能。软件内核的编写、编译和测试与硬件配置无关。

software language 软件语言 用于书写计算机软件的语言。它主要包括需求定义语言、功能性语言、设计性语言、程序设计语言以及文档语言等。需求定义语言用以书写软件需求定义;功能性语言用以书写功能规约;设计性语言用以书写软件设计规约;实现性语言就是一般的程序设计语言,用以书写计算机程序;文档语言用以书写文档。

software librarian 软件库管理员 负责建立、管理和维护软件库的成员。

software library 软件库 软件和相关文件说明的一个受控制的信息,旨在有助于软件的开发、使用或维护,软件开发库的类型包括软件开发库、主库、产品库、程序库和软件储藏仓。

software life cycle 软件生存[生命]周期 从软件设计开始直至该软件停止使用为止的整个时间周期。其间经历系统分析与软件定义、软件开发以及系统的运行与维护等三个阶段。其中软件开发阶段一般又分成需求分析、概要设计、详细设计、编码与单元测试、组装与系统测试以及安装与验收等六个阶段。

software maintainability 软件可维护性 阅读软件时易于理解的程度,在发现其中的错误或缺陷以及在准备提高它的性能时,为满足新的需求而对其进行修改、更动扩充的难易程度。按照贝姆(Boehm)定义,包含三方面的内容,即可测试性、可理解性、可修改性。

software maintenance 软件维护 在计算机软件开发完成之后对软件的维护。维护可分为三个阶段:分析、理解现有的程序;修改现有的程序;重新测试,确定被修改过的程序。大体上可分为四类:纠错性维护;完善性维护;适应性维护;预防性维护。

software maintenance stage 软件维护阶段 从软件安装和验收完毕起到软件退役报废为止的这段时间。参见software maintenance。

software maintenance tool 软件维护工具 帮助软件开发人员进行软件维护,降低维护费用、提高维护效率的软件工具。其典型例子是版本控制系统,它可用于协调软件的各种版本和配置的生成。

software management 软件管理 软件研制和维护过程的管理。其任务是在一定的时间和预算范围内,有效地利用人力、技术和工具,完成预定的软件项目,实现预定的功能和其他目标。贯穿于软件研制和维护的全过程。包括工程、质量、费用、人员组织管理;制定软件研究维护计划、监督实施、检查进度、协调人员之间关系等。

S

software management tool 软件管理工具 对产生的软件本身进行管理的工具,如配置管理、项目管理等。

software methodology 软件[设计]方法学 软件生产中涉及的各种方法和理论。目的是达到软件工程最终目标——以较少的投资获得高质量的软件。软件方法是指导研究软件的某种标准规程,人们什么时候做什么以及怎么做。规定了明确的工作步骤:具体的文档格式、确定的评价标准。其目的是使软件开发过程“纪律化”,即要寻找一些规范的“求解过程”,使开发工作能够有计划、有步骤地进行。近十几年来,已研究了多种软件方法,如20世纪70年代初期的结构化程序设计,70年代中期的杰克逊(Jackson)方法,70年代后期的结构化分析方法,80年代的面向对象分析设计方法等。参见structured programming,Jackson structured programming (JSP),object-oriented programming (OOP)。

software metrics 软件度量学 研究软件质量与复杂性的定量评价技术。此技术目的在于:①对软件产品进行客观而定量的评价,从而为验收与选择提供依据;②在软件整个生存期各个阶段中,监控软件质量,以确保生产高质量软件;③使软件项目的管理人员可以根据软件复杂性以及软件开发所需人力、财力等的预测,妥善安排人力、物力与进度,以确保项目的及时完成和不超出预算。

software mirroring 软件镜像 利用软件提供写入磁盘的一份或多份额外拷贝。这一工作通常由操作系统软件及扩展软件完成,如逻辑卷管理程序和MirrorDisk/UX(一种与逻辑卷管理程序配合工作的镜像产品,为高可用性提供磁盘的软件镜像)。

software monitor 软件监督程序 监视计算机系统和软件功能的一种软件。面向系统的监督程序通常测量系统变量,如CPU时间和存储器需求,调页率和多道程序的程度;也测量系统性能指标,诸如应答时间或周转时间、吞吐率、部件利用率等。面向程序的监督程序通常测量程序的性能指标,如执行时间,指令执行计数和频率,CPU总时间、无中断的CPU时间区间,执行的输入输出操作类型和次数等。

software multiplexing 软件多路复用 分时系统或多道程序设计系统所使用的过程。其中中央处理机在软件算法控制下,轮流为等待处理的一系列程序服务,就好像各道程序在进行并行处理一样。

software of intelligent computer 智能机软件 突破冯·诺依曼概念,将冯·诺依曼过程设计改变为面向知识处理的非冯·诺依曼式的非过程设计的知识计算机软件。智能计算机软件是一个十分庞大的系统。通常它由基本知识库(包括一般知识库、系统知识库、应用知识库等)、基础软件系统(包括智能接口系统、问题求解-推理系统、知识库管理系统等)、智能系统化支持系统(包括智能程序设计系统、知识库设计系统、计算机结构智能设计系统等)、智能使用系统和基本应用系统等所构成。

software origin 软件原点 一个由软件程序设定的设备坐标原点。与之对应是硬件原点,即原来设备设计所固有的坐标原点。

software package 软件包 完成特定任务的一个程序或一组程序。可分为应用软件包和系统软件包两大类。软件包这一术语出现于20世纪60年代。软件包由一个基本配置和若干可选部件构成,既可以是源代码形式,也可以是目标码形式。用户手册或指南等文档是软件包的重要组成部分。此外,软件包的维护及技术支持也是必需的。

software performance analysis (SPA) 软件性能分析 一种程序优化的工具,用于分析程序中各模块的使用次数、运行时间、访问次数和总的运行时间及状态分析,以便进行程序优化。

software physics 软件物理学 (1)度量计算机系统性能的科学。(2)用统计方法研究程序复杂性的科学。

software pipelining 软件流水化 用于最优化循环的,使循环的多次迭代能并行执行的技术。软件流水技术将一次循环分为几个阶段,在同周期里,不同的功能单元可能执行不同次循环的不同阶段。对于多层的循环嵌套,只有最内层循环可能采用软件流水。软件流水化的限制条件:①寄存器值存在的时间不可太长,否则代码不能软件流水;②)软件流水循环可包含内联函数,但不能包含函数调用;③循环结构中不能有break和goto语句,if语句不能嵌套,条件代码应尽可能的简单;④循环结构中不包含改变循环计数的代码;⑤循环代码不可太大,若太大,就需要简化循环或将循环拆成几个小循环。

software piracy 软件掠夺 通俗称为软件盗版。对商品化软件未经授权的使用。随着软件拷贝手段越来越方便,对软件商品的掠夺已成为一种社会现象。对付软件掠夺的措施是采用有效的加密方法和制订软件保护法。前者属于技术手段;后者属于法律手段。

software portability 软件可移植性 软件的维护属性之一。指将某一软件转置到其他计算机上的能力。

software portability methodology 软件可移植方法学 研制新的方法学来解决软件移植问题的一门学科。必须体现程序有较好的可理解性、一致性和可通信性,使不同的程序员能够根据系统分析人员提供的一组程序说明为一台机器产生同样的程序。为实现程序设计过程的一致性,必须定义管理标准。

***Software*: *Practice and Experience* 《软件:实践与经验》** 英国1974年创刊,全年15期,John Wiley

出版社出版,SCI(科学引文索引)、EI(工程索引)收录期刊。刊载软件设计、应用、维护的实践经验文章,涉及软件系统设计、程序操作技术、程序和软件建设的技术方法等。

software preliminary design review 软件概要设计评审 在软件概要设计结束后必须进行概要设计评审,以评价软件设计说明书中所描述的软件概要设计在总体结构、外部接口、主要部件功能分配、全局数据结构以及各主要部件之间的接口等方面的合适性。

software probe 软件探针 用来收集用户作业进程和系统进程在执行过程中所产生的信息的程序。收集数据的方法有抽点监视、跟踪监视等。软件探针程序可比硬件监视器获得更多更细的关于系统性能方面的数据,但它本身要消耗大量的系统资源。由于加入了探针进程,从而破坏了原来的用户进程和系统进程,使被监视的环境遭到破坏。

software problem report (SPR) 软件问题报告单 在系统的运行与维护阶段对软件产品的任何修改建议,或在软件开发的任一阶段中对前面各个阶段的阶段产品的任何修改建议,都应填入软件问题报告单。

software process control block 软件进程控制块 一种数据结构。进程建立时,操作系统为被建立的进程定义一个软件进程控制块。它包括下述关于进程的信息:当前状态、如果被交换出主存的话,它的存储地址、进程的唯一标识、进程头地址等。软件进程控制块驻留在虚地址空间的系统域中,它不随进程被交换出去。

software product 软件产品 指定支付给用户的软件实体。

software product library 软件产品库 软件产品库是指在软件生存周期的组装与系统测试阶段结束后,存放最终产品而后交付给用户运行或在现场安装的软件的库。参见 software life cycle。

software product long life technique 软件产品长寿技术 为提高软件产品的经济效益、延长维护阶段的时间所使用的技术。如同延长一个人的中老年阶段,使之长寿一样。延长软件产品的生命周期,核心问题是延长其维护阶段时间。

software project estimation 软件项目估算 在项目开始时向管理人员提供的预算和进度指导。项目的"继续-停止"决策基于用历史数据、经验模型或自动成本计划工具估计的预算和进度。通常采用两种估价方法:自顶向下估算,即首先对系统估算,然后再考虑子系统,在对系统估算时,涉及到开发该软件系统所需求的资源、人员、配置管理、质量保证、系统安装、用户培训及资料等方面的成本。自底向上估算,即首先估算系统中每个模块或每个子系统的成本,然后综合成整体的成本。

software project management 软件项目管理 协调人们在一个软件项目的开发过程中的共同劳动,保证在预定的时间和资金限度内,有效地组织人力、物力,以完成预定软件项目的管理。它涉及时间、空间、资源、人力、经费的数量。

software prototyping 软件原型化 混合使用软硬件原型系统的一种软件开发方法。原型系统提供程序汇编、联机执行及调试功能。在一个多目标原型系统中,允许程序设计人员为其微型计算机的特殊应用场合设计应用程序。

software prototyping method 软件原型化方法 针对传统软件生命周期主法的缺陷而产生的,采用演示原型的方法启发、判断、揭示系统需求。一般分为两类,抛弃式原型方法,把目标放在原理的证明上,着眼点是快速开发一个演示系统,用于明确需求及检验系统设计的可行性。进化式原型方法,通过增量式开发方法逐步达到产品要求。

software psychology 软件心理学 一门研究人类在使用计算机和信息处理系统时的行为科学。人类进入信息时代产生的一门新兴科学,是心理学与软件工程学相结合的产物。软件心理学强调在建立或使用软件系统时,人的行为的科学研究、建模和测量。软件心理学家试图摆脱不可逾越的商业或项目期限的压力,形式地不凭经验地推测"人们喜欢什么"或"什么容易使用",亦即利用严谨的行为研究方法,对其见解提供实验基地。软件心理学不同于其他领域的心理学或传统的人的因素或人类工程学,它强调的行为建模和理论是专门描述人与软件的相互作用,它侧重研究软件开发与使用中的认知因素。

Software Publisher's Association (SPA) 软件出版商联合会 软件开发者和分发者的联合组织。现已改名为软件与信息产业联合会(SIIA)。

software quality 软件质量 与软件产品满足明确或隐含需求的能力相关的待证和特性的总和。一般有以下几点:①符合需求;②可靠性;③可移植性;④可适应性;⑤设计清晰;⑥文档齐全;⑦操作效率。其中可靠性是指在指定的时间内软件无失效运行的概率。

software quality assessment criteria 软件质量评估准则 被用来确定一特定软件产品的总体质量是否能被接受的已定义的和成文的规则和条件的集合。质量由与软件产品相关的评定等级的集合来表示。

software quality assurance 软件质量保证 保证软件产品满足所指定的标准而完成的活动。可以看作是控制、复审方法学和测试综合应用。即复审中的测试计划和开发任务可以保证软件工程每个步骤的质量;分析、设计和编码方法对提高质量起一定作用;对软件配置每个元素所用的控制都有助于保证整体的完整性;测试提高了对质量作出的估计。参见 quality assurance。

S

S

software quality characteristics 软件质量特性 用以描述和评价软件产品质量的一组属性。软件质量可用下列特性来评价：①功能性，与一组功能及其指定的性质相关的一组属性。这里的功能是指满足明确或隐含的需求的那些功能。这组属性以软件为满足需求做些什么来描述，而其他属性则以何时做和如何做来描述。②可靠性，与在规定的一段时间和条件下，软件维持其性能水平的能力相关的一组属性。③易用性，与一组规定或潜在的用户为使用软件所需作的努力和对这样的使用所作的评价相关的一组属性。"用户"可按最直接的意思解释为交互软件的用户。用户可包括操作员，最终用户和受使用该软件影响或依赖于该软件使用的非直接用户。易使用性必须针对软件涉及各种不同用户环境的全部，可能包括使用的准备和对结果的评价。④效率，与在规定的条件下，软件的性能水平与所使用资源量之间关系相关的一组属性。资源可包括其他软件产品、硬件设施、材料(如打印纸、软盘)和操作服务、维护和支持人员。⑤维护性，与进行指定的修改所需的努力相关的一组属性。修改可包括为了适应环境的变化以及要求和功能规格说明的变化而对软件进行的修正、改进或更改。⑥可移植性，与软件可从某一环境转移到另一环境的能力相关的一组属性。环境可包括系统体系结构环境、硬件或软件环境。

Software Quality Journal **《软件质量杂志》** 荷兰1992年创刊，全年4期，Kluwer Acdemic出版社出版，SCI(科学引文索引)收录期刊。刊载各国研究软件开发与应用、质量标准化与管理方法及其产品推广与使用等方面的论文、个案研究、报告和书评。

software quality management process 软件质量管理进程 软件项目管理进程之一。工作目标是在整个生存周期中，计划并实现一系列措施，以保证软件产品的质量。

software quality metric 软件质量度量 能被用来确定特定软件产品某一特性值的一种定量尺度和方法。软件的质量由一系列质量要素组成，每一个质量要素又由一些衡量标准组成，每个衡量标准又由一些度量标准加以定量刻画。质量度量贯穿于软件工程的全过程以及软件交付后，在软件交付之前的度量主要包括程序复杂性、模块的有效性和总的程序规模，在软件交付之后的度量则主要包括残存的缺陷数和系统的可维护性方面。

software radio (SWR) 软件无线电 在一个开放的公共硬件平台上利用不同可编程的软件方法实现所需要的无线电系统。理想的软件无线电应当是一种全部可软件编程的无线电，并以无线电平台具有最大的灵活性为特征。全部可编程包括可编程射频(RF)波段、信道接入方式和信道调制。一般说来，SWR就是宽带模数及数模变换器(A/D及D/A)、大量专用/通用处理器、数字信号处理器(DSP)构成尽可能靠近射频天线的一个硬件平台。在硬件平台上尽量利用软件技术来实现无线电的各种功能模块并将功能模块按需要组合成无线电系统。例如，利用宽带模数变换器(ADC)，通过可编程数字滤波器对信道进行分离；利用数字信号处理技术在数字信号处理器(DSP)上通过软件编程实现频段(如短波、超短波等)的选择，完成信息的抽样、量化、编码/解码、运算处理和变换，实现不同的信道调制方式及选择(如调幅、调频、单边带、跳频和扩频等)，实现不同的保密结构、网络协议和控制终端功能等。参见 software defined radio (SDR)。

software recording facility (SRF) 软件记录设施 由功能恢复例行程序来写出系统出错记录的一种软件。

software redundancy 软件冗余 通过附加软件来检查或纠正系统中错误的一种方法。相应地，通过附加设备或部件来检查或纠正系统中错误的方法称作硬件冗余法。比较 hardware redundancy。

software reliability 软件可靠性 (1)通常指所设计的软件是否正确地反映设计要求并能稳定地运行。(2)在规定条件的限定时间内软件不引起系统失效的概率。该概率是系统输入的函数，也是软件中存在的缺陷的函数。系统输入将确定是否会遇到已存在的缺陷(如果有缺陷存在的话)。

software reliability model 软件可靠性模型 度量软件可靠性所建立的模型共有三种：①估计模型，从测试软件在非实际操作环境的运行来计算可靠性；②度量模型，从对在实际操作环境中运行的软件进行实验来计算可靠性；③预测模型，从软件的特性(如语句数等)来导出可靠性。

software repository 软件仓库 一个软件库。它是软件及其相关文件的永久性档案存储器。

software requirement 软件需求 用户对软件提出的要求。包括功能性需求和非功能性需求。即明确软件的功能、性能、工作环境、条件以及价格、时间等。

software requirement specification 软件需求规格说明 由软件工程师或分析员编写的说明。在说明中详细定义了下列四方面的内容：信息流和界面；功能需求；设计要求和限制；测试准则和质量保证要求。

software requirements review 软件需求评审 在软件需求分析阶段结束后必须进行软件需求评审，以确保在软件需求规格说明书中所规定的各项需求的合适性。

software requirements specification 软件需求规格说明书 软件需求规格说明书必须清楚、准确地描述软件的每一个基本需求(功能、性能、设计约束和属性)和外部界面。必须把每一个需求规定成能够通过预先定义的方法(如检查、分析、演示或测试等)被客观地验证与确认的形式。

software resource **软件资源** 与计算机系统相联系的程序和数据资源,也称“软件生存期的资源”。可分为两大类:支撑软件,包括操作系统和所有适用于项目开发的软件开发工具,提供了有力的设计支持如编辑、编译、测试工具和文字处理系统;实用软件,包括所有嵌入到被开发系统的、或用于开发应用过程中的现存的程序包和例行程序。

software reusability **软件可重用性** 构造软件时利用以前构造的软件而不花任何费用或只花少量的检索费用。可重用性包括五个重要的内容:可重用数据;结构;设计;程序与公共系统;其他部分包括现有的开发文档。其中包括通过对一般文档适当地参数化所产生的文档。重复使用可分为三类:在直接可以比较的开发中的重复使用;在表面上不同的开发中的重复使用;在不同方法中的重复使用。

software reuse **软件复用** 提高软件生产力和质量的一种技术,将已有软件的各种有关知识用于建立新的软件,以缩短软件开发和维护的花费。早期的软件复用主要是代码级复用,被复用的知识专指程序,后来扩大到包括领域知识、开发经验、设计程序、体系结构、需求、设计、代码和文档等一切相关方面。

software reverse engineering **软件逆向工程** 在用软件工程设计的任意一个过程的逆向实现。它包括反汇编、反编译、程序分析技术、软件理解工具、功能分析技术等。软件逆向工程作为软件工程的逆过程或一种补充,它已在软件开发、移植以及软件的破密、加密等技术中发挥重要的作用。

software robustness **软件健壮性** 一种软件性能。在理解可靠性时,要考虑的基本概念之一。在万一硬件发生故障或输入数据下合理等意外的环境条件下,软件系统仍能适当地工作。一个健壮程序在遇到意外情况时,可适当地处理某些工作,有效地控制事故的蔓延,避免造成严重的损失,具有抵御错误信息的能力。

software rot **软件腐烂** 也称“代码腐烂”或“软件腐朽”。它描述了软件随着时间逝去的缓慢衰退,其将最终导致它变得不完善或不可使用。软件腐烂有两种形式:①隐匿的腐烂是因为应用的改变使得软件变得不能用;②活动的腐烂是因为软件不断地被修改而失去它的完整性。

software safety **软件安全性** 使软件所控制的系统始终处于不危及人的生命财产和生态环境的安全状态的性质。IEC(国际电工技术委员会)国际标准 SC 65 A－123(草案)把软件危险程度分成四个层次:灾难性、重大、较大和较小。人们把一旦发生故障就可能危及人的生命、财产和生存环境的软件称为安全第一的软件。

software simulator **软件仿真** 一种软件调试工具,一般用高级语言写成。它可以模拟另一台计算机的各种指令的操作周期,并跟踪所有寄存器、标志器和存储单元的内容。其功能有:设置断点,转储及显示存储单元、寄存器、输入输出端口的内容,跟踪、设置初值和修改等。模拟程序的优点是:可以全面说明被模拟计算机的状态,能提供断点、转储、跟踪等调试手段,程序起始点和其他条件容易改变,可以充分利用大型计算机的软硬件资源。主要缺点是:速度慢,不能完全模拟实际硬件、接口和输入输出的情况。

software sneak analysis **软件潜行分析** 一种施行于软件的技术,用以识别潜伏的逻辑控制路径和条件。这些路径或条件会禁止所期望进行的操作或引起不希望有的操作出现。

software specification **软件规格说明** 对软件所应满足的要求,以可验证的方式做作出完全、精确陈述的文件。须用如人工语言或人工语言与自然语言混合形式书写。包括:功能规格说明,对软件应具备的功能作出规定;性能规格说明,对软件所应具备的性能作出规定;接口规格说明,对软件与环境之间,软件各组成部分之间的接口关系作出规定;设计规格说明,对软件设计加以说明。

software stack **软件栈** 相对于硬件堆栈而言。许多微处理器采用软件方法实现系统堆栈,也就是在程序控制下从内存中划分一个区域作为堆栈使用。

software strategy **软件策略** 像硬件设计一样,软件设计要分成两步来做。首先,考察要解决的整个问题,用功能说明书的形式客观地陈述问题并将问题分解为若干个功能块,然后为每个功能块确定算法。这样才算完成了这项任务的第一阶段,或“策略”阶段。第二,用适当的语言为每个功能块编制程序,并在适当的计算机上调试每个块。最后,把每个块的程序连接起来形成该问题的一个完整的解。

software structure **软件结构** 一种层次表示。该表示对于需求分析所隐含定义的问题,指出软件解的各个元素(称作模块)之间的联系。主要包括程序结构和文件结构。即描述了所有模块之间的控制层次,并提供了软件的体系结构的一种表示,意味着一种控制层次体系,并不表示软件的过程方面。软件结构的演变从问题定义开始,当问题的每一部分由一个或多个软件元素所解答时就出现了该问题的解法。

software suites **软件套装** 一组集成软件。如把字处理软件、电子表格软件、数据库软件等集成在一起的办公室自动化软件组。

software support environment **软件支撑环境** 在宿主硬件和软件的基础上,用于支撑其他软件的研制和维护的一组软件。由环境数据库、接口软件和工具组组成。通常都具有层次式的结构,可以区分为四层:宿主层、核心层、基本层、应用层,软件支撑环

S

境应满足整体性、扩充性、层次性、移植性等要求。

software support tool 软件支持工具 也称“软件工具”，辅助和支持其他软件的开发和维护的工具。包括需求分析、设计实现、测试和验证、管理等。今后将向品种多样化、接口标准化、描述形式化、功能智能化和操作过程自动化发展。

software testing 软件测试 对软件进行系统的检查，以发现程序中的错误，是提高软件的可靠性和质量的重要方法。测试工作包括：检查各部分及其界面，验证软件设计；确认软件需求；提供一种系统地集成软件的方法；确定能追溯维护的质量基准。就软件开发而言，测试工作主要分三个步骤：单元测试（也称“模块测试”，对软件产品的每个模块单独地进行测试）；集成测试（也称“整体测试”，在各个模块完成测试的基础上，把各个模块连接起来进行测试）；验收测试。测试的主要方法是构造有代表性的测试实例，并用这些实例运行程序，然后分析程序的运行结果，以发现程序中存在的错误。

software testability 软件可测试性 软件在特定的输入分布下进行随机黑盒测试时暴露故障的能力。软件的可测试性是衡量软件测试难易程度的一个重要指标，在测试的过程中可以指导测试进行的深度，确保测试资源进行合理分配。

software test incident 软件测试事件 在软件测试期间所发生的任何事件。

***Software Testing, Verification and Reliability* 《软件测试、验证与可靠性》** 英国1991年创刊，全年4期，John Wiley出版社出版，SCI（科学引文索引）、EI（工程索引）收录期刊。刊载有关软件测试与可靠性的实践与理论研究论文。

software test set architecture 软件测试集结构 测试用例集（测试集）的嵌套关系，它能直接反映测试对象的层次分解情况。

software timer 软件时钟 在过程监督系统中，登记各任务、赋予任务优先级的数字，称为软件优先级。过程监督系统根据此优先级及软件时钟的设置时间对任务进行调度。

software tool 软件工具 在生产软件过程中所使用的软件。例如，流程图、编辑程序、语言编译系统、解释系统、调试工具、设计规格描述语言等。从软件工程观点看，软件工具能够支持软件生存期的各个阶段并能互相结合，构成工具系统。按其功能可划分为：需求分析和概要设计工具，详细设计和编码工具，测试工具，维护和理解工具，项目管理工具和配置管理工具。

software trace 软件跟踪 逐条执行指令并显示各寄存器状态的过程。

software trace mode 软件跟踪方式 采用这种方式时，一遇到断点程序就停止执行，微处理器的内部状态可供操作员检查。除了助记符指令和存储地址之外，用户还可检查各个寄存器的内容、程序计数器内容、堆栈指针及各种条件码和标志。断点可以设置在任意一条指令处。这种方式的优点是：可让用户具体了解每一条指令的运行结果，用户可以方便地更改寄存器的内容，并能通过修改源代码来改正程序中的错误。

software understandability 软件可理解性 通常有两种含义，一方面是指系统的内部结构清晰，对软件人员易于阅读和理解；另一方面也指系统的人-机界面简单清晰，对用户而言易于使用等。

software utility 软件实用程序 见 support software。

software verification and validation plan 软件验证与确认计划 软件验证与确认计划必须描述所采用的软件验证和确认方法（如评审、检查、分析、演示或测试等），以用来验证软件需求规格说明书中的需求是否已由软件设计说明书描述的设计实现；软件设计说明书表达的设计是否已由编码实现。软件验证与确认计划还可用来确认编码的执行是否与软件需求规格说明书中所规定的需求相一致。软件验证与确认计划的详细格式按GB 8567（计算机软件文档编制规范）中的有关格式编制。

software verification and validation report 软件验证和确认报告 软件验证与确认报告必须描述软件验证与确认计划的执行结果。这里必须包括软件质量保证计划所需要的所有评审、检查和测试的结果。软件验证与确认报告的详细格式按GB 8567（计算机软件文档编制规范）中的有关格式编制。

software verification and validation review 软件验证与确认评审 在制订软件验证与确认计划之后要对它进行评审，以评价软件验证与确认计划中所规定的验证与确认方法的合适性与完整性。

SOG 门海 sea of gate 的缩写。

SOH （1）报头开始，标题起始字符 start of heading character 的缩写。（2）段开销 section overhead 的缩写。

SOHO 小型办公（室）与家庭办公（室） small office/home office 的缩写。

SOI 硅绝缘体技术 silicon on insulator 的缩写。

solar cell 太阳能电池 一种PN结型的器件，能将太阳能转换成电能。硅太阳能电池的理论转换效率为22%，产品的效率在11～19%之间。砷化镓太阳能电池具有较高的效率，但工艺较复杂。

solar energy 太阳能 太阳每年到达地球表面的能总量相当于目前世界主要能源探明储量的1万倍，加上太阳能的普遍性、清洁性和利用的经济性，太阳能很可能在未来世界能源结构转换中担当重任，成为理想的替代能源。

solar energy power generation station 太阳能发电站 用太阳能进行发电的电站。有太阳光发电和太阳热发电两类。

方法可覆盖原方法而形成新的行为特征。参见 inheritance。

sone 宋 响度单位，1 000 Hz 的纯单调，当高于听者阈值 40 dB 时产生 1 宋的响度。

SONET 同步光纤网 synchronous optical network 的缩写。

sonic delay line 声延迟线 同 acoustic delay line。

son of a node 节点的儿子 在树中，若从节点 a 到 b 有一条边，则称 b 为 a 的儿子。

sonogram 语图 在通信安全中，在分析话音信号时画出的三维图示。两个坐标代表时间和频率，而振幅则由曲线图的灰度指明。

sonograph 语图仪 在通信安全中，分析话音时画语图的仪器。

Sony/Philips digital interface format (S/PDIF) 索尼/飞利浦数字接口格式 由 Sony 公司与 Philips 公司联合制定的一种数字音频输出接口。特点是采用了双相标记编码技术，只使用一条传输导线，传输信号中融合了时钟信号。现在的 DAT、CD 机和 MD 机和计算机声卡音频数字输入输出口都普遍使用 S/PDIF 格式，已成为事实上的数字音频信号的一种标准，另一种被普遍使用的标准是 AES/EBU。S/PDIF 的普通物理连接媒质主要是采用捆绑式光学波导连接设备，如采用 BNC 连接器的 75 Ω 同轴电缆，距离在 10 m 内；还可选用光学 Toslink 接头和塑料光缆，距离小于 1.5 m；如果大于 1 km 的距离，可使用玻璃光缆和使用编解码器。参见 Audio Engineering Society/ European Broadcast Union (AES/EBU) standard。

SOP (1)标准操作过程 standard operating procedure 的缩写。(2)小外形封装 small outline package 的缩写。

SOPHIE 复杂教学环境 sophisticated instructional environment 的缩写。

sophisticated instructional environment (SOPHIE) 复杂教学环境 一种计算机辅助系统软件，使用自然语言理解和推理技术，通过自然语言的对话帮助学生进行学习。

sophisticated vocabulary 复杂符号集[词汇表] 一种预先定义的、复杂的命令集合，它使某些计算机可以实现如连接、开平方根、选取极大值等复杂运算。

sort 分类，排序，分类法，分类程序 (1)用关键字或关键字段作为决定顺序先后的依据，对一组项目进行排列整理，如以职工姓名笔划为序或姓名拼音字母顺序整理人事档案文件。(2)字处理中，根据指令要求对文本中的字块顺序进行整理。(3)对数据库或文件的一种基本操作。按一定的排序规则，将数据库或库文件中的记录进行重新组织。重新排序后的文件称为排序文件或分类文件。

sort algorithm 排序算法 将一组数据元素排成某种顺序的算法，有时是基于每个元素的一个或者多个关键字值排序的。参见 bubble sort, distributed sort, insert sort, merge sort, quick sort。

sort blocking factor 分类分块因子，排序块因子 在分类过程中，放入每个数据块中的数据记录的数目。

sorted insert (SI) 排序插入 用于空间数据库索引的动态 R 树的批量加载算法。排序插入算法首先利用空间对象 MBR(最小边界矩形)中心点的 Hilbert 码对新数据集进行一维排序，然后借助于节点缓冲区的帮助，依次把数据对象逐个插入到现有的 R 树中。参见 R tree, sorted node insert (SNI)。

sorted node insert (SNI) 排序节点插入 用于空间数据库索引的动态 R 树的批量加载算法。排序插入算法首先利用空间对象 MBR(最小边界矩形)中心点的 Hilbert 码对新数据集进行一维排序，然后将其依次分组构建成为新的叶节点，最后把构建好的叶节点逐个插入到现有 R 树中的叶子层。参见 R tree, sorted insert (SI)。

sorted set order 排序的系序 在单个属记录系型中，使系值中的全部属记录按指定的属记录中的一个(或一组)数据项(排序键)的升序或降序来排序。

sorter 分类机，分类人员，分类[排序]程序 (1)根据卡片上的孔型，把已穿好孔的卡片分送到相应的集卡箱中的一种设备。(2)进行分类工作的人员、设备或计算机例行程序。(3)在资料复制机中，将拷贝从一组原件中分成几组拷贝的一种设备。(4)以预先给定的次序排列一个记录集的设备。

sort file 分类[排序]文件 由一分类语句进行分类的记录的集合。它只能由分类功能模块建立和使用。

sort file description entry 分类文件描述体 COBOL 语言数据部分文件节中的一个体。它包括层指示符 SD，跟着一个文件名，再跟着一组所需的文件子句。

sort generator 分类生成程序 同 sort program generator。

sorting by successive merges 逐渐合并排序法 将数据集转换成若干记录链，其中的每一个记录链都是一个特定的数据子集，而每个记录链中的记录均按要求的顺序排列。

sorting comparison pairs 对比分类法 在上推(冒泡)分类中，用于比较两个相邻的关键字段的分类法。

sorting control field 分类控制字段 记录中一组连续的字符。由这些字符构成一个完整的分类控制字，或者构成其中的一部分。

sorting field 排序字段 记录中的一个或若干个字段，用以决定文件中记录的最后顺序。当使用几个

S

排序字段时，如一个文件包含美国所有城市名的一张表，若首先按州名排序，然后按各州中的城市名排序，则“州”称为主排序字段，而“城市”称为辅排序字段。

sorting key 分类键标，排序键 同 sort key。

sorting parameter 分类参数 分类合并程序所需要的一种参数，包括分类键标字段的位置、长度以及排序要求等。

sorting phase 分类阶段 分类程序的执行阶段，通常有初始化阶段、内部分类阶段、合并阶段等。

S

sorting sequencing key 分类定序关键字 记录中的一个字段，用于决定该记录在文件中所处的顺序位置。

sorting tree structure 分类树形结构 用一棵二叉树，其每个节点表示一个关键码，任取一关键码作为根节点，分类先于根节点的关键码用左指针表示，后于根节点的关键码用右指针表示，如此，构成一个表现字符排列次序的分类树结构。这种结构，采用一种算法和简单程序即可由计算机按字母次序分类关键码。

sort key 分类键标 一种用于排序的键标，即项目内的一个或多个键标或字段。在决定一个集合内的项目顺序时，用它作为判断的依据。同 sequencing key。

sort-merge file description entry 分类合并文件描述体 同 sort file description entry。

sort-merge generator 分类合并生成程序 用来产生目标分类合并程序的专用程序。

sort-merge module 排序合并模块 COBOL 程序设计语言的一个功能模块。它使得在一个 COBOL 程序中可以包含一次或多次排序。这个模块由一个空集和两个处理级组成。低处理级含有是以实现基本排序的设施，而高处理级提供了扩充的排序能力，其中包含合并设施。

sort/merge package 分类/合并程序包 一组能对数据文件做分类和合并工作的程序，通常是操作系统的一部分，其中包括监督程序、编辑程序、进行内部分类、外部分类以及进行合并的程序。

sort-merge program 分类合并程序 用来按预定的顺序将若干记录分类或排序的处理程序。

sort pass 分类扫描 分类合并程序的一个阶段，其工作包括读入一串没有分类的数据项，将他们进行排序，再把排序后的数据串放到一个数据媒体上，这个处理过程一直重复到把全部的输入数据排成一个队列为止。然而，在合并处理阶段再将这些队列合并成为一个有序的数据集。

sort program 分类[排序]程序 执行分类或排序任务的计算机程序。

sort program generator 分类程序生成器 用来产生目标分类程序的专用程序。程序员可以为生成的目标分类程序指定各种参数，从而为分类程序指定输入输出格式、关键字的位置等运行条件。

sort selection 分类选择(法) 在文字处理技术中，借助于一些预定的代码，对存储器地址所进行的选择过程。

sort sequence specification 分类顺序说明 规定一种分类顺序的原语句。

sort utility 分类实用程序 一种系统支持程序产品，用于按一定的次序排列记录或他们相关的记录号，这种排列次序是由记录中的一个或多个字段中包含的数据内容来确定的。

SOS 蓝宝石硅片 silicon on sapphire 的缩写。

sound and light control 声光控制 通过利用声音以及光线的变化来控制电路实现特定功能的一种电子学控制方法。

sound bandwidth 声音带宽 人耳能听到的声音频率范围为 20 ～ 20 000 Hz，但人能发出语音的频率范围远远小于人耳听到的声音范围。为此，语音频率传输的带宽通常定为 300 ～ 3 300 Hz。

Sound Blaster (SB) 声(效)卡，声霸卡 由新加坡创新(Creative)公司在 20 世纪 80 年代后期推出的第一代声卡产品。带有一个数字化声音处理芯片，可以进行 8/16 位立体声/单声道转换处理。具有采样频率可选的数字化录音和回播功能。带有一个可编程的声音混合芯片。可混合及调节话筒、外部线性信号、CD 声音及 FM(频率调制)合成音乐等各种输入源的声音信号。卡上还带有一个具有 11/20 个复音，支持 2/4 操作器的立体声/单声道功能。带有 CD-ROM(只读碟)接口，带有每声道可屏蔽的 4W 立体声/单声道功率放大器。这一代声卡采用的都是 FM 合成技术，它运用声音振荡的原理对 MIDI(乐器数字接口)进行合成处理，对于乐曲的合成效果比较单调乏味。到了 90 年代中期，一种名为“波表合成”的技术开始趋于流行，由于它采用的是真实乐器的采样，所以效果自然要好于 FM。创新便在 1995 年推出了具有波表合成功能的 SB Awe 32 声卡。SB Awe 32 具有一个 32 复音的波表引擎，并集成了 1 MB 容量的音色库。在 1997 年推出 SB Awe 64 系列，其中的 SB Awe 64 GOLD 拥有了 4 MB 的波表容量和 64 复音的支持。以上所述声卡始终是采用 ISA(工业标准体系结构)接口形式的。不过随着技术的进一步发展，ISA 接口过小的数据传输能力成为了声卡发展的瓶颈。从 1998 年开始，声卡的接口形式从 ISA 转移到 PCI(外围部件互连)。参见 musical instrument digital interface (MIDI)。

sound box 音箱 是将电信号还原成声音信号的一种设备，它的前身就是 PC 喇叭，作为多媒体电脑的重要组成部分之一，有源音箱是一种必不可少的音频设备。它是由箱体、扬声器单元、电源部分和信号放大等几个主要部分组成的。

sound buffer **声音缓冲器** 用于存储发送到计算机扬声器上的一系列声音数据的内存区域。

sound card **声卡** 是多媒体个人计算机系统的基本配件之一。主要用途在于:支持多媒体有声教学软件,如各种有声电子词典及CD-ROM(只读碟)版读物;解说、播放背景音乐;语音识别,实现人机对话;计算机网上的电话、电视会议等。

sound dialling telephone **声音拨号电话** 拿起话筒说出电话号码就能代替手动拨号来接通对方的电话。

sound effects (SFX) **声效** 在多媒体中,指故意包含在音频中的人声和音乐声以外的声音。

sound field **声场** 指媒质中有声波存在的区域。不同的声源和环境可以形成不同的声场。由于受到频率响应曲线分布不均匀以及音箱指向性的影响(如房间的宽度大于深度或者深度大于宽度),音响所播出来的声场实际上或多或少与原录音时的情形是有差异的。声场技术就是让展现在聆听者面前或环绕四周的那种三维的空间感和录音时尽量一致的技术,是对录音现场、还音系统以及编码、解码的规范。

sound generator **声音生成器** 能够产生电信号以驱动扬声器和合成音响的芯片或芯片级电路。

sound hood **隔音罩** 一种五面形的盒子,使用隔音材料作衬里,放置在点阵打印机上,抑制打印机产生的噪声。

sound level meter **声级[度]表** 在声学中,采用专门的方法来测量噪声和声压强度的一种仪表。它包括一个麦克风、放大器、输出电路和频率加权网络(A、B和C)。该仪表可被设定在"脉冲"、"高速"、"低速"各档上来测定他们的动态特性。

soundness **合理性,可靠性** 形式化的逻辑系统的一种性质。在一个逻辑系统中,若任何一个形式定理都是永真式,则称该逻辑系统是可靠的。

sound power level **声音能量级别** 在声学中,一种衡量声音的能量级别的量度,单位用dB(分贝)表示,它用被测声量与参考声量(1 pw(微微瓦))的比值的常用对数值再乘以10来定义。

sound pressure level (SPL) **声压级** 给定声压与参考声压之比的以10为底的对数乘以20,以分贝计。

sound sheet **录音片** 一种平面的磁性乙烯基媒体,用于口述记录设备。

sound spectrogram **语图** 将一定长度的语音信号或其他声音信号的动态频率用图形的方式表现,既可以是时间—频率—强度的三维显式,也可以是在某一时间断面上的频率—强度的二维显式。

sound stage **音场** 音场是一个三维空间的概念,主要是指舞台上乐队的排列位置和形状,包括长、宽、高。对于音响器材来说,音场实际上就是指器材所再生的乐队所排列的形状。

sound track **声道** 同 audio track。

sound wave **声音波** 正常人耳能听见的声波。一种纵波,它在气体、液体或固体中传播时产生一系列纵向压力脉冲或材料的弹性物质位移从而形成纵波,经过气体传播时,由一系列的压缩(高密度气体)和稀疏(低密度气体)组成;经过液体传播时,包括一系列复合弹性变形和压缩波;经过固体传播时,包括一系列弹性压缩和扩张波。声波的速度与材料介质的温度、压力和介质的弹性有关。空气中海平面上,温度零度时声波的传播速度是332 m/s。人耳能听到的声波称为声音波。同 acoustic wave。

source address (SA) **源地址** (1)在计算机网络中,消息或数据发送源的节点的地址。(2)在一个具有源-目的的体系结构的计算机系统中,传送出数据的设备或存储器的地址。

source address routing **源地址路由** 基于源地址的策略路由,它根据数据包的源地址选路,可以实现根据多个不同子网或内网地址,有选择性地将数据包发往不同目的地址的功能。参见 destination address routing, policy routing。

source address spoofing **源地址欺骗** 一种网络攻击,源地址欺骗的攻击者通过自封包和修改网络节点的IP(网际协议)地址,冒充某个可信节点的IP地址对服务器进行攻击,特别是基于UDP(用户数据报协议)协议的网络,由于其是面向非连接的,更容易被利用来攻击。

source area **源区** (1)一个工作区域,用于容纳从一个信息源读入的信息或者将要写入到目的地的信息。(2)在某些操作系统中,为了数据传输而分配给每个任务的一块200个字节的处理用存储器区域,在执行这个任务时,数据被放入这个区域,在其中进行编辑,或从该区域取出。

source area block **源区块** 在某些操作系统中,某一地址空间中的一个256字节块,在其中包含源区。

source attenuation **源衰落模型** 一种图像染色模型,对每一体素均分配一个强度及一个衰落系数,当光线通过空间时,按每个体素的源强度及光线距离的衰落分配一个亮度值投射到图像平面上即可形成三维图像。参见 varying density emitters, classification and mixture。

source book **源卷,源本,源语句,源程序** 在某些操作系统中,一组以任何语言方式书写的源语句,该语言必须是操作系统所支持的,并已被编目在一个系统子例程库中。

source coding **信源编码** 一种以提高通信有效性为目的而对信源符号进行的变换;为了减少或消除信源剩余度而进行的信源符号变换。比较 channel coding。

source bus **源总线** 只送数据到处理部件的信息传输线路。连接源总线提供源数据的部件,通常是高速暂存器或存储器。只作传送处理结果回到目的部件的信息传输通路,则称目的总线。

source code **源(代)码** 原始形式的程序指令。用程序设计语言编写的程序称为"源程序",或更一般地称为"源代码"。计算机不能直接执行源代码,源代码必须经编译程序转化为"目标代码"后才能在计算机上运行。

S

source code compatibility **源代码兼容性** 在需要时,通过重新编译或汇编,一个源程序能在两个或多个系统上运行的可能性。比较 object code compatibility。

source code control system (SCCS) **源代码控制系统** AIX操作系统中,一个维护开发程序的源文件版本的程序。它存储源文件的改变信息到一个文件中,使得系统中可存在一个文件的多个版本。

source-code instruction **源代码指令** 在微程序系统中作为指针的一条指令,用来模拟正被执行的一个指令集。

source computer **源计算机** 对源程序进行汇编或编译的计算机。对应地,程序最终执行的计算机称目的计算机或目标计算机。

source converter **源程序转换程序** 为了列出源程序和目标程序的相关信息,而将目标码转换成源程序码的一种程序。

source data **源数据** (1)由一个数据处理系统的用户所提供的原始数据。(2)在一个源程序或源模块中所包含的数据。

source data acquisition **源数据采集** 从各个采集点采集到数据后直接送入计算机的过程。

source data automation **源数据自动化** 一种允许直接将准备的数据送入计算机的处理方法,如直接输入计算机进行购物登记的支票登记卡以及购物信用卡,这样的数据不需进一步的手工处理就可发送、处理、重复使用。源数据自动化明显地节约了时间,也因为不需要再键入数据而消除了由于重新键入而可能产生的错误。

source database **源数据库** 数据库的一种类型,直接存储实际数据而不是仅存储数据或信息的目录或查找线索。如数值数据库、事实数据库、图像数据库以及文本数据库等。比较 reference database。

source data capture **源数据获取** 同 source data acquisition。

source data card **源数据卡** 一种含有手工或机械记录的数据卡片,这些数据随后即用来作样板,可按此样板在另一些卡片上穿出同样的数据。

source data entry device **源数据直接读入装置** 一种为计算机准备数据的装置。数据从其源处获得并即为机器可读而无需中间转录的步骤。此类装置包括:光学字符阅读机、光学符号阅读、便携式数据捕获装置等。

source-destination file **源-目的文件** 保存作业的输入数据并写入结果的文件。

source directory **源目录** 读取信息的目录。对应于 target directory。

source diskette **源软盘片** 在软盘拷贝过程中,从其上读得原始资料的盘片。比较 target diskette。

source distribution tree **源分布树** 源分布树以组播源为根节点构造到所有组播组成员的生成树,通常也称"最短路径树(SPT)"。参见 distribution tree。

source document **源资料,原(始)文件** (1)用输入给计算机程序的机器可读的一组正文行或图像行。(2)一种能从中提取数据作为计算机输入的原始文件,如时间表、收据、应用表等。

source drive **源驱动器** 读取信息的驱动器。对应于 target drive。

source editor **源编辑程序** 一种专用的编辑程序。主要功能包括:简化计算机系统中源程序的输入和修改;帮助源程序输入联机存储器。利用源编辑程序,程序就不必在单元记录介质上通过冗长的编码步骤。它特别适合要考虑输入语言特性及通信终端类型的场合。

source end station (SES) **源端站点** 一个ATM(异步传输模式)终端点,它是ATM消息的发源地,用于作为可用位速率服务的参考点。参见 destination end station (DES)。

source-explicit forwarding **报源指定的转发** 路由器或网关中的一个安全特性,使得在指令的表格中列出的报文能够向其他网络转发。

source field **源字段** 源语言指令中保存的要读取或传送的操作数的字段,或者保存的要传送的直接量的字段。

source file **源文件** 一种含有诸如高级语言程序和数据规格说明的源语句文件。

source file editor **源文件编辑程序** 在操作系统环境中工作的一种面向行的编辑程序。程序的编辑按汇编程序产生的源语句行号顺序进行。该编辑程序能一边保存原本的主文件,一边产生更新的文件。

source filtered multicast (SFM) **源过滤组播** SFM是任意源组播(ASM)服务模型的一个变种,它使用与ASM相同的地址空间,但使用一个包括列表或一个排除列表来表示对源地址的限制。参见 source specific multicast (SSM), any source multicast (ASM)。

source index **(文献)来源索引** 提供文献来源的一种索引。例如,利用这种索引,可以获得化学文献的原始资料。来源索引是美国《化学文摘》(*CA*)

中使用的一种索引。它是按刊名的字顺排列的，黑体字为缩写部分，刊名一律以拉丁字母音译。

source input format (SIF)　源输入格式　一种用于数字视频的存储和传输的视频格式，常用于VCD(影碟)、DVD(数字影碟)和某些视频会议系统中。由于SIF系列标准主要应用电视行业，因此SIF标准格式分为两种：SIF-525用于NTSC(美国国家电视制式委员会)制式中，其分辨率为352×240像素，刷新频率为29.97 fps；SIF-625用于PAL(逐行倒相制)制式和SECAM制式中，其分辨率为352×288像素，刷新频率为25 fps。

source instruction　源指令　以源代码形式表示的指令。

source language　源语言　(1)语言转换为另一种语言时，原来的语言称为源语言。对机器翻译系统来说，源语言是输入的语言。比较 target language。(2)在计算机处理之前用来编写程序的语言。如COBOL语言、FORTRAN语言、汇编语言，而机器语言不是源语言。

source language debugging　源语言调试(法)　用户为输入或输出调试信息，采用与源程序设计语言一致的语句形式编写调试语句，进行调试，这就是源语言调试(法)。

source language dictionary　源语词典　机器翻译系统中描述源语言的语音、词法、句法、语义或用法的机器词典，用于源语分析。比较 target language dictionary。

source language translation　源语言翻译　将程序从源语言翻译成目标语言的过程。这一过程通常由汇编程序或编译程序来完成。

source-level debugging　源代码级调试　一种调试形式，可让用户看见高级源代码运行的过程。

source library　源程序库　用编译程序语言或汇编程序语言写的一组计算机程序。或是用源语言编写的子例程库。

source library language　源库存语言程序　使用编译语言汇编语言或两者兼有的计算机程序的集合。

source library program　源库程序　存在于源程序库中的程序。用户编制应用程序可以直接调用这些程序。

source library update　源程序库更新　把经常使用的源程序登录进程序库的实用功能。

source lines of code (SLOC)　源行代码　用于测量一个程序中代码总量的一个软件测量标准。SLOC典型地用于估算将被要求开发的一个程序费用的总量。

source listing　源程序列表，源语言清单　作为编译程序列表输出的一部分，包括源语句、诊断信息等。参见 compiler listing。

source macro definition　源宏定义　包括在某一源模块中的一种宏定义，把它放入某个程序库后，它就成了库宏定义。

source map　源程序映射　在CICS(用户信息控制系统)的SDF(屏幕定义程序)中，一种内部形式的映射，即在生成处理之前所保持的一种形式。它包括：常数字段的说明，变量字段，应用结构，常数数据以及其他内容。所有的编辑是在源程序映射上进行的。

source map set　源程序映射集　保留在映射说明库中的一种目标，它由CICS(用户信息控制系统)的SDF(屏幕定义程序)的用户来定义，以标识应用程序在某一时候所使用的一个或一组源程序映射。

source module　源模块　经过特定组合的一组源语言语句。可以输入机器供汇编程序或编译程序作进一步处理。一段源程序可由若干个源模块组成。

source module library　源(程序)模块库　一种用来存储及检索源程序模块的分区数据集。参见 load module library，object module library，source library。

source network　报源网络　在NetWare中，指发送IPX(网络互联包交换)报文的工作站所在的网络号。网络号是四个字节的数值，存放在相同网段的服务器上。

source node　源节点　在NetWare中，由IPX(网络互联包交换)设置的作为源节点的物理地址。

source of resource information　资源信息源　所要传输的资源信息的原始消息或信息的来源。

source operand　源操作数　一条指令处理的对象。

source port　报源口　FDDI(光纤分布数据接口)网络技术中连接光缆，继续传输来自报源方向信息的端口。

source program　源程序　(1)在被计算机执行之前，必须被编译、汇编或解释的计算机程序。(2)用源语言书写的准备送给语言处理程序处理的程序。一个正确的源程序必须在形式上符合源语言的语法定义，并且满足源语言的语义定义及语言处理程序对语义方面的要求。这样才能为语言处理程序接受和处理。

source program optimizer　源程序优化程序　检查开发中程序的源代码并提供各部分源代码使用的信息的程序。它使程序员能修改经常使用的目标程序段，以改进最终的操作程序。

source quench　报源抑制　控制信息流量，缓和拥挤的技术之一。当一台计算机处理到来报文分组的速度低于报文分组到来速度时，就会出现拥挤。这时便可以发回一个报文，请求报源暂停发送。在TCP/IP(传输控制协议/网际协议)网络中，计算机使用ICMP(因特网控制信息协议)抑制报源，减少或暂停传送IP数据报。

source question　源提问　未经计算机加工处理的提

问。

source recording 原始记录 机器可读形式的数据记录，如磁带或磁盘中的数据记录。数据成为这种形式的记录后即可传送、处理和重复使用，不需要任何人工处理。

source register 源寄存器 在执行传送或转移指令前，存放待送到目的寄存器去的数据的寄存器。

source route 源路由(选择) (1)由源站点决定的路由。其特点是在给定的时间内，强制使用源站点预先决定的路由，而不使用网关提供的路由信息选择路由。(2)由报源选定路由的路由选择机制。在TCP/IP(传输控制协议/网际协议)网络环境中，这种路由选择机制是由IP数据报中的一个选择项段的设置来实现的。报源在填写数据报时要填写数据报在传输路径中要经过的一系列机器地址。沿途每个网关按照报源路由选择验证要访问的机器列表，取代通常为使数据报传向报宿而进行的路由选择。

source route bridging (SRB) 源路由桥接 一个附带有源路由报头信息转发的透明，是802.5局域网互连的方式。源路由桥接基本思想是：数据包头含路由信息，而该路由信息在发送帧时将放在帧的首部。源站以广播方式向欲通信的目的站发送一个发现帧，每个发现帧都记录所经过的路由。发现帧到达目的站时就沿各自的路由返回源站。源站在得知这些路由后，从所有可能的路由中选择出一个最佳路由。凡从该源站向该目的站发送的帧的首部，都必须携带源站所确定的这一路由信息。SRB在令牌环网中是最流行的桥接方式。参见transparent bridging。

source route translation bridging 源路由翻译桥接 用于以太网和令牌环网共存的环境，融合了源路由桥接和透明桥接的算法。源路由翻译桥接可以在以太网和令牌环网之间提供桥接功能。也就是说，由以太网到令牌环网的以太帧，在经过该网桥时，要被转换成令牌环网的格式，反之亦然。具体转换由数据链路层的逻辑链路控制(LLC)子层完成。参见transparent bridging。

source route transparent bridging 源路由透明桥接 用于以太网和令牌环网共存的环境，既有源路由桥接的功能又有透明桥接的功能。源路由透明桥接可以分别为以太网和令牌环网提供桥接功能。但要注意，源路由透明桥接不能桥接以太网和令牌环网，即不能在以太网和令牌环网之间转发数据帧。参见source route translation bridging。

source routing 源路由(选择) 计算机网络中的一种选择通信路径的方法，由数据交换的发源端决定路由。同source route。

source routing translational bridging (SR/TLB) 源路由(选择)翻译桥接(标准) 一种网桥连接方法，源路由站点和透明网桥站点通信时，由中间网桥帮助，中间网桥在两种网桥协议间进行翻译。

source routing transparent (SRT) 源路由(选择)透明(标准) 一个IEEE 802桥接标准，结合透明桥接和源端路由桥接技术。SRT在一个设备中使用这两种技术以满足所有端节点的需要。在两种桥接协议之间不需要翻译。比较source routing translational bridging (SR/TLB)

source schema 源模式 用模式DDL(数据库定义语言)写出的一个数据库定义的全部条目。它是描述数据库中所有数据元素类型的一个结构图，是装配数据的一个框架，它只是对数据库的一种描述，而不是数据库数据本身。由模式DDL书写的源模式不能被机器直接接受，必须经过相应的模式DDL编译程序将其转换成机器代码形式，翻译成目标模式，最后作为一组数据库表存放在描述数据库中的数据词典/数据目录(DD/DD)中，数据库管理系统(DBMS)参照这些表来存取数据库中的数据。

source segment 源段 在某些信息管理系统中的一种数据库中的段，它含有用于构成辅助索引指针段的数据。

source service access point (SSAP) 源服务访问点 在SNA(系统网络体系结构)和TCP/IP(传输控制协议/网际协议)中，一个逻辑地址，使系统能够通过适当的通信端口发送数据到远程设备。参见destination service access point (DSAP)。

source/sink 源/接收器. 参见data sink, data source。

source socket 源套接字 在NetWare中，由IPX(网络互联包交换)设置的表示发送报文的进程的套接字地址。

source specific multicast (SSM) 源特定组播，特定源组播 SSM是一种区别于传统组播的业务模型，它使用组播组地址和组播源地址同时来标识一个组播会话，而不是象传统的组播服务那样只使用组播组地址来标识一个组播会话。

source statement 源语句 用源语言的符号编写的程序语句。

source statement library 源语句库 在某些操作系统中，通过库管理程序编目进入系统的源程序段(如宏定义等)的集合。

source suppression method 抑源法 制造TEMPEST(瞬时电磁脉冲发射标准)产品的一种方法。该方法是从产品的最初设计阶段开始，在电路的设计、布线、电子元器件的选择上就考虑抑制红信号的发射，从而使最终产品满足TEMPEST指标的要求。参见red signal。

source system 源系统 (1)在通信中，发出请求以与其他系统建立通信关系的系统。(2)在分布式数据管理(DDM)中，一个应用程序发出使用远程文件的请求的系统。对应于target system。

source table 源表 在某个程序中,一种含有预先定义的数据元素的表,该程序能从此表中选择一个元素并自动地移入源码区中。

source traffic descriptor 源通信表述符 在 ATM (异步传输模式)网络中,一系列属于 ATM 通信描述符的通信参数,在连接建立时捕获源端请求的通信特征时使用。

source utility 源实用程序 便利符号汇编语言源带的准备和修改的实用程序。它是一种交互式程序,能让用户经由电传打字机执行下列功能:建立一个符号源带,插入、删除、取代、修改已存在的源程序中的语句,并得到一个新的源带以及被编辑程序的编号表。

source viruses 源码型病毒 以未编译的高级语言程序为传染目标的病毒类型。源码型病毒在源程序被编译之前插入到诸如 C、PASCAL、COBOL、FORTRAN 等语言编写的源程序当中,在当前流行的计算机病毒中,源码型病毒较为少见,编写该类型病毒程序难度较大,而且与其他类型的病毒程序相比,受病毒程序感染的对象有一定的限制。源码型病毒往往隐藏在大型程序中,一旦插入到大型程序中其破坏性和危害性是很大的。

source voltage effect 源电压效应 指源电压的变化引起的稳定输出量的变化。

source word 源词 机器翻译中被翻译的语言的词。

SP (1)空格字符 space character 的缩写。(2)系统软件包 system package 的缩写。(3)系统程序 system program 的缩写。(4)结构化保护 structural protection 的缩写。(5)结构化程序设计 structured programming 的缩写。(6)服务提供商 service provider 的缩写。(7)信令点 signaling point 的缩写。

SPA (1)暂存区,临时工作区 scratchpad area 的缩写。(2)软件出版商联合会 software publisher's association 的缩写。

space 空间,空格,空白,跳格,空号,进格,空行,留空 (1)打算用来存储数据的场所,如打印纸一页上的某处或某种存储媒体上的一个区域。(2)面积的一种基本单位,通常指一个空符所占的尺寸。(3)一个或多个空格字符。(4)在打字机上,沿输出(打印)方向出现的一个空白移位间隔(在纸上并不打出任何字符)。(5)一种脉冲,在中性电路中,它将导致回路断开或导致信号消失;在极性电路中,它将导致回路电信号脉冲相反的方向流动,一个空号脉冲相当于一个二进制零。(6)一个用于分隔字符或分隔行的空白区。(7)根据规定的格式,向前推进读出位置或显示位置,如横向向右地或纵向向下地推进打印位置或显示位置。(8)在打印机打印一行之前或之后,指定的移动纸张的行数。

space antenna diversity 空间天线分集 一种空间分隔的天线,天线通常是相隔二到三个波长,但为了克服对流层散射的逆作用,或为了利用对流层散射,天线间距可以达到 50 个波长,利用共同极化可以使衰落效应,特别是平坦衰落和选择性衰落最小。

spaceball 空间球 在虚拟现实技术中,指设备底座上的带有球形操作器的六个自由度的输入设备,即扭转、压下、拉出和来回摇摆等。其球形部分可以检出三个方向的力和三个方向的力矩,并输入空间内六个自由度的运动,它可以放在使用者的手掌之下,测量使用者加在该球上的力以及三维移动量。

space band 齐行垫条 一种可调的、可扩的垫条,用于将字模行间距扩展至规定的行宽。

spacebar 空格条[键] 键盘上用来实现空格功能的一个长长的键。

space character (SP) 空隔字符 一种具有相应于格式控制符的功能,但不属于控制字符的字符。在图形符号中,它用一个空位置来表示。空隔字符可使打印或显示位置向前移动,而不打印任何图形。实际上,它具有相当于信息分隔符的功能。

space charge 空间电荷 电子管阴极周围空间自由电子所形成的负电荷,即从阴极发射出来而不能立即被阳极吸收的那部分电子。

space charge region of semiconductor 半导体的空间电荷区 半导体中载流子的过剩或缺少形成的区域,PN 结即是一种空间电荷区,此区域两端存在一个阻碍载流子通过的电势,故也称"势垒区"。

space complexity 空间复杂度 一个算法在运行过程中临时占用存储空间大小的量度。参见 time complexity。

space complexity function 空间复杂度函数 用来表示算法所占用的存储空间复杂度的函数。

space constructible function 可构造空间函数 一类可用来表示空间复杂性的函数。对于函数 $S(n)$,若存在图灵机 M,使得对任意规模为 n 的输入 M 至多使用 $S(n)$ 个存储单元,且对于某些规模为 n 的输入 M 恰好使用了 $S(n)$ 个存储单元,则称 $S(n)$ 是可构造空间函数。若对所有规模为 n 的输入,M 恰好都使用了 $S(n)$ 个存储单元,则称 $S(n)$ 为完全可构造空间函数。

space diversity (SD) 空间分集 利用不同地点接收到的信号衰落相互独立这个特性来抵消衰落的功能。空间分集利用多副接收天线,独立地接收同一信号,再合并输出,衰落的程度能被大大地减小。同 antenna diversity。

space division multiple access (SDMA) 空分多址 利用空间分割构成不同的信道来实现多址连接的通信方式。空分多址是一种信道增容的方式,可以实现频率的重复使用,充分利用频率资源。空分多址还可以和其他多址方式相互兼容,从而实现组合的多址技术,如空分-码分多址(SD-CDMA)。参见

code division multiple access (CDMA)。

space division multiplexing (SDM) 空分复用 利用空间分割构成不同信道的一种复用方法。空分复用依赖于空分转换器的使用。每一个空分转换器都有几条输入线和几条输出线,发送端和接收端之间的通信,由于他们之间的转换器和线路所形成的单工的、专用的路径而变得容易。参见 time-division multiplexing (TDM)。

space division switching 空分交换 通信中使用的一种利用空间分割实现多路通信的交换技术。采用这种技术时,一旦交换的主呼侧和被呼侧接通,则主呼侧到被呼侧之间的这一段物理通路将被此呼叫独占。而在时分交换中,主呼侧到被呼侧的物理通路是被分时使用的。不严格地说,多芯电缆中,每一对电缆可以进行一路通信,N 对电缆可以实现 N 路通信,可算是空分交换。严格说来,这是多线路通信,不是空分交换。

space electronics 空间电子学 为航天工程、空间探测和各种应用卫星系统服务的电子技术和理论。航天器和航天地面设施中都需要大量的电子设备。航天器在遥远的宇宙空间飞行,与地球的联系主要依靠无线电,空间和地面的设备通过无线电波联合成一个整体。因此空间电子学是包括空间和地面以及电波传播过程在内的电子技术和理论。

space hold 空号保持 正常无信息传递时的一种线路状态,此时,线路传输的是空号。这是一种用户可选件功能。

space management 空间管理 在数据装置分层存储管理程序中,对原始卷和迁移卷中数据集的管理过程,空间管理有三种形式:数据集搬迁,数据集删除和数据集退出。

space manager 空间管理员 (1)在 MSS(海量存储系统)中,负责管理海量存储器盘卷存储空间的人。(2)在数据装置分层存储管理程序中,一个被授权能以系统程序员和空间管理员身份发出命令的人,他负责管理直接存取存储设备的空间。

space multiplexing (SM) 空间复用 在发射端利用多根天线发送不同数据序列,而在接收端利用多根天线将接收到的该组数据序列分别解出。从而在发射端和接收端之间形成了一组平行的空间通道,可以在同一时间传送多个数据序列,使整个系统的数据传输率大量增加。

space optic modulator 空间光调制器 一种光神经计算机的基本功能器件,对光束的位相、偏振态、振幅或强度的一维或二维分布进行空间和时间的调制,输出光信号同时是空间和时间的函数。当控制信号是随时间变化的电信号时,称他们为电编址空间光调制器(EASLM);而当控制信号是随时间变化的光信号时,称他们为光编址空间光调制器(OASLM)。空间光调制器不仅可以完成阈值操作和实现数字逻辑运算,同时还可以实现编址/寻址和格式化输入等各种不同类型信号的转换,或直接进行某些数学运算、图像处理及存储等功能。

space pointer machine object 机器目标空间指针 一种没有确定存储形式(表示特性)的存储空间指针。它包含在内部的机器存储器中而不是在外部存储空间中,且仅存在于定义它的程序的运行过程中。同 machine space pointer。

spacer 分隔符 在 CICS(用户信息控制系统)的 SDF(屏幕定义程序)中,用于映像编辑程序的字段定义功能中的一种字符,它根据一行中尾部的空格字符数目指出应该如何分隔两个相邻字段。

space record 空白记录 OS/VS 操作系统中用来分隔页面数据集中各页面的一种记录。

space redundancy 空间冗余 用附加设备、线路板、元器件等占据空间的资源手段实现的冗余。常见的冗余措施都属此类。对应地有时间冗余。

space segment 空间扇面区 卫星通信术语。指为某个机构所属的空间区域。这同它所属的地面区域不同。空间扇面的费用包括卫星及其发射,这与地面站也是不同的。

space suppression 空格抑制 从待传输、打印或显示的数据中取消无用的空格的一种技术。

space technology 空间技术 空间技术是从事空间飞行的综合性技术,它包括空间飞行、空间通信、空间系统工程、空间控制与导航、跟踪与遥测、遥控等方面的技术。

space telecommand 空间遥令 为了启动、更改或终止在相关空间物体(包括空间站)上设备的运行而利用无线电通信传送到空间站的控制信号。参见 telecommand。

space telemetry 空间遥测技术 把遥测技术应用于从空间站传送空间飞行器上的测试结果(包括空间飞行器本身的功能等情况)。

space time block code (STBC) 空时分组码 无线通信技术中一种在不同时刻、不同天线上发射数据的多个副本,从而利用时间和空间分集以提高数据传输可靠性的编码。空时分组码其设计原则就是要求设计出来的码元各行各列之间满足正交性。接收时采用最大似然检测算法进行解码,由于码元之间的正交性,在接收端只需做简单的线性处理即可。

space time coding (STC) 空时编码 一种能获取更高数据传输率的信号编码技术。空时编码是空间传输信号和时间传输信号的结合,实质上就是空间和时间二维的处理相结合的方法。使用空时编码技术,发送端通过空时编码后的数据被串并转换成 n 个数据流,每一路数据流经脉冲形成、调制,然后通过 n 个天线同时发送出去;在接收端,可以用单一天线,也可以用多个天线进行接收,每一个接收天线接收到的是 n 个发送信号与噪声的叠加。然后通过最大似然估计检测的方法,从接收到的信号中正确地识别出发送信号。

space time transmit diversity (STTD)　空时发射分集　是基于空时分组码(STBC)的一种发送分集技术。当发送方不能获得信道参数时,空时发送分集可改善前向链路性能,这种机制是将发送天线的空间分集转化为接收机可以利用的其他形式的分集,如延迟发送分集(DTD)和空时编码(STC)技术。参见 space time block code (STBC)。

space time trellis code (STTC)　空时网格码　在空时网格码系统中,在接收端解码采用维特比译码算法。空时网格码设计的码元在不损失带宽效率的前提下,可提供最大的编码增益和分集增益。最大分集增益等于发射天线数。

space tracking　空间跟踪　利用除一次雷达外的无线电测定方法,测定空间物体的轨道、速度或瞬间位置以跟踪该物体的运动。

space-to-mark transition　空号到传号转换　从一个空号脉冲到一个传号脉冲的切换。

spacial capture device　空间采集设备　与计算机相连的能把现实世界中静态或动态空间对象的空间信息数据化并记录在某种存储介质上的装置。常见的空间采集设备有数字化仪、图像扫描仪等。

spacial redundancy　空间冗余　图像数据中经常存在的一种数据冗余。在同一幅图像中,规则物体和规则背景的表面物理特性具有相关性,这些相关性的光成像结果在数字化图像中表现为数据冗余。参见 temporal redundancy, structure redundancy, coding redundancy, knowledge redundancy, visual redundancy。

spacial uncoupling　空间退耦　并行处理技术中的一种思想,使并行程序的设计与处理机或者进程的位置以及通信通道无关。

spacing　间隔　(1)并行处理中数据变换的一种基本操作。它是在一组元素中插入一些空隔而不改变原来的元素排列次序。这里,元素可以是一位、一个字或一个位片。(2)在排版软件中,指字体的均衡性。所有字体都有固定的或成比例的间距。使用固定间距时,所有字体宽度都相同,如同在打字机上打出的一样。使用成比例的间距时,字符的宽度依赖于字符本身大小,所以字母 i 在一行中所占的空间要比字母 w 的小。

spacing bias　间隔偏差　参见 distortion。

spacing out　加大间隔　一种排版方法,以最宽行为基准,将未对齐的窄行,用加大字间间隔的方法,使各行对齐。

spaghetti code　非直线型程序码　导致程序流混乱的程序代码。一般是由于过多地或不恰当地使用 GOTO 或 JUMP 语句所造成。

spam　垃圾邮件　一次发给多人,且对方没有要求的电子邮件消息,或指故意违反网络礼仪而同时粘贴在许多新闻组或邮件地址中的新闻文章。垃圾邮件消息或文章的内容和新闻组的主题或接收者的兴趣无关。垃圾邮件是对因特网的一种滥用,它会激怒大多数因特网用户,通常以退回邮件的形式进行抗议。

spambot　垃圾邮件虫　是能在因特网新闻组或邮件地址中自动张贴大量的重复或不恰当材料的程序或装置。

spam over Internet telephony (SPIT)　垃圾互联网电话　包括广告电话、恶意骚扰电话等垃圾语音,还包括基于 IP 的语音邮件、语音类的即时消息等。

SPAN　高级网络业务和协议　service and protocols for advanced networks 的缩写。

span　(取值)范围,跨度　(1)一个量或一个函数可取的最大值与最小值的差。同 range。(2)在 NCCF(网络通信控制机制)中,在一个单域内由用户定义的一组网络资源。每个主节点或次节点都应被定义是属于这个或那个范围的。参见 span of control, error span, network communication control facility (NCCF)。

SPANC　存储池固定块　storage pool anchor block 的缩写。

spanned record　跨块记录　可变长记录的长度有可能超过当前使用的信息块的长度,因此有可能同时占用几个连续的信息块,这种记录称为跨块记录。

spanning　伸展　一种提高磁盘系统输入输出性能的技术,将文件系统中或者数据库中频繁使用的段放置在不同的磁盘上。

spanning tree　生成树　(1)图 G 的一棵包括 G 所有节点的子树称为生成树。(2)连通图的生成子图,它同时又是树,也称“支撑树”。每个连通图都包含生成树。

spanning tree algorithm (STA)　生成树算法　生成树协议使用的算法,用来建立一棵生成树(一个网络拓扑的无环路子集)。这个算法已经包括在 IEEE 802.1d 规范中。

spanning tree explorer (STE)　生成树探测器　在网络中,使用生成树算法确定路由的一个源路由桥帧。

spanning tree protocol (STP)　生成树协议　使用生成树算法的网桥协议,它允许学习网桥通过建立一棵生成树在一个具有环路的网络拓扑中动态工作。网桥与网桥之间交换 BPDU(网桥协议数据单元)消息以检测出环路。然后,通过关闭相关的网桥接口去除环路。

span of control　控制范围　在 NCCF(网络通信控制机制)中,某个网络操作员能控制的全部网格资源。通过简要的特征表的定义。每个网络操作员都与一个特定的范围相联系,在此范围内列出的全部网络资源,都应在该操作员的控制范围之内。参见 network communication control facility (NCCF)。

span switching **区段倒换** 同步数字系列(SDH)复用段共享保护环技术中,一种仅两个相邻节点参与的保护动作方式。

SPARC **标量处理器系统结构** scalar processor architecture 的缩写。

SPARC center **SPARC 并行计算机系统** 由 Sun 微系统公司开发的并行计算机系统,由最多 20 个相同的 SPARC 处理机构成高性能可重构系统,由 20 个 40 MHz 的 SuperSPARC 处理机的性能为 2.19 GIPS 和 269 MFLOPS,总线采用 XDBus。

S

SPARC station **SPARC 工作站** Sun 微系统公司于 20 世纪 80 年代末 90 年代初先后推出的一系列图形工作站,主要芯片是属于 RISC(精简指令集计算)技术的 SPARC 芯片。主要工作站型号有 SPARC station ELC,SPARC station IPC,SPARC station IPX,SPARC station 2,SPARC station VX,及 SPARC station MVX 等。

spare head **备用磁头** (1)磁头备件,当磁头损坏时,用来替换的磁头;(2)在定头磁盘机中,因为每道一头,又不能换道,盘面局部有缺陷不能使用,对应的磁头也没用了,因此,在定头磁盘中有备用磁头,对应备用磁道。若在用磁道(或磁头)有问题,则从逻辑上改变磁头编号,用备用磁头磁道代替有问题的磁头磁道。

spark current **火花电流** 在规定瞬时所测得流经火花间隙电极的电流。参见 spark gap。

spark discharge **火花放电** 电场强到一定程度,空气就会被电离成为导体,并产生电流,使电荷被消耗或中和,发出光和热,并产生声音。火花放电一般持续时间很短。雷电是大自然中的火花放电现象。参见 discharge。

spark duration **火花持续时间** 在给定条件下,火花跳越火花间隙的持续时间或电流流经火花间隙的持续时间。参见 spark gap。

spark energy **火花能量** 在火花间隙电极间所释放的能量。

spark gap **火花间隙** (1)产生火花放电的间隙。(2)一个含有两个或多个电极用以在特定情况下产生火花放电的器件。

spark killer **火花抑制器,灭弧器** 为了吸收和减弱开关触点之间在断开时所引起的火花,而在触点之间提供并接电阻和电容组合的一种装置。

sparkles **噪声点** 卫星电视系统中,由噪声导致电视屏幕上出现的干扰杂点,噪声点比通常地面电视系统的雪花点更为明显一些。消除噪声点只有加大地面站天线尺寸和使用噪声温度更低的低噪声放大器。

sparkover **击穿放电** 在气体或液体内发生的两电极间的击穿。

sparkover of an arrester **避雷器的击穿放电** 避雷器串联间隙的击穿放电。它只适用于有间隙避雷器。

spark test **火花试验** 在规定条件下对试品施以电压并使在其表面发生频繁的火花,维持一定时间(如 5 分钟)的一种试验。按电压种类有工频和高频火花试验等。

spark voltage **火花电压** 在规定瞬时火花间隙两端所测得的电压。参见 spark gap,spark current。

sparse addressing **稀疏编址** (1)为使存储地址空间能扩充或改变,将程序指令分布于比他们要求的地址空间大的地址空间中。(2)为了在地址空间中使用长度可变或未知的项目,对大于所要求的存储单元中所作的说明。

sparse array **稀疏数组,稀疏矩阵** (1)说明的长度大于开始所要求的长度的数据。(2)仅当变量明确定义,无需预分配整个空间时才分配地址空间的数组。(3)其多数元素取零值的矩阵。

sparse file **稀疏文件** 在 AIX 操作系统中,一个长度大于所包含的数据量的文件,留下空闲空间为以后增加数据。

sparse index **稀疏索引** 将所有数据记录按关键字值分成许多组,每组建一个索引项,即在索引登记项中只给出关键字的部分数值的索引。它只适用于按主关键字值顺序组织的文件。稀疏索引中的索引项较少,能节省存储空间,管理方便,但进行插入、删除操作的代价较高。比较 dense index。

sparse index file **稀疏索引文件** 在数据库系统中,指带稀疏索引的文件。这类文件将所有数据记录按关键值分成许多组,每组一个索引项。这类文件的数据记录要求按关键字顺序排列,特点是索引项少、管理方便,但插入、删除记录的代价较高。比较 dense index file。

sparse language **稀疏语言** 对于多项式 P 和 n≥1,其中长度为 n 的串不多于 P(n)的语言。已经证明:若 P≠NP,则任一稀疏语言都不是 NP-完全问题。

sparse matrix **稀疏矩阵** 矩阵元素中有许多元素的值是 0 的一种矩阵。稀疏矩阵存储的方法参见 sparse vector。

sparse vector **稀疏向量** 向量元素中有许多值是 0 的向量。通常用两部分表示:一部分是顺序向量,另一部分是值向量。例如稀疏向量(4,0,28,53,0,0,4,8)可用值向量(4,28,53,4,8)和顺序向量(1,0,1,1,0,0,1,1)表示。

sparse vector instruction **稀疏向量指令** 能处理和压缩稀疏向量的指令。执行此指令时,压缩向量里的零元素。仅取非零元素存进主存储器里。在取出被压缩过的向量时,利用位向量逐个恢复零元素向量。

spatial access method (SAM) **空间数据检索方法** SAM 是提高空间数据库存储效率、空间检索性能

Solaris **Solaris 操作系统** Sun 微系统公司的 32 位 UNIX 操作系统，含有 SVR4 的 Sun OS 5.0、Open Windows 和桌上型工具以及分布计算机环境 ONC(开放网络计算)等系统软件。在以前的 Sun OS 4.1 上增加了多线程和多进程机制，具有共享库、动态连接的设备驱动器和内存映射文件等特征，窗口环境为 Open Windows 3.0，应用程序间联系机构 Tools Talk，用户界面为 OPEN LOOK。Solaris 2.0 支持对称型多机系统(SMP)和多线程，既可在 86 系列也可在 SPARC 系列机上运行。

solar storm **太阳风暴** 太阳在黑子活动高峰阶段产生的剧烈爆发活动。太阳风暴释放大量带电粒子所形成的高速粒子流，严重影响地球的空间环境，破坏臭氧层，干扰无线通信，对人体健康也有一定的危害。参见 solar wind，sunspot。

solar-terrestrial relationships **日地关系** 太阳物理学和地球物理学之间的边缘学科，研究太阳活动产生的太阳短波辐射和粒子流对地磁场、电离层的影响，同时也研究太阳辐射、太阳活动和气候变化之间的相关性。

solar wind **太阳风** 太阳向太阳系连续地以很高的速度和不稳定的强度释放的电离气体流。当该气体流在地球附近通过时，它将与地球磁场发生作用并在高层大气中产生各种效应。太阳风有两种：一种持续不断地辐射出来，速度较小，粒子含量也较少，被称为"持续太阳风"；另一种是在太阳活动时辐射出来，速度较大，粒子含量也较多，这种太阳风被称为"扰动太阳风"。扰动太阳风对地球的影响很大，当它抵达地球时，往往引起很大的磁暴与强烈的极光，同时也产生电离层骚扰。参见 solar storm。

SOLAR 16 database system **SOLAR 16 数据库系统** 一种用 Prolog 实现的数据库系统。由 Y. Dahl 1982 年设计。它以处理一阶谓词演算为背景而设计的交互式会话语言来设计数据库系统，使其具有智能检索功能。

solder sucker **吸锡器** 一种用于去除焊锡的工具，可吸去熔化的焊锡。

solenoid **螺线管** 能将电能转换为机械运动的一种电磁器件。螺线管主要由带有可活动铁芯或在其中心插入钢棒的电磁铁组成。当有电流通过线圈时，产生的磁场使钢棒移动。

solicited message **征求性信息[报文]** (1)在 MSS(海量存储系统)中。由处理部件所期待的，从海量存储控制器传送到该处理部件的一种信息。(2)来自某些通信系统软件的、对程序操作员键入的一个命令所作的响应。比较 unsolicited message。

solicit request **征求性请求** 使某些通信系统软件去完成一次征求的请求。

solid area **实心区域** 内部涂满指定颜色的一个封闭连续区域。

solid color **实颜色** 在屏幕上直接可在每个像素上显示的颜色，与此相对的是虚颜色，它由各不同颜色像素的组合显示。

solid-core insulator **实心绝缘子** 杆体为实心且仅由同一绝缘材料构成的绝缘子。参见 hollow insulator，insulator。

solid error **固定性错误，固定误差** 在设备的某一部分固定出现的错误或误差。

solid line **实线** 连续的直线、折线和曲线。

solid logic technology (SLT) **固态逻辑技术** 使用微电子电路作某些系统的基本部件的一种技术。由于这些微电子电路构成的部件产生和控制计算机中的电子脉冲，所以称为逻辑电路。这些微型器件的电流通路很短，因此能以很高的速度操作。

solid model **实体模型** 计算机图形中，由软件构成的物体模型，就像是一个有表面和内部物质的几何结构的图形。另外的构图类型有线框模型和表面模型。

solid modeling **实体造型，体素造型** 实体造型是 CAD(计算机辅助设计)系统中对实体对象的一种数学表示技术，是计算机辅助设计中高级的形式。与线框造型和表面造型不同的是，实体造型系统保证实体上所有表面都适当地交合及实体在几何上的正确性。它是由计算机系统利用机内存储的简单体素通过几何变换和集合运算构造三维复杂物体。常采用两种形体表示法：①体素构造表示法(CSG)，用 CSG 二叉树记录体素拼合过程，实践中常作用户接口。②边界表示法(B-Rep)，视物体为其边界表面的集合，详细记录体、面、边及顶点的几何及拓扑信息，以利于各种几何运算与操作，实体造型的突出特点是机内真正存储了形体的三维内容与拓扑信息。这使物体计算、隐线隐面消除，有限元网格划分、形体碰撞干涉检查、动画模拟、逼真图形街道得以实现，从而使这一技术获得广泛应用。其发展趋势是：①与曲面造型合成一个系统，使能构造带自由曲面的复杂形体；②从理论与实践上解决造型可靠性问题；③适应产品模型需要。

solid modeling system **实体造型系统** 使用实体来设计机械零部件和装配件的三维形状的图形系统。实体造型系统对设计物的表示主要有边界表示法(B-rep)和体素构造表示法(CSG)两种方法。参见 solid modeling。

solid pole synchronous motor **实心磁极同步电动机** 同步电动机的一种，具有凸极结构，其极靴由整体钢块制成。

solid state **固态** 第二代计算机所采用的技术是用印刷电路、二极管和晶体管代替了第一代计算机的导线和电子管(真空管)。这些元件称为固态的，因为他们不像电子管那样，电子通过"空间"或真空从阴极流向阳极。这种工艺现在就称为半导体技术。参见 generation，computer，transistor。

S

solid state capacitor 固体电容 全称是固态铝质电解电容。它与普通电容(即液态铝质电解电容)最大差别在于采用了不同的介电材料,液态电容介电材料为电解液,而固态电容的介电材料则为导电性高分子。

solid state circuit 固体电路 将有源元件、无源元件制作在一块固体材料上的一种电路,其工作是基于固体内的导电现象、电磁现象或光电现象,或这些现象的综合,如半导体集成电路。

solid state component 固态元件 一种元件,其工作是基于对固态材料中的电或磁现象的控制。例如,晶体管,晶体二极管,铁氧体磁芯等。

solid state computer 固态计算机 一种用固态元件或半导体元件构成的计算机。同 second generation computer。

solid-state device 固态器件 由固态电子电路元件组成的一种器件,其操作依赖于对固体材料中的电子的和磁的现象的控制(如集成电路、半导体、晶体二极管和铁氧磁芯)。

solid state disk (SSD) 固态硬盘 一种高性能的信息存储设备,用固态电子存储芯片阵列而制成,由于没有机械动作,所以无噪音、可靠性高、速度快。固态硬盘的存储介质分为两种,一种是采用闪存作为存储介质,另外一种是采用 DRAM(动态随机存取存储器)作为存储介质。

solid state display 固体显示(技术) 固态激光显示、场致发光和发光二极管显示等构成的显示器件和技术。

solid-state laser 固体激光器 用固体激光材料(结晶体或玻璃)作为激活介质的激光器。激活介质中掺杂以提供发射激光所需要的能态。固体激光器一般由激光工作物质、激励源、聚光腔、谐振腔反射镜和电源等部分构成。红宝石激光器、钕-钇铝石榴石激光器和钕玻璃激光器均为固体激光器。

solid-state memory 固态存储器 通过用大规模集成电路技术,在固体材料(半导体材料)上制作各种大规模集成电路的存储器。如半导体 RAM(随机存取存储器)和 ROM(只读存储器)等。在磁性材料上制作磁光存储器,在光学材料上制作光碟存储器等均可称固态存储器。

solid state relay (SSR) 固态继电器 全部由固态电子元件组成的无触点开关器件,固态继电器是一种两个接线端为输入端,另两个接线端为输出端的四端器件,中间采用隔离器件实现输入输出的电隔离。固态继电器按负载电源类型可分为交流型和直流型;按开关型式可分为常开型和常闭型;按隔离型式可分为变压器隔离型、光电隔离型和混合型。

solitary 独弈 即没有对手的博弈,从图论观点来看,求解独弈问题就是求得有向图中的一条路径。该路径是从起始节点出发终止于任何一个目标节点。这条路径称为解法路径。对一选手来说,如果存在一条解法路径,则必定存在一条最短的解法路径。

solitary wave 孤立波 波长为无限大、孤立的、只有波峰且在移动中不变形的非线性波。它是非线性演化方程在无穷远有确定值的行波解。

solo 单独,单飞,单人练级 网络游戏专用术语。在网络游戏里指独自一人打怪练功(和各种各样的怪物战斗),没有同伴协同作战或组队,也不分享所得经验值。

solution check 解答校验 用某一个和解决问题的方法不同的方法来验证计算机对问题的解答的正确性。

solution graph 解图 问题归约搜索过程所扩展的节点及其连接弧构成的与/或图。它包括初始节点和目标节点。

solution path 求解路径 搜索空间上从初始点(根)成功到达目标点的路径。

solvability 可解性 在图灵机上一问题是否可解的性质。设有一个问题 P,对其中每一实体 I 都对应一个图灵机所能接受的字符串形式的编码。可解性是指,是否存在一个图灵机 M,对于 P 中任何一个实例 I 所对应的字符串,当 M 运行终止时所得到的结果恰好对应于实体 I 的解。如果这样的 M 存在,则称 P 是可解的,否则就说 P 是不可解的。

solved node 可解节点 在人工智能的搜索"与/或"图中,可解节点可以定义如下:①终节点一定是可解节点;②如果非终节点的后继节点是"或"节点,这些后继"或"节点中有一个且至少有一个是可解节点,则该非终节点就是可解节点;③如果非终节点的后继节点是"与"节点,则只有在它的所有后继节点都是可解节点时,该非终节点才是可解节点。

solve-labelling procedure 可解标记过程 由于可解节点的定义是递归的,所以在搜索"与/或"图过程中,一有终节点出现,就意味着其前代节点可能是可解节点。若是,则将该前代节点标记上"可解"。由该可解节点又可推导了其前代节点是可解节点。如能类推下去,可能会推导出起始节点也是可解节点。这个过程称为可解标记过程。已标上"可解"节点的所有后继节点都可以删除,不必再扩展。

SOM (1)报文开始 start-of-message 的缩写。(2)系统对象模式 system object model 的缩写。

somatic sensation television game 体感游戏 一种由显示屏和座椅构成,可以使座椅倾斜或震动,并使人感到加速度与冲击或受到失衡感的电子游戏。

SONAD 通话的噪声调节器 speech-oriented noise adjusting device 的缩写。

sonclass 子类 从其他类型派生出来的类型,子类型继承父类型的数据和方法,可定义新的方法,新数,定义为计算机运行 6 个 SPEC 浮点数程序测得的运算速率的几何平均值。

special authority **特权** 执行某些系统控制操作的权力,如保留系统和作业控制。

special character **特殊[专用]字符** 一种图形字符,但不是数字(以 0 ~ 9)或大、小写字符(从 A ~ Z)的其他可见字符。例如,@,#,$,%,&,* 和 + 均为特殊字符。在程序设计语言中,特殊字符常有特殊定义的意义和作用,相应的编译程序或解释程序必须根据情况对他们做特定的处理。

special characters table (SCT) **特殊字符表** 在通信系统软件中的一种表,它含有该系统中每个终端(或设备)为完成设备输入/输出所必需的一些特殊字符。

special character word **特殊字符字** 在 COBOL 语言中的一个保留字,是一个算术操作符或者关系字符。

special effects **特效** 在视频记录中,指非真实摄制的脚本,如对图像进行计算机处理等。

special effects generator (SEG) **特效生成器** 在视频制作中,一种能够产生电子特效的设备,如淡入淡出、背景组合等。

special feature **特殊功能部件** 为了增强某种产品的能力、存储量或运行性能,而由用户定购的一种功能部件,但对该产品的基本工作而言,该功能部件不是必不可少的。例如,使一个调制解调器既能接到公共交换网上,也能接到非交换线路上的一种功能部件。参见 diskette-only feature, specify feature。

special file **特殊文件** 在 AIX 操作系统中,一个为输入输出设备提供接口的文件。参见 block file, character special file。

special form **特殊型** 一种不同于常用的特殊的型。特殊在于:一个特殊型对其子表达式的求值、处理有特定的控制,如果函数对应于过程的话,特殊型对应于一段程序。

special-grade **特级线路** 一种具有低延迟偏差和低脉冲噪声、能够传输数据信号的线路。

special interest group (SIG) **专业学组** 美国计算机协会(ACM)组织机构下属的学术性分支机构。按专业类别分为 37 个专业学组,这些学组涉及到信息处理的各个方面。例如,SIGARCH 组涉及到计算机体系结构,而 SIG-OPS 组则同操作系统有关。

specialized application language **专用语言** 同 special purpose language。

specialized data processing **专业化数据处理** 各种类型的专门化的自动数据处理。例如商业数据处理、财政或金融数据处理、生产自动化数据处理、行政事务数据处理等。

specialized mobile radio system **专用移动无线电系统** 美国联邦通信委员会(FCC)定义的工作于 800 MHz、900 MHz 频带,为各类用户提供各种双向通信服务的集群系统。

special name **专用名** COBOL 语言的环境部分包括两节:配置节和输入输出节。配置节中包括三段:编译用计算机段、运行用计算机段和专用名段。专用名段提供将设备名与程序员规定的助忆名联系起来的手段。

special names entry **特殊名字项** 在 COBOL 语言中,在环境部分的 SPECIAL-NAMES 程序段中的项,提供一种指定符号、小数点、符号等的机制。

special net theory **狭义网论** Petri 在 20 世纪 60 年代发展的网论,主要研究对象是具体的 Petri 网,即位置/迁移网以及网中信息流现象。由于对每一种具体的场合研究具体的 Petri 网,因此不免陷于细节的讨论,而得不到总体的理论。为此,自 1970 年起,Petri 又发展了广义网论。比较 general net theory。

special purpose computer **专用计算机** (1)专门为处理某种类型的问题而设计的一种计算机。(2)服务于有限目的的一种计算机。例如,控制一已知的过程,解决一特殊类型的问题。比较 general purpose computer。

special purpose language **专用语言** 为在比较宽广的应用范围内某些相对狭小的方面而设计的一种程序设计语言,如 COGO(坐标几何学语言)用于土木工程,CDL(计算机设计语言)用于硬件逻辑设计,GPSS(通用系统模拟语言)用于模拟。同 specialized application language。

special purpose motor **特殊用途电动机** 为某一特殊用途而设计的具有特殊运行特性或特殊机械结构或两者兼备的电动机。它不属于一般用途电动机的定义范围之内。

special-purpose programming language **专用程序设计语言** 同 special purpose language。

special-purpose terminal **专用终端** 同 special terminal。

special register **专用寄存器** 由 COBOL 编译程序产生的存储区。主要用于存储由 COBOL 语言的用户所产生的信息。

special terminal **专用终端** 供特殊使用的终端设备。它根据不同的需要,具有不同的特点,如证券终端、银行终端、订票终端等。

special variable **特殊变量** 在 CMS(会话监督系统)中,一种被保留的变量名,由 EXEC(执行)解释程序给它赋值。在 EXEC 处理过程中,可以测试该 EXEC 特殊变量的值。

specific address **特定[具体]地址** 对某个分站来说是唯一的一个 SDLC(同步数据链路控制)地址。

specific application service element (SASE) 特定应用服务元素 OSI(开放系统互连)参考模型中,应用层为支持特定应用服务而设置的一组应用服务元素。它为应用进程提供有赖于应用性质的信息传送的能力,包括作业传送与操纵(JTM),文件传送存取与管理(FTAM),虚终端(VT)以及 OSI 管理等。

specification 规格说明,规约,说明(书),规格书 (1)以一完全的、精确的、可验证的方法规定系统或系统组成成分的需求、设计、性能或其他特性的文件。(2)制定规格说明的过程。(3)对某产品、某种材料或进程将要满足的一组需求的一个扼要陈述,并在适当的时候指明一种过程,根据该过程可确定给定需求是否得到满足。

specification description language (SDL) 规范和描述语言 由国际电报电话咨询委员会(CCITT)推荐的国际标准化的正式语言,由 ITU-T(国际电信联盟-电信标准化部门)发展和标准化。

specification check 规格检查 一种由不正确的或无效的数据所产生的状态的同步指示,它被作为一种逻辑命令的结果来传送。规格检查状态出现在送往通道的状态信息中。

specification display 说明显示 在源程序输入实用程序中,指导操作员如何输入某个特殊类型的语句的屏幕显示。

specification language 规格说明语言 这种语言用来规定系统或系统组成成分的需求、设计、性能或其他特性。它常常是机器可处理的自然语言和形式语言的组合。与程序设计语言类似,规格说明语言也有严格的语法和语义。

specification macro 说明宏指令 在某些模块化系统程序中,能够保留存储器、向系统例程提供控制信息或者能剪裁系统例程的一种指令,这种宏指令由首字符#进行标识。

specification statement 说明语句 在 FORTRAN 语言中,用来定义变量、分配存储区、定义过程的一些非执行语句,如类型语句、外部语句、维数语句、公用语句和等价语句等。

specification subprogram 说明子例程 在 FORTRAN 语言中,以 BLOCK DATA 语句开头,用来对有名公用块中的变量作初始化的一类子例程。

specification system 规格说明系统 能够对有限字母表的行所构成的若干个集合进行运算的一种形式系统。可看作定义语言的另一种更有效的方法,为语言的理论研究提供了有效工具。在该系统中,产生式的基本结构被公理系统和变量的代换与分离的逻辑规则所取代。它定义一个相互有关的谓词的集合,每个谓词是一个行的集合。

specific coding 绝对编码 同 absolute coding。

specific field strength-distance product 特定的场强-距离乘积 当供给天线的功率为 1kw,在给定的方向所产生的场强-距离乘积。

specificity 特征 如果检索词语能随着所要检索的概念共同扩展,且词语贴切,那么可认为文件检索是有特征的。在检索与其概念之间的匹配程度减少时,检索就失掉了特征。举个简单例子:所需检索的概念是"老鼠",那末"哺乳动物","啮齿动物"都是属于扩展特征词。

specific polling 特定轮询技术,专一查询 一种轮询技术,向某个设备发送邀请字符,以查明该设备是否准备就绪,以便输入数据。参见 general polling。

specific program 专用程序 同 specific routine。

specific routine 专用例行程序 一种用来解决特定的数学、逻辑或数据处理问题的程序,其每一个地址都指向显式说明的寄存器或存储单元。

specific saturation magnetization 比饱和磁化强度 饱和磁化强度除以物质密度。参见 saturation magnetization。

specific volume request 特定卷请求,专用卷请求 对盘卷的一种请求,并将相关盘卷的序列号通知给计算机系统。

specified-time relay 定时限继电器 表征继电器时间特性的一个或多个时限(如动作时间)符合规定要求,特别是准确度要求的继电器。比较 non-specified-time relay。

specify feature 指定功能部件 为了使产品能完成其基本工作,必须在产品的一组类似的功能中指定一种的过程。例如,用户必须为一台终端订购十种键盘语言功能中的一种。

specify task abnormal exit (STAE) 指定任务异常出口 一种指定异常出口处理程序的宏指令。当发生任务异常终止事件时,该宏指令指定某个例行程序接收控制权。

spectral absorptance 光谱吸收比 在一个或多个波长上测量的某种物质对电磁辐射的吸收比。

spectral analysis 频谱分析 (1)将信号源发出的信号强度按频率顺序展开,使其成为频率的函数,并考察变化规律,称为频谱分析。(2)一种与通过自相关进行估计的时间系列法有关的分析法。它把时间序列看成是不同频率振荡的合成。由振幅和频率组成的频谱在形式上与自协方差有关。这种方法可用来对仿真运行结果进行分析,以估计样本平均方差。

spectral color 频谱颜色 可见光谱中单一波长的光显示出的色调。参见 color model。

spectral density 频谱密度 围绕某一特定频率的边频的谱密度。

spectral line 光谱线 发射或吸收波长的一个狭窄范围。光谱线相当于量子力学系统能级转换时发射或吸收的单色辐射。

spectral resolution **光谱分辨率** 指能分辨的最小波长间隔。光谱分辨率是遥感器接收目标辐射信号时所能分辨的最小波长间隔。是遥感器的重要性能指标。遥感器的波段划分得越细，光谱的分辨率就越高，遥感影像区分不同地物的能力越强。参见 spatial resolution。

spectral response **光谱[频谱]响应** 一个设备对不同波长的光在敏感性上的差异。

spectral width **光谱宽度** 光谱或光谱特性的波长范围的量度。

spectral window **光谱窗口** 光波导中传输损耗小，能使光系统易于完成工作的波长区域。

spectroanalysis **光谱分析** 通过分析光谱的特性来分析物质结构特征或含量的方法。包括对物质发射光谱、吸收光谱、荧光光谱分析等，也包括不同波长段如可见、红外、紫外、X 射线光谱分析等。根据分析原理光谱分析可分为发射光谱分析与吸收光谱分析两种；根据被测成分的形态可分为原子光谱分析与分子光谱分析。

spectrogram **语谱图** 研究语音的一个重要工具。它是一个二维图形，垂直方向对应于频率，水平方向对应于时间，而图像的黑白度正比于信号的能量。所以，声道的谐振频率在图上就表示成黑带。浊音部分则以出现条纹状图形为其特征。而在清音部分则是在较高频率部分有紊乱的致密条纹。

spectrophotometry **光谱测定法** 测量不同频率(波长)的光强度或某种材料反射的狭窄光带强度的方法。

spectroscopy **光谱学** 研究光谱理论及其应用的光学学科分支。

spectrum **频谱** (1)一个信号的各次谐波同一个信号参量的对应关系。这个对应关系是一个离散量。信号参量可以是幅度和相位，分别对应于幅度频谱和相位频谱。(2)在声学中：①指作为频率函数的声波分量的幅度分布；②一个连续的频率区域，通常用宽度表示，如可听见的声谱。(3)频率的一个连续范围，在此范围内的波具有某种规定的特性，如声频谱、无线电频谱、光谱、电磁频谱。(4)组成信号的全部频率分量的总集。从图形上看，频谱可分为两种基本类型：离散频谱和连续频谱。参见 discrete spectrum, continuous spectrum。

spectrum analyzer **频谱分析仪** 用于进行频谱分析及测量的一种仪器。用于信号失真度、调制度、谱纯度、频率稳定度和交调失真等信号参数的测量，可用以测量放大器和滤波器等电路系统的某些参数，是一种多用途的电子测量仪器。它又可称为频域示波器、跟踪示波器、分析示波器、谐波分析器、频率特性分析仪或傅里叶分析仪等。

spectrum efficiency **频谱效率** 通过一定距离传输的信息量与所用的频谱空间之比。参见 link spectral efficiency, system spectral efficiency。

spectrum level **频谱级别** 在声学中，1Hz 的频带范围内的声音压强等级。

spectrum map **频谱图** 自变量是频率，即横轴是频率，纵轴是该频率信号的幅度。频谱图描述了信号的频率结构及频率与该频率信号幅度的关系。参见 frequency domain。

spectrum power density (SPD) **谱功率分布** 对于具有连续频谱和有限平均功率的信号或噪声，表示其频谱分量的单位带宽功率的频率函数，也称功率谱密度。

specular reflection **镜面反射** 当入射角等于反射角时，由反射面生成的反射光线与入射光线的百分比例。参见 mirror。

specular surface **镜面** 一种具有特定反射特性的表面类型。其特点是反射光只在反射角方向上存在。

speculative execution **预测执行** (1)一个用于执行未明指令流的区域。当分支指令发出之后，传统处理器在未收到正确的反馈信息之前，是不能做任何工作的，而具有预测执行能力的处理器，可以估计即将执行的指令，采用预先计算的方法来加快整个处理过程。(2)一种微处理器运行技术，当处理器预先载入指令的动作遇到分支时，使用猜测的方式预先取出某一个分支的指令来译码，若是猜测正确则继续执行，若是猜测错误，则使处理器放弃执行结果，重新载入正确分支的指令译码执行。使用这个技术可保持处理器的工作尽可能持续的执行而不必等待取码与译码动作。

speech **语音** 以给定自然语言所讲的话音模式，或模拟这种模式的声学信号。

speech activity detector **语音活动检测器** 用于 IP(网际协议)电话业务，对打包的音频抽样进行检测，同时也检测语音突峰等离散量。语音活动检测器利用延迟释放机制来区分是否有语音活动出现，判决语音突峰的结尾。在延迟释放周期内，若总的语音活动低于特定的阈值，就判决此语音突峰结束。延迟释放周期越长，语音活动检测器处理的平均语音突峰就越长。音频信号打包后，形成语音突峰序列，进而模拟突发的音频业务。

speech analysis **语音分析** 在人工智能、数字信号处理等学科中，指对口头话语中的语音成分进行分析。

speech analyzer language **语言分析语言** 一种改进的小型 BASIC 语言称为 Speech BASIC。该语言增加了 SPEECH 命令，其最小存储容量为 4 KB。通过扩充存储器，可以保存更大的词汇量和更多的经验知识。语言的硬件支持系统称为"Speech lab"。硬件系统配备 4 KB 的验证程序，适合 16 字的词汇量；它利用各种经验产生新的概念和技术，使用户能使用 Speech BASIC 程序设计语言研制新的算法并使 Speech lab 系统适合于特定的需要。

S

speech and duplex 话音-双工通道 把一个音频通道分成一个话音通道和两个低速的数据通道。

speech application program interface (SAPI) 语音应用程序接口 SAPI是在微软Windows操作系统中为程序员提供文本到语音以及语音识别的应用程序接口。SAPI包括语音命令、语音口述、语音文本、语音电话、直接语音识别、直接文本到语音转换以及音频对象等功能。

speech change control 语音变换控制器 在口述记录设备上，可以使记录媒体在几种预定的速度中进行选择的一种功能部件。

speech channel 话音通道 一种音频通道，供传送语音信号之用。

speech chip 语音芯片 一种以数字形式保存语音并能重新恢复该语音的集成电路。

speech control car 声控汽车 用声音来操纵汽车。在汽车内安装微型计算机，根据操纵汽车的各种动作（如汽车的启停、车灯的开关、加速与减速、喇叭的按动、车窗的开闭等）规定相应的操作指令，由人向连接微型计算机面板上的微音器发口令，通过声音控制上述操作指令来驾驶汽车。这种汽车可供残疾人和初学者使用。

speech input 语音输入 一种数据输入方法，它将终端接收的语音转换成代码传送到计算机中。

speech input/output device 语音输入/输出设备 完成人与计算机间语音通信功能的设备。语音输入时，它采用的是一种语音识别技术，即计算机利用人语音特点，来判别和理解人发出的语音信息，并将其转换成相应控制信号进行传送的技术，完成人对计算机的信息输入。语音输出则采用是一种语音合成技术，即将计算机的输出模拟人语言的输出技术，来完成与语音识别相反的功能。

speech interface framework (SIF) 语音接口框架 SIF是万维网联盟（W3C）发布的基于互联网的人机通信规格，其中基于XML（可扩展标记语言）的Web语音标签规格（VoiceXML）和语音识别语法规范（SRGS）是其重要组成。参见VoiceXML, speech recognition grammar specification (SRGS)。

speech inverter 语音倒频（保密）机 通信安全中一种将话音频谱颠倒的话音保密法。具体做法是话音经过载波振幅调制后，用低通滤波器将低频滤出就是话音的倒频频谱。这是一种低级话音保密机。

speech-oriented noise adjusting device (SONAD) 通话的噪声调节器 一种安装在移动无线电台的接收端的设备，用于减少说话间隙的噪音。

speech recognition 语音识别 在信息技术中，语音识别是指利用电子设备来识别人的语言。基本原理是将说话人的波谱与存储在计算机存储器里的波谱加以比较。这是一个很难处理的问题。这是因为：复杂的声音波谱同人的声音合在一起，任何一种声音是由许多不同频率和不同幅度的波的混合组成的。其次，声谱只在很短的时间内（约10 ms）是稳定的，频率和幅度是连续变化的。而谱的序列还取决于说一个词所发出的声音及其前后的声音。另外，每个人在不同的时间和情绪下，说的话也不一样。目前，各种语音识别装置只有很小的范围内有效。最复杂的装置可以识别某些“连在一起的语言”（即一串词）。语言识别的主要步骤如下：首先，用某些设备来确定输入的声音信号的波幅谱。这称为摄取特征或预处理。最常用的方法是用一系列滤波器直接测量频谱幅度。另一种流行的技术就是线性预测编码，这种方法就是把语言信号表示为滤波器参数，其频谱同信号以最佳方式相匹配。用这种方法摄取特征大约要用10 ms的时间，即每秒采样50次。这一步就是数据的数字化处理。第二步就是把输入特征处理成声音的起始和结束，以便使输入谱同参考谱实现“时间上的匹配”。这种技术称为动态编程，这是一个语音识别中最困难的问题。词的开始和结束（即词检测）通常受语言能量的变化所限制。这样，词内部的特征就被分离成同参考数据相比较的“时间段”。同输入词完全不同的参考词就是被识别的词。语音识别最重要的性能准则是误差率、说话人的独立性、词汇量及识别有关语言的能力。

speech scrambler 语音扰码器 在发送前将语音信号转换成某种密码形式的设备。然后在接收处再由另一设备将其恢复成加密前的形式。

speech signal processing 语音信号处理 研究语音的发音过程、语音信号的传送过程和统计特性、语音的自动识别和机器合成以及语言的感知特性等内容的学科。它是数字信号处理学科中最为活跃的分支之一。语音信号处理大都采用数字计算机技术，所以也称“语音数字处理”。语音信号处理的研究起源于对发音器官的模拟。语音信号处理的关键是准确而迅速地提取语音信号的参数，常用的参数有：共振峰频率、音调、线性预测系数等。这类参数仅反映发半音过程，需要用非平衡的随机过程来描述。因此，20世纪80年代以来，研究语音信号动态的非平衡的参数分析方法迅速发展。语音信号处理与许多学科有着密切的关系。它是在信息论的指导下，以数字信号处理和计算技术为基础发展起来的。它的发展和推广应用直接受到器件水平的制约。60年代大部分工作是在通用机上进行的；70年代采用了微型机；80年代后大量采用单片信号处理机。人工智能的研究使语音信号处理进入新阶段。

speech signal's short-time processing 语音信号的短时处理 把语言信号分隔成一些短时间段，再加上处理。这些“短时间段”就好像是持续音的一个片断。在短的时间段内我们可以假设“语声系统”是一个线性的时不变系统（系统的不随时间的变化而变化）。这是一个极重要的前提。短时处理是语音信号处理中最基本的方法之一。

speech sound **语音** 人类发出的能表达一定意义的声音。语音的最小单位叫音素,不同特点的发音动作可构成语音中不同的音素,音素分元音、辅音两大类。语音可通过音高、音强、音长、音量和音质等特点来描述。

speech recognition grammar specification (SRGS) **语音识别语法规范** 万维网联盟(W3C)于 2004 年 3 月批准了语音识别语法规范。SRGS 是把人声转换成计算机语言的语音识别技术,在具有语音接口的应用中,对有关用户对应用查询的语音应答的工具进行描述。由此,就能实现不依赖说话人的识别功能。通过指定描述所设想的用户回答的语法,就能控制语音识别系统。SRGS 支持语音输入和 DTMF(双音多频)输入。参见 speech interface framework (SIF), VoiceXML。

speech synthesis **语音合成** (1)运用电子技术产生能让人听得懂的人工言语的过程。通常是经过数字运算"还原"出语音信号,经过数模转换器(DAC)而获得计算机输出的语音。(2)有两种语言合成的主要方法:①波形数字化,然后将这些词存入到计算机中。这些词用话语送入到话筒,语言的波形得到数字化处理(即波形快速采样,而产生出同波形的幅值成比例的一些数字),这些数字以一位位的形式存储起来。语音是用程序合成的,并将他们组合在一起,然后将他们重新转换为声音(利用数-模转换器)。②峰段合成。这种方法用电子方法来模拟人的声音,而不是用实际的人的声音,这种方法是先产生一组简单频率,然后再用滤波器修正这些频率,以此模拟出语音的复合音。语音合成已取得实际应用。它可以弥补某种结构上的缺陷。例如,在 Kurzweil 阅读机中,利用光符识别器对文本进行扫描,然后采用语音合成技术能大声地读出文本内容。

speech synthesis data capture **语音合成数据采集** 利用语音作为直接输入的方法。参见 voice input。

speech synthesis markup language (SSML) **语音合成标记语言** 由 W3C(万维网联盟)制定并在 Voice XML(语音可扩展标记语言)中使用,作为电话语音流程中语音合成控制的标准。SSML 的基本任务就是在不同的应用平台上为合成文本提供一个标准的控制语音输出的方法,如发音、音量、音调、语速等参数。参见 Voice XML。

speech synthesizer **语言合成器** 根据非语言形式的输入信号产生语音信号的一类装置。

speech synthesizer using formant parameters **利用共振峰参数的语音合成器** 以共振峰的频率、带宽及强度等作为输入参数的语音合成器。根据这些参数可以较灵活地合成语音。原理上它是一个多种频率信号的合成器。

speech synthesizer using LPC parameters **LPC 参数的语音合成器** 输入是线性预测系数的语音合成器。输入参数的制作过程是先由一段自然语音,以时间片断为单位,经 LPC(线性预测编码)分析,计算出这一段语音的 LPC 参数。然后存放到只读存储器中。需要发音时,只要按时间先后把参数送入合成器,即可听到合成的语音。

speech system **语音系统** 用计算机来识别、分析和处理语音的系统。语音系统有多种形式,早期的一种是离散语音系统,用于识别孤立的词,即每个词之间有停顿,常用在人多的场合。连续式语音系统使讲话者能将几个词或数字串起来,中间没有停顿。目前有些连续语音识别系统已在机器人的试验中应用。

speech to text **语音到文字** 人对计算机说话,计算机将语音转化为文字。这是语音识别的高境界。

speech transmission index (STI) **语音转换索引** 一个测定语音信息可理解性的系统,范围为 0 ~ 1.0,1.0 表示完全可理解。

speech understanding **口语理解** 自然语言理解的一部分,指的是理解人们用口语方式表达的那部分语言。口语理解既包括对语音成分的分析,也包括对句法、语义及语言环境的分析。

speed dialling **快速拨号** 通过设置,按几个键就能将一组号码拨出的模式。

speed of CD-ROM **CD-ROM 速度** 通常我们是以多少倍速来描述 CD-ROM(只读碟)的速度的。在制定 CD-ROM 标准时,把 150 KBps 的传输率定为标准,后来驱动器的传输速率越来越快,就出现了倍速、4 倍速直至现在的 40 倍速、50 倍速或者更高。对于 50 倍速的 CD-ROM 驱动器,理论上的数据传输率应为:150×50=7 500 KBps。高倍速光驱的标称值只是在理想情况下读外圈的最高速度,实际应用中多数时间达不到这个理想状态。因此不管是 36 速、40 速还是 50 速的光驱,实际使用起来主观感觉差别不是很大。当然,高速的光驱可能更有优势,但它也有 CPU 占用率高、噪声大、振动大、耗电量大、发热量大等副作用。

speed regulating rheostat **调速变阻器** 调节电动机转速的变阻器。对用作启动电动机和调节电动机转速的变阻器,称启动调速变阻器。参见 rheostat。

SpeedStep **SpeedStep 技术** 英特尔公司的一项专利技术,可自动监测系统运行的不同电源状况,并相应切换处理器的工作频率,如当笔记本电脑使用交流电时,处理器在正常的主频下工作,而当电脑使用电池工作时,该技术会把处理器的工作主频调低,使用户达到性能与电池节能的最佳平衡点。比较 PowerNow!。

speedup **加速** 求解一问题的最快串行算法在最坏情况下的运行时间与求解同一问题的并行算法的最坏情况下的运行时间之比,也称"加速比"。通常用 Sp(n)表示。Sp(n)是度量算法并行性对运行

S

时间的改进程度。Sp(n)越大,并行算法越好,这里n为问题的输入尺寸。

speedup ratio of pipeline 流水线加速比 由 K 个流水线站来处理 n 个任务(或指令)的总时间需要 $T_k=k+(n-1)$ 个时钟周期,k 个周期是用于充满整条流水线和完成第一个任务的时间,$(n-1)$ 个周期是需要完成留下 $n-1$ 个任务的时间。同样的 n 个时钟周期,则流水线加速比 $S_k=\frac{T_1}{T_k}=$ [SX(]nk[]$k+(n-1)$[SX)]。若任务数 $n>>k$,最大加速比 $S_k\rightarrow k$,即等于流水线站数。流水线加速比简称加速比。

spell check 拼写检查 在字处理中,检查文件的单词拼写是否正确,用光标指着一个字,程序就自动将此字与机内已有的词汇表对照。在用"全文搜索"方式时,凡拼写错的字均用星号等标志指出。

spelling checker 拼写检查程序 一种校对用软件,将文本里的每个字与词典比较,然后标记和/或改正拼错的字。

spelling dictionary 拼写词典 一种字的列表,用于对机器阅读文献中文字拼写的正确性进行自动校对。

spell mode 拼写模式 在文档处理中使用拼写辅助和拼写检查功能的操作方式。

SPF (1)结构化程序设计机制 structured programming facility 的缩写。(2)最短路径优先 shortest path first 的缩写。(3)业务端口功能 service port function 的缩写。

sphere of control (SOC) 控制领域 一系列控制点领域,由单个管理服务器提供服务。

spherical aberration 球面像差 光学系统的一种缺陷,它使一个点的映像成为模糊的圆圈。

spherical antenna 球形天线 卫星地面站天线的另一种主要形式。与抛物面天线不同,球形天线可以同时对准几个卫星,因此,具有同时接收几个卫星信号的能力。由于这一特性,已经有越来越多的家用卫星电视接收者开始安装球形天线,因为,这些用户希望能够很方便的从一个卫星的接收转向对另外一个卫星的接收。

spherical coordinate robot 球坐标机器人 带有能伸展、撤回和垂直摆动的机械臂并可旋转的机器人。可以围绕水平面作回转运动。

spherical printer 球形打印机 一种串行打印机,其打印头呈球形,球面上铸有凸起的字符。

spherical type head 球型打字头 在文字处理技术中,一种可互换的球型打印部件,用于某些击打式打印机中。

SPI SDH物理接口 SDH physical interface 的缩写。

SPICE 着重集成电路的模拟程序 simulation program with integrated circuit emphasis 的缩写。

SPICE benchmark SPICE 基准程序 一套经常使用于线路分析模拟器的应用程序。它广泛应用于半导体工业中。程序大量使用整数和浮点数运算,并主要侧重于双精度运算。SPICE 整个程序较大,含有 16 800 个原始码,它有利于测试指令缓存和数据缓存。

spider bonding 辐式键合 一种将集成电路管芯与其封装引线连接起来的方法。在管芯上放置引线框架,仅通过键合设备的一次操作就可以完成所有的连接。载带自动焊(TAB)使用这种方法进行互连。

spider label 引出标志 一个用线条引出方法对图形对象加注的标志。

spike 尖脉冲,高峰值,插针 (1)一种在供电线路上突发的,短暂的电压上升现象,它可能会损坏数据和计算机中的元件。(2)指某一物理量的数值在短暂时间内突然变化。(3)在 MS-Word 中,指用来收集和保存许多相关信息的工具,这些信息是在文档中输入的文本或图形。当 Spike 上存有一些信息之后,用户可以把这些信息插入到文本的某个位置上。因此,Spike 是一个特殊的词汇库。它和微软视窗中剪贴板的区别是,Word 并不将新的文本或图形替换当前的内容,而是把新的内容添加到原有的内容之后。

spill area 溢出区 在 AIX 操作系统中,一个用于保存寄存器内容的存储区域。

spill backup volume 溢出备份卷体 由数据设备分层存储管理程序控制的一种卷体。当 DASD(直接存取存储设备)的日常备份卷需要更多的空间时,则除了最近生成的数据集备份版本外其他全部内容都要移给该卷,当一个磁带备份卷被重复使用时,则该卷的全部有效版本也要交给该卷。

spill process 溢出处理 一种数据设备分层存储管理的处理过程,它除了留下最近建立的数据集备份版本外,把 DASD(直接存取存储设备)的日常备份卷的全部内容都移到溢出备份卷中,以使日常备份卷具有更多的空间。

SPIN 可检索的物理(学)信息文摘 searchable physics information notices 的缩写。

spindle 主轴 (1)磁盘、磁带机的主轴。(2)有时被用作磁盘机的数量单位,如一轴盘,即一台磁盘机。

spindle hole 主轴孔 软盘中央的大孔。通过它把软盘放入主轴,以使磁盘在驱动器中精确对中。

spin lock 旋转锁,转锁 (1)在多处理机操作系统中,当进程发现就绪表被锁住时,该进程就使处理机不断地测试该锁直到该锁被移去为止。在逻辑上,就像处理机在一直不断地"旋转它的齿轮"一样,故把这种锁作为旋转锁。(2)微软 Windows NT 中内核及部分执行体使用的一种同步机制,用以确保跨在多个处理机上的全局系统数据结构的互斥存取，一个等待转锁的线程实际上使进程停下来，一直等到获得转锁，参见 mutual exclusion。

spiral model **螺旋模型** 软件生存周期模型。软件产品的开发过程是一个迭代过程，是分析、设计、编程、集成、测试等活动的反复迭代过程，不是一个单纯的从上游到下游的瀑布过程。螺旋模型的每一个周期都包括需求定义、风险分析、工程实现和评审四阶段，由这四个阶段进行迭代。软件开发过程每迭代一次，软件开发又前进一个层次。与瀑布模型相比，螺旋模型支持用户需求的动态变化，为用户参与软件开发的所有关键决策提供了方便，有助于提高目标软件的适应能力。并且为项目管理人员及时调整管理决策提供了便利，从而降低了软件开发风险。螺旋模型也有其自身的如下缺点：①采用螺旋模型需要具有相当丰富的风险评估经验和专门知识，在风险较大的项目开发中，如果未能够及时标识风险，势必造成重大损失；②过多的迭代次数会增加开发成本，延迟提交时间。

spiral scan **螺旋扫描** 以螺旋扫描方式读写磁带上数据的磁带读写技术。磁头在读写过程中与磁带保持 15 度倾角，磁道在磁带上以 75 度倾角平行排列。采用这种读写技术在同样磁带面积上可以获得更多的数据通道，充分利用了磁带的有效存储空间，因而拥有较高的数据存取密度。

SPIT **垃圾互联网电话** spam over Internet telephony 的缩写。

SPL (1)站轮询表 station polling list 的缩写。(2)软件生产语言 software production language 的缩写。(3)声压级 sound pressure level 的缩写。

splice **拼接，粘接** 依靠粘接、胶贴或热连接等方法将两段胶片、纸或磁带连接起来，使之能在照相机、处理机、录音机或其他设备中像一整条带子一样运转的处理方法。参见 optical fiber splice。

splice loss **拼接损耗** 见 insertion loss。

splicer **拼接器** 在某些印刷子系统中，位于送纸器前面的一个平滑的表面。这是一块真空吸板，在由链条驱动的销栓配合下，经正确调整后，就可以使上一纸盒中的最后一页纸与新盒中的第一页纸相衔接。

splicing **拼接** 用一种专用设备把两段纸带或磁带连接起来，以便形成一条完整的带子。

spline **样条** 在计算机图形中，由一个数学函数计算所得到的曲线，它把各个独立的点连接起来，具有很高的平滑度。参见 B-spline。

spline approximation of least squares **样条最小二乘法** 用 B 样条函数的线性组合做为逼近函数的最小二乘法。

spline curve **样条曲线** 计算机图形中，将用户给定的点光滑连接起来而产生的曲线。该词源于造船业中的船体设计。在对曲线进行拟合时，用一根富于弹性的细木条在各个数值点处强迫它通过这些点，最后沿着弯曲的木条可以画出一条所需要的光滑曲线。参见 B-spline curve。

spline function **样条函数** (1)分段的解析函数在连接点上的若干阶导数连续。样条的基本思想是把多项式分段化，使整个函数成为装配式的，同时保证连接处的连续性。这样既保留了多项式的简便性又克服了它们不灵活、不稳定的缺点。(2)分段函数的光滑连接。就一元样条函数来说，它是由若干个分别在子区间上光滑的函数通过样条节点(子区间端点)连接而成的分段光滑函数，且在整个区间上具有适当的光滑性质。在没有特别指明时，数学上一般所说的样条函数都是多项式样条，此外还有指数样条、三角样条及有理样条等。

spline interpolation **样条插值** 满足插值约束条件的样条函数。例如，若三次多项式样条 $S(x)$ 在节点上满足 $S(x_i)=f(x_1), i=0,1,\cdots,N$，则称 $S(x)$ 是 $f(x)$ 的三次样条插值。三次样条插值是实际计算中应用最多的一种多项式样条插值。使用样条插值既可以采用分段插值避免龙格现象又可以避免一般的分段插值(如分段线性插值)所导致的插值曲线的不光滑性。样条插值在那些要求一定光滑性条件的逼近问题中具有重要应用。通常，插值节点和样条节点是一致的，两者也可以不一致。样条插值函数具有良好的数学性质，如较强的收敛性，最小模及最佳逼近等性质。

spline surface **样条曲面** 见 B-spline surface。

split **分离，分开** 把一个文件分成两个有序文件的过程。或在窗口系统中将一个窗口拆成上下或左右两个并列的窗口。

split-browse display **分割浏览显示** 一种源程序输入实用程序的显示方法。它将显示画面分成上下两个部分，上部分为一些正在被浏览的某一成员的记录，下部分为另一些被浏览库成员的记录或假脱机输出文件记录，上下两部分可轮流对比阅读。

split cache **分立 cache** 通常把 cache(高速缓存)分立为两部分：一个专用于指令，另一个专用于数据。分立 cache 是一种发展趋势，特别适用于如 Pentium 和 Power PC 的超标量微处理器，它们强调执行并行指令和预取未来执行的指令。它的主要优点是取消了 cache 在指令处理器和执行单元间的竞争，它在任何基于指令流水线的设计中都是重要的。通常处理器会提前获取指令，并把将要执行的指令装入缓冲器或流水线。比较 unified cache。

split catalog **分类目录** 一种分类方法，其中不同类型的项目分别形成不同的目录文件，如主题项目、作者项目、标题项目等。

split display **分割显示** 源程序输入实用程序中的分割编辑或分割浏览的显示方式。

split echo suppressor **分离回波[声]抑制器** 一种抑制器，它在四线制电路中监视某一方向的信号

(如语音),当它侦测到回波时,就在相反方向抑制回波信号。

split-edit display **分割编辑显示** 一种源程序输入实用程序的显示方法。它将显示画面分成上下两部分,上部分为一些正在编辑的某一库成员的记录,下部分为另一些被浏览的库成员的记录或假脱机输出文件上的记录。上下两部分可对比阅读。

split horizon **水平分割** 是一种避免路由环的出现和加快路由汇聚的技术。水平分割的规则和原理是:路由器记住每一条路由信息的来源,并且不在收到这条信息的端口上再次发送它,这是保证不产生路由环路的最基本措施。参见 routing loop。

split instruction **分指令** 在微程序设计的机器中,每条指令都由若干微指令组成,有的机器则采用毫微指令部件。在毫微程序存储部件中,执行毫微指令操作的指令称为分指令。

split key **分割键标** 供索引文件使用的一个键标,由每个记录中的几个(一个以上)字段来定义。

split keyboard **分离式键盘** 与显示器分开(用软电缆连接)的键盘。

split knowledge **分离知识,分离密钥** (1)数据保密学中,指必须把两方或多方掌握的数据结合起来才能了解保密参数或执行一次敏感性操作的一种技术。(2)将使用的密钥分解成两个以上的部分,分别由几个人掌握,只有各人都单独秘密输入密钥后,才能产生可使用的密码。

split mirror copy **分离镜像拷贝** 也称分割镜像拷贝,一种对某个数据集合生成冷映像的方法。分离镜像拷贝的冷映像是一系列存储设备,包含有冷映像创建时刻数据的完整拷贝,在分离镜像拷贝的冷映像使用完后,存储设备的内容都必须和分离的源数据内容进行再同步。参见 frozen image method (FIM),snapshot。

split mirror images **分离镜像** 也称分割镜像,一种热备份技术。分离镜像引用镜像硬盘组上所有数据。每次应用运行时,都生成整个卷的物理拷贝,而不只是新数据或更新的数据。分离镜像使离线访问数据成为可能,并且简化了恢复、复制或存档一块硬盘上的所有数据的过程。但是,分离镜像是个较慢的过程,而且需要占用较多的存储空间。参见 snapshot。

split phase motor **分相电动机** 单相感应电动机的一种,具有一个辅助初级绕组。该绕组在磁场位置上相对于主绕组偏移一个角度,并与主绕组相并联。两个绕组内的电流之间也存在相位差。除非另有说明,在达到适当转速时,辅助电路即行开路。

split screen **分区[分割]屏幕** 一种阴极射线管屏幕显示方式,用软件将屏幕分成两个或多个独立的区域,以便同时分别观看图像和文本的各部分。

split-screen display **分割屏幕显示器** 一种可以在同一屏幕上同时显示不同内容的 CRT(阴极射线管)显示器,在这种显示器屏幕上,为了某种需要,可以分区分别显示不同规格的字符和图形。

splitter **分路器,分配器** (1)一种无源器件,它把来自宽带系统前向的信号功率分成具有较小信号功率的两路或多路输出信号。它又能把来自反向的多路输入信号混合成一路信号,并将其传往头端。(2)在局域网中,指一个无源设备,用于作为一个连接多路分支的节点。(3)在有线电视网络中,将信号由主干电缆引入配线电缆的无源器件。

split throw winding **异槽绕组** 分布双层绕组的一种,其线圈一个边的导线在同一槽内,而另一个边的导线不在同一个槽内。

splitting **(区域)划分,分割,分路,均分,分流** (1)把存储设备分成几个单独区域的方法。(2)将显示屏幕分割成几个部分以使在同一时刻可以见到不同的图像信息。(3)把一个供电系统分成多个平稳的子系统。(4)在一个网络中,用分路器将一条支路变成两条支路。(5)OSI(开放系统互连)参考模型中,用多个 $(N-1)$ 连接支持一个 (N) 连接的 (N) 层内的一种功能。与此相反,合流是指从多个 $(N-1)$ 服务数据单位中分离出单个 (N) 协议数据单位的 (N) 层内的一种功能。

splitting method **分裂法** 用分数步长法求解多维数学物理问题时,把一个复杂的计算问题化成几个简单问题的和的方法。分裂法的创始人之一马尔丘克(Marchuk)的定义是:把表征原始问题的半正定算子 $A\geqslant 0$ 分成几个简单的半正定算子 $A_1\geqslant 0$, $A_2\geqslant 0,\cdots,A_s\geqslant 0$ 的和, $A=A_1+A_2+\cdots+A_s$,这样构造成的计算方法称为分裂法。当 $S>2$ 时,则称作多分量分裂。

splitting of matrix **矩阵的分裂** 矩阵的一种分解方法。若矩阵 A 和 M 都是 $n\times n$ 非奇异矩阵,则称表达式 $A=M-N$ 为矩阵 A 的一个分裂。

splitting technique **分裂技术,分裂法** 将一个较复杂的算子分裂成为若干个子算子或将原始数值的定解问题相应地分解成若干子问题的一种算法,这些子问题或子算子往往比较容易进行数值求解。

split window **分割窗口** 窗口界面中的一种界面风格,显示分割成几部分的窗口,每个部分显示不同的信息。

split-word operation **分字段运算** 将一个字分成几部分进行运算,各部分之间不发生任何关系,分字段运算可以提高计算机的计算速度,还可以节省存储空间。

SPM (1)源程序维护 source program maintenance 的缩写。(2)同步点管理器 sync point manager 的缩写。

SPMD **单程序多数据** single program multiple data 的缩写。

SPOF **单点故障** single point of failure 的缩写。

spontaneous emission **自发发射** 普通光的发射。

由物质的分子、原子等以自动发射的方式，而不是靠外界各种因素的帮助产生的光。比较 stimulated emission。

spontaneous fission　自发裂变　处于基态或同质异能态的重核在没有外部粒子参与或外加能量的情况下仍能发生裂变的现象。自发裂变是原子核在没有粒子轰击或不加入能量的情况下发生的裂变，是放射性衰变方式之一。参见 radioactive decay。

spontaneous magnetization　自发磁化　铁磁体内部自发地形成了磁化到饱和的磁畴。铁磁体的这种作用不是依赖外磁场的作用，因此称为自发磁化。自发磁化是铁磁物质的一个基本特性，是其与顺磁物质的区别所在。

spontaneous radiation　自发辐射　一种辐射跃迁，在没有外界辐射激励的情况下，电子从高能级转移到低能级并释放出光子。因为自发辐射具有随机性，所以这种情况辐射出的光在频率、相位、偏振方向及传播方向都有一定的任意性。参见 radiation transition，fluorescence。

spontaneous transition　自发跃迁　不受外界能量的影响，只是由于原子内部运动规律所导致的跃迁。自发跃迁释放能量的形式又有两种：一种是变为热运动释放能量，称为无辐射跃迁；另一种是以光的形式将能量辐射出来，称为自发辐射跃迁。比较 stimulated transition。

spoofing　电子欺骗　在计算机安全中，装作一个信任系统的一部分以获得未授权接收的信息。spoof 也是在网络上一种伪造通信内容技术的通称，伪造的行为有时是为了人侵或攻击等目的而使用，有时是为了测试网络状态或减少网络流量。

SPOOL　假脱机　simultaneous peripheral operations online 的缩写。

spool access support　假脱机访问支持　一种操作系统的功能，它允许用户程序或运行在系统中的子系统去访问系统的假脱机文件。

spooler　打印缓存程序，假脱机程序　一个接收传输给设备驱动器的数据并将其写入磁盘的程序，这些数据在打印设备可以接收数据时再传送给打印机。打印缓存可防止不同的打印作业相互混淆。

spool file　假脱机文件　(1)一种保存着待处理的输出数据的文件。(2)磁盘上的一个区域，用于中间存储主存和磁带之间或主存与其他低速设备之间传送的数据。

spool file class　假脱机文件类别　在某些操作系统中，与每个虚单元记录设备相关联的一种单字符的类别。该类别允许用户控制下次将读入哪些假脱机文件，也允许假脱机操作员更好地控制或重新排列具有相同特征或优先级的输出假脱机文件的打印或穿孔顺序。假脱机文件的类别值范围是：A～Z，0～9或＊。

spool file datatype　假脱机文件数据类型　在 LAN Manager 网络软件中，定义一个打印机的打印队列能处理的打印作业的类型。

spool insulator　线轴式绝缘子　具有圆柱形外形的绝缘子，它有一个轴向穿通的安装孔及两个或多个用来固定导线的圆周槽。参见 insulator。

spool session　假脱机会话　假脱机软件的一次调用和结束。

spool writer　假脱机输出程序　系统支持程序产品的一部分，用于打印输出假脱机文件中的内容的一种程序。

sporadic fault　间歇性故障　一种间歇性影响系统工作的故障。

sports game (SPT)　体育类游戏　在电脑上模拟各类竞技体育运动的游戏。

spot　斑点　(1)在打印纸上的一个圆形区域，它的色泽比理想的更深或更浅。(2)由于底片的缺陷而在复制品上产生的污染(白色斑点)或乳剂气泡(黑斑)。参见 back-ground，graybar。

spot beam　点波束　(1)波束半功率宽度只有几度或更小的波束。(2)波束截面为圆形或椭圆形，覆盖地球表面的一定区域，这种波束要比全球波束小。参见 global beam。

spot carbon　局部上碳的　在某些部位(区域)去掉碳质的一种纸，目的是在专门复印时不使该处的数据印出来。

spot color　复合点颜色　处理文献中色彩的方法，文献中规定一种特定的油墨颜色，并且包含油墨各色素的每一页被印成一个单独的层，然后按照文献中有多少种不同的颜色，打印机就打印多少遍。参见 process color，color model，color separation，pantone matching system。

spot recovery　恢复现场　中断处理程序执行完毕且再无中断等待处理时，为继续恢复执行被中断了的程序所作的准备。“恢复现场”是“保存现场”的逆过程。

spot saving　保存现场　进入中断处理程序前保留原执行程序中除了程序状态以外的有关现场。如通用寄存器的内容等。利用程序方法将上述现场保存到某个存储区，以便于中断处理完毕恢复原程序的正常运行。

spot size　亮点大小　CRT(阴极射线管)显示器屏幕上电子束所激励的最小发光区域。它决定所显示线路的最小线宽。有的可达到 0.005 英寸。

SPPS　子系统程序准备支持(程序)　subsystem program preparation support 的缩写。

SPR　系统参数记录　system parameter record 的缩写。

spread　展开　在并行处理中，数据变换的一种基本操作。它将一组连续排列的元素(可以是一位、一个字或一个位片)展开。展开时元素可以多次复现，元素间也可以有间隔。他们可以是规则的，也可是不规则的，但展开后的元素必须保持原来的相对顺序。

spreading factor 扩频因子 扩频调制后的信号与扩频调制前的信号带宽之比。

spreading resistance 扩展电阻 一种用来评价 p-n 结掺杂情况的技术。

spreadsheet 电子表格(软件) 一种模拟纸张上的数据表格的软件程序，也称"电子工作单"。它在微机事务管理中广泛采用，它由用行号和列号标识的单元所组成。单元中可输入文字描述、数值和公式。公式是电子报表的灵魂。每当用户添加或修改数据以后，公式便会自动地或在用户键入某键之后重新将相关数据计算一遍，并将最新结果显示在屏幕上。这一功能可使用户的输入不同的假设条件后，立刻在屏幕上观察到其所带来的影响及变化。这种"如果……怎么样?"的功能使电子报表成为预算、计划、预测和财务平衡工作中必不可少的工具。电子报表的概念最早来源于 1978 年推出的在 Apple Ⅱ 机上运行的 VisiCalc 软件。随后又出现了 SuperCalc 和 Multiplan 等软件。接着，运行于 IBM PC 机上的 Lotus 1-2-3 软件获得了巨大的成功，成为个人计算机广为使用的电子报表程序。微软公司的 Excel 成为 Macintosh 机上电子报表软件的标准，现在也可在 IBM 兼容机上使用。

spreadsheet application 电子表格应用程序 一种在个人计算机上使用的应用软件，它允许用户在各单元的行和列之间定义数学的或逻辑的关系，当一个单元的数值改变时，受影响的其他单元的内容会自动作相应的变化。

spreadsheet formula 电子数据表软件公式 电子数据表单元中用来计算存在该单元中的数值的公式。该公式利用单元引用变量，抽取其他单元中的数据并规定对这些变量所执行的操作。

spreadsheet memory requirement 电子数据表软件存储容量 运行电子数据表软件所需要的随机存取存储器容量。

spreadsheet program 电子表格程序 同 spreadsheet application。

spreadsheet ripple 电子数据表软件波动 电子数据表软件的某个单元中由其他单元引用的数值发生变化所产生的波动。波动一经产生就会波及到所有受影响的单元。

spread spectrum (SS) 扩展频谱 简称"展频"或"扩频"，是一种常用的无线通信技术，展频技术的无线局域网络产品是依据 FCC(美国联邦通信委员会)规定的 ISM(工业、科学、医疗)，频率范围开放在 902 ～ 928 MHz 及 2.4 ～ 2.484 GHz 两个频段，所以并没有所谓使用授权的限制。展频技术主要又分为跳频展频(FHSS)技术及直接序列展频(DSSS)技术两种方式。参见 frequency hopping spread spectrum (FHSS), direct sequence spread spectrum (DSSS)。

spread spectrum application 扩频应用 扩频技术具有抗干扰性强，具有多址通信能力，抗多径干扰和可以精确测量距离等特点。故用途广泛，主要包括：抗干扰/低截获信号设计、低截获保密通信和功率管理、抗干扰信号设计、数字蜂窝移动通信、个人通信、数字立体声广播、公安隐蔽通信、不能铺设有形信缆环境的计算机网络通信等。参见 spread spectrum communication。

spread spectrum code sequence 扩频码序列 扩频码的二进制序列。

spread spectrum communication 扩频通信 通信信号所占用频带宽度远远大于所传信息必需的最小带宽的通信方式。传输带宽主要由发信机和对应收信机预先制定的扩频码序列确定。扩频信号带宽与原始信号带宽的比值，称为扩频通信系统的处理增益(GP)，它是扩频通信系统的重要参数。多数扩频通信系统的 GP 值远大于 10。

spread spectrum communication mode 扩频通信方式 数据通信的一种方法，即将带宽扩展至超过为传输所需要的带宽以上进行传输的通信方式。按所采用的技术又可分为：直接序列扩频(DSSS)、频率跳变扩频(FHSS)、跳时扩频(THSS)、脉冲调频扩频和混合扩频等。参见 direct sequence spread spectrum (DSSS), frequency hopping spread spectrum (FHSS), time hopping spread spectrum (THSS), pulse frequency modulation spread spectrum, hybrid spread spectrum modulation。

spread spectrum modulation (SSM) 扩频调制 调制后的信号带宽远大于未调制的传输信号的调制方式。发送信号的平均功率谱密度在比发送信息严格需要的带宽宽得多的频带上以随机或准随机方式扩展。扩谱调制允许多路接入一个通信通道，并提高了抗射频窄带噪声和干扰的能力。

spread spectrum modulator technology 频谱扩展调制技术 一种采取抑制时钟等有用信号中的高次谐波的方法来降低计算机工作时的对外电磁辐射技术。

spread spectrum multipe access (SSMA) 扩频多址 基于正交频分复用(OFDM)技术的扩频多址系统中，整个带宽被分成若干个正交音调，所有的正交音调在每个小区中复用。为了减小移动发射机中的峰值对平均值比率，给每个话音用户分配单个正交音调。对给定用户的音调分配在可利用的频带内不总是相同的，而是对每个用户分配的音调随时跳频。

SPRING 共享保护环 shared protection ring 的缩写。

spring finger 指形簧片 衬垫的一种。指形簧片通常由铍-铜材料合成，特别适合于反复开关的场合。

指形簧片的主要缺点是由于氧化和折断而影响屏蔽效果。

spring-loaded pop-up **弹出型窗口部件** 一种窗口部件，如菜单等。

sprite **子图形** 在计算机图形学中，可以独立于背景中的其他图形，而在屏幕上移动的小图形。子图形由一个像素块构成，程序将其作为一个单元处理，可用于动画连续动作。

sprite graphics **子图形** 参见 sprite，sprites。

sprites **子画面** 用户定义的图画形状，用于计算机游戏中。原由 Texas 仪器公司开发的子画面绘图用在一些家用计算机上，其中有 Texas 仪器公司的 T199/04A、Commodore 64 和 Sord M5。Atari 用户的子画面是 PMGs。即导弹绘图游戏。在背景保持静止时，子画面能横移过屏幕表面。这是靠几个屏面完成的。常规的绘图图形是在一个屏幕产生的，但对子画面绘图，计算机有几个或几层屏面，每一个有它自己的图形，从而产生三维效应。Sord M5 有 32 位独立的屏面。Commodore 64 有软件用于定义子画面，他们包括可由 POKE 指令串操纵的 24×21 个像素图形。

SPS (1)字符串处理系统 string process system 的缩写。(2)符号程序设计系统 symbolic programming system 的缩写。参见 symbolic language。(3)上标字符 superscript character 的缩写。(4)同步点服务 sync point services 的缩写。(5)震动保护系统 shock protection system 的缩写。(6)标准定位业务 standard positioning service 的缩写。(7)安全防范系统 security protection system 的缩写。

SPSS **社会学统计软件包** statistical package for the social science 的缩写。

SPST **单刀单掷(开关)** single-pole single-throw 的缩写。

SPT (1)系统参数表 system parameter table 的缩写。(2)系统页表 system page table 的缩写。(3)最短路径树 shortest path tree 的缩写。(4)体育类游戏 sports game 的缩写。

SPTS **单程序传输流** single program transport stream 的缩写。

SPTV **静止图像电视** still-picture television 的缩写。

SPU **标准化产品单元** standard product unit 的缩写。

spurious emission **杂散发射** 必要带宽外的单个或多个频率点上的发射，可以减少其电平而不影响相应的信息传输。杂散发射包括谐波发射、寄生发射、互调产物及变频产物。带外发射除外。

spurious emission interference **杂散干扰** 一个系统的发射频段外的杂散发射落入到另外一个系统接收频段内造成的干扰。杂散干扰直接影响系统的接收灵敏度。

spurious harrow-bandwidth (RF) components **杂散宽带(射频)分量** 包括谐波和非谐波分量以及寄生分量，其特性通常是在离散频率上或在窄带内有一显著分量的信号，在必要频带附近处的分量除外，这些分量是为传输信息的调制过程的产物。

spurious radio frequency components **杂散射频分量** 除了载波及其发射带宽附近处的调制分量外，在离散频率上或在窄频带内有一显著分量的信号。这些杂散射频分量包括谐波和非谐波分量以及寄生分量。

spurious resolution **伪分辨率** 分辨率的一种替代指示，由图形中可分辨的行的数量来识别。

spurious response inhibition **杂散响应抑制** 也称为“杂散响应抗扰性”接收机抗拒单个无用信号在接收机输出端造成无用响应的能力，它表示为使高出被测参考灵敏度 3 dB 的有用信号产生的信噪比降回原标准信噪比的单个无用信号电平与实测参考灵敏度之比，用 dB 为单位表示。

sputtering **溅射** 在集成电路晶片上淀积某种材料薄层的方法。用受激离子轰击需要的靶材料，从靶中碰撞出原子，这些原子随后在晶片上淀积。

SPVC **软永久虚拟电路** soft permanent virtual circuits 的缩写。

SPX **顺序包交换，顺序分组交换** sequenced packet exchange 的缩写。

spyware **间谍软件** 一种能够在用户不知情的情况下，在其电脑上安装后门、收集用户的个人信息或敏感信息的软件。

SQA **系统队列区** system queue area 的缩写。

SQC **统计质量控制** statistical quality control 的缩写。

SQL **SQL 语言，结构化查询语言** structured query language 的缩写。

SQL command file **SQL 命令文件** 在数据库系统中，由 SQL(结构化查询语言)命令语句提供的定义表和视图以及查询、更新、删除和插入表和视图中的数据所需的全部操作构成的文件。

SQL injection **SQL 注入** 一种黑客攻击方式。指黑客对于一些没有对用户输入数据的合法性进行判断，存在安全隐患的网站提交一段数据库查询代码，然后根据程序返回的结果，获得他想得到的数据。

SQL query **SQL 查询** 用 SQL(结构化查询语言)对关系式数据库进行信息检索的操作。

SQL Server 2000 **SQL 服务器 2000** 微软公司针对具有多维存储与导航支持的大型复杂关系型数据库执行联机分析处理(OLAP)服务的软件，是为创建可伸缩电子商务、在线商务和数据仓储解决方案而设计的关系型数据库管理与分析系统。其主要

S

特点:①数据挖掘服务:在 OLAP 多维数据集中使用来自相关数据库的信息,以发挥集成化数据挖掘服务的效能;②闭环操作:能自动启动 Web 或商务应用程序,或自动开始诸如发送电子邮件等处理过程;③具备 Web 功能:具备跨越因特网访问多维数据集并实现多维数据集安全链接的功能;④万亿字节级别的数据库支持:能对数据仓库实施管理;⑤可伸缩性:能够通过企业到部门服务器、便携式电脑及移动设备实现数据源的访问;⑥先进的查询处理器:优化并执行诸如星型查询连接等典型复杂化查询;⑦高性能工具:性能调整、数据装载和索引构造工作均可通过使用集成工具来完成;⑧与 Microsoft Office 2000 紧密集成:用户可在 Excel 2000 中对数据进行分析,并可通过 Microsoft Outlook 2000 共享分析结果。

S

square law detection 平方律检波 采用其输出信号与输入振荡包络线瞬时值的平方近似地成正比的特性器件来完成的非线性作用过程。

squareness ratio 矩形比 剩余磁通密度与最大磁通密度(饱和磁通密度)的比值。

square wave 方波 电压交替地取两个不同固定值的一种波形,这两个值通常是一正一负地交替出现。一串脉冲是电压为正的固定值和零交替出现的方波。参见 wave。

squeezed file 紧排文件 正常的数据文件或程序文件用紧排或非紧排公用程序进行更有效地编排、以节省空间,减少传送时间。

squeeze out ink 挤出式油墨 有助于光符识别的打印方法,油墨从字符中心喷向边缘,导致字符的轮廓比中心更黑的一种现象。

squeeze-zoom 缩小推进 在多媒体应用中,一个数字视频效果,一个图片被缩小并以全屏幕方式进行显示。

SQUID 超导量子干涉器件 superconducting quantum interference device 的缩写。

squirrel cage induction motor 笼型感应电动机 同 cage induction motor。

squirt-ink Chinese character printer 喷墨式汉字打印机 控制从喷嘴喷出的墨滴发生偏转而形成字形的汉字输出设备。它由喷墨机构、电子及驱动电路和控制器三部分组成。这种打印机的特点是使用普通纸打字、运行成本低。由于喷射头喷嘴直径仅有数 μm,墨滴极细小,可有较高的印字质量。打印速度很快、噪音很小,易实现彩色印字。

SR 服务提醒器 service reminder 的缩写。

SRA 分步移动算法 stepwise removal algorithm 的缩写。

SRAM 静态随机存取存储器 static random access memory 的缩写。

SRB 源路由桥接 source route bridging 的缩写。

SRCB 子记录控制字节 subrecord control byte 的缩写。

SRF (1)软件恢复程序 software recovery facility 的缩写。(2)软件记录设施 software recording facility 的缩写。(3)专用资源功能 special resource function 的缩写。

SRGS 语音识别语法规范 speech recognition grammar specification 的缩写。

SRIM 定题缩微胶片检索 selected research in microfiche 的缩写。

SRJE SNA(系统网络体系结构)远程作业输入 SNA remote job entry 的缩写。

SRLG 共享风险链路组 shared risk link group 的缩写。

SRM 系统资源管理程序 system resources manager 的缩写。

SRNC 服务无线网络控制器 serving radio network controller 的缩写。

SRPI 服务器/请求者编程接口 server/requester programming interface 的缩写。一种编程接口,使主机能像网络上的文件服务器一样被访问。

SRQ 服务请求(线) service request 的缩写。

SRR 可顺序重用资源 serially reusable resource 的缩写。

SRT (1)段寄存器表 segmentation register table 的缩写。(2)源路由(选择)透明(标准)source routing transparent 的缩写。(3)单请求终端 single requester terminal 的缩写。

SRTD 符号解析表目录 symbol resolution table directory 的缩写。

SRTE 符号解析表项 symbol resolution table entry 的缩写。

SR/TLB 源路由(选择)翻译桥接(标准) source routing translational bridging 的缩写。

SRTS 同步驻留时间戳 synchronous residual time stamp 的缩写。

SS (1)上移 supershift 的缩写。(2)启止(式的) start-stop 的缩写。(3)扩展频谱 spread spectrum 的缩写。(4)补充业务 supplementary service 的缩写。

SSA (1)片段查找变量 segment search argument 的缩写。(2)状态保存区 status save area 的缩写。

SSADM 结构化系统分析和设计方法 structured system analysis and design method 的缩写。

SSAP 源服务访问点 source service access point 的缩写。

SSBW 小信号带宽 small signal bandwidth 的缩写。

SSC 站选择代码 station selection code 的缩写。

SSCF (1)辅助系统控制设施 secondary system control facility 的缩写。(2)业务[服务]特定协调功能 service specific coordination function 的缩写。

SSCI **《社会科学引文索引》** *Social Sciences Citation Index* 的缩写。

SSCOP **业务特定面向连接协议** service specific connection oriented protocol 的缩写。

SSCP **系统服务控制点** system services control point 的缩写。

SSCP backup **系统服务控制点后备支持** 一种网络后备支持功能,当其他辖域内的主节点出错时,或作为平衡主处理机负载的一种手段,该功能允许位于某一辖域内的 SSCP(系统服务控制点)能使用另一辖域内的资源。

SSCP-dependent LU **依赖于 SSCP 的逻辑单元** 计算机网络中,一个逻辑单元,需要系统服务控制点(SSCP)的帮助以启动一个 LU-LU(逻辑单元之间)会话。它要求一个 SSCP-LU 会话。

SSCP ID **系统服务控制点标识符** system service control point identifier 的缩写。

SSCP-independent LU **独立于 SSCP 的逻辑单元** 计算机网络中,一个逻辑单元,能够启动一个 LU-LU(逻辑单元之间)会话而不需要 SSCP(系统服务控制点)帮助。它不具有 SSCP-LU 会话。目前只有 LU 6.2 是独立的。

SSCP-LU session **系统服务控制点-逻辑单元对话** 在 SNA(系统网络体系结构)中,一种建立在 SSCP(系统服务控制点)和一个 LU(逻辑单元)之间的会话,该会话能使 LU 请求 SSCP 帮助它初启 LU-LU(逻辑单元之间)的会话。

SSCP monitor mode function (SMMF) **SSCP 监控器模式函数** 网络控制程序(NCP)中的一个函数,当外部 SSCP(系统服务控制点)未建立对其的拥有关系时使 NCP 资源保持活跃。

SSCP-PU session **系统服务控制点-物理单元对话** 在 SNA(系统网络体系结构)中,一个建立在 SSCP(系统服务控制点)和一个 PU(物理单元)之间的会话,为控制网络配置,SSCP-PU 会话允许 SSCP 把请求发送各个节点,也允许从各个节点接收状态信息。

SSCP rerouting **SSCP 重选路由** 在 SNA(系统网络体系结构)网络互连中,网关系统服务控制点(SSCP)中为发出会话启动请求/应答单元(RU)而使用的技术,通过一系列 SSCP-SSCP 会话。

SSCP services **系统服务控制点服务程序** 在 SNA(系统网络体系结构)中,SSCP(系统服务控制点)中的一系列服务程序,他们为 SSCP-LU(逻辑单元),SSCP-PU(物理单元)和 SSCP-SSCP 会话提供配置、维护、管理及会话等方面的服务。参见 logical unit (LU) services, physical unit (PU) services。

SSCP services manager **系统服务控制点服务管理程序** 在 SNA(系统网络体系结构)中的一个组成部分,它为 SSCP(系统服务控制点)的所有会话端提供网络服务。

SSCP-SSCP session **系统服务控制点之间的会话** 在 SNA(系统网格体系结构)中,一个辖域里的 SSCP(系统服务控制点)与另一个辖域里的 SSCP 之间的会话。SSCP-SSCP 会话用于初启和终止交叉辖域内的 LU-LU(逻辑单元之间)会话。

SSCS **特定业务汇聚子层,服务专用会聚子层** service specific convergence sublayer 的缩写。

SSD (1)固态硬盘 solid state disk 的缩写。(2)系统顺序图 system sequence diagrams 的缩写。(3)服务层信号劣化 server signal degrade 的缩写。

SSE (1)语义搜索引擎 semantic search engine 的缩写。(2)单指令多数据流扩展 streaming SIMD extensions 的缩写。

S-SEED **对称自我光电效应器件** symmetric self-electro-optic-effect-devices 的缩写。

SSE2 **单指令多数据流扩展 2** streaming SIMD extensions 2 的缩写。

SSE3 **单指令多数据流扩展 3** streaming SIMD extensions 3 的缩写。

SSE4 **单指令多数据流扩展 4** streaming SIMD extensions 4 的缩写。

SSF **服务层信号失效** server signal fail 的缩写。

SSFN **会话建立错误提示** session setup failure notification 的缩写。

SSI (1)小规模集成电路 small-scale integration 的缩写。(2)单系统图像 single system image 的缩写。(3)服务器电源规范,服务器系统基础结构 server system infrastructure 的缩写。(4)交换机到交换机接口 switch-to-switch interface 的缩写。

SSI chips **小规模集成(电路)芯片** 参见 small-scale integration。

SSID (1)服务集标识 service set identifier 的缩写。(2)子系统标识 subsystem identification 的缩写。

SSL (1)源程序语句库 source statement library 的缩写。(2)安全套接层 secure socket layer 的缩写。

SSL Portal VPN **安全套接层门户虚拟专用网** 一种安全套接层门户虚拟专用网(SSL VPN),允许一个单独的安全套接层接入某一站点,以便终端用户能够安全接入多种网络服务。被接入的站点称为门户,该门户(一个单独的网页)成为通向多种丰富资源的入口。远程用户可通过任何网页浏览器访问 SSL VPN 网关。用户可采用一种网关支持的认证方法识别身份,此时会显示一个网页,该网页起到接入其它服务的门户的作用。参见 secure socket layer virtual private network (SSL VPN),

S

SSL Tunnel VPN。

SSL Tunnel VPN **安全套接层隧道虚拟专用网** 一种安全套接层虚拟专用网(SSL VPN),允许一个网页浏览器通过一个在安全套接层下运行的隧道安全接入多种网络服务,包括非基于网页的各项应用和协议。SSL Tunnel VPN要求网页浏览器能够处理活动内容,可以提供安全套接层门户虚拟专用网(SSL Portal VPN)所不具备的功能。活动内容实例包括Java,JavaScript,Active X,Flash应用或插件。参见 secure socket layer virtual private network (SSL VPN),SSL Portal VPN。

S

SSM (1)共享存储模型 share storage model 的缩写。(2)扩频调制 spread spectrum modulation 的缩写。(3)源特定组播,特定源组播 source specific multicast 的缩写。

SSMA **扩频多址** spread spectrum multipe access 的缩写。

SSML **语音合成标记语言** speech synthesis markup language 的缩写。

SSMP **可伸缩共享内存多处理系统** scalable share memory multiprocessing 的缩写。

SSN **同步开关噪声** simultaneous switch noise 的缩写。

SSO **单次登录** single sign on 的缩写。

SSP (1)系统服务程序 system service program 的缩写。(2)系统支持程序 system support program 的缩写。(3)业务交换点 service switch point 的缩写。

SSPD **自扫描光电二极管阵列** self scanned photodiode array 的缩写。

SSP-ICF **系统支持程序-交互通信特性** system support program-interactive communications feature 的缩写。

SSPP (1)系统支持程序产品 system support program product 的缩写。(2)调度状态预处理器 schedule status pre-processor 的缩写。

SSPW **单段伪线** single segment pseudo wire 的缩写。

SSR **固态继电器** solid state relay 的缩写。

SSS (1)子系统支持服务程序 subsystem support services 的缩写。(2)服务器会话套接字 server session socket 的缩写。

SST (1)系统调度程序表 system scheduler table 的缩写。(2)系统服务工具 system service tools 的缩写。

SSU **后续信号单元** subsequent signal unit 的缩写。

SS7 **7号信令系统** signaling system number 7 的缩写。

ST (1)段表 segment table 的缩写。(2)流协议 stream protocol 的缩写。(3)信令音 signaling tone 的缩写。

STA **生成树算法** spanning tree algorithm 的缩写。

stability **稳定性** (1)在光符识别时,当图像暴露在辐射能之下,图像抵抗颜色变化的能力。(2)底片或照片暴露在光、热或大气中时,抵抗变化的能力。(3)保持信号稳定不漂移、不振荡、不变化的能力。(4)系统在干扰或其他破坏性事件影响下仍能保持原来状态或性能的能力。(5)系统在受到干扰或其他破坏性事件后,返回到原来状态的能力。

stability number **稳定性数** 图G的最大稳定集的节点数称为稳定性数。8×8棋盘所对应的图,其稳定性数是8。高斯据此解决了著名的八皇后问题。

stability of similarity transformation **相似变换的稳定性** 一个描述相似变换是否显著增加矩阵特征值条件数的概念。如果一个相似变换不引起矩阵特征值条件数较大增长,该变换就称为稳定的相似变换。否则称为不稳定的相似变换。酉相似不改变矩阵特征值问题的条件数,因而是稳定的相似变换。非酉相似也存在稳定的变换方法。

stability theory **稳定性理论** 对系统的小的扰动随时间变化的理论。若扰动自然增大就是不稳定性。不稳定性可以在某些小的振幅下饱和,在这种情况下,约束变差,或者增大不可控性,此时,约束会失去(如破裂发生)。

stabilization **稳定** 在影响因素发生波动时,抑制输出量变化的作用。

stabilized current characteristic **稳流特性** 具有稳定输出电流的特性。

stabilized insulator **稳定化绝缘子** 绝缘件全部表面覆盖有高电阻层,如半导体釉的绝缘子。参见 insulator。比较 fringe glazed insulator。

stabilized output characteristic **稳定输出特性** 抑制相关因素对输出量的影响,以使输出量稳定时的强制特性。参见 forced characteristic。

stabilized power supply **稳定电源** 从电源取得能量并向一对或多对端子输出稳定电量(如电压、电流、频率)的设备。参见 constant voltage power supply, constant current power supply, constant frequency power supply。

stabilized shunt of motor **稳并励电动机** 一台复励电动机,其串、并励绕组的比例与极性应能使电动机在负载增加时,转速略有降低。

stabilized supply apparatus **稳定电源装置** 输出一种或几种稳定量的电源装置。

stabilized voltage characteristic **稳压特性** 具有稳定输出电压的特性。

stabilized voltage regulation **稳定电压调整率** 变

流器考虑了稳定措施后的电压调整率。除负载变化外,影响直流电压的其他因素均不考虑,在此仅涉及设备的稳定特性。参见 voltage regulation。

stable set .稳定集 图G的节点集V的一个子集,如果其中任意两个节点没有边连接,则称为稳定集。节点数最多的稳定集称为最大稳定集。给定一个正整数$k \leqslant |V|$,要判断G是否存在一个节点数$\geqslant k$的稳定集,这是一个 NP-完全问题。

stable sorting 稳定的排序 为在排序的文件中,存在多个具有相同排序键的记录时,经过排序后,这些记录仍保持原来(排序前)的相对次序,则称这种排序算法是稳定的。

stable state 稳定状态 触发电路在合适的脉冲作用之前所呈现的那种状态。若无合适脉冲的作用,这一状态将一直保持下去。改变触发电路的稳定状态一定要有外界合适脉冲的作用。

stable trigger 双稳(态)触发器 有两个稳定状态的电路,每个状态都需要在触发信号的激励下才能转移到另一个状态。

stack 栈,堆栈,堆 (1)一种专用的存储区,按照后进先出的原则从栈的一端进行存储和取出。比较 queue。(2)一种数据结构。它允许数据项在表的一端增加(即压入),且从同一端移出(即弹出)。它以“后进先出”的原则处理数据项。子例程调用中要用到栈。(3)堆是由一个或多个电子阀连同其安装零件、电连接和机械连接所组成的单一结构。如有冷却附件或辅助部件连接在一起,也应包括在内。(4)在计算机网络中,堆指一组层次化的协议。

stackable hub 可堆叠集线器 具有“堆叠”功能的网络集线器。集线器堆叠是通过专门的管理模块和堆栈连接电缆,从一台集线器的堆叠端口直接连接到另一台集线器的堆叠端口。以实现单台集线器端口数的扩充。堆叠在一起集线器可以当作一个单元设备来进行统一管理。

stackable switch 可堆叠交换机 具有“堆叠”功能的网络交换机。所谓堆叠是用专用连接电缆,通过交换机的堆叠端口把多台交换机连接起来,其作用就像一个模块化交换机一样,可以当作一个单元设备来进行管理,从而实现单台交换机端口数的扩充。一般有两种堆叠方式:星型堆叠和菊花链式堆叠。

stack advantages 堆栈优点 大多数堆栈采用后进先出原则存取。随着数据的增加,栈的深度也增加,最晚进栈的数据则占据栈顶位置。任何堆栈结构都有一个称为堆栈指针的计数器,用它来指出最近一次存取的堆栈单元位置。堆栈的优点是方便了多级中断程序的控制,因为整个系统的状态可以十分方便地保存在堆栈中,中断返回时的现场恢复容易实现。其次是方便了子例程的多级嵌套。

stack architecture 堆栈式体系结构 使用堆栈作为存储器的计算机体系结构。堆栈式计算机减少了用于作为暂存的寄存器的数量,并可减少程序执行的步数,可容易地实现多级中断。

stack automaton (SA) 堆栈自动机 堆栈自动机比下推自动机识别语言的能力更强,但仍大大地弱于图灵机。它是一种具有下述性质的下推自动机。①输入带是具有端点标志的和双向读入读头的只读带;②除了在栈顶进行压栈和出栈操作外,栈读写头可以在栈内进行上、下移动和只读操作。SA以终态接受方式来接受字符串。在所有组态只有一种可选后续组态的设备称为确定型栈自动机(DSA);在一个组态中有一组可选后继组态的设备称为非确定型栈自动机(NSA),不从栈中弹出任何符号的设备称为非删除型栈自动机(NESA);输入头只向右移动的设备则称之为单向栈自动机(1SA)。

stack buffer 堆栈缓存 一个可按存储次序读取数据的缓存区域。最后存入的数据最先读出。

stack computer 栈计算机 一种带有硬件堆栈功能的计算机。

stack control 堆栈控制 处理堆栈式服务请求和状态字的能力。

stacked bar chart 堆叠式直方图 一种直方图,其中每一条都用多种颜色的段表示多于一个的数据。

stacked graph 叠层图 数据描绘在多横轴及相应数目纵轴的坐标图上所得的图形。所描绘的点可互相重叠。

stacked job 栈式作业 见 batched job。

stacked job control 堆栈式作业控制 一种作业控制方式。在顺序堆栈作业控制中,作业的执行顺序是依照这些作业在系统接受时的顺序进行的。

stacked job processing 栈式作业处理技术 一种作业处理技术,它允许多个作业以一定的次序堆叠起来的提交给系统。它能自动地一个接一个识别作业。更先进的系统允许在任何时刻把来自任何源程序的作业按顺序随时加入到某个堆中,并符合优先级的定义。参见 batch processing。

stack frame 栈帧 堆栈上保留的一个存储区。用于存放参数、返回地址和局部变量,有时还用于过程调用。

stack level 栈深度 衡量堆栈存放返回地址的能力。

stack list 栈表 采用表的一种数据结构,项目的添加和删除仅从表的一端进行。

stack machine 栈机器 采用栈结构的计算机。其信号的进栈与出栈根据后进先出原则,符号串应依据逆波兰表示法来书写。

stack manipulation 堆栈操作 一种指令寻址模式的系统,为了更方便地处理经常访问的数据而使用暂存数据存储器结构。用于跟踪栈操作的寄存器称为堆栈指针。

S

stack model 栈模型 描述以块结构语言写的程序运行时执行的模型。该模型由程序部分、控制部分和一组记录组成。程序部分在整个执行过程中保持不变;控制部分包括指令指示字和设备指示字;记录包含程序操作的全部数据。

stack operation 栈操作 汇集信息和处理数据,并由系统输入设备将结果登记到操作系统的操作。

stack operation instruction 堆栈操作指令 处理堆栈中各种数据的指令。对于堆栈结构计算机,这类指令是主要指令形式,包括各种堆栈运算指令。对于非堆栈结构计算机设置堆栈操作指令,其主要目的不是运算,而是为处理系统软件和中断处理的需要。因此,堆栈操作指令与处理中断状态、系统工作方式等密切相关。如推入堆栈指令、弹出堆栈指令、中断返回命令、断点故障指令等。

stack order 堆栈顺序 在 AIX 增强 X-Windows 中,指兄弟窗口之间的关系,在堆栈中相互重叠。

stack pointer 栈指针 栈操作中存放栈顶单元地址的寄存器称为栈指针寄存器。以下推式栈为例,每次数据压入栈时,栈指针先减量,以指向栈顶之上的空单元(即新的栈顶单元),然后使数据进入这个单元。数据出栈时,先根据栈指针弹出式栈顶单元中的数据,然后指针增量,指向新的栈顶单元。减量和增量的幅度与机器的字长有关,通常是每次操作一个字长。

stack pop up (堆)栈上托 当从堆栈顶部取出一个数据项时(数据弹出),栈中所有其他数据项都相应地上移一项的堆栈操作过程。比较 stack push down。

stack push down (堆)栈下推 堆栈是一种后进先出的存储区,当把一个数据项存入栈顶时(数据压入),栈中原有数据项都相应地向下移一项,这一过程称为堆栈下推。与堆栈上托技术联合使用时,就能实现后进先出存储功能。

stack register 栈式寄存器 按后进先出原则存取的寄存器。

stack segment 堆栈段 在 OS/2 操作系统中,一个存放返回地址、动态数据、临时数据和参数的段。这些数据项用于以与存入相反的次序读取。

stack-state-control machine 栈-状态-控制机器 一种用来定义操作语义的抽象机器,它有三个工作区:①存储程序的控制区,以 c 表示;②记载程序变元当前值的机制(称作状态),以 s 表示;③记载中间结果的栈区,以 st 表示。三元组(st,s,c)的一种取值构成解释执行程序的抽象机器的一个状态,称作大状态。抽象机的动作是由大状态间的转换规则规定的。

STAE 指定任务异常出口 specify task abnormal exit 的缩写。

stage 登台,升级,移格 (1)在海量存储系统中,把数据从盒式数据磁带上移到登台的驱动器中。参见 staging。(2)缩微胶片阅读器上的一种机构,它将缩微胶片从一格移到下一格。

stageable font 可登台字型 一种图形字符字型,当选择打印时,为了使用这种字型,可以从主处理机把这种字型装载到打印机的字型存储器中。比较 nonstageable font。

stage diagram 状态图 是系统分析的一种常用工具,它通过建立类对象的生存周期模型来描述对象随时间变化的动态行为。主要用于表现从一个状态到另一个状态的控制流。状态图由表示状态和表示状态之间的转换组成。状态由一个带圆角的矩形表示,转换用带箭头的直线表示,分别连接源状态和目标状态。当源状态接收到一个事件,并且监护条件得到满足,则执行相应的动作,同时从源状态转换到目标状态。如果转换上没有标注触发转换的事件,则表示此转换为自动进行。状态图的起始位置是初始状态,初始状态在一个状态图中只允许有一个,用一个实心圆表示。状态图的终止点是终止状态,终止状态用一个含有实心圆的空心圆表示。参见 interaction diagram, collaboration diagram, activity diagram, sequence diagram。

stage space 站空间 流水线站的功能范围。站空间的范围是从前一个寄存器打入脉冲开始到下一个脉冲打入到下一个寄存器为止的全部逻辑器件和线路。它是为便于测量流水线的性能而建立起来的新概念。

staggered heat sink 叉指型散热器 散热器的扩展表面为交叉排列的指状肋条。叉指型散热器具有体积小,重量轻,散热效果好等特点,因此在计算机中得到广泛采用。比较 shape heat sink。

staging 登台 根据系统命令或用户请求,使数据从脱机或低优先级的设备返回联机的或高优先级的设备的过程。

staging drive 登台驱动器 一种直接存取存储设备,它由海量存储控制表生成程序指定用来接收从 IBM 3851 海量存储设施来的数据。

staging effective data rate 登台有效数据率 在 MSS(海量存储系统)中,在数据记录设备的登台驱动器之间每秒的数据传输量,通常,取一小时内的平均值。

staging error 登台错误 在 MSS(海量存储系统)中,在试读盒式磁带的某一特定链条时产生的永久性阅读错误。

staging libraries 登台库 在使用联机更改的系统中,通过脱机功能可以修改其内容的那些库,首先对登台库的内容进行修改。然后将修改后的内容拷贝到不活动的库中。

staircasing 台阶化 当用步进函数近似一个连续波形时产生的视觉效果。

stair stepping 梯步 光栅显示所画的粗糙的或有阶梯状的直线或曲线现象,除垂直线、水平线或

45°斜线以外的其他任何角度的斜线均如此。因为光标显示受技术和分辨率的限制，所以必然是近似直线。

stale information 陈旧信息 在PCI(外围部件互连)总线中，在写回式高速缓存中的行组与主存内容不一致时，存储器中的行组被认为是陈旧的。参见 dirty line。

stamp coupling 标记耦合 两个或多个程序模块共享一个数据结构，程序模块间的这种依赖关系称为标记耦合。标记耦合和公共耦合的区别在于，公共耦合是共享一个全程数据结构，而标记耦合是通过模块调用和参数回送来传送数据结构。参见 module coupling，common coupling。

stamper 压模 在光碟生产中，指一个原版的负拷贝，用这个负拷贝进行光碟的压制。

stand-alone 独立的 (1)指其操作不依赖于其他设备、程序或系统。(2)一种与其他设备、程序或系统无关的特性。

stand-alone cloud 单云 提供相对单一功能的云计算。例如，仅提供网络搜索功能的云。比较 rich media cloud。

stand-alone computer 独立计算机 自己本身就可以独立操作的计算机，不属于某个大系统内部的专用部件。

stand-alone data processing system 独立数据处理系统 不需要借助过程通信设施进行服务的一种数据处理系统。

stand-alone dedicated control channel (SDCCH) 独立专用控制信道 在呼叫建立过程中(在未分配业务信道之前)专门用于信令控制交换的信道，如鉴权程序或一些专门信令控制程序(如补充业务控制等)。

stand-alone display 独立显示器 能够直接同调制解调器相连接的显示器。即显示器内具有与调制解调器连接的接口线路。

stand-alone dump 独立转储 一种从正常的系统操作中独立出来完成的转储，它不需要常规操作的系统状态。

stand-alone emulator 独立仿真程序 执行不受控制程序控制的一种仿真程序。它不能同其他程序共享系统资源。独立仿真程序执行时不会中断计算机系统中的其他作业。例如美国 Zilog 公司的 ZSCAN 8000 即可作为独立仿真程序，又可与主计算机配合，用于 Z 8000 微处理机仿真。

stand-alone logon 单独登录 在 LAN Manager 网络软件中，一个没有被登录服务器确认的登录请求。在没有登录安全措施的领域中，每个登录请求赋予单独登录状态。

stand-alone machine 独立机器 功能独立具有自己的打印设施和后备存储设施的计算机，即它不与局部网相连，从而不共享资源或与网上的其他机器通信。

stand-alone modem 独立调制解调器 一种不和一起运行的部件组装在一起的调制解调器。同 external modem。

stand-alone network system 独立网络系统 一种既包括局部数据资源又包括远程数据资源的专用网络。这种系统用来连接各个用户部门和中央计算机，提供各个部门之间的通信，或对动态数据库进行询问和应答处理。

stand-alone program 独立程序 一个独立于系统控制而运行的程序。通常是自载入或由另一个独立程序载入的。

stand-alone shell 独立外壳 在 AIX 操作系统中，外壳程序的一个有限版本，用于系统维护。

stand-alone system 独立系统 靠自身结构功能来运行的一种系统。其优点在于该系统运行时无需其他设备和系统的支持。

stand-alone word processing equipment 独立的文字处理设备 每次由一个操作员使用的文字处理设备，它的正常操作不依赖于其他设备的资源。

stand-alone word-processing system 独立的文字处理系统 一种不共享中心计算机，而具有独立文字处理能力的处理机系统。

standard 标准，规范 在工程和技术上用于规定项目、材料、方式、设计或工程实践所用的标准格式。

standard access list 标准访问表 在资源访问控制设施(RACF)中，轮廓文件中的一个表，列出所有授权的用户及其访问授权。参见 conditional access list。

standard binary code 标准二进制码 用基数为2的数制表示的数据，不是BCD(二进制编码的十进制)或某些其他特殊的二进制码。

standard capacitor 标准电容器 在规定条件下，损耗因数很小，电容值准确，且受温度变化的影响小的测量用的电容器。

standard cell 标准电池，标准单元 (1)作为电压标准的原电池，常用的标准电池由镉和汞构成两个电极，以硫酸盐作为电解液，可产生1.0183 V的电动势。(2)一种半定制集成电路设计和制造技术，向设计者以库的形式提供各种预定义的逻辑元件标准单元，设计者将这些标准单元看成积木块，可根据自己所需选用和设计逻辑电路，用CAD(计算机辅助设计)完成布局布线，以生成最终版图。参见 semi-custom，gate array。

standard code test signal (SCTS) 标准码试验信号 在选呼设备的技术规范中加以规定的测量信号，用来模拟发射机的输出，这种信号通常由与解码器类型相应的编码器产生，编码试验信号的参数(如

S

频率、脉冲持续时间、脉冲间隔等)应有足够的精度以保证测量结果不受编码试验信号的明显影响。

standard data format 标准数据格式 COBOL语言中,标准数据格式的记录长度以其占有的字节数表示,而不以其字符数表示,因为每个字符所占用的字节数不相等,有的占用一个完整字节,有的则少一些。

standard definition television (SDTV) 标准清晰度电视 这一术语用来表示一种数字电视系统,其质量基本等效于NTSC(美国国家电视制式委员会)。这一术语也称"普通数字电视"。

S

standard deviation (SD) 标准偏差 简称"标准差",也称"均方差"。真误差平方和的平均数的平方根,作为在一定条件下衡量测量精度的一种数值指标,也是一系列观测值离散情况的度量。通常用希腊字母σ(总数的标准偏差)表示,或用Sx(总数中的一次观察样本的标准偏差)表示。参见standard error (SE)。

standard dimensioned motor 标准尺寸电动机 一般或规定用途电动机,其尺寸可以与同一机座尺寸且符合同一标准规范的任何其他电动机作整机互换。

standard enforcer 标准实施器 一种用来验证或确定所规定的开发标准是否得到实施的软件工具。其标准包括:模块的大小、模块结构、注释的约定、某些语句形式的使用以及文件编制约定。

standard error (SE) 标准误差 简称"标准误",表示的是抽样的误差。标准误代表的就是样本均数与总体均数的相对误差。标准误是由样本的标准差除以样本数的开平方来计算的。所以,标准误更大的是受到样本数的影响。样本数越大,标准误越小,表明所抽取的样本能够较好地作为代表。

standard Ethernet 标准以太网 符合EEE 802.3标准的以太网网络,由标准的以太网电缆构成,也称"粗缆网"。

standard file 标准文件 在PL/1语言中,当GET或PUT语句中不带有FILE或STRING选择项时系统默认的文件。例如以SYSIN作为标准输入文件,以SYSPRINT作为标准输出文件。

standard file organization 标准文件组织(结构) 一种为计算机制造者提供的存取和编制软件所应用的文件结构,通常的文件结构有:串行的,顺序的,随机的和索引顺序的。

standard form factor 标准形状因子 在PCI(外围部件互连)总线中的一种设计因素。标准形状因子定义了一种扩展板,它具有标准的尺寸和正常的功能要求。这一形状因子被设计成能带有ISA(工业标准体系结构)、EISA(扩展的工业标准体系结构)或MCA(微通道结构)插件槽的机器中。

standard for the exchange of product model data (STEP) 产品模型数据交换标准 国际标准化组织(ISO)制定的产品数据交换国际标准,用于解决不同的CAD/CAM(计算机辅助设计/计算机辅助制造)系统之间的数据交换问题。开发和制定STEP的具体工作由I SO/TC184/SC4分委员会内的工作小组WG1进行。主要有关机械设计制造、船舶、电子、有限元分析等应用领域。STEP的开发是在参考PDES、CAD、IGES(初始图形数据交换规范)等的基础上进行的,许多概念都是来自PDES,其中最重要的就是采用了PDES的三层次开发结构(应用层、逻辑层和物理层)。在宏观产品建模信息交换方式上,STEP提出了由低到高的四种实现等级,即文件交换、操作交换、操作形式交换、数据库交换和知识库交换。参见product data exchange specification (PDES), initial graphics exchange specification (IGES)。

standard function 标准函数 在程序设计语言中,不加说明就可以使用的函数。一般指三角函数、对数函数、指数函数等。

standard generalized markup language (SGML) 标准通用标记语言 SGML是由国际标准化组织制定的定义电子文件结构和内容描述的标准。目的是促进语言信息格式的标准化,便于自然语言文本信息的交换。一个SGML语言程序由三部分组成:语法定义、文件类型定义和文件实例。语法定义部分给出文件类型定义和文件实例的语法结构;文件类型定义部分给出文件实例的结构和组成结构的元素类型;文件实例是SGML语言程序的主体部分。在计算机处理过程中,标记语言的标记既可以作为数据,也可以作为控制语句来使用。参见hypermedia, HyTime, generalized markup language (GML)。

standard information 标准信息 在文字处理技术中,为以后在文件中使用而输入的正文和格式化指令。

standard input 标准输入 操作系统中,命令进入系统的主要渠道。一般是键盘,也可以转向为其他命令的输出或者文件。

standard interface 标准接口 连接主机和外设、外设和外设,系统和系统之间的接口。它在结构尺寸、信息电平、传输线数、各线特性等诸多方面都采用统一格式,这样有利于产品的标准化和系列化,并可使主机的设计和外设无关,外设设计也与主机无关。

standard interrupt 标准中断 各种不同事件引起的程序中断。每种中断都有一固定的内存单元与之相连接。每台外部设备都有一个中断服务程序地址,当程序执行完一条指令后,若产生某种中断,则将控制转到不同的内存单元地址,进行相应的中断处理。

standard ISDN terminal 标准ISDN终端 符合ISDN(综合业务数字网)用户与网络接口协议的终

端,也称"一类终端设备"。参见 terminal equipment type 1(TE1)。

standardization information 标准化信息 在标准化工作范畴内,人们以口头的、书面的、电子的等各种方式进行传递交流的科学知识。所有与标准化工作相关的信息都称为标准化信息。

standardization of resource information 资源信息标准化 按照资源信息的科学分类、统一编码和规范的名词术语对资源信息整合和集成的过程和活动。参见 resource information standard。

standardize 标准化,规格化 对浮点结果的指数和尾数部分进行调整,使其尾数落入正常范围的操作。参见 normalize。

standard label 标准标号 一个固定格式的记录,用于识别数据卷,诸如,一卷磁带或作为数据卷一部分的文件。

standard language symbols 标准语言符号 用来表示任何计算机程序中都可能用到的各种特定含义或功能的一套专用图形符号。

standard margin 标准利润 从销售额中扣除产品的世界标准成本(WWS)后,剩余的利润。

standard NCCF mode 标准网络通信控制设施方式 这是指在 NCCF(网络通信控制机制)中的一种屏幕表示形式。其中每个终端屏幕信息区由 69 个字节的信息和 11 个字节的前缀组成。比较 full-line mode。参见 network communication control facility (NCCF)。

standard of information classifying and coding 信息分类编码标准 就是将信息按照科学的原则方法进行分类并加以编码,经有关方面协商一致,由标准化主管机构批准发布,作为有关单位在一定范围内进行信息处理与交换时其共同遵守的规则。信息分类编码的基本原则与方法是分类在先,编码在后。首先要确定分类编码对象;然后要制订编码规则,即对每一编码对象要制订码长、分层和各码位意义的取值规则;最后编制编码表,即每一编码对象按既定的编码规则编制出该编码数据元素的所有可能的取值表。参见 information classifying, information coding。

standard of word segmentation 分词规范 规定分词原则和方法的一系列规则。

standard operating procedure 标准操作过程 一种正规的或通用的操作方式,如计算机的操作方式。

standard order 标准序 令 V 是一个有限字母表,α,β 是 V 上的两个字,如果 α 长度<β 长度,或 α 长度=β 长度,且按词典序 α 在 β 前面,则称 α 在 β 前面,这样给出的次序称为标准序。参见 lexicographic order。

standard output 标准输出 操作系统中,命令输出的目标。一般是显示器,也可以转向为其他命令的输入或者文件。

standard page description language (SPDL) 标准页面描述语言 由国际标准化组织(ISO)制定的页面描述语言的国际标准,定义了由正文、图形和图像组成文本的与设备无关的描述手段,并可在纸或者其他介质上表示出来,可适用于多种打印和出版环境,包括电子出版、办公系统、信息网络和需求打印。

standard palette 标准调色板 一系列各种应用程序常用的颜色。参见 color palette, custom palette。

standard peripherals 标准外设 通用计算机系统中配置的常用成分,包括基本的外设、磁盘部件等。

standard positioning service (SPS) 标准定位业务 采用 C/A 码定位,服务于民间用户。

standard predicate 标准谓词 Turbo Prolog 的内部谓词。Turbo Prolog 中提供扩展的谓词库,用于实现输入输出、文件处理、图形和窗口等操作。

standard product unit (SPU) 标准化产品单元 商品信息聚合的最小单位。标准化产品单元是一组可复用、易检索的标准化信息的集合,该集合描述了一个"产品"的特性。在商品信息电子化过程中,商品的特性可以由多个"属性与属性值对"进行描述。"属性与属性值对"完全相同的商品,可以抽象成为一个 SPU,并逐步标准化。

standard program 标准程序 把经常遇到的计算机及常用的计算方法,经反复调试加工,用高级语言编制成精度高、运算快、长度短的典型程序。通常可在多种计算机上运行。

standard program method 标准程序法 核心程序与典型程序的统称。共同的缺点是随着应用范围不同,难以选择真正有代表性的核心程序与典型程序。此外,若是用汇编语言编制标准测试程序,对不同的机器就需要分别编写,费时费力,即使用高级语言编制,也不能不加任何修改地使用于各种机器。

standard reduction 标准归约 每一步操作都是对项最左端的可归约项进行的那种归约。

standard screen 标准屏幕 一个屏幕存储器中的图像,程序能对其中的内容进行改变。

standards eastern automatic computer (SEAC) SEAC 计算机 SEAC 和 SWAC 是美国国家标准局 1948 年 5 月一次会议上决定建造的。该机采用水银延迟线作存储器。其设备以宾夕法尼亚大学所做的 EDVAC 计算机的工作为基础。开始输入输出采用穿孔纸带,后来换成了磁带和磁线。加法时间(包括存储器存取时间)192 ～ 1 540 ms,乘法时是 2 300 ～ 3 600 ms。SEAC 是在美国运行的第一台存储程序计算机。该机一直工作到 1964 年 10 月。

standard subroutine 标准子例程 适于解特定的一类或一组问题的子例程。通常把应用面广,使用率高的子例程经过推敲和加工,采用通用性的标准语

S

言编写,并保存在程序库中。

standard template library (STL) 标准模板库 标准模板库是一系列程序组件的集合,它们可以在不同的程序中重复使用。STL包含了容器、迭代器和算法三个部分。容器涵盖了许多数据结构,算法部分包含了大约70个通用算法,用于操控各种容器,同时也可以操控内建数组。每个容器都有自己的迭代器,算法通过迭代器来定位和操控容器中的元素。

standard test-tone power 标准音测试功率 频率为每秒1 000周的1mW功率(0分贝)。

standard tool kit 标准工具箱 编辑程序、翻译程序、连接程序和装配程序以及调试程序等编程环境中的工具。任务执行的次序通常是:编译、连接和装配、执行、调试以及修改源程序。

standby 备用,待用,备份,后备 (1)两套或多套设备并列,其中的一套设备投入运行,其余设备在运行设备发生故障时立即投入运行,以取代故障设备。这种等待投入运行的状态称为备用状态。(2)设备在短时间内即将进入稳定运行的状态称为待用状态。

standby block 备用块 在内存储器中保留若干存储块供处理器在输入输出等时刻使用,以提高系统的效率。这种存储块称为备用块。

standby computer 备用计算机 在双机或多机系统中,作为备用的计算机。正常工作的计算机一旦出现不可恢复故障,立即用备用计算机替换,保证整个系统正常运行。

standby current 待命电流,待机电流 当转换器没有负载并且已经用逻辑禁止信号将它关断时,转换器所吸收的电流。

standby equipment 备用设备 平时不用,只在紧急条件下才投入运行,补充或替代原来处于运行状态的设备的一类设备。

standby line 备用线路 调制解调器的一种功能,它允许点对点的非交换线路调制解调器在点对点的交换线路上也能工作。

standby machine 备用机器 需要使用前一直贮备的机器;当正常使用的计算机损坏或维修时备用的计算机。

standby power 维持[待机]功率 存储器等处于非读写阶段时所消耗的电源功率。

standby redundancy 备用冗余 一组在正常情况下不工作,只在正在使用的设备不工作的时候才工作的设备。

standby register 备用寄存器 存放信息的一个寄存器,在程序出错或机器故障时可以用来重新运行。

standby replacement redundancy 备用替换冗余 一种具有备用部件的冗余系统,当检测线路测出正在运行的部件发生故障时,将故障部件切换成备用部件。

standby replacement redundancy system 备用替换冗余系统 装有备用部件的冗余系统。当正在使用的部件发生故障时,使用备用部件替换,使系统继续运行。

standby supply 备用电源 工作电源中断或不充足时可投入使用的独立电源。

standby time 备用时间,闲置时间 (1)设备处于备用状态的时间。(2)设备完成一次请求后至下一次请求到来前的这一段时间。参见 idle time。

standby unattached time 非服务时间,闲置时间 机器处于休眠状态,不在处理任何问题的时间。

standby UPS 备份不间断电源 这是一种保护完全停电故障,但不保护线电压降低(电压不足)的不间断电源。备份不间断电源较电力线交互式UPS设备要便宜些,但不能保护电压不足的缺憾通常可能使他们失去效用。

standing on nines carry 逢九进位 在十进制的并行加法中,如果给定数位的和为9,则把送至该数位的进位信号送到下一高数位,而该数位由9变成0。这种方法称为逢九进位。

standing wave 驻波 振动的一种状态,在这种状态下,所有点的振荡现象都被同一时间函数所控制,只有一个从一点变到另一点的数值因数例外。参见 plane wave, progressive wave。

standing-wave ratio (SWR) 驻波比 传输线的驻波比是沿传输线驻波的特定场分量的最大幅值与相邻最小幅值之比。驻波比等于$(1+r)/(1-r)$,式中r是振幅反射系数的模数。偶尔也有用上述定义的倒数表示驻波比的,但是不推荐这种用法。

stanza 标示 在AIX操作系统中,文件中的一组线,形成一个共同的功能或者定义系统的一部分。通常用闪烁的线或者列分隔。每个标示有一个名字。参见 device stanza, queue stanza。

STAR 《航天科技报告》 *Scientific and Technical Aerospace Reports* 的缩写。

star bridge turbo switch 星/桥式小型交换设备 由美国Chipcom公司推出的一种独立的以太网交换设备,支持8个现有介质速率的以太网段,网络总传输速率可达80 Mbps,可以在缆线、网卡、集中器的基础上提高以太网的性能。

star closure of A A的星闭包 A中字母组成的所有串及空串所组成的集合称为A的星闭包,记为A^*,即$A^*=\bigcup_{i=0}^{\infty}A^i$,$A^0$是空串组成的集合,$A^i$的长度为i的串组成的集合。

star configuration 星形配置 仅有一台中央计算机用于报文交换的计算机系统,通常称为星形配置。其所有连线均连至中央计算机。这种配置方法适

合多种应用场合。但它有三个缺点:①如果中央计算机发生故障,则全部联络均被中断;②总的线路开销较高;③任何线路的故障都会引起部分用户的通信中断。

star connection **星形连接** 三个或更多个支路,其每个支路的一端都连接到一个共同节点。

star-delta starter **星-三角启动器** 采用改变三相感应电动机定子绕组的接法,在启动时接成星形,在运转时改接为三角形,以减小启动电流的启动器。

star-dot-star **星点星** 一种表示文件的方式,在DOS(磁盘操作系统)中,使用星号作为通配符,表示任何名字的文件,即符号"*.*"。参见 wildcard character。

star-free expression **无星号表达式** 仅包含布尔操作和连接运算的表达式。用来定义对应于无计数器机器的语言。

staring motor **启动电动机** 与主机作机械连接的辅助电动机,用以使主机易于启动和加速。

starLAN **星局域网** AT&T公司开发的通过双绞线对将个人计算机互连而成的局域网。该网采用CSMA/CD(载波监听多路访问/冲突检测)存取方法,传输速率1 Mbps,采用集中式和总线式两种拓扑结构。集中式结构把所有个人计算机连到中心点上、而总线结构可把最多10台计算机连到总线上,使之彼此连接起来。当把star局域网接口板插入每台个人计算机之后,即可连接成所要的网络。

star learning algorithm **star学习算法** 一种归纳学习方法,最早由H. Michalski提出。star算法中的实例用带标记的谓词演算只含合取的形式来表示,该算法的思想是先产生一个实例的推广,再产生不被它覆盖的其他实例的推广,依此类推,最后的归纳断言由这些推广析取构成。

star network **星形网络,星状网** 一种集中式网络拓扑结构,其物理平面图类似于星形。在中心是中央网络处理器或布线集中器;节点排置在周围,并且直接与中心点连接。星形网络的布线比其他网络拓扑结构的布线成本要高些,因为每台工作站都需要一条将工作站直接与中央处理器相连接的电缆。星形网在某种意义上是可靠的,因为一个节点的异常不会影响到网络的其他节点,但中心站的异常将导致整个网络的停机。参见 centralized network。

star/ring network **星形/环形网络,星环网** 一种基于单向传输的环形网络,在该网络中利用连接部件使一些数据站以成组形式连接到网络中。这种网络结构允许向网络中随意增加或撤去数据站,而不影响网络工作。

STARS **自适应高可靠的系统软件技术** software technology for adaptable reliable systems 的缩写。

start **初启** (1)开始操作,如在控制台上按一下初启键。(2)在TCSM(远程通信存取方法)中,LUS(外部逻辑单元)的一种状态,它使一个LU(逻辑单元)能够进行一次LU-LU(逻辑单元之间)会话。

start bit **起始位** 异步通信中,位于串行传输字符的第一位之前,用来表示这个字符起始的一个控制位。相反的,在传输的每个字符之后所加的一个或两个二进制位,称作停止位。正因为如此,异步传输方式也常常称为起停式传输方式。

start delay **启动延迟** 在磁带装置中,从接到初启命令到磁带达到预定的速度所需要的一段时间。

start distance **启动距离** 接到启动命令至磁带速度达到并保持在稳定状态这段时间内磁带运行的距离。

start element **起始码元,启动码元** 在某些串行传输方法中,字符中用来实现同步的第一个码元。

starter diskette **启动软盘** 在控制器中使用的一个软盘,用于启动与宿主机的通信,为控制器准备接收和记录配置。参见 operating diskette。

starter operating system **启动操作系统** 含有系统生成所需的最少成分的操作系统。它一般提供给新的计算机。

starter system **初启程序系统,初始系统** 在某些小型计算机中,一组IPL(初始程序装入)格式的任务集,即管理程序,它支持系统生成过程。

start frame **启动帧** 多媒体中,视频或者音频段的第一个帧。

starting current **启动电流** 当发动机从停止状态启动时带来的初始电流值就是启动电流。

starting-frame delimiter **帧首定界符,起始帧分隔符** 一种专用的位模式,它指示一传送帧的开始。比较 ending frame delimiter。

starting winding of motor **电机启动绕组** 用以启动电机的绕组。

start I/O routine **启动I/O例行程序** 设备驱动程序中的一种例行程序。它负责获得必要的资源(如控制器数据通道)和激活设备部件。

start key **初启键** (1)在文字处理技术中,用于初启设备上某种预置功能的控制键。同 enter key, execute key。(2)计算机控制台上的一种开关,在设备自动或由程序停止后,由它完成初始化或重新初启设备的功能。

start margin **初启边界** 从胶卷的开始位置到第一次曝光开始位置之间的距离,其中包括显影夹夹住的距离。

start-of-format (SOF) control **格式起始控制(符)** 一种唯一的文字处理控制字符组,用作嵌套在字符串中格式参数表的前置限定符。格式起始符用来限定若干参数。这些参数可控制制表止档设置、右边界、单下标或双下标的选择以及正文调整方式操作等。

start-of-heading (SOH) character 报头开始[标题起始]字符 一种传输控制字符,用作为报文标题的第一个字符。

start of line 行起始(点) 在打字机中,在送纸装置上预先设定的位置,从此点开始打印行。

start-of-message (SOM) 报文开始符 由被查询终端发出的一个或一组字符,用来向线路上的其他数据站指出,后随信号是应该接收这个回答报文的数据站地址。

S

start of text (STX) 正文开始 标志正文开始的传输控制字符。在一组被传输的信息中,STX 的出现标志着后继的数据是正文数据,它同时标志了报文头的结束。

start of track control 磁道起始控制器 在口述记录设备中的一种装置,用以把记录磁头、读出磁头或组合磁头定位在记录媒体上所需磁道的开始位置。

star topology 星形拓扑(结构) (1)局部网络的一种配置方式。数据站都位于从一个公共中心辐射出来的线路末端。在公共中心有一台充当网络控制器的计算机在工作,用来管理公用资源,防止冲突等。(2)一种局域网络的拓扑结构,所有其他的工作站都与中心集线器相联。

startover 重新启动 使未工作的计算机开始工作的程序功能。

startover data transfer and processing program 重新启动数据传送和处理程序 利用备用机器,控制重新启动数据从工作机器送到备用机器及控制随后的数据处理的程序。

start rheostat 启动变阻器 用以电动机启动时限制启动电流的变阻器(如液体、油浸启动变阻器等)。参见 rheostat。

start signal 起始[启动、初启]信号 (1)在起-停式传输中,位于一个字符前面的一种信号,用于使接收设备对编码元素的接收作好准备。(2)发送给接收机构使之作好准备以接收数据,或者实现某种功能控制用的信号。

start-stop (SS) 起停式 异步通信线路控制方式。异步通信线路控制使用启动信号和停止信号来控制通信线路上的数据传送。每一组表示字符的信号均以启动信号为前导,后跟停止信号。

start-stop character 起停式字符 开始有一个起始信号,末尾有一个或两个停止信号的字符。

start-stop devices 起停式设备 一种以起、停位来确定每个被其发送的字符的起始和结束的终端设备。

start/stop distance 启/停距离 启动磁带到达正常带速时与完全停止磁带运行时磁带走过的距离,而完成这些动作的时间叫启停时间。

start-stop envelop 起停包封 在数据网络中对已包封的二进制信息的前后分别增加一个起始信号和一个停止信号的过程。这里所说的已包封的信息是指在它的字节后面已加进若干个附加位的信息。起停包封是一种数据传输的形式。

start-stop mode 起止式 将所要传输的信息适当分段,然后在收发两个终端之间取得同步的传输方式。起止式是数据传输系统可采用的一种传输方式,也称"异步式"。在具体数据传输的过程中,一般在传输字符序列前面加上一个起始信号,后面加上一个停止信号。

start-stop system 起停式系统 在每个传输字符之前有一个起始信号,而在每个传输字符之后有一个停止信号的数据传输系统。

start-stop tape drive 启停式磁带驱动器 一种在读/写数据时,每次遇到内部块间隔就停止的磁带设备。比较 streaming tape drive。

start-stop (SS) transmission 启停式传输 一种异步传输方式,每组信号位的前面加上一个起始信号,使得接收装置准备好接收,后面跟至少一个结束信号,使得接收装置进入空闲状态以接收下一个信号。参见 binary synchronous transmission, synchronous data link control。

startup 启动 参见 system startup, boot。

startup application 启动应用程序 在苹果公司 Macintosh 机中,当计算机打开时对系统实施控制的应用程序。在正常情况下,Finder 或 MultiFinder 是启动应用程序。也可以指定为其他程序。

startup drive 启动驱动器 包含操作系统的驱动器。

startup job stream 初启作业流 用来初始化某个子系统,如 CICS(用户信息控制系统)的一系列作业控制语句。

startup ROM 启动 ROM,启动只读存储器 写进只读存储器中的在启动时执行的自举程序。自举程序在启动计算机时进行自检和设备检测,并从磁盘装入操作系统。

startup sequence 启动序列 在个人计算机中,指计算机搜索操作系统所在的直接访问存储设备的顺序。

startup time 初启时间 初启某种设备所需要的时间间隔,如资料复制机在打开主电源之后到准备就绪可以使用之前所需要的时间。

starvation 饥饿状态 一个异步过程在一段时间内由于资源被其他活动占用而不能进行下去的情形。

state 状态 元件或部件所处的状态。例如,触发器处于"1"态或"0"态,寄存器所处的状态等。

state constraint 状态约束 在数据库系统中,指数据库的变化只涉及变化的数据库状态是否正确、数

据之间是否满足一致性的一种约束。它与数据库中所有其他数据状态无关。例如，学生成绩的分数范围在 0 ～ 100 之间。

state conversion 状态转换 程序从一种运行状态转换到另一种状态的过程。中断查询发现有中断请求，处理机立即响应中断，中止现行程序运行，调出相应中断处理程序，实现两种程序状态的转换。实现这种状态转换，通常是由硬件机构产生一条中断隐指令，执行这条隐指令，以使新旧程序状态字进行交换，达到程序状态转换的目的。

state counter 状态计数器 一种计数器，记录当前操作下经历的状态个数。

state data 状态数据 确定测试单元内部状态的数据，它用于建立状态或与现存状态比较。

state description 状态描述 (1)用适当的数据结构来描述状态空间，使该数据结构的一个值对应于一个状态，称为状态描述，一般地，任何合适的数据结构都可用作状态描述，如字符串、数组、矩阵、树、表、集合等。但是针对特定问题，应选择适当的数据结构用于描述状态。这样不仅可读性好，而且效率高。(2)在人工智能中，有几类问题的情况或状态及其目标可用谓词演算公式来描述，或者说几个上述公式的合取可作为一个特殊情况或"现实世界"的描述，称这个合取为一个状态描述。

state description schema 状态描述模式 在人工智能问题的状态描述中，含有变元的一个表达式可用来描述状态的集合，而不仅是描述一个状态；在表达式中若用一个实例(常量)替换其变元，则产生一个特殊的状态描述。这种用来描述状态集合的含有变元的表达式称为状态描述模式。

state descriptor 状态描述符 用于表示系统状态某些方面的符号。

state diagram 状态图 (1)一个有向图，它可以表示仿真系统各状态之间的转换行为。状态图的节点表示系统的一个状态，且该节点用状态名标识。每条边表示从一个状态到另一个状态的可能转换，边上常标以输入或系统的动作。状态图是研究自动机理论，分析和综合时序电路的强有力工具。同 state graph。(2)描述时序电路的状态转换及输出信号与输入信号之间关系的示意图。

stateful files server 全状态文件服务器 在采用客户机/服务器网络结构的环境中，自身有内部状态表，保持客户机使用文件的若干状态。文件打开时，服务器就为打开的文件产生一个表格条目。客户机检索这个条目，服务器就可以把顺序请求的应用返回给客户机。服务器保留文件状况踪迹，客户机仅仅给出表格索引就可以标识文件及文件的字节数。与这类服务器不同的有无状态文件服务器。参见 stateless file server。

state graph 状态图 表示系统状态及状态间关系的图。其中用点表示系统状态，用有向连接弧表示由弧开始状态点转变为弧终止状态点的操作(操作算子)。当该图为树结构时，特称状态树。有时也称状态图为"状态空间"。参见 state diagram。

state information 状态信息 与某一具体时间相关的信息，也称"状态数据"。

stateless and call-back filing system 无状态和回调文件系统 在一个分布式客户机/服务器环境中，几个用户可能同时访问同一文件或同一数据块。这就需要一个机制来保持计算机的高速缓存中的信息与网上信息的一致。在一个无状态环境中，如网络文件系统(NFS)服务器不能在内存中为交互工作的用户保持信息。每个对服务器的请求都是单独处理的，所以一个请求必须全部完成才能处理另一个请求，然而无状态操作可能引起问题。回调文件系统提供了一个回呼约定，当访问同一文件的另一个客户机把文件存进服务器时，服务器用回呼通知客户机，告之在高速缓存中的文件在服务器中改变了。参见 distributed file system (DFS)。

stateless files services 无状态文件服务器 在文件使用之前和使用之后不处于打开状态的文件服务器。客户机要阅读服务器中的文件或向服务器写入一个文件，要发送请求，指明文件、记录位置或标记以及要传输的数据量等。每次请求都是彼此独立的。与此相对的有全状态文件服务器。参见 stateful file server。

stateless IP/ ICMP translation (SIIT) 无状态 IP/ ICMP 翻译协议 SIIT 定义了在 IPv4 和 IPv6 的分组报头之间进行翻译的方法，这种翻译是无状态的，因此对于每一个分组都要进行翻译。这种机制可以和其他的机制结合，用于纯 IPv6 站点同纯 IPv4 站点之间的通信，但是在采用网络层加密和数据完整性保护的环境下这种技术不可用。参见 network address translation-protocol translation (NAT-PT)。

state-machine specification 状态机规范 程序设计方法学中的一种规范方法，这种方法的规范语言有 SPECIAL 和 INAJO。状态机规范的基础抽象是整数对象和布尔对象，也可提供诸如向量、序列、结构这样的基本扩展机构。它用一组函数来定义抽象数据类型的实质或描述抽象机的行为。状态机规范用状态和迁移刻画，状态机模型适宜于确认安全性，实际运用较多。参见 approach to specification。

state management 状态管理 在计算机网络管理系统中，指当管理对象发生状态改变时通知相应的服务使用者的管理功能。参见 system management function。

state matrix 状态矩阵 一个二维数组(即矩阵)。它刻画了源语言的各种状态和各种属性字之间的匹配关系，哪些匹配是正确的、错误的，匹配时应做哪些语法语义工作。用它分析源程序，不但能生成目标指令，而且能够查错。

state matrix method 状态矩阵法 根据预先构造好的源语言的状态矩阵对源程序进行语法语义分析的方法。

statement 语句 (1)计算机编程语言中的一种有意义的动作表示，用来指定某种操作，且要求符合一定的语法规则。广义的语句还可指源语言中的一般指令。(2)在程序设计语言中的一种语言构造，表示动作序列中的一步或一组说明中的一步。(3)高级语言中用于描述程序操作的基本单位。(4)与指令同义。参见 computer instruction。注①在某些程序设计语言中，如 FORTRAN，存在着可执行语句和不可执行语句的差别。注②在某些程序设计语言中，如 PL/1，则存在着说明和语句的差别。参见 assignment statement，compound statement，conditional statement，first-level statement，job control statement，second-level statement，unconditional statement。

statement body 语句体 PL/1 语言中，语句内紧跟语句标识符之后的部分。它以分号结束，可以有语句选择项。

statement editor 语句编辑程序 一种文本编辑程序，其中文本分成若干超行(即大于普通行的行)，以方便编辑而不会产生截断问题。

statement function 语句函数 FORTRAN 语言中，用一个语句来定义的函数。语句函数只能在定义它的程序块中引用。

statement function definition 语句函数定义 FORTRAN 语言中定义语句函数的语句形式为：一个用户定义的函数名，后跟一个虚拟自变量的列表，然后是一个等号，最后再跟一个表达式。

statement function reference 语句函数引用 FORTRAN 语言中的语句函数。它一旦定义之后，就可以在同一程序块的任何一个执行语句中引用。引用时，写出语句函数名，并用实际自变量代替虚拟自变量。执行时，系统即以代入的实际自变量值计算出函数值。

statement identifier 语句标识符 语言语句中的词法实体，表示语句的作用。如完成的功能和使用的资源。参见 definition statement，definition statement identifier，operator。

statement label 语句标号 (1)为了定义执行语句的动态顺序，语句可附以标号，称为语句标号。在引用某语句时，它可被转向语句使用。语句标号分无符号整数和标识符两种。(2)在 FORTRAN 语言中，一个从 1 ～ 5 的十进制数，用于标识一个语句。语句标志可用于传递控制、定义 DO 循环的范围，或者引用一个 FORMAT 语句。

statement of requirements 要求说明 系统分析员对数据处理操作所作的说明。一般包括操作目的、输入数据及其采集方式、可以分配的处理资源、处理限制、与其他操作的接口及最终结果。

statement-oriented language 面向语句的语言 在这种语言中，除输入输出语句之外的所有语句必须保存中间结果但并不打印输出。

statement sequence number 语句顺序号 在 FORTRAN 语言或其他语言中，为了便于识别增删语句而附加的编号。语句顺序号不是必需的，有时简称为顺序号或语句编号，但不能与语句标号相混。如果是卡片输入，语句顺序号常放在第 73 至 80 列；如果是终端输入，则先按顺序号，再按标号(如果有的话)。在输出时，有的印在一行的左端，也有的印在一行的右端。

statement verb 语句动词 描述语句功能的关键字。

state of knowledge 知识状态 在人工智能系统中，知识状态就是该系统现在知道的事物。每当该系统通过它的意识判断而演绎推出一些事物，忘记一些事物，或获得一些事物时，知识状态就改变内容。

state of system 系统状态 表示系统在某一时刻的全部实体、属性和活动的术语。

state-of-the-art 最新的，当前技术水平的 反映当前技术水平的新型硬件、软件或者技术。

state queue 状态队列 处于一种特定处理状态的所有进程的一张表。调度程序使用状态队列来选择合适的进程执行。状态队列包括：等待公共事件标志的进程队列、挂起队列和可执行进程队列等。

state report system 状态报告系统 一种能反映系统状态的管理信息系统，它包括生产状态报告系统、服务状态报告系统(如存货行情系统、医疗监护系统，可不断提供反映存货或监护方面的最新信息)和研究状态报告系统(如美国国家环境卫星服务系统(NESS)，它不仅能描述环境状态，而且能对洪水、飓风等自然灾害进行预测)。

state space 状态空间 (1)一个问题求解中所有可能出现的情况的集合，也称“问题空间”。(2)系统状态变量和变量变化率为坐标轴构成的空间。

state space model 状态空间模型 状态空间模型是动态时域模型，以隐含着的时间为自变量。状态空间模型包括两个模型：一是状态方程模型，反映动态系统在输入变量作用下在某时刻所转移到的状态；二是输出方程模型，它将系统在某时刻的输出和系统的状态及输入变量联系起来。状态空间模型按所受影响因素的不同可分为确定性状态空间模型和随机性状态空间模型。状态空间模型按数值形式可分为离散空间状态模型和连续空间状态模型。

state space techniques 状态空间法 现代控制理论中建立在状态变量描述基础上的对控制系统分析和综合的方法。状态空间法的主要数学基础是线性代数。在状态空间法中，广泛用向量来表示系统的各种变量组，其中包括状态向量、输入向量和输

出向量。状态变量是能完全描述系统运动的一组变量。如果系统的外输入为已知,那么由这组变量的现时值就能完全确定系统在未来各时刻的运动状态。通过状态变量描述能建立系统内部状态变量与外部输入变量和输出变量之间的关系。反映状态变量与输入变量间因果关系的数学描述称为状态方程,而输出变量与状态变量和输入变量间的变换关系则由量测方程来描述。状态空间法的引入促成了现代控制理论的建立。参见 modern control theory。

state stack 状态栈 用状态矩阵法分析源程序时所需要的一种栈。即在分析源程序时,每当进入某一语法成分,便把相应于该成分的状态送入栈中。因此,状态栈的动态内容刻画了源程序的语法结构的动态变化。

state table 状态表 描述时序机的一种表,其中行对应于内部状态,列对应于输入组合,表目对应于下一状态。

state table verification method 状态表核实法 测试时序电路故障的一种方法。这种方法是在输入端加指定序列 X,观察其输出是否是符合状态表的序列 Z。这种办法称为检查实验,而序列(X,Z)称为检查序列。检查实验分为自适应的和预置的。使用自适应检查实验时,根据时序机上次实验产生的输出信号决定本次选择的输入信号。使用预置检查实验时,整个输入序列完全是预先规定好的。用实验长度来测量实验的效率。该长度等于在实验期间加到时序机上的输入信号的个数。为设计检查实验序列,必须知道电路的初始状态,它是由区分序列与自寻序列决定的。如果一个时间序列使得时序机总是以唯一的最终状态做为响应,这个时间序列就称为自寻序列或引导序列。当然自寻序列不要求时序机总处于同一最终状态,只要这些状态是属于输出序列就行。区分序列施加于时序机时,对于不同初始状态将产生不同输出序列。区分序列必是自寻序列,因为已知初态和输入序列总能唯一地确定最终状态,但自寻序列不一定是区分序列。任何一个时序机都有一个自寻序列,而拥有区分序列的时序机却是有限的。

state transition diagram 状态转换图 参见 transition diagram。

static 静态的 (1)程序设计语言中,在一个程序执行前就可以确定的有关特性,如一个固定长度变量的长度是静态的。(2)指在一个预定的或固定时间里出现的一种操作。比较 dynamic。

static abstract 静态摘要 搜索引擎的一种摘要类型。静态摘要由搜索引擎预先从文章中提取并保存好,当被搜索引擎搜索到时,直接显示该摘要,不受检索词的不同而改变的一种摘要类型。比较 dynamic abstract。

static algorithm 静态算法 也称"确定性算法"。其操作预先知道的算法。

static allocation 静态(存储)分配 程序执行前为目标程序中的数据分配绝对或相对位置上的存储空间。这个存储分配在程序执行过程中一直保持,直到程序结束才被解除分配。比较 dynamic allocation。有些语言如 FORTRAN,由于它不允许子例程的递归调用,因此可以静态地为主程序和各个子例程的变量、常量、参数符分配确定的存储。

statically defined peer-to-peer session 静态定义的平等会话 在 LEN(低入口连网)或 APPN(高级对等联网)终端节点中,一个启动时不需要 SSCP(系统服务控制点)帮助以及不调用 APPN 定位函数的会话。路由信息在局部目录的系统定义时提供。

statically neutralized state 静态中性化状态 通过一个其磁通密度值相当于该磁场移去后磁通密度变为零的外磁场所得到的中性状态。参见 dynamically neutralized state。

static analysis 静态分析 在计算机安全中,一种在源码执行前进行分析的软件分析方法。静态分析的软件工具可分类为代码分析、结构分析、模块接口分析、事件结果分析。

static analyzer 静态分析程序 一种用于静态分析的软件工具,它有助于估价计算机程序而无需执行程序。例如语法检验程序、编译程序、交叉引用表生成程序、标准实施器及流程图。比较 dynamic analyzer。

static and dynamic interior routes 静态与动态内部路由 自治系统内部人工设置或自动设置的路由。当由数量不多的路由器连接一些网络构成的互联网时,可用人工设置路由表。当互联网规模较大或路由情况经常变换时应使用自动办法设置路由与传递路由信息。各个内部路由器之间传递路由信息使用内部网关协议。参见 interior gateway protocol。

static array 静态数组 相应数组说明中所有的上下界表达式均是常数或静态表达式(不包括任何变量)的数组。

static attribute list 静态属性表 词类特征、单词的固有语义属性、单词的固有语法属性都是可以在词典中独立地给出来的,它们是单词本身所固有的属性,由这些属性构成的表称为静态属性表。比较 dynamic attribute list。

static binding 静态联编 在程序执行之前实现的,且在执行期间不加改变的结合。比较 dynamic binding。

static buffer allocation 静态缓冲区分配 同 static buffering。

static buffering 静态缓冲区分配,静态缓冲 (1)一种在执行开始之前而不是在需要的时候把缓冲区分配给作业、程序或例行程序的方法。(2)一种缓冲存储区的大小保持不变的缓冲方式。

S

static bypass 静态旁路 代替间接交流变流器的供电电路(主电源或备用电源),该电路的控制是通过一个电力电子开关进行的,如晶体管、晶闸管、双向晶闸管或其他的半导体器件或装置。

static check 静态校验 (1)在输入信号为静态电平的条件下,对计算机的元件或元件之间的逻辑关系进行的测试。(2)在纸面上检查所编制的程序的正确性,而不是在机器上调试。

static coefficient of key distribution 静态键位分布系数 按照汉字编码方案对规定的汉字集进行编码,所得的各击键时间当量按汉字使用频度加权平均所得之值与字平均码长的比值。

static-column page mode 静态列页模式 存储器芯片的一种工作模式,地址分为行地址和列地址两部分,在对同一行中的不同列进行访问时,固定行地址,从而加快访问速度。

static constrain 静态约束 对数据库每一确定状态的数据所应满足的约束条件。它包括对数据取值的类型、范围、精度等的约束和对数据之间联系的约束。

static control module area 静态控制模块区 在某些小型计算机系统中,一种在初始程序装入时分配的控制模块区。

static database dump 静态数据库转储,静态倒库 一种数据库转储方式。在转储期间不允许(或不存在)用户对数据库的任何存取和修改活动。这种转储方式简单,但必须等待用户事务结束后才能进行,而新的事务必须等待转储结束才能执行。因此,静态数据转储降低了数据库的可用性。

static debugger trap (SDT) 静态排错陷入 在AIX操作系统中,放置在预定义的点一个陷入指令。这个陷入指令使得程序运行时检测并激活排错程序。

static debugging routine 静态调试例程 用于检查在程序已经运行和停止后的调试例程。

static display image 静态显示图形 在计算机图形中,显示图形中不经常发生变化的部分图形。例如表格中的数据可能变化较大,而表格的框架则在特定的应用中很少变动。

static document 静态文档 WWW上提供的信息页,静态文档的内容不改变直至作者在文档中放置新的信息。参见 active document, dynamic document。

static dump 静态转储 在机器运行中的某一特定时间点所执行的信息转储,它经常在运行结束时,且通常在计算机操作员或管理程序控制下进行。

static eliminator 消静电剂 加入绝缘材料中用以预防产生静电荷或去除静电荷的物质。

static error 静态错误 源程序中的一类错误。他们可以由编译程序在编译源程序的过程中检查出来。静态数据包括程序语法错误和一些所谓的静态语义错误,如类型不匹配的错误等。

static evaluation function 静态估价函数 定义于博弈搜索树的部分节点(部分状态)上的实值函数,值越大表示MAX赢得越多。静态估价函数是进行倒推值计算的基础。

static evaluation value 静态求值 在人工智能的图解搜索过程中,用评价函数求出搜索树中节点的值,称为静态求值或静态评价得分。

static expression 静态表达式 Ada语言中的一种表达式。其值可以在编译时确定。

static handling 静态处理 完全由编译程序完成的处理。

static Huffman coding for compressing technique 压缩技术的霍夫曼编码 一种静态编码方法,其算法首先确定源代码中字的长度并把码字映射成源信文,通常的分配原则是把从父到左面子的边标为0,把从父到右面子的边标为1,每个源信文对应的代码就是从根到代表该信文的叶的一条路径,这种算法可用一个图来表示,即输入一系列非负权值并建立一棵完全二叉树,树的叶用这些权作标记,在生成代码字时,权就代表源信文的概率。

static hysteresis loop 静态磁滞回线 磁场强度变化率低到不影响其曲线时所得到的磁滞回线。参见 dynamic hysteresis loop。

static image 静态图像 同 back ground image。

static image communication 静态图像通信 在收发设备之间加入速度变换设备,使要传送的静止的图形、文字、图像以及变化缓慢的场景等图像信号频带变窄,而使其能在窄带通信系统中传输的通信技术。它是一种经济实用、易于实现的图像通信方式。

static image transmission 静止画面播送 一般的电视每秒钟播送30幅画面。若一秒钟播送一幅画面,于是就可以在一条通道同时传送30种画面,现在还在作进一步的研究,使得一条通道同时可以传送50种画面和声音。

static index 静态索引 索引一旦形成,在一段时间内诸层均不变化,新增索引项插入到溢出区。当溢出区使用量达到一定程度或经过一段特定的时间后再对索引进行周期性的再组织。这样的索引称为静态索引。

static induction 静电感应 静电感应是由于两条支电路或元件之间存在着寄生电容,使一条支路上的电荷通过寄生电容传送到另一条支路上去,因此也称“电容性耦合”。同 electrostatic induction。参见 capacitive coupling。

static induction thyristor (SITH) 静电感应晶闸管 利用静电感应原理控制工作电流的功率开关器件。是在SIT(静电感应晶体管)的漏极层上附加一层与漏极层导电类型不同的发射极层而得到的。SITH门极和阳极电压均能通过电场控制阳极电

流，因此又被称为场控晶闸管(FCT)。由于比 SIT 多了一个注入功能的 PN 结，因而 SITH 是两种载流子导电的双极型器件，具有电导调制效应，通态压降低、通流能力强。参见 field controlled thyristor (FCT)。

static induction transistor (SIT)　静电感应晶体管　源漏电流受栅极上的外加垂直电场控制的垂直沟道场效应晶体管。SIT 主要有三种结构形式：埋栅结构、表面电极结构和介质覆盖栅结构。SIT 是一种无基区晶体管，没有基区少数载流子存储效应，开关速度快；它是一种多子器件，在大电流下具有负温度系数，器件本身有温度自平衡作用，抗烧毁能力强；它无二次击穿效应，可靠性高。参见 bipolar transistor。

static intelligent agent　静态智能(型)代理软件　静态智能代理软件一般位于个人计算机或服务器上，以内建的知识库为依据来判断和处理大量的信息，完成用户所要求的工作。例如过滤垃圾信件、病毒邮件等。参见 intelligent agent，dynamic intelligent agent。

static interface　静态界面　一个不会随当前机器配置或操作系统环境改变而变化的菜单。

staticize　静态化　(1)将串行的或依赖时间的并行数据转换成静态数据。(2)广义地说，在一条指令执行之前将它和操作数从存储器中取出，有时也称“静化”。

static linking　静态连接　在开始执行模块程序之前对装配模块所作的连接。

static link library (SLL)　静态连接库　静态链接库是一个或者多个可执行二进制文件的打包，程序编译后，是把相应的函数代码直接连接到目标程序，程序运行时候不再需要库文件。参见 dynamic link library (DLL)。

static magnetic cell　静态磁单元　同 magnetic cell。

static magnetization curve　静态磁化曲线　磁场强度变化率低到不影响其曲线时所得到的磁化曲线。参见 magnetization curve，dynamic magnetization curve。

static mathematical model　静态数学模型　反映系统处于各平衡点时，系统状态有关属性变量之间关系的数学模型，这种模型的数学方程式或函数式中不含时间变量。

static mathematical optimization　静态数学优化　参见 mathematical optimization。

static memory　静态存储器　(1)不需要定时刷新就能长久保持其内容的存储器。(2)早期亦指无机械活动的存储装置和非易失性存储器。

static model　静态模型　一种只能表示系统处在平衡状态时的系统属性值的模型。

static MOS memory　静态 MOS 存储器　采用双稳态触发器 MOS(金属氧化物半导体)电路作为单元电路的存储器。简称静态存储器。用它的两种不同的稳定状态来代表一位二进制信息，在无外界信号作用时，可长久地保持某种稳定状态，不用刷新。静态 MOS 存储器是易失性存储器。

static network address translation (SNAT)　静态网络地址转换　内部网络的私有 IP(网际协议)地址转换为公有 IP 地址，IP 地址对是一对一的，即某个私有 IP 地址只转换为某个公有 IP 地址。借助于静态转换，可以实现外部网络对内部网络中某些特定设备(如服务器)的访问。参见 network address translation (NAT)，dynamic network address translation (DNAT)，port address translation (PAT)。

static object　静态对象　采用标准的复制-粘贴技术将一个文件或文件的一部分粘贴到目的文件中。如果改变源文件，对象不会改变。为更新对象中的信息，可以对源文件进行改动，并再次复制源文件。

static partition　静态分区　在计算机系统中，保持物质存储器的分配不变的一种分区方式。

static physical model　静态物理模型　构造模型的实体和属性不随时间的推移而发生变化的物理模型。如系统的实体进行缩小构成的物理模型就是一种静态物理模型。

static pipeline　静态流水线　一次只有一个功能结构用于完成一种操作功能的流水线。在静态流水线里连续流水工作的指令应是同一种类型的，否则静态流水线的性能将是非常低的。单功能流水线肯定是静态的，而多功能流水线可以是静态的或是动态的。若流水线允许有几种功能结构同时存在，并可依需要连接流水线不同站重新构造完成另一个功能的流水线，则称动态流水线。动态流水线是多功能的流水线。

static pressure　静态压力　在声学中，当没有声波时，存在于媒体中一个点上的压力。参见 effective sound pressure，instantaneous sound pressure。

static protection　静态保护　运行中进程的保护域始终不变的保护技术。

static RAM (SRAM)　静态随机存取存储器，静态 RAM　static random access memory 的缩写。

static random access memory (SRAM)　静态随机存取存储器，静态 RAM　一种半导体存储器。基于触发器逻辑电路，只要有电源驱动，信息将一直存储在这种存储器中，不像动态存储器那样需要刷新，速度较快，但价格也较高。参见 dynamic RAM。

static ranking　静态排名　静态排名是相关性搜索计算中的一种排名类型，是指不受内容项的内容或属性值影响的排名，也称“独立于查询的排名”。但是，静态排名中某些排名因素(如日期以及指向该文档的链接数目等)会使排名提高。比较 dynamic

S

ranking。

static redundancy **静态冗余** 系统中的冗余模块固定连接，各模块同时工作的冗余形式。少数模块发生故障可立即屏蔽掉，最简单的静态冗余系统是三模冗余系统，一般是N模冗余系统。

static relay **静态继电器** 主要利用无机械运动的电子、磁、光等元器件构成的继电器。一个或多个输出电路具有触点的称有触点静态继电器。输出电路全无触点的称无触点静态继电器。

S

static relay with output contact **有触点静态继电器** 在一个或数个输出电路中具有触点的一种静态继电器。

static relay without output contact **无触点静态继电器** 在输出电路中没有触点的一种静态继电器。

static routing **静态路由** 由网络管理员手工配置的路由信息。当网络的拓扑结构或链路的状态发生变化时，网络管理员需要手工去修改路由表中相关的静态路由信息。静态路由信息在缺省情况下是私有的，不会传递给其他的路由器。当然，网管员也可以通过对路由器进行设置使之成为共享的。静态路由一般适用于比较简单的网络环境，在这样的环境中，网络管理员易于清楚地了解网络的拓扑结构，便于设置正确的路由信息。参见 dynamic routing，routing table。

static semantic **静态语义** 程序的编译含义。即编译程序对程序的理解，包含量的作用域法则的检验，说明的处理，类型匹配的检验等问题。它不但是系统地导出一个抽象编译程序的重要组成部分，而且是语义分析程序自动生成的基础，对语言成分的研究有促进作用。

static semantic analysis **静态语义分析** 根据变量的类型，他们的作用域以及从程序的形式(而不是从它的执行中)所能推断出来的其他细节而进行的一些语义分析。该分析包括使引用与说明相匹配并考虑变量的类型，因而能发现未被说明的标识符。分析的基础是符号表，在此表中可以找到对程序中所有变量的描述。

static semantic rule **静态语义规则** 有时也称"上下文敏感规则"。它是介于语法和语义规则之间的规则。

static SQL **静态 SQL** 嵌入到程序中的 SQL(结构化查询语言)语句，在程序运行之前的程序预备过程中进行准备。在准备之后，语句本身不改变，尽管语句中指定的宿主机变量的值可能改变。

static storage **静态存储器** 同 static memory。

static storage allocation **静态存储分配** 对静态变量所作的存储分配。

static subroutine **静态子例程** 在计算机中，除了操作数地址以外，不涉及任何参数的子例程。

static summarization **静态摘要** 静态摘要是由搜索引擎预先从该摘要的原始数据中提取并保存的一种摘要类型，它不会因检索词的不同而改变。同 static abstract。

static table searching **静态查表** 适用于已排序的具有固定大小的表的查找算法。

static testing **静态测试** 不通过执行来测试一个系统。静态测试指测试不运行的部分，如测试产品说明书，对此进行检查和审阅。对软件的静态测试是指不运行被测程序本身，仅通过分析或检查源程序的文法、结构、过程、接口等来检查程序的正确性。静态测试通过程序静态特性的分析，找出欠缺和可疑之处，如不匹配的参数、不适当的循环嵌套和分支嵌套、不允许的递归、未使用过的变量、空指针的引用和可疑的计算等。静态测试结果可用于进一步的查错，并为测试用例选取提供指导。比较 moment testing。

static test mode **静态测试方式** 一种模拟计算机的设定方式，在这种方式下，为了检查积分器以外的计算机设备的修补和修补后是否能正确操作，要专门设定特殊的初始条件。

static thyratron **静电闸流管** 也称"静电控制闸流管"，管内充有惰性气体或汞蒸气。主要用于可控整流、继电器控制等方面，但已逐渐被半导体器件所取代。参见 hydrogen thyratron。

static translation **静态转换** NAT 的地址翻译方式之一。通过将内部地址和外部地址一对一对应的方式，来实现内外网部分的地址转换。参见 network address translation (NAT)。

static turtle **静态龟标** Logo 语言中，一个有固定起始空间位置和走向的龟标，能响应 FORWARD (正向)和 LEFT(左移)命令。

static variable **静态变量** 在程序开始执行之前分配且在程序执行期间一直保持这种分配的变量。比较 automatic variable。

static VxD **静态 VxD** 在系统引导过程中装入的且不再被替换下来的 VxD(虚拟设备驱动)程序。

station **站** (1)通信系统的输入或输出地点，能发送或接收各个信息，包括信息源、信息转接器和链路上信息流的控制部分。(2)一个或多个发射机或接收机或其他的组合以及必需的附属设备。(3)确定频率的广播设备。(4)与用户使用的计算机相连接的终端或数据处理设备。

station arrangement **站布局** 一种有关设备使用的术语，诸如在某些子音频租用信道上要求的调制解调器。参见 data loop transceiver。

stationary **稳态的** 一些"达到"和"服务"的统计特性在简单情况下与时间无关，称为稳态的特性。

stationary information source **固定信息源** 同 stationary message source。

stationary magnetic field **恒定磁场** 磁场强度和方

向保持不变的磁场。简称恒磁场,也称"静磁场"。而交变磁场,脉动磁场和脉冲磁场属于动磁场。同 constant magnetic filed。

stationary message source 平稳报文源 其报文发生概率与报文发生时间无关的报文源。

station clock 站时钟 控制站中部分或全部需要局部时钟控制设备的时钟。

station code 站代码,站地址码 数据网络中某个特定数据站使用的标识符。

station control block (SCB) 站控制块 一个站的队列控制块(QCB)的逻辑扩展,亦即一个站的逻辑表示。它含有用来控制队列编排的必要信息。

station error detection 站错误检测 一个从站中确定它接收到的报文和主站发出的报文是否一致的环节。这一检测过程通常采用比较法或奇偶校验法。

stationery 打印纸 纸张,在其上以人能感知的方式复制计算机的输出,如打印输出。对于办公室的精致文件,打印纸可以预先印好,如购货单、发货单和价目表等。内部文件如交款单和工资单有时是预先印好的,但一般印刷要求的日常表格常用空白打印纸。标题用相应程序由计算机产生。这可用于有关会计和库存等表格。计算机打印纸沿两边有送纸孔,用作自动送纸通过打印机。送纸孔可沿边沿处的针孔撕掉。

station lock 站锁定 在某些通信系统软件中,一种维护站和应用程序之间连接的设施,用以保证在该站发送一个询问信息后由站接收的下一个信息是对此询问的回答。在站锁定期间,这条线路仍可供其他站使用。参见 extended lock mode, line lock mode, message lock mode。

station management (SMT) 站管理 FDDI(光纤分布数据接口)协议的重要组成部分,它提供 FDDI 的站管理功能,负责网络的初始化、错误检测、故障的跟踪与恢复以及状态信息的统计。通常情况下, SMT 以固件的形式出现在 FDDI 网络产品中。参见 fiber distributed data interface (FDDI)。

station message detail recording (SMDR) 站消息细节记录 SMDR 是一种电话呼叫清单,通常以 ASCII(美国信息交换标准代码)文本格式捕获,并通过 RS-232 连接,递送到打印机或电脑。通常包含了呼叫时间、中继组、用户名、主叫方分机号码等信息,对自动话务员和语音信箱系统非常有用。

station selection code 选站码 (1)一种呼叫识别码,传送此识别码可呼叫远程的电报接收器,并能自动地接通它的打印机。参见 call directing code, selective calling。(2)用来选择接收报文的数据站的代码。

station selector 站选择器 接收站中选择特定载波的装置。

station-to-station call 站对站呼叫 一种不指定应答人的呼叫或 PBX(专用交换分机)在它可达范围内的电话呼叫,这种呼叫是一种直接拨号,无需接线员的干涉。

station work content 站工作含量 生产线工作站中所有的任务量。用完成这些任务所需的时间计算。生产线所有各站工作含量合并总计,称为总工作含量,其所需的总时间称为总工作含量时间。

statistic 统计量 描述样本特征的数。统计量通常可看作为一个样本的数值性质,是用来对样本进行分析、检验的变量。

statistical analysis 统计分析 利用数理统计和计算机技术,对大量的数据进行评价分析。统计分析是运用统计方法及与分析对象有关的知识,从定量与定性的结合上进行的研究活动。它又是在一定的选题下,集分析方案的设计、资料的搜集和整理而展开的研究活动。参见 statistical design, statistical survey。

statistical coding 统计编码 在视频压缩中,一种基于像素的值非均匀分布原理的编码技术。

statistical collection file 统计收集文件 在某些系统中,操作系统将与事件出现和资源利用有关的统计数据写入其中的日志文件。

statistical constraint 统计约束 在数据库系统中,指在数据库状态改变时,其值的变化要受对原数据库值进行统计结果的约束。例如,供货单上的数量不应超过仓库中的库存量。

statistical database 统计数据库 一种用于统计分析的数据库系统。其主要目的是用来对数据库中的数据进行统计,如求数据的平均值、最大值、最小值、总和等。亦即它向用户提供的是统计数字,而不是某一个体的具体数据。统计数据库中包含微数据和宏数据这两类数据。前者是描述个体或事件的信息,而后者是综合统计数据,它可以直接来自应用领域,也可以是微数据的综合分析结果。统计分析一般是从微数据开始,导出各种宏数据,然后做进一步的分析。统计数据库具有信息量大,数据有稀疏性、重复性和分布不平衡性、内容复杂、术语繁多等特点。对这些数据库提出了一个新的安全性问题:即在使用统计数据库时如何防止有人利用统计数据提供合法查询的时机,取得他不应了解的某一个体的具体数据,因此对统计数据库应采取相应的安全保护措施。统计数据库中数据的静态性和可压缩性,又为这种数据库的 DBMS(数据库管理系统)设计带来许多方便。统计数据库在社会经济、商业金融、制造业、国防和科学研究等领域具有重要意义,并且是许多决策支持系统的重要基础。

statistical data recorder (SDR) 统计数据记录器 在磁盘操作系统操作过程中,将输入输出设备的累积错误状态记录在系统记录文件中的设备。

statistical decision 统计决策 依据所做的统计推

S

断或预测，并考虑到行动的后果(以经济损失的形式表示)而制定的一种行动方案。目的是使使收益尽可能大或损失尽可能小。参见 statistical inference，statistical prediction，mathematics statistics。

statistical design 统计设计 根据统计研究对象的性质和统计研究的目的，对统计工作各个方面和各个环节的通盘考虑和安排。统计设计是统计工作实施的基本依据，是使统计工作协调地、有秩序地、顺利地进行的必要条件和重要前提。其结果表现为各种设计方案，如统计指标体系、分类目录、统计报表制度、统计调查方案等。参见 statistical analysis，statistical survey。

S

statistical distribution 统计分布 对随机变量取值的估计，以显示其发生的观察或理论频率。

statistical error 统计误差 由随机事件的平均计数率测量引起的误差，其起因是这个计数率的统计波动。

statistical graphics 统计图示技术 一种将统计数据表示为图形的方法和技术。

statistical hypothesis 统计假设 在统计分析中，假设的形式往往是对其值与机会有关的各种事件观察频率作某种假定。

statistical inference 统计推断 根据带随机性的观测数据(样本)以及问题的条件和假定(模型)，而对未知事物作出的，以概率形式表述的推断。它是数理统计学的主要任务，其理论和方法构成数理统计学的主要内容。参见 statistical prediction，mathematics statistics。

statistical interpretive language (STIL) STIL 语言 一种程序设计语言。它有一些专门用于解决概率和统计问题的命令。这种语言已在多种计算机上实现。

statistical learning 统计学习 依据大量有关的数据或事实，利用教学中的概率工具，包括方差、回归、判别、聚类等分析工具，寻找他们之间所存在的联系，从而达到发现新规律、新知识的一种学习方法。

statistical learning algorithm 统计学习算法 广泛地应用于机器发明系统及模式识别系统的一种算法。例如在模式识别领域中，可以将一个未知的决策系统看作给一个输入量 x，在 m 类中确定一类 y，定义一个描述不正确决策的损失函数。平均最小损失贝叶斯分类器可用来模拟这个未知系统，使问题减小为用某一概率密度函数估计一个变量集合的问题。

statistical learning system 统计学习系统 利用统计学习方法建立的人工智能系统。主要包括机器发明发现系统、模式识别及智能控制系统。

statistical linguistics 统计语言学 数理语言学的一个分支，应用统计数学的方法来研究语言现象的语言学科。主要研究统计方法、概率方法和信息论方法在语言学理论和描写中的应用，包括分析语言单位在篇章中出现的频率和分布，确立某些关于语言统计特点的一般规律等。参见 mathematical linguistics。

statistical machine translation 基于统计的机器翻译 建立在统计语言模型基础上的机器翻译方法。这种方法认为，机器翻译问题是一个噪声信道问题，一种语言 S 经过了一个噪声信道而发生了变形，从而在信道的另一端呈现为另外一种语言 T，翻译实际上就是如何根据观察到的 T，恢复最为可能的 S 的问题。用 Pr(S|T)表示 S 翻译成 T 的概率，那么翻译问题就成为：在观察到 T 的前提下，寻找一个 S，使得 Pr(S|T)取最大值。

statistical method 统计方法 一种从微观结构上来研究物质的宏观性质及其规律的独特的方法。大量个别的偶然事件存在着一定的规律，表现了这些事件的整体的本质和必然的联系。这种规律是客观存在的，统计的方法则是揭示这种规律的必要手段。统计方法只能适合于大量事件，研究的事件越多，得到的统计结果也越准确。统计方法的主要步骤有：①采集和汇总数据；②分类和压缩数据；③以文字、表格或图形的形式介绍这些数据；④分析这些数据。若数据按其幅度排列，则得到的是频率分布；若按发生时间排列，则得到的是时间排列；若按发生地点编排，则得到其空间分布。此外，还有各种专用的分布，其数据可按种类，程度等多种指标编排。

statistical multiplexer 统计复用多路转接器 使用缓冲器和微处理器的时分复用多路转接设备。可把独立的传输流组合成一个单独的信号，也可动态地分配可用的频带宽度以使通信信道得到有效的利用。该转接器在共享线路上传递的数据是基于统计信息的，而不是像常规多路复用器那样基于预先分配。每个设备要以比最大速率低的平均速率操作。

statistical multiplexing 统计复用 在统计基础上建立的多路复用，也称“异步时分多路复用”。它利用公共信道“时隙”的方法与传统的时分复用方法不同，传统的时分复用接入的每个终端都固定地分配了一个公共信道的一个时隙，所以它们是“同步”的。而统计复用是把公共信道的时隙实行“按需分配”，即只对那些需要传送信息或正在工作的终端才分配给时隙，这样就使所有的时隙都能饱满地得到使用，可以使服务的终端数大于时隙的个数，提高了媒质的利用率，从而起到了“复用”的作用。

statistical multiplexer port concentrator 统计多路转接端口集中器 在统计多路转接系统中，利用端口集中器可以减少主机软件一半以上，从而有助于解决某些问题。端口集中器的作用相当于一个单通道统计多路转接器，它利用简单的同上协议或异步协议就可使计算机端口与接至远程统计多路转接器的多个通道进行通信。传输信息包括文本行及其前面的终端地址。

statistical optic cable facility loss 统计光缆设备损耗 同 statistical fiber optic cable facility loss。

statistical or variable length encoding 统计或变长编码 一种数据压缩的软件方法。把固定大小的数据块分成可变长度的符号,也称"最小冗余编码"或"哈夫曼编码"。

statistical pattern recognition 统计模式识别 对模式的统计分类方法,把模式类看成是用某个随机向量实现的集合,也称"决策理论识别"方法。统计模式识别方法就是用给定的有限数量样本集,在已知研究对象统计模型或已知判别函数类条件下根据一定的准则通过学习算法把 d 维特征空间划分为 c 个区域,每一个区域与每一类别相对应。模式识别系统在进行工作时只要判断被识别的对象落入哪一个区域,就能确定出它所属的类别。由噪声和传感器所引起的变异性,可通过预处理而部分消除;而模式本身固有的变异性则可通过特征抽取和特征选择得到控制,尽可能地使模式在该特征空间中的分布满足上述理想条件。因此一个统计模式识别系统应包含预处理、特征抽取、分类器等部分。参见 feature extraction,pattern recognition。

statistical prediction 统计预测 在大量统计资料的基础上,运用社会、经济、环境统计和数理统计方法研究事物发展变化趋势和方向的预测方法。参见 statistical inference,statistical decision,mathematics statistics。

statistical process control (SPC) 统计过程控制 一种借助数理统计方法的过程控制工具。它对生产过程进行分析评价,根据反馈信息及时发现系统性因素出现的征兆,并采取措施消除其影响,使过程维持在仅受随机性因素影响的受控状态,以达到控制质量的目的。当过程仅受随机因素影响时,过程处于统计控制状态(简称受控状态);当过程中存在系统因素的影响时,过程处于统计失控状态(简称失控状态)。由于过程波动具有统计规律性,当过程受控时,过程特性一般服从稳定的随机分布;而失控时,过程分布将发生改变。统计过程控制正是利用过程波动的统计规律性对过程进行分析控制的。因而,它强调过程在受控和有能力的状态下运行,从而使产品和服务稳定地满足客户的要求。

statistical processing 统计处理 数据(计量或计算结果)的一种处理形式。在处理过程中可确定被计量数值的置信度范围和在规定范围内求得真值的概率。

statistical quality control (SQC) 统计质量控制 应用数理统计学的工具处理产品质量问题的理论和方法。统计质量控制是在质量控制图的基础上,运用数理统计的方法使质量控制数量化和科学化,从而有效预防和控制工序质量。它的主要目标是保持任一工序生产出的产品质量特征值尽可能长时间地等于或接近期望值,提高生产过程的工序能力。通常也称"统计过程控制(SPC)"。参见 statistical process control (SPC)。

statistical recognition method 统计识别方法 一种利用统计进行识别的方法。将识别对象看作一个整体,其所有的特征是从这个整体上经过大量的统计而得到的,然后按照一定准则所确定的决策进行分类判定。

statistical sample 统计样本 统计样本是从总体中提取出来的一个部分,但是总体中的所有值在样本中都应有同样的分布。保证样本统计代表性的措施是采样的随机性。

statistical survey 统计调查 根据统计研究的目的和任务,运用科学的调查方法,有计划、有组织地搜集数据信息资料的统计工作过程。参见 statistical analysis,statistical design。

statistical test model 统计测试模型 一种模型,它把程序缺陷与输入数据集(或多个数据集)联系起来。模型也给出了这些缺陷引起程序失败的概率。

statistical time division multiplexing 统计时分复用 在数据通信中,时分复用的一种版本,其中时间间隔仅分配给运行终端。这种技术可以增加信道相连的终端数目。它用缓存收集数据,在通信量暂时超过多路转换数据链路的传输率时,就用存储信道字符。

statistical word association 统计字共生 参见 word/character frequency techniques。

statistic pattern recognition 统计模式识别 模式识别中采用的一种主要方式。其基本思想为:从模式中抽取一组特征测量值(称为特征值),并根据特征值指出目标属于哪一类,即对特征空间进行划分。

***Statistics and Computing* 《统计学与计算》** 荷兰 1991 年创刊,全年 4 期,Kluwer Acdemic 出版社出版,SCI(科学引文索引)收录期刊。刊载统计学与计算方法等方面的专题文章、评述等。

statistic system 统计系统 一种较低级的管理信息系统,它不关心数据的内部性质,而只研究数量数据间的表面规律。统计时把数据分为较相关的或较不相关的组,统计的结果只是把数据转换为预信息,既不用于控制;也不用于预测。

stator 定子 电机的静止部分,包括静止磁路及其绕组。参见 motor。

stator winding of motor 电机定子绕组 电机定子上的绕组。

status 状态 (1)设备或机器的现行状况。通常指标志触发器专用寄存器的状况。(2)一种信号,它指示装置已准备好去传输或接收数据。

status activity monitor (SAM) 状态活跃监视器

用发光二极管(LED)指示信号是否活跃的设备。有的SAM单元不仅可以监视,而且还有修改界面信号的功能。

status analysis **状态分析** 在某些通信系统软件中,由用户编写的例行程序所提供的一种功能,它在以前输出到集中器的基础上确定输出应继续还是应延迟。

status area **状态区** 窗口中显示表示当前对象状态的信息的区域。

status attributes **状态属性** 在对象历史模型中表示被处理对象当前状态的属性。参见 object history model。

status bar **状态条** 在一些窗口软件中,指窗口下边显示状态信息的条状边框。

status bit handshaking **状态位信号交换** 利用并行I/O端口来协调与外部设备之间的信息传送,指出设备读、缓冲器满、打印纸完等状态。

status block **状态块** 在同步执行中,用来接受命令完成状态的存储单元。

status channel **状态通道** 传送状态信息的通道。

status filter file **状态过滤文件** 在网络载波互联机构(NCIA)程序中,一个宿主文件,包含一系列需在载波管理系统中报告的资源。这个文件决定了向载波管理系统发送什么配置和状态数据。

status information **状态信息** (1)处理器内部,寄存器、屏蔽值、标志及其他内部控制的情况。(2)在NetWare文件服务器环境中,指关于联结锁定的信息。

status line **状态行** 在具有显示装置的文字处理设备中,为了给操作员显示有关正文处理的信息而保留的一行,它告诉操作员给定文件的行间距、空白和附录等情况,并且同时锁住当前的页和行。

status register **状态寄存器** 含有关于某个功能部件或外部设备状态信息的寄存器。

status save area (SSA) **状态保存区** 在某些小型计算机系统中的一种存储区域,用于保存(随着程序检查而出现的)状态信息。

status scan **状态扫描** 用于通信线路初始化时的一种命令或按键操作,在所选定的一条线路中,它扫描所有的调制解调器,并显示该线路上各种设备的状态。

status variable **状态变量** 一种其输入仅为几个离散状态之一的变量。例如,泵,发动机,开关闸,遥控阀和报警极限开关。

status word **状态字** 执行一次中断服务之后恢复原先处理所必需的一些状态信息。这些状态信息位通常在逻辑上组合成一个存储字的形式,可用一条指令来读取。

status word register **状态字寄存器** 反映处理器现行状态的一些二进制位。一般系统中的状态寄存器提供的信息有:加或减符号、溢出指示、进位位、累加器全零及中断位等。

STB **机顶盒** set top box 的缩写。

STBC **空时分组码** space time block code 的缩写。

STBR **段表基址寄存器** segment table base register 的缩写。

STC (1)正弦变换编码 sine transform coding 的缩写。(2)系统时钟 system time clock 的缩写。(3)空时编码 space time coding 的缩写。

STCB **子任务控制块** subtask control block 的缩写。

STD (1)用户干线拨号 subscriber trunk dialing 的缩写。(2)选择发送分集 selective transmission diversity 的缩写。(3)挂起到硬盘 suspend to disk 的缩写。

STDB **时空数据库** spatiotemporal database 的缩写。

STD bus **STD总线** 美国 Pro-Log 公司于1978年开发成功的一种工业标准微机总线,1981年被批准为IEEE-P961标准,起初它是面向工业控制的8位微型机总线。它用于一些流行的8位微处理机,如8080,8085,6800,6809,Z80,6502,NCS 8000等。其特点是规模较小,结构简单、适应性好、功能较强。STD总线由逻辑电源总线、数据总线、地址总线、控制总线组成。它有8条数据线,16条地址线,22条控制线,10条电源线,共56根线。在用于工业控制的微型计算机系统中将越来越普遍地采用STD总线。自16位微处理器出现后,采用周期窃取和总线复用技术来扩充数据线和地址线,所以STD总线是8位/16位处理器的兼容总线。

STDERR **标准错误** standard error 的缩写。

STDIN **标准输入** standard input 的缩写。

STDM **同步时分多路复用器** synchronous time division multiplexer 的缩写。

STDOUT **标准输出** standard output 的缩写。

STE **生成树探测器** spanning tree explorer 的缩写。

steady current **稳恒电流** 电流场中每一点的电流强度的大小和方向均不随时间改变。在恒定电阻的电路中,加上电压恒定的电源,便产生大小和方向都不随时间改变的稳恒电流。

steady state **稳定状态** 一个系统或一个处理过程在它经过过渡阶段后的稳定的状态。参见 transient response。

steady state condition **稳定状态条件** (1)在电路中,指在初始化时的暂态或波动状态消失后出现的电流、电压或相应的场处于稳定的状态。(2)通信电路处于这样的状态中,其时某些特性参数,如其值、速率、周期性、振幅等在一个任意长的时期内处

于可以忽略的变动的状态之中。(3)在光纤与模态功率分布中同 equilibrium mode distribution, equilibrium mode power distribution。

steady-state loop invariant 稳态循环不变式 在程序的循环体执行了有限次之后一直为真的任一谓词,用于程序正确性证明。

steady-state recovery voltage 稳态恢复电压 在瞬态电压现象消失后的恢复电压。对于交流称为工频恢复电压,对于直流称为直流稳态恢复电压。

steady-state weak loop invariant 稳态弱循环不变式 符合稳态不变式条件的弱循环不变式,用于程序正确性证明。

stealth virus 秘密病毒 一种能够使自已不被发现的病毒。

STE bus STE 总线 广泛用于嵌入式控制系统和仪表设备的用于作数据传输的通道。1987 年 IEEE(电气与电子工程师学会)正式批准 STE 总线规范为 IEEE 1000。STE 采用单欧式卡形式,采用 8 位数据总线和 20 位地址总线,有 1Mb 的存储空间,4 GB 的 I/O 空间,STE 总线允许最多有三个处理器工作在系统中。STE 总线上的数据传输有五种周期:存储器读和写周期、I/O 读和写周期以及中断向量取周期,总线的定时是异步的。

steepest descent method 最速下降法 参见 gradient method。

steering assembly 导向装置 在某些印刷子系统中,一种使纸笔直地通过熔合器的装置。

steering committee 指导委员会 指导委员会是一个制定数据处理政策的机构,由那些因安装计算机而可能会受到影响的各业务部门的代表组成。在一个典型制造业中,它大致包括:生产管理者、仓库管理者、会计主任、销售经理、订货主任和数据处理经理。该委员会要对计算机计划的可行性作出估价,以确保这些项目的投资是有效的,可使企业(作为一个整体)从中得到了好处,是与公司战略目标一致的。

steganography 隐蔽 在数据安全中,指通过覆盖隐藏信息。通常可以采取用填充字符充满报文间隙的方式。这样当传输报文时,尽管通信链路是公开的,攻击者也不能获取信息。

Steiner tree 斯坦纳树 Steiner 树是总代价最小的分布树,它使连接特定图中的特定组成员所需的链路数最少。若考虑资源总量被大量的组使用的情况,那么使用资源较少最终就会减少产生拥塞的风险。Steiner 树相当不稳定,树的形状随组中成员关系的改变而改变,且对大型网络缺少通用的解决方案。所以 Steiner 树只是一种理论模型,而非实用工具。目前,出现了许多 Steiner 树的次优启发式生成算法。

step 步,指令[程序、作业]步 (1)在过程控制系统中,指一个阶段中的最小的设备动作,完成对最终控制设备的指示。例如打开阀门或修改 PID 的某一参数等。参见 procedure, operation, phase。(2)为执行一个程序,或为定义由该程序使用的数据集,而对作业内的一系列的作业步来执行有关的程序。

STEP 产品模型数据交换标准 standard for the exchange of product model 的缩写。参见 product data exchange specification。

step-and-repeat camera 步进重复照相机 一种缩微照相机,它把一串分开的映像按照预先决定的格式(通常按缩微胶片的行列顺序)在胶片的一个区域上曝光。

step-by-step operation 步进操作 同 single-step operation。

step-by-step switch 步进式开关,步行开关 其动作与脉冲设备同步的开关。例如旋转式电话拨号盘,再拨一个数字就导致相继的选择器开关带着接头向前移动,一直达到所需的线路为止。同 stepper switch。参见 crossbar switch, line switching。

step-by-step system 步进系统 使用步进开关的一种线路转换系统。

step counter 步进计数器 用来反映操作步数的计数器。例如,运算器中用来计算乘、除和移位操作步数的计数器。

step down transformaer 降压变压器 副边绕组的电压低于源边电压的变压器。

step forward 进格 在多媒体应用中,一次一次地向前移动媒体一帧或者一段。

step frame 帧步进 放像机上的一个功能,使用户能够向前或者向后移动一帧帧的图像。

step index fiber (SIF) 突变型多模光纤 也称"阶跃折射率光纤",光线以曲折形状传播在光纤中传播,脉冲信号畸变大,带宽只有 10 MHzkm,通常用于短距离传输。

step index fiber 突变型光纤 它的折射率一般低于纤芯,以提供反射面和/或光隔离,同时也可以起突变型光纤纤芯折射率保持常数,而在纤芯与包层的界面折射率发生突变。

step-index fiber 单指数光纤 一种具有均匀折射指数的光纤。对应于 graded-index fiber。

steplength 步长 微分方程数值解中与相邻两函数值相对应的自变量的间隔。步长一般取为常数,有时也根据需要改变它的大小。对于数值方法,有些对步长没有限制,可根据精度要求任意选取步长;有些方法则必须给出适当的步长才能保证算法的稳定性。

stepped start-stop system 步进式起停系统 按固定时间间隔产生启动信号的步进式起停传输系统。

stepper switch 步进开关 见 step-by-step switch。

stepping motor 步进电机 每输入一个驱动脉冲信

S

号，只旋转一个单位角度(称为步距)的电机称为步进电机，也称“脉冲电机”。这种电机以每秒输入的脉冲数控制其转速，还可通过改变相位的方法实现正转和反转。单板微型计算机的PIO接口或单片微型计算机的I/O接口(或扩展I/O接口)通过光电耦合器后接于环形分配器及功率放大器，可直接驱动步进电机。由于它不需要位置检测，通过反馈就可实现速度、位置的开环控制，因此在计算机控制的数控机床系统中得到广泛应用。

step-rate time 寻道时间 在采用步进电机的磁盘驱动器中，移动磁盘传动臂，从一个磁道到下一个磁道所需的时间。参见 stepping motor。

step response 阶跃响应 当一个系统的输入信号发生从一种状态瞬时转向另一种状态(称阶跃输入)时，该系统对这种阶跃输入信号的响应称为阶跃响应。

step response time 阶跃响应时间 当一个系统的输入信号从一种状态瞬时转向另一种状态时，其输出由其原来的状态改变到其最终稳定状态的指定百分值(通常取其终值的90%、95%或99%)所需要的时间。

step restart 分步式重新初启 一种从作业步的开始进行的重新初启。它可以是自动的或延时的，其中延时包含作业的再次提交。参见 checkpoint restart。

step selection 按步选择 在CICS(用户信息控制系统)的SDF(屏幕定义程序)中，从一个按步选项单中由用户选取下一个功能的过程。

step voltage 跨步电压 人站立在有电流流过的大地上，加于两足之间的电压。

stepwise maximum interference removal algorithm 分步最大干扰移去算法 SRA的改善算法。参见 stepwise removal algorithm (SRA)。

stepwise refinement 逐步求精 由沃思(Wirth)提出的一种早期的自顶向下程序设计策略。其基本原理是从最能直接反映问题的体系结构的概念出发，逐步精细化，具体化，逐步补充细节，直至设计出可以在机器上执行的程序。强调先全局后局部，自顶向下，层层分解。

stepwise removal algorithm (SRA) 分布移去算法 一种用于寻找最佳功率矢量的近似最佳算法，基本思想是：每步移去一个小区，且仅计算一个特征值。

stereo display 立体显示 (1)给人以立体感的图形或图像显示。例如全息立体显示、立体观察等。(2)利用计算机在荧光屏上或纸上产生相似的着色图形，当观察者带上红绿滤色镜观看时，大脑便可感觉到立体虚像，使图形呈现出类似立体的效果。这个现象称为立体观察。

stereophonic 立体声的 使听者感觉到有三维音响效果的功能。

stereopsis 立体影像 由双目视觉产生的一种对深度的感觉。图像可以分离成一对有立体效应的照片，当用两只眼睛同时分别看这一对照片时，产生三维物体的效果。

stereoscopy 立体观测 一种显示两张取自稍有不同的透视图的技术，当采用立体镜观察时产生一种深奥的三维空间的错觉。立体观测镜在上个世纪很普及，该技术作为虚拟现实(VR)技术的基础之一而保存至今。

stereovision 立体视觉 见 stereopsis。

stethophone 监听设备 在口述记录设备上的一种装置，它由一个连接一个或多个带有耳机的管子的监听器构成。

STG 射击类游戏 shooting game 的缩写。

STI 科学技术情报 scientific and technical information 的缩写。

sticky bit 粘结位 在AIX操作系统中，一个访问许可条件位使得可执行的程序保持在磁盘的交换区中。这个位还在目录中，表示只有文件的拥有者可以连接该目录的文件。

sticky foil 粘性薄片 涂有粘合剂的塑料薄膜。当把硅晶片切割成小片时，把小片放在粘性薄片上，直到把它们连接到引线框上。

stiffness matrix 刚度矩阵 用有限元方法求解力学问题时，所得到的与弹性系数有关的矩阵。例如考虑弹性位移问题，将定义区间划分为单元后，在小单元上用拉格朗日一次插值多项式做为位移函数的近似函数，代人弹性方程后则在这个小单元上将方程离散化为关于节点位移值的线性方程组，其系数矩阵称为单元刚度矩阵。右端的常数项称为单元荷载向量。全体单元上的节点位移方程组可构成一个大方程组。这个大方程组的系统矩阵可以看成是各个单元刚度矩阵的叠加，称为总刚度矩阵。右端常数项称为总荷载。这个大方程组加上边界约束后求解即可得弹性方程位移函数的近似解。

still frame 静止帧 在多媒体中，一个静止图像的视频帧。

static image communication 静态图像通信 除活动图像外，完全静止和相对静止图像的通信方式。主要传送图形、文字、图片等完全静止图像及慢变化的相对静止图像。同 static image communication。

still image cues 静止图像提示 在视频制作中，主录像带上的在垂直回扫期间的一系列脉冲组。这些脉冲告诉盘片监制设备在盘片上放置一个代码，以便盘片播放机自动地切换到静止图像的模式。参见 chapter cues，picture cues。

still-picture television (SPTV) 静止图像电视 在一幅已显示图像和另一幅新的同一图像或另一幅形成系列的一部分的新图像之间的时间间隔比通常的活动图像更换间隔要长(通常为一适当倍数)的一种电视。

still video **静止[静态]视频** 一种长途通信技术。利用与一个屏幕连接的电话机通话时,伴随着通话人或某个文件会出现(或间断出现)静态图像,静态图像的位速率可以低一些(与制作影片时所需要的位速率相比),而图像的分辨率要求高一些。

still-video camera **静止视频摄像机** 在视频系统中,一种在视频软盘上记录静止图像的摄像机。

still-video capture adaptor **静止视频获取适配器** 在多媒体应用中,一种适配器,在与计算机连接时,能够使视频摄像机成为一个输入设备。参见 motion vedeo capture adapter。

stimulated absorption **受激吸收** 一种辐射跃迁,辐射光射入物质,电子吸收光子能量,从低能级转移到高能级称为受激吸收。参见 radiation transition。

stimulated Brillouin scattering (SBS) **受激布里渊散射** 由于光子和分子的相互作用,当入射光过强时,光纤的二氧化硅晶格产生光散射,形成频率偏移散射波,入射光的部分能量转给了后向散射光。散射光具有发散角小、线宽窄等受激发射的特性。也可以把这种受激散射过程看作光子场与声子场之间的相干散射过程。参见 Brillouin scattering。

stimulated emission **受激发射** 由受激钕离子被具有精确激光波长的通行光波驱动时所发射的相干辐射。因为受激波的相位和振幅取决于激发波,这种辐射与激发波是相干的。受激发射率与激发波的强度成正比。

stimulated radiation **受激辐射** 一种辐射跃迁,在有外界辐射激励的情况下,电子从高能级转移到低能级并释放出光子。由于受激辐射是由外界入射光子引起的,所以电子跃迁产生光子与入射光子具有相关性。即入射光与辐射光的相位相同。如果这一过程能够在物质中反复进行,并且能用其他方式不断补充因物质产生光子而损失的能量。那么产生的光就是激光。参见 radiation transition。

stimulated transition **受激跃迁** 由于入射光子的感应或激励,导致激发原子从高能级跃迁到低能级去的过程。受激跃迁也称"感应跃迁"。比较 spontaneous transition。

stipple pattern **点图案** 在有序振动法中所选用的填充图案。

STIS **科学技术信息系统** science and technology information system 的缩写。

stitching pseudo wire **伪线转接点** 连接两个单跳伪线成为一个多跳伪线的设备。参见 single hop pseudo wire (SHPW)。

STL **标准模板库** standard template library 的缩写。

STM (1)同步传输模式 synchronous transfer module 的缩写。(2)随机图灵机 stochastic Turing machine 的缩写。(3)同步传送模块 synchronous transport module 的缩写。(4)同步传送通道 synchronous transport lane 的缩写。

STM-N **N 阶同步传输模式** synchronous transfer module-N 的缩写。

STO **通过隐蔽求安全** security through obscurity 的缩写。

stochastic activity **随机活动** 在系统中由活动所产生的影响在各种可能条件下作随机变化,称为随机活动。

stochastic automaton **随机自动机** (1)在相同程序和相同数据时,一般机器的输出总是相同的,而随机自动机却可以得出不同的输出结果。它的形式定义中有一个元组是概率矩阵。运算时还需计算概率。(2)依据随机过程中有关推理方法建立的知识工程或模式识别机器或信息软件。目前使用的方法是多元条件概率贝叶斯推理、多元回归与多元相关推理、马尔可夫推理等。在经验处理上它可能比依据逻辑方法更恰当。

stochastic control **随机控制** 也称"试探控制",是最原始的控制方式,是其他一切控制方式的基础。随机控制是完全建立在偶然机遇的基础上,是在人们对解决问题所必需的条件不了解,对控制对象的性质不清楚的情况下所能采取的唯一办法。比较 memory control, reasoning control, fuzzy control。

stochastic control theory **随机控制理论** 在控制理论中把随机过程理论与最优控制理论结合起来研究随机系统的理论。其研究的课题包括:随机系统的结构特性和运动特性(如动态特性、能控性、能观测性、稳定性)的分析,随机系统状态的估计,以及随机控制系统的综合。研究中则需要使用随机过程的基本概念和概率统计方法。参见 stochastic system。

stochastic learning **随机学习** 基于多元条件概率方法以学得统计性精确的因-果关系和基于回归、相关等方法,学得内在相关因素及近似精确协变规则的学习方式。

stochastic learning algorithm **随机学习算法** 随机学习中采用的计算方法。目前常采用的有:①多元条件概率反推因-果贝叶斯算法;②多过程参数相关算法;③多元回归拟合算法及插补;④一阶或高阶平稳马尔可夫转换概率类推算法;⑤混合逻辑算法等。

stochastic model **随机性模型** 某些模型中的某一变量、结构关系式或边界条件的某一系数不是确定性的而是随机性的,称该模型为随机性模型。例如排队论、统计控制论等。

stochastic model of language **语言的随机模型** 用概率统计的方法来揭示语言单位内在的统计规律的模型。常用的有 N 元语法以及马尔可夫模型等。

S

stochastic network model **随机网络模型** 以波尔兹曼机和哥西机为基本模型的多层网络。基本结构为输入层、隐含层和输出层。该网络没有明确的层次,隐含层的单元之间相互连接。网络概率方式工作,主要用于模式识别。

stochastic noise **随机噪声** 具有统计随机分布的噪声。

stochastic process **随机过程** 演化状态服从概率分布的过程。随机过程没有确定的变化形式和变化规律,是一连串随机事件动态关系的定量描述。随机过程论是在自然科学、工程科学及社会科学各领域研究随机现象的重要工具。

S

stochastic reasoning **随机推理** 若将一个问题描述为关于某些变量的一个随机过程。例如 $x(t,\xi)$,其中 t 可表示为时间,可以利用随机过程的数学工具来对问题进行推导。这种推理方法称为随机推理。

stochastic retrieval **随机检索** 在从数据库中检验要用的信息时,利用统计或概率的方法确定所检索的信息是否适当,称为随机检索。这种方法常用于情报检索。

stochastic simulation **随机仿真** 在数学模型中采用了随机值。随机仿真是相对于确定仿真而言,随机值由随机数产生器产生。

stochastic syntax analysis **随机句法分析** 运用概率信息的句法分析策略。它首先使用概率较高的产生式以减少试探错误的可能性。

stochastic system **随机性系统** 系统的输入输出及干扰有随机因素,或系统本身带有某种不确定性。随机性系统所反映的结果是在一定的宏观条件下,同时又受一些无法控制的随机因素作用,因此无法确定其每一次的结果,只能断言其出现某种结果的概率。比较 deterministic system。

stochastic Turing machine (STM) **随机图灵机** 一种非确定型图灵机。对于给定的输入串 x,其输出定义如下:计算树的每一个组态有两种可能形式,一种称为存在组态;另一种称为随机组态。其类型随层交替变化,树的一个允许计算是通过删除挂在每个存在节点下面两棵子树之一得到的子树。对于输入串 x,输出为"*yes*"的充要条件是生成的计算树包含一棵其半数以上树叶为接受计算的允许计算子树。

stochastic 0L system **随机林氏无关系统** 如果 0L 系统 $G=\langle\Sigma,p,\omega\rangle$ 中的 p 是随机产生式的集合,并且左部相同的诸产生式的概率总和等于 1,则 G 就是随机林氏无关系统。

stock keeping unit (SKU) **库存单元** 一种识别每种货物项目的标识符。它是货物的最低级数字标识。通常要标出部门、类别、卖主、式样、颜色、大小和位置。

Stokes's law **斯托克斯定律** 发光物质的发光波长一般总是大于激发光波长,这称为斯托克斯定律。激发能量与发射能量之差称为斯托克斯位移。

stop band **阻带** 也称"抑制频带",在某个频率范围内的衰落大于一个规定值的频带。同 rejection band。

stop bit **停止位** 异步串行传输中,一个字符的最后一个或两个码元,用来确保对下一字符的起始码元的正确标识。

stop character (STP) **停止字符** 一种文字处理控制符。它中断输出处理的序列且给操作员或机器提供改变正文处理参数或数据的手段。参见 repeat character, switch character。

stop code **停止(代)码** 在文字处理中,一种导致读入装置停止的程序指令码。如果此设备是交互的,则它一般作为操作员改变或修正的一个停止表的索引。

stop distance **停止距离** 在磁带机停止工作过程中,从发出"磁带停"命令到磁带完全停下来这一段时间内磁带运行的距离。它主要是由惯性造成的。

stop element **停止码元** 异步串行传输中一个字符的最后一个码元。用它来保证识别下一个起始码元。同 stop signal。

stop instruction **停止指令** 一个退出命令。表示计算机程序执行的终止。

stop key **停机键,停机开关** (1)在文字处理中,终止和中断某一操作的一种控制。同 break key, cancel key。(2)在控制面板上,使机器停止工作的按键。通常仅在当前指令完成后才停机。

stop list **非用词表** 在自动标引系统中的一张词表。计算机执行指令时,不把这张词表中的词作为标引词。一条索引通常以名词性术语作为基础,这样,计算机通常把某些词(如"and","but"等)置于非用词表中。参见 automatic indexing。

stop loop **停止[停机]循环** 一种使计算机停止执行程序的小循环,以便在某一已知位置进行测试。例如,在 BASIC 语言中的指令:110 GOTO 110。

stopped state **停止状态** 在 AIX 操作系统中,一个不可使用设备的状态,但设备的驱动程序仍然装入在系统中。

stopper **终止单元,末单元** 一个给定系统中地址最高的那个存储单元。

stop signal **停止[停机、终止]信号** (1)使接收机构停止工作并等待下一信号到来的信号。(2)在起停式系统中,跟随于一个字符或数据块之后的一个信号。它使接收设备准备好接收随后的字符或数据块。这种终止信号通常是信号期间等于或大于指定最小值的一种信号码元。

stop/start control **停止/启动控制** 在口述记录设备中,一种停止或启动记录媒体向前移动的手段。

stop time **停止时间,(磁带的)制动时间** 磁带机从结束读/写操作到磁带停止运行所花的时间。

stop word 停用词 一类在某种描述过程中不作为描述符的词。例如 the、an 或 and 等是被搜索应用程序忽略的常用词。

storage 存储器 是存储指令和数据的计算机部件。有多种类型。中央处理器从存储器中取出指令，按指令的地址从存储器中读出数据，执行指令的操作。存储容量和存储器读写数据周期是存储器的两个基本的技术指标。在某些时候，术语 storage 和 memory 可作为同义词。

storage address 存储器地址 存储器里具体存储单元实际位置的编号。

storage addressing mode 存储器寻址模式 确定操作数在存储器中位置的方式。通常的寻址模式包括直接的、立即的、间接的、索引的及相对寻址等。

storage allocation 存储分配 编译程序的一个阶段。目的是：给源程序引用的全部变量分配存储单元；给中间结果所需要的全部临时单元分配存储单元；给文字分配存储单元；确保存储器的分配和相应单元的初始化。参见 dynamic storage allocation。

storage allocation of compiler 编译程序的存储分配 对编译程序本身以及存放各种输入数据、输出数据和中间数据的表、栈、区的存储分配。主要应考虑下列问题：表、栈、区的存储空间要分配得当；编译时要充分发挥二级存储器的作用，可把输入流、输出流放在二级存储器中，而在内存中开辟两块不大的缓冲区。

storage area 存储区 存储器中分配给某个程序、变量或输入输出缓冲区的存储单元。

storage area network (SAN) 存储区域网 一种专门用于连接具有相关服务器的各种数据存储器的高速网。SAN 是一种高速的专用网络，它建立起服务器、磁盘阵列和/或磁带库之间的一种直接连接。它如同扩展的存储器总线，将专用的集线器、交换器以及网关或桥路互相连接在一起。SAN 的界面通常是光纤通道。一个 SAN 可以是本地的或者是远程的，也可以是共享的或者是专用的，只包括外挂式中央存储器和 SAN 互连部件。SAN 实际上是一种处理存储需求的独立网络，是把存储任务和特定的服务器分开，实现一个利用高速网络技术作为主干的共享式存储设备。存储系统从主服务器总线脱开以及服务器"后端"高速网络的组合是 SAN 的关键。服务器不是把数据存储在内部的磁盘上，而把文件转发给 SAN，诸如定向器和多路转换器等网络设备优化存储任务的处理，把文件送到合适的存储器设备上。实际上，SAN 在网络环境中实现了传统上在服务器及其自己的专用存储子系统之间的后台 I/O 环境中实现的工作。有了 SAN，就不需要物理上分开的网络，因为主要建立了不同的优先等级和服务种类，SAN 就起了在一个共享的网络基础设施上运作的虚拟子网的作用。比较 network attached storage (NAS)。

storage array 存储阵列 由一个或者多个可公共访问的存储子系统中的磁盘或者磁带的集合构成，这些磁盘或者磁带由控制软件统一管理。

storage battery 蓄电池 放电到一定程度后，经过充电又能复原续用的电池。参见 galvanic cell，primary cell。

storage block 存储块 主存储器中的一块连续区域。参见 page frame。

storage bounds checking 存储界限检查 检查计算机程序的运行及其对数的操作是否在允许的存储区域范围之内，或用来保证不会发生访问非核准的存储区域的检查。同 memory bounds checking。

storage capacity 存储容量[能力] 存储器中所能容纳数据的量。它以二进制数字符、字节、字符、字或其他数据单位计量。

storage cell 存储单元 (1)看成是一个单位的一个或几个存储器元素。(2)能够输入或存放一个单位数(如机器的基本字长)并且可以检索的存储器的最小部分。(3)存储器的一个基本存储单位，如一个二进制位或某些机器中的一个十进制位。

storage class (SC) 存储类 一个命名的存储属性表。标识为存储类相关的数据而提供的一个存储服务级的一系列属性。不直接表示一个物理存储器，或者与某个存储类名相关。

storage code 存储码 在计算机系统中，以字符形式保存和处理数据的代码。常见的有 EBCDIC(扩充的二进制编码的十进制交换代码)和 ASCII(美国信息交换标准代码)，前者多用于较大的主计算机，后者多用于小型计算机、微型计算机及通信系统的智能设备中。

storage compaction 存储紧缩 在 OS/2 操作系统中，重定位存储段与一个连续位置的过程。

storage cycle 存储器周期，存取周期 (1)在把信息送到主存储器或从主存储器中取出信息时发生的周期性事件序列。(2)存储器中，寻址、读或写数据所需的序列操作的最短时间。

storage cycle time 存储周期时间 对存储器进行一次读出操作或写入操作所需的时间。

storage density 存储密度 可以存储在单位长度或单位面积存储介质中的数据量。

storage descriptor 存储描述符 在某些操作系统中，标识存储器转储中的重要区域的一种 16 个字节的字母数字字符串。

storage device 存储器件[设备] 能够写入、保存和读出数据的器件或设备。如光碟、磁盘、磁盘阵列、磁带阵列等。有时把计算机的主存储器也认为是存储设备的一种。

storage device controller 存储设备控制器 见 magnetic storage device controller。

S

storage domain **存储域** 存储资源以及其支撑软件和接口的集合，该集合中的所有要素都被作为一个单元进行管理。

storage drum **存储鼓** 磁鼓的别称，是一种能容纳大量数据，并能以较快速度存取的存储设备。由于磁鼓有体积较大等缺点，其应用受到一定限制，现已不用。

storage dump **存储器转储** (1)将存储设备的内容或某一特定区域的内容传送到磁带或盘上，这是在系统出错的情况下，提供备用的拷贝(副本)。(2)复制存储器中全部或部分数据的过程。

storage element **存储元素** 存储器件中的一个基本单位，如一个二进制位。

storage exchange **存储交换** 两个存储器件或两个存储单元的所有内容相互交换。

storage expansion blank **存储扩充空域** 在网络控制器中，在未装入存储扩充部件时，能够在控制单元内保持正常的空气流动的机器空间。

storage expansion unit **存储扩充部件** 安装在一个设备内，用以提供附加的存储容量的硬件成分。

storage fill **存储器填充** 在某个存储区中，对那些未用作机器运行程序和数据存储区的单元内填充指定的字符。

storage fragmentation **存储碎片，存储残片，存储器碎片化** (1)指存储器中有很多零星的不便使用的分散区域的状态。(2)在虚拟系统中，由于可利用的空间小于页面大小而不能分配给虚拟地址的实存单元的情况。

storage guard **存储保护** 为了禁止或防止对一些特殊存储区域的存取而设置的硬件或软件的保护措施。

storage hierarchy **存储分层，分级存储器体系** (1)使数据能够存储于若干存储设备中的一种层次排列。这些存储设备在诸如容量和存取速度方面具有不同的特性。(2)由一组不同容量和速度的存储器构成的系统。因为这些存储器的不同性能价格比，故可有选择地使用，系统中可以包含高速的、小的半导体存储器，大的、中速的盘存储器，以及大的、低速的带存储器。

storage image **存储映像** 当计算机程序及其有关数据驻留在主存储器时的一种表示形式。

storage indicator **存储指示器** 一种计算器中的可见指示，表明这时存储器中保存着数据。

storage interference **存储器冲突** 共享存储器系统中两个或多个处理部件访问同一存储块而发生的冲突。

storage interleaving **存储器交叉存取** 多数据流计算机的一种操作方式。在这种方式中，相继的两条指令以不同的存储模块存取操作数。

storage key **存储键(标)** 一组专用的二进制位。用来和某个存储器中的各个字或字符对应，各个任务有一组二进制位(称为保护键)与之相配，只有保护键与存储键相符时才允许访问有关存储块。

storage levels **存储器等级** 参见 first level storage, second level storage, third level storage。

storage light **存储器指示灯** 在某些计算机中，安装在控制台面板上用以指示当字符从存储器中读出或写入时出现了奇偶校验错误的一种指示灯。

storage limit register (SLR) **存储界限寄存器** 在采用界地址保护的计算机系统中，所设置的一对或几对保存界地址的寄存器。他们分别记录现行程序所用的存储区的上界地址和下界地址。当遇到要从界限以外的存储区域去存取指令或数据时，就产生越界信号进行存储保护。

storage line **存储行** 程序编址空间的一种单位，其长度为 32 个字节，并与 32 个字节边界对齐。

storage location **存储单元** 计算机系统内一个信息单位的实际存储位置。信息单位的大小可以是二进制的一位、一个字符或一个字，单元必须能被识别，即用指令能定址到该单元。有时使用单元一词也指由地址规定的存储器的一个区域，这个存储区域可以是字块或字段的实际存储区。

storage location selection **存储单元选择** 在文字处理中，通过预先选择一个或几个特定的存储地址来选择一组或几组正文的方法。

storage management **存储(器)管理** (1)操作系统的一个组成部分。它包括：决定存储分配的资源；分配和回收各存储区；把各存储区已分配和未分配的状态登记成表等功能。对虚拟存储管理还应包括页面分配、管理和调试等功能。(2)某些系统拥有的硬件可选件。用于在多道程序环境中控制用户程序的运行。

storage management interface specification (SMI-S) **存储管理接口规范** SMI-S 是 SNIA(网络存储工业协会)倡议的为存储网络开发的公共管理接口。

storage map **存储映射** 一种编译程序的打印输出。它指明了各种变量和语句号在目标程序中的名字和在存储器中的地址。

storage medium **存储媒体** 由国际电报电话咨询委员会(CCITT)定义的五大媒体(感觉、表示、显示、传输、存储媒体)之一。存储媒体系指进行信息存储的媒体。存储媒体可以存储模拟信息或数字信息，而目前所指的存储媒体一般系指存储数字信息的媒体。这类媒体包括硬盘、光碟、软盘、磁带、ROM(只读存储器)、RAM(随机存取存储器)等。参见 presentation medium, representation medium, perception medium, transmission medium。

storage medium of resource information **资源信息存储介质** 能够存储资源信息的物理介质。在信息领域主要指计算机系统的用于存储信息的物理介质，如计算机硬盘、磁带、光碟等。

storage module 存储模块 (1)一种可交叉寻址的存储器的相对独立部分。(2)坐标寻址存储器中的独立部分。

storage module disk (SMD) 存储模块式磁盘 一种标准大容量硬磁盘存储器。通常由五个以上的磁盘叠装组成,磁盘直径为5、8或14英寸,容量可达几百兆字节,甚至1千兆字节以上。

storage networking 存储联网 创建、安装管理或者使用网络的行为,这些行为的目的是进行计算机系统与存储单元之间和存储单元与存储单元之间的数据传输。

Storage Networking Industry Association (SNIA) 网络存储工业协会 作为一家非盈利的行业组织,由400多家致力于网络存储的厂商组成,在全球范围已经拥有七家分支机构:欧洲、加拿大、日本、中国、南亚、印度以及新西兰。SNIA致力于提供相关的行业标准、教育及服务,以推动开放式存储网络解决方案的市场。

storage object 存储性客体 支持读和写访问的客体。

storage operation 存储操作 与存储部件有关的各种操作,主要指读、写、转储、存储、保持以及存储器内数据的转移。

storage organization 存储组织 数据库在辅助存储器上的一种物理表示法。它涉及数据项的表示法、记录的表示法、联系的表示法、索引组织方法、记录的定位方式等。

storage overlap 存储器覆盖 在存储模块中划分程序的代码和/或数据的条件。

storage overlay area 存储器覆盖区 参见 overlay area。

storage page 存储页 一种程序编址的空间单位。例如其长可为2 048字节,并与2 048字节边界对齐的一块区域为一页。

storage parity 存储奇偶校验 在从存储器取出数据或向存储器送入数据时,在数据传送过程中所进行的奇偶校验。

storage peripheral 外围存储器 一种可以存储数据的外围设备,如磁盘机、磁带机等。

storage pointer register 存储指针寄存器 一种指向含有数据的存储单元地址的寄存器。

storage print program 存储打印程序 一种将某存储单元或寄存器内容打印出来的程序,用于帮助用户找出程序工作不正常的原因。

storage problem 贮藏问题 图的色数的一个应用问题。一家工厂生产 n 种产品 $A_1, A_2, \cdots, A_n$,有的互不相容,因此需将仓库分成间隔,试问这个仓库至少应分成几个间隔。构作一图 $G=\langle V,E\rangle$,$V=\{v_1,v_2,\cdots,v_n\}$,两个顶点 v_i, v_j 相连当且仅当产品 A_i, A_j 互不相容,则仓库的最小间隔数等于 G 的色数。

storage protection 存储(器)保护 多用户或多道程序设计环境中,通过硬件或硬件软件相结合来保证每道程序只能在给定的存储区域运行。常见的措施有界地址保护、保护键、保护环等。

storage protection key 存储保护键标 参见 protection key, storage key。

storage provisioning 存储自动配置 分配空间的处理过程,通常这种空间是服务器磁盘空间,通过存储自动配置可以优化存储局域网(SAN)的性能。一般由SAN的管理员来进行存储自动配置,管理员一定要确保所有用户在需要的时候都可以获取足够的空间进行存储。

storage reconfiguration 存储重构 使损坏的存储器不再被使用,并释放相应硬件资源的功能。

storage region 存储区域 参见 main storage region, overlay region, virtual storage region。

storage scheme 存储方案 一组存储规则。它用于确定数据存在存储器里的模块号和模块内的单元地址。数据可按多模同时存取、连续存取或跳间存取,无论采用那种存储规则,都要考虑操作的并行性且避开冲突情况。

storage security 存储安全 为保护存储资源和数据被未经授权的用户所访问采取的技术上的控制措施,以保证这些存储资源和数据的完整性、保密性和可用性。

storage stack 存储(器)堆栈 以存储器中的部分单元构成的堆栈。同 push down list。

storage structure 存储结构 数据库的存储结构和物理组织,而不是操作系统中的文件结构和组织。数据库中的数据是结构化的,即各记录型之间彼此是有联系的。因此,研究数据库的存储结构不仅要涉及每种记录型如何存储,而且还要使数据的存储反映各记录型之间的联系。实现各记录型之间联系的方法有:①邻接法;②链接法或指针元法;③邻接-链接混合法。

storage structure language 存储结构语言 同 data storage description language。

storage switch 存储器开关 某些计算机控制台上的一组手动开关。操作员通过这组开关可以读出、显示或打印计算机中任一寄存器或存储单元的内容,也可以把数据存放到存储器开关所选定的存储单元中去。

storage tab setting 存储制表设定(件) 在文字处理技术中,机器中的一种功能部件,使制表机设定能够送进记录媒体或送进内存,以便在随后的操作中使用这些设定。

storage tube 存储(显示)管 一种无需刷新便可以保持显示图像的阴极射线管。比较 electrostatic storage。

S

storage tube display 存储管显示 由屏幕本身具有存储画面能力的阴极射线管进行的显示。这种显示一旦产生画面就不必进行刷新,因而也不需要保存画面显示文件的缓冲存储器。其优点是成本低,图形的清晰度不受画面复杂程序的影响,不会因画面复杂而引起图形闪烁。但画面的任何更改,都需要将整个画面重新生成。它不具备局部擦除的功能,因而不适于生成动画片或其他要求快速更换画面的动态模拟。另外,它不能与光笔配合,其实时交互作用性能也受到一定的影响。

storage tube graphical display 存储管式图形显示器 一种采用显像管本身存储图形信息的显示器。它的特点是具有显示大量而复杂的稳定图形的能力,因而省去存放图形信息的存储器,因此,价格相对便宜。但是,动态特性差,对比度低。

storage unit 存储单元 同 storage location。

storage unit subassembly 存储单元组装 在 Image Plus 中,OSAR 库的一部分,包含数据磁带驱动器和存储单元。

storage usage map 存储应用映像 一种覆盖连接的编辑程序的输出,它给出了组成装入成员的例行程序的名字和存储位置。

storage variable array 内存变量数组 在数据库系统中,以内存变量形式出现的数组。可以是一维的,也可以是二维的,元素的最大个数受系统限制,可方便地与其他变量交换数据信息。

storage variable file 内存变量文件 在数据库系统中,专为在数据处理时使用的存储变量而设置的文件。这些存储变量用于保存程序运行或命令执行过程中所用到的中间结果和最终结果数据。

storage virtualization 存储虚拟化 从应用程序、计算机服务器或者网络资源中提取、隐藏或者分离存储系统的内部功能的行为,其目的是使应用程序和网络与存储或者数据的管理相互独立。

storage workspace 存储器工作区 某一程序运行时所需要的存储区及存放该程序本身所需要的存储区之和。

store 存储 (1)将信息写入并保存在存储器件中,以供需要时从中取出。(2)在计算机程序设计中,将寄存器中的数据存入存储器。

store and forward 存储转发 计算机通信中普遍采用的一种信息交换方式。在一个或多个中间节点中,把信息存储起来并进行处理,在网络容量允许时将这些信息传送到各自的目的地。使用这种方法可以大大改善广域网的传输效率。

store and forward network 存储转发网络 采用存储转发方式进行信息交换的网络系统。在该方式网络系统中,本站在向目标站传送信息前,首先需要把报文或信息包存储起来,然后在接到目标站的应答信号后,再将上述信息传送到目标站去。

store-and-forward replication 暂存复制器 复制器的一种,将复制数据的物理过程分为两步:修改过程和复制过程。两个过程之间的时间周期并没有定义,这种潜在的时间间隔对使用两阶段提交不利,而且会使系统的一致性较弱。这种复制器的系统响应速度较快。参见 real-time replication, time based replication, master/slaver replication, cascade replication, peer-to-peer replication。

store-and-forward switching 存储转发交换技术 用于交换式集线器中的一种数据传输技术。它可以在内部暂存整个包,检查它的有效性,再在适当时候把它传输出去。这样可防止坏帧的传输。

store-and-forward switching center 存储转发交换中心 一种信息(报文)交换中心。它从发送端接收信息,保留在物理存储器中,一旦接收端能接收这种信息时,即发送到接收端。

store condition of magnetic tape 磁带存储条件 磁带长期存放的环境要求。该环境要求温度为室温,相对温度为 25 ~ 80%,不能落灰尘,不能有强磁场,大盘磁带立放时每隔一季要转 90 度,以防带间挤压受损,每隔一年要倒一次带。若保存环境与机房环境相差很大时,使用前把磁带置于机房环境 4 小时以上。

store controller 存储控制器 (1)网络中的一种可编程装置,用于收集数据,发出询问以及控制系统内的通信。(2)在 PSS(可编程存储系统)中,在主处理机与附联在其上的终端之间的主链路。(3)同 subsystem controller。

store controller disk 存储控制器磁盘 可编程存储系统控制器的一种必备部分,用来作为存储控制器存放数据、用户文件和应用程序的辅助存储器。

store controller storage save 存储控制器存储保存 当电源断开或检测到电源故障时,把存储控制器中的重要数据自动写入磁盘。

stored energy operation 储能操作 利用操作前存储于机构本身内的,并且在预定条件下足以完成操作的能量所进行的操作。比较 power operation, manual operation。

stored format instruction 存储格式指令 字处理中的一种预先记录的指令,用来确定文本或其他信息的格式。

stored logic 存储逻辑 (1)利用适于发挥高集成度技术的存储器芯片来实现原由硬件逻辑所完成功能的技术。(2)一种用以存储引导例行程序、解释例行程序、转换例行程序或执行例行程序的只读存储器。

stored logic computer 存储逻辑计算机 一种用主存储器兼作控制存储器的微程序控制计算机。

stored program 存储程序 存储在数据处理系统内部的数据处理程序。程序本身和该程序所处理的数据以同样的方式存储在存储器中,并可当作数据来对待。

stored program computer 存储程序计算机 (1)也称"通用计算机",其程序指令和数据以同样方式存储在内存中,计算机可以改变其内存中的程序指令,就像改变内存中的数据一样,然后再执行这些修改了的指令。目前的计算机几乎都是存储程序计算机。(2)在处理一程序时,能在其主存(内存)保存该程序的计算机。在计算机的早期发展阶段,术语"存储程序计算机"意思更为广泛。第一台存储程序计算机被认为是 1949 年在英国剑桥大学建造的 EDSAC(电子延时存储自动计算器),在这之前,把指令送入计算机的办法是采用插线板、穿孔卡或磁带,指令每次一条。

stored program concept 存储程序概念 在数字计算机的存储器中存放程序这一设想,被认为是近代通用计算机的最重要的概念之一。它是由冯·诺依曼于 1945 年提出的。在此之前,程序都是存放在固定的外存储器(如穿孔卡片或纸带)中,或者用导线接到接插板上。

stored program control (SPC) 存储程序控制,程控 (1)对自动交换设备的一种控制方式。这种方式中,呼叫的处理是由存储在一个可变存储器中的程序控制的。(2)程控即存储程序控制,也就是以电脑芯片来控制。家用电器中的洗衣机、微波炉、空调以及电脑提花编织机等均属程控。

stored program control digital exchange 程控数字交换机 由处理机存储程序控制的、以数字形式通过其交换设备交换信息的交换机。

stored program logic 存储逻辑程序 为了对所有问题执行同一过程而存在含有逻辑命令的存储器中的程序。

stored program system 存储程序系统 拥有存放程序的内部存储器并自动进行计算的系统。目前的计算机几乎全部是这种系统。

stored record 存储记录 数据库中存储的最小数据命名单位称为存储字段。被命名的一组相关的存储字段的集合构成一个存储记录。数据库含有某一存储记录型的多个值,同一类型存储记录的全部值的集合构成一个存储文件。

stored word 存储字 存在计算机存储器中的字母(或对应的机器名称)的实际线性组合,它实际上与词典有很大的不同。

storefront 店铺 在因特网中,一种在 Web 上建立商业企业形象的 Web 文档。一般而言,店铺不是试图提供完整的产品目录,而是以图解形式展示该厂商必须提供的几个产品类或服务。Web 营销经验表明,最成功的店铺是那些提供某些有趣的"免费件",如信息或可下载软件的店铺。由于安全协议得到了更加广泛的使用,因此客户将能够安全地用其信用卡支付定单。

store indicator 存储指示符 同 memory indicator。

store loop 存储回路 一种在存储控制器和可编程存储系统终端之间传递数据的电缆。

store loop driver 存储回路驱动器 一种把存储控制器和存储回路连接起来的硬部件。

store protection 存储保护 一种存储保护特性,它通过对保护键与存储键的比较来确定对主存的访问权限。每次访问主存都要有一个相应的保护键。主存中的每一存储块都有一个存储键与之对应。

store support procedure 存储支持过程 除用户结算外,协助工作人员从事行政管理、运行及管理工作的过程。

store through 存储贯穿 每当中央处理机把数据写入高速缓冲存储器时就对主存中的数据进行更新的过程。

store through cache 经高速缓冲存储器的存储 在处理部件中的一种存储(写)操作,它使数据几乎同时存入高速缓冲存储器和主存的单元中。

storing 存储 将数据放入存储设备的动作。

storyboard 故事板 在多媒体应用中,脚本的一个视觉表示,显示每个镜头的图片并描述其相应的配音。同 slide show presentation。

storyboarding 编制故事板 在多媒体应用中,制作一系列静止图像,如题目、场景等,以进行实际制作。

STP (1)信令传输点 signaling transfer point 的缩写。(2)屏蔽双绞线 shielded twisted pair 的缩写。(3)生成树协议 spanning tree protocol 的缩写。

STR (1)同步收发机 synchronous transmitter receiver 的缩写。(2)挂起到内存 suspend to RAM 的缩写。(3)持续数据传输率 sustained transfer rate 的缩写。

straddle erase head 跨立式抹除磁头 其磁芯跨立于读写磁头磁芯之上的一种侧边抹除磁头。其特点是它和读写磁头有部分公用磁路,且磁场方向和写入磁场方向互相垂直。此外,由于磁头末端至读写磁头间隙的距离较小,故比磁道抹除磁头能更有效地利用记录媒体表面。

straight binary 直接二进制 一种常用的按位记数的二进制记数系统。在一数中,一个数位的权为其相邻的低数位的权的两倍。例如 10101.01 表示 $1\times2^4+0\times2^3+1\times2^2+0\times2^1+1\times2^0+0\times2^{-1}+1\times2^{-2}$。

straight insertion sorting 直接插入排序 最简单的一种插入排序方法。当插入第 j 个记录 R_j 时,把其键 K_j 依次地和前面已排好序的 $j-1$ 个记录的键 $K_{j-1}, K_{j-2}, \cdots$ 进行比较,找到应该插入的位置,插入 R_j,而原来位置上的记录向后顺推。

straight line approximation of the on-state characteristic 通态特性近似直线 通态特性曲线上两规定点相连的直线,此直线用以近似表示通态电压-电流特性。

S

straight line coding 直接式程序编制 一种通过展开避免循环的程序设计技巧。

straight line portion 直线部分 在摄影技术中，指感光曲线中基本上是直线的那一部分。在该部分，曝光量对数的等量增加引起曝光厚度的等量增加。

straightness 直线度 被测直线(机构的直线部分或直线运动)与理想直线偏离的大小。直线度是用包容被测直线的两个平行平面之间的最小距离表示(单方向的直线度)或包容被测直线的理想圆柱的最小直径。

straight selection sorting 直接选择排序 这种排序方法首先在所有待排序记录中选取有最小关键码(或最大关键码)的记录，然后在其余的记录中再选次最小的(或次最大的)的记录，如此重复下去，直到所有记录排序结束。

strain insulator 拉紧绝缘子 其外形通常为细长形、蛋形或球形的绝缘子，它具有两个相互垂直的横向的孔或槽。参见 insulator。

strain relief clamp 电缆卡(子) 压紧电缆的卡子。其作用是防止应力传到焊点或连接点上。

strap 跨接带 (1)一种在两个端点(通常指印刷电路板上的针)之间进行可拆卸连接的短的跨接带(通常模压成塑料"杯"状)，其目的是允许选择或设置一些操作参数。例如，可用数据速率或发射机计时时钟脉冲源的选择和设置。(2)用"跨接带"的方法对电路进行选择和设置。

strapping option 跨接选择 某一功能部件的一种能力或操作特性。是否使用该部件取决于是否通过"跨接带"连接了有关端点。

strapping table 跨接表 一种列出跨接选择并根据相应选择给出所使用的跨接带及其跨接位置的一种表(常出现在操作或维护手册中)。

strategic computing program 战略计算机计划 美国国防部高级计划局于1983年开始组织实施的一项用于军事目的的第五代电子计算机的计划。其主要课题是研制一种能用来处理紧急防务问题的超级智能计算机。建立机器智能(即人工智能)技术基础，以加强美国的"安全感"和确保美国在战略科学技术、经济和军事领域中的霸主地位。

strategic decision 战略性决策 有关企业的发展方向、目标和政策的决策。一般属于半结构化或非结构化决策。

strategic defense initiation (SDI) 战略防御倡议计划 也称"星球大战"计划，由美国总统里根1983年3月23日向全国发表电视讲话时宣布，并于1984年开始执行。SDI是设计火箭防御系统的一项研究开发计划，其目标是争取在90年代末研制成可以在大气层外的宇宙空间拦截并摧毁前苏联的洲际弹道火箭的防御系统。整个SDI系统的各个分系统都要用计算机支持，作战武器需要计算机来控制引导。SDI防御系统是全球性分布的，系统的全部计算机要遍布整个地球的各个区域。因此，SDI防御系统对计算机、人工智能、分布式数据库以及通信系统提出了极高的要求。

strategic explanation 策略解释法 策略在抽象中产生对问题求解过程的解释。策略解释由D. W. Hashing提出并在NEO-MYCIN系统中得到实现，它要求使用它的用户掌握问题求解过程的基本思想，且具有一定程度的领域知识。采用策略解释的实现系统，其策略知识和领域知识完全分开，策略知识只包括一般诊断问题的求解方法和调用这些方法的元规则，解释通过元规则调用问题求解方法来得到。

strategic information 战略信息 与企业长远经营决策和规划有关的信息。这类信息一般通过决策支持系统(DSS)获取。

strategic knowledge 策略知识 也称"策略"。指导和控制问题求解过程的知识和方法。包括通用控制策略、启发式信息的利用等。

strategy acquisition 策略获取 考察成功和失败的推理路径，获取控制推理的启发式知识的过程。

strategy information system (SIS) 战略信息系统 用于进行宏观战略决策的信息系统。最初是在大型工业企业内部建立起来的信息处理系统。主要作为工业设计、生产和管理的辅助工具，后来功能进行了扩展，不仅提供业务信息，而且提供战略性和决策性的信息，不但能及时将销售网的信息直接同生产场所结合起来，而且可以分析经营中的薄弱点，修改或重新制定下一步的战略计划和方案。

strategy plan management information system 规划经营策略的信息系统 为确定经营的战略目标、方针和计划而向企业最高管理阶层提供经营信息的系统。由于信息革命和技术革命的飞速发展，以及国际化和企业规模扩大化、复合化，企业的长期性经营战略正在引起人们的重视。在受到"石油冲击"之后，危机管理方面的规划经营策略的信息系统开拓受到重视。

stratification 层别法 也称"层别分析法"，为了区别所收集的数据中，因各种不同的特点而对结果产生的影响，而以个别特征加以分类、统计的方法。

stratificational theory 层级理论 动词谓语与角色在语义组合上存在的先后次序和谓语动词一致关系标记的语法化序列存在的先后次序，层次高的谓语动词的组合先于层次低的谓语动词的组合。

stratified language 成层语言 因缺少功能和灵活性而不能当作自己元语言作用的语言。常见的程序设计语言都属这种语言，也称"非元语言"。比较 unstratified language。

stratospheric communication 平流层通信 用位于平流层的高空平台电台(HAPS)代替卫星作为基站的通信。若高空平台电台高度在20 km，则可以实现地面覆盖半径约500 km的通信区。平流层通信系统和卫星通信系统相比，费用低廉、延迟时间小、建设快、容量大。它是在研究中的一种通信手段。参见 high altitude platform stations (HAPS)。

stray conductance ofthe lowvoltage terminal 低电压端子的杂散电导 电容器的低电压端子和接地端子之间的电导。

stray current 杂散电流 指在规定的电路或意图电路之外流动的电流。杂散电流是一种因外界条件影响而产生的一种电流，如在电气的高压试验中，直流泄漏或直流耐压试验中，因为高压部分对地存在电容，从而有电流从这个电容流过。杂散电流也可能是动力和照明交流电路的漏电；大地自然电流；雷电和电磁辐射的感应电流等。

streak 色条[线]，条纹 在打印纸上出现的比要求的颜色或深或浅的窄带。

stream 流 (1)连续传输的信息序列。例如比特流、数据流。在概念上，流是对象的概念。从方向上分有输入流、输出流和双向流，从类型上分有字符流和字节流。流也可定义成字符或字节的源和目的。(2)在因特网的流协议(ST)中，指一系列由应用程序的数据生成的路径、分配给这个数据传输的资源以及描述该数据传输的状态信息。每个流用一个全局唯一的名字命名。一系列流可以相互关联以形成一个称为“组”的集合体。从拓扑结构上，流可以看作是一个有向树，源头就是树的根。

stream access 流存取 参见 serial access。

stream cipher 流密码 密码学中一种加密方法，也称“序列密码”。它把待加密的明文编成数码，再与密钥流产生器生成的随机数字密钥结合成密文，在接收端加一与发送端相同的安全随机密钥流，密文就将被该密钥流翻译成原明文。如果用模的办法将随机数二进制密钥流加密明文，则加密和解密过程就完全相同了。流密码强度完全依赖于密钥流产生器生成序列的随机性和不可预测性，其核心问题是密钥流生成器的设计。保持收发两端密钥的精确同步是实现可靠解密的关键技术。

stream cipher chaining 流密码链接 在密码学中，流密码加密法由于反馈链接方法不同有自同步和非自同步两种类型。参见 self-synchronizing stream cipher，synchronizing stream cipher。

stream control transmission protocol (SCTP) 流控制传输协议 用户数据报协议(UDP)和传输控制协议(TCP)两种协议的扩展版本。SCTP 是一个面向连接的传输层协议，它在对等的 SCTP 用户之间提供可靠的面向用户消息的传输服务。相对于其他传输协议来说，它传输时延小，可避免某些大数据引起的阻塞，有更高的传输效率和可靠性，有更高的重发效率，具有更好的安全性。

stream data transmission 流数据传输 在 PL/1 语言中，数据的传输，其中数据的记录结构被忽略，而被看作是字符型的连续的数据元素序列。对应于 record data transmission。

stream editor 流编辑程序 也称“串编辑程序”。是一种功能最强的文本编辑程序，它能修改语言编辑程序。参见 statement editor。

stream end 流尾 在 UNIX 中，指离用户进程最远的流的一种成分，包括驱动程序。比较 stream head。

stream file 流文件 在 BASIC 中，一个磁盘文件，其中的数据以连续的方法进行读写而没有记录边界。对应于 record file。

stream head 流首 在 UNIX 中，指离用户进程最近的一种流的成分。它提供与用户进程之间的界面，由流上用户进程发出的所有系统调用都通过流首处理。比较 stream end。

streaming 流技术 (1)一种在磁带上快速存储信息的技术，通常用作温彻斯特磁盘系统的后援。这种存储技术消除了其他记录技术所常有的数据块之间的间隔和短停，从而加速数据传输。(2)网上下载时的一种技术。在下载音频或视频文件时，使用流技术，可以在整个文件到达之前就能够收听或收看。

streaming digital cartridge tape drive 流式数字盒式磁带机 专门作为温盘的媒体后备的盒式磁带机，存储容量可达 20 MB。这种盒式磁带机的接口类似于半导体先进先出(FIFO)存储器。由于以流方式工作，所以这些磁带机消除了记录间隔。另外，由于采用螺旋形记录方式，所以无需倒带便可进入下一磁道。采用检错和纠错电路可使读出错误低于 10^{-10} 位。

streaming document 流式文档 一种最简单的文档结构。流式文档是连续地存放数据记录，不考虑各记录间的相互关系。当把新记录加入这个文档时，新记录增加到文档的最末位置，无需改变文档中记录的顺序，所以这种文档基本不需要维护过程。参见 sequential document，inverted document。

streaming formatter/controller 流式格式器/控制器 在流式磁带机中，把输入数据分解成数字组，并在其间插入内部地址、重新同步字符和检错字符的设备。在写方式中，磁带机检验数据，并重写边缘数据，而无需停止磁带。在该方式中，除去插入的字符，仅将数据送入主机。在检查数据时，流式控制器接口好像是半导体存储元件。这种设备可看作是非易失的先进先出(FIFO)存储器，可以方便地进出系统。其优点是不需要复杂的定时和数据处理操作。

streaming media 流媒体 流媒体是一种基于宽带技术的视频、音频实时传输技术。流媒体也是指采用流式传输的方式在因特网播放的媒体格式，而流式传输方式是指将整个 A/V(音频/视频)及三维等多媒体文件经过特殊的压缩方式分成一个个压缩包，由视频服务器向用户计算机连续、实时传送。与单纯的下载方式相比，这种对多媒体文件边下载边播放的流式传输方式不仅使启动延时大为缩减，而且对系统缓存容量的需求也大为降低。

streaming modem 流式调制解调器 使用流技术的调制解调器在下载音频或视频文件时，可以在整个文件到达之前就能够收看或收听。

streaming SIMD extensions (SSE) 单指令多数据流扩展 SSE是对MMX(多媒体扩充)指令的扩展和改进。在MMX基础上添加到70条指令，其中包含单指令多数据浮点计算以及额外的SIMD(单指令流多数据流)整数和高速缓存控制指令。参见single instruction stream-multiple data stream (SIMD)。

streaming SIMD extensions 2 (SSE2) 单指令多数据流扩展2 Intel公司在2001年发布的SSE2指令集，在原来的SEE基础上增加了144条128位多媒体指令，其中包含了128位SIMD(单指令流多数据流)整数及128位双精度浮点数指令，能更好地支持DVD(数字影碟)播放，音频和三维图形数据处理，网络流数据处理等。参见streaming SIMD extensions (SSE)。

streaming SIMD extensions 3 (SSE3) 单指令多数据流扩展3 IIntel公司在2004年发布的SSE3指令集，在原来的SEE2基础上新增指令13条，主要是对水平式暂存器整数的运算，可对多笔数值同时进行加法或减法运算，使处理器能加速执行DSP(数字信号处理)及三维性质的运算。参见streaming SIMD extensions (SSE)。

streaming SIMD extensions 4 (SSE4) 单指令多数据流扩展4 Intel公司在2008年发布的SSE4指令集，新增加了47条指令，主要针对向量绘图运算、三维游戏加速、视频编码加速及协同处理的加速。参见streaming SIMD extensions (SSE)。

streaming tape 流式磁带 参见tape。

streaming tape drive 流式磁带机 一种高速磁带机。适用起停次数少，一次传输较多信息的环境，这种磁带机广泛用做微机系统中硬盘的后援存储器。

streaming tape recording 数据流磁带记录 一种在磁带上记录数据的方法，磁带保持连续不变的运行，而不需要在记录之间启动和停止。

streaming technology 流式技术 (1)在因特网上传送信息(尤其是多媒体声音或视频图像)的过程，以平稳流动的方式，接收者可以在传输过程中访问文件。流式技术，也称“流式媒体”，让用户在下载时看到和听到下载的数字化内容，包括视频图形、声音和动画，他们通常用万维网浏览器插入的方式在用户点击后几秒种内就会出现。但是这种方便性的代价是牺牲了质量。因为在因特网上传送需要宽带的内容而采用的压缩技术会产生不尽人意的图像。(2)在磁带存储设备中，通过移动磁带缓冲区来控制磁带运动的低成本技术。尽管流式磁带包含了启/停性能，它达到了数据的高度可靠存储和检索，当一个特殊应用程序或计算机需要稳定地提供数据时尤其有用。

stream mode 流方式 在某些信息管理系统的信息格式服务中的一种输入方式。其中，字段定义为没有记录边界的数据流。

stream-oriented 面向流的 网络上的一个传输服务，允许其客户以连续流的方法发送数据。这种传输服务保证所有的数据按原来的顺序传递到另一端。参见transmission control protocol。

stream-oriented file 流式文件 用于存放二进制位、字节或其他小型的结构均匀的数据的顺序文件。

stream-oriented input/output 流式输入/输出 将数据传输到处理机或从处理机传输出来的一种方式。在这种方式中，把数据看成一连串的字符，而不考虑可能存在的任何记录界限，数据分别借助输入语句和输出语句进行传输。数据流的开始和结束受程序控制，而不受符号控制。

stream protocol (ST) 流协议 一个因特网协议。与IP(网际协议)不同，IP不要求路由器维护描述通过的数据流的状态信息。流协议在网络上建立起一个端到端的面向数据流的服务，这个服务以“流”为对象实现。流数据分组之间不是像IP协议中的那样完全无关的，而是作为一个流中的一部分。在数据传输之前要有一个建立流的过程，在建立流的过程中选择路由并保留连网资源。每个网络实体维护描述通过的数据流的状态信息，包括传输信息和资源信息。该协议支持视频和音频信息的点到点传输，可用于电视会议系统。参见Internet protocol (IP)，stream。

streams 流 (1)一种核心机制，为网络服务的数据通信提供一个框架。这种机制最早在UNIX V3中引入，为了扩展字符输入输出机制和支持通信服务的开发，为核心内部以及核心与用户层之间的字符输入输出定义了界面标准。该机制包括整型函数、实用程序、核心设施和一组数据结构。(2) AT&T公司在UNIX中加入的一种软件设施，用于开发UNIX系统的通信服务。它支持与硬件相关的一组服务的实现，从完整的网络协议包到单独的设备驱动程序。定义用于核心内部的字符输入输出以及核心和UNIX系统其余部分之间的标准界面。(3)微软Windows NT提供的一个驱动程序开发环境，用于生成或移植网络传输驱动程序。

streams-based pipe 基于流的管道 在UNIX中，使用流实现的用于双向数据传输的一种机制，它共享基于流设备的性能。实现了内核与一个或若干个用户进程间的连接，也享有基于流的优点。

streams driver 流驱动程序 在UNIX中，提供外

部输入输出设备服务的一种设备驱动程序或软件驱动程序，也称“伪设备驱动程序”。主要处理内核与设备间的数据传输。

streams message 流消息 在 UNIX 中的一种数据结构，用于在用户进程、模块和驱动程序之间传递数据、状态和控制信息。该消息由一个或多个消息块组成，每个块是一个三元组，包含首部、数据块和数据缓冲区。

streams module 流模块 在 UNIX 中，代表在流的数据流程上完成的处理功能的模块。这种模块定义成一个集合，用于处理数据、状态以及控制信息的内核层例程和数据结构。参见 streams。

Street Talk Street Talk 方案 一种计算机网络的全局命名方案，由美国 Banyan 公司为 VINES 网络操作系统设计和实现，是一个分布式数据库，将逻辑名字翻译成网际地址，使系统管理员能够方便地在不同服务器之间转移资源。

strength member 加固材料 在光缆中抗拉的高强度材料，可位于中间或者外部。

strength of shell 磁壳强度 磁化强度与磁壳厚度的乘积。参见 magnetic shell。

strength reduction 强度削减 在源程序或它的内部表示级上进行的一种优化。如果循环中某一个表达式满足下列两个条件：①这个表达式是区域变量和区域常量的线性表达式。②该区域变量是依循环线性地变化(如定步长的循环控制变量，则这个线性表达式中的乘(除)法运算可以削减成加(减)法运算)。因此，对它可以实行强度削减的优化工作。

stress anisotropy 应力各向异性 受到应力作用的磁性体通过磁致伸缩效应所产生的磁各向异性。

stress patterns 强化测试图案 在打印中或印刷技术中，一种严格的打印质量标准图案，用于测试打印质量。

stress testing 压力测试 压力测试是在强负载(大数据量、大量并发用户等)下的测试，查看应用系统在峰值使用情况下操作行为，从而有效地发现系统的某项功能隐患、系统是否具有良好的容错能力和可恢复能力。压力测试分为高负载下的长时间(如 24 小时以上)的稳定性压力测试和极限负载情况下导致系统崩溃的破坏性压力测试。对软件系统而言，压力测试的基本思路很简单：不是在常规条件下运行测试，而是在系统资源匮乏的条件下运行测试。通常要进行压力测试的资源包括内部内存、CPU 可用性、磁盘空间和网络带宽。参见 load testing。

stressed receiver sensitivity 加压接收灵敏度 输入信号在闭合和抖动调节的条件下，比特差错率小于规定值时，所能接收到的最小光功率。

stretch 伸长，伸延 一种可使显示实体向其原范围以外自动伸展的 CAD(计算机辅助设计)功能。例如在 PCB(印制电路板)设计中，有时要求电源线、地线和某些信号线尽可能地宽。利用伸延功能，可在所有连线布通之后再对这些连线作展宽处理。

strict consistency 严格一致性 分布式共享存储器系统中的一种一致性协议，使得一个读操作能够返回最近的写操作的值。

strict type checking 强类型检查 在 C 语言中，检查数据类型以满足更严格的 C 编译检查规则。

stride 跨步 在数组数据访问中，相邻数据或者数据块之间的地址增量。

strike 划掉 在视频制作中，清除、移去或者拆卸某一部分内容。

strike-on 打印 使用击打式印刷设备将拷贝直接印在纸上。

strikethrough 划掉 在选定的一段文本上画一道或几道线。带这种标志的文本表示将在某个时候被删除。

string (字符)串，(字符)行 (1)一种常见的类型，它的值是语言字符集的有限序列。有的语言，如 Pascal，把字符串定义为字符的数组。对字符串的基本操作包括在一个串中插入或删除字符，构造由两个串并置(连接)而成的串，求一个串的子串以及判断各种串的匹配关系。(2)符号的有限序列，也称“词”，“字”。组成串的符号个数称为串的长度，长度为零的串称为空串，一般用 ε 表示。串的前部任意个符号的子串称为串的前缀，串的后部任意个符号的子串称为串的后缀。

string break 串间断 在记录分类中，指不存在这样的记录，其关键码的值大于已写入当前正在处理的一系列记录的最大关键码。

string constant (字符)串常数 字母、数字和其他符号的任意组合，其处理方式完全类似于数值常数。

string control byte (SCB) (字符)串控制字节 在 SNA(系统网络体系结构)中，SNA 字符串数据流中的一种任选控制字节，它用来识别终端用户的数据是怎样压缩或精简的。

string editor 串编辑程序 参见 stream editor。

string grammar 串文法 模式识别中，各种子模式之间及模式基元之间只有一维连续关系的模式文法的统称，也称“一维文法”。

string handling 串处理 构成和操作串所涉及的操作或功能。例如计数、编号、排序、合并、插入、删除、添加、并置和拆接等。

string input device 字符串输入设备 用于输入字符串的输入设备，如键盘。

string length (字符)串长度 (1)字符串中字符的个数。(2)分类中，指一个串的记录数目。

string manipulation 字符串处理(技术)，串操作

S

处理字符串的技术。如一些专门描述字符串处理的语言及相应的处理系统。

string matching　字符串匹配　(1)串匹配要求对库中的内容作倒排索引,因而检索性能和速度都高于串查找。检索速度也大大加快,使得组合查询得以快速实现。可满足一般资料管理需要。由于查准率不够,故不太适合大资料量的部门使用。参见 string search。(2)一个在文字编辑、图像处理、检索等许多领域有着广泛应用的问题,简称串匹配。其最简单形式是在一个称为输入串或正文的字符序列中寻找一个称为关键字或模式的子序列。而较广泛的问题是近似字符串匹配:已知模式 P,输入串 S,整数 k 和一种距离 d,找到满足 $d(P,X)\leqslant k$ 的所有子串 X,即模式与子串之间距离不大于 k 的匹配。该问题的另一个变形是无关匹配,即在模式串中有一个或多个可与任何字符匹配的无关字符的匹配。目前,字符串匹配问题又扩展到多关键字和正则表达式的匹配。

string-oriented instruction　面向字符串的指令　一种为便利字符串处理的程序设计而建立的指令。

string-oriented symbolic language (SNOBOL)　面向字符串的符号语言　第一个串处理程序设计语言。在 1960 年以前贝尔实验室就开始研制该语言了。SNOBOL 用于正文处理、代数表达式、图像分析以及对其他语言研制编译程序。SNOBOL 语言中的语句由针对用符号命名的各个字符串进行各种操作的规则组成。其基本操作有:字符串形成、模式识别和替代。此外,该语言还擅长于整数运行、间接寻址和输入输出。SNOBOL 语言的基本概念是字符串和字符串名。字符串名可以是数字和/或字母。字符串可以由任何字符组成,还可以由数字字母和已建立的字符串组成。SNOBOL、SNOBOL2、SNOBOL3 版本基本用串处理进行工作,1966 年研制的 SNOBOL4 是一个更强有力的通用程序设计语言的版本。SNOBOL 程序由一系列单一类型的语句组成。通过省略语句的一些成分而得到该语句的各种变化。诸语句顺序执行,直到被转向语句改变为止。一般地说,一个语句的执行引起一个行的全部或部分被另一个行置换。数据全是行。常量行用引号括住。数只允许整数,它也是行。变量用名字代替,都以行为值。有系统规定和用户规定的函数。输入/输出通过使用特殊名字 SYSPIT 和 SYSPOT 来完成。

string process system　字符串处理系统　执行基本子例程操作的子例程软件包。它能执行字符串读、写、散列编码字符串查找和字符串比较等操作。

string resource　字符串资源　微软视窗提供的一种可为用户使用的系统资源。如在应用中若需要频繁使用某一字符串常量,则可在资源定义文件中定义该字符串资源,并赋予其一个唯一的标识字,以后在装入和使用时,即可通过这个标识字来完成。

string search　串查找　在整篇文章中进行检索资料的技术分为串查找、串匹配和全文检索等。串查找方法基本上不作倒排索引,在检索资料时再去资料库中搜索所要的资料。基于串查找的系统,可以将多个文件建成数据库,通过串查找将所需资料找到。在管理小资料量的数据时很有优势,当资料量增大时,系统性能急剧下降,查准率也降低。

string theory　弦理论　理论物理学上的一门学说,简称弦论。弦论的基本观点:自然界的基本单元不是电子、光子、中微子和夸克之类的粒子。这些看起来像粒子的东西实际上都是很小很小的弦的闭合圈(称为闭合弦或闭弦),闭弦的不同振动和运动就产生出各种不同的基本粒子。弦理论学说不只是描述"弦"状物体,还包含了点状、薄膜状物体,更高维度的空间,甚至平行宇宙。但是,弦理论目前尚未能做出可以实验验证的准确预测。

string type　串类型　在 Pascal 中,一种数据类型,由一系列类似元素构成,如字符串,其长度可在运行时的一定范围内改变。

string variable　串变量　通过说明语句对一个字符串命名,以后就可通过引用串变量来使用或改变字符串的内容。如在 PL/1 语言中用 BIT 或 CHARACTER 属性来说明的一种变量,其值可以是二进制位串或字符串。

string variable ROM　串变量只读存储器　使计算机既能接受和处理数字信息又能接受和处理字母信息的只读存储器。串变量只读存储器提供三种新的命令:输入、处理和输出。

strip-card reader　条卡阅读机　一种能阅读在塑料卡的磁条上的信息的设备。

strip-chart recorder　带式图表记录器,条纹记录器　一种记录设备,能在方格纸上画出变量对时间的曲线。当记录变量时,方格纸以恒速在记录笔或其他书写工具下移动。

stripe　条区组,条带,磁条　在冗余磁盘阵列(RAID)各级中,数据是以条区的形式在磁盘上分布。所有的用户和系统数据被看成是存储在一个逻辑磁盘上,磁盘以条区的形式划分,每个条区是一些物理的块、扇区或其他单元。数据条区以轮转方式映射到连续的阵列磁盘中。映射某一条区到每个阵列磁盘的一组连续逻辑条区定义为条区组。在一个有 n 个磁盘的阵列中,第一组的 n 个逻辑条区依次物理地存储在 n 个磁盘的第一个条区上,第二组的 n 逻辑条区分布在每个磁盘的第二个条区上,依次类推。这种布局的优点是如果单个 I/O 请求由多个逻辑相邻的条区组成,则请求的 n 个条区可以并行处理,这样大大减少了 I/O 的传输时间。参见 redundant arrays of independent disk (RAID)。

stripe card reader/encoder　条形卡阅读器/编码器　一种能对磁条形卡、标记卡和银行存折进行阅读和编码的设备。该装置采用专利双磁头，双磁头能独立悬浮，用万向架固定，从而减少了磁头和卡片的磨损，并对扭曲和沾污的卡片提高了阅读和编码的可靠性。

stripe card standards 条形卡标准 美国国家标准协会(ANSI)颁布的一种标准。它规定采用三磁道格式，在每一磁道上按位串行记录信息。

stripe set 分条集 微软 Windows NT 组织磁盘阵列的一种方式。

striping 拆开，分条 (1)在流程图绘制的过程中，在某一流程图标号的上半部画一条横线以表示该功能在同一组流程图中加以详细说明。(2)IBM 令牌环网中，一种初始化数据站所采取的动作，其传输帧在环上成功地转了一圈之后从网络上移去。(3)一种提高磁盘输入输出性能的技术，将文件系统或者数据库交叉存储在多个磁盘上。

strobe 选通(脉冲)，频闪灯选通 (1)一种控制脉冲，用于翻译数据。通常由 CPU 在某个准确的时间传输给门电路或其他数字设备。(2)一种光源，它能重复地、速度可控地产生一连串短时间的高强度闪光，用以测量旋转物的转速。(3)在重复发生的事件或现象中，如在一种波形中选取需要的点或位置。(4)使数据在外围与计算机之间开始传递信号。

stroke 笔画，划线 (1)在字符识别中，用作图形字符一部分的直线或弧线。(2)在计算机制图技术中，用作显示元素一部分的直线或弧线。(3)由线段而不是由点阵组成的字型。在绘图系统中，笔画字型能模仿任意大小的字体。(4)组成图形实体的任何线段。

stroke analysis 笔画分析 在字符识别中用来将每一个字符分解成某几种预定组分的方法。然后利用找出的各个组分的顺序、相对位置和数目来识别这些字符。

stroke centerline 笔画中线 在字符识别技术中，一条位于笔画两个边缘中心的一个线段。

stroke character 笔画字符 一种由一系列短笔画形成的字符。这种方法能产生键盘上没有的各种型号的字体。

stroke character generator 笔画字符发生程序，笔画式字符发生器 一种字符发生器，它所产生的字符的图像都是由线段构成的。

stroke device 笔画(输入)设备 用于输入一连串位置信息的逻辑输入设备。它所输入的一组位置常常用来作为轮廓线或图元、图段的活动路径。数字化仪是一种典型的笔画设备。

stroke display 笔画显示，矢量显示 阴极射线管(CRT)的一种图形显示方式，需要专用的阴极射管以及有关软件。它与光栅扫瞄图形相比，能直接在屏幕上画出任意两点间的光滑线段，而无阶梯效应。这种图形显示方式非常适合于显示大量光滑线条的应用，如汽车设计，但这种显示方式如不更新(即重新画一次)，图形就会消失。另外，若要用此法显示彩色图形需要昂贵的专用 CRT。

stroke edge 笔画边缘 在字符识别技术中，一种在笔画的一边与背景之间的不连续处的一条线。它以在笔画长度内对从检测打印的笔画得到的不规则性值取平均来定义的。

stroke-edge irregularity 笔画边缘不规则性 在光学字符识别中，字符边缘与笔画边缘间的不一致性。

stroke encode method 笔画编码法 字符编码法之一。以设定的基本笔画作为码元输入汉字的方法。

stroke font 笔画字体 通过画一组线来打印字体，而不是像外形字体中用涂满一个形状的方法。参见 outline font。

stroke generator 笔画发生程序 参见 stroke character generator。

stroke input method 形码类输入法 形码类输入法(以形为主的编码方案，包括形码、形音码、音形码)是按照汉字的字形(包括笔画)进行汉字编码及输入的方法。分为字根式和笔画式两种方式：①字根式主要是依汉字的构字部件来给汉字编码；②笔画式是依据汉字的笔画来给汉字编码。

stroke weight 笔画重度 (1)构成字符的线段的宽度或厚度。(2)子样中区分不同字型的一种规范说明。通常分为细、中、粗三种。参见 font。

stroke width 笔画宽度 在字符识别中，与笔画中线垂直的线段与两个笔画边缘的交点之间的距离。

stroke writer 笔画书写器 计算机视频中，用一组笔画来显示字符和图像的显示设备，而不是用点阵的方法显示。

stroke-writing 笔画书写 一种以光束沿曲线或直线在 x 和 y 方向同时移动来生成图像的技术。

strong current 强电(流) 强电一般是指交流电电压在 24 V 以上。比较 weak current。

strong electricity 强电 强电一般是指一种动力能源。参见 strong current。比较 weak current。

strong electrolyte 强电解质 在水溶液或熔融状态下全部电离成离子的电解质。强酸、强碱、部分碱性氧化物、大部分盐类都是强电解质。参见 electrolyte，weak electrolyte，non-electrolyte。

strong form of the pigeonhole principle 鸽巢原理的加强形式 鸽巢原理的推广。设 $q_1, q_2, \cdots, q_n$ 是 n 个正整数，则加强的鸽巢原理基本表达形式有两种：①把 $q_1+q_2+\cdots+q_n-n+1$ 个物体放入 n 个盒子中，则或者第 1 个盒子中至少有 q_1 个物体，或者第 2 个盒子中至少有 q_2 个物体，…，或者第 n 个盒中至少有 q_n 个物体(有余形式)；②把 $q_1+q_2+\cdots+q_n+n-1$ 个物体放入

n个盒子中，则或者第1个盒子中至多有 q_1 个物体，或者第2个盒子中至多有 q_2 个物体，…，或者第 n 个盒子至多有 q_n 个物体(不足形式)。

strongly connected 强连通 一个简单有向图G中，任意两个节点之间都相互可达(即有向路相连)，称G是强连通图。

strongly connected component 强连通支 也称"强连通分量"。由有向图中任两顶点 n 及 v 相互之间从一方到另一方都有通路的诸顶点导出的子图。在有向图中两个顶点之间的这种关系是顶点集上的等价关系，此等价关系的一个等价类导出的子图就是一个强连通支。只有一个强连通支的图称为强连通图。

strongly connected component algorithm 强连通支算法 找出具有图的所有强连通支的算法。这类算法的执行方式与双连通支算法类似，也是以深度优先搜索为基础。在搜索的过程中，每当需要从一个顶点返回到它的父节点时，就判断此顶点是否为一个强连通支的根，若是，则找到了一个强连通支并从有向图中移走相应的点。重复上述过程直到每一顶点都放入一个强连通支中为止。

strong smart grid 坚强智能电网 以坚强网架为基础，以通信信息平台为支撑，以智能控制为手段，包含电力系统的发电、输电、变电、配电、用电和调度各个环节，覆盖所有电压等级，实现电力流、信息流、业务流的高度一体化融合，是坚强可靠、经济高效、清洁环保、透明开放、友好互动的现代电网。参见 smart grid。

strong type checking 强类型检查 实现强类型语言的编译程序对源程序实施的完全的静态类型检查。

strong type language 强类型语言 实现了强类型概念的语言。这类语言的类型检查和处理可以完全静态地在编译阶段完成。这就要求程序的每个对象的引入都具有确定的类型，而一切与值有关的操作(运算、函数过程参数传递、函数值返回)都可以仅仅根据其在程序正文中的静态上下文确定相关的值的类型。由强类型语言书写的程序生成的目标代码可以有比较高的执行效率。而且由于复杂严格的类型检查也能提高程序的可靠性。

strong typing 强类型 一种程序设计语言性质。它要求对每个数据对象的数据类型都作出说明，并排除操作符施用于不适当的数据对象上的情况。在程序执行期间不允许程序改变变量的数据类型。因此，防止了不相容类型的数据对象的相互作用。比较 week typing。

struct 结构 C语言中定义结构的保留字。结构是由不同数据类型数据组成的集合体。组成结构体的每个数据称为该结构体的成员。一个结构体的各个成员的数据类型可以不同。

***Structural* and *Multidisciplinary Optimization* 《结构和多学科最佳设计》** 德国1989年创刊，全年10期，Springer-Verlag 出版社出版。SCI(科学引文索引)、EI(工程索引)收录期刊。刊载论文、评论和技术札记，内容涉及结构最佳设计的数学基础，软件开发在土建、航空、航天、机械、化工和造船工程领域的应用，包括计算机辅助设计、可靠性分析、人工智能、系统鉴别与模拟、计算机模拟以及结构主动控制等方面。

structural data relationships 数据的结构关系 在建立数据库时，知道不同数据单位之间的关系是很重要的。表示这种关系的三种普遍采用的规定是顺序表结构、树结构和复杂网络结构。

structural engineering system solver (STRESS) STRESS语言，结构工程系统解算程序 STRESS语言是在20世纪60年代初由麻省理工学院为便于用计算机分析结构而设计的。其设计指导思想是既要程序书写简单，又能够作广泛的结构设计。在STRESS中，有标题语句、尺寸描述符、结构数据描述符、输入数据描述符和修改描述符。

structural equivalence 按结构等价 两个类型等价当且仅当他们的值的结构完全相同。结构等价是比较弱的等价条件。

structural graph 结构图 可以与系统的各个物理环节一一对应起来的图，它具有比用微分方程表示系统更为形象、直观的特点。

structural graph-oriented digital simulation 面向结构图数字仿真 系统表示成结构图后，在计算机中输入该系统的各个环境的类型、参数及各环路之间的连接关系，而后进行的仿真试验。

structural model 结构模型 描述系统结构或组织的模型。

structural operational semantics 结构式操作语义学 一种具有结构式特征的操作语义学，即语言中复合成分的语义可由其组成成分的语义复合而成。它是建立在更一般的数字归约关系上的语义解释系统。结构式的语义定义可为软件工程学中的结构式程序设计方法提供重要原理。

structural pattern recognition 结构模式识别 为描述和分类物体，将物体表示为基元及其相互关系的一种模式识别方法。参见 statistical pattern recognition，pattern recognition。

structural protection (SP) 结构化保护 美国国防部可信计算机系统评价标准(TCSEC)中的B类安全级别。B类属强制保护，结构化保护是B类中的次低子类，属于B2级。结构化保护要求系统的设计和实现要经过彻底的测试和审查；系统应结构化为明确而独立的模块，遵循最小特权原则；必须对所有目标和实体实施访问控制；系统必须维护一个保护域，保护系统的完整性，防止外部干扰。参见 trusted computer system evaluation criterion (TCSEC)，B2 class。

structural similarity 结构相似性 产生式系统中规则的语法共同性，具有相同属性和相同条件的元素序列的规则结构相似。

structural transfer 结构转换 在采用转换法翻译策略的机器翻译系统中，把源语的句法结构置换为目标语的句法结构的过程。参见 lexical transfer。

structure 构件，结构 (1)在 PL/1 语言中，具有不同层次的一组名字，他们各自代表一些可以具有不同属性的数据项。(2)一个记录或文件内部的数据组织。(3)记录中由程序定义的数据分层顺序。结构中的各组元可以有不同的格式。这一点和数组不同，数组中的各元素必须具有同一格式。(4) C 语言中结构的含义参见 sturct。

structure agnositic transport 结构不可知传输 在传输机制完全不考虑 TDM(时分多路复用)结构的情况下，传输无结构或有结构的 TDM。结构不可知传输精确维持了数据和任何结构开销的比特顺序。封装时不提供定位和使用 FAS(帧同步信号)的机制。参见 structure aware transport。

structure analysis method 结构分析法 针对多任务系统，一种排除软件错误的方法，一种面向数据结构的间接排错方法。它通过跟踪公共数据结构的交换过程，寻找出错的迹像和现场，与一般直接程序排错过程相比，此方法能发现和定位更为随机和不确定的错误，并为分析出错原因提供了较为可靠的判断依据。

structure array 结构数组 在 C 语言中，由具有相同结构的结构体组成的集合称为结构数组。例如在“通信录”结构数组中，每一个数组元素是一个结构，其中可以包括姓名、年龄、性别、住址、邮政编码及电话号码等结构成员。

structure assignment 结构赋值 对结构表达式求值并将值赋给结构的过程。赋值用赋值语句来完成。

structure aware transport 结构可感知传输 传输有结构 TDM(时分多路复用)并且至少考虑了某些结构层次。在结构可感知传输中，不要求在以太网上承载 TDM 比特流的所有比特，FAS(帧同步信号)可以在入口剥离并在出口重新产生。参见 structure agnositic transport。

structure chart 结构图 描述用于结构设计过程的程序设计的图解方法。结构图表示程序的操作或模块及其相互之间的关系。在需要时，还可表示在操作和传送中的数据或参数。参见 structure diagram (SD)。

structure coding 结构编码 一种编码技术，也称“第二代编码”。编码时首先将图像中的边界、轮廓、纹理等结构特征求出来，然后保存这些参数信息。解码时根据结构和参数信息进行合成，从而恢复出原图像。

structured analysis (SA) 结构化分析(法) 在软件工程的分析阶段中使用的一种分析技术。其基本思想是“由顶向下逐层分解”，采用分解的方式来理解一个复杂的系统，系统流图就是描述分解的手段。此方法通常与设计阶段的结构化设计方法结合起来使用，适用于分析大型的数据处理系统，特别是企业管理方面的系统。

structured analysis & structured design (SASD) 结构化分析和结构化设计 软件开发中的一种传统的应用软件开发方法。其方法的要点是首先由系统分析员明确客观问题，和用户一起写出系统需求分析说明，然后由系统设计人员设计出应用软件系统。这种模式常表示成 what-how。为控制和简化复杂的软件结构，它将客观问题按功能需求进行自顶向下分解，并将数据流程图(DFC)映射成模块结构和采用生命期管理技术实现对复杂应用软件的结构化分析及设计。SASD 方法较为成熟、完善、直观易学，已普遍采用。但它存在自顶向下设计所具有的高层次设计不合理性将影响全局重新设计。

structured cabling system (SCS) 结构化布线系统 能够支持任何用户选择的话音、数据、图形图像应用的电信布线系统。系统应能支持光纤、双绞线、同轴电缆等各种传输载体，支持多用户多类型产品的应用，支持高速网络的应用。按照一般划分，结构化布线系统包括六个子系统：工作区子系统、水平支干线子系统、管理子系统、垂直支干线子系统、设备子系统和建筑群主干子系统。

structured coding 结构化编码 用有限数量的控制结构表示程序控制逻辑的技术。每个控制结构只有一个入口和出口，因此可支撑使用自顶向下设计方法的功能精细化。每个控制结构仅执行一个操作，可以由其他控制结合或嵌套。这样使得程序设计语言的“源程序清单”(编辑程序的输入)呈现良好的程序风格、清晰的文档和格式。

structured continuous searching 结构化连续搜索 对于比较结构化且经常发生的问题进行的搜索。

structured data 结构化数据 一类有统一的结构，可以用数字或文字来描述，具有类似的层次或网络逻辑关系结构的数据称之为结构化数据。比较 unstructured data。

structured database design 结构化数据库设计 基于第三范式(3NF)的数据库设计的结构化方法。它用基本关系模式来表达企业模型，并能在企业模式设计阶段利用关系数据库规范化理论指导设计。在设计中分为设计企业模式(得到由第三范式关系画出的数据库企业模式)、设计逻辑模式(选用某种适用的数据模型及数据库管理系统逻辑模式)、设计物理模式、对物理模式进行评价和数据库实现五个阶段，每阶段还可分为若干步。

structured data model 结构数据模型 也称“基本数据模型”或简称“数据模型”。直接面向具体数据库中数据的逻辑结构的数据模型，是数据库系统中

S

的一个关键概念，它是实体与实体之间联系的一个轮廓视图，用来表示数据库的逻辑结构。常用的数据模型有三种：①层次数据模型，用有根定向有序树结构表示数据库；②网状数据模型，用有向图或连通了的有序树表示数据库；③关系数据模型，用 n 元关系（二维表格）表示数据库。

structured data transfer (SDT)　结构数据传输　在 ATM（异步传输模式）网络中，一个 AAL-1（ATM 1 类适配层）数据传输模式，将数据构成块，然后分成信元进行传输。参见 ATM adaptation layer type 1。

structured decision　结构化决策　日常重复性决策。其目标较明确，结构较清楚，有一定的规律可循，可预先作出有序安排达到期望的目标和结果，并可用常规的定量方法进行问题的描述和求解。

structured design (SD)　结构化设计　软件设计工程中的主要设计阶段。由系统工程设计人员根据功能规格说明书进行设计，其结果是向程序员交付结构规格说明书。其基本思想是将系统设计成由相对独立、单一功能的模块组成的结构。考虑如何建立一个结构良好的程序系统，研究模块分解的影响。它适用于任何软件系统的总体设计，可以同分析阶段的结构化分配方法结合起来使用。

structured English decision　结构化英语决策　一种在决策中用来表示逻辑处理的规范化语言。它利用："IF"、"THEN"、"ELSE"语句做出决策。

structured English query language (SEQUEL)　结构化英语查询语言　IBM 公司为 System R 关系数据库研制的以英语关键字为基础的数据库查询语言。其早期版本为 SQUARE，后来才发展为 SEQUEL，现在采用的是 SEQUEL2，亦即 SQL（结构化查询语言）。他们都是介于关系演算和关系代数之间的语言。其中心概念是映像，因此也称"基于映像的语言"。SQUARE 比较数学化、而 SEQUEL 比较英语化。SEQUEL 既可独立使用，作为系统与联机终端用户的接口，也可与主语言配合使用，因此比较受用户的欢迎。

structure design specification　结构设计规格说明　软件设计工程开始后，根据功能规格说明或是用户提出的规格说明，经过一系列设计过程所作的设计规格说明。它采用了统一的方式来描述程序的规格说明和构造。

structured exception handling　结构化异常处理　微软 Windows NT 中一种捕捉意外情况并通过操作系统对他们作出确定性处理的方法。当一个异常的系统事件出现时，操作系统或硬件发出一个异常中断，内核自动将控制交给异常处理程序。参见 exception，exception handler。

structured field syntax　结构化字段语法　这种语法允许对长度可变的数据进行编码传送。串行处理数据的设备可以将一系列字段翻译成组成数据的各个组分，然后合并成一个数据。翻译过程中不对每一个字节分别进行检查。

structured file　结构文件　采用标准组织的文件。

structured flowchart　结构化框图［流程图］　体现结构化程序设计的一套框图表示法。在这种表示法中，方框表示陈述序列（或进程），L 形或倒 L 型结构表示迭代，其他还有表示两路（if-then-else）或多路（case）决策的图形。每个图的轮廓都是方形，进一步划分后所得的子图仍是方形，可再划分。一组图可以顺序排列或嵌套。所以结构化框图可以模拟一个结构化程序的递归定义。

structured graphics　结构图形学　参见 object-oriented graphics。

structure diagram (SD)　结构图　软件工程中系统总体设计的结构化设计所使用的描述方式。结构图以模块的调用关系为线索，用自上而下的连线表示调用关系并注明参数传递的方向和内容，从宏观上反映软件层次结构和相互间的联系。

structured information　结构化信息　是指信息经过分析后可分解成多个互相关联的组成部分，各组成部分间有明确的层次结构，其使用和维护可通过数据库进行管理，并有一定的操作规范。比较 unstructured information。

structured interrupt　结构化中断　一种中断方式。在这种方式中，大多数外围集成电路控制器都采用漏极开路输出，以简化成"或"单线中断系统。外围控制器还使用多用途的命令和状态字，以便于禁止中断输出，并为所有的外部设备提供统一的查询方式。

structured language　结构化语言　一种满足结构化程序设计要求的程序设计语言。结构化语言采用一种介于自然语言和形式化语言之间的语言来描述加工逻辑，既可以像自然语言那样最方便，也可以像形式化语言一样能够精确描述事物，且被计算机易于处理。使用这种语言有助于写出结构良好的程序。现在所使用的 C、Java 等程序设计语言在某种意义说都是结构化语言。

structured life cycle model　结构化生存周期模型　软件开发生存周期的一种模型。它是将系统要求和逻辑设计连接在一起，或合成一个阶段，即结构分析阶段。其优点是：使用户和承包商、分析员及设计师之间的联系加强；在分析和设计阶段，总体性能提高。参见 software development cycle。

structured light　结构光　在计算机视觉技术中，用特定的点、条纹或网格光束投射到景物上，从照射的几何信息提取景物信息以进行物体的检测和识别的方法。

structured microprogram　结构化微程序　将结构程序的概念用于微程序设计，使微程序模块化、易读，以减少编写错误和提高编写效率。

structured method　结构化方法　一种软件开发的

方法。结构化方法强调开发方法的结构合理性以及所开发软件的结构合理性。结构是指系统内各个组成要素之间的相互联系、相互作用的框架。结构化方法提出了一组提高软件结构合理性的准则，如分解与抽象、模块独立性、信息隐蔽等。针对软件生存周期各个不同的阶段，它有结构化分析(SA)和结构化程序设计(SP)等方法。参见 structured analysis，structured programming (SP)。

structured objects 结构化对象 一种事物表示方式。它把有关的谓词算式聚集为若干较大的构造，以便与系统中的一些重要事物等同。当有关事物中某对象的信息为系统所需时，就访问相应构造，以检出全部有关事物。

structured program 结构化程序 通过结构化程序设计产生的一种程序。通常为分层模块式结构，每个模块都有一个入口点和出口点，并且通过这些模块按从上到下顺序传送控制权。没有往结构高层的无条件转换。参见 structured programming。

structured programming (SP) 结构化程序设计 一种定义良好的软件开发技术。它采用自顶向下设计和实现方法，并严格地使用结构化程序的控制构造。它产生的程序有清晰的流程和设计，高度的模块化和层次结构。结构程序设计要求把一个程序设计成若干独立部分，每部分仅执行一项特定任务。这样做的好处是可把程序错误只局限在一段程序里，从而有助于每一部分的维护。每个部分必须只有一个入口点和一个出口点。在每一部分中不应有任何其他部分语句的转移，否则将违反入口点和出口点的要求。使用这种形式的程序设计的目的是使程序设计方法标准化。

structured programming language 结构化程序设计语言 称程序设计语言为结构化程序设计语言至少得满足下述条件：有一个 if-then-else 决策语句；至少有一种基于布尔决策的循环语句，如 do-while 或 repeat-until；顺序结构是隐含的(任何语言均有)。

structured query language (SQL) 结构化查询语言 由 IBM 发展的 System R 关系数据库管理系统(RDBMS)提供的一种查询语言。是介于关系代数和关系谓词演算之间的关系查询语言。该语言当时称为 SEQUEL (结构化查询语言)，后来演变为 SQL。美国国家标准协会(ANSI)于 1986 年定义一套 SQL 的基本标准，但各家厂商于产品中加入了自行定义的规格，1991 年 ANSI 更新 SQL 标准，称为 SAG SQL。由于该语言检索的基本概念是映像，所以它也称“基于映像的语言”。该语言包括查询、操作、定义和控制四种功能。它既可作为自含式的查询语言，又可作为子语言嵌入宿主语言(如 PL/1，COBOL)中使用。此外，还提供算术平均(AVG)、求和(SUM)、记录计算(COUNT)、最大值(MAX)和最小值(MIN)等库函数，增强了检索功能。目前商业应用中的 Oracle、Sybase、SQL/DS 均采用 SQL 作为用户的接口。

structured special searching 结构化特别搜索 对于比较结构化，但不经常发生以至无法定期进行搜索的问题进行的搜索。

structured specification 结构化说明[规约] 计算机辅助软件工程的一部分，由结构化分析产生，是一种功能需求文档，其描述基于图形，而不是像功能需求文档中那样基于正文。

structured system analysis and design method (SSADM) 结构化系统分析和设计方法 是针对信息系统分析和设计的一个系统方法。用系统的思想、系统工程的方法，按用户至上的原则，结构化、模块化、自顶向下对信息系统进行分析与设计。具体来说，就是先将整个信息系统开发过程划分出若干个相对独立的阶段，如系统规划、系统分析、系统设计、系统实施等。在前三个阶段坚持自顶向下地对系统进行结构化划分。在系统调查或理顺管理业务时，应从最顶层的管理业务入手，逐步深入到最基层。在系统分析，提出新系统方案和系统设计时，先考虑系统整体的优化，然后再考虑局部的优化问题。在系统实施阶段，则应坚持自底向上的逐步实施。

structured type 结构类型 也称“组合类型”。其数据元素具有内部结构，由若干个分量组成。常见的结构类型是数组类型和记录类型。

structured valid 结构有效 若模型不仅能复制所观察系统的行为，且能真实地反映实际系统产生该行为的操作，则称为结构有效的模型。

structured variable 结构变量 (1)通常指二维或二维以上的变量，这些变量可按名存取，或按多个下标存取。(2)一个代表一系列数据项的变量，各具不同的属性。对应于 array variable，scalar variable。

structured walkthrough 结构预排，结构化巡查 (1)关于程序员活动的管理。它提供一个将工作量分为可控部分的方法。每部分分配一或两周来完成，并在下阶段开始前检查。这样可以估量工作进程。(2)调试计算机系统或软件系统的形式化方法。复审人员一步一步地评审系统，检查设计或程序设计错误和非有效性之处，可以由一组人员在联席会议上进行。另一种方法是邀请一些人员独自地审查设计的程序，然后在规定时间内提交对其的评价。

structure editor 结构编辑程序 结构编辑程序允许用户把某种结构加于文本中。文本可以某个严格的层次结构输入，从而可使生成扫描或修改任务变得容易。层次结构可以是文件的一个整体部分(如文章本身就要有层次结构)，也可以仅作为改善文件质量的工具。

structure expression 结构表达式 (1)以结构或结

构同纯量的组合为运算对象的表达式。结构表达式给出的结果是结构。在这种表达式中运算对象不允许出现数组。(2)在 PL/1 语言中的一种表达式,其计算结果产生一个结构值。

structure flowcharts 结构流程图 反映输入、处理、文档编制和输出,但不反映实际处理过程的流程图。

structure identification 结构辨识 根据输入输出的观测数据,按照某种最佳准则确定模型具体形式的过程,是系统辨识中实验设计后的重要步骤。线性模型的结构是用一些参数来表征的,一般可以通过输入输出数据来确定其结构。非线性模型的结构主要根据关于系统本身的知识(包括系统的固有规律和实践中所获得的知识)和经验来确定。在确定模型结构时,首先应根据应用模型的目的考虑选择什么样的形式,注意模型的适用性,同时又要顾及结构的复杂程度和参数估计的可能性。因此结构辨识的目标应是确定一个简单的、满足精度要求的适用模型的结构。参见 system identification, parameter estimation。

structure member 结构成员 在结构中,任一基本名的子结构。

structure of array 数组结构 指有数组的结构,这些数组要通过说明其各自的成员名和维数属性来指定。

structure of management information (SMI) 管理信息结构 定义可通过网络管理协议访问对象时使用的规则。包括定义在 MIB(管理信息库)中使用的数据类型及网络资源在 MIB 中的名称或表示。参见 management information base (MIB)。

structure of system 系统结构 命令的性质、采集数据的来源和类型、结果的形式和目的地以及各种操作的控制过程。

structure-oriented environments 面向结构的环境 一种软件开发环境。这种环境所采用的技术允许用户直接操作结构。初始的动机是给用户一个借于语言的结构来输入程序的交互式工具,即语法制导编辑器。这种能力后来扩展到提供一个单用户程序设计环境,它还支持交互式语义分析、程序执行和调试。编辑器是这种环境的中心组成部分。最重要的是这种形式化地描述一种语言的语法和静态语义的能力,由此可以生成一个结构编辑器的实例。也就是说,这种与语言无关的技术引出了环境生成器的概念,在支持局部编程、全局编程、历史记载和存取控制表方面继续所作的努力,使术语“语法制导”逐渐被“面向结构”所取代了。参见 software development environment (SDE), syntax-directed editor。

structure redundancy 结构冗余 图像数据在结构关系中存在的数据冗余。如有些图像具有规则性的纹理结构。参见 temporal redundancy, spacial redundancy, coding redundancy, knowledge redundancy, visual redundancy。

structure specification 结构规格说明 也称“设计规格说明”。对程序某些方面的一种高级描述。用以指导一个系统的构造、处理系统的内部成分。它既包含关于组成系统的各部分性态的信息,又包含关于组成系统的各个部分的方式的信息。它对设计起到了指导和提供文件的作用。

structure theorem 结构定理 一个经数学证明的定理。该定理表明任何流程图都能用等效的形式表示为使用 SEQUENCE、IF-THEN-ELSE 和 DO-WHILE 图的迭代和嵌套结构。

structuring 结构定义,结构化 在 PL/1 语言中,形成一个结构的过程。方法是指定其成员数、各成员出现的顺序以及他们的属性和逻辑级。结构定义时,不一定要指定结构成员名,也不一定要说明其级号。

structuring data design 结构数据设计 首先定义数据结构,然后才构造基于数据结构的程序单元的一种设计方法。用此方法以力图清晰地定义、解释空间处理的对象,继而建立必要功能单元所需的结构。

structuring theory 构造理论 构造理论在形式软件开发中提供了一个可扩充的计算模型。该模型描述了正在开发系统的基本方面,定义了需论证的元素、模块、机器和进程之间的形式等价。

STSN indicators 设置和测试顺序号指示符 set-and-test sequence number indicators 的缩写。

STST 系统任务集表 system task set table 的缩写。

STS-1 同步传输信号 1 synchronous transport signal 1 的缩写。

STT 安全交易技术(协议) secure transaction technology 的缩写。

STTC 空时网格码 space time trellis code 的缩写。

STTD 空时发射分集 space time transmit diversity 的缩写。

stub 残桩[存根]模块,剩余部分,插桩,承接程序 (1)用来代替程序单位体并指明该单位是在别处定义或将在别处定义的程序语句。(2)仅部分被编程的计算机系统中的程序模块。仅完成需要满足系统中其他模块要求的这部分程序。此过程的目的在于在完成所有模块以前允许检验系统中的其他程序模块。(3)在调试软件时,如果把全部模块结合在一起来调试,结果花费劳动多而效果差。在使用由顶向下的调试方法时。对照程序由顶向下的设计,从顶上的模块开始按顺序调试下去。有时对正在调试的模块下面的模块,用较简略的模块代用,这种模块就称为存根模块。这像支票的存根或其他单据的存根那样,但不那么详细、正式,主要的数据还保留着。实际使用时，存根也很复杂，甚至其本身又产生了调试的必要性。(4)也称“插桩”，一种不包含可执行代码的子例程，通常其中包含一些注解，说明以后要做的事情，用于为以后编写的子例程留出地方，使程序员能够编制一个能在任何时候都可编译的程序，并不断地进行扩充和调试。参见 top-down programming。(5)承接程序，在AIX网络计算系统(NCS)中的一个程序模块，在客户机和服务器之间传输远程过程调用和响应承接程序完成引渡和数据格式转换工作。在客户机和服务器上都有一个承接程序。网络接口定义语言(NIDL)编译器根据接口的定义生成客户机和服务器的承接程序代码。

stub cable **树桩电缆** 同 drop cable。

stub card **存根卡片** 一种特殊用途的纸卡片，它有附在通常使用的纸卡片上的可分离的存根。存根卡片也可能是一张带标记的卡片。

stub module **桩模块** 一种软件测试技术，主要用在单元测试阶段。桩模块是指模拟被测试的模块所调用的模块，而不是软件产品的组成的部分。主模块作为驱动模块，与之直接相连的模块用桩模块代替。在集成测试前要为被测模块编制一些模拟其下级模块功能的“替身”模块，以代替被测模块的接口，接受或传递被测模块的数据，这些专供测试用的“假”模块称为被测模块的桩模块。

stub network **树桩网，存根网络** (1)因特网中的一个网络层次，在本地宿主机之间传递数据包，使它具有到达其他网络的路径。(2)只有一条连接到其邻居网络的网络。在存根网络上只可使用默认的路由。参见 backbone, transit network。

stub procedure **承接过程** 微软视窗动态连接库(DDL)中作为应用程序接口(API)入口点的过程。当客户应用程序调用 API 子例程时，接口程序队列收到的 API 参数将其放入一个消息中，并将他们发送到本地服务器子系统或网络上的远程服务器。参见 local procedure call, marshal, remote procedure call。

stuck-at fault model **固定故障模型** 反映逻辑值固定错的模型，因此也称逻辑故障模型。这里的逻辑值固定错指逻辑值输出固定为 1 或固定为 0，因此这种模型也称单固定故障模型。这样的故障也称单向故障。这种模型对电路的开路故障与短路故障提供完善的描述，因而固定故障模型也称“经典故障模型”。

stuck-at-one fault **固定“1”故障** 线路中逻辑值固定为“1”的故障，或存储设备中某位读出固定为“1”的故障。

stuck-at-zero fault **固定“0”故障** 线路中逻辑值固定为“0”的故障，或存储设备中某位读出固定为“0”的故障。

stuck-open fault **固定开路故障** CMOS(互补金属氧化物半导体)数字集成电路特有的故障现象，简称开路故障。这种故障与传统的固定故障不同，其主要差别是传统固定故障把有故障的门作为组合电路处理，而固定开路故障把有故障的门作为时序电路处理。用于描述和反映这种故障的模型称为固定开路故障模型，或简称开路故障模型。

stuffing character **填充字符** 考虑到时钟频率的不同而在等时传输链路上使用的一种字符。

STUN (1)UDP 对 NAT 的简单穿越 simple traversal of UDP through network address translators 的缩写。(2)串行隧穿 serial tunneling 的缩写。

STX **正文开始** start-of-text 的缩写。

style sheet **格式页** 一个文件，其中包含一组指令，用于在字处理文件指定字符、段落、页面布局的格式。其中包含的信息有：边缘尺寸、行宽、段缩进格式、字体风格、字体、字号等。可以与某一个或多个文字处理文件相连。

stylus **指示笔，输入笔** 类似笔的指向及绘图工具，使其接触需要的显示空间或图形输入板以完成操作(标示一个点，或是划一条线)的一种指示器。如光笔、声笔、电压指示笔。

stylus printer **针式打印机** 利用打印针产生点阵图形的点阵式打印机。

SU **可选部件** selectable unit 的缩写。

SUB **替代** substitute 的缩写。

subaddress **子地址** (1)输入/输出设备地址编码的组成部分，通过命令码对其进行访问，如磁盘存储部件中的模块号。(2)在 X.25 通信中，未分配的数字，位于国家终端号(NTN)的末尾。如果网络提供方将所有的数字分配给 NTN，则可以没有子地址。

suballocated file **再分配文件，非独占文件** 占有已经分配的磁盘存储器的一部分文件。它可能含有一个或几个附加文件。例如，某些操作系统中的一种 VSAM(虚拟存储存取法)文件，它占据已定义数据空间的一部分。该数据空间还可以包含其他文件。

suballocation **再分配，非独占分配** 把已经分配给一个实体或一种用途的资源(缓冲器、磁盘存储器)再将其一部分分配给另一实体或另一用途。

subalphabet **子字母集** 字母表的子集，如任何一组不满 26 个字母的整体。

subarchitectural interface (SAI) **子体系结构接口** 在 Univac 计算技术中，指管理 DCA(分布式通信体系结构)网通信线路的信息传送接口。

subarea **子区** 由一个子区节点，任意个附加的外围节点及和他们相关的资源组成的 SNA(系统网络体系结构)网络的一部分。在子区节点内，所有该子区内的 NAU(网络可访问单元)、链路以及附加在外围节点或子区节点内的相邻链路站，在该子

S

区内都是可寻址的并共享一个公共的子区地址，并各自具有不同的单元地址。

subarea address 子区地址 在SNA(系统网络体系结构)中，标识一特定子区的网络地址中子区字段中的一个值。参见 element address。

subarea host node 子区域宿主节点 一个为运行应用程序提供子区域函数和应用程序接口(API)的宿主节点。提供系统服务控制点(SSCP)、子区域节点服务的功能。参见 boundary function, boundary node, communication management configuration host node, data host, host node, node type, peripheral node, subarea node。

S

subarea ID 子区标识符 建议使用 subarea address。

subarea link 子区链路 SNA(系统网络体系结构)中连接两个子区节点的链路。同 cross subarea link。

subarea LU 子区域逻辑单元 在SNA(系统网络体系结构)中，子区域节点中的一个逻辑单元。对应于 peripheral LU。

subarea network 子区域网络 相互连接的子区域，及其连接的外设节点和传输组。

subarea node 子区节点 在SNA(系统网络体系结构)中，一种利用网格地址来决定路由的节点。因此网格配置的改变将影响网络的路由表，子区节点能为外围节点提供边界功能支持。

subarea path control 子区域路径控制 子区域节点中的一个功能，将消息在网络可访问单元(NAU)之间进行路由选择。参见 boundary function, path control, peripheral path control, subarea node。

subarea physical unit 子区物理单元 在SNA(系统网络体系结构)中，子区节点中的一个物理单元。

subarea routing function 子区域路由函数 在SNA(系统网络体系结构)中，一个子区域的路径控制能力，接收并转发于子区域相关的路径信息单元(PIU)。参见 boundary function。

subassembly 部件 由两个或两个以上零件组成，作为组件或单元的组成部分的一种配件。它可以整体拆装更换，也可分别拆装更换一个或几个零件，但缺乏独立功能。如过流保护器件、滤波器网络单元、端子板等。参见 basic part, assembly。

sub-band coding (SBC) 子[分频]带编码 一种以信号频谱为依据的波形编码方法，它首先用一组带通滤波器将输入信号按频谱分开，然后让每路子信号通过各自的自适应PCM(脉码调制)编码器ADPCM(自适应差分脉冲编码调制)编码，经过分接和解码再复合成原始信号。SBC可用于图像数据编码。将图像数据变换到频域后，按频率分带，然后用不同的量化器进行量化，从而达到最优的组合，或者是分步渐进编码。在初始时对某一频带的信号进行解码，然后逐渐扩展到所有频带。随着解码数据的增加，解码图像也逐渐变得清晰。参见 pulse code modulation (PCM), adaptive delta pulse code modulation (ADPCM)。

subblock 子块，小信息组 (1)由ITB(中间电文块)行控制字符终止的BSC(二进制同步通信)报文的一个部分。(2)在大数据块分成小段处理的方法中，一个子块的大小正好是用户定义的缓冲区的大小。

subcarrier 副载波 构成另一载波之调制信号的已调制载波。

sub carrier multiplexing (SCM) 副载波复用 多路信号经不同的载波调制后经由同一光波长在光纤传输的一种复用方式。在接入网中可用于PON(无源光网络)的双向传输和多址接入。

subcatalogue 子目录 属于另一目录的目录。除根目录外，每个目录都是一个子目录。同 subdirectory。

subchannel 子通道 能独立完成输入输出操作的硬件装置。机器设有多个通道与各种外设相连接，为减少通道与主机的连线，常采用集中式控制。把众多的通道分成若干组，称通道组。每个通道组设有若干通道，称为子通道。子通道上可连接多台设备控制器，每个控制器又可带多台外部设备，但在传输数据时，每次只有一台设备使用该通道组与主机传输信息。

subcommand 子命令 在发生请求计算机执行某项作业的命令之后，为使机器执行属于该项作业范围之内的某一操作而再发生的请求。

SubCommittee 1 (SC-1) 第一分会 国际标准化组织(ISO)技术委员会所属的一个分会，其主要任务是编制数据处理用的国际词典，提供数据处理方面的标准技术术语。

sub database 子数据库 数据库中的某一种特定应用类型的数据集。

subdirectory 子目录 在另一个目录下的目录。在分层目录结构中，所有目录的祖先是根目录。目录结构构成图形学中的树形结构，每一个目录是其直接上层目录的子目录。文件系统中采用这样一种目录结构，使得每个文件的定位可以从根目录开始，按一系列目录名构成的路径达到存储文件的逻辑位置。同 subcatalogue。

subdivision 细分 图 G 中一条边 (u,v) 在 (u,v) 中插入一节点 w，用邻接边 (u,w) 和 (w,v) 代替边 (u,v)，称 (u,v) 被细分。

subdivision of an edge 边的剖分 在图的一条边上插入一个新的顶点使此边成为一个长度为2的通路。

subfield 子字段，子域 (1)字段的一部分，即字段中的字段。(2)设⟨K, +, *⟩的一非空子集F对K的加、乘运算构成的域。F称为K的一个子域，而

K称为F的一个扩张或扩域。K作为域F的线性空间的维数称为K关于F的扩张次数,记作[K∶F],当[K∶F]是有限数时,称K为F的一个有限扩张,否则便称为无限扩张。

subfield code **子字段代码** 为了使计算机能识别书目记录中的子字段,而冠于每个子字段前面的一、两个字符。例如,在MARC(机器可读目录)格式中,$a,$b,…就是子字段代码,其中$为子字段定义符,小写字母表示子字段的顺序标识。

subfile record format **子文件记录格式** 为定义一种子文件需要在数据描述说明中说明的两种记录格式之一。子文件记录格式定义子文件记录中的字段,并由程序用以对于文件执行输入/输出和更新操作。

subgeneration **子代** 在PL/1程序设计语言中,由限定引用、下标引用或两者表示的世代关系的那部分。

subgoal **子目标** (1)在与、或目标图中,根节点的任一后裔称为一个子目标节点,标有这种节点的表达式称为子目标。(2)关系到最终目标之实现的状态。一个目标状态往往可分为若干个相"与"的较简单的子目标状态。经分别推理达到子目标状态后,再经"与"操作完成整个问题解决目标态。子目标就是目标态 $S_G=\{S_{1G},S_{2G},\cdots,S_{NG}\}_{AND}$ 中的"与"集合元素 S_{iG},$i=1,2,\cdots,N$。

subgraph **子图** 由图G的顶点集V的子集V'及边集合E的子集E'所组成的图,且E'中的边仅与V'中的顶点相关联。如果$V'=V$,则称为生成子图。

subgraph isomorphism **子图同构** 在总图中找出属于其一部分的子图,使它与一个模型图相匹配的过程。它用于从一幅复杂的图像中识别感兴趣的对象的场合。总图中的一部分,称作子图。这里所说的图,一般是指用符号表达的图。

subgroup **子组,子群** (1)在某些通信系统软件中的输入或输出组的一部分。输入组由输入标题、输入块、输入缓冲区及输入报文诸子组组成。(2)群$\langle S,*\rangle$的一个非空子集H对运算"$*$"构成的群$\langle H,*\rangle$,用$H\leqslant S$表示。由幺元素构成的群和$\langle S,*\rangle$都是群$\langle S,*\rangle$的子群,称为平凡子群,非平凡称为真子群,用$H<S$表示。若H是群$\langle S,*\rangle$的一个非空子集,H是群$\langle S,*\rangle$的子群当且仅当对于任意$a,b\in H$时都有$a*b^{-1}\in H$。

subject **主体,主题** (1)一个主动的实体,一般以人、进程或装置的形式存在,它使信息在客体中间流动或者改变系统状态。(2)在文献或情报提问中所研究或提到的具体对象(物质、概念、性质或关系)。通常每篇文献中所研究或提到的对象不只一个,而是若干个。

subject analysis **主题分析** 根据检索系统的要求或检索课题涉及的主题进行分析、提炼的过程。主题分析的方法是通过审读文献、对其内容进行分析和提炼、达到了解、判断文献具体论述与研究的问题、目的是确定文献主题及各主题(因素)之间的关系。

subject catalogue **主题目录** 依据主题词表按照主题标识以一定次序编排而成的一种文献档案目录。主题目录的基本构成单位是主题词,这种目录比较符合人们的检索习惯,即按自己要研究的内容主题,便可找到一大批相关的文献。参见 subject indexing。

subject database **主题数据库** 为满足某组织的实际需要而建立的数据库。它与应用数据库不同,这种数据库是根据与处理有关的要求而建立的。

subject domain **专业[主题]领域** 自然语言处理系统所选定的一种特定的题材。如医学、核物理、计算机软件等。

subject index **主题索引** 也称"主题途径"。按照文献的主题内容查找文献的途径。这种途径以文字作检索标识,索引按照主题词或关键词的字顺排列,检索时就像查字典一样,不必考虑学科体系。用主题途径检索的优点是用文字作检索标识,表达概念准确、灵活,能把同一主题内容的文献集中在一起,便于特性检索。

subject indexing **主题标引** 直接以表达主题内容的语词作为检索标识,以字顺为主要检索途径,以特定的事物、问题、现象,即主题为中心集中信息资源,并通过参照系统等方法揭示词间关系的标引和检索信息资源的方法。

subject of entry **体的主部** 在COBOL语言中,数据部分中紧随层指示符或层号之后出现的数据名或保留字。

subject retrieval **主题检索** 以某一主题为匹配原则来查找相关文章的信息检索方式,它是一种方便快捷的检索方式,它利用主题词进行检索,可以快速、准确地检索到所需要的文献,查准率高。

subject word **主题词** 一般是指从各学科的自然语言词汇中选出来、经过规范化的词,主要用作文献标示主题和检索之用。每篇文章的主题词可以从论文的题目或摘要中最能反映文章主题内容的词中选取,一般可以提出3～7个。

sublanguage **子语言** (1)一种嵌入于高级语言中的数据操作语言。用于存取数据库相应的高级语言作为主语言。(2)自然语言处理系统所选择的某种语言的一个子集。

sublayer **子层** 层内所属的基本单位。因为层在计算机网络中是按功能划分的结构体,所以子层是按功能划分的具体单位。如在IEEE 802标准中,将数据链路层分为逻辑链路控制(LLC)和介质访问控制(MAC)两个子层。参见 logical link control (LLC) sublayer, medium access control (MAC) sublayer。

sublibrary directory **子库目录** 在某些操作系统

中，一种使系统能在被访问的子库中找到某一成员的索引。

subloop　子回路　从一个终端或回路中的一个部件引出的回路。如果该子回路是远程通信线路，则称为远程子回路。

submenu　子菜单　一个与主菜单相关的菜单，从主菜单中打开它。

submicron　亚微米　描述制作小于1微米电路的任何集成电路制作方法。

S

submit state　提交状态　用户向系统提交作业的过程中所处的状态。即从操作员把作业的全部信息送入系统开始，直到系统将其放在辅助存储器上为止，这一段时间内，该作业所处的状态。

subnet　子网　(1)若干个能够提供中继的中间开放系统的集合，通过该集合能够在端开放系统之间建立网络连接。子网是实网络在OSI(开放系统互连)参考模型中的一种表示。它可以是专用网络或局部网络。(2)一组具有相同特征的节点，如具有相同网络标识符的节点。(3)因特网中，指网络的一部分，可以是物理上的独立网络部分，由子网号加以识别。参见 Internet，network。

subnet addressing　子网编址　因特网中采用的一种IP(网际协议)地址复用方式，将网络地址的本地部分划分成"物理网络"和"主机号"两部分，前者识别同一IP网络地址下的物理网络或者识别物理网络中的主机。参见 address mask，IP address，network address，host address。

subnet mask　子网掩码　一种用来指明一个IP(网际协议)地址的哪些位标识的是主机所在的子网以及哪些位标识的是主机的位掩码。通过IP地址的二进制与子网掩码的二进制进行与运算，就能确定某个设备的网络地址和主机号。参见 address mask。

subnetwork　子网　在ATM(异步传输模式)网络中，一系列管理的实体根据其传输能够组织而成的一个连接的网络。

subnetwork access protocol (SNAP)　子网访问协议　关于局域网链路级控制帧形式的协议，其中复用是利用五字节协议ID字段完成。该协议允许高层协议不是国家标准或国际标准。SNAP规定了IEEE(电气与电子工程师学会)网络上封装IP(网际协议)数据报和ARP(地址解析协议)消息的标准方法。端系统中的SNAP实体利用子网的服务，执行三个重要的功能：数据传输，连接管理和选择服务质量(QoS)。

subnetwork connection (SNC)　子网连接　通过子网传输信息的一种传送实体，它由子网边界"端口"连接形成。

subnetwork dependant convergence (SNDC)　子网相关会聚层　完成传送数据的分组、打包，确定TCP/IP(传输控制协议/网际协议)地址和加密方式。在SNDC层，移动台和SGSN(通用分组无线业务服务支持节点)之间传送的数据被分割为一个或多个SNDC数据包单元。SNDC数据包单元生成后被放置到LLC(逻辑链路控制)子层的帧内。

subnetwork dependent convergence protocol (SNDCP)　子网相关会聚层协议　作为网络层与链路层的过渡，将高层用户数据进行分段、压缩等处理后放到下层进行传送。

subnetwork point of attachment (SNPA)　子网连接点　数据链路层地址，如以太网地址，X.25地址或帧中继DLCI(数据链路连接标识符)地址。使用SNPA地址为接口配置CLNS(无连接网络服务)路由器。

subnotebook　次笔记本型电脑　可携带的个人电脑，定义上尺寸比笔记本型个人电脑更小。

suboperand　子操作数　构成一个操作数的多个元素之一。参见 definition statement。

suboptimization　次优化　一种把整个系统模型优化的过程分成几个较简单的步骤进行优化的方法。

subordinate　属体　通过协议直接由主体控制的一个应用实体，它是原子活动树形结构中分支的执行体。

subordinate concept　下位概念　外延完全包含于另一个概念之中，并仅仅成为该概念外延一部分的概念。与上位概念相对。在上下义关系中表示较具体意义的那个概念。比较 superordinate concept。

subordinate relation　从属关系　对构成某一实体的所有实体的标识。从属关系属性标识对某一实体的构成关系。在分析一软件系统时，这一信息用于从需求分析到设计实体的追踪，并标识父-子结构关系。

subordinate task　子任务，从属任务　一种不同于主任务的任务，通常该术语指与指令运行同时执行的外部设备传输(或者可能是分级传输)。

subparameter　子参数　一种跟在键标参数之后，并可以用键标来定位或标识的一个信息变量项。

subpattern　子模式　模式的组成部分，用一些比较简单的子模式组成多级结构来描述一个复杂的模式。

subpicture　子图　用于组成一个整体图形的、可独立划分的图形成分。子图由一定数量的图元组合而成，一般不具有定位点；其定义参数还包括子图名、子图的嵌套深度等。它能被引用或重复复制，并且可以在变换后进行。

subplan　子规划　求解问题的一部分的规划。

subpool　子池　(1)在子池编号下分配给特定任务的所有存储块。(2)在某些小型计算机系统中，汇编时在用户程序内定义的存储区域。它包括定长存储段，能由用户用于缓冲区、工作区或预先规定大小的数据存储区。

subpool segment 子池段 在某些小型计算机系统中,子池内固定大小的一块区域。

subport 子端口 (1)一个数据项的访问点。物理线路和端口之间的关系类似于逻辑连接之间的关系。(2)在帧中继网络中,在帧中继物理线路中的逻辑连接的表示,其中逻辑连接帧中继帧处理器(FRFH)。每个物理线路的子端口具有一个唯一数据链路连接标识符(DLCI)并且可表示一个FRTE、FRFH或者LMI连接。参见 frame handler subport (FHSP), terminal equipment subport (TESP)。

sub power distribution cabinet 分电源配电箱 对同一机房内一列或多列通信设备机柜的用电进行分配和管理、并具备保护功能的机柜。

subprocess 子进程 由一个进程建立的另一种附属进程。建立子进程的那个进程称为主进程。子进程从主进程那里受资源的分配和使用限制。当一主进程从系统取走时,它的所有子进程(以及子进程的子进程)也都一起取走。

subprogram 子程序 可被其他程序调用的程序。子程序是执行某种特定功能的程序段。

subprogram type 子程序类型 在各种汇编程序和编译程序中实现子程序的方法有所不同,有子例程、函数或功能调用、过程以及宏指令等形式。其差别主要是引用以及他们与主程序的连接方式不同。连接方式基本上有两种:①每次子程序引用都是跳转至适当的过程来取代;②每次子程序引用都从有关过程中的实际语句来逐一转换。在汇编程序中,子程序结构经常采用宏指令方式,某些系统则采用过程的形式。过程的引用比较简单,可以采用标准指令引用方式,不需要那些专门的子程序引用形式,如CALL或FUNCTION等。

subquery 子查询 在SQL(结构化查询语言)中,在一个搜索操作中的一个子选择,产生表示第一个回答的一个值或一系列值。一个子查询可包含搜索条件,这些搜索条件可进一步包含子查询。

sub-queue 子队列 在COBOL语言中,一个队列的逻辑层次。

subrange 子界 变量(类型)说明的全程范围的一部分。一个子界包括所有从规定的最小值(下界)到规定的最大值(上界)范围的值。

subrange scalar type 子界标量类型 在Pascal中,一种用于定义标量的类型,其值局限于基本标量类型的一定范围。

subrecord control byte (SRCB) 子记录控制字节 在MTAM(多点传送远程通信存取方)和RJE(远程作业输入)中,一个控制字符,用于提供记录附加的信息。

subring 子环 环中的子集构成的环。设S是环〈G,+,∗〉的一个非空子集,若代数系统〈S,+,∗〉构成环,则称〈S,+,∗〉为环〈G,+,∗〉的一个子环,而称〈G,+,∗〉为〈S,+,∗〉的一个扩环。

subroutine 子例(行)程(序) (1)可在一个或多个计算机程序中以及在计算机程序的一个或多个地方使用的指令或语句的有序集合。(2)可以作为其他例行程序的一部分,也可以由其他程序或例行程序调用的一组指令。通常,子例行程序的运行是由一个"调用"实现的。

subroutine call 子例程调用 通过引用子例程名字而调用该子例程,调用时对参数要作相应处理。

subroutine library 子例程库 一种子例程的集合。该集合中的子例程是标准的,已证明是正确的,已用文件形式保留的,它可以在任何时候调用。

subroutine member 子例程成员 一种库成员,它含有在系统运行之前必须与一个或多个成员进行组合的信息。

subroutine nesting 子例程嵌套 参见 subroutine。

subroutine parameter 子例程参数 当子例程把数据从专用地址源缓冲器转移到别的专用地址目的缓冲器时,调用程序便明确给出源缓冲器或目的缓冲器的起始地址,这两个地址称为子例程参数。

subroutine statement 子例程语句 见 procedure statement。

subroutine status table 子例程状态表 在主存储器中保存一组子例程并按照需要从主存中取出子例程的程序或例程。

subroutine structured language 子例程结构语言 以一套地位平等的子例程作为基本程序组织结构的语言。这种语言程序的特点是允许有一套全局性的数据和一集子例程,其中的一个被说明为主程序,程序的执行将从这里开始。这一套子例程在行文上互相独立,不允许有内部嵌套的子例程定义。当然他们可以有相互的调用关系。每个子例程内部定义的变量、常量等都是完全局部的,不能被其他子例程共享,子例程之间只能通过全局变量和子例程参数传递信息。这种程序结构类似于机器语言、汇编语言程序的结构。FORTRAN、BASIC和C都属于这种类型的语言。

subroutine subprogram 子例程辅程序 在FORTRAN语言中,由FORTRAN语句组成的子例程,它的第一个语句是SOBROUTINE语句。它有选择地将一个或多个参数返回给调用程序。

subroutine table 子例程表 计算机中按所需信息排列的子例程的列表,当应用程序需要时,可以从这个表中取出使用。

subsampling 子采样 在视频系统中,一种用于快速运动视频序列在缓存中溢出时管理溢出数据的技术。

subschema 子模式 模式的子集,提供一个从应

S

用程序角度对数据库的完整的描述。这是描述一个用户视图的方式。一般可用几个子模式和一个数据库相连,每个应用有一个独立的子模式,通过该子模式访问数据库。

subschema data definition language 子模式数据定义语言 在数据库系统中,指用于定义数据子模式的语言。

subschema data description language 子模式数据描述语言 在数据库系统中,指用户用来定义其所用的局部逻辑结构以及这些结构到模式映像的语言。它是用户使用的程序语言的扩充,能定义用户的一个或多个应用程序有关的数据元素的名字、特征及其相互关系。

subschema description entry 子模式描述体 COBOL 程序中数据部分子模式节中的一个体。说明由 COBOL 程序存取的子模式。

subschema name 子模式名 用户定义的标识子模式的一个名字。

subschema section 子模式节 COBOL 程序数据部分的节。它涉及到该程序要用的子模式。

subscriber 定购用户 通过业务提供商而可以连接通信网络或者使用电信业务的使用者。

subscriber distribution network 用户配线网 在电话网中,从本地交换局主馈电缆连接到用户终端的网络。它是早期的接入网的一种叫法。

subscriber identity module (SIM) 用户识别模块,SIM 卡 (1)可移动的模块,插入到移动设备中,它被认为是移动台的一部分。它包括安全相关的信息和保密算法。(2)通常称为"SIM 卡",是保存移动电话服务的用户身份识别数据的智能卡。

subscriber installation 用户装置 位于用户侧,包含人员、用户终端、网络设备,如果需要还有运行系统的一个组织机构。他们一起担负并维持用户装置设备的能力和职责。

subscriber line 用户线 (1)中央办公室与电话站、交换台或其他用户设备间的电话线路。(2)公用数据网中 DCE(数据电路终端设备)和本地交换机之间的物理线路。

subscriber line interface circuit (SLIC) 用户线接口电路 数字程控交换系统连接模拟用户线的接口电路。

subscriber station 用户站 参见 subscriber's loop。

subscriber trunk dialling (STD) 用户干线拨号 一种不通过操作员的电话交换服务。用户可以直接选择连接电话中断干线进行通话。

subscriber's drop 用户进线 从电话电缆到用户楼房的线路。

subscriber's loop 用户回[环]路 完成连接用户和中心局的服务设施,包括线路和某些线路终端设备以及 I/O 设备。参见 local loop。

subscript 下标 (1)一种标识某一集合的特定子集或元素,并与该集合名相关联的符号。(2)在高级程序设计语言中,表示一个数组中某一特定或某些特定元素的符号。例如,$A(i,j)$ 表示数组 A 的第 i 行第 j 列的元素,其中 i、j 为数组符号 A 的下标。

subscript character (SBS) 下标字符 字处理机的一个格式控制键。它的作用是使打印或显示点垂直向下移动半行,水平方向则不作移动。下标字符键是一个自锁键,要再按一次上标字符键才能使打印或显示点回到原来的位置。比较 superscript character。

subscripted data name 带下标的数据名 (1)由一个数据名后随一个或多个括在括号中的下标所组成的标识符。(2)在 COBOL 语言中,一个标识符,由数据名以及若干在括号中的参数构成。

subscripted symbolic parameter 带下标的符号参数 一种后面紧跟着一个下标的符号参数。这个下标值给出了该项在该符号参数引用的宏指令操作数的子表中的位置。

subscripted variable (带)下标(的)变量 一种具有下标的变量。它是多维变量的分量。参见 subscript。

subscripting 下标计算 在程序设计语言中,一种引用数组元素的机制。这是通过对一个数组的引用和对一个或多个表达式求值后表示数组元素位置的方法实现的。

subscript list 下标表 在多维数组中,元素要用多个下标才能被指定。通常,这些下标按一定的顺序排列在数组名之后的括号内。这一系列下标的集合称为下标表。

subscript quantity 下标量 在高级程序设计语言(如 FORTRAN)中,一个下标的组成部分。可以是正整常数、正整变量或其值为正整常数的表达式。如果下标中有一个以上的下标量,则这些下标量必须用逗号分开。

subscript variable 下标变量 在某些编程语言中,允许变量带有下标,因而允许以数组中的个别元素来取代这一变量的值。下标变量的下标通常写在变量名(也就是数组名)后面的括号内。

subsegment 子段 存储段或程序段的一部分。

subsemigroup 子半群 半群$\langle S, *\rangle$,令 $A \subseteq S$,如果$\langle A, *\rangle$也是半群,则称$\langle A, *\rangle$是$\langle S, *\rangle$的子半群。要判断$\langle A, *\rangle$是否是子半群只要检验运算 $*$ 在 A 上是否封闭就可以了。例如$\langle N, +\rangle$是$\langle I, +\rangle$的子半群,N 是自然数集,I 是整数集。

subsequence 子序列 从字符串中删除若干个字符所得到的字符串。两个串 X 和 Y 的公共子序列同时是 X 和 Y 两者的子序列,最长公共子序列是具有最大长度的公共子序列。

subsequence field 子序列字段 在某些信息管理系统的辅助索引中，为保证指针段键标的唯一性，加到索引段键标数据上的一种字段。

subsequent address message (SAM) 后继地址消息 继初始地址消息之后发送的信号消息，该消息含有一个或几个附加的地址信息位(或)脉冲终了信号。

subsequent counter 子序列计数器 一种特定类型的指令计数器。用来对一个较大操作中的各个部分(即微操作)分别进行计数和控制其执行顺序。

subsequent signal unit (SSU) 后续信号单元 多单元消息中，除初始信号单元以外的任何一个信号单元。在有些系统中，不把多单元消息中最后一个信号单元看作是后续信号单元。

subserver 子服务器 在AIX操作系统中，一个系统资源由运行于系统程序控制器(SPC)之下的服务器程序直接控制。

subset 子集，子设备 (1)一种集合，它的每个元素都是某一指定集合中的一个元素。(2)一种程序设计语言的派生形式，它比原来的语言功能少，限制多。(3)远程通信中，指电话机、输入输出设备或其他终端装置等的用户设备。(4)一种其所有元素均是另一给定集合的元素之集合。设A、S是两个集合，或对任意$x\in A$，都有$x\in S$，则称A是S的一个子集，记作$A\subseteq S$或$S\supseteq A$，此时又称S包含A。若A是S的子集，但$A\neq S$，则称A是S的真子集，记作$A\subset S$或$S\supset A$，并称S真包含集合A。

subset language 子集语言 一种程序语言的一个明确定义的受限的子集叫作它的一个子集语言。例如ALGOL-60有两级子集，标准FORTRAN 77也有子集语言。子集语言中通常是舍弃了原语言的某些比较难以实现的成分，以利于在较小型的计算机上实现，而同时又保持程序上的向上兼容性，因为子集语言的程序都是原语言的程序。也有的语言，如Ada，就在其定义文本中明确说明不承认任何Ada的子集。

subsetting 构造子集 子集的形成过程。

subshell 子外壳 在AIX操作系统中，一个从已有的外壳程序中启动的外壳程序的事例。

subspace iteration 子空间迭代 幂法的推广。能同时求出模较大的若干个特征值和特征向量，也称“联合迭代”或“同时迭代法”。

subsplit 亚分 一种单缆制双向宽带通信系统中的频率分配方式。一般规定，向头端传送的返向通路信号频率范围是5～30 MHz。自头端向全网传送的前向通路信号的频率范围为54～400 MHz。保护带为30～54 MHz。

substitutable argument 可替换自变量 也称“虚拟自变量”。宏定义中的一种变量字段，可在使用该宏操作时以参数(量或符号)置换。

substitute 替代，置换，代换 (1)用一种信息元素代替另一种信息元素的操作。(2)更换某个系统的设备或部件的过程。(3)对逻辑公式的一种变换，也称“代入”。方法是将公式中的一个变量的所有自由出现用同一个项替代。代换也可以推广到n个变量同时进行。例如，公式

$$\alpha = P(x,y) \wedge \forall x Q(x,y)$$

$\sigma=\{f(x)/x, f(g(a))/y\}$是一个代换，则$\alpha$经代换$\sigma$之后所得公式是

$$P(f(x),f(g(a))) \wedge \forall x Q(f(x),f(g(a)))$$

这公式常记为$\sigma(\alpha)$或$\alpha\sigma$。对含有函词变元、谓词变元的高阶逻辑而言，代换也可以对这些变元进行，即用某一项代入函词表示，用某一公式代入谓词变元。永真式的代换实例仍为永真式，这就是代换原理。

substitute mode 替代方式 一种交换缓冲方法。采用这种方法时，若干段存储区轮换用作缓冲区或程序工作区。

substitution cipher 替代密码 一种古典加密方法，用字母、数字或符号替代明文字母而不改变他们的顺序。参见 transposition cipher。

substitution error 替代错误 一种因进行了不正确的替换而产生的错误。

substitution encryption algorithm 替代加密算法 使用密钥将明文中的每一个字符转换为密文中的一个字符，其目的是将某些位模式替换成其他模式来制造混乱。在替代加密算法中使用的密钥字母表，可以由明文字母表构成，也可以由多个字母表构成。参见 transposition encryption algorithm。

substitution string 替代串 一个指定的字符串，在扫描操作中代替另一个字符串。

substitution table 替换表 一种键盘编排方式表，在字处理中用来表示哪些标准字符键可用作专用字符键。

substitution variable 替换变量 一种用以传递信息的变量。例如报文中使用的文件名。

substrate 衬底，基片 (1)微电路的一种支撑材料，在其表面或内部制作集成电路，或将集成电路附在其上。(2)制作磁带或者磁盘的塑料毛坯。

substrate feed logic (SFL) 衬底馈电逻辑 集成注入逻辑的一种改进形式。把衬底当作PNP管的发射极，把NPN晶体管垂直制作在它上面，衬底上有N层及P层外延层，分别作为PNP管的基极和集电极或作NPN管的发射极和基极。由于电源是衬底，省去了普通注入逻辑电路中的金属电源条。

substring 子串 字符串的一个连续段部分。例如，对于字符串ABCDE，则字符串BCD可看成是它的子串。参见 character substring。

substring notation 子串表示法 一种后面跟随有两个用逗号分开的、括在括号中的下标的字符表达

方式。它只能在条件汇编指令中使用。其第一个下标的值指明该子串开始字符在字符表达式中的位置,第二个下标的值表示从字符表达式中取用的字符个数。

subsumption **归类** 如存在一个置换 S 使子句$\{L_i\}$是子句$\{M_i\}$的一个子集,则称$\{L_i\}$把$\{M_i\}$归类。

subsumption elimination **归类消除** 在归结反演时,如果子句$\{L_i\}$把子句$\{M_i\}$归类,那么可以消去$\{M_i\}$。对子句$\{L_i\}$,$\{M_i\}$,若存在一个置换θ,使得$\{L_i\}\theta\subset\{M_i\}$,则称$\{L_i\}$将$\{M_i\}$归类。

S

subsynchronous reluctance motor **亚同步磁阻电动机** 磁阻电动机的一种,其次级组件上凸极作用的部分的数目多于初级绕组所产生的磁极数。电动机在相当于电机视在同步转速的几分之一的恒定平均转速下运行。

subsystem **分[子]系统** (1)作为单独整体起作用的许多装置或设备的组合,但并不要求其中的装置或设备独立起作用。(2)作为在一个系统内其主要作用并完成单项或多项功能的许多设备或分系统的组合。

subsystem component **子系统组成部分** 在子系统支持服务系统中,指一种可编程通信控制器或作为网络中过程设备的可编程终端。

subsystem controller **子系统控制器** 同 store controller。

subsystem definition statement **子系统定义语句** 一种用于定义附加到子系统控制器上的终端配置或该子系统内数据处理任选件的语句。

subsystem library (SLIB) **子系统库** 在某些操作系统中,由子系统支持服务程序在主系统建立和维护的一种程序库。它为子系统提供这样一些服务,如建立和更新子系统的各种库,处理将由子系统使用的程序和数据,把程序和数据传递到通信控制器及各程控终端。

subsystem store controller **子系统存储控制器** 参见 store controller。

subsystem support chip **子系统支撑芯片** 包括串行和并行输入输出端口、定时器和事件计数器、运算芯片、中断控制器、直接存储器存取控制器及存储器控制器等在内的器件统称为子系统支撑芯片。

subsystem support program **子系统支持程序** 作为子系统支持服务软件一部分的各种程序。子系统支持程序在主系统中执行。

subtask **子任务** (1)一种由较高一级任务初启和终止的任务。(2)在某些操作系统中的一种只限于与操作员设备进行通信的任务。

subtask control block (STCB) **子任务控制块** 在某些通信系统软件中的一种可变长的表,表示将引起一个例行程序运行的例行程序。

subterm **子项** λ-项的一部分且它也是 λ-项。若 N 是一个 λ-项,其子项集合 sub(N)递归定义如下:

$$sub(x)=\{c\}$$
$$sub(\lambda x\cdot N_1)=sub(N_1)\cup\{\lambda x\cdot N_1\}$$
$$sub(N_1N_2)=sub(N_1)\cup sub(N_2)\cup\{N_1N_2\}$$

其中 x 是变元,N_1,N_2 是 λ-项。

subtracter **减法器** 一种输出端数字信号所表示的数据等于两组输入端数字信号所表示的数据之差的逻辑电路。

subtracter-adder **加法-减法器** 一种既能做加法运算又能做减法运算的逻辑电路。

subtraction **减法** 用一个操作数减去另一个操作数的算术运算。即从被减数中减去减数,得到差。

subtractive color **扣除色** 一种颜色滤去其红色、绿色或蓝色成分后所得到的颜色。

subtractive color system **减色系统** 一个在白纸上通过混合适当数量基色以重现彩色的系统。三种基色为红、蓝、黄。参见 primary color。对应于 additive color system。

subtractive decode **减法译码** 在 PCI(外围部件互连)总线中,对标准总线的桥被设计成用来申请 PCI 总线上的其他设备未申请的许多事务。如果桥在事务开始以后的四个 PCI 时钟周期内还没有看到 PCI 目标设备发出的 DEVSEL#,它就可以发出 DEVSEL#请求事务,然后将事务传递到标准扩展总线上。

subtractive process **减成法** 通过选择性去除无用导电箔而形成导电图形的工艺。

subtract time **减法运算时间** 一次减法操作所需要的时间,其中不包括从存储器中取出数据且把结果送回存储器所需要的时间。

subtrahend **减数** 在减法操作中,从被减数中减去的那个数或量。

subtree **子树** 由根树的一个顶点及其后代组成的树。设 a 是根树 T 的一个顶点,$T'=\langle V',E'\rangle$,式中 V'由顶点 a 及其所有后代组成;E'由 a 出发的所有单向通路中的边组成,则称 T'为 T 的一个以顶点 a 为根的子树。

subtype **子类型** (1)关于类型之间关系的一个概念。A 是 B 的子类型,则 A 的值集合是 B 的值集合的子集,且在 A 的值集范围内 A、B 是等价的。(2)Ada 语言中由限制一个给定类型可能取值的集合而得到的类型。子类型的操作与生成它的那个类型的操作相同,子类型的基类型是原始给定(可能受到约束)的类型,类型的基类型是它自己。参见 library member subtype。

subtype integrity **子类型完整性** 在数据库系统中,只要一个代号属于类型为 A 的一个实体的 E 关系,则 a 必定也属于以 A 为子型的每个实体型的 E 关系。子型完整性给出了从一个实体子型的

E关系到子型直接父型的E关系的引用约束。

subunit 子单位 Ada语言中在另一个编译单位中说明的子例程、程序包或任务的体。子单位属于某个程序库。

subvector 子向量 向量的一部分。

subvoice-grade channel 亚音频级信道 带宽比音频级窄的信道。它通常是音频级信道的子信道。通常使用的电报信道不包括在此信道之内。

subweb 万维子网 根万维网的一个命名的子目录,它是一个完整的基于FrontPage的万维网。每个万维子网可有独立的管理机构,从根万维网和其他万维子网中获得授权和浏览许可。此外,通过基于FrontPage的搜索形式实现的搜索局限于万维子网,而且,FrontPage仅管理万维子网内的超级链接。在根万维网下可建立任何数量的万维子网,万维子网内也可以建立万维子网。

subwidget 子窗口部件 一种窗口部件类型,在窗口部件层次结构中属于某个窗口部件类型的下层。

subwoofer speaker 超低音音箱 用于重放那些深沉的而由普通小型音箱所无法予以重放出来的低频段的特制音箱。

successful block delivery 信息块发送成功 同successful block transfer。

successful block transfer 信息块传送成功 在源用户和目的用户之间,正确的、非重复的用户信息块的传递。信息块传送成功是在要传送的块中的最后一个比特穿过通信系统和目的用户的功能界面时发生。仅当在启动块传输试呼后在限定的最大码块传送时间内传送发生时才能称为信息块传送成功。参见block, block transfer failure, block transfer time, maximum block transfer time, successful block delivery。

successive approximation conversion 逐次逼近式转换器 把一个内部数-模转换器网络的输出与模拟输入信号进行比较,从最高位开始,每次比较一位,当输出大于输入时,该位取0,否则取1。如此重复操作,直至最低位为此。这种电路的转换时间是一个常数,其精度决定于数-模转换器的基准电压、梯形网络和比较器的稳定性。

successor address 后继(站)地址 表处理中进行记录链接的,能方便向后查找的一个地址字段。如该记录是表尾,则其对应字段中填空白,否则就存放处在它下一个记录的地址。

sudden-change relay 突变继电器 同increment relay。

sudden ionosphere disturbance (SID) 突发电离层骚扰 从几分钟到几小时的电离层骚扰,特征是日照半球D区的电离突然增强。

sufficient and necessary condition modus ponens 充分必要条件假言推理 根据充分必要条件假言命题的逻辑性质进行的推理。充分必要条件假言判断前件和后件之间的关系为:前、后件必须同在或同不在。也可叙述为这样两条规则:①肯定前件,就要肯定后件;肯定后件,就要肯定前件。②否定前件,就要否定后件;否定后件,就要否定前件。它的推理有四种有效形式:①肯定前件式。即在前提中,非假言前提肯定充分必要条件假言前提的前件,而结论肯定它的后件;②肯定后件式。即在前提中,非假言前提肯定充分必要条件假言前提的后件,而结论肯定它的前件;③否定前件式。即在前提中,非假言前提否定充分必要条件假言前提的前件,而结论否定它的后件;④否定后件式。即在前提中,非假言前提否定充分必要条件假言前提的后件,而结论否定它的前件。参见modus ponens。

sufficient condition modus ponens 充分条件假言推理 根据充分条件假言命题的逻辑性质进行的推理。充分条件假言推理的基本原则是:小前提肯定大前提的前件,结论就肯定大前提的后件;小前提否定大前提的后件,结论就否定大前提的前件。也可叙述为这样两条规则:①肯定前件,就要肯定后件;否定前件,不能否定后件。②否定后件,就要否定前件;肯定后件,不能肯定前件。参见modus ponens。

suffix 后缀,词尾 (1)一种由已在通话的主叫方拨发的代码。比较prefix。(2)一种变量名的尾部可变部分称为后缀,通过改变后缀可得到同种类型的不同变量名。如TCTAA, TCTBB、TCTXX,其中AA、BB、XX为其后缀,这是操作系统中常见的构造名字的方法。(3)一个字符串$\omega=\alpha\beta$,把β称为ω的后缀。当α不是空字时,β称为ω的真后缀。参见postfix。

suffix array 后缀数组 后缀数组就是将字符串所有后缀排序后的数组,它具备与后缀树相同的功能,但其空间需求却比后缀树要小得多。在后缀数组结构中,它仅仅存储排好序的文本后缀全部指针,即依次存放排好序的后缀字符串的开头位置,所以其空间需求几乎与倒排索引相同(不考虑压缩技术)。比较suffix tree。参见inverted index。

suffix notation 后缀表示法,后缀记数法 一种形式数学表达式的方法。采用这种记数法的表示式中,每个算符都放在它的操作数的后面,并指明它前面的操作数或中间结果所要完成的运算。例如A加B的和乘以C,可用表达式"$AB+C\times$"表示。后缀记数法也称"逆波兰记数法"。比较prefix notation。

suffix tree 后缀树 后缀树是一种数据结构,它支持有效的字符串匹配和查询。一个具有m个词的字符串S的后缀树T,就是一个包含一个根节点的有向树,该树恰好带有m个叶子,这些叶子被赋予从$1\sim m$的标号。每一个内部节点,除了根节点以外,都至少有两个子节点,而且每条边都用S的一个非空子串来标识。出自同一节点的任意两条边的标识不会以相同的词开始。后缀树的关键特征是：对于任何叶子 i，从根节点到该叶子所经历的边的所有标识串联起来后恰好拼出 S 的从 i 位置开始的后缀，即 $S[i,\cdots,m]$。树中节点的标识被定义为从根到该节点的所有边的标识的串联。比较 suffix array。

sugaring　糖化，易化　(1)使程序易于理解的做法。如将程序展开，使用多余的空间和空白行，使人们易于从中获取信息。(2)忽略不必要的细节，使程序与其他一些通用格式保持一致。

S

SUI　(1)社会用户介面 social user interface 的缩写。(2)标准用户接口 standard user interface 的缩写。

suite　套件　以单一软件包销售的一组应用程序，他们被设计成能很好地一起工作。如 Microsoft Office、Perfect Office、Lotus Smart Suit 这样的套件，通常包括字处理程序、电子数据表和电子邮件程序等。套件的价格比分开购买的单个应用程序要低。

suite of programs　成套程序　既有独立性又有联系，依次运行完成一个主任务的一组程序。典型的程序序列有：数据有效性检查程序、排序程序、计算程序、文件更新程序和打印程序等。

sum　和数，和　一种由两个或更多的数或量相加的结果。

sum check　和数校验　一种校验方法，需对被校验的数的所有位求和，然后将该和数与原先计算得到的值进行比较，校验最后一次求和以后各数位是否发生过改变。

summarization monitoring agent　汇总监视代理　在计算机网络管理系统中，为管理应用软件访问多个被管对象而定义的一个中间监视代理，实施被管对象信息的聚集，构成被管对象信息集合，支持管理应用程序。

summary　简报，摘要，总计数　(1)一种只给出要点或有效数字而省略细节和计算过程的报表或摘要。(2)数据处理系统的输出结果，由当前运行中处理事务数据得出的汇总和数构成。例如，成本项目中的支出汇总。

summary address　概括地址　在 ATM(异步传输模式)网络中，一个地址前缀，告诉节点怎样概括可到达信息。

summary data field　总计数据字段　在按标签汇总的排序中，一种表示累加总和的数据字段。

summary design　概要设计　关于软件结构的系统描述。即对于构成软件系统的元素的一种体系结构梗概。概要设计的系统方法对于顺利完成软件开发是完全必要的，是以后开发的基础。集中于定义数据流，并为软件决定一个逻辑上一致的结构；识别每一定义了的功能模型；建立模块之间的界面；描述约束和限制；定义底层数据项的形式、大小和存取方式。

summary journal　摘要日志　在超级市场终端上打印出的有关该终端操作活动的一种记录。

summary tag-along sort　按标签汇总排序　一种排序法，这种方法按指定字段排列记录，并对这些记录中指定的字段进行累加并求出总和。

summation check　求和校验　同 sum check。

summer　模拟加法器　在模拟装置中，一种其输出模拟变量等于两个或多个输入模拟变量的和或加权和的功能部件。同 analog adder。

summing integrator　求和积分器　一种功能部件，其输出模拟变量是输入模拟变量加权和对时间或其他输入模拟变量的积分。

sum of numeric functions　数函数之和　数函数与数函数之和也是一个数函数，它的项等于与相应项之和。数据函数之和记为＋。

Sun community source licensing (SCSL)　Sun 社团源代码授权计划　SCSL 是一个建立 Jini 技术社团的机制，它向 Jini 技术授权获得者公开 Jini 及其平台的源代码，让他们免费使用并对其进行扩展、改进和修正。参见 Jini。

SUN Microsystem　SUN 微系统公司　美国 Sun 微系统公司是一个网络、服务器产品以及图形、窗口软件产品的重要供应商。Sun 是由“Stanford University Network”的三个字头字母组成。它的用于网络数据共享的网络文件系统(NFS)已成为工业标准。1982 年开发的 Java 被认为是一大技术突破。

sunspot　太阳黑子　太阳光球中的暗黑斑点。磁场比周围强，温度比周围低，是主要的太阳活动现象。太阳黑子产生的带电离子，可以破坏地球高空的电离层，使大气发生异常，还会干扰地球磁场，从而使电信中断。

super　叠加　在多媒体应用中，指一个用电子方式嵌入图片中的标题或者图形。参见 superimpose。

super audio compact disc (SACD)　超级音频光碟　SACD 是由 SONY 和 PHILIPS 公司合作在它们联合开发的 MMCD(单面双层结构的高密度光碟)基础上研发推出的 DSD(直接流数字)制式下的技术，它同 CD 一样大小，分两层组成：第一层是 CD 层，采用超比特变换技术把 DSD 处理过的信息存储在此层，可用所有的 CD 机播放。第二层是高密度层，容量达 4.7 GB，里面包括 DSD 的两声道立体音频，频带达 100 kHz，动态范围及信噪比更可达 120 dB。为防盗版，SACD 加入了密码和数字水印技术。密码埋在数字信号流中，可以防止普通用户直接翻录。数字水印是一种类似印刷品水印一样的暗记或图案，只要人射光是一定角度照射碟片，就会显现出来。

superbar　上横线　数字变量上方画的一横线，用以形成补码或逻辑“非”运算。例如 A =数字变量 A，则 $\overline{A}$ = NOT A。

superblock 超块 在 AIX 操作系统的文件系统布局中，指第一个块。用于保持文件系统的信息，是文件系统的最重要部分。它包含有关各个文件系统中块的分配和释放的信息。

superclass 超类 在 AIX windows 程序和增强的 X-Windows 中，一个窗口部件类向下层子类传递可继承的资源。

super-clock 超频 超频从狭义上来说是提高 CPU 的工作频率以得到整机性能的改善。从广义上来说，任何可以提高计算机某一部件工作频率的行为及相关行动都可以称之为超频。因为无法做到对 CPU 生产过程的完全监控，所以无法完全确定 CPU 最终工作频率。CPU 制造商只能按实测频率再标低一至二个档次以保证产品可靠性与稳定性。厂家为了保证产品质量而预留的一点余地使超频成为可能。CPU 的工作频率(主频)包括两部分：外频与倍频，两者的乘积就是主频。所谓外部频率指的就是系统总线频率，如 AMD 公司的 K7 已经使用了高达 200 MHz 的外部频率。CPU 的主频与外频之间存在着一个比值关系，这个比值就是倍频系数，简称倍频。倍频可以从 1.5 一直到 8.0，以 0.5 为一个间隔单位。外频与倍频相乘就是主频，所以其中任何一项提高都可以使 CPU 的主频上升。早先的超频是通过更改倍频来实现的，一般来说提高 0.5 倍频是不会影响到整机的稳定性的。超外频是另一个效果更为明显的选择方案。超外频就是提高系统总线频率，从而使计算机上的硬盘、显卡、声卡等可以很明显地提高运行速度，令整机效能产生质的飞跃。

super computer 超级计算机 相对于一般计算机系统而言，速度快、功能强、规模大、成本也相应较高的计算机系统。超级计算机通常制造台数很少，仅用于有特殊需要的场合。

superconductor tunnel effect 超导隧道结效应 超导体的一种量子干涉效应。在两块超导体之间放置厚度极薄的绝缘层(10 毫微米)，组成约瑟夫逊结或称超导隧道结。由于绝缘层厚度远比超导电子相干长度(可达 10 微米)小得多，所以绝缘层两侧超导电子间就会发生耦合，呈现出超导电流的量子干涉现象，即约瑟夫逊效应。

superconducting computer 超导计算机 超导计算机是使用超导体元器件的高速计算机。这种还处于研究阶段的计算机的耗电仅为用半导体器件制造的电脑所耗电的几千分之一，它执行一个指令只需十亿分之一秒，所用集成电路芯片只有 3 ～ 5 立方毫米大小。

superconducting delay line 超导延迟线 一种超导小型同轴电缆。例如，内导体用超导铌线、媒体用氟塑料、外导体用超导挤压铅管或超导铌编织线制作并保持在超导低温下的同轴电缆。超导延迟线可用于毫微秒及亚毫微秒脉冲信号的传输、延迟和存储、被传输的信号畸变很小。

superconducting quantum interference device (SQUID) 超导量子干涉器件 由超导回路和约瑟夫逊结构成的器件。它是超导电子学器件的重要基元。主要有两大类型：直流和射频 SQUID。它可以应用于矿产资源勘探、地质构造研究、无损探伤和超导数字电路等方面。参见 superconductor tunnel effect。

superconducting state 超导态 一些物质在超低温下出现的特殊物态。在超导态，物质电阻率实际上等于零。从电阻不为零的正常态转变为超导态的温度称为超导转变温度或超导临界温度。

superconducting transmission 超导输电 以超导材料作为导体输送电能的方式。超导输电是利用超导体在临界温度下失去电阻转变成超导态的原理而研制和开发的输电技术。

superconductivity 超导[性] 许多纯金属材料、合金或化合物当温度接近绝对零度(相当于－269°)时，其电阻几乎为零的一种特性。电流一旦建立后，几乎可无限地流动下去，这种特性称为超导性。如一个磁场可消除这种特性，因而这种现象可用作计算机的存储器或逻辑元件。这种器件的例子有冷子管等。一个材料的超导特性可以用临界转换温度和临界磁场曲线来描述。处于这种状态的金属称为超导体。

superconductor 超导体 在足够低的温度和足够弱的磁场下，其电阻率为零的物质。一般材料在温度接近绝对零度的时候，物体分子热运动几乎消失，材料的电阻趋近于零，此时称为超导体。超导体可分为第一类超导体和第二类超导体两类。参见 superconductor of the first kind，superconductor of the second kind。

superconductor of the first kind 第一类超导体 界面能大于零的超导体。第一类超导体只存在一个临界磁场，当外磁场小于临界磁场时，呈现完全抗磁性，体内磁感应强度为零。

superconductor of the second kind 第二类超导体 界面能小于零的超导体。在已发现的超导元素中，只有钒、铌和钽属于第二类，其他元素均属第一类。然而大多数超导合金和化合物则属于第二类。第二类超导体的某些性质(如磁化行为、临界电流等)对诸如位错、脱溶相等各种晶体缺陷十分敏感。只有体内组分均匀分布，不存在各种晶体缺陷，其磁化行为才呈现完全可逆，称为理想第二类超导体。反之，则称为非理想第二类超导体或硬超导体。非理想第二类超导体具有较大的实用价值，已成为发展强磁场超导磁体技术的基础。

superconvergence 超收敛性 在某些特殊点上有限元解或导数具有更高的精度的情况。用有限元方法求解数学物理问题时，若在区域的某些点上所求得的有限元近似解比其他点更为接近精确解，则称该有限元解在这些点上有超收敛性。讨论超收敛点的存在性、分布状况及估计在这些点上有限元解所能达到的精确度，是超收敛性问题的主要研究内容。

super density digital video disc (SDDVD)　超高密度数字视频光碟　由东芝公司开发的超高密度数字视频光碟标准。

superdisk　超密度磁盘　一种高容量高密度磁盘存储技术，使用的磁片在生产时预先蚀刻出控制轨道，使读写头能够精确定位，经由这个方式生产的可读写 3.5 英寸磁盘有 2 490 轨道，120 MB 容量。参见 LS-120。

superencipherment　超级加密　数据保密学中，指一种复合加密技术。先将明文进行代码转换，再将这些代码加密。

superfiche　特制胶片　缩小到 50 ～ 90 分之一的缩微胶片。在一张 A6 胶片上可容纳 190 ～ 240 幅图像。这是计算机输出缩微出版物(COM)中的一种。

superficial knowledge　浅层知识　专家系统中的一个概念。一个专家拥有的知识包括某一领域的理论知识与丰富的实践经验，实践经验往往可以用事实和逻辑规则形式表达，这种表达称为浅层知识。参见 deep knowledge。

superframe　超帧　(1)由多个复帧构成，用于控制信道或特种业务的帧。(2)在 ATM(异步传输模式)网络中，指一个 DS1 帧格式，其中 24 个 DS0 时隙加上一个编码的成帧位组织成一个帧，重复 12 次以构成超帧。

supergraph　超图　类似于通常的无向图，只是其边可以是顶点的任意非空集合，而不仅仅限于偶对。

supergroup　超群　电话信道频分复用中的基群组合，它由 5 个基群经变频后组成。各基群变频的载频分别为 420，468，516，564，612 kHz。取下边带，得到频谱为 312 ～ 552 kHz 的超群信号。参见 mastergroup，primary group，pregroup。

superheterodyne circuit　超外差电路　利用本地产生的振荡波与输入信号混频，将输入信号频率变换为某个预定的频率的电路。超外差是在外差原理的基础上发展而来的，外差方法是将输入信号频率变换为音频，而超外差的方法是将输入信号变换为超音频，所以称之为超外差。参见 heterodyne。

superimpose　叠加　在多媒体技术中，在屏幕上同时放置两个图像，使其相互叠加。

superimposed ringing　叠加振铃　同 superposed ringing。

superior　主体　通过协议直接控制一个以上属体的应用实体。它是原子活动树形结构中分支的管理体。

superkey　超键　关系式数据库中的关键词简称键，键的超集称为超键。超键也能唯一标志元组，但它的子集也可能是超键，故超键中可能会出现多余的属性。例如关系模式 S(学号，姓名，年龄，性别)中，由(学号，年龄)两个属性组成一个超集，但“年龄”可能是多余的。

super large scale integration (SLSI)　超大规模集成电路　一般指集成度为 5 ～ 10 万个电路元件的集成电路。参见 integrated circuit (IC)。

superlattice　多层芯片　一种由几层不同的半导体材料组成的微型芯片。

supermarket model　超级市场模型　把客户、购物篮和结账台作为实体，而把购货项目、篮子有无、结账台是否空闲作为相应实体的属性来研究客户的拥挤、商品的结账台的合理分布问题。

super microcomputer　超级微型机　处理能力与超级小型机相近，但尺寸相当于微型机的计算机。字长 64 位，有较大内存和外存，可以同时支持几个用户。

super minicomputer　超级小型计算机　小型机中的一个子型。这种小型机在处理能力、内存外存容量、操作系统功能等方面都远远超过普通小型机，字长至少为 64 位。许多超级小型机的综合性能相当于中型机，但价格比中型机低得多。

supernet　超网　一些 IP(网际协议)地址的和，用作一个无类别的网络地址。例如，给定四个 C 类 IP 网络：192.0.8.0，192.0.9.0，192.0.10.0 和 192.0.11.0，每一个都有一个内部的网络掩码 255.255.255.0，可以用一个地址 192.0.8.0 与子网掩码 255.255.252.0 来代表这四个 IP 网络的和。

super node (SN)　超级节点　运营商部署的可管可控的 P2P(对等)业务节点，稳定可靠地为 P2P 业务提供存储与缓存、复制与分发、分布式计算、服务中继等一项或多项 P2P 网络基础能力，是实现 ARM(区域资源管理)功能集的 P2P 设备之一。参见 area resource management (ARM)。

superordinate concept　上位概念　外延完全包含另一个概念的外延，且该概念的外延仅仅是其外延一部分的概念。与下位概念相对。在上下义关系中表示较概括意义的那个概念。比较 subordinate concept。

superpipeline　超级流水线技术　微处理机芯片中采用的一种预处理技术，把微处理器的两个或多个执行段(如取指、译码、执行、写回)被分成两个或多个流水线段，从而提高整个微处理器的处理性能。

superpipelined computer　超流水线计算机　一种机器周期很短的流水线计算机。在这种计算机中，虽然每个周期也只发出一条指令，但每个周期很短，它小于任何一个功能部件的延迟时间。

superpipelined superscalar computer 超流水线超标量计算机 既具有超流水线结构又具有超标量结构的计算机。在这种计算机中,机器周期小于任何一个功能部件的延迟时间,每一周期机器发出 m 条指令,他们分别进入 m 条流水线去执行。

superpose 重叠 superimpose 的另一种拼法。参见 overlay。

superposed circuit 叠加电路 由一个或多个电路提供的一种附加通道,一般附加在其他通道上,使所有这些通信能同时使用而不会互相干扰。

superposed ringing 叠加振铃 一种混合使用交流电和直流电的专线电话振铃。

super sampling 超级采样 超级采样是让多条光线投射到一个指定像素上,颜色取所有光线平均值,然后就用这个颜色给像素上色。

superscalar 超标量技术 微处理机芯片中采用的一种技术。采用这种技术的处理器具有两个或者两个以上的并行指令执行流水线,每个时钟节拍中向各流水线分配指令,使多个指令能并行执行。

superscalar computer 超标量计算机 有两条或多条可同时操作的流水线的标量计算机。在这种计算机中,每隔一定时间发多条指令,其数量与流水线条数相匹配。例如某超标量计算机有四条流水线,每隔时间 t 同时发出四条指令,分别在四条流水线中执行。

superscript 上标 在文字处理技术中,在比正常印刷行高出半行的位置上印刷的一个或多个字符。通常比正常印刷行上的字符小。比较 subscript。

superscript character 上标字符 字处理中的一种格式控制键,它使得打印或显示位置垂直上移半行。上标字符键有自锁作用,按过该键后,只有按一次下标字符键才能使打印或显示位置恢复正常。比较 subscript character。

superserver 超级服务器 一种专用作网络服务器的计算机。这种服务器的性能非常高,具有高速输入/输出通道,复杂的多处理功能,可能配置了多个中央处理机、能进行纠错的大容量内存和高速缓存、大容量的硬盘空间以及容错能力。

superset 超集 标准整体的一个扩展文本。如用在 Tandy 计算机上的Ⅲ级 BASIC。

supershift (SS) 上移 改变照相排版功能的一种处理命令或字符的编码。

super smart grid 超级智能电网 是将广域电力输送网络同智能电网结合起来的广域智能网络,其适用的范围跨越国界,如在欧盟、北非、中东等地区。参见 smart power grid。

super storyboard 超故事板 在多媒体中,对演示的各种音频、视频和逻辑控制元素的一个描述。

supertext 超长文本 在工程数据库中,指长度可极长的文本。

superthermal radiation 超热辐射 不是由热粒子,而是由高能粒子产生电磁辐射。一般在回旋频率范围内。

superuser 超级用户 UNIX 操作系统中的一种特权用户,这种用户拥有各种权力,可能对任何文件、目录进行访问,可以使用所有的命令。通常,超级用户只给系统管理员用以进行某些特殊处理。

superuser authority 超级用户授权 操作系统中,给予管理系统的用户的访问和修改系统任何部分的不受限制的授权。

supervertex 超点 图中的一点。设图 $G=\langle V,E\rangle$,u,v是V中的任意两个顶点。将u,v两点从G中删除,并将w引入G中。G中凡与u,v关联的边都与w关联,若e与u,v同时关联,则e变为通过w的一个环。这样的点 w 称为超点,并称把 u,v 短接。

super video (S-Video) 超级视频 视频终端的一种信号传输方式。连接器为 5 芯接口,其中两路传输视频亮度信号,两路传输色度信号,一路为公共屏蔽地线。S-Video 是一种两分量的视频信号,它把亮度和色度信号分成两路独立的模拟信号,用两路导线分别传输并可以分别记录在模拟磁带的两路磁迹上。这种信号不仅其亮度和色度都具有较宽的带宽,而且由于亮度和色度分开传输,可以减少其互相干扰,水平分解率可达 420 线。与复合视频信号相比,S-Video 提高图像的清晰度。参见 composite video。

super video compact disc (SVCD) 超级影碟,超级 VCD 我国国内的几家 VCD(影碟)企业制订出来的一套 VCD 标准。这个技术提供了一个性能和 DVD(数字影碟)相近但价格比 DVD 低廉很多的解决方案,从而替代 CVD (中国数字视盘)和 HQ-VCD (高质量影碟)。这种技术由于采用了 MPEG (活动图像专家组)-2/MPEG-1 可变(动态)压缩的方法,故可以在一张普通的 VCD 光碟上存入 30 分钟到 70 分钟的高清晰视频节目。其分辨率在 NTSC(美国国家电视制式委员会)制式下可达到 480×480,而在 PAL(逐行倒相制)制式下更可达到 480×560,而普通 VCD 就只能分别达到 352×240 和 352×288。音频方面它同样采用 MPEG-2 压缩算法,把两声道的音频合成到视频文件里面,但它也可以支持 DVD 的 5.1 多声道环绕声编码。其他还有很多新的技术,如支持 16∶9 宽屏幕、支持字幕和卡拉 OK、向后兼容 VCD 1.1 和 VCD 2.0 格式、支持为增加交互能力而新制定的 VCD 3.0 格式等。

super video graphics array (SVGA) 超级视频图形阵列 由美国视频电子设备标准协会(VESA)于 1989 年提出的一个视频显示标准。为 IBM 兼容机提供一种高分辨率彩色显示标准。分辨率为 1 024×768 和 1 280×1 024 等,并有 16 种以上颜色,与 VGA(视频图形阵列)兼容。参见 video a-

S

dapter。

supervised call transfer 受控呼叫转移 使用语音资源和 PBX(专用交换分机)转移功能,通过给用户一些附加的选项,来处理呼叫转移不成功的情况。参见 private branch exchange (PBX)。

supervised classification 监督分类 一种数字图像统计分类方法。即根据类别名预先已知的训练用样本,求出规定各类特征向量分布的鉴别函数,利用它对未知图案进行分类。在遥感图像分类等方面常被采用。另一种图像统计分类方法叫非监督分类,即群聚,它是根据特征空间中相似性距离将图案划分归类的过程。

supervised training 监督训练 图像监督分类的一个关键步骤。分析员利用由实地勘测、摄影判释和其他来源得到的关于要分类图像中某些小区域的先验知识,来识别属于所感兴趣的类别的那些像素,然后计算这些已识别出像素的特征标志,并用它识别整个图像中有相似标志的像素。

supervision 监督,监控 (1)知识工程应用术语。将观察的结果与计划逐点进行比较。(2)对于系统运行的监视和控制。

supervisor 管理程序 控制程序的一部分,其功能是协调资源使用及支持处理机操作流。参见 system supervisor。

supervisor authority 管理授权 在文件夹应用机制(FAF)中,增加或删除系统用户、修改用户开工文件、重定向和中止文档赋值和监控各种使用例程队列工作的授权。

supervisor call 访管,管理程序调用 利用执行用户程序中的指令转移到管理程序。通常用于执行输入、输出、转储以及与操作员通信。

supervisor call instruction 访管指令 一种用来中断正在执行的程序,并将控制转移到管理程序的指令。它使得管理程序能够执行由这条指令所指定的一种特定服务。

supervisor call interrupt 访管中断 由正在执行的程序发出一条指令来将控制转移给管理程序(或操作系统)引起的中断。访管中断发生的确切原因可通过中断前的程序状态字来查明。

supervisor lock 管理程序锁 在某些操作系统中的一种指示符,用以在解决损坏页故障时禁止进入不能执行的代码。

supervisor mode 管态,管理(程序)方式 中央处理机的一种工作状态。根据对资源和机器指令使用的权限,中央处理机的工作状态分为核心态、管态和用户态。核心态允许中央处理机使用全部资源和全部指令。管态允许使用用户态下不能使用的资源,但不能使用修改机器状态的指令。在无核心态的机器中,管态执行核心态的全部功能。用户态可执行用户的目标程序,但不能直接调用资源与改变机器状态。在程序运行过程中对操作系统提出某种要求时,可通过中断的办法进入操作系统,这种中断称访管中断。它是通过执行访管指令实现中断的。

supervisor overlay 管理覆盖程序 利用由链接编辑程序记录在覆盖程序模块上的信息,实现对覆盖段管理控制的例行程序。

supervisor-privileged instruction 特权管理指令 在某些信息处理系统中,可以在管态或主态中执行,但不能在目态或 I/O 状态中执行的一种指令。

supervisor state 管态 管态也称"特权状态"、"系统态"或"核心态"。通常,操作系统在管态下运行,CPU 在管态下可以执行指令系统的全集。同 executive state。

supervisory 管理的,管理帧格式 (1)用以表述执行控制或调度功能的术语。通常指处理优化和反馈计算、数据登录和报警、生产调度、库存管理等高级功能,也指各种过程计算机的应用。(2)指一个用于数据链路控制功能的帧格式。如应答信息帧、请求重传、接收就绪(RR)、接收未就绪(RNR)、拒绝(REJ)等帧格式。

supervisory audio tone (SAT) 监测音频单音 蜂窝移动电话网为保证信道传输质量。在信道上连续发送的带外单音(5 970 Hz 或 6 000 Hz 或 6 030 Hz)。它由基站发出,经移动台环回,再被基站接收,用以监测信号的场强或信噪比。通过对 SAT 的监测,可以了解话音信道的传输质量。

supervisory channel 管理信道[通道] 也称"反向信道"。数据通信系统中的一种带宽比主信道窄的信道,用以传送"确认"和其他管理信息。这种信道是一种"次声级信道",使用这种信道的系统称为非对称双工系统。

supervisory communications 管理通信[程序] 控制用户程序和远程终端或另一台计算机之间数据的存取和传送的管理程序。管理通信程序利用二元同步或起停工线路控制,可以支持交换(拨号)或非交换的点对点连接。

supervisory console 管理控制台 一种操作员控制台。它是多控制台系统中的主控制台。

supervisory control 管理控制 自动地作用于位于远程终端处理的设备或指示灯的一些字符或信号。

supervisory control and data acquisition (SCADA) 数据采集与监视控制 以计算机为基础的生产过程控制与调度自动化系统。数据采集与监视控制可以对现场的运行设备进行监视和控制,以实现数据采集、设备控制、测量、参数调节以及各类信号报警等各项功能。

supervisory control signals 管理控制信号 用来指出电路组合的各种操作状态和自动作用于远方站设备或指示灯的字符或信号。

supervisory control system 监控系统 用计算机对生产现场的各种物理量进行巡回检测,对采入数据的值按一数学模型进行计算,并将计算结果送给调节仪表,以实现对被控对象进行控制的计算机控制系统。其优点是适应性强,可以实现最优控制。

supervisory (S) format 监控[管理]格式 用以执行数据链路管理控制功能的一种信息格式。管理控制功能可以是:确认I帧、请求重新传送I帧、请求暂停传送I帧等。参见 information format, unnumbered format。

supervisory (S) frame 管理帧 用于传送管理控制功能并以管理格式出现的一种信息帧。

supervisory instruction 管理指令 一种用来控制其他例行程序或程序的操作或执行的指令。

supervisory keyboard 管理键盘 也称"管理控制台"。包括操作员的控制面板、键盘、打印机以及有关的控制部件。他们都通过同一个控制部件与计算机连接。

supervisory message 管理信息[报文] 与数据链路操作有关的一种短报文。该报文在数据链路上传送,一般是一单个字符(如 ACK 或 NAK)加上那些检查错误需要的字符。在全双工或半双工系统中,它可以作为一种普通返回报文传送。在非对称双工系统中,它在"管理信道"上传送。

supervisory mode 管态 参见 supervisor mode。

supervisory operating system 管理操作系统 由监督控制程序、系统程序和系统子例程组成的操作系统。这种操作系统一般还包括符号汇编程序、宏加工程序、编译程序及各种调试辅助程序,还经常提供通用实用程序库。

supervisory program 管理程序 一种计算机程序,通常是操作系统的一部分。它控制其他计算机程序的执行,并在数据处理系统中调整工作负荷的流量。参见 executive program。

supervisory program simulation 管理程序仿真 在操作系统中,无管理程序可供使用时,对某种替代程序的使用。

supervisory relay 管理转接器 在电话呼叫期间,由发送给用户线路的电流所控制的一种转接器,用以从相关站接收控制操作员或交换机动作的信号。

supervisory routine 管理例行程序 (1)一种例行程序,通常作为操作系统的一部分。该程序控制其他例行程序的执行,并调整数据处理系统中的工作流。(2)同 executive routine, supervisor。

supervisory services 管理服务(程序) (1)管理程序中可供用户使用的所有程序的总称。(2)一种提供各种服务的网络控制管理程序。这些服务可以是通信适配器接口服务、初启通道输出、控制计时操作及数据操作和实用程序服务。(3)管理程序中供用户使用的所有功能的一般术语。

supervisory signal 监控[管理]信号 用于监控外部设备或线路接口设备的操作的信号。

superzapping 超级冲杀 (1)滥用计算机通用访问程序,回避安全机制,从而非法篡改程序或数据的操作行为。超级冲杀一词是由于大多数 IBM 计算机中心使用宏公用程序 Superzap 而取名的。这是一个当计算机停机、出现故障或其他需要人为干预时的系统程序。它是一个有效的工具,相当于系统的一把总开关钥匙。如果被非授权用户使用,就构成了对系统的一种潜在威胁。(2)程序设计中,直接修改目标码或机器码的过程。

supplementary elements 补充要素 标准化术语。提供附加信息,以帮助理解或使用标准的要素,即标准的资料性附录、参考文献和索引等。

supplementary equal potential bonding 辅助等电位连接 将可同时触及的导电体直接连通,使可同时触及的导电体在故障情况下电位相等。

supplementary insulation 附加绝缘 除主绝缘外,为了安全另增加的独立绝缘。参见 main insulation。

supplementary marking 补充标志 必须与安全标志同时使用,对安全标志进行文字说明的标志。

supplementary relay 辅助继电器 一种通或断继电器,它的激励量由另一继电器电气输出电路供给,辅助主继电器实现完整功能。

supplementary service (SS) 补充业务 对基本业务的改进和补充,它不能单独向用户提供,而必须与基本业务一起提供。同一补充业务可应用到若干个基本业务中。

supplementary service function 补充业务功能 用于辅助业务的功能集合,包括:激活、去激活、禁止、删除、查询、规定、注册和提取,通常用于定购用户并且不需要用户接口。

supplement file 增补文件 修改顺序文件的一种方法。它把所有对主文件(顺序文件)中记录的修改都放在一个(相对来说)比较小的与主文件分开的独立存储区中,称为增补文件。此方法大大降低不断更新一个大主文件的代价,且能保持对大型顺序文件进行有效检索。

supplicant 申请者 一个局域网端口,用以请求访问那些通过身份验证者来访问的服务。对于无线连接,申请者就是无线局域网网络适配器上请求访问有线网络的逻辑局域网端口。它是通过首先与一个身份验证者关联,然后再验证自己的身份来完成访问请求的。不管它们是用于无线连接还是用于有线以太网连接,申请者和身份验证者都由一个逻辑或物理的点对点局域网网段连接起来。参见 authenticator。

supply apparatus 电源装置 从供电电源(通常从供电网)取得电能,再把改变了形式的电能提供给一个或几个负载的装置。

supply chain 供应链 生产及流通过程中,涉及将产品或服务提供给最终和户活动的上游与下游企业，所形成的网链结构。

supply chain management (SCM) 供应链管理 供应链指在供应商、制造商、运货商、分销商、零售商到最终用户各环节之间货物的供应。可以利用电子商务技术来优化供应链管理，首先完成企业内部业务流程一体化，然后再向企业外的合作伙伴延伸，实现信息共享，最终达到生产、采购、库存、销售以及财务和人力资源管理的全面集成。供应链管理能为企业带来如下的益处：增加预测的准确性。减少库存，提高发货供货能力。减少工作流程周期，提高生产率，降低供应链成本。减少总体采购成本，缩短生产周期，加快市场响应速度。

supply electricity continuity 供电连续性 在静态和动态情况下，电力的中断不超过负载(用户)允许的极限以及供电质量(电压、频率、波形等的变化)在规定的范围之内。

supply logistics 供应物流 为生产企业提供原材料、零部件或其他物品时，物品在提供者与需求者之间的实体流动。

supply reel 供带盘 在磁带机或盒式磁带运行期间将磁带松开的磁带盘。

supply voltage 电源电压 由某个电源获得的用于电路或器件工作的电压，也称“工作电压”。它是电路或器件正常工作所需的电压。

supply voltage indicator 供压指示器 在口述记录设备上的一种装置。它给出可听见或可看见的指示，表明主电源电压是否正常或表明电池的电量是否充足。

support 支持，支援 (1)在系统开发中为功能部件的正确操作提供必要的资源。参见 system support。(2)在计算机业务中，购买或租借软件和硬件时，由卖主保证提供的帮助和指导。

support chip 支持芯片 除中央处理机以外并与之配套的一系列芯片。他们是系统工作所需要的，但不属于系统基本配置的元件。

support control program 支持控制程序 一种功能有限的操作系统，它能运行某些测试程序和诊断程序。

support cost 支撑费用 因一个数据处理系统的运行而产生的全部费用的总和。它包括系统中租用部分的费用、管理费用、程序编制费用、人事费用、易耗品费用、建筑费用、电力费用、供水费用和环境清洁费用等。

support environment for expert system 专家系统支持环境 同专家系统创建工具相连接的，帮助用户同专家系统进行对话的工具。一般包括辅助调试程序、用户友好的编辑程序和高级图形设备。

support knowledge 后备知识 在计算机辅助教学系统中，指运行知识以外的知识。

support microprocessor 后备微处理机 扩大微处理机应用能力的部件，如 I/O 处理机、特殊指令扩充处理器、存储管理、分布智能结构等。

support network 支撑网 利用电信网的部分设施和资源组成的，相对独立于电信网中的业务网和传送网的网络，支撑网对业务网和传送网的正常、高效、安全、可靠的运行、管理、维护和开通起支撑和保证作用。支撑网的例子有电信管理网、公共信道信令网和同步网。

support of local service area 当地服务区支持 运营者可以根据用户实际的地理位置提供给用户不同的业务、不同的费率和不同的接入权。

support program 支撑[支持]程序 帮助管理程序和应用程序工作的一些程序。包括诊断程序、测试程序及数据生成程序等。

support software 支撑软件 在系统软件和应用软件之间，提供应用软件设计、开发、测试、评估、运行检测等辅助功能的软件，有时以中间件形式存在。

support system 支援系统 (1)一种用于开发或支持各种程序设计语言的一般翻译功能的程序系统。(2)用于支持系统的生产和检验的计算机程序系统。

support tool for expert system 专家系统支持工具 在专家系统开发工具及开发环境中，用来帮助程序设计的工具和增强系统功能的工具。一般专家系统支持工具由知识库编辑、辅助调试、输入/输出界面和解释工具的四个典型部分所组成。

suppressible text 可压缩正文 在某些复制操作中可略去的正文。

suppression 抑制 通过滤波、搭接、屏蔽和接地或这些技术的任意组合，以减少或消除不希望有的发射。

suppression character 抑制字符 在 NCCF(网络通信控制机制)中的一种字符。它由用户定义并在命令表语句或命令开始处编入，用以防止该语句或命令出现在操作员终端屏幕、硬拷贝记录及 NCCF 记录上。参见 network communication control facility (NCCF)。

suppression of red signal 红信号抑制 通过屏蔽、滤波、搭接、隔离、接地、低辐射布线等技术或者这些技术的任何组合来减少或消除设备中红信号的发射。参见 red area。

suppressor gauge 抑制型电离真空计 通过安装在离子收集极附近的抑制电极，使离子收集极发射的二次电子返回到它自身，来降低 X 射线极限值的一种热阴电离真空计。

supremum 上确界 上界中最小的。设 X 是具有偏序关系“$\leqslant$”的集合，Y 是 X 的一个子集，如果 $x_0 \in X$ 是 Y 的一个上界，且对于 Y 的每一个上界 x 均有 $x_0 \leqslant x$，则称 x_0 是 Y 的上确界或最小上界；若 x_0 是 Y 的一个下界，且对于 Y 的每一个下界 x

都有 $x \leqslant x_0$，则 x_0 称为 Y 的下确界或最大下界。

surface case 表层格 也称"形态格"。指屈折语句中实词的形态变化，表示这些词在句法结构中跟其他词的语法关系。

surface chart 面图 一种类似于线图的图表，各曲线之间的空间涂上了颜色。

surface development 表面显影 一种显影方法，它使加工溶液仅仅用在照相材料被感光的一面，其他面保持不湿。

surface discharge 表面放电 沿着绝缘体表面所发生的局部放电。

surface discharge in dielectric oil 油中沿面放电 绝缘油中沿着油和固体电介质分界面发生的电晕、滑闪、闪络放电现象。油中沿面放电的规律与气体中的沿面放电相似。通常，这种放电现象发生在分界面处的油中，仅当固体电介质质量不高时，才会在固体介质表层内部发生放电。油中沿面放电发生时，不仅绝缘油会劣化变质，固体材料表面损坏也是常有的现象。开始时，放电只在油中发生，但是放电产生的热作用和剧烈的压力变化使固体电介质内产生气泡。在一次次放电的作用下，固体电介质会出现分层、开裂现象，这时放电有可能发生在固体电介质内部，使绝缘的击穿电压下降。参见 discharge alone surface。

surface electric charge density 表面电荷密度 一表面元内所包含的电荷与此表面元之比，当此表面的尺寸趋于零时的极限值。参见 volume electric charge density，linear electric charge density。

surface fitting 曲面拟合 三维空间中的拟合，设给定曲面 $u = u(x,y)$，或给定曲面 $u(x,y)$ 的一组离散值 $u_{ij} = u(x_i, y_i)$，要求构造一个简单易算的函数 $f(x,y)$，按某种特定的意义逼近 $u(x,y)$ 或离散值 u_{ij}，这种构造一个近似曲面的方法称为曲面拟合。而 $f = f(x,y)$ 称为拟合曲面。

surface generator 面发生器 一种形体表示的转换函数。多用于计算机制图和辅助设计。其主要功能是把空间的三维对象的编码表示转换为二维的面表示。这里的面指的是一个平面或二维几何区域。例如球面、锥面、柱面等。

surface insulation resistance (SIR) 表面绝缘电阻 确定封装或芯片表面泄露的潮湿试验。

surface knowledge 表层知识 客观事物的表象及其和结论之间的关系。表层知识形式简洁，易表达，易理解，但它并不反映事物的本质。这种知识表达方式包括事实、固定规则和直观推断的探试法。这些方法在人类专家对问题作出结论和决定时常常采用，大多数专家系统只采用表层知识表达方法。参见 deep knowledge。

surface knowledge system 表层系统 直接将输入状态和动作联系起来的系统。系统较简单，适用于完成难度较小的任务。

surface machining 表面加削加工 对被加工零件的三维形状进行切削加工的数控刀具运动轨迹的自动生成过程。采用机械设计 CAD/CAM(计算机辅助设计/计算机辅助制造)系统就可以生成数控刀具的运动轨迹及被加工零件的三维形状。

surface modeling 曲面[表面]造型 用较少量的几何信息(定义曲面的点、切矢、二阶导数等)建立描述产品的复杂几何外形的数学模型，并通过计算机对产品进行描述、分析、修改和综合控制。曲面造型的数学方法早期只限于拟合插值问题。20 世纪 60 年代以来，出现以"逼近"论为基础的 Bezier 曲线法，数学模型简单，几何直观性强，能实现曲线曲面的人机交互设计。70 年代出现 Bezier 曲线的 Bernsein 基函数的矢量参数形式，以后又改进用 B 样条基函数替代 Bernsein 基函数。70 年代后期发展了 B 样条法，进一步成果是用非均匀有理 B 样条(简称 NURBS)构造曲线曲面，使 B 样条不仅能方便且更好地表达和控制复杂的自由曲线曲面，而且也能精确表达圆锥曲线与二次曲线，实现了曲线曲面数学模型的统一表达，是 80 年代以来，CAD/CAM(计算机辅助设计/计算机辅助制造)软件产品发展的一个重要标志。表面造型比线框造型的复杂程度高，但不及实体造型的复杂程度。虽然在屏幕上表面造型物体与实体造型物体看上去是相同的，但两者之间有相当的区别。对表面模型不能进行切割，而实体模型则可以被切开。另外，在表面造型中，物体可以在几何上是不正确的，而实体造型中的物体在几何上必须是正确的。

surface mount 表面(贴片)安装 一种芯片封装形式，从引脚直插式封装发展而来的，主要优点是降低了印制电路板设计的难度，同时也降低了其本身的尺寸。表面贴片封装的芯片只须将它放置在印制电路板的一面，并在它的同一面进行焊接。

surface mount component (SMC) 表面安装组件 适用于表面安装技术的一种片状或块状电子组件。例如，MOS(金属氧化物半导体)存储器、MOS 数字电路、门阵列电路、微处理器、场效应晶体管等表面安排组件。它有金属、塑料、陶瓷三种封装形式。

surface mount device (SMD) 表面安装器件 适用于表面安装技术的一种片状器件。例如，片状电阻、片状电容器、片状微调电容器、片状电位器等表面贴装器件。这是计算机组装技术中一种小型、高效、高密度装联器件。

surface mounted technology (SMT) 表面黏贴式封装技术 印制电路板上元件的接脚是焊在与元件同一面的技术。这种技术不用为每个接脚的焊接而在印制板上钻洞，甚至还能在印制板两面都焊上元件，提高了印制板上的元件密集度。参见 through hole technology (THT)，surface mount device (SMD)。

surface noise 划纹噪声 由于灰尘或划纹的原因

而使音带或唱片发出的噪声。

surface of revolution 旋转面 一条曲线绕一个直线旋转而得的曲面。其中直线称为轴，曲线称为母线。

surface patch 曲面片[块] 三维物体的表面所划分成的许多小块。

surface recording 表面记录 把信息存储在磁存储媒体上(如盘、带、鼓)的磁性材料(如三氧化二铁)表面上的存储方法。

surface resistance 表面电阻 加在绝缘体的或试样的同一表面上的两个电极之间的直流电压除以经一定的电化时间后的该两个电极间的电流所得的商。在两电极上可能的极化现象忽略不计。表面电阻除非另有规定，一般在电化1分钟后测定。

surface resistivity 表面电阻率 在绝缘材料表面的直流电场强度除以电流线密度所得的商。

surface scan 表面扫描 磁盘子系统按磁道柱面和磁头编号顺序，逐步进行数据读出校验的操作。

surface servo 表面伺服 由专用伺服磁盘表面提供磁头位置信息并实现磁头定位控制的磁盘伺服定位技术。定位精度高，具有温度补偿的特性。

surface acoustic wave (SAW) 表面声波 一种表面超声波。表面声波是在介质(如玻璃或金属等刚性材料)表面浅层传播的机械能量波。表面声波性能稳定、易于分析，并且在横波传递过程中具有非常尖锐的频率特性。

surface acoustic wave filter 表面声波滤波器 基本结构是在具有压电特性的基片材料抛光面上制作两个叉指换能器，分别用作发射换能器和接收换能器。发射换能器将RF(射频)信号转换为声表面波，在基片表面上传播，经过一定的延迟后，接收换能器将声信号转换为电信号输出。参加 interdigital transducer。

surface acoustic wave touch screen 表面声波触摸屏 由触摸屏、声波发生器、反射器和声波接受器组成，其中声波发生器能发送一种高频声波跨越屏幕表面，当手指触及屏幕时，触点上的声波即被阻止，由此确定坐标位置。参见 touch screen。

surface structure 表层结构 语句中各词以正确的形态化，语句按语法规则排列的外部表现形式。

surface testing 表面测试 Novell NetWare 的安装程序中所包含的一种测试，用以发现和标记服务器硬盘中的坏块。测试分为破坏性测试和非破坏性测试；破坏性测试要进行读写模式的操作，因而会把硬盘上的数据全部破坏掉；而非破坏性测试是先将数据读出并保存起来，测试之后再把原来的数据写回去，因而不会破坏原数据。

surface texture 表面纹理 在三维物体表面上的细节表现。

surface wave touch screen 表面超声波触摸屏 一种计算机触摸屏，有一个透明的玻璃罩，在 X 与 Y 轴方向都有一个发射和接收压电转换器及一组反射器条，控制器发送触发信号给发射转换器，它转换成表面超声波，声波在屏幕表面传播，当用手指触摸屏幕时，声波被吸收，因而使接收信号发生变化，由控制器分析并数字化为 X 和 Y 坐标。这种触摸屏不需要特殊涂层，亮度高，稳定性好。

surfing the Internet 遨游因特网 使用因特网服务浏览器。

surge 电涌，突变 也被称为浪涌，是电路中出现的一种短暂的电流、电压剧烈波动，在电路中通常持续约百万分之一秒。220 V电路系统中持续瞬间(百万分之一秒)的5 000或10 000 V的电压波动，即为电涌。电涌的成因可因为雷击或者重型设备电源切换开关在电力线上产生的过电压。比较 transient over voltage (TOV)。

surge arrester 避雷器 保护电气设备免受瞬态过电压的危害，限制续流的持续时间和幅值的一种装置。

surge arrestor 电涌放电器 一种有两个电极的小型充气管，其中一个电极接地，另一电极与一防高压脉冲的电路相连。气体在某一预定电压上电离，这样就可使脉冲短路到地线上，以防止高压脉冲损坏线路。

surge forward current 正向浪涌电流 一种由于电路异常情况(如故障)引起的，并使结温超过额定结温的不重复性最大正向过载电流。

surge on-state current 通态浪涌电流 一种由于电路异常情况(如故障)引起的，并使结温超过额定结温的不重复性最大通态过载电流。浪涌电流在器件寿命期内应限制出现的次数。

surge protection device (SPD) 电涌保护器 俗称“防雷器”，是一种为各种电子设备、仪器仪表、通信线路提供安全防护的电子装置，能够释放由远距离或传导雷击以及开关转换而引起的电涌。当电气回路或者通信线路中因为外界的干扰突然产生尖峰电流或者电压时，电涌保护器能在极短的时间内导通分流，从而避免电涌对回路中其他设备的损害。参见 voltage switching type SPD，voltage limiting type SPD。

surge resistance 电涌[冲击]承受能力 某一器件在过压发生后，功能保持不受损伤的能力。

surge reverse power dissipation 反向浪涌耗散功率 在反向工作时，由于浪涌发生而在整流管中引起的耗散功率。

surge suppressor 电涌[突变]抑制器 一种电压调节设备，可以平抑电压的突然升高，将它装于交流电源和设备之间，能保护设备免受损害。

surge withstand capability 电涌抵抗力 同 surge resistance。

surge withstand resistance 电涌[冲击]承受能力

同 surge resistance。

surjection **满射** 集合 A 到 B 的一种映射。设 f 是集合 A 到 B 的一映射，如果对于任何 $b \in B$，都存在 $a \in A$，使 $f(a) = b$，则称 f 是 A 到 B 的一个满射。满射也称“映上映射”。若存在 $b \in B$，对任意 $a \in A$，有 $f(a) \neq b$，则称 f 是“映内映射”。

surrounding **环绕** 在虚拟现实技术中，指使参与者感觉碰到了一个三维物体，利用物体表面的法向量，沿法向量方向退回的技术。利用这种技术，用户能感觉到“碰”到了一个三维物体的表面。参见 virtual reality。

surveillance **监视** 对某一指定区域实行直接的或间接的监视。

surveyor **检测程序** 参见 database surveyor utility feature。

survivable network **可生存网** 当网络中出现故障时，具有一定隔离故障并维持通信能力的网络。

susceptance **电纳** 复数导纳的虚部。参见 complex admittance。

susceptibility threshold **敏感度门限** 使试验样品呈现最小可分辨的不希望有的响应的信号电平。

suspend **暂停，挂起** 临时中断程序的运行，同时保留存储器和寄存器中的内容，以便当资源情况允许时恢复程序的运行。

suspended state **暂停[挂起]状态** 软件所处的一种状态，该状态下任务不由系统调度，也不争用处理机。在某些小型计算机系统中，如果暂停的任务重新初启，则它返回到在暂停前所处的状态。

suspend lock **挂起封锁，挂起锁** (1)一种封锁手段，它禁止请求处理机工作，但允许处理机继续做其他工作。(2)在多处理机系统的操作中，当一个进程由于一个正常的 P 操作而被阻塞时，可以把处理机重新分配给某个其他进程。因为进程被“挂起”而处理机被重新分配，故这种锁称为挂起锁。

suspend state **暂停[挂起]状态** 同 suspended state。

suspend to disk (STD) **挂起到硬盘** STD 是 Windows 98 推出的高级电源配置接口(ACPI)中的一项技术，其具体过程是将系统运行时的当时状态和相关系统信息保存到硬盘上，然后硬盘停转，显示器黑屏，此时系统耗能极小，再次开机时可省去大量的系统自检和启动时间，从而迅速恢复到关机前的状态。参见 advanced configuration power interface (ACPI)。

suspend to RAM (STR) **挂起到内存** STR 是一种较 STD(挂起到硬盘)更快速稳定、耗能更小的技术。STR 在系统关机或进入省电模式后，将重新启动所需的文件数据都存储在内存里，如此一来，硬盘的速度瓶颈被大大地隔离开，系统的启动操作将主要在内存里完成而不必过于频繁地读取慢速的硬盘。不过，STR 技术对系统硬件有一定的要求，如主板 BIOS(基本输入输出系统)必须符合 ACPI(高级电源配置接口)规范；相关扩展卡(如显卡、网卡、调制解调器卡)必须要支持 STR 功能；软件操作系统必须支持 STR。参见 suspend to disk (STD)，advanced configuration power interface (ACPI)。

suspicious file **可疑文件** 没有注明用途，在计算机的病毒敏感部位活动，但是又不能认定为病毒的文件。

sustainable cell rate (SCR) **可持续信元速率** 也称“可维持信元速率”，ATM(异步传输模式)网络的连接中，长时间测试的平均速率的上界。强调这个上界可使网络分配足够的资源以保证提供所需的性能。SCR 为发送信元的平均时间间隔的倒数，单位为信元/秒。

sustained packet rate **持续[平均]分组速率** 一段时间内分组传输的平均速率。

sustained transfer rate (STR) **持续数据传输率** 硬盘性能指标，单位 Mbps，也称最大内部数据传输率。它指磁头至硬盘缓存间的最大数据传输率，一般取决于硬盘的盘片转速和盘片数据线密度(指同一磁道上的数据间隔度)。

SUW **同步工作单元** synchronized unit of work 的缩写。

SVA **共享虚拟存储区** shared virtual area 的缩写。

SVC (1)访管指令 supervisor call instruction 的缩写。(2)交换虚电路 switched virtual circuit 的缩写。(3)交换虚拟连接 switched virtual connection 的缩写。(4)信令虚信道 signalling virtual channel 的缩写。(5)可缩放视频编码 scalable video coding 的缩写。

SVCC **交换的虚拟通道连接** switched virtual channel connection 的缩写。

SVCD **超级影碟，超级 VCD** super video compact disc 的缩写。

SVC interruption **访管指令中断** 由于执行访管指令而引起的一种中断，该中断将控制权传递给管理程序。

SVC routine **访管指令例行程序** 控制程序中的一种例行程序，它执行或开始由访管指令规定的控制程序服务。

SVG **可缩放矢量图形** scalable vector graphics 的缩写。

SVGA **超级视频图形阵列** super video graphics array 的缩写。

S-Video **超级视频** super video 的缩写。

SVM **共享虚拟存储器** shared virtual memory 的缩写。

S

S

SVPC **交换的虚拟路径连接** switched virtual path connection 的缩写。

SVS **单虚拟存储系统** single virtual storage system 的缩写。

SVT **系统变量表** system variable table 的缩写。

SW **转换字符** switch character 的缩写。

SWA **调度程序工作区** scheduler work area 的缩写。

SWADS **调度程序工作区数据集** scheduler work area data set 的缩写。

SWAP (1)共享无线访问协议 shared wireless access protocol 的缩写。(2)简单波长分配协议 simple wavelength allocating protocol 的缩写。

swap **交换,对换** 在虚拟存储分时管理系统中的页面调用过程。把一个作业的现用页面写到辅存中,并把另一作业的页面从辅存读到主存中。把一个终端作业或作业的现用页面从辅存读到主存的过程叫换入。把一个终端作业或作业的页面从主存写到辅存的过程叫换出。某个程序从外存转移到主存(或相反)所需的时间叫交换时间。

swap allocation unit **交换分配单元** 在交互系统中,辅助存储空间的一种任意单元。交换数据集划分成若干这样的单元,并按这些单元来分配存储器。

swap data set **交换数据集** 在交互系统或分时系统中,专用于交换操作的一种数据集。

swap data set control block **交换数据集控制块** 在交互系统中,一种描述交换数据集的控制块,其中包括 DCB(数据控制块)、空间队列及与设备有关的控制信息。

swap fault **交换故障[错误,失效]** 在操作系统中,当引用某一交换区的物理页面时发生的一种地址转换异常情况。

swap file **交换文件** 在操作系统中,为了腾出足够的空间供某一程序使用,常将一些当前没有运行的程序或当前运行程序的一部分临时存储到硬盘上,存储这类程序的文件就称为交换文件。可以建立永久性交换文件,它始终占据硬盘上的存储空间;另一种则是建立临时性交换文件,仅当需要时,才建立这种交换文件。在微软 Windows 中,用户可以在这两种交换文件之间选择一种,也可在运行中重新设置成另一种类型。

swap-in **换入** 在具有虚拟存储的操作系统系统中,将一个终端作业的主存映像从辅存读入主存的过程。

swap-out **换出** 在具有虚拟存储的系统中,把作业的实存映像从实存写入辅助存储器的过程。

swappable **可交换的(页、段)** (1)可以预先移空的页或段。(2)指可删除的含有系统软件的页或段。

swapper **交换程序** 执行系统范围的存储调度程序。该程序把被修改页面写入辅助存储器,为新进程建立最小进程关联,收缩非活动进程的工作集,把进程从平衡集中移出和把等待执行的进程移入平衡集。

swapping **交换,对换** 同 swap。

swapping priority **交换优先级** 在某些采用优先级调度的多道程序系统中,为尽可能快地满足高优先级进程的需要,有时必须把低优先级的进程交换到辅助存储器上,为了使交换出去的进程经过一段时间后,再有机会交换回内存投入运行,就需要按某种算法给它的优先级提升,提升的部分称为交换优先级。

swapping set **交换集** 同 swap set。

swap set **交换集** (1)一个作业或一个系统程序中将要换入或换出的若干页面。(2)在某些操作系统中,作为一组写入或读出直接存取存储器的属于特定虚拟机的一组页面。

swap time **交换时间** 将程序从外存传送到内存或从内存传送到外存所需的时间。

swarm intelligence **群体智能** 用类似于元机器人组合成的一个分布式智能机器人系统。这种系统作为一个整体所具有的智能称为群体智能。群体智能这个概念来自对自然界中一些昆虫,如蚂蚁、蜜蜂等的观察。单只蚂蚁的智能并不高,它看起来不过是一段长着腿的神经节而已。如果是一群蚂蚁,它们就能协同工作,建起坚固的巢穴,一起搬运食物,抚养后代。这种群居性生物表现出来的智能行为被称为群体智能。群体智能的核心是由众多简单个体组成的群体能够通过相互之间的简单合作来实现某一功能,完成某一任务。其中,"简单个体"是指单个个体只具有简单的能力或智能,而"简单合作"是指个体与其邻近的个体进行某种简单的直接通信或通过改变环境间接与其他个体通信,从而可以相互影响、协同动作。群体智能具有如下特点:①控制是分布式的,不存在中心控制,因而它更能够适应当前网络环境下的工作状态,并且具有较强的鲁棒性,即不会由于某一个或几个个体出现故障而影响群体对整个问题的求解;②群体中的每个个体都能够改变环境,这是个体之间间接通信的一种方式,由于群体智能可以通过非直接通信的方式进行信息的传输与合作,因而随着个体数目的增加,通信开销的增幅较小,因此,它具有较好的可扩充性;③群体中每个个体的能力或遵循的行为规则非常简单,因而群体智能的实现比较方便,具有简单性的特点;④群体表现出来的复杂行为是通过简单个体的交互过程突现出来的智能,因此,群体具有自组织性。

sweep **扫描** 在计算机制图技术中沿着围绕某一给定中心点的圆弧运动。

sweep plane **扫描平面** 在透视投影中观察点与线

段两端点所定义的一个平面。

sweetening 音效优化 在多媒体应用中，平衡音频信号以消除噪声和获得最佳最清晰的声音效果。

swept 扫描面 一种计算机图形处理技术，在曲面造型中，以一条空间曲线沿另外一条或两条任意空间曲线描述而成的曲面。

SWF 短波信号消逝 short-wave fade-out 的缩写。

SWIFT 国际银行间的金融远程通信协会 Society of Worldwide Interbank Financial Telecommunication 的缩写。

swim 漂移，摇晃 在计算机图形显示中，显示元素在其正常位置附近的不正常晃动。

swing bar buffer mechanism 摆杆式缓冲机构 靠弹簧拉力，使摆杆上的导柱张紧磁带，构成磁带机中磁带缓冲部分。

swinging arm head-positioning actuator 摆臂式磁头定位器 动头磁盘机的一种磁头定位装置。由安装在盘片边缘处的旋转电机转动磁头臂，使磁头置于指定的磁道上，与直线移动磁头定位器比较，它的寻道速度和定位精度更高，而且体积小，造价低。此种定位器常用于温式磁盘中。

swinging arm magnetic tape unit 摆臂式磁带机 磁带传送机构使用摆杆拉紧磁带的磁带机。这种磁带机与真空箱磁带机比较，磁带驱动部分较简单，带速比较低。

swinging inductors 变感电感器 一种特殊的电感器，在磁动势(MMF)很小时它的电感量很大；但在磁动势很大时，它的电感量适中。实现这种电感器的方法有两种：在高导磁率磁芯和低导磁率磁芯上安装一个共享绕组；在高导磁率磁芯中安排一个间距渐渐改变的气隙。

switch 开关 用来隔离电源或按规定能在正常或非正常电路条件下，接通、分断电流或改变电路接法的电器。

switchable-mode line 可交换方式线路 参见 line mode switching, switched connection。

switch arm of convertor 变流器开关臂 变流器中开关连接中的主臂。参见 principal arm。

switch box 开关箱 一种装有开关和继电器的可移动的箱子，当切断传输线路时用于保持通信的连续性。

switch character (SW) 转换字符 一种文字处理设备控制符，使得在读入字符串时，无需操作员干预就能从一个字符串源转换到另一个字符串源。参见 repeat character, stop character。

switch code 交换码，转换码，开关码 (1)文字处理中的一种程序指令。用于在同一机器记录媒体的不同部分之间或在存储器的不同段之间进行交换。(2)字处理中一种用于转换的指令，它使控制转移到多个可能语句中的一个语句，其选择取决于存在的或原先的条件，如 ALGOL 60 中的开关语句和 FORTRAN 语言中的 GOTO 语句。

switch connection of convertor 变流器开关连接 变流器中电子开关主臂的接线型式。

switch control computer 转接控制计算机 专门用于处理远程计算机或终端间的数据传输的一种计算机。

switch control factor 开关控制因数 在周期性开关控制情况下，导电周期对导电与非导电周期之和的比。参见 switch control。

switch control statement 转移控制语句 依据现在或过去的条件，使控制权转移到几个可能语句之一的一种控制转移语句。

switch core 开关磁芯 (1)一种磁芯，其中的磁材料一般具有高剩余磁通密度，剩磁与饱和磁通密度之比很大，具有一磁力极限值，在该值下不出现翻转。(2)一种用作开关位元的磁芯。

switched carrier 切换载波 在数据通信中，一种不连续传送的载波。该术语经常标识一多点轮询系统，在这种系统中，只能在远程站回答轮询信息时，固定载波与在一四线电路的一个信道上产生的载波一起在另一信道上从中央站向过程站传送。有时该术语用于 dial-up(拨号)系统或包含拨号和轮询的系统。

switched circuit 开关线路 一种通信链路。其物理通路可随各种应用不同而不同，可根据其中某站的状况或外部手段，进行连接或不连接。

switched communication network 交换式通信网 一种由通信设施和通信站组成的系统。它能使一个站在交换线路上建立一条和远程站通信的数据链路。

switched communications 交换通信 经由 PSTN (公用交换电话网)线路进行的通信。

switched connection 交换连接 (1)数据链路的操作方式之一。采用这种方式时，设备之间的连接通过建立一个电路或信道来实现，与公用交换网络的情况相仿。(2)在 ATM(异步传输模式)网络中，指一个通过信令建立的连接。

switched data network 交换数据网络 (1)一种利用轮询方式的多点网络。(2)一种利用拨号公用交换电路网络的数据网络。(3)一种利用报文交换或线路交换的网络。

switched LAN 交换式局域网 交换式局域网所有站点都连接到一个交换式集线器或局域网交换机上。在交换式局域网中，不再是所有用户共享介质了。中心交换机只将数据发送到需要交换数据的端口上。每个端口可能连接一台计算机，也可能连接一台集线器，集线器在其所用用户之间共享该端口的带宽。

switched line 交换线路 一种远程通信线路，其连

S

接是通过拨号建立的。比较 nonswitched line。

switched message network 报文交换网络 (1)一种通信系统。在该系统中数据可在网络中的任何用户间传送。(2)一种公用载波网络服务。它使兼容的终端可以互相呼叫。

switched message reformatting 交换报文格式重整 具有不同特性的终端之间交换报文时,其格式需要进行实时重整。这个子任务的功能包括专用字符翻译、行宽回车和调整以及某些终端时序性质。

switched message telephone network 报文交换电话网络 一种公用载波服务。它的客户可与接受同一服务的任一其他客户通信。

switched multi-megabit data service (SMDS) 交换式多兆位数据服务 一种公用分组交换业务,适合高速度要求的网络服务,提供无连接方式分组传输,没有距离上的限制。通常是由电话线路公司提供给企业,将分处不同区域的局域网结合成为广域网,使用 SMDS 较租用专线便宜且更具弹性。SMDS 可提供 1.5 ~ 45 Mbps 的传输速率。SMDS 按数据报文传送,信息的每个单元独立处理,独立交换。入口协议规范按照 IEEE 802.6 的标准,分布范围广,能进行公用网络寻址。SMDS 采用流水线的接口协议以便于获取高性能和系统集成,是第一个设计用于提供无连接数据服务的宽带通信协议。

switched network 交换网络 通过开关(交换机)建立连接的任何网络。如:①国际拨号电话系统。②网中任何用户能把报文发送给任何其他用户的网络。

switched network backup (SNBU) 交换网络后备支持 当主线不能使用或不可用时,允许用户为某种类型的物理设备指定某一交换线路作为替代线路的一种可选设施。

switched network data link 交换网络数据链路 在交换网络上,两个站完成数据传输之后,数据链路就断开。利用标准拨号程序(自动或手动)为下一次传输建立新的数据链路。该数据链路可以用网络中的其他站建立。

switched point-to-point topology 开关式点到点拓扑结构 一种网络拓扑结构,使用开关机制提供通道与控制单元之间的多通信路径。参见 multidrop topology。

switched services network 交换服务网 一种由普通开关控制建立连接或转换的线路网络。用于当几个位置呼叫同一用户时,进行逐个转换的工作。

switched SNA major node 交换式系统网络体系结构主节点 在某些通信系统中的一种主节点,其次节点是经交换型 SDLC(同步数据链路控制)链路而附接入的 PUS(物理单元)和 LUS(逻辑单元)。

switched telecommunication network 交换型远程网络 由通信公共团体或远程通信管理部门所提供的一种交换式网络。

switched telephone network 交换电话网络 一种用于拨号电话的电话网,或自动转接的交换装置。例如远距离直接拨号网。

switched virtual channel connection (SVCC) 交换的虚拟通道连接 在 ATM(异步传输模式)网络中,通过信令动态建立和撤销的连接。一个虚拟通道连接是一个 ATM 连接,其中交换功能根据每个信元的 VPI/VCI(虚拟路径标识符/虚拟通道标识符)字段进行。

switched virtual circuit (SVC) 交换虚电路 在 ATM(异步传输模式)网络中,通过信令建立的一个连接。它用于提供进行通信的各个末端系统之间的按需连接。运用信令软件,虚拟通道标识和虚拟信道标识符信息将被动态地分配给有关的末端系统。相对于 PVC(永久虚拟线路)而言,SVC 数据传送完后虚拟线路就结束。参见 permanent virtual circuit (PVC)。

switched virtual connection (SVC) 交换虚拟连接 在 ATM(异步传输模式)中,指交换的虚拟通道连接(VCC)或虚拟路径连接(VPC)。它可以是点到点的、点到多点的或者多点到多点的 VCC 或 VPC。参见 permanent virtual connection。

switched virtual path connection (SVPC) 交换的虚拟路径连接 在 ATM 网络中,通过控制信令动态建立和撤销的连接。一个虚拟路径连接是一个 ATM 连接,其中交换只根据每个信元的 VPC(虚拟路径连接)字段进行。

switcher 转换开关,转换程序 (1)用于从若干个摄像装置中选择一幅图像送给显像器或记录装置的一种控制装置。(2) Apple Macintosh 计算机上提供的专用程序,它能允许任一时刻在内存中驻留一个以上的程序。但在引入"多次查找程序"后,转换程序就废弃不用了。

switches loop 交换机环路 属于网络的二层环路。以太网中的交换机之间存在不恰当的端口相连会造成网络环路,这种环路会引发数据包的无休止重复转发,形成广播风暴,从而造成网络故障。参见 network loop。

switches loop monitoring 交换机环路监测 启用交换机的端口环回监测功能后,交换机设备就能自动定时对所有通信端口进行扫描监测,以便判断通信端口是否存在网络环路现象。要是监测到某个交换端口被网络环回时,该交换端口就会自动处于环回监测状态,依照交换端口参数设置以及端口类型的不同,交换机就会自动将指定交换端口关闭掉或者自动上报对应端口的日志信息,为排除由网络环路引起的网络堵塞提供依据。参见 network loop。

switch everywhere 全部用交换 一种局域网(LAN)联网的解决方案之一。"全部用交换"的方法把路由功能全部挤出 LAN,路由只应用于 WAN

(广域网)连接。由于全部 LAN 流量都是交换的,所以这是一个性能最高、成本最低的选择。它使网络"平坦",即去掉所有子网,让端站在没有路由器潜在影响或控制的情况下访问 LAN 的任何部分。网络管理的某些方面,尤其是增加/移动/修改,大大地简化了,因为端站的寻址是独立于物理位置的。参见 route everywhere。

switch fabric **交换结构** ATM(异步传输模式)等交换机的中心功能块,负责对输入的信元进行缓冲和寻径到适当的输出端口。

switch fuse **开关熔断器** 由一个或几个极的刀开关与熔断器串联构成一个组合单元能带负载操作的开关。

switchgear **开关设备** 主要用于发电、输电、配电和电能转换的开关电器,及其同安装、测量、保护和调节装置的组合,以及上述开关电器和装置与互相连接部分、辅件、外壳件的成套设备的通称。

switch hook **叉簧开关,挂钩开关** 一种电话机上的开关,它与支撑受话器或把手的结构相关联,操作时把受话器或把手从支撑物上移走或重新放回。参见 off-hook,on-hook。

switch indicator **开关指示字** 用于表示存储单元是否置位的标志位。

switch information vector table **开关信息向量表** 词法分析程序的输出数据之一。由开关信息向量组成的表型数据。语法分析和运行时要引用该表。

switching **交换** (1)手工或自动处理报文的技术,按照需要设定两点之间的通信路径,使报文能以最为方便和最为经济的方式送往适当的终点。可分为两大类:①线路交换,在通信双方之间形成实际的通信路径,又分为空分交换和时分交换。前者指每一通路都是由一单独的导线构成;后者指许多对通信者合用一公共通路,只是时间上分先后占用它。②存储转发,即先存储信息,然后通过缓冲器向对方转发信息。根据转发信息单位的不同,又分为报文交换和分组交换,优点是可以对存储的信息进行预处理。参见 circuit switching, line switching, message switching, packet switching。(2)在多媒体应用中,用电子方式指定两个或者多个视频源之间需要记录到磁带上的图像源。

switching algebra **开关代数** 适用于开关线路、数字系统及某些通信交换场合的布尔代数。

switching blank **空交换** 输出响应没有变化的情况下输入信号已经改变的现象。

switching center **交换[转接]中心** 端接多条线路并能转接线路,或联机路间传送信息的场所。参见 switching center, semiautomatic switching center。

switching combining (SC) **切换合并** 分集技术接收端各个不相关的分集支路合并时采用的方式之一。接收机扫描所有的分集支路,并选择 SNR(信噪比)在特定的预设门限之上的特定分支。在该信号的 SNR 降低到所设的门限值之下之前,选择该信号作为输出信号。当 SNR 低于设定的门限时,接收机开始重新扫描并切换到另一个分支,所以该方式也称扫描合并。由于切换合并不需要知道信道状态信息,因此,它既可用于相干调制也可用于非相干调制。参见 diversity technique。

switching computer port **交换计算机端口** 在存储转发技术中,为完成交换操作而安排的交换计算机的输入口和输出口。为便于交换计算机把信息从发送地传送到目的地,要求每个报文都含有发送站标识和接收站地址。

S

switching element (SE) **开关元件** (1)一种为打开和关闭一个或多个电路提供选择的器件。如开关或晶体管。建议采用 logic element。(2)在 ATM(异步传输模式)网络中,指进行 ATM 交换功能的设备或网络节点,它基于 VPI(虚拟路径标识符)或 VPI/VCI(虚拟路径标识符/虚拟通道标识符)对。

switching frequency spurious emission **开关频率杂散发射** 在发射机输出中,与开关频率相关的杂散发射。参见 spurious emission。

switching function **开关函数** 仅有有限种可能取值的函数,其独立变量也仅具有有限种可能的取值。

switching hub **交换式集线器** 一种能在共享网络拓扑结构中减少竞争访问的设备,其采用的技术是用微分段的方法来减少一个段上的节点数。在一个经微分段后的网上,一个局域网段上的节点可能至少有一个。这时,交换式集线器处理那些不同网络段上需进行通信的节点间的所有连接。交换式集线器通过一个内部矩阵开头处理网段之间的通信,所有的交换都在介质访问控制(MAC)层处理。

switching matrix **交换矩阵** 背板式交换机上的硬件结构,用于在各个线路板卡之间实现高速的点到点连接。交换矩阵提供了能在插槽之间的各个点到点连接上同时转发数据包的机制。

switching mode power supply (SMPS) **开关电源** 控制开关管开通和关断的时间比率,维持稳定输出电压的一种电源。

switching network **开关网络** 由多级开关互连所组成的开关系统。

switching office **交换局** 容纳交换机及其相关设备的处所。

switching overvoltage **切换过电压** 由于切换操作、故障或其他原因在系统中引起的相对地或相间过电压。这种电压一般持续时间亦较短,衰落快。由于其波形差别很大,在作绝缘配合时,可采用标准波形或和标准波形相似的波形。

switching pad **转接衰减器** 根据不同工作情况,能自动插入或移出长途线路的一种传输衰减器。

switching power supply **开关电源** 功率器件处于

开关工作状态的电源。同 switching mode power supply (SMPS)。

switching regulator 开关式稳压器 在输入电压变化时,用闭路控制回路来调节输出电压的方法设计的一种电路。最常见的开关式稳压器中包含磁性组件,如电感器或者变压器。它们用于存储能量,并通过电流的通及断把能量传送到输出端。

switching system 开关系统,交换系统 联机线路之间或线路与中继器之间建立连接用的机电或电子系统。

S

switching theory 开关理论 一种研究组合逻辑及其操作、特性和结果的理论。特别是研究图灵计算机、逻辑元件以及开关网络等一类装置的理论。

switching time 开关时间 开关电路或开关器件从一种状态转换到另一种状态所需的时间。开关时间是开关电路或开关器件的一项重要性能参数,开关时间越短,则开关电路(或开关器件)的速度就越快。

switching value 开关量 为通断信号所对应的值。数字电路中的开关量有"1"和"0"两种状态。

switching variable 开关变量 仅取有限数量可能值或状态的变量。

switch insertion 开关插入 用手动操作开关的方法插入数据或指令。

switch instruction 开关[转移]指令 (1)一种条件转移指令,其中保存开关值,并说明它在测试数据项中的用途。(2)检查某开关是否置位的指令,用于检查标志的状态。(3)文字处理技术中的一种程序指令,用于在同一机器记录媒体的不同部分之间的转换,或在不同存储区域间的转换。

switch matrix 开关矩阵 由晶体管、二极管或其他开关元件或电路按一定的规则相互连接而成的一种阵列。用来实现某种特定的功能。

switch mode power supply 开关型供电电源 这是一种功率转换技术,它是通过开关的闭合和切断动作把输入功率转变成为频率很高的脉冲,在输出端重新把脉冲转换成为直流功率。使用这项技术时,未经稳压的输入电压可以转换成为更加稳定的输出电压,而且转换效率较高。

switch monitoring (SMON) 交换网络监控标准 SMON是美国Avaya(亚美亚)公司和以色列LAN(交换集团)提出的,现在已作为交换网络的标准远程监控管理信息库(MIB)而被因特网工程任务组(IETF)接受,并形成RFC 2613标准。通过监控网络的活动才能确定网络是否正在为用户提供最优质的服务。主动监控的目标就是将实时监控和离线报告结合起来,测量网络的运行情况,使网络保持平稳运行。

switchover 切换 在双工系统中,将实时处理工作从一个系统转换到另一个备用系统的过程。

switch quantity signal 开关量信号 即数字信号。开关量信号的变化不是连续的,即跳跃变化,故又有脉冲信号的说法。相对于模拟信号它具有抗干扰能力强的特点,广泛应用于现代电子技术信号处理中。

switch register 开关寄存器 装在计算机控制板上的一种寄存器。它由多个手工开关组成,一般开关个数与计算机字长的位数相同,用于人工将地址和数据置入计算机以及在程序执行时进行人工查询。

switch status testing 开关状态测试 一种用以确定某一开关(存储元件)是"1"状态还是"0"状态的测试。测试用开关指令进行。

switch table 开关表 在AIX文件系统中,定位一个字符设备的入口点时使用的表。

switch value 开关值 在某一特定转移点上的一种控制转移值(参数),也是在运行期间到达转移点之前的界限值。它是确定在转换点之后执行哪个指令序列的逻辑操作的一种输入。

switch window 切换窗口 改变屏幕上的活跃窗口,使另一个窗口成为当前的工作窗口。

SWL 短波收听者 short wave listener的缩写。

SWP 滑动窗口协议 sliding window protocol的缩写。

SWR (1)软件无线电 software radio的缩写。(2)驻波比 standing-wave ratio的缩写。

Sybase relational database management system Sybase关系式数据库管理系统 由Sybase软件公司推出的第一个开放型关系式数据库管理系统。是一个以联机应用为目的,以客户机/服务器体系结构为基础的开放的分布式关系式数据库管理系统。主要由三个产品系列构成:①联机关系式数据库管理系统Sybase SQL Server。②一组前端工具Sybase SQL Toolset。③客户机/服务器接口Sybase Client/Server Interfaces。整个系统可为用户提供开发联机跨越多个服务器的应用程序,从各种非Sybase资源中收集数据,在用户和服务器之间提供一种标准的通信机制。

Sybase software Sybase软件公司 位于美国加州Emeryville的软件生产厂商,以Sybase数据库软件为主要产品。

SYLK file 符号连接文件 symbolic link file的缩写。

syllable hyphen character (SHY) 字节连字符 一种文字处理格式化图形字符。它只能在行结束处的字节边界上打印,用以指明一个词要延续到下一行。在正文调整状态操作期间如对各个词重新定位,则可能忽略或去掉字节连字符。比较required hyphen character。

syllogism 三段论 在逻辑学中由大前提和小前提出发导出结论的一种逻辑推理。常见的有假言三段论、选言三段论、二难推理等。下例是一种三段论的格式:大前提:所有的金属都是元素。小前提:铁是金属,结论:铁是元素。

Symbian Symbian 操作系统 Symbian 是针对移动电话的操作系统,它是由摩托罗拉、西门子、诺基亚等几家大型移动通信设备商共同出资组建的一个合资公司所研发的。Symbian 是一个实时性、多任务的纯 32 位操作系统,具有功耗低、内存占用少等特点,非常适合手机等移动设备使用,可以支持 GPRS(通用分组无线业务)、蓝牙、SyncML(同步标记语言)、3G 技术。最重要的是它是一个标准化的开放式平台,任何人都可以为支持 Symbian 的设备开发软件。

symbiont 共存程序,共生进程 与一系列主程序并行运行的一种短程序,用于在外围设备之间来回传送信息。

symbiont manager 共生管理程序 作业控制程序的系统进程中的一种功能。它维护假脱机队列和动态地建立共生进程以执行必要的 I/O 操作。

symbol definition 符号定义 给符号指定一个值的过程。

symbol file 符号文件 (1)由汇编程序用于符号定义、引用和文字的一种数据集。(2)Modula-2 语言中使用的一种文件。它包括定义性模块的编译输出和该模块本身的编码表示。

symbol font 符号字体 一种专用字体或字形,用其他字符作为符号来代替通常键盘上的字符。例如,希腊字母表中的字母或在代数、语言学上使用的符号。

symbolic address 符号地址 在用源语言进行程序设计时,程序员给每个数据元素指定一个名字。这就是以后对程序进行汇编或编译时要转换成绝对地址的符号地址。

symbolic addressing 符号编址 指令地址部分含有符号地址的一种编址方法。

symbolic algebraic language 符号代数语言 用于描述符号表达式,特别是符号形式的数学表达式的计算的语言。著名的例子是 MACSYMA 和 REDUCE。

symbolic algebraic manipulation language 符号代数操作语言 一种代数操作语言。它接受最普通的一类数学表达式,通常以树结构来描述,但缺乏半数值语言和虚语言中一类特殊的算法。

symbolic assembler 符号汇编程序 把符号汇编语言编写的源程序汇编成目标程序的程序。

symbolic assembly 符号汇编 把符号汇编语言编写的源程序汇编成目标程序的过程。

symbolic assembly language listing 符号汇编语言清单 由计算机在程序翻译过程中产生的列表。表中列出源语句及其所生成的对应机器语言指令。

symbolic assembly system 符号汇编系统 一种可将用符号语言写的源程序翻译成机器语言的目标程序的汇编系统。由符号语言和符号汇编程序组成的系统。能提供输入连接,变换公共数据并使用地址变换量等手段。

symbolic atom 符号原子 一种数据类型,只允许原始的赋值操作和相等测试。可以是除数、潜在数之外的所有的字符串(仅由圆点组成的字符串除外),也称"符号"。

symbolic code 符号代码 一种用源语言表示的专用代码。它以符号名和符号地址来访问存储单元和机器操作,这些符号名和符号地址与由硬件所决定的名字和地址没有关系。

symbolic coding 符号编码[程] 用符号语言编写的例行程序及计算机程序的过程。

symbolic computing 符号计算 利用符号替代数字和字符的信息处理。符号计算可在最短时间调整中增加新特性或数值,从而使存储器具备可塑性。

symbolic concordance program 符号索引程序 用来产生程序中所有符号名的相互对照表的程序。该程序适用于程序(特点是大型程序)的调试和修改。

symbolic constant 符号常量 在 FORFTRAN 中,一个命名的数据对象,其值必须在执行一个程序期间不变。

symbolic control 符号控制 用离散的字母、数字或图形符号通信的控制。参见 analog control。

symbolic conversion program 符号转换程序 一种符号指令和机器指令之间一对一的翻译程序。

symbolic debugger 符号排错器 一个用高级语言编写的程序排错辅助工具。

symbolic description map 符号描述映像 用某种特定语言(如汇编、COBOL、PL/1 或 RPG Ⅱ)书写的一组源语句,用以命名和描述某一映像的可变字段。

symbolic editor 符号编辑程序 一种用于联机编辑源语言程序,并可对程序文本进行插、删、修改等操作的系统程序。

symbolic executive 符号执行 一种验证技术。在这种技术中,程序模拟执行的是使用符号而不是真实的值来代表输入数据,而程序输出则被表达成包含这些符号的逻辑或数学表达式。

symbolic expression 符号表达式,S-表达式 见 S-expression。

symbolic generation name 符号代文件名,符号世代名 一种用符号标识某一特定文件的文件名(不同于用名字和代数产生的文件名的一般标识)。

symbolic inference 符号推理 利用符号进行推理的方法。与传统的数据处理中数值处理相对照,符号可以表示概念、对象、语义等,因而能进行智能式推理。符号推理是人工智能中具有代表性的推理

S

方法。符号处理、模式匹配、搜索策略是符号推理的主要技术。

symbolic instruction 符号指令 操作码部分和地址部分都用符号表示的一种指令。使用符号来表示操作码和地址，只是为了方便程序员，使编码更为简单和便于记忆。例如用字符“ADD”来表示加法运算，比用机器语言码来表示便于记忆。通常，符号指令可由汇编程序或编译程序翻译成机器语言指令。

symbolic I/O assignment 输入输出赋值符号，符号I/O指定 程序员分配给输入输出设备的名字，供程序执行时使用。

symbolicism 符号主义 人工智能(AI)的一个学派。其观点为：人类认识的基本的元素是符号，认知过程就是在符号表示上的一种运算。符号主义关于智能本质的认识可归结为“思维即计算”。符号主义学说主要基于两个基本原理：①纽厄尔(Newell)的物理符号系统假设。该假设认为：物理符号系统是智能行为的充要条件，由于人脑与电子计算机都是某种物理符号系统。因此通过电子计算机实现AI，不存在本质上的困难。②赫伯·西蒙(Herbert Simon)的有限合理性原理，认为人类所以能在大量不确定、不完全信息的复杂环境下，解决那些似乎超出人类能力所能解决的难题，其原因在于人类采用一种试探的方法亦即启发式搜索来求得问题的有限合理解。因此，符号主义认为：AI的关键是表达，AI的能力来源于知识；人类的思维是有限的、可分的、可表达的；思维的基本特征是基于知识的启发式搜索；可用符号表达知识，通过编程处理知识。这种观点适用于宏观外显思维活动的描述，是经典AI的理论基础。

symbolic language 符号语言 (1)使用符号或助记符的程序设计语言，用他们来表示操作和操作数。所有现代程序设计语言都是符号语言。(2)基本上是用于处理符号型数据而不是处理数值的语言。(3)广义地讲，一切具有符号形式的语言，包括高级程序设计语言。

symbolic layout and compact 符号布设与压缩 不用晶体管、电阻、连线等元器件的实际形状采用符号描述，按一定的网格进行芯片布设，借助计算机找出较合理的布局和布线方案。由于符号布设较宽松和粗略，按设计规则自动地去除一些白费的空间称为压缩。

symbolic library 符号库 对用户的应用都是标准的符号集合。它对符号函数的个数的长度没有任何限制。符号库中的符号可用来构造其他符号，对符号的层次也没有限制。光笔可把符号当作图形进行存取。另外，如感到存取图形不方便，可以给符号分配存取名字。

symbolic link file 符号连接文件 微软公司的一种特有格式的文件。主要用于交换表格数据。交换时保留格式化信息和单位数据值之间的关系。

symbolic link object 符号连接对象 微软Windows NT中，将一个对象名转换成另一个对象名的执行体对象。

symbolic logic 符号逻辑 一种推理规则的表达方法。它用符号而不是自然语言来陈述命题和关系，运用代数和其他数学方法进行推理，也称“数学逻辑”。参见logic。

symbolic macro assembler 符号宏汇编程序 提供了广义汇编指令，具有宏功能的符号汇编程序。

symbolic math system 符号数学系统 用来解决多项式乘法、符号微积分、三角函数公式化简及求非线性方程精确解的计算机程序系统。

symbolic microprogram 符号微程序 用微程序汇编语言编写的微程序。一方面，由于微程序汇编语言中的语句是以微指令为基础，因此采用这种语言编写出来的微程序的效率比较高；另一方面，由于微程序汇编语言采用的是符号化形式，避免微程序设计人员记忆大量的微码，因此可大大地减少编写中的差错，提高编写速度。符号微程序经过编译程序的编译就可生成微码。

symbolic model 符号模型 描述有联系的对象相对性的数学表示。参见analogue model, computable model。

symbolic name 符号名 在源语言中，程序用来引用数据元、外部设备、指令等的标识符。

symbolic notation 符号表示法 用符号定义和/或说明指令的含意的方法。符号系指助记符。

symbolic number 符号数 为了表示某特定的存储单元而在编写程序时使用的一种符号。在程序进行最后汇编时，这种符号数将被转换为实际的存储器地址。

symbolic parameter 符号参数 (1)在汇编语言程序设计中，宏定义的模型语句中所说明的可变符号。通常根据调用宏定义的宏指令中的相应操作数给符号参数赋值。(2)在作业控制语言中，前面冠以字符“&”的一种符号。它表示一个参数或赋给在编目过程或流内过程中某一参数或子参数的值。当符号参数所在的过程被调用时，就给这些符号参数赋值。

symbolic placeholder 占位符号 在执行命令表时，命令表中要由实际值来替代的一种符号。

symbolic pointer 符号指针[指示字] 在某些信息管理系统中，为找到所需段，而必须检索的所有段的顺序字段内诸键标的级联。

symbolic processing 符号处理 一种使用符号而不是数字表示数据的处理方式。用于人工智能系统模拟人类的行为和推理。

symbolic programming 符号程序设计 (1)采用源语言来编制程序。(2)采用符号地址以方便编程的方法。

symbolic programming system (SPS)　符号程序设计系统　参见 symbolic language。

symbolic program system　符号程序系统　可接收高级编程语言的计算机系统。

symbolic reasoning　符号推理　利用符号进行推理的方法。对应于常规的数字推理,可以表示概念、对象、语义等。

symbolic terminal name　符号终端名　在某些小型机系统中标识终端名字的字符组。通信控制程序及系统操作员用符号终端名来访问某一特定终端。

symbolic unit　符号单元　在程序编码中,用来存取外部存储器的指示符。具体执行程序时,所用的实际存储单元待以后确定。

symbolic units table　符号单元表　主存中保存每一个符号单元的单元控制块(VCB)和系统控制块(SCB)的地址的一个存储区。

symbolic variable　符号变量　汇编语言程序设计中用于表示汇编命令处理对象的符号。汇编处理中他们将被替换为实际的或相对的放置数据的地址。

symbol inference　符号推理　推论方法形成的过程。例如,三段论法以及从根据前提逐步推论的其他通用方法等。

symbolism　符号主义　由西蒙(Simon)和纽厄尔(Newell)创立的一种人工智能研究方法。它是以符号知识为基础,通过符号推理进行问题求解而实现的智能。符号主义认为,人类智能的基本单元是符号,智能来自于谓词逻辑与符号推理,智能行为则是符号运算的结果,其代表性成果是机器定理证明。

symbolize　用符号表示　半导体行话,指用型号、标志和其他信息来标记产品。

symbol logic　符号逻辑　也称"数理逻辑"或"现代逻辑"。它是数学及逻辑学的分支,使用数学符号和数学方法研究逻辑推理。符号逻辑主要由命题演算及一阶谓词演算组成。其公认的奠基人有 G. W. 莱布尼茨、G. 布尔等。

symbol manipulation　符号变换[处理,操作]　对符号的一种处理过程,它不考虑符号的数值。符号操作的正式使用产生了专用的表处理语言,因为这种数据通常都是非数值的。第一种真正的表处理语言是信息处理语言(IPL),由 Newell(纽厄尔)和 Simon(西蒙)于 1957 年研制成功。

symbol manipulation language　符号操作语言　特别适用于需要递归表处理的非数值应用场合的编程语言。例如 LISP 和 Prolog 等,用于表示和处理复杂概念。

symbol processing　符号处理　作为编制和开发翻译程序的系统程序或情报检索的手段,或作为研究图像识别、定理证明、语言结构的手段。它已成为计算机应用的重要对象。符号处理包括符号计数、语言数据处理和表处理等。

symbol processing language　符号处理语言　参见 symbol manipulating language。

symbol rate　符号率　在数字通信系统中,单位时间内所能发送的符号数。符号率与信号的比特率及信道参数有关。

symbol reasoning　符号推理　基于采用策略和启发方式表示问题概念的符号的问题求解方法。

symbol set　符号集　由数据编码系统或程序设计语言规定为合法的符号集合。

symbol string　符号串　单纯由各种符号组成的一个串。

symbol substitution　符号置换　由一字符串置换一个符号。

symbol synchronization　码元同步　在数字通信中,使发送端和接收端的信号码元在时间上一致的过程。为了达到这个目的,在接收端有一个码元同步脉冲序列,这个序列中的脉冲位置和发送端的信号码元的开始时间或终止时间一致。有了准确可行的码元同步脉冲之后,即使信道和设备不理想,也能以较低的错误概率恢复已经畸变了的信号。

symbol synchronization error　码元同步误差　为从发送端发送的信号中提取码元同步脉冲,因码元同步脉冲的提取电路不够理想,或者信号在传输过程中附加有较大的噪声,导致接收端的码元同步脉冲的相位随机摆动而产生的误差。

symbol table　符号表　由编译程序或汇编程序建立的一种表。用来表示符号地址与其绝对地址的关系。

symbol table control　符号表控制　在符号汇编过程中使用的一种控制表。通过使用这个表可以从符号表中删去那些已定义和使用过而不再需要的那些符号,以便为新的符号让出位置。这样,可以用相当小的符号存储区来汇编很大的程序。

symmetrical　对称的　电路或网络等在两个方向上的元件、器件及其参数均相同。

symmetrical alternating quantity　对称交变量　数值每隔半周期都重复,但符号相反的交变量。参见 alternating quantity。

symmetrical channel　对称信道　发送和接收两个传输方向上的数据信号速率都相同的一对信道。

symmetrical complete graph　完全匀称图　一种完全匀称的无向图。条件是:它的任何两个不相同的节点都由一条边相连。

symmetrical compression　对称压缩　一种多媒体数据压缩技术。在压缩影像时所需的处理能力与还原时所需的处理能力相等,这个压缩模式适用于经常压缩及还原的应用上。

symmetrical co-ordinates in a system of unbalanced

polyphase quantities **不平衡多相系统的对称坐标** 一个不平衡的多相系统被分解成的多相对称量系统。

symmetrical digital subscriber line (SDSL) 对称数字用户线路 上、下行最高传输速率相同的数字用户线路。对称数字用户线路只需使用一条电缆线对,可提供从 144 Kbps 到 1.5 Mbps 的速度。

symmetrical encryption 对称加密 也称"常规加密"或"秘密密钥加密"。采用这种加密方法时,加密密钥与解密密钥是相同的。参见 symmetric cryptography。

symmetrical high-bit-rate digital subscriber line (SHDSL) 对称高位速率数字用户线路 一种具有上行、下行对称的高速率的宽带接入技术。能在现有的双绞铜线电话用户线上实现语音通话和双向的高速因特网接入。参见 high-bit-rate digital subscriber line (HDSL)。

symmetrical I/O unit 对称 I/O 单元 在多重处理时,一个 I/O 单元可与两个处理机连接,它对这两个处理机来说都是同一种 I/O 单元,两个处理机可以用同样的方式访问这些单元。

symmetrical list 对称表 一种链接表,其中每一个数据元素也含有前一个数据元素的定位信息。

symmetrical phase control of convertor 变流器对称相控 变流器中,各主臂的延迟角均相等的相位控制。

symmetrical polyphase circuit 对称多相电路 各相中电路元件的策动点和传递导抗均相同的电路。

symmetrical signal 对称信号 相差半周期的所有点大小相等而符号相反的交变信号。

symmetrical transmission 对称传输 在一个信道中,发送数据速度和接收数据速度相同的传送方法。

symmetrical two-port network 对称二端口网络 当把输入端和输出端互相对换时,不影响外电路运行的二端口网络。不具有上述特点的二端口网络称为非对称二端口网络。

symmetric binary channel 对称二进制信道 专用于传送由二元字符组成的消息并具有下述性质的一种信道:任一字符变为另一字符的条件概率是相等的。

symmetric channel 对称信道 参见 binary symmetric channel。

symmetric circuit 对称电路 一种具有以相同速度双向(在两个信道上)传输数据能力的全双工电路。

symmetric closure of R R 的对称闭包 设 R 是集合 A 上的二元关系,R 的对称闭包是包含 R 的最小对称关系,对称闭包记为 $S(R)$。也可以这样说,$S(R)$ 是 A 上的对称关系,$S(R) \supseteq R$,对于任意包含 R 的对称关系 R',都有 $R \supseteq S(R)$。我们有 $S(R) = R \cup R^c$,R^c 是 R 的逆关系。此外,R 是对称关系的充要条件是 $R = S(R)$。

symmetric compression encoding 对称压缩编码 对称性是压缩编码的一个关键特征。对称意味着压缩和解压缩占用相同的计算处理能力和时间,对称算法适合于实时压缩和传送视频,如视频会议应用就以采用对称的压缩编码算法为好。而在电子出版和其他多媒体应用中,一般是把视频预先压缩处理好,然后再播放,因此可以采用不对称编码。比较 asymmetric compression encoding。

symmetric connection 对称连接 一种在两个方向上具有相同带宽值的连接。

symmetric cryptographic systems (SCS) 对称加密系统 应用较早的加密系统,技术成熟。在对称加密系统中,使用的密钥只有一个,发收信双方都使用这个密钥对数据进行加密和解密,这就要求解密方事先必须知道加密密钥。对称加密系统的特点是算法公开、计算量小、加密速度快、加密效率高。不足之处是,交易双方都使用同样钥匙,安全性得不到保证。广泛使用的对称加密算法有 DES(数据加密标准)、IDEA(国际数据加密算法)和 AES(高级加密标准)。传统的 DES 由于只有 56 位的密钥,因此已经不适应当今对数据加密安全性的要求,AES 是美国国家标准局倡导的 128 位密钥数据加密标准。参见 data encryption standards (DES),advanced encryption standards (AES)。

symmetric cryptography 对称加密 在计算机安全中,用同一个密钥进行加密和解密的方式。通信双方用的私有密钥是通过秘密方式由双方私下约定产生的。只能由通信双方秘密掌握,如果丢失了此私有密钥,则密码系统不攻自破。对称加密可用于对方身份的验证。参见 public key cryptography (PKC)。

symmetric flow 对称流 发送和接收两个传输方向具有相同速率的数据信号流。对称流经常出现在双工计算机网络系统中。

symmetric function 对称函数 如果开关函数 $f(x_1,\cdots,x_n)$ 中的变量 $x_1,\cdots,x_n$ 之间以任何方式相互交换,其函数值不变,则此函数称为对称函数。例如,
$f = x_1x_2 \vee x_2x_3 \vee x_1x_3$ 即是对称函数。

symmetric graph 对称图 一类有向简单图。设 $D = \langle V,E \rangle$ 是一有向简单图,且 u,v 属于 V,若对于任意的 (u,v) 属于 E,都有 (v,u) 属于 E,则称 D 为对称图;若对于任意的 (u,v) 属于 E,都有 (v,u) 不属于 E,则称 D 为反对称图。

symmetric key cryptography 对称密钥加密 数据发送者与接收者使用同一个密钥来加密与解密的保密数据传输方式,优点是简单快速,缺点是发送者与接收者还是必须交换唯一的密钥,密钥若是在

交换过程中被其他人取得，仍无法保证数据的安全。

symmetric linked list 对称链表 不增加存储开销却能达到与双链表同样灵活的存储方式。在这种结构中每个节点只需包含一个指针字段，而这个指针是用某种算法得到的伪地址，用这个伪地址和其他信息一起可以很快地求出该节点的前驱和后继节点，因而称这种结构为对称链表结构或简称对称表。

symmetric multiprocessing (SMP) 对称多处理 允许操作系统代码在任何一个空闲处理器上运行的多处理系统。通常比非对称多处理系统提供更好的处理能力和更高的有效利用率。参见 asymmetric multiprocessing，multiprocessing。

symmetric multiprocessors 对称多处理机 具有相同配置的多台处理机。

symmetric NAT 均衡网络地址转换 NAT 的一种。针对 UDP(用户数据报协议)数据包，它将内网中所有从相同 IP(网际协议)地址和相同端口号发出的数据包的原地址和端口号都映射为同一个地址和端口号。但是，当目地地址或端口改变时，映射也会改变。外部的机器只有在收到内网中机器发送的数据包后，才能用相同的地址和端口号向内网中的机器发送 UDP 数据包。参见 network address translation (NAT)。

symmetric relation 对称关系 集合 S 上满足下述性质的二元关系 R：对任意的 $x,y \in S$，若 $(x,y) \in R$，则有 $(y,x) \in R$。如果对于任意的 $x,y \in S$，则 $(x、y) \in R$ 且 $(y,x) \in R$ 必可得 $x=y$，则称 R 是 S 上的一个反对称关系。

symmetric self-electro-optic-effect-devices (S-SEED) 对称自我光电效应器件 一种光晶体管。由激光、透镜和镜子组成，用于替代电子开关。每个 S-SEED 占 5 μm^2 面积，有两个反射率可控的镜子，可激励出两个输出。以逻辑值 1 和 0 的形式存储信息，只是在数据处理之后才改变状态。

symmetric storage configuration 对称存储配置 具有相同存储单元的机器配置。

symmetric system 对称系统 在联机系统、共用文件系统和共用存储器系统中，其构成完全一样的多台计算机系统。

symmetric Turing machine 对称图灵机 一种非确定型图灵机。其中组态转换函数是对称的，即若可以从组态 C 一步移到 C′，那么从 C′也可一步移到 C。

symmetric video compression 对称视频压缩 一种使个人计算机能用于建立和播放全运动、全彩色视频的技术。

symmetry 对称度 以基准为对称中心，包含被测表面的对称平面(或轴心线)的两个平面之间的最小距离。

SYN 同步空转字符 synchronous idle character 的缩写。

sync 同步 synchronization 的缩写。

sync channel (SCH) 同步信道 向用户传输同步信息的信道。移动通信中，同步信道为移动台提供关键的时间同步数据。同步信道上的信息含有移动台校准时间所必需的信息，同时还含有网络空中接口修正、系统数据、寻呼信道数据率等信息。

sync character 同步字符 同步通信中传输的一种字符，利用该字符建立正确的字符同步。接收站接收到这一同步字符时便与发送站实现同步，通信便可开始。

sync check relay 同步检查继电器 同步检查继电器是监测两个电压源之间的相位关系的电气设备，如果电压源间的关系在预定的参数范围内，它就会发出相应信号。

sync field 同步信息组 磁盘记录格式中的一个特殊信息组。

SYNCH 同步 synchronizing 的缩写。用来识别数据块起始点的一种信号。

synchro 同步机 一种感应电机，由定子和转子组成，分别含有多个绕组。定子与转子之间的互感量取决于两者的角度位置关系。同步机可作为模拟计算机执行三角函数的部件。

synchro-duplexing 同步双工 以同步运行程序和数据带的方式在打印设备上产生文件。

synchronise (使)同步，校准 使在两个或两个以上的系统或功能部件中的事件在共同约定的同步时间发生。参见 synchronization。

synchronised (已)同步的，校准的 (1)关于根据公共计时发生的事件或操作。参见 synchronization。(2)关于符合计算格式(定点二进制、浮点)的数字数据。因这种数据存放在存储单元中，故其占据有效存取边界左边的连续位(这样，数据是右边对齐的)。通常，有效存放边界是指一个词和项对准了它的边界，这称为字校准。有时短项可以是“半字校准”。当考虑到计算格式中的非数字数据项时，术语“对准”或“对齐”通常用“校准”代替。

synchronization 同步 (1)一种状态，在这种状态下，可通过公共计时执行两种或两种以上互相保持时间关系的操作。(2)为使事件按时发生，由其他系统或功能部件建立信息帧来校准某一系统或功能部件的事件同步时间的过程。(3)为执行算术操作，把计算格式中的数字数据调到正确边界(字或半字)的过程。(4)一个线程在执行中暂停以等待另一个线程完成某一操作。

synchronization character 同步字符 参见 synchronous idle character (SYN)。

synchronization information 同步信息 指明两个或更多个信号之间定时关系的信息。

S

S

synchronization network 同步网 产生时间或频率基准,用来提供基准定时信号的网络。同步网是一种支撑网,为电信网内电信设备时钟(或载波)提供同步控制信号,使其工作速率同步。同步网由节点时钟(产生时间或频率基准的设备)和同步链路(传递基准定时信号的路径)组成。参见 support network。

synchronization of video and audio 视频音频同步 指对同一现场传来的视频、音频信号的同步切换。

synchronization point 同步点 (1)OSI(开放系统互连)体系结构中用于同步会话服务数据单元的传送而使用的一个概念。在一个会话连接上,通信会话服务用户之间的传输同步通过向所传输的不同类型会话服务数据单元流中插入同步点而获得。同步点由同步串行号标识,它分为主同步点和次同步点。(2)事务处理期间的中间点或端点。在这一点上对事务的一个或多个保护资源的更新和修改是逻辑上已完成的并且没有错误。参见 commit point,system checkpoint。

synchronization point serial number 同步点串行号 同步点的标识。它是一个在 0 ～ 999 999 范围内的整数。会话服务用户要保证同步点请求中分配的串行号不超过 999 998。在放弃选择方式的再同步服务中,当上一个同步点请求中的同步点串行是 999 998 时,同步点串行号的上限只能由会话服务的提供者分配。

synchronization pulse 同步脉冲 也称"同步时钟"。由发送设备发出的,接收设备接收的用于同步两者操作的脉冲信号。

synchronization signal 同步信号 同 synchronizing signal。

synchronization signal unit (SYU) 同步信号单元 含有一个促进快速同步的比特图案的信号单元。该比特图案在发送和接收端之间传送。通过信令链路建立恰当的比特、信号单元或信息块同步。在无信息块可供发送时,可能要继续发送同步信号。

synchronized multimedia integration language (SMIL) 同步多媒体集成语言 由万维网联盟(W3C)规定的多媒体操纵语言。2001 年 8 月推出 SMIL 2.0 版本,200 年推出 SMIL 3.0 建议版本。它用 XML(可扩展标记语言)编写,专门应用于与带有图像、文本或其他格式媒体的流媒体相结合的丰富的媒体/多媒体,支持交互视听播放,成为将多媒体集成到 Web 内容的重要方法。

synchronized unit of work 工作同步单元 两个同步点之间发生的一部分事务。

synchronizer 同步装置 在两个设备间传输信息时用来维持同步的部件。如果速度差别很大,或许还要利用缓冲存储器来实现同步。

synchronizing signal 同步信号 在同步传输技术中,与数据位流一起传输,以保证数据的发送和接收与同一时钟保持同步的一种信号。

synchronizing stream cipher 同步流密码 密钥流的生成独立于明文流和密文流的流密码称为同步流密码。在同步流密码中,消息的发送者和接收者必须同步才能做到正确地加密解密,即双方使用相同的密钥,并用其对同一位置进行操作。一旦由于密文字符在传输过程中被插入或删除而破坏了这种同步性,那么解密工作将失败。这时只有借助其他的加密技术来重建同步,解密才能继续进行。重置同步的技术包括:重新初始化;在密文的规则间隔中设置特殊记号;如果明文包含足够的冗余度,那么就可以尝试密钥流的所有可能偏移。比较 self-synchronizing stream cipher。

synchronizing sequence 同步序列 在时序机中可代替自寻序列的序列。在时序机检查实验开始时,可用此序列而不用自寻序列。同步序列可将时序机引导到指定状态而无需考虑时序机的输出和初始状态如何。有的时序机有同步序列,有的则没有。构成时序机的同步树靠施加信号来建立不定态的每个节点,只考虑最终状态,并不考虑输出如何。

synchronous algorithm 同步算法 也称"同步并行算法",某些进程必须等待别的进程的一类并行算法。在此情况下,因为一个进程的执行依赖于输入数据和系统中断,所以全部进程均必须同步在一个给定的时钟,以等待最慢的进程。由同步算法所完成的计算称为同步计算。

synchronous code division multiple access (SCDMA) 同步码分多址 SCDMA 是我国第三代移动通信技术标准 TD-SCDMA 的知识产权核心组成部分。它将智能天线应用于商业电信运营的无线通信技术标准;将时分双工(TDD)用于宏蜂窝结构,其基站与终端都大规模采用软件无线电结构;实现了同步码分多址的无线通信协议,成为国际领先的无线通信技术标准。参见 time division-synchronous code division multiple access (TD-SCDMA)。

synchronous clock 同步时钟 产生同步周期信号的装置或测量时间和指示时间的一种装置。在数字同步计算机中,主控时钟脉冲发生器通过分频器输出多种标准的时钟脉冲,从而使各种部件保持同步。

synchronous clock operation 同步时钟操作 由主时钟源管理的系统操作。

synchronous communication satellite 同步通信卫星 用于通信的同步地球轨道卫星。如果把通信卫星发送到赤道上空 35 800 km 高的圆形轨道上,与地球自转同向运动,绕地球一周的时间与地球自转一周的时间正好相等。从地面上看去,卫星是静止不动的。这种通信卫星称为同步通信卫星,也称静止地球卫星。用三颗同步通信卫星就可以实现全球通信。

synchronous compensator 同步补偿机 运行于电动机状态,但不带机械负载,只向电力系统提供无功功率的同步电机。用于改善电网功率因数,维持电网电压水平。根据电网负载情况的不同,适当调节补偿机的励磁电流,可改变补偿机汲取的无功功率,使电网的功率因数接近于1。随着电力电子技术的发展,同步补偿机现已很少使用,也称"同步调相机"。同 synchronous condenser。

synchronous computer 同步计算机 (1)其每一事件的发生,或者说每一基本操作的执行都由同一时钟信号启动和控制,因而与该时钟保持同步的一种计算机。(2)由时钟线路发出并送到计算机部分的脉冲控制完成内部操作的数字计算机。大部分计算机都属此类。比较 asynchronous computer。

synchronous condenser 同步调相机 没有机械负载只供给或吸收无功功率的同步电机。同步调相机的结构基本上与同步电动机相同,只是由于它不带机械负载,转轴可以细些。同步调相机经常运行在过励状态,励磁电流较大,损耗也比较大,发热比较严重。容量较大的同步调相机常采用氢气冷却。随着电力电子技术的发展和静止无功补偿器(SVC)的推广使用,调相机现已很少使用。

synchronous connectionless link (SCL) 异步无连接 蓝牙基带技术支持的一种连接类型,主要用于分组数据传送,使用时分双工(TDD)实现全双工传输。参见 synchronous directional connection。

synchronous control 同步控制(方式) 有统一的时钟信号,各种微操作控制信号都使用时钟同步的控制方式。对于同步控制来说,在时钟周期内(微操作控制信号作用时间)要能完成各种微操作。这一要求对于选择时钟频率(机器主频)有很大影响。因为一台计算机有上百种的微操作,这些微操作的性质、复杂程度和所需要的时间是不同的。机器的时钟周期应能完成花费时间最长的微操作。这样,对于花费时间少的微操作就会有些时间上的浪费,这是同步控制的一个缺点。同步控制方式,又分为中央控制、局部控制和混合控制等方式。

synchronous coupler 同步耦合器 电耦合器的一种,通过以同样速度旋转的驱动件与被驱动件上磁极的相互吸引而传递转矩。可以用直流、交流励磁或永久磁铁形成的磁极。旋转件上的磁极也可以通过改变磁组而形成。

synchronous data link control (SDLC) 同步数据链路控制(规程) IBM公司制定的一种面向位的数据链路控制规程。它是美国国家标准局制定的ADCCP(高级数据通信控制过程)和国际标准化组织制定的HDLC(高级数据链路控制)通信规程的子集,用以管理同步、透明代码和经链路连接的位串行信息传送。传送交换可以是经过交换或非交换链路的双工或半双工方式。链路连接类型可以是点到点、多点到环路连接。

synchronous data network 同步数据网络 数据电路终端设备(DCE)与数据交换设备(DSE)之间或两个DSE之间采用同步方式传输数据的数据网络。同步数据网络的数据信号速率由网络中的时序设备控制。

synchronous data transfer 同步数据传送 数据进出某一设备的一种物理传送方法,它与输入/输出请求的执行有某种预定的时间关系。其优点是传输速率高,缺点是受干扰后易引起同步错。为保证正确性,主设备在一批信息传送完后,从设备发回一信息给主设备,若出现错误,重发一次直至正确为止。

synchronous data transmission 同步数据传输 在待传输的每份报文或信息块的始端含有一个或两个同步字符的数据传输方式。

synchronous device 同步设备 依固定的步骤或固定时序执行操作的设备。它使两个系统或两设备间保持同步工作,速度上保持匹配。

synchronous digital hierarchy (SDH) 同步数字系列 国际光传送网标准。包括同步方式复用、交叉连接、传输,目的是使正确适配的净负荷在物理传输网上以固定比特率传输。SDH是在PDH(准同步数字系列)的基础上发展起来的一种数字传输技术体制。在SDH方式中,各个系统的时钟在同步网的控制下处于同步状态,易于进行复用和分离。SDH由信息净负荷、段开销(SOH)和管理单元(AU)指针组成统一结构的帧,帧的重复周期为125μs。其1阶同步传输模式(STM-1)速率为155.52 Mbps,N阶同步传输模式(STM-N)帧由N个STM-1帧按同步复用方式形成。为了承载不同速率等级的PDH数据流,ITU-T(国际电信联盟-电信标准化部门)规定了基本复用映射结构,通过容器、虚容器、支路单元及支路单元组实现各种PDH数据流的复用/解复用。为了在传输节点上任意上/下通道,SDH传输设备中普遍设置有数字交叉连接部件,通过这种部件不仅可以实现任意方向间任意通道的上/下,而且可以通过将传输网络设置为环形结构,以实现自愈保护环功能。参见 plesiochronous digital hierarchy (PDH)。

synchronous directional connection (SDC) 同步定向连接 蓝牙基带技术支持的一种连接类型,主要用于同步话音传送,使用时分双工(TDD)实现全双工传输。SCO连接为对称连接,利用保留时隙传送数据包。连接建立后,主设备和从设备可以不被选中就发送SCO数据包。SCO数据包既可以传送话音,也可以传送数据,但在传送数据时,只用于重发被损坏的那部分的数据。参见 synchronous directional connection。

synchronous DRAM (SDRAM) 同步动态存储器 它是改进DRAM(动态随机存取存储器)性能的一

S

种方法，由许多公司联合开发，是一种理论上可达到与 CPU“同步”工作的存储器。它为双存储体结构，即两个存储阵列自动切换(当一个被 CPU 读取数据的同时，另一个已做好了读取数据的准备)，使得存取效率有成倍的提高。SDRAM 与处理器的数据交换同步于外部的时钟信号，并且以处理器/存储器总线的最高速度运行。当处理器或其他主设备发出指令和地址信息，他们被 SDRAM 锁存。锁存器存储地址、数据和 SDRAM 输入端的控制信号，直到指定的时钟周期数后响应。使用 SDRAM 可实现 CPU 的无等待状态。由于处理器知道 SDRAM 要用多少时钟周期才能响应，在 SDRAM 执行它的请求时，处理器可离开并能安全地做其他事情。比较 synchronous link DRAM (SLDRAM)，Rambus DRAM。

synchronous equipment management function (SEMF) 同步设备管理功能 可将性能数据和具体实现的硬件告警等原始信息变换成面向对象的消息，以便经由 DCC(数据通信通道)和/或 Q 接口进行传输。它还变换与其他管理功能相关的面向对象的消息，使之能通过同步设备。

synchronous equipment timing generator (SETG) 同步设备定时发生器 其功能是从同步设备定时源(SETS)中已选择好的信号中滤出定时参考信号，以确保能满足 TO 参考点的定时要求。

synchronous equipment timing physical interface (SETPI) 同步设备定时物理接口 其功能为外部同步信号和同步设备定时源之间提供接口。

synchronous equipment timing source (SETS) 同步设备定时源 其功能为同步设备的相关组成部分提供定时参考，它代表 SDH(同步数字系列)网元的时钟。

synchronous execution 同步执行 每条指令(第一条除外)仅在前条指令规定的动作完成之后才开始执行，称为同步执行。

synchronous flow 同步流 一种非缓冲流，任何读写操作直接操作与流相连的物理设备。参见 normal flow。

synchronous generated voltage 同步电势 在不考虑饱和的假定条件下，励磁电流在开路的初级绕组中所感生的电压。

synchronous generator 同步发电机 作为发电机运行的同步电机。

synchronous graphics RAM (SGRAM) 同步图像随机存取存储器 是一种单端口、双存取方式的显存，能同时打开两页内存，它是专为显示卡所设计的，有加速屏幕填充的块写和快速内存清除这两大特性。

synchronous idle character (SYN) 同步空转字符 在同步数据传输系统中，在不发送其他信息(即空转)时发送的一种专用控制字符，其目的是保持各种数据终端设备间的同步。

synchronous impedance 同步阻抗 同步电势与端电压的矢量差的相值和稳态相电流之比。

synchronous induction motor 同步感应电动机 同步电动机的一种，通常为隐极结构，其次级绕组与绕线转子感应电动机的次极绕组相似，可以兼作启动和励磁之用。

synchronous interface 同步接口 数字网中，能按规定性能水平提供定时信息的接口。

synchronous I/O 同步 I/O 微软 Windows NT 中的一种输入输出模式。在这种模式中，应用程序发出一个输入输出请求，只有当该请求完成后才把控制返回应用程序。参见 asynchronous I/O。

synchronous line control 同步线路控制 远程通信线路中控制数据传输的信号和方式。

synchronous link DRAM (SLDRAM) 同步链接动态随机存取存储器 由 IBM、惠普、苹果、NEC、富士通、东芝、三星和西门子等大公司联合制定的一种高速 DRAM(动态随机存取存储器)的存储器标准。这是一种在原 DDR DRAM 基础上发展起来的高速动态读写存储器。它在增加了更先进的同步电路同时，改进了逻辑控制电路。Micron 公司推出的容量为 64 MB 的 SLDRAM 产品，据称可提供 1.6 GBps 的数据传输率，它采用 0.25 μm 技术制造，频率达到 400 MHz，使用电压为 2.5 V。比较 Rambus DRAM, synchronous DRAM (SDRAM), double data rate DRAM (DDR DRAM)。

synchronous machine 同步电机 交流电机的一种，其电动势频率与转速之比为恒定值。

synchronous modem 同步调制解调器 在数据通信中，一种时钟同步的调制解调器。它以某一固定传输速率产生连续的数据流，其位、字节以及报文各级都保持同步。同步调制解调器接口设计比异步接口设计容易得多，因为它不需要位同步和采样硬件。大多数同步调制解调器都提供接收每一位所需要的时序信号。

synchronous motor 同步电动机 作为电动机运行的同步电机。

synchronous non-return-to-zero (SNRZ) 同步不归零制 一种游程长度受限码(RLLC)，其参数 $(d,k;m,n;r)=(0,8;8,9;1)$。

synchronous operation 同步操作 (1)每一个事件的发生，或每一操作的执行都由时钟信号启动和控制的一种操作方式。在同步计算机中，每一个指令步的执行都由时钟脉冲信号来控制。(2)一种规则发生的操作，或它的发生与另一过程中的某个特定事件的发生有着一种可预见的时间关系。

synchronous optical network (SONET) 同步光纤网 美国国家标准协会(ANSI)制定的高速同步光纤网传输标准。作为 OSI(开放系统互连)七层模型中物理层的传输连接方式，规定了一套光信号标准以及同步帧结构和操作程序，传输速度为 1 Mbps 到 1 Gbps 数量级。该网络是在广域网范围内，基于光纤公共网络的数字电信服务标准格式，定义了标准线速率、光纤接口标准及标准信令格式。网络通过使用传输介质最基本的功能而实现，允许多个低速通道并入主干网或从主干网中分离，使得各个数据和声音线路集线器可以通过光纤上的数字化位流互连起来，原理上受 RISC（精简指令集计算）的启发，采用新的精简网络操作将一些功能从网络上提出并将他们放入与网络相连的设备上。ANSI T1.105 SONET 标准于 1991 年 7 月制定。通常它与同步数字系列（SDH）配置成一个完整的高速骨干网。

synchronous protocol 同步协议 一组准则，用于标准化计算机间的通信。分为基于二进制位流传输的、基于可辨认字符代码的、面向字符的位同步的协议等。参见 high-level data link control (HDLC)，synchronous data link control (SDLC)。

synchronous receiver-transmitter 同步收发机 一种能接收和发送同步串行数据的接口设备。在微处理机系统中，该术语也表示一种单片集成电路。

synchronous record operation 同步记录操作 一种处理记录的方式。当一用户程序发出一个读或写记录的请求以后，一直处于等待状态，直到该请求被满足后才继续执行下去。

synchronous residual time stamp (SRTS) 同步驻留时间戳 计算机网络中，一种时钟恢复技术。它传输源定时和网络参考定时信号之间的差分信号，以在目标节点中重新建立源定时。

synchronous sequential circuit 同步时序电路 只能在同步信号作用下进行工作的时序电路。

synchronous serial-data adapter 同步串行数据适配器 在某些同步系统中，用来把微处理机的并行（或串行）数据转换成串行（或并行）数据，并在转换过程中进行检错和纠错的适配器。

synchronous serial transmission 同步串行传输 同步串行传输和异步串行传输同样在联机路上发送串行位流。在同步串行传输时，每一个待传输字符的前后不用起始位和停止位来实现其同步。同步串行传输时，整个数据块用同一个代码（即同步字符）来同步。接收器识别出这个同步码后就开始接收整个数据块。它利用一个计数器来计算接收到的位数，同时装配各个字符。当然，接收装置必须知道组成一个字符的位数和数据块的字符数。

synchronous stream cipher 同步序列密码 在密码学中，指一种序列密码，其密码位流的下一个状态只与前一个状态有关，而与输入无关。

synchronous system 同步系统 一种通信系统，其发送设备与接收设备同频率操作，并反馈保持同相。

synchronous time division multiplexer (STDM) 同步时分多路复用器 一种多路复用器。它对所有的输入线进行定期的扫描，把他们的字符拆开，交错地插入到一条成帧的高速数据流中。对于一条给定的信道，同步时分多路复用器可以利用信道的全部带宽，因此比频分多路复用器更为有效。

synchronous timer 同步定时器 在某些计算机系统中的一种逻辑定时器。常用以把生成逻辑定时器的那个任务在一定时间间隔内置为等待状态。同步定时器用于延迟操作。

synchronous transceiver 同步收发（两用）机 同 synchronous receiver-transmitter。

synchronous transfer mode (STM) 同步转移模式 同 synchronous transfer module (STM)。

synchronous transfer mode network 同步转移模式网 采用同步转移模式（STM）交换和传送方式所构成的网络。

synchronous transfer module (STM) 同步传输模式 一种同步多路复用层次的基本模式，由 ITU-T（国际电信联盟-电信标准化部门）定义。STM-1 的操作速率为 155.520 Mbps。

synchronous transfer module-N (STM-N) N 阶同步传输模式 此处的 N=1、4、16、64、…，其中最基本的模块为 STM-1，传输速率为 155.520 Mbps；四个 STM-1 同步复用构成 STM-4，传输速率为 4×155.520 Mbps=622.080 Mbps；16 个 STM-1（或四个 STM-4）同步复用构成 STM-16，传输速率为 2 488.320 Mbps，依此类推。N 阶的 STM-N 帧由 N 个 STM-1 帧按同步复用方式形成。参见 synchronous transfer module (STM)。

synchronous transmission 同步传输 一种采用具有精确时序关系的位流或字符流传输数据的方式。在这种传输类型中，接收器与传送器通过电子时钟设备始终保持一致的动作。

synchronous transmitter receiver (STR) 同步收发机 同 synchronous receiver-transmitter。

synchronous transport lane (STL) 同步传送通道 为传送一路大容量的信号而采用的一种并行多路信号通道。

synchronous transport module (STM) 同步传送模块 同步传送模块是用以支持 SDH（同步数字系列）内的段层连接的一种信息结构。它由组织在以 125 ms 为重复周期的块状帧结构中的信息净负荷和段开销信息字段组成。信息被适当地调整到以与网络同步的速率在选定的媒介中串行传输。STM 基本速率为 155 520 kbps，称为 STM-1。更高容量的 N 阶同步传输模式（STM-N）模块是由 STM-1 模块复用而成的，速率为基本速率 155 520 kbps 的 N 倍。STM-1 由一个管理单元组和段开销组成。STM-N 由 N 个管理单元组和段开销组成。

S

synchronous transport signal 1 (STS-1) 同步传输信号1 在OC-1光纤中以51.84 Mbps速率传输的SONET(同步光纤网)标准。

synchronous working 同步工作 在时钟提供的等间隔信号控制下执行的一系列操作。

synchro-to-digital converter 角度数字转换器 一种将模拟的角度信息转换成数字输出的电路。

synchrotron radiation 同步辐射 因电子绕磁力线进行螺旋运动而产生的辐射。相对论性效应很重要,使发射总功率大大增大。

sync information 同步信息 视频系统中,视频信号中确保显示扫描与摄像扫描同步的部分。

sync point manager (SPM) 同步点管理器 节点中实现两阶段提交和再同步处理的成分。包括同步点服务(SPS)和保护管理器。

sync point services (SPS) 同步点服务 同步点管理器的一个成分,负责协调同步点处理期间的管理器和保护资源,协调两阶段提交协议、再同步协议和日志记录。

sync signal 同步信号 用于同步视频设备的视频信号。是光栅显示视频信号的一部分,表示每个扫描行的结束或最后一个扫描行的结束。

syndrome code 症状码 在编码$n=k+r$中,当信息段k中某位或某几位出错时,监督段r产生的相应码态。靠症状码实现对k段纠错,指示k段有错。症状码表示的出错情况称为症状。

synergetics 协同学 也称"协同论"或"协和学",是研究不同事物共同特征及其协同机理的新兴学科,它着重探讨各种系统从无序变为有序时的相似性。协同学以系统论、信息论、控制论和突变论等为基础,吸取了结构耗散理论原理,采用统计学和动力学相结合的方法,通过对不同领域的分析,提出了多维相空间理论,建立数学模型和处理方案,在微观到宏观的过渡上,描述了各种系统和现象中从无序到有序转变的共同规律。参见 dissipative structure theory。

SYN flood attack 同步泛洪攻击 同步泛洪攻击是拒绝服务(DOS)和分布式拒绝服务(DDOS)攻击。首先,在客户端伪造最初的连接同步请求,发送一个包含SYN标志的同步报文,服务器在收到客户端的SYN报文后以确认信号(ACK)应答,但实施同步泛洪攻击的客户端不返回确认报文给服务器,迫使服务器端重发确认信号,以此消耗服务器资源来阻止服务器处理正常的连接请求。

synonym 替代名(记录),替代命令名 (1)在间接编址文件中的一种记录,该记录的键标已采用随机化缩小的办法转变为起始记录的地址。(2)在CMS(会话监督系统)中,由用户定义的等同于现存CMS命令名的替代命令名,替代名是文件类型为SYNONYM的CMS文件中的项目。在发出SYNONYM命令后,在终端会话结束前或由于发无操作数SYNONYM命令而撤销替代名的使用前,都允许使用这些替代名。比较 homonyms。

synonym aid 近义词辅助 一种使用户在词典中提供的近义词表中选择的近义词替代指定单词功能。

synonym chain 替代名字链法 在某些操作系统中存储索引记录的一种方式。这些记录的键标字段用散列法转换成相同的值。替代名字链中的第一个记录由数据集索引中的一个项指出,随后的每一个链中的记录都含有一个指向下一个记录的字段。

synonym dictionary 同义词词典 搜索引擎中的一种词典,它使用户在搜索数据源时能够搜索查询项的同义词。

synoptic 提要,梗概 这是一种简明的出版物。它叙述某篇文章的主要内容和结局。通常包括摘要、图表、参考文献等内容。这种刊物须经正规方式鉴定。某文章的全文或者在别的什么地方已发表或将要发表,或者是可以从某处得到的。用这种简明出版物,而不是文摘或全文,可以作为向数据库提供信息的最好方法,供信息检索用。

synoptic journal 梗要刊物,文摘杂志 刊登文章的梗要而不是全文的刊物。

syntactical error 语法错误 同 syntax error。

syntactic ambiguity 句法歧义 在句子中同一个结构形式表达一种以上的结构关系。比较 morphological ambiguity。

syntactic analysis 句法分析 识别构成的句子的各个句法单位以及他们之间的相互关系的过程。句法分析的结果通常用输入句子的句法树来表示。

syntactic analyzer 语法分析程序 在高级程序设计语言的编译过程中,一方面要产生语言中允许的字符串,另一方面要对提交给编译程序的字符串进行语法分析。这种执行语法分析功能的程序称为语法分析程序。

syntactic category 句法范畴 在句法结构中,表示各个语言单位之间的结构关系的类别。如主语、谓语、宾语、补语等。

syntactic compatibility 语法兼容 两种程序设计语言具有共同语法的条件。

syntactic distance 句法差距 两个事件在句法分析上的差距。取值在0到1之间。如果每个事件中的变量取值是相同的,则其句法距离为0;如果其值不同,则取为1。对于线性变量,句法距离是其值之间差的绝对值与变量定义域的变化范围之比值。对于结构化变量,句法距离的求值依赖于归纳层次的类型。

syntactic information 句法信息 对词组合成句子的规律的描述。参见 morphological information, semantic information。

syntactic pattern recognition 句法模式识别 采用自然或人工语言模式定义基元及相互关系的一种

结构模式识别方法，也称“结构模式识别法”。这是一种模仿语言学中句法的层次结构的模式识别方法。其基本思想是将模式用较简单的子模式，按一定的规则组成，而较简单的子模式又由更简单的子模式组成，依此类推。最简单的子模式称为“基元”。通常要求所选的基元能对模式提供一个紧凑的反映其结构关系的描述，又要易于用非句法方法加以抽取。显然，基元本身不应该含有重要的结构信息。模式以一组基元和它们的组合关系来描述，称为模式描述语句。基元组合成模式的规则，由所谓语法来指定。一旦基元被鉴别，识别过程可通过句法分析进行，即分析给定的模式语句是否符合指定的语法，满足某类语法的即被分人该类。该法适合于在识别过程中，不仅要把模式指定到某一类，而且还要描述那些区别于其他类的特性。如在图形识别（指纹、面貌识别）、语音识别（连续语言、汉字识别）和景物分析等问题中，所研究的模式十分复杂，需要的特征也很多。在这些场合中，用一些较简单的子模式组成多级结构来描述一个复杂的模式，是一个十分有效的模式识别方法。

syntactic pattern recognition system　句法模式识别系统　一种适用于复杂模式识别处理方法的系统。一个句法模式识别系统通常包括预处理、模式表达、基元（及关系）识别和句法分析等。

syntactic-rule-driven　语法规则驱动　同 grammar-driven。

syntactic tree　句法树　反映句法分析结果的树形图。用以说明一个句子中各语言成分之间的结构和层次关系。句法树可分为二叉树和多叉树。

syntactic unit　语法单元　程序分解中的基本单位，是唯一可识别的。

syntax　语法　程序设计语言合法程序的结构的形式描述。一个程序设计语言的语法定义说明了什么样的一串字符构成该语言的一个合法的程序。现在语言的语法大都是用一套定义语法的元语言写出的严格的形式刻画，它是程序设计语言文本的一个主要部分。最常用的描述程序语言语法的元语言是巴科斯范式（BNF）或改造过的巴科斯范式。参见 Backus normal form（BNF）。

syntax analysis　语法分析　编译过程的一个逻辑阶段。语法分析的任务是对结构上正确的源程序进行上下文有关性质的审查，进行类型审查。

syntax analysis tree　语法分析树　由节点和边组成，节点表示语法类，边表示节点间的输入输出关系，其具体形式由具体的数据库管理系统进行定义，不同数据库管理系统其语法分析树的形式不完全一样。

syntax checker　语法校验程序　用来检查程序设计语言中的源语句是否违反语言的语法的程序。

syntax-directed compiler　语法制导的编译程序　以字符串的语法关系为基础的编译程序。语言的分析和翻译过程全部用一组类似巴科斯范式的语法规则来叙述。这种编译程序可以用于许多不同语言的编译，只要按规定的格式提供每个语言的语法规则。

syntax-directed editor　语法制导编辑器　具有面向语言句法结构的编辑器。在文本编辑系统中，语法制导编辑器与计算机文本编辑器有很大区别，它不允许用户输入任意序列的字符，只允许用户输入符合给定的计算机语言语法的文本。语法制导编辑器一般向用户提供符合语法的语法单位模板，它只要求用户插入某些与程序有关的文本，并要求这些文本能使模板仍为一个符合语法的实体。

syntax-directed translation (SDT)　句法制导翻译　一个以上下文无关文法为基础的串到串的映射。经常用于一个有噪声或被模糊化了的模式串到无错误的模式串的映射。

syntax error　语法错误　源语言程序中形式上的错误。它违背了所使用的程序设计语言的语法规定。参见 semantic error。

syntax graph　语法图　一种常用的描述程序设计语言的（图示）方法。一个语言的语法由一集语法图示定义，每个图示描述一种非终级符号（或称为语法概念）的形式。图中用圆圈表示终级符号（语言字母表的字符），用方框表示非终级符号，用有向弧表示走向，图示上的一条通路表示该语法结构的一种正确的形式。

syntax language　语法语言　用来说明或描述另一种语言语法的元语言。

syntax left-right (SLR) method　语法自左至右方法　一种实用的语法分析方法。总是严格地从左至右地扫描源程序，通常都能根据当前所读的符号来确定是继续向前读源程序的下一符号还是根据语法规则进行归约。是否可以用 SLR 方法对一个语言进行语法分析要由语言的结构特征决定。

syntax parsing　句法分析　确定一个能导出给定语言 L(G)中句子 X 的产生式序列的过程。句法分析有两种通用的方法：自顶向下分析，从句子 X 出发，反向利用产生式构造出可能出现在 X 的导出中的属于文法的符号串；自底向上分析，从文法的起始符开始，用重写最左非终结符的产生式导出句子 X。句法分析是句法模式识别的识别过程。对每一类要识别的模式都可构成一个文法。识别一个新输入的未知模式实际上就归结为句法分析导出该模式的过程。

syntax recognizer　语法识别程序　人工智能中识别片语类别的子例程。通常，人工智能语言是以正式语言理论中的巴科斯范式表达的。

syntax-semantic parsing　句法语义分析　用计算机在句法和语义层次上对句子进行分析，即主要通过语言中各种成分的句法功能和语义关系来描述句子的结构与层次。

S

S

syntax test program 语法检查程序 对源程序进行语法检查的程序。查出错误后，先印出出错信息（即出错位置与性质），同时对能修正的错误给予修正，若遇到不能修正的错误，则跳过这一段源程序继续检查，以便查出尽可能多的错误。语法检查程序与编译程序一般是互相独立的，它通常不做语法分析程序为编译后续阶段所做的准备工作，如生成某些内部数据结构等。因此，语法检查程序通常速率较快，适宜于在程序开发初期排除语法错误时使用。

syntax transformation 语法转换 为了通信和双方识别的需要，在定义和表示数据的诸种语法之间进行转换的过程。如在 OSI（开放系统互连）参考模型中，它涉及抽象语法与传送语法的相互转换。

synthesis 综合，合成 （1）分离的元素组合在一起形成的统一整体。（2）在声频信号的数字处理中，指再生模拟信号。如音乐，通过在足以产生原来声音的频率间隔采集声音样例，用数字脉冲表示他们，然后合成。（3）用计算机的声音产生器来模仿人声，用合成数字化单词的方法，或者是组合语音的方法构造单词发音。参见 speech synthesis。

synthesis-oriented decision 综合型决策 决策问题的目标是设计或合成满足某种给定要求的规格或对象模型。设计支持是属于这种问题，它是与分析型决策相对的。

synthesized editing and updating 综合编辑修改 特指汉字编码（键盘）输入方法中，操作人员对输入的文本中的同音字（词语）、重码字（词语）、错别字、遗漏或多余的字符，在键入后进行统一的修正。

synthesized speech 合成言语 在言语合成中产生的人工言语。

synthesizer 合成器 由数字指令而不是通过物理设备或记录下来的声音的处理来产生声音的外围设备、芯片或者独立系统。一般可通过 MIDI（乐器数字接口）连接到计算机和音序器。参见参见 musical instrument digital interface（MIDI），audio synthesizer。

synthetic address 合成地址 计算机程序中的指令根据其他地址所产生的地址。同 generated address。

synthetical analysis of resource information 资源信息综合分析 从系统的观点出发，对资源利用过程进行分析和综合，提出几种决策方案，供决策者选择最佳方案的整个过程。参见 multidimensional analysis of resource information。

synthetical evaluation information system for sustainable development 可持续发展综合评价信息系统 以可持续发展指标体系为框架，对特定区域可持续发展的潜力、状态、趋势进行综合分析、评判的应用软件系统。

synthetic aperture radar（SAR） 合成孔径雷达 用一个小天线作为单个辐射单元，将此单元沿一直线不断移动，在不同位置上接收同一地物的回波信号并进行相关解调压缩处理的侧视雷达。合成孔径雷达就是利用雷达与目标的相对运动把尺寸较小的真实天线孔径用数据处理的方法合成一个较大的等效天线孔径，提高雷达的方位分辨率。参见 real aperture radar（RAR），side-looking radar（SLR）。

synthetic live-line overhaul 带电综合检修 利用带电作业方法，对带电设备同时进行多种项目的检修。

synthetic program method 合成程序法 包括将运行系统各部分的重要考核程序作为性能评价的标准程序。它是"人工制造"的程序。其中包括有可调参数，可以在宽范围内模仿实际的程序特性。这些可调参数有：CPU 处理需求量、存储空间需求量、磁盘访问量等。

synthetic relation 组合关系 与聚合关系相对，指构成线性序列语言成分之间的"同现"与"顺序"关系。

synthetic unit 合成单元 语音合成系统所处理的最小语音基本单元，称为"合成单位"，合成语音库就是所有合成单元的集合。按由小到大的顺序，音素、双音素、半音节（声母和韵母）、音节、词、短语和句子都可用作合成单元。

.sys 系统文件名后缀 一种标明系统配置文件的文件扩展名。

system 系统 （1）若干设备、分系统、专职人员及可以执行或保障工作任务的技术的组合。（2）系统可以被定义为相关元素或子系统的组合，以确保其能有效地工作的方法组织起来。由于每个子系统都是按可完成特定的功能设计的，因而就需要高度的协调。从计算的观点来看，计算机的各个部分都是由控制器进行协调的子系统，以确保系统的各部分作为一个整体而有效地运行，即以适当的开销及时且保质地产生出正确的信息。（3）能够完成或支援（或两者兼有）某项工程任务的若干设备、技能和技术的综合体系。一个完整的系统包括为完成某些工程任务及支援所需的所有设备。有关装置、材料、辅助设备、人员、工作场地、环境设施等构成的综合体系。

system activity 系统活动 操作系统所进行的活动，尤指为报告或分析用的记录活动。例如处理机利用、分页以及设备和输入输出通道的利用。

system activity measurement facility（MF/1） 系统活动测量程序（MF/1） 一种收集诸如调页活动、处理机、通道以及输入/输出设备的使用等信息，并产生跟踪记录和报告的程序。

system address list 系统地址表 在 AIX 系统中，由系统管理员控制的地址表。系统中的用户可用它发出 X.25 调用。参见 address list，user address list。

system administrator 系统管理员 在计算机应用部门从事设计、控制和管理计算机系统使用的人员。

system allocation process 系统分配进程 在一个其硬件和软件都需要开发的系统中,需要安排此进程,其工作目标是确定系统的哪些功能由硬件实现,哪些功能由软件实现。

system analysis 系统分析 (1)对一种活动、过程、方法或技术所进行的全面分析,以找出最佳结果。(2)系统设计的必要步骤。一个较大的系统在开始具体设计之前,首先必须进行系统分析,拟定解决这些问题的办法,选择适合的软硬设备等。(3)在系统研制过程中,对某一现实的或计划中的系统进行总体考察以确定系统的功能,功能之间的相互关系以及与其他系统之间的关系。(4)收集和分析有关现存系统实际情况的过程。目的是了解其性质、特性和问题,以作为设计更有效的计算机系统的基础。系统分析一般分如下几个阶段:明确问题、计划项目、收集事实、记录和核对事实。这些阶段完成之后便可进行系统设计。(5)对系统进行分析并确定该系统由于采用计算机及新的信息技术效率提高了多少的一种分析技术。

system analyst 系统分析员 负责系统开发的人。系统分析员负责规划系统需求定义与程序开发工作,系统分析员工作所产生的文件是程序工程师编写程序的主要依据。其具体工作如下:提出对用户问题的解,确定他们解的技术和操作上的可行性以及估算开发和实现的成本。在当今环境中,应与用户一起开发系统的原型,使得最后的说明是由用户认真重新审查的屏幕和报告的实体。一般要求他们能熟练地描述问题,拟定解决问题的方法,选择适当的计算机硬件和软件。对最终运行的系统进行性能分析和评价等能力。

system and support software 系统和支撑软件 各种软件的总称。包括汇编程序、编译程序、子例行程序库、操作系统及应用程序等。

system antenna 系统用天线 与被测系统配套的天线,它通常随系统一起提供。

system application architecture (SAA) 系统应用体系结构 一种广泛应用的软件接口、约定和协议。以它作为一种框架来设计,可开发出一致的应用软件。SAA是IBM公司于20世纪80年代末期制定并推行的一套具有深远战略意义的标准。该标准建立在系统网络体系结构(SNA)基础之上,其主要目的如下:①相容一致地解决IBM不同机种、不同等级之间互连;②简化并统一用户开发、运行、操作应用软件的方法和过程;③提高应用程序的可用性、可移植性和互操作性。SAA标准是由公共编程接口(CPI)、公共用户访问(CUA)、公共通信支持(CCS)以及硬件约定等几方面标准组成的。

system approach 系统方法 以对系统的基本认识为依据,应用系统科学、系统思维、系统理论、系统工程与系统分析等方法,用以指导人们研究和处理科学技术问题的一种科学方法。系统方法把对象作为系统进行定量化、模型化和择优化研究,其根本特征在于从系统的整体性出发,把分析与综合、分解与协调、定性与定量研究结合起来,处理部分与整体的关系,达到整体优化。

system architecture 系统体系结构 系统各组成成分之间的结构和关系。系统体系结构也可以包括系统和它的运行环境之间的界面。

system-assisted linkage 系统辅助的连接 在某些操作系统中,从一个装入模块中的某个程序连接到另一装入模块中某个程序的一种连接。

systematic bibliography 分类目录 按照一个分类表排列的一种目录。

systematic code 系统码 在校错编码中,信息部分k和监督部分r能明显分开的码。否则称为非系统码。

systematic conformance statement (SCS) 系统一致性陈述 综述要实现哪些ITU(国际电信联盟)建议或国际标准,以及对哪些ITU建议或国际标准提出一致性要求的一种文件。

systematic neuroinformatics 系统神经信息学 神经信息学的分支,另一分支是分子神经信息学。系统神经信息学的结构单元为神经元,神经元通过突触互相联结,组成复杂的神经网络。系统神经信息学的任务是要从信息和信息处理的观点来研究人脑,研究神经系统信息的载体形式,神经信息的产生、传输与加工,以及神经信息的编码、存储与提取机理等,并从系统和信息的观点建立以生物学实际为基础的神经网络模型。参见 molecular neuroinformatics, neuroinformatics。

systematic noise 系统噪声 根据噪声来源可将其分成随机噪声、周期噪声和系统噪声等三种。系统噪声是由系统本身的不完善而引入的固有噪声,它具有确定性,可以通过简单的校正手段来减小其影响。

system audit 系统审计 从客观的第三者立场对计算机的安全性、可靠性、经济性等进行审核。从管理的角度进行评价并提出改进意见;防止滥用;防止个人数据的滥用;完善其他的系统。

system authentication key 系统鉴别密钥 在编程密码装置中的一种直接与主机的主密钥相关的值。系统鉴别密钥用于导出密钥测试模型。

system availability 系统利用率 计算机系统可供利用的时间。

system balancing 系统平衡 计算机内部各部件之间的一种协调关系。如通道带宽、处理机处理速率和主存的带宽之间必须平衡匹配,即整个主存带宽必须等于处理机和I/O设备带宽之和。如果任何一部分带宽呈现不匹配，则影响系统效率的发挥，出现系统瓶颈问题。

system blocking signal 系统阻塞信号 一种通信系统内部产生的信号，它表示要求完成的访问暂时不能进行。系统阻塞信号是系统总开销信息的一部分。参见 blocking。

system board 系统板 在系统单元中支持各种基本系统设备的主电路板，提供基本的系统功能。参见 motherboard。

S

system breakdown 系统崩溃 由操作失误或病毒恶意软件入侵导致电脑无法正常运作，频繁死机等症状称为系统崩溃。同 system crash。

system bug and hole 系统漏洞 应用软件或操作系统软件在逻辑设计上的缺陷或错误，被不法者利用，通过网络植入木马、病毒等方式来攻击或控制整个电脑，窃取电脑中的资料和信息，甚至破坏系统。参见 bug，pitch。

system bus 系统总线 在多于两个模块（设备或子系统）间传送信息的公共通路。总线由传输信息的电路及管理信息传输的协议组成。保证信息在总线上高速可靠地传输是系统总线最基本的任务。系统总线的信号线可分五类：数据传输信号线；中断信号线；总线仲裁信号线；其他信号线和备用线。为使信息源与信息接收能同步，在总线上传送信息时必须遵守一定的定时规则，即定时协议。通常有三种：同步总线定时，异步总线定时和半同步总线定时。

system call interrupt 系统调用中断 处理中的程序要求控制程序执行某些操作所引起的中断。

system chart 系统框图，系统流程图 有关系统设计的一种流程图。是根据有关系统的信息流程和记录功能编制成的。它不涉及各种程序的细节，仅描述整个流程。

system check 系统校验 对系统的总性能进行的校验，这种校验可以不用内部硬件，而用程序来实现。参见 checks and controls。

system check module 系统校验模块 计算机内用来监测系统工作状态的器件或电路。一旦发生掉电或偏离工作条件的情况，即进行紧急处理。

system checkpoint 系统检测点 为了在必要时能够恢复同样的操作环境，系统记录其操作状态和控制信息的某一点。

system command 系统命令 由监控程序接受并解释的一组命令。例如，LOGIN 或 LOGOUT；存储或恢复程序或数据文件；编译和执行程序；中断或终止程序运行；编辑、修改、显示程序或数据文件；请求进入系统或用户程序状态等。

system-command language 系统命令语言 操作员可以建立一系列指令，使系统全面实现所规定的各项任务的一种语言。同 job control language。

system communication 系统通信 操作系统控制程序的一种功能。它允许操作员和程序进行通信。

system communication statement 系统通信语句 使联机监视程序与用户任务间能够顺序地进行通信，并作为标准而准备的语句。

system communication table (SCT) 系统通信表 在某些小型计算机系统中的一种表，其中包含系统各部分共享项目的地址。

system compatibility 系统兼容性 为一种计算机系统开发的软件或硬件可适用于另一种或其他多种计算机系统的能力。系统兼容性是系列计算机的基本特性，是避免用户在老产品型号上开发的软件遭受废弃的一种重要设计思想与技术措施。它保护了用户的已有资源，节约了厂商和用户的开发投资，加快了计算机的研制过程，促进了计算机产业和应用的发展。兼容性表现在软件和硬件的许多方面，实现方法有：机器语言程序兼容、汇编语言程序兼容、高级语言程序兼容、系统软件兼容、软件系统兼容、设备或部件兼容、系列机和兼容机兼容。

system composite environment 系统合成环境 Ada 中的一种环境。主要考虑把许多子系统集中成一个大系统的版本。所有的大型软件系统都有两个基本特点：一是他们由一些较小、较易理解的子系统组成；二是他们不断地变化。以上两个特点在软件开发过程中又各自带来大量分支。使用该环境可以减轻这些问题的严重性。系统合成中的两个基本问题是接口控制和版本控制。接口控制考虑对模块相联和资源共享问题进行描述和制约。版本控制考虑对系统的具体版本的描述和生成。

system configuration 系统配置 一种规定形成特殊系统所需的设备和程序及其相互联系的过程。

system console 系统控制台 通常配备有键盘和显示屏幕的一种控制台，由操作员用以同系统通信。

system constants 系统常数 监控程序中的一些永久保存的单元，其中存有系统程序需要的一些数据。将他们集中在一起，既可节省存储空间，又便于保存，使之不受破坏。

system contents directory 系统内容目录 在某些信息管理系统中的一种数据区。其主要功能是存放所有信息管理系统软件的主要入口指示器，其次要功能是存放系统数据以及记录程序和命令的状态。

system control block (SCB) 系统控制块 系统空间的一种数据结构，是保存具有一定格式的数据的存储块。该存储块为系统内几个部分所使用。通常它含有系统可识别的全部中断向量和异常向量。

system control facility (SCF) 系统控制设施 在某些信息处理系统中的一个系统组成部分，由一个主系统控制器和一个或多个辅系统控制器组成。

system control language (SCL) 系统控制语言 由计算机生产厂提供，用于控制处理操作的语言。包括作业控制语言和操作员控制语言。

system conversion 系统更换 建立和实现数据库系

统的一个阶段。它包括以新系统逐步接替旧系统和正式处理数据等方面的工作。系统更换的主要问题是确定更换方式及更换时间表。它有立即的、逐步的、平行的等多种更换方式。

system crash 系统崩溃 由于出现不可恢复的硬件错误或致命性的软件错误引起的操作系统的彻底损坏。这种损坏与内部保护措施的损坏同时发生，通常导致主存中的部分或全部内容的丢失。系统的恢复通常采用重新装入操作系统。同 system breakdown。

system customization 系统定制 为信息处理设备指定设备、程序和用户的过程。参见 configuration。

system data 系统数据 由操作系统程序和用于控制处理操作的数。例如配置表或变换表中的内容。

system data address space 系统数据地址空间 某些小型计算机系统中由系统供数据项使用的地址空间。

system data set 系统数据集 在某些操作系统中，一般只由操作系统使用而不让用户使用的一种数据集。他们存储在系统盘上，只能经过操作系统服务程序才能访问。

system date 系统日期 (1)在系统起用时为系统建立的日期。(2)在初始程序装入过程中，由系统操作员给出的日期。

system deadlock 系统死锁 当两个以上的任务互相等待已经分配给对方的资源时，就会出现死锁。出现这种情况，就要用外部控制来消除这种等待状态，使被死锁的任务重新开始运行。

system default 系统缺省值 在系统轮廓文件中规定的一种系统设定值。在相应的地方如不另作说明，即采用此值。

system definition 系统定义 根据用户的具体要求决定系统的性质和功能。软件工程中的系统定义具体任务可以分为三部分：问题定义、可行性研究和需求分析。问题定义首先进行有关信息的收集、分析，明确用户提出的要求。然后把用户的要求准确，完整地描述下来。可行性研究是要回答用户提出的问题可否可解，可解的价值又是如何。在前两个步骤完成后，着手进行系统需求分析的工作，其目的是明确该系统应具有的性能。参见 feasibility study，requirement analysis。

system description 系统说明书 在系统研制中，说明系统设计、规定系统构成、基本特性以及系统的软硬件要求的文件。

system design 系统设计 (1)对系统中所有部件之间的工作关系进行说明。(2)拟订系统整体结构的详细说明，通常要写成书成文档资料。(3)为系统定义硬件和软件结构、组成成分、模块、界面及数据，以满足规定的系统需求的过程。(4)数据库系统研制过程中的一个重要阶段，也称物理设计。其任务是根据逻辑模型对系统进行具体的物理设计。(5)在 LSI(大规模集成电路)设计中，处于最上层的设计阶段。根据系统技术规范，决定体系结构；进行逻辑划分、芯片实现方式、组装方式；价格条件、芯片面积、性能和功耗折衷等带战略性的设计。由于 LSI 技术日新月异地进步，必须在充分考察开发时间、性能价格比、开发系统的竞争力等诸多因素基础上进行系统设计。(6)计算机软件系统的说明。包括确定以下信息：要完成什么功能；要求什么硬件、软件和个人资源；包含什么交互作用等。

system design assemulator 系统设计汇编模拟器 一种微型计算机系统开发工具。通常用于实时仿真用户系统，并为系统检测提供全部调试能力。将该设备连到打印机或其他终端时，也可以对只读存储器中的程序进行汇编和模拟，并制备穿纸带或盒式磁带。

system designer 系统设计人员 进行系统设计工作的人员(系统分析员)。

system design review 系统设计回顾 对一个设计过程和相关的技术要求进行的回顾，以便更好地计划下一个阶段。

system development 系统研制[开发] 制造一个计算机系统的过程。一般地说，系统开发包括以下步骤：①确定系统要求和计算机系统所要达到的目标；②编制计算机系统所要执行的功能的详细说明，其中包括基本的数据结构、硬件、软件和通信资源；③系统分析员的详细设计；④程序设计；⑤将程序模块、文件和其他成分汇成计算机系统；⑥系统调试；⑦文件编制；⑧安装运行；⑨系统维护。除此之外，还有系统提高，它是在本系统的第一个版本完成后才进行的，以免延误系统的实施。

system development cycle 系统开发周期 开发一个信息系统或应用软件时各步骤的顺序。需要用户和技术人员双方共同合作。通常包括以下步骤：①系统分析和设计：可行性分析、总体设计、生成原型、详细设计、功能说明；②用户确认；③程序设计：设计、编码、调试；④实现：培训、转换、安装；⑤用户验收。

system development kit (SDK) 系统开发工具 在微软视窗环境下为用户开发应用程序提供的一组功能丰富、种类纷繁的子例程库和一些实用的开发工具软件。这样，使用户不仅能在图表界面下操作，还可用高级语言调用 SDK 所提供的各种函数，构成微软视窗环境下的源程序。同时，使用 SDK 提供的开发工具软件，组成建立微软视窗应用所需的所有相关文件，经过编译、链接，最后可得到一个风格一致的应用。用户开发应用程序可作为一个程序项目加入某个分组中，这样微软视窗系统就形成了一个开放式环境，其整体功能可逐渐增强。微软视窗软件开发包包括：①用于处理消息，建立、移动、转换窗口和建立系统输出的窗口管理接口函数;②执行设备无关的图形操作(包括在各种输出设备上产生各种文本、图形和图像)的图形设备接口函数;③存取代码、数据,管理内容、任务,装入程序资源,完成字符串转换和I/O通信,建立文件和使系统发声器发声的系统服务接口函数。

system development life-cycle (SDLC) 系统开发生命周期 一种信息系统的开发方法。将系统开发和运行的全过程划分为若干阶段和确定各阶段的任务,并分离系统的逻辑模型和物理模型。它从调查入手,充分理解用户的信息需求和业务活动,在分析的基础上对系统开发的可行性进行论证,运用系统的观点,将应用程序的开发任务分为多个阶段。通常系统开发生命周期可分为六个阶段:①问题的定义及规划;②需求分析;③软件设计;④程序编码;⑤软件测试;⑥运行维护。

S

system development methodology 系统开发方法学 形式化和编码系统开发周期的一系列阶段。它定义每一阶段的明确目标和在可以开始下一阶段以前每一阶段所要求的结果。它为准备每一阶段的文档提供专用的形式。

system deviation 系统偏差 在控制系统中的某一瞬间,参考量与被控量之差。

system device 系统设备 一种存放操作系统,并在系统启动期间操作系统,从中取出装入主存的外围设备。

system diagnostics 系统诊断程序 对系统性能做全面检查,并能对系统中的设备故障和程序错误进行检测和定位的一种系统检查程序。

system diagram 系统图 用符号或带注释的框,概略表示系统或分系统的基本组成、相互关系及其主要特征的一种简图。

system directory 系统目录 同 root directory。

system directory list (SDL) 系统目录表 包含要经常使用的可执行程序段以及驻留在共享虚拟存储区域中所有可执行程序段的目录的一种列表。该表存放在共享虚存区中。

system disk 系统盘,启动盘 (1)包含操作系统核心的能够启动机器的磁盘或光碟。(2)在CMS(会话监督系统)中,包含CMS核心和常驻磁盘命令模块的磁盘。在开始一次CMS终端对话时,可以用只读方式访问它。

system distribution directory 系统分配目录 一个用户标识符和标识网络地址等信息的表。

system documentation 系统文档 在系统研制过程中编写的文件集。这些文件描述系统的要求、能力、限制、设计、操作和维护。有关计算机系统的信息的编写或存储。通常以手册、图示、框图和其他硬拷贝文档形式出现,但可以以计算机化的形式存储。它提供了有关系统体系结构、系统设计、数据流、程序设计逻辑、子例程和其他成分的详细信息。由直接参与设计和程序设计的系统分析员和程序员准备。比较 user documentation。

system dump 系统转储 因某一错误而使系统停止后对所有活动程序及其相关数据的转储。比较 task dump。

system dynamic memory 系统动态存储区 在某些系统中为操作系统保留的存储区,当需要时可作为暂时存储分配使用。例如,当映像发出一个I/O请求时,使用系统动态存储区存放对应的I/O请求包。每个进程使用动态存储区的量都有一个限度,在这个限度内,为进程使用动态存储区进行分配。

system dynamic modeling 系统动态建模 根据连续系统的动态特征以及这些动态特征的变化速率和动态特征与变化速率之间的关系,建立的系统模型。

system dynamics 系统动力学 一种以反馈控制理论为基础,以计算机仿真技术为手段,依据对系统的实际观测信息,并通过计算机试验来获得对系统未来行为描述的学科。具体而言,系统动力学包括如下几点:①以控制论为理论基础,系统动力学将生命系统和非生命系统都作为信息反馈系统来研究,并且认为,在每个系统之中都存在着信息反馈机制;②按系统论观点,系统动力学把研究对象划分为若干子系统,并且建立起各个子系统之间的因果关系网络,立足于整体以及整体之间的关系研究,以整体观替代传统的元素观;③系统动力学的研究方法是建立计算机仿真模型,实行计算机仿真试验,验证模型的有效性,为战略与决策的制定提供依据。

system dynamics diagrams 系统动态图 用一组图形符号表示系统的动态模块。主要是绘制包含各种作用因素的图。

system dynamic simulation 系统动力学仿真 建立动力学系统模型,研究外力作用于系统时的响应、稳定性和动态品质等特性的仿真。

systeme electronique pour couleur avec memoire (SECAM) SECAM彩色制式 法国、俄罗斯和部分东欧及非洲国家采用的电视制式。它和PAL(逐行倒相制)制式有着相同的垂直分辨率和帧速,但是SECAM的色彩是调频信号调制的,与PAL制是不兼容的。

system effective data rate 系统有效数据速率 在MSS(海量存储系统)中,一秒钟内(一般用一小时内的平均值代表)登台驱动器与处理机之间传递的数据量。

system effective rate 系统有效度 系统正常运行的概率,也即系统在规定期间内任意时刻完成预期功能的概率。若系统正常运行时间以 T_n 表示,系统停机时间以 T_s 表示,故障数用 N_f 表示,平均修复时间用 *MTTR* 表示,平均故障间隔时间用 *MTBF* 表示,则系统有效度 $= T_n/(T_n + T_s) =$

$T_n/[T_n+(N_f \times \text{MTTR})]=T_n/[T_n+T_n\times\lambda\times \text{MTTR}]=1/[1+\lambda\times\text{MTTR}]=\text{MTBF}/[\text{MTBF}+\text{MTTR}]$，其中$\lambda=1/\text{MTBF}$。所以MTTR越小，系统有效度越高，也就越经济。

system entity　系统实体　计算机或网络系统中活动的元素。例如，一个或一组自动的进程，一个子系统，一个人或一组合作发挥独特功能的人。

system error　系统错误　影响计算机操作系统正常工作的一种软件情况。

system error log　系统错误登记　由事务处理系统维护的关于错误的记录集合，随事务处理系统不同，系统错误登记可以在磁盘文件、磁带文件、打印机、缓冲区或其他媒体上进行。

system error message　系统错误信息　给操作员提供系统提供的细节的信息。

system error record editing program (SEREP)　系统出错记录编辑程序　一种用于编辑和打印主存中硬件故障情况记录数据的独立程序。

system failure　系统故障[失效]　计算机不能继续工作的状况。可能由硬件问题引起，也可能是软件问题。

system fault tolerance (SFT)　系统容错　将数据在多个存储设备上作副本，使得一个设备故障时数据可以从另一个设备获得。硬件和软件的系统容错有若干个级别。

system fault tolerance level Ⅲ (SFT Ⅲ)　系统容错级Ⅲ　服务器级的容错系统。主要由主服务器、辅服务器、服务器连接接口卡和网络接口卡通过电缆连接组成。主辅服务器通过镜像链路连在一起，两者保持一种镜像状态。这两个服务器有相同的输入，对网络用户来说，只有主服务器是活动的，给客户提供服务。在正常情况下，主辅服务器同步工作，进行内存和磁盘的实时镜像备份，有一台服务器出现故障时，另一台服务器实时地承担主服务器的工作，故障排除后重新进行磁盘镜像。这种容错功能由软件实现。

system file　系统文件　(1)仅供操作员存取的文件。(2)供一切用户程序存取的全局文件。(3)一种由某些操作系统使用的文件。例如硬拷贝文件、记录器文件、页面数据集等。苹果机上的一种资源文件，其中包括操作系统所需的一些资源。如字形、图标、和默认对话框等。

system firmware　系统固件　计算机系统中使用的标准固件单元。它一般包括多道程序设计执行程序、宏汇编语言解释程序、输入输出控制系统、磁盘文件管理系统和操作系统等。

system flowchart　系统流程图　(1)表示由应用系统提供的数据流的流程图。一般包括事务和分配操作、收集操作以及计算机操作。(2)一种系统开发工具。系统流程图是系统级的图解符号，它描述可通过系统的信息的实际流向。这种工具是系统分析与设计的传统方法。

system follow-up　系统跟踪　系统研制过程中，在系统达到正常运转的稳定状态后对系统效能的跟踪研究。

system font　系统字体　屏幕显示和打印时可使用的字体。如在屏幕上显示菜单标题和项名等文字时所用的字体。用户可指定其大小。对应于 device font。

system for handling interbank funds transfer (SHIFT)　银行间资金转账处理系统　一种可在银行同行业间实现往来资金转账的联机业务实时处理系统。它由各金融机构采用终端设备通过调制解调器及通信线同安置在中央银行的主处理机相连。银行间划转资金必须经双方银行确认后，方可在各自开设在中央银行的往来存款户头上转账。为确保系统的安全可靠，通常在 SHIFT 中设置了多重的密码和安全管理措施。

system for information on grey literature in Europe (SIGLE)　欧洲灰色文献情报系统　欧洲共同体的一项加强灰色文献(也称难得到的非正式出版的资料)的发现、鉴别、收藏和提供使用的计划。其最初目的是建立一个可以通过"欧洲网络联机情报检索系统"(Euronet-Diane)进行联机检索的文献数据库。

system format　系统格式　在某些小型计算机系统中，允许实时程序设计系统层次数据集结构在硬盘或软盘上存在的格式。

system for the mechanical analysis and retrieval of text (SMART)　文本机械分析检索系统　供全文本文件交互检索用的一个检索系统。用户输入检索字和一组字(短语等)。文本机械分析检索系统对文本进行分析，并根据每篇文件中检索字和短语出现的相对频率顺序列表输出。

system function diagram　系统功能图　见 block diagram。

system generation (SYSGEN)　系统生成　(1)由计算机厂家或用户自己根据用户所配置的硬件设备和软件功能，从原始操作中选择必要的程序的参数而生成一种满足用户需求的优化的操作系统的过程。系统生成有两种方法：①用一个专门的小操作系统生成一个所需的大系统；②由已经有的操作系统生成另一个功能上与原来有所不同的系统。在系统生成过程中用户可以增加新的设备驱动程序或应用程序，使系统更符合用户的实际要求。(2)机器硬件装配完毕后，将系统软件装进机器使系统进入可用状态的过程。系统生成主要包括建立操作系统，分配外围设备等，系统生成与系统初始化同义。

system group　系统组　在 SNA(系统网络体系结构)网络中，系统分配目录中系统名的第二部分。

system handbook　系统手册　集中介绍指令系统主

S

要特征的文献。其内容包括每条指令的操作码、寻址方式和微处理机状态。另外还列出有关系统实现的主要问题,包括芯片接口和定时的参考文献。系统手册有助于有经验的用户了解计算机系统的一些基本原理。手册中还包括进一步学习的参考资料。

system help support 系统帮助支援(程序) 用菜单、提示和说明信息来辅助操作员的系统支持程序产品的一部分。

system high 系统高 系统的最高级安全标志,也是系统中最高的安全级。参见 system low。

system history file 系统历史文件 某些操作系统中的一种系统文件。它反映了对具体的操作系统曾做过的补充、更改和删除。利用这种操作系统的MSHP(维护系统历史程序)可以访问该文件。

system hold status 系统保持状态 在某些操作系统的迁移辅助程序中的一种假脱机文件状态。在实际系统操作员释放某一文件之前,不能对该文件进行打印、穿孔或阅读。比较 user hold status。

system house 系统企业 不但进行系统设计、软件开发,而且进行计算机的销售和硬件的开发、推销的企业。近来由于微型电子计算机广泛地应用于汽车、电子游戏、家用电器等方面,因而出现了与信息有关的新型企业。"系统企业"一词是由软件企业发展而来的。

systemic grammar 系统语法 一种语法理论。它重视言谈者为体现不同的社会交际功能而在不同语言形式中所作出的选择,旨在建立一个由语言的各个分系统组成的层级网络,用来解释整个语言中全部相关的语义选择。

system identification 系统辨识 现代控制理论中的一个分支。系统辨识根据系统的输入输出时间函数来确定描述系统行为的数学模型。通过辨识建立数学模型的目的是估计表征系统行为的重要参数,建立一个能模仿真实系统行为的模型,用当前可测量的系统的输入和输出预测系统输出的未来演变,以及设计控制器。系统辨识包括两个方面:结构辨识和参数估计。在实际的辨识过程中,随着使用的方法不同,结构辨识和参数估计这两个方面并不是截然分开的,而是可以交织在一起进行的。参见 structure identification, parameter estimation。

system image 系统映像 仿真程序设计的第一个步骤是建立模型,为此要建立一组数,用以表示系统不同时间所处的状态,这组数称为系统映像。

system image buffer 系统映像缓冲区 在某些操作系统中的处理机存储器中的一个区域。它是在操作系统任务与直接联机的显示器或打印机之间的所有 I/O 数据的必经的地区。

system impedance ratio 系统阻抗比 电力系统电源阻抗与被保护区段阻抗之比。

system improvement time 系统改进时间 安装和测试器件以及改造现有元器件所需要的停机时间,其中也包括对所有改造部分进行编程测试所需要的时间。

system initialization table 系统初始化表 包含用户定义数据的一种表。这种数据用于控制系统的初始化处理过程。

system-initiated scratch function 系统初始化清除功能 在 MSS(海量存储系统)中的空间管理的一部分,它清除非 VSAM(虚拟存储存取法)数据集,并废除其目录,以便管理海量存储卷上的空间。

system initiation 系统启动 在计算机系统启动和再启动时,通过操作员的指令,系统经过初始化开始进行工作。它需要系统程序的输入和系统表的初始化等。

system input control 系统输入控制 与输入管理有关的系统软件功能。包括有效性检查、假脱机、调度和装入等。

system input device 系统输入设备 指定用作系统输入源的设备。

system instruction address space 系统指令地址空间 在某些小型计算机系统中,由系统用于指令的地址空间。

system instrumentation file 系统测试设备文件 在某些系统中,用于记录系统活动和事件的日志文件。

system integration 系统集成 (1)将一个个单独的模块合在一起,以实现程序主要功能的过程称为系统集成。(2)在系统研制中,该术语是指逐步把系统各部分联调为一个完整系统的过程。(3)对计算机系统的设计按规格进行改制,使适合于某一用户的特殊应用和操作环境的过程。

system integrator 系统集成商 (1)把微处理器芯片等大规模集成电路和单板机、外围设备等部件组合在一起,构成计算机系统的技术人员或技术机构。(2)把单独的计算机,用 FDDI(光纤分布数据接口)、以太网、令牌环网等传送线路连接起来,实现计算机的通信和资源共享的技术人员和机构。

system integrity 系统完整性 (1)在计算机安全中,系统以无损方式完成其指定的功能可达到的质量。(2)在任何情况下,信息系统都保持操作系统逻辑上的正确性和可靠性;实现保护机制的硬件和软件的完备性时所处的状态。

system integrity procedure 系统完整性规程 为保证信息系统中硬件、软件及数据能保持其初始完整状态,且不受程序更改影响而建立的规程。

system integrity procedures 系统完整性过程 为保证程序的更改不破坏系统硬件、软件、数据的完整性状态而建立的过程。

system interface 系统接口 把计算机和它的所有

后援硬件连接起来的部件。

system interrupt 系统中断 一种由系统请求的中断。这是为了实现某些操作(如结束输入/输出操作)的需要,由加工程序向控制程序发出的请求。

system interval 系统间隔 在某些通信系统软件中的一种由用户指定的时间间隔。在该间隔内,暂停多点线路对轮询站的询问和寻址。系统间隔可尽量减少无效果的询问以及处理机测试时间,并在系统的询问线上同步询问。参见 invitation delay。

system island 系统孤岛 在一定范围内,需要集成的系统之间相互孤立的现象。参见 information island。

system kernel 系统核心 在基本的计算机硬件及系统软件基础上建立起来的一个更高一级的软件开发环境,它依赖于计算机硬件和系统软件。在系统核心之上用户可以开发各种应用子系统,这些应用子系统只依赖于系统核心,而不依赖于计算机硬件及系统软件。这使得用户的各种应用子系统变成了在源程序一级是可移植的。其主要优点是具有方便和灵活的可集成性;具有较好的可移植性;提高研制子系统的速度,降低研制与维护费用。

system key 系统键值 保护系统数据免受一般用户破坏用的一个键值。

system language 系统语言 在系统语言中,程序语句一般直接对应于机器指令组;反之,每一机器指令组都对应于高级语言语句。由于这种对应关系,系统语言程序能有效地翻译成机器语言程序,程序员可以直接找到可用的机器指令。参见 machine language。

system level simulation 系统级模拟 在数字系统的设计中,为判定计算机的硬件及软件结构是否合理,各个功能部件是否合乎设计要求而在系统一级进行的模拟。例如,对高速缓冲存储器的模拟、虚拟存储器系统的模拟等都属于系统级模拟。系统级模拟可为计算机的性能评价和计算机的总体设计提供可靠的数据。

system library 系统(程序)库 (1)一种数据集或文件的集合,其中存放着操作系统的各个不同部分。(2)驻留于系统中的软件的受控集合,集合中的成员能被存取以供使用,或通过引用而被合并到其他程序中。例如,在需要时可由连接编辑程序合并到某程序中去的一组例程。参见 software library。

system life cycle 系统生存周期 系统研制的发展变化过程。在这个过程中,系统经历了从构思到使用终止的各个阶段。如信息系统,其生存周期的长短取决于业务的特点和系统的可靠性与稳定程度,以及用于产生数据库和应用程序的软件开发工具。系统生存期通常分三部分:系统开发阶段、运行阶段和报废阶段。具体分七步:问题定义、可行性研究、分配、系统设计、详细设计、实现和维护。

system list device 系统列表输出设备 一种接收大多数"系统支持程序产品"实用程序和服务支援程序输出的设备。

system literal 系统文字,系统直接量 在某些信息管理系统中,由报文格式服务程序提供的一种文字字段,由用户在输出报文中给以定义。

system loader 系统装入程序 装配系统程序(包括操作系统)的一种管理程序。这种程序是把要装配的程序装入到主存储器中。参见 loader。

system lock 系统锁 在某些操作系统中,通信向量表中的一种指示符。它用于禁止调度除调页管理程序任务外的任何任务。

system log 系统日志 记录系统中硬件、软件和系统运行时产生的成功、警告或错误的信息。用户通过系统日志不但可以了解到某项功能配置或运行成功的信息,还可了解到系统的某些功能运行失败或变得不稳定的原因,甚至寻找受到攻击时攻击者留下的痕迹。

system low 系统低 系统的最低级安全标志。是系统中最低级的安全级。参见 system high。

system macro 系统宏指令 在某些模块化系统程序中,产生系统例行程序以执行程序中存取宏指令所要求的功能的一种语句。系统宏指令通过第一个字符 $ 来标识。

system macro definition 系统宏定义 作业控制语言中定义宏功能的一种宏定义。

system macro instruction 系统宏指令 一些预先定义过的宏指令(如 get,put,call 和 save 等宏指令)。将其扩展时可提供某种系统服务或者与系统服务例行程序连接。

system maintenance 系统维护 为使计算机系统保持在(或重新恢复到)正常工作状态所需采取的维护措施,包括检查、测试、调整、更换设备和修理等。其目的是为了减少或缩短系统停机时间,提高系统的可用性。早期的计算机多采用面板维护方式,目前在较大的系统中一般均设有维护处理机支持系统的调试和维护程序,较小的系统则通过内置维护诊断固件或使用一些专门的自动检查技术进行维护。系统维护方式通常可分为预防性维护和事后维护。

system management 系统管理 维护系统保持良好工作状态并使系统适合改变的环境所涉及的任务。

system management facilities (SMF) 系统管理程序 在某些操作系统中的一种任选的控制程序,为收集和记录可用于估价系统的信息提供了手段。

system management function 系统管理功能 在计算机网络管理系统中,指 7 种系统管理功能,即对象管理、状态管理、关系管理、故障管理、管理服务控制、诊断测试和日志控制。参见 object management, state management, relationship management,

S

fault report and information retrieve, management service control, diagnostics testing, log control。

system management mode (SMM) 系统管理模式 这是 Intel 公司的一个技术术语，SMM 技术使得微处理器当系统处于空转状态或执行不需要 CPU 干预的操作时减缓工作速度或暂停某些系统单元的工作，目的是减少功耗。

system management monitor (SMM) 系统管理监控程序 在某些操作系统中处理特殊管理服务的那部分软件。如程序检查及某些类型的编址变化等软件。

S

system mathematic model 系统数学模型 在集合中表示的数学模型。其集合表示形式如下：

$$M=\langle T,U,X,Y,\Omega,\delta,\lambda\rangle$$

式中，T 为时间基，δ 为输入段集，λ 为输出段集，Ω 为状态转移函数，X 为内部状态集合，Y 为输出集合，U 为输入集合。如果时间基是属于连续变化的实数集合，称为连续时间模型；否则，时间基为离散的实数集合称为离散时间模型。在进行计算机仿真前，必须把连续时间模型转化为离散时间模型才能进行仿真。如果在连续时间模型中，输出段集为空间不连续，称为集中参数模型；否则，称为分布参数模型。至少有一特性为非线性的连续时间模型称为非线性连续时间模型。

system measurement facility (SMF) 系统测量程序 该术语是指 SSP(系统支持程序)产生的例行程序，它与控制例行程序一起监视系统和设备的活动以及 SSP 工作区的使用，并在一磁盘文件中记录这些数据。

system menu 系统菜单 从系统菜单图标(通常位于窗口的左上角)中打开的一个菜单。从这个菜单用户可移动、缩放、恢复、退出窗口。

system mistake 系统错误 发生在系统程序创建过程中的人为错误。

system modification program 系统修改程序 在某些操作系统上安装软件和进行软件修改时使用的一种程序。

system monitor 系统监督程序 (1)用于检测用户、用户程序或系统分析所需要的系统事件是否出现的系统软件。(2)在某些金融通信系统中的配置映像部分，用以处理与控制操作员的通信，并记录出错统计信息和其他的运行数据。

system monitor driver 系统监控驱动程序 某些微型计算机系统监控程序中所包括的驱动程序。用来控制和驱动电传打字机、通用可编译只读存储器编程器、高速纸带输入机、高速纸带穿孔机、行式打印机及 CRT(阴极射线管)显示器等。用户还可以给自己的其他外部设备编写专用的驱动程序，并能方便地把他们连接到系统监控程序。

system name table 系统名表 在某些操作系统的控制程序中的一种表，其中包含保留系统的名字及其位置以及不连续的共享和非共享程序段。

system network analysis program/simulated host overview technique (SNAP/SHOT) 系统网络分析程序/模拟主机综合技术 在系统安装新的硬件、软件或应用程序之前，允许用户观察改进系统后的效果的一种独立的模拟模型。

system network architecture (SNA) 系统网络体系结构 美国 IBM 公司于 1974 年提出的一种既可以满足当前远程处理系统环境，又可以满足未来网络要求的统一的通信系统结构。它反映了计算机系统构成网络的形态。它是经过通信系统传送信息的部件在逻辑结构、格式、协议和操作顺序方面的一个总的描述。SNA 将网络通信分为五层，即数据链路控制层、路径控制层、传输控制层、数据流控制层和功能管理层。每一层表示一个功能层次，与 OSI(开放系统互连)模型相比，没有最低的物理连接层，也没有最高的应用层。现通常采用的系统网络结构有以下几种：集中型、集中型的结合、线状型、环状型、一般分散型、借助卫星实现的分散型。

system node 系统节点 在 AIX 操作系统中，在设备位置层次中的最高节点，每个硬件设备的连接路径都到达系统节点。

system objective 系统目标 所有的企业系统均在公司目标的范围内经营，计算机化的系统也不例外。例如，生产计划系统必须保证生产过程的顺序进行，以达到资产的最佳利用，以使用高水平的生产促进高水平的销售，获得更高的利润，并使生产过程中使用的资产的回收率更高。用计算机化系统可以做到这些，因为它能实现更有效调度和计划资源以及更有效地控制生产过程。更有效的生产计划也会使用户更加满意。计算机化的库存控制能报告存货的异常情况，因而更容易进行库存控制。

system object model (SOM) 系统对象模式 在 OS/2 环境中的一种语言采用的、面向对象的程序设计机制。

system of units international (SI) 国际单位制 缩写 S 取自法文 système international d'unités 中的前两字的字头，是表达重要的自然现象中数或者量的科学方法。是 1960 年第十一届国际计量大会通过的一种单位制，是世界上最先进、科学和实用的单位制。在这个系统里有七个基础单元。这个系统以前曾称为米-千克-秒单位制(MKS)系统。SI 基础单元包括：①米(m)是单位位移或者长度的国际制单位。一米是指电磁能量的射线在 1/299 792 458($3.335\,640\,95\times10^{-9}$)秒时间内在真空中通过的距离。米最初被定义为从北极到赤道的距离的百万分之一。②千克(kg)是重量的国际制单位。它定义为由铂-铱制成的特殊的国际原器的重量，如今仍然保留于国际重量和测量局。最初是根据一公升(1/1 000 立方米)纯水的重量定义的。③

秒(s,或者 sec)是时间的国际单位。它的定义是:铯 133 原子基态的两个超精细能级间跃迁对应的辐射的 9 192 631 770 个周期的持续时间。④开尔文温标(°K),也称“绝对温度”,是温度的国际单位。1 °K是纯水的三相点处的热力学温度的 1/273.16 ($3.660\ 9\times10^{-3}$),它规定分子运动停止时的温度为绝对零度,水的三相点,即液体、固体、气体状态的水同时存在的温度,为 273.16 °K,水的凝固点,即相当摄氏温标 0 °C。⑤安培(A)是电流的国际单位,简称安。定义为:在真空中相距为 1 米的两根无限长平行直导线,通以相等的恒定电流,当每根导线上所受作用力为 2×10^{-7}牛顿时,各导线上的电流为 1 安培。1 安培表示在一秒钟内有 6.24×10^{18}个单位电荷载流子(电子)通过一个指定的固定点。⑥烛光(Cd):发光强度的国际单位,它的定义是:发出频率为 540×10^{12}(对应在空气中 555 nm 的波长)的单色辐射,在给定方向上的发光强度规定为 1 Cd。⑦摩尔(mol)是物质的量的国际单位。1 摩尔等于 12 克 C-12 中所含原子的个数。国际单位还包括赫兹、牛顿、帕斯卡(压力或者压强的单位)、欧姆、法拉、焦耳、库仑、特斯拉、贝克勒尔、伏特和瓦特等。

system on chip (SOC)　片上系统　一种半导体制造技术,可以在硅晶片上生产数百万个晶体管,可以在同一个芯片上将很多不同的功能组合起来。因此,一个完整的系统包括微处理器、存储器、模拟和功率器件等,可以制作成一个芯片上的系统。

system operator message queue　系统操作员信息队列　由系统操作员为接收和回答来自系统、工作站用户和应用程序的信息而使用的信息队列。

system operator user profile　系统操作员用户轮廓文件　由控制程序提供的用户轮廓文件。这种控制程序使系统操作员有必要的权力以及对系统的保护权、对作业的控制权等特权。

system outline　系统略图　见 block diagram。

system output device　系统输出设备　用来记录系统输出数据的设备。

system overhead　系统开销　用以执行除对用户程序进行编译、测试、修改和运行以外的其他功能的那部分计算机系统资源。

system package　系统封装　复制计算机操作系统的一种方法。系统封装就是把系统制作成镜像的方法刻录到光碟,然后用该盘安装到另外一个系统上,它比正常安装大大节约了时间。

system page table (SPT)　系统页表　映像系统区虚地址的数据结构。包括所涉及的进程页表的地址、含有系统区虚拟存储器的每一页的页表条目。它的实基址放在系统基址寄存器里。

system parameter　系统参数　(1)约束或限制计算机系统的工作或性能的参数。例如主存容量。(2)操作系统提供的默认参数。(3)设计新的系统时所要达到的目标。

system parameter table (SPT)　系统参数表　一种子系统支持服务表,其中包括所有子系统支持服务功能需要的信息。它包含用于控制子系统支持服务处理的计数器、指明子系统支持服务系统状态的标志、缓冲区地址、工作文件指针及子系统支持服务中各种不同功能所使用的功能控制块指针。

system partition　系统分区　系统空间编址低的那一半。系统分区中的虚拟地址为诸进程所共享。系统分区虚地址映像的某些数据结构是:系统入口向量、系统控制块、系统页表和进程页表。

System Performance Evaluation Cooperative consortium (SPEC)　系统性能评价委员会　1988 年由 Apollo、HP、MIPS 和 Sun 公司联合成立,后扩大成员,从事选择和开发测试计算机的实际应用程序。1989 年公布 SPEC 1.0 版,由 10 个从典型的工作站负载中抽取的代表性程序组成。包括编译、文本处理、符号处理、工程计算和科学计算等领域。之后该委员会进一步发展为建立评价高性能计算机性能基准的委员会。该性能基准有六项测量整数处理的性能,有 14 项测量浮点性能。分别是 SPECint92 和 SPECfp92 表示。该基准程序定期修改以更精确地表现新的处理器性能。基准程序中有事务处理的一些基准程序,测量复杂数据库应用的吞吐率。

system planner　系统设计员　熟悉计算机的结构及其用法,同时对系统和系统的目的、存在问题、解决改进措施具备足够知识的人员。

system postulation　系统假设　一种研究系统的方法。它用于社会、经济和医学等方面的问题。这类问题的系统特性是已知的,但产生这种特性的原因并不知道,为此要假设一组能说明该系统特性的实体和活动。如果根据此假设进行系统仿真,而得出与已知的系统特性相一致的结果,就可以认为假设与实际的系统是相近的。

system power supplies　系统电源　为整个系统及其接口提供工作电压和各种参考电压的电源。

system prefix　系统前缀　在 AIX 操作系统中,消息代码的前三个字符,为文件夹应用机制标识系统或环境。

system printer　系统打印机　一种可供任何打印输出(除了指定在未用打印机上打印的输出)用的打印机。

system production time　系统生产时间　实际为用户所用的那部分工作时间。

system productivity　系统生产率　一个系统完成的工作量的量度。系统生产率取决于系统的可用性及其性能(可靠性、可适应性、响应时间和有效使用率等)。

system profile　系统轮廓文件　指明所进行的活动(安装、更新或剪裁)、更改的日期和时间以及受影

S

响的程序产品的文件。

system program 系统程序 (1)一种为支持系统运行提供支持服务的程序。(2)系统软件的一部分，相对于应用程序而言的。参见 system software。

system program controller (SPC) 系统程序控制器 在 AIX 操作系统中，一个控制其他应用后台运行的程序(守护程序)操作的系统程序。

system programmer 系统程序员 设计系统程序的人员。在某些或整个计算机的系统软件(如操作系统、网络控制程序和数据库管理系统)方面的技术专家。在用户组织中，系统程序员通常不参与具体编程，而作为对应程序员和系统分析员的顾问；在软件系统中，负责设计系统软件，如通信控制系统、数据库管理程序、汇编程序、编译程序和解释程序等。

system programming 系统程序设计 系统级上的程序开发。涉及到操作系统、实用程序以及可用在系统、远程处理监督程序和类似软件上的有效的工具等。

system programming language 系统程序设计语言 用来编写系统程序的语言，如操作系统、编译系统的语言。一般分为通用系统程序设计语言和专用系统程序设计语言。系统程序设计语言有不同于一般高级语言的要求。一般高级语言力求实现与机器无关，以便隐蔽硬件结构，具有良好的易移植性。系统程序设计语言在保持高级语言优点的同时，特别强调程序的结构与功效，必须提供使用简便又兼顾实现功效的系统功能描述手段，有时就不得不包含少量与实现有关的成分。系统程序设计语言通常支持丰富的数据结构，目标代码能有较高的质量，如目标程序较短而且执行效率比较高。

system protection 系统保护 在多道程序系统中，由于有多个应用程序并行操作，所以需要有许多控制表(如终端表、查询表、终端队列映像表等)和许多程序(如实时测试程序、常驻连接装入程序等)来支持系统的运行。这些表和程序都必须加以保护，防止发生无权用户的非法访问，这一措施称为系统保护。

system queue area (SQA) 系统队列区 在某些操作系统中为与系统有关的控制块保留的一种虚拟存储区域。它包含固定的页面，其指定的保护键标为零。

system quiescence 系统停止 在从一个程序转换到另一程序，切断存储控制器电源或使用终端资源执行另外作业之前，允许赋予特权的用户启动一次顺序关闭存储系统活动的一种过程。

system recovery technique 系统恢复技术 计算机系统出现故障后，能使系统恢复运行所采用的技术。如设备自动切换后，系统重新组织并继续运行，保存运行现场，待故障消失后自动继续运行或再启动。

system refresh 系统更新[再生] 在某些操作系统中，用最新的系统修改维护带的内容来更新该操作系统。

system reliability 系统可靠性 包括全部硬件和软件子系统在内的某个系统在规定的环境中、在规定的时间内能执行所要求的任务或使用的概率。系统可靠性有多个衡量指标。一般对于可修系统常用可靠度、平均故障间隔时间(MTBF)、平均修复时间(MTTR)、可用度、有效寿命、和经济性等指标表示。对于不可修系统常用可靠度、可靠寿命、故障率、平均寿命(MTTF)等指标表示。

system repair time 系统修复时间 从系统发现故障到恢复正常运行所用的时间。由被动修复时间和主动修复时间构成。前者指维修人员不在现场而又必须到现场去进行维修所用时间，此情况下有时旅途时间比维修时间还多。后者指维修人员都在现场立即开始维修的情况。真正维修时间分为确定故障、找出可更换部件、更换部件、确认故障已清除四个步骤所分别需要的时间。这些时间的长短，就系统本身而言，主要取决于测试能力的强弱及部件更换是否容易。这些直接由系统设计好坏所决定。

system requirement 系统需求 研制计算机系统时，要求系统研制成功后应能达到的目标。系统需求属系统分析工作的一部分。

system reset 系统复位 通过再次进行 IPL(初始程序装入)操作来重新初始运行某一程序。同 reboot。

system reset clear key 系统复位清除键 一种功能键。当按下它时，系统执行清除复位操作，当主机处于操作、停机、装入或检查状态时，系统复位消除键有效。

system reset switch 系统复位开关 让系统恢复到初始状态(位置)的一个开关。当自身测试选择成允许时，按下这个开关，机器先对最初的环境作自身测试，然后再将初始程序装入。

system residence 系统常驻程序 由制造厂家提供的系统程序，如操作系统、系统应用程序和编译程序等。他们集中存放在一个外存储装置中。

system residence device 系统常驻设备 系统驻留文件所在的直接存取设备。

system residence volume 系统常驻卷 (1)保存操作系统核心和高级目录索引的卷。(2)在处理中必须始终处于联机方式的卷。(3)在某些操作系统中，存储系统程序库的卷。为了系统初启，硬件从该卷中取出初始程序装入例行程序。

system resident 常驻系统 一般指软件。它表示组成一个计算机系统的某一部分的指令和数据。

system resilience 系统恢复力 计算机系统在其组成部分中存在一个或多个故障时仍能继续正确运行的能力。在故障排除前，计算机系统的执行速度、吞吐量或两者可能比正常情况降低。

system resource manager (SRM) 系统资源管理程序 为了满足使用部门的性能目标要求而控制使用系统资源的一组程序。

system response field 系统响应字段 BTU(基本传输单元)中包含的为响应主机发出的请求的网络控制程序状态部分。

system restart 系统重新初启 重新设置一台已经打开了的计算机,使计算机返回到它的初始状态,同时主存储器中任何信息都被清除。同 warm start。

system root directory 系统根目录 目录树的顶端或根。

system routine 系统例行程序,系统例程 一种指令序列,它是管理程序或系统软件的一个单元。该术语通常是指库例行程序和子例行程序(可以是用户自己编的)。在需要区分"系统例行程序"和"系统程序"时,则系统例行程序通常是指实用程序,而系统程序则是指作为操作系统的一个重要成分并返回一个结果的指令序列。

system saboteur 蓄意破坏系统者 故意造成系统出错以使其不可靠的人。

system scheduled checkpoint 系统计划检查点 在某些信息管理系统中,在写入用户规定的记录数后,系统记录程序自动初启的一种简单检查点。

system scheduler table (SST) 系统调度程序表 在某些小型计算机系统中,含有调度程序状态信息的一种表。

system science 系统科学 研究系统的类型、一般性质和运动规律的科学。系统科学是以系统思想为中心、综合多门学科的内容而形成的综合性科学。系统科学按其发展和现状,可分为狭义和广义两种。狭义的系统科学一般是指由数学系统论、系统技术、系统哲学三个方面归纳而成的学科体系。广义的系统科学包括系统论、信息论、控制论、耗散结构论、协同学、突变论、运筹学、模糊数学、物元分析、泛系方法论、系统动力学、灰色系统论、系统工程学、计算机科学、人工智能学、知识工程学、传播学等。

system security 系统安全性 保护计算机系统,包括相应的软件免遭错误动作、非法存取和有意破坏所采用的技术措施。主要措施有:提供备份、恢复和再生设备、在故障出现后提供代替资源以及通过口令和密码等技术保护数据。

system security audit 系统安全审计 对系统的安全概念以及实现机制的评价或测试过程。审计的目标是发现系统安全的薄弱环节、并提出解决问题的技术途径、管理方法和措施,从而加强系统的安全性。

system segment 系统段 (1)保存系统例程的段。(2)供所有程序使用的公用段。

system sequence diagrams (SSD) 系统顺序图 为阐述与所讨论系统相关的输入和输出事件的一种图形表示法。SSD 描述了外界与系统的输入输出,展示了来自参与者(人或计算机)的外部事件、系统(作为黑盒)、参与者发起的系统事件以及事件在场景中的顺序。

system service control point (SSCP) 系统服务控制点 在 SNA(系统网络体系结构)中,为了管理系统配置、协调网络操作和问题判定请求,以及为网络中末端用户提供目录支持及其他通话服务,在 SNA 网络内设的一种集中点。同等地位的协调操作的多个系统服务控制点能把网络分成若干个控制域,每个 SSCP 与其域内的物理单元及逻辑单元都有层次控制关系。参见 physical unit control point (PUCP)。

system service control point identifier (SSCP ID) 系统服务控制点标识符 在 SNA(系统网络体系结构)中,能唯一标识系统服务控制点的一种数码。该数码标识符在发出会话激活请求时,被发送到物理部件及其他的系统服务控制点。

system service display station 系统服务显示台 一种可以使用所有为系统服务所需要的过程、程序和命令的显示台。

system service program (SSP) 系统服务程序 在某些通信系统软件中的一种由制造商或用户提供的程序。该程序执行面向系统的附属功能,以支持报文控制程序,系统服务程序在初启和谐控制下作为附加子任务运行。

system shutdown 系统关闭(时刻) 关闭处理活动的时刻。通常是指在作业队列中既没有新作业提交,也没有另外的作业开始运行的时刻。

systems implementation 系统实现 在新计算机系统实现之前,有必要用试验数据进行试运行,以确保系统达到其既定的目标。程序必须经过用试验数据进行的试运行,才能保证这些程序能够处理所有的可能事件。现行系统要和新的计算机系统并行运行,才能够对结果进行比较、研究,并改正明显的差别。这是一种失效-保险的作法。如果在新系统尚未证明达到所提出的要求前就撤销老系统,则可能会对企业产生严重的后果。参见 parallel running。

system simulation 系统仿真 通过观察一个系统的动态模型演示的全过程,并以观察到的性能为依据来解决问题的技术。

system slowdown 系统减速 当可用的缓冲区减少到一个极限值以下时,采用的一种减少操作请求的网络控制程序方式。网络控制程序在继续进行正常的输出活动时,限制系统接收的新数据量。

systems management architecture for server hardware (SMASH) 服务器硬件的系统管理架构 SMASH 由分布管理任务组(DMTF)提出,包括了

SMASH 命令行协议,该协议是一个用户友好的命令/响应协议,在独立于机器状态、操作系统状态、服务器系统拓扑或接入方式的情况下,实现数据中心不同类型服务器的简单而直观的管理。

system software 系统软件 控制计算机操作及方便用户程序设计的一类软件程序。主要包括操作系统及其支持下的各种语言处理程序。参见 application software (ASW)。

system space 系统空间 在某些操作系统中,不准用于存储用户数据的磁盘存储器部分。

S

system specification 系统规格说明,系统说明书 包括系统实现过程中编制和调试阶段以前为定义一个系统所需的所有信息。主要文档为系统规范说明,它是系统结构、功能、工作流程和系统控制的永久性记录,也是设计、编程人员和用户三者之间主要的沟通依据。系统规格说明的主要内容有:硬件的结构配置特点、速度指标、内存容量、通道能力,软件的系统支持、语言种类、通信系统、分时及事务处理能力,系统的可用性、可靠性、可维性、兼容性、可扩充性,系统的使用条件及适用范围等。

system spectrum efficiency 系统频谱效率 在有限的频谱带宽下可以同时支持的用户数与通信信道的带宽之比。参见 link spectral efficiency, spectral efficiency。

Systems Research and Behavioral Science **《系统研究与行为科学》** 美国 1956 年创刊,全年 6 期,John Wiley 出版社出版,SSCI(社会科学引文索引)收录期刊。发表行为科学理论、实验与应用的研究论文。

system standard format 系统标准格式 一特定计算机系统中文件所使用的标准存储格式。

system startup 系统启动 同 initial program load。

system supervisor 系统管理程序 一种网络控制程序代码,它提供线路调度程序与后台报文处理任务以及和 I/O 中断处理程序之间的功能接口。它由四种服务(程序)组成:任务、队列、缓冲区管理及管理程序服务。

system supplied formats 系统提供的格式 在 AS/400 系统中,作为系统间通信函数(ICF)提供的一部分通信记录格式,使用户能够与远程系统进行控制数据通信。系统提供的格式完成启动远程程序、发送和接收数据、结束通信事务和结束会话等通信功能。

system support 系统支持 在系统被正式采用后,为了该系统的使用和开发,继续提供的必要服务措施和资料。

system support program 系统支援程序 一类处理程序。可支援系统的使用、控制及最后结果的产生。包括连接编辑程序、作业控制处理程序及实用程序包。

Systems & Control Letters **《系统与控制快报》** 荷兰 1981 年创刊,全年 15 期,Elsevier Science 出版社出版,SCI(科学引文索引)、EI(工程索引)收录期刊。刊载系统与控制及其在工程、经济、物理学及信号处理等领域应用方面的理论、方法论及经验研究论文和评论。

system table 系统(管理)表 (1)过程监督系统管理整个系统时使用的表的总称。管理任务的任务控制块由很多表构成。(2)一种只能由操作系统存取的表或用于存放系统数据的表。

system tailoring 系统剪裁 为满足某一公司(用户)的特殊要求所做的选择。它应用于任选项的处理工作。

system task 系统任务 (1)在任务控制块控制下实现的一种控制程序功能。(2)从通信控制程序的观点看,是某些处理机的一个工作单位。它由一种通信控制程序功能组成,与用户应用程序或用户任务相反,它必须由通信控制程序(如通信管理程序)来执行。

system task set 系统任务集 (1)提供系统服务的一种任务集。(2)可以全部或部分驻留在内存中的管理程序部分。(3)管理程序要求的任务、程序及数据集的一种集合。

system task set table (STST) 系统任务集表 在某些小型计算机系统中的一种表格。其中包含用于在执行时间对任务集进行定位的信息。该表在系统生成时分配,在任务集安装或执行时进行修改。

system termination 系统终止 一种系统状态,在这种状态下停止了系统的所有操作。

system testing 系统测试 基于系统整体需求说明书的黑盒类测试,应覆盖系统所有联合的部件。系统测试是针对整个产品系统进行的测试,目的是验证系统是否满足了需求规格的定义,找出与需求规格不相符合或与之矛盾的地方。系统测试的对象不仅仅包括需要测试的产品系统的软件,还要包含软件所依赖的硬件、外设甚至包括某些数据、某些支持软件及其接口等。因此,必须将系统中的软件与各种依赖的资源结合起来,在系统实际运行环境下来进行测试。参见 black box testing。

system test time 系统测试时间 为使功能部件能正常工作而进行测试的那部分工作时间。由于功能部件可能由计算机及其操作系统组成,所以在某些情况下,系统测试时间还可包括用于测试操作系统的计算机程序的时间。

system theory 系统论 研究系统的一般模式、结构和规律的学科。系统论研究各种系统的共同特征,用数学方法定量地描述其功能,寻求并确立适用于一切系统的原理、原则和数学模型,是具有逻辑和数学性质的一门科学。参见 general system theory。

system thinking 系统思维 以系统论为思维基本模式的思维形态。系统思维把认识对象作为系统,从系统和要素、要素和要素、系统和环境的相互联系、相互作用中综合地考察认识对象的一种思维方法。系统思维不同于创造思维或形象思维等本能思维形态。比较 imaginal thinking, creative thinking。

system time　系统时间　从系统初启开始到当前时刻所经过的时间。如果系统初启时间改为本地时间，那么当前系统时间就是当天的本地时间。

system time clock (STC)　系统时钟　MPEG(活动图像专家组)-2 的编码器和译码器系统中的主频时钟。

system update　系统更新　对操作系统所作的修改。

system user　系统用户　使用某一系统设施的人、设备或系统。

system utility device　系统公用设备　指定供一系列作业步的中间数据用作临时存储器的一种设备。

system utility program　系统公用程序　为由程序员用以执行诸如改变或扩充目录的索引结构这样一些功能而设计的一种问题状态程序的集合。参见 utility program。

system utilization logger　系统利用率记录器(程序)　收集有关系统运行的统计信息的一种程序或设备。

system validation　系统验证　参见 validation。

system value　系统值　含有运行系统某些部分的控制信息。用户可以改变系统设定值，使系统适合工作环境的要求、系统日期和程序库表就是一些系统值的例子。

system variable symbol　系统变量符号　汇编语言程序设计中的一种变量符号，由于汇编程序赋给它的只是一个只读值，因而无需说明。

system variable table (SVT)　系统变量表　某些小型计算机系统中的一种含有与系统有关的信息的表。

system verification　系统验证　(1)确认软件开发中的中间产品或最终结果是否符合预定要求的过程。(2)对某些项目、处理过程、服务等进行评审、测试等活动，以确认或判定它是否与规定的要求相一致的过程。

system view　系统视图　一种概念数据结构。它将与局部视图相关的各个数据结构组合成一个优化的排列，用于在物理上实现一个数据库。

system volume　系统卷　系统设备上含有操作系统或操作系统的某些部分的卷。

system with effectively earthed neutral　中性点有效接地系统　中性点直接接地或经一低值阻抗接地的系统。通常其零序电阻与正序电抗的比值≤3，零序电抗与正序电抗的比值≤1。本系统也可称为大接地电流系统。

system with non-effectively earthed nsutral　中性点非有效接地系统　中性点不接地，经高值阻抗接地或谐振接地的系统。通常，本系统的零序电抗与正序电抗的比值大于 3，零序电阻与正序电抗的比值大于 1。本系统也可称为小接地电流系统。

system work stack　系统工作栈　参见 task system work stack。

systolic algorithm　脉动算法　也称"心动算法"，一类特殊的流水线算法。有三个基本属性：数据的流动有节奏、有规律；数据的流向可以多于一个方向；各段执行的运算基本一样。在一个脉动算法中，产生数据的进程和消耗数据的进程之间要求隐含的同步。

systolic neural computer　脉动神经计算机　一种神经网络计算机结构。参见 electronic neural computer。

SYU　同步信号单元　synchronization signal unit 的缩写。

S. 100 interface　S. 100 接口　S. 100 是 ECTF(企业计算机电话论坛)采用的计算机电话应用程序接口(API)的标准。S. 100 定义了应用程序调用硬件资源的一些服务，屏蔽了具体的硬件呼叫处理及交换过程，使得应用程序能够很容易地进行设备资源的共享和互相调用，极大地丰富了应用程序的设计工作，并能方便地进行应用程序移植。

S100 bus　S100 总线　用于微机系统的一种具有 100 条引线的标准总线。它是专为采用英特尔 8080 及类似的微处理器的微机系统而特殊设计的，由于其充分地标准化，因而能够直接或经修改后，用于其他微机系统。参见 bus。

S

T

T 垓,太 10 的 12 次方(10^{12}),是词头 tera 的缩写。用十进制数表示为:1 000 000 000 000。当描述存储容量时为 2 的 40 次方(2^{40}),即十进制数 1 009 511 627 776。参见 2^N table。

TA (1)终端适配器 terminal adapter 的缩写。(2)定时提前 timing advance 的缩写。(3)字冒险类游戏 text adventure game 的缩写。(4)跟踪区 tracking area 的缩写。

TAB (1)桌面类游戏 table game 的缩写。(2)载带自动焊 tape automated bonding 的缩写。

tabbing 标记,制表 (1)把显示屏上光标或打印头移至显示屏或打印纸上指定列所使用的方法。(2)通过制表功能键将光标定位在预先设定的位置上的过程,根据设备特性,可以横向制表,也可以纵向制表。

tab character 制表符 一个用于在屏幕上和打印的页面上对齐文本的行与列的字符,在显示和打印的外观中不能与空格区分,但在内部则是不同的,一个制表符尽管可占据几个字符的位置,在内部则是一个字符,这个字符可以与一般字符一样进行编辑。

tab interval 制表间隔 一个数值,表示当按下一个制表键之后光标跳过的字符位置数。

Tab key 制表键 键盘上的一个键,通常标记为一个向左和一个向右的箭头,用于在文档中插入制表符,在某些软件中用于移动光标从一个输入域到另一个输入域,或者从一个选择项移动到另一个选择项,在表格处理和数据库软件中常用于将光标从一个表项移动到另一个表项,在这些软件中,Tab 键与 Shift 键组合可以将光标向相反的方向在各区域之间移动。参见 tab character。

table 表(格) (1)在程序设计中,一个数据结构通常由一系列项构成,每个项由一个唯一的键标识别,并包含一系列相关的值,一个表通常实现为一个记录数组,参见 array,list,record。(2)在关系式数据库中,具有行列特征的一个数据结构,数据可占据其中的一个位置,表是代表关系的基本结构。(3)数据以行列方式的一种安排,可包含数字、文本等信息,其中每一项都可用一个或多个自变量明确加以定量。参见 translation table。

table description 表式说明 以表的形式描述系统中的数据。表的名字标识系统中的数据组或数据集。

table-driven approach 表驱动法 用查表的方法获取值。常用的查表方式有直接查询、索引查询和分段查询。

table-driven routing 表驱动路由选择 按自身存储的路由选择表进行路由选择的路由方式。路由器内的路由选择表可以是网络管理人员事先设定的,也可以是路由器在传输分组过程中自身学习得到的。

table-driven simulation 表格驱动仿真 参见 table-driven technique。

table-driven technique 表格驱动法 一种逻辑仿真算法。其基本思想是:在每次仿真时刻,只计算状态可能发生变化的元件状态值,因而节省了大量计算时间。与编译代码算法不同,它不是把被仿真的网络翻译成可执行的计算元件状态值的机器语言程序,而是编出适合仿真用的各种表格(称为静态表格)。另外,为了确定可能动作的元件,还需把未到动作时间的动作元件及其状态值存在仿真栈中。

table fragmentation 表存储残片 在主存中,由于地址变换表和其他系统表占用大量存储区,所以大大减少了用于满足用户程序处理要求的存储容量。这种情况称为表存储残片。

table function 表函数 当待查的变量与表的变量相一致时,可以从该表中获得任一数据的一种函数。

table game (TAB) 桌面游戏 从以前的桌面游戏脱胎到电脑上的游戏,如各类强手棋(即掷骰子决定移动格数的游戏)、棋牌类游戏等。桌面游戏提供一个训练逻辑思考或解谜的环境,并且有一定的规则及逻辑。游戏者必须遵循游戏所设定的规则来解开谜题,达成游戏目标。

table handling module 表处理模块 COBOL 程序设计语言的一个功能模块。它含有下列各项任务所需的语言成分:①各种表的定义;②位标的标识、操纵和使用;③引用表中各项。这个模块分成两级。低级模块提供定义至多三维的定长表以及通过下标或位标来引用表中各项的能力。高级模块提供变长表的定义。此外,通过 SEARCH 动词及其相应的数据部子句提供了顺序和非顺序的查表设施。

table interpolation 表格插值法 用于数据表格及其利用数据估计一个或多个函数值的插值算法。当函数的输出需要由试验确定时,经常使用这种方法。当这种方法用于变步长(可能是迭代过程)的函数计算时,它还可以用于速度优化。

table-level lock 表级锁 多粒度锁之一,数据库中的表是锁定的最小空间资源。表级锁是指事务在操纵某一个表的数据时锁定了这些数据所在的整个表,其他事务不能访问该表中的数据。当事务处理的数量比较大时,一般使用表级锁。参见 database-level lock, row-level lock, page-level lock, cluster-level lock。

table look-up 查表(方式) (1)利用有关的自变量或地址,从函数表中查找对应于一个自变量的函数值的过程。对于不容易用算法或公式来表示的函数关系可用查表法从给定值找到另一个变量的值。(2)在模糊计算技术中,一种提高模糊推理速度的方法。在全部输入变量的输入值有限时,可将输入变量全部值的组合事先进行推理,消除模糊以后存入表内,执行时可通过查表得出推理的结果。

table look-up instruction 查表指令 用来查找以列表形式排列在存储器中数据的一种指令。这种指令控制计算机检索表中已定名的自变量,并定位与检索所要求的值,执行这一操作可代替计算,但在许多情况下,这种表和查表指令随计算机和程序的不同而差异很大。

table look-up technique 查表技术 查表所使用的技术。通常包括:①如果某些变量与若干函数的一个表相关,则相关函数的存储单元的位置可以方便地利用变量的线性关系获得。②假如变量为不等间隔的,则诸变量的地址可用一常数分隔。可依要求比较顺序代码的位置,并计算出相关函数的地址。③每个数据与一个指示符一起存储。这个指令符指明该数据所对应的相关函数表。④用间接编址法可从顺序存储的自变量转移到非顺序的和无序的存储相关的函数法。

table segmenting 表分段 为了便于表的查找而将表分成若干段的一种方法。

table space 表空间 物理数据库的逻辑划分。一个物理数据库可以包括一或多个表空间。一个表空间只能属于一个物理数据库。一个表空间可由一个或多个数据库文件构成。

tablet PC 平板电脑 一款无需翻盖、没有键盘、以触摸屏作为基本的输入设备、小到足以放入口袋,但功能完整的 PC(个人电脑)。平板电脑外形介于笔记本和掌上电脑之间,但其处理能力大于掌上电脑,比之笔记本电脑,它除了拥有其所有功能外,还支持手写输入或者语音输入,移动性和便携性都更胜一筹。参见 iPad。

table technique 图表技术 在系统分析过程中,除了用数学方法建立解析模型进行逻辑分析外,还常用图表技术,即用图或表的形式表示系统分析对象各个方面的内在规律、要素、关系等,使其一目了然。常用的有判定表、计划协调图、树形结构图和流程图等。

tablet menu 图形输入板菜单 (1)在图形输入板上实现的用户命令菜单。(2)某些系统中,设计电路板时用来划分命令和指令所用的菜单。利用光笔或启动图形输入板,就可以方便地检索出符号,画出电路板原理图。此清单包括两个标准的元件库,一个由原理图标号和逻辑符号组成;另一个由其他印刷电路板元件符号组成。

table top exercise 桌面执行检验 由参与者共同复查并讨论每个计划中应采取的行为,但并不真正执行该行为的测试方法。

tablet origin 图形输入板原点 图形输入板上的一个点,其他的点都相对于这个点定位,这个点可位于左下角或者中间。

table transform 表转换 在情报检索程序设计中处理提问逻辑式时,常采用列表处理技术,将提问逻辑式变换成表的形式,称为表展开技术。这种程序的设计,是为了在查找顺排文献数据库时,能够缩短每一提问的查找时间,并对存储情报的任何标记项目(文献的属性)进行同样的处理。

taboo term 禁忌词 在情报检索中,某检索词 t 在 C 类文献中出现的频率是 ζ_{tc},而在非 C 类文献中出现的频率是 ζ'_{tc}。如果在一般情况下 ζ_{tc} 均小于 ζ'_{tc},这意味着,t 倾向于不在 C 类文献中出现,则检索词 t 是确定分类 C 的一个禁忌词。

TABS 遥测异步块串行协议 telemetry asynchronous block serial protocol 的缩写。

TABSOL 面向制表系统的语言,TABSOL 语言 tabular systems-oriented language 的缩写。

tab stop 制表站 在字处理软件中,指文本中使用制表符进行列对齐的位置。

tabular data presentation 表格数据表示 一种统计表,根据分类限定原则在纵行和横行中顺序地排列,表的标题应给出如下的数据信息:什么、何处、何时和用什么单位,标题应当全面,但要求扼要。

tabular gray-scale 查表法灰度扩展 按照查找表规定的变换关系扩展输入图像各像素灰度值(亮度值)。查找表通常是根据经验或实测曲线建立的,如陆地卫星各波段的传感器输出按信噪比特性所规定的变换表进行线性和非线性的灰度(亮度值)扩展。

tabular systems-oriented language (TABSOL) 面向制表系统的语言 美国通用电气公司研制的一种表格结构语言。可用于编制生产计划、工程设计及库存管理等。

tabulate 制表 (1)使数形成一个表。(2)打印输出的一段存储器中数据的总计。在此过程中,对一组组分开的总计进行累加。每个总计通常由其各自的关键字控制;打印出这组总计后并将它加到后面更高级的总计上去。

tabulation character 制表字符 用于设定字符对齐位置的控制字符。参见 horizontal tabulation character, vertical tabulation character。

TAC 终端访问控制器 terminal access controller 的缩写。

TACACS 终端访问控制器访问控制系统 terminal access contorller access control system 的缩写。

T

T

tacit knowledge 隐性知识 一类难于表述的知识。隐性知识一般很难进行明确表述与逻辑说明，它是人类非语言智力活动的成果。例如，艺术技能中存在大量隐性知识。该类隐性知识通常具有垄断性，往往很难进入公共传播领域或被共享。比较 explicit knowledge。

TACS 全接入通信系统 total access communication system 的缩写。

tactical decision 战术性决策 有关企业中期计划和目标的决策，一般属于结构化或半结构化的决策。决策者为企业的中层管理人员。

tactical planning 战术计划制订 较小的决策计划，如工作的重新设计，机器的变动，原材料进料的多少等。

tactile 触觉 通过触摸或由触觉传感器得到的感觉。

tactile feedback 触觉反馈 在虚拟现实技术中，指在虚拟环境中移动物体等活动中产生的对皮肤的接触的感觉、物质的质感等信息。

tactile identifier 触觉标识 可以通过触觉感知或者识别的肢体感知标记。

tactile keyboard 触摸式(触觉)键盘 一种平面式键盘，用于轻轻触摸按键即可将该键符存入寄存器中。即一种平面布置的键盘显示器，手指轻摸字符所在键就能显示出该字符。

tactile sensing device of robot 机器人触觉装置 一般指机器人所具有的接近觉、接触觉、压觉、力(力矩)觉和滑觉装置。配置了触觉装置后，机器人就具备了内部检测、外部检测、信息交换和分析判断能力。

tactile sensor 触感器 对触摸敏感的传感器。包括触感元件、压感元件、扭感元件等。

TADAC 跟踪模数转换和比较器 tracking analog to digital and comparator 的缩写。

TAF (1)终端适配功能 terminal adaptation function 的缩写。(2)终端访问机制 terminal access facility 的缩写。

TAG 技术构架组 technical architecture group 的缩写。

tag 标记，标签，特征，标志 (1)附加在一组数据上的一个或多个字符，包括该数据组的标识符和其他有关信息。(2)在通用标记语言的各种标记中，用来标识某一类型的文件或文件元素的名字，它常被写在源文件中。(3)在 AIX 图形中，显示表中的一个标记，用于作为显示表编辑的一个位置。(4)在 HTML(超文本标记语言)文档中的一个元素，以起始标记开始(如“<PRE>”)，并通常以结束标记结束(如“</PRE>”)。在某些 HTML 编辑器中，标记用标记图标表示。

tag converting unit 标签变换器 将商品标签上的打孔信息转化到穿孔卡片上的自动复制装置。它可以利用卡片对商品的细节和商品的更新编制详细的报表，包括尺寸、颜色、价格、结构和式样等。

tag file 标记文件 只含有数据文件记录中选出部分(标记)的文件，如分类键和文件顺序键等。

tag format 标记格式 用作寻找溢出地址标记的记录结构。

tagged architecture 特征体系结构 在特征体系结构中，每个存储字含有一个描述其内容特性的标记字段，这不仅可检测设计错误，而且还会给指令系统设计带来方便。因为数据类型被含有该数据的字蕴含，故每个由机器支撑的数据类型不必有单独的指令。如在特征体系结构中，没有“整数加”、“浮点加”和“十进加”等指令，而只用一条通用的“加”指令以及指明要执行的特殊类型加法的标记字段。

tagged cell rate (TCR) 标志的信元速率 在 ATM(异步传输模式)网络中，一个可用位速率服务参数，限制源端发送前向资源管理信元的速率。这个速率固定为每秒 10 个信元。

tagged keys 标识密钥 在密钥管理中，密码的密钥包含功能标识符的技术。数据加密标准中的密钥包括 64 位，但是其中只有 56 位可被单独选择，其他 8 位备用位，根据运用于密钥管理系统的密钥的功能来传递信息。密钥加密密钥对标识密钥加密，因此具有最高安全系数，不会被攻击者所观察到或修改。当存储于保密模块中的标识密钥被泄露，这个标识会被检测出来，以保证标识与计划使用的有效密钥一致，而有效密钥在用于加密或解密操作之前，需运用恰当的奇偶位置换标识符。这种技术可以挫败对报文鉴别码(MAC)密钥和主密钥之下的密码的攻击以及由于在安全系数中滥用数据译码装置而造成的泄密。

tagged word 标签字 用附上标签的办法来标记每个字的类型。如表明该字是单字还是双字；表明该字是否被赋值过，未被赋值的单元不得参与运算等。附有这种标签的字称为标签字。

tag image file format (TIFF) 标记图像文件格式 由 Aldus 和微软联合开发，最初是出于跨平台存储扫描图像的需要而设计的，现已成为图像扫描、存储和转换中所常用的一种标准文件格式。TIFF 格式独立于具体机器，也不依赖于特定的软件，常用于具有排版功能的桌面系统，还被用于图像传输处理的应用软件。TIFF 格式支持带 Alpha 通道的 CMYK、RGB 和灰度文件，支持不带 Alpha 通道的 Lab、索引颜色和位图文件。符合 TIFF 格式的文件扩展名为 TIF。参见 gray scale。

tag reader 特征阅读器 一种电子设备，用来读入各种商品上条形码标记所表示的数据。特征阅读器常用在超级市场的付款结算中。由于这时不再需要花时间往出纳机中输入商品数据，所以使效率大大提高。使用这种设备同时还减小了操作者可能发生的错误，这本身也改善了对客户的服务。参见 barcode，article numbering，checkout scanning。

tag slot 标记存储槽 在 RSCS（远程假脱机通信子系统）中，存储器中的一个区，含有已由 RSCS 接受经过排序并准备传输的、与假脱机文件有关的状态和属性信息。

tag sort 标记排序 只将每个记录的关键码取出加以排序，而不是移动记录本身的一种排序方法。

tag SRAM 标记的静态随机存取存储器 tag SRAM 是在高速缓存系统中配合高速缓存的附加 SRAM（静态随机存取存储器）。实际上它也是高速缓存，缓存内容是地址数据，而不是高速缓存中的数据。即 tag SRAM 中存放的是高速缓存的索引信息。

tag switching 标记交换 由美国 Cisco 公司提出的将第二层（数据链路层）交换与第三层（网络层）路由选择技术结合的广域骨干网 ATM（异步传输模式）解决方案。使用标记交换时，信包或信元被赋予短的固定长度的标记，该标记告诉交换节点数据应如何转发。它类似于 IP（网际协议）交换，也采用了路由——交换技术，不同在于标记交换通过标记支持多种协议，在 IP 环境下标记交换也即 IP 交换。

tail circuit 尾线，尾部电路 （1）在通信线路尾部的器件或线段。（2）一种馈送电路或一个与网络节点存在通信链路的延伸部分。

tail frame 尾帧 同 end frame。

tailgating 借道 在访问控制中，指试图把一张访存证件给两个或者多个人连续使用的行为。

tailing 拖尾 多通道调制解调器的一种特征，使另一个调制解调器链路能够连接到其通道之一。参见 fanout，multi-tailed。

tailor-made algorithm 专用算法 针对具体问题而设计的算法。一般这类算法不能用于解决通用问题，但却可以正确有效地解决特殊问题。

tail recursive 尾递归 一种程序的递归调用方式，过程体中执行的最后一个语句是调用同一过程的语句。

takedown 卸下 在设备操作周期结束时为下次使用该设备进行准备所做的工作，如在运行结束时，从磁带机上取出磁带。

take-over current 交接电流 相应于两个过电流保护装置的时间-电流特性曲线交点的电流值。

talent resources 人才资源 国家或地区各行各业中具有一定专业技能或管理才能的劳动者总体。

talent resources management 人才资源管理 主要指的是对人才这一特殊的资源进行有效开发、合理配置、充分使用和科学管理。从开发的角度看，它不仅包括人才资源的智力开发，也包括人的思想文化素质和道德觉悟的提高；不仅包括人的现有能力的充分发挥，也包括人的潜力有效挖掘；从利用的角度看，它包括对人才资源的发现、鉴别、选择、分配和合理使用；从管理的角度看，它既包括人才资源的预测与规划，也包括人才资源的组织和培训。

talk echo 通话回声 在话路上话音的反馈。

talker echo 发话者回声 语音通信系统中产生的声音反射，它使讲话的人的声音经过一定时延后返回到发送端。

talking computer 对话（发音）计算机 （1）用于盲人或视力残疾者教育的可发音的计算机。学生利用打字机的键盘与专门的教学程序进行通信，从而可听到由一声音合成器发出的回答。（2）在标准键盘上打入信号后就能自动发出人声音的计算机。这种计算机主要用于盲人教育。

tally 计数 将一个量（通常为某寄存器的内容）加 1 或减 1。常用于记录循环次数，作为是否退出循环的依据。

tally register 计数寄存器 一种能存放计数值的寄存器。

TAM （1）可达市场总额 total available market 的缩写。（2）电话机回答器 telephone answering machine 的缩写。

tamed frequency modulation（TFM） 平滑调频 TFM 是相关相移键控的特例。设要传输的基带信号为（Ak），经相关编码后成为（Bk），Ak 和 Bk 的编码关系为：利用 Bk 对载波进行相位（频率）调制即得 TFM 信号。其邻道功率较小，占用带宽很窄，适用于陆地移动通信。参见 generalized tamed frequency modulation（GTFM）。

tandem 汇接 在电信网中，将来自不同交换设备的电信业务转接到其他交换设备的工作方式。

tandem data circuit 串联数据线路 一种包含两个以上的串联的 DCE（数据电路终端设备）的数据线路。

tandem free operation（TFO） 无二次编解码操作 这项业务应用于移动台到移动台的普通话音呼叫。在业务执行过程中，发送方的解码器和接收方的编码器被旁路，直接将空中接口中使用的话音帧传送给接收方。

tandem mobile switching center（TMSC） 汇接移动交换中心 TMSC 是长途汇接局。MSC（移动交换中心）将呼叫送到 TMSC 就表示要通过传统长途交换网疏通该呼叫。

tandem office 汇接局，中继局 在本地电话网中，一种主要用于集散当地电话业务的电话交换局（交换中心）。

tandem processors 并接处理机 连在一起工作的多个处理机。发生故障的处理机可将其 CPU 操作转交给另一个处理机执行。使用并接处理机是实现容错计算机系统的策略之一。

tandem switching **汇接[级联]交换机** 电话公司一种特殊的中继线间交换系统,通常用于城市中互连各中心局。虽然大部分互连往往只限于某一种中心局的交换区域,但通常都会把这类汇接归类为长途交换系统。每个本地网都至少有一台长途汇接交换机,用于汇接本地网和外地的通信,这些长途汇接交换机通过长途数字传输电路互相连接起来就形成了所谓的长途电话网。

tandem system **串级系统,汇接系统** (1)一种系统结构,其数据或话音处理是从一台 CPU 到另一台 CPU,如双工系统,主/从排列系统。(2)一种由多路转换器和主从结构组成的系统网络。

tandem trunk **汇接中继[干]线** 以级联方式连接汇接局或中间局的一种中继线路,它与中心局进行信息交换。

tangential piezoelectric effect **切向压电效应** 在正压电效应中,如果在一定的方向上施加的是切应力,而在某方向上会生成电位差,则称为切向压电效应。比较 longitudinal piezoelectric effect, transverse piezoelectric effect。

Tanner **Tanner 微处理器** 美国 Intel 公司的一款 PentiumⅢ Xeon(至强)处理器芯片。这也是第一款专为高性能服务器而设计的,其核心工作频率为 500 MHz,总线频率为 100 MHz;与其他 Xeon 处理器一样,它有与处理器频率同步的 512 KB、1 MB 及 2 MB 的 CSRAM(定制静态随机存取存储器)两级缓存。此款处理器还有 32 KB 的一级缓存及提供对 MMX(多媒体扩充)和 SSE(单指令多数据流扩展)的支持。

tap **分支器,分接头** (1)一种无源器件,它能在电缆分配线上分出一部分信号功率把它送到分支电缆中去。从干线分出功率的大小取记于分支器的输入功率和它的衰落值。它通常只允许承载信号通过而不允许 50 Hz 的电源信号通过。(2)一种可以连接在电缆上,并且不阻塞原来信息传送的无源盒状设备。用于馈线或支路电缆。它在以太网中用于支路之间的连接。

TAP **跟踪分析程序** trace analysis program 的缩写。

tape **带,磁带** (1)一条可供穿孔,或附有一层对磁或光敏感的介质,用作输入输出或存储介质(如纸带或磁带等),可供计算机用作输入输出设备。参见 magnetic tape 和 paper tape。(2)图灵机上的一种存储设备,也称"图灵带"。它可以无限延伸并分成无穷多个能存放单个字符的单元,或叫带方格。带通过读写头与有穷控制器相连。只能向一个方向无限延伸到另一方向,被某个特殊称号所限的带叫单向带,否则称为双向带。

tape access method **磁带存取方法** 磁带机对磁带进行读写所采用的方法。其向磁带写数据或从磁带读数据都是按数据块的排列顺序进行的,因而也称"顺序访问方法"。磁带存取方法也称"磁带访问方法"。

tape alert **磁带报警** 由美国惠普(HP)公司开发的一种工业标准。它是一种用于诊断磁带机存储问题的固件技术,是一种具有自我诊断功能的工具。它不仅能指出错误,还能在线给出合理的建议,提示操作人员调整措施来预防错误的发生,或是通知进行出错后的修复工作。磁带报警技术通过在备份软件支持下提供适当的在线建议的方式,达到了提高数据存储可靠性的目的,它不停地监视磁带机硬件和介质的状态,当一个错误产生时,磁带报警就通知备份软件,后者就会进而显示信息给备份操作管理者。磁带报警消息不仅描述问题所在,还提供解决问题的方法。磁带报警消息以彩色代码显示,红色代表严重,黄色是为了警告,而蓝色则是一般信息。当驱动器需要预防性保养(如清洗磁头,替换错误或过期的介质,替换到期的清洁盒式磁带)时,磁带报警亦会提出警告。磁带报警使得远程网络备份管理简便易行,它允许网络管理者在不同的地点、甚至不同的城市去监控网络上的每个节点的备份状态。由惠普公司开发的磁带报警技术,不仅适用于惠普的 DAT (数码音频磁带机),而且包括 DLT (数码线性磁带机)和以往的 Travan 磁带机,同时也作为 DDS (数码数据存储)制造商集团的一种开放工业标准,被许多软件供应商接受和支持。

tape alternation **带的交接** 在输入/输出操作时,在程序控制下先选某一台磁带机,这台工作完时接着初启另一台的过程。这样可使处理器在程序不中断的情况下换带。

tape automated bonding (TAB) **载带自动焊** 一种芯片互连技术,是将带有驱动电路的软带通过 ACF(各向异性导电膜)将金属导体键合到集成电路管芯上的方法。这种连接技术较复杂,适合于大型和端子较多的 LSI(大规模集成电路)芯片使用。

tape automatic loading **磁带自动加载** 磁带加载方式之一。把带盘装到磁带机内,按一下装载按键,磁带机便自动完成全部加载过程。这个过程主要包括如下步骤:①供带盘放出磁带,带头在气流引导下自动从磁头下穿过到达收带盘,并自动缠绕在收带盘上并缠绕一定长度,如几十米;②磁带进入缓冲箱,磁带反转,到达加载点位置,停止移动,加载完毕。步骤①由手动完成的加载方式称为半自动加载方式。连磁带进入缓冲箱的动作也需手动完成的加载方式称为手动加载方式。

tape ball grid array (TBGA) **载带球栅阵列** 一种芯片封装技术。TBGA 封装的芯片与基板互连方式有两种:倒装焊键合和引线键合。倒装焊键合的芯片倒装键合在多层布线柔性载带上,用作电路 I/O 端的周边阵列焊料球安装在柔性载带下面,它的厚密封盖板既是散热器,同时又起到加固封装体的作用,使柔性基片下面的焊料球具有较好的共面性;腔体朝下的引线键合 TBGA 的芯片粘结在芯腔的铜热沉上,芯片焊盘与多层布线柔性载带基片焊盘用键合引线实现互连,用密封剂将电路芯片、引线、柔性载带焊盘包封(灌封或涂敷)起来。参见 ball grid array (BGA)。

tape beginning mark　带始标　磁带起始部分的一个特殊物理标识,如穿孔、反射点或磁性标记。

tape bin　快速存取磁带机　一种具有可移动的读/写磁头,或每一回路具有一固定读/写磁头的磁带存取设备。能提供比简单的串行磁带机更快的存取速度。

tape bootstrap routine　带引导例程　给计算机主存储器装入信息用的磁带上的第一段信息。它把带上所载的其余各区的信息和系统的其他部分输入计算机。有些引导例程还提供装入程序、紧急程序数据转储以及对写入磁带之前的固有系统的修补方法。

tape bound　受带限制的　同 tape limited。

tape buffer mechanism　磁带缓冲机构　磁带机中重要组成部分之一。走带时,磁带要保持一定张力。要使磁带快启停,主动轮驱动磁带的质量要小。由于这两个原因,在带盘与走带机构之间设有缓冲机构,使磁带张紧,也使走带机构只拖动缓冲机构中惯性很小的一段磁带。通常有摆杆式和真空积带箱式两种磁带缓冲机构。

tape cable　带状电缆　泛指由多根导体或多根单股电缆平行地排列在同一平面上并加以绝缘和固定的电缆。带状电缆一般有扁导体、圆导体和预绝缘三种。它在计算机、通信设备、自动控制中的应用很广泛。

tape carrier package (TCP)　薄膜封装　也称"带载封装"。一种芯片封装形式,这种工艺是把集成电路芯片安装固定在薄膜上,这是一种很薄且多管脚芯片的理想封装形式,特点是发热小。

tape cartridge　盒式磁带机　功能与卡式磁带机类似的一种磁带机,磁带宽度 0.25 英寸。但因是专门设计的,速度、容量、可靠性等均比卡式磁带机好。

tape certification　带校验　一种检查磁带有无错误的方法。

tape code　带(代)码　见 magnetic-tape code 和 paper-tape code, perforated tape code。

tape comparator　带比较器　能比较两个带上的信息是否一致的装置或程序,比较是逐行进行的,出现不同立即停机。

tape conditioning　带状态调整　将带向前转至尾端,倒向再使之后转至起始端。这一过程称为带状态调整。这对带盘的平滑、连续操作是必不可少的。当带盘经受突然的环境改变(如空转)时,用户在使用前就得先做这种调整工作。

tape conversion program　带转换程序　一种打印纸带程序。用来拷贝纸带程序或把一种纸带格式转换成另一种纸带格式。如把二进制格式转换成十六进制格式,或把十六进制格式转换成二进制格式。典型的带转换程序至少需要 2KB 随机存取存储器。

tape drive　磁带机　使用磁带作为存储介质的计算机外部设备,由读/写机构、走带机构、伺服机构等部分组成。磁带机还有多个英文名称,如 tape transport, tape unit, magnetic tape unit, magnetic tape transport 等。磁带机及其控制器又称"磁带机子系统"。

tape drive controller　带驱动控制器　典型的磁带驱动控制器可使一个或多达四个工业标准的磁带驱动器与微型计算机接口。它由控制、读出、写入和直接存储器存取接口四部分组成,其数据格式分为 8 位字符格式和 12 位二进制格式。控制器可分标准型和缓冲型。标准型在直接存储器存取数据传送中使用微处理机的存储器;而缓冲型则使用数据存储模块。

tape drive interrupt routine　带驱动器中断例程　用于驱动器决定所存取的单元是否有错误发生的一种中断例程。该例程可以识别在带尾和文件标号上发生的错误。若没有错误,则驱动器将发出下一命令,并转到中断点。

tape dump　带信息转储　把记录在带上的全部信息存到计算机主存储器中或另一种存储媒体上去的过程。

tape editor　带编辑程序　对磁带进行编辑的程序。计算机按用户在电传打字机上给出的命令对带上所记录的符号程序进行编辑、校对和更新。编辑程序在内存储器中,用户读出其部分内容,经过删除、改变或增加一些指令或操作之后,便得到校正过的符号程序带。

tape file　[磁]带文件　(1)由磁带或穿孔纸带所形成的记录文件。(2)带型文件库里的一组带。(3)按顺序存储在磁带上的一系列记录。

tape file check　磁带文件校验　不损失计算机时间或人力,而可以检测磁带错误的硬件检验。

tape input　带输入　把记录在磁带或穿孔纸带上的信息从带上读出并送到计算机中去的过程。

tape label　磁带标记　在一般磁带的开始和末尾处的特殊记录。记录的内容由带中数据的形式和用途而定。它们提供有关带上所记录的文件的情况,如名字编号、记录格式、使用频率、准备日期、上次使用日期和记录数等。

tape label printer　磁带标签打印机　在媒体管理系统或盒式磁带管理系统中,专门以标签形式打印测试分析结果的打印机,这种标签可以直接贴到磁带盒上供管理人员使用。

tape layout form　磁带布局表　用来登记磁带上所

记录内容的表格，其中包括区名、略号以及数据种类等。

tape leader 带首 一卷磁带或纸带的开始部分，这部分经常留有空白以便在端部进行卷带，或者包含某种标记或代码，以指出在带上存储的数据的性质。

tape library 带程序库，磁带库 (1)带程序库是记录在磁带上的数据、例程、程序或子例程的集合。(2)磁带库是集中存放磁带的场所。磁带上有标号和索引，可以按需取用。大部分工作程序、执行程序、汇编程序、编译程序和翻译程序都可保存在磁带库中。

T

tape-limited 受带限制的 用于说明在某些计算机中，由于对磁带的频繁访问致使处理机的速度不能充分发挥的情况。

tape mark 带标志，带标 带上的一种标记，用以指示文件或带的开始和结束。

tape operating system (TOS) 磁带操作系统 系统服务程序(如编译程序、链接程序等)存储在系统磁带上，用户程序和数据文件存储在磁带库里的操作系统。它常用在没有磁盘机的小型系统上。

tape perforating 纸带穿孔 用穿孔的方法将数据记录在纸带上的过程。

tape plotting system 磁带绘图系统 由磁带控制的绘图系统。绘图所需的一切数据，如零点的定位、标度的调速、曲线的标记、符号的选择和坐标的产生，以及绘图机构所需的各种动作的控制，均由计算机内的子例程处理并记录在磁带上，因此它几乎是完全自动的，可以由非专业人员操纵。

tape processing simultaneity 磁带处理同时性 在中央处理机操作的同时，所有磁带装置也能传输数据，这一特性称为磁带处理同时性。

tape reader 带阅读机 读取穿孔纸带或磁带上信息的装置。同 punched tape reader。参见 paper-tape reader。

tape recording density 磁带记录密度 在单位长度的磁带上所记录的二进制代码数。

tapered fiber waveguide (TFW) 锥形光纤波导 沿着长度方向逐渐变细的一种光波导，即它的径向尺寸随光纤长度而单调变化。

tapered prompts 渐缩式提示 XML(可扩展标记语言)中用于提供不同的信息给用户的一组提示语。提示语可以越来越简洁(如<field>元素中的提示语)，也可以越来越详细(如帮助的提示语)。

tapered search 锥形搜索 在人工智能的图解搜索中一种限制宽度的搜索方法。其具体做法很多，一种是：越是处于深度较深的节点，待搜索的子节点数就越少。另一种是：节点的待搜索子节点数不仅与该节点所处的深度有关，而且还与它所处的位置有关，在同一深度中处于重要位置上的，则多搜索一些子节点；而在次要位置上的则少些，甚至不搜索。

tape reflection marker 磁带反射标记 磁带上的开始标记(BOT)和结束标记(EOT)。这种标记是贴在磁带上的薄片，有良好的反光特性，长约 1.2 英寸，宽约 0.2 英寸。磁带运行时，标记检查线路不断检查有无 BOT 或 EOT 标记到来。当 BOT 或 EOT 到达时，把检查线路中的光信号反射到光接收元件上，表示已到达磁带记录区的开始位置或结束位置。

tape reproducer 磁带再生器 一种通过数据复制的方法从一个磁带制作另一个磁带的设备。

tape resident system 带驻留系统 一种用磁带作系统例行程序的联机存储器的操作系统。

tape rewind 倒带 磁带机使磁带从收带盘反绕到供带盘的动作。以正常走带速度(如 100 英寸/秒)反绕，称低速倒带；以更高的速度(例 500 英寸/秒)反绕，称高速倒带。为了防止磁带长期存放磁带内部粘连，要定期(通常一年)把磁带重绕一次。这种工作也常称为倒带。

tape row 磁带卷 一组二进制字符，并行地在与磁带的参照边垂直的线上进行记录或传感。参见 tape frame。

tape skew 磁带扭斜 磁带运行时由于磁带的基准边加工误差、磁带变形和输带机构性能不良引起的带面上的同一行信息读出时间的瞬时变化。

tape speed 带速(度) 磁带机主动轮单位时间传动磁带的长度。它是影响磁带机与计算机数据交换速率的参数之一。通常走带速度有 45 英寸/秒，75 英寸/秒，125 英寸/秒。

tape strip 磁带条 一种大容量存储媒体。例如美国 IBM 公司所用的磁带条宽 2.25 英寸、长 13 英寸，上面有 100 条磁道，存储容量为 200 000 字节。每 200 条这样的磁带装在一个盒内，10 个盒装成一个圆柱形，由一个驱动器驱动，可以随机地选取其中任一条磁带进行读写，总容量达 4×10^8 字节。

tape synchronizer 带同步装置 对中央处理机与各个带机之间的数据交换进行控制的一种缓冲装置。

tape test set 带测试装置 在磁带使用之前，用来检查带面是否有缺陷的专用设备。

tape-to-card 带到卡片 把磁带或穿孔纸带上的数据传送到穿孔卡片上的有关设备或方法。

tape trailer 带尾 在带卷末端，具有特定长度的一段带，它包含表示带结束的标记，如一个孔、很长的空白、特殊的磁性点等。

tape transmitter-distributor 带发送分配器 同 tape reader。

tape transport 磁带输送装置 在录像机上的移动磁带的装置，同 tape drive。

tape transport operating mode 磁带机工作方式 磁

带机运行类型。从是否联机工作方面分,有脱机方式和联机方式;从执行读写功能方面分,有只读方式、写后读方式及抹除方式等。

tape unit **磁带机** 计算机的常用外部设备之一,包括走带机构、读写磁头及有关的控制装置。

TAPI **电话应用程序接口** telephony application programming interface 的缩写。

tap outlet **分支插座** 用来连接到引线电缆上的分支器上的 F 型连接器。通过这些端口可以传送承载信号。在一个分支器上插座的数量通常是 4 ~ 8 个。

tap selector **分接选择器** 能载流但不能接通和开断电流设计的一种装置,与切换开关配套用以选择分接头。

.tar **压缩文件后缀名** 一种文件扩展名,UNIX 操作系统上备份数据的 TAR 命令后产生的压缩文档文件,使用了 TAR 命令可以把多个文件连接成一个文件,TAR 文件中包含文件和目录,通常也包括了子目录结构。

target **标志,宿主,目标** (1)在缩微图形技术中,一种摄录在有关文件的前后以帮助进行技术控制或编纂目录的辅助标志。(2)指要写入信息的存储器。(3)在某些计算机系统的通信技术中,被请求对其进行处理的程序或系统。(4)广义地指计算机命令或操作之目的。例如,程序翻译之目标指的是该程序翻译后供其运行使用的计算机,程序翻译之目标又指要将该程序译成的和供另一种计算机使用的那种外部语言;产品设计之目标则是指该产品设计出来后供哪一类人使用;磁盘复制的目标是指接受磁盘文件的磁盘,反之提供已有文件作复制用的称为源磁盘。

target-abort **目标中止** 在 PCI(外围部件互连)总线中,如果目标设备检测到一个致命错误或无法响应该事务时,则可以发出目标中止信号。这将使得始发者结束该事务,无数据传送,也不重试。

target code **目标(代)码** 同 target program。

target computer **目标计算机** 从通信设备、扩充硬件电路或软件包接收数据的计算机。

target configuration **目标配置** 生成系统的用户所配置的中央处理机、内存储器、各种外部设备。其中包括设备的型号、内存的大小、外设的型号及台数等。

target data set **目标数据集** 在某些操作系统中,一种包含用户数据并已嵌入键标的相对顺序数据集,这些键标对应于索引数据集中的键标,并可用于存取数据。

target directory **目标目录** 信息存储的目录,对应于 source directory。

target disk **目标盘** 通常指拷贝操作中信息要拷贝上去的磁盘。目标盘相对于源盘而言。磁盘拷贝时,读出数据的盘叫源盘,写入数据的即为目标盘。目标盘也指在非磁盘拷贝操作中数据要写入的盘片。

targeted keyword **目标关键词** 经过关键词分析确定下来的搜索关键词,是目标客户可能用来搜索的关键词。比较 long end keyword。

target language **目标语言** 从一种语言转换为另一种语言时,新的语言称为目标语言。对于机器翻译系统来说,目标语言是输出的语言。比较 source language。

target language dictionary **目标语词典** 机器翻译系统中描述目标语言的语音、词法、句法、语义或用法的机器词典,用于目标语生成。比较 source language dictionary。

target machine **目标机** (1)准备在其上运行程序的计算机。(2)由另一台计算机加以模拟的计算机。如用一台计算机 A 仿真另一台计算机 B 时,称 B 为目标机。

target of evaluation (TOE) **评估对象** 信息系统安全保障要求中,评估对象主要包括:信息系统整体、信息系统安全保障工程、信息系统安全保障技术框架和信息系统安全保障管理这几大类;由此产生的信息系统安全保障要求也分别应用于信息系统整体、信息系统技术方案、信息系统安全系统工程和信息系统安全保障管理的评估。参见 information systems protection profile (ISPP)。

target path **目标路径** 一个表示文件存放位置的目录描述。

target phase **目标阶段** (1)目标程序执行时,通常称为目标阶段或运行阶段。(2)在编译过程后,由目标语言构成的目标程序运行时,通常称为目标阶段。

target program **目标程序** 源程序经编[翻]译后的版本。同 object program。

target segment **目标段** 在信息管理系统的辅助索引中,要检索的段。

target system **目标系统** (1)从另一个系统接收一个请求以建立通信的系统。(2)在分布数据管理(DDM)网络中,从另一个系统中的一个应用程序接收一个请求以使用目标系统中文件的系统,对应于 source system。

target token-rotation time (TTRT) **目标令牌循环时间** FDDI(光纤分布式数据接口)网络中的一个参数值,指定网络上的每个节点在获取令牌之前要等待的时间。因为 FDDI 采用的是定时的令牌方法,所以在 TTRT 给定时间中,来自多个节点的多个帧可能都在网络上,为用户提供高容量的通信。

TASI **时间分配语音内插** time assignment speech interpolation 的缩写。

task **任务,作业** 一个程序的一次执行,即一个程序连同它的数据在处理机上的动态执行过程。在操作系统中，任务是处理机调度的单位，每一任务都对应一描述该任务控制信息的任务控制块。从控制程序的角度看，任务是计算机要完成的工作的基本单位。

task appendage routine **补加任务例行程序** 模块系统(MSP/7)中的一种例行程序，在一个任务正在执行时它可处理对该程序的重入请求。

taskbar **任务条** 在微软的视窗中，一种应用程序或窗口的任务切换器，在默认状态下可在屏幕底部看到，Start按钮即在它的上面。每次启动一个新程序或打开一个新窗口，任务条便增加一个为该应用程序或窗口所提供的按钮。所有打开的程序或窗口将保留在任务条中，直到关闭它们。用户可通过点击按钮切换到一个打开的窗口或应用程序中。

taskbutton **任务按钮** 在微软的视窗中，在应用程序打开后，在任务条上出现的按钮。通过点击按钮，用户可以切换到这一应用程序上。

task check point **任务检查点** 在某些系统中，任务一进入主存储器，执行程序通常就以多道程序方式使其运行，即使在执行非常驻的优先级较高的任务而使用主存时也是如此。但若要求空出主存来执行优先级较高的任务，则在建立任务时通过说明设置检查点。这就是任务检查点。在这种情况下，如要执行优先级较高的任务，就可中断设置检查点的任务，使其转到磁盘上。

task control **任务管理** 管理程序的功能之一。根据任务优先级执行整个任务的管理。

task control block (TCB) **任务控制块** 系统中每一任务所对应的一个控制块。用以记录任务的有关信息。包括任务编号、任务状态、任务调度优先数、占用资源记录和处理机运行现场等。

task descriptor **任务描述符** 操作系统中的一种描述符。可表示为：D＝(ep,ip,pc,mc)，式中ep是环境指示字，ip是指令指示字，pc是保护码，mc是机器条件。

task dispatcher **任务调度程序** 也称“处理机调度程序”。在操作系统中，分配管理处理机的那部分程序。它确定将处理机分配给哪一个任务，并确定所分配的优先级及时间片。

task dump **任务转储** 在某些小型计算机系统中，对发生故障的程序及相关数据的一种转储操作。

task error exit routine **任务出错退出例行程序** 在某些小型计算机系统中的一种选购的、用户编写的程序，当有关任务异常结束时，将控制权交给该程序。

task identification (task ID) **任务标识符(码)** (1)供操作系统识别调度任务或执行任务的字符。(2)在某些计算机系统中，在通信控制程序管理下，一种与任务相联系的标识字符，它把并发运行的任务区分开。如在Model 10中，系统任务用字母字符来标识，用户任务用数字字符来标识。参见subsystem definition statement。

tasking **任务分配(分派)** 为便于实现包括几个独立进程的系统，处理机必须具有保持同时运行几个程序的能力。因此，为减轻程序员的负担，必须支持某种形式的多重任务设施。这种设施的基本部分包括提供任务调度能力的实现监督程序和可以启动、撤销及同步任务的命令。

task input queue **任务输入排队** 一种输入排队。

task list **任务表** 微软视窗中显示当前运行的应用程序的窗口。

task management **任务管理** 控制程序的一种功能，它管理由任务使用的处理机和除了输入/输出设备以外的其他资源。

task management software functions **任务管理软件功能** 任务管理的基本功能，所提供的服务包括任务调度程序、定时器支撑、管理程序调用、程序重叠支撑等。

task model **任务模型** 用户界面的一种高层描述。从问题解决的角度出发来描述用户所要完成工作的目标、性质与划分，而不管其实现的途径。

task number definition block (TNDB) **任务号码定义块[表]** 过程监督系统的一种管理表。它登记与来自程序的中断原因相对应的任务号码。

task panel **任务面板** 与程序进行通信的联机显示，用于以选择或者输入显式命令的方式完成程序的功能。

task queue **任务队列** 在某一给定时刻，系统所有任务控制块的等待表。

task scheduler **任务调度程序** 在实时操作系统中，用来组织和调度事件处理的程序。它能为某一程序提供多个执行路径。它可以单独或成组地启动、终止、挂起、准备任务。在启动期间，为任务运行准备所需的识别、优先级和程序变量，然后再进入准备队列中依指定的优先顺序进行处理，并保证中央处理机的控制权交给最高优先级的任务。

task-scheduling priorities **任务调度优先级** 一种根据变化的网络条件安排任务执行次序的网络控制程序方法。按下列次序来调度任务：补加任务、立即任务、生产任务和非生产任务。

task start **任务启动** 系统中建立新任务的过程。

task state **任务[执行]状态** (1)一种程序连同它的数据在处理机上运行时的状态，如就绪状态、挂起状态和等待状态等。(2)在网络控制程序中任务的四种状态，即活动状态、准备状态、未决状态和断开状态。

task switch **任务切换** 一种允许用户同时加载两个或更多程序，并且从一个程序切换到另一种程序而无需轮流关闭和打开这些程序的技术，如可以用字处理程序键入一段文字，迅速切换到数据库或电子数据表来检查信息，再返回到这一字处理程序，而没有丢失刚才位置或保留和退出程序。这一技术有别于多任务，后者对未现用的程序在后台不继续运行；在返回到该程序前，它处于暂停状态。微处理器将全部注意力放在现有程序上。任务切换(也称上下文转接)对许多活动都足够用的，并且在某种程度上比多任务更可靠，后者更为复杂些。任务切换一般用壳程序完成，如 Macintosh 的 Multi-Finder，DOS Shell 或 XTree。

task system work stack 任务系统工作栈 在某些计算机系统中，受保护在动态存储区内的一个工作栈，被分配给每一任务，并由管理服务程序使用。

task termination 任务结束 结束对任务的控制。

task-to-task communication 任务间通信 在计算机网络中，一个节点上的用户程序与另一节点上的用户程序交换信息或数据的过程。

task type 任务类型 Ada 语言中允许说明作业的类型，然后用作业类型说明任意数目的作业，就像用其他数据类型说明该类型的数据对象一样。

task variable 任务变量 在 PL/1 语言中，表示任务的相对优先顺序的变量。

task virtual storage 任务虚拟存储器 在某些操作系统中，给某一任务专用的存储区，最大为 32KB。任务虚拟存储器在处理机存储器的相关存储区和磁盘上的虚拟存储分区之间调页。

tautology 重言式 对一个命题公式中出现的变元的所有指派，该命题公式永为真，则称该命题公式为重言式或永真公式，如 $P \vee \neg P$ 是重言式。

tautology rule 重言式规则 在谓词演算中，由于重言 $(P(x) \vee (\neg P(x)))$ 对于任何解释都为永真，因而从子句集 S 中删去那些重言的所有句子，余下的集体 S' 与原来的集合 S 两者的不可满足性仍然等价。这就是重言式规则。应用该规则可以简化子句集。

tautology theorem 重言式定理 设 A 是命题演算公式，变元为 $P_1, P_2, \cdots, P_n$。用谓词演算公式 B_i 替换 P_i 得到的公式 A'，如果 A 是有效的，则 A' 也是有效的，如 $P \rightarrow P$ 是有效公式，那么 $(\forall x)(\exists y)S(x,y) \rightarrow (\forall x)(\exists y)S(x,y)$ 也是有效公式。

taxonomic description 归类描述 机器学习的一种方法，在描述空间中进行。从客体描述中将该类分成若干个子类。

TB 太字节，万亿字节 terabyte 的缩写。

TBF 临时数据块流 temporary block flow 的缩写。

TBGA 载带球栅阵列 tape ball grid array 的缩写。

TBIC 整体大厦综合布线方案 total building of integrated cabling 的缩写。

TBM 基于时间的管理 time based management 的缩写。

TBS (1)回合制战略 turn based strategy 的缩写。(2)电话银行服务 telephone bank service 的缩写。

T-buffer T 缓存 T 缓存一词源于 3DFX 公司的首席技术官员 Tarolli 的名字，是 3DFX 于 1999 年 7 月展示的三维显示技术。T 缓存在工作时首先将后缓存(帧缓存中不在前台显示的部分)中的内容清空，然后在同一时刻将多个仅在细节上略有不同的图像送入后缓存各区域(形成多个帧缓存)，接着前缓存与后缓存进行交换，后缓存变为前缓存，与此同时图像进行硬件累加并于显示端输出。由于 T 缓存可以在同一时刻构成 4 至 8 幅图像，因此理论上它能使三维加速芯片在保持高速的情况下增强图像质量。而常规的累加缓存因为必须有一个图像累加以及为在显示端输出而将累加缓存中的图像重新拷贝入后缓存的步骤，甚至也不能象 T 缓存那样可以为增强图像的某一部分效果进行部分累加，这些都使累加缓存工作时会大量耗费系统资源，拖慢三维图像显示速度。

TC (1)传输控制 transmission control 的缩写。(2)测试控制 test control 的缩写。(3)传输会聚 transmission convergence 的缩写。(4)可信计算 trusted computing 的缩写。

TCAM (1)远程通信访问法 telecommunications access method 的缩写。(2)三态内容可编址存储器 ternary content addressable memory 的缩写。

TCAM control task (TCT) 远程通信访问法控制任务 在 NCCF(网络通信控制机制)中，控制 NCCF 和通信系统软件之间通信的一种子任务。参见 network communication control facility (NCCF)。

TCAM network address 远程通信访问法网络地址 (1)在通信系统的扩展网络中，对应于程序或外围逻辑单元的一种唯一的标识符。TCAM(远程通信访问法)网络地址由节点标识符和资源标识符组成。参见 node identifier, resource identifier。(2)在和某一报文相关的固定标题前缀中的 TCAM 发信方地址字段(TOAF)和 TCAM 收信方地址字段(TDAF)。

TCAM node 远程通信访问法节点 已被赋以节点标识符的 MCP(报文控制程序)。参见 node identifier。

TCAM system 远程通信访问法系统 一种由单一 MCP(报文控制程序)和外部逻辑单元的集合以及应用程序一起进行控制的子系统。

TCAP 事务能力应用部件 transaction capabilities applications part 的缩写。

T-carrier T-载体[波] 邮电公司或电话公司提供的数字传输业务。AT&T 公司于 1983 年先推出语音传输业务，现在已发展成为数据传输业务，其中包括 T1 业务和 T3 业务。T1 业务提供 1.544

Mbps的线路，可支持24条(每条64 kbps)语音或数据信道。T3业务提供44.6 Mbps线路，可支持28条T1线路，相当于672条语音或数据信道。T业务需要联机路两端增配多路复用器，在发送端用于合并各种信号进行传输(复用)，在目的端用于解码(去复用)。多路复用器还要分析业务负荷，优化各类速度的信道使之有效传输。T业务最初是针对铜线传输介质开发的，现已提供1.544 Mbps和44.6 Mbps的光纤、微波、卫星等多种介质的传输业务。参见T1 carrier，T2 carrier，T3 carrier，T4 carrier。

TCAS **终端地址控制空间** terminal control address space的缩写。

TCB (1)任务控制块 task control block的缩写。(2)可信计算基 trusted computing base的缩写。

TCBH **平均忙时** time-consistent busy hour的缩写。

TCCD **全部呼叫连接时延** total call connection delay的缩写。

TCF **终端配置机制[程序]** terminal configuration facility的缩写。

TCH **业务信道** traffic channel的缩写。

TCH/F **全速率业务信道** full-rate traffic channel的缩写。

TCH/H **半速率业务信道** half-rate traffic channel的缩写。

TCL **时间相干光** time-coherent light的缩写。

TCLEPV **回波通路变化时终端耦合损耗** terminal coupling loss during echo path variation的缩写。

TCLwst **单方通话加权终端耦合损耗** weighted terminal coupling loss-single talk的缩写。

TCM (1)时间压缩复用 time compression multiplexing的缩写。(2)格栅编码调制 trellis-coded modulation的缩写。

TCO (1)电信网中心局 telenet central office的缩写。(2)总体拥有成本 total cost of ownership的缩写。

T-complete net **T完备化网** 在一个条件事件系统中，对某些条件，可能没有相应的事件与之相联系。如果对这个系统进行如下扩充：增加一些事件和作为事件和条件之间联系的有向弧，使得对任意两组可能的条件集合，只要不是两组条件同时为空集，则必有一事件t以前一组条件为事前条件，以后一组条件为事后条件。这样的扩充就称为T完备化(T在这里代表事件)。扩充后的网络称为T完备化网。

T-connector ***T*连接器，三通连接器** 用于同轴电缆的一种连接器。在细以太网(标准号为10 base-2)中，它连接两个电缆的端口，另一个端口连接计算机。参见thin Ethernet。

TCO standards **TCO标准** TCO是一个瑞典的环保组织，它提供安全认证标准。TCO认证的监测范围最广，包括环保、低辐射、人体工程学、节能等。其要求很苛刻，是逐台监测的。TCO的认证分为：TCO92，TCO95，TCO99，是按制定的年份来命名的，当然是一个比一个严格。TCO-92是包括电磁辐射、省电、防火、防触电几方面的标准；TCO-95则加入了对环境保护和人体工程学的要求；TCO-99提出了更严格、更全面的环境保护、舒适度等标准。

TCP (1)终端连接点 termination connection point的缩写。(2)传输控制协议 transmission control protocol的缩写。(3)可信计算平台 trusted computing platform的缩写。

TCPA **可信计算平台联盟** Trusted Computing Platform Alliance的缩写。

TCP/IP **传输控制协议/网际协议** transmission control protocol/internet protocol的缩写。

TCP/IP kernel **TCP/IP内核** TCP/IP(传输控制协议/网际协议)产品中实现协议集的一个主要模块，它占用较少的内存，运行效率高且与网络应用完全兼容。

TCP/IP network **TCP/IP网络** 使用TCP/IP(传输控制协议/网际协议)的一个网络，而不管该网络是否连接到外部的因特网。

TCR **标志的信元速率** tagged cell rate的缩写。

TCS (1)传输会聚子层 transmission convergence sublayer的缩写。(2)紧密耦合系统 tightly coupled system的缩写。(3)电话会议业务 teleconference service的缩写。(4)电视会议系统 television conference system的缩写。

TCSEC **可信计算机系统评价标准** trusted computer system evaluation criteria的缩写。

TCT (1)远程通信访问法控制任务 TCAM control task的缩写。(2)终端控制表 terminal control table的缩写。

TCU (1)传输控制器 transmission control unit的缩写。(2)中继[干线]耦合器 trunk coupling unit的缩写。(3)终端控制单元 terminal control unit的缩写。

TD (1)时域 time domain的缩写。(2)传输偏差 transmission deviation的缩写。(3)发送分配器 transmitter-distributor的缩写。

TDB (1)终端描述符块 terminal descriptor block的缩写。(2)电信发展局 telecommunications development bureau的缩写。

TDC **技术设计控制** technical design control的缩写。

TDCS **集散式控制系统** total distributed control

system 的缩写。

TDD (1)时分双工 time division duplex 的缩写。(2)测试驱动的开发 test-driven development 的缩写。

TDI 传输驱动接口 transport driver interface 的缩写。

TDL (1)变换定义语言 transformation definition language 的缩写。(2)终端显示语言 terminal display language 的缩写。

TDLC 双同轴数据链路控制 twinaxial data link control 的缩写。

TDM 时分多路复用 time-division multiplexing 的缩写。

TDMA 时分多址 time division multiple access 的缩写。

TDM bus 时分复用总线 由美国半导体公司和IEEE(电气与电子工程师学会)提出的支持信息包和线路交换信号的高速混合通信的总线,适用于数据和语音处理,称为 IEEE-P1396 总线。

TDM bus switching 时分复用总线交换 一种时分交换技术,用于通过发送器和接收器之间的共享总线传输数据。参见 time-division multiplexing (TDM)。

TDM over GEM GEM 帧承载 TDM 业务 GPON(千兆位无源光网络)系统中规定的一种承载 TDM(时分多路复用)的方式,其原理是利用可变长度的GEM(GPON 封装模式)帧来封装 TDM 业务帧,GEM 帧长度根据 TDM 业务频率偏移情况进行变化,完成业务速率和线路速率的适配。参见 time-division multiplexing (TDM)。

TDNW 时分网络 time division network 的缩写。

TDOA 到达时差 time difference of arrival 的缩写。

TDOA location 到达时差定位 一种基于反向链路的定位方法,通过检测移动台信号到达两个基站的时间差来确定移动台的位置。由于移动台定位于以两个基站为焦点的双曲线方程上,确定移动台的二维位置坐标需要建立两个以上双曲线方程,所以至少需要三个以上的基站接收到移动台信号。两个双曲线的交点即为移动台的二维位置坐标。TDOA 方法不要求知道信号传播的具体时间,还可以消除或减少在所有接收机上由信道产生的共同误差,通常情况下定位精度较高。参见 TOA location。

TDP 触发检测点 trigger detection point 的缩写。

TDR (1)时域反射 time domain reflection 的缩写。(2)时域反射计 time domain reflectometer 的缩写。

TDRSS 跟踪和数据中继卫星系统 tracking and data relay satellite system 的缩写。

TDSAI 转接时延选择和指示 transit delay selection and indication 的缩写。

TD-SCDMA 时分同步码分多址 time division-synchronous code division multiple access 的缩写。

TD-SCDMA repeater TD-SCDMA 直放站 用于 TD-SCDMA(时分同步码分多址)移动通信网的全双工、线性射频中继放大设备,包括无线宽带直放站、无线选频直放站、光纤直放站、无线移频直放站和 TD-SCDMA 室内分布系统中的主机、分机(干线放大器)等。

TDS-OFDM 时域同步正交频分复用 time domain synchronous orthogonal frequency division multiplexing 的缩写。

TDU 拓扑数据库更新 topology database update 的缩写。

TE (1)终端设备 terminal equipment 的缩写。(2)转换局 transit exchange 的缩写。(3)流量工程 traffic engineering 的缩写。

TEF 横向电场 transverse electric-field 的缩写。

teach 训练 通过一系列的点或按运动的模式引导操纵器的机械臂,以此作为操纵器以后自动动作的基础。

teaching and playback robot 示教再现型机器人 这种类型的机器人采用示教法进行编程,即由人手动控制机器人做一遍操作示范,完成全部动作过程,并记忆在机器人的存储装置中。随后机器人便按第一次操作的程序顺序进行重复的再次工作。

teaching expert system 教学专家系统 专家系统的一类,是智能式的教学辅助系统,它不但能对领域知识进行传授,而且能对学生提问,指出学生回答中的错误,并进行解释,分析错误的原因,以指导纠正错误。此外,还可根据学生对问题的回答进行评分,评价学生掌握知识的水平。

teaching interface 训练接口 操作员用以训练机器人的设备或部件的物理配置。

teaching machine 教学机 用于执行计算机辅助教育的任何机器。其特点有:①可连续主动地对每一个出现的数据单元作出反应;②用校正的信息或指令对学生的问题立即作出答复并加以记录;③允许学生依自己的能力提供材料。教育机由硬件和软件两部分组成。

TEAL 横向激励大气压激光器 transverse excited atmosphere laser 的缩写。

team computing 成组计算技术 一种分布式计算技术,建立在网络基础之上。网络中可包含大型机、小型机、工作站和 PC 机等各类机器。可充分发挥网络优势,共享有关信息,使网络中任何一台计算机宛如一台大型机。

team operation 成组协同工作方式 一种组织程序设计小组的方法。它按严格的工作规范把程序设计专家组成高度结构化的小组。一个典型的协同

组由一名主程序员、一名后援程序员、一名库管理员、若干名辅助程序员和分析员组成，在需要时，还可包括若干名技术员。

team software process (TSP) 团队软件过程 卡内基·梅隆大学软件工程研究所于1994年开始研究并于1998年在其召开的过程工程年会上第一次介绍团队软件过程，使软件过程框架形成一个包含CMM-PSP-TSP的整体，即从组织、团队和个人三个层次进行良好的软件工程改善模式。TSP指导跨功能团队中的成员如何有效地规划和管理所面临的项目开发任务，告诉管理人员如何指导软件开发队伍。TSP能够提供：一个已经定义的团队构建过程；一个团队作业框架；一个有效的管理环境。TSP包括：一个完整定义的团队作业过程；已经定义的团队成员的角色；一个结构化的启动与跟踪过程；一个团队和工程师的支持工具。TSP的最终目的在于指导开发人员如何在最少的时间内，以预定的费用生产出高质量的软件产品，所采用的方法是对团队开发过程的定义、度量和改进。参见 personal software process (PSP), capability maturity model (CMM)。

teamwork 群体协同工作 在计算机集成制造系统(CIMS)方面，指一种工作方式，它首先以人为中心的系统集成，其次才是信息的集成。参见 human centered computing。

TEC (1)热电冷却 thermo-electric cooling 的缩写。(2)总电子含量 total electron content 的缩写。

technical and office protocol (TOP) 技术与办公协议 由美国波音飞机公司支持开发的一种用于办公室自动化的局域网络应用协议。既包括了技术环境，又包括了办公室环境，是在技术和办公室环境内数据通信的一种详细的工业用方法，它提供了跨越局部和广域计算机网络的功能分布处理的标准构架。TOP基于OSI(开放系统互连)七层参考模式，并在第三层及以上各层与MAP(制造自动化协议)兼容，以便形成计算机集成制造系统。除与MAP兼容部分外，TOP的应用层还包括一组与办公室和工程用途相适应的标准，如电子邮递、办公文档、消息的存储转发等方面的标准。TOP允许局域网之间的互连，并能跟广域网及数字式专用电话交换机(DPBX)连接以进行长距离通信。它提供了在一个标准的用户办公室通信网络上由多制造商设备参与的环境：以利于在此环境中自由和方便的数据存取和交换；通过减少对多种电缆和特制的网络软件的需求降低办公室系统的成本；改善生产系统的灵活性和适应性以满足修改要求。

technical architecture group (TAG) 技术构架组 随着万维网的发展出现了很多网络架构的原则，这些原则有些是众所所知的，有些是不太被知道或接受的。W3C(万维网联盟)创建了技术构架组来为这些网络构架原则提供书面证据并达成一致，将这些原则进行解释和分类，解决网络架构中出现的问题，协调在W3C之内或之外的交叉技术架构的发展。

Tchnical Committee (TC) 技术委员会 国际标准化组织(ISO)中的一个机构，它负有为某一特定信息处理领域设计标准的任务。例如，国际标准化组织中的技术委员会97全面负责制定信息处理国际标准的任务。

technical control center 技术控制中心 一种模块化电子系统。用于辅助数据中心人员寻找和诊断网络中的任何部分可能发生的故障。该系统可使任何线路临时接入调制解调器，还可以决定数据终端、传输设备(调制解调器)、前端处理机、中央处理机等是否存在故障。技术控制中心可以用测试设备进行联机检查，找到故障位置，而对网络的正常工作影响极小。

technical design control (TDC) 技术设计控制 系统设计的管理性分层约定和系统设计约束条件的控制。

technical document author 技术文档作者 信息系统的主要参加者及设计者和信息系统最终文档的编写者。他们根据系统建立开发过程中，程序员的粗略草图、工作笔记、各种设计细节和软件工程规范，为新系统用户撰写清晰易读的使用说明书等各种文档。他们应揭示隐含在程序中的逻辑含义并将其转换成类似于操作指令式的格式。

technical information center 技术情报中心 一个从事搜索、整理和传播技术情报的机构，一般拥有科技书刊并有专业人员对文献资料进行做文摘、写述评、编索引等工作。

technical information system 技术情报系统 由若干技术情报机构组成的一个情报网。它提供情报检索工具，并把情报传送给用户。

technical process 技术处理 由设备执行的一组操作，其中的物理变量要被监测和控制。

technical report 科技报告 在科研活动的各个阶段，由科技人员按照有关规定和格式撰写的，以积累、传播和交流为目的，能完整而真实地反映其所从事科研活动的技术内容和经验的特种文献。它具有内容广泛、翔实、具体、完整，技术含量高，实用意义大，而且便于交流，时效性好等其他文献类型所无法相比的特点和优势，是一种重要的情报源。参见 conference literature。

technical system for resource informatics 资源信息学技术体系 由信息技术和资源工程技术融合而成，可分为：底层公共信息技术，上层资源工程信息技术。

technical-term dictionary 术语词典 一种仅收集特定专业领域术语的词典。

technical vulnerability 技术弱点 硬件、固件或软件方面的弱点或设计缺陷，危害系统的安全性。

technique flowchart 技术流程图 表示数据和信息需要的流程图及处理这种信息所用的方法。

Technischer Uberwachnge-Verin (TUV) 德国安检机构 有权按 VDE 标准对产品进行测试的机构。在美国的公司常常通过 TUV 按 VDE 标准进行检定,因为 TUV 在美国设有安检机构。

technological attack 技术攻击 通过避开硬件、软件、存取控制机制或者使之失效的方式,而不是靠扰乱系统人员或其他用户的方式进行的攻击。

technological innovation 技术创新 改进现有或创造新的产品、生产过程或服务方式的技术活动。重大的技术创新会导致社会经济系统的根本性转变。

technology for computer applications 计算机应用技术 计算机在生产、科学研究、文化、管理、经营以及其他各种社会活动中的应用所涉及的原理、技术和方法。计算机应用技术的内容是计算机处理的信息,包括数值、文字、符号、声音、图像、图形等信息,应用时运用一系列的原理、技术和方法,进行数据的采集、管理,建立计算机内部模型,最终再对生产过程进行指导或辅助性的工作。其核心是对信息的处理和管理。应用领域有:计算机信息系统、计算机辅助系统和计算机控制与仿真系统。

technology for information security and privacy 信息安全与保密技术 信息安全与保密技术是一个涉及计算机科学、网络技术、通信技术、密码技术、信息安全技术、应用数学、数论、信息论等多种学科的边缘性综合学科。其中包括操作系统和数据库的安全与保密、认证与加密技术、防火墙技术等。

TECT 临时错误计数器 temporary error counter 的缩写。

tee coupler T 型耦合器 (1)一种具有三个端口的无源耦合器。(2)一种具有三个端口的光纤耦合器,其进入任一端口的光能可以被分布到另两个端口上,进入任两个端口的光能,可以被合并而从第三个端口发送出去。同 bifurcation connector。

TEI 终点端点标志 terminal endpoint identifier 的缩写。

telco 电话公司 telephone company 的缩写。

telco line bridge (TLB) 电话线桥设备 一种桥接设备,使数据通信用户可以只用一个计算机端口和一台调制解调器就能在多电话线路通道上实现数据收发。多路端口也可通过 TLB 共享同一电话通道。

teleaction service 遥信业务(遥测业务) 遥信业务是电信业务的一种类型。该业务在用户和网络之间使用短消息通信,而所要求的传输速率很低。遥信业务的例子有:远程报警、远程指令、远程警戒。

telebanking 远程银行 一种交互式网络银行业务,允许用户在家中与银行进行交易。参见 network bank。

telecommand 遥令 为了启动、更改或终止远距离设备的运行而利用电信传送的控制信号。

telecommunication 电信 利用有线、无线、光学或其他电磁系统,对代表符号、文字、声音、图像的信号或任何性质的信息信号所进行的传输和/或发送与接收。

telecommunication access method (TCAM) 远程通信访问法 (1)通信子系统依据控制块和报文标题中所包含的信息,在通信网络和报文队列之间交换报文的方法。上述操作由报文控制程序控制。(2)与终端间传输数据的输入输出方法。

telecommunication administration 远程通信管理机构 按照国际远程通信联合会协定和章程承担履行责任的任何政府部门和机构。

telecommunication circuit 远程通信电路 使安装在各处的装置能彼此通信的、具有特定带宽的成套电路。

telecommunication control unit 远程通信控制器 参见 communication control unit。

telecommunication facility 远程通信设施 由公用通信载波公司或远程通信管理机构提供使用的传输能力或能产生这种传输能力的手段。

Telecommunication Industries Association (TIA) 电信工业协会 1988 年 4 月成立于美国,其成员包括提供通信和信息技术产品、系统和专业技术服务的 900 余家公司,选举出 31 个成员公司组成理事会,并根据以下工作事务成立了六个专门委员会:①成员范围和发展;②国际事务;③市场和贸易展览;④公共政策和政府关系;⑤小型公司;⑥多媒体通信协会(MMTA)。TIA 是经过美国国家标准协会(ANSI)认可的,可制订各类通信产品标准的组织。TIA 的标准制订部门由五个分会组成。它们是:①用户室内设备分会;②网络设备分会;③无线设备分会;④光纤通信分会;⑤卫星通信分会。

telecommunication line 远程通信线路 远程通信线路是用于传输数据的任何物理媒体,如电话线、电缆、微波束等。

telecommunication link 电信链路 由远程通信系统的线路和设施提供的通信链路。

telecommunication management network (TMN) 电信管理网 电信管理网是用于对电信网中一个、多个或全部网络进行管理的网络。电信管理网采用具有系列标准接口的统一体系结构、管理协议,并按一定的网络结构,把各种类型的操作系统(网管系统)和电信设备相互连接起来,以提供各种管理功能,实现电信网的标准化和自动化管理。电信管理网的规模可大可小,通常电信管理网总有多个不同的操作系统,通过与被管网络的若干个不同的接口,接收来自被管网络的信息,向被管网络发送指令,从而监控被管网络的运行。电信管理网在逻辑功能上与电信网相对独立,但在构成上是不可分的，电信管理网需要使用电信网的部分设施和资源来构成。电信管理网通常是分层管理，如根据管理对像可分为网元管理层、网络管理层和服务管理层等。电信管理网的管理功能有配置管理、性能管理、故障管理、账务管理和安全管理等。

telecommunication network **电信网** 利用有线和/或无线的电磁、光电系统，进行文字、声音、数据、图像或其他任何媒体的信息传递的网络。电信网是由电信端点、节点和传输链路相互连接起来，以实现在两个或更多个规定电信端点之间提供面向连接或无连接传递方式的通信体系结构。电信网是由传输、交换以及信令过程、协议等运行支撑系统组成的综合大系统。按 ITU-T（国际电信联盟-电信标准化部门）的观点，电信网包括核心网和接入网，在我国还可以包括提供公用电信业务的用户驻地网。电信网按业务性质分，可分为电话网、公用电报网、用户电报网、数据通信网、传真通信网、电视传输网等；按服务地域分，有国际通信网、长途通信网、本地通信网等。衡量电信网网络服务质量的指标，有传输质量、接续质量和稳定质量三项。参见 core network (CN), access network (AN), customer premises network (CPN)。

telecommunication network voltage circuit (TNVC) **通信网络电压电路** 通信网络中，可触及接触区域受到限制的设备中的电路，该电路作了适当的设计和保护，使得在正常工作条件下和单一故障条件下，它的电压均不会超过规定的限值。

telecommunications development bureau (TDB) **电信发展局** 国际电信联盟（ITU）于 1989 年建立的一个永久性机构，目的是促进电信事业的发展，开展技术和管理培训。

telecommunication service (TS) **电信业务** 由电信主管部门向用户提供的一种业务，以满足用户的特定通信要求。它包括电信业务、承载业务和补充业务。

telecommunication service attribute **电信业务属性** 某一电信业务的特定特性。赋予一个或多个业务属性的含义可以用于把该电信业务与其他业务区别开。

telecommunication service network **电信业务网** 现代电信网的主要组成部分，是向用户提供诸如电报、电话、传真、数据、图像等电信业务的网络，一般由终端、传输、交换和网络设备等组成，网内各同类终端之间可根据需要相互接通通信。

telecommunication supporting network **电信支撑网** 电信网中用以保障业务网正常运行，增强网络功能，提高网络服务质量的支撑网络。支撑网中传递相应的监测和控制信号。支撑网包括同步网、公共信道信令网、传输监控网和网络管理网等。同步网在数字网中是用来实现数字交换机之间，数字交换机和数字传输设备之间时钟信号速率的同步；在模拟网中通过自动或人工方式校准和控制各主振器，使其频率趋于一致。公共信道信令网专用来实现网络中各级交换局之间的信令信息的传递。传输监控网是用来监视和控制传输网络中传输系统的运行状态。网络管理网主要用来观察、控制电信网服务质量并对网络实施指挥调度，以充分发挥网络的运行效益。

telecommunication system **电信系统** 由硬件和软件组成，主要包括发信终端（信源）设备、传输（信道）设备、收信终端（信宿）设备和交换设备。电信系统是各种协调工作的电信装备集合的整体。最简单的电信系统是只在两个用户之间建立的专线系统；而较复杂的系统则是由多级交换的电信网提供信道，在一次呼叫中所构成的系统。

telecommunication transformer **电信变压器** 也称“宽带变压器”。这是用于把一件设备和电话线路或者电话网连接起来的变压器。它的作用是把设备和电话线隔离开来，提高共模噪音抑制比，并且与不同的阻抗实现匹配。

telecommunication universal service **电信普遍服务** 按经济合作与发展组织（OECD）的定义：任何人在任何地点都能以承担得起的价格享受电信业务，而且业务质量和资费标准一视同仁。电信普遍服务的发展水平反映了一个国家信息化的程度，做好了电信普遍服务工作才可以消除通信的贫富不均和地区差异，才可以为绝大多数居民提供最基本的电信服务，实现社会和国民经济的均衡发展。

telecommunication value-added service **电信增值业务** 凭借公用电信网的资源和其他通信设备而开发的附加通信业务，其实现的价值使原有网路的经济效益或功能价值增高。参见 value-added service (VAS)。

telecommuter **远距办公人员** 在家里工作的人，他通过装有电信设备的计算机系统与办公室连接起来。

telecommuting **电信办公，远程办公，家庭办公** 通过计算机网络或远程通信手段与办公室通信联系，在家办公的工作方式。

telecom operations benchmarking (TOB) **电信运营标杆** TOB 是电信管理论坛（TMF）中承担精益运营体系研究的一个专门小组。TOB 小组利用平衡记分卡方法，定义了一套全面的、以业务为导向的精益运营评价指标体系，可以作为电信运营企业的标杆工具。参见 telemanagement forum (TMF), lean operation。

telecomputing **远程计算** 在相隔一定距离的地方进行的计算，通常要借助与电话线和调制解调器等通信设备。

telecon **电话会议** 同 teleconference。

teleconference **电话会议** 由远程通信系统将相隔遥远的人们联系在一起开会的过程。

teleconference service (TCS)　电话会议业务　利用计算机网络，为分散在各处的公司、团体或个人提供多方电话通信的一项业务。这些网络也被用来定期发布文件、发表评论和见解等。

teleconferencing　电话会议系统　会议系统常用术语。这种系统利用电信传输设备作为其一个组成部分。有两种主要型式：计算机会议系统和电视会议系统，一般将两种系统混合使用。电话会议系统也可辅以其他设备，以增强系统的功能，如辅以电子文件递送设备。

teleconferencing network　电话会议网络　用于电话会议的计算机网络。通过计算机网络支持各方人员开会，大大简化了各个团体之间的通信过程。网络还用来分发文件、请求说明等。

telecontrol　遥控　用电信方式把测量和控制装置与判决单元联通，以实现对远距离操作设备的控制。

telecopier　远程复印机　电子传真服务的一种终端设备。

telecopy　远程复制，传真　传真业务的正式术语，有时也称"远距离复制"。同 fax。

teledata　远程数据装置　在穿孔纸带上产生奇偶位进行传输的装置。接收装置检查奇偶性，保证接收代码的正确性，并以正确的数据复核穿孔纸带。

telediagnosis　电视诊断　一种遥控诊断法，医生通过电子设备和闭路电视进行诊断。

tele-existence　远地临场，遥在　同 telepresence。

telefacsimile　电话传真　用电话线路传递印刷资料的一种方法。如采用声耦合器。

telefax　远程传真复印机　用于图像传输的图片复制设备。

telefile system　远程文件系统　世界上第一个联机银行系统。参加该系统的 3 家银行及其分行的业务均在中央数据处理系统中进行处理。

telegram　电报　利用电报技术传送投递给收报人的书面材料。除另有规定外，该词亦包括无线电报。参见 telegraph。

telegram code input method　电报码输入法　采用我国标准电报码本中的汉字序号编码输入汉字的方法。

telegraph channel　电报信道　两点间传输电报信号的通路。其带宽取决于信号的速度。

telegraph circuit　电报电路　电报或电传打字的传输电路。

telegraph communication　电报通信　在发信端把文字、像片等书面信息变成电信号送入信道，接收端再复制成书面信息的通信。

telegraph distortion　电报畸变　改变电报信号单元持续时间的一种畸变。

telegraph-grade channel　电报级信道　(1)传送电传打字机信号的信道，其传输速度不大于 180 波特。(2)窄频带信道。

telegraph key　电报键　一种单刀单掷开关，可快速操作，产生电报码信号。

telegraph speed　电报速度　在一秒钟内，电报发送的单位信息的数量，通常以波特表示。

telegraphy　电报技术　用任何方法远距离传送和再现诸如书写或印刷品或固定图像等文件材料，或者以此种方式远距离再现任何类型信息的一种电信方式。除另有规定外，电报技术一词应指使用某种信号代码传送书写品的电信方式。

teleinformatics　远程信息学，电信信息学　(1)远程信息学是研究在远程通信系统中传输数据的方法和技术的一门科学。(2)电信信息学是关于信息收集、存储、使用及传输的科学。

teleinformations　电传信息　通过远程通信系统的数据传送。

telelecture　电话教学　应用电话向设有特制扬声器及对讲机的教室或其他场所进行的电话讲课。

teleload　远程装入　利用主计算机通信链路装入远程计算机或其他智能设备的操作系统或其他系统软件称为远程装入。

telemail　远程邮政系统　利用远程通信实现电子邮递的系统。

telemail message transfer agent (TM-MTA)　远程邮件消息传送代理　负责处理与另一种远程邮政系统接口的子系统，也称"互连 MTA"。

telemanagement　远程电信管理，电传管理　为客户提供的远程计算机管理服务，包括自动选择最低费用通话线路，记录每次通话情况，进行累计等。

Telemanagement Forum (TMF)　电信管理论坛　一个为电信运营和管理提供策略建议和实施方案的世界性组织，是专注于通信行业维护支撑系统(OSS)以及业务支撑系统(BSS)和管理问题的全球性的非赢利性社团联盟。电信管理论坛成立于 1988 年，每年举办两次全球性的会议，TMF 提出的 NGOSS(下一代运营支持系统)，被国际电信运营商和设备制造商以及电信运营支撑系统开发商广泛接受，成为事实上的国际标准。参见 next generation operation support system (NGOSS)。

telemarketer　电话销售员　也称"电话营销员"。以电话销售为主要手段的营销人员。电话销售员需要掌握一定的营销技巧，以便销售过程中赢得客户的信赖，达到营销的目的。

telemarketing　电话销售　通过电话推销产品和宣传公司业务。

telematics　远程信息处理　通信、信息获取、因特网等技术的综合性系统。该术语是远距离通信的电信(telecommunications)与信息科学(informatics)的合成词，是无线通信技术、卫星导航系统、网络通信技术和车载电脑的综合产物，被认为是智能汽车技术。汽车行驶当中出现故障时，通过无线通信连接服务中心，进行远程车辆诊断，并随时为维修人员提供准确的故障位置和原因。用户可通过终端机接收信息并查看交通地图、路况介绍、交通信息、安全与治安服务以及娱乐信息服务等，还可以与家中的网络服务器连接，及时了解家中的电器运转情况、安全情况以及客人来访等情况。

telematics services　远程信息业务　一种通信业务。远程信息业务包括数字传真、智能用户电报、信息传视、远程电信留言、慢扫描电视、用户电视电报、电信会议等。这些业务的国际标准由国际电报电话咨询委员会(CCITT)制订，以保证国际性业务的畅通。

telematique　计算机通信　表示计算机与通信结合的法文新词。参见 computer communication。

telemedicine　远程医疗　远程医疗始于 1968 年，通过计算机网络和远程电子通信进行诊断和医疗。通过远程医疗，分散各地的医学专家可以对比脑电图(EEG)、X 射线和其他医学数据，共同协作为一具体病人诊断病情。大城市医院的专业外科医生可以参与小城镇诊所中病人的手术。

telemessage　邮转电报　邮电局传递电报靠邮政接转，就是先将电文译成电码，靠人工通过电话把电码念给目的地端局(称“人工话传”)，再转发出去。

telemeter　遥测仪　对远距离的数据进行测量和记录的专用设备。

telemetry　遥测　利用电信在离测量仪器有一定距离的地方自动地显示或记录测量结果的技术。

telemetry asynchronous block serial protocol (TABS)　遥测异步块串行协议　AT&T 公司关于扩展服务帧(ESF)电路上链路数据信道的一个专用协议，用于传送有关信号质量及硬件故障的统计信息。参见 extended service frame (ESF)。

telemetry service　遥测业务　同 teleaction service。

telenet central office (TCO)　电信网中心局　安装电信网设备的场所，有四种类型或层次的电信网中心局。第一类是中枢局，它是网络主干传输线的一部分；第二类是根据网络体系结构的规模必须连到中枢局的电信网中心局；第三类在大多数情况下必须通过第二类中心局再连到网络上，但其本身包含若干设备；第四类是最小的电信网中心局，只有一组机柜，仅完成异步站点功能。

telenet central office, class Ⅰ (class Ⅰ TCO)　一类电信网中心局　与其他一类中心局相连的主干传输线中枢局，它也包括二类及三类局设备和服务业务。

telenet central office, class Ⅱ (class Ⅱ TCO)　二类电信网中心局　一个异步/同步中心局，与一类局及其他二类局相连，通过提供主干传输线访问为三类局服务。

telenet central office, class Ⅲ (class Ⅲ TCO)　三类电信网中心局　仅作为异步站点，与二类局相连以访问主干传输线。

telenet central office, class Ⅳ (class Ⅳ TCO)　四类电信网中心局　仅作为单柜异步站点。当跨区外局交换(FX)的费用或业务禁止使用 FX 业务时，由它取代一般的跨区交换业务。

telenet internal network protocol (TINP)　电信网内部网络协议　一个基于虚拟电路的专用主干线网络协议，是比国际电报电话咨询委员会(CCITT) X. 75 网关协议更高层的一个协议集。

telenet port　电信网端口，远程登录端口　支持远程登录访问的一个计算机可寻址端口。其默认端口通常是端口 23。

telenet processor (TP)　电信网处理器　处理终端、主机与电信网络之间接口的一个数据通信处理器，通常不要求改变用户的软硬件。TP 有不同的模式可支持各种用户需求，并可用作终端集中器。用户终端可通过它所提供的端口访问网络，用电缆直接与附近的其他用户终端连接，或通过拨号接入信道与远程终端相连。

telenet processor operating system (TPOS)　电信网处理器操作系统　该操作系统用来控制处理进程、缓冲区分配及处理器卡之间的通信，提供调试口及缓冲区的管理功能，并有一些用于队列管理的子程序。每个 TP4 电信网络处理器上均有自己的 TPOS。

telenet processor reporting facility (TPRF)　电信网处理器报告工具　网络控制中心(NCC)使用的一个软件，负责接收点网络处理器发出的有关报警或事件的消息；若消息表明发生了问题，就通过电信网诊断工具来纠正故障。

telenet processor, 3000-series (TP3)　3000 系列电信网处理器　公共电信数据网中使用的一个微处理集中器系列，用于网络中主机、终端与其他 TP(电信网处理器)之间的数据传输。

telenet processor, 4000-series (TP4)　4000 系列电信网处理器　公共电信数据网中使用的一个多微处理器分组交换机和集中器系列，用于网络中主机、终端与其他 TP(电信网处理器)之间的数据传输。

telenet processor, 5000-series (TP5)　5000 系列电信网处理器　公共电信数据网中使用的一个超级小型机网络管理系统，用在网络控制中心(NCC)，作为 X. 25 接口主机处理器与电信网络相连；用于监视和控制网络设备的使用。

telenet protocol　远程[电信]网协议　美国远程网络公司兴建的公用分组交换数据网。远程网协议定义了网络虚拟终端，使网络上的所有终端可为任何主机的进程提供类似的接口。这样，即使主机不支持某个终端，也可通过标准的终端控制器，在任何主机系统中利用网络所支持的任何终端。

Telenet User Association (TELUS) 电信网用户协会 电信网增值电信公司的一个用户组织，为电信网用户提供交流的途径，并为电信公司管理部门提供反馈信息。

telenewspaper 传真报纸 利用无线电传真将内容从一地传送另一地的报纸。

telephone 电话 一种用于语音传输的远程通信装置，它利用电话机上的一个膜片，其电阻随声波以相同的频率改变，这种变化再用来改变传输线上的电流，从而将声音转换为电信号发送出去。

telephone administration 电话管理局 由政府机构构成或企业管理的一个机构，负责运营公共电话交换网。

telephone answering service (TAS) 电话应答服务 为用户接收和保存电话信息的各种服务。

telephone bank 电话银行 为改善对客户的服务，银行利用电话银行系统所开展的一种电话银行业务。通常，实现电话银行业务，除了要实现银行业务计算机化以外，还要建立一套客户使用的电话银行系统。针对银行服务对象的不同，在电话银行的基础上，又发展了企业银行和家庭银行。最典型的电话银行有芬兰联合银行的计算机化电话银行系统。在该系统中使用按键电话，每个客户有一个唯一的客户号码，用以识别其身份。客户可用电话机上的小键盘输入他发给银行的指令。该指令与其电子签名一起被银行计算机接收并进行处理，以完成有关业务活动。

telephone bank service (TBS) 电话银行服务 通过在银行的网络中心配置一台语言处理设备和中心的主机来实现。客户利用办公室或家中的电话机，通过公共电话交换网只要拨通了中心的语言处理设备，就和网络中心的主机接通，可办理异地业务。

telephone call length distribution 电话呼叫长度的分布 把电话呼叫时间长度分成一些等长的时间间隔，以呼叫时间长度为横坐标，呼叫次数为纵坐标，这样对应每一时间间隔的呼叫次数可以画出分布图。

telephone call state 电话呼叫状态 在电话系统中，反映电话呼叫的过去动作的条件以及可做出的新的动作。

telephone channel 电话信道 可传送声音信息的信道。

telephone-circuit data 数据电话线路 允许传输数字数据的一种电话电路。

telephone code 电话代码 标准5通道电传打字机编码。编码由起始脉冲和五种字符脉冲组成，其长度相等，停止脉冲的长度是所有起始脉冲的1.42倍，这种编码已被电报工业使用了约100年。

telephone communication 电话通信 利用电信号传输语言使双方直接通话的通信。

telephone communication unit 电话通信装置[设备] 与具有半双工能力的数据通信系统配合使用的数据设备。它将数据终端送来的字符脉冲转换成能在电话线路上传送的调制信号发送出去；接收端再将它们转换为原来形式的字符脉冲送给数据终端。一般包括自动呼叫应答设备、误码检测设备及调制解调器。除非指定为发送方式，否则数据终端一开始就处于接收方式。数据终端在发送端回送，用接收端程序来完成。它可供私人专用线路或交换电话设备使用。

telephone company 电话公司 提供公共电话系统业务的任何通信电信公司。

telephone conference system 电话会议系统 电话会议系统是一个会议平台，用于连接公司与外界、下属分支机构座机电话及个人手机等，位于不同地点的人只需要通过座机、手机拨打电话会议平台的统一号码就可以在不需要视频图像进行沟通的情况下，通过普通电话实现多方会议功能。

telephone data set 电话数据装置 连接数据终端和电话线路的设备。参见 modem。

telephone exchange 电话交换局 由电话交换机、连接用户线和局间中继线的配线架与线路传输设备构成，实现电话交换功能的场所。

telephone frequency 电话[话音]频率 正常人的话音所产生的振荡频率。为300～3 000 Hz频率，是普通语音通话的可听范围。

telephone line data set 电话线路数传设备 一种数传设备。它把远程终端设备连到电话线上，并把终端的信号转换成线上传输的信号，或把处理中心通过传输线送来的信号转换成远程终端设备可接收的信号。

telephone network 电话网 主要提供话音信息交流的业务网。电话网由交换设备和传输系统组成，由相应的支撑系统，如电信管理网、公共信道信令网和同步网等来支持。电话网采用的交换技术可以是电路交换技术，也可以是基于ATM(异步传输模式)或IP(网际协议)技术的分组交换技术。电话网向用户提供端到端的电话业务，根据电话网服务的区域范围，可以提供本地电话业务、国内长途电话业务以及国际长途电话业务。电话网的模拟电话信道也可以提供速率在9 600 bps以内的低速数据和传真业务。一个全国的电话网可以分为本地电话网和长途电话网两部分。国际电话网是提供跨国家和跨地区电话通信业务的电话网。它由国内电话网络和国际电话网络两部分组成。

telephone network numbering plan 电话网编号计划 对电话网内的每一个用户都分配唯一的号码，使用户可以通过拨号实现本地呼叫、国内长途呼叫与国际长途呼叫的方案。其中包括国际电话网编号、国内长途电话网编号、本地电话网编号，以及各种特种业务的编号等。

T

telephone number mapping (ENUM) 电话号码映射 由国际标准组织 IETF(因特网工程任务组)设计和制定的 ENUM 技术实现了把与电话号码相关的记录信息存储在 DNS(域名系统)数据库中,通过 DNS 解析服务,可以实现电信网与因特网之间的互联互通。通过使用 ENUM 机制,一个电话号码对于用户来说可以对应各种各样的地址,包括电话、传真和电子邮件等。

telephone secondary center 次级电话交换中心 从一组本地交换中心中选出的一个特定的电话交换中心,特定组中的所有本地交换中心均通过中继线路连接到该中心。

telephone switchboard 电话交换机 集中电话用户线路并为用户接线、通话的设备。按接线方式分为人工电话交换机和自动电话交换机。参见 manual telephone switchboard,automatic telephone switchboard。

telephone system 电话系统 主要用于传输话音信息的通信系统,也是实现计算机互连,进行计算机信息传输,特别是进行远程传输的一种常用方式。在电话系统网络中,用户电话要接到附近的端局,也称"本地中心局"。用户电话到端局之间的两条通信线称为本地环路。每个端局要有一条或几条线路连接到一个或几个称为长途局的交换中心上。端局到长途局之间的线路称为长途接续干线。长途局再往上还有地区局和大区局。连接长途局间的线路称为长途局间干线。这样的层次关系,不同国家会有所不同。

telephone transmitter 电话送话器 电话机的一部分,它将声波转换为电流在通信线路上传输,电流的波形和频率随声波的变化而变化。

telephone trunk 电话中继[干]线 两个电话中心局之间的电话线,用于提供用户之间的通信。

telephone-type circuit 电话型电路 具有可进行电话通信的传输特性的通信电路,即在频率约为 300 ~ 3 400 Hz 信道上可双向同时进行传输。

telephone-type data transmission 电话型数据传输 在电话线路上用音频信号传输数据的数据传输方式,用户数据终端需配备相应的调制解调器。

telephone user part (TUP) 电话用户部分(协议) 7 号公共信道信令系统中的高层协议。它是针对有关电话呼叫的建立、监视和释放的各种建立信号而设计的,大体上可以包括前、后向各种建立信号,呼叫、电路和电路群的各种监视的闭塞信号。我国还补充了一些各种类型的计费信号。电话用户部分通过电话信号消息标记来识别电话号码、消息传送的源地址和目的地址等。国际上规定源地址和目标地址各为 14 个二进制位。我国地区较大,规定为 24 个二进制位。

telephone zone switching center 电话区域交换中心 电话干线的交换场所,作为一组初级中心的交换中枢,通过干线直接连接到其他每个区域中心。

telephony 电话技术、电话学 (1)为传输语音或有时为传输其他声音而建立的一种电信方式。是电信通信技术中的一个分支。(2)研究声音和电信号相互转换以及通过电缆或无线电对其进行传输的科学。

telephony application programming interface (TAPI) 电话应用程序接口 由 Intel 和微软公司开发的视窗标准电话接口,使应用程序能够直接或通过网络来控制电话相关设备,如调制解调器、头戴话机、专用交换分机(PBX)等。TAPI 的目标是要建立一种标准的规范来控制从简单的拨号到电话中心的控制,它不规定数据传输方法,与电话网相互独立。

telephony services API (TSAPI) 电话业务应用程序接口 由 Novell 和 AT&T 两家公司提出的将网络服务器与 PBX(专用交换分机)或大型电话系统相连接的一组接口标准,允许计算机控制本地电话系统的许多方面。而 TAPI(电话应用程序接口)只连接用户桌面上的电话和 PC 机。

telephotography 传真电报 对利用传真方式传送新闻图片的技术所采用的名称。这种技术利用公共电报网,以传真机作为终端,把图片照原样进行传输。发送图片或文字信件时,发送传真机都作同样的扫描,产生相应的模拟或数字信号,经过电报网发送给接收传真机,还原得到原样的图片或文字信件。传真电报与传视系统的区别是它传输的是静态图像而不是动画,目前,传真电报主要用来发送文件。

teleport 电信口 在特定地理区域内为客户提供特定类型服务(如卫星通信)的电信业务中介站。

telepresence 远程呈现 通过计算机网络和电子通信手段将情景投影到远地的情况。远程呈现常指使用虚拟现实设备让一有技能的人精确遥控远距离环境,使其感到身临其境的技术,如一远地病人的外科手术。

teleprinter 电传打字[印]机 用于电报和计算机输入/输出的一种老式终端设备,可以采用手动按键输入、穿孔纸带输入或从通信线路、计算机等其他设备输入信息。按照这些输入信息,电传打字机给出相应的输出。输出方式包括发出电码,在纸上打印出字符和输出穿孔纸带。此种设备现在已被视频显示终端(VDT)所取代。

teleprinter exchange service (TELEX) 电传电报转换(业务) 又称之为"用户电报"或"电传"。用户只要在自己办公地点安装电传机,通过电信公司提供的与国际公共交换网连接的电路,就可与国内外任何装有电传设备的用户进行直接通报,并自动留下通报记录。

teleprinter interface 电传打字机接口 连接计算机系统和电传打字机的一种串行接口。典型用途是把来自计算机的数据输入电传打字机,穿孔输出后保存起来，以便用于稍后的数据传输，或者把数据输入计算机并同时打印出来。

teleprocessing **远程处理** 通过使用终端、计算机或通信设备来访问另一地点的计算机和计算机文件。

teleprocessing access method (TPAM) **远程处理访问法** 使用电信处理器专用接口的访问方式，如BTAM(基本远程通信访问法)、VTAM(虚拟远程通信访问法)。

teleprocessing network **远程处理网络** 同 remote-access data-processing network。

teleprocessing network simulator (TPNS) **远程处理网络模拟器** 一个测试包，使用户能在实际终端安装之前测试和评价远程处理系统。

teleprocessing online test executive (TOTE) **远程处理联机测试执行程序** 在某些通信系统中的一种程序，它允许系统控制台操作员或远程控制站用户，测试通信控制器、传输控制器以及不是通过网络控制程序连接的站。

teleprocessing request block (TPRB) **远程处理请求块** 被 NetView 性能监控器用于控制终端和文件之间输入输出请求的一个功能。

teleprocessing security **远程处理安全** 为防止远程处理系统中有意、无意或未授权的信息暴露、获取、操纵或修改而设计的保护措施。

teleprocessing system **远程信息处理系统** 同 remote terminal processing system。

teleprocessing terminal **远程处理终端** 用于远程处理位置和中央计算机之间联机传送数据的终端。利用数据衔接器或传输控制设备来连接该终端和计算机系统。

teleputer **通信计算机，电视计算机** (1)放在办公室或家庭内并用电缆或内部电话线连接起来的工作站。这是一个装备有键盘、计算机和盒式录像机的电视装置。它可使坐在办公室的人访问所有的设施。如能访问办公室、收集信息、扫描公文柜、检查电子志、完成计算、摘录文件、访问情报档案、修改个人情报文件等。通信计算机放在家庭中可以作为一个家庭工作站实现在家办公。通信计算机作为工作站能在任何系统上工作，并能从一个系统连通到网中其他系统。(2)由家电制造厂商研制的基于多媒体技术的“电视计算机”，如 Sony 和 Philips 公司共同研制的电视计算机(或称为 Smart TV)就是一个典型范例，其基本技术是用计算机综合处理声音、文字和图像信息。

telereference **远程咨询，电视引用** 使用闭路电视查询远距离资料的一种方法。

telerobotics **远地机器人** 从远离现场的地点操纵位于深海、核反应堆等现场的机器人的技术。

teleservices **电信业务** 用于两个 ISDN(综合业务数字网)端点之间通信的一类服务。公用电信业务通常包括：传真、电话、图文电视、用户电报和可视图文。

teleshopping **电视(电信、远程)购货** 通过电话、闭路电视、可视数据检索系统等选购物品。

teletex **智能用户电报** 在综合业务数字网(ISDN)B 信道(64 kbps)上传输的用户电报。

teletex character repertoire **智能用户电报字符集** 智能用户电报终端之间进行通信时，可以使用的全部图形字符和控制功能字符的集合。

teletex graphic character repertoire **智能用户电报图形字符集** 智能用户电报终端之间进行通信时所能显示和动作的全部图形字符的集合。

teletex network **智能用户电报网** 能够提供智能用户电报业务的通信网络。一般建立在分组交换数据网、电路交换数据网或公用电话交换网中任一个或多个物理网络基础上。

teletext **图文电视** (1)一种单向交互式信息检索系统。这种系统利用广播信号载送数字编码的文字和图形信息，即利用电视节目消隐场传送信息，此信息以循环的方式不间断地向外发射。用户利用装有译码器的家用电视，通过小键盘从发射周期中捕捉一页或一帧信息，然后在电视屏幕上显示出来。(2)数据同电视图像相结合的一种通信方式。它也称“文字电视广播”。这种方式是将编码过的数据作为电视信号的一部分传输，在接收端，对数据编码进行解码，使得在接收机的显示设备上能同时显示数据(文本)和电视画面。参见 videotex。

teletraffic theory **长途业务理论** 在通信网络中用数字方法处理呼叫流量的理论。

teletraining **远程培训** 使用具有交互式语音以及图像、视频功能的电话网络，为企业、学校等提供的远程交互式培训。随着计算机网络技术的发展，已被网上课堂所取代。

teletype **电传打字机** 一种早期的用于与计算机进行通信的终端，带有一个键盘和打印设备，现已淘汰。同 teleprinter。

teletype grade **电传级** 根据传输速率、成本以及精确度来划分的、属于最低一类的通信线路。该术语也用于确定这类业务和语音级业务之间的差别。

teletype network **电传打字机网络** 由专用电报信道使各点互连的系统。可以在发送端和接收端提供硬拷贝和电报编码的穿孔纸带。系统有多达 20 个信道在单一线路上分时发送和接收，而且无需转换中心的控制就能交换信息。

teletypewriter (TTY) **电传打字机** 常常缩写为 teletype。由键盘和打字机组合成一体的一种低速通信设备。发送方的每一次击键都产生一个字符代码，传送给接收方，在接收方打印出该字符。早期的计算机普遍使用电传打字机作为终端，现在的计算机则以显示器取代其中的打字机部分。因而

TTY 这个术语现在用于指将视频显示器作为电传打字机对待(即仿真 TTY)这样一种情形。

teleutility package 远程实用程序包 借助电传打字机编写输入输出程序时所需要的实用程序库。电传打字机实用程序包中有多种程序可对单个字符或一行字符执行输入输出数据转换,这些数据可以是八进制、十进制或十六进制的。为节省主存储器,可以有选择地装配这种程序包,只把其中所需要的那些程序装入主存。

television (TV) 电视 利用电子技术及设备传送活动的图像画面和音频信号,也是重要的广播和视频通信工具。

television broadcast day 电视广播时间 通常是在一天中的一段安排好的时间,在这个计划时间内电视台发送信号。电视台通常宣布他们每天的广播开始和结束以及其呼号、发送功率、频率等信息。

television cable 电视电缆 传输频率高到足以传送电视信号的电缆,它对过度衰落及相位延迟有较高的要求,通常是同轴电缆型的,有的用空气绝缘。

television command guidance 电视指令制导 一种早期的电视制导系统,借助人工完成识别和跟踪目标的任务。它由装在导弹上的电视摄像机、电视发射机、发射天线、指令接收天线、指令接收机、自动驾驶仪以及装在载机上的电视接收天线、电视接收机、计算机、指令发射机、发射天线等组成。导弹上的电视摄像机将所摄取的目标图像用无线电波发送到载机,飞机上操纵人员得到目标的直观图像,从多个目标中选取需要攻击的目标,然后用无线电指令形式发送给导弹,通过导弹上的自动驾驶仪控制导弹,使它跟踪并飞向所选定的目标。

television conference system (TCS) 电视会议系统 电视会议是利用电视技术和设备通过传输信道在两地或多个地点进行会议的一种通信方式。它将一个会场点的开会人的形象、发言及报告内容用摄像机、麦克风及图文制作机等设备传送到另一会场点,同样本方会场也能收到对方的图像、语音及图文信息。这样,双方就可以进行交流,增加了临场感。它是现代计算机技术、通信技术、网络技术、图像技术紧密结合的产物。

television guidance 电视制导 利用电视技术获取制导信息,控制飞行器飞向目标的制导技术。电视制导有电视指令制导和电视寻的制导两种方式。参见 television command guidance, television homing guidance。

television homing guidance 电视寻的制导 导弹从载机上发射后就与载机失去联系,完全依靠导弹上的电子光学系统(电视自动寻的头)自动跟踪目标,并通过导弹自动驾驶仪控制导弹飞向目标。电视自动寻的头是系统的核心部件,它由电视摄像机、图像信息处理装置、跟踪伺服机构等组成。在外界可见光照射下,外界景物经过光学系统和电视摄像管变为视频电信号,信息处理装置按视频信号的特点判定视场内是否存在目标。无目标时,摄像机中的光学系统反复扫描;有目标时停止扫描并给出目标方位与光学系统轴线之间的偏差信号。跟踪伺服机构根据这个信号调整光学系统,使光轴对准并跟踪目标。与此同时这个偏差信号送入自动驾驶仪,按一定的导引规律控制导弹飞向目标。

television receive only (TVRO) 只收电视站 只用于接收卫星广播电视节目的一种卫星接收站,站内通常装有接收天线、室外单元、室内单元及附加设备等。

television transmission network 电视转播网 进行电视节目的转播传输与交换业务的电信网,其作用是扩大电视节目的覆盖范围及多频道节目的实时交换传输。电视转播网主要是由宽带电信传输系统,如微波、卫星、光纤等通信系统及宽带交换及分配系统构成。对彩色电视节目有 NTSC(美国国家电视制式委员会)、PAL(逐行倒相制)和 SECAM 三种制式,国际间交换电视节目时还须进行制式转换处理。

television typewriter (TVT) 电视电传(打字)机 (1)在电视屏幕上进行显示的一种电传打字设备。(2)带有显示屏幕的电传打字机。在打出信息的硬拷贝以前就能在显示屏幕上看见他们。

teleworker 远程工作人员 按常规工作在办公室内处理信息的工作人员,在家庭中配备通信计算机后,他的工作可以在家完成而不需去办公室。这样就有更多的时间用于工作,而不必把时间和精力花在路上。参见 teleputer。

telewriter 电传书写机 同 tele autograph。

telewriting 远程电信留话 一种用电信手段交换手写信息的通信技术。它可在传送话音的同时,实时地发送和接收手写文字和图形。手写信息由手迹、草图的电文组成。这种业务适合于需要伴有视觉信息的对话,如对地图、设计图、产品的说明等,也可以在一电话用户与一计算机和数据库之间用于处理或存储图形信息,电写终端也可以用于远程电信会议或检索。

TELEX 电传电报转换(业务) teleprinter exchange service 的缩写。

telex (TEX) 用户电报 在电报局把电报网内通信双方的电路接通后由用户双方直接进行通报的方式。它是用电话通路传送信号的。由于电报信号的频谱比电话窄得多,在一个话路中可以组成多到 16 ~ 24 路的电报电路,所以通路利用率高。用户电报通信适用于远距离传送书面信息,信息传输速率比较慢,不能像传真传输业务那样可以传输图像。用户电报业务的进一步发展便是"智能用户电报"。参见 teletex。

telex network 用户电报网 通过传输线路和交换设备连接两个用户电报终端的网络;用于在用户与

用户之间传递文字、文件等信息。用户电报网由用户电报终端设备、传输链路和用户电报交换设备组成。我国用户电报网实行三级交换设置，即大区、省、地区三级交换中心。大区中心之间的基干中继电路采用网状结构，大区中心至所属省中心的基干电路采用星形结构。任意两个交换中心之间视业务量需要可设置高效直达电路。

telex network identification code (TNIC)　电传网络标识代码　同 transit network identifier code (TNIC)。

telex service　用户电报服务　一种国际性的电传打字电报服务。它利用公用电报网，以 50 bps 的速度，在相容的电传打字机终端之间传送博多码数字信息。

Telidon technique　"特立动"技术　电视传送文字和图像的技术，20 世纪 70 年代就在美国出现，很快在法国和其他西欧国家相继采用。1978 年加拿大从西欧引进这项技术并对它进行了改造，创造出不同于西欧的新的编码方法，并把这项革新命名为"特立动"(Telidon)技术。新方法具有编码简便、画面清晰的特点，它把文字和图像分解成点、线、弧形、矩形和多边形五种基本几何图形，并将这五种图形编码。主计算机输出编码信号，电视接收机配有一台方砖大的解码器，它将所收到的编码信号还原，在电视屏幕上画出图像。

telluric electromagnetic profile　大地电磁剖面　同 magneto-telluric method。

telluric current method　大地电流法　观测地壳中天然存在的低频大地电流的变化，研究和探测地下地质构造的一种方法。大地电流场是个交变电场，其振幅和方向均随时间变化，周期大小不一。大地电流场的突出特点是：某一瞬间，在几十到几百 km 范围内，大地电流的密度和方向保持不变，只受地下岩层导电情况变化的影响。大地电流法就是利用这个特点，同时在基点和不同测点上连续观测大地电流变化，常用来解决地质构造及基岩起伏等问题。

telnet　远程登录　用于提供远程终端连接服务的终端仿真协议，是 TCP/IP(传输控制协议/网际协议)的应用层部分，通过使用 telnet 命令和程序可使一个因特网站点的用户终端登录到另一个因特网站点的计算机上，并进行交互工作。

telpak　宽带通信信道　美国电报和电话公司使用的一种租用宽带信道的通信服务。

TELUS　电信网用户协会　Telenet User Association 的缩写。

TEM　透射电子显微镜　transmission electron microscopy 的缩写。

temperature characteeristics of capacitance　电容的温度特性　电容值随温度变化的关系。

temperature coefficient (TC)　温度系数　在温度引起一个物理量变化时，这个物理量的变化量除以温度的变化量称作温度系数。

temperature coefficient of capacitor　电容的温度系数　在给定的温度间隔内，温度每变化一度相应的电容变化量与电容的比值。

temperature coefficient of inductance　电感的温度系数　是描述电感随温度变化的参数。一般表示为温度每变化摄氏 1 度时电感改变多少个百万分之一。它是在工作温度范围内的极端温度或者其他温度相对某一个基准温度(25 ℃)时电感的相对变化量，也称"用百分比表示的电感增量"，或者"温度稳定性"。对于大多数应用，电感变化越小越好。

temperature cycle test　温度循环试验　检验试品耐受周围环境温度急剧变化能力的一种试验。试验时试品应经受热-冷-热-冷的多次环环循境作用而不损坏。

temperature factor (TF)　温度因子　初始导磁率在一个温度范围中的变化量除以初始导磁率。

temperature humidity bias (THB)　温湿偏置　半导体器件进行的一种可靠性试验，被测件在高温、高湿环境下工作，在几百小时内模拟器件几年内的正常使用情况。

temperature maximum ambient operating　最高环境操作温度　预期电路可正常操作的最高环境温度。

temperature quenching　温度猝灭　由温度升高引起的发光效率下降的现象。这主要是由于温度升高使发光中心的激发能量以更多的晶格振动的形式消耗了，从而造成了发光效率的下降。参见 quenching, concentration quenching, impurity quenching。

temperature relay　温度继电器　当温度达到规定值时动作的继电器。由双金属片受热弯曲而动作的称双金属片式温度继电器。由利用热敏电阻值的突变而动作的称热敏电阻温度继电器。

temperature rise　温升　某一点的温度与参考温度之差。

temperature steady　温度稳定　当设备处于工作状态时，设备中大部分发热元器件(包括发热量大的元器件)的指示温度每小时变化不大于 2 ℃ 的温度变化特性。

TEMPEST　(1)瞬时电磁脉冲发射标准 transient elsctromagnetic pulse emanation standard 的缩写。(2)瞬时电磁脉冲发射监测技术 transient electromagnetic pulse emanation surveillance technology 的缩写。

TEMPEST emission　TEMPEST 发射　电子设备产生的载有涉及机密信息的电磁发射。TEMPEST (瞬时电磁脉冲发射标准)发射既可在红信号传输过程中以基带形式发射，也可与时钟等周期信号发生调制后以调制波的形式发射。参见 red area。

TEMPEST standard　TEMPEST 标准　关于 TEM-

T

PEST 设备技术指标及其测量方法的标准。美国最早的 TEMPEST 标准是 NAG-IA，1965 年发布了新的标准：FED-STD-222，该标准标题为“通信及其他信息处理设备的辐射标准”。1974 年又发布了取代 FED-STD-222 的 NACSEM 5100 系列标准。1981 年 NACSEM 5100 标准被 NACSIM 5100A 所取代，在 1991 年，美国国家安全局对此标准做出补充。

TEMPEST technology　TEMPEST 技术　即低辐射技术，是指在设计和生产计算机设备时，就对可能产生电磁辐射的元器件、集成电路、连接线、显示器等采取防辐射措施，从而达到减少计算机信息泄露的最终目的。目前广泛采用的 TEMPEST（瞬时电磁脉冲发射标准）技术除电磁屏蔽外，还有使用适合的滤波器减弱高次谐波，减少线路板上各种传输线之间的辐射；将处理保密信息的红设备和处理非保密信息的黑设备隔离，仅仅允许黑到红设备之间的单向信息传输；尽量选用低速和低功耗逻辑器件以减少高次谐波；尽量减少电缆的阻抗和失配；使用屏蔽型连接器，减少设备之间的干扰等。

template　模板，模式，模块　(1)某些应用软件包使用的键盘定义样板纸板，上面标明各种键的功能定义。(2)流程图上使用的跟踪符号和箭头的格式。(3)图像处理中，指用以对扫描图像进行识别或匹配的样板。(4)电子数据表程序中，指包含有公式、标号和其他元素的一种预定义数据表，可用于在适当位置直接插入信息。(5)从键盘输入的一个行，存储在存储器中，可重复使用或者修改。参见 keyboard overlay。(6)CAD（计算机辅助设计）系统中，指图形数据中的各种标准零件图。(7)在模式识别技术中，模板是为了检测某些不变区域特性而设计的以图像形式表现的阵列。

template matching　模板匹配　模板是为了检测某些不变区域特性而设计的以图像形式表现的阵列。根据研究模板与对象图像的各部分的相似度，从而求得对象物位置的处理操作称作模板匹配，也称“样板匹配”。这是图像处理中匹配的最基本最常用的方法，广泛用于遥感图像与地图的配准，不同光谱或不同摄影时间所得图像之间位置的配准，运动物质的跟踪，图像中对象物位置的检测和识别等方面，如光符识别的一种方法是将需要识别的字符与预先设计好的很多模板进行比较。每一模板都代表某一字符的一种可能模块，与被识别符号最相近的那个模板就作为识别结果。

template matching model　模板匹配模型　一种人工智能图像识别模型。模板匹配模型认为，识别某个图像，必须在过去的经验中有这个图像的记忆模式，也称“模板”。当前的刺激如果能与大脑中的模板相匹配，这个图像也就被识别了。这种模型简单明了，也容易得到实际应用。但这种模型强调图像必须与脑中的模板完全符合才能加以识别，而事实上人不仅能识别与脑中的模板完全一致的图像，也能识别与模板不完全一致的图像。参见 prototype matching model，feature analysis model，pandemonium model。

temporal cohesion　短时间内聚　在一段较短的时间内实现若干相互无关功能的一个模块的结构。这种模块的聚合度很低。

temporal data　时态数据　用于记录时态信息的数据就是时态数据。参见 temporal information。

temporal database　时态数据库　在数据库技术中，指能存储和管理被处理对象的时态信息和其他信息的数据库系统。通常，被处理对象的时态信息有两类：①关于被处理事件的时态信息，反映了事物发生发展的过程；②数据库系统元事件的时态信息，时态数据库能回答带有时态语义的查询。

temporal diagram　时态图　表示事件或事件集合的时态信息的图。

temporal geographic information system (TGIS)　时态地理信息系统　一种存储并处理地理实体或现象随时间变化信息的地理信息系统。

temporal key integrity protocol (TKIP)　临时密钥完整性协议　TKIP 是针对无线局域网安全的 IEEE 802.11i 加密标准的一部分。TKIP 利用带有 128 位密钥的流密码进行加密和 64 位的流密码进行验证。TKIP 的一个重要特性，是它变化每个数据包所使用的密钥。密钥通过将多种因素混合在一起生成，包括基本密钥（即 TKIP 中所谓的成对瞬时密钥）、发射站的 MAC（介质访问控制）地址以及数据包的序列号。混合操作在设计上将对无线站和接入点的要求减少到最低程度，但仍具有足够的密码强度，使它不能被轻易破译。

temporal indexes　时态索引　基于时态模型的、适合于时态特性的索引机制。重要的时态索引技术有时态 R＊树、GR 树、4R 树等。

temporal information　时态信息　反映对象或事件的时间属性的信息，包括时刻信息、时间区信息、事件之间时间关系的信息。

temporal logic　时态逻辑　一种非经典逻辑。时态逻辑是一种带有时间语义的逻辑。它包含基本符号、时态谓词、时态事件演算规则和时态逻辑运算。这是一种一阶模态逻辑系统。它以描述程序语义为基本目的。目前，时态逻辑有两种处理方法，一种是在经典逻辑中加入有关时间谓词，另一种是在模态逻辑中引入一些有关时间的模态操作，参见 non-traditional logic。

temporal reasoning　时序推理　和时间序列、状态有关的过程推理机制。时序推理根据当前的事实和状态以及演变出当前事实和状态的历史资料来确定下一步的行动。

temporal reasoning system (TRS)　时序推理系统　具有时序推理能力、时序知识表示能力的系统称为时序推理系统。

temporal redundancy 时间冗余 序列图像和语音数据中所经常包含的数据冗余。图像序列中的两幅相邻的图像间，后一幅图像与前一幅图像之间有较大的相关。在语音中，由于人在说话时其发音的音频是一连续和渐变的过程，而不是一个时间上完全独立的过程，因而存在着时间冗余。参见 spacial redundancy, structure redundancy, coding redundancy, knowledge redundancy, visual redundancy。

temporal relational algebra 时态关系代数 before, after, overlap 这类表示事件之间时态语义的关系，如二元关系 before(a,b) 表示事件 a 先于事件 b，时态关系代数是在传统关系代数的基础上引入时态关系、时态运算后组成的代数系统，是传统关系代数的扩展。

temporal resolution 时间分辨率 是指对同一对象进行的相邻两次观测的最小时间间隔。时间间隔大，时间分辨率低，反之时间分辨率高。

temporal semantics 时态语义学 以程序状态序列为模型的时态公式定义程序设计语言语义的形式理论。

temporal tuple calculus 时态元组演算 在传统的元组演算基础上引入时态关系、时态运算及相应符号后组成的演算系统。

temporal uncoupling 时间退耦 并行处理技术中的一种思想，使并行程序的设计与进程的执行顺序无关。

temporary block flow (TBF) 临时数据块流 两个无线资源对等实体间的物理连接，以支持在分组物理信道上的 LLC(逻辑链路控制)层分组数据单元的单方向性的传送。

temporary connection 暂时连接 在交换网络中，由交换设备所形成的连接。

temporary data 暂存数据 仅在与其相关的处理过程中保存的数据。比较 retained data。

temporary data set 暂存数据集 在同一作业中产生并随后删除的数据集。比较 nontemporary data set。

temporary disk 暂存盘，临时盘 在某些操作系统中，在进入系统时分配给用户的或通过命令 cp DEFINE 分配的直接存取存储设备上的一个区域。在退出系统前新建立或保存的文件一直保留在该区域上，在退出该系统时系统则释放此区域。

temporary error 临时错误 一个资源故障，可用错误恢复程序解决。

temporary fault 暂时性故障 一种时有时无的非固定的故障。因为难以检测也难以隔离，又偶尔使系统不正常工作，是最难排除的故障。这种故障的排除常常占用 90%以上的维修时间。暂时性故障又分为间歇故障与瞬时故障。瞬时故障是不能再现的暂时性故障，因其未对硬件造成损害，又不能再现，故无需修复。间歇故障是可再现的，甚至是有规律再现的故障。

temporary file 暂存(临时)文件 由操作系统或其他程序根据需要在其运行过程中创建的一类磁盘文件或内存文件。这种文件在程序运行期间生成和使用，然后再被删除。比较 permanent file。

temporary grounding 临时接地 因电气工作安全需要，临时将线路或电气设备接地。

temporary group 临时组 在某些系统中，一系列已有的日历，用于为一组用户调度各种项，只能在当前会话中使用，用后便被删除。

temporary library 暂存库，临时库 在计算机系统中，为每个作业自动建立以容纳由该作业建立的各临时目标。临时库中的各临时目标在作业结束时将被删除。

temporary margin 临时页边 对缩排段落、引言或核心材料规定预留的辅助页边。

temporary mobile subscriber identity (TMSI) 临时移动用户标识 为了支持无线接口用户识别的私密业务，临时分配给拜访移动用户的独立的标识。

temporary overvoltage 暂时过电压 由于系统中的操作、故障(如甩负载、单相接地)或非线性(铁磁效应、谐振)引起的过电压。可用其幅值、振荡频率、总持续时间或衰落量来表示。这种过电压虽为短时存在，但持续时间较其他类型过电压为长，不衰落或弱衰落。

temporary read/write error 暂时读/写错误 用重试读/写操作可消除的错误。

temporary storage 暂时存储器 用于存储中间结果或部分结果的存储器。它可利用主存储器的一部分区域，也可采用随机存取存储器另行构成。

temporary storage area 暂存区 用于临时存储处理过程中的中间结果的存储区。

temporary swap file 临时交换文件 仅在需要时才创建的交换文件。临时交换文件可由几个不连续的磁盘空间部分组成，因而对其存取速度可能有影响。如果需要交换文件的程序没有运行，则临时交换文件不会占用磁盘空间。参见 swap file。

temporary text delay (TTD) 文本暂时延迟 在二元同步通信中，由发送站发出的一个控制字符序列。它表示传输有延迟，或者使正在进行中的传输异常结束。

temporary text delay (TTD) character 文本暂时延迟字符 在 BSC(二进制同步通信)规程中的一个传输控制符。该字符用于在暂时没有文件传输而要维持数据链路的场合。TTD 告知接收站在数据传输中有一个暂时延迟。

temporary trunk blocking (TTB) 中继线暂时拥塞 交换机拥塞时采用的一个可选处理方法。当某一交换机处于轻度过载情况时,可向前级交换机发送一个TTB信号,以指示释放某中继线或推迟一个短时间后再重新占用。这样可以使过载交换机不必在到达某个总负荷值之前产生自动拥塞控制信号(ACC)。可通过相关的公共信道信令系统传送TTB信号。

TEM wave 横电磁波 transverse electromagnetic wave 的缩写。

tenancy condition 占据条件 能够确定真值的命题。用来判定一个记录是否是一个或多个系的成分或系主。

tenant 占据者 网状数据库中的一个记录。它是一个指定系的系主或其他成分。

ten-key pad 十键区 在字处理中,字处理机键盘编以0～9的一组独立的键。它便于输入数字,能自动对准小数点,类似于计算器上的键区。

ten-pitch 十间距 一种打印格式,水平方向每英寸打印10个字符,而且通常在垂直方向上每英寸打印6行。

tensor permeability 张量磁导率 表示材料内部磁通密度空间矢量和磁场强度空间矢量之间关系的张量。

tentative control strategy 试探性的控制策略 (1)人工智能技术中的一种控制策略。使用该控制策略时,选择一条可应用的规则(可以是任意的)。在使用这条规则时,计算中需要为以后应用另外一条规则做好准备。(2)试探性的控制策略可分为回溯式和图搜索控制两种类型。发展完备的试探策略叫作TOAST过程。

ten's complement 十的补码,十进制补码 一种十进制数表示法。十进制补码由下列方式构成:十进制基数10减1作为被减数的各位数字,这个被减数减去该数后再在最低有效位上加1,如十进制数4 387的补码是9 999－4 387＋1＝5 613。十进制补码也称"十的补码"。

tera (T) 垓,兆兆,太(拉) (1)10的12次方。(2)在计算机中,指2的40次方,即十进制数1 099 511 627 776。

terabyte (TB) 太字节,兆兆字节 计算机存储容量的单位,1 024 GB,即2的40次方字节,等于1 099 511 627 776字节。

teracycle 垓周,兆兆周 10^{12}周。

TERENA 欧洲计算机网络研究与教育协会 Trans-European Research and Education Networking Association 的缩写。

teraflops 太(拉)次浮点运算/秒,万亿次浮点运算/秒,兆兆次浮点运算/秒 tera floating-point operations per second 的缩写。

term 术语,项,检索词 (1)在业务中有特定含义的词或短语。(2)表达式中能被赋值的最小部分。(3)在算法语言中,算术表达式中可被赋值的最小部分。(4)在情报检索中,表示文献任一可检属性的词汇表中的元素。(5)在概念模式语言中的一个成分,表示一个项。

term clustering 检索词聚类 在情报检索中经常应用的聚类技术是文献聚类和检索词聚类。为了某种应用目的,在大量的词汇中,将相关联的检索词区分归纳,就是检索词聚类。检索词聚类可以由计算机进一步自动地构造出一个词库。

term compression 检索词压缩 情报检索的特点之一是数据量大,需要大量的存储空间。为了减少存储量,其有效方法是采用编码的方法压缩检索词,从而减少数据量。具体编码方法有霍夫曼编码、限定的可变长编码等。

term dictionary 术语词典 某些系统中提供的一种功能,把一些技术词汇或经常使用的词组事先存储起来,并可通过较少(通常两个)字母或数字组成的键标进行检索,其目的类似于词汇表。

term frequency 检索词频率 在英语文献的原文处理中,由空白符隔开的字符串称为词。词在原文中出现的次数称为词的频率,简称词频。文献检索中,检索词的频率对存储和检索均有很大影响。倒排文件的大小取决于检索词的种类及其频率两个因素。检索词的频率能反映原文的主题内容,因此采用检索词频的统计,也是进行自动标引、自动分类、自动编索引和自动编文摘的方法之一。参见automatic indexing。

terminal 终端 (1)在系统或通信网络中数据能够进入或离开的一个节点或站点。(2)在数据通信中的一种设备,它能发送和接收链路上的信息。根据设计和功能的不同,终端分为若干类。内部具有某些处理功能的终端称为智能终端,没有这些功能的终端称为哑终端。支持与计算机进行会话或处理的终端叫交互终端或联机终端。终端通常连有键盘、CRT(阴极射线管)或其他显示设备,有时连有打印机。用终端交换的信息通常是数据形式,故也称"数据终端"。

terminal access contorller access control system (TACACS) 终端访问控制器访问控制系统 用户登录到包含有授权账户数据库的集中式服务器时用的一种网络接入控制技术。TACACS通过一个或多个中心服务器为路由器、网络访问控制器以及其他网络处理设备提供了访问控制服务。它支持独立的认证、授权和计费功能。它允许客户机拥有自己的用户名和口令,并发送查询指令到TACACS认证服务器(又称之为TACACS Daemon或TACACSD)。通常情况下,该服务器运行在主机程序上。主机返回一个关于接收/拒绝请求的响应,然后根据响应类型,判断是否允许访问。此外TACACS扩展协议支持更多类型的认证请求和响应代码。当前TACACS有三种版本,其中第三版 TACACS+ 与前两版不兼容。

terminal access controller (TAC) 终端访问控制器 将终端连接到网络上所使用的一个程序和一套硬件设备。TAC 可使用拨号式调制解调器实现连接,并且允许用户调用网络远程登录软件(如 telnet)。

terminal access facility (TAF) 终端访问机制 在 NetView 程序中,一个使网络操作员能够控制一系列子系统的机制。

terminal adaptation function (TAF) 终端适配功能 终端适配功能是与 MS(移动台)相关的分功能实体。它提供了 MT(移动终端)与终端设备(TE)间互通所必要的功能。TAF 的功能取决于 TE 的业务和类型。它具有将 MT 提供的协议转换为 TE 的功能。

terminal adapter (TA) 终端适配器 一种在 PC 机与 ISDN(综合业务数字网)线路之间提供连接的设备。有时被称作 ISDN modem,事实上调制解调器是用来在数字信号与模拟信号之间作转换,而 TA 两端连接的都是数字信号,只是外型及功能与调制解调器类似。TA 一般都具有多个端口,在连接终端时需要选择适当的端口。

terminal address 终端地址 在具有多个终端的多点通信电路中,用来标识某一终端的一个或一组字符。

terminal architecture 终端体系结构 终端系统的体系结构,如许多终端制造商曾把可编程序微处理器用作终端系统的核心。后来,有些公司改变了终端系统的结构,使数据在内存、外部设备和通道之间传送时,不再通过终端的中央处理机。中央处理机的指令使数据直接从存储器传送到显示器、外部设备和通道。

terminal block 接线板 在绝缘壳体或绝缘板上有许多接线端的组装件,以便于多根导线之间的互连、延伸和扩展。

terminal brightness 终端亮度 在显示系统中,亮度调整有数种方式。大部分显示系统采用的一种标准方式是亮度控制器,其工作方式类似电视接收机。这种控制方法可按操作员的环境来调整荧光屏的亮度,以免眼睛疲劳。另一种称为双重亮度法,它能使特殊的字符、字或荧光屏区以较高的亮度显示。在查找错误时,这是一种很有用的方法。特别是当数据打入键盘时更为有用。已键入的字符可以较高的亮度显示,而其他部分仍较暗。

terminal buffer 终端缓冲区 终端上为临时存储而设置的区域,至少可存放一个字符,有的终端缓冲区可以存储一行字符或一段完整的报文。

terminal cluster 终端组 受同一计算机控制的两个或两个以上的终端。

terminal-cluster controller 终端簇控制器 一个能够为一簇终端提供连接到数据链路的智能设备。通常可将一台或多台个人计算机连接到大型计算机前端处理器。

terminal component 终端部件 终端上一种分立的可寻址部件,它执行输入或输出操作。如键盘-显示设备的显示部件或键盘-打印设备的打印部件。

terminal configuration facility (TCF) 终端配置功能(程序) 由用户编写的一组宏语句以及在可编程存储系统宿主支持程序的一些模块。它被用来定义和建立终端操作环境。

terminal connection diagram 端子接线图 表示成套装置或设备的端子以及接在端子上的外部接线(必要时包括内部接线)的一种接线图。

terminal control function 终端控制功能 控制器中终端控制的类型取决于为之服务的终端类型。如终端控制可以是从电传打字机发送查询字符来启动传输,也可以是给同一类型终端发送寻址字符,以决定终端位置,准备通过多终端线路接收数据。对一组数据发送肯定接收或不接收信号都是控制器功能。

terminal controller 终端控制器 (1)能够连接控制打印机、读卡机、阴极射线管显示器等外部设备及数据终端和微型计算机的一种电路或部件。它包括内部接收器和发送器。接收器将串行输入数据转换成并行输入数据,并附有奇偶性、成帧及超速运行等错误校验。发送器将并行输出数据转换成串行输出数据。(2)在多终端计算机系统中,用来连接多台终端,接收所连接终端的输入,并把输入信息统一送到计算机中,或完成相反传输和操作的设备。(3)在计算机网络中用来连接多台终端,并把这些终端的输入信息统一送到一条网络线路上或进行相反传输或操作的设备。

terminal controller function 终端控制器功能 由控制器内部完成的功能。包括输入输出信息缓冲、字符代码转换、编辑和格式化、直观显示的字符生成、直观显示的存储器刷新、通信线路的数据集中以及错误校验和差错控制。

terminal control system 终端控制系统 一种控制程序。在一些计算机系统中,能有效地控制多终端操作。该程序调度输入输出数据处理及在多任务、多终端环境中的硬件资源的使用。系统具有扩充系统控制功能的实用程序,因而可缩短应用系统的开发周期,简化复杂的程序设计任务,并为扩充其他终端和输入输出设备提供便利条件。

terminal control unit (TCU) 终端控制单元 可在终端设备和传输系统之间对信息传输和终端设备的操作实施控制的一种装置。

terminal coupling loss during echo path variation (TCLEPV) 回波通路变化时终端耦合损耗 不工作情况下,当一个特定的回波途径变化时引起的加权衰落。

terminal cursor 终端光标 终端设备显示屏上的

T

可移动的记号,用来指示字符出现的位置。各种终端的光标形式不尽相同。

terminal data processing 终端数据处理 数据的输入、处理和输出的准备过程。它一般利用键控穿孔机、电传打字机、阴极射线管显示器和群集系统来完成。

terminal descriptor 终端描述符 在AIX对象数据管理器(ODM)中,一个命名的变量,其类型为short,long,binary,char或vchar,用于在ODM对象类定义中定义基本的数据类型。参见binary,char,long,object class,short,vchar。

T

terminal descriptor block (TDB) 终端描述符块 软件中的一个端口参数表,用于描述与计算机通信的终端。

terminal device interface 终端设备接口 终端设备和通信网络之间的接口。通常是一个多路复用器或集线器。

terminal digit posting 终端数字记入 根据序列号数字的最后配置来安排和记录文献序列号的方法。

terminal display mode 终端显示方式 用规定的方法在显示屏上显示各点的方式。包括向量、增量、字符、点、向量连续及短向量等。

terminal distributed system 终端分布式系统 在一组织内,各计算机的安排方式是使各种计算设施以协调的方式工作,而不是像传统的那样将一个计算机置于一个部门。这种安排方式可扩大计算机的用途。通常,组织的中央文件存放在中央计算机中,分布在各处的计算机只要通过调用便可存取中央文件。

terminal edit operation 终端编辑操作 诸如整个显示屏的清除。未受保护位置的清除、字符插入与删除、整行插入与删除,至最后一页擦除以及擦除整行等,这些都是终端编辑操作。

terminal emulation 终端仿真,终端模拟 (1)微型计算机或个人计算机的一种功能,使得他们在操作时,如同是某种与处理机相连并能存取数据的终端。参见download,upload。(2)虚拟线路的一种逻辑扩充技术。即由网络接管主机剩下的诸如监控逻辑信道及控制信息流等所有工作,而主机只要发送和接收串行的字符流即可。用这种方法,主机连网较为容易。这种接口也可用在非智能的键盘终端上。

terminal emulator 终端仿真器 一种程序,可使像微型计算机或个人计算机这样的设备能向计算机系统输入数据和从计算机系统接收数据。就好像它是特殊类型的联机终端。

terminal endpoint identifier (TEI) 终点端点标志 用于建立第二层的数据链路时识别终端。

terminal end to end control 终端间控制 一种用来交换信息和控制权而不损失信息的通信方法。

terminal equipment (TE) 终端设备 (1)和信息网格的一端相连的设备。它能发出数据和接收数据,如作为输入的电传打字机,作为输出的显示设备等。参见data terminal equipment。(2)在ATM(异步传输模式)连接中,代表端点的终端设备以及在连接中各种协议的终端。

terminal equipment subport (TESP) 终端设备子端口 一个子端口,作为虚拟电路上的一个终止点。

terminal equipment type 1 (TE1) 一类终端设备 也称"标准ISDN(综合业务数字网)终端",是符合ISDN接口标准的用户设备,如数字电话机、G4传真机等。它们符合ISDN用户与网络接口协议,用户使用这些设备时可以不需要终端适配器TA,直接连入网络终端。

terminal equipment type 2 (TE2) 二类终端设备 也称"非标准ISDN(综合业务数字网)终端",是不符合ISDN接口标准的用户设备,如普通模拟电话机、G3传真机、PC机、调制解调器等,需使用终端适配器,使TE2接入ISDN标准接口。参见terminal adapter (TA)。

terminal function diagram 端子功能图 表示功能单元全部外接端子,并用功能图、表图或文字表示其内部功能的一种简图。

terminal handler 终端处理器 对终端发出的信息以及从处理中心来的信息进行暂时处理的装置。终端处理器一般设置在与处理中心较远的终端侧。

terminal human factor 终端人员因素 重要的终端人员因素包括显示屏的尺寸,字符的个数、形状、大小,显示屏的颜色和外观,键盘字键的排列,键盘的声音。所有的终端设计均应使人感到舒适。

terminal identification 终端识别 一种保护系统安全性的措施。终端启用时自动产生一个标志,以识别它是否具有许可权。

terminal identifier 终端识别符 提供有关把某台终端从其他终端内标识出来的信息的O/R(始发者/接收者)地址中的标准属性。终端识别符的例子有:用户电报的应答码和智能用户电报的终端标识符。

terminal impedance 端阻抗 在未加负载的情况下,从一个传输设备或传输线的输入端或输出端测得的阻抗值。

terminal input buffer 终端输入缓冲器 同console stack。

terminal input/output task (TIOT) 终端输入/输出任务 在某些可编程存储系统中,一道程序的一次执行,它提供在终端中的I/O设备,(如显示器、现款提取机或打印机)和与终端相连接的控制器的控制部分之间的通信。

terminal installation 终端装备 在同一地点运行的数据终端及有关设备的组合。

terminal installation for data transmission 数据传输

终端装备 数据终端设备、信号转换设备和其他中间设备的组合。

terminal interchange 终端转接器 远离处理中心的一种缓冲装置。它暂时存储终端发出的信息及从处理中心来的信息。

terminal interface 终端接口 数据处理终端设备和数据通信设备之间的接口。终端接口已标准化,具有规定的电压电平、阻抗、连接器类型和管脚分配等。这些接口包括美国电子工业协会(EIA)标准 RS-232C 串行接口和 IEEE-488 总线等。

terminal interface device (TID) 终端接口设备 终端访问控制器的早期名称。同 terminal access controller (TAC)。

terminal interface equipment (TIE) 终端接口设备 通信系统中,可提供自动拨号/自动应答调制解调器功能,并支持 CSU(信道服务单元)、DSU(数据服务单元)以及呼叫建立能力的一种接口设备。

terminal interface function 终端接口功能 终端接口将显示设备连到通信计算机系统。这种接口通常有三种功能:将计算机数据字重组成显示设备所要求的字结构;将计算机逻辑电压转换成显示逻辑电平;将数据结构和显示的通信特征与通信设施互相匹配。显示设备与计算机间的通信可由计算机或显示设备的操作员启动。

terminal interface processor (TIP) 终端接口处理机[器] (1)使用户终端在当地没有可用的主计算机,或虽有主计算机,但该机又不具有分时系统时,仍可进入计算机网络并利用网络公共资源的处理机。它一般由两部分组成:①主体,类似于一个中央处理机,拥有多个通道,通过通道去连接各类终端设备;②多线控制器,用于对各个终端进行处理和控制。(2)APARNET 的一个开关设备,用于将终端接入网络中。

terminal international center (TIC) 终端国际中心 用于租用电路和特殊电路的终端国际中心是在租用者的装置所在国家为租用者服务的国际中心。在一个国际租用群或超群链路中或在多终端链路的情况下,可能有两个或几个终端国际中心。

terminal I/O wait 终端输入/输出等待 一种任务的状态,在此状态下只有等到从终端接收到信息后,任务才能继续处理。

terminal job 终端作业 (1)在分时系统中,为终端用户登记和注销记录所作的处理。(2)计算机处理终端设备的请求或输入时所进行的处理和交换。

terminal job identification 终端作业识别码 在分时选择操作系统控制下,给每个终端作业分配的两个字节识别码。

terminal key 终端密钥 密钥管理中由终端使用的加密会话密钥的密钥。

terminal keyboard 终端键盘 通信终端的一部分,通常用于手工输入数据或控制信号。终端键盘一般有数字字母式和数字式两种,前者主要用于字处理、文本处理、数据处理和远程信息处理;后者用在按钮电话、会计计算机和计算器中。

terminal language 终端语言 最终语法所描述的语言。

terminal/light-pen system 终端/光笔系统 由一种特殊形式的终端与光笔组成的系统。将光笔指向所要观察的字符位置,并使笔尖指在荧光屏,以选择由系统执行动作的数据。

terminal line-sharing interface (TLSI) 终端线共享界面 一个支持同步/异步操作的调制解调器共享设备,可以通过级联支持更多终端。

terminal locking device (TLD) 终端加锁设备 一个终端或打印机的开关,防止他人使用。

terminal memory 终端存储器 微型计算机系统中为标准终端存储程序及有关数据而设计的一种存储器模块。它由随机存取存储器、只读存储器或两者的混合组成。该模块中有完整的时序和控制逻辑,可直接插入微型计算机系统。

terminal microprocessor 终端微处理机 配备有可编程序只读存储器、只读存储器或可编程序随机存取存储器的微处理机。它具有可以改变的智能。

terminal mode 终端方式 (1)通用计算机的一种操作方式。它使通用计算机的阴极射线管和/或打印机作为另一计算机的终端。(2)决策者是对系统进行存取的直接用户,终端方式是决策支持系统典型的使用方式。

terminal/modem interfaces 终端/调制解调器接口 终端与调制解调器之间的接口。它不但包括数字数据信号,而且包括控制调制解调器和数据链路的信号,如在半双工通信中,发送调制解调器要处于接收状态,接收调制解调器要处于发送状态。调制解调器由 EIA(美国电子工业协会)接口通过升高预置电压将控制线设计为"请求发送"型,从而达到由接收到发送的转换。当调制解调器的"清除到发送"状态线打开时,则给计算机或终端送一个信号,表示调制解调器已准备好从数据链路传送数据。

terminal monitor program 终端监督程序 在 TSO (分时选择)操作系统中,从终端接收和解释命令的程序。它能调度并执行相应的命令处理程序。

terminal multiplexer adapter (TMA) 终端多路适配器 与多路复用器类似的一种装置,与终端适配器相连的一个适配器,可控制多个终端。

terminal multiplexing and control 终端多路转换和控制 为了共享终端控制器并为通信网络提供共用接口,利用通信处理机控制和多路复用直接连接的各种终端,如阴极射线管显示器。

terminal name 终端名 由用户分配给终端的符号名。

terminal national center (TNC) 终端国内中心 它

是通过终端国内段与租用者设备连接起来的最近的国内装置(如中继站)。通常将为这个中心配备工作人员和装备以便进行传输测量。

terminal network 终端网络 有些终端系统特别适合执行信息传输,有些系统适合执行输入输出功能,另一些系统适合执行算术计算。在一个复杂的计算机应用中,设计者可利用各个微型计算机的特长,组成一个系统。如果两台以上的这类处理机通过通信线路连在一起,则组成一个网络。因而一终端网络本质上是一特殊应用,按照成本效益的要求,将计算机的功能分配到其组成中。

T

terminal node 终节点,终端节点 (1)在分层数据库中,一种没有下属记录或下属段的节点。(2)在SNA(系统网络体系结构)产品中,用户不可编程的一种外围节点,它的处理能力比群控器节点小。(3)在人工智能的搜索"与或"图中,凡是与已经求解的本质问题描述相对应的节点,称为终节点,反之称为非终节点。

terminal of a network 网络的端 网络中可以与其他电路相连接的一个节点。

terminal operating mode 终端操作方式 在公用数据传输业务的范围内,为满足用户业务类别参数要求而设定的数据终端设备操作方式。终端操作方式有会话(一次一字符)传输、信息(一次一行)传输、分页(一次包括全部或部分显示屏显示内容)传输。

terminal operation environment (TOE) 终端运行环境 电信的TOE类似计算机的操作系统。支持业务和功能的软件模块。通过无线接口下载软件可进行升级。

terminal O/R address 终端 O/R 地址 在报文处理的行文中,这是一种O/R(始发者/接收者)地址,它用其终端的网络地址标识用户,并且能标识访问该终端所通过的ADMD(公用管理域)。所标识的终端可属于不同的网络。

terminal-oriented network 面向终端网络 网络直接与终端相连,向终端提供各种服务。终端用户可以随时向网络申请调用资源或为实现某种任务不断与网络交互。

terminal-oriented operation language system 面向终端的操作语言系统 一种用户程序语言系统。其功能包括数据运算、编辑、指定输入输出操作顺序及各种错误校验等。

terminal pair 端对 网络中的两端,其一端输入的电流与另一端输出的电流相同。

terminal polling 终端查询 询问每个终端是否有任何信息要传输,或注意中断信号,使计算机读取来自中断终端的信息。

terminal polling and auto answer 终端查询和自动回答 查询是寻址终端将数据传送给终端或从终端收集数据的过程。当终端在前台方式或后台方式中具有自动回答或接收和发送数据的能力时,用户可以把数据送入计算机,在规定时间后再取出。

terminal port 终端端口 (1)在网络中,指节点中的功能部件,数据能通过它出入网络。(2)处理机的一部分,专供单一数据通道使用,以便与一个或多个外部及远程设备交换数据。(3)控制一批终端的设备。这些终端通过它共用一条通信线路。

terminal power over Ethernet (TPOE) 以太网反向馈电 由多个(特殊情况下可为一个)具有以太网接口的用户终端设备通过双绞线向具有以太网接口的接入网设备供电的方式,即多点对一点的供电方式。

terminal printer 终端打印机 连接在终端上的打印机。

terminal processor 终端处理机 将终端接到通信网上或协助终端操作的小计算机。

terminal protocols 终端协议 终端与计算机或计算机与终端进行通信时所遵循的一套规则。协议规定信息的格式、定时与控制。协议有多种形式,如链路协议规定两个以上的设备在单一线路上实现数据传送的顺序,端间协议规定利用数据网络连接的设备间传送数据的步骤。

terminal quiescence 终端静寂 有序地关闭终端的全部活动。

terminal reliability 终端可靠性 许多终端本身具有进行诊断和服务的特点。包括自检测和诊断电路、模块结构及接口电路。

terminal repeater 末端中继器 一种用于干线末端的中继器。

terminal response mode 终端响应方式 在某些信息管理系统中的一种响应方式,即暂停全部终端输入操作,直至应用程序产生输出信息为止。参见line response mode, response mode。

terminal room 终端室 与电话中央机、专用分支交换机或专用交换机相邻的房间,内装配线架、继电器和其他类似设备,但安装在交换台中的那些设备除外。

terminal screen 终端屏幕 同 display screen。

terminal security 终端安全措施 在某些信息管理系统中,使用系统定义宏功能和保密措施实用控制语句授权特定的逻辑或物理终端可以发出某些或所有操作员命令,可以发送、接收某些或所有定义事项。

terminal security device (TSD) 终端安全设备 保护计算机不被通过拨号线终端非法使用的设备。它位于调制解调器和计算机端口之间,提供一个口令保护措施。

terminal security feature 终端安全特性 终端保护数据及系统完整性的特性。其中包括口令、开始信号、终端锁或软件保护等。不管哪种形式的特性,良好的保护可使系统能够防止其他用户进入个人的记录区、文件或终端，或使用特权命令。

terminal server 终端服务器 一个连接许多局域网上终端的设备。许多网络在节点之间使用高速线路，而终端及仿真终端的运行速度与高速线路相比就很慢了，为了解决这个问题，人们就将许多终端和仿真终端的信号通过终端服务器组合起来在单独的线路中传送。

terminal session 终端会话时间[通话期] 终端用户可以同交互式系统进行通信的一段时间。通常指从终端用户登录开始到用户注销系统为止的时间。参见 session。

terminal strip 接线条 一种用于连接导线的长条，上有若干螺丝连接桩。

terminal subframe 终接子架 将所有光纤光缆引入与接地并与尾纤接续（可以熔接，也可以是机械式冷接）功能集中在同一子架中的机架。

terminal symbol 终极符号 树形图中不支配其他节点，处于树的最底部的节点。

terminal system 终端系统 由若干个终端和一个中央存储设备以及他们之间的通信组成的一个完整的系统。

terminal system control units 终端系统控制部件 一些协调微型计算机完成终端网络的控制功能的系统控制部件（SCU）。运行时，负责查询每一终端采样输入数据；分析接收数据，从而确保终端操作；传输提示信息，引导终端操作员通过数据入口序列。

terminal table 终端表 一种有序的信息集合。它包含控制字段，用于接收和发送信息的每个终端的信息块、一组终端，以及接收信息的处理程序。

terminal table entry (TTE) 终端表目 一个终端、一组终端或处理程序上的信息块，每个单元之一组成一个终端表。

terminal task processing 终端任务处理 对来自终端的请求到达系统时的处理。此时，任务马上产生，并以应用程序模块形式被记入系统以便处理这个请求。

terminal teleprocessing 终端远程处理 通常指用电传打字机对信息进行准备、发送和接收的过程。

terminal text processing 终端文本处理 对将要输入系统的文本进行数据输入和编辑的方法。通常采用纸带穿孔机、阴极射线管显示器和群集系统实现。

terminal transmission interface 终端传输接口 外设处理数据有些是并行格式，而有些则是串行格式，外设接口适配器（PIA）提供了并行设备和MPU（微处理器单元）的 8 位输入/输出总线间的接口。异步通信接口适配器（ACIA）用来格式化串行数据（指“异步”数据），为了传输通信，通常将这些串行数据由调制解调器转化为模拟格式。完成这些功能的接口称为终端传输接口。

terminal transparency 终端透明性 在远程通信中，使互不兼容的终端通过自动代码转换和线路控制转换实现通信的特性。

terminal tree 终极树 不能再解析的树。

terminal/tributary 终端/分支设备 自动数字网络中，能利用通信设施以及加密设备发送和接收消息的设备，与通信设备同义。

terminal trunk 终端中继线 连接两个或两个以上终端（或电话）的中继线路。

terminal unit 终端设备 同 data terminal equipment。

terminal user 终端用户 （1）分时系统中有资格使用系统的任何人员。（2）数据库系统的非程序员用户。这些用户由一般企业管理人员组成，他们一般不熟悉程序的编制方法。终端用户可分为直接用户、中间用户和间接用户三类。直接用户是专家、工程师、统计员、技术员、推销员等；中间用户是指职能部门、行政部门、管理部门；间接用户指经理、客户、旅游者等。能否为终端用户提供简单、直观的终端键盘操作语言是数据库管理系统设计的成败关键。

terminal user language 终端用户语言 计算机系统或数据库系统的非程序员用户所使用的语言，它是随着计算机的分时终端使用方式的出现而产生的。终端用户语言的基本功能有输入/输出、检索、加工和更新（包括增加、删除和修改等）。其应用范围有：日常业务、管理业务、计划业务。

terminal vertex 终端节点 在树形结构中无后继的树节点。

terminal voltage 端电压 电路接通时，电源两极间的电压。它等于电源的电动势减去内电路的电压。当外电路切断时（相当于外电阻为无穷大），它即等于电动势。

terminal word processing 终端字处理 利用电传打字机和字处理系统对信件、便函和报告进行编制和分配的方法。

terminate 终止 （1）在系统网络（体系）结构产品中，由逻辑单元（LU）发送至它的 SSCP（系统服务控制点）的一种请求单元，它使 SSCP 初启一个过程来结束一个或多个指定的 LU-LU（逻辑单元之间）会话。（2）停止系统或设备的操作。

terminate and stay resident (TSR) program 终止并驻留（内存）程序，内存驻留程序 常驻内存并可随时通过中断激活的程序。在 DOS 和 OS/2 操作系统上的 TSR 程序通常用来实现对系统的辅助工具或实用程序（如 PCTOOLS、计算器、日历等）的随时调用，也可通过 TSR 来实现多任务的功能。TSR 程序常常互相冲突，很难设计和管理。同 memory-resident program。

terminated line 端接(匹配)线(路) 用一电阻跨接在其远端的一种远程通信线路,电阻的阻值等于线路的特性阻抗,因此,在近端向该线路发送信号时不出现反射波和驻波。比较 bridge tap。

terminating condition of a production system 产生式系统终止条件 产生式系统的控制策略的一个重要部分,是问题解答成功或目标达到的判断条件。

terminating immittance of a port 端口的终端导抗 接到该端口两端的电路或器件的导抗。

terminating junctor 终端连接器 一种电路,它将中心局交换台上的一次呼叫从选线器接到指定线组并完成诸如按铃、停铃和电池供电这类功能。

terminating link 端接链路 连接总局到地区局的干线。

terminating network 终接网 在一次呼叫中,直接连接到被叫用户的网络。

terminating plug 终结插口 在计算机中结束电缆的部分,连接到最后的磁盘等设备上。

terminating room 端接室 参见 wiring closet。

terminating symbol 终止符号 在带上表示一段信息结束的符号。参见 terminal symbol。

termination 终止,端接,匹配终端 (1)将系统或系统中的一个元素置于不再执行正常操作的一种行为。(2)停止任务的执行。参见 abnormal termination,LU-LU session termination。(3)连接的一种形式,称端接。它的特点是:①永久性连接;②通常是导线与接触件的一部分,接线端或端接件的连接。(4)匹配是指为了消除反射而通过添加电阻或电容器件来达到阻抗一致的效果。因为通常采用在源端或终端,所以也称"端接",如一个 75Ω 的电阻,把它接到电缆的一端和不用的分支器的引出端上,以便达到阻抗匹配,使反射减至最小,这称为匹配终端。

termination connection point (TCP) 终端连接点 连接点的一种特殊情况,此处的路径终端功能受适配功能或连接功能的限制。在信息模型中终端连接点也被称为路径终节点。

termination control 终止控制 变流器中,改变臂内电流导通终止瞬间的控制。参见 switch control。

termination handler 终止处理器 一种异常处理机制,保证在程序段中退出时执行一段指定的代码,在被保证程序段执行时不管执行到什么退出语句,在控制离开程序段时系统都保证终止处理段被执行,在 Microsoft C 中终止处理用 try-finally 语句实现。

termination job process monitor statement 终止作业过程监督语句 程序员用来规定监督系统操作的各种控制语句。这些语句可以是输入语句。

termination of a block 程序块结束 在 PL/1 语言中,终止程序块的执行并利用返回或结束语句使控制返回激励程序块,或利用转向语句使控制返回激励程序块或某个活动程序块,称为程序块结束。

termination proof 终止性证明 在正确性证明中,表明在全部规定的输入条件下,程序将终止。

termination rack 端接机架 一种设备机架,装有现场线缆端接单元和相关的信号波形加工设备,提供了计算机控制系统和现场安装的检测仪器之间的端接口。

terminator 终结器 位于信号线终点的一个用来提供阻抗匹配的线路末端装置,用于吸收线路上的信号,防止信号反射干扰正常传输。

terminator cap 端接器 以太网总线两端必须装接的一种特殊连接器,如果不装,以太网将无法正常工作。

terminator/initiator 停启程序 一个特定程序。它把一个作业段准备好之后送进计算机运行,在一个作业运行结束后,便进行例行的管理和收尾工作。它与作业调度程序配合使用。

terminologe bank 术语库 以计算机为基础的检索词汇表。这种词汇表可供各项款目的翻译之用,它常用于机器辅助翻译系统中。

terminological control 术语控制 一个文件编写语言理论中的核心概念,在编索引或信息检索时,自然语言中同义词和同音异义词所产生的问题可以通过术语控制来解决。控制的办法是:使行业术语的延伸应该顺应专业范围和应用的可能性。

terminology bank 术语(数据)库 存储专业术语的数据库。数据库中的每条记录是一个专业术语和与该术语有关的各种信息,如注释、类别、出处、语言学特征、其他语种的译名等。同 terminologe bank。

termulator 终端仿真程序 一种能仿真终端程序的快速机器语言程序。它限于全双工操作时应用。

term vector 检索词向量 情报检索中,检索词标量的一维有序集合。用检索词表征文献时,如果检索词 T_1 表征文献 D_1,D_3,D_5 和 D_6,检索词 T_2 表征文献 D_2,D_4,D_6 和 D_7,则两个检索词向量分别为

T_1:1010110

T_2:0101011。

ternary 三进制的,三态的 (1)以 3 为基数的记数系统。(2)具有三种可能状态的。

ternary code 三进制代码,三态码 仅有三种状态的代码,如使用数字 0、1、2 来表示三进制数。在电路中,以三个信号电平来表示三个状态,通常取三个可能的电平值,如+1 V、0 V、−1 V。

ternary content addressable memory (TCAM) 三态内容可编址存储器 TCAM 是从 CAM(内容可编址存储器)的基础上发展而来的。一般的 CAM 存

储器中每个位的状态只有两个，“0”或“1”，而TCAM中每个位有三种状态，除掉“0”和“1”外，还有一个“don't care”状态，所以称为“三态”，它是通过掩码来实现的，正是TCAM的这个第三种状态特征使其既能进行精确匹配查找，又能进行模糊匹配查找，主要用于快速查找访问控制表(ACL)、路由表等表项。

ternary incremental representation 三态增量表示法 一种增量表示法，其中增量的值被舍入成三个值之一：+1，-1，或0。

ternary relationship 三元联系 同时存在于三个实体类型的实例之间的联系。

terrestrial interference 地面干扰 卫星信号中，由大功率基地微波链路在4 GHz波段处引起的干扰。

terrestrial radio communication 地面无线电通信 除空间无线电通信或射电天文以外的任何无线电通信。

terrestrial station 地面电台 实现地面无线电通信的电台。

terrestrial system 地面系统 卫星通信系统中的陆地通信部分。

terrestrial trunked radio (TETRA) 陆地集群无线电 由欧洲电信标准化协会提出的泛欧数字陆地集群移动通信标准。TETRA原来是泛欧集群无线电的缩写，后改为现名。TETRA系统采用DQPSK(差分四相键控)调制方式、TDMA(时分多址)方式、ACELP(自适应码激励线性预测)语音编码方式，在25 kHz的载波带宽开辟四个时隙即四个话音信道。每载波总比特速率为36 kbps，最大数据传输速率可达28.8 kbps。

terrestrial TV 地面电视 普通的超高频(UHF)和甚高频(VHF)电视，其传输距离被限制在160 km范围内。

tertiary device 第三级设备 在某些操作系统中，通过PAB(主应用块)中一组设备字段中的第三个字段，分配给系统任务的I/O设备，第三级设备可以是显示站、打印机、软盘、磁带机或是处理、打印或传输数据的装置。参见primary device，secondary device。

tertiary document 三次文献 对有关的一次文献和二次文献进行广泛深入的分析研究综合概括而成的产物。如大百科全书、辞典等。参见primary document，secondary document，zeroth document。

tertiary industry 第三产业 在再生产过程中为生产和消费提供各种服务的部门。包括除第一和第二产业外的其他各行业。第三产业基本是一种服务性产业。比较primary industry，secondary industry。

TES 时域保密器[加扰器] time element scrambler的缩写。

Tesla 泰斯拉 按法拉弟(Faraday)定律，在MKSA(SI)单位制，即米-千克-秒-安单位制中磁通量的单位。1泰斯拉代表每匝每平方米1伏特秒。1泰斯拉等于10 000高斯。

TESP 终端设备子端口 terminal equipment support的缩写。

tessellation automaton 棋盘形自动机 一种可以安排在二维无限棋盘形式的网络上的细胞自动机。其中每一个小方块内都可放一个细胞。这种自动机可以计算任意可计算函数。

test 检测，测试 (1)对电路或系统的工作参数，用指定的方法检验测试的过程。(2)用于评估与特定目标或控制标准相关的计划的有效性和实效性的行为。测试类型包括：桌面测试、对等复查、结构化全面检测、独立测试、集成测试和操作测试等。参见marginal testing，usability testing，validation testing，verification testing，integrated testing。

testability 可测(试)性，易测性 (1)软件的一种属性。它表明了既便于测试准则的建立又便于就这些准则对软件进行评价的程序。(2)需求定义便于对需求进行分析，以建立测试准则的程度。(3)对所设计的电路或系统进行故障测试的难易程度。(4)容易测试或经济有效地测试LSI(大规模集成电路)的能力。通常，由LSI设计的内部结点信息的可观测性和可控制性来说明易测性。

testability design 易测性设计 采用一套设计规则，在LSI(大规模集成电路)测试设计时预先实施对策，以达到容易生成测试模式的设计方法。具体的易测性设计方法有特定方式、扫描设计方式和内构测试方式。

test and control board 测试和控制板 一种长途电话测试板，用来对正在工作的长途电话回路进行操作和交谈测试以及1 000 Hz的传输测量。该板的操作员能占用回路，并用它处理回路故障。

test and finish (T&F) 测试和完成 半导体生产的最后阶段，部件被测试、电镀、用符号表示等。业界行话中也称“后道”。

test-and-set 测试并设置 一种计算机指令，在一个指令周期内不可中断地完成对某个地址单元的读取、测试和写入的操作。主要用于进程间的同步和保护。

test and verification tool 测试和验证工具 软件生命周期中测试阶段所使用工具。如测试数据生成程序、跟踪程序、测试程序和验证程序等。

test and verify program 测试与检验程序 能使用户确定硬件是否运行正常并查出故障的程序。它是为处理机、存储器及许多标准外部设备和控制器完成上述检查而设计的。参见benchmark，SPEC。

test antenna 测量天线 工作特性已知，并与测试设备配合使用的天线。

test bed 测试台(床) (1)测试环境，包括测试系统

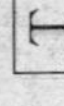

或系统组成部分所必需的必须硬件、探测工具、模拟程序以及其他支持软件。(2)在测试系统或系统的组成时所必需的必须全部测试案例的汇集。

test board　测试台　一种带有测试装置的开关设备,改变这些装置的排列和连接能测试电话线路或中心业务设备。

test case　测试用例　测试数据及与之相关的测试规程的一个特定的集合。为特定目标而开发的一组测试输入、执行条件和预期结果,其目标可以是测试某个程序路径或核实是否满足某个特定的需求。

test control (TC)　测试控制　由 DTE(数据终端设备)向 DCE(数据电路终端设备)发出的一个信号以发送一个测试模式的信号。

test coverage　测试覆盖　测试系统覆盖被测试系统的程度,一项给定测试或一组测试对某个给定系统或构件的所有指定测试用例进行处理所达到的程度。

test data　测试数据　为了测试计算机或系统是否正常运行的一组特殊数据。这些数据可以是以前运行中积累的数据,也可以是从模拟计算机系统的运行中得到的专用于检查的数据。

test driver　测试驱动程序　一种驱动程序。它调用被测试对象,还可以提供测试输入并报告测试结果。

test-driven development (TDD)　测试驱动的开发　极限编程(XP)所提倡的一种软件开发方法。测试驱动的开发思想就是测试优先,测试不仅优先于编写代码,而且优先于设计和需求分析。在需求分析之前,实际上已经存在原始需求。分析需求时,必须将需求的设计空间和测试空间找出来,要找出设计空间,必须对测试空间进行划分才能确定哪些属于设计空间,哪些属于异常空间。因此可以先对原始需求采用测试用例设计方法来找出测试空间和设计空间,得出详细的需求规格。同样,如果在编写程序之前首先设计测试方案,就能够做到:除非缺乏某个功能将导致测试失败,否则就拒绝在程序中实现该功能。用测试优先的方法开发软件,就保证了每一项软件功能都有测试来验证它操作的正确性。参见 extreme programming (XP)。

test environment　测试环境　软件测试过程中与测试活动相关的一些因素。通常指的是:①工作环境,测试人员的物质条件以及人员之间的配合关系;②计算机系统,可提供测试人员使用的计算机硬、软件;③测试策略,测试工作应遵循的指导思想、方法、步骤等。④测试工具,测试工作所需的辅助性软件,如静态分析程序,动态分析程序,接口检查程序等;⑤测试库,测试工作中存放被测程序、测试辅助程序、测试结果、预测结果等的数据库。

test equation　试验方程　讨论常微分方程数值方法稳定性时常用的一个微分方程。绝对稳定性的检验依赖于正在求解的微分方程,由于微分方程的多样性和复杂性,很难导出能在实践中统一使用的简单易行的结果。因此在讨论算法稳定性常常只考虑方程 $y' = \lambda y$,其中 λ 是一个复常数,这个方程称为试验方程。如果一个数值方法对试验方程绝对稳定,就说该数值方法是绝对稳定的。

tester　游戏测试者　游戏制作公司专门花钱聘请的测试作品的资深玩家。

test example design　测试实例设计　为保证软件符合用户的要求和证明程序本身的正确性而进行的测试。测试有两种基本方法:黑箱法和白箱法。黑箱测试从系统的外部规范说明和要求出发,进行随机测试、边界值测试等,以验证系统的最终结果,但不检查系统如何被实现。白箱测试从程序的内部结构出发,通过执行程序中的所有语句或分支,以检查系统如何被实现。白箱测试的方法有语句覆盖、分支覆盖和路径覆盖等。

test frame　测试框　一种用于测定缩微图像的精度和密度的小孔。

test function　检验函数　用有限元方法求解数学物理问题时所引用的一种函数。常把微分方程乘以此函数后再导出一个积分等式,并用此积分等式代替微分方程来求解。通常要求这个函数满足一定的光滑性和边界条件,而且积分等式要求对某一类检验函数都成立。

test generate　测试生成　生成某种测试功能或算法的方法和过程。在某系统中具有自动生成测试算法的能力。这种系统便称为自动测试生成系统。在这种系统中自动产生某种测试算法的方法和过程则称为自动测试生成。

test generator　测试生成程序　为了检测数字电路或某一程序中的故障而编制的产生测试码的程序。

test indicator　测试指示器　指示机器工作情况的一种装置。当机器执行人工操作,或进行维护、诊断时,测试指示器指出程序是否正常执行。

test initialization　测试初始化　在逻辑电路上加上输入码模式,使内部存储单元均达到已知状态的过程。

test instruction　测试指令　一种检查数据状况的指令,该指令还为后续转移指令设置状态或溢出标志位。在某些情况下,测试和转移被视为一条指令中的双操作。

test library　测试库　(1)一种用于诊断操作的库。它不包含用于正常处理的数据。(2)在某些系统中,一个用户定义的库,用于纠错操作。

test log　测试日志　按年月日对测试活动的全部有关细节所做的记录。

test mode　测试模式　调制解调器或 DSU(数据服务单元)的一种工作状态。此时,线路中正在进行测试,发送器和接收器都不执行正常的传输操作。

test phase　测试阶段　软件生命周期的一个阶段。

用精心选择的测试数据，观察程序执行的结果是否与规定的预期结果相符合，如有不一致之处，查明原因后加以纠正。

test plan **测试计划** 一个建立详细需求、衡量标准、通用方法、责任的计划以及用于测试和评价一个系统的总体计划。它叙述了对于预定的测试活动将要采取的途径。典型的计划中包括：标识要测试的项目，要实现的测试，测试进度表，人事安排要求，报告的要求，评价准则以及要求临时计划的任何风险。

test point **测试点** 在数字电路内部增设一些引出线，他们可用作控制线或观察线，测试点可用来切断长的逻辑链，常设置在重要的扇入点和扇出点、存储元件输出、计数器输出等处。

test procedure **测试规程** 对给定的测试，就其建立、运行和结果评价所作的详细说明。常常把一组有关的过程组合起来形成测试过程文件。

test program **测试程序，检验程序** 为测定软件系统功能是否正常而设计的程序，如 FORTRAN 检验程序，通过一些预先设计的源程序来测试某 FORTRAN 编译系统是否符合一定的 FORTRAN 标准。

test program and subroutine **测试程序及子例程** 一旦经常使用的测试程序段编码成宏命令或子例程，它们将永久地存储在用户选择的器件中。测试器件时，用户的测试程序可调用这些子例程，以缩短测试生成时间。在一些系统中，由于子例程可以多次嵌套子例程，因而测试程序的长短实际上不受限制。

test program package **测试程序包** 用于各种微型计算机和外部设备的一组测试和诊断程序。包括处理机开发测试程序、接口测试程序、中断测试程序和随机存取存储器、纸带输入机及穿孔机测试程序。参见 benchmark，SPEC。

test program system **测试程序系统** 任一解题程序运行以前所使用的检验程序系统。其中具有同一类问题的样板程序，并附已知答案。解题前先运行样板程序，以检查机器是否正常运转。

test repeatability **测试可重现性** 测试的一种属性。它指明每次进行的测试是否产生相同的结果。

test report **测试报告** 一种用来描述对系统或系统组成成分进行的测试活动及结果的文件。

test request message (TRM) **测试请求信息** 在网络控制程序中，从站或控制台输入的一种信息，它请求在本站、控制台或其他的站、控制台执行特定的联机终端测试。网络控制程序把终端请求信息传送给主机中的通信系统软件。

test restriking voltage **试验恢复电压** 在特定试验中出现的实际恢复电压。

test routine **测试例程** 为了检查机器功能是否正常而设计的一种程序。

test run **测试运行** 使用测试数据运行程序，将运行的结果与已知的答案相对照以验证程序的正确性。

test script **测试脚本** 一般指的是一个特定测试的一系列指令，这些指令可以被自动化测试工具执行。

test suite **测试套件** 关于某一标准协议的测试目的、测试内容和测试步骤所做的一套规定和描述。它具有分层结构，分为测试组、测试例、测试步和测试事件。

test task **测试任务** 在具有程序执行监督系统的操作系统中，用于监督执行中的程序或子例程。

test tone **测试单音** 为识别电路故障位置或进行电路调整而用的一种单音。参见 standard test tone power。

test tool **测试工具** 支持测试过程的工具。大致分为三类。第一类是为测试提供一个受控的环境，如目标系统过于简单而又不便使用，则可以更强有力的宿主机上模拟它，以便能使用更丰富的工具。第二类是测试数据控制，主要决定输入值的哪种组合能最彻底地走遍系统并最大可能发现缺陷。第三类工具实际执行测试，捕捉与组织所产生的输出，在可执行代码上工作，监督它是否符合规格说明。

test transient recovery voltage **试验瞬态恢复电压** 同 test restriking voltage。

test validity **测试有效性** 测试活动中完成规定目标的程度。

test value **测试值** 一个用于比较一个指定条件的值。

test vectors **测试向量** 在 PLD(可编程逻辑器件)开发中，描述输入激励及所期望的电路响应的 0 和 1 的序列。

TETRA **泛欧集群无线电，陆地集群无线电** trans european trunked radio 的缩写。

tetrad **四位组** 由四个项目组成的一个组，如 4 位二进制可用来表示一位十进制数或一位十六进制数。

TE wave **横电波** transverse electric wave 的缩写。

text **文本，正文** (1)在 ASCII(美国信息交换标准代码)和数据通信中，分别以一个 STX 和一个 ETX 传输控制字符起始和终止而作另一实体看待的一串字符。(2)通信系统中的这一部分是从信源向信宿传送的消息，不包括控制用的数字或比特位。(3)字处理文档的内容。由字、句子和段组成。与精确定义信息的单位(如名字、地址和预定的量)的数据不同。虽然任一数位或字母对计算机是相同的，但软件按照人类处理它的方式应涉及到更多结构。基于正文的系统必须能处理字，对于软件而言，字是一组非空白字符。(4)输出媒体上信息的一种图形表示，可由字母、数字字符和符号组成。

再进一步由符号、短语、用自然语言或人造语言写成语句。这些字符、符号和/或以段、表、栏或其他形式出现。(5)目标模块或装配模块中的控制部分。

text adventure game (TA)　字冒险类游戏　TA是冒险类游戏下的一个门类,相对与图形冒险类游戏,多是小成本制作的卡通游戏。

text alignment　文本对齐　从组织在一起的同一文本的不同语言的译文中识别等价的词项、短语、句子或表达式的过程。

T

text analysis　文本分析　是指对文本的语义及其特征项的抽取。文本分析是文本挖掘、信息检索的一个基础问题,它对文本进行科学的抽象,建立它的数学模型,用以描述和代替文本,即将一个无结构的原始文本转化为结构化的计算机可以识别处理的信息。

text analysis engine　文本分析引擎　搜索引擎是为实现全文检索功能的一种软件组件,它负责查找和表示文本中的上下文和语义内容。

text area　文本区域　单页面或者屏幕上的区域,其中可正常显示图形。参见 type area。

text attribute　文本属性　在图形数据显示管理器(GDDM)中,图表信息的特征,如颜色或打印风格。

text-based scoring　基于文本的打分　基于文本的打分是搜索引擎对文档指定一个整数值的过程,该整数值表示该文档与查询中的项的相关程度。这个整数值越大,与查询的匹配程度就越接近。参见 dynamic ranking。

text-based native XML database　基于文本的原生XML数据库　基于文本的原生XML(可扩展标记语言)数据库将XML作为文本存储。它可以是文件系统中的文件、关系数据库中的BLOB(二进制大型对象)字段或特定的文件格式。参见 binary large objects (BLOB), model-based native XML database。

text body　正文体　打印或手写的材料的主体,不包括同一页上的标题和注脚。

text box　文本框　窗口式软件中的对话框中可用于输入信息的方框,用于输入文件名等信息。

text buffer　正文缓冲器　在通信系统软件中,包含一个报文的除第一段以外的其他段的缓冲器,第一段内容包含在标题缓冲器中。比较 header buffer。

text categorization　文本分类　同 text classification。

text checking　文本校对　利用自然语言处理技术,对文本进行核对和校正以检测文本的拼写、句法等是否正确的过程。

text classification　文本分类　在给定的分类体系下,利用计算机根据文本的内容自动判别文本类别的过程。从数学角度来看,文本分类是一个映射的过程,它将未标明类别的文本映射到已有的类别中,该映射可以是一对一映射,也可以是一对多映射(通常一篇文本可以同多个类别相关联)。

text communication　文本通信　通过电信或存储媒体的物理互换进行的文本传送。

text compression　正文压缩　参见 compression。

text control　正文控制(字段)　在打印子系统中,控制正文打印的结构化字段数据,它出现在组合正文数据结构化字段中。

text control chaining　正文控制链　在某些打印子系统中,由单一控制字符集开始的两个或多个正文控制字段。

text control sequence　正文控制序列　在某些打印子系统中,正文控制字段及其相关的数据组成的序列。

text-coordinate origin　正文-坐标原点　组合正文块的起始地址。

text-critiquing system　文本校对系统　自动发现文本的录入或书写错误、发出警告并提供修改建议的计算机应用软件系统。

text cursor　文本光标　在输入区域中显示的一个符号,向用户显示输入信息的显示位置。参见 selection cursor。

text decoration　文本修饰　在CSS(层叠样式表单)中,用于控制文本元素所用的效果,特别适用于引人注意的说明,警告等文本效果。文本修饰属性允许通过五个属性中的一个来修饰文本:underline(下划线),overline(上划线),line-through(删除线),blink(闪烁),或默认地使用无。参见 cascading style sheets (CSS)。

text editing　文本编辑　用软件实现的功能。有编辑功能的软件不需考虑文本格式输入,当文本存入存储器后,可根据指定的格式对该文本进行编辑、整理。它是字处理和文本处理软件的一种功能。可以通过删除、重打或插入文本来改变现存文本。

text editor　文本编辑器(程序、软件)　为用户提供源文本生成系统的一种实用程序。它可以随时更改存入内存的文本语句。用户可以插入、删除或更换文本缓冲器中的各行。有些系统还可按字或字符进行编辑,即具有字处理功能。文本编辑分行编辑和全屏幕编辑两种,如DOS(磁盘操作系统)早期用的EDLIN命令是行编辑,后来用的EDIT命令是全屏幕编辑。

text editor facilities　文本编辑工具　一种典型的文本编辑软件,可提供对经由外部设备读入的源程序(通常为汇编语言)的编辑手段。在编辑处理过程中,程序被存储在存储器的某个区域,当编辑处理结束后,将由外部设备输出,用户可在文本缓冲器中插入、删除或替换某些行。

text element　文本元素　在数据库系统中,文本文件的行列相交处的数据值,文本文件由若干行若干列组成，每个行与列相交处的数据项来自库文件的字段值或其他高级语言中的一个数据项，这些数据项一般为字符串型数据、数字型数据、浮点型数据、逻辑型数据、日期型数据或货币型数据。

text file　文本文件　以ASCII（美国信息交换标准代码）方式存储的文件。文本文件中，英文、数字等字符存储的是ASCII码，而汉字存储的是机内码。文本文件中除了存储文件有效字符信息（包括能用ASCII码字符表示的回车、换行等信息）外，不能存储其他任何信息，因此文本文件不能存储声音、动画、图像、视频等信息。参见 binary file，executable file。

text file transfer　文本文件传输　一种文件传送形式。通常文本文件的传输采用ASCII（美国信息交换标准代码）方式，而图像文件、声音文件、加密和压缩文件等非文本文件采用二进制方式传输。

text formatting program　文本格式化程序　一种确定数据在页面上的格式的程序。

text-indent　文本缩排　在CSS（层叠样式表单）中，用于段落的第一行缩排。分长度缩排和百分比缩排。长度缩排：设置首行缩排的尺寸为指定度量单位，有些单位是相对的，有些则是绝对的，在数字后指定度量单位如下：mm，cm，in，pt（点数），px（像素），pc（pica），ex（小写字母x的高度），em（大写字母M的宽度）。百分比缩排，以行长的百分比设置首行缩排量。参见 cascading style sheets（CSS）。

text line　文本行，正文行　仅包含正文的行。

text lock　文本锁　在操作系统中，一个允许调用过程的锁，用于给文本段上锁和解锁。

text mode　文本方式　图形显示终端的一种工作方式。采用文本方式显示时，显示存储器中存放的是字符的编码，因而不能显示非字符图形及所谓“所见即所得”格式的字符。IBM PC及其兼容机可以任选文本方式或图形方式显示，Macintosh则是一种基于图形的计算机，仅可以图形一种方式工作。

text module　正文模块　用文本编辑程序建立和维护的数据。这些数据通常以可打印的字符形式出现，如源模块、用户程序的输入数据。

text move　正文移动　文字处理系统的一种功能，在不改变正文的情况下，文件的部分句子、段、页可在文件内移动，或移动到另一文件里。

text name　文件名，正文名　在高级程序设计语言中，一种用户定义的字，用来标识库正文。

text orientation　文本定向　一种从打印方向和字符转向两方面对文本形式的描述。

text-oriented editor　面向文本的编辑程序　在文本编辑系统中，面向文本的编辑程序允许用户像在标准打字机上打字那样输入信息。行长不限于80列格式，文本还能用大写体和小写体输入。

text origination　文本发源　在字处理中，利用终端键盘将副本输入系统的过程。

text pop-up button　文本弹出按钮　在某些计算机中，一种按钮对象，像一个包含文本的窗口，当用户选择这个按钮时窗口在屏幕上弹出。

text preparation　文本准备　在字处理中，修改、校正和安排文本内容的操作。

text processing　文本处理　（1）指能够允许用户输入、修改、整理、格式化、显示和打印输出文本的计算机系统、独立设备和应用软件产品。同 word processing。（2）在情报检索中，为了进行文献加工（分类、标行等）、机器翻译、自动编制索引以及文献存储与检索，需用计算机对文献原文进行处理。这里的原文泛指文献全文、文摘、标题、章节题目等，狭义的原文则是指文献的文摘和标题。“文本处理”常用于描述在主机上对文本进行的输出、修改、格式化、显示、打印诸操作。“文字处理”常用于描述个人计算机、微处理机及独立文字处理机上执行同样的功能。

text processing network　文本处理网络　在网络环境下对处于不同地理位置（办公楼或城镇间）的办公信息文本的微机处理。它包括文本抄写或编辑工作。该网络将办公人员处理的信息相互连接到一个共享数据库中，该数据库能对所有请求加以响应。对数据库的修改可立即反映到所有网络节点的终端屏幕上。

text processor　文本处理器　一个具有相关软件或计算机程序的设备，使用户能进行文本处理。参见 word processor。

text proofreading system　文本校勘系统　同 text-critiquing system。

text reader processor　文本阅读处理器　一种将文本阅读能力（通常使用光学字符识别）和数据处理设备（通常是微机）结合在一起的设备。其处理过程为：用此设备读入数据，然后处理成适当的形式，以供特定目的的使用，或向另一设备传输。

text recognition　文本识别　为阅读设备能识别的文本符号（字母、数字、标点符号等）的分类过程和确定每个字符名称的过程。

text retrieval　文本检索　一种信息检索操作。所涉及的数据以文本形式存储在数据库中。根据用户提出的查询，在文本库中寻找相关文本的过程。

text retrieval system　文本检索系统　这是一种计算机系统，它可以通过对文件本身中的字、字组或字序列进行选择的方法对文本进行检索（文本存储于该系统的数据库中）。

text revision　文本修订[修正]　在文字处理中的一种操作过程，指为了在编辑时插入，替换或删除正文而进行的停止，阅读，打印或跳过一个字符、字、行、句子或段的操作。

text segment　正文段　不包括标题在内的报文段。

text string　文字串，字符串　一组字符的有序排列。

text string search 正文[文本]串搜索[查找] 文字处理中的一种功能，通过输入标志期望点的一组唯一的字符串，就能够在记录的正文中找到所需的一个或多个点。

text structure input 文本结构输入 对存有详细的化学结构内容的数据库进行联机检索而采用的一种输入方法。它类似于化学图形结构输入方法。所不同的是，化学结构方面的内容是由用户利用指令从菜单中挑选出来的。参见 chemical structure retrieval。

T

text suppression 文本删除 有意识地删除文本的某些部分。

text to speech (TTS) 文语转换，文本语音转换 利用语音合成技术，根据给定的文本产生与之等价的相应的语音形式的过程。

text to speech system 文(本)-语(音)转换系统 将文本形式转换为语音形式的语音合成系统。这一系统的运作过程是，先对一输入文本作形态和音系分析，分析时考虑到规则和不规则形式这类问题。然后由字母-语音转换规则和其他一些专门特征生成词平面上的音系表征式，后者再转换成语音表征式(容纳连续言语的特征，包括句子韵律)。合成的实现靠一个基于规则的系统，输出由一个终端模拟合成器提供。

text to visual speech (TTVS) 文字到可视语音(转换) 使人们在听计算机说话的同时能看到一个合成的人脸，使人机交互界面更为友好、和谐。TTVS的实现可分为以下两类：一是基于参数控制的方法：首先对人脸建立一个网格模型，包括多个多边形(一般是三角形)和顶点。由一组参数来控制每个顶点的运动，再通过图像变形技术实现人脸上各个像素点的运动，来生成人们说话时的各种面部表情。该方法的优点是需要的数据量小、控制灵活、可移植性强；缺点是合成的图像往往带有人工制作的痕迹。二是基于数据驱动的方法：类似于语音合成中的波形拼接合成法。通过对人们说话时可能出现的各种表情进行录像，从中提取大量的原始数据，建立图像数据库。在合成时从库中选择合适的图像进行拼接，并进行一些消除图像边缘效应和抖动的处理，生成动态的连续的说话者的面部表情。该方法的优点是合成的人脸图像质量高，较为逼真、自然；缺点是在建立模型的训练阶段需要大量的原始数据，生成的数据库需要保存大量的图像数据，且所有数据完全是针对某个特定人的，无法移植到其他人身上。现在运行的系统中多为参数控制系统，其中控制参数也多采用MPEG(活动图像专家组)-4所定义的人脸动画参数(FAP)和人脸模型的面部定义参数(FDP)。参见 visual speech, facial animation parameter (FAP), facial define parameters (FDP)。

text transparency 正文透明性 一种规定，允许二进制同步通信发送和接收的报文包含部分或全部EBCDIC(扩充的二进制编码的十进制交换代码)码的256个字符的组合，包括传输控制字符。在报文中发送的传输控制字符视作数据，但当他们在DLE控制字符后面时除外。

textual-numeric database 文本-数值数据库 源数据库的一种类型，它包含由文本和数字数据元素组成的记录。

textual scrolling information 文本滚动信息 一种与窗口中的滚动箭头有关的信息。

text understanding 文本理解 对前后衔接连贯，有一个明确中心意思的一组句子(即句群)所进行的分析、判断和推理。由于分析对象涉及到比一个句子更大的语言单位，所以文本理解需要解决像对应、省略、句间联系、焦点和文本结构等更困难的分析任务。

texture 纹理，质地 (1)物体表面的质感，使物体表面具有某一种材料的特征，包括颜色纹理和几何纹理。(2)在计算机图形学中，物体表面的细节就称为纹理或质地。它主要有两个成分：一是图案或花纹，它能表现该表面的构造；二是粗糙程度，以表现该表面的质地。

texture analysis 纹理分析 在图像处理中，对图像的纹理组织所进行的分析。

textured substrate 网纹衬底 在计算机磁带的非记录面(背面)上涂覆的一层不平滑导电材料的衬底。

texture filtering 纹理过滤 三维绘图软件在渲染一个图元时，会将三维图元映射到二维屏幕上。如果图元有纹理，就必须用纹理来产生图元的二维渲染图像上每个像素的颜色。对于图元在二维屏幕上图像的每个像素来说，都必须从纹理中获得一个颜色值。把这一过程称为纹理过滤。在进行纹理过滤时，正在使用的纹理通常也正在被进行放大或缩小。纹理的放大会导致许多像素被映射到同一个纹理像素上。那么结果看起来就会是矮矮胖胖的。纹理的缩小会导致一个像素被映射到许多纹理像素上。其结果将会变得模糊或发生变化。

texture mapping 纹理[贴图]映射 在计算机图形学中，将数字化的表面纹理映射到一个曲面上，以产生真实感。纹理可以通过扫描器输入到计算机，或者用几何方法求得。通过纹理映射，一张平面图像(可以是数字化图像、小图标或点阵位图)会被贴到多边形上。目前在游戏软件中较多地采用这种方法，如在赛车游戏的开发上，可用这项技术来绘制轮胎胎面及车体着装。

text word 正文字 COBOL库中或伪正文中的任意字符串或分隔符，但空白符除外。

text wrap 文本滚卷 当文本行超过窗口大小时，通过滚动以显示文本。参见 word wrap。

TF (1)传送功能 transport function 的缩写。(2)过

渡光纤 transition fiber 的缩写。(3)TF 闪存卡,TF 卡 TransFlash memory 的缩写。

T filp-flop T 触发器 触发器的一种。这种触发器有一个脉冲输入线 T,每当 T 线来一次脉冲时,T 触发器的状态就翻转一次,因此,T 触发器也称"计数触发器"。

TFLE 薄膜激光器 thin-film laser element 的缩写。

TFLOPS 太(拉)次浮点运算/秒,万亿次浮点运算/秒,兆兆次浮点运算/秒 tera floating-point operations per second 的缩写。

TFM 平滑调频 tamed frequency modulation 的缩写。

TFO 无二次编解码操作 tandem free operation 的缩写。

TFP 传输禁止 transfer prohibited 的缩写。

TFR 传输限制 transfer restricted 的缩写。

TFRC 传输格式和资源组合 transmission format resource composite 的缩写。

TFT-LCD 薄膜晶体管型液晶显示器 thin film transistor-LCD 的缩写。

TFTP 简单文件传输协议 trivial file transfer protocol 的缩写。

TFW 锥形光纤波导 tapered fiber waveguide 的缩写。

TG 传输组 transmission group 的缩写。

TGID 传输组标识符 transmission group identifier 的缩写。

TGIS 时态地理信息系统 temporal geographic information system 的缩写。

TGMS 第三代移动通信系统 third generation mobile systems 的缩写。

TGS 自顶向下贪婪分裂算法 top-down greedy split 的缩写。

TH (1)跳时 time hopping 的缩写。(2)传输标题 transimssion header 的缩写。

THB 温湿偏置 temperature humidity bias 的缩写。

THD 总谐波失真 total harmonic distortion 的缩写。

THDN 总谐波失真噪声 total harmonic distortion noise 的缩写。

The Engineering Index **(EI) 《工程索引》** 创刊于 1884 年,是美国工程信息公司出版的著名工程技术类综合性检索工具。EI 每月出版 1 期,每期附有主题索引与作者索引;每年还另外出版年卷本和年度索引。收录文献几乎涉及工程技术各个领域,如动力、电工、电子、自动控制、矿冶、金属工艺、机械制造、土建、水利等。它具有综合性强、资料来源广、地理覆盖面广、报道量大、报道质量高、权威性强等特点。

theft of computer service 计算机窃用 行为人将虚假的数据输入计算机,未经授权或超越授权而使用计算机设备。计算机窃用是以计算机所提供的服务作为犯罪对象。认定是否为计算机窃用必须考虑其商业因素,即计算机所提供的服务是否具有商业性质以及行为人的未经授权使用是否直接获取商业利益。

The Institute of Electrical Engineers (IEE) 英国电气工程师学会 英国一个专业学术组织。1981 年成立,现有国内会员 5 万多人,国外会员 1 万多人。宗旨是:促进电气、电子科学技术的发展及应用,加强有关的学术情报交流。主要任务包括举办学术会议,组织科研活动及专业人员的培训与考核,提供情报服务,出版并发行有关文献等。IEE 的执行机构为理事会,下设一个情报服务部、义个图书馆、24 个地区中心和 16 个国外分会。IEE 出版物有期刊、会议论文集、专业丛书、书目索引等。主要定期出版物有《IEE *Proceedings*》、《IEE *News*》、《*Electronic Letters*》、《*Software & Microsystems*》和《*Electronics & Power*》。

The Internet Corporation for Assigned Names and Numbers (ICANN) 互联网名称与数字地址分配机构 成立于 1998 年 10 月的非盈利机构,2009 年 10 月 2 日已获准独立于美国政府之外,取得独立地位。ICANN 负责互联网协议(IP)地址的空间分配、协议标识符的指派、通用顶级域名(gTLD)以及国家和地区顶级域名(ccTLD)系统的管理、以及根服务器系统的管理。

The Journal of Visualization and Computer Animation **《显像与计算机动画片制作杂志》** 英国 John Wiley 出版社出版,1990 年创刊,全年 5 期,SCI(科学引文索引)收录期刊。发表研究论文和评论文章,研究在科学和艺术中利用计算机制作技术,涉及软件和硬件的进展、计算机制作影片技术应用与发展等方面的研究课题,兼及书评与研究报告。

The Journal of VLSI Signal Processing **《超大规模集成电路信号处理系统杂志》** 荷兰 Kluwer Acdemic 出版社出版,1989 年创刊,全年 9 期,SCI(科学引文索引)、EI(工程索引)收录期刊。刊载有关超大规模集成电路信号处理系统的设计和实现方面的研究论文和评论。

thematic bibliography 主题目录 以揭示文献内容主题为目的,用规范化的自然语言(即词、词组、短语)作为表述文献内容主题的标题,然后再按主题标题的字顺组织起来的目录。参见 subject bibliography。

thematic map 主题图 为专门表达某些地理统计信息而设计的地图。所表示的地理概念包括各种密度分布、梯度、空间关系等。CAD(计算机辅助设计)系统可对图形或非图形特征进行快速赋值和识别,因此促进了主题图的应用。

thematic mapping 专题制图 一种针对某专题进行计算机制图的过程,如使用地图作为背景,然后在它上面显示出各种地理信息。

theme extraction 主题抽取 一种概念抽取类型,主题抽取运用事先构造的规则集,在每一个处理步中识别文档中的重要词汇表,抛弃一些无关的信息,从而获取主题的关键内容。参见 concept extraction。

The National Computing and Networking Facility of China (NCFC) 中国国家计算机与网络设施工程 以北京中关村地区的主干网为核心,通过国际卫星专线、中国公用分组交换数据网(CHINADDN)、中国公用数字数据网(CHINAPAC)、中国公用电话网(CHINAPSTN)等,将北京地区以及全国数十个城市的网络连接到因特网,并在中国科学院计算机网络中心设立了因特网中国地区的最高级域名服务器以及面向国内外的网络信息中心(NIC)和网络运行中心(NOC)。

theorem prover 定理证明器 自动定理证明中研究一切可判定问题的证明方法。J. A. Robinson 于 1965 年提出的消解原理是这类研究工作的基础。其基本思路是:①把定理表示成谓词函数 $F_1 \wedge F_2 \wedge \cdots \wedge F_n \Rightarrow G$,式中 F_i($i=1,2,\cdots,n$)是前提,G 是结论;②采用反证法,即证明 $F_1 \wedge F_2 \wedge \cdots \wedge F_n \wedge \sim G$ 是不可满足的公式;③把上述公式化成 Skolem 范式;④列出该范式的子句集;⑤应用消除原理推理空子句。但消解原理过于一般化,在证明过程中会产生大量多余子句。为提高消解效率,人们相继提出许多消解策略,如王湘浩教授就在这方面做出了重大贡献。

theoretical computer science 理论计算机科学 关于计算和计算机制的数学理论,也称"计算理论"或"计算机科学的数学基础"。理论计算机科学主要包括自动机理论、形式语言理论、程序设计理论、算法分析和计算复杂性理论等。

theoretical thinking 理论思维 以理论为基础的思维方法。理论思维又称推理思维,以推理和演绎为特征,以数学学科为代表,定义是理论思维的灵魂,定理和证明则是它的精髓,它是人的认识的高级阶段,即理性认识阶段。只有经过理论思维,人们才能达到对具体对象本质规定的把握,进而认识客观世界。理论思维和计算思维、实验思维构成三大科学思维方法。参见 computational thinking, experimental thinking。

theory of algorithm 算法理论 把算法作为一个独立的体系来研究的理论。它研究一类算法(如正规算法)的性质,而不研究个别的算法。此外,通过对各类算法的研究,从算法的角度展开对可计算性问题的讨论。

theory of computation 计算理论 关于计算和计算机械的科学理论。计算理论主要内容包括算法、算法学、计算复杂性理论、可计算性理论、自动机理论和形式语言理论等。计算理论作为计算机科学的理论基础之一,其基本思想、概念和方法广泛应用于计算机科学的各个领域。如:早期的通用图灵机模型就是后来的程序存储式计算机模型的基本原型;可计算性的许多结论是人们不再为求解不可判定问题而浪费时间;线性自动机作为伪随机序列产生器用途广泛;可逆自动机用于通信编码等。

Theory of Computing Systems **《计算系统理论》** 德国 1966 年创刊,全年 6 期,Springer-Verlag 出版社出版。SCI(科学引文索引)收录期刊。刊载理论计算机科学各方面的研究论文,涉及算法理论与分析、计算几何、数据结构、并联、语言、电路设计、CAD(计算机辅助设计)及 VLSI(超大规模集成电路)设计等。

theory of constraints (TOC) 约束理论 约束理论认为,任何系统至少存在着一个约束,否则它就可能有无限的产出。因此,要提高一个系统的产出,必须要打破系统的约束。任何系统可以想象成由一连串的环所构成,环与环相扣,这个系统的强度就取决于其最弱的一环,而不是其最强的一环。因此,对于系统的改进,必须从最弱的一环,也就是从瓶颈(或约束)的一环下手,才可得到显著的改善。

theory of endorsements 注记理论 一种处理不确定性的非数值方法理论。由 P. R. Cohen 在研制 SOLOMON 系统中提出。Cohen 认为,证据的强度是多种因素的综合。智能的推理常区分各种因素,但用一个数值来表示各因素的综合不合适。注记理论对相信一个假设的理由做肯定的标记,不相信一个假设的理由做否定的标记,以此来说明引起不确定性的原因,并为处理不确定性提供各种策略。注记理论的不足在于,推理过程中形成的注记太多,选择假设注记,鉴别不同注记的竞争假设以及对注记的解释较为困难。

theory of program correctness 程序正确性理论 研究如何使用程序设计语言编制程序,以正确实现预定目标的理论。它是程序设计理论的一个重要组成部分,提出了编制正确程序的两种可供选择的途径:程序验证和程序综合。

thermal blanket 隔热层 在卫星通信系统之类的卫星系统中的某种绝热物质,它放在卫星的外表面或卫星内部设备的周围以保护卫星及卫星上的设备免受环境条件(如直接的日光照射等)的影响。

thermal breakdown 热击穿 在电场作用下,固体电介质因内部热量积累、温度过高而导致由绝缘状态突变为良导电状态的过程。影响热击穿的因素有:材料周围的温度过高、散热条件不好、绝缘体过厚、材料导热性能不好、作用的电压频率过高等。参见 dielectric breakdown。

thermal breakdown of a semiconductor PN junction **半导体PN结的热击穿** 由于耗散功率和结温的相互促增作用，使载流子累积增加引起的击穿。

thermal capacitance of a semiconductor device **半导体器件的热容** 作为热量存储在器件里的能量与器件结温和规定外部基准温度的差之商。热容单位通常用J/℃(每摄氏度分之焦尔)表示。

thermal Chinese character printer **热感(式)汉字打印机** 利用热感原理制作的一种汉字打印机。热感印头与受热便改变颜色的热感纸相接触，热感纸接触发热点后发生化学变化。这种打印机由热感印字机构、印字驱动电路、控制电路组成。其特点是成本低，可靠性高，噪声低，易小型化，便于携带，可实现高分辨率印字。

thermal compression bonding **热压键合** 一种引线键合方法，不使用中间金属或熔化，而是使用由于热和压力导致的材料的塑性流动。

thermal conduction printed circuit boards **导热印制板** 将导热性能好的金属材料敷设或夹在印制电路板内或上面，形成具有良好导热通路的印制电路板。

thermal conductivity **导热性** 一种材料传导热量的能力。它定义为单位时间内，当厚度为一公尺的材料两侧表面的温差为1℃时，从它传过的热量。

thermal conductivity vacuum gauge **热传导真空计** 通过测量保持在不同温度的两固定元件表面间热能的传递来测量压力的一种真空计。这种基于与压力有关的气体热传导性的真空计，有皮拉尼真空计、热偶真空计、敏真空计、双金属片真空计等。

thermal contact resistance **接触热阻** 当热流通过两个物体接触面时所产生的热阻。接触热阻与接触面积及接触压力成反比。

thermal design **(散)热设计** 为了保持计算机中电子元件的环境温度以及使电子元件的温度敏感部分保持在规定范围内而进行的热学设计。一般来讲，热设计都是为了解决电子元器件的冷却问题。

thermal design of PCB **印制板热设计** 在规定的工作环境条件下，控制印制板(PCB)上电子功率元件的温升不超过某一规定值所进行的设计，如印制板上印制导线图形和布线方式对散热影响的试验和设计，根据传热学理论对印制板上的元器件布局设计，为了满足确定的元器件的工作温度和有效地控制结点温升而对印制板导热条、导热孔板以及温度场、流场的设计、分析等。

thermal display light **热显示灯** 一种机器操作者可见的显示信号。当内部设备温度高于设计规定时，该灯即亮。

thermal electrical relay **电热继电器** 把电能转变成热能而工作，使被保护对象不受电热损坏的继电器。继电器动作特性考虑动作前负载电流与过载电流总的热效应的，称具有总记忆功能的电热继电器。仅考虑电流超过给定的过载阈值后及继电器动作前输入电流热效应的，称具有部分记忆功能的电热继电器。

thermal gasket **导热垫片** 热阻很低、有柔性的垫片，放在电源模块与散热器之间，使两者的相接部位具有优良的导热性能。

thermal imaging system **热像仪** 远距离检测显示运行中电气设备各部位温度值的成像仪表。

thermal impedance under pulse conditions **脉冲条件下的热阻抗** 由脉冲功率产生的最大结温和规定外部基准点温度的差与规定周期的矩形脉冲在器件中产生的耗散功率幅值之商。脉冲条件下的热阻抗忽略初始瞬态现象，并假定功率耗散持续为零，脉冲条件下的热阻抗以脉冲持续时间为函数，以占空系数为参数给出。

thermal infrared remote sensing **热红外遥感** 利用电磁波谱中8～14 μm热红外波段本身和在大气中传输的物理特性的遥感技术统称。

thermal life **热寿命** 材料耐受长期曝露于高温下的能力。指按规定的热老化试验方法材料到达失效的时间。

thermal life graph **热寿命图** 表示绝缘材料热老化寿命与热暴露温度关系的曲线图。指按规定的试验方法所测得的到达破坏时间的常用对数与绝对温度的倒数之间的关系曲线，即阿仑尼乌斯曲线。

thermally neutralized state **热致中性化状态** 在无任何外磁场的情况下，将材料温度降低到居里点以下所得到的中性状态。

thermal-mechanical performance test **热机(械性能)试验** 检验试品在负荷变化和温度变化情况下性能的一种试验。试验时试品要经受连续几次温度和机械负荷循环变化的作用。

thermal noise **热噪声** 由于导体受热而引起的自由电子热骚动。热噪声与导体的材料、形状无关，只取决于温度和阻值。

thermal overheat protection (TOP) **过热保护(技术)** 一种CPU自动温度监测技术，它采用一种弹性软支持测温探头，安装在CPU插座附近，探头可直接接触CPU或CPU散热器。用TOP技术监测的CPU温度与实际值误差仅在0.2℃左右，为主板温控系统对CPU进行过热保护提供了可靠的依据。

thermal over-load relay **热过载继电器** 由于电流通过热元件所产生的热效应(包括延时)而反时限动作的继电器。

thermal over-load release **热(过载)脱扣器** 利用流过脱扣器的电流所产生的热效应(包括延时)而反时限动作的脱扣器。参见release。

thermal oxidation **热氧化** 硅晶片表面暴露在高温

氧化环境中，通过与氧气发生作用，在表面生长一层绝缘的二氧化硅薄膜的工序。在干燥氧气中氧化称为干氧氧化；在带水蒸气的氧气中氧化称为湿氧氧化。

thermal printer 热敏(式)印制机 一种非击打式印制机，用电产生的高温在特殊纸上"烧"出字符。打印头由排成方阵的细针组成，作为加热部件。这种印制机比较便宜，但字符质量较差，也容易退色，因而常作为计算器或微机的输出设备。

thermal printer head 热敏打印头 一种利用热传导技术的绘图写头。它包含一组密集排列的接收数据脉冲的笔尖，并利用笔尖发热与一种涂有热敏材料的纸接触形成字符或图像输出。

thermal printing 热敏印刷法 利用镀有热敏染料的纸来印刷的方法。这种染料在 100 ～ 150 ℃的温度下会变黑，同纸张热接触性很好的一个个小阴模，受热后就能把字符印到纸上。

thermal printing technique 感热式印制技术 用发热元件做的印刷头在热敏纸上印出字符的方法。发热元件可以采用半导体发热元件点阵、薄膜电阻、厚膜电阻等。根据印制信息控制印刷头上的相应像素瞬时发热，使热敏纸受热变色，形成所需的字符。

thermal recalibration 热校正 硬盘驱动器周期地检查和调整磁头定位系统，以补偿由于温度引起的变化的过程。在热校正期间，驱动器的其他工作都要停止，而驱动器作一系列的寻道校正工作。

thermal reed relay 热敏干簧继电器 一种利用热敏磁性材料检测和控制温度的热敏开关。它由感温磁环、恒磁环、干簧管、导热安装片、塑料衬底及其他一些附件组成。热敏干簧继电器不用线圈励磁，而由恒磁环产生的磁力驱动开关动作。恒磁环能否向干簧管提供磁力是由感温磁环的温控特性决定的。

thermal resistance 热阻 材料阻碍热量流动的阻力。在热平衡条件下，两规定点(或区域)之间温度差与产生这两点温度差的耗散功率之比。结壳热阻为半导体器件结温和管壳规定点的湿度差与器件耗散功率之比，散热器热阻为散热器上规定点温度和环境规定点温度的差与产生这两点温差的耗散功率之比。

thermal resistivity 热阻率 衡量材料阻碍热量流动的参数。它的单位是°CT/W，式中 T 是材料的厚度，W 是流经材料的功率，单位是瓦特。

thermal stability test of a capacitor 电容器的热稳定试验 为确定在规定的过负荷条件下电容器温度和损耗的热稳定性的试验。

thermal stress 热应力 电子元器件材料因温度引起热胀或冷缩所产生的应力。

thermal transfer 热转移 计算机绘图输出设备使用的绘图技术之一，原理是通过选择热敏打印头内笔头去加热熔化一种特制的单色或有颜色的蜡墨，使其在绘图介质上形成图像。

thermal transfer printer 热转印打印机 见 thermal wax-transfer printer。

thermal wax printer 热蜡打印机 见 thermal wax-transfer printer。

thermal wax-transfer printer 热蜡转印打印机 利用热量将彩色蜡层熔化到纸上而产生打印图案的一种特殊的非击打式打印机。和标准热敏打印机一样，这种打印机也用打印针来施加热量，但这种打印机的打印针并未与有覆盖层的打印纸相接触，而是接触饱含各种不同色蜡的宽打印带。打印针下方的色蜡遇热熔化而附着在纸上，然后在原处冷却和固化。

thermocompression bonding 热压焊 装配集成电路的一种焊接工艺。焊接时从毛细管中引出金属细丝，在焊接部位将金属丝加热并将其压焊在焊接点上。热压焊有球焊、弯焊、楔焊等方式。

thermodynamic equilibrium 热力学平衡 是从统计力学得出的一般结果。它说明，如果一个系统处于平衡状态，那么能够交换能量的所有过程必须能够由逆过程精确地平衡，这样就不存在能量的净交换。

thermo-electric cooling (TEC) 热电冷却 利用珀尔效应来冷却器件的过程。

thermoelectric effect 热电效应 温差信号与电量信号之间相互转换的各种物理效应的统称。一般情况下，热电效应通常指塞贝克效应或温差电效应。参见 Seebeck effect。

thermoelectric generator 温差发电器 利用热电效应制成的直流发电装置。

thermoluminescence 热释发光 发光体的温度升高后存储的能量以光的形式释放出来的现象叫热释发光或加热发光。其发光强度与温度的关系叫热释发光曲线。热释发光反映了固体中电子陷阱的深度和分布，可以测量物体所受辐射计量，做成计量计，可以鉴别文物的真伪和化石的年代。

thermomagnetic effect 热磁效应 均匀材质的金属两端存在温度差时，其间必然有热量的流动(热流)，若在与热流方向相垂直的方向上加以磁场则会产生出种种物理现象。热与磁间的诸现象统称为热磁效应。

thermomagnetic writing 热磁写入 磁光存储材料借助于光的照射使其局部温度发生变化，然后在外磁场作用下可得到两种不同的磁化状态，从而可实现信息的写入。

thermo-molecular vacuum gauge 热分子真空计 通过测量气体分子打击保持在不同温度的两固定表面的净动量传输率来测定压力的一种真空计。在真空计中，气体分子选择性地作用在可动元件上。与气体分子平均自由程比较，两固定表面间的距离必须是很小的，如克努曾真空计、反磁悬浮热分子真空计。

thesaurus 主题词表 也称"叙词表"。是文献与情报检索中用以标引主题的一种检索工具。主题词表是一种结构化的、动态的词汇表，其中包含某一学科领域在语义和类属关系上相关的许多词，是情报检索所用的一种规范名词术语的工具。作为自然语言的有组织的子集合，主题词表描述文献内容、事物或数据集合，确切地反映文献实体的情报内容。主题词表通过主题词表示出概念之间的关系，如等同关系、属分关系和相关关系三种类型。参见 indexing。

thesaurus construction 主题词表构成 把体现主题内容的已定义的名词术语组成具有结构关系的图表(称为词库结构表)的过程。这种结构表由特定顺序表(主表)、分类索引表(类目表或范畴表)、等级索引表(族性表)、轮排索引表(轮排表)、多种语言对照表、特殊词汇表、语法语义关系图表等组成。一般词库结构都有主题词字顺序表和主题词属分关系的词族表。

The Visual Computer **《视觉计算机》** 德国 1985 年创刊，全年 8 期，Springer-Verlag 出版社出版。SCI(科学引文索引)、EI(工程索引)收录期刊。介绍计算机视觉、成像及应用领域的最新技术，涉及直观数据的检测与通信、直观数据的处理、计算机制图和图像的图形表示。辟有产品及会议消息专栏。

THF 至高频 tremendously high frequency 的缩写。

thick coaxial cable 粗同轴电缆 参见 coaxial cable。

thick Ethernet 粗缆以太网 最初的以太网网络，标准号为 10 base-5，使用粗的同轴电缆，电缆的直径为 1 cm。粗缆以太网通常使用在总线型的网络拓扑结构中，每个网段最大长度 500 m、最多允许连接 100 个节点，总线两端各需要连接一个 50 Ω 的终端电阻。整个粗缆最多允许使用四个中继器依次连接五段粗缆。由于粗缆以太网的网卡、集线器等设备的维护和故障排除不便，最大传输速率只能达到 10 Mbps，在技术上无法实现交换和全双工通信，因此，目前粗缆以太网已淘汰。参见 thin Ethernet。

thick film 厚膜 一个描述一种用于生产集成电路方法的术语，通常指厚度大于 0.001 mm 的集成电路，厚膜电路技术在陶瓷材料上使用多层导电的或者绝缘的特殊墨水或粘结剂，以形成集成的无源电路，如线路、电阻和电容，比较 thin film。

thick film circuit 厚膜电路 厚度为几微米至几十微米的膜电路。用厚膜工艺(如电镀、丝网漏印、烧结、喷涂等)在陶瓷等绝缘基片上制作厚膜无源网络，然后装接二极管、三极管或半导体集成电器芯片，构成有一定功能的电路模块。在计算机专用外部设备、音响设备、雷达设备中用得较多，如 A/D、D/A 转换器、音频电路模块等。

thick film hybrid integrated circuit 厚膜混合集成电路 用丝网印刷和烧结等厚膜工艺在同一基片上制作无源网络，并在其上组装分立的半导体器件芯片或单片集成电路或微型元件，再外加封装而成的混合集成电路。与薄膜混合集成电路相比，厚膜混合集成电路的特点是设计更为灵活、工艺简便、成本低廉，特别适宜于多品种小批量生产。在电性能上，它能耐受较高的电压、更大的功率和较大的电流。参见 thin film hybrid integrated circuit。

thick-film process 厚膜工艺 一种混合的微电子工艺，把专用的集成电路芯片与相关的电容、电阻元件都集成在一个基板上，在其外部采用统一的封装形式，做成一个模块化的单元。成本比薄膜工艺低，薄膜工艺使用淀积和光刻技术来制造导体。比较 thin-film process。

thick-film resistor 厚膜电阻 采用厚膜工艺印刷而成的电阻。这种电阻有长方形、带型、曲线形或者是其他的形状。常用在精密电阻、功率电阻的制造中。

thick line 宽线，粗线 线宽超过一个像素的线条。

thicknet 粗网 用粗同轴电缆组成的以太网。同 thick Ethernet。

thimble printer 针式打印机 一种由点矩阵组成的、击打式计算机输出设备。其主要特点是结构较简单、体积较小、重量较轻和输出打印字符较灵活等。

thin client 瘦客户(机) 在主从式客户机/服务器结构中，瘦客户概念是将主要的运算分配给服务器来处理，使用户端计算机负荷减轻，进而可使用较廉价的计算机来工作。它只配置必需设施，没有 CD-ROM(只读碟)、磁盘驱动器和扩展槽。瘦客户机看起来既是网络个人计算机(Net PC)又是网络计算机(NC)的同义词，但两者还是有些区别。Net PC 是基于英特尔微处理器和微软 Windows 软件的，NC 是 Oracle 和 Sun 所支持的，可以不使用 Intel 微处理器而且使用基于 Java 的操作系统。瘦客户机的概念使人看到对专用于特殊应用的低价计算机的共同需求。

thin client/server 瘦客户机/服务器 通过 TCP/IP(传输控制协议/网际协议)和标准的局域网构架连接，终端接受鼠标、键盘等信息，并转送给服务器，服务器再将处理结果的屏幕刷新内容回传给终端，由终端显示。所以，终端并不需要在本地处理数据，而只要提供一些缓存和通信处理功能。参见 thin client。

thin Ethernet 细缆以太网 用较细同轴电缆构成的以太网，标准号为 10 base-2，使用直径为 5 mm，特征阻抗为 50 Ω 的细同轴电缆。细缆以太网通常

T

用于总线型网络拓扑结构，每段最长 185 米、最多允许连接 30 个节点，最多允许使用四个中继器连接五段细缆。细缆以太网最大传输速率 10 Mbps、所有用户共享一条总线细缆，技术上无法实现交换和全双工通信，因此，目前细缆以太网已淘汰。参见 thick Ethernet。

thin film 薄膜 其厚度在 1.0 ～ 1.5 μm 以下的金属膜或介质膜。

thin film capacitor 薄膜电容器 是以金属箔当电极，将其和聚乙酯，聚丙烯，聚苯乙烯或聚碳酸酯等塑料薄膜，从两端重叠后，卷绕成圆筒状的电容器。

thin film circuit 薄膜电路 厚度以 1.0 ～ 1.5 μm 以下的金属膜或介质膜电路。用薄膜工艺（如真空蒸发、溅射、化学气相淀积等）在绝缘基片上制作的电路，一般先做成无源网络，然后另装半导体器件或部分无源元件，而构成具有一定功能的电路模块。

thin film hybrid integrated circuit 薄膜混合集成电路 在同一个基片上用蒸发、溅射、电镀等薄膜工艺制成无源网络，并组装上分立的微型元件、器件，外加封装而成的混合集成电路。按无源网络中元件参数的集中和分布情况，分为集中参数和分布参数两种。前者适用范围从低频到微波波段，后者只适用于微波波段。与厚膜混合集成电路相比较，薄膜电路的特点是所制作的元件参数范围宽、精度高、温度频率特性好，可以工作到毫米波段。并且集成度较高、尺寸较小。但是所用工艺设备比较昂贵、生产成本较高。参见 thick film hybrid integrated circuit。

thin film laser element (TFLE) 薄膜激光器 在集成光路中，用薄膜技术制作在衬底上，用来驱动光波导或光纤的一种微型薄膜激光器。在具有高折射率的薄膜外沉积低折射率的薄膜后，由于在界面上发生全反射，将光波封闭在有限截面的透明介质内，使之在波导轴方向传播的光学结构称为光波导。如果用具有增益的活性材料做波导层，在其上再制出谐振器就可构成薄膜激光器，也称“波导激光器”。其活性层厚度限制在 0.1 ～ 0.5 μm，宽度为 1 ～ 3 nm，光被封闭在此区域中或附近，相应的电流阈值为 20 ～ 100 mA。光通信中所使用的激光器大部分是半导体薄膜激光器。

thin film magnetic head 薄膜磁头 是读写二合一的电磁感应式磁头，在设计时因为要同时兼顾到读/写两种特性，所以造成了硬盘在设计上的局限性。参见 magneto resistive (MR) head。

thin film magneto resistive head 薄膜磁阻磁头 采用薄膜形成技术和集成电路工艺制作的磁阻型薄膜磁头，它适合于在高密度数字磁记录系统中作为读出磁头使用。因为不能进行写操作，所以写入磁头仍采用传统的电磁感应式磁头，如薄膜磁头。参见 magneto resistive (MR) head。

thin film optical modulator 薄膜光学调制器 一种利用电光、电声或磁光效应由多层不同折射率薄膜材料制成的器件，它可以用来调制所传输的光。

thin film optical switch 薄膜光开关 一种利用薄膜中的光波进行逻辑运算的开关器件。通常这种薄膜仅能维持一个传播模式，而且它是利用电光、电声或磁光效应来实现开关功能的。

thin film optical waveguide 薄膜光波导 一种利用不同折射率的薄膜材料制成的光波导。较低折射率的材料处在外侧或用作衬底。参见 optical waveguide。

thin film photovoltaic cell 薄膜光伏电池 一种采用薄层材料，运用电子半导体和光学原理制作的电池。薄膜光伏电池发电原理与晶硅相似，当太阳光照射到电池上时，电池吸收光能产生光生电子-空穴对，在电池内建电场的作用下，光生电子和空穴被分离，空穴漂移到 P 侧，电子漂移到 N 侧，形成光生电动势，外电路接通时就产生电流。

thin film process 薄膜工艺 使用半导体或绝缘体材料的淀积薄膜，制作成不同的形状，在衬底上形成电子元件和导体，或在连续的元件层之间作为绝缘材料。比较 thick-film process。

thin film solar cell 薄膜太阳能电池 一种使用玻璃、塑料、陶瓷、石墨，金属片等不同材料当基板，通过光电效应或者光化学效应直接把光能转化成电能的装置。其形成可产生电压的薄膜厚度仅需数 μm。薄膜太阳能电池除了平面之外，也因为具有可挠性可以制作成非平面构造而使其适应更多应用场合。参见 thin film photovoltaic cell。

thin film storage 薄膜存储器 磁化点沉积在绝缘薄膜上的一种高速随机存取存储器。网状读写从磁化点的上面和下面经过，提供类似于磁芯的操作。与磁芯相比，薄膜一般具有较快的存取速度和占用较少的空间。

thin film superconductor 薄膜超导体 在某些衬底材料上用溅射、蒸发及其他淀积方法制成的厚度 1 μm 以下的均匀连续的超导薄膜。它能制作各种有源和无源超导器件。

thin film technique 薄膜技术 与薄膜制备、测试等相关的各种技术的总称。薄膜是一种特殊的物质形态，由于其在厚度这一特定方向上尺寸很小，只是微观可测的量，而且在厚度方向上由于表面、界面的存在，使物质连续性发生中断，由此使得薄膜材料产生了与块状材料不同的独特性能。现在薄膜技术在电子元器件、集成光学、电子技术、红外技术、激光技术以及航天技术和光学仪器等各个领域都得到了广泛的应用。

thin film transistor (TFT) 薄膜晶体管 在绝缘基片上沉积半导体薄膜，再沉积上电极就构成了薄膜晶体管。在 TFT 中，由于半导体薄膜中的晶体不完整性形成的陷阱及半导体与绝缘体界面缺陷引起的表面能级，会将栅极电压诱导产生电子俘获，因而与单晶块材料制作的晶体管相比，通常载流子的寿命较短，迁移率较小，做成 p-n 结漏电电流较大，使得 TFT 的电流值比单晶硅 MOS(金属氧化物半导体)晶体管差一个数量级左右，因此 TFT 主要是用来做薄膜场效应晶体管，特别是制作 MIS(金属绝缘半导体)型场效应晶体管比较容易，而且性能也较好。

thin film transistor-LCD (TFT-LCD) 薄膜晶体管型液晶显示器 TFT 液晶显示器的工作原理是建立在 TN-LCD(扭曲向列型 LCD)原理的基础上的。两者的结构亦基本上相同，同样采用两夹层间填充液晶分子的设计，只不过把 TN 上部夹层的电极改为 FET(场效应晶体管)电极，而下层改为共同电极。但两者的工作原理还是有一定的差别。在光源设计上，TFT 的显示采用"背透式"照射方式，即假想的光源路径不是像 TN 液晶那样的从上至下，而是从下向上，这样的做法是在液晶的背部设置类似日光灯的光管。光源照射时先通过下偏光板向上透出，它也借助液晶分子来传导光线，由于上下夹层的电极改成 FET 电极和共通电极。在 FET 电极导通时，液晶分子的表现如 TN 液晶的排列状态一样会发生改变，也通过遮光和透光来达到显示的目的。但不同的是，由于 FET 晶体管具有电容效应，能够保持电位状态，先前透光的液晶分子会一直保持这种状态，直到 FET 电极下一次再加电改变其排列方式。相对而言，TN 就没有这个特性，液晶分子一旦没有施压，立刻就返回原始状态，这是 TFT 液晶和 TN 液晶显示的最大不同之处，亦是 TFT 液晶的优越之处。参见 twisted nematic-LCD (TN-LCD)。

thin film waveguide 薄膜波导 一种透明材料薄膜，它为光波提供大约百万分之一英寸厚的路径，其中一些用于包括传输、交换及滤波在内的集成电路。

think bank 思想库 以无形的思想为资本进行研究探索的企业和研究所。与以往研究所和调查机构不同的是，它是面向未来，运用软件和系统分析的方法等。因此并不是开发单独的思想或新产品，而是大科学的开发(宇宙开发、海洋开发等)和社会开发(环境污染、城市发展等)，具有综合性的技术和系统。

thinking 思维 主要指与人类理解问题、判断问题、解决问题有关的信息处理能力及其过程。在人工智能科技中主要被模拟的思维环节为：感知、学习、推理、对策、决策、预测及产生等。

thinking behavior 思维行为 人类大脑中进行的有目的的信息加工过程。在人工智能中仅对其中"外显功能"有兴趣而并不研究内部生理、生化或遗传工程的过程。思维行为主要指：对外界信息的获取与理解，对问题的判断与解决，对同类信息的特征抽取与精炼等。

thinking science 思维科学 专门研究人的有意识思维的规律和方法的科学。对思维的研究是一个由来已久的课题，但把思维科学作为一门多学科的综合科学最早是由钱学森明确提出的。他提出的思维科学体系分基础科学、技术科学、应用科学三个层次。其中，基础科学研究人有意识思维的规律，称为思维学，包括逻辑(抽象)思维学、形象(直感)思维学和灵感(顿悟)思维学；技术科学包括科学方法论、情报学、数理语言学、结构语言学和模式识别；属于工程技术的应用科学层的学科有人工智能、计算机软件工程、密码技术、情报数据库技术、文字学、计算机模拟技术等，而哲学通过认识论指导思维科学。人工智能是思维科学的一个工程技术分支，主要研究如何运用人的知识经验使计算机智能化，它需要思维科学的指导。尽管目前人工智能领域非常活跃，但作为它的理论基础的思维科学还非常薄弱，且对思维科学的看法也各不相同。总之，目前人类对思维科学的认识还很肤浅，但已引起人们的普遍关注。思维科学的研究必将孕育一场科学革命，也将推动智能机的发展。

thinking with mental imagery 形象思维 也称"直感"或"直觉"思维，它同抽象(逻辑)思维和灵感(顿悟)思维一起构成思维科学的基础部分。形象思维采用形象思维活动来处理形象信息。如果把思维活动看作人脑的一种信息加工过程的话，抽象(逻辑)思维是使用抽象类信息的信息加工过程；而形象思维可处理从心象到心象的典型思维活动以及从非形象信息到心象或从心象到非形象信息的非典型思维活动。形象思维涉及文艺理论、认识科学、思维科学等学科。

think time 判断时间 同 intermessage delay。

thinnet 细网 按照 IEEE 802.3 规范中 10 base-2 标准规定的细同轴电缆组成的廉价网络。也指用细同轴电缆作为网络传输介质建立的局域网。参见 thin Ethernet。

thinning 细[线]化 为了进行特征抽取而把输入图像中的笔画尽量地变细，但仍保持原拓扑结构不变，从而可以获得该图像的骨架，这个过程称为细化。

thin provisioning 精简配置 一种存储管理技术，当某项应用需要一部分存储空间的时候，不是一次性地划分过大的空间给某项应用，而是根据该项应用实际所需要的容量，多次的少量的分配给应用程序，当该项应用所产生的数据增长，分配的容量空间已不够的时候，系统会再次从后端存储池中补充分配一部分存储空间。

thin quad flat package (TQFP) 薄型四方扁平封装 一种集成电路低成本，低高度引线框封装技术。封装本体厚度仅为 1.0 mm。TQFP 系列支持宽范围的印模尺寸和引脚数量，尺寸范围从 7 mm 到 28

mm,引线数量从 32 ～ 256。参见 quad flat package (QFP)。

thin small outline package (TSOP) 薄型小尺寸封装 一种芯片封装技术。TSOP 广泛应用于 SDRAM(同步动态内存)制造。参见 tiny ball-grid-array (Tiny BGA)。

thin space 稀薄空间 字体中的水平空间数量,相当于字体水平方向的点数,等于字体大小的四分之一,如在 12 点的字体中为 3 点宽。比较 em space, en space, fixed space。

T

thin window display 细窗显示 在字处理系统中,将 96 个字符作为一行的电子显示。

third-generation computer 第三代计算机 从 1965 年开始研制的用中、小规模集成电路组成的计算机。它以磁心存储器为主,结构上与第二代计算机一样,以存储器为中心。外部设备的种类有所增加,开始与通信线路相结合。操作系统也得到发展与普及。会话型语言(如 BASIC, APL 等)得到广泛使用。计算速度可达每秒几百万次、几千万次甚至上亿次。第三代计算机在 20 世纪 60 年代中期得到广泛应用。

third generation industrial robot 第三代工业机器人 不仅具有一定视觉、听觉、触觉等功能,而且还具有一定学习、推理和判断决策等思维功能的工业机器人。

third generation mobile communications technology (3G) 第三代移动通信技术 支持高速数据传输的蜂窝移动通信技术。参见 third generation mobile systems (TGMS, 3G)。

third generation programming language (3GL) 第三代程序设计语言 一种面向应用的高级语言的总称,如面向科学计算的 FORTRAN、面向事务处理的 COBOL、面向初学者的 BASIC 等皆属于第三代语言。高级语言是一种接近于人们使用习惯的程序设计语言。它允许用英文写解题的计算程序,程序中所使用的运算符号和运算式子,都和日常用的数学式子差不多。高级语言容易学习,通用性强,移植性好,便于推广和交流。比较 fourth generation programming language (4GL)。

third generation microprocessor 第三代微处理器 采用 HMOS(高速金属氧化物半导体)工艺制成的 16 位强功能高速微处理器。一般含有上万个门的单片器件,具有 1MB 以上的存储器直接寻址能力,完整的指令系统及每秒数十万次的计算速度。其功能至少比第二代微处理器(NMOS(N 沟道金属氧化物半导体)工艺制成的 8 位微处理器)提高 10 倍。典型的第三代微处理器有 Intel 8086, Z 8000, MC 68000 及 NS 16000 系列。

third generation mobile systems (TGMS, 3G) 第三代移动通信系统 国际电信联盟(ITU)提出的一种公共移动通信系统(FPLMTS),目标是为任何人提供任何时间、任何地点与其他任何人进行任何方式的通信。它综合了智能网与宽带 CDMA(码分多址)技术。主要包括三种 CDMA 标准:CDMA 2000、WCDMA(宽带码分多址)和 TD-SCDMA(时分同步码分多址)。三种 CDMA 标准为各国公认的 3G 系统的主流标准,其中 CDMA 2000 是高通为代表的美国提出的,WCDMA 是爱立信为代表的欧洲和日本提出的,TD-SCDMA 由大唐电信为代表的中国提出。参见 future public land mobile telecommunication system (FPLMTS)。

third generation optical fibre communication system 第三代光纤通信系统 第三代光纤通信系统采用波长 1 550 纳米的激光做光源,传输信号的衰落已经低到每千米 0.2 分贝(dB/km)。传输速率达到 2.5 Gbps,而且中继器的间隔可达到 100 km 以上。可将要传送的图像或声音经过光扫描和连续化或声-光变换器直接变换成光信号传输。

third generation PBX 第三代 PBX,第三代专用交换分机 用计算机进行控制与运行的 PBX(专用交换分机),即专用自动小交换机或称为计算机化小交换机。PBX 的核心部分是有很多模块组成的电子交换电路,每个模块都与某类设备连接,产生 ISDN(综合业务数字网)位流作为输出信号,干线模块连到 ISDN 交换机上。用于控制的计算机从相应线路模块上得到终端信号,然后收集被呼叫设备的状况,如不忙,则在呼叫设备和被呼叫设备之间建立连接。服务单元提供忙音信号、拨号音信号、及其他用于控制单元的服务信号。相比之下,第一代 PBX 是一切动作都是人工完成的交换机;第二代 PBX 是线路交换 PBX,用继电器完成第一代 PBX 由话务员完成的接线操作。参见 private branch exchange (PBX)。

third generation wireless (3G) 第三代无线技术 目前有三种主导的第三代无线标准:码分多址(CDMA)、时分多址(TDMA)以及全球移动通信系统(GSM)。第三代无线技术是指将无线通信与因特网等多媒体通信结合的新一代移动通信系统。它能够处理图像、音乐、视频流等多种媒体形式,提供包括网页浏览、电话会议、电子商务等多种信息服务。现在已有三种 3G 标准在工作,即 WCDMA(宽带码分多址)、CDMA 2000 和 TD-SCDMA(时分同步码分多址)。参见 wideband code division multiple access (WCDMA), CDMA 2000 standard, time division-synchronous code division multiple access (TD-SCDMA)。

third layer network loop 三层网络环路 三层环路通常指的是路由环路,是由于启用路由协议不当造成的。参见 routing loop, network loop, second layer network loop。

third level domain (TLD) 三级域名 二级域名之下的域名,是二级域名的子域名。参见 second level domain (SLD)。

third-level storage 第三级存储器 由虚机操作系统等虚机建立和控制的虚拟存储器。参见 first-level storage, second-level storage。

third normal form 第三范式 若一个关系 R 当且仅当它是第二范式(R∈2NF),而且每个非主属性都非传递依赖于主关键字时(即消去非主属性对主关键字的传递依赖性),称为第三范式(R∈3NF)。在实际数据库管理中,满足第三范式存储的数据只与记录的关键字有关且可将数据分解为多个记录组。它十分方便于对数据的处理。通常满足第三范式的数据库即可供实用。

third-part logistics (TPL) 第三方物流 由供方与需方以外的物流企业提供物流服务的业务模式。

third party 第三方 一个独立地为主要计算机厂商生产和销售辅助设备、软件或外设的公司。

third party call control (TPCC) 第三方调用协议 网络中,从第三方执行的与数据流无关的建立和管理网络连接的功能。

third party logistics (TPL) system 第三方物流系统 是供应链集成的一种技术手段。TPL 也称"物流服务提供者(LSP)",它为用户提供各种服务,如产品运输、订单选择、库存管理等。第三方物流系统的产生是由一些大的公共仓储公司通过提供更多的附加服务演变而来,它使企业把库存管理的部分功能代理给第三方物流系统管理,可以使企业更加集中精力于自己的核心业务,第三方物流系统起到了供应商和用户之间联系的桥梁作用。面向协调中心的第三方物流系统使供应与需求双方都取消了各自独立的库存,增加了供应链的敏捷性和协调性,并且能够大大改善供应链的用户服务水平和运作效率。同 logistics service provider (LSP)。参见 vendor managed inventory (VMI)。

third party programs 第三方程序(软件) 由独立软件公司开发的软件产品。

third party service provider 第三方服务提供商 除使用方和销售方之外的第三方,以出售服务为主营业务的专业化公司。

third party user 第三方用户 交互或者被另外的人激活、引用、禁止或者停止服务业务而影响的人。

third person (TP) 第三人称视角 电脑游戏中最常见的视角,尤其是二维游戏。玩者是以第三者的角度观察场景与主角的动作。参见 first person (FP), second person (SP)。

third personal shooting game (TPS) 第三人称视角射击游戏 动作类电脑游戏(ACT)的一个分支,玩家以第三人称角色参与。与第一人称射击游戏的区别在于第一人称射击游戏里屏幕上显示的只有主角的视野,而第三人称射击游戏更加强调动作感,主角在游戏屏幕上是可见的。比较 first personal shooting game (FPS)。

thirty-two bit system 32 位系统 字长为 32 位的微型计算机系统。参见 sixteen-bit system。

TLF 至低频 tremendously low frequency 的缩写。

TLS 透明局域网业务 transparent LAN service 的缩写。

Thomson effect 汤姆孙效应 在匀质的材料中,电流引起热传导的热电效应。同一种金属组成闭合回路,保持回路两侧为一定温度差,并通以电流时,回路的温度转折处将产生比例于温度与电流之积的吸热或发热,这种现象称为汤姆逊效应。

thought sciences 思维科学 研究思维活动规律和形式的科学。思维是高度组织起来的物质即人脑的机能,人脑是思维的器官;思维是社会的人所特有的反映形式,它的产生和发展都同社会实践和语言紧密地联系在一起;思维是人所特有的认识能力,是人的意识掌握客观事物的高级形式。思维在社会实践的基础上,对感性材料进行分析和综合,通过概念、判断、推理的形式,造成合乎逻辑的理论体系,反映客观事物的本质属性和运动规律。思维过程是一个从具体到抽象,再从抽象到具体的过程,其目的是在思维中再现客观事物的本质,达到对客观事物的具体认识。思维规律由外部世界的规律所决定,是外部世界规律在人的思维过程中的反映。参见 scientific thinking。

thousands separator 数字分隔符 在数字中每隔 3 位放置的一个逗号,用于方便阅读数字。

THP 汤姆林森-哈拉希玛预编码 Tomlinson Harashima precoding 的缩写。

thrashing 抖动,颠簸 在具有虚拟存储器的计算机系统中,由于频繁的调页活动使访问外存储次数过多而引起的系统效率大大降低的一种现象。这种情况可能发生在系统配置过低,使生成的交换文件太小,或计算机的内存太小。

thread 线程,线索,段 (1)操作系统中,进程中可运行的最小单位。属于一个进程的一个可执行实体,线程可执行进程中的任何部分的代码,包括同时被另一个线程执行的代码,进程中的所有线程共享进程中的同一个地址空间、全局变量和操作系统资源。参见 process。(2)在某些信息管理系统子系统和数据库子系统之间的一种链路,外部数据库子系统中的资源被分配给那个链路或线索。(3)一个问题或功能被分割后的子问题和子功能。是问题分析法(PAM)引入的概念,按 PAM 方法,先把一个模块分割成若干条"线索",然后再合并这些线索,得到所希望的问题分析数据(PAD)。参见 problem analysis method (PAM)。

thread binary tree 穿线的二叉树 一种采用双向链接的二叉树,即在二叉树的存储结构中,加进了反向的链接。

thread context 线程描述表 Windows NT 中与一

个线程执行相关的易变数据，其中包括系统寄存器的内容及此线程所属进程的虚拟地址空间。参见 context switching。

threaded tree 穿线树 叶节点包含有指向上层一些节点的指针的树。利用这些指针通常可以使在树中查寻信息更加方便。

thread group 线程组 一种把多个线程集成到一个对象里同时处理或维护这些线程的机制。通过线程组用一个方法统一调用、启动或挂起线程组中的所有线程。

T

threading 线程技术 在某些解释型语言中使用的一种技术，如在许多 Forth 语言的实现中，用于加速执行速度，对于其他程序的引用由指向这些程序的指针代替，产生一个执行的线程并避免一些传递和解释引用时的开销。参见 Forth。

thread object 线程对象 Windows NT 中线程的事例。

thread scheduling 线程调度 Windows NT 中检查准备执行的线程队列并选定下一个要运行的线程的进程，这个任务由内核调度程序模块完成。参见 dispatcher。

thread structure 穿线结构 对树采用双向链接的一种结构。通常把反向的链接称为穿线。

threat 威胁 计算机安全术语，指引起系统破坏、数据泄露和更改以及服务拒绝等潜在危害行为的过程、事件或环境。威胁主要来自于内部故障、人为错误、外来攻击和自然灾难。

threat analysis 威胁分析 在计算机安全中，对所有可能影响系统、操作或机制的动作和事件的检查。参见 risk analysis。

threat monitoring 威胁监控 操作系统中为保证系统的安全性所采取的措施。即对可疑的用户操作进行检查，当这些操作达到一定的威胁程度时及时作出反应，如用户输入口令准备进入系统时，当三次输入都不正确时，可以认为该用户试图猜出口令，这时可以采取相应措施予以制止。

threat of information service system 信息服务业务系统威胁 可能导致对信息服务业务系统产生危害的不希望事故潜在起因，它可能是人为的，也可能是非人为的；可能是无意失误，也可能是恶意攻击。

threat of instant messaging system 即时消息业务系统威胁 导致对即时消息业务系统产生危害的不希望事件潜在起因，它可能是人为的，也可能是非人为的。常见的即时消息业务系统络威胁有光缆中断、设备节点失效、火灾、水灾等。

three address 三地址 参见 three-address instruction。

three-address code 三地址代码 参见 three-address instruction。

three-address instruction 三地址指令 除操作码外，还包含三个操作数地址的指令。第一个地址 J 指出其中一个操作数地址，第二个地址 K 指出另一操作数地址，第三个地址 I 指出操作结果的地址。这条指令表示 J 单元的内容与 K 单元的内容操作，得结果送 I 单元。

three dimensional array 三维数组 一种有序的信息安排方式，用 3 个数定位一个数据元素。参见 array，two-dimensional array。

three dimensional CAD system 三维 CAD 系统 具有三维几何造型能力的 CAD（计算机辅助设计）系统。它的典型功能是表达多个平面、自由表面、面积、体积等信息，由此它又能分为线框设计系统、面向体积系统和曲面设计系统。当前发展趋势是增加三维系统的功能和获得具有柔性的通用软件包。但是三维 CAD 系统比二维 CAD 系统复杂得多，对操作人员的要求更高。

three dimensional graphics 三维图示技术 使用计算机生成三维物体图形的技术和方法。

three dimensional integrated circuit 三维集成电路 具有多层器件结构的集成电路，也称“立体集成电路”。它是由多层叠积而成的三维电路结构，其电路各层之间均用绝缘层隔离，并通过穿孔互连，目前已达几十层之多，它分为叠层高密度结构和叠层多功能结构两种类型。

three dimensional model 三维模型 对具有长、宽、深三维属性的实体进行的计算模拟。这种模型具有 X、Y、Z 三个轴线，能将其转动后从不同的角度进行观察。

three dimensional space of knowledge 知识三维空间 一种描述知识质量的方法，由知识的应用范围、知识的具体用途、知识为真的确定性构成。

three dimensional display 三维显示 把立体图像用平面上的投影图或透视图在平面上表现出来，即用平面显示的方法来显示立体图形。显示时往往使图形缓慢地旋转，以便于从各种不同的角度进行观察。

three-ending bidirectional silicone 三端双向可控硅 即双向可控硅。同 triac。

three gold engineerings “三金”工程 我国发展信息产业，建立信息高速公路的重大电子信息工程。“三金”指“金桥”、“金关”和“金卡”。参见 gold bridge engineering，gold gate engineering，gold card engineering。

three-input adder 三输入端加法器 同 full adder。

three-layer construction logic circuit 三层结构逻辑电路 一种双极型集成电路，整个器件有三层半导体区。

three layers of Internet services 因特网服务的三个层次 因特网提供的三层服务概念。最底层是无连接分组递交服务。这层服务是不可靠的，但是也不是随意丢掉传输的分组，而是尽力而为把分组递交给目的地。如果递交不到也会尽力给出一些有关信息。往上一层是面向连接的可靠传输服务，作为应用的基础。最上层是直接为用户提供服务器的应用服务。

three-length recording　三长度记录技术　表示二进制信息的一种信道编码。其编码规则为：若输入信息位为“1”，则将它变换为两位码字“10”；若输入信息位为“0”，则将它和后一信息位一起变换，即把信息组“00”和“01”分别变换为“100”和“1000”；最后将编码序列用逢“1”变化不归零制规则调制。

three-level addressing　三级寻址　指令中所含的地址为间接地址，该地址可在存储器中找到二级地址，按二级地址可找到三级地址，最后按三级地址才能找到操作数，这种寻址方式称为三级寻址。在三级寻址中，为了得到所期望的操作数，需要三次访问存储器。

three-level subroutine　三级子例程　只使用一级子例程的子例程称为二级子例程，而可以使用二级子例程的子例程称为三级子例程。

three out 24　24 出三　T1 线路工业标准比特误码率测试(RBET)。在 24 个字符字节中至少 3 个字符输出为“1”，其后跟有 7 个“0”组成的序列以对电路进行比特误码率测试。

three-phase alternating current　三相交流电　由三个频率相同、电势振幅相等、相位差互差 120°角的交流电路组成的电力系统。

three-phase commit protocol　三段确认协议　分布式数据库中用于分布式事务确认的一种原子性确认协议。协作者发送请求投票信息到所有参与者，参与者收到请求投票信息后向协作者发送包含投票内容的信息，协作者收集所有参与者的投票内容，如果有参与者或协作者投反对票，则决定夭折并向各投赞成票者方送夭折信息；否则将预确认信息发送给所有参与者，投赞成票的参与者等待来自协作者的确认或夭折信息，根据信息的内容作出决定，协作者收集参与者的已收到信息，收齐后发送确认信息到所有参与者并停止运行，参与者等待来自协作者的确认信息，收到后决定确认并且停止运行，这种协议在没有通信故障和全体故障时可保证进程不出现阻塞。参见 two-phase commit protocol。

three phase five wire system　三相五线制　包括三相电的三个相线(A、B、C 线)、中性线(N 线)以及地线(PE 线)。其中，PE 线也称安全线，是专门用于接到诸如设备外壳等保证用电安全之用的。

three phase four wire system　三相四线制　在三相电源中性点和三相负载中性点之间用导线连接所形成的方式。三相四线制中，三条线路分别代表 A、B、C 三相，另一条是中性线 N。三相自成回路，正常情况下中性线是无电流的。参见 neutral line。

three phases of microcomputer networking　微机组网三个阶段　自 20 世纪 80 年代初以来，微机组网经历的三个阶段：①桌上计算阶段；从简单多用户微机系统直到以低版本 DOS(磁盘操作系统)系统为核心的共享磁盘局域网。特点是网络效能低、保密性差、管理简单、服务水平低；②工作群计算阶段；微机局域网发展到鼎盛阶段。微机局域网成为计算机网络技术中重要的也是发展最迅速的一个分支。在这个阶段，用户可以访问网络中打印机、磁盘空间、文件、数据等各种资源，可以同时访问多台主机，分享多个主机上的资源。这个时期的网络效能好，管理控制功能较强，有多级访问权限和较好的可靠性；③网络计算阶段；微机局域网与网络互连产品相结合，使得微机局域网与微机局域网互连，微机局域网与各种主机互连，微机局域网与广域网互连成为可能，能够在异种机异种网环境中，把微机局域网、主机和广域网三者所具有的资源和服务透明地提供给用户。此时的微机局域网已经成为以局域网为核心把共享和服务扩展到广域网范畴的“协作网络”。

three phases of X. 25 connection　X. 25 连接建立的三阶段　使用 X. 25 协议的网络虚拟电路建立的三个阶段：第一阶段为呼叫建立阶段，主叫端发出“呼叫请求”，被叫端收到“到来呼叫”后发出“呼叫接收”表示同意建立连接，主叫端收到这个信号，连接建立成功。第二阶段为数据传输阶段，发送端发出数据帧，接收端收到数据帧逐帧给出回答。与此同时接收端也可以向发送端发送数据帧，相应的发送端对收到的数据帧也给出回答。对数据帧的回答信息可以由向对方发送数据帧时捎带过去而节省专门发送回答帧，这也就是所谓“背载”回答方式。第三阶段是呼叫清除阶段，主叫方发出“清除请求”，被叫方收到清除信号后给出清除响应，主叫方收到这个确认清除的信号后拆除建立的连接。

three phase three wire system　三相三线制　只有三根相线的电力系统，高压架空线路一般采用三相三线制。参见 three phase four wire system。

three-phase two-dimensional bubble shift register　三相二维磁泡移位寄存器　一种由导体存取的磁泡器件，磁泡的运行方向由三相电流控制。

three-plus-one address　三加一地址　一条指令中含有三个操作数地址和一个控制地址的指令格式。

three-plus-one address instruction　三加一地址指令　包含有三个地址部分和一个下一条要执行的指令的地址(另有说明者除外)的一种指令。这四个地址通常是两个操作数地址，一个结果地址和一个下一条要执行的指令的地址。

three-point curve　三点曲线　在计算机图形中的一种形状，其中两个点是曲线的端点，第三个点决定曲线的形状。

three-point perspective **三点透视** 透视投影的一种。即投影平面与投影对象的三根坐标轴均不平行的透视投影,称为三点透视,也称"斜透视"。参见 one-point perspective,two-point perspective。

three-position controller **三位置控制器** 一种含有三个离散的输出值的多位置控制器。

three-position modulation (3PM) **三单元调制** 表示二进制信息的一种信道编码。其编码规则是:把输入信息序列按 3 位长度分组,然后逐组地按下表给出的规则,把 3 位信息变换为 6 位码字(表中的前一组 C_5 和后一组 C_1 是决定本组编码结果的相关条件),最后再把编码序列用逢"1"变化不归零制规则调制。

3PM 编码规则表

信息位 $D_1D_2D_3$	本组变换的相关条件		码字 $C_1C_2C_3C_4C_5C_6$
	第一组的 C_5	后一组的 C_1	
0 0 0	×	0	0 0 0 0 1 0
0 0 0	×	1	0 0 0 0 0 1
0 0 1	×	×	0 0 0 1 0 0
0 1 0	×	×	0 1 0 0 0 0
0 1 1	×	0	0 1 0 0 1 0
0 1 1	×	1	0 1 0 0 0 1
1 0 0	×	×	0 0 1 0 0 0
1 0 1	0	×	1 0 0 0 0 0
1 0 1	1	×	0 0 0 0 0 0
1 1 0	0	0	1 0 0 0 1 0
1 1 0	1	0	0 0 0 0 1 0
1 1 0	0	1	1 0 0 0 0 1
1 1 0	1	1	0 0 0 0 0 1
1 1 1	0	×	1 0 0 1 0 0
1 1 1	1	×	0 0 0 1 0 0

注:表中的"×"表示无关。

three primary classes of IP addresses **三类主要 IP 地址** 用 TCP/IP(传输控制协议/网际协议)建立的网络中三类常用 IP 地址及其格式。这三类地址是 A、B 和 C 类。每类地址都分为两部分:网络标识部分 net ID 和主机标识部分 host ID。net ID 称为网络标识符,表示网络地址部分;host ID 称为主机标识符,表示主机地址部分。地址总长 32 位。A 类 net ID 有 8 位,host ID 有 24 位;B 类这两个标识符分别是 16 位和 16 位;C 类两个标识符分别是 24 位和 8 位。

three-quarter-inch videotape **0.75 英寸录像带** 一种录像带格式,用于大多数工业视频产品。

three-row keyboard **三行键盘** 博多码电传打字机的键盘。

three-schema architecture **三模式体系结构** 一种数据库结构,由三种模式构成:概念模式、内部模式和子模式。

three-state **三态** 除有高、低电平两种状态外,还有第三种状态——高阻状态。同 tri-state。

three-state gate **三态门** 三态门也称"三态电路"。它与一般门电路不同,它的输出端除了出现高电平、低电平外,还可以出现第三个状态,即高阻态,也称"禁止态"。参见 tri-state logic。

three terminal capacitor **三端电容** 一种特殊的用于电磁发射抑制的电容器,它具有极好的高频特性。

three-terminal regulator **三端稳压器** 封装在标准的晶体管外壳中的稳压器。这种器件可以是一个开关型稳压器,或者一只线性稳压器。

three tier architecture (TTA) **三层体系结构** 一种包含三层的客户机/服务器配置,即包含一个客户机层和两个服务器层。尽管两个服务器层的本质有所不同,但它们共同的配置是都拥有一个应用程序服务器。

three-tier client/server **三层客户机/服务器(结构)** 三层客户机/服务器结构比主从式客户机/服务器结构多一层中间应用服务器层,该层可以分担主服务器端及用户端的运算负担,通过合理调度任务以充分发挥服务器的性能,特别适合于多用户、多数据库的环境。

three-valued logic **三值逻辑** 多值逻辑的一种。传统的逻辑在其语义解释中只有两个值:真或假。而三值逻辑却有第三个值,它介于真与假之间。在实际生活中有这种情况,如电路的真、负和零;表决中的赞成、反对和弃权。三值逻辑同样有合取、析取、非、蕴含、等价等运算以及有存在量词和全称量词等,但这些运算的真值却由于应用领域的不同而有不同的定义。

three value simulation **三值模拟** 理想的二值模拟信号波形只有两种状态。但是真实的系统中,信号波形在 0 和 1 之间跳变时,要有一段过渡时间,在此期间内,状态值不确定,二值模型不能反映这种现象,故二值模拟检查不出线路的竞争冒险现象。为了克服这种缺陷,建立了三值模拟模型,除 0、1 值外,用 X 来表示不确定的过渡状态,并规定 $\overline{X}=X$。

three-way-handshake **三段[次]握手** 计算机网络中,两个协议实体在建立连接时进行同步的过程,也是建立连接的过程和限制往复确认次数的办法。网络中两个节点建立连接时,请求建立连接的甲方向乙方发出连接建立请求,乙方如果同意建立连接则送回确认。但是乙方不知道发出的确认是否被甲方收到,因而要等到获得甲方对确认的确认后才能实现建立连接。甲方得到确认后发出二次确认，但是不知道这二次确认是否被乙方收到，于是要等到乙方的三次确认后才能实现连接。同样，乙方发出三次确认后还要进一步等待确认。如此反复下去，连接永远建立不起来。为了限制反复确认次数，经两次确认后就建立连接。

threshold 门限，阈值 (1)某一电路或器件的预先确定的点，如其最大电流或电压。(2)导致某个效应产生的关键值。在电子线路中，决定输出状态的某一参量的关键值。若该参量小于此值，其输出为某一状态；若该参量大于等于此值，其输出则为相反的状态。

threshold analysis and remote access 门限分析和远程访问 NetView 程序的一个成分，可向中央操作员提示网络问题和错误。

threshold detection 阈值检测 通过将信号电压与一个门限电压进行比较来检测信号的一种方法。

threshold element 阈元件 执行阈运算的器件或电路。参见 threshold gate, threshold operation。

threshold extension 阈值延伸 卫星电视接收机中使用的一种技术，能将接收机中载波噪声比的阈值改善约 3 dB。

threshold function 阈函数 一种一个或多个变元的二值开关函数。变元不一定是布尔型的，但当变元特定的一个数学函数超过某个值之后，该函数取值为 1，否则为 0。给定的这个限值称为阈值，如阈函数

$$f(a_1, a_2, \cdots, a_n) = 0,\ 当\ g \leqslant T$$
$$f(a_1, a_2, \cdots, a_n) = 1,\ 当\ g > T$$

T 的阈值，$g = g(a_1, a_2, \cdots, a_n)$ 是变元的一个特定的数学函数。

threshold gate 阈门 执行阈值运算的一种逻辑元件。同 threshold element。

thresholding 阈值转换法 在计算机图形学中，将有灰度的图像数据转换成二值图像数据，方法如下：在某一级别之上的全部灰度图像数据变成 1，表示白色；在这一级别之下的全部灰度图像数据变成 0，表示黑色。

threshold learning process 阈值学习过程 在阈值判定系统中，如果输入的信号由于噪声干扰而变化较大时，常借助于自适应技术来调整判定阈值。其过程是：先通过训练模式适当地调整其阈值的上下限值，再使其运行。如有必要，可再训练，如一个二值信号的自适应判定系统，在进行离散增量的阈值学习过程中，若输入信号是 1，而输出判定为 0，则认为发生“误解除”，因此要调低阈值；若输入为 0，而判定为 1，则认为发生“误报警”，就要调高阈值。输入输出一致时，则不必调整阈值。

threshold limit value (TLV) 阈值极限 空气中气体或微粒的浓度，大多数工人在一生的工作时间内，在每天的基础上，可以暴露其中而不会受到不好的影响。

threshold logic circuit (TLC) 阈值逻辑电路 通常指可变阈值逻辑电路或高阈值逻辑电路，其特点是抗干扰能力强。

threshold model of neuron 神经元阈值模型 神经元状态随时间的变化可用阶跃函数或 S 形函数来描述的神经元数理模型。

threshold of perception current 感知(电流)阈值 在给定条件下，电流通过人体，可引起任何感觉的最小电流值。

threshold operation 阈运算 求操作数的阈函数值的运算。

thresholds of knowledge 知识阈值 知识系统有一个专门领域中所能达到的问题求解能力的测度，由 D. Lenat 和 E. Feigenbaum 提出。

threshold voltage 阈值[门槛]电压 晶体管的接通电压。场效应晶体管的阈值电压取决于沟道中的载流子浓度和沟道宽度等工艺参数。双极晶体管的阈值电压取决于固定的材料参数，如基区半导体的能隙及基区的掺杂。

threshold voltage of valve 阀门槛电压 电子阀正向伏安特性近似线与电压轴交点所表示的电压值。

threshold window 门限窗口 网络传输中，说明多大帧可以被传输的流量控制参数。参见 sliding window protocol (SWP)。

through channels 直通信道 通过多路复用器的路由选择作选出的信道，即不再需要多路复用的信道。

through fault current 穿越性故障电流 保护系统的保护区域外部故障时引起的流经保护区域的故障电流。

through-hole mount 插入式安装 集成电路的一种安装形式。插入式安装将引脚直接插入印制电路板中，再由浸锡法进行波峰焊接，以实现电路连接和机械固定。由于引脚直径和间距都不能太细，故印制电路板上的通孔直径，间距乃至布线都不能太细，而且它只用到印制电路板的一面而难以实现高密度安装。

through-hole mounting 通孔安装 利用元件孔将元器件插装到印制板导电图形上的电气连接的方法。

through hole technology (THT) 插入式安装技术 将元件安置在印制板的一面，并将接脚焊在另一面上的技术。这种技术需要为每只接脚钻一个洞，接脚又占掉印制板两面的空间，而且焊点也比较大。这种插入式安装技术由于所占空间大，一般用于初级的电路元器件板加工制作。比较 surface mounted technology (SMT)。

throughput 吞吐量 (1)对网络、设备、端口、虚电路或其他设施，单位时间内成功地传送数据的数量(以比特、字节、分组等测量)。(2)在数据通信中，

是指每单位时间内在一个方向上穿越一个连接段(或虚连接段),成功地传送的一个块中所包含的用户数据的比特数。参见 problem throughput。

throughput class 吞吐量等级 吞吐量等级表明电路上传输数据的最高速率,它不应该大于物理线路上的实际传输速率,但各个虚电路的吞吐量等级的总和可能超过线路的数据传输速率。传输的数据吞吐量等级可在速率 75 bps ~ 64 kbps 中选择。在用户发起的每一次呼叫过程中,若未指明吞吐量等级,则网络按默认值予以分配;若用户使用了吞吐量等级这一功能,则网络为此次呼叫分配网内资源。它适用于分组型终端在交换型虚电路的情况。

throughput class negotiation 吞吐量等级协商 一种包交换数据网任选功能件。基本的吞吐量等级协商和扩展的吞吐量等级协商是在一段时间内商定使用的任选用户设施,并为虚呼叫所调用,它们都成为吞吐量等级协商设施。该设施允许在每次虚呼叫时对每一数据传输方向吞吐量的等级进行协商。一个 DTE(数据终端设备)不能预定这两种设施。

throughput delay 吞吐延迟 接收输入的数据并将它作为输出发送出去之间所需的时间数。

throughput negotiation 吞吐量协商 规定是否允许对虚电路(VC)上每次呼叫所传输的数据流量进行协商的一种机制。

throughput of pipeline 流水线吞吐能力 每单位时间内流水线所能操作完成并输出的结果数,用公式

$$W=\frac{n}{kt+(n-1)\tau}$$

表示。该公式表示在 $kt+(n-1)\tau$ 的周期内流水线所能处理完成的任务数 n 个。理想情况下,当任务数 $n\to\infty$ 时,$W=\frac{1}{\tau}=f$,这表明最大的吞吐能力等于它的频率,即每个时钟周期能得到 1 个输出结果。

throw-away compiling 废弃编译 由布朗(Brown)于 1976 年提出的一种编译技术,用来在真实的机器上实现抽象机器。其目的在于把混合编码方法引向深入,试图克服混合编码方法存在的缺点,去除了解释程序而代之以一个代码生成程序,可以用普通的方法调入及预编译一个程序的全部或一部分,或者可以在运行时动态地编译一个程序单元。此方法的优点是依靠可用的空间尽可能多地进行编译,不断地改编自身以便在环境的许可下尽可能快速地运行。

throw-it-away prototyping 抛弃式原型法 软件工程中,在需求分析期间就产生一个软件系统早期版本,然后这个版本在需求引出及说明的过程中作为开发人员和用户之间的交流的媒介,以达到辨认和澄清的需求的目的。

THSS 跳时扩频 time hopping spread spectrum 的缩写。

THT (1)令牌保持时间 token-holding time 的缩写。(2)插入式安装技术 through hole technology 的缩写。

Thue system 图厄系统 半图厄系统 $\langle A,R,\omega_0\rangle$,若其中的 R 满足下列条件:$\langle\alpha,\beta\rangle\in R$,$\langle\beta,\alpha\rangle\in R$,则该半图厄系统就为图厄系统。图厄系统由图厄在 1914 年提出。

thumbnail 微缩图 一种拇指指甲大小的低分辨率的小图像,是对实际图像进行处理后的微缩图像。

thumb wheel 拇指轮 在计算机制图中,可围绕其中心轴转动的一种轮盘。转动时可选择提供一标量值。一对拇指轮可作定位器使用。

Thunderbird 雷鸟微处理器 美国 AMD 公司于 2000 年推出的第三代 Athlon 微处理器,使用 0.25 μm 工艺,核心面积 120 平方毫米,内核电压 1.85 V,采用 Socket A 架构,支持 1.1 GHz 并有 512 KB 的与 CPU 频率同步的二级缓存。

THX identification THX 认证 THX 是 Tomlinson Holman Experiment 的缩写。是由卢卡斯影业(Lucasfilm)为高清晰数字电影所制定的认证,是家庭剧院所设计的品质保证以及为家用视听器材提供完整的品质规格规范。THX 标准与国际标准不同,大多数标准都有一个允差范围,但 THX 不设允差,只有一个最低要求,必须超过才能合格。它对杜比定向逻辑环绕系统进行了改进,使环绕声效果得到进一步的增强。THX 标准对重放器材例如影音源、放大器、音箱甚至连接线材都有一套比较严格而具体的要求,达到这一标准并经卢卡斯认证通过的产品,才授予 THX 标志。

thyratron 闸流管 在阴极-阳极之间有一个或多个栅极、具有控制特性的热阴极充气管。按所充气体可分为静电闸流管和氢闸流管。参见 static thyratron, hydrogen thyratron。

thyristor 晶(体)闸(流)管 一种包括三个或更多的结,能从断态转入通态或由通态转入断态的,具有开关作用的双稳态半导体器件。

TI (1)传输标识 transmission identification 的缩写。(2)横向干涉测量法 transverse interferometry 的缩写。

TIA (1)电信工业协会 Telecommunication Industries Association 的缩写。(2)时间间隔分析器 time interval analyzer 的缩写。

TIB 任务信息块 task information block 的缩写。

TIC (1)终端国际中心 terminal international center 的缩写。(2)令牌环网接口耦合器 token-ring interface coupler 的缩写。

tick 嘀嗒 一个规则的快速重复的信号,由时钟电

路产生。

ticket 票 在计算机安全中,处理器对一个对象拥有的访问权利的一种表示。

ticket-based access control 基于票证的访问控制 在计算机安全中的一个访问控制,其中访问权出现在票证表中。参见 list-based access control。

ticket list 票证表 在计算机安全中,对一个主体的访问权利的一系列票证。

ticking 小记号 光符识别中,在打入小写字符时,在大写字符下面产生的标志,或者在打入大写字符时,在小写字符下面产生的标志。

tick mark 记时标记 静电彩色绘图仪介质边缘上的一种断续的标记。绘图仪通过对它进行跟踪和信号反馈,可以控制垂直方向的绘图位置。

tick-tock 嘀嗒战略 tick-tock 就是时钟的“嘀嗒”的意思,一个嘀嗒代表着一秒,而在 Intel 的处理器发展战略上,每一个嘀嗒代表着 2 年一次的技术进步。每个“tick”,代表着工艺的提升、集成度的提高,并在此基础上增强原有的微架构,而“tock”,则在维持相同工艺的前提下,进行微架构的革新,这样在芯片工艺和架构的两条提升道路上,总是交替进行,一方面避免了同时革新可能带来的失败风险,同时持续的发展也可以降低研发的周期,并可以对市场造成持续的刺激,并最终提升产品的竞争力。

tic-tac-toe 井字游戏,一字棋 两人轮流在井字形的九个空格中放上自己的棋子。谁先使自己的任意三个棋子组成一直线(横、竖、斜三方向都行),谁就取胜。在人工智能中常把它作为博弈树的例子。

TID (1)瞬态互调失真 transient intermodulation distortion 的缩写。(2)元组标识符 tuple identifier 的缩写。(3)终端接口设备 terminal interface device 的缩写。(4)任务标识符 task identifier 的缩写。

TIE (1)终端接口设备 terminal interface equipment 的缩写。(2)技术信息交换 technical information exchange 的缩写。(3)时间间隔误差 time interval error 的缩写。

tiebreaker 仲裁电路 一个对其他电路进行仲裁的电路,通过赋予各电路优先级来解决冲突问题。

tie line 连接线,专(用)线 为了把两点或多点连接在一起,由使用者自己建设,或由公用载波通信公司提供的一种专用线通信信道。参见 private line。

tiered storage 分级存储 是把不同类别的数据分配给不同类型的存储介质,以减少存储成本。数据类别可以基于所需保护的等级、性能要求、使用频度以及其他考虑。由于将数据分配给特定介质可能是一个在行进中完成的复杂动作,有些供应商提供软件,依据用户公司制定的策略自动管理这个过程。下面是分级存储的例子:1 级数据(如关键任务、最近访问过的或绝密级文件)可以存储在昂贵的、高质量介质 RAID(独立磁盘冗余阵列)上。2 级数据(如财务、很少用的、或保密文件)可以存储在常规的存储区域网络中不太贵的介质上。随着级数的增加,可以使用更便宜的介质。因而,在分 3 级的系统中第三级可以包括那些事件驱动的、极少用的、或不保密的文件,它们被存储在可刻录的光碟或磁带上。

tie trunk 连接中继线 直接连接两台或多台交换台或专用交换分机(PBX)系统的专用线路通信信道。可通过人工方式互连,也可通过拨号方式互连;电话专用线路可通过电话网络与两台专用交换分机相连。利用两个或多个连在一起的中继线配置的网络被称为串接直连中继线网络(TTTN)。

.tif 图像文件后缀名 一种采用标记图像文件格式图形文件的扩展名,扫描仪等设备常以此格式作为文件输出格式。

TIFF 标记图像文件格式 tagged image format file 的缩写。

tight buffer 紧缓冲层 紧密敷设在光纤包层周围,使光纤不能转动的一层物质。

tightly coupled 紧耦合 各处理单元共用实际存储器并由相同控制程序控制的情况。

tightly coupled multiprocessing 紧耦合多重处理技术 在某些计算机系统中的多重处理系统,这种系统具有共享实存的两个或多个处理部件,由同一控制程序控制,相互间可以直接通信。参见 loosely coupled multiprocessing。

tightly coupled system (TCS) 紧密耦合系统 两台或两台以上的处理机与其他部件(如主存储器)连接成的一个计算机系统,这个系统像一台计算机一样执行特定的功能。典型的紧密耦合系统是多个处理功能完全相同的中央处理机(CPU)通过中央处理机内部通信控制器,或公共总线连接在一起,共享公共内存,整个系统由一个操作系统控制,运行在一个临时指定的中央处理机(主处理机)里,执行控制系统的功能。整个系统能实现作业级、程序段级、数组级或数组元素级全面并行运行,使系统效率得到最大限度的提高。参见 multiple-computer system。

TIK 任务标识键 task identification key 的缩写。

tiling 平分,平铺 在计算机图形程序中,用设计的图案填充屏幕上相邻像素块的过程,填充时不允许色块相同重叠,用于用特定的图案覆盖屏幕上定义的区域。

Tillamook Tillamook 微处理器 美国 Intel 公司专为笔记本电脑设计制造的奔腾Ⅱ(Pentium)处理器。它使用经过改良过的 0.25 μm 制造技术,使得 CPU 的时钟频率超过了 266 MHz,与此同时其电压和能量消耗也得到进一步的降低。这样的高性能可使笔记本电脑的发展跟上桌面台式机发展的脚步。这款处理器与 PentiumⅡ家族的以前产品一样，也是结合有 MMX(多媒体扩充)指令集和 32 KB L1 的高速缓存。当 CPU 工作在 60 ～ 66 MHz 的总线频率的时候，其时钟频率为 133 ～ 266 MHz 之间。处理器的封装模式为 TCP 和 MMC。它于 1997 年 1 月 8 日推出。

tilt control 摆动控制 分配放大器中的一个设备，用于调整信号幅度以补偿因传输损耗而造成的衰落。

timbre of sound （声音）音色 表述声音质量的一个术语，可用于描述作为声源的物体、乐器或人。

time and date service 时间和日期服务 在客户机/服务器模式中，客户机系统启动时从专门精确的时间日期服务器下装时间和日期的服务。通常计算机启动时操作人员键入时间和日期。这样做会引起各个计算机时间或日期误差。在单机运行情况下，这样的误差往往不会产生大的问题。但在网络环境中，不采用统一时间常常会产生很多麻烦。

time and wavelength division (T&WD) 时分和波分 通信中，在同一传输通路上为每个信道均分配一个时隙和波长，使得多个信号可以不同的时间和波长交错地通过这个通路传输。

time assignment speech interpolation (TASI) 时间分配语音内插 在通话的语音停顿间隙中，插入其他通话语音信号的一种技术。TASI 是在传输线路上所采用的用来增加语音传输功能的模拟信号技术，它会将额外的其他用户插入到由于原始用户停止讲话而暂时空闲的信道，当在先的原始用户重新开始讲话时，被插入的用户就随即被转向其他处于空闲状态的线路。参见 digital speech interpolation (DSI)。

time base 时基 一个作为基准，其振荡周期某些部分的出现瞬时，能用来确定时间间隔的振荡。

time-based connection management 基于计时器的连接管理 为避免出现传输层分组没有全部离开连接到达接收方之前，断开连接导致分组丢失的现象而采取的对连接进行管理的机制。发送方向接收方发送连续 TPDU(传输协议数据单元)时就建立一个连接记录，用于记载发出的 TPDU 和得到确认的 TPDU 等有关信息。建立一个连接记录同时启动一个计时器。发出的 TPDU 得到应答则计时器停止计时。若计时器计时完毕也没得到应答则重发已发出的 TPDU。这样便可以知道是否有发出的分组而没得到确认者。如有，而且又要断开连接则必须采取一定措施，如发送方不清除未得到确认的帧，或延迟连接断开时间。

time-based management (TBM) 基于时间的管理 专门通过减小周期时间提高效率的完整管理策略。

time-based replication 时间调度复制器 复制器的一种，是基于码数据的副本最常被调度的概念，同时还包含了一种变异的即席或成批复制的概念。这种复制器提供的一致性较弱，一般适用于一些经常调度的商用过程(如存款业务)或由用户命令导致的临时即席分析。参见 real-time replication, store-and-forward replication, master/slaver replication, cascade replication, peer-to-peer replication。

time bomb 时间炸弹 在计算机的一个特洛伊木马程序，定时激活。参见 Trojan horse。

time call 计时呼叫 两用户间的一种呼叫。被呼叫用户在主呼方区域码范围内，但在主呼方免费呼叫区以外。

time clock 定时时钟 用来定时查询通信信道、统计任务执行时间及形成日历的时钟。

time clock interrupt 定时器中断 计算机的时钟按一定周期(可由操作员或操作系统来给定)发出的中断，也称“时钟中断”。主要用于计时、计费、控制等。使计算机能周期地从目态转入管态，以便进行分时操作。参见 privilege mode, user mode。

time code 时间码 摄像机在记录图像信号的时候，针对每一幅图像记录的唯一的时间编码。时间码为视频中的每个帧都分配一个数字，用以表示小时、分钟、秒钟和帧数。

time-coherent light (TCL) 时间相干光 在任一时间点上，光信号的振幅、相位和时间变化率都可根据它在上一点的振幅、相位和时间变化率被预测的一种光信号。

time complexity 时间复杂度 度量算法执行的时间长短。时间复杂度关注的是数据量的增长导致的时间增长情况。参见 space complexity。

time complexity function 时间复杂度函数 表示执行算法所耗用时间的复杂度函数，称为时间复杂度函数。

time compression multiplexing (TCM) 时间压缩复用 通过在时域上将上下行脉冲信号进行压缩，在单根线路上实现双向通信的一种复用方式，也称“乒乓法”。TCM 是在现有用户线上实现 ISDN(综合业务数字网)基本速率(144 kbps)接入的二级双向数字传输复用方式的一种。采用时分复用技术，把从电话终端或数据终端送来的数字信号流进行时间压缩和速率变换，变换成高速窄脉冲串，其速率至少是压缩前的两倍以上。利用压缩后产生的空隙时间，周期性地在二线线路上交替地双向传输。在接收端，这些高速窄脉冲再被扩展恢复成原来的连续数字比特流进行接收。

time-consistent busy hour (TCBH) 平均忙时 在每天给定时间内的同一时刻，连续 60 分钟观测到的交换机或电路群的平均最大业务量。

time constant of a capacitor 电容器的时间常数 电容器的绝缘电阻与电容的乘积。

time constructible function 可构造时间函数 一类可用来表示时间复杂性的函数。对于函数 $T(n)$，若存在图灵机 M，使得对任意规模为 n 的输入 M 至

迟任务。定时任务和延迟任务是实时系统的重要组成部分。

time element scrambler (TES)　时域保密器[加扰器]　时分多路复用技术的语音信号保密方式之一。它将语音信号划分为几百毫秒的帧，再把这些帧进一步划分为 20 ～ 60 毫秒的段，然后通过改变帧中的段序来实现保密，改变后的段序只有发送者和接收者知道。

time fill　时间填充　在某些系统中，当没有帧要传送时就传送一系列连续标志，称为时间填充。

time frame　时间帧，时间范围　(1)基于两个或两个以上的事件，用时间作为测量基准的一种规定的结构。(2)一个特定的情况或事件所需的时间限度。

time gate　定时门　一种仅在所选定的时间间隔内有输出的门。

time hopping (TH)　跳时　近似随机地选择时隙发送信号的一种扩频技术。将一个信息码的时间分成若干个时隙，只在一个时隙内发送信号，发送时隙是随机选择的。参见 spread spectrum communication。

time hopping spread spectrum (THSS)　跳时扩频　简称"跳时"，发射信号在时间轴上跳变的扩频通信方式。首先把时间轴分成许多时片。在一帧内哪个时片发射信号由扩频码序列去进行控制。由于采用了窄得很多的时片去发送信号，相对说来，信号的频谱也就展宽了。参见 direct sequence spread spectrum (DSSS), frequency hopping spread spectrum (FHSS), hybrid spreads spectrum modulation。

time-impulse distribution　时钟脉冲分配　按照规定的次序将定时脉冲或时钟脉冲分配到控制线上。

time index　时间索引　大型时态数据库中的一种技术。时态数据库不仅记载数据本身，而且记载数据的有效时间。过期数据不必删除，而是作为历史数据保存。时间索引就是数据在时间展开后，按时间建立的索引，以作为时间数据的访问标志。

time integrating element (TI element)　时间集成元件　在整个输入期间，将输入汇总的元件。

time interleaving　时间重叠[交错]　在固定的短时间内，将一个资源依次分配给需要资源的两个或两个以上的实体(终端、执行程序)。

time interval analyzer (TIA)　时间间隔分析器　将输入脉冲的时间间隔按一定的范围进行分类、存储、显示和记录的设备，分析的结果可得到不同大小的时间间隔范围出现的概率分布或时间(间隔)谱。

time interval error (TIE)　时间间隔误差　一种测量给定的定时信号相对于理想定时信号的相对时延变化的方法。给定时间内的时间间隔误差为在该期间的终点和起点测得的时延值之差。

time-invariant systems　定常系统　数学模型中的微分方程或差分方程的系数为常数的系统。严格地说，没有一个物理系统是定常的，如系统的特性或参数会由于元件的老化或其他原因而随时间变化，引起模型中方程的系数发生变化。然而，如果在所考察的时间间隔内，其参数的变化相对于系统运动变化要缓慢得多，则这个物理系统就可以看作是定常的。定常系统分为非线性定常系统和线性定常系统。参见 nonlinear control systems, linear time-invariant systems。

time jitter　时钟抖动　是指时钟触发沿的随机误差，通常可以用两个或多个时钟周期之间的差值来量度，这个误差是由时钟发生器内部产生的，和后期布线没有关系。

time-line processor　时间行处理器　一种授权机制，以代表时间的各元素显示一个事件。

time-mapping asynchronous simulation　时间映射异步仿真　逻辑仿真的一种算法，属表格驱动法。它把事件和时间对应起来，依时间来排列动作事件。动作元件的负载可按元件延迟时间不同而分别排列。这样可考虑精确的时间关系。这种算法对组合线路、同步线路及异步线路均适用，目前大部分仿真程序都采用这种算法。

time margin　时间余量　磁记录表面上的原始读出数据脉冲由于峰值位移和磁记录表面运动速度变化等原因，与写入时的基准位置相比，会出现时间上的超前或滞后，相对于窗口信号的可靠性检测时间富裕量称为时间余量。

time multiplexed switching (TMS)　时分复用交换　采用时分复用技术的一种交换形式，方法是使每一个输入信号源占用一个时隙，形成一个时分复用的数据流，然后通过交换机实现时隙交换。

time of arrival (TOA)　到达时间　信号到达接收点的时间。

time-of-day (TOD) clock　日时钟，日历钟　以 24 小时为周期，按时、分、秒记录时间的时钟。它能提供一个连续的、高分辨率的实时时间的量度，指出所花费的时间，并能根据命令将所记的时间送往中央处理机。

time of day reconfiguration　按日计时重新配置　在预定时间(每日或某日)里，无人值守多路复用器自动安装另一配置以取代当前配置的能力。这种特性常用于最佳利用多路复用器的带宽，如主要用于语音通信的白昼配置可由允许夜间从高速处理单元切换到常规处理单元的配置代替。

time of delivery (TOD)　投递时间　消息投递到目的地的日期和时间。

time of RAS to CAS delay (tRCD)　行地址选通至列地址选通延迟　内存的时序参数，供选择的数值有 1 ～ 15，数值越小越快。参见 row address strobe (RAS), column address strobe (CAS), memory timing parameter。

time of RAS to RAS delay (tRRD) 行地址选通至行地址选通延迟 内存的时序参数,数值越小越快。此参数表示连续的激活指令到内存行地址的最小间隔时间。参见 time of RAS to CAS delay (tRCD),memory timing parameter。

time of receipt (TOR) 收到时间 通信中心正确接收到由另一通信中心发来的消息的日期和时间。

time-out 超时 一种与设计好的、在预定时间过去之后必定要发生的事件相关的参数。

time-out control 超时控制 网络控制程序的一种功能。在预定的时间片过去后,它产生一次中断。

time-out error 超时错误 硬件错误的一种。指指令和动作在规定时间内未能结束。

time out factor (TOF) 超时因子 在ATM(异步传输模式)网络中,一个可用位速率服务参数,控制在请求降低速率之前发送资源管理信元间隔允许的最长时间。

time out recovery 超时恢复 在被故障中断之后重新启动系统操作。

time parameterized R tree TPR 树 时空数据库中的一种索引结构。TPR 树是具有 R 树结构的平衡树。与 R 树的不同的是:TPR 树采用速度矢量将索引结构参数化,树中的非叶子节点是以时间为参数的边界矩形,随着时间的改变,这一边界矩形能够始终包含所有移动对象和其他的边界矩形,这样的结构使得在未来的任何时刻的索引都能被计算出来。

time phasing 时程化 用不同的时间点或时期表达未来的需求、供应和存货状态。时程化是制造资源计划(MRP)里一项重要的因素。参见 manufacturing resource planning (MRP)。

time proportioning controller 时间比例控制器 一种专用控制器,其输出由持续脉冲构成,脉冲的个数与输出时间平均值和初启误差成比例。

time-pulse distributor 时钟脉冲分配器 按照规定的时序将定时脉冲或时钟脉冲分配到控制线上的电路或装置。

time qualified 时间合格 当触发源在进入或退出模式后,若满足触发条件,时间合格触发器就会产生一个触发。即使模式在触发源满足其触发条件之前退出,触发也照样产生。

time-quantum method 时间量子法 一种计算机分时管理的方法。通常对一个正在运行的任务分配一个时间片。若在此时间片期满之前,该项任务尚未结束,则暂时挂起该项任务,并将其置于排队行列中,通常是在队列的最后面。时间片是通过系统内的时钟产生的。

timer 计[定]时器 计算机中用来测定诸如扬声器控制、日历显示和各种系统事件所需之时间间隔的寄存器(高速存储电路)或专用电路、芯片或软件例程。虽然计时器的脉冲信号可取自系统时钟频率,但计时器与系统时钟并不一样。许多系统都有一个中断计时器,它在一段编程设定的时间之后中断当前所执行的程序,将控制交给操作系统。这种做法有时在一些多任务操作系统中用来防止某个应用程序独占全部处理器时间。比较 clock,clock/calendar。

time redundancy 时间冗余 (1)为了检测或校正故障引起的错误,系统所采用的一种冗余方法。它是通过重复执行计算程序来校验错误的,即以时间换取正确性。(2)用于检出并纠正因暂时故障引起错误的冗余技术。包括故障查出后立即进行的指令复执,以及程序段,甚至整个程序的重新运行。程序重运行操作可从上一个检查点重新执行,如果此点以前正确的话。时间冗余检查数字系统中的故障十分有效。典型的时间冗余是交替逻辑设计方法利用时间冗余代替通常的空间冗余检测故障。此方法交替执行要求的函数及其对偶函数,在一个时间周期输出真值,下一周期输出真值的互补值。与空间冗余比较,此方法时间长、设备少。

time relay 时间继电器 当加入(或去掉)输入的动作信号后,其输出电路需经过规定的准确时间才产生跳跃式变化(或触头动作)的一种继电器。时间继电器是一种利用电磁原理或机械原理实现延时控制的控制电器。它的种类很多,有空气阻尼型、电动型、电子型和其他型等。参见 electromagnetic relay。

time scale 时标 表示一个过程或一组事件发生或完成所需的时间同求解时间(如控制或分析该过程所需的时间)之间对应关系的量。在计算中,若机器求解时间大于过程的实际时间,则认为时标大于1,而把计算说成是在扩展的时标或慢时标上进行的。在相反的情况下,时标小于1称为快时标。若计算是在与实际过程同样的时间里进行的,则时标等于1,称为实时。

time scale factor 时标因子 用于将解题实际时间转换成计算机时间的比率数。

time-schedule controller 时间表控制器 一种专用控制器,其中基准输入信号(或定位点)自动按预先规定的时间调度表进行校正。

time series analysis 时间序列分析 对沿一个方向演化形成的数据序列特征的统计分析。时间序列分析是一种动态数据处理的统计方法。该方法基于随机过程理论和数理统计学方法,研究随机数据序列所遵从的统计规律,以用于解决实际问题。时间序列是按时间顺序的一组数字序列。时间序列分析就是利用这组数列,应用数理统计方法加以处理,以预测未来事物的发展。时间序列分析是定量预测方法之一,它的基本原理:一是承认事物发展的延续性。应用过去数据,就能推测事物的发展趋势。二是考虑到事物发展的随机性。任何事物发展都可能受偶然因素影响,为此要利用统计分析中加权平均法对历史数据进行处理。时间序列分析一般反映三种实际变化规律:趋势变化、周期性变化、随机性变化。

time series analysis of resource information 资源信息时间序列分析 应用数理统计方法对资源的各类特性和数量依时间序列而发生变化的规律进行分析的过程。参见 spatial analysis of resource information。

time series data 时间序列数据 在不同时间点上收集到的数据,这类数据反映了某一事物、现象等随时间的变化状态或程度。时间序列数据可分为平稳过程、去趋势平稳过程以及差分平稳过程等很多种类。参见 time series analysis。

time server 时间服务器 执行特殊时间同步功能的一种服务器,通过它可以使网络中的机器维持时间同步。通常可分为四类:①单基准时间服务器。为整个网络确定时间,并为次时间服务器和工作站提供时间,它是网上唯一的时间源;②主时间服务器。它至少与另一个主时间服务器或基准时间服务器同步,并为次时间服务器和工作站提供时间;③基准时间服务器。提供所有其他时间服务器与之同步的时间,这个时间可以与外部时钟源同步,主时间服务器的内部时钟按基准时间服务器的内部时钟调整同步,一个网络通常只安装一个基准时间服务器;④次时间服务器。从单基准时间服务器、主时间服务器或基准时间服务器获得时间,调整其内部时钟,使之与网络时间同步,次时间服务器也为工作站提供时间。

time share 分时 一台设备通过时间分享用于两个或多个用途。

time-shared BASIC 分时 BASIC 一种交互式计算机语言。它可使较多的用户方便地访问计算机。这种语言是原始 BASIC 的改进,在强调存取方便的管理和教学方面特别有用。

time-shared bus 分时总线 多处理机及其内存储器通过本身的接口,用一套总线与外部设备实现互连,这套总线称为分时总线。其优点是结构简单、价格低廉,而且在总线频带允许范围内可随意增减处理机的数目和改变设备的类型。但几台处理机同时申请使用总线时,必须设法解决他们之间争用总线的冲突,使同一时间内只能有一对处理机通过总线互相通信。

time-shared computer 分时计算机 具有分时操作能力的计算机。通常是指数据通信网络中为大量用户所使用的计算机系统。其中所有的用户可共享某些数据和程序,而有一些数据和程序只能供一些特定的用户享用。分时服务站可提供系统的一般性程序设计文件及系统的独立操作规程。程序员可从系统中分配到一定的工作区来存放自己的程序,并能利用系统的编辑程序来对这些程序进行编辑。

time-shared network 分时网络 一种计算机服务。采用一台大型主机,在分时的基础上同时为许多用户服务。用户用自己的电话和兼容的声耦合器访问通常位于远方城市的计算机。声耦合器带有与适当终端连接的调制解调器。

time sharing 分时(技术) (1)借助于分配时间方法使计算机系统的资源为多台终端或用户所分时共享的一种计算机技术。在分时系统中,负责为进程分配存储空间,并具有存储交换功能的程序叫分时分配程序。在分时系统控制下有一个任务叫分时控制任务,完成系统初启、分时区域分配、交换和一般的分时控制操作。微处理机系统大都备有分时软件。(2)一种计算机系统的操作技术,它使一台计算机对两个或多个进程在时间上交叉地进行处理。

time sharing accounting 分时记账 当几个用户分时使用计算机时,管理程序能对用户进行识别与登记,详细记录每个用户占用的中央处理机的时间、存储量及外部设备。在需要时还可以对空转时间、错误情况等事项进行统计。

time sharing allocation of hardware resources 硬件资源的时间分配 在分时场合下,对硬件资源(如打印机、内存储器的页面)的分配。

time sharing bus system 分时总线系统 以分时形式共享总线的多处理机系统。

time sharing clock 分时时钟 在某些系统中,数个用户程序可同时存储在主存中,程序间操作的转换由一时钟来控制。这个时钟称为分时时钟。它能产生中断信号以通知处理机某一段时间已用完。

time sharing command language 分时命令语言 用于分时方式或交互方式的命令语言。通常比批命令语言简单得多,这是因为在分时方式中,用户常在一个时刻打一条单独的命令语言语句,观察该语句的结果,然后决定下一步做什么。这样用户就不必事先决定和明确规定在所有可能的条件下系统该做什么。而且计算机系统能通过打印来提供信息,从而使用户不必记住命令语言的所有细节。

time sharing computer 分时计算机 同 time shared computer。

time sharing control system 分时控制系统 使计算机按分时形式用于多种目的的控制系统。计算机的中央处理机可以进行高速处理,但输入输出设备的速度相当慢。因此,可用一台计算机执行多个作业,同时使用多台输入输出设备,以提高使用效率。

time sharing control task 分时控制任务 在 TSO(分时选择)控制下的一个系统任务。它处理系统初启、分时区域的分配、交换及分时操作的一般控制。

time sharing deferred-batch mode 分时延期批处理

方式 一种批处理方式。在该方式下,用户可通过一个会话式终端将要执行的作业输送到分时批处理任务队列中排队。当通过键盘启动一个作业之后,其他正常的处理程序即可以会话方式继续执行。为了防止当批处理的作业准备输出时锁住低速的终端机,应将输出转送到指定的终端机,或中央处理机的外部设备上。

time sharing driver 分时驱动程序 在分时系统中,调度程序的一种附加部分,用于确定"下一个将要执行的是哪个任务"。

time sharing dynamic allocator 分时动态分配程序 在多道程序或分时系统中的一种执行程序,用于控制各个程序的活动。

time sharing executive 分时执行程序 能处理所有用户的要求(执行命令),并准许用户利用所有可用的系统服务设施来调用的执行程序。它能操作和修改目标程序。该程序提供文件在辅助存储器存取的完整记录的设施,包括收集计费数据的能力。

time sharing interface area 分时接口区 在分时选择控制下,用于分时驱动程序和分时接口程序之间通信的控制块。

time sharing interface program 分时接口程序 在分时选择控制下,处理控制程序和分时驱动程序之间所有通信的程序。

time sharing interface terminal 分时接口终端 一种模块化双向链路终端。既可直接与计算机相连,也可通过调制解调器与远处的计算机相连。它可以连接多达 8 个数字设备或外部设备(如电压表、数字记录器、电传打字机等),并协调他们的工作。它通过与仪器、记录设备和其他设备的数据传送,进行自动的数据采集与控制,各种接口插件可使每个仪器、控制设备或计算机与终端相匹配。终端除了与中央计算机通信外,还可在程序控制下使信息在外部设备之间来回传送,或使一个外部设备控制另一个外部设备。

time sharing mode 分时方式 粗略地说,是指将 CPU 的时间分片后,供多个用户程序使用以实现并行处理的一种处理方式。

time sharing monitor system 分时监督系统 按分时方式操作的监督系统。其功能有:首先,准许若干用户程序同时存入主存内,并以轮流方式执行这些程序,能防止一用户程序干扰另一用户程序。其次,处理输入输出指令。在用户程序看来所有的设备都是相等的,从而简化了程序设计。监督程序利用程序中断系统使输入输出操作与运算重叠进行;如果一用户程序必须等待一输入操作或输出操作的结束,那么监督程序自动转至另一用户程序。一程序可因用户的介入而暂停,或程序可以暂停其自身的运算。

time sharing multiplexer channel 时分多路复用(器)通道 一种以分时方式实现数据传送的多路复用通道,用它可以提供标志通信,实现多路复用,提高设备的能力。

time sharing operating system 分时操作系统 能使多个联机用户同时使用一台计算机进行计算的操作系统。每个联机用户通过控制台或终端以问答方式控制程序的运行,系统把处理机时间轮流分配给各联机作业,每个作业只运行极短的一个时间片。如果在时间片结束之前计算尚未完成,则该程序就被时钟中断,等待下一轮再计算,此时处理机让给另一联机作业使用。这样,各用户的每次要求都能得到快速响应,每个用户感到他自己在独占该计算机。

time sharing parallel real-time processing 分时并行实时处理 多机并行处理大型控制任务,为了充分利用资源,对其中一些资源利用率不高的机器采用分时制工作方式,让空闲机器的机时补偿性地完成过载机器送来的任务。

time-sharing polling 分时轮询 计算机通信中的一种控制技术,多台共享同一通信线路的设备依照约定的协议分享通信线路,各设备通过交换信号或报文确保在任何时刻都只有一个设备通过通信线路发送信息。轮询可由 CPU 控制,逐个地向设备发送控制报文,允许它传送数据。该设备可以发送数据报文或者发送一个表示它没有数据发送的控制报文。

time sharing priority 分时优先级 在分时系统中,与单用户相关的任务组中各任务的优先顺序,用于确定他们在接受系统资源方面的优先次序。

time sharing quantum 分时量 在分时系统中,分配给处理程序的单位处理时间。优先级高的程序比优先级低的程序有更多的单位时间。

time sharing ready mode 分时就绪状态(方式) 能开始执行或继续执行用户程序的一种处理状态。通常,监督程序保存一单独的就绪工作队列,一旦处理机有空,监督程序即启动就绪队列工作,并使其改变为运行方式。

time sharing running mode 分时运行状态 分时系统中,当用户的作业处于处理机的控制下或正在执行所处的状态。由于下述原因:①要求输出处理,②要求控制台回答,③时间片用完,④运行结束,作业可自动地或按照监督系统的调度规则离开运行状态。

time sharing scheduling rule 分时调度规则 描述分时系统的一套规则。包括:①要维持的方式、种类或工作队列;②使作业或用户改变方式或队列的操作;③采取一动作之间可能使用的时间;④从队列中取出或置放一作业的方式。

time sharing sign on 分时鉴别 使用任何分时系统都有一定限制,用有效的标识符和口令向系统进行登记(注册、挂号),从而使用户合法地访问该条件中种种限定资源的过程。

time sharing software 分时软件 具有下列特征的系统软件:①为各个程序在预定时间内分别使用而保留存储器和外部设备;②从一程序转换到另一程序,以达到最佳计算机效率;③在执行中,当计算机程序类型改变时,动态地将程序重定位。最简单的分时系统是基于循环队列而使用轮流调度法,给每个允许进入系统的程序分配一固定的时间片,每次只允许一个就绪的用户程序在主存中,其他就绪的程序则留在磁盘中。分时软件功能包括:分配硬件资源,调度用户作业,处理中断和错误,协调终端输入输出,集中输入输出监督,记账,用户文件管理,管理应用功能。

time sharing software requirements 分时软件要求 分时系统的软件可分为三类:①系统本身,为一组控制分时系统的程序,提供用户一般性的服务,且满足用户的要求。这些程序包括不能为用户直接调用的执行程序及可直接使用的实用程序。②子系统,这是系统操作时不必要的应用程序。这些程序提供用户特殊的服务。③用户程序。

time sharing storage compacting 分时存储密化 分时系统中使用的存储密化技术。有些硬件特征能使存储于主存中的程序实现动态重定位,为多道程序提供了一个有效的操作环境。在程序结束时,所分配的存储区则回到主存可用区存储库中,存储密化只有在需要连续的存储区,而且借密化可达成此目的才予进行。密化在无必要时绝不会进行,因为主存中的内容控制程序会不断地设法将程序填入使用中的存储区之间的空隙内。

time sharing system (TSS) 分时系统 一种程序设计系统,它使用户能以联机会话方式访问具有一个或多个处理机的计算机的系统,同时还可处理批处理作业。

time sharing system command 分时系统命令 大部分分时系统中,为用户提供的一组命令。用户可通过这些命令来指挥系统完成其要执行的操作。系统的监控程序接收、解释和安排用户的请求。不同的系统所用的命令和形式各不相同,但通常包括以下几种命令:①管理输入输出的系统命令;②要求建立某种系统状态的命令;③控制存储分配的命令;④修改调度规则或是建立优先级顺序的命令。

time sharing system reliability 分时系统可靠性 分时系统在规定的期间和条件下正常工作的能力,一般用平均无故障间隔时间来度量,是衡量计算机的硬件或软件性能常用的一个重要参数。因为计算机成批处理系统的故障只影响少部分用户,而在一个分时系统中,却可能干扰许多用户。因此,在一个分时系统中,必须使因系统故障造成的错误及信息丢失减小到最少,即提高系统的可靠性。

time sharing system subcomponent 分时系统子分量 分时系统子分量与用户文件的不同之处仅在于可用性方面。系统子分量可为所有的用户使用,但除系统用户外,不能被任何人修改。其监督程序仅维持数据和程序文件的位置和属性的记录,需要时,存储和存取这些文件,并且,如果文件是可执行的二进制码,则按需要将二进制码装入并为其重定位。

time sharing terminal input/output coordination 分时终端和输入输出协调 如果以一次一个字符的方式,从用户控制台输入,则控制台协调程序必须把这些字符存在信息缓冲器中,直到收到一个"截止"或"信息结束"字符为止,然后中断监督程序,以使其能处理这一信息。

time sharing time-quantum method 定量分时法 调度程序根据系统的目的、限制和使用情况来确定的一种调度规则。通常,系统有给运行中的任务分配一个时间量或时间片,如果任务在用完时间量之前不能结束,则监督程序收回控制权,暂停该任务,并将其放在就绪队列中的最后。若系统中只有一个用户、则不用定量分时法进行调度。

time sharing user mode 分时用户状态 在分时系统中的任一时刻,用户程序所处的状态。可以是①停止状态;②命令状态;③就绪状态;④操作状态;⑤等待状态。在等待状态中包括等待输入、输出完成,等待控制台操作,等待作业结束,等待加载等。

time sharing user-oriented language 面向分时系统用户的语言 用于远程终端的计算机程序语言的设计,它比在成批作业系统中语言的设计要求要高。分时的目标之一是增加计算机对非程序设计问题的解答装置的使用能力,因此,必须为缺乏计算机知识的用户修改语言的格式、语法和特殊字等方面的错误。

time-sharing waiting mode 分时等待状态 作业的一种操作状态。处于该状态的作业自动地暂停自己的操作,一直等到某些其他操作完成为止。一旦被等待的操作完成,该等待状态的作业就回到就绪状态(或者回到运行状态)。

time shifting 时间移动 处理存在 2000 年问题程序的一种方法,该方法或者修改用于程序运行的数据中的日期,或者修改该程序中的输入/输出逻辑中的日期。在两种情况下,该日期在时间上后移来处理输入,在时间上前移来校正日期以产生输出。

time skew 时钟偏移 由同样的时钟产生的多个子时钟信号之间的延时差异。

time slice 时间片 在分时系统中,为了避免处理机时间被某个程序、用户或进程独占,操作系统把处理机时间划分成很多小段,并按一定的调度方式,使各个程序、用户或进程每隔一段时间就得到一小段处理机时间。这一小段处理机时间称为时间片。这样可满足分时系统用户对响应时间的要求。参见 major time slice,minor time slice,work slice。

time slice simulation 时间片仿真 在每个时间片中对系统的所有值都进行计算,时间片长度 t 一律相等。如 t 选得足够小，则对于具有反馈的动态系统也可以进行描述和仿真。

time slot (TS) 时隙，时间槽 能独一无二地加以识别和定义的任何周期性时间间隔称为时隙，也称"时间槽"。如在分时系统中，多个通道与存储器分时交换数据，要分多个(设为四个)时间槽口，让转到时间槽里的通道占用一个时钟周期，访问主存，执行一次操作，即与主存交换一次数据，同一通道每四个时钟周期可与存储器操作一次。全部时间槽称为桶。

time slot exchanger 时隙交换器 时分交换机的核心部分。它把时分交换机接收的输入帧经过处理产生输出帧。时隙交换机的缓冲器中有很多槽隙，每个槽隙对应帧的一个时隙。处理办法是先把输入帧放入缓冲器中，然后再按需要的顺序读出这些槽隙组成输出帧，把输出帧的各个时隙按顺序送到输出线上，构成输入线路与输出线路的信息交换，但是输入线路与输出线路没有构成物理连接。在时分交换机中缓冲器的容量与线路条数成线性关系，而不是像纵横式交换机那样成平方关系，但是也有一定限制。

time slot interchange (TSI) 时隙交换 时分多路复用公共通信网中，在交换节点把信号从一个时隙切换到另一个时隙的传输过程。

time slot sequence integrity (TSSI) 时隙序列完整性 多时隙连接中，使进入的几个时隙所包含的数字信息以同一个序列输出或到达终端的一种特性。

timesource service 时间源服务 在 LAN Manager 网络软件中的一个系统服务，为指定的领域提供一天中的时间，参见 service。

time-space trade-off 时空折衷 在计算中，用提高时间复杂性的办法降低空间复杂性，或用提高空间复杂性的办法来降低时间复杂性，这两种过程都称为时空折衷。

time stamp 记时，时间标记，时标，时间戳 (1)申请当前的系统时间。(2)标记在某个目标之上的时间值，用以表示在该目标的运行历史中处于某个临界点的系统时间。(3)在查询过程中，指天数和时间的标识符，即在建立某种查询报告时，查询过程会自动地为每一种报告提供这种标识符。(4)标识版本产生的时间先后次序的一种变量。(5)分布式操作系统中，标识事件发生先后的一个数量标志。(6)时间戳是与数据值相联系的时间值。在网络中，指数据报每经过一个网关时所记录下的地址和当地时间称为时间戳。使用时间戳有助于查找数据报所经过的路由存在的问题。(7)在 ATM(异步传输模式)网络中的信元信息，在操作管理和维护信元中用于比较信元到达的时间和信元发出的时间，以确定信元传输延迟。

time stamping 盖时间戳 分布式数据库中的一种并发性控制机制，它为每个事务分配一个全局唯一的时间戳。盖时间戳是在分布式数据库中使用锁的另一种方式。

time stamp mechanism 时间戳机制 在分布式数据库系统中，控制多用户事务并发操作的一种方法。该方法规定：①当一个事务在原始节点启动时，设置一个唯一的时间戳；②被一个事务请求的读/写操作都附有该事务的时间戳；③对每一个数据项，记录其读操作和写操作的最大时间戳，分记为 RTM(x)和 WTM(x)；④设 TS 是对数据项 x 的一个读操作的时间戳，如果 TS<WTM(x)，则拒绝读操作，并以一个新的时间戳重新启动这个发令事务，否则执行该读操作，并置 RTM(x)为 max (RTM(x)，TS)；⑤设 TS 是对数据项 x 的一个写操作的时间戳，如果 TS<RTM(x)或 TS<WTM(x)，则拒绝写操作，并重新启动这个发令事务，否则执行该写操作，置 WTM(x)为 TS。

timestamp method 时间戳方法 数据库管理系统中用于并行执行控制的一种方法。参见 time stamp mechanism。

time-switching multiplex 时间切换多路复用 一种按时间次序交换信息的方法。即用分时的方法把多个终端设备连接到共用信道上。

time system 时间系统 由地理上分布在广大区域内的多个实时子系统协同执行一个整体实时任务时，所有的实时子系统必须有一个统一的精确同步的时间系统。一致的精确同步的时间系统称为时统。时统是一个复杂的系统，精确对时与精确同步是实现时统的关键。

timetable scheduling algorithm 时间表安排算法 解决排课表之类问题的一种算法。解此类问题相当于把一个二分图 $G=\langle X,Y,E\rangle$ 的边集合分成尽可能少的匹配(每个匹配对应一时间段内的安排)。算法首先在 G 中对所有度数最大顶点进行匹配，得到匹配 M，然后在 G 中去掉 M，得到一个新图。重复上述过程，直到二部图无边时为止，这时所有的匹配就是所求的分割。

time to live (TTL) 生存时间 在因特网中，指 IP (网际协议)头部中的一个字段，表示该包应该允许存在的时间长度。

time to repair 修复时间 用于修复错误的时间。

time-to-track (漏)电痕(迹)时间 按照规定的方法试验，从开始试验至漏电痕迹达到规定的终点所需要的时间。参见 track。

time to volume (TTV) 大量生产的时间 从开发出第一个产品到其大量生产的时间。

time travel 时间旅行 爱因斯坦的狭义相对论指出，测量两个事件的时间间隔取决于观察者如何运动。运动状态不同的两名观察者对于同样的两个事件将会体验到不同的持续时间。物体运动越快，其时间越慢。如果以接近于光速运动或者身处强大的引力场中，就会感到时间流逝得比其他人更缓慢，即进入了他们的过去了。相对论允许这种旅行发生在特定的时空结构里，时间旅行的可能性在理论物理研究领域一直被很严肃地探讨着。

time utilization 时间利用 在处理所需要的记录位于文件中并读入主存和暂存区时，使处理继续进行下去的一种程序组织方式。

time varying model 时变模型 模型的相互关系规则明显地依赖于时间，即在不同的时间呈现不同值的模型。

time varying system 时变系统 其中一个或一个以上的参数值随时间而变化，从而整个特性也随时间而变化的系统。

time warm-up 预热时间 在设备通电以后和在达到它的额定输出特性以前所需的时间。

timing 定时 使传输信息的设备保持同步的信号。

timing advance (TA) 定时提前 移动通信系统中，由基站向 MS(移动台)发送的信号。它使得 MS 能够提前调整向 BTS(基站收发信台)的发送定时，以弥补传播的时延。

timing algorithm 定时算法 在逻辑模拟中，把时间离散化为不连续的时间单元。模拟信号只能在这些时间单元上改变它的值。按时间单元来决定信号值的方法称为定时算法。

timing analyzer 计时分析程序 一种软件工具，用来估计或度量计算机程序的执行时间或部分计算机程序的执行时间。具体可通过求每条路径中指令的执行时间之和得到，或由在程序中的规定点插入探头并度量探头之间的执行时间而得到。

timing circuit 定时[时标]电路 一种能产生某些持续的、具有触发脉冲的起始信号的电路。

timing clock 定时时钟 产生标准时序信号源的电子电路，即计算机顺序操作所需要的"时钟脉冲"电路。这里指的信号源通常由定时脉冲发生器，信频器及在特定时间间隔出现的几组脉冲组成。同步计算机中使用的时基频率通常为时钟脉冲频率。

timing element 时间元件 装置中产生所需时限以保证装置工作选择性的元件。

timing error 时间错误 因不能同步而发生的错误，如程序的执行赶不上磁带传输的速度而发生的错误。

timing extraction 定时抽取 从送入的数据中提取定时信号的过程。

timing information 定时信息 与若干个事件的定时关系有关的信息。这种信息是由同步信号、定时信号或包含在数字信号中的时标的方法来传递或者导出的。

timing inquiry control 定时查询控制 挂在总线上的各功能部件分别标有自己的部件号码，当总线控制器接到某部件发来的请求使用总线的信号时，控制器的计数器开始计数，当计数和发请求使用总线的部件号码值一致时，表示已查询到该部件，此时把总线权交给该部件使用。于是该部件建立总线忙信号，控制器停止查询，该部件占用总线传输数据，传送完毕，撤销总线忙信号。

timing point (TP) 定时点 参考点的一种。在 TP 处，同步分配层的输出受适配源输入或连接功能输入的限制，或者适配宿功能的输出受同步分配层输入的限制。

timing recovery 定时恢复 根据数字时隙的周期性，从收到的数字信号中导出周期性定时信号的过程。

timing signal 定时信号，时标信号 一种以有规则的时间间隔向机器各个部分发送的电脉冲，用以保证整机同步工作。

timing simulation 定时模拟 用软件模拟实际的电路工作情况进行时间关系的验证。验证时间关系的方法，包括考虑延迟时间的逻辑模拟、计算信号通路的延迟时间的定时分析以及能够提取晶体管的瞬态分析，进行影响电路工作状态的波形处理的大规模电路模拟。检查的项目如触发器的时钟、置位或复位信号的偏移；输入输出之间的延迟时间；临界通路的延迟时间以及检查脉冲宽度等。

tin-lead plating 镀锡铅合金 在生产印刷电路板工艺中，在印制电路上及金属化孔中用电镀法镀上一层锡铅合金。

TINMAN "锡人"要求 美国国防部对高级通用程序设计语言的标准要求。该要求于 1976 年提出，以程序的可靠性，易维修性、易阅读性及可移植性作为基本目标。其具体要求有 78 条，后来修改为"铁人"、"钢人"要求。参见 IRONMAN language requirement。

TINP 电信网内部网络协议 telenet internal network protocol 的缩写。

T-interface T 接口 ISDN(综合业务数字网)中的一种接口，它从多个 S 接口获取数据，经多路复用处理后送到 U 接口，然后通过干线传输到中心局。

tiny ball-grid-array (Tiny BGA) 小型球栅阵列封装 一种芯片封装技术。其芯片面积与封装面积之比不小于 1∶1.14，该项技术的应用可使所有计算机中的 DRAM(动态随机存取存储器)内存在体积不变的情况下内存容量提高 2 ～ 3 倍，Tiny BGA 采用 BT 树脂代替传统的 TSOP(薄型小尺寸封装)技术，具有更小的体积、更好的散热性能和电性能。参见 thin small outline package (TSOP)，ball-grid-array (BGA)。

tiny BASIC 微[简化]BASIC 语言 BASIC 语言的一个子集。是 BASIC 的简化版本，便于儿童学习和使用，运行时仅占少量存储空间。

tiny BGA 小型球栅阵列封装 tiny ball grid array 的缩写。

T

tiny model **微模式** Intel 80X86 系列处理器的一种存储器模式,只允许程序和数据区的总和使用小于总共 64 KB 的空间。参见 memory model。

TIOT **终端输入/输出任务** terminal input/output task 的缩写。

TIP **终端接口处理机[器]** terminal interface processor 的缩写。

tip and ring **塞尖与塞环线** 双绞线对本地环上的两条电线称为塞尖线和塞环线。这两个术语起源于当初使用人工电话交换台的时代,那时,连接是通过交换台用传统的电话插塞进行的。

tip node **端节点** 在人工智能的搜索图中,没有后继节点的节点。

TIR **全内反射** total internal reflection 的缩写。

tissue chip **组织芯片** 也称"组织微阵列",是伴随DNA(脱氧核糖核酸)芯片技术而发展起来的一种新的高通量检测方法;它可将成百上千个样本的微量组织高密度地固定于固相载体上,然后用不同的基因、寡核苷酸、抗体与之进行杂交,从 DNA、RNA(核糖核酸)和蛋白质等多个水平进行检测并研究目的基因在不同组织之间的差异表达情况。参见 biochip。

tissue microarray **组织微阵列** 将数十至上千个小组织整齐地排放在一张载玻片上而制成的组织切片,也称"组织芯片"。同 tissue chip。

title bar **题标栏** 窗口顶部的区域,包含窗口的题标和系统菜单,可能还包括放大框、缩小框或恢复框。

TJS **横向结条形(激光器)** transverse junction stripe 的缩写。

TKIP **临时密钥完整性协议** temporal key integrity protocol 的缩写。

TL **测试循环** test loop 的缩写。

TLB (1)转换表缓冲器 translation lookaside buffer 的缩写。(2)电话线桥设备 telco line bridge 的缩写。

TLD (1)终端加锁设备 terminal locking device 的缩写。(2)三级域名 third level domain 的缩写。

TLI **传输层界面** transport level interface 的缩写。

TLP **传输电平点** transmission level point 的缩写。

TLS **传输层安全** transport layer security 的缩写。

TLSI **终端线共享界面** terminal line-sharing interface 的缩写。

TLSP **传输层安全协议** transportlayer security protocol 的缩写。

TLU **查表** table look-up 的缩写。

TLV **阈值极限** threshold limit value 的缩写。

TMA **终端多路适配器** terminal multiplexer adapter 的缩写。

TMDS **跃变最小化差分信令** transition minimized differential signaling 的缩写。

TML **辅导信息库** tutorial and message library 的缩写。

TMN **电信管理网** telecommunications management network 的缩写。

TMN management function (TMN MF) **电信管理网管理功能** TMN(电信管理网)管理功能表示被管资源的接入机理。它们提供在被管资源上作用的能力。TMN MF 功能映射到在表示被管资源的被管对象上(和相关的属性)所执行的操作上。

TMN management service (TMN MS) **电信管理网管理业务** TMN(电信管理网)管理业务提供完成TMN 用户特定的电信管理需求。对 TMN 提供者的组织来说,TMN 用户可以是内部的或外部的。TMN MS 是一种管理活动性,它提供支持给网络的操作、管理和维护以及被管理的业务 TMN MS总是从 TMN 用户对管理要求的感受设计的。TMN MS 被描述为各个 TMN 管理业务成分的组合。

TMN management service components (TMN MSC) **电信管理网管理业务成分** TMN(电信管理网)管理业务成分是 TMN 管理业务的组成部分,它陈述在被管资源上执行动作的要求 TMN 管理业务成分可能是一个 TMN 管理业务特有的或是由一组TMN 管理业务通用的并可重新使用的。根据TMN 用户的需要,可以把 TMN 管理业务分解成不同细节等级的 TMN 管理业务成分。

TMN MF **电信管理网管理功能** TMN management function 的缩写。

TMN MS **电信管理网管理业务** TMN management service 的缩写。

TMN MSS **电信管理网管理业务成分** TMN management service components 的缩写。

TMP (1)测试管理协议 test management protocol 的缩写。(2)终端监督程序 terminal monitor program 的缩写。

TMPLS **传输层多协议标记交换** transport multiprotocol label switching 的缩写。

TMR (1)三模冗余 triple modular redundancy 的缩写。(2)隧道式磁阻 tunnelling magneto resistive 的缩写。

TMR/single modular system **三模冗余/单模系统** 只有一个模块工作的 TMR(三模冗余)系统。在TMR 系统中,若有一个模块失效,另两个模块必须正确工作。系统虽然能正确工作,但可靠性却低于单个模块工作的可靠性,因为此时系统可靠性=(模块 2 可靠性)×(模块 3 可靠性)=R_M^2。而 R_M

是单个模块可靠性，总是小于1的。若此时从系统中剩余两个正常模块再切掉一个，变成单模系统，即三模冗余/单模系统，可使系统可靠性提高。

TMS (1)时分复用交换 time multiplexed switching 的缩写。(2)真值维护系统 truth maintenance system 的缩写。

TMSC 汇接移动交换中心 tandem mobile switching center 的缩写。

TMSI 临时移动用户标识 temporary mobile subscriber identity 的缩写。

TMux 传输多路复用协议 transport multiplexing protocol 的缩写。

TM wave 横磁波 transverse magnetic wave 的缩写。

TNC TNC 连接器 一种小型同轴电缆的链式连接器。

TN-C system TN-C 系统 整个系统的中性线与保护线合一的 TN 系统。T 是"大地"一词法文 Terre 的首字母，表示电源的一点(通常是中性线上的一点)与大地直接连接；N 是"中性点"一词法文 Neutre 的首字母，表示外露导电部分通过与接地的电源中性点的连接而接地；C 是"合并"一词 Combine 的首字母，表示把中性线与保护线合起来。参见 TN system, protecting earthing (PE), neutral conductor。

TN-C-S system TN-C-S 系统 在全系统内，通常仅在低压电气装置电源进线点前 N 线和 PE 线是合一的，电源进线点后即分为两根线。这里的 T 是"大地"一词法文 Terre 的首字母，N 是"中性点"一词法文 Neutre 的首字母，C 是"合并"一词 Combine 的首字母，S 是"分开"一词 separate 的首字母。参见 TN-C system, TN-S system。

TNDB 任务号码定义块[表] task number definition block 的缩写。

TNDU 传输网络数据单元 transport network data unit 的缩写。

TNFSM 透射近场扫描法 transmitted near-field scanning method 的缩写。

TNIC (1)电传网络标识代码 telex network identification code 的缩写。(2)转接网络标识代码 transit network identification code 的缩写。

TNIU 可信网络接口单元 trustworthy network interface unit 的缩写。

TN-LCD 扭曲向列型液晶显示器 twisted nematic-LCD 的缩写。

TNOF 可调窄带滤光器 tunable narrowband optical filter 的缩写。

TNS 暂态网络选择 transit network selection 的缩写。

TN-S system TN-S 系统 在全系统内，整个系统的中性线与保护线分开的 TN 系统。这里的 T 是"大地"一词法文 Terre 的首字母，N 是"中性点"一词法文 Neutre 的首字母，S 是"分开"一词 separate 的首字母。参见 TN-C system, TN system。

TN system TN 系统 中性点直接接地，电气装置的外露可接近导体通过保护接地线与该接地点相连接，即设备不单独接地，只系统接地的低压配电系统。T 是"大地"一词法文 Terre 的首字母，N 是"中性点"一词法文 Neutre 的首字母。在 TN 系统中又分为 TN-C、TN-S 和 TN-C-S 三种系统。

TNVC 通信网络电压电路 telecommunication network voltage circuit 的缩写。

TOA 到达时间 time of arrival 的缩写。

TOA location 到达时间定位 一种基于反向链路的定位方法，通过测量移动台信号到达多个基站的传播时间来确定移动用户的位置。TOA 定位需三个以上的基站接收到移动台的信号，利用三角定位算法计算出移动台的位置。TOA 定位精度与基站的地理位置分布关系很大，当球体之间相交角为 90 度时精度最高，但它对接收器的误差没有进行处理，误差较大。参见 TDOA location。

TOB 电信运营标杆 telecom operations benchmarking 的缩写。

TOC 约束理论 theory of constraints 的缩写。

to charge 充电 存储电能于器件。

TOD (1)投递时间 time of delivery 的缩写。(2)日历时间 time of day 的缩写。参见 time-of-day clock。

TOE (1)评估对象 target of evaluation 的缩写。(2)终端运行环境 terminal operation environment 的缩写。

TOF (1)文件头 top-of-file 的缩写。(2)超时因子 time out factor 的缩写。

toggle 双态元(器)件，双态的，切换 (1)一种开关器件，如键盘上的按键。(2)指具有两个稳态的任何器件。(3)用于连通两种方式的开关，如当个人计算机连到网络上来时，用来接通数据和命令输入方式或用来接通独立操作和终端仿真方式的开关。

toggle switch 乒乓开关，双稳态电路 (1)一种由人工操纵控制的电开关，带有凸出的圆形按钮或拉杆，其按钮或拉杆可以置于"开"或"关"位置上，而且保持在那个位置上直到改变时为止。(2)一种能保持两种状态中的任一种，一直到发生变化时为止的电路。

TOIS 事务型办公信息系统 transaction office information system 的缩写。

to isolate 隔离 使一个器件或电器与另外的器件或电路完全断开的电路。

token 令牌，标记 (1)对网络中各个站通过通信介质发送信息进行控制的一种控制信息帧，即令牌帧。只有获得令牌帧的站才能发送信息。使用令牌机制访问通信介质分为两种方式:适用于令牌总线网的令牌传递和适用于令牌环网的令牌环行。令牌长度由三个字节组成,分别是前标、起始定界符和帧控制。(2)在搜索引擎中,标记是能建立索引的基本文本单元,它可以是语言中的单词,也可以是其他适合于建立索引的文本单元。

token access control　令牌存取控制　环形网的一种环路控制方法。按此方法,准备传输的节点插入数据到唯一的称为令牌的二进制位组中,令牌从一个节点传到另一个节点。接收节点从令牌中取出数据,再产生新的令牌。参见 master node control, register insertion, slotted ring control。

token bucket　令牌桶　一种常用的流量控制技术。令牌桶本身没有丢弃和优先级策略,其原理如下:①令牌以一定的速率放入桶中;②每个令牌允许源发送一定数量的比特;③发送一个包,流量调节器就要从桶中删除与包大小相等的令牌数;④如果没有足够的令牌,这个包就会等待直到有足够的令牌或者包被丢弃;⑤桶有特定的容量,如果桶已经满了,新加入的令牌就会被丢弃。因此,在任何时候,源发送到网络上的最大突发数据量与桶的大小成比例。令牌桶允许突发,但是不能超过限制。

token bus　令牌总线　用于总线网或者树形网的一种介质访问控制技术,已成为标准 IEEE 802.4。所有工作站排列成一个逻辑环,令牌沿着这个环从一个站传递到另一个站,接到令牌的工作站有权发送数据,发完后将令牌传递给环中的下一站。

token bus MAC sublayer protocol　令牌总线介质访问控制子层协议　令牌总线网络链路层完成介质访问控制的子层协议及其功能。当逻辑环初始化时,各个站以其逻辑地址顺序,由大到小插入环中。令牌传递也是按各站地址由大到小的顺序进行。一个站获得令牌后便占用一定时间发送数据。如果没有数据发送就立即把令牌传递给下一个站。每个站自己在逻辑上又分为四个子站,优先级分别是 0,2,4 和 6。其中 6 级最高,因而当某个站获得令牌时优先级为 6 的子站先发送信息,然后才轮到其他子站。各子站所占用时间的比例不等,优先级高的站首先得到满足。这样优先级高的子站可以用来发送话音或动态图像等实时性强的信息,带宽得到保证,其他子站可以用剩下的时间传输数据。

token bus network　令牌总线网　一种总线结构的局域网,使用令牌传递作为调节通信的方法,网络中用一个令牌支配传输的权利,令牌在站之间传递,站只是短暂地获得令牌从而得到发送消息的许可,令牌在总线上的"上游"站向"下游"站传递,当传递到最后一个站时,该站将令牌传回第一个站,因此在逻辑上构成一个环,令牌总线网的标准是 IEEE 802.4 标准。比较 token ring network。参见 bus network, IEEE 802 standards, token passing。

token-holding time (THT)　令牌保持时间　FDDI(光纤分布式数据接口)网络中用来调整网络接入时间的一个参数值,它规定了节点持有令牌的时间,此后该节点就必须将令牌按序传递给下一个节点。

token management　令牌管理　(1)OSI(开放系统互连)参考模型中会话层的一种功能,用来管理进行会话两端的不同活动,令牌可以来回传递,只有获得令牌的一方才能进行关键的操作。(2)令牌环网络介质访问控制子层协议对令牌环运行状况进行的自动监视与控制。环中有一个监视站能够察看令牌是否丢失。监视站有一个计时器并置成最大允许无令牌时间,即每个站都进行发送而都占用一次整个令牌持有时间的总和。正常情况,计时未完,令牌到来,计时器复原,再计时。计时完毕,表示令牌已经丢失,就清除环并发出新令牌。

tokenizer　标记化器　是搜索引擎中的一种功能程序,它扫描文本并确定是否以及何时可以将一系列字符识别为标记。参见 token。

token monitor　记号监督程序　同 active monitor。

token passing　令牌传递　一种网络传送方法,网络协议中唯一的特定位组合称为"令牌",使用循环的电子令牌用以防止网络上多个节点同时发送信息。令牌沿着网络节点顺序传送,某个节点要想发送信息,必须首先获取一个令牌,将它的状态置为忙,再加入要发送的信息和目的地址;其他节点连续读取令牌以确定是否应该接收,如果要接收则取下令牌,抽出信息后再把令牌交回,令牌便可由其他站使用。令牌传递可以避免网上数据包传送的冲突,这种信道存取方法除用于令牌环网,还可在 FDDI(光纤分布数据接口)和令牌总线网上使用。

token passing control protocol　令牌传递控制协议　通常用于环形网或无根树拓扑结构的一种控制协议。它采用无竞争的有序传输方式,在任一时刻,不管网络里有多少节点等待发送报文,则只准许拥有令牌的节点(称为主站)发送报文,可以把令牌看作节点进行网络传输的许可证。令牌传递控制协议的优点是:无冲突,传输延迟有限,实现成本较低,特别适用于实时性要求较高、信息流量适中的网络系统。

token passing procedure　令牌传递规程　在一种使用令牌的局域网中,一组控制数据站获取、保留和传递令牌的规则。

token ring　令牌环(网)　一种网络标准,规定了令牌传送环形局域网访问协议、电缆连接与接口,由 IBM 公司于 1984 年推出,成为 ANSI 802.1 和 IEEE 802.5 标准,传输速率从 4 Mbps 到 16 Mbps。令牌环网以逻辑上环状的方式将一组使用传输介质的站串连而成,一个令牌在其上传递。任何一个站,在检测出令牌后,可通过修改令牌为帧起始序列,并附加适当的控制字段、状态字段、地址字段、帧校验序列和帧结束序列来获得令牌，获得令牌的站就获得了使用介质进行发送的权利。在完成了信息发送并进行了校验操作之后再创建一个新的令牌，以便其他站使用。另外，在每个站设置“令牌保持计数器”，以控制该站掌握令牌和使用介质的最长时间。

token-ring adapter type 1　令牌环网适配器类型 1　一种令牌环网接口耦合器(TIC)，以 4 Mbps 令牌环网速度进行操作。

token-ring adapter type 2　令牌环网适配器类型 2　一种令牌环网接口耦合器(TIC)，可设置成支持以 4 Mbps 和 16 Mbps 令牌环网速度进行操作，并支持同一适配器上的子区域和外设节点，在 16 Mbps 时支持早期令牌释放。

token-ring interface coupler (TIC)　令牌环网接口耦合器　一种适配器，可连接通信控制器和令牌环网。

token-ring MAC sublayer protocol　令牌环介质访问控制子层协议　令牌环网络中，与令牌环帧格式相互配合完成帧传输的协议。环中无流动信息时，三个字节的令牌在环中不断流动。当有站截获它时，就把第二个字节的一个特殊位置为 1，并把它的前两个字节转换成帧的起始序列，载入数据，输出数据帧。站可在 10ms 的全部令牌持有时间内持有令牌，因而可以连续发送多个较小的帧。令牌的访问控制符中有优先级功能。一个站要想发送优先级为 n 的帧，必须等到优先级等于或低于 n 的令牌到来。当数据帧通过某个站时，这个站可以把预约位置 1，预约下个令牌。但是已经有更高优先级的预约，则这个站的预约无效。为了避免把优先级越抬越高的现象，抬高优先级的站用完令牌后要把优先级降低一级。该协议的另一种重要功能是令牌环维护。参见 token-ring maintenance。

token-ring maintenance　令牌环维护　令牌环网络介质访问控制子层协议对令牌环运行状况进行的自动监视与控制，是该协议功能的一部分。环中有一个监视站对整个网络进行监视。每个站都有变成监视站的能力，因而当监视站不工作时，争夺协议保证有另一个站变成监视站。环开始启动时，环中没有监视站时，最先发现这个状况并发出宣布令牌控制帧的站便变成监视站。监视站完成下述维护功能：①察看令牌是否丢失。监视站有一个计时器并置成最大允许无令牌时间，即每个站都进行发送而都占用一次整个令牌持有时间的总和。正常情况，计时未完，令牌到来，计时器复原再计时。计时完毕，表示令牌已经丢失，就清除环并发出新令牌。②监视并处理“孤儿”帧。当一个站把一个短帧全部发送到环中，还未来得及取下来自己便停止工作，形成没人管的“孤儿”帧。帧通过监视站时，把帧的访问控制字节中监视位置 1。如果发现这位已经置 1，说明该帧已经转一圈无人管，故取下该帧。③检查破碎帧。监视站通过检查他们的非法格式或校验和来发现他们，并把他们取下来，环清除后再发出新令牌。④保证环有足够的延迟时间。因为令牌长 24 位，因而环延迟时间最少要能容纳下 24 位信息。各站延迟 1 位，加上环延迟时间，如果少于 24 位，则监视站便多插入位。有一项不由监视站完成的维护功能：当某个站发现相邻的两个站之一不工作时，就发出 BEACON(信标)帧。根据该帧能到达的位置，就知道哪些站已经死掉，并将他们从接线中心旁路掉。参见 token-ring MAC sublayer protocol。

token-ring network　令牌环网　一种包含令牌传送的环型拓扑结构局域网，网络中的所有节点直接成为一个封闭的单向环。在令牌环网中，使用令牌传送的方法管理网络，令牌沿着网络节点顺序传送，一个节点只有获得一个自由令牌时才可获准在网络上发送信息，这时节点把令牌转换成包含网络信息的数据帧，其他节点连续读取令牌以确定是否应该接收。由 IBM 公司开发的令牌环网使用 STP(屏蔽双绞线)连接时，每个环可支持 256 个站点。IEEE 802.5 是令牌环网标准。

token-ring network types　令牌环形网类别　按照令牌环网络所使用的不同传输介质和所提供的连接节点能力等因素对网络所划分的类别。网络分为四类，即 1,2,3,5 类(未定义第 4 类)。其中第 1 和第 2 类令牌环网使用屏蔽双绞线，可在环中连接 260 台设备；第 3 类使用非屏蔽双绞线，环中可以连接 72 台设备；第 5 类使用光缆，可连接设备台数没有明确限制。

tolerance　容错，容差　(1)系统在各种异常条件下提供继续操作的能力。(2)数据或参数所容许的变化范围，如在电路设计中，当器件的参数(如阻值、容值等)在此范围内变化时，电路仍可以正常工作。

tolerance analysis　容差分析　给定元件参数 P_j 及其变化范围 $\Delta P_j = 1, 2, \cdots, n$，分析参数元件在给定范围变化时，输出变化的最坏情况称为容差分析。

tolerance zone　公差带　限制实际形状或实际位置变动的区域。构成实际形状和位置的点、线、面必须在此区域内。

tolerated quality level (TQL)　可以接受的质量水平　在样品计划中，相对于较小合格概率的质量水平。

toll　中继线　通信系统中传输信息的干线。在美国被称为 toll，而在英国被称为 trunk。参见 trunk。

toll cable　长途(通信)电缆　一种电缆，在此电缆中大部分或所有双芯线或四芯线被用作长话通信电路。通常它具有很低分布电容。

toll call　长途电话呼叫　对电话局的当地服务区域之外的任何电话呼叫。

toll center 长途电话中心 一种中心局,信道和长话信息电路以此为端点。虽然一个城市通常只有一个中心局,但较大的城市可以有几个中心局。长途电话中心局是一种四级局。

toll circuit 长途电话线路 两个长途电话中心局之间的线路。

toll-free 免费电话 使用 800 号码替代区域代码的各种业务。拨打 800 号码的呼叫对呼叫方免费的,由受话者付费。

T

toll office 长途电话交换局 控制长途电话呼叫和连接的电话交换机构。主要进行中继干线的切换。

toll restriction 长话限制 专用交换分机(PBX)或中心局的一个特性,它禁止个别站向本地交换区域以外的电话站呼叫。

toll service 长途业务 超出本地交换中心局区域范围的电话业务,或提供的其他相关业务,根据呼叫时间和距离确定用户通话的费用。

toll switching trunk 长途交换中继线 美国连接长途局和地方电话局的线路。英国称为 trunk junction。

toll telephone exchange 长途电话交换局 主要实现长途电话交换功能,构成长途电话网的电话交换局。

toll telephone network 长途电话网 提供不同编号区用户间的长途电话业务和接入国际长途电话业务的电话网。由长途交换中心、长途中继和长途电路组成,用来疏通各本地网之间的电话业务。在我国五级制等级结构电话网中,长途网为四级,即一、二、三、四级为长途交换中心。一级交换中心之间相互连接构成网状网,以下各级交换中心以汇接连接为主,辅以一定数量的直达电路,从而构成一个复合型的网络结构。

toll trunk 长途干线 将五级交换中心(端局)与四级交换中心(长途局)连接起来的干线电路。

to load 加载 使器件或电路输出功率。

to magnetize 磁化 使磁体感应出磁化强度。参见 magnetization strength。

Tomlinson Harashima precoding (THP) 汤姆林森-哈拉希玛预编码 通信系统里的一种符号级信道非线性预编码。THP 的原理来自脏纸编码,原本用于单输入输出(SISO)系统中的信道均衡,现在被用于多输入输出 OFDM(正交频分复用)系统中的干扰消除。参见 dirty paper coding (DPC)。

tone 色调,音调 (1)一幅图像中的明暗对比程度。参见 tone illustration 和 half tone。(2)在资料复印机上,从原件或它的翻版的主要部分内容反射的光的强度。(3)可听见频率范围内声音的效果。声频范围为 20 ~ 20 000 Hz。参见 discrete tone, prominent discrete tone。

tone alternator 音调振荡器 一种能产生几种音调的交流振荡器。

tone control 音调控制器 在口述记录设备上,一种用于在放音时改变低音和高音的相对强度的部件。

tone dialing 音调式拨号 同 pushbutton dialing。

tone disabler 音调阻塞器 一种音调控制装置。每当线路传送数据信号时,它使线路中的回音抑制器失去作用。

tone illustration 色调图解 能表示原照片色调变化的一种图解说明。

tone modulation 音频调制 使无线电频率载波的幅度随固定音调的变化而变化的一种调制方法。

toner 墨粉 一种聚合物小颗粒,加到通过静电充电的鼓上,然后通过热部件加热熔化在纸页上,以产生激光打印机和复印机图像。在极易安装的墨盒中,墨粉是自含式的,并带有打印机光电导体。

to neutralize 中性化 使磁性物质达到磁中性状态。

toning control 色调控制器 参见 automatic toning control, manual toning control。

tool-aided for expert systems 专家系统辅助工具 简称系统辅助工具,是专家系统开发工具的一部分。该工具包括帮助获取和表达某一领域专家知识的程序和帮助知识工程师在已定结构下设计专家系统的程序。这些程序往往承担了十分复杂的任务。目前已有一些实用的辅助工具问世,他们一般可分为:①专家系统设计辅助工具;②专家系统知识获取辅助工具;③专家系统建造辅助工具(ROGET, TIMM, SEEK 等)。

toolbox 工具箱 程序员在为特定的机器、软件环境或应用程序编写程序时可使用的一系列预定义的程序。

toolkit 工具程序包 同 toolbox。

toolkit environments 工具箱环境 一种软件开发环境。工具箱环境由一套工具组成,用于支持软件开发和编码阶段。它从操作系统开始,加入一些诸如编辑程序、编译程序、汇编程序、连接程序和调试程序等编码工具。此外,也有一些支持大型软件开发任务的工具,如版本控制和配置管理。它采用简单的数据模型来提高工具的可扩充性和可移植性。这样的环境允许高度的剪裁,但对工具集的使用几乎不提供任何环境定义、管理或控制的技术。当代工具箱环境是使用相当成熟的技术。商业化的软件开发环境设计者正在把高级接口放在普通操作系统的用户命令接口之上,即扩充操作系统。参见 software development environment (SDE)。

tool palette 工具板 在窗口中提供的一系列工具选择。

tool path 刀具轨迹 采用 CAD/CAM(计算机辅助设计/计算机辅助制造)系统加工工件时,数控切削刀具的刀尖的中心线在被加工工件上经过的路径。

tool set 工具组 包括软件开发工具,软件维护工具和控制配置工具等。这些工具彼此互相联系,有交互作用。工具组中的各个工具应设计成由一些基本功能组成,这些成分可以组合,供用户选用并可通过环境数据库进行通信。

tools of knowledge engineering 知识工程工具 辅助知识工程的语言、程序和支持工具。

TOP 技术和办公室协议 technical and office protocol 的缩写。

TOPAS 拓扑概要价格分析系统 topology overview pricing analysis system 的缩写。

top-down 自顶向下[的] 一种系统开发的技术方法或处理过程。它的思想是由最高层开始、逐步向下一层进行,直到最低层,如自顶向下设计、自顶向下测试等。比较 bottom-up。

top-down analysis 自顶向下分析 从语法的起始符开始正向地应用语法的重写规则,直到产生的句法树的终结符同被分析句子的词完全对应为止,这种分析方法是预期驱动的,与其对立的是自底向上分析。

top-down approach 自顶向下方法 (1)在系统设计中,首先设计全局性系统,目的是产生"战略"上需要的管理信息而不是控制经营的"战术"信息。然后再把这个全局性系统扩展到局部的经营系统,因此称为自顶向下。(2)在程序设计中,自顶向下方法是首先确定程序要达到的特定目标,然后再逐步把程序分解成一系列从属的功能,一次比一次细。自顶向下程序设计也意味着结构程序设计。参见 bottom-up approach 和 structured programming。(3)目标制导或基于模型或其他知识的期望引导的问题求解方法,也称"模型驱动"、"目标驱动"、"后向驱动"、"结论驱动"等。

top-down control structure 自顶向下控制结构 采用从目标推导其前提条件的推理形式,以达到适当的已满足状态的问题求解方法,也称"后向链"、"目标驱动控制结构"。

top-down design 自顶向下设计(方法) 一种设计方法。采用这种设计方法时,首先从系统整体功能着手,亦即确定顶层设计方案;然后将其分解为若干低一层的子系统,制订其设计方案,再进一步向低层分解。如此逐层分解下去,直至最底层。这种设计方法称为自顶向下设计方法。计算机系统、程序以及大规模集成电路的设计中都可采用这种设计方法。比较 bottom-up design,参见 bottom-up programming,top-down programming。

top-down development 自顶向下开发方法 一种利用自顶向下设计、自顶向下程序设计和自顶向下测试技术的系统开发方法。其主要特点是:首先研究整个系统的结构以及各子系统之间的关系,编写及调试总控制程序,然后再分析各子系统内部的功能,编写及调试各功能模块。在研究整个系统时,暂不考虑子系统内部的细节。在分析系统时,采用此方法,有利于抓住全局,避免过早地陷入细节。在设计系统时,采用此方法,有利于在全局的总目标之下,权衡得失,平衡各子系统之间有时是互相矛盾的要求,以保证全局的最优。在实现系统时,采用此方法,有利于保持系统的完整性,避免在各个子系统的接口处发生问题,以保证逐步地按时地完成整个系统的实现任务。

top-down greedy split (TGS) algorithm 自顶向下贪婪分裂算法 用于构建空间数据库索引 R 树的算法。其基本思想是自上而下地递归构建 R 树,TGS 递归应用如下基本分裂过程:对于数据空间中的 N 个矩形,*TGS* 沿着某一坐标轴把所有数据垂直分割为两个子集。该分割要求满足以下两个条件:① 使得用户自定义代价函数 $f(r1, r2)$ 的值最小,其中 $r1$,$r2$ 分别是两个子集的最小边界矩形(MBR);②每个子集有 i 乘 S 个矩形,其中 S 是该层每个子树的最大矩形个数,i 小于该层接点的个数。该过程递归应用于两个子集,直至生成整个 R 树。实验结果表明,TGS 算法的检索性能特别适合于区域数据和不规则分布的数据集,但是由于其自适应预处理过程需要多次对数据对象进行重新组织,导致数据加载时间远大于其他方法。

top-down hierarchical design 自顶向下分层设计法 一种软件设计方法。顶层是软件要求规范说明和硬件体系结构,初步设计是将上述规范说明和结构分解成定义良好的高级模块,下一步对每个模块进行分解和细化,直至能直接编码。此法注重于模块的集成与接口定义。逐次精细化可看作为不同的抽象级,从而极大地方便了对复杂设计的理解。

top-down method 自顶向下法 同 top-down approach。

top-down parsing 自顶向下剖析 根据重写规则,从初始符号开始,自顶向下地进行搜索,构造推导树,一直分析到句子的结尾位置。这样的方法称为自顶向下剖析法。参见 top-down analysis。

top-down planning 自顶向下规划 一种试图获取对整个组织信息系统需求的广泛理解的通用的信息系统规划方法学。

top-down programming 自顶向下程序设计 以自顶向下设计方法编制程序。先编写程序主体,可以残桩模块形式来实现所调用的子程序;然后分别编写这些子程序,所需调用的下一级子程序仍可以残桩模块形式实现;如此下去,直至到达最底层的子例程为止。比较 bottom-up programming;参见 stub,top-down design。

top-down syntax analysis 自顶向下语法分析 一类语法分析方法。其基本思想是从语法初始符号(程序)出发,导出句型并设法逐步与源程序中的字符(单字)匹配,从而最终判断作为输入的源程序的语法正确性(或不正确性),并做出其他相应处理。

T

主要的自顶向下分析方法有：递归下降法、LL(1)方法等。

top-down testing 自顶向下测试 通过对较低级组成成分进行模拟的办法来从顶到底逐级地检查按层次方式所构成的程序的过程。

topical bibliography 主题目录 也称标题目录。是按照图书文献所研究的内容的主题词字顺组织而成的目录。它可以回答读者图书馆是否收藏了某一主题的书。使用主题目录时有两个最显著的特点：①直接用经过规范化处理的名词术语做主题词，而不需要转换成分类号，它具有直观、灵活、准确等优点；②能将同一主题的、有关的、分散在不同学科的文献资料集中在同一主题词下，便于满足特性检索的要求，可避免用分类目录查找时往往造成涉及跨类目的文献漏检的问题。参见 subject bibliography。

T

topic forest (TF) 主题森林 主题森林是一种知识表示方法，用来表示所涉及的领域概念和图式。主题森林由若干棵主题树组成，这些组成信息记录在主题森林文件中。参见 topic tree (TT)。

topic maps 主题图 主题图是一种表示知识结构以及它们与信息资源关系的方法。主题图是基于XML(可扩展标记语言)的，在概念上，它与书籍索引有关，但比后者更强大、更广泛。

topic sentence 课[主]题句子 文献原文中代表文献基本内容的句子。这类句子中都拥有较高频率的表达文献主题内容的关键词。课题句子一般均在段落之首或段落之尾，称为段首句或段尾句。据调查，约 85%的课题句子为段首句，7%为段尾句。用非用词表方法，从段首句和段尾句中抽取关键词就能获取课题句子，这也是一种确定原文句位置的方法。

topic tree (TT) 主题树 是表示单个主题相关的概念的树形结构，包括构成该主题的各项信息及信息项之间的关系，可用来表示该主题的交互知识，记录该主题相关的交互历史。主题树由主题节点、中间节点和叶子节点组成。

top level domain (TLD) 顶级域名 域名由两个或两个以上的词构成，中间由点号分隔开，最右边的那个词称为顶级域名。顶级域名又分为两类：一是国家顶级域名(nTLDs)，目前 200 多个国家都按照 ISO 3166 国家代码分配了顶级域名；二是国际顶级域名(iTDs)。同 top level domain name。

top level domain name 顶层域名 在层次域名系统中最高层的域名。在因特网中规定，在美国的顶层域名主要有：COM，商业组织；EDU，教育院校；GOV，政府机关；MIL，军事团体；NET，主要网络支持中心；ORG，上述机构以外的机构；INT，国际组织。在美国以外的国家和地区，顶层域名是国家或地区域名，如中国的顶层域名是 CN，日本是 JP，加拿大是 CA，法国是 FR 等。

top-level specification 最高级说明 一个最抽象层次的非过程的系统行为描述，如忽略所有实现细节的功能说明。

top-level widget 最高级窗口部件 在 AIXwindows 和增强 X-Windows 中，在对象层次中的最高级或者接近最高级的窗口部件类，即核心类。

top-level window 最高级窗口 在 AIXwindows 和增强 X-Windows 中，包含所有其他窗口的主窗口。

top margin 上页边，顶边 在一页上，正文或标题与页的上边缘线之间的空白区。

top of file (TOF) 文件头 文件的起始位置。字处理及文本编辑中，指文本的第一个字符。数据文件中，对于顺序文件指文件的第一个物理记录；对于索引文件，指文件的第一个逻辑记录。

top-of-forms set 页头设置 能自动地走纸到预定位置的一种格式处理能力。这种能力可用硬件或软件来实现。

top-of-stack pointer 栈顶指示字 栈中编号最大的单元地址。

topological optimization 拓扑优化 一种网络的设计方法。目的是最经济地连接网络节点，以满足所有的性能指标。

topological sorting 拓扑排序、拓扑分类 把“偏序”嵌入到一个线性次序中去，即把对象排列成线性序列 $a_1, a_2, \cdots, a_n$，使得每当 $a_j \prec a_k$ 时，就有 $j < k$。所谓“偏序”，是指一个集合 S 的对象之间关系，用 $\prec$ 表示，读作前于。对于 S 中的任何对象 x, y 和 z，满足以下性质：① 若 $x \prec y, y \prec z$，则 $x \prec z$(传递性)。② 若 $x \prec y$，则 $y \nprec x$(非对称性)。③$x \nprec x$(非自反性)。这里假定 $x \neq y$，如果可能，$x = y$，可类似地定义 $x \preccurlyeq y$，满足 3 条类似的性质。拓扑分类很有用。用在有向图，意味着把平面上的方框图重新排列成一行，使得所有的箭头都指向后方。

topology 拓扑结构 计算机和终端相互连接成计算机网络的结构形式。典型的拓扑结构有星形、环形、树形、总线形和网状形等。星形结构的特点是所有的计算机和终端设备均连接到一个中心站点上。环形结构的特点是所有计算机和终端设备依次连接成一个环路。树形结构特点是所有计算机或终端设备连接成一个从根节点开始的层次结构树。总线形结构的特点是所有计算机和终端设备均连接到一条总线电缆上。网状形结构是所有计算机或终端设备任意连接成网状，通常每个节点至少有两条连线。

topology and routing services (TRS) 拓扑和路由服务 一个 APPN(高级对等联网)控制点成分管理的拓扑数据库、计算路由并提供一个路由选择控制向量(RSCV)，根据请求的服务类型为一个给定的会话指定网络中最佳路由。

topology database 拓扑数据库 在 ATM(异步传输模式)网络中，指描述一个节点所能看到的整个

PNNI(专用网间接口)路由领域拓扑结构的数据库。参见 private network to network interface (PNNI)。

topology database update (TDU)　拓扑数据库更新　一种有关新的或者改变的链路或节点的消息。在 APPN(高级对等联网)网络节点中广播以维持网络拓扑数据库,在每个节点中被复制,包含的信息有发送节点、网络中各种资源节点和链路特征、描述资源的最新更新的序数。

topology layout utility　拓扑布局实用程序　一种 GraphicsView/2 实用程序,计算视图中资源符号的坐标,即 x,y 值。

topology of network　网络拓扑　网络节点相互连接的方式,即如何组织网络设备及设备间的连线。常用的拓扑类型有总线、环型、星型、树型等结构。网络拓扑的形式影响源点到终点的传输延迟和可靠性等。

top-rank retrieval　顶端排队检索　使用相似性检索原理或概念加权方法等定量情报检索方式,按相似性值或权值的大小,从高到低的检索程序。按用户预先规定的文献数目选取排在前边的文献为命中文献,即选取相关性较好的文献。

top shadow　上阴影　在 AIXwindows 中,在矩形图形对象(窗口部件)上部的一个亮色窄边带,产生三维的效果。参见 bottom shadow。

top term　顶端叙词,主题词　具有等义(同义)、等级(属分)和相关等语义关系的一组叙词(主题词)。

TOR　收到时间　time of receipt 的缩写。

toroid　环形磁芯,磁环　这种磁芯呈圆环形状,有使用各种不同材料制造的环形磁芯。由于环形磁芯的磁路是闭合的,用它做成的电感器自身具有屏蔽作用,这种电感器的能量转换效率高、绕组之间的耦合性能好,但会较早饱和。

toroidal inductor　螺线管电感器　一种电感器,它的绕组是绕在磁心上。线圈架磁心有不同磁性材料做成的。主要有四种类型:铁氧体,粉末铁磁材料,高磁通合金,条状金属绕制的磁心。螺线管电感的特性:自行屏蔽(闭合磁路),高效率传输能量,绕组之间的耦合性能优良,较早饱和。

torque motor　力矩电动机　一种具有高转子电阻的感应电动机,最大转矩产生在堵转附近,能在堵转情况下短期运行,并在接近堵转情况下短期运行,并在接近堵转至接近同步转速之间都能稳定运行。

TOS　服务类型,业务类型　type of service 的缩写。

total access communication system (TACS)　全接入通信系统　英国采用的一种 900 MHz 频段模拟蜂窝公众移动电话系统。它在美国高级移动电话系统(AMPS)制式的基础上作了改进,同属三级集中交换式网络。TACS 在地域上将覆盖范围划分成小单元,每个单元复用频带的一部分以提高频带的利用率,即利用在干扰受限的环境下,依赖于适当的频率复用和频分复用(FDMA)来提高容量,实现蜂窝移动通信。

total amplitude of oscillation of a periodic quantity　周期量的振荡总振幅　一个量在一周期内的最大值和最小值之差。对于正弦振荡,常称为"双倍振幅"。

total area network　总域网　由 ATM(异步传输模式)交换机用于广域网、局域网和城域网连接起来而形成的总域网。

total available market (TAM)　可达市场总额　特定产品的整个可达市场。

total building of integrated cabling (TBIC)　整体大厦综合布线方案　TBIC 作为大厦布线平台,解决了当前通信(电话+网络)布线和楼宇各系统(空调、照明、消防)分离布线的现状,它综合大厦结构、系统、管理和服务,构建一个通用平台,可以支持多厂商产品,成为真正的开放系统。

total bypass　完全旁路式　一个使用卫星传输的通信网络,既转接本地的电话线路又转接长途的电话线路。

total call connection delay (TCCD)　全部呼叫连接时延　从主叫发出呼叫请求信号至收到准备发送数据信号之间的时间间隔。

total chromatic dispersion　总色散　在光纤通信中,说明多模梯度光纤传输特性的因素,总色散是材料色散、波导色散和剖面色散引起的。

total correctness　完全正确性　(1)在正确性证明中,有证据表明程序的输出断言可以合乎逻辑地从它的输入断言和处理步骤推出,并且在全部规定的输入条件下程序均能终止。(2)如果对于合理的输入变量,程序运行一定能停止,且计算结果符合预期目的,则此程序称为是完全正确的。确切地说,若对任何使谓词 $\varphi(\xi)$ 为真的输入变元 ξ,程序 P 的运行一定能终止,且 $\varphi(\xi)$,$P(\xi)$ 为真,则 P 称为相对于输入谓词 φ 和输出谓词 φ 是完全正确的。其中 $P(\xi)$ 表示以 ξ 为输入变量的程序 P 运行结束后输出变量的值。

total cost of ownership (TCO)　总体拥有成本　1996 年,IBM 为 PC 和网络用户提出 TCO 这个概念,这一概念认为,企业应用信息技术的成本应当包括网络环境的软硬件采购成本、管理监督费用、技术支持费用和客户操作开销等多个方面。TCO 覆盖了系统的整个生命周期,包含了从获得设备到配置、升级和维护 IT 资源的一切相关费用。一个全面的 TCO 解决方案应从多个方面着手,设法提高系统的可管理性,降低系统的管理开支。

total current　总电流　由通过一个表面的总电流密度的通量所得到的一个标量。

total direct voltage regulation　总直流电压调整率　考虑了交流系统的阻抗效应,而不考虑电压稳定措

T

施的校正效应时的电压调整率。比较 inherent direct voltage regulation。

total distributed control system (TDCS) 集散式控制系统 具有分散控制、集中显示和操作功能的控制系统。它使用高速数据通路,连接多台微处理机进行分散控制。该系统使计算机控制、模拟仪表控制、顺序控制等有机地结合起来,因而能适应生产过程的大型化、复杂化和高速化。采用这种系统可以在石油、化工、冶金、电力等部门实现生产过程的自动控制。

T

total electron content (TEC) 总电子含量 一个通过电离层的单位横截面的管子内所含有的自由电子数。管子通常以从地面到一规定的高度作为其垂直轴。

total harmonic distortion (THD) 总谐波失真 用信号源输入时,输出信号比输入信号多出的额外谐波成分。所有附加谐波电平之和称为总谐波失真。总谐波失真用分贝(dB)表示,值为具有一定功率的单一频率信号施加于系统输入端测得的所有谐波的总功率与测得的基频功率之比。参见 harmonic distortion。

total harmonic distortion noise (THDN) 总谐波失真噪声 THDN 是对声卡保真度的评价指标。它对声卡输入的信号和输出信号的波形的吻合程度进行比较。数值越低失真度就越小。

total impedance of the human body 人体总阻抗 人的体内阻抗与皮肤阻抗的矢量和。

total information system 全信息系统 一个包括所有企业活动的完整的信息系统。企业系统可以由几个集成系统组成,如订单处理、信贷管理、更新销售账等。全信息系统的目标是通过克服功能信息系统的缺点提高管理效率。这里,数据只输入一次,从而避免了数据的重复记录和处理。这种系统通常是按照输入输出关系建立的,因而可将一个子系统得到的输出作为相关子系统的输入。

total internal reflection (TIR) 全内反射 电磁波从一种介质入射到另一折射率较小的介质界面时,如果入射角大于临界角,其入射电磁波将全部被界面反射的一种反射现象。

totality problem 完全性问题 给定一字母Σ,问是否存在一算法,对于定义在Σ上的任一部分递归函数F,该算法都能在有限步内判定,F是不是完全递归函数。这就是部分递归函数的完全性问题。已知这个问题是不可解的。

totalization 求和 从机械的、光电的、电磁或电子的输入或探测装置中得到精确总和的过程。

total loss 总损耗 输入与输出功率之差。

total losses of a magnetic material 磁性材料的总损耗 磁性材料构成的物体从随时间变化的电磁场中所吸收的并以热的形式耗散的能量。参见 eddy current loss,hysteresis loss。

totally self-checking circuit 全自检电路 对于所有的正常输入,能进行电路故障自测试的,并且是故障安全的自检查电路。

totally self-checking sequential machine 完全自检验时序机 既是自测试的又是故障安全的时序机。参见 self-checking sequential machines。

total management system 综合管理系统 一种面向管理工作的计算机系统。它可对企业、商业中的计算、货单控制、质量控制、购销以及财务管理等进行综合管理。这实际上是将管理信息汇集起来进行综合控制的系统,它把管理应用和操作应用结合成为单一的信息系统,并向管理部门提供适时的和有意义的业务信息,以供领导决策时参考。

total ordering 全序 见 linear order。

total power loss 总损耗功率 在规定条件下由正向和反向电流产生的损耗功率之和。

total productive maintenance (TPM) 总的生产维护 目标是最大限度地提高设备的效率。TPM 的目标是使 MTBA(多次协助之间的平均时间)最大化和使计划外的停机时间为零。

total recovery time 总恢复时间 在某一控制量或影响量发生阶跃变化开始,至稳定输出量恢复到并能保持于瞬态恢复带时刻的时间间隔。参见 transient recovery band。

total reflection 全反射 光从光密介质射向光疏介质且当入射角大于临界角时,光被界面全部反射回原介质不再进入光疏介质中的现象。

total specialization rule 完全特化规则 指定超类型的每一个实体实例必须是联系中一些子类型的一个成员。

total system 全系统 把有关系统组合在一起形成一个系统。

total system approach 全系统方法 这种方法认为所有的企业系统都或多或少地以下述前提为基础,一个完整的企业实体是由许多相关子系统(功能系统)组成的全系统。因此,研制系统时采用的是全系统方法,而不用分段方法。后者只能产生局部优化。全系统方法要求对所有企业系统作详细分析,以便确定输入、文件和输出之间的关系以及特定的管理人员为了管理和决策所要求的信息类型。

TOTE 远程处理联机测试执行程序 teleprocessing online test executive 的缩写。

touch acknowledgement 触摸应答 在触摸屏上,用户在触摸一个活跃区域后收到的一个视频的或者音频的反馈。

touch-call 按键呼叫 表示按键式音频拨号呼叫。

touch-down point 触摸点 由一个数字化仪绘制的区域,在区域中的触摸用触摸敏感的表面制造。

touch input system 触摸式输入系统 一种灵活方便的输入设备。在某些触摸输入系统中,用户只要对其触摸就可选择感兴趣的点,经由使用一阵列的红外线束,直接投射到显示表面而得到。当用户手指对其触压时,信号数字逻辑将产生触摸点的坐标的二进制数据信息。

touch pad 触摸输入板 用压力敏感器件来跟踪某种装置在其表面所处位置的一类图形输入板。它与那些价格昂贵的有高分辨率的图形输入板不同,后者使用电磁敏感器件工作。触摸图形输入板上的每一个位置都转换成屏幕上的一个特定位置,有压力施加于板上时,屏幕上的光标就跳动到对应的位置。作为一种低分辨率的设备,触摸图形输入板主要用于家庭计算机和教学机器中。

touch screen 触摸屏 一种能对物体接触产生反映的屏幕,作为计算机的定位输入设备,当人的手或者其他物体触到屏幕不同的位置时,计算机能接收到触摸信号并由软件进行相应的处理,根据采用的技术可分为电阻式、电容式、红外线式、声表面波式等。它允许用户以触摸屏幕表面的方法与计算机进行交互操作。参见 pressure sensing touch screen, scanning infrared touch screen, surface wave touch screen, capacitive touch screen, resistive touch screen。

touch-sensitive 触摸敏感的 一些设备具有对接触敏感的特性,如触摸键盘或屏幕。这是指用手指或探针接近或接触它的表面时,能够产生坐标数据。由此,用户可以直接与计算机对话,无需从键盘键入命令。某些触摸敏感的设备用两层透明材料覆盖着显示表面,如聚酯薄膜和玻璃,在他们的内表面并涂复一层金属薄层。当该表面被触摸时,在它的内层和外层之间产生电气上的导通。另一种触摸敏感设备是使用一种交叉的红外线束网络。当它被触摸后产生代表该点的坐标数据,还有一种是通过触摸改变电压。

touch-sensitive digitizer (TSD) 触摸敏感数字化仪 由附着在玻璃板两侧的转换器精确地测定手指或其他探针的位置,并将此位置转换为数字形式供计算机处理的设备。

touch-sensitive display 摸感显示器 显示器表面有一透明的敏感装置,操作员用手触摸其表面,便可将触摸位置的坐标输入计算机。是一种人-机接口方式。

touch-sensitive screen 触摸敏感屏幕 同 touch screen。

touch-sensitive software 触摸敏感软件 一种能提醒用户通过触摸视频显示屏幕提供响应的软件。通常屏幕上有各种可供用户选择的画面,触摸其中一个,用户可将所选择点的信息提供给计算机。

touch-sensitive tablet 触摸敏感图形板 同 touch pad。

touch sensors 触摸传感器 获得接触信息的传感器。

touch switch 触摸开关 一种应用触摸感应芯片原理设计的开关。触摸开关按开关原理分类有电阻式触摸开关和电容式触摸开关。

touch tone 按键电话 音频或按键式而不是脉冲或转盘式拨号的电话。

touch-tone adapter 按键双音电话转接器 按键双音电话与直流信号电话设备之间的一种接口装置。

touch-tone data service 按键式数据服务 利用按键双音式电话而不是用旋转式拨号电话所进行的数据通信。

touch-tone telephone 按键式电话机 用按键代替拨号盘的电话机。可作为最简单的数据通信设备。一般有 12 个键,即 0 ～ 9 和两个特定的功能键。有 7 种不同的音调,选其中的两种组合代表一个符号,每一键按下时就发出对应于这个键的特定音调组合。

touch voltage 接触电压 绝缘损坏时,同时可触及部分之间出现的电压。按惯例,此术语仅用在与间接接触保护有关的方面。在某些情况下,接触电压值可能受到触及这些部分的人的阻抗的明显影响。

tour 历程,环游 (1)相继的两个点之间的间隔称为系统的一个历程。参见 regeneration point。(2)经过连通图的每条边上至少一次的回路,如欧拉环游是经过每条边恰好一次的环路。

tourism resource information 旅游资源信息 表征旅游资源学科研究对象、理论、方法的信号和消息。包括旅游资源分布,拥有量,开发潜力及开发利用程度、状况方面的信息。

tournament method 锦标赛法 一种用于“找最大元”一类问题方法。它执行比较的方式与进行锦标赛是一样的:首先,元素分成一对一对,并且在所谓的第一轮中进行比较;在后面的几轮中,前一轮的胜者再分成一对一对并进行比较,直到仅剩一个元素为止,此即最大元(冠军)。此方法特别适合于并行处理。

tournament sort 联赛排序(法) 一种重复挑选排序法,排序时每个子集由不多于两个项组成。

t-out-of-s diagnosable s 中取 t 可诊断的 当数字系统诊断时,在用一个以上的子系统去诊断另一子系统的情况下,如果系统可以用最多替换 s 个子系统的策略来修复最多为 t 个故障的子系统时,则称该系统是 s 中取 t 可诊断的。

tower of Hanoi problem 河内塔问题 见 tower of Hanoi puzzle。

tower of Hanoi puzzle 河内塔谜 有 n 个大小不同的圆环套在一根木桩上,大的在下面,小的在上面。现在要把这些圆环逐一地搬到另一木桩上。假定有第三根木桩可供暂时存放圆环,在此条件下,每次只能搬动一个圆环,且不允许大圆环在小圆环之上,问需要搬移多少次?这个问题称为河内塔谜。令

$H(n)$ 表示转移 n 个圆环所需的搬动次数，则 $H(1)=1$，且 $H(n)=2H(n-1)+1$，它的解为 $H(n)=2^n-1$。

tower rushing 塔攻 对战类游戏战术之一。在敌人的基地建造防御塔(箭塔，炮塔)，或通过建造防御塔围困对方势力范围作为攻击手段的战术。

TP (1)定时点 timing point 的缩写。(2)事务程序 transaction program 的缩写。(3)事务优先级 transaction priority 的缩写。(4)第三人称视角 third person 的缩写。(5)电信网处理器 telenet processor 的缩写。

TPA 双光子吸收 two photon absorption 的缩写。

TPAM 远程处理访问法 teleprocessing access method 的缩写。

TPCC 第三方调用协议 third party call control 的缩写。

TPD 尾帧丢弃 trailing packet discard 的缩写。

TP-DDI 双绞线分布式数据接口 twisted-pair distributed data interface 的缩写。

TPDU 传输协议数据单元 transport protocol data unit 的缩写。

TPF 事务处理机制 transaction procession facility 的缩写。

TPI (1)分支[支线]物理接口 tributary physical interface 的缩写。(2)每英寸道数 tracks per inch 的缩写。

TPL (1)第三方物流 third party logistics 的缩写。(2)事务处理语言 transaction processing language 的缩写。

TPLIB 临时程序库，过渡程序库 transient program library 的缩写。

TPM (1)可信平台模块 trusted platform module 的缩写。(2)总的生产维护 total productive maintenance 的缩写。

TP-MIC 双绞线媒体接口连接器 twisted-pair media interface connector 的缩写。

TPNS 远程处理网络模拟器 teleprocessing network simulator 的缩写。

TPOE 以太网反向馈电 terminal power over Ethernet 的缩写。

TPOS 电信网处理器操作系统 telenet processor operating system 的缩写。

TPRB 远程处理请求块 teleprocessing request block 的缩写。

TPRF 电信网处理器报告工具 telenet processor reporting facility 的缩写。

TPRINT 跟踪打印 trace print 的缩写。

TPS (1)每秒事务数 transactions per second 的缩写。(2)事务处理系统 transaction processing system 的缩写。(3)第三人称视角射击游戏 third personal shooting game 的缩写。

TQFP 薄型四方扁平封装 thin quad flat package 的缩写。

TQL 可以接受的质量水平 tolerated quality level 的缩写。

trace 踪迹，跟踪 (1)一种解释、分析和诊断的技术。用这种技术可对执行的某些指令进行分析，并且在被跟踪的指令执行之后，将发生的情况记录下来。(2)利用监控信号沿着信号通路在各点上查找电路的故障。参见 address trace, fault trace, line trace。

trace analysis program (TAP) 跟踪分析程序 一个程序服务辅助工具，帮助进行分析由 VTAM(虚拟远程通信访问法)、TCAM(远程通信访问法)和 NCP(网络控制程序)产生的跟踪数据并提供网络数据通信和网络错误报告。

trace ball 跟踪球 一种流行的指点设备，可粗略描述为背朝下的一个鼠标器，使用者移动固定在机座上的球来控制方向。跟踪球中有一个可原位旋转的胶质球和对应于 x 方向和 y 方向的两个轴角编码器。编码器将球的转动转换成屏幕上的水平和垂直移动。跟踪球往往还有一个或多个按钮来触发其他动作。机械式鼠标器与跟踪球的唯一功能差别是球的滚动方式。鼠标器的球靠整个鼠标拖动或移动来实现，而跟踪球的基座则基本上不会移动的，球靠手来转动。跟踪球比较适用于精细的工作，因为用户可用指点来控制球的转动；而且占用的桌面空间也较少，鼠标器则更适宜用于大幅度的移动。

trace daemon 跟踪守护进程 在某些操作系统中，一个隐蔽在后台的程序，跟踪设备驱动器读取信息并在跟踪日志文件中记录信息。

trace debug 跟踪调试 一种调试程序功能。它打印或显示一组在整个程序执行时用过的寄存器或存储单元的内容，通常并不中断程序的执行。关键变量和寄存器的跟踪常用作随后的问题分析和调试。

trace display 跟踪显示 一种软件诊断方法。用来一步一步跟踪程序的执行，以决定错误发生的位置。跟踪执行程序时，通常显示每一指令执行时的中央处理机的所有寄存器内容，因而能使用户知道寄存器的值。

trace file 跟踪文件 一种文件，它包含发生在系统中的事件的记录。

trace flow 跟踪流程 一种用于在程序执行时将不同寄存器内容和存储位置记录下来的工作过程。并能打印出用户指定的特殊程序段中的各寄存器及存储单元内容。

trace log 跟踪日志 一个记录跟踪事件的文件。

trace mode debugging 跟踪方式调试 在整个程序执行期间使用的调试方式。它用来决定和指出任何变量的改变、发生语句或子例程转移的位置和循环计数器的值。

trace program 跟踪程序 一种用于检查另一个程序的诊断程序。它在每条目标指令执行时都指示CPU保存所有寄存器的状态以及每条指令的执行对内存的影响情况。与一般debug程序不同，跟踪程序允许用户命令计算机打印出任何选定寄存器或内存单元的内容，然后自动恢复程序执行。检查源程序是否合乎计算意图的方法主要有：①路线跟踪，即按程序执行的路线，输出关键点的有关信息；②赋值跟踪，即在程序执行中遇有跟踪标记的赋值语句时，就输出该语句有关的变量名与值一类的信息；③变量跟踪，即在程序运行中遇到有跟踪标记的变量时，输出有关变量值的信息；④追溯跟踪，当结果程序运行出错后，把出错前的一段程序的有关线路和赋值情况输出，以供用户分析出错原因。

Tracert 跟踪路由 是路由跟踪实用程序，为trace router的缩写。Tracert命令用IP(网际协议)生存时间(TTL)字段和ICMP(因特网控制信息协议)错误消息来确定从一个主机到网络上其他主机的路由。

trace statement 跟踪语句 可对某些变量或一个程序段提供跟踪的语句。跟踪用于源语言这一级，它可提供一般跟踪程序所提供的功能。这样，采用高级程序语言的程序员能够在源语言这一级进行程序调试。

trace table 跟踪表 一个存放跟踪信息的存储区。跟踪程序将跟踪信息写入其中的一组主存单元。

trace, telemetering, command & metering (TTC&M) 跟踪、遥测、控制和监视(站)，测控站 对卫星进行跟踪、遥测以及姿态保持等控制。一个测控站可以测控多颗卫星，但一颗卫星在同一时间只能由一个特定的测控站控制。同tracking, telemetry and control (TT&C)。

tracing facility 跟踪机制 在程序设计或知识工程语言中，一种显示子例程或规则以及使用的变量值的方法。

tracing routine 跟踪例行程序 一种例行程序，它提供计算机程序执行中指定事件的历史记录。

track 磁道，道，声序，(漏)电痕(迹) (1)平行于数据记录媒体基准边的轨迹或一组轨迹，当数据媒体移过一个读写元件时，该轨迹就与相应的读写元件发生信息存取的过程，如硬(磁)盘或软(磁)盘表面上的环形轨迹，它上面记录着可读的信息。(2)光碟中的一个声音序列，通常代表一个曲子。(3)在规定试验条件，固体绝缘材料在电场和电解液的作用下，其表面逐渐形成的导电通路叫(漏)电痕(迹)。

track address 磁道地址 在磁盘上或磁带上的一种二进制地址码，可用于查找存储在磁道上的数据。

track and hold 跟踪保持 在模-数转换器之前的电路，可根据命令存储快速变化的模拟信号的即时值。这可允许模-数转换器在更小的时间域内精确地进行数字化。

track and hold unit 跟踪与保持部件 一种功能部件，它的输入模拟变量或者等于输出模拟变量，或者是通过一个外部布尔信号选出的这个变量的样本。跟踪时，部件跟随输入模拟变量。保持时，部件保持接通瞬间输入的模拟变量的值。同track and store unit。

trackball 跟踪球，轨迹球 同trace ball。

track change control 磁道变换控制器 口述记录设备中的一种部件，它能从磁记录媒体上的几个磁道中选择一个磁道，并沿着媒体的长度录入或读出一个以上的记录。

track density 道密度 磁盘面上单位尺寸内磁道的数目。它是描述磁盘存储容量的一个参数。通常当道记录密度越高，则记录容量越大，对硬件设备要求越严格，道密度也称轨密度。

track distortion 磁道畸变 在软磁盘上，由于温度和湿度变化等因素引起的盘片不规则变形而使得记录在盘片上的同心磁道出现畸变的现象。它会使磁头不规则地偏离磁道，引起读出信号变小并出现波动，从而影响工作可靠性和信息互换性。磁道畸变是软磁盘机提高磁道密度的主要限制因素之一。

tracker 刺探，跟踪器 (1)在计算机安全方面，指数据库的用户能够不需要授权而间接获得信息的一种查询，参见attack。(2)在虚拟现实技术中，指对参与者头部等位置和方向进行实时精密测量的设备，有机械式、电磁式、超声式和光学式等。

track following servo system 磁道跟踪伺服系统 在移动头磁盘机中，利用伺服盘面上记录的磁道位置信息来控制磁头定位机构寻找磁道的闭环反馈控制系统。它由伺服磁盘、伺服磁头、磁头定位机构和伺服控制电路等部分组成，能减少寻道偏差，实现高精度的磁头定位。因此，在高磁道密度的磁盘机中已广泛应用。

track hold 磁道保有 在某些操作系统中，一种保护磁道的功能，它防止由一个程序正在更新的磁道被另一程序存取。

track index 磁道索引 索引顺序文件的二级索引。

tracking 跟踪 通常指追随某种路径的操作。数据管理中，跟踪是指通过手动或自动系统追随信息的流动。在数据存储和索取中，跟踪的含意是追随磁盘或磁带上的记录通道，并从中读出数据。在计算机图形中，跟踪指引起屏幕上显示符号如指针等正确反映鼠标或其他指点设备的移动过程。

tracking area (TA) 跟踪区 在第三代移动通信系统(3G)中，由于不再有电路区和分组区的区分，所以在用户的位置管理方法也不采取位置区(LA)和路由区(RA)的登记方法,而是统一采用"跟踪区"(TA)的概念,通过给用户分配相应的标识进行位置管理,一个跟踪区通常有多个基站或小区组成。

tracking analog to digital and comparator (TADAC) **跟踪模数转换和比较器** 动态支持系统的一个组成部分。它跟踪电源输出的电压和电流,把输出从模拟量转换为数字量,并将其与由功率/热量微码设置的高限和低限作比较。如果超过了高限或低限,模拟事件寄存器中某一个二进制位就被赋值。

tracking and data relay satellite system (TDRSS) **跟踪和数据中继卫星系统** 由同步中继卫星和地面站组成的一种能对低轨道航天器提供连续跟踪的不间断通信的航天测控系统。地面站将指令和跟踪信号发送到同步中继卫星,再由它转发到低轨道航天器;低轨道航天器将遥测信号和返回的跟踪信号发送至同步中继卫星,再由它转发到地面站,以这种方式建立起地面站和低轨道航天器之间的跟踪和通信。围绕地球配置等间距的三颗跟踪和数据中继卫星,就能对低轨道航天器进行全程跟踪和通信。

tracking cross **跟踪十字光标** 定位操作时屏幕上显示出来的一个十字光标。它可以帮助操作员确定点和线的位置。由于光标随着定位器的移动而移动,所以称为跟踪十字光标。

tracking mark **跟踪标记** 静电绘图仪介质边缘上,绘图仪绘制的一种标记。绘图仪通过对它的跟踪用反馈信号校正绘图位置。

tracking preprocessor **跟踪预处理机** 一种预处理机。它对接收系统所得的数据流进行初步分析,从中滤掉已识别的和无价值的发射源。然后把滤过的、需要作进一步分析的信号送入主计算机处理。由于接收的数据速率可达每秒 50 万字以上,而对信号的分类比较与跟踪又要求很强的实时性,所以要求跟踪预处理机的速度很高。

tracking, telemetry and control (TT&C) **跟踪、遥测与遥控(站)** 用于监视卫星上的工作并指挥卫星上的电子及火箭装置的一种卫星控制站。

tracking symbol **跟踪符号** 在显示器上用来指出定位器所输入的坐标位置的一种回显符号,如十字准线和跟踪光标等。

track number **道号** 为存取磁盘而识别磁盘磁道的数字。通常道号 000 表示记录面外沿,最大的道号最靠近主轴。

track pitch **磁道间距** 相邻磁道的对应点之间的距离。

track recovery **磁道恢复** 在某些信息管理系统中,恢复虚拟存储存取方法数据集的永久性读/写错误的一种可选项。它允许在磁道级上而不是在数据库级上重建数据库。

track reverse **轨迹倒回** 在多媒体应用中,指倒回媒体到当前记录轨迹的起始位置,如果已经在轨迹的起始位置,则将跳到上一轨迹的起始位置。

track selector **磁道选择器** 一种能在记录媒体上选择特定磁道的机构。

tracks per inch (TPI) **每英寸道数** 磁盘上径向每英寸所记录或能记录的同心圆磁道密度。该密度越大(每英寸磁道数越多),盘中可容纳的信息越多。5.25 英寸低密度磁盘,如 PC 机所用的 360 KB 盘,每英寸有 48 磁道。5.25 英寸高密度磁盘(1.2 MB 磁盘)记录密度为 96 磁道/英寸。大多数 3.5 英寸磁盘为 135 磁道/英寸。磁盘驱动器的读写头宽度与磁道宽度相当,1.2 MB 盘与 360 KB 盘每英寸磁道数相差一倍,因此驱动器无法保证兼有两种密度磁盘的读写可靠性。

track-to-track moving time **道间移动时间** 在采用移动磁头或软磁盘机中,磁头从某一磁道移动到相邻的磁道上(即移动一条磁道)所需的时间。

track-to-track speed **转道速度** 磁头从某一磁道移动到与其相邻的另一磁道所需的时间。

traction electro-magnet **牵引电磁铁** 牵引、推斥机械装置用的电磁铁。

tractor feed **拖拉式输纸** 使用转轮带上的突起来输送纸张通过打印机的一种输纸方法。这些突起与连续表格打印纸边缘的孔啮合,拖拉或推送打印纸通过打印机。拖位式输纸常被用作为同样使用小针(链轮齿)的针式输纸的同义词。参见 continuous-form paper。

traditional Chinese double-byte character set (DBCS) **汉语繁体字双字节字符集** 一种汉语字符集,由 IBM 定义,包括汉语繁体字、一级字库、二级字库以及 2 632 个用户定义字符。

traditional Chinese non-Chinese character set **汉语非汉字集** 汉语繁体字双字节字符集的一个子集,由非汉字组成,如希腊文、俄文、罗马数字、英文字母及其相关符号、日文、朝鲜文[韩文]和中文拼音符号等构成,一共有 675 个字符。

traditional Chinese primary character set **汉语繁体一级字库** 汉语繁体字库中的一个子集,由 5 401 个常用字构成。

traditional Chinese secondary character set **汉语繁体二级字库** 汉语繁体字库中的一个子集,由 7 652 个字构成。

traditional cryptography **传统密码术** 在出现数据加密标准(DES)以前人们所采用的各种加密技术,如代换密码、转置密码、编码密码等密码术。

traditional database **传统数据库** 以处理常规数据(如字符串、数值数据)和事务数据(如商务、行政事务)为中心的常规数据库,也称"面向事务处理的数据库"或"商用数据库"等。目前,第一代数据库(网状、层次数据库)和第二代数据库(关系数据库)的应用领域都属于传统数据库的范畴。

traditional debugging 传统调试(法) 调试程序的最基本方法。其步骤是:选择适当的调试数据作为被调试程序的输入值,然后执行程序,得到计算结果,从结果值判断程序正确与否。

traditional decision support system (TDSS) 传统的决策支持系统 以运筹学为基础的决策支持工具。它能在计算机上完成线性与整数规划、排队模型、多因子线性回归及其他的运筹学技术。但使用这类决策支持系统时,在构成这些模型的用户接口上,往往需要有学识的用户或专家做更多的工作,并且只有建立了较好的模型,才能得到令人满意的结果。

traffic 通信量,业务量 数据通信中被传送和接收的报文量或业务量。

traffic analyser 通信量分析器 一种收集通话,报务使用情况的设备,通过周期性扫描各中继线组,确定有多少忙的中继线。

traffic analysis 业务量分析 在计算机安全学中,指信息窃取者的一种行为。通过获取协议控制信息、信息长度、频度、信源与目的地址来分析业务量状况,从中获取所需信息。

traffic capacity 业务容量,通信能力 电信系统、子系统或设备在规定条件下单位时间内所能提供的最大业务量。

traffic channel (TCH) 业务信道 携带话音编码信息或用户数据的信道。它分为话音业务信道和数据业务信道。它有全速率业务信道(TCH/F)和半速率业务信道(TCH/H)之分,两者分别载有总速率为 22.8 和 11.4 kbps 的信息。

traffic coefficient 通信业务系数 一种描述操作员完成某种级别的呼叫所需平均工作时间的参数,如若以 15.66 s 为 1 单位,操作员的呼叫需 31.3 s,则其通信业务系数为 2。

traffic congestion 通信量拥挤 一条信道上的通信量超过信道规定的容量时所产生的拥挤现象。当发生通信量拥挤时,除传输性能严重下降外,还可能丢失传输信息。所以,当发生通信量拥挤时,系统应有一定的机制消除拥挤,如在报文分组交换网中,流控制协议就是用于消除信息量拥挤的。

traffic contract 业务量合约 在任何给定 ATM(异步传输模式)连接中,分配给用户设备的最大信元延迟变化容限 QOS(服务质量)要求。

traffic control 业务量控制 对通信系统或通信网络中传输的所有信息(包括系统控制信息、路由选择信息、操作维护人员的联络信息)的管理与控制。

traffic control program 交通控制程序 操作系统中的一个程序。它负责完成进程状态(除就绪态到执行态外)的转变和实现进程之间的通信。

traffic descriptor 通信量描述符 异步传输模式(ATM)中的一个元素,用来指定虚拟通道连接(VCC)和虚拟路径连接(VPC)用的参数值,该值可由连接中所涉及的各个实体协商确定。

traffice class 通信类别 IPv6 协议中用 8 位字段,指示 IPv6 数据流通信类别或优先级。功能类似于 IPv4 的服务类型(TOS)字段。参见 Internet protocol next generation (IPng)。

traffic engineering (TE) 流量工程 设计通信设备以满足通信用户需求的一类技术。流量工程关注运行网络的性能优化,它根据商业目标,基于科学和技术的原则对流量进行测量、建模、描述和控制;并且通过这些知识和技术去达到特定的性能目标,包括让流量在网络中迅速可靠的传输,提高网络资源的有效利用率,对网络容量进行合理规划。

traffic flow security 通信流安全 由密码装置的功能形成的保护。这类装置隐藏了通信线路中有效信息的存在,通常是使线路一直显得忙碌,或者将有效信息源的地址及目的地址加密。

traffic intensity 业务量强度,通信量强度 (1)服务时间均值和到达时间均值之比。(2)在信道上,满足给定传输性能要求时的通信量的大小。

traffic management 交通管理 ATM(异步传输模式)网络中,指交通控制和冲突控制的各个方面。ATM 层交通控制是网络为避免冲突采取的一系列动作。ATM 层冲突控制是网络为减少冲突的密度而采取的一系列动作。

traffic matrix 业务量矩阵 一个矩阵,其(i,j)元素包含起源于节点 i、终止于节点 j 的业务量 。测量单位可以是依赖于网络类型的呼叫数和每秒分组数等。

traffic policing (TP) 业务量管制,流量监管 测定给定连接线路上的实际通信流量,并把它与该连接的最大允许通过量相比较的过程,当超过允许的流量且发生拥塞时即将其丢弃。

traffic requirement matrix 流通量要求矩阵 (i,j)元素是以 i 节点为出发点,以 j 节点为目的地的流通量值的一个矩阵。流通量的单位可取作每秒的包数或每分种内的呼叫数。这视网络类型而定。它在网络优化中使用。

traffic shaping (TS) 流量整形 一种主动调整流量输出速率的措施。流量整形的作用是限制流出某一网络的某一连接的流量与突发,使这类报文以比较均匀的速度向外发送。流量整形通常使用缓冲区和令牌桶来完成,当报文的发送速度过快时,首先在缓冲区进行缓存,在令牌桶的控制下再均匀地发送这些被缓冲的报文。

trail 跟踪,迹 (1)在 ATM(异步传输模式)网络中,在服务层访问点之间对客户层网络提供的信息进行转换的一个实体。传输信息在终端点上进行监控。(2)图或有向图中边不重复出现的一条通路,也称"简单通路"。

trailer 报尾 在 ATM(异步传输模式)网络中,指位于协议数据单元尾部的协议控制信息。位于传输报文或其他传输数据块(段)末尾,通常占几个字节长度的一种信息,其中可包含用于证实传输准确性和状态性的校验和/或其他错误校验数据。

trailer label 尾部标志,报尾标志 (1)指在磁带处理中标记文件尾或磁带尾的一小段信息,其中还可包含其他一些信息,如文件中的记录数或磁带上的文件数等。(2)指用于通信数据帧或报文包中的一种标志,它跟随在数据后面,可以含有报文尾标记、校验和一些同步位。比较 header label。

T

trailer or trace block 尾部或跟踪块 在消息文本之后传输的控制信息块,用于跟踪出错事件、定时以及系统故障后的恢复。

trailer protocol 报尾协议 在 IP(网际协议)数据报穿过一个局域网络进行传输时,对 IP 数据报采取的一项非传统封装方式的协议。

trailer record 尾(部)记录 跟在一组记录后面的记录。此记录包含着与该组记录有关的数据,如记录的总和。

trailing decision 尾(随)判定 一种在循环体后面执行的循环控制。比较 leading decision。

trailing edge 后沿 电子信号(尤其是脉冲信号)的后侧部分。如果有一个数字信号从关断转变为开通再转为关断,则该信号从关断转为开通的过渡过程称为信号前沿,而从开通重新转为关断的过渡过程称为信号后沿。

trailing end 尾部,后端 穿孔带的末端,它最后进入穿孔带阅读器。

trailing packet discard (TPD) 尾帧丢弃 用于 ATM(异步传输模式)适配层 5(AAL-5)应用中的智能分组丢弃机制。当 AAL-5 帧中的一个或多个信元被丢弃时,网络对信元顺序作出标记,使得这条链路上的交换机能知道哪一帧可以被丢弃,因而节省了带宽。参见 ATM adaptation layer type 5。

trailing zero 尾(随)零 在位置记数法中,一个数的最低非零有效数字右面更小数位上的零。

trail printer 后联打印机 在文字处理中,一种不仅仅与特定键盘或显示工作站相联的打印机。它用于自动打印出记录在文字处理设备内记录媒体上或电子存储器中的正文。打印可在正文生成的同时进行或在生成结束后进行。

trail protection 路径保护 为工作(主用)路径准备保护(备用)路径的保护方式。

trail signal degrade (TSD) 路径信号劣化 终端功能的 AP(接入点)处输出的信号劣化指示。

trail signal fail (TSF) 路径信号失效 终端功能的 AP(接入点)处输出信号失效指示。

trail termination (TT) 路径终端 一种传送处理功能实体,它由一对位于同一地点的路径终端源和路径终端宿组成。

trail termination function 路径终端功能 层内的一种原子功能。它能产生、插入并监视与适配信息的完整性和管理有关的信息。

training pattern 训练码型 具有自动均衡器的调制解调器在调整参数时用的信号序列。

training pattern classifier system 训练模式分类器系统 也称"可训练的模式分类器"。一个能自学习的模式分类系统。给这种系统一些已知其类别的模式(称为观察模式或训练模式),让其学习,经过训练之后,它就能对输入模式给予正确的分类。该系统称为训练模式分类器系统。

training process 培训进程 合格软件产品的开发和应用,需要技术上合格的熟练人才,包括对开发人员、管理人员的培训,也包括对用户操作人员的培训。

training set 训练集 用来设计或测试的样本集合。

training simulation system 训练仿真系统 利用计算机和其他设备,模拟显示真实系统的运动状态和环境的仿真系统。它是训练操作真实系统的设备。根据训练目的和训练任务的不同,训练仿真系统可分成:载体操作型、过程控制型和博弈决策型的仿真系统。

training time 训练时间 具有自动均衡器的调制解调器用来调整其均衡参数的时间,也称"学习时间"。

train printer 列车式打印机 一种具有列车式结构的行式打印机,它的活字以组为单位,并按一定的顺序排列。每个活字组的背面开有齿。打印时,通过一对驱动、从动齿轮的转动力,使活字组象列车似地沿水平方向移动。由于这种结构没有专门的活字传送机构,因此不但可以更换活字组,而且不存在断带问题,印刷速度也较高。

trajectory case 轨道角色 在英语的自然语言理解系统的角色文法中,若各词组在句中所起的作用是描述"从出发到目的地的移动都是在轨道上发生的",则称为轨道角色。常伴随着介词 through,over 等一起出现。

tranquility 安静,安定 保持一个活跃的主体的安全分类衡定不变。

transaction 事务 所谓事务是用户定义的一个操作序列,这些操作要么全做,要么全不做,是一个不可分割的工作单位。事务应该具有下列四个性质:①原子性;②一致性;③隔离性;④持久性。根据这四个性质的英语单词的第一个字母,常常称这四个性质为事务的 ACID(原子性、一致性、隔离性、持久性)性质。

transactional videotex system 事务处理信息传视系统 采用对话式信息传视系统进行事务处理,如远程发出订单,远程定购图书等。

transaction-based routing 基于事务(处理)的路由

自助式的应用程序变为可能。简单地说，可交易的内容是可以在网上做生意的一些正确的资料，尤其是和商品的项目及价格有关的资料。

transborder data flow **过境数据流** 跨越国境的数据传送。过境数据流涉及诸如国家主权、商业秘密、个人隐私等一系列社会、政治和法律问题。

transceiver **收发机[器]** 数据传输中兼具发送与接收功能的装置，其内部往往由发送和接收两个部分构成。收发机可以服务 8 个全双工通信的全速率业务信道的网络单元。若不使用慢速跳频，一个收发机服务一个射频载波。在计算机网络中，收发机是计算机与网络接口硬件中的必要部件，包括能兼作信息接收和信息发送的终端设备。收发机通常使用在同一个网络上的两种不同传输媒体的连接，如一端使用同轴电缆，另一端使用双绞线。

transceiver cable **转发器电缆** 在通信中，连接输入输出适配器到转发器的电缆及其连接器。这种电缆有一定长度限制。在使用 AUI（访问单元接口）接口的转发器电缆最大长度为 50 m。

transcoding **转换编码** 将信号从一种编码方案向另一种编码方案的直接转换（无需将信号变回模拟形式）。

transconductance **跨导** 晶体管的输出电流与输入电压之比值。较大的跨导，具有较强的驱动信号通过互连线的能力。场效应晶体管的输出电流随输入电压的平方变化；双极晶体管的输出电流与输入电压呈指数变化。因此，双极晶体管具有较大的跨导，适于高速数字电路使用。

transconductance amplifier **跨导放大器** 将电压转换为电流的放大器，也称运算跨导放大器（OTA），从运算放大器和跨导放大器派生而来。同 operational transconductance amplifier (OTA)。

transcribe **转录** 按照接收媒体的接收要求，将数据从一种数据媒体上转换并传送到另一种数据媒体上。

transcriber **转录器** 计算机的一种辅助设备，用于把一种媒体或语言中的数据转换到计算机所用的媒体或语言中，或从一计算机转录到另一记录媒体上。

transcription **流转符号** 表示两个文件间相互关系的流程图标号或单元。该符号是有方向的，表示信息从一个文件流向受该文件影响的另一个文件。

transcription break **流图转向符** 一种流程图标号，用以表示信息流从一个文件转到相关联的其他文件。

transcription machine **转录机** 一种专门设计的机器，用于复制由口述记录机记录的话音，以得到书面的记录。

transducer **换能器，传感器** 能感受规定的被测量并按照一定的规律转换成可用输出信号的器件或装置，通常由敏感元件和转换元件组成。由于大多检测和控制系统中，都需将被检测的各种物理量转变成电信号进行处理，而在控制功能部件或以某种形式作用于某种客体时又常常需要将电信号转化为某种形式的其他能量，因此，通常将使非电量转化为电信号的检测部件称为传感器，而仅将使电量转化为其他能量形式的装置称为换能器。有些场合，同一装置兼有双向转换的功能，如超声探头将电能转化为超声能量发送出去，再接收返回的超声回波，这种场合则以换能器命名最为合适。

trans european trunked radio (TETRA) **泛欧集群无线电** TETRA 数字集群通信系统是基于数字时分多址（TDMA）技术的专业移动通信系统，该系统是 ETSI（欧洲通信标准协会）为了满足欧洲各国的专业部门对移动通信的需要而设计、制订统一标准的开放性系统。于一九八八年开始投入，如今已成为欧洲的标准。

transfer **传送，转移** (1)从一个地方发送数据，而在另外一个地方接收该数据的过程。同 move。(2)从辅助存储器或输入设备上读数据到处理机存储器；或从处理机存储器读数据到辅助存储器或输出设备。参见 block transfer，peripheral transfer，radial transfer，transmission。

transfer ability **移植能力** 软件的一种特性，具有这种性质的软件不但能在一种计算机上运行，而且稍加修改就可在另外的计算机上运行。

transfer approach for translation **转换翻译法** 实现机器翻译研究的策略之一。指经过分析-转换-生成三阶段来实现机译的方法。转换工作是把适合于源文本的一种中间表示改变成适合于目标语的另一种中间表示。转换法可在语法级或语义级进行。语义级转换规则少，译文质量好，但其生成相对复杂。

transfer characteristic **传递特性** 对某一器件或电路，表示其输出信号与输入信号的关系的图形。

transfer check **传送校验** 利用暂时存储、重新传送及比较等方法验证所发送数据的正确性。其中一个方法是把不同时间或不同线路上传送的每个拷贝字符与源数据中相应的字符比较。

transfer command **转移命令** 一个特殊的命令或指令。它把控制从程序的一部分转移到程序的另一部分。

transfer control **传送控制** 对信息传送的控制。

transfer corona **传送用电晕发生器** 一种把纸充电以吸引光导体色粉并移到纸上去的装置。它具有很细的充有电荷的导线，导线装在一个带有很窄开口的金属管内。

transfer dictionary **转换词典** 在采用转换法翻译策略的机器翻译系统中，描述源语和目标语之间差异的机器词典。

transfer failure probability **传递失败概率** 传输层服务质量参数之一，按照所设想的指标测量传输服务存活的比例。当一个传输连接建立后，要求在如下三方面协商一致：指定吞吐量、传输延迟和漏检错误率。传输失败概率给出在观察间隔内没有达到协商目标的比例次数。

transfer function 传递[转换]函数 (1)一种把控制系统的输入信号或变量与输出信号或变量联系起来的数学表达式。通常表示过程或控制元件施加在变量上的运算。常用于控制问题与系统分析等方面的研究中。(2)神经网络处理单元的输出信息与其总输入信息、权重、内部阈值及非线性特征之间关系的函数，其中包括处理单元的学习规则。用于表征处理单元非线性特征的常用函数有限幅函数、阈值逻辑单元和S型函数。(3)在线性移不变系统中，表达每一频率下的正弦型输入信号的幅值比例传递到输出信号上的频率函数。

transfer immittance 传递导抗 一个信号是电压，另一个信号为电流时的传递函数。参见 transfer function。

transfer mode 传送模式 电信网中涉及传输、复用和交换诸方面的总体描述。

transfer operation 传送操作 将数据从一个存储位置或一种存储介质传送到另一存储位置或存储介质中去的操作，如读、记录、复印、传输或变换。传送有时指不同存储介质之间的数据移动。

transfer orbit 转移轨道 卫星发射中，用于到达同步轨道的中间过渡轨道。其远地点与最后的卫星运行轨道的高度相同。

transfer prohibited (TFP) 传输禁止 公共通信道信令系统的信号路由管理中包含的一个过程，用来通知信号点，某条信号路由已不能使用。

transfer rate 传送速率 电路或通信信道中将信息从源地传输到目的地的速率，可以是经网络传输，也可以是写入磁盘或从磁盘中读出。传输速率单位为单位时间内传输的信息量，如位/秒(bps)或字符/秒(cps)，可以用最大传输速率(即时速率)衡量，也可用平均传输速率(即在传输时间中包括了传输数据块块间间隔的时间)来衡量。

transfer ratio 传递比 两个信号量纲相同时的传递函数。参见 transfer function。

transferred electron diode 电子传递二极管 一般由砷化镓制造的电子传递二极管。当与合适的谐振腔或微带集成电路结合时，它能直接由直流输入产生微波能量。

transferred electron effect 转移电子效应 在诸如砷化镓、磷化铟之类半导体的导带结构中呈现的多能谷，当外加电场大于某临界值时，低能谷中迁移率较大的电子转移到迁移率较小的高能谷中，从而出现微分负阻或微分迁移率的现象。转移电子效应是转移电子器件的基础。

transferred information 传送的信息 见 transinformation content。

transfer restricted (TFR) 传输限制 公共信道信令系统的信号路由管理中包含的一个过程，用来把某条信号路由的限制情况通知信号点。

transfer sequence 转移序列 使时序机实现状态转移的序列。对时序机设计检查时，往往在施加自寻序列之后需使时序机进入一个预定状态，这就是靠转移序列完成的。这种序列是将时序机从一状态转移到另一状态的最短输入序列。这个过程也是自适应过程，因为转移序列是根据引导序列响应确定的。描述转移序列的树结构称为转移树。

transfer statement 转移语句 程序设计语言中将程序的执行流转移到程序中另一位置的语句。参见 GOTO statement。

transfer station 传送装置 在某些打印子系统中，把光导体上的着色图像转印到纸上的部件。

transfer syntax 传送语法 (1)用于在开放系统之间传送数据的具体语法。(2)按照"抽象语法表示法1"表示的信息进行传输的信息流格式，因此也称"ASN.1 传输语法"。这套语法的指导原则是，每个传输的值，包括原语和构成的值都由下述各段组成：标识段(类型和标签)、数据域长度(以字节数计算)、数据域、内容结束标志(如果数据长度是未知的则有此段)。前三段是必定有的，第四段是选项。

transfer table 转移表 包含在主存中所有程序的全部的转移指令表格。它能使控制在这些程序之间转移。

transfer table vector 转移表向量 用于程序之间的转移。参见 transfer table, transfer vector。

transfer time 传送时间 计算机中完成传送操作所需要的时间，如数据开始传送的瞬时起到其完成传送的瞬时止的时间间隔。

transfer vector 传送向量 程序覆盖中一种与入口点的连接，它允许在把控制传送给该入口点之前将覆盖段装入到存储器。

TransFlash memory (TF) TF闪存卡，TF卡 又称"Micro SD卡"，是一种微型快闪存储器卡，它的体积为15 mm×11 mm×1 mm。这种存储器卡主要用于手机中。参见 secure digital memory (SD)。

transform 变换 按照某种规则改变数据的形式，而不改变数据的含义。如：①在计算机图形学中改变所显示的图像(转动、平移、放大、缩小等)；②在计算机程序设计中，改变信息的结构或组成，而不改变其意义或其值。

transform and lighting (T&L) (多边形)转换与光源 T&L是三维渲染中的一个重要部分，其作用是计算多边形的三维位置和处理动态光线效果，也可以称为"几何处理"。一个好的T&L芯片(硬件T&L)，可以提供细致的三维物体和高级的光线特效；一般PC中，T&L的大部分运算是交由CPU处理的(软件T&L)，由于CPU的任务繁多，除了

T&L之外，还要做内存管理、输入响应等非三维图形处理工作，因此在实际运算的时候性能会大打折扣，常常出现等待 CPU 数据的情况，其运算速度也跟不上复杂三维动画的要求。参见 graphic processing unit (GPU)。

transformational analogy 转换类比 寻找一个与当前问题相似的过去已解决的问题，对该问题的解法做很少量的修改并转换成新问题的解法，以求解当前问题的求解策略。

transformational-generative grammar (TG) 转换生成语法 同 transformational grammar。

transformational grammar 转换语法 乔姆斯基的转换生成语法。该语法通过转移规则把深层结构转换成相应的表层结构。

transformational semantics 变换语义(学) (1)为了解释某种语言 L 的语义，首先建立 L 的一个较小的核心 L_0，它由 L 中的最基本的成分组成。确定 L_0 的语义，然后把 L 中其他成分的语义都归结为 L_0 的语义。这种定义语义的方法称为变换语义。(2)通过程序变换的方法用一种语言表达其他语言语义的形式理论，称变换语义学。

transformation definition language (TDL) 变换定义语言 一组由应用程序员编写的子系统程序准备支持系统的语句，它控制终端的显示屏幕。这些语句定义了键盘显示器与应用程序缓冲器间的数据传送格式。它需经变换定义语言翻译程序进行翻译。参见 terminal display language。

transformation function 变换功能 通过旋转、平移和放大缩小来修改图形的一种功能。

transformation matrix 变换矩阵 为了完成图形变换功能所必须进行的各种数学运算，由于它能以矩阵的形式给出，因而称为变换矩阵。

transformation of electricity 变电 电力系统中，通过电力变压器传输电能。同 power transformation。

transformation pipeline 变换流水线 计算机图形学中，从物体的描述到图形的生成，有关的几何数据需要进行一连串的变换处理：例如规范变换、图段变换、透视变换、工作站变换等，这些变换组成了一条变换流水线。

transformation voltage ratio 变压比 一次电压与二次电压的比值。

transform coding 变换编码 一种对数据中的统计冗余进行压缩编码的方法，如对于图像数据的变换编码是将图像点阵变换到频域上进行处理。在空间上具有强相关的信号，反映在频域上是某些特定的区域内的能量集中，或者系数矩阵的分布具有某些规律。利用这些规律分配频域上的量化位数可达到压缩的目的。参见 requency domain coding (FDC)，sub-band coding (SBC)。

transform domain coding 变换域编码 用一维、二维或三维正交变换对一维 n、二维 $n \times n$、三维 $n \times n \times n$ 块中的图像样本的集合去相关，得到能量分布比较集中的变换域；在再码化时，根据变换域中变换系数能量大小分配数码，就能实现频带压缩。参见 discrete cosine transformation (DCT)。

transformer 变压器 利用电磁感应原理将电能或电信号从一个电路传递到另一个电路的器件。变压器通常是在一只软磁芯上绕制两个以上的绕组而成。在原边绕组上加上电压，它将在磁芯中产生磁场，并且在副边绕组中感应出一个电压。电子电路中的变压器主要用于电压幅度变换和电路负载的阻抗匹配变换，工作频率从几十赫一直到射频；波形除正弦波外，还有矩形波、脉冲波和各种复杂的波形。常用的变压器除一般的电源变压器外，还有音频变压器、阻抗匹配变压器、脉冲变压器、视频变压器、射频变压器等。

transform layer 变换层 在 DPPX(分布式处理设计执行程序)中的一种输入/输出层。作为终端设备与该系统库间的接口，它发送并等待接收 SNA(系统网络体系结构)格式化数据。

transient 瞬间的，过渡的，瞬态过程 (1)指在两个稳态之间过渡的一种物理过程。(2)指一个物理过程的快速变化。(3)一个物理现象的强度变化到达稳定状态，需要时间，这是因为能量变化的时间速率是有限的，这段时间内的物理过程泛称为过渡过程。(4)在电子学领域，用于描述电源或电信号的短暂的不可预测的变化过程，如电压跳变的动态过程等。

transient analysis 瞬态分析 对一个系统、进程或设备达到稳定状态前的性能所作的研究分析称为瞬态分析。

transient area 暂存(储)区 一种存储区，用于临时存放暂存程序或例行程序。

transient attenuation 暂态衰落，瞬态衰落 在通信、计算机和控制系统等物理系统中，诸如电流、电压、功率、声强、频率或相位等物理参数或变量的短暂衰落变化，它们都是时间的函数。暂态衰落的例子有①在电线中电压或电流的短时间、高振幅的浪涌或尖脉冲；②在光纤中光功率突然短时间浪涌。

transient attenuation rate 瞬态衰落率 (1)在多模介质波导(如光纤)中，①衰落率随着沿入射面和稳态长度之间波导的距离而发生的变化；②衰落率随距离而增加或降低的变化。(2)在多模介质波导(如光纤)中的入射面和稳态长度之间的一点，该点的衰落率会暂时变化(通常在光脉冲的上升和下降期间发生，或由于突然条件的暂时变化而引起)。

transient buffer exposure 暂态缓存量 在 ATM(异步传输模式)网络中，网络限制源端在启动阶段发送信元的一个商议的数值。

transient data 瞬态数据 面向对象数据库操纵的一种数据，指只在程序或事务处理过程中存在的数

T

据。一旦程序或事务终止,它便消失。

transient delay time 瞬态延迟时间 在某一控制量或影响量发生阶跃变化开始,至稳定输出量偏离其瞬态起始带时的时间间隔。参见 transient initiation band。

transient electromagnetic pulse emanation standard (TEMPEST) 瞬时电磁脉冲发射标准 20 世纪 60 年代末 70 年代初由美国国家安全局提出的电磁环境安全防护标准,用于防止电磁信息设备潜在的安全威胁以及反向的用以收取和还原其他信息发射源的技术。参见 TEMPEST standard。

transient electromagnetic pulse emanation surveillance technology (TEMPEST) 瞬时电磁脉冲发射监测技术 抑制信息处理设备的载有信息的电磁、声信号发射的技术。TEMPEST 一词最初是美国国防部和国家安全局联合开发的一项绝密工程代号,现在成了研究和抑制信息处理设备泄密发射的代名词,其研究对象主要包括以下几方面内容:①技术标准及规范研究;②测试方法及测试仪器设备研究;③防护及制造技术研究;④服务、咨询及管理方法研究。通常使用其缩写词,其具体含意是防止信息处理设备泄密的电磁发射。对信息处理设备采取防信息泄漏措施称为 TEMPSET 防护,对设备或系统实施 TEMPEST 防护的工程称为 TEMPEST 工程,具备 TEMPEST 防护的设备称为 TEMPEST 设备。TEMPEST 是一系列的构成信息安全保密领域的总称,包括了对电磁泄漏信号中所携带的敏感信息进行分析、测试、接收、还原以及防护的一系列技术。目前对于电磁信息安全的防护主要措施有:使用低辐射设备、利用噪声干扰源、电磁屏蔽、滤波技术和光纤传输。

transient error 瞬时错误 一种偶然发生或不可预计的错误,如当计算机、磁带机或程序均正常无误时,可能由于存在灰尘,在磁带运行时产生暂时错误。但当磁带再次运行时,灰尘消失,错误也不再出现,就属于这种情况。

transient fault 瞬时故障 由于元器件瞬时误动作或外界干扰而引起的短暂故障。

transient initiation band 瞬态起始带 以初始值为中心的稳定输出量的数值范围。其宽度与瞬态恢复带相等。参见 transient recovery band。

transient intermodulation distortion (TID) 瞬态互调失真 在输入脉冲性瞬态信号时,电路中的电容使输出端不能立即得到应有的输出电压,使得负反馈电路不能得到及时的响应,使输出瞬间过载而产生削波,这一削波失真称为瞬态互调失真。

transient library 过渡程序库 为特定作业建立的一种程序库,在运行完成时需重写。

transient overshoot 瞬时过冲 在阶跃响应时,输出量超出其最终稳态值的最大瞬态偏差。参见 step response。

transient phenomena 过渡现象 从某一工作情况过渡到另一工作情况时所出现的各种现象。

transient program 临时程序 一种可自行重新定位、更新的程序。它常驻临时程序库内,需要执行时,才调进临时存储区或动态存储器中。参见 user transient program。

transient recovery time 瞬态恢复时间 瞬态延迟时间终止至稳定输出量恢复到并能保持于瞬态恢复带时刻的时间间隔。参见 transient recovery band。

transient recovery voltage 瞬态恢复电压 在具有显著瞬态特征的时间内的恢复电压。在三相电路中,是指最先分断的一极的两接线端子间出现的电压。

transient response 瞬变响应 一个系统对于一个突然变化的输入的反应性能。

transient routine 瞬时[过渡]例程 一种永久性储藏在系统驻留设备中的例行程序,需要执行时才被装入主存或过渡程序区。

transient state 瞬态 一个与时间有着紧密关系的概念,它是指信号强度突变。参见 transient。

transient supervisor 瞬时管理程序 操作系统中管理存储器和存取暂住存储区的部分。

transient suppress 瞬态抑制电路 用来消除或降低开关过程中的虚假信号的一种电路。

transient thermal impedance 瞬态热阻抗 在某一时间间隔末,两规定点(或区域)温差变化与引起这一温差变化在该时间间隔初始按阶跃函数变化的耗散功率之比。

transient voltage suppressor (TVS) 瞬态电压抑制二极管 一种高效能保护器件。当 TVS 的两极受到反向瞬态高能量冲击时,它能以 10^{-12} 秒量级的速度,将其两极间的高阻抗变为低阻抗,吸收高达数千瓦的浪涌功率,使两极间的电压箝位于一个预定值,有效地保护电子线路中的元器件免受各种浪涌脉冲的损坏。

transinformation content 传送信息量 在信息论中,在发生另一个事件的前提下,发生某个事件所传送的信息量和发生该同一事件所传递的条件信息量之差值。参见 average transinformation content, character mean transinformation content, mean transinformation content。

transinformation rate 传送信息速率 参见 average transinformation rate。

transistor 晶体管 一种固体电子器件,由硅、锗等材料制造。1947 年 12 月 23 日,37 岁的美国物理学家肖克莱和他的合作者在著名的贝尔实验室向人们展示了第一个半导体电子增幅器,即最初的晶体管。晶体管基本上可看作电荷控制器件。可以用一种方法在半导体中注入电荷,用另一种方法控制这些电荷的运动。目前常用两种类型晶体管，一类是双极型晶体管，如NPN晶体管；另一类是单极型晶体管，也称“场效应晶体管”，如MOS(金属氧化物半导体)场效应晶体管。

Transistors D. A. T. A Book **《晶体管手册》** 美国推导与制表联合公司(Derivation and Tabulation Associates Inc)出版的刊物。1956年创刊。原为半年刊，1982年起改为年刊。该刊原名为《*Transistor Characteristic Tabulation*》，1967年改为现名。报导各国100多厂家生产的晶体管的特性数据及外形图。

transistor-transistor logic (TTL) 晶体管-晶体管逻辑(电路) 一种逻辑电路，它利用多发射极晶体管的发射极进行“与”逻辑运算，并用晶体管电路进行反相，最后推拉输出。

transit bridging 转接桥接 在两个类似的网络之间经过一个不同的网络发送数据帧时，对数据帧进行封装所实现的桥接功能。

transit delay 传输延迟 (1)在X.25通信中，一个包从一个数据终端设备(DTE)传输到另一个DTE设备的时间。参见end-to-end transit delay。(2)传输层服务质量参数之一，测量用户从源机器一端发出报文分组到目的机器一端用户收到分组为止所经历的时间。这个参数因为测量时间、方向和条件不同而有所不同。通常有效传输延迟时间是一个统计平均时间。

transit delay selection and indication (TDSAI) 转接时延选择和指示 分组交换中可供选用的一种用户业务，它允许数据终端设备(DTE)以每个呼叫为基础，选择和指示虚呼叫可接受的转接时延。

transit exchange (TE) 转换局 用作中继线上各中心局之间业务交换点的一个级联结构，也称“汇接局”或“级联局”。

transition 跃迁，过渡期 (1)系统由一个能量状态过渡到另一个能量状态叫跃迁。(2)在串行传输中，从一种状态(如正电压)转换到另一种状态(如负电压)的变换过程。

transition assertion 变迁断言 在数据库系统中规定的涉及数据更新的断言，如在工资数据库中可以规定新工资不小于旧工资。对数据库更新时，这些断言应能满足。

transition band 过渡频带 有效通带与有效阻带之间的频带称为过渡频带，简称“过渡带”。参见passband，stop band。

transition constraint 变迁约束 在数据库系统中，指对数据库修改前和修改后的状态相比较应满足一定条件的一种约束，如对一个人的年龄进行的改变，应使修改后的值大于修改前的值。

transition count testing method 跳变计数测试法 测试数字电路的一种方法。对于给定的输入序列，其输出序列中从1到0和从0到1信号跳变的总次数为跳变计算。在测试过程中，把一测试序列加到电路输入端上，在某测试点对跳变进行计数，若与期望数一致则正常，否则有故障。此法适于固定故障测试。对组合逻辑测试效果甚佳，对时序电路却不太好用。

transition current 过渡电流 随着电流的减小，变流电路在换相组的直流电流刚出现间断时的平均直流电流称为过渡电流。

transition deviation 转换偏差 理论编码定位读数与实际编码定位读数之间的差异。

transition diagram 转换图 一种用来表示自动机的有向图。其中节点表示状态，有向边表示状态间的转换。转换图直观，便于分析和设计自动机。

transition diagram method parsing 转移图方法分析 自顶向下句法分析的一种实用算法。转移图通过文法产生式构造。每一个非终结符对应一个转移图，该转移图包含全部重写这个非终结字符的产生式。分析沿转移图的弧递归进行，直到分析结束。转移图方法适用于确定性上下文无关文法。

transition effects 切换效应 在视频和影片制作中，在镜头之间的特殊效果。

transition fiber (TF) 过渡光纤 输入和输出两端具有不同几何形状的一种光纤，它能使不同界面形状(如矩形截面与圆截面)的光纤之间实现耦合。

transition minimized differential signaling (TMDS) 跃变最小化差分信令 美国Silicon Image公司在1994年发布的数据传输。TMDS是一种微分信号机制，采用的是差分传动方式，可以将像素数据编码，并通过串行连接传递。TMDS差分传动技术是一种利用两个引脚间电压差来传送信号的技术。传输数据的数值(“0”或者“1”)由两脚间电压正负极性和大小决定。

transition network (TN) 转移网络 作为分析自然语言的一种模型发展而来的文法。一个基本转移网络(BTN)是一个有向图，其中有带标号的状态和弧。一个称为起始状态的特异状态集和一个称为终止状态的特异状态集。转移网络是一个推广的下推自动机，等价于上下文无关文法。

transition network grammar 转移网语法 在句法分析中，为分析自然语言的句子所建立的一种语法成分关系网络图，是作为分析自然语言的一种模型。

transition probability 跃迁机率 设某一能级上原有的粒子数为N，平均每单位时间内跃迁到另一能级粒子数$\triangle N$，则$\triangle N/N$称为粒子由该能级到另一能级的跃迁机率。参见transition。

transitive closure of R R的传递闭包 设R是集合A上的二元关系，R的传递闭包是包含R的最小传递关系，传递闭包记为$t(R)$，也就是说，$t(R)$是A上的传递关系，$R\subseteq t(R)$，对于任意包含R的传送关系R'都有$t(R)\subseteq R'$。我们有$t(R)=R\cup R^2\cup$

$R^3 \cup \cdots$。此外,R 是传递关系的充要条件是 $R = t(R)$。比较 transitive extension。

transitive dependency 传递相关[依赖] 由于同其他属性的直接相关而造成两个属性之间隐含的相关关系。设 X,Y,Z 同为关系模式 R 中的属性组合,若 $X \rightarrow Y, Y \rightarrow Z$,且 $Y \nrightarrow X$,就称 Z 对 X 具有传递相关性,或称 Z 传递相关于 X。其反义词为非传递相关。

transitive functional dependency 传递函数依赖 在关系式数据库系统中,指非主属性对非键码属性集的函数依赖关系。设 $R(U)$ 是属性集 U 上的一个关系模式,X,Y,Z 是 U 的子集,如果 $X \rightarrow Y, Y \rightarrow Z, Y$ 不是 X 的子集,$Y \rightarrow X$ 不成立,则称 Z 传递函数依赖于 X。

transitively orientable graph 传递可定向图 一种无向图 G。它满足:存在一种对 G 的各边赋予方向的方法,使得所得的有向图 D 是传递的,即若(u,v)、(v,w) 是 D 中的边,则(u,w) 也必是 D 中的边。这样的一种定向方法称作传递定向。

transitive reduction 传递归约 具有传递性的一种归约。对于所有问题 A,B,C 和归约类 R,若 A 可 R 归约为 B,且 B 可 R 归约为 C,则必有 A 可 R 归约为 C,那么称 R 是可传递的。

transitive relation 传递关系 集合 S 上满足下述性质的二元关系 R:对任意的 $x,y,z \in S$,若$(x,y) \in R$ 且$(y,z) \in R$,则有$(x,z) \in R$。

transitivity 传递性 关系的一种属性。如果关系 R 有传递性,若元素 a 和 b 之间有关系 R,元素 b 和 c 之间有关系 R,则推断出元素 a 和 c 之间有关系 R。在关系图中,有从 a 到 b 的弧,有从 b 到 c 的弧,则有从 a 到 c 的弧。

transit model 转移式模型 用于描述协议的一种模型。把协议模型看作对各种事件(如用户发来的命令、低层功能送来的信息、同层协议对传输的数据进行复用和分用的要求等)做出响应并进行简单处理的诸项方法和过程便组成这种转移模型。属于这一类的模型有状态转移图、形式文法、Petri 网、有限自动机等。这类描述方法具有简单、直观、易于理解等优点。但当协议复杂时,事件和状态的数量急剧增多,描述受到较大限制。

transit network 传递[转接]网 一种在网络间传递通信信息,同时又负担自己主机通信量的网络,它至少具有通向两个以上网络的路径。

transit network identification 转接网络标识 用于对控制一部分已建立的或部分建立的虚电路的各转接网络进行命名的一种公共设施。

transit network identification code (TNIC) 转接网络标识代码 国际呼叫中标识发送方国家转接网络的一个代码。

transit network selection (TNS) 暂态网络选择 在 ATM(异步传输模式)网络中,一个信令元素,标识一个连接的建立应该选择的公共载体。

transit switch 转接交换 4000 系列电信网络处理器(TP4)中,使用电信内部网络协议(TINP)的中继线路上用的一个路由选择及交换功能。TP4 转接交换不能用数据包装拆(PAD)软件安装,且不能与 X. 25/X. 75 数据终端设备(DTE)通信。

transit time 渡越时间 某实体从系统的某部分到另外部分所花的时间。如,电荷载流子从一个电极移动到另一个电极所需的时间。在 n 沟道场效应晶体管中,过渡时间是多数载流子(电子)从源极移动到漏极所需的时间。在 NPN 晶体管中,是从发射极注入的少数载流子(电子)过渡基区到达集电极所需的时间。

transit-time mode 渡越时间模式 电子传递二极管的三种工作模式之一。在这种模式下,在阴极形成空间电荷区,然后它们穿过漂移区到达阳极。振荡频率受漂移区尺寸的影响。其他两种工作模式是限制空间电荷积累模式和猝熄域模式。参见 transferred electron diode, limited space-charge accumulation (LSA) mode, quenched-domain mode。

translated axis line 平移轴线 在某些计算机系统的制图技术中,一条平行于轴(纵轴或横轴)的直线,数据值相对于它标绘在图上。同 reference line, translated line。

translate phase 翻译阶段 一次运行过程中,执行翻译程序的那个阶段。

translating 平移 在计算机制图技术中的一种操作。它在显示屏幕上移动显示图像的部分或全部,从一个位置移到另一位置而不旋转图像。

translational bridging 翻译[转换]网桥 带有不同数据链路层协议的网络之间的网桥。这个协议信息在网桥被转换为目的网络格式。一个翻译网桥能够转发数据链路层帧到不同协议的局域网,如以太网到令牌网。

translation approach 翻译方法 把源语言的深层结构变为目标语言的深层结构的方法。在机器翻译中常采用直接法、转换法和中间语言表示法等翻译方法。

translation bridging 翻译桥接 在具有不同 MAC(介质访问控制)子层协议的网络之间完成的桥接。

translation buffer 变换缓冲存储器 一种处理机内部高速缓冲存储器(内存的缓冲存储器),它保存对最近使用的虚拟地址的地址变换。

translation cipher 单表密码 密码学中,指替代密码的一种简单形式,每一被加密的字母在字母表中的位置与相应的明文字母都具有固定的距离。

translation grammar 翻译文法 一种特殊的上下文无关文法。它与普通的上下文无关文法不同之处是:在它的产生式中包含两种终结符号,一种称为输入符号,具有通常的意义,即此文法原来所描述的语言中的符号;另一种称为输出符号,是在语法分析过程中分析前一种符号之后产生的新符号。由输入符号组成的语言称为输入语言,由输出符号组成的语言称为输出语言。翻译文法不仅执行分析输入语言的任务,而且执行把输入语言翻译成输出语言的任务。

translation language 翻译语言 把源语言程序翻译成目标语言程序的计算机语言,如把 FORTRAN、ALGOL 等语言写成的源程序翻译成机器语言程序。翻译过程是在翻译或编译程序控制下由计算机完成的。翻译语言用来书写同类翻译程序或编译程序。

translation lookaside buffer (TLB) 转换表缓冲器 CPU 在运算过程中需要的数据首先是到 L1 缓存中找,如果没有就到 L2 缓存中找,假如再没有就需要到内存中去查找了,但是硬件上的设计决定 CPU 不可能知道物理内存的地址,因此就需要一种翻译机制,将物理内存的地址转化成虚拟的 CPU 能够存取的地址,TLB 就起一个转化地址的作用。按所取数据性质,TLB 也分为两类:ITLB(指令 TLB)和 DTLB(数据 TLB)。

translation memory 翻译记忆 通过自动记忆并使用先前人工翻译结果的方式来构建语言翻译知识系统的机器翻译方法。

translation quality evaluation for MT 机器翻译译文质量评测 对机器翻译系统译文质量的评测。由于机器译文有着与人工译文不同的特点与应用要求,因而评价也应有不同的标准与方法。译文质量评测工作通常由人进行,目前自动评测系统也正在开发中。

translation specification exception 转换说明异常 在虚拟存储系统中,当页表登记项、段表登记项或指向段表的控制寄存器包含有无效的格式信息时发生的程序中断。参见 page translation exception, segment translation exception。

translation table 转换表 (1)一种用不同的字形对不能打印或替换的字符提供替代字符的表。(2)一种浮动地址与绝对地址相互转换的表。(3)一种虚地址与实地址相互转换的表。

translation transformation 平移变换 将图形沿给定方向移动给定距离的一种变换。通常用一个矩阵表示,将此矩阵乘上欲平移的坐标点,即得平移后的坐标。

translator 电视差转机 差转机的功能是接收远处的电视信号,然后把电视信号转换为另一频道再向本地区发射,以增加电视覆盖面。

Transmeta Transmeta 微处理器 美国 Compaq 公司于 2000 年推出的 Transmeta 微处理器,是一款采用 6 路乱序 Alpha 架构芯片,主频达到 1 GHz。芯片大小为 13.1×14.7 平方毫米,采用 0.18 μm 工艺制造,七层结构,铝质导线互连,集成 1 500 万个晶体管,使用 flip-chip 技术封装。该款处理器的一个特征就是包含两个在片缓存排列,分别是 64 KB 的 2 路指令缓存和同样是 64 KB 大小的 2 路数据缓存。正常状态下处理器内部工作电压为 1.65 V,支持 2 V 芯片接口电压。

transmission 传输 用导线、无线电、电话、传真或其他方法发送信号、信息或其他形式消息的过程。传输含意仅是发送数据,并不管它是否被接收。

transmission adapter 传输适配器 一种适配器,它将远程的和本地的通信设备连接到数据通信适配器,它还能进行必要的控制,使数据通过传输接口转换器传输到处理部件,或者反之。

transmission band 传输频带,通频带 (1)能以最小衰落完成传输的一段频带,衰落的大小取决于被传输信号的类型和传输速度。(2)一个电路所允许顺利通过的电流的频率范围,称为该电路的通频带。一般规定在电流等于最大电流值的 0.707 倍范围内上下两个频率之间的宽度为通频带。

transmission block 传输[送]块 (1)在数据通信中作为一个单位被记录、处理或发送的一组记录。(2)一份报文的一部分,用行控制字符 EOB 或 ETB 结尾,如果它是最后一块,则用 EOT 或 ETX 结束。

transmission bridge 传输桥 一种通信装置,用于分开输入和输出通路或设备并传输音频信号。

transmission capability 传输能力 传输能力由在用户设备或应用中间系统之间透明传送数据而经由子网(或互通子网)所要求的全部必要的机制组成,其中包括端系统内的有关机制。

transmission code 传输代码 用于通过远程通信线路发送信息的代码。

transmission coefficient 传输系数 在传输媒体的不连续点上,传输过去的能量与入射能量之比(或其他量之比)。

transmission control 传输控制字符 仅为适应在电信网上进行传输而使用的控制功能。

transmission control characters (TCC) 传输控制字符 用于定义数据字符序列所包含信息的性质,或者用于传送监控指令的那些字符,但不能将它们作为正文或标题的一部分传送。当遇到这种字符时,要执行一些控制操作:寻址、轮询、报文定界和组块、传输错误检查以及回车等。

transmission control layer 传输控制层 (1)SNA(系统网络体系结构)模型中的第四层。该层的责任是建立、维持和结束 SNA 会话,使数据报文排队以及完成会话层的流量控制。(2)这是带有通话端或通话连接器的一层,作用是同步和调步通话层数据通信,检查请求的通话顺序号,对终端用户的数据加密和解密。

transmission control protocol (TCP) 传输控制协议 一种网络协议,对应于 OSI(开放系统互连)七层协议中的传输层,确保各个数据报文以正确的顺序重新组成完整的数据报文。参见 Internet protocol (IP)。

transmission control protocol/internet protocol (TCP/IP) 传输控制协议/网际协议 美国国防部为研究分组交换数据网而创建的网络 ARPAnet(阿帕网)的标准通信协议。演变至今已成为异型机异种网互联的工业标准,成为开放软件基金会(OSF)采纳的网络标准之一。TCP 即"传输控制协议",大致与 OSI(开放系统互连)模型的传输层协议相对应。IP 即"网际协议",大致与 OSI 模型的网络层协议相对应。通常还有三个应用层协议与 TCP/IP 一起构成协议族,他们是:①文件传输协议(FTP);②远程登录协议(telnet);③简单邮件传输协议(SMTP)。TCP 与 IP 为 TCP/IP 中主要的传输控制协议,IP 负责包的传送接收等无连接工作,TCP 负责建立连接导向的通信,意思是在传送数据前,TCP 会建立一个有效的连接,并使用错误检查等方式确保数据能够正确无误的传送,如果发生错误,TCP 会自动尝试重传数据,而 IP 只是单纯的发送数据包,并不确认数据是否正确送达。TCP 事实上使用 IP 来建立连接,并用 IP 来传送数据与作为两台主机之间的确认数据传输等动作。参见 transmission control protocol (TCP), Internet protocol (IP), user datagram protocol (UDP), file transfer protocol (FTP), telnet, simple mail transfer protocol (SMTP), simple network management protocol (SNMP)。

transmission control unit (TCU) 传输控制器 连接到计算机系统的一种通信控制器,它的操作只受计算机系统的程序指令的控制,传输控制器中不存储程序,也不执行程序。比较 communication controller。

transmission convergence (TC) 传输会聚 在 ATM(异步传输模式)网络中,将信元流转换成稳定位流以便于在物理介质上传输的子层。在传输中,传输会聚子层将信元映射到帧格式,生成头部错误检测(HEC)字段,在 ATM 层没有数据发送时发送空闲信元。在接收时,传输会聚子层将各个到达的信元排队,用 HEC 检测和纠正错误。

transmission convergence sublayer (TCS) 传输会聚子层 在 ATM(异步传输模式)网络中,指 ATM 物理层的一部分,定义信元在物理层中传输的方式。

transmission data 传输数据 将数据从一处传送至另一处,或从系统的一部分传送至另一部分的过程。

transmission deviation (TD) 传输偏差 传输中,因信道或传输媒体的增益频率特性和时延频率特性的不均匀性而导致的偏差。

transmission electron microscopy (TEM) 透射电子显微镜 透射电子显微镜是把经加速和聚集的电子束投射到非常薄的样品上,电子与样品中的原子碰撞而改变方向,从而产生立体角散射。散射角的大小与样品的密度、厚度相关,因此可以形成明暗不同的影像。

transmission equipment 传输设备 主要进行数据通信而较少进行计算或处理的设备。

transmission error 传输差错 数据沿网络传递过程中产生的任何改变。传输差错可能由电气干扰或硬件故障引起。

transmission error control 传输差错控制 对数据传输时产生的错误所进行的检测和校正。常用的检测技术有奇偶校验和循环冗余校验。在发送端产生一个校验码,经过传输后在接收端再产生一次。将两个校验码进行比较,若相等,则接收端向发送端送一确认信号;若不相等,则送一否认信号。

transmission extension 传输扩展(网) 一种简单的非环形扩展网,可连接本地串行数据终端。

transmission facilities 传输设施 通信公司用于提供某种类型业务的一系列设施,如链路、交换中心以及其他设备。

transmission factor 传输因数 在传输线的一个端口或横截面处的传输波与另一端口或横截面处的入射波的归一化波复数幅值之比。

transmission format resource composite (TFRC) 传输格式和资源组合 定义用户传输的调制方式、传输块大小和信道码组。TFRC 根据实际的信道情况和网络资源情况选择合适的传输格式,分配合适的信道码,选择最佳的调制方式,并指示物理层在对应发送数据时的传输格式信息。

transmission frame 传输帧 (1)在数据传输中,数据从一个节点到另一个节点传输时使用且能被接收点所辨认的格式。除了数据或信息段以外,帧还具有一些限制符,用来标识帧的起始和结束及通常的控制字符。起点和终点的地址信息,允许接收者检测在发送者传送帧之后可能发生的差错用的一个或多个检验位等。(2)在 TDM(时分多路复用)系统中的一种信号组。它由各通道的信号采样附加的同步信号和其他要求的系统信息所组成。

transmission frequency diversity 传输频率多样化 一种信号传输或接收的方法。在这种方法中相同的信息用两个或多个专用频道同步传输,以便选用频率衰落的干扰最少的那一个。

transmission gain 传输增益 在信号传输过程中,信号从线路一点到另一点的功率增益。

transmission group (TG) 传输组 在 SNA(系统网络体系结构)中相邻子区节点间的一组链路。对于报文的路由选择来说,它就像一条单一的逻辑链路。一个传输组可以由一个或多个同步数据链路控制(SDLC)组成,或由一个单一的通道组成。

transmission group identifier (TGID) 传输组标识符 在 SNA(系统网络体系结构)中,用来标识每

一个传输组的唯一的一组三个值，这一组值称传输组标识符。他们是该传输组所连的相邻两节点所在的子区地址和传输组编号。

transmission header (TH) **传输标题** 在SNA(系统网络体系结构)中的控制信息，根据需要，其后可以跟随BIU(基本信息单位)或BIU段。标题由通路控制层建立和用来为各报文选择路径及控制报文在网中的流通。参见 path information unit。

transmission identification (TI) **传输标识** 用来标识两个站之间信道传输的一串字母和数字。

transmission interface **传输接口** 一种共享的界面。它由下述特性来定义：功能特性、公用物理互连特性、信号特性和其他合适的特性。

transmission interruption **传输中断** 由于有更高优先权的传输到达某一终端，使该终端发出的传输中断，称为传输中断。

transmission level point (TLP) **传输电平点** 传输系统中，任意一点上的信号功率与同一信号在参考点上的功率的比值。以分贝(dB)表示。在传输方向，信道的每一端被称为0 dB传输电平点(0 TLP)，它在该点给出最大的可用功率，整个电路上的所有其他电平点均以0 TLP点为基准。通常认为长途交换局的出口端为-3 TLP，即在该点测得的信号幅度比参考电平点的测量值低3 dB。

transmission limit **传输极限** 在网络控制程序中，多点线路上的一台启停式设备或二进制同步通信(BSC)设备，在一次通话期间并在网络控制程序中止或暂停这次通话去为线上其他设备服务之前，能够发送或接收的最大传输数量。

transmission line **传输线** (1)两点间经加工制成的并以最小辐射量传送电磁能量的传输媒体。(2)为电能或电磁能构成一条从一处到另一处定向传输连续通路的器材装置。它包括电缆、波导管、同轴电缆、信号控制传输线和其他类似器材，在计算机互连系统中，要求传输线对信息和能量的延迟和衰落越小越好。

transmission link **传输链路** 两点间具有特定特性的传输手段。通常要指明传输链路的类型或容量，如无线链路、同轴链路或2 048 kbps链路。

transmission loss **传输损耗** 在传输过程中，信号从一点传输到另一点时功率下降的现象。传输损耗常用分贝表示。

transmission medium **传输媒体[介质]** 由国际电报电话咨询委员会(CCITT)定义的五大媒体(感觉、表示、显示、传输、存储媒体)之一。传输媒体系指承载与传输模拟或数字信息的媒体。这类媒体包括双绞线、同轴电缆、光缆、无线电链路等。传输媒体所具有的物理特性和电气特性等称为传输媒体的属性，如传输的损耗、失真、速度、延迟等。参见 perception medium, presentation medium, representation medium, storage medium。

transmission method **传输方法** 通常有模拟传输和数字传输两种信号传输方法。模拟量信号在远程传输时，要将其调制到很高频率的正弦信号上。而数字传输则是将信号通过采样、量化和编码后，转换成用0和1表示的数字信号，再以电脉冲的形式进行传输。数字传输的可靠性更高，通信质量更好，但占用的频带较宽。

transmission mode **传输方式** 基本的传输方式有：单工式(仅单一方向)，单工可反向通道(单向而具有反向交互作用能力)，半双工方式(双向，但同时只能用一个方向)，及全双工方式(可同时双向)。

transmission network **传输网** 传输网是传输电或光(信息)信号的网络。"传输"强调信号(可能经调制和复用等)通过媒质和设备传递的物理过程。传输网强调的是由传输媒质和设备组成的物理实体网。传输网按所使用的媒质不同分为不同的传输网，如光缆传输网、微波传输网；按地域不同分为国际传输网和国内传输网，国内传输网又细分为省际传输网、省内传输网等，省际传输网和省内传输网合在一起又称长途传输网。所用的物理设备有明确的界限，数字交叉连接设备(DXC)属于传输网，交换设备(如路由器)不属于传输网。比较 transport network。

transmission objectives **传输目标** 基于电话设备在经济上和技术上的考虑以及合理估计所要求的性能，通信线路、系统和设备应具有的电气性能指标。包括损耗、噪声、反射、串音、频率偏移、衰落失真、延迟失真等。

transmission packet **传输信息包** 一种短小的标准化的信息包。一个包交换网络能够极迅速地存储和传递信息。它使用极高速的交换用计算机，并将信息包单独存于高速存储器中，而不是存于传统信息交换系统所使用的低速存储器中，这样就能实现信息包的高速传送。

transmission path delay **传输路径延迟** 在总线式网络中，两个最远的数据站之间传输所需要的时间，同 one-way propagation time。

transmission path level **传输通路级** OAM(操作监管和维护)级的第三级，位于装拆传输系统的净荷及与它的OAM功能有关的网络单元之间。

transmission performance **传输性能** 电信系统在给定条件下，当处于可用状态时重现所提供信号的能力。

transmission preprocessor **传送预处理器** 系统中为中央处理器进行预处理的单元。一个典型的预处理器进行协议模型处理，并且进行防止重复的块检查。

transmission priority **传输优先级** (1)在SNA(系统网络体系结构)中，赋给PIU(路径信息单元)的一种优先等级。它由控制通路的传输组控制部件选择，以确定通路信息单元沿传输路由送往下一个子区节点的优先级。(2)在某些通信系统软件中,一个站发送和接收报文的先后次序,主机发送的优先级比接收的高。参见 message priority。

transmission protocol 传输协议 通信网络上交换数据的一系列规则。

transmission pulses 传输脉冲 能够通过通信线路传输和接收的电脉冲。

transmission rate of information bits (TRIB) 信息位传输速率 测量数据通信效率或吞吐量的一种方法。

T

transmission security 传输安全性 防止信息窃听的功能。

transmission service (TS) 传输服务 由公共载波通信公司或电信局提供的转接电路、包交换电路或租用电路等服务。

transmission service profile 传输服务轮廓文件 在 SNA(系统网络体系结构)中,对传输控制协议的通话活动请求的一种说明,如通话级调步和通话级请求的用法。每个定义的传输服务轮廓文件都用一个号码来标识。

transmission speed 传输速度 在单位时间内,所发送的信息单元的数量。通常以每秒内所发送的二进制码、字符、字组或记录数来表示。传输数据的速度与所用设备和电路的类型有关。由于字符编码中用于表示每个字符的位数不同,所以,用位/秒(bps)表示传输速度比用字符/秒(cps)更恰当。区别串行和并行传输也是很重要的,因为他们的传输速度明显不同。参见 parallel transmission, serial transmission。

transmission subsystem 传输子系统 SNA(系统网络体系结构)的通信系统的最内层。在每次对话期中,它控制网络可访问部件间的路径选择和数据传送。管理网络中访问部件及他们相互连接的通路。它由数据链路控制、通路控制和传输控制三部分组成。

transmission subsystem component (TSC) 传输子系统成分 VTAM(虚拟远程通信访问法)程序的成分,由 SNA(系统网络体系结构)的传输控制、路径控制和数据链路控制层构成。

transmission suppressed carrier 传输压缩载波 一种通信方式,用这种方法,载波频带最大程度地被压缩到一个或两个边带可以传输的程度。

transmission system 传输系统 用来发送信号或信息的系统。

transmission system code 传输系统码 一种既用块校验又用奇偶校验检测错误的代码。

transmission technology 传送技术 传送信号的方法。在电话通信中,它涉及线路的速度类型和用途类型。

transmission time interval (TTI) 传输时间间隔 在无线链路中的一个独立解码传输的长度。TTI 与从更高网络层到无线链路层的数据块的大小有关。在 3GPP(第三代移动通信项目组织)的标准中,一般认为 TTI 为 1 ms,它是无线资源管理(调度等)所管辖时间的基本单位。

transmission utilization ratio 传输利用率 总输入数据与有用的输出数据的比率。

transmission window 传输窗口 光波导中最为透明的波长部分。

transmissive star 透射星 一种光导纤维传输系统,能将单一输入光信号传送给多路输出光纤,主要用于光纤局域网中。

transmit 传输,发送 (1)将信号由一点传送到另一点或另外多个点。传输强调的是信号转移的物理过程。在大多数情况下,是通过适当的传输设备、接收设备和连接他们的通信线路来完成。(2)发送是送出信号、消息或其他形式的数据供他处接收。

transmit buffer 发送缓存器 在计算机网络中,用于存放传送到其他处理机去的信息的缓存,以便在目标机可接收时发送出去。

transmit burst 传输突发 相对常规传输而言的,常规传输是一个地址后面跟一个数据,传输猝法是一个地址后面跟一串数据,即在数据通信中的一组传输包,发送时没有任何中断。

transmit control block 传输控制块 一组连续的半字组成的存储单元。SDLC(同步数据链路控制)程序在此块中存有控制一个或一个以上 SDLC 帧的通道输入输出传送。

transmit copy line 发送复制线 在计算机网络中的一种网络总线。将其他节点传送来的数据信号加以复制并发送到别的节点。

transmit data (TxD) 发送数据(引脚) 通信接口中用来传输数据的引脚,在 RS-232C 标准中为引脚 2。比较 receive data (RxD)。

transmit data set 传输数据集 软磁盘上由存储数据按一个或几个事务数据集组产生的数据集。

transmit flow control 发送流控制 一种传输过程,控制从一端发送数据的速率,使之等于远端能够接收数据的速率。这种过程可用于 DTE(数据终端设备)与相邻 DSE(数据转接交换机)之间的传送,或用于两个 DTE 之间。在后一种情况下,数据信号速率可控制以适应网络或远程 DTE 的要求。

transmit leg 发送方 双工线路上正在发送的一方。比较 receive leg。

transmit network 传输网络 至少与其他两个网络通信并在网络间及在本地节点间传输数据的一种网络。

transmit operation 发送操作 用于将数据从一处

发送到另一处的各种形式的计算机操作。

transmit pair 传送线对 在以太网中，将数据传送到收发器的一对线路。

transmit port 传输端口 在计算机网络中，计算机节点之间信息传递的端口。每个节点有一个以上的发送端口，将本节点的信息传送到其他节点。

transmit power control (TPC) 发射功率控制 通过评估移动台报告的基站下行功率，调整基站发射功率的技术。

transmittal process 传送进程 传送进程是报文从它的始发者到它的潜在接收者，或探查从它的始发者到它的 MTA(报文传送代理)，并能够证实任何描述的报文均已投递到它的潜在接收者的运送或试图运送的过程。它还包括将它引发的任何报告运送或试图运送到报文或探查的始发者的过程。传送进程是传送进程步骤和传送进程事件的一种序列。

transmittance 透光率 透过透明或半透明体的光通量与其入射光通量之比的百分率。

transmitted bandwidth 发射带宽 发射机的发射信号在广播频段中所占的频带宽度。

transmitted near-field scanning method (TNFSM) 透射近场扫描法 测量多模光纤折射率分布或光纤一般几何参数的一种方法。测量时用扩展光源照射到被测光纤入射端，然后逐点测量光纤出射端的辐射率。

transmitter 发射机，发送器 能够接收信号或数据并将其转换成媒介传输(发送)形式的电路，通常需要传输一定的距离。传输媒介可以是无线或有线形式。

transmitter attack time 发射机启动时间 指发射机从守候向发射状态转变的时刻，直至未调制载波功率达到比稳态值低 3 dB 的时刻为止，所经过的时间。

transmitter card 传送卡 一种将并行数字数据转化成 ASCII(美国信息交换标准代码)格式异步串行数据的电路板。它包括一个传送器模块、一个时钟模块以及条件判别电路。

transmitter diversity 发射分集 一种利用多天线发射的技术，这种技术利用了简单的正交分组编码的方法，因此称为正交发射分集(OTD)，简称“发射分集”。发射分集技术实现了同一发射信号能使多个移动台获得发射增益，能支持点对多点的发射，因此适合移动通信发展的需要。参见 diversity technique, orthogonal transmitter diversity (OTD)。

transmitter register 传送寄存器 一种为传送输出部分保存串行化数据的寄存器。它从保持寄存器接收数据。

transmitter start code 发送器启动码 通常为一个两个字母组成的呼叫信号。它发送给远程设备，自动启动磁带发送器或键盘。

transmobile 车用电话 装在车辆内可在移动中使用的一种电话。

transmultiplexer 复用转换器 将频分多路设备输出的信号转换成时分多路信号所用的设备，转换后的信息结构与脉码调制多路设备产生的信号的结构相同；反之亦然。

transnational data flow 跨国数据流 全球数据通信业务中出现的跨越国界传输的数据流。这个术语常用于通信中的数据保护和版权关系等方面。

transparency 透明性 (1)在通信网中，不改变信号形式和信息内容的端到端传输。(2)某一实际存在的事物具有看来好像不存在的属性，如①在具有自动调度的、小容量的高速缓冲存储器和大容量低速主存储器的存储系统中，用户认为处理机只有一个快速大容量存储器，这时高速缓冲器对用户来说是透明的；②若计算机系统的体系结构和硬件设计使编写程序时不需要了解系统的结构细节，则对程序设计而言，该计算机系统有透明性；③若一个信号经过一个网络或一个准备后来发生变化的设备，则此网络或设备对该信息是透明的；④一个操作系统的进程调度对使用者来说也是透明的。

transparency mode 透明方式 参见 transparent text mode。

transparency of reasoning 推理的透明性 一些推理系统所具有的功能。推理中应对用户解释清楚为什么这样推理及推理过程之恰当性。这种对用户的解释称为推理过程对用户是“透明的”。一个推理系统有这种解释功能称为有“推理透明性”。

transparent 透明的 (1)在计算机系统中用以描述操作员或用户不能直接观察到的功能。(2)在数据传输中，用来说明那些不被接收程序或设备作为传输控制字符来辨认的信息。参见 code transparent, code transparent data transmission, inherent transparency。

transparent bridge algorithm 透明网桥算法 透明网桥实现对局域网桥接时所使用的算法。即后向学习法：查看到来的帧地址，知道哪个机器在哪个网络上，并且是可访问的。

transparent bridging 透明桥接(标准) 一种 IEEE 802.3 桥接标准，其中桥的行为对于数据传输透明。为防止过多的循环传输和不合理路由，采用生成树算法。使用透明桥接技术时，网桥基于一张站点表决定是否让帧通过，该站点表列出端节点与相应的网桥端口。

transparent data 透明数据 在传输数据集中，不能解释为含有控制字符的数据。透明数据前冠有一个控制字节和一个计算数据量的计数值。

transparent data communication code 透明数据通信码 数据通信的一种方式。它利用与数据通信码无关的协议,且不依靠所用字符集或代码的校正功能。

transparent data transfer phase 透明数据传输阶段 数据通信中,在数据终端设备(DTE)之间传输任何位流序列的阶段。

transparent failover 透明失效备援 也称透明故障接管,系统备援能力的一种,当系统中其中一项设备失效而无法运作时,另一项设备即可自动接管原失效系统所执行的工作,其接管过程对外部(如用户)是透明的。比较 non-transparent failover。

transparent field descriptor 透明字段描述符 在PCL(打印机控制语言)中,格式语句字段描述符之一。由十六进制原封不动地描述输出数据的代码形式。

transparent fragmentation 透明报片分割 数据报通过网络时进行报片分割和重新组合的一种形式。数据报通过的网络能传输的分组最大长度小于数据报时,要把数据报分割成较小的报片。如果数据报在一个网关被分割成报片,这些报片都被送到同一个出口网关,并在这个出口网关之后被重新组合成数据报,后边的网络就好像不知道数据报被分割过一样。与此不同的是非透明报片分割。

transparent gateway 透明网关 (1)因特网中采用的一种 IP(网际协议)地址复用技术。透明网关相当于对象网络中的一台主机,但它将一组主机连入对象网络。从外部看是透明的,从内部看它是一个网关。(2)能够使网络得以扩展的网关。通常的网关可以连接两个或多个不同的网络,但是不能使网络得以扩展,而透明网关却具有使网络得以扩展的功能,如透明网关的一端连接到广域网(或局域网)上,另一端连接到一个局域网上。局域网上的各个计算机都使用广域网的 IP 地址空间中没使用的地址。透明网关两边计算机交换信息都不感到有网关存在。透明网关名字由来正在于此。透明网关的主要优点:其一是可以充分使用剩余地址空间;其二是如有两个透明网关连接到同一个局域网上,他们可以均分局域网到广域网的通信量,提高总通信量;缺点是不能支持 TCP/IP(传输控制协议/网际协议)协议族中 ICMP(因特网控制信息协议)的回送命令,即不能用"ping"命令穿过透明网关测试到对方计算机的连通性。

transparent information 透明信息 信息传输中不能解释为传输控制字符的信息。

transparent interface 透明接口 在安装接口之后,不影响两边所连接设备的输入、输出电路或工作程序的一种接口。

transparent interrupt 透明中断 一种中断方式。每当发生中断时,就保存被中断过程的状态,包括程序计数器、内部寄存器和条件码寄存器的状态。在中断服务处理完之后,就把被中断过程的状态恢复到中断前的状态,继续执行被中断的程序。

transparent LAN 透明局域网 使两个局域网无需显式地处理远程连接就能在远程通信链路上进行通信的一种联网服务。

transparent LAN service (TLS) 透明局域网业务 一种利用二、三层以太网交换机和 802.1q 标准封装协议提供端到端连接的技术,它同时可以提供多点之间的 VLAN(虚拟局域网)服务。用户在接入时将数据封装在一个特定的虚拟专网号中,在到达目的地时交换机自动地将虚拟专网号剥离,使通信互不干扰。

transparent method 透明模式 一种二进制同步文本传输,其中传输控制字符作为文本处理,除非位于 DLE 控制字符之后,对应于 nontransparent mode。

transparent mode 透明方式 (1)信息在传送中不发生任何变化的一种传送方式。(2)一种通信方式,依此方式,可传输任何位组合格式的代码。

transparent paging 透明分页 一种分页方式。程序员进行程序设计时犹如不存在分页那样。

transparent text 透明文本 包含不会干扰且不被通道或协议干扰的任一序列的文本。

transparent text mode 透明文本方式 二元同步通信的一种工作方法。在这种传输中,具有传输控制字符格式的位组合都被当作数据来传送,除非传输控制字符之前有转义字符。只有在这种情况下,传输控制字符才起线路控制字符的作用。

transparent tone-in-band single side band 透明带内导频单边带 对带内导频单边带进行改进的一种技术。将话音频带一分为二,并适当搬移频距,中间再插入导频。在接收机提取导频后,再将二段话音频带移回原位,以保持整个话音信号的原有质量。

transparent transmission 透明传输 一种数据传输方法。其传输介质不需识别控制字符,只要把要传输的内容完好的传到对方,在传输过程中,对外界透明。

transphasor 光管 一种光学开关,多束光线同时通过这个开关。它类似于三极管,只是它处理的是光线而不是电流。在光管中,光线之间的互相作用造成了开关工作。

transponder 转发器 (1)通信卫星中直接起中继作用的部分。由接收机、发射机和天线组成,是卫星实体的一个组成部分。典型的通信转发器发射功率为 5 ~ 8.5 W,卫星电视转发器的发射功率约为几十到 100 W。它接收从一个地面站发送来的微波信号,经放大再把信号按不同的频率发送给一个或多个地面站。通信卫星上通常要安装几个转发器。(2)也称"网络转发器",是一类重建到来的电子、无线或光学信号的网络设备。转发器用于保护信号的完整性和扩展数据能够安全传输的距离。在网络互连时用在物理层的中继系统。

turnaround time　周转时间,换向时间　(1)从提交作业到送回完整的输出结果所需的时间。(2)在使用半双工线路时,改变传输方向从发送到接收或反之所需的实际时间。对于大部分通信设施,线路传播、操作、调制解调和机器反应等都需要时间。在半双工电话连接中,典型的换向时间为 200ms。参见 response time。

turn based strategy (TBS) game　回合制战略游戏　TBS 对应即时战略类(RTS)游戏。参加战斗的几方,可以包括计算机在内,依一定顺序分别部署战略。一次部署便称作一个回合。参见 real time strategy (RTS) game。

turn button　旋(转按)钮　具有旋转手柄或钥匙插入来旋转的按钮。

turn insulation　线匝绝缘　包在每一线匝导体上的绝缘。

turnkey　总启动,成套系统　(1)设备的总启动意指用户获取了必要的工作场所、设备、电源和操作人员,使项目处于操作准备状态。(2)为开关、安装、测试软硬件及人员培训提供全部服务的 CAD/CAM(计算机辅助设计/计算机辅助制造)系统。有时亦可指为特定应用提供全部软硬件的系统。一般地,在成套系统中包含卖主进行系统服务及在软硬件方面提供预防及修补性维护的约定。成套系统这一术语有时可与独立系统互换使用,但独立系统偏重于体系结构方面,而成套系统则是商业方面的术语。

turn-key stability time　接通稳定时间　从加电至达到操作规程标准,转入正常运行之间的时间间隔。

turnkey system　整套承包系统,交钥匙系统　(1)由承包人负责安装整个计算机系统,该承包人对计算机全部硬件和软件的生产、安装和运行承担全部责任。(2)用户不必具备计算机编程或操作系统指令(如装入程序等方面的知识),就能应用的系统。当计算机开动后,计算机系统即按预先编好程序执行某种操作。如执行字处理或信息检索等工作。

turnkey vendor　总承包商　全部工作由一个商行包办,包括销售计算机硬件、软件、装置设备、培训操作人员及其他有关服务工作。

turn model　转弯模式　一种通信网络的路由算法,在超立方体网络中通过禁止某些方向的路径转折以防止死锁的发生。

turn-off decay time　关机衰变时间　电源功率断开至输出电压降低到规定值以下时的时间间隔。

turn-off dissipation　关断耗散　当整流管从正向电流向反向电压转换时,在正向电流和反向电压变化期间整流管内的耗散功率。比较 turn-on dissipation。

turn-off overshoot　关机过冲　由于移去电源功率,或由于电源开关断开所形成的过冲。

turn-off polarity reversal　关机极性变换　由于移去电源功率,或由于电源开关断开时输出极性的瞬态变换。

turn-off thyristor　可关断晶闸管　一种施加适当极性门极信号,可从通态转换到断态或从断态转换到通态的三端晶闸管。

turn-on delay time　开机延迟时间　接通电源功率至稳定输出量开始时刻的时间间隔。

turn-on dissipation　开通耗散　当整流管从反向电压到正向电流转换时,在反向电压和正向电流变化期间整流管内的耗散功率。比较 turn-off dissipation。

turn-on overshoot　开机过冲　由于加上电源功率,或由于电源开关接通所形成的过冲。

turn-on polarity reversal　开机极性变换　由于加上电源功率或由于电源开关接通时输出极性的瞬态变换。

turn-on recovery time　开机恢复时间　开机延迟时间终止至稳定输出量返回至并保持于瞬态恢复带中时的时间间隔。参见 transient recovery band。

turn-on stability time　开机稳定时间　在电源立即作用于一个设备到该设备开始进行指定工作之间的时间段。

turn-pike effect　瓶颈效应　在通信系统中或者网络中因负载过重而产生的瓶颈。

turn-round time　转向时间　在半双工通信中,交换数据流传输方向所需的时间。

turn-to-turn test　匝间试验　为检查匝间绝缘的完好情况而进行的试验。试验时,以规定幅值的电压施加于绝缘导体的相邻匝之间。

turtle　海龟,龟标　(1)称作机器人的机械装置,它由电缆与计算机相连。海龟有两个轮盘和一支笔。海龟在计算机控制下工作,使用 LOGO 程序设计语言,在纸片上划线组成方块、三角、圆和其他形状。在显示屏幕上海龟的替代版本是亮三角形,移动三角形组成需要的形状。(2)屏幕上的一个标记,在画图时起一支笔的作用,是一种容易被儿童学习掌握的工具,最初为 LOGO 语言开发。

turtle command　海龟命令　海龟是 LOGO 程序进入作图模式时出现在显示屏上的三角形点阵。通过移动海龟并留下它的踪迹就可以在显示屏上作出海龟图。用来控制海龟移动的命令称为海龟命令。LOGO 有 4 条海龟命令:FORWARD 和 BACK 两命令控制海龟作直线运行,RIGHT 和 LEFT 两条命令控制海龟作旋转运行。

turtle geometry　龟标(海龟)几何　LOGO 语言中利用龟标移动的新数学。

turtle graphics　海龟绘图　LOGO 语言中所设计的一种画图功能。它假设有一个海龟(一支画笔)在屏幕上到处爬动,其运行轨迹就是它所画出的图形。海龟的运行可以由程序进行控制,如前进、右转、左转、抬笔、落笔、选择颜色等。参见 turtle command。

tutorial 示教,示教程序 软件中给用户以该软件操作指导的部分。当用户不知道如何执行某一项任务时,可向系统询问,而系统将在显示器上显示出有关的信息和指南。

tutorial and message library (TML) 辅导信息库 虚拟存取方法支持的一种文件,它保存有客户控制信息系统屏幕定义程序的辅导题目和信息。TML 用一种以上的国家语言来表达。

tutorial disk 教学盘 微型计算机软件的教学程序。通常将某种软件及其教学程序存于一张或几张软盘或光碟上,供用户学习掌握此软件使用。教学盘以人机对话和菜单提示方式,显示该软件中各功能模块和命令的提示信息,可帮助用户有更快和更好的掌握该软件的功能和使用方法。

tutorial display 指导显示 在联机系统的终端上,指导和提示终端操作员的一种显示方式,帮助他们进行有效的询问和数据输入。

TV 电视 television 的缩写。

TV camera pickup tube 电视摄像管 把光学图像(即由反射可见光或发射可见光形成的图像)转换成电信号的一类电子管。它是电视摄像机的中枢部件。按照取出图像信号的方法可分为光电型摄像管和光导型摄像管两类。作为光电型摄像管,代表性的有光电摄像管和超正析像管等,近年来逐渐淘汰。作为光导型摄像管,代表性的有:采用三硫化锑作为光导电材料的视像管,也称光导摄像管;采用氧化铅光导电膜的氧化铅管;采用硒、砷、碲等非晶半导体光导电膜的硒砷碲管等。这一类管子由于其具有体积小、重量轻、成本低等优点,是普遍使用的摄像管。

TV monitor terminal 电视监视器终端机 用于电视和视频广播的监视终端。许多微机业余爱好者和小企业使用者在许多应用中都采用标准电视机作为终端机。尽管外部频率调谐器允许输入直接与设备上的天线端相连,但这种接口电路必须首先满足严格的 FCC(美国联邦通信委员会)规则,才能正常操作。

T-VOD 纯视频点播服务 true video on demand 的缩写。

TVRO 只收电视站 television receive only 的缩写。

TVS 瞬态电压抑制二极管 transient voltage suppressor 的缩写。

TV terminal (TVT) 电视终端,电视打字机 由键盘和普遍的或经过改装的电视机组成的计算机终端。

TV top-box 电视机顶端盒 将单向的有线电视网改造成高带宽的双向有线电视即交互电视的一种方法。在电视接收机上附加一个类似发送机的顶端盒子,使用户可向电视台发送数据、声音和图像。参见 set top box。

TW 行波 travelling-wave 的缩写。

TWA 双向交替 two way alternate 的缩写。

tweening 变形 在图形程序设计中,计算从一个图形到另一个图形的过渡转换过程中的中间图形。在具有这种功能的软件中,用户可命令系统将一个图形变形成另一个图形,如将正方形变换成圆,于是程序就计算变换过程中的过渡图形,变形的速度可以控制。

twice-around-the-spanning-tree algorithm 沿生成树走两次算法 一种求解旅行商问题的近似算法,简称树算法。其基于思想是在赋权完全图中首先找到一棵最小生成树,然后再对这棵生成树进行深度优先搜索(相当于沿生成树走两次),在搜索过程中给各个顶点标上深度优先数,最后以顶点的深度优先数顺序(即抄近路)输出一条哈密顿回路的顶点,即行走路线。对于满足三角不等式的旅行商问题,该算法求得的回路长度不超过最小长度的两倍。

twinaxial cable 双同轴电缆 由两根相互绝缘的铜管或铜导线(体)所组成的一种电缆,通常被套在较粗的铜管或铜线编织网内,并相互绝缘。

twinaxial data link control (TDLC) 双同轴数据链路控制 一个允许 PC 机通过双同轴电缆于工作站控制器进行通信的功能,通信使用 APPC(高级程序间通信)或 APPN(高级对等联网)。

twin check 双重校验 利用两套硬件,把所产生的结果进行比较而实现的计算机校验。

twining cable 双绞电缆 由一根信号线,一根接地线按一定的节距和阻抗特性要求而成对绞合的信息传输线。计算机组装、互连设计中,常常用它来消除电磁干扰以保护有用信息的安全可靠传输。

twin lead 平行馈线 20 世纪 50 年代常用的连接天线与电视机的传输线,现已被性能更好的同轴电缆所取代。

twin segment 孪生段 同一双亲段下的相同段型的所有子女段。根段也可以作为孪生段来考虑。参见 sibling segments。

twin-T network 双 T 形网络 将两个 T 形网络的相应输入端联并,同时将其相应输出端也并联而组成的二端口网络。

twisted nematic-LCD (TN-LCD) 扭曲向列型液晶显示器 TN-LCD 型液晶显示屏,它通常包括玻璃基板、掺锡氧化铟(ITO)膜、配向膜、偏光板等制成的夹板,共有两层,称为上下夹层,每个夹层都包含电极和配向膜上形成的沟槽,上下夹层中的是液晶分子,在接近上部夹层的液晶分子按照上部沟槽的方向来排列,而下部夹层的液晶分子按照下部沟槽的方向排列。在生产过程中,上下沟槽呈十字交错,即上层的液晶分子的排列是横向的,下层的液晶分子排列是纵向的,而位于上下之间的液晶分子接近上层的就呈横向排列,接近下层的则呈纵向排列。整体看起来,液晶分子的排列就像螺旋形的扭转排列,因而TN-LCD被称为扭曲向列型显示器。一旦通过电极给液晶分子加电之后,由于受到外界电压的影响,不再按照正常的方式排列,而变成竖立的状态。而液晶显示器的夹层贴附了两块偏光板,这两块偏光板的排列和透光角度与上下夹层的沟槽排列相同,在正常情况下光线从上向下照射时,通常只有一个角度的光线能够穿透下来,通过上偏光板导入上部夹层的沟槽中,再通过液晶分子扭转排列的通路从下偏光板穿出,形成一个完整的光线穿透途径。当液晶分子竖立时光线就无法通过,结果在显示屏上出现黑色。这样会形成透光时为白、不透光时为黑,字符就可以显示在屏幕上了,这便是TN-LCD最简单的显示原理。

twisted pair 双绞线 两根金属线依距离周期性扭绞组成的传输线。双绞线把两根绝缘的铜导线按一定密度互相绞在一起,可以降低信号干扰的程度,每一根导线在传输中辐射的电波会被另一根线上发出的电波抵消。双绞线可分为非屏蔽双绞线和屏蔽双绞线。参见 unshielded twisted pair (UTP), shielded twisted pair (STP)。

twisted-pair cable 双绞线电缆 将一对或一对以上的双绞线封装在一个绝缘外套中而形成的一种传输介质。

twisted pair cable HSLN 双绞线高速局域网 通信介质使用双绞线的高速局域网。这种局域网所使用的双绞线通常为5类,长度不超过100 m。这种网络的结构通常为星形,通过集散器引出多根双绞线电缆,在每根双绞线的远端分别连接到入网设备的一个网络口上。传输速率可达100 Mbps。

twisted-pair distributed data interface (TP-DDI) 双绞线分布式数据接口 也称"铜线分布数据接口"。用双绞线电缆实现FDDI(光纤分布式数据接口)能力的一种网络体系结构。参见 copper distributed data interface (CDDI)。

twisted-pair media interface connector (TP-MIC) 双绞线媒体接口连接器 在ATM(异步传输模式)网络中,指在终端用户设备中连接双绞线插头的接插件。

twisted-pair wire 双绞线 将两根铜线绞合在一起构成的一种传输介质,可降低交叉干扰和信号传输损耗,广泛用于短距离连接。EIA/TIA(美国电子工业协会/电信工业协会)曾为大楼布线系统制定了五类双绞线标准:1类,老式的非屏蔽双绞线电话线,不适宜传输数据;2类,类似于IBM布线系统的3类电缆,用于4 Mbps以上速率;3类,10 Mbps以上速率,如以太网中使用的;4类,用于16 Mbps令牌环网的非屏蔽双绞线;5类,用于100 Mbps以上速率,可达155 Mbps,适用于FDDI(光纤分布数据接口)和其他高速网络。2006年又制定了6类、6a类等双绞线标准,用于千兆以太网传输。目前正在开发7类、7a类、8类双绞线标准,用于千兆甚至万兆以太网传输。

twisted wire 双扭线 同 twisted pair。

twist-on connector 旋转连接器 借助轴向力进行插合并靠锁定装置的旋转进行锁定的连接器。

Twitter 推特,微博 一个社交网络及微博客服务。用户可以经由短信(SNS)、实时通信、电邮、Twitter网站发布或接收信息,所有的Twitter都被限制在140个字符之内。参见 blogger, micro blog。

TWLM 行波光调制器 travelling-wave light modulator 的缩写。

two-address 二地址 一条指令中含有两个地址码。这两个地址码可以是两个操作数的地址;或者一个是操作数地址,而另一个是指令的地址(操作结果留在累加器中);或者一个是操作数地址兼结果地址,而另一个是另一操作数的地址。

two-address instruction 二地址指令 含有两个操作数地址的指令。参见 two-address。

two-army problem 两军问题 比喻连接建立或释放时出现反复无休止确认现象的例子。两支蓝军夹击一支白军。白军比任何一支蓝军人数多,而两支蓝军合起来比白军人数多。蓝军为了击败白军,A蓝军派人通知B蓝军发起进攻时间,但是要等待得到B蓝军的回答后才知道派出的人没被白军俘虏而泄漏进攻时间,并同意按时发起进攻。同样,A蓝军带回的信息需要再次得到B蓝军的确认。如此反复无休止持续下去,永远不能发起进攻。这种情况在连接建立与释放时也存在。通常采用反复三次即确定连接建立或释放,即所谓"三次握手"。参见 three-way-handshake。

two-bit byte 两位字节 同 doublet。

two-channel switch 双通道开关 (1)一种硬件功能部件,可把一个输入/输出设备连到两个通道上。(2)一种可选的功能部件,它把印刷子系统接以两个分离的通道上,切换由人工实现,同一时刻只能用一个接口。可增加动态切换功能部件,由程序选择使用两个接口之一。

two Chinese algorithm 两个中国人算法 一个判断无向图是否有回路的算法。设想有父子两人,父亲依次坐在各顶点,让儿子从该顶点出发沿着各条边出去作循环旅行,父亲的任务是看儿子是否从原出发边回来(若否,则有回路),当父亲确认儿子每次都从该顶点的原出发边回来时,就带着儿子到下一个顶点开始重复上述循环旅行。该算法假定儿子没有"记忆能力",他只坚持"靠右走"的原则,即凡是从第 j 条边进入顶点 i,便从关联 i 的第 $j+1$ 条边走出来。虽然此算法时间复杂性比用深度优先搜索法判定回路要高得多,但空间复杂性却很低。

two-dimensional 二维的 用两个度量表示位置的方式。参见 Cartesian coordinates。

two-dimensional array 二维数组 一种有序的信息组织方式,数据元素用两个整数表示其在存储区域中的位置,一个整数称为行,另一个整数称为列。

two-dimensional CAD system 二维 CAD 系统 具有二维交互图形设计能力的 CAD(计算机辅助设计)系统。它的典型功能是绘制基本几何图形、标尺寸,因此普遍用于绘示意图和零件设计。目前取得广泛实用效益的 CAD 系统大部分是二维系统,应用范围可综述如下:根据计算结果、仿真和工程试验绘制图表;电路原理图表示、集成电路设计;生产设施的布局;绘制二维工程图;机器负荷平衡的图示。

two-dimensional bar code 二维条码 简称"二维码",是用某种特定的几何图形按一定规律在平面二维方向分布的黑白相间的图形记录数据符号信息的。二维码是 DOI(数字对象唯一识别符)的一种,它使用若干个与二进制相对应的几何形体来表示文字数值信息,通过图象输入设备或光电扫描设备自动识读以实现信息自动处理。参见 International DOI Foundation (IDF), MaxiCode, QR Code, PDF417 two-dimensional bar code。

two-dimensional CAD system 二维 CAD 系统 具有二维交互图形设计能力的 CAD(计算机辅助设计)系统。它的典型功能是绘制基本几何图形、标尺寸,因此普遍用于绘示意图和零件设计。目前取得广泛实用效益的 CAD 系统大部分是二维系统,应用范围可综述如下:根据计算结果、仿真和工程试验绘制图表;电路原理图表示、集成电路设计;生产设施的布局;绘制二维工程图;机器负荷平衡的图示。

two-dimensional model 二维模型 计算机对仅有长宽属性而无深度属性之实体的模拟,或者说是具有 X 和 Y 轴的模型。

two-dimensional Turing machine 二维图灵机 由二维无穷单元组成的图灵机。二维图灵机与一维图灵机相比并不增加额外功能。

two-dimension code 二维码 又称"二维条码",它是用特定的几何图形按一定规律在平面二维方向上分布的黑白相间的图形。二维码是一种比一维码更高级的条码格式。一维码只能在一个方向(一般是水平方向)上表达信息,而二维码在水平和垂直方向都可以存储信息;一维码只能由数字和字母组成,而二维码能存储汉字、数字和图片等信息。

two-dimension display 二维显示 也称"平面显示"。对一个平面上的图形或图像所进行的显示。有时还加注一些文字或数字。

two-dimension Fourier transformation 二维傅里叶变换 影像信息在计算机中按频率域进行处理时,要进行二维信息的离散傅里叶变换和逆变换,二维傅里叶变换常用两次一维傅里叶变换来实现。

two-dimension run length encoding 二维行程编码 一种数字图像编码技术。在这种编码中,有两个记录像素的序列。一个是记录本行与上一行的行程开始的差值,另一个是记录本行与上一行的行程差值。这种编码技术可以压缩存储数据,对有大块黑色区域的图像非常有效。

two-end device 双端设备 计算机安全学中一种在主机和合法用户的电话连接的两端安装的用于防止电话入侵的装置。

two important boundaries in TCP/IP model TCP/IP 模型两个重要边界 TCP/IP(传输控制协议/网际协议)分层模型中存在的两个重要概念边界。一是操作系统软件与非操作系统软件之间的边界,在传输层与应用之间;二是 IP 地址与物理地址之间的边界,在网络层与网络接口之间。

two-input adder 二输入端加法器 同 half-adder。

two-input subtracter 半减器 一种逻辑电路,它具有两个输入端,接收两个信号进行减运算,两个输出端分别输出运算结果的差值和借位。两个半减器可以组成一个完整的减法器。

two-key rollover 双键翻转 在某些键盘上使用的、防止同时按下两个或两个以上键标时产生错误代码的系统,当两个键标同时按下时,第一个开关闭锁,延迟第二个键标的输入,直到第一个键标松开。

two-level addressing 二级寻址 指令中所含的地址为一级地址,按一级地址在存储器中可找到二级地址,按二级地址可找到所需要的操作数,这种寻址方式称为二级寻址。在二级寻址中,为了得到所需要的操作数,要求两次访问存储器。

two-level encoding microinstruction 二级编码微指令 在二级编码微指令中,有些微操作的控制信号须由两个以上字段的各位联合译码产生。

two-level grammar 两层文法 上下文无关文法的一种推广形式,它可以说明语言中非上下文无关部分。两层文法的产生式分成两部分,一部分称为超规则,用于描述非上下文无关部分产生式样本;另一部分称为元产生式,是上下文无关部分产生式,它定义了超规则中使用的非终结符。两层文法的功能体现在超规则可以做元产生式无限集的样本,这样它可以被用于定义语义的非上下文无关部分。

two-level microprogram control 二级微程序控制 在有些微程序控制计算机中,将一些公共的或常用的微子例程放在一个速度更快、容量更小的控制存储器中。这种控制存储器称为一级控制存储器。而存放主控微程序的控制存储器称为二级控制存储器。一级控制存储器中的微子例程可由二级控制存储器中的微指令来调用。有时一级控制存储器可以不止一个。这种控制方式称为二级微程序控制。

two-level scheme 两层格式 求解带时间变量的偏

transportable computer 便携式计算机 同 portable computer。

transport connection 传输连接 传输层上两个传输业务用户之间的实际连接。

transport delay 传输延迟 信号通过电路元件或导线所需要的传播时间,称为传输延迟。

transport driver interface (TDI) 传输驱动接口 网络转发程序及服务器用于向传输驱动程序发送网络范围请求的Windows NT接口,这个接口是系统中各种运输层协议(如SPX(顺序包交换)、TCP(传输控制协议)等)与接收软件(或重定向软件接口)之间的接口层。它通过抽象化特定传输的信息为这些部件提供了传输独立性。

transport endpoint 传输端点 为传输用户与传输提供者之间的通信提供端点的一个信道。

transport entity 传送实体 单个或者几个设备组成具有一定功能的物理系统。

transport function (TF) 传送功能 为接入网(AN)中不同地点之间公用承载通路提供传送通道,也为所用传输媒质提供媒质适配功能。主要功能有:复用功能;交叉连接功能;管理功能;物理媒质功能。

transport layer 传输层 国际标准化组织(ISO)关于开放系统互连七层参考模式的第四层。它为两个开放系统之间的信息交换和端-端控制提供独立于网络的标准化协议。它保证连接的可靠性,包括流控制、差错控制、服务质量监督等。

transport layer security protocol (TLSP) 传输层安全协议 1996年4月,因特网工程任务组(IETF)授权一个传输层安全工作组着手制定一个传输层安全协议,以便作为标准提案向因特网工程管理组(IESG)正式提交。TLSP将会在许多地方酷似SSL(安全套接层)。原则上,任何TCP/IP(传输控制协议/网际协议)应用,只要应用传输层安全协议,比如说SSL,就必定要进行若干修改以增加相应的功能,并使用(稍微)不同的IPC(进程间通)界面。于是,传输层安全机制的主要缺点就是要对传输层IPC界面和应用程序两端都进行修改。可是,比起网络层和应用层的安全机制来,这里的修改还是相当小的。另一个缺点是,基于UDP(用户数据报协议)的通信很难在传输层建立起安全机制来。同网络层安全机制相比,传输层安全机制的主要优点是它提供基于进程对进程的(而不是主机对主机的)安全服务。

transport level interface (TLI) 传输层界面 由AT&T公司开发的用于传输层与其上各层之间的应用编程界面。参见 open system interconnection (OSI)。

transport multiplexing protocol (TMux) 传输多路复用协议 因特网中的一种协议,旨在优化大量小数据包的传输,特别是在许多交互远程登录连接到少量主机时的情况。它不用于对长数据流进行多路复用。实现中它将若干个传输段合并成一个IP(网际协议)数据报,其中的每一个段加上一个TMux头部,指定该段的长度和实际段传输协议。接收方解开这些传输段,并分别提供给传输层,就像是通过通常IP传输的一样。

transport multiprotocol label switching (TMPLS) 传输层多协议标记交换 TMPLS是ITU-T(国际电信联盟-电信标准化部门) SG15定义的基于MPLS技术的一个面向连接的包传送技术,是MPLS的一个子集。它是将数据通信技术同电信网络有效结合的一个技术,它被看作MPLS从核心网络向城域网和接入网的自然延伸。TMPLS抛弃了MPLS定义的繁复的控制协议族,简化了数据平面,去掉了不必要的转发处理,并增加了ITU-T传送风格的保护倒换和OAM功能。其核心是通过网管系统或控制平面建立端到端的标签交换路径(LSP),分组业务就在LSP上进行转发,对MPLS技术进行了简化和发展。参见 multiprotocol label switching (MPLS)。

transport network 传送网 以光或电为载体传送信息的网络。它由各种发送、转移、接收信息功能的节点和链路组成。“传送”强调信息从一点传递到另一点(或另一些点)的逻辑功能过程。传送网强调的是编码(变换、调制、复用等),疏导和合并(交叉连接等)功能集合的网,传送网包含传输网。传统的传送网功能集合不包括交换功能、信令处理功能、信息重发功能。随着新技术的出现,如ATM(异步传输模式)、IP(网际协议)和ASON(自动交换光网络)等,使得传送和交换的功能界面模糊,城市传送网含义已有所扩展。虽然ATM设备、路由器不属于传送网,但传送网可包含他们的部分功能,如第一层(物理层)和第二层(链路层)功能。比较 transmission network。

transport network data unit (TNDU) 传输网络数据单元 传输网络中两个终端之间传递的数据块,其大小与逻辑信道的数据块或某个更高层的数据块无关。

transport protocol data unit (TPDU) 传输协议数据单元 包含传输层控制信息的数据块,有时还可能含有传输协议规定的用户数据。将数据块放进用户数据字段,这个字段就成为当前要传送的协议数据块的一部分。

transport protocol for real-time application 实时应用传送协议 用来传输具有实时特性数据业务的端到端网络传送协议,可以实现实时数据业务,如交互式音频、视频数据业务的端到端网络传送。该协议处于传送层之上,比较典型的是在UDP(用户数据报协议)上工作,主要包括两部分内容:实时传送协议和实时应用传送控制协议。前者规定了保证数据实时传送的机制,后者用来监控业务传输质量，并在所有参加当前会话的用户之间交换控制数据包信息。

transport protocol machine 传输协议机 表示传输层协议功能的有限状态机模型。这个模型有四个状态，十种转变。状态1为空闲，可输出连接也可接受连接；状态2表示已经发出连接请求，但尚未收到远端应答；状态3表示收到连接请求，但本地没接受或拒绝连接建立；状态4表示已经成功建立连接。十种转变：转变1表示收到传输用户的连接请求；转变2表示收到传输服务提供者的断开指示；转变3表示收到传输用户的断开请求；转变4表示收到传输服务提供者的连接指示；转变5表示收到传输服务提供者的连接确认；转变6表示收到传输用户的连接响应；转变7表示收到传输用户的数据请求；转变8表示收到传输服务提供者的数据指示；转变9表示收到传输用户期望数据请求；转变10表示收到传输服务提供者期望数据指示。

transport protocol 4(TP4) 第四层传输协议 OSI 8073定义的开放系统互连(OSI)面向连接的第四层传输协议。

transport provider 传输提供者 提供传输层接口(TLI)服务的一个协议，如数据报传递协议(DDP)或AppleTalk数据流协议(ADSP)。

transport service data unit (TSDN) 传输服务数据单元 在传输连接的两个客户程序之间传送的用户数据单元。

transport service user 传输服务用户 由传输层为其提供服务的一个用户，如会话控制。

transpose 转置，换位 (1)成对互换各元素的位置。(2)在数学和电子数据表的使用中，指以对角线为轴翻转一个矩阵的过程，也指如此翻转后所得之结果。(3)在并行处理中，指数据变换的一种基本操作。它将一组元素(元素可以是一位，一个字或一个位片)分成元素数目相等的若干子组，将每个子组的第一个元素依次排列起来，再依次排列各子组的第二个元素，直到将各子组最后一个元素排列完毕。这种将每个子组的元素依次交叉排列的操作称为转置。

transposed file 转置文件 若把文件看成二维表格，则一般文件是以行为单位组成记录进行存储的。反之，以列为单位组成记录，所得文件称为转置文件。

transpose matrix 转置矩阵 将矩阵A的行列互换后得到的矩阵，也称“矩阵A的转置”，记作A'或A^T。

transposition cipher 置换密码 对明文文本的字符只作重新安排，不进行代码变换的一种加密方法。使用这种方法时，取一个没有重复字母的单词或词组作为转置码，按其字母个数，一行行水平排列明文，使明文排成为字母矩阵。按转置码字母顺序，一列列重新排列明文的字母，隐藏明文，达到加密的目的。参见 substitution cipher。

transposition encryption algorithm 置换加密算法 将明文中的每一个字符按不同的顺序重新排列，其目的是把数据或密钥扩散到整个密文中，从而破坏已经确定的模式。参见 substitution encryption algorithm。

transversal equalizer 横向均衡器 由具有$(2N+1)$个抽头的延迟线，$(2N+1)$个增益可变的放大器和加法器构成的一种时域均衡器。调节各放大器的增益可实现波形补偿。相邻抽头之间的延迟时间一般和输入码元的宽度相等。

transversal filter 横向滤波器 通过延迟网络与适当的衰减器，将输入信号与延迟后的信号叠加在一起产生输出的一种滤波器，其中的衰减器必须能将信号反相。

transverse check 横向校验 对记录在媒体上的数据进行校验的一种方法，即与媒体运行方向相垂直的方向进行校验。

transverse crosstalk coupling 横向串音耦合 在任意给定的一段干扰和被干扰的电路之间，两电路在相邻很短的一段电路上直接耦合的矢量叠加，而和这段电路附近的电路中的中间流无关。

transverse electric-field (TEF) 横向电场 自由空间或介质中的电场矢量是横向的，即电场矢量垂直于波导的传播方向，在波导的传播方向上没有电场矢量分量。

transverse electric wave 横电波 电磁波在传播方向上有磁场分量但无电场分量，称为横电波，也称“TE波”。参见 transverse electromagnetic wave, transverse magnetic wave。

transverse electromagnetic wave 横电磁波 电磁波在传播方向上没有电场和磁场分量，称为横电磁波，也称“TEM波”。参见 transverse electric wave, transverse magnetic wave。

transverse excited atmosphere laser (TEAL) 横向激励大气压激光器 一种二氧化碳或其他气体激光器，它对工作物质的电场激励是横向的，即垂直于气体流动方向。与纵向激励大气压激光器相比，它所需的气体压强更高。

transverse interferometry (TI) 横向干涉测量法 用来测量介质波导(如光纤)折射率分布的一种方法，测量时把一小段波导放在干涉仪中，从光轴的横向照射该波导，并借助计算机处理测量所得的干涉图。

transverse junction stripe (TJS) 横向结条形(激光器) 在芯片的有源层内形成具有横向PN结条形有源区的一种激光器，有源区宽度约为电子扩散长度(2～3 μm)。由于这种器件的有源区很窄，且在宽度方向具有完全的光限制和载流子限制，所以阈值电流很低，模式比较稳定，但输出功率也较低。这种器件消除了光输出特性的扭曲，也抑制了光输出的张弛振荡和自脉动，是光纤通信系统中比较理想的一种光源。

transverse magnetic recording 横向磁记录 在记录媒体表面上的信息磁化方向与记录媒体运行方向垂直或接近于垂直的磁记录方法。

transverse magnetic wave 横磁波 电磁波在传播方向上有电场分量而无磁场分量，称为横磁波，也称"TM 波"。参见 transverse electromagnetic wave，transverse electric wave。

transverse modes 横模 驻留于波导或光纤横截面的电磁波模式，与沿长度方向传输的纵模相对。

transverse Nernst effect 横向能斯脱效应 若在 x 轴方向存在某热流，并在太阳能传感器轴方向加以磁场，则在 y 轴方向会有电场产生。因电场方向与热流方向相垂直，故称此现象为横向能斯脱效应。电场强度大小等于横向能斯脱系数乘磁场强度乘金属温度梯度（即热流），方向相反。比较 longitudinal Nernst effect。

transverse parity check 横向奇偶校验 一种对构成矩阵成员的一行二进制数字进行的奇偶校验，如对磁带行一组二进制位所进行的奇偶校验。

transverse piezoelectric effect 横向压电效应 正压电效应中，如所生成的电位差方向与压力或拉力方向垂直时，即为横向压电效应。比较 longitudinal piezoelectric effect，tangential piezoelectric effect。

transverse scanning 横向扫描 一种扫描方式，扫描时读/写磁头沿记录带的横向运动。

transverse wave 横波 波动的一种（波动分为横波和纵波）。横波的特点是质点的振动方向与波的传播方向相互垂直。在横波中波长通常是指相邻两个波峰或波谷之间的距离。电磁波、光波就是横波。参见 plane wave，longitudinal wave，standing wave。

trap 俘获，陷阱 (1)由于执行某条指令或执行的结果而引起的自动转移，如由于非法操作、非法访问等引起的陷阱处理。陷阱与中断类似，均中断现行程序的进程、保留现场并转到处理程序中去，所不同的是陷阱不能屏蔽。(2)晶体中有些杂质原子或缺陷能够俘获电子或空穴，它们与复合中心不同，不能先后俘获两种不同的载流子，因而不起复合中心的作用。它俘获的电子或空穴可因热激励而释放出来，再经过其他复合中心与空穴或电子复合，这种杂质或缺陷所形成的能级称为陷阱。

trap breakpoint 陷阱断点 在程序的某点或适当的时间安插停机结束代码，使程序转移到调试程序上。安插停机代码的那一点称为陷阱断点。

trap door 陷门，活门 陷门通常是指故意设置的入口点，通过入口点可以进入大型应用程序或操作系统。在排错、修改和重新启动的时候，可以通过这些陷门访问有关程序。罪犯利用陷门，可以发现系统软件的一些薄弱环节，从而进行非法侵入活动。

trap enables 俘获初启位 处理机状态字中三个二进制位，负责控制处理机的某些算术运算异常的动作。

trapezium distortion 梯形畸变 视频系统中电子束管的电子枪对靶面或屏面倾斜所导致的矩形图像的几何畸变。

trap handler 自陷处理器 一个自陷处理程序，在发生自陷时使用。参见 exception。

trap number 自陷号 在操作系统中，一个标识中断或自陷产生条件的诊断代码。

trapped instruction 陷阱指令 当缺少必要的硬件或计算机不处于所需的状态时，系统程序执行的停止或取消的指令。

trapped program interrupt 设陷程序中断 下列事件可引起程序中断：①存储器奇偶错；②算术溢出；③程序控制输入输出通道；④操作员；⑤外部设备；⑥多重优先级中断；⑦掉电。每一事件相关中断陷阱可在程序控制下设定，以决定事件发生时的响应。

trapped ray 束缚射线 同 guided ray。

trapping 陷阱，设陷 在某种事件或动作发生前对其进行拦截的技术，尤指意在拦截后进行其他操作的拦截技术。调试程序常通过设陷在特定位置中断程序的执行。程序可对错误设陷，以便在发生错误时执行纠错例程来处理发生的错误。参见 interrupt，interrupt handler，trap。

trapping mode 设陷方式 某些计算机诊断程序中使用的技术。在设置此方式且程序包含一特定指令时，指令不会被执行，而下一条指令却由规定的存储单元取得。程序计数器的内容保留起来，以供执行完诊断程序后再继续执行。

trap setting 陷阱设置 控制中断的信号的陷阱设置可以中断处理中的程序。如果是一待命陷阱，则发生相应的中断条件便可中断主程序；如果不是一待命陷阱，则禁止中断的发生。

tRAS 行有效至行预充电时间 内存的时序参数，tRAS 是指 RAS active time to precharge delay。从收到一个请求后到初始化 RAS（行地址选通脉冲）真正开始接收数据的间隔时间。参见 row address strobe (RAS)，memory timing parameter。

travelling salesman problem (TSP) 货郎担［旅行商］问题 图论中的一个数学问题。该问题为：给出 n 个城市和每一对城市之间的距离，一个售货员从某一城市出发，访问每一个城市且仅访问一次，最后再回到该城市，求整个旅行的距离为最短的一条路线。计算机辅助印制板布线就是货郎担问题的一个实用例子。该问题是 NP-完全问题。

travelling wave (TW) 行波 某一物理量的空间分布形态随着时间的推移向一定的方向行进所形成的波。波在介质中传播时不断向前推进，故称行波。行波不会受到远处边界的反射而变为驻波，光纤束或光缆中的调制波都是行波。

travelling wave light modulator (TWLM) 行波光调制器 使用能对激光束进行调制的电学材料作为介电体的一种双导体传输线，这种材料(如立方晶体、氧化亚铜和硫化锌)的反射指数以及光通过它的速度均随所加的电场变化。行波光调制器的带宽取决于光通过晶体的传播速度与给定频率发送的微波信号的传输速度之间的失配程度。

travelling wave tube (TWT) 行波管 是通过电子束和射频信号进行能量交换实现对微波信号的放大。电子枪发射出强流细束电子注，经较长的距离到达收集极，在电子注前进的过程中由周期磁场克服电子间拆力保持电子注有一定的直径。待放大的微波小信号由输入耦合器进入行波管慢波系统，在电磁波与电子注保持同步前行的过程中，电子注与微波产生能量交换，经输出耦合器得到了放大的微波信号。

travelling wave tube amplifier (TWTA) 行波管放大器 用行波管构成的微波放大器。在行波管中，电子注与慢波电路中行进的微波场发生相互作用，不断把动能交给微波信号场，从而使信号得到放大。行波管放大器的频带宽，增益高，噪声低，动态范围大，常用于通信、雷达及电子对抗等设备中。

travel switch 行程开关 也称“限位开关”，可以安装在相对静止的物体(如固定架、门框等，简称静物)上或者运动的物体(如行车、门等，简称动物)上。当动物接近静物时，开关的连杆驱动开关的接点引起闭合的接点分断或者断开的接点闭合。由开关接点开、合状态的改变去控制电路和机构的动作。参见 limit switch。

traversal 遍历，周游 系统地检查树结构中的每一节点，使每个节点恰好被访问一次。

traversal using relay NAT (TURN) 通过中继方式穿越 NAT VoIP(网络电话)业务流穿越 NAT/FIREWALL(网络地址转换/防火墙)的方法之一。TURN 方式解决 NAT 问题的思路与 STUN(UDP 对 NAT 的简单穿越)相似，也是由基于局域网接入的用户通过某种机制预先得到其私有地址/端口对所对应的公共网的地址/端口对(STUN 方式得到的地址为出口 NAT 上的地址/端口对，TURN 方式得到地址为 TURN Server 上的地址/端口对)，对于报文负载中所描述的地址信息，直接填写该公共网地址/端口对即可。参见 network address translation (NAT)，simple traversal of UDP through network address translators (STUN)。

tRC 行周期时间 内存的时序参数，tRC 是指 row cycle time。tRC 决定了完成一个完整的循环所需的最小周期数，也就是从行激活到行充电的时间。根据方程，tRC＝tRAS＋tRP。因此，在设定 tRC 之前，必须参考一下 tRAS(行有效至行预充电时间)和 tRP(行预充电时间)的数值。如果行周期时间过长，会延迟完成一个周期后激活新的行地址的时间。然而，太短会导致被激活的行还未充分充电就开始下一个初始化，这样会造成数据丢失或覆盖。参见 tRAS，tRP，memory timing parameter。

TRC (1)表引用字符 table reference character 的缩写。(2)横向冗余校验 transverse redundancy check 的缩写。

tRCD 行地址选通至列地址选通延迟 内存的时序参数，tRCD 是指 time of RAS to CAS delay。CAS 和 RAS 共同决定了内存寻址。RAS(数据请求后首先被激发)和 CAS(RAS 完成后被激发)并不是连续的，存在着延迟。该参数可以通过主板 BIOS(基本输入输出系统)经过北桥芯片进行调整，但不能超过厂商的预定范围。广义的 tRCD 以时钟周期数为单位，如 tRCD＝2，就代表延迟周期为两个时钟周期，具体到确切的时间，则要根据时钟频率而定。参见 row address strobe (RAS)，column address strobe (CAS)，memory timing parameter。

tree 树 (1)将网络的所有节点连接起来而不形成回路的互相连接的支路的集。一般地说，树结构指的是节点之间的“分枝”关系，很像自然界的树。树可以定义为一个或多个节点的有限集合 T，使得 ① 有一个特别地标出的称作该树之根的节点；② 剩下的节点(除根外)被分成 $m \geqslant 0$ 个不相交的集合 $T_1, \cdots, T_m$，而且这些集合的每一个又都是树。也有若干定义树的非递归方式，但是上述递归的定义最适当，因为递归是树结构的一个固有的特征。树原是图论中一个重要的概念，不含有回路的连通图称为树。现在树的概念已经越来越广泛地被应用到各个科学领域。(2)图论中连通而无回路的图。树中度数为 1 的顶点称为树叶。度数大于 1 的顶点称为分支点。

tree adjoining grammar 树邻接语法 用树结构表示语言成分之间的关系，通过树的替换和附加操作来生成句子的语言自动分析方法。

tree automaton 树自动机 有限自动机的一种推广形式。它是对树进行操作而不对串进行操作。它有两种版本，自顶向下机器，它从树根开始，在某节点读到符号后变化状态，同时自身分裂成 m 个机器去分别处理 m 个后代。自底向上机器，它从几个活化的叶节点开始向上进行，当一个节点的所有子树处理完后，处理各个子树的机器即被当前节点的机器取代，它的状态由该节点的符号以及后代机器的最后状态决定，它本身又可以向上进一步聚合。

tree classifier 树分类器 需要通过多级判别才能确定模式所属类别的一种分类方法。多级判别过程可以用树状结构表示，所以称为树分类器。这种树状结构由节点和树枝所组成，它的特点是除了树

triple play 三网合一,三网融合 是指广播电视网、电信网与互联网的融合,其中互联网是核心。但在现阶段它并不意味着电信网、计算机网和有线电视网三大网络的物理合一,而主要是指高层业务应用的融合。其表现为技术上趋向一致,网络层上可以实现互联互通,形成无缝覆盖,业务层上互相渗透和交叉,应用层上趋向使用统一的协议,在经营上互相竞争、互相合作,朝着向用户提供多样化、多媒体化、个性化服务的同一目标逐渐交汇在一起。

triple precision 三倍精度 用三个计算机字表示一个数而达到的精度。

triple precision number 三倍精度数 长度为正常处理的数的3倍长的数。

tripler 三倍频器 一种输出信号频率为输入信号频率3倍的电路。

triple triple modular redundancy system 三重三模冗余系统 具有三个表决器的TMR(三模冗余)系统。这样在三套表决器/模块组合中有两套正常工作则系统便能正确工作。

tripping device 脱扣机构 开关电器中介于脱扣器和触头系统之间的传递机构,它能接收脱扣器的命令而使令闭合的触头断开。

tri-state 三态 具有三种可能输出状态的逻辑电路状态,三种状态为高、低、高阻。

tristate gate 三态门 输出端有三种状态(0状态、1状态和"浮空"状态)的门电路。相对而言,其他门电路的输出端只有0和1两种状态。三态门在一般的情况下有一个控制端、一个输入端和一个输出端,当控制端为某种电平时(如高电平),三态门开启,输入端的信号就可传送到输出端,而当控制线为另一种电平时,三态门关闭,输出阻抗呈极高数值,使得三态门的输出端如同与外界绝缘,即"浮空"。三态门主要用于信息的传输,尤其是用于总线的信息传输。

tri-state logic (TSL) 三态逻辑电路 在晶体管逻辑(TTL)电路中加入禁止输入的电路。当禁止输入为低电平时,电路有两种状态,即高电平和低电平。当禁止输入为高电平时,电路呈现第三种状态,即输出端为开路状态。当单总线上同时接多个输出时,用三态逻辑电路可以保证总线的正常工作。

tri-state output buffer 三态输出缓冲器 CMOS(互补金属氧化物半导体)门阵中,既能提供驱动印制板长的互连线所需电流,又具有高阻状态的输出器。适于在总线连接使用。

tri-stimulus 三原色,三(色)刺激 在视频系统中,指一种颜色重现方法,采用三基色或者代表图像传输和再现的三个信号。

tristimulus values 三原色值,三刺激值 (1)彩色图示中,指用来综合产生另一种颜色的红绿蓝三原色的不同含量。(2)自然界中的每种颜色都可以用选定的、能刺激人眼中三种受体细胞的红、绿、蓝三原色,按适当比例混合而成。由此引入一个新的概念——三刺激值,即在给定的三色系统中与待测色达到色匹配所需要的三个原刺激量,分别以X、Y、Z表示。

trit 三进制数位 以3为基数的记数法中的数位。

trival functional dependency 平凡函数依赖 在关系式数据库系统中,指在任何关系模式上都成立的函数依赖。函数依赖$X \rightarrow Y$是平凡的当且仅当Y是X的子集。

trival multivalued normal form 平凡多值范式 在关系式数据库系统中,指在任何关系上成立的多值依赖。

trivial file transfer protocol (TFTP) 简单文件传输协议 不包括口令保护和用户目录权限的TCP/IP(传输控制协议/网际协议)文件传输协议的简化版本。用于文件传输目的的因特网协议之一。主要特点是简单,有效,开销小,易于实现。只要有无连接用户数据报服务(UDP)的支持,即可代替TCP来传送数据;但没有安全验证。

trivial response 普通响应 在某些交互系统中,系统对那些只需要一个时间片的处理的一种响应,如一个FORTRAN语句的语法检查。

trivial subgroup 平凡子群 如果一个子群只包含幺元或包含群的所有元素,则称该子群为平凡子群。

triwiring 三线分音 与双线分音及双放大器分音相类似的一种功放与音箱的连接方式,不过此时需使用三对喇叭线或三台功放,而且仅适用于三分频并带相应输入端子的音箱。参见 biwiring, biamping。

TRM 测试请求报文 test request message 的缩写。

Trojan horse 特洛伊木马 一种秘密潜伏的能够通过远程网络进行控制的恶意程序。控制者可以控制被秘密植入木马的计算机的一切动作和资源,是恶意攻击者进行窃取信息等的工具。与计算机病毒不同,特洛伊木马不能自身复制。原指古希腊人利用特洛伊人把马敬为神灵的习俗,藏在木马中,混进城堡,进而攻陷特洛伊城的故事。

Trojan horse direct release 特洛伊木马直接泄露 一种危及数据库安全的攻击形式。特洛伊木马使得保密数据发送给只具有低保密级别的用户。实际上,正是由于特洛伊木马对数据打上了低保密级别标记,导致数据非法泄露。这种攻击可用下述方法达到目的:改变保密标记;将数据写入一个低保密级别的记录或文件中;或当数据保密级别上升时不修改保密级别。

troposphere 对流层 地球大气层的底层部分。高度在极区约为9 km,在赤道约为17 km,其间除局部逆温层外,气温随高度上升而下降。

tropospheric propagation **对流层传播** 无线电波在对流层中的传播，泛指不受电离层影响的在电离层以下大气中的电波传播。

tropospheric scatter **对流层散射** 由于对流层物理特性的不规则性或不连续性而引起的散射的无线电波传播。参见 ionospheric scatter。

tropospheric scatter radio systems **对流层散射无线电系统** 一种无线电系统，它利用大型、灵敏的天线，使用 VHF(甚高频)、UHF(超高频)波段(频率范围约 30 MHz ~ 30 GHz)，通过测定从对流层反射的信号，提供带方向性的、超视距的无线电链路。

trouble-free computing **无忧计算** 由 HP 公司提出的一种计算机设计概念，使用户无忧无虑地使用计算机，感到安全舒适，保持高效率，具体包括可升级性、保密性、可靠性、联网特性和人机工程特性好、易于建立和使用等。

trouble-location problem **故障定位问题** 用硬件或软件或两者相结合的方法来确定故障准确位置的问题。诊断程序的一部分是用于故障定位的。

trouble shoot **故障查找[检修]** 一种操作过程，目的是检测、定位和排除计算机程序中的错误和硬件中的故障。参见 debugging。

trouble ticket **故障报告单** 通过对工作流进程的跟踪，而得出的关于某个特定设备或系统的故障报告。

tRP **行预充电时间** 内存的时序参数，可能的数值有 1 ~ 7，数值越小越快。tRP 指 row precharge time。也就是内存从结束一个行访问到重新开始的间隔时间，单位是时钟周期数。简单而言，在依次经历过 tRAS(行有效至行预充电时间)，然后 RAS(行地址选通)，tRCD(行地址选通至列地址选通延迟)和 CAS(列地址选通)之后，需要结束当前的状态然后重新开始新的循环，再从 tRAS 开始。这也是内存工作最基本的原理。参见 memory timing parameter。

tRRD **行地址选通至行地址选通延迟** 内存的时序参数，tRRD 是指 time of RAS to RAS delay。此参数表示连续的激活指令到内存行地址的最小间隔时间，也就是预充电时间。延迟越低，表示下一个存储体能更快地被激活，进行读写操作。参见 tRAS，row address strobe (RAS)，memory timing parameter。

TRS (1)收发子部件 transmitter-receiver subassembly 的缩写。(2)拓扑和路由服务 topology and routing services 的缩写。

TRS-80 **TRS-80 微型计算机** 美国 Radio Shack 公司生产的 8 位微型计算机系统。使用 Z-80 微处理器片，适用于当时简单的事务处理、数据处理、文字处理和科学计算。TRS-80 的软件较丰富，包括常驻只读存储器的 BASIC Level Ⅰ和 Level Ⅱ及磁盘 BASIC，带有 TRS-DOS 磁盘操作系统。该机有三种型号，Ⅱ型机可直接运行 CP/M 操作系统。TRS-80 可以配置汇编语言、编译 BASIC、FORTRAN 和 COBOL 等语言。

tRTW **读到写时间** 内存的时序参数，数值越小越快。tRTW 是指 read to write delay。这个参数控制写数据到读指令的延迟，它表示在同一存储体中，最近的一次有效写操作到下一次读指令间隔的延迟时钟周期数。参见 memory timing parameter。

True BASIC **True BASIC** 由 BASIC 语言的创始人 Johe Kemeny 和 Thomas Kurtz 于 1983 年创建的 BASIC 语言版本，目的在于使该语言标准化和现代化，这是一个编译的结构化的语言版本，不需要行号，取消了对 GOTO 命令及行号的支持，包含了先进的控制结构。参见 BASIC。

true colour **真彩色** 一种图像的表示。24 位彩色图，可以表达 16 777 216 种颜色。虽然 24 位图还不能表达自然界所有的色彩，但对于我们的眼睛来说它已经能以假乱真了，所以叫它真彩色。

true complement **真补码** 同 radix complement。

true form **原码形式** 计算机中用于表示数的一种方法。二进制正数的原码形式的符号位为 0，数值位与该正数的数值相同；负数的原码形式的符号位为 1，数值位与该负数的绝对值相同；0 的原码形式有两种，符号位为 0 且数值位为全 0 表示的是正 0，符号位为 1 且数值位为全 0 表示的是负 0。

TrueImage language **TrueImage 语言** 美国微软公司开发的一种描述并处理文字和图形的打印机页面输出的程序设计语言，与 PostScript Level 1 兼容，采用抽取特征的方法按轮廓描述来存储字模和在输出页面上描述文字、图形和图像。

true power **有功功率** 同 effective power。

true proposition **真命题** 在命题演算中，取值为真的命题。

true random search **真随机搜索** 随机搜索的方法之一。它将定义域划分为有限的 n 个多维细胞。设其中有 m 个细胞满足规范，则从 n 个中随机取出一个细胞满足规范的概率为 m/n。经过 k 次采样，取到满足规范细胞的概率为 $1-(1-m/n)^k$。细胞的大小与试验次数均应满足精度要求。

TrueType **TrueType 技术** 一种轮廓字体技术，由美国苹果公司于 1991 年推出，微软公司于 1992 年加入共同开发。这种类型字体文件的扩展名是 ttf。它支持高质量的字体打印，是一种所见即所得的字体技术，即在屏幕上显示与打印机打印的完全相同，它包括两个部分，一部分称为引擎，嵌入操作系统，实现生成和显示字体的功能，另一部分是字体本身，存储在文件中，由于字体是分别存储的，用户可增加新的字体到系统中，轮廓字体能够任意放大和缩小。参见 WYSIWYG，bitmapped font，PostScript。

true video on demand (T-VOD) **纯视频点播服务**

一种视频点播服务方式。在服务期间,客户可以对播放进行全面控制,包括“前进”、“倒退”、“冻结”、“随机定位”、“暂停”、“继续”等功能。参见 video on demand。

truncated binary exponential backoff 截断二进制幂(指数)的补偿法 在具有冲突检测的载波侦听多路访问(CSMA/CD)技术网络中,用于排解一次冲突后再传输的算法。再传输的延迟时间是根据槽时间和要再传输数而定的。

truncation error 截断误差 由截断操作而产生的误差。在数值计算和数据处理等应用中均有可能发生。如果舍入误差为零,则误差仅与每一步数字积分算法的结果有关。换句话说,有限的数字精度是造成每一步积分算法误差的原因,即截断误差。

truncation specification 截断规定 在情报检索中,为了解决词族的归并问题,对原文处理中的词汇进行截断,以统一词族内词的拼写形式,这种情况称为截断规定。对用户提问逻辑中的每个检查词,附加一个模式说明,以指明该词在文献数据库中作为一个完整的词还是该词的一部分来检索。

trunk 中继线 通信系统中,连接两个站点(通常是交换中心)的一条或一组传输信道,也称“干线”。参见 toll。

trunk amplifier 干线放大器 是在功率变低而不能满足要求时的信号放大设备。当信号源设备功率难以达到要求时,该设备可以放大信号源的功率。

trunk cable 干线电缆 (1)长距离传送射频信号的同轴电缆。通常是指在系统中使用尺寸最大的电缆。(2)一个连接干线耦合器的电缆,使得在数据站之间能够进行通信。(3)在一个企业系统连接(ESCON)环境中,由多对光纤构成的一个电缆,并不直接连接到活跃的设备,这种电缆通常存在于分配盘之间,可位于一个建筑物之内,对应于 jumper cable。

trunk circuit 中继电路 英国用法,与美国的 toll circuit(长途电路)一词同义,指相隔甚远的两台远程交换机之间的连接电路。在英国,中继电路系指大约 15 英里或更长的电路,短于 15 英里的电路称为连接电路。

trunk connector 中继连接器 计算机系统设备内部电子部件、单元之间的一种互连转接器件。这种连接器的接触件,一般用薄型铜合金带料经自动冲裁、卷压成型,为带刺卡装、可卸式针(孔)型压接连接结构。它的绝缘基座一般采用尼龙注塑成型的矩型结构。装成插头、插座的基座互相锁紧。绝缘基座既可卡装插针、又可卡装插孔,是一种高效、高可靠互连器件。导线与接触件(插针、插孔)利用压接工具压接互连,操作、使用、维护十分方便。目前这种连接器在计算机部件互连中得到广泛应用。它的安装形式有板装和自由悬挂两种规格。

trunk coupling unit (TCU) 中继[干线]耦合器 一个连接数据站到中继电缆的物理设备,包含插入数据站到网络中或者旁路的机制,也称“转发器”或“中继器”。

trunked dispatch system 集群调度系统 多个部门共用一组无线信道的专用调度系统。其主要特点为:①多个部门或单位共用无线信道、覆盖区,共同承担费用等但在业务上互不相干;②采用排队制,即指在一次呼叫因信道被占用而没有接通时,由存储主、被叫号码的排队设备自动记录下来,一旦有空闲信道时,按先后顺序接通;③具有限时功能,通常为一分钟、三分钟或更长一些,具体时间的确定,可通过软件进行设定;④具有电话互连功能,即系统可通过适当方式进入市话网,可开展与市话用户的通信等。集群系统既适合组建调度专用系统,又适合组建中小规模的公用移动通信系统,其通信业务除话音外,还可传输数据、传真等,因此,在专网中获得了迅速发展。

trunked mobile communication system 集群移动通信系统 多个用户(部门、群体)公用一组无线电通道,并动态的使用这些专用通道。集群移动通信系统主要用于指挥调度通信。

trunk exchange 中继交换机,长途电话局 (1)通信系统中用于把中继线连接起来的设备。(2)英国的长途电话交换局。

trunk group 中继线组 使用相同的多路终端设备的两个交换中心、两个独立的报文分配中心或交换中心与报文分配中心之间的中继线。

trunk hunting 中继线查寻 处理进入呼叫的一种寻线方法,即当第一个被叫的号码处于忙态(占线),就转接到下一个相邻的或下一个可用的号码。

trunking 链路聚集 用来在不同的交换机之间进行连接,以保证在跨越多个交换机上建立的同一个VLAN(虚拟局域网)的成员能够相互通信。其中交换机之间互联用的端口就称为 Trunk 端口。与一般的交换机的级联不同,链路聚集是基于 OSI(开放系统互连)第二层的。假设没有链路聚集技术,如果在两个交换机上分别划分了多个 VLAN,就需要为每个 VLAN 分别连线作级联。当交换机支持链路聚集后,只需要两个交换机之间有一条级联线,并将对应的端口设置为 Trunk,这条线路就可以承载交换机上所有 VLAN 的信息。

trunking communication 集群通信 利用具有信道共用和动态分配等技术特点的集群通信系统组成的集群通信共网,为多个部门、单位等集团用户提供的专用指挥调度等通信业务。参见 digital trunked communication。

trunking communication system 集群通信系统 一种高级移动调度系统。集群通信系统按照动态信道指配的方式实现多用户共享多信道的无线电移动通信。该系统一般由终端设备、基站和中心控制站等组成,具有调度、群呼、优先呼、虚拟专用网、漫

T

游等功能。参见 digital trunked communication。

trunk junction 中继连接线，长途中继线 (1)电话交换系统中，连接中继交换机与本地交换机的线路。(2)长途电话局与市内电话局之间的连接线，美国长途交换中继线的英国称谓。

trunk line 中继线路 一种远程通信线路，它把专用通信系统连接到公共交换网络上。

trunk link 干线 在两个控制局或交换设备之间的电话通信线路。控制局(或交换设备)提供用户接口之间的电话连接。通常干线是指交换局和交换中心之间的中继线。

T

trunk network 中继网 电话局之间采用的传输网，是电信网在以电话业务为主的阶段使用的术语。分市内中继网(市话)和长途中继网。

trusted computer system 可信计算机系统 采用充分的软件和硬件保证措施，能同时处理大量敏感或不同类别信息的系统。

trusted computer system evaluation criterion (TCSEC) 可信计算机系统评价标准 由美国国防部制订和颁布的，用于评价单一计算机系统安全性的标准集合，也称"桔皮书"。标准的开发目的：①指导计算机系统制造商开发可信计算机系统产品；②为用户提供评估计算机系统可信赖程度的验证标准；③为制定安全规范或要求提供一个基础。按照增加计算机安全愿望的顺序，标准把计算机系统安全保护分成四类七个等级：这七个等级从低到高依次为：D、C1、C2、B1、B2、B3、A1。①D 类是只有最小保护，且已作过评价但不能满足更高评价等级要求的系统，它只有一个级别 D；②C 类是具有自主型保护功能的系统，它提供有需可知保护和主体责任的功能。C 类分成 C1 级和 C2 级两个级别，C1 级采用自主型安全保护技术，它的可信计算基通过提供用户与数据分离的方式来满足自主型安全的需求，使用户的数据不被其他用户偶然读或写。C2 级是用受控访问保护方式，执行比 C1 级系统粒度更细的自主型访问控制系统，用户通过登录过程。资源隔离和有关安全事件的审计来为自己的行为承担责任；③B 类是采取强制型保护的计算机系统，它要求可信计算基保护敏感性标号的完整性，并以此执行一系列的强制访问规则。B 类分成有标号安全保护、结构保护、安全域三个不同的安全级别。B1 除了具有 C2 级的所有特征外，还要求有安全策略模型非形式说明、数据标号和作用于命名主体的客体上的强制型访问控制。B2 级是采用结构保护方式的系统，它的可信计算基是以明确定义且文档化的安全策略为基础的，此安全策略要求把 B1 级系统的自主型和强制型访问控制扩展到数据处理系统中所有的主体和客体，且提出隐藏信道的问题。B3 级是采用安全域保护方式的系统，它的可信计算基满足基准监控的要求，可调整所有主体对客体的访问从而对攻击有较高的抵抗能力，且可信计算基足够小以便能经受分析和测试；④A 类是采用安全验证保护方式的系统，它使用强制型和自主型控制的形式化安全验证技术，来保护计算机处理和存储信息的敏感性。参见 trusted computing base。

trusted computing (TC) 可信计算 可信计算组(TCG)从行为可预期角度定义可信计算：一个实体是可信的，如果它的行为总是可预期的。可信计算强调一个可信的组件，操作或过程的行为在任意操作条件下是可预测的，并能很好地抵抗不良代码和一定的物理干扰造成的破坏。

trusted computing base (TCB) 可信计算基 计算机系统中，实施安全策略的硬件、固件、软件保护机制的总称。可信计算基为满足可信计算机系统的需求而建立了基本的保护环境和用户服务设施。可信计算基常见于维护和保护、修改未授权的访问或销毁和保护对一个客体访问的一个审计跟踪。它可以保护审计数据，记录身份识别与验证方法、系统检测客体的活动、识别事件的日期与时间、用户、事件类型、事件成败等信息。

trusted computing base of computer information system 计算机信息系统可信计算基 计算机系统内保护装置的总体，包括硬件、固件、软件和负责执行安全策略的组合体。它建立了一个基本的保护环境并提供一个可信计算系统所要求的附加用户服务。

trusted computing platform (TCP) 可信计算平台 可信计算平台是能够提供可信计算服务的计算机软硬件实体，它能够提供系统的可靠性、可用性和信息的安全性。它由可信计算架构、移动计算、服务器、软件存储、存储设备、可信网络连接六个部分组成。从可信计算组(TCG)制订的标准来看，数据安全与身份认证完全依赖于整个可信平台的逐级密钥分发。

Tusted Computing Platform Alliance (TCPA) 可信计算平台联盟 为了提高计算机的安全防护能力，Intel、微软、IBM、HP 和 Compaq 在 1999 年 10 月共同发起成立了 TCPA。TCPA 定义了具有安全存储和加密功能的 TPM(可信平台模块)，并于 2001 年 1 月 30 日发布了基于硬件安全子系统的"Trusted Computing Platform Specifications" 1.0 版标准。该标准通过在计算机系统中嵌入一个可抵制篡改的独立计算引擎，使非法用户无法对其内部的数据进行更改，从而确保了身份认证和数据加密的安全性。2003 年 4 月 8 日，TCPA 重新改组，更名为可信计算组(TCG)。参见 trusted platform module (TPM), embedded security subsystem (ESS)。

trusted domain relationship 信任领域关系 在 Windows NT 中，指两个网络领域之间的一种相互关系。参见 network domain, trust relationship。

trusted identification 前向可信验证 网络中使用的一种安全验证方法，发送主站可以对本系统中企图与另一个主站连接的授权用户进行验证。发送主站将提出请求的用户的鉴别文电传送给接收站，然后接收站判断该用户是否为存取本系统的合法用户，这个操作对用户可以是透明的。

trusted path 信任路径 在计算机安全中，一种使终端用户可与信任的计算机基地进行直接通信的机制，这种机制只能由操作员或者信任的计算机激活。

trusted platform module (TPM) 可信平台模块 由TCPA(可信计算平台联盟)定义的具有安全存储和加密功能的可信平台模块是一种硬件设备。TPM实际上是一个含有密码运算部件和存储部件的小型片上系统，与平台主板相连，用于验证身份和处理计算机或设备在可信计算环境中使用的变量。TPM和存储在其中的数据与平台所有其他组件分离。TPM通过生成一个截然不同的数字签名来保护用户数据，该签名用于标记数据可被存取的唯一平台和硬件。参见 trusted computing platform alliance (TCPA)。

trusted process 可信进程 能够影响系统安全性的进程。可信进程的保护能力或性质必须根据系统需求可靠地进行说明，如果有可能则应进行形式化验证。

trusted products 可信产品 计算机安全术语，指由美国国家计算机安全中心进行过评价，且已包含在评价产品表中的产品。

trusted software 可信软件 可信计算基(TCB)中的软件部分。

trusted system 可信任系统 使用充分的完整性方法保证敏感信息处理安全的系统。可信任系统是美国国防部定义的安全操作系统标准，该标准共分为A、B、C、D四个大的安全级别。D级不具备安全特征；C级支持自主式访问控制和对象复用；B级属于强制式信息保护；A级实现了可验证的安全策略模型。参见 minimal protection, discretionary protection, mandatory protection, verified protection。

trusted third party (TTP) 可信第三方 在电子商务交易中，为了防止交易抵赖，可信第三方的作用是协助交易双方完成相互身份认证，保证交易双方的公平性和公正性。

trusted transaction 可信交易 可信交易的目标为交易提供主体可信性、客体可信性和行为可信性证明。其中，主体可信性通过信任逻辑来证明；客体可信性通过相信逻辑来证明；行为可信性通过行为可信认证和监督技术来证明。

trustee 被信任方，受托人 一个被授予在目录或子目录上指定访问权的用户。

trustee rights 受托人权利 控制用户能够对特定的目录或文件实施的操作的方法。如是否能读文件、改文件、改文件名、删除文件等。

trust region method 信赖域方法 求解无约束最优化问题 min $f(x)$ 的数值方法，也称"限制步长法"，是对牛顿法的改进。

trust relationship 委托关系 一种可以在域之间实现验证传递的链接，委托域承认被委托域的登录身份验证。使用委托关系，只在一个域中有用户账号的用户可以访问整个网络。可以把委托域中的权力和资源授权给在被委托域中定义的用户账号和全局组，即使这些账号在委托域的目录数据库中并不存在。在 Windows NT 中，一个工作站或者网络服务器委托一个领域控制器代它去验证要登录用户的身份，一个域控制器也可以委托在另一个域上的域控制器对登录进行身份验证，参见 domain controller。

trust service 信任服务 从事电子商务业务的网站必须提供给用户最高的可信度和安全度，使他们相信该网站是真实可信的，同时确保用户通过网站浏览器和其他设备发送的信息能够被严格保密。电子商务网站可以采用安全服务器证书，如128位或40位SSL(安全套接层)服务器证书，提供的信任服务使之具备这样的能力去保障在网站上所进行的电子商务的安全，成为值得信赖的网站。

trustworthy network interface unit (TNIU) 可信网络接口单元 以不可信通信网组成多安全级信息系统的关键部件，各最终用户的系统通过它连接到不可信通信网中，大家共享中央访问中心的控制，以达到用户之间的隔音和防止用户越权访问数据。

trustworthy terminal interface unit (TTIU) 可信终端接口单元 以不可信通信网组成多级安全信息系统时使用的一个关键部件，其作用与可信网络接口相似，不同的是后者将最终用户系统连到通信网，而TTIU是将哑终端连到通信网。

truth-maintenance 真值维护 (1)一种记录系统工作中启用的信念及其合理性之轨迹的方法。以保证矛盾发生时，不正确的信念推理以及由此推出的一切结论，或者被清除，或者使之不起作用。(2)问题求解中提出的保持追踪命题及其证明的一种方法。如果在推理过程中出现冲突，则可以回溯不正确的命题或推理线以及从命题得到的所有结论。这种方法可在命题不断变化的推理系统中保持命题一致性。

truth maintenance system (TMS) 真值维护系统 一种非单调逻辑系统，可以在计算机上实现并做非单调推理。TMS把逻辑系统看作对象。用元方法来扩充逻辑系统。当信息不完全时，TMS就为未知变元选择一个与已知定理或假设不矛盾的值。一旦在得到新信息时产生矛盾，它就修改有关假设以保持系统的一致性。TMS的知识库是树型结构，树中每个节点表示一个假设，其子节点表示该假设的理由,每个理由也可能是假设,TMS的推理系统由一阶谓词逻辑加约束组成,约束的改变就可能破坏以前一致性,这时要求修订假设。

truth of knowledge 知识的真理性 知识的真假属性。或通过实践检验或用逻辑推理证明其真假。一般来说,知识不可能无条件地真、无条件地假,知识都是在一定的条件和环境下为真或假,即知识的相对性。

truth table 真值表 (1)将一个逻辑电路的所有可能的输入值及相应的输出值排成一张表,称为真值表。表中列出所有可能事件,能全面反映一个逻辑电路的功能,它是研究逻辑电路的一种重要手段。(2)描述逻辑函数的表。表中给出所有输入值可能的组合,并列出与之对应的输出真值。

truth value 真值 也称"真假值",命题变量及命题常量的一种属性。当命题变量表示一真命题时,其真值(或称变量的取值)为"真",记作"T";当变量表示一假命题时,其真值为"假",记作"F"。确定变量的过程称为赋值。当命题常量表示恒为真的命题时,它恒取真值T,否则恒取真值F。

truth value connective 真值联结词 命题演算中表示联结词"并非"、"或"、"并且"、"如果……,则……"、"当且仅当"的符号~、∨、∧、→、↔。他们分别称为"否定词"、"析取词"、"合取词"、"蕴含词"和"双向蕴含词"(或"等价词")。还有其他一些真值联结词,但最重要和最常用的是上述5个。

truth value expression 真值语句 一个语句的值或者是真或者是假,则这个语句称为真值语句。

TS (1)时隙,时间槽 time slot 的缩写。(2)传输服务 transmission services 的缩写。(3)流量整形 traffic shaping 的缩写。(4)电信业务 telecommunication service 的缩写。

TSAPI 电话业务应用编程接口 telephony services API 的缩写。

TSAT T1小口径终端 T1 small aperture terminal 的缩写。

TSC (1)分时控制任务 time sharing control task 的缩写。(2)远程通信子系统控制器 telecommunication subsystem controller 的缩写。(3)传输子系统成分 transmission subsystem component 的缩写。

TSCB 传输子系统控制块 transmission subsystem control block 的缩写。

TSD (1)终端安全设备 terminal security device 的缩写。(2)触摸敏感数字化仪 touch-sensitive digitizer 的缩写。(3)路径信号劣化 trail signal degrade 的缩写。

TSDU 传输服务数据单元 transport service data unit 的缩写。

T-series T系列 与电信业务中使用的终端设备(包括传真、电报、电视图文等)有关的一系列国际电报电话咨询委员会(CCITT)推荐标准。

TSF 路径信号失效 trail signal fail 的缩写。

TSI (1)时隙交换 time slot interchange 的缩写。(2)试验结构输入 test structure input 的缩写。

TSL 可调半导体激光器 tunable semiconductor laser 的缩写。

TSNS 电信业务网络支持 telecommunications services network support 的缩写。

TSO 分时选择 time sharing option 的缩写。

TSO operating system 分时选择操作系统 美国IBM公司开发的一种支持分时系统的操作系统软件。

TSOP 薄型小尺寸封装 thin small outline package 的缩写。

TSO/VTAM 分时选择/虚拟远程通信存取方法 time sharing option for the virtual telecommunications access method 的缩写。

TSP 团队软件过程 team software process 的缩写。

TSPL 传输子系统参数表 transmission subsystem parameter list 的缩写。

TSR program 终止并驻留(内存)程序,内存驻留程序 terminate and stay resident program 的缩写。

TSS 分时系统 time sharing system 的缩写。

TSSI 时隙序列完整性 time slot sequence integrity 的缩写。

T-switch T开关,三通开关 将一台计算机连接到另外两台设备之一的开关。

TT (1)测试终端 test terminal 的缩写。(2)路径终端 trail termination 的缩写。

TTA 三层体系结构 three tier architecture 的缩写。

TTB 中继线暂时拥塞 temporary trunk blocking 的缩写。

TTC&M 跟踪、遥测、控制和监视(站),测控站 trace telemetering command & metering 的缩写。

TTD 文本暂时延迟 temporary text delay 的缩写。

TTE 终端表目 terminal-table entry 的缩写。

TTF 终端事务处理程序 terminal transaction facility 的缩写。

TTI 传输时间间隔 transmission time interval 的缩写。

TTIU 可信终端接口单元 trustworthy terminal interface unit 的缩写。

TTL (1)晶体管-晶体管逻辑 transistor-transistor logic 的缩写。(2)生存时间 time to live 的缩写。

TTL compatibility TTL兼容 可与TTL(晶体管-晶体管逻辑)电路实现电气连接的兼容性。

TTL level interface TTL 电平接口 TTL(晶体管-晶体管逻辑)电平使用正逻辑,逻辑"1"为高电平,其标称值为 5 V;逻辑"0"为低电平,其标称值为 0 V,这种电平称为 TTL 电平。采用 TTL 电平的接口称为 TTL 电平接口。

TTP 可信第三方 trusted third party 的缩写。

TTRT 目标令牌循环时间 target token-rotation time 的缩写。

TTS (1)文语转换,文本语音转换 text to speech 的缩写。(2)事务跟踪系统 transaction tracking system 的缩写。

TTV 大量生产的时间 time to volume 的缩写。

TTVS 文字到可视语音(转换) text to visual speech 的缩写。

TTY 电传打字机 teletypewriter 的缩写。

TTY protocol TTY 协议 没有或只有简单差错校验的低速异步通信协议。

TU 支路单元 tributary unit 的缩写。

Tualatin Tualatin 微处理器 美国 Intel 公司 2001 年发布的微处理器,采用 0.13 μm 工艺,采用 Coppermine 核心的 Socket 370 接口,FC-PGA2 封装,最高支持频率达到 1.13 G。

tub curve 浴盆曲线 表示故障率随时间的变化关系。电子线路中电子元器件的故障率随时间的变化趋势呈浴盆曲线形。开始故障率较高,但很快下降。这个时期是因元件有缺陷引起的,称为早期失效;然后进入一个稳定的很长时期的低故障率阶段,这个阶段称为有效寿命;最后因元器件老化,故障率明显增加,这个时期称为耗损期。其中在有效寿命期间,故障率低而且几乎不变,因而也称恒定失效期。

tube of force 力管,力线束 与一闭合围线相交的全部力线所包围的那部分空间。

tubular daylight devices 管道式日光照明装置 也称为"光导照明",太阳光利用的一种方式,属于绿色照明技术。该装置主要由三部分组成:采光装置、导光装置、漫射装置。通过采光罩高效采集室外自然光线并导入系统内重新分配,再经过特殊制作的导光管传输和强化后由系统底部的漫射装置把自然光均匀高效的照射到任何需要光线的地方。

TUG 支路单元组 tributary unit group 的缩写。

tumbling 滚动,转动 在计算机制图技术中,三维物体一面绕某个轴旋转,一面作动态显示,且旋转轴的方向又在空中作连续变化。

tunable laser 可调激光 可以改变频率的一种激光。

tunable narrowband optical filter (TNOF) 可调窄带滤光器 利用静磁波对光波的相互作用,TM(横磁波)和 TE(横电波)模的偏转角随静磁波波矢变化的特性以及磁场不变时静磁波波矢随频率变化的特性,可在相平面足够小的区域内检测出足够带宽内静磁波信号。用电磁铁作磁场,即可构成可调窄带滤光器。

tunable semiconductor laser (TSL) 可调半导体激光器 激光波长可以调谐的一种半导体激光器。其典型结构是:有源区的一端是出射光的反射面,另一端是分布布拉格反射器。有源区和反射区均有独立的电极。改变反射区注入电流,就可以通过自由载流子等离子体效应改变其有效折射率,实现波长调谐。

tunable trap 可调陷波器 前置放大器中常用的一种滤波设备,用来消除一定频带内某些频率的噪声。这种陷波器的陷波点频率和陷波量均可调整。

tuned amplifier 调谐放大器 以电容器和电感器组成的回路为负载,增益和负载阻抗随频率而变的放大电路。调谐放大器广泛应用于各类无线电发射机的高频放大级和接收机的高频与中频放大级。

tuned video server 调谐视频服务器 为交互电视系统而设计的多线程视频服务器。支持多个并行数字通道,每个数字通路都能支持多个视频线程,除专用的指令系统外,又增加了专用的函数调用。使得访问 ATM(异步传输模式)更加容易。它采用紧耦合多处理器系统作为服务器的结构。

tuning of a device 器件的调谐 变动器件一个或几个参数值以调整其谐振频率的过程。

tunnel broker 隧道代理 是 IPv4 向 IPv6 过渡过程中的技术。隧道代理的思想是利用一种称为隧道代理的服务器,来自动为来自用户的请求配置隧道。隧道代理可以看作是虚拟的 IPv6 ISP(因特网服务提供商),它为连接到 IPv4 的网络用户提供了 IPv6 服务。这种 IPv6 ISP 可能存在很多个,用户可以选择一个最近而且最便宜的一个来为自己服务。隧道代理技术的优点在于隧道的透明性,IPv6 主机之间的通信可以忽略隧道的存在,隧道只起到物理通道的作用。它不需要大量的 IPv6 专用路由器设备和专用链路,可以明显地减少投资。其缺点是:在 IPv4 网络上配置 IPv6 隧道是一个比较麻烦的过程,而且隧道技术不能实现 IPv4 主机和 IPv6 主机之间的通信。

tunnel diode 隧道二极管 PN 结两侧掺杂都很重、杂质分布很陡,能产生隧道效应的 PN 结二极管。这种二极管在正向偏置下,有一段负阻区,在反向偏置下有较大的反向电流。隧道二极管可用于低噪声放大器及振荡器中,频率能达毫米波段,也可以用作超高速开关器件。

tunnel effect 隧道效应 在两金属片之间夹有极度薄(约为 10 毫微米)的绝缘层(如氧化膜),当两端施加直流电压时,回路就有电流产生,即有电流通过绝缘层,这种现象称为隧道效应。

tunnel erase head 隧道清洗磁头 两个清洗铁芯分别置于读写铁芯两侧的一种侧边清洗磁头。它与读写磁头没有公用的磁路，且清洗磁场的方向和写入磁场的方向一致。清洗间隙和读写间隙的间距较大，在对记录媒体的利用率方面，稍差于跨立式清洗磁头，但能获得噪声更低的保护带。

tunneling 隧道技术 一种通过使用互联网络的基础设施在网络之间传递数据的方式。使用隧道传递的数据可以是不同协议的数据帧或包。隧道协议将其他协议的数据帧或包重新封装然后通过隧道发送。新的帧头提供路由信息，以便通过互联网传递被封装的数据。

T

tunneling protocol (TP) 隧道协议 为在因特网上建立专用通道的规范协议。隧道协议可分为二层隧道协议和三层隧道协议。二层隧道协议使用L2TP(第二层隧道协议)和PPTP(点对点隧道协议)，三层隧道协议使用IPsec(因特网协议安全性)协议。

TUP 电话用户部分(协议) telephone user part的缩写。

tuple 元组 在关系数据库中，标识一个实体以及它的属性的某种关系的一部分。一个元组是一种关系表的一行。参见n-tuple length register。

tuple calculus 元组演算 按谓词变元的基本对象为元组变量所进行的关系演算，是谓词演算应用于运算中的一种。在元组演算中，用演算表在式$\{t \mid \varphi(t)\}$表示关系，式中$\varphi(t)$分为原子公式和算符组成的公式，t为φ中唯一的自由元组变量。

tuple calculus language 元组演算语言 在数据库系统中，指以元组为变量的谓词演算语言。

tuple constraint 元组约束 在数据库系统中，指记录约束。参见record constraint。

tuple function 元组函数 关系作选择运算后产生的子集的函数描述。设$D_1, D_2, \cdots, D_n$是n个论域，关系$R(D_1, D_2, \cdots, D_n)$为$D_1 \times D_2 \times \cdots \times D_n$的一个子集，取$R$的一个子集，式中每个元组的后$n-1$属性值分别为$a_2, a_3, \cdots, a_n$，则该子集对应的元组函数为$R(X, a_2, a_3, \cdots, a_n)$。

tuple identifier (TID) 元组标识符 关系数据库中元组的唯一标识，亦是元组的逻辑地址。用它来检索，存取效率较高。它相当于DBTG(数据库任务组)系统的数据库码(DBK)。TID与关键字不同，它并不存储在元组中，但在索引项及各种操作中要经常用到它，B^+树的叶节点上要保存它，此外检索、删除、修改、插入等模块与要用到它。

tuple relational calculus 元组关系演算 以元组为变量进行的关系演算，简称元组演算。元组关系演算公式由原子公式和逻辑运算符组成。比较domain relational calculus。

turbine type of motor 涡轮式电机 用于按高速运行设计的同步电机，其励磁绕组嵌在圆柱形或厚圆盘形的钢转子的槽内。

Turing computable function 图灵可计算函数 一个从N^n到N的函数f，N是自然数集，若存在图灵机T，可计算f，则称f是图灵可计算函数。

Turing machine (TM) 图灵机 英国数学家Turing于1936年提出的一种理想的计算机器的数学模型，现在已成为计算机科学中的可计算性理论和计算复杂性理论的基础。图灵机分为确定型与非确定型两大类。一台标准的确定型单带图灵机由一条双向可无限长的被分为一个个小方格的磁带、一个有限状态控制器与一个读写磁头构成。只要提供足够的时间以及足够多的空间，图灵机足以代替目前的任何计算机。凡是可计算的函数都可以用一台图灵机来计算。参见universal Turing machine (UTM)。

Turing reduction 图灵归约 查寻问题之间的一种归约。设X、Y是两个查寻问题，从X到Y的图灵归约是任一个可在给出提示Y时能解决X的提示图灵机。

Turing testing 图灵测试 1950年英国数学家Turing，针对如何理解智能的问题，进行的一次试验。参加者有被测试者、计算机和主持人，由主持人提出各种问题，计算机和被测试者分别独立地作出回答，被测试者尽量表现出他是一个人，计算机尽量模拟人的思维。如果主持人分辨不出回答者是人还是计算机，那么便认为计算机具有智能。有人指责图灵测试只反映了结果，并没有回答什么是智能的问题。

Turings thesis 图灵论题 关于可计算性的一个著名论题。论题提出，一个函数是可计算的，当且仅当它是图灵机可计算的。图灵论题涉及一个非形式化的直觉概念和一个形式化的概念，因而它是无法证明的。图灵论题与车赤(Church)论题的等价性是可以证明的。事实上，已经证明：一般(部分)递归函数集同于图灵可计算(部分)的函数集。

turn 匝，线匝 组成一圈的一根或一组导体。

TURN 通过中继方式穿越NAT traversal using relay NAT的缩写。

turnaround cycle 回转周期 在PCI(外围部件互连)总线中，所有可能由多个总线中介者驱动的信号都需要一个回转周期，用于避免一个中介者停止驱动信号而另一中介者开始驱动该信号时发生竞争现象。参见agent。

turnaround document 周转文件[文档] 由计算机产生的又可自动重新送入机器的文件，如穿孔卡片输出可以作为输入再送入机器，打印机的输出可以通过光符阅读器输入等。

turnaround sequence 周转序列 在循环操作中，由主站发送给辅站的一个特殊的16位序列。它表示主站正从发送器状态变为接收器状态。

turnaround system 转回系统 在文字处理和识别中，由与阅读器相联的计算机打印出所读取的输入数据的系统。

微分方程的数值方法中仅包含有第n,$n+1$时间层上的网格点的差分格式。

two-level subroutine　二级子例程　一个子例程的内部结构中含有另一个子例程。

two man complete information game　两人完备信息博弈　一种两人零和博弈,双方均知道对方的特征、已采取的策略及得益函数的历史及将要采取的可能的策略集等方面的准确信息的博弈。

two-out-of-five code　五中选二码　一种二进制编码的十进制记数法。每个十进制数字用5位二进制数字表示。其中两位是一样的,通常为1;另三位是一样的,通常为0。用五中选二码表示的十进制数0～9如下:

十进数	五中选二码
0	01100
1	11000
2	10100
3	10010
4	01010
5	00110
6	10001
7	01001
8	00101
9	00011

由于表示每个十进制数码的二进制数位中取值为1的位数是固定的,因而传输差错很容易发现。

two-part code　两重编码　对可变长度语言单位进行二次编码的加密方式。对可变长度语言单位,如对单词进行两重编码,从而达到较严格的加密目的。

two-pass assembler　二趟汇编程序　为了把源程序编译为目的程序,需对源程序扫描二趟的汇编程序。第一趟产生符号表,第二趟产生目的代码。

two-person game　双人博弈　对弈者为两人的博弈。在人工智能系统中这类博弈的搜索策略是较典型的。在搜索过程中就会生成一棵博弈树。

two-phase commit　二阶段[两级]提交(确认)　数据库运行时实现并发控制的一种方法。它将一个事务处理中的提交操作分成两段执行:(1)将所有的提交操作结果都记到运行记录上去,在所有修改均完成之前,并不真正写回数据库中,这样就不影响其他事务处理使用数;(2)当事务处理运行结束时,才将其他有的修改结果一次性地从运行记录中真正转记到数据库中。这种处理方法可以避免其他事务读取那些被一个尚未执行完毕的事务修改了的数据,因而简化了数据库系统在出现故障后的恢复工作。

two-phase commit protocol　二阶段[两级]提交协议　(1)允许更新一个或者多个作为一个单位提交的保护资源的协议,在第一阶段中,初始方发送所有机构都接收的请求,各机构必须决定是否提交该事务,当所有的决定都收集之后开始第二个阶段,初始方通知各机构进行提交。(2)分布式数据库中用于分布式事务确认的一种原子性确认协议。协作者发送请求投票信息到所有参与者,参与者收到请求投票信息后向协作者发送包含投票内容的信息,协作者收集所有参与者的投票内容,各票为赞成票时则确认并将确认信息发送给所有参与者,否则决定夭折并向各投赞成票者方发送夭折信息。每个投赞成票的参与者都要等待来自协作者的确认或夭折信息,根据信息的内容作出决定。(3)数据库管理系统(DBMS)确保交易数据正确更新的方法。通常一笔交易可以包含许多处理,DBMS能够让使用者确认交易或退回到一整批交易之前的状态,若是确认,则DBMS先暂时将交易中的每一笔处理结果存储在一个暂存的地方,等所有处理都正确执行时再将暂存数据全部对数据库作更新,若是有一个处理发生问题,则可在更新数据库前就舍弃暂存数据,可以确保数据库的完整性。参见three-phase commit protocol。

two phase locking　两段封锁法　为了保证数据库操作中与用户事务并行调度的可串行化而规定的一种数据封锁策略。按照这种方法,用户事务分为两个阶段:第一阶段是获得封锁,也称为扩展阶段;第二阶段是释放封锁,也称为收缩阶段。在一个用户事务处理中执行一个释放封锁的解锁命令之后,就不再执行任何封锁命令,满足这个条件的事务称为两段事务,即事务处理可以分成两段,前一段只有封锁没有解锁,而后一段只有解锁没有封锁。在对任何数据进行读、写操作之前,事务首先要获得对该数据的封锁,在释放一个封锁之后,事务不能再获得任何其他封锁。一个并行调度所涉及的事务处理如都是两段封锁法会,则会增加发生死锁的可能性。

two-phase locking protocol　两阶段加锁协议　为了得到某个事务处理所必需的锁的一种算法过程,两阶段加锁协议要求所有事务必须分两个阶段对数据项加锁和解锁:①在对任何数据进行读、写操作之前,要申请并获得对该数据的封锁;②每个事务中,所有的封锁请求先于所有的解锁请求。该协议要求在释放任何锁之前,先得到所有其必需之锁;即在得到锁时归入一个扩展阶段,而在它们释放时形成一个收缩阶段。可以证明,若并发执行的所有事务均遵守两阶段加锁协议,则对这些事务的任何并发调度策略都是可串行化的。相比而言,一次封锁法要求每个事务必须一次将所有要使用的数据全部加锁,否则就不能继续执行;但是两段加锁协议并不要求事务必须一次将所有要使用的数据全部加锁,因此遵守两段加锁协议的事务可能发生死锁。

two photon absorption (TPA)　双光子吸收　介质同时吸收两个入射光子的现象。如果介质中存在一对禁止跃迁的、频率差为Wt的能级,则当频率为

Wp 和 Ws 的两个光波同时作用于介质，且满足 $Wp + Ws = Wt$ 时，由于非线性相互作用的结果，两个光子会同时被吸收。

two-plus-one address instruction 二加一地址指令 一种三地址指令。在这三个地址中，有一个地址是下一条指令的地址。

two-point perspective 两点透视 透视投影的一种。即投影平面平行于投影对象的一根坐标轴，而与另外两个坐标轴成一定角度的透视投影，称两点透视，也称“成角透视”。参见 one-point perspective，three-point perspective。

two-port network 二端口网络 端口数 n 等于 2 的多端网络。二端口网络有无源和有源、线性和非线性、时不变和时变之分，它既可能是一个异常复杂的网络，也可能是相当简单的网络。电子电路中会经常遇到二端口网络的相互连接。它们之间的连接有 5 种方式，分别为串联、并联、串-并联、并-串联和级联。这样连接而成的网络仍为二端口网络。

two-position controller 二位置控制器 具有两个离散输出值的多位置控制器。

two quadrant convertor 二象限变流器 具有一种可能的电流方向和两种可能的电压极性的变流器，其直流电能的流动方向可以改变而直流电流方向不能改变。参见 one quadrant convertor，four quadrant convertor。

two-quadrant multiplier 二象限乘法器 仅限于一个输入变量的单符号运算的乘法器。

two-redundant code 二冗余码 在有限域 GF(2^b)上，能校正单个错误的 b 邻接码。即校正一组相邻 b 个二进制位中任何阶组合的错误。由于校验部分用了两个 GF(2^b)元素符号，故称为二冗余码。参见 b-adjacent code。

two-sided diskette 双面软磁盘 盘片的两个表面均用来记录信息的标准 5.25 英寸软磁盘。它分为单密度型和双密度型两种。

two-sided double-density diskette 双面双密度软磁盘 一种软磁盘规格，直径 5.25 英寸的软磁盘容量 360 KB。同 diskette 2D。

two-sided single-density diskette 双面单密度软磁盘 一种软磁盘规格，直径 5.25 英寸的软磁盘容量 180 KB。同 diskette 2。

two-sided system 双侧系统 在林氏相关系统 G 中，如果 m 和 n 都不为零，则 G 称为双侧系统。对这类系统，决定生成何种语言是总的前后关系，而不是它的分布状态。即凡 $m+n=k$(k 是一常量)的双侧系统生成的语言族都是等价的，如⟨1,3⟩系统，⟨3,1⟩系统，⟨2,2⟩系统都是双侧系统，他们生成的语言族是等价的。参见 Lindenmayer system。

two-signal method 双信号法 在存在有用信号的情况下确定接收机对无用信号响应的测量方法。用这种方法时，对每种被测接收机都必须规定详细的测试方法和采用的标准。参见 single-signal method。

two-sorted logic 二类逻辑 数理逻辑的一种。与一阶逻辑的区别在于引入了两个不同的变量类。其函数符号和关系符号都是按此来分类的，他们的变量位置都严格按类设置。二类逻辑的模式结构中具有类函数的两个定义域以及这些定义域上操作的关系。

two stage oscillation 双阶段振荡 路由选择中改变路由参数选择不当所引起的一种路由不稳定现象，如在使用延迟时间作为选定路由依据的 HELLO 协议网络环境中，改变路由的时间差选择太小就会引起这种现象。在第一阶段，发现某条路由负荷较轻，延迟小，网络的流量信息都拥到这条路由上来，从而使得这条路由出现拥挤，延迟增加。相比之下另一条路由延迟小，于是进入第二阶段，网络流量信息又拥到那条路由。前条路由负荷又突然减小，延迟变小。于是流量信息又拥到前条路由。这种现象反复进行，使网络处于不稳定状态。

two-state laser diode 双稳激光二极管 日本电气股份有限公司研制成功的激光装置。可以存储、转换和放大激光-光学信号。这个装置被称为双稳激光二极管，目前它是世界上第一批激光二极管装置之一。这种激光二极管装置被用来放大、转换和存储激光或光信号，就像半导体处理、转换和存储电信号一样。

two-state variable 二态变量 取值为“0”或“1”的变量。

two status first order Markov model 二状态一阶马尔可夫模型 布鲁尔提出的特定间歇故障的概率模型。特定间歇故障是指“良性工作”的并且是与“信号独立”的。在实施测试期间，被测系统或电路表现为无故障或永久故障，这样的间歇故障称良性工作间歇故障。如果故障活动与线路的输入信号或当前状态无关，则这样的故障称为信号独立间歇故障。该模型用两个参量 α 和 δ 表示故障活动态与非活动态之间的转移。α/δ 称为等待因子，其值越大，故障活动的概率越低。

two-step activation 两步激活 一种激活类型，在这种激活中，通过一条命令开始请求调用一系列动作激活数字线路传输系统，通过第二条命令继续请求调用一系列动作激活用户-网络接口。

two-step read 两步读出 中央处理机从软磁盘机上读出信息的一种方法。它把整个读出操作分为两步：第一步把从盘上读出的信息送至控制器。第二步把信息从控制器传送到中央处理机的存储器中。使用这种读出方法可以降低硬件成本。

two-tape method 双带法 这是一种校对纸带穿孔正确性的方法。先用纸带穿孔机把数据穿孔在一条原始带上。然后把这条带送给校对机操作员，他根据同一原始数据文件用校对机穿孔出第二条无错纸带。如果两带穿孔一致,数据就被穿在第二条带上。如果不一致,则键盘按不下去,以防错穿第二条纸带,当按下正确的键后,则使正确的数据穿在第二条纸带上。

two-terminal circuit 二端电路 有两个端的电路。

two-terminal network 二端网络 电路中的某个部分只有两个端钮与电路中的其他部分连接,这部分电路称为二端网络。不含电源的二端网络称为无源二端网络;含有电源的二端网络称为有源二端网络。仅含直流电源的二端网络,称为直流二端网络;含有交流电源的二端网络称为交流二端网络。二端网络的外部特性由它的电压和电流之间的关系确定。二端网络中电流从一个端钮流入,从另一个端钮流出,这样一对端钮形成了网络的一个端口,故二端网络也称单口网络。

two-terminal-pair network 二端对网络 由两对端组成两个端口的网络。

two-tier client/server 两层客户机/服务器(结构) 一种客户机/服务器系统结构,其中的软件系统分为两层:用户界面/业务逻辑层以及数据库层。第四代编程语言(4GL)推动了这一结构的流行。

two-tone keying 双音调制,双音键控 参见 frequency-shift keying。

two-value capacitor motor 双值电容电动机 电容电动机的一种,其启动和运行时使用不同数值的电容器。

two-valued logic 二值逻辑 以承认真实性只有两个值:"真"和"假"为出发点的逻辑体系。

two-valued variable 二值变量 一种只有两种取值可能的变量。

two way 双向式 一种工作方式,表示双向都可以建立呼叫,而两个方向的业务流量不必一定相同的属性。

two way alternate (TWA) 双向交替 双向传送用户信息,但一次只能向一个方向传送,即在会话过程中,源宿关系要改变一次或多次。

two-way alternate communication 双向交替通信 信息可在两个方向上传送,但在同一时间只能在一个方向上传送信息的通信。

two-way associative cache 两路相联高速缓冲存储器 高速缓冲存储器的一种组成方式。其中有两组直接映像的信息块。这种存储器是完全相联高速缓冲存储器与直接映像高速缓冲器存储器之间的一种折衷方案。

two-way channel 双向通道 在 X.25 通信中,一个允许输入和输出呼叫的逻辑通道,对应于 one-way channel。

two-way circuit 双向线路 一种可以在两个方向上稳定运行的双向通道。

two-way communication 双向通信 两个通信点之间能互相发送和接收的通信称为双向通信。

two-way deterministic finite automaton (2DFA) 双向确定型有限自动机 一种读写头可向两个方向移动的有限自动机。它仍可用五元组 $M=(Q,\sum,\delta,q_0,F)$ 来描述,但其转换函数 δ 为 $Q\times\sum\rightarrow Q\times\{L,R\}$。对于 $\delta(q,a)=(p,L)$,表示若 M 在状态 q 读到字符 a,则进入状态 p,并向左移动读写头;对于 $\delta(q,a)=(p,R)$,则表示在上述情况下使读写头向右移动。对于输入串 x,若 M 在移动 x 右端的同时进入 F 中某个状态,则称 M 接受 x。已证:2DFA 接受的语言类与 DFA 相同。

two-way logical relationship 双向逻辑联系 层次数据模型中,不仅存在从物理双亲到逻辑双亲的存取路径,而且还存在从逻辑双亲到物理双亲的存取路径,这种逻辑联系称为双向逻辑联系。

two-way loss 双向损耗 对一个线路在发送及接收方向的传输损耗的度量。

two-way merge sorting 两路归并排序 在归并排序过程中,每一步都是将两个子文件合成一个子文件,如此反复,直到最后归并到一个文件。

two-way push-down automaton (2PDA) 双向下推自动机 一种下推自动机,一个有限控制器以及在其上输入读头可以左右移动的一条输入带。2PDA 接受的语言类真包含 PDA 接受的语言类。

two way simultaneous (TWS) 同时双向 可在数据链路上双向同时发送数据的一种传输方式。与全双工同义。

two-way simultaneous communication 双向同时通信,双工通信 同时在两个方向上传送信息的通信。

two-way simultaneous operation 双向同时工作 也称"全双工"。数据链路的一种工作方式。以这种方式工作时,数据能在两条信道上同时进行双向传输。其中一条信道可用于在一个方向的传输,而另一条信道则可在相反的方向进行传输。

two-wire carrier system 双线载波系统 只用一对导线的一种载波系统,可通过不同频率的载波实现双向传输。

two wire channel 双线信道 为单工或半双工设计的通信线路。在每端有两根线,信息在某一时刻只以单向传输。

two-wire circuit 双线电路 由相互绝缘的两根导线构成的一种电路制式。这两根导线可用作单向传输通路、半双工通路或双工通路。数据通信双方传送都使用同一对电路,两个方向的信号往往使用分频技术加以区分,也可以采用分时的办法区别两个方向的信号。比较 four-wire circuit。

two-wire system 双线系统 使用两条传输线路的通信系统。在这种通信系统中,虽然也能实现全双工通信,但是不像"四线系统"实现全双工通信那么容易，因而相应的通信设备要复杂一些。

two's complement 二进制补码 一种二进制数表示法。二进制补码由下列方式构成：将二进制数的各数位取反（将1变成0，将0变成1）后再在最低有效位上加1，如二进制数1001的补码为1111－1000＋1＝0111。计算机中的负数常用补码记数法。对二进制补码来说，最左边的一位是符号位。0表示正数，1表示负数，其他位是数值位，正数的数值位与该正数的数值相同，负数的数值位为该负数绝对值的补码。二进制补码也称“二的补码”。

T

two's complement overflow 2的补码溢出 当2的补码的带符号运算产生的结果不能正确地表示的一种情况。即数据进位溢出到符号位。

tWR 写恢复时间 内存的时序参数，数值越小越快。tWR是指write recovery time。该参数表示在一个存储体被充电之前，一个有效的写操作完成后延迟的时间。这个延迟保证了在充电之前写缓冲里的数据就能被写入内存单元。延迟越短，说明花更少的时间就能对下一次读写操作充电，但同时也有覆盖数据的可能。参见memory timing parameter。

TWS 同时双向 two way simultaneous的缩写。

TWT 行波管 travelling wave tube的缩写。

TWTA 行波管放大器 travelling wave tube amplifier的缩写。

tWTR 写到读时间 内存的时序参数，数值越小越快。tWTR是指write to read delay。这个参数控制写数据到读指令的延迟，它表示在同一存储体中，最近的一次有效写操作到下一次读指令间隔的延迟时钟周期数。参见memory timing parameter。

TxD 发送数据(引脚) transmit data的缩写。

type 键入，类型 (1)通过键盘向计算机输入字符或控制代码。(2)一些对象的集合。通常同一类型的对象具有相同的或类似的结构。程序语言中最常见的是数据类型，实际上还有其他的对象类型，如过程类型、模块类型、作业类型等。

type abstraction 类型抽象 一组函数可对所涉及的对象给出有关行为的定义，而与表示无关。如一个下推栈可纯粹地或抽象地用“push”、“pop”、“pop”和“empty”操作的结果去定义。

type-ahead 超前键入 一种终端处理技术。在某些系统中，当系统软件正在处理前一条被打入的命令期间，用户还可以打入命令和数据。提前打入的命令在终端上不回送，直到命令处理程序为处理他们作好准备为止。这些提前打入的命令放在提前打入缓冲区中。

type-ahead buffer 超前键入缓冲区 计算机中暂时保存超前键入字符的缓冲区。参见type-ahead。

type-ahead capability 超前键入能力 计算机程序在显示所键入字符前将他们暂时存放在一个缓冲区中的能力。这种能力保证了当击键快于程序能显示的速度时所键入之字符不至于丢失。一般情况下，任何应用程序单纯要赶上那怕是打字速度最快的打字员的键盘速度也是不会有问题的，可是在程序正在读写磁盘或另外一些特殊操作的情况下，无法对键入的字符及时进行相应处理的情况却是经常会发生的。此时超前键入能力的作用就会十分明显。参见type-ahead。

type A insulator A型绝缘子 两电极间经由绝缘子外部空气的最短距离（h_1）并不明显地大于经由固体绝缘材料内的最短击穿距离（h_2）的绝缘子。对于瓷和玻璃绝缘子，通常指$h_2 \geqslant h_1/2$的绝缘子。参见type B insulator，insulator。

type area 排印区域 在计算机文字处理中一页印刷平面的高度和宽度。排印区域根据纸张大小和易读性来确定。

type ball 打印球 安装在打印机或打字机打印头上的一个小球，其表面有字符集中的所有字符，小球转动到所需打印文字符与打印纸及色带位置相对时再敲击在纸面上。

type ball typewriter (字模)球形打字机 一种字符装在字模球上的打字机。

type B insulator B型绝缘子 两电极间经由绝缘子外部空气的最短距离（h_1）明显地大于经由固体绝缘材料内的最短击穿距离（h_2）的绝缘子。对于瓷和玻璃绝缘子，通常指$h_2 < h_1/2$的绝缘子。参见type A insulator，insulator。

type checking 类型检查 即类型相容性的检查。类型检查分为静态检查和动态检查两种。静态检查在编译源程序的过程中进行，动态检查则是在目标程序执行中每当做相应的数据操作之前就调用一个子例程做类型检查。可见静态检查不占用目标程序运行时间，只在编译时做一次，是更理想的。但是对一个语言是否可能在编译时进行完全的类型合法性检查有赖于该程序语言的定义（语法和语义定义）。参见type consistency。

type compatibility 类型兼容 在程序设计语言中语言成分之间数据类型的兼容，如在赋值语句中，如果左部变量和右部表达式的类型相同；或者左部变量为实型，右部变量为整型；或者在字符串或字位串类型的情形下，左部变量的类型长度不少于右部表达式类型的长度等均为类型兼容，否则为类型不兼容。

type concept 类型概念 语言中的一个重要概念，理想的类型概念的性质包括：①类型决定了变量或表达式所能取值的集合；②每一个值属于一个且仅属于一个类型；③任何常量、变量或表达式的类型可以从其形式或上下文推断出来，而无需了解运行时计算出来的具体值；④每一种操作要求一定类型的操作数，并且得出一定类型的结果；⑤一种类型的值及其上规定的基本操作的性质可由一组公理阐明;⑥高级语言程序应用类型信息防止或查明程序无意义的结构,并用于确定在计算机中的数据表示和处理方法。

type consistency 类型相容性 (1)判断程序对象(如变量,字面量等)在程序上下文中是否具有类型方面合法性的根据,这通常是语言定义的一个重要方面。(2)用于确定程序中数据操作、传送的类型合法性的一组规则。类型相容性定义应是程序语言定义的一部分,根据它可以判断一个操作(如一次算术运算,一个赋值,一次过程调用的参数传递)是否在类型上是合法的。编译程序的类型检查程序即是根据这些相容性规则做出检查判断的。

type conversion 类型转换 一个对象的类型由一种类型到另一种类型的转换。通常借助类型转换函数来实现类型转换,即所谓显式转换,但也有“自动”进行转换的,即所谓隐式转换。例如在FORTRAN语言中,当赋值语句的右部表达式与左部变量类型不一致时,便自动进行隐式转换。

type declaration 类型说明 程序语言中用于定义用户定义类型的语言结构。一般包含两个部分,分别用于指定所定义类型的名字和描述该类型的数据对象集合。

type definition 类型定义 Ada语言中引入新的唯一确定的类型的语言结构,类型建立的是与基类型可相容的约束定义。

typed language 有类型语言 一个程序语言的程序中每个变量只能取确定类型的数据值,这种语言就称为有类型语言。常见的Pascal、Ada等都是典型的有类型语言。而LISP,APL等语言中不定义变量的类型,一个变量可以取任何种类的数据为值,因此他们是无类型语言。

type equivalence 类型等价 (1)在语义上是完全相同的两个同时有定义的类型。如果类型A与类型B等价,全体A类型对象可以合法出现在程序上下文中换上B类型的对象后也是类型相容的。(2)指两个程序(变量,常量等)的类型等价性。常见类型等价的判断方法是:按名字等价,按结构等价,按说明等价。参见name equivalence,structural equivalence,declarative equivalence。

typeface 字体 (1)某种字模字样,如楷书与隶书是不同的字样。(2)许多字形属性的一种,如大小尺寸、粗细程度等。(3)一种字形集,每一种字形都有同不尺寸或高度的字符集。

type family 字体族 根据某种基本字体变化而形成的各种字体的集合。

type identifier 类型标识符 给予一个说明的类型的名字。

type induction 类型归纳法 描述类型的函数把程序验证任务分解成两个部分,即把验证使用这些函数的程序和验证实现这些定义的函数的程序分开来。把这两方面验证分开的重要技术称为类型归纳法或生成元归纳法。这种技术大量用于证明抽象数据类型或抽象机的不变性质。类似于数学归纳法,这种技术把证明分解成两个步骤:首先,对于对象或抽象机的初始状态证明该性质成立;然后,对每一函数,证明当该性质成立时,函数的一切调用将保持该性质。如果该性质初始成立,并且在每一函数的一切调用前后均成立,则它是不变式。

typematic key 自动重复按键标 一种持续处于按下状态时能重复其功能的键。

typematic key stroke 自动重复键入 重复键入的动作。

type object 类型对象 Windows NT中,一个为一类对象定义公用属性的内部系统对象。每个对象事例指向其相应类型对象的指针。参见object type。

type of duty 工作制的类型 由一种或几种规定了持续时间的恒定工况所组成的典型工作制。

type of resource information 资源信息类型 从不同角度对资源信息进行分类,形成的不同体系类型。

type of service (TOS) 服务类型,业务类型 (1)表示所需服务质量抽象参数的一个指标。(2)IP(网际协议)数据报信头中的一个域,允许发送方指定它所要求的业务类型,包括延迟、通信流量和可靠性等。

type of service routing 业务类型路由选择 根据网络技术特性和最短路径的要求选择路由的一种方法,其数据报中包含有一个业务类型(TOS)请求域,因此要求所用的IP(网际协议)能适应这种路由选择方法。参见type of service (TOS)。

typeover 改写 在字处理中,一种文本输入模式是替代式,以新输入的文本代替原有的文本。

type parameter 类型参数 一个参量化数据类型的参数。

type parameter values 类型参数值 在FORTRAN语言中,一个参量化数据类型的数据实体类型参数的值。

type posture 字模形态 一种字样形状变量,它指出字样是像罗马字体那样垂直的还是像斜字体或草体那样向右倾斜的。

type-safe 类型安全 一种避免出错的编译技术,使编译器查找正确的指针类型。

type size 字模大小 字形的一种属性,图形字符的高和宽或间距的尺寸。

types of programming language 程序设计语言的分类 程序设计语言是一个很大的家族,对他们可以从许多不同角度加以分类。主要有:①依语言与计算机的相关程度把他们分为低级语言(与机器与密切相关的)、高级语言(独立于具体计算机的)、甚高级语言(与计算机的距离更远的)等;②依语言的领域适用范围把他们分成通用语言(支持在各种领域中的程序开发)、专用语言(用于某一专门领域)。专用语言又分为专门支持各个不同应用领域的;③从描述的程序中同时存在的控制流(进程,process)数目分为串行语言、并行语言、并发语言;④从描述计算机的基本方式(计算模型)分为过程语言、函数式语言、逻辑式语言、面向对象的语言、数据流语言等。

type specifier 类型说明 一个数据类型的名字。

type statement 类型语句 用来说明各变量和数组的类型、精度和结构的语句。在 FORTRAN 语言中规定,简单变量不必说明,而以此简单变量标识符的开始字母来区别实型还是整形,如以 I,J,K,L,M,N 开头的标识符将是整型的,而不必事先说明,但也允许用类型语句说明。当某个简单变量在类型语句中被说明时,则上述按开始字母区别实、整类型的规定将失效。

type style 字样 相同字体组合中的字符样式,如“elite”(一种打字机字符尺寸),“pica”(12 点活字,高度约 1/6 英寸)。在一种字样中,它的属性,如形态、粗细程度和宽度等可能是变化的。

type test 型式试验 对按照某一设计而制造的一个或几个器件所进行的试验,以表明这一设计符合一定的标准。

type theory 类型(理)论 有关解释和实现直觉主义的一阶逻辑及各种逻辑系统而建立的理论。该理论的出现使我们有可能形式化地描述在软件工程和人工智能中常遇到的诸如“命题”、“规则”、“变换”、“问题”、“证明策略”等这类高阶概念。而通常的软件开发环境只描述特定的“命题”、具体的“规则”等,都不能刻画这些抽象的概念。类型理论的最新发展将为软件工程和人工智能提供新的开发环境及工具。

type weight 字模重量 字形的多种属性中的一种属性,用于说明图形字符的笔画因精细不同而产生的字样系列的粗细程度。

type width 字(模)宽 字样的基准尺寸,宽度可以用指定单位来度量,如 9 点集,或者它被描述为:超紧缩的、紧缩的、扩展的等。参见 point。

type 0 grammar 0 型文法 也称“短语结构文法”、“不受限文法”或“半图厄文法”。乔姆斯基(Chomsky)文法的一个子类。在 0 型文法的四元组 (V, T, P, S) 中 $V \cap T = \Phi$(空集),且对任何 $\alpha \rightarrow \beta \in P$,都有:$\alpha$ 是 $V \cup T$ 上的字符串,β 是 $V \cup T$ 上的字符串(可以是空串)。0 型文法产生的语言称为 0 型语言,它是递归可枚举语言。0 型语言类恰是图灵机所接受的语言类。

type 0 language 0 型语言 由 0 型文法产生的语言,常记作 $L(G)$。0 型语言是不可判定的。其定义如下:

$$L(G) = \{w \mid S \overset{*}{\underset{G}{\Rightarrow}} W, W \in V_T^*\}$$

其中记号 $\overset{*}{\underset{G}{\Rightarrow}}$ 是关系 $\underset{G}{\Rightarrow}$ 的自反传送闭包。$\underset{G}{\Rightarrow}$ 定义为:对任何串 $\gamma, \delta \in V^*$,若 $\alpha \rightarrow \beta$ 是 P 的一个产生式,则 $\gamma\alpha\delta \underset{G}{\Rightarrow} \gamma\beta\delta$,亦即在 G 中,$\gamma\alpha\delta$ 直接导出 $\gamma\beta\delta$。例如,考虑词条 type 0 grammar 中的例子,因为 $S \underset{G}{\Rightarrow} aSb \underset{G}{\Rightarrow} a^2Sb^2 \cdots\cdots \underset{G}{\Rightarrow} a^nb^n$,则 $L(G) = \{a^nb^n \mid n = 1, 2, \cdots\cdots\}$。

type 1 batch 第一类批处理 一组过程,它使用信息处理系统定义的批处理协议,通过在主机系统与信息处理系统之间的数据链路传送数据。

type 1 grammar 1 型文法 (1)若对文法 $G = (V_N, V_T, P, S)$ 中的每一个产生式 $\alpha \rightarrow \beta$ 有 $|\alpha| \leqslant |\beta|$,式中 $|\alpha|$ 和 $|\beta|$ 分别为 α 和 β 的长度,亦即组成串 α 和 β 的符号个数,则 G 是 1 型文法。1 型文法是可判定的,但是现在没有找到有效的判定方法。(2)也称“上下文有关文法”或“上下文敏感文法(CSG)”,0 型文法的一个子类,满足:对任何一个产生式 $\alpha \rightarrow \beta \in P$,都有 $|\alpha| \leqslant |\beta|$,即字符串 α 的长度小于 β 的长度。

type 1 language 1 型语言 由 1 型文法产生的语言,也称“上下文有关语言”或“上下文敏感语言(CSL)”。任一个 CSL 必是递归语言,但反之不成立。

type 2 batch 第二类批处理 一组过程,它使用 SNA(系统网络体系结构)定义的协议。通过主机系统与信息处理系统之间的数据链路传送数据。

type 2 grammar 2 型文法 也称“上下文无关文法(CFG)”,0 型文法的一个子类,满足:对每个产生式 $\alpha \rightarrow \beta \in P$,都有 α 是单个的非终结符号,β 是任一个字符串。一般的程序设计语言的语法都使用 2 型文法描述。2 型文法是可判定的,且有有效的判定方法。

type 2 language 2 型语言 由 2 型文法产生的语言,也称“上下文无关语言(CFL)”。

type 3 grammar 3 型文法 也称“正则文法”,0 型文法的一个子类,它的每个产生式是下面两种形式之一

$$X \rightarrow aY \text{ 或 } X \rightarrow a$$

其中 $X, Y \in V, a \in T$。由 3 型文法产生的语言叫 3 型语言,或正则语言,作为集合称为正则集。

type 3 language 3 型语言 由 3 型文法产生的语言。3 型文法也称“正则文法”,所以也称“正则语言”。正则语言类恰好是有限自动机所接受的语言类。

typing 归类 给定数据所属数据的分类。它限定对该数据的执行过程。分类用文件说明类型的预期特性,并把这种特性传送给这种类型的设计人员和用户。

typing line **打印线** 一条设想的线，大小写字母(不包括下标)的底部都在这条线上整齐排列。参见 writing line。

T&F **测试和完成** test and finish 的缩写。

T&L **(多边形)转换与光源** transform and lighting 的缩写。

T&WD **时分和波分** time and wavelength division 的缩写。

T1 carrier **T1 载体** 由 AT&T 开发的用于在广域网上以 1.544 Mbps 传输数据的通信载体。一条 T1 信道可以同时加载 24 条语音信道。每个信道使用时分多路复用(TDM)的脉冲编码调制(PCM)信号，总速率可到达 1.544 Mbps。T1 线最初使用铜线，但是现在还可以使用光纤和无线媒质。

T1 multiplexer **T1 多路器** 把 1.544 Mbps 的 T1 带宽分成 24 个分离的数字化数据或话音的 64 kbps 信道的统计多路器。

T1 small aperture terminal (TSAT) **T1 小口径终端** 能够管理 1.544 Mbps 数据传输率的用于数字通信的小型卫星终端设备。

T1 standard **T1 标准** 也称“数据信号 1”(DS1)，是一种数字数据传输标准。T1 可提供 24 路 64 kbps 的信道，数据传输率为 1.544 Mbps。T1 标准的数据帧是 193 位的长度，由 24 路 8 位的话音采样和一个同步位组成。每秒传输 8 000 帧。当 T1 服务使用单个或几个 64 kbps 通道时，称为部分的 T1。

T2 carrier **T2 载体** 提供达到四个 T1 传输带宽的信道的长距离点到点的通信载体。T2 提供 96 个 64 kbps 的信道，总带宽为 6.3 Mbps。

T3 carrier **T3 载体** 提供达到 28 个 T1 传输带宽的信道的长距离点到点的通信载体。T3 提供 672 个 64 kbps 的信道，总带宽为 44.736 Mbps，通常采用光缆。参见 T-carrier。

T3 standard **T3 标准** 也称“数据信号 3”(DS3)，一种高速数据传输标准。T3 将 28 个 DS1 信号分为七个独立的 DS2 信号进行多路传输，并将 DS2 信号组合成一个 DS3 信号。T3 数据传输率为 43.736 Mbps。参见 T1 standard。

T. 30 standard **T. 30 标准** 企业计算机电话论坛(ECTF)制定的 T. 30 传真标准，为控制传真文档图像的传输提供了协议。

T. 37 standard **T. 37 标准** 国际电信联盟(ITU)为存储转发传真通信制定的全模式标准。此标准是以因特网工程任务组(IETF)的规范 RFC 2305 和 RFC 2301 为基础的，RFC 2305 确立了 IP(网际协议)传真协议规范，而 RFC 2301 定义了标准的文件格式。

T4 carrier **T4 载体** 提供达到 168 个 T1 传输带宽的信道的长距离点到点的通信载体。T4 载体提供 4 032 个 64 kbps 的信道，总带宽为 274.176 Mbps，可用于数字化的话音和数据传输。参见 T-carrier。

T

U

UA (1)未编号应答 unnumbered acknowledgment 的缩写。(2)用户代理 user agent 的缩写。(3)用户区 user area 的缩写。

UACC 通用访问授权 universal access authority 的缩写。

UADS 用户属性数据集 user attribute data set 的缩写。

UADSL 通用不对称数字用户线路 usual asymmetric digital subscriber line 的缩写或 universal asymmetrical digital subscriber line 的缩写。

UAE 不可恢复的应用程序错误 unrecoverable application error 的缩写。

UAL 用户接入线路 user access line 的缩写。

UAM 用户验证方法 user-authentication method 的缩写。

UAN 用户接入网 user access network 的缩写。

UART 通用异步收发器 universal asynchronous receiver/transmitter 的缩写。

UART controller UART 控制器 在异步串行口中，数据输入和输出线是连在一个通用异步接收/发送(UART)电路上。这个 UART 电路负责将串行的数据位流转换成 8 位的并行数据。8 位的字符从数据输入线上传来后存放在一个缓冲区内待处理，然后进行差错检测以保证字符完整性。最后清除接收标志，表示上一个字符已正确收到。参见 universal asynchronous receiver/transmitter (UART)。

UART function UART 功能 标准的 UART(通用异步收发器)由三个部分组成：一个接收器、一个发送器和一个控制器。接收器有一个串行输入和一个时钟输入，支持一个 8 位并行输出。发送器有一个 8 位带时钟的并行输入口和一个串行输出线。控制部分负责接收来自处理器的控制信号并完成相应的操作。参见 universal asynchronous receiver/transmitter (UART)。

UART simulator program 通用异步收发器仿真程序 通用异步收发器(UART)是一种微型计算机接口电路，其复杂程度相当于一台典型的 4 位微型计算机，但功能相当于 8 位微型计算机执行的程序。系统程序将字符并行传送给 UART 仿真程序，犹如是一个硬件 UART。参见 universal asynchronous receiver/transmitter (UART)。

UAS (1)用户账户子系统 user accounts subsystem 的缩写。(2)不可用秒 unavailable second 的缩写。

UAT 用户验收测试 user acceptance testing 的缩写。

UATI 单播接入终端标志 unicast access terminal identifier 的缩写。

UAWG 通用非对称数字用户线工作组 universal asymmetric digital subscriber line working group 的缩写。

UBA 解除阻塞确认消息 unblocking acknowledgement message 的缩写。

U band U 波段 频率范围在 470 ～ 798 MHz 的电磁波频段。

UBHR 用户(信息)块处理例行程序 user block handling routine 的缩写。

ubiquitous computer 无处不用计算机 人们为了探讨新技术发展而提出的计算机。计算机体积上将大大缩小，融入人类生活的各个角落，如安装到电灯开关、立体声收音机或恒温器内，与人类生活紧密地联系在一起，成为密不可分、无处不在，而外表上又看不见、摸不着的东西，或者成为视而不见的东西。只有这样，计算机技术才能真正成为融入人类生活之中的新技术、新方法和新途径。

ubiquitous network 泛在网 可随时随地供给人使用，让人享用无处不在服务的网络，其通信服务对象由人扩展到任何东西。泛在网以无所不在、无所不包、无所不能为基本特征，以实现在任何时间、任何地点、任何人、任何物都能顺畅地通信为目标。

UBM 海底分路复用器 undersea branching multiplexer 的缩写。

UBR 未指定比特率 unspecified bit rate 的缩写。

UBS 单位退格字符 unit backspace character 的缩写。

UC 用户命令 user command 的缩写。

UCAID 先进因特网技术开发大学联盟 University Corporation for Advanced Internet Development 的缩写。

UCC 万国版权公约 universal copyright convention 的缩写。

UCD 均匀呼叫分布 uniform call distribution 的缩写。

UCDOS UCDOS 汉字操作系统 由北京希望电脑公司于 1993 年 9 月推出，运行环境是 DOS(磁盘操作系统)。后来又推出 UCDOS 6.0 版，此版本提供了以下 15 种汉字输入法：区位码、全拼、简拼、双拼、智能全拼、智能双拼、普通码、大众码、电报码、自然码、英中、简体仓颉、繁体仓颉、五笔画和五笔字型。

UCF 实用程序控制设施 utility control facility 的缩写。

UCOF 欠补偿光纤 under compensated optical fiber 的缩写。

UCS 通用字符集 universal character set 的缩写。

UDC 通用[国际]十进位分类法 universal decimal classification 的缩写。

UDDI 通用描述、发现与集成 universal description, discovery, and integration 的缩写。

UDDS 用户定义的数据流 user-defined data stream 的缩写。

UDF 通用磁盘格式 universal disk format 的缩写。

UDL 统一数据库语言 unified database language 的缩写。

UDLC 通用数字环路载波 universal digital loop carrier 的缩写。

UDP 用户数据报协议 user datagram protocol 的缩写。

UDR 用户目标路由选择 user destination routing 的缩写。

UDS 实用程序定义说明 utility definition specifications 的缩写。

UDT 统一数据传输 uniform data transfer 的缩写。

UDVM 通用数据语音多路复用 universal data voice multiplexing 的缩写。

UE (1)漏检错 undetected error 的缩写。(2)均匀编码 uniform encoding 的缩写。(3)用户体验 user experience 的缩写。

UECB 用户退出控制块 user exit control block 的缩写。

UFI 上游失效指示 upstream failure indication 的缩写。

UFP 实用设施程序 utility facilities program 的缩写。

U frame 未编号帧 unnumbered frame 的缩写。

UFRM 上拉(棒)法 updraw forming rod method 的缩写。

UGB 实用服务任务全局块 utilities services task global block 的缩写。

UHF 超高频 ultra high frequency 的缩写。

UI (1)未编号信息 unnumbered information 的缩写。(2)用户接口(界面)user interface 的缩写。(3)解锁指令 unlock instruction 的缩写。

UIC 用户标识码 user identification code 的缩写。

UIDS 用户界面开发系统 user interface development system 的缩写。

UI frame UI 帧 高级数据链路控制(HDLC)中的一种无编号信息帧,用于进行不加编号的信令传送。UI 帧没有流控制或差错恢复功能。

UIM 用户识别模块 user identity model 的缩写。

UIM card tool kit (UTK) UIM 卡开发工具包,UTK 卡 一种手机智能卡。UTK 卡上包含一组指令,可运行卡内的小应用程序,实现增值服务的目的。

UIMS 用户界面管理系统 user interface management system 的缩写。

U-interface U 接口 U 接口就是 U 参考点定义的接口,ISDN(综合业务数字网)业务中,用来连接 T 接口与中心局干线的一个接口。U 接口使用 HJ11 插头的中间两芯,且无极性。

UIP (1)均匀折射率分布 uniform index profile 的缩写。(2)用户接口程序 user interface program 的缩写。

UIPF 均匀折射率分布光纤 uniform index profile fiber 的缩写。

UL 保险商试验室 underwriter, s laboratories Inc. 的缩写。

ULA 自由逻辑阵列 uncommitted logic array 的缩写。

ULHOT 超长光传输 ultra long haul optical transmission 的缩写。

ULP 较高层协议 upper-layer protocol 的缩写。

ULSI 特大规模集成电路 ultra large scale integration 的缩写。

ultimate destination 最终报宿 网络通信中分组到达的最终目的地。两个计算机通过网络通信,实际的最终报宿是进行通信的各自进程。但是用进程表示通信连接的最终报宿有很多困难,实际用所谓协议口表示最终报宿。协议口是传输协议在一个指定计算机系统中区分多个目标的抽象概念。TCP/IP(传输控制协议/网际协议)用一个小正整数定义协议口。有些协议口专门留给某些标准服务,如电子邮件。

ultimate sink 终端散热器 一种起散热作用的计算机配件,可用它来降低机器的内部温度。它是计算机机柜内的散热器的最后一级,一般用空气、水或氟里昂作为散热媒体。

UltraBook 超极本 美国 Intel 于 2012 年推出的笔记本电脑,超极本集成了平板电脑的应用特性与 PC(个人电脑)的性能,超轻薄、高性能、低功耗是超极本的主要特点。

ultra clean technology 超净技术 在 LSI(大规模集成电路)加工制造中,附着于硅晶片的微粒杂质等表面污染物,会降低器件的特性。为提高 LSI 的成品率和可靠性,必须把这些表面污染物从加工周围的气氛和硅晶片表面除去,实现完全净化控制的加工环境,实现这样的环境的技术称为超净技术。超净技术包括实现不污染硅晶片表面的加工环境的防污染技术,使受污染硅片净化的硅片净化技术以及评价净化度的评价技术。

ultra-clear coating　超清晰涂层　荧光屏上一种透明的多薄膜复合涂层。它不但大幅度地吸收并降低反射光的干扰，而且减少了图像投射光线的变形，大大增强图像对比度和艳丽度。这种涂层对图像的亮度、清晰度、抗反射和抗闪烁性能均有很好效果，且机械强度较佳。

UltraComputing　超(高)级计算　由 Sun 公司基于 64 位 UltraSPARC 芯片的将视算功能硬件化的桌面式计算机技术，突出了网络技术，是集 Ultra 工作站/服务器以及因特网产品 Java、HotJava、Solstice 网络管理方案等为一体的完整网络计算结构的总称。超级计算系统采用的技术主要包括：超级端口结构(UPA)、视算指令系统 VIS、3D-RAM、Creator Graphics、快速以太网等，与 Solaris 环境下开发的应用软件完全兼容。系统产品包括 Ultra1/Ultra2 工作站系列、UltraServer1/UltraServer2 服务器系列。

ultra dense wavelength division multiplexer (UDWDM)　超密集波分复用　用波长间隔 0.2 nm 以下(相应频率间隔小于 25 GHz)的波分复用。UDWDM 通过减小波长间隔，使得在一条光纤中增加了复用波道，提高了光纤容量。

ultra DMA/33 protocol　超 DMA/33 协议　基于直接存储器存取(DMA)技术的数据传输协议，用于在硬盘驱动器和计算机的 RAM(随机存取存储器)之间传输数据。该协议是由 Quantum 和 Intel 提出并在 1997 年开始广泛采用的 IDE(集成驱动器电路)硬盘接口协议，并逐渐被其他硬盘厂商接受，成为了事实上的标准。由于它是继 ATA(先进技术附加接口)及 ATA-2 之后出现的，所以也称"ATA-3"或"Ultra ATA"。它的最大特性是利用了硬盘上的 DMA 控制器，使硬盘在数据传输过程中避免 CPU 的过多干预，并且让 IDE 时序中时钟脉冲的正负两相同时工作，使其效能较以往单相工作的 ATA-2 硬盘提高一倍，也就是其数据传输率从 16.6 MBps 提高到 33 MBps，同时也增强了数据传输的完整性。不过，它已被数据传输率翻了一倍的 ultra DMA/66 协议所取代。参见 advanced technology attachment (ATA), direct memory access (DMA), integrated device electronics (IDE)。

ultra DMA/66 protocol　超 DMA/66 协议　该协议是替代超 DMA/33 新一代 IDE(集成驱动器电路)设备接口规范，特点是把 IDE 接口的理论传输速率(即外部数据传输速率)提高到 66 MBps，并进一步改进信号的时钟边沿特性，使用循环冗余检验(CRC)技术以提高数据读写的可靠性。超 DMA/66 向下兼容超 DMA/33，即主板和硬盘上的 IDE 接口仍为 40 针，区别是超 DMA/66 硬盘须使用新的 80 芯扁平电缆。

ultrafine wire　超细导线　导线尺寸范围为美国导线标准的第 47 号到第 60 号。

ultra high frequency (UHF)　超高频　根据 IEEE 521-1976 规定，该频率在 300 MHz ～ 3 GHz，相应波长分别为 100 ～ 30 cm。地面上广播电视波段为 470 ～ 890 MHz。

ultra high voltage (UHV)　超高压　1 MV 以上的电压。

ultra large scale integration (ULSI)　特大规模集成电路　1993 年随着集成了 1 000 万个晶体管的 16M FLASH(闪存)和 256M DRAM(动态随机存取存储器)的研制成功，进入了特大规模集成电路的时代。参见 integrated circuit (IC), large scale integration (LSI), very large scale integration (VLSI)。

ultra long haul optical transmission (ULHOT)　超长光传输　不采用电再生中继的全光传输。由于减少了光/电转换次数，并且可以利用光纤丰富的带宽资源，超长光传输传输技术大大降低了长距离传输的成本，同时系统的可靠性和传输质量都得到了保证。在超长光传输解决方案中，喇曼放大器、色散补偿、前向纠错(FEC)、调制方式等是关键技术。

ultra LSI　特大规模集成电路　ULSI 的另一种写法。

ultra mobile broadband (UMB)　超移动宽带　UMB 系统是以 OFDMA(正交频分多址)技术为基础、专门针对无线移动环境和实时应用优化的移动无线宽带系统。超移动宽带使用自适应编码调制、HARQ(混合自动重发请求)以及 QoS(服务质量)控制机制，结合了 CDMA(码分多址)、TDM(时分多路复用)、LDPC(低密度奇偶校验码)等技术，同时引入了基于 MIMO(多输入多输出)、SDMA(空分多址)和 Beamforming(波束成形)等多天线技术，使系统可以达到更高传输效率。

ultra SCSI　超小型计算机系统接口，超 SCSI(标准)　ultra small computer system interface 的缩写。

ultra short wave　超短波　波长短于 10 m(频率大约 30 MHz)的无线电波。波长短于 30 cm(频率大于 1 GHz)的称为微波。

ultra small aperture terminal (USAT)　超小孔径终端　天线直径小于 1.2 米的一种卫星地面站。

ultra small computer system interface (Ultra SCSI)　超小型计算机系统接口，超 SCSI(标准)　1995 年推出的 SCSI(小型计算机系统接口)标准的一种扩展，也称"SCSI-3"。根据使用的频率和总线插槽分为三种类型：①快速 SCSI-3，使用 8 位并行传输，提供 40 MBps 的最大外部数据传输率；②宽带 SCSI-3，使用 16 位并行传输，提供 40 Mps 的最大外部数据传输率；③快速宽带 SCSI-3，提供 80 MBps 的最大外部数据传输率。参见 small computer system interface (SCSI)。

ultrasonic　超声　泛指信号、设备或有关现象所涉及的频率恰好高于人耳能够听见的频率范围，或高于 20 kHz。

ultrasonic bonding **超声波焊接** 一种利用超声波振动的能量和压力进行焊接的方法。它不产生热量，主要用来焊接细小的物件，如集成电路的引线。

ultrasonic cleaning **超声波清洗** 将物体浸在有超声波作用的液体中进行清洗。

ultrasonic communication **超声通信** 通过在船上或潜水艇上键控回声定位声呐的声音输出，或利用独立的超声发射器在水中进行通信。

ultrasonic delay line **超声延迟线** 利用声波的传播速度比电磁波约慢六个数量级的特点而设计的一种延迟线。

ultrasonic frequency **超声频率** 在声频范围以上的频率，通常为 20 kHz 以上频率。该术语一般用于气体、液体或固体中传播的弹性波。

ultrasonic generator **超声波发生器** 一种产生超声波的设备，如石英晶体、陶瓷换能器、超声空气喷嘴、磁致伸缩振荡器。

ultrasonic holography **超声全息** 利用两超声波间的干涉图案重现透明物体内部图像，可用于摄影。

ultrasonic light diffraction **超声波光衍射** 一束光通过纵向超声波场时形成的光学衍射谱。超声波场中光折射产生的周期变化导致了衍射的形成。

ultrasonic light modulator **超声波光调制器** 利用超声波对通过液体的光束产生作用的光调制器。

ultrasonic memory **超声存储器** 利用超声脉冲在水银管或镍线等延迟线中的延迟作为数据存储的一种装置。

ultrasonic modulation cell **超声调制元件** 被频率调制的图像信号产生的纵向超声波作用的频率调制激光束元件。超声波按频移将入射光分成各种排列次序。超声调制元件可以向电视监视器发送图像的光电探测器传输信息。

ultrasonics **超声学** 有关 20 kHz 以上的声波和振动的学科，是声学的一个分支。

ultrasound **超声** 频率超过 20 kHz 的声波，人耳不能听见。

ultrasound tomography **超声断层成像** 计算机根据接收的扫描超声回波信号，重建被探查的人体组织和器官的断层图像的技术。其基本原理是：超声波束进入人体后，由于人体内部不同组织和器官的超声性质互不相同（如对超声波的吸收特性、反射特性和声速等不同），或者同一器官处于不同生理状态或发生病变时其超声性质也有变化，因而超声回波信号中就携带着表征人体组织和器官的情况的信息，利用换能器接收回波信号，然后送入计算机处理，经过计算机计算出人体组织断层上超声性质的分布图（如超声速度和衰落值的分布图），就可重建出人体组织和器官以及病变部位的断层图像。从 20 世纪 70 年代起，基于这一原理的各种超声诊断装置发展很快，它可无创伤、无放射危害地检查人体内部几乎所有的器官和组织，尤其适合检查运动目标和软组织。如肝、心脏、腹腔、前列腺、胎儿、血流图等，是一种用途非常广泛的医疗诊断服务。

UltraSPARC **UltraSPARC 处理器** 由 Sun 微系统公司于 1994 年 9 月推出的 64 位 SPARC 处理器结构，增加了图像处理的各种功能，为可联网系统提供多媒体和数据移动功能。对于 MPEG（活动图像专家组）解压缩算法，它一次能对 8 个像素进行操作，可应用于电视会议等系统中。其高标量和高数据吞吐率设计，可使其按最高为 1.3GBps 的速率移动数据。逻辑单元包括两个整数单元、两个浮点/图形加法单元、两个浮点/乘法单元、一个除法/开平方单元、一个转移以及一个装入/存储单元。有 16 KB 的指令 cache 和 16 KB 的数据 cache。能同时进行两个 MPEG-2 去压缩操作和视像操作，能达到每个周期从第二级外部高级缓存中取一次数据的连续取数速度，芯片采用 TI 公司的 0.5 μm CMOS（互补金属氧化物半导体）、四层金属镀膜工艺制作，工作电压为 3.3 V。

UltraSPARC port architecture (UPA) **UltraSPARC 端口结构** 一种延迟小、带宽高的纵横交换方式的端口结构，是 UltraComputing 系统结构的基础。它比传统计算机中的总线结构提供更宽的存储器通路和输入输出通路，允许在处理器、存储器和图形子系统之间同时进行数据传输，使计算机系统能够连接高速网络。参见 UltraComputing。

UltraSPARC-Ⅱ **UltraSPARC-Ⅱ 处理器** 由 Sun 微系统公司于 1996 年发布的 UltraSPARC 的第二代产品，传输速度可达 1.6 GBps，内含 540 万只晶体管。

UltraSPARC-Ⅲ **UltraSPARC-Ⅲ 处理器** 是 Sun 微系统公司于 1999 年 6 月推出的 64 位微处理器，它采用 0.18 μm 工艺制造，配备了 8 MB 的二级高速缓存，有 600 MHz 和 750 MHz 两种型号。UltraSPARC-Ⅲ提供了重要的多处理技术，能兼容前一版本 SPARC 芯片的 32 位和 64 位软件。

ultrastrong magnetic field **超强磁场** 采用超导技术产生的 5T 特斯拉（Tesla）以上的磁场，同时也包括采用脉冲技术、或者混合磁体技术或者超高功率电磁铁技术产生的超高强磁场。

ultraviolet (UV) **紫外辐射** 波长比可见光辐射短的光辐射，即波长约 10 ～ 400 nm 的光辐射。

ultraviolet **紫外线** 一种看不见的射线，波长小于 400 nm。

ultraviolet curable coating (UVCC) **紫外光固化涂层** 在紫外光照射下能迅速交联固化成膜，涂覆在光纤表面的一种聚合物涂层，通常作为光纤的一次涂覆层或缓冲层，具有良好的透光性。

ultraviolet degradation **紫外线变坏** 由于长期被阳光或其他短波射线的照射而使材料的绝缘性能

破坏。

ultraviolet-erasable 可用紫外线擦除的 用于描述可擦除只读存储器 EROM(可擦写只读存储器)或 EPROM(可擦写可编程序只读存储器)的一种特性。这些集成电路通过在绝缘栅上存储电荷来编程的,用紫外线照射可使电荷漏失,从而擦去存储的信息。

ultraviolet erasing 紫外线擦除 通过在紫外线下曝光,消除可擦除只读存储器芯片上的信息。

ultraviolet light 紫外光 一种人眼看不见的光线,它位于可见光谱的紫外区的外侧,被称为紫外光或紫外线,是波长 10 ～ 400 nm 的电磁辐射线。

ultra wideband (UWB) 超宽带 一种不用载波,而采用时间间隔极小(纳秒级)的脉冲进行通信的方式。UWB 工作原理不同于传统无线通信技术。它是用发送脉冲信号传送声音和图像,每秒可发送多至 10 亿个代表 0 和 1 的脉冲信号,这些信号被分散在一个很宽的波谱范围内,在任何一个频段,UWB 脉冲信号的功率都十分低,因此它们似乎仅仅是一些背景噪音,不会对其他信号产生任何影响。美国联邦通信委员会(FCC)在 2002 年 2 月 14 日批准了民用的超宽带无线技术。它不需要使用传统通信体制中的载波,而是通过发送和接收具有纳秒或纳秒级以下的极窄脉冲来传输数据,从而具有 GHz 量级的带宽。超宽带技术解决了困扰传统无线技术多年的有关传播方面的重大难题,开发了一个具有千兆赫兹容量和最高空间容量的新无线信道;它还具有对信道衰落不敏感、发射信号功率谱密度低、被截获与检测的概率低、定位精度高等优点。根据 FCC 的规定,从 3.1 ～ 10.6 GHz 之间的 7.5 GHz 带宽频率都将作为 UWB 通信设备所使用。但出于对现存无线系统影响的考虑,UWB 的发射功率被限制在 1mW/MHz 以下。超宽带又被称为脉冲无线电(IR)。参见 impulse radio (IR)。

ultra wideband optical amplifier (UWOA) 超宽带光放大器 一种可用带宽达 80 nm 的光放大器,可以对单根光纤中多达 100 路波长信道的信号进行放大。

ultra wide SCSI 超宽小型计算机系统接口,超宽 SCSI(标准) ultra wide small computer system interface 的缩写。

ultra wide small computer system interface (ultra wide SCSI) 超宽小型计算机系统接口,超宽 SCSI(标准) SCSI(小型计算机系统接口)标准的一种扩展,将 SCSI 的传输速率提高为原来的 2 倍,16 位通道宽度,传输速率 40 MBps。参见 small computer system interface (SCSI)。

ultra 160/m protocol 超 160/m 协议 该协议是以 SCSI(小型计算机系统接口)为基础,传输速率高达 160 MBps。超 160/m 利用了请求/回应信号的上升沿和下降沿来定时数据信号,这种双重转换定时技术把 SCSI 总线上的数据时钟频率从 40 MHz 提高到了 80 MHz,从而使得数据传输速率提高了一倍,在 16 位宽度下达到了 160 MBps。为了在高速率下保证数据传输的正确性,超 160/m 除了循环冗余检验(CRC)技术外,还引入域确认技术,硬盘可以自动侦测存储系统的硬件配置及工作状况,并根据需要调整传输模式,以提高传输过程中的可靠性。参见 small computer system interface (SCSI)。

ultra 160 SCSI 超 160 小型计算机系统接口 也称"ultra 3 SCSI LVD",它在完全支持以前 SCSI(小型计算机系统接口)设备的同时,采用了双转换时钟控制、循环冗余码校验和域名确认等新技术。双转换时钟控制在不提高接口时钟频率的情况下使数据传输率提高了一倍,其最高数据传输率可达 160 MBps。它提供的双边界时钟方案允许数据和时钟运行在 400 Hz 的频率。作为成熟的 SCSI 技术,超 160 SCSI 还集成了低压差分技术(LVD)。LVD 具有单端(SE)技术降低费用的特点,还能够抵抗高压差分技术(HVD)设计中的信号噪声和低电位漂移。

ultra 2 SCSI 超 2 小型计算机系统接口,超 2 SCSI(标准) 1997 年推出的 ultra 2 SCSI 也称"Fast-40 标准版本",其数据通道宽度仍为 8 位,但其采用了低压差分(LVD)传输模式,传输速率为 40 MBps,允许接口电缆最长为 12 米,大大增加了设备的灵活性,支持同时挂接 15 个装置。参见 ultra small computer system interface (ultra SCSI)。

ultra 320 SCSI 超 320 小型计算机系统接口 也称"ultra 4 SCSI LVD",是比较新型的 SCSI(小型计算机系统接口)标准。ultra 320 SCSI 除了支持异步和同步两种传输模式外,引入了调步传输模式,在这种传输模式中,简化了数据时钟逻辑,使 Ultra 320 SCSI 的传输速率可以达到 320 MBps。

UMA (1)统一内存体系结构 unified memory architecture 的缩写。(2)上位内存区 upper memory area 的缩写。(3)非授权移动接入 unlicensed mobile access 的缩写。

umacro 通用宏指令 系统适配器、I/O 适配器或为其他存取方法服务处理机和主机支持的可编程存储系统提供存取方法服务的正文处理机使用的一种子例程。

UMB (1)上位内存块 upper memory block 的缩写。(2)超移动宽带 ultra mobile broadband 的缩写。

UMD 通用媒体光碟 universal media disc 的缩写。

UME (1)用户网络接口管理实体 user network interface management entity 的缩写。(2)用户网络接口管理实体 UNI management entity 的缩写。

UMI 用户机器接口 user machine interface 的缩

写。

UML 统一建模语言 unified modeling language 的缩写。

U-mode record U 方式记录 COBOL 语言中的一种未规定长度的记录。这种记录的长度可以改变，也可以固定，且在每个字块中允许包含一个这样的记录。

UMS (1)无人化制造系统 unmanned manufacturing system 的缩写。(2)统一消息(传送)系统 unified messaging system 的缩写。

UMTS 通用移动通信系统 universal mobile telecommunication system 的缩写。

UMTS terrestrial radio access network (UTRAN) UMTS 陆地无线接入网 UTRAN 结构的基本特征是信令网和数据传输网在逻辑上分开；使用的寻址方式将和传输功能的寻址方式无关；宏分集(FDD 模式)的处理完全在 UTRAN 内；定义 UTRAN 接口时，通过接口的功能划分应有尽量少的可选项。系统接入是 UMTS 用户连接到 UMTS 以便使用 UMTS 业务的方法。用户系统接入的发起者即可以是移动端，也可以是网络端。参见 universal mobile telecommunication system (UMTS)。

UNA 上游相邻(节点)地址 upstream neighbor's address 的缩写。

unaddressable storage 不可寻址存储器 在某些计算机系统中，当前还未分配段寄存器的那些物理存储块。同 unmapped physical storage。

unallocated logical storage 不可分配逻辑存储器 在某些计算机系统中，不能由段寄存器映射的逻辑存储器。参见 unallocated physical storage。

unallocated physical storage 不可分配的物理存储器 在某些计算机系统中，不能由段寄存器映射的物理存储器。比较 allocated physical storage。

unallowable character 非法字符，禁用字符 不能作为有效信息来接受的字符或数字组。参见 forbidden character code。

unallowable code check 非法代码校验 一种自动校验方法。用于校验非法代码表达式的出现。

unallowable digit 不允许的数字 不能被计算机或程序所接受的字符或数字。

unallowable instruction check 非法指令校验 (1)在指令译码器中，检查指令码是否属于计算机所使用码组的检查过程。非法指令校验为禁用组合校验的一种。(2)一种对指令的合法性进行校验的技术。如：指令中是否有非法字符，所键入指令的环境是否正确等。

unallowable instruction digit 禁用指令字 不为机器或专用例行程序所接受的字或位组，或未被认为能有效表示信息的字符或字节。禁用指令字通常会被测试出来，以指出机器发生的故障。禁用指令字也称"非法指令字"。

unambiguous Turing machine (UTM) 无歧义图灵机 一种对于每个可能的输入串至多有一个可接受计算的非确定型图灵机。

unary Boolean operator 一目布尔算符 一种对布尔表达式的值求反的算符。这种算符位于布尔变量之前，亦可放在括在括号内的布尔表达式之前。

unary expression 一元表达式 一个包含单一操作数的表达式。

unary message 一元消息 无自变量的消息。只含一个自变量的消息称为二元消息。有 $n-1$ 个自变量的消息称为 n 元消息 。

unary operation 一元运算 对一个且仅对一个运算数进行的一种运算，如逻辑非，开方等。

unary operator 一元运算符，单目运算符 (1)只具有一项的算术运算符，可用于取绝对值、再定位，其算术表达形式是：正(+)、负(−)。(2)COBOL 语言中的一种算术运算符。它放在简单变量、文字或用括号括起来的算术表达式的前面。其中正号(+)表示用+1 倍乘后边的变量、文字或表达式；负号(−)表示用−1 倍乘后边的变量、文字或表达式。(3)在 Pascal 中，一个代表只需要一个操作数的操作符，如"NOT"。比较 binary operator。

unary predicate calculus 单谓词演算 若在二阶谓词演算中，只允许使用普通常量和普通变量，命题常量和命题变量，以及单变元的谓词函数和谓词函数变量，但不许使用其他的函数或函数变量，则称为单谓词演算。已经证明，单谓词演算的判定问题是可解的。

unassign 取消赋值 在远程资源应用中，从网络的一个共享的资源中释放一个局部设备名。

unassigned cells 未赋值信元 在 ATM(异步传输模式)网络中，一个由标准虚拟路径标识符和虚拟通道标识符的值标识的信元。这种信元不带有应用程序使用 ATM 层服务的信息。

unattended dial office 无人值守拨号局 只在需要维修和例行测试时才需人员的小型自动中心电话局。

unattended file transfer 无人值守文件传送 通信程序的一种特性，能完成无人值守方式的消息传送与接收。

unattended mode 无人照管方式 一种没有操作员工作的方式。在系统生成时就指定了无操作员工作站。

unattended operation 无人照管操作 一种机器全自动操作方式。在整个操作过程中无需人为的操作介入。

unattended time 无人照管时间 机器停止运行时所占用的时间。主要指机器发生故障后等待修理所需的时间。

unauthorized access 未授权访问 对计算机的一种非法侵入。

unauthorized APPN end node 未授权 APPN 终点节点 一个没有授权提供有关自身网络节点服务器信息的 APPN(高级对等联网)终点节点,终点节点的授权状态是系统在网络节点服务器中定义的,如果一个终点节点是未授权的,这个网络节点服务器必须在允许该节点穿透 APPN 网络之前验证所有来自该节点的信息的正确性,这样保护 APPN 网络不受潜在的来自网络节点服务器的危害。对应于 authorized APPN end node。

U

unavailability 不可用性 在给定的瞬时或在给定的时间间隔内,假定所需外部条件得到满足,产品(装备)在规定的条件下处于不能执行所需功能的状态的概率。

unavailable choice 不可选项 窗口中由于某种原因而使用户不能选择的选择项。对应于 available choice。

unavailable emphasis 不可选强调 窗口中的一个可见的提示,向用户显示哪个选择项不能选择。参见 graying。

unavailable second (UAS) 不可用秒 不可用期的秒数。

unavailable time 不可用时间 从用户的观点出发,功能部件不能使用的时间。

unbalanced configuration 不平衡配置 带有一个主站和多个从站的 HDLC(高级数据链路控制)配置。

unbalanced data link 不平衡数据链路 一条不平衡数据链路包含两个或多个数据站,数据链路上称为主站的数据站负责组织数据流,并负责处理不可恢复的数据链路层差错情况。主站发送的帧为命令帧,数据链路上其他的数据站称为次站,次站发送的帧为响应帧。次站向主站报告传输状态信息,参与部分信道管理工作。对应于 balanced data link。

unbalanced error 不平衡(非平衡)误差 一组误差值中出现的不均衡现象。其特点是:最大误差值和最小误差值的符号不一定相反,大小也不等,即所有的误差平均值不等于零。也就是说,误差值更倾向于偏离基准值的某个方向。

unbalanced line 不平衡线路 一种传输线路,它的两根导线对地电平和阻抗特性不同,如同轴线,一条是信号线,另一条是地线。比较 balanced line。

unbalanced merge sort 不平衡归并分类 一种外部归并分类方法。对由内部分类建立的分类子集不均等地分布在一些可用的辅助存储器中,不平衡归并分类法就是要将子集归并到剩下的存储器中,并反复这个过程,直到所有的项都归并到一个分类集中为止。

unbalanced output 非平衡输出 两个输入端中的一个具有基本为接地电势的输出。

unbalanced to ground (对地)不平衡状态 在双线线路上的一种阻抗状态,即一条线对地的阻抗与另一条线对地的阻抗不同。比较 balanced to ground。

unbalanced transmission 不平衡传输 数据通信中,每一路信号各用一根专用线,合用一根公用回线的传输技术。

unbalance protection for a capacitor bank 电容器组的不平衡保护 对电容器组各部分之间的电流差或电压差敏感的保护装置。

unbiased partitioning 无偏划分 将存储区分成相等的部分或给每个程序分配相同的存储器的一种划分方式。

unbinding 拆(除捆)绑 从网卡或局域网上去掉通信协议的一个过程。

unblanking pulse 启通脉冲 加在阴极射线管的栅极或阴极的脉冲,以便在一定时间内接通电子束,通常是一次扫描时间。

unblocked 未分块的 将用户数据消息作为一个整体处理或传送,未分成块。

unblocked record 未成块记录 一个实体记录是实际从装置读出或写入的信息单元。一个逻辑记录是从用户的观点,视为一个单元的数据集合。当每个实体记录正好包含一个逻辑记录时,便把这个文件称为由未成块记录所组成。

unblocking acknowledgement message (UBA) 解除阻塞确认消息 表示已消除话路阻塞或交换数据电路阻塞的一个应答消息,用来清除线路占用状态或阻塞状态。

unbound control mode 未配联控制方式 在某些计算机系统,一种未与其执行环境配联但已解决交叉引用的一种控制方式,未配联模块包含在 CM(控制模块)数据集中。

unbounded-buffer problem 无界缓冲区问题 具有不确定数目缓冲区的生产者/消费者问题。系统总是为进程分配足够多的缓冲区,在这种情况下,总是存在空缓冲区,生产者可以不断地填充空闲缓冲区。

unbounded geometry 无边缘几何 由一系列无限表面的交叉而定义的一个对象。

unbound task set (UTS) 无约束任务集 在某些计算机系统中,任务集库内名为 UTS 的一种固定名数据集,包含标题记录。任务集的无约束任务集装入模块,有时还有为这些任务集重定位那些重定位词典。无约束任务集是由应用人员建立的数据集之一。

unbound task set load module 无约束任务集装入模块 在某些计算机系统中的一种任务集装入模块,此模块不受它的执行环境的约束。它是由应用程序员当作任务集库的一部分来建立的模块之一。无约束任务集装入模块可以装到没有预先约束的分区，也可用作任务集装置的输入，以建立约束任务集装入模块。参见 bound task set load module, task set load module。

unbundled software 非附随软件 购买计算机硬件时，随硬件一起提供，但要另外计价的软件。

UNC (1)统一命名约定 uniform naming convention 的缩写。(2)通用命名约定 universal naming convention 的缩写。

uncertain decision 不确定性决策 每种备选方案可产生多种可能的结果，且每种结果发生的概率是未知的决策。

uncertain region 不确定区 在存储电路读出放大器中，不能判定读出信号是"1"还是"0"的不可辨信号电压范围。

uncertainty 不确信性 系统状态过程随机或者无规律可循。参见 random。

uncertainty of knowledge 知识的不确定性 知识既不能完全被确定是真，也不能完全被确定是假的特性。通常，知识的不确定性用"信任度"、"概率"等尺度来刻画。

uncertainty principle 不确定性原理 又名测不准原理，量子力学的一个基本原理。该原理表明：一个微观粒子的某些物理量(如位置和动量、方位角与动量矩、时间和能量等)，不可能同时具有确定的数值，其中一个量越确定，另一个量的不确定程度就越大。

uncertainty reasoning 不确定性推理 一种似然推理方法，不确定性推理具有非精确性和非单调性的特点。它能根据已知的知识推出结论为真的程度，并能根据规则的因果关系的不确定性，在信息增加情况下，对已存的结论做出可能的修改。

uncharged 不带电荷的 具有正常数量电子，因而不带电荷的材料特征。

unclocked trigger 无时钟触发器 没有时钟脉冲去触发，却能够改变输出状态的触发器，如 RS 触发器或锁存器。

UNCOL 面向通用计算机的语言 universal computer oriented language 的缩写。

uncommitted logic array (ULA) 自由逻辑阵列 这是一组在芯片上的逻辑电路，还没有做好最后的电路层。在以后阶段，客户可以规定特定的要求以适合他自己的最终产品，并做成芯片。ULA 使得客户将得到所需型号的芯片，不必为满足自己的需要而花费代价去特别设计芯片。

uncommitted storage list 自由存储区表 (1)由一组存储组成的表格。其特点是：无论在何时都不分配作特定用途，即是一张公共存储表格。(2)链接在一起的、暂未分配给程序或任务的存储块。

uncompress 解压缩 展开一个压缩文件，使其恢复压缩前的原始形式。

unconditional branch 无条件转移 (1)一种不考虑程序现行执行状态，而使其离开原来的执行顺序，跳到某一特定地址的指令中执行的过程。(2)一种指令，它的执行导致程序控制后无条件地转到某一指定位置。仅当所指明的条件满足时才发生的转移称为条件转移。

unconditional branch instruction 无条件转移指令 同 unconditional jump instruction。

unconditional capture 无条件收集 在有图像处理功能的光学字符阅读器中，再次阅读某个字段时都从中收集图像数据。

unconditional jump 无条件转移 不管当前条件如何，均使程序离开当前的顺序。比较 conditional jump。

unconditional jump instruction 无条件转移指令 中断正常指令的执行顺序，无条件地转移到本指令操作数地址指出的地址(转移地址)去执行的指令。实际上是用转移地址取代计数器 PC 的内容。

unconditionally secure 绝对安全(密码) 在密码学中，指不可破译的密码。即使密码分析者得到无限数量的密文，也不能破译。这要求即使是无限长的报文，密钥的不能确定性也不能趋于零。

unconditional statement 无条件语句 在程序设计语言中，规定只有一种执行顺序的语句。

unconditional transfer 无条件传送 不查询外设是处于忙还是闲的工作状态而强迫执行的输入或输出操作。这种操作是强迫进行的，所以可能因外设不符合传送条件而造成数据丢失，为使传送可靠，程序设计人员需了解外设的动态使用情况。同 unconditional branch。

unconditional transfer instruction 无条件转移指令 同 unconditional jump instruction。

unconfigure 取消配置 使一个设备从配置的状态回到指定的状态，可通过运行一个该设备的取消配置程序实现。

uncontrolled lines 无控制线路 包括几条在任何时候都能传输信息到中心处理装置的终端线路。这些终端是为传输准备的，中心处理装置必须准备随时接收来自这种终端的信息。

uncontrolled slip 不可控滑动 与传输或交换一个数字信号相关的定时过程偏差所引起的数字信号一个数字或一组连续数字位置的丢失或增加。该信号中丢失或增加的数量和瞬时位置都不受控制。

uncontrolled terminal 不可控终端 所有时间均在线的一种用户终端，终端中不带定时询问或呼叫的控制逻辑。

uncorrectable error 不可校正的错误 一种编辑程序无法校正的子句或语句所犯的错误。这种错误使系统无法确知程序员的真实意图。其结果是:中央处理机打印出错信息,拒绝接受这些子句或语句,并继续执行下去。

uncorrelated subquery 不相关子查询 在嵌套查询中,当子查询的查询条件中没有引用父查询中的属性,即子查询条件不依赖于父查询,这种嵌套子查询称为不相关子查询。对于不相关子查询,由于子查询条件中没有引用父查询的属性,因此子查询可以独立求出。求解时由里向外处理,即先执行子查询,子查询的结果用于建立其父查询的查找条件。参见 correlated subquery。

uncountably infinite set 不可数无限集 如果一个无限集不是可数集,则称该无限集为不可数无限集,如无理数集、实数集和复数集都是不可数无限集。比较 countably infinite set。

uncoverable error rate 不可恢复错误比率 机器本身不能恢复的错误信息与总读出信息之比。磁盘或磁带上通常是由于灰尘或硬疵点造成这类读错或写错。与之对应的是可恢复错误比率,即经过重读或软件处理后可以排除掉的读出出错信息与总读出信息之比。

undefined data 未定义数据 没有意义的空值。

undefined record 未定义记录 未加定义或长度未知的记录。

undelete 恢复删除 (1)使被删除的信息重新恢复的操作,即撤销一个删除操作。参见 undo。(2)在操作系统中,指恢复某一被删除的文件。参见 file recovery。

undeliverable 无法投递 无法投递给预期的接收方。如果一个电子邮件无法投递,就由邮件服务系统添加说明问题的相应信息后回传给该邮件的发送方,如可能是因为电子邮件地址不正确或者接收方邮箱满。

undercolor removal 混色去除 当把色彩印在图像上的另一色彩的上面时,通常是为了产生暗色或阴影区域,而在这些位置上产生一种不必要的油墨积累。混色去除是一种消除那些颜色层并用单一黑色层代替的过程。

under compensated optical fiber (UCOF) 欠补偿光纤 一种光纤,通过调节其折射率分布,使较高次传输模比较低次模滞后到达光纤的末端。这是因为较高次模在较高折射率媒体中有较长的传播路径,因此被延迟。较高次模在波动方程组的解中具有较高的本征值,波长比低次模的短。

under-compounded 欠复励 复励发电机的串励绕组将使电机在额定负载时的端电压小于空载端电压。比较 flat compounded, over-compounded。

undercoupling 欠耦合 耦合程度小于临界值时调谐电路间的耦合状态。次极电流值偏低并且电路的带宽偏窄。

undercurrent relay 欠流继电器 在线圈电流降到预定值以下时动作的继电器。

underdamping 欠阻尼 输入值突然变化后,输出稳定到新数值前,出现一个或多个输出振荡的电路状态。

under floor cooling air supply room 下送风机房 采用制冷风从空调设备底部送出,经过架空地板或管道送往数据设备的送风方式的机房。相应的空调设备应采用下送风方式。参见 overhead cooling air supply room。

underflow 下溢 算术运算的非零结果小于机器所能表示的最小值所产生的现象。在浮点算术运算中有可能出现,其结果引起数据丢失。

underflow exception 下溢异常 算术运算结果的值小于机器所能表示的最小非零数值时所发生的一种情况。

underflow indicator 下溢指示(符) 在计算器上表明机器处于下溢状态的一种可见指示。

under generalization 抽象不足 描述概念的主要特性还没有完全抽象出来的现象。

underground communication 地下通信 将收、发信设备和天线都置于地下工程内的无线电通信。

underline 下划线 在一个字符或者一组字符下打印或显示一个线条。同 underscore。

undermodulation 欠调制 由电参数限制或调制器不合适的调整引起发送机调制不充分。

underrun 欠载运行 由于传输设备或通道的能力欠佳,不能以足够快的速度向与分数据链路或环路相连的高速传输控制逻辑传送数据,从而引起数据丢失。

underscanned 下扫描 在视频系统中,光栅边缘可见的一种扫描。

underscore 下划线 在一个或多个字符下划一条线,即下横线。

underscore attribute 下划线属性 一种显示设备功能,在输入域的每个字符的下部显示一条下划线以区别于未加下划线的字符。

underscore display 下划线显示 一种屏幕显示,对需着重显示的部分加下划线标记。

undersea branching multiplexer (UBM) 海底分路复用器 一种分支装置,它能从输入的光线路信号中分离出低次群数字信号,并在输出光线路信号中以不同方式使它们重新复合。

undershoot 下超调,下冲 (1)下超调指电压调整器或控制器在应对负荷变化时,电压或频率低于额定的量。一般是在转换器接通电源或者关掉电源,或者输出负载或者输入电压出现阶跃变化时出现。(2)下冲就是指接收信号的第二个峰值或谷值超过设定电压。对于上升沿是指第二个峰值超过最高电压;对于下降沿是指第二个谷值超过最低电压。过分的下冲能够引起假的时钟或数据错误。比较

overshoot。

undesired signal **无用信号** 对有用信号的接收可能招致损伤的信号。

understandability **可理解性** 软件工程的目标之一，程序的可理解性依赖于程序设计语言、程序结构和程序文档。

understandability of knowledge representation **知识表示的可理解性** 评价一种知识表示的标准之一。如果一种知识表示方法所表达的知识能被转换成自然语言的形式，且易被人理解，则称这种知识表达具有可理解性。

under-voltage **欠压** 传输线的电压低于正常值或供电电压低于额定值的情况。比较 over-voltage。

under-voltage alarm **欠电压报警** 当设备电压低于规定值时，给出可听见或可看见的指示报警。

under-voltage protection **欠压保护** (1)当被保护线路的电源电压低于一定数值时，保护器切断该线路；当电源电压恢复到正常范围时，保护器自动接通。(2)当电源停电或者由于某种原因电源电压降低过多(欠压)时，保护装置能自动切断电源。因为当欠压时，保护装置的接触器线圈电流将消失或减小，失去电磁力或电磁力不足以吸住动铁芯，因而能断开主触头，切断电源。失压保护的好处是，当电源电压恢复时，如不重新按下启动按钮，被保护设备不会通电，避免了发生事故。同 no-voltage protection

under-voltage relay **欠压继电器** 当线圈电压低于预定值时动作的继电器。

under-voltage release **欠电压脱扣器** 当脱扣器的端电压降至某一规定值范围时，使电器有延时或无延时地动作的脱扣器。零电压脱扣器(也称"失压脱扣器")是欠电压脱扣器的一种特殊形式，当脱扣器端电压从欠电压所规定的下限值起至接近消失时止，使电器有延时或无延时动作的脱扣器。参见 release。

under water cable (UWC) **水下光缆** 用于浅水敷设的电缆或光缆，多指敷设于河流、湖泊等的水下。

underwater sound communication **水声通信系统** 提供通过水中声波或超声波来进行水下通信的元件及设备。

underwater sound projector **水声发射器** 在水中产生声波的换能器。

underwriter's laboratories Inc. (UL) **保险商试验室公司** 由火灾保险全国委员会资助的一个非盈利性试验室。该试验室对可能引起严重伤亡事故、火灾或对生命和健康有公害的设备、材料和系统进行测试。通过测试的设备、材料和系统，即定为 UL 许可的。

undetected error (UE) **漏检错** 用户数据经通信设备传递后存在未检纠差错的概率。

undetected error rate **漏检错误率** 计算机通信中衡量通信差错控制设备的一项性能指标。指接收信息时，通信差错控制设备未查出或未校正的错误位(或字符)的数量与发送总数位(或字符)的数量之比。

undirected graph **无向图** 一种数据结构。无向图 $G=\langle V,E\rangle$，式中 V 是图 G 中顶点的有穷非空集合体，E 是边的集合，边是顶点的无序对。由若干点和连接这些点的弧线组成的图形，简称图。其数学定义是一个有序的二元组 $\langle V,E\rangle$，$V=\{v_1,v_2,\cdots,v_n,\cdots\}$是一个非空的集合体，$V$ 中元素称作顶点，E 是顶点无序对的多重集合，E 中元素(v_i,v_j)称为无向边或边。顶点 v_i,v_j 称为边(v_i,v_j)的端点。

undirected information **非定向信息** 为用户提供概况的一些共用信息，如 Usenet(网络新闻组)或邮递清单公告等。

undirected tree **无向树** 连通无回路的无向图称为无向树，简称树。

undistorted transmission **无失真传输** 其传输速率和衰落系数都不受频率影响的各种类型的线路传输。

undo **取消，作废，撤销** (1)在人机交互过程中，操作员对已经打入但尚未被系统执行的命令或参数，因某种原因而不再让其生效的操作称为取消操作。(2)当数据库系统的运行发生故障时，为了将数据库恢复到一个一致的状态，有时需要消除某些事务处理对数据库的影响，这一过程称为事务撤销。(3)在文本编辑程序中，取消最后一次编辑操作的效果，并使文本恢复到该编辑操作以前的状态。

undo function **废除功能** CAD(计算机辅助设计)系统提供的废除最近一次的设计操作，使设计物的状态恢复到该操作之前状态的功能。若要废除最近几次的操作，可连续多次使用废除功能。由于设计活动是一个反复试验的过程，废除功能是非常重要的。

undulating frequency **频率波动** 供电电源频率波动主要由于电网超负荷运行而引起发电机转速的变化所致。一般计算机频率允许波动范围为 50 Hz±1%。当供电电源频率波动超过允许范围时，会使计算机信息存储的频率发生变化而产生错误，甚至会产生信息丢失等。

undulating voltage **电压波动** 理想电源电压正弦波的波形是连续、光滑、没有畸变的，其幅值和频率是稳定的。当负荷发生变化时，特别是附近有大型设备处于启动，负荷出现较大的增加时，使得供电电源正弦波的幅值受到影响，产生低电压。当供电电源电压波动超过允许范围时，就会使电子设备运行出现错误。一般设备允许电压波动范围为：AC 380 V、220 V±5%。

unexecuted statement **非执行语句** 在计算机程序中，不执行具体操作，只描述数据的特性和排列，为

U

数据提供存储空间，或作某些注释的语句，如数组说明语句、注释语句等。非执行语句在程序编译时不产生目标码。

unexpected halt 不期望中断 程序不是由于中断指令或外部中断所引起的停止执行现象。

unfold 展开 程序变换的法则之一。将函数标识符调用代之以函数体的变换法则。有两种展开次序：一是按名调用，首先展开最外最左的调用；二是按值调用，首先展开最内最右的调用。展开法则有函数级上的函数展开、表达式展开、过程级上的过程展开等。展开的逆法则称为卷叠，用函数调用来替代函数体。

unformatted capacity 未格式容量 在数字磁记录装置中，在规定的记录媒体表面上所有磁道从头到尾按额定位密度记录时，整个装置所容纳的最大信息量。它是相对于格式存储容量而言的。格式存储容量要比无格式存储容量小。

unformatted diskette 未格式化软(磁)盘 一种不包括数据，且没有磁道和扇区格式信息的软磁盘。

unformatted display 无格式显示 用户尚未在其上定义显示域的一种显示屏幕。比较 formatted display。参见 protected field。

unformatted file 未格式化的文件 一个用没有按特定格式进行数据显示的文件。

unformatted image 非格式化图像 在某些操作系统中，未定义属性字节的一种显示图像。这种屏幕被看作是一种连续的未加保护的显示区，操作员可以向其中输入数据，程序也可以在上面显示数据。

unformatted system services (USS) 非格式化系统服务程序 在 SNA(系统网络体系结构)产品中的一种 SSCP(系统服务控制点)程序，它把字符代码请求(如 LOGON 或 LOGOFF 请求)，转换成由格式化系统服务程序处理的字段格式化请求，并可把字段格式化的回答和响应转换成由逻辑单元处理的字符代码请求。

unformatted text file 无格式文本文件 未规定版面格式的文本文件。文件中不包含为规定格式而插入的控制字符，因而可在任何文本编辑软件中调用，也称“纯文本文件”。

unformatted write 无格式写 信息写入存储媒体时的一种方式，即不规定写入时的数据组织格式，而是按紧凑排列的方法写入，每个数据项之间用预定的分隔符分开。

ungrounded 不接地 物体或表面不与大地连接。

UNI 用户网络接口 user network interface 的缩写。

unibus 单总线 使 CPU、主存和外设相互连接所采用的一组单一的传输线。CPU、主存和所有外设均以同样方式挂接在总线上，以相同形式相互进行通信，外设接口中的缓冲寄存器作为内存单元统一编址，CPU 可与内存和所有外设接口中的缓冲寄存器通信，外设也可与内存通信。但在同一时刻只允许两个部件经过总线相联系。以这种方式工作的总线称为分时总线。

unibus architecture 单总线体系结构 计算机硬件结构的一种简单类型，所有系统部件都并行地连接在同一总线上。它主要有以下特点：①所有连接在总线上的系统部件共享同一系统地址空间，任何获得总线控制权的部件，都可以像存取主内存一样存取其他设备；②采用异步、互锁的通信方式，由总线仲裁管件管理总线的控制权，当一个设备取得总线控制权后，其他设备即被锁定。取得总线控制权的设备发出通信标志后，接收设备发出另一信号作为回答，这些控制信号是按通信设备各自的速率来形成的，与总线上的其他设备无关；③因为与总线互连的所有部件彼此之间具有独立性，所以便于系统的扩展。

unibus timing 单总线定时 在单总线计算机系统中，由于被传送的各个信息位是经过各自的物理导线传输的，存在导线的参数分布离散性和沿途经过的逻辑门在响应时间上的离散性，使各位到达时间可能不一致。由于信号传送过程中可能受到干扰和惰性分布参数的影响，在到达终端时也需要有一个稳定时间才便于接收。因此，需要由系统统一控制定时，由处理机或其他装置根据工作时序确定发送或接收信息的时机。

unicast 单播，单路传送 网络中传输信息的一种方法。发送信息的站点只把信息投递给一个指定的站点，如果需要传给组内其他成员，则由接收站点将信息复制后再向下一站点传送。参见 broadcast。比较 anycast，multicast。

unicast access terminal identifier (UATI) 单播接入终端标志 移动通信系统接入终端和空中接口会晤的标志。

unicast address 单点传送地址 指定一个网络设备的地址。与此不同的有多点播送地址和广播地址。参见 multicast address，broadcast address。

unicast transmission 单播传输 在发送者和每一接收者之间需要单独的数据信道。如果一台主机同时给很少量的接收者传输数据，一般没有什么问题。但如果有大量主机希望获得数据包的同一份拷贝时却很难实现。这将导致发送者负担沉重、延迟长、网络拥塞，为保证一定的服务质量需增加硬件和带宽。

unicity distance 单一性值 在信息理论中，表示当密钥不确定性达到零时的密码报文的最小长度。一个密码报文的单一性值是理论上可唯一确定的密文数量。

Unicode 万国码 一种支持多语种的字符代码编码标准。由 Unicode Consortium 制定，并成为 ISO 10646 标准。它用 16 位二进制码代表一个字符，可容纳 64 K 个不同字符，可以涵盖常见语系的常用字符。目前已包含日文、拉丁文、俄文、希腊文、希伯来文、阿拉伯文、韩文[朝鲜文]和中文的共约 29 000 个字符的编码定义。

uniconductor waveguide 单导体波导管 由圆柱体或矩形金属表面构成的波导管，其周围是均匀分布的介质。

unidirectional 单向的 一种按固定方向传输或操作的特性，如对一条链路，表示用户的信息只能按既定的单方向传递的属性。比较 bidirectional。

unidirectional antenna 单向天线 有一个明确的具有最大增益方向的天线。

unidirectional bus 单向总线 只能在一个方向上传输信息的计算机传输线。在计算机系统中，从处理机的角度观察，地址总线通常就是单向总线，只能从处理机发出地址信息到其他部件。

unidirectional coupler 单向耦合器 只在一个传输方向取样的定向耦合器。

unidirectional current 单向电流 永远保持同一方向的电流。

unidirectional log-periodic antenna 单向对数周期天线 一种宽频带天线，它将对数周期天线切断部分互相成角度地安装。它给出单向辐射图案，其中主辐射的方向向后，离开天线的顶点。它的阻抗在所有频率下基本是常数，就像其辐射图形一样。

unidirectional microphone 单向话筒 一种话筒，只响应单一方向的声音。在计算机语音识别中，为了良好地排除干扰，常使用这种话筒。

unidirectional path protected ring (UPPR) 单向通道保护环 波分复用(WDM)的一种单向的通道保护环。环中的节点是用两根光纤连接起来的，可以围绕环在两个不同方向上传送信号。一根光纤是工作光纤，另一根是保护光纤。

unidirectional printing 单向打印 一种打印方法，其中打印头只在向一个方向移动时进行打印，而在返回移动时不打印，通常用于高质量打印。

unidirectional pulse 单向脉冲 也称"单极脉冲"，只在一个方向上发生偏离正常常数值的脉冲。

unidirectional ring 单向环 在同步数字系列(SDH)中，环上业务流的往返传输方向相同(都为顺时针或逆时针)的环状网。

unidirectional transducer 单向换能器 只在从参考零点或其余位置的一个方向感应激励的换能器。

unidirectional transmission 单向传输 一种总是发生在传输媒体的一个方向的传输方式。

unidirectional voltage 单向电压 极性不变，其值可变可不变的电压。

unification 合一 (1)寻找项对变量的置换，以使表达式一致，合一是人工智能和知识库中很重要的过程，一个表达式的项可以是变量符号、常量符号或函数表达式。函数表达式由函数符号和项组成，一个表达式的置换就是在该表达式中用置换变量，如果一个置换 S 作用于表达式集 Ei 的每个元素，置换后的结果相同，则称表达式集 Ei 是可合一的，称 S 为 Ei 的合一子(Unifier)。(2)计算语言学和现代语法理论的术语，概念来源于谓词演算，是作用于复杂特征集的一种基本运算。当两个较小的语言成分组成一个较大的语言成分时，通过合一运算可以把每个小成分的复杂性特征集所承载的信息累加组合成大成分的复杂特征集。在合一运算中，信息只增不减，这一点符合自然语言的合成性假设。

unification algorithm 合一算法，通代算法 (1)给定两个逻辑项 A 和 B(由函数符、变量或常量组成)，如果能够找到这样的逻辑项，用它代换 A、B 中的变量后，得到完全相同的结果，则称代换的过程和结果是 A、B 的合一。实现代换的算法称为合一算法。在计算语言学中，用合一算法进行复杂特征集的属性匹配和赋值运算。(2)一种在一阶谓词演算中使用的算法。用于求最广通代，其算法内容包括：①自左至右同时扫描所要求的最广通代的一组句节；②在扫描过程中，对各句节相应符号不一致的情况尽量对其中的一些变量进行代换，如不能进行代换，则说明该组句节无最广通代；③对不能代换的句节，扫描继续进行，最后得到的是该句节的一个通代。

unification-based grammar 基于合一的语法 在语言描写、分析机制和操作原则上以合一的思想为基础的语法理论，广泛应用在自然语言处理领域，如广义短语结构语法、词汇功能语法、功能合一语法、范畴合一语法等。它们的共同特点是：语句分析的过程是一个对递归定义的特征结构进行合一运算的过程。参见 generalized phrase structure grammar, lexical functional grammar, functional unification grammar。

unification rule 匹配规则 也称"合一规则"。匹配规则如下：①常量只能同自身匹配；②变量可以同任何常量匹配，匹配后该变量例示(约束)到那个常量，这时此变量称为已例示变量。可以同任何变量匹配，匹配后，这两个变量称为共享变量，共享变量有相同的例示值；可以同不包含该变量的项匹配，匹配后，该变量例示(约束)到那个项。匿名变量可以同任何项匹配，但不例示；③一个形为 $f(t_1, \cdots, t_n)$ 的项可以同另一个项匹配，如果那个项，其函数符号也是 f，且其自变量数也是 n，且相应的项也能匹配。

unification set 一致集合 (1)谓词演算过程中应用分解原理得到的一种子集所具有的特殊性。(2)在谓词演算应用分解原理中，在被一致化的子句中，其基本式的子集合。

unified cache 统一 cache 当首次出现片内 cache

时，许多设计采用单个 cache 存放数据和指令。这种 cache 称为统一 cache。它的优点是：①对于给定的 cache 容量，统一 cache 比分立 cache 有较高的命中率。因为它在获取指令和数据的负载间自动进行平衡，即如果执行方式中取指令比取数据多得多，则 cache 就被指令填满。如果执行方式中有相对较多的取数据，则会出现相反的情况；②只需设计和实现一个 cache。比较 split cache。

unified communications 统一通信 把计算机技术与通信技术融合在一个网络平台上，实现电话、传真、数据传输、音视频会议、呼叫中心、即时通信等众多应用服务。

U

unified database language (UDL) 统一数据库语言 1980 年 IBM 公司提出的一种数据库语言。该语言可用一致及统一的形式来对待和支持目前广泛采用的三种数据模型(层次、网状和关系)。该语言不是一种自含式语言，而是对已存在的程序设计语言(COBOL、PL/1)的扩展，只要适当修改语法规则，就可与各种宿主语言相结合而连贯一致地使用。

unified memory architecture (UMA) 统一内存体系结构 由 SGI 公司开发的存储器连接结构，利用高速同步动态存储器，把处理器访问的系统内存空间与显示器等专用缓冲区统一编址和安排使用的一种内存体系结构。依靠其 64 位 MIPS 微处理器，将三维图形图像处理、视频、音频和压缩能力集成在一起，突破了传统总线的数据传输障碍，使得 CPU 图形图像处理和 I/O 之间均能以 2.1 Gbps 的速度直接访问内存。

unified messaging system (UMS) 统一消息(传递)系统 各种通信媒体和因特网被捆绑在同一个系统中的 UMS 概念是在 1996 年提出来的。统一消息系统是把我们日常所使用的各种信息载体，包括语音信息载体(电话、广播等)、视频信息载体(电视、会议电视的视频部分)、文字信息载体(如传真)和电子信息载体(如电子邮件)等加以数字化，然后用同一种方法存放。用户可以用电话、传真、移动电话、PC 机等其中任何一种终端发送信息；这些信息经过转化和传输后，集中存放在系统的中央邮箱中；接收方可以在任何地点和自己方便的任何时刻，使用电话、传真、移动电话、PC 机中的任何一种终端，将它连接到系统服务器，从而获取所需的信息。

unified modeling language (UML) 统一建模语言 一种面向对象的建模语言，它是运用统一的、标准化的标记和定义实现对软件系统进行面向对象的描述和建模。UML 用于软件系统制品规约的、可视化的构造及建档，也可用于业务建模以及其他非软件系统，是一种开发面向对象程序时用来表示现实世界对象的标准表示语言。由于 UML 采用简单的直观表示法，非程序员也能理解 UML 模型。UML 不说明商业过程中各独立的步骤，而是用自顶向下的图，让开发人员将细节隐藏起来，关注功能性，而不是动作的序列。UML 对象和种类的图描述了系统内的各组成部分的静态“快照”，表明对象的结构、属性和相互之间的关系；活动图显示从一个动作到下一个动作的控制流；序列图和协作图表示那些交互的过程：不仅看到对象与种类，而且也看到在它们之间传送的消息；状态图用于频繁接收和发送消息的非常动态的对象；部件与部署图显示了系统(包括可执行程序、库和接口)的物理视图。参见 collaboration diagram, sequence diagram, activity diagram, stage diagram。

unified smart grid 统一智能电网 将局域分散的智能电网结合成全国性的网络体系。参见 smart power grid。

unifier 一致化，合一 (1)一个代入称为表达式集合的合一。如果对该集中每一表达式都实施这个代入，则所得的新表达式全为同一表达式。例如 $\{P(x,f(y,z)),P(a,f(f(b),y))\}$ 有一合一 $\{a/x, f(b)/y, f(b)/z\}$。一表达式集有合一时称为可合一表达式集，否则称为不可合一表达式集。(2)归结过程中，不断地在待归结的子句集合中寻找能够进行归结的子句对的过程。合一的基本思想可用递归过程来描述。实际上合一是一个匹配的过程。

UNIFLEX UNIFLEX 操作系统 在微型计算机上实现的一种多用户多任务分时操作系统。它既继承 Unix 操作系统的结构，又保留了 FLEX 操作系统的灵活性和易于使用的特点。它不仅用于分时系统，还可用于开发系统和实时系统。该系统采用三层层次结构：第一层是直接与外部设备接口打交道的各种驱动程序及中断服务程序等，他们只能被内核程序调用。第二层是内核部分，主要包括系统初始化程序、系统引导程序、设备驱动程序和系统内核等四个模块。第三层为外壳，即系统命令语言解释程序，是用户与系统核心的接口，UNIFLEX 系统提供了 40 ～ 60 个系统调用供用户使用。

uniform baseline offset 基准线均匀位移 从一个字符框左上角到坐落在基准线上的图像元素之间的距离。这个值在同一种字型中对于所有字符都是相同的。

uniform call distribution (UCD) 均匀呼叫分布 专用交换分机(PBX)和中心局的一种交换特性和负载平衡方法，允许电话呼叫均匀地分配到被叫分机 UCD 群的指定群中，使一组线路上接入的呼叫能尽可能均匀的分配到各个工作站，每个站均处理较小的负载。

uniform connection of convertor 变流器均匀连接 变流器电连接的一种，所有主臂都相同的连接。主臂均为可控者，称为可控均一连接；均为不可控者称为不可控均一连接。

uniform cost search method 等代价搜索法 每条

连接弧具有不同代价的图的一种最小代价路径的搜索方法。它是宽度优先搜索的推广，每次扩展的节点必定是未扩展节点中代价最小的节点。当图中每条弧具有相等代价时，等代价搜索简化为宽度优先搜索。

uniform data transfer (UDT)　统一数据传输　微软的OLE(对象链接与嵌入)扩展中使用的一个服务，它使两个应用程序无需了解对方的内部结构就能相互交换数据。UDT使数据能够以标准方式发送和接收，不论实际选择的数据传输方法是什么。UDT是现有Windows数据传输，如剪贴板和动态数据交换(DDE)的基础。UDT建立在结构化存储的基础上，包括两方面的内容：首先是数据格式的统一，其次是传输协议的建立。参见 object linking and embedding (OLE)。

uniform electric field　匀强电场　在某个区域内各处场强大小相等，方向相同，该区域电场为匀强电场。匀强电场的电场线，是疏密相同的平行的直线，相互之间距离相等。参见 field intensity。

uniform encoding (UE)　均匀编码　(1)在均匀量化、采样以后再进行编码的过程。(2)在脉码调制中，根据已确定的代码，用一组字符信号来表示模拟信号的均匀量化样值的过程。

uniform family of Boolean circuits　一致布尔电路簇　一个由布尔电路组成的无限集合$\{B_1, B_2, \cdots\}$，且满足对任意给定的n，布尔电路B_n可用有界资源的确定型图灵机产生出来。若进一步有：产生B_n时，确定型图灵机使用$O(\log n)$空间，则称$\{B_n : n \geqslant 1\}$是一致对数空间的。

uniform field　均匀场　在一空间内的各点上其强度和方向都相同的场。参见 vector field, alternating field, rotating field。

uniform file　均匀文件　在数据结构中，如果在某个文件中其实体的实例关于每个有关的属性值是均匀分布的话，称该文件为均匀文件。

uniform-geometry-technique　规则形状技术　用形状一定的标准化元器件进行装配的技术，其典型例子是微型组件。

uniform halting problem of Turing machines　图灵机的一致停机问题　给出字母表$V=\{a,b\}$上任意一台图灵机T，试问是否可判断T对每一输入是否停机？该问题称为图灵机的一致停机问题。图灵机的一致停机问题是不可解的。也就是说，不存在算法A，它以任意图灵机T作为输入而能判断T对每一输入是否停机。

uniform hashing　均匀散列　具有下列性质的散列函数h：若$K_1, K_2, \cdots, K_r$是r个随机大小的关键字，则$h(K_1,0), h(K_2,0), \cdots, h(K_r,0)$在$[1,n]$中均匀分布，式中$n$为表长。

uniform index profile (UIP)　均匀折射率分布　在光纤之类光传输介质中，其折射率由里向外呈线性均匀减小的一种分布形式及一种渐变型的折射率分布。

uniform index profile fiber (UIPF)　均匀折射率分布光纤　一种渐变折射率光纤，其折射率从光纤中心向外呈线性减小。

uniformity　统一性，一致性　(1)分布式数据库系统设计的目标之一。分布地存放在计算机网络的各个节点上的数据，应由一权威机构从企业全局出发提出的统一标准及概念模式来确定和描述。(2)各模块使用一致的符号并且没有任何不必要的差异。包含有对操作一致的控制结构和调用序列。在任一抽象层次，逻辑相关的对象的表达是相同的。

uniform line　均匀线　沿整个长度方向都具有同样的电性能的线。同 uniform transmission line。

uniformly accessible storage　均匀存取存储器　一个特殊的存储器。其特点是：对任意地址的单元存取数据所需的时间是一样的。

uniformly spaced font　均匀间隔字体　包含在均匀尺寸字符单元中的具有图形字符的字体。同一行的相邻图形字符参照点之间的距离是固定的，而图形字符之间的空白间隔是可变的。同 fixed-spaced font，比较 proportionally spacedfont。

uniform measure　一致度量　在分析计算的时间复杂性时，为了简化讨论，将计算某一问题的每个步骤(如比较、交换等)都当作相等的步骤，只度量计算所需步骤的多少，而不考虑它的具体操作目标。

uniform naming convention (UNC) names　统一命名约定名　以双反斜杠(\\)起始的文件名或者其他资源名，这样的名字表示该文件或资源存在于远程机器上，用于表示网络路径。参见 network path。

uniform plane-polarized electromagnetic wave (UPPEW)　均匀平面偏振电磁波　一种平面偏振电磁波，其电场和磁场矢量的大小与垂直于传播方向的横向坐标无关，但与平行于传播方向的纵向坐标有关。

uniform plane wave　均匀平面波　电场和磁场矢量在整个等相位表面上的振幅为常数的平面波。该波只能存在于自由空间离波源无限远的地方。

uniform quantization　均匀量化　(1)位于两个虚判决值之间的所有量化区间间隔全都相等的量化。均匀量化对信号按均匀方式采样，并按统一的量化阶进行转换的量化方法。在大多数模拟/数字转换中，通常采用均匀量化方法。均匀量化的优点是转换关系简单，缺点是小信号转换精度较低。如果在数字通信中采用均匀量化，则小信号的量化信噪比较低，影响通信效果，所以都用非均匀量化。参见 non-uniform quantization。(2)数字图像处理中的一种技术。其方法是：在取样时，使每个像素的灰度等级按均匀方式分配。

uniform random number 均匀分布的随机数 按顺序构成的数字集合，每一位连续的数字可能是一个基准数目范围内的任意数字。

uniform referencing 统一引用(法) 在程序设计语言中，各种语言通用的，格式相同的引用语言结构，如针对限定名和间接引用的语言结构，针对下角标和实际参数的语言结构。

uniform resource classification (URC) 统一资源分类 标识因特网资源的一种方法，是关于资源的一系列信息，可包括诸如该信息的价格等信息。

uniform resource indentifier (URI) 统一资源标识符 一种因特网协议元素。标识一个因特网资源的字符串，包括资源类型和资源地址。参见 uniform resource locator (URL)。

uniform resource locator (URL) 统一资源定位器 URL 是有关网络资源的地址。URL 和文件名类似，但它还包括了服务器名和资源使用的网络协议或服务器类型方面的信息。有时，URL 还包括用户名信息和协议指定的参数及选项。在因特网的每个节点上，一般都有一台用作服务器的主机，这台主机我们可给它起个名字，如叫 WWW。服务器上供用户浏览的文件，都是以页面形式存放的，为了便于检索，每页都有唯一的一个地址，这个地址就叫 URL。URL 的格式为：服务器类型://主机名/路径名/文件名，如 http://www.ecnu.edu.cn./lib/journal 就是一个 URL。参见 URL server type。

uniform resource name (URN) 统一资源名 一种因特网协议元素。标识因特网资源的统一名称，将资源用公共的标识符进行标识。参见 uniform resource indentifier (URI)。

uniform sampling 均匀取样 数字图像处理中的一种取样方法。取样时按均匀网格点进行。

uniform transmission line 均匀传输线 物理和电性能不随导线轴向距离的变化而变化的传输线。

uniform waveguide 均匀波导管 物理和电性能不随沿波导管轴线距离变化而变化的波导管。

unifunction pipeline 单功能流水线 按流水线技术设计的专门固定完成一种操作功能的流水线，如流水线浮点加法部件只能完成浮点加操作。而按流水线技术设计的可在同一时刻或不同时刻执行不同功能的流水线，则称多功能流水线，从而可以组成较为复杂的机器结构，如 CRAY-1 机采用了 12 个专用的单功能流水线部件实现复杂的操作功能。

unifying composition 一致置换合成 信号置换合成中的一种方法。条件是需先一致置换。

unijunction transistor (UJT) 单结晶体管 一种 PN 结器件，有一个发射极与硅片一侧的 PN 结相连接，而在硅片的另一侧连接着它的两个基极。它也可以利用平面工艺制造，使三个电极都处在硅片一个面上。该晶体管在很大的温度范围内具有稳定的负电阻特性。它主要用作开关器件。

unilateral conductivity 单向导电性 只在一个方向具有导电性，如一个理想的整流器。

unilateral connected graph 单向连通图 一种有向图。它的任意两个顶点 u、v 之间或有一条从 u 到 v 的通路，或有一条从 v 到 u 的通路。

unilateral control 单向控制 两个同步节点之间的控制，其中一个节点的时钟频率受到另一个节点的时钟定时信号的影响，或者只能由一个节点控制另一个节点而不能反向控制。

unilateral device 单向器件 只在一个方向传输能量的器件。

unilateral element 单向元件 有强方向性，只能使信号从一个方向传送到另一个方向，而不允许反方向传送的元件。

unilateralization 单向化 在高频晶体管放大器中使用外部反馈的电路，通过抵消由内部输入电路与内部电压反馈所产生的电阻和电抗变化，阻止不希望出现的振荡。

unilateral path switching ring (UPSR) 单向同步系统 波分复用(WDM)环形网的一种倒换备份技术。它是用两根光纤组成的环形网，其中一根携带工作波长在顺时钟方向上传输，另一根携带相同的波长作为备份在反时针方向上传输。当工作波长发生故障时，接收端就会迅速倒换到备份波长上，完成通道切换。

unilateral synchronization system 单向同步系统 一种同步控制系统。其工作特性是：事件 A 与事件 B 交换时，只允许由事件 A 的时钟控制事件 B 的时钟，而不允许由事件 B 的时钟来控制事件 A 的时钟。

unilateral transducer 单向换能器 输出波形不影响输入波形的换能器。

unimpeded harmonic operation 无害谐波操作 磁放大器操作，被控制电路阻抗大体上为零。这样，所有谐波电流可在控制电路中基本无限制地流动。

uninfected program 未感染程序 没有被病毒感染的程序的统称。

uninformed graph search 无启发图搜索 在人工智能求解问题的搜索过程中，不能较好地利用有关的启发信息或未使用这些信息而进行的盲目搜索。参见 blind search。

uninstallation 卸载 将已安装的软件从当前系统中卸去的操作。在 DOS(磁盘操作系统)下卸载文件比较简单，通常只需把指定的文件删除即可，必要时修改一下 CONFIG.SYS 和 AUTOEXEC.BAT 文件中的相应命令语句即可。在视窗之下，按通常的方法进行卸载，即使删去了指定软件的程序组图标，并且把它的子目录全部删掉，仍会在视窗的初始化文件(如 win. ini, system. ini)留下痕迹,给其他软件的安装或被删软件的重新安装带来隐患。有的应用软件提供了卸载工具,能在卸去指定软件的同时,恢复被卸去软件安装时对系统所做的全部修改。

uninterpreted name　不解释名　在 SNA(系统网络体系结构)中的一种字符串,SSCP(系统服务控制点)能把它转换成一个逻辑单元的网络名。

uninterrupted duty　不间断工作制　(1)没有空载期的工作制。(2)电器的导电电路通以一稳定电流(对有触头的电器,其触头保持闭合;具有操作线圈的电器,其操作线圈必须通电),通电时间超过 8 小时(或几星期、几个月)也不分断。比较 short-time duty, intermittent periodic duty。

uninterruptible power supply (UPS)　不间断电源　对交流供电电源中断以及电源频率和电压波动提供保护的系统。不间断电源主要由换能、储能和传输等部分构成。最常用的系统包括一组蓄电池,电池充电器,固态变换器和固态开关电路。该系统能在供电电源和负载间在线使用,以提供稳定电压并抑制瞬态过程。它也可脱线使用,仅在供电电源出现故障时才进行转换。

union　联合,"或"运算　(1)在集合中,指两个集合中所有元素的最小组合。(2)在 C 语言中,一种可存放若干种数据类型的变量,但每次只能存放一种类型的数据。(3)在 SQL(结构化查询语言)中,一种结合两个子选择结果的操作,常用于合并从若干表中获得的一系列值。(4)具有下述特性的逻辑运算:如果 P 和 Q 都是一个表达式,只要 P 和 Q 任一个为真,则 P、Q 的"或" 为真。"P" 或"Q" 经常用 $P+Q$ 表示。参见 OR。

union catalogue　联合目录　一种把两个或多个程序库的目录联合登录在一起的一种目录。

union-compatible　可求并的　关系数据库中两个关系在满足一定条件时所具有的一种运算关系。其条件是:两个关系必须具有相同的目(如为 n),且一个关系的第 i 个属性应与另一关系的第 i 个属性取自相同的域。运算关系指集合运算,如交、并、差。

union gate　"或"门　同 OR gate。

union of sets　集合之并　由集合 A 中所有元素和集合 B 中所有元素组成的集合称为 A 与 B 之并,集合 A 与 B 中相同的元素在新集合中只出现一次,记为 $A \cup B$。集合并满足交换律、结合律和幂等律。

union set　并集,和集　两个或更多个集合执行"并"操作而形成的新集合。原来集合中的元素在新的集合中全部出现并且不重复出现。参见 union of sets。

union tag　联合标志　命名一个联合数据类型的标识符。

unipolar　单极性　只有一个极性的元器件或信号。对于电信号而言,单极性指所有信号都是从零向正电压方向变化,或者都是向负电压方向变化。在数据通信设备中内部信号均属于单极性信号。与此不同的有"双极性"。比较 bipolar。

unipolar arc　单极电弧　在金属表面和与金属表面接触的等离子体之间的电弧,这种电弧仅需要一个电极,并且由电子的热能维持。

unipolar non-return to zero signaling　单极不归零信令　用于早期按键电报的一种简单信令线路,目前用于专用线路电传打字机系统,以及用来表示 RS-232 和 V. 24 接口的信令模式。在该信令模式中,直流电流或恒定正电压表示为一个传号,而将无电流或无电压表示为一个空号,每个码元时间的中间点是采样时间,判决门限为半幅电平。

unipolar NRZ code　单极性不归零码　二进制符号"1"和"0"分别对应基带信号的正电平和零电平,在整个码元持续时间,电平保持不变,每个码元时间的中间点是采样时间,判决门限为半幅电平。具有如下特点:①发送能量大,有利于提高接收端信噪比;②在信道上占用频带较窄;③有直流分量,将导致信号的失真与畸变;且由于直流分量的存在,无法使用一些交流耦合的线路和设备;④不能直接提取位同步信息;⑤抗噪性能差。接收单极性 NRZ 码的判决电平应取"1"码电平的一半。由于信道衰落或特性随各种因素变化时,接收波形的振幅和宽度容易变化,因而判决门限不能稳定在最佳电平,使抗噪性能变坏;⑥传输时需一端接地。由于单极性 NRZ 码的诸多缺点,基带数字信号传输中很少采用这种码型,它只适合极短距离传输。

unipolar return to zero signaling　单极归零信令　单极不归零信令的一种变型。其中,在每个"1"之后,信号总是回到零。这种信号更容易采样,但需要更多电路去实现,一般不使用。

unipolar RZ code　单极性归零码　单极性归零码在传送"1"码时发送 1 个宽度小于码元持续时间的归零窄脉冲;在传送"0"码时不发送脉冲。脉冲宽度与码元宽度之比叫占空比。单极性归零码缺点是发送能量小、占用频带宽,主要优点是可以直接提取同步信号。此优点虽不能广泛应用于信道上传输,但它却是其他码型提取同步信号需采用的一个过渡码型。即对于适合信道传输的,但不能直接提取同步信号的码型,可先变为单极性归零码,再提取同步信号。

unipolar signal　单极性信号　(1)用正脉冲和零分别代表"1"和"0"的数字信号。(2)一种仅在基准值与某个单方向上的跃变值之间变化的信号,不在偏离基准值的另一方向上变化。

unipolar transistor　单极晶体管　即场效应晶体管。因为场效应晶体管在工作时,半导体中只有多数载流子起主要作用,所以称为单极晶体管。

uniprocessing　单(机)处理　用一个处理机顺序执

行指令或在多处理机系统中单独使用一个处理机。

unique alternate key 唯一替代键标 在某些具有数据存取方法的系统中，一个只在基本簇的一个数据记录中出现一次的一种辅助键标。包含这个键标的辅助索引记录只有一个指针指向基本簇。比较 non-unique alternate key。

unique file 独立文件 在 VSE(虚拟存储扩展)操作系统中的一种文件。它独占自己的数据空间，在定义该文件时，同时定义它的数据空间，在此数据空间内不能包含任何其他文件。比较 suballocated file。

unique index 唯一索引 在 SQL(结构化查询语言)中，一个保证在表中无相同键值的索引。

uniquely decodable code 唯一可译代码 一种每个码字只具有一个译码意义的编码。

uniqueness of name 名字的唯一性 在计算机处理一个任务的执行过程中，特别是在分布式系统或计算机网络中，被存取的每个文件、节点、标号、变量等符号名称，必须保证其唯一性。如果无法避免具体名字的重复出现，则必须对其加上限制性说明，使它在规定的作用范围内不重复出现。

unique select slave 唯一选择从属 在某些网络系统中，每一终端机具有的、与它的群地址不同的唯一地址。当一个终端机由主计算机以此唯一码来寻址时，网络中不可能有别的终端机被同时选中，于是在这两者之间建立起通信联系。主计算机可以发出命令，允许或禁止此终端机发送信息。

unit address 设备[单元]地址 在系统安装时，操作系统为每台设备所指定的地址。参见 device type，group name。

unit analysis 单元分析 在软件工程中，指检验软件单元或构成实体的物理单元是否得到正确定义，以及是否得到一致性使用的分析。

unitary code 一位代码 仅含有一位数据的代码。

unit backspace character (UBS) 单位退格字符 一种文字处理格式控制符，用以表示它把显示或打印点向左移动一个预先规定好的单位，以便按比例地调整文本中的字符位置。参见 backspace character。

unit charge 单位电荷 在真空中，对电量相等极性相同的电荷施加 1 dyn(达因)的推动力将其推开 1 cm 所对应的电荷。假设每个电荷都集中为一个点。

unit clause 单位子句 只含一个文字的子句称为单位子句。

unit connection diagram 单元接线图 表示成套装置或设备中一个结构单元内的连接关系的一种接线图。

unit control block 部件控制块 在系统汇编期间生成，以供输入输出执行程序使用的程序模块。它包括一组可由设备调用程序和应用程序访问的表。系统中的每一个输入输出设备都在该控制块中建有一个表，用这种表来记录设备的状态(工作或出错等)以及出现意外时要执行的子例程入口点。

unit cube 单位立方 在某些计算机图形中，一个由以下平面定义的体积：$x=-1,x=1,y=-1,y=1,z=-1,z=1$。参见 normalized device coordinates。

unit diagnostics 部件诊断程序 一种用于检查输入输出和运算等部件故障情况的程序。

unit disparity binary code 单位差异二进制码 一种二进制编码，它的信号序列中每个码组所包含的“1”和“0”的位数只有一位不同。这种编码可使线路中信号的直流分量持续时间减至最小。

unit distance code 单位距离码 一种专门设计的代码。在这种代码中，字符组字符的部分或全部由 n 位字按序排列，且相邻两数的信号距离为 1，如余 3 码。

united network management architecture (UNMA) 联合网络管理体系 一个使用网络管理协议的 AT&T 网络体系结构。

united threat management (UTM) 统一威胁管理 由硬件、软件和网络技术组成的具有专门用途的设备，它主要提供一项或多项安全功能，它将多种安全特性集成于一个硬设备里，构成一个标准的统一管理平台。实现 UTM 需要无缝集成多项安全技术，达到在不降低网络应用性能的情况下，提供集成的网络层和内容层的安全保护。

unit element 单位码元 具有一单位间隔宽度的信号码元。即它的持续时间等于单位时间间隔。

uniterm 单项 表达概念单元的简单而有独立意义的字、符号或数。在信息检索中用作描述行，也可在坐标变换系统中用作描述等。它具有在概念上不再分的特点。

uniterm index 单项索引 一种对各单项进行检索的文件结构。索引方法是：让每个单项建立一张卡片，卡片上列出具有这个单项属性的所有文献记录号码以及该单项的文献集合。对各单项进行索引的结构是一种倒排文件结构，每个单项索引卡片就是该倒排文件中的一个记录。

uniterm system 单项系统，单元词系统 (1)供程序库使用的数据记录系统。这种系统的工作以坐标变换系统中的分类关键字为基础。(2)一种图书馆使用的数据记录系统，它以在相关的索引系统中的分类单一关键词为基础。

unit first strategy 单元优先策略 一种改良的子集策略。在单元优先策略中，每次归结至少取一个单元子句作为父节点进行归结。仅含一个文字的子句称为单元子句。单元优先策略是一种高效但不完备的归结策略。

unit gain 单位增益 一种设计原则，即在某一适当的频率,放大器要提供足够的增益,来补偿电缆的损耗和平坦损耗,使其满足。电缆损耗+平坦损耗=放大器增益。它意味着相隔同样长度的电缆使用同样的放大器。

unit identifier 单元标识符 (1)在FORTRAN输入输出语句中,一个指定待访问的文件的常数或者变量。(2)在XL FORTRAN语言中,指定外部单元或内部文件的数据,数据可以是一个结果为自然数的整型表达式,一个在输入时表示5而在输出时表示6的星号或者是一个字符向量的名称。

unit impulse response 单位冲激响应 在双端口网络的输入端施加一狄拉克增量函数表达的单位冲激时产生的该网络的时间响应。单位冲激可看成是非变线性双端口网络的单位阶跃响应的时间导数。

unit impulse signal 单位冲激信号 变量是时间的单位冲击函数,即具有无限小的宽度,无限大的幅度及单位面积的时间脉冲。在理论上讲,该信号在频域内具有无限大的带宽,因而常作为激励信号去测量系统的频率响应函数。实际上,产生冲击函数的设备的频带和增益是有限的,故不能模拟出真正的单位脉冲信号,而只能是近似的。

unit interval 单位间隔 采用等位代码或使用等时调制的系统中所规定的一种时间间隔,即标准信号码元的最小宽度,而其他信号码元都是这种码元的整数倍,其宽度的单位为秒,是以bps表示的速度的倒数。

unit magnetic pole 单位磁极 两个大小与极性均相同的磁极在真空中相距1 cm远的斥力为1 dyn(达因)时所对应的磁极。

unit number 单元号 有序排列的信息单元的编号。

unit of display 显示单位 必须以一个单位显示的信息体。

unit of transfer 传送单位 (1)在某些操作系统中,响应一次I/O请求,在虚存与I/O设备之间能够传送的数据量。(2)在某些操作系统中的一块虚存区,其中包含足够数目的FBA(固定块体系结构)的块,以构成一个数据块。

unit of word segmentation 分词单位 汉语信息处理使用的、具有确定的语义和/或语法功能的基本单位。

unit of work 工作单位 (1)在某些信息管理系统的快速通路中,在数据输入数据库区的根可寻址部分的一些相邻控制间隔。(2)在某些计算机系统的先进的程序与程序的通信中,由源程序直接或间接初启的处理量。参见synchronized unit of work。

unit-of-work identifier 工作单位标识符 在某些计算机系统的APPC(高级程序间通信)的通信中,一种分配给该工作单位的唯一的标号。这种标号在源程序启动时设置,并且目标任务启动时可以传送到每一个目标任务中。

unit operator 单位算子 使所有其他算子都不发生变化的符号算子。

unit record 单位[单元]记录 记录的任何一种集合,其中所有的记录具有相同的形式和数据元。

unit record principle 单位记录法 将一事件作为一个记录单位记录在存储介质上的方法。

unit replacement 单元替换 现代计算机设备修理的一种主要方法。确定故障位置之后,即用新的单元替换出故障的单元,而不再查找故障在单元中的具体位置。这种方法可以大大减少维修工作量,从而降低总成本。

unit requirement documentation 单元需求文件 论述被测单元的功能需求、接口需求、性能需求及设计约束需求的文件。

unit resolution 单项消解 对参与消解的两个子句之一规定为单项子句的消解过程。该消解过程效率较高。

unit rule 单元规则 逻辑蕴涵式表示规则的一种形式,它有前项和后项两部分。与产生式规则不同的是,前项和后项不是单纯的表达式,而是一些单元表,甚至包括变元。这样,可以较容易地表达某些难以解释而只表示成有关集合成员信息的蕴涵式。

unit sample 单位抽样 也称"离散冲激信号"。一种典型的离散信号,其定义为

$$\delta(n)=\begin{cases}1, & 若\ n=0\\ 0, & n\ 为其他整数值。\end{cases}$$

unit sample response 单位抽样响应 也称"单位冲激响应"。离散信号系统在输入为单位抽样时,该系统为输出。它可用来表示系统的一些特性。

unit separator (US) 单位分隔符 在数据传送、存储或传输中,一种插在各逻辑单元之间,标识逻辑边界的信息分隔符。

units per hour (UPH) 每小时件数 每工作小时生产的没有缺陷的零件数量。

units representation 单元表示法 用框架来表示谓词逻辑的表示方法。单元表示法使用槽来表示知识,每个槽表示事物的一个方面,它有利于增加或修改谓词逻辑所表示的知识,同时用于单元表示法的框架明显地可用谓词逻辑进行解释。参见frame。

unit string 单字符串 仅由一个字符组成的字符串。

unit synchronizer 部件同步例程 一种协调给定部件输入输出的例程。这种例程按程序员的规定调用程序。

unit testing 单元[部件]测试 软件开发过程中的一个测试步骤,是程序编码完成后首先要进行的测试工作。测试用的例子多数是从程序的模块结构

U

出发而设计，执行模块中的每条逻辑路径，以及用每种可能的输入数据来测试模块。即多采用白盒测试法。单元测试要解决的问题主要包括：①单元界面。检验信息能否正常无误地流入或流出被测单元；②局部数据结构。在单元工作过程中，其内部的数据能否保持其完整性，包括内部数据的内容、形式及相互关系不发生错误；③边界条件。在为限制数据加工而设置的边界处，单元是否能正常工作；④覆盖条件。单元运行能否做到满足特定的逻辑覆盖；⑤出错处理。单元工作过程中发生了错误时能否有效处理。由于每个模块在整个软件中不是孤立的，在进行单元测试时，不能完全忽视他们之间的联系。为模拟这一联系，在进行单元测试时，需设置若干辅助测试模块：一种是驱动模块，用以模拟被测模块的上级模块；另一种是桩模块，用以模拟被测模块工作过程中所调用的模块。参见 white box testing。

unit tube 单位管 有单位通量通过的管。

unit type optical fiber cable (UTOFC) 单元式光缆 适用于大芯数室内光缆，其缆芯由若干光纤单元组合而成。其中，每个单元可采用绞合、骨架式、束管等不同结构形式构成，是多芯光缆常用的一种结构。

unit variable 单元变量 在数据库系统中，数据库文件中行和列相交位置的数据值，由对应的行和列标识，其值自动地随用户需要的扩展表的处理而变化，当处在扩展表方式时像其他变量一样使用，在从扩展表退出时消失。

unity coupling 完整耦合 两线圈间的完全磁耦合，由主绕组产生的磁通量会全部通过次极绕组。

unity gain 整体增益 (1)在宽带网络中，信号损失和通过放大器的增益之间的平衡关系。(2)在由无线扩频设备、天线和天线馈线构成的无线扩频系统中，天线增益加上设备增益，减去馈线损耗后所剩下的总体增益。

unity-gain frequency 单位增益频率 运算放大器增益等于1时的频率。

unity power factor 单位功率因数 在电流和电压同相时获得的功率因数为1，如在只含有电阻的电路中。

universal access 通用存取 一组用户无需经过许可即可进行存取的操作。对数据集的一种系统设定存取权，如果用户或用户组对某数据集未指定允许存取范围，通用存取就是其存取权。

universal access authority (UACC) 通用访问授权 在某些操作系统中，指缺省的访问授权，在用户或者用户组不是专门允许访问一个资源时作用于该资源，通用访问授权可以是任何的访问授权。

universal address administration 全局地址管理 网络的地址管理，其中所有的局域网单个地址在同一或其他局域网内都是唯一的。

universal administration 通用监管 一种地址监管，其中所有的 LAN(局域网)地址在同一个网或者其他网络中都是一样的监管方式。同 global administration。

universal algebra 泛代数 用于定义和研究代数数据类型的一般数学框架。在泛代数中，一个代数数据类型的公理语义由项之间的一组等式给出。代数数据类型的指称语义涉及的结构称为代数，它由一组集合和一组函数组成，对应每个类别有一个集合，对应项中使用的每个函数符号有一个函数。代数项的操作语义由有向的代数等式(即归约公理)给出，习惯上称它们为重写规则。可以用泛代数定义和研究的数据类型有自然数、布尔值、表、有限集合、多重集合、栈、队列和树等。

universal asymmetrical digital subscriber line (UADSL) 通用非对称数字用户线路 由 Compaq、Intel 和 Microsoft 等公司提出的一种 ADSL(非对称数字用户环路)技术，上行速率为 384 kbps，下行速率可达 1.5 Mbps，其特点是性能价格比较高。该项技术采用的标准是 G992.2。同 usual asymmetric digital subscriber line (UADSL)。

universal asymmetric digital subscriber line working group (UAWG) 通用非对称数字用户线工作组 1997 年中，一些 ADSL(非对称数字用户线路)的厂商和运营商开始认识到，也许牺牲 ADSL 的一些速率可能会加快 ADSL 的商业化进程，因为速率下降的同时也就意味着技术复杂度的降低。全速率 ADSL 的下行速度是 8 Mbps，但是在用户端必须安装一个分离器。如果把 ADSL 的下行速率降到 1.5 Mbps(下行为 1.5 Mbps，上行为 384 kbps)，那么用户端的分离器就可以取消，用户可以像以往安装普通模拟调制解调器一样安装 ADSL modem，这对 ADSL 的推广至关重要。于是在 1998 年 1 月，世界上一些知名厂商、运营商和服务商组织起来，成立了通用 ADSL 工作组(UAWG)，目的是开发通用非对称数字用户线(UADSL)标准，用于因特网访问，其工作得到了 ADSL 论坛的支持。

universal asynchronous receiver/transmitter (UART) 通用异步收发器 计算机中连接到并行总线上的串行通信集成电路，它在串行和并行信号之间进行转换，把计算机中的并行数据流转换成异步通信中使用的串行数据流并提供传输时钟以及计算机发送和接收数据的缓冲区，是能够把串行线路上异步通信的收/发性能结合在一起的设备。典型的 UART 是一个单芯片的 MOS(金属氧化物半导体)器件，其功能可通过程序设计来设定，能发送或接收一个长度为 5，6，7 或 8 位的字符，并可选择奇偶校验方式。器件内部分别设置发送缓冲器与接收缓冲器，接收与发送部分各自具有独立的时钟输入引脚，因而发送和接收可按不同速率工作。

universal bridge 万用电桥 测量电阻、电感、电容量的交流电桥。有多种类型,如测量等效串联电容的串联电阻电桥;测量等效并联电阻的并联电阻电桥。

universal button box 通用按钮组件(盒) 一组含有可编程或预定义的特定功能的按钮组成的按钮盒。

universal character 通用字符 在各种数据处理中,可以通用且具有相同含义的字符。这种字符可代替拼音语言中的一个字母,以达到检索的目的,如若希望检索前缀为 plan,且后边只跟一个字母的单词,则可输入 plan $,$ 即为通用字符。最后可检索到 plane,plank,plant 等。

universal character set (UCS) 通用字符集 通用多 8 位编码字符集。一种字符编码国际标准,是一个由 32 768 个字符平面组成的单个字符集。提供基本多文种的双 8 位形式(UCS-2)和四 8 位正则形式(UCS-4)。双 8 位形式由行 8 位和字位 8 位组成。正则形式允许每个字符以四个字节进行编码,每个字符用四个 8 位位组的编码,各位组分别确定字符所在的组、面、行和位。包含多文种字符,适合于代码表示、传输、交换、处理、存储、输入及显现。编码格局简明,可扩展,中日韩字符统一,避免重复占用编码空间,与 Unicode 一致,提供双 8 位压缩方式、子集。

universal coded character set 通用代码字符集 适用于世界上各文种书面形式的代码表示、传输、交换、处理、存储及外部表示而设置的以组、平面、行和位四个八位位组或其压缩形式的一种编码字符集。

universal coding 通用编码 对于统计特性未知的信源进行的有效编码。一类以估计信源的概率统计特性为基础;另一类以序列复杂度理论为基础。

universal computer oriented language (UNCOL) 面向通用计算机的语言 20 世纪 60 年代,用来解决程序移植性的一种方法。以虚拟机作为实现各个语言级的基础,即各种语言都编译到 UNCOL,然后在本地机上实现 UNCOL。但后来没有流行起来,现在一般还都是针对具体机器、具体的操作系统研制特定语言的编译系统。

universal controller 通用控制器 具有可程序设计的输入/输出对应关系,可在多种不同应用场合起控制作用的装置。通用控制器主要由嵌入式微处理器、相关支撑硬件、嵌入式实时操作系统及应用软件系统等组成。与通用型计算机系统相比,通用控制器功耗低、可靠性高;功能强大、性能价格比高;实时性强,支持多任务;占用空间小,效率高;面向特定应用,可根据需要灵活定制。参见 basic controller。

universal copyright convention (UCC) 万国版权公约 该国际公约规定各签约国须对在任何一个成员国出版的作品(包括软件)都应保护其版权。如某软件产品的版权处有一个○[KG-1]c 符号,就表示该软件享有此公约的保护。

universal data channel 通用数据信道 电话公司的一种业务传递机制,供本地环路设备用于终端用户的数字接入。

universal data link control (UDLC) protocol 通用数据链路控制规程 一种通信规程。由 UNIVAC(科学计算机集团)公司提出的,在动态信道分配(DCA)网络结构中使用的一种面向位的数据传输控制规程。

universal data voice multiplexing (UDVM) 通用数据语音多路复用 在单一电话线路上复合语音及数字信号,提供给本地电话公司中心局的一种多路复用技术。

universal decimal classification (UDC) 通用(国际)十进制分类法 由比利时两位书目专家(Paul Otlet、Henri la Fontaine)19 世纪末在杜威十进制图书分类法的基础上继续研发的分类方法。此种分类方法由数字和特殊符号组成,把涉及各种知识体系及学科的书籍予以分类。后由国际文献联合会(FID)统一主持对它的修订工作。目前,UDC 已被世界上几十个国家的 10 多万个图书馆和情报机构采用,成为名符其实的国际通用文献分类法。

universal description, discovery, and integration (UDDI) 通用描述、发现与集成 UDDI 是一种独立于平台的结构,其功能同电话号码簿的目录,为在因特网上定位和注册 Web 服务提供支持。UDDI 规范由三部分组成:提供商业联系的信息白页;为 Web 服务分类(如信用卡鉴别服务)的黄页;为个人服务提供详细技术信息的绿页。

universal digital loop carrier (UDLC) 通用数字环路载波 一种数字传输系统,负责在远程终端点和电话公司中心局将普通模拟业务接口信号转换成数字信号。参见 digital loop carrier (DLC)。

universal disk format (UDF) 通用磁盘格式 一种 CD-ROM(只读碟)和 DVD(数字影碟)文件系统标准,作为一种确保写入到不同的光学媒介上的数据一致性的方式开发。光学存储技术联合会(OSTA)定义 UDF 规范为 ISO/IEC 13346 的组成部分,它提倡使用 UDF 以确保数据互交换跨平台的兼容性。

universal floppy reader 通用软盘读出机 一种多功能的软盘读出装置,能正确读出两种以上不同规格的软盘信息。例如 3.5 英寸软盘驱动器,能读出按不同方式格式化的相同尺寸软盘(如 720 KB 和 1.44 MB 两种)上的信息。

universal instability 普适不稳定性 在磁约束装置中,因与磁力线垂直的密度梯度的存在而引起的低频不稳定性,也称"漂移不稳定性"。

universal instruction set 通用指令组 一组功能通

用的算术运算指令。其中包括：浮点算术运算，定点二进制算术运行，定点二进制逻辑运算，十进制算术运算和保护指令等。

universal interconnecting device 通用连接装置 将外部设备从一个系统转接到另一系统的装置。

universally administered address 通用监管地址 在一个局部区域网络中，生产制造时在适配器中的永久编码的地址，所有通用监管地址都是一样的。对应于 locally administered address。

universally quantified variable 全称量词化变元 谓词演算中的一种变元。紧跟在全称量词符号 ∀ 后边。若该变元在全称量词的作用域内再次出现，则称其为全称量词化变元变化。全称量词化变元与全称量词化变元变化均称为约束变化。例如 $(\forall v)N(v,u)$ 式中，v 均称为约束变元，而在 ∀ 后的 v 称为全称量词化变元。

universal media disc (UMD) 通用媒体光碟 日本索尼电脑娱乐(SCE)为 PSP 游戏机开发的多媒体存储媒体。尺寸约 65 mm×64 mm×4.2 mm，具有塑料保护外壳。UMD 采用 660 纳米红光镭射双层记录方式，最高容量为 1.83 GB。参见 play station portable (PSP)。

universal mobile telecommunication system (UMTS) 通用移动通信系统 是国际标准化组织 3GPP(第三代移动通信项目组织)制定的全球 3G 标准之一。作为一个完整的第三代移动通信技术标准，UMTS 并不仅限于定义空中接口。它的主体包括 CDMA(码分多址)接入网络和分组化的核心网络等一系列技术规范和接口协议。除 WCDMA(宽带码分多址)作为首选空中接口技术获得不断完善外，UMTS 还相继引入了 TD-SCDMA(时分同步码分多址)和 HSDPA(高速下行链路分组接入)技术。UMTS 已形成四个标准版本：R99、R4、R5、R6。

universal motor 交直流两用电动机 既可以用于直流电源，又可用于单相工频交流电源的电动机。

universal naming convention (UNC) 通用命名约定 在 Windows 95 中，指一组用\\NAME 前缀来为文件或目录指定一个网络唯一路径的文件命名约定。

universal night answer 通用夜间应答 某些专用自动小交换机所具有的一种特性，使任何站点能在交换机不受人干预的情况下，由夜间代码拨号产生的夜间干线输入呼叫自动应答。

universal output transformer 通用输出变压器 在绕组上有多抽头的输出变压器。抽头使其可通过合适的连接选择，在无线电接收机的音频输出级和扬声器间使用。

universal personal number (UPN) 通用个人号码 唯一识别一个 UPT(通用个人通信)用户并用来到达该用户的逻辑号码。

universal personal telecommunication (UPT) 通用个人通信 一种通信业务，用户可通过个人号码能在连接到任何网络的任何终端(固定或移动终端)上收发呼叫。

universal plug and play (UPnP) 通用即插即用 UPnP 是为了适应计算机网络化和家电信息化的趋势而提出的。UPnP 扩展了传统单机的设备和计算机系统的概念，在"零设置"的前提下提供了连网设备之间的发现、接口声明和其他信息的交换等互动操作功能。UPnP 是基于 IP(网际协议)来获得最广泛的设备支持，它最基本的概念模型是设备模型，设备可以是物理设备，如录像机；也可以是逻辑设备，如运行于计算机上的软件所模拟的录像设备，此外，设备也可以包括其他设备形成嵌套。

Universal Postal Union (UPU) 万国邮政联盟 是商定国际邮政事务的政府间国际组织，其前身是 1874 年成立的"邮政总联盟"，1878 年改为现名并成为联合国一个关于国际邮政事务的专门机构，总部设在瑞士伯尔尼，宗旨是促进、组织和改善国际邮政业务，并向成员提供可能的邮政技术援助。万国邮政联盟由邮政联盟大会、行政理事会、邮政经营理事会和国际局组成。万国邮政联盟大会是其最高机构，每 5 年召开一次。大会休会期间由执行理事会作为执行机构，由 40 个成员组成，每年举行一次年会。设在伯尔尼的国际局作为邮政有关机构的秘书处，并在对外关系中代表万国邮政联盟。国际局设总局长和副总局长各一人，由万国邮政联盟的最高权力机构——各成员国政府全权代表大会选举产生，任期 4 年，连任不得超过两届。

universal product code (UPC) 通用产品码 俗称"条形码"。由粗细不等的线条组成的代码，通常长度为 10 位的条形码，条形码的前五位数表示制造商信息，后五位表示特定的产品信息。条形码通常印在包装纸上，经光学阅读器阅读，可以获得该商品的制造和商品的代号，然后由计算机通过查表确定该商品的价格。UPC 有两种类型，即 UPC-A 和 UPC-E。参见 UPC-A bar-code，UPC-E bar-code。

universal PROM programmer 通用 PROM 编程器 使用户可以在各种 PROM(可编程只读存储器)芯片中写入程序或数据的设备。

universal protocol platform (UPP) 通用协议平台 Excelan 公司的一个软件，它将硬件专用部件与基本的传输及网络功能分开，从而允许多个协议同时在相同的硬件上运行，从一个网络协议移植到另一个网络协议也很方便。

universal quantifier 全称量词 全称量词表示为"∀"。符号"∀"表示"对于所有取值……"或"对每一个取值……"。一般出现形式为 $(\forall x)P(x,y)$，式中 $P(x,y)$ 为二元谓词，y 是自由变元，x 是约束变元，$(\forall x)P(x,y)$ 是一元谓词。若 $(\forall x)P(x,y)$ 为真，则表示对所有 x 取值能使 $P(x,y)$ 为真；如果 x

的个体域是有限集$\{x_1, x_2, \cdots, x_n\}$，则$(\forall x)P(x, y) \Leftrightarrow P(x_1, y) \wedge P(x_2, y) \wedge \cdots \wedge P(x_n, y)$。

universal receiver-transmitter 通用收发机 在异步、同步或异步/同步数据通信系统中使用的一种收发机。它提供所需全部逻辑电路，使该机可按“串行输入，并行输出”的方式来接收数据以及按“并行输入、串行输出”的方式来发送数据。所用的线路通常是全双工的，可以同时接收和发送数据，有时还带有处理不同长度数据工作的功能。

universal relation 泛关系 一种用户观念上想象的数据库。在数据库设计时，为了使函数依赖模式不存在弊病，需要对不属于范式的函数依赖模式进行分解，然而分解就会使函数依赖模式的数目增加，函数依赖模式越多，用户使用就越不方便。在存储时按分解后的函数依赖模式存储，在使用时让用户仍把数据库中所有属性的集合想象成是一个整体的关系模式，所有函数依赖都认为是这个关系模式上的函数依赖，所有数据都理解成是这个关系模式上的单一关系中的数据。用户的所有操作也都理解成是对这个单一关系的，这个想象中的单一关系就称为“泛关系”。

universal relation assumption 泛关系假说 关系数据库理论的讨论中经常依据的一种假设，也称“泛关系假定”。指某一数据库中的全部数据都可以由一个包含了所有属性的、单一的原始关系（即泛关系）来表示，并且在任何时刻，数据库中每一个关系都是泛关系的当前状态在某些属性子集上的投影。传统的关系数据库理论是以“泛关系假定”为前提来定义的。因此，在各种泛关系系统中显式或隐含地所作的一些假定或前提，对了解泛关系模型的适用范围和应用这一模型，以及实现泛关系用户界面都是必不可少的。通常，泛关系假定是指泛关系模式假定、联系唯一性假定和殊途同归假定等。这些假定组合在一起，保证了任意一个泛关系查询表达式无二义性，并具有确定的存取路径。在进行数据库模式设计时，必须满足泛关系假定，而且这些假定是任何一个泛关系系统都必须满足的。泛关系假定可保证整个数据库中全部关系的全局一致性，但在描述现实世界的能力上却受到很大限制。

universal relation database system 泛关系数据库系统 著名数据库专家 Ullman 等提出并研究的一种可真正实现逻辑数据独立性的数据库系统。这种系统对每一个用户只提供单一的关系模式界面，用户不仅不必关心数据库的物理存储细节，甚至也不必了解该数据库的逻辑结构。如对于查询，该系统只需指明要查询的属性名及查询本身的条件即可，完全不要用户去考虑选择哪些关系及如何实现连接。

universal relation theory 泛关系理论 关系数据库理论研究的一个重要分支。泛关系理论主要研究如何进一步提高应用对于数据结构的独立性，以实现对系统的自动导航，使任何一个应用都能把数据库逻辑结构看成一个单一的关系，从而当其引用数据库中的数据时，只需给出相应的属性名而完全不必关心他们在哪个具体的基本关系或视图中，以使应用与数据库的逻辑结构完全独立。由这种设想所建立的数据模型称为泛关系模型。

universal resource locator (URL) 万能[通用]资源定位器 同 uniform resource locator (URL)。

universal robot 通用机器人 可用于多种任务的机器人。只要改变驱动程序和末端作用器，就能满足不同任务的需要。一种可编程万能机械手是通用机器人。

universal schema 泛模式 关系数据库模式设计的关键概念之一。设U是某具数据库全部属性的集合，D是在属性U上的完整性约束集，则称$\langle U, D\rangle$为该数据库的泛模式。

universal serial bus (USB) 通用串行总线 USB是一种通用外部设备总线规范，主要应用在中低速外部设备上，它提供的传输速度有低速（USB1.0）1.5 Mbps、全速（USB1.1）12 Mbps、高速（USB2.0）480 Mbps 和超高速（USB3.0）5 Gbps 等多种，一个USB端口同时支持全速和低速的设备访问。低速的USB带宽（1.5 Mbps）支持低速设备，如显示器、ISDN（综合业务数字网）电话、调制解调器、键盘、鼠标、游戏杆、扫描仪、打印机、光驱、磁带机、软驱等；全速的USB带宽（12 Mbps）将支持大范围的多媒体和电话设备等；高速和超高速 USB 支持大容量移动设备。USB的主要特征如下：①即插即用和热插拔功能。②对多设备的支持。在USB规范中，外设通过集线器呈树状接至一个端口，一台微机可连接127台不同种类的设备。③内置电源供给。USB电源能向低压设备提供5 V的电源。④高保真音频。由于USB音频信息生成于计算机外，而不是机器之内，因而减少了电子噪音干扰，从而使音频系统具有更高的保真度。⑤提供对电话的两路数据支持。USB支持同步数据传输方式和异步数据传输方式。USB端口是一个大约7mm×1mm的插孔，有四根信号线：其中两根线提供电源，两根线传输数据。USB规范中将USB分为五个部分：控制器，控制器驱动程序，USB芯片驱动程序，USB设备和针对不同USB设备的客户驱动程序。控制器主要负责执行由控制器驱动程序发出的命令。控制器驱动程序在控制器与USB之间建立通信信道。USB芯片驱动程序提供对USB的支持。USB设备包括与PC相连的USB外围设备，分为两类：一类设备本身可再接其他USB外围设备，另一类设备本身不可再连接其他外围设备，前者称为集线器，后者称为设备。客户驱动程序就是用来驱动USB设备的程序，通常由操作系统或USB设备制造商提供。

universal service 普遍服务 电信产业政策的重要

组成部分，遵循可获性、非歧视的可接入性和广泛的可购性三大原则的电信服务。

universal service fund (USF)　普遍服务基金　通常由电信运营公司出资的基金，为在无利可图地区提供电信服务。

universal set　全集　(1)在给定的研究领域中，一种包括了一切相关元素的集合。(2)所有逻辑上相互"或"的所有子集或事件的组合。

universal signature　通用签名　在文电鉴别中，一种数字签名。它不需仲裁，只由接收方认定签名的真实性。参见 digital signature。

universal SIM application tool (USAT)　通用 SIM 应用工具包　第三代移动通信系统的一种服务功能服务器。USAT 的作用是给 SIM(用户识别卡)移动终端之间的通信协议提供附加功能的，最重要的功能是负责 SIM 卡给终端发命令，如使 SIM 卡能够指导终端下载信息资料等。

universal synchronous/asynchronous receiver/transmitter (USART)　通用同步/异步接收发送器　处理高速串行通信设备与微机系统相连时数据收发和串/并、并/串转换的通用通信接口。USART 从 CPU 处接收并行格式的数据字符，然后把它转换为要传输的连续串行数据流，同样也能进行相反的过程。每当需要接收或发送一个新的数据字符时，均以中断方式与 CPU 联系，CPU 随时可以读取 USART 的状态。通信过程既可以采用同步方式，也可以采用异步方式。

universal synchronous receiver transmitter (USRT)　通用同步接收发送器　一种允许高速同步通信设备与微机系统相互收发数据的通用通信接口。这种单片接口可以完全代替数据终端与位串行同步通信设备相联所需要串行/并行和并行/串行转换逻辑。这种器件包括独立的发送器和接收器，各自拥有独立的时钟引入线和状态线、数据传输线，在时钟控制下发送和接收数据。它是可编程的，从而使用户能够用它连接所有的同步外设。

universal synthesizer interface (USI)　通用合成器接口　由 Dave Smith 于 1982 年提出的一种数字音乐合成器接口建议标准。1983 年 8 月，此标准被美、日的许多合成器厂商接受，在此基础上制订出国际通用的数字乐器接口标准，即 MIDI 1.0 标准。

universal telecommunication radio access network (UTRAN)　通用电信无线接入网　通用移动通信业务(UMTS)系统中的无线接入部分。

universal test and operations interface for ATM　ATM 通用测试和操作接口　在 ATM(异步传输模式)的物理层与 ATM 设备相连的一个接口，它连接传输会聚子层(TC)和物理层中的物理介质相关子层。

universal time (UT)　世界时　基于地球自转的一个时标。其中 UT0 是本初子午线的太平时，直接由天文观测得到；UT1 是 UT0 校正过在恒星参考系中地球相对其旋转轴的微小运动(极向变化)效应的时间；UT2 是对 UT1 校正过在恒星参考系中地球旋转速度的微小季节性起伏效应的时间。格林威治的太平时也称"格林威治平均时间(GMT)"，可看作等效的世界时，但它们相差 12 小时。

universal time coordinated (UTC)　协调世界时　由国际无线电咨询委员会定义和建议采用的，并由国际时间局(BIH)负责保持的以国际单位制(SI)秒为单位的时间标度。对与无线电规则相关的大部分实际应用而言，协调世界时(UTC)与本初子午线(经度零度)上的平均太阳时等效。该时间过去以格林威治平均时(GMT)表示。同 coordinated universal time (UTC)。

universal Turing machine (UTM)　通用图灵机　能够模拟同类图灵机中任何一台动作的图灵机称为通用图灵机。也就是说，将一类图灵机中任一台图灵机 *T* 的编码及输入 *X* 的编码作为通用图灵机的输入，它将模拟图灵机 *T* 对于输入 *X* 的动作。

universal unique identifier (UUID)　通用唯一标识符　一个用于识别的 128 位的值，网络计算系统(NCS)使用 UUID 来标识接口对象的类型。参见 type UUID。

universe　场景　在虚拟现实开发系统 WTK(世界开发包)中，是最高的类。场景中的对象有静止和运动对象，一个 WTK 虚拟环境内只有一个场景是活动的。场景由一系列对象组成，包括传感器、光源、动画、序列、入口、视点、图形对象等。参见 world tool kit。

universe of discourse　个体域，论述域　在一个数据库中，指在一个上下文中所有的实体，包括现在存在的、曾经存在的和可能存在的，可包括许多种实体。

University Corporation for Advanced Internet Development (UCAID)　先进因特网技术开发大学联盟　1997 年成立的一个非赢利的组织，1999 年已发展到 150 多所大学和几十个公司，该组织是为第二代因特网开发的管理和协调而成立的。参见 Internet 2。

Unix　Unix 操作系统　最初由 AT&T 贝尔实验室的 Ken Thompson 和 Dennis Ritchie 在 1969 年研制的用于小型机的一个多用户和多任务操作系统。Unix 有多种版本，其中有加州大学伯克利分校的 BSD 版本，AT&T 所发行的各种版本，IBM 采用运行于 RISC(精简指令集计算)工作站上的 Unix 版本 AIX，微软公司为微处理机配置的多用户操作系统 XENIX，Apple Macintosh 的图形化版本 A/UX，以及用于 NeXT 计算机的与 Unix 兼容的 Mach 等。Unix 具有以下特点：①系统短小精悍，整个系统的代码可减到 40 KB 左右；②采用了进程映像对换技术；③提供完善的进程控制功能；④具有分级树型文件结构，且可动态地装卸文件卷；⑤为用户提供了功能完备、使用方便的命令语言shell；⑥系统具有高度可移植性。它的大部分软件是用C语言编写的，易于移植。此外它还配有各种应用程序和多种语言等。许多团体和组织都在致力于Unix的标准化和推广应用工作，使Unix成为当今事实上的工业标准。

Unix client　Unix客户机　连接到网络的运行Unix的任何计算机。

Unix MIPS　Unix MIPS基准测试程序　用于测量机器性能的一种单位。它以Unix某些命令编制基准测试程序。所选用的Unix命令共四条：grep，diff，yacc和nroff。它主要用于测量各种机器的编译器和连接程序的效率。

Unix Support Group (USG)　Unix支持小组　美国电话电报公司(AT&T)下属的一个研究机构。这个机构自1981年起先后推出了Unix System Ⅰ～Unix System Ⅴ版本，这些版本统称为AT&T版，是市场上流行的Unix操作系统重要版本之一，后改名为Unix system development Lab (USL)。

Unix system development Lab (USL)　Unix系统开发实验室　AT&T公司的一个下属机构，它的前身为Unix支持小组(USG)。这个机构于1984年推出Unix System Ⅴ Release 2操作系统版本，简称Unix SVR 2。

Unix-to-Unix copy program (UUCP)　Unix到Unix复制程序　(1)Unix操作系统中的一个使用广泛的著名程序，该程序可作为实现Unix系统间邮件传递的基础，使得Unix系统程序之间能够通过拨号线路传送文件。不过当SLIP(串行线路互连协议)和PPP(点对点协议)进一步普及以后，UUCP就将完成历史使命而退出因特网。(2)指使用UUCP协议的国际性的网络，传递新闻和电子邮件。支持RS-232直接连接通信、长途专线通信和用电话线进行电子邮件、文件传输以及执行远程命令的广域网络软件包，适合于Unix系统的数据通信。参见electronic mail，Usenet。

Unix-to-Unix encoding　UU编码　一种编码方式，可将使用8位格式的信息转换成使用7位的ASCII(美国信息交换标准代码)文档，用来在不支持8位格式的系统之间传输文档，通常被用来作为电子邮件的附加文档编码方式。uuencode和uudecode原来是Unix系统中使用的编码和解码程序，后来被改写成为在DOS(磁盘操作系统)中亦可执行的程序。在早期传送非ASCII码的文件时，最常用的便是这种UU编码方式。使用的方法是：发邮件前，在DOS下先用uuencode.exe程序将原文件编码成ASCII码文件，然后将邮件发出。收信人收到邮件后，用uudecode.exe程序将文件还原。基于视窗的类似程序有wincode和winzip等。Wincode的使用原理和DOS下的uuencode和uudecode没什么两样，只是在视窗的界面下操作更为简便。Wincode除支持UU编码外也支持MIME，Binhex等编码格式，应用范围颇为广泛。参见multipurpose Internet mail extensions (MIME)，Binhex。

UnixWare AS　应用服务型UnixWare网络操作系统　在UnixWare PE的基础上，并入多用户功能及TCP/IP(传输控制协议/网际协议)与Utilities等软件而形成的一个功能非常强的多用户应用服务系统。它对任何一个客户来说，都可以是一个数据库或应用服务器。由于它不但支持具有TCP/IP与NFS(网络文件系统)的传统Unix网络协议，同时还综合了国际上流行的NetWare IPX(网络互联包交换)协议。这就使DOS(磁盘操作系统)客户机不需要再用Novell的LAN Workplace软件，仅需将包含在UnixWare AS中的DOS网络虚终端软件载入，即可使DOS客户机具有存取NetWare环境中UnixWare服务器的能力。对于没有NetWare服务器的TCP/IP和NFS系统的网络环境，在DOS客户机上增加Novell的LAN Workplace for DOS，可使DOS客户机直接存取UnixWare服务器。利用UnixWare Server Merge for Windows附加软件，可使NetWare AS支持多用户存取的视窗应用系统。

unknown-algorithm attack　未知算法攻击法　一种密码的破译方法。在这种方法中，攻击者不掌握加、解密算法，一般情况下更不掌握密钥。参见ciphertext only attack。

unknown recipients　未知接收方　对电子邮件报文的一种响应，表明邮件服务器不能识别报文中所指的一个或多个目标地址。

unlicensed mobile access (UMA)　非授权移动接入　以移动为中心的固定移动融合(FMC)网络架构。UMA是一种能使同一部移动电话手机可以使用固定宽带网络来连接呼叫的技术。这种技术将移动电话变成了家庭中的IP电话，使用固定宽带网络来连接呼叫，使用户能够在家庭中享受更高的数据传输速率和更好的信号覆盖。一旦用户离家出门，手机就能自动无缝地切换到移动网络上，使用户能享受移动电话的便利。

unload data set　转储数据集　某些数据库与事务处理管理系统中的一种数据集。它含有数据库目标数据集记录的一个副本，在重建数据库时把这个副本用作主输入源。

unloaded antenna　空载天线　没有附加电感或电容的天线。

unlock　解锁　释放一个原先锁住的对象或者系统资源，使其可恢复使用。与lock相反的操作。比较lock。

unlocked resource　未加锁资源　在用户信息控制

系统中，当其未作为同步工作单元的一部分与事务处理程序相连时的一种受保护的资源。这种资源只有它与事务处理程序相连后才能被修改。

unlock instruction (UI)　解锁指令　多道程序设计系统中，允许"中断"发生的一种指令。

UNMA　联合网络管理体系　united network management architecture 的缩写。

unmanned factory　无人工厂　全面实施计算机分级控制而基本上无人介入生产过程的全盘自动化的工厂。在全信息系统或综合软件系统控制下，使全厂的各个环节和各工作单元程序化、协调化，以实现整个工厂从产品的计划和设计、生产的计划和管理，直到生产工艺流程控制的全盘自动化。通常在这样的工厂中应具有计算机辅助设计(CAD)、计算机辅助制造(CAM)以及计算机辅助管理(CAM)等设施。

unmanned manufacturing system (UMS)　无人化制造系统　从毛坯制造到成品包装入库全部生产过程都由计算机控制的全盘自动化的制造系统。

unmapped conversation　无映像会话　在某些计算机系统的 APPC(高级程序间通信)中，一个应用程序与 APPC 对话之间建立临时连接。在这期间用户必须提供如何对数据进行格式化的所有有关信息。比较 mapped conversation。

unmapped physical storage　无映像物理存储器　未分配给段寄存器的存储区域。同 unaddressable storage。

unmapped system　非映射系统　针对特定计算机的一种小型操作系统。在该系统的存储管理中，计算机的虚拟地址空间和它的物理地址空间是完全一致的。

unmapped window　非映射窗口　在操作系统中，一种屏幕上不可见的窗口。

unmarshall　非引渡　在网络计算系统(NCS)中，从一个远程过程调用包中复制数据，由承接程序完成。对应于 marshal。

unmoderated mailing list　非仲裁邮递表　因特网上的一种信息交流形式。它是一种按专题组织的自由论坛，任何网络用户都可以根据自己的兴趣选择适当的邮递表，申请参加其中的活动，成员之间可通过电子邮件讨论问题，交流观点，寻求帮助，不设置管理邮件的仲裁人。加入某个非仲裁邮递表的成员，发向同一邮递表地址的邮件，都会自动地转发给表内的所有成员。

unmodified instruction　非修改指令　程序中出现的不可修改，或者应修改但尚未修改的指令，一般指在程序实际执行时需要用某项参数代换的指令。参见 presumptive instruction。

unmodified scatter　能量不变散射　辐射受到散射而没有光子能量的变化。

unmount　卸下　把磁盘或磁带从使用状态中除去。

unnamed pipe　无名管道　在操作系统中用竖杠(|)连接两个命令的操作符。它使前一个命令的输出成为后一个命令的输入(命令管道则以文件的形式出现)，它是一个先入先出的队列型缓存。

unnumbered frame　非编号帧　数据传输控制规程中，一种专门用来执行建立通信链路、释放通信链路和终止通信的帧。在通信的开始、结束或出现异常情况时，需利用这种帧。

unordered　不可排序(的)　在二进制浮点数中，指不能按照相关值进行排序的两个数值之间所存在的关系，即当一个非数字与任一个数值进行比较或当一个无穷数与任何一个非无穷数进行比较时，他们之间的关系不能进行排序。

unordered graph　无序图　图中节点之间没有次序排列，则称为无序图。

UNOS　UNOS 操作系统　一种与 Unix 兼容的实时操作系统。它使用户能利用一组 Unix 开发工具编写应用软件，支持优先级调度、实时设备驱动器接口和共享数据设备，具有自动恢复能力，还提供自动启动文件和连续文件。

unpack　拆开，解缩　(1)把计算机中的组合信息项拆开的操作。通常可以拆成机器字或一系列单个项和单元。(2)将装配好的组合数据项分解成装配前的数据形式。(3)把数据从紧缩形式恢复到原来形式。

unpacked decimal format　非压缩十进制数格式　在一个字节中用第 4 位到第 7 位表示一位十进制数字，用最右边字节的从左边算起的第 0 位到第 3 位表示十进制数的符号，所有其他各字节的第 0 位到第 3 位均为"1"，这就是非压缩十进制数的表示格式，如十进制数－123 它用非压缩十进制数表示是：

11110001 11110010 11010011。比较 packed decimal format。同 zoned decimal format。参见 signed packed decimal。

unpolarized light　非偏振光　光子振动平面围绕光束轴无定向的一束光。

unprivileged state　非特权状态　一个硬件保护状态，其中处理器只能运行非特权指令，非特权状态支持虚拟机器的操作系统状态。比较 privileged state。

unprotect　解保护　计算机安全中，指一种能攻破软件保护特性而复制某些被保护的软件程序。

unprotected dynamic storage　未保护动态存储器　未在机器系统内采取专门的保护措施，允许一般用户读写操作使用的动态存储器区域。同 dynamic storage。

unprotected field　未保护字段，非保护域　(1)用户可以输入、修改或删除的一种显示字段。比较 protected field。(2)计算机系统内存空间中，未受到根没有前级节点(父节点)以外,其余节点都有唯一的父节点,且所有的节点都可以从树根沿树枝所组成的路径达到。没有后继节点(子节点)的节点称为叶,其余的称为非终止节点。每个终止节点对应一个类别,为了提高树分类器的正确识别率,允许有几个叶对应同一个类别。非终止节点对应的类别是它的子节点所对应的类别的总和。

tree diagram　树图　一种表达分级结构或序列的图形表示,整个图表由根部、分叉枝干和子叶所组成。

tree form language　树形语言　采用分级或树形文件结构的语言。

tree grammar　树文法　(1)一个四元组 $G_t=(V, R, P, S)$ 其中①V是节点标识集合;②$R=\{r(x)\mid V(x)\in V\}$;③P是产生式T_i-T_j的集合(T_i和T_j都是树);④S是有限棵出发树。进行推导时,由出发树开始,不断地在各节点处进行子树替换,到了不能再进行置换时,就得到一棵终结树。由一个树文法推出的全体终结树的集合称为由这个树文法生成的树语言。(2)串文法的推广,能描述具有多重连接特性的模式基元,其重写规则的左件和右件都是树。

tree intermediate language　树型中间语言　中间语言族的一种高级中间语言,其每个成员适应某种特定程序设计语言的需要,同时适应相应语言的特定处理的需要。其特点是以节点为单位的连通有向图,语法结构简单。

tree language　树语言　也称"项语言",形式语言理论中语言概念应用到树。它的字符表扩展到其中每个字符对应一个非负整数,该数表示子项的个数或树中的该字符后代个数,如设$\sum$为字符表(f, g, a, b),并将值 2,1,0,0 分别赋予 f, g, a, b,那么$\sum$一树和他们的等价形式$\sum-$项(即$\sum$上的合式表达式),可用图来表示,$\sum-$项的任意一个集合即为$\sum-$语言。

tree like version model　树状版本模型　设计版本之间的构成树状关系。在这一模型中,每一节点表示一个版本,每条边表示设计依赖。其特性是:①版本可以平行存在;②对某一版本来说,不可能有多个起始版本。树状模型可以反映设计中以某一中间版本为基础选择多种设计方案而形成多个设计结果的情况,其缺点是不能反映出多个设计版本融合出一个新版本的情况。

tree name　树名　一种限定名,用于定义存取通路。

tree network　树形网络　(1)在两个网络节点之间只有一个信息通路的网络配置。(2)一种分级的集中式网络。这种网络从下向上多个终端和计算机通过线路连接到上一层的一个计算机上,逐层向上,直到最后一台计算机为止。这种网络建立比较容易,成本不高,但是可靠性比较差,链路发生故障时可能造成大面积瘫痪。

tree protocol　树封锁协议　数据库并发控制中保证数据一致性的一种封锁方法。这种封锁方法只提供封锁和解锁两种简单操作,而且假定被封锁的对象是一个树状数据结构。树封锁法规定:当一个事务程序封锁树中的某个节点时,则:①它只封锁这个节点,而对该节点的后代没有任何封锁作用;②如果是第一次对树中节点进行封锁,则可以选择任一节点进行封锁;③如果不是第一次对该树中节点进行封锁,则只能封锁它的父节点本身。树封锁协议能保证用户事务的并行调度是可串行化的,但不要求事务程序是两段的。

tree query　树查询　在分布式数据库系统中,指查询的连接图为树时的查询。

tree schema　树模式　分为有穷树模式和无穷树模式两种。有穷树模式中,对于每个语句,有一条且仅有一条从开始语句出发,通向该语句的通路。无穷树模式可以含无限多个语句,除此之外和有穷树模式相同。有穷树模式具有良好的性质,如停机问题、发散问题、等价问题、同构问题等对于有穷树模式都是可解的。

tree search　树搜索,树检索　(1)查找分级结构中的数据项的搜索方式。(2)在树结构中的一种检索方法。在每一检索步,它能够决定剪掉树的哪些部分,不做进一步的检索。

tree selection sorting　树形选择排序　直接选择排序的一种改进。把 n 个关键码两两进行比较,取出$\lceil n/2\rceil$个较小的键作为第一步比较的结果保存下来,再把这$\lceil n/2\rceil$个键两两进行比较;如此反复,直到比较出最小的键为止。若用图形表示此排序过程,就像一棵倒画的树,故称树形选择排序。

tree sort　树分类　交换作为树节点处理的数据项的一种分类。通过构造一个关于所有关键码的字母顺序的搜索树来实现排序。

tree-string structure　树串结构　在数据库的逻辑结构中,一种较简单的访问路径技术。树串结构由 E 串和 L 串或两者的结合而构成。参见 L-string, E-string。

tree structure　树结构　(1)一种分层调用序列,它由一个根段和一层或多层通过根段调用的段组成。(2)利用树状结构形式表示数据单元之间的关系和分层结构形式。数据单元与数据单元的正关系是 1 对 n,逆关系是 1 对 1。

tree structure database machine　树型结构数据库机　美国卡内基-梅隆大学采用 VLSI(超大规模集成电路)技术实现的具有树形结构的数据库机。该机中一些节点用于传送、分配及输入数据;另一些节点用于局部存储及处理;此外,还有一些节点用于汇集结果及输出。

tree-structured system　树形结构系统　描述系统内任一时刻进程间关系的一种结构。在该系统中,一个进程能够建立另一个新进程,前者称为父进程,后者称为子进程,创建父进程的进程称为祖父进程。如此组成一个进程的家族关系。

tree structure network 树结构网络 在工业系统中,常用一分级或树形结构网络来管理及控制各种实时程序控制的应用。在此系统中,一计算机分级结构用来控制处理程序,使其同步并报告状态。在采用传感器的小型系统内,当每一处理过程中记录所发生的事件反映到管理级时,便提供实时程序控制和处理。在管理级的综合计算机系统中,将状态、零部件数目等报告给主机,以供有关部门组织计划、库存控制等。

tree topology 树型拓扑 一个拥有多个节点分支的层次结构网络拓扑。网络中有多于一条主干线,这些主干线之间以树型的形式互联。

tree traversal 树遍历,树周游 对于树形数据结构,若查找经过树的每一节点至少一次时,则称为树的遍历。遍历是树结构的一种最常用且重要的运算,对树作一次完整的遍历,就给出了树中节点的一种排序。树遍历的速度在计算机非数值应用中相当重要,如一个公司中员工的个人履历可表示为一棵树,当要查找人事档案时就得用到树的遍历。

tree work tape 树型工作带 一种有根无限的完全二叉型存储介质。对工作带的读写是从根开始,并以当前位置一步移到直接祖先或直接后代之一。具有树形工作带的图灵机称为树型机。

trellis-coded modulation (TCM) 格栅编码调制 一种将纠错编码和数字调制相结合,并实现数字传输优化的方法。像正交幅度调制那样,格栅编码调制将信息编码为与载波的相位变化和振幅都有关的独特的位组合。然而格栅编码调制使用信号点群(组),他们靠近在一起,表示多于编码数据所需要的信息号。这些附加点允许将额外(冗余)错误校验位加到表示数据的每一位组。这些错误校验位,加上使一些位结合成为无效的编码方案为发送和接收设备提供了一个内在的检测由噪声形成的错误的手段,使他们能选择命中率最大的纠错方法。参见 quadrature amplitude modulation (QAM)。

trellis coding 格栅编码 数据通信中,在一些高速调制解调器中使用的前向纠错方式的一种协议。

tremendously high frequency (THF) 至高频 通信中,指无线电频谱中 300 ~ 3 000 GHz 的频带。

tremendously low frequency (TLF) 至低频 通信中,指无线电频谱中低于 3 Hz 的频带。

tRFC 行刷新周期时间 内存的时序参数,可能的数值有 9 ~ 24。tRFC 是指 row refresh cycle time。该参数代表在同一存储体中刷新一个单独的行所需的时间。同时还是同一存储体中两次刷新指令的间隔时间。tRFC 应该比 tRC 高。参见 tRC,memory timing parameter。

TRFILE 跟踪文件 trace file 的缩写。

triac 双向可控硅 其英文名称 triac 即三端双向交流半导体开关(TRIode AC semiconductor switch)之意。双向可控硅是两个可控硅整流器件并联而反向地结合在一起的一种器件。它能对交流信号、光的亮暗度以及动力设备的速度等进行双向控制,而且仅需一个触发电路,是比较理想的交流开关器件。

triad 三元组 三个二进制位构成的一个集合,如按时间顺序在一根线上出现的三个脉冲或同时在三根线上的三个脉冲。

trial and error 试探法,试凑法 经常采用的一种设计方法,应用这种方法,一般是先构造一个设计方案,然后对这个方案进行模拟,评价和改进,从而产生一个新的设计方案。这样不断重复,直到找到一个满意的设计方案为止。采用试探法时,有时需要与以前的设计方案进行比较,甚至回退到以前的方案,因此需要保留多个设计版本。

trial run 试验性运行 一种用于校验程序逻辑正确性的初步运行。

trial version 试用版 开发商为培育市场,争取用户所推出的版本。该版本软件通常都有时间限制,过期之后用户如果希望继续使用,一般得交纳一定的费用进行注册或购买。有些试用版软件还在功能上做了一定的限制。参见 Alpha version, Beta version。

triangle table 三角形表 用于存放规划结果及有关附加信息的一种数据结构。对于一个含有 n 个规划的操作序列,可以构造一个含 $n+1$ 行、$n+1$ 列的下三角阵形式的三角形表来存放操作序列,及其序列执行过程中的添加信息。其中,第 0 列存放初始状态;第 (i,i) 个位置存放第 i 个操作的规则名;第 $n+1$ 行存放目标状态;其他地方存放规则执行后的添加信息并作为后序操作的先决条件(对于存放在第 i 行的添加信息,则为第 $i-1$ 条规则的先决条件)。三角形表中第 i 行以及以下,第 i 列以左所有各元素中的内容构成三角形表的第 i 个核。若第 i 个核与当前状态匹配,则第 i 条规则及其后续规则组成的操作序列可依次得到应用。利用三角形表可以监视已规划好的操作序列是否在正常执行,以便随时调整规划。

triangle table planning 三角形表规划法 利用三角形表来存放规划序列和相互有关系的附加信息以监视动作序列执行。随时调整动作序列的规划方法。

triangulate 三角化处理 在计算机图形处理中,为简化某些图形处理过程,把复杂的多边形转换成一组三角形的处理过程。

triangulation 三角剖分 将平面或空间中的区域分割为三角形或四面体的和。利用三角剖分作未知函数的分段插入是有限元方法的重要步骤。

triaxial **三线电缆** 一种包含三根导线的电缆。

triaxial cable **三同轴电缆** 由内层编织物包覆外护套组成的一种同轴电缆。三同轴电缆中的数层屏蔽提供了接地和增强的防护性能。

TRIB **信息位传输速率** transmission rate of information bits 的缩写。

tribit **三位** 数据通信中的三个连续的比特位。在相位调制系统中,用 0,45,90,135,...,315 度的相位变化来描述一个三元位。

tri-bit encoding **三位编码** 表示移动头磁盘机磁道位置信息的一种伺服盘面编码。其编码规则为:①在所有奇数伺服磁道上,按两个数据字节的间隔重复写入间距为 2/3 数据字节的两位翻转模式。②在所有偶数伺服磁道上,也写入和奇数伺服磁道类似的模式,其中前一位翻转的极性和位置均相同,后一位翻转的极性也相同,而位置则相互错开 2/3 数据字节。这种编码能提供幅度不随磁道位置而变化的时钟信息,但读出信号存在不对称现象。

tributary **支线** 将网络主干或集中交换系统与一个或多个站、终端或设备相连的线路。

tributary office **汇集局,分局** 有线电话经长话中心出入长途网的基层局。

tributary physical interface (TPI) **分支[支线]物理接口** 与终端相应电路有关的各种业务接口。它也可以从接收的信号中抽取时钟信号,并可按任何控制信令信号操作。

tributary station **辅助站,支站,分站** 在使用基本方式链路控制的多点链接或对点连接的链路上,除控制站以外的任何数据站。

tributary trunk **辅助中继线** 一种连接地方交换台与长途电话中心或其他长途营业处的中继线,通过他们可实现长距离网络通信。

tributary unit (TU) **支路单元** TU 是为低阶通道层和高阶通道层之间提供适配功能的一种信息结构。它由一个信息净负荷(低阶虚电路)和一个支路单元指针组成,支路单元指针指示净负荷帧起点相对于高阶虚电路帧起点的偏移。

tributary unit group (TUG) **支路单元组** 在一个高阶虚电路净负荷中,固定地占据规定位置的一个或多个支路单元,称为支路单元组。TUG 以能够构成由不同规模的一些支路单元组合的混合容量的信息净负荷的方式来规定,以便增加传送网络的灵活性。

trichromatic **三(原)色的** 用于描述通过三种颜色(计算机制图中是红绿蓝三色)来生成其他颜色的任何系统。

trickle charge voltage **涓流充电电压** 为补偿自放电,使蓄电池保持在近似完全充电状态的连续小电流充电电压,也称"维护充电电压"。参见 floating charge voltage。

trickle file **涓流文件** 针对数据库所设计的一种文件,只要有事件发生,则将此事件数据记录存储到该文件中。一旦数据库不小心被损坏,除了取出最后一次备用数据外,涓流文件的数据也可以被使用。

trie **线索** 为搜索字符能否得到匹配而提供的检索路径,用于搜索字符串,串中的每个成员都定义了线索中的路径信息。搜索时从线索的起始节点开始,沿着线索中所提供的路径一直搜索到所需的数据单元都唯一得到验明为止。

trie structure **检索结构** 一株 M 叉树。其每个节点是 M 维向量,其分量对应于数字或字符。第 k 层上的每个节点表示以 k 个字符的某个序列开始的所有关键码的集合;这个节点根据第 $k+1$ 个字符确定一个 M 路分支。

trigger **触发器** 一种特殊类型的存储过程,它由一系列的命令组成。在数据库系统中,指当某时间发生或者将要发生时,需要数据库管理系统执行的操作。用于检测某一事件的发生并执行相应操作的程序称为触发程序,如数据完整性控制。

trigger circuit **触发电路** 具有几个稳定或不稳定状态的一种电路,其中至少有一个状态是稳定的。该电路状态的改变是通过适当的脉冲来启动的。参见 bistable trigger circuit,monostable trigger circuit。

trigger detection point (TDP) **触发检测点** 基本呼叫处理中的一个静态激活的检测点。

triggered rule **被触发的规则** 在产生式系统中,按一定匹配及优先规则选择而被执行的规则。产生式系统的每一行循环都由匹配-选择-执行几个步骤组成。

triggered updates **触发更新** 解决慢收敛时间问题的一种方法。它强迫网络在收到有路径失败时立即广播,而不是等到下个广播周期。这样可以减少其他网关把坏路由当作好路由的时间。

trigger equipment **触发设备** 将控制信号变换成适当的触发脉冲,以控制可控阀器件的这种设备(包括移相或计时电路,脉冲发生电路,一般还包括电源电路)。

trigger gap **触发间隙** 用罩封住的、相对地来说不受大气和温度变化影响的,用以引发保护电力间隙跳弧的,且不宜用它来担负大得足以影响其标定值的电流的间隙。参见 protection power gap。

triggering **触发** 用于使电子器件开通的控制作用。

triggering failure **失触发** 由于触发系统的故障,变流器阀或臂在正常运行的应该导通瞬间触发失败的现象。

trigger-lock **触发锁** 知识库管理系统中的一种锁,实现对知识库中某个知识项的改变时使其他相

T

关知识项随之改变，当一个知识项被更新时，触发锁被唤醒，所有持有该锁的知识项被相应地更新，从而保证了知识的一致与完整。

trigger update 触发更新 一种解决路由环路的技术。当路由表发生变化时，触发更新就是立即广播路由更新信息给相邻的所有路由器，使整个网络上的路由器在最短的时间内收到更新信息，减少了路由环路产生的可能性。参见 routing loop。

trigram 三字母组 在密码分析技术中，三个连续的字符。在对密码进行统计性攻击时，对某种语言，按照不同的三字母组出现的频率来破译密码。

trilinear filtering 三线性过滤 用来减轻或消除不同组合等级纹理过渡时出现的组合交叠现象。它必须结合双线性过滤和组合式处理映射一并使用。三线性过滤通过使用双线性过滤从两个最为相近的等级纹理中采样来获得新的像素值，从而使两个不同深度等级的纹理过渡能够更为平滑。也因为如此，三线性过滤必须使用两次的双线性过滤，也就是必须计算 2×4＝8 个像素的值。参见 anisotropic filtering，bi-linear filtering。

trilinear interpolation 三线插补 这是一种更复杂材质影像插补处理方式，会用到相当多的材质影像，而每张影像的大小恰好会是另一张的四分之一。例如有一张材质影像是 512×512 个图素，第二张就会是 256×256 个图素，第三张就会是 128×128 个图素等，总之最小的一张是 1×1。凭借这些多重解析度的材质影像，当遇到景深极大的场景时(如飞行模拟)，就能提供高品质的贴图效果。一个“双线插补”需要三次混合，而“三线插补”就得作 7 次混合处理，所以每个像素就需要多用 2 倍以上的计算时间，还需要两倍大的存储时钟带宽。但是“三线插补”可以提供最高的贴图品质，会去除材质的“闪烁”效果。对于需要动态物体或景深很大的场景应用方面而言，只有“三线插补”才能提供可接受的材质品质。参见 bilinear interpolation，nearest neighbor interpolation。

tri-line cable 三线电缆 中间一根信号线，两边各一根平行的地线、相互按一定的间距和阻抗匹配要求压制成型的信息传输线。在计算机高速传输信息的互连设计中，它是一种常用的低阻抗匹配的屏蔽传输线。

trim set 修整集，备用集 在某些操作系统中的一种非引用虚机页面集。它准备重填可用页面的页面表以满足对页面的需求。

tri-network convergence (TNC) 三网融合 三网融合是指电信网、广播电视网、互联网在向宽带通信网、数字电视网、下一代互联网演进过程中，三大网络通过技术改造，其技术功能趋于一致，业务范围趋于相同，网络互联互通、资源共享，能为用户提供语音、数据和广播电视等多种服务。

Trinitron 特丽珑 日本索尼(SONY)公司生产的栅状遮罩式柱面显像管，中文称作“特丽珑”。它采用单枪三束，超精细垂直栅条设计，提供比普通显示器更小的点距，使图像鲜明锐利。该技术将荧光粉安排成跨越整个屏幕的直条状，荫罩改为条状格栅，这种结构因消除了纵向间距，透光率比普通显示器高 30%，加之垂直的荧光粉条，所以亮度很高。特丽珑本为柱面显像管，在垂直方向上不存在曲面，而其 FD 特丽珑平面显像管又很好地解决了其水平方向曲面的进一步平面化，因而画面质量更鲜艳漂亮。参见 Diamondtron。

triode gun 三极枪 聚束极相对于阴极是处于负电位的电子枪。参见 electron gun。

triode thyristor 三极晶闸管 一种对开、关时间等瞬态参数没有特别要求，并主要用于工频的反向阻断三极晶闸管。三个极分别叫阴极 K、阳极 A 和门极 G。控制的时候给门极一个正向的触发脉冲，晶闸管才能导通。但是导通以后门极就失去作用了，只有去掉阳极正向电压晶闸管才关断。

triple-cast 三播 同时在电视、电台和因特网站或频道上广播节目。

triple data encryption standard (TDES) 三重数据加密标准 作为一项美国联邦信息处理标准而发布的用于保护公开计算机数据的私钥对称加密算法。DES(数据加密标准)最初是由 IBM 公司在 20 世纪 70 年代末开发的，后由美国国家标准与技术研究所加以推广。TDES 算法是 DES 算法的升级版本，它使用三个不同的密钥对数据块进行三次加密，从而将安全性提高到原来的 3 倍。生成一个非常强壮的加密文件，不用密钥就不可能解密。参见 data encryption standard (DES)。

triple-length register 三倍长寄存器 三个寄存器用作一个单个的寄存器，同 triple register。

triple length working 三倍字长工作 采用三个机器字表示一个数的运算。

triple modular redundancy (TMR) 三模冗余 最常见的硬件冗余方法。由三个完全相同的功能模块(如微处理器)后跟一个表决器，输入同时加到三个模块上，输出中把两个以上相同的作为结果输出。TMR 的思想可以扩展或更多模块，成为 N 模冗余系统，容许 $n=(N-1)/2$ 个模块发生故障。N 通常选为奇数，但有时也用偶数，如航天飞机在其主机系统中用 $N=4$。

triple plane 三重平面(投影) 某些信息显示系统的一种功能，它允许用户在相同的地址上用三个不同的缓冲区定义一个完整的符号或一个符号的各部分。参见 triple plane symbol set。

triple plane symbol set 三重平面符号集 某些信息显示系统的一种程序符号集。它包含在每一基色平面上(红、蓝、绿)定义的一个符号的一部分或一个完整的符号，允许用户用一种、多种或混合的颜色显示或打印一个完整的符号。

选择 在某些通信系统软件中的报文路由选择，它根据一个或多个目的地名或者按发送者放在报文标题中的路由选择键标选好路由并分别将报文送至他们的目的地。参见 affinity-based routing, invariant routing, routing by destination, routing by key。

transaction boundary 事务边界 即事务的逻辑起点与终点。

transaction capabilities (TC) 事务处理能力 7号公共信道信令的一个应用部分。它为7号信令中各种应用和通信网络业务之间提供接口和一系列通信能力。这是一种公共的规范，和具体的应用无关。和TC相关的各种应用有智能网应用、移动网应用和运行维护管理等。而TC为这些具体应用提供信息请求，响应的对话能力。TC在移动业务的应用中可以支持其漫游用户的定位等业务。TC在智能网应用中可以支持向SCP(业务控制点)的数据库登记和查询数据(如免费电话、信用卡呼叫等业务)。TC在运行维护应用中也能支持对各种运行数据的查询和应答。

transaction capabilities applications part (TCAP) 事务能力应用部件 在ATM(异步传输模式)网络中，一个无连接的SS7(7号信令系统)协议，TCAP允许应用调用远端信令点的一个或多个操作，并返回操作的结果，如数据库访问或远端调用处理命令等。使用TCAP的主要应用有：800号路由寻找功能；自动信用卡呼叫，在呼叫卡认证时要查询线性信息数据库；本地号码携带业务；无线移动应用等。

transaction control 事务控制 数据库管理系统为支持事务概念，保证多用户环境中数据的完整性与一致性所进行的控制。通常，事务控制包含有系统控制和人工控制两种方式。系统控制一般是以一个DML(数据操纵语言)为单位，而人工控制则以事务的开始和结束语句体现。

transaction data 事务数据 在数据处理应用领域内，描述一个特定事件的数据，如任务号、数量、价格等。这些数据将作为输入进行处理。事务数据作为一个整体构成用于更新有关主文件的事务文件。可以在收集某一时期的事务数据后，再进行批处理。也可以在他们出现时进行实时处理。

transaction data processing 事务数据处理 着重研究把计算机作为事务处理或管理工具的一个研究领域。

transaction display 事务显示 在销售点终端(系统)上的一种电子操作面板，可以显示当前事务(处理)细目，供操作员和客户观看。

transaction-driven system 事务驱动系统 在面向批处理的系统中，数据在系统化的基础上以高度的结构性整组整批地进入处理周期，同时文件也随之更新的系统。在交互式的事务驱动系统中，数据是随机进入的，当事务发生时，作为处理这些项目的副产品，文档也随之更新。作为直接实时数据输入的结果，处理事务或事件的记录，无论是由系统或网络输入都保留最近一次事务的结果。

transaction file 事务文件 数据处理活动中含有各种事务数据的文件。系统将以事务文件的内容为输入数据，据此对数据主文件进行修改，如在工资计算应用中，主文件中包含人员的名单和工资级别等数据，事务文件则包含出勤数据等。事务数据的内容是暂时性的，在对主文件内容进行修改后就没有必要保存。

transaction flow 交易流，事务流 在数据处理系统中，处理一组"具有相似处理需求的"交易所使用的一种标准流程。

transaction journal 事务日志 一种对由事务(处理)导致的数据文件变化的记录。

transaction key 事务密钥 密钥管理中，指单一事务中加密数据用的密钥。参见 session key。

transaction listing 事务清单 系统上已经发生的每一事件的记录。

transaction log 事务日志 在数据库中处理的每一项事务的基本数据的记录。

transaction manager 事务管理器 分布式数据库中的一种软件模块，用来维护所有事务以及合适的并发性控制模式的日志。

transaction network service 事务网络服务 贝尔系统在大城市区域查询或响应数据交换服务，以便为短的数据信息提供基本的通信服务，如财政业务的查询或响应。

transaction office information system (TOIS) 事务型办公信息系统 在办公事务管理中，用于低层管理的事务信息处理和服务的办公自动化系统。其主要功能有：字处理、日程管理、行文管理、档案管理、会议管理、邮件管理、报表处理和复印传真等。

transaction-oriented system 面向事务的系统 一种特殊类型的联机系统。它适合交互式应用，其功能是利用一个或几个用户编写的程序循环输入、更新和处理数据(通常存在数据库中)。这种系统在操作系统控制下运行，如同一个高优先级的工作站。该系统通常为某一特定目的而设计，如飞机座位预订。它能有效地与终端操作员通信，在操作员和系统间提供有效的数据流程。

transaction processing 事务处理 计算机输入和处理几个有关动作的能力，或者是处理网络中一个或几个终端的事务的能力。事务可以是一个项目或一系列项目，用以启动计算机系统中的一串自动动作。在工商业中的销售业务、工资计算、经理业务等，社会服务行业中的银行、税务、保险业务、交通运输、医院、旅馆、饭店、邮局等部门均有大量事务处理工作。事务处理占计算机应用的80%以上，它属于非数值计算范畴，与数值计算有很大的不同。

transaction processing facility (TPF) 事务处理机制 一个设计用于支持实时的事务驱动应用程序的高性能系统，TPF 的专门系统结构趋向于为数据通信和数据库处理优化系统效率、可靠性和负责性，提供实时查询和对大型集中式的更新，其中消息长度相对较短，响应时间通常少于 3s，正式名称为航线控制程序/事务处理机制(ACP/TPF)。

transaction processing language (TPL) 事务处理语言 用来实现事务处理的计算机语言。这种语言可分为面向过程的(如 COBOL、PL/1)与非面向过程的(如 RPG 等)两大类。其中 RPG 也称"面向问题的数据处理语言"，它很适合于政府机关、工矿企业和商业部门的各项事务处理和打印各种报表。其应用范围仅次于 COBOL，具有简便、易学、源程序小，可在各种类型计算机上普遍使用的特点。

transaction processing per second 每秒事务处理数 计算机系统每秒钟能执行事务处理的数目。在商业活动中，每秒事务处理的次数是指系统在一秒钟内完成一次如付款、收款和查账等事务的次数；在数据处理中，是指一秒钟终端用户与其他设备进行一次数据交换，完成一个特定操作(执行一段用户程序)的次数。

transaction processing system (TPS) 事务处理系统 (1)一种为同时处理多个事项而对共享资源进行管理的系统。它支持交互式应用，能迅速处理用户在终端的请求，并将结果返回给用户。(2)在某些信息管理系统环境下，它从前端系统接收事务，调出应用程序对事务进行处理，并在终端要求时把结果都送回到前端系统。参见 balanced system。

transaction program 事务处理程序 (1)一种用于事务处理的程序。有两种类型：应用事务处理程序和服务事务处理程序。(2)在 DPPX(分布式处理程序设计执行系统)中，一种在响应事项处理要求时执行的应用程序。(3)在 VTAM(虚拟远程通信访问法)中，一个完成与事务处理相关的服务程序，在一个使用 VTAM 应用程序接口(API)的 VTAM 应用程序中可有多个事务程序操作，这时事务处理程序将从应用程序中使用该应用程序定义的协议请求服务，而应用程序可从 VTAM 程序中通过发出 APPCCMD 宏指令中请求服务。

transaction record 事务记录 事务数据集中的记录。事务记录由编码的程序一次或多次执行所建立。

transaction record header 事务记录标题 在第一个事务记录开头的标识和控制信息。

transaction record number 事务记录编号 在事务记录被赋予的数字，用于识别。

transaction routing 事务路由选择 某些用户信息控制系统中的一种功能。它允许受事务处理系统控制的终端操作员初启一些事项处理，包括调用被其他的事务处理系统控制的事务(处理)程序。事务路由选择功能利用事务处理程序会话能力，来简化事务程序和受初启终端所在的事务处理系统的转发事务之间的会话。

transaction schedule 事务调度 事务的执行次序称为"调度"。如果多个事务依次顺序执行，即一个事务完全结束后，另一个事务才开始，则称这种执行次序为事务的串行调度。如果可以同时处理多个事务，则称为事务的并发调度。在单 CPU 系统中，某一时刻只能有一个事务占用 CPU，多个事务利用分时的方法交叉地使用 CPU，这样的并发调度称为交叉并发。在多 CPU 系统中，可以允许多个事务同时占用 CPU，这样的并发调度称为同时并发。

transaction scheduler 事务调度器 数据库系统中负责并行控制的部分，其输入来自事务系统对数据库的操作请求序列，事务调度器按一定的算法准许或延迟到达的操作请求，输出该事务系统的一个保持数据库状态一致性的正确调度。

transaction security 交易安全性 完整的交易安全性包括认证、保密、数字签名和信息完整性。

transaction services layer 事务服务层 在 SNA(系统网络体系结构)中包括服务性事务处理程序的那一层，它提供配置服务、通话服务和管理服务。

transaction set 交易集 在电子数据交换(EDI)业务中，由一贸易伙伴向另一贸易伙伴发送的允许收件人完成一次交易的数据，实质上就是一个完整的商业文件，如一个交易集可以是一个具有多行条目的购买订单。交易集被放在一个功能组中用于传输。交易集的三个部分为标题、详细内容和小结。交易集的每一部分由符合预定标准的段组成。参见 electronic data interchange (EDI)。

transactions per hour (TPH) 每小时事务数 一个事务是指客户向系统发出请求，并由系统作出响应的过程。每小时事务数是一个常用的衡量系统性能的指标。

transactions per second (TPS) 每秒事务数 衡量吞吐率的单位。在每一秒内通过的事务总数、失败的事务总数以及停止的事务总数，是衡量系统性能的指标。

transaction system 事务系统 数据库系统中所有访问其数据库的事务的集合。

transaction tracking system (TTS) 事务跟踪系统 Novell NetWare 的容错特性，它用返回或卷回从网络部件故障造成的不完全的事务处理而保持数据库的完整性。

transaction type 事务类型 一个标识文档中需要完成的工作的值。

transactive content 可交易内容 是网上交易、线上互动和电子商务的媒介。这种动态混合的网页内容将有助于用软件去处理网络交易，使得网络上保护，程序执行时允许覆盖的区域。

unprotected storage 非保护存储器 在某些计算机系统中，系统辅助存储器的部分，不被检查和选择项保护。保留用于作业运行时的临时对象和内部机器数据的存储器。

unreachable position 盲点，盲位 机器人手臂移动时手臂末端不能达到的位置，它是由机器人结构决定的。盲位分析是机器人运动学中的一个重要问题。

unrecoverable abend 不可恢复异常结束 程序非正常结束产生一种错误状态。比较 recoverable abend。

unrecoverable application error (UAE) 不可恢复的应用程序错误 程序的一种错误。该错误引起程序中止，丢失有用信息，并且不能从停止点开始重新运行。在多任务环境下，这种错误往往是由于系统内存在多个同时运行的软件，一个软件的内存空间被另一软件所侵占，它的部分程序码被破坏。

unregistered version 未注册版 未注册版与试用版极其类似，只是未注册版通常没有时间限制，在功能上相对于正式版做了一定的限制，如绝大多数网络电话软件的注册版和未注册版，两者之间在通话质量上有很大差距。还有些虽然在使用上与正式版一样，但是动不动就会弹出一个恼人的消息框来提醒用户注册。参见 registered version，trial version。

unreliable 不可靠 该术语常用来表示网络上的数据包递送过程未经核查。

unreliable data or knowledge 不可靠数据或知识 在问题求解中，有时需要在短时间内作出决策。而此时可供参考的数据或知识可能不完全可靠，有的甚至值得怀疑，而且用于解释数据的有些知识也可能是不可靠的。依赖于不可靠数据或知识解决问题的方法主要有模糊逻辑、可信度计算、数据修正等。

unrestricted grammar 无限止文法 是最普遍的一类文法，在生成符号串的过程中没有附加任何限制，在它的生成式 $\varphi A\psi \rightarrow \varphi\omega\psi$ 中，ω 可以是空串 λ，这种规则称为缩减规则，如无限止文法：$G=(\{\sigma\},\{c\},\{\sigma\rightarrow\lambda,\sigma\rightarrow\sigma\sigma,\sigma\rightarrow c\},\sigma)$。

unrestricted language 无限止语言 由无限止文法产生的语言称为无限止语言，如无限止语言 $L=\{C^n \mid n\geqslant 0\}$。参见 unrestricted grammar。

unrestricted simplex protocol 无约束单工协议 一种只用于教学目的无实际意义的数据链路层协议，是在一种假设的情况下，最简单的数据链路层传输协议。这个协议假设数据只在一个方向上进行，发送和接收两侧的网络层总是准备好的，因而处理时间不予考虑，接收端数据链路层有无限大的缓冲空间可以利用，也即接收端网络以无限快的速度处理到来数据。通信信道也是理想的，信息传输从不损坏也不丢失。参见 simplex stop-and-wait protocol。

unsafe file 不安全文件 未受到专门保护，其内容有可能被窃用或造成泄密的数据文件。对于一些不必严格保密的数据，组成不安全文件可减少存取开销。

unsatisfiable formula 不可满足公式 (1)在命题演算中，一个命题公式对原子命题的一切取值状况都取值假，那么该命题公式称为不可满足公式。(2)在谓词演算中，一个合式公式对一切个体域及在该域上的一切可能的对谓词符函数符的解释，对变元值的指定均取值假，那么该公式称为不可满足公式。

unsaturated logic circuit 非饱和逻辑电路 晶体管导通时，工作在非饱和区的一种逻辑电路。它消除了少数载流子的存储效应，因而比饱和逻辑电路能获得更快的电平转换速度，但此时器件的功耗较大，逻辑摆幅小。

unscheduled maintenance 非预定维修 非定期进行的设备维修。有些系统要求连续运行，出现故障可以采用临时措施。如降级，保证系统运行，到预定维修时间才排除故障；有的故障使系统不能正常运行，必须立刻排除故障。这种维修无法事先安排。

unset 复位，置“0”，清除 同 reset。

unsharp image 模糊图像，钝化图像 由于原始数据收集或传输过程中图像信号受到衰落和干扰，因而输出时显得模糊不清的图像。有时则是为了缓和原始图像中变化剧烈的部分而故意采取了低通过滤处理而得到的图像。

unsharp mask 钝化掩模 为对图像进行钝化处理而采用的一种算法。

unshielded cable 非屏蔽电缆 没有用金属屏蔽层来屏蔽电磁和无线电波干扰的一种电缆，只能用于短距离的信号传输。

unshielded twisted pair (UTP) 无护套双绞线 没有护套的双绞线。通常是由多对双绞线和一个塑料外皮构成。

unshielded twisted pair (UTP) cable 非屏蔽双绞线电缆 一种包含一对或多对双绞线的电缆，但每对双绞线没有屏蔽层，仅有塑料保护外层。UTP 是局域网(LAN)及电话经常使用的线材。EIA/TIA(美国电子工业协会/电信工业协会)在 1995 年公布了布线标准 EIA/TIA-568-A，此标准规定了五个种类(从 1 类线到 5 类线)的 UTP 标准：①CATEGORY 1；传统电话使用。②CATEGORY 2；有 4 对线，传输速率达 4 Mbps。③CATEGORY 3；有 4 对线，传输速率达 10 Mbps。④CATEGORY 4；有 4 对线，传输速率达 16 Mbps。⑤CATEGORY 5；有 4 对线，同样长度的线，其缠绕圈数需要比其他规格高，且需要较特殊的工具来使用，传输速率达 100 Mbps。参见 twisted-pair wire。

unshuffle 反混洗,逆混洗 混洗运算的逆过程。按常规分析,数据自混洗网络的左端向右端传送称为正向混洗,从右向左传送则称为逆混洗。比较 shuffle。

unshuffle interconnection 反移互连,反混洗互连 在混洗网络中的一种反向连接,可用于傅里叶变换等场合。

unsolvable labeling procedure 不可解标记过程 在搜索"与/或"图过程中,每扩展一个节点,就要根据不可解节点定义,判别一下该节点的后继节点是否为不可解节点。如果有某个后继节点是不可解节点,则需根据它与其父节点的关系,往上回溯,反复判断其先辈节点是否为不可解节点。依此类推,直至推导结束。若被定为不可解节点的,则标上"不可解"标志,这个过程称为不可解标识过程。已标上"不可解"的节点就不再扩展了,只有无"不可解"标志的节点及其后继节点才有必要再加以扩展。

unsolvable node 不可解节点 在人工智能的搜索"与/或"图中,对于不可解节点可递归定义如下:①没有后继节点的非终节点是不可解节点;②如果非终节点的后继节点是"或"节点,则只有在它的所有后继节点都是不可解节点时,该非终节点才是不可解节点;③如果非终节点的后继节点是"与"节点,则只要这些后继节点中有一个且至少有一个是不可解节点,该非终节点就是不可解节点。

unsolvable problem 不可解问题 即不可判定的问题。参见 decision problem。

unspecified bit rate (UBR) 未指定位速率 UBR 是由 ATM(异步传输模式)论坛为 ATM 网络的服务按照位速率的特点定义 QoS(服务质量)的四个类别(未指定位速率、恒位速率、可变位速率、可用位速率)之一。UBR 是一种廉价服务模式。在此模式下,用户不提出传输速率和可用带宽方面的最低要求,他们能获得服务的程度完全视网络负荷而定,网络服务者不对其作出任何服务承诺,对于信元的丢失率和传输延迟也不作保证。当网络负荷轻时,此类用户可获得较宽的信道;当网络拥挤时,分配给此类用户的位速率便显著降低,甚至完全不分配。这种模式的服务代价较低,主要用于传输新闻、网络监测信息等。参见 available bit rate (ABR), constant bit rate (CBR), variable bit rate (VBR)。

unstable servo 不稳定伺服系统 输出漂移远离输入且没有极限的伺服系统。参见 servo。

unstable state 非稳态 (1)在脉冲电路中,对外部输出呈现固定值,但依靠内部的惰性元件定时,仅能在有限的时间内保持的一种状态。从不稳定状态到稳定状态过程的发生并不需要任何外界脉冲的作用。(2)在一个触发电器中,只保持有限时间的一种电路状态。此状态结束时不用脉冲触发就回到稳定状态。同 metastable state, quasi-stable state。

unstationary random process 非平稳随机过程 随时间变化的随机过程。它只能用组成过程的样本函数总体的瞬时平均值来确定。在实践中,不易得到足够数量的样本来精确地测量总体平均性质,但在多数情况下,实际物理现象产生的非平稳数据,可进一步分成特殊类别,以简化测量和分析,并可像各态历经平稳数据那样,用单个样本记录来估计各种需要的特性。

unstratified language 非成层语言,非排元语言 一种能作为自己的元语言使用的语言。大多数自然语言就属于非成层语言。比较 stratified language。

unstructured data 非结构化数据 毫无结构的天然数据(如声音、图像、视频等)。比较 structured data。

unstructured decision 非结构化决策 以前从未出现过的或过程过于复杂以至毫无规律可循的决策,或者特别重要的,因而一旦出现必须立即予以解决的决策。这类决策一般难以用常规的定量方法来进行问题的描述和求解。

unstructured file 非结构文件 不能对各个数据项进行存取的文件,如假脱机文件、过期文件或日志文件。

unstructured file server 非结构文件服务器 文件构成为无结构数据集合的服务器。因为文件没有结构,不能对文件的部分内容进行操作,因而对文件访问时只能对整个文件进行操作。与此不同的有平面文件服务器和层次文件服务器等。参见 file servers。

unstructured information 非结构化信息 非结构化信息是相对结构化信息而言的,指信息的形式相对不固定,常常是各种格式的文件。非结构化信息涵盖的内容可分为:营运内容:如合约、发票、书信与采购记录;工作组内容:如文书处理、电子表格、简报档案与电子邮件;Web 内容:如 HTML(超文本标记语言)与 XML(可扩展标记语言)等格式的信息;富媒体内容:如声音、影像、图形等。比较 structured information。

unstructured information management architecture (UIMA) 非结构化信息管理体系 UIMA 是 IBM 公司发布的一种无结构数据的分析系统的实施框架。它可以在字处理文档、电子邮件、视频和其他非结构化信息中搜索特定的文本甚至概念。UIMA 是将非结构化数据转化为结构化数据的桥梁,也是信息内容分析再加工的一个标准工具。

unstructured searching 非结构化搜索 对于非结构化问题,允许用户采用试探性启发式方式进行问题求解的搜索。

unstructured stream 非结构数据流 传输之前不具有结构的数据流。使用这种数据流服务的应用程序事先必须了解数据流内容，传输时协商一种数据流格式，再启动连接进行传输。

unstructured supplementary service data (USSD) 非结构化的补充数据业务 电信的一种补充业务，是基于移动通信网络的交互会话数据业务。USSD数据是利用逻辑信道中的独立专用控制信道(SDCCH)或快速随路控制信道(FACCH)。在非通话状态下，USSD和短消息(SM)使用相同的独立专用控制信道，传输速率大约为600 bps。而在通话状态下，USSD使用快速随路控制信道，传输速率大约为1 000 bps，比短消息使用慢速随路控制信道(SACCH)的传输速度快5倍左右。USSD与短消息的另外区别在于短消息业务采用的是存储转发方式，而USSD业务采用的是面向连接，提供透明通道的交互式会话方式，所以是会话类业务的理想载体。

unsubscripted variable name 无下标变量名 在计算机程序中，不带有下标的变量名，指的是与其他变量不相关，未与其他变量一起形成某种结构的变量。

unsuccessful call 不成功呼叫 没有实现数据连接的呼叫信号。

unsuccessful execution 不成功执行 执行程序语句时未得出运算结果的情况。这种执行对该语句所涉及的其他任何数据没有影响，但会改变状态指示字。

unsuccessful search 不成功查找 情报检索过程中未检索到所需信息的情况。

unsupervised classification 无监督分类法 一种在模式识别或自动分类中使用的算法。其特点是：无需获得已知类别的样本，而只是根据随机向量本身的统计特征来进行分类。其中包括类聚法等。

unsupervised learning 无监督学习 环境只提供训练例而不提供其他任何约束或事先对训练例做分类，自动完成对训练例的分类和归纳的学习策略。同learning by independent exploration。

untranslated storage 不转换存储器 在某些计算机系统中，当地址重分配转换器置为断开时，物理存储器中最前面的64 KB。

untrashort-wave communication 超短波通信 利用波长10～1 m(频率为30～300 MHz)的电波传输信息的无线电通信。

untuned 非调谐的 对所关注的任何频率都不发生谐振的电路或仪器。

unused combination 禁用组合 在理论上可以出现，但在实际信息处理中不会用到的组合，如在BCD(二进制编码的十进制)码计数器中需要四个二进制计数单元，理论上可以出现16种状态组合，但实际上只使用了0000～1001这十种，而1010～1111这六种状态组合即为禁用组合。如果计数器工作过程中出现了这些禁用组合，则认为是出错。同forbidden combination。

unused command 非法命令 由于环境或特权等不符合要求被判定为非法的命令，称为非法命令。

unused command check 禁用命令校验 一种自动校验非法代码表达式出现的过程。这种校验采用自动校验代码或错误检测代码来校验代码表达式中的一个或多个错误。如发现错误，即产生禁用脉冲。这种检查也称“非法命令检查”。

unused memory rule 余量规则 也称禁用存储器规则。在虚拟存储器管理中，描述主内存空闲区大小与写入复杂性之间关系的规则。它指出内存中空闲区和分配区之间的数量关系。该规则表示，若想通过保留比较大的空闲区的办法来减小写入规则的复杂性，就必然要浪费一定的主存。

U

unused time 未使用时间 机器处于正常状态，但未开机使用的时间。

unvoiced sound 清音 声带不振动而发的声音。清音信号的激励源是一组白噪声。

unwanted emission 无用发射 包括杂散发射和带外发射。参见unwanted emission，spurious emission。

unwanted signal 无用信号 同undesired signal。

UP 用户进程 user process的缩写。

UPA UltraSPARC端口结构 UltraSPARC port architecture的缩写。

UPC (1)通用产品代码universal product code的缩写。(2)使用参数控制usage parameter control的缩写。

UPC-A bar-code UPC-A条形码 UPC(通用产品码)条形码的一种，由12位数构成，各数字代表的意义按自左到右的顺序依次为：第1位是产品所属的国家和地区，第2～6位是制造商代号，第7～11位代表产品代号，第12位是核对位。在条码标签上，左右两边各有一个警戒边(由两个窄条组成，作为起始字符和结束字符)封闭起来，中间由两个窄条组成的隔离条分开，左边6个字符称为左手字符，右边6个则称为右手字符。警戒条和隔离条的高度比其他条要高一些。

UPC-E bar-code UPC-E条形码 UPC(通用产品码)条形码的一种，由6位数构成。第1位是产品所属的国家和地区，第2～5位代表产品代号，第6位是核对位。在条码左右两侧分别有2根(表示起始字符)和3根(表示结束字符)的警戒条，其高度大于其他条。UPC-E码由3个奇数和3个偶数组成，他们的奇偶性排列组合对应着一个形式上不存在的第7位数，它的值隐含在6个字符的奇偶性排列组合中。

UPCH 用户分组信道 user packet channel的缩写。

up conversion 上变频 将具有一定频率的输入信

号,改换成具有更高频率的输出信号(通常不改变信号的信息内容和调制方式)的过程。在超外差式接收机中,如果经过混频后得到的中频信号比原始信号高,那么此种混频方式称为上变频。由于变频获得的中频频率较高,所以对接收机中中频放大、滤波、解调都提出了更高要求,使整个接收机成本较高。上变频可获得极高的抗镜像干扰能力,且可获得整个频段内非常平坦的频率响应。这种变频方式通常只有军用等特殊场合得到广泛应用,但在民用级产品中较少见到。比较 down conversion。

up converter 上变频器 将输入调制或未调制载波频率变换到接收器或无线电测试设备工作范围内的更高频率处的变频器。

up counter 递增计数器 从零开始,一次增加一个数直到设计极限的脉冲计数器。

update 更新,修改 (1)增加、改变或删除某些项。(2)按照指定的过程,用当前的信息去修改主文件,其中包括对文件记录的插入、删除或更改。(3)根据当前的信息对存储的信息进行修改。(4)程序执行过程中,每执行一条指令便对程序计数中地址码增量的操作。

update authority 更新权限 一种增加、改变或删除某些项的权力。参见 add authority, delete authority, read authority。

update collision count 更新碰撞计数 在分布式信息处理系统中,执行共享数据库更新操作时与当时的数据存取发生冲突的次数的计数。

update cursor 更新光标 在以交互方式执行数据更新操作的过程中,指示被更新数据项位置的光标,通常以加亮并闪烁的方式表示。

update dynamics 动态更新 在计算机制图中,改变正在观察物体的形状、颜色或其他特性的操作。

update file 更新文件 一种文件,程序可从该文件中读一个记录,修改记录中的某些字段,然后把经过修改的记录重新写回到它原来的位置。

update generation 更新世代 (1)主文件某一版本在序列中的位置。其中每一版本都通过更新前一版本而得到。(2)建立主文件新版本的过程。包括保存老版本的副本(通常为修改文件的副本)。

update language 修改语言 一种用来修改模式或子模式的数据库语言。它是为数据库管理员提供的,用来修改目标模式。

update loss 修改丢失 数据库并发操作中的不一致性。在对用户事务活动序列的随机调度中,若两个事务 T_1 和 T_2 读出同一数据并进行修改,则 T_2 提交的结果破坏了 T_1 提交的结果,T_1 对数据库所作的先期修改就被丢失。这种破坏数据库一致性的现象称为修改丢失。应当采用正确的方法调度并发操作,避免造成数据的修改丢失。

update operation 更新操作 对文件中信息进行修改的一种输入/输出操作。

update-record mark 更新记录标志 某些通信系统中的一种指示符,为索引记录置入控制信息,以标明这个记录已更改过。参见 mark function。

update rights 更新权 具有改变对象中一些项目的权力。比较 add rights, delete rights, read rights。

update run 更新运行 一种处理过程。它把业务数据记录在主文件中的商业记录上。在更新之前,即使文件可以记录在磁带上,按常规簿记意义,主文件作为接下页的文件,以后的文件作为转下页的文件,更新保证记录保持在最新状态。因此,客户欠的数量、供应者借出的数量以及商店或仓库内的现有库存一目了然,这对商业管理是很重要的。

update script 更新手稿 在某些操作系统中,一个界面过程或者可执行的文件,由应用程序开发者为更新程序而建立,手稿文件必须遵从专门的规则以便与操作系统提供的程序更新工具兼容。

update version 升级[更新]版 升级版的软件是不能独立使用的,该版本的软件在安装过程中会搜索原有的正式版,如果不存在,则拒绝执行下一步。

updating and file maintenance 更新与文件维护 增加、删除或更新数据或信息的过程,以便更好地反映当前和实际的状态。

up-down counter 可逆计数器,双向计数器 既可执行加法计数,又可执行减法计数的电路装置。它的计数模式是由方式控制信号决定的,有两个输入端,在 up 输入端的脉冲将计数器的值增加 1,在 down 输入端的脉冲将计数器的值减少 1。

Upenn treebank Upenn 树库 美国 Pennsylvania 大学 80 年代末 90 年代初开始发起了树库计划,对百万词级的语料进行句法结构标注。该项目由 Pennsylvania 大学计算机系 M. Marcus 主持,到 1993 年,完成了对近 300 万英语词的句子的基本法结构标注。

UPF 用户端口功能 user port function 的缩写。

up grade 升级 提高现有产品工作性能的行为,如部分更换计算机的零部件,更换软件版本,用性能更好的产品取代原有的产品。

upgradeable computer 可升级计算机 硬件结构具有开放性,接口符合工业标准,可以用功能更强的部件代替原有部件使之功能更强的计算机。大多数个人计算机是可以在一定范围内升级的。

upgrade set 高层集 在 IMB 的 VS AM 数据存放方法中,全部辅助索引的集合。每当有关基本簇的数据内容被修改时,这些有关的辅助索引也被更新。

UPH 每小时件数 units per hour 的缩写。

up line 上行线 与传输方向相反的方向。对应于 down line。

up-line dump 上行线路转储 在数据网络中,没有后备存储器的计算机为了保存存储器和寄存器的内容，将这些内容传送到另一节点中能够保存这些内容的计算机。这一动作称为上行线路转储。

uplink **上行链路** (1)在点到多点系统中，由分散点到集中点的传输链路，如在移动通信中，由移动台到基站的链路；在卫星通信中，由地球站到卫星的链路。返回路径叫下行链路。(2)指将数据从一个数据站传递到它的源头的通路。在 ATM(异步传输模式)网络中，表示从边界节点到上节点的连接性。比较 downlink。

uplink pilot time slot (UpPTS) **上行导频时隙** 不同用户距离基站远近不同，发送的信号到达基站的时延也不同，为了避免因为时延造成的时隙间干扰，用户在建立业务之前必须先和基站建立准确的上行同步，使得不同用户信号到达基站的时间点相同。上行同步的建立必须使用非常规时隙，否则就会干扰常规时隙，所以就有了上行导频时隙。UpPTS 用于建立上行初始同步和随机接入，以及越区切换时邻近小区测量。参见 downlink pilot time slot (DwPTS)。

uplink state flag (USF) **上行链路状态标记** 用于多个 MS(移动台)进行上行链路 PDCH(分组数据信道)的无线块复用。无线通信系统通过在下行发出 USF 值，宣告哪一个移动台可以在下一个时段传输数据块。

upload **上载，上传** (1)在具有层次结构的信息系统中，把数据或程序自较低层次的节点送到处于管理地位的更高层次节点(如自终端设备送到主机，从网络工作站送到服务器)的过程。(2)在通信中，通过调制解调器或者网络从本地计算机向远地计算机传输信息的过程。比较 download。

up-loop **上环** 迫使接收电路交换单元切断信号回环的一种固定模式。

UPN **通用个人号码** universal personal number 的缩写。

upnode **上节点** 在 ATM(异步传输模式)网络中，表示在公共对等组中一个边界节点的外向邻近的节点。上节点必须是边界节点的父节点的一个临近的平等节点。

UPnP **通用即插即用** universal plug and play 的缩写。

UPP **通用协议平台** universal protocol platform 的缩写。

up path **上行路径** 在主从式信息传输网络中，从站到主站的信息传输路径称为上行路径。

upper bound **上界** (1)设 $\langle A, \leqslant \rangle$ 是偏序集，$B \subseteq A$。如有 $a \in A$ 且对任意 $b \in B$ 有 $b \leqslant a$，则称 a 是子集 B 的上界 。(2)数组上界，指数组在某个维上的下标允许取的最大值。

upper cutoff frequency **上限截止频率** 放大器的放大特性或网络的传输特性在高频区开始降低时的频率。一般定义为比正常值降低 3 分贝时的频率。同 highter cut-off frequency。

upper-layer protocol (ULP) **较高层协议** 在 OSI(开放系统互连)参考模型中相对于当前参考点高一层的协议。在具体协议族中通常指相对于某一特定协议的下一个较高协议。

upper-layer protocol drive **上层协议驱动** 应用于 TDI(传输驱动接口)或其他向用户提供服务的特定应用接口，如驱动调用 NDIS(网络驱动器接口规范)分配包，向包中拷贝数据和向底层发送包。它也在它的底层提供协议接口，来接收下层驱动发送来的包。参见 transport driver interface (TDI)。

upper-layers **高层** OSI(开放系统互连)参考模型中上三层，即应用层、表示层和会话层的统称。与此相对的，该参考模型七层协议的低四层称为“低层”。有时把下三层称为“低层”。

upper memory area (UMA) **上位内存区** 在执行 DOS(磁盘操作系统)的个人计算机上，指系统内存空间从 640 KB 到 1 024 KB 的 RAM(随机存取存储器)内存空间。

upper memory block (UMB) **上位内存块** 上位内存区(UMA)中未被使用的块，每个块的大小为 16 KB。可以将 DOS(磁盘操作系统)核心代码和一些设备(如鼠标)驱动程序装入这个区域，也可以通过扩页内存规范(EMS)，利用 UMB 实现对地址大于 1 MB 的扩展内存的存取。

upper print line **加强打印行** 显示屏幕上的行，它在大写字符矩阵的图形元素最上一行，其轮廓亮度超过 50%。比较 lower print line。

upper real time simulation **超实时仿真** 模型的时间标度大于真实事件的时间标度的模拟。模型的运行速度比真实事件的发生速度快，因而可较快地完成仿真，使操作人员能在较短的时间内仿真观察到整个事件进展过程。

upper sideband (USB) **上边带** 经调制产生的两频率或一组频率中的较高频率。

upper stream **上层流** 在多路转接器上终止的流。上层流的开头从流首或另一个多路转接器驱动程序开始。

UPPEW **均匀平面偏振电磁波** uniform plane-polarized electromagnetic wave 的缩写。

up-posting **上位词自动登录** 情报检查中的一种扩大检索面的技术。其方法是：以检索词为关键词，将其主题词表中的上位词自动登录到文献或提问式中。参见 hypernym，hyponym。

UPPR **单向通道保护环** unidirectional path protected ring 的缩写。

UpPTS **上行导频时隙** uplink pilot time slot 的缩写。

UPS **不间断电源** uninterruptible power supply 的缩写。

U

UPS efficiency 不间断电源的效率 在规定的工作条件下，储能装置不参与能量转换时，输出功率对输入功率之比。参见 uninterruptible power supply (UPS)。

upset 翻转，倒转 (1)在半双工通信系统中，收、发双方转换工作方式。(2)具有两个对立状态的逻辑器件，其状态在外加信号的触发下发生的改变。

upsizing 向上优化 计算机网络在 20 世纪 80 年代以前的一种特征。那个年代计算机领域是大中小型计算机占统治地位的时代。计算机网络也是针对这些计算机的特点建立起来。因为一切资源和处理能力都在这些计算机中，用户直接使用的设备是离开这些计算机什么也不能做的终端。这些计算机在网络中也统称为主机。到了 80 年代进入微机时代，把微机相互连接起来构成的网络纷纷出现。相对于在此之前的向上优化的特征，这个时期的网络特征称为向下优化。与这两种特征不同的还有所谓"规模优化"，是 90 年代的计算机网络特征。参见 downsizing，rightsizing。

UPSR 单向同步系统 unilateral path switching ring 的缩写。

UPS service UPS 服务 在 LAN Manager 网络软件中，一个系统服务，使得一个服务器能够使用不间断电源以免受到停电的影响。

upstream 逆流，上游 (1)与数据流的方向相反或朝着传输源的方向，如从终端用户或外接设备向处理机传送数据的方向。比较 downstream。(2)在 Unix 中，数据由驱动程序向流首流动的方向，也称"读侧"或"输入侧"。参见 streams，stream head，stream end。

upstream failure indication (UFI) 上游失效指示 由维护实体给出的上游失效指示表明到达该维护实体的信号是有缺陷的。UFI 指出失效已经在这点的上游发生并且不要启动不必要的维护活动。

upstream line 上游线路 连接网络控制器与上游部件的电信线路。

upstream neighbor's address (UNA) 上游相邻(节点)地址 令牌环网络中，给定的节点向其接收数据帧的那个节点地址。确定了网络环结构之后，这个地址在网络操作的任何给定时刻都是唯一的。

UPT 通用个人通信 universal personal telecommunication 的缩写。

up time 操作时间 系统设备或电路处于正常工作状态，能完成规定功能的时间。同 operable time，available time。

UPU 万国邮政联盟 Universal Postal Union 的缩写。

upward communication 向上通信 层次结构的组织中，信息从低层部门或人员流向较高层次，它有别于由上层向下层的命令传达。

upward compatibility 向上兼容性 (1)评价计算机兼容性的一个术语。指新型的、功能更强的计算机能包容旧机种的功能，并能运行先前的旧机种上的软件，如基于 Intel 80386 微处理器的 PC 上运行的所有软件也能运行在基于 80486 的新机型上。软件开发商力求向上兼容性，因这样使用户在不须开销更换软件和数据上花费便可升级自己的计算机系统。新系统可从技术上变得更先进，而向上兼容性却常常被迫牺牲掉。(2)现有产品通过更换部分模块，或者增加新的模块而提高性能的能力。为实现向上兼容性，要求产品在设计时要具有一定的预见性，考虑到今后的发展，如某些个人计算机主板在设计用于较低性能处理器的同时，考虑到处理器工艺的进步和成本的下降，为处理器升级留有充分的余地，使性能更优越的处理器也能应用其上。

upward-multiplexing 向上多路转接 在分层结构的网络中，低层为支持其上一层所提供的多路转接，如网络层用一网络连接去支持传输层中的多个传送连接。其目的是为了提高网络频率和减少负载。

upward reference 向上引用[基准] 在覆盖存储系统中，一个存储段对另一个较高段(即在同一覆盖路径上较近于根基段的存储段)的寻址基准。

urban remote sensing 城市遥感 以城市作为探测对象的遥感技术。同 remote sensing in city。参见 remote sensor technology。

urban telephone network 市内电话网 服务范围仅限于城市，而不包括郊区、郊县城镇及所辖农村的电话网。它是本地电话网的重要组成部分。

URC (1)单元引用代码 unit reference code 的缩写。(2)统一资源分类 uniform resource classification 的缩写。

URD 单位记录设备 unit record device 的缩写。

urgent arbitration 紧急仲裁 一些设备配置成具有紧急优先级。这种节点在相等的间隔中可以多次获得总线控制权。实质上，采用一个计数器对每个高优先级节点进行计数，使高优先级节点控制总线 75%时间。一个包可以用于非紧急传送，三个包可以用于紧急传送。比较 fair arbitration。

urgent data 紧急数据 TCP(传输控制协议)中用于发送超带宽数据的一种方法，接收方在收到紧急数据后，需立即进行处理。

URI 统一资源标识符 uniform resource identifier 的缩写。

URL (1)用户要求语言 user requirements language 的缩写。(2)统一资源定位器 uniform resource locator 的缩写。

URL depth URL 深度 在相关性搜索计算中，重要的或相关的内容通常位于距网站层次结构顶部较近的位置，因此，此类内容具有较短的 URL。搜索引擎通过查看 URL(统一资源定位器)中的斜杠

("/")字符数来确定深度,较大的 URL 深度数字可能会降低该内容的相关性。参见 uniform resource locator (URL)。

URL server type　URL 服务器类型　URL(统一资源定位器)是有关网络资源的地址,其格式为:服务器类型://主机名/路径名/文件名。目前编入 URL 格式的服务器主要类型有:①http,代表主要用于超文本信息服务的执行超文本传输协议(HTTP)的服务器,这是 WWW 上的主要服务器类型;②telnet,代表供远程登录使用的 telnet 服务器;③ftp,代表执行主要用于各种普通文件和二进制代码文件的文件传输协议(FTP)的服务器;④gopher,表示相应的服务器是 Gopher 信息查询服务器;⑤wais,代表提供广域信息服务的服务器;⑥news,代表网络新闻服务器。参见 uniform resource locator (URL)。

URN　统一资源名　uniform resource name 的缩写。

urn protocol　壶球协议　有限争夺协议之一,类似于自适应树步进协议,它限制每个时隙授权发送的站数,限制方式是每个争夺时隙中只有一个准备好的发送站获得最大发送概率。参见 limited contention protocol, adaptive tree walk protocol, collision-free protocols。

US　单位分隔(符)　unit separator 的缩写。

usability　可用性　系统、程序或设备性能的一个方面,即对使用者来说是否利于掌握,使用方便。参见 utility。

usability testing　可用性测试　系统开发中的一种测试,判断所实施的系统是否满足最终用户确定的功能要求。

usable area　可用区　在某些信息显示系统中:①在显示屏面上可用于数据显示的区域。②可放在询问回答结构字段中的数据,它在定义窗口时可规定屏幕可用的特性和尺寸。

usable gain　可用增益　在减去放大器内部模块产生的损耗和预留增益后,它能提供的增益量。

usable sensitivity　可用灵敏度　美国高保真标准局为调频调谐器制定的比噪音和失真的振幅组合还大 30 dB 的节目电平所需的信号强度。

usage charge　使用费　根据用户对具体业务的使用来计算的费用。

usage meter　应用扫描器　用来检测电话业务忙闲的一种装置。它有一个扫描器,每固定时间(为 100μs)扫描一组或多组线路一次,以判定他们是否在工作。然后由 CCS(计算机控制系统)中的"忙"记数器进行记数,并且每隔半小时或一小时打印一次结果。

usage mode　使用方式　用户使用和控制数据库中某个域的方式。通常包括两种方式:操作方式与并发控制方式。前者包括对域中信息检索和更新;后者包括对域中信息进行排它性、保护和共享控制操作。这类操作都在数据操纵语言的 READY 语句中说明。

usage parameter control (UPC)　使用参数控制　ATM(异步传输模式)网络为控制通信量采取的一组动作,控制终端系统访问的传输和 ATM 连接的有效性。其主要目的是保护网络资源不受错误行为的破坏,这些错误行为是可能影响其他已经建立的连接的服务质量。

USART　通用同步/异步接收发送机　universal synchronous/asynchronous receiver/transmitter 的缩写。

USASI　美国标准协会　USA Standard Institute 的缩写。美国国家标准协会的名字。

USAT　(1)超小孔径终端 ultra small aperture terminal 的缩写。(2)通用 SIM 应用工具包 universal SIM application tool 的缩写。

USB　(1)通用串行总线 universal serial bus 的缩写。(2)上边带 upper sideband 的缩写。

USB transport mode　USB 传输方式　通用串行总线(USB)针对设备对系统资源需求的不同,在 USB 规范中规定了四种不同的数据传输方式:①等时传输方式。该方式用来连接需要连续传输数据,且对数据的正确性要求不高而对时间极为敏感的外部设备。等时传输方式以固定的传输速率,连续不断地在主机与 USB 设备之间传输数据,在传送数据发生错误时,USB 并不处理这些错误,而是继续传送新的数据;②中断传输方式。该方式传送的数据量很小,但这些数据需要及时处理,以达到实时效果,主要用在键盘、鼠标以及操纵杆等设备上;③控制传输方式。该方式用来处理主机到 USB 设备的数据传输,包括设备控制指令、设备状态查询及确认命令。当 USB 设备收到这些数据和命令后,将依据先进先出的原则处理到达的数据;④批传输方式。该方式用来传输要求正确无误的数据。通常打印机、扫描仪和数字相机以这种方式与主机连接。在这四种数据传输方式中,除等时方式外,其他三种方式在数据传输发生错误时,都会试图重新发送数据以保证其准确性。

US classification levels　美国密级　美国联邦政府为在因特网上传输报文和信息而制定的一套保密等级,分为绝密、秘密、保密和不保密四级,以不同的 8 位二进制值来指定。

use authority　使用授权　系统中一个对象的授权,允许用户运行一个程序或显示文件的内容,使用授权结合对象操作授权和读取授权。

use case　用例　是在不展现一个系统或子系统内部结构的情况下,对系统或子系统的某个连贯的功能单元的定义和描述。用例就是对系统功能的描述,一个用例描述的是整个系统功能的一部分,这一部分一定要是在逻辑上相对完整的功能流程。用例在UML(统一建模语言)中是非常重要的概念,在UML的开发过程中,需求是用用例来表达的,界面是在用例的辅助下设计的,很多类是根据用例来产生的,测试实例是根据用例来生成的,包括整个开发的管理和任务分配,也是依据用例来组织的。参见 unified modeling language (UML)。

use count 使用计数 在某些计算机系统中,为各实体保留的一种用户动态计数,这些实体可以被多个任务使用。

useful insulation distance 有效绝缘长度 除掉绝缘中导电部分后纯绝缘部分的长度。

Usenet 网络新闻组 (1)指因特网中的一个分布式计算机公告栏系统,由数以千计的专题新闻组构成。许多非因特网上的计算机也加入这个系统,同Netnews,network news transfer protocol。(2)采用Unix系统进行分散管理的一种世界范围的网络,早期使用了UUCP(Unix到Unix复制程序)软件及电话线路。参见 Unix-to-Unix copy program (UUCP)。

Usenet news Usenet 新闻 利用NNTP(网络新闻传送协议)实现的分布式新闻数据库,其新闻组分布在各个新闻服务器上,使用新闻阅读器的客户可以订阅特定的新闻组,当客户打开新闻阅读器时自动地下载新闻。

Usenet newsgroup Usenet 新闻组 Usenet中的专题小组是根据某一主题建立的,为了区分不同的专题组,把其名称分成几个不同的部分。名称的第一部分为专题组类别(传统的专题组分为七类),第二部分表示不同的主题,第三部分为某一主题下的特定领域。

use of knowledge 知识的利用 利用知识库中的知识进行推理,得出结论的过程。通常,利用知识的方法取决于问题求解策略。

user 用户 (1)应用计算机完成某种特定任务的一个人或一群人。(2)在企业管理中应用计算机完成数据处理任务或支持信息处理过程的一个组织或一个机构。(3)任何请求计算机服务的系统。参见 end user, multiuser, terminal user。(4)在操作系统中,指与一个账户相关的名字。参见 privileged user。(5)软件系统的使用者。从不同的角度出发,可对用户进行不同的划分。从使用的角度,可分成:①捕获型用户,指使用者对系统进行管理性使用,如超级用户、系统管理员;②非捕获型用户,指使用者单纯利用系统去完成其工作。从用户所使用软件的特点,可分成:①最终用户,通常使用应用软件;②程序员,通常使用系统软件。根据用户熟悉程度,可分成:①专家用户;②新手。

user acceptance testing (UAT) 用户验收测试 系统开发生命周期的一个阶段。用户验收测试是部署软件之前的最后一个测试操作。可分为软件设置审核和可执行程序测试两个大的部分,其大致顺序可分为:文件审核、原始码审核、设置脚本审核、测试程序或脚本审核、可执行程序测试。软件承包方通常要向用户提供如下相关的软件设置内容:①可执行程序、源程序、设置脚本、测试程序或脚本;②主要的开发类文件:《需求分析说明书》、《设计说明书》、《数据库设计说明书》、《测试计划》、《测试报告》、《程序维护手册》、《程序员开发手册》、《用户操作手册》、《项目总结报告》等;③主要的管理类文件:《项目计划书》、《质量控制计划》、《设置管理计划》、《用户培训计划》、《质量总结报告》、《评审报告》、《会议记录》、《开发进度月报》等。其中重要的文件有《程序维护手册》和《程序员开发手册》。《程序维护手册》的主要内容包括:系统说明(包括程序说明)、操作环境、维护过程、原始码清单等。《程序员开发手册》的主要内容包括:系统目标、开发环境使用说明、测试环境使用说明、编码规范及相应的流程等。可执行程序的测试用户验收测试的最后一个步骤,它包括功能、性能等方面的测试,每种测试都包括目标、启动标准、活动、完成标准和度量等五部分。具体的测试内容通常能包括:安装(升级)、启动和关机、功能测试(正例、重要算法、边界、时序、反例、错误处理)、性能测试(正常的负载、容量变化)、压力测试(临界的负载、容量变化)、设置测试、平台测试、安全性测试、恢复测试(在出现掉电、硬件故障或转换、网络故障等情况时,系统是否能够正常运行)、可靠性测试等。如果执行了所有的测试案例、测试程序或脚本,用户验收测试中发现的所有软件问题都已解决,而且所有的软件设置均已更新和审核,能反映出软件在用户验收测试中所发生的变化,用户验收测试就完成了。

user access line (UAL) 用户接入线路 X.25网络中提供DTE(数据终端设备)与网络之间连接的线路。用户数据电路终端设备(DCE)可以是调制解调器或多路复用器,用来提供接入网络的接口。

user access network (UAN) 用户接入网 由电信局至用户间全部机线设备所组成。用户接入网按传输载体可分为有线接入网和无线接入网。

user account 用户账户 NetWare的一个安全特性,用来确定用户登录入网所用的名字,用户属于哪一组,以及提供给用户的受托人赋值,以此查核该用户是否有权访问系统及其资源。由网络管理员负责维护网络上每个用户的账户。

user address space 用户地址空间 主存中供用户程序使用的部分。

user agent (UA) 用户代理 (1)一种OSI(开放系统互连)应用进程,代表一个X.400消息处理系统中的用户或组织。代表用户建立、提交和接受消息。(2)以用户的名义,代替用户提交、取回、检索信息的机制。在报文处理系统(MHS)中,指MHS与用户的接口,它为用户提供下述服务:在发送端,把用户交给的文件包装成报文,交给传输系统去发送;在接收端,它完成提交功能,把收到的报文归档,发回投递报告,必要时对收到的报文进行检索或者转发给别的用户。

user-application network 用户应用网络 数据处理产品的一种配置,为数据处理或信息交换之目的,由用户把若干处理机、控制器和终端连成系统,并可使用公共载波通信或长途电话局提供的服务。比较 public network。

user application record 用户应用记录 在 NetView/PC 程序中,一个定义 NetView/PC 程序与其通信目标设备之间通信路径的记录。

user area 用户区 (1)用户地址空间。(2)主存中分配给某一用户程序的部分。(3)磁盘上的一个区域,用于存放半永久性的用户数据。(4)用户可用的主存和辅助存储的一部分。(5)在用户信息控制系统的 SDF(屏幕定义程序)中,屏幕分割的一个区域,可包含一个滚动列表窗口,编辑区的窗口或完全编辑区。参见 menu area。

user attribute 用户属性 赋予一个用户的特权、可执行的各种功能类型、限制和处理环境。

user attribute data set (UADS) 用户属性数据集 某些交互系统中的一种分区数据集。每一个授权的用户在其中都有一个记录,每个记录包含了一个用户的口令、用户标识符、账号、进入系统的过程名和定义该用户的特性。

user attribute file 用户属性文件 包含计算机的一切特许用户信息的文件,如姓名、口令、账号、允许存取的文件或卷。

user-authentication method (UAM) 用户验证方法 一种 NetWare 特性,它将用户登录时输入的用户名和口令与存储在 NetWare 目录数据库中的信息进行比较,然后按照比较结果,决定准许或拒绝连接。NetWare 支持 Apple 标准 UAM 和 NetWare UAM。

user authorization file 用户授权文件 为获得对系统的访问,由系统管理员授权的每个用户在系统中所拥有的文件。每个目的文件包含了分配给使用系统的用户的用户名、口令、缺省账号、用户标识码、资源限量、资源限度和特权等内容。

user block 用户块 在某些操作系统中;由内核程序维护的一个数据结构。包含有关用户过程的系统信息,如实际的和虚拟的用户标识符、打开的文件表描述符和信号处理设置,用户结构指定保存在用户块中的确切的信息。

user catalog 用户目录 (1)用户属性文件。(2)属于某一用户的文件和卷的目录。

user centricity 用户中心性 计算机硬件与软件设计时,强调以满足用户的需求为目标。它要求具有很强的界面操作性,使用最少的语言符号,最少的语法规则和最少的规则例外,向用户提供最大的灵活性。

user chain 用户链 GPSS(通用仿真系统)语言中控制集的一种方法。能对具有更复杂排队规律的系统进行仿真。当事件进入 LINK 框型时,就使用"用户链"把事件安排入链。利用 LINK 的信息声场 B 可表示排队规律,用 $P \times n$ 可使事件按参数编号 n 的增值顺序进行排序。

user class 用户类 在某些系统中,用户按系统任务的分类。如安全官员、安全监管员、程序员、系统操作员和用户。每个用户类具有一系列专门授权,取决于系统的安全级。

user class of service 用户服务级别 由数据网络提供的一种数据传输服务分类。其中有数据信号速率、数据终端设备操作方式和编码结构等。这些都是标准化的。

user-coded virtual memory 用户编码的虚拟存储器 由用户确定的代码段形式提供的虚拟存储器。这种方法可使程序长度超过主存储器的容量,而且不会在磁盘和主存之间产生颠簸现象。有些系统能自动消除常用程序段的换出。用硬件实现可变堆栈可以大大减少执行程序所需的主存容量。未使用的子例程可以浪费少量数据。数据堆栈还可提供可变长数组、重入码、递归程序设计及为子例程传递参数的有效方法。

user command (UC) 用户命令 在计算机系统或计算机网络中,由用户输入的要求执行特定动作的简短指示信息。

user control 用户控件 在应用程序内部或应用程序之间提供一致性行为和用户界面的复合控件。用户控件可以是某个应用程序的本地控件,也可以添加到库中并编译成 DLL(动态连接库)供多个应用程序使用。

user control storage (UCS) 用户控制存储器 一种可由用户使用的控制存储器,用来安排用户的微程序。

user coordinate 用户坐标 一种由用户指定的坐标,并用独立于设备的坐标系来表示。参见 world coordinates。

user coordinate system 用户坐标系 用户根据自己的需要和方便所定义的一个坐标系。在此坐标系中,对被处理的对象进行几何描述,但与具体的设备无关。用户坐标系也称"世界坐标系"。

user correlator 用户相关因子 在某些通信系统软件中,当发出某些宏指令时,由应用程序提供给通信系统的四个字节值,当发生后续事件时按此值指定位置返回到应用程序,这些事件是由原宏指令初启过程引起的。

user datagram protocol (UDP) 用户数据报协议 在因特网传送层提供用户进程,并负责在应用程序之间无连接传递数据的协议。UDP 是一个简单的协议,因为它没有在传送之前在发送者和接收者之间建立通路,也不提供报文传送确认、排序以及流量控制等功能,因此,报文可能丢失、重复以及乱序等,其可靠性依赖于产生这些报文的应用程序。参见 connectless service, transmission control protocol (TCP)。

user data set 用户数据集 为 RACF(资源访问控制设施)定义的一种数据集,以用户标识作为高级的限定符。

user-definable keys 用户定义键 键盘上的几个专用键,以启动程序中的某几种操作。这些键和功能都是由用户定义的。

user-defined character-formation program 用户造字程序 便于用户使用和维护的,按交互方式在汉字终端上设计的汉字点阵字形,并按规定给出其编码的一种实用程序。

user-defined characters 用户定义字符 见 character generator。

user defined data type 用户定义数据类型 由程序设计者在程序中自行定义的数据类型,这首先需要所用的程序语言提供定义新类型的描述手段。早期的程序语言如 FORTRAN、ALGOL60 等都不允许用户自定义类型。Pascal 是第一个流行的有用户定义类型能力的程序语言。这类语言中一般都提供几种构造新类型的结构,使用户可以从基本类型出发构造出自己需要的类型来。

user-defined data stream (UDDS) 用户定义的数据流 在某些系统中,一个数据流。其中用户定义了并且嵌入了所有的设备控制字符。

user-defined edit code 用户定义编辑码 某些计算机系统中的一些自定义数字编辑码(5 ~ 9),用于指示编辑将在某个数字输出字段完成。这是根据事先为控制程序定义的模式确定的。用户定义的编辑码可以取代编辑字,这样对于相同的编辑字就没有必要重复编码。

user-defined function 用户定义函数 也称“自定义函数”。用户为了解决自己的特定问题而编写的自己的函数。这些函数可以在程序中多次调用。在程序设计中,为了避免重复编制完成同一计算的程序段或语句序列,可以把这样的程序段定义为自定义函数,然后可以像调用标准函数那样调用这种函数。这样做加强了程序的结构化,使整个程序层次清晰,各程序段任务明确,便于调试和阅读。

user-defined function key 用户定义的功能键 用户在应用程序编写时自行定义某些功能键的作用,可简化程序运行时的交互操作,如 F1 代表联机帮助。参见 keyboard enhancer, programmable function。

user-defined integrity rules 用户定义的完整性规则 关系模型的三类完整性规则之一,另两类是实体完整性规则和参照完整性规则。用户定义的完整性规则是针对具体数据的约束条件,由应用环境而定。参见 entity integrity rules, referential integrity rules。

user defined word 用户自定义字 COBOL 语言中的一种字。在编写源程序时使用,用于满足源程序子句或语句中的格式要求。它由用户提供。

user-defined word-formation program 用户造词程序 便于用户使用和维护的,按专门步骤设计新词,或在输入过程以自动记忆方式增加新词以及设定其编码的一种实用程序。

user destination routing (UDR) 用户目标路由选择 与附加异步端口竞争交换及某些统计多路复用排队有关的一种技术。

user disk 用户盘 存储用户自己的程序与数据的软盘,或者硬盘上的一个指定区域。

user documentation 用户文档 一套文档。它为使用系统以期获得所希望结果的最终用户提供系统指令方面的信息。比较 system documentation。

user element (UE) 用户元素 OSI(开放系统互连)参考模型中应用实体(AE)的一部分,它是应用进程中使用应用服务元素(ASE)来完成通信任务的那一部分,或者说它是应用进程与应用实体之间的用户接口。应用进程通过 UE 取得应用层的服务。在具体的实系统中,UE 通常体现为一组应用服务调用。参见 open system interconnection (OSI), application entity (AE), application service element (ASE)。

user environment 用户环境 在用户信息控制系统的 SDF(屏幕定义程序)中,用于定义用户标识、注册口令以及其他面向用户和会话参数的一种实体。

user exit 用户出口 系统程序中可将控制转至用户出口程序的地方。

user exit queue 用户出口队列 在某些通信系统软件中的一种结构。用来使应用程序的出口例行程序的执行串行进行。在同一时刻每一个用户出口队列只能运行一个出口例行程序。

user exit routine 用户出口例行程序 用户编写的一种例行程序。它可从系统程序的用户出口处获取控制权。

user experience (UE) 用户体验 一种纯主观在用户使用产品过程中建立起来的感受。但是对于一个界定明确的用户群体来讲,其用户体验的共性是能够经由良好设计实验来认识到。用户体验是为了全面地分析和透视一个人在使用某个系统时候的感受。其研究重点在于系统所带来的愉悦度和价值感,而不是系统的性能。

user facility 用户功能,用户服务设施 (1)可满足用户要求的一组功能,它是作为数据网络传输服务的一部分提供给用户的。(2)用户服务设施,有些服务设施是在每次呼叫时可以使用,其他服务设施可以按照用户的请求指定一个使用期。对于某些被指定的服务设施,也可在每次呼叫时选择使用。

user-friendly 用户友好的 计算机系统或软件的

一种易于使用的特性。具备这种特性的系统或软件不要求用户掌握复杂的使用技术。用户友好的系统应易于被用户理解和接受，避免使用那些不必要的、容易引起混乱的行话或术语；易于为用户所使用，其中包括命令的统一性和完整性，对各种不同应用要求的适应性及对用户输入的命令或数据进行错误检查及修正等。用户友好系统包括诸如菜单驱动或图形用户接口、联机求助以及符合所建立标准的逻辑功能组织等一类的特征。

user friendly database system 用户友好数据库系统 十分方便用户使用的数据库系统。非计算专业人员及没有经过多少训练的用户可以很容易地与系统对话，很快地掌握系统的使用。

user-friendly development system 方便用户的开发系统 一种开发系统，用户不需要有很多专业知识和专门培训便能学会使用，进行系统开发工作。

user friendly system 用户友好系统 不是以软件、硬件的性能作为机器设计的重要规范，而是以终端用户容易使用作为设计标准的计算机系统。若以硬件和软件性能作为计算机设计的最重要指标的系统，则称面向设计的系统。

user group 用户集团(协会) 特定硬件或软件产品的用户组织。协会成员共享所有经验和思想，以便更好地了解和使用特定的软件和硬件产品。用户协会有责任提醒制造厂商改进或提高他们产品的质量。

user hold status 用户保留态 在某些操作系统移植支持程序中，假脱机文件中的一种状态。它用于防止文件被打印或读取，除非用户自己释放它。比较 system hold status。

user hotline 用户热线 直接与制造厂商的电话联系，制造厂商向正式用户回答有关该厂产品的技术问题。

user identification (user ID) 用户标识 信息系统用以标识用户的一个独特符号或字符串。

user identification and verification 用户标识和验证 系统在一个用户签到或接收一个批处理作业时，对其进行识别和验证的过程。

user identification code (UIC) 用户标识码 用来唯一地标识一个用户的代码。

user identity model (UIM) 用户识别模块，UIM 卡 移动通信终端用户识别及加密技术。UIM 卡支持专用的鉴权加密算法和空中下载(OTA)技术，可以通过无线空中接口方式对卡上的数据进行更新和管理。UIM 卡的功能类似于 GSM(全球移动通信系统)手机中使用的 SIM(用户识别模块)卡，可进行用户的身份识别及通信加密，还可以存储电话号码、短信息等用户个人信息。

user input area 用户输入区 在显示终端的屏幕上，显示操作员键入的数据的位置。

user interface (UI) 用户接口[界面] 计算机系统中实现用户与计算机通信的软、硬件部分总称。用户接口也称“用户界面”或“人机界面”。用户接口的硬件部分包括用户向计算机输入数据或命令的输入装置及由计算机输出供用户观察或处理的输出装置。用户接口的软件部分包括用户与计算机相互通信的协议、约定、操纵命令及其处理软件。常用的输入输出装置有键盘、鼠标、显示器、打印机等。常用的人机通信方法有命令语言、菜单驱动和图形用户接口等。

user interface development system 用户界面开发系统 一种软件开发工具，支持图形用户界面开发，提高软件的开发效率，支持面向对象的设计方法，简化建立动态图形画面的复杂性及界面与应用之间的联系，增加了对交互动画的支持软件开发过程采用快速原型和迭代开发等技术。

user interface development tool 用户界面开发工具 基于用户界面管理系统概念提出的，用于处理用户界面，提供更好的用户界面软件体系结构和提高生产率的工具。要达到以上需求有三种途径：用户界面工具集、用户界面管理系统(UIMS)和交互式设计工具。用户界面工具集是一个部件库，包括菜单、命令按钮和滚动杆，程序员通过操作系统的标准语言或库调用过程来存取这些接口系统。UMIS 是一种软件体系结构，其中，用户界面的实现在物理与逻辑上均与应用软件的基本功能分开。交互式设计工具使用户能不通过库或语言而以直接操作的方式来实现存取界面。

user interface management system (UIMS) 用户界面管理系统 一个帮助用户建立用户界面的软件系统，着重于规范说明而不是编程。简化了界面设计，是一个易于使用具有多级帮助菜单，且能支持各种用户界面的图形化系统。其输入包括屏幕设计、菜单组织、对话语法。设计方法有传统编码、使用库、编码指南、构造语言和图形工具。

user interface model 用户界面模型 用户界面运行系统的抽象模型，是用户界面开发工具的基础。作为用户界面的框架，定义了用户界面系统中的各个分量及他们之间的关系。通常有基于传统程序的用户界面模型如 Secheim，它是通过用户界面开发工具实现的；还有基于面向对象的用户界面模型，通过工具箱一级的用户界面成分库实现；还有基于领域知识的用户界面模型。

user interface program (UIP) 用户接口程序 一种接口程序。通过和用户的交互生成需要传输的多媒体电子邮件，为用户提供阅读多媒体电子邮件的手段。

user interface testing 用户界面测试 测试用户界面的风格是否满足客户要求，文字是否正确，页面是否美观，文字\图片组合是否完美，操作是否友好等。测试的目标是确保用户界面会通过测试对象的功能来为用户提供相应的访问或浏览功能。确保用户界面符合公司或行业的标准。包括用户友好性、人性化、易操作性测试。

user kit 用户箱 用来改进和简化对联机信息检索系统进行访问的设备。利用这种用户箱可以在联机前将检索语句编好，因而可节省时间。可以利用存储在主机中的地址、口令和请求联机程序而实现对国际性系统进行访问。这种用户箱备有微处理机，能把用户的终端和调制解调器接通。参见 on-line searching。

user label 用户标号 一种磁带或磁盘文件中的标识记录。其格式和内容由用户定义，并要求用户通过编写必要的处理例程来标识记录。

user language 用户语言 用户描述自己需要解决的问题所用的语言，通常指自然语言，或接近于自然语言的一类形式语言。

user level protocol 用户级协议 ARPA(阿帕网)协议体系中的最高一级，它包括分时系统协议(TSP)、文件传输协议(FTP)及远程作业录入协议(RJEP)等。

user-level security 用户级安全性 在 LAN Manager 网络软件中的一种安全性，其中的账户为每一个用户建立。系统资源的操作许可赋予每个用户和用户组，精确地定义各用户可对哪个资源进行何种操作。参见 logon security，password，share-level security。

user level thread model 用户级线程模型 并行处理运行环境模型的一种。在这种模型之下，线程的生成、消除及前后关系的转换等管理是在用户空间进行的。在用户空间内，程序能够定义用户线程的调度方法，因此有可能实现有效的并行操作。用户级线程模型的最大优点，是可以用一般函数调用实现线程操作；它的主要缺点是无法从用户空间了解虚拟处理机向物理处理机的变化情况，特别是从用户空间无法看到虚拟处理机的死锁情况。

user library 用户程序库 由厂家提供能完成公用作业的通用程序库。用户在库中还可增加一些常用的程序和子例程。利用宏指令，可以方便地把库中的程序汇编成目标程序。

user log off 用户注销 原来在网络或多用户系统中注册的用户，由于不再与该系统发生联系，而从注册信息中撤销自己的登记。

user log on 用户注册 在共享资源的多用户系统或计算机网络中，由系统管理者对进入系统的所有用户进行登记，并且赋予各自唯一的识别码和账户，在需要保密的系统中还为之规定密码或口令。用户每次进入系统时，必须再次确认登记。只有已登记的用户才允许参与共享系统资源。

user machine interface (UMI) 用户机器接口 主计算机与网络之间的接口，如一个前端计算机。

user main storage map 用户主存(储器)映像图 (1)分时选择环境下，用户存储区中指定的一块。由存储区控制任务建立，用于确定该存储区需交换的次数。(2)在某些交互系统中，用户分区内所分配的存储区的一种映像，由分区控制任务来建立，并用来确定该分区中有多少存储区需要交换。

user message queue 用户消息队列 在某些系统中，一个用户建立的对象。用于接收从系统、其他用户或应用程序发送的消息。

user message table 用户信息表 在某些信息管理系统中，由用户建立，并由用户编写的出口例行程序所使用的一种信息表。

user microprogrammable computer 用户可编微程序计算机 一种用户可直接编制部分微程序并使用这些微程序的计算机。计算机中划出部分可擦写微程序存储器供用户使用，并提供一套编写微程序的支持软件，用户可利用这套软件来编写自己所需要的微程序。用户可编微程序计算机简称可编微程序计算机。

user microprogrammable system 用户可编微程序系统 一种为用户提供可编微程序的计算机系统。在这种系统中，允许用户书写自己专用的微程序，并可装入对用户开放的控制存储器。其目的是将用户常用的程序改写成系统可接受的微程序，从而提高了系统运行效率。

user-microprogrammed processors 用户微编程处理器 含有多种微指令的微可编程处理器。微编程可在指令集上增加新的硬件控制指令，或支持某种系统结构。

user microprogramming 用户微程序设计 由用户编写微程序的过程。这种过程在某种微程序控制计算机中是允许的，其目的是要扩充系统的功能，满足用户的某种特殊要求。

user mode 用户模式 操作系统中的一种工作模式，在这种模式下运行用户的程序而不是系统核心程序。比较 privilege mode。

user model 用户模型 为测试信息处理系统的性能而建立的，与实际用户工作性质相似的作业或程序。

user name 用户名 (1)在 LAN Manager 网络软件的用户级安全性中，网络识别用户的名字。这是用户账户的一部分，为访问服务器上的共享资源，用户必须提供用户名和口令。(2)在 RACF(资源访问控制设施)中，用 1～20 个字母数字组成的字符串来表示一个用户的名字。

user network interface (UNI) 用户网络接口 用户驻地网与接入网之间的接口。在 ATM(异步传输模式)网络中，在 ATM 终端用户和私有 ATM 交换机之间一个接口点，或者在私有 ATM 交换机和公共载体 ATM 网络之间的一个接口点。它由 ATM 论坛在 UNI 的物理和协议文档中定义，被 ATM 论坛用于作为定义用户或终端站与本地交换器之间的连接标准。ATM 网络 UNI 定义了物理传输线路的接口标准,即用户可以通过怎样的物理线路和接口与 ATM 网相连,还定义了 ATM 层标准、UNI 信令、OAM(操作监管和维护)功能和管理功能等。按 UNI 接口所在的位置不同,又可分为公用网的 UNI 和专用网的 UNI,这两种 UNI 接口的定义基本上是相同的,只是专用网的 UNI 由于不必如公网的接口那样过多地考虑严格的一致性,所以专用网的接口形式更多、更灵活、发展也更快一些。

user network interface management entity (UME) 用户网络接口管理实体 驻留在 UNI(用户网络接口)电路每一端的 ATM(异步传输模式)设备中的一个软件接口,负责对 ATM 网络的管理。

user of resource information 资源信息用户网络 通过万维网使用资源信息的用户的集合。参见 Web site of resource information network。

user node 用户节点 位于用户驻地、包含全部用户设备并通过用户网络接口(UNI)与接入网相连的节点. 。

user number 用户数,用户代号 (1)在操作系统中的一个唯一地标识系统中的用户的数。一般是一个与用户标识符相关的内部数。(2)在分时选择环境下为每个用户指定的代号。当多个用户与系统通信时,系统可根据这种代号来判别不同的用户。

user object 用户对象 由用户在应用程序中建立的对象。对应于 application object。

user of expert tool 专家工具使用者 企业或组织中精于使用一种或多种专门问题求解工具的人员。

user-oriented 面向用户的 计算机的一种功能特性。这种功能特性在为用户使用时并不要求用户了解计算机的有关知识。

user-oriented time sharing language 面向用户的分时语言 一种使用上较其他语言更为容易学习和掌握的语言。这种语言与英语相似。

user packet channel (UPCH) 用户分组信道 用户交换数据分组用的一个信道。

user partition 用户分区 (1)内存中的一个存储区。在某些操作系统的存储管理中,将内存分为系统分区和用户分区两部分,在用户分区中存放用户程序及用户使用的数据。(2)在某些计算机系统中的一个分区,用户任务可在该分区内执行。

user password 用户口令 一个为识别系统中的用户而输入的唯一的字符串。

user performance 用户性能 关系数据语言评价标准之一,也称"易学性"。它通过实验方法测定。主要包括基本掌握某一语言所需的时间,对指定的查询使用不同语言去编制和调试程序所花费的时间,程序的出错率等方面的比较。哪种语言用户易学易懂易用,决定了该语言的生命力。测定结果表明,QBE(范例查询)用户性能最佳,SQL(结构化查询语言)次之。

user port 用户端口 接入网中在 UNI(用户网络接口)侧和用户节点相连接的端口。它的主要功能是将特定的 UNI 要求与接入网的核心功能和系统管理功能相适配。

user port function (UPF) 用户端口功能 该功能将特定的用户网络接口(UNI)要求与核心管理(CF)和系统管理功能(SMF) 相适配,主要功能有:终结 UNI 功能;A/D 转换和信令转换;UNI 的激活/去激活;处理 UNI 承载通路/容量;UNI 的测试和 UPF 的维护、管理和控制功能。

user preference 用户偏爱性 应用软件的用户界面表现方式或软件工具的使用方法,由用户自己在一定范围内选择的性质,如用户可选择视窗内壁纸的画面、边框的颜色、鼠标的形状等。

user privilege 用户特权 (1)由信息处理系统管理者赋予系统用户与维护者在不同程度上存取系统资源的级别。(2)在 LAN Manager 网络软件中一种操作特权,允许个人使用局部网络资源,观察服务器共享资源的信息和打印机以及通信设备队列的状态,并且发送和接收消息。参见 permissions, privilege level。

user process (UP) 用户进程 在计算机操作系统管理下,按多道程序方式执行的任务队列中的一个用户任务。用户进程的特性取决于任务执行期间分配给它的资源以及操作系统中的任务名。操作系统根据多道程序队列中的任务名或注册代码,对用户所使用的资源计费。

user profile 用户轮廓文件 (1)在计算机安全中,描述多用户系统中的一个具体用户而需要的基本信息,包括用户名称、口令、信息存取特许级、邮箱位置、终端类型等。这些信息在用户注册时应予以说明,并且需要妥善保存。(2)在某些系统中,一个带有唯一名字的对象。包含用户的口令、专门授权表和用户拥有的对象。

user profile name 用户轮廓文件名 用户在系统中登录时系统与一个用户相关联的名字或代码。参见 user identification (user ID)。

user profile table 用户轮廓文件表 在多用户分时系统中的一种用户属性表,对每一个进入系统的用户,系统都将为其建立这样一张表。它包括与该用户属性有关的信息。

user program 用户程序 泛指一种由用户编制的特定程序或子例行程序。这些都是相对于制造厂家提供的软件程序而言的。

user-programmable keys 用户可编程序键 计算机终端上的一种特殊功能键,如键盘上标有 F1 ~ F12 的键。其功能可由执行中的用户程序改变。

user prompt 用户提示 在交互式信息处理过程中,屏幕上显示的一类提示用户如何进行下一步操作的文字、图形信息。

user proprietary channel 用户专用信道 为用户分

配的、用于维护活动及远程报警的信息输入信道。

user protocol conversion 用户协议转换 将一种协议的用户信息转换成另一种协议下的表示方式的过程。通常,在不同协议的用户之间进行通信时,往往是把利用不同协议表示的信息转换成一种多方都能接受的标准协议进行传输,然后在接收节点上再将标准协议表示的信息转换成符合用户特有协议的目标信息。

user requirement 用户需求 在软件工程中,用户对要设计的软件提出的各种要求。它反映了用户对软件产品的期望。用户需求可分为两个层次:用户目的需求,在软件开发阶段对应于应用模块;用户使用需求,在软件开发阶段对应于同人机交互有关的模块,即用户接口。通常包括功能要求、性能要求、可靠性要求、安全保密要求,以及开发费用、开发周期、可使用的资源等方面的限制。其中功能要求是最基本的用户要求,它又包括数据要求和加工要求两方面。

user/server computing mode 用户/服务器计算模式 在分布式信息处理系统中的一种开放型处理模式。通过用户界面和应用程序,将服务器与用户联系起来,建立客户机/服务器结构的开放性,使小规模的工作群体被综合进更大的网络,对资源进行动态分配。同时,还允许将同类型机群置于共享信息的异型机群体中。这种结构允许对小型网络进行有选择的扩展,使系统配置部门可进行多种服务。

user service 用户业务 按用户需要提供和作为公用数据网传输业务一部分提供的业务。

user service class 用户服务类 由数据网络提供的数据传输服务的种类。其中数据信号速率、DTE(数据终端设备)操作方式和代码结构等都是标准化的。

user service identity module (USIM) 用户服务识别模块 移动通信系统中,保存移动电话服务的用户身份识别和个人信息数据的智能卡。同 subscriber identity module (SIM)。

user service information (USI) 用户业务信息 指明主呼用户要求的信息载体能力的一个向前发送的信息。

user software engineering (USE) 用户软件工程 从用户角度出发,采用工程方法编制和维护软件的过程及其有关技术。USE旨在发展用于支持交互式软件系统设计,特别是交互式信息处理系统(IIPS)的方法学和一组工具。USE注重考虑用户界面的要求,采用自外向内的方式开发软件。

user space 用户空间 (1)在AIX操作系统中,用户模式的进程的地址空间。参见 user structure。(2)存储器中的一个区域。该区域供用户使用,而不是供系统使用。

user specification file 用户说明文件 在某些计算机系统中的一种文件。包含用户的问题文件中各问题的唯一回答,此文件可作为生成系统任务集的输入文件。

user specific dictionary 用户专用词典 自然语言信息处理应用系统中为特定用户设计的、便于该用户使用和维护的机器词典。

user status table 用户状态表 在多用户系统中,记载各用户当前工作状态的列表,是由系统管理程序自动建立的。

user structure 用户结构 在AIX核心模式下,包含在进程运行时必须可访问的信息的数据区域,一个用户结构为每个活跃进程而分配。参见 per-process data area user block。

user subroutine 用户子例程 由用户编写的子例程。

user task scheduling 用户任务调度 由操作系统对用户提交的多项任务按预定的策略进行调度,使之尽可能得到合理满意的响应。

user task set 用户任务集 在操作系统中,由多项用户提交的任务组成的集合,他们分别被安排在不同的分区内执行。参见 task set。

user terminal 用户终端 大型计算机系统中的一种输入/输出部件,用户通过它与计算机或数据处理系统连接并进行通信,其中包括显示器、键盘等。有的用户终端本身就是一台可独立运行的计算机。

user-to-user information (UUI) 用户间信息 用户产生的信息,在始发本地交换局和终点当地交换局之间通过局间网络透明地传送。

user to user signaling (UUS) 用户-用户信令 用户可以通过信令通路向其他用户传送一定量消息的功能。UUS允许移动用户在与另一个ISDN(综合业务数字网)或PLMN(公共陆地移动电话网)用户间的呼叫相关的信令信道接收/发送有限量的信息。通常一次可传送128个字节,相当汉字64个。

user transient program 用户过渡程序 在某些计算机系统中,存储在磁盘上并可装入到动态存储器中的一种自浮动程序。

user transparent 用户透明的 计算机系统为用户求解某类问题时提供的一种支持。它在执行任务时起作用,但用户感觉不到或不能显式地观察到它的存在。

user-user protocol 用户-用户协议 为了确保两个或多个用户之间的通信,在它们之间采用的协议。

user version 用户文本 用来说明程序如何使用,可供用户阅读的文本。大多数情况下,这些用户是非计算机专业用户。包含以下内容:能使用户了解所使用的程序可达到什么目的;提供详细的使用指南;说明各信息的含义,特别是可能遇到的出错信息的含义;指出如何从错误中恢复运行;说明使用程序的过程中所遇到的各种技术术语。

user view 用户视图 用户对数据库的视图,亦即用户所定义的数据库的子模式。在关系数据库中它通过导出关系(存储数据库的一个逻辑子集)来定义,导出关系能随时反映数据库中数据的变化,基于这一特点,用户视图可称为窥视数据库子集的"动态窗口"。

user working area (UWA) 用户工作区 (1)在计算机系统的内存空间中,除去系统程序占用的空间之外,可分配给用户程序和数据的空间。(2)网状数据库系统中为用户安排的工作空间。它由用户子模式中所规定的每种记录类型的存储空间组成,由数据库管理系统按所启动的子模式建立。

user's group 用户集团 代表某一特定硬件或软件用户的一个集团。典型的用户集团包括制造商和开发商的代表。用户集团的目标一般是:共享知识和经验,并作为生产厂商的一个咨询机构提供服务。参见 user group。

user's guide 用户指南 同 user manual。

user's manual 用户手册 (1)正确使用设备或软件的说明书。(2)系统中涉及其他文件、标准、类型的编程及数据处理功能的说明。

user's set 用户装置 设置在用户远程通信或信号服务一端的一种装置,用来和系统其他部分一起工作。

USF (1)上行链路状态标记 uplink state flag 的缩写。(2)普遍服务基金 universal service fund 的缩写。

USI 用户业务信息 user service information 的缩写。

USIM 用户服务识别模块 user service identity module 的缩写。

USOC 通用服务有序码 universal service ordering code 的缩写。

USRT 通用同步接收发送机 universal synchronous receiver-transmitter 的缩写。

USS 非格式化系统服务程序 unformatted system service 的缩写。

USSD 非结构化的补充数据业务 unstructured supplementary service data 的缩写。

usual asymmetric digital subscriber line (UADSL) 通用不对称数字用户线路 UADSL 是一种无需分路器的简化型 ADSL(非对称数字用户线路),但其下行速率降到 1.5 Mbps 或 2 Mbps,比常规 ADSL 低得多。它可以做成类似拨号调制解调器一样容易安装。它在国际电信联盟(ITU)的标准名称叫 G. lite,所以人们常称其为 G. lite ADSL。同 universal asymmetrical digital subscriber line (UADSL)。

UT 世界时 universal time 的缩写。

UTC 协调世界时 universal time coordinated 的缩写。

utility bus 实用总线 也称"X 总线",位于系统板上的,而且是经缓冲后的标准扩展总线,如 ISA(工业标准体系结构),EISA(扩展的工业标准体系结构)和 MCA(微通道结构)。

utility computing 效用计算 也称"按要求计算"。IT 企业为客户提供的一种服务模式,在这种模式下,相互之间没有关系的用户将共同使用一套基础设施,这套设施由服务提供者拥有,而用户则根据自己所获得的服务进行按量或者按质付费。

utility control console 实用控制台 由计算机系统提供给用户,用来控制系统运行的控制台。它不同于系统操作员使用的监控台。在作业控制台上,只能处理与应用程序有关的操作,而不能对系统模式进行干预。

utility debug 实用调试程序 用于检验和调试程序并执行某些实用功能的一种辅助性程序。其功能包括:更改存储器或寄存器内容、输出显示、选择断点以及检索存储器等。

utility definition specification (UDS) 实用程序定义说明 在某些计算机系统中,与控制语言命令具有相同语法的一组源语句。可以用它建立数据文件实用程序或询问应用程序。

utility facilities program 实用服务设施程序 子系统支持服务程序的一种功能级例行程序,用于子系统库的系统维护,以及为其他功能将命令缓冲格式化。

utility frequency of Chinese character (word) 汉字(词)使用频度 汉字(词)频度统计中,对当代汉语流通语料抽样所得的文字资料里,每一个汉字(词)的使用次数占其汉字总次数的比率。

utility frequency of component (radical) 部件(字根)使用频度 在汉字集和部件(字根)集范围内,同一部件(字根)所组成的汉字使用频度的总和。

utility program 实用程序 支持计算机操作的一种程序。它提供文件管理能力,如排序,复制,比较、列表和搜索等和检验计算机系统的"健康"诊断例程。实用程序还可视为系统软件中常用的一组程序。它具有操作系统、应用软件和提供用户经常需要的功能,支持计算机操作,维护和执行日常任务。如编辑程序、连接装配程序、文卷操作程序和调试程序等都是实用程序。

utility routine 实用例行程序 (1)支持计算机日常处理工作的一种例行程序。如输入例行程序。同 service routine。(2)按标准规则编制而成的,仅在应用程序需要时才装入主存来辅助计算机操作、维护及制备程序的程序。实用例行程序包括的面较广,如通常的数字函数、三角函数、对数及指数函数例程;标准的打印输出例程;打印机、电传机或 CRT(阴极射线管)终端的文本生成程序以及汇编、解释等程序。

U

utility session 实用会话 在通信系统软件扩展网络中,内部节点报文管理程序间的一对 LU-LU(逻辑单元之间)的会话。在每一对主机节点间,对于每一个为这对主机节点定义的传输点,建立一个实用会话。从主机到主机的数据信息通信,是在与其传输类相对应的实用会话中进行。

utility software 实用软件 一种计算机程序。设计这种软件的目的是为其他应用软件、操作系统或系统用户提供他们所要求的某些通用支持功能。

utility software package 实用软件包 能供大多数微型计算机系列使用的一整套实用软件。其中包括装入程序、调试程序、文本编辑程序、常驻汇编程序、浮点运算程序包、交叉汇编程序和可编程序只读存储器程序设计软件等。

utility system 实用系统 用来进行计算机内务管理的标准例程或程序系统。通常在购买计算机系统时免费提供。

utilization logger system 实用运行记录系统 一种对系统运行情况进行信息收集和统计的程序或设备。

utilization ratio 利用率 有效时间和服务时间之比。

utilized bandwidth 使用带宽 在应用过程中,各部件实际使用的带宽。

utilized bandwidth ratio 使用带宽比 存储器使用带宽与处理机使用带宽之比。

UTK UIM 卡开发工具包,UTK 卡 UIM card tool kit 的缩写。

UTM 统一威胁管理 united threat management 的缩写。

UTOFC 单元式光缆 unit type optical fiber cable 的缩写。

UTP 非屏蔽双绞线 unshielded twisted pair 的缩写。

UTRAN (1)UMTS 陆地无线接入网 UMTS terrestrial radio access network 的缩写。(2)通用电信无线接入网 universal telecommunication radio access network 的缩写。

UTS 无约束任务集 unbound task set 的缩写。

.uu 串行传输二进制文件名后缀 一种使用 uuencode 处理过的二进制文件名后缀。uuencode 程序允许用户把二进制数据转换成文本,这样就能通过 e-mail 进行传输。参见 uuencode。

UU 非法用户 unauthorized user 的缩写。

UUCP Unix 到 Unix 复制程序 Unix-to-Unix copy program 的缩写。

uuencode Unix 编码程序 读音为 you-you-encode,是 Unix 操作系统中一个实用程序。它负责将二进制文件转换为 ASCII(美国信息交换标准代码)文本文件。图像文件是一种最常见的二进制文件。转换后的文件可以通过纯文本 e-mail 进行传输,在接收方对该文件进行 uudecode,即将其转换为初始的二进制文件。一个二进制文件经过 uuencode 转换以后,长度增加三分之一,所以在转换为文本文件之前,最好将二进制文件压缩一下以节省传输时间。参见 Unix-to-Unix encoding。

UUI 用户间信息 user-to-user information 的缩写。

UUID 通用唯一标识符 universal unique identifier 的缩写。

UUS 用户-用户信令 user to user signaling 的缩写。

UVCC 紫外光固化涂层 ultraviolet curable coating 的缩写。

UV EPROM 紫外 EPROM UV 是紫外线 ultraviolet 的缩写。一种可以通过集中紫外照射擦除并重编程的只读存储器芯片。芯片中间有一个透光的石英玻璃窗口。擦除芯片上的数据时用波长为 2 537 埃的紫外灯照射石英窗口 10 分钟到 45 分钟。参见 ultraviolet erasing。

UWA 用户工作区 user working area 的缩写。

UWB 超宽带 ultra wideband 的缩写。

UWC 水下光缆 under water cable 的缩写。

UWOA 超宽带光放大器 ultra wideband optical amplifier 的缩写。

V 伏特 volt 的缩写。电路图中表示电压表或电子管的符号。

VA (1)伏安 volt-amperes 的缩写。(2)可变区域 variable area 的缩写。(3)虚拟地址 virtual address 的缩写。

VAB 声频应答装置 voice answer back 的缩写。

VAC 交流电压 alternating voltage 的缩写。

vacancy 空位 如果晶格中某格点上的原子空缺了,则称为空位,这是晶体中最重要的点缺陷。

vacancy band 空带 没有被电子或空穴填充的能带。

vacancy defect (VD) 空位缺陷 在光传播介质(如光纤所用的玻璃)的原子和分子有序阵列中,某一位置失去一个原子或分子而造成的缺陷。这种缺陷将会引起漫反射、发热和吸收,加剧光的衰落。

VACC 增值公用载波 value added common carrier 的缩写。

vaccine program 疫苗程序 在计算机安全方面的一个观察病毒从事典型事情的程序,能够阻止这种行为并向操作员报警。目前常用的疫苗程序有两种:①针对某一种病毒的疫苗程序,如对小球病毒,在 DOS(磁盘操作系统)引导扇区的 1FCH 处填上 1357H,小球病毒一检查到这个标志就不再对它进行传染了。对于 1575 文件型病毒,免疫标志是文件尾的内容为 0CH 和 0AH 的两个字节,1575 病毒若发现文件尾含有这两个字节,则不进行传染。这种疫苗可以有效地防止某一种特定病毒的传染,但对于不设有感染标识的病毒不能达到免疫的目的。②基于自我完整性检查的计算机病毒疫苗程序。目前这种方法只能用于文件而不能用于引导扇区。这种方法的原理是,为可执行程序增加一个免疫外壳,同时在免疫外壳中记录有关用于恢复自身的信息。执行具有这种免疫功能的程序时,免疫外壳首先得到运行,检查自身的程序大小、校验和,生成日期和时间等情况,没有发现异常后,再转去执行受保护的程序。不论什么原因使这些程序本身的特性受到改变或破坏,免疫外壳都可以检查出来,并发出告警,可供用户选择的回答有自毁、重新引导启动计算机、自我恢复到未受改变前的情况和继续操作,而不理睬所发生的变化。这种方法不只是针对病毒的,由于其他原因造成的文件变化,在大多数情况下免疫外壳程序都能使文件自身得到复原。

vaccine software 疫苗软件 在计算机病毒学中,一种可以防止计算机病毒蔓延的监督程序,或者许多具有特定功能的监视病毒的程序的集合。参见 vaccine program。

vacuum evaporation deposition 真空蒸发淀积 在高真空(10^{-6} mm 水银柱)中加热金属或合金,使之蒸发。气态的金属或合金在基片上冷却成固态,淀积成一定厚度的合金薄膜。依加热的方式不同,真空蒸发可分为电阻加热、射频感应加热和电子束加热三种。其中电子束加热方式加热效率高,获得介质膜的纯度也高,在集成电路工艺中,可用真空蒸发淀积方法制备多种薄膜。

vacuum gauge 真空计 测量低于一个大气压力的气体或蒸汽压力的仪器。某些常用的真空计实际上不直接测量压力,而测量在规定条件下与压力有关的某些其他物理量。

vacuum phototube 真空光电管 也称“电子光电管”,由封装于真空管内的光电阴极和阳极构成。当入射光线穿过光窗照到光阴极上时,由于外光电效应,光电子就从极层内发射至真空。在电场的作用下,光电子在极间作加速运动,最后被高电位的阳极接收,在阳极电路内就可测出光电流,其大小取决于光照强度和光阴极的灵敏度等因素。真空光电管灵敏度低、体积大、易破损,已被半导体材料类型的固体光电器件所代替。参见 gas filled phototube。

vacuum servo 真空伺服机构 在磁带的一边保持较低的空气压力,使磁头有效存取信息的存储装置。

vacuum switch 真空开关 触点密封在真空中以避免火花的开关。

vacuum tank magnetic tape unit 真空箱式磁带机 靠真空箱内空气负压拉紧磁带的磁带机。这种磁带机的特点是因为主动轮只驱动两个真空箱之间的一段磁带,质量少,惯性小,容易实现快起停,磁带上数据块之间的间隔小,利用率高,带速高;缺点是磁带驱动部分结构复杂,成本高。

vacuum tube 真空管 用作二极管、放大器、振荡器、调制器、解调器或整流器的各种电子管。真空管拥有三个最基本的极,第一个是阴性的阴极,是释放出电子流的地方,它可以是一块金属板或是灯丝本身,当灯丝加热金属板时,电子就会游离而出,散布在真空玻璃管里。第二个是屏极,基本上它是真空管最外围的金属板,屏极连接正电压,它负责吸引从阴极散发出来的电子。第三个为栅极,从构造看来,它犹如一圈圈的细线圈,就如同栅栏一般,固定在阴极与屏极之间,电子流必须通过栅极而到屏极,在栅极之间通电压,可以控制电子的流量,具有流通与阻挡的功能。

vacuum-tube modulator 真空管调制器 使用电子管的调制器。电子管为调制元件,用来在载波上施加有用信号。

vacuum-tube oscillator 真空管振荡器 使用电子管的振荡器。它在所要求的频率处把直流电源转换成交流电源。

vacuum-tube rectifier 真空管整流器 电子在真空中从一个加热电极单向通过到达一个或更多个其他电极而实现整流的整流器。

vacuum vapor deposition method 真空蒸发法 形成薄膜的一种方法。在真空度高于 10^{-5} mm 水银柱的钟罩内，对形成薄膜的物质进行加热，使之蒸发而淀积在基片上。

VAD (1)话音激活检测 voice activity detection 的缩写。(2)汽相轴向沉积法 vapor phase axial deposition 的缩写。

VADIS 数据语音综合系统 voice and data integrated system 的缩写。

VAL 值，数值 value 的缩写。

valence band 价带 (1)晶体的能带图中，最下面的几个能带，基本上都是被电子所填满，故称为满带，最高的满带称为价带。参见 energy band，conduction band。(2)指添充能量带，是象发光二极管(LED)这样的固态晶体中电子被激活到导带的能量来源。带之间被禁隙分开。

valence bond 价键 由两个或更多个原子间的键合。

valence electron 价电子 原子的最外层电子。在电磁场的影响下它们能发生运动。正是由于价电子的活动而构成了 N 型半导体中的电流。

V algorithm for compression technique 压缩技术的 V 算法 一种适应霍夫曼算法，是对其中的 FGK 算法改进形式，对节点采用新的编号方法，即隐式编号。它对应着节点顺序的一个级别(从底向上，从左到右)，V 算法要求：对每个权 W，在隐式编号中所有权为 W 的叶都在所有权为 W 的中间节点之间，V 算法和 FGK 算法的区别在于传送过程中对树的修改方法，在 V 算法中定义节点块为节点的等价类，两个节点相等价当且仅当这两个节点的权相等，并且这两个节点为同叶节点或者同节点，节点块也以递增顺序排列，保证叶节点总在具有相同权的内节点块之前。

Valiant's randomized parallel algorithm for routing 威林特并行随机路由选择算法 一种可在 n 维超立方连接的并行机上进行路由选择的并行随机算法。它由两步组成，第一步每个信息包被送往一个随机的目标节点，第二步再将其送到正确节点。

valid 有效性，确实性 有效的操作和信号所具备的特性。

validate (VDT) 确认，证实 网络通信中，在接收到正确信息或正确信息分组后，向发送方回送的一个信号。

validated program 已验证程序 程序设计完成后，经过调试和检验，证明能够实现预想目的的程序。

validation category 确认目录，证实范畴 模式数据描述语言的语言元素，其功能是定义一些规则。这些规则规定各种不同数据类型值以及他们之间存在的目录的集合。

validation suite 验证套件 设计用于测试某个软件系统是否符合标准的一系列测试程序，特别是程序语言编译器的标准性。

validation test (VT) 验证测试，合格检查 (1)在系统开发中，用于测试所开发的系统是否满足预定要求。(2)在硬件修理、零件更换或工程修改之后，对硬件进行的一种测试，以检查其是否运行正常。参见 verification testing。

valid exclusive reference 有效排它引用 在覆盖程序中的一种排它引用。其中一个公用段包括在该排他引用中所用符号的引用。

valid function 有效函数 在程序中引用的，已预先有定义，并且提供所需参数的函数。

validity 有效性 对一事件的正确性的量度。常指迭代结果逼近于正确结果的程序。

validity check (VC) 有效性检查 (1)根据已知条件，或根据数据属性而推断的合理界限，对数据记录范围、有效编码、无意义的位组合、存储器地址等因素进行校验与筛选的过程。(2)分析数据确定其是否与某些预置的完整性和一致性参数相符合的过程，如一实用程序可对磁盘进行有效性检查，确定它是否会有损坏扇区，或一数据库程序能对加入到数据库中的新记录进行有效性检查，以确保每一条记录的编码方式与数据库相容。

validity problem 永真问题 命题演算或谓词演算中的一类问题。其内容是：对某一类合适公式，如对这类公式给出任何解释都使其取真值，则称这类公式是永真的。业已证明，命题演算的永真问题是可判定的，一阶谓词的永真问题是不可判定的。

valid memory address 存储器地址有效 微处理机中的一种输出信号。它指示地址总线上的地址信号有效，用于控制微处理机与外部设备间的通信。

valid party check 有效奇偶校验 在数据传输过程中，为检验传输错误而对每个数据字符(或字符块)设置奇偶校验位，并规定采用奇校验还是偶校验。如果发送方与接收方使用同一种奇偶校验方式，即可认为是有效奇偶校验。

valley current 谷值电流 在一个随时间或空间变化的电流信号中，处于极小值或最小值状态的电流值。

valley point 谷值点 电压或电流值处于极小值或最小值的点。

valuator device 标量设备，数值设备 (1)一种提供标量值的设备。如姆指旋转控制器、电位计。(2)

图形系统中的一种带有量度刻度值的输入设备，可用来绘制尺寸和定位比较精确的图形。参见 choice device，locator device，pick device。

value (VAL) 值，数值 在程序设计和应用系统中，指分配给变量、符号、标量或其他元素的量。值可以是数字的，如 total=375，也可以是文字串，如 shape=triangle。

value-added carrier 增值载波(通信) 在公用载波通信系统内，利用计算机化交换技术来提供附加数据通信功能的方式。

value-added common carrier (VACC) 增值公用载波(公司) 一种自己没有远程通信链路，而向其他电信公司租用线路的公司。这种公司利用租用线路和计算机交换技术，使线路上不仅可以进行载波电话通信，而且还增加了其他数据传输功能，即提高了线路的利用价值。

value-added network (VAN) 增值网 租用公用网的通信线路与计算机连接，进行信息的存储、处理的通信网系统。除了原有的通信服务以外，还有计算机及其他设备提供附加的数据服务，如存储转发、差错控制、主机接口、终端连接与控制等。增值网络的建立与使用往往是一个公司从通信部门租用一般通信信道或若干条信道，增加一定设备，提供一定增值功能，建成增值网络租给其他用户使用。

value-added network service (VANS) 增值网络业务 一种数据传输网络。它根据可以使用的信道决定消息传输的路由，当发送消息时就保证消息能被接收，为用户提供安全、高速传输以及各终端之间的举行会议。

value-added process (VAP) 增值进程 在 Novell NetWare 2.0 中对网络操作系统增加功能的应用软件。如打印服务器或通信服务器软件。在以后的 NetWare 版本中，NetWare 可装载的模块提供相似的功能。

value-added processor 增值处理机 公共通信网络中，在维持一般电话、电报和传真服务的同时，通过处理机控制，增加数据传输与交换功能的处理机。

value-added reseller (VAR) 增值销售商[分销商] 一种购入硬件和软件，再将其出售的公司，通过提供服务支持获取增值。增值销售商有时也少量开发相应的软件或制作一些配件，但在整个系统中所占比例较小。有些增值销售商只不过是把其他厂家供应的部件组装起来，加上自己的商标而已。参见 application service provider (ASP)。

value-added service (VAS) 增值业务 在原有通信网基本业务(电话、电报业务)以外开发的业务。它是利用基本电信网的资源，配置计算机硬件、软件和其他一些技术设施，并投入必要的劳务，使信息的收集、加工、处理和信息的传输、交换结合起来，从而向用户提供基本电信业务以外的各式各样的信息服务。由于这些业务是附加在基本电信网上进行的，起增加新服务功能和提高使用价值的作用，因而称作增值电信业务，简称增值业务。

value analysis (VA) 价值分析 (1)在线性规划的过程中，分析各局部因素对整体的作用，决定某些成分的取舍，并且满足给定的约束条件，使提出的方案具有尽可能高的价值。(2)对产品的每一部分及其作用进行系统分析，并由产品的每一部分价值合成整个产品的价值，从而确定产品的价值是否合理。

value attribute 值属性 在 FORTRAN 语言中，一个描述数据对象是否是常数或者变量以及它是否具有一个定义的初始值的属性。

value call 值调用 在程序设计语言中，如果调用功能通过参数值的拷贝传递这个参数给调用功能，它被称为值调用。值调用并不改变传递的原始参数的值，传递给调用功能的只是一个副本。

value cell 值单元 直接向程序的引用者提供参数值而不是参数地址的存储单元。

value nomenclature 数值命名法 在程序中，为了信息处理方便和使程序具有一定通用性，将某些数值型量用符号名称表示的方法。

value numbering 值编号法 识别基本块或扩充基本块中公共子表达式的一种快速优化算法。其过程是：先给每一变量以值编号 0，然后按确定的规则从变量在赋值语句表达式中出现的不同情况来改变值编号，最后各变量上的值编号就是其寄存器编号。

value of information 信息值 一个信息块中，除去表示信息结构、差错检验等附加部分之后，完全用于表示有效数值的部分。

value output module 数值输出模块 程序中主要用于将运算结果以需要的格式(表格、图形、文字等)在屏幕上显示或在打印机上输出的模块。

value parameter 值参(数) 过程、函数的一种参数，对这种参数。在过程、函数调用前先求出实参(可以是表达式)的值，然后把这个值赋给对应的形参，再执行过程、函数体。执行结束时，值参数的值不能传递给对应的实际参数，对应的实际参数仍维持程序执行前的值。这种参数只能用于向过程、函数传送值。参见 call by value parameter。

value-result parameter 值-结果参数 子例程的一种参数。对这种参数，子例程在调用时先求出实参的值，将这个值赋给对应形参，然后执行子例程体。执行结束后再把对应形参的值赋回实际参数。由上可见，值-结果参数的实参只能是变量，这种参数可供过程用于改变执行环境。

value-returning procedure 有返回值过程 在主程序中调用的一种过程，此过程通常带有形式参数。在调用前，一般需向其提供必要的实际参数，过程执行后可将运算结果返回给主程序。

value trace **值跟踪** 观察程序中某变元在程序执行过程中的变化情况，进而分析程序执行是否正确的方法。

valve blocking **阀阻断** 借助门极脉冲周期性地阻止可控阀或臂继续导通的作用。

valve device **阀器件** 由一个由多个不可控或双稳态可控的单向导电的电力电子器件所组成，在结构上不可分割的一种部件。

valve reactor **阀侧电抗器** 与阀串联的电抗器。

valve type surge arrester **阀式避雷器** 由阀片或阀片与串联放电间隙所组成的避雷器，通常称为阀式避雷器。由阀片与串联的非磁吹放电间隙所组成的避雷器，称为普通阀式避雷器。由阀片与串联的磁吹放电间隙所组成的避雷器，称为磁吹阀式避雷器。

valve winding of transformer **变压器阀侧绕组** 与整流管或晶闸管装置直接或间接连接的变压器绕组。

VAM **可变孔径法** variable aperture method 的缩写。

VAN **增值网** value added network 的缩写。

Van Allen belt **范艾伦带** 也称"辐射带"，围绕地球的电离辐射带之一。辐射的构成大部分是作为太阳风来自太阳的质子和电子，被地球磁场捕获。在强太阳风暴期，高能量粒子直接从太阳到达范艾伦带并使其超载，过多的粒子产生极光在地球的两极地区的范艾伦带上释放出来。

Van Atta array **范阿塔天线阵** 一种天线阵，从其中央等距离排列着一对角状反射器或其他元件。它们用低耗传输线连接在一起，以便接收信号能以窄束反射回发射源，从而在没有放大器的情况下使信号增强。

VAN gateway **增值网网关** 用于将 Telenet X. 25 网与任何互连网进行互连的网关，如允许客户把 X. 25 网上的 IP(网际协议)数据报，经由增值网网关传送到因特网上。

vanishing point **灭点** 视线能达到的可分辨出物体细节的最远点。如观察一条又长又直的铁路线，在远处其细节消失，汇聚成了一点，此即灭点。在透视投影的场合，按照灭点的个数，可有单点透视、二点透视和三点透视。灭点有时也称"消失点"。

VANS **增值网络业务** value-added network service 的缩写。

VAP (1)可视图文接入点 videotex access point 的缩写。(2)增值进程 value-added process 的缩写。

vapor deposition **气相淀积** 激活一种或数种物质的气体，使之在半导体材料的衬底表面发生化学反应，并淀积出所需固体薄膜的生长技术。

vapor epitaxy **气相外延** 在硅半导体器件与集成电路生产中常用的一种外延方法。利用硅的气态化合物在加热的硅衬底表面与氢发生反应或自身发生热分解，还原生成硅，并以单晶的形式淀积在硅衬底表面的过程。

vapor phase axial deposition (VAD) **汽相轴向沉积法** 一种化学汽相沉积工艺。其中，蒸汽形式的原料和掺杂化合物在火焰中水解，形成超细的玻璃烟尘，轴向沉积在种子面的端面上，沿轴向生长成可以拉成光纤的预制棒。

vapor phase growth type **气相生长型** 用气相外延方法生成新单晶层的一种器件类型。

vapor phase reflow **气相再流** 在混合微电子技术的应用中发展起来的一种焊料再流技术。再流温度由沸腾液体的蒸汽放出的热所产生。零件通过蒸汽移动并靠热传递而使焊料再流。由于不存在氧气，所以在焊接过程中没有氧化的机会。

vapor phase soldering (VPS) **气相焊接** 利用物质状态的液化、气化的相变机理来控制和满足印制电路插件板和元器件装联后的焊接温度的一种钎焊连接工艺。这种焊接技术的温度比较稳定和容易控制，但由于设备采用氟里昂溶液，易污染环境、破坏臭氧层，因而国际环保组织要求停止使用它。因此，气相焊接的使用和发展受到了一定程度的限制。

vapor priming **蒸汽涂层** 使用 HMDS(六甲基二硅氮胺烷)对晶片表面进行涂层的操作。

vaporware **朦胧件** 在准备交付之前很早就发布的新软件，纵然它仍处在开发之中，无人知道其开发中的问题将来是否会得到解决。该软件是有争议的，但它在软件业中是一种标准的市场做法。在公司准备接受订单之前，就让消息传出，以抢先占领市场并且获得公众对产品功能的反馈信息。如果是因为在开发中出现突发问题，许多产品永远未能上市，该词又成为具有讽刺性的词语：蒸发件。微软公司 1995 年发行的白皮书称：业界一直在讨论的广泛使用的市场驱动的做法，事实上并不是朦胧件而是预先公布。其目的是使用户与业界就产品进行有益的对话，这可帮助用户作出更好的决策，也帮助开发商开发出更好的产品。

Var **无功伏安，乏** volt ampere reactive 的缩写。

VAR (1)增值销售商 value-added reseller 的缩写。(2)变量 variable 的缩写。

varactor diode **变容二极管** 一类电容随使用电压变化的 PN 半导体二极管。在振荡器和放大器(包括参量放大器)电路中，它是可变电抗调谐元件。

variability **可变性** 对一个共同过程中的连续事件进行评价时，所表现出的离散或分散。

variable (VAR) **变量** 其值可以取给定值集合中的任何一个的一种量。它们的值可以在程序执行过程中用赋值语句改变。在有类型的语言中一个变量只能保存特定类型的值。多数语言要求在程序中显式地说明每一个要使用的变量，包括说明它们的类型，如在 FORTRAN 语言中，变量可以是一个非常数的数据对象或子对象，可以是一个符号名、数组元素、数组段、结构成分或者子串。

variable address　可变地址　一种不取固定值的地址。它由变址寄存器或类似装置的内容来决定。

variable aperture method (VAM)　可变孔径法　通过测量光纤出射光射过光阑的光功率来测定单模光纤模场半径的一种方法。其中，光阑的孔径是可变的，一般分为 12 档，但最大顶角不超过 4 度。

variable architecture　可变体系结构(处理机)　可根据执行任务的不同而改变体系结构的积木式处理机。

variable area (VA)　可变区域　程序运行时，允许在内存中改变大小和起始地址的一段存储区域。

variable attenuator　可变衰减器　可连续也可一步一步地降低交流信号强度，而不引起明显的信号失真并保持稳定的阻抗匹配的衰减器。

variable bit rate (VBR)　可变位速率，可变比特率　由 ATM(异步传输模式)论坛为 ATM 网络的服务按照位速率的特点定义 QoS(服务质量)的四个类别(可变位速率、恒位速率、未指定位速率、可用位速率)之一。VBR 支持可变位速率的数据传输，以平均速率和最高速率作为参数。VBR 可进一步分为实时和非实时两种。实时 VBR 主要用于实时电视会议，这时，信元时延的平均值和最大偏差都必须受到严格的控制。非实时 VBR 对信元时延偏差的要求可以松一些，如多媒体电子邮件和存放在媒体上的视像信息。参见 available bit rate (ABR), unspecified bit rate (UBR), constant bit rate (CBR)。

variable block　可变块　存放在存储块中的字符数量可由程序员控制的存储块。通常在一实用的范围内改变。

variable block format　可变字块格式　一种允许一定数量的字在连续的字块中变化的格式。

variable-capacitance transducer　变容换能器　通过改变电容来测量或改变参数的换能器。

variable capacitor　可变电容器　其容量可调节，随两极板相对位置和状态的变化而变的一种电容器。

variable connector　可变连接符　程序流程图中的一种特殊连接符。它表示连接不是固定的，而是随流程本身变化的。

variable coupling　可变耦合　通过一个线圈与另一个线圈的相对运动而产生变化的电感耦合。

variable cycle operation　可变周期操作　(1)一种多个操作周期才能完成的操作，其每一个操作周期的时间值不一定相同，前一个操作周期可不等于后一个。异步计算机的操作是可变周期操作。(2)周期数目不确定的一种操作，如浮点加法，因对阶和规格化，其操作周期数一般很难预先确定。

variable declaration　变量说明　在程序设计中，为确定变量的大小、结构和数据类型所作的说明。

variable expression　变量表达式　任何包含至少一个变量的表示式。这种表达式必须在程序执行时求值。比较 constant expression。

variable field　可变字段　计算机中的一种操作字段。其中任一点上的标量或矢量在考虑的时间内是可变的。

variable field length　可变长度字段　数据字段的字符数可变的数据字段。这种字段需用项分隔符来指示每个数据项的结果。

variable field mark　变量字段标记　在终端屏幕的字段定义中，用户定义的一些字符，用于标记变量字段的开始。

variable field storage　可变字段存储器　存储器字段的长度没有确定限制的存储器。

variable firmware　变量固化　实现基于 Prolog 的演绎数据库的一种技术。指当一个变量与某一项(常数、函数或表等)进行匹配时，该变量与项之间的合一，由自由变量变成固定变量。合一与匹配不同，匹配仅仅是一种比较，而合一在匹配过程中要生成数据结构，且自由变量被固化后，在同一次调用中该变量将不再被赋予其他值。目前，在变量固化中常采用结构共享法和结构拷贝法来进行合一。

variable flux voltage variation (VFVV)　变磁通调压　变压器的调压方式。这种调压方式是在不同分接位置时，带分接绕组的电压为恒定，且为其额定电压。比较 constant flux voltage variation (CFVV)。

variable format　可变格式　一种记录长度为可变的记录格式，存放变长记录的文件，称为可变格式文件。大多在移植程序过程中出现。它需由一定的语句及系统软件控制。

variable-format message　可变格式报文　一种格式不定的报文。其行控制字符在报文送达时不被删除，送出时也不插入。使用这种报文要求收、发终端的特性相似。

variable-frequency oscillator (VFO)　变频振荡器　频率可在给定范围内变化的振荡器。

variable-gain multiplier　可变增益乘法器　一个变化通过放大器时，它的增益受其他变化控制的乘法器。此类放大器的输出与所需乘积成正比。

variable function generator　可变函数发生器　一种函数发生器。用户可在计算之前或在计算期间设定要生成的函数。

variable inductance　可变电感器　通过它的电流变化引起电感值变化的可变电感器。

variable information　可变信息　在文字处理中，操作员可对每个文件资料的正文或信息进行输入或修改。

variable-iris waveguide coupler 可变膜孔波导耦合器 一种微波元件,用于波导管与速调管的外部输入或输出腔耦合。它允许在大的调谐范围内简化匹配调整,而无需短截线调谐器或匹配段。

variable leading 可变前置量 打印机具有的改变前置空间量的一种性能。

variable length 可变长度 一种字符数为可变的信息存储方式。如在文件存储中,可把文件逻辑长度定为可变长,以此来节省存储空间。

variable-length character encoding 变长度字符编码 参见 Huffman code。

variable-length code 可变长度编码 一种表示二进制信息的信道编码。其特征是:一次变换的输入信息位数随输入信息的组合模式而发生变化。

variable-length data item 可变长数据项 逻辑上包含变化的字符数的数据项。在 COBOL 语言中,该项必须在它的数据描述体中包含字形字符"L"。

variable-length descriptor 可变长度描述符 可对变量名、符号地址、文件名等进行描述的不定长字符串,其长度可以在规定的范围内变化或任选。

variable-length field 可变长度字段 一种字符数量可变的字段。它包含一个指示字段完结或指示字段长度的数据域。参见 variable field length。

variable-length instruction 可变长度指令 一种字节数可变的指令。这种指令的基本长度可以是半字长、全字长、双字长等。它只占用必需的必须存储空间,因而提高了运算速度和内存使用效率,但不利于流水线运算。

variable-length instruction set 可变长度指令系统 指令长度不固定的指令系统,其指令的长度可以占一个字节、两个字节、三个字节或四个字节;反之,若一个指令系统的所有指令长度都固定一样,则称其为定长指令系统。

variable-length operation 可变长度操作 操作数允许有不同的位数、字节数、字数或字符数操作。可变字长操作的目的在于提供不同精度的运算结果供用户选择。

variable-length record 可变长度记录 (1)一种长度上独立于其他记录的记录。这种记录与其他记录在逻辑上或物理上是相关的。(2)文件中的一种所含字块、字或字符数不固定的记录。这种记录根据特定的机器及程序员具体规定的规则、约束条件和方便条件而改变。(3)可变长度记录由数据字段组成,每个字段里的字符数按数据实际需要的字符位置进行分配。这种记录数据的主要内容是:同一类型的记录在每一个相应的字段里(特别是表示变量数据的字段,如数量或数值字段)并不总是要求同样多的字符位置数。

variable-length record format 可变长记录格式 数据文件的一种紧凑格式,文件中各个记录的长度是可变的。通常是将各栏中的无效空格删去后建立的,各栏与各记录之间用定界符分开。

variable-length record sorting 可变长记录分类法 对包含的词数、字符数、位数、栏数等一些在长度上不一致的记录所进行的排序。

variable-length record system 可变长记录系统 按记录长度可变的方式组织、存储和存取数据的硬件与软件的总称。

variable-length segment 可变长段 虚拟存储系统中常用的段。

variable length subnet mask (VLSM) 可变长度子网掩码 对不同子网上同一网络号规定不同子网掩码的能力。VLSM 可以帮助优化可变地址空间。开放最短路径优先(OSPF)路由选择协议和静态路由选择协议都具有这种能力。

variable-length transform coding and image-adaptive vector quantization (VLTC-IAVQ) 变长变换编码和图像自适应矢量量化 一种自适应矢量量化方法,它使码元和标志交错传输,以减少自适应矢量量化时引起的一些附带问题。

variable-length word 可变长度字 在计算机中,由程序员事先定义的字符数量可变的机器字,这种字虽然在存储器、寄存器、并行线和门电路中均是以单个字符数字或数字方式处理,但由于每个字符均可寻址,因此可将它作为一个整字处理。

variable load 可变荷载 在结构使用期间,其值随时间变化,且其变化与平均值相比不可以忽略不计的荷载。

variable logic 可变逻辑 一种计算机内部逻辑。这种逻辑可由程序控制而发生变化,如由程序控制门电路之间的电气连接,从而改变机器的指令系统,进行快速并且有效地操作,以适应使用的要求。

variable master clock 可变主时钟 微型计算机中的一种时钟电路。可以由用户通过面板上的按钮(TURBO)来选择不同的频率,或者由软件设置加以改变,以使计算机处于不同的工作速度。

variable micrologic 可变微程序控制逻辑 在微程序设计控制的计算机中,计算机运行时可根据任务性质,动态地改变或切换微程序,从而改变机器控制器的逻辑结构,以适应各种任务的需要。

variable multiplier 变量乘法器 由运算放大器构成,具有两个模拟信号输入端,其输出为两个模拟输入信号的乘积的一种电路装置。

variable name 变量名 为表示程序中的变量而赋给一种由字母或数字组成的名字。其命名规则随语言及装置的不同而不同,但必须避免与系统中规定的保留字相冲突。

variable optical attenuator (VOA) 可调光衰减器 一种采用密度滤波器,能够按照用户要求对光信号能量进行预期衰减的精密器件。

variable parameter 变量参数 为程序或函数定义的一类形式参数。在程序或函数执行过程中,变量参数的内容将会被改变。比较 value parameter。

variable partitioning 可变分区 在分区管理的多道操作系统中,对每个任务,根据估计的运行需要,分配长度不等的存储空间(称为分区)。

variable phase 可变相位 一个信号的相位可以被外加的信号所控制或改变。

variable pitch spacing 可变点距 同 proportional spacing。

variable pitch spacing mechanism 可变点距机制 同 proportional spacing mechanism。

variable point 可变小数点 某种记数法中,小数点的位置由该位置上的特定字符指示的小数点,如浮点数中小数点的位置由阶码和尾数决定。

variable point numeral 可变小数点数 计算机系统内使用的一种小数点位置可以改变的数。当小数点移动后,相应地需将数的指数部分进行修正。

variable point representation 可变小数点记数法 一种按位记数法。这种记数法的小数点位置由其相应位置上的一个专用字符指示。浮点记数法便是可变小数点记数法的一例。比较 floating-point representation。

variable-point representation system 可变点表示系统 (1)一个计数系统,用专门的符号显式地表示基数。(2)一个计数系统,其中一个实数由一串数字表示,基数用一个专门的符号表示。对应于 fixed-point representation system。参见 floating-point representation。

variable precision coding compaction 可变精度压缩编码 一种数据压缩方法。它是通过改变函数、时间、自变量的值或其他类型参数值的精度,以实现数据压缩精度可变的一种方法。

variable quantizing level (VQL) 可变量化电平 一种语言编码的方式。它将一个连续的语音会话(模拟量)量化并编码以便在数字网络中传输。VQL 一般以 32 kbps 的速率对语音会话编码。

variable rate adaptive multiplexing 可变速率自适应多路复用 一种改进的数字型话音插空技术概念。当实际通话人数在短暂的溢出峰值期间超过通路容量时,用减小话音信号取样速率(同时所有用户的通信质量也都会降低一些)的方法,使信道上可用的通路数增加以适应需要。在通话人数恢复到通路容量之内时,取样速率也随之恢复。

variable reference 变量引用 在程序中按变量名字引用一个数据项的活动。

variable-reluctance transducer 可变磁阻传感器 含有磁性材料芯的传感器。所要监测的位移带动磁性材料芯在两线圈中移动,这会改变线圈磁阻从而改变阻抗。

variable scanning method 可变扫描方式 根据图像信号的波形变化程度来改变扫描速度的方式。在波形变化陡峭处,使扫描速度变慢;在波形变化缓慢处,使扫描速度变快。用这样的方法,既达到压缩图像频带、节省图像数据存储空间、减少扫描时间的目的,又能保证足够的图像精度。

variable scope 变量作用域 变量名(即变量标识符)在程序中能有效地起作用(即可以被引用)的范围。变量名可以说明为全局变量,也可以说明为局部变量。全局变量名在整个程序中都可以引用;而局部变量名只在其说明的程序单位(分程序,函数等)中可以引用,一旦退出该程序单位,其变量作用也就消失。如果在程序单位中说明一个与全局变量同名的局部变量,在该程序单位中只能引用该局部变量名所说明的变量,与其同名的全局变量则被隐蔽。

variable size item 可变大小项 COBOL 语言中的一种含有 OCCURS 子句的数据项。其每个元素长度固定,但元素的多少取决于元素的重复数,而该重复数是可变的。

variable size virtual memory unit 可变大小虚拟存储器 可以通过软件设置而改变大小的虚拟存储器。

variable slope delta modulation 可变斜率增量调制 在采用增量调制编码方式的数字电话系统中,为了提高小信号信噪比,在信号幅度较大时使用较大的编码量化阶,在信号较小时使用较小的量化阶。这种方法虽然牺牲了大信号量化信噪比,但可以在不提高数码率的情况下使编码后的小信号的量化误差更小,因而对改善整个信号传输有益。

variable space 变量空间 程序中为所定义的变量分配的存储空间。

variable space font 可变间隔字体 可以通过缩放字体的几何尺寸,从而可以改变其在屏幕上显示时占用显示位置大小的字体。同 proportionally spaced font。

variable spacing encryption 可变间隔加密 在加密时,使字与字、词组与词组之间的间隔随机变化的一种加密方法。

variable speech/speed control (VSC) 可变语音速度控制 在语音压缩机构中,为保持语音音调不变,而改变放音速度的一种装置。

variable speed control 可变速控制器 在口述记录设备中,用于改变记录媒体速度的一种装置。

variable speed modem 变速调制解调器 可以选择不同传输速度的调制解调器。这种调制解调器接入系统时,通常自动选择一个初始速度,然后可以在程序中根据线路上的数据传送情况,自动选择提高或降低传输速度。

variable state word 变量状态字 确定优化工作中使用的定义点的方法。用以记录程序块中诸变量的定义情况。一个程序块的变量状态字是由若干变量状态位组成的，而每一个变量状态位对应于程序中的一个变量，并用之记录该变量在程序中有无定义点。

variable step method 变步法 为了获得非因果积分法所要求的“未来值”，唯一的方法是通过现在模拟时间去实现仿真、计算和存储所要求的值，并用他们来估算现在值，这就可能要在仿真未来值时的初始“预算式”阶段和在算最终值时的“校正式”阶段中，两次试探性地计算现在时间值。所谓变步法就是在预算值和校正值之间的差异太大时，用降低步长的方法进行重复预算，直到找到某一步长能使预算值和校正值之差低于判据量为止的一种方法。

variable structure computer 可变结构计算机 可通过软件控制或硬件操作选择不同组成结构的积木式计算机。同 variable architecture processor。

variable substitution 变量替换 改变和显示串中变量值的能力，用变量所代表的值代替变量名。

variable symbol 可变符号，变量符号 (1)汇编程序设计中的一种符号。在宏指令和条件汇编程序设计中使用，其值可假定为给定集合中的任何一个值。(2)高级语言程序中表示一个可变量的字符串。

variable tag 可变标签 IBM 的 PROFS(专业办公系统)中，用变量控制取代可修改格式文本(RFT)文件中的信息的一组特殊命令。

variable-tail allocation table (VAT) 可变报尾分配表 一个指针的阵列，指明记录中可变长度部分内一些单元的位置。

variable text 可变文本 可与记录文本(如挑选几段或从邮寄表中选几个名称)相结合改变性质的文本。可组成完整的文本。也可称为框架文本。

variable threshold logic 可变阈值逻辑 输出状态转换所需限定电压可改变的逻辑门电路。

variable threshold logic circuit (VTL) 可变阈值逻辑电路 二极管-晶体管逻辑电路的一种变体。其主要特点是阈值电压可调，电路的抗干扰能力较强。

variable time increment 可变时间增量 由于操作路径取决于每个事件的发生时刻，故仿真程序的时钟增量直接取值为某事件时刻到下一事件时刻的差值。

variable time scale 可变时标 数据处理中使用的一种时标。在处理过程中这种时标是可变的，时标因子可随处理任务的不同，或者观察、控制的需要而加以改变。

variable tolerance band compaction 可变容差带压缩 一种利用多个离散的容差带来规定一个量或参数的作业界限，实现数据紧凑的方法或过程，如在采集数据时，若能确定一个合适的容差带，而且所采集的数值大都能包括在该容差带内，那么，只有当采集到一个超越此容差带的数值时才存储，否则不存储。因而精减了存储的数据量。

variable transformer 可调变压器 一种铁芯变压器，它能在有限范围内提供输出电压的变化，或者提供从零到最大输出电压的连续变化。这一般由接触臂沿次级绕组裸露绕组上移动来实现。它可以是自耦变压器。

variable with fixed-length control record format 带固定长度控制块的可变记录格式 一种文件格式，在其文件的头部带有说明数据存储量的固定长度控制块。

variable word 可变字 字符量可变的字。

variable word length (VWL) 可变字长 同 variable-length word。

variable word-length computer 可变字长计算机 存储器中数据单位是可变长度字的计算机，字长由具体指令确定。比较 fixed-word-length computer。

variance 方差 表示一系列数据或统计总体的分布特征的值。方差用来度量随机变量和其数学期望(即均值)之间的偏离程度。方差可用来衡量一批数据的波动大小(即这批数据偏离平均数的大小)。在样本容量相同的情况下，方差越大，说明数据的波动越大，越不稳定。参见 cybernetic control process。

variance analysis 方差分析 也称“离差分析”，是数理统计中处理试验结果时常用的方法。它考虑到试验结果或观察有随机误差，因而根据独立观察值与其平均值之差的平方和来分析某些因素对试验结果的影响。计算机运用这种方法，是将实验数据的离差平方和分解成若干部分，通过这种部分方差来估计总体方差。

variant part 可变部分 记录的一部分，其数据体可用多种不同方式定义，如在 Pascal 中，记录中可以从记录的一个出现到下一个出现间可变的部分，可变部分由一系列变量数据构成，这些可变数据可共享同一个物理存储器。

variant record 变体记录 一般记录类型的一种扩展。这种记录类型的定义包含一个变体部分，用于描述这个类型的几种变形，它的值集合是这几种变形的值集合的并。变体记录总提供一个称为区分符的成分，用于刻画一个具体的记录值属于哪种变形。变体记录的不同变形可以有不同的项、项名，这些都在记录类型的变体部分中描述。不少语言，如 Pascal、Ada 等都以不同形式提供了变体记录。

variation 偏差 偏离正常值或平均值的范围。

variation-frequency method 变频法 通过研究在不同频率的超低频电场作用下，岩石、矿石阻抗(电阻率)的变化，求得百分频率效应或金属因数来研究地质问题的一种交流激发极化法。变频法要求供电部分能发射两种或两种以上的超低频电磁波(常用的频率是 0.1 ～ 10 周/秒。)要求接收部分具有较强的选频能力。变频法的电极排列和直流电法相同,但常用偶极排列。这种排列对小而陡的矿体有较好的矿异常,同时也可避免导线耦合效应。

variation monitor **偏差监视器** 控制系统中使用的一种感测设备。它对电压、电流或频率的偏差进行监测。当电压、电流、频率或时间超出规定的界限时,可以启动或转换到其他供电电源上去,同时发出告警信号。

variocoupler **可变耦合器** 一种可以改变两绕组之间耦合程度的射频变压器。它的结构与变感器相似,但线圈不互相连接。

variolosser **可变损耗器** 改善通信频道信号/噪音比的可变损耗电路。在发射端,连接可变损耗器,可以使输入信号强度增加时损耗也增加。在接收端,装在电路中可恢复信号原有的动态范围。

variometer **变感器** 一种有两个串联线圈的可变电感器,一个线圈安装在另一个线圈的内部,旋转里面的线圈可大范围地改变总电感。

varistor **压敏电阻器** variable resistor 的缩写。它是非线性器件,有两个电极,特性与电压有关,用于提供交流电路瞬时抑制。它的电阻随外加电压的增加而下降。它的响应也随温度变化。电气作用相当于两个背对背的齐纳二极管。该器件吸收输入瞬态潜在的破坏性能量,从而保护易损坏电路元件。

varistor voltage **压敏电压** 压敏电阻器的击穿电压或阈值电压。指在规定电流下的电压值,大多数情况下用 1 mA 直流电流通入压敏电阻器时测得的电压值。

varistructure **可变结构** variable structure 的缩写。可以根据不同任务的需要而决定各模块的取舍及规模,以建立高效率处理功能的软件或硬件结构。

varistructured system **可变结构系统** (1)一种容错系统,在系统发生故障的情况下,能自动切断故障设备,使系统仍继续运行,直到故障排除为止。(2)在多处理机系统中,各处理机之间的连接可以根据不同的需要而改变的一种系统。

varying density emitters **变密度发射模型** 一种图像染色模型,把表达云、烟等自然景物的粒子系统应用于体数据的显示。模型假定空间充满了粒子云,粒子均可发光,这样就构成了粒子光源系统。在空间每一点的一个小的闭合系统中,可定义一无量纲粒子密度。在由某视点观察体数据时,视点所接受的是粒子云发射的亮度,若设定一个粒子所放出的亮度,则可沿视线积分求出粒子云对像素亮度的贡献,从而可得到体数据的可视化图像。参见 source-attenuation, classification and mixture。

varying-length string **可变长串** 在 SQL(结构化查询语言)中,一个字符串,其长度不固定,而是可在一定范围内变化。对应于 fixed-length string。

varying speed motor **变速电动机** 转速明显随负载而变化的电动机。通常随负载增加而转速下降。

varying text **可变文本** 在字处理中,指文本经逐次复制后组成的文件。

vary off **使断开** 把设备、控制器或通信线由正常运行状态置为不工作状态。

vary offline **使脱机** (1)使设备的联机状态改为脱机状态。当设备脱机时,在此设备上不能打开任何数据集。(2)把设备置于不能被系统使用的状态,然而,对于输入输出的执行,它仍然是可用的。

vary on **使接通** 把设备、控制器或通信线由不工作状态置为可用状态。

vary online **使联机** 通过软件控制,或者操作外围设备上的按钮,使外围设备从脱机状态恢复到能受系统控制的状态。

VAS **增值业务** value-added service 的缩写。

VASP **虚拟模拟交换点** virtual analogue switching point 的缩写。

VAT **可变报尾分配表** variable-tail allocation table 的缩写。

VAX **虚拟地址扩充** virtual address extension 的缩写。

VAX computer systems **VAX 计算机系统系列** 美国 DEC 公司主要计算机系统系列之一。从最小的相当 PC 机价格的微 VAX 机到超级计算机 VAX9000 系列,可满足不同用户的需求。所有 VAX 计算机百分之百兼容是其最明显特点。这种兼容性包括都可运行相同的操作系统、语言及应用软件。操作系统可以是 VMS, ULTRIX 或 VAX-ELN。在 VAX 系列族中到 20 世纪 60 年代初主要系列有 VAX station3000 系列、microVAX3000 系列、VAX6000 系列及 VAX9000 系列,都支持以太网。

VAX database management system **VAX 数据库管理系统** 美国 DEC 公司根据美国数据系统语言会议(CODASYL)于 1981 年 3 月公布的工作报告研制开发的网络数据库管理系统,系统功能有:对数据库中数据元素及其相互关系的定义;有效地存储和管理数据;定义数据的多用户窗口;多个用户可同时使用数据库;可以对多个数据库进行访问。系统的组成部分包括数据库控制系统(DBCS)、数据库记录进程(DBJ)、数据库恢复进程(DBR)、监控程序、数据库操作员实用程序(DBO)、数据定义语言、数据操纵语言、数据库查询处理程序(DBQ)等。

VB **可视 BASIC 语言** Visual BASIC 的缩写。

VBA **应用程序编程用可视 BASIC 语言** Visual BASIC for Applications 的缩写。

V band **V 波段** 处于毫米波范围内,频率 46 ~ 56 GHz,相对应波长 0.652 ~ 0.536 cm 的频率波段。

VBAS **虚拟宽带接入服务器** virtual broadband

access server 的缩写。

V-beam radar V 形波束雷达 以两个扇形波束来确定目标距离、方位角和高度的立体雷达系统。一个扇形束是垂直的，另一个是倾斜的。两波束在水平面交叉，绕垂直轴连续旋转。两波束的反射信号间隔的时间差用来测量目标仰角。

VBL 垂直布洛赫线 vertical Bloch line 的缩写。

VB. NET 可视 BASIC. NET 语言 Visual BASIC. NET 的缩写。

VBR 可变位速率 variable bit rate 的缩写。

V

VBS 话音广播业务 voice broadcast service 的缩写。

VC (1)虚(拟)电路 virtual circuit 的缩写。(2)虚(拟)通道 virtual channel 的缩写。(3)有效性检查 validity check 的缩写。(4)可视 C++语言 Visual C++的缩写。(5)虚容器 virtual container 的缩写。(6)虚级联 virtual concatenation 的缩写。

VCBA 可变控制块区 variable control block area 的缩写。

VCC (1)虚呼叫能力 virtual call capability 的缩写。(2)虚拟通道连接 virtual channel connection 的缩写。

VCCS 电压控制电流源 voltage controlled current source 的缩写。

V-CD 视频光碟 video compact disc 的缩写。

VCG 虚级联组 virtual concatenation group 的缩写。

VCH 虚信道处理器 virtual channel handler 的缩写。

vchar type vchar 类型 在 AIX 对象数据管理器(ODM)中，一个终端描述符类型，用于定义一个变量为一个可变长度的非终结字符串。

VCI (1)虚链路索引 virtual chain index 的缩写。(2)虚拟通道标识符 virtual channel identifier 的缩写。

VCL (1)虚拟通道链路 virtual channel link 的缩写。(2)虚拟光碟库 virtual CD-ROM library 的缩写。

VCM (1)虚拟代码管理器 virtual code manager 的缩写。(2)虚拟通道存储器 virtual channel memory 的缩写。

VCN 虚呼叫网络 virtual call network 的缩写。

VCO 压控振荡器 voltage controlled oscillator 的缩写。

VCS (1)视频会议业务 video conferencing service 的缩写。(2)视觉通信系统 visual communication system 的缩写。(3)视频计算机系统 video computer system 的缩写。(4)视频会议系统 video conferencing system 的缩写。(5)语音控制服务 voice control service 的缩写。(6)虚拟内容服务器 virtual content server 的缩写。

VCSEL 垂直腔面发射激光器 vertical cavity surface emitting laser 的缩写。

VCU 语音信道单元 voice channel unit 的缩写。

VCVS 电压控制电压源 voltage controlled voltage source 的缩写。

VCXO 压控晶体振荡器 voltage controlled crystal oscillator 的缩写。

VD (1)空位缺陷 vacancy defect 的缩写。(2)视频显示器 video display 的缩写。(3)虚拟目标 virtual destination 的缩写。

V-D algorithm 向量距离算法 在因特网中的一种基本的路径广播算法，也称“Bellman-Ford(贝尔曼-福特)算法”。网关周期性地向外广播路径刷新报文，主要内容是由若干(V,D)序偶组成的序偶表。其中 V 标识该网关可以到达的信宿；D 代表距离，指出该网关去往信宿 V 的距离。距离按照路径上的驿站个数计。其他网关收到某网关的(V,D)报文后，据此按照最短路径原则对各自的寻径表进行刷新。

VDC 直流电压 volt DC 的缩写。

VDD 虚拟设备驱动器 virtual device driver 的缩写。

VDDP 视频数据数字处理 video data digital processing 的缩写。

VDE 虚拟开发环境 virtual development environment 的缩写。

VDI (1)视频显示输入 video display input 的缩写。(2)虚拟设备接口 virtual device interface 的缩写。

VDM (1)视频显示元文件 video display metafile 的缩写。(2)虚拟 DOS 机 virtual DOS machine 的缩写。(3)虚拟设备元文件 virtual device metafile 的缩写。(4)维也纳开发方法 Vienna development method 的缩写。

VDS 语音数据(通信)业务 voice data service 的缩写。

VDSL 超高位速率数字用户线 very high-bit-rate digital subscriber line 的缩写。

VDT (1)可见显示终端 visual display terminal 的缩写。(2)视频显示终端 video display terminal 的缩写。(3)确认，证实 validate 的缩写。(4)视频数据终端 video data terminal 的缩写。(5)视频拨号音 video dial tone 的缩写。

VDU (1)可见显示器 visual display unit 的缩写。(2)视频显示器 video display unit 的缩写。

VDV 虚判定值 virtual decision value 的缩写。

VE 视频扩展器 video expander 的缩写。

vector 向量，矢量 (1)和仅有数量概念的标量相反，指既有距离又有方向的变量。在计算机图形学中，指有起点又有终点的有向线段，采用向量的画图例程和相似应用中，构成图形的是一组一组线条而不是一组像素点。在计算机数据结构中，向量指以单列或单行排列的一组项目，或者叫一维数组。(2)具有相同特征的数据项的一维有序组合。在此组合中，所有相邻数据项在物理上和逻辑上都保持连续。在向量结构的数据集合中，查找所需数据项是十分方便的，只要知道向量的起始位置和所需向量序号，就可以直接计算出向量位置。比较 scalar。

vector address 向量地址 向量指令指明向量数据在存储器或寄存器的基本(起始)地址。每存取一个数据后，基本地址被偏移地址或地址增量所修改，形成存取数据的下一个地址。

vector algorithm 向量算法 实现向量运算的方法。在标量计算机中，只能通过循环迭代来实现向量运算；而在向量计算机中，则可使向量运算并行化，用一条向量指令实现多个向量元素同时运算。

vector computer 向量计算机 专门用于向量运算或具有较强向量处理功能的计算机。一般采用流水线式或并行处理式结构。

vector conversion jump 向量更换转移 有中断请求时，由排队判优线路输出决定向量地址，根据这个地址从存储器中取出相应的中断向量，用取出的中断向量更换被中断程序的向量以达到从目态直接转向中断处理程序的过程。由硬件确定的向量地址与中断源是一一对应的，任何时刻中断系统只能响应一个优先级最高的中断源请求，因而也就唯一地确定一个向量地址。对于采用向量更换转移技术的中断，在中断响应时，硬件产生的中断隐指令对任何中断级都是适用的。它的功能是：中止现行程序，为程序计数器置某个初值；保存被中断程序的向量；取中断向量，使处理直接运行中断处理程序。参见 privileged modem。

vector descriptor 向量描述符 一种用来定义向量型数据结构的描述符。它由两部分组成：①向量的第一个元素在存储器中的地址；②向量中元素的总数。在向量说明中，不一定明显地给出描述符，可由编译程序内部给出。

vector diagram 向量图 对向量或矢量的图形表示。图中以带箭头的线段表示各个向量，线的长度表示向量的模的大小，线的指向表示向量的幅角。

vector display 向量式显示器 (1)图形显示器的一种。它以随机画线的方式生成图形，所以也称“随机扫描显示器”。(2)也称“X-Y 显示器”，其 CRT(阴极射线管)中的电子束可依 X 轴和 Y 轴信号任意偏转，如要在向量式显示器上画一条线，视频适配器送出信号给 X 和 Y 偏转线圈，使电子束按该线的路径移动，不存在扫描线构成的背景，所以屏幕所画的线不是由像素构成的，向量式显示器常用于示波器和 DVST(直视式存储管)显示器中。比较 raster display。

vector distance 矢量距离 网络路径中用跳跃表示的距离。跳跃是从一段信道经过一个网关到另一段信道，因此从某段信道上的一个主机到同一个信道的主机跳跃数为零，经过一个网关到另一个信道上的主机跳跃数为 1。所以从一个主机到另一个主机经过几个网关，跳跃数就是几。矢量距离在网关的路由表中用(V,D)表示，其中 D 表示目的地，V 表示到达 D 的用跳跃数表示的距离。

vector distance routing 矢量距离路由选择 网关使用矢量距离进行路由选择和传播路由选择信息的方法和过程。每个网关都保存一个路由选择表，并定时把路由选择表传播给与它相邻的网关。如果网关 J 的路由报文传递给网关 K，有下列情况之一，K 修改自己的路由选择表：J 知道到达某报宿最短路径，或者 J 知道 K 不知道的报宿，或者 K 到达某报宿的路由要经过 J，而 J 到达那个报宿的路径已经改变。这种路由选择对网络情况变化的响应较慢，而且因为要不断传输大量路由选择信息而不适用于网络规模很大的情况。最短路由选择方法对此有所改善。参见 shortest path first routing。

vectored interrupt 向量中断 一种中断技术，在每一个中断设备请求中断时，都提供一个地址，使操作系统能转移到相应的中断处理程序。与采用轮询技术相比，在判定哪一台设备正在请求处理方面，这种技术提高了效率。

vectored priority interrupt 向量优先级中断 中断控制器的一种功能。计算机中发生的中断有多种，对各个中断源依其要求响应的紧迫程度不同，赋以不同优先权代号，并可由中断控制器自行识别。当多个中断源同时发出中断请求时，计算机能自动响应优先级最高的一种中断，按中断向量转入该中断服务程序。

vector facility 向量设备 (1)用于向量数据操作的一组特殊寄存器、控制电路和向量处理部件。(2)一种连接到处理机上的附件，使处理机能够运行发出向量指令的程序。向量指令在科学计算机特别有用。

vector field 矢量场 可用一个矢量来表示其每一点的状态的场。参见 field，scalar quantity。

vector font 向量字型 利用一些基本笔画及相应的算法描述而成的字符，不是由点阵方法排列而成的字型。向量字形具有存储空间小、图形质量好、可无级缩放等优点。比较 bit-mapped font。

vector function 向量函数 具有大小和方向的一种函数，如通电导线附近某点的磁场强度即为该导线中电流的向量函数。

vector generation 向量生成 以向量方法显示图形时，将一幅复杂的图形分解为若干长短不同的直线段，并且给出各个直线段的起点和终点绝对坐标值或相对坐标值。参见 vectorization。

vector generator (VG) 向量生成器 在计算机制图

技术中，一种产生有向线段的功能部件，有数字式、模拟式和混合式等类型，通常以速率乘法器或累加器为基础构成。

vector graphics 向量图形(学) 计算机绘图技术中，用有向线段(向量)表示的图形。它与光栅图形不同，光栅图形是用像素阵列表示的图形。向量图形具有缩放灵活、几何变换方便、能实现高分辨率显示和打印、存储数据量少等优点。比较 raster graphics。参见 coordinate graphics。

V

vector-graphics display 向量式图形显示 一种显示系统，电子束将所期望的图形“贴”在屏幕上。与光栅扫描显示不同的是，向量图显示不用扫描水平线来生成图像。

vectoring 起始地址指定 一种中断处理方式。它通过中断级和项目单的两个参数指定中断处理程序的起始地址。

vector instruction 向量指令 (1)一种能接收中断，自动保护现场并向相应服务程序或装置转移的指令。(2)以向量数据或数组数据为操作对象的指令。

vector instruction controller (VIC) 向量指令控制器 在多流水线向量处理机中，接受指令处理单元送来的向量指令，并管理其执行的一个功能部件。它的主要功能是翻译向量指令，计算向量运算元的有效地址，启动向量存取控制器和向量流水线处理器，分配和调度向量任务，分配不同的向量指令到不同的功能流水线。

vector instruction description 向量指令描述 对一条向量指令应进行以下描述：①操作码说明，以便选择功能块或重新分配一个多功能块来执行指明的操作，用微码控制建立资源申请；②对于有关存储的指令，源运算元向量和结果向量均要提供基地址，如果他们放在向量寄存器中，则必须说明向量寄存器的代码；③说明向量元素之间的地址增量；④说明涉及基地址的地址位移，根据基地址和地址位移计算有效的存储地址。通过提供错位向量实现并行存取。

vector interrupt 向量中断 微处理机中处理中断的一种方式。其过程是：请求中断的外部设备向 CPU 发出设备码，经 CPU 变换后产生一指向处理该外部设备请求的中断服务程序入口。

vectorization 向量化 通过使用一个专门的向量化编译程序，将一个标量指令序列转换成一个向量指令序列，从而达到将标量处理变成向量处理的目的，如对标准 FORTRAN 语言的向量化操作。其过程是：通过向量识别程序检查出串行程序中能并行执行的部分，并将其改写成并行执行的语言形式。向量化是面向单个作业的程序操作，它只局限于数组一级(较低级)的并行性。

vectorizing compilers 向量化编译器 允许发挥向量处理器作用的专用程序。开发这样的程序必须对向量计算机或处理器的硬件充分了解。大部分可从向量处理获得效益的应用程序都是用高级语言按标量程序编写的。把这样的程序提交给相应语言向量化编译，便能识别出可向量化的部分(通常是形式循环)，并对程序码顺序进行重构，以便能用向量指令进行处理。迄今为止的向量化编译器都是紧密联系着具体的计算机硬件的。

vector length register 向量长度寄存器 在向量处理机中，存放一个向量的分量个数的寄存器。向量的分量个数由向量指令规定。取得一条向量指令后，随即自动地将包含在指令中的向量长度值写入该寄存器，即赋予初值，在执行向量指令的操作期间逐渐减 1，直到该寄存器的数值等于零为止。

vector loop 向量循环 CRAY-1 巨型机中的一种运算结构。用于处理长向量(向量长度超过 64 个分量)。其方法是：首先将向量长度除以 64，以确定循环次数，剩下的小于 64 的余数在第一次循环中首先处理，然后逐次处理其他各段。每一循环过程全部结束后再启动下一循环，直到向量各分量全部处理完毕。这种循环处理方式有利于降低对存储器信息流量的要求，从而提高向量处理速度。

vector mask (VM) 向量屏蔽 在向量处理中，用于禁止(或允许)其分量操作的过程。屏蔽向量(位串)放在屏蔽寄存器里，寄存器每一位对应一个向量分量，如从向量寄存器里作压缩型传送数据进主存，若向量屏蔽位(VM 位)为 1，则把向量寄存器的相应单元送主存，否则不送任何数，访问主存地址也不增加，从而减少了占用内存空间并提高了传输速度。

vector mask register 向量屏蔽寄存器 在向量处理机中，为了提高向量指令的功能而设立的一种寄存器。其中每一位对应于向量的一个分量。用每一位是“0”还是“1”来表示对应的分量是否参加运算。

vector method 向量法 将大量重复循环运算改用向量化处理方式，使之并行运算的方法。

vector mode data 向量型数据 按向量方式组织起来的一组数据，即一个一维线性阵列。阵列中的每个元素为一个数据项，他们具有相同的属性，并且按邻接方式在内存或外存中存放。

vector operation 向量操作 按向量指令操作码规定的操作类型对向量数据所进行的操作。操作数可以是一个为向量另一个为标量，或两个均为向量。

vector optimization 向量优化 为提高向量运算效率，而对向量运算程序进行的最佳化。主要有：①删除多余表达式，以减少存取内存的次数和运算时间。②编译时常量合并。将运算时进行的一些计算放在编译期间进行，如对数组的赋初值就可以在编译时由初始化向量直接产生。③恒定表达式的移动。在不影响运算结果正确性的前提下，将某些循环体内层的向量运算移到外层或者循环体外。

④流水线链和并行化。在多功能流水线向量处理器中,把几条流水线连接起来形成链,可以节省用于存放中间结果的时间,尽可能使流水线并行。⑤向量寄存器的分配。在并行处理向量计算机中,利用向量寄存器链,把前次运算的结果直接作为本次运算的一个运算元。⑥重排执行序列。⑦用向量循环的方法减少中间结果的暂时存储。⑧精简代码。⑨交互式向量化调整。

vector parallel processor 向量并行处理机 利用重复设置的大量处理单元来并行完成向量处理的计算机。在向量并行处理机中,所有处理单元在同一个控制器指挥下,按照同一指令的要求,对一组数据同时进行操作。由于并行性表现在处理机一级,所以是整个操作的并行。向量并行处理机的体系结构主要有两种形式:一种是分布式内存结构,各处理机拥有自己的局部内存,也称"松耦合系统";另一种是共享内存结构,系统中各处理机共享统一的内存,也称"紧耦合系统"。

vector parameter 向量参数 为执行向量指令或数组处理指令需准备好的一组参数,如源操作向量和目标操作向量的起始地址、向量第一个元素的内存地址、向量长度、向量元素个数、向量间距和各元素地址的间距。在执行向量指令前,将这些参数从内存读出装入各相应的向量参数寄存器,然后控制向量指令的执行。

vector parameter file 向量参数文件 在向量处理机中,执行一条向量指令所需要的一组参数文件。向量运算执行时,先将向量参数文件从内存中取出,装入处理机内的向量寄存器,然后根据向量参数文件内容计算出向量地址并执行向量运算指令。

vector performance 向量性能 执行向量操作的能力。具有好的向量性能的计算机应具有快速的时钟周期(CP)、短的存储器存取时间、并行的多个存取口的存储器、较短的功能部件执行时间和灵活的硬件链接特性。这些特点允许存储器取数、算术操作和存数同时执行,以实现向量链接操作。向量指令送向量(或浮点)功能部件处理,通常以MFLOPS来衡量向量性能。

vector pipeline 向量流水线 专门对向量进行处理的流水线。由于向量的所有元素都执行相同的操作,而且每个向量的各个元素之间又是相互无关的,因而用向量数据表示的流水处理是最适于发挥流水线效率的。然而对于向量运算,由于有可能执行不同的运算(加、减、乘、除等),因而需进行功能切换,加之可能出现数据相关,即出现要求把流水线输出回授到输入的情况,这样吞吐率会大大下降。向量的流水处理就是采用能对每个向量的所有元素执行相同操作的处理方式,即在对整个向量按相同操作执行完后,再转去执行别的数据相关,又减少了功能切换次数,从而发挥流水处理的效能。

vector pipeline processor 向量流水线处理机 根据工作方式的不同,又可以分为静态和动态两种流水线处理机。若一个流水线的功能块固定组合,只完成一种操作,则称为静态单功能流水线;若一个流水线可以完成一组操作,每种操作对应于一种不同的功能块组合,则称为多功能流水线。多功能流水线又可分为动态或静态的。若在任何瞬间,只有一种组合在工作,只允许同一种指令进行流水线操作,则称为静态多功能流水线;而动态多功能流水线则允许几种组合同时进行重叠处理,它的控制比较复杂。

vector potential of a vector field 矢量场的矢位 其旋度等于给定矢量的一个矢量。参见 rotation of a vector field。

vector power 向量功率 表示复功率的向量。此定义仅适用于正弦电流。参见 complex power。

vector power factor 向量功率因数 有效功率与向量功率之比率。

vector processing 向量处理 计算机以向量为单位进行的一种处理。由向量指令执行具体的操作,如顺序处理某一向量中的所有分量。对并行处理机,向量的各分量可同时在各个处理机上进行运算。在向量流水线处理机中,向量的各分量可连续地送入流水线中进行重叠处理。向量指令被分配到向量功能部件后对向量数据所进行的处理。不同向量指令可被分派到不同功能部件做并行处理。相同的处理(功能)被重复地执行许多次(等于向量长度),每个处理又可分成若干子处理(子功能),后继的操作数源源不断地被送入流水线各段做重叠处理,不同流水线所执行的操作可共享存储器、总线等资源。面向向量处理的计算机称为向量计算机或向量处理机。

vector process mode 向量处理模式 计算机进行向量处理时采用的模式,常用的主要有:①横向处理方式。向量计算是按行的方式从左到右横向地进行,这是一般标量计算机中处理向量的方法。②纵向处理方式。向量计算是按行的方式自下而上纵向地进行,这种方式对向量长度 N 的大小不限制,运算的中间结果需要送回内存保存,因此对内存的信息流量要求较高。③ 向量循环方式。横向处理与纵向处理相结合的方式,分段的向量循环计算是按从左到右和自下而上的顺序进行的。这种方法对向量长度 N 也不加限制,但它是以 N 为单元长度进行分组处理的,在每组运算中,用长度为 N 的向量寄存器作为运算寄存器并保留中间结果,从而大大减少了存取内存的次数,即提高了处理速度。但它对计算机内寄存器数量要求多一些。

vector processor 向量处理机 能够实现向量运算的处理机。常用的硬件结构主要有向量流水线处理机和向量并行处理机两种形式。参见 array processor。

vector quantity 向[矢]量 (1)既有方向又有数值的量。(2)在 n 维空间内可用按给定次序的 n 个标量来表征的量。参见 scalar quantity。

vector quantization 向量式量化 一种图像数据采集方法,即对模拟量进行数字化的方法。在对像素进行量化时,每次量化多个点,而不是仅量化一个点。

vector quantization coding (VQC) 向量量化编码 一种高效的数据压缩技术。既适用于话音编码,也适用于图像编码。其原理是:在编码端输入向量 x,与码本 ① 中的每一个或部分码字进行比较,分别计算出他们的失真,搜索到失真最小的码字 Y_i 的序号 i(或码字在码本中的地址),并将 i 送到译码端,在译码端,根据序号 i 从码本 ② 中查到相应的码字 Y_i,由于码本 ① 与码本 ② 完全一样,此时失真最小,所以 Y_i 就是输入向量 x 的重构向量。很明显,在信道中传输的并不是向量 Y_i 本身,而是序号 i,所以传输数据量得到了很大的压缩。

vector refresh 向量刷新 一种 CAD(计算机辅助设计)显示技术,即为了使图像保持光亮、清新和清晰,要经常将其重画。向量刷新需要大量的高速存储器,大而复杂的图像还是可能因刷新速度不够快而产生闪烁。

vector register 向量寄存器 向量处理机中存储向量操作数的寄存器。向量寄存器的个数决定了一次可参加并行运算的向量元素的数目。

vector scan 向量扫描 一种计算机制图技术。利用此技术,可形成向量的显示。它常与只读存储器的程序一起使用,产生曲线和字符。程序设计时要提供产生和刷新显示的电子束的向量坐标。向量扫描的优点是:所提供的图形亮度高、线性度好,但要求连续利用大量的高速随机存取存储器,而且由于刷新周期长会产生闪烁的问题。

vector search 向量检索 情报检索数据库系统中,一种基于向量代数的检索模型。对文献描述的关系用权值表示,文献集合中的每一文献根据可作为标引和检索的关键词标引成为多个元素的文献向量,向量中的元素为相应关键词对于该文献的权值。参见 Boolean search, similarity search, fuzzy search。

vector space 向量空间 存储向量型数据的空间,或指向量运算所需要的内存空间。

vector space model (VSM) 向量空间模型 一个应用于信息过滤、信息撷取、索引,以及评估相关性的代数模型。向量空间模型把对文本内容的处理简化为向量空间中的向量运算,并且它以空间上的相似度表达语义的相似度。当文本被表示为文本空间的向量,就可以通过计算向量之间的相似性来度量文本间的相似性。这个模型假设,文本和检索词的相关程度,可以经由比较每个文本(向量)和检索词(向量)的夹角偏差程度而得知。

vector speed 向量速度 在向量计算机内,向量指令执行向量处理的操作速度。通常采用每单位时间内能执行算术操作的个数来测量,即每秒百万个浮点操作(MFLOPS)。一般取一个浮点操作结果相当于 3 ~ 5 个标量指令操作结果。

vectors per second (VPS) 每秒向量数 向量计算机每秒钟可处理的规定长度向量个数。

vector structure 向量结构 一种简单的数据结构。由于向量为有序的数据项的集合,在存储或处理时都采用连续存放的方法,即在记录媒体的一个指定的起点开始,各个数据项连续紧凑地存放,数据项之间没有空隙。因此,只要确定向量的起点,就可以通过计算的方法确定任意一个向量的位置。

vector sum excited linear prediction (VSELP) 矢量和激励线性预测(编码) 码激励线性预测(CELP)编码的一种变型。其码本仅含少量 n 个基本矢量的加减组合,得到两个码字的码本。使得 VSELP 与 CELP 相比,大大地降低了运算量。VSELP 已成为北美和日本数字蜂窝移动通信系统的话音编码标准。参见 code excited linear prediction (CELP)。

vector symbol set (VSS) 向量符号集 在计算机制图技术中,一种图形符号集。集中的每个字符都被当作一个小的图形处理,并用一系列线段和弧线来描述。画向量符号集中的字符时可以放大、缩小、旋转和精确地定位。比较 image symbol set。参见 graphics symbol set。

vector transfer table 向量转移表 用于控制内存中两个或多个程序之间进行通信的指令转移表。为程序提供转移向量,该向量为某一程序与保留在内存中的其他程序间提供通信通路,也可控制程序流程。

vector variable 向量变量 一组具有相同属性的运算对象的有序集合,如实型变量或整型变量的有序集合。

VECTRAN language VECTRAN 语言,向量 FORTRAN 语言 vector FORTRAN 的缩写,FORTRAN 语言的一种扩充版本。它是一种处理向量和矩阵的语言。

VEIB 虚拟外部中断块 virtual external interrupt block 的缩写。

Veitch diagram 维奇图 (1)一种表示布尔函数的方法,其中变量的个数决定图中方格的数目,所需的方格数是可能的状态数。方格为变量的个数自乘。(2)表示集合的图解法之一。在有 3 个以上的变量时,若不能使用文氏图,则可使用该图解法。参见 Venn diagram。

velocity antiresonance 速度反共振 物体或系统上外加正弦力的微小频率变化在驱动点引起速度增加的状态,或驱动点的阻抗绝对值为最大时的频率状态。

velocity fluctuation noise　速度脉动噪音　行波管或弱信号光电探测器由于电子束中电子速度大范围的热分布产生的噪音。

velocity level　速度级　以音响等级分贝为单位，等于声音的粒子速度与特定参考粒子速度之比以10为底的对数乘以20。

velocity modulated oscillator　速度调制振荡器　一种电子管结构，电子流通过称为电子群聚器的谐振腔时，它改变电子流速度。当电子流通过称为捕获腔的次级谐振腔时，可以从高能的群聚束电子流中抽出能量。振荡由从捕获腔回到电子群聚器的能量耦合来保持。

velocity modulated tube　速度调制管　一种电子束管，其电子流速度在与局部渡越时间相比较的周期内交替地增大和减小。

velocity modulation　速度调制　在电子流上外加速度随时间变化的调制。

velocity of light　光速　物理常量，等于2.997 925 $\times 10^{10}$ cm/s。在自由空间里所有电磁辐射都以此速运动。光速被认为是矢量，表示光在特定运动方向上的速率。

velocity of propagation (VOP)　传播速度　指明网络信号传输速度与理论上能达到的最高传输速度之比的一个值，如传输电信号的局域网的VOP是最高速度的60 %～85 %。

velocity of sound　音速，声速　在空气中，0 ℃时声波的近似速度为335 m/s；在水中，声波的近似速度为1 463 m/s；在钢中，声波的近似速度为5 000 m/s。

velocity of wave　波速　波在一短的时间间隔内传播所经过的距离除以此时间间隔。

velocity sensor　速度传感器　一种用于速度检测，并能根据被检测目标的运动速度产生相应电压输出的器件。根据其工作原理可分为电磁式速度传感器和电子式速度传感器。其中电磁式速度传感器在结构上设计成磁铁定线圈式细长状的一种直线运行测速发电机，能把直线运动速度转换成感应电动势的输出。电子式速度传感器则是利用电子线路对位置信号进行处理后获得测速信号。

velocity transducer　速度换能器　产生与速度成比例输出的换能器。

VE-mail　语音电子邮件　voice E-mail的缩写。

vendor ID　供应方标识　在PCI(外围部件互连)总线中，每个PCI设备都必须具有的一个供应方标识寄存器，用来标识设备的供应方。

vendor managed inventory (VMI)　供应商管理用户库存　一种新的供应链库存管理方法，这种库存管理策略打破了传统的各自为政的库存管理模式，体现了供应链的集成化管理思想，适应市场变化的要求。VMI是一种在用户和供应商之间的合作性策略，以对双方来说都是最低的成本优化产品的可获性，在一个相互同意的目标框架下由供应商管理库存，这样的目标框架被经常性监督和修正，以产生一种连续改进的环境。VMI的关键措施主要体现在如下几个原则中：①合作精神(合作性原则)。在实施该策略时，相互信任与信息透明，才能够相互保持较好的合作。②使双方成本最小(互惠原则)。VMI不是关于成本如何分配或谁来支付的问题，而是关于减少成本的问题。通过该策略使双方的成本都获得减少。③框架协议(目标一致性原则)。双方都明白各自的责任，观念上达成一致的目标。如库存放在哪里，什么时候支付，是否要管理费，要花费多少等问题都要回答，并且体现在框架协议中。④连续改进原则。使供需双方能共享利益和消除浪费。VMI的主要思想是供应商在用户的允许下设立库存，确定库存水平和补给策略，拥有库存控制权。参见third party logistics (TPL)。

vendor supplied driver (VSD)　厂家提供的驱动程序　与销售的硬件设备配套的专用软件，用于驱动设备的工作，在其他场合下无用。

Venn diagram　文氏图　集合和集合运算的一种图形表示。常用矩形表示全集(E)，矩形中的圆表示集合，圆外部分就是圆所代表的集合的补集。文氏图能明确表示各集合之间的相互关系，特别是他们的重叠特性。约翰·文(John Venn)是19世纪的逻辑学家。这种图形以他的名字命名。

verifiable secret sharing (VSS)　可验证秘密共享　可验证秘密共享的验证包括两部分，一个是庄家(密钥分割分发者)的验证问题，为防止庄家将错误的子密钥分发给部分或全部成员，各成员如何验证庄家发送来的子密钥是正确的；另一个是成员的验证问题，在恢复秘密密钥阶段，各成员如何验证其他成员提供的子密钥。参见publicly verifiable secret sharing (PVSS)。

verified protection　可验证保护，可验证访问控制　美国国防部定义的安全操作系统的A级标准，该等级的安全特点在于系统拥有正式的分析及数学式方法可完全证明该系统的安全策略及安全规格的完整性与一致性。参见trusted system，discretionary protection，minimal protection，mandatory protection。

verification　验证　(1)程序正确性的形式证明。(2)确认软件开发周期中的一个给定阶段的产品是否达到前阶段确立的需求的过程。(3)即评审、审查、测试、检查、审计等活动，或判定某些项目、处理过程、服务或文件等是否与规定的需求相一致的过程。参见user identification and verification。(4)在计算机安全中，比较两级系统说明以保证适当对应的过程，如比较一个安全策略模式与一个最高级的说明，比较源代码与目标码。参见formal verification。

verification and validation 检验和确认 在软件产品研制中，对产品各部分的验证工作。

verification mode 验证模式 (1)信息处理的一种操作模式。在此模式下，只对已记录的信息进行正确性检查，而不进行任何修改。(2)在具有分时功能的系统中，在 EDIT(编辑)命令下的一种操作模式。在这种作业模式下，所有的编辑子命令都要验证，任何文本发生改变时，都将显示出来。

verification of live part 验电 验证停电设备是否确无电压。是保证电气安全作业的基本安全措施之一。

verification program 验证程序 主要用于帮助排除错误的一种程序。其目的在于如果一个程序通过验证程序，那么程序的工作将在执行中无语义上的错误并能正常地终止。

verification testing 验证测试 (1)在系统开发中，为了测试所开发的系统是否符合系统生命周期中的特定阶段的全部要求而做的一种测试。(2)对设备功能是否正常而做的一种测试。

verification trunk 检验干线 与中心交换设备的连线。通过该线使操作员即使在用户线忙时也能对它进行访问。

verifier 核对器，校对机，验证员 一种用于校对转录数据正确性的部件。它通常将转录好的数据与另一个由同一原始数据转录来的数据进行比较，或将再次转录的内容与原始数据进行比较。

vernier capacitor 微调电容器 与大调谐电容器并联安装的小可变电容器，在大调谐电容器被调到所希望的近似位置后再进行微调。

Vernam cipher Vernom 密码 在密码学中，一种较早的流式密码。是由 AT&T 的工程师 Gilbert Vernam 在 1918 年发明的，这是一种使用异或方法进行加密解密的方法。它被用于打印式电报机上。明文字符被编成二进制并在纸带上打孔，在另一纸上打孔以表示一系列用二进制表示的随机数。这两个纸带同时阅读，随机相加再对 2 取模，就可产生相应的密文纸带。在接收端提供包含同样加密位流的纸带，通过模 2 加运算的密文和加密位流就可以得到明文。参见 Vigenere cipher。

Versa bus Versa 总线 美国 Motorola 公司研制的一种标准总线，是国际微型计算机领域中最受重视的一种先进总线结构之一。它既适应于 8 位和 16 位微处理机，又面向 32 位微处理机。其功能包括：支持数据传送速率达 5MHz 的 8 位、16 位及 32 位微型计算机系统；支持大规模系统所需的寻址范围和控制信号；支持多微处理机的系统结构；为先进的技术开发提供足够的灵活性。

versa module Eurocard (VME) bus VME 总线 一种通用的计算机总线，是 IEEE P1014 标准。VME 总线结合了 Motorola 公司 Versa 总线的电气标准和在欧洲建立的欧式卡的机械形状标准，是一种开放式架构。最初由美国 Motorola 公司于 1981 年 10 月提出，当时主要是针对 16 位和 32 位微处理机而设计的。VME 总线在采用总线连接器时(即单高度欧式卡)，为 96 条信号线，支持 16 位数据线、24 位地址线；双总线连接器结构(即双高度欧式卡)，则支持 32 位地址线，这时有 128 条信号线，可支持四个主 CPU 模块并行工作，最大传输率可达 40 MBps。全部 VME 总线传输都是异步完成的，地址和数据都是以非多路复用的并行方式传输。1997 年通过的 VME 64 扩展集总线标准，它的数据线宽和地址范围达到 64 位，把数据速率提高到 160 MBps。此后发布的 VME320，采用了星型互连的方法来达到数据传输加速的目的，可将理论数据速率提高到 320 MBps。

versatile message transaction protocol (VMTP) 通用报文事务协议 为了在用户级提供有效的数据报文通信而开发的协议。与很多使用 UDP(用户数据报协议)程序不同，使用本协议的程序不必考虑超时、重传、估算网络延迟等工作，就像 VMTP 使用可靠的端到端数据报交付协议一样。

version 版本 一个应用程序、操作系统或者计算机网络的通信规程总是在不断地修改和完善。如果对软件旧版本做了较大的修改，实现方案作了改变，则称为一个新的版本，并且用相继的序号来表示。

versionable object 可版本化对象 同一对象可产生多个不同的版本。对象的这种特性，对许多应用系统的研制十分有用。

version dependency 版本相关性，版本依赖性 应用软件的运行依赖于操作系统软件某些特定版本的特性。一般情况下，在低版本操作系统上能运行的应用软件，在高版本操作系统上应该可以运行。

version management 版本管理 一种利用版本环境来表达版本管理的通用模型。通常指工程数据库及 CAD(计算机辅助设计)设计过程中产生的多个设计方案及设计历史数据的管理。版本管理操作一般包括选择当前版本，合并两个版本，删除某一版本及所有后继版本等。版本的模型一般有线性、树形及有向无环形等。版本环境提供了构造对象的版本集的两种机制：版本图和分割。这一通用模型可概括许多特定的版本模型。版本管理来源于应用要求。如 CAD 环境中的版本管理模型就考虑了 CAD 环境的分布性和对象的复杂性。

version management model 版本管理模型 描述版本之间相互关系的模型。目前，有线性模型、树状模型和有向无环图模型。

version management strategy 版本管理策略 在工程数据库的版本管理中所采用的策略。版本管理策略包括向前版本管理和向后版本管理两种。由于通常使用最多的数据往往是最终的版本，向后版本管理策略需要较少的处理量和较多的存储空间，而向前版本管理策略的情形则恰好相反。

version number 版本号 软件开发商赋予软件的，用以区分特定阶段所开发的特定程序的数字。版本号在程序公开发行前后都使用，但是发行前的版本号只对参与开发测试的人有意义。通常，版本号包括十进制小数点。随着程序的一次次公开发行，标志着一次次的修改、更新和排错的版本号也越来越高。程序的重要修改常常以版本号的整数大变动来标记，如从版本号 3.3～4.0。程序的不太大的改变，如一次排错等，以版本号的小数小变化指示，如从 4.0 到 4.01 或 4.1。

version space 变型空间 (1)所有尚未被训练例排除的假设规则构成的集合，也称"版本空间"。变型空间是示例学习中的一种数据驱动搜索规则空间的策略。它使用单一表示策略，把训练例看成规则空间中的具体规则。在开始时，变型空间包含同第一个正面训练例示相容的所有假设规则，每次通过考察一个新的训练例示和变型空间的匹配来确定变型空间中的假设规则是进一步抽象化还是具体化。变型空间方法能完成某些概念的学习，但它抗干扰能力差，且不能发现析取概念。(2)可供选择的合理概念描述的集合。他们和概念学习者的训练数据、知识和假设是一致的。集合定义了部分已学习的概念，并可借助其最概括和最特殊的成分表示。参见 concept description，partially learned concept。

version up 版本更新[升级] 为增加和完善软件功能，修改软件旧版本中可能存在的错误和不足，而对原有软件进行改进，同时对使用手册也进行相应的修改。改进完成后的新版本软件，通常与软件的旧版本相容或者基本相容。

vertex 顶点 (1)在图形学中，指多边形四周相邻两边的交点称顶点，如一个三角形有 3 个顶点。(2)树结构图的节点。(3)在图论中，图中数据元素称作顶点。

vertical antenna 垂直天线 该天线使用垂直金属塔或悬挂线作为天线。

vertical architecture 纵向体系结构 主从结构的多层计算机体系结构。

vertical blanking 垂直消隐 在阴极射线管等显示器中，在垂直回扫期间对电子束加以抑制的过程。

vertical blanking interval (VBI) 垂直消隐间隙 (1)为了形成图像，电子束会由右至左扫过各条水平线(扫描线)，使每个磷光涂料点发亮、并通过电压控制明暗程度。显示器显示出一条扫描线的速度称为水平频率，以千赫(kHz)为单位。当电子束打到扫描线尾端时，电子束会瞬间关闭(称为水平消隐间隔)、磁力线圈复位、然后再从下一条开始。这样的步骤不断重复、一条接着一条显示，直到屏幕整个填满。到那时候电子束又再次关闭，称为垂直消隐间隔，磁力线圈复位、然后整个过程重新从屏幕的左上角再来过。(2)在视频系统中，图像中每一帧之间传输的一条窄线。最初设计时它是相对每帧图像来说，为其提供帧号、图像终止、字符中止、全帧标识符、关闭标题等编码信息。如今 VBI 被用于数据传输，如提供字幕。参见 horizontal blanking interval (HBI)。

vertical blanking pulse 垂直消隐脉冲 在信号的每个视场的末端发射的矩形脉冲，用于在电子束回到屏幕顶端开始下一个视场时切断显像管束电流。

vertical Bloch line (VBL) 垂直布洛赫线 石榴石磁泡薄膜中条状磁畴壁中磁化强度的一种微结构，十分微小，可用作信息载体，制成高密度存储器。参见 Bloch line memory。

vertical cabinet 立式箱体 整个设备尺寸比例呈立式的设备箱体。

vertical cavity surface emitting laser (VCSEL) 垂直腔面发射激光器 一种面发射激光器。VCSEL 出光面为异质结的生长方向出光，大大增加了出光面积，使得发热功率以及散热性都得到大幅改善。

vertical check 垂直校验 对一组二进制信息进行的奇偶校验过程。其方法是：将二进制信息按列相加进行校验。

vertical deflection electrodes 垂直偏转电极 在静电偏转阴极射线管荧光屏上，上下移动电子束的一对电极。

vertical deflection oscillator 垂直偏转振荡器 在垂直同步信号控制下，产生锯齿电压波形的振荡器。锯齿电压波形被放大送到显像管上的垂直偏转线圈。

vertical displayed records 垂直显示记录 分组的子文件记录，每个记录显示在一个或多个行中，每个记录以一个新行开始。

vertical film head 垂直薄膜磁头 用作磁头铁芯的两片磁膜垂直于记录媒体表面的一种薄膜磁头。

vertical formatting 纵向格式化，纵向制表 在文字处理中，对正文行的自动定位，但要按照一定的规则并以其他行作为参照。同 vertical tabulation。

vertical form skip control 垂直格式跳空控制 同 first line find。

vertical fragmentation 垂直分段 在分布式数据库的一种全局关系的逻辑划分，将全局关系的属性分成若干组，由全局关系映射到每一个属性组所得到的片段。在垂直分段中必须遵守完全性和重构性。完全性即全局关系的全部数据必须映射到片段上，不允许有一个数据仅属于一个全局模式而不属于任何片段。重构性即对于一个全局关系，必须可以由它所分割的片断重构。

vertical hold control 垂直同步调整 改变接收机垂直偏转振荡器的自由运行周期的同步调整。它保持图像在垂直方向上的稳定。

vertical integration 纵向集成 一种分布式计算机网络系统。其中每一低层计算机部件受比它高一层部件的控制。

vertical interval time code (VITC) 垂直间隔时间码 SMPTE(电影和电视工程师协会)时间码的一种。记录于每两帧之间,因此当设备停留在某一帧的时候就可以被读出。参见 SMPTE time code。

vertical justification 纵向整版 在一列结束时重新分配正文行之间的纵向空白,使各列看上去有相同的长度。

V

vertical licensed internal code (VLIC) 垂直特许内码 定义对数据进行逻辑操作的程序设计,解释机器接口(MI)指令。

vertical linearity control 帧线性调整 一种线性调整,它调节垂直方向上的线性,使圆形物体呈现出真正的圆形。可变窄或加宽电视显像管屏幕上半部分的图像高度。

vertical lines of resolution 垂直分辨线数 在视频系统中,指摄像机能分辨的水平线的数量。

vertically displayed record 垂直显示记录 在显示屏上分组的子文件记录,使多个具有相同记录格式的记录能够同时被显示。每个记录都是在行的开头位置开始,并且占用一个或多个相邻行。参见 horizontally displayed records。

vertically polarized wave 垂直极化波 电场矢量位于垂直方向的线性极化波。

vertically reuse 纵向复用 也称"垂直复用",是指软件复用的范围限制在同一个应用领域或者是一类具有较多共性的应用领域内。比较 horizontal reuse。

vertically scrolling 垂直卷轴 电脑游戏画面的前景与背景从向下向上移动的卷轴模式,常用于二维射击游戏中。

vertical magnetic recording 垂直磁记录 同 perpendicular magnetic recording。

vertical magnetic recording head 垂直磁记录头 垂直磁记录系统使用的一种磁头。它由主磁极和辅助磁极组成,这两个磁极排成一条直线,记录媒体夹在中间。当磁头线圈中通过记录电流时,记录媒体上形成与其表面垂直的信息磁化状态。

vertical metal-oxide semiconductor (VMOS) 垂直金属氧化物半导体 一种金属氧化物半导体技术,其中有四层扩散进入硅,在层中有精确控制深度的被蚀刻的 V 形槽,然后在槽中氧化硅上进行金属沉积,形成栅极。现在该技术已过时被淘汰。

vertical microcode (VMC) 垂直微码 计算机系统中用的一种微码。它用来定义对数据的逻辑操作。垂直微码主要按顺序执行并支持机器指令集。

vertical microinstruction 垂直微指令 一种只能发出一个微命令或者虽然能发出多个微命令但只控制一个信息操作(如被减数与减数相减,结果送累加器)的微指令。垂直型微指令字段少,微指令字短,但其微操作的并行性较差。比较 horizontal microinstruction。

vertical microprogramming 垂直微型程序设计 用垂直型的微指令进行的微程序设计过程。

vertical optical raceway 垂直光纤通道 在同一机架内的垂直方向,用于光缆及跳纤进出和路由的导引和保护的专用通道。参见 horizontal optical raceway。

vertical parity check 垂直奇偶校验 在 ASCII(美国信息交换标准代码)编码字符块中,按列进行奇偶测试(偶或奇)。同 vertical check。

vertical pointer 垂直指针 在某些具有虚拟存储存取方法的系统中,在给定层的索引记录内的一种指针。这个指针给出较低层内的记录地址或数据集内的控制间隔或由此索引控制的文件的地址。

vertical polarization (VP) 垂直极化 (1)电磁波的电场矢量与地面相垂直的极化方式。此时电场强度方向垂直于地面。(2)相对与单一极化的一种线性极化,垂直极化和水平极化都能在相邻频率上提供成倍的带宽,为使这两个极化波互不干涉,两者之间应具有 30 dB 的隔离度。参见 horizontal polarization。

vertical portal 垂直门户 指这样一种站点:它聚集了特定行业感兴趣的各类信息,并为他们提供服务,从而使该行业的所有企业可以从中受益,如家庭教育门户可面向父母和儿童,拥有一个儿童友好的交谈室、课程安排、咨询专栏以及出售教学资料的在线商店。相反,面向广泛用户的站点被看作是横向门户。可扩展标记语言 XML(可扩展标记语言)是开发垂直门户所必需的,Java 是基于垂直门户的信息组织和服务开发的首选语言。

vertical processor 垂直处理器[机] 一种使用短微指令字的微程序设计计算机。这种机器虽然限定使用的微指令较少,但微编程较为方便。

vertical quarter-wave stub 垂直 1/4 波长短截线 垂直单元的电长度为 1/4 波长的天线。一般与以短截线为基础的地平面一起使用。

vertical radiator 垂直辐射器 与地面垂直的发射天线。

vertical raster count 垂直光栅数 光栅中垂直部分的数量。参见 raster count。

vertical recording 垂直记录 磁化方向垂直于磁层的数据记录技术。它与水平记录,即磁化方向平行于磁层方向的磁记录技术相比记录密度高出 10 倍。因此,它是提高磁记录设备能力的一种途径。参见 perpendicular recording。

vertical redundancy 垂直冗余 在按行记录信息的介质(如磁带)上,按奇偶校验原则附加一位的信息,用来检验误差。这样的附加信息不是输入/输出信息的有效成分，故称为垂直冗余。

vertical redundancy check (VRC)　垂直冗余校验 用来检查所传输数据正确性的一种错误校验方法。垂直冗余校验为每个传输字符另外产生一位编码(奇偶位)。奇偶位取决于字符(字节)是含有奇数还是偶数个"1"位，如果其值与所用的奇偶位类型不相符，就认为该字符是错的。这种校验可以发现一个字节中的奇数位错。同 transverse redundancy check。

vertical resolution　垂直分辨率 (1)在光栅扫描图像系统中，表示沿显示屏幕垂直边的像素数。(2)可在 CRT(阴极射线管)显示屏上看到的黑白相间的水平线的条数。垂直分辨率主要由水平扫描的行数来决定，它决定了整个显示图像的垂直清晰度。垂直清晰度也可以理解为图像可以分解出的水平线的条数，最大垂直清晰度由垂直扫描总行数所决定。参见 horizontal resolution。

vertical retrace　垂直回扫 在光栅扫描显示器中，指结束一次屏幕扫描后，电子束从屏幕右下角返回屏幕左上角的运动过程。在此过程中，应抑制电子束的发射，使之不产生回扫线，以免影响显示效果。比较 horizontal retrace。参见 blanking。

vertical scanning frequency　场频，垂直扫描频率 场频是显示器的基本电路性能，指每秒钟重复绘制显示画面的次数，即重绘率，以 Hz 为单位。场频值越高，用户感受到的闪烁情况也就越不明显，因此眼睛也就越不容易疲劳。现有标准规定，显示器的场频达到 85 Hz 时的最大分辨率，才是真正的最大分辨率。

vertical scrolling　垂直滚动 在终端显示屏幕上向上或向下移动显示一页或超过一页的数据的能力。为翻阅或编辑预先输入的数据或文本，使屏幕所显示的内容向上或向下滚动。参见 scroll bar。

vertical software　行业软件 为特定类型的商业或机构开发的一类软件。

vertical sweep　垂直扫描 CRT(阴极射线管)中的扫描电子束在偏转磁场的控制下从荧光屏的顶部逐渐向底部移动的过程。

vertical sync pulses　纵向同步脉冲 使显示器在垂直方向上与图像信号源在相位和频率上保持一致的控制脉冲。

vertical sync signal　垂直同步信号 视频信号的一部分，表示一场视频信号的结束。这一同步脉冲被视频设备用于和引入的视频信号保持场同步。

vertical table　纵向表 一张顺序存储各项目字节的表格，如 FORTRAN 数组就是按这种表格的存储方式存储的。

vertical tabulation (VT)　纵向制表 (1)在打印机或打字机上，从当前打印位置到另一打印行的移动。(2)在显示设备上，将光标移到另一显示行上。参见 horizontal tabulation。(3)文本编辑器在用户定义的范围内垂直定位文本的能力。同 vertical formatting。

vertical tabulation character　垂直[纵向]制表字符 一种由国际标准化组织制订的格式控制字符。其作用是将打印或显示位置上移或下移到预定行数。在 ASCII(美国信息交换标准代码)代码集当中，VT(纵向制表)的代码为十进制数 11(或十六进制数 0BH)。

vertical timebase　垂直扫描时基 在 CRT(阴极射线管)中，产生使电子束按规定速率和相位垂直偏转的周期信号的电路。

vertical wiring subsystem　垂直布线子系统 结构化布线系统的一个组成部分，安装在大楼内的竖井中，用来连接园区布线系统和楼层、部门布线系统。

vertical wraparound　垂直回绕 在显示设备上，光标从一列的底部字符位置到下一列的顶部字符位置的连续移动，或从一列的顶部位置到前一列的底部字符位置的连续移动。

very fast infrared (VFIR)　超高速红外线 一种红外协议，最高数据传输速率可达到 16 MBps。参见 serial infrared (SIR)，fast infrared (FIR)。

very high-bit-rate digital subscriber line (VDSL)　超高位速率数字用户线路 VDSL 是 ADSL(非对称数字用户环路)的升级技术，结合了 ADSL 技术与 ATM(异步传输模式)技术。该技术可在 300 m 范围内，利用铜质双绞线实现高速通信。其下行速率可达 60 MBps，上行速率为 2.3 MBps。参见 asymmetric digital subscriber loop (ADSL)，high-bit-rate digital subscriber line (HDSL)，single-line digital subscriber line (SDSL)。

very high frequency (VHF)　甚高频 介于 30 ～ 300 MHz 之间的电子信号频率。这是电视 2 至 13 频道和调频 FM 广播的工作波段。国际上约定，用 VHF 作为无线通信的第八波段，波长在 1 ～ 10 m 之间。

very high-frequency (VHF) band　甚高频波段，米波段 根据 IEEE 521-1976，该波段波率为 0.03 ～ 0.30 GHz，对应波长为 100 ～ 1 000 cm。它对应于美国参谋长联席会议(JCS)三军通用频率规定(1970)的 A 波段(0.10 ～ 0.25 GHz)和 B 波段(0.25 ～ 0.50 GHz)的一部分。

very high-frequency omnidirectional range (VOR)　甚高频全向导航 在 VHF(甚高频)频带运行的地面对飞行器的导航系统。它用于在 370 km 以外距离的高空飞行器以及从 VOR 站视线距离 48 km 的低空飞行物。

very-high-level language (VHLL)　超高级语言 一种更为规范化的功能规格说明语言。其主要特性是：描述问题更接近了自然语言。这种语言着重于提高编程人员的描述能力。关于超高级语言没有公认的判断准则，但首先他们也是用于描述或定义计算系统或信息处理系统的。有人认为超高级语言应比高级语言更接近自然语言,有人认为是更接近要解决的问题,有人认为这些语言的描述应当是只讲"要做什么"而不讲"怎么做"。

very high level language (VHLL) method 超高级语言方法 为克服传统软件生命周期模型的弊病,提出的模型之一。强调使用一些富有表达能力,对于编写程序功能使用简单的语言。VHLL 程序能自动地转换成代码,正如编译程序把源程序转换成它的目标形式一样。

very high magnetic field 超强磁场 同 ultrastrong magnetic field。

very high-speed integrated circuit (VHSIC) 超高速集成电路 以非常高的速度来执行运算,尤其是逻辑运算的一种集成电路,逻辑电路的速率越高,在一定时间内能处理的信息量也越大。

very-high-speed integrated circuit hardware description language (VHDL) 超高速集成电路硬件描述语言 一种用于数字硬件设计的描述语言。主要用于设计大规模的硬件系统和电路。1985 年成为标准硬件描述语言 IEEE-1076,可用于数字电路与系统的描述、模拟和自动设计。VHDL 具有多层次的设计描述功能,支持设计库和可重复使用的元件生成,支持阶层设计,提供模块设计的创建。语言的主要构件为实体说明、构造体、集合包和配置。实体说明用于描述设计的界面信号;构造体用于指定设计的真实性能和结构;集合包则是为了使数据类型、常数和子例程对其他设计模块也是可见的、编译好的设计单元和约定;配置用于从库中选取单元来组合成不同的设计版本。语言支持多种设计方法和技术,支持设计工艺的无关性,具有宽范围的描述能力,该描述语言即是程序又是文档,可作为技术人员交流信息的文件,增加了语言的可读性,支持大规模系统的设计,美国国防部已将其作为设计 ASIC(专用集成电路)和数字系统的标准语言。参见 application specific integrated circuit (ASIC)。

very large database (VLDB) VLDB 国际会议 超大型数据库国际会议的简称,如 VLDB′90 和 VLDB′91 分别指 1990 年 8 月 13 ~ 16 日和 1991 年 9 月 3 ~ 6 日在澳大利亚布列斯和西班牙巴塞罗那召开的第十六届和第十七届超大型数据库国际会议。这是在数据库领域中最高水平的国际重要会议。在会议上重点讨论当今数据库技术的最新发展和新一代数据库的发展方向。如近几次会议上,有关多媒体数据库、面向对象数据库、主动数据库、模糊数据库、演绎数据库、智能数据库、复杂对象、空间数据、时态数据、超文本等新技术、新概念和新系统占会议绝大多数内容。

very large scale integration (VLSI) 超大规模集成电路 自 20 世纪 60 年代开始随大规模集成电路的集成度不断提高而出现的新概念、新器件。一般认为集成度超过 1 万个门电路或超过 10 万个电子元器件的大规模集成电路称为超大规模集成电路。参见 integrated circuit (IC)。

very long instruction word (VLIW) 超长指令字 一种计算机系统结构,采用多流水线结构和超长指令字,每个指令包含多个操作指令,可同时启动多个操作。系统中有一个超长指令寄存器,其中的多个字段分别控制相应的运算器,运算器共享容量较大的寄存器堆,运算器的操作数一般在寄存器堆中。几个运算器由同一时钟驱动,在同一时刻执行多个运算操作。VLIW 作为一种具有优势的设计方法,已开始取代 RISC(精简指令集计算)和 CISC(复杂指令集计算)较陈旧的设计方法。参见 complex instruction set computing (CISC), reduced instruction set computing (RISC)。

very long instruction word (VLIW) computer 超长指令字计算机 一种为解决并行计算机中任务调度问题而提出的计算机体系结构,指令字特别长(有的可长达 512 位),指令执行采用流水方式,每次发出一条指令,每条指令包括多个同时执行的操作,分别在同步工作的功能部件中执行,每个功能部件又可采取流水线结构。VLIM 计算机并不具有运行时协调并行处理所需的复杂控制电路,它将此负担的大部分转交给了编译器。因而能快速地并行处理指令,免去了不得不执行复杂和连续的运行时间分析,而超级标量 RISC(精简指令集计算)和 CISC(复杂指令集计算)计算机必须做这种分析。

very low frequency (VLF) 甚低频 美国联邦电信委员会规定的 3 000 ~ 30 000 Hz 之间的电子信号频率。国际上约定,用 VLF 作为无线电通信的第四波段,波长在 100 ~ 1 000 km之间。

very low frequency band radiated field system (VLF system) 甚低频辐射场系统 也称"长波电台法",甚低频法是航空电磁法的一种方案。它是利用世界各地海军长波电台发射的 15 ~ 30 千周/秒甚低频波段的无线电波作为场源,用航空电磁仪测量由甚低频电波在地下良导体中感应的二次磁场的方法。海军长波电台主要是为了和潜艇通信而设置的,它能传播很远的距离,并能穿透海水到达潜艇。甚低频无线电波辐射场穿透深度可达 15 ~ 300 m 范围。可用来探测大的断层、破碎带、石墨化地层和矿化带等。

very low frequency method 甚低频法 同 very low frequency band radiated field system (VLF system)。

very severe burst (VSB) 极严重突发脉冲串 高速数字电路的差错状态之一,定义为一个周期内连续 2.5 秒以上误码率超过百分之一,一个极严重突发脉冲串将使接收机进入黄色报警状态。

very short-range radar 超近程雷达 最大视线范围小于 8 km 的雷达，适用于探测在垂直于雷达方向上面积为 1 m^2 的目标。

very small aperture satellite terminals (VSAT) 甚小孔径卫星终端 一种使用小孔径抛物面天线（地面小站的天线孔径为 0.3 ～ 2.4 m）的卫星终端站，工作在 Ku 频段（11 ～ 14 GHz）或 C 频段（4 ～ 6 GHz）上。VSAT 设备结构紧凑，固体化、智能化程度高。VSAT 利用通信卫星转发器，通过 VSAT 通信系统主站的控制，按需向 VSAT 网站用户提供各种通信信道，实现数据、话音、传真、广播、图像等多种通信。用 VSAT 组网具有以下三点优越性：一是经济效益好，VSAT 网的投资与距离无关，在通信距离远、范围大的情况下特别适用；二是组网灵活，在 VSAT 网中增加、减少或搬迁 VSAT 站都十分容易，网中用户不受地理位置及地面繁杂的通信网的限制；三是误码率低，容易构成端对端的独立专用通信网。能处理 T1 业务数据传输率（即 1.544 Mpbs）的 VSAT，称作 T 载波小孔径卫星终端（TSAT）。

VESA 视频电子标准协会 Video Electronic Standard Association 的缩写。

VESA bus VESA 总线 视频电子标准协会（VESA）总线。一种 PC 机上的总线标准，由美国视频电子标准协会（VESA）与 60 多家公司联合推出。这个总线是 CPU 总线或加以缓冲的 CPU 总线，可按系统的主频速度进行数据传输。它支持突发传输方式，但不支持多用户系统。数据宽度为 32 位，可以扩展到 64 位。与 CPU 同步工作，最高工作时钟频率为 66MHz。总线的协议很简单，成本低，适用于单用户系统，曾在 PC 机上一度流行，但由于占用主机印刷电路板面积太大，也存在一些其他缺点，后来被性能更优越的 PCI（外围部件互连）总线所取代。参见 local bus，PCI local bus。

vesicular film 小泡状镀膜 可读写光碟上的一个涂层。当局部受到激光束加热时，可产生一些凸起的小泡，表示记录的信息。用较弱的激光束扫描盘面时，根据有泡无泡分辨“0”和“1”。再次用适当的激光束加热时，可使这些小泡展平，从而使光碟成为可擦写的。

vestigial sideband (VSB) 残留边带 用一个在载频附近具有逐渐截止特性的过滤器把调幅波的两个边带之一的大部分抑制掉，这样所余下的部分就是残留边带，可作为传输语音或图像信号之用。

vestigial sideband filter 残留边带滤波器 在残留边带调制中，用来抑制双边调制信号的一个边带的大部分，使残留边带调制信号得以形成的设备。

vestigial sideband modulation (VSM) 残留边带调制 使用残留边带滤波器将双边带调制信号的一个边带的大部分加以抑制，而将这个边带的残留部分另一个边带的大部分，以及部分载波分量输送到线路上去的过程。残留边带调制很适于数据传输，因为它比双边带的带宽窄，并且保持了信号的波形。

vestigial sideband transmission 残留边带传输 双边带传输的一种。在这种传输方式中，载频中一侧的边带用残留边带过滤器加以显著抑制，再将剩下的部分同载频和另一个边带一起传输。残留边带传输与单边带传输相比，前者更易于接收机解调，因为载频和残留边带有助于接收机解调。

VF （1）视频 video frequency 的缩写。（2）可视化 FoxPro 语言 Visual FoxPro 的缩写。（3）声频 voice frequency 的缩写。

VFAT 虚拟文件分配表 virtual file allocation table 的缩写。

VF equipment 声频设备 各种电话装置之间、电话交换机之间、电话交换机与用户线之间的一种接口设备。用它传输信号和放大音频信号。

VFIR 超高速红外线 very fast infrared 的缩写。

VFO 变频振荡器 variable-frequency oscillator 的缩写。

V format V 格式 一种数据集的格式。其中的逻辑记录是变长的且包括长度指示符，而且 V 格式逻辑记录是可以分块的，每个块包含块长度指示符。

VFP 可视化 FoxPro 语言 Visual FoxPro 的缩写。

VFS 电压光纤传感器 voltage fiber sensor 的缩写。

VFT 音频复用电报 voice-frequency multiplex telegraphy 的缩写。

VF telegraph carrier 声频电报载波器 一种导线载波系统。它把声道按 120 Hz 间距，分成 24 个移频电报通道。

VG 向量生成器 vector generator 的缩写。

VGA （1）视频图形阵列 video graphics array 的缩写。（2）视频图形适配器 video graphics adapter 的缩写。

VGA mode VGA 模式 一种视频显示的模式，提供 16 种颜色的 640×480 分辨率。参见 video graphics array (VGA)。

VGC V 形槽连接器 V-groove connector 的缩写。

VGCS 话音组呼叫业务 voice group call service 的缩写。

VGMP VRRP 组管理协议 VRRP group management protocol 的缩写。

V-groove connector (VGC) V 形槽连接器 一种固定式光纤连接器，由硅材料、玻璃或聚酯塑料制成的 V 形槽和盖板组成。被连接的两根光纤预先用光纤切割工具切割出与光纤轴线垂直的端面，经清洁后紧压于 V 形槽底部，借助 V 形槽的机械加工精度实现两纤芯的精确对接，在接缝处充填透明的环氧树脂胶，固化后即成永久性连接。

VHD　视频高密度(电视唱片系统)　video high density 的缩写。

VHDL　超高速集成电路硬件描述语言　very-high-speed integrated circuit hardware description language 的缩写。

VHE　虚拟家乡环境　virtual home environment 的缩写。

VHF　甚高频　very high frequency 的缩写。

VHF channel　甚高频频道　局限于数字 2 ～ 13 之间的某一 6 MHz 电视频道。其中，频道 2 ～ 4 的频率范围为 54 ～ 72 MHz；频道 5 ～ 6 的频率范围为 76 ～ 88 MHz；频道 7 ～ 13 的频率范围为 174 ～ 216 MHz。

VHLL　超高级语言　very-high-level language 的缩写。

VHR　超级缩减　very-high reduction 的缩写。

VHS　超高速　very high speed 的缩写。

VHSI　超高速集成(电路)　very high speed integration 的缩写。

VHSIC　超高速集成电路　very-high-speed integrated circuit 的缩写。

VHSIC hardware description language (VHDL)　超高速集成电路硬件描述语言　VHDL 是 IEEE-l076 标准所规范的硬件描述语言。参见 very-high-speed integrated circuit hardware description language (VHDL)。

via　通路，路径　(1)集成电路中两个或更多个被绝缘层分隔的金属层间互相连接的导电通路。(2)在多层线路板中，电镀穿孔在两个或多个导电层间提供的导电通路。

VIA CyrixⅢ　威盛 CyrixⅢ微处理器　中国台湾威盛电子公司于 2000 年 2 月 22 日正式发布从美国国家半导体公司收购 Cyrix 后推出的新款 CyrixⅢ，也称“约书亚”(Joshua)微处理器。这种微处理器的工作频率有两种，一种是 500 MHz，一种是 533 MHz，采用的是 0.18 μm 工艺与六层布局设计制造，采用了威盛公司所研发与制定的高效能动态缓存架构，这个架构将提供给个人计算机一项高效能与低功率消耗兼得的最佳化技术架构。它内置 64 KB 一级缓存和 256 KB 二级缓存，而且支持 MMX(多媒体扩充)技术，使用 Socket 370 接口，支持 133 MHz 系统总线。

via net loss (VNL)　通路净损耗　通路始端的输入电平与它的终端接收电平的差值。通路净损耗表现了全程最终的传输衰耗，一般额定值规定在 800 Hz 点上为 0.4 或 0.8 奈培(Np)。

via pin　通路引线　构成两个模块或部件之间电气连通的接插件引脚或印制板上的引线。

via spacing rule　通路(借孔)间隙规则　定义连线与借孔、借孔与借孔、借孔与焊盘之间最小间隔的 PCB(印制电路板)设计规则。

vibrating-reed rectifier　振簧式整流器　在每次交流电流方向反转时，通过反转电源线和负载间的连接来对交流电流进行整流的电磁装置。反转触点在载有交流电流线圈的磁性材料振簧上，因此振簧运动与电流同步。

vibration damper　振动抑制器　一种用以防止导线振动、摇摆和天线振动的装置。

VIC　向量指令控制器　vector instruction controller 的缩写。

V-I characteristic　伏安特性　同 voltage-current characteristic。

VID　电压识别数字信号　voltage identification digital 的缩写。

video　视频　包含电视图像信号频谱分量的频带内的频率。

video adapter　视频适配器　也称“视频控制器”，指用来产生视频信号并通过电缆传输给视频显示器的电子装置。视频适配器常常不是属于计算机的主系统板上的一部分，而是在一块扩展卡上，但它也可以是终端的一部分。

video amplifier　视频放大器　能放大雷达和电视视频频率信号的宽频带放大器。带宽可从零频率扩展到所需清晰度的频率。

video attribute　视频属性　显示器所具有的性能，描述显示器性能的术语。它主要包括反相显示，设置闪烁、消隐(键盘上的输入不予显示)，使某些线段的亮度减半，或 2 倍、3 倍于正常亮度，以及把屏面分为两个部分等。

video bandwidth　视频带宽　在电视屏幕或计算机监视器上，每秒钟能显示的点数。频带越宽，一次能清晰显示的字符也就越多。

video black　视频间隙　在视频显示中，不出现图像和声音时的情形，通常出现在程序的开始、结尾和段落之间。

video board　视频(线路)板　同 synonym for graphics adapter。参见 video adapter。

video buffer　视频缓冲区　视频适配器中用来存储等待在视频显示器上显示的数据的存储器。当视频适配器处于字符模式时，数据采取 ASCII(美国信息交换标准代码)字符码加属性码方式。(视频适配器还可以用来存储字型定义)。当视频适配器在图形模式时，数据的一位或多位定义一个像素，代表每一像素所用的位数目决定了同时可以显示的颜色数目。参见 bit image，bit plane，color bits，pixel image。

video cable　视频电缆　有线电视系统中用于信号传输的同轴电缆。类型有：①75 Ω不平衡室内电缆；②在屏蔽层中心有单一导体的室外电缆；③124

Ω平衡室内电缆;④在屏蔽层中心有两个绝缘的平行或绞合导体的电缆。

video camera digitizer 电视摄像数字化器 利用电视摄像机完成光电信号转换并经A/D转换把数字图像信号送入计算机的影像数字化输入设备。由于它既可用于图片数字化输入,也可用于实物景物的数字化输入,具有实时和彩色功能,价格较低,所以得到广泛应用。但其几何精度和信噪比都较低。

video CD 数字视盘 存放MPEG(活动图像专家组)数字电视的CD(光碟)。它的标准文件名是黄皮书。参见yellow book。

video check to alarm 报警图像复核 当报警事件发生时,视频监控系统能够自动实时调用与报警区域相关的图像,以便对现场状态进行观察复核。

video circuit 视频电路 承载能转换成图像信号的宽带电路。

video clip 视频裁片 一段影片或录像材料。可作为图像编辑中的一个独立单元处理。

video coding 视频编码 通过特定的压缩技术,将某个视频格式的文件转换成另一种视频格式文件的方式。视频流传输中最为重要的编解码标准有国际电联的H.261、H.263、M-JPEG(运动联合图像专家小组)和MPEG(活动图像专家组)系列标准,此外还有Real Networks公司的RealVideo、微软公司的WMV以及Apple公司的QuickTime等。参见Motion Joint Photographic Experts Group (M-JPEG), Moving Picture Experts Group (MPEG)。

video communication 视频通信 实时传送连续活动图像信号的通信方式。

video communication network 视频通信网络 能在不同的地点上用通信线路实时地互相传送视频信号的宽带通信网络。

video compact disc (VCD) 视频光碟 由JVC,Philips,Matsushita和Sony公司联合制订的一种光碟数字视频技术标准。1993年制定了VCD1.1标准。1994年又在VCD1.1的基础上增加了播放控制(屏幕菜单)和高清晰度图像等功能,制定了VCD2.0标准。VCD标准采用了CD-ROM/XA(只读碟扩展体系结构)数据格式,因此可在配置了CD-ROM(只读碟)驱动器的PC机上播放,普通的CD唱机增加VCD解码板也可播放VCD。一张VCD盘可连续播放74分钟的视频节目,伴音质量可达到CD的效果。参见compact disc (CD), compact disc-digital audio (CD-DA)。

video computer system (VCS) 视频计算机系统 一种配有功能较强的图形显示适配器,以支持视频显示为主要功能的微处理机系统。这个术语通常指一种配有计算机的娱乐机器,或用于连接到电视机的一种游戏附件。

video conferencing 视频会议 一种以传送视觉信息为主的会议方式的多方通信。视频会议是把地域上分散的人们联系起来举行会议或共享信息的系统。利用摄像机和话筒将一个地点会场上人的形象以及发表的意见传送到另一地点的会场,并能出示实物、图纸、文件和实拍视频图像;若辅以电子白板、书写电话、传真机等信息通信手段,可实现会场间的与会人员研讨,修改文字、图表,面对面地交流甚至可以共同制定文档。这种利用网络同时传递图像、语音和数据等信息的方式在效果上可以代替现场会议。

video conferencing service (VCS) 视频会议业务 远程视频会议的一种类型,其中,语音和活动图像视频信息可与选用的非活动可视信息、远程信息、处理信息及信令数据一起进行交换。

video conferencing system (VCS) 视频会议系统 通过网络通信技术来实现的虚拟会议,使在地理上分散的用户可以共聚一处,通过图形、声音等多种方式交流信息,支持远距离进行实时信息交流与共享、开展协同工作的应用系统。

video data 视频数据 将视频图像的每个像素变换成数字信号而获得的数据集合。这些数据可以经适当设备还原为图像信号在屏幕上显示。参见viewdata, videotex。

video data digital processing (VDDP) 视频数据数字处理 对通过电视中继线路传送的图像信号进行数字化处理,以减小噪声和失真的影响,改善图像质量。它借助计算机将每条扫描线与相邻的扫描线进行比较,以消除电磁干扰的影响。

video data terminal (VDT) 视频数据终端 以阴极射线管显示器代替电传打字机来显示字符、数字和其他符号的一种终端装置,但对显示的信息不能产生永久性的记录。

video decompressor 视频解压卡 在多媒体计算机中,用来把压缩存储(通常采用MPEG(活动图像专家组)压缩格式)的视频图像数据还原为可播放形式的部件。由于计算机运行速度的提高,可以利用解压缩软件达到同样的目的,因而视频解压卡并不总是必要的,但解压卡的显示效果总比软解压要好一些。

video detecting 视频探测 采用光电成像技术(从近红外到可见光谱范围内)对目标进行感知并生成视频图象信号的一种探测手段。参见video monitoring。

video dial tone (VDT) 视频拨号业务 一种不对称的图像交换业务,其下行信道的带宽比上行信道宽,主要用于影视点播、电视购物、交互式教学、分类信息检索等。

video digitizer 视频数字化仪 也称"帧接受器",是计算机图形学中使用的一种装置,该装置采用视频摄像头而不是用扫描头,采集诸如电视和录像中的视频图像,并借助专用电路板存储在内存中。视频数字化仪的作用与显示适配器作用相反，显示适配器是将内存中的图像送显示器显示，而视频数字化仪则记录所显示的图像并以数字（位）方式将信息存储于内存中。大多数视频数字化仪可连接到任何能产生视频监视器标准 RGB 信号或电视标准信号的视频设备上去。参见 digitizer。

videodisc 视盘 一种用来存储视频图像和相关音频信息的光碟。参见 compact disc-read only memory（CD-ROM）。

videodisc player 视盘播放机 在多媒体应用中，指一个提供视频播放功能的设备。

video disk computer system 视盘计算机系统 含电视接收机、放像机及用来操作放像机的远程控制板的一种计算机系统。

video display（VD） 视频显示器 用来显示视频信息、文本或图形的一种设备，通常是阴极射线管显示器，但也可以是液晶显示器或等离子显示器等。

video display adapter 视频显示适配器 同 video adapter。

video display board 视频显示板 以计算机扩展板形式实现，而不是位于计算机主系统板上的视频适配器。

video display card 视频显示卡 同 video display board。

video display metafile（VDM） 视频显示元文件 一种标准的图形格式。这种格式现已极大程度上为计算机图形元文件（CGM）所取代，用于位图图像的交换。参见 computer graphics metafile。

video display page 视频显示页 计算机视频缓冲区中能用来保存一整屏图像的一部分缓冲区。如果缓冲区设计成能容纳多页或多帧图像，由于程序可以在显示一页内容的同时，填充还没有显示的另一页，所以页更新可以很快。从一页转向另一页，即翻页，是程序员有时用来产生动画效果的一项技术。

video display terminal（VDT） 视频显示终端 一种带有屏幕显示能力的计算机输入/输出设备，可显示资料信息。通常显示屏为 CRT（阴极射线管），也可用发光二极管（LED）或等离子体等显示装置。

video display tube 视频显示管 显示图像信号的真空管器件，即阴极射线管（CRT）。参见 video display terminal。

video display unit（VDU） 视频显示装置［单元］ 在信息处理系统中，以视频方式显示图形或文字信息的部件，应用较多的是 CRT（阴极射线管）显示器，在便携式微型计算机上也使用液晶显示器或等离子体显示器。参见 monitor。

Video Electronic Standard Association（VESA） 视频电子标准协会 由美国及其他国家的主要 PC 图形产品生产厂家发起的一个组织，主要活动是制定图形显示标准。该协会提出了 VGA（视频图形阵列），SVGA（超级视频图形阵列），XGA（扩展图形阵列）等显示标准，还提出了多媒体计算机的总线标准，即 VESA 总线。

video encoder 视频编码器 一个将计算机的高分辨率数字图像转换为标准电视图像信号的设备，因而允许计算机建立视频应用的图像。

video expander（VE） 视频扩展器 能存储一帧视频信息的一种存储设备，数据以低速率输入，并形成一个在视频监视器上连续刷新的图像。

video frequency（VF） 视频 电视摄像机输出的未经载波调制的图像信号频率覆盖范围称为视频。为了获得稳定、清晰的图像，在一般电视接收机中要求视频带宽为 0 ～ 6 MHz；而在计算机的 VGA（视频图形阵列）显示器中，由于不必受传输频带宽度的限制，视频带宽可达 0 ～ 80 MHz。

video frequency amplifier 视频放大器 电视、传真或雷达中能够放大包含周期性观测图像的整个频率范围信号的放大器。

video gain 视频增益 视频信号的增强。

video game 视频游戏 （1）可内置或连接到电视接收器上的电子游戏，使用电视屏幕作为游戏的场所。（2）液晶显示手持游戏机，一般使用电池电源并含有微控制器。

video generator 视频（图像）发生器 一种微型机系统，可从键盘接收命令由监视器显示，大多含 2 ～ 16 KB 的存储器存放显示画面及图像符号的编码。

video graphics adapter（VGA） 视频图形适配器 一种计算机适配器，提供较高分辨率的图像，共有 256 种颜色。参见 enhanced graphics adapter（EGA）。

video graphics array（VGA） 视频图形阵列 由 IBM 公司 1987 年推出的一种中分辨率字符及图形显示格式标准，比以前的 CGA（彩色图形适配器）具有更好的显示效果，已成为一种事实上的行业标准。VGA 显示器的输入信号是模拟形式的 R、G、B 三基色信号，提供分辨率为 640×480 像素、16 种彩色的即时显示。

video graphics board 视频图形卡 一块插入计算机并且连通显示器的电子线路板。用于在显示器屏幕上显示文本文字和图形，以及从摄像机或录像机接收标准电视视频信号送入计算机。它与视频显示卡的区别是：后者不能接收标准视频信号。

videography 图文视传 信息通常以数字数据的形式传输至用户的显示设备的一种电信方式。

video head 视频头 在录像机中，在磁带上读取和记录视频信号的装置。

video integration 视频（信号）积累 使用重复信号冗余，通过对连续视频信号求和来提高输出信噪比的方法。

video integrator 视频积分器 (1)一种电子反对抗设备,用于抑制对非同步信号的响应,对抑制随机脉冲信号和噪声比较有效。(2)对连续的视频信号求和,用重合信号的余量改善输出信噪比的一种设备。

video lookup table (VLT) 视频快表 用硬件实现的一个颜色映射表。

video loss alarm 视频信号丢失报警 视频主机对前端来的视频信号进行监控时,一旦视频信号的峰值小于设定值,系统即视为视频信号丢失,并给出报警信息的一种系统功能。

video mail system (VMS) 视频邮件系统 通过合理地利用压缩视频和音频的技术,对简单邮件传输协议(SMTP)和邮局协议版本3(POP3)等进行了扩充,使它们能满足视频邮件的网络传输系统。

video mapping 视频映像 (1)将存储的数据及文件的分布情况在显示器上以图形显示出来,或以类似的方式显示其在内存中的分布位置。(2)与屏幕上显示的视频图像相对应的数据。这些数据存放在显示缓冲器中,也可以转存在其他区域。

video memory 视频存储器 位于视频板或视频子系统中的能从其中产生显示图像的存储器。在一些情况下,视频存储器只可以由显示硬件访问,然而通常情况下,CPU 和视频处理器都可以访问视频存储器。图像可以通过 CPU 对视频存储器的操作而产生。正常情况下,当视频电路和处理器都想访问视频存储器时,前者比后者更具有优先权。因此,视频存储器的更新通常比对主存的访问慢。参见 video random access memory (VRAM)。

video mixing 视频混合 把计算机生成的图像信号与用摄像机等图形输入设备得到的图像信号在视频信号这一级上加以复合,从而在显示器屏幕上得到合成后的图像。

video mode 视频方式 计算机的显示适配器和显示器显示图像的方式。最常遇到的视频方式,特别是在 IBM-PC 和其兼容机中,是文本(字符)方式和图形方式。在文本方式下,显示屏显示的字符包括字母、数字和一些符号,但没有以点集形式产生的图形图像。相反地,图形模式以点(像素)集方式产生所有的屏幕图像。包括字母、数字、图标和图画等,还可以有其他的视频方式。其他方式以颜色数目、分辨率,或两者结合而定义。已为 IBM-PC 及其兼容机的显示适配器定义了许多这样的视频模式,其中有 40 列文本方式、80 列文本方式和各种屏幕分辨率(如 640×480),同时有 2 ～ 256 种颜色的图形或文本方式。

video monitor 视频监控器 像电视机一样的显示器,只是没有扬声器或超高频/甚高频检波器。监视器因有直接的显示连接,故接收的带宽比电视要宽,可以一次清晰地显示更多的字符。由于监视器没有本机智能或控制电路,所以计算机必须有适当的接口来控制监视器。参见 monitor 和 video screen。

video monitoring 视频监控 利用视频探测手段对目标进行监视、控制和信息记录。参见 video detecting。

video moving detecting 视频移动报警 指利用视频技术探测现场图像变化,一旦达到设定阈值即发出报警信息的一种报警手段。

video on demand (VOD) 视频点播 根据用户的需要通过通信线路在指定时间播送指定的视频节目。采用网络技术、多媒体技术、计算机技术,使得任何地点、任何时间、任何人都能得到上述服务。它由 VOD 视频服务中心和许多 VOD 用户组成。在视频服务中心,将所有的节目以压缩后的数据形式存入由高速计算机控制的庞大的多媒体数据库。在 VOD 用户家中可通过机顶盒,按照指令菜单调取任何一套节目,或调取任何一套节目中的任何一段。

video optical terminal 视频光端机 把一路或多路的模拟视频信号通过各种编码转换成光信号,通过光纤介质进行传输的设备。由于视频信号转换成光信号的过程中会通过模拟转换和数字转换两种技术,所以视频光端机又分为模拟光端机和数字光端机。参见 analog optical transceiver, digital optical terminal。

videophone 视频电话 具有电话、电视摄像机和荧光屏的联合装置。人们可以在通话时看到对方,也称 picture phone, videotelephone 和 viewphone。

video programming interface (VPI) 视频编程接口 执行从视频源向视频窗口输出的子系统。

video pulse 视频脉冲 复合视频信号中包含的脉冲信号,主要是同步信号、消隐信号和色信号等。

video pump 视频泵 在交互式电视系统中,用对称式多处理器系统构成视频服务器,其中的每个处理器称为视频泵,在服务器阵列盘上提取数字视频压缩信号,视频信号的帧被分放到不同盘上。

video pure interactive (VPI) 全交互型(点播)电视 交互式电视业务之一,是一种双向视频服务。

video quantizer 视频量化器 可处理黑白视频输入信号的灰度级特征以达到输出线性化的各种变化;或从不同的灰度级中合成彩色信息的设备。使用者可随意选择最大到 16 的黑白级,每一级代表一个输出通道,该通道可经处理以产生一种彩色或彩色混合;或只改变色彩,减少音量,均衡光线轮廓,灰度级转换或合成彩色。

video RAM (VRAM) 视频(随机访问)存储器 video random access memory 的缩写。

video random access memory (VRAM) 视频(随机访问)存储器 一种视频显示专用的、用于保存显示图像或字符的位图案的存储器模块。通常这个存储器模块装在显示适配器上,与处理器访问的内存空间无关。视频存储器芯片采用双端口设计，在一般动态存储器的基础上增加了一个串行访问端口，以及相应的端口控制电路，允许 CPU 和视频控制器同时对其执行存取操作，CPU 把变更的视频数据写入其中，视频控制器定时地将其取出，变成视频信号送去显示输出。视频存储器容量的大小对显示性能有很大影响，若要求屏幕上的真彩色显示，其容量不能小于 1 MB。

video resolution 视频分辨率 视频屏幕上一次所能显示的点(像素)数。单位为 dpi(每英寸点数)，它以水平点数乘以垂直点数(H×V)的方式表示。常见的视像分辨率有 352×288、176×144、640×480、1 024×768。在成像的两组数字中，前者为图像长度，后者为图像的宽度，两者相乘得出的是图像的像素，长宽比一般为 4∶3，或者 16∶10、16∶9 的宽屏幕。

video scan 视频扫描 通过电子扫描，机械辨认字符的技术。

video scan converter 视频扫描转换器 将一种视频标准的信号转换成另一种扫描频率或分辨率标准的视频信号的设备。

video scan optical character reader 显示扫描光字符读入器 兼有光学字符读入器及卡片阅读器功能的一种设备。

video segment 视频段 在视频轨迹上的一系列连续记录的数据，视频段可以与一个音频段相关或者无关。

video sequence layer (VSL) 图像序列层 VSL 是 MPEG(活动图像专家组)-2 视频流层结构的组成部分。VSL 是由数据头及一系列图像组(GOP)组成的视频数据包，具体是指一整个要处理的连续图像。用于定义整个视频序列结构，可采用逐行或隔行两种扫描方式。其中，数据头给出了有关图像水平大小、垂直大小、宽高比、帧速率、码率、视频缓存校验器的大小、量化矩阵、层标识、可缩放模式等，为解码提供了重要依据。

video server 视频服务器 在交互电视领域中，提供点播服务的设备。其中存储大量节目，具有高速传输能力和快速检索能力。

video sharing (VS) 视频共享 移动通信的一种业务。VS 业务是单向的视频流，可以和离线的用户进行视频共享，如发起用户可以将视频片段保存在 VS 服务器中，只要被叫用户一旦上线，就可以从 VS 服务器将视频片段推送给被叫用户，VS 业务不只用于一对一方式，还可以实现一对多的视频共享。

video signal 视频信号 传送全部信息(亮度、色彩、同步)的电视信号的一部分。这种信息在黑白或彩色电视中，对于建立可视图像是不可少的。

video speed A/D converter 视频速度模/数转换器 在计算机图像处理过程中使用的一种高速模/数转换器件，能将摄像机输出的视频图像信号实时地转换为数字信号，用于帧获取板上。

video surveillance control system (VSCS) 视频安防监控系统 利用视频技术探测、监视设防区域并实时显示、记录现场图像的电子系统或网络。

video surveillance system (VSS) 视频监控系统 由摄像、传输、控制、显示、记录登记等组成的监控系统。摄像机通过同轴视频电缆将视频图像传输到控制主机，控制主机再将视频信号分配到各监视器及录像设备，同时可将需要传输的语音信号同步录入到录像机内。通过控制主机，操作人员可发出指令，对云台的上、下、左、右的动作进行控制及对镜头进行调焦变倍的操作，并可通过控制主机实现在多路摄像机及云台之间的切换。利用特殊的录像处理模式，可对图像进行录入、回放、处理等操作。

videotape recording (VTR) 磁带录像 在磁带上录制图像信号用于以后重播的方法。

video tape recording 视频磁带记录 在高速磁带上记录电视信号的过程。

video teleconference service 视频电话会议服务 一组用户通过因特网可以交换视频等信息的服务。

video telephone 可视电话 电话和视频接收机的结合体，在通话时可通过屏幕互相看见对方。

video terminal 可视终端 一种带有显示器的终端，这种终端主要用于数据输入和信息显示。用户终端一般均为显示终端。

video terminal paging 视频终端分页 在视频显示终端内部，一般装有容量较大的显示缓冲存储器。为了便于信息处理，有时将待显示内容分成若干页，分别在缓冲存储器内保存它们的映像，然后，可由终端操作员顺序地或非顺序地以需要的页标号显示并编辑它们。

videotex 可视图文 利用公共电话交换网和公共分组交换数据网提供的一种增值电信业务，可供用户通过电话线路进行交互式的检索。信息可在家中的电视屏幕或可视图文终端上显示。用户可用小键盘在菜单上进行选择，或要求显示某一特定屏幕或页面的内容。可视图文数据库入网的下层协议为 X. 25 建议中规定的物理层、链路层和分组层协议；高层协议为 X. 29 建议规定的应用层协议。

videotex access point (VAP) 可视图文接入点 计算机的一种功能，提供接入可视图文主计算机、OSI(开放系统互连)参考模型 1 ～ 3 层协议转换等功能，以及诸如计账、统计、收集和对话处理之类管理能力。

videotex communication network provider 可视图文通信网提供者 数据与可视图文业务提供者的协定，负责向互连的用户终端、应用提供者设备和/或可视图文主计算机提供电信业务的一方。

videotex data base 可视图文数据库 一组能被用户访问或对用户有用的信息和/或事务处理设施。

videotex host computer　可视图文主计算机　可视图文主计算机是一种在其上实现一种或多种应用和/或提供一种或多种其他可视图文业务功能的计算机(或由单个部门提供的计算机网络)。

videotex information provider　可视图文信息提供者　可视图文信息提供者是与可视图文业务提供者协商后负责向可视图文业务用户提供信息或事务处理功能的一方。信息提供者可以或不可以操纵存储数据库的主计算机。

videotex interface unit (VIU)　可视图文接口单元　计算机的一种功能,提供OSI(开放系统互连)参考模型4～7层的协议转换和/或数据语法转换,以及根据选择提供1～3层的协议转换;也可处理某些行政管理任务,如转换费用账单,以及处理通信网计费。通常用于终端设备和可视图文业务中心之间。

videotex service　可视图文业务　可视图文业务是一种交互型业务,该业务通过利用标准化的规程进行适当的访问,向可视图文终端用户提供通过电信网与数据库和其他基于应用的计算机通信。

videotex service profile　可视图文业务轮廓　可视图文业务要求的功能集。它包括服务、应用和显示功能。

videotex service provider　可视图文业务提供者　负责向用户提供可视图文业务的设备和操作的一方。

videotex service unit (VSU)　可视图文服务单元　一个可视图文接口单元,具有处理应用收费和账目结算等附加功能,也可提供用户查核和(或)标识能力。

videotex terminal (VT)　可视图文终端　可视图文终端是用户用于与可视图文业务交互作用的设备,包括输入、显示和接口等部分。它也可提供直接的终端到终端的能力,并可包括诸如硬拷贝、磁或光存储以及附加的处理和/或存储装置。

video transcoding　视频转码　将已经压缩编码的视频码流转换成另一个视频码流,以适应不同的网络带宽、不同的终端处理能力和不同的用户需求。转码本质上是一个先解码,再编码的过程,因此转换前后的码流可能遵循相同的视频编码标准,也可能不遵循相同的视频编码标准。

video transmission service (VTS)　视频传输业务　能以压缩和宽带的方式使用的视频传输业务,包括视频会议、按次付费和视频点播(VOD)等项在内的视频业务。

video transmitting　视频传输　利用有线或无线传输介质,直接或通过调制解调等手段,将视频图像信号从一处传到另一处,从一台设备传到另一台设备。本系统中通常包括视频图像信号从前端摄像机到视频主机设备,从视频主机到显示终端,从视频主机到分控,从视频光发射机到视频光接收机等。

video trunk　视频干线,视频中继线　传送多路视频信号的宽频带信道,如光缆、同轴电缆、微波信道、卫星信道等。

video wall　视频墙　由多台安装在机架上的视频监视器或后投影式显示器组成的大屏幕一起生成一幅非常大的图像或图像组合。当单幅图像分散在许多相邻监视器上时,视频墙可成为用于广告或艺术的引人注目的装置。视频墙可由计算机输出或实时电视信号传送信号。软件将图像分割并向每个监视器传送图像片断,而且可产生特殊的效果。

video waveform　视频信号波形　有关可视信息的部分电视信号波形,不包括同步脉冲。

vidicon　光导管,视像管　一种主要应用在工业及其他闭路电视摄像机中的摄像管。它的电荷密度图案由光电导体形成,存储在光电导体表面,并被一束通常为低速的电子束扫描,可将光像转换成电子信号。

Vienna development method (VDM)　维也纳开发方法　一种基于形式语义的开发软件的方法。广泛地借用了1960～1970年在欧洲和美国发展的形式和基于数学的技术。其早期形式首先由IBM公司在维也纳和澳大利亚的实验室的一个小组于1973年设计完成。它规定了大型软件开发的三个阶段:需求分析、形式定义和实际开发。自顶向下逐步求精的开发方法与通常的软件工程方法类似。其主要特点在中间的形式定义阶段,体现了用形式语义刻画语言的功能。VDM已被应用到程序设计语言、数据库、操作系统、办公自动化系统和其他应用系统开发工作中。

Vienna definition language (VDL)　维也纳定义语言　美国IBM公司的维也纳实验室于1969年前后研制成功的一种形式语言。最初,它的目的是用来形式化地描述PL/1语言,后来也曾用于形式化地定义一些其他语言。这是一种定义程序设计语言的语法和语义的元语言。它含有语法元语言(用于定义程序的语法和数据结构)和语义元语言(用于给出程序在执行的操作含义的方式说明程序设计语言的语义)。因为VDL说明语言结构独立于其具体表现的顺序,所以称VDL的语法为抽象语法。VDL是描述操作语义的元语言。

view　视图,窗口,查看　(1)作为动词,指在计算机屏幕上显示信息来查看,如查看一个文件。作为名词指显示的数据或从某给定角度显示的图像。(2)在关系数据库管理系统中,指在一个或多个表上指定一个或多个关系操作(选择、投影、连接、联合、交、差、划分)而建立起来的一个逻辑表。在许多系统中,可以编制一个视图,并且可随后将之当作物理表来操作。在关系模型中视图等价于一个划分关系。(3)在以图形方式工作的软件(如Windows)中,用于选择操作对象的一个观察窗口。(4)在IBM网络管理协议中,网络的全部或局部的一个图像表示,由资源符号和资源标号构成,可包括网络操作员放入的一个背景图像或文本。

viewable 可视的 在AIX窗口图形中,所谓一个映射窗口是可视的,是指它的各级祖先窗口都被映射进去,但不一定可见,不可见的图形可在此窗口中要求显示,但除了服务器具有备份存储器情况外,其输出将不予保留。比较 unviewable。参见 visible。

viewdata 可视数据 通过电话传输的,显示在电视屏幕上的信息的通称。

viewdata system 可视数据系统 是一种交互式的数据传视系统。该项业务的服务对象主要是家庭。用户通过电话网,获取关于天气、旅游、娱乐、金融情报等信息。其后发展成为交互式的信息传视业务,用户通过电话网络,利用专用终端或配有适配器和键盘的电视机,能以人机对话方式从资料中心的数据库中获得文字、数据、图像等可视信息。这种业务用途很广,可适用于银行、商业、出版、金融服务、教育、农业、科研等行业。

view definition 视图定义 在需求分析基础上,通过E-R(实体-联系)模型(或E-R图)等工具和方法,描述和定义每个数据库用户的局部视图,然后通过采用"数据项与频度"、"数据项与函数依赖"和"目标结构"等三种归并法,将所有局部视图合并构成一个全局的数据库公共视图,简称全局视图。通常,全局视图必须能支持每个局部视图,而且局部视图和全局视图都应独立于特定的数据库管理系统。数据库设计的视图定义阶段,应以需求分析中所获得的结果为基础,选择一种元模型作为工具来进行数据库数据的逻辑结构设计。其设计过程应独立于任何特定的数据库管理系统和物理环境。

view element 视图元素 是模型元素集合的文本或图形的投影。

viewing algorithm 浏览算法 在图形学中,根据用户的上下左右移动图像的操作,而生成适当的每部分图像,要求该算法足够快,使图像在屏幕上的移动是及时而且连续变化的。

viewing area 可见区域,视见区 (1)CRT(阴极射线管)屏幕的大小。(2)屏幕上用于显示的视窗内画面的区域。

viewing direction 视线[取景]方向 在观察操作中,窗口与世界坐标系的坐标轴之间的倾角。

viewing frustum 视锥 在计算机图形学中的一个专用技术名词,规定三维图形空间目标的哪些部分是可视见的一种约束体,主要用于计算机辅助制图和虚拟现实中,用户在虚拟现实中的视见范围取决于视锥的大小。而视锥的大小由用户的位置、头眼方向和视场大小来决定。参见 viewing pyramid。

viewing operation 观察[取景]操作 计算机图形学中,必须把物体在世界坐标系中的描述转换成为规范坐标系或设备坐标系中指定视区内的映像,完成这种转换的全过程称为观察操作。

viewing pyramid 观察[取景]锥体 在三维显示中,观察者能看见物体的空间,即一个顶点在投影中心的锥体。观察锥体是在观察坐标系统中构造的,即从视点连接图像平面的角的顶点形成的基本锥体。另外两个平面(近平面和远平面)用来剪裁距观察者太近和太远的调节。这两个额外平面构成了包含可见信息的截锥形空间。

viewing screen 视屏 可供信息使用人员观察所需信息,并可重复再现的显示平面,如CRT(阴极射线管)屏幕,等离子体屏幕等。参见 screen。

viewing storage tube 可视存储管 一种能以静电栅网方式将一帧图像存储下来,不用刷新也能长时间显示的光导阴极射线管。同 direct view storage tube (DVST)。

viewing transformation 视觉[取景]变换 在计算机制图中,视觉变换相当于观察者眼睛的位置选定。其过程为:首先规定一个视觉约束体和一个视见区,然后按照视觉约束体对图形进行裁剪,仅保留在视觉约束体内的图形部分,再将该部分图形投影到投影平面上的窗口内,最后将窗口内的图形变换到输出接口上的视见区内输出。参见 viewing frustum。

viewing vector 视见[取景]向量 为了定义视见方向而从观察点出发垂直于视平面的一个向量。

view integration process 意图综合过程 为开发一个信息管理软件,在调查阶段,根据用户零星的、不连贯的意图和要求,加以整理、归纳和综合,建立一个完整的计划的过程。

Viewlogic Viewlogic系统公司 从事电子设计自动化产品开发的一家美国软件公司,成立于1984年。其主要产品有 ViewDraw(图文混合设计输入工具)、ViewSim(混合级数字仿真)、ViewSpice(模拟电路仿真器)、ViewTrace(波形编辑与显示器)、SimBus(仿真背板)等。

view manager 视口管理器 在 NetView 图形监控机制中,一个根据资源对象数据管理器(RODM)的定义生成视口的机制。可改变对图形数据服务器的状态。

view modeling 意图模型化 在建立一个信息管理系统中,需对用户进行详细调查,征求他们在实际工作时的管理模式和方法,了解管理工作的实际运作过程,建立一个能够表达用户意图的数学模型。

view modeling technique 意图模型技术 建立能够准确表达用户意图的模型的技术,通常主要使用文字、解析式、图形等表示。

view operation 视图操作 在数据库系统中,对虚表的选择、显示、创建、修改、重构与删除。从一个或多个表中选择的行和列结合而形成,可用SQL(结构化查询语言)命令选择和显示视图中的数据,就像对通常的表进行操作一样,当视图仅由一个表的列构成时,还可插入和更新视图的基本表的数据。

viewphone set **可视电话机** 带有视频摄像头和显示单元,使用户在打电话的同时看到对方的头像和表情的电话机。

view plane **视平面,投影平面** 在计算机制图系统中,通常是用二维图形(即平面图形)的表示方法来对三维图形进行处理的,即将三维图形先投影在一个平面上,然后再将投影的图形转化为输出接口上的图像输出,这个平面称为投影平面。它是用户指定的绘图坐标系中的一个平面,由视觉参考点、投影平面法线、投影平面距离等三个参数规定。参见 projection plane。

view plane distance **投影平面距离** 从观察参考点到投影平面的距离。

view plane normal **投影平面法向** 以观察参考点为始点,垂直于投影平面的一个向量。它用来指出投影平面的方位。

viewpoint **观察点,视点** (1)计算机制图技术中的原点,从这点使用角度和尺寸把虚拟空间映射为显示空间。(2)一个被定义在图像空间内的矩形区。用于定义当前所要输出的页将在显示设备上出现的位置。(3)在虚拟现实开发系统中的一个对象,使用户能够观测参数以便以任意位置、任意方向和视角观察虚拟环境。在同一场景中可以保留几个不同的视点,但在某一时刻只能使用一个,视点可以与传感器连接以便根据传感器的运动动态地改变视点。

view processing (VP) **视图处理(系统)** 计算机软件设计的辅助工具。用于数据管理基础信息的采集、概念数据词典的建立、数据库计划资料的产生、在总体规划的指导控制下的系统和子系统开发等。

view projection **视图投影** 模型元素在视图元素上的投影。视图投影为每个视图元素提供了位置和样式。参见 view element。

view reference point **取景参考点** 在计算机制图技术中,为处理图形的取景变换而规定的一种参考点。该点是规定投影平面、前剪取平面、后剪取平面等的基准点。它可以根据用户的方便程度,设在被观察图形上或靠近该图形的地方。

view restructuring **意图重构** 为建立信息管理软件开发所需的模型,将反映用户原始意图的语言、文字或其他信息转换成定义严格的数学语言,或者用图形表示的过程。

view surface **视图平面** 在计算机制图技术中输出图像所在的平面。在独立于设备的制图系统中,它是一个逻辑输出界面。在它上面规定了一个规格化设备坐标系,视见区就是在该坐标系中定义的。在非独立于设备的制图系统中,它指某个特定的输出设备所提供的输出界面,如显示屏、绘图纸等。

view table **视图表** 在数据库管理系统中,指单个用户见到的数据库。它是概念数据库的某一部分的抽象模型,是从一个或者多个基表中推导出来的。

view up vector **视图垂直向量** 在世界坐标系中相对于观察参考点而指定的一个向量。它与视图输出面垂直,用来定义窗口的旋转角度。

view volume **视体[见]约束体** 在计算机图形学中,用来规定图形对象的哪些部分是被视见的一个三维实体。实体的形状依赖于所采用的投影类型。当采用透视投影时,它是一个半无穷锥体或平截头锥体。当采用平行投影时,它是无空平行六面体或平行六面体。前者由投影中心和投影平面上规定的窗口来确定,其中平截头锥体和平行六面体可统称为视见平截头体,一般在要求进行深度剪取时使用。

Vigenere cipher **Vigenere 密码** 密码学中,指于1586年首次发表的一种多表置换密码,可看作是序列密码的前身。明文中的每个字母用与它在字母中位置有关的数代替,密文字代表密钥流和明文流的数值进行模26加。参见 Vernom cipher。

VINES **虚拟网络系统** virtual networking system 的缩写。

V interface **V 接口** 在 ISDN(综合业务数字网)中,一种用于单用户端接远程终端的双线物理接口。

VIO **虚拟输入/输出** virtual I/O 的缩写。

violation of subroutine **子例程扰乱** 输出到子例程的数据超出规定范围所出现的现象。

violation response **违约响应** 在数据库系统中,指对数据目标的某项请求必须拒绝时,仲裁程序作出的反应。

virgin medium **未用媒体** 专指尚未记录过数据的数据媒体,如未作格式化的新磁盘。同 blank medium。

virtual **虚拟的** 在一定条件下没有实体,仅在概念上存在,但又有实体功能的一种技术。如常见的虚拟存储器,是由软件和硬件配合而虚拟形成的大容量存储器。用户在使用过程中,感到有一个具有较大容量存储器的计算机系统。参见 virtual memory, virtual machine, virtual reality。

virtual access method **虚拟存取法** (1)在实行虚拟存储器管理的系统中,存取位于实际存储器之外的存储单元的方法。(2)在计算机网络中,经虚电路对网络中其他节点的存取方法。

virtual address (VA) **虚拟地址** (1)虚拟存储系统中应用程序用于访问存储器的地址。在读或写存储器前,存储管理单元将这种虚拟地址转变成物理地址。比较 physical address。参见 virtual memory address, immediate address, zero level address。(2)在通信网络中,与网络中的任何用户都无关的地址,它识别所要求的服务和任务。

virtual address area **虚拟地址区** 在操作系统/虚

拟存储器环境下，虚拟存储器中的一个区域。该区域地址要大于实际地址区的最高地址。

virtual address extension (VAX) **虚拟地址扩充** 虚拟存储器中的一个虚拟存储单元的扩充。使计算机系统似乎有一个比实际主存储器容量大的主存空间。

virtual addressing **虚拟寻址** 在采用虚拟存储器管理技术的操作系统下，如果一个作业中指出的地址不在实际存储器空间中，则需通过地址转换机构将此虚地址转换为存放此作业的外围设备存取地址，并且在实际存储器中分配适当空间，将其载入。此过程称为虚拟寻址。

virtual address mode **虚拟地址方式** Intel 80286及兼容处理器的一种工作方式，由16位选择子和偏移量构成32位指针。选择子登记索引在内存驻留表中，从内存表中得到段的基地址。

virtual address space **虚拟地址空间** 虚拟存储器系统中分配给一个作业、用户或任务的存储区。该地址空间的特点是：每个虚拟空间可远大于实际存储空间；每个用户都有各自的虚拟空间，并由系统保证各空间的用户互不干扰；每个用户程序的虚拟地址可以是相同的。

virtual address translation **虚拟地址转换** 虚存地址到实存地址之间的转换。

virtual algorithm **虚(拟)算法** 问题求解的一个步骤。在问题描述、算法分析之后，程序员必须建立虚算法，把要执行的计算步骤决定下来，但具体的实现结构、数据分配和计算步骤到处理机的对应关系等还没有确定，从虚算法到依赖结构的算法的映射决定了实际执行计算的轮廓。

virtual analogue switching point (VASP) **虚拟模拟交换点** 是一个理论上的交换点，被定义为两条电路直接相连而无任何附加损耗或增益的点。根据所连接电路的传输损耗，虚拟模拟交换点在来话方向和去话方向的相对电平可能有所不同。

virtual auxiliary memory **虚拟辅助存储器** 以外部存储器在逻辑上作为存储器使用的一种辅助存储器。

virtual bit map **虚拟位图** 将计算机系统的虚拟存储器空间用一个二进制位的分布图表示，并且利用图中各个位的状态代表虚拟存储空间的使用情况。

virtual block multiplexer mode **虚拟块多路转接方式** 某些操作系统中的一种虚(拟)机可选功能。它允许在同一虚拟通道上不同的虚拟设备之间交叉存取数据。

virtual broadband access server (VBAS) **虚拟宽带接入服务器** 这一种宽带接入服务器获取宽带用户接入端口号的方法。VBAS根据用户的VLAN(虚拟局域网)，映射到对应的DSLAM(数字用户线路存取多路转接器)，宽带接入服务器(BAS)主动向该DSLAM发起用户线路标识查询，由DSLAM给BAS响应用户线路标识。

virtual call **虚呼叫** 这是分组交换虚电路业务的一种业务，其呼叫的建立过程和清除过程将确定两个DTE(数据终端设备)之间的一段通信时间，在该通信期间，用户数据将以分组操作方式在网络上传送。参见virtual call facility。

virtual call capability (VCC) **虚呼叫能力** 一种用户通信业务，其中，呼叫释放过程决定了两个数据终端设备(DTE)之间的通信时间，用户数据在这段时间里以分组交换方式按顺序在网络中传输。具有多路访问功能的数据终端设备可以同时执行几个虚呼叫，但通常要求在网络内部控制点对点的分组信息传送。在呼叫过程建立完成之前，数据可以传送到网络，但如果呼叫失败，这些数据将不再传送到终点用户。

virtual call facility **虚拟呼叫设施** 数据通信中的一种用户设施，其中呼叫建立过程和呼叫清除过程决定两个DTE(数据终端设备)之间的通信周期。在两个DTE间，以报文分组操作方式在网络中传送用户数据。所有用户都将按网络接收这些数据时的同样次序发送。

virtual call mode **虚呼叫模式** 分组交换网络的一种工作方式。在这种方式下，呼叫建立与呼叫拆除的协议决定两个数据终端设备的交互作用周期。在此期间，用户数据以分组的形式在网络中传输。

virtual call network (VCN) **虚呼叫网络** 参与建立和保持虚呼叫的一个分组信息交换网络。

virtual call service **虚呼叫服务** 在采用分组转接方式进行数据传送的计算机网络中，一种只有用户进行数据传送时才在两个终端机之间建立虚连接的技术。与每个分组交换网络(通信子网)相连接的DTE(数据终端设备)都配有一组逻辑信道，每次通信开始先由主叫方发送一个呼叫信息包，包中给出主叫者与被叫者的全称网络地址，目的是在双方逻辑信道之间建立一个连接(该连接确定的通信路径称为虚电路)，然后传送正文信息包。

virtual concatenation (VC) **虚级联** 将分布在不同信道的多个虚容器组合起来，形成一个虚拟的大结构容器进行数据传输。

virtual concatenation group (VCG) **虚级联组** 链路容量调节规程中定义的一个虚容器组。虚级联组内的容器是一个一个地通过不同的路径来传输的，导致到达终点的时间不一致，在接收端必须把各容器的数据重新组合起来。

virtual carrier **虚载频** 在对载波抑制的通信系统中，进行信号分析时假定存在的一个载频，其能量在频谱中的位置就是先前已被抑制的载波所应占据的位置。

virtual cathode **虚阴极** 空间电荷电位最低的地方，只允许某些能到达该处的电子被发射，其他的电子则被反射回电子发射阴极。

virtual CD-ROM library (VCL)　虚拟光碟库　光碟镜像服务器的改进。VCL 采用虚拟化技术、分布式存储和自定义的基于 TCP(传输控制协议)的网络光碟流协议,只要服务器连接到因特网上,通过客户端的虚拟光碟驱动,用户能够同时访问网络上的多台 VCL 服务器,完全没有地域限制。

virtual chain index (VCI)　虚链路索引　在 ATM(异步传输模式)网络中,虚拟链路索引为信元提供一个明显的传输链路标识符。

virtual channel (VC)　虚拟通道　(1)建立在物理数据通道网络上的逻辑通道,使得数据通路能够以多路复用的方式存在于网络中。通道上一个消息的阻塞不影响其他消息的传输。(2)在 ATM(异步传输模式)网络中的一种通信通道,提供 ATM 信元的顺序的单向传输。

virtual channel connection (VCC)　虚拟通道连接　在 ATM(异步传输模式)网络中,在 ATM 服务用户访问 ATM 层的点之间的一系列虚拟通道链路。在这些点上 ATM 信元的净荷传递给 ATM 层的用户。VCC 由一系列相互连接的虚拟链路构成,在两个端点之间形成一个通路。每一段链路都通过 ATM 交换机建立,这些虚拟链路称为虚拟路径链路(VPL)。ATM 单元头部中的 VCI(虚拟通道标识)和 VPI(虚拟路径标识符)字段使每一个 VPC(虚拟路径连接)单元与给定物理链路上的一个特定的 VPL 相关。参见 virtual path connection (VPC), virtual path link (VPL)。

virtual channel handler (VCH)　虚拟通道处理器　在 ATM(异步传输模式)系统中,虚拟通道连接是指终端到终端间的连接,在虚拟通道连接的中继点由交换机实现虚拟通道处理功能。

virtual channel identifier (VCI)　虚拟通道标识符　在 ATM(异步传输模式)网络中,VCI 是 ATM 信元头部 16 比特长的字段。当信元通过一系列 ATM 交换机发向信宿时,用 VCI 和 VPI(虚拟路径标识符)一起标识信元的下一个目的地。ATM 交换机使用 VCI/VPI 字段标识下一个网络的 VCI,该链路是信元到达最终目的地必须经过的传输路径。参见 virtual path identifier (VPI)。

virtual channel level　虚信道级　OAM(操作监管和维护)级的第五级,位于实现虚信道连接的 OAM 功能的网络单元之间。

virtual channel link (VCL)　虚拟通道链路　在 ATM(异步传输模式)网络中,一种单向传输 ATM 信元的通路,存在于 VCI(虚拟通道标识符)被赋值的点和该值被更换或移去的点之间。一个虚拟通道连接(VCC)由一个或多个虚拟通道链路(VCL)组成。参见 virtual channel connection (VCC), virtual channel identifier (VCI)。

virtual channel logic　虚拟通道逻辑　在某些具有虚拟存储器的计算机系统中,实现通道虚实地址转换的一种方法。

virtual channel memory (VCM)　虚拟通道存储器　VCM 由日本 NEC 公司开发,是一种新兴的缓冲式 DRAM(动态随机存取存储器),该技术将在大容量 SDRAM(同步 DRAM)中采用。它集成了所谓的"通道缓冲",由高速寄存器进行配置和控制。在实现高速数据传输的同时,VCM 还维持着与传统 SDRAM 的高度兼容性,所以通常也把 VCM 内存称为 VCM SDRAM。在设计上,系统(主要是主板)不需要作大的改动,便能提供对 VCM 的支持。VCM 可从内存前端进程的外部对所集成的这种"通道缓冲"执行读写操作。对于内存单元与通道缓冲之间的数据传输,以及内存单元的预充电和刷新等内部操作,VCM 要求它独立于前端进程进行,即后台处理与前台处理可同时进行。由于专为这种"并行处理"创建了一个支撑架构,所以 VCM 能保持一个非常高的平均数据传输速度,同时不用对传统内存架构进行大的更改。

virtual channel switch　虚拟通道交换器　在 ATM(异步传输模式)网络中,一个连接虚拟通道链路的网络元素。它结束虚拟通道连接并更换虚拟通道标识符(VCI)值。它在控制面板功能的控制下工作,对虚拟通道的信元进行中继。

virtual circuit (VC)　虚(拟)电路　(1)也称"逻辑电路",在两个数据终端设备之间建立的一种逻辑连接。(2)当报文分组通过传输机构时,随传输产生的连接。它是数据网内两个或多个数据终端之间的逻辑连接,它允许同时双向交换数据。由于它是以报文分组的多路复用为基础的,所以可有效地利用线路资源。虚电路分为呼叫虚电路(即交换虚电路)和永久虚电路。永久虚电路在分组交换是永久的,提供的目的是使通信频繁、传输信息量大的用户不要过分频繁地执行建立和拆除虚电路的过程(呼叫虚电路是对每个分组交换网相连接的 DTE(数据终端设备)都配置一组逻辑信道,每次通信都要进行呼叫连接、拆除)。(3)在计算机网络中,一个全双工的传输级连接,使网络能够进行可靠的数据交换。虚拟电路可以在两个不同计算机之间,同一个计算机上的两个不同网络名之间或者在同一个名字上建立。参见 connect-oriented service。(4)在包转接数据网络中,一个连接 X.25 用户的逻辑终点到终点传输通道,不同于物理连接。虚拟电路允许物理传输机制被许多用户同时共享,一个虚拟电路是一个在两个 DTE(数据终端设备)之间建立的逻辑连接。参见 permanent virtual circuit (PVC), switched virtual circuit (SVC)。

virtual circuit number　虚(拟)电路编号　当网络中存在多条虚电路时,对每条虚电路都要用一个编号来加以识别。X.25 明确规定,逻辑信道中编号较小的那些逻辑信道分配给永久虚电路和数据报,其余分配给虚呼叫电路。

virtual circuit pacing 虚(拟)电路调步 网络中的一种流量控制机制,得以保证传输途中各节点的资源不会发生拥塞和死锁。这种机制可以由目标节点激发,以避免缓冲区溢出;也可以由中间节点激发,以减少拥塞。如果由目标节点控制,仅控制某一单独的虚电路;如果由中间节点控制,则可作用于经过拥塞链路的所有虚电路。

virtual code manager (VCM) 虚拟代码管理器 一种PC机内存管理程序,允许只有640 KB内存的基本8088 PC机运行大于640 KB的程序而不受内存空间的限制。

virtual community 虚拟团体 通过网络联络、讨论,而产生的一种网络公民群体。

virtual computer 虚拟计算机 在硬件和软件结构设计上支持虚拟存储技术,或与别的机器共用部分功能元件,或模仿另一台计算机而使机器功能大为增强的计算机。通常泛指具有部分模仿程序的计算机。

virtual concatenation 虚拼接 把同步数字系列(SDH)的虚容器灵活组合在一起的信号结构。

virtual connection 虚(拟)连接 为虚电路而建立的逻辑连接。虚连接是两个工作站之间一种表面上的通信信道。据此,由某一站发送的信息自动沿着网络中最佳的路径到达另一站。参见 virtual circuit。

virtual console 虚拟控制台 由控制程序在终端上模拟实际控制台的一种控制台,在虚拟操作系统目录表中为此虚机定义虚拟设备类型和I/O地址。虚拟控制台主要用于故障诊断等目的。

virtual console spooling 虚拟控制台假脱机 在VM(虚拟机)操作系统中,在磁盘上作为打印机假脱机文件写控制台的输入和输出信息,而不在虚拟机控制台上打印或显示他们。控制台数据包括来自或发送到控制程序和虚拟机操作系统的信息、响应、命令或数据。用户可在任何时刻调用或终止控制台假脱机。当关闭控制台假脱机时,它变成打印机假脱机文件。

virtual container (VC) 虚容器 在SDH(同步数字系列)中,虚容器是一种用来支持通道层连接的信息结构。它由被安排在重复周期为125 ms或500 ms的块状帧结构中的信息净负荷和通道开销(POH)信息区组成,识别VC帧起点的定位信息由服务网络提供。虚容器的速率与SDH网络同步,即不同VC是同步的。参见 synchronous digital hierarchy (SDH)。

virtual content server (VCS) 虚拟内容服务器 媒体内容分发网络中的一种服务器,它可以从不同的源服务器接收不同格式的内容,实现媒体内容提供商(MCP)数据块的中继服务,它接收网络接入节点的请求,将MCP的媒体内容加以转换发送给请求的网络节点。

virtual coordinate system 虚拟坐标系 (1)与有限的设备空间相对应的那部分世界坐标系称为虚拟坐标系。(2)将通用坐标系的一部分变换到具体显示器可利用的空间中而生成的坐标系。

virtual corporation 虚拟公司 一个由地理位置分散的工作人员组成的实体,他们分摊工作并仅以电子方式沟通和交流,即使有面对面的接触,也是极少。

virtual cut through 虚拟直通,虚探路 包交换与线路交换的一种混合形式,它在接受到信息包后,分析信息包的报头,确定适当的转发线路。如果该线路可用,则不需要等到信息包的全部内容到齐,即可立即转发;如果线路忙,则按包交换的方法将该信息包存储并转发。

virtual datagram 虚数据报 当虚电路建立之后,沿虚呼叫网络传输的信息包。它不必执行建立虚呼叫所必需的功能,也不必标明网络地址,并且与所有其他信息包无关,仅在每个信息包头上加一个简单的虚电路标识符号(在X.25中称为逻辑信道号)即可。当信息包到达一个节点机时,此节点机便可了解到该信息包经过的虚电路号以及它是从哪个节点传来的,节点机正是依靠这些信息将信息包正确地传送到目的节点。

virtual data item 虚拟数据项 见 virtual field。

virtual data network 虚拟数据网 在一些大型机构的各个远程部分之间建立的一种数据通信服务,它能在广域网上提供局域网的速度,且费用比租用线和专用线更低廉,帧中继和交换多兆位数据业务均已成功运用于虚拟数据网。

virtual decision value (VDV) 虚判定值 用于量化或编码的两个假设判定值,它们处于所涉及范围的两端,并根据实际判定值通过外推法获得。

virtual declaration 虚说明 在某些程序中,为了凑成一种执行时所需要的形式而对无意义的数据项或根本不存在的变量所作的说明。

virtual derived data item 虚导出数据项 其值并不真正地保存在数据库中,而是在需要使用该数据项时,根据某种规则由其他相关数据项组合产生的数据项。

virtual desktop 虚拟桌面 使用较低分辨率的画面来当作高分辨率画面的方法,如一个画面只有640×480的分辨率,系统使用虚拟桌面的方式设定桌面为1 280×960,使用者同时只能看到640×480的画面,但可借助移动鼠标或键盘操作的方式来移动桌面,或者说是移动使用者的视野到1 280×960的其他部分上。

virtual device 虚(拟)设备 (1)一种理论分析时需要的假想的输入/输出设备,如通过计算机图形接口向图形软件或系统表示一组与设备无关的图形能力的想像的图形设备。(2)指可被引用的但实际不存在的一种设备,如虚拟存储编址模式使用磁盘存储器来仿真比实际拥有的物理存储器大的存储器。(3)从用户角度看似多个分离的实体的一个设备，而实际上是一个共享的实际设备，如可以同时存在多个虚拟终端而实际上在任一时刻只有一个终端。参见 virtual workstation controller。

virtual device driver (VxD) 虚拟设备驱动(程序) 微软 Windows 中提供的一种技术，是用来扩展 Windows 操作系统功能的一类程序，类似于 DOS(磁盘操作系统)中的 TSR(终止并驻留)程序，独立软件厂商可以利用这种技术为 Windows 提供新的功能。VxD 以 DLL(动态连接库)的形式链入 Windows 操作系统的核心层(Ring 0)。VxD 主要解决不能被 Ring 3 层应用程序处理的一系列问题。由于 VxD 运行于操作系统的核心层，所以它具有最高特权级，因此对于上层应用程序，利用 VxD 技术实现包过滤功能是透明的。用 VxD 开发的驱动程序具有性能高和不占用过多常规内存的特点。使用这种技术的程序文件通常的文件扩展名为 386 和 VXD。Windows 3.1 中的文件 WIN386.EXE 以及 Windows 95 中的 VMM32.VXD 是由多个 VxD 程序组成的集合，用于启动虚拟机管理器(VMM)。参见 virtual machine manager (VMM), terminate and stay resident (TSR) propram。

virtual device interface (VDI) 虚拟设备接口 也称"CGI(计算机图形接口)"，是美国国家标准协会(ANSI)开发的一种标准。它提供了一种与设备无关的控制图形硬件的方法。与 GKS(图形核心系统)相比，它是一种低级标准，并不提供任何图形操作的功能。GKS 通常是在 VDI 的基础上实现的。

virtual device metafile (VDM) 虚拟设备元文件 在数据文件中用来记录计算机所生成的图示信息的一种标准格式。它是永久性保存图示信息的一种手段，也是在不同计算机系统和不同应用程序之间交换图形数据的一种方法。

virtual directory 虚拟目录 (1)虚拟目录就是将其他目录以映射的方式虚拟到主目录下，这样，一个主目录实质上就可以包括很多不同盘符、不同路径的目录。(2)每个因特网服务可以从多个目录中发布，通过以通用命名约定(UNC)名、用户名及用于访问权限的密码指定目录，可将每个目录定位在本地驱动器或网络上。虚拟服务器可拥有一个宿主目录和任意数量的其他发布目录。其他发布目录称为虚拟目录。

virtual disk 虚(拟磁)盘 通常称为 RAM(随机存取存储器)盘，即将 RAM 作为磁盘驱动器使用，读写速度比物理磁盘快。虚拟盘主要用于某些容量不大，但需要在程序执行中反复读写的过程和数据块暂存。然而，因为虚拟盘只存在内存里，其内容必须拷贝到物理盘中，否则数据将会丢失。电池后备供电 RAM 用作虚拟盘情况则是个例外，这种 RAM 有其自己的电池，当计算机电源供电中断时，由电池来保证该 RAM 中的内容不会丢失。超轻型膝上型计算机常用电池后备供电的 RAM 作为虚拟盘使用，因为这样的存储器耗电小于硬盘。

virtual disk server 虚磁盘服务器 局域网中，允许每一个用户可存取的磁盘服务器。同 virtual file server。

virtual disk system 虚拟磁盘系统 在具有虚拟存储的计算机系统中，当作高速磁盘存储器使用，其存储容量比磁盘存储器大得多的一种海量存储系统。

virtual DOS machine (VDM) 虚拟 DOS 机 Windows NT 中的一个保护子系统，提供完整的 DOS(磁盘操作系统)环境及一个可在其中运行基于 DOS 的应用程序的控制台，任意多个 VDM 可以同时运行。参见 console。

virtual drive 虚拟驱动器 在海量存储系统中，物理上不存在的一种直接存取存储设备。它逻辑上存在于一个或几个分级驱动器上，如在配有单个软盘驱动器的系统中，可以通过操作系统设置而得到两个(或更多个)虚驱动器，并利用这两个虚驱动器进行磁盘的复制。

virtual drum imagesetters 虚鼓式照排机 一种激光照排机。虚鼓式照排机结构与内滚筒式照排机相似。不同之处是它利用胶片直接环于两边支撑环上，以胶片作为鼓，故称虚鼓。参见 image setter, external drum imagesetters, internal imagesetters, capstan drum imagesetters。

virtual earthing 假接地 一种近似于接地的电位，如高增益直接耦合放大器的有效输入端虽然没有接地，但近似地保持地电位，称为假接地。

virtual economy 虚拟化经济 以信息技术为为基础，以通信网络为依托，用计算机模拟的可视化经济活动。比较 fictitious economy。参见 Internet economy。

virtual environment for resource research 资源研究虚拟环境 利用信息技术和设备(如虚拟现实技术、仿真技术、地理信息系统技术、遥感技术等)构建的、具有身临其境感觉的、能够进行资源研究的模拟三维环境。参见 virtual resource research。

virtual-equals-real storage 虚实相等存储器 见 nonpageable dynamic area。

virtual field 虚拟字段[项] 在数据库中，一种逻辑段，它没有对应的实际存储字段。其实际数值来源于另一个记录的某个字段(称为源字段)或者通过对几个存储字段值的集合执行某个过程得到。虚拟字段的值不能直接建立和更新。建立这种字段的目的是为了减少数据库中数据的冗余度。

virtual file 虚拟文件 (1)较大文件的一种分离版本。(2)作为一个文件出现而实际上是两个或两个以上的连接文件的文件。(3)Windows NT 中任何像文件一样访问的资源，在 Windows NT 执行体中，所有输入输出都在虚拟文件上运行，虚拟文件由文件对象表示，用文件句柄进行访问。参见 file object。

virtual file allocation table (VFAT)　虚拟文件分配表　在 Windows 95 中，可安装文件系统管理器(IFS)之下用于访问磁盘的文件系统驱动软件。VFAT 与 DOS(磁盘操作系统)磁盘兼容，但运行效率更高，它使用 32 位代码，运行在保护模式下，使用虚拟高速缓存作为磁盘高速缓存技术，并支持长文件名。比较 file allocation table (FAT)。

virtual file server　虚文件服务器　局域网中，允许用户共享文件的磁盘服务器。也简称“文件服务器”。

virtual file store　虚拟文件存储器　以不同结构形式存储文件的存储器，是 OSI(开放系统互连)标准的术语，通常称为文件服务器。

virtual file system　虚拟文件系统　在 AIX 操作系统中，一个安装的远程文件系统，能够被本地用户访问。

virtual function　虚函数　C++程序设计语言提供的一种结构，由类继承关系中基类的函数在派生类中需要根据派生类情况重新定义或具体化这一要求而设立。它允许程序员在基类说明那些在派生类中能重新定义的函数。

virtual hard disk　虚拟硬盘　虚拟硬盘就是用内存中虚拟出一个或者多个磁盘的技术。和虚拟内存一样，内存的速度要比硬盘快得多，利用这一点，在内存中虚拟出一个或多个硬盘就可以加快磁盘的数据交换速度，从而提高电脑的运行速度。

virtual holographic workstation　虚拟全息工作站　一种计算机扩展性虚拟现实系统。操作者用户戴上虚拟现实实体眼镜后，就会看到虚拟文档及虚拟文件柜。在这种系统中，操作者能像现实中的那样打开虚拟抽屉，取出虚拟文件，并对文件进行编辑修改。

virtual home environment (VHE)　虚拟家乡环境　移动通信的一项服务。VHE 是虚拟用户原归属网络环境的技术，使移动用户漫游到不同国家和地区时，用户可以享受到和在原归属网络环境中完全一样的服务。

virtual host　虚拟主机　也称“虚拟服务器”，是使用特殊的软硬件技术，把一台运行在因特网上的服务器主机分成一台台“虚拟”的主机，每一台虚拟主机都具有独立的域名和 IP(网际协议)地址，具有完整的因特网服务器功能，虚拟主机之间完全独立，并可由用户自行管理，在外界看来，每一台虚拟主机和一台独立的主机完全一样。它的最大好处就是不需要传输专线，不需要租用独立的服务器，不需要专门技术人员专门管理，大大节省了网络硬件开支和管理费用。它使企业不必花很多钱和配备专业技术人员，就可以拥有自己的网站，开展在线服务。参见 virtual server。

virtual image　虚(拟图)像　也称“虚拟屏幕”。在计算机图形学中，指已拷贝到计算机内存中但由于太大而不能一次在屏幕上全部显示的图像。因为它存在内存中，所以如果屏幕足够大，那么虚拟图像理论上可以显示在屏幕上。对于虚拟图像，现有屏幕只是一个取景框，一次只能看到一部分。如果移动取景框，便可分几次看到整个图像。

virtual index　虚拟索引　这是为测试人员和开发人员准备的一个工具。虚拟索引不分配实际存储空间，可以在不需要实际创建索引的情况下，测试新索引及其对查询计划的影响。虚拟索引主要用在大数据量的数据库上，因为创建一个索引代价很大并且不能肯定创建的索引是否能被查询用到。

virtual input device　虚拟输入设备　见 logical input device。

virtual instrumentation　虚拟仪器　基于计算机的仪器。虚拟仪器以通用的计算机硬件及操作系统为依托，实现各种仪器功能。一套虚拟仪器系统就是一台工业标准计算机或工作站配上功能强大的应用软件、低成本的硬件(如插入式板卡)及驱动软件，他们在一起共同完成传统仪器的功能。虚拟仪器实际上是一个按照仪器需求组织的数据采集系统。

virtual interaction environment workstation (VIEW)　虚拟交互环境工作站　第一个实用的虚拟现实系统。1985 年由美国 NASA(美国国家航空与航天管理局)完成，具有数据手套、头部跟踪器，提供了语言、手势等交互手段，主要用于远程机器控制等。参见 virtual reality。

virtual I/O (VIO)　虚拟 I/O(输入/输出)　(1)能将页面数据输入到外部页面存储区或从外部页面存储区输出的一种设施。(2)对于问题程序，从直接存取存储设备上读出数据或向其中写入数据。

virtual I/O (VIO) area　虚拟 I/O 区　在某些操作系统中，一种由系统作为中间存储器使用的页面数据集的扩展区。主要用于控制数据。

virtualization　虚拟化　一个广义的术语，在计算机方面通常是指计算元件在虚拟的基础上而不是真实的基础上运行。

virtualization software　虚拟化软件　可以让一部主体电脑建立与执行一至多个虚拟化环境，该软件多半使用实效模拟来模拟出一部完整的电脑系统，之后再将操作系统软件安装于这部虚拟出来的电脑系统上，就操作系统的角度看并无法察觉此一虚拟化环境与真正完整实体电脑的差异性，完全以以往传统完整实机掌控的方式来运行，这时这样的操作系统我们可以称它为客体操作系统。虚拟化软件有的是在既有操作系统上执行，有的则比操作系统更先安装至电脑中，一般是在一部电脑上模拟多个虚拟化环境，然而更先进者也能将多部电脑以虚拟化技术融合成单一的虚拟化客体环境。

virtualization technology (VT)　虚拟机技术　Intel 公司的该项技术是把一个电脑系统虚拟成多个独立运行的系统，能并行处理指令，这样就可以将一个计算机系统分成几个独立的虚拟系统并行的工作，同时这几个虚拟系统共享整个计算机系统资源，从而提高系统效率。

virtual laser keyboard (VLK)　虚拟激光键盘　采用光投照技术的虚拟键盘，几乎能在任意平面上投影出全尺寸的电脑键盘。虚拟激光键盘使用红色二极管激光器生成键盘的轮廓，然后通过红外线技术跟踪手指的动作，完成键盘功能。

virtual link　虚链路　链接两个分隔的区域来扩充主干区域的一种软件。

virtual leased line (VLL)　虚拟租用线　利用网络对租用线（专用线）进行模拟，虽然是一条虚拟的租用线路，但在使用这种线路的用户看来，与使用租用专线相同。

virtual link packet switching　虚拟链路包交换　为每个包预先确定好网络路径的一种包交换方法。

virtual local area network (VLAN)　虚拟局域网　(1)虚拟局域网于 1996 年 3 月出台了 IEEE 802.1 规范，奠定了 VLAN 的发展基础。VLAN 在节省开销、简化管理等方面是明显的，VLAN 的核心是交换，从早期的第二层（数据链路层）交换发展到第四层（传输层）交换。(2)局域网的逻辑段，跨接不同局域网物理段的各末端站。建立在智能集线器或交换机中的增值软件代理的基础上。通过交换网络管理应用与各个集线器中运行的软件代理之间的 SNMP（简单网络管理协议）数据，建立、修改和删除整个虚拟局域网。虚拟局域网具有降低、移动和更改网络节点成本的能力，它取消了开销大的广播方式，允许部门服务器放置在中央位置，提供了一系列管理和安全方面的优势。虚拟局域网不与任何一种特定的局域网技术束缚在一起。(3) VLAN 是指处于不同物理位置的节点可以根据需要组成一个逻辑子网，即一个 VLAN 就是一个逻辑广播域，它可以扩展到多个网络设备。VLAN 允许处于不同地理位置的网络用户加入一个逻辑子网中，共享一个广播域。通过对 VLAN 的创建可以控制广播风暴的产生，从而提高交换式网络的整体性能和安全性。

virtual logistics　虚拟物流　以计算机网络技术进行物流动作与管理，实现企业间物流资源共享和优化配置的物流方式。

virtual machine (VM)　虚拟机（器）　(1)在多用户计算机系统中，每个用户分时地使用计算机资源，从用户来看，似乎是自己独占了一台计算机的全部资源，称之为虚计算机。(2)在硬件和软件结构上专门设计成支持虚拟存储技术的计算机。虚拟机允许用户灵活使用计算机资源。在效果上，每个用户都好像有一个单独的计算机为其服务。(3)在计算机网络中，将指令格式、机器字长、进程管理方式各不相同的多台计算机映像到某一台主计算机中，它表示网络中各台被映像后的主计算机群。被映像后的主计算机之间能够互相通信，并且可以独立操作，也可称之为虚计算机。(4)指模仿硬件执行的软件，如使得针对 Intel 微处理器所写的应用程序能在 Motorola 芯片上运行的软件程序，对其 Intel 机器指令进行翻译，从而成为虚拟 Intel 机器。

virtual machine control block (VMCB)　虚（拟）机控制块　在某些虚机操作系统中，CP（控制程序）的控制块，对于每个虚（拟）机，它包含下列各种类型的信息：虚（拟）机的调度和优先级，虚（拟）机的处理机寄存器，当前起作用的虚机选择项，以及有关所有其他重要活动的信息。

virtual machine group　虚拟机组　一个或多个虚拟机，装入到相同的组控制系统（GCS）中。

virtual machine identifier　虚拟机标识符　在计算机网络中，将网中各主机映像为虚计算机后，为便于对这些虚计算机的管理，将每台虚机命名为一个传送站，并用唯一的地址编号定义之，使各台主机之间的通信都在具有统一编址的传送站之间进行。此地址编号就是虚拟机标识符。

virtual machine interface　虚（拟）机接口　在网络软件中，将实际计算机映像成虚拟计算机时，针对不同类型实际主机而采用相应的通信协议，利用这些协议使虚机与实际主机之间实现功能转换。

virtual machine manager (VMM)　虚拟机管理器　微软 Windows 操作系统的核心。和 VxD（虚拟设备驱动）程序一样包含 32 保护模式代码，运行于保护机制中的最高特权层。在 Windows 95 中，控制着每个虚拟机器初始化、资源分配和终止的基本系统组件。

virtual machine operator　虚拟操作员　在某些操作系统中，在一个虚机上装入并运行操作系统的任何用户。比较 real system operator。

virtual memory　虚拟存储器　在具有层次结构存储器的计算机中，为用户提供一个比主存储器容量大的多的可随机访问的地址空间的技术。虚拟存储器的概念是 1961 年由英国曼彻斯特大学提出，并在 Atlas 计算机中实现，称为一级存储器。虚拟存储器技术使辅助存储器和主存存储器密切配合，使用时，系统软件把必不可少的指令和数据模块放在主存内，而其余放在外存，信息在主存和外存之间由系统软件根据需要实现自动调度。从而实现外存当主存使用，有效地扩大了存取空间。采用虚拟存储器技术的计算机系统称虚拟系统。

virtual memory address　虚拟存储器地址　在具有虚拟存储器的系统中，在虚拟方式下工作的程序地址。访问主存前，必须将虚拟存储器地址转换为实际存储器地址。

virtual memory manager 虚拟存储管理器 Windows NT 中，实现虚拟存储的执行体部分。

virtual memory operating system (VMOS) 虚拟存储器操作系统 具有实现虚拟存储器管理功能的操作系统。虚拟存储器可以是按分页式、分段式或者段页式等方式管理的。

virtual memory page swap 虚拟存储器换页 在虚拟存储管理中，页面的交换过程。页面的交换是根据程序的优先级、页面使用率及该页是否被修改等参数决定的。若在换页时发现使用了非本区的页面，则系统发生中断。

virtual memory paging algorithm 虚拟存储器分页算法 虚拟存储系统中，对实际存储器进行分页并在程序运行过程中实现自动调页的存储管理技术。分页常用请求分页和先行分页策略。请求式分页节省时间，实现简单。因此在虚拟存储系统中，优先考虑采用请求式分页策略。

virtual memory pointer 虚拟存储器指针 用于跟踪虚拟存储器中程序段的指针或列表。

virtual memory stack 虚拟存储器堆栈 使用虚拟存储器时，需要将整个任务划分成多个页面，通过在主内存和辅助存储器之间调页，使当前需要执行的部分装入主内存。页调换的目的是在最近的将来最可能移动主内存所需要的材料，而且除去可能最不需要的。可接受的算法是如主内存的空间为新页需要时，从主内存中除去最近罕用的各页。下推堆栈是这种算法的理想硬件实现。页参考都按照自辅助存储器检索各页的次序加在堆栈上，堆栈上层相当于主内存的可用页存储容量，堆栈的底部总是最近罕用的页。

virtual memory system (VMS) 虚拟存储器系统 一种按需分页管理方式进行内存管理的操作系统。在作业运行之前，不限定把作业的整个地址空间全部装入主内存，而只要求把当前需要的一部分装入。这样，对作业地址空间的限制，从理论上就被取消了。

virtual mode 虚拟方式 在磁盘操作系统/虚拟存储器环境下，可以分页的程序方式。

virtual modeling of resources 虚拟资源建模 在虚拟现实技术支持下，对现实资源系统进行模型化、形式化和计算机化的抽象描述和表示，从而建立现实资源系统在虚拟地理环境之中的映射的处理过程。

virtual mount point 虚拟安装点 在 AIX 操作系统中，在安装了其他文件系统的文件树中的目录或者文件。

virtual network 虚拟网 典型的网络的分段是由电缆到端口的物理连接来定义的，配置和相应的路由选择由基础硬件确定。然而虚拟网是由软件来定义分段的，路由选择由帧转发表来执行，该表把多个工作站分到多个逻辑段及相关的物理端口。其好处是能够方便地移动站点，可以将工作站移到不同的端口，而仍然为同一个虚拟网分段的成员。

virtual networking system (VINES) 虚拟网络操作系统 由 Banyan 系统公司推出的网络操作系统，基于特定版本的 UNIX 操作系统。既能适用于广域网，又能适用于局域网，运行于 Intel 硬件平台，支持对称多处理器(SMP)系统。VINES 提供所有服务器的功能，包括通信/调制解调器服务程序，并且提供对于连接到小型计算机、大型计算机和其他网络文件服务器的多种选择。

virtual network operator (VNO) 虚拟网络运营商

VNO 不具备自己的网络资源，而是依靠租用电信运营商的网络，来为客户提供各种贴近的、灵活的电信服务。VNO 大体是指一些类似于银行或零售商的公司，他们没有自己的网络，但从网络运营商处买来业务，打上自己的商标提供一些增值服务。

virtual neuroncomputer 虚拟神经计算机 用少于神经网络的神经元数目的物理处理单元实现的神经计算机。在虚拟实现中，多个神经元映射到一个物理处理单元，采用软件以提高灵活性和通用能力。当器件集成度进一步提高时，虚拟计算机求解问题的范围也相应扩大。Systolic 阵列和多处理并行机较适合于该体系结构。

virtual node 虚拟节点 同 virtual routing node。

virtual observatory 虚拟天文台 虚拟天文台是互联网时代天文学研究发展的产物。在天文学中对整个天区进行观测、普查称为巡天。利用伽马射线巡天、X 射线巡天、紫外巡天、光学巡天、红外巡天和射电巡天所得到的观测数据，用适当的方法对数据进行统一规范的整理、归档，便可以构成一个全波段的数字虚拟天空；而根据用户要求获得某个天区的各类数据，就仿佛是在使用一架虚拟的天文望远镜；如果再根据科学研究的要求开发出功能强大的计算工具、统计分析工具和数据挖掘工具，就相当于拥有了虚拟的各种探测设备。这样，由虚拟的数字天空、虚拟的天文望远镜和虚拟的探测设备所组成的机构便是一个虚拟天文台。

virtual organization 虚拟组织 不同地点的许多个人、小组或公司通过计算机网络进行各种活动，就像是在同一地点的一个组织中活动一样。

virtual page 虚页 在页式存储管理中，将一个作业划分成若干页，这些页都称之为虚页。仅将当前作业执行需要的部分页装入主内存中，这部分称为实页。

virtual page number 虚页号 虚拟存储器页面的虚地址。执行时，虚地址要转换成主存储器地址。

virtual partition 虚拟分区 操作系统/虚拟存储器环境下，在系统生成时虚拟存储器中动态区域的一部分。

virtual party 虚拟伙伴 在电话技术中，一个实际上不参与电话呼叫的伙伴，由专门的目录数表示。

virtual password 虚拟口令 在访问控制中，指从口令短语计算而得到的口令。在美国加密标准中，虚拟口令是64位长度。

virtual path (VP) 虚拟通道[路径] 在ATM(异步传输模式)网络中，虚通道是用于描述单向传送ATM信元的概念，这些ATM信元由一个共同的且唯一的标识VPI(虚拟路径标识符)联系在一起。一组虚拟通道使用同一个VPI。参见virtual path identifier (VPI)。

virtual path connection (VPC) 虚拟路径连接 在ATM(异步传输模式)网络中，在虚拟路径终端(VPT)之间的一系列虚拟路径链路。虚拟路径连接是单向的。每一段链路都通过ATM交换机开关建立。这些虚拟链路称为虚拟路径链路(VPL)。参见virtual path link (VPL)。

virtual path identifier (VPI) 虚拟路径标识符 在ATM(异步传输模式)信元头部中的一个8位的字段，表示信元应选择的虚拟路径。参见virtual channel identifier (VCI)。

virtual path level 虚通路级 OAM(操作监管和维护)级的第四级，位于实现虚通路连接的OAM功能的网络单元之间。

virtual path link (VPL) 虚拟路径链路 一种单向传输ATM(异步传输模式)信元的通路，位于虚拟路径赋值的点和该值被更换或去除的点之间。这若干虚拟路径链路组成一组成为虚拟通道链路，这就减少了要管理的连接数，因而也就减少了网络控制开销和费用。

virtual path switch 虚拟路径交换器 在ATM(异步传输模式)网络中，一个连接虚拟路径链路的网络元素。它更换虚拟路径标识符(VPI)值，在控制面板的控制下工作，对虚拟路径的信元进行中继。

virtual path terminator (VPT) 虚拟路径终端器 在ATM(异步传输模式)网络中，一个解除虚拟通道的捆绑以对各虚拟通道进行分别处理的系统。

virtual peripheral 虚拟外围设备 可引用的，但实际不存在的外围设备，如一应用程序可能把一个传输数据的串行口作为打印机对待，但接收数据的装置实际却可能是另一台计算机。

virtual printer 虚拟打印机 一种模拟打印机。如果一程序已准备好要打印，但是所有的打印机都在占用着，则操作系统将把打印机输出转移到磁盘并将它保存在那里，直到有一个打印机空闲。

virtual private LAN service (VPLS) 虚拟专用局域网业务 一种提能跨越一个或多个城域网的多点到多点的以太网服务。VPLS是利用公共IP/MPLS(多协议标记交换)基础网络设施建设透明局域网业务(TLS)的一种方法。目的是为地理上分散、跨越城域网的客户提供多点互连，使它们好像都连接在一个局域网上一样。连接方式有客户路由器互连和以太网交换机之间互连两种。运营商用这种技术能为用户提供话音、数据、视频业务。

virtual private line 虚拟专用线 通过软件分割出一部分交换公共设备上的线路容量，像专用线一样租给用户使用。

virtual private mobile network (VPMN) 虚拟专用移动网络 VPMN是在现有的公用固定电话网和公用移动电话网上建立的虚拟专用网(VPN)。它也是一种以逻辑电路构成的专用网，企业单位的用户可以用缩位拨号或专用编号等方式在企业单位内部建立专用的通信网，实现内部通信联系。参见virtual private networks (VPN)。

virtual private networks (VPN) 虚拟专用网 公用电信网运营者利用公用电信网的资源向客户提供具有专用网特性和功能的网络。VPN由公用电信网提供的端口电路及其他网络资源组成。为了保障通信安全，可以采用隧道和加密技术将VPN用户的数据流保护起来，以免遭到恶意的攻击和破坏。VPN一般为租用的企业、组织或部门拥有、管理和使用。客户可以自行对VPN资源进行监视、控制、测试等操作。由于这种开放式的网络环境对在网络中传输数据信息的安全性提出了更高的要求，保障系统的安全性成为VPN网络建设的研究核心。安全VPN方案构筑在IPSec(因特网协议安全性)协议基础之上，同时也实现了许多与IPSec协议相互补充的其他一些增强安全性和可用性的协议和服务，包括：网络地址转换，报文过滤，第二层隧道，应用层网关和安全策略服务器等。这些安全功能和IPSec协议共同发挥作用，构成了安全VPN方案的重要组成元素。

virtual private network service (VPNS) 虚拟专用网业务 可使用户像使用专用网那样使用公用网的网络业务。

virtual private routed network (VPRN) 虚拟专用路由网络 VPRN是通过公共IP网络对多点VPN(虚拟专用网)路由网络的模拟，主要特点是：利用公用网网络，在多个VPN成员之间建立起一个虚拟的隧道网络，数据包在网络层转发。参见virtual private networks (VPN)。

virtual private wire service (VPWS) 虚拟专用线路业务 一种用点对点连接方式实现VPN(虚拟专用网)内每个站点之间通信的业务。参见virtual private networks (VPN)。

virtual processing 虚拟处理 一种在处理器个数有限的系统内实现的大规模并行处理。对于需要多个数据单元并行处理，每个数据单元需要一个处理器的应用程序，若系统内实际可用的处理器数目不敷需求，则由操作系统创建虚拟处理器以满足要求。

virtual processing time 虚拟处理时间 执行一虚拟

计算机指令所用的时间。

virtual processor 虚拟处理机 在分时系统中,处理机轮流分给每个终端用户使用,在用户看来便是得到一台"独占"的虚处理机。

virtual processor ratio 虚拟处理器比率 一个物理处理器能模拟的虚拟处理器个数。

virtual prototype 虚拟样机 在模拟或仿真技术中,对机器的全面性能进行测试的软件系统(或固件系统)。它可以起到与硬件样机的同样作用。当改变设计目标时,可重新运行仿真(或模拟)系统,获得相应的测试数据,以便确定设计方案。

virtual push button 虚拟(按)钮 在图形环境软件执行时,屏幕上显示的一些形状类似于开关或按钮的图形。借助于选图设备,可以启动某项操作。

virtual reality (VR) 虚拟现实,虚拟环境 用计算机技术生成的一个逼真的视听嗅等感觉世界。VR与多媒体、网络并称为三大前景最好的计算机技术。1989年由美国VPL研究公司提出,是一种逼真地模拟人在自然环境中三维的视、听、动作等行为的人机界面技术。VR系统主要包括虚拟环境生成器、声音合成器、三维声音定域器、语言识别器、头眼手跟踪装置、触觉与动觉系统和头盔式显示器等。虚拟环境生成器是一个包含虚拟世界的数据库计算机系统,声音合成器和三维声音定域器采集自然式合成的声音信号,并使用特殊处理技术在360度球体中空间化这些信号;语音识别器用于其他参与的视、听感觉,头眼手跟踪装置,目的是让计算机跟踪观察者的视线、头部位置、肌体位置等以实现虚拟环境的交互操作;触觉动觉系统是为了增加虚拟环境中参与者能有身临其境之感而为参与其提供触觉动觉等生理反馈;头盔式显示器是为参与者提供观察虚拟环境的一种手段。VR技术的应用比较典型的例子如座舱飞行模拟器等。VR技术有三个基本特征:①沉浸感、②交互操作、③思维构想。其中人的感受在整个系统中是最重要的,强调了人在虚拟现实系统中的主导作用。系统中集成了许多大型、复杂的软件,能方便地改进硬件设备及软件技术。同 artificial reality。

virtual reality modeling language (VRML) 虚拟现实建模语言 1997年由VRML协会发布的一种计算机网络上使用的描述三维环境的场景描述语言,用于定义可与更多信息相关联的三维世界的布局和内容,基于HTTP(超文本传输协议)。VRML基于SGI公司的Open Inventor(一种C++例行程序库和一种描述三维对象的相关语言的语法)。VRML程序是ASCII(美国信息交换标准代码)文件,基本的构件称为"节点",节点包括字段,被命名为保存描述节点特性数据的入口。VRML 2.0增加了脚本节点,其中包含了可执行节点以及路由语句,这些语句可以将事件在节点间发送。这种结合可使程序员建立动态VRML世界。这里也正是Java切入之处。

virtual real mode 虚实方式 也称"虚拟8086方式"或"V86方式",Intel 80386(SX和DX)和i486微处理器的一个特性是能同时仿真几种8086环境(实方式环境)。微处理器向每一个虚拟8086环境提供一组虚拟寄存器和虚拟存储空间。以虚实方式运行的微处理器需要有控制软件。该软件控制对每个虚拟8086环境的输入输出、异常处理和中断。在80386或i486微处理器的虚拟8086环境中运行的应用程序与系统中其他虚拟8086环境完全隔离,好像是对整个系统具有控制权一样。参见real mode,virtual。

virtual-real option 虚实选择项 虚拟计算机中的一种选择项。用于选择虚拟计算机的地址范围,使其与实际存储器地址范围相同(除零页地址需重新分配外)。该选择项用于动态地修改通道程序。

virtual region 虚拟区(域) 在操作系统中,分配给作业步或系统任务(以段大小分块)的动态区的一部分。

virtual relation 虚关系 从演绎数据库的实关系中,经公理演绎、导出的新关系。由实关系和虚关系所构成的演绎数据库能提供给用户的数据量远远多于仅由实关系所组成的传统关系数据库,而它实际所占用的存储空间与实关系所占用的空间几乎一样。比较 real relation。

virtual resource research 虚拟资源研究 以计算机、网络为基础,综合采用虚拟现实技术、仿真技术、地理信息系统技术、遥感技术、可视化等技术手段,对资源研究对象时空变化进行的模拟研究,能够输出多种直观的、自然演变的可能性和经过人为干预后的情景,为资源管理决策提供科学依据。参见 virtual environment for resource research。

virtual route 虚(拟)路由 (1)数据源和数据接收器之间的一种通路,在报文和信息包传输时由各种电路配置构成。(2)在SNA(系统网络体系结构)中下列情形的一种逻辑连接:①在物理上作为特定的显式路由实现的两个子区节点之间;②完全包含在用于内部节点对话的子区节点中。在不同的子区节点之间的虚拟路由,把传输优先级加给作为基础的显式路由上,通过虚拟路由调步提供流控制,并通过PIU(路径信息单元)的顺序号来提供数据的完整性。参见 explicit route (ER), path, route extension (REX)。(3)数据通信网根据传输分组提供的全称网络地址形成的路径。虚路由是为分组报文提供的逻辑通路。参见 virtual circuit。

virtual route identifier (VRID) 虚拟路由标识符 在SNA(系统网络体系结构)中的一种虚拟路由号和传输优先级数,当他们和路由的每一端的子区地址相结合时,就可以标识此虚拟路由。

virtual route pacing 虚拟路由调步 在SNA(系统网络体系结构)中的一种流控制技术,它控制PIU

(路径信息单元)流过虚拟路由的速率。虚拟路由调步可以根据沿着该路由的任何节点上的通信拥挤情况进行调整。参见 pacing, session-level pacing。

virtual route pacing request (VRPRQ) 虚拟路由调步请求 在SNA(系统网络体系结构)网络中,由发送窗口中的第一个分组传送的一个请求信号,用于请求另外一个窗口。

virtual route pacing response (VRPRS) 虚拟路由定步响应 (1)在SNA(系统网络体系结构)网络中,由目标节点送回源节点的一个响应信号,允许调步计数值增加一个窗口尺寸(WS)值。(2)一个非顺序的监管的路径信息单元(PIU),以网络优先级进行流动,可接过VR定序的PIU并由一个没有基本信息单元(BIU)数据的传输头组成。

virtual router redundancy protocol (VRRP) 虚拟路由器冗余协议 VRRP的主要目的是消除IP(网际协议)网络的单点故障。该协议的基本思想是在关键部分把两台路由器组成一个单独的"虚拟"路由器。其中一台是主路由器,另一台是后备路由器。如果前者出现故障,那么后者将取代前者的工作。在实际应用VRRP时,两台路由器都将承担一定的工作,并且两者互为备份。万一有一台路由器出现问题,另外一台将马上接替它的工作。

virtual route sequence number 虚拟路由顺序号 在SNA(系统网络体系结构)中,由通路控制的虚拟路由控制部件对流过虚拟路由的每个PIU(路径信息单元)所分配的一种顺序标识符。它存放在PIU的传输标题中。比较 session sequence identifier, session sequence number。

virtual routing node 虚拟路由节点 一个节点与网络的连接性表示,在共享访问传输机制之上定义,如令牌环网。同 virtual node。

virtual row 虚行 在信息编辑处理时,受屏幕容量限制,屏幕上当前不能显示,但在处理过程中涉及到的行。这些行在内存中被处理后,存放在映像存储区中,在需要显示时转储到显示缓冲区中。

virtual scheduling (VS) 虚拟调度 在ATM(异步传输模式)网络中,一种确定到达信元相符性的方法。虚拟调度算法更新理论到达时间(TAT),即源端均匀发送时假设信元的到达时间。如果实际信元的到达时间相对与理论到达时间不是太早的话,该信元就是相符的。

virtual screen 虚拟屏幕 (1)在多任务环境下,处理机为当前不占用显示缓冲区的显示画面建立的数据存储区域。当计算机同时执行多个任务时,控制程序只允许一个任务使用实际屏幕,其余任务则将自己的显示画面建立在系统内存或硬盘中,称为虚屏幕。当任务被处理机实际执行时,如果需要显示输出,它所对应的显示画面也转移到显示缓冲区中,即进入实际屏幕;如果不需要显示输出,但需要更新画面,则所有的更新都保存在虚屏幕上。(2)一种无限大的观察区。监视器上的屏幕用作进入一个更大观察区的可滚动窗口。

virtual segment 虚段 在采用分段内存管理方式的操作系统中,将每个作业划分成若干个段,每个段是一个具有一定意义的信息集合,是信息的独立逻辑单元,其长度不定,对用户来说是可见的,称为虚段。作业执行时,仅将当前必须使用的段装入内存,此段则称为实段。

virtual server 虚拟服务器 一种节省服务器硬件成本的技术,将一台服务器的某项或者全部服务内容逻辑划分为多个服务单位,对外表现为多个服务器,从而充分利用服务器硬件资源。虚拟服务器实际上是将真实的硬盘空间分成若干份,然后租给不同用户,每一用户都具有独立的域名和IP地址,但共享真实服务器的主机、存储器、操作系统、应用软件等。运行时由用户远程操作属于自己的那一块,而这一块对任何用户而言,就是一台"完整"的服务器,与真实独立的服务器功能完全一样。用户只需对自己的信息进行远程维护,而无需对硬件、操作系统及通信线路进行维护。参见 virtual host。

virtual server architecture (VSA) 虚拟服务器结构 一种适用于对称多处理机(SMP)配置的数据结构。它在每个指定的CPU上设置一个引擎作为一个服务器。这些服务器在功能上是完全相同的。通过他们的密切协同工作,成为一个逻辑服务器,处理外部的事务处理要求。每个引擎有一个相应的进程,而这个进程具有多线程结构,于是在这种结构中便形成了一种多进程多线程结构。每一个外部事件要求由某个运行固定CPU上的引擎所对应的进程中的一个线程来处理。由于CPU的对称性和每个引擎功能的一致性,事务由哪个线程处理的结果是一样的。从而使多CPU的并行处理能力得到充分发挥,使系统的吞吐量大大增加而响应时间相对缩短。

virtual slot 虚槽 个人计算机上的一种高速端口,用户可以在槽内安装扩充板,通过扩充板连接其他设备。

virtual source (VS) 虚拟源端 在ATM(异步传输模式)网络中,一个可用位速率(ABR)连接可以被分成两个或多个分离控制的ABR段,除第一段外,每个ABR控制段的源端是一个虚拟的源端。一个虚拟源端实现一个ABR源端的行为。虚拟源端接收到的反向资源管理信元被从连接中去除。除了最后一段,每个ABR控制段以一个虚拟目标终结。一个虚拟目标实现假定的ABR目标终点的行为。虚拟目标接收到的前向的资源管理信元被转向而不向下一段传递。

virtual space 虚拟空间 (1)在计算机图形学中,图形基元的坐标能以不依赖于具体设备的方式进行表达的一种空间。(2)同 virtual address space。

V

virtual spooling device 虚拟假脱机设备 在 VM(虚拟机)操作系统中，由 CP(控制程序)在磁盘上模拟的一种设备。

virtual storage 虚拟存储(器) 一种存储管理技术或存储管理系统，它使用户能够在不考虑可用内存容量的限制和其他并行应用需要的情况下，使用计算机存储设备。参见 virtual memory。

virtual storage access method (VSAM) 虚拟存储存取法 操作系统提供的支持 HISAM(层次索引顺序存取方法)的一种存取方法。通常一个 VSAM 数据集在直接存储设备上的存储空间被划分为若干大小相等的控制区(CA)，每个控制区又划分为若干大小相等的控制间隔(CI)。控制间隔是内外存之间传送信息的基本单位。

virtual storage addressing 虚拟存储器编址 虚拟存储系统中代码和数据所在单元的编址方式。编译时，将源代码中的符号地址变换为程序地址空间中数值，再根据执行时要求页或段的时间，将这些数值组织成页或段。

virtual storage extended (VSE) 虚拟存储扩展 20 世纪 80 年代运行在 IBM 公司计算机上的一种基于硬盘的操作系统。

virtual storage interrupt 虚拟存储中断 在分页系统中，由于程序引用不在主存中的页或段所引起的执行中断。在执行此中断后，系统例程找出辅存中所需要的页或段以及主存中的位置。将这些页或段读入主存中，并调整表项，以表示页或段的新的位置。

virtual storage management (VSM) 虚拟存储管理(程序) 在虚拟存储系统中，操作系统所执行的一些功能，包括查找和传送页或段，记录他们的位置以及有效地利用存储空间等。

virtual storage paging area 虚拟存储器分页区 在某些操作系统中，磁盘存储器上一种预先定义的区域，在此区域中，任务虚拟存储块可被分页。

virtual storage partition 虚拟存储分区 主存储器中动态地分配给某一进程的区域。参见 virtual partition。

virtual storage region 虚拟存储区域 参见 virtual region。

virtual supervisor state 虚拟管理状态 某些虚机操作系统中的一种状态，它由虚机现行 PSW(程序状态字)所控制，在此状态下，控制程序允许虚机发出 I/O 指令和其他特权指令，但这些指令被控制程序截获，并由它为虚机模拟这些指令的功能。

virtual telecommunications access method (VTAM) 虚拟远程通信访问法 VTAM 是实现 SNA(系统网络体系结构)和 APPN(高级对等联网)的网络通信访问方法，它为在主机处理器上的应用程序和 SNA 网络上的其他资源之间提供了一个接口。VTAM 为网络上的用户建立和终止会话。为了建立和终止这些会话，VTAM 按照其控制激活和不激活资源，这些资源包括应用程序、网络控制程序(NCP)及其控制的设备，以及 VTAM 直接连接的设备。VTAM 也维护网络的配置信息、活动和网络条件。

virtual terminal (VT) 虚拟终端 (1)连接在远地的分时共用计算机系统的远程终端，它具有使用户感到是在计算机旁使用终端的功能。(2)实终端连同相应标准语言适配程序一起抽象成的一种标准的逻辑终端。它一般由三部分组成：①控制部件，实现虚拟终端协议，并与传送级服务接口。②数据结构，包括正文数据及其属性，并记录用户与应用程序之间通信的当前状态。③适配部件，提供虚拟终端与本地输入、输出和信号等设备之间的接口。(3)由计算机网络定义的一种统一的终端格式。由于实际终端的品种繁多，差异很大，使网络连接出现困难。为此，网络系统提供一种转换协议，将那些命令代码、规格、传输速率等均有差异的终端设备等效成一种“标准终端”。利用虚终端建立的终端处理器有两个接口：一个接口同各种类型的实际终端相连，将实际终端映像为虚终端；另一个接口与计算机系统相连，使终端设备能与计算机系统按网络协议交换信息。这样，在整个网络设计终端时，只要设计与一个标准终端的接口就可以了，不必考虑各种实际终端与网络如何连接。

virtual terminal data (VTD) 虚拟终端数据 在 AIX 操作系统中，连接在虚拟终端控制结构上的一个前缀。

virtual terminal environment 虚拟终端环境 国际标准化组织(ISO)在虚拟终端标准中引入的一个概念。它由一组逻辑上相关的参数组成，这些参数为特定的虚拟终端联系定义了数据结构和操作特性。虚拟终端环境规范文件是一组预先定义的参数，目前已用的有远程登录规范文件、透明传输规范文件、表格处理规范文件、滚动显示规范文件、X3 规范文件以及同步分页显示规范文件等。在虚拟终端联系建立期间，虚拟终端用户以这些规范作为协商的基础，构造合适的虚拟终端环境。

virtual terminal manager (VTM) 虚拟终端管理器 在 AS/400 系统中，一个垂直特许内码(VLIC)成分，提供一个处理系统虚拟设备输入输出的接口。

virtual terminal method 虚拟终端法 一种实际终端在逻辑上的抽象，使其转换成虚拟终端的方法。

virtual terminal network 虚拟终端网络 一种可由用户独立选择其终端类型的网络。这种网络将各类终端的代码、速度、规约等转换成网络虚拟终端的相应格式。支持这种网络虚拟终端的用户计算机要求能控制各种类型的终端，而又无需增加软件。

virtual terminal protocol (VTP) 虚拟终端协议

(1)为脱离具体终端设备的限制，建立一个标准终端设备的逻辑模型而作出的一些规则和约定。定义了终端与应用程序之间通过虚终端服务交换数据和控制信息的通信协议，以及显示数据流的结构和控制报文格式。(2)通过网络建立虚拟终端连接的 OSI(开放系统互连)参考模型应用层五个应用协议之一。VTP 提供仿真终端功能，使得一台计算机登录到主机上，以终端形式运行远程作业访问主机的资源。

virtual terminal subsystem 虚拟终端子系统 在 AIX 操作系统中，实现多个虚拟用户接口设备的一系列服务，接口设备包括显示器、键盘、定位器、可编程功能键和声音发生器等。

virtual terminal voice band line (VTVBL) 虚拟终端音频线路 在虚拟终端之间以及在虚拟终端和计算机网络之间传输音频信号的线路。

virtual tributary (VT) 虚支路 在同步光网络(SONET)中，为了能传输比基本速率的最低速率(51.84 Mbps)还要低的负荷而建立的“虚容器”(VC)，称为“虚支路”。虚支路分四种，它们的名称和速率分别是：VT1.5(速率 1.728 Mbps)、VT2(速率 2.304 Mbps)、VT3(速率 3.456 Mbps)、VT6(速率 6.912 Mbps)。参见 virtual container (VC)。

virtual tunneling protocol (VTP) 虚拟隧道协议 一个因特网专用隧道协议的建议标准，使用 IPSec(因特网协议安全性)作为基本安全机制，适用于不同制造商的路由器和防火墙产品。

virtual unit address 虚拟设备地址 海量存储系统中的一种虚拟设备的地址。此虚拟设备地址可分配给任何分级驱动器。每个分级驱动器可具有一个以上的虚拟设备地址，但仅有一个实设备地址。

virtual unit control block 虚拟设备控制块 海量存储系统中的一种设备控制块，它包含虚拟设备地址。

virtual university 虚拟大学 利用计算机多媒体通信实现的教学方式。任何人需要上大学，皆可在自己家里听大学课程。同 online university。

virtual volume 虚拟卷 可被计算机系统用户认为是驻留在辅助存储器中可寻址设备上概念上的卷，其上虚设备地址与实设备地址相对应，虚拟卷的属性预先定义，且当卷改变时不改变卷的属性。

virtual wait time 虚拟等待时间 在某些虚机操作系统中，由于虚机运行程序对资源的请求未得到满足，而使控制程序将在该虚机上处理的程序挂起的时间。

virtual 8086 mode 虚拟 8086 模式 在 Intel i386 及其兼容处理器中的一种工作模式，是保护操作节点的子方式，使 i386 能仿真 8086 处理的实模式工作。

virus 病毒 一种具有传播性、隐藏性和破坏性的计算机程序，能够自我复制并且传播，对计算机具有干扰或破坏作用。广义地可描述为任何能够故意产生计算机用户所不期望的，对计算机应用具有干扰或破坏作用的计算机程序。病毒传播的媒介包括软盘和网络等。根据病毒程序写入磁盘的不同位置，病毒分为系统引导型、文件型和复合型三种。系统引导型病毒感染磁盘时，病毒程序进入磁盘的主引导扇区或引导扇区，它在感染时修改主引导扇区，使自己成为这些程序的一部分；文件型病毒感染磁盘时，病毒程序修改磁盘上的一个或多个可执行文件(扩展名为 EXE 或 COM)，使自己成为这些系统程序或应用程序的一部分；复合型病毒既修改主引导程序或引导程序，又修改可执行程序。病毒通常不会附到数据上。它必须附着在下载到或装入计算机中的可运行程序才能激活病毒。

virus analysis 病毒分析 为了准确检测、消除特定的病毒，分析、研究此病毒代码从而掌握机理的过程。

virus attack 病毒攻击 病毒传染单机系统、网络系统，从而妨碍系统正常运行甚至造成系统严重损失的现象或事件。

virus breeding 病毒繁殖 病毒不断传染其他程序或系统，从而增加病毒数目的行为或过程。

virus carrier 病毒载体 携带病毒，从而使病毒得以寄生和扩散的媒介物，如软盘、网络等。

virus code 病毒代码 完成病毒机能的所有或部分程序编码。

virus defense 病毒防范 采取技术、管理、法律的手段，防止病毒产生、扩散、破坏现象发生的过程、性质，也称“病毒防护”。

virus isolation 病毒隔离 当病毒进入计算机后，机内防病毒软件将此病毒与机内其他文件隔开，避免感染的技术。

viruses scan program 病毒扫描程序 利用计算机病毒所固有的特征码，对计算机系统某个特定区域或文件进行病毒检测的程序。

viruses vaccine 病毒疫苗 提供某些机制以抵抗计算机病毒侵袭，从而保证计算机系统安全的程序。

virus family 病毒家族 一种计算机病毒及按此病毒编程思想形成的若干病毒变种的集合。属于同一家族的病毒，其传染方式往往是相似的，消除方法往往也相似。

virus filter 病毒过滤器 用于病毒检测、预防的软件或硬件系统。

virus hiding mechanisms 病毒隐蔽机制 为了不引人注目，病毒采用某种隐蔽方式复制代码，从而不显露其特征的机制。如病毒自我加密的行为。

virus immunity 病毒免疫 为避免程序或系统感染病毒，有意设置病毒识别标志的方法和过程。

virus infecting module 病毒传染模块 负责识别病毒特征、完成病毒代码与感染目标程序连接的病毒子模块。

virus infiltration 病毒渗透 病毒感染系统、侵袭网络的行为或现象。

virus installing module 病毒装入模块 负责完成病毒加载运行、病毒模块链接、传染和表现模块入口设置等的病毒子模块。

virus isolation 病毒隔离 当病毒进入计算机后,机内防病毒软件将此病毒与机内其他文件隔开,避免感染的技术。

V

virus marker 病毒标志 标识病毒已存在的字符或字符串。判断病毒标志的存在,是病毒检测软件广泛使用的方法。

virus model 病毒模型 描述病毒传染和破坏方式的状态与规律的数学模型。

virus mutations 病毒变种 病毒在扩散过程中,被人为或病毒自我修改后,性质和特征发生变异的病毒。由于病毒发生变异,所以检测、消除原先病毒的方法技术往往不适用于病毒变种。

virus precaution 病毒预防 预先阻止病毒感染和破坏系统的方法、措施、过程。

virus-related management 病毒管理 从行政管理上防范病毒的制度、规则、方法。

virus replication 病毒复制 把病毒码附加到未被感染程序或磁盘中的过程。

virussafe 抗毒(程序) 在计算机病毒学中,一种防止计算机病毒(程序)在计算机内传染的功能,或指一种可以发现、防止病毒程序进入计算机之中的程序。

virus scanning program 病毒扫描程序 在计算机病毒学中,一种用于检查病毒是否存在的程序。

virus self-encryption 病毒自我加密 病毒自我保护的一种方式。为了防止用户发现病毒的存在,增加病毒检测、消除的难度,病毒对自己进行加密伪装,从而使病毒更具有隐蔽性。

virus side-effects 病毒副作用 病毒感染系统,使系统的正常运行受到影响的效果。

virus signature 病毒特征 病毒用于自我识别的标志,是某一特殊病毒的二进制机器码。当病毒欲感染磁盘或程序时,往往要判断感染目标的特定区域是否存在病毒特征,从而决定是否激活传染程序。反病毒程序可利用病毒特征对已知病毒进行快速检测。

virus spread 病毒蔓延 病毒通过其载体不断从一个系统感染另一个系统的过程,也称"病毒扩散"。

virus taxis 病毒分类 根据不同性质和特点,对病毒属类进行划分的方法。可根据病毒的寄生目标和方式、传染形式、破坏效果、特征等对病毒进行分类。

virus testing protocol 病毒测试协议 为了测试抗病毒产品的功能完整性、运行安全性、检毒准确性、消毒彻底性等特性,而人为拟定的测试人员、内容、步骤、地点、环境等协议。

virus trigger conditions 病毒触发条件 触发病毒传染程序和表现程序运行的条件或状态。目前大多数病毒只有在一定条件成立时才开始传染或表现过程,触发条件可以是日期、时间,读磁盘、写磁盘操作等逻辑条件。

virus triggered module 病毒触发模块 根据病毒触发条件的逻辑值,决定是否激发病毒显示程序、传染程序的病毒子模块。

VISC 科学计算可视化 visualization in scientific computing 的缩写。

viscosity gauge 粘滞性真空计 通过测量作用在两个元件表面上的粘滞力来测定压力的一种真空计。它的两个元件温度相同。一个元件处于静止,另一个相对于第一个运动。这种基于与压力有关的粘滞性的真空计,有衰落真空计(如振膜式真空计)、分子牵引真空计等。

visibility 可见性 (1)Ada 语言中用标识符来标识实体的一种概念。如某一标识符能确定一特定的实体,则具有此标识符的实体的说明在该点是可见的。(2)计算机作图中图段的一种动态属性,用来指出该图段是否应在显示器上显示出来。(3)一种枚举,它的值(公有、保护或私有)表明它所引用的模型元素在其所在的名字空间之外的可见性。

visible 可见的 窗口中的一个区域,在屏幕上显示出。参见 viewable。

visible arc 可视弧 卫星静止轨道的一部分,在地面站上可从这部分轨道看到卫星。

visible file 直观文件 一种在数据记录媒体(如卡片、纸页、胶片等)的边缘上有索引标记的文件。使用者不需一张一张地翻阅,只要看索引标记,就可以找到所需要的文件。

visible light 可见光 电磁波谱中波长约在 0.4 ~ 0.7 μm 范围内且为肉眼可见的电磁辐射。

visible page 可见页 在计算机图形中,指显示在屏幕上的图像,之所以称为页,是因为屏幕图像在计算机的显示存储器中存储页称为页的一个区域中,每一页包含一屏显示。

visible radiation 可见光辐射 也称"光合有效辐射"。太阳辐射光谱中 0.4 ~ 0.7 μm 波谱段的辐射。由紫、蓝、青、绿、黄、橙、红等七色光组成。是绿色植物进行光合作用所必需的必须和有效的太阳辐射能。到达地表面上的可见光辐射随大气浑浊度、太阳高度、云量和天气状况而变化。可见光辐射约占总辐射的 45% ~ 50 %。同 photosynthetically active radiation (PAR)。

vision 视觉 对外世界中物体形象的识别能力。生理学和心理学研究发现,视觉中包含着大量信息处理问题,人们曾试图通过感知机用硬件模拟视觉机制,但目前还不能为建造视觉处理器提供模型,尚不能用计算机来模拟生物视觉的机理。

vision addressability 视觉寻址能力 (1)指在CRT(阴极射线管)上所能显示的X轴和Y轴的位置数目。(2)对于图像显示质量或分辨率的测定。

vision optical system 视觉光学系统 为检测机器人受限制的工作轨迹的干扰而设计、建造、安装的一种设备,也可用于限制机器人的工作轨迹。

vision robot 视觉机器人 具有辨识物体的"眼睛"的机器人。

vision sensors 视觉传感器 通过视觉输入设备(如摄像机)识别目标的形状、位置、方向的传感器。

vision system 视觉系统 也称"人工视觉"或"计算机视觉系统",亦即用计算机来模拟人的视觉功能。由于人类对自身的视觉系统了解甚少,有关计算机视觉的研究工作障碍重重。计算机视觉的研究目的为:①使计算机具有视觉功能,以扩大计算机应用领域;②建立人类视觉的计算理论,以揭示视觉的奥秘。目前其研究方向有:形状的恢复、运动的表示、模型的表示以及感觉等。计算机视觉已在机器人视觉、产品的检验、遥感、导航、制导和跟踪、医学和军事等领域应用。

visited location register (VLR) 漫游位置寄存器 连接一个或多个移动业务交换中心的数据库,它动态地保存了在这(些)交换中心所覆盖的各小区中所有移动用户在归属位置寄存器(HLR)中的信息备份。VLR存储与呼叫处理有关的一些数据,如用户的号码,所处位置区的识别,向用户提供的服务等参数。

visited mobile services switching center (VMSC) 受访移动交换中心 当某个移动用户离开归属移动交换中心而到达另一个移动交换中心所管辖的地域时,则该移动交换中心称为该移动用户的受访移动交换中心。

visual acuity 视觉鉴别力 眼睛分辨细微图像的能力。两个小点之间距离的阈值为一个分辨单位。视觉鉴别力的标准值为1弧分。

visual angle 视角 视觉目标的两端在瞳孔形成的角度。

visual BASIC (VB) 可视BASIC语言 微软公司开发的BASIC语言开发系统。1991年推出的VB 4.0是一个32位的视窗应用程序开发系统,它强化了可视程序设计的概念,简化用户设计、用户界面的工作,引进了面向对象程序设计的技术,语言中包括类、对象、方法和属性,使视窗应用程序开发更加简单和快捷,事件驱动的特性使用户能在鼠标点击之间设计好一个应用程序。

visual BASIC. NET (VB. NET) 可视BASIC. NET语言 针对微软的.NET框架,对VB进行重塑之后的结果。VB. NET比VB更易使用、更强大,而且给它赋予了过去需要使用C++这样的语言才具有的访问某些系统资源的能力。另一个特性是垃圾搜集,它由CLR(公共语言运行时)管理,提供了更好的内存管理能力。VB. NET有许多新的面向对象的设计特性和更加高级的类型安全性。参见visual BASIC (VB), common language runtime (CLR)。

visual center 视觉中心 展现在眼前的页面的视觉中心(靠几何中心偏上一些),而不是测量的中心。

visual code 直观代码 以光信号作为符号的代码。

visual communication system (VCS) 视觉通信系统 用人眼直接观察信号的一种通信方法,如使用日光反射信号、信号标、信号旗、手势信号、烟火信号、照明弹和旗语等。

visual computing 视算 通过计算机系统把各种事物的信息转换成易于人们理解和评估的清晰的视像的技术。它包括计算机数值计算、图形图像处理、三维图形工作站等的综合技术。在产品设计和制造及各种复杂过程的计算机模拟等领域有广阔的应用前景。参见visualization in scientific computing。

visual cue 直观提示卡 Windows 95外壳用于提示某个直观元素的目的或两个不同元素之间的联系的技术。

Visual C++ (VC) 可视C++语言 微软公司开发的一种功能极强的面向对象的可视化程序设计语言。它有高级语言简单易用的特性,又可以完成汇编语言才能做的许多工作。Visual C++提供了开发视窗应用的一个C++应用程序接口(API),即MFC 2.0库(微软基础类库2.0),以MFC 2.0为核心,推出了视窗应用框架(Frame),它使程序员的编程模式从手工方式转变为流水线自动生产方式,使得编程更加简单、快捷。

visual density 可见度 由人眼或有和人眼相似的光谱响应的接收器来估算测量入射和传输(反射)光的强度。

visual display interface 视频显示界面 一种数字或文字式的视频显示,可将计算、测试或处理结果通过屏幕以字符、数字、图表、图像或图形等方式提供给使用者或用户。

visual display terminals (VDT) 视频显示终端 经键盘或某些其他人工输入方法(光笔、鼠标控制、功能键),将输入信息输入计算机的所有装置,VDT的主要输出方式是文字数字或图形信息的视频显示。参见video display terminal。

visual display unit (VDU) 可视显示器 能使字符和图形显示在屏幕上的位置。VDU还具有输入数据和随机查询的功能。同video display terminal, video display unit, visual display terminal。

visual ergonomics 视觉工程学 研究人所处的光环境对人是否合适,以获得最佳的工作效能、安全和舒适的学科。

visual evoked potential (VEP) 视觉诱发电位 是

大脑皮质枕叶区对视刺激发生的电反应,是代表视网膜接受刺激,经视路传导至枕叶皮层而引起的电位变化。参见 evoked potential。

visual field **视场** 为双眼(静态时)可以看见的区域。

Visual FoxPro (VFP, VF) **可视化 FoxPro 语言** Fox 意为"狐狸",原指美国狐狸数据库软件公司,该公司已被微软公司收购。Pro 为 Progress 的缩写,意为"更进一层"。VFP 作为 Xbase 系列数据库管理系统,是在 FoxPro2.6 基础上推出的多任务多环境下的数据库编程语言。同 Oracle、Sybase 等大型数据库管理系统相比,VFP 对软硬件系统和开发者的要求低,开发周期短。虽难以胜任大型关键性系统,但在开发日常管理系统的应用方面却最受欢迎。VFP 有如下特点:①兼容性好。早期版本的 FoxPro 程序所设计的数据库和应用程序,几乎不需要作改动就可以在 VFP5.0 以后的版本下运行;②创建应用程序快速、方便。利用 VFP 的向导、生成器、工具栏和设计器,可以快速地开发应用程序;使用 VFP 的对象和事件模式,可以快速创建应用程序的原型,然后修改细化并真正实现它;③开发能力强大。面向对象的方法可最大限度地利用 VFP 的资源,优化系统和使用 Rushmore 技术可以获得最大的速度和能力;④开发客户机/服务器程序。把 VFP 作为前端,可以开发稳定的客户机/服务器应用程序;⑤与其他视窗应用程序相互作用。VFP 支持所有视窗的数据共享机制,包括 DLL(动态连接库)、DDE(动态数据交换)及 OLE(对象连接与嵌入),在 VFP 中,用户可以与其他微软应用程序共享数据,像 Excel 和 Word 等。

visual information processor (VIP) **直观信息处理器** 一种软件工具,它允许软件公司用公用用户接口来编写程序。它用系统语言"C"写出,是一套连接设施,它使公司能将它的程序在不同的机器上运行。用 VIP 的程序与 Apple 的 Lisa(局部综合软件体系)组合有许多好处,包括能使屏幕分割成许多窗口。

visualization **可视化,视算化** 将数值数据等非图像信息处理之后制成可理解的直观图像。

visualization for resource information **资源信息可视化** 利用可视化技术,并结合资源信息的特点以人们易于理解和接受的图形和图像形式,将资源科学研究、资源开发、利用和保护等活动展现出来的过程。

visual language **可视语言** 在给定文法和语义的情况下,构造的图标语句的集合。是一种友好的人-机界面,可用作图像数据库的查询语言。图标语句是图标系统中图标的空间排列。图标系统是相关图标的结构集合。图标是可视语言操纵的对象的表达,它带有一个逻辑部分和一个物理部分,也可称作图标。可视语言中的程序因子,可以认为是过程图标。广义图标定义为数据抽象的可视表达,既包括对象图标,也包括过程图标。广义图标理论是可视语言的基础。

visual modeling **可视化建模** 以图形的方式描述所开发的系统的过程。

visual programming **可视化程序设计** (1)某种以二维或多维方式描述程序的系统,目的在于更易于程序设计。用户界面设计是研究的一个重要应用对象,它促进更多用户界面开发工具转向采用可视语言作为用户界面描述语言,也使用于描述界面的可视语言能更加形式化。(2)是采用可以从屏幕上选择菜单、按钮和其他图形元件并绘制和建立在屏幕上的工具来开发程序的方法。它可能包括通过创建流程图和/或与流程图交互作用的方式开发源代码,这种流程图以图形方式显示逻辑通路和相关代码。

visual programming tool **可视化编程工具** 一种借助于图形来对程序进行说明的工具。应用程序编程人员通过操纵构件的图形表示来编写应用程序。参见 visual programming。

visual recognition **视觉识别** 计算机系统观看、描述、定义特定物体的能力。

visual redundancy **视觉冗余** 一种数据冗余形式。人类的视觉系统对于图像的注意是非均匀和非线性的,特别是视觉系统并不是对于图像场的任何变化部分都能感知,如对于图像的灰度级,人类的视觉系统的一般分辨能力约为 128 灰度等级。在灰度信息中采用过多的灰度等级信息而产生的冗余就是一个视觉冗余。

visual scanner **可视扫描器** 建议使用 optical scanner。

visual spectrum **可见光谱** 波长为 380 ～ 780 nm 的可见光,在此范围内肉眼才会引起反应而有色彩的感觉。

visual speech **视觉语音** 一种综合考虑声音和图像的多媒体技术,指在用计算机合成声音的同时能显示一个合成的人脸的面部表情和动作,它能在一定程度上传达声音想要表达的意思,并能帮助人们加深对语言的理解。参见 text to visual speech (TTVS)。

Visual Studio **可视化工作室** 微软公司推出的开发环境,是一种 Windows 平台应用程序开发环境。2008 年已经拓展到 9.0 版本,也就是 Visual Studio 2008。Visual Studio 是一套完整的开发工具,用于生成 ASP(活动服务器页面).NET Web 应用程序、XML Web services、桌面应用程序和移动应用程序。Visual BASIC、Visual C# 和 Visual C++ 都使用相同的集成开发环境(IDE),这样就能够进行工具共享,并能够轻松地创建混合语言解决方案。另外,这些语言使用 .NET Framework 的功能,它提供了可简化 ASP(活动服务器页面)应用程序和 XML Web services 开发的关键技术。

visual telephone (VT)　可视电话　结合使用电话和视频显示技术的一种通信方式，它将通话一方或双方的姿势、表情和动作显示在屏幕上，就像面对面谈话一样。

visual suffix tree (ViST)　虚拟后缀树　一种用于 XML(可扩展标记语言)文档的索引结构。它通过将 XML 文档和 XML 查询表示成结构编码的序列，查询 XML 数据就等价于寻找子序列匹配。它不需将一个查询分解成若干子查询，然后再将这些子查询的结果通过连接操作连接起来以作为最后的查询结果，它是使用树状结构作为查询的基本单位，从而避免了昂贵的连接代价。针对 XML 文档中的内容或结构，ViST 提供了一个统一的索引，并且支持动态的索引更新。

visual workbench (VWB)　可视化工作平台　由微软公司提供的集成开发环境，集成调试器及编译程序等。

VIT　虚拟远程通信访问法(VTAM)内部跟踪　VTAM internal trace 的缩写。

vitality (VIT)　活力　电脑游戏中的术语，角色拥有强大的活力，不仅可以增加生命点数(HP)值，而且，由于能够更频繁地做出动作，角色的攻击力和防护力也就会有相应的提高。

vital product data (VPD)　重要产品数据　(1)在 AIX 操作系统中，唯一地定义系统、硬件、软件和微码元素的信息。(2)在某些系统中，一个设备或程序的结构描述，在生产时记录在设备中，至少包含型号、式样、序号和安装特征，还可包括生产者标志等。

vital record　关键记录　必须加以保护，并在需要时可重新恢复的记录。

VITC　垂直间隔时间码　vertical interval time code 的缩写。

VIU　可视图文接口单元　videotex interface unit 的缩写。

VLAN　虚拟局域网　virtual local area network 的缩写。

VLB　虚拟远程通信访问法(VTAM)服务局部块　VTAM services local block 的缩写。

VLED　可见发光二极管　visible light-emitting diode 的缩写。

VLF　甚低频　very-low frequency 的缩写。参见 band。

VLF system　甚低频辐射场系统　very low frequency band radiated field system 的缩写。

VLIC　垂直特许内码　vertical licensed internal code 的缩写。

VLIW　超长指令字　very long instruction word 的缩写。

VLK　(1)虚拟激光键盘 virtual laser keyboard 的缩写。(2)批量授权密钥 volume licensing keys 的缩写。

VLL　虚拟租用线　virtual leased line 的缩写。

VLO　团体批量许可证　volume licensing for organizations 的缩写。

VLR　漫游位置寄存器　visited location register 的缩写。

VLSI　超大规模集成电路　very large scale integration 的缩写。

VLSI parallel algorithm　VLSI 并行算法　在 VLSI (超大规模集成电路)计算模型上发展起来的一类并行算法。通常用 VLSI 电路来实现他们。VLSI 计算模型是 VLSI 电路的抽象和简化，以使之适合于算法设计和性能评价的需要。在该理论模型中有两个基本元件：门和导线，一个门完成一个简单的逻辑功能，一束导线用于传递一个门到另一个门的信号。因为 VLSI 电路本质上是二维的，所以面积是衡量该模型的一个参数，另一个参数是速度(或时间)。

VLSM　可变长度子网掩码　variable length subnet mask 的缩写。

VLT　视频快表　video lookup table 的缩写。

VLTC-IAVQ　变长变换编码和图像自适应矢量量化　variable-length transform coding and image-adaptive vector quantization 的缩写。

VM　虚拟机　virtual machine 的缩写。

V-Mail　微邮件处理技术，胜利邮件　航空缩微摄影邮件的一种。航空缩微摄影邮件产生于二战时期，美、英等国家为了加速其派驻在海外作战的军人的信件的传递，减少邮递途中信件的体积和其他多方面的因素而使用的一种特殊的邮政用品。采用这一技术后，首先，往来信件需要书写成标准格式并缩到微胶片上，这时一卷胶片可包含上百封信件，当跨洋传送到目的地时再打印成可阅读的尺寸。然后，所打印的信件再装入标准信封中投递。

VMBLOK　虚(拟)机控制块　virtual machine control block 的缩写。

VMC　垂直微码　vertical microcode 的缩写。

VME bus　VME 总线　versa module Eurocard (VME) bus 的缩写。

VM/ESA　虚拟机/企业系统结构　virtual machine/enterprise system architecture 的缩写。

VMI　供应商管理用户库存　vendor managed inventory 的缩写。

VMM　虚拟机管理器　virtual machine manager 的缩写。

V-mode record　V 方式记录　COBOL 语言中的一种可变长记录；每个可变长记录必须整个地包含在某一个块内。块可以包含多个记录。每个记录都包含一个记录长度字段，每个块也包含一个块长度字段。

VMOS (1)垂直金属氧化物半导体 vertical metal-oride semiconductor 的缩写。(2)虚拟存储器操作系统 virtual memory operating system 的缩写。

VM read 虚机读 VM(虚拟机)操作系统中的一种状态，在此状态下，用户虚(拟)机不执行，而等待用户的响应或工作请求。

VMS (1)视频邮件系统 video mail system 的缩写。(2)语音邮件系统 voice mail system 的缩写。(3)虚拟存储器系统 virtual memory system 的缩写。

VMSC 受访移动交换中心 visited mobile services switching center 的缩写。

VMT 虚拟内存技术 virtual memory technique 的缩写。

VMTP 通用报文事务协议 versatile message transaction protocol 的缩写。

VNL 通路净损耗 via net loss 的缩写。

VNO 虚拟网络运营商 virtual network operator 的缩写。

v-node 虚拟节点 在 AIX 操作系统中，文件系统中代表文件的一个对象，不同于 i 节点，在 v 节点与文件系统之间没有一一对应关系，多个 v 节点可以指向同一个文件。参见 i-node，intermediate node，system node。

VO 画外音 voice-over 的缩写。

VOA 可调光衰减器 variable optical attenuator 的缩写。

vocabulary 词表，词汇 (1)在计算机领域中，一种规范化操作码或指令的集合，程序员可借助于词表有效地编写程序。(2)情报检索中使用的一种名词术语的集合，用以描述文献的内容和事物的主题概念。这种集合中的名词都是规范化的，并用自然语言表述，它由具有科学概念的词汇语义及类属关系上相关的词汇构成。(3)一种语言里所有的词和固定词组的汇总。词汇是构成语言的建筑材料，可分成基本词汇和一般词汇。

vocabulary concentration 词汇集中度 词汇在文本中集中出现的频度。

vocabulary diversity 词汇差异度 词汇在形态、语义、句法功能等方面上的差异性。

vocabulary of speech recognition system 语音识别系统的词汇表 一个语音识别系统能识别的单词的全体。大多数语音识别系统都有一个词汇表，语音识别的范围仅限于该词汇表的内容。词汇表的内容是一组经过训练的可供识别用的模式。词汇表的大小是语音识别系统的一个重要性能指标。小词汇表的词条数一般不超过 20，中词汇表有 20 个 ～ 100 个词条，大词汇表则有 100 个以上的词条。有一类语音识别系统，设想以音节为语音的识别单位，在识别了词的每一个音节以后，借用计算机的数据库原理确定所需要识别的词。其词汇表可称为无限量词汇库。

VOCAL VOCAL 语言 voice-oriented curriculum author language 的缩写。一种以声音为中心的课程软件编写语言。它使课程软件编写者无需具有很多程序设计知识就可编出所需软件，并可以使声音和图表资料和学生的反应精确地配合。这种语言可用于带有声音输出的设备。

vocoder 声码器 将声音的模拟信号转换为二进制串行数字信号的设备。接收端则把串行数字信号合成并转换成模拟信号，使之能清晰发声。由于这种设备的关键部分是发话端的分析器和接收端的合成器，因此有时也称“语音分析合成系统”。分析器从输入的话音信号中提取出反映该话音特征的信息参数，合成器则根据这些参数恢复出原来的话音。由于反映话音特征的一些信息参数本身变化相当缓慢(20 ～ 250 Hz，甚至更低)，传输这些参数所需的频带很窄，可以几百赫以下。因而用声码器传输话音信号，与直接取样编码的话音信号相比可以大大压缩数码率。在保密通信中，将声码器与密钥发生器和调制解调器结合在一起使用，可以将数字加密的话音信号通过常规的窄带话音信道传输。

VOD 视频点播 video on demand 的缩写。

VODACOM 语音数据通信 voice data communication 的缩写。

VOGAD 声控增益调节设备 voice operated gain-adjusting device 的缩写。

voice activation 声音[话音]激活 某种可以响应人的声音的装置的操作。如由人的声音控制口授设备上磁带的走停。

voice activity detection (VAD) 话音激活检测 用于识别话音数据比特是否出现的处理过程。

voice and data integrated system (VADIS) 数据语音综合系统 能综合传输语音信号和数据信号的一种通信系统。

voice and telephone over ATM (VTOA) 基于 ATM 的语音和电话传输 在 ATM(异步传输模式)网络上传输语音和电话的一个互操作规范，包括局域网业务、广域网业务和移动通信业务这三种主要应用，由 ATM 论坛指定。

voice annotated text 语音注释文本 可将包含语音注释的文本消息传递到用户终端并在屏幕上显示的一种系统，用户可以选择消息的某一部分，将语音注释消息传送到与终端相连的电话机上，通过扬声器传达给用户。

voice annotation 话音注释 话音处理的一种领域，该技术可使计算机用户将口头解释记录在计算机磁盘上，作为文件的一部分。话音注释技术将在使用电子计算机照排系统的出版业及电子数据表中得到广泛应用。

voice answer back (VAB) 声频[声音、语音]应答装置 计算机以预先记录的声音信息形式响应用户命令的一种声音消息系统。该系统产生的音频响应是为了给正在执行某些功能的操作员提供反馈信息。

voice band 话音频带 用于话音传输的频率范围。在传输话音的通信系统中,话音频带介于 300 ~ 3 400 Hz 之间;在电话设备中,使用 300 ~ 3 000 Hz 的频率传输声音和数据。

voice bank 声音库 一种用于存储语言的媒体库。

voice broadcast service (VBS) 语音广播业务 在 GSM(全球移动通信系统)的 PLMN(公共陆地移动电话网)中,把业务用户发出的话音(或可以通过话音编码传送的其他信号)传送给在一个地理区域内的所有或一组业务用户的业务。

voice-capable modem 带语音能力的调制解调器 具有数据处理功能并支持语音消息传输的一种调制解调器,它能区分传真、数字传送和语音呼叫,并将传输线路连接到相应的设备上。通常可用于小型办公室的语音邮件系统中。

voice card 话音卡 一种电话呼叫卡。它首先将呼叫者接至一装备,然后对照早先的记录样本检查用户的声音。仅当声音匹配时,呼叫才与其目标连通。

voice channel 音频信道,话路 适宜于传输语音的信道。它的频宽为 250 ~ 3 400 Hz,能携载便于理解的声音频率的电话通信通道。

voice channel unit (VCU) 语音信道单元 用于传送语音、数字或模拟数据以及传真的一个信道,频率范围通常为 300 ~ 3 400 Hz。

voice chip 语音芯片 一种合成语音的集成电路芯片。

voice coil 音圈 一种移动磁盘中磁头臂的线圈设备,移动量的大小取决于电流的大小,其工作原理与扬声器中驱动纸盆的线圈相同,音圈式磁头臂的移动速度比步进马达式的快。参见 stepper motor。

voice commerce 话音商务 要求用户通过电话上的分层菜单访问信息的商务活动。由于交互式语音识别(IVR)技术的出现,话音商务可能成为一种比电子商务更普遍的获取信息、购买产品和回答客户服务问题的方法。

voice control service (VCS) 语音控制服务 无线智能网(WIN)提供的一种智能业务。语音控制服务是指用户申请这类业务后就可以利用网络中的语音识别功能,通过输入语音命令来控制一些操作和服务。目前可提供的服务有:语音控制拨号、语音控制的业务控制、语音的用户识别、语音转换为文本的服务等。

voice compression 声音压缩 一种降低声音所占带宽的技术。声音压缩技术系指自适应差分脉冲编码调制(ADPCM)和连续可变斜率增量调制(CVSD)。参见 adaptive differential pulse code modulation (ADPCM), continuously variable slope delta (CVSD)。

voice data communication (VODACOM) 语音数据通信 能处理语音形式和数据(数字)形式报文的一种通信方式。

voice data entry 声音数据输入 将人的声音直接转换成适合计算机输入形式所涉及的功能或操作。

voice/data PABX 语音/数据专用自动小交换机 一种能组合话音专用自动小交换机与数据专用自动小交换机功能的设备,通常强调其话音功能。

voice data service (VDS) 语音数据业务 能处理语音形式的数据(数字)形式报文的一种通信业务和设施。

voice development system 语音开发系统 一种信息编码系统。其中用户可通过话筒或事先已录好的盒式磁带读入单词或短语,经自动实时处理得到的语音信息进入硬盘编辑缓冲区,语音编辑命令用以提炼包含信息的语音片段,并对已编码数据加以调节。被编辑后的信息存于语音文件中。

voice digitization 语音数字化 对连续变化的语音信号取一系列离散的样值,并将这些样值变换成与语音信号特征有关的数字信号的过程。只要取样速率足够高(按取样定理,取样速率应大于语音信号最高频率的两倍),从数字信号就能可靠地恢复原语音信号。将语音信号变换为数字信号传输,能够得到比模拟信号通信更高的质量。

voiced sound 浊音 气流通过声门,且声带的张力刚好使声带发生张弛振荡式的振动,而产生的准周期的空气脉冲所发出的声音。如 a、o、e、i 等。浊音信号最重要的特征是具有声道的谐振频率。

voice E-mail (VE-mail) 语音电子邮件 VE-mail 是一种传送语音内容的电子邮件。

voice encoding 语音编码 将模拟量语音信号编码成数字数据流的过程。

voice frequency 音频 位于人类语音范围内的一部分发音频率。用于商业传输语言的语音频率通常在 200 ~ 3 000 Hz。

voice-frequency carrier telegraphy 音频载波电报 一种载波电报,其中载波电流的频率使调制电流能在音频电话信道上传输。

voice-frequency multichannel telegraphy (VFMT) 音频多路电报 使用两个或多个其频率在音频范围内的载波电流的电报。音频电报系统通过使用频分多路复用允许在单一电路上传输多至 24 个信道。

voice-frequency multiplex telegraphy (VFT) 音频复用电报 在电话型通路中使用频分复用的电报

传输。

voice-frequency telegraph system 音频电话系统 一种电报系统,它通过频分多路转换的方法使得3条线路上最多可用到20路信道。

voice gateway (VG) 语音网关 也称语音交换机,是通过因特网进行语音通话的接入设备。语音网关能实现语音信号和模拟信号之间的转换,通过网络实现点对点之间的语音通话功能。

voice grade (VG) 音频级 适合于传输语音、低速数据、传真或电报业务的一种通信线路,其频率范围通常为300～3 400 Hz。

voice grade cable 音频级电缆 一种非屏蔽双绞线(UTP)电话电缆,用于传输语音信号,但不太适合于数据传输。

voice grade channel 话音级信道 适于传输话音、数字或模拟数据或传真的信道,通常频率范围为300～3 400 Hz。

voice-grade line 音频线路 一种适合于语言、数字或传真的线路。频率范围通常是300～3 400 Hz。

voice grade service 音频级业务 一种能传输音频(语音)信息的线路业务。

voice-grade telephone line 音频电话线 一种用来作音频传输的电话线,若要进行数据通信,需为该电话线配置调制解调器。

voicegram 声音报(文) 将声音信息编码组织成一定的格式,类似数据传输那样在网上传输的报文。若希望实时地接收到连续声音信息,要求网络提供足够的带宽和极小的延时抖动。

voice group call service (VGCS) 话音组呼叫业务 在GSM(全球移动通信系统)的PLMN(公共陆地移动电话网)中,向预定义的一组用户提供半双工通话功能。

voice guard 声音监视 一种传送声音频率电话的系统。可在录音媒体不移动的情况下,录下人的口述。在自动记录电话系统中,当录音装置未打开时,系统发送一稳定的声音信号,呼叫受话人处理。

voice input 话频[语音]输入 语音指令通过使用话筒和语音识别技术被计算机翻译成可执行命令或者是输入到文档中去的过程。参见 speech recognition, direct voice input。

voice input device 声音输入设备 一种用来接收和解释声音数据的设备。

voice link plus 增强型语音链路 由大城市光缆系统提供的一种业务,以取代数据传输速率9.6 kbps的模拟4线专用线路。业务提供者将用户的模拟信号数字化,并将数据传送到网络的其他位置或当前的长途电信局。

voice mail 话[语]音邮件 (1)通信系统中的语音信息被转换成数字形式存储在网络。当接收信息的人进入系统并发现一条信息正在等待时,则该系统就存储转发这条信息,语音邮件是以信件作为逻辑单位传送的,每个信件包括传送所必需的收、发信件者的地址和标记。信件正文是发方想给收方的正文信息,它可以是一句话,或一篇讲稿。(2)将输入的语音信息数字化并将其存储在磁盘上的一种计算机化电话应答系统。它通常提供自动值守能力,使用预记录的信息将呼叫方的路由选定到适当的人、部门或语音信箱。参见 electronic mail。

voice mail service 语音邮件服务 由电话公司、邮局及有关服务机构为无专门设备的用户提供的一种处理语音邮件的服务。

voice mail system (VMS) 语音邮件系统 用于发送和存储语音信息的一种电子系统。

voice message system 话音消息系统 在电信网上传送话音并在接收端存储话音消息的电子系统,这些消息可被要访问的接收者在适当的时候取走。它是电话网上的增值业务,因此也称"公众主音消息系统"。

voice messaging 语音信息 用语音邮件替代电子邮件,其中语音信息是有意记录的,并不是因为接收方不在。

voice messege service 语音消息服务 允许呼叫者将语音消息单向传送给用户的一种业务,该消息被数字化后存放在语音信箱内。

voice modem 语音调制解调器 能在语音传输方式与数据传输方式之间切换的一种调制解调器,可以内置在用于语音通信的扬声器话筒中,但更常见的是在计算机内置的声卡上。

voice multiplexing 语音多路复用 将两个或更多个(典型的为四个)同时通话的电话会话压缩到一个语音信道的技术。这是通过语音数字化实现的。

voice navigation 语音导航 使用语音命令来控制Web浏览器。语音导航是某些用于改进Web浏览器的插入式应用程序的特性,允许用户通过语音来导航Web。

voice-net 语音网 在因特网中用来特指电话系统,通常放在电子邮件签名信息块中电话号码前面。

voice notes 话频附注 有些终端用户在经过计算机处理的文本上是无法再附加一些话频信息的,话频附注措施就是为这些终端用户服务的。用户可以利用话音检测装置(VDU)检查某个文件,通过插在终端上的话筒把话频信息附加到文件上。

voice on the net (VON) 网上语音 用于在因特网上实现实时语音和视频传输的一大类硬件和软件技术。

voice-operated device 音(频)控(制)设备 用于电话电路的一种设备,它允许电话电流的存在影响所需的控制。在绝大多数回声抑制器中使用这样的设备。参见 voice operated gain-adjusting device

(VOGAD)。

voice-operated device anti-singing (VODAS) 声控抑制啸叫设施 越洋无线电话电路中一种能自动抑制回声和啸叫声的设施;它还具有自动转接的功能,当用户开始讲话时它立即将用户线路自动接到发射站去,与此同时将用户线路断离接收站,这样就可以使接收和发射使用同一个无线电信道而通话双方在轮流讲时并未感到有显著的转换延迟时间。

voice operated gain-adjusting device (VOGAD) 声控增益调节设备 类似用于某些无线电系统的压缩扩展器的一种声控设备,这种设备从输入语音中消去波动并以恒定的电平将其传送出去。这种传送在接收端不需要恢复设备。

voice-operated loss control and suppressor (VOLCAS) 声控损耗控制 一种声音操作电路。该电路通过改变传输方向的传输损耗来控制回声和蜂鸣。

voice output 声音[话音]输出 由计算机输出一种人们能听懂的语音信息的过程。参见 speech synthesis。

voice output chip 语音输出芯片 能够将标准ASCII(美国信息交换标准代码)文本作为数据接收的硬件电路。与语音识别系统相结合,它可将所接收的数据转化成可听清的讲话者或电话里的声音。语音输出芯片主要用于电子邮件、数据库查询、专线电报等使用声音的场合。

voice output chip with vocabulary encoded 带有编码词汇的语音输出芯片 一个能对不同应用的特殊词汇加以编码的语音输出设备。常用的词汇一般装入PROM(可编程只读存储器)芯片,该词汇不仅包含单个字词,而且包括整个短语和声音效果,带有常用词汇编码的语音输出系统要比带有不可变动词汇系统昂贵得多。

voice-output scanner 声音输出扫描器 利用光电方法对印刷文件进行扫描,将获得的电信号输入一种带高速语音合成器的专用计算机,产生与文件内容相应的语言输出的设备。

voice-over (VO) 画外音 (1)在多媒体应用中,在视频表示中的一个画面之外的声音。(2)在多媒体应用中,一个代表画面中人物思维的声音,画面中的人物并没有说出该声音。

voice over Internet protocol (VoIP) 网络电话,IP电话 基于TCP/IP(传输控制协议/网际协议),在IP网上提供的一种电话业务。VoIP技术是因特网与公用交换电话网(PSTN)相结合的产物,这两个网络中的常用终端设备和电话机也是IP网络电话所使用的设备。VoIP技术推动数据/语音的融合,IP网络电话将语音、数字、图像技术合而为一,为未来的电话网、广播电视网、数据网三网合一提供了技术手段。

voiceprint 声纹 声纹是用电声学仪器显示的携带言语信息的声波频谱。声纹可以用来鉴别一个人身份。处理声纹的方法叫声纹鉴别法,处理声纹的设备叫声纹机。

voiceprint recognition (VPR) 声纹识别 一种生物特征识别技术。声纹识别是根据说话人的发音生理和行为特征,自动识别说话人身份的一种生物识别方法。参见 automatic speech recognition (ASR)。

voiceprinter 声纹机 将人的声音摄成图像的一种设备。

voice processing 语音处理 语音的计算机化处理,包括语音存储转发、语音应答、语音识别和文本——话音转换技术。

voice programming 语音编程 是由操作人员对机器人或者其他的机床直接用口语发出零件加工的命令。这种具有语音编程功能的机器人,内部配有语音识别系统,根据输入的语音,机器人将完成其指定的动作。语音编码的优点是不需要编写源程序、穿孔和打印输入等步骤,可以减少编程时间和出错率,编程方便。

voice recognition 声[语]音识别 将人类的声音信号转化为文字或者指令,替代使用键盘或者鼠标来输入数据和控制计算机功能。参见 speech synthesizer, speech recognition。

voice recognition dialer 语音识别拨号机 一种实验性的、语音控制的电话拨号系统。该系统不必用手就可进行电话拨号,它将用户讲出的单词模拟成已存储的模式。为产生存储模式,用户最初要对每个姓名或数字讲两次,然后系统可用来拨出任何对应存储器中的姓名或对应于用户讲出的任何数字的电话号码。

voice recognition technology 话音识别技术 计算机对人的声音进行识别的技术。该技术分为离散型、连续型和互连型三类。离散型话音识别需要用户在讲话时一个字一个字地停顿;连续型识别要求用户讲慢些,但要连续;互连型话音识别要求用户在讲一段话后作一停顿。话音邮件和语音注释中均采用话音识别技术。该技术广泛应用在国际电子邮件、办公室自动化等多种领域。

voice response 声音响应 将以数字形式存储在计算机中的回答信息转换成声音,从而回答用户的提问。声音响应部件能够从预先由人录制好的并以模拟或数字形式存储的词汇里构成句子,或者通过声音合成技术使声音响应部件发出声音。

voice response device 语音响应设备 拨电话者根据录音指示,只须在按键电话上按下正确的键,即可指挥计算机完成某些商业或事务处理,并可获取有关信息及资料的设备。

voice response system 语音应答系统 以口语的形式回答来自电话终端上的询问的设备。实现语音应答主要采用两种方法:①利用语音按规则进行综合。它建立在语音产生模型的基础上。词汇存储器本质上是一部发音辞典,而规则部分则是控制语音产生模型的语音合成器。②有限词汇系统。把词汇存储器中各孤立的自然语音元素加以连接得到输出信息。

voice response unit (VRU)　声音响应单元,自动答话器　在电话技术中,用播放预先记录的信息的方法应答接收到达的呼叫的硬件或软件,可提示呼叫方通过按一个键提供进一步的信息。

V

voice retrieval　语音检索　以语音为中心的检索。利用语音和文字之间的互换性,结合多媒体的文字标注技术,使基于文本的检索技术可以用于语音检索,并且可以用语音命令检索各种用文本标注的多媒体信息。

voice sounds　语音　包含不同谐波成分的复杂声音。

voice store-and-forward systems　语音存储转发系统　一种能使计算机接收消息并将其存储,直到传输路径或接收机可用为止。

voice switch　音控开关　一种由声音控制的系统,系统由语音激发,但在无音的间隙时间会自动关闭。

voice synthesis　语音合成　利用设备模仿人讲话语音的处理过程。语音合成可将计算机内存储的文字转换成语音信号输出。最简单的语音合成可在PC机上完全利用软件实现。参见 speech synthesis。

voice synthesizer　音频合成器　一种用来模拟人类声音的设备,这种模拟是按顺序把字母或字节转换成声音来完成的,一个声音只能表示一个字母或一个音节而不是一个完整的字。参见 audio response unit。

voice-system recognition accuracy　声音识别系统精度　描述无重复输入或无修改时,声音识别设备可对输入语言进行正确编码的程度。

voice-system speaker identification　语言系统的说话人识别　对已经录入的发音语言进行处理并根据语素进行分析的过程,其目的是从一组说话人中分辨出其中的一个。

voice tract　声道　人类发声器官的物理模拟。声道起始于声带开口即'声门'处,而终止于嘴唇。男性声道的平均长度约 17 cm。声道的截面积取决于舌、唇、颌以及小舌的位置,它可以从零(完全闭合)变化到约 20 cm^2。鼻道则从小舌开始到鼻孔止,当小舌下垂时,鼻道发生声耦合而产生语音中的鼻音。

voice unit　话频单位　(1)表示语音的电信号的平均幅值的计量单位。(2)对电话或广播节目的音量的总幅度的一种量度单位。参见 reference volume。

Voice XML　基于 XML 的 Web 语音标签规格　摩托罗拉、IBM、朗讯和 AT&T 等公司在 1999 年成立 Voice XML 论坛,2000 年发表了基于 XML 的 Web 语音标签规格 Voice XML 1.0,该技术当时提交给万维网联盟(W3C)。2004 年 3 月 W3C 批准了 Voice XML 2.0。作为 VoiceXML 规格,在语音接口框架(SIF)中规定了应用与用户之间的对话控制方法。定义了通过语音浏览器将内容传输给用户电话机等设备的配置和结构。能够生成可支持语音合成、语音数字化、语音识别、DTMF(双音多频)输入、录音、通话和说话人有变的会话等内容的语音对话框。Voice XML2.0 的目的是高效的 Web 开发和向语音应用提供内容,可以通过会话进行语音服务选择和发送信息,使有眼疾的人以及因驾车而腾不出手和眼的人,均可进行 Web 访问。参见 speech interface framework (SIF),speech recognition grammar specification (SRGS)。

void　脱墨、空白点,使作废　(1)在字符识别中,字符笔画的没有墨水的空白处。(2)在光符阅读器中,在字符内由墨水包围着的一种空白点。(3)打印或连续表格的丢失部分。(4)使某一对象作废。

VoIP　网络电话,IP 电话　voice over Internet protocol 的缩写。

VOL　卷开始标号　beginning-of-volume label 的缩写。

volatile　易失的　用于描述存储器件的术语。这类存储器断电后信息也将丢失。

volatile-dynamic storage　易失性动态存储器　一种动态半导体存储器。信息写入后,靠存储单元 MOS(金属氧化物半导体)管栅极电容上的电荷使信息暂时保存,需要定时用重读或专门的刷新控制信号使之保存信息。

volatile file　易变文件　一种文件,该文件所含的信息一般是临时的或需经常修改的。

volatile memory　易失(性)存储器　当系统掉电时信息会丢失的存储器。RAM(随机存取存储器)是一种易失性存储器,而磁芯存储器则不是。该术语也指为一程序所用,又可独立于程序变化的存储区,如可被其他程序或中断服务程序共享的存储区。比较 nonvolatile memory。

volatile register　易失寄存器　在 C 语言中,指一个寄存器,其值在调用的程序返回时不需要保留。

volatile storage　易失性存储器　一种存储设备,在切断电源时,丢失此设备上存储的内容。比较 nonvolatile storage。

volatility　变更率　一次操作中对一文件增加新记录或删除旧记录的百分比。了解文件记录的变更率有助于指导选择适当的文件组织形式、存取方式及外部设备等。

volatility of file　文件的变动性　对一文件增加或删除记录的总数的量度。了解文件记录的变动性有助于指导选择适当的文件组织形式、存取方式及外部设备等。

volatility of storage **存储器易失性** 切断电源后存储设备丢失数据的特性。存储介质可分为易失性的(如随机存取存储器)和非易失性的(如磁盘)两类。

volatility testing **易失性测试** 一种测试半导体随机存取存储器的方法。用于检查动态存储器所有信息的维持时间。

volt (V) **伏[特]** 电压或电势差的国际单位制单位。定义为1库仑电荷产生1焦耳功时的电势,通常看作是1安培电流通过1欧姆电阻时产生的电压降。

Volta effect **伏打效应** 处于同一温度下的两种不同物体相接触而产生电动势的效应。参见 electromotive force (e. m. f)。

voltage (E) **电压** 用来表示存在于两点间并当两点用封闭电路连接时能产生电流流动的电气压力。电压单位是伏特、兆伏、微伏和千伏等。术语电动势、电势、电位差及电压降也常常称为电压。

voltage amplification **电压放大** 特定负载阻抗的电压值与放大器输入电压值或其他给负载馈电的转换器的输入电压值的比值,通常用上述比值的常用对数乘以20后的分贝数表示。

voltage attenuation **电压衰落** 换能器两端输入电压值与送给与换能器连接的指定负载两端电压值的比值。电压衰落通常用上述比值的常用对数乘以20后的分贝数表示。

voltage balance **电压平衡** 在多个输出的转换器中,极性相反的两路输出电压与其标称值之间的差别。用百分数表示。

voltage between lines of a polyphase system **多相系统的线(间)电压** 多相系统两个不同线间的电压。当相数大于三时,就有多个线电压值。

voltage change **电压变化值** 负载直流电压与约定空载直流电压之差,以伏为单位。参见 conventional no-load direct voltage。

voltage comparator **电压比较器** 对输入信号进行鉴别与比较的电路,是组成非正弦波发生电路的基本单元电路。电压比较器可用作模拟电路和数字电路的接口,还可以用作波形产生和变换电路等。

voltage comparison encoding **电压比较编码** 将输入连续变化的电压与离散的基准电压相比较,并根据比较结果输出一组代表输入电压值的编码。在数字通信中,普遍采用电压比较编码来实现模拟信号的数字化,常用的方法有脉冲编码调制(PCM)和增量调制。

voltage controlled capacitor **压控电容器** 电容值能随外加偏压的改变而变化的电容器,如硅变容二极管。

voltage controlled current source (VCCS) **电压控制电流源** 一个受控电流源,经过该电流源的电流和控制支路两端电压有关。参见 voltage controlled voltage source (VCVS)。

voltage controlled crystal oscillator (VCXO) **压控晶体振荡器** 通过改变直流调制电压可使晶体振荡器电路的振荡器输出频率在一定范围内改变的晶体振荡器。在用石英晶体稳频的振荡器中,把变容二极管和石英晶体相串接,就可形成压控晶体振荡器。为了扩大调频范围,在电路上还可采用展宽调频范围的变换网络。

voltage controlled oscillator (VCO) **压控振荡器** 振荡频率能够随使用电压的变化而变化的振荡器。在通信或测量仪器中,输入控制电压是欲传输或欲测量的信号(调制信号),压控振荡器用以产生调频信号,所以也称“调频器”。在自动频率控制环路和锁相环环路中,输入控制电压是误差信号电压,压控振荡器是环路中的一个受控部件。参见 phase locked loop (PLL)。

voltage controlled voltage source (VCVS) **电压控制电压源** 一个受控电压源,其输出电压是另一个电压(控制电压)的函数,即是说输出电压会随着这个控制电压的变化而变化,其变化规律一般是给定的。

voltage-current characteristic **伏安特性** 在电子元件上施加电压,观察其输出电流随电压变化的特性。如果电流大小与电压或电压的变化率成正比,则称为线性元件;否则就称为非线性元件。

voltage cutoff **截止电压** 将阳极电流、电子束电流或其他电子管或晶体管特性降低到一个规定低值的电极电压。

voltage divider **分压器** 从被测高电压中分出适合于指示或纪录用的低电压的装置。通常由两个阻抗串联组成。其中一个阻抗(高压臂)承受大部分电压,另一个阻抗(低压臂)上的电压供指示或纪录用。它通常是由电阻、电容或电阻电容组合构成的。

voltage doubler **倍压器** 一种无变压器的整流器电路。通过在正常情况下浪费不用的半周给电容器充电,在下一个半周与输出电压串联放电,它给出的电压大约是普通半波整流器输出电压的两倍。

voltage drift **电压漂移** 由于环境温度等因素变化而使电子线路中某观察点上的电压发生小范围变化的现象。

voltage drop **电压降** 电流流过电阻时电动势的降落,即电流通过电阻时电阻两端的电位差。

voltage efficiency **电压效率** 蓄电池放电期间平均电压与充电期间平均电压的比率。

voltage error **电压误差** 实际变压比和额定变压比不相等所造成的误差。

voltage feed **电压馈送** 连接馈线到天线的最大电

势点,以激励天线。

voltage feedback 电压反馈 反馈信号取自输出电压或者输出电压的一部分叫电压反馈。对交变信号而言,若基本放大器、反馈网络、负载三者在取样端是并联连接,则称为并联取样。比较 current feedback。

voltage fiber sensor (VFS) 电压光纤传感器 利用电压调制效应工作的一种光纤传感器。电压使光纤的折射率和损耗发生变化,光纤中信号的相位与振幅也随之发生变化,由此即可知道电压的变化情况。

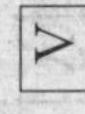

voltage follower 电压跟随器 一种运算放大器,它没有反馈元件,但有从输出到倒相输入端的直接反馈连接。由此给出单位增益,因此输出电压跟随着非倒相输入电压。电压跟随器有很高的输入阻抗和很低的输出阻抗。电压跟随器的电压放大倍数恒小于且接近1。在电路中,电压跟随器一般做缓冲级及隔离级。

voltage frequency converter (VFC) 电压频率转换器 一种实现模数转换功能的器件,将模拟电压量变换为脉冲信号,该输出脉冲信号的频率与输入电压的大小成正比,也称为电压控制振荡电路(VCO),简称压控振荡电路。

voltage gain 电压增益 输出信号电压电平(分贝数)与输入信号电压电平(分贝数)之差。该值等于20乘以输出电压与输入电压之比的常用对数值。只有在匹配负载的情况下,电压增益才等于电子管或晶体管的放大系数。

voltage generator 电压发生器 两端口电路元件,它的终端电压与流过元件的电流无关。

voltage gradient 电压梯度 沿电阻或其他导电路径单位长度上的电压。

voltage grading 电压递减 沿着绝缘子或绝缘体表面,或在绝缘子或绝缘体内部,减少电压梯度的不均匀度。

voltage identification digital (VID) 电压识别数字信号 VID是一个电路概念,表示为计算机的中央处理器(CPU)提供适当的供电电压。个人电脑的早期主板有 VID 信号线,为板上电源发送指令,CUP 工作电压就是由 VID 来定义。

voltage limiting threshold 门限电压 当负载电阻增加到稳定输出电流即将超出负载有关的效应带或公差带(所规定的)时的恒流源输出的电压值。

voltage limiting type SPD 限压型电涌保护器 在无电涌时呈高阻态,但随着电涌的增大,其阻抗不断降低的一种电涌保护器(SPD)。限压型 SPD 的常用器件有压敏电阻器、瞬态抑制二级管等。参见 voltage switching type SPD, surge protection device (SPD)。

voltage multiplier 电压倍增器 由两个或更多个串联倍压器电路产生的比输入交流电压高的直流电压源。倍增器的级数受到所需电容器体积增加及稳定性恶化的限制。

voltage node 电压波节 在驻波系统中具有零电压的点,如在天线或传输线中,电压波节存在于半波天线的中心。

voltage rating 额定电压 加在电子仪器上能安全使用而不会产生电击穿危险的最大持续电压,也称"工作电压"。

voltage ratio of a voltage divider 分压器的分压比 分压器的输入电压与输出电压之比。在一定条件下,它是一个常数。

voltage ratio of capacitor divider 电容分压器的电压比 中间电压容器上未并联阻抗时,施加于电容分压器上的电压和中间电压的比值。这个比值等于高电压和中间电压电容器的电容之和除以高电压电容器的电容值,即 $(C_1+C_2)/C_1$,其中 C_1 和 C_2 中包括杂散电容。

voltage-reference diode 基准电压二极管 有足够稳定的击穿电压的,允许其建立参考电压的 PN 结二极管。参见 Zener diode。

voltage-reference tube 基准电压管 电压降在电流工作范围内近似等于常数的充气管。

voltage reflection coefficient 电压反射系数 反射波的复数电场强度或电压与入射波的复数电场强度或电压的比值。

voltage regulation 电压调整率 设备在空载和满载时输出电压之差与满载输出电压的比,一般用百分数表示。参见 voltage change。

voltage regulator 调压[稳压]器 一个电路或者电路元件,在输入电压变化时维持一个衡定的输出电压。

voltage regulator diode 稳压二极管 即使线路电压或负载变化,仍能保持电路中直流电压为常数的二极管。

voltage-regulator (VR) tube 稳压管 一种辉光放电管,它的电压降在工作电流范围内基本为常数。即使线路电压或负载会发生变化,它仍能保持电路中直流电压基本为常数。

voltage relay 电压继电器 当继电器线圈两端电压达到整定值时动作的继电器。

voltage sag 电压下降 足以影响计算机性能的一种市电电压的临时性降低。

voltage-sensitive resistor 压敏电阻器 电阻值至少在其电压范围的一部分内明显地随使用电压变化的电阻器。它可以包含一个或多个矿物晶体,或两个或更多个金属氧化物片。但它没有整流性能。

voltage stabilizer 稳压器 抑制直流电压变化的齐纳二极管或其他元器件。它可取代与阴极或基极偏置电阻两端并联的电容器。

voltage stabilizing circuit 稳压电路 利用电气和电

子元件的自动调节作用，使电压基本上维持在一个水平的电路。

voltage stabilizing tube **稳压管** 通常利用辉光放电特性曲线中电压几乎与电流变化无关的那些部分工作的充气管。

voltage standard **电压基准** 具有高精度电压值的电压源。标准电池就是一例。

voltage standing wave ratio (VSWR) **电压驻波比** (1)驻波的电压峰值与电压谷值之比。理想系统中，电压保持不变，所以对应的 VSWR 是 1.0 。(2)天线输入阻抗和馈线的特性阻抗不一致时，产生的反射波和入射波在馈线上叠加形成的电磁波，其相邻电压的最大值和最小值之比是电压驻波比，它是检验馈线传输效率的依据，电压驻波比应小于1.5，在工作频率的驻波比应小于1.2。电压驻波比过大，将缩短通信距离，而且反射功率将返回发射机功放部分，容易烧坏功放管，影响通信系统正常工作。

voltage switching type SPD **开关型电涌保护器** 在无电涌时呈高阻态，但对电涌响应时，其阻抗突变为低阻值的一种电涌保护器(SPD)。开关型 SPD 的常用器件有火花间隙、气体放电管等。参见 voltage limiting type SPD, surge protection device (SPD)。

voltage test of a capacitor **电容器的电压试验** 对电容器施加规定的电压借以考核其绝缘承受电压能力的试验。

voltage to digit converter **电压数字转换器** 能将连续变化的电压变换成与电压幅度相对应的数字信号输出的电路。

voltage to earth **对地电压** 带电体与大地之间的电位差(大地电位为零)。

voltage to frequency converter **电压频率转换器** 将电压变化转换为不同频率的振荡信号输出的模拟电路或数字电路。

voltage to neutral **线至中性点的电压** 多相系统的一条线与一真实的或人为的中性点间的电压。

voltage transformer **电压互感器** 电压互感器和变压器很相像，都是用来变换线路上的电压。电压互感器主要是将高电压按比例转换成低电压，它由一、二次线圈、铁芯和绝缘组成。当在一次绕组上施加一个电压 U_1 时，在铁芯中就产生一个磁通 φ，根据电磁感应定律，则在二次绕组中就产生一个二次电压 U_2。改变一次或二次绕组的匝数，可以产生不同的一次电压与二次电压比，这就可组成不同比的电压互感器。电压互感器变换电压的目的，主要是用来给测量仪表和继电保护装置供电，用来测量线路的电压、功率和电能，或者用来在线路发生故障时保护线路中的贵重设备、电机和变压器。参见 transformer。

voltaic cell **伏打电池** 通过电极和电解质之间的自然反应产生两极之间的电位差。伏打电池可视为是由两个半电池所组成，每个半电池有一与电解质接触的电极，如浸入硫化锌溶液的锌棒为半电池。在这种系统中，锌原子溶成锌离子，在一电极上留下负电荷，在形成的电荷足够阻止进一步电离之前，锌不断溶解。于是锌棒和锌溶液之间有了电位差。这种电位差不能直接测量，因为测量要与电解质接触，因而引入了另一个半电池，这是用一铜棒浸入硫化铜溶液组成的半电池。此时的自然反应是溶液中的铜离子从电极取来电子，并沉积于电极而成为铜原子，这种情况下，铜需要一正电荷。为了液体汇合，这两个半电池可用多孔槽或盐桥连接起来。这样得到的电池当电极与外电路连接时，就可提供电流。

voltampere (VA) **伏安** 含有电抗的交流电路视在功率的单位。视在功率不考虑相位，等于以伏特为单位的电压乘以以安培为单位的电流。参见 apparent power, reactive power, volt ampere reactive (var)。

volt ampere reactive (Var) **无功伏安，乏** 国际单位制(SI)中无功功率的单位。它在 1930 年被国际电工技术委员会采用。参见 real power。

Volta's law **伏打定律** 不管是直接接触还是通过一个或多个中间导体进行接触，两个不同导体产生的接触电压均相同。

voltmeter **电压表** 测量电压的仪器。它的量度可用伏特或更小或更大的单位。伏特表上指示值单位为毫伏的称为毫伏表。同样，兆伏表指示兆伏值，千伏表指示千伏值。

volt microsecond constant **伏特微秒常数** 这个常数是衡量变压器和电感器处理能量的能力。它与磁心面积、磁心材料(包括磁心的饱和磁通密度)，绕组匝数以及所施加脉冲的占空率有关。

voltohmmeter (VOM) **伏欧表，万用表** 一种用于测量并显示电压、电阻和电流的仪器。

volts AC (VAC) **交流电压** 以伏特表示的交流电压。实际使用状况决定该参数的准确意义。

volts DC (VDC) **直流电压** 以伏特表示的直流电压。使用状况决定着它的确切含义，也称"直流工作电压"或"工作直流电压"。

volume **[文]卷，音量** (1)能方便地作为一个单位来处理的一部分数据，以及存储这部分数据的载体。(2)存储计算机数据的磁带或磁盘的另一名称。每一独立的磁盘或磁带都是一个卷名或卷号唯一的文卷。有时候，一个大的磁盘可划分成几个独立的文卷，每个文卷都作为一个独立的逻辑磁盘对待，尽管所有的这些文卷上实际上都在同一驱动器中。有的操作系统也允许跨越多个磁盘或磁带的文卷，此时系统同样将整个文卷作为一个逻辑盘对待。(3)在 NetWare 中，指目录结构的最高层，与 DOS 的根目录处于同一级上。(4)指声音级或音量。

volume compressor 音量压缩器 音频控制电路,它限制发射器中无线电节目的音量范围,允许使用高于平均百分比调制而没有过调制的风险。

volume control 音量控制器 在声音放大器输入端改变音频信号电压,使再现声音音量发生变化的电位器。

volume density of electromagnetic energy 电磁能的体密度 当体积元的各尺寸趋于零时,等于电磁能除以包容它的体积元之商的极限一个标量。

volume electric charge density 体积电荷密度 一体积元内所包含的电荷与此体积元之比,当此体积的尺寸趋于零时的极限值。参见 linear electric charge density,surface electric charge density。

volume entry 卷登记项 一种目录项,它描述了有关卷的信息。该卷上的所有 VSAM(虚拟存储存取法)数据空间都在卷登记项中描述。

volume expander 音量扩展器 音频控制电路。它增加无线电节目音量范围,或通过使弱声更弱,响声更响来录音。扩展器对发射机或录音室的音量压缩作用相反,也称"自动音量扩展器"。

volume group 卷组 参见 mass storage volume group,default mass storage volume group。

volume header 卷头,卷标题 同 beginning-of-volume label。

volume ionization 体电离 在给定电离粒子体积下的平均电离密度。

volume label 卷标[号,名] (1)标准标号带上的一个区,它用于识别带卷和它的所有者,该区占前 80 个字节,并且前四个字节的内容是 VOL1。(2)磁盘或磁带在格式化(即初始化)时由用户赋予的名字。卷名可包括字母、数字、某些符号或它们的组合。DOS(磁盘操作系统)系统中,除了在目录列表时将该名字称为卷标外,很少使用磁盘名。Apple Macintosh 系统中,常要用到磁盘的名字,称其为卷名而不是卷标。卷标使得系统能用唯一的标识名来识别一个特定的磁盘。

volume layout 卷布局 在一个媒体设备(如磁带卷、磁盘包或软盘片)上数据记录和标号的排列。

volume level 音量级 语音或音乐的能量级。在音量指示器(具有特定动态性质的仪器)中用音量单位量度。

volume licensing for organizations (VLO) 团体批量许可证 软件的一种批量授权版本。这是为团体购买而制定的一种优惠方式,这种产品的光碟的卷标都带有"VOL"字样,以表明是批量。这种版本根据购买数量等又细分为开放式许可证、选择式许可证、企业协议、学术教育许可证等五种版本。根据 VLO 版本规定,VLO 产品是不需要激活的。参见 volume licensing keys (VLK), full packaged product (FPP)。

volume licensing keys (VLK) 批量授权密钥 团体批量许可证(VLO)版本软件对缔约客户专门核发的产品密钥。每个 VLK 都与一个特定客户以及该客户获准使用的软件产品种类相对应。对于可选许可协议、企业许可协议、学术教育许可协议客户来说,VLK 是按照每个软件产品家族的每项登记注册协议核发的。而对于开放许可证客户而言,VLK 则将根据开放许可证订购确认信息予以提供。这些 VLK 将在产品安装过程做出相关提示或自定义镜像生成完毕时得到使用。VLK 必须与团体批量许可证(VLO)存储介质配合起来使用。参见 volume licensing for organizations (VLO)。

volume lifetime 体内寿命 均匀半导体内少数载流子从产生到复合的平均时间间隔。

volume-limiting amplifier 音量限幅放大器 内含的自动电路只在输入音量超过预定水平时才工作的放大器,自动电路工作时会减小增益使输出量保持常量,而不管输入音量是否进一步增加。在输入音量回到预定极限水平以下时放大器的增益恢复正常。

volume linear electric charge density 线电荷密度 一长度元内所包含的电荷与此长度元之比,当此长度的尺寸趋于零时的极限值。

volume magnetostriction 体积磁致伸缩 在磁场中磁致伸缩材料的体积发生的变化。

volume mark 卷标记 磁带上的标记信号。包括卷头标和卷尾标等,用于供操作系统管理。各控制标记的长度一般为 80 个字节。

volume model 体(素)模型 用一系列小多面体(体素)的集合来构成所描述目标的模型,采用单元分解法和空间枚举法来实现,在 CAD/CAM(计算机辅助设计/计算机辅助制造)中,这种模型适合于描述内部非均质、有疏松度和形变的物体。参见 voxel。

volume recombination 体积复合 在低能量下正离子和负离子在通过电离室空间时产生复合,或半导体内自由电子和空穴的复合。

volume recombination rate 体积复合率 自由电子和空穴在半导体内产生复合的时间速率。

volume reference number 文卷引用号 同 volume serial number。

volume rendering 体素染图,体绘制 一种三维图形处理技术,用于表现某些物质特性的三维数据场,用简单的体素及其属性表示三维数据场,显示时用不同的颜色表示体素的不同特性。

volume resistance 体积电阻 在试样的相对两表面上放置的两个电极之间施加的直流电压除以这两个电极之间形成的稳态电流所得的商。应排除沿表面的电流。在两个电极上可能的极化现象忽略不计。

volume resistivity **容积电阻率** 磁心抵抗电流(不论是在体内流动还是在表面流动的)流动的能力。容积电阻率的单位是 Ωcm。在设计电感器时,磁心容积电阻率是一个大问题。这时引出线/端子与磁心材料接触。属于这种类型的有轴向电感器,它的引出线是用环氧树脂固定在磁心上。在磁心材料方面,高导磁率铁氧体最受人关注,因为它的体积电阻率一般是最低的。在某些情况下,如果接触到的是低电阻率磁心,在两个电感器端子之间的电阻路径可以很低。在这种情况下,电感器会失去高阻抗的特性。

volume serial number **卷序列号** 当准备在系统中使用卷时,分配给该卷的标号中的一种编号。

volume set **卷集** 驻留了多个数据集的一系列卷,在资源访问控制设施(RACF)中,一个卷集在一个 RACF 轮廓文件中描述。

volume shadow copy service (VSS) **卷影副本服务** 也称"卷映射拷贝服务",微软在 Windows Server 2003 中提供的一种文件还原功能。VSS 能够以事先计划的时间间隔为存储在共享文件夹中的文件或文件夹创建卷影副本作为备份,一旦用户对这些共享资源进行了误操作,仍可利用自动创建的卷影副本进行还原,最大限度地降低了损失。

volume table of contents (VTOC) **卷目录表,卷内容表** (1)存放在直接存取卷上的一种表,它用于描述该卷上的每一个数据集。(2)磁盘或软盘上的一个区,用于描述磁盘或软盘上每一个文件和库的位置,大小及其他一些属性。

volumetric efficiency **组装体积效率** 装有元件的体积与部件总体积之比,以百分率表示。

volume unit (VU) **音量单位** 在通信中用来测量电声功率的单位。常用 VU 表作为测量仪表。

volume visualization **立体可视化** 一种用交互式图形和图像处理技术从立体数据中提取信息的方法,涉及立体数据信息的表示、管理、和染色显示技术以及图形或图像的转换、分割、光照控制技术等,使得用户可观察三维物体的内部结构,通常立体数据表示为三维网格(即体素)并且存储在体缓存中。

voluntary interrupt **有意[自举]中断** 在程序运行中,遇到由程序员预先设定的断点所发生的中断。

VOM **伏欧表,万用表** voltohmmeter 的缩写。

VON **网上语音** voice on the net 的缩写。

Von Neumann bottleneck **冯·诺依曼瓶颈** 由于采用冯·诺依曼体系结构而限制计算机运算速度进一步提高的重要因素。主要是由于使用单一的处理器,所有系统存储器都在它的管理之下。计算机运行时用到的程序及数据必须保存在存储器内,并且只能被处理器按线性编址的方式逐个单元地读出或写入。所以处理器花费大量时间在传送数据上,而不是它本身的工作上。

Von Neumann computer **冯·诺依曼计算机** 采用冯·诺依曼结构的计算机由以下部件构成:①存储器:程序和数据都以二进制代码形式存放在存储器中;②控制器:在它的控制下,指令依次从存储器中取出,然后对其进行解释和执行;③运算器:完成指令所规定的算术运算和逻辑运算;④输入和输出设备:完成人机间的通信。冯·诺依曼结构的主要特点并不在于把计算机分成上述四个组成部分。早在 19 世纪,巴贝奇(Babbage)所制造的机械计算机就由上述四部分组成。一般被认为是第一台电子计算机的 ENIAC 计算机也具有上述四个部分。冯·诺依曼结构的主要特点在于"存储程序"的概念。在此以前,存储器只放数据,而程序则是用硬设备实现。

Von Neumann John (1903 ～ 1957) **冯·诺依曼·约翰** 一位现代计算机的伟大先驱者,1947 年他设计了一种能存储程序的计算机,他用数码作为指令码,这种指令码可以像存储数据码那样用电子仪器进行存储,从而开创了计算机发展的新时代。

Von Neumann machine **冯·诺依曼机器** 冯·诺依曼机器的重要概念之一是存储程序的概念。指令和数据一起存储在一个统一的存储介质中,而不是分别存储。冯·诺依曼机器的另一个重要概念是程序计数器。用寄存器指示下一条要执行的指令位置,每取出一条指令,寄存器就自动加"1"。迄今为止,各类计算机无论外观、结构、性能上有多大差别,本质上都未脱离这一体系概念。由于"逐条取指令并且顺序执行"这一过程成为限制计算机处理速度进一步提高的瓶颈,因此近年来出现了各种与冯·诺依曼结构不同的非冯·诺依曼结构计算机。

Von Neumann sort **冯·诺依曼分类** 由一分类程序所实现的对序列数据串的归并操作,其归并能力等于 0.5T。

VOP **传播速度** velocity of propagation 的缩写。

VOR **甚高频全向导航** very high-frequency omnidirectional range 的缩写。

vortex electric field **有旋电场** 变化磁场在其周围激发的电场,也称"涡旋电场"或"感应电场"。有旋电场是麦克斯韦为解释感生电动势而提出的概念,它深刻地揭示了电场和磁场的相互联系、相互依存。参见 induced electric field。

vortex telecommunication access method **涡流式远程通信访问法** 一种在专用的通信软件包中所采用的访问方法,用以简化数据通信中的程序设计。

voted multi-processor computer **表决多处理器计算机** 一种为保证高可靠性而使用多处理器按相同方式(或经验证分别有效的不同方式)对同一问题进行演算,并将多数处理器上得到的运算结果作为最终处理结果的计算机。

vote over telephony **电话投票** 提供特定电话号码,供大众打电话投票,以进行大规模意见调查的业务。

voting replicate files 投票备份文件 网络环境中多个文件服务器完成文件备份的一种可靠方法。考虑系统中有 N 个文件副本。要读一个文件,要求有规定的阅读数目 N_r;要修改文件,要有规定的写入数目 N_w,而且 $N_r + N_w > N$。

voting system 表决系统 一种"多数通过"判决系统。即以参与决策的多个元素(一般为奇数个)中取值为"真"的元素是否多于半数(或规定的多数,如三分之二)来决定系统是否采取预定的方案工作。这种系统可以在一定程度上减少由于个别判断点上的失误给整个系统决策带来的损失。

V

voxblt 体素块传输 voxel block transfer 的缩写。

voxel 体素,体元 (1)用体积描述方法对三维物体形状进行描述时,三维空间内可定义的最小立方体,也称"体元",用它可以构造物体的三维图像。把利用体素构造和恢复物体的三维形状的各种算法称作体素法,即 Voxel 法。(2)像素向三维的引伸,是三维数据体中的单位元素,在三维图像处理中用于表示某些度量性质,如颜色、密度、速度、强度等。

voxel block transfer (voxblt) 体素块传输 一种立体图形操作,可将数据中的一个长方体子集复制到立体帧缓存中的另一个位置,并可采用任何写模式或者屏蔽模式。

VP (1)可变分页 variable pageable 的缩写。(2)虚拟通道[路径]virtual path 的缩写。(3)垂直极化 vertical polarization 的缩写。

VPC (1)虚拟路径连接 virtual path connection 的缩写。(2)虚拟处理器复合 virtual processor complex 的缩写。

VP cross connect 虚拟通道交叉连接 连接虚拟通道链路、转换 VPI(虚拟通道标识符)值并由管理平面功能管理的网络单元。

VPD 重要产品数据 vital product data 的缩写。

VPI (1)虚拟路径标识符 virtual path identifier 的缩写。(2)视频编程接口 video programming interface 的缩写。(3)全交互型(点播)电视 video pure interactive 的缩写。

VPL 虚拟路径链路 virtual path link 的缩写。

VPLS 虚拟专用局域网业务 virtual private LAN service 的缩写。

VPMN 虚拟专用移动网络 virtual private mobile network 的缩写。

VPN 虚拟专用网 virtual private networks 的缩写。

VPR 声纹识别 voiceprint recognition 的缩写。

VPRN 虚拟专用路由网络 virtual private routed network 的缩写。

VPS (1)气相焊接 vapor phase soldering 的缩写。(2)每秒向量数 vectors per second 的缩写。

VP switch 虚拟通道交换 连接虚拟通道链路、转换 VPI(虚拟路径标识符)值并由控制平面功能管理的网络单元。

VPT 虚拟路径终端器 virtual path terminator 的缩写。

VP-VC cross connect 虚路径-虚信道交叉连接 能使 VC 交叉连接和/或 VP 交叉连接起作用的网络单元。

VP-VC switch 虚路径-虚信道交换 能使 VP 交换和/或 VC 交换起作用的网络单元。

VPWS 虚拟专用线路业务 virtual private wire service 的缩写。

VQC 向量量化编码 vector quantization coding 的缩写。

VQL 可量化电平 variable quantizing level 的缩写。

VR (1)虚拟路由 virtual route 的缩写。(2)虚拟现实 virtual reality 的缩写。

VRAM 视频(随机访问)存储器 video random access memory 的缩写。

VRC 垂直冗余校验 vertical redundancy check 的缩写。

VRID 虚拟路由标识符 virtual route identifier 的缩写。

VRML 虚拟现实建模语言 virtual reality moduling language 的缩写。

VRPRQ 虚拟路由调步请求 virtual route pacing request 的缩写。

VRPRS 虚拟路由定步响应 virtual route pacing response 的缩写。

VRRP 虚拟路由器冗余协议 virtual router redundancy protocol 的缩写。

VRRP group management protocol (VGMP) VRRP 组管理协议 用于防止 VRRP(虚拟路由器冗余协议)状态不一致现象的发生。VGMP 负责统一管理加入其中的各备份组 VRRP 状态,可以实现对多个 VRRP 备份组(虚拟路由器)的状态一致性管理、抢占管理和通道管理等。

VRU 声音响应单元,自动答话器 voice response unit 的缩写。

VS (1)虚拟存储(器),虚存 virtual storage 的缩写。(2)虚拟调度 virtual scheduling 的缩写。(3)虚拟源端 virtual source 的缩写。(4)视频共享 video sharing 的缩写。

VSA 虚拟服务器结构 virtual server architecture 的缩写。

VSAM 虚拟存储存取法 virtual storage access method 的缩写。

VSAM master catalog VSAM 主目录 一种按键标

排序的数据集或文件，它有一个包含广泛的数据集和卷信息的索引；VSAM(虚拟存储存取法)用它寻找数据集或文件，分配或回收存储空间，验证程序或操作员的授权以获得对数据集或文件的访问，以及累积数据集或文件的使用统计信息等。

VSAM recoverable catalog　VSAM 可恢复目录　一种用可恢复属性定义的 VSAM(虚拟存储存取法)目录，该属性将复制目录项，并将它们放入目录恢复区中，以便在目录失效时，对目录进行恢复。参见 catalog recovery area。

VSAM resource pool　VSAM 资源池　用于在 VSAM(虚拟存储存取法)数据集之间共享输入/输出缓冲区，有关输入/输出的控制块，以及通道程序的一种虚拟存储区，资源池是局部的或全局的，即：它服务于在一个分区或地址空间中的任务还是服务于系统中所有地址空间的任务。

VSAM user catalog　VSAM 用户目录　一种可任选的 VSAM(虚拟存储存取法)目录，其结构与主目录相同并由主目录来指向。使用用户目录可以减少对主目录的竞争且便于卷移植。

VSAT　甚小孔径卫星终端　very small aperture satellite terminals 的缩写。

VSAT network　甚小孔径卫星终端网络　一种卫星数据通信系统，采用星形网络连接，由一个中央站和若干地面小站和空间段组成。中央站主要由室外单元、射频设备、中频调制解调设备和数据通信设备组成，采用模块化结构，易于扩展增容。地面小站与中央站相似，也包括中央站的组成部分，最多有三个数据接口，各接口可使用不同的通信协议。空间段是地球同步卫星上的转发器，它接收地面站发送的无线电信号，进行功率放大和频率变换后再发往地面站。通常把地面站向卫星方向的传输称为上行，反之则称为下行。VSAT 工作频率是 C 波段，即上行 6GHz，下行 12GHz。不同用户中心的信息进入中央站的接口电路，进行卫星信道的规程处理，然后送到中央站的上行多路复用器，成为以数据为基础的时分多路信号，送往中频调制设备，然后进行差分编码和 1/2 卷积编码，编码后的数据与伪随机码(PN 码)做模 2 加后再对其进行二相 PSK 调制，最后经射频设备发射出去。经卫星转发后的信号到达用户小站后由小站进行变频处理，在 20 MHz 解调二相 PSK 信号，经过去扩、维持比译码、差分解码后进入接口电路。从用户信息中心发来的数据在该接口电路中进行规程变换处理，检出与该接口电路地址有关的数据，送给用户终端设备，VSAT 系统具有成本低、安装简单、维护方便的特点。参见 very small aperture satellite terminals (VSAT)。

VSB　(1)极严重突发脉冲串 very severe burst 的缩写。(2)残留边带 vestigial sideband 的缩写。

VSCS　(1)视频安防监控系统 video surveillance control system 的缩写。(2) VM/SNA 控制台支持 VM/SNA console support 的缩写。

VSE　虚拟存储扩展　virtual storage extended 的缩写。

VSE/ESA　虚拟存储扩展/企业系统结构　virtual storage extended/enterprise system architecture 的缩写。

VSELP　矢量和激励线性预测编码　vector sum excited linear prediction 的缩写。

V series recommendations　V 系列建议　由国际电报电话咨询委员会(CCITT)在 20 世纪 60 年代制定的有关"在电话网上进行数据通信"的一系列标准，包括：总则、接口和话音调制解调器、宽带调制解调器、差错控制、传输质量和维护、与其他网络互通等各部分的建议。

VSL　图像序列层　video sequence layer 的缩写。

VSM　(1)虚拟存储管理(程序) virtual storage management 的缩写。(2)残留边带调制 vestigial sideband modulation 的缩写。

VSS　(1)向量符号集 vector symbol set 的缩写。(2)卷影副本服务 volume shadow copy service 的缩写。(3)可验证秘密共享 verifiable secret sharing 的缩写。(4)视频监控系统 video surveillance system 的缩写。

VSU　可视图文服务单元　videotex service unit 的缩写。

VSWR　电压驻波比　voltage standing wave ratio 的缩写。

VT　(1)垂直制表 vertical tabulation 的缩写。(2)验证测试，合格检查 validation test 的缩写。(3)虚拟终端 virtual terminal 的缩写。(4)可视终端 visual terminal 的缩写。(5)虚支路 virtual tributary 的缩写。

VTAM　虚拟远程通信访问法　virtual telecommunications access method 的缩写。

VTAME　虚拟远程通信访问法入口　virtual telecommunications access method entry 的缩写。

VTD　(1)虚拟终端数据 virtual terminal data 的缩写。(2)卷跟踪驱动程序 volume tracking driver 的缩写。

VTL　可变阈值逻辑　variable threshold logic 的缩写。

VTM　虚拟终端管理器　virtual terminal manager 的缩写。

VTM/FM　虚拟终端管理器/功能管理器　virtual terminal manager/function manager 的缩写。

VTOA　基于 ATM 的语音和电话传输　voice and telephone over ATM 的缩写。

VTOC　卷内容表　volume table of contents 的缩写。

VTP (1)虚拟隧道协议 virtual tunneling protocol 的缩写。(2)虚拟终端协议 virtual terminal protocol 的缩写。

VTS 视频传输业务 video transmission service 的缩写。

VTVBL 虚拟终端音频线路 virtual terminal voice band line 的缩写。

V-type address constant V 型地址常数 汇编语言中的一种地址常数。用于分支程序流程到其他模块。

VT-52/VT-100/VT-200/VT-300 VT-52/VT-100/VT-200/VT-300 终端 最初由 DEC 公司生产的显示终端系列产品及其所用控制代码集。这些终端采用异步通信方式,支持文本和图形显示方式。采用合适的软件,一般的微型计算机亦可使用这些控制代码集来仿真相应的终端。其中 VT-100 几乎是最流行的终端,使用终端仿真程序登录到计算机的时候,常常看到类似这样的信息:"Please input correct TERM type! Terminal-type (default VT100):",显然这里要求用户输入正确的终端类型,并且列出了缺省的用户终端 VT-100,由于所有的终端仿真程序都支持 VT-100 型终端,所以这时只要按回车键采用缺省值即可。

VU 音量单位 volume unit 的缩写。

vulnerability 脆弱性 (1)系统安全过程、管理控制、内部控制等存在的薄弱环节。它可能被利用来非授权访问信息或破坏关键处理过程。(2)可能引起系统损失或破坏的,存在于物理配置、组织、过程、人员、管理、硬件、软件等之中的漏洞。脆弱性本身不会引起系统危害,它仅仅是外来过程或事件危害系统的条件或条件集合。(3)在计算机病毒学中,指计算机系统中各个组成部分、接口和界面、各层次之间的相互转换而存在的不少漏洞或薄弱环节。尤其是软件方面,一个系统的软件是由各种功能不同的程序体构成,是若干人的集体产物,易于存在隐患和威胁,再加上软件的编制尚处于手工业的生产方式之中,尚缺乏自动化的检测手段和系统整体性的检验手段,更加剧了计算机系统的脆弱性。参见 countermeasure, exposure, risk, vulnerability of computer。

vulnerability assessment 脆弱性评估 对系统敏感度下降、资源非授权使用、信息错误、非法操作等可能引起系统危害的行为进行判断、评估的过程。

vulnerability of computer 计算机的脆弱性 计算机易受滥用行为的攻击和入侵的属性。计算机脆弱性容易导致信息泄露与计算机犯罪。计算机的脆弱性主要由以下四个原因造成:第一,由于计算机技术的发展,有价值的信息存入计算机内迅速增加,这就诱发犯罪者的攻击和入侵企图。第二,越来越多的人利用计算机系统来处理商务、金融及其他各种业务,这种处理由于全部自动化或者部分自动化而无需人工直接批准。计算机的非人工化属性很容易被未经授权的人用来对系统进行操纵,甚至用来转移资产等。第三,随着计算机重要性的增加,计算机处理能力和存储能力的财产价值性也不断在增加,即计算机服务本身就可以成为犯罪对象。第四,计算机网络和通信的发展导致犯罪范围急剧扩大,远在千里之外的人可以未经授权就进入到系统里,甚至可以随意拦截网络系统的信息。参见 vulnerability。

vulnerability of information service system 信息服务业务系统脆弱性 信息服务业务系统中存在的弱点、缺陷与不足,不直接对信息服务业务系统造成危害,但可能被信息服务业务系统威胁所利用从而危害信息服务业务系统的安全。

vulnerability of instant messaging system 即时消息业务系统脆弱性 脆弱性是即时消息业务系统中存在的弱点、缺陷与不足,不直接对资产造成危害,但可能被即时消息业务系统威胁所利用从而危及即时消息业务系统资产的安全。

vulnerability scanning 漏洞扫描 一种基于漏洞数据库,通过扫描等手段,对指定的远程或者本地计算机系统的安全脆弱性进行检测,发现可利用的漏洞的一种安全检测技术。

VWB 可视化工作平台 visual workbench 的缩写。

VWL 可变字长 variable word length 的缩写。

VxD 虚拟设备驱动(程序) virtual device driver 的缩写。

VXI bus VXI 总线 1989 年由 HP, Tektronix 等 5 家公司在 VME 总线基础上合作开发,是 VME bus extension for instrumentation 的缩写,即 VME 总线在仪器领域的扩展。VXI 总线吸取 VME 总线的高速通信和 IEEE 488 总线易于组成测试系统的特点,具有小型便携、高速数据传输、模块化结构、软件标准化高、兼容性强、可扩性好和器件可重复使用等优点。VXI 总线中地址线有 16 位、24 位、32 位三种,数据线 32 位,数据的传输速率可达 40 MBps,当在相邻模块间用本地总线传输时,速率更可大幅度提高。VXI 被 IEEE(电气与电子工程师学会)确定为正式标准 IEEE 1155。参见 versa module Eurocard (VME) bus。

V.1 V.1 标准 由国际电报电话咨询委员会(CCITT)提出的标准建议,规定二进制符号与双态码的两个有意义状态之间的对等关系。

V.10 V.10 标准 由国际电报电话咨询委员会(CCITT)提出的标准建议,规定在数据通信中通常同集成电路设备一起使用的不平衡双流接口电路的电气特性。电气特性类似于 RS-423。

V.110 V.110 标准 由国际电报电话咨询委员会(CCITT)提出的标准建议,规定 DTE(数据终端设备)怎样利用在 ISDN(综合业务数字网)上支持的同步或异步串行接口。

V. 120　**V. 120 标准**　由国际电报电话咨询委员会(CCITT)提出的标准建议,规定 DTE(数据终端设备)怎样利用在 ISDN(综合业务数字网)上使用封装传输数据的协议支持同步或异步串行接口。

V. 15　**V. 15 标准**　由国际电报电话咨询委员会(CCITT)提出的标准建议,规定使用声耦合进行数据传输。

V. 16　**V. 16 标准**　由国际电报电话咨询委员会(CCITT)提出的标准建议,规定医务上模拟数据传输用的调制解调器。

V. 17　**V. 17 标准**　由国际电报电话咨询委员会(CCITT)提出的标准建议,规定 Group 3 传真调制解调器协议,可达到 14 400 bps 的传真传输速率。

V. 19　**V. 19 标准**　由国际电报电话咨询委员会(CCITT)提出的标准建议,规定使用电话信号频率的并行数据传输的调制解调器标准。

V. 2　**V. 2 标准**　由国际电报电话咨询委员会(CCITT)提出的标准建议,规定在话路上数据传输的功率电平。

V. 20　**V. 20 标准**　由国际电报电话咨询委员会(CCITT)提出的标准建议,规定在普通交换电话网上通用的标准化的并行数据传输的调制解调器标准。

V. 21　**V. 21 标准**　由国际电报电话咨询委员会(CCITT)提出的标准建议,规定在拨号线上利用全双工传输的 300 bps 调制解调器标准。类似于 Bell 212。

V. 22　**V. 22 标准**　由国际电报电话咨询委员会(CCITT)提出的标准建议,规定在拨号或租用线上的 600 bps 和 1 200 bps 全双工调制解调器标准。

V. 22 bis　**V. 22 bis 标准**　由国际电报电话咨询委员会(CCITT)提出的标准建议,规定在拨号和租用线上的 2 400 bps 全双工调制解调器标准。

V. 23　**V. 23 标准**　由国际电报电话咨询委员会(CCITT)提出的标准建议,规定用在拨号线上的 600 bps 或 1 200 bps 的同步或异步半双工调制解调器标准。类似于 Bell 202。

V. 24　**V. 24 标准**　由国际电报电话咨询委员会(CCITT)提出的标准建议,规定在调制解调器和计算机系统之间接口。V. 24 在功能上等效于 RS-232 标准,但是不规定连接器和插脚分配。

V. 25　**V. 25 标准**　由国际电报电话咨询委员会(CCITT)提出的标准建议,规定在拨号线路上的自动呼叫和应答电路。V. 25 包括在人工拨号上回声抑制的阻塞。

V. 25 bis　**V. 25 bis 标准**　由国际电报电话咨询委员会(CCITT)提出的标准建议,规定在三种方式的拨号线路上自动呼叫和应答电路,这三种方式是异步、面向字符的同步和面向位的同步。V. 25bis 不包括调制解调器配置命令。

V. 25 bis protocol　**V. 25 bis 协议**　由国际电报电话咨询委员会(CCITT)定义的过程,允许在同一个链路上建立呼叫和数据传输,这种技术消除了在采用自动呼叫单元(ACU)中对两个物理线路的需求。

V. 26　**V. 26 标准**　由国际电报电话咨询委员会(CCITT)提出的标准建议,规定用在四线租用线上的 1 200 bps 的全双工的调制解调器标准。类似于 Bell 201B。

V. 26 bis　**V. 26 bis 标准**　由国际电报电话咨询委员会(CCITT)提出的标准建议,规定用在拨号线路上的 1 200 bps 和 2 400 bps 的全双工调制解调器标准。类似于 Bell 201C。

V. 27　**V. 27 标准**　由国际电报电话咨询委员会(CCITT)提出的标准建议,规定和四线的租用线一起使用的,带人工均衡器的 4 800 bps 全双工的调制解调器标准。类似于 Bell 208A。

V. 27 bis　**V. 27 bis 标准**　由国际电报电话咨询委员会(CCITT)提出的标准建议,规定和四线租用线一起使用的 2 400 bps 或 4 800 bps 的全双工调制解调器标准。比 V. 27 的主要进步是增加在租用线上使用的自动自适应均衡器。

V. 28　**V. 28 标准**　由国际电报电话咨询委员会(CCITT)提出的标准建议,规定不平衡双流接口电路的电气特性。定义与操作均与 RS-232 类似。

V. 29　**V. 29 标准**　由国际电报电话咨询委员会(CCITT)提出的标准建议,规定和点对点四线租用线一起使用的 9 600 bps 的调制解调器标准,这个标准已被采用作为 CCITT Group 3 传真机在拨号线上在 9 600 bps 和 7 200 bps 上的传输。

V. 3　**X. 3 标准**　由国际电报电话咨询委员会(CCITT)提出的标准建议,规定国际 5 号电码表。

V. 31　**V. 31 标准**　由国际电报电话咨询委员会(CCITT)提出的标准建议,规定使用接点闭合控制的单流接口电路的电气特性。

V. 32　**V. 32 标准**　由国际电报电话咨询委员会(CCITT)提出的标准建议,规定用在两线的拨号线或两线或四线的租用线上的 4 800 bps 和 9 600 bps 的调制解调器标准。

V. 32 bis　**V. 32 bis 标准**　由国际电报电话咨询委员会(CCITT)提出的标准建议,规定扩展 V. 32 到 7 200 bps、12 000 bps 和 14 400 bps 的规范。

V. 32 terbo　**V. 32 terbo 标准**　由 AT&T 和其他公司建议的支持传输速率达到 19 200 bps 的标准。

V. 33　**V. 33 标准**　由国际电报电话咨询委员会(CCITT)提出的标准建议,规定在四线和租用线上使用的 12 000 bps 和 14 400 bps 的调制解调器标准。

V. 34　**V. 34 标准**　由国际电报电话咨询委员会(CCITT)提出的标准建议,规定在双线设备上以全双工方式操作运行的 28 800 bps 调制解调器标准。

V. 35 **V. 35 标准** 由国际电报电话咨询委员会(CCITT)提出的标准建议，规定使用 60 ～ 108 kHz 基群电路的 56 kbps 速率的数据传输。通常由与高速数字载波(如 DDS)相连接的 M 系列方形连接器的 34 脚(M34)完成。

V. 35 communication adapter **V. 35 通信适配器** 一种通信适配器，可以在一条通信线上完成组合和发送信息，并使其速度高达 64 kbps，它同时还符合国际电报电话咨询委员会(CCITT) V 35 的标准。

V. 36 **V. 36 标准** 由国际电报电话咨询委员会(CCITT)提出的标准建议，规定使用 60 ～ 108 kHz 基群电路进行同步数据传输的调制解调器标准。

V. 37 **V. 37 标准** 由国际电报电话咨询委员会(CCITT)提出的标准建议，规定使用 60 ～ 108 kHz 基群电路的数据信号，速率高于 72 kbps 的同步数据传输。

V. 4 **V. 4 标准** 由国际电报电话咨询委员会(CCITT)提出的标准建议，规定公用电话网上数据传输用的国际 5 号电码表电码信号的一般结构。

V. 40 **V. 40 标准** 由国际电报电话咨询委员会(CCITT)提出的标准建议，规定机电设备的差错指示。

V. 41 **V. 41 标准** 由国际电报电话咨询委员会(CCITT)提出的标准建议，规定电码不受限制差错控制系统。

V. 42 **V. 42 标准** 由国际电报电话咨询委员会(CCITT)提出的标准建议，规定用于差错检测而不是用于调制解调器。它使用 LAPM(调制解调器链路访问规程)作为主要的差错纠正协议。

V. 42 bis **V. 42 bis 标准** 由国际电报电话咨询委员会(CCITT)提出的标准建议，规定对 V. 42 差错纠正加进 Lempel- Ziv 的串编码算法的调制解调器数据压缩标准。

V. 5 **V. 5 标准** 由国际电报电话咨询委员会(CCITT)提出的标准建议，规定关于普通电话交换网中同步数据传输的数据信号速率的标准化。

V. 50 **V. 50 标准** 由国际电报电话咨询委员会(CCITT)提出的标准建议，规定数据传输质量的标准极限。

V. 51 **V. 51 标准** 由国际电报电话咨询委员会(CCITT)提出的标准建议，规定数据传输用的国际电话型电路的维护组织。

V. 52 **V. 52 标准** 由国际电报电话咨询委员会(CCITT)提出的标准建议，规定数据传输用的失真和误码率测量设备的特性。

V. 53 **V. 53 标准** 由国际电报电话咨询委员会(CCITT)提出的标准建议，规定数据传输用的电话型电路的维护极限。

V. 54 **V. 54 标准** 由国际电报电话咨询委员会(CCITT)提出的标准建议，规定结合进调制解调器的环回测试，用于测试电话电路和隔离任何传输中出现的问题。

V. 55 **V. 55 标准** 由国际电报电话咨询委员会(CCITT)提出的标准建议，规定电话型电路用的脉冲噪声测量仪的技术条件。

V. 56 **V. 56 标准** 由国际电报电话咨询委员会(CCITT)提出的标准建议，规定在电话型电路上用的调制解调器的比较测试。

V. 57 **V. 57 标准** 由国际电报电话咨询委员会(CCITT)提出的标准建议，规定高信号速率使用的综合数据测试设备。

V. 6 **V. 6 标准** 由国际电报电话咨询委员会(CCITT)提出的标准建议，规定在租用电话型电路上同步数据传输的数据信号速率的标准化。

V. 7 **V. 7 标准** 由国际电报电话咨询委员会(CCITT)提出的标准建议，规定在电话网上数据通信术语的定义说明。

V＝R dynamic area **虚实地址相等动态区** 同 nonpageable dynamic area。

V＝R partition **虚实地址相等分区** 同 nonpageable partition。

V＝R storage **虚实地址相等存储区** 同 nonpageable dynamic area。

V_i collision **V_i 冲突** 向量机中并行工作的各向量指令的源向量或结果向量的 V_i 有相同的。如：$V_4 = V_1 + V_2$；$V_5 = V_1 \times V_3$，这两条向量指令不能同时执行，出现源向量 V_1 冲突。

W

W　瓦特　功率单位 watt 的符号。

WACK　等待确认　wait acknowledgment 的缩写。

WADS　大范围数据服务　wide area data service 的缩写。

WAE　无线应用环境　wireless application environment 的缩写。

wafer　晶片　圆形半导体单晶薄片。它是由半导体单晶棒经过切割、研磨、抛光后制得的，可作为制作晶体管或集成电路的衬底材料。晶片必须有一定的晶向和厚度、表面平整光洁，渗杂均匀。为了提高产量和降低成本，随着工艺水平的提高，晶片的直径不断增大。

wafer-scale　晶片规模的　在整个圆形硅片范围内集成一个系统。

wafer-scale integration (WSI)　晶片规模集成电路　(1)将集成电路尺寸制成晶片大小(边长 50～150 mm)的技术。(2)集成电路的生产方法中因电路复杂性和集成度的提高，使得在整个圆硅片上只集成了一个电路的大硅片，通常在一个硅片上可集成许多集成电路，然后进行切割封装。参见 wafer。

WAIS　广域信息服务　wide area information service 的缩写。

wait　等待，使等待　(1)实时程序在运行中请求从外存输入数据时所处的一种状态。(2)使一个程序、一台处理机等处于等待状态。(3)因某些事件的出现，使任务不能继续进行的状态。

wait before transmit (WBT)　发送前等待　设备在发送下个数据包前至少应该等待的时间，这将给主机时间让它处理接收到的信息。

wait before transmit positive acknowledgement character (WACK)　发送确认前等待字符　由接收站发出的字符序列，用以指示暂时尚未准备好接收。WACK 是对所接收的数据块或对选择的肯定性应答。

waiting list　等待表　等待处理的队列组成的表。该队列由未处理的数据或操作程序按某种要求排列而成。

waiting state　等待状态　因某些事件的出现，使任务不能运行的状态。等待状态可以是“硬等待”或“软等待”，两者间的区别在于：由“硬等待”造成系统恢复，必须重新执行 IPL(初始程序装入)过程，而由“软等待”造成的系统恢复，不必破坏现存的系统或程序的运行便可实现。

wait loop　等待循环(例程)　一种计算机例行程序，用于在程序执行的过程中产生一个时间延迟，如直到测试输入终端上送进一个输入时为止。

WAIT macro instruction　等待宏指令　在多道程序设计中，当程序不能继续执行时，所发出的一种等待请求指令，执行该指令，此程序进入等待状态，是把控制权交给优先级高的控制程序。以便其他程序继续执行。若等待条件满足，该等待程序继续运行。

wait state　等待状态　(1)通信终端、网络或者业务在控制动作之前的状态，用于在控制过程中起始下一个状态。(2)处理器不执行任何动作的时钟周期。等待状态编入计算机系统中，以使其他部件(如存储器)跟上 CPU 的速度。等待状态的次数取决于与存储器速度相关的处理器速度。通过使用快速的高速缓存、交错存取存储器、页面式 RAM(随机存取存储器)或静态 RAM 芯片，从而使 CPU 不必等待，则称为“零等待”。

wait time　等待时间　处理机等待从顺序存取文件中读出信息或寻找信息的存储位置所用的时间。

wait to restore (WTR) time　等待恢复时间　路径/连接从故障中恢复之后到能被再次使用以传输正常业务信号和/或从中选择正常业务信号之前，所需等待的时间称为等待恢复时间。

wake　唤醒　改变进程状态的一种操作。它可激活处于睡眠状态的进程。也可由其他过程或定时过程将睡眠状态的进程唤醒。它与解挂含义相同。

wake-up　唤醒　同 wake。

walk　通路　也称“途径”。图或有向图中顶点和边的交替有限非空序列

$$(v_{i1}, e_{j1}, v_{i2}, e_{j2}, \cdots, v_{ik}, e_{jk}, v_{ik+1})$$

对无向图来说，边 e_{js} 关联顶点 v_{is} 和 v_{is+1}；对有向图来说，有向边 e_{js} 的始点是 v_{is}，终点是 v_{is+1}。

walkie-talkie　步话机　可边走边操作的一种便携式无线电发送接收通信机。

walkman　随身听　随身携带进行收、录、放声音的器具。世界上第一款随声听是由日本 Sony 公司于 1979 年研发出来的 walkman 便携磁带播放器，而 walkman 一词也从此成为了便携式音乐播放器的代名词。携带方便、袖珍型、用耳机播放声音是随身听的特点。

walk-through　预排，走查，巡游　(1)按照用户需求确定了一个软件产品的结构以后，就要对它从各方面进行检验，看它是否合乎需求。这就是结构预排工作。经过预排确定的结构才能投入生产。(2)程序或计算机系统在其设计期间的评审过程。走查的内容是：通读已书写的设计或编码段，提出问题并对有关技术、风格、可能的错误、是否符合开发标准等进行评论。(3)一种视觉效果处理技术，系

统生成一系列类似照片的画面，用户可改变观察位置和观察角度，系统随之更新画面，可用于建筑设计等领域。

Wallace add tree **华莱士加法树** C. S. Wallace 于 1964 年提出的用多个保留进位加法器组成的一种树形结构，是实现快速乘法的一种方法。在该方法中，被乘数的各个倍数的相应的位在保留进位加法器中同时相加。每个保留进位加法器所产生的进位数送到高位（即左边一位）去作为下个保留进位加法器的相加数，而产生的和数继续在本位同别的相加数在另一个保留进位加法器中相加。直到每一位只有两个相加数时，才送入具有进位链的加法器中求和，从而得到乘积。这种乘法器的速度很快，很多计算机都采用它来实现高速乘法。

wallet PC **钱包式个人计算机** 一种超小形计算机，大小如同一个钱包，可以作为流动信息源和通信工具。同 personal digital assistant (PDA)。

wall paper **墙纸，壁纸** 像视窗这样的图形用户界面的一种特性，它允许把位图作为工作台背景，在将所有窗口都关闭时，屏幕上显示的图形称为墙纸。

WAN **广域网** wide area network 的缩写。

WAN call destination **广域网呼叫目标** 用于广域网（WAN）的一种 NetWare 远程呼叫配置，每个呼叫配置等同于 WAN 链路上的一个虚拟电路（VC），并包含 WAN 链路驱动程序建立和维护接到指定目标的链路时所需的参数。

WAND **广域网分布系统** wide area network distribution 的缩写。

wand **阅读棒，棒形读入器** 用于数据输入的笔形装置，如图形输入板上用的笔，但更常见的是指用作条码阅读器的扫描设备。参见 stylus, optical scanner, scan head。

wander **飘移** 数字信号的各个有效瞬时对其理想时间位置之长期的非累积性偏移。

wanding **扫读，划读** 将棒形读入器的读入头划过商品标价签、信用卡、雇员证件上的编码磁条，读出其上信息。

Wang machine **王浩机** 由王浩提出的一种计算模型。它与图灵机一样，有一个带读写头的控制器和一条工作带。它有以下四种操作：①→：右移读写头一格。②←：左移读写头一格。③ *：给读写头所注视的方格标记“ * ”（原已有 * ，则保留），“ * ”是唯一使用的符号。④Cn：若读写头当前注视符号“ * ”，则控制器执行第 n 条操作指令。王浩机是一种通用机，计算的实施不是由预先设计好的机器内部结构所确定的，而是由一组预先编制的操作指令所确定的。王浩机可计算函数集等同于图灵可计算函数集。

Wang net **王安网** 由美国王安公司于 1981 年公布的局部网产品。采用树形拓扑结构，使用两条宽带同轴电缆（0 ～ 400 MHz），分别用于发送信息和接收信息。其 400 MHz 的带宽分成 5 个频带：王安频段（218 ～ 241 MHz），用以支持 CSMA/CD（载波监听多路访问/冲突检测）协议，速率可达 10 MBps 的王安设备之间的通信；互连频段（6 ～ 72 MHz），用于支持王安设备与其他厂家设备之间的互连和通信，它又分为两个子频段，分别支持专用线路和交换线路；公用频段（174 ～ 216 MHz），可同时传输 10 个用于电视会议的 8MHz 电视信道。王安网络范围为 15 km，能够同时传输语音、数据与图像信息，具有较强的文字处理功能。主要用于办公室自动化及综合信息处理。

Wang VS series computers **王安 VS 计算机系列** 王安计算机公司推出的系列计算机，其中包括 VS300，VS7000，VS8000，VS10000 及 VS12000 等计算机系统。这些计算机系统以能处理数据、文字、影像等多种信息为其主要特点。每种系统又包含多种机型，如 VS10000 系统中有 50，75，100 三种型号；VS12000 系统中有 550 和 650 两种型号。

wanted signal **有用信号** 一个或多个接收机所要寻找的携带信息的信号。

WAP （1）无线应用协议 wireless application protocol 的缩写。（2）无线接入点 wireless access point 的缩写。

WARC **世界无线电管理会议** world administration radio conference 的缩写。

ward **双字节字符集段** 一段双字节字符集（DBCS），其第一个字节属于同值的段，在 DBCS 标准中有 190 个 ward，每个 ward 具有最多 190 个可赋予 DBCS 字符的点，对应于 point。

warm boot **热启动** 不用电源开关方式使一部正在运行的计算机重新启动，热启动时重新装入操作系统，在 PC 机上通常可用 Ctrl-Alt-Del 组合键进行热启动。

warm link **温链接** 在对象链接与嵌入（OLE）和动态数据交换（DDE）中，只有当通过选择一个更新链接命令而明确要求更新时才进行更新的一种动态链接。温链接也用于 2.2 版之后的 Lotus1-2-3 中以及 1.0 版之后的 QuattroPro 中。参见 object linking and embedding (OLE)。

warm restart **热再启动** 在远程通信系统中，使用了快速关闭或紧急关闭后的重新启动。系统中的检查断点及重新初启程序可以尽可能地将通信系统恢复到系统关闭或故障前的状态。比较 cold restart。参见 point-of-failure restart, point-of-last-environment restart。

warm site **温站点** 在重大中断事件中支持重新配置 IT（信息技术）运行、配备了部分 IT 和电信设备、环境得到调节的工作场所。

warm snapshot copy **暖快照拷贝** 快照拷贝的一种使用方法。暖快照拷贝利用服务器的挂起功能，当执行挂起行动时，程序计数器被停止记数，所有的活动内存都被保存在引导硬盘所在的文件系统中的一个临时文件(.vmss 文件)中，并且暂停服务器应用。在这个时间点上，复制整个服务器的快照拷贝。在这个拷贝中，机器和所有的数据将被冻结在完成挂起操作时的处理点上。参见 snapshot，cold snapshot copy，hot snapshot copy。

warm standby 热备用(系统) 在初启运行前通常只需要几秒钟延迟的一种备份系统。用以接替出故障的在用系统。

warm start 热启动 (1)重新启动系统的一种方式，它允许重新使用原先系统中的输入/输出工作队列。(2)在某些操作系统中：①一种启动系统的过程，此时系统 IPL(初始程序装入)不会抹掉系统中原有的数据。②当控制程序不能继续工作时，控制程序自动地重新初始化的过程。此时，已关闭的假脱机文件和操作系统中的记录信息并不丢失。比较 checkpoint start，cold start，force start。(3)一种设施。当微型计算机进入不停地循环或出了故障后，复位按钮可使微型计算机重新处理程序，没有必要关掉电源而后又立即打开它。

warm-up time 加热时间，热机时间 在启动电源之后，设备达到它的额定输出特性所需的时间。

Warnier-Orr diagram Warnier-Orr 图 一种程序设计中表示系统结构的方法。它是以大括号来描述系统的分割，不能再分割者称为基本元素，而其层次结构是由左而右以大括号表示出来，它利用嵌套的分支集合、某些伪代码和逻辑符号表示系统的结构。

warning-lock 警告锁 在知识库系统中的一种层次结构并发执行的协议，当给某知识项加锁时，自动锁住该知识项的全部后代。为了实现这种协议，需要在对该知识加锁之前，首先对其所有祖先加警告锁，禁止其他过程对其加锁。

warning looking protocol 警告封锁协议 数据库并发控制中保证数据一致性的一种封锁协议。它适用于树状数据结构。该协议规定：当一事务程序对树中节点进行封锁时，①对一个节点的封锁意味着同时也对它的所有后代节点的封锁；②不允许对已被其他事务程序封锁的节点进行封锁，但允许再对该节点施加警告封锁，③在对树中任一节点进行封锁之前，必须先对根节点施加封锁或警告封锁；④在封锁一个节点之前，必须先对其父节点施加警告封锁；⑤当一个节点已被封锁或警告封锁时，不允许解除其父节点的封锁或警告封锁；⑥所有的事务程序必须都是两段的。警告封锁协议能保证用户事务并行调度的可串行性。

warning message 警告信息 指示可能要出现的一个错误，与出错信息的意义不同。

warranty 保险契约 硬件、软件及许可证的提供者在移交完成后对买主所应承担的义务。在保险期内，双方如无特殊商定的条款，一般按国际保险惯例处理各种争议。

WAS Web 应用服务器 Web application server 的缩写。

waste instruction 空操作指令 使处理机接着下一条指令，而不做其他任何工作的指令。

watchdog 加密狗 是为软件开发商提供的一种智能型的软件保护工具，它包含一个安装在计算机并行口或通用串行总线(USB)口上的硬件及一套适用于各种语言的接口软件和工具软件。加密狗基于硬件保护技术，其目的是通过对软件与数据的保护防止知识产权被非法使用。软件开发者可以通过接口函数和加密狗进行数据交换(即对加密狗进行读写)，检查加密狗是否插在接口上；或者直接用加密狗附带的工具加密自己 EXE 文件。这样，软件开发者可以在软件中设置多处软件锁，利用加密狗作为钥匙来打开这些锁；如果没插加密狗或加密狗不对应，软件将不能正常执行。

waterfall development method 瀑布开发方法 一般用于软件开发工程中的传统开发生存期的方法。该名称来源于以下事实：在瀑布中水流的方向总是单一的，因此这种方法的流程也是从需求收集和分析到系统开发和交付，每个阶段都要产生一系列文档，形似瀑布。

waterfall model 瀑布模型 一种用来描述软件生产过程的模式。即把软件生产周期看作为一个按时间顺序的模式序列。它将软件开发的整个周期划分为需求分析、系统设计、编码、测试与软件维护等几个阶段，并提出软件生命周期的概念，成为开发软件产品的行之有效的工程化模型。瀑布模型经多年不断发展和完善，已为人们所接受，成为一种传统的标准的开发模式。这种模型的特点是简洁、明了、逻辑性强。参见 software life cycle。

water-jug problem 水和罐问题 在给予若干个已知容量的罐，而没有其他量具的情况下，要求得到给定容量的水的问题。在人工智能的问题求解中，这是一个常用的例子。

watermark 水印 又称"数字水印"。它是将与多媒体内容相关或不相关的一些标示信息直接嵌入多媒体内容当中，但不影响原内容的使用价值，并不容易被人的知觉系统觉察或注意到。通过这些隐藏在多媒体内容中的信息，可以达到确认内容创建者、购买者，或者是否真实完整。数字水印是信息隐藏技术的一个重要研究方向。参见 digital watermark。

watermark magnetics 水印磁性处理 在磁条上对信息进行编码的方法，适用于固定到塑料单据和银行用卡片上的磁条。水印的特点是：即使磁条通过强磁场时编码信息也不会消失或改变。

water resource information 水资源信息 表征水资源学科研究对象、理论、方法、数量、质量以及开发、利用、保护等的信号和消息。

WATS **广区[域]电话服务[业务]** wide area telephone service 的缩写。

Watson code **沃森编码** 用来表示二进制信息的一种信息编码。其编码规则是：把输入信息序列按 2 位长度分组，然后按下列表中给出的规则，逐组地把每 2 位信息变换为 4 位码字，最后再把编码序列用逢"1"变化不归零制规则调制。这种编码是具有自同步能力的按组、固定长度、游程长度受限码。在计算机中，它主要用于数字磁记录。

信息位 D_1 D_2	码 字 C_1 C_2 C_3 C_4
0 1	0 0 0 1
1 0	0 1 0 0
1 1	0 1 0 1
0 0	0 1 1 1

watt **瓦特** 功率的单位，符号为 W，等于在 1 秒钟内施加 1 焦耳的功。

wav **波形文件** 以波形方式存储声音的一种文件格式。Windows 中记录声音的一种文件，该类文件的扩展名为 wav。

wave **波** (1)具有振动和周期性特点的扰动或变化，是能量传递的一种形式。电磁波是电磁扰动在空间传播的过程。这种传播扰动通常是阶段性的，如无线电波、声波、或用来传输数据信号的载流子波。(2)在电子学中，指电子信号的时间与幅度关系特性。参见 plane wave，progressive wave，standing wave。

wave band **波带** (1)赋以特定类型通信设备的频率范围。(2)电磁波的频带。

wave band switching (WBS) **波带交换** 是将多个波长组合在一起作为整体进行交换的技术，由于在光交叉连接(OXC)中只使用一个端口，可减少端口数，降低成本。

wavebeam guide laser **波导激光器** 谐振腔内激光传播和振荡的模式由波导理论来确定的激光器。固体、液体、气体、半导体等工作物质都可以做成波导激光器，其中较为成熟的是 CO_2 波导激光器。CO_2 激光器的波导管是内径很细(约 1 mm)、内表面很光滑的空心导管，可以是圆形或方形，通常用氧化铍(BeO)陶瓷做成。

wave division multiplexing (WDM) **波分多路复用** 在一条光纤中能同时传输多个波长光信号的一种技术，是频分复用(FDM)应用于光纤信道的一个变例。其基本原理是：不同的信源使用不同波长(频率)的光波来传输数据，将不同波长的光信号在发送端通过光复用器(合波器)合成一束光，送入一条光纤中进行传输，在接收端再由一个光解复用器(分波器)将这些不同波长的光信号区分开来。波分复用对网络的扩容升级、发展宽带新业务、充分挖掘和利用光纤带宽能力、实现超高速通信具有十分重要的意义。参见 frequency division multiplexing (FDM)。

wave file **声波文件** 一种计算机中存储声音信息的文件，通过以一定频率对音频信号采样而形成数据。

waveform **波形** (1)一个波的形状的图形表示，显示波形的特征，如频率和幅度。参见 period，phase wavelength。(2)一个分类和管理音频数据的数字方法。

waveform coding **波形编码** 用于传递二进制信号的电子技术。

waveform corrector (WC) **波形修正器** 用于消除或降低线性波形失真的一种装置，多数波形修正器能同时修正振幅/频率失真和相位/频率失真。

waveform digitization **波形数字化** 从波到数字形式的信号转换技术。每隔一定的时间取出相应的振幅值。有一种专门的语音合成的技术称为波形数字化。

Waveform Digitizer **波形数字化仪器** 一种在专用区间采样输入波形的设备，在采样点处将模拟信号转换成数字信号并将其存储在数字存储器中。

waveform distortion **波动失真** 产生电源电压波形失真的主要原因是由于电网中非线性负载，特别是一些大功率的可控整流装置的存在会对供电电源的电压波形产生失真。这种波形畸变，会使电子设备直流电源回路中的滤波电容上的电流明显增大，电容器发热甚至损坏。

waveform distortion rate **波动失真率** 是用电设备输入端交流电压所有高次谐波之和与基波有效值之比的百分数，为衡量波形失真的技术指标。

waveform generator **波形发生器** 一种能产生一组脉冲波形的线路。它由主时钟脉冲驱动，与操作译码器相结合，送出波形去控制机器的各种操作，或产生某种组合的电平和脉冲用以测试逻辑线路的功能。

waveform monitor **波形监控器** 在视频系统中，一个测量视频信号特征的设备。

waveform sound **波形声音** 像 MIDI(乐器数字接口)声音一样的一种数字化音频信息。特别是当以 16 位分辨率记录时，波形声音可产生惊人的高保真度，但却占用了非常大的存储空间。参见 musical instrument digital interface (MIDI)。

wave factor **波形因数** 周期量的有效值与平均值之比。其中平均值是指周期量的绝对值的平均值。

wave front **波前** 从波的前进方向一侧观察到的波的部分。

wavefront **波阵面** 一种假设的表面，它连接光束截面上的所有点，这些点与光源保持等距离。用于描述光束特性。

waveguide 波导管 用来传送甚高频电磁信号的金属管。矩形波导管通常用来作为微波天线及其配套设备之间的连接部件。圆波导管传送的频率比矩形波导管传送的要高(40 ～ 110 GHz),如果通过大气进入螺旋波导管(也属于圆截面波导管,但在管内侧绕有铜线),这有助于对无用的信号模进行衰落。圆形和螺旋形波导管传送的距离可超过数千米,波导管不能陡然地弯曲,但可以逐渐地弯曲。

waveguide coupler 波导耦合器 两个波导之间的连接设备,使电磁波能顺利地从一个波导传向另一个波导。

waveguide delay distortion (WDD) 波导时延失真 光波导中,由于每个波长的传播时间不同而引起的接收信号失真,它会使光电检测器中总的接收信号展宽。

waveguide dispersion (WD) 波导色散 由于光纤几何特性而使信号的相位和群速度随波长变化引起的色散。

waveguide isolator (WI) 波导隔离器 一种波导衰减器,其中,一个方向的传输损耗比另一个方向的损耗大得多,从而对端面反射、反向散射和噪音产生吸收。采用某些铁氧体材料可获得这种非互易的衰落特性。

waveguide scattering (WS) 波导散射 因波导几何结构和折射率分布的变化而引起的散射。波导散射会增加波导的损耗,并可能引起模耦合。

waveguide switch (WS) 波导开关 一种由机械或电控制的器件,它能在波导中的特定点使电磁能量的传播截止或改向。

wavelength 波长 (1)周期性波在传播方向上具有相同振荡相位的两个相继点之间的距离。参见 wave number。(2)交流波上两个相同点或相继点之间的距离,即连续的最大值(或最小值)之间的距离,等于传播速度除以穿过导线的交变频率。

wavelength bandwidth of power 功率波长带宽 一个波长范围,在此波长范围内,当信号在输入功率范围内变化时,输出信号功率在规定范围内。

wavelength conversion 波长转换 在波分复用系统的光纤中,将传送的一个特定波长光信号变为另一个不同波长光信号的处理过程。波长转换是增加光交换网络灵活性,降低阻塞的必要手段。

wavelength cross connect (WXC) 波长交叉连接 是全光网络(AON)节点的基本设备,它的基本功能是在各输入端光纤上波分复用(WDM)通道之间建立全光通道互联模式。

wavelength division demultiplexer (WDDM) 波分解复器 光纤通信中,光纤波分复用传输系统使用的一种器件,功能与波分复用器相反。光输入信号由两个或多个波长的光组成,各输出端口输出的光则具有不同的预选波长范围。

wavelength division multiple access (WDMA) 波分多址 利用不同的波长分割成不同信道的多址技术。

wavelength division multiplexer (WDM) 波长分割多路转换器 即波分多路复用。参见 wave division multiplexing (WDM)。

wavelength isolation (WI) 波长隔离 将波分多路复用器中传输光信号的信道与不用的光信道相互隔离的过程。

wavelength modulation (WM) 波长调制 按照输入信号的瞬间值改变电磁波波长的一种方法。可以把信号直接输入到光源或在光发射之后从外部来改变波长。

wavelength multiplexing 波长多路复用 对每个信号用不同的波长,从而同时传输多个独立的信号的复用技术。特别用于经光纤传输的光波上。

wavelength routing switching (WRS) 波长路由交换 在 WDM(波分多路复用)网络中使用电路交换技术时,是以波长交换的形式来实现,在相邻节点间的每条链路上,一个波长就对应一个用于交换的光通道,提供端到端的“虚波长路由”,在网络的边缘建立起光路径。光路径通过沿路径的每条链路上预留专门的波长通道而创建。在点到点的光通路中传输数据流时,中间节点不需要任何处理。波长路由交换就是传统电路交换网络的一种形式,但不能统计复用共享带宽资源,所以带宽利用率比较低。

wavelength selective cross connect (WSXC) 波长选择交叉连接 是一种可以把入口处任何光纤上的任何一路波长,交叉连接到任何一条出口光纤上波长相同的一路波长上的器件。可实现波长级的业务量疏导和波长业务,具有业务恢复的灵活性。它是光纤网络中使用最多的一种交叉连接器,又可称为“波长选择性的转换交换机”。

wavelet analysis 小波分析 运用傅里叶(Fourier)变换的局部化思想,进行时空序列分析的一种数学方法。

wavelet transformation 小波变换 以某些特殊函数为基将数据过程或数据系列变换为级数系列以发现它的类似频谱的特征,从而实现数据处理。在应用领域,特别是在信号处理、图像处理、语音处理以及众多非线性科学领域,它被认为是有效的时频分析方法。小波变换是一个时间和频域的局域变换,因而能有效地从信号中提取信息,通过伸缩和平移等运算功能对函数或信号进行多尺度细化分析,最终达到高频处时间细分,低频处频率细分,能自动适应时频信号分析的要求。

wave number 波数 波长的倒数。参见 wavelength。

wave optics (WO) 波动光学 光学研究中,以光的波动性为依据，运用波动理论研究光的传播规律和光的性质的一门分支学科，内容涉及光的干涉、衍射和偏振等现象。

wave package （光）波封装 将光传输数据流封装成数据包，包中带有信息用来监视波分复用编码的波长、执行前向纠错（FEC）和监视信道性能。国际电信联盟-电信标准化部门（ITU-T）已用波封装技术修改了通用的数据封装的一些光传送网络标准，将用户信号装入数字封装，在波长上提供成帧的光通道，保持透明传送。

wave-particle duality 波粒二象性 一切物质同时具备波的特质及粒子的特质。根据波粒二象性这一假说，电子也会具有干涉和衍射等波动现象，这被后来的电子衍射试验所证实。参见 complementary principle。

wave propagation 波传播 电磁能量或声音能量经过适当的传输媒体从一个地方传到另一个地方的过程。

wave-soldering 波峰焊 一种锡焊方法。将锡槽内熔化的锡合金用泵压出液面，形成一定形状的一个或多个波峰，然后将插装好或贴装好元器件、组件的印制电路板的焊接面，以一定的运行速度通过并接触波峰而完成锡焊。一般的波焊机可自动完成涂布焊剂、预热、锡焊、冷却等焊接工艺过程。

wave sound 波声 以计算机可读文件记录的两种声音之一，包括实际声音的数字化记录。普通因特网波声文件格式包括．AU，．AIFF（音频交换文件格式）和．MPEG（活动图像专家组）。参见 waveform sound。

wave table synthesis 波表合成 一种声音数码拟合技术，它将各种乐器的真实声音采样后将样本存储在声卡的 EPROM（可擦写可编程只读存储器）中，当需要某种乐器的某个音色时，就到 EPROM 中查询该乐器的有关数据，运算后经过声卡的芯片处理合成所需要的声音。鉴于波表合成技术的出色表现，频率调幅合成已被淘汰。比较 frequency modulation systhesis。

wave train 波列 一组相继进行的波。

wave trap 陷波器 一种与接收机天线系统连接的谐振电路，用以抑制特定频率的信号。

wave winding 波绕组 分布绕组的一种，其线圈的两个线端位置相距约两个极距。相串联的两个线圈分别处在相隔约两个或更多的极距下。参见 distributed winding。

way-operated circuit 分路工作线路 使三个或更多个站共享的线路。其中某站可能为转换中心。

way station 路站，分路站，中途站 一种多点线路上的工作站。

WBAN 无线体域网 wireless body area network 的缩写。

WBC 宽带信道 wide band channel 的缩写。

WBCS 宽带通信系统 wide band communication system 的缩写。

WBDL 宽带数据链路 wide band data link 的缩写。

WBEM 基于 Web 的企业管理标准 Web-based enterprise management 的缩写。

WBM 基于 Web 的网络管理 Web based management 的缩写。

WBS 波带交换 wave band switching 的缩写。

WBT 发送前等待 wait before transmit 的缩写。

WC （1）线缆 wire cable 的缩写。（2）波形修正器 waveform corrector 的缩写。

WCC 写控制字符 write control character 的缩写。

WCDMA 宽带码分多址 wideband code division multiple access 的缩写。

WCED 世界环境和开发署 world commission on environment and development 的缩写。

WCS 世界坐标系 world coordinate system 的缩写。

WD 波导色散 waveguide dispersion 的缩写。

WDA 无线数字助理 wireless digital assistant 的缩写。

WDC 世界数据中心 world data centre 的缩写。

WDDM 波分解复器 wavelength division demultiplexer 的缩写。

WDD 波导时延失真 waveguide delay distortion 的缩写。

WDL Windows 驱动程序库 Windows driver library 的缩写。

WDM （1）Windows 驱动程序模型 Windows driver model 的缩写。（2）Win32 驱动程序模型 Win32 driver model 的缩写。（3）波分多路复用 wave division multiplexing 的缩写。（4）波长分割多路转换器 wavelength division multiplexer 的缩写。

WDMA 波分多址 wavelength division multiple access 的缩写。

WDP 无线数据报协议 wireless datagram protocol 的缩写。

WDS 无线分布式系统 wireless distribution system 的缩写。

weak bits 弱位 在软件保护中使用的一种技术。采用此技术时，凡在二进制 1 和 0 之间带有中间极化值的位均预先记录在主控软磁盘上，并与该软件一起受到保护。当读弱位时，微机上的软盘控制器将有时把它译为 1，有时译为 0。一个专用的测试程序将通过读写与各次变化有关的扇区来检验这个统计变化，从而确定主控软盘是否正在被使用。假如弱位被读出并复制到另一张软盘上，它就被写成真正的二进制数，测试程序将测不到其变化，从而可得出结论，所用的是复制品，程序可中止执行。

weak current 弱电 弱电主要有两类，一类是国家规定的安全电压等级及控制电压等低电压电能，有交流与直流之分，交流 24 V 以下，直流 36 V 以下。另一类是载有语音、图像、数据等信息的信息源，如电话、电视、计算机的信息。比较 strong current。

weak Boyee Codd normal form 弱鲍依斯-柯德范式 在关系式数据库系统中，指一个第三范式关系模式中如果对于任何一对互补非平凡多值依赖中必有其一是函数依赖的范式。参见 third normal form，Boyee Codd normal form (BCNF)。

weak consistency 弱一致性 分布式共享存储器系统中的一种一致性协议，使得程序员能够用同步操作控制一致性操作以保证数据的顺序一致性。

weak electrolyte 弱电解质 在水溶液里或熔融状态下部分电离的电解质。弱电解质包括弱酸、弱碱、水、少数盐和两性氢氧化物。不同的弱电解质在水中电离的程度是不同的，一般用电离度和电离常数来表示。参见 electrolyte，ionization constant，strong electrolyte。

weak entity 弱实体 当某一实体需要依赖另一实体方能存在和被记载时，此依存的实体就是弱实体，如在数据库系统中，如果某实体 A 的存在依赖于另一个实体 B 的存在，并且这两个实体之间的联系是用于标识 A 的，那么实体 A 就称为弱实体，在 E-R(实体-联系)图中用双矩形表示。参见 E-R model。

weak entity type 弱实体类型 该类型的实体不能单独存在，而需要依附于另一个实体类型的实体，这个被依附的实体类型被称为标识拥有者，这两个实体类型间的联系称为标识联系。

weak external reference (WXTRN) 弱外部访问[引用] 在链接编辑期间不一定要识别的外部访问，若未被识别，出现时认为其值被识别为零。

weak key 弱密钥 若密钥 k 使得加密函数与解密函数一致，则称 k 为弱密钥。在密码中，一个弱密钥在加密和解密过程中会产生同样的结果，即两次加密会恢复出原来的明文。

weak loop invariant 弱循环不变式 不仅在循环的入口和出口处为真，而且在复合结构的每一步之后均为真的循环不变式，用于程序正确性证明。

weakly connected graph 弱连通图 一种有向图。它的任意两个顶点之间都有一条链。

weakly guiding fiber (WGF) 弱导光纤 最大折射率与最小折射率之差较小(通常小于 1)的一种光纤。

weakly inference 弱推理 人脑的各种思想模式，如：类比、直觉、常识推理等。

weak method 弱方法 在缺乏更直接有效的算法解所需的专门知识情况下求解问题的一般技术。参见 heuristic search，mean-end analysis。

weak parallel loop invariant 弱并行循环不变式 在并行程序中，指满足互不干扰性质的弱循环不变式，用于程序正确性证明。

weak physiologic electric signal 生理弱电信号 一类微弱的生理信号，其显著的特点是幅值只有微伏或数十微伏量级。

weak relationship 弱联系 在数据库系统中，指 E-R(实体-联系)模型中一类特殊的实体之间的联系。如果联系中的某些实体是由其他联系来标识的，那么这种联系就是弱联系。

weak typing 弱分类，弱类型化 在程序设计语言中，指不强调数据类型的检查，编译时不一定知道所有数据对象的类型，允许程序在执行期间改变变量的数据类型。参见 data type，variable。

wear-out failure 衰老失效(故障) 由于元件或线路衰老出现的故障，也称衰老故障。衰老与老化不同。老化是指新组装的计算机在强化条件下运行一段时间，发现不合格的元器件，淘汰下来。衰老是指计算机经过几年或十几年稳定运行之后出现的性能衰落现象。通常两者的汉译词都叫老化。

WEB 工作元素块 work element block 的缩写。

Web address Web 地址 即统一资源定位地址(URL)，由协议、主机名、路径和文件名组成，如在主页地址：http://enterzone.berkeley.edu/homes/xian.http 是协议，主机名为 enterzone.berkeley.edu，路径为/homes/，文件名为 xian.html。参见 uniform resource locator (URL)。

Web application server (WAS) Web 应用服务器 WAS 是一个介于传统服务器和后端系统，如数据库或传统应用程序的中介软件。当客户端发出的请求由 Web 服务器递送给 WAS，WAS 会完成对收到的请求进行逻辑处理及与后端系统通信等工作。此后，所得结果将以 HTML(超文本标记语言)的格式发还给 Web 服务器，由发出请求的浏览器接收并浏览。使用了 Web 应用服务器可以减轻网站的管理工作量。

Web-based enterprise management (WBEM) 基于 Web 的企业管理标准 该标准于 1996 年 7 月推出，微软公司最先提出，包括 3Com，Cisco，Intel，Compaq 在内的 60 多个提供商都支持此项标准，它的目的是建立一个工业标准，使管理者可以使用任一个浏览器管理分布的网络、系统和应用。此项标准是面向对象的，它能够将从网络设备、系统平台和网络应用程序等多种系统资源、以多种网络管理协议获得的管理数据抽象化，加强了系统管理的能力并且使管理信息以单一的协议形式出现。WBEM 核心是超媒体管理框架(HMMA)。虽然它是寻求解决当前一些管理应用的失败之处，它还是"兼容和扩展"了当前的标准，如 SNMP(简单网

络管理协议)、CMIP(公共管理信息协议)和DMI(桌面管理接口),因而可以集成不同管理平台提供的管理服务。它试图利用Web技术在不影响网络基本结构的前提下实现网络和系统综合管理。虽然WBEM以Web工具的形式出现,但其真正目标是强化对于网络元素和系统的管理,包括网络设备、服务器、桌面和应用程序。

Web based management (WBM) 基于Web的网络管理 作为一种全新的网络管理模式,基于Web的网络管理模式允许网络管理员使用任何一种Web浏览器,在网络任何节点上方便迅速地配置、控制以及存取网络和它的任何组成部分。WBM以其特有的灵活性、易操作性等特点赢得了许多技术专家和用户的青睐,被誉为是"将改变用户网络管理方式的革命性网络管理解决方案"。其特点可归结为:①融合了Web功能与网管技术,为网络管理员提供了比传统工具更强大的能力。应用WBM,管理员能够通过任何Web浏览器、在任何站点均可以监测和控制公司网络,不再只拘泥于网管工作站,并且由此能够解决很多由于多平台结构产生的网络互操作性问题;②提供了比传统的命令驱动的远程登录屏幕更直接、更易用、操作更简便的Web图形界面;③是一种发布网络操作信息的理想方法。可以通过浏览器连接到一个专门的Web站点上,使得用户能够访问网络和服务的更新,避免了用户与网管组织部门的直接联系;④由于WBM的实现仅仅需要基于Web的服务器,所以便于快速而简便地集成到Intranet企业网。

Web-based project management 基于Web的项目管理 一种仍处于发展之中的通过因特网管理项目(尤其是信息技术项目)的方法。基于Web的项目管理解决方案提供了一个中央Web网站,即项目门户,参与项目的每个人都能从那里得到最新的项目信息、共享文档以及利用协作功能(如共享笔记、交叉讨论组和交流论坛)参与计划和问题解决。通过使团队成员和经理交换信息变得容易,基于Web的项目管理有希望减少因沟通不畅引起的错误,以及消除因围绕审批和会议而调动文档和人员花去的时间而造成的延误。把项目管理工具与因特网通信结合起来,基于Web的项目管理方案提供的特殊功能,能使项目不偏离目标,如通过把阈值监控和电子邮件结合起来,在出现一个任务开工晚了,过了预定日期、突破预算或者与计划背道而驰时,他们就能自动提醒经理和项目负责人。

Web-based teamware 基于Web的组件 一类主要运行在网络上的组件,适合在不同地点需要在线协作的工作环境,尤其是在需要串联式讨论和文档共享时。依据情况,组件服务可以适用于用传统协作工具很难、甚至不可能做到的协作。组件服务分为两类:一类(如HotOffice 3.0和InTandem 3.6)适应那些期望外包和建立公司内联网的组织,允许建立包含公司信息与其他站点链接的主页;另一类(如X-Community 2.0、eRoom 4.1和QuickPlace 2.0)则适合那些要在一个项目一个项目基础上建立虚拟团队的公司,通常为每个项目组建立每个服务分开的请求。

Web broker Web代理 也称"Web代理文件类型定义",用于Web上各软件构件之间描述信息的结构(请求方法和响应方法),以及软件成分之间的接口,并实现信息的交换。

Web browser Web浏览器 与因特网相连的计算机上运行的一个程序,可向Web服务器发送各种请求,并对从服务器发来的由HTML(超文本标记语言)定义的超文本信息和各种多媒体数据管理格式进行解释、显示和播放。Web浏览器有两种:基于字符的浏览器和基于图形的浏览器;后者可看到在线的图像、字模和文档布局,因此更受用户欢迎。

Webcast 网播 和netcast是同义词。利用因特网广播信息。网播与一般的网上冲浪不一样,后者依靠抓取的方法传输网页,而网播利用推送技术。观看网播需要合适的视频观看应用软件,如Real Video。

Weber 韦伯 磁通量的实用单位。当1韦伯的磁通量在1秒的时间内以均匀的速度链在一匝线圈中时,所产生的电动势是1伏特。

Web farm Web场 也称"Web服务器场",是指一个在多台服务器上运行的网站,或者利用多台服务器提供Web托管服务的因特网服务商。参见Internet Service Provider (ISP),Web server farm。

Web farming Web耕作 同Web harvesting。

Webgame 网页游戏 又称无端网游,也简称"页游",是基于Web浏览器的网络在线多人互动游戏,无需下载客户端,打开网页只用浏览器就能玩的网络游戏。参见online game。

Web GIS 基于Web的地理信息系统 Web GIS是充分利用和发挥因特网的优势,与传统的基于桌面或局域网的GIS相比,Web GIS具有以下的优点:①更广泛的访问范围:客户可以同时访问多个位于不同地方的服务器上的最新数据,使分布式的多数据源的数据管理和合成更易于实现;②平台独立性:无论服务器/客户机是何种机器,无论Web GIS服务器端使用何种GIS软件,由于使用了通用的Web浏览器,用户就可以透明地访问Web GIS数据,在本机或某个服务器上进行分布式部件的动态组合和空间数据的协同处理与分析,实现远程异构数据的共享;③可以大规模降低系统成本:普通GIS在每个客户端都要配备昂贵的专业GIS软件,而用户使用的经常只是一些最基本的功能,这实际上造成了很大的浪费。Web GIS在客户端通常只需使用Web浏览器(有时还要加一些插件),其软件成本与全套专业GIS相比明显节省。另外,由于客户端的简单性而节省的维护费用也不容忽视;④更简单的操作:要广泛推广GIS,使GIS系统为广大的普通用户所接受,而不仅仅局限于少数受过专业培训的专业用户,就要降低对系统操作的要求。通用的 Web 浏览器无疑是降低操作复杂度的最好选择;⑤平衡高效的计算负载:传统的 GIS 大都使用文件服务器结构的处理方式,其处理能力完全依赖于客户端,效率较低。而当今一些高级的 Web GIS 能充分利用网络资源,将基础性、全局性的处理交由服务器执行,而对数据量较小的简单操作则由客户端直接完成。这种计算模式能灵活高效地寻求计算负荷和网络流量负载在服务器端和客户端的合理分配,是一种较理想的优化模式。Web GIS 的组成结构从实现形式上可分为两类:动态的 Web GIS 和主动的 Web GIS。参见 geographic information system (GIS), dynamic Web GIS, active Web GIS。

Web grammar 网文法 一个无向的,在节点处加上标号的图称为网。网文法可用四元组

$$G=(N,\sum,P,S)$$

来表示。式中,N 是非终结符集;$\sum$ 是终结符集;S 是初始网集合;P 是网状重写规则

$$\alpha \to \beta, E$$

α 和 β 是网,E 是 β 的一个嵌套结构。仅含一个终结符的网文法也称"图文法"。图文法产生的句子是节点标号都相同的有向图。参见 Web。

Web harvesting Web 收割 也称 Web 耕作,是一个从万维网上的页面和数据中收集和组织非结构化信息的过程。

Web hosting 网站托管 基于因特网的一种商业服务。很多公司(包括个人)把其网站外包给托管公司,由这些公司提供管理服务,负责安全,更新软件和提供网站监视服务等。网站托管公司在服务器硬盘上存储内容,使这些内容通过因特网为用户所用。用户通过输入网站地址获取这些内容,此网站地址指示因特网的基础协议找到和取出主页。主页上的超级文本链接让访问者过渡到同一网站上的其他页面或者其他网站。网站托管的两大元素是网络基础设施和用来操作网站的应用程序。物理设备、网站管理和安全也是重要因素。网站托管中心的核心内容包括服务器硬件、操作系统和网站服务器应用程序。通常,网站托管中心通过一条或几条高速电话线与因特网相连。网站服务器只是一个应用程序。虽然它能维持和服务网页和数量有限的数据,但它不是为处理数据密集的网站而建造的,如那些进行电子商务的网站或提供交互聊天或流式声音和视频图像的网站。在这些情况下,需要特定任务的应用程序,他们通常在与网站服务器相连的不同计算机上运行,服务器把用户的指令送给相应的应用程序,如当用户请求一个产品的价格时,网站服务器拿到从数据库提取的价格,把它作为页面的内容表示出来。

weblogger 博客 个人专题网站的拥有者或爱好者。同 blogger。

webmaster 网页管理者 管理该网页资料的相关人员。

webmetrics 网络信息计量学 采用数学和统计学等各种定量研究方法,对网上信息的组织、存储、分布、传递、相互引证和开发利用等进行定量描述和统计分析,以便揭示其数量特征和内在规律的一门信息计量学分支学科。它主要是由网络技术、网络管理、信息资源管理与信息计量学等相互结合、交叉渗透而形成的一门交叉性边缘学科,也是信息计量学的一个新的发展方向和重要的研究领域。网络信息计量研究的根本目的是通过对网上信息的计量研究,为网络信息的有序化组织和合理分布,为网络信息资源的优化配置和有效利用,为网络管理的规范化和科学化提供必要的定量依据。参见 bibliometrics, scientometrics, informetrics。

Web mining 网站挖掘 在客户关系管理(CRM)中,网站挖掘是传统数据挖掘方法和数据挖掘技术收集的信息与万维网上收集的数据的整合。网站挖掘用于了解客户的行为,评估特定网站的效力,以及帮助量化市场宣传活动的成功。网站挖掘通过内容挖掘、结构挖掘和用途挖掘找到数据模式。内容挖掘用于检查由搜索引擎和网站蜘蛛收集的数据。结构挖掘用于检查与特定网站结构有关的数据,而用途挖掘用于检查与特定用户的浏览器有关的数据以及从用户在网上交易提交的表格中收集的数据。

***Web of Science Proceedings* (*WOSP*) 《科学技术会议录索引》网络版** 美国科学情报研究所(ISI)检索工具之一,它包括科技会议录索引(ISTP)和社会科学及人文科学会议录索引(ISSHP)。网络版的特点是增加了会议论文的摘要信息(光碟版没有论文摘要)。WOSP 中,汇集了世界上最新出版的会议录资料,包括专著、丛书、预印本以及来源于期刊的会议论文。WOSP-ISTP 和 WOSP-ISSHP 两个数据库提供了 1990 年以来每年大约 10 000 次会议的 200 万条会议录论文的记录。参见 Index to Scientific & Technical Proceedings (ISTP), Index to Social Science & Humanities Proceeding (ISSHP)。

Web page 网页 Web 网页是因特网上的基本文档,用 HTML(超文本标记语言)书写,它可包括图形、文字、声音和视像等信息。Web 网页可以是站点的一部分,也可以独立存在。然而,只有在使用站点时,网页的许多特性才有效。

Web PC Web 计算机,网络计算机 将个人计算机的主要用途定为连网,而浏览器是其主要的应用软件,这种 PC 机也称之为"瘦客户机"。

Web personalization 网站个性化 有了网站个性化,用户就能从因特网上更快地获得更多符合个性要求的信息,因为网站已经知道他们的兴趣与需

求。网站个性化是通过能够使网站收集用户信息的工具而成为可能。实现这个的方法之一就是让访问网站者填写表格，其信息字段进入数据库，然后，网站利用数据库将用户的需求与网站上提供的产品或信息匹配起来，利用中间件实现数据库与网站之间的数据传送过程。另一个网站个性化的手段是协作过滤软件，它驻留在网站中，跟踪用户动向。用户在因特网上不管到何处，他们不得不留下足迹。协作过滤软件能读出用户在网站上走过的路径，以辨认出他们的兴趣和阅读习惯。

Web phone　网络电话　也称"IP 电话"，它是通过互联网协议(IP)来进行语音传送的。网络电话是将声音通过网关转换为数据讯号，并被压缩成数据包，然后才通过互联网传送出去，接收端收到数据包时，网关会将它解压缩，重新转成声音给另一方聆听。目前网络电话联机方式一般来说可以分为三种：PC to PC、PC to Phone、Phone to Phone。同 IP phone。

Web portal　门户网站　是通向某类综合性互联网信息资源并提供有关信息服务的应用系统。门户网站最初仅提供搜索引擎、目录服务，通过快速发展，现在门户网站的业务包罗万象，它能提供新闻、搜索引擎、网络接入、聊天室、电子公告牌、免费邮箱、影音资讯、电子商务、网络社区、网络游戏、免费网页空间等。

Web server　Web 服务器　(1)一种 WWW(万维网)网站上使用的基于客户机/服务器结构的软件，存储、处理网页和关联文件、数据库和文档信息的应用程序。与 Web 浏览器采用 TCP/IP(传输控制协议/网际协议)连接，使用 HTTP(超文本传输协议)服务，对客户请求作出响应，把 HTML(超文本标记语言)文档送给 Web 浏览器。(2)一台存有 WWW 目录的主机计算机，也可指装有某些软件并可发布 Web 信息的计算机。一个 Web 服务器可以安装一个或多个 Web 站点。参见 hypertext transport protocol (HTTP)。

Web server farm　网络服务器场[簇]　既可以是只有一个网址的多台服务器簇，也可以是用多个网址的多台服务器提供网络服务。在商用网络中，服务器场或服务器簇可以承担诸如集中访问控制、文件访问、打印机共享以及工作站用户支持等一些服务。这些服务可以有单个操作系统或共享操作系统，并且可能在接收到许多服务器请求时提供负荷平衡。在服务器场中，如果一台服务器失效了，另一台服务器可以用作备份。在因特网上，网络服务器场或网络场可能意味着在一个 Web 站点上用两台或更多服务器处理用户请求。尽管处理用户对某个网页这种典型的请求可以只用一台服务器进行处理，但对于大型网络站点来讲可能需要多台服务器。参见 server farm。

Web service in cloud　云内 Web 服务　一种云计算服务形式。云内 Web 服务使得开发人员能够利用服务提供商提供的 API 开发基于服务提供商的服务的应用软件，而不必自己开发应用软件的全部功能。参见 cloud computing。

Web services (WS)　Web 服务　指利用 XML(可扩展标记语言)、SOAP(简单对象访问协议)、WSDL(Web 服务描述语言)和 UDDI(通用描述、发现与集成)这些开放的标准，在因特网协议主干上将基于 Web 的应用程序整合起来的一个标准化的方法。其中，XML 用于标记数据，SOAP 用于传输数据，WDSL 用于描述能得到的服务，而 UDDI 用于列出哪些服务可以利用。Web 服务与传统的客户机/服务器模式不一样，不向用户提供 GUI(图形用户接口)。而是在网络上通过可编程接口，共享商业逻辑、数据和处理。Web 服务允许不同来源的不同应用程序，由于所有的通信基于 XML，所以 Web 服务不受任何操作系统和编程语言的限制，如 Windows 应用程序可与 Unix 应用程序交流。Web 服务有时也称"应用程序服务"。参见 extensible markup language (XML), simple object access protocol (SOAP), Web services description language (WSDL), universal description, discovery, and integration (UDDI), graphical user interface (GUI)。

Web services description language (WSDL)　Web 服务描述语言　WSDL 是一个用来描述 Web 服务和说明如何与 Web 服务通信的 XML(可扩展标记语言)语言。WSDL 由 Ariba、Intel、IBM 和微软等开发商提出。WSDL 定义了一套基于 XML 的语法，将 Web 服务描述为能够进行消息交换的服务访问点的集合。WSDL 为分布式系统提供了可机器识别的 SDK(软件开发包)文档，并且可用于描述自动执行应用程序通信中所涉及的细节。WSDL 的设计理念完全继承了以 XML 为基础的当代 Web 技术标准的一贯设计开放理念。WSDL 允许通过扩展使用其他的类型定义语言(不光是 XML)，允许使用多种网络传输协议和消息格式。同时 WSDL 也应用了当代软件工程中的复用理念，分离了抽象定义层和具体部署层，使得抽象定义层的复用性大大增加，如可以先使用抽象定义层为一类 Web 服务进行抽象定义，而不同的运营公司可以采用不同的具体部署层的描述结合抽象定义完成其自身的 Web 服务的描述。WSDL 2.0 在 2007 年 6 月成为 W3C(万维网联盟)的推荐标准。

Web services for remote portal (WSRP)　远程门户 Web 网络服务　WSRP 是一项利用网络服务向互联网门户提供信息的标准。结构化信息标准推动组织(OASIS)下属的一个技术委员会对其进行了研究并在 1994 年 9 月批准。WSRP 定义了应用程序该如何与互联网门户相联的细节，这里的门户既可以是企业内部的网络也可以是商业网站。

Web site　Web 网站，站点　(1)组成一个 Web 项目

的一组文件和图形的集合。一个 Web 站点通常由一个或多个 Web 页面构成，无数个 Web 站点构成了 WWW(万维网)世界。(2)一个提供万维网(WWW)服务的位置。一个网站通常有一个负责的单位与主题，一台在万维网(WWW)上运行 Web 服务器的计算机系统，并在万维网上建立了需要发布的文档。

Web site of resource information 资源信息网站 在万维网上，以传播、交流、服务于资源科学领域综合的，或分专业信息的超文本传送协议(HTTP)服务器，能提供一组有关联的超文本标记语言(HTML)资源信息文档、及相关文件、过程和数据库。参见 user network of resource information。

Web terminal 网络终端 一个仅包含 CPU、RAM(随机存取存储器)、高速调制解调器和较强视频图形功能的系统，一般没有硬盘，只是用来作为网络上的客户机。同 network computer。

Web title 网页标题 网页的名称，通常显示在浏览器最上部的标题栏上。

Web tunnel Web 隧道技术 该技术允许位于防火墙外部的授权用户访问受防火墙保护的内联网的内部 Web 资源。该技术的主要特性如下：所有的内联网 Web 服务器能从外部一致地访问而无需对这些 Web 服务器作特殊的改变；防火墙和访问内部 Web 资源的授权用户能相互认证，他们之间的通信能保证不被窃听；在防火墙内部，认证和机密保证不需改变，无需提供新的安全机制；防火墙能记录和审查其通行者；管理负荷低；外部用户无需在客户机器上安装特殊软件，只需一般的浏览器；实现相对较容易。

Web TV 网络电视 通过配有调制解调器的机顶盒为用户提供在电视上访问万维网以及发送和接收电子邮件能力的一个系统。用户必须有一家 ISP(因特网服务提供商)并注册到 Web TV 网络中。

Webzine 网络杂志 Web magazine 的缩写。一种主要通过万维网分发的电子出版物。

WeChat 微信 微信是中国腾讯公司(Tencent)推出的一款即时语音通信软件，用户可以通过手机、平板电脑和网页快速发送语音、视频、图片和文字。微信提供公众平台、朋友圈和消息推送等功能，用户可以通过摇一摇、搜索号码、附近的人、扫二维码方式添加好友和关注微信公众平台。微信用户现已超过 6 亿，日均活跃用户超过 1 亿，曾在 27 个国家和地区的 App Store 排行榜上排名第一。参见 App Store。

Weibull distribution 威布分布 在软件工程的软件可靠性分析中，常用到一种分布函数。该分布函数是两个参量的函数，其特例就是指数分布和 Rayleigh 分布。

Weibull plot 威布尔图 表示积累故障率(作为负载、压力或故障时间的函数)的一种统计数据图，用于电缆测试。

weight 权值(重)，加权 (1)在按位表示的方法中，它是一个因数，根据该因数，由诸位置中的一个符号所代表的值可以同时获得一个实数表示形式中其他的组成部分。(2)在检索提问式中给每一叙词赋以一定的数值，以表示该词在情报检索提问中的相对重要性。(3)按位记数法中的一种因子。数中的数字的实际数值等于该数字与其因子的乘积，而该因子由数字所在位置相对于小数点的距离来确定。小数点左边第一位的权是基数的 0 次幂，往左每移一位则幂增加 1，往右每移一位则幂减少 1，如一个 3 位的十进制整数，从左至右的权分别为“百”(10^2)、“十”(10^1)、“个”(10^0)。(4)在编码技术中，码字中非零元个数，在二进制码字中是“1”的个数，以 w 表示。联机性码中，任意两码字之和是另一个码字，因而任意两码字间的最小距离为另一码字的最小权重，于是线性码的最小距离等于码字的最小权重。

weighted arithmetic average 加权算术平均数 同 weighted arithmetic mean。

weighted arithmetic mean 加权算术平均数 具有不同权重的数据(或平均数)的算术平均数。加权算术平均数主要用于处理经分组整理的数据。数据的权重反映了该变量在总体中的相对重要性，每种变量的权重的确定与一定的理论经验或变量在总体中的比重有关。依据各个数据的重要性系数(即权重)进行相乘后再相加求和，就是加权和。加权和与所有权重之和的比等于加权算术平均数。比较 arithmetic mean。

weighted average 加权平均 关于数据的动态平均值，数据中某些值的权值可以比其他值大。

weighted code 权重码 一种数据表示代码，其中每一个位的位置具有一个特有的固定值，可包含在数据的表示中，也可不包含在数据的表示中，取决于该位是否打开。

weighted fair queuing (WFQ) 加权公平排队 一种拥塞管理算法，是公平排队(FQ)的改进算法。根据不同数据流的不同带宽要求，对每个排队队列采用加权方法分配缓存资源，从而增加 FQ 对不同应用的适应性。参见 fair queuing (FQ)。

weighted graph 赋权图 边或顶点赋有权的图。对图的边赋权是指对图的每条边赋以一个实数 w(e)或符号，这个实数或符号称为边的权，如一个表示城市交通的图中，可以用城市间距离的千米数作为边的权。有时也可对顶点赋权，如用顶点表示城市时，可以把城市的人口数作为顶点的权。

weighted indexing 加权标引 统计文献的检索方法，通过给最能体现文献内容词以较高的权值来进行标引的方法。

weighted logic reasoning 加权逻辑推理 根据规则

各前提的重要性程度及推出的置信度求加权和，来确定规则结论的置信度的不精确推理方法。

weighted moving average 加权动态平均数法 给予新进入数据较已有数据更大的加权数据一种动态平均数法。参见 exponential smoothing。

weighted path length 加权路径长度 由根到每一个节点，以该节点的访问可能性为权的，所有的路径的总和，即

$$p=\sum_{i=1}^{n} p_i h_i$$

其中 p_i 为节点 i 被访问的可能性，h_i 是节点 i 的层次。

weighted random early detection (WRED) 加权随机早期检测 应用于网络的拥塞控制算法之一，它的主要思想是将随机早期检测(RED)与优先级排队结合起来，这种结合为高优先级分组提供了优先通信服务能力。当某个接口开始出现拥塞时，它有选择丢弃优先级较低的分组，而不是简单地随机丢弃分组。参见 random early detection (RED)。

weighted residual method 加权余量方法 工程上求解数学物理问题的一种近似方法。先选取一个适当的有限维函数空间，然后从中构造原问题的近似解，使得该近似解代入微分方程后产生的误差(即余量)与某些选定的权函数乘积的积分为零。

weighted terminal coupling loss-double talk (TCLwdt) 双方通话加权终端耦合损耗 在带回声消除器(AEC)的普通语音终端中，当 AEC 正常工作且本地用户和远程用户同时工作时，在语音终端网络接口处的接收和发送点间的加权损耗。

weighted terminal coupling loss-single talk (TCLwst) 单方通话加权终端耦合损耗 在带回声消除器(AEC)的普通语音终端中，当 AEC 正常工作且本地用户没有语音传出时，在语音终端网络接口处的接收和发送点间的加权损耗。

weighted term logic 检索词加权逻辑 在使用规范化的主题词作为检索词进行检索时，由于同义词已归并，主题词(检索词)同概念之间是一一对应的。此时，检索词加权逻辑同概念加权是等同的。但是，如果使用自由词作为检索词，由于同义词没有归并，检索词同概念之间并非一一对应。此时，检索词加权逻辑同概念加权的含义并不相同，应使用概念加权方法进行权值处理。

weighted turnaround time 带权的周转时间 在作业调度中，作业周转时间与作业实际运行时间之比称为作业的带权的周转时间。

weighted value 权值 赋予任何一位的数值，在编码字中是位置的函数。

weighting 加权 在信息存储及检索中，确定检索词的权，以表示其重要程度的一种习惯做法。有许多检索词可以使用，如描述符，每一种检索词的权都需要加以确定。只有某些检索词可被直接检索，这样的检索词带有描述符，而这些描述符又兼备了高于某个规定范围的权。参见 A-weighting。

weighting function 加权函数 在加权处理中，对信号不同的部分所乘的比例因子也不同，称这种函数关系为加权函数。

Weiss domain 外斯磁畴 在磁性物质内部，大小和方向基本一致的自发磁化区域。这些磁畴由布洛赫(Bloch)壁分开。

well-behaved 表现良好的 (1)一个描述程序即使给予极端量或有错误的输入值时也能良好地运行的特性。(2)一个能够遵守特定编程环境规则的程序。

well-behaved insulator 良好绝缘子 整体完好且电阻值符合运行标准的绝缘子。

well-conditioned 好条件，良态 计算问题的一种属性。一个计算问题被称为好条件的，如果它的计算结果对初始数据变化不敏感，即初始数据的微小变更只引起计算结果的微小变更。

well-formed formula (wff) 合式公式 合式公式也称命题公式，由命题常数、命题变量及真值联结词，依照一定的组成规则所组成的表达式，他们是原子命题、复合命题的语法形式。由一命题符号集{p，q，…}和 5 个联结词"¬"、"∨"、"∧"、"→"及"↔"，可以递归地定义合式公式为：①若 p 是命题符号，则 p 是合式公式，称为原子公式；②若 P、Q 是合式公式，则¬P，(P∨Q)，(P∧Q)，(P→Q)，(P↔Q)是合式公式；③没有其他的合式公式。

well-founded set 良基集 一个偏序集中，如果不存在任何无穷递降的序列 $a_0>a_1>a_2>\cdots$，其中诸 a_i 都是集中元素，则称此偏序集为良基集。例如，全体自然数集是良基集，全体整数集不是良基集。

well-known host name 知名宿主名 与特定网络上的一个因特网协议地址相关的一个传统名字。

well-known ports 知名端口 也称"公认端口"，端口号从 0 ～ 1 023，它们紧密绑定于一些服务。通常这些端口号明确表明了某种服务，是众所周知的，如 80 端口实际上总是分配给 HTTP(超文本传输协议)服务，21 端口分配给 FTP(文件传输协议)服务等。参见 registered ports，dynamic and/or private ports。

well-normalized relation 良规范化关系 在数据库系统中，如果一个关系 R 是在 BCNF(鲍依斯-柯德范式)中，那么就认为它是良规范化的，否则称为劣规范化的。

well order 良序 集合 A 上二元关系 R 是线性序，且 A 的每一非空子集有一最小元，称 R 是良序关系。参见 linear order。

well ordered set 良序集 带来良序关系 R 的集合 A 称为良序集，记作〈A，R〉。参见 well order。

Wentzed-Kramers-Brillouin（WKB） WKB 法 一种求解光纤标量波动方程的近似解法，沿用于量子力学及声学等领域。用这种方法推导出特征方程，并对其进行适当变换，最后可求出各种模的传播常数及场分布等参数。此法较适宜用于渐变型多模光纤的求解。

WEP 有线等效加密 wired equivalent privacy 的缩写。

wet contact 湿触点，湿接点 有源开关，具有有电和无电的两种状态，两个触点之间有极性，不能反接。比较 dry contact。

wetware 湿件 (1)湿的东西，是具有活的特征、生命特征的东西。“湿件”一词常用于描述信息系统中的人。软件、硬件、湿件的成功组合能促成或破坏任何一个群体项目，而其中，湿件的重要性又是最重要的。从技术的含义上看，“湿件”被用以指中枢神经系统和人类的大脑。湿件一方面是对中枢神经系统特别是大脑的生物电和生物化学性质的一种抽象，另一方面还代表着更高的概念抽象。如果在不同的神经元内传递的神经冲动被视为软件的话，那么神经元就是硬件。硬件与软件的混合互动通过连续不断的生理联系显现出来，这时，需要一个词来概括单靠硬件和软件都无法描述的互动。这就导致了“湿件”一词的产生，它对于解释生理和心理微妙互动的现象非常重要。参见 liveware。(2)计算机俚语，湿件是指生命活体及其智慧，作为包括硬件和软件在内的环境的一部分。

wff 合式公式 well-formed formula 的缩写。

WFQ 加权公平排队 weighted fair queuing 的缩写。

WFW WFW 操作系统 Windows for Workgroups 的缩写。

WG 工作组 working group 的缩写。

WGF 弱导光纤 weakly guiding fiber 的缩写。

WGN 高斯白噪声 white Gaussian noise 的缩写。

What You-See-Before-You-Get-It（WYSBYGI） 所见先所得 在最终应用之前，对用户选择的变化效果提供预览，如文本编辑程序中的对话框可能会显示用户选择的字体效果，而文档中的字体实际上还没有改变。预览之后，用户如选择取消，则对文档没有影响。参见 What-You-See-Is-What-You-Get (WYSIWYG)。

What You-See-Is-What-You-Get（WYSIWYG） 所见即所得 排版系统的一种方式，允许用户观察一个文档，就像最终产品一样，并对视窗内的文本、图形或其他内容直接进行编辑，使得显示的版面和打印机输出的版面相同。此术语缩写通常发音为“wizzywig”。

WHDI 无线家庭数字接口 wireless home digital interface 的缩写。

Wheatstone tape 惠斯登纸带 一种用于国际莫尔斯电码的自动发送和接收的纸带。

wheel printer 字轮式打印机 一种轮鼓边缘刻字的打印机。即每个字符位置按行放在字轮上，由高速转动柄移动，通过字轮锤击色带在纸上打印，字轮随后转动。

Whetstone Whetstone 法，惠斯通法 用于测试和表示机器性能经常采用的一种方法。Whetstone 是一组综合测试程序，主要由浮点运算、整数算术运算、功能调用、数组变址、条件转移和超越函数等程序组成。这些程序被编排成不适合于做向量优化操作和难于利用编码器做优化编译的结构方式。Whetstone 对存储容量的要求比 Linpack 要小，使用较多的是高速缓存。Whetstone 除可以测试机器硬件性能外，还可以用来评估系统数字程序集、语言编译器及其处理效率。Whetstone 测量结果用 k wips 表示，1k wips 表示机器每秒钟能解释 1 000 条 Whetstone 指令。通常把 VAX 11/780 机的测试结果算作为 1，其他机器与它作比较。

while schema 当型模式，while 模式 比较符合于结构程序设计的一种加了限制的框图模式，这些限制是：①整个模式单入口、单出口，不但只有一个开始语句，而且也只有一个停机语句。②分支判断语句（单入口，双出口）只能在条件语句或重复语句中出现。③没有无穷循环语句。任何一个框图模式都可转换成等价的 while 模式。

while statement 当语句 一种常见的重复语句。其一般形式是：

while〈条件〉do〈语句序列〉

其中，〈条件〉部分是一个布尔表达式。其语义是：首先求值〈条件〉表达式的值，若其值为真，则执行〈语句序列〉，之后再重复上述过程；若其值为假，则结束这个语句。

white area 难接收区 一个区域，在该区域内不能从一个合法的调幅（AM）电台收到无干扰的信号，或者不能收到场强至少大于 1 mV/m 的信号。

white balance 白平衡度 红、绿、蓝（RGB）三原色经电子束电流相互搭配组合之后所生成的白色之精确程度。白色平衡完美的显示器，无论影像明亮度如何变化，都能显示出不含其他任何色彩的纯正白色。

white board 白板 一个允许网络上的多个用户共同工作在一个文档上的软件，该文档的内容可以同时显示在所有用户的屏幕上，好像这些用户被聚集在一个物理白板周围。

white board service 白板服务 因特网提供的多个远地用户共享文档服务。多个远地用户可以同时编辑同一个文档。

white box 白箱[盒]子 一种过程，其功能只要研究该功能实现的机制就能够加以确定。

white box method 白箱[盒]法 软件测试的一种方

W

法，也称“逻辑覆盖法”。有语句覆盖、分支覆盖和路径覆盖等方法。

white box testing　白箱测试　一种测试软件的方法，基于对被测软件打算如何工作的了解而进行的。不像黑箱测试那样专注于软件如何运行而不考虑它是如何设计的，白箱测试依赖于对程序码本身的详细了解并试图找出其设计和技术规范中的瑕疵和错误。这种方法也称“玻璃箱测试”。比较 block box testing。

white flag　白色标志　同 full-frame ID。

white Gaussian noise (WGN)　高斯白噪声　均匀分布于给定频带上的高斯噪声。高斯白噪声的幅度分布服从高斯分布，它的功率谱密度也是均匀分布的。热噪声和散粒噪声是高斯白噪声。参见 white noise。

white information　白色信息　公开发布的信息。比较 grey information，black information。

white line skipping　白行跳过　一种传真压缩方案，它对没有信息的行也扫描编码，但不传输大量表示白行的信息。

whiteness　白度，粉度　色彩的特性之一，它表示所含白色成分的多少。参见 saturation。

white noise　白噪声　在所考虑的频带内具有连续频谱和恒定的功率谱密度的随机噪声。它之所以被称为“白”噪声，是因为它可以与白光类比，白光中包含所有可见光频率。比较 black noise，colored noise。

white page　白页　因特网支持的数据库，它包含了关于用户基本信息，如电子信箱地址、电话号码和邮政编码等。用户可以在这些数据库中查询特定人员的信息。因为这些数据库就像是电话簿，因此称为白页。

white paper　白论文　一种用来陈述观点或提出草案的非正式论文，通常是关于某一技术专题的。

whitespace　白空格　白空(字符)，空格、回车、制表符等格式控制字符。

white transmission　白信号传输　传真系统中的振幅调制传输，它的最大传输功率对应于被传真件的最小密度，或者是频率调制传输，其最小传输频率对应于被传真件的最小密度。

Whitney head　惠特尼磁头　一种浮动式磁头，采用双轨、组合式结构和三角形悬挂机构支持。磁头铁芯侧角大，侧边漏磁小，能获得更高的磁道密度。

Whitney suspension　惠特尼悬挂机构　与惠特尼磁头配用的一种硬盘磁头悬挂机构，形状呈三角形，结构简单，刚性好，广泛应用于硬盘机中。

WHO　世界卫生组织　world health organization 的缩写。

who-are-you (WRU)　你是谁，WRU 信号　网络系统中一种传输控制信号，用来启动站内返回应答单元，通过它建立连接，或者用来对一次响应信息进行初始化，该响应信息包括站标志，在某些应用中还包括服务设备类型和站的状态。参见 inquiry character。

Whois　Whois 程序　(1)在因特网中，指在数据库中查找用户信息的服务程序。最初，因特网用户的信息存放在一个中央数据库中。随着因特网的发展，这个数据库发展成分布式的，许多机构和组织都运行一个 Whois 服务器提供该机器或组织成员的信息。使用户能够查询存储在网络信息中心(NIC)的人事数据库(InterNIC)和其他信息资源，如领域、网络、宿主等。参见 NIC，white pages，Knowbot，X. 500，Whois client，Whois server。(2)由 whois 服务器运行的一种 UNIX 实用程序，它可使用户对那些在相同计算机系统上有一个账号的人们对电子邮件地址定位。(3)用来显示登录在某个 Novell 网络上的所有用户列表的一个命令。

Whois client　Whois 客户机程序　在因特网中的一个程序，使得用户能够访问用户名、电子邮件地址及其他信息的数据库。

Whois server　Whois 服务器程序　从一个数据库(通常列出在某个因特网域中有账号的人员名单)中向利用 Whois 客户机请求信息的用户提供用户名及电子邮件地址的软件。

whole step　全音程　参见 whole tone。

whole tone　全音　基本频率比值近似等于 2 的 6 次方根的两个声音间的音程。

WI　(1)波导隔离器 waveguide isolator 的缩写。(2)波长隔离 wavelength isolation 的缩写。

wide area augmentation system (WAAS)　广域增强系统　改善从全球定位系统(GPS)获得的地点定位精确度系统。WAAS 由美国联邦航空管理局开发，除提供广域差分改正数外，还发射测距信号供用户测量到地球同步卫星(GEO)的距离，同时发布有关 GPS 和 GEO 的完好性数据。WAAS 的主要任务是为飞机飞行的各个阶段提供导航服务，包括起飞、飞行、进场等，可以提供非精密进场(NPA)和精密进场(PA)导航的能力。其第二个任务是为非导航用户提供 WAAS 网络时间(WNT)和协调世界时(UTC)。

wide area data service (WADS)　大范围数据服务　在一个网络上进行的数据传送服务。同 WATS(广域电话服务)很相似。

wide area gigabit network　广域千兆位网络　由美国国防部高级计划研究局和国家科学基金会发起成立的几个试验机构，利用宽带综合业务数字网技术，研究构成速率高达 Gbps 的广域网络。

wide area information service (WAIS)　广域信息服务　供用户查询分布在因特网上的各类数据库的一个标准化技术。数据库中的信息多数是文字信息，也可以是声音、图片信息。数据库可以按不同方式组织，用户不必掌握各种数据库的查询语言，而只要在给出的数据库列表中用光标选取希望查询的数据就能自动进行远程查询，帮助读出相应的数据库中含有该查询词的所有记录，并根据查询词在每条记录中出现的频度进行评分，供用户选择。WAIS查找文件和文档的全部内容，采用布尔逻辑算符或普通英语就可进行一项查询请求。WAIS使用该请求的语句结构语法对其查询结果排序，并在许多项中决定哪一项可能是查询者感兴趣的。采用“相关性反馈”来精确查询时可从表中选择几项，并让它在相同行上找到更多的东西。参见 Archie，Gopher，Prospero。

wide area network (WAN)　广域网　广域网作用的地理范围从数十 km 到数千 km，可以连接若干个城市、地区，甚至跨越国界，遍及全球的一种通信网络。有时称远程网，被用来实现不同地区的多个局域网(LAN)或城域网(MAN)的互连，他还可提供不同地区、城市、国家间的计算机通信，包括提供长途数字专线电路或虚电路。组建 WAN 可以采用 WDM(波分复用)、SDH(同步数字系列)、ATM(异步传输模式)、FR(帧中继)、DDN(数字数据网)等传送技术。对应于 local area network (LAN)。参见 metropolitan area network (MAN)。

wide area telecommunication service　大范围通信业务　这种通信业务以固定按月收费办法允许用户在指定的区域内使用通信设施，而不管使用的次数和传输的距离。

wide area telephone service (WATS)　广域电话业务　电话公司提供的一种服务，它允许用户通过使用区间线路与任一区域或几个区域中的某个用户通话，每月按呼叫区域次数付费。

wideband　宽(频)带　相对较宽的频带。指传输速率达到和超过某一较高速率。同 broadband。

wideband antenna　宽频带天线　一种具有大直径的有效辐射元件的偶极子天线，通常由几组隔开的电线或棒材所组成。

wideband amplifier　宽带放大器　上限工作频率与下限工作频率之比甚大于1的放大电路。习惯上也常把相对频带宽度大于 20 %～30 %的放大器列入此类。这类电路主要用于对视频信号、脉冲信号或射频信号的放大。

wide band channel (WBC)　宽带信道　(1)频带宽度比音频信道宽的信道。正常情况下，这类信道带宽为正常信道的 6 倍、12 倍或 60 倍。其数据传输速为 10 000 ～ 500 000 bps。(2)HRC(混合环控制)轮转环的组成部分，是 FDDI-Ⅱ最重要的通路，可以用来传送分组数据，也可以用来传送等时的电路交换语言或图像信号。一个 HRC 轮转环有 96 个轮转环组(CG)，每个 CG 的长度为 16 字节。从每一个 CG 中取 1 个字节构成一个宽带通路，故一个 WBC 共有 96 个字节。在一个 HRC 轮转环中，共有 16 个 WBC，而每个共有 768 bit。因为轮转环主站每秒产生 8 000 个 HRC 轮转环，所以一个 WBC 的数据率应是 768×8 000＝6.144 Mbps，而 16 个 WBC 的总数据率应为 98.304 Mbps。实际上，CG 的每一个字节中的 8 bit 并不是集中排列的，而是在每 8 个轮转环组中按一定规律相互交织在一起。参见 HRC cycle，dedicated packet data group (DPG)。

wideband code division multiple access (WCDMA)　宽带码分多址　由欧洲与日本提交的 WCDMA 已正式被第三代移动通信项目组织接纳，与 CDMA(码分多址)相比，它具有更大的系统容量和更大的覆盖区域，可以从第二代系统逐步演变，可支持更宽范围的服务，最高可支持 2 Mbps 的高速数据业务，支持一条连线上传输多路并行业务，支持高速率的分组接入等。参见 code-division multipleaccess (CDMA)，time division multiple access (TDMA)，time division-synchronous code division multiple access (TD-SCDMA)。

wideband coder　宽带编码器　一种声音编码器，其传输带宽超过调制解调器使用的 3 kHz 电话通道。

wide band communication system (WBCS)　宽带通信系统　能处理、使用或需要多个不同频率，且通常能提供多个多路复用通信信道的一种通信系统。该系统可以有备用信道，能处理附加的通信量，但比窄带通信系统占用更宽的频带。

wide band data link (WBDL)　宽带数据链路　传输带宽比语音频带更宽的一种高速数据传输链路，其传输速率超过 2 Mbps。

wideband data set　宽带数传机　一种高速数据传输装置。

wideband dipole　宽带偶极子　具有低长度与直径比的偶极子，可以在相当宽的频带下产生谐振。

wide band emission　宽带发射　能量谱分布足够均匀和连续的一种发射。TEMPEST(瞬时电磁脉冲发射标准)发射一般是宽带发射。

wideband modem　宽带调制解调器　可提供速率为 19 200 ～ 230 400 bps 的同步数据传输的一种调制解调器。一般由电话公司提供特别波带传输线(实际为一组音频传输线)来传输数据。主要应用在计算机与计算机之间的通信。

wideband noise　宽带噪声　分布在整个工作频带上的噪声，也称“白噪声”。

wideband packet technology　宽带分组技术　组合语音、数据和某些图像的所有通信业务，通过每秒能交换上百万个分组信息的宽带分组交换系统进行高速数据传输的一种技术。

wideband ratio　宽带比　多路传输系统中所占有的频率带宽与信息带宽的比值。

wideband video transmission service (WVTS)　宽带视频传输业务　通过具有多路信号复用能力的卫

星设施提供的一种视频会议业务。

wide beam radar 宽束雷达 一种雷达，它发射的信号能量在一个很大的立体角内展开，通常具有相对较大的旁瓣的辐射模式。参见 narrow beam radar。

wide network interface module（WNIM） 广域网接口模块 一种高性能的通信协处理器，可支持四个异步端口。它通过 RS-232 电缆与外部异步调制解调器连接，最高传输率为 9 600 bps。

wide-open receiver 宽开接收机 基本上没有调谐电路的接收机，因此它可在带宽覆盖范围内同时接收所有频率。

wide SCSI 宽带小型计算机系统接口，宽带 SCSI SCSI(小型计算机系统接口)的一种形式，每次可传送 16 位，每秒可达 20 兆字节。宽带 SCSI 连接器有 68 个引脚，也称"高速宽带 SCSI"。

WIDE-SCSI-2 宽带 SCSI-2 接口标准 一种 SCSI-2 接口标准，使用 16 位或 32 位槽口，提供 10 MBps 的最大外部数据传输率。

wide track 宽(磁)道 作为某种拷贝保护方法的一部分，盘上一组相邻的多条磁道，它上面写有相同的数据。

WIDE ULTRA 2 SCSI 宽带超 2 小型计算机系统接口，超 2 SCSI(标准) 采用 16 位数据通道带宽，最高传输速率可达 80 MBps，允许接口电缆最长为 12 米，支持同时挂接 15 个装置。参见 ultra small computer system interface（Ultra SCSI），Ultra 2 SCSI。

widget 小窗口，窗口部件 执行用户接口特性(如滚动杆，对话框，可编辑文本区)的一类窗口。应用程序可以在他们自己拥有的窗口中引用小窗口，而无需写用户接口代码，并保证使同类的机器功能能适用于各应用程序。

widow 寡行，孤行，独立行 (1)在排版中，指段落中的最后一行，单独地出现在下一栏或下一页的顶部，寡行被认为是不美观的，在排版时应避免出现寡行。(2)在文字处理和桌面出版系统中，指一个题标、文本行或者几行文本，单独地出现在页面的下部。参见 orphan。

width band 带宽度 波段中最高频率与最低频率之间的差值。

Wiedemann effect 维德曼效应 当导线放在纵向磁场中时，电流通过导线时导线产生扭转现象称为维德曼效应。

Wiedemann-Franz law 维德曼-弗兰兹定律 所有金属的导热性与导电性之比与绝对温度成正比。

Wiegand effect 威甘德效应 受机械力拉伸的铁磁导线被放在直流磁场中时，识别磁场快速转换的能力。

Wien bridge 维恩电桥 一种 4 臂交流电桥，能测量有缺陷电容器的等效电容及其并联损耗电阻。它也被用做 RC(阻容)振荡器中的确定频率网络。参见 Wien bridge oscillator。

Wien bridge oscillator 维恩桥式振荡器 相移反馈振荡器，其中包括一个维恩电桥，用作确定频率的元件。

Wien's displacement law 维恩位移定律 辐射峰值的波长与黑体的绝对温度成反比。随着温度的升高，光谱能量分布曲线的峰值向光谱的短波长方向移动。

Wi-Fi 无线保真 wireless fidelity 的缩写。

Wi-Fi protected access（WPA） Wi-Fi 网络安全存取 WPA 是一种基于标准的可互操作的 WLAN(无线局域网)安全性增强解决方案，用于替代 WEP(有线等效加密)协议。WPA 超越 WEP 的主要改进就是在使用中可以动态改变密钥的"临时密钥完整性协议"(TKIP)，加上更长的初向量，可大大增强无线局域网系统的数据保护和访问控制水平。有 WPA 和 WPA2 两个标准，Wi-Fi 联盟在 2002 年 10 月发表了 WPA，经过修订后于 2004 年重新推出了具有与 IEEE 802.11i 标准相同功能的 WPA2。参见 wireless local area network（WLAN），wired equivalent privacy（WEP），temporal key integrity protocol（TKIP）。

wildcard 通配符 同 wild card character。

wild card character 通配符 操作系统中用来代替一个或多个字符的一个键盘字符。如常用星号(*)代表一个或多个字符，用问号(?)代表单个字符。

Willamette Willamette 微处理器 英特尔公司微处理器奔腾 4 的开发代号。参见 Pentium 4。

willful intercept 有意截取，截断操作 (1)一种将发往设备或线路有故障的终端站的报文拦截下来的操作。参见 miscellaneous intercept。(2)打算利用电气设备监听情报或线路故障的一种操作。

WiMAX 微波接入全球互通 worldwide interoperablity for microwave access 的缩写。

Wimshurst machine 维姆胡斯起电机 一种静电感应式起电机，含有两个以相反方向旋转的玻璃盘，盘被分成扇形区，上面覆盖着金属薄片和集电刷，所产生的静电用于给莱顿瓶充电或在通过缝隙时放电。

WIN 无线智能网 wireless intelligent network 的缩写。

Winchester 温彻斯特技术 这个术语源自 IBM 公司内部为其第一台硬盘起的内部代号，也作为一种硬盘技术名称。高速旋转的磁盘在其表面形成一层气垫使可移动读/写头浮在磁盘上，当磁盘停止旋转，气垫消失，磁头停在磁盘表面无数据记录的着陆区上。温彻斯特硬盘主要特点是具有密封的头盘组合体，接触启停方式，以及涂有润滑性连续薄膜的记录介质等。参见 Bernoulli, landing zone, loading zone。

Winchester discs 温氏盘 温氏盘是硬的,密封在多次循环过滤过空气的盒中,以保证没有灰尘和潮湿。而软盘保存在一边开口的纸套中,十分易于从大气中吸附灰尘。单盘存储量为数十至数百 MB 数量级以至达到 GB。它是高级微型计算机常配备的外存储器。其主要特点是具有密封的头盘组合体,接触启停方式,以及涂有润滑性连续薄膜的记录介质等。

Winchester head 温彻斯特磁头 一种浮动式硬盘磁头。采用三轨整体结构,并用双轴向平衡环支持。以接触起停方式工作,消除了磁头集中加载对盘面的冲击可能引起的头盘损伤,并减少了磁头浮动高度,改善了记录特性。

Winchester suspension 温彻斯特悬挂机构 与温彻斯特磁头配用的一种硬盘悬挂机构。采用双轴向平衡环结构,能使悬挂在其上的磁头浮动块沿 X 轴和 Y 轴两个方向自由转动,并与盘面保持稳定的间距和姿态,以便实现高记录性能。

winding 绕组 电气设备中有规定功能的一组线匝或线圈。

winding of motor 电机绕组 在电机中有规定功能的一组线匝或线圈。

Windom antenna 文德姆天线 也称"单线馈电水平天线"。一种多频带发射天线,可以在其基频偶次谐波上提供较好的性能。有一种文德姆天线由长度为基波的半波长水平导线构成,用 300 Ω 双组线馈线,连接引线偏离中心大约 35%。

window 窗口,视窗 (1)在计算机图形学中,窗口表示预先指定的一部分虚空间(一般为矩形),只有位于该区域内部的物体,它的图形才能在相应的视区中显示出来。这是观察比较大而复杂的物体图形的一种有效手段。(2)用于操作环境的一种软件工具,它允许在终端上同时运行多个进程。终端屏幕分成多个窗口,其中每一个窗口专门用于特定处理程序的进程集合,就好像是一个完整的终端屏幕。窗口尤其在集成应用软件中得到普遍采用。(3)在很多图形界面操作系统中,指屏幕的一部分,可包含它自身的文档或消息。在基于窗口的程序中,屏幕可划分成几个窗口,每个窗口有自己的边界,可包含不同的文档(或对同一文档的其他视图),用户可移动和缩放每一个窗口。(4)某些文字处理系统中,横向调整正文在屏幕上的显示位置,使得超出屏幕边界部分可以看到。(5)在 MSS(海量存储系统)中,可以进行登台处理的虚拟盘卷上的一顺序数据集的某一部分。窗口的大小是页面大小(8 个柱面)的倍数,可包括 2 ~ 25 个页面。(6)一种象"窗口"一样的序列。序列中的项只在某一段取非零值,其余项皆为零。通常用自变量取整数值的函数来表示窗,称为窗函数。用窗序列与信号序列相乘,得到一个新序列,称为短时信号。(7)在数据通信中,数据终端设备或数据通信设备在等待发送另一数据包授权之前,通过逻辑通道传输数据包的数量。窗口是数据包调步、流量控制的主要机构。

window-based accelerator 基于窗口的加速器 一种专为窗口式软件设计的 SVGA(超级视频图形阵列)适配卡,通过存储在 ROM(只读存储器)中的专门程序加速窗口式程序的运行,这些专门程序使窗口环境从显示操作中解脱出来。参见 super video graphics array (SVGA)。

window cascading 窗口级联 重叠的级联窗口的创建。

window class 窗口类 窗口的分组,其处理要求与一个窗口过程提供的服务一致。

window class style 窗口类风格 在窗口类中作用于每个窗口的一系列特性。

window clipping 窗口裁剪 借助于通过窗口四个角的投影线,在 X 和 Y 方向上定义视见约束体的四个面,使只有位于视见约束体内的物体才能生成可见图形。

window comparator 窗比较器 一种器件,通常包含一对电压比较器,通过与两个不同的阀值(上限和下限)相比较,检测信号是否在电压范围以内。

window component 窗口成分 窗口中最小的可见部分,如题标栏、系统菜单图标、滚动条。

window coordinates 窗口坐标(系) 在某些计算机图形处理中,用户定义的坐标系,用以映像屏幕上该窗口中图形的定标位置。

window diagram 窗口图 用于 Pascal 程序内,表示已说明的标识符作用域的图称为窗口图。

window edge 窗口边缘 窗口中最后一个数据包的顺序号。

window environment 窗口环境 能在屏幕上提供多个窗口的专门描述区域表示信息的计算机环境。典型的窗口环境允许窗口大小的改变和位置的移动。如 DESQview、微软 Windows 以及 OS/2 操作系统都是典型的窗口环境。

window gravity 窗口重力 在 AIX 操作系统中,子窗口对其父窗口某一部分的吸引力,窗口重力使得子窗口自动地重新定位,定位可在缩放时相对于窗口的边、角、中心进行。

window ID 窗口标识 在 AIX 操作系统中,与 AIXwindows 或增强 X-Windows 环境中各新打开的窗口相关的一个唯一的标识数。

windowing 开窗口 (1)计算机制图中,在用户绘图坐标系(完全坐标系)内规定一个区域(称为视见约束体),使仅位于该区域内的图形对象部分可被视见,这种功能称为开窗口。用户可通过改变区域的范围和位置来观察复杂图形的各部分。在处理二维对象，或虽是处理三维对象但其输出图像实际上是三维对象的二维表示时，视见约束体一般是由投影平面上规定的一个窗口(一般为一个矩形)和投影类型(透视投影或平行投影)来确定的。当系统配有直接处理三维对象能力的显示设备时，视见约束体也可以规定为三维的长方体，也称“三维窗口”。(2)在字符识别或图像处理中，取图像的一部分进行判别或处理的操作。(3)一种将一个显示屏分成多个独立区域的技术，使得用户可以借助一个显示屏，同时察看多个显示图像，如同时显示一张平面图的不同部分。

windowing environment　窗口环境　一种操作系统或者界面，向用户提供窗口式矩形屏幕区域，每个窗口可独立工作，就像是一个虚拟的计算机，窗口通常可在屏幕上移动以及放大和缩小。参见 graphical user interface。

window management of software　窗口管理软件　简称“窗口软件”。采用窗口用户接口技术改变个人计算机操作环境的软件。它最早由 Xerox 公司在 Palo Alto 研究中心开发。其功能有：在单个屏幕上能开多个窗口同时显示多个程序或文件；能用鼠标器控制光标移动；有菜单控制；能用图形表示对象及其功能。这种技术可使一般人员能较快掌握个人计算机的使用。典型的窗口软件有：Apple 的 Macintosh，IBM 的 Topview，Dr 的 GEM(图形环境管理器)，微软的 Windows 3.1，Windows 95 及 Windows NT，VisiCorp 的 Vision 及 X-window 等系统。

window protocol　窗口协议　允许一些窗口框在需要查看之前加亮显示的一种协议。

Windows　Windows 操作系统，视窗操作系统　美国微软公司于 1983 年研制的运行于 IBM PC 及其兼容机上的一种多任务图形用户界面操作系统。允许用户同时打开多个应用程序并可在他们之间来回切换；在屏幕上可形成多个窗口使应用软件的启动和运行更为方便。窗口可以任意放大、缩小，窗口之间可以重叠。窗口中广泛采用图标代表子窗口、进程和程序。各个窗口所代表的程序可并行执行。可将数据和图形从一个应用程序拷贝或转移到另一个应用程序上；具有假脱机打印功能。还提供了包括时钟、计算器、卡片文件、日历和便笺在内的桌面应用程序。参见 Windows 3.0，Windows 3.1，Windows NT，Windows 3.11，Windows for Workgroup 3.11，Windows 95，Windows 98，Windows 2000，Windows XP。

Windows application　Windows 应用程序　为 Windows 编写的应用程序，能够在 Windows 中运行。

Windows based accelerator　基于视窗系统的加速器　一种特别设计运行在视窗系统下的 SVGA(超级视频图形阵列)，使基于视窗系统的应用程序运行得更快。基于视窗系统的加速器在内置于 ROM(只读存储器)的专用例程帮助下，性能比标准 SVGA 更好。这些例程减轻了视窗系统的负担，使它不必执行在非加速系统中必须执行的一些与显示相关的任务。参见 super video graphics array (SVGA)。

Windows based terminal (WBT)　Windows 终端　它是瘦客户机/服务器体系中的一种瘦客户端，它是可以在 Windows NT 多用户环境下使用的终端设备。与传统的终端不同，Windows 终端无需下载操作系统或应用软件，也不必在本地进行应用软件的处理，所有的应用软件运行都是在服务器上实现，所以 Windows 终端的运行速度和性能与服务器有关。

Windows CE　Windows CE 操作系统　微软内部人员认为 CE 中的 C 代表了消费类(consumer)、袖珍(compact)、通信能力(communication)和伴侣(companion)，E 代表了电子产品(electronics)。Windows CE 是微软公司 Windows 家族的成员，是专门为信息设备、移动应用、嵌入式应用等设计的操作系统产品。它是一种模块化、完备的、实时的、具有强大通信功能的、基于 Win32 API 并与处理器无关的嵌入式操作系统。Windows CE 包括了几个微软应用程序的缩小版本，包括电子表格软件(Excel)、字处理软件(Word)、因特网浏览器(Internet Explorer)、个人信息管理软件(Schedule＋)以及一个电子邮件客户子系统。

Windows driver library (WDL)　Windows 驱动程序库　适用于 Windows 系统的一组硬件设备驱动程序的集合，但不包括原始的 Windows 系统的软件包。

Windows driver model (WDM)　Windows 驱动程序模型　WDM 包含一套通用的 I/O(基本输入/输出)服务和二进制兼容的设备驱动程序，可用于目前和今后的 Windows 操作系统。WDM 是通用串行总线(USB)、IEEE 1394 以及高级电源配置接口(ACPI)的核心部分。

Windows Explorer　Windows 资源管理器　这是 Windows 95 中的资源管理器，类似于 Windows 3.1 的文件管理器(File Manager)，但比文件管理器的功能更强大，使用更方便。用户可以从显示在屏幕左侧的列表中选择文件夹，并从显示在屏幕右侧的列表中被选中文件夹内访问文件，完成对文件多种操作。比较 file manager。

Windows for pens　Windows 笔式操作系统　由微软公司开发的一种笔式操作系统。不用键盘，而在屏幕的图形界面上有一个编辑框，用特殊笔在其上书写，以输入用户信息。它具有电子墨水图像，识别编辑框内笔迹的能力，因而可以存储书写手稿。

Windows for Workgroups (WFW)　WFW 操作系统　由微软公司于 1992 年推出的内置网络功能的 Windows 操作系统版本，设计用于运行在基于以太网的局域网上。WFW 将 LAN Manager 与 Windows 结合起来，提供 Windows 用户之间专用的文件服务器和打印机服务器，提供了访问 LAN Manager 的客户程序。支持 32 位应用程序的运行。

Windows Game (WinG) Windows 游戏接口 Windows 95 操作系统环境下游戏的应用程序编程接口。在 WinG 下，游戏可直接访问视频帧缓冲器以提高速度。参见 frame buffer。

Windows Internet naming service (WINS) Windows 因特网命名服务 Windows NT 操作系统所提供的功能。它是用于维护计算机的名字和其 TCP/IP(传输控制协议/网际协议)环境中的相关的 IP 地址的数据库的服务，使一台计算机的主机名与其地址相关联。当客户机在其 DHCP(动态主机配置协议)服务器分配一个 IP 地址时，由 MINS 动态更新其数据库。

Windows scripting host (WSH) Windows 脚本宿主 内嵌于 Windows 操作系统中的脚本语言工作环境，它最早出现于 Windows 98 操作系统。WSH 架构于 ActiveX 之上，为宿主脚本创建环境，它使对象和服务可用于脚本，并提供一系列脚本执行指南。Windows 脚本宿主有两个版本：基于 Windows 的版本(Wscript. exe)，它提供用于设置脚本属性的属性单；另一个是基于命令提示符的版本(Cscript. exe)，它提供用于设置脚本属性的命令行开关。通过在命令提示符下键入 Wscript. exe 或 Cscript. exe 可以运行其中某一个。

window size 窗口大小[尺寸] (1)在数据通信中，在收到接收端的确认应答前，发送信息的指定帧数。(2)在虚电路某个方向上允许相继发送未响应分组的最大个数。窗口尺寸是个动态概念，它是在立户时或呼叫建立时确定的。为了实现每条逻辑信道上的流控制，X. 25 最先引入了“窗口”的概念。数据分组都是通过窗口在虚电路上传输的。

Windows Me Windows Me 操作系统 该操作系统的全称为 Windows millennium edition。它在功能设计上的指导思想是面向家庭用户。它内置了一个功能更加强大的数字视频和音频播放器，一个全新的数码相机和扫描仪驱动界面程序，此外还有一个具备了最基本功能的简单视频编辑软件。Windows Me 还新增了家庭网络连接软件 Home Networking Wizard、在线游戏软件和 Internet Explorer 5.5 浏览器。在系统安全方面新增了两项功能，微软将这两项功能归到了 PC Health 程序组下。一个是防止系统文件被人为改动的监控软件，另一个是系统恢复功能，此功能可以解决某些人安装使用未经认可的软件而出现的系统崩溃问题。

Windows metafile format (WMF) Windows 图元文件格式 Windows 应用程序交换图像文件时使用的系统暂存文档格式，WMF 可以用来保存位图与向量图。

Windows millennium edition Windows Me 操作系统 参见 Windows Me。

Windows multimedia extension 1.0 Windows 多媒体扩展版 1.0 微软公司于 1992 年 1 月在其 Windows 环境下，增添多媒体支持能力而推出的多媒体窗口(操作系统)软件，它支持多媒体设备和多媒体数据类型，能处理声音、动画、活动图像及其他视像应用，可在具有多媒体传输能力的个人机上运行。它使广大 DOS(磁盘操作系统)用户能通过 Windows 操作 CD-ROM(只读碟)和 MIDI(乐器数字接口)，使多媒体世界接近现实。

Windows .NET Windows .NET 操作系统 融入 .NET 技术的 Windows，它将紧密地整合了 .NET 的一系列核心构造模块，为数字媒体及应用间协同工作提供支持。参见 .NET enterprise server。

Windows NT Windows NT 操作系统 由微软公司于 1993 年 5 月 24 日推出一个 32 位完整的网络操作系统，带有图形用户界面，支持强占式多任务、网络环境、对称多处理机和安全保密性，面向高性能微机、RISC(精简指令集计算)工作站和多处理器服务器。可运行于 Intel 80386 以上的计算机以及 DEC Alpha AXP 微处理机中，虚拟存储空间可达 4 GB，可运行 DOS(磁盘操作系统)、POSIX(可移植操作系统接口)及 OS/2 的应用程序。其中 NT 表示 New Technology，即新技术之意。它包括 Server(服务器)和 Workstation(工作站)两个产品。参见 Windows。

Windows NT advanced server Windows NT 高级服务器版 Windows NT 的超集，提供集中式的基于域的网络管理和网络安全管理，支持高级容错功能，如磁盘镜像和附加连通性等。参见 Windows NT。

Windows open service architecture (WOSA) Windows 开放式服务体系结构 由微软公司提出的一组可扩充的通用的应用程序接口，它提供了在 Windows 客户机和服务器之间的标准，提供信息传递服务、数据库使用服务、权限许可服务、分布处理服务等，能把 Windows 和各种 Windows 应用程序与应用系统结合起来。

Windows open system architecture (WOSA) Windows 开放系统体系结构 微软公司推出的一组应用程序编程接口，使得来自不同厂商的视窗系统的应用程序能够经过网络互相通信。WOSA 标准中包括开放数据库互连(ODBC)、信息传递应用程序接口(TAPI)、Windows 系统套接字接口(Winsock)以及微软远程过程调用(RPC)。同 Windows open service architecture (WOSA)。

Windows RAM (WRAM) 视窗随机存取存储器 由 Matrox 公司研制开发的 WRAM 是 VRAM(视频随机存取存储器)的一个改进产品，与 VRAM 相比 WRAM 的带宽要高出 25%，而且使用双缓冲

区,此外很重要的一项是WRAM的制造工艺要比VRAM简单,其成本自然要比VRAM低。

Windows sockets (Winsock) Windows软插座接口,Windows系统套接字接口 用来编写在Windows系统下提供TCP/IP(传输控制协议/网际协议)接口的软件的一个应用程序编程接口标准。其出现的背景和主要作用是:鉴于多年来通过微软的Windows操作系统访问TCP/IP网络并没有一致的方法,导致有关产品厂商对程序的不兼容性越来越反感,于是众多相关产品厂商在1991年召开的一次UNIX会议上通过商谈建立了Winsock标准,得到了包括微软公司在内的众多软件开发商的支持。Winsock是一种TCP/IP相关软件的API(应用程序接口),它允许Windows环境下的所有因特网应用程序都采用和因特网相同的连接方式来工作。有时候,Winsock也称Windows网络传输协议。Winsock标准为Windows平台程序员提供了一个软件中介层,从而免去了在非TCP/IP协议编程中将会遇到的许多棘手的问题。而在Winsock标准的支持下,TCP/IP编程人员也针对同样的API编程,而不直接针对具体应用。

Windows system resource Windows系统资源 在Windows环境下开发应用程序时,由系统所提供的资源,这些资源可在用户开发应用程序时定义和使用。它包括内存资源、图标资源、光标资源、位图资源、字符串资源、菜单资源、键盘快速键资源、用户自定义资源、对话框资源和字型资源等。Windows所提供的上述系统资源非常丰富,在使用方法上也独具特色。

windows telephony application interface Windows电话应用程序接口 微软公司开发的一个应用程序接口,用于电话与计算机集成系统的应用开发。Windows环境下的PC机可使用该接口来执行类似PBX(专用交换分机)的功能,如电话会议、呼叫转移、录音电话等。

Windows terminal Windows终端机 一种可连接Windows NT服务器的终端机。可使Windows NT服务器执行程序,而由终端机来处理输入/输出及显示。

Windows window Windows窗口 Windows中使用最多的一个概念,它是应用程序与使用者信息交流的图形界面。在一个应用程序中,可建立一个或多个窗口,每个窗口可定义自已与众不同的窗口类型、窗口尺寸、窗口标题、窗口位置、窗口卷滚条和窗口菜单等各种窗口特征。Windows中有平铺型窗口、弹出型窗口、子窗口、对话框窗口等。在应用中使用不同类型的窗口可以达到不同的效果,实现不同的功能。

Windows XP Windows XP操作系统 2001年3月美国微软公司的Windows XP Bata Ⅱ操作系统开始向测试者的客户发放。Windows XP的开发代号为"Whistler",它是建立在增强的Windows 2000引擎之上,揉和并扩展了Windows Me对个人用户的亲和力,包括IE 6、Windows Media Player 8,Windows镜象获取等,是实现Microsoft .NET构想的重要步骤,其原因在于它是第一个专门针对Web Services进行过优化的操作系统。这些构件式的服务简化了对用户密集型信息的访问。Windows XP还提供64位的版本,其关键特性包括更大的内存支持,技术和商业生产力应用的单一桌面、熟悉的开发和管理工具等。微软公司在2001年下半年公开发行的最终版本包括:Windows XP Home Edition、Windows XP Professional和Windows XP 64-bit Edition。为了实现提供一套同时满足商务和个人应用的承诺,Windows XP增加了一些新特性,它有一个全新的外形,完全是新的外观和更大、更好的图标,用最小的开发成本就可以给用户更好的使用体验。任务栏上有许多改进,使用户更易于组织信息,如把同一应用程序的窗口放到一起。此外还有:增强的电源管理,并列组件共享,快速用户切换,支持高密度显示,Passport集成,更易于使用的气球提示等。微软称,XP是"experience(体验、经历)"之意,是自1995年以年代为名称推出Windows 95之后重新命名行动,选中经历一词作为名称是因为公司希望在未来一段时间为用户提供更丰富、更精彩的经历。

window system 视窗系统 以集成操作环境为目的的系统工具软件。在一个终端上以多窗口的形式为用户提供多任务的操作环境。目前有两类典型的多窗口系统。一是工作站上UNIX环境下或微机UNIX环境下的X-Window系统,另一类是微机DOS(磁盘操作系统)环境下的MS-Window系统。

Windows 2.0 Windows 2.0软件 美国微软公司于1987年12月推出的Windows版本。是一个16位的基于GUI(图形用户界面)的微软操作系统。

Windows 2000 Windows 2000操作系统 美国微软公司于2000年2月17日推出,其中文简体版也于2000年3月20日推出。现有四个功能版本:Windows 2000 Professional(专业版)是Windows NT Workstation的最新版本,继承了Windows NT的先进技术,提供了高层次的安全性、稳定性和系统性能。Windows 2000 Server(服务器版)是在Windows NT Server 4.0的基础上为服务器开发的多用途操作系统,可为部门工作小组或中小型公司提供用户文件打印、软件应用、Web功能和通信等各种服务,是一个性能更好、工作更加稳定、更容易管理的平台。高级服务器版除具有Windows 2000 Server的所有功能和特性外,还提供了比之更强的特性和功能,如更好的SMP(对称多处理)扩展能力、更强大的Cluster(群集)功能、更高的稳定性等。后来推出的Data center(数据中心服务器)版本是更强大的服务器操作系统,它支持16路对称多处理器系统以及64 GB的物理内存,还针对大型的数据仓库、经济分析、科学和工程模拟、联机交易服务等应用进行了专门的优化。要使Windows 2000达到最佳性能，最好使用Pentium Ⅲ或Pentium Ⅲ Xeon处理器。

Windows 3.0　**Windows** 3.0 **软件**　美国微软公司于1990年5月推出的Windows版本。运行在PC兼容机上，计算机的最小配置为80286 CPU和1MB内存。图形方式的Windows 3.0的窗口环境较之传统字符方式的磁盘操作系统(DOS)具有很多的优越性，它简单易学、形象直观，尤其适合非专业用户使用。Windows 3.0不仅是一个版本的升级，也可以说是一个全新的环境。这个环境提供了16M扩充内存的直接存取，新改进的用户界面，包括图标、按钮和颜色更丰富的屏幕显示、多种字型，方便的数据交换和对网络的支持，为用户开发应用程序提供了功能强大的软件开发包。其缺点是用以前Windows版本编写的应用程序在Windows3.0下不能正常运行，在光标文件格式、图标文件格式、内存作用等方面，要进行大量修改。

Windows 3.1　**Windows** 3.1 **软件**　美国微软公司于1990年在Windows 3.0基础上推出的改进版。是单用户多任务16位微机操作系统。运行在PC兼容机上，计算机的最小配置为80286 CPU和1MB内存；当运行于386增强方式时最小配置为80386 CPU和2MB内存。Windows 3.1在各方面都作了重要改进，并增加了许多新的功能，可靠性更高，系统更加完善。引入了True Type字体和对象链接与嵌入(OLE)技术。它把桌面排版、网络应用、图像处理、绘图、音乐处理和多媒体技术集为一体，使微机操作系统发展到一个新的阶段，但Windows 3.1仍以DOS(磁盘操作系统)操作系统为它的运行环境。1993年10月推出Windows 3.1中文简体版。

Windows 7　**Windows** 7 **操作系统**　美国微软公司于2009年10月发布的计算机操作系统。Windows 7可供家庭及商业工作环境、笔记本电脑、平板电脑、多媒体中心等使用。其主要版本有：①Windows 7 Home Basic(家庭普通版)，主要新特性有无限应用程序、增强视觉、高级网络支持、移动中心等；②Windows 7 Home Premium(家庭高级版)，主要新特性有玻璃特效高级界面、高级窗口导航、改进的媒体格式支持、媒体中心和媒体流增强、多点触控功能等；③Windows 7 Professional(专业版)，主要新特性有加入管理网络、高级网络备份等数据保护功能、位置感知打印技术、脱机文件夹等；④Windows 7 Enterprise(企业版)，主要新特性是增强了一系列企业级功能:内置和外置驱动器数据保护、锁定非授权软件运行、无缝连接的企业网络、网络缓存等；⑤Windows 7 Ultimate(旗舰版)，是Windows 7各版本中最为灵活、强大的一个版本，拥有家庭高级版和专业版的全部功能。

Windows 8　**Windows** 8 **操作系统**　美国微软公司于2012年8月2日宣布Windows 8开发完成，发布RTM版本，并于当年10月26日正式推出Windows 8操作系统。Windows 8大幅改变以往的操作逻辑，采用全新的Metro风格用户界面，各种应用程序、快捷方式等能以动态方块的样式呈现在屏幕上，提供更佳的屏幕触控支持。其主要版本有：①Windows 8，适用于台式机和笔记本用户以及普通家庭用户。它包括全新的Windows商店、文件资源管理器、任务管理器等，还包含Windows 7仅在专业版中才提供的功能服务；②Windows 8 Professional(专业版)，主要新特性是内置一系列Windows 8增强的技术，包括加密、虚拟化、PC管理和域名连接等；③Windows 8 Enterprise(企业版)，主要新增特性：由USB内存启用和运行的Windows To Go驱动器技术；让企业用户可远程登录企业内网而无需VPN(虚拟专用网)连接的DirectAcces直接访问技术；适应有分支办公机构的企业平台获取数据的BrachCache分支缓存技术；增强安全功能的AppLocker应用程序控制策略等；④Windows RT版，专门为ARM架构设计的，只能预装在采用ARM架构处理器的PC和平板电脑中，Windows RT无法兼容X86软件，但将附带专为触摸屏设计的微软Word、Excel、PowerPoint和OneNote等。

Windows 95　**Windows** 95 **操作系统**　美国微软公司于1995年8月24日在Windows 3.1基础上推出的多任务、多线程、全32位的微机操作系统。运行在PC兼容机上，计算机的最小配置为80386DX CPU和4MB内存。Windows 95支持32位的应用程序和设备驱动程序，同时也支持16位的应用程序和设备驱动程序。Windows 95是完整的操作系统，不需要以DOS(磁盘操作系统)作为运行环境。Windows 95使用户操作更方便，支持即插即用(Plug and Play)设备，能自动识别新设备的参数。全新的用户界面将通常分布于不同工具包(如网络、联机服务、电子邮件、组件和系统管理)的丰富的系统函数集成在一起，而且图形界面层次更分明，工作台面上的“我的电脑”图标提供了对系统文件及资源的访问，“网上邻居”图标则提供了对任何网络的访问。Windows 95支持最长255个字符的长文件名，使文件名更容易识别。Windows 95有更强大的媒体功能。使多媒体程序运行更快，图像更真实。并且具有自动播放CD盘的功能。Windows 95有更强大的网络和通信功能，用户可以直接访问因特网。Windows 95中文简体版于1996年3月在中国发行。

Windows 98　**Windows** 98 **操作系统**　美国微软公司于1998年6月25日推出Windows 95的下一版本，并非技术上的主要升级版本，较Windows 95增加与因特网的整合，将IE4.0 Web浏览器集成在应用程序窗口中，支持FAT32、USB(通用串行总线)、DVD(数字影碟)、MULTI-MONITOR等硬件或软件功能。

Windows 98 SE Windows 98 操作系统第二版 美国微软公司于1999年秋推出的第二版 Windows 98,其 SE 是 Second Edition 的缩写。它集成了 IE5 浏览器,支持新的硬件类型,提供 ICS(因特网连接共享),允许多个网络用户通过一个连接和一个 ISP(因特网服务提供商)账号同时进行网络存取,这对于使用家庭网络适配器、电缆调制解调器和 DSL(数字用户线路)的用户很有用。

window title 窗口题标 窗口上部题标栏中的文字,通常是程序名和文件名。

window/viewport transformation 窗口/视区变换 把窗口的边界及其内容映射到视区的边界及其内部的一种变换操作。

window Xmodem (WXmodem) 窗口 Xmodem Xmodem 通信协议的加速版本,其特点是允许发送系统无需等待接收系统对传输的确认,就能继续传输数据。

WinG Windows 游戏接口 Windows Game 的缩写。

winged-edge representation 翼边表示 所谓翼边,是指从外面观察平面立体时,所能看到的每个棱边的左右两个邻边和构成其周边的四条邻边。翼边表示是将图形的几何信息和拓扑信息分别加以处理的图形数据结构。采用翼边结构处理图形时,比采用将拓扑信息和几何信息合在一起处理的结构有更高的灵活性,而且其规范化程度也高。但需要占用较大的存储空间。

WinInet WinInet 编程接口 Win32 Internet API 的缩写。

wink-off 关闭闪烁 通话完毕后,某些最后用户释放连接器的一种功能。它释放呼叫交换部件及源路,使呼叫源空闲,当被叫用户挂起手机时就产生关闭闪烁。

wink pulsing 闪烁脉冲 一系列重复脉冲,脉冲持续时间相对于无脉冲的时间要短得多。

wink signal 闪烁信号 忙信号灯电流周期性中断。对于交换系统而言,用来表明这些交换系统已准备就绪,线路已被占用,可以交换信息。

WinRAR WinRAR 压缩软件 属于大众化的工具软件,是32位 Windows 版本的 RAR 压缩文件管理器。RAR 文件通常压缩比比 ZIP 文件大30%。WinRAR 的主要功能是非常强大的常规和多媒体压缩,处理非 RAR 压缩文件,支持长文件名,建立自解压缩文件(SFX)的能力,损坏的压缩文件的修复,身份验证,内含的文件注释和加密。

WINS Windows 因特网命名服务 Windows Internet naming service 的缩写。

Winsock Windows 软插座接口,Windows 系统套接字接口 Windows sockets 的缩写。

Winsock API Winsock 应用编程接口 Winsock API 规定了某些由 TCP/IP(传输控制协议/网际协议)提供的功能,允许将高层的应用写到一个通用的中间层接口中;它还包括一个扩展的 Winsock 动态链接库,可供其他程序调用。

Wintel Wintel 结构 用于修饰或说明使用微软公司 Windows 操作系统和英特尔公司中央处理器(CPU)的计算机。

Win16Lock Win16Lock 封锁体 Win16Mutex 的曾用名。

Win16Mutex Win16Mutex 互斥体 在 Windows 95 中,控制通往16位内核中不可重试组件入口的软件信号灯。

Win32 Win32 编程接口 Windows 95 和 Windows NT 中的应用程序编程接口,使得应用程序能够使用80386及以上处理器中有效的32位指令。参见 Win32s。

Win32 driver model (WDM) Win32 驱动程序模型 Windows 98 与 Windows NT 5.0 共同使用的硬件驱动程序结构。使用 WDM 设计的驱动程序可以在 Windows 98 与 Windows NT 5.0 上同样使用,免除了硬件厂商需要针对两种操作系统各自开发驱动程序的困扰。

Win32 Internet API (WinInet) WinInet 编程接口 微软公司为 Windows 操作系统提供的编程接口和软件库。使用它能简单快速地开发 HTTP(超文本传输协议)、FTP(文件传输协议)和 Gopher 等的网络应用程序。WinInet 也为使用 SSL(安全套接层)和 Kerberos 的因特网服务器提供安全连接。

Win32s Win32s 编程接口 Win32 应用程序编程接口的一个子集,工作在3.x版的 Windows 系统环境下。Win32s 能使得应用程序在3.x版的 Windows 系统之下运行时,获得使用80386及以上处理器上有效的32位指令时的性能。参见 Win32。

WIP 在制品 work in process 的缩写。

wipe 擦除,白化 在多媒体应用中,一个图像的淡化和另一个图像的出现。

wipe pattern 擦除模板 擦除方式中的形状、位置和方向。

wiper 滑臂 用在选择开关、步进继电器或电位器电阻元件上,在固定触点上移动的滑动触点。

WIPO 世界知识产权组织 world intellectual property organization 的缩写。

wire board 接线板 一种能够改变外部插接线的配电板,与 plugboard(插接板)、panel(配电板)或 board(插件)相同。

wire bonding 引线压焊[键合] 通过焊接细金丝或铝丝,将管芯上的触点与引线框架上的引线连接起来的半导体制造操作。分热压焊和超声压焊两种方式,目前,以加热超声压焊为主流。现在已有自动压焊机可进行高速引线压焊。

wire cable (WC) **线缆** 电缆、光缆等物品的统称。参见 cable,optical fiber cable。

wire casing **线槽** 也称“走线槽”、“配线槽”。用来将电源线、数据线等线材规范的整理,固定在墙上或者天花板上的用具。一般有塑料材质和金属材质两种,可以用于不同的场所。

wire chart **接线表** 由接线图系统自动生成。接线表中列出所有设备和连线的物理位置及特征,以及经过优化的连线顺序。

wire center **线路中心** 装有一个或多个本地中心局交换系统并连接外部电缆设备的一个建筑物,可为多个交换局提供服务。

wire center serving area **线路中心服务区域** 由单一线路中心提供的交换区域。

wire Chinese character printer **针式汉字打印机** 在西文字符针式打印机的基础上发展而来的一种汉字打印机。它由打印机构(打印头和驱动器)、驱动电路和打印控制器三部分组成。用点阵组成汉字和图形符号,使用普通纸张。其特点是可选用不同分辨率的打印头,保证汉字质量,字头不需调整,运行噪音小,体积小,重量轻,价格低。常用的有 24 针、16 针和 9 针三种针式打印机。

wire communication **有线通信** 借助线缆线路传送信号的通信方式。与无线通信相对。

wired-AND **线与** 一种线路连接方法。它将多个特殊门电路的输出端都接到同一条连线上,只有当所有这些特殊门电路的输出端的信号均为 1 时,这条连线上的信号才是 1;反之,只要有一个特殊门电路的输出端信号是 0,这条连线上的信号就是 0,这种逻辑关系是“与”(AND)的关系,故称这种连接为“线与”,称这种门电路为线与门。这种特殊门电路的集电极是开路的,这一点与一般的门电路是不同的,一般门电路出现这种连接时不仅该连线的逻辑状态不能确定,而且有可能损坏该电路。

wired equivalent privacy (WEP) **有线等效加密** WEP 协议用来保护无线局域网中的授权用户所交换的数据的机密性,防止这些数据被随机窃听。WEP 使用 RC4 加密算法来保证数据的保密性,通过共享密钥来实现认证,理论上增加了网络侦听、会话截获等的攻击难度,但是受到 RC4 加密算法、过短的初始向量和静态配置密钥的限制,WEP 加密还是存在比较大的安全隐患。因此在 2002 年后被 Wi-Fi 网络安全存取(WPA)淘汰,又在 2004 年由完整的 IEEE 802.11i 标准(也称 WPA2)所取代。参见 RC5 algorithm。

wired glove **有线手套** 一种虚拟现实的设备,是一个带有传感器的手套,连接到计算机上,用于识别和传感人手的动作,使用户能与三维虚拟环境进行交互式的相互作用。

wired logic control (WLC) **布线逻辑控制** 交换机的一种控制方式,通过布线方式实现交换机的逻辑控制功能,通常这种交换机仍使用机电接线器而将控制部分更新成电子器件,参见 stored program control (SPC)。

wired-OR **线或** 只通过一些门电路输出端的简单连接就可实现“或”功能。能实现这种线或连接的门电路称为线或门。线或门在不增加额外门电路的情况下可实现“多选一”(即从多个信息源选择一个)功能,因此在信息传输中经常采用。

wired program computer **连线[线绕]程序计算机** (1)在这种计算机中,说明其所执行操作的指令通过连线的替换和互连来说明。导线通常装在可移动控制板上,具有操作灵活性。对于永久性导线机,称为固定程序计算机。(2)按控制板上绕的线确定执行程序指令的计算机。在需要的时候借助于绕线改变计算机程序。有的计算机把程序固化成电路,改换固化电路便改换程序。

wired transmission medium **有线传输介质** 在两个通信设备之间实现的物理连接部分,它能将信号从一方传输到另一方。有线传输介质主要有双绞线、同轴电缆和光纤。

wire duct **电线导管** 对敷设其中的导线起机械防护和电气保护作用的导管。电线导管可采用 PVC 塑料制造,具有绝缘、防弧、阻燃自熄等特点。

wire fault **线路故障** 由于线路的断开,线间或电缆中屏蔽的短路所造成的一种出错状态。

Wireframe **线框** 在计算机辅助绘图中,用像丝或棍一样的实线做出物体的轮廓,表示三维物体实体的技术。线框是上色或加阴影前的基本步骤。

wire frame **线框(图)** 三维物体的图像使用一系列线段来表示,并且不对其中的隐藏线作消隐处理。这种表示方法比较简单,但无法确切地表示出物体的几何及拓扑结构。

wire-frame graphics **线框图形** 一种计算机辅助设计的显示三维对象的技术,显示对象的轮廓线条,同 wire-frame representation。

wire-frame model **线框模式** 在计算机图形程序,如 CAD(计算机辅助设计)程序中,一种三维显示模式,将三维图形显示成线框模样。比较 solid model。

wireframe modeling **线框建模** 以系列线条描绘客体表面轮廓来表示其形状的一种三维几何建模。

wire frame representation **线框表示法** 一种图形显示方式,不消除隐藏线,将三维图形的所有轮廓线条全部显示出来。

wire-grid lens antenna **线栅透镜天线** 一种用于无线电通信的高频透镜天线,范围在 3 ~ 30 MHz。这种天线含有两个圆形格栅,其中一个悬挂在另一个上面,边上由径向线杆连接着。

wire jumper **跨接线** (1)为了修改电子连接线路

或补漏,将印制电路板上的两个焊盘直接连接起来的普通导线。(2)相邻两电子部件之间的转接电缆线,如计算机两块装置底板相互之间的转接连接线。

wireless 无线 用于修饰或说明不利用导线或电缆互连而进行的通信,如无线电、微波或红外。

wireless access 无线接入 利用微波、卫星等无线传输技术将用户终端接入到业务节点,为用户提供各种业务的通信方式。典型的无线接入系统主要由控制器、操作维护中心、基站、固定用户单元和移动终端等几个部分组成。

wireless access network 无线接入网 部分或全部采用无线方式的接入网。通常分为移动无线接入(MWA)和固定无线接入(FWA),固定无线接入早期也称"无线本地环"。移动无线接入包括地面移动无线接入和卫星移动无线接入。固定无线接入包括地面固定无线接入和卫星固定无线接入。

wireless access point (WAP) 无线接入点 也称"无线访问点",它不仅包含单纯性无线接入点,也同样是无线路由器(含无线网关、无线网桥)等类设备的统称,也是无线网络的核心。无线接入点主要用于宽带家庭、大楼内部以及园区内部,典型距离覆盖几十米至上百米。大多数无线接入点都支持多用户接入、数据加密、多速率发送等功能,还带有接入点客户端模式,可以和其他接入点进行无线连接,延展网络的覆盖范围。

wireless access services 无线接入业务 以无线方式提供的网络接入业务。电信的无线接入业务特指为终端用户提供面向固定网络(包括固定电话网和因特网)的无线接入方式,无线接入的网络位置为固定网业务节点接口(SNI)到用户网络接口(UNI)之间部分,传输媒质全部或部分采用空中传播的无线方式,用户终端不含移动性或只含有限的移动性。

wireless application environment (WAE) 无线应用环境 WAE是无线应用协议(WAP)中的应用层,是以因特网技术为基础的框架结构,包含了一个基于浏览器的应用开发环境,主要目的是提供开发应用和服务。

wireless application protocol (WAP) 无线应用协议 一种适用于在移动电话、个人数字助理(PDA)等移动通信设备与因特网或其他业务之间进行通信的开放性、全球性的标准。由WAP论坛制订,这个论坛是由诺基亚(Nokia)、爱立信(Ericsson)、摩托罗拉(Motorola)等100多家厂商专为WAP而设立。WAP标准的目的就是要把因特网的先进业务、服务和信息推向手机或PDA等终端,它适用于所有网络。WAP位于GSM(全球移动通信系统)网络和因特网之间,一端连接现有的GSM网络,一端连接因特网,用户支持WAP协议的媒体电话就可以进入互联网,实现一体化的信息传送。移动通信系统是一个多标准的网络,世界上的运行标准有GSM、TDMA(时分多址)和CDMA(码分多址)等。根据WAP协议通信的手机称WAP手机。

wireless ATM (WATM) 无线ATM ATM(异步传输模式)论坛为采用无线链路传送ATM数据包而开发的一个规范,其目标是开发一种机制,能利用卫星或微波系统,通过无线ATM链路传送语音、传真、数据和视频信号。

wireless body area network (WBAN) 无线体域网 同body area network (BAN)。

wireless charging 无线充电 无线电力输送技术。无线充电利用磁共振在充电器与设备之间的空气中传输电荷,线圈和电容器则在充电器与设备之间形成共振,实现电能高效传输。

wireless communication 无线通信 仅利用电磁波而不通过线缆进行的通信方式。无线通信主要包括微波通信和卫星通信。参见microwave communication, satellite communication。

wireless components 无线部件 用于无线网络中的部件,包括天线和其他不用电缆或光缆连接的发射机和接收机。

wireless connection rate 无线接通率 手机成功占用信令信道和话音信道的百分比。

wireless datagram protocol (WDP) 无线数据报协议 无线应用协议组的一个协议。作为一个通用的传送服务,WDP提供给其上的协议一个不可见的独立于下面使用的网络技术的平台。由于这个平台对传输协议很普通,WAP架构的上层的协议能够独立于下层协议独立操作。仅仅让传输层协议处理物理的网络相关事宜,全球的互用性能够通过使用媒介性网关获得。参见wireless application protocol (WAP)。

wireless digital assistant (WDA) 无线数字助理 WDA的意义涵盖范畴比PDA(个人数字助理)更为广泛,曾一度成为高端智能手机的代名词。参见personal digital assistant (PDA)。

wireless distribution system (WDS) 无线分布式系统 一种为了扩展一个无线网络的范围能够使接入点相互通信的技术。无线分布式系统把有线网络的信息,透过无线网络当中继架构来传送,藉此可将网络信息传送到另外一个无线网络环境,或者是另外一个有线网络。因为透过无线网络形成虚拟的网络,所以有人称为这是无线网络桥接功能。严格说起来,无线网络桥接功能通常指的是一对一,但是WDS架构可以做到一对多,并且桥接的对象可以是无线网络或者是有线系统。

wireless fidelity (Wi-Fi) 无线保真 俗称无线宽带。其实就是IEEE 802.11b的别称,是由一个名为"无线以太网相容联盟"(WECA)的组织所发布的业界术语。它是一种短程无线传输技术,能够在数百英尺范围内支持互联网接入的无线电信号。

随着技术的发展，以及 IEEE 802.11a 及 IEEE 802.11g 等标准的出现，现在 IEEE 802.11 这个标准已被统称作 Wi-Fi。

wireless intelligent network (WIN) **无线智能网** 智能网概念在移动网的延伸。使移动网很容易提供新业务，满足客户新需求。

wireless home digital interface (WHDI) **无线家庭数字接口** 支持家庭内部传输未压缩 HDTV(高清电视)信号的标准，2010 年发布的 WHDI 2.0 版支持 3D 图像传送，视频速率高达 1080p，工作在非授权 5 GHz 频段，距离可达 100 英尺。

wireless LAN **无线局域网** wireless local area network 的缩写。

wireless local area network (WLAN) **无线局域网** 利用无线通信技术的数据传输方式，将无线电波、红外线、激光等作为信息传输媒体，不需要在各节点和集线器之间物理连接的局域网。无线局域网通常用在那些用户必须带着便携式计算机到处移动的办公室或工厂等环境中。WLAN 在基本网络应用服务方面具有有线局域网的所有功能，如电子邮件、资源共享、文件传递、远程登录等，比有线网更加灵活方便。

wireless local loop (WLL) **无线本地环路** 也称“无线区域环路”。利用无线技术(包括微波、VSAT(甚小孔径卫星终端)、蜂窝通信、无绳电话传输)为固定用户区域的移动用户提供电信业务。一般来说，在用户环路段采用无线技术提供电信业务的无线传输系统均属无线本地环路。

wireless markup language (WML) **无线标记语言** 一种基于可扩展标记语言(XML)的语言，是 XML 的子集。它能显示各种文字、图像等数据，是由 WAP 论坛提出并专为无线设备用户提供交互界面而设计的应用于无线网络的标记语言，可以用于各种无线承载技术之上，如短消息、电路交换、分组包数据等传送方式，在移动电话和个人数字助理(PDA)上广泛应用。参见 handheld devices markup language (HDML)。

wireless mesh network (WMN) **无线网状网络** 一种采用网状网络拓扑结构，以无线电节点构成的通信网络。无线网状网络通常由网络客户端、路由器与网关所组成，网络中的每个节点都可以发送和接收信号，每个节点都可以与一个或者多个对等节点进行直接通信。无线网状网络结构的最大好处在于：如果最近的接入点由于流量过大而导致拥塞的话，那么数据可以自动重新路由到一个通信流量较小的邻近节点进行传输。依此类推，数据包还可以根据网络的情况，继续路由到与之最近的下一个节点进行传输，直到到达最终目的地为止。因此这种网络具有自配置、自愈合、高带宽、高利用率、兼容性广等特点。

wireless metropolitan area network (WMAN) **无线城域网** 以无线方式构成的城域网，提供面向互联网的高速连接。参见 metropolitan area network (MAN)。

wireless modem **无线调制解调器** 无线网络上使用的一种调制解调器，不通过电话线路进行数据传输。

wireless network **无线网络** 使用无线通信技术，为诸如无线通信、无线寻呼等多种电信应用提供的一种网络。

wireless office systems (WOS) **无线办公系统** 是基于互联网技术与移动通信技术相结合的办公系统，在传统办公自动化系统基础上嵌入短信、WAP 等技术应用，解决行业用户内外沟通和企业内外部办公自动化需求，企业内外部员工间拥有多种通信方式，确保及时沟通和交流，减低办公通信费和管理成本，满足用户随时随地移动办公的需求。无线办公系统包括个人办公、办公管理、公共信息、系统管理、工作流管理等核心子系统。

wireless personal area network (WPAN) **无线个人区域网** 使用无线连接的一种个人局域网络。WPAN 被用于在多个设备之间实现信息共享和设备共享，在短距离内进行通信。使用 WPAN 的技术包括蓝牙、ZigBee、超宽频(UWB)、IrDA、家居无线射频等。

wireless personal communication (WPC) **无线个人通信** 利用无线电通信技术进行的个人通信，按照覆盖范围及功率等级指标的划分，可分为低功率系统和高功率系统。

wireless power transmission **无线输电** 无线输电技术是一种利用无线电技术传输电力能量的技术，目前尚在实验阶段。

wireless private branch exchanger (WPBX) **无线专用交换机** 供一个专业部门或单位，内部分机自动交换连续、用户环路采用无线信道的专用自动交换分机(PABX)。参见 private automatic branch exchange (PABX)。

wireless public key infrastrcture (WPKI) **无线公开密钥体系** 将因特网电子商务中公开密钥体系(PKI)安全机制引入到无线网络环境中的一套遵循既定标准的密钥及证书管理平台体系，用它来管理在移动网络环境中使用的公开密钥和数字证书，有效建立安全和值得信赖的无线网络环境。参见 public key infrastrcture (PKI)。

wireless regional area network (WRAN) **无线区域网络** 2004 年 10 月，IEEE(电气与电子工程师学会)正式成立 IEEE 802.22 工作组，它的别名简称 WRAN。该工作组的目的就是使用认知无线电技术将分配给电视广播的 VHF/UHF(甚高频/超高频)频带的频率用作宽带访问线路。WRAN 可自动检测空闲的频段资源并加以使用，利用 WRAN 设备的这种特征可向低人口密度地区提供类似于城区所得到的宽带服务。

wireless repeater 无线中继 无线中继即是无线接入点(AP)在网络连接中起到中继的作用,能实现信号的中继和放大。无线信号从一个中继点接力传递到下一个中继点,并形成新的无线覆盖区域,从而构成多个无线中继覆盖点接力模式,最终达到延伸无线网络的覆盖范围的目的。参见 access point (AP)。

wireless remote control 无线遥控 实现对被控目标的非接触遥远控制的技术。无线遥控是利用无线电信号对远方的各种机构进行控制的,这些信号被远方的接收设备接收后,可以指令或驱动其它各种相应的机械完成各种操作,如闭合电路、移动手柄、开动电机等,再由这些机械进行需要的操作。

wireless roaming 无线漫游 当网络环境存在多个接入点(AP),且它们的微单元互相有一定范围的重合时,无线用户可以在整个无线局域网(WLAN)覆盖区内移动,无线网卡能够自动发现附近信号强度最大的 AP,并通过这个 AP 收发数据,保持不间断的网络连接。

wireless router 无线路由器 带有无线覆盖功能的路由器。无线路由器一般都支持专线 xDSL(数字用户线路)、网线、动态 xDSL、PPTP(点对点隧道协议)四种接入方式,它还具有其他一些网络管理的功能,如 DHCP(动态主机配置协议)服务、网络防火墙、MAC(介质访问控制)地址过滤等功能。主要应用于用户上网和无线覆盖。参见 access point (AP)。

wireless sensor network (WSN) 无线传感器网络 由大量传感器节点通过无线通信自组织构成的网络。无线传感器网络不受通信电缆的限制、组态灵活、重构性强,可以在较恶劣的测试环境中使用。它能够协同地实时监测、感知和采集网络覆盖区域中各种环境或监测对象的信息,并对其进行处理,处理后的信息通过无线方式发送,并以自组多跳的网络方式传送给用户。

wireless session protocol (WSP) 无线会话协议 无线应用协议组的一个协议,WSP 提供了无线应用环境一个两项服务相容的平台:运转在交易层协议上的面向连接的服务和一个运转在安全的或不安全的数据服务上的无连接服务。参见 wireless application protocol (WAP)。

wireless telephony application (WTA) 无线电话应用 无线应用协议(WAP)的一种用于电话的功能。WTA 用于呼叫和功能控制机制,使终端用户获得移动网络服务。WTA 实质上是结合了语音网络业务的数据网络服务。

wireless terminal 无线终端 用无线方式与计算机进行数据传输的便携式终端。

wireless transmission medium 无线传输介质 自由空间为无线传输提供了物理通道,故自由空间是无线传输介质。在自由空间传输的电磁波根据频谱可将其分为无线电波、微波、红外线、激光等。

wireless transaction protocol (WTP) 无线传输协议 通过无线方式解决数据在网络之间的传输质量的协议。WTP 是无线应用协议组中一个协议,能够通过安全的或不安全的无线数据报网络来进行有效操作。它提供三种不同的传输服务,称为不可靠的单向传输、可靠的单向传输和可靠的双向传输。

wireless transport layer security (WTLS) 无线传输层安全(协议) WTLS 的作用是保证传输层的安全,作为 WAP 协议栈的一个层次向上层提供安全传输服务接口。WTLS 是以安全协议 TLS(传输层安全)1.0 标准为基础发展而来的,提供通信双方数据的机密性、完整性和通信双方的鉴权机制。WTLS 工作在无线数据报协议(WDP)层和无线传输协议(WTP)层之间,它所提供的服务对这两层协议来说是可选的。WTLS 由功能协议层和记录协议层构成。参见 wireless application protocol (WAP), wireless datagram protocol (WDP), wireless transaction protocol (WTP)。

wireless USB (WUSB) 无线 USB 无线通用串行总线(USB)促进组织在 2005 年 5 月底制定的是无线 USB 标准。WUSB 将传统基于线缆的 USB 扩展为基于无线传输平台的无线 USB。WUSB 在继承传统有线 USB 标准所具有的较高传输速率优势的同时,充分利用无线传输技术的灵活性与极高的自由度,免除了有线 USB 需要线缆连接所带来的各种麻烦,为互连设备提供了更大的便利性与可移动性。参见 wireless USB promoter group。

wireless USB promoter group (WUPG) 无线 USB 促进组织 无线通用串行总线(USB)标准的制定机构。该组织成立于 2004 年初,由 Intel 发起,成员包括了 Agere Systems、Hewlett Packard、Microsoft、NEC、Philips Semiconductor 和 Samsung 这几家业界领先的公司。在 2005 年 5 月发布无线 USB 标准 1.0 修订版。

wireless wide area network (WWAN) 无线广域网 采用无线网络把物理距离极为分散的局域网(LAN)连接起来的通信方式。WWAN 连接地理范围较大,常常是一个国家或是一个洲。其目的是为了让分布较远的各局域网互连,它的结构分为末端系统(两端的用户集合)和通信系统(中间链路)两部分。

wireless world 无线电世界 利用无线电通信的信息通信领域,这一领域正向着数字化和多媒体化方向发展。

Wireless World Reserch Forum (WWRF) 世界无线研究论坛 由西门子、诺基亚、爱立信、阿尔卡特、摩托罗拉、法国电信、IBM、Intel、Vodafone 等世界著名电信设备制造商、电信运营商于 2001 年发起成立的致力于移动通信技术研究和开发的国际性学术组织。WWRF目标是在行业和学术界内对未来无线领域研究方向进行规划，提出、确立发展移动及无线系统技术的研究方向，为全球无线通信技术研究提供建设性的建议。

wireline system **有线系统** 用对称电缆、同轴电缆或光纤光缆作传输媒质的传输系统。

wire modeling **线框造型** CAD(计算机辅助设计)系统对于三维物体的一种表示技术。线框造型技术将物体所有表面都用线来表示，其中包括从视点看上去的背面及物体内部部件的表面。与表面造型和实体造型相比，线框造型是表示三维物体的最简单方法。

wire pairs **线对** 由构成线路的一对导线组成的传输介质。

wire-pin printer **针式打印机** 同 wire printer。

wire printer **针式打印机** 利用金属针在电路的驱动下击打色带，在纸上留下墨迹产生点阵图形的一种矩阵打印机。打印机针头的数量可分为 9 针打印机和 24 针打印机。一个西文字符可以由 8×9 点阵组成，用 9 针打印机一次就可以打印一行。一个汉字则需要由 16×16、24×24 或更多的点阵组成，用 9 针打印机需要反复三次才能完成，而使用 24 针打印机则可以一次打印完毕。针式打印机由于采用了击打方式，所以打印中噪音较大。它可以使用多种打印纸(有孔的宽型纸、窄型纸、复印纸或其他的单页纸等)。可以用复写打印纸一次打印多份拷贝，还可以打印蜡纸用于印刷。打印的质量与色带的新旧程度有关。参见 dot-matrix print。

wire storage **磁线存储器** 由磁性材料或磁化材料制成的导线，做成的磁性记录设备。

wiretap **搭线窃听装置** 与电话线或其他内部有线系统相连，用于从远处监视或监听室内谈话或活动的装置。

wiretapping **搭线，窃取信息** 用搭线的方法截取信息。参见 active wiretapping，passive wiretapping，attack。

wirewound resistor **线绕电阻** 一种由一段高电阻线(镍铬合金)缠绕在绝缘的型芯上构成的电阻。

wirewound rheostat **绕线式变阻器** 一种变阻器，通过滑动触点在绕在绝缘芯上的裸露电阻线上的移动可改变电阻值。

wire wrap **绕接** 电子设备装置互连技术中的一种连接工艺。它使用一种专用绕接设备或绕接工具将绝缘导线剥出的端头，施加一定的拉力并按预定的圈数绕在带有棱边的接线柱上而完成的电气连接。

wire-wrapped circuits **绕线电路** 用绕线方式构成的电路板，电路元件安装在长脚插座上，用绕线器将导线绕在引脚上以进行连接，绕线电路通常是手工完成的，通常用于制作硬件的样机和研究实验，优点是线路的改动比较容易，比较 printed circuit board。

wiring **布线** 集成电路设计中的各元件之间、印制电路板上的各集成电路块之间、底板上的各插件之间的连接安排。

wiring blocks **接线盒** 用于端接和固定各种线对配置的电缆的一种绝缘塑料盒。

wiring board **接线板，布线板** 同 plug board(插接板)。

wiring capacitance **布线电容** LSI(大规模集成电路)芯片中，细而密的布线产生的寄生电容。包括布线的平面电容、边缘电容和线间电容。布线电容是影响单元电路性能的一个重要因素。

wiring center **布线中心** 也称"配线中心"。用作一个或多个网络节点或其他布线中心的中心端接点的一些部件。布线中心用来在一个共用地点集合线路，并从该点继续向前连接。其具体类型有：网络集线器、集中器以及多站接入单元(MAU)。

wiring closet **连线室、接线室** 用来放置连接电缆的一个或多个设备框架和配线面板的房间。

wiring concentrator **连线集中器** 在星形或环状网络中，一种半环状集中器。在半环状集中器上的一个站或一条电缆出现故障时，连线集中器可通过将集中器从环路架上断开来旁路故障，连线集中器还可以简化设备重新配置和网络维护的工作。

wiring diagram **接线图** 电路系统中所有设备，电路连接关系以及与该系统有关的装置的图形表示。一个接线图中不仅包含系统中的器件及连线，而且也可以包含诸如线号、线尺寸、颜色、功能、器件标号及腿号在内的非图形数据。

wiring grid **布线网格** LSI(大规模集成电路)芯片布线中，采用的固定风格或相对网格。布线线道一般布在网格或子网格坐标上。

wiring legacy **原有布线** 商业、企业或住宅建筑物内原先已有的线路，可能适合也可能不适合用于连网。

wiring lobe **接线瓣** 用于将多个环路站与线集中器相互连接的辐射状线对组。其中，每个线对连接一个环路站点。

wiring premises **宅院布线** 通常指住宅或办公楼中从引出口到任何布线中心或配线架之间布设的线路，连接到宅院内的布线使用用户自备的电缆来完成。

wiring sequence **接线顺序** 双绞电缆线对连接到连接器引脚的次序。

wiring track **布线线道** LSI(大规模集成电路)芯片布线通道中，实际通过布线的路径。

WIS **可写指令集** writable instruction set 的缩写。

with clause **带有子句** 它出现在 Ada 语言的上下

文规格说明中，带有子句中包含另一个编译单位名。带有子句使得另一个编译单位的名在当前编译单位中是可见的。

withstand voltage　耐压　加在电路或电子元件上且不产生电介质击穿的最大电压。

wizard　向导　一种交互式帮助实用程序，起初是微软公司为其 Windows 应用程序开发的，现已被广泛仿效。向导通过多步操作的每一步引导用户，提供有帮助的信息，并在这一过程中解释选项功能。

WKB　WKB 法　Wentzed-Kramers-Brillouin method 的缩写。

WLAN　无线局域网　wireless local area network 的缩写。

WLAN system　无线局域网系统　由多个 WLAN 网络实体组成，在一定热点区域(如机场、宾馆等)提供 WLAN 业务。

WLC　布线逻辑控制　wired logic control 的缩写。

WLL　无线本地环路　wireless local loop 的缩写。

WM　波长调制　wavelength modulation 的缩写。

WMAN　无线城域网　wireless metropolitan area network 的缩写。

WMF　Windows 图元文件格式　Windows metafile format 的缩写。

WMIS　工作流管理信息系统　workflow management information system 的缩写。

WML　无线标记语言　wireless markup language 的缩写。

WMN　无线网状网络　wireless mesh network 的缩写。

WMO　世界气象组织　world meteorological organization 的缩写。

WNIM　广域网接口模块　wide network interface module 的缩写。

wobble　摆动　可录光碟的沟槽的径向是以正弦方式弯曲而呈螺旋形，这种结构称摆动。可录光碟的摆动频率有两种，DVD-RW 采用 140.6 kHz，而 DVD+RW 则采用 817.4 kHz。摆动加载了可录光碟的信息，它可以提供跟踪信息和速度信息。地址信息因格式不同而各不相同。

word　字　(1)字是微处理器在一次操作中能处理的最大数据单位，一般即指主数据总线的宽度。(2)字是一种信息基元，是计算机用单条指令处理或存取的基本单位。有时称它为机器字或计算机字。有些计算机用定长的字，而有些则可根据要求使用可变长度的字。

Word　Word 软件　由微软公司推出的字处理软件，它最初是由 Richard Brodie 为了运行 DOS(磁盘操作系统)的 IBM 计算机而在 1983 年编写的。随后的版本可运行于 Apple Macintosh (1984 年)，SCO UNIX，和 Microsoft Windows (1989 年)，并成为了 Microsoft Office 套件的一部分。它具有排版功能，能自动检查英文文本中的拼写错误和语法错误，可自动编排文章格式和制作表格，还可制作符合个人需要的套用格式信件，文本中可插入图形。

word address　字地址　若存储器存储单元是以计算机字为单位进行编址，指明计算机字的地址则称字地址。具有多种字长的机器，大多数以字节为单位进行编址，指明字节的地址称字节地址。

word-addressable computer　字寻址计算机　以字作为寻址单位的计算机。常用的字长有 16 位、24 位、32 位或 64 位，字寻址计算机的指令长度和操作数长度是字长的整数倍。字寻址计算机不能访问内存中的单个字节，为了执行对单个字节的操作，必须以较大的单元，即字长单元读写内存。比较 byte-addressable computer。

word address format　字地址格式　字中字符信息出现的顺序。

word and byte addressing　字寻址与字节寻址　某些系统提供字寻址和字节寻址两种访问存储器指令，这意味着用户根据应用问题的要求既可以直接处理字节，也可以直接处理整个字，微型计算机一般采字节寻址。

word/character frequency techniques　字/字符频率技术　一种以自然语言为基础的信息检索技术，如自然语言有很大的重复性，从他们采集信息的方式就可以看到这些信息常常可精确地加以重构。这样，将资料变为机器可读的形式时，就有可能将文本加以压缩。因而每个字和字句出现的频率不是一样的。一般来说，在一个文本中，编制的文本的页数越多，采用同样的字数相对越少。偶然，也有采用同样的字的字数多的情况。可以设计一种编码使经常出现的字或字符可以用一种字长很短的编码来表示，这样可以节省计算机存储器的空间，如霍夫曼(Huffman)编码就是这样一种编码。其他编码方法按文本中经常出现的完整单元(如短语、结束语句、起始字语)加以编码，在自然语言中，字的出现频率也可用来辅助标引、分类和检索，如对文件中字的同时出现频率，已作了大量的研究。同时出现的字可用作文件分类的方法。可画出字连接图，可以把某些连接图分类(如星型连接图、“集团型”连接图、“丛型”连接图)，以适应有关文件的不同分类型式。这种技术称为“统计式字连接”。

word control　字控制　在文本处理中，一次操作一个字的能力，如跳过、移动、删除、打印。

word count　字词计数　文本处理器中能数出文件中字词数的一种能力。

word counter　字计数器　模块传送设备的功能是作为总线控制器，在数据传送期间通常需要两个寄存器保存传送参数。其中一个参数即为传送字计数。

在某些系统中，该寄存器由计算机装入传送到存储器或由存储器中读出的字数的补码。该数锁存在字计数寄存器中。

word counter register 字计数寄存器 保持 I/O 传送处理的轨迹。一般在操作开始时装入要传送的字数，每次传送后递减。当其为零时，通过产生一个中断信号来发出传送操作结束信号。

word-count word 字计数字 记录首标中包含该记录的字计数值的字。

word error probability 误字概率 在通信系统中，每传输一个字的错误接收的概率值。

word frequency 词频 在一定范围的语料中统计词语的实际使用情况而得到的绝对频度和相对频度。绝对频度是词语出现的次数；相对频度是该次数与整个语料所含的总词次数之比。

word frequency dictionary 词频词典 词典的一种。其中的词条均附有它在被统计的语料中出现的频次等方面的数据。

word frequency index 词频索引 为改进单词索引，同时采用非用词表和用词词表两种办法建立索引。其处理过程是，首先进行词频统计，然后用非用词表删除非用词，去掉高频词，建立用词词表，从而抽取用词，按字母排序生成词频索引。

word-half 半字符 一组表示半个计算机字的字符，寻址时作为一个单元在存储器内可寻址。

word index 字索引 存储单元或寄存器的内容，可用来自动变换任何给定指令的有效地址。

word key 字键 文字处理中的一种控制键，一次只处理正文中的一个字。

word length 字长 计算机字中所包含的二进制位或字符的数目。常用的字长有 8 位、16 位、32 位和 64 位。字长是计算机一个重要的指标，一般地说，字长长的计算机处理数据的精度比较高。

word list 文字表 由词法分析产生的表。用于描述源程序中所用的全部文字。每个文字都有一个表目，它由一个值，若干表征，表示执行时文字的单元地址和其他信息组成。由词法分析阶段填入。文字表的表目如下：

文字	基	记数法	精度	其他信息	地址

word locator 字定位器 在口述记录设备上，一种准确地确定记录媒体上一个字或一个音节的位置的指示器。

word mark 字标(志) 在串行数据中，用来表示字的开始或结束的符号。

word-organized storage 字结构存储器 由该存储器中取出或向其存入的数据必须以计算机字作为单位。

wordpad 书写板，写字板 这是 Windows 95 的字处理器，用于编辑和打印一个文档文件，文档中可带有文字、图片及其他对象链接和嵌入对象。

word pattern 字模式 一个机器所能辨识的最小且有意义的语音单位。常常是由一组字节或文字组成。

word period 字周期 在连续两个字中对应位置上的数据信号之间的时间间隔。

word per minute (WPM) 每分钟字数 一种用来测量电报速率或远程打印机操作速率的计量单位。

word prediction program 字词联想程序 运行用户可以从屏幕列表选择希望的字词的程序。该程序通过用户已经键入的前几个字母预测的字词列表以供用户选择。

word probability 单词概率 单词出现的概率分布，即一个单词出现的可能性。

word problem 字问题 群上的一类判定问题。设 G 是由集合 S 生成的群，S 上的一个字就是由 S 的元素按 G 的运算形成的表达式，群 G 的字问题(关于 S)就是判定 S 上的哪些字等于 G 的单位元。有很多群的字问题都是可判定的，如有限群的情形。但也存在有限可生成群，其字问题是不可判定的。

word problem of contextsensitive grammar 上下文有关文法的字问题 这是一个可解问题。也就是说，存在一个算法，它以字母 $V=\{a,b\}$ 上任意上下文有关文法 G 和 V 上任意字 w 作为输入，能够决定 w 是否在 G 产生的语言中。参见 context-sensitive grammar (CSG)。

word processing and computer hybrid system 字处理计算机混合系统 一种典型的混合系统。允许用户执行某些应用，如订单记录、存货控制、销售分析和薪水账单等。字处理应用包括一般通信、正规信件和标准报告的准备和编辑工作，还可从一个存储段的库中创建一个文件，从具有地址的存储文件中打印出正式信件，其中地址是由一个已经存储的邮寄表来提供的。

word processing control function character 文字处理控制功能字符 提供文本格式化的方法，以实现事务联系和通信的几个独特的功能控制字符之一。参见 backspace character, carrier return character, horizontal tab character, indent tab character, index character, index return character, null character, numeric backspace character, numeric space character, unit backspace character, word underscore character。

word processing equipment 字处理设备 用来通过键入和暂时存储文本的方法准备进行商业通信，以供后面进行修改，以及以一组字符的形式(如字，行，段或页)对存入的文本进行编辑。它与每次对一个字符进行编辑的设备不同。

word processing machine 字处理机 专门用于字处理功能的电子计算机。

word processing program 字处理程序 一种实现字处理功能的程序。根据使用的程序和设备不同,字处理程序可以文本模式(利用加亮、下划线或色彩表示、斜体、黑体和其他格式)或图形模式(在屏幕上出现的编排格式与打印页面上一样)显示文档。所有字处理程序至少提供有限功能的文档排版功能,如字体改变、页面布局、段落缩进等。有些字处理程序还能检验拼写,查找替换,执行计算,在多视窗屏幕上显示文档,以及允许用户使用可简化复杂操作或重复操作的宏命令。

W

word processing system 字处理系统 (1)处理文字信息的计算机系统,主要由计算机、输入设备、字符发生器、显示设备和打印设备等硬件以及系统软件、实用程序和应用程序等软件组成。字处理系统分为专用系统和通用系统。前者专用于文字处理,只能运行字处理程序;后者不仅用于文字处理,还可用于完成各种事务处理和记账处理等。(2)具有文字、文本及文章输入、输出、存储和编辑等基本功能,并以提高文章生成效率为目的的系统。如微机上的 WordStar、Wordperfect 以及微软 Word 字处理软件系统等,他们是办公自动化及商业、行政事务管理中的有效工具。

word segmentation unit 分词单位,词切分单位 汉语信息处理使用的、具有确定的语义和/或语法功能的基本单位。

word sense disambiguation (WSD) 词义消歧 对出现在具体语境中的多义词确定一个合适的词义的过程。

word sense tagging 词义自动标注 在计算机上运用逻辑运算和推理机制,对出现在一定上下文中的词语的语义进行判断,自动确定其词义并加以标注的过程。参见 word sense disambiguation (WSD)。

word separator 字分隔符 在字处理及文本编辑中用来分隔信息区域的一种文字。

word-serial 字串行 (1)传送数据块的一种方式。传送时,按字进行顺序传送。(2)相联处理机的一种体系结构。在字串行的相联计算机里,只用一条指令可以检索一个简单的程序循环。

word size 字长,字号 (1)因为一个二进制位可以表示为 0 和 1,程序员一般通过对若干位根据某种合理的方法编码来把较大的数编入字内。常见的字长是 6 位,8 位,12 位,16 位,18 位,24 位,32 位和 64 位。因此把 16 位的按字处理的计算机称为 16 位机,而逻辑基于 8 位字的计算机称为 8 位机。(2)一个字中的字符数。同 word length。(3)字号即字形尺寸。参见 font size,type size。

word space 字间(间)隔 (1)在一行中各字之间的间隔。同 interword,blank,interword space。(2)串行数字单元,如磁数、磁盘、磁带和串行行中一个字占的实际区域或空间。

wordspacing 字间隔调整 增减字间空格,以便向右对齐。

word stemming 单词衍生形态复原 相关性搜索中的一个语言规范化过程,在此过程中,将词的变体形式还原为公共形式。例如,诸如 connections、connective 和 connected 之类的单词将还原为 connect。

word synchronized 字同步[的] 将位模式与字界对准。

word time 字时间 在存储设备中提供串行访问存储器的方法。即连续两字的对应部分出现的时间间隔。

word-time comparator 字时间比较器 一种将字-时间计数器与规定字时间进行比较的电路。

word-time rate 字-时间(速)率 数据装置与计算机之间单位时间内字数的数据转换率(每分钟的字数)。

word transfer 字转移 将整个字(并行 24 位)一起传输。这 24 位在计算机和外部设备之间一次传送完成:即在输出时,不需要将一个字分解成一些文字;输入时,也不需要将文字组合成一个字。如果外部设备也能以同样的速度接收或发送字的话,此方法可比逐个文字传输的方式在输入、输出速度上快四倍。

word underscore character (WUS) 字[词]下划线特性(字符) 一种字处理控制特性。它使得在下一个出现的字的下方划线。

word wrap 字转行[绕行],自动换行 字处理程序或文本编辑程序的一项功能,使文本在页面边界或视窗边缘上输入的文本自动移到下一行。同 wrap-around。

word wrap and centering 字换行与居中 字处理软件的一种功能。当一个单词超过了一行的右边界时,字处理软件即把该单词完整地移至下一行。另外,字处理软件还提供了使文本位居中心的功能。

word wrap-around 字返转 用于视频显示器的一种文本编辑功能。如果输入的字超过规定的边界,则将截去的部分删去,而将整个字写到下一行。如"ittustracte"从"t"起后面的字母超过一行,就将该词移至下一行。

work 功 力的大小与在力的方向上的位移的乘积。

work area 工作区 (1)为将要运算的数据作为临时存储用的区域。(2)由一些设备(诸如显示器、键盘、打印机等)使用的区域。(3)在某些通信系统软件中,与应用程序相关的存储区。它接受由 GET 或 READ 宏指令控制的由通信软件传送给应用程序的记录或信息;或把由 PUT 或 WRITE 宏指令控制的记录或信息从此存储区传送给通信软件。(4)在处理过程中用来临时存储数据的存储区。同 working space。

work around 迂回工作法 软件或硬件中存在缺点

或不足，在实际上未解决现存问题的情况下，使任务得以完成的一种工作方法。

workaround procedures **迂回工作法规程** 在业务连续性计划(BCP)中，被业务单元用作确保其关键功能在特定应用系统、备份数据、声音或数据通信系统、特定的设备、办公设施、人员或外部服务暂时性失效期间仍能维护其持续性运作的过渡性步骤。

work assembly **工作汇集** 把数据记录、计算机程序或一系列有关程序组织收集的过程。

workbook **工作簿** 在电子数据表格程序中，一个包含有多个相关电子表格的文件。参见 worksheet。

work breakdown structure **工作分类结构** 一种面向产品的列表，包括硬件、软件、服务和其他工作任务的树状结构，完整地定义一个产品或计划。

work breaking structure chart **工作分解结构图** 把系统流程分解成若干个子系统，每个子系统再分成若干个模块，每个模块又可分成若干个进程，每个进程再分为若干个步骤。总之，根据事物的内在联系，使其形成足够细的相互关联的各个步骤的图解。

work cycle **工作周期** 工作周期因任务和工作单元而异。完成一个任务、一个作业或产生一个结果所执行的一系列命令序列，当每个任务的最后部分完成之时，序列将自动为下一任务的执行初始化，并结束该任务。

work distribution chart **工作分配图** (1)全体工作人员在工作、研究方面的职责、任务和顺序的一览表。(2)确立关于完成单独一项专门任务或操作的每一职责关系，此种任务或操作包括显示简要量和预计完成每项工作任务的时间。

work entry **工作输入** 子系统描述中的一个输入项，它指示子系统可以此输入项为原来接收作业进行处理。

work factor **工作因子** 在计算机安全方面，指冲破安全措施所需要的资源的一个估计。

work file **工作文件** (1)一种为正在处理的数据提供临时存储空间的文件。(2)分类排序中使用的一种中间文件，用于暂时存储分类阶段间的数据。参见 work volume。

work flow **加工流程，工作流程** (1)用一组顺序排列的工序来表示原材料到产品的转变过程。它是工序设计和设备布置计划的基础。(2)系统执行命令或过程的处理流程。

workflow application **工作流应用软件** 一种从始至终跟踪并管理一项工程中所有活动的一类程序，如由美国 Holosoft 公司于 1995 年推出的工作流软件，它可帮助用户在机构工作流程中发现问题所在，运行于 Windows 和 UNIX 平台上。

workflow computing **工作流计算** 日常业务的自动化系统。

workflow language (WFL) **工作流语言** 一种定义任务运行环境及所需资源的语言，以便该任务可在系统上运行。

workflow management **工作流管理** 文件夹应用程序机制一个特征，自动地分配需要系统用户处理的文档。

workflow management information system (WMIS) **工作流管理信息系统** WMIS 是把数据库技术和基于电子邮件的流程管理技术结合起来，适应数据库应用流程化要求的新技术。WMIS 实际上是利用电子邮件来串联一项工作的不同阶段，各阶段的工作通过相应的电子表格体现出来，这些表格包含完成这些工作所需的信息。每位员工收到表格后，将填写该项工作当前阶段的各个输入选项；当一个表格的各个输入项被填写之后，该表格就以电子邮件形式发送给下一阶段的工作人员；下一阶段的工作人员将会在他们的邮箱中看到自己所负责工作的当前状况，并且可以选择其中任意一项工作(邮件)展开下一步，即打开下一步工作应当填写的表格。这样，整个工作流程就表现为一系列电子邮件，而这些电子邮件中显示和输入的数据都来自数据库。在实际应用中，计划人员既可以在企业 MIS(管理信息系统)软件也可以在电子邮件软件中生成采购申请邮件，然后发给有关负责人；负责人收到邮件后，可以直接在邮件上答复申请，在答复时他还可以通过超链接跳转到 MIS 中去察看有关细节。一旦申请邮件被答复，计划人员不仅能在 MIS 中看到批准状况，也可以在邮件箱中看到答复意见。此外，负责人在答复的同时还可以根据申请，自动产生一些相关的协同工作并分派给其他的人。WMIS 的主要优势体现在以下几个方面：①降低劳动强度，提高工作效率。WMIS 使用时只需要在一个统一的收件箱查找所有尚待完成的各项工作；②高度自动化、协作化。WMIS 通过邮件传递信息，用数据库存储信息，因而不再需要人工传递文书，并且前一阶段工作输入的信息可以自动被下一阶段工作利用；③安全的无纸化办公。经过数字签名的邮件可以保证其内容的不可更改性和来源的真实性；④易学易用。只要会使用电子邮件软件，就能使用 WMIS。

work function **功函数** 也称“逸出功”，简称功函。在固体物理中被定义成：把一个电子从固体内部刚刚移到此物体表面所需的最少的能量，用电子伏特表示。功函数的大小通常是金属自由原子电离能的二分之一。参见 ionization energy。

workgroup **工作组** 一个由许多在同一物理地点，而且被相同的局域网连接起来的用户组成的小组。在工作组中的用户都可以以预定义的方式，共享文档、应用程序、电子邮件和系统资源。一个工作组可以是用同一名字的用户小组，这个工作组可

以在这个网络上具有一些特权，如对文件服务器或一些特殊应用的访问等。

workgroup computing **工作组计算法** 一种基于分布式计算机应用的工作方法，为同一项目工作的各个成员利用局域网共享资源、存取文件，使之得以协作完成各自的任务。这种方法是通过为工作组计算而设计的软件，使用客户机/服务器模式实现的。参见 team computing。

workgroup hub **工作组集线器** 用于逻辑上分组和连接用户的集线器。工作组集线器一般是简单、成本较低的，具有支持工作组需求所需要的功能。

workgroup productivity software **工作组效率软件** 利用局域网提高工作组办公效率的局域网应用软件系统。该软件由多种提高办公效率的功能模块组成。他们利用局域网快速传递信息和多窗口机制，有效地完成如下工作：简化文件的起草、邮寄、收发、保存、归档工作；根据人事变动、住宅搬迁、电话移机等信息及时更新集体或个人的名片册、电话簿、记事本；调阅私人工作日历，协调多人之间的会话和日程安排；利用多窗口机制，实现多人、多站点间的实时讨论和电子会议；合理调度、分配和使用办公资源等。工作组效率软件是减少工作组成员间集体活动障碍的强有力工具，已在技术先进国家广泛普及和应用。

workgroup server **工作组服务器** 一种网络服务器，通常支持几个到几十个用户规模的应用。比较 departmental server，enterprise server。

working area **工作区** 在显示屏上，可以显示用户键入除命令以外的各种数据的一种区域。同 working space。

working backward method **倒推法** 设计算法的方法之一，常用于解决游戏一类的问题。其基本思想是：由一个目标开始向后逐步推到问题的原始表述，若每步可逆再向前推出问题的解法。

working directory **工作目录** 同 current directory。

working diskette **工作软盘** 用于日常操作的软盘，其中的文件均从另一张软盘拷贝而来。同 operational diskette。

working display **工作显示器** 见 basic working display。

working earthing **工作接地** 为了电路或设备达到安全运行要求的接地。工作接地的作用是保持系统电位的稳定性，即减轻低压系统由高压窜人低压的原因所产生过电压的危险性。

working equipment **工作设备** 在一组机器设备中，正在运行或正在使用中的设备。其余的为备用，只有在工作设备发生故障时才接替使用。

working frequency **工作频率** (1)在某一给定情况或操作中使用的特定频率。工作频率的一个例子是在某一紧急时期(如在某个搜寻和救援工作时，在已经用紧急呼叫频率建立了接触以后)的全部或部分过程中所使用的频率。(2)指某个站向另一个站发送消息所使用的频率。参见 answering frequency，calling frequency。

working memory **工作存储器** 计算机内存储器的一部分，用于保存计算机操作数据及部分结果。

working memory element **工作存储元** 存储实体属性值的存区。由一个时标、一个指向它所属元类的指针及一系列相应属性值组成。工作存储元是元类的一个实例。所谓时标，即该元被创建或最近一次被修改的时间，时标用作该存储元的标识符。

working routine **工作例程** (1)产生问题或程序的结果，与用来提供支持、存储、编译、汇编、转换的子例程形成对照。(2)能够根据用户需要计算出问题结果的例程。它不同于汇编程序、编译程序、解释程序等后援程序和操作系统。

working set **工作集合，工作区，工作(页面)集** (1)用户页面的集合，必须为活跃状态，以避免超出页面。(2)页面所需的实际存储区数，避免产生抖动现象。(3)进程空间中执行的进程能够引用而不会产生缺页的那些页面集合。进程在执行时，工作集必须驻留在主存中，该进程的其余页面或在主存中(但不在工作集中)或在辅助存储器上。(4)ImagePlus 系统中，在工作站中任何时刻的所有页面。

working set policy **工作区策略** 在虚拟存储系统中，管理实存的一种方法。利用此方法，操作系统利用一个或几个算法，试图确定主存中哪个页或段仍是某进程所需要的，哪个要删去，或者在什么时候全都需要，以及确定哪个页或段删去后不会降低处理性能并且不会中断高优先级的处理。

working storage **工作存储器** 在主存里专为中央处理机设置的一个区域。它作为临时数据区专门用于保存数据而不是保存程序，在处理操作期间，经常不断地改变工作存储器的内容，有时称它为暂时存储器或工作区。

work-in-process queue **工作过程中的队列，处理中的工作队列** 队列中的各项已经过处理，由计算机进行排队供计算机进行最后处理。

work load manager **工作负荷管理程序** 系统资源管理程序的一部分，允许一计算站决定任何用户组可接受的运行性能，监测工作负荷并据此调度资源。

work location wiring subsystem **工作位置布线子系统** 布线系统中，包括信息出口和终端设备连接器在内的设备和延伸软线部分。

workmark **工作标记** 用来为机械设备安置各种部件的参考或参考标志。

work order **工作订单** 需要开始生产的订单名称。

work-output queue **工作输出队列** 各种要输出的数据通常不是立即就打印出来或穿孔成最后的输出形式，而是存放在某种类型的辅助存储设备上，由此成为队列的一部分，由控制信息进行控制或编程。计算机系统通常受打印机限制，或者说只能以和打印机一样的速度执行任务。

work process scheduler 工作过程调度程序 对所有数据处理操作时间进行调度，使空闲时间尽可能小的程序。

work queue 工作队列 一种作业队列。

work queue entry 工作队列入口 在输入流中由一个任务中产生的控制模块和控制表放入一个输入工作队列中。

work session 工作会话 (1)由操作员在登录成功后和在退出系统时初启的一种会话。询问会话可包括在工作会话之内。参见 inquiry session, session。(2)一个操作员使用工作站实用程序的时间区间。

work session control record 工作会话控制记录 在交易事务文件中，每一次工作会话的记录链中的第一个记录。

work-session-initiation processing level 工作会话初启处理层 每当操作员初启了 WSU(工作站实用程序)时，该操作员所处的一种处理层次。第一个显示台的操作员，通过初启该作业后，则进入工作会话处理层。

worksheet 工作表 在电子数据表格程序中，由行和列组成并出现在屏幕上的一个页面，用于构建数据表格。参见 workbook。

work slice 工作时间片 在某些操作系统中指定的一段处理时间，在一个任务挂起同时，另一任务调派之前分配给该任务的时间片，其大小由该任务的最大指令量来决定。

workspace 工作[作业]空间 (1)人在操纵机器时所需要的操作活动空间加上机器、设备以及工具所占据的空间总和。合理的作业空间有利于生产效率的提高和人的积极因素的发挥。(2)执行一个程序时所要求的存储器容量，它往往超过存储该程序文本本身所要求的存储量。(3)为数据库用户提供的存储空间。作为用户和数据库之间传送和接收数据的区域。如一个应用程序的工作空间是其输入输出区。终端用户的工作空间可以是终端所用的工作存储区或者是终端屏幕。同 work area。

work stack 工作栈 (1)一种表，其构造和维护的方法是，使得下一个要检索的信息是该表中最后存入的信息。即该表是 LIFO(后进先出)表或下推表。(2)一种非保护的主存储区，分配给每一个任务并由此任务执行的程序所使用。

workstation 工作站 (1)以个人计算环境和分布式网络计算环境为基础，其性能高于微型计算机的一类多功能计算机。工作站的多功能是指它的高速运算功能，适应多媒体应用的功能和知识处理功能。构成工作站的硬件有主机、显示器和输入输出设备。应用领域有：科学和工程计算、软件开发、计算机辅助分析、计算机辅助制造、工程设计和应用、图形和图像处理、过程控制和信息管理等。(2)在 GKS(图形核心系统)图形标准中，工作站是一个逻辑概念。它用来表示提供给操作员使用的一组输入输出设备，其中图形输出设备最多只能有一台，图形输入设备不限，但必须具备所有六种逻辑输入功能。此外，用于存储图形数据的文件设备也是工作站，称为中介文件工作站。(3)在局域网中，指一台连网的微型计算机或终端，用户或者应用程序可从中访问服务器资源。

workstation address 工作站地址 在某些系统中，在工作站中设置开关的地址，在没有指定地址时是系统假设的内部地址。

workstation controller (WSC) 工作站控制器 一种将本地的工作站直接连接到系统的设备。

work tape 工作(磁)带 具有多种用途的通用带，如用于存储中间处理结果、排序过程或程序调试时临时存储数据。

work unit 工作单位[元] 用单条 GET 或 READ 宏指令从通信软件传送给应用程序的数据量；或是用单条 PUT 或者 WRITE 宏指令从应用程序传送到 MCP(信息控制程序)的数据量。工作单位可以是一个报文或一个记录。

work volume 工作卷 在系统高峰负荷时，提供存放临时文件或数据集的空间的一种卷。

world administration radio conference (WARC) 世界无线电管理会议 一个主要工作于通信频率分配的国际组织。在 20 世纪 70 年代中集中处理与卫星通信有关的问题，由国际电信联盟(ITU)执行世界行政无线电会议所达成的任何频率分配协议。

world coordinates (WC) 世界[全局]坐标 计算机进行图形处理时，由用户(即指应用程序)规定的独立于设备的一个笛卡尔坐标系，也称"完全坐标"或"用户坐标"。

world coordinate system (WCS) 世界坐标系 应用程序用来进行图形输入输出所使用的一种与设备无关的笛卡尔坐标系。参见 user coordinate system。

world coordinate transformation 世界坐标变换 在进行视见操作之前，把模型所在的世界坐标转换成为图形软件包所使用的世界坐标。

world data centre (WDC) 世界数据中心 为促进科技发展和国际交流、专门收集包括地球和宇宙科学技术方面信息的一个国际组织。世界数据中心由美国的 WDC-A、前苏联的 WDC-B 以及西欧、澳大利亚和日本的 WDC-C 三部分组成。

world information system exchange (WISE) 世界信息系统交换 遍及全世界范围内的几百个协会之间的一个机构，其目的是鼓励国际间合作以及有关信息技术的数据交换。

world intellectual property organization (WIPO) 世界知识产权组织 是世界各国政府间的国际组织

机构,也是联合国的专门机构,总部设在日内瓦。世界知识产权组织与国际保护工业产权联盟和国际保护文学艺术作品联盟的关系极为紧密,均归属联合国国际第三局管理。世界知识产权组织鼓励制定保护知识产权的国际条约及各国的国内立法;鼓励发达国家先进技术向发展中国家转移,并向发展中国家提供知识产权方面的技术援助和咨询服务;办理国际知识产权注册登记;促进文件和专利程序的标准化;管理国际专利证件中心,为各成员国提供检索服务。早在19世纪80年代,世界上已有两个保护知识产权的重要国际条约,即《巴黎公约》和《伯尔尼公约》。这两个公约最初由瑞士政府代为管理。1893年,《巴黎公约》和《伯尔尼公约》的管理机构进行合并,成立了保护知识产权联合国际局。1967年,保护知识产权联合国际局提议建立世界知识产权组织。同年7月,召开了有51个国家参加的斯德哥尔摩会议,签订了《成立世界知识产权组织公约》并成立了该组织。1980年2月,我国成为该条约的签署国。

world model 世界模型 最早的一个世界模型是由J.W.福雷斯特教授提出的,该模型涉及到人口的增长、工业化的范围、污染、自然资源的损耗和营养不良现象的发生率。

world numbering plan 国际编号方案 国际电报电话咨询委员会(CCITT)制定的一种编号方案,它将全球分为九个区域。每个区域分配一个号码,该区域中所有国家的国家代码中的第一位即为所在区的区号。

world radiocommunications conference (WRC) 世界无线电通信大会 国际电信联盟涉及无线电频率、卫星轨道资源的划分、分配、指配、规划及管理的全球盛会。每两年召开一次。

world semiconductor trade statistics (WSTS) 世界半导体贸易统计 由半导体公司协会收集所有生产商的销售数据,并告知每个生产商所占的市场份额。

world telecommunication day 世界电信日 1969年5月17日,国际电信联盟第二十四届行政理事会正式通过决议,决定把国际电信联盟的成立日——5月17日定为"世界电信日",并要求各会员国在每年5月17日开展纪念活动。为了使纪念活动更有系统性,每年的世界电信日都有一个主题。2012年的主题是"信息通信与女性"。

world-view 世界性观点 离散仿真语言已发展到使用具有世界性观点的语言术语来描述和仿真系统的地步。

worldwide intelligent network (WIN) 全球智能网 由美国 Shearson Lehman Hutton 公司经营的一个国际语音及数据网络。

worldwide interoperablity for microwave access (WiMAX) 微波接入全球互通 也称IEEE 802.16无线城域网,一种新的WLAN(无线局域网)技术。和传统的Wi-Fi(这里指无线兼容性认证)技术相比,它具有传输速度快,覆盖面积广的明显的优势。参见 wireless local area network (WLAN)。

world wide web (WWW) 万维网 (1)基于超媒体的、方便用户在因特网上检索和浏览信息的一种广域信息查询工具。超媒体是超文本和多媒体在信息浏览环境下的结合,用户使用万维网不仅可以查询文本信息,还可以获得声音和图像信息。万维网基于客户一服务器模式。为用户提供基于超文本传送协议的用户界面,服务器的信息是用超文本标记语言来描述的。其中超媒体链接使用统一资源定位器。(2)万维网是因特网中的一种信息服务系统,主要有两层含义:第一是广泛的使用,即用户通过使用FTP(文件传输协议)、HTTP(超文本传输协议)、telnet(远程登录)、Usenet(网络新闻组)、WAIS(广域信息服务)和其他工具可接入所有信息源;第二是指通用的超文本服务器,它可对文本、图像、声音文件进行混合处理。万维网提供图形界面的信息浏览方式。WWW服务器为用户提供信息内容,用户可以通过浏览器软件访问服务器并获得所需信息,用户还可以通过建立永久性的因特网连接,建立自己的WWW服务器并发布信息,或者在因特网网站上租用部分WWW服务器空间发布信息。(3)有时也称"3W"、"W3"或"Web"。它最初是由位于瑞士的欧洲粒子物理研究中心(CERN)开发的,其初衷就是让用户通过点击页面中的某些敏感点(链接)而顺藤摸瓜地在因特网上漫游。现在,从使用上看WWW至少有三个含义:①WWW是一种协议。是一种允许用户容易地制作超文本信息为其他用户所用的协议;②WWW是一种支持上述协议的客户端服务系统。WWW的最大优点就是信息可以分散归类到各种页面里存放,在一个页面中使用指向其他页面的"链接"来帮助用户发现和检索信息。另外一个优点是表示信息的方式不受限制;③在观念上,WWW已经逐渐作为因特网一部分或因特网最新表现形式而被广大用户所接受。

World Wide Web Consortium (W3C) 万维网联盟 W3C聚集了一批会员,100多家厂商以及固定的开发人员致力于制订Web标准。W3C试图在所有厂商将支持的新的HTML(超文本标记语言)规范中推出一个特性和命令标准集。W3C已担负起防止不同产品严重分散之职。W3C正继续与其成员公司合力研究HTML的扩展版,包括多媒体对象、手写、风格单、表格和高质量印刷。

WORM 一(次)写多(次)读 write once read many的缩写。

WORM driver WORM驱动器,一写多读驱动器 write once read many driver 的缩写。

wormhole **虫孔** 一种多机系统间的路由模式，将消息分成流控制单位后在网络上进行传送，每个流控制单位通常是若干字节，各个流控制单位以流水方式在网络中传递，第一个流控制单位中包含路径信息，当它被阻挡时其余的单位也被阻挡，这种方法避免使用中间节点的大量缓冲存储空间，网络上的每个路由器只需较小的缓存，并使得处理机间的通信延迟减少。

worm virus **蠕虫病毒** 一种计算机病毒，它利用UNIX系统中电子邮件的脆弱性，首次于1988年11月2日进入因特网，并在网中不断地自我复制，一夜之间给广大的计算机用户造成了巨大的损失。其传染途径主要是计算机网络和软磁盘。

worst case **最坏情况** 最大负荷置于系统，使其呈现出错倾向，或导致测试失败。

worst-case access time **最坏存取时间** 在海量存储器中，访问两个数据之间所需的最大存取时间，如遍访整个磁带所需存取的时间，或固定磁头转动一周所需时间。

worst-case amplitude-derivation pattern **最坏幅度偏差模式** 在高密度的数字磁记录中，引起磁头读出信号幅度衰落最大，因而最容易由此产生读出信息错误的写入信息模式。

worst-case analysis **最坏情形分析** 分析一个算法的最坏情形复杂性。相应地分析算法的平均情形复杂性称为平均性态分析，也称算法的概率分析。建立递推关系并解之是一个常用的分析方法。

worst-case design **最坏情况设计** 一种最保险的电路设计方法，按此方法设计的电路，即使电路的所有元件处于允许的最坏条件下，线路仍然能够正常工作。所谓最坏条件包括最大元件误差、最大温度变化范围、最大电源变化范围等，以及它们的最不利组合。

worst-case measure **最坏情况度量** 一类函数，用来表示求解问题时使用资源的最大量。若M是解决问题X的一种方法，R是该方法使用的一种资源，则$R_M(n)$表示对于所有输入长度为n的字符串，方法M使用资源R的最大值。当且仅当在某方法类C中存在解决X的方法M满足$R_M(n)=O(T(n))$时，称$T(n)$为求解X时所耗费资源R的上界。若C中所有方法M都满足$R_M(n)=\Omega(T(n))$，则称$T(n)$为解X时该类方法使用资源R的下界。在复杂性理论中，一般采用最坏情况度量。

worst-case noise pattern **最坏噪声模式** 在磁心存储器中，当一半半选磁心处于“1”态，而另一半半选磁心处于“0”态时，噪声最大，称为最坏噪声模式。

worst-case peak-shift pattern **最坏峰值位移模式** 在高密度数字磁记录中，引起磁头读出信号峰值位移最大，因而最容易由此产生读出信息错误的写入信息模式。

worst-fit **最差适配** 存储管理中首先分配系统中最大的可分配存储区的分配方法。

worst-loaded path **最坏负载通路** 一种常用的选路策略，可以在最小负载通路上留下更多带宽容量为要求高带宽的新用户呼叫服务。

WOS **无线办公系统** wireless office systems 的缩写。

WOSA (1) Windows 开放式服务体系结构 Windows open service architecture 的缩写。(2) Windows 开放系统体系结构 Windows open system architecture 的缩写。

wound-rotor induction motor **绕线转子感应电动机** 感应电动机的一种，通常在定子上的初级绕组连接于电源，在转子上的多相线圈绕组承载感应电流。转子绕组的线端在运行状态下可以短路。除非另有规定，这种电机一般都有集电环。

wow and flutter **颤动和脉动** 由于带速变化而引起的信号输出频率的变化。颤动在低速时产生，而脉动则在高速时产生。

WP **文字处理** word processing 的缩写。

WPA **Wi-Fi 网络安全存取** Wi-Fi protected access 的缩写。

WPAN **无线个人区域网** wireless personal area network 的缩写。

WPBX **无线专用交换机** wireless private branch exchanger 的缩写。

WPC **无线个人通信** wireless personal communication 的缩写。

WPKI **无线公开密钥体系** wireless public key infrastrcture 的缩写。

WPM **每分钟字数** words per minute 的缩写。

WRAM **视窗随机存取存储器** Windows RAM 的缩写。

WRAN **无线区域网络** wireless regional area network 的缩写。

wrap-around **环绕式处理，回绕，卷回** (1)在基于字处理设备的显示过程中自动分离文本的可打印线段。(2)由存储器最大可寻址地址向首地址连续进行的操作。(3)由最高地址寄存器向最低地址寄存器连续进行的寄存器寻址。(4)在 CRT(阴极射线管)显示设备中，从显示缓冲器最后一个字符位置向其第一个位置连续进行的操作，即光标的运动或连续读出。(5)当图元坐标超出正常的显示空间时，它会在显示面的另一侧显示出来的现象。参见 horizontal wraparound，vertical wraparound。

wrap capability **绕接能力** 直接将调制解调器的输入线和输出线连接起来的能力。

wrapping **绕接(法)** 星形/环形网络中，配置诸连线集中器以旁路故障的一种方式，在此方式下，环路上的诸节点的逻辑次序不变。

wrap plug **卷绕插头** 在 ESCON(企业系统连接)环境中,一类双工连接器,用于卷绕设备的光学输出信号到光学输入,对应于 protective plug。

wrap testing **绕回测试** 不对装置本身进行检查而对连接其上的部件或控制器的电路进行的一种测试。这种测试将装置的输出作为输入返回,进行检查,如当发生不可恢复的通信转换器或机器差错时,使用这种绕回测试,传送一个特定的字符模式给予或通过环路上的调制解调器,然后将接收到的字符模式与传送的字符模式比较。

WRC **世界无线电通信大会** world radiocommunications conference 的缩写。

WRE **等待请求元素** waiting request element 的缩写。

WRED **加权随机早期检测** weighted random early detection 的缩写。

writability **可写性** 程序设计语言中,衡量使用语言编写程序的方便程度。由于程序设计语言的一个重要作用是用来编写程序,所以可写性是语言设计的一条准则。

writable instruction set (WIS) **可写指令集** 具有一定数量的可写指令的指令系统。采用这种指令集的计算机称为可写指令集计算机(WISC)。提出 WISC 结构是企图综合 RISC(精简指令集计算)和 CISC(复杂指令集计算)两种结构的优点,排除两者的缺点。在 WISC 结构的指令系统中,可写指令在数量上和可写性上都有一定限制。它是在 RISC 结构基础上用可写指令的方法吸取 CISC 的某些长处以适应更广泛的需要。

write **写(操作)** 向存储装置(如内存、磁盘)或向输出装置(如显示器、打印机)传送信息的操作,如写磁盘的意思是将信息从内存写到磁盘上。写操作也是计算机向用户提供处理结果的手段。比较 read。

write access **写访问** 旨在对访问客体进行写操作的访问类型。写访问是计算机系统允许用户保存、改变或删除已存储数据的一种特权。网络系统的写访问通常由系统管理员设置。

write addressing **写寻址** 由二进制计数器控制。在复位之后,首先进入的字是存在地址 000 中的字,因为许多写时钟脉冲的上升沿也触发地址计数器,每次数据进入便立即使计数器自动增 1,指向下一个存储单元。输出对二进制计数器也起作用,可以不需要附加的译码逻辑来启动寄存器文件。

write after read **读后写** 对破坏性读出的磁性存储器,往往在完成读出时期后,须在存储设备中重写读出的数据。

write allocate **写分配** 一种高速缓存管理技术,用这种技术,对来不及写和来不及读的那种通常进行的读操作分配高速缓存。

write back **回写** 一种高速缓存管理技术,用这种技术,只有在高速缓存中的数据必须被覆盖时,才将用写操作写进高速缓存中的数据复制到主存中。这会导致高速缓冲和主存之间的暂时不一致。比较 write through。

write-back cache **回写式高速缓存** 当高速缓存数据改变时,原数据只是被标上标记,并不同时改变,待到高速缓存数据重新分配时再修正原数据;相反地,在直写式高速缓存中,当高速缓存数据改变时,原数据副本也同时改变。回写式高速缓存的操作速度比直写式高速缓存更快。但在某些情况下,高速缓存与原数据之间的差异会导致问题,这时就必须使用直写式高速缓存。参见 cache, write through。

write-behind cache **缓写式高速缓存** 在数据写入磁盘存储之前,暂时地保存或缓存数据的一种临时性存储器。通常是暂存一段时间,或暂存到系统相对"不忙"时再写入磁盘。参见 cache。

write conflict **写冲突** 多个处理器同时向同一个共享存储器单元输出的现象。由于性能限制,对写冲突应妥善处理,其处理的方法可以使用优先写策略,即最小下标的处理器将数据写入存储器而忽略其他处理器的请求;排斥写不允许两个处理器向一个全局寄存器输出;共同写允许两个处理向同一单元写不同内容;任意写可以任意选择一个输出。多个处理器同时读同一个共享存储器的单元这种现象称为读冲突。解决读冲突的方法与写冲突类似。

write cycle time **写(入)周期(时间)** 存储设备连续两次写入周期开始时的最小时间间隔。

write-enable ring **允写环** 一种装在磁带卷盘上允许在磁带上写入数据的环形保护器件,若将其取下,则不能向磁带写入数据,使磁带得到保护。

write-enable sensor **写允许检测器** 一个检测写允许环是否存在于磁带卷底部的设备。

write error **写出错** 计算机在向存储或输出设备传输信息过程中遇到的错误。比较 read error。

write head **写磁头** 一种只能向磁性存储媒体中写入数据的磁头。

write inhibit **写禁止,禁写** 在海量存储系统中,海量存储卷的一种属性。防止向该海量存储卷体上写数据。同 read-only。

write instruction **写指令** 从主存储器的存储单元里取出数据并送到外部设备的指令。

write interval **写入间隔** 当输出数据可用于输出操作时,确定机器操作的时间间隔。也就是说,扣除了传输时间(用于执行输出操作的时间)的这一段时间间隔。

write key **写关键字** 采用两个字编码来说明程序状态,用于连接存储器锁以确定程序是否可以写入到具有实际地址的特定的一页中去。

write lock **写(封)锁** (1)在该锁解开之前防止其

他事务读与更新记录的一种技术。同 exclusive lock。(2)在 AIX 操作系统中,一个防止任何其他过程在保护区域中设置一个读锁或者写锁的锁,对应于 read lock。

write lockout 写(入)封锁 禁止任何程序写到特定存储区间的机构,但允许程序对该特定存储区进行任何方式的读操作。

write mask 写屏蔽 在 AIX 操作系统中,控制位平面上写访问一个位屏蔽,一个位用于帧缓存中的一个位平面,在任何绘图操作中,只有被屏蔽位允许的平面可被修改。

write mode 写模式 在计算机操作中,程序可在文件中写信息的状态,在这种模式下程序可以对文件中的数据进行修改。比较 read-only。

write-once optical disk 只写一次式光碟 用户只能写入一次信息的光碟。用聚焦激光束的热能使存储介质发生永久性形变而进行记录。

write once read many (WORM) 一(次)写多(次)读 光碟的一种类型,数据一旦写入后就不能修改,可以反复读出,是一种大容量存储装置。

write operation 写操作 一种发送处理的记录到输出设备或输出文件的输出操作。

write-permit ring 允写环 同 write-enable ring。

write precompensation 写前补偿 在数字磁记录中,根据磁头读出信号峰值位移随写入信息模式的变化规律,事先将写入信息脉冲适当位移,以消除读出信号峰值位移的一种写入补偿方法。它可以提高位密度和可靠性。

write protection 写保护 为防止有意或无意的破坏,对非授权用户或程序向数据集、文件或存储区写入数据的一种限制,以保证该区域或存储介质的信息安全的措施,如 5.25 英寸软盘的侧边有一个写入保护缺口,当这个缺口用写入保护贴片封贴时,计算机操作系统只允许程序对软盘进行读操作,不允许写数据,从而达到了写保护的目的。参见 write protection notch, write protection tab。

write-protection label 写保护标签 一种粘贴在软盘上可去除的标签,以它们的存在与否来控制对软盘的写入。有些磁盘当粘贴此标签时,不能写入;但另一类软盘是去掉标签,不能写入。

write-protect notch 写保护缺口 软盘外套上的一个小缺口,可以使该软盘成为不可写的。在 5.25 英寸软盘护套的侧边有一个写入保护缺口,当这个缺口敞开时可写入信息;当这个缺口被盖住时,可以从盘上读信息,但不能在上面写入新的信息。在封装到塑料外壳中 3.5 英寸软盘上,写保护缺口是角落上的一个开口。当在开口中移动滑块,打开一个小孔时,该软盘处于写保护状态,不能写入信息。参见 write-protection label。

write pulse 写脉冲 把信息写入存储单元的一种驱动脉冲(或几个同时驱动脉冲之和)。

write rate 写入速率 使屏幕上的点产生满意图像时的最大速率。

write-read head 读写头 一种磁头,用来读入、记录或擦去在磁带、磁盘或磁鼓上的磁化点。

write recovery time (tWR) 写恢复时间 内存的时序参数,表示一个有效的写操作完成后延迟的时间。参见 memory timing parameter。

write ring 允写环 一种可卸下的塑料环或金属环,通过在磁带带盘上保留或取下此环来防止在该带上写数据,从而防止意外擦除文件。

write-side 写侧 在 UNIX 中,指数据从流首向驱动程序流动的方向,也称"顺流"或"输出侧"。

write skew 写扭斜 磁带上信息成行性的一种指标。使用多道磁头的磁带机,同一行信息写到磁带上总会有微小的前后差异,这种差异称为写扭斜。这种现象是多个磁头的写缝隙不严格在一条直线上造成的。参见 read skew。

write through 直写,贯穿写 一种高速缓存管理技术,这种技术,用于写操作的数据同时复制到高速缓存和主存中,高速缓存和主存数据总是一致的。它的优点是操作简单,但由于主存的慢速,降低了系统的写速度并占用了总线的时间。比较 write back。

write through mode 透写模式 直视式存储管(DVST)的一种工作模式,在这种模式下,可以进行有选择的擦除操作。

write time 写时间 从开始写入存储单元起到写入结束之间的时间间隔。

write to read delay (tWTR) 写到读时间 内存的时序参数,数值越小越快。表示最近的一次有效写操作到下一次读指令间隔的延迟时钟周期数。参见 memory timing parameter。

write verification 写验证 一种模式,其中系统自动地在进行一个写操作之后进行一个读操作,然后比较数据以保证其一致。

write-write association 写-写相关 在异步流动时执行两条以上的写操作指令出现的相关,如若先后有第 i,k 条指令都有写操作,且是写入同一存储单元,那单元的最后内容本应是第 k 条指令的写入结果;然而,或是由于第 i 条指令执行时间很长或有读写相关,就会出现第 k 条指令先于第 i 条达到写入的情况,从而使得该单元的最后内容错为第 i 条的写入结果。

writing compensate circuit 写补偿电路 一种校正电路。在高密度记录中,由于脉冲拥挤效应当数据频率发生变化时,将造成读信号发生峰点偏移的现象。写补偿电路则是根据数据频率的变化调整写入数据的磁化翻转位置,达到校正读信号的峰点偏移的目的。

writing head 写磁头 将数据写入磁存储装置的磁

头。

writing phase 编写阶段 为每个模块编写程序的阶段。即将模块说明书转换成用某种程序设计语言编写的源程序。目标是编写出逻辑上正确又易于阅读和理解的程序。

writing position 写入位置 下一个被显示、打印或打字的字行位置。

writing tube 写管 通过电子束能自动写下信息或扫描信息的显像管。

writing while read 同时读写，边写边读 在从磁带上读入一个或几个记录的同时，从存储器中将另一个(些)记录写到磁带上。

WRS 波长路由交换 wavelength routing switching 的缩写。

WS (1)波导散射 waveguide scattering 的缩写。(2)波导开关 waveguide switch 的缩写。(3) Web 服务 Web services 的缩写。

WSC 工作站控制器 workstation controller 的缩写。

WSDL Web服务描述语言 Web services description language 的缩写。

WSH Windows 脚本宿主 Windows scripting host 的缩写。

WSI 晶片规模集成电路 wafer-scale integration 的缩写。

WSN 无线传感器网络 wireless sensor network 的缩写。

WSP 无线会话协议 wireless session protocol 的缩写。

WSRP 远程门户 Web 网络服务 Web services for remote portal 的缩写。

WSTS 世界半导体贸易统计 world semiconductor trade statistics 的缩写。

WSU 工作站实用程序 work station utility 的缩写。

WSXC 波长选择交叉连接 wavelength selective cross connect 的缩写。

WTA 无线电话应用 wireless telephony application 的缩写。

WTLS 无线传输层安全(协议) wireless transport layer security 的缩写。

WTP 无线传输协议 wireless transaction protocol 的缩写。

W-type fiber (WTF) W 型光纤 有两层或多层同心包层的一种光纤。在这种光纤中，纤芯通常具有最高折射率，最内层的包层具有最低折射率。这种光纤具有优于常规变折射率光纤或渐变折射率包层光纤的若干优点，如弯曲损耗较小。

Wullenweber antenna 伍伦韦伯天线 一种大孔径多端口天线，有许多垂直单元排成一圈用于方向探测。通过旋转的电容耦合天线方向性调整器可得到旋转响应图案。典型情况下，它结合临近天线单元的响应，形成高的方向性和与差的定向波束。该系统能确定发射物的方位角，但不能确定范围。

WUPG 无线 USB 促进组织 wireless USB promoter group 的缩写。

WUS 字下划线字符 word underscore character 的缩写。

WUSB 无线 USB wireless USB 的缩写。

WVTS 宽带视频传输业务 wideband video transmission service 的缩写。

WWAN 无线广域网 wireless wide area network 的缩写。

WWRF 世界无线研究论坛 Wireless World Reserch Forum 的缩写。

WWW 万维网 World Wide Web 的缩写。

WWW dynamical access 万维网动态访问 动态访问是指用户发出的请求命令有动态生成过程及其参数，Web 服务器接受用户的请求后，将用户的请求通过相应的接口传送给后台的其他服务进程，由后台的服务进程处理用户的请求，生成相应的结果，返回给 Web 服务器，由 Web 服务器将后台处理结果返回给用户。

WWW static access 万维网静态访问 静态访问是指 Web 服务器将预先存放的 HTML(超文本标记语言)文件原封不动地返回给用户。

WXC 波长交叉连接 wavelength cross connect 的缩写。

WXTRN 弱外部引用 weak external reference 的缩写。

WYSBYGI 预览，所见先所得 What-You-See-Before-You-Get-It 的缩写。

WYSIWYG 所见即所得 What-You-See-Is-What-You-Get 的缩写。

W3 W3 网 World Wide Web 的缩写。

W3C 万维网联盟 World Wide Web Consortium 的缩写。

X

X　电抗符号　感抗用 XL 表示，容抗用 Xc 表示。

XA　扩展系统结构　extended architecture 的缩写。

X-address　X 向地址　在海量存储系统中，某唯一物理磁带存储室地址的坐标，表示某个特定磁带存储室在海量存储系统的左存储室向右的位置。参见 Y-address、Z-address。

X and V-series recommendation of CCITT　CCITT X 和 V 系列建议　国际电报电话咨询委员会(CCITT)提出的关于电话和用户电报网上传输数据的规程系列。国际电信联盟所属国际电报电话咨询委员会(CCITT)对国际通信用的各种通信设备及规程的标准化分别有一系列的建议。在数据通信范畴，CCITT 有两种系列的建议，即 V 和 X 系列建议书。在数据通信的开始阶段，各国都利用已建成的公用电话交换网和用户电报网，在其上进行数据传输，所以，从 20 世纪 60 年代起逐步形成了 V 系列建议书，如 V1，V2，…，V57 等，每一个建议针对一个专题。随着电子计算机与数据通信的迅速发展，利用原有电话电报网进行数据通信已经不能满足需要，各国着手建立专门适用于数据通信的公用数据通信网，于是从 20 世纪 70 年代起 CCITT 继 V 系列之后逐步形成了 X 系列建议书，如 X1，X2，…，X96 等。

XAUI　10 兆位附件单元接口，XAUI 接口　“X”代表罗马数字 10，XAUI 读作“zowie”。10 gigabit attachment unit interface 的缩写。

X axis　X 轴　(1)在坐标系中，确定空间诸点位置的第一分量的轴。参见 Y axis，Z axis。(2)网格、图表或有纵横坐标的图形中的水平参考线。

X-band　X 波段　通常用于雷达、微波通信及卫星通信的一个波段。按照 IEEE(电气与电子工程师学会)标准 521-1976，X 波段频率为 8.0 ～ 12.0 GHz，相应的波长为 3.75 ～ 2.50 cm。因此，以前称其为 3 cm 波段。

Xbase　Xbase 语言　一种基于 Ashton-Tate 公司的 dBASE 而发布的数据库语言的通用名称。Xbase 语言有自己的特色，只在一定的程度上与 dBASE 系列语言兼容。

X-bus　X 总线　多重计算机系统中的中央处理机和输入输出设备之间进行连接用的总线。

XC　专用计算机　X Computer 的缩写。

XCA　外部通信适配器　external communication adapter 的缩写。

X-capacitor　X-电容器　为短路两导线间的干扰电压而接在两电源线间的电容器。

X chart　X 图表　参见 grid or X chart。

XCOFF　扩充的公共对象文件格式　extended common object file format 的缩写。

X Computer (XC)　专用计算机　XC 是指从个人计算机领域中分割出来的各种专用计算机。其中“X”代表未知物，由于未来会出现各式各样的专用计算机，目前无法命名，因此用“X”一字通称。XC 的概念是由我国台湾宏基集团董事长施振荣于 1997 年 11 月在亚太资讯科技高峰会中提出的，即按消费者的需求，提供各种不同的专门的 XC。XC 有两大特点：首先它易用，初学者不需要复杂的学习过程即可轻易地操作计算机；其次它的价格极具吸引力。在未来几年中，XC 主要在娱乐、教育及电子商务三个领域发展市场。

X cut　X 切割　切割石英晶体，使 X 轴与切成的晶体片表面垂直。

X datum line　X-基准线　一条假想的线，作为穿孔卡片顶边的基准线，即 Hollerith(何勒内斯)卡片上最靠近第 12 穿孔行上方的边缘线。

XDBus　XDBus 总线　在 Intel 公司的 SPARCcenter 中采用的总线，有 64 位数据线，包转换方式传输数据，用通用写广播协议方式支持存储器一致性，它既是芯片级的又是板级的总线。

X diffractometer　X 射线衍射仪　一种 X 射线分析仪器，用于测量不同角度的衍射波束强度。X 射线衍射仪可以精确测定物质的晶体结构及应力，精确的进行物相分析，定性分析，定量分析。

xDMA　混合多址　hybrid division multiple access 的缩写。

XDR　外部数据表示　external data representation 的缩写。

xDSL　数字用户线路　DSL 是 digital subscriber line 的缩写。首字母 x 是一个随 DSL(数字用户线路)的变化而变化的变量。xDSL 被设计用来在现有的铜电话线路上传送更高的带宽。xDSL 技术按上行(用户到网络服务端)和下行(网络服务端到用户)的速率是否相同可分为速率对称型和速率非对称型两类：前者的上下行信道速率相同，目前比较成熟的包括 HDSL(高位速率数字用户线路)、SDSL(单线数字用户线路)和 IDSL(因特网数字用户线路)。后者的上下行信道的速率则不同，有 ADSL(非对称数字用户线路)、VDSL(超高位速率数字用户线路)、RADSL(速率自适应数字用户线路)和 CDSL(消费者数字用户线)等。参见 asymmetric digital subscriber loop (ADSL)，high-bit-rate digital subscriber line (HDSL)，very high-bit-rate digital subscriber line (VDSL)，rate adaptive digital subscriber link (RADSL)，consumer digital subscriber line (CDSL)。

XENIX operating system XENIX 操作系统 运行于 IBM-PC 及其兼容机上的一个多用户、多任务操作系统。它由 UNIX 演变而来。最早由微软公司开发,它保持了 UNIX 操作系统原有的性能和优点,加以修改、规格化、改进、增强,并提供了一些附加的软件,使之更适合市场需要,如数据库管理系统、通信和网络程序包等。它不仅可以成为高生产率的软件开发系统,而且还可以成为一个通用的应用系统。后来 Santa Cruz Operation 公司开发了 SCO XENIX,且应用普遍,使 XENIX 成为 SCO 的主要标志了。参见 UNIX。

Xeon processor "至强"微处理器 Intel 公司于 1998 年 6 月推出的微处理器芯片。它是第一款基于 Socket 2 架构的面向服务器及工作站的高能处理器,它能进行多处理器协作。此款 CPU 采用 0.25 μm 的制造工艺,以 PentiumⅢ设计为核心,配置高速缓存 512KB 或 1MB 或 2MB,主频为 400 MHz 或 450 MHz。外频使用 100 MHz,最大 SMP 结构可同时使用 8 个处理器,支持 8 路以上的丛集技术,使用单边接触盒(SEC)结构包装,内有热感装置可检测处理器温度。

Xerox network services (XNS) 施乐网络服务 由施乐公司开发的多层通信协议,后被 Novell 和其他网络供应商采用。它提供分布式的文件系统,让用户像使用本机一样访问其他公司的文件和打印机。

Xerox network system (XNS) 施乐网络系统 由施乐公司于 20 世纪 70 年代后期到 80 年代前期开发的网络互连标准。按照这个标准制定的网络协议包含网络层、传输层、表示层和应用层。其中表示层常常不被提及。这种情况与 TCP/IP(传输控制协议/网际协议)的基本思想类似,但是应用范围远远不如后者广泛,典型应用是 3COM 公司把它作为该公司开发的"3+"及其后来的"3+open"网络体系结构的基础网络协议。

Xerox network system/internet transport 施乐网络系统/网间传送 早期以太网中广泛使用的主要协议,目前已被 TCP/IP(传输控制协议/网际协议)所取代。

Xerox network systems Internet transport protocol (XNS/ITP) 施乐网络系统的互联网传输协议 在局域网技术中,网络之间使用的一个特殊通信协议。XNS/ITP 的功能属于开放系统互连(OSI)模式的第三层和第四层,与 TCP/IP(传输控制协议/网际协议)类似。

Xerox Palo Alto research center (PARC) 施乐 PA 研究中心 一个位于美国加利福尼亚州 Palo Alto 的施乐公司的研究开发机构。曾发明了鼠标器、局域网(LAN)、激光打印机、图形用户接口(GUI)等,以及开发了 Smalltalk 语言环境,一个最早的面向对象的程序设计语言。

Xerox PARC 施乐 PA 研究中心 Xerox Palo Alto research center 的缩写。

Xerox telecommunications network (XTEN) 施乐远程通信网络 由 Xerox 公司提出,通过采用超高频无线电频率和国内卫星提供端-端电子信息服务。

XFCN 外部函数[功能] external function 的缩写。

XGA 扩展图形阵列 extended graphics array 的缩写。

X guide X 波导 具有 X 形横截面的电介质结构的表面波传输线。

XID (1)交换站标识符 exchange station ID 的缩写。(2)交换标识 exchange identification 的缩写。

XID frame 交换站标识符帧 简称"XID 帧",在高级数据链路(HDLC)规程中,用于在相关站点之间交换操作参数的帧。帧中信息应包括任何一种或全部基本操作特征,如标识鉴别和/或有关的每个站的可选取功能和设施的选择。参见 exchange identification (XID)。

Xilinx Hardwire Xilinx Hardwire 芯片 美国 Xilinx 公司开发的门阵列芯片,是一种掩膜门阵列,其内部逻辑功能块之间的互连由金属线实现,在内部结构和引脚定义上与该公司的 XC 系列 FPGA 产品兼容,用户可将用 FPGA 完成的设计直接转移到这种芯片上。参见 Xilinx, XC2000, XC3000, XC3100, XC4000。

X interface X 接口 X 接口在电信管理网(TMN)的 X 参考点处实现。提供 TMN 与 TMN 之间或 TMN 与具有 TMN 接口的其他管理网络之间的连接。在这种情况下,相对 Q 接口而言,X 接口上需要更强的安全管理能力,要对 TMN 外部实体访问信息模型设置更多的限制。为了引入安全等级,防止不诚实的否认等,也需要附加的协议,但 X 接口应用层协议与 Q3 的是一致的。参见 telecommunication management network (TMN)。

X lib X 窗口程序库 用于 X 窗口系统的函数程序库。

XLink XML 文本链接 XML linking language 的缩写。

XMAPI 扩展的通信应用程序接口 extended MAPI 的缩写。

xmas-tree sorting 圣诞树型分类 在分类程序内部采用的一种方法。把各组记录间比较的结果存储起来,供以后使用。

XMEAM 扩展内存适配板模拟 extended memory adapter emulation 的缩写。

XMI XML 元数据交换 XML metadata interchange 的缩写。

XML 可扩展标记语言 extensible markup language 的缩写。

XML base XML 链接标准 万维网联盟(W3C)于2001年6月27日发表了XML(可扩展标记语言)链接标准"XML base"和"XML linking language (XLink)"的推荐版本。XML base 提供了一种通过显式地指定一个基准URI(统一资源标识符),并通过此基准URI来解析指向外部资源的相对URI的方式。具体是通过指定XML元素的xml:base属性来实现的。XML base 向包括XLink等在内的XML应用提供与HTML(超文本标记语言)要素"base"相同的功能。它可以使标记者明确基本URI,并可以使图像及applet、样式表单等其他资源的相关链接得到使用。由于XML base是作为模块标记的,因此可以在其他应用中再次使用或者进行参照。参见 XML linking language (XLink), uniform resource identifier (URI)。

XML linking language (XLink) XML 文本链接 XLink可以将描述资源之间链接的要素嵌入XML(可扩展标记语言)文本。XLink不但支持HTML(超文本标记语言)的单纯链接功能,还支持其扩展链接功能,因而它可以将多个资源经由一个不包含在该资源内的链接联系起来,它不需要对资源本身进行编辑,就可以使元数据及其他补充信息之间建立起联系。编写XLink工作小组的成员包括:美国微软、Sun、Yomu、AOL/Netscape、Arbortext、日本富士通、Jamcracker、Metacode公司等。

XML metadata interchange (XMI) XML 元数据交换 XMI是为程序员和其他用户利用XML(可扩展标记语言)交换元数据(数据集及其组织的有关信息)提供了一个标准方法。XMI旨在帮助程序员在不同的语言和开发工具环境下使用UML(统一建模语言)相互交换他们的数据模型。此外,XMI还可用来交换数据仓库的有关信息。

Xmodem Xmodem 协议 一种于1977年开发的用于异步通信的文件传输协议。以128个字节的块为单位传输信息,赋予每一所传输的帧一个顺序排列的块号,该块号用于报告传输中的错误。在每一块中包含的数据字节总和用于检查所传输数据中的错误。这个协议被广泛用作公用软件并用于许多通信程序中。几乎所有支持文件传输的计算机都支持这种协议,速度比较低。该协议是为第一代个人计算机(运行CP/M操作系统的PC机)之间的通信而开发的通信协议。这种协议的一种改进型称为带循环冗余检验(CRC)校验码的Xmodem协议,可以查出所有传输错误。参见 Kermit, Ymodem, Zmodem。

Xmodem-CRC 带 CRC 校验的 Xmodem 协议 一种Xmodem文件传输通信协议的增强型版本,该协议使用2字节的循环冗余校验码(CRC)来检测传输错误。参见 cyclic redundancy check (CRC)。

XMPP 可扩展消息和呈现协议 extensible messaging and presence protocol 的缩写。

XMS 扩展内存规范 extended memory specification 的缩写。

XMT 传输 transmit 的缩写。一个用于串行通信的信号。

X-Net X-Net 网络 在MP-1并行计算机中采用的互连网络,每个处理机与8个邻近的处理机连接,即连接上下左右以及斜角相邻的四个处理机。

XNS (1)施乐网络系统 Xerox network system 的缩写。(2)施乐网络服务 Xerox network services 的缩写。

X

XNS network layer protocols XNS 网络层协议 在XNS(施乐网络系统)参考模型中网络层所使用的协议。这里主要有两个协议:网间数据报协议(IDP)和路由信息协议(RIP)。IDP协议执行OSI(开放系统互连)网络层功能:完成逻辑地址选择,并在互联网端对端间进行数据报传递。该协议支持点到点、多路复用和广播三种分组。多路复用和广播地址又进一步分为引导型和全局型两种类型。引导型多路复用根据信宿多路复用网络地址把分组传递给多路复用集合中部分成员;引导型广播把分组传递给多路复用集合中所有成员;全局型多路复用把分组传递给整个互联网中多路复用集合的所有成员;而全局型广播把分组传递给互联网的所有成员。在IDP协议分组格式的主机号段中有1位表示分组是点对点通信还是多路复用,主机号段如果是全"1"则表示广播。被广泛采用的RIP(路由信息协议)首先由XNS提出,现在已经被因特网作为内部网关协议之一。参见 routing information protocol (RIP)。

XO 晶体振荡器 crystal oscillator 的缩写。

XON/XOFF XON/XOFF 异步通信协议 能保持接收设备和发送设备同步的简单异步通信协议。当接收设备的缓冲区装满时,它向发送设备发送X-off控制字符,令其停止发送。当传输可以进行时,它向发送设备发送X-on控制字符,再次启动发送。这种通信方式也称"软件握手"。

XOR 异或 是 exclusive or 的缩写。一种逻辑运算。相同布尔量进行"异或"运算,其结果为"0";相异布尔量进行"异或"运算,其结果为"1"。

XP 极限编程 extreme programming 的缩写。

XPath language XPL 语言 XPath 是 XML path 的缩写。XPath是一门在XML(可扩展标记语言)文档中查找信息的语言。XPath使用路径表达式在XML文档中进行导航。XPath包含一个超过100个内建函数的标准函数库,XPath是XSLT(可扩展样式表语言转换)中的主要元素,XPath于1999年11月16日成为W3C(万维网联盟)标准。参见 extensive makeup language (XML), XSLT language。

XPM 交叉相位调制 cross-phase modulation 的

缩写。

X-press information services X 按钮信息业务 一种图文传输业务。它提供一种称为 X-CHANGE 的业务,允许用户接入各种国际新闻线路业务。

X-press transfer protocol (XTP) X 按钮传输协议 一种局域网协议。支持包括 16 Mbps 的令牌环网络、宽带综合业务数字网络以及 100 Mbps 光纤分布数据接口(FDDI)网络。

X protocol X 协议 一个低级通信标准,用于在 X 窗口系统下委托应用软件向服务器软件请求窗口操作并交付这些请求。

XPT 外部页表 external page table 的缩写。

X-punch X 行打印[穿]孔,X 打[穿]孔位 (1)在 80 列卡片的第 X 行或第 11 行穿孔。(2)在某一列第 11 个位置上穿孔,X 穿孔通常用于控制和选择,或像负号那样指出负数。

X-ray X 射线 X 射线是在原子核外产生的光子,也称"伦琴射线",它是与光的性质类似的穿透性电磁辐射,但其波长很短,大约 $10^{-7} \sim 10^{-10}$ cm,在紫外线和 γ 射线之间。X 射线能以不同的程度穿透所有固体,当撞到材料上停止时产生二次 X 射线,能在荧光屏和胶片上显影。

X-ray analysis X 射线分析 当 X 射线通过某种材料时产生衍射图案,以此可确定晶态固体内部结构。

X-ray computer aided tomography (CT) X 线计算机断层摄影 X-射线束在某一断面上,在 360°范围内从不同方向照射人体器官,在发射端的对侧接收 X-射线穿透人体后的强度信号,并送入计算机,计算机根据不同方向 X-射线投影的强度数据,用特定的算法可重构出被照射器官某断面的断层图。

X-ray diffraction X 射线衍射 晶体正常原子晶格对 X 射线束的衍射。每一晶体材料都可得到一个衍射特征图。

X-ray lithography X 光光刻 使用 x 光提高分辨率的一种光刻技术。

X-ray luminescence X—射线致发光 由 X-射线激发发光物质产生的现象称为 X-射线致发光,如 X-光荧光屏。

X-ray spectrum X 射线谱 在 X 射线管中,电子轰击靶产生的 X 射线按照波长排列的光谱。它含有连续光谱,其上叠加着靶内元素一组非常尖的特征线。这些谱线,如 K,L,M 谱线,与原子内能级间变迁相对应。

X-ray television X 射线电视 在 X 射线检测焊接接口及其他 X 射线的工业应用中,取代 X 射线胶片的闭路电视系统。该技术可给出即时图像,在检测小缺陷时,它可放大 50 倍。若须永久性记录,可加上一个录像机,或者选择性地从电视屏幕上留下照片。

X-ray tube X 射线管 产生 X 射线的真空管。在静电场对电子加速产生高速度,高速电子碰撞到靶上产生 X 射线。

XRCD 超解析力 CD extended resolution compact disc 的缩写。

X recommendations X 推荐标准 国际电报电话咨询委员会(CCITT)的文献,描述数据通信网络标准。包括 X. 25 分组交换标准、X. 400 消息处理系统和 X. 500 目录服务。

XRemote XRemote 协议 用于通过电话线路连接到网络上的一个 X 视窗软件,优化对串行通信链路 X Windows 的支持。

XRF (1)扩展的恢复机制 extended recovery facility 的缩写。(2)X 射线荧光 X-ray fluorescence 的缩写。

XR tree XR 树 即 XML region tree,是专门为严格嵌套的 XML(可扩展标记语言)数据所设计的一种动态外存索引结构。XR 树是一种平衡树,它利用区域编码,即(start,end)对来索引元素节点。参见 extensive makeup language (XML)。

XS X 型开关 X-switch 的缩写。

X series recommendations X 系列建议 由 ITU-T(国际电信联盟-电信标准化部门)制定的公用数据通信网及相关技术的一系列标准,内容包括:①公用数据网:业务和设施、接口(X. 1 ～ X. 49 建议);传输、信令和交换、网络概貌、维护和管理安排(X. 50 ～ X. 199 建议);②开放系统互连(OSI):模型和记法表示、服务限定(X. 200 ～ X. 219 建议);协议技术规程、一致性测试(X. 220 ～ X. 299 建议);③网间互通:概貌、移动数据传输系统、网际管理(X. 300 ～ X. 379 建议);④报文处理系统(X. 400 ～ X. 499 建议);⑤号码簿(X. 500 ～ X. 599 建议);⑥OSI 组网和系统特性(X. 600 ～ X. 699 建议);⑦OSI 管理(X. 700 ～ X. 799 建议);⑧安全保密(X. 800 ～ X. 849 建议);⑨OSI 应用(X. 850 ～ X. 899 建议);⑩开放分布式处理(X. 900 ～ X. 999 建议)。

X server X 窗口服务程序 在 X 窗口系统中,访问与应用程序相关的图形硬件的过程程序。

XSL language XSL 语言 XSL 是 extensible stylesheet language(可扩展样式表语言)的缩写。XSL 是一种用于以可读格式呈现 XML(可扩展标记语言)数据的语言。XSL 实际上包含三个部分:用于转换 XML 文档的 XSLT 语言;用于在 XML 文档中导航的 XPath 语言;用于格式化 XML 文档的 XSL-FO 语言。参见 extensive makeup language (XML),XPath language,XSL-FO language。

XSL-FO language XSL-FO 语言 XSL-FO 是 extensible stylesheet language formatting objects(格式化对象的可扩展样式表语言)的缩写。XSL-FO 是用于格式化 XML(可扩展标记语言)数据的语

言,XSL-FO 生成的文档是包含着有关输出布局以及输出内容的信息。XSL-FO 文档存储在以.fo 或.fob 为后缀的文件中。参见 extensive makeup language (XML),XPath language。

XSLT language　XSLT 语言　XSLT 是 XSL transformations (可扩展样式表语言转换)的缩写。XSLT 是 XSL 中最重要的部分。XSLT 使用 XPath 在 XML(可扩展标记语言) 文档中进行导航,用于将一种 XML 文档转换为另外一种 XML 文档或可被浏览器识别的其他类型的文档,如 HTML(超文本标记语言) 和 XHTML(可扩展超文本标记语言)。通常,XSLT 是通过把每个 XML 元素转换为 HTML 和 XHTML 元素来完成这项工作的。参见 extensive makeup language (XML),XPass language。

XSS　跨站脚本(攻击)　cross site scripting 的缩写。

X-switch　X 型开关　一种集成光开关,由两个带状波导以给定的小角度相交而成,并通过位于相交区域的控制元件(通常为电极)工作。

XTEN　施乐远程通信网络　Xerox telecommunications network 的缩写。

X-Window　X-窗口　用于图形工作站的窗口环境,是在 DEC 和 IBM 公司的参与下由美国麻省理工学院(MIT)在 1984 年开发的分布式系统和 UNIX 工作站上的图形窗口式软件系统。其本身并不提供视窗管理系统,只是使用 X 协议来与输入/输出装置沟通,使得应用程序的开发有一个共同的基础,所以只要按 X-window 的标准开发出的应用程序几乎可以在所有执行 X-window 的 UNIX 系统上运行。由于本身并没有视窗管理系统,使用不同的视窗管理系统可以有不同的外观及操作方式,如有一种视窗管理系统可以使画面及操作方式看来非常类似 Windows 95,也有使其看来像是 NEXTSTEP 的视窗管理系统。它的基于客户机/服务器模式,使应用程序能够通过网络以图形化的命令处理和显示工作信息和通信信息,它对网络透明,独立于设备,支持图形显示并采用 X 协议,已成为一种工业标准。

XWIN graphical windowing system　XWIN 图形窗口系统　AT&T 的软件产品。其在应用程序与窗口环境之间提供接口,可以同时显示或操作若干个应用。AT&T XWIN 系统拥有与 AT&T 开放视窗管理器相同的特性,它建立一个容易使用鼠标驱动屏幕窗口、光标、图形化布局的环境。XWIN 支持交叠窗口体系,它可由终端用户在窗口软件任何深度建立。

X-Y matrix　X-Y 矩阵　行与列用水平轴和垂直轴的一种安排方式。

X-Y plotter　X-Y 绘图仪　一种平板式绘图仪。绘图纸放在平板上,绘图笔沿 X 和 Y 两个方向移动,并做落笔抬笔动作,绘出所需图形。笔色可有多种。X-Y 绘图仪也称平板绘图仪。

X-Y recorder　X-Y(坐标)记录仪　将两个变量的关系画到一套平面直角坐标纸的一种设备。可以在平面直角坐标系上显示反映两个变量变化的轨迹。

X-Y-Z coordinate system　X-Y-Z 坐标系统　一种三维笛卡尔坐标系统,包含三个正交数轴,在计算机图形中用于建立三维模型。参见 Cartesian coordinates。

XYZ space　XYZ 空间　一种三维坐标系统,基于以 XYZ 作为一种色彩的三个激励值的 CIE(国际发光照明委员会)色图。

X. 1　X. 1 标准　由国际电报电话咨询委员会(CCITT)提出的标准建议,规定公用数据网的国际用户业务类别。

X. 110　X. 110 标准　由国际电报电话咨询委员会(CCITT)提出的标准建议,在数据通信中,通过同类型公用数据网的国际公用数据业务的路由原则。

X. 121　X. 121 标准　由国际电报电话咨询委员会(CCITT)提出的标准建议,在数据通信中,公用数据网的国际编号方案。

X. 130　X. 130 标准　由国际电报电话咨询委员会(CCITT)提出的标准建议,在数据通信中,公用同步数据网(线路交换)内,为呼叫建立和拆线时间的暂时目标。

X. 132　X. 132 标准　由国际电报电话咨询委员会(CCITT)提出的标准建议,在数据通信中,作为线路交换型公用数据网国际数据通信的业务等级的暂时目标。

X. 150　X. 150 标准　由国际电报电话咨询委员会(CCITT)提出的标准建议,在数据通信中,就 X. 21 和 X. 21bis 接口来说,是公用数据网 DTE(数据终端设备)和 DCE(数据电路终端设备)的测试环路。

X. 180　X. 180 标准　由国际电报电话咨询委员会(CCITT)提出的标准建议,在数据通信中,国际闭合用户群的管理办法。

X. 2　X. 2 标准　由国际电报电话咨询委员会(CCITT)提出的标准建议,规定公用数据网的国际用户业务和设施。

X. 20　X. 20 标准　由国际电报电话咨询委员会(CCITT)提出的标准建议,规定公用数据网异步传输用的数据终端设备和数据电路终接设备之间的接口。

X. 20bis　X. 20bis 标准　由国际电报电话咨询委员会(CCITT)提出的标准建议,规定在公用数据网中与 V 系列异步双工调制解调器接口的数据终端设备的使用。

X. 200　X. 200 标准　计算机间通信用的七层 OSI(开放系统互连)模型中,文件的国际电报电话咨询委员会(CCITT)标准。

X. 21　X. 21 标准　由国际电报电话咨询委员会(CCITT)提出的标准建议，在数据通信中，一个公用数据网的接口说明。用于数字电话网的同步传输和验证通信设备上的位和字节定时信号。规约包括：应答呼叫协议、全双工同步传输数据的传输和接收协议。

X. 21bis　X. 21bis 标准　由国际电报电话咨询委员会(CCITT)提出的标准建议，规定在公用数据网中与V系列同步调制解调器接口的DTE(数据终端设备)的使用。本质上和RS-232C相同。

X. 21 communication adapter　X. 21 通信适配器　由国际电报电话咨询委员会(CCITT)提出的标准建议。一种符合X. 21标准的通信适配器，它可以在一条线上连接、发送信息，速率可达64 kbps。

X. 21 feature　X. 21 特制[征]件　由国际电报电话咨询委员会(CCITT)提出的标准建议。一种使得系统可加入X. 21网络的特制件。

X. 22　X. 22 标准　由国际电报电话咨询委员会(CCITT)提出的标准建议，规定3至6类用户使用的多路复用的DTE/DCE(数据终端设备/数据电路终端设备)接口。

X. 24　X. 24 标准　由国际电报电话咨询委员会(CCITT)提出的标准建议，规定公用数据网DTE(数据终端设备)和DCE(数据电路终端设备)之间的接口电路定义表。

X. 25　X. 25 标准　由国际电报电话咨询委员会(CCITT)提出的网络建议标准，定义了终端与分组交换网之间的连接。X. 25包含三个规定：终端与网络之间电连接规程、传输或链路存取协议、网络用户间的虚拟线路的实现规程。总的说这些规定指明了同步全双工终端到网络的连接规程。分组(即X. 25的数据包)格式、错误控制以及其他特征与国际标准组织(ISO)定义的HDLC(高级数据链路控制)协议部分大体相同。

X. 25 dial service　X. 25 拨号业务　该业务允许多至25台主机应用并行通信。X. 25拨号业务提供公共数据接入以及专用拨号端口，并支持异步、SDLC(同步数据链路控制)以及BSC(二进制同步通信)协议。

X. 25 interface　X. 25 接口　由国际电报电话咨询委员会(CCITT)提出的标准建议。一个由数据终端设备(DTE)和数据电路终端设备(DCE)通过在链路上用CCITT X. 25推荐中描述的过程进行通信构成的接口。

X. 25 native equipment　X. 25 本地设备　由国际电报电话咨询委员会(CCITT)提出的标准建议。支持X. 25产品的非SNA(系统网络体系结构)设备。

X. 25 NCP packet switching interface (NPSI)　X. 25 网络控制程序分组交换接口　由国际电报电话咨询委员会(CCITT)提出的标准建议。IBM的一种特许程序，允许SNA(系统网络体系结构)用户在具有遵循CCITT X. 25推荐接口的分组交换数据网络上通信。它允许SNA程序在这些网络上与SNA设备或非SNA设备通信。除此之外，该产品可用于将X. 25设备与X. 25主机系统连接而不需要分组网络。

X. 25 packet switch data network　X. 25 分组交换数据网　X. 25分组交换数据网是一种采用X. 25建议的分组交换数据网。ITU-T(国际电信联盟-电信标准化部门) X. 25建议，用分组方式工作并通过专用电路和公用数据网连接的终端使用的数据终端设备(DTE)和数据电路终端设备(DCE)之间的接口。X. 25分组交换网提供的业务包括永久虚拟线路(PVC)和交换虚拟线路(SVC)两类业务。X. 25分组交换网还可以根据用户需要提供一些可选业务，如闭合用户群业务、反向计费业务、阻止呼入/呼出业务、呼叫转移业务等。参见 permanent virtual circuit (PVC), switched virtual circuit (SVC)。

X. 25 protocol　X. 25 协议　公共数据网络中使用的一种数据通信协议，是国际电报电话咨询委员会(CCITT)的数据通信标准协议，支持物理层、数据链路层和网络层服务。X. 25最初是为终端和计算机连接通信设计的，因而提供一种支持远程登录的可靠数据服务。当初制定X. 25协议时，远程通信线路误码率都比较高，因而X. 25协议采取了完善而复杂的数据传输校验措施，保证了在质量不很好的通信线路上也能正确进行数据通信，但是也因此而降低了数据通信效率。

X. 25 recommendation　X. 25 建议　国际电报电话咨询委员会(CCITT)提出的X系列建议之一。定义数据终端设备(DTE)和数据电路终端设备(DCE)之间的接口。它定义了三层通信协议：物理层、链路层或帧层和包层或分组层，他们分别对应于OSI(开放系统互连)模型七层协议的低三层。在物理层中，提供同步的、全双工、点对点的串行比特流传输(其实并未定义这些具体的内容，实际是借助于X. 21和X. 21bits两个标准，他们分别定义了数字和模拟两个接口)；在链路层中，它使用HDLC(高级数据链路控制)的对称型结构或平衡型结构，以确保DTE和DCE之间的可靠通信(包括在电话线上进行的通信)；在分组层中，规定了DTE和DCE之间传送信息所使用的分组格式、并采用分组交换的办法，在一条逻辑信道上对分组流量、传送差错执行独立控制。

X. 26　X. 26 标准　由国际电报电话咨询委员会(CCITT)提出的标准建议，规定在数据通信中通常同集成电路设备一起使用的不平衡双流接口电路的电气特性，相当于RS-422A。

X. 27　X. 27 标准　由国际电报电话咨询委员会(CCITT)提出的标准建议，规定在数据通信中通常同集成电路设备一起使用的平衡双流接口电路的电气特性。

X. 27 protocol X. 27 协议 公共数据网络中使用的一种数据通信协议。由于分组交换网采用的 X. 25 协议,提供面向连接的服务,虽然可用 IP(网际协议)实现其互联,但不能充分利用所提供的面向连接服务。基于此点,国际电报电话咨询委员会(CCITT)于 1978 年提出了用于实现 X. 25 公共数据网互联的 X. 75 建议书,作为 X. 25 协议的一种补充,在 1984 年又提出了 X. 75 的修改版本,用以实现面向连接的网际互联。X. 25 定义了 DTE(数据终端设备)和 DCE(数据电路终端设备)之间的接口,而 X. 75 则定义了两个 X. 25 网络之间的接口,同时定义了工作在两个 X. 25 网络之间的 X. 75 网关。该网关由两个"半网关"组成,每个"半网关"在 X. 75 中被称为"信令终"(STE),分属于两个互联的 X. 25 网络,通过它们实现网络互联。凡是经过 STE 离开网络的分组都符合 X. 75 标准,而符合 X. 75 标准的分组进入网络后都能利用本网络所提供的服务。在一个实际网络中,STE 可能和 DCE 用的是同一设备。参见 signalling terminal equipment (STE), data terminal equipment (DTE), data communication equipment (DCE)。

X. 28 X. 28 标准 由国际电报电话咨询委员会(CCITT)于 1972 年提出的标准建议,规定起止式终端接入本国公用数据网 PAD 用的 DTE/DCE 接口。

X. 29 X. 29 标准 由国际电报电话咨询委员会(CCITT)于 1977 年提出的标准建议,规定 PAD(分组打包/拆卸设备)与分组式终端或与另一个 PAD 之间交换控制信息和用户数据的规程。

X. 3 X. 3 标准 由国际电报电话咨询委员会(CCITT)提出的标准建议,规定公用数据网的分组打包/拆卸设备(PDA)。

X3S3 X3S3 技术委员会 美国国家标准协会(ANSI)下设的数据通信技术委员会。

X. 30 X. 30 标准 由国际电报电话咨询委员会(CCITT)提出的标准建议。在数据通信中,与国际字母 5 号代码相一致的基本型页式打印机的标准化。

X. 31 X. 31 标准 由国际电报电话咨询委员会(CCITT)提出的标准建议。在数据通信中,从传输观点看,当一个 200 波特起/停数据终端与国际字母 5 号代码相一致时,在 DTE(数据终端设备)与 DCE(数据电路终端设备)之间交换点的特性。

X3. 15 X3. 15 标准 由国际电报电话咨询委员会(CCITT)提出的标准建议,规定 ASCII(美国信息交换标准代码)在串行数据传输时的比特顺序。

X3. 16 X3. 16 标准 由国际电报电话咨询委员会(CCITT)提出的标准建议,规定 ASCII(美国信息交换标准代码)进行串行数据通信用的字符结构和字符奇偶校验的意义。

X. 32 X. 32 标准 由国际电报电话咨询委员会(CCITT)提出的标准建议,在数据通信中,与国际字母 5 号代码相一致的 200 波特起/停机的应答单元。

X3. 24 X3. 24 标准 由国际电报电话咨询委员会(CCITT)提出的标准建议,规定串行数据传输用的 DTE(数据终端设备)和同步数据通信设备之间接口处的信号质量。

X3. 25 X3. 25 标准 由国际电报电话咨询委员会(CCITT)提出的标准建议,规定 ASCII(美国信息交换标准代码)进行并行通信用的字符结构和字符奇偶校验的意义。

X3. 28 X3. 28 标准 由国际电报电话咨询委员会(CCITT)提出的标准建议,规定在数据通信链路中 ASCII(美国信息交换标准代码)通信字符的使用规程。

X. 33 X. 33 标准 由国际电报电话咨询委员会(CCITT)提出的标准建议,在数据通信中,量度与国际字母 5 号代码相一致的 200 波特起/停机临界安全系数的国际文本标准化。

X3. 36 X3. 36 标准 由国际电报电话咨询委员会(CCITT)提出的标准建议,规定 DTE(数据终端设备)和 DCE(数据电路终端设备)之间的同步高速数据信号速率。

X3. 4 X3. 4 标准 由国际电报电话咨询委员会(CCITT)提出的标准建议,规定信息交换码。

X3. 41 X3. 41 标准 由 ITU(国际电信联盟)提出的标准建议,规定 ASCII(美国信息交换标准代码)七单位编码的字符集使用的电码扩展技术。

X3. 44 X3. 44 标准 由国际电报电话咨询委员会(CCITT)提出的标准建议,规定数据通信系统性能测定。

X3. 57 X3. 57 标准 由国际电报电话咨询委员会(CCITT)提出的标准建议,规定使用数据通信系统控制用的 ASCII(美国信息交换标准代码)构成信息交换报文报头的结构。

X3. 66 X3. 66 标准 由国际电报电话咨询委员会(CCITT)提出的标准建议,规定高级数据通信控制规程(ADCCP)。

X3. 79 X3. 79 标准 由国际电报电话咨询委员会(CCITT)提出的标准建议,规定使用面向比特控制规程的数据通信系统的性能测定。

X3. 92 X3. 92 标准 由国际电报电话咨询委员会(CCITT)提出的标准建议,规定数据加密计算法。

X. 4 X. 4 标准 由国际电报电话咨询委员会(CCITT)提出的标准建议,规定在公用数据网上数据传输用的国际 5 号电码信号的一般结构。

X. 40 X. 40 标准 由国际电报电话咨询委员会(CCITT)提出的标准建议,在数据通信中,用频分系统提供电报数据通路的频移调制传输系统标准化。

X. 400　**X.** 400 **标准**　由国际电报电话咨询委员会(CCITT)提出的标准建议，1984 年发布，并于 1988 年修订，用于公共的或专用的国际电子邮件系统的标准，规定信报怎样通过网络或在两个或多个互连的异种网络之间传送。它规定电子邮件地址的组成部分和封装信报的信封以及信报的类型转换时要遵守的规则等细节。作为 OSI(开放系统互连)应用层特殊服务元素(SASE)的一种邮件报文服务标准，它在异构互连网络的基础上实现互操作的、用户友好的分布式的信息通信和处理系统。除文本邮件外，还可传输二进制数据、语音、传真、图文信息，具有加密、数字签名的功能。该标准于 1988 年制定，并成为 ISO 10021 标准。

X. 50　**X.** 50 **标准**　由国际电报电话咨询委员会(CCITT)提出的标准建议，在数据通信中，用于同步数据网之间国际接口的多路复用方案的基本参数。

X. 500 **directory services**　**X.** 500 **目录服务**　国际电报电话咨询委员会(CCITT)和国际标准化组织(ISO)的一个目录服务系统技术规范，与 X. 400 电子邮件标准配套，为计算机用户提供目录服务。这个目录具有的特征是：分布式管理、很强的搜索能力、唯一的全球命名空间、结构化的信息框架、标准化的目录服务。通过 X. 500 可获取网上任何地方的电子邮件系统和应用的信息，能方便地查找网上资源和其他用户在网上的位置。

X. 509 **certificate**　**X.** 509 **证书**　由权威机构签署的证书，用来验证一个主机的身份。

X. 509 **public-key certificate**　**X.** 509 **公共密钥证书**　国际电信联盟-电信标准化部门(ITU-T)制订的一个标准，规定了 X. 500 目录服务的用户验证方法的公共密钥证书的语法。

X. 51　**X.** 51 **标准**　由国际电报电话咨询委员会(CCITT)提出的标准建议，在数据通信中，同步数据网用 10bit 包封结构国际接口的多路复用方案的基本参数。

X. 52　**X.** 52 **标准**　由国际电报电话咨询委员会(CCITT)提出的标准建议，在数据通信中，将非等时信号转换到同步用户载体的编码方法。

X. 53　**X.** 53 **标准**　由国际电报电话咨询委员会(CCITT)提出的标准建议，在数据通信中，64 kbps 国际多路复用链路上的信道编号法。

X. 54　**X.** 54 **标准**　由国际电报电话咨询委员会(CCITT)提出的标准建议，在数据通信中，64 kbps 国际多路复用链路上的信道分配。

X. 60　**X.** 60 **标准**　由国际电报电话咨询委员会(CCITT)提出的标准建议，在数据通信中，电路交换式数据应用的共用信道信令。

X. 61　**X.** 61 **标准**　由国际电报电话咨询委员会(CCITT)提出的标准建议，在数据通信中，7 号信令系统-数据用户部分。

X. 70　**X.** 70 **标准**　由国际电报电话咨询委员会(CCITT)提出的标准建议，在数据通信中，非等时数据网间国际电路上起/止式业务的终端和中转控制信令系统。

X. 71　**X.** 71 **标准**　由国际电报电话咨询委员会(CCITT)提出的标准建议，在数据通信中，同步数据网间国际电路上分散的终端和中转控制信令系统。

X. 75　**X.** 75 **标准**　由国际电报电话咨询委员会(CCITT)提出的标准建议，规定在分组交换数据网之间的国际电路上终端和转接的呼叫控制规程与数据传输系统，通常也称“X. 25 网关”。

X. 80　**X.** 80 **标准**　由国际电报电话咨询委员会(CCITT)提出的标准建议，在数据通信中，交换型数据业务中的内部交换信令系统互连。

X. 87　**X.** 87 **标准**　由国际电报电话咨询委员会(CCITT)提出的标准建议，规定在公用数据网中实现国际用户设施和网络业务的原则和规程。

X. 92　**X.** 92 **标准**　由国际电报电话咨询委员会(CCITT)提出的标准建议，在数据通信中，公用同步数据网的虚拟参考连接。

X. 93　**X.** 93 **标准**　由国际电报电话咨询委员会(CCITT)提出的标准建议，在数据通信中，信息包交换数据传递业务的虚拟参考连接。

X. 95　**X.** 95 **标准**　由国际电报电话咨询委员会(CCITT)提出的标准建议，在数据通信中，公用数据网的网络参数。

X. 96　**X.** 96 **标准**　由国际电报电话咨询委员会(CCITT)提出的标准建议，在数据通信中，公用数据网的呼叫进展信号。

Y

Y-address　Y 地址，纵坐标地址　(1)在海量存储系统中，一种唯一的物理磁带存储室地址的坐标，表示在底行单元之上的一个特定磁带存储室位置。(2)在光栅扫描 CRT(阴极射线管)屏幕上显示图像或文字时，一个指定显示单元或像素在垂直方向上的地址，也称"行地址"。(3)在大容量存储矩阵中，将地址线分为两组，一组为 X 地址，另一组为 Y 地址。当接收到计算机发出的地址信息后，将分两次存放这些地址，并利用它们作为两个方向上的地址，确定内部存储阵列中的选中单元。参见 X-address，Z-address。

Yagi antenna　Yagi 天线　也称"八木天线"，它是一种定向天线，通常用于频率高于 10 MHz 的通信领域。这种天线在调频广播和民用波段广播接收器中广为流行。一个最基本的 Yagi 由两或三个单元组成，每个测量大约 1/2 的电波长。Yagi 是一种平衡型的天线，但它可以在馈线连接到驱动单元的地方配上同轴电缆和一个称为不平衡变压器的设备。典型的 Yagi 有一个反射器和一个或者多个引向器。天线沿着驱动单元向引向器的方向传播电磁场能量，并且对沿同样的方向进入的电磁场能量最敏感。Yagi 天线不仅具有定向辐射和定向响应的特点，同时它也能集中辐射和响应。

Yagi-Uda antenna　八木-宇田天线　由一受激单元，一反射单元和一个或多个引向单元构成的端射阵。实际上反射单元可以由一些单元或一反射面组成。因为该天线是在 20 世纪 20 年代，由日本东北大学的八木秀次和宇田新太郎两人发明，所以被称为八木-宇田天线，简称八木天线。八木天线有很好的方向性，较偶极天线有高的增益。典型的八木天线应该有三对振子，整个结构呈"王"字形。与馈线相连的称有源振子或主振子，居三对振子之中，"王"字的中间一横。比有源振子稍长一点的称反射器，它在有源振子的一侧，起着削弱从这个方向传来的电波或从本天线发射去的电波的作用；比有源振子略短的称引向器，它位于有源振子的另一侧，它能增强从这一侧方向传来的或向这个方向发射出去的电波。该天线的优点在于利用简单的馈电方式便可以提供中等定向性的单向束。这种天线可归类于表面波天线，使用频率可达到 2.5 GHz。

Y axis　Y 轴，纵轴　在坐标系中，确定空间点位置的第二个分量的轴线。参见 X axis，Z axis。

YB　尧字节　yottabyte 的缩写。

YBD　Y 型分路器　Y-branching device 的缩写。

Y-branching device (YBD)　Y 型分路器　具有一个输入端口和两个输出端口的一种分路器。

Y-bus　Y 总线　直接受中央处理机控制的总线，它最多可连接 15 台输入设备。它是 X 总线和 Z 总线的扩充基础。

YC　Y 型耦合器　Y coupler 的缩写。

Y-capacitor　Y-电容器　一种具有安全认证标称值的干扰抑制电容器。该电容应接在火线与地线之间。

Y/C mode　Y/C 模式　彩色图像编码模式，从色相编码的色度 C 中分离照度 Y，同 S-video。

Y circulator　Y 环行器　有三个相同的矩形波导管的环行器。这些波导管被连接形成一个对称的 Y 形，其中心含有一块铁氧体柱。能量进入三个波导管的任何一端时只能从相邻的另一端出现。

Y-connection　Y 型连接　也称"星形连接"，电路的一种连接方法。将三个支路连接在一起，每个支路都有一个端子接向公共点。参见 Y-network。

Y connections　Y 连接　Y 连接就是星形连接，也就是把三相系统中的相按照字母 Y 的形状连接起来，还可以在中心点接上第四根(中性)线。

Y conversion　Y 转换　在 PCL 的格式语句中，用来指定实际代码的字段描述符。

Y coupler (YC)　Y 型耦合器　三根光纤呈 Y 型 1×2 结构的一种光定向耦合器，其光纤接合点可以是两根光纤熔融拉锥后与另一根光纤熔接，也可以是将光纤研磨、抛光成楔形并把两根光纤的楔形斜面胶粘后，再与另一根光纤的端面粘接。

Y-datum line　Y-数据线　一条虚构的线，作为一条参考边，沿穿孔卡片的右边穿过，与 X-数据线成直角关系。参见 Y-datum line。

YEC　最近期空闲单元　youngest empty cell 的缩写。

yellow alarm　黄色报警　T1 电路的报警状态。当 T1 电路的一端收到"红色报警"信号或电路上的极严重突发脉冲串时，该端的硬件进入黄色报警状态。在 ESF(扩展超帧格式)中，设备通过在设备数据链路上连续传送十六进制 FF、00 来发黄色报警信号。

yellow book　黄皮书　(1)国际电报电话咨询委员会(CCITT)发布的彩皮书。其中收集了自 1977 年到 1980 年期间的所有推荐标准。(2)由 Sony 和 Philips 公司在红皮书基础上为计算机定义的数据存储格式。它有多种存储模式，模式 1、模式 2 和混合模式。其中模式 1 是标准 CD-ROM(只读碟)格式，每个扇区含有 280 字节的错误校正数据和 2 048 字节的用户数据，一片相当于 74 分钟的 CD(光碟)，采用 CD-ROM 模式 1 时的最大容量为

666.00 MB。模式 2 格式没有增加错误校正数据，每个扇区含有 2 336 字节的用户数据，一片相当于 74 分钟的 CD 唱盘，采用 CD-ROM 模式 2 时的最大容量为 759.66 MB，这种格式主要用于 CD-I(交互式光碟)和 CD-ROM/XA(只读碟扩展体系结构)格式中。混合模式是声音光道跟着数据光道的一种 CD 格式。参见 red book, green book。

yellow pages　黄页　(1)因特网网络信息中心(NIC)支持的一种数据库，它包含了已经注册的计算机的基本信息(如名称、地址等)。(2)由 Sun 软件公司提供的 UNIX 网络信息服务(NIS)应用程序原先的名称，该程序用于维护网络资源上记载名称和位置的中心数据库。黄页使任何节点上的进程可以通过名称来进行资源定位。

Y

yellow room　光刻间　涂有光刻胶的晶片在该房间内的光刻机的紫外光下曝光。房间中的荧光灯周围有黄色滤光管，以阻挡光源发出的不需要的紫外光。

YHBT　你被钓到了　You have been trolled 的缩写。一种在电子邮件和新闻组中用于指明接收方已吃了他人故意设置的诱饵的表达方式。

YHL　你上当了　You have lost 的缩写。一种在电子邮件和新闻组中的表达方式，常在 YHBT 后面出现。参见 YHBT。

yield　成品率　在进行晶片电参数挑选(EWS)时，好的小片(有电性能的晶片部分)数量与晶片上所有的小片数量的比。成品率一般分为四种主要的成品率：晶片工艺成品率、晶片探针测试的成品率、装配成品率、最终参数测试合格成品率。

YIG　钇铁石榴石　yttrium-iron garnet 的缩写。

YIG filter　YIG 滤波器　含有一放在由永磁铁和电磁线圈产生的磁场中的钇铁石榴石晶体的滤波器。调谐通过改变经过线圈中的直流电进行，偏磁可将滤波器调节到频带的中心，这样可使宽带调节所需电磁线圈的功率为最小。

YIG-tuned oscillator　YIG 调谐振荡器　一种可调谐的微波频率振荡器，具有由 YIG(钇铁石榴石)球在直流磁场中所形成的高 Q 谐振电路，并作为并联共振电路。射频信号从晶体管通过线环进入 YIG 球被耦合。谐振频率是磁场强度的函数。调谐在几个倍频程内是线性的，能得到 2 ～ 40 GHz 的频率。

YIG-tuned parametric amplifier　YIG 调谐参量放大器　一种参量放大器，通过调节经过 YIG(钇铁石榴石)滤波器电磁线圈的直流电流量进行调谐。

YMCK　黄紫青黑色系统，YMCK 色系统　yellow, magenta, cyan, black 的缩写。

Ymodem protocol　Ymodem 协议　计算机网络上的通用文件传输协议，适用于共享设备的通信软件以及公告牌系统。它是 Xmodem 协议的变形，等同于 Xmodem-1K 加批文件传送的一种文件传送协议，也称 Ymodem Batch。它比标准 Xmodem 要快，而且在发送数据之前发送文件名，将数据分成块，每块包括标题的开始字符、块的号码、1KB 的数据和校验和，用循环冗余方法进行错误检查，还具有在同一个会话期内送出多个文件和当传输异常时中止的能力。参见 Kermit, Xmodem, Zmodem。

Ymodem-g　Ymodem-g 协议　一个无需无错误通道的认可或当调制解调器自纠错时就可传送的文件传输协议，它将差错检查的内容留给了调制解调器硬件查错协议，它可在低线路噪声的条件下用于高速调制解调器。Zmodem 一般来说比 Ymodem-g 更优。

y-network　Y-网络，星形网络　一种有三个分支的星形网络，每一个分支都有一个终端连接到公共接点。

yon clipping plane　远[后]裁剪平面　在定义一个有限的视见约束体中，Z 方向所使用的后裁剪平面。

yotta　尧它　国际度量委员会 1991 年通过尧它为新词头，表示 10 的 24 次方。

yottabyte (YB)　尧字节　也称为“一亿亿亿字节”，计算机存储容量单位，1 尧字节相当于 1 208 925 819 614 629 174 706 176(2^{80})字节。

yon plane　远平面，后平面　参见 yon clipping plane。

youngest empty cell (YEC)　最近期空闲单元　在运行处理过程中，距离当前测试时间最近的未使用单元。

YP　黄页　Yellow Pages 的缩写。

Y plate　Y 板，垂直偏转板　两个偏转电极之一，使静电阴极射线管中的电子束垂直偏转。参见 X plate。

Y-punch　Y 打[穿]孔位、Y 行打[穿]孔　(1)在 80 列卡片的第 Y 行或第 12 行上穿孔，即在卡片的顶行穿孔。(2)在某一列的第 12 个位置上穿孔，通常用于控制或选择，或用来指出正数。

Y signal　Y 信号，亮度信号　彩色电视复合视频信号中用来控制亮度信息的部分。

YUV mode　YUV 模式　一种颜色图像编码模式，分离亮度 Y 和两个颜色信号：红减 Y(U)和绿减 Y(V)，YUV 的传输利用人眼对于光照的敏感性大于颜色敏感性的特点。

Z

.Z　压缩文件名后缀　一种二进制 UNIX 压缩文件名后缀。可以使用 WinZIP、Stuffit Expander 或 gzip 对这种文件解压缩。

Z　特性阻抗,Z 格式文件　(1)表示特性阻抗的一种惯用符号。(2)一种压缩文件扩展名,用来标识使用 gzip 或其他压缩实用程序压缩的 UNIX 文件。

Z-address　Z 地址,第三向地址　(1)在具有三维形式的数据结构中,用来表示数据第三维位置的地址。(2)在海量存储系统(MSS)中,某唯一的物理磁带存储室地址的坐标,表示某个特定存储室的壁面位置。参见 X-address,Y-address。

ZAI　零地址指令　zero address instruction 的缩写。

ZAP　清除　去除程序或数据库的全部或一部分。

zap　清除,删除　(1)许多程序中常见的通用命令,用以清除操作。(2)用于删除文件中的数据,但仍保持文件的完整数据结构的命令,这样就可重新输入数据;而 ERASE 和 DEL 命令,则是删除整个文件和记录(包括数据结构和数据)的命令。

ZAW　零管理视窗技术　zero administration Windows 的缩写。

Z axis　Z 轴,第三轴　坐标系中,确定空间点位置的第三个分量的轴线,通常指的是深度或高度。参见 X axis,Y axis。

Z-axis modulation　Z 轴调制　一种使电子束强度按所接收信号的幅度进行的调制。通过调制可以使荧光屏上的亮度随信号的强度而变化,也称亮度调制。参见 intensity modulation。

ZB　泽字节　zettabyte 的缩写。

Z-buffer algorithm　Z-缓存算法　一种三维图形的消除隐藏面算法。它不仅有帧缓存来存放每个像素的亮度值,还需要有 Z-缓存来存放每个像素的深度值。Z-缓存初始化置 Z 的最大值,而帧缓存初始化置背景色。在把物体表面相应的多边形扫描转换成帧缓存中的信息时,对多边形的每个点 (X,Y) 做如下处理:① 计算 (X,Y) 处深度值 $Z(X,Y)$;② 如 $Z(X,Y)$ 小于 Z 缓存中在 (X,Y) 处的值,则:(a) 把 $Z(X,Y)$ 存入 Z 缓存中的 (X,Y) 处,(b) 把多边形在 $Z(X,Y)$ 处的像素值存放到帧缓存的 (X,Y) 地址中。当② 的条件成立时,则说明该多边形 (X,Y) 处的点比帧缓存中 (X,Y) 处当前具有亮度值的点更接近观察者,故要重新记录新的深度和高度值。

Z-buffering　Z-缓冲　三维物体显示时为了消除隐藏面所使用的一种数据结构。即在以往二维坐标的 X、Y 轴中,增加了一根表示物体纵深的 Z 轴。Z 值代表图像的深度,即从观察者到像素的距离。z-缓冲在表现两个三维物体的交叉重叠时,决定了重叠物体哪些部分需要绘制,哪些部分需要隐藏。使用 Z-缓冲需要占用显示存储器中。

Z-bus　Z-总线　通过总线扩充模块与 Y 总线连接,使之能连接附加输入输出设备的总线。

Z clipping　Z 裁剪,深度剪裁　(1)视见约束体中在 Z 轴方向上定义两个裁剪平面,超出此范围的物体的图形不再进行显示,这个过程称为 Z 裁剪。(2)对三维图形限定其深度范围的过程。在显示图像时,当超过这个位置,则数据成为不可见的。在显示复杂或详细的图形时,这是一种有效的表达手段。

ZD　零色散　zero dispersion 的缩写。

ZDL　零延迟锁定　zero delay lockout 的缩写。

ZDS　零色散斜率　zero dispersion slope 的缩写。

ZDW　零色散波长　zero dispersion wavelength 的缩写。

Zeeman effect　塞曼效应　在强磁场作用下,光源产生的光谱线数增加。

zener breakdown　齐纳击穿　半导体非破坏性击穿。当电场通过势垒区时场强变得足够强时产生场发射,使该区突然增加载流子,便发生齐纳击穿。

zener diode　齐纳二极管　一种硅 PN 结二极管,在其反向偏压雪崩击穿区工作时,能提供一个特定的反向参考电压,在小于 6 V 时能表现出陡然的反向击穿。这种器件被广泛用作通用稳压器,或用于对指定电压之上的瞬态电压进行限幅或分流。

zener effect　齐纳效应　在半导体上或绝缘体上出现强电场时产生反向电流击穿的现象。半导体点接触式二极管具有明显稳定的反向电压/电流曲率,广泛用于桥路中作为控制元件。

zener noise　齐纳噪音　在齐纳二极管中由击穿现象产生的噪音,这种噪音大部分属于白噪音。参见 white noise。

zepp antenna　齐伯天线　长度为半波长或半波长整数倍的水平天线。它的一端连接双线传输线其中的一根引线,而这根引线也是长度为半波长或半波长的整数倍。

zero　零　在数据处理中,当某个数加上它或减去它时,都不改变其值的数。计算机中,不同形式的数表示零的方式往往不同,如补码形式用全 0(一串“0”)表示零;反码形式表示零有两种,全 0(一串“0”)表示的是正零,全 1(一串“1”)表示的是负零。

zero access　立即存取　从存储单元或寄存器中快速存取信息的能力。立即存取一般指并行存取,不需

Z

Z

要等待别的信息存取后再进行。在运算器中的寄存器一般为立即存取寄存器。

zero access storage 零访问存储器 等待时间很小的存储器,也称"立即访问存储器"。

zero address code 零地址码 不需要指令中明确地指出操作数地址的指令码。有的是因为指令的性质本身能够隐含地确定操作数地址(如堆栈操作指令,操作数地址由堆栈指示器确定),有的是由于指令不对任何操作数进行操作(如停机指令、空操作指令)。

zero address instruction (ZAI) 零地址指令 一种没有地址码部分的指令。当指令中地址部分是隐含的,或者不需要地址时,就使用这种指令形式,如RET指令在大多数指令系统中的作用是从子例程或中断服务程序中返回到断点,指令中不需要指出返回地址,因为在执行子例程调用或中断服务之前,返回地址已存放在堆栈中。

zero adjust 零调整 (1)在输入短路,确保无任何输入信号的情况下,将测量设备的读数调整到零的操作。(2)在某些控制电路中,当输入短路(无输入信号)时,对电路状态进行的一种调整,目的是确定一个准确的工作起点。(3)在空载(不加任何输入信号,不接负载)的情况下使一个系统的输出状态值调整到零,以便准确量度系统的工作状态。

zero adjuster 零位调节器 调整仪器或仪表指针位置的一种仪器,它使仪器或仪表在电参量为零的时候读数为零。

zero administration Windows (ZAW) 零管理视窗技术 微软公司于1997年开始推出的一项技术,其目标是简化管理,并降低PC机的购置价格和维护费用。ZAW是一项包含软件技术和硬件技术在内的全面产品。

zero beat 零拍 电路的一种状态,即电路的振荡频率与输入信号的频率恰好相同,此时不产生节拍声也听不到节拍声。

zero bias 零偏压 双极结型晶体管的基极和发射极具有相同的直流电压时的状态,或场效应晶体管的源极和栅极具有相同的直流电压时的状态。

zero bit 零位码 程序计数器的两个高位,即Z位(零位)和L位(链接位)。

zero bit insertion 零位插入 在诸如HDLC(高级数据链路控制)/SDLC(同步数据链路控制)一类面向位的协议中,为获得透明度而采用的技术。在可能引起虚假标志检测的"1"位序列中插入一个"0"。然后,在数据链路的接收端把所插入的"0"被去除,也称"位填充"。同bit stuffing。

zero bit time-slot insertion (ZBTSI) 零位时隙插入 在成帧T1电路中,保持"1"密度的最复杂技术。其中,ESF(扩展超帧格式)帧中的一个区域载送关于数据流中所有由8个连续的"0"组成的零字节的位置信息。该技术要求在电路两端都对比特流进行智能重组,也称"零字节时隙交换(ZBTSI)"。

zero center 零中心 一种特殊的电话中继交换中心,可作为一组初级中心的交换插孔,通过中继线路直接同所有毗邻区域连接。

zero check circuit 零校验电路 核对系统中并行或串行地传输的数据字的累积和是否为零的电路。如果为零,则认为传送正确,否则就认为是出错。

zero check routine 零校验程序 通过计算数据块中内容及核对码的累加和是否为零,核对数据块内容是否正确的例程。

zero code suppression 零编码压缩 可用来传输时钟的线路编码方案。这种编码方式将连续8个零的串中的第7位替换为1。

zero committed information rate (ZCIR) 零承诺信息速率 在帧中继通信中,指一种不保证有效速率的永久虚电路方式。当网络有空闲时,用户可以按网络端口允许的最高速率发送数据并享受折扣的费率;当网络发生拥塞时,ZCIR的电路就会被断开。这种服务方式适用于对信息实时性要求不高,业务量比较小,但希望节省费用的远程用户。

zero-complemented transition coding 零求补转换编码技术 一种数据编码方法,将数据流中的每个零位的传输信号的状态进行反转(即变为1)的编码方法。

zero compression 零压缩,消零 用于删除最高有效位左边从头开始的那些无意义的零,形成只存储有效位的存储技术,如字0000423000中,前4位是无效的。当数字类型数据项显示或印出时,零压缩更符合人们的数字表示习惯。

zero control current residual voltage 零控制电流残留电压 当控制电流为零时,由于时变磁场造成的霍尔器件输出端子上的电压。

zero correction 零位校正 参见zero offset。

zero count interrupt 零计数中断 当有关的(时钟)计数器脉冲中断引起时钟计数器为0时触发的中断。

zero-cross detection 过零检测 经过零位时系统作出的检测。可作开关电路或者频率检测。

zero-crossing 交零 在话音识别中,声幅波形与零声平相交一次称为一次交零。交零往往作为识别特征使用。

zero-crossing detector 过零检测器 确定输入信号是大于还是小于零的比较器。

zero-crossing feature 交零特征 在声音识别时往往以固定时间长度内交零次数、向上交零/向下交零次数、上/下交零次数比作为识别特征,这些特征称为交零特征。

zero cross signal 过零信号 将原信号进行微分,使原信号的峰值变为通过零点(或平均直流成分点)的信号,便于从中恢复原始数字信号。

zero-current switching 零电流开关 一种交流电路开关，在允许电路被开或关之前，感应电流波形通过零参考，并进行阶段控制。

zero current switching (ZCS) 零电流开关 一种交流电路开关，通常是通过在开关器件上增加一对谐振电感和电容，使其在开关开通和关断时流过开关的电流等于零。

zero-cut crystal 零切割晶体 切割石英晶体，使其与频率相关的温度系数基本为零。

zero defects 零缺陷 改进产品质量使其达到几乎完美的手段，此时将不会由于管理中存在缺陷而产生次品。

zero delay lockout (ZDL) 零延迟锁定 令牌环网络中用来防止信标站插入环路中而引起网络故障的一种技术。

zero destination address 零目标地址 指令中不显式地给出运算结果传送的目的位置，通常是由于指令中的目的地地址是隐含地给出的，或者指令本身不需要目的地地址。参见 zero address instruction (ZAI)。

zero-disparity code 不均零码 每一码字均具有一组偶数数字，且均由数目相等的“0”与“1”组成的一种二进制码。如 001011，101010，000111 可认为是该编码体制中的码字。

zero dispersion (ZD) 零色散 在合适的折射率分布情况下，光纤在特定波长处会出现零色散，如常规单模光纤在 1.31 微米附近的波导色散为负，材料色散为正，大小也正好相等，因而互相抵消，出现了零色散。零色散波长可随波导结构、折射率分布等因素而改变。

zero dispersion slope (ZDS) 零色散斜率 光纤色散和波长函数在零色散波长处的导数。零色散斜率可用来计算总色散系数的上限值和下限值。零色散斜率随制造公差、温度及老化程度而变化。

zero dispersion wavelength (ZDW) 零色散波长 在具有合适折射率分布的单模光纤中传播光波，当出现零色散或接近于零色散时的波长。因制造公差、温度和老化等原因，零色散波长在不同光纤之间有最大值和最小值，并随时间推移而变。在单模光纤中，零色散波长是单模光纤总色散为零的波长。

zero divide 零除 一个除数为零的除法操作，在数学中除以零是一个无意义的操作，因而不能计算，在程序中不允许出现除以零的操作。

zero drift 零点漂移 当放大电路输入信号为零时，由于受温度变化，电源电压不稳等因素的影响，使静态工作点发生变化，并被逐级放大和传输，导致电路输出端电压偏离原固定值而上下漂动的现象。

zero element 零元 给定代数系统 $\langle A, * \rangle$，如果存在 $0 \in A$，对任意 $a \in A$ 有 $0 * a = a * 0 = 0$，则称 0 为零元，如 $\langle I, \times \rangle$ 的零元是数 0，I 是整数集。

zero elimination 消零 在将一个数存储前，删掉其非有效零。同 zero compression。

zero error 零点误差 (1)在确定读数范围时，必须补偿的偏差。(2)用指针、角度或显示指示的任何仪表的起始误差，即无输入信号时对应的误差。

zero error reference 零误差基准 增量原因与其造成的效果之间的常数比。

zero extended 零扩充，零扩展 当两个不等长的数据项共同参加加法、减法、比较等运算时，为了便于运算，需要将他们扩展成相等的长度，为此将字长短的单元在高位上填充足够个数的零。

zero field current 零场电流 加速电场为零时的阴极发射电流称为零场电流。

zero field emission 零场发射 发射体表面上电场为零时产生的电子发射。

zero fill 填零 用零的表示方式填充字符，或把零填在确定的存储单元中。

zero flag 零标志 微处理器中的一个标志位，典型情况下设在标志寄存器中。当测试的结果为全 0 时置逻辑“1”，不为全 0 时置逻辑“0”。

zero frequency 零位频率 一个综合信号(如电视信号)的频率参考值，该参考值必须能在无漂移的情况下传递。

zero-gate-voltage drain current 零栅电压漏电流 在 MOS(金属氧化物半导体)晶体管栅极加零电平电压时，漏极到源极之间的漏电流，是衡量 MOS 晶体管性能指标的重要参数。

zero gravity 零重力 完全没有重力影响，当地球引力被恰好消除或与离心力平衡(如轨道卫星)时存在这种情况。

zero-gravity switch 无重力开关 关闭时无重力或近似为无重力的一种开关。其中一种类型为水银导电球在零重力下触点连接，但在重力影响下它变平离开上触点。

zero insertion 零插入 在面向位的协议中，为避免混淆数据及 SYN 字符，在发送的数据流中加入二进制“0”的过程。所插入的“0”在接收端被删除。同 zero bit insertion。

zero-insertion force (ZIF) connector 零插拔力连接器 插头和插座在插合和分离时已消除插入力和拔出力的连接器。这种连接器常常采用杠杆、凸轮、滑块等机构来操纵插座中弹性接触件簧片的开闭状态，并依此来实现插头和配对的插座之间相互插合和分离时达到零插拔力的目的。这种连接器在第四代计算机的高密度、多触点的互连组装中越来越得到广泛应用。

zero insertion force (ZIF) socket 零插拔力插座 一种集成电路插座，插入芯片时不需要压力。抬起插座旁边的杠杆，插座中的所有插孔均张开，芯片便可很容易地拔出或放入插座，放下杠杆，就把所

Z

有插孔锁紧,使芯片引脚与插孔紧密接触。

zeroize 置零,填零 (1)把存储单元置零,确保数据不受以前留下的无关数据的影响。(2)用零填满存储空间。

zero kill 零消失,消零 同 zero compression。

zero-knowledge proof 零知识证明 除有效性结论外其他什么也得不到的证明。更通俗地讲,证明者为某个定理找到了一种证法,他希望在不透露任何证法细节的情况下让验证者确信证明者是知道此证法的。这意味着不管验证方在与一个零知识证方交换信息后做了什么,在相信证方所提出的断言的确有效外验证方其他什么也得不到。零知识证明实际上是一种概率意义下的证明。零知识的意义是指证方和验方相互传递的信息,验证方可以用概率图灵机在多项式时间内模拟出来(在概率分布不可区分的意义之下)。因此,验证方没有得到任何附加知识。零知识证明对于计算机复杂度理论和密码学都非常有用,如在计算机复杂度理论中已经证明,它能够提供一种方法,使我们相信某些语言不是 NP 完全的。在密码通信中,它可以提供一种确证身份的方法,而又不泄露身份之外的任何信息给对方或第三者。零知识证明是 1985 年才提出来的。最初的零知识证明系统是交互式的,证方和验证方通过不断交换信息来完成证明。从知识复杂性的角度看,交互式零知识证明就是证方传递的知识为零的交互式证明系统。为了使通信更加简单,人们通过深入研究,使得交互次数不断降低,以至于最终提出了非交互式零知识证明:证方和验证方通过共享一个短的随机串来代替交互性,且能达到零知识证明的效果。

zero-length buffer 零长度缓冲信息 通信系统中的一种缓冲信息,用来将"线路有错误的"信息传送给报文处理程序。若带有零长度缓冲信息的用户代码未能正确地执行,程序员就必须检查零长度缓冲信息并绕过未正确执行的代码。

zero level 零电平 用来比较声音或信号强度的基准电平。在音频下工作时,6mW 功率一般用作零电平,在声学中,听力阈值一般设定为零电平。

zero level address 零级地址 也称"立即地址"。指令的地址部分本身即为指令的操作数而不是操作数的地址。

zero-level transmission reference point 零电平传输基准点 一种所有有关的传输级在电路上都可参考的任选点。传输开关板上的传输级可作零电平传输基准点。

zero line 零线 变压器二次侧中性点引出的线路。零线与相线构成回路对用电设备进行供电,通常情况下,零线在变压器二次侧中性点处与地线重复接地,起到双重保护作用。

zero line current 零线电流 流过零线的电流。接三相负载,如果三相电路均衡,电流是从火线(相线)经用电器再到其他的火线回电源,零线没有电流;接单相负载,火线电流和零线电流一样大。

zero mask 零屏蔽 逻辑门电路使用"0"信号来对系统构成屏蔽。当屏蔽位状态为零时,系统被屏蔽,不能对外界呼叫产生响应。

zero-material-dispersion wavelength (ZMDM) 零材料色散波长 光波导中材料色散为零的光波波长。该波长通常发生在电磁波频谱中紫外吸收终止和红外吸收开始延伸的那一点。光波导中的折射率分布必须使该波导能对该波长的零色散进行补偿。

zero modulation (ZM) 调零,零调制 一种信道编码方法。它能将二进制信息转换成具有自同步能力且无直流分量的编码信号。具体方法是:首先将二进制信息序列依次分解成三种形式信息组:①任何数量的连续"1"。②连续两个"0"或两个"0"之间插有奇数个"1"。③两个"0"之间插有偶数个"1";然后将①、②两种形式的信息组按密勒码规则进行变换,③型信息组中的"0"按密勒码规则变换,而"1"则按每隔两位在位单元边界上翻转一次的规则变换,以构成新的二进制信息序列;最后,把新的序列按逢"1"变化不归零制规则进行调制。

zero offset 零点偏置,零点补偿 为了使电路工作稳定,对由于温度等因素造成的零点漂移的补偿,如可以采用差分放大器,用两个温度特性比较一致的晶体管在一定程度上抵消温度变化造成的漂移。

zero-order hold 零阶保持 零阶保持是将其输入信号的当前采样值保持在一个常值直到下一个采样发生。在采样开关后面接一个具有一阶特性的 RC(阻容)积分网络,采样过后,采样开关断开,积分电容与周围环境呈高阻连接状态,其上存储的采样信号在整个采样周期内的变化可以忽略不计,因而称为零阶保持。

zero-order Markov chain 0 阶马尔可夫链 若在特定情况下,系统在时间 t 的状态与其历史状态均不相关,即 N=0,则该系统构成一个离散的 0 阶马尔可夫链。比较 first-order Markov chain。

zero order Markov model 零阶马尔可夫模型 在无冗余组合电路中测试单个良性工作的信号独立间歇故障的模型。采用的方法是预估电路中间歇故障的概率与存在故障活动条件的概率。检测过程中反复施加用于检测永久性故障的内容。测试重复无限次,概率必趋近于 1。可采用两种判定规则之一来限定重复次数。规则之一是后验概率低于一定值时终止重复。后验概率,即施加测试后在规定时间内间歇故障出现的概率。规则之二是"概率比"低于某一门限值时终止重复测试。概率比是后验概率的函数。

zero output 零输出 在零位条件下,从磁性单元中的输出。

zero output signal 零输出信号 在使用读出脉冲

时，在零位条件下磁性单元所给出的输出信号。

zero page addressing 零页寻址[定址] 一种寻址方式。它访问存储区的第零页，将操作局限在零页面之内，因而缩短了地址码，使代码和执行时间更短。

zero page instruction 零页面指令 一种只给出页内偏移地址，页地址由专门的页地址寄存器给出，但此时页地址寄存器内容为零，因而总是将操作指向零页面的指令。

zero-phase-shift 零相移 对信号的所有频率成分都不产生相对相位延迟或偏移的传输，如通过一个纯电阻性网络的信号传输。

zero-phase-shift filter 零相移滤波器 一种不产生相对相位偏移的过滤器。即过滤器的相-频特性在传送频带内是一条直线。

zero-place function 零位函词 在谓词演算的 n 位函词中，如果没有空位，则称为零位函词，即常量。

zero-place predicate 零位谓词 在谓词演算的 n 位谓词中，没有空位者称为零位谓词或命题。

zero point 零点 (1)系统中的公共参考点，即电压电平为零的点或接地点。(2)三相电的星形接法将各相电源或负载的一端都接在中性点上，但是当中性点接地时，该点就称为零点。

zero point energy 零点能 物质在绝对零度时的残存动能。

zero point error 零点误差 两个不共用同一个接地点(或电压参考点)的系统之间产生的参考电压误差。在计算机通信系统中，这种误差可能导致信息传输的错误。

zero potential 零电位，零电势 通常指地电位，作为比较的参照。

zero power level 零功率电平 在通信线路或设备上，规定以 600 Ω 电阻上功率为 1 mW，即电压为 0.775 V 时，作为零功率电平，称为 0 分贝(0 dB)。以此作为电平量度的相对标准。

zero proof 零验证 通过加上一个正数或者负数来检查运算过程，如果所有的运算过程正确，则这些验证结果为零。

zero punch 零穿孔位 在 Hollerith(何勒内斯)卡片的顶部往下数的第三行中的穿孔位。

zero redundancy memory 无冗余内存 在计算机的内存中，有时为了在机器运行期间不断地进行核对而设置了不存储有效信息的核对位。对于质量较高的存储器芯片来说，完全可以在系统中省略这个冗余的核对位，使系统中的所有存储位都能作为信息存储。

zero resistance insulator 零值绝缘子 外形完好，但电阻值为零的绝缘子。

zeros-complemented transition coding 零求补转换编码技术 一种数据编码方法，将数据流中的每个零位的传输信号的状态进行反转(即变为 1)的编码方法。

zero sequence 零序 三相交流电分为 A、B、C 三相，所谓零序是：A、B、C 三相相位相同。比较 positive sequence，negative sequence。

zero sequence current 零序电流 对于理想的电力系统，由于三相对称，因此零序(包括负序)电流的数值为零。因此，只有当电路中发生触电或漏电故障时，才会产生零序电流。

zero sequence current protection 零序电流保护 借助电力系统(或元件)发生接地故障时产生零序电流变化(故障电路的零序电流比非故障电路的零序电流大)而做出相应动作的保护措施。

zero sequence current relay 零序电流继电器 起接地零序过流保护的继电器，一般称之为接地继电器。

zero sequence current transducer 零序电流互感器 用于电力保护的单匝穿心式电流互感器。基本原理是基于基尔霍夫电流定律：流入电路中任一节点的复电流的代数和等于零。在线路与电气设备正常的情况下，各相电流的矢量和等于零，当发生接地故障时的各相电流的矢量和不为零，故障电流使零序电流互感器的环形铁芯中产生磁通，零序电流互感器的二次侧感应电压使执行元件动作，带动脱扣装置，切换供电网络，达到接地故障保护的目的。

zero shift 零位偏移 零控制信号时平衡磁放大器由于漂移产生的输出。

zero-slot LAN 零插槽局域网 使用计算机上已有的一个串行或并行端口，而不是插入到计算机的扩展总线的特别的网络接口卡的局域网络，因为零插槽局域网只能像计算机的输出端口那样进行传输，速度大大低于使用网络特定硬件设备和软件设备的网络。每个电缆段的最大长度也被严格地限制，所以零插槽局域网只能连接两到三台计算机。与采用网络系统相比，零插槽局域网的优点是价格低、但较新的对等网络的价格动摇了它在这方面的优势。

zero stability 零点稳定性 平衡磁放大器的操作条件发生指定变化时，在整个指定时间内发生的最大零位偏移。参见 zero shift。

zero state 零状态 一个磁单元的状态，当定义任意一个方向为负时，得到通过指定横截面的磁通量为负值，则为零状态；同样定义，在相反的状态所得到的磁通量为正值时，则为“1”状态。

zero sum game 两人零和博弈 一种两人博弈，其赢方之所赢与输方之所输之和为零。

zero suppression 零压缩，消零 (1)除去数字中无意义的零，其中包括：整数非零位左边的零，小数非零部分右边的零，以便节省存储空间。(2)从计算结果的打印和显示中略去不希望有的零的过程。

zero suppression character 零压缩字符 在程序设计语言中，用来使各相应数字消零的一些字符，如在 PL/1 语言中，用图形说明字符 x，y 和 * 来压缩数据位中的零。

zeroth document 零次文献 未经过任何加工的原始文献，如实验记录、手稿、原始录音、原始录像、谈话记录等。零次文献在原始文献的保存、原始数据的核对、原始构思的核定（权利人）等方面有着重要的作用。参见 primary document，secondary document，tertiary document。

zero transfer function 零传输函数 一个网络的传输函数，即为网络的输出信号电平与输入信号电平之比。如果网络输入信号在一定范围内变化，而输出信号保持为零或固定直流值，称这个网络具有零传输函数。

Z

zero transmission level point (0TLP) 零传输电平点 测量信号功率增益以及电路损耗的一个参考点。

zero transmission level reference point 零电平传输参考点 电路中的一种任意选定的点，作为所有相对传输电平的参考点。通常把传输配电盘上的传输电平作为零传输电平参考点。参见 relative transmission level。

zero-voltage activated circuit (ZVA) 零电压激活电路 被设计成在零交流电压下开，在零交流电流下关的电路。

zero-voltage switch 零电压开关 一种含有传感器的电路。当经过的交流电压波形到达零时，它给负载加上电压，并在同样条件下关闭。这样避免了在开关时负载承受一个无功电压。

zero wait state 无等待状态 立即访问存储器的状态。存储器一旦被访问就立即传送数据，它不用为了响应而等一或两个机器周期。

zero-wait state computer 零等待状态计算机 能以没有处理器等待状态处理信息的计算机。等待状态是因为处理器在等待从设备或从存储器来的数据而没有指令可执行的时钟周期。零等待状态计算机的内存速度通过使用一种诸如超高速缓存、交错存取存储器、页面方式随机存取存储器或静态随机存取存储器芯片这样的方案而得到优化，以便微处理器不必等待（进入等待状态）内存就能跟上处理操作。

zetta 泽它 国际度量委员会 1991 年通过泽它为新词头，表示 10 的 21 次方。

zettabyte (ZB) 泽字节 计算机存储容量的单位。1泽字节相当于 1 180 591 620 717 411 303 424 (2^{70})字节。

Z format Z 格式 在 AIX 操作系统中，一个位图的格式，以扫描顺序安排成一系列像素值。

ZIF 零插拔力 zero insertion force 的缩写。

ZigBee ZigBee 技术，紫蜂技术 一种短距离、低功耗的无线通信技术。这一名称来源于蜜蜂的八字舞，由于蜜蜂(bee)是靠飞翔和“嗡嗡”(zig)地抖动翅膀的“舞蹈”来与同伴传递花粉所在方位信息，靠这样的方式构成了群体中的通信网络。ZigBee 技术特点是近距离、低复杂度、自组织、低功耗、低数据速率、低成本。主要适合用于自动控制和远程控制领域，可以嵌入各种设备。

ZigBee alliance ZigBee 联盟 ZigBee 联盟成立于 2001 年 8 月，是一个非盈利业界组织，成员包括国际著名半导体生产商、技术提供者、技术集成商以及最终使用者。联盟制定了基于 IEEE 802.15.4 的具有高可靠、高性价比、低功耗的网络应用标准。主要用于距离短、功耗低且传输速率不高的各种电子设备之间进行数据传输以及典型的有周期性数据、间歇性数据和低反应时间数据传输的应用。

zigzag connection 曲折形连接，Z 形连接 由六个绕组按星形连接而成的对称三相系统。六个绕组成对地连接在三个铁芯上。星的每一相均由两个绕组串联而成。不同铁芯上的绕组所产生的电动势依次相差 120°相位角。参见 electromotive force (e. m. f)。

zigzag in-line package (ZIP) Z 形直插式封装 集成电路的一种封装形式，与直插式封装并无实质上的区别，只是引脚呈 Z 字母曲折状排列，其目的是为了增加引脚的数量。参见 dual in-line package (DIP)。

zigzag fold paper 折叠式打印纸 边缘穿孔的折叠式打印纸。

zigzag scan 锯齿形扫描 一种二维空间扫描，即除了进行从左往右的水平移动外，还进行垂直方向移动的扫描。

zinc-air battery 锌-空气电池 一种低电压空气原电池。能提供高能密度，通常制成扣式电池。该电池阳极为锌，阴极为氧（空气）。正常电压为 1.5 V，它常被用在助听器、BP 机及其他低电压便携式电路中。

zinc-chloride battery 锌-氯化物电池 一种以碳和锌为电极，电解质只含氯化锌的原电池。它的电压一般为 1.3 V，但能在低温下也输出非常大的电流。

zinc-manganese dry battery 锌-锰干电池 以二氧化锰为正极，以锌筒为负极，把化学能转变为电能供给外电路。锌-锰干电池是一种一次性电池，因为这种化学电源装置中，电解质是一种不能流动的糊状物，所以称为干电池。同 carbon battery。

. zip 压缩文件名后缀 用于标识以 ZIP 格式编码的压缩文件的一种文件扩展名。可以使用 WinZip、Stuffit Expander 对该类文件解压缩。

ZIP 区段信息协议 zone information protocol 的缩写。

Zipf law 齐夫定律 如果把每个词在一篇文献中的出现频率 F 按照频率值从高到低递减的顺序排列，并用自然数从小到大标以排列的次序号 R，如果发现：$R \cdot F = C$，C是一个围绕中心值上下波动的常数。这个词频规律称为齐夫定律。齐夫定律在主题词表与标引的理论与实践中，或在情报检索倒排文件组织中有着广泛的用途。

Zipf's hypothesis　齐普夫假设　该假设的描述是：由于单词(或事件)出现的概率通常是开始较高，然后逐渐减小，因此只有少部分单词(或事件)是经常出现的，而大多数单词(或事件)很少出现。

Zip 250 MB　Zip 250 MB 软盘驱动器　美国艾美加(Iomega)公司生产的大容量软盘驱动器。它外加USB(通用串行总线)和PCMCIA(个人计算机存储器卡国际协会)接口，通用于桌面、Mac及笔记本电脑。它使用快速的Zip 250 MB盘片，还可向下读/写Zip 100 MB盘片。标准Zip 250 MB驱动器套装包括一张Zip 250 MB盘片、一个USB电缆电源、一份USB用户指南及一份USB快速安装指南，还随机附送QuickSync提供安全的文件备份自动复制软件和担当计算机密码锁的Iomegaware软件。

ZIS　区段信息套接口　zone information socket 的缩写。

ZIT　区段信息表　zone information table 的缩写。

ZM　调零，零调制　zero modulation 的缩写。

ZMDM　零材料色散波长　zero-material-dispersion wavelength 的缩写。

Zmodem　Zmodem 协议　适用于个人计算机的异步通信协议。Xmodem文件传输协议的一个增强版本，能在差错更少的情况下处理更大的数据量。它可以使用通配符文件名来传送。这种协议由于能很好地控制噪声和变化着的线路状态(包括卫星传输)而得以非常普及。它在传输文件之前，先发送文件名、日期、长度等信息，并且能根据线路情况选择合适的块长度和使用循环冗余检验(CRC)纠错方式。Zmodem协议有一个称为检验点再启动的功能，如果在数据传输期间通信链路中断，可从中断点开始重新传输数据，这在传送特长文件时就非常保险。参见 Kermit，Ymodem，Xmodem。

Z-net　Z-网　Zilog公司开发的总线式局域网。使用同轴电缆作为传输介质，采用CSMA/CD(载波监听多路访问/冲突检测)访问方式，信息包长度为512字节，传输速率为800 kbps，电缆最大长度为2 km，最多可挂接256个设备，其中的微机必须是Zilog微机。

zodiac　黄道带　黄道南北八度内的区域。

zombie　僵尸机　(1)当计算机中植入了被怀有敌意的黑客控制的守护程序、而计算机拥有者却不知不觉之时，此计算机就成了一台僵尸机。僵尸机被怀有敌意的黑客用于发起拒绝服务(DoS)攻击。黑客通过一个开放的端口给僵尸机发送命令，僵尸机按命令向目标网站发送巨量的无用信息，以阻塞该网站的路由器，使合法用户不能访问该网站。送到网站的信息是混乱的，因此收到这些数据的计算机要花时间和资源来弄懂这些送来的数据流。与删除或窃取信息的病毒或蠕虫相比，僵尸机危害比较轻些，因为它们用洪水般的信息暂时削弱网站，并没有危及网站的数据。(2)在Unix操作系统中，zombie是指由父程序启动、然后再被父程序取消的子程序。参见 pulsing zombie。

zombie process　僵尸过程　在AIX操作系统中，一个结束的过程，其登记项仍然留在过程表中，但不分配核心态空间或用户空间。

zone　区域　由单一网络管理者所管理的所有终端、网关和多点控制单元的集合。一个区域只有一个管理者，区域可独立于局域网拓扑结构，并且可以包含于用路由器或其他设备连接的多个LAN(局域网)段。

zone code　区码　在EBCDIC(扩充的二进制编码的十进制交换代码)编码方法中，用8个二进制位表示一个数字，前四个二进制位所表示的代码，如F4中的F便是区码。

zone bit　区位　在表示不同字符或指令的一组二进制数代码中，用以区分代码属性或类别的二进制数位，如EBCDIC(扩充的二进制编码的十进制交换代码)中，11000001为正1(C1)，11010001为负1(D1)，11110001为无符号的1(F1)，前四个区位构成区码。参见 zone。又如用6个bit(比特)表示字段或数字，左边2个区位为00时，右边4位表示一个十进制数字；左边2个区位不是00时，右边4位表示是字段。

zone bit recording (ZBR)　区位记录技术，准等线密度技术　美国CDC公司在其5.25英寸硬磁盘上首先采用的一种记录技术。它是在磁盘的内、外圆周长度不同的磁道上，采用不同的写入频率，以便最大限度地发挥磁盘存储区域的作用。在最外边的磁道上，圆周最长，写入频率也最高，所记录的位数最多；随着磁道向内转移，写入频率逐渐降低，所记录的位数相应减少；到最内层的磁道上，写入频率最低，记录的位数也最少。这样在圆周长度不同的各磁道上则具有相同的记录密度。而不是像常规记录方式那样，以相同的写入频率记录信息，记录密度不能超过最内层磁道所容许的最大密度。与常规记录方式相比，在存储面积相同的条件下，其容量可增加30～40%，数据传输速率可增加50%。

zone boundary　区界(记录)，区域边界　在通信系统中，四个磁盘记录之中的任何一个，每个记录处在可使用磁盘信息队列数据集中的如下位置上：即整个数据集的开头，1/4处、1/2处和3/4处。

zone coordinator　区域调度员　对于基于公告牌系统的网络，负责维护区域节点表并与其他区域调度员共享该表的人。

zoned decimal format　分段十进制格式　一种数字

Z

表示格式，其中数字包含在第 4 位到第 7 位，符号包含在低位字节中的第 0 位到第 3 位中，各其他字节的第 0 位到第 3 位包含多个 0（十六进制的 F），如在分段的十进制格式中，十进制值＋123 表示为 1111 0001 1111 0010 1100 0011。比较 packed decimal format。

zoned field　区位字段　一种以区位十进制方式存放数据的字段。

zoned format　区格式化　二进制编码的十进制数格式化，一个十进制数由区位和数据位组成，占一个完整的存储字节。

Z

zone encryption　区加密　同 node encryption。

zone format　区格式化　二进制编码的十进制数格式化，一个十进制数由区位和数据位组成，占一个完整的存储字节。

zone header　区域头部　见 header。

zone information protocol (ZIP)　区段信息协议　AppleTalk 协议组中的一个协议，使网络中的每个路由器都能保持和访问网络的区段信息，并使非路由器的节点也能获取区段信息。

zone information socket (ZIS)　区段信息套接口　AppleTalk 网络上与区段信息协议（ZIP）服务相关联的一套接口。

zone information table (ZIT)　区段信息表　由 AppleTalk 路由器保存和使用的区段名及对应的网络编号的一份表。

zone leveling　区熔匀化　在晶体生长过程中，沿半导体本身进行的一个或多个熔化区逐步熔化，使材料的杂质在整个材料中均匀分布。

zone list　区段表　最多可保存 255 个区段名的一份表。

zone mail hour (ZMH)　区域邮件时间　当所有公告牌均可用于发送及接收网络邮件时，在 BBS（电子公告牌系统）网络中的公共时间。在 ZMH 期间，BBS 并不接受人工呼叫以及发送的文件请求。

zone name　区段名　(1)一个区段的名称，对应有一个网络编号。(2)一个 AppleTalk 网络节点群的名字。

zone of ambiguity　不定区，模糊区　数据通信中，对经过传输，发生畸变的数字信号再生判定时，在信号的一个周期内无法确定其逻辑状态的区域。

zone of authority　授权区　在 AIX 操作系统中，由单个名字服务器管理的一系列名字。

zone of saturation　饱和区　对一个部件或系统施加过量的输入信号，当输入信号继续增加时，系统输出不再成比例地增加，而是增加得非常缓慢或者已不能增加的区域。

zone punch　区(域)穿孔　(1)在 12 行穿孔卡片上方 3 个卡片行中的一行上穿孔。(2)与数据穿孔相结合的零穿孔。参见 digit punch。

zone purification　区域提纯　在晶体生长过程中，沿半导体进行一个或多个熔化区逐步熔化以降低晶锭部分的杂质浓度。半导体晶体在强高温区缓慢移动，晶体一次熔化一部分。随着熔化区从晶体的一端移到另一端，杂质也随之运动，并在晶体的一端集中。最后，杂质端将被锯掉，也称“zone refining”。

zone switching center　区域交换中心　电话网中，中继汇接交换局，它可以作为一群初级中心的交换枢纽，并且通过中继线与所有其他区域的中心局相互连接。

zone width　区位宽度　区位段中从左到右的字符数。

zoning effect　划带效应　在同一粒度或聚合水平上，由于不同的聚合方式（区域划分）而导致的分析结果的变化。

zoo　zoo 文件名后缀　一种文件扩展名。用来标识利用 zoo 文件压缩程序创建的文件。

zoom　缩放　使显示在屏幕上的整个图形或文档放大或缩小。缩放是许多绘图程序、字处理程序和电子表格程序都具有的一个特性，允许用户选择屏幕上的一个小部分，对其放大，并对局部放大部分进行精细的修改。

zoomed video (ZV)　视频直写(技术)　1995 年由 Toshiba，Sony 及一些美国芯片公司共同推出 ZV 技术。它是一种新型 PC 卡标准，缩小了笔记本与台式机之间在多媒体方面的性能差距。使用 ZV 技术的解压卡或视频卡能够以约 27 MBps 的视频数据传送率，实现 MPEG（活动图像专家组）-1 压缩视频回放、MPEG-2 全屏、全动视频、捕捉视频图像、TV-tuner 支持及视频会议。由于它是由 PC 卡总线直接从 PC 卡传输数据到视频及音频系统，从而减少了视频、音频信号通过 CPU 与系统总线的次数，避免过度占用 CPU 和 PCI（外围部件互连）总线资源，提高了视频数据传送的速度，同时 CPU 负担的减轻也节省了电量的消耗。

zoom factor　缩放系数　一个决定放大屏幕中指定矩形区域的因子。

zoom in　推进，图像放大　(1)摄像机的镜头焦距的调节，使拍摄景物在视窗内扩大的操作。(2)计算机图像处理时，在显示屏幕上，使当前显示的图像放大的处理。

zooming　变焦(距)，图像缩放，缩放图像　(1)为了得到物体图形靠近或远离观察者的视觉印象而对整个显示图像渐渐地进行比例变换的操作过程。(2)在计算机图形技术中，通过逐渐按比例放大或缩小图形，使全部或部分显示群对观察者产生渐近或远离观察者的视觉运动印象。

zoom lens　变焦镜　可以调节的一种光学元件，改变透镜焦距，可保持物像在焦点上，因此当摄影机和物体相对的位置保持不变时物体像的大小可以变化。

zoom out 拉出,图像缩小 (1)摄像机的镜头焦距的调节,使得图像更远。(2)计算机图像处理时,使当前屏幕上显示的一个图像缩小的处理。

zoom smart scaling technology (ZSST) 智能化比例缩放技术 美国HP公司提出的一项打印与绘图输出技术。它能对输出图像或图形进行无级变倍缩放,并且在缩放时自动予以优化,产生平滑的效果。

Z order Z顺序 窗口出现在桌面上的顺序。

Z-order position Z序位置 窗口软件中一个窗口在重叠窗口栈中的位置。

Z-position register Z位寄存器 用于对沿Z轴方向的向量坐标进行模拟的显示控制器。Z位寄存器使屏幕显示出的Z分量的亮度与此向量的Z轴坐标值的大小成比例,从而对此向量沿Z轴方向进入或离开屏幕的距离进行模拟。

ZSST 智能化比例缩放技术 zoom smart scaling technology的缩写。

Z time Z时间 zebra time的缩写。

ZV 视频直写(技术) zoomed video的缩写。

ZVA 零电压激活电路 zero-voltage activated circuit的缩写。

Z39.50 standard Z39.50标准 它的全称是"库应用程序的消息检索服务定义和协议规范(information retrieval service definition and protocol specification for library applications)"。它的创建是为一种基于SQL(结构化查询语言)的查询语言而制定的一项标准。在广域信息服务(WAIS)及其他因特网服务中使用这个标准,通过使用关键字查找文件,也广泛应用于对库目录的远程访问。Z39.50是为了解决搜索多个数据库时出现的公共难题,这些难题通常需要特定系统及特定数据库的知识。Z39.50为两个不同系统的行为定义了规则和过程,这两个系统为了执行数据库查询和信息检索而相互通信。

Z-80 development system Z-80开发系统 为开发Z-80应用程序而构建的系统,包括硬件环境和开发支持软件。它可以与计算机系统(如PC机)连接,使用系统计算机的资源对Z-80汇编语言程序进行编辑、汇编和调试,并且可以将调试成功的程序写入EPROM(可擦写可编程序只读存储器),插入实验机上模拟运行。有的开发系统则完全自成体系,提供了完善的试验手段。

Z-80 microprocessor Z-80微处理器 美国Zilog公司于1974年研制的一种8位微处理器。它是在Intel 8080CPU的基础上改进而来的,将8080的三个芯片合并成为一个,并且只使用单一+5 V电源供电。在芯片内部,比8080CPU增加了一些寄存器,中断处理功能也有所加强。其指令系统较8080有较大的扩充,但在机器代码级上仍与8080保持向上兼容。处理器具有16位地址总线,产生64 KB可寻址存储器空间,有一个8位的数据总线。在8位微处理器中,这是性能较强、应用较广的一种,曾有过一段较长的流行时间,在单板机、简单控制系统和低档微型计算机系统中获得了广泛应用。

Z-8000 microprocessor Z-8000微处理器 美国Zilog公司在继Z-80之后研制的一种16位微处理器,但与Z-80之间并不存在兼容关系。它内部的寄存器字长为16位,将其配对使用时,可以进行32位的数值运算。在此基础上,Zilog公司还生产了Z-8001、Z-8002、Z-8003、Z-8004等微处理器。在设计思想方面,Z-8000更接近于小型计算机。它适用面较广,既可用于简单的单机系统,又可用于复杂的并行处理和多机系统。

Z-80000 microprocessor Z-80000微处理器 美国Zilog公司生产的一种32位微处理器。它采用64引脚封装,外部总线宽度为32位,由数据线与地址线合用,指令用6级流水线操作,CPU时钟频率25MHz,带有一个256字节的超高速缓冲器和一个虚拟存储器管理部件,直接寻址范围可达4 GB。

以数字、希文字母起首的词条

1 **base-5 1 兆位基带 5 网** 一种局域网络标准,使用非屏蔽双绞线组成的星形局域网,标准是 IEEE 802.3。这种规范用于 AT&T 的 StarLAN 网络中。

1B/1T code 1B/1T 码 该术语指一类编码(如 HDB3、PST、AMI 等)。在这类编码中,每位二进制信码都被变换成 1 位三电平取值(+1、0、−1)的码,因而有时把这类码称为 1B/1T 码。参见 high density bipolar of order 3 code (HDB3), alternate mark inversion (AMI), pair-selected ternary (PST)。

1-persistent CSMA 1 率持续载波监听多路访问 载波监听协议的一种。当信道上的一个站有数据要发送时,首先监听是否有其他站正在传送。如果信道忙,则这个站就等着直到信道变为空闲为止。当要发送数据的站检测到信道空闲时,就传送一帧。如果发生冲突,这个站就等待一个随机时间,然后再完全重新开始。这种协议之所以称为"1 率持续"协议是因为这种协议一直"持续"监听,而且在发现信道空闲时以 1 的概率进行发送。与此不同的有"P 率持续 CSMA"协议。参见 P-persistent CSMA。

10 **base-2 10 兆位基带 2 网** 基于 IEEE 802.3 标准的第一个补充媒体规范的一种局域网,构成的网络也称"细以太网"。这种局域网的通信介质使用特性阻抗为 50 Ω 的细同轴电缆,电缆长度为 185m 或 300 m,使用基带信号进行传输,传输速率为 10 Mbps,网络节点通过适配卡上的一个 BNC 连接器连接到电缆上。与基于同一标准的其他网络比较,这种网络成本最低,故也称"廉价网"。这种网络的缺点是容易出现接触不良,在一个网段上有一点接触不良则整个网段的设备都不能正常工作。这种网络已被淘汰。参见 BNC connector, thin Ethernet。

10 **base-5 10 兆位基带 5 网** 基于 IEEE 802.3 标准的一种局域网,构成的网络也称"粗以太网"。这种局域网的通信介质使用特性阻抗为 50 Ω 的粗同轴电缆,电缆长度为 500 m 或 1 000 m,使用基带信号传输,传输速率为 10 Mbps,网络节点带有收发器,插入适配卡上的一个 15 脚的 AUI(访问单元接口)连接器中,并连接到电缆上。这种网络同 10 base-T 相比,价格较贵而且维修不方便,因而已被淘汰。参见 access unit interface (AUI), thick Ethernet。

10 **base-F 10 兆位基带 F 网** IEEE 802.3 标准的光纤媒体规范,构成的网络也称"光纤以太网"。10 base-F 表示:在星形拓扑结构中传输速率为 10 Mbps,基带信号方式,传输媒体为光纤。所有节点均与转发器或中央集中器连接。一个节点配有光纤收发器,它插入到适配器卡上的 AUI(访问单元接口)连接器中,并利用一个 ST 或 SMA 光纤连接器连接到光缆中。10 base-F 标准由用于主干的 10 base-FB、用于中央集中器和站间链路的 10 base-FL 以及用于星形网络的 10 base-FP 组成。

10 **base-FB 10 兆位基带 FB 网** 10 base-F 规范的一部分。它不是用来连接用户的站点,而是提供同步信令主干以允许附加的线缆段和中继器连接到网络上。传输距离可最长至 2 000 m。

10 **base-FL 10 兆位基带 FL 网** 10 base-F 规范的一部分。为和 FOIRL(光纤内部中继链路)能进行互操作,它被设计用来替换 FOIRL 规范。如果和 FOIRL 一起使用,传输距离可最长至 1 000 m;如果单独专门使用,可最长至 2 000 m。

10 **base-FP 10 兆位基带 FP 网** 10 base-F 规范的一部分。它将许多计算机组织在一个星型拓扑中而不使用中继器,传输距离可最长至 500 m。

10 **base-T 10 兆位基带 T 网** IEEE 802.3 标准的最新补充媒体规范。传输媒体采用 3 类和 3 类以上的非屏蔽双绞线,基带信号,速率 10 Mbps,每段双绞线最长 100 m。采用该标准连网时,首先要把多台计算机按安装位置分组,每组内的计算机采用普通电话双绞线按星形结构连接到一个称为多端口中继器的中央集线器;然后,再把所有集线器采用细同轴电缆连入以太网网内。由于这种网络具有价格低、易安装、与电话系统兼容,且便于工作站搬迁移动等优点而曾被广泛使用。

10 **broad-36 10 兆位宽带 36 网** 基于 IEEE 802.3 标准的一种宽带局域网络标准,使用 75Ω 闭路电视同轴电缆作为传输介质,传输率为 10 Mbps,距离限制在 3 600 m。

10 **gigabit attachment unit interface (XAUI) 10 兆位附件单元接口,XAUI 接口** XAUI(读作"zowie")是一种低针数、自发时钟串行总线,可以支持万兆以太网的数据吞吐量,由于采用自发时钟,所以产生的电磁干扰极小;具有强大的多位总线变形补偿能力;可实现更远距离的芯片对芯片的传输;具备较强的错误检测和故障隔离功能;功耗低。

10 **gigabit media independent interface (XGMII) 10 兆位独立于媒体的接口,XGMII 接口** XAUI(读作"zowie")是一种低针数、自发时钟串行总线,可以支持万兆以太网的数据吞吐量,由于采用自发时钟,所以产生的电磁干扰极小;具有强大的多位总线变形补偿能力;可实现更远距离的芯片对芯片的传输;具备较强的错误检测和故障隔离功能;功耗低。

100 **base-FX** 100 **兆位基带 FX 网** 100 base-T 规范的一部分。每段链路使用两根多模光纤的 100 Mbps 基带快速以太网规范。其中一根用于发送，另一根用于接收。信号的编码采用 4B/5B-NRZ-1 编码。NRZ-1 即不归零 1 制，当"1"出现时信号电平在正值与负值之间变化一次。4B/5B 编码是将数据流中每 4 位作为一组，然后按编码规则将每一组转换成 5 位，其中至少有两个"1"，保证信号码元至少发生两次跳变。为了确保正确的信号定时，一段链路在长度上不能超过 400 m。参见 100 base-T，non-return-to-zero change-on-ones recording (NRZ-1)。

100 **base-T** 100 **兆位基带 T 网** IEEE 802.3 标准的延伸介质控制访问层(MAC)的协议，构成的网络也称"快速以太网"。标准名称是 IEEE 802.3u。使用非屏蔽双绞线(UTP)，类似于 10 base-T 技术，当没有通信数据发送时，100 base-T 在网段上发送链路脉冲，但比起 10 base-T 来，它发出的链路脉冲中包含更多的信息。MAC 协议仍使用 CSMA/CD(载波监听多路访问/冲突检测)机制，只是每位的发送时间减少到 1/10，因而速率也就比原来的 10 Mbps 提高 10 倍。物理层有三种各用于不同环境的标准：100 base-TX 标准用于数据类型的两对 UTP 和 STP 双绞线电缆布线系统；100 base-T4 标准用于兼有话音和数据类型的 4 对 UTP 双绞线电缆布线系统；100 base-FX 标准用于两芯光纤布线系统。这三种 100 base-T 物理层标准可以混合使用，就像 10 base-5，10 base-2 和 10 base-T 三种标准混合使用的情况一样。参见 fast Ethernet。

100 **base-T technical features** 100 **兆位基带 T 网技术特点** 用 100 base-T 技术建设网络有以下诸方面特点：①使用以太网的 CSMA/CD(载波监听多路访问/冲突检测)访问机制；②最大数据报长 1518 字节；③全双工传输方式，实际数据传输率可以大于 100 Mbps(小于 200 Mbps)；④拓扑结构为星形；⑤网段最大长度，双绞线为 100 m，多模光缆为 400 m，网段内任何两点之间中继器数不超过两个。

100 **base-TX** 100 **兆位基带 TX 网** 100 base-T 规范的一部分。使用两对 UTP5 类线或 STP5 类双绞线的 100 Mbps 基带快速以太网规范，其中一对线用来发送数据，另一对用来接收数据。为了确保正确的信号定时，一个电缆段在长度上不能超出 100 m。信号编码采用 MLT-3 的编码方法，即用正、负和零三种电平传送信号。其编码规则是：当输入一个 0 时，下一个输出值不变；当输入一个 1 时，下一个输出值要变；若前一个输出值为正值或负值，则下个输出值为零；若前一个输出值为零，则下一个输出值与上次的一个非零输出值的符号相反。参见 100 base-T。multi-level transmission-3 (MLT-3)。

100 **base-T4** 100 **兆位基带 T4 网** 100 base-T 规范的一部分。使用 4 对 UTP3，4 或 5 类双绞线的 100 Mbps 基带快速以太网规范。信号的编码采用 8B6T-NRZ 编码。8B6T 编码是将数据流中每 8 位作为一组，然后按编码规则将每一组转换成 6 位的三元制码元。同时使用三对线传送数据，用一对线作为碰撞检测的接收信道。为了确保正确的信号定时，一个电缆段在长度上不能超出 100 m。参见 100 base-T，non-return-to-zero (NRZ)。

100 **base-VG** 100 **兆位基带 VG 网** 适用于基带局域网(LAN)的以太网标准，采用音频级双绞线缆，传输速率为 100 Mbps。与其他以太网不同，100 base-VG 依赖于称为要求优先级的访问方法，节点向集线器发送请求，然后集线器基于请求中的优先级依次给出允许传送信息。

100 **base-X** 100 **兆位基带 X 网** 100 base-FX 和 100 baseB-TX 标准的 100 Mbps 基带快速以太网规范，其基于 IEEE 802.3u 标准。

101-**key keyboard** 101 **键的键盘** 在增强型键盘之后定型的一种计算机键盘，是 IBM 公司为其 IMB PC/AT 型计算机引入的。参见 enhanced keyboard。

1 000 **base-CX** 1 000 **兆位基带 CX 网** 使用短距离屏蔽双绞线电缆的 1 000 Mbps(1 Gbps)基带千兆位以太网规范。数据编码采用 8B/10B 方式。使用于诸如高带宽服务器、高带宽工作站与千兆位以太交换机之间的连接，尤其适用于主干交换机和主服务器之间的短距离连接。距离不超过 25 m。其基于 IEEE 802.3z 标准。

1 000 **base-LX** 1 000 **兆位基带 LX 网** LX 代表长波长，使用单模光纤(距离为 3 km)或多模光纤(距离为 300 ～ 550 m)和 1 300 nm 长波长激光器的 1 000 Mbps(1 Gbps)基带千兆位以太网规范。数据编码采用 8B/10B 方式。其基于 IEEE 802.3z 标准。

1 000 **base-SX** 1 000 **兆位基带 SX 网** SX 代表短波长，使用多模光纤和 850 nm 短波长激光器(距离为 300 ～ 550 m)的 1 000 Mbps(1 Gbps)基带千兆位以太网规范。数据编码采用 8B/10B 方式。其基于 IEEE 802.3z 标准。

1 000 **base-T** 1 000 **兆位基带 T 网** 使用 4 对超 5 类非屏蔽双绞线(UTP)的 1 000 Mbps(1 Gbps)基带千兆位以太网规范，距离最长不超过 100 m。其基于 IEEE 802.3ab 标准。

10 000 **base** **万兆位基带网** 使用光纤的 10 000 Mbps(10 Gbps)基带万兆位以太网规范。帧的格式和 10 Mbps、100 Mbps、1 Gbps 完全一样。可使用超 5 类、6 类等双绞线或光纤作为传输媒体。使用单模光纤传输距离超过 40 km，多模光纤为 65

～300 m。只工作在全双工方式，不需要 CSMA/CD(载波监听多路访问/冲突检测)协议。其基于 IEEE 802.3ae 标准。

128-bit DualBus architecture　128 位双重独立总线结构　这是 Matrox 公司为“G 系列”显示卡设计的一种硬件体系结构，采用两条可以并行独立工作的 64 位图形总线。在绝大部分的应用程序中，这种双独立总线结构的性能要优于一条 128 位总线。其原因是目前的应用程序一般来说没有 128 位这样的数据宽度，64 位已经足够了。目前限制显示卡速度的关键在于指令的传输和反馈周期太长，经常造成数据空等，而一旦传输形成，速度是足够的；而双重独立总线结构采用并行工作来提高显示卡速度。两条总线可以同时发出两条指令，并行执行，并且可以一条是读指令，而另一条是写指令，使指令的物理传输速度一下子成为原来的两倍。这样的体系结构在处理大量频繁的小运算量操作(如位图复制和字体变换)时，优势更加明显。

1394 interface　1394 高速串行总线接口　一种计算机总线，具有很高数据传送速度和实时数据传送能力，实现成本低，适合于多媒体信息处理系统。1394 接口有 100 Mbps、200 Mbps 和 400 Mbps 等多种数据传送速度规格。支持异步传送和均时传送两种传送模式，能实现通用 I/O 互连，允许节点菊花链和节点分支实现混合连接，并使用廉价连接电缆和电缆连接件。参见 isochronous transmission。

16-bit color　16 位彩色　用于修饰或说明能够产生 2^{16}(即 65 536)种不同颜色的显示器特性。

16-CAP　16 星座无载波调幅/调相　在 51.84 Mbps 中程调制解调器中采用的一种调制技术，其中采用 16 个星座点。参见 constellation。

16CIF　十六倍通用媒介格式　CIF 是 common intermediate format 的缩写。CIF 是一种用于规范视频信号的像素和色差分量的标准格式，采用 352×288 分辨率，16CIF 采用 1 408×1 152 分辨率，即十六倍于 CIF。参见 common intermediate format (CIF)。

16 tracks tape unit　16 轨磁带机　一种磁头块中安装着 16 个磁头的磁带机，对应的磁带上有 16 个磁道。其中 8 道记录数据，5 道记录汉明校验码，可以纠正 1 位错，发现多位错，3 道备用。现在这种磁带机除特殊应用外，已很少使用。因带宽 1 英寸，故也称“一英寸磁带机”。

2B+D　基本速率接口　一个术语，用以表示两个载荷信道(2B)和一个信令(D)的 ISDN(综合业务数字网)信道。参见 basic rate interface (BRI)。

2B1Q　2B1Q 码　是 ISDN(综合业务数字网)的用户接口的码流中采用的编码。在 2B1Q 编码方法中，两个二进制码(2B)被编为一个四进制码元(1Q)。当数据以 2B1Q 格式传输时，最多会出现四个信号电平，每个电平表示两个数据位的编码。

2NF　非第一范式　non first normal form 的缩写。

2 of 5 bar code　五分之二条形码　也称“离散码”。产生于 20 世纪 60 年代末，其条形宽度蕴含着信息的一种条形码。根据条形的宽窄对数据进行编码。宽度为窄条形 3 倍的宽条形等效于 1 个字节，而窄条形等效于 0 个字节。条形之间的空白宽度与窄条形相同，且不包含信息。这种条形码常用于仓库管理。

200 service　200 业务　密码长途直拨电话业务，主叫用户可以通过任何双音频电话机拨出其号码，然后拨打长途电话，费用自动记入用户的账号。

2-3 trees　2-3 树　一种关于高度的均衡树，每一内点有两个或三个子树，且叶子到根的距离相等，只有叶子含有数值。每一内点都有两个数 a，b 且 $a<b$，若关键字 $k<a$，则 k 在左子树；若 $a<k<b$，则 k 在中间子树；若 $k>b$，则 k 在右子树。显然 a 是左子树的最大值，b 是中间子树的最大值。有时 2-3 数出现两支子树，右子树消失。

2421 code　2421 码　一种有权码，它的四个代码从左到右的权是 2，4，2，1。因为 2421 码的 0 和 9，1 和 8 等互为反码，便于对 9 取补，所以它是一种对 9 的自补代码。

十进制数	2421 码
0	0000
1	0001
2	0010
3	0011
4	0100
5	1011
6	1100
7	1101
8	1110
9	1111

26LS30　26LS30 信号　一种常用集成电路的信号，将单线信号转换成差分信号。

3A　认证，授权，计费　authentication，authorization，accounting 的缩写。

3A revolution　3A 革命　以微电子技术为中心的社会自动化革命，即 FA(工厂自动化)革命，OA(办公室自动化)革命和 HA(家庭自动化)革命。最近又把实验室自动化(LA)、设计自动化(DA)等加在一起，称为 4A、5A 革命等。

3 base system　三库系统　由数据库、模型库和方法库的有机联系构成的系统，是开发信息资源、辅助决策的重要手段，建立在分布式计算机系统上，服务于辅助决策支持系统的应用系统，是信息系统的核心软件，在信息系统工程中有着较重要地位，参见 database, model base, method base。

3C 计算机+通信+消费者 3C 全文为"Computer, Communication, Consumer", 3C 产业是指生产信息电器产品的产业,如生产嵌入式微处理机及软件、微电子技术、网络化家电、数字信息家电、数码影视技术、掌上电脑、多媒体终端显示器等,都是有关件 3C 产业发展的问题。

3Com 3Com 公司 由以太网的发明者 Bob Metcalfe 于 1979 年创建的计算机网络产品公司。其产品包括网卡、集线器、交换设备以及大型网络访问设备及网管软件。

3C395 3C395 卡 由 3C395 公司生产的 100 Mbps 的高速以太网卡,符合国际标准,能兼容 10 Mbps 的以太网卡标准,它突破了网络服务器的输入输出瓶颈,可提高网络性能。

3DNow! technology 3DNow! 技术 美国 AMD 公司于 1998 年推出的 K6-2 微处理器中首次采用的新技术,可以加快三维处理的三维构图和几何图形转换、光影处理等过程。它的特点包括:支持单指令多数据浮点运算和整数运算;特别加入的单指令多数据整数指令提升 MPEG(活动图像专家组)解压能力;新的 PREFETCH 指令用来消除额外的数据恢复时间;FEMMS(快速进/出多媒体块)指令用以减少 MMX(多媒体扩充)指令与 X87 指令间的转换时间;支持开放的 IEEE 754 单精度数据类型。AMD 在 1999 年推出的 Athlon 系列处理器中,增加了 19 条全新的 MMX 扩展指令和 5 条 DSP(数字信号处理)扩展指令,AMD 称之为增强型 3DNow! 指令集。在推出 Athlon 4 时,AMD 为其增加了 52 条新的扩展指令,并命名为"3DNow! Professional"。

3D pipeline 三维流水线 三维图形处理可分为三个阶段:镶嵌、几何图形处理和图形描绘。在镶嵌阶段,生成描述对象的模型,然后这一对象转换成为一组多边形。在几何图形处理阶段包含了变形、加光和编排。在对三维图像质量极为关键的图形描绘阶段,从几何图形处理阶段生成的多边形中生成二维显示。

3D RAM 三维存储器 由 Mitsubishi 和 Sun Micro system 公司共同研制的图像和动画存储器。它的芯片中具有 Z 缓冲电路和一个算术逻辑单元(ALU),因此可以在 RAM(随机存取存储器)芯片进行所有的操作。但 3D RAM 不像三维显示卡那样具有读、判断、写、画像素的能力,它只是把像素写到 3D RAM,而由后者决定是否显示。其内置的 ALU 还可执行光栅操作、Alpha 混合和比较。

3G 第三代(移动通信系统) 国际电信联盟 1985 年开展研究的移动通信系统。主要技术标准有三种:欧洲的 WCDMA(宽带码分多址)系统、美国的 CDMA 2000 系统和中国的 TD-SCDMA(时分同步码分多址)系统。3G 是 third generation mobile system 的缩写。

3GL 第三代语言 third generation language 的缩写。

3GPP 第三代移动通信项目组织 third generation partnership project 的缩写。

3-partition problem 3-分割问题 一个强 NP-完全问题。示例:以二进制形式表示的正整数序列 a_i, $1\leqslant i\leqslant 3n$。解:若存在一种划分使其成 n 个三元素集且其他和相同则为"yes"。

3 position modulation (3PM) 3 单元调制码 一种成组编码,参数 $(d,k;m,n;r)=(2,11;3,6;1)$。比 GCR(⅘)复杂一些,但编码效率高(150%)。其编码规则:①数据和记录序列分别按 3 位和 6 位长度分组;②利用"自适应"技术的全并规则,使任意两个码字自由连接构成的记录序列均满足 $d=2,k=11$ 的条件;③若不符合 $d=2,k=11$ 条件,则当前码字的 $e_5=1$ 和下个码字的 $e_1=1$ 对应位置都不记录 1,要在当前码字的 e_6 上记录 1。

3-schema architecture 三模式结构 第四代计算机语言的结构模式,将语言分为概念模式、外模式和内模式,由 ANSI/SPARC(美国国家标准协会/标准计划和需求委员会)研究组提出,得到国际标准化组织(ISO)认可。

3S integrated technology 3S 集成技术 以遥感(RS)、地理信息系统(GIS)、全球定位系统(GPS)技术为基础,辅以其他相关高技术有机地构成的新型空间信息集成技术。参见 remote senescing (RS), geographical information system (GIS), global positioning system (GPS)。

3W 万维网 World Wide Web 的又一种简称。

3⁺net 3⁺网 3COM 公司的第三代网络产品。由一组与 IBM PC DOS3.1 操作系统、Microsoft 的网络重定向程序以及 IBM PCnet 所使用的 netbios 网络接口标准相兼容的网络服务程序组成,提供了并发运行的高性能文件共享系统,符合 10 Mbps 传输率的以太网标准,有效地实现了 Xerox 公司的 XNS(施乐网络系统)协议标准。

4A communication 4A 通信 在任何时间(anytime)、任何地点(any-where)、任何人(anyone)、任何物(anything)都能顺畅地通信。

4B:5B coding 4B:5B 编码 在 IEEE 802.9a 等以太网标准中的编码方案,因其效率高和容易实现而被采用。在同样的 20 MHz 时钟频率下,利用这种编码可以在 10 Mbps 的 10 base-T 电缆上得到 16 Mbps 的带宽。该编码方案把数据转换成 5 位代码进行传输,这些代码保持线路的交流平衡。在传输中,其波形的频谱为最小,信号的直流分量小于额定的中心点的 10%。

4CIF (CIF) 四倍通用媒介格式 CIF 是 common intermediate format 的缩写。CIF 是一种用于规范视频信号的像素和色差分量的标准格式,采用 352

×288 分辨率,4CIF 采用 704×576 分辨率,即四倍于 CIF。参见 common intermediate format (CIF)。

4G 第四代移动通信技术 fourth generation mobile communications technology 的缩写。

4GL 第四代语言 fourth generation language 的缩写。

4-ple 四元式 一种编译程序常用的中间语言形式。每个四元式的形式为

op od_1 od_2 res

其中 op 为操作符,od_1、od_2 为两个操作对象变量,res 为放置结果的变量。

5.25 **inch floppy disk drive adapter** 5.25 **英寸软盘驱动器适配器** IBM 微机的一个通用部件,可连接一个或两个 5.25 英寸软盘机。软盘可为单面(163/180 KB)或双面(327/360 KB),或 1.2 MB。每面有 40 道,使用双密度 MFM(修改型变频制)编码方式。

6800 **microprocessor** 6800 **微处理器** Motorola 公司推出的 8 位微处理芯片。6801 是用 6800 芯片的计算机,包含有 RAM(随机存取存储器)、ROM(只读存储器)、一个输入输出单元及同步时钟。

68000 **microprocessor** 68000 **微处理器** Motorola 公司推出的 32 位微处理器,使用 16 位数据总线,可对 16 MB 内存寻址。68020 是全 32 位的 68000 芯片,68030 是时钟更高的加强型芯片。

68040 **microprocessor** 68040 **微处理器** Motorola 公司于 1989 年春推出的微处理器芯片。该片有 120 万个晶体管,采用 Harvard 结构,即独立的数据与代码总线,每条总线都带有自己的片内高速缓存,片上还有总线甄别能力,因而有助于多个处理器工作。

8**B**/10**B coding** 8**B**/10**B 编码** 千兆位以太网 802.3z 的 1 000 base-LX、1 000 base-SX 和 1 000 base-CX 采用该编码方案。它们的 PCS 子层将千兆位以太网介质无关接口(GMII)传来的每个字节的 8 个二进制位按照 8B/10B 编码为 10 个二进制位的码组。

800 **service** 800 **业务** 它通常提供主叫方免费,被叫方付费的通信业务,先拨 800,再拨对方的电话号码。在美国大约 40%的长途电话呼叫是 800 业务,以至于可分配号码资源十分紧张,从 1996 年 4 月起,已开始分配使用 888 为前缀的号码。

802 **group** 802 **组** 负责开发局域网协议的委员会,一共有 8 个这样的委员会,分别负责处理各自不同的网络,参见 IEEE 802.2。

802.3 **frame structure** 802.3 **帧格式** 802.3 网络标准要求的帧格式。开始是 7 个字节的前标,位图案均是 10101010,用于产生一个延续 5.6 μs 的 10 MHz 方波,用来实现发送者和接收者之间的同步。帧起始定界符为一个字节,位图案是 10101011。报源地址和报宿地址长度允许 2 个或 6 个字节,但是对 10 MHz 基带标准而言,地址规定只使用 6 字节地址。报宿地址最高位为 0,规定作为普通地址;最高位为 1,规定为小组地址。小组地址允许多个站同时监听同一个地址。按小组地址发送的帧,小组内所有站都可收到。这种发送信息形式称为多点播送。报宿地址为全"1"时,称为广播地址。用广播地址播送的信息整个物理网络中的节点都可以收到。数据段长度指明数据段中字节数,字节数从 46 ～ 1 500。最后一段是使用循环冗余校验法形成的校验和。

802.3 **MAC sublayer protocol** 802.3 **介质访问控制子层协议** 用于符合 802.3 标准网络介质访问控制子层的协议,负责按照 802.3 标准规定的帧格式传输数据帧。发送信息的站不断监听信道,如果同时有两个或两个以上站发现信道空闲就会发生发送信息冲突。一旦发生冲突这些站的本次发送作废,并产生噪音,用来告知其他站不要立即发送信息。经过一个随机时间,各个站又重新开始上述循环。发生冲突之后,时间分成一个个时隙。时隙的长度等于信号在以太网电缆最大长度上来往的时间。为了适应 802.3 标准规定的最大路径长度(2.5 km 和四个中继器),时隙规定为 512 个"位时",即 51.2 μs。在一次成功发送之后发生冲突,则发生冲突的站要等待 0 个或 1 个时隙时间;如果接着又发生第二次冲突,则要在 0,1,2 或 3 个时隙时间随机选择其一作为等待时间。如果又接着发生第三次冲突,则要在 0 ～ 7 个时隙时间随机选择其一作延迟,等待时间成二进制指数增加,如果连续 16 次发生冲突则宣布失败。这种算法称为"二进制指数补偿"算法。

8421 **code** 8421 **码** 最基本、最常用的一种二进制编码的十进制码。8421 码是选用 4 位二进制码中的前 10 个码字 0000 ～ 1001 分别代表重新对应的十进制数码,余下的 6 个码字不用。这种 BCD(二进制编码的十进制)与 4 位二进制数一样,每位都有固定的权,是一种有权码。各位的权值为 8,4,2,1,故称 8421 码。

十进制数	8421 码
0	0000
1	0001
2	0010
3	0011
4	0100
5	0101
6	0110
7	0111
8	1000
9	1001

863 **High Science-Technology Plan** 863 **高科技计划** 由一些著名的中国科学家倡仪，于1986年3月得到批准，在中国国家科委领导下实施的国家高科技研究计划。该计划涉及能源、材料、宇航、生物工程、电子(微电子技术及电子计算机)和人工智能等当代尖端科学技术。

88000 **RISC microprocessor** 88000 **RISC 微处理器** Motorola公司推出的32位RISC(精简指令集计算)微处理器系列。88100是88000家族中第一种处理机，有四个内部执行部件，最多可有5个操作并行执行。

9 **tracks tape unit** 9 **轨磁带机** 最常用的一种磁带机。磁带宽0.5英寸，带上记录9道信息(8道数据，1道奇偶校验位)。横向1行记录1个字节，其中8位数据，1位奇偶位。因所用磁带宽度为0.5英寸，故此类磁带机也称"半英寸磁带机"。

α-β procedure α-β 过程 在博弈树的深度优先搜索时，不断进行α-β修剪的过程。因为MAX总是取倒推值的最大值，所以倒推值F(M)≥min[DD(][]1≤j≤k_i[DD)]{F(M_{ij})}。在深度优先搜索中，一旦找到一枝的min{F(M_{ij})}，就将其值定义为α-值。因此，α-值是F(M)的一个下界，随着搜索的进行，若发现一枝的min[DD(][]1≤j≤k_i[DD)]{F(M_{ij})}大于当前α-值，就将这个值定义为新的α-值将不断上升。与此相反，对MIN定义一个β-值是F(M)的上界，且随着搜索的进展，β-值将不断下降。若MIN节点的β-值小于等于它的MAX节点的α-值，则无需再对MIN节点以下的节点搜索(相当于从树中剪去了一条枝)，这个过程称为α-修剪，并将MIN节点的最终倒推值设置为它的β-值。再者，若MAX节点α-值大于等于它的MIN节点的祖先节点的β-值，则无需再对MAX节点以下节点的搜索(相当于从树中剪去了一枝)，这个过程称为β-修剪，并将这个MAX节点的最终倒推值设置为它的α-值。

β-reduction β-归约 λ-项的集合S上的一种二元关系β。

β={(((·M)N,M[x:=N])|M,N∈S}

其中M[X:=N]表示用N替换M中所有的x所得到的项。二元关系

η={(λx·Mx,M)|x不是M的自由变元,M∈S}称为η-归约。关系βη=β∪η称为βη-归约。

β-splines β样条 B样条曲线的推广。参数样条要达到在内节点上的二次几何连续(曲线在切线方向连续、曲率连续、副法向量方向相同)不需要展开式的各基函数C^2连续，只要在各内节点上各基函数连续且其一阶二阶右导数能表示为其一阶二阶左导数的某种线性组合即可。组合系数记为$β_k$。这样推导的样条称为β样条。β样条除具有B样条曲线的优点外，还可在不变动节点的情况下通过调节参数来改变插值曲线的形状。

ε-free grammar 无ε文法 满足下述两个条件之一的上下文无关文法G。①G中无ε-产生式；②只有一个形式为$S\to ε$的产生式且ε不出现在G中其他产生式的右边。

ε-production ε-产生式 形式为$A\to ε$的产生式，其中A为变量，ε表示空串。若一个上下文无关语言中没有ε，则可以用一个无ε-产生式的文法来产生该语言。

λ-reduction λ-归约 一种非确定性归约。设X为一个语言，Y是一个问题，如果存在一个多项式时间的非确定型图灵机M使得对任何输入x，M至少有一个接受计算，并且满足如果y是任意上述计算完成时工作带尾部的内容，那么x∈X当且仅当y∈Y，则称X可λ-归约为问题Y。

λ-term λ-项 λ-演算中的基本表达式，其递归定义是：①变元为λ-项；②如果M为λ-项，那么对任何变元x，(λx·M)也是λ-项；③如果M、N为λ-项，那么(MN)也是λ-项；④此外没有别的东西是λ-项。

μ 微 数学中用来表示百万分之一(10^{-6})的前缀符号。

μ-operator μ-算子 由自然数函数产生新的自然数函数的运算。给定函数$g(x,y)$，由$g(x,y)$用μ-算子产生的函数$f(x)$为：当存在y满足$g(x,y)=0$且$g(x,z)$对一切$z\leqslant y$都有定义时，$f(x)$取$g(x,y)$关于y的最小零点为值；否则$f(x)$无定义。记$f(x)$为

$$f(x)=\mu g(x,y)$$

条件：g(x,y)

由于μ-算子的上述特性，故也称它为"最小根算子"或"搜索算子"。即使$g(x,y)$是全函数，$f(x)$也可能不是全函数。μ-算子的一种较弱形式是受限μ-算子，其形式为

$$f(x,y)=\mu g(x,z) \quad z<y$$

它与μ-算子的区别是必须在小于y的范围内找g的最小零点，且找不到时f(x,y)的值为y。

μ-recursive function μ-递归函数 μ递归函数可递归地定义如下：

①常数函数、投影函数、后继函数都是μ递归函数；

②如果$g_1,\cdots,g_m$是n元μ递归函数，h是m元μ递归函数，那么他们的合成也是μ递归函数；

③如果g,h分别是n元和$n+2$元函数，那么用原始递归式定义的函数f也是μ递归函数；

④如果g是一个$n+1$元全函数，如下定义的函数f也是μ递归函数：

$$f(x_1,\cdots,x_n)=\mu z[g(x_1,\cdots,x_n,z)=0]$$

已经证明，μ递归函数集等同于图灵机可计算(部分)函数集。

用常数函数、后继函数和投影函数经有限次使用复合、原始递归或 μ-算子所产生的函数，原始递归函数集是 μ-递归函数集的真子集。需注意的是，若在上述定义中不是用 μ-算子而是用受限 μ-算子，则得到的函数仍然是原始递归函数，因为受限 μ-算子可以通过复合和原始递归运算实现。μ-递归函数不一定是全函数，因此也称其为“部分递归函数”。所有部分递归函数恰好是全体可计算函数。

μ-recursive predicate　μ 递归谓词　以 μ 递归函数为特征函数的谓词。

∑-algebraic category　∑-代数范畴　也称“类别代数范畴”，一种范畴。其中 OC 中的所有像素均为类别代数，而 MC 中所有射元均∑-同态。

∑-homomorphism　∑-同态　两个类别代数的类别标记间的同态关系。若该关系存在逆关系，则称之为∑-同构。

Ω　欧姆　电阻量度单位 ohm 的符号。